IL NUOVO ECONOMICS & BUSINESS

DIZIONARIO ENCICLOPEDICO ECONOMICO E COMMERCIALE
INGLESE-ITALIANO ITALIANO-INGLESE

SOMMARIO

IL NUOVO ECONOMICS & BUSINESS

DIZIONARIO ENCICLOPEDICO ECONOMICO E COMMERCIALE
INGLESE-ITALIANO ITALIANO-INGLESE

di Fernando Picchi

Seconda edizione ampliata e aggiornata

in appendice:

TAVOLE BILINGUI DI NOMENCLATURA • DIZIONARIO DI BASE IN 5 LINGUE • MONETE • UNITÀ DI MISURA

ZANICHELLI

Prima edizione

Collaborazione lessicografica: Lucia Di Tommaso

Programmi per l'elaborazione dei dati lessicografici: Ciro Montella

In redazione: Alessandra Stefanelli

Seconda edizione

Collaborazione lessicografica: Lucia Di Tommaso

Impaginazione e fotocomposizione: Elios, Trento, con sistema EDG-Zanichelli a cura di Marco Brazzali e Roberto Cagol

L'appendice *Dizionario di base in 5 lingue* è a cura dell'Ufficio Studi de *Il Sole 24 Ore* e di Daniele Boschi

In redazione: Alessandra Stefanelli

Sovraccoperta: Anna Zamboni

Coordinamento della stampa e confezione: Giancarlo Lorenzini, Mauro Stanghellini

Seconda edizione: maggio 1990

Ristampa:
6 5 4 3 2 1   1990 1991 1992 1993 1994 1995

Stampato
dall'OFSA - Casarile, Milano
per conto della Nicola Zanichelli Editore S.p.A.
Via Irnerio, 34 - 40126 Bologna

PRESENTAZIONE DELLA PRIMA EDIZIONE

La compilazione di questo dizionario è frutto soprattutto delle frequenti sollecitazioni degli studenti della Facoltà di Economia e Commercio dell'Università di Napoli, presso la quale svolgo l'insegnamento di Lingua Inglese, i quali ripetutamente mi segnalavano l'impossibilità di reperire un dizionario sufficientemente ampio, preciso e affidabile, che li aiutasse nel loro corso di studi a interpretare i testi in lingua inglese che essi sono tenuti a consultare e studiare. A seguito di tali pressioni l'opera, iniziata più di dieci anni fa con una differente impostazione, si è via via trasformata assumendo l'ampiezza e la struttura con cui viene presentata.

La difficoltà maggiore incontrata in questi anni di lavoro è stata quella di bilanciare il numero di termini delle varie discipline trattate e, per ciascuna di esse, di selezionare i termini più utili, in modo da non appesantire eccessivamente il volume, pur fornendo all'utente tutto ciò che probabilmente egli si aspetta di trovare in un'opera di questo tipo. Le definizioni, a volte stringate e a volte di più ampio respiro, rispecchiano l'importanza relativa del termine cui si riferiscono e hanno il duplice scopo di consentire l'individuazione precisa del vocabolo che si desidera usare e di fungere da manuale di rapida consultazione di concetti ben noti agli addetti ai lavori, ma per gli studenti isolabili da altri tipi di manuale soltanto con notevole dispendio di tempo.

Un'altra difficoltà è stata quella di dosare opportunamente la parte squisitamente lessicale e la parte che tratta di istituzioni economico–commerciali e istituti giuridici peculiari del mondo anglosassone, in modo da offrire all'utente non soltanto gli equivalenti nelle due lingue, ma anche una certa quantità di notizie utili al fine di conoscere e penetrare il mondo economico-commerciale del Regno Unito e, in parte, degli Stati Uniti. Questo è il motivo per cui sono state registrate e commentate leggi che non trovano corrispondenza nel nostro ordinamento e varie relazioni di commissioni governative su aspetti fondamentali del tessuto economico anglosassone.

Per la consultazione dell'opera è necessario tenere presenti le seguenti avvertenze: a) la sezione italiano–inglese è essenzialmente un indice analitico, mediante il quale si rende possibile il reperimento del termine o dell'espressione nella sezione inglese–italiano, che reca le definizioni o spiegazioni; b) per le traduzioni dall'italiano in inglese, si consiglia di consultare sempre la sezione inglese–italiano prima di scegliere il termine da usare; c) l'ordine alfabetico tiene conto di tutte le parole che formano il lemma come se esse costituissero un'unica parola composta soltanto di caratteri alfabetici, convenzione, del resto, adottata nella maggior parte dei dizionari e negli elenchi telefonici.

A conclusione del mio lungo lavoro, desidero ringraziare sentitamente il prof. Antonio Murolo, docente di economia presso la Facoltà di Economia e Commercio dell'Università di Napoli, per i consigli e i chiarimenti fornitimi su vari concetti di natura economica; il prof. Ricciotti Antinolfi, docente di economia presso la stessa Facoltà, per i chiarimenti forniti sul pensiero di Vilfredo Pareto; il prof. Franco Polverini, docente di econometria presso la stessa Facoltà, per le precise risposte ad alcuni miei dubbi; il prof. Antonio Maiello, docente di ragioneria presso l'I.T.C. «A. Diaz» di Napoli, per l'aiuto datomi in quella disciplina; e infine il dottor Ciro Montella, che ha curato i programmi per l'elaborazione elettronica dei dati contenuti in questo dizionario. Un ringraziamento particolare va a mia moglie Lucia, che ha reso possibile la realizzazione di questa opera con la sua paziente e precisa organizzazione redazionale, e con il reperimento del materiale di studio e di uso, ivi compresi gli elaboratori elettronici e parte del software di base.

Mi auguro che quest'opera sia di ausilio a tutti gli studenti e gli studiosi di scienze economiche e commerciali e a tutti coloro che operano nel settore; sarò lieto di ricevere consigli e segnalazioni per renderla sempre più rispondente alle loro esigenze.

Fernando Picchi

Università di Napoli, 1986

PRESENTAZIONE DELLA SECONDA EDIZIONE

I favorevoli commenti della stampa quotidiana e periodica alla prima edizione di Economics & Business *e l'ottima accoglienza del pubblico hanno indotto l'Editore e me ad approntare questa seconda edizione.*

Le numerose aggiunte – oltre 6000 nuovi termini – hanno privilegiato in particolar modo la terminologia finanziaria, senza tuttavia trascurare i neologismi creati negli ultimi anni nelle altre discipline trattate nel dizionario, né il necessario inserimento di termini che erano rimasti esclusi dalla prima edizione. L'opera è oggi completa e aggiornata per quanto attiene ai neologismi, poiché il supporto elettronico ha consentito successivi inserimenti fino a pochi giorni prima di andare in stampa.

Il dizionario è stato inoltre interamente rivisto e corretto e sono state ridotte o eliminate alcune definizioni che apparivano troppo dettagliate o ridondanti.

In questa nuova edizione sono state notevolmente arricchite le appendici: particolarmente utili il Dizionario di base in 5 lingue *a cura dell'Ufficio Studi de* Il Sole 24 Ore *e le* Tavole bilingui di nomenclatura.

Desidero ringraziare tutti coloro che hanno scritto per segnalarmi lacune nella prima edizione o soltanto per esprimere il loro apprezzamento per il mio lavoro, che ho sempre svolto con grande piacere nell'interesse della ricerca e dei lettori del dizionario.

F. P.

Università di Napoli, 1990

Elenco delle discipline trattate

Assicurazioni
Banche
Borse valori e merci
Commercio (nazionale e internazionale)
Computisteria
Contabilità dei costi
Contabilità di stato
Contabilità finanziaria
Dazi e dogane
Diritto commerciale
Diritto del lavoro
Diritto fallimentare
Diritto privato
Econometria
Economia internazionale
Economia politica (microeconomia e macroeconomia)
Finanza
Gestione aziendale
Marketing
Organizzazione e politica aziendale
Organizzazioni internazionali
Pesi e misure
Politica economica
Politica finanziaria
Politica monetaria
Pubblicità
Ragioneria (generale, applicata e pubblica)
Relazioni industriali
Ricerche di mercato
Scienza delle finanze
Sindacalismo
Società
Statistica
Tecnica bancaria
Tecnica industriale
Tecnica mercantile
Trasporti

inglese • italiano

a, A

A1: Indica la prima classe nel *Lloyd's Register of Shipping* e, pertanto, il tipo di nave più affidabile e sicura che navighi sui mari. Per estensione, il termine è passato a indicare qualsiasi cosa di prima qualità.

a.: acre.

a.a.: 1) after arrival; 2) always afloat.

A.A.: always afloat.

A.A.A.: Agricultural Adjustment Act.

AAA: Sigla usata negli Stati Uniti per indicare obbligazioni, industriali e di enti locali, di primissima qualità.

A and B lists: Nel caso di liquidazione di una società per azioni, coloro che sono tenuti a contribuire alle passività della società vengono distinti in due categorie, indicate come *A list*, che comprende i soci attuali; e *B list*, che comprende gli ex soci. I soci di cui alla *B list* non sono responsabili: a) se cessarono di far parte della società almeno un anno prima dell'inizio della procedura di liquidazione; b) dei debiti contratti dalla società dopo che ne uscirono.

a.a/r: against all risks.

a.a.r.: against all risks.

A.B.: account bought.

ABA: American Bankers' Association.

to abandon: ***abbandonare.*** Questo termine inglese indica sia l'azione di abbandonare una nave a causa di imminente e grave pericolo, sia l'azione dell'assicurato di lasciare all'assicuratore i propri diritti su una nave e sul suo carico, nel momento in cui il secondo paga al primo la somma assicurata relativa ad una perdita totale. Lo stesso termine nel linguaggio delle borse indica il recedere da un contratto a premio, mediante pagamento del corrispettivo precedentemente concordato.

abandon: ***abbandono.*** Termine usato come sinonimo di *abandonment 1* (v.).

abandoned goods: ***beni abbandonati.*** Termine generico usato nel linguaggio giuridico per indicare beni non reclamati dal loro proprietario.

abandonee: ***abbandonatario.*** La persona o l'impresa, di solito un assicuratore o una compagnia di assicurazioni, a favore della quale l'assicurato rinuncia ai propri diritti su ciò che resta di un bene, nel momento in cui egli viene risarcito del danno subito, in base ad una polizza di assicurazione che prevede la perdita totale.

abandonment: 1. ***abbandono.*** Nelle assicurazioni marittime, i beni assicurati vengono abbandonati: a) quando appare inevitabile la loro perdita totale; b) quando il costo per riparare i danni supera il valore dei beni. In caso di abbandono, l'assicurato deve comunicare all'assicuratore che intende abbandonare i beni come perdita totale relativa. L'assicurato avrà diritto al pagamento dell'indennizzo e l'assicuratore avrà diritto di reclamare i beni abbandonati. **2.** ***smobilitazione.*** È il ritiro di un'attività fissa dall'uso cui era destinata, vuoi per obsolescenza, vuoi a seguito di incidente o perché non più necessaria, come ad esempio una fabbrica di materiale bellico in tempo di pace o un pozzo petrolifero esaurito. **3.** ***desistenza.*** Si verifica quando, in un procedimento legale, una delle parti rinuncia alla prosecuzione dell'azione. **4.** ***rifiuto.*** Nella terminologia dei trasporti, il rifiuto da parte del ricevitore di ritirare una partita di merci giunta danneggiata. (v. anche *refused goods*)

abandonment clause: ***clausola di abbandono.*** È la clausola, presente in un contratto di assicurazione, in base alla quale l'assicurato è autorizzato a cedere agli assicuratori i propri diritti su ciò che resta di un bene considerato perdita totale.

abandonment of action: ***desistenza da un'azione giudiziaria.*** Vedi spiegazione sotto *abandonment 3.*

abandonment of cargo: ***abbandono del carico.*** Si verifica contestualmente all'abbandono della nave, quando questa è esposta ad un imminente e grave pericolo.

abandonment of insured property: ***abbandono di cosa assicurata.*** Vedi spiegazione sotto *abandonment 1.*

abandonment of rights: ***rinuncia a diritti.*** Si verifica quando un soggetto rinuncia a propri diritti, sanciti per legge. Alcuni diritti, tuttavia, sono irrinunciabili.

abandonment of ship: ***abbandono di nave.*** Nelle assicurazioni marittime è l'abbandono della nave da parte dell'equipaggio a causa di imminente e grave pericolo.

abatement: 1. ***ribasso; diffalco; abbuono.*** Può essere concesso per pagamento in contanti o altri motivi, come ad esempio quando le merci fornite non corrispondono alla descrizione e il venditore non è in grado di consegnare le merci precedentemente descritte. **2.** ***abbattimento; riduzione.*** Riduzione proporzionale dei crediti, quando un fondo non è sufficiente per far fronte a tutti i debiti. **3.** ***cancellazione; annullamento; abbattimento.*** Indica: a) la riduzione o cancellazione di un'imposta già accertata; b) la cancellazione di una parte o di tutta una spesa prevista. **4.** ***estinzione; sospensione.*** Nel linguaggio giuridico, indica l'estinzione o la sospensione di un'azione già iniziata.

abatement of purchase money: ***abbuono sul prezzo di acquisto; diffalco dal prezzo di acquisto.*** Sconto occasionale, concesso da un venditore a un compratore.

Abbey National Building Society: È la seconda *building society* (v.) in ordine di importanza nel Regno Unito, con filiali in tutto il paese. Fu fondata nel 1849 attraverso la fusione della *Abbey Society* e della *National Society.* Nel 1989 si è trasformata in società per azioni ed è diventata una banca a tutti gli effetti.

ABC: Audit Bureau of Circulation.

ABC agreement: ***contratto ABC.*** Il contratto sottoscritto da una impresa d'intermediazione finanziaria e un suo dipendente, quando la prima acquista un *seat* (v.) presso la NYSE intestato al dipendente. Ciò si rende necessario perché soltanto le persone fisiche possono essere membri della NYSE. Il contratto serve, quindi, a tutelare i diritti dell'impresa che effettivamente sborsa il denaro necessario per l'acquisto del *seat*.

ABC analysis: ***analisi ABC.*** Si indica con questa espressione l'ordinamento di articoli in base al valore assegnato a una qualche caratteristica quantitativa. L'ordinamento ha luogo in tre classi: gli articoli col maggior valore vengono inseriti nella classe A, quelli con valore intermedio nella classe B e quelli con il più basso valore nella classe C.

A.B.C.C.: Association of British Chambers of Commerce.

ABC code: ***codice ABC.*** Uno dei tanti codici telegrafici, usati principalmente nelle comunicazioni internazionali. Contiene 109.437 parole in ordine alfabetico e numerate in modo che ogni numero rappresenti una certa parola. Ciascun numero o parola rappresenta una frase completa, che può essere decifrata da chi possiede il codice. (v. anche *code*)

A.B.C. method: ***metodo ABC.*** Uno dei metodi di inventario delle scorte di magazzino, in base al quale gli articoli vengono indicati con una lettera, A, B, o C, a seconda del loro valore in rapporto alla spesa globale di beni di produzione. Sono indicati con A gli articoli a basso volume ed alto costo e con C i molti articoli a basso costo.

ABEDA: Arab Bank for Economic Development in Africa.

ability to pay: **1.** ***capacità di pagare.*** La capacità delle aziende di concedere aumenti salariali in relazione alla loro redditività. Lo stesso termine indica il principio di far pagare quanto il mercato può sopportare, ad esempio un venditore impone prezzi relativamente più alti su una piazza in cui ha poca concorrenza. **2.** ***capacità contributiva.*** Implica il concetto che i ricchi dovrebbero pagare imposte più alte di quelle che sono tenuti a pagare i meno ricchi e comunque in relazione al loro reddito.

ability–to–pay principle of taxation: ***principio dell'imposizione fiscale in base alla capacità contributiva; teoria della capacità contributiva.*** È il principio in base al quale un'imposta deve essere pagata dal contribuente secondo la sua capacità contributiva e non in relazione ai vantaggi che riceve direttamente dallo stato o al costo per lo stato del servizio reso al singolo contribuente. Questo principio è oggi generalmente applicato nel caso dell'imposizione progressiva sui redditi, ma può anche usarsi in un sistema impositivo proporzionale.

ability–to–pay theory of taxation: ***teoria della capacità contributiva.*** Termine usato come sinonimo di *ability–to–pay principle of taxation* (v.).

abnormal loss: ***perdita anomala.*** Termine generico, usato con lo stesso significato di *abnormal shrinkage, abnormal spoilage* e *abnormal waste* (vv.).

abnormal profit: ***profitto eccessivo.*** Lo stesso che *super–normal profit* (v.).

abnormal shrinkage: ***calo anomalo.*** La differenza tra calo effettivo e calo normale.

abnormal spoilage: ***deterioramento anomalo.*** La differenza tra deterioramento effettivo e deterioramento normale.

abnormal waste: ***scarto anomalo.*** La differenza tra scarto effettivo e scarto normale.

aboriginal cost: ***costo primario; costo per oggetto.*** Termine usato con lo stesso significato di *object cost* (v.).

abortive benefits: ***benefici abortivi.*** Termine usato per indicare i benefici sociali, concessi dallo stato alla comunità, che non raggiungono il risultato voluto di ridistribuire il reddito dalle classi più abbienti a quelle meno abbienti. Il termine cominciò ad essere usato nel Regno Unito negli anni sessanta quando, attraverso analisi statistiche, ci si cominciò a rendere conto che le somme pagate in imposte, dirette ma principalmente indirette, da parte dei meno abbienti equivalevano più o meno ai benefici che essi ricevevano sotto forma di pensioni, sgravi fiscali, servizi sanitari, ecc., tanto che alcuni economisti hanno espresso il dubbio che il sistema finora seguito sia realmente efficace nel ridistribuire il reddito.

abortive bid: ***offerta fallita; offerta non riuscita.*** Una *take–over bid* (v.) che non ha avuto il successo sperato da coloro che l'hanno lanciata.

abortive saving: ***risparmio abortivo.*** Termine usato da D. H. Robertson per indicare il risparmio che non contribuisce a incrementare la ricchezza della comunità. Ciò si verifica, secondo Keynes, quando al risparmio non corrisponde un uguale investimento da parte di un imprenditore. Infatti, se un consumatore si astiene dallo spendere parte del proprio reddito in consumi, indipendentemente da cosa egli farà del denaro così risparmiato, ci sarà nel mercato un acquirente in meno e ciò porterà a una riduzione dei prezzi che, a sua volta, farà aumentare il potere d'acquisto dei redditi monetari degli altri consumatori, i quali potranno aumentare i consumi sborsando lo stesso ammontare di moneta che spendevano prima. E più sono i consumatori che si astengono dallo spendere, più salirà il potere d'acquisto della restante parte di consumatori che si astengono dal risparmio. Come conseguenza, coloro che hanno risparmiato si ritrovano singolarmente più ricchi, mentre i produttori che hanno venduto i loro beni a un prezzo più basso si ritrovano più poveri di un ammontare uguale a quello accumulato dai primi. Pertanto, questo tipo di risparmio invece di avere come risultato un aumento della ricchezza complessiva della comunità non fa altro che porre in essere un doppio trasferimento: un primo trasferimento di consumi da quelli che risparmiano a quelli che non risparmiano; un secondo trasferimento di ricchezza dai produttori ai risparmiatori.

above–normal profit: ***superprofitto; profitto supernormale.*** Lo stesso che *super–normal profit* (v.).

above par: ***sopra la pari.*** Termine borsistico usato per indicare che il corso di un titolo è superiore al suo valore nominale.

above the line: Espressione usata in due significati: a) nel linguaggio aziendale, per indicare le spese promozionali sostenute da un'impresa, per la vendita dei propri prodotti, sotto forma di pubblicità televisiva, su giornali o di affissione (v. anche *below the line*); b) nel linguaggio politico–finanziario, per indicare, tra il 1949 e il 1964, nel bilancio dello stato britannico le entrate (principalmente da imposizione fiscale) e le spese correnti. La distinzione tra *above the line* e *below the line* (v.) era intesa a facilitare il controllo parlamentare.

abrasion: ***abrasione.*** La perdita di peso subita dalle monete metalliche per usura, durante la loro circolazione.

abridged balance sheet: ***bilancio patrimoniale in forma abbreviata; stato patrimoniale in forma abbreviata.*** Uno stato patrimoniale che espone le attività e le passività in base a determinati raggruppamenti prestabiliti.

abscissa: ***ascissa; asse delle ascisse.*** È l'asse orizzontale, spesso individuato con la lettera x, in un piano cartesiano o sistema di coordinate cartesiane a due dimensioni.

absentee: ***assenteista.*** Persona assente dal posto di lavoro per una qualsiasi ragione. Il termine viene di solito usato per indicare chi si assenta spesso e senza un giustificato motivo.

absenteeism: ***assenteismo.*** Generalmente indica la frequente assenza volontaria dal lavoro senza giusta motivazione, ma a volte è usato per indicare assenze frequenti a causa di malattia. Si verifica più spesso in posti di lavoro non graditi ed in particolare quando il salario è alto. Ciò perché la perdita di salario influisce notevolmente sull'aliquota settimanale nell'ambito del sistema britannico di ritenuta fiscale all'origine.

absenteeism rate: ***tasso di assenteismo.*** È il rapporto tra giorni lavorativi persi e giorni lavorativi previsti. La formula più usata è A=L/F, dove A = tasso di assenteismo; L = giorni lavorativi; e F = giorni lavorativi previsti.

absentee landlord: Termine usato per indicare il proprietario non residente nella sua tenuta o nel paese in cui possiede terreni. È generalmente applicato a proprietari terrieri irlandesi residenti in Inghilterra e implica che la tenuta è trascurata. In epoca più recente, il termine è stato usato per indicare chi si disinteressa completamente dei propri interessi, lasciandone la gestione o amministrazione ad altri.

absentee ownership: Ha lo stesso significato di *absentee landlord* (v.), ma di uso più ampio, perché indica che un proprietario non vive nel paese in cui si trova la proprietà dalla quale trae il proprio reddito, come ad esempio il proprietario di una piantagione di caffè in Brasile che vive a Roma.

absolute advantage: ***vantaggio assoluto.*** Il vantaggio di un paese o di una regione, nei confronti di altri, quando ha costi minori di produzione di un particolare bene derivanti da fattori naturali, minor costo del lavoro, ecc. Lo stesso termine si usa per indicare il vantaggio di un'impresa, rispetto ad altre della stessa industria, quando essa riesce a produrre un bene ad un costo inferiore a quello delle altre, a causa della proprietà di brevetti essenziali a quel tipo di industria, di particolari abilità del gruppo di persone preposto alla gestione o altri fattori del genere.

absolute bill of sale: ***atto di vendita di beni mobili.*** È un atto di cessione di beni mobili, mediante il quale la loro proprietà viene trasferita in via definitiva e senza condizioni da un debitore ad un suo creditore, in pagamento del debito esistente.

absolute cost advantage: ***vantaggio assoluto di costo.*** Espressione usata nel linguaggio economico per indicare che le imprese esistenti in un mercato hanno curve di costo medio notevolmente più basse nel loro insieme di quelle relative ad imprese che vogliono entrare nel mercato. Tra le possibili cause di tale vantaggio vi sono il valore di avviamento, il controllo di brevetti essenziali per quel tipo di industria e l'esperienza che si acquisisce soltanto con la pratica.

absolute fixed peg: ***parità fissa assoluta.*** Espressione usata nel linguaggio finanziario internazionale per indicare la situazione in cui viene stabilita una parità fissa tra due o più valute, alle quali non viene consentita alcuna fluttuazione al di sopra o al di sotto di tali parità concordate.

absolute income hypothesis: ***ipotesi del reddito assoluto.*** Spiega come gli individui, di regola, aumentano i loro consumi con l'aumentare dei propri redditi, ma non di tanto quanto è l'aumento del reddito. Una delle formulazioni dell'ipotesi esprime il livello del risparmio come una funzione del reddito e di altre variabili. L'altra formulazione usa il rapporto di risparmio (risparmio/reddito) come una funzione del reddito e altre variabili. (v. anche *permanent income hypothesis, relative income hypothesis*)

absolute insolvency: ***insolvenza assoluta.*** La situazione in cui si trova una persona fisica o giuridica le cui passività superano le attività.

absolute liability: ***responsabilità assoluta.*** La responsabilità di un soggetto in relazione al pagamento di danni a terzi, a seguito del verificarsi di un evento fortuito, come ad esempio la rottura di un tubo dell'acqua che causa danni all'abitazione di un condomino o un cane che causa danni a persone o a proprietà di terzi.

absolute monopoly: ***monopolio puro; monopolio perfetto; monopolio assoluto.*** Se un singolo produttore avesse il controllo dell'intera produzione di un bene o servizio di cui non esistono succedanei, si verificherebbe il monopolio puro o perfetto. Questa situazione, prevista nella teoria economica in relazione allo studio della piccola impresa come introduzione alle forme di concorrenza monopolistica, non si verifica quasi mai nella pratica, perché vi sono sempre surrogati o succedanei per la maggior parte dei beni e servizi e perché non si verifica quasi mai il caso che un singolo produttore sia in grado di controllare la totalità dell'offerta.

absolute ownership: ***proprietà assoluta; proprietà esclusiva; proprietà piena.*** È il diritto di possedere e godere un bene completamente e senza limiti di tempo, incluso il diritto di alienarlo o distruggerlo.

absolute price: ***prezzo assoluto.*** Termine usato in contrapposizione a *relative price* (v.) per indicare che il prezzo di un bene o servizio è espresso in termini di una certa unità monetaria e non in termini di un altro bene o servizio.

absolute priority: ***priorità assoluta.*** È il diritto dei creditori più antichi e dei portatori di titoli a reddito fisso di essere liquidati in pieno prima di soddisfare successive emissioni. Ad esempio, se vi sono attività per cinquemila sterline e passività per mille sterline in obbligazioni, cinquemila sterline in azioni privilegiate e cinquemila sterline in azioni ordinarie, gli obbligazionisti sono pagati al 100%, i portatori di azioni privilegiate ricevono l'80% e i portatori di azioni ordinarie non ricevono niente. (v. anche *relative priority*)

absolute privilege: ***privilegio assoluto.*** Diritto speciale concesso ad una sola persona o a poche persone che fanno parte di una determinata categoria, come ad esempio l'immunità parlamentare.

absolute quota: ***quota assoluta; contingente assoluto.*** È una delle principali categorie di contingenti di importazione. Quando un bene è soggetto a quota assoluta significa che l'ammontare massimo di scambi consentiti per quel bene è stabilito ufficialmente dal governo del paese importatore.

absolute sale: ***vendita in conto assoluto.*** Nel linguaggio commerciale, è la vendita che prevede il passaggio del titolo di proprietà dei beni al compratore nel momento in cui si conclude l'operazione, con l'intesa che quest'ultimo non ha la possibilità di restituire i beni al venditore qualora non riesca a esitarli. Pertanto, indica il concetto opposto di vendita in conto deposito.

absolute scarcity: ***scarsità assoluta.*** Il concetto, applicato in particolare alle risorse esauribili quali i combustibili fossili, che certe risorse esistono in quantità fissa e non possono essere ricostituite una volta che vengono usate.

absolute title: ***diritto di proprietà pieno; diritto di proprietà assoluto.*** È il diritto di proprietà che non può essere messo in discussione, come ad esempio, nel Regno Unito, il diritto di proprietà di un bene immobile registrato in base al *Land Registration Act* del 1925.

absolute total loss: ***perdita totale assoluta.*** Termine usato con lo stesso significato di *actual total loss* (v.).

absolute value: ***valore assoluto.*** Nella concezione popolare, si ritiene che certi beni, come ad esempio i metalli preziosi, abbiano un valore assoluto, costituito da proprietà o capacità inerenti a quei beni e assenti in altri. Così, c'è chi sostiene che il pane abbia un valore assoluto in quanto ha la capacità di soddisfare la fame. Da un punto di vista economico, invece, il valore dei beni viene considerato soggettivo e cioè dipendente strettamente dalla domanda dei consumatori in relazione all'offerta. Secondo questa concezione, pertanto, non esiste un valore assoluto ed infatti se l'offerta di pane superasse di molto la domanda, l'eccedenza avrebbe poco o nessun valore. Nel linguaggio matematico, la grandezza di un numero, senza tener conto del suo segno.

to absorb: ***assorbire.*** In ragioneria, questo termine viene usato con due significati: a) unificare, per trasferimento, tutto o parte di un conto o gruppo di conti con un altro conto in modo tale da far perdere l'identità del primo, come ad esempio per il trasferimento delle spese di gestione dal conto spese generali al conto merci in lavorazione o dal conto merci in lavorazione al conto prodotti finiti o dal conto prodotti finiti al conto costi di vendita; b) includere costi congiunti effettivi nello stabilire un prezzo o un costo standard.

absorbed cost: ***costo assorbito.*** Costo trasferito a un conto profitti e perdite o ad un altro conto di giro e successivamente agli utili non distribuiti o all'eccedenza utili.

absorbed overheads: ***costi generali assorbiti.*** L'ammontare dei costi generali di produzione che vengono inclusi nei costi di prodotto mediante il loro assorbimento in un arco di tempo.

absorption: ***assorbimento.*** 1) Quando una piccola azienda si fonde con una più grande può perdere del tutto la propria identità e diventare semplicemente parte dell'azienda più grande che l'ha assorbita. 2) Nei trasporti marittimi, il termine inglese indica l'assunzione da parte di un vettore di spese particolari di un altro vettore dello stesso carico, senza aumentare la tariffa praticata al caricatore. 3) In ragioneria, procedimento o risultato di porre spese effettive o preventivate in relazione alla produzione di beni o servizi. 4) Nel linguaggio della bilancia dei pagamenti, indica la parte della produzione nazionale acquistata all'interno del paese e, pertanto, non disponibile per i mercati esteri.

absorption account: ***conto di assorbimento; conto di collegamento.*** Conto in relazione a, e generalmente seguente, un altro conto in un mastro, le cui poste rappresentano trasferimenti ad altri conti.

absorption approach: ***approccio dell'assorbimento.*** Nell'economia monetaria, è l'approccio al problema della bilancia dei pagamenti che rappresenta l'estensione ad un'economia aperta del modello reddito–spesa keynesiano. Tale approccio focalizza l'attenzione principalmente sul mercato dei prodotti, in minor misura sul mercato delle valute e sembra ignorare completamente il mercato monetario. Concentrando la sua attenzione sui flussi di reddito e spesa trascura come importanti variabili esplicative i saldi monetari, altre variabili monetarie e i prezzi relativi. (v. anche *elasticities approach, monetary approach*)

absorption cost: ***costo di assorbimento; costo pieno; costo globale; costo complessivo.*** È il costo che si ottiene aggiungendo al costo industriale una quota di spese generali di amministrazione e di vendita.

absorption costing: ***sistema di contabilità a costi pieni; sistema di contabilità a costi di assorbimento; sistema di contabilità a costi complessivi; contabilità industriale a costi globali.*** La contabilità industriale che si pone come scopo il calcolo delle varie configurazioni di costo al fine di stabilire i prezzi di vendita o di accertare la loro remunerabilità. Pertanto, essa determina, per ogni processo di lavorazione o per ogni commessa, il costo primo, il costo industriale e il costo complessivo, imputando i costi comuni e generali alla produzione ottenuta. È il contrario di contabilità industriale a costi diretti ed è ancora quella più diffusa ed usata in Europa. (v. anche *direct costing 2*)

absorption rate: ***tasso di assorbimento.*** Il tasso al quale vengono aumentati i costi di un prodotto o di un centro di costi affinché rappresentino effettivamente la parte di costi generali da imputarsi al prodotto o al centro.

abstinence: ***astinenza.*** Termine usato per la prima volta da N.W. Senior, che definì l'astinenza come «il comportamento di una persona che o si astiene dall'uso improduttivo di ciò che può consumare o intenzionalmente preferisce la produzione di risultati futuri a quelli immediati». In economia, pertanto, il termine indica l'atto del risparmiatore che si astiene dal consumare, rendendo così possibile la destinazione di una maggiore quantità delle risorse produttive alla creazione di beni capitale.

abstinence theory of interest: ***teoria dell'astinenza; teoria dell'interesse basata sull'astinenza.*** Spiega l'interesse come prezzo pagato dal mutuatario al mutuante a compenso dell'astensione di quest'ultimo dal consumo immediato di una parte del suo reddito. (v. anche *agio theory of interest, classical theory of interest, liquidity preference theory of interest, loanable funds theory of interest, marginal productivity theory of interest, time preference theory of interest*)

abstract of title: ***estratto di titolo di proprietà; estratto catastale.*** Documento scritto mediante il quale è possibile stabilire la proprietà di un determinato bene immobile. In esso, vengono riassunte tutte le parti materiali di ciascun atto relativo all'immobile e ogni altra operazione che abbia modificato il titolo di proprietà. (v. anche *title deed*)

A+B theorem: ***teorema A+B.*** V. spiegazione sotto *social credit*.

abundance: ***abbondanza.*** Situazione in cui il fabbisogno di beni e servizi può essere soddisfatto in pieno. Richiederebbe, però, un'offerta illimitata di tutti i beni e l'esistenza del prezzo è prova di scarsità e non di abbondanza. Ci può a volte essere abbondanza di un particolare bene o servizio, ma sembra che la situazione di scarsità dovrà sempre essere presente nell'ambiente umano.

a/c: account.

A/c: account.

A/C: account current.

ac.: acre.

ACA: accession compensatory amount.

A.C.A.S.: Advisory, Conciliation and Arbitration Service.

acc.: 1) acceptance; 2) accepted; 3) account.

Acc.: 1) acceptance; 2) accepted.

accelerated cost recovery: ***recupero accelerato dei costi.*** Provvedimento fiscale, adottato negli Stati Uniti dall'Amministrazione Reagan con l'*Economic Recovery*

Tax Act del 1981, che prevede un più rapido ammortamento dei costi relativi agli investimenti aziendali, con l'intento di fornire gli incentivi necessari a una rinnovata crescita economica. Il piano statunitense prevedeva cinque classi ben definite nelle quali rientravano i beni capitali da ammortizzarsi e ciascuna classe prevedeva un periodo di ammortamento diverso dagli altri, ma sempre più breve di quanto era previsto in passato.

accelerated depreciation: 1. *rapido ammortamento; ammortamento anticipato; ammortamento accelerato.* Pratica in base alla quale, per fini fiscali, a un'azienda è concesso di ammortizzare il costo di un nuovo impianto in un periodo più breve della sua vita reale (di solito cinque anni). **2. *rapido deterioramento.*** Deterioramento insolitamente rapido dovuto a condizioni particolari, quali il sovraccarico di un impianto, mancanza di personale qualificato o impossibilità di provvedere alla manutenzione dovuta o di reperire parti di ricambio.

accelerating inflation: *inflazione crescente.* Tipo d'inflazione il cui tasso di aumento è in continua crescita.

accelerating premium: *premio di produttività.* In certi sistemi di incentivazione, è il premio che si corrisponde al lavoratore e che diventa sempre maggiore con l'aumentare della produzione.

acceleration: *accelerazione.* 1) Indica quel processo per cui ad una variazione della domanda da parte dei consumatori corrisponde una variazione amplificata della domanda da parte dei produttori. Se la domanda di un bene aumenta, l'offerta non può adeguarsi immediatamente, perché i produttori dovranno ampliare gli impianti e via via la spinta risale fino alla materia prima. Poiché vi è sfasamento temporale tra offerta e domanda e dato il carattere durevole degli ampliamenti delle unità produttive, una contrazione della domanda può causare eccesso di offerta con conseguente crollo di produzione e crisi. (v. anche *magnified demand, acceleration principle*) 2) In terminologia finanziaria, è una condizione che stabilisce che in caso di mancato pagamento di una scadenza, tutte le scadenze future diventano esigibili immediatamente.

acceleration clause: *clausola di accelerazione.* Clausola spesso presente nei contratti che prevedono pagamenti dilazionati. Stabilisce che in caso di mancato pagamento di una scadenza, tutte le scadenze future diventano esigibili immediatamente.

acceleration coefficient: *coefficiente di accelerazione.* È il rapporto tra la variazione della domanda di beni capitali, o investimenti, e la variazione del reddito. Nella sua forma più semplificata, il principio dell'accelerazione presuppone che la domanda di beni capitali da parte degli imprenditori, e quindi gli investimenti, sia stimolata dall'aumento della domanda di beni di consumo e, quindi, del reddito. Nell'esempio dato sotto *acceleration principle* (v.), se ciascun paio di scarpe fa aumentare il reddito dell'impresa di dieci unità monetarie e ciascuna macchina costa centomila unità monetarie, l'aumento di reddito di centomila unità monetarie impone una spesa di investimento di un milione di unità monetarie ed in tal caso il coefficiente di accelerazione corrisponde a dieci.

acceleration effect: *effetto di accelerazione.* È l'effetto di ampliamento della domanda di beni capitali a seguito di un incremento della domanda di beni di consumo, descritta sotto *acceleration principle* (v.).

acceleration premium: *premio di produttività.* Termine usato come sinonimo di *accelerating premium* (v.).

acceleration principle: *principio dell'accelerazione; principio dell'acceleratore.* Il principio dell'acceleratore viene usato in teoria economica per porre in relazione il volume degli investimenti con le variazioni di reddito. Può applicarsi ad una singola impresa, ad un'industria o ad un intero sistema economico e dimostra come la domanda di beni capitali da parte degli imprenditori sia strettamente correlata alle variazioni del reddito. Infatti, se il reddito è costante, gli investimenti vengono essenzialmente limitati alla sostituzione di impianti deteriorati ad un tasso relativamente costante. Un aumento del reddito, invece, porta ad un aumento della domanda dei beni e servizi prodotti dalle imprese. Se nella struttura produttiva esiste capacità inutilizzata o se gli imprenditori rinviano gli investimenti in attesa di essere certi che l'aumento della domanda sia permanente, non si verificherà alcuna accelerazione nel sistema economico. Ma supponendo che le imprese stiano già operando al massimo, o quasi, della capacità e che gli imprenditori decidano di far fronte alla maggiore domanda di beni di consumo, gli impianti esistenti dovranno essere ampliati ed in tali condizioni la domanda, da parte delle imprese, di beni capitali aumenta molto di più della domanda di beni di consumo da parte dei consumatori. Così, un'impresa che operi a piena capacità e sia priva di consistenti giacenze, che ogni anno sostituisca, per effetto del deprezzamento, il dieci per cento delle proprie macchine, avrà bisogno del doppio delle macchine, pari ad un aumento del cento per cento, in un qualsiasi anno in cui la domanda dei suoi prodotti cresca soltanto del dieci per cento. Infatti, l'aumento della domanda comporta l'uso di altre macchine per far fronte alla richiesta di prodotti e queste vanno ad aggiungersi alle macchine normalmente acquistate per sostituire quelle vecchie. Per esempio, se la produzione annua di scarpe è di centomila paia e sono necessarie cento macchine per realizzare tale produzione, con un rapporto quindi di mille paia di scarpe per macchina, un aumento della domanda di scarpe del dieci per cento, corrispondente a diecimila paia, impone all'impresa l'acquisto di altre dieci macchine, che vanno ad aggiungersi alle dieci normalmente richieste per la sostituzione delle vecchie. Al fine di mantenere il nuovo livello di investimento a venti macchine all'anno è necessario che la domanda del prodotto dell'impresa continui a crescere al ritmo del dieci per cento all'anno. Se l'aumento della domanda è inferiore a tale percentuale, o se la domanda diventa stabile, il volume d'investimento diminuisce con la conseguente diminuzione del prodotto nazionale lordo. Inoltre, una riduzione della domanda del prodotto potrebbe ridurre a zero gli investimenti dell'impresa se la capacità inutilizzata rende inutile la sostituzione di impianti deterioratisi. Il principio dell'accelerazione aiuta a spiegare le variazioni del volume degli investimenti. Esso è anche utile nell'analisi del ciclo economico, particolarmente quando viene usato per seguire il processo continuo di espansione economica che si verifica dopo un'iniezione iniziale di spesa autonoma, che pone in moto l'effetto del moltiplicatore. Si può notare, infatti, che un aumento dei consumi stimola maggiori investimenti attraverso l'effetto dell'acceleratore e perciò si può dire che vi sia interazione tra acceleratore e moltiplicatore.

accelerator: *acceleratore.* È il processo per cui un aumento della domanda di beni di consumo porta ad un aumento amplificato della domanda di beni capitali, descritto sotto *acceleration principle* (v.).

accelerator coefficient: *coefficiente di accelerazione.* Termine usato come sinonimo di *acceleration coefficient* (v.).

accelerator–multiplier model: ***modello acceleratore–moltiplicatore.*** In teoria economica, è un modello che spiega l'interazione tra l'acceleratore e il moltiplicatore nell'analisi del ciclo economico. (v. anche *accelerator, multiplier*)

accelerator principle: ***principio dell'acceleratore.*** Lo stesso che *acceleration principle* (v.).

accelerator theory: ***teoria dell'acceleratore; teoria dell'accelerazione; teoria della domanda derivata.*** Termine usato come sinonimo di *acceleration principle* (v.).

accelerator theory of investment: ***teoria degli investimenti basata sull'acceleratore.*** È la teoria che spiega l'aumento degli investimenti descritto sotto *acceleration principle* (v.) e *acceleration 1* (v.).

to accept: ***accettare.*** Termine usato nel linguaggio giuridico, commerciale e finanziario in relazione a merci, ordinativi, offerte, cambiali, obbligazioni e simili.

acceptability: ***accettabilità.*** 1) In relazione a carta presentata da una banca membro per lo sconto presso una banca della Riserva Federale, questo termine indica globalmente le caratteristiche che essa deve possedere per essere ammessa allo sconto. Tali caratteristiche riguardano la posizione creditizia del traente o emittente; la disponibilità di fondi; la questione del se quella particolare banca membro del Sistema della Riserva Federale abbia già esaurito la propria quota di credito; se l'esperienza passata ha dimostrato che quella particolare banca usa il credito concesso dalla banca della Riserva Federale per scopi impropri o indesiderabili e tante altre considerazioni non precisamente formulate, ma lasciate alla discrezione degli organi preposti alla concessione di credito alle banche mediante lo strumento del risconto. (v. anche *eligibility*) 2) In economia monetaria, il termine indica una delle caratteristiche che deve possedere una moneta al fine di fungere da buon mezzo di scambio e cioè essere accettata da tutti coloro che vivono nella comunità in cui essa circola.

acceptable: ***accettabile.*** Aggettivo usato nel linguaggio commerciale per indicare merci di qualità abbastanza buona per l'uso cui sono destinate. Lo stesso termine si applica a prezzi, termini, condizioni, ecc., che vengono accettati in quanto non superano il limite che porterebbe a rifiutarli.

acceptable quality level: ***livello accettabile di qualità.*** Nel controllo statistico della qualità, è un grado predeterminato, generalmente in termini di numero o percentuale di articoli difettosi in una partita, che è considerato soddisfacente nel senso che tale qualità sarà accettata dalla procedura di ispezione almeno nel 95% dei casi.

acceptable quality limit: ***limite di qualità accettabile.*** È il limite oltre il quale le merci spedite non sono accettabili e saranno rifiutate dal compratore.

acceptance: ***accettazione.*** 1) Promessa di pagamento da parte del trattario di una cambiale tratta, di solito comprovata dalla parola «accettato» scritta sul titolo di credito e seguita dalla data, il luogo di pagamento e la firma del trattario. L'effetto dell'accettazione è quello di rendere la tratta equivalente ad un pagherò. 2) Il termine è di solito usato per indicare una cambiale tratta accettata dal trattario. 3) L'azione di una delle parti di un contratto per renderlo valido, a seguito dell'offerta dell'altra parte. L'accettazione della proposta contrattuale può essere orale o scritta a seconda del tipo di contratto. (v. anche *trade acceptance*)

acceptance account: ***conto accettazioni.*** In contabilità, è il conto nel quale vengono riportati gli estremi delle accettazioni.

acceptance against documents: ***accettazione contro documenti.*** Condizione inserita in molti contratti di vendita nel commercio internazionale. Prevede che la consegna dei documenti rappresentativi delle merci in viaggio, di solito da parte di una banca corrispondente della banca dell'esportatore, verrà effettuata dietro accettazione di una cambiale tratta sull'importatore. (v. anche *documentary bill*)

acceptance bank: ***istituto di accettazione.*** Termine statunitense, usato con lo stesso significato di *acceptance house* (v.).

acceptance bill: ***accettazione.*** Termine usato come sinonimo di *acceptance 2* (v.) e di *trade acceptance* (v.).

acceptance by intervention: ***accettazione per intervento.*** Vedi spiegazione sotto *acceptance for honour* e *acceptance supra protest.*

acceptance commission: ***commissione di accettazione.*** La commissione fatta pagare da una banca per il servizio di accettazione di una cambiale per conto del cliente.

acceptance credit: ***credito di accettazione.*** Metodo di pagamento usato nel commercio internazionale. Una banca commerciale (nel Regno Unito anche una *acceptance house*) apre una linea di credito ad un commerciante straniero la cui situazione patrimoniale soddisfa la banca. Il commerciante potrà emettere tratte sulla banca in favore dei suoi fornitori e tali tratte saranno facilmente scontate sul mercato monetario locale. (v. anche *London acceptance credit*)

acceptance fee: ***commissione di accettazione.*** Lo stesso che *acceptance commission* (v.).

acceptance for honour: ***accettazione per intervento.*** In caso di rifiuto dell'accettazione da parte del trattario, la cambiale tratta può essere accettata da chi ha interesse a salvaguardare il buon nome del trattario.

acceptance house: ***casa di accettazione.*** Istituzione finanziaria specializzata nell'accettare cambiali tratte su di lei a seguito della concessione di credito a favore di clienti graditi. La casa di accettazione è un'importante istituzione nel mercato monetario londinese che ebbe origine oltre un secolo fa, quando grossi commercianti acconsentivano a che piccoli commercianti spiccassero tratte su di loro, affinché la maggior considerazione in cui era tenuta la loro accettazione facilitasse lo sconto della cambiale. Questa origine è ancora presente nel nome «merchant banker» a volte dato alle case di accettazione. Oggi, le case di accettazione londinesi emettono prestiti, accettano depositi e svolgono una vasta serie di operazioni finanziarie. (v. anche *merchant bank*)

acceptance in blank: ***accettazione in bianco.*** Lo stesso che *blank acceptance* (v.).

acceptance ledger: ***libro delle accettazioni.*** Libro in cui vengono registrati, sotto il nome del cliente, i particolari delle cambiali accettate dalla banca per conto di propri clienti.

acceptance market: ***mercato delle accettazioni.*** Parte del mercato monetario, nel quale vengono acquistate e vendute cambiali accettate. Il mercato delle accettazioni londinese consiste di undici case di sconto principali e di una dozzina di altre simili istituzioni più piccole. I capitali di cui fanno uso le case di sconto vengono mutuati dal sistema bancario inglese e, in parte, da banche estere, in quanto la maggior parte delle banche inglesi generalmente non svolgono operazioni di sconto cambiali.

acceptance of goods: ***accettazione di merci.*** Nel linguaggio commerciale, questa espressione indica che il compratore è d'accordo ad accettare i beni oggetto di un contratto di compravendita ed è disposto e pronto a pagarli. L'accettazione può anche scaturire dal fatto che il compratore non ha compiuto alcuna azione che portasse al rifiuto delle merci e, pertanto, trascorso un ragionevole periodo di tempo si presume che egli le abbia accettate ed è tenuto a pagarle. Nel linguaggio della pubblicità, l'espressione indica la disponibilità dei consumatori a comprare determinati prodotti.

acceptance of offer: ***accettazione di offerta.*** Nel linguaggio giuridico, indica l'accettazione di una delle parti contraenti dell'offerta fatta dall'altra parte contraente. Affinché divenga un contratto, è necessario che l'offerta sia accettata nella sua interezza e che la parte che l'ha fatta sia informata che essa è stata accettata.

acceptance of proposal: ***accettazione di proposta.*** Nel linguaggio delle assicurazioni, è l'accettazione, da parte di una compagnia assicuratrice, di una proposta passata da un agente. Con essa, la società si impegna a fornire la copertura di rischio richiesta, in considerazione del pagamento del relativo premio.

acceptance register: ***registro delle accettazioni.*** Il libro nel quale si riportano i dettagli completi di tutte le cambiali accettate dalla banca per conto dei clienti.

acceptance sampling: ***analisi di accettazione; campionamento di accettazione.*** L'uso di campioni per determinare l'accettabilità di una partita di merci. Si basa sulla valutazione di una qualche caratteristica qualitativa di ciascun articolo del campione, sul presupposto della distribuzione della qualità all'interno dell'intera partita. Il giudizio sulla qualità è, quindi, basato sui dati risultanti da questa valutazione. (v. anche *statistical quality control*)

acceptance supra protest: ***accettazione per intervento.*** Se una cambiale viene protestata per mancata accettazione ed è poi accettata da una persona diversa dal trattario per salvaguardare il nome di quest'ultimo, questa azione viene chiamata accettazione per intervento.

acceptance wage: ***salario di accettazione.*** Lo stesso che *reservation wage* (v.).

accepted bill: ***cambiale accettata; accettazione.*** Termine usato con lo stesso significato di *acceptance 2* (v.).

to accept for discount: ***ammettere allo sconto.*** Espressione usata nel linguaggio finanziario per indicare che una casa di sconto o altra istituzione finanziaria è disposta ad anticipare il valore facciale di un titolo di credito, dopo aver detratto lo sconto.

acceptilation: ***accettilazione.*** Termine derivante dal diritto romano, e ancora usato in Scozia, con il quale si indica la formale estinzione di un debito o di un'obbligazione.

accepting house: ***casa di accettazione.*** Termine usato come sinonimo di *acceptance house* (v.).

Accepting Houses Committee: ***Comitato delle case di accettazione.*** Rappresenta diciassette case di accettazione londinesi. I principali requisiti per far parte del Comitato sono: a) una notevole parte dell'attività della casa deve essere rivolta all'accettazione di cambiali per finanziare il commercio tra terzi; b) le cambiali, una volta accettate, determinano i tassi di sconto più bassi sul mercato; c) le cambiali accettate dalle case vengono riscontate senza spese dalla Banca d'Inghilterra. Questi tre requisiti possono considerarsi le tre caratteristiche di una casa di accettazione. Il Comitato trasmette ai membri le disposizioni del Ministero del Tesoro, del Cancelliere dello Scacchiere e del Governatore della Banca d'Inghilterra, oltre ad adoperarsi per tutelare gli interessi di tutte le case di sconto che operano sul mercato.

acceptor: ***accettante.*** La persona che emette una cambiale tratta è chiamata traente e la persona sulla quale viene emessa si chiama trattario. Quando il trattario accetta la cambiale, cioè accetta l'obbligazione o il debito, si chiama accettante. (v. anche *acceptance*)

acceptor for honour: ***accettante per intervento.*** Colui che accetta una cambiale, in luogo del trattario, al fine di salvaguardare il buon nome di quest'ultimo. L'espressione inglese viene usata solo quando il trattario si è rifiutato di accettare la cambiale e questa non è ancora stata protestata per mancata accettazione.

acceptors' ledger: ***libro degli accettanti.*** In questo libro viene acceso un conto separato per ciascun accettante di cambiali scontate dalla banca, così che essa possa rapidamente rendersi conto dell'ammontare per cui è esposta una qualsiasi persona fisica o giuridica. Nel valutare se ammettere o no allo sconto un titolo di credito è molto importante sapere a quanto ammonta l'esposizione dell'accettante.

acceptor supra protest: ***accettante per intervento.*** Colui che accetta una cambiale, al fine di salvaguardare il buon nome del trattario, quando questa è stata protestata per mancata accettazione da parte dell'obbligato principale.

accessibility: ***accessibilità; vicinanza.*** Termine usato nelle spiegazioni dei modi di utilizzazione della terra, delle rendite che essa frutta e dei suoi prezzi in aree urbane. Quanto più vicina è la terra al centro di una città ovvero ad un mercato, ad una stazione ferroviaria o altra infrastruttura, tanto più alti saranno i suoi prezzi o canoni di fitto.

accession: ***accessione.*** Quando beni non fungibili sono mischiati, può avere luogo l'accessione, che letteralmente significa «aggiunta a». La dottrina giuridica si interessa delle norme che regolano il diritto di una parte di recuperare i beni che sono stati mischiati o assorbiti a beni di un'altra parte.

accession compensatory amount: ***montante compensativo di accesso.*** Sono i montanti compensativi fissati dalla Comunità Economica Europea per i nuovi paesi membri, durante la loro fase di transizione, che differiscono dai montanti compensativi fissati per gli stati già membri della Comunità. Lo scopo di tali montanti è quello di sostenere i prezzi del paese di nuova associazione, fino a quando essi non saranno completamente allineati ai prezzi pieni stabiliti dalla politica agricola comunitaria.

accession rate: ***tasso d'incremento dell'organico in forza a una unità produttiva.*** Nella gestione del personale, il rapporto tra il numero di addetti aggiunti al ruolo paga in un mese e la forza di lavoro media nello stesso mese.

accessorial services: ***servizi accessori.*** Nei trasporti, i servizi, al di là dell'effettivo spostamento dei beni, resi da un vettore e rientranti nella tariffa applicata, come ad esempio: scelta, imballaggio e simili.

accessories: ***accessori.*** Termine usato nel linguaggio commerciale per indicare: a) parti che possono aggiungersi, a richiesta del compratore, ad un'automobile, ad una macchina fotografica, ad un utensile, ecc., al fine di renderli più funzionali o più belli; b) articoli di abbigliamento, scelti appositamente per intonarsi ad un abito, ad un cappotto, ecc., come ad esempio scarpe, guanti, cappello, borsetta e simili.

access to a market: ***accesso a un mercato.*** Espressione usata nel linguaggio commerciale per indicare il diritto o la capacità di un'impresa ad accedere liberamente su un mercato, nel quale vendere i propri prodotti senza infrangere alcuna legge o alcun accordo.

accident: ***infortunio; incidente.*** Evento imprevisto e inaspettato per gli effetti del quale, in generale, vi è esenzione da responsabilità.

accidental death benefit: ***indennizzo per morte accidentale.*** Lo stesso che *double indemnity* (v.).

accident frequency rate: ***tasso di frequenza degli infortuni sul lavoro.*** Il numero di infortuni invalidanti subiti dai lavoratori per milione di ore–uomo lavorative su base annua. La proporzione è: A.F.R. : 1.000.000 ore–uomo = infortuni invalidanti/anno : ore–uomo/anno.

accident insurance: ***assicurazione contro gli infortuni.*** Contratto che prevede il pagamento di una somma stabilita nel caso di morte o di invalidità a seguito di infortunio. Nel caso di invalidità temporanea, di solito prevede il pagamento di una somma stabilita per ciascun giorno o settimana ma per un numero limitato di giorni o settimane, spese mediche di solito incluse. È generalmente considerata un tipo speciale di *life insurance* (v.).

accident prevention: ***prevenzione degli infortuni; antinfortunistica.*** Insieme di norme e dispositivi atti a prevenire gli infortuni e specialmente gli infortuni sul lavoro.

accident severity rate: ***tasso di gravità degli infortuni sul lavoro.*** Il numero di giorni persi a causa di infortuni invalidanti o morte per milione di ore–uomo lavorative, calcolando la morte come uguale a 6.000 giorni. La proporzione è: A.S.R. : 1.000.000 ore–uomo = giorni persi per infortuni/anno : ore–uomo/anno.

to accommodate: ***favorire.*** Il termine inglese indica l'azione di prestare denaro, generalmente a titolo di favore, per un periodo di tempo breve.

accommodating movements: ***movimenti di accomodamento.*** Il termine inglese indica trasferimenti all'estero di oro e valuta straniera, con cui far fronte a saldi negativi della bilancia dei pagamenti del paese che effettua i trasferimenti.

accommodation: ***prestito.*** Nel linguaggio bancario, questo termine indica un prestito a breve, specialmente quello concesso per favorire un cliente che ha urgente bisogno di liquidi.

accommodation acceptance: ***accettazione di comodo.*** Termine usato come sinonimo di *accommodation bill* (v.).

accommodation bill: ***cambiale di comodo; cambiale di favore.*** Cambiale che una persona, chiamata contraente di comodo, firma come traente, accettante o girante senza ricevere contropartita e al solo scopo di finanziare un'altra persona consentendole di usare il suo nome. La posizione del contraente di comodo è quella di garante o di mallevadore. In inglese questo tipo di cambiale è spesso chiamata *kite, windmill* o *windbill.*

accommodation endorsement: ***girata di comodo.*** È la girata effettuata da una persona diversa dall'obbligato principale, che consente a quest'ultimo di servirsi del suo buon nome come garanzia che il prestito contratto con la cambiale, o altro titolo di credito, sarà regolarmente pagato alla scadenza. Il titolo, così, potrà essere più facilmente negoziato ad un tasso di sconto più favorevole.

accommodation endorser: ***girante di comodo.*** È la persona che si presta ad effettuare una girata di comodo.

accommodation land: ***terreno di facile accesso.*** Espressione usata in economia per indicare un terreno agricolo in relazione al quale viene pagata una rendita superiore a quella di un terreno simile, per il fatto che esso si trova in prossimità di un mercato, di una città, di una stazione ferroviaria o altra infrastruttura.

accommodation line: Espressione usata nel linguaggio delle assicurazioni per indicare polizze preparate da un *insurance broker* (v.) o da un agente ed accettate dall'assicuratore a causa delle soddisfacenti caratteristiche dell'insieme dei contratti presentati da quel broker o agente, anche se i rigidi principi assicurativi consiglierebbero di non accettare quelle particolari polizze.

accommodation loan: **1.** ***prestito a breve.*** Lo stesso che *accommodation* (v.). **2.** ***prestito di favore; prestito gratuito.*** Prestito, sotto forma di moneta o di credito, concesso soltanto come atto di considerazione o di amicizia e, pertanto, senza alcuna contropartita tangibile.

accommodation maker: ***emittente di comodo.*** Chi emette una cambiale di comodo allo scopo di favorire un terzo.

accommodation note: ***cambiale di comodo; cambiale di favore.*** Termine usato con lo stesso significato di *accommodation bill* (v.).

accommodation paper: ***carta di favore; carta di comodo.*** Nel linguaggio commerciale e bancario, indica l'insieme delle cambiali che hanno come sostrato operazioni di finanziamento e non il trasferimento di beni o altra operazione commerciale. Il termine, pertanto, è usato in contrapposizione a carta commerciale.

accommodation party: ***contraente di comodo.*** Termine usato per indicare il traente, l'accettante o il girante di una cambiale di comodo che, a causa della sua buona reputazione, ne consente la rapida negoziazione a condizioni particolarmente vantaggiose.

accommodation rent: ***canone di fitto di terreno di facile accesso.*** Espressione usata nel linguaggio dell'economia per indicare la rendita del terreno descritto sotto *accommodation land* (v.).

accord and satisfaction: ***mutuo consenso.*** Modo di estinzione di un'obbligazione contrattuale, avente i caratteri della novazione e della esecuzione insieme. Si tratta di un accordo tra le parti per mutare i termini di un contratto. Sia le parti variate (*accord*), sia l'esecuzione del contratto così come è stato emendato (*satisfaction*) devono aver luogo prima che l'obbligazione antica sia soddisfatta, a meno che le parti indichino esplicitamente che il nuovo contratto sostituisce il vecchio.

account: **1.** ***conto.*** a) In contabilità: insieme ordinato di scritture contabili, contenenti il dare sulla parte sinistra e l'avere sulla parte destra. Ciascun conto reca un nome o un'intestazione, che identifica l'oggetto delle scritture. b) In commercio: documento che mostra l'ammontare dovuto da una persona ad un'altra, per beni e servizi ricevuti. c) Nel linguaggio colloquiale, il termine inglese spesso indica un cliente. d) Accordo, tra un venditore e un consumatore, in base al quale il primo fornisce beni e servizi a credito al secondo, che pagherà in un momento successivo e spesso a rate. (v. anche *charge account, budget account*). **2.** ***periodo di borsa; ciclo operativo.*** Periodo intercorrente tra due successivi giorni di liquidazione (v. *settling days*). Nella borsa valori di Londra tale periodo dura due settimane, tranne quando include una *bank holiday* (v.), nel qual caso è esteso a tre settimane. Vi sono, pertanto, 24 cicli operativi in un anno, di cui 4 di tre settimane e il resto di due settimane ciascuno. Durante questi periodi si svolgono le contrattazioni che saranno poi liquidate nei giorni di liquidazione di quel ciclo operativo. Ogni ciclo, che normalmente dura dieci giorni lavorativi, viene identificato da un numero e da una lettera, ad esempio 7G. **3.** ***conto corrente.*** Il termine viene spesso usato come sinonimo di *account current* (v.). **4.** ***rendiconto finanziario.*** In questo significato il termine inglese viene usato al plurale ed è sinonimo di *financial statement* (v.). **5.** ***conti.*** Usato al plurale, il termine inglese indica i documenti contabili di qualsiasi organizzazione, comprendenti i giornali, i mastri, i documenti giustificativi, ecc. **6.** Area di prodotti da reclamizzare, affidata da un cliente ad un'agenzia pubblicitaria.

accountable receipt: ***ricevuta di accreditamento.*** Ricevuta rilasciata da una banca a fronte di un versamento effettuato in conto.

account agent: ***agente accreditato.*** Nelle assicurazioni, è così detto l'agente che gode credito da parte dell'impresa assicuratrice che rappresenta. Ciò gli consente di effettuare le rimesse dei premi incassati alla fine di ciascun periodo concordato, di solito un trimestre.

accountancy: ***ragioneria.*** La teoria e la pratica delle operazioni contabili; le sue responsabilità, convenzioni e attività in generale.

accountant: ***ragioniere; contabile.*** Persona qualificata o specializzata in contabilità e tenuta di libri contabili. In un senso più specialistico, il termine inglese è usato per indicare una professione nell'industria in cui un *accountant* ha il compito, tra l'altro, di redigere i bilanci e i rendiconti annuali dell'azienda. Trattandosi di un posto di notevole responsabilità, la parola è spesso usata per indicare una professione, come da noi i termini avvocato, ingegnere o altri.

Accountant and Comptroller General: ***ragioniere generale.*** È il titolo che compete al capo della sezione contabilità dell'amministrazione inglese dei dazi e delle dogane.

accountant's opinion: ***parere del revisore; opinione del revisore.*** V. spiegazione sotto *opinion*.

accountants' report: ***rendiconto; conto morale.*** È una relazione scritta di commento alle operazioni di gestione e ai loro risultati.

account balance: ***saldo di un conto.*** La differenza tra il totale di tutte le poste a debito e di tutte le poste a credito di un conto, cioè la somma necessaria affinché le due sezioni del conto si bilancino.

account books: ***libri contabili.*** Sono i libri in cui viene registrata la contabilità di una qualsiasi organizzazione.

account classification: ***classificazione dei conti.*** Lo stesso che *classification of accounts* (v.).

account closed: ***conto chiuso.*** È un conto le cui poste sono state sommate e di cui è stato calcolato il saldo. I conti di un'impresa o altra organizzazione vengono chiusi alla fine dell'esercizio o anno finanziario, mentre il conto corrente tra due commercianti viene chiuso a scadenze concordate, ogni tre o sei mesi.

account current: ***conto corrente.*** a) Qualsiasi conto personale, che viene saldato periodicamente. b) Un rendiconto, stilato in forma di Dare e Avere, che contiene le registrazioni delle operazioni che hanno avuto luogo tra due parti durante un dato periodo di tempo. Si invia generalmente alla fine di periodi precedentemente stabiliti e comprende gli interessi attivi o passivi su ciascuna registrazione, se tali sono gli accordi tra le parti.

account day: ***giorno dei compensi; giorno di liquidazione.*** Lo stesso che *pay day 2* (v.).

account days: ***giorni di liquidazione.*** Termine usato con lo stesso significato di *settling days* (v.).

account executive: Termine usato nel linguaggio della pubblicità per indicare il funzionario di un'agenzia responsabile di uno o più *accounts* (v. anche *account 6*). Nel linguaggio finanziario statunitense, il termine è usato come sinonimo di *customer's man* (v.).

account form: ***forma contabile.*** Lo stile consuetudinario seguito nella presentazione di un bilancio.

account–form balance sheet: ***bilancio patrimoniale in forma contabile.*** È il bilancio patrimoniale di un'impresa redatto in forma consuetudinaria, in base alla quale si dispongono le passività sul lato sinistro e le attività sul lato destro, con i totali che si pareggiano.

account heading: ***intestazione di un conto; denominazione di un conto.*** Nel linguaggio della contabilità, lo stesso che *heading* (v.).

account holder: ***correntista; titolare di un conto.*** Il termine inglese viene usato generalmente come sinonimo di *current account holder* (v.), ma può anche indicare il titolare di un qualsiasi altro tipo di conto, ad esempio un deposito a risparmio.

account in detail: ***conto dettagliato.*** Termine usato in alternativa a *detailed account* (v.).

accounting: ***contabilità generale; contabilità.*** L'elaborazione e le registrazioni su libri contabili di operazioni commerciali, economiche e finanziarie di una qualsiasi impresa o altra organizzazione.

accounting asset: ***attività contabile.*** Una qualsiasi attività alla quale può assegnarsi un valore monetario.

accounting book: ***libro contabile.*** È qualsiasi libro, sia esso giornale, registro o mastro, contemplato da un sistema di contabilità.

accounting by activities: ***contabilità per attività.*** Termine usato con lo stesso significato di *accounting by functions* (v.).

accounting by functions: ***contabilità per funzioni.*** Sistema di contabilità direzionale basato sul criterio di dipartimentalizzare per attività o per funzioni la rilevazione dei costi e la loro responsabilità, in funzione di una delega sempre maggiore dell'autorità direzionale.

accounting classification: ***classificazione contabile.*** Termine usato con lo stesso significato di *account classification* (v.).

accounting concepts: ***concetti contabili.*** Sono così indicati i presupposti fondamentali che dovrebbero costituire la base di qualsiasi sistema di contabilità. I quattro concetti ritenuti fondamentali nel Regno Unito sono: *going–concern concept; accruals concept; consistency concept; prudence concept* (vv.).

accounting control: ***controllo contabile; verifica contabile.*** Può avere più significati: a) le procedure amministrative usate nel mantenere accuratezza ed esattezza nelle operazioni commerciali e le loro registrazioni su libri contabili; b) una procedura contabile volta a mantenere continui controlli quantitativi interni sulle operazioni commerciali: in particolare, la tenuta di una duplice copia dei conti o una registrazione dei totali come base per dimostrare l'accuratezza dell'insieme di un gruppo di conti; c) tutte le varie procedure contabili aventi lo scopo di fornire alla direzione relazioni e notizie informative essenziali all'amministrazione delle proprietà, alla scelta del momento degli acquisti, alla limitazione di vari tipi di spesa, ecc.

accounting costs: ***costi contabili.*** Termine usato per indicare costi che tengono conto soltanto dei valori registrati nei libri contabili, a differenza dei costi economici che tengono conto anche di costi alternativi, di costi–opportunità e di fattori esterni, per cui i primi possono risultare notevolmente diversi rispetto ai secondi.

accounting date: ***data di registrazione.*** È la data in cui una determinata operazione trova espressione nei libri contabili di un'impresa.

accounting department: ***ufficio contabilità; reparto contabilità.*** Gli uffici o l'ufficio, di un'impresa o altra organizzazione, che si interessano esclusivamente di tutto ciò che ha relazione con la tenuta dei conti e la contabilità in generale.

accounting entity: ***entità economica; entità contabile.*** Termine usato come sinonimo di *accounting unit 1* (v.).

accounting entry: ***registrazione contabile.*** Lo stesso che *book–keeping entry* (v.).

accounting equation: ***pareggio dei conti.*** Termine usato con lo stesso significato di *accounting identity* (v.).

accounting evidence: ***evidenza contabile.*** Prova ottenuta tramite un qualsiasi accorgimento usato dai revisori dei conti nel corso di una revisione contabile. Il procedimento di revisione dei conti può essere considerato come la raccolta di tali evidenze contabili che, a giudizio del revisore, sono necessarie, in base a procedure standard o minime e in base alle particolarità del caso che tratta, prima di poter stilare la propria relazione. In genere, l'evidenza contabile è misurata tramite standard di revisione comunemente accettati, basati in parte su norme giuridiche e statistiche.

accounting identity: ***pareggio dei conti.*** È l'identità degli elementi del dare e dell'avere di un'operazione espressa in termini di contabilità in partita doppia.

accounting income: ***reddito contabile.*** Profitti o perdite netti di un'entità economica nell'arco di un periodo di tempo.

accounting machine: ***macchina contabile.*** In senso stretto, il termine inglese indica una macchina che in una singola operazione provvede ad effettuare la registrazione contabile voluta e a dare il totale delle registrazioni e il saldo dei conti. In senso più lato, esso indica una qualsiasi macchina con la quale si provvede a tenere i conti.

accounting manual: ***manuale di contabilità.*** Un manuale di pratiche, politiche e standard contabili che disciplinano le operazioni contabili di un'azienda. Comprende la classificazione dei conti.

accounting method: ***metodo contabile.*** Lo stesso che *accounting procedure* (v.).

accounting period: ***periodo contabile; esercizio; periodo di gestione contabile.*** È il periodo di tempo per cui consuetudinariamente si prepara un rendiconto di gestione, periodo che generalmente si identifica con l'anno solare ma può, per ragioni aziendali, essere più o meno lungo di un anno.

accounting policy: ***politica contabile.*** I principi e le procedure generali in base ai quali sono tenuti i conti di un'organizzazione. Il termine indica anche uno qualsiasi di tali principi o procedure.

accounting practice: ***pratica contabile.*** Il termine inglese può avere i seguenti significati: a) il lavoro professionale di un commercialista o di un esperto in contabilità; b) le attività in generale dei commercialisti o degli esperti in contabilità; c) le abitudini e le predilezioni dei commercialisti o degli esperti in contabilità nella loro attività giornaliera. In quest'ultima accezione, il termine è l'opposto di teoria contabile.

accounting price: ***prezzo ombra.*** Termine usato con lo stesso significato di *shadow price* (v.).

accounting principles: ***principi contabili.*** L'insieme della dottrina della contabilità, che serve da spiegazione delle pratiche correnti e da guida nella scelta di convenzioni e procedure. Gli assiomi della contábilità e i principi derivanti da essi sono nati dalle comuni esperienze, precedenti storici, pubblicazioni di singoli o di gruppi di professionisti e da norme emanate dal governo. La validità dei principi contabili si fonda sulla loro semplicità, chiarezza e generalità nel rispecchiare pratiche correnti e nel fornire una guida per la condotta morale degli operatori in tale campo e per l'ulteriore sviluppo della loro professione. La scelta, da parte di un gruppo di professionisti, di pratiche intese principalmente ad assicurare vantaggi fiscali in sé e per sé non le qualifica come principi.

accounting procedure: ***procedura contabile.*** La gestione giornaliera di un particolare sistema di conti; le pratiche, o una qualsiasi pratica, seguite in base a tale sistema.

accounting ratios: ***rapporti contabili.*** L'espressione di varie relazioni finanziarie nel rendimento di un'azienda nell'arco di un periodo di tempo determinato o in uno specifico momento. Si usano molti rapporti diversi per paragonare il rendimento all'interno di un'impresa in un arco di tempo o per mettere a confronto aziende tra loro.

accounting records: ***documenti contabili; evidenze contabili.*** Sono i giornali, i mastri, i documenti giustificativi, le fatture, la corrispondenza, i contratti e altre fonti di registrazioni contabili.

accounting reference date: ***data di riferimento contabile.*** La data in cui ha termine un periodo di riferimento contabile, di solito la stessa per tutti gli anni, liberamente scelta da ciascuna società. Se la società non opera tale scelta, la legge prevede che la data di riferimento contabile sia il 31 marzo.

accounting reference period: ***periodo di riferimento contabile.*** Un periodo che ha termine alla data di riferimento contabile e ha inizio il giorno successivo a tale data e pertanto dura esattamente un anno. Il termine ha grosso modo lo stesso significato di *financial year* (v.) nella terminologia della contabilità.

accounting section: ***sezione contabilità.*** Termine usato con lo stesso significato di *accounting department* (v.), ma di solito riferito a piccole imprese o ad una sezione di un ufficio preposta esclusivamente alla tenuta dei conti.

Accounting Standards Committee: Commissione istituita dai contabili professionisti inglesi negli anni settanta, per giungere alla standardizzazione delle operazioni e procedure contabili.

accounting summary: ***sommario contabile.*** Uno qualsiasi dei brevi rendiconti che insieme costituiscono i rendiconti finanziari di un'impresa al termine di un periodo contabile. Scopo di ciascun sommario è quello di indicare la posizione finanziaria dell'impresa da un dato punto di vista. Lo stesso termine viene a volte usato per indicare dei rendiconti preparati ad uso della direzione.

accounting system: ***sistema dei conti.*** Termine usato con lo stesso significato di *account classification* (v.).

accounting transaction: ***operazione contabile; operazione interna.*** Lo stesso che *internal transaction* (v.).

accounting unit: **1.** ***entità economica; unità economica; unità contabile.*** È un'azienda, o altra unità economica o parte di essa, per la quale si tiene un sistema di conti. **2.** ***conto elementare (di attività fissa).*** Conto individuale tenuto per registrare il costo o altra base di attività fissa, di solito coincidente con una unità di sostituzione o di smobilitazione; ma può anche abbracciare le diverse unità di smobilitazione di una singola struttura ed essere accompagnato da una relazione di costo o altro documento da cui si può prontamente ricavare il costo di un'unità di smobilitazione.

accounting valuation: ***valutazione contabile.*** a) L'ammontare di denaro storico assegnato ad una qualsiasi attività o spesa, che generalmente rappresenta un costo, cioè pagamento in denaro al momento dell'acquisizione. b) Qualsiasi ammontare diverso da esborso monetario impiegato come base di contabilità, come ad esempio un valore di mercato superiore al costo nel caso di un portafoglio di una società d'investimento.

accounting year: ***anno finanziario; anno contabile.*** È il periodo di dodici mesi cui si riferiscono i conti di un'impresa o altra organizzazione.

account management group: La squadra di persone che, all'interno di un'agenzia pubblicitaria, è preposta alla programmazione, alla supervisione e al coordinamento di tutto il lavoro svolto per un singolo cliente.

account manager: In un'agenzia pubblicitaria, è la persona responsabile di tutto il lavoro svolto a favore di un singolo cliente.

account number: ***numero di conto.*** È il numero mediante il quale viene indicato e individuato un singolo conto in un piano dei conti di un'impresa o in un insieme di conti di una qualsiasi altra organizzazione.

account of freight: ***conto nolo.*** Termine usato con due significati: a) il conto, tenuto da un armatore, del nolo guadagnato da una nave durante ogni singolo viaggio. b) Il documento emesso dall'armatore o, in sua vece, dal raccomandatario o dal comandante della nave, relativo al pagamento del nolo in considerazione di un contratto di trasporto marittimo. Esso serve a determinare la somma dovuta dal noleggiatore o dal caricatore a titolo di acconto, versato al porto di caricazione, o di liquidazione del nolo, versata al porto di destinazione sulla base della resa di bordo.

account of net proceeds: ***conto di netto ricavo.*** Termine usato con lo stesso significato di *account sales* (v.).

account of redraft: ***conto di ritorno.*** Prospetto, inviato da una banca ad un suo cliente in relazione ad effetti insoluti, nel quale vengono elencati gli importi che la banca ha diritto di ricevere. Tali importi variano a seconda che si tratti di effetti protestati o no, ma nella generalità dei casi essi si riferiscono a: a) importo dell'effetto o degli effetti insoluti; b) spese di competenza del pubblico ufficiale che ha elevato il protesto; c) spese di competenza di banche corrispondenti che hanno tentato l'incasso; d) eventuali interessi di mora; e) diritti e spese, secondo le condizioni concordate tra cliente e banca.

account–only cheque: ***assegno da accreditare; assegno per conteggio; assegno per scritturazione.*** Assegno che non può essere pagato in contanti allo sportello di una banca, ma deve essere necessariamente accreditato su un conto bancario. Non è normalmente utilizzato in Italia.

account opened and closed book: ***libro dei conti aperti e chiusi.*** Nell'attività bancaria il termine indica un libro contenente la lista completa di tutti i conti che sono stati aperti e di quelli che sono stati chiusi, con la data di apertura o chiusura e la ragione, se nota, per cui sono stati chiusi.

account opener: Membro di un'agenzia pubblicitaria, che ha l'incarico di procurare nuovi clienti. (v. anche *account 6*)

account payable: **1.** ***debito a breve termine.*** Somma dovuta a un creditore, ma non sostenuta da un titolo di credito perché generalmente su conto corrente, derivante dalla ricevuta consegna di beni o dall'esecuzione di servizi. **2.** ***conto debitore.*** In un mastro è il conto per la registrazione dei debiti a breve termine, derivanti di solito da acquisti di beni o servizi.

account payee only: ***da accreditare.*** Un assegno sbarrato che rechi questa espressione può essere versato soltanto sul conto del prenditore nominato sull'assegno e, quindi, non può essere trasferito mediante girata ad altra persona, come avviene invece per un assegno con sbarratura semplice.

account period: ***periodo di borsa; ciclo operativo.*** Termine usato con lo stesso significato di *account 2* (v.).

account planner: In un'agenzia pubblicitaria, è la persona che in un *account management group* (v.) ha il compito di assicurarsi che tutto il lavoro svolto a favore di un singolo cliente si basi sulla comprensione delle persone che il lavoro dell'agenzia mira a influenzare.

account purchase: ***conto di acquisto in commissione; conto di costo e spese.*** Documento inviato dal commissionario che acquista presso terzi, su incarico del committente, le merci richiestegli e che successivamente spedisce al committente stesso. Il documento fornisce dettagli completi dell'operazione, che risultano suffragati dalle fatture rilasciate dai fornitori e intestate al commissionario e dalla fattura emessa da quest'ultimo e intestata al committente, e specifica la commissione spettante al commissionario e le spese da lui sostenute.

account receivable: **1.** ***credito a breve termine.*** Somma dovuta da un debitore, ma non sostenuta da un titolo di credito perché generalmente su conto corrente, derivante dalla consegna di beni o dalla somministrazione di servizi. **2.** ***conto creditore.*** In un mastro è il conto per la registrazione di crediti a breve termine, derivanti di solito da vendite di beni e servizi.

account receivable discounted: ***credito scontato.*** Credito a breve termine, venduto o scontato presso una società di factoring o simili.

account rendered: ***estratto conto presentato; saldo a nuovo.*** Espressione usata in un estratto conto per indicare un saldo non ancora pagato, i cui dettagli sono stati forniti in un precedente estratto conto.

account sales: ***conto di vendita in commissione; conto di netto ricavo.*** Documento inviato al committente dal commissionario o agente impegnato nella vendita di una partita di merci. Fornisce dettagli completi dell'operazione con la quantità venduta, il prezzo spuntato, le spese sostenute e i compensi spettanti al commissionario. Corrisponde, pertanto, ai nostri conto di vendita o conto di netto ricavo.

accounts clerk: ***contabile.*** Impiegato addetto alla registrazione di fatti gestionali nei libri contabili di un'organizzazione e responsabile della tenuta dei medesimi.

accounts code: ***codice dei conti.*** Il codice alfabetico o numerico in base al quale sono ordinati i vari conti o classificazioni di spese. Tale codice facilita la precisa allocazione di spese ai conti interessati, senza bisogno di descrizioni.

accounts department: ***ufficio contabilità; reparto contabilità.*** Termine usato come sinonimo di *accounting department* (v.).

accounts payable: ***conto creditori diversi.*** Conto che, in un mastro generale, controlla un gruppo di conti debitori.

accounts receivable: ***conto debitori diversi.*** Conto che, in un mastro generale, controlla un gruppo di conti creditori.

accounts receivable collection period: ***indice di dilazione dei pagamenti.*** Lo stesso che *receivables turnover* (v.).

accounts receivable financing: ***finanziamento di crediti a breve termine.*** L'uso di crediti a breve termine per ottenere liquidi o tramite mutui garantiti da detti crediti o tramite la loro cessione a società di factoring.

accounts receivable insurance: ***assicurazione dei crediti a breve termine.*** È intesa a indennizzare l'assicurato in caso di impossibilità di incasso dei crediti a breve termine a seguito di danno o distruzione dei documenti comprovanti detti crediti.

accounts receivable turnover: ***indice di esigibilità.*** Termine usato con lo stesso significato di *receivables turnover* (v.).

account stated: ***estratto conto; estratto conto approvato.*** Conto che rispecchia voci di dare e avere, dalla cui compensazione scaturisce un saldo che riflette il reale debito che deve essere pagato per accordo intercorso fra le parti che intrattengono relazioni in conto corrente.

account supervisor: Dirigente di un'agenzia di pubblicità, che coordina e supervisiona il lavoro di più *account executives* (v.).

accounts year basis: ***base dell'anno contabile.*** Nel linguaggio tributario, questa espressione indica che, ai fini dell'imposta sul reddito, il contribuente sarà tassato sull'ammontare degli emolumenti registrati dall'ente pagatore a tutto il dicembre dell'anno solare che rientra nell'anno fiscale in questione. Ciò avviene quando l'inizio e la fine dell'anno solare e dell'anno fiscale non coincidono.

account terms: ***condizioni di conto corrente.*** Espressione usata nel linguaggio commerciale per indicare che la quotazione o l'offerta cui essa si riferisce è relativa a beni o servizi da essere forniti in base ad un rapporto di conto corrente esistente tra fornitore e compratore e da pagarsi al momento in cui, per accordi intercorsi, si procederà al saldo del conto corrente.

account title: ***denominazione di un conto; intestazione di un conto.*** Termine statunitense, equivalente a *account heading* (v.).

accredited agent: ***agente accreditato.*** Termine usato con lo stesso significato di *account agent* (v.).

accredited list: ***elenco dei clienti accreditati.*** È una lista di clienti ai quali il custode di un deposito pubblico può consegnare merci in deposito, senza ulteriore autorizzazione da parte di colui che ha immagazzinato le merci.

accredited party: ***parte accreditata.*** Una qualsiasi persona fisica o giuridica che sia stata autorizzata ad agire per conto di altri in particolari questioni, come ad esempio un *broker*, un agente, una banca e simili.

accretion: **1.** ***incremento di alluvione; accrescimento fluviale.*** In diritto, l'aggiunta di terre a seguito dell'azione naturale delle acque. In Inghilterra le terre così formatesi di regola appartengono alla Corona, mentre negli Stati Uniti appartengono al fondo cui esse si aggiungono. In caso di isola nata in un fiume non navigabile, essa appartiene al proprietario della riva più vicina. **2.** ***accrescimento.*** a) Aumento di valore economico per una qualsiasi ragione, come ad esempio la crescita di alberi, l'invecchiamento di vini, l'aumento delle mandrie e simili. b) Aggiunta di capitale o reddito ad un fondo, come risultato di un piano di accumulazione (il termine indica un concetto diverso da apprezzamento o incremento). In un fondo pensioni, ad esempio, l'accrescimento può essere rappresentato da contributi di lavoratori o da reddito derivante da investimenti del fondo.

accrual: **1.** ***attribuzione.*** In contabilità, indica l'imputazione di un'entrata o di un'uscita secondo il criterio della competenza, cioè beni e servizi acquistati o venduti durante un periodo vengono imputati a quel periodo, senza tener conto se siano o no stati pagati nello stesso periodo. **2.** ***rateo.*** Il parziale riconoscimento di un'entrata o di un'uscita e la sua relativa attività o passività: il risultato di mancata coincidenza tra periodo contabile e periodo contrattuale o di beneficio. **3.** ***accrescimento; accumulazione.*** Il continuo aumento e la crescita di un fondo, di una somma e simili.

accrual basis accounting: ***contabilità per competenza.*** Termine usato come sinonimo di *accrual concept accounting* (v.).

accrual concept accounting: ***contabilità per competenza.*** Sistema di contabilità in base al quale entrate e uscite sono identificate con specifici periodi di tempo, ad esempio un mese o un anno, e sono registrate come sostenute, insieme alle attività acquisite, senza tener conto della data di esborso o di riscossione. (v. anche *cash basis accounting*)

accrual date: ***periodo di competenza.*** Periodo al quale si riferisce un rateo; periodo di competenza assunto per l'attribuzione di una spesa o di un incasso.

accrual of interest: ***accumulazione di interesse.*** L'aggiunta automatica degli interessi alla somma capitale di un conto a interesse composto.

accruals concept: ***concetto delle competenze.*** Uno dei fondamentali concetti contabili, spiegato sotto *accrual concept accounting* (v.).

to accrue: ***maturare; accumularsi.*** Registrare nei libri contabili, di solito alla fine di un periodo di tempo convenzionale, come risultato del verificarsi di eventi contabili o dell'insorgere di condizioni contabili che sono in continuo cambiamento. Gli interessi su un debito, siano attivi o passivi, aumentano giorno per giorno. Le convenzioni di contabilità consentono di registrare l'aumento ogni giorno, settimana, mese o anno secondo la frequenza dei rendiconti finanziari preparati in base alle registrazioni o alla chiusura dei libri. Il termine si applica principalmente ad un flusso incessante di servizi piuttosto che ad attività fisiche ed il sistema è usato sia da chi fornisce, sia da chi riceve il servizio. Nel riconoscere un articolo in via di accumulazione, si registra un'operazione sotto forma di posta di correzione.

accrued asset: ***rateo attivo.*** Termine usato con lo stesso significato di *accrued income* (v.).

accrued charges: ***spese maturate.*** Sono spese note, ma non ancora dovute, come ad esempio spese di energia elettrica relative al periodo contabile o canoni di fitto dovuti ma che scadono in data successiva alla fine del periodo contabile.

accrued cost: ***rateo passivo.*** Vedi spiegazione sotto *accrued expenses* (v.).

accrued depreciation: **1.** ***fondo di ammortamento maturato.*** Il termine inglese indica il deprezzamento totale, subito da un bene o gruppo di beni, basato su tassi o stime consuetudinari o abbastanza determinati della vita utile del bene. Oggi viene generalmente chiamato *accumulated depreciation.* **2.** ***ammortamento maturato.*** L'ammontare registrato in un conto di ammortamento maturato, nella sezione avere del conto usato in contrapposizione a quello nella cui sezione dare viene registrato il valore originario da ammortizzare.

accrued dividend: ***dividendo maturato.*** L'ammontare di dividendo non pagato e non dichiarato. A rigor di termini, i dividendi non maturano, in quanto l'azionista non ha alcun diritto alla distribuzione finché il consiglio di amministrazione e l'assemblea dei soci non abbiano proceduto alla dichiarazione del dividendo.

accrued earnings: ***ratei attivi.*** Lo stesso che *accrued income* (v.).

accrued-expenditures basis: ***criterio delle spese maturate.*** È un criterio di analisi, preparazione di rendiconti o di relazioni caratterizzato dall'esposizione di beni ricevuti e servizi eseguiti ed esemplificato nel *funds-flow statement* (v.).

accrued expenses: ***ratei e risconti passivi.*** Sono poste di rettifica che figurano nel passivo di un bilancio e che indicano ricavi percepiti nel precedente esercizio, ma relativi al nuovo oppure esborsi imputabili all'esercizio precedente, ma realmente effettuati in quello successivo.

accrued income: ***rateo attivo.*** Somma guadagnata, il cui pagamento non è ancora stato percepito né è scaduto.

accrued interest: ***interessi maturati; rateo di frutti maturati; dietimi.*** Il termine si riferisce ad interessi bancari, attivi o passivi, maturati ma non ancora dovuti e a interessi su titoli a reddito fisso maturati ma non ancora scaduti. Ad esempio, nell'acquisto di titoli a reddito fisso è consuetudine che l'acquirente paghi al venditore i dietimi, cioè gli interessi maturati fino a, ma non inclusa, la data di consegna dei titoli.

accrued liabilities: ***ratei e risconti passivi.*** Termine usato come sinonimo di *accrued expenses* (v.).

accrued revenue: ***rateo attivo.*** Termine usato come sinonimo di *accrued income* (v.).

accrued taxes: ***rateo di imposte.*** Imposte relative a un determinato esercizio, ma non ancora dovute al fisco in quanto non è scaduto il termine ultimo per il versamento.

accruing: ***attribuzione per competenza.*** In contabilità, indica l'attribuzione di un'uscita o di un'entrata, che è stata sostenuta o guadagnata ma non ancora pagata o incassata, al periodo contabile cui l'entrata o l'uscita si riferiscono, senza tener conto dell'effettiva data di pagamento.

accruing interest: ***interessi correnti.*** Gli interessi su un prestito che maturano via via che passano i giorni, ma che diventano esigibili soltanto alla scadenza concordata.

acct.: 1) account; 2) accountant.

accumulated amount of 1: ***montante di una unità monetaria.*** Montante dell'unità di conto, ad esempio una lira, capitalizzata all'interesse composto *r* per *n* periodi.

accumulated depreciation: 1. ***fondo di ammortamento maturato.*** **2.** ***ammortamento maturato.*** Il termine inglese viene usato come sinonimo di *accrued depreciation* (v.) in ambedue i significati.

accumulated dividend: ***dividendo accumulato; dividendo arretrato.*** È l'ammontare di dividendi non dichiarati o non distribuiti ed accumulatisi su azioni privilegiate cumulative, espresso in un tot per azione in circolazione o come somma totale. (v. anche *cumulative dividend*)

accumulated earnings: ***riserva di utili; utili non distribuiti.*** Termine statunitense usato con lo stesso significato di *reserve 1* (v.).

accumulated earnings tax: ***imposta sugli utili non distribuiti.*** Termine usato con lo stesso significato di *undistributed-profits tax* (v.).

accumulated fund: ***fondo accumulato.*** Nella contabilità delle società mutue britanniche, è così chiamato un conto nel quale si registrano i contributi versati dai soci e al quale si accredita o si addebita rispettivamente l'eccedenza delle entrate sulle uscite o delle uscite sulle entrate.

accumulated income: ***riserva di utili; utili non distribuiti.*** Lo stesso che *reserve 1* (v.).

accumulated interest: ***interessi accumulati.*** Interessi maturati nell'arco di un periodo di tempo e non ancora versati a chi essi competono.

accumulated profit: ***riserva di utili; utili non distribuiti.*** Termine usato come sinonimo di *accumulated income* (v.).

accumulated profits tax: ***imposta sugli utili non distribuiti.*** Lo stesso che *undistributed-profits tax* (v.).

accumulated surplus: ***riserva di capitale.*** Termine usato nel linguaggio del diritto tributario statunitense con lo stesso significato di *capital reserves* (v.).

accumulated wealth: ***ricchezza accumulata.*** Patrimonio costituito attraverso continui accrescimenti.

accumulating society: Tipo di società di mutuo soccorso, con organizzazione centralizzata, che offre una gamma di benefici più vasta di quella offerta da altre società simili e che assomiglia ad una società di assicurazioni. La più grande società di questo tipo è la *Hearts of Oak Benefit Society.*

accumulation: 1. ***premio di emissione.*** La differenza tra il valore nominale e il prezzo di acquisto di un titolo a reddito fisso emesso sotto la pari. Così chiamata in inglese, perché se ne tiene conto nel determinare il rendimento effettivo del titolo. (v. anche *redemption premium*) **2.** ***capitalizzazione; accumulazione.*** L'aggiunta periodica di: a) interessi o altri aumenti al capitale di un fondo; b) utile netto annuo a utili non distribuiti. Nelle assicurazioni rappresenta una aggiunta percentuale ai benefici di una polizza, come risultato del rinnovo continuo della polizza stessa.

accumulation area: ***area di accumulazione.*** Banda dei corsi di un titolo, delimitata da un massimo e da un minimo, che invoglia gli investitori ad accumulare quantità di quel titolo, in quanto il fatto che il corso abbia raggiunto la banda implica che in un prossimo futuro il titolo verrà richiesto in maniera massiccia da parte di altri investitori.

accumulation factor: ***fattore di accumulazione; fattore di capitalizzazione.*** Formula del montante dell'unità di conto, ad esempio una lira, capitalizzata all'interesse *r* per *n* periodi.

Accumulations Act: Prima del 1800, l'accumulazione di proprietà non era vietata dalla legge inglese, purché il periodo di tempo durante il quale essa veniva accumulata non superasse il periodo proibito dalla legge contro le perpetuità, cioè il periodo di una vita o delle vite di esseri esistenti più ventuno anni. Nel 1800, tuttavia, questa disposizione fu cambiata con l'approvazione, da parte del parlamento britannico, dell'*Accumulations Act*, anche noto come *Thelusson Act*, che prevedeva un periodo massimo di accumulazione pari a ventuno anni dopo la morte del testatore o alla durata della vita dello stesso. La causa che portò all'approvazione di questa legge, successivamente emendata dall'*Accumulations Act* del 1892 e dal *Law of Property Act* del 1925, fu il testamento eccentrico di Peter Thelusson (1737–1797), un commerciante inglese che dispose che il reddito del suo patrimonio, ammontante a circa cinquemila sterline dell'epoca, e lo stesso patrimonio personale, ammontante ad un valore di oltre seicentomila sterline, venissero accumulati per il periodo in cui fossero vissuti i suoi figli, nipoti e pronipoti viventi al momento della sua morte. La disposizione testamentaria fu ritenuta valida, ma al fine di impedire disposizioni del genere in futuro, il parlamento inglese corse ai ripari approvando il *Thelusson Act.* (v. anche *rule against perpetuities, rule against suspension of the power of alienation*)

accumulation unit: ***unità di accumulazione.*** Nelle rendite annuali variabili (v. *variable annuities*) i versamenti al fondo (prezzo di acquisto periodico o premio periodico) vengono registrati come unità di accumulazione analoghe ad azioni di capitale e il valore di queste unità cambia col variare del valore di mercato dei titoli posseduti dal fondo. Le rate o termini della rendita vengono quindi versati in unità annue il cui valore cambia a seconda del valore di mercato dei titoli in possesso del fondo.

accumulative dividend: ***dividendo cumulativo.*** Le azioni privilegiate hanno diritto al dividendo prima delle azioni ordinarie. Se gli utili di una società non sono sufficienti per pagare il dividendo dell'anno sulle azioni privilegiate, esso si cumula al dividendo dell'anno successivo e dovrà essere pagato prima di distribuire un dividendo alle azioni ordinarie. In tal caso, il dividendo riconosciuto alle azioni privilegiate è detto cumulativo. Se, invece, il diritto privilegiato al dividendo è limitato agli utili di ciascun anno, il dividendo è detto non cumulativo.

accumulative society: Termine generico, con il quale si indica una società assicuratrice mutua che opera in base al principio dell'accumulazione di un fondo dal quale si preleva quanto necessario per far fronte agli indennizzi ai soci assicurati.

accurate description: ***descrizione accurata; descrizione veritiera.*** Nel linguaggio commerciale, indica una descrizione di merci rispondente a verità e non fuorviante per il consumatore. Il termine si usa principalmente in relazione a descrizioni riportate sulle confezioni di un prodotto, con la specifica degli ingredienti o componenti del prodotto stesso. Leggi di vari paesi impongono che tali descrizioni corrispondano a verità, specialmente quando si tratta di generi alimentari, di medicinali e di cosmetici.

ACH: Automated Clearing House.

acid test: ***quoziente acido di liquidità.*** Determinazione della solvibilità di un'azienda, ponendo in relazione le attività di pronto realizzo e le passività a breve termine per accertare se essa è in grado di far fronte agli impegni immediati via via che maturano.

acid–test ratio: ***rapporto secco di liquidità.*** È uno dei rapporti operativi più usati ai fini della determinazione del grado di solvibilità di un'impresa e dell'ammontare di credito che le si può concedere. Come qualsiasi altro rapporto operativo, viene ricavato ponendo in relazione elementi diversi di un bilancio. Nel caso specifico, il rapporto preso in considerazione è quello esistente tra contanti, crediti a breve termine e valore di mercato di eventuali titoli in portafoglio da un lato e passività correnti dall'altro. Il rapporto secco di liquidità indica la capacità dell'azienda di far fronte ai propri debiti a breve scadenza con i propri mezzi liquidi: se esso è pari a 1, è considerato indice di un soddisfacente grado di liquidità; se esso è uguale a 2 o più di 2, è considerato indice di un minimo rischio presumibile. (v. anche *operating ratio*)

ackgt.: acknowledgment.

acknowledgment: **1.** ***conferma.*** Termine usato per indicare il documento con il quale si accetta o si conferma un'offerta di acquisto proveniente da un cliente, rappresentata dall'ordinativo di approvvigionamento. **2.** ***ricevuta.*** Comunicazione diretta al mittente per informarlo che la cosa da lui spedita è felicemente arrivata a destinazione.

acknowledgment of debt: ***riconoscimento di un debito.*** Un qualsiasi documento, e pertanto anche titoli di credito, mediante il quale il debitore riconosce a tutti gli effetti una propria obbligazione nei confronti del creditore. Il termine inglese, che è generico e pertanto non si riferisce ad alcun titolo in particolare, viene anche usato con lo stesso significato di moneta bancaria.

A Classification of Residential Neighbourhoods: La classificazione di differenti tipi di zone residenziali, fondata sul presupposto che gli abitanti di una particolare zona tendono a comportarsi in modo più o meno simile. Viene usata da produttori di beni di consumo con l'intento di identificare i luoghi in cui può essere concentrata la domanda dei loro beni, da grossi dettaglianti con l'intento di individuare la migliore ubicazione di punti di vendita, da banche e altre istituzioni finanziarie nel decidere dove ubicare loro agenzie, ecc.

ACORN: A Classification of Residential Neighbourhoods.

to acquire: ***acquisire; acquistare.*** Diventare proprietario o titolare di un bene o di un diritto.

acquired advantage: ***vantaggio acquisito.*** È il vantaggio che deriva ad un'area geografica dalla presenza di un'industria affermata. Si concretizza anche attraverso lo sviluppo di industrie sussidiarie.

acquired rights: ***diritti acquisiti.*** Termine usato con lo stesso significato di *vested rights* (v.).

acquired surplus: **1.** ***valore di avviamento.*** Indica il valore di un'azienda avviata al momento in cui un'altra azienda ne acquisisce il controllo. **2.** ***plusvalenza di acquisizione.*** Indica la differenza in più, rispetto al costo di investimento, dei dividendi versati da una società controllata ad una società madre o di controllo prima della fusione.

acquired utility: ***utilità acquisita.*** Termine usato da W. S. Jevons con lo stesso significato di *indirect utility* (v.).

acquisition: ***acquisizione.*** La rilevazione di un'impresa da parte di un'altra, che di solito ha luogo mediante l'acquisto di un numero di azioni ordinarie sufficiente a dare il controllo di maggioranza dell'impresa che si intende rilevare. L'acquisto delle azioni può aver luogo mediante rastrellamento sul mercato, ma oggi viene più spesso realizzato mediante offerte pubbliche di acquisto. (v. anche *take–over bid*)

acquisition costs: **1.** ***spese di acquisto.*** La differenza tra «denaro» e «lettera», ossia tra il valore contabile netto ed il prezzo di vendita delle quote–parti di un fondo comune d'investimento. In relazione a beni di consumo, il termine inglese indica la differenza tra prezzo di acquisto e prezzo al quale un bene potrebbe essere prontamente rivenduto. **2.** ***costi di acquisto.*** È così detto il costo, in termini di tempo, impegno, ecc., necessario per acquisire un determinato bene o servizio. In casi di urgenza o di intolleranza del compratore, si preferisce pagare qualcosa in più pur di poter risparmiare tempo e fatica. Ciò spiega perché un viaggiatore preferisce l'aereo, che costa di più, al treno o perché si va a consumare un pasto in un locale più caro, ma meno affollato, che garantisce un servizio rapido rispetto ad uno meno caro e proprio per questo più affollato, ove si deve attendere che si liberi un tavolo prima di poter essere serviti.

acquittal: ***quietanza a saldo.*** Termine usato come sinonimo di *acquittance 1* (v.).

acquittance: 1. *quietanza a saldo.* Riconoscimento scritto dell'estinzione di un debito, con cui il creditore dichiara di non aver più nulla a pretendere. **2. *saldo; esecuzione.*** Lo stesso che *quittance* (v.).

acre: *acro.* Misura di superficie, equivalente in Inghilterra a 4840 yarde quadrate. Vi sono 640 acri in un miglio quadrato. L'acro irlandese è più grande di quello inglese, in quanto 100 acri irlandesi corrispondono a 162 acri inglesi, ovvero l'acro irlandese è uguale a 7840 yarde quadrate. Anche l'acro scozzese è maggiore di quello inglese, risultando 48 acri scozzesi pari a 61 acri inglesi, ovvero un acro scozzese è uguale a 6150 yarde quadrate. Mentre l'acro inglese è adottato anche negli Stati Uniti, quello scozzese e quello irlandese non sono più in uso comune.

acreage allotment: *assegnazione di superficie in acri.* Accorgimento cui si fa ricorso quando si intende limitare la produzione di un determinato prodotto della terra, stabilendo d'autorità il numero di acri di terreno coltivabile che può essere destinato a quella coltura specifica. Negli Stati Uniti si fece ricorso a tali limitazioni a seguito dell'approvazione degli *Agricultural Adjustment Acts* (v.), che prevedevano l'assegnazione di una data superficie a ciascuno stato per ciascun tipo di prodotto soggetto a limiti di produzione e, all'interno di ciascuno stato, l'assegnazione di una data superficie a ciascun coltivatore. Tali assegnazioni venivano stabilite di anno in anno sulla base delle previsioni della domanda, del raccolto delle precedenti annate e di eventuali residui e gli agricoltori ricevevano un sussidio a fronte della riduzione di produzione. Il piano, tuttavia, non ebbe grande successo, perché pur se la superficie coltivabile venne ridotta, la produzione rimase più o meno stabile, in quanto gli agricoltori ridussero l'utilizzazione di terreni meno produttivi e allo stesso tempo aumentarono l'utilizzazione dei terreni più produttivi.

across-the-board: *generale; indiscriminato.* Nella terminologia sindacale, gli aumenti salariali definiti *across-the-board* sono costituiti da una percentuale fissa o un aumento fisso per ora lavorativa uguale per tutti i lavoratori, indipendentemente dalle loro qualifiche.

across the counter: Espressione usata per indicare un qualcosa che ha luogo nel normale svolgimento dell'attività commerciale.

ACSA: American Cotton Shippers Association.

A.C.T.: advance corporation tax.

act: 1. *legge.* Il termine inglese indica una legge approvata dal parlamento di un paese, che deve essere osservata da tutti i cittadini di quello stato. Di solito il termine è preceduto da un determinante che indica di quale legge si tratta. Una volta che un *act* viene promulgato ed entra in vigore, esso diventa *law*. **2. *atto.*** Una qualsiasi azione compiuta da un soggetto giuridico, che viene da essa vincolato.

acting partner: *socio attivo; socio operante.* Termine usato come variante di *active partner* (v.).

action: *azione giudiziaria.* Il termine inglese indica un qualsiasi procedimento civile, istituito in un tribunale o altro organo della magistratura ordinaria.

action for damages: *azione per risarcimento di danni.* Azione giudiziaria istituita presso un organo della magistratura al fine di ricuperare i danni subiti a seguito di inadempienza contrattuale o di qualsiasi altro atto compiuto da un soggetto.

action limit: *limite per l'azione.* Misurazione statistica usata nel controllo della qualità. È il livello di deviazione accettabile che può raggiungersi nei campioni sotto controllo, prima che si debba intervenire per mantenere lo standard di qualità stabilito.

action of recourse: *azione di rivalsa; azione di regresso.* Nel caso di mancato pagamento di una cambiale alla scadenza, il portatore ha il diritto di rivalersi, mediante azione giudiziaria, sull'obbligato dal quale egli l'ha ricevuta. Quest'ultimo, a sua volta, può rivalersi sulle altre parti che hanno precedentemente girato la cambiale.

action plans: *piani d'azione.* Lo stesso che *tactics* (v.).

action standard: *standard per l'azione.* È il livello minimo stimato di convenienza da conseguirsi prima di avviare una nuova iniziativa di marketing.

active: *attivo.* Aggettivo usato nel linguaggio delle borse valori e merci per indicare la condizione di mercato caratterizzata da frequenti e numerosi scambi e da continua domanda.

active account: *conto attivo.* Nella contabilità meccanizzata, questo termine viene usato per indicare un qualsiasi conto che è stato sottoposto ad una qualunque forma di elaborazione, a seguito di operazioni di deposito o prelievo, nel corso di un periodo di tempo stabilito, ad esempio un mese. (v. anche *dead account*)

active assets: *attività produttive.* Beni o investimenti che fruttano un reddito o un interesse.

active balance of payments: *bilancia dei pagamenti attiva; saldo attivo della bilancia dei pagamenti.* Termine usato con lo stesso significato di *favourable balance of payments* (v.).

active balance of trade: *bilancia commerciale attiva; saldo attivo della bilancia commerciale.* Termine usato con lo stesso significato di *favourable balance of trade* (v.).

active balances: *saldi attivi.* È l'opposto di *idle balances* (v.) e indica i saldi monetari che vengono effettivamente inseriti nel circuito dei pagamenti.

active bonds: *titoli pubblici attivi.* Sono titoli a reddito fisso emessi dallo stato o da enti locali e chiamati attivi perché fruttano un interesse fisso che decorre dalla data di emissione.

active circulation: *circolazione cartacea; circolazione attiva.* Il termine inglese indica le banconote effettivamente emesse dalla banca centrale e in circolazione tra il pubblico e non comprende, quindi, le banconote in possesso della banca centrale come parte delle sue riserve.

active class: *classe attiva.* In un'economia, è il numero complessivo di persone attivamente occupate nella produzione di beni e servizi. Il termine viene usato come opposto di *inactive class* (v.).

active credit creation: *creazione di credito attiva.* La creazione di credito attraverso l'apertura di un deposito secondario, detta attiva perché rappresenta un'aggiunta netta all'offerta di moneta.

active debt: *debito attivo.* Il termine inglese viene usato in due significati: un debito che produce interessi; un debito attivo per il soggetto, cioè un credito che egli deve riscuotere. (v. anche *debt*)

active file: *fascicolo attivo.* Un fascicolo, facente parte dell'archivio, frequentemente consultato o nel quale vengono continuamente aggiunti documenti da archiviare.

active fund manager: Espressione del gergo finanziario, con la quale si indica un gestore di fondi che non basa le proprie decisioni su suggerimenti di un computer, ma effettua le proprie scelte basandosi sulle proprie conoscenze e previsioni.

active life reserve: Espressione usata nel linguaggio delle assicurazioni contro le malattie e gli incidenti per indicare la riserva istituita dall'assicuratore nel caso in cui i titolari di polizza pagano un premio costante per tutta la durata del contratto, mentre il tasso di richieste di indennizzo cresce con il crescere dell'età degli assicurati.

active market: ***mercato attivo.*** Termine borsistico usato per indicare che un particolare titolo è soggetto a scambi frequenti e regolari e che gli acquirenti possono in qualsiasi momento trovarne una ragionevole disponibilità. Il termine è anche usato in relazione ad un qualsiasi altro mercato in cui vi sia una forte attività di compravendita.

active money: ***denaro attivo.*** Termine usato per indicare il denaro in circolazione che serve a finanziare operazioni commerciali correnti, in contrapposizione a denaro «inattivo», così chiamato perché tesaurizzato da privati in conseguenza di quella che Keynes chiamò preferenza per la liquidità. (v. anche *inactive money*)

active note circulation: ***circolazione attiva dei biglietti.*** Lo stesso che *active circulation* (v.).

active note issue: ***circolazione attiva dei biglietti.*** Lo stesso che *active circulation* (v.).

active partner: 1. ***socio attivo; socio operante.*** Viene indicato con questa espressione il socio che prende parte attiva alla conduzione dell'azienda della quale fa parte ed alla quale ha contribuito con l'apporto di capitale. **2.** ***accomandatario; socio accomandatario.*** Nelle società in accomandita, socio che ha con altri soci la gestione dell'impresa ed è, in solido con loro, illimitatamente responsabile delle obbligazioni sociali. In qualsiasi società in accomandita devono esserci uno o più soci accomandatari.

active stocks: ***azioni attive.*** Nel linguaggio finanziario statunitense, si indicano con questa espressione tutte le azioni continuamente vendute e comprate sul mercato secondario, in quantità abbastanza rilevanti. Di solito si tratta di azioni che vengono trattate a scopo speculativo. (v. anche *inactive stocks*)

active trade balance: ***bilancia commerciale attiva.*** Termine spesso usato in luogo di *active balance of trade* (v.).

active trust: Termine usato nel linguaggio giuridico per indicare una specie di negozio fiduciario in relazione al quale il fiduciario deve assolvere particolari doveri effettivi.

activity: ***attività.*** Indica il gruppo di funzioni omogenee operanti nell'ambito di un'unità organizzativa.

activity account: ***conto (a livello) di attività.*** Un conto di entrate e uscite che contiene le operazioni di cui si assume responsabilità e controllo un supervisore di attività. Le operazioni possono riguardare materiali e servizi, ma non spese generali o altre voci di cui sono responsabili altre persone. Per assicurare l'aderenza a progetti esecutivi predeterminati dall'autorità superiore vengono di solito imposte limitazioni nel tipo e nell'ampiezza di spese ammesse, nel numero e qualificazione degli impiegati e nell'aderenza a standard di gestione e produzione. L'esattezza di ogni voce di entrata o uscita operativa rientra tra le responsabilità del capo attività. Poiché egli deve conoscere ed approvare tali dettagli, gli si fornisce di solito un sommario o copia mensile del conto attività che dovrà, quindi, contenere tutte le informazioni a lui necessarie per una revisione critica.

activity accounting: ***contabilità (a livello) di attività.*** Sistema di contabilità direzionale basato sul criterio di dipartimentalizzare per attività o per funzione la rilevazione dei costi e la loro responsabilità, in funzione di una delega sempre maggiore dell'autorità direzionale.

activity analysis: ***analisi delle attività.*** L'applicazione di metodi di programmazione lineare alla teoria economica in generale e a quella della produzione in particolare.

activity chart: ***diagramma delle attività.*** Diagramma che mostra le fluttuazioni di lavoro eseguito, o i cambiamenti del tipo di lavoro, in relazione a una tabella oraria.

activity rate: ***tasso di attività.*** Lo stesso che *participation rate* (v.).

activity ratio: ***rapporto delle attività.*** 1) Il rapporto tra l'attività preventivata e quella effettiva di una persona, di una macchina, di un reparto, ecc., nell'arco di un determinato periodo di tempo. 2) Il rapporto tra le ore standard effettive di lavoro prodotto e le ore standard preventivate per lo stesso periodo.

activity sampling: ***campionamento delle attività.*** Tecnica di studio dell'attività lavorativa, in base alla quale si raccolgono, in un dato periodo di tempo, una grande quantità di osservazioni, generalmente ad intervalli casuali. Le osservazioni si riferiscono all'attività di macchine, operai, ecc., e l'analisi dei risultati indica la quantità di tempo necessaria a svolgere una particolare attività.

act liability insurance: ***assicurazione sulla responsabilità civile.*** È l'assicurazione stipulata per garantirsi contro i danni che possono arrecarsi a terzi. In quasi tutti i paesi i proprietari di autoveicoli devono stipulare obbligatoriamente questo tipo di assicurazione, che garantisce i terzi e le loro proprietà contro i danni eventualmente causati da un veicolo a motore.

Act of Accession: È la legge, approvata dal parlamento britannico, con la quale il Regno Unito decideva di diventare membro della Comunità Economica Europea nel 1973. Tale legge prevedeva, tra l'altro, l'adeguamento dei dazi d'importazione britannici a quelli praticati dalla CEE entro il 1 gennaio 1978.

act of bankruptcy: ***atto di fallimento.*** V. spiegazione sotto *bankruptcy acts.*

act of Congress: ***legge del Congresso.*** Negli Stati Uniti questo termine equivale all'inglese *act of Parliament* (v.).

act of God: ***caso di forza maggiore.*** Qualsiasi evento fortuito che non può essere ascritto ad intervento umano e che non può essere impedito da intervento umano. Tra questi eventi rientrano, ad esempio, i terremoti, le inondazioni, le tempeste, i maremoti e simili.

act of honour: ***intervento cambiario.*** Si verifica quando una cambiale tratta anziché dall'obbligato principale viene accettata o pagata da persona che si offra spontaneamente, con l'intento di salvaguardare l'onore e la reputazione dell'obbligato principale.

act of insolvency: ***atto di insolvenza.*** Nella terminologia giuridica statunitense, indica un atto o un'azione da parte di una banca che lascia intendere o comprovi l'incapacità di far fronte alle proprie obbligazioni.

act of Parliament: ***legge del parlamento.*** Legge votata ed approvata dal parlamento di un paese e che diventa legge dello stato cui tutti i cittadini devono uniformarsi.

actual: ***prezzo effettivo; prezzo reale.*** Termine a volte usato come sinonimo di *actual price* (v.).

actual cash value: ***valore monetario effettivo.*** L'effettivo valore monetario al quale un bene può essere venduto in un mercato.

actual commodities: ***prodotti effettivi; prodotti reali.*** Termine usato come sinonimo di *actuals* (v.).

actual cost: ***costo reale; costo effettivo.*** È un termine che implica un grado di accuratezza, nella determinazione dei costi, non garantita dall'approssimazione inerente ai costi standard, ai costi stimati o valutati o ai costi medi. Quando si usa in relazione ai costi di prodotto, spesso indica i costi di manodopera e materiali misurati direttamente, ma poiché tale misurazione spesso implica percentuali, medie e quantità variabili, il realismo insito nel termine «reale» o «effettivo» può essere alquanto illusorio. Se il termine è riferito al costo di acquisizione o di produzione, il primo si intende al netto degli sconti e degli abbuoni ma inclusi il trasporto e il magazzinaggio; mentre il secondo consiste di materiali direttamente impiegati, manodopera e spese generali variabili.

actual deficit: ***deficit effettivo.*** Il deficit totale di uno stato, inclusi i pagamenti di interessi su tutto il debito pubblico.

actual gross national product: ***prodotto nazionale lordo effettivo.*** Il livello di produzione reale che ha effettivamente luogo in un sistema economico. Tale livello è determinato dall'interazione tra la domanda aggregata e il prodotto nazionale lordo potenziale.

actual interest rate: ***saggio di interesse effettivo.*** Il saggio di interesse che viene realmente pagato su crediti rimborsabili mediante versamenti periodici. Il problema del tasso di interesse effettivo sorge in relazione ai crediti al consumo, quando l'ammontare preso a prestito viene restituito attraverso un certo numero di rate periodiche. Infatti, in tali circostanze il tasso di interesse praticato dal mutuante è di solito il saggio di interesse semplice nominale, che differisce notevolmente dal tasso effettivamente pagato dal mutuatario. Ciò può apparire più chiaro con un esempio: un privato acquista un'auto a credito, valore dodici milioni, da pagarsi in dodici rate mensili di un milione ciascuna, al tasso di interesse del venti per cento. Il cliente, pertanto, dovrà restituire 14.400.000 lire e anche senza voler tener conto del versamento degli interessi, che spesso avviene sotto forma di anticipo sulla somma complessiva dovuta per l'acquisto, il tasso del venti per cento non è quello effettivo. Difatti, il cliente prende in prestito un milione per un mese, un altro milione per due mesi, un terzo milione per tre mesi e così di seguito. Il tasso effettivo di interesse, pertanto, andrebbe calcolato di volta in volta sulla somma non ancora rimborsata e non sulla totalità del credito. Tale tasso, che di regola è quasi il doppio del tasso di interesse nominale, può calcolarsi in base alla formula: tasso effettivo = 2 x tasso di interesse nominale x numero delle rate : numero delle rate + 1. Quindi, nel nostro esempio, il tasso effettivo di interesse non sarebbe il 20%, bensì 2x20x12:13, ossia il 36,92 per cento.

actual interest yield: ***rendimento effettivo.*** Lo stesso che tasso di interesse effettivo (v. *actual interest rate*), pur se visto da una differente angolazione.

actual investment: ***investimento effettivo.*** Termine usato in contrasto con *planned investment* (v.), per indicare un investimento effettivamente realizzato e non soltanto programmato.

actual loss: ***perdita effettiva.*** Nel linguaggio delle assicurazioni, questo termine indica la perdita realmente subita dall'assicurato, cioè il valore effettivo del bene che è andato distrutto nel sinistro.

actual market: ***mercato a pronti; mercato pronto; mercato per contanti.*** Lo stesso che *spot market* (v.).

actual market value: ***valore effettivo di mercato.*** Il prezzo, o valore in termini di moneta, al quale un qualsiasi bene viene offerto in vendita in un mercato.

actual price: ***prezzo effettivo; prezzo reale.*** Nel linguaggio della borsa valori di Londra, questo termine indica il prezzo al quale un *market maker* (v.) è effettivamente disposto a vendere o ad acquistare un titolo. In senso più lato, il termine può essere usato con lo stesso significato di *market price* (v.).

actuals: ***prodotti effettivi; prodotti reali; prodotti attuali.*** Sono così indicati i prodotti realmente esistenti nel momento in cui essi vengono venduti, anche se la consegna avrà luogo in un momento futuro. Il termine inglese viene usato in contrapposizione ai prodotti non ancora esistenti, come ad esempio grano non ancora maturo ma venduto per consegna futura.

actual tare: ***tara effettiva; tara reale; tara netta.*** Si parla di tara effettiva quando il contenitore o l'imballaggio vengono pesati separatamente dalle merci che essi contengono, prima che si proceda alla confezione o dopo che sono state estratte le merci.

actual total loss: ***perdita totale assoluta.*** Nel linguaggio delle assicurazioni, e in particolare delle assicurazioni marittime, indica un bene che è andato completamente perduto, come ad esempio un contenitore completamente distrutto dal fuoco, una nave affondata dopo una collisione, oppure beni totalmente resi inidonei all'uso cui erano destinati, come ad esempio merci infradiciate dall'acqua di mare. In caso di perdita totale assoluta non è necessario che l'assicurato invii all'assicuratore l'avviso di abbandono.

actual utility: ***utilità reale; utilità effettiva.*** Termine usato da Jevons, nella sua teoria dell'utilità, in contrapposizione a *potential utility* (v.) e *prospective utility* (v.) per indicare che un determinato bene presenta effettivamente un certo grado di utilità per una qualche persona nel momento presente.

actual value: ***valore reale; valore effettivo.*** Termine usato da J. S. Mill con lo stesso significato di *market value* (v.).

actuarial: ***attuariale.*** Relativo alla matematica attuariale.

actuarial basis: ***base attuariale.*** Base compatibile con i principi seguiti dagli attuari; detto di calcoli che implicano interessi composti, stime di mortalità e di età pensionabile, ecc.

actuarial mathematics: ***matematica attuariale.*** Branca della matematica, che comprende l'insieme delle sue applicazioni al campo delle assicurazioni e in particolare delle assicurazioni sulla vita.

actuarial method: ***metodo attuariale.*** Il metodo che consente di calcolare quale quota di un pagamento rateale copre parte del costo del bene acquistato con pagamento dilazionato e quale quota invece è relativa agli interessi.

actuarial reserve: ***riserva matematica.*** Lo stesso che *legal reserve 2* (v.).

actuarial table: ***tavola attuariale.*** Lo stesso che *life table* (v.).

Actuaries Investment Index: Nome con il quale si indica un indice azionario pubblicato nel Regno Unito fino al 1962, quando fu soppiantato dai *Financial Times-Actuaries Share Indices* (v.).

actuary: ***attuario.*** Esperto di statistica e matematica applicate alle assicurazioni sulla vita e in generale agli istituti di previdenza.

ACU: Asian Currency Unit.

a/d: after date.

ad.: advertisement.

A.D.B.: 1) Asian Development Bank; 2) African Development Bank.

added value: ***valore aggiunto.*** Termine usato in alternativa a *value added* (v.).

added–value tax: ***imposta sul valore aggiunto.*** Termine usato in alternativa a *value–added tax* (v.).
Addison scheme: ***piano Addison.*** Nome dato al piano per l'edilizia civile creato dal *Housing Act* del 1919, quando il dr. C. Addison (1869–1951) era ministro della sanità. Gli enti locali dovevano costruire case da affittare ai canoni che i locatari potevano permettersi di pagare. Infatti, a causa della sospensione dell'attività nel campo dell'edilizia residenziale durante il periodo bellico, nel Regno Unito c'era una grave penuria di case da affittare.
additional extended coverage: ***estensione di copertura addizionale.*** Chiamata anche in italiano extended coverage, è la clausola in polizze di assicurazione globale fabbricati che fornisce garanzia assicurativa contro danni da impianti idrici e di riscaldamento, atti vandalici, rottura di vetri, ghiaccio, neve e gelo, caduta di alberi e simili.
additional insured: ***terzi assicurati; assicurazione di terzi.*** Persone coperte da una polizza di assicurazione oltre l'assicurato menzionato nella polizza stessa. L'esempio più comune è rappresentato dalla clausola in una polizza RC auto che estende la copertura ai trasportati e a persone che guidano l'auto col consenso del proprietario.
additional markon: ***ricarico addizionale.*** Ricarico che va ad aggiungersi ad un altro precedentemente fissato.
additional personal allowance: ***detrazione d'imposta supplementare.*** Di solito indica la detrazione concessa ad un uomo la cui moglie è inabile al lavoro, nel qual caso è alternativa alla *housekeeper allowance*; oppure, detrazione per figlio a carico concessa a una vedova o a una ragazza madre, ma in quest'ultimo caso la persona deve essere impiegata a tempo pieno o totalmente inabile al lavoro.
additional premium: ***premio addizionale; supplemento di premio; soprappremio.*** Un extra che l'assicurato deve pagare per un qualsiasi motivo. Lo stesso termine indica un premio che va ad integrare il premio già pagato quando, durante il periodo di validità, un contratto di assicurazione viene modificato aumentando i massimali in relazione ad un aumento del rischio o del tasso di inflazione.
additional voluntary contribution: ***contributo integrativo volontario.*** Un contributo addizionale versato volontariamente da un lavoratore che intende così garantirsi una integrazione della futura pensione.
add–on contract: ***contratto di aggiunta.*** Tipo di contratto, usato negli Stati Uniti in relazione alle vendite rateali, che contempla la possibilità per il compratore di effettuare altri acquisti, il cui costo viene aggiunto al contratto in essere con la conseguente estensione del numero dei pagamenti rateali.
address commission: ***commissione di raccomandazione.*** Riduzione del nolo che, in passato, veniva concessa al noleggiatore per la cura che egli, o il proprio agente, prestava nel porto di caricazione o di discarica in aiuto dell'armatore. Ormai non ha più ragione di esistere, in quanto tali operazioni portuali sono curate direttamente dalla società armatrice o dal raccomandatario, ma la riduzione è rimasta in uso a scopo di concorrenza.
addressee: ***destinatario.*** La persona cui è indirizzata una lettera o altro tipo di corrispondenza.
addressing machine: ***macchina per indirizzi; targhettatrice.*** Macchina per stampare indirizzi su lettere o altra corrispondenza, per mezzo di targhette preventivamente incise o altro tipo di matrici. Viene usata nel caso di comunicazioni regolari da inviarsi a clienti, soci, corrispondenti e simili.
address list: ***indirizzario.*** Lo stesso che *mailing list* (v.).
«add–to» system: Espressione con la quale si indica un sistema cui si fa spesso ricorso nel Regno Unito, in base al quale un cliente acquista vari beni col sistema della vendita con patto di riservato dominio, ma versa un anticipo soltanto sul primo di tali beni.
adj.: adjustment.
adjudication in bankruptcy: ***sentenza dichiarativa di fallimento; dichiarazione di fallimento.*** Sentenza con cui si apre il fallimento, emessa dal tribunale del luogo in cui si trova la sede principale dell'azienda, su istanza di uno o più creditori o dello stesso imprenditore. Essa ha la duplice funzione di conservare il patrimonio del fallito, ponendolo sotto il controllo del curatore, e di iniziare la procedura esecutiva per la soddisfazione concorsuale dei creditori.
adjudication order: ***sentenza dichiarativa di fallimento; dichiarazione di fallimento.*** Termine usato con lo stesso significato di *adjudication in bankruptcy* (v.).
adjunct account: ***conto di assorbimento; conto di collegamento.*** Termine usato con lo stesso significato di *absorption account* (v.).
adjustable currency: ***moneta elastica.*** Termine usato con lo stesso significato di *elastic currency* (v.).
adjustable interest rate: ***tasso d'interesse variabile.*** Lo stesso che *variable interest rate* (v.).
adjustable peg: ***parità mobile; parità variabile.*** Termine usato con lo stesso significato di *crawling peg* (v.).
adjustable–peg exchange rate system: ***sistema dei tassi di cambio a parità mobile.*** È una forma di sistema di cambi fissi, originariamente usato dal FMI, che prevede una parità fissa tra le valute, ma anche la possibilità di adeguamenti di tali parità se le circostanze lo richiedono.
adjustable policy: ***polizza ad adeguamento.*** Termine usato per indicare una specie di polizza flottante che copre quantità variabili di merci, la cui entità deve essere comunicata a scadenze prestabilite affinché si possa procedere al corrispondente adeguamento del premio.
adjustable–rate mortgage: ***ipoteca a tasso variabile.*** Lo stesso che *variable rate mortgage* (v.).
adjusted basis: ***base adeguata.*** Il prezzo base dal quale è possibile calcolare gli utili di capitale, a fini fiscali, su attività quali azioni e obbligazioni. Tiene conto dei costi sostenuti dall'investitore per l'acquisizione del titolo e di eventuali frazionamenti e emissioni gratuite intervenuti nel periodo di detenzione del titolo.
adjusted CIF price: ***prezzo cif adeguato.*** È il prezzo cif usato dalla Comunità Economica Europea per calcolare i dazi di importazione variabili su beni provenienti da paesi terzi.
adjusted cost accounting: ***contabilità a valori storici riadeguati.*** Sistema di contabilità che prevede una continua e generalizzata rivalutazione delle poste di bilancio, alla cui base rimangono i valori storici dei singoli beni e servizi, ma riadeguati periodicamente in base ad indici statistici, che indicano le variazioni del livello generale dei prezzi. Ciò consente di rendere omogenei tra loro e costantemente aggiornati al mutato valore della moneta tutti gli elementi del capitale ed i componenti del reddito.
adjusted historical cost: ***costo storico ragguagliato.*** Costo storico elevato a costo corrente attraverso un indice dei prezzi o una serie di indici dei prezzi. (v. anche *current cost*)
adjusted selling price: **1.** ***prezzo di vendita ragguа-***

gliato. Usato a volte da venditori al dettaglio nella valutazione delle giacenze di magazzino a fini contabili, indica la valutazione della giacenza al prezzo di vendita, meno gli utili previsti e i costi di vendita. **2.** ***prezzo di vendita adeguato.*** Termine usato per indicare un prezzo di vendita adeguato a mutate condizioni di domanda e offerta. Se si tratta di beni deperibili o stagionali, il prezzo di vendita può venire adeguato molto rapidamente al fine di smaltire le giacenze o le quantità disponibili. Se si tratta, invece, di beni durevoli, il prezzo non è soggetto a frequenti e notevoli adeguamenti.

adjusted trial balance: ***bilancio di verifica rettificato.*** Termine usato nel linguaggio della contabilità per indicare un bilancio di verifica, comprensivo delle registrazioni di rettifica.

adjuster: ***liquidatore d'avaria.*** Perito di parte che verifica il danno e stima la perdita derivante da incendio o altro sinistro e tenta di arrivare ad un accordo con l'assicurato per il risarcimento del danno coperto da assicurazione.

adjusting entry: ***scrittura rettificativa; scrittura di assestamento; registrazione di rettifica; posta di correzione.*** Registrazione di un'operazione contabile che dà effetto alla correzione di un errore o che aggiorna un conto di entrate e uscite a seguito della presenza di ratei o risconti. Una successiva registrazione di chiusura (v. *closing entry*) trasferisce il saldo del conto in un conto sintetico (v. *closing account*). Nel successivo periodo contabile, una registrazione inversa, se necessaria, elimina la possibilità di duplicazione del rateo o risconto registrato con la suddetta scrittura.

adjustment: **1.** ***correzione; rettifica; adeguamento.*** Qualsiasi variazione in un conto, prodotta da una scrittura rettificativa. **2.** ***regolamento d'avaria; liquidazione d'avaria.*** Nelle assicurazioni marittime, il procedimento di accertamento e liquidazione dell'ammontare cui l'assicurato ha diritto in base alla polizza e la determinazione della percentuale che ciascun assicuratore deve pagare. **3.** ***aggiustamento.*** Nel linguaggio economico, l'adozione di politiche restrittive, di ordine monetario e fiscale, atte a contenere il volume complessivo delle importazioni, a costo di far cadere il ritmo dell'attività economica interna del paese interessato.

adjustment account: ***conto di assestamento; conto di riepilogo.*** Insieme di scritture che si redigono per evidenziare una separazione dei costi o dei ricavi attinenti all'esercizio in corso e agli esercizi futuri. In particolare, il termine inglese indica un conto usato per accogliere le differenze tra la previsione e la realtà in un sistema di contabilità a costi stimati.

adjustment assistance policies: ***politiche di assistenza alla ristrutturazione.*** Serie di provvedimenti mediante i quali uno stato tenta di assistere le industrie del paese durante una fase di ristrutturazione. Si tratta di iniziative che rientrano nel contesto più globale di politica industriale.

adjustment bond: ***buono di ricapitalizzazione; obbligazione di riorganizzazione.*** Termine usato nel linguaggio finanziario statunitense per indicare un titolo a reddito fisso emesso da una società per azioni in occasione di una riorganizzazione dell'azienda e di una contestuale ristrutturazione del capitale sociale. Poiché la riorganizzazione spesso implica un imbarazzo finanziario, frequentemente si giunge ad un accordo con i creditori in base al quale a fronte dei loro crediti vengono emesse obbligazioni, dette appunto di riorganizzazione, a scadenze scaglionate nel tempo.

adjustment costs: ***costi di adeguamento; costi di assestamento.*** Il termine inglese viene usato in due significati: a) il costo che deve sostenere un individuo, una famiglia, un'impresa o un intero sistema economico per adeguarsi alle mutate condizioni della domanda e dell'offerta, che tendono verso un nuovo e diverso equilibrio. Ne sono esempi i costi relativi all'acquisizione di informazioni su nuovi mercati, alla differente utilizzazione di risorse esistenti, alla necessità di riqualificazione della manodopera, ecc. b) Il costo, in termini di tempo, impegno, ecc., sostenuto per adeguare i prezzi alle mutate condizioni della domanda e dell'offerta ed anche per stabilire quali prezzi vadano adeguati e quali possano essere lasciati invariati. (v. anche *adjusted selling price 2*)

adjustment equation: ***equazione di adeguamento.*** In econometria, un'equazione che descrive il processo che si verifica quando un sistema economico o un particolare mercato sono in una situazione di squilibrio.

adjustment mechanism: ***meccanismo di assestamento; meccanismo di adeguamento.*** Termine usato nel linguaggio economico per indicare un qualsiasi mezzo mediante il quale un paese, i cui costi di produzione sono diventati troppo alti per essere competitivi sui mercati esteri, riesce a far tornare in attivo la propria bilancia dei pagamenti senza dover ricorrere al provvedimento dell'alta disoccupazione con l'obiettivo di far scendere il livello dei salari.

adjustment process: ***processo di adeguamento.*** Termine usato per indicare il sistema o il funzionamento internazionale di politiche governative di adeguamento dei pagamenti, quali ad esempio l'allineamento dei tassi di cambio, le variazioni della spesa pubblica, i controlli dei cambi e simili.

adjustment resistance policies: ***politiche di resistenza alla ristrutturazione.*** Con questa espressione sono stati indicati tutti quei provvedimenti mediante i quali un governo tenta di assistere imprese o industrie inefficienti o in crisi, allo scopo di tenerle in funzione anche se sarebbe economicamente più conveniente ristrutturarle o farle uscire dal mercato.

adjustment trigger: ***innesco di adeguamento.*** Termine usato per indicare un qualsiasi criterio oggettivo che imponga l'adeguamento di una politica economica, di una parità monetaria o altro provvedimento di carattere monetario o economico.

adman: ***pubblicitario.*** Termine informale, usato con lo stesso significato di *advertising man* (v.).

admeasurement: ***stazzatura.*** È la misurazione della stazza di una nave.

administered prices: ***prezzi amministrati.*** Termine usato da Lord Keynes per indicare il prezzo unitario di un bene direttamente fissato o sostanzialmente influenzato da un ente governativo, un cartello o un'impresa monopolista, e non derivante dal libero gioco delle forze di mercato.

administered–price theory: ***teoria dei prezzi amministrati.*** È la teoria che sostiene che i prezzi dei beni e servizi in un'economia non sono determinati dal libero gioco delle forze della domanda e dell'offerta, ma vengono stabiliti mediante accordi tra le imprese produttrici e vengono mantenuti agli stessi livelli anche in presenza di notevoli variazioni delle condizioni di mercato. Infatti, anche quando diminuisce la domanda di un particolare prodotto, i prezzi restano sostanzialmente invariati, in quanto i produttori non hanno alcun interesse a ridurli. L'anelasticità dei prezzi amministrati fu ammessa prima della seconda guerra mondiale soltanto da pochi economisti e solo nel periodo post-bellico essa fu messa in relazione al grado di concentrazione dei mercati.

administered-price theory of inflation: ***teoria dell'inflazione da prezzi amministrati.*** Teoria, con cui si tenta di spiegare l'inflazione, molto vicina alla teoria della spinta dei costi, in quanto predice la stessa sequenza di eventi prevista da quest'ultima, con la sola eccezione che non i sindacati vengono ritenuti responsabili, bensì le imprese che amministrano i prezzi. La teoria, infatti, sostiene che i venditori hanno un potere monopolistico e vorrebbero alzare i prezzi, ma vengono in ciò frenati dall'opinione pubblica contraria e, nei paesi in cui esiste, dalla legislazione antimonopolistica. Durante le contrattazioni sindacali sulle questioni salariali, gli imprenditori concedono aumenti salariali e li usano come giustificazione di un aumento dei prezzi spesso superiore a quanto sarebbe sufficiente per recuperare l'aumento di costi conseguente all'aumento dei salari.

administered pricing: ***sistema dei prezzi amministrati.*** Termine usato per indicare il sistema di determinazione dei prezzi di vendita basato non sul libero gioco delle forze della domanda e dell'offerta, bensì su decisioni del governo o delle imprese produttrici, cioè da venditori monopolistici o oligopolistici. Tale sistema prevede che i prezzi di vendita vengano determinati sulla base dei costi, cui viene aggiunto il profitto dell'imprenditore. Di conseguenza, le variazioni di produzione in risposta alle variazioni della domanda hanno luogo in maniera indipendente dalle variazioni dei prezzi, in quanto questi ultimi non vengono ridotti a seguito di una riduzione della domanda. Pertanto, il livello di produzione è influenzato principalmente dalla consistenza delle scorte: esso diminuisce quando le scorte sono alte e aumenta quando esse si assottigliano. (v. anche *administered-price theory*)

administered rate of interest: ***tasso d'interesse amministrato.*** Un tasso d'interesse stabilito dalle autorità competenti e non dall'incontro delle forze della domanda e dell'offerta di moneta.

administration: 1. ***amministrazione.*** Quella branca della direzione che abbraccia la supervisione e il funzionamento di qualsiasi organizzazione. Un esperto di amministrazione aziendale deve possedere una profonda conoscenza operativa delle forme di organizzazione aziendale: come ottenere il capitale; relazioni con istituzioni finanziarie; gestione del personale; condizioni dei mercati e metodi di sfruttamento dei mercati; commercio estero; coordinamento delle varie branche di un'azienda al fine di perseguire lo scopo dell'azienda stessa; metodi di organizzazione interna; istituzione e mantenimento di controlli interni; metodi di delega delle responsabilità, ecc. **2.** ***amministrazione.*** Lo stesso termine è usato per indicare il capo di un'organizzazione o il capo e i suoi immediati collaboratori ed anche il governo di un paese. **3.** ***liquidazione dell'eredità.*** Consiste nell'accertamento dei beni di un intestato, il pagamento dei suoi debiti e la distribuzione tra gli eredi di ciò che resta.

administration costs: ***costi di amministrazione.*** Termine usato con lo stesso significato di *administrative expenses* (v.).

administration expenses: ***spese di amministrazione.*** Termine usato come sinonimo di *administrative expenses* (v.).

administration order: ***ordine di liquidazione.*** Ordine emesso da un tribunale, in caso di piccoli fallimenti, per la liquidazione sommaria dei beni di un debitore, quando il suo intero patrimonio non superi una determinata cifra.

administrative accounting: ***contabilità amministrativa.*** Quella parte del processo contabile generalmente in relazione con la gestione: ad esempio, le funzioni del *controller* (v.), la revisione contabile interna e le decisioni relative a valutazioni, fondi di riserva, ecc. Il termine è a volte usato come opposto di *cost accounting* (v.) ed è più o meno equivalente a *financial accounting* (v.).

administrative action: ***azione amministrativa.*** All'interno di un'azienda, decisione della direzione (opposto di azione collegiale), o decisione su una questione di politica aziendale presa dalla direzione amministrativa. L'azione amministrativa abbraccia tutto il campo dell'amministrazione, o decisioni giornaliere da prendersi rapidamente e routinariamente, in modo che il funzionamento dell'azienda sia efficiente e valido.

administrative audit: 1. ***revisione amministrativa; controllo amministrativo.*** Termine usato per indicare la verifica dell'esattezza di operazioni proposte o di operazioni non ancora riportate su documenti contabili. Il termine viene anche usato nella contabilità di stato per indicare la verifica, effettuata da un funzionario statale, tendente ad accertare se una spesa proposta è coerente con la legge che istituì il fondo col quale la spesa dovrà essere sostenuta. **2.** ***revisione contabile interna; revisione dei conti interna.*** Termine usato con lo stesso significato di *internal audit* (v.).

administrative budget: ***budget delle spese di ordinaria amministrazione.*** Piano finanziario in base al quale un'organizzazione esplica la sua attività giornaliera sotto le comuni forme di gestione amministrativa.

administrative control: ***controllo direttivo.*** È un mezzo per controllare e supervisionare le operazioni di un'impresa o di un pubblico servizio, al fine di renderli efficienti e remunerativi. Lo stesso termine indica il potere di emanare norme e regolamenti per la gestione e il funzionamento di un'impresa o di un pubblico servizio.

administrative cost budget: ***budget dei costi amministrativi.*** Questo budget viene di solito preparato prendendo le mosse dai singoli budget dettagliati presentati dai responsabili dei vari reparti di un'impresa, come ad esempio il reparto contabilità, il reparto ricerche di mercato, ecc. Contiene tutte le spese amministrative e generali che l'impresa dovrà sostenere, quali ad esempio stipendi dei direttori, stipendi agli impiegati, illuminazione, riscaldamento, canoni di fitto, imposte e simili.

administrative costs: ***costi amministrativi.*** Lo stesso che *administrative expenses* (v.).

administrative economy: ***economia amministrativa.*** Lo stesso che *planned economy* (v.).

administrative expense budget: ***budget delle spese amministrative.*** Termine usato con lo stesso significato di *administrative cost budget* (v.).

administrative expenses: ***spese amministrative.*** Una classificazione delle spese sostenute nella gestione generale di un'azienda nel suo complesso, come opposto di spese relative a funzioni più specifiche, quali ad esempio lavorazione o vendita. Le voci incluse sotto questa intestazione variano a seconda dell'azienda, ma di solito comprendono stipendi di alti funzionari, fitti e altre spese generali d'ufficio.

administrative fee: ***tassa amministrativa.*** Somma fissa che è tenuto a pagare chi chiede allo stato un determinato servizio. Nel Regno Unito è, ad esempio, una tassa amministrativa il pagamento del bollo sulle patenti di guida.

administrative law: ***diritto amministrativo.*** Ramo del diritto pubblico che governa i rapporti dello stato e degli enti autarchici sia tra loro che con i privati cittadini.

administrative overheads: ***spese di amministrazione.*** Termine usato con lo stesso significato di *administrative expenses* (v.).

administrative protection: ***protezionismo amministrativo.*** Uso di norme e regolamenti relativi alle procedure doganali, spesso in maniera vessatoria, al fine di controllare le importazioni. Ritardi nello stabilire i dazi di importazione, alte valutazioni, meticolosa applicazione del regolamento, ecc., costituiscono il cosiddetto protezionismo amministrativo.

administrative revenues: ***entrate amministrative.*** Entrate dei vari ministeri e enti dell'amministrazione pubblica, derivanti dall'esecuzione dei servizi e delle funzioni cui sono preposti.

administrative review: **1.** ***revisione amministrativa; controllo amministrativo.*** **2.** ***revisione contabile interna; revisione dei conti interna.*** In entrambi i significati il termine inglese è usato come sinonimo di *administrative audit* (v.).

administrative tribunal: ***tribunale amministrativo.*** Nel Regno Unito esistono vari tipi di tribunali amministrativi, ciascuno dei quali ha giurisdizione su determinati aspetti speciali dell'amministrazione statale, in particolare quelli relativi a questioni sociali e giuridiche, ovvero ai rapporti tra cittadini e stato.

administrator: **1.** ***amministratore di eredità; curatore di eredità.*** Persona nominata da un tribunale affinché proceda all'amministrazione ed eventuale liquidazione o ripartizione dei beni di una persona che non ha lasciato testamento o che non ha nominato un esecutore testamentario. Il tribunale procederà alla nomina di un amministratore anche nel caso in cui il defunto abbia nominato un esecutore, ma questi sia morto o divenuto incapace prima di assolvere il proprio compito. **2.** ***amministratore.*** Persona preposta al controllo e alla direzione di un'impresa o di altra organizzazione pubblica o privata.

admiralty: ***diritto marittimo.*** L'insieme delle norme giuridiche che regolano le relazioni sui mari. Per esempio, la legge che regola le collisioni di navi in mare, le perdite di carico e simili.

Admiralty Court: ***tribunale dell'ammiragliato.*** Nel Regno Unito è il tribunale che ha competenza esclusiva in materia di salvataggio, prestiti a cambio marittimo, proprietà di navi e tutte le altre questioni connesse con la navigazione.

admission tax: ***imposta sui biglietti d'ingresso.*** L'imposta percepita dall'erario sul prezzo pagato per l'acquisto di biglietti d'ingresso a spettacoli, ad avvenimenti sportivi o di altra natura, a visite a musei, gallerie, ecc. Tale imposta è di solito compresa nel prezzo del biglietto.

«admission temporaire»: ***importazione temporanea.*** Termine di origine francese, usato per indicare la temporanea introduzione in un paese di beni, particolarmente materie prime, in esenzione doganale per essere lavorati e poi riesportati.

admission to quotation: ***ammissione alla quotazione.*** Lo stesso che *listing admission* (v.).

admitted assets: ***attività ammesse.*** Termine usato negli Stati Uniti per indicare le attività di un'impresa assicuratrice che la legge riconosce ed ammette per la costituzione e l'adeguamento degli standard finanziari imposti a tutte le imprese che si occupano di assicurazioni.

admitted company: ***società ammessa.*** Termine usato negli Stati Uniti per indicare un'impresa assicuratrice costituita e registrata in uno stato, ma che, conformandosi alle leggi di altri stati, viene ammessa a svolgere la propria attività anche in questi ultimi.

adoption: ***adozione.*** Nel linguaggio del marketing, è il processo mediante il quale un consumatore accetta una novità, sia essa un prodotto, un'idea o una moda. Il consumatore procede attraverso le seguenti fasi successive: consapevolezza dell'esistenza, ad esempio, del prodotto; interesse per il prodotto e successiva valutazione; prova e, se il prodotto riscuote la sua approvazione, l'adozione, che rappresenta lo stadio finale del processo.

ADR: American Depositary Receipt.

ad referendum: Locuzione latina che vale «da considerarsi ulteriormente». A volte si stipulano contratti ad referendum, nel qual caso si intende che sono stati firmati contratti per l'acquisto o la fornitura di certi beni, ma vi sono dettagli di secondaria importanza ancora da puntualizzarsi, che richiedono ulteriore considerazione.

adulteration: ***adulterazione.*** Mischiare ad una sostanza da porre in vendita un qualsiasi ingrediente dannoso alla salute o tale da snaturare l'oggetto della vendita. È un reato in base al *Food and Drugs Act* del 1955.

adulterine guild: ***corporazione adulterina.*** Espressione usata per indicare corporazioni che, nel medioevo, essendo prive di patente regia funzionavano dietro pagamento di una multa annua al sovrano.

adv.: 1) advertisement; 2) advice.

ad val.: ad valorem.

ad valorem: ***secondo il valore; ad valorem.*** Termine con valore aggettivale, usato per indicare imposte patrimoniali o dazi di importazione o di altra natura calcolati in percentuale del valore della proprietà o del bene. Le imposte o i dazi sui beni sono, infatti, calcolati in due modi, o in base alla quantità, o in base al valore. Nel caso di un'imposta specifica, l'ammontare da pagarsi dipende dalla quantità del bene acquistato, come ad esempio l'imposta sui carburanti. Nel caso di imposta ad valorem, l'ammontare da pagarsi è proporzionato al valore del bene, come ad esempio l'imposta sulle pellicce o sui diamanti.

ad valorem duty: ***dazio ad valorem.*** Termine con il quale si indica un dazio di importazione basato sul valore del bene e non sull'unità di misura, quale ad esempio il peso, il volume o la quantità. Il termine, infatti, viene usato in contrapposizione a dazio specifico. (v. anche *specific duty*)

ad valorem tax: ***imposta ad valorem.*** È così indicata l'imposta che viene prelevata come percentuale del valore complessivo del bene che essa colpisce e non come somma fissa sull'unità di misura, quale ad esempio il peso, il volume o la quantità. Il termine, infatti, viene usato in contrapposizione a imposta specifica. (v. anche *specific tax*)

advance: ***anticipo; anticipazione.*** 1) Nel commercio, indica una somma pagata come acconto da un acquirente prima della consegna dei beni da lui comprati. Lo stesso termine è usato per indicare anticipi su stipendi, salari o commissioni concessi da un'azienda ai propri dipendenti. 2) In tecnica bancaria, il termine indica un prestito concesso da una banca ad un cliente su prestazione di pegno di titoli o di merci. Si tratta di solito di una somma stabilita su cui il cliente paga interessi al tasso concordato, oltre al rimborso per spese di custodia. La garanzia per l'anticipazione deve essere di solito almeno il doppio del valore del prestito accordato (v. anche *advances to custo-*

mers). 3) Negli Stati Uniti il termine indica anche il trasferimento di fondi ad una banca membro del *Federal Reserve System* (v.), su prestazione di garanzia da parte della banca membro. Questa operazione non va confusa con il risconto. 4) Il termine a volte indica un'anticipazione di contanti o un trasferimento di merci, di cui il ricevente dovrà rendere conto in data futura. 5) Con lo stesso termine si indica, infine, anche il prestito cambiario a garanzia del quale il cliente rilascia alla banca una cambiale diretta.

advance against stock exchange securities: ***anticipazione su titoli; prestito su titoli.*** Prestito concesso da una banca su garanzia di valori mobiliari costituiti in pegno presso di essa da un cliente. Quest'ultimo ha di solito la facoltà di ritirare parte dei titoli prima della scadenza del contratto, purché provveda a rimborsare parte della somma anticipata, compresi i relativi accessori. Il contratto prevede anche che il cliente, detto in questo caso anticipato, su richiesta della banca, debba prestare un supplemento di garanzia qualora il valore dei titoli costituiti in pegno sia diminuito almeno di un decimo a causa di variazioni dei corsi.

advance bill: Termine usato per indicare una cambiale, tratta prima della spedizione delle merci cui si riferisce.

advance corporation tax: ***acconto dell'imposta sulle società.*** Parte dell'imposta sul reddito delle persone giuridiche, che viene versato in epoca anteriore a quella del versamento principale.

advance–decline line: ***linea dei rialzi e dei ribassi.*** Sistema che consente di calcolare la tendenza al rialzo o al ribasso di una borsa valori in un determinato periodo di tempo.

advanced economy: ***economia progredita; economia avanzata.*** Espressione con la quale si indica l'economia di un paese industrializzato, i cui cittadini godono di un elevato reddito pro capite. Un'economia progredita presuppone un governo stabile, che si interessi attivamente di questioni economiche e capace di far rispettare la legge e l'ordine, in modo che venga rispettata e possa essere accumulata la proprietà produttiva e le altre forme di ricchezza. Il paese in questione deve altresì disporre di efficienti mezzi di trasporto e di comunicazione e di una sufficiente liquidità, tutti elementi essenziali per l'espansione dei mercati. Infine, il paese deve disporre di imprenditori e manager capaci di organizzare la produzione ed essi devono avere la libertà di far circolare i fattori della produzione e i prodotti finiti nell'ambito del paese, senza troppe ingerenze da parte delle autorità di governo.

advanced industrialized countries: ***paesi industrializzati avanzati.*** Sono così detti i paesi più avanzati nell'industrializzazione delle loro economie, quali ad esempio il Giappone e la Repubblica Federale di Germania, per distinguerli da quelli di recente industrializzazione e da quelli meno avanzati.

advanced nation: ***nazione progredita.*** Un qualsiasi paese industrializzato, i cui abitanti abbiano raggiunto un tenore di vita superiore a quello dei cittadini di paesi in via di sviluppo e che presenti gli elementi descritti sotto *advanced economy* (v.).

advanced technology: ***tecnologia avanzata.*** Tecnologia che deriva da ricerca avanzata e di cui possono disporre soltanto poche imprese o pochi paesi, che creano su tale presupposto un monopolio per i loro prodotti.

advance freight: 1. ***anticipo sul nolo; acconto sul nolo.*** Pagamento anticipato di parte del nolo, nei casi di noleggio di intere navi o di parti rilevanti di navi. **2.** ***nolo anticipato.*** È il nolo pagato in anticipo, in modo che l'armatore possa consegnare la polizza di carico con quietanza del nolo e il ricevitore possa, così, entrare in possesso delle merci con maggior speditezza.

advance guarantee: ***garanzia di rimborso di acconto.*** Lo stesso che *repayment guarantee* (v.).

advancement: ***avanzamento.*** È il passaggio di un lavoratore da un grado che comporta certe responsabilità ad un grado superiore che comporta maggiori responsabilità e, quasi sempre, prevede una più alta remunerazione.

advance note: ***buono acconto equipaggio.*** Si tratta di cambiali, di solito di importo equivalente ad un mese di paga, tratte dal capitano sull'armatore della nave a favore dei membri dell'equipaggio, che ricevono la cambiale, pagabile di solito alcuni giorni dopo la partenza della nave, all'atto della firma del contratto di ingaggio. Ciò mette in grado i marittimi di provvedere ai bisogni immediati delle loro famiglie.

advance of cash: ***anticipo di cassa.*** Esborso di cassa, in pagamento di piccole forniture di beni o servizi.

advance of royalties: ***anticipo su diritti d'autore.*** Somme di denaro che l'editore può anticipare all'autore di un libro o all'atto della firma del contratto di edizione o nel momento in cui il libro viene immesso nei circuiti di distribuzione. Tale anticipo viene successivamente detratto dal pagamento dei diritti d'autore maturati sulle vendite.

advance on account: ***anticipo in conto.*** Anticipo versato dal compratore al venditore in relazione ad un acquisto con dilazione di pagamento.

advance on current account: ***anticipazione in conto corrente.*** Anticipazione concessa da una banca ad un cliente, che può essere utilizzata mediante prelevamenti e integrata da versamenti, ma sempre con saldo a debito del cliente.

advance payment: ***pagamento anticipato; pagamento in anticipo.*** Lo stesso che *payment in advance* (v.).

advance payment bond: ***obbligazione di rimborso di acconto.*** Lo stesso che *repayment guarantee* (v.).

advance refunding: ***rimborso anticipato.*** Termine usato nel linguaggio finanziario statunitense per indicare la pratica cui fa ricorso il Tesoro per rifinanziare periodicamente il debito pubblico. Tale pratica consiste nell'offrire, in prossimità della scadenza, condizioni particolarmente favorevoli ai portatori di titoli di stato che sono disposti a cambiarli con altri titoli a scadenza più lontana nel tempo. Attratti dal più alto tasso di rendimento i risparmiatori, e principalmente gli investitori istituzionali quali compagnie di assicurazione e fondi pensioni, consegnano i titoli che stanno per scadere in cambio di titoli di nuova emissione, consentendo così il rifinanziamento del debito pubblico senza passare attraverso le banche o altre forme di pubblica sottoscrizione.

advances ratio: ***indice delle anticipazioni; rapporto delle anticipazioni.*** Nel linguaggio bancario, si indica con questo termine il rapporto tra anticipazioni totali concesse da una banca e depositi totali presso la stessa banca. Questo indice serve al ministero del tesoro britannico e alla Banca d'Inghilterra per rendersi conto delle effettive condizioni del mercato monetario.

advances to customers: ***anticipazioni ai clienti.*** Sotto questa intestazione compaiono, nel bilancio di una banca commerciale, le anticipazioni, i crediti allo scoperto all'industria e al commercio e i piccoli prestiti o prestiti personali. Insieme alla voce «investimenti», le anticipazioni a clienti costituiscono le due attività meno liquide di una banca ed in Gran Bretagna ammontano approssimativamente al 28% delle attività totali di ciascuna singola banca. Poiché le anticipazioni creano potere d'acquisto, le autorità monetarie cercano di influenzare il livello delle anticipazioni per poter svolgere la loro politica monetaria. Così, in periodi di inflazione può ritenersi necessario limitarle, mentre in periodo di recessione potrebbe prevalere un incoraggiamento della loro espansione.

advancing market: ***mercato in movimento.*** Un mercato in cui la domanda di un bene eccede di molto l'offerta dello stesso bene. Per la legge della domanda e dell'offerta, in un mercato così strutturato ci si aspetta un rialzo dei prezzi.

adv. chgs.: advance charges.

adventure: ***speculazione; affare rischioso; attività aleatoria; impresa rischiosa.*** Il termine inglese, che non trova un preciso corrispondente in italiano, indica una partita di merci inviata ad un agente all'estero perché la venda al miglior prezzo possibile. Si tratta di una forma di speculazione commerciale, ma ad essa spesso ricorrono anche industriali o commercianti che desiderano introdurre i loro prodotti in un nuovo mercato, ricorrendo a questo espediente per far conoscere la qualità di ciò che vogliono vendere. In un significato più generico, il termine inglese indica una qualsiasi impresa o affare che implichino una certa quantità di rischio.

adverse balance: ***saldo passivo.*** Lo stesso che *debit balance* (v.).

adverse balance of payments: ***bilancia dei pagamenti passiva; saldo negativo della bilancia dei pagamenti; deficit della bilancia dei pagamenti.*** V. spiegazione sotto *passive balance of payments.*

adverse balance of trade: ***bilancia commerciale passiva; saldo negativo della bilancia commerciale; deficit della bilancia commerciale.*** V. spiegazione sotto *passive trade balance.*

adverse opinion: ***parere con eccezioni.*** Nel linguaggio della revisione dei conti, questo termine viene usato per indicare il parere, espresso dal revisore contabile esterno nella sua relazione di certificazione, che contiene eccezioni circa l'attendibilità del bilancio, secondo i principi contabili di riferimento.

adverse trade balance: ***bilancia commerciale passiva; saldo negativo della bilancia commerciale; deficit della bilancia commerciale.*** Lo stesso che *passive trade balance* (v.).

adverse variance: ***variante avversa.*** Lo stesso che *unfavourable difference* (v.).

advertised bidding: ***licitazione pubblica; asta pubblica.*** Il termine inglese indica la pratica di richiedere e sottoporre pubblicamente offerte in relazione a contratti di fornitura di beni o servizi, ampiamente usata dall'amministrazione dello stato e dagli enti locali. Pur essendo una pratica valida per i fornitori, essa presenta per l'ente che la segue il principale svantaggio della lentezza nell'assegnazione dell'appalto.

advertisement: ***annuncio pubblicitario; inserzione; inserzione pubblicitaria; messaggio pubblicitario.*** Un qualsiasi messaggio pubblicitario sotto forma o di annuncio economico su un giornale o di un manifesto o simili. Nel Regno Unito i messaggi pubblicitari sono regolati dall'*Advertisements Act* del 1957 e, quando vengono affissi o installati su suolo pubblico, anche dai *Town and County Planning Acts.*

advertisement hoarding: ***cartellone per affissioni pubblicitarie.*** È una superficie, delimitata da una cornice, sulla quale è consentito affiggere manifesti o altri messaggi pubblicitari.

advertisement rates: ***tariffe pubblicitarie.*** L'insieme dei prezzi fatti pagare da un giornale, da una rivista o altra pubblicazione o mezzo di comunicazione di massa che accetta e diffonde pubblicità.

advertisements: ***piccola pubblicità.*** L'insieme dei piccoli annunci pubblicati in un giornale o altro periodico da chi desidera vendere o acquistare oggetti usati, prendere o dare in affitto abitazioni o altri immobili, offrire o chiedere lavoro e simili.

advertiser: ***inserzionista.*** Persona fisica o giuridica che pubblica annunci pubblicitari su giornali o riviste. Lo stesso termine indica chi, dietro pagamento di una tariffa, ottiene che i suoi messaggi pubblicitari siano diffusi mediante uno qualsiasi dei mezzi di comunicazione di massa.

advertising: ***pubblicità.*** È la pubblicizzazione di fatti o opinioni su beni e servizi, tendente ad incrementare la domanda da parte del pubblico. Galbraith sostiene che la pubblicità è un potente strumento per influenzare i consumatori e che il suo ruolo nel controllo della domanda è un aspetto indispensabile dei moderni metodi di produzione. La pubblicità può dividersi in informativa e persuasiva o competitiva. Mentre non possono esservi obiezioni sul primo tipo, che tende ad informare il consumatore della disponibilità di un dato prodotto sul mercato, si fanno riserve per il secondo tipo, che tende ad indurre i consumatori ad acquistare un bene invece di un altro simile o uguale, oppure a creare bisogni che il consumatore non avverte.

***Advertising Age*:** Rivista americana di pubblicità, tra le più qualificate in campo internazionale.

advertising agency: ***agenzia di pubblicità.*** È un'organizzazione che opera nel *marketing* (v.), preparando e vendendo materiale pubblicitario per conto dei suoi clienti, dopo aver studiato il prodotto e i mercati. In Inghilterra esiste il *British Code of Advertising Practice* che mira a stabilire un comportamento, in campo pubblicitario, che risponda a canoni legali, «puliti», onesti e sinceri.

advertising agent: ***agente pubblicitario.*** È la persona che possiede o gestisce un'agenzia di pubblicità.

advertising allowance: ***sconto per pubblicità.*** Lo sconto concesso dal produttore o dal distributore di un bene al grossista o al dettagliante che si impegnano a fare pubblicità nella zona in cui essi operano.

advertising and sales promotion committee: ***comitato per la pubblicità e la promozione delle vendite.*** Comitato costituito all'interno di un'impresa, il cui compito è quello di studiare i migliori sistemi di promozione delle vendite, ivi inclusi i messaggi pubblicitari e i veicoli mediante i quali diffonderli.

advertising appropriation: ***stanziamento pubblicitario.*** Somma resa disponibile per il pagamento di spese pubblicitarie durante un dato periodo coperto da un budget pubblicitario.

advertising brief: L'esposizione dettagliata degli obiettivi che si devono realizzare mediante una campagna pubblicitaria, concordati tra l'agenzia di pubblicità e il cliente.

advertising budget: ***budget pubblicitario.*** È il preventivo relativo al controllo delle spese pubblicitarie durante un periodo di tempo prestabilito.

advertising campaign: ***campagna pubblicitaria.*** Termine usato per indicare un insieme programmato di messaggi pubblicitari, che saranno inviati in un arco di tempo prestabilito e attraverso una serie di mezzi di comunicazione di massa, con lo scopo di esercitare la più grande influenza possibile sulla mente e sulle abitudini di acquisto dei consumatori.

advertising copy: ***testo pubblicitario.*** È il testo che accompagna un messaggio pubblicitario visivo.

advertising copy testing: ***controllo di un testo pubblicitario.*** È il controllo dell'efficacia del testo che accompagna un messaggio pubblicitario, di solito realizzato mediante verifica di quanto il pubblico ha ritenuto del testo pubblicitario. Viene condotto attraverso interviste o rilevazioni di mercato a vasto raggio.

advertising copywriter: ***creatore di testi pubblicitari.*** È la persona che crea il testo di accompagnamento di un messaggio pubblicitario visivo.

advertising costs: ***costi di pubblicità.*** Termine usato come sinonimo di *advertising expenses* (v.).

advertising department: ***ufficio pubblicità; reparto pubblicità.*** Termine usato cone sinonimo di *advertising office* (v.).

advertising division: ***sezione pubblicità.*** Termine usato come sinonimo di *advertising office* (v.).

advertising drive: ***campagna pubblicitaria.*** Termine usato con lo stesso significato di *advertising campaign* (v.).

advertising expenditure: ***spese di pubblicità.*** Termine usato come sinonimo di *advertising expenses* (v.).

advertising expense budget: ***budget delle spese di pubblicità.*** Termine usato come sinonimo di *advertising budget* (v.).

advertising expenses: ***spese di pubblicità.*** Sono le spese, sostenute da un'impresa durante un determinato periodo, per pagare la diffusione di messaggi pubblicitari. Se l'impresa non dispone di un proprio ufficio pubblicità, in tali spese rientrano anche i compensi pagati all'agenzia che cura la pubblicità dell'impresa.

advertising jingle: ***motivo pubblicitario.*** Motivo musicale breve e facilmente ricordabile, usato per pubblicizzare un prodotto in spot televisivi o radiofonici.

advertising man: ***pubblicitario.*** Termine generico con cui si indica un qualsiasi operatore che si interessi di pubblicità. Può essere un agente o una qualsiasi altra persona addetta alla pubblicità o impiegata in una struttura pubblicitaria.

advertising manager: ***direttore pubblicitario; direttore dell'ufficio pubblicità.*** È la persona che, nell'ambito di un'impresa, è preposta al controllo e alla gestione di tutta l'attività pubblicitaria, mediante la quale l'impresa cerca di spingere i propri prodotti e di crearsi un'immagine accettabile agli occhi del consumatore.

advertising material: ***materiale pubblicitario.*** Qualsiasi tipo di materiale che si presta a fare pubblicità ad un prodotto o ad un'impresa. Può andare dalla carta da imballaggio e dalle borse di plastica o di carta prestampate ai campioni omaggio di un prodotto o ai manifesti pubblicitari.

advertising media: ***mezzi pubblicitari.*** Sono i mezzi di comunicazione, quali radio, televisione, stampa, ecc., attraverso i quali vengono diffusi i messaggi pubblicitari.

advertising office: ***ufficio pubblicità.*** È l'ufficio che, all'interno di un'impresa, si occupa della preparazione, programmazione e diffusione dei messaggi pubblicitari.

advertising outlay: ***spese di pubblicità.*** Termine usato come sinonimo di *advertising expenses* (v.).

advertising plan: ***piano di pubblicità; programma di pubblicità.*** Un qualsiasi piano di diffusione di messaggi pubblicitari, che tenga conto di quanto detto sotto *advertising planning* (v.).

advertising planning: ***pianificazione della pubblicità.*** Termine usato per indicare la formulazione di un qualsiasi programma pubblicitario che distribuisca i messaggi in un dato arco di tempo e in un determinato numero e tipo di mezzi di comunicazione, tenendo conto degli stanziamenti previsti per la pubblicità e del pubblico di consumatori o utenti che si intende raggiugere.

advertising promotion: ***promozione pubblicitaria.*** Indica una campagna pubblicitaria lanciata a sostegno di un'azione promozionale per la diffusione di un prodotto.

advertising rate: ***tariffa pubblicitaria.*** L'ammontare fatto pagare da un mezzo di comunicazione di massa per diffondere messaggi pubblicitari.

advertising research: ***ricerca pubblicitaria.*** La ricerca tendente ad individuare i mezzi più efficaci per reclamizzare un determinato prodotto e ad analizzare i risultati ottenuti. La ricerca si basa non soltanto sulle caratteristiche dei mezzi di diffusione, ma anche sul tipo di pubblico cui essi si dirigono e sulle caratteristiche del prodotto e del tipo di consumatore cui esso è destinato.

advertising slogan: ***slogan pubblicitario.*** È una breve frase, arguta e facile da ricordare, ripetuta in tutti i messaggi pubblicitari di un'impresa, allo scopo di rendere sempre più noto al pubblico il prodotto che essa reclamizza.

Advertising Standards Authority: È un comitato istituito nel 1962 contemporaneamente al *British Code of Advertising Practice*, ad opera dell'associazione degli operatori pubblicitari, per promuovere e applicare alti standard in campo pubblicitario. (v. anche *advertising agency*)

advertising strategy: ***strategia pubblicitaria.*** Piano in base al quale l'impresa che intende reclamizzare un proprio prodotto decide con quale frequenza e attraverso quali mezzi sarà opportuno diffondere il proprio messaggio pubblicitario, in modo che esso raggiunga il maggior numero possibile di consumatori ed eserciti su di loro la più grande influenza possibile.

advertising theme: ***tema pubblicitario.*** È un tema sul quale si basano tutti i differenti messaggi pubblicitari relativi ad un unico prodotto o ad una linea di prodotti. Di solito è costituito da uno slogan o da un'immagine, che vengono sempre ripetuti in qualsiasi tipo di messaggio.

advertising to sales ratio: ***rapporto vendite/pubblicità.*** Il rapporto che si ottiene dividendo il valore del fatturato di un'impresa per il valore contemplato nel budget pubblicitario. Può essere globale, per prodotto o per area di prodotti.

advertising vehicle: ***veicolo pubblicitario.*** Un qualsiasi veicolo che si presti alla diffusione di un messaggio pubblicitario.

advertising war: ***guerra pubblicitaria.*** Espressione usata per indicare la lotta tra imprese per accaparrarsi la preferenza dei consumatori, condotta attraverso campagne pubblicitarie sempre più aggressive. In tempi recenti ha soppiantato la guerra dei prezzi, in quanto meno dannosa di quest'ultima e oggi più facilmente realizzabile a seguito del grande sviluppo dei mezzi di comunicazione di massa. (v. anche *price war*)

advice: **1.** ***avviso; informazioni.*** Informazioni commerciali o di altra natura inviate per lettera o telex, in cui una delle parti informa l'altra di qualcosa che è stato fatto o sarà fatto per suo conto. **2.** ***consulenza.*** Vari ministeri in Inghilterra offrono consulenza gratuita sui prodotti idonei all'esportazione, chiamata *advice on production for* *export.* I principali tra questi servizi sono quelli offerti dal ministero dell'agricoltura, dal ministero della sanità e dal ministero della difesa.

advice book: ***scadenzario degli effetti cambiari.*** Libro in cui si riportano i particolari di tutte le tratte notificate come spiccate nei confronti della sede centrale o delle agenzie di una banca o sui suoi corrispondenti, delle tratte accettate da pagarsi e di altri pagamenti in scadenza cui deve far fronte la sede centrale.

advice note: 1. ***avviso di spedizione.*** In senso lato, il termine inglese indica la comunicazione di una persona ad un'altra con cui si informa quest'ultima che è stata effettuata una data operazione. In particolare, però, indica un documento commerciale inviato dal venditore al compratore, col quale il primo informa il secondo dell'avvenuta spedizione delle merci menzionate, con l'indicazione del mezzo di trasporto e della presunta data di arrivo. **2.** ***lettera di avviso.*** Nella terminologia dei trasporti ferroviari, è l'avviso con il quale il vettore informa il destinatario che le merci da lui attese sono arrivate e pronte per essere ritirate. **3.** ***avviso di accreditamento.*** Nella terminologia bancaria, il termine inglese indica una comunicazione scritta inviata da una banca ad un cliente, con la quale si informa quest'ultimo che una determinata somma è stata accreditata sul suo conto. **4.** ***ricevuta di consegna.*** In questo significato, il termine inglese è usato come sinonimo di *advice of receipt* (v.).

advice of delivery: ***ricevuta di ritorno.*** È la ricevuta, debitamente firmata dal destinatario di una raccomandata o di un pacco postale o altro tipo di corrispondenza, che viene rispedita al mittente come prova dell'avvenuta consegna del plico cui si riferisce.

advice of despatch: ***avviso di spedizione; avviso di applicazione.*** Documento, usato in particolare nel commercio estero, con cui il venditore informa il compratore dell'avvenuto invio delle merci da lui ordinate e di tutti i dettagli ad esse relativi.

advice of receipt: ***ricevuta di consegna.*** È la ricevuta firmata dal destinatario di un pacco postale raccomandato. Il mittente può farsela rilasciare dall'ufficio postale, dietro pagamento di un piccolo diritto, a dimostrazione dell'avvenuta consegna.

advice of shipment: ***avviso di spedizione.*** Lo stesso che *advice of despatch* (v.), ma più proprio nel caso di spedizione via mare.

«advise fate»: Richiesta inviata da una banca ad un'altra banca sulla quale è tratto un assegno, per sapere se esso ha la relativa copertura. La banca cui è indirizzata tale richiesta non ha il dovere di rispondere, ma per prassi lo fa sempre. La banca che riceve la richiesta di informazioni non può, tuttavia, stornare la cifra per cui è emesso l'assegno prima che esso le giunga fisicamente.

adviser: ***consulente.*** Vedi *legal adviser, financial adviser, tax adviser.*

advising bank: ***banca notificante.*** La banca che comunica al beneficiario di una lettera di credito l'avvenuta apertura di credito a suo favore. La banca notificante opera di solito sulla piazza del beneficiario e agisce dietro istruzioni della banca emittente.

advisory body: ***ente consultivo; corpo consultivo; organo consultivo.*** Un qualsiasi organo che abbia il compito di fornire consulenza tecnica o specialistica ai reparti di un'impresa, alle varie suddivisioni dell'amministrazione statale o al pubblico in generale.

advisory committee: ***comitato consultivo.*** Un qualsiasi comitato istituito allo scopo di fornire consulenza tecnica o specialistica. Particolarmente usato nell'amministrazione statale e nelle relazioni industriali.

Advisory, Conciliation and Arbitration Service: È il servizio prestato nel Regno Unito da un comitato istituito dal parlamento allo scopo di agevolare il miglioramento delle relazioni industriali. In particolare, il comitato si interessa di studiare ed individuare migliori sistemi di contrattazione collettiva, al fine di prevenire dispute tra datori e prestatori di lavoro.

advisory division: ***ufficio consulenze.*** Un qualsiasi ufficio con conoscenze tecniche specifiche e in grado di offrire un servizio di consulenza al pubblico o ai vari reparti di un'impresa o altra organizzazione.

advisory funds: ***fondi discrezionali.*** Termine usato nel linguaggio finanziario per indicare fondi affidati ad una banca o altra istituzione finanziaria, affinché vengano investiti a loro discrezione in maniera vantaggiosa per il cliente.

advisory service: ***servizio di consulenza.*** Nell'ambito di un'impresa commerciale, è il reparto addetto a consigliare i clienti sul miglior uso che essi possono fare dei prodotti o dei servizi forniti dall'impresa.

advt.: advertisement.

A.E.A.: Atomic Energy Authority.

A.E.C.: Atomic Energy Commission.

aerogram: ***marconigramma; radiotelegramma.*** Un messaggio inviato via radio.

aerogramme: ***aerogramma.*** Termine con cui si indica genericamente la corrispondenza, lettere o cartoline, inviata per via aerea.

a.f.: advance freight.

A.F.: advance freight.

AFESD: Arab Fund for Economic and Social Development.

affidavit: ***dichiarazione giurata; affidavit.*** Termine con il quale nel Regno Unito e negli Stati Uniti si indica una dichiarazione scritta rilasciata volontariamente e debitamente firmata e confermata da giuramento di fronte a un magistrato o a un pubblico ufficiale. L'affidavit può essere usato come prova in giudizio, ma ha anche valore a semplici fini amministrativi.

affiliate: ***azienda affiliata; azienda collegata.*** Termine usato per indicare due o più aziende tra loro collegate. Pur essendo autonome da un punto di vista giuridico, in pratica una di loro esercita un controllo economico e amministrativo sull'altra o sulle altre.

affiliated company: ***società affiliata; società collegata.*** Termine usato come sinonimo di *affiliate* (v.).

affiliated enterprise: ***impresa affiliata; impresa collegata.*** Lo stesso che *affiliate* (v.).

affiliated orders: Tipo di società di mutua assistenza (v. anche *friendly society*) in cui piccole logge locali indipendenti sono organizzate sotto forma di federazione.

affiliated societies: Termine usato come sinonimo di *affiliated orders* (v.).

affiliated trade unions: ***sindacati affiliati.*** Organizzazioni sindacali che fanno parte di una federazione o di una confederazione.

affiliation: ***affiliazione.*** È il rapporto esistente tra società di controllo e sue società affiliate (v. anche *affiliate*) o tra più società o altre organizzazioni controllate da una terza.

to affirm: ***convalidare.*** Quando un contratto è annullabile, se la parte avente diritto all'annullamento decide di rinunziare a questo diritto e dare esecuzione al contratto come se esso fosse valido, si dice che ha convalidato il contratto.

affirmance of a contract: ***convalida di un contratto.*** Espressione usata come sinonimo di *affirmation of a contract* (v.).

affirmation of a contract: ***convalida di un contratto.*** L'azione di convalidare un contratto, spiegata sotto *to affirm* (v.).

affirmative action program: Espressione statunitense, con la quale si indica un programma tendente a impedire o evitare la discriminazione sul posto di lavoro.

affluence: ***opulenza; benessere.*** Sostantivo corrispondente nell'uso all'aggettivo *affluent* nel senso datogli da Galbraith (v. anche *affluent society*).

affluent society: ***società opulenta; società del benessere.*** Espressione usata dal professor J.K. Galbraith nel suo libro *The Affluent Society* per indicare l'alto tenore di vita raggiunto negli anni sessanta negli Stati Uniti e in altri paesi occidentali. Nel suo libro, Galbraith sostiene che con l'aumento del reddito reale, i consumatori riescono a soddisfare i loro bisogni basilari ed hanno ancora mezzi a disposizione. Perciò, è necessario, per mantenere i livelli di produzione, stimolare la domanda mediante la pubblicità (v. anche *advertising*) ed a volte anche creare bisogni fittizi nel consumatore.

afforestation: ***imboschimento; rimboschimento.*** L'attività di costituire un bosco su zone nude di vegetazione legnosa precedentemente abbandonate o destinate a pascoli. Si calcola che negli Stati Uniti vi siano ottanta milioni di acri di terreno inutilizzato che potrebbe destinarsi al rimboschimento. In inglese il termine non va confuso con *reforestation* (v.).

to affreight: ***noleggiare.*** Affittare un'intera nave o parte di essa per il trasporto di merci.

affreightment: **1.** ***noleggio.*** Si concretizza in un contratto in base al quale un armatore si impegna a trasportare merci sulla sua nave in cambio di un corrispettivo in denaro. Il termine sta cadendo in disuso, sostituito sempre più frequentemente da *chartering.* **2.** ***contratto di trasporto marittimo.*** È il documento, sotto forma di contratto di noleggio o di polizza di carico, con il quale un vettore e un caricatore si accordano per il trasporto di merci, in considerazione di un corrispettivo in moneta, chiamato nolo.

afghani: Unità monetaria dell'Afghanistan, suddivisa in 100 puli.

A.F.L.: American Federation of Labor.

A.F.L.–C.I.O.: American Federation of Labor and Congress of Industrial Organizations.

afloats: ***merci viaggianti.*** Termine usato nel linguaggio commerciale per indicare merci a bordo di navi in viaggio verso la loro destinazione finale. Il termine non si usa in relazione a merci che hanno raggiunto la loro destinazione, anche se esse non sono ancora state scaricate dalla nave che le ha trasportate.

A.F. of L.: American Federation of Labor.

A.F.R.: accident frequency rate.

African Development Bank: Banca fondata nel 1964 per favorire lo sviluppo economico e il progreso sociale degli stati che l'hanno istituita. La sede principale è ad Abidjan, nella Costa d'Avorio.

after date: ***giorni data; a tempo data; dalla data.*** Espressione usata in relazione a cambiali per indicare che esse scadono un certo numero di giorni dopo la data scritta sullo stesso titolo di credito. Ad esempio, quindici giorni data significa che la cambiale scade il quindicesimo giorno a partire dalla data segnata su di essa.

after hours: **1.** ***fuori orario.*** Espressione usata in relazione ad operazioni bancarie svolte dopo la chiusura degli sportelli. In Inghilterra ciò si verifica spesso in località di provincia, ove la banca pur non incoraggiando queste usanze si presta ad accettare versamenti da clienti dopo la chiusura degli sportelli. Se i libri della banca sono stati già chiusi, la ricevuta di accreditamento recherà la data del giorno successivo e lo stesso avviene per quella parte del versamento costituita di assegni. **2.** ***dopoborsa.*** Espressione usata per indicare il periodo tra la chiusura ufficiale delle contrattazioni e la chiusura effettiva degli uffici di una borsa valori. (v. anche *after-hours dealings*)

after–hours dealings: ***scambi al ristretto; operazioni del dopoborsa.*** Nella borsa valori di Londra, sono le operazioni concluse dopo la chiusura ufficiale (15,30), che contano come prime operazioni del giorno lavorativo successivo.

after–hours price: ***corso del dopoborsa; prezzo del dopoborsa.*** È così detto il corso di un titolo che viene a determinarsi in relazione alle contrattazioni del dopoborsa.

after–hours trading: ***scambi al ristretto; operazioni del dopoborsa.*** Termine usato come sinonimo di *after–hours dealings* (v.).

after–market: Espressione usata nel linguaggio delle borse valori per indicare il mercato relativo ad un titolo di recente emissione nel periodo che segue la sua comparsa, quando il corso trova un equilibrio in base alla legge della domanda e dell'offerta.

afternoon shift: ***turno pomeridiano.*** In un'impresa che adotta il sistema a turni continui, è il turno che inizia alle sedici e termina alla mezzanotte. Il termine viene anche usato per indicare il gruppo di lavoratori che presta servizio nel turno pomeridiano. (v. anche *shift 1*)

after–sales service: ***servizio di assistenza; servizio tecnico assistenza clienti.*** Attività di un'azienda volta a soddisfare le esigenze del cliente dopo che egli ha acquistato un prodotto. Può concretizzarsi attraverso la fornitura di pezzi di ricambio, l'assistenza tecnica di manutenzione, le riparazioni e simili.

after sight: ***a tempo vista; a giorni vista.*** Questa clausola apposta su una cambiale indica che il periodo di credito decorre dal giorno in cui essa viene presentata per l'accettazione. Poiché la scadenza non può essere predeterminata, l'accettante dovrà inserire anche la data di accettazione oltre la sua firma.

after tax profits: ***profitti al netto di imposte.*** I profitti di un'impresa dopo che sono state detratte le imposte cui sono soggetti.

after tax rate of return: ***tasso di rendimento netto.*** Il tasso di rendimento, su un qualsiasi investimento, calcolato o enunciato tenendo conto delle imposte cui è soggetto il percettore del reddito. Corrisponde al tasso di rendimento lordo da cui viene sottratto l'ammontare dell'imposta.

after tax real rate return: ***rendimento a tasso reale netto.*** L'espressione inglese indica il rendimento netto di un titolo a reddito fisso, derivante dal tasso di rendimento nominale dopo aver detratto le imposte e il tasso di inflazione relativo al periodo in considerazione.

against actuals: ***contro effettivi.*** Espressione usata nella terminologia delle borse per indicare la situazione in cui il compratore di un bene per contanti trasferisce al venditore un equivalente ammontare di contratti per consegna a termine lungo o riceve da lui un corrispondente ammontare di contratti per consegna a termine breve ad un prezzo concordato.

against all risks: ***contro tutti i rischi.*** Espressione usata nelle assicurazioni marittime per indicare che l'oggetto è assicurato contro tutti i rischi generalmente accettati dall'assicuratore.
to age: ***analizzare per età.*** Analizzare criticamente le partite di credito in base alla cronologia della maturazione o dell'emissione dei documenti relativi, quali ad esempio fatture.
age admitted: ***età ammessa.*** Dicitura sulle polizze assicurazione vita, che si inserisce quando l'assicurato ha fornito prove soddisfacenti circa la propria età.
age allowance: ***esenzione per età.*** Esenzione dal pagamento delle imposte, che possono chiedere alcune categorie di persone che hanno superato il sessantacinquesimo anno di età. Le due categorie ammesse all'esenzione sono: a) le persone non coniugate con reddito inferiore ad una determinata cifra; b) le persone coniugate che coabitano, una delle quali abbia superato i sessantacinque anni, con reddito inferiore ad una determinata cifra. Quando il reddito supera di poco il tetto stabilito, si concede un'esenzione parziale.
age analysis: ***analisi per età.*** 1) Analisi per età del capitale fisso, in termini di periodo di utilizzazione già sfruttata. 2) Analisi critica delle partite di credito, in base alla cronologia della maturazione o dell'emissione dei documenti relativi (fatture, ecc.). Serve a facilitare il controllo del flusso di cassa e a determinare l'eventuale somma da trasferire al fondo svalutazione crediti.
age–distribution of capital: ***distribuzione per età del capitale fisso.*** Nella teoria dell'accelerazione, si tiene conto dell'età (anni già trascorsi di utilizzazione) degli impianti, che influenza di anno in anno la produzione di quel particolare tipo di capitale fisso, se la maggior domanda di un altro bene comporta anche l'aumento della produzione di quel capitale fisso, necessario per produrre il bene oggetto di maggior domanda.
age error arrears: ***arretrati per inesatta dichiarazione dell'età.*** Se, dopo l'emissione di una polizza di assicurazione sulla vita, si scopre che l'età dell'assicurato era stata per errore dichiarata inferiore a quella reale, il premio viene adeguato e la differenza di premio non pagata viene addebitata con interessi.
ageing: ***analisi per età.*** Lo stesso che *age analysis* (v.).
ageing of creditors: ***analisi per età dei crediti.*** V. spiegazione sotto *age analysis.*
ageing of debtors: ***analisi per età dei debiti.*** V. spiegazione sotto *age analysis.*
age limit: ***limite di età.*** È l'età al compimento della quale un lavoratore di regola è tenuto ad andare in pensione.
agency: 1. ***agenzia.*** Ufficio che svolge un'attività locale alle dipendenze di un'organizzazione di maggior importanza e con competenza territoriale più ampia (v. anche *contract of agency*). Nella pratica bancaria inglese, laddove una banca non è rappresentata da filiale, essa occasionalmente nomina una persona rispettabile, ad esempio un negoziante, che le faccia da agente ricevendo versamenti e pagando assegni, che vengono rimessi giornalmente alla filiale per la quale opera l'agente. Il termine è anche usato in relazione a banche che hanno rappresentanti in paesi stranieri in cui non intendono aprire una filiale per motivi fiscali o di altra natura. **2.** ***agenzia; ente governativo.*** Nella contabilità di stato, qualsiasi unità dell'amministrazione pubblica che gestisce fondi, come ad esempio un ministero, una commissione, un ente e simili. **3.** ***mandato commerciale; rappresentanza commerciale.*** Il rapporto che viene ad instaurarsi tra una persona, il principale, e la persona da lui nominata, l'agente, perché agisca in suo nome e per suo conto nella compravendita di beni o nello svolgimento di altre operazioni economiche.
agency accounting: ***contabilità di agenzia.*** La contabilità relativa alla gestione e al funzionamento di un'agenzia, costituita da vari conti che registrano le operazioni tra agenzia e sede principale dell'impresa.
agency agreement: ***contratto di agenzia.*** Lo stesso che *contract of agency* (v.).
agency bank: ***banca agenzia.*** Forma di organizzazione spesso usata da banche estere per entrare nel mercato statunitense. La banca agenzia non può accettare depositi o concedere prestiti in nome proprio, ma può farlo nella sua qualità di agente della banca madre.
agency bills: ***cambiali su agenzie.*** Cambiali tratte sulle filiali londinesi di banche estere e da esse accettate.
agency brief: Lo stesso che *advertising brief* (v.).
agency broker: ***intermediario; agente.*** Questo termine viene usato più o meno con lo stesso significato di *broker* (v.) e *agent* (v.), con in più l'implicazione che l'intermediario presta la sua opera a più persone contemporaneamente, sempre in considerazione del pagamento di una commissione da parte del cliente che richiede i suoi servizi o consigli. Il termine si applica principalmente a quegli operatori della borsa valori britannica che dopo il *big bang* (v.) hanno continuato a svolgere la funzione singola di agenti al servizio degli investitori privati, in considerazione del pagamento di una commissione.
agency broking: ***intermediazione di agenzia.*** L'attività svolta da un *agency broker* (v.). Si distingue da quella svolta da un *market maker* (v.) o altri intermediari di borsa per il fatto che il cliente è tenuto a pagare una commissione, alla quale spesso il *market maker* o altro intermediario è disposto a rinunciare.
agency business: Nel linguaggio della borsa valori londinese, questo termine indica l'attività di intermediazione nella compravendita di titoli remunerata con una commissione a carico del cliente e svolta dagli *agency brokers*, spesso chiamati ancora *stockbrokers* (v.). Il termine si contrappone a *net business* (v.).
agency clause: ***clausola di agenzia.*** È la clausola che conferisce al vettore o al noleggiatore la facoltà di nominare gli agenti della nave.
agency commission: ***commissione di agenzia.*** Termine usato come sinonimo di *agency fee* (v.).
agency contract: ***contratto d'agenzia.*** Lo stesso che *contract of agency* (v.).
agency fee: ***commissione di agenzia.*** La commissione che compete all'agenzia di pubblicità, di solito pari ad un tanto per cento del budget pubblicitario stanziato per l'area di prodotti affidati all'agenzia stessa.
Agency for International Development: ***Agenzia per lo sviluppo internazionale.*** Organo del governo federale statunitense, che coordina i programmi di aiuti ai paesi in via di sviluppo dell'Africa, dell'Asia, del Medio Oriente, dell'America Latina e dell'area caraibica. Fu creato in base al *Foreign Assistance Act* del 1961. (v. anche *International Co–operation Administration*).
agency fund: ***fondo di agenzia.*** È un fondo tenuto per conto di un'altra persona, in base ad un rapporto di agenzia.
agency marketing: ***vendita «al meglio».*** Espressione usata nel linguaggio finanziario statunitense per indicare un accordo in base al quale un sindacato di banche si impegna a fungere da agente, in relazione ad una nuova

emissione di valori mobiliari, facendo del proprio meglio per collocare i titoli, ma senza assumersi l'impegno di sottoscrivere l'intera emissione e di far fronte ai rischi del collocamento, riservandosi il diritto di restituire la quota di titoli invenduta.

agency payment: ***compenso di agenzia.*** Termine usato con lo stesso significato di *agency fee* (v.).

agency selling: ***vendita «al meglio».*** Termine usato con lo stesso significato di *agency marketing* (v.).

agency shop: Termine di uso prevalentemente statunitense, con il quale si indica un'unità produttiva in cui tutti i lavoratori sono tenuti a pagare i contributi al sindacato, anche se non ne fanno parte. Di solito, ciò è reso possibile tramite lo strumento del «permesso di lavoro». Infatti, la direzione di un'impresa del genere richiede che ogni lavoratore sia in possesso, per poter essere assunto e lavorare, di un permesso rilasciato dal sindacato.

agency trading: ***attività di compravendita d'agenzia.*** L'attività svolta da un *agency broker* (v.), la cui funzione si limita all'intermediazione tra il compratore e il venditore.

agenda: ***ordine del giorno.*** Lista degli argomenti da discutere e sui quali decidere nel corso di una riunione. I punti si susseguono in un ordine prestabilito e tale da rendere più spedito il lavoro.

agent: ***agente; rappresentante; mandatario.*** In inglese, il termine indica genericamente qualsiasi persona che agisca per conto di un'altra, con il consenso di quest'ultima. L'agente, se autorizzato dal preponente, può anche firmare contratti, ma il suo potere di vincolare il preponente è di solito limitato da quanto stabilito nel contratto d'agenzia. Per questo motivo esistono, nell'ordinamento anglosassone, due principali tipi di agenti: il *general agent* e lo *special agent*. I poteri del primo sono ampi e si può dire che il suo campo di azione coincide quasi con quello del suo principale, con grande potere discrezionale e funzioni simili a quelle di un direttore generale. Lo *special agent*, invece, ha poteri limitati ad una sola operazione, come nel caso in cui un acquirente ha bisogno di un esperto per effettuare un acquisto importante in una borsa merci e si serve di un agente che conosce a fondo sia le procedure della borsa, sia le derrate che in essa si trattano.

agent bank: ***banca agente.*** È così detta la banca nominata dal consorzio che garantisce un prestito internazionale affinché tuteli gli interessi dei sottoscrittori durante il periodo in cui il prestito è in essere.

agent middleman: ***intermediario.*** Un operatore che facilita la compravendita di beni tra un produttore e un commerciante ma senza mai entrare egli stesso in possesso dei beni trattati.

agent of necessity: ***agente di necessità.*** È una persona che, per stato di necessità, ha il potere di agire per conto di altri. Ne sono esempi: a) accettante per intervento; b) capitano di nave al quale, in caso di emergenza, viene riconosciuto il potere di agire anche in danno di beni altrui; c) vettori terrestri nelle stesse circostanze, quando sono in gioco beni deperibili o bestiame vivo.

agent's commission: ***commissione.*** In cambio dei suoi servizi, un agente riceve dal preponente una commissione, che di solito è rappresentata da una percentuale sull'ammontare degli affari trattati o procurati dall'agente.

agent's lien: ***diritto di ritenzione dell'agente; privilegio dell'agente.*** Nell'ordinamento anglosassone, anche un agente può avvalersi del diritto di ritenzione allo scopo di ricevere commissioni maturate, ma non pagategli dal preponente.

agents of production: ***agenti della produzione.*** Termine usato a volte con lo stesso significato di *factors of production* (v.).

agent's tort: ***atto illecito dell'agente.*** Il preponente è solidalmente responsabile degli atti illeciti commessi da un suo agente, se l'agente opera nell'ambito dei poteri conferitigli o dietro istruzioni del preponente.

age of retirement: ***età pensionabile.*** È l'età alla quale un lavoratore è tenuto ad abbandonare l'attività lavorativa per essere collocato a riposo. Nella maggior parte dei casi, l'età pensionabile per gli uomini è sessantacinque anni e per le donne sessanta anni, fatta eccezione per alcune categorie di lavoratori che hanno un'età pensionabile maggiore o minore della norma. A seguito dell'allungamento della vita media e dei costi sempre crescenti che gli stati sono costretti a sostenere per il pagamento di pensioni di vecchiaia o sociali, molti stati stanno considerando la possibilità di elevare i limiti di età pensionabile. Ciò, tuttavia, avrebbe un effetto negativo sul ricambio del lavoro, in quanto i giovani avrebbero minori possibilità di impiego.

age of stocks: ***analisi per età del capitale fisso.*** V. spiegazione sotto *age analysis*.

age–specific mortality rate: ***tasso di mortalità per età specifica.*** Un aspetto più sofisticato del tasso di mortalità (v. anche *death rate*) in un paese, che prende in considerazione il numero di morti nel periodo di un anno su mille persone aventi la stessa età.

agglomeration: ***agglomerazione.*** Il termine inglese indica il fenomeno dell'urbanesimo, cioè la tendenza di uomini e imprese a concentrarsi in aree urbane. L'economista statunitense E.M. Hoover ha elencato i seguenti fattori che spingono le imprese a concentrarsi nei grandi centri urbani: a) economie di larga scala di produzione, dalle quali trae vantaggio la singola impresa via via che cresce; b) economie di localizzazione, dalle quali traggono vantaggio tutte le imprese di un'industria ubicata in un determinato punto, via via che essa amplia la produzione; c) economie di urbanesimo, dalle quali traggono vantaggio tutte le imprese di tutte le industrie a seguito della crescita della popolazione, del reddito e della ricchezza di quella particolare zona.

agglomeration economies: ***economie di agglomerazione.*** Termine usato in alternativa a *economies of agglomeration* (v.).

aggregate: ***aggregato.*** Termine usato nel linguaggio economico per indicare un insieme di singole voci. Generalmente è rappresentato da una somma, come ad esempio il prodotto nazionale lordo, ma spesso è rappresentato da una media, come nel caso dell'indice dei prezzi all'ingrosso o di quello della produzione industriale.

aggregate analysis: ***analisi globale; analisi macroeconomica; analisi generale.*** Termine a volte usato per indicare la branca della teoria economica che studia il funzionamento complessivo di un sistema economico, con particolare riferimento all'occupazione e alla produzione globale, al reddito nazionale, agli investimenti e ai consumi, ai livelli dei prezzi e dei salari, ecc. A questo termine viene di solito preferito quello di macroeconomia. (v. anche *macroeconomics*)

aggregate concentration: ***concentrazione globale; concentrazione complessiva.*** Nel fenomeno economico della concentrazione industriale (v. anche *concentration*), con concentrazione globale si indica la concentrazione nell'economia presa nel suo complesso.

aggregate corporation: Termine usato nel linguaggio

del diritto societario statunitense per indicare una *corporation* (v.) che consiste di più persone giuridiche.

aggregate demand: ***domanda globale; domanda totale; domanda di mercato; domanda aggregata.*** Quantità totale di beni e servizi oggetto di domanda in un dato periodo di tempo, comprendente sia beni diretti che beni indiretti, quindi: quantità totale di consumi e investimenti. Si suole dividere la domanda globale in: 1) domanda di beni e servizi diretti; 2) domanda, da parte di imprese e dello stato, di beni indiretti o strumentali; 3) domanda di beni e servizi da parte dello stato e di enti locali; e 4) domanda, da parte di consumatori e imprese stranieri, di beni e servizi sotto forma di esportazioni. Poiché il livello di produzione e, quindi, di occupazione è determinato dalla domanda globale, l'analisi delle parti determinanti i componenti la domanda globale rappresenta il nucleo dell'analisi keynesiana del reddito nazionale e della determinazione dell'occupazione.

aggregate demand curve: ***curva di domanda globale; curva di domanda aggregata.*** Nella teoria keynesiana, è la curva che indica, per i vari livelli di occupazione, quale potrà essere la domanda globale dei beni prodotti da tutte le persone impiegate nella produzione.

aggregate demand function: ***funzione di domanda complessiva.*** Nella teoria keynesiana, la funzione di domanda complessiva esprime la relazione fra il ricavo che gli imprenditori prevedono di ottenere mediante l'occupazione di un dato numero di lavoratori, e quel volume di occupazione. Viene espressa: $D = f(N)$, dove D rappresenta il ricavo e N il numero di lavoratori occupati. (v. anche *aggregate supply function*)

aggregate demand price: **1.** ***prezzo di domanda globale.*** È il prezzo globale della domanda complessiva di beni e servizi in un intero sistema economico. **2.** ***prezzo complessivo di domanda.*** Secondo Keynes, la legge di Say sostiene che il prezzo complessivo di domanda della produzione nel suo complesso è uguale al suo prezzo complessivo di offerta per tutti i volumi di produzione. Sempre secondo Keynes, ciò equivale a dire che non vi sono ostacoli alla piena occupazione.

aggregate demand schedule: ***scheda di domanda aggregata.*** Una scheda che mostra l'ammontare totale di spesa in beni e servizi nazionali a vari livelli di reddito nazionale.

aggregated rebates: ***sconti differiti.*** Pratica che prevede l'accumulazione, in un dato arco di tempo, di sconti su acquisti di regolarità o ammontare prestabilito, concessi per vincolare il cliente a un negozio o a un prodotto.

aggregated rebate scheme: ***piano di sconti differiti.*** È il piano di sconti descritti sotto *aggregated rebates* (v.).

aggregate expenditure: ***spesa aggregata.*** Termine a volte usato con lo stesso significato di *aggregate demand* (v.).

aggregate income: ***reddito aggregato; reddito complessivo.*** È il reddito di tutti i cittadini di un paese, ottenuto sommando il reddito percepito da ciascun singolo abitante dello stato.

aggregate indemnity: ***risarcimento complessivo.*** La somma massima cui ha diritto un assicurato per un danno subito, anche se esso è coperto da più assicurazioni la cui garanzia complessiva ammonterebbe ad una somma superiore. Ciò perché l'assicurazione ha carattere esclusivamente indennitario e non può risolversi in un lucro per l'assicurato.

aggregate liability: ***impegno globale.*** L'esposizione massima di un assicuratore in relazione ad una polizza e cioè la somma massima che pagherà, in caso di sinistro, in base all'impegno da lui assunto stipulando la polizza.

aggregate propensity to consume: ***propensione complessiva al consumo.*** La propensione al consumo (v. anche *propensity to consume*) di tutti i soggetti operanti in un'economia, incluso lo stato.

aggregate real capital: ***capitale reale totale.*** L'insieme costituito da beni finiti e beni non finiti, detti capitale fisso, più il capitale di esercizio, cui va sommato anche il capitale liquido, quest'ultimo inteso come beni in stock o scorte.

aggregate risk: ***rischio globale.*** L'esposizione totale di una banca nei confronti di qualsiasi singolo cliente, in relazione sia a contratti di cambio a pronti, sia a contratti di cambio a termine.

aggregates: ***aggregati; aggregati sociali.*** L'insieme di soggetti economici che entrano in un'analisi macroeconomica, quali l'investimento, il risparmio, il consumo, l'occupazione, il reddito, tutti presi in senso globale e non individuale.

aggregate saving: ***risparmio aggregato.*** Nel linguaggio economico, questo termine indica lo spostamento di risorse dalla produzione di beni e servizi di consumo alla produzione di beni capitali.

aggregate supply: ***offerta globale; offerta aggregata; offerta collettiva.*** L'offerta totale di tutti i beni e servizi che giungono sul mercato in un determinato momento, con i quali si fa fronte alla domanda globale. Consiste non soltanto dei beni e servizi prodotti all'interno del sistema economico, ma anche di quelli provenienti dall'estero, sotto forma di importazioni.

aggregate supply curve: ***curva di offerta globale; curva di offerta aggregata.*** Nella teoria keynesiana, è la curva che indica la somma complessiva che tutti i produttori possono aspettarsi di ricevere dalla vendita di tutti i beni prodotti da tutte le persone impiegate nella produzione.

aggregate supply function: ***funzione di offerta complessiva.*** Nella teoria keynesiana, la funzione di offerta complessiva esprime la relazione fra il volume di occupazione e il prezzo complessivo di offerta della corrispondente produzione. Viene espressa: $Z = \Phi(N)$, dove Z rappresenta il prezzo complessivo di offerta della produzione derivante dall'occupazione di N lavoratori. (v. anche *aggregate demand function*)

aggregate supply price: **1.** ***prezzo di offerta globale.*** È il costo globale sostenuto per realizzare l'intera produzione di un dato numero di lavoratori impiegati nell'intero sistema economico. **2.** ***prezzo complessivo di offerta.*** Nella teoria keynesiana, il prezzo complessivo di offerta della produzione, ottenuta con un dato volume di occupazione, corrisponde al ricavo previsto, che rende appena conveniente per gli imprenditori offrire quella occupazione. In tale ricavo non è incluso il costo delle utilizzazioni.

aggregate supply schedule: ***scheda di offerta aggregata.*** Una scheda che mostra l'ammontare totale di beni e servizi nazionali offerti dalle imprese a vari livelli di spesa totale.

aggregation: ***aggregazione.*** Processo statistico mediante il quale una serie di variabili o grandezze singole vengono raccolte in grandezze globali, onde facilitarne la presentazione, la comprensione, l'analisi e la spiegazione. Ne sono un esempio i numeri indici.

aggregation of incomes: ***cumulo dei redditi.*** Unione dei redditi di più lavoratori membri di una stessa famiglia, ai fini della determinazione dell'imposta sul reddito

delle persone fisiche.
aggregative economics: ***economia aggregativa.*** Termine a volte usato con lo stesso significato di *macroeconomics* (v.).
aggregative index: ***indice aggregativo.*** È un numero indice, che deriva dall'aggregazione di grandezze singole in un'unica grandezza globale.
aggregative model: ***modello aggregativo.*** Modello econometrico nel quale le variabili sono rappresentate da aggregati, a loro volta costituiti da gruppi di singole grandezze.
aggressive portfolio: ***portafoglio aggressivo.*** Espressione usata nel linguaggio della borsa valori di Londra per indicare un portafoglio che consiste di titoli che presentano buone possibilità di crescita. Tale tipo di portafoglio viene, pertanto, selezionato e conservato in previsione dell'incremento di capitale che potrà realizzarsi, piuttosto che in considerazione del reddito che esso potrà fruttare.
aging: ***analisi per età.*** Grafia statunitense di *ageing* (v.).
aging of accounts: ***analisi per età delle partite di credito.*** V. spiegazione sotto *age analysis.*
agio: ***aggio.*** Il termine inglese ha diversi significati: a) indica la somma pagata per cambiare la valuta di un paese in valuta di un altro paese; b) quando una valuta si è deprezzata per effetto dell'inflazione o, nel caso di monete metalliche, per effetto dell'abrasione (v. *abrasion*), col termine *agio* si indica la differenza tra il valore nominale e il valore reale della valuta; c) negli Stati Uniti, il termine è a volte usato per indicare il premio pagato su una cambiale estera.
agiotage: ***aggiotaggio.*** Il termine inglese indica la speculazione su valute estere o su titoli quotati alla borsa valori. Tale azione, a differenza di altri paesi, nel Regno Unito non costituisce reato.
agio theory of interest: ***teoria dell'interesse basata sul compenso.*** La teoria che spiega l'interesse come premio pagato, per il possesso immediato di beni che altrimenti potrebbero ottenersi soltanto in futuro, dal mutuatario al mutuante a compenso dell'astensione di quest'ultimo dal consumo di una parte del suo reddito. Il premio è pagato, secondo questa teoria, perché: a) molte persone ritengono di poter disporre di maggiori mezzi in futuro di quanti ne abbiano al presente; b) perché la soddisfazione di bisogni presenti ha per certe persone maggior valore della soddisfazione di bisogni futuri; e c) perché beni presenti offrono possibilità di incremento immediato di utili derivanti dalla produzione di beni e servizi. (v. anche *abstinence theory of interest, classical theory of interest, liquidity preference theory of interest, loanable funds theory of interest, marginal productivity theory of interest, time preference theory of interest*)
A.G.M.: Annual General Meeting.
agora: Moneta divisionaria dello stato di Israele, equivalente ad un centesimo di shekel.
agorot: È il plurale di agora, il nome della moneta divisionaria dello stato di Israele.
agrarian economy: ***economia agricola.*** Un sistema economico basato essenzialmente sull'attività primaria di produzione di beni agricoli.
Agrarian Revolution: ***rivoluzione agricola.*** Nome dato alla riforma agraria che ebbe luogo in Inghilterra nella seconda metà del diciottesimo secolo. (v. anche *agricultural revolution 1*)
agreed amount clause: ***clausola della condizionale.*** Nelle assicurazioni, clausola condizionale in polizza, che stabilisce che l'assicurato provvederà a un ammontare fisso o determinabile di copertura assicurativa.
agreed bid: ***offerta concordata.*** Lo stesso che *agreed take-over bid* (v.).
agreed charges: ***tariffe concordate.*** Le ferrovie britanniche furono autorizzate, dal *Road and Rail Traffic Act* del 1933, a praticare tariffe particolari, che consentissero loro di competere con altri tipi di vettori, nei confronti di singoli commercianti. Tali tariffe, che si riferivano esclusivamente al trasporto di merci, erano però soggette ad approvazione da parte del *Railway Rates Tribunal.*
agreed take-over bid: ***offerta di acquisto concordata.*** Un'offerta di acquisto cui non si oppongono né il consiglio d'amministrazione, né gli azionisti della società mirata. Il termine viene usato come opposto di *hostile take-over bid* (v.).
agreed-value insurance: ***assicurazione a valore concordato.*** Nelle assicurazioni marittime, è un'assicurazione in base alla quale il valore dei beni coperti è stato concordato all'atto dell'emissione della polizza e costituisce la base per il risarcimento, in caso di perdita totale o parziale. Nelle assicurazioni di altri rami, cioè non marittime, il termine inglese indica qualsiasi contratto di assicurazione che stabilisce che in caso di sinistro e di perdita totale del bene assicurato, l'assicuratore pagherà il valore concordato in polizza, senza alcuna considerazione relativa ad eventuale apprezzamento o deprezzamento del bene, dal momento in cui fu emessa la polizza al momento in cui si verifica il sinistro.
agreement: **1.** ***consenso; accordo.*** Nel suo significato ordinario, il termine inglese indica l'accordo tra due o più parti a che si faccia qualcosa. Nel senso giuridico, il termine indica il consenso di due o più persone a dar vita ad un contratto o negozio giuridico che alteri i loro diritti e doveri. **2.** ***convenzione.*** Accordo scritto cui aderiscono un certo numero di operatori, che si impegnano a praticare le stesse tariffe o gli stessi tassi di interesse e di commissione.
agreement amongst underwriters: ***accordo tra sottoscrittori.*** È il documento legale che vincola un qualsiasi gruppo di sottoscrittori nell'ambito di un sindacato di garanzia e collocamento titoli. Negli Stati Uniti tale accordo viene di solito stipulato tra l'emittente e ciascun singolo gruppo di sottoscrittori che formano il sindacato. Nel Regno Unito e nei mercati delle euro-obbligazioni può essere rappresentato da un contratto tra i sottoscrittori che gestiscono il prestito, successivamente integrato da contratti tra costoro e gli altri sottoscrittori di minor rilievo.
agreement for insurance: ***accordo preliminare di assicurazione.*** Accordo tra assicurato e assicuratore, di solito redatto in forma sintetica, che prevede l'emissione della relativa polizza contenente le clausole specifiche.
agreement to sell: ***compromesso di vendita; accordo di vendita; contratto preliminare di vendita.*** È un contratto in base al quale le parti si accordano sui termini relativi alla compravendita di un bene il trasferimento della cui proprietà, però, dovrà avvenire in futuro, ad una data stabilita o soggetta al verificarsi di un determinato evento. (v. anche *contract of sale, contract to sell*)
agribusiness: Termine usato negli Stati Uniti per indicare l'attività industriale e commerciale comunque connessa con l'agricoltura. Comprende, pertanto, sia la produzione, trasformazione e vendita di prodotti agricoli alimentari, sia la produzione e la vendita di macchine per l'agricoltura, mangimi, fertilizzanti e simili.
Agricultural Act: Legge approvata dal parlamento britan-

nico nel 1947, allo scopo di dare agli agricoltori inglesi garanzia di prezzi e di mercati per i loro prodotti, in modo da dare all'agricoltura inglese una maggiore stabilità di produzione e di prezzi. In base a tale legge, il governo stabiliva ogni anno i prezzi garantiti del latte, delle uova, delle patate, delle carni e di altri prodotti agricoli.

Agricultural Adjustment Acts: Nome di due leggi approvate dal Congresso degli Stati Uniti. La prima delle due, approvata nel 1933, intendeva controllare i prezzi dei prodotti agricoli mediante la riduzione della produzione, in considerazione della quale gli agricoltori ricevevano un sussidio dal governo federale, che veniva finanziato con un'imposta di fabbricazione che colpiva tutti coloro che trasformavano i prodotti agricoli. Nel 1936, però, la Corte Suprema dichiarò quest'imposta incostituzionale e, di conseguenza, anche la legge che l'istituiva e cioè il primo *Agricultural Adjustment Act.* Il governo federale presentò, quindi, una seconda legge, approvata dal Congresso nel 1938, che in essenza riproduceva la precedente, ma eliminava l'imposta dichiarata incostituzionale, il cui gettito non più esistente fu sostituito con fondi provenienti dalle entrate generali del governo federale, con i quali si continuò a sostenere i prezzi agricoli in base al sistema del prezzo di parità. (v. anche *parity price, processing tax*)

agricultural area: ***area agricola; zona agricola; terreno agricolo.*** Parte di terra adibita ad uso esclusivamente agricolo e ad esso vincolata da disposizioni di legge.

agricultural bank: ***banca di credito agrario.*** Tipo di istituto bancario che si interessa principalmente di finanziare lo sviluppo dell'agricoltura, tramite la concessione di mutui di durata superiore a quelli concessi dalle banche commerciali. I mutui possono essere destinati all'acquisto di terreni o a opere di miglioria. Banche di questo tipo esistono in Australia, negli Stati Uniti e altri paesi, ma non nel Regno Unito.

agricultural co-operative: ***cooperativa agricola.*** È una cooperativa fondata con lo scopo precipuo di effettuare vendite unificate di derrate prodotte da un gran numero di piccole aziende agricole associate alla cooperativa.

agricultural credit: ***credito agrario.*** Credito concesso agli agricoltori e destinato a fornire mezzi finanziari per operazioni di bonifica e colonizzazione e per la conduzione di imprese agricole ed il miglioramento della proprietà rurale.

Agricultural Credit Act: Legge, approvata dal Congresso degli Stati Uniti nel 1923, con cui si istituivano le dodici *Federal intermediate credit banks* (v.).

agricultural credit bank: ***banca di credito agrario.*** Termine usato negli Stati Uniti per indicare ciascuna delle banche che fanno capo alla *Farm Credit Administration* (v.).

Agricultural Credit Corporation Ltd.: È un'associazione formata da tre sindacati degli agricoltori nel 1959, per assistere gli agricoltori fornendo garanzie alle banche a fronte di mutui concessi per migliorie agrarie.

agricultural credit society: ***cassa rurale.*** È una società cooperativa di credito fra piccoli agricoltori, del tipo fondato in Germania da F.W. Raiffeisen intorno al 1850. In Gran Bretagna le casse rurali non hanno riscosso successo.

agricultural distortions: ***distorsioni agricole.*** Le distorsioni che si verificano sui mercati internazionali delle derrate agricole a causa dei programmi di sostegno all'agricoltura adottati da vari paesi, tra i quali la CEE e gli USA.

agricultural economics: ***economia agraria.*** Quella branca dell'economia che studia in particolare la produzione e distribuzione dei prodotti agricoli e le istituzioni che sostengono l'agricoltura, come ad esempio istituti di credito agrario, cooperative di vendita e simili.

agricultural fluctuations: ***fluttuazioni agricole.*** Quando la domanda di un bene tende ad essere anelastica e quando la corrispondente offerta impiega un certo tempo per adeguarsi a un aumento della domanda, si possono verificare notevoli fluttuazioni nella produzione. Infatti, se la domanda di un bene cresce, la scarsità dell'offerta genera un rapido e notevole aumento del prezzo del bene. I produttori tendono ad essere ottimisti e investono più di quanto dovrebbero nella produzione di quel bene. La sovrapproduzione che ne consegue fa drasticamente cadere il prezzo a causa dell'eccesso di offerta sulla domanda e i produttori, che ora tendono ad essere pessimisti, smobilitano gli impianti col risultato che l'offerta ridiventa inferiore alla domanda. Di conseguenza, i prezzi aumentano di nuovo e si rimette in essere il ciclo descritto. Tali fluttuazioni estreme sono probabili in agricoltura, perché i prodotti rispondono alle due condizioni necessarie alla fluttuazione di produzione e cioè: domanda anelastica e lento adeguamento dell'offerta ad aumenti della domanda. (v. anche *cobweb theorem*)

agricultural fund: ***fondo per l'agricoltura.*** Il fondo mediante il quale la Comunità Economica Europea finanzia le spese relative agli interventi sul mercato agricolo interno, ai sussidi delle esportazioni di eccedenze verso paesi terzi e alle restituzioni.

Agricultural Goods and Services Scheme: Piano del ministero del tesoro britannico per fornire credito agli agricoltori per un periodo massimo di tre anni a tassi di interesse correnti, per l'acquisto di materiali agricoli e di trattori, per opere di miglioria e simili.

agricultural industry: ***industria agricola; attività agricola.*** Rientra nell'industria primaria e si interessa della produzione, trasformazione e vendita di prodotti agricoli alimentari e non alimentari.

agricultural lien: ***privilegio sul raccolto.*** Diritto riconosciuto al creditore di un agricoltore, che può rivalersi sul raccolto di quest'ultimo per il recupero del credito concessogli.

Agricultural Loans Fund: Fondo statale amministrato dal ministero dell'agricoltura britannico e disponibile per il finanziamento di opere di miglioria, ma non per l'acquisto di terreni agricoli.

Agricultural Marketing Act: Legge, approvata dal parlamento britannico nel 1931, con la quale venivano istituite le *Agricultural Marketing Boards*, una per ciascun tipo di derrata, se i produttori della maggior parte della produzione totale di quella derrata si dicevano favorevoli a tale istituzione. La prima *Agricultural Marketing Board* istituita in base a questa legge fu quella del latte.

Agricultural Marketing Boards: Organismi paragovernativi, la cui istituzione fu resa possibile dagli *Agricultural Marketing Acts* del 1931–33, preposti all'emanazione di norme intese a regolare la produzione e la vendita delle varie derrate agricole. L'istituzione di questi organismi era soggetta all'approvazione da parte della maggioranza dei produttori di ciascuna particolare derrata, ma una volta istituiti, le norme da loro emanate erano vincolanti per tutti i produttori di quella derrata. Ciascun organismo corrisponde praticamente ad un cartello con un'agenzia di vendita centrale, capace anche di limitare la produzione di ogni singolo prodotto agricolo, in quanto ciascun produttore deve farsi rilasciare un'apposita licenza che lo autorizza a produrre una specifica derrata. La funzione di questi organismi è in pratica molto simile a quella degli accordi di marketing statunitensi.

Agricultural Mortgage Corporation: È un'istituzione creata in base all'*Agricultural Credit Act* del 1928 per concedere mutui ai coltivatori, contro ipoteche sui loro terreni, per una durata massima di sessanta anni e per un importo equivalente ai due terzi del valore corrente dei terreni. Il capitale di questa *Corporation* fu dapprima fornito dalla Banca d'Inghilterra e dalle banche commerciali, ma essa emette anche obbligazioni garantite dallo stato. Non disponendo di propri sportelli, versa i crediti concessi tramite le banche commerciali, che fungono da suoi agenti in Inghilterra e nel Galles, paesi in cui opera la *Corporation.*

agricultural parity: ***parità agraria.*** Espressione usata per indicare un tipo di politica dei prezzi pubblici di prodotti agricoli, perseguita dagli Stati Uniti allo scopo di equilibrare, almeno in linea teorica, il livello di reddito degli agricoltori e il livello di reddito degli altri settori dell'economia nazionale. Col termine parità agraria, quindi, si intende un prezzo di vendita di certi prodotti agricoli tale da dar loro un valore di scambio, per beni che gli agricoltori devono acquistare, equivalente a quello che esisteva in un momento preciso, chiamato «periodo base». Il periodo prescelto come base è quello che andò dall'agosto 1909 al luglio 1914, un periodo di prosperità relativamente alta per gli agricoltori americani. A scadenze periodiche, mensili per alcuni prodotti e semestrali per altri, il ministero dell'agricoltura statunitense pubblica i prezzi di parità agraria, cioè il prezzo di vendita garantito ai produttori, che viene calcolato in base ai prezzi dei precedenti dieci anni, rapportati successivamente a 100, cioè il numero indice del periodo base, dopo aver tenuto conto dei prezzi che gli agricoltori devono pagare per ciò che acquistano e per la manodopera che impiegano. (v. anche *parity price, agricultural parity ratio*)

agricultural parity ratio: ***rapporto di parità agraria.*** Negli Stati Uniti con questa espressione si indica il rapporto esistente tra prezzi pagati dagli agricoltori per beni e servizi di cui fanno uso e prezzi pagati agli agricoltori per i loro prodotti. Si usa per accertare se questi ultimi sono al di sopra o al di sotto della pari rispetto agli stessi prezzi calcolati col medesimo sistema nel periodo base prescelto. Il periodo base è rappresentato dal quinquennio che andò dall'agosto del 1909 al luglio del 1914, quando il rapporto tra prezzi pagati e prezzi ricevuti dagli agricoltori fu abbastanza equilibrato. Attualmente, il rapporto viene calcolato dividendo l'indice dei prezzi ricevuti per l'indice dei prezzi pagati dagli agricoltori e il risultato di questa divisione indicherà se il prezzo dei prodotti agricoli è salito o è sceso rispetto a quello del periodo base, che è uguale a 100. (v. anche *agricultural parity, parity price*)

agricultural policy: ***politica agricola.*** La politica di un paese intesa a tutelare gli interessi economici della propria comunità agricola mediante sussidi ai prezzi e ai redditi e a promuovere maggiore efficienza nelle imprese agricole.

agricultural product: ***prodotto agricolo.*** Uno qualsiasi dei prodotti della terra. Il termine è anche usato per indicare globalmente il prodotto dell'industria agricola di un paese.

agricultural protectionism: ***protezionismo agricolo.*** Forma particolare di protezionismo, in quanto limitato al settore agricolo e, a volte, soltanto a determinati prodotti agricoli di un paese. Si realizza non tanto mediante l'erezione di barriere doganali, quanto attraverso sovvenzioni agli agricoltori, prezzi minimi garantiti e simili altri strumenti.

agricultural rates: ***aliquote agricole.*** In Inghilterra, una legge del 1896 ridusse del cinquanta per cento le aliquote delle imposte locali sulle proprietà agricole; un'altra legge del 1923 apportò un'ulteriore riduzione del venticinque per cento ed infine, nel 1929, esse furono del tutto abolite.

agricultural reform: ***riforma agraria.*** Una qualsiasi delle riforme che hanno avuto luogo in agricoltura. Il termine può riferirsi tanto ad una riforma tecnologica, che si realizza mediante la introduzione di nuove macchine e più moderni metodi di coltivazione della terra, quanto ad una riforma che sconvolge il modello di proprietà terriera di un paese, di solito frazionando i grandi latifondi e assegnando piccoli appezzamenti a coloro che effettivamente li coltivano, traendone i mezzi del proprio sostentamento. Recentemente il termine è stato usato per indicare una riforma della politica agricola dei paesi che concedono sussidi o altre forme di assistenza all'agricoltura.

Agricultural Research Administration: Divisione del ministero dell'agricoltura statunitense che si interessa del coordinamento della maggior parte dell'attività relativa alla sperimentazione, dimostrazione e ricerca in campo agricolo. Questa divisione amministra direttamente i fondi ministeriali per ricerche speciali e quattro laboratori ministeriali di ricerca.

Agricultural Research Council: Fondato con patente regia nel 1931, è composto di diciotto membri e comprende rappresentanti dei ministeri connessi con l'agricoltura, uomini di scienza ed esperti di agricoltura. Sovrintende quattordici istituti di ricerca finanziati dallo stato, ne controlla altri dieci e ne ha istituito molti altri. È anche autorizzato a finanziare progetti di ricerca universitaria negli ambiti che esso si prefigge e cioè aiutare gli agricoltori ad aumentare l'efficienza e a produrre derrate agricole e alimentari sempre migliori e meno costose.

agricultural revolution: ***rivoluzione agricola.*** 1) In Inghilterra, il passaggio dalla condizione medievale a quella moderna nelle aree rurali durante il diciottesimo secolo. L'aspetto più importante fu la recinzione dei terreni precedentemente tenuti in comune, a vantaggio dei grossi latifondisti. Ciò portò molti contadini alla disoccupazione e successiva migrazione verso le nascenti città industriali. 2) L'applicazione della scienza e della tecnologia moderne alla coltivazione e allo sfruttamento dei terreni agricoli. Divenne evidente specialmente dopo il 1870, sebbene i suoi inizi risalgano ad un periodo precedente, sempre nel diciannovesimo secolo.

agricultural show: ***mostra agricola.*** Termine generico con il quale si indica una qualsiasi mostra di prodotti agricoli.

agricultural support policy: ***politica di sostegno all'agricoltura.*** Mire e metodi perseguiti dal governo centrale o da enti locali per mantenere il reddito dei lavoratori agricoli al di sopra di quanto sarebbe se essi fossero esposti alle pratiche di mercato libero. I redditi agricoli possono essere sostenuti tramite sussidi o meno direttamente tramite prezzi garantiti o restrizioni sulle importazioni di prodotti alimentari. La mira del sostegno è quella di mantenere la popolazione e la produzione agricole a un livello più elevato di quello che si raggiungerebbe senza sostegni. Politiche del genere sono perseguite nella CEE, negli Stati Uniti e in molti altri paesi.

agricultural support subsidies: ***sussidi agricoli.*** Si trattava di sussidi concessi agli agricoltori inglesi, di cui un 30% sotto forma di agevolazioni per l'acquisto di fertilizzanti ecc. o per lavori di miglioria e il restante 70% circa sotto forma di sostegno dei prezzi di cereali, uova, carni macellate, lana e patate. Lo scopo era quello di aumentare sia la qualità, sia la quantità di questi prodotti. Furono aboliti dopo l'entrata del Regno Unito nella CEE.

agricultural unit of account: ***unità di conto agraria.*** È uno speciali tipo di Ecu, agganciato al marco tedesco, usato dalla Comunità Economica Europea nell'ambito della sua politica agricola.

Agricultural Wages Board: Nel Regno Unito, è l'ente preposto dal governo a negoziare i salari minimi dei lavoratori agricoli e le loro condizioni di lavoro.

agriculture: ***agricoltura.*** L'attività che si interessa della coltivazione della terra, dell'allevamento del bestiame e della produzione di derrate alimentari.

agro–industry: ***industria agricola; attività agricola.*** Termine usato come sinonimo di *agricultural industry* (v.).

agronomy: ***agronomia.*** Scienza e pratica dell'agricoltura, intesa come applicazione di metodi scientifici alla coltivazione della terra e all'allevamento del bestiame, al fine di ottenere la massima produzione e la migliore utilizzazione dei prodotti.

aground: ***arenato; incagliato.*** Termine usato nel linguaggio delle assicurazioni marittime per indicare una nave che, navigando in acque troppo basse, ha toccato il fondo del mare e non è in grado di riprendere la navigazione con i mezzi propri.

Agst.: against.

Agt.: 1) agent; 2) against; 3) agreement.

Agy.: agency.

AIBD: Association of International Bond Dealers.

A.I.D.: Agency for International Development.

aid: ***aiuto; assistenza.*** Questo termine viene usato nel linguaggio economico per indicare l'assistenza prestata dallo stato ai cittadini e ad imprese o altre istituzioni in crisi; da uno stato più ricco a stati più poveri, specialmente stati in via di sviluppo; o da uno stato ad un altro in occasione di particolari difficoltà o di emergenze.

aided recall: ***aiuto per ricordare.*** Insieme di accorgimenti, tendenti a far ricordare al pubblico un messaggio pubblicitario.

aids to trade: ***attività sussidiarie del commercio.*** È consuetudine dividere il commercio in otto branche e precisamente quattro branche del commercio vero e proprio (all'ingrosso, al dettaglio, di esportazione e di importazione) e quattro branche che comprendono le attività sussidiarie (trasporti, assicurazioni, credito e pubblicità).

aid to agriculture: ***aiuti all'agricoltura.*** Il termine inglese comprende genericamente tutti i vari tipi di sussidi corrisposti in vario modo agli agricoltori da un governo e indica in particolare gli aiuti del governo federale degli Stati Uniti agli agricoltori di quel paese.

Aid to Families with Dependent Children: ***Assistenza alle famiglie con figli a carico.*** Programma statunitense di assistenza alle famiglie numerose, che è stato da più parti criticato recentemente, ma lasciato immutato anche dopo l'ampio taglio delle spese assistenziali operato dall'amministrazione Reagan. Potrebbe paragonarsi al nostro programma di corresponsione di assegni familiari.

aid tying: ***vincolo sull'aiuto.*** Il termine inglese indica aiuti in moneta concessi a paesi in via di sviluppo, con l'obbligo di spenderli per l'acquisto di beni e servizi prodotti nel paese che concede l'aiuto.

air bill of lading: ***polizza di carico aerea.*** Termine usato con lo stesso significato di *air way bill* (v.).

air bridge: ***ponte aereo.*** Regolare servizio di trasporto aereo tra due località.

airbus: ***bus dell'aria; aerobus.*** Aereo di linea, che collega più volte al giorno due località non molto lontane l'una dall'altra.

air cargo: ***carico aereo.*** Merci trasportate per via aerea mediante aerei di linea o aerei noleggiati.

air carriage: ***trasporto aereo; trasporto per via aerea.*** Lo stesso che *carriage by air* (v.).

air carrier: ***vettore aereo.*** La compagnia di navigazione aerea che effettua un trasporto a mezzo di propri aeromobili.

air charter party: ***contratto di noleggio aereo.*** Simile al contratto di noleggio marittimo, è il contratto mediante il quale una compagnia di navigazione aerea concede l'uso di un proprio aeromobile ad un noleggiatore, per il trasporto di merci o passeggeri.

air–coach: ***bus dell'aria; aerobus.*** Termine usato negli Stati Uniti con lo stesso significato di *airbus* (v.).

air consignment note: ***lettera di trasporto aereo; polizza di carico aerea.*** Termine usato con lo stesso significato di *air way bill* (v.).

air express: ***trasporto aereo espresso.*** È il modo più rapido, ma anche più costoso, di spedire merci per via aerea. Prevede il prelievo al domicilio del mittente e l'inoltro sulla migliore rotta aerea commerciale disponibile al momento. Si fa ricorso a questo tipo di spedizione soltanto quando è essenziale una rapidissima consegna delle merci, in quanto il suo costo è dalle due alle quattro volte quello del normale trasporto aereo.

air forwarding: ***spedizione per via aerea.*** La spedizione di beni per aereo.

air freight: **1.** ***nolo aereo.*** Il nolo che viene pagato in considerazione del noleggio di un aereo in base ad un contratto di noleggio aereo. **2.** ***trasporto aereo.*** Il termine indica esclusivamente il trasporto di merci per via aerea, mediante aerei di linea o aerei noleggiati. Lo stesso termine viene anche usato per indicare tale servizio di trasporto aereo, gestito da una compagnia di navigazione aerea.

air freight charges: ***tariffe di trasporto aereo.*** Le tariffe praticate da un vettore aereo per il trasporto di merci. Esse variano non solo in ragione della distanza, ma anche in relazione al tipo, al peso e all'ingombro del bene da trasportare.

air freighter: ***aereo da carico.*** Un aereo usato esclusivamente per il trasporto di merci.

air freighting: ***noleggio aereo.*** Il noleggio di un aeromobile da parte di una compagnia di navigazione aerea ad un noleggiatore, per il trasporto di merci o passeggeri.

air freight market: ***mercato dei noli aerei.*** È un mercato organizzato, nel quale si svolgono le contrattazioni relative al noleggio di aerei. Funziona più o meno come il mercato dei noli marittimi ed è costituito da due tipi di operatori, quelli che, per conto dei noleggiatori, cercano aerei da noleggiare e quelli che, per conto delle compagnie di navigazione aerea, cercano carichi per gli aerei. Questo mercato è in grado di trovare un carico di ritorno quasi per ogni aereo noleggiato per un viaggio di sola andata che, nella peggiore delle ipotesi, dovrà percorrere un breve tragitto tra l'aeroporto dove ha scaricato merci o passeggeri e l'aeroporto dove un nuovo carico di merci o passeggeri lo sta aspettando.

air freight rates: ***tariffe di trasporto aereo.*** Lo stesso che *air freight charges* (v.).

air letter: ***lettera per via aerea.*** È un modello che si acquista preaffrancato ed è utilizzabile per lettere da inviarsi per posta aerea.

airline: ***linea aerea.*** Regolare servizio commerciale di trasporto merci e passeggeri per via aerea. Lo stesso termine inglese viene usato anche per indicare una compagnia che gestisce tale servizio.

airliner: ***aereo di linea.*** Aereo che presta servizio regolare per il trasporto di passeggeri, e a volte anche piccole quantità di merci, con partenze e arrivi ad orari prestabiliti, lungo una rotta fissa servita da una o più compagnie di navigazione aerea.

air mail: ***posta aerea.*** Il trasporto di corrispondenza per via aerea o la corrispondenza inviata per posta aerea. Il primo servizio di posta aerea fu istituito nel 1919 tra Parigi e Londra.

airmail packets: ***pacchetti per via aerea.*** Piccoli pacchi del peso inferiore ad un chilogrammo, che possono essere spediti per via aerea ad una tariffa postale speciale, purché non contengano lettere e non siano sigillati.

air mail transfer: ***trasferimento per via aerea.*** Il trasferimento di fondi a mezzo di un corriere aereo o di semplice posta aerea.

air parcels: ***pacchi per via aerea.*** Pacchi, del peso da uno a dieci chilogrammi, che possono essere spediti per via aerea, quando le merci in essi contenute sono troppo pesanti per poter usare il servizio di pacchetti aerei. (v. anche *airmail packets*).

air pollution: ***inquinamento atmosferico.*** È uno dei cosiddetti costi sociali e precisamente quello che deriva dagli scarichi nell'atmosfera di rifiuti gassosi da parte di varie industrie o da parte di autoveicoli.

air service: ***servizio aereo.*** Servizio pubblico di trasporto merci e passeggeri lungo una rotta prestabilita, con scali intermedi tra le due località capolinea.

air shuttle: ***navetta aerea.*** Servizio passeggeri regolare e frequente, fornito da una compagnia di navigazione aerea mediante aereoplani che vanno avanti e indietro tra due o più grandi città, di solito non molto distanti l'una dall'altra.

air–taxi: ***aerotassì.*** Termine con il quale si indica un aereo per il trasporto di passeggeri, che può essere noleggiato come un tassì con pagamento proporzionato alla distanza percorsa, di solito su brevi tragitti.

air tramping: ***trasporto aereo libero.*** Il trasporto di merci per via aerea che non segue linee o rotte prestabilite con scali obbligatori, ma ha origini e destinazioni relative alla domanda di trasporto.

air transport: ***trasporto aereo.*** Il termine inglese viene usato per indicare il trasporto di passeggeri su aerei di linea o non di linea. Il primo servizio aereo regolare per il trasporto di posta e passeggeri fu istituito nel 1919 tra Parigi e Londra.

air transport licence: ***concessione di trasporto aereo.*** La licenza, concessa da uno stato a una società di navigazione aerea, mediante la quale quest'ultima è autorizzata a svolgere la propria attività su determinate linee con un terminale nel paese in questione.

Air Transport Licensing Board: Ente preposto al rilascio di licenze per l'esercizio di linee aeree nel Regno Unito, le cui decisioni sono soggette ad approvazione da parte del ministero dell'aviazione. È fatto divieto a chiunque non sia in possesso dell'apposita licenza di pilotare un aereo immatricolato nel Regno Unito per scopo di lucro o di commercio o di pilotare un aereo, dovunque sia immatricolato, verso o dal Regno Unito.

air way bill: ***lettera di trasporto aereo; polizza di carico aerea.*** Al momento in cui riceve dal mittente le merci da trasportare, la compagnia di navigazione aerea emette in tre esemplari la lettera di trasporto aereo, che comprova l'esistenza del contratto di trasporto ed è rappresentativa delle merci in viaggio. Il primo esemplare, firmato dal mittente, viene trattenuto dalla compagnia aerea; il secondo, firmato dal mittente e dalla compagnia, è riservato al destinatario delle merci; il terzo esemplare, firmato dalla compagnia, viene consegnato al mittente e costituisce il vero titolo rappresentativo delle merci viaggianti, che dà diritto al ritiro delle stesse a destinazione. La polizza di carico aerea, come quella marittima, può essere nominativa, all'ordine e al portatore. Se è nominativa, in essa è chiaramente indicato il nome della persona che ha diritto di prelevare le merci a destinazione; se è all'ordine, essa può essere trasferita mediante girata; se, infine, è al portatore, essa consente il trasferimento del diritto di prelevare le merci mediante semplice consegna da una persona ad un'altra.

airway letters: ***lettere per via aerea.*** Il termine inglese indica lettere che, in base ad un accordo tra il ministero delle poste e le compagnie di navigazione aerea, vengono accettate presso certi aeroporti per essere trasportate per via aerea.

Aldrich Commission: Commissione nominata a seguito dell'approvazione dell'*Aldrich–Vreeland Act* con il compito di studiare il modo più efficace di procedere alla riorganizzazione monetaria degli Stati Uniti. La Commissione presentò la sua relazione all'inizio del 1912 e nel 1913 il Congresso approvò il *Federal Reserve Act* che introdusse nel paese il sistema della riserva federale, ancor oggi in uso, basato essenzialmente sulle conclusioni cui era giunta la Commissione.

Aldrich–Vreeland Act: Legge approvata dal Congresso degli Stati Uniti nel 1908, a seguito del panico del 1907, con la quale si autorizzavano le banche nazionali ad associarsi per l'emissione di biglietti di banca garantiti da carta commerciale e da titoli di stato e di enti locali. Questa legge prevedeva l'istituzione di una commissione nazionale, che fu poi chiamata *Aldrich Commission* (v.), con il compito di svolgere un'indagine conoscitiva sulla situazione del sistema bancario nel paese e di formulare proposte per la sua riorganizzazione. La legge, che fin dall'approvazione fu considerata temporanea in attesa di un provvedimento più organico e completo, fu sostituita nel 1913 dal *Federal Reserve Act* (v.).

aleatory contract: ***contratto aleatorio.*** Nella terminologia delle assicurazioni, l'espressione inglese indica un tipo di contratto che tutela l'assicurato contro la perdita di un bene derivante non da un rischio ben identificabile, ma da un evento fortuito e imprevedibile. Rientrano in questo tipo di contratti le polizze di assicurazione sulla vita.

aleatory insurance: ***assicurazione aleatoria.*** È l'assicurazione stipulata mediante un *aleatory contract* (v.).

alienation: ***alienazione.*** Il trasferimento di proprietà di beni mobili o immobili. Può essere volontaria, ad esempio per testamento o donazione, o involontaria, ad esempio per confisca.

alien corporation: ***società estera.*** Negli Stati Uniti, questo termine indica una società iscritta nel registro delle persone giuridiche di un qualsiasi stato estero. (v. anche *foreign corporation*)

all–commodity rate: ***tariffa uniforme.*** Nei trasporti, indica una tariffa, spesso praticata per carichi che occupano interi vagoni, applicabile senza tener conto del tipo di merci che vengono trasportate.

Allen Report: Rapporto di una commissione nominata nel Regno Unito nel 1963 con il compito di considerare «l'impatto delle imposte locali sui nuclei familiari». La conclusione cui giunse fu che le imposte locali erano in realtà un'imposta ad valorem sulle abitazioni e che esse erano regressive. Il nome del rapporto deriva dal professor R.G.D. Allen, che presiedette la Commissione.

all faults: ***con qualunque difetto.*** Lo stesso che *with all faults* (v.).

all–freight service: ***servizio merci.*** Il termine inglese indica il servizio, fornito dalle compagnie di navigazione aerea, in base al quale un aereo è adibito esclusivamente al trasporto di merci e, pertanto, non accetta passeggeri.

alliance: ***alleanza.*** Termine usato per indicare il rapporto esistente tra una società di controllo e le sue affiliate.

allied companies: ***societa affiliate; società collegate.*** Sono le due o più società collegate tra loro, di cui una esercita il controllo economico e amministrativo sull'altra o sulle altre, pur essendo ciascuna di loro autonoma da un punto di vista giuridico.

Allied Irish Banks Ltd.: Banca commerciale irlandese fondata nel 1966 a seguito della fusione di tre banche: Munster & Leinster Bank, Provincial Bank of Ireland e Royal Bank of Ireland.

allied military lira: ***amlira.*** Tipo di moneta di occupazione a corso forzoso, consistente di banconote stampate negli Stati Uniti durante la seconda guerra mondiale e introdotte in Italia a partire dal 1943, anno in cui ebbe inizio l'occupazione americana. Il 24 settembre del 1943, poco dopo l'armistizio, il governo italiano riconobbe alle amlire potere liberatorio su tutto il territorio nazionale. Nel febbraio del 1947, la Banca d'Italia assunse il controllo delle amlire per conto dello stato italiano, curandone il graduale ritiro dalla circolazione e la sostituzione con propri biglietti. Le amlire cessarono definitivamente di avere corso legale il 30 giugno 1950. (v. anche *occupation money, military pound, yellow seal dollar*)

alligation: ***alligazione; miscuglio.*** Metodo per determinare le proporzioni dei diversi materiali da usarsi in una lega o in un miscuglio.

all–inclusive income statement: ***conto profitti e perdite onnicomprensivo.*** Contiene tutte le componenti di reddito gestionali e non gestionali, cui è stato dato riconoscimento durante l'esercizio che esso copre.

all–in cost: ***costo complessivo.*** Costo totale, comprensivo di tutte le voci esplicite e implicite e di qualsiasi altra eventuale spesa imprevista.

all–in price: ***prezzo tutto compreso.*** Un prezzo nel quale sono compresi tutti gli extra che potrebbero essere fatti pagare a parte, come ad esempio le spese di consegna a domicilio, l'IVA e simili.

all–in rate: ***tasso onnicomprensivo.*** Espressione con cui si indica un aggiustamento del tasso quotato sulle divise estere, in considerazione del periodo di credito concesso dalla cambiale estera.

all–loss insurance: ***assicurazione contro tutti i rischi.*** Termine statunitense usato con lo stesso significato di *all–risk insurance* (v.).

all–loss policy: ***polizza a tutti i rischi.*** Termine statunitense usato con lo stesso significato di *all–risk policy* (v.).

all–moneys debenture: ***obbligazione variabile.*** Il termine inglese indica un'obbligazione pecuniaria a favore di una banca, che prevede che l'ammontare del prestito a fronte dell'obbligazione può essere aumentato senza dover ottemperare alle formalità prescritte nel caso di obbligazioni per somme fisse.

to allocate: 1. ***allocare; assegnare; ripartire; distribuire.*** Distribuire il costo totale di un acquisto, pagato a prezzo forfettario, ai singoli articoli acquistati o ai reparti interessati. **2.** ***ventilare.*** Imputare costi e/o ricavi a due o più oggetti temporali o spaziali, a seconda delle responsabilità di costo, dei vantaggi ricevuti, ecc. Ad esempio, distribuire il costo dell'assicurazione contro gli incendi ai reparti in ragione dei valori assicurabili delle attività ubicate in ciascuno di loro.

allocated cost: ***costo ripartito.*** Il costo di un bene o servizio ripartito proporzionalmente tra le diverse categorie di costi.

allocated stock: ***scorte accantonate; scorte riservate.*** Scorte di magazzino destinate a una specifica commessa o a uno specifico ordine, ma non necessariamente separate fisicamente dalle altre scorte.

allocation: 1. ***allocazione; assegnazione; riparto; distribuzione.*** Sostantivo usato con lo stesso significato del verbo. **2.** ***ventilazione.*** Procedura di ripartire o imputare costi e/o ricavi a due o più oggetti temporali e spaziali, a seconda delle responsabilità di costo, dei vantaggi ottenuti, ecc.

allocation of costs: ***distribuzione dei costi; allocazione dei costi; ripartizione dei costi.*** La distribuzione proporzionale dei costi totali tra le diverse categorie di costi, cui fa seguito l'imputazione di ciascuna categoria ad un particolare conto, intestato a servizi, prodotti, unità, ecc.

allocation of resources: ***allocazione delle risorse; distribuzione delle risorse.*** Espressione con la quale si indica la diversa ripartizione delle risorse esistenti in un'economia o in un'impresa. Nel caso della singola impresa, l'espressione indica l'allocazione delle risorse disponibili, cioè uomini, macchine e moneta, ai vari compiti previsti nell'ambito di un progetto, con l'obiettivo di minimizzare il tempo e/o le risorse necessarie per portarlo a realizzazione. Nel linguaggio economico, l'espressione indica un concetto strettamente collegato all'efficienza economica e al principio di sostituzione, sempre considerando scarse le risorse disponibili. Se, come si sostiene nella teoria dell'impresa, l'obiettivo principale di un imprenditore è quello di produrre una data quantità di beni o servizi al minor costo possibile, l'allocazione delle risorse assume una grande importanza. Infatti, a seconda delle varie disponibilità, l'imprenditore deciderà di adottare quei metodi di produzione che gli consentono di usare la quantità minore del fattore più scarso, in cambio di un uso maggiore del fattore meno scarso, per cui i metodi di produzione tenderanno a variare da paese a paese o da industria a industria col variare dei prezzi relativi dei fattori della produzione. Infatti, i prezzi dei fattori della produzione in un'economia riflettono la scarsità di tali fattori in relazione alla domanda. Se consideriamo la produzione agricola, ad esempio, un paese con ampia disponibilità di terra, ma scarsa disponibilità di lavoro, quale potrebbe essere l'Australia, tenderà ad usare metodi di produzione che utilizzano in maggior misura il fattore meno caro, la terra in questo caso, rispetto al fattore più caro, il lavoro. Il metodo di produzione adottato in questo caso farà un uso estensivo della terra e un uso intensivo del lavoro. In paesi, invece, con scarsa disponibilità di terra, come ad esempio l'Olanda, il prezzo di questo fattore sarà molto alto perché anche la domanda è alta. Un'impresa che produce beni agricoli in tale paese adotterà un metodo di produzione che le consente di usare una minore quantità di terra, il fattore più caro, e una maggiore quantità di lavoro, il fattore relativamente meno costoso, cioè adotterà un metodo di produzione che faccia un uso maggiore di lavoro per unità di terra, ovvero un metodo ad uso intensivo di terra e ad uso estensivo di lavoro.

allocation of responsibilities: ***allocazione delle responsabilità; distribuzione delle responsabilità; ripartizione delle responsabilità.*** Espressione usata nella gestione del personale per indicare la pratica di ripartire il lavoro tra il personale di un ufficio o di una fabbrica in maniera che ciascuno sappia esattamente quali sono le sue responsabilità e quale parte del lavoro dovrà svolgere.

allocation of scarce resources: ***allocazione delle risorse scarse.*** V. spiegazione sotto *allocation of resources.*

allocation of shares: ***riparto azionario; assegnazione di azioni.*** Vedi spiegazione sotto *allotment 1.*

allocation of work: ***allocazione del lavoro; distribuzione del lavoro; ripartizione del lavoro.*** Termine usato con lo stesso significato di *work distribution* (v.).

allocation period: ***periodo di allocazione.*** È il periodo di tempo preso a base per la raccolta, l'elaborazione e la rappresentazione di dati contabili.

allocative efficiency: ***efficienza allocativa.*** Si dice che in un'economia c'è efficienza allocativa quando le risorse scarse sono ripartite tra i beni e servizi prodotti dall'economia in modo tale che non sarebbe possibile riallocarle senza danneggiare qualcuno. Se, viceversa, è possibile procedere ad una riallocazione con vantaggio di tutti, ciò vuol dire che la precedente allocazione delle risorse non era efficiente.

allonge: ***foglio di allungamento; allungo.*** Nella terminologia bancaria, indica un foglio attaccato ad una cambiale, utilizzabile per le girate quando il retro della cambiale è stato completamente utilizzato dai vari giranti successivi. Onde impedire che tale foglio venga staccato da una cambiale e attaccato ad un'altra, si suole scrivere la prima girata del foglio sulla parte di unione dei due documenti. Il foglio di allungamento non richiede bollo, in quanto costituisce una semplice continuazione della cambiale, sulla quale è già stato pagato il bollo.

all or any: ***tutto o qualsiasi.*** Espressione usata in relazione alla sottoscrizione di un'intera emissione di valori mobiliari. Indica che il sottoscrittore è pronto a accettare o l'intera emissione o la parte di essa che gli verrà assegnata.

all or none: ***tutto o niente.*** Espressione usata per identificare una partita di merce che non si può o non si vuole dividere in partite più piccole.

all–or–none order: Termine di uso statunitense con il quale si indica un ordine, passato dal cliente al suo agente, per l'acquisto o la vendita di valori mobiliari ad un determinato prezzo limite o di mercato, che deve essere eseguito nella sua interezza o, nell'impossibilità di realizzarlo totalmente, non deve essere eseguito affatto.

allotment: 1. ***riparto; assegnazione; ripartizione; attribuzione.*** Dopo che una società ha ricevuto le richieste di sottoscrizione di azioni emesse in base al programma di costituzione della società, essa procede all'attribuzione delle azioni secondo un piano prestabilito, esposto nel programma o nel manifesto di emissione diffuso tra il pubblico. Nel caso in cui le richieste superino il numero di azioni disponibili, si procede alla ripartizione, cioè un'assegnazione proporzionale, pur se spesso si soddisfano in pieno le richieste che non superano un certo numero di azioni prestabilito. La ripartizione viene comunicata ai sottoscrittori per mezzo di una *allotment letter* (v.), che dà diritto ad un certificato per il numero di azioni specificato. Questo diritto, tuttavia, è condizionato al versamento della somma dovuta in cambio delle azioni assegnate. La stessa procedura viene seguita quando si emettono le azioni attraverso una *issuing house* (v.). **2.** ***ripartizione.*** Attribuzione di ricavi disponibili o previsti a determinate classi o tipi di spesa. **3.** ***assegnazione.*** Procedura di immagazzinare merci al loro arrivo in un porto, aeroporto o stazione, in modo tale che, dopo l'espletamento delle formalità doganali, il proprietario possa rapidamente e facilmente riconoscerle e prelevarle. **4.** ***dotazione; assegnazione di fondi.*** Nella terminologia della contabilità di stato, è l'assegnazione di fondi di dotazione da parte di un ente o di un'agenzia statali ad una loro suddivisione. Ciò conferisce alla suddivisione il potere di disporre di una determinata somma per il proprio fabbisogno o per altri scopi.

allotment certificate: ***certificato di riparto.*** Lo stesso che *allotment letter* (v.).

allotment letter: ***avviso di riparto; lettera di assegnazione; certificato di assegnazione.*** È la lettera che la società invia a coloro che hanno chiesto di sottoscrivere azioni o obbligazioni offerte al pubblico. Essa indica il numero di titoli assegnati al sottoscrittore e chiede che egli provveda al pagamento di quanto ancora dovuto. Nel Regno Unito al fine di evitare la necessità immediata di sostituire questa lettera con uno o più certificati azionari definitivi, è stato introdotto un altro tipo di lettera, che potremmo chiamare certificato di assegnazione, in quanto essa è negoziabile per un certo periodo di tempo successivo alla sua emissione. Quando si tratta di diritti di opzione, questo certificato prevede anche il caso di rinuncia, da parte della persona cui è stato inviato, del diritto di acquistare i titoli e a tale scopo sul retro si trova il modulo necessario per inviare tale rinuncia alla società entro un periodo di tempo indicato. Se, poi, si tratta di un'emissione di nuove azioni e non dell'esercizio del diritto di opzione, il destinatario del certificato dovrà far recapitare alla società il modulo di accettazione o quello di rinuncia, allegati al certificato, debitamente firmato. (v. anche *allotment 1, letter of application*)

allotment money: ***acconto di riparto in denaro.*** Termine usato nel linguaggio finanziario per indicare la somma di denaro che è tenuto a versare un sottoscrittore al quale siano stati assegnati titoli a seguito di riparto di una nuova emissione. Tale somma deve essere versata entro un certo periodo di tempo dalla data della lettera che informa il sottoscrittore dell'avvenuta attribuzione dei titoli, pena la decadenza dal diritto. Il certificato che comprova la proprietà delle azioni verrà emesso, infatti, soltanto dopo che il sottoscrittore ha effettuato il versamento.

allotment note: Delega, firmata da un marittimo, che autorizza il capitano della nave su cui è imbarcato a versare tutto o parte del suo stipendio, mentre egli è in navigazione, alla moglie, alla famiglia o ad una banca.

allotment of shares: ***riparto azionario; assegnazione di azioni.*** Lo stesso che *allotment 1* (v.).

to allot shares: ***ripartire un'emissione azionaria.*** Assegnare un certo numero di azioni a ciascun sottoscrittore che ne ha fatto richiesta mediante prenotazione, come spiegato sotto *allotment 1* (v.).

allotted share capital: ***capitale azionario assegnato.*** Lo stesso che *issued capital* (v.).

allottee: ***assegnatario.*** È la persona o l'organizzazione alla quale vengono assegnati un certo numero di titoli in caso di riparto. (v. anche *allotment 1*)

all–out strike: ***scipero generale.*** Sciopero cui sono invitati a partecipare tutti i lavoratori di una singola industria su tutto il territorio nazionale. Il termine inglese, pertanto, non corrisponde al concetto di sciopero generale che coinvolga tutti i lavoratori di tutti i settori economici. (v. anche *general strike*)

allowable expense: ***oneri deducibili; spese deducibili.*** Spese che il fisco consente che siano dedotte dal reddito, ai fini della determinazione dell'imposizione fiscale. Esempi di tali deduzioni sono le spese per cure mediche specialistiche, gli interessi sui mutui e i premi di assicurazione sulla vita.

allowance: 1. ***abbuono.*** Riduzione, accordata sul prezzo stabilito, a causa di calo, ritardata consegna, difetti di alcuni articoli della partita o per altri motivi del genere. **2.** ***detrazione.*** Ai fini della determinazione dell'ammontare di imposta sul reddito, al contribuente vengono concesse detrazioni, cioè somme da detrarsi dall'imposta dovuta. Tali detrazioni sono di varia natura e corrispondono, ad esempio, ad una certa somma per persone non sposate, una somma maggiore per persone sposate, un'ulteriore somma per ciascuna persona a carico, ecc. **3.** ***tolleranza.*** In una partita di merci, indica la tolleranza permessa per deficienza di peso, qualità inferiore, rottura dovuta a maneggio, imbevuta, ammanco, colaggio e simili. **4.** ***assegnazione.*** Spesa permessa da un'autorità amministrativa superiore ad una sottounità organizzativa o ad un agente, spesso sotto forma di somma forfettaria, onde evitare la necessità di esibire i giustificativi di spesa. **5.** ***fondo; riserva.*** Termine statunitense usato con lo stesso significato di *provision 1* (v.). **6.** ***assegno; indennità.*** Somma di denaro concessa in considerazione di un qualche servizio prestato o di uno status non esattamente uguale a quello di un lavoratore. Vi rientra, ad esempio, l'assegno corrisposto a un lavoratore in base a un piano di formazione professionale.

allowance for bad debts: ***fondo svalutazione crediti.*** Una riserva e un conto istituiti allo scopo di ridurre l'importo globale dei crediti a breve scadenza all'importo che si presume possa essere effettivamente realizzato. Al conto vengono periodicamente accreditate le somme riscosse, ma precedentemente considerate non più incassabili, e vengono addebitate le reali perdite per far fronte alle quali era stata costituita la riserva.

allowance for depreciation: ***fondo deprezzamento; fondo ammortamento.*** Fondo il cui valore è registrato nella sezione avere del conto usato in contrapposizione a quello nella cui sezione dare viene registrato il valore originario da ammortizzare.

allowance for doubtful accounts: ***fondo svalutazione crediti.*** Termine statunitense usato con lo stesso significato di *provision for bad and doubtful debts* (v.).

allowance for sales discount: ***fondo per sconti vendite.*** Termine statunitense, usato con lo stesso significato di *provision for discounts allowable* (v.).

allowance system: Espressione con cui si indica la pratica di incrementare i salari dei lavoratori agricoli, diffusa in Gran Bretagna nel tardo diciottesimo secolo, con denaro pubblico appositamente stanziato in base al *Poor Law* del 1782. Oggi, il termine viene ancora usato per indicare un qualsiasi analogo sistema inteso ad integrare i guadagni dei lavoratori disoccupati o peggio pagati.

allowed cost: ***costo previsto.*** Qualsiasi costo preventivato e da sostenersi nella produzione di un dato bene o servizio.

allowed time: 1. ***tempo d'ozio; tempo d'attesa; tempo d'inattività.*** È il tempo concesso ad un lavoratore per riposo, manutenzione degli utensili, ecc., senza detrazione di salario. **2.** ***tempo concesso.*** Il tempo medio necessario per l'esecuzione di una funzione, tenendo conto di abilità, impegno e condizioni differenti da operaio a operaio. È frequentemente usato come base della remunerazione, con un premio basato sul tempo concesso meno il tempo impiegato.

alloy: ***lega.*** L'oro e l'argento allo stato puro sono metalli troppo duttili per essere usati come monete. Pertanto, essi vengono fusi con un metallo vile, quale il rame, chiamato lega, al fine di dar loro la consistenza necessaria per resistere all'usura.

all–purpose financial statement: ***rendiconto finanziario per scopi generali.*** È un rendiconto finanziario che serve, fin dove è possibile, ai bisogni di tutti gli utenti. I rendiconti finanziari ai quali si allega la relazione dei revisori contabili professionisti sono quasi sempre di questo tipo, perché l'estensione non limita l'uso che si farà del rendiconto. Il termine è l'opposto di *special–purpose financial statement* (v.).

all–risk insurance: ***assicurazione contro tutti i rischi.*** Indica un contratto di assicurazione che dà copertura contro tutti i rischi cui è esposto un bene, tranne quelli esplicitamente esclusi, a differenza di un contratto di assicurazione ordinario che menziona i rischi contro cui dà copertura.

all–risk policy: ***polizza a tutti i rischi.*** È il documento che rappresenta il contratto di assicurazione descritto sotto *all–risk insurance* (v.).

all risks whatsoever: ***qualsiasi rischio; tutti i rischi possibili.*** Espressione che può trovarsi in un contratto di assicurazione marittima, quando questo garantisce la copertura contro qualsiasi rischio, nessuno escluso. Un contratto del genere offre una maggiore garanzia di una polizza a tutti i rischi, in quanto quest'ultima spesso esclude esplicitamente qualche rischio. (v. anche *all–risk insurance*)

all–round price: ***prezzo tutto compreso; prezzo e spese accessorie.*** Prezzo che include qualsiasi altra spesa, di solito fatta pagare a parte, come extra da aggiungersi al prezzo base.

all–traffic service: ***servizio promiscuo.*** Il termine inglese indica il servizio, fornito da alcune compagnie di navigazione aerea, di trasporto passeggeri e merci per mezzo dello stesso aeromobile.

«all–up» service: Indica il sistema, seguito dalle poste inglesi, di inviare tutta la corrispondenza diretta in Europa per via aerea, se ciò garantisce una più rapida consegna rispetto agli altri mezzi di spedizione.

ALM: asset–liability management.

alongside: ***lungo bordo.*** Termine con il quale, nei contratti di trasporto marittimo, si indica una clausola di consegna e riconsegna delle merci, che prevede che le spese e i rischi di caricazione, stivaggio, disistivaggio e discarica sono a carico dell'armatore.

alphabetic classification: ***classificazione alfabetica.*** Termine usato con lo stesso significato di *alphabetic filing* (v.).

alphabetic filing: ***archiviazione alfabetica; classificazione alfabetica.*** È il metodo più semplice e più comune di gestire un archivio, nel quale le pratiche si raccolgono in contenitori disposti secondo l'ordine alfabetico dell'oggetto cui si riferiscono, specialmente quando l'oggetto è costituito da persone fisiche o giuridiche.

alpha coefficient: ***coefficiente alfa.*** Espressione usata nel linguaggio finanziario statunitense per indicare un metodo di valutazione del rischio relativo ad investimenti azionari. Esso spiega in particolare le variazioni del corso dovute a cause diverse dalle oscillazioni di mercato, queste ultime misurate dal coefficiente beta, che sono pertanto dovute a caratteristiche peculiari del titolo, quali ad esempio l'andamento della società emittente. (v. anche *beta coefficient*)

alpha error: ***errore alfa.*** Lo stesso che *error of first kind* (v.).

alpha risk: ***rischio alfa.*** Lo stesso che *type I risk* (v.).

alpha stocks: ***titoli alfa.*** In relazione al sistema di quotazioni computerizzato messo in funzione a seguito del *big bang* (v.), sono indicati con questo termine i titoli oggetto di scambi molto attivi, dei quali i market makers devono continuamente indicare i due prezzi e le cui operazioni di compravendita devono essere immediatamente rese pubbliche mediante un altro sistema elettronico. (v. anche *Stock Exchange automated quotation system, Topic*)

alteration: **1.** ***alterazione.*** Quando si rendono necessarie alterazioni di scritture contabili, esse dovrebbero venire apportate con attenzione, tirando una linea sulla scrittura errata e scrivendo quella esatta sopra o sotto la prima e non ripassando sopra le vecchie cifre tanto da renderle incomprensibili. Alcune banche impongono ai loro contabili di apportare eventuali alterazioni con inchiostro rosso. Per quanto riguarda le alterazioni ad una cambiale, ad esempio la data di scadenza, esse devono apportarsi con il consenso delle parti, pena la nullità del titolo di credito. **2.** ***trasformazione migliorativa.*** Indica una modifica o un miglioramento di un'attività fissa, che non rappresenta un aumento della quantità di servizi resi dall'attività. **3.** ***modificazione; cambiamento.*** Il termine inglese viene anche usato in relazione, ad esempio, a cambiamento della ragione sociale o a modificazioni della struttura del capitale sociale.

alternate demand: ***domanda alternativa.*** Termine usato con lo stesso significato di *competitive demand* (v.).

alternate director: ***sostituto amministratore; amministratore supplente.*** Se lo statuto della società lo consente, un membro del consiglio di amministrazione può nominare un proprio sostituto, che faccia le sue veci in caso di suo impedimento per assenza o malattia, ma la nomina deve essere ratificata dall'assemblea degli azionisti, in quanto l'operato di un sostituto amministratore è vincolante per la società.

alternative budgets: ***bilanci di previsione alternativi; budget alternativi.*** Sono bilanci di previsione che possono essere sostituiti l'uno all'altro, a seconda dell'andamento di una situazione variabile, quale ad esempio il livello della domanda, la disponibilità di risorse e così via.

alternative commodities: ***beni surrogabili.*** Beni che possono essere sostituiti l'uno all'altro e dai quali il consumatore trae più o meno lo stesso grado di soddisfazione o di utilità. (v. anche *alternatives*)

alternative cost: **1.** ***costo di sostituzione; costo di opportunità; costo-opportunità.*** Termine usato con lo stesso significato di *opportunity cost* (v.). **2.** ***costo alternativo; costo di sostituzione.*** È un costo che si verificherebbe in circostanze diverse da quelle correnti, come ad esempio un costo diverso da quello attuale a seguito dell'adozione di un diverso metodo di produzione o dell'uso di un impianto più moderno ed efficiente o dell'uso alternativo di una differente materia prima, ecc. I costi alternativi vengono spesso calcolati e messi a confronto con i costi effettivi quando si valutano proposte di riduzione dei costi o si preparano piani per la produzione futura.

alternative drawee: ***trattario alternativo.*** Un ordine di pagamento indirizzato a due trattari, l'uno alternativo all'altro, o a due o più trattari in successione, non costituisce una cambiale secondo il diritto inglese.

alternative obligation: ***obbligazione alternativa.*** Nel linguaggio giuridico, il termine indica un'obbligazione che ha un oggetto non determinato, ma determinabile, a scelta del debitore o del creditore, tra due o più prestazioni tutte determinate. L'obbligazione si intende estinta quando il debitore avrà adempiuto una sola delle prestazioni indicate.

alternative order: ***ordine alternativo.*** Termine usato per indicare un ordine, passato da un cliente al suo agente, che prevede l'esecuzione di una delle due alternative: o vendere o comprare un dato valore mobiliare ad un prezzo limite stabilito nell'ordine.

alternative payee: ***beneficiario alternativo; secondo beneficiario.*** Una cambiale può essere emessa a favore di due beneficiari, l'uno alternativo all'altro, o ad uno o più d'uno di vari beneficiari.

alternative rate: ***tariffa alternativa.*** Nei trasporti, la più bassa di due o più tariffe applicabili alla stessa partita di merci.

alternatives: ***beni alternativi; succedanei; surrogati.*** Uno dei principi basilari della moderna teoria economica afferma che tutti i beni sono scarsi in relazione alla domanda. Per questo motivo, ciascun consumatore deve scegliere tra beni alternativi, poiché avere una maggiore quantità di un bene implica avere una minore quantità di un altro bene. La ragione per cui tutti i beni sono scarsi deriva dalla limitazione della disponibilità dei fattori di produzione, così che è necessaria una scelta sul loro impiego. Tale scelta può essere fatta dal consumatore attraverso il meccanismo dei prezzi in un'economia libera o dallo stato in un sistema di dirigismo economico.

alternative tax: ***imposta alternativa.*** Espressione usata in relazione all'imposizione fiscale sui redditi di capitale, quando al contribuente viene lasciata l'alternativa di optare tra due o più forme di imposizione, quali ad esempio la cedolare secca e la cedolare di acconto.

alternative-use cost: ***costo di sostituzione; costo di opportunità; costo-opportunità.*** Termine usato con lo stesso significato di *opportunity cost* (v.).

always afloat: ***sempre a galla.*** Espressione usata nei contratti di noleggio, per indicare che il noleggiatore si impegna a tenere la nave a galla sia che si trovi in mare, sia che si trovi in porto, per tutta la durata del contratto. Ciò per evitare danni allo scafo.

always safely afloat: ***sempre in galleggiamento di sicurezza.*** Espressione usata nei contratti di noleggio, per indicare che il noleggiatore si impegna a non far procedere la nave verso porti o luoghi in cui non sia garantita la profondità d'acqua sufficiente a far galleggiare la nave, senza rischi di incaglio. Se i porti di caricazione e di discarica non rispondono a tali requisiti, il capitano può pretendere che le operazioni si svolgano in altri porti.

to amalgamate: ***amalgamarsi.*** Detto di aziende, fondersi in modo da costituire una nuova impresa.

amalgamation: ***fusione.*** Indica l'unione di due o più società per formare una nuova azienda in cui le vecchie società perdono la loro autonomia e identità. Vi sono due tipi di fusione: incorporazione e unione. Nel primo, una società assorbe una o più aziende e il patrimonio di queste ultime passa alla società incorporante, che subentra in tutte le obbligazioni e in tutti i diritti delle società incorporate. Nel secondo tipo, le società preesistenti vengono estinte e si costituisce una società nuova, che subentra nella titolarità di tutti i rapporti delle società preesistenti, di cui acquisisce il patrimonio. Vi sono due principali motivi per la fusione di società: a) per assicurarsi economie derivanti dalla produzione su vasta scala; b) per assicurarsi una quota più ampia del mercato di un prodotto. Oggi, la fusione di aziende note sui mercati viene effettuata più opportunamente attraverso la costituzione di una holding, perché ciò consente alle aziende di conservare la loro ragione sociale con tutti i vantaggi che ciò comporta.

amalgamator: Termine usato per indicare un professionista, generalmente l'equivalente del nostro dottore commercialista o figura simile, specializzato in questioni aziendali e particolarmente esperto e preparato in materia di fusioni di società.

to amass: ***ammassare.*** Raccogliere o accantonare in grande quantità. Il verbo inglese è spesso usato in relazione a ricchezza o moneta, oppure a beni di consumo.

A.M.C.: Agricultural Mortgage Corporation.

amending statute: ***legge di emendamento; legge emendativa.*** Legge con la quale un parlamento apporta modifiche ad un'altra legge precedentemente approvata.

amendment: ***emendamento.*** È la proposta o la mozione, opportunamente discussa e votata in un'assemblea, con la quale si apportano modifiche ad una precedente decisione o ad una precedente proposta. Il termine si applica tanto ad un'assemblea parlamentare nella sua funzione legislativa, quanto ad un'assemblea di lavoratori impegnata nel tentativo di trovare la migliore soluzione di un problema per discutere il quale è stata convocata.

American account: ***conto americano.*** Termine con cui si indica un gruppo di paesi con i quali fu gradualmente ripristinata la convertibilità della sterlina, dopo la sospensione decretata nel 1947. Gli altri due gruppi di paesi, entro i quali la sterlina poteva essere liberamente convertita in valute di altri paesi, erano la cosiddetta *sterling area* (v.) e l'area del cosiddetto *transferable account* (v.). La convertibilità di sterline tra i gruppi, tuttavia, era soggetta ad alcune limitazioni.

American account countries: ***paesi del conto americano.*** I paesi del cosiddetto *American account* (v.) erano: Bolivia, Colombia, Costa Rica, Cuba, Ecuador, Filippine, Guatemala, Haiti, Honduras, Messico, Nicaragua, Panama, Repubblica Dominicana, Salvador e Venezuela.

American Bankers' Association: Fondata nel 1875, si interessa di studi su questioni bancarie negli Stati Uniti. Organizza anche corsi di studio in discipline bancarie, aperti agli impiegati di banche statunitensi, e gestisce una scuola superiore di discipline bancarie presso l'università di New Brunswick, nel New Jersey.

American clause: ***clausola americana.*** Espressione usata nel linguaggio delle assicurazioni marittime per indicare una clausola, contenuta in certe polizze, in base alla quale se l'assicurato assicura lo stesso bene presso due diversi assicuratori, il primo di questi, in ordine di tempo di stipulazione del contratto, sosterrà qualsiasi perdita relativa all'oggetto assicurato e il secondo subentrerà solo nel caso in cui la somma assicurata con la prima polizza non copre completamente il valore del bene perduto.

American depositary receipt: ***ricevuta di depositario americano.*** È un certificato di azioni rilasciato da banche americane con filiali all'estero. Ciò rende possibile agli investitori americani di acquistare titoli esteri tramite la banca, che li custodirà presso la sua filiale del paese in cui è avvenuto l'investimento, rilasciando al cliente il certificato rappresentativo dei titoli da lui acquistati.

American Economic Association: È un'associazione di economisti fondata nel 1885 per stimolare dibattiti su problemi economici e per incoraggiare la ricerca in quel campo. Consiste di circa 7700 membri e pubblica l'*American Economic Review* e occasionali monografie.

American experience table of mortality: Espressione statistica della probabilità di sopravvivenza o di morte ai differenti livelli di età, basata su dati raccolti su un gran numero di assicurati non selezionato. I dati di questa tabella furono raccolti nel 1895, ma da allora la vita media si è molto allungata e la tabella presenta gravi errori. Una nuova tabella, chiamata *Commissioners' Standard Ordinary (CSO) Mortality Table*, adottata nel 1941, fa uso di dati sulla mortalità relativi al periodo 1931–1940.

American Express: Agenzia di viaggi statunitense, che gestisce anche una banca con relativo servizio di carta di credito.

American Farm Bureau Federation: Organizzazione di coltivatori fondata negli Stati Uniti nel 1920 con costituente su base nazionale. Nata all'inizio di una lunga depressione agricola post–bellica, aveva lo scopo di tentare di risolvere i pressanti problemi economici dell'agricoltura. A tale fine emulò l'industria nel sostenere la necessità di un controllo sulla produzione. Nel 1921 organizzò il *farm bloc* (v.) per sostenere la sua azione e in seguito organizzò una campagna per indurre gli agricoltori a non immettere frumento su un mercato già saturo. Nel 1960 i membri della Federazione erano oltre un milione e mezzo.

American Federation of Labor: Federazione sindacale americana fondata nel 1881 e organizzata sotto forma di federazione su base nazionale di sindacati locali. Nel 1955 la AFL si fuse con la CIO. (v. anche *Congress of Industrial Organizations, American Federation of Labor and Congress of Industrial Organizations*)

American Federation of Labor and Congress of Industrial Organizations: Confederazione nazionale dei sindacati, fondata nel 1955 a seguito della fusione delle due federazioni statunitensi precedentemente autonome, la AFL e la CIO. Della Confederazione fanno parte oltre 130 sindacati nazionali e internazionali, con un totale di oltre 13 milioni di iscritti, le cui occupazioni non rientrano nella giurisdizione di sindacati nazionali.

American gallon: ***gallone americano.*** Misura di capacità per liquidi e aridi. Per liquidi, il gallone americano è pari a 8,33 libbre avoirdupois, o 231,09 pollici cubici di acqua equivalenti a litri 3,7854. Come misura di capacità per aridi, il gallone americano è pari a un ottavo di *bushel* (v.), equivalente a litri 4,5462.

American hundredweight: Unità di misura di peso, in uso negli Stati Uniti e nel Canada, corrispondente a 100 libbre, pari a kg. 45,36.

American loan: ***prestito americano.*** È il prestito concesso dagli Stati Uniti alla Gran Bretagna in base al *Washington Loan Agreement* (v.).

American option: ***opzione americana.*** Un contratto che prevede un'opzione (v. anche *option, call, put*) che può essere esercitata in qualsiasi momento prima della scadenza. È così detta per distinguerla dall'opzione europea, che può essere esercitata solo alla data di scadenza.

American plan: ***piano White.*** Piano per le valute internazionali proposto dal ministro del tesoro degli Stati Uniti poco prima della Conferenza di Bretton Woods del 1944. Come il piano Keynes, aveva lo scopo di incrementare il commercio mondiale tramite tassi di cambio stabili e libera convertibilità delle valute. Ambedue i piani auspicavano la creazione di un'istituzione internazionale, quale il Fondo Monetario Internazionale.

American selling price: ***prezzo di vendita americano.*** Il sistema di imposizione di dazi doganali seguito dagli Stati Uniti in relazione ad alcuni prodotti per i quali il dazio d'importazione non è basato sul loro valore, bensì sul valore dei succedanei o beni alternativi prodotti negli Stati Uniti. Si tratta, in ultima analisi, di una misura protezionistica, in quanto il prezzo americano è quasi sempre superiore a quello dichiarato dall'esportatore.

American share certificate: ***certificato azionario americano.*** Un tipo di questi certificati assomma in sé le caratteristiche dell'azione nominativa e dell'azione al portatore. Sul lato anteriore compare il nome dell'azionista registrato nel libro dei soci e sul dorso c'è la possibilità di effettuare una girata che, quando sottoscritta dall'azionista registrato, trasforma il certificato in un titolo al portatore. La società, comunque, versa i dividendi all'azionista registrato e colui che è venuto in possesso del certificato per trasferimento dovrà rivolgersi al primo per ricevere i dividendi, a meno che abbia provveduto ad una successiva registrazione, esibendo il certificato per comprovare il proprio diritto. Di solito, l'azionista registrato fa pagare al possessore del certificato una commissione sull'ammontare del dividendo, quale compenso per l'incasso ed il successivo pagamento e appone un'annotazione sul retro del certificato, comprovante ogni pagamento da lui effettuato.

American Stock Exchange: Una delle due principali borse valori degli Stati Uniti, con sede nella città di New York. Fu organizzata prima della guerra civile e per molti anni svolse la sua attività nella strada. Per questa ragione conservò, fino al 1953, il nome di *Curb Exchange*, pur avendo nel 1921 aperto i suoi locali a Trinity Place, New York. I titoli quotati alla *American Stock Exchange* generalmente non sono quotati nell'altra borsa valori, la *New York Stock Exchange* (v.).

American system: ***sistema di imposizione all'americana.*** È un sistema d'imposizione fiscale, la cui fonte principale di gettito è rappresentata da una tariffa. È così chiamato perché, dopo aver raggiunto l'indipendenza dalla Gran Bretagna, il governo degli Stati Uniti trovò difficoltà nell'imporre imposte dirette o dazi, a causa del risentimento generato dai tentativi britannici di far pagare imposte ai coloni americani.

American ton: ***tonnellata americana.*** Anche detta *short ton*, è l'unità di peso corrispondente a duemila libbre avoirdupois, pari a kg. 907,18. Viene definita americana perché usata negli Stati Uniti e «short» in relazione alla *long ton* (v.), in uso nel Regno Unito. (v. anche *metric ton*)

AMEX: American Stock Exchange.

amortizable: ***ammortizzabile.*** Che si può ammortizzare. L'aggettivo viene usato particolarmente in relazione a prestiti, che il contraente si impegna a rimborsare o in unica soluzione alla scadenza o mediante il pagamento di quote annue comprensive di interessi e parte della somma capitale.

amortization: ***ammortamento.*** 1) Rimborso graduale di un qualsiasi prestito nell'arco di un periodo di tempo, tramite pagamenti, di solito annuali, o versamenti in un fondo di ammortamento. È il sistema seguito nel rimborso di obbligazioni industriali, in base al quale ogni anno vengono pagati gli interessi sull'intero debito residuo e viene riscattata una parte prestabilita del debito stesso. Un altro esempio di ammortamento, cui si ricorre solo quando un debito supera il periodo di un anno, è il pagamento di un immobile mediante mutuo ipotecario che si estende su un arco di tempo di solito ventennale o venticinquennale. 2) Riduzione periodica del valore contabile di una attività fissa o tramite iscrizione in un conto apposito o tramite accantonamenti di reddito annuali, al fine di creare un fondo che copra il capitale che risulterà esaurito alla fine del periodo previsto.

amortization fund: ***fondo di ammortamento.*** È la somma di denaro accumulata periodicamente per il pagamento di un debito. (v. anche *amortization*)

amortization of a debt: ***ammortamento di un debito.*** Il procedimento di rimborso di un prestito, descritto sotto *amortization* (v.).

amortization of fixed assets: ***ammortamento di attività fisse.*** Il procedimento di riduzione del valore contabile di un bene capitale, descritto sotto *amortization* (v.).

amortization quota: ***quota di ammortamento; quota-capitale.*** È quella parte di reddito correntemente accantonata per l'ammortamento di un prestito. (v. anche *amortization*)

amortization schedule: ***piano di ammortamento.*** Tabella in cui sono riportati i calcoli per l'ammortamento periodico di un prestito e le relative scadenze. (v. anche *amortization*)

to amortize: ***ammortizzare.*** Estinguere un debito in maniera graduale nell'arco di un dato periodo di tempo, mediante accantonamenti annui di somme di denaro, che vengono trasferite ad un fondo di ammortamento. Lo stesso termine inglese viene usato nel significato di ridurre l'ammontare complessivo di un debito, mediante pagamenti periodici comprensivi di interessi e parte della somma capitale, fino a quando il debito non sarà completamente estinto.

amortized cost: ***costo ammortizzato.*** È il costo detratto delle quote d'ammortamento già scadute. Rappresenta la base di valutazione di un capitale fisso e di investimenti, scorte e altre attività il cui costo iniziale è stato ridotto per deterioramento o di un ammontare che lo porti al valore di mercato o altro standard di valore.

amortized loan: ***prestito ammortizzato.*** È un prestito che prevede rimborsi periodici, una parte dei quali riduce il capitale iniziale del prestito, l'altra parte essendo utilizzata per soddisfare gli interessi sulla somma residua.

amortized mortgage: ***ipoteca a pagamenti periodici uniformi.*** Forma di ipoteca che prevede, da parte del debitore, versamenti periodici, parte dei quali a fronte degli interessi e parte a rimborso del capitale. Il prestito ipotecario è così gradualmente ridotto e il debitore paga gli interessi solo sulla parte di capitale non ancora rimborsata.

amortized value: ***valore ammortizzato.*** Certe obbligazioni acquistate sotto la pari possono essere inserite nei rendiconti finanziari al valore ammortizzato, invece che al valore corrente di mercato, nel caso di banche, compagnie di assicurazione e simili istituzioni. Tale valore ammortizzato è il costo di acquisto dell'obbligazione, meno quella parte del premio di emissione imputabile al tempo trascorso dalla data di acquisto al momento attuale, assumendo il periodo totale dall'acquisto alla scadenza come base di imputazione.

amount: 1. ***ammontare; importo; somma.*** Generalmente una somma di denaro, ma il termine viene usato anche per indicare il totale di un conto, di una fattura o altro documento contabile. **2.** ***montante.*** In matematica finanziaria, il termine indica la somma del capitale impiegato e degli interessi maturati su esso.

amount covered: ***somma assicurata.*** Lo stesso che *sum insured* (v.).

amount earned for equity: ***utili per dividendi ordinari.*** Lo stesso che *earnings for equity* (v.).

amount of 1: ***montante di una unità monetaria.*** Termine usato con lo stesso significato di *accumulated amount of 1* (v.).

amount of an annuity: ***montante della rendita unitaria.*** L'ammontare, ad una data futura, di versamenti periodici ai quali viene riconosciuto un interesse composto.

«amounts differ»: Se l'importo espresso in lettere su un assegno o su una cambiale è differente dall'importo espresso in cifre, essi sono restituiti insoluti dalla banca, con la dicitura *«amounts differ»*. Talune banche, invece, pagano l'importo minore dei due scritti.

amplitude: ***ampiezza.*** La distanza tra il punto più alto e quello più basso su una curva.

A/M/T: air mail transfer.

amt.: amount.

amusement industry: ***industria dei divertimenti.*** Il termine inglese indica l'attività economica che si esplica nel creare l'offerta di divertimenti o svaghi al pubblico in generale. Comprende, pertanto, cinema, teatri, centri sportivi, parchi di divertimenti, trasmissioni radio–televisive, l'industria discografica, sale da gioco, ecc., nonché le industrie che producono beni utilizzati dalle suddette attività

amusement shares: È l'intestazione sotto la quale vengono elencati, nei giornali specializzati o nei listini informativi pubblicati dalle borse valori, i valori mobiliari di società che operano nell'industria dei divertimenti e pertanto cinema, teatri, emittenti televisive e così via.

amusement tax: ***imposta sugli spettacoli.*** Lo stesso che *admission tax* (v.).

analysis: ***analisi.*** Il termine inglese indica tanto l'azione di analizzare un fatto, come ad esempio le vendite o i conti di un'impresa, quanto il documento che indica i risultati o le conclusioni di tale lavoro. Nel linguaggio economico, il termine indica uno qualsiasi dei metodi usati dagli economisti per suddividere un fenomeno in cause ed effetti.

analysis book: ***libro analitico.*** 1) Un qualsiasi libro contabile nel quale le registrazioni possono essere effettuate secondo categorie. 2) Libro contabile che registra elementi di entrate e uscite, secondo le categorie in cui essi ricadono.

analysis column: ***colonna analitica.*** Ciascuna delle divisioni costituita da un insieme di linee verticali in un libro o altro documento contabile, che rende possibile la registrazione di vari tipi di poste, ciascuna in una specifica colonna ad essa destinata.

analysis paper: ***carta per analisi.*** Il termine inglese indica fogli di carta nei quali sono prestampate una serie di linee verticali che formano delle colonne, in modo che sia possibile registrarvi cifre incolonnate una sotto l'altra onde agevolare l'operazione di addizione finale.

analyst: ***analista.*** Un professionista esperto in analisi di documenti contabili o di altra natura.

analytical estimate: ***stima analitica; preventivo analitico.*** Il probabile costo di un particolare prodotto, servizio o lavoro, esposto mediante l'indicazione specifica dei singoli costi che dovranno essere sostenuti nel corso della sua produzione o del suo svolgimento.

analytical petty cash book: ***registro analitico di piccola cassa.*** È un particolare tipo di registro, usato per la tenuta della piccola cassa. Consiste di varie colonne verticali, in ciascuna delle quali viene registrata una determinata categoria di spese, in modo che è possibile, una volta tirate le somme, sapere esattamente a quanto ammontano i totali di ciascun tipo di spese.

analytic schedule: Lo stesso che *Dean schedule* (v.).

anarchism: ***anarchismo.*** La teoria che sostiene che le questioni economiche e di altra natura possono essere meglio condotte da uomini non soggetti a controllo, leggi o altre forme di intervento statale. Gli anarchici considerano un furto la proprietà privata e sostengono che l'ordine può essere mantenuto dall'autocontrollo individuale.

anarcho–capitalism: ***anarco–capitalismo.*** Una sintesi dell'anarchismo e del capitalismo sostenuta da economisti statunitensi in reazione contro l'eccessivo potere detenuto dallo stato. Essi sostengono che le funzioni dello stato, sia quelle cosiddette essenziali quali la difesa e l'amministrazione della giustizia, sia quelle non essenziali quali il servizio sanitario e l'istruzione, possono essere gestite in maniera più efficiente per mezzo di accordi privati tra singoli individui e imprese, resi efficaci da un sistema di arbitrato in un mercato libero. La loro opinione, ribadita da D. Friedman nella sua opera *The Machinery of Freedom: Guide to a Radical Capitalism* pubblicata nel 1973, è che lo stato rappresenta una «coercizione legittimata» pagata con le imposte, che sono una forma di furto o estorsione legali.

anarcho–syndicalism: ***anarco–sindacalismo.*** Movimento, sorto agli inizi del ventesimo secolo ma ormai quasi del tutto estinto, che auspicava il minimo intervento statale e il controllo dell'industria da parte di sindacati dei lavoratori. Il movimento non aveva solide basi teoriche in campo economico ed è stato in gran parte fagocitato dal comunismo.

anchorage: ***diritti di ancoraggio; tassa di ancoraggio.*** Tutti i porti fanno pagare alle navi un certo diritto quando esse gettano l'ancora nell'ambito del porto, utilizzando i servizi che esso offre pur non occupando un molo o una banchina.

anchorage charges: ***diritti di ancoraggio; tassa di ancoraggio.*** Termine usato con lo stesso significato di *anchorage* (v.).

anchorage dues: ***diritti di ancoraggio; tassa di ancoraggio.*** Termine usato con lo stesso significato di *anchorage* (v.).

anchor–and–chain clause: ***clausola ancore e catene.*** Nelle assicurazioni marittime, è una clausola che se inserita in polizza esonera l'assicuratore dall'obbligo di indennizzare l'assicurato per la perdita di ancore e catene durante una tempesta.

ancillaries to trade: ***attività sussidiarie del commercio.*** Termine usato con lo stesso significato di *aids to trade* (v.).

and company: ***e compagni.*** Espressione spesso contenuta nella ragione sociale di un'impresa per indicare che la persona il cui nome figura nella ragione sociale non è l'unico proprietario, come ad esempio in J. Brown and company, di solito abbreviato in & Co. Se queste parole sono seguite da *Limited*, di solito abbreviato in *Ltd.*, ciò significa che l'impresa è costituita sotto forma di società per azioni e gode del privilegio della responsabilità limitata; se, invece, tale parola non compare nella ragione sociale, ciò vuol dire che si tratta di una società semplice, costituita generalmente sotto forma di *partnership* (v.).

Andes Agreement: Accordo, concluso nel 1957, in base al quale le ferrovie di proprietà britannica in Argentina furono vendute a quel paese.

and interest: ***con interessi.*** Lo stesso che *cum coupon* (v.).

and/or: ***e/o; anche o solo.*** Espressione molto usata nel linguaggio commerciale per indicare allo stesso tempo un'aggiunta e un'alternativa. Ad esempio, l'espressione *cost and/or freight* può significare costo e nolo, cioè l'uno e l'altro, oppure costo o nolo, cioè o l'uno o l'altro.

and reduced: Nell'approvare la riduzione del capitale azionario di una società, il tribunale può decretare che dopo la parola *Limited* siano aggiunte le parole *and reduced* nella ragione sociale per il periodo di tempo che ritiene opportuno. Lo scopo di ciò è di informare dell'avvenuta riduzione chiunque intenda concedere credito alla società in base al capitale dichiarato nell'atto costitutivo.

angel: 1. ***angelo.*** Antica moneta d'oro inglese, emessa per la prima volta nel 1465, del valore di sei scellini e otto pence dell'epoca. Il suo valore crebbe gradualmente e nel 1661 ammontava a undici scellini e otto pence. Durante il periodo in cui restò in circolazione fu emesso anche il mezzo angelo, il cui valore in origine fu di tre scellini e quattro pence, e il quarto angelo. **2.** Negli Stati Uniti, questo termine è entrato recentemente nel gergo finanziario per indicare ricchi individui, spesso imprenditori di successo, che forniscono una buona parte del capitale di rischio, il cosiddetto *venture capital*, con cui è possibile avviare aziende nuove in settori merceologici o di servizi o finanziare imprese affascinanti e altamente remunerative, pur se per questo molto rischiose.

angelet: ***mezzo angelo.*** V. spiegazione sotto *angel.*

Anglo-Irish Free Trade Agreement: Accordo stipulato nel 1965 tra la Repubblica d'Irlanda e il Regno Unito ed entrato in vigore nell'anno successivo. In base a tale accordo, il Regno Unito abolì i dazi protettivi sulle importazioni di beni prodotti nella Repubblica d'Irlanda.

anna: Moneta divisionale indiana, equivalente a un sedicesimo di rupia.

announcement effect: ***effetto di annuncio.*** Espressione usata per indicare l'effetto prodotto su un contribuente dall'annuncio dell'istituzione di un'imposta o di un suo aumento. Per quanto attiene alle imposte indirette, infatti, di solito il consumatore non si rende conto del fatto che le paga, dal momento che esse sono incluse nel prezzo finale al quale egli acquista un qualsiasi prodotto e, pertanto, un aumento dell'imposta indiretta non avrà su di lui alcun effetto se non quello di fargli notare un prezzo più alto. Ma se l'imposta viene scorporata e pagata separatamente, egli la noterà e tenderà ad opporsi a qualsiasi aumento ed anche ad evitare, se gli riesce, il pagamento dell'imposta stessa.

announcement of sale: ***avviso di saldi.*** È un avviso, di solito sotto forma di manifesto o inserzione nei quotidiani, con il quale si informa il pubblico che un determinato esercizio commerciale effettuerà una vendita di saldi in un periodo specificato.

annual: 1. ***annuario.*** Come sostantivo, il termine inglese indica un libro che viene pubblicato una volta all'anno e che reca informazioni su eventi verificatisi nell'anno che precede la sua pubblicazione. **2.** ***annuo; annuale.*** Come aggettivo, il termine inglese determina un fatto o un fenomeno che avviene una volta all'anno o che si riferisce ad un intero anno.

Annual Abstracts of Statistics: Pubblicazione del H.M.S.O. che riporta dati statistici elaborati dal *Central Statistical Office* su questioni di importanza economica, quali popolazione, distribuzione della manodopera fra le diverse occupazioni, commercio estero, prezzi, attività finanziarie e bancarie e simili.

annual accounts: ***rendiconti annuali.*** Sono i rendiconti finanziari che vengono presentati ogni anno alla proprietà dell'azienda. La prassi delle società per azioni richiede, come minimo, il bilancio, il conto profitti e perdite e le relazioni del consiglio di amministrazione e dei revisori dei conti.

annual allowances: ***detrazioni annuali d'imposta su spese in conto capitale.*** Sono quelle esenzioni, su un ammontare di utili dell'impresa, che il fisco concede alle aziende per consentire l'ammortamento di impianti e per incoraggiare gli investimenti. In Inghilterra, vengono riconosciute detrazioni ad un tanto per cento all'anno, ad esempio il 20% del costo, del valore contabile dell'impianto, onde consentirne l'ammortamento, tranne che per gli edifici. Per edifici o altri impianti a lunga vita utile, si adotta il sistema di una detrazione fissa annua pari al 4% del costo. Uno dei modi di incoraggiare gli investimenti è quello di consentire, per scopi fiscali, la richiesta di una detrazione iniziale sull'impianto, oltre alle detrazioni annuali. Ciò è consentito solo per il primo anno di vita dell'impianto e rappresenta quello che si chiama *accelerated depreciation* (v.). Quest'ultimo sistema, tuttavia, non consente di ammortizzare più del 100% del costo dell'impianto. (v. anche *capital allowances*)

annual audit: ***revisione annua dei conti.*** È la revisione dei conti di un anno finanziario, svolta da un contabile esterno. (v. anche *audit 1*)

annual average earnings: ***guadagno medio annuo.*** Espressione del linguaggio giuridico statunitense, usata in relazione a richieste di indennizzo per infortunio sul lavoro o per malattia professionale.

annual balance sheet: ***bilancio patrimoniale annuo.*** È il bilancio patrimoniale relativo ad un periodo di dodici mesi consecutivi.

annual basis: ***base annua.*** La tecnica statistica mediante la quale una cifra relativa a un periodo di tempo inferiore a un anno viene rapportata a un arco di tempo di dodici mesi.

annual budget: ***budget annuo; bilancio preventivo annuo.*** È un bilancio preventivo che copre un arco di tempo di dodici mesi consecutivi, a differenza di altri bilanci del genere, che coprono periodi più brevi o più lunghi.

annual charges: ***spese annuali.*** Spese aziendali che ricorrono ogni anno, come ad esempio interessi su un prestito obbligazionario, che vengono corrisposte agli aventi diritto al netto di imposte dagli utili della società. L'imposta è trattenuta alla fonte e successivamente versata al fisco.

annual closing: ***chiusura annuale dei conti.*** È la registrazione di poste di chiusura, fatta alla fine dell'anno finanziario.

annual depreciation: ***deprezzamento annuo.*** La perdita di valore di un'attività fissa, non reintegrata da manutenzione ordinaria, che si verifica nell'arco di un anno e che è dovuta a tutti i fattori cui essa è esposta e al cui effetto è dovuto il suo smobilizzo finale. Tra tali fattori rientrano la normale usura, l'inadeguatezza e l'obsolescenza.

annual earning power: ***capacità di reddito annuo.*** È la capacità di guadagno, nell'arco di tempo di dodici mesi, di una macchina, di un impianto o di qualsiasi altro tipo di bene capitale.

annual financial statement: ***rendiconto finanziario annuale.*** Il bilancio di una qualsiasi unità contabile, chiuso alla fine dell'ultimo giorno dell'esercizio finanziario, o il conto profitti e perdite che copre le operazioni dell'anno o che reca la data dell'ultimo giorno dell'anno finanziario. (v. anche *financial statement*)

annual general meeting: ***assemblea generale degli azionisti; assemblea ordinaria.*** In Inghilterra, ogni società per azioni deve tenere un'assemblea generale degli azionisti almeno una volta in ciascun anno solare e non possono trascorrere più di quindici mesi tra un'assemblea e la successiva. La convocazione, contenente l'ordine del giorno, deve essere inviata a ciascun azionista e deve prevedere la possibilità di delega se l'azionista non è in grado di intervenire. L'assemblea generale degli azionisti come regola tratta la discussione e l'approvazione dei rendiconti e delle relazioni del consiglio di amministrazione e dei revisori dei conti, la dichiarazione del dividendo, la nomina o la conferma dei sindaci e del consiglio di amministrazione e la remunerazione spettante ai sindaci. (v. anche *extraordinary general meeting*)

annual holidays: ***vacanze annuali.*** Termine spesso usato come sinonimo di *annual leave* (v.), pur se il suo significato è alquanto più ampio. Infatti, può usarsi anche in relazione a vacanze scolastiche e ai giorni complessivi di vacanza in un intero anno, che saranno senza dubbio più dei giorni di ferie.

annual improvement factor: ***fattore di miglioramento annuo.*** Termine con il quale negli Stati Uniti si indica una clausola, contenuta nei contratti collettivi di lavoro, che stabilisce aumenti salariali condizionati ad aumenti della produttività e indipendenti dagli aumenti derivanti da automatismi, qual è quello legato all'indice del costo della vita.

annual income: ***reddito annuo.*** Indica sia l'ammontare globale di moneta percepito da una persona o da un'impresa a qualunque titolo nell'arco di un anno, sia l'ammontare di moneta che un investimento ha fruttato in un arco di tempo di dodici mesi.

annual increments: ***aumenti annuali; scatti annuali.*** Sono gli aumenti, di stipendio o di salario, che maturano una volta all'anno, in base a quanto stabilito nel contratto di lavoro. Vengono di solito espressi come percentuale della paga base, ma a volte vengono concessi sotto forma di somma forfettaria uguale per tutte le categorie di lavoratori.

annual inflation: ***inflazione annua.*** L'inflazione che si manifesta in un sistema economico in un periodo di dodici mesi.

annual interest: ***interessi annuali.*** Sono gli interessi che una persona fisica o giuridica deve pagare su un mutuo, un prestito obbligazionario e simili. È una delle più comuni *annual charges* (v.).

annualized inflation: ***inflazione tendenziale.*** Vedi spiegazione sotto *annualized rate of inflation.*

annualized percentage rate: ***tasso percentuale su base annua.*** Un tasso percentuale, di solito riferito all'interesse, relativo a un periodo più breve di un anno, ma rapportato all'intero anno. Ad esempio, un tasso del 2% mensile equivale al 26,82% su base annua.

annualized rate of inflation: ***tasso tendenziale di inflazione; tasso di inflazione su base annua.*** Il tasso di inflazione osservato in un breve periodo, ad esempio un mese, e rapportato su base annua in modo da offrire una previsione del tasso di inflazione reale al termine di un periodo di osservazione di dodici mesi e quindi il tasso annuo di inflazione.

annualizing: ***annualizzazione.*** La procedura di cui si parla sotto *annual basis* (v.).

annual leave: ***ferie annuali.*** Il totale di giorni di vacanza pagati cui ha diritto un lavoratore nell'arco di tempo di un anno solare. Di solito corrispondono più o meno a un mese, inclusi i sabati e le domeniche a cavallo dei giorni lavorativi prescelti per usufruire delle ferie.

annual meeting: ***assemblea annuale.*** Termine usato come sinonimo di *annual general meeting* (v.).

annual percentage rate: ***tasso percentuale annuo.*** Il tasso d'interesse calcolato su base annua e non su base mensile, trimestrale, ecc. Le leggi di vari paesi, tra cui gli Stati Uniti, prevedono che tale tasso sia chiaramente indicato con caratteri in neretto su tutti i contratti di prestito al consumo.

annual premium: ***premio annuo.*** Il premio relativo ad una polizza di assicurazione che scade dopo un periodo di dodici mesi. È la forma più comune di pagamento del premio assicurativo.

annual rate: ***tasso annuo; indice annuo.*** Termine usato per indicare su base annua un indice statistico rilevato in relazione ad un periodo di tempo inferiore all'anno. Ad esempio, il ritmo di inflazione calcolato mese per mese e rapportato ad un intero anno.

annual report: ***relazione annuale di bilancio.*** La relazione inviata ogni anno dalla società ai soci. Essa tratta la situazione finanziaria e i risultati gestionali dell'azienda relativi all'anno precedente e reca allegati il bilancio, il conto profitti e perdite, spesso il prospetto del flusso di cassa, la relazione dei revisori dei conti e i commenti del presidente della società sull'attività dell'anno, sulle relazioni industriali, sulle prospettive di mercato, sulle previsioni per l'anno seguente e così via.

annual return: 1. ***relazione annuale; rapporto annuale.*** In base al *Companies Act* del 1948, ogni società operante in Inghilterra e nel Galles deve, ogni anno, entro quarantadue giorni dalla data dell'assemblea generale degli azionisti, inviare questa relazione al pubblico registro delle società. La relazione deve contenere, a pena di sanzioni previste dalla legge, tutte le notizie esposte nell'articolo 6 del *Companies Act* del 1948, tra cui: numero delle azioni e delle obbligazioni emesse, con la specifica di eventuali variazioni dell'azionariato; elenco dei soci e degli amministratori, con tutte le relative notizie anagrafiche. Alla relazione vanno allegati il bilancio e tutti gli altri documenti sottoposti all'assemblea generale degli azionisti. **2.** ***redditività annua; remunerazione annua.*** È il tasso di redditività annua in relazione al prezzo di acquisto di un titolo, rappresentato dal solo interesse o dividendo, senza tener conto di eventuali differenze tra prezzo d'acquisto e somma ricevuta come rimborso alla scadenza o come prezzo di vendita. **3.** ***dichiarazione del reddito annuo.*** È la dichiarazione che ogni percettore di reddito, sia esso persona fisica o persona giuridica, è tenuto a presentare su un apposito modulo al competente ufficio delle imposte dirette, affinché esso possa determinare l'ammontare di imposta dovuta dal contribuente. In molti paesi in cui vige il sistema della ritenuta alla fonte, alcune categorie di cittadini sono esonerate dalla presentazione della dichiarazione, se i loro redditi non superano un tetto stabilito. Negli stessi paesi, è spesso prevista la possibilità dell'autotassazione, cioè l'imposta che il contribuente è tenuto a versare viene determinata dal contribuente stesso, salvo verifica e rettifica da parte dell'ufficio delle imposte, seguendo le istruzioni riportate sul modulo. Nel caso in cui ciò sia previsto, il contribuente procederà anche al versamento al fisco dell'imposta così determinata.

annual review of agriculture: Dichiarazione del governo, relativa ai prezzi garantiti di certi prodotti agricoli per l'anno successivo. La pubblicazione di tali notizie è prescritta dall'*Agriculture Act* del 1947.

annual salary: ***stipendio annuo.*** La remunerazione annua che compete ad un impiegato o ad un dirigente, di solito suddivisa in dodici mensilità.

annual statement: ***relazione annuale di bilancio.*** Termine statunitense usato con lo stesso significato di *annual report* (v.).

annual stockholders' meeting: ***assemblea generale degli azionisti; assemblea ordinaria.*** Termine statunitense usato con lo stesso significato di *annual general meeting* (v.).

annual summary: ***situazione annuale.*** Documento che le società britanniche sono tenute a depositare ogni anno presso il *Registrar of Companies.* In essa viene riportata, sinteticamente e per grandi linee, la situazione generale economico–finanziaria dell'impresa.

annual value: ***valore locativo annuo.*** Il valore locativo annuo lordo di un immobile, a fini fiscali, è la rendita che il proprietario potrebbe ricavare sul mercato libero. Il valore locativo annuo netto, su cui si applicano le aliquote fiscali, è dato dal valore annuo lordo meno le detrazioni consentite dalla legge.

annual wage: ***salario annuo.*** È l'accordo previsto dalla legge o dai contratti collettivi in base al quale un datore di lavoro garantisce al lavoratore il salario di un intero anno (e, quindi, l'impiego per lo stesso periodo) a livelli salariali stabiliti. Di solito prevede duemila ore di lavoro in 52 settimane (50 settimane di 40 ore ciascuna), con 52 pagamenti all'anno. La pratica di pagare il salario su base settimanale non è più seguita e quasi in tutti i paesi si tende a effettuare pagamenti mensili o tutt'al più quindicinali.

annuitant: ***beneficiario di rendita; vitaliziato.*** Colui che riceve una rendita annua, per un certo numero di anni, chiamata rendita temporanea o colui che riceve una rendita vitalizia, cioè per tutto il tempo che vivrà. In ambedue i casi, il pagamento delle rate della rendita avviene dopo un certo evento prestabilito, come ad esempio il raggiungimento di una certa età.

annuity: ***rendita.*** Il versamento, o la riscossione da parte di un beneficiario, di una somma di denaro fissa a intervalli di tempo uniformi. Di solito la rendita è pagata da un fondo versato in passato o accumulato in un arco di tempo ed è tipica delle polizze di assicurazione vita, sistemi pensionistici, ecc. La rendita può essere vitalizia, se il beneficiario ne ha diritto fino alla morte, o temporanea, se ne ha diritto per un dato numero di anni.

annuity age change: È il sistema per determinare l'età di un beneficiario di rendita. Si usa la data dell'ultimo compleanno per determinare l'età in relazione ai premi e alle rate in caso di rendita, ma nelle assicurazioni sulla vita si usa l'anno che inizia sei mesi prima e termina sei mesi dopo il compleanno.

annuity assurance: ***assicurazione per il caso di sopravvivenza.*** Lo stesso che *annuity insurance* (v.).

annuity bond: ***cartella di rendita; certificato di rendita.*** Termine usato con lo stesso significato di *irredeemable bond* (v.).

annuity by will: ***legato di vitalizio.*** È così detta una rendita vitalizia costituita per testamento e, quindi, a titolo gratuito per il vitaliziato.

annuity certain: ***rendita certa.*** La rendita che prevede il pagamento delle rate per un periodo stabilito, indipendentemente dall'essere o meno in vita di una data persona.

annuity due: ***rendita anticipata; rendita pagabile anticipatamente.*** È così indicata la rendita che viene corrisposta anticipatamente, all'inizio di ciascun periodo contemplato nel contratto. Il termine inglese viene usato come opposto di *ordinary annuity* (v.).

annuity for life: ***vitalizio; rendita vitalizia.*** È una rendita temporanea, in quanto è condizionata all'esistenza in vita di una persona. Infatti, i pagamenti, detti rate, in base a un contratto di rendita vitalizia vengono effettuati fin quando il beneficiario è vivo, ma cessano alla sua morte e non possono essere trasferiti ad altri.

annuity insurance: ***assicurazione per il caso di sopravvivenza.*** È il ramo dell'assicurazione sulla vita che garantisce all'assicurato il pagamento di una somma stabilita, annualmente o periodicamente, per tutta la vita a partire da un evento prestabilito.

annuity method of depreciation: ***metodo delle annualità di ammortamento.*** Si prende il costo iniziale di un'attività, se ne detrae il valore di recupero previsto per il momento in cui sarà smobilitata, si identifica un tasso di interesse e la parte di costo più l'interesse composto sul saldo non ammortizzato si imputa a ciascun anno del periodo entro il quale si intende ammortizzare il bene capitale. Questo metodo non si applica in pratica, soprattutto perché i contabili si rifiutano di considerare l'interesse ipotetico su cui esso si basa. La stessa espressione viene usata nel linguaggio finanziario per indicare un metodo di ammortizzare un debito, di solito ipotecario, mediante versamenti annui di uguali entità, parte in conto capitale e parte in conto interessi.

annuity policy: ***polizza di rendita.*** Uno qualsiasi dei vari tipi di polizza di assicurazione che danno diritto ad una rendita al verificarsi di un certo evento, di solito rappresentato dal compimento di un'età concordata tra assicurato e assicuratore. Tali polizze possono prevedere il pagamento di un premio unico, di un premio annuo, di un premio annuo uniforme, ecc., e danno diritto ad una rendita annua uniforme, anticipata o posticipata, a una rendita variabile o indicizzata e così via, a seconda degli accordi intercorsi tra le parti.

annuity system of depreciation: ***sistema delle annualità di capitalizzazione; sistema di ammortamento a interessi composti.*** Espressione usata come sinonimo di *annuity method of depreciation* (v.).

annuity unit: ***rata di rendita vitalizia.*** Nel caso di rendita variabile, le rate corrisposte al beneficiario vengono computate in rate annue analoghe ad azioni di capitale, il cui valore cambia in relazione al valore di mercato dei titoli in possesso del fondo dal quale si prelevano le rate.

annulment: ***annullamento.*** Significa privare di efficacia un negozio giuridico. L'annullamento può essere *ab initio*, cioè retrattivo, come nel caso di annullamento di matrimonio, e costitutivo, cioè dalla data in cui viene dichiarato, come nel caso di annullamento di una sentenza dichiarativa di fallimento.

Ans.: 1) answer; 2) answered.

antagonistic co-operation: ***cooperazione antagonistica.*** Espressione usata per descrivere la tesi che non è la reciproca buona volontà a far nascere la cooperazione, bensì la necessità pratica. Gli antagonismi vengono soppressi perché si trova che è reciprocamente vantaggioso sopprimerli.

to antedate: ***retrodatare; antidatare.*** Apporre su un qualsiasi documento una data anteriore a quella di effettiva stesura, in modo che esso acquisti effetto giuridico come se fosse stato realmente stilato in epoca anteriore.

antedated cheque: ***assegno antidatato.*** È un assegno sul quale, per motivi che interessano il traente, è stata apposta una data anteriore a quella di effettiva traenza.

antibank movement: ***movimento antibancario.*** Si indica con questa espressione un movimento che portò alla promulgazione di leggi e decreti, durante gli anni 1840 e gli inizi degli anni 1850, che scoraggiavano la normale attività bancaria e addirittura vietavano tale attività negli stati dell'Arkansas, California, Florida, Illinois, Iowa, Minnesota, Oregon, Texas e nel District of Columbia. Il movimento fu una reazione estrema contro la cosiddetta *wildcat banking era* e il risultato di un'opinione che riteneva le banche responsabili della depressione del 1837–42.

anticipated cost: ***costo anticipato.*** L'aggiunta ai costi di gestione derivante dall'uso del sistema *lifo* (v.), in un periodo di prezzi crescenti.

anticipated deficit: ***disavanzo previsto.*** Il disavanzo del bilancio statale, calcolato all'inizio dell'esercizio o nell'apposita legge finanziaria, che va finanziato mediante il ricorso al prestito pubblico. In epoche recenti, il disavanzo previsto dalla maggior parte degli stati si è dimostrato quasi sempre inferiore al disavanzo realmente accertato a fine esercizio.

anticipated income and expense: ***entrate e uscite previste.*** Espressione usata per indicare lo stesso concetto espresso da *anticipated prices* (v.), in quanto le entrate previste di un'impresa corrispondono ai prezzi previsti ai quali sarà venduto il prodotto ai consumatori e le uscite previste corrispondono ai prezzi che l'impresa dovrà pagare ai fattori della produzione di cui intende far uso.

anticipated inflation: ***inflazione prevista; inflazione attesa.*** Quando in un paese l'inflazione permane per diverso tempo, essa non può più considerarsi imprevista e gli imprenditori economici e commerciali hanno tutto l'interesse a prevedere il tasso d'inflazione futuro. Tale previsione porta a considerare il tasso d'inflazione previsto quando si decidono prezzi, tassi d'interesse attivi e passivi, ecc. Così, se, ad esempio, il tasso d'inflazione previsto è del 6%, il tasso d'interesse dei titoli a reddito fisso sarà calcolato intorno al 9%, invece del 3% giudicato equo in un periodo di inflazione zero. (v. anche *inflation premium pricing*)

anticipated prices: ***prezzi previsti.*** Sono i prezzi che un imprenditore si aspetta di dover pagare per i fattori della produzione che impiega e di far pagare ai consumatori dei beni o servizi che egli produce. I prezzi previsti costituiscono un fenomeno che influenza il livello della domanda di beni di consumo. Poiché è noto che nell'arco di un certo periodo di tempo i prezzi tendono a fluttuare, la domanda dei consumatori aumenterà se si prevedono rincari e diminuirà se si prevedono ribassi, così anticipando o posponendo la soddisfazione di bisogni. Lo stesso effetto potrebbe avere la previsione dell'aumento o della diminuzione di un'imposta di fabbricazione o dell'IVA.

anticipated profit: ***utile previsto; utile anticipato.*** Un utile contabilizzato prima che si realizzi. Ad esempio, utili su vendite appaltate ma non ancora consegnate, utili su vendite rateali rappresentati dalle rate non ancora scadute, e simili.

anticipation: ***previsione.*** In una libera economia, i beni vengono prodotti in previsione di una futura domanda da parte dei consumatori. Poiché tra il momento in cui si pianifica la produzione e il momento in cui i beni giungono sul mercato può verificarsi una variazione della domanda, le previsioni hanno sempre in sé un che di incertezza.

anticipation of demand: ***previsione della domanda.*** Lo stesso che *demand forecasting* (v.).

anticipation rate: ***sconto per pagamento anticipato.*** È lo sconto concesso, oltre a quello per pagamento in contanti, se il pagamento viene effettuato prima della data stabilita per il pagamento in contanti. Oppure, lo sconto concesso se si effettua il pagamento prima della data stabilita, nel caso in cui non sia stato previsto alcuno sconto per pagamento in contanti.

anticipation survey: ***indagine di previsione; indagine previsionale.*** È l'indagine in base alla quale si formula una previsione relativa ad una variabile.

anticipation warrant: Espressione usata negli Stati Uniti per indicare una promessa di pagamento a breve termine, di solito emessa da un governo in previsione di future entrate fiscali.

anticipatory account: ***bilancio di previsione.*** Nella terminologia della contabilità di stato, il termine inglese indica un bilancio preventivo di un ministero o altro ente o organismo statale.

anticipatory pricing: ***prezzatura anticipatrice; prezzatura precauzionale; determinazione preventiva del prezzo.*** Termine usato per indicare una strategia adottata dalle imprese produttrici di beni, che si basa sulla determinazione di un prezzo di vendita che tiene conto in anticipo dei previsti aumenti dei costi di produzione in un periodo in cui sono presenti tendenze inflazionistiche nel sistema economico. Tale strategia mira a mantenere invariati i margini di utile, specialmente in situazioni in cui le imprese ritengono che i provvedimenti governativi non avranno alcun effetto di rallentamento del tasso di inflazione o contribuiranno ad accelerarlo. La politica della prezzatura anticipatrice potrebbe anche prevedere riduzioni di prezzo non giustificate al momento, come fece H. Ford negli anni tra il 1910 e il 1920 quando ridusse ripetutamente i suoi prezzi senza prospettive di grossi guadagni nel volume di vendite. La sua politica, tuttavia, a lungo termine diede i suoi frutti.

anticipatory profit: ***utile previsto; utile anticipato.*** Termine usato con lo stesso significato di *anticipated profit* (v.).

Anti-Corn-Law League: Movimento nato a Manchester nel 1838 con l'intento di far abolire le leggi sull'importazione di grano (*Corn Laws*). Tali leggi avevano lo scopo di proteggere gli agricoltori inglesi dalla concorrenza straniera, ma rendevano anche più alto il prezzo del pane. Il movimento fu appoggiato dai grossi industriali, perché essi ritenevano che se il pane fosse restato ad un prezzo basso, i lavoratori non avrebbero chiesto aumenti salariali, con conseguente vantaggio per le esportazioni inglesi, che non avrebbero subito aumenti. Le *Corn Laws* furono abrogate nel 1846 e la lega si sciolse.

antidumping: Espressione aggettivale usata per determinare un'azione o un provvedimento tendenti a scoraggiare la pratica del *dumping* (v.).

antidumping duty: ***dazio antidumping.*** Dazio doganale che mira a scoraggiare o impedire la pratica del *dumping*, cioè l'importazione di beni che saranno posti in vendita ad un prezzo inferiore a quello al quale sono venduti nel paese di origine. Un dazio antidumping può raggiungere lo scopo solo se esso equivale alla differenza tra il prezzo di vendita del bene nel paese d'origine e il prezzo di vendita nel paese importatore, dopo aver calcolato tutti i costi che deve sostenere l'importatore.

anti-European: ***antieuropeista; antieuropeistico.*** Come aggettivo e sostantivo, il termine inglese indica: a) contrario all'unificazione sociale, politica e culturale dell'Europa occidentale; b) contrario all'entrata o alla permanenza del Regno Unito nella Comunità Economica Europea.

anti-inflationary: ***antinflazionistico.*** Espressione aggettivale usata in relazione a misure o politiche che tendono a rallentare o porre sotto controllo il tasso di inflazione prevalente in un paese.

anti-inflationary measures: ***misure antinflazionistiche.*** Il termine indica provvedimenti isolati, che di solito non fanno parte di un disegno organico e coerente tendente a ridurre il tasso di inflazione prevalente in un sistema economico.

anti-inflationary policy: ***politica antinflazionistica.*** Insieme organico e coerente di misure e provvedimenti legislativi tendenti a raffreddare l'inflazione, ovvero a ridurre e porre sotto controllo l'aumento dei prezzi in un sistema economico. Una politica antinflazionistica tende di solito a limitare il credito e gli aumenti salariali, anche mediante un'imposizione fiscale più consistente o straordinaria, nella speranza di ridurre il livello della domanda globale, che è alla base dell'aumento dei prezzi, decurtando il potere di acquisto dei consumatori.

anti-inflationary tax: ***imposta antinflazionistica.*** Termine usato per indicare un'imposta, o un aumento di imposta, che un governo introduce in forma episodica o continuativa con l'obiettivo di ridurre il potere di acquisto dei cittadini e, di conseguenza, il livello globale della domanda, quando si ritiene che l'inflazione che affligge il paese derivi da eccesso di domanda.

anti-inflation measures: ***misure antinflazionistiche.*** Termine usato come sinonimo di *anti-inflationary measures* (v.).

Anti-injunction Act: ***legge antiingiunzioni.*** Legge, approvata dal Congresso degli Stati Uniti nel 1932, con la quale si regolamentavano alcune questioni di lavoro e relazioni industriali. Tra le altre cose, la legge imponeva dei limiti al potere delle corti federali di emettere ingiunzioni in relazione a dispute di lavoro. Un altro importante provvedimento della legge fu quello di dichiarare illegali i cosiddetti *yellow-dog contracts* (v.).

anti-Marketeer: Termine usato per indicare un oppositore all'ingresso o alla permanenza del Regno Unito nella Comunità Economica Europea.

Antiracketeering Act: Legge, approvata dal Congresso degli Stati Uniti nel 1934, che dichiarava reato federale qualsiasi azione volta direttamente o indirettamente a limitare o ritardare il movimento di beni tra i vari stati dell'Unione. Tra tali azioni rientravano la rapina e l'estorsione.

Antistrikebreaking Act: Legge, approvata dal Congresso degli Stati Uniti nel 1936 ed emendata nel 1938, che proibiva il trasporto volontario tra gli stati membri dell'Unione di qualsiasi persona assunta allo scopo di interferire, con la forza o con le minacce, in un'azione di picchettaggio pacifico durante una qualsiasi controversia tra lavoratori e datori di lavoro. La legge non si applica ai vettori comuni, cioè ferrovie e società di autoservizi pubblici.

antitrust acts: ***leggi antitrust; leggi antimonopolistiche.*** Lo stesso che *anti-trust laws* (v.).

Antitrust Division: Divisione del ministero della giustizia statunitense, che ha il compito di far rispettare le leggi contro i trust. Riceve denunce e svolge indagini in collaborazione con il F.B.I. e la *Federal Trade Commission* (v.), onde istruire procedimenti legali se si rendono necessari per eliminare monopoli o restrizioni al commercio tra stati membri e con l'estero.

anti-trust laws: ***leggi anti-trust; leggi antimonopolistiche.*** È una serie di leggi approvate dal Congresso degli Stati Uniti, a partire dal 1890, per controllare la formazione di trust e monopoli.

anti-trust legislation: ***legislazione antimonopolistica.*** Termine usato con lo stesso significato di *anti-trust laws* (v.).

any other business: ***varie ed eventuali.*** È l'ultimo punto all'ordine del giorno di un'assemblea o altro tipo di riunione, che consente di trattare argomenti non espressamente menzionati nei punti precedenti.

any-quantity rate: ***tariffa per qualsiasi quantità.*** Nei trasporti, è la tariffa applicabile a una qualsiasi partita di merce, indipendentemente dalla quantità di cui essa consiste.

a/o: account of.

A.O.B.: any other business.

aon: all or none.

A.O.Q.: average outgoing quality.

«A» ordinary shares: Termine usato con lo stesso significato di *«A» shares* (v.).

a.p.: 1) additional premium; 2) accounts payable.

A.P.B.: Accounting Principles Board.

A.P.C.: average propensity to consume.

aperture envelope: ***busta a finestra.*** Lo stesso che *window envelope* (v.).

app.: apprentice.

apparent damage: ***danno palese; danno apparente.*** Nella terminologia dei trasporti marittimi, è un danno alle merci trasportate che viene notato mentre esse vengono scaricate dalla nave e che deve essere immediatamente riferito all'armatore.

apparent defect: ***vizio apparente; difetto apparente.*** In relazione a merci, è così detto il difetto, o vizio, che può essere individuato attraverso una semplice ispezione dei beni. (v. anche *patent defect*)

apparent easement: ***servitù apparente.*** Tipo di servitù su un fondo, che si manifesta in opere visibili, quali una finestra, una porta, un acquedotto o simili.

appeal: **1.** ***richiamo.*** In pubblicità, è un accorgimento tendente a richiamare l'attenzione dei consumatori. **2.** ***appello.*** Nel linguaggio giuridico, è la richiesta ad una corte superiore di esaminare un caso sul quale si è già espressa un'altra corte.

applicant: **1.** ***candidato.*** La persona che fa domanda per ricoprire un posto di lavoro vacante e si sottopone al relativo concorso o colloquio. **2.** ***richiedente.*** La persona o l'organizzazione che inoltra all'emittente domanda di sottoscrizione di azioni o obbligazioni di nuova emissione.

application: **1.** ***domanda; istanza; richiesta.*** Il termine inglese indica tanto una domanda formale, ad un ente o ad una divisione statale, con la quale si chiede una concessione, come ad esempio il rilascio di un porto d'armi, quanto una domanda più o meno informale con la quale una persona si offre per ricoprire un posto di lavoro vacante. **2.** ***applicazione.*** Uso o utilizzazione, ad esempio di un'invenzione, di una particolare macchina, di un processo produttivo, ecc. **3.** ***ordine di copertura.*** Nel linguaggio delle assicurazioni, l'impegno dell'assicurando a sottoscrivere una polizza di assicurazione contro il rischio derivante da un trasporto, raccolto da un produttore e da questi inoltrato alla compagnia per la quale lavora. Se il rischio sarà accettato, la compagnia darà il benestare e verrà emessa regolare polizza di copertura. **4.** ***richiesta.*** Nel linguaggio finanziario, la domanda, inviata da una persona fisica o giuridica all'emittente di nuove azioni o obbligazioni, con la quale si chiede di sottoscrivere un determinato numero di titoli.

application agent: ***produttore.*** Nel linguaggio delle assicurazioni, è un agente non autorizzato ad emettere polizze, che deve sottoporre preventivamente alla compagnia la proposta di assicurazione con la necessaria documentazione. La polizza, se sarà accettato il rischio, verrà emessa dalla compagnia.

application and allotment account: ***conto richieste e ripartizioni.*** In contabilità, indica il conto nel quale vengono registrate le somme pagate alla richiesta di sottoscrizione di azioni e alla ripartizione, prima che vengano trasferite al conto azioni.

application for credit: ***domanda di credito.*** Domanda, generalmente redatta in modo formale, inoltrata da un'impresa o altra organizzazione ad una banca o altra istituzione finanziaria affinché quest'ultima conceda alla prima una linea di credito

application for debentures: ***richiesta di sottoscrizione di obbligazioni.*** La domanda, inviata da un privato o da un'organizzazione, all'emittente di una nuova serie di obbligazioni, con la quale si chiede di sottoscrivere titoli per un determinato ammontare.

application for employment: ***domanda d'impiego.*** Domanda, redatta in maniera più o meno informale o sottoposta verbalmente, con la quale un lavoratore chiede di essere preso in considerazione per ricoprire un posto di lavoro vacante.

application form: **1.** ***modulo di richiesta sottoscrizione azioni.*** Quando una società offre azioni direttamente al pubblico, per la richiesta di sottoscrizione si deve utilizzare l'apposito modulo, allegato al manifesto di emissione. Non sono ammesse fotocopie. **2.** ***modulo di domanda.*** Un qualsiasi modulo con il quale il richiedente inoltra la propria domanda, quando il regolamento prevede l'uso di una speciale forma o dicitura e quando la domanda deve essere accompagnata da un questionario debitamente compilato.

application for quotation: **1.** ***richiesta di quotazioni.*** Le quotazioni inviate a richiesta di un potenziale acquirente vincolano il venditore solo per l'operazione cui esse si riferiscono. **2.** ***domanda di ammissione alle quotazioni.*** La domanda presentata da una società all'apposito organo della borsa valori, con la quale si chiede che i titoli che rappresentano il capitale della società vengano ammessi alla quotazione. La commissione a ciò preposta procederà all'esame della documentazione fornita dalla società e se sarà soddisfatta della situazione economico-finanziaria e delle garanzie costituite anche dai nomi degli amministratori concederà l'ammissione, dopo di che i titoli potranno essere trattati in borsa ed inclusi nei listini ufficiali.

application for shares: ***richiesta di sottoscrizione azioni.*** Il programma di una società che offre azioni al pubblico è di solito accompagnato da un manifesto di emissione, cui è allegato un modulo di richiesta di sottoscrizione. Tale modulo, firmato dal richiedente, viene spedito, insieme alla somma da versarsi all'atto della richiesta, alla società o alla banca preposta alla raccolta delle richieste. Se la richiesta viene accolta in pieno o in parte, il richiedente riceverà una *allotment letter* (v.).

application letter: ***lettera di richiesta d'impiego.*** Lettera con la quale un lavoratore chiede ad un datore di lavoro di essere preso in considerazione per ricoprire un posto vacante.

application money: ***acconto di conferimento in denaro.*** La somma che il sottoscrittore deve versare all'atto della richiesta di sottoscrizione di azioni.

application of funds: ***utilizzazione di fondi.*** La destinazione di fondi percepiti o raccolti da un'impresa. Le principali utilizzazioni di fondi rientrano sotto tre intestazioni: a) diminuzione delle passività; b) diminuzione del capitale netto; c) aumento delle attività.

application of payments: ***imputazione di pagamenti.*** Lo stesso che *appropriation of payments* (v.).

applied cost: ***costo imputato.*** Costo che è stato imputato a un prodotto, a un'attività o ad un servizio.

applied economics: ***economia applicata.*** È la branca dell'economia che applica i risultati della teoria economica per spiegare le cause e gli effetti di fenomeni citati da economisti descrittivi. Fondamentalmente si interessa della soluzione dei problemi del commercio, dell'industria e della finanza.

applied overheads: ***costi generali assorbiti.*** Termine statunitense, usato con lo stesso significato di *absorbed overheads* (v.).

applied psychology: ***psicologia applicata.*** Insieme delle tecniche psicologiche su cui si basa la psicologia del lavoro e mediante le quali si procede alla selezione del personale e all'orientamento professionale dei giovani. (v. anche *work psychology*)

applied research: ***ricerca applicata.*** È così definita la ricerca che ha un obiettivo commerciale specifico, come ad esempio la preparazione di un nuovo prodotto, il miglioramento di un prodotto già esistente o l'individuazione di nuovi metodi di produzione. Questo tipo di ricerca viene svolta in preponderanza da imprese private, che provvedono a finanziarla attraverso la destinazione di proprie risorse a questa attività. (v. anche *research and development, research and development budget*)

to apportion: ***ripartire; distribuire.*** Dividere un insieme in parti e assegnare queste ultime secondo una norma o regola prestabilita.

apportionable annuity: ***rendita frazionata.*** Rendita che prevede il pagamento di rate proporzionali a più riprese per il periodo che va dalla data del pagamento dell'ultimo premio alla data della morte del beneficiario.

apportionable contract: ***contratto divisibile.*** Lo stesso che *severable contract* (v.).

apportioned tax: ***imposta ripartita.*** È l'imposta il cui gettito viene ripartito tra amministrazioni diverse, dopo essere stata percepita da una di loro. Ad esempio, in alcuni degli Stati Uniti l'imposta sui beni immobili può essere incassata dalla contea e poi ripartita tra il governo centrale dello stato, la contea e altre unità amministrative.

apportionment: **1.** ***imputazione; ripartizione.*** La distribuzione di un costo o di un ricavo tra periodi di tempo o attività diversi. **2.** ***ripartizione.*** Nel linguaggio delle assicurazioni e dei trasporti marittimi, indica la ripartizione del danno tra tutti i caricatori, nel caso in cui si verifichi un'avaria generale. (v. anche *general average*)

apportionment clause: Nelle assicurazioni, clausola che stabilisce che se più polizze coprono lo stesso oggetto e una polizza dà copertura per il tipo di danno subito, ad esempio danni per effetto del vento in base ad una polizza incendio con estensione di copertura, mentre le altre polizze non la danno (ad esempio, polizze incendio tipo), l'assicuratore pagherà solo la parte di danno proporzionale alla parte di copertura da lui data nella copertura totale dell'oggetto. Si tratta, in altre parole, di un tipo particolare di clausola della proporzionale.

apportionment of a tax: ***ripartizione di un'imposta.*** Provvedimento mediante il quale vengono individuati i soggetti percossi da un'imposta e quest'ultima viene ripartita, mediante norme stabilite, tra tutti coloro che sono tenuti a contribuire.

appraisal: ***valutazione; stima.*** Valutazione formale di una proprietà o di un bene, fatta da un'autorità competente. Lo stesso termine si usa per indicare la valutazione di un aspirante ad un posto di lavoro, fatta da un addetto alle assunzioni.

appraisal clause: ***clausola della valutazione.*** Clausola che stabilisce il diritto dell'assicuratore di far stimare il danno o la perdita.

appraisal form: ***modulo di valutazione.*** Modulo, usato in un'intervista di valutazione, che prevede determinate domande volte ad indagare su certi aspetti della personalità e sulle capacità specifiche di un aspirante ad un posto di lavoro.

appraisal interview: ***intervista di valutazione.*** Intervista durante la quale uno specialista, interno o esterno all'impresa, valuta le capacità e determinati aspetti della personalità di un aspirante ad un posto di lavoro, allo scopo di accertare se egli è idoneo a ricoprire quella posizione.

appraisal method of depreciation: ***metodo di ammortamento delle stime periodiche.*** Metodo, ormai non più in uso, che valutava il deprezzamento annuo come differenza del valore di stima di un impianto all'inizio e alla fine del periodo.

appraisal report: ***relazione di stima.*** Dichiarazione, sommaria o dettagliata, preparata da un perito stimatore sul costo o sul valore di un impianto, un gruppo di impianti o tutti gli impianti di un'azienda.

appraisal surplus: ***rivalutazione dell'attivo; differenza di rivalutazione.*** È il maggior valore di un'attività patrimoniale in confronto al suo precedente valore contabile, causato dal processo di svalutazione del modulo monetario a seguito di tensioni inflazionistiche.

to appraise: ***valutare; stimare.*** Calcolare il valore di un bene in termini monetari, ai fini di una vendita, di un'imposizione fiscale o altro scopo.

appraised value: ***valore di stima.*** Valore di un bene immobile, calcolato in base alla valutazione di uno o più esperti.

appraisement: ***relazione di stima.*** Termine usato come sinonimo di *appraisal report* (v.).

appraiser: ***perito stimatore; stimatore.*** Qualsiasi persona la cui professione o attività consiste nel valutare o determinare il prezzo di un bene di qualsiasi genere, di solito in previsione di una vendita o a seguito di una contestazione.

appreciation: **1.** ***plusvalenza.*** Differenza positiva fra due valori dello stesso bene, riferiti a momenti diversi. Può riguardare beni mobiliari, nel qual caso rappresenta la differenza tra il valore nominale e il valore di mercato di un titolo azionario e si parla di plusvalenza realizzata se il titolo viene venduto e plusvalenza in portafoglio nel caso contrario. Può anche riferirsi ad attività patrimoniali e a scorte o giacenze. (v. anche *appraisal surplus*) **2.** ***rivalutazione; apprezzamento.*** L'aumento del valore di una valuta nei confronti delle valute di altri paesi. (v. anche *currency appreciation, revaluation*)

appreciation rate: ***saggio di apprezzamento; saggio di rivalutazione.*** Il ritmo, indicato con un numero percentuale, al quale una moneta si rivaluta nell'arco di un determinato periodo di tempo in relazione a altre valute o a un indice di valore, di solito basato su prezzi reali.

appreciation surplus: ***rivalutazione dell'attivo; differenza di rivalutazione.*** Termine usato con lo stesso significato di *appraisal surplus* (v.).

apprentice: ***apprendista.*** Persona vincolata da contratto a lavorare per un'altra persona o per un'azienda che si impegna, come contropartita, ad insegnarle il mestiere o l'attività che esercita. Il contratto ha di solito valore per un periodo determinato e deve conformarsi alle eventuali disposizioni di legge emanate dallo stato. Lo stesso termine viene usato con significato alquanto più ampio per indicare una persona che ha da poco iniziato a lavorare o che ha da poco intrapreso una carriera ed essendo priva di esperienza specifica ha bisogno di guida ed addestramento.

apprenticeship: ***apprendistato.*** Indica la condizione di essere apprendista e il periodo di tempo di tale condizione previsto dal contratto.

Appro.: approval.

to appropriate: **1.** ***stanziare.*** Destinare una somma in bilancio ad una specifica attività o a copertura di una spesa particolare, già sostenuta o da sostenersi. **2.** ***accantonare.*** Destinare ad una specifica funzione o persona, come ad esempio merci ad un particolare ordinativo o contratto, o fondi ad un particolare scopo.

appropriated funds: ***fondi stanziati; fondi accantonati.*** Fondi destinati, fisicamente o contabilmente, ad uno scopo particolare.

appropriated goods: Espressione usata nel linguaggio dei trasporti marittimi per indicare una quantità di merci dimenticate in una stiva, e pertanto in eccedenza rispetto alla quantità che la nave deve scaricare, e consegnate dall'armatore in luogo di una quantità di merci mancante alla discarica.

appropriated stamp: Il termine inglese indica un particolare tipo di marca da bollo, recante una speciale leggenda o simbolo che ne consentono l'uso soltanto in relazione ad uno o alcuni tipi limitati di documenti o atti. In Italia, ne sono esempi le marche dette «Cicerone» e quelle da applicarsi sulle patenti di guida.

appropriated stock: ***scorte accantonate; scorte riservate.*** Lo stesso che *allocated stock* (v.).

appropriated surplus: ***accantonamento; riserva straordinaria.*** Quella parte di utili di una società messa da parte e destinata a scopi specifici o generali. Prende la forma contabile di un conto separato, al quale si trasferiscono gli utili non distribuiti per decisione del consiglio di amministrazione o dell'assemblea degli azionisti, a fronte di future contingenze o di eventi specifici.

appropriation: **1.** ***stanziamento; impegno di spesa.*** Indica un'autorizzazione di spesa, con precise limitazioni relative alla somma, allo scopo e al tempo, con fondi da prelevarsi da specificate risorse disponibili o che si renderanno disponibili. Il termine indica anche la somma stessa stanziata. **2.** ***ripartizione.*** In contabilità, indica la distribuzione degli utili netti ai vari conti. **3.** ***accantonamento.*** In questo significato, il termine è usato come sinonimo di *appropriated surplus* (v.) e come sostantivo corrispondente al verbo *to appropriate 2* (v.).

appropriation account: 1. ***conto di accantonamento; prospetto di riparto degli utili.*** È un conto che mostra in quale modo gli utili netti vengono ripartiti tra dividendi, riserve, fondi speciali, ecc. **2.** ***dichiarazione di stanziamento.*** In una legge di stanziamento, indica le somme che il parlamento ha autorizzato per le spese statali.

appropriation act: ***legge di stanziamento; legge di copertura finanziaria.*** Legge, approvata dal parlamento, con la quale si autorizza una spesa o il finanziamento di un ente statale per un periodo stabilito, di solito un anno, le cui attività sono state autorizzate in precedenza.

appropriation bill: ***progetto di legge di stanziamento.*** Lo stesso che *appropriation act* (v.), ma riferito allo stadio iniziale del procedimento che porta alla creazione della legge.

appropriation budget: ***piano delle assegnazioni.*** Nel linguaggio della contabilità di stato, è il documento che stabilisce le assegnazioni specifiche per il periodo cui si riferisce il bilancio di previsione.

appropriation fund: Il termine inglese indica un tipo di fondo comune d'investimento a capitale variabile nel quale la società di gestione svolge anche le funzioni di agente mobiliare del fondo, acquistando in proprio nuove emissioni di titoli, che successivamente vengono assegnati al fondo al loro valore di mercato. Mediante questa operazione, la società di gestione può trarre un profitto, ma potrebbe anche subire una perdita, a seconda di come si assestano sul mercato i titoli della nuova emissione che essa acquista.

appropriation-in-aid: Espressione usata per indicare le entrate di un ministero inglese, realizzate mediante la vendita di beni o servizi al pubblico. Poiché ogni ministero deve approntare un bilancio di previsione delle spese che dovrà sostenere nel corso dell'anno, da sottoporre al parlamento, i ministeri che dispongono di entrate sottrarranno il cosiddetto *appropriation-in-aid* dalle spese lorde previste, in modo da chiedere soltanto la copertura per le spese nette.

appropriation method of depreciation: ***metodo di ammortamento di proporzionalità all'utile.*** È un metodo in base al quale le quote di ammortamento sono considerate come parte percentuale degli utili dell'impresa, senza alcun riferimento al concetto di utilità fornita dal bene capitale che si intende ammortizzare. Questo metodo non è ben visto dai tecnici, eppure viene occasionalmente ancora usato nella convinzione che la quota annua di ammortamento debba essere stabilita in base alla politica finanziaria dell'impresa, in modo da dipendere dalla disponibilità di utili da accantonare a fronte dell'ammortamento. Quando l'ammontare degli utili ha stretta relazione con l'attività dell'impresa, le quote di ammortamento previste da questo metodo potrebbero anche più o meno coincidere con l'effettiva utilizzazione del bene capitale da ammortizzare.

appropriation of goods: ***accantonamento di merci.*** Principalmente nei contratti a termine o per consegna futura, indica la creazione di una partita da tenere a disposizione dell'acquirente sulla base di un contratto.

appropriation of net income: ***destinazione dell'utile netto.*** È l'utilizzazione dell'utile netto da parte di un imprenditore, di soci o di azionisti, di solito indicata in calce al conto profitti e perdite, come ad esempio, nel caso di società per azioni, la destinazione di utili a distribuzione di dividendi, a un fondo di ammortamento, a utili non distribuiti o riserve e così via.

appropriation of payments: ***imputazione di pagamenti.*** Il diritto di dire, da parte del creditore se non l'ha fatto il debitore, a quale dei diversi debiti, contratti da un debitore nei confronti dello stesso creditore, vada devoluto un pagamento la cui entità non corrisponde esattamente ad alcuno dei debiti in essere.

appropriation period: ***periodo di stanziamento.*** Nella terminologia della contabilità di stato, il termine inglese indica il periodo durante o entro il quale può spendersi uno stanziamento.

appropriation request: ***richiesta di stanziamento.*** Nella terminologia della contabilità di stato, è la richiesta di un ministero o altra agenzia amministrativa o ente statale, con la quale si sollecita il parlamento ad approvare un determinato stanziamento.

appropriation statement: ***dichiarazione di stanziamento.*** Termine usato con lo stesso significato di *appropriation account 2* (v.).

appropriation-type budget: ***budget tipo piano delle assegnazioni.*** Espressione usata per indicare un budget d'impresa che non fa altro che definire i limiti di spesa entro i quali si deve contenere ciascun singolo amministratore o reparto dell'impresa. La funzione del budget è, così, stravolta in quanto si avvicina a quella di un preventivo di azienda di erogazione, motivo per cui un tale tipo di budget viene indicato con questo termine.

approval sale: ***vendita salvo approvazione.*** Lo stesso che *sale on approval* (v.).

approved accounts: ***conti approvati.*** Termine usato con due significati: a) nel linguaggio contabile, indica i rendiconti di fine anno approvati dall'assemblea degli azionisti e, pertanto, divenuti documenti ufficiali della società, da un punto di vista giuridico; b) clienti ai quali viene concesso credito mediante fornitura in conto corrente, in quanto il fornitore è soddisfatto della loro credibilità e della loro capacità di far fronte agli impegni assunti.

approved securities: ***titoli approvati.*** Il termine inglese indica titoli di stato che, per legge o per disposizioni delle autorità monetarie, possono essere tenuti dalle banche o altre istituzioni finanziarie come parte delle loro riserve obbligatorie.

approved societies: Termine usato per la prima volta nel *National Insurance Act* del 1911, che stabiliva che l'assicurazione contro le malattie veniva gestita da *approved societies.* A seguito di ciò, tutte le società di mutuo soccorso si affrettarono ad assumere la veste giuridica di *approved societies.*

approx: approximately.

appurtenances: ***cose accessorie; diritti accessori.*** Sono le cose o i diritti connessi con una proprietà e che si trasferiscono con essa.

APR: annual percentage rate.

a priori estimates: ***stime a priori.*** Stime relative a parametri che non derivano nella loro forma definitiva da calcoli, bensì dall'uso di informazioni estranee al campione di dati in esame.

aprox: approximately.

A.P.S.: average propensity to save.

aptitude: ***attitudine; inclinazione.*** Abilità o capacità manuali o intellettuali che rendono un lavoratore idoneo allo svolgimento di determinati compiti o funzioni sul posto di lavoro.

aptitude test: ***prova attitudinale; test attitudinale.*** Termine usato con lo stesso significato di *capacity test* (v.).

a/r: 1) accounts receivable; 2) all risks; 3) annual return.

A.R.: 1) accounts receivable; 2) all risks; 3) annual return; 4) advice of receipt.

ar.: arrival.

A.R.A.: Agricultural Research Administration.

Arab Bank for Economic Development in Africa: Banca fondata nel 1973, con sede centrale a Kartum, per assistere lo sviluppo economico dell'Africa.

Arab Currency–Related Unit: Unità monetaria di conto, lanciata dalla Hambros Bank nel 1974, collegata al valore di otto, su dodici, valute arabe in relazione al dollaro statunitense. Le valute prese in considerazione sono quelle dei seguenti paesi: Kuwait, Libia, Algeria, Arabia Saudita, Bahrain, Qatar, Emirati Arabi Uniti, Egitto, Siria, Irak, Oman e Libano. Nel determinare la parità tra l'Arcru e il dollaro, vengono escluse dal paniere le due valute più deboli e le due più forti e si fa poi la media delle restanti otto valute. Nel 1974, un Arcru equivaleva ad un dollaro statunitense e da allora si è dimostrato un utile strumento per le operazioni di scambio in un periodo di tassi di cambio particolarmente instabili.

Arab Fund for Economic and Social Development: Organizzazione istituita nel 1972, su iniziativa del Kuwait, col compito di promuovere lo sviluppo economico degli stati arabi. È finanziata con contributi versati da tutti i paesi arabi.

Arab Monetary Fund: ***Fondo monetario arabo.*** Ha sede ad Abu Dhabi e fu costituito nel 1977 su iniziativa del *Council for Arab Economic Unity.* Ne fanno parte Algeria, Arabia Saudita, Bahrain, Irak, Giordania, Kuwait, Libano, Libia, Mauritania, Marocco, Oman, Qatar, Sudan, Somalia, Emirati Arabi Uniti, Siria, Tunisia, le due Repubbliche dello Yemen e l'Organizzazione per la liberazione della Palestina. L'Egitto, che in origine ne faceva parte, fu sospeso nell'aprile del 1979 a seguito della firma degli Accordi di Camp David.

arb: risk arbitrageur.

arbitrage: ***arbitraggio.*** Forma di speculazione consistente nell'acquistare titoli o valute estere su una piazza e rivenderli immediatamente su un'altra piazza ove il loro prezzo è più alto, in modo da trarre vantaggio dalla differenza di prezzo sulle due piazze. Particolarmente usato nel mercato dei cambi, in cui è reso possibile dalla facilità e rapidità dei trasferimenti telegrafici tra centri commerciali di tutto il mondo. (v. anche *compound arbitrage, direct arbitrage*)

arbitrage bonds: ***obbligazioni di arbitraggio.*** Obbligazioni con tasso d'interesse più contenuto emesse allo scopo di rimborsare, prima della scadenza, altre obbligazioni dello stesso emittente ad un tasso d'interesse più elevato. Questa pratica è possibile quando il contratto di emissione prevede esplicitamente il rimborso anticipato e quando i tassi d'interesse di mercato tendono al ribasso.

arbitrage dealer: ***arbitraggista.*** Chi svolge l'attività speculativa descritta sotto *arbitrage* (v.). Il termine è usato grosso modo come sinonimo di *arbitrageur* (v.).

arbitrage syndicate: ***sindacato di arbitraggio.*** Gruppo di persone che collettivamente investono propri fondi in operazioni di arbitraggio.

arbitrageur: ***arbitraggista.*** 1) Persona che pratica l'arbitraggio o che prepara i calcoli alla base di un'operazione di arbitraggio. (v. anche *arbitrage, arbitration of exchange*) 2) Il termine oggi viene sempre più usato per indicare una nuova figura di operatori e cioè quegli speculatori che rastrellano azioni ordinarie di società, che essi ritengono esposte a prossime offerte di acquisto, con l'intento di rivenderle ad un prezzo molto più alto di quello di mercato quando la società, vittima dell'acquisizione ostile, trovandosi con l'acqua alla gola, sarà disposta a pagare il notevole premio per poter disporre di quel pacchetto azionario e anche per impedire che esso cada nelle mani della società che ha lanciato l'offerta di acquisto. (v. anche *greenmail*) 3. In un altro uso moderno, il termine indica coloro che praticano operazioni di arbitraggio su indici di borsa. (v. anche *index arbitrage*)

arbitraging: ***arbitraggio.*** Termine a volte usato come sinonimo di *arbitrage* (v.).

arbitrary comparative advantage: ***vantaggio comparato arbitrario.*** Termine usato da W. R. Cline per indicare un vantaggio comparato raggiunto artificialmente da alcuni paesi, come ad esempio nel campo dei semiconduttori. Infatti, osserva Cline, il commercio di prodotti tra paesi industrializzati sembra riflettere sempre più uno scambio di beni in relazione ai quali un paese qualsiasi potrebbe, proprio quanto un altro paese qualsiasi, sviluppare un vantaggio comparato e il risultato reale è significativamente arbitrario, in quanto questo tipo di scambio differisce notevolmente dal commercio classico ricardiano, cioè dai principi di vantaggio comparato formulati dall'economista britannico David Ricardo.

arbitrated exchange rate: ***corso di cambio indiretto; parità indiretta.*** Lo stesso che *cross rate* (v.).

arbitration: ***arbitrato; arbitraggio.*** È un metodo di comporre le vertenze commerciali. Le parti contendenti si accordano di sottoporre la questione a una o più persone competenti e imparziali, chiamate arbitri, e si impegnano a rispettare la loro decisione, chiamata lodo arbitrale.

arbitration agreement: ***patto arbitrale; patto compromissorio.*** Un accordo contenente una clausola che prevede l'arbitrato come mezzo per derimere eventuali dispute o controversie derivanti dall'esecuzione delle obbligazioni assunte dalle parti. Il termine è di solito usato in relazione a contratti di lavoro.

arbitration award: ***lodo arbitrale.*** La decisione di uno o più arbitri su una questione sottoposta ad arbitrato. Qualora una delle parti non intenda conformarsi alla decisione degli arbitri, l'altra parte può fare ricorso alla magistratura ordinaria perché questa attribuisca al lodo forza esecutiva.

arbitration board: ***collegio arbitrale.*** Lo stesso che *board of arbitrators* (v.).

arbitration bond: ***patto arbitrale; patto compromissorio.*** Termine usato con lo stesso significato di *arbitration agreement* (v.).

arbitration clause: ***clausola compromissoria.*** Clausola, contenuta in un contratto, che impegna le parti a sottoporsi ad arbitrato, in caso di incapacità di appianare eventuali controversie derivanti dall'esecuzione degli obblighi contrattuali.

arbitration of exchange: ***arbitraggio di cambio.*** Operazione speculativa che consiste nel pagamento, da parte di una persona residente in un paese, di un debito dovuto al residente di un altro paese per mezzo di una cambiale acquistata in un terzo paese. Poiché il prezzo delle cambiali estere è diverso in diversi centri finanziari, potrebbe essere vantaggioso per una persona residente a Londra, che deve pagare un debito sulla piazza di New York, acquistare una cambiale a Milano pagabile in valuta statunitense. Tale operazione può essere redditizia anche se è necessario, nell'esempio fatto, acquistare prima una cambiale a Londra pagabile in valuta italiana.

arbitration proceedings: ***procedimento arbitrale.*** Procedimento nel corso del quale gli arbitri nominati dalle parti esaminano le cause di una disputa o controversia e addivengono all'emissione del lodo arbitrale.

arbitration ruling: ***lodo arbitrale.*** Lo stesso che *arbitration award* (v.).

arbitration tribunal: ***collegio arbitrale.*** Lo stesso che *board of arbitrators* (v.).

arbitrator: ***arbitro.*** Una persona, di solito altamente qualificata in diritto, che da sola o con altre dovrà decidere su una questione sottoposta ad arbitrato. In luogo di un solo arbitro, vi può essere un collegio arbitrale di solito composto di tre persone nominate una da ciascuna delle due parti e una terza dagli arbitri nominati dalle parti in causa. (v. anche *umpire*)

arc elasticity: ***elasticità di arco.*** Grado medio di elasticità tra due punti su una curva di domanda o di offerta.

arc elasticity of demand and supply: ***elasticità di arco della domanda e dell'offerta.*** È l'elasticità di una curva su un arco, cioè una certa gamma di valori di prezzo e di quantità.

archives: ***archivio.*** Il termine inglese indica sia un insieme di documenti raccolti nel corso del tempo, sia il luogo in cui essi sono conservati.

archmonetarist: ***arcimonetarista.*** Neologismo usato principalmente negli Stati Uniti per indicare un ardente sostenitore del monetarismo.

Arcru: Arab Currency–Related Unit.

are: ***ara.*** Unità di misura di superficie, equivalente a cento metri quadrati, cioè un quadrato con lati di dieci metri.

area: ***area; zona.*** Nel linguaggio comune, il termine inglese indica una superficie di terra o acqua, ma nel linguaggio commerciale viene usato per indicare ciascuna zona in cui è stato diviso un paese a scopo di decentramento funzionale di un'impresa o altra organizzazione.

area agreement: ***accordo regionale.*** Nelle relazioni industriali, indica un accordo firmato dai rappresentanti sindacali e dai datori di lavoro in un'attività industriale particolare nell'ambito di un'area o regione geografica.

area code: ***indicativo interurbano; prefisso teleselettivo.*** Il numero dato a ciascuna particolare area telefonica, che deve precedere il numero dell'abbonato se si chiama da una diversa area. Tale numero inizia sempre con uno zero.

area manager: ***direttore di zona.*** Nell'organizzazione aziendale di tipo americano, è il dirigente responsabile del controllo, della distribuzione, della pubblicità e dei venditori dei prodotti in una determinata area geografica.

area redevelopment program: Termine usato per indicare un programma del governo federale degli Stati Uniti inteso a stimolare lo sviluppo industriale e l'occupazione in aree particolarmente depresse. Il programma, che trovò espressione giuridica nell'*Area Redevelopment Act* del 1961, prevede mutui e incentivazioni che mirano ad attirare l'industria privata nelle aree depresse. Prevede, inoltre, piani di riqualificazione della manodopera disoccupata e l'erogazione di sussidi ai lavoratori che partecipano a questi piani di riqualificazione.

area sampling: ***campionamento su un'area; campionamento per area.*** Metodo di ricerca di mercato, che consiste nello scegliere a caso, in una regione o in una città ecc., una o più aree tipiche, che saranno poi oggetto dell'indagine statistica.

areas for expansion: ***aree di espansione.*** Sono quelle aree geografiche cui il governo dà assistenza preferenziale al fine di incoraggiarne lo sviluppo industriale. Questo è il termine moderno, oggi usato invece di *distressed areas, depressed areas, special areas, development areas* e *assisted areas.*

area study: Espressione usata per indicare ogni genere di studio scientifico compiuto in un determinato spazio economico.

area test: ***prova su una zona.*** Nel linguaggio del marketing, è lo studio di un mercato fatto mediante prove di lancio di uno o più prodotti in aree geografiche scelte a caso.

area–volume relationships: ***relazioni area–volume.*** Nelle economie di scala, indica il rapporto esistente tra area, da cui dipendono i costi, e volume, da cui dipende la capacità produttiva, entrambi fisicamente intesi, come ad esempio in una nave. In tali relazioni, i costi crescono meno che proporzionalmente nei confronti della produzione e ciò spiega la progettazione e costruzione delle superpetroliere o altre navi da carico di dimensioni notevoli.

area–wide bargaining: ***contrattazione regionale.*** Negoziazione di un contratto collettivo tra un sindacato e più datori di lavoro, nell'ambito di una data area o regione geografica.

Ariel: Acronimo di *Automated Real–Time Investments Exchange*, un sistema computerizzato, entrato in funzione nel 1974, di proprietà dell'*Accepting Houses Committee* (v.), che consente agli abbonati di parlare tra loro nel completo anonimato, attraverso il visore di un terminale. Questo sistema consente di concludere operazioni di compravendita di valori mobiliari senza servirsi della borsa valori, così risparmiando la commissione di competenza dello *stockbroker* (v.). Ogni affare viene concluso quando uno degli abbonati accetta l'offerta di un altro abbonato e i costi sono limitati ad un canone annuo per l'affitto dell'attrezzatura e ad un diritto fisso per ogni operazione conclusa.

arithmetical error: ***errore aritmetico.*** Un qualsiasi errore in un conto, in una fattura o altro documento contabile o commerciale, causato da calcoli sbagliati.

arithmetic effect: ***effetto aritmetico.*** Nella teoria della imposizione fiscale, viene indicato con questo termine l'effetto che deriva da un aumento delle imposte e che porta lo stato a incamerare una maggiore percentuale di ogni lira di base imponibile. Gli economisti dell'offerta sostengono, però, che accanto all'effetto aritmetico si manifesta anche l'effetto economico che disincentiva i lavoratori e gli imprenditori e alla lunga quest'ultimo ha la meglio sul primo e il gettito globale risulta inferiore a quello che si realizzava prima dell'aumento delle imposte. (v. anche *economic effects of taxation*)

arithmetic mean: ***media; media aritmetica.*** Media ottenuta sommando tutti i singoli valori di una serie e poi dividendo per il numero totale dei singoli valori. (v. anche *mean, geometric mean, harmonic mean, quadratic mean*)

arithmetic progression: ***progressione aritmetica; progressione per differenza.*** Una successione di numeri, disposti in ordine crescente o decrescente tale che la differenza tra ciascun numero e il successivo è sempre uguale. Ad esempio, 1, 3, 5, 7, 9, ... mostrano una differenza costante, detta differenza o ragione della progressione, uguale a due. (v. anche *geometric progression, harmonic progression*)

arithmetic weighted average: ***media ponderata.*** Lo stesso che *weighted average* (v.).

ARM: adjustable–rate mortgage.

arm's length price: ***prezzo prevalente.*** Lo stesso che *prevailing price* (v.), ma riferito a più di un mercato e relativo all'*arm's length principle* (v.).

arm's length principle: Espressione, letteralmente traducibile con principio della lunghezza del braccio, usata per indicare il principio, riconosciuto negli scambi internazionali, in base al quale una qualsiasi operazione tra due soggetti operanti in regimi fiscali diversi non deve discostarsi per prezzo e condizioni da quelli usuali e prevalenti.

around: Termine usato nel linguaggio del mercato valutario per indicare uno scarto di un certo numero di punti sopra e sotto la pari, data per scontata e corrispondente al tasso di cambio corrente per consegna immediata. Il termine viene usato per quotare tassi di cambio su valute per consegna futura. Ad esempio, l'espressione *ten–ten around* significa dieci punti al di sopra e al di sotto della pari.

arr.: arrive.

arrangement with creditors: ***concordato preventivo.*** Se una persona si trova in uno stato di insolvenza può tentare di trovare un accordo coi suoi creditori sotto forma di concordato preventivo, in base al quale egli offre ai creditori di pagare una certa percentuale dei suoi debiti o di trasferire la sua proprietà ai creditori che, dopo la vendita della stessa, riceveranno una parte del ricavato proporzionale al credito che essi vantano. (v. anche *assignment for the benefit of creditors*)

arrangement with members: ***concordato preventivo.*** Il termine inglese indica lo stesso che *arrangement with creditors* (v.), ma in questo caso i creditori sono gli stessi membri della società per azioni e l'istituto è regolato dall'articolo 206 del *Companies Act* del 1948.

array: ***serie numerica.*** Il termine inglese indica una successione di numeri ordinata secondo i loro valori in una sequenza ascendente, ad esempio 50, 60, 70, ecc., o discendente, ad esempio 9, 5, 4, 1.

arrd.: arrived.

arrears: ***arretrati.*** Somme di denaro non ancora pagate dopo la scadenza entro la quale dovevano essere liquidate.

arrears accumulation: ***accumulazione di arretrati.*** È l'aggiunta di nuovi arretrati ad altri precedentemente esistenti.

arrears certificate: ***certificato di arretrati.*** Quando non viene pagato l'interesse semestrale su un'obbligazione o ne viene pagata soltanto una parte, si può emettere un certificato di arretrati per l'ammontare dovuto, in cui si dichiara che esso sarà pagato con gli utili di un qualsiasi successivo semestre.

arrears of dividends: ***dividendi arretrati.*** Sono dividendi la cui distribuzione è stata dichiarata, ma non eseguita. L'ammontare lordo, distinto per classi di azioni, dovrebbe comparire nei rendiconti annuali o in una loro postilla.

arrears of interest: ***interessi accumulati; arretrati di interessi.*** Interessi che non sono stati pagati alla data in cui erano dovuti e che vanno ad accumularsi ad altri interessi in corso di maturazione.

arrears of wages: ***arretrati di salario; salario arretrato.*** Salario relativo a periodi di lavoro già prestato. Il termine può indicare anche una parte di salario non ancora corrisposta al lavoratore per questioni burocratiche o di altra natura, ma da lui già guadagnata.

arrears of work: ***lavoro arretrato.*** Lavoro che non si è riusciti a svolgere secondo i tempi prestabiliti e che si accavalla, pertanto, con il lavoro da svolgersi quotidianamente.

arrest: ***sequestro provvisorio.*** Il temporaneo sequestro di una nave, da parte delle autorità portuali.

arrival draft: ***cambiale di affari; cambiale commerciale.*** È la cambiale comunemente usata nelle operazioni commerciali, che elimina la necessità di spostamento fisico di denaro tra venditore e compratore. L'iniziativa è presa dal venditore, che prepara la cambiale e la consegna alla propria banca insieme alla fattura, la ricevuta di spedizione ed ogni altro documento previsto dal contratto di vendita. Questi documenti, inoltrati dalla banca del venditore a quella del compratore, vengono consegnati a quest'ultimo dietro accettazione o pagamento della cambiale. (v. anche *trade bill*)

arrival notice: ***lettera di avviso.*** Il termine italiano ha vari significati, ma come traducente del termine inglese qui riportato indica un documento che informa il destinatario dell'arrivo di merci a lui destinate.

arrival station: ***stazione di arrivo.*** La stazione ferroviaria nella quale le merci trasportate saranno scaricate dai vagoni. Potrebbe anche non essere la località di destinazione delle merci e in questo caso esse dovranno essere trasbordate e dovranno proseguire il viaggio con un altro treno o un altro mezzo di trasporto.

arrived ship: ***nave arrivata.*** L'espressione indica una nave giunta al porto di caricazione o di discarica e pronta ad eseguire le relative operazioni.

arson clause: ***clausola d'incendio doloso.*** È una clausola che rende nulla la polizza incendio se l'assicurato o un suo dipendente appiccano dolosamente il fuoco al bene assicurato. La clausola, però, non annulla la polizza se l'incendio è conseguenza di negligenza dell'assicurato o di un suo dipendente o nel caso di incendio doloso da parte di terzi.

art buyer: ***acquirente artistico.*** È in campo pubblicitario l'equivalente del trovarobà in campo teatrale. Suo compito è quello di procurare tutto il materiale necessario per la realizzazione di foto o brevi filmati pubblicitari.

art director: ***direttore artistico.*** Il responsabile della parte artistica di un'agenzia pubblicitaria.

articled clerk: ***praticante.*** Termine sofisticato con il quale si indica un apprendista presso professionisti. Un periodo come praticante è richiesto anche in Inghilterra per professionisti quali procuratori legali, commercialisti e simili.

article eight currency: Espressione usata nella terminologia del Fondo Monetario Internazionale per indicare una valuta che, per definizione del Fondo stesso, viene considerata *«senior currency»* e dovrebbe pertanto essere liberamente convertibile e non soggetta ad alcun controllo.

articles: ***articoli.*** Nel linguaggio giuridico, il termine inglese indica, oltre che gli articoli di uno statuto ecc., anche lo stesso documento che contiene i singoli articoli. Nel linguaggio commerciale, nel quale può essere usato anche al singolare, indica prodotti offerti in vendita.

articles of agreement: ***contratto di arruolamento; clausole d'ingaggio.*** I termini e le condizioni che i marittimi sottoscrivono e si impegnano a rispettare per tutta la durata del loro ingaggio a bordo di una nave. In altre parole, è il contratto di lavoro stipulato tra l'armatore e i membri dell'equipaggio di una sua nave.

articles of apprenticeship: ***contratto di apprendistato.*** Contratto scritto in base al quale una parte, l'apprendista, si impegna a lavorare per l'altra parte che, a sua volta, si impegna ad insegnare alla prima l'arte, il mestiere o la professione in cui essa è specializzata.

articles of association: ***statuto sociale.*** Insieme di norme relative al funzionamento interno di una società per azioni. Riguardano, ad esempio, emissione e trasferimenti di azioni, procedura di convocazione dell'assemblea, diritti di voto, ecc. Lo statuto deve essere allegato all'atto costitutivo e inviato all'ufficio del registro delle imprese all'atto della registrazione della società.

articles of incorporation: ***atto costitutivo; atto costitutivo di società di capitali.*** Lo stesso che *memorandum of association* (v.).

articles of partnership: ***contratto di società di persone; atto costitutivo di società di persone.*** È il documento, redatto e sottoscritto da tutti coloro che costituiscono una società in nome collettivo o in accomandita, che governerà i rapporti tra i soci. Poiché può essere emendato solo con il consenso di tutti coloro che l'hanno sottoscritto, esso è di solito redatto in modo da contemplare tutte le eventualità allo scopo di evitare future dispute. In particolare, deve contenere precise disposizioni in relazione alla partecipazione di ciascun socio alla ripartizione dei profitti e delle perdite. Infatti, in assenza di disposizioni specifiche, tutti i soci sono considerati come aventi diritto ad una uguale parte di utili e come obbligati in uguale misura in caso di perdite. Il contratto di società conterrà articoli relativi a: il nome dei soci e la ragione sociale che essi useranno; il tipo di attività; la durata della società; l'ammontare di capitale che ciascun socio si impegna ad apportare; la contabilità sociale e la revisione dei conti; le funzioni dei soci all'interno della società; la ripartizione degli utili; gli stipendi ai soci amministratori e i prelievi che ciascun socio potrà effettuare; interessi sul capitale, sulle anticipazioni o sui prelievi dei soci; morte, fallimento o dimissioni di un socio.

articulation statement: ***documento di analisi contabile.*** Lo stesso che *spread sheet* (v.).

artificial borrowers: ***mutuatari artificiali.*** Termine usato da J. M. Keynes per indicare mutuatari che contraggono prestiti per fini diversi da quelli di investimento in attività produttive. Rientrano in tale categoria i mutuatari per assoluta necessità, i mutuatari in linea bancaria e i mutuatari per speculazione. (v. anche *distress borrowers, «banking» borrowers, speculative borrowers*)

artificial capital: ***capitale artificiale; beni materiali artificiali.*** Secondo una teoria economica, con questo termine si indicano i beni materiali destinati alla produzione del reddito reale nazionale, come ad esempio macchine, edifici, ecc., distinti dai beni materiali naturali, quali ad esempio la terra. (v. anche *capital good*)

artificial intelligence: ***intelligenza artificiale.*** Espressione con la quale si indica il software che consente a un computer di rispondere o operare in maniera «intelligente».

artificial person: ***persona giuridica.*** Termine usato con lo stesso significato di *legal person* (v.).

artificial wealth: ***ricchezza artificiale.*** Dai mercantilisti, la moneta veniva considerata ricchezza artificiale, cioè diversa dalla ricchezza naturale rappresentata dalla terra. (v. anche *artificial capital*)

artisan: ***artigiano.*** Lavoratore specializzato in un'attività manuale, che di solito lavora in proprio in una bottega o in un suo laboratorio, ma che può anche essere alle dipendenze di un'impresa o di un'altra organizzazione.

Artisans and Labourers Act: Legge, approvata dal parlamento britannico nel 1868, con la quale si diede agli enti locali il potere di dichiarare non destinabili ad abitazioni edifici inadatti a tale uso. Se non potevano essere riattati, tali edifici dovevano essere demoliti. Fu una delle iniziative dello stato, nel tentativo di eliminare i quartieri ghetto e rendere più salutari le condizioni di vita dei lavoratori peggio pagati.

Artisans' Dwelling Act: Legge, approvata dal parlamento britannico nel 1875, con la quale si dava agli enti locali il diritto di intervenire direttamente nei cosiddetti *slums*, prendendo le decisioni che ritenevano opportune circa la demolizione di edifici troppo vecchi e inadatti alla funzione di abitazioni.

art work: ***lavoro artistico.*** Il bozzetto completo e definitivo, pronto per la riproduzione, di un messaggio pubblicitario.

a/s: 1) account sales; 2) after sight; 3) alongside.

A.S.: 1) account sales; 2) after sight; 3) alongside.

as agent: ***in qualità di mandatario.*** Espressione usata per indicare la persona fisica o giuridica che firma un documento (contratto, ordinativo, ecc.) in qualità di mandatario.

a.s.a.p.: as soon as possible.

as at: ***al.*** Espressione usata in contabilità, particolarmente nelle intestazioni dei bilanci o negli estratti conto, per indicare la data in cui sono state valutate le attività e le passività o la data in cui sono state sommate le varie poste del dare e dell'avere. Ad esempio, *statement of account as at 31 december 1985.*

ascending tops: ***massimi crescenti.*** I corsi massimi di un titolo, nell'arco di un periodo di tempo, ciascuno dei quali è maggiore del precedente.

A.S.E.: American Stock Exchange.

as fast as can: ***con ragionevole diligenza e speditezza.*** Espressione usata nei contratti di noleggio per indicare che il noleggiatore dovrà procedere nel modo più sollecito possibile allo svolgimento delle operazioni di caricazione e di discarica.

as from: ***dal; a partire dal.*** Espressione usata nel linguaggio commerciale e contabile per indicare la data a partire dalla quale si dovrà tener conto del fatto esposto successivamente nella frase.

«A» shares: ***azioni senza diritto di voto; azioni A.*** È un particolare tipo di azioni, le cui caratteristiche sono spiegate sotto *non–voting shares* (v.).

Asian clearing union: ***unione di compensazione asiatica.*** Accordo per la compensazione di saldi dei pagamenti internazionali tra i seguenti paesi asiatici: Bangladesh, Birmania, India, Iran, Nepal, Pakistan e Sri Lanka.

Asian Currency Unit: Unità di conto usata da un certo numero di banche di Singapore autorizzate a trattare depositi di non residenti.

Asian Development Bank: ***Banca per lo sviluppo dei paesi asiatici.*** Fu fondata nel 1966 con la partecipazione di 32 paesi, compresi alcuni al di fuori della regione asiatica, quali gli Stati Uniti, il Regno Unito, la Svizzera e la Repubblica Federale di Germania. Scopo della banca è favorire lo sviluppo e la cooperazione economica nella regione asiatica e nell'estremo oriente e contribuire all'accelerazione dello sviluppo economico dei paesi meno progrediti della regione.

Asian dollar bonds: ***obbligazioni in dollari asiatici.*** Simili alle nostre obbligazioni in eurodollari, ma trattate sul mercato di Singapore. Il mercato delle obbligazioni in dollari asiatici sorse a seguito dello sviluppo del mercato dei dollari asiatici.

Asian dollars: ***dollari asiatici.*** Termine usato come il nostro eurodollari, per indicare depositi bancari in dollari statunitensi tenuti in paesi asiatici e trattati al di fuori degli Stati Uniti, in un mercato che ha il centro più importante a Singapore.

Asian monetary unit: ***unità monetaria asiatica.*** Unità di conto usata dall'*Asian clearing union* (v.), con valore pari al diritto speciale di prelievo emesso dal Fondo Monetario Internazionale.

as if and when: Espressione del linguaggio finanziario e dei trasporti marittimi, usata col significato di «purché l'operazione abbia luogo all'epoca concordata».

as is: ***tale e quale; così com'è.*** Nel linguaggio commerciale, indica che il bene viene venduto nelle condizioni in cui si trova all'atto della stipula del contratto di vendita.

ask: ***prezzo di offerta.*** Termine usato come sinonimo di *ask price* (v.).

asked price: ***prezzo di offerta.*** Termine usato come sinonimo di *ask price* (v.).

asking price: ***prezzo di offerta.*** Termine usato come sinonimo di *ask price* (v.).

Aski trading system: Sistema di controllo dei cambi, in base al quale il pagamento di merci importate viene fatto con fondi speciali, riutilizzabili soltanto per acquistare merci del paese importatore. Fu in vigore nella Germania degli anni trenta ed il termine aski è l'abbreviazione di un'espressione corrispondente a «conti speciali di stranieri per pagamenti interni».

ask price: 1. ***prezzo di offerta.*** È il prezzo al quale un potenziale venditore è disposto a cedere un bene. **2.** ***prezzo lettera; cambio lettera; corso lettera.*** Lo stesso che *offer price 1* (v.). **3.** ***prezzo di emissione.*** È il prezzo al quale vengono vendute le quote–parti di un fondo comune d'investimento. Si ottiene aggiungendo le spese di acquisto al valore contabile netto delle quote parti. (v. anche *acquisition costs, book value 2*)

asmt.: assessment.

as near as: ***al porto più vicino disponibile.*** Espressione usata nei contratti di noleggio per indicare che la nave dovrà essere consegnata o riconsegnata al posto più vicino a quello menzionato subito dopo questa espressione, se risulta impossibile o pericoloso portare la nave al porto concordato.

A.S.P.: American selling price.

as per: ***come da.*** Espressione usata nel linguaggio commerciale per indicare che qualcosa è stata fatta come da istruzioni o accordo, ecc., come ad esempio nella frase *as per your order*, come da vostro ordinativo.

as per advice: ***come da avviso.*** Queste parole, scritte su una cambiale, indicano che il traente ha emesso la cambiale stessa in conformità con una lettera di avviso precedentemente inviata. (v. anche *letter of advice*)

as per contra: Espressione avverbiale di origine latina, usata nei bilanci per indicare un conto che si autocompensa. Ad esempio, nel bilancio di una banca troviamo *liabilities of customers for acceptances as per contra.*

ass.: assessed.

assay: ***saggio.*** Procedimento chimico inteso ad accertare il titolo di un metallo prezioso o il contenuto di fino, oro o argento, di una moneta.

assayer: ***saggiatore.*** Questo termine inglese indica un qualsiasi esperto di metalli o leghe metalliche, preposto ad accertare la quantità di metallo puro o fino contenuta in una lega.

assaying: ***saggio.*** Termine usato con lo stesso significato di *assay* (v.).

assay mark: ***marchio di saggio.*** V. spiegazione sotto *hall-mark.*

assay-master: ***saggiatore.*** Questo termine inglese viene usato per indicare il funzionario di un ufficio del saggio, preposto ad accertare la purezza dei metalli preziosi.

assay office: ***ufficio del saggio dei metalli preziosi.*** Ufficio preposto al saggio dei metalli preziosi, per uso nella coniatura di monete o al fine di determinare l'imposta sui metalli preziosi importati nel paese.

A.S.S.D.: Association of Stock and Share Dealers.

as seen: ***come sono.*** Espressione usata in relazione a merci offerte in vendita, per indicare che esse vengono vendute nelle condizioni in cui il potenziale compratore le vede o le ha viste. Pertanto, il venditore non si assume alcuna responsabilità in relazione alla loro futura condizione o alla loro qualità. L'espressione viene spesso usata nelle vendite all'asta.

to assemble: 1. ***assemblare; montare.*** Unire insieme i pezzi o le parti componenti di un prodotto, di una macchina o di un impianto o all'atto della fabbricazione o al momento dell'installazione nel luogo in cui l'impianto o la macchina dovranno funzionare. **2.** ***riunirsi.*** Convenire in un luogo stabilito, al fine di tenere una riunione o un'assemblea nel corso della quale dovranno essere discussi i punti all'ordine del giorno.

assembly: ***assemblaggio; montaggio; assiemaggio.*** Nella terminologia industriale, è il processo continuo mediante il quale si uniscono insieme le parti o i componenti di un prodotto, di solito lungo una catena o linea di montaggio.

assembly cost procedures: ***procedure di rilevazione dei costi di montaggio.*** Il sistema appositamente studiato da un'impresa per consentire la determinazione dei singoli costi che costituiranno il costo di montaggio complessivo.

assembly costs: ***costi di montaggio.*** I costi da sostenersi per procedere al montaggio di una macchina, di un impianto o di un prodotto.

assembly cost sheet: ***cartellino costi di assemblaggio.*** La scheda sulla quale vengono registrati gli elementi che consentiranno la rilevazione dei costi di montaggio.

assembly line: ***catena di montaggio; linea di montaggio.*** Sistema di produzione usato nel montaggio di macchine, ad esempio automobili, o altri prodotti. Le parti componenti vengono fatte passare, per mezzo di un trasportatore, attraverso una linea di operai, ciascuno dei quali compie l'operazione cui è preposto nel tempo unitario prefissato. Alla fine della linea, si ha il prodotto completamente montato. La catena di montaggio rende possibile il massimo grado di divisione del lavoro.

assembly-line technique: ***tecnica della catena di montaggio.*** Il sistema di produzione descritto sotto *assembly line* (v.).

assembly order costs: ***costi della commessa di montaggio.*** I costi relativi ad una commessa di montaggio di una macchina o di un impianto.

assembly programme: ***programma di assemblaggio.*** È il programma in base al quale si procede al montaggio o assemblaggio di un prodotto lungo una linea di montaggio.

assembly room: 1. ***sala di montaggio.*** La sala in cui si trova una catena di montaggio o nella quale si procede all'assemblaggio delle parti di un prodotto. **2.** ***sala delle riunioni.*** La sala in cui hanno luogo le riunioni di un consiglio di amministrazione, di un consiglio direttivo o di un'assemblea.

assembly time: ***tempo di assemblaggio; carico di montaggio.*** È il tempo consentito per ciascuna singola operazione lungo una catena di montaggio.

assented: Termine usato nel linguaggio finanziario per indicare titoli, azioni o obbligazioni, i cui proprietari hanno assentito ad una variazione delle condizioni di emissione e li hanno depositati in attesa del rilascio di un nuovo certificato. In un uso più particolare, il termine indica obbligazioni emesse da paesi stranieri che, per ragioni interne, non sono in grado di far fronte all'obbligo assunto al tempo dell'emissione. In tal caso, se il portatore deve scegliere tra non ricevere niente subito o ricevere qualcosa di diverso da quanto era stato promesso, egli acconsente a quest'ultima possibilità e le obbligazioni diventano *assented*; se, invece, egli non acconsente, le obbligazioni restano *non–assented.*

assented bonds: Sono le obbligazioni descritte sotto *assented* (v.).

assented shares: Sono le azioni descritte sotto *assented* (v.).

assented stock: Sono i titoli descritti sotto *assented* (v.).

assessable capital stock: ***azioni a contribuzione straordinaria.*** Termine usato come sinonimo di *assessable stock* (v.).

assessable income: ***imponibile; reddito imponibile.*** Termine usato con lo stesso significato di *taxable income* (v.).

assessable insurance: ***assicurazione a contribuzione straordinaria.*** Contratto di assicurazione mutua del tipo a contribuzione, in base al quale l'assicurato è tenuto a pagare un premio addizionale se le perdite subite dall'assicuratrice a seguito di sinistri sono di entità inaspettata. (v. anche *non–assessable insurance, mutual benefit association, assessment insurance, mutual insurance, mutual life assurance company*)

assessable policy: ***polizza di assicurazione a contribuzione straordinaria.*** È la polizza che rappresenta il contratto di assicurazione descritto sotto *assessable insurance* (v.).

assessable profit: ***utile imponibile; reddito imponibile d'impresa.*** Espressione a volte usata per distinguere il reddito imponibile di un'impresa dal reddito imponibile di una persona fisica. È la quantità di utili sui quali si deve calcolare l'imposta dovuta all'erario, in base alle disposizioni contenute nella legge finanziaria o in una legge che stabilisce particolari tipi di imposte per i redditi d'impresa. Come per le persone fisiche, anche per le imprese sono previste determinate detrazioni e deduzioni.

assessable securities: ***titoli a contribuzione straordinaria.*** Termine usato con lo stesso significato di *assessable stock* (v.).

assessable stock: ***azioni a contribuzione straordinaria.*** Termine statunitense, usato con due significati: a) azioni di capitale che potrebbero imporre all'azionista il pagamento di una quota maggiore di quella versata, se l'andamento della società lo rendesse necessario; b) capitale azionario di banche, i cui portatori erano in passato esposti a una duplice responsabilità: per il valore nominale versato e per un uguale ammontare da richiamarsi in caso di insolvenza. Oltre ai titoli bancari, possono essere soggetti a contribuzione straordinaria anche quelli emessi da compagnie di assicurazione.

assessable value: ***valore imponibile.*** Termine usato con lo stesso significato di *taxable value* (v.).

assessed taxes: ***imposte accertate.*** Espressione che si riferiva a imposte del diciottesimo secolo su carrozze, cavalli da corsa, domestici, finestre, ecc., così chiamate perché venivano accertate da funzionari del fisco.

assessed valuation: ***valore accertato.*** Il valore di un bene privato, stimato ai fini di imposizione fiscale da parte di un funzionario dell'ufficio delle imposte.

assessed value: ***valore accertato.*** Termine usato come sinonimo di *assessed valuation* (v.).

assessment: **1.** ***accertamento; accertamento di valore.*** Il processo di stima del valore di una proprietà ai fini di un'imposizione fiscale. Una volta accertato il valore imponibile, tramite l'applicazione dell'aliquota appropriata si determina l'imposta che il contribuente è tenuto a pagare. **2.** ***imposta ricorrente.*** Qualsiasi tipo di imposta ricorrente decretata dal governo, come ad esempio imposta sui beni immobili, imposta patrimoniale e simili. **3.** ***contributo di miglioria.*** Tributo, generalmente imposto da enti locali, avente elementi della tassa e dell'imposta insieme, relativo a opere di miglioria, quali rifazione del manto d'asfalto, marciapiedi, fognature, ecc., eseguite dall'ente locale, il cui effetto è vantaggioso per la comunità ma in particolare per il proprietario al quale viene richiesto il contributo, la cui proprietà acquista maggior valore. **4.** ***iscrizione a ruolo.*** L'iscrizione di un'imposta nel ruolo ufficiale delle imposte. **5.** ***contribuzione.*** Contributo imposto ai soci di un club, di una società, ecc., al fine di assorbire una perdita o creare una riserva di capitale. **6.** ***stima; valutazione.*** Nel linguaggio delle assicurazioni, indica la valutazione ufficiale dei beni coperti da assicurazione contro il rischio di danni o perdite.

assessment bond: ***obbligazione garantita da contributi di miglioria.*** Termine usato con lo stesso significato di *special assessment bond* (v.).

assessment insurance: ***assicurazione a contribuzione.*** Forma di assicurazione mutua, in base alla quale l'assicurato è tenuto a pagare un contributo ogni volta che si verifica un sinistro, invece di dover pagare in anticipo il premio relativo al bene di sua proprietà assicurato sotto questa forma. La procedura di contribuzione prevede che periodicamente vengano valutati gli indennizzi chc l'assicuratore deve pagare e il totale venga poi ripartito tra i soci, proporzionalmente alla somma assicurata, corrispondente al valore del bene di ciascun socio coperto da assicurazione. (v. anche *mutual insurance, stock insurance company*)

assessmentism: Sistema di assicurazione sociale in base al quale i benefici o somme assicurate non sono pagati con prelevamenti da un fondo costituito tramite pagamenti di premi nell'arco di un periodo di tempo passato, bensì da premi correnti e imposizione fiscale generale. Così chiamato, perché i premi correnti, corrispondenti ad esempio ai contributi per il fondo pensioni, sono calcolati in base alla stima dei costi correnti dei benefici prestati.

assessment of damages: ***valutazione dei danni.*** È la stima, in termini monetari, dei danni riportati, a seguito di sinistro o incidente, da un bene coperto da assicurazione.

assessment of taxation: ***accertamento tributario; accertamento fiscale; accertamento d'imposta.*** Termine usato come sinonimo più preciso di *assessment 1* (v.).

assessment of the loss: ***valutazione della perdita.*** È la stima del valore di un bene coperto da assicurazione ed andato perduto a seguito di un sinistro. Alcuni tipi di polizze consentono che la valutazione del bene assicurato venga fatta solo quando e se si verifica il sinistro.

assessment roll: ***ruolo dei contribuenti.*** Lo stesso che *list of taxpayers* (v.).

assessor: 1. ***perito; stimatore.*** Persona che per la sua conoscenza tecnica specifica viene incaricata, da un giudice o da una compagnia di assicurazioni ecc., di stimare un bene o di stabilire l'entità di un indennizzo. **2.** ***agente del fisco.*** Funzionario preposto all'accertamento del valore di una proprietà, di un bene o di un reddito, ai fini di un'imposizione fiscale.

asset: ***attività singola.*** Qualsiasi tipo di proprietà o possesso, tangibile o intangibile, che abbia un valore monetario o che frutti un reddito e che possa essere usata in pagamento di un debito. In particolare, il termine inglese indica i beni di proprietà di una persona fisica o la moneta che le è dovuta da altri.

asset accounts: ***conti patrimoniali.*** Sono i conti elementari che, nel sistema patrimoniale, vengono accesi agli elementi attivi del patrimonio e accolgono i valori relativi al danaro, ai crediti, alle cambiali, alle merci, ai mobili, agli immobili, ai brevetti, ecc., di una qualsiasi impresa o altra organizzazione.

asset allocator: Espressione del gergo finanziario con la quale si indica un gestore di fondi che adotta la tattica descritta sotto *tactical asset allocation* (v.).

asset and liability management: ***gestione delle attività e passività.*** Espressione usata negli Stati Uniti per indicare la gestione, da parte di una banca, delle proprie attività e passività in maniera da trarne il massimo vantaggio possibile. Tale pratica prevede l'investimento delle attività parte in maniera che consenta una rapida convertibilità in contanti e parte in maniera da fruttare alti tassi di interesse in quanto impiegata in mutui a più lunga durata. La gestione delle passività, invece, avviene attraverso l'emissione di certificati di deposito trasferibili in tagli minimi di centomila dollari, con il taglio da un milione di dollari come unità minima abbastanza comune. Quando una banca statunitense ha bisogno di fondi, essa offre un tasso di interesse su questi certificati lievemente superiore a quello delle altre banche e ciò consente l'afflusso di fondi. Quando viene raggiunto l'ammontare voluto, la banca riduce lievemente il tasso di interesse, in modo da fermare l'afflusso di moneta, ma avendo l'accortezza di mantenerlo ad un livello tale da conservare i depositi esistenti via via che i certificati giungono a scadenza. Mediante questo sistema, introdotto nel 1962, le banche statunitensi sono in grado di gestire anche le loro passività a seconda delle loro necessità di fondi. La stessa espressione indica la procedura mediante la quale si provvede a pareggiare la propria posizione di attività e passività. Ad esempio, un individuo o un'impresa che intendano acquisire un bene durevole o capitale devono decidere se pagare in contanti, così riducendo le attività, o se contrarre un prestito, così aumentando le passività.

asset and liability statement: ***bilancio annuale; stato patrimoniale; bilancio patrimoniale; situazione patrimoniale.*** Conto riassuntivo di tutte le attività e passività pertinenti ad un'azienda, chiuso o pareggiato con l'indicazione del saldo costituente il patrimonio netto dell'azienda. (v. anche *balance sheet*)

asset backing: ***copertura delle attività.*** La copertura di una particolare obbligazione, di una classe di azioni privilegiate o altra passività di un'impresa, rappresentata dalle attività nette dell'impresa stessa. Se, ad esempio, una società possiede attività nette per un valore di cento milioni ed ha emesso diecimila azioni privilegiate, la copertura offerta dalle attività è di diecimila lire per ciascuna azione privilegiata.

asset coverage: ***copertura delle attività.*** Lo stesso che *asset backing* (v.).

asset demand for money: ***domanda patrimoniale di moneta.*** Lo stesso che *precautionary demand for money* (v.).

asset-growth maximization: ***massimizzazione della crescita delle attività.*** Nella teoria dell'impresa, è un obiettivo aziendale usato in alternativa al presupposto tradizionale della massimizzazione dei profitti. Consiste nel tentativo, da parte dell'impresa, di realizzare la massima crescita possibile delle proprie attività, senza però deprimere il valore di mercato delle proprie azioni di capitale.

asset-liability management: ***gestione delle attività e passività.*** Lo stesso che *asset and liability management* (v.).

asset life: ***vita di un bene capitale.*** Periodo di tempo per il quale un bene capitale apporta valore al funzionamento di un'azienda.

asset management: ***gestione delle attività.*** Il tipo di gestione una volta perseguita dalle banche con l'obiettivo di massimizzare il rendimento delle loro attività mediante un giusto equilibrio tra rendimento, rischio, scadenza e liquidità, senza prestare eccessiva attenzione alle passività, che venivano gestite di conseguenza. Da quando è iniziata la forte concorrenza per assicurarsi i depositi del pubblico, le banche hanno spostato la loro attenzione soprattutto sulla gestione delle passività.

asset market: ***mercato delle attività.*** Termine usato in contrapposizione a *money market* (v.) e *goods market* (v.) per indicare genericamente il mercato sul quale è possibile comprare e vendere attività finanziarie.

asset ratio: ***rapporto di attività.*** Il rapporto tra il valore di un'attività riportato in un bilancio patrimoniale e il valore totale di tutte le attività dell'impresa.

asset register: ***registro delle attività.*** Lo stesso che *fixed assets register* (v.).

assets: ***attivo; attività.*** Il complesso dei beni di proprietà di un'azienda o di un privato, di cui si può disporre a fronte di impegni o passività.

assets administration: ***gestione patrimoniale.*** È uno dei servizi prestati dalle banche e consiste della gestione di titoli o di proprietà immobiliari in genere. La gestione patrimoniale può essere curata anche da altri tipi di imprese o da privati cui è stato affidato tale mandato.

assets and liabilities: ***attività e passività; attivo e passivo.*** Le due sezioni che costituiscono uno stato patrimoniale. Tra le attività rientrano: immobili, mobili e attrezzi, automezzi, merci, risconti attivi, ratei attivi, ecc.; tra le passività rientrano: cambiali passive, risconti e ratei passivi, fondo ammortamento, fondo svalutazione crediti, fondo imposte oltre, ovviamente, al capitale iniziale.

assets disposal account: Il termine inglese indica un conto elementare nel quale vengono registrati fatti relativi ad un'attività smobilitata. Al conto viene addebitato il costo iniziale dell'attività e vengono accreditate le quote di ammortamento relative al periodo in cui essa è stata utilizzata, più il valore di recupero se essa è stata venduta al termine della sua vita utile. Il saldo del conto indicherà se le quote di ammortamento sono state eccessive, precise o insufficienti.

assets of a bank: ***attivo di una banca.*** Le principali voci dell'attivo di una banca sono, in ordine decrescente di liquidità: contanti a disposizione o presso agenzie o presso la sede centrale; denaro a richiesta e a breve; investimenti in obbligazioni statali e industriali; cambiali; anticipazioni a clienti; sede della banca.

assets side: ***attivo; attività.*** È la sezione dello stato patrimoniale nella quale vengono indicate le attività dell'impresa.

asset stripper: La persona, fisica o giuridica, che pratica l'*asset stripping* (v.).

asset stripping: Pratica speculativa che consiste nel rilevare un'azienda il cui capitale azionario ha un valore inferiore a quello delle sue attività fisse, spesso con lo scopo di chiuderla e vendere le attività ricavandone un utile.

assets value: ***valore dell'attivo.*** Il valore complessivo di un'impresa, calcolato sommando tutti i valori contabili delle sue attività.

asset valuation: ***valutazione delle attività.*** Il metodo tradizionale di valutazione delle attività è rappresentato dalla contabilità a costi storici, in base alla quale le attività vengono valutate al prezzo di acquisto o al costo di produzione, meno l'ammortamento che si estende per tutto l'arco di vita economica del bene. Tuttavia, a seguito delle notevoli variazioni dei prezzi verificatesi negli anni settanta e ottanta, si è fatto spesso ricorso a vari metodi che tengono conto dell'inflazione e che per questo vengono fatti rientrare sotto l'intestazione di *inflation accounting* (v.).

assign: ***cessionario; avente causa.*** Termine usato come sinonimo di *assignee* (v.).

to assign: ***cedere; trasferire.*** Cedere ad altri, mediante atto di trasferimento o girata, diritti o documenti rappresentativi di un diritto di proprietà, come ad esempio titoli di credito, polizze di carico e simili.

assignation: ***cessione; mansione.*** Lo stesso che *assignment* (v.) nei suoi due significati.

assigned revenue: ***assegnazione.*** Parte del gettito fiscale, trasferita dal governo centrale agli enti locali.

assigned risk: ***rischio assegnato.*** Nelle assicurazioni, quando la proposta di chi vuole stipulare una polizza è respinta da molti assicuratori, il proponente può, in virtù di certe leggi statali americane, far domanda di essere assegnato a un assicuratore estratto a sorte. Tale assegnazione di solito comporta un premio più alto, in quanto l'assicuratore non avrebbe accettato il rischio di sua libera volontà.

assigned stock: ***scorte accantonate; scorte riservate.*** Lo stesso che *allocated stock* (v.).

assignee: ***cessionario; avente causa.*** Persona a favore della quale viene fatta una cessione da parte di un cedente. Lo stesso termine inglese indica la persona nominata in una polizza di assicurazione, alla quale dovrà essere versata la somma assicurata in caso di premorienza del beneficiario.

assignee in bankruptcy: ***curatore del fallimento; liquidatore.*** Secondo l'ordinamento giuridico anglosassone, viene nominato dal tribunale o dai creditori, dopo che un debitore è stato dichiarato fallito, perché proceda alla liquidazione delle attività e alla successiva ripartizione tra i creditori. Fino alla nomina del curatore definitivo, le sue funzioni vengono svolte dall'*official receiver* (v.), che potrebbe definirsi un curatore temporaneo, pur se spesso quest'ultimo viene confermato e nominato curatore definitivo. I poteri di un curatore definitivo sono regolati dagli articoli 55–59 del *Bankruptcy Act* del 1914.

assignment: **1.** ***cessione.*** Atto con cui si cede un bene materiale o immateriale a favore di altri. Lo stesso termine indica l'atto mediante il quale un nuovo creditore subentra al creditore originario, anche senza l'assenso del debitore. (v. anche *to assign*) **2.** ***mansione.*** Particolare compito o lavoro, la cui esecuzione viene assegnata ad un lavoratore o ad un gruppo di lavoratori che formano una squadra.

assignment clause: ***clausola della cessione.*** Nelle polizze di assicurazione marittima, è la clausola che consente all'assicurato di cedere o vendere i propri diritti sulla polizza stessa.

assignment credit: ***credito contro cessione.*** Nel linguaggio bancario, è un credito concesso ad un cliente che offre in garanzia crediti da lui vantati nei confronti di terzi. In altre parole, il mutuante cede i propri crediti alla banca.

assignment for the benefit of creditors: ***cessione a beneficio dei creditori; cessione dei beni ai creditori.*** Una persona che si trovi in stato di insolvenza e non sia in grado di far fronte ai propri debiti, può convocare i creditori e offrire loro la cessione delle sue proprietà affinché siano vendute e il ricavato distribuito tra i creditori, in proporzione ai loro crediti. L'effetto di questa cessione è quello di tacitare definitivamente i creditori. (v. anche *arrangement with creditors*)

assignment in blank: ***cessione in bianco.*** La cessione scritta di un credito mediante girata, nella quale il cedente non indica il nome del cessionario.

assignment record: ***elenco delle mansioni.*** Lista che contiene i principali compiti di un impiegato che, generalmente, svolge un lavoro non routinario.

assignor: ***cedente.*** La persona che fa una cessione a favore di un cessionario.

assigt.: assignment.

assimilation: ***assimilazione.*** L'uso del termine inglese in finanza indica l'acquisto, da parte del pubblico, di una nuova emissione obbligazionaria e lo stabilirsi di un suo corso alla borsa valori.

Assistance Board: Termine con il quale si indicò, dopo il 1940, la *Unemployment Assistance Board* (v.).

assistant: ***assistente; collaboratore; sostituto.*** Un qualsiasi aiutante o sostituto in un ufficio, in una fabbrica o altro posto di lavoro.

assistant accountant: ***aiuto contabile.*** Contabile al quale vengono affidate le mansioni di assistere e collaborare con un contabile di grado più elevato o di maggiore esperienza.

assistant book-keeper: ***aiuto contabile.*** Termine usato con lo stesso significato di *assistant accountant* (v.).

assistant director: ***assistente di linea; vice direttore.*** Termine usato come sinonimo di *assistant manager* (v.).

assistant manager: ***assistente di linea; vice direttore.*** Impiegato che collabora con un direttore o con un amministratore, svolgendo parte del lavoro che compete a quest'ultimo.

assisted areas: Termine oggi sostituito da *areas for expansion* (v.).

assn.: association.

associated companies: ***aziende consociate; società consociate; consociate.*** Il termine inglese è molto generico e indica società con interessi comuni, che possono nascere da: a) controllo di due o più società da parte delle stesse persone; b) proprietà azionarie incrociate, ma insufficienti a rendere una società affiliata di un'altra; c) membri del consiglio di amministrazione in comune, che consentono alle società di perseguire scopi comuni. Af-

finché una società possa dirsi consociata di un'altra, quest'ultima deve detenere almeno il 20% del capitale della prima. Il significato esatto del termine, quindi, dipenderà dal contesto in cui esso si trova.
associated states: ***stati associati.*** Stati che hanno sottoscritto speciali accordi commerciali con la Comunità Economica Europea, di cui non sono membri.
associate member: Membro, per diritto, della borsa valori di Londra, ma non socio o direttore della ditta membro cui è collegato.
associates: ***associati; soci.*** Il termine inglese indica tanto due o più persone soci di uno studio professionale, ad esempio avvocati, quanto due o più persone che hanno interessi in comune in una qualche attività economica.
association: ***associazione.*** Indica un insieme di persone, fisiche o giuridiche, che si associano per uno scopo specifico. Il termine inglese viene di solito usato in relazione ad associazioni senza scopo di lucro, quali possono essere le associazioni professionali, il cui scopo principale è quello di tutelare gli interessi dei soci e stabilire norme e standard cui devono conformarsi, da un punto di vista professionale, tutti coloro che ne fanno parte.
association agreement: ***accordo.*** Il termine inglese indica genericamente un accordo firmato dall'associazione dei datori di lavoro e un sindacato o una federazione sindacale dei lavoratori.
association clause: La clausola conclusiva di un atto costitutivo, nella quale i sottoscrittori esprimono la loro volontà di costituirsi in società e indicano, a fianco delle loro firme, il numero di azioni sottoscritto da ciascuno di loro.
Association for Consumer Research: Organizzazione dei consumatori, fondata per tutelare i loro interessi.
association not for profit: ***associazione senza scopo di lucro.*** Lo stesso che *non–profit corporation* (v.).
Association of British Chambers of Commerce: Associazione delle camere di commercio britanniche, alla quale aderiscono oltre cento camere di commercio della Gran Bretagna ed alcune camere di commercio britanniche in paesi stranieri.
Association of Certified and Corporate Accountants: Associazione di professionisti composta dalla *Corporation of Accountants*, fondata nel 1891, dall'*Institute of Certified Public Accountants*, fondato nel 1903, e dalla *London Association of Certified Accountants*, fondata nel 1904. Scopo dell'Associazione è una sempre migliore qualificazione professionale dei membri, che vi possono aderire previo superamento di un esame di abilitazione all'esercizio della professione.
Association of Futures Brokers and Dealers: Uno degli organismi autoregolamentati della *City* di Londra, che sovrintende sui mercati a termine degli strumenti finanziari e delle materie prime e raggruppa operatori e intermediari attivi in tali mercati.
Association of International Bond Dealers: L'organizzazione, con sede a Zurigo, che tutela gli interessi degli operatori nel mercato delle eurobbligazioni.
Association of Stock and Share Dealers: Associazione di agenti autorizzati a trattare titoli, ma che non sono membri di alcuna borsa valori, chiamati *outside brokers* (v.).
asst.: assistant.
assumed bond: ***obbligazione assunta.*** Espressione che sta ad indicare un'obbligazione garantita, come capitale o interesse o entrambi, da una società o ente diversi da quello emittente, che ne hanno assunto la responsabilità dopo l'emissione.
assumed liability: ***passività assunta.*** Indica l'assunzione della responsabilità di un pagamento da parte di un terzo, come nel caso di acquisizione di un'azienda funzionante, le cui passività vengono assunte dall'impresa che la incorpora.
assumption: **1.** ***presupposto; presupposizione.*** Nel linguaggio economico, questo termine indica la supposizione, data per scontata, dalla quale partono gli economisti nel formulare una legge o un principio. I presupposti economici sono, pertanto, delle proposizioni semplici sul comportamento e sulla natura umani e sulle condizioni tecniche. Ad esempio, un presupposto abbastanza diffuso è che gli individui tentino sempre di massimizzare la loro utilità personale nel fare scelte che influenzano il loro reddito e la loro spesa. **2.** ***assunzione.*** L'atto o l'effetto di assumersi la responsabilità di un'obbligazione di un'altra persona.
assumption of risk: ***assunzione di rischio.*** Principio giuridico statunitense in base al quale un lavoratore si assume il rischio di lesioni alla propria persona quando accetta un lavoro particolarmente rischioso o pericoloso. Tale principio è stato ampiamente sostituito in molti degli Stati Uniti dalle *workmen's compensation laws* (v.).
assurance: ***assicurazione.*** In origine il termine inglese era usato per indicare la copertura contro il rischio di un evento che si sarebbe verificato in futuro, come ad esempio la morte di una persona, con la sola incertezza della data in cui l'evento si sarebbe verificato. L'altro termine inglese, *insurance* (v.), era invece usato per indicare la copertura contro il rischio di un evento che avrebbe anche potuto non verificarsi affatto, come ad esempio il furto o l'incendio. Perciò si sente *life assurance*, ma *fire insurance.* Oggi, tuttavia, i due termini tendono ad avere lo stesso significato.
assured: ***assicurato.*** La persona che sarà indennizzata da un'altra, assicuratore, nel caso si verifichi l'evento contro il quale si è assicurata. Può, anche, indicare il beneficiario di una polizza di assicurazione sulla vita.
assurer: ***assicuratore.*** La persona, fisica o giuridica, che in considerazione del pagamento di una somma di denaro, chiamata premio, da parte di un'altra persona, chiamata assicurato, si assume l'impegno di indennizzare quest'ultima qualora riporti un danno o una perdita dal verificarsi di un evento contro il quale il soggetto si è specificamente assicurato.
astronomical theory of the trade cycle: ***teoria astronomica del ciclo economico.*** Lo stesso che *sun–spot theory* (v.).
A/T: American terms.
at: Moneta divisionale del Laos, equivalente ad un centesimo di kip.
at a cheap price: ***a buon mercato; a basso prezzo.*** Espressione usata con lo stesso significato di *at a low price* (v.).
at a dear price: ***a caro prezzo; ad alto prezzo.*** Espressione usata con lo stesso significato di *at a high price* (v.).
at a discount: ***sotto la pari.*** Espressione borsistica usata per indicare che il corso di un titolo è inferiore al suo valore nominale.
at a high price: ***a caro prezzo; ad alto prezzo.*** Espressione usata nel linguaggio commerciale per indicare che un bene è stato venduto o comprato ad un prezzo alto, rispetto a quello di mercato o a quello che si sarebbe potuto spuntare. L'espressione è passata anche nel linguaggio comune per indicare che un qualcosa è stato fatto con

notevole perdita o sacrificio.

at a long date: ***a lunga scadenza; a lunga data.*** Espressione usata con lo stesso significato di *at long maturity* (v.).

at a low price: ***a buon mercato; a basso prezzo.*** Espressione usata nel linguaggio commerciale per indicare che un bene è stato venduto o comprato ad un prezzo basso relativamente ai prezzi di mercato.

at and from: ***al porto e dal porto.*** Nelle assicurazioni marittime, significa che la polizza di assicurazione entra in vigore dal momento in cui iniziano le operazioni di caricazione in un porto fino alla partenza della nave, per continuare ad essere valida dal momento in cui la nave lascia il porto.

at a premium: ***sopra la pari.*** Espressione borsistica, usata per indicare che il corso di un titolo è superiore al suo valore nominale.

at arm's length: ***a condizioni concorrenziali.*** Espressione usata per indicare un'operazione tra due o più parti, condotta secondo i più rigidi canoni commerciali, cioè senza favoritismi da alcuna parte.

at a short date: ***a breve scadenza; a breve data.*** Espressione usata con lo stesso significato di *at short maturity* (v.).

at best: ***al meglio; curando.*** Istruzione data dal cliente al proprio *stockbroker* (v.) di acquistare o vendere al prezzo migliore reperibile sul mercato al momento, cioè il prezzo più alto se si vende, il più basso se si compra.

at bottom: ***in calce.*** Espressione usata per indicare qualche notizia o informazione riportata a piè di pagina, nella stessa lettera o altro documento.

at buyer's risk: ***a rischio del compratore.*** Questa espressione viene usata per indicare che le merci, vendute a rischio del compratore, non sono accompagnate da alcuna garanzia, prestata dal venditore, circa la loro qualità o idoneità ad un determinato uso. Il compratore dovrà, pertanto, ispezionare le merci ed assicurarsi che esse rispondano alle sue necessità prima di effettuare l'acquisto, perché una volta perfezionata l'operazione di compravendita, il venditore non potrà essere ritenuto responsabile di eventuali difetti o altro.

at call: ***a richiesta; a chiamata.*** È un modo di tenere denaro presso una banca, di cui si può chiedere la restituzione senza dover dare alcun preavviso.

at carrier's risk: ***a rischio e pericolo del vettore.*** Nel linguaggio dei trasporti, indica che il vettore sarà responsabile di qualsiasi perdita o danno subito dalle merci, che si è impegnato a trasportare, durante tutto il viaggio. Questa clausola nei contratti di trasporto su rotaia fa sì che la tariffa fatta pagare al mittente sia superiore a quella relativa a merci che viaggiano a rischio e pericolo del mittente.

at discretion: ***a discrezione.*** Istruzione data da un cliente al suo *broker* (v.) di comprare o vendere un tipo di valori mobiliari o di derrate ad un prezzo a discrezione del broker stesso.

at even: Termine usato nel linguaggio della borsa valori di Londra. Quando si dice che i titoli sono riportati *at even*, si intende che su di essi non si deve pagare né *contango* (v.), né *backwardation* (v.).

at foot: ***in calce.*** Espressione usata come sinonimo di *at bottom* (v.).

Atkin Committee on Women in Industry: Questa commissione pubblicò un rapporto nel 1919 sulla questione del diverso trattamento salariale tra uomini e donne nelle industrie britanniche. Nel 1920 il parlamento stabilì la parità di trattamento per gli impiegati dello stato, ma per circa quaranta anni ciò rimase allo stato puramente virtuale.

A.T.L.: actual total loss.

Atlantic Charter: ***Carta Atlantica.*** Dichiarazione di principi di politica internazionale del Commonwealth e degli Stati Uniti, concordata nel 1941 in modo non formale, senza firme né timbri, tra il Presidente Roosevelt e il primo ministro britannico W. Churchill. Degli otto punti, solo il quinto riguardava questioni economiche e stabiliva il diritto di accesso, in condizioni di parità, al commercio e alle materie prime del mondo, auspicando la più piena collaborazione tra le nazioni.

Atlanticism: ***atlantismo.*** Politica di stretta collaborazione tra l'Europa occidentale e il nord America.

Atlanticist: ***atlantista.*** Un convinto sostenitore della politica di stretta collaborazione tra l'Europa occidentale e il nord America.

at limit: ***a limite.*** Istruzione data da un cliente al suo *broker* (v.) con cui si pone un limite al prezzo al quale comprare o vendere titoli o derrate.

at long maturity: ***a lunga scadenza.*** Espressione usata nel linguaggio finanziario in relazione a prestiti o cambiali con scadenza relativamente lunga. Per le cambiali, ad esempio, indica che esse concedono un periodo di credito superiore ad un mese.

ATM: automatic teller machine.

at merchant's risk: ***a rischio e pericolo del proprietario.*** Espressione usata con lo stesso significato di *at buyer's risk* (v.).

at notice: ***con preavviso; soggetto a preavviso.*** Espressione usata principalmente nel linguaggio bancario per indicare che una somma depositata presso una banca può essere prelevata soltanto dopo averne dato preavviso, secondo i termini dell'accordo intercorso tra banca e cliente.

Atomic Energy Act: Legge, approvata dal Congresso degli Stati Uniti nel 1946, che stabiliva le norme per lo sfruttamento pacifico dell'energia nucleare entro i confini degli Stati Uniti. Tra l'altro, la legge recita: «... soggetto in qualsiasi momento all'obiettivo principale di garantire la sicurezza e la difesa comune, lo sfruttamento e lo sviluppo dell'energia atomica saranno, fin dove possibile, diretti verso il miglioramento del benessere pubblico, l'aumento del tenore di vita, il rafforzamento della libera concorrenza nell'iniziativa privata e la promozione della pace mondiale».

Atomic Energy Authority: ***Ente per l'energia nucleare.*** Fu istituito nel 1954 per sovrintendere alla produzione dell'energia nucleare per scopi pacifici in Gran Bretagna. Sotto la sua sorveglianza furono costruite parecchie centrali nucleari per la produzione di energia elettrica ed altre sono in costruzione. Dal 1964 non dipende più dal ministero dell'energia, bensì dal ministero della tecnologia, di recente istituzione.

Atomic Energy Commission: È l'equivalente statunitense dell'*Atomic Energy Authority* (v.) del Regno Unito.

atomistic competition: ***concorrenza atomistica.*** Modello di mercato usato nell'analisi economica e caratterizzato da un grandissimo numero di venditori (in rapporto alla produzione totale) di beni identici, nessuno dei quali è in grado di influenzare il prezzo di mercato mutando la quantità di prodotto che vende. Essi operano, quindi, indipendentemente e in concorrenza tra loro.

atomistic economy: ***economia atomistica.*** Espressione usata per indicare un'economia nella quale in ciascuna industria è presente un gran numero di piccoli produttori indipendenti, che svolgono la loro attività in concorrenza l'uno con l'altro.

atomistic industry: ***industria atomistica.*** Nel linguaggio economico, indica un'industria nella quale opera un gran numero di produttori indipendenti, ciascuno in concorrenza con gli altri, abbastanza piccoli da non poter influire sul prezzo di vendita dei loro prodotti. Essi, pertanto, accettano il prezzo di mercato dei loro beni e adeguano la produzione a questo prezzo di vendita. Il gran numero di produttori, allo stesso tempo, previene qualsiasi possibilità di accordo collusivo con tendenze monopolistiche.

atomistic society: ***società atomistica.*** Tipo di economia, del tutto teorica, in cui operano unità produttive piccole e indipendenti. Il termine è usato per indicare le condizioni esistenti prima della formazione di enormi aggregazioni di capitali nell'industria e nel commercio.

at or better: ***a o meglio.*** Istruzione impartita ad un *broker* (v.) impegnato in un'operazione di acquisto o di vendita, che significa che l'operazione dovrà essere eseguita ad un certo prezzo o ad un qualsiasi prezzo migliore.

at owner's risk: ***a rischio e pericolo del mittente.*** Nel linguaggio dei trasporti, indica che le merci viaggiano a rischio del proprietario e che il vettore declina qualsiasi responsabilità per eventuali perdite o danni che dovessero verificarsi durante tutto il viaggio. Questa clausola nei contratti di trasporto su rotaia fa sì che la tariffa fatta pagare al mittente sia inferiore a quella praticata su merci che viaggiano a rischio e pericolo del vettore.

at par: ***alla pari.*** Termine borsistico, usato per indicare che il corso di un titolo è uguale al suo valore nominale. Nel caso di valute estere, indica che il cambio è uguale alla parità monetaria ufficiale tra le valute dei due paesi.

at risk: ***a rischio.*** Espressione usata nel linguaggio delle assicurazioni in relazione a beni soggetti a rischio di danno o perdita, in quanto esposti ad eventi pericolosi specificamente previsti nella polizza che li assicura.

ATS: automated trading system.

ATS account: ***conto con servizio di trasferimento automatico.*** V. spiegazione sotto *automatic transfer service account.*

at sea: ***in mare; in navigazione.*** Nel linguaggio delle assicurazioni marittime, indica che la nave non è più in porto, ma si trova in navigazione sui mari.

at ship's rail: ***sotto paranco.*** Espressione usata nei contratti di trasporto marittimo per indicare che la responsabilità dell'armatore termina nel momento in cui le merci trasportate vengono poste, al porto di destinazione, in un luogo tale, a bordo della nave, da dove il destinatario o il suo agente possono farsele consegnare usando i picchi di carico della nave stessa o altra attrezzatura di discarica.

at short maturity: ***a breve scadenza.*** Espressione usata nel linguaggio finanziario in relazione a prestiti o cambiali con scadenza relativamente breve. Per le cambiali, ad esempio, indica che esse concedono un periodo di credito non superiore ad un mese.

at sight: ***a vista.*** Termine usato per indicare una cambiale pagabile alla presentazione. Una cambiale del genere, chiamata *sight bill* (v.), non prevede giorni di grazia, né ha bisogno di essere accettata. Un assegno bancario è, a rigor di termini, una cambiale a vista.

attachment: ***sequestro conservativo presso terzi.*** Procedimento mediante il quale si impedisce a un debitore di disporre di beni in mano a terzi, siano essi merci o denaro in banca o beni di altra natura, finché il suo creditore non sia stato soddisfatto.

attacking company: ***società attaccante; società scalatrice.*** La società che lancia un'offerta pubblica di acquisto con l'intento di impadronirsi di un'altra società, detta società vittima.

Atten.: attention.

attendance: ***presenza.*** L'atto di essere presente sul posto di lavoro, ad una riunione, ad un'assemblea e simili.

attendance book: ***libro delle presenze.*** È un libro nel quale viene registrata la presenza dei soci o dei membri di un consiglio o comitato ad ogni riunione che si tiene. La presenza viene registrata mediante apposizione della firma da parte dell'interessato.

attendance money: ***indennità di presenza.*** In base al *Dock Labour Scheme* del 1947, i lavoratori portuali potevano essere mandati, dal *Dock Labour Board*, ad un datore di lavoro o ad un altro a seconda della richiesta di manodopera. Se il lavoratore, però, non trovava lavoro, aveva ugualmente diritto all'indennità di presenza per il solo fatto di essersi presentato e di essere pronto a lavorare.

attendance register: ***registro delle presenze.*** Termine usato con lo stesso significato di *attendance book* (v.).

attendance time: ***ore di presenza.*** Il numero complessivo di ore di presenza di un lavoratore sul posto di lavoro nell'arco di un determinato periodo di tempo. Su tale numero di ore si basa la remunerazione cui ha diritto il lavoratore, indipendentemente dal fatto che ci fosse o no lavoro da svolgere.

attested copy: ***copia autenticata.*** Copia autentica di un documento originale (e non copia di un'altra copia) con la dichiarazione di un funzionario a ciò preposto e relativo sigillo e bollo attestante che trattasi di copia da lui verificata e trovata conforme all'originale. Nel caso di società, il funzionario con potere di autenticazione è il segretario.

«at the back door»: ***alla porta di servizio.*** Espressione usata nel linguaggio finanziario della *City* di Londra per indicare l'aiuto prestato dalla Banca d'Inghilterra al mercato monetario mediante l'acquisto di titoli tramite il suo *special buyer* (v.), quando essa vuole andare incontro alle esigenze di liquidità del mercato, senza però spingere i tassi di interesse correnti al rialzo o al ribasso.

at the cheapest price: ***al prezzo minimo; al prezzo più basso.*** Espressione usata con lo stesso significato di *at the lowest price* (v.).

«at the close» order: ***ordine in chiusura; ordine al listino.*** Espressione usata nel linguaggio delle borse per indicare un ordine, passato da un cliente al suo *stockbroker* (v.), che deve essere eseguito il più possibile vicino all'orario di chiusura delle operazioni di borsa. Nella pratica italiana è detto anche «ordine al listino», perché deve essere eseguito durante la chiamata del titolo per la formazione del listino ufficiale di chiusura. (v. anche *call rule*)

«at the front door»: ***alla porta principale.*** Espressione usata nel linguaggio finanziario della *City* di Londra per indicare l'aiuto prestato dalla Banca d'Inghilterra al mercato monetario quando essa non intende aumentare la liquidità delle case di sconto seguendo il sistema descritto sotto *«at the back door»* (v.). In tal caso, le case di sconto possono prendere denaro a prestito direttamente dall'ufficio sconto della Banca d'Inghilterra e ciò viene definito «assistenza alla porta principale».

at the lowest price: ***al prezzo minimo; al prezzo più***

basso. Espressione usata in relazione ad un ordine passato da un cliente al suo *broker* (v.) di acquistare una data merce o un dato valore mobiliare al prezzo minimo che riesce a spuntare sul mercato.

at the market: ***al meglio; al prezzo di mercato.*** Istruzione data da un cliente al suo *broker* (v.) di comprare o vendere immediatamente al miglior prezzo che può spuntare sul mercato.

at the money: ***al prezzo corrente.*** Detto, ad esempio, di un contratto a premio il cui corso è uguale o vicino al prezzo corrente del titolo cui si riferisce.

«at the opening» order: ***ordine in apertura.*** Espressione usata nel linguaggio delle borse per indicare un ordine, passato da un cliente al suo *broker* (v.), che deve essere eseguito nei primi minuti dopo l'apertura delle contrattazioni o non deve essere eseguito affatto. (v. anche *call rule*)

attitude: ***atteggiamento.*** Nel linguaggio del marketing, il termine indica un punto di vista radicato nel consumatore, costituito da un insieme di sentimenti e opinioni, che ne influenza il comportamento di acquisto.

attitude survey: ***sondaggio di atteggiamento.*** Nel linguaggio delle relazioni industriali, indica un sondaggio condotto dalla direzione di un'impresa e tendente ad accertare le cause delle cattive relazioni tra lavoratori e datore di lavoro, con l'obiettivo di individuare basi su cui edificare una forma diversa di rapporto che porti ad un atteggiamento più morbido dei lavoratori nei confronti dell'impresa. La stessa espressione viene usata anche nel linguaggio del marketing per indicare i sondaggi sull'atteggiamento del pubblico nei confronti di un prodotto, di un candidato ad un'elezione e simili.

Attn.: attention.

attorney: **1.** ***procuratore.*** Chiunque agisce per conto di un'altra persona, in virtù di una procura conferitagli da quest'ultima. **2.** ***procuratore legale.*** Più propriamente *attorney–at–law*, è una persona abilitata ad esercitare in una corte di giustizia.

attorney–at–law: ***procuratore legale.*** Termine usato come sinonimo più preciso di *attorney 2* (v.).

Attorney General: ***procuratore generale.*** È il più alto magistrato della Corona.

attorney in fact: ***procuratore di fatto.*** Una persona che agisce come agente di una qualsiasi altra persona.

attorney's lien: ***diritto di ritenzione del procuratore; privilegio del procuratore.*** Il diritto di un procuratore di conservare il possesso di beni o documenti del cliente, a garanzia di somme da lui anticipate o di servizi resi e non ancora pagati.

attribute: ***attributo.*** Una caratteristica qualitativa di un individuo, in contrasto ad una variabile o caratteristica quantitativa. Ad esempio, il sesso di una persona è un attributo, mentre la sua età è una variabile.

attributes: ***attributi.*** Nel linguaggio del marketing, sono le caratteristiche che un consumatore desidera trovare nei prodotti che acquista. Gli attributi, pertanto, assumono una notevole importanza nelle campagne pubblicitarie che tendono a lanciare o diffondere un prodotto.

at warehouse: ***franco deposito; franco magazzino.*** Lo stesso che *ex warehouse* (v.).

atypical Kondratieff cycle: ***ciclo di Kondratieff atipico.*** Secondo alcuni economisti moderni, è possibile che la fase finale del ciclo di Kondratieff assuma un andamento atipico, nel quale le industrie basate su tecnologie vecchie e mature effettivamente declinano con rapidità, ma non si verifica il periodo ventennale di stagnazione e disoccupazione, perché le industrie basate su nuove tecnologie e opportunità di mercato crescono tanto rapidamente da generare l'occupazione e la domanda di investimenti necessarie a produrre una crescita economica globale. Joseph Schumpeter ed altri hanno dimostrato che il periodo di depressione previsto da Kondratieff e sperimentato dalla Gran Bretagna e dalla Francia sul finire del diciannovesimo secolo non si è verificato negli Stati Uniti o nella Germania. In questi paesi, le industrie vecchie e mature effettivamente declinarono, ma nel complesso ci fu una rapida crescita economica, non una stagnazione, in quanto le industrie basate su nuove tecnologie e opportunità di mercato crebbero abbastanza rapidamente da fornire occupazione e domanda di investimenti. L'indicatore più sicuro di tale ciclo atipico è il moltiplicarsi di imprenditori in uno spettro di attività che si estende molto al di là di ciò che all'epoca è considerata alta tecnologia. (v. anche *Kondratieff cycle*)

AUA: agricultural unit of account.

auction: ***asta; incanto; asta pubblica.*** Metodo di vendita di beni in cui l'oggetto viene aggiudicato al miglior offerente. Ne esistono diversi tipi, come ad esempio quello in cui il venditore può rifiutarsi di vendere se reputa l'offerta inadeguata, ma generalmente il banditore informa il pubblico delle caratteristiche dell'oggetto e apre l'asta. Le offerte dei compratori si susseguono e l'oggetto viene aggiudicato a colui che ha fatto l'ultima, o la più alta, offerta. Nell'esecuzione forzata sui beni del debitore, invece, viene fissato un prezzo base, cioè un minimo che deve essere realizzato, altrimenti l'asta non è ritenuta valida. (v. anche *upset price*)

auction bid: ***licitazione.*** Ciascuna delle offerte fatte da un qualsiasi partecipante ad una vendita o aggiudicazione di contratto mediante il sistema dell'asta pubblica.

auction by inch of candle: ***incanto a candele vergini.*** Tipo di vendita o di aggiudicazione di contratti, in base al quale le offerte vengono fatte di persona dai partecipanti e l'aggiudicazione viene fatta al concorrente la cui offerta non sia stata superata da un'altra durante il periodo necessario all'ardere di candele che si consumano in un tempo prestabilito e noto.

auction by outcry: ***incanto col pubblico banditore.*** È il tipo di vendita all'asta descritto sotto *auction* (v.) e usato per oggetti di seconda mano, preziosi e pezzi di antiquariato.

auctioneer: ***banditore; pubblico banditore; banditore d'asta.*** Persona autorizzata a effettuare vendite all'incanto. È agente del venditore fin quando l'oggetto non viene aggiudicato e da quel momento è agente sia del venditore che del compratore e può vincolare ambedue. In Inghilterra può procedere alla vendita all'incanto solo chi è in possesso della prescritta licenza.

auction market: ***mercato a licitazione.*** Espressione statunitense, con la quale si indica il sistema di negoziazione di valori mobiliari tramite l'intermediazione di agenti o commissionari in una borsa valori, quale ad esempio la New York Stock Exchange. I compratori sono in concorrenza l'uno con l'altro, mentre i venditori sono in concorrenza con altri venditori, tutti alla ricerca del prezzo più vantaggioso.

auction ring: ***sindacato di asta.*** Termine con il quale si indica un accordo in base al quale un certo numero di partecipanti ad un'asta, sia essa una vendita all'incanto o una gara, si impegnano ad aggiudicarsi l'asta alle migliori condizioni e decidere poi tra loro chi e a che prezzo si avvantaggerà dell'affare. La differenza tra il prezzo finale deciso in privato e quello precedentemente pagato o offerto viene ripartita tra tutti i partecipanti al sindacato. Anche in Italia, come negli Stati Uniti e nel Regno Unito, questa pratica è vietata dalla legge e perseguibile penalmente.

auction room: ***sala delle aste.*** In un mercato organizzato, è la sala nella quale si svolgono le aste per la compravendita del bene trattato in quel particolare mercato.

auction sale: ***vendita all'asta; vendita all'incanto.*** La vendita descritta sotto *auction* (v.).

audience: ***pubblico.*** In pubblicità, sono le persone cui è destinato un messaggio pubblicitario o l'insieme delle persone raggiunte dal messaggio diffuso con un determinato mezzo di comunicazione.

audience research: ***ricerca sul pubblico.*** In pubblicità, è lo studio della composizione del pubblico raggiunto da un determinato mezzo di comunicazione.

audit: 1. ***revisione contabile; revisione dei conti.*** Revisione, di solito annuale ma a volte anche semestrale, di tutte le scritture elementari e sistematiche compilate in un'impresa, allo scopo di accertare la loro corrispondenza alla classificazione dei fatti amministrativi ed alla loro documentazione. (v. anche *independent audit*) **2.** ***controllo; verifica.*** L'esame di contratti, ordini ed altri documenti originali allo scopo di sostanziare singole operazioni commerciali prima di provvedere alla relativa registrazione contabile.

audit adjustment: ***rettifica di revisione.*** Una qualsiasi scrittura di rettifica, derivante da una revisione dei conti.

Audit Bureau of Circulation: Organizzazione che sorveglia e pubblicizza l'effettiva tiratura e diffusione di giornali e riviste. Il nome è lo stesso sia per l'organizzazione a ciò preposta nel Regno Unito, sia per quella che svolge la stessa funzione negli Stati Uniti.

audit certificate: ***certificato di revisione; relazione del revisore dei conti.*** Termine usato con lo stesso significato di *audit report* (v.).

auditing: Termine usato con due significati: a) atto o processo di svolgere una revisione dei conti; b) la branca della contabilità che tratta delle revisioni dei conti.

auditing of procedures: ***revisione delle procedure; controllo delle procedure.*** Il controllo esercitato dalla direzione di un'organizzazione sulle procedure in essere, al fine di farle rispettare e di valutarne la funzionalità continua nel tempo, procedendo a sostituirle quando esse non rispondono più ai canoni di efficienza richiesti dall'organizzazione.

auditing procedure: ***procedura di revisione.*** Qualsiasi tipo di procedura seguita da un revisore contabile esterno nell'espletamento delle proprie funzioni. Nel suo significato più ampio, il termine sta ad indicare uno standard operativo, ma nell'ambito di tali standard ciascuna società di revisione sviluppa procedure specifiche, allo scopo di rendere più incisiva la propria revisione dei conti.

auditing standards: ***principi di revisione contabile.*** Termine usato per indicare le norme generali tecniche e deontologiche cui si adeguano i revisori contabili esterni, allo scopo di essere in grado di esprimere il loro parere, opportunamente documentato, sull'attendibilità del bilancio esaminato.

audit office: Nel Regno Unito è un dipartimento, simile alla nostra Corte dei Conti, indipendente dall'esecutivo e preposto alla revisione annuale dei conti dei vari ministeri. Opera per conto della camera bassa del parlamento ed in stretta relazione col ministero del tesoro.

audit opinion: ***relazione del revisore dei conti.*** Lo stesso che *audit report* (v.).

auditor: ***revisore dei conti; sindaco revisore dei conti; auditore.*** Contabile esperto nella revisione dei conti di un'azienda o di associazioni senza scopo di lucro. La sua funzione è quella di verificare i conti onde poter dare una sua opinione sull'accuratezza delle scritture e dei conseguenti rendiconti. I conti di una società per azioni devono essere, per legge, sottoposti a revisione. Il revisore è un professionista indipendente che viene assunto dagli azionisti, verso i quali è responsabile.

auditor's remuneration: ***compenso del revisore contabile.*** La remunerazione pagata da una società o altra organizzazione al revisore contabile, in considerazione dei servizi da lui resi nel corso della revisione dei conti. Tale compenso è, di regola, stabilito dagli azionisti in sede di assemblea generale.

auditor's report: ***relazione del revisore dei conti.*** Termine usato con lo stesso significato di *audit report* (v.).

audit period: ***periodo coperto da una revisione contabile.*** Generalmente un anno; viene svolta parte nel periodo coperto da essa e parte nel periodo successivo.

audit program: ***piano di revisione contabile.*** Indica sia le procedure seguite o il lavoro particolare svolto da un contabile nell'eseguire una revisione dei conti, sia la descrizione o lo schema da seguire nello svolgimento di una revisione contabile con indicazione del tempo necessario e del personale assegnato a tale compito.

audit report: ***relazione del revisore dei conti.*** Viene preparata in forma sintetica, dopo che è stata svolta la revisione contabile da parte di un revisore esterno o di una società di revisione. Contiene l'opinione del revisore sull'esattezza dei rendiconti annuali e può essere indirizzata agli azionisti, ai membri del consiglio di amministrazione o alla direzione della società.

audit standards: ***principi di revisione contabile.*** Termine usato come sinonimo di *auditing standards* (v.).

audit trail: Il termine inglese indica qualsiasi riferimento a documenti, che accompagna la registrazione o la scrittura relativa ad un'operazione. Un buon *audit trail* è quello in cui è stato ridotto al minimo il lavoro necessario per risalire dall'operazione ai documenti originali ed è caratteristica essenziale dei sistemi di contabilità.

audit year: ***anno di revisione.*** Periodo di dodici mesi cui si riferisce una revisione dei conti.

aurar: Moneta divisionaria dell'Islanda, equivalente a un centesimo di krona.

ausgleich: Nome dato al trattato del 1867, che stabiliva le relazioni economiche tra i due paesi, Austria e Ungheria, allora uniti sotto l'impero austro–ungarico.

austerity: ***austerità.*** Regime imposto dal governo laburista inglese, tendente a fronteggiare e risolvere i problemi economici del secondo dopoguerra. È caratterizzato dal controllo della spesa mediante l'astensione dal consumo di beni non indispensabili o scarsi sul mercato, con l'obiettivo di sostenere la produzione interna, favorire l'esportazione e ridurre fortemente le importazioni. Il termine è stato successivamente usato per indicare programmi più o meno simili, adottati anche dai governi di altri paesi. (v. anche *austerity program*)

austerity budget: ***bilancio di austerità.*** Un bilancio di previsione dello stato, che presenti chiari orientamenti deflazionistici con riduzione delle spese e aumento dell'imposizione fiscale, nel tentativo di ridurre il potere d'acquisto e la domanda globale dei consumatori.

austerity program: ***programma di austerità; piano di austerità.*** Un tipo di politica economica interna che mira a ridurre la domanda di beni di consumo attraverso l'aumento dell'imposizione fiscale per realizzare fini voluti, quali ad esempio la riduzione del deficit della bilancia commerciale o della spesa pubblica, l'aumento degli investimenti a fini produttivi, il pagamento di un debito con l'estero, ecc. È generalmente considerata politica deflazionistica.

austral: Unità monetaria dell'Argentina, introdotta nel 1985 in sostituzione del *peso*, suddivisa in cento centavos.

Austrian economists: ***marginalisti.*** Espressione usata per indicare gli economisti che seguono le teorie del marginalismo o scuola austriaca. (v. anche *Austrian School*)

Austrian School: ***marginalismo; scuola viennese; scuola austriaca.*** Termine con il quale si indica, in economia, l'indirizzo teorico basato sul concetto cardine dell'utilità marginale. Esso è legato agli economisti K. Menger, austriaco, S. Jevons, inglese, e L. Walras, francese. C'è chi fa distinzione tra scuola viennese, con ciò intendendo i tre economisti (K. Menger, F. von Wieser e E. von Böhm–Bawerk) che per primi formularono la teoria marginalistica, e marginalismo, in inglese indicato col termine *marginal utility school*, in cui rientrerebbero Jevons, Walras e gli altri economisti che hanno abbracciato la teoria marginalistica. (v. anche *neo–classical school, Cambridge School, Marshallian School, Lausanne School*)

Austrian theory of capital: ***teoria marginalistica del capitale.*** Teoria in base alla quale il capitale è definito come il valore monetario delle ricchezze (fattori della produzione) applicate alla produzione. Così chiamata in inglese, perché risale al pensiero di K. Menger, uno dei principali esponenti della scuola viennese.

autarchy: ***autarchia.*** Indica l'autosufficienza economica intesa come indipendenza dall'estero. I precedenti teorici si fanno risalire al pensiero economico tedesco, principalmente di Fichte e Thunen, ma il concetto trovò applicazione nel periodo successivo alla prima guerra mondiale nei paesi dell'Europa centrale, che cercarono di restringere le importazioni stimolando la produzione interna di beni, magari succedanei, al fine di eliminare la loro dipendenza dagli scambi commerciali con altri paesi.

authentication: ***autenticazione.*** L'attestazione, da parte di un pubblico ufficiale, dell'autenticità di una firma, di un documento o di una copia di un documento.

authoritarian states: ***stati autoritari.*** Stati in cui l'autorità governativa è stata estesa alla maggior parte delle attività umane, prima tra queste l'economia.

authority: ***lettera di autorizzazione.*** Nelle aperture di credito documentario, si indica con questo termine la lettera inviata dalla banca del compratore alla banca indicata dal venditore, per garantire a quest'ultima il credito di negoziazione o di accettazione o la somministrazione di fondi che essa dovrà effettuare in favore del venditore e per conto del compratore.

authority to negotiate: ***lettera di autorizzazione a negoziare.*** Espressione usata in relazione alle cambiali e al finanziamento del commercio estero, particolarmente con l'estremo oriente. Le agenzie londinesi di banche estere scontano cambiali tratte su importatori stranieri, che sono poi inviate nel paese interessato per l'incasso. Appunto per questo, tali cambiali non sono ben viste sul mercato londinese e anche perché se viene rifiutato il pagamento lo stesso esportatore diviene responsabile quale trattario. Per tutte queste ragioni, non è facile negoziarle. La lettera di autorizzazione a negoziare viene inviata dalla banca che apre il credito per conto del compratore, alla propria agenzia o corrispondente estera e autorizza quest'ultima a scontare la tratta del venditore subito e a condizioni vantaggiose.

authority to pay: ***lettera di autorizzazione a fare pagamenti.*** Modalità particolare, in relazione al credito documentario, che autorizza una banca a fare pagamenti parziali.

authority to purchase: ***lettera di autorizzazione a negoziare.*** Termine usato con lo stesso significato di *authority to negotiate* (v.).

authorized bank: ***banca autorizzata; banca agente.*** Un qualsiasi istituto bancario che può tenere in deposito titoli esteri o al portatore, in base all'*Exchange Control Act* del 1947 (v. anche *authorized depositary*). Lo stesso termine inglese viene usato per indicare una qualsiasi banca autorizzata a operare nel mercato delle valute estere e in questo significato il termine inglese è sinonimo di *authorized dealer* (v.).

authorized capital: ***capitale nominale; capitale sociale nominale.*** Indica l'ammontare massimo di capitale sociale che una società per azioni è autorizzata ad emettere, in base all'atto costitutivo. Il capitale nominale è di solito espresso in un dato numero di azioni, a ciascuna delle quali è stato assegnato un determinato valore nominale. Tale ammontare non può essere aumentato se non seguendo le disposizioni stabilite nel *Companies Act*.

authorized capital stock: ***capitale nominale; capitale sociale nominale.*** Termine statunitense usato con lo stesso significato del britannico *authorized capital* (v.).

authorized clerk: ***procuratore autorizzato.*** Collaboratore di uno *stockbroker* (v.), autorizzato ad entrare nella borsa valori e operare per conto del suo principale.

authorized dealer: ***operatore autorizzato; banca agente.*** Termine usato per indicare banche o altre istituzioni finanziarie autorizzate dal governo o dalla banca centrale a trattare operazioni in valute estere. Lo stesso termine si applica ad operatori autorizzati a trattare titoli e derrate presso le borse valori e merci per conto di loro clienti.

authorized depositary: ***depositario autorizzato.*** L'*Exchange Control Act* del 1947 stabiliva che i titoli al portatore e i titoli esteri dovessero essere depositati presso un depositario autorizzato, uno dei quali poteva essere un qualsiasi istituto bancario.

authorized deposit–taker: Nel Regno Unito si indica con questo termine una qualsiasi banca autorizzata ad accettare depositi di moneta da parte del pubblico.

authorized investments: ***investimenti autorizzati.*** Termine usato per indicare gli investimenti che un fiduciario è autorizzato per legge a fare con i fondi di cui ha l'amministrazione. Dapprima erano notevolmente limitati, ma sono stati ampliati con l'approvazione del *Trustee Investments Act* (v.) del 1961. (v. anche *wider–range investment*)

authorized issue: **1.** ***capitale nominale; capitale sociale nominale.*** Termine usato con lo stesso significato di *authorized capital* (v.). **2.** ***emissione autorizzata.*** L'ammontare massimo di obbligazioni che una società è autorizzata a emettere in ciascuna singola emissione.

authorized minimum: ***minimo autorizzato.*** L'ammontare minimo di azioni che una società deve per legge emettere e ripartire tra i soci sottoscrittori. Il *Companies Act* del 1985 prevede un minimo corrispondente al valore di cinquantamila sterline.

authorized share capital: ***capitale azionario nominale.***

Lo stesso che *authorized capital* (v.).

authorized stock: *capitale nominale; capitale sociale nominale.* Termine usato con lo stesso significato di *authorized capital* (v.).

autocorrelation: *autocorrelazione.* Nella terminologia della statistica, la correlazione esistente tra i termini di una serie temporale.

auto–financing: *autofinanziamento.* Lo stesso che *self–financing* (v.).

autogestion: *autogestione.* Termine di recente coniatura che, in principio, veniva usato per indicare l'esperimento iugoslavo di gestione diretta di un'impresa da parte dei lavoratori. Il termine passò successivamente ad indicare la gestione, da parte dei tecnici e dei lavoratori manuali, di una qualsiasi impresa in un'economia socializzata. Oggi, ha un significato più ampio, indicando la gestione di un'azienda da parte dei lavoratori della stessa in un qualsiasi tipo di economia e la gestione di una qualsiasi organizzazione o attività da parte di coloro che vi operano.

autograph book: *libro delle firme autografe.* Libro usato dalle banche inglesi per registrare le firme autografe dei clienti autorizzati ad emettere assegni o che intrattengono con la banca un rapporto di conto corrente. Oggi, è caduto in disuso, sostituito da singole schede sulle quali i clienti appongono la propria firma autografa.

automat: 1. *distributore automatico.* La macchina per la vendita automatica descritta sotto *slot machine* (v.). **2. *ristorante con distributori automatici.*** È un ristorante dotato dei distributori automatici descritti sotto *slot machine* (v.).

automated clearing house: *stanza di compensazione automatizzata.* È una stanza di compensazione che fa uso di un computer, gestita di solito da una delle banche della Riserva Federale statunitense. Provvede alla compensazione di operazioni trattate a mezzo di computer, cioè senza i corrispondenti documenti quali ad esempio assegni, cambiali, mandati e simili, tra istituzioni finanziarie che fanno parte di questa stanza di compensazione.

automated funds transfer: *trasferimento di fondi automatizzato.* Pratica, istituita negli Stati Uniti nel 1978, che consiste nel trasferire fondi per mezzo di registrazioni computerizzate tra due conti, un deposito a risparmio e un deposito a vista intestati alla stessa persona, ogni qualvolta il saldo del conto a vista raggiunge un determinato livello minimo.

automated funds transfer account: *conto per trasferimento di fondi automatizzato.* Ciascuno dei conti di cui si parla sotto *automated funds transfer* (v.).

Automated Real–Time Investment Exchange Ltd.: V. spiegazione sotto *Ariel*.

automated screen trading: Lo stesso che *screen trading* (v.).

automated teller: *cassa automatica.* Lo stesso che *cash dispenser* (v.).

automated teller machine: *sportello automatico.* Il termine inglese indica una macchina più sofisticata di un *cash dispenser* (v.), in quanto oltre a consentire il prelievo di contanti, essa accetta anche depositi, rilascia estratti conto, accetta richieste di consegna di libretti d'assegni e altre piccole operazioni del genere.

automated trading system: *sistema di contrattazioni automatizzato.* Sistema elettronico in funzione presso borse valori e merci, che consente la rapida diffusione di informazioni e la conclusione di operazioni di compravendita mediante l'uso di terminali e la compensazione automatica di ordini di acquisto e di vendita provenienti dagli operatori.

automatic balance: *equilibrio automatico.* In economia, indica la teoria che sostiene che forze automatiche riportano sempre l'equilibrio, in caso di perturbazioni. La teoria afferma, ad esempio, che quando i tassi di interesse sono troppo bassi, si riduce il risparmio e la domanda di capitali porterà ad un rialzo dei tassi. Tra i principali oppositori della teoria dell'equilibrio economico va annoverato J.M. Keynes.

automatic check–off: *trattenuta sindacale obbligatoria; quota sindacale obbligatoria.* Termine usato per indicare il prelievo automatico, o obbligatorio, dalla busta paga del lavoratore, da parte del datore di lavoro che successivamente provvede a versarlo al sindacato, del contributo sindacale che il lavoratore è tenuto a pagare in base al contratto di lavoro sottoscritto dalle rappresentanze sindacali dei lavoratori e dei datori di lavoro. Il lavoratore non può opporsi a tale prelievo fin tanto che risulta iscritto al sindacato.

automatic cover: *copertura automatica.* Nelle assicurazioni, condizione che estende la copertura di rischio, per un periodo determinato e per una somma data, ad attività di nuova acquisizione o a incrementi di valore.

automatic currency: *moneta elastica.* Termine usato con lo stesso significato di *elastic currency* (v.).

automatic debit transfer: *trasferimento automatico.* Servizio, offerto nel Regno Unito dall'Ufficio Postale mediante il postagiro, che consente il pagamento di somme di denaro da parte di utenti o clienti a imprese di pubblici servizi o di altro tipo, ad un costo amministrativo molto contenuto. Condizione per poter usufruire di tale servizio è che sia il creditore, sia il debitore siano titolari di un conto corrente postale e che quest'ultimo dia il suo assenso all'addebitamento automatico sul suo conto, cui corrisponde l'accreditamento su quello del creditore, della somma relativa a bollette di fornitura o ad altri pagamenti periodici più o meno regolari.

automatic international gold system: *sistema aureo internazionale automatico.* Sistema monetario ipotizzato da J. M. Keynes allo scopo di dimostrare come, in determinate circostanze, affluisce in un paese una quantità di oro dall'estero appena sufficiente per determinare un livello dei prezzi e un tasso di sconto ufficiale nel paese tali da mantenere allo stesso tempo, in relazione ai livelli dei prezzi e ai tassi di sconto nei paesi esteri, il risparmio uguale all'investimento e il valore dei prestiti all'estero uguale al valore del saldo con l'estero. In tale sistema ipotetico, la quantità di moneta è determinata soltanto dalla quantità di oro presente nella banca centrale e il tasso di sconto viene lasciato libero di assestarsi al livello che risulta dalla libera concorrenza tra i mutuatari che si contendono la quantità di moneta bancaria disponibile in base alla quantità di oro conservata nella banca centrale.

automatic lacking: *astinenza automatica.* Nel suo *Trattato della Moneta*, J. M. Keynes dice che se l'investimento eccede il risparmio, la spesa dei consumatori aumenterà in relazione alla produzione di beni disponibili, col risultato che i prezzi dei beni di consumo saliranno. In tale situazione, l'investimento eccedente il risparmio è reso possibile non dall'astinenza volontaria dai consumi mediante l'astenersi dallo spendere il reddito monetario, bensì dall'astinenza involontaria quale risultato del minor valore dei redditi monetari a seguito dell'aumento dei prezzi. Questo fenomeno viene espresso con il termine *automatic lacking* da D. H. Robertson.

automatic money: ***moneta elastica.*** Lo stesso che *elastic currency* (v.).

automatic pay increase: ***aumento automatico.*** Espressione con la quale si indica un qualsiasi aumento salariale che viene applicato automaticamente e non dipende, pertanto, da questioni personali o di produttività. Ne sono esempi gli aumenti per anzianità di servizio o per indennità di contingenza.

automatic premium loan clause: Clausola, contenuta in un contratto di assicurazione vita, che stabilisce che in caso di mancato pagamento di un premio, esso sarà automaticamente prelevato da un qualsiasi disponibile valore di riscatto della polizza al fine di mantenere in essere il contratto.

automatic reinstatement clause: ***clausola di riadeguamento automatico.*** Nelle assicurazioni, la clausola che stabilisce il riadeguamento del valore nominale della polizza, dopo che è stato indennizzato un sinistro. Senza questa clausola, il valore nominale della polizza viene ridotto dell'ammontare pagato a fronte di qualsiasi sinistro. (v. anche *reinstatement, restoration premium*)

automatic saving: ***risparmio automatico.*** Quella parte di reddito personale che non è possibile spendere, dopo aver comprato tutto quanto è ritenuto necessario ed aver pagato le imposte sul reddito, è chiamato risparmio automatico, in quanto esso non implica alcun sacrificio, richiesto invece da altri tipi di risparmio. Più diffuso in passato, quando le aliquote fiscali non erano alte, oggi il risparmio automatico è molto raro a causa proprio della progressività dell'imposizione fiscale.

automatic selling: ***vendita tramite distributori automatici.*** I distributori automatici a monete o a gettoni furono dapprima usati per la vendita di sigarette e dolciumi, ma recentemente il loro uso si è esteso ad una più vasta gamma di articoli, tra i quali bevande, francobolli, panini imbottiti e simili.

automatic stabilizer: ***stabilizzatore automatico.*** In economia sono così chiamati gli stabilizzatori che si innescano automaticamente quando il ciclo economico tende a spostarsi verso fasi diverse. Uno di questi, ad esempio, è l'imposta sul reddito. Infatti, quando il ciclo economico si muove verso l'alta congiuntura, il gettito fiscale aumenta, anche se le aliquote restano invariate, e costituisce un deterrente ad ulteriori aumenti dei prezzi. Se il ciclo tende verso la bassa congiuntura, il procedemento è inverso.

automatic standard: ***sistema monetario automatico.*** Sistema monetario (il cui miglior esempio è il sistema aureo) in cui la quantità e il valore della moneta non sono coscientemente manovrati, ma derivano dall'azione della domanda e dell'offerta del metallo prezioso o di valuta estera che consegue a differenze nel volume di scambi commerciali tra le nazioni.

automatic system: ***sistema automatico.*** Un sistema bancario nel quale l'ammontare di depositi creati dalla banca centrale è posto, per legge o consuetudine, al di fuori del controllo deliberato della stessa banca centrale, e viene invece regolato da una qualche norma rigida prestabilita.

automatic teller machine: ***sportello automatico.*** Lo stesso che *automated teller machine* (v.).

automatic termination of cover: ***cessazione automatica di copertura.*** Principio adottato dal Lloyd di Londra nel 1959, in base al quale la copertura assicurativa cessa automaticamente allo scoppio di una guerra, sia essa dichiarata o no. Prima dell'adozione di tale principio era necessario dare un preavviso di quarantotto ore prima di far cessare la copertura.

automatic transfer service account: ***conto con servizio di trasferimento automatico.*** Conto di risparmio che consente il trasferimento di fondi su un conto corrente a certe condizioni concordate tra banca e cliente. (v. anche *automated funds transfer*)

automatic vendor: ***distributore automatico.*** La macchina per la vendita automatica descritta sotto *slot machine* (v.).

automatic wage adjustment: ***adeguamento salariale automatico.*** Sistema salariale che prevede l'aumento o la diminuzione dei salari in relazione a fattori diversi dalla semplice domanda di manodopera. Tali fattori possono essere un aumento o una diminuzione dell'indice del costo della vita, dell'indice dei prezzi o di quello dei profitti. Il termine può essere usato anche con riferimento ad adeguamenti salariali basati su una qualche formula prestabilita, come ad esempio anzianità di servizio e simili.

automatic working of the gold standard: ***funzionamento automatico del sistema monetario aureo.*** Il *Cunliffe Report* (v.) espone il funzionamento automatico del sistema monetario aureo nei confronti della bilancia dei pagamenti utilizzando la teoria di David Hume esposta sotto *price specie–flow theory* (v.).

automation: ***automazione.*** È il termine con il quale si indicano i recenti sviluppi tecnologici che hanno portato alla costruzione di macchine capaci di svolgere tutta la successione di operazioni necessarie alla produzione di un bene, senza l'intervento fisico dell'uomo che si limita a sorvegliare e programmare le macchine. Ciò è stato reso possibile dall'evoluzione dei sofisticati elaboratori elettronici, cui è demandato il controllo delle macchine. Il risultato di queste innovazioni, che attualmente si stanno spingendo nel campo della robotica, sarà probabilmente un aumento della produzione quale non si è mai verificato in passato e la necessità di riqualificazione della manodopera svincolata dal processo produttivo e disponibile per altre attività, quali ad esempio la creazione di servizi, in continua espansione.

automation alley: Termine colloquiale usato negli Stati Uniti per indicare un tratto di circa ottanta chilometri lungo il quale, agli inizi degli anni ottanta, si sono insediate oltre quattrocento piccole e medie imprese specializzate nei campi della robotica e dell'intelligenza artificiale. L'*automation alley* si estende da Detroit, quartiere generale dell'industria automobilistica statunitense, fino a Ann Arbor, dove ha sede l'università del Michigan, che sponsorizza un gran numero di progetti di ricerca e sviluppo nel campo dei prodotti ad alto contenuto tecnologico.

automobile finance company: ***società di finanziamento per l'acquisto di autoveicoli.*** Tipo di società finanziaria che concede prestiti a privati per l'acquisto rateale di autoveicoli. Funziona come una qualsiasi altra società che concede prestiti in base al sistema *hire purchase* (v.) e, pertanto, all'atto dell'acquisto viene accesa un'ipoteca sull'automobile, che sarà estinta quando il compratore avrà terminato di pagare le relative rate.

automobile liability insurance: ***assicurazione contro la responsabilità civile derivante dalla circolazione di autoveicoli.*** Più sinteticamente chiamata RCT in italiano, copre la responsabilità civile per lesioni a persone o danni a cose, derivante dalla guida o dalla circolazione di un veicolo a motore. Vi sono vari tipi di polizza nei diversi paesi, che impongono massimali differenti, che si sta tentando di unificare considerata l'alta diffusione delle automobili ed i sempre più frequenti spostamenti di automobilisti da un paese all'altro. Negli Stati Uniti i danni all'auto del titolare di polizza assicurativa non sono rimborsabili in base alla *liability insurance*, ma si può stipulare una *collision insurance* (v.) a copertura di tale rischio.

autonomous expenditure: ***spesa autonoma.*** La maggior parte della spesa che ha luogo all'interno di un'economia dipende dal reddito, ma anche da altri fattori. Se la spesa è maggiore o minore del reddito, quando esso rimane costante, la variazione viene definita spesa autonoma, mentre una variazione indotta della spesa dei consumatori, delle imprese e dello stato ha luogo quando il nuovo ammontare della spesa ha origine da una variazione del reddito. Questa distinzione viene usata in relazione alla definizione dell'acceleratore e del moltiplicatore, concetti che contribuiscono a spiegare i movimenti del livello del reddito nazionale.

autonomous investment: ***investimento autonomo.*** Nuovi o freschi investimenti, derivanti da eventi indipendenti dalle variazioni dei tassi di interesse, del livello dei consumi o del reddito nazionale. Generalmente sono di questo tipo gli investimenti pubblici, quali ad esempio opere pubbliche, mentre di solito gli investimenti privati non appartengono a questa categoria e possono rientrarvi solo quando sono fatti in base a piani a lungo termine, indipendenti da considerazioni di profitti o perdite immediati. Il termine è usato come opposto di investimento indotto. (v. anche *induced investment*)

autonomous stabilizer: ***stabilizzatore autonomo***. Termine usato con lo stesso significato di *automatic stabilizer* (v.).

autonomous tariff: ***tariffa doganale autonoma.*** È quella stabilita attraverso leggi di un paese e quindi non dipendente da trattati commerciali internazionali.

autonomous variable: ***variabile autonoma.*** Nel linguaggio della statistica e dell'econometria, si indica con questo termine una variabile che non dipende interamente da fattori economici ed i cui movimenti, pertanto, non possono essere facilmente previsti mediante correlazione all'attività economica. Ad esempio, è generalmente considerata una variabile autonoma la spesa in investimenti perché, come tutte le variabili autonome, anch'essa tende a non variare liberamente nel breve periodo.

autoregression: ***autoregressione.*** Termine usato nel linguaggio dell'econometria per indicare una serie di osservazioni, che costituiscono un'equazione econometrica, in cui il valore di ciascuna osservazione dipende in parte dai valori delle osservazioni che la precedono immediatamente. Ciascuna osservazione, quindi, sta in una relazione di regressione con una o più delle osservazioni immediatamente precedenti.

auxiliary activities: ***attività ausiliarie.*** Attività di carattere commerciale svolte da un'istituzione a favore dei propri impiegati e clienti, ma spesso non in diretta relazione con le funzioni principali dell'istituzione. Ad esempio, mense universitarie, cooperative di stampa universitarie e simili.

auxiliary books: ***libri ausiliari.*** Tutti quei libri o altre scritture contabili che, in un'impresa commerciale, servono per la preparazione o lo svolgimento delle scritture sui libri principali. I libri ausiliari di regola non sono obbligatori.

auxiliary capital: ***beni indiretti; beni strumentali.*** Anche detti *instrumental capital* dall'economista inglese Alfred Marshall, che con questi termini indicava tutti i beni che servono da ausilio alla produzione, come ad esempio utensili, macchine, materie prime, mezzi di trasporto, che oggi sono indicati in inglese col termine *capital goods* (v.) o semplicemente *capital* (v.).

auxiliary equipment: ***attrezzature accessorie.*** Un accessorio, una miglioria o un'aggiunta ad un impianto acquisita separatamente, come ad esempio un generatore elettrico, un apparato di sicurezza e simili.

a/v: ad valorem.

A/V: 1) average; 2) ad valorem; 3) according to the value.

av.: average.

avail: ***ricavo netto.*** In generale, il termine inglese indica la somma di denaro che resta dopo aver detratto le spese, o lo sconto quando si parla di un titolo di credito. Un esempio può essere rappresentato da ciò che si ricava da una vendita all'asta dopo aver detratto le spese di vendita. Il termine non è di uso comune nell'inglese moderno, essendo preferito l'altro termine *net proceeds* (v.).

availability: ***disponibilità.*** Termine usato in relazione a fattori della produzione, facilmente reperibili sul mercato o a disposizione di un'impresa o altra organizzazione.

availability clause: ***clausola della disponibilità.*** Clausola usata negli euromercati, che dà a una banca la facoltà di erogare prestiti in valuta diversa da quella concordata, se quest'ultima non è più disponibile.

available assets: ***attività disponibili.*** Qualsiasi genere di attività, inclusa la disponibilità di cassa, non ipotecata, non data in garanzia e utilizzabile in qualsivoglia maniera.

available balance: ***saldo disponibile.*** Saldo di un conto corrente bancario non impegnato in assegni emessi e non ancora addebitati e, pertanto, a disposizione del titolare del conto.

available capital: ***capitale disponibile.*** Capitale, a disposizione di un'impresa o altra organizzazione, che può essere utilizzato per un qualsiasi scopo, ivi compreso lo svolgimento dell'attività ordinaria.

available cash: ***liquido disponibile; disponibilità di cassa.*** Contanti in banca, esclusi assegni emessi e non ancora addebitati, e in cassa; contanti che possono usarsi per scopi generali.

available earned surplus: ***capitale di risparmio disponibile.*** Il termine inglese indica quella parte degli utili non distribuiti di un'impresa, che non vengono specificamente impegnati per scopi particolari e che restano, pertanto, a disposizione anche per l'eventuale pagamento di dividendi presenti o futuri. (v. anche *retained earnings*)

available earnings: ***utili disponibili.*** Lo stesso che *free surplus* (v.).

available for sale: ***in vendita; disponibile per la vendita.*** Espressione usata in relazione a prodotti, articoli o proprietà che possono essere acquistati e venduti. Vengono di solito indicati con questa espressione i beni, riportati in un catalogo o altro avviso di vendita, che al momento non sono ancora stati esitati.

available funds: ***fondi disponibili.*** Termine usato con lo stesso significato di *available capital* (v.).

available output: ***produzione disponibile.*** Il flusso di beni e servizi correntemente prodotti e immediatamente disponibili per il consumo. Costituisce una delle due parti che compongono la produzione corrente di una comunità, mentre l'altra parte viene detta produzione non disponibile. (v. anche *non–available output*)

available resources: ***risorse disponibili; mezzi dispo-***

nibili. In economia, si intende con questa espressione un insieme costituito dal numero di persone occupabili e dalla quantità di ricchezze naturali e di beni capitali accumulati.

available surplus: ***capitale di risparmio disponibile.*** Termine usato con lo stesso significato di *available earned surplus* (v.).

available tonnage: ***tonnellaggio disponibile.*** Spazio ancora libero su una nave in partenza, in relazione al quale l'armatore è disposto ad accettare merci da trasportare in uno dei porti di scalo della nave.

AVC: additional voluntary contribution.

AVCO: average cost.

avdp.: avoirdupois.

average: **1.** ***avaria.*** Il termine inglese indica la somma che devono pagare l'armatore e i proprietari del carico, proporzionalmente ai loro interessi individuali, a fronte di una perdita causata dall'atto volontario di gettare a mare parte del carico o altro, al fine di evitare la perdita della nave e della rimanente parte di carico. Si distinguono due tipi di avaria, generale e particolare, per la cui spiegazione vedi *general average, particular average.* **2.** ***media.*** Una qualsiasi tendenza centrale di una serie di quantità (v. anche *mean*). **3.** ***media.*** Nel linguaggio finanziario statunitense, il termine indica uno qualsiasi dei vari modi in cui si misura la tendenza dei corsi azionari, fra i quali il più noto è il Dow Jones, che tiene conto di trenta titoli industriali quotati alla NYSE. I corsi delle trenta azioni vengono sommati e poi divisi per un numero che ha la funzione di compensare precedenti frazionamenti e distribuzioni di dividendi e che, pertanto, varia da un periodo all'altro. Come risultato, le variazioni in punti della media hanno soltanto una molto vaga relazione con le variazioni dei prezzi in dollari delle azioni incluse nella media.

average adjuster: ***liquidatore di avaria.*** Persona autorizzata dalle autorità marittime a valutare le somme che devono pagare l'armatore e i proprietari del carico in caso di perdita volontaria per la sicurezza del carico e della nave. (v. anche *average 1, general average*)

average adjustment: ***regolamento di avaria; liquidazione di avaria.*** È il documento che definisce la ripartizione dei danni rispettivi in un'avaria comune e, quindi, lo sconto dell'indennità dovuta dall'assicuratore al proprietario delle cose perdute.

average agent: ***agente di avaria.*** Termine con il quale si indica una persona che, in qualità di agente di una o più parti interessate, provvede alla valutazione dei danni e alla loro liquidazione, in occasione di un sinistro marittimo.

average agreement: ***chirografo di avaria.*** Atto sottoscritto da tutte le parti interessate con il quale esse rimettono ad arbitri la decisione relativa alla formazione del regolamento di contribuzione ad un'avaria comune.

average agreement demurrage: Accordo, tra un vettore e uno spedizioniere, che stabilisce che allo spedizioniere sarà addebitato un tanto per ogni periodo prefissato per cui trattiene un autocarro oltre il tempo stabilito e che gli sarà accreditato un tanto per ogni periodo stabilito se libera il mezzo di trasporto prima del tempo concordato. Da notare l'analogia con le controstallie nel trasporto marittimo, per cui v. *demurrage.*

average assessment: ***regolamento di avaria.*** Termine usato come sinonimo di *average statement* (v.).

average bond: ***obbligazione d'avaria; compromesso d'avaria.*** Documento rilasciato, prima della riconsegna delle merci, al capitano di una nave da parte dei ricevitori, con cui essi si impegnano a contribuire all'avaria appena sarà stato fatto il riparto.

average capital–output ratio: ***rapporto medio capitale–prodotto.*** Rapporto strettamente collegato al rapporto incrementale capitale–prodotto, ma da esso differente perché i dati considerati sono: stock di capitale complessivo ammortizzato/produzione complessiva. (v. anche *incremental capital–output ratio*)

average clause: ***clausola di avaria.*** In una polizza di assicurazione marittima, la clausola che stabilisce che certi articoli sono esenti da avaria particolare per una percentuale specificata. (v. anche *particular average, general average*)

average collection period: ***periodo medio di incasso.*** Il rapporto tra il totale dei crediti a breve termine, moltiplicato per 365, e le vendite nette a credito per tutto l'anno. Si usa per verificare la qualità dei crediti a breve.

average cost: ***costo medio.*** Si ottiene dividendo il costo totale di produzione di un bene per il numero di unità prodotte, al momento in cui è preso in esame.

average cost curve: ***curva di costo medio.*** Se in un sistema di coordinate cartesiane poniamo il costo in termini monetari sull'asse y e le unità prodotte sull'asse x, la curva di costo medio avrà un andamento a U a causa della ripartizione dei costi fissi e perché si prende in considerazione una particolare dimensione dello stabilimento produttivo.

average cost/marginal cost relationship: ***relazione tra costo medio e costo marginale.*** Quando il costo medio diminuisce, sebbene il costo marginale aumenti esso è sempre inferiore al costo medio, ma quando il costo medio aumenta, il costo marginale è maggiore del costo medio. Il costo medio e il costo marginale sono uguali quando il costo medio è al minimo.

average cost method of inventory valuation: ***metodo di valutazione delle scorte al costo medio.*** Consiste nel valutare le scorte, dopo averle contate, moltiplicando il numero ricavato per un costo medio determinato facendo la media ponderata del costo unitario della scorta iniziale e del costo unitario delle unità prodotte o acquistate nel periodo contabile.

average–cost price: ***prezzo di costo medio.*** Espressione usata nella valutazione delle scorte di magazzino per indicare un prezzo che scaturisce dalla media dei costi di acquisto dei vari articoli giacenti. Se i prezzi di mercato fluttuano notevolmente, questo metodo di valutazione può dare risultati non rispondenti alla realtà, nel qual caso si procede facendo una media ponderata dei costi di acquisto, che tenga conto delle quantità di ciascun articolo acquistate ai vari prezzi che entrano nel calcolo della media.

average cost pricing: ***determinazione del prezzo in base al costo medio.*** È il metodo in base al quale si determina un prezzo di vendita uguale al costo medio. Poiché il ricavo totale è uguale al prezzo moltiplicato per la quantità e il costo totale è uguale al costo medio moltiplicato per la quantità, tale metodo di determinazione del prezzo assicura che i costi totali saranno sempre coperti dai ricavi.

average daily balance: ***saldo giornaliero medio.*** In relazione al pagamento di interessi attivi e passivi su depositi, prestiti allo scoperto, conti correnti, ecc., è la somma di tutti i saldi giornalieri divisa per il numero di giorni di cui è costituito il periodo al quale si riferisce il computo degli interessi.

average date: ***data media di scadenza.*** Termine usato con lo stesso significato di *average due date* (v.).

average declaration: ***costituto di avaria.*** Relazione che il comandante di una nave è tenuto a presentare, entro ventiquattro ore dall'arrivo in porto, alle autorità consolari o giudiziarie del luogo, sugli avvenimenti che egli presume abbiano causato danni al carico o alla nave durante la traversata marittima.

average deviation: ***scarto medio; scostamento medio; deviazione media.*** Termine usato come sinonimo di *mean deviation* (v.).

average disbursement: ***spese di avaria; sborso di avaria.*** La somma che ciascun caricatore è chiamato a pagare, nel caso di avaria generale.

average disbursement insurance: ***assicurazione spese di avaria.*** È l'assicurazione che copre un caricatore contro il rischio di dover contribuire ad un'avaria generale.

average distribution clause: ***clausola della ripartizione proporzionale.*** Termine usato con lo stesso significato di *pro rata distribution clause* (v.).

average due date: ***data media di scadenza.*** La data media di scadenza risulta dal rapporto tra periodo di credito concesso e numero dei pagamenti e rappresenta la data in cui possono saldarsi un numero di pagamenti con scadenze diverse nel tempo.

average expected income: ***reddito medio previsto.*** Lo stesso che *permanent income* (v.).

average fixed cost: ***spese fisse unitarie di prodotto; costo fisso unitario medio di prodotto.*** Il totale dei costi di un'impresa che non variano col variare dell'attività svolta, diviso per il numero di unità prodotte al momento in cui è preso in considerazione.

average hourly earnings: ***salario orario medio.*** È la paga media per ogni ora di lavoro svolta. Viene calcolato dividendo i salari totali pagati da un'industria o in un'economia per il numero di ore–lavoro effettivamente svolte. I salari totali comprendono anche le remunerazioni pagate ai lavoratori in malattia o in ferie e vengono calcolati al lordo delle imposte e dei contributi sociali.

average hourly earnings index: ***indice dei salari orari medi.*** Indice usato negli Stati Uniti allo scopo di misurare la paga oraria media dei lavoratori. Alcuni economisti sostengono che se si usasse questo indice invece dell'indice dei prezzi al consumo per i calcoli relativi ai meccanismi di indicizzazione dei salari, dei sussidi, ecc., il deficit federale ne risulterebbe migliorato. Si è calcolato, infatti, che l'uso dell'indice dei salari orari medi avrebbe fatto risparmiare circa otto miliardi di dollari allo stato federale nel solo 1980.

average income: ***reddito medio.*** Espressione usata in relazione al beneficio concesso dal fisco statunitense ai privati contribuenti, in base al quale la parte di reddito dell'anno in corso eccedente i quattro terzi del reddito imponibile medio dei quattro anni precedenti viene ripartita sull'intero quinquennio. Particolarmente importante risulta questo beneficio quando nel reddito imponibile dell'anno in corso devono essere computate entrate straordinarie quali, ad esempio, utili di capitali realizzati dalla vendita di titoli azionari o di beni immobili. In tal caso, infatti, l'aliquota dell'imposta su questa parte di reddito risulta notevolmente inferiore a quella che verrebbe applicata se non esistesse il concetto del reddito medio.

average life: ***vita media.*** Termine usato in relazione a macchinari, o comunque attività fisse, soggetti ad ammortamento per indicarne il periodo presunto di utilizzazione.

average market price: ***prezzo medio di mercato.*** È il prezzo che scaturisce dal rapporto tra la somma dei singoli prezzi di mercato dello stesso bene e il numero dei venditori presenti sul mercato.

average maturity: ***scadenza media.*** Termine usato con lo stesso significato di *average due date* (v.).

average outgoing quality: ***qualità media in uscita.*** Questo termine si applica soltanto ad una procedura di ispezione che richiede un esame del 100% di ciascun lotto scartato per eliminare da esso tutti gli articoli difettosi e sostituirli, almeno in teoria, con articoli buoni. Il termine indica la qualità del materiale che, alla fine, viene inserito tra le scorte o la merce in magazzino.

average outgoing quality limit: ***limite di qualità media in uscita.*** Termine con il quale si indica il valore limite di qualità media di uscita, oltre il quale gli articoli prodotti devono essere scartati. Corrisponde, pertanto, al livello di qualità più scadente nella media degli articoli che hanno superato il controllo della qualità e che saranno inseriti tra le scorte o la merce in magazzino.

average output curve: ***curva di produzione media.*** Considerando fissi alcuni agenti di produzione (ad esempio, la dimensione dello stabilimento) e consentendo che altri agenti di produzione (ad esempio, manodopera e materie prime) varino di numero, la curva di produzione media indica il rapporto tra la produzione totale in unità e le unità dell'agente variabile per differenti quantità di esso.

average papers: ***documenti di avaria.*** Qualsiasi documento che abbia comunque relazione con un'avaria. (v. anche *average 1*).

average price: ***prezzo medio.*** Espressione usata per indicare il prezzo di un insieme di beni o valori mobiliari acquistati in periodi di tempo successivi a prezzi sempre diversi. Scaturisce dal rapporto tra cifra complessivamente spesa e numero unitario di beni o titoli acquisiti.

average price level: ***livello medio dei prezzi.*** Espressione con cui si indica la media di tutti i prezzi dei beni e servizi scambiati in un'economia. Tale media è un numero indice che consente raffronti fra periodi diversi. (v. anche *index number, price index*)

average product: ***prodotto medio.*** In economia, è definito come il prodotto totale per unità di un fattore della produzione variabile. Se tale fattore fosse, ad esempio, il lavoro, si avrebbe AP=TP/L, dove AP è il prodotto medio, TP è il prodotto totale e L è il lavoro.

average productivity: ***produttività media.*** Si ottiene dividendo la produzione totale di un bene per le unità di un particolare fattore della produzione necessario per produrre il bene. L'indice più comunemente usato è la produttività media della manodopera, ricavato dividendo la produzione per il numero di lavoratori o di ore–uomo. Gli indici di produttività media sono usati come indicatori dell'efficienza produttiva.

average profit: ***profitto medio; utile medio.*** Questo termine indica il profitto medio quando si considera: a) il profitto di un imprenditore in vari periodi diversi, ad esempio mesi o anni, con differenti livelli di attività. Si ottiene dividendo la somma del profitto dei diversi periodi per il numero dei periodi considerati; b) il profitto derivante dalla vendita di più articoli o beni, non necessariamente uguali, a prezzi diversi; o c) il profitto derivante, in sistema di discriminazione di prezzo, dalla vendita di beni uguali a prezzi diversi. Nei casi b) e c), si ricava dividendo il profitto totale per il numero di beni venduti.

average propensity to consume: ***propensione media al consumo; inclinazione media al consumo.*** Espressione di origine keynesiana, che indica il rapporto tra spesa globale, in consumi di beni e servizi, e reddito totale. Rappresenta, quindi, la parte di reddito nazionale destinata ai consumi. Di conseguenza, l'inclinazione media al consumo di un singolo è la parte proporzionale del suo reddito dedicata al consumo. (v. anche *marginal propensity to consume*)

average propensity to import: ***propensione media a importare; propensione media alle importazioni; inclinazione media alle importazioni.*** Espressione usata per indicare il rapporto tra valore globale delle importazioni di un paese e reddito globale dei cittadini dello stesso paese. In altre parole, indica la percentuale del reddito nazionale spesa in beni importati da altri paesi. (v. anche *marginal propensity to import*)

average propensity to invest: ***propensione media all'investimento; inclinazione media all'investimento; propensione media a investire.*** È il rapporto tra la formazione di nuovo capitale e il reddito nazionale. (v. anche *marginal propensity to invest*)

average propensity to save: ***propensione media al risparmio; inclinazione media al risparmio; propensione media a risparmiare.*** Espressione di origine keynesiana che indica il rapporto tra risparmio e reddito globale di un singolo o di tutta l'economia. (v. anche *marginal propensity to save*)

average quality: ***qualità media.*** È la qualità complessiva di una partita di merci, quando essa contiene articoli di qualità buona e scadente mischiati insieme.

averager: Termine usato nel linguaggio di borsa per indicare un investitore o uno speculatore che pratica il sistema della copertura o che effettua acquisti in maniera tale da mediare i prezzi da lui pagati per i vari tipi di titoli in portafoglio. (v. anche *averaging*)

average rate: 1. ***corso medio.*** Nel linguaggio finanziario, indica lo stesso concetto di prezzo medio, ma applicato alle valute estere. (v. anche *average price*) **2.** ***saggio medio.*** In relazione a più prestiti concessi alla stessa persona fisica o giuridica, indica il saggio di interesse medio, ottenuto dividendo la somma dei diversi saggi di interesse relativi ai vari mutui per il numero dei mutui. **3.** ***tariffa media.*** Nel linguaggio delle assicurazioni, indica la media delle varie tariffe applicate ai diversi tipi di rischi assicurati da un privato o da un'impresa o altra organizzazione.

average rate of exchange: ***corso medio del cambio.*** Termine usato con lo stesso significato di *average rate 1* (v.).

average rate of tax: ***aliquota media.*** Lo stesso che *effective tax rate* (v.).

average revenue: ***ricavo medio.*** È il ricavo totale che percepisce un'impresa in un dato periodo dalla vendita di un certo numero di unità di un bene, diviso per il numero delle unità prodotte nel periodo. Se è stata venduta l'intera produzione allo stesso prezzo, il ricavo medio e il prezzo sono identici.

average revenue curve: ***curva di ricavo medio.*** Se su un diagramma cartesiano poniamo sull'asse delle ordinate i livelli di prezzo e sull'asse delle ascisse le quantità di bene prodotto e venduto, la curva dei ricavi medi indica l'ammontare medio di ricavo per ogni unità di bene prodotta e venduta.

average sample number: ***dimensione media del campione.*** Nel controllo statistico della qualità indica, per ciascun piano di campionatura e per ciascun livello di qualità in entrata, il numero medio di articoli che si dovranno esaminare nella partita prima di essere in grado di formulare la decisione di accettare o respingere la partita stessa.

average statement: ***regolamento di avaria.*** Nelle assicurazioni marittime, indica la relazione del perito liquidatore d'avaria in cui sono dettagliate le somme da risarcire agli interessati a una spedizione marittima, nel caso in cui si siano verificati danni per avaria comune. (v. anche *average adjustment*)

average stater: ***liquidatore di avaria.*** Termine usato come sinonimo di *average adjuster* (v.).

average stock: ***giacenza media.*** La media tra le scorte, o giacenze, all'inizio e alla fine dell'esercizio. Si ottiene sommando le cifre relative alle scorte registrate all'inizio e alla fine dell'esercizio e dividendo tale somma per due.

average survey: ***perizia di avaria.*** Viene svolta da un perito, esperto di avarie, e tende ad accertare la natura dei danni riportati dalle merci. Serve, successivamente, come base per procedere al riparto e alla liquidazione dell'avaria.

average surveyor: ***perito di avaria; commissario di avaria.*** Persona alla quale viene affidata una perizia di avaria, essendo autorizzata ad effettuarla dalle competenti autorità marittime.

average taker: ***liquidatore di avaria.*** Termine usato come sinonimo di *average adjuster* (v.).

average tare: ***tara media.*** Quando i colli sono numerosi e l'imballaggio o il contenitore sono di dimensioni simili, se ne pesano soltanto alcuni, onde consentire il calcolo di una media per l'intero lotto.

average term: ***durata media.*** Nel linguaggio bancario, indica il periodo medio di un credito o di un finanziamento, calcolato tenendo conto delle varie date di rimborso.

average time of payment: ***data media di pagamento.*** Lo stesso che *average due date* (v.).

average total unit cost: ***costo unitario medio.*** Termine usato con lo stesso significato di *average cost* (v.).

average variable cost: ***spese variabili unitarie di prodotto; costo variabile unitario medio di prodotto.*** Il totale dei costi di un'impresa, che variano col variare dell'attività svolta, diviso per il numero delle unità prodotte al momento in cui è preso in esame.

averaging: ***copertura di borsa.*** Termine usato per indicare acquisti o vendite a termine di derrate o titoli, in aggiunta ad altri acquisti precedenti, quando il prezzo del bene in questione si muove in senso contrario alle aspettative dello speculatore. La funzione della copertura è quella di rendere minime eventuali perdite, mediando i diversi prezzi. (v. anche *averaging down, averaging up*)

averaging down: ***copertura di borsa al ribasso.*** Indica la pratica di acquistare lo stesso ammontare in valuta, di titoli o merci già acquistati, quando il prezzo di mercato scende, in modo da ridurre il prezzo medio della quantità già acquistata.

averaging up: ***copertura di borsa al rialzo.*** Indica la pratica di vendere a termine lo stesso ammontare in valuta di titoli, quando il prezzo di mercato sale, in quanto i corsi possono diminuire solo in parte verso il prezzo di partenza e ci sarà un utile netto se i titoli dovranno essere consegnati o riportati prima che si giunga di nuovo ai prezzi di partenza.

avg.: average.
aviation insurance: ***assicurazione aerea.*** L'assicurazione di un aereo e del suo carico contro il rischio derivante dal volo.
avoidable costs: ***costi discrezionali.*** Sono i costi di produzione che potrebbero evitarsi se non si producesse un dato bene o una certa quantità di un bene, limitandone la produzione, e quindi sono in stretta relazione ai *variable costs* (v.), che sono i costi diretti di produzione di unità di prodotto addizionali.
avoir.: avoirdupois.
avoirdupois dram: ***dramma avoirdupois.*** La sedicesima parte di un'oncia avoirdupois. (v. anche *avoirdupois weight*)
avoirdupois grain: ***grano avoirdupois.*** La settemillesima parte di una libbra avoirdupois. (v. anche *avoirdupois weight*)
avoirdupois ounce: ***oncia avoirdupois.*** La sedicesima parte di una libbra avoirdupois. (v. anche *avoirdupois weight*)
avoirdupois weight: Il nome dato al sistema di misura di peso in uso, sia nel Regno Unito che negli Stati Uniti, nel commercio in generale, fatta eccezione per le gemme, i metalli preziosi e i medicinali, per i quali si usa il sistema troy. Unità fondamentale è la libbra, definita come la massa del campione tipo di platino conservato presso il *Board of Trade* di Londra, equivalente a grammi 453,59243. Una libbra (lb.) è uguale a 16 once; un'oncia (oz.) è uguale a 16 dramme (dram); un grano è uguale a 1/7000 lb. I principali multipli della libbra sono: *stone*, uguale a 14 lb.; *quarter*(qr), uguale a 28 lb.; *hundredweight* o *centweight* (cwt.), uguale a 112 lb.; *cental* o *new hundredweight*, ugualea 100 lb.; *ton*, uguale a 2240 lb. La tabella che segue mostra le relazioni fra i pesi del sistema avoirdupois:

ounce		pound		quarter		hundredweight		ton
16	=	1						
448	=	28	=	1				
1792	=	112	=	4	=	1		
35840	=	2240	=	80	=	20	=	1

(v. anche *troy weight*)
award: 1. ***lodo arbitrale.*** La decisione di uno o più arbitri su una questione sottoposta ad arbitrato. Qualora una delle parti non intenda conformarsi alla decisione degli arbitri, l'altra parte può fare ricorso alla magistratura ordinaria perché questa attribuisca al lodo forza esecutiva. **2.** ***aggiudicazione.*** È l'attribuzione del bene venduto all'incanto al maggior offerente. (v. anche *auction*) **3.** Negli Stati Uniti, il termine viene usato per indicare il premio pagato ad un informatore che denuncia un'evasione fiscale o una violazione delle tariffe doganali.
awareness: ***consapevolezza.*** Nel linguaggio della pubblicità, indica la conoscenza di un prodotto o della sua esistenza da parte di un consumatore.
away: ***lontano.*** Termine usato per determinare una quotazione o un volume di attività che non si avvicinano ai livelli correnti.
AWB: air way bill.
to axe: ***ridurre; tagliare.*** Termine usato in relazione a spese o personale, che vengono drasticamente ridotti al fine di contenere i costi dell'impresa.
axia: Termine usato negli Stati Uniti per indicare una forma volontaria e non registrata di cooperativa di credito presente solo in grandi città, la cui utilizzazione è riservata ad un singolo gruppo etnico straniero. Come garanzia dei prestiti, richiede valori mobiliari o cambiali accettate.

b, B

b.: 1) bag; 2) bale; 3) buyer.

baby bond: ***obbligazione baby.*** Tipo di obbligazione, convertibile o ordinaria, emessa per una somma inferiore, di solito la metà o anche molto meno, a quella usuale di tutte le altre obbligazioni dello stesso tipo.

baby boom: ***boom delle nascite; boom demografico.*** L'esplosione demografica che ebbe luogo negli Stati Uniti subito dopo la seconda guerra mondiale.

baby boom generation: ***generazione del boom delle nascite.*** Negli Stati Uniti si indica con questa espressione il gran numero di persone che nacquero tra il 1946 e il 1964, causando un'esplosione demografica che registrò ben settantacinque milioni di nascite. Questa generazione inondò il mercato del lavoro statunitense durante gli anni settanta.

baby bust: ***stasi delle nascite; stasi demografica.*** Espressione statunitense, usata come opposto di *baby boom* (v.), con la quale si indica la drastica riduzione delle nascite verificatasi negli Stati Uniti verso la fine degli anni sessanta.

back': backwardation.

back: Termine usato nel gergo borsistico come abbreviazione di *backwardation* (v.).

to back a bill: ***garantire una cambiale.*** Nell'ordinamento inglese non esiste l'avallo vero e proprio e, quindi, questa espressione sta ad indicare la garanzia del pagamento di una cambiale, prestata da parte di una persona che non sia né il beneficiario, né il trattario. Tale garanzia renderà la persona responsabile del pagamento.

back bill: ***conto arretrato.*** A differenza dell'estratto conto usato nel rapporto di conto corrente, questo si riferisce a delle spese non ancora pagate, di cui si chiede il saldo.

back casting: ***verifica di ipotesi attuali usando dati del passato.*** È l'opposto di *forecasting* (v.) e sta ad indicare la verifica di una relazione tra variabili economiche tramite l'applicazione di valori (relativi ad anni precedenti) delle variabili indipendenti alla formula o relazione presa in considerazione per giungere ai valori della variabile dipendente indicata dalla formula, allo scopo di verificare l'esattezza dell'adattamento dei valori stabiliti dalla formula ai valori osservati.

back country: ***entroterra.*** In passato questo termine indicava soltanto un'estensione di terreno alle spalle di una fascia costiera e, in particolare, l'area servita da un porto. Oggi, indica anche l'area su cui un centro di acquisti, quale ad esempio una grande città, estende la propria influenza e da cui trae la propria clientela.

to backdate: ***retrodatare; antidatare.*** Lo stesso che *to antedate* (v.).

«back door»: Vedi spiegazione sotto *«at the back door»*.

back-door devaluation: ***svalutazione per la porta di servizio.*** Espressione usata per indicare una svalutazione non ufficiale o effettiva, ma derivante da atti amministrativi quali, ad esempio, l'imposizione di soprattasse sulle importazioni.

back-door financing: ***finanziamento fuori bilancio.*** Provvedimento del Congresso degli Stati Uniti che autorizza una spesa senza formale stanziamento, come ad esempio l'autorizzazione ad emettere titoli pubblici o a contrarre un debito col Tesoro, senza la preventiva autorizzazione delle commissioni preposte all'esame delle richieste di stanziamento.

back-door operations: ***operazioni per la porta di servizio.*** Sono le operazioni descritte sotto *«at the back door»* (v.).

back duty: ***imposta arretrata.*** Imposta sul reddito dovuta da un contribuente per anni passati e accertata a seguito di un'ispezione dell'ufficio a ciò preposto.

backed bill: ***cambiale garantita.*** Una cambiale il cui pagamento viene garantito da una banca o altra istituzione finanziaria, alla quale potrà rivolgersi il beneficiario, qualora il trattario dovesse rifiutarsi o non fosse in grado di pagare il debito alla scadenza.

backed note: ***permesso d'imbarco.*** Ricevuta, firmata da un sensale marittimo, che autorizza il capitano di una nave a prendere a bordo una partita di merci. Essa costituisce la prova che il nolo è stato pagato o sarà pagato.

back-end fees: ***spese di riscatto; commissione d'uscita; commissione di riscatto.*** L'opposto di *front end fees* (v.), cioè le spese fatte pagare da un fondo comune quando l'investitore riscatta le quote di sua proprietà invece che quando le acquista. Hanno lo scopo di scoraggiare il disinvestimento, specialmente quello a breve termine.

back-end load: ***spese di riscatto.*** Lo stesso che *back-end fees* (v.).

backer: **1.** ***finanziatore.*** Chi sostiene un'impresa altrui, fornendo i fondi necessari per realizzarla. **2.** ***garante.*** Chi si assume l'obbligo di pagare una cambiale, in caso di mancato pagamento da parte dell'obbligato principale.

back freight: ***nolo di ritorno; soprannolo.*** Se le merci non sono accettate al porto di consegna o non vengono ritirate entro un ragionevole periodo di tempo o se esse vengono trasportate oltre il porto di destino per errore non addebitabile al vettore, il capitano provvederà di conseguenza, addebitando il relativo nolo, chiamato appunto nolo di ritorno.

background: ***retroterra; sfondo.*** Il retroterra culturale, in campo organizzativo, tecnico, ecc., di un soggetto che, proprio a causa di queste sue esperienze acquisite, può occupare un determinato posto nell'azienda.

backhander: ***bustarella.*** Termine colloquiale usato per indicare una somma di denaro o un dono in natura dati nascostamente ad una persona che ha voce in capitolo, per indurla a prendere una decisione favorevole a colui che elargisce la somma. In molti paesi, offrire o accettare ricompense di questo tipo rientra nel reato di corruzione.

back haul: Termine usato negli Stati Uniti per indicare

il trasporto di merci in direzione opposta a quella della destinazione (alla partenza) o al di là della destinazione (all'arrivo) per esigenze di coincidenza di mezzi di trasporto o simili.

backing: ***copertura della circolazione monetaria.*** La riserva di metalli preziosi, valute estere e titoli che le banche centrali detengono a garanzia dei biglietti in circolazione e degli impegni a vista.

backing and filling: Espressione usata nel linguaggio delle borse valori per indicare un mercato movimentato da interferenze speculative con frequenti piccoli aumenti e ribassi, ma senza alcuna variazione complessiva di rilievo nei livelli dei corsi.

backing support: ***copertura della circolazione monetaria.*** Termine usato come sinonimo di *backing* (v.).

back interest: ***interesse arretrato.*** Interesse dovuto dal mutuatario, ma non ancora pagato.

back letter: ***lettera di garanzia per polizza netta.*** Termine usato con lo stesso significato di *letter of indemnity 1* (v.).

back load: ***carico di ritorno.*** Termine con il quale si indica il carico che un mezzo di trasporto riesce a procurarsi per il viaggio di ritorno. Ad esempio, un autotreno noleggiato per trasportare merci in una determinata località cercherà di procurarsi un carico di ritorno per non compiere un viaggio a vuoto. Di solito, tali carichi vengono trasportati ad una tariffa leggermente inferiore a quella normale, in quanto il trasportatore ha già previsto, nell'applicare la tariffa relativa al viaggio di andata, la possibilità di dover fare un viaggio senza carico ed anche perché, nel prendere un carico di ritorno, il vettore non deve preoccuparsi di un corrispondente viaggio a vuoto.

backlog depreciation: ***ammortamento accumulato; ammortamento arretrato.*** Il termine inglese indica l'ammontare di ammortamento extra che, quando quest'ultimo è bàsato su valori correnti, sarebbe necessario registrare in un determinato anno per bilanciare il fatto che gli accantonamenti degli anni precedenti si sono dimostrati insufficienti in quanto basati su valori ormai non più reali.

backlog of unfilled orders: ***cumulo di ordinativi inevasi.*** Il complesso di ordinativi non ancora evasi da un'impresa in un determinato momento. È uno strumento mediante il quale è possibile prevedere la tendenza di breve periodo del mercato.

back office: Espressione del linguaggio borsistico, usata per indicare una delle strutture presenti nelle società di intermediazione e precisamente quella preposta all'emissione di tutta la documentazione relativa a un'operazione di compravendita condotta a buon fine dal *front office* (v.). Tuttavia, è anche possibile che il *back office* provveda a eseguire in proprio operazioni di compravendita, su richiesta dell'intermediario preposto al *front office*.

back order: ***ordinativo arretrato.*** È un'ordinazione inevasa per mancanza temporanea di merci, ma che sarà evasa appena esse saranno disponibili.

back pay: ***arretrati di paga.*** La differenza tra paga già ricevuta e una paga più alta concessa con effetto retroattivo a seguito di accordo sindacale, sentenza legale, promozione o altro.

back rent: ***canone di locazione arretrato; fitto arretrato.*** Canone di locazione dovuto, ma non ancora pagato.

back selling: ***vendita di appoggio.*** Si indica con questa espressione l'attività commerciale di un'impresa, produttrice di materie prime o componenti, volta ad appoggiare la vendita dei prodotti di un'altra impresa, che utilizza la produzione della prima.

backsheesh: ***gratuito.*** Termine colloquiale con il quale si indica una qualsiasi cosa ottenuta gratuitamente. Deriva dall'inglese usato in India e nel Medio Oriente, ove indica una mancia o un'elemosina.

back spread: ***scarto di arbitraggio inferiore al normale.*** Nell'arbitraggio (v. *arbitrage*), lo scarto è l'ammontare della differenza tra i prezzi di due diversi mercati quando essa supera il normale. Il termine *back spread* sta ad indicare una differenza inferiore al normale, calcolando come «normale» la differenza di prezzo che viene assorbita dalle spese di trasporto, assicurazione, ecc., necessarie per spostare le merci.

back-to-back credit: ***credito di compensazione.*** Il credito concesso da un'istituzione finanziaria inglese in veste di intermediaria tra due commercianti stranieri. Il venditore consegna i documenti relativi alla casa finanziaria, che provvederà ad emetterne dei nuovi al posto di quelli originali, con l'intesa che il nome del venditore non sarà reso noto al compratore.

back-to-back loan: ***finanziamento parallelo di garanzia.*** Pratica seguita dalle multinazionali per finanziare filiali in paesi ad alta imposizione fiscale. La procedura si svolge con il deposito di fondi di garanzia nel paese ad alta imposizione fiscale, in cui però non sono tassabili gli interessi maturati su tali depositi, a fronte di un prestito concesso alla filiale in quel paese. La filiale potrà, così, detrarre dai propri utili gli interessi da lei pagati sul prestito.

backtracking: Termine usato con lo stesso significato di *bumping* (v.).

back up: ***inversione di tendenza.*** Nel linguaggio borsistico, il termine inglese indica un'inversione nella tendenza del corso di un titolo, cioè una diminuzione se la tendenza era al rialzo o un aumento se la tendenza era al ribasso.

backward areas: ***zone arretrate; zone sottosviluppate.*** Termine una volta usato per indicare aree geografiche nelle quali non erano stati fatti insediamenti industriali e la cui economia si basava essenzialmente sull'agricoltura e una minima quantità di scambi commerciali. Oggi, nel Regno Unito tali zone vengono chiamate *areas for development* (v.).

backwardation: ***deporto.*** Nel linguaggio della borsa valori indica la percentuale pagata da un venditore per ritardare la consegna di valori mobiliari da lui venduti allo scoperto. Per esempio, se un ribassista ha venduto allo scoperto e il corso dei titoli non scende prima del giorno dei riporti, egli può pagare il deporto per spostare la liquidazione al successivo ciclo operativo, sperando che nel frattempo il corso scenda. Nel caso di borsa merci e mercati valutari, il termine indica l'ammontare di cui il prezzo a pronti (più le spese di magazzinaggio) supera il prezzo a termine.

backward-bending labour supply curve: ***curva regressiva di offerta di lavoro.*** La rappresentazione grafica della situazione in cui un aumento dei tassi salariali porta a un minor numero di ore lavorate.

backward-bending supply curve: ***curva di offerta regressiva.*** Lo stesso che *regressive supply curve* (v.).

backward countries: ***paesi arretrati.*** Termine che si usava in passato per indicare i paesi con popolazione arretrata da un punto di vista economico, cioè con qualità di forza lavoro relativamente bassa, caratterizzata da indisponibilità alla mobilità, con produzione di sussistenza piuttosto che di specializzazione, ecc. (v. anche *under-*

–*developed countries, developing countries*)

backward economy: ***economia arretrata.*** L'economia di zone o paesi arretrati, caratterizzata da assenza di specializzazione della forza lavoro, scarsi investimenti, basso tenore di vita e reddito annuo pro capite, ecc. (v. anche *backward areas, backward countries*)

backward integration: ***integrazione ascendente.*** L'espansione di un'azienda che assume il controllo delle aziende che le forniscono le materie prime o i prodotti semilavorati, così che tutto il ciclo produttivo è nelle mani dell'azienda che si formerà a seguito di questo tipo di integrazione. Un esempio potrebbe essere un'impresa produttrice di pneumatici, che assume il controllo di una piantagione di caucciù. (v. anche *forward integration, vertical integration*)

backwardization: ***deporto.*** Variante poco usata di *backwardation* (v.).

backward letter: ***lettera di garanzia per polizza netta.*** Termine usato come sinonimo di *letter of indemnity 1* (v.).

backward linkage: ***collegamento ascendente.*** La relazione esistente tra un'industria che produce prodotti finiti e un'altra industria che fornisce alla prima i semilavorati che le occorrono per la sua produzione.

backward method: ***metodo a epoca.*** È il metodo in base al quale può essere tenuto un conto corrente, descritto sotto *backward method current account* (v.).

backward method current account: ***conto corrente a metodo a epoca; conto corrente a metodo indiretto.*** È il conto corrente tenuto con il cosiddetto metodo ad epoca, in base al quale il calcolo dei giorni agli effetti del calcolo degli interessi si fa con riferimento provvisorio ad un'epoca, cioè una data comune anteriore a tutte le valute o scadenze.

backward shifting: ***traslazione d'imposta.*** Il rimbalzo di un onere fiscale da un contribuente di diritto ad un contribuente di fatto, che non ha modo di rifarsi su altri, ma anche il trasferimento parziale di imposta, quando sia il soggetto inizialmente percosso, sia coloro sui quali viene traslata l'imposta, non riescono a liberarsene completamente e sono quindi tutti parzialmente colpiti.

backwash effect: ***effetto di riflusso.*** Termine usato per indicare la condizione sfavorevole che viene a manifestarsi in paesi in via di sviluppo, quando essi danno la priorità assoluta alla produzione per l'esportazione, di solito costituita in maniera preponderante da materie prime, a spese dello sviluppo dell'industrializzazione e della produzione per il consumo interno. L'effetto di riflusso costituisce uno dei maggiori ostacoli allo sviluppo dei paesi arretrati.

BACS: Bankers' Automated Clearing Services.

bad book: Espressione usata nel linguaggio della borsa valori di Londra per indicare la situazione in cui si trova uno *stockjobber* (v.) che ha acquistato una notevole quantità di un determinato titolo, il cui corso successivamente è sceso lasciandolo nell'imbarazzo di dover compiere una scelta tra conservare i titoli nella speranza di un futuro incremento del corso o venderli subito subendo una perdita.

bad cheque: ***assegno scoperto.*** Lo stesso che *bounce* (v.).

bad coin: ***moneta cattiva; moneta imperfetta; moneta debole.*** Il termine inglese indica una moneta metallica il cui valore intrinseco non corrisponde al valore nominale. In passato, quando erano in uso monete di metallo prezioso, ciò poteva verificarsi per due cause principali: a) operazioni di svilimento della moneta da parte di privati, che ne alteravano il valore mediante pratiche quali la tosatura; e, b) operazioni di svilimento della moneta da parte del sovrano o del governo, che in occasione di nuove emissioni creava una lega contenente una quantità di fino inferiore a quella stabilita per legge o indicata sulla moneta stessa.

bad debt: ***credito inesigibile.*** Espressione di contabilità, che indica crediti irrecuperabili e pertanto trattati come perdite. (v. anche *doubtful debt*)

bad debts account: ***conto crediti inesigibili.*** Il conto nel quale vengono registrati tutti i crediti inesigibili di un'impresa, che vengono successivamente trasferiti al conto profitti e perdite col risultato di ridurre i profitti o aumentare le perdite del periodo contabile.

bad debts insurance: ***assicurazione–credito.*** Lo stesso che *credit insurance* (v.).

bad debts policy: ***polizza di assicurazione–credito.*** Lo stesso che *credit insurance policy* (v.).

bad debts ratio: ***indice dei crediti inesigibili.*** Il rapporto tra l'ammontare dei crediti inesigibili ed il volume delle vendite in un dato periodo di tempo.

bad delivery: ***consegna inefficace.*** Situazione che si verifica quando ha avuto luogo un'operazione commerciale inefficace da un punto di vista giuridico e, pertanto, il titolo di proprietà non viene trasferito. Può verificarsi per documentazione inesatta, falsificata o danneggiata o per altri motivi.

bad money: **1.** ***moneta imperfetta; moneta debole; moneta cattiva.*** È la moneta il cui valore intrinseco o reale è inferiore al suo valore nominale. **2.** ***moneta calda; denaro scottante.*** Lo stesso che *hot money 2* (v.).

«bad money drives out good»: ***la moneta cattiva scaccia la buona.*** V. spiegazione sotto *Gresham's law.*

bad paper: ***carta cattiva.*** L'espressione inglese indica cambiali che non sono state pagate o che probabilmente non verranno pagate alla loro scadenza.

B.A.E.: Bureau of Agricultural Economics.

bag cargo: ***merci in saccheria; carico in sacchi.*** Nel linguaggio dei trasporti, questo termine indica merci imballate e trasportate in sacchi di tela, di carta, di plastica o altro materiale.

baggage: ***bagaglio.*** Termine con il quale si indicano collettivamente tutte le valige o altri contenitori nei quali vengono trasportati gli effetti personali di un passeggero.

baggage declaration: ***dichiarazione di bagaglio.*** È il modulo riempito da un passeggero al fine di ottenere lo svincolo doganale del proprio bagaglio. A seguito dello sviluppo del turismo di massa, questo modulo non viene quasi più usato nel corso normale delle operazioni di immigrazione a fini turistici.

baggage master: ***addetto al servizio bagagli.*** Su una nave o altro mezzo di trasporto, è l'impiegato o il membro dell'equipaggio preposto alle operazioni di consegna e riconsegna dei bagagli dei passeggeri.

baggage policy: ***polizza di assicurazione bagaglio.*** Polizza che assicura il bagaglio di un passeggero contro i rischi cui esso è esposto nel corso di un viaggio. Di solito viene emessa a copertura di più rischi cui è esposto il viaggiatore.

baggage room: **1.** ***bagagliera.*** Nel linguaggio dei trasporti marittimi, il termine indica un locale della nave adibito al deposito dei bagagli dei passeggeri. **2.** ***deposito bagagli.*** Negli Stati Uniti, il termine indica un locale, in una stazione ferroviaria o in un terminale di autolinee, dove i viaggiatori possono temporaneamente depositare i propri bagagli.

bagged cargo: ***merci in saccheria; carico in sacchi.*** Termine usato come sinonimo di *bag cargo* (v.).

baht: Unità monetaria della Tailandia, suddivisa in cento satang.

bail bond: ***cauzione.*** Nel linguaggio dei trasporti marittimi, indica la garanzia prestata dall'armatore o da un suo agente ad un tribunale per ottenere il rilascio di una nave posta sotto sequestro.

bailee: ***depositario.*** La persona fisica o giuridica cui vengono affidati beni sotto forma di deposito da un'altra persona.

bailment: ***deposito; contratto di deposito.*** Il contratto in base al quale una persona consegna beni ad un'altra persona, che dovrà custodirli e restituirli a richiesta del depositante.

bailor: ***depositante.*** La persona che affida a terzi in custodia beni o valori di sua proprietà.

bailout: 1. Termine usato nel linguaggio finanziario statunitense per indicare il tentativo di utilizzare fondi societari per pagamenti agli azionisti, tassabili ad aliquote favorevoli dell'imposta sugli utili di capitale, senza intaccare l'interesse degli azionisti nella società di cui fanno parte. Ad esempio, prima dell'introduzione nel 1954 dell'*Internal Revenue Code*, gli azionisti di una società potevano disporre che il dividendo su azioni ordinarie venisse pagato in azioni privilegiate, che non erano soggette ad imposizione fiscale. Quindi, gli azionisti vendevano a terzi le azioni privilegiate, che venivano poi riscattate dalla società. In tal modo, l'azionista pagava soltanto una modesta imposta sull'utile di capitale realizzato dalla vendita delle azioni privilegiate. **2. *salvataggio.*** Il salvataggio di un'impresa che versa in difficoltà finanziarie o che rischia il fallimento.

bait-and-switch product: ***articolo civetta.*** Neologismo usato per indicare un articolo reclamizzato a basso prezzo, al fine di indurre il consumatore ad acquistarne uno più costoso.

bait-and-switch selling: ***vendita mediante articoli civetta.*** Espressione con la quale si indica la pratica di esporre e reclamizzare gli articoli più economici, contenuti nella gamma di prodotti di un negozio, con l'intento di attirare l'attenzione dei consumatori ai quali, successivamente, mediante varie tecniche di vendita si fa cambiare idea, orientandoli verso articoli molto più costosi.

baiza: Moneta divisionale del Sultanato di Oman, equivalente ad un millesimo di rial.

baker's dozen: Espressione usata in alcuni settori commerciali, come ad esempio quello dei libri, per indicare una dozzina di unità il cui acquisto prevede per consuetudine la consegna di una tredicesima unità gratuita.

baksheesh: Variante grafica di *backsheesh* (v.).

bal.: balance.

balance: 1. *saldo.* In contabilità, indica la differenza tra i totali del dare e dell'avere di un conto, oppure il totale di un conto contenente soltanto il dare o l'avere. **2. *residuo; rimanenza.*** Ciò che resta ancora da pagare, se si tratta di pagamenti, o da spedire, se si tratta di merci.

balance at bank: ***saldo in banca.*** La somma disponibile in una qualsiasi data su un conto corrente o altro tipo di deposito bancario, che può differire dal saldo di un estratto conto in pari data a causa di assegni emessi e non ancora addebitati, bonifici non ancora accreditati e operazioni di altro genere in corso di perfezionamento.

balance book: ***libro dei saldi.*** Nelle banche, è il libro in cui si registrano i saldi dei conti per verificare la loro corrispondenza con i saldi risultanti nel mastro generale. Per esempio, il libro dei saldi relativo al mastro dei conti correnti contiene le intestazioni di tutti i conti e settimanalmente vi si registrano i saldi, attivi o passivi, e la differenza globale tra il dare e l'avere è uguale al saldo dei totali del conto intestato ai conti correnti nel mastro generale. Con la diffusione della contabilità elettronica, anche questo tipo di libro non è più usato dalla maggior parte delle banche.

balance brought down: ***riporto; riporto a nuovo.*** L'ammontare necessario a far quadrare un conto, cioè a far pareggiare il lato dell'avere con il lato del dare, che viene inserito nell'apposita colonna al momento in cui viene chiuso il conto. Lo stesso ammontare viene, poi, riportato sulla sezione opposta del conto, per iniziare il nuovo periodo contabile. La leggenda che accompagna questa scrittura è *balance b/d.*

balance brought forward: ***riporto; riporto a nuovo.*** Termine usato cone sinonimo di *balance brought down* (v.).

balance carried down: ***riporto; riporto a nuovo.*** Termine usato come sinonimo di *balance brought down* (v.).

balance carried forward: ***riporto; riporto a nuovo.*** Termine usato come sinonimo di *balance brought down* (v.).

balance certificate: ***certificato di saldo.*** Quando si vende una parte di azioni rappresentate da un unico certificato azionario, all'azionista viene rilasciato un «certificato di saldo» per le azioni che restano di sua proprietà.

balanced budget: ***bilancio pareggiato; bilancio azzerato; bilancio in pareggio.*** È il bilancio preventivo le cui spese per un determinato periodo sono effettivamente bilanciate dalle entrate previste per lo stesso periodo. Il termine è applicabile sia alla contabilità aziendale, sia alla contabilità di stato.

balanced budget multiplier: ***moltiplicatore di budget pareggiato; moltiplicatore di budget in pareggio; moltiplicatore del bilancio in pareggio.*** Il concetto che quando il budget statale è pareggiato, le imposte hanno come risultato una riduzione dei consumi di un ammontare inferiore a quello delle imposte, in quanto comunque non sarebbe stato speso tutto il denaro. Così, quando lo stato spende il denaro percepito mediante l'imposizione fiscale, si verifica una spesa maggiore di quella che si sarebbe effettuata se non ci fossero state imposte.

balanced budget theorem: ***teorema del budget pareggiato; teorema del bilancio in pareggio.*** L'affermazione che sostiene che poiché il rapporto tra il moltiplicatore della spesa pubblica e il moltiplicatore delle imposte è uguale a 1, qualsiasi aumento della spesa statale, interamente coperta da aumenti fiscali, farà aumentare il reddito nazionale dello stesso ammontare dell'aumento del budget.

balanced economy: ***economia bilanciata.*** La condizione dell'economia di un paese, quando le importazioni pareggiano le esportazioni.

balanced fund: ***fondo a investimento equilibrato; fondo bilanciato.*** Espressione generica, usata per indicare un fondo comune d'investimento che ripartisce le proprie attività tra obbligazioni, azioni ordinarie e azioni privilegiate. Di solito, gli investimenti vengono gestiti come se si trattasse di un portafoglio titoli di un singolo investitore.

balanced growth: ***sviluppo bilanciato.*** Termine con il quale si indica lo sviluppo coordinato di tutti i settori di un sistema economico. Lo sviluppo bilanciato presuppone una certa dose di pianificazione da parte del governo e prevede investimenti coordinati nei vari settori, al fine di non creare strozzature che blocchino lo sviluppo di un'attività dalla quale dipende la riuscita del programma.

balance dollars: ***saldo dollari.*** Il totale dei crediti in dollari, a breve, medio e lungo termine, posseduti da non residenti negli Stati Uniti.

balanced portfolio: ***portafoglio bilanciato.*** Espressione usata nel linguaggio finanziario per indicare un portafoglio titoli diversificato, tale da offrire il massimo rendimento con il minimo rischio. Un portafoglio del genere dovrà contenere, in quantità e proporzioni opportunamente studiate, titoli di stato, titoli obbligazionari di società di vario tipo, azioni dei vari settori industriali, ivi inclusi titoli ad alto rischio di società finanziarie, che di solito hanno un ottimo rendimento. Se le leggi del paese lo consentono, il portafoglio dovrebbe anche contenere titoli in valute estere o di imprese di altri paesi.

balanced sample: ***campione equilibrato.*** Nel linguaggio della statistica, si indica con questo termine un campione costruito in modo tale che il valore medio di una qualche caratteristica nota si approssimi o sia identico ad una media di popolazione nota per la stessa caratteristica, così che sia poi possibile estrapolare le stime relative a caratteristiche i cui valori non sono noti.

balanced trade: ***scambio bilanciato.*** Scambi commerciali tra due paesi che si bilanciano reciprocamente, non creando squilibri nelle bilance dei pagamenti in quanto nessuno dei due invia valuta pregiata o nazionale nell'altro paese.

balance for official financing: ***saldo per finanziamenti ufficiali.*** Espressione usata per indicare una statistica relativa alla bilancia dei pagamenti del Regno Unito. Comprende il saldo dei pagamenti in conto corrente, gli investimenti globali ed altri flussi di capitale, più una voce rettificatrice che tiene conto di eventuali errori ed omissioni ed è equivalente alle variazioni intervenute nelle riserve monetarie del paese, insieme alle somme globali ufficialmente date o prese in prestito.

balance in hand: ***esistenza di cassa; saldo di cassa; somma in cassa.*** Somma di denaro tenuta sotto forma di banconote e monete, per effettuare piccoli pagamenti.

balance of imports and exports: ***bilancia commerciale.*** Termine a volte usato con lo stesso significato di *balance of trade* (v.).

balance of indebtedness: ***bilancia delle obbligazioni.*** Termine a volte usato con lo stesso significato di *balance of payments on current account* (v.).

balance of international payments: ***bilancia dei pagamenti internazionali.*** Termine a volte usato come sinonimo di *balance of payments* (v.).

balance of payments: ***bilancia dei pagamenti.*** Bilancio che mostra, in forma tabulare, le operazioni di dare e avere di un paese nei confronti di paesi stranieri e istituzioni internazionali, in un determinato arco di tempo. Le operazioni si possono dividere in due grandi gruppi, a seconda che interessino la bilancia commerciale o la bilancia del dare e dell'avere, anche detta bilancia dei conti o bilancia internazionale delle obbligazioni. In quest'ultima rientrano i movimenti di capitali per investimenti, donazioni di paesi esteri e prestiti. (v. anche *balance of trade, invisible exports and imports, invisible balance, visible items*)

balance of payments deficit on current account: ***deficit della bilancia dei pagamenti; saldo negativo della bilancia dei pagamenti; bilancia dei pagamenti passiva.*** Espressione con la quale viene indicata un'eccedenza di pagamenti verso l'estero rispetto ai pagamenti dall'estero verso il paese in questione. Può derivare da uno squilibrio in ambedue le parti costituenti la bilancia dei pagamenti o solo in una di loro, quando l'altra non riesce a compensare lo squilibrio. (v. anche *balance of payments*).

balance-of-payments imbalances: ***squilibri della bilancia dei pagamenti.*** Pur indicando genericamente un allontanamento in un senso o nell'altro dalla situazione di pareggio dei conti con l'estero, il termine è spesso usato per indicare deficit, più che eccedenze, della bilancia dei pagamenti.

balance of payments on capital account: ***bilancia del dare e dell'avere; bilancia dei conti; bilancia internazionale delle obbligazioni.*** È la bilancia dei pagamenti che tiene conto della differenza dei valori monetari tra capitali in entrata ed in uscita da un paese. In essa, rientrano i movimenti di capitali per investimenti, le donazioni da o a paesi stranieri e i prestiti contratti o concessi dal paese in questione.

balance of payments on current account: ***bilancia internazionale dei trasferimenti monetari.*** Lo stesso che *current account balance 1* (v.).

balance of revenue: ***saldo dei ricavi.*** Espressione usata dall'ente britannico per l'energia elettrica per indicare il saldo attivo del proprio bilancio, derivante dalla vendita di energia e disponibile per investimenti nel settore. Questo termine sostituì *surplus*, che precedentemente compariva nei bilanci dell'ente, in quanto quest'ultimo termine dava l'impressione di indicare una somma di denaro superiore a quella necessaria e poteva portare a proteste da parte degli utenti, che avrebbero potuto pretendere una riduzione delle tariffe elettriche.

balance of short-term indebtedness: ***bilancia dei conti a breve termine.*** Espressione usata per indicare la bilancia del dare e dell'avere, quando essa tiene conto soltanto degli indebitamenti a breve termine.

balance of trade: ***bilancia commerciale.*** Nell'ambito della bilancia dei pagamenti, la bilancia commerciale include due categorie di operazioni che danno luogo a partite attive o passive: a) le esportazioni e le importazioni visibili, in cui rientrano tutti i movimenti di beni da e verso un paese; e, b) le esportazioni e le importazioni invisibili, in cui rientrano la produzione di servizi da parte di cittadini di una nazione a favore di cittadini di un'altra nazione; rimesse di emigranti; pagamenti di interessi su investimenti e altri movimenti simili. (v. anche *balance of payments, invisible balance, invisible exports and imports, visible items*)

balance on current account: ***bilancia internazionale dei trasferimenti monetari.*** Termine a volte usato come sinonimo di *balance of payments on current account* (v.).

balance on hand: ***esistenza di cassa; saldo di cassa; somma in cassa.*** Termine usato come sinonimo di *balance in hand* (v.).

balance receipt: ***certificato azionario provvisorio.*** Termine usato con lo stesso significato di *balance ticket* (v.).

balance sheet: ***bilancio patrimoniale.*** Conto riassuntivo che mostra su un lato le passività di un'azienda e sull'altro le attività disponibili per far fronte alle passività. Le passività sono elencate sul lato sinistro e le attività sul lato destro del conto, con i saldi che si pareggiano.

balance-sheet account: ***conto di bilancio patrimoniale.*** È uno dei conti il cui saldo, da solo o unito ad altri, compare in un bilancio patrimoniale.

balance-sheet analysis: ***analisi di bilancio.*** Valutazione del bilancio e del conto profitti e perdite di un'impresa, al fine di determinarne lo stato di salute e il grado di solvibilità.

balance-sheet equation: ***equazione del bilancio patrimoniale.*** È l'uguaglianza tra i saldi delle attività e delle passività in un bilancio patrimoniale.

balance-sheet item: ***voce di bilancio patrimoniale.*** Una qualsiasi delle voci che, in un bilancio patrimoniale, rappresenta un conto dell'attivo o del passivo.

balance-sheet ratios: ***indici di bilancio.*** Sono indici che si ricavano dal bilancio patrimoniale di un'impresa e che forniscono indicazioni sull'andamento dell'impresa stessa. Tra questi, rientrano il rapporto di liquidità, l'utile lordo come percentuale del giro d'affari, l'utile netto come percentuale dell'utile lordo, la linea di credito di cui gode l'impresa in relazione al suo giro d'affari, l'indice di rotazione delle scorte e così via.

balance-sheet value: ***valore di bilancio.*** Il valore assegnato ad un bene capitale o altra attività al momento in cui si chiudono i conti e si redige il bilancio patrimoniale di un'impresa.

balance sterling: ***saldo sterline.*** Il totale dei crediti in sterline, a breve, medio o lungo termine, posseduti da non residenti nel Regno Unito.

balance ticket: ***certificato azionario provvisorio.*** Quando si vende un certo numero di azioni e il certificato azionario che si invia alla società per l'opportuna registrazione equivale ad un numero di azioni superiore a quelle vendute, viene rilasciato un certificato provvisorio corrispondente al numero di azioni non vendute. Questo certificato provvisorio dovrà essere riconsegnato all'atto del ritiro del certificato azionario definitivo.

balancing: ***quadratura.*** In senso generico, indica la verifica dell'equivalenza tra il totale delle poste dell'attivo e il totale delle poste del passivo di un qualsiasi conto.

balancing allowance: ***detrazione a saldo.*** Al termine di un periodo di ammortamento o della vita utile di un'attività fissa, è consentito effettuare una detrazione fiscale a saldo, tale da recuperare il costo netto dell'attività nell'arco del periodo della sua vita utile, ma non di più.

balancing date: 1. ***data di chiusura.*** La data in cui si pareggiano e si chiudono i conti, in previsione della stesura del bilancio patrimoniale. **2.** ***epoca.*** Nei conti correnti tenuti col metodo indiretto, è la data comune anteriore a tutte le valute o scadenze.

balancing item: ***voce di quadratura.*** La voce inserita nei conti della bilancia dei pagamenti al fine di far quadrare il dare e l'avere. Rappresenta il totale netto di tutti gli errori e le omissioni relativi alle varie voci che entrano nella bilancia dei pagamenti.

balboa: Unità monetaria della Repubblica di Panama, divisa in cento centesimi.

bale: ***balla.*** Ammasso di merci, racchiuso in robusta tela cerchiata con reggette metalliche o filo di ferro, in modo da formare un pacco di forma regolare e di peso determinato.

bale capacity: ***capacità per balle.*** Espressione usata nel linguaggio dei trasporti marittimi per indicare la capacità cubica di una stiva o altro spazio adibito al carico a bordo di una nave. La misurazione viene fatta prendendo la larghezza dal lato interno delle serrette di carico, l'altezza dal pagliolato di stiva alla faccia inferiore del baglio del ponte e la lunghezza dalla parte interna dei cantonali di rinforzo delle paratie.

bale cargo: ***carico in balle.*** Carico che consiste esclusivamente di balle, di solito nelle dimensioni standard di 30x15x15 pollici.

bale cubic capacity: ***cubaggio per balle.*** Termine usato con lo stesso significato di *bale capacity* (v.).

baled cargo: ***carico in balle.*** Termine usato come sinonimo di *bale cargo* (v.).

bale goods: ***merci in balle.*** Merci avvolte in tela o altro materiale simile, onde formare balle per la spedizione all'estero.

ballast: ***zavorra.*** Qualsiasi tipo di materiale pesante, messo sul fondo di una nave o di un'imbarcazione per renderla stabile durante la navigazione. Lo stesso termine indica materiale pesante, per esempio sassi o sabbia o acqua nel caso di navi cisterne, imbarcato per stabilizzare la nave quando essa deve compiere un viaggio senza carico.

ballast bonus: ***indennità di zavorra.*** Termine usato nel linguaggio dei trasporti marittimi per indicare una somma forfettaria pagata a fronte di un viaggio a nave zavorrata, cioè senza carico che guadagni nolo.

ballast passage: ***viaggio in zavorra.*** È un viaggio durante il quale la nave non guadagna nolo, in quanto non trasporta alcun carico, ma soltanto zavorra per stabilizzarsi.

balloon: Nel linguaggio finanziario statunitense, indica la somma pagabile alla scadenza di un mutuo a termine, quando soltanto una parte del capitale è stata rimborsata, secondo il piano di rimborso distribuito nell'intero arco di tempo del mutuo.

balloon mortgage: Tipo di ipoteca, usata principalmente negli Stati Uniti, che prevede una durata del mutuo oscillante fra i tre e i cinque anni e il rimborso totale alla fine del periodo, senza pagamenti intermedi e senza la possibilità di rinnovo. In molti degli Stati Uniti, tuttavia, la legge impone che il mutuante si impegni a concedere il rinnovo del mutuo se il debitore non è in grado di estinguerlo alla scadenza.

balloon payment: Lo stesso che *balloon* (v.).

ballot: 1. ***votazione a scrutinio segreto.*** Qualsiasi tipo o sistema di votazione nel quale i votanti esprimono il loro voto nel segreto dell'urna. Questo tipo di votazione non è quasi mai prevista in sede di assemblea dei soci, ove le votazioni avvengono o per alzata di mano o per appello nominale. **2.** ***balletta.*** Piccola balla, del peso approssimativo tra le settanta e le centoventi libbre.

Baltic Exchange: Forma abbreviata di *Baltic Mercantile and Shipping Exchange*, un'istituzione londinese che costituisce la più grande borsa mondiale dei noli (marittimi e aerei) e della compravendita di navi e di derrate, principalmente granaglie. In origine era una borsa merci, in cui si trattavano prodotti provenienti dai paesi baltici.

Baltic ice warranty: Termine con il quale si indica una clausola, presente nelle polizze di assicurazione sullo scafo, che stabilisce che la nave non dovrà essere portata in certe zone del Mar Baltico durante quei periodi dell'anno in cui tale mare è ghiacciato o soggetto a ghiacciarsi.

banco: ***moneta di banco.*** Termine usato per indicare la moneta tipo immaginaria, usata dalle banche come unità di misura dei depositi, diversa dalla moneta corrente nel luogo in cui ha sede la banca.

bancogiro: ***bancogiro.*** Operazione di trasferimento di una somma dal conto di un correntista al conto di un altro correntista della stessa banca.

bancor: Nome dell'unità di moneta di conto per i pagamenti internazionali, proposta da J.M. Keynes nel 1944, prima della Conferenza di Bretton Woods. Il nome fu, in seguito, adottato per indicare l'unità di conto in cui venivano tenuti i conti dei paesi membri dell'Unione Europea dei Pagamenti. (v. anche *European Payments Union*)

band: ***banda.*** Termine usato nel linguaggio finanziario per indicare i limiti massimi entro i quali devono essere contenute le fluttuazioni dei tassi di cambio di una valuta in relazione ad un'altra valuta presa come punto di riferimento.

band chart: ***diagramma a colonne.*** Termine usato con lo stesso significato di *bar chart* (v.).

banded pack: ***pacco offerta.*** Offerta promozionale, consistente nel vendere due o più articoli uniti insieme in un'unica confezione, ad un prezzo solitamente inferiore alla somma dei prezzi ai quali i due o più articoli vengono venduti separatamente.

Bandesco: Banca per lo sviluppo della Spagna, formata dalla Barclays Bank ed altre sei banche europee e americane.

bandh: ***fermata.*** Neologismo con il quale si indica una sospensione generale del lavoro e dell'attività economica, come atto di protesta.

to bang a market: ***svilire un mercato.*** Nel linguaggio delle borse valori, significa offrire apertamente titoli a corso decrescente, con l'obiettivo di far scendere il corso generale.

bani: Moneta divisionaria della Romania, equivalente ad un centesimo di leu.

to bank: 1. ***depositare in banca.*** Versare contanti, assegni o altri titoli di credito su un conto bancario. **2.** ***essere cliente di una banca.*** Il verbo viene usato ad esempio in frasi come: *We bank with the Barclays Bank*, cioè «siamo clienti o intratteniamo rapporti con la banca Barclays».

bank: ***banca; impresa bancaria.*** Termine generico e alquanto vago, che si applica a un gran numero di istituzioni finanziarie che espletano una o più funzioni relative a depositi, sconti, investimenti, prestiti, emissione di banconote, e che offrono altri servizi finanziari di varia natura. Una definizione abbastanza generica di una qualsiasi banca potrebbe essere la seguente: «un'istituzione che raccoglie fondi eccedenti dal pubblico, li custodisce e li restituisce al proprietario a richiesta, ma che allo stesso tempo li presta ad interesse a coloro che ne hanno bisogno e sono in grado di fornire garanzie».

Bank, the: Usato con l'iniziale maiuscola, questo termine sta per *Bank of England* (v.).

bankable asset: ***attività bancabile.*** Il termine inglese viene usato per indicare una qualsiasi attività che le banche sono pronte ad accettare in garanzia di un prestito. Può, pertanto, riferirsi a titoli di stato, azioni, obbligazioni, cambiali bancabili, ipoteche, fedi di deposito, polizze di carico ed altri titoli del genere.

bankable bill: ***cambiale bancabile; effetto scontabile.*** Indica una cambiale facilmente scontabile presso una banca o altra istituzione finanziaria che si interessa di tale attività. Le banche propriamente dette nel Regno Unito non svolgono l'attività di sconto cambiali su vasta scala, lasciandola ad altre istituzioni finanziarie, le cosiddette case di sconto. (v. anche *discount house*)

bankable paper: ***carta bancabile; carta scontabile.*** Il complesso di titoli di credito che una banca è disposta a accettare per lo sconto.

bank acceptance: ***accettazione bancaria.*** Indica una cambiale accettata da una banca nell'interesse proprio o di propri clienti, aggiungendo al credito di questi ultimi quello proprio della banca. Le accettazioni bancarie hanno origine generalmente da lettere di credito e sono usate principalmente nel commercio internazionale.

bank account: ***conto bancario; conto in banca.*** Termine generico con cui si indica un conto tenuto presso una banca, sotto una qualsiasi delle forme consentite, che dà luogo ad un rapporto tra banca e cliente.

bank advances: ***anticipazioni bancarie.*** Qualsiasi tipo di mutuo o credito concesso da una banca ad un proprio cliente. (v. anche *advances to customers*)

bank advertising: ***pubblicità bancaria.*** Impiego di un qualsiasi mezzo pubblicitario per reclamizzare un determinato servizio bancario o l'attività bancaria in generale.

bank affiliates: ***filiazioni bancarie.*** Termine usato con lo stesso significato di *bank subsidiaries* (v.).

bank agreement: ***riconciliazione bancaria.*** Lo stesso che *bank reconciliation* (v.).

bank amalgamation: ***fusione di banche.*** Nel 1918 si sentì, nel Regno Unito, il bisogno di nominare una commissione che svolgesse un'indagine conoscitiva per accertare se e fino a qual punto la fusione tra banche potesse arrecare pregiudizio alla comunità e se non fosse il caso di legiferare in materia, onde porre termine, o almeno porre un freno, a tali pratiche. La Commissione, nella sua relazione articolata e circostanziata, si dichiarò favorevole ad una legge che sottoponesse la fusione tra banche alla preventiva approvazione del ministero del tesoro e del *Board of Trade* e raccomandò una serie di misure tendenti ad impedire fusioni di fatto, pur se occulte, attraverso pratiche quali quella dei consigli di amministrazione incrociati. (v. anche *amalgamation, interlocking directorates*)

BankAmericard: È la carta di credito offerta dalla *Bank of America* e fu la prima carta di credito offerta direttamente da una banca ad essere messa in circolazione. Nel 1968 ne erano stati emessi più di otto milioni di esemplari nel solo stato della California, in cui tale banca ha la sede principale.

bank balance: ***saldo di un conto bancario; disponibilità bancaria.*** Termine usato con lo stesso significato di *balance at bank* (v.).

bank bill: 1. ***cambiale bancaria.*** È una cambiale che porta la firma di una banca in qualità di obbligato principale. Il tasso di sconto per cambiali bancarie è sempre migliore del tasso di sconto per cambiali commerciali. **2.** ***banconota; biglietto di banca.*** Negli Stati Uniti, questo termine viene spesso usato come sinonimo di *banknote* (v.).

bank book: ***libretto a risparmio; libretto circolare di risparmio.*** È il documento, sotto forma di libretto costituito da un foglio piegabile su se stesso e contenuto in una custodia, che la banca rilascia al cliente che apre un deposito a risparmio, onde consentirgli di avere una copia del conto sul quale, presso la banca, vengono registrate le operazioni di versamento, prelievo e accreditamento interessi. Il cliente dovrà presentare il libretto allo sportello ogni volta che vorrà svolgere un'operazione, onde il cassiere o l'impiegato addetto possano provvedere all'apposita registrazione.

bank borrowing: ***prestiti bancari.*** Lo stesso che *bank lending* (v.), ma visto dall'angolazione del mutuatario.

bank borrowing rate: ***tasso passivo bancario.*** Il tasso d'interesse che una banca paga ai propri clienti nel quadro delle operazioni di provvista fondi.

bank call: Negli Stati Uniti, è la richiesta periodica, da parte degli uffici federali competenti, indirizzata alle banche perché forniscano un bilancio patrimoniale dal quale risulti l'esatta situazione finanziaria ad una data specifica.

bank card: ***carta di credito.*** Il termine inglese, di recente formazione, viene usato per indicare una carta di credito emessa direttamente da una banca. (v. anche *credit card*)

bank certificate: ***estratto conto bancario.*** Rendiconto che la banca invia al titolare di un conto corrente, come documentazione delle operazioni effettuate e del saldo ad una data specifica. Esso contiene tutte le operazioni, svolte nel periodo coperto dall'estratto conto, riportate in ordine di data in cui sono state effettuate, con a fianco l'indicazione della valuta, cioè del giorno in cui le somme relative alle varie operazioni sono state addebitate o accreditate in conto. Sulla stessa linea, compare anche il saldo dopo ciascuna singola operazione.

bank chain: ***catena di banche.*** Negli Stati Uniti l'attività bancaria a mezzo di filiali o agenzie è limitata, per legge, a pochi stati. Per aggirare l'ostacolo, le banche desiderose di espandere la loro attività in più stati hanno fatto ricorso a due espedienti: a) la formazione di catene di banche per mezzo di membri comuni nei diversi consigli di amministrazione; e, b) la formazione di gruppi di banche facenti capo ad una società di controllo o holding.

bank charges: ***spese bancarie; commissione bancaria; provvigione di banca; competenze bancarie.*** Qualsiasi tipo di addebito fatto al cliente da parte della banca, sia per la gestione di un suo conto, sia per operazioni di sconto, cambio, incasso, protesto, ecc. Il termine, comunque, non include gli eventuali interessi attivi per la banca o lo sconto.

bank charter: ***autorizzazione per la fondazione di una banca.*** Certificato di registrazione rilasciato dalle competenti autorità governative federali o statali, con cui si autorizza la fondazione di una banca. La Banca d'Inghilterra godeva di uno speciale *charter*, prima della nazionalizzazione, che le concedeva privilegi negati ad altre banche.

Bank Charter Act: ***Atto di Peel.*** Legge, approvata dal parlamento britannico il 19 luglio del 1844, con la quale si regolava l'emissione di biglietti e si concedevano alcuni privilegi alla Banca d'Inghilterra per un periodo di tempo limitato. Tra le principali disposizioni contenute nella legge, ricordiamo: a) la Banca d'Inghilterra veniva divisa in due dipartimenti, quello bancario e quello di emissione; b) alla Banca d'Inghilterra veniva concesso il monopolio per l'emissione di banconote, entro un raggio di tre miglia dalla *City* di Londra; c) dopo l'entrata in vigore della legge, non si sarebbero potute creare nuove banche d'emissione in alcuna parte del Regno Unito. Se una delle banche di emissione esistenti avesse cessato di emettere le proprie banconote, la Banca d'Inghilterra era autorizzata a subentrare, a certe condizioni che miravano a limitare la circolazione cartacea; d) le banche di emissione esistenti alla data del 6 maggio 1844 venivano autorizzate a continuare l'emissione di biglietti ad una quantità media corrispondente alla quantità media di proprie banconote circolanti nelle dodici settimane precedenti il 27 aprile del 1844. Molte delle disposizioni contenute nel *Bank Charter Act* furono abrogate dal *Currency and Bank Notes Act.* (v. anche *banking department, issuing department, bank of issue, Bank of England, Currency and Bank Notes Act, currency school principle*)

bank check: ***assegno bancario.*** Variante grafica di *bank cheque* (v.), in uso negli Stati Uniti.

bank cheque: ***assegno bancario.*** È una cambiale pagabile a vista, tratta su una banca da una persona che dispone di fondi presso la stessa banca, con la quale intrattiene un rapporto di conto corrente. L'assegno deve contenere luogo e data di emissione, importo scritto in cifre e in lettere, nome del prenditore, firma dell'emittente.

bank circulation: ***circolazione bancaria.*** Termine usato in relazione a banche autorizzate ad emettere biglietti, quali ad esempio le banche centrali, per indicare il valore totale delle banconote emesse e in possesso del pubblico. Tali banconote hanno la caratteristica di essere pagabili a vista e in passato, prima che venisse concesso alle banche centrali il monopolio dell'emissione, potevano essere emesse da qualsiasi banca operante nel paese. (v. anche *active circulation, currency circulation*)

bank clearings: ***titoli di compensazione; compensazioni bancarie.*** Assegni e altri titoli di credito presentati da una banca per l'incasso alla stanza di compensazione. Il termine può essere usato in senso ristretto per indicare soltanto le compensazioni tra banche o in senso più ampio per indicare anche le compensazioni interne.

bank clerk: ***bancario; impiegato di banca.*** Qualunque persona impiegata presso una banca, che svolge la propria attività trattando con i clienti allo sportello o occupandosi di lavoro amministrativo come ad esempio la tenuta dei conti, la preparazione di assegni circolari, la corrispondenza e così via. Il termine, cioè, include chiunque faccia parte del personale esecutivo di una banca, ma non coloro che svolgono mansioni direttive o che lavorano in qualità di commessi, autisti, telefonisti e altre funzioni del genere.

bank commission: ***spese bancarie; commissione bancaria; provvigione di banca; competenze bancarie.*** Termine usato con lo stesso significato di *bank charges* (v.).

bank confirmation: ***conferma della banca.*** Termine statunitense, usato con lo stesso significato di *bank report* (v.).

bank credit: ***credito bancario.*** La capacità di una banca di creare moneta prestando somme di denaro su garanzia di titoli di credito o di altra natura. I titoli di credito così ottenuti dalla banca possono essere riscontati presso la banca centrale o altre istituzioni finanziarie, per ottenere liquidità, purché essi rispondano a determinati requisiti. Dal punto di vista del cliente, il termine inglese indica il denaro che la banca gli deve a seguito di un suo deposito o di altre operazioni.

bank credit creation: ***creazione di credito bancario.*** Quando una banca concede un prestito accreditandolo sul conto del cliente essa non perde l'uso della somma così mutuata, per cui si dice che la banca ha creato ciò che ha prestato. (v. anche *credit creation*)

bank credit proxy: Espressione usata nel linguaggio finanziario statunitense per indicare una stima giornaliera approssimativa dei movimenti degli investimenti e dei mutui delle banche commerciali. Si tratta, in effetti, di un metro di valutazione del credito bancario dal punto di vista delle passività.

bank credit transfer: ***bonifico bancario.*** Operazione mediante la quale, su ordine di un proprio cliente, una banca accredita una somma di denaro sul conto che una persona intrattiene con una banca corrispondente o con la stessa banca. (v. anche *cable transfer*)

bank currency: ***banconote; biglietti di banca.*** Termine usato come sinonimo di *banknote* (v.), con la differenza che questo indica genericamente l'insieme di banconote o biglietti di banca in possesso del pubblico. (v. anche *bank circulation*)

bank custody: ***deposito a custodia; deposito in cassette di sicurezza.*** È uno dei servizi offerti dalle banche ai loro clienti, che possono depositare in cassette di sicurezza titoli, preziosi, documenti, ecc.

bank debits: ***passività di una banca.*** Nel linguaggio finanziario degli Stati Uniti, questo termine viene usato per indicare il valore totale di assegni e carta commerciale o finanziaria emessi da una banca a fronte di conti di deposito in una certa area durante un dato periodo di tempo. I dati statistici, elaborati dalle *Federal Reserve Banks*, servono da indice generale del volume di affari trattati.

bank deposit: ***deposito bancario.*** Il deposito bancario rientra nel tipo di deposito irregolare o a uso, in quanto il depositario, ossia la banca, acquista la proprietà dei beni depositati, pur avendo l'obbligo di restituirli quando il depositante ne faccia richiesta. Accettare depositi da parte dei clienti è una delle più antiche funzioni della banca ed è attraverso la garanzia offerta da questi depositi che essa può, poi, creare moneta. I depositi bancari sono sostanzialmente di due tipi: depositi a vista o a richiesta e depositi a tempo o vincolati. I primi non prevedono alcun preavviso nel caso in cui il cliente desideri ritirare i propri fondi e generalmente consentono l'emissione di assegni bancari per effettuare prelievi o pagamenti a terzi. I secondi prevedono che i fondi restino depositati per un certo periodo di tempo concordato, ma che possano essere ritirati anche prima della scadenza, dietro preavviso. Molte banche, tuttavia, non applicano più questa norma e i clienti possono effettuare prelievi da conti vincolati, senza dover dare alcun preavviso. Questo secondo tipo di depositi, comunque, non consente il prelievo mediante emissione di assegni bancari. L'insieme dei depositi bancari, che costituisce le passività di una banca, ha notevole importanza in un sistema economico, in quanto è sulla loro consistenza che le banche possono creare moneta, chiamata appunto moneta deposito. (v. anche *deposit currency*)

bank deposit creation: ***creazione di depositi bancari.*** Lo stesso che *credit creation* (v.).

bank deposit multiplier: ***moltiplicatore dei depositi bancari.*** Il rapporto tra la variazione delle passività di una o più banche, generata da una maggiore estensione di credito, e la variazione iniziale delle attività di riserva. È un aspetto particolare del moltiplicatore del credito, così detto quando le istituzioni che concedono credito sono le banche. (v. anche *credit multiplier*)

bank disclosure: ***rivelazione di segreto bancario.*** Vedi spiegazione sotto *banking secret*.

bank discount: ***sconto bancario.*** Termine usato con lo stesso significato di *banker's discount* (v.).

bank disintermediation: ***disintermediazione bancaria.*** Vedi spiegazione sotto *disintermediation*.

bank draft: 1. ***assegno circolare; credenziale.*** L'assegno circolare è un titolo di credito all'ordine emesso da una banca a ciò autorizzata per una somma disponibile presso un suo sportello al momento dell'emissione e pagabile a vista presso tutti gli sportelli della banca emittente. Essendo una promessa incondizionata di pagamento a vista da parte della banca, esso offre maggiore garanzia di un assegno bancario ed è praticamente considerato alla pari della moneta contante. Sono applicabili ad un assegno circolare le disposizioni della cambiale relative alla girata, al pagamento, al protesto, ecc. La credenziale è un ordine di pagamento, non trasferibile per girata, emesso da una banca a carico di una sua filiale o altra banca corrispondente, nello stesso paese o in un paese estero. Il *bank draft* è una via di mezzo tra l'assegno circolare e la credenziale, perché per definizione è una cambiale tratta da una banca su un'altra banca o su se stessa, che il cliente acquista per effettuare un pagamento a terzi. **2.** ***cambiale bancaria.*** In questo significato, il termine inglese è sinonimo di *bank bill 1* (v.).

banker: ***banca; banchiere.*** Il termine inglese viene generalmente usato come sinonimo di *bank* (v.). Infatti, oggi che le banche sono costituite sotto forma di società per azioni, il banchiere, o proprietario individuale di una banca, è divenuto una figura anacronistica e quasi del tutto scomparsa. Il termine, tuttavia, potrebbe venire ancora usato per indicare il presidente o il maggior azionista di una banca o una figura che, agli occhi del pubblico, rappresenta la banca. (v. anche *banker and customer*).

banker and customer: Il rapporto tra banca e cliente è un rapporto tra debitore e creditore. Quando il cliente deposita denaro, egli è il creditore e la banca il debitore, ma il rapporto si inverte quando la banca concede un prestito al cliente. In entrambi i casi, però, il denaro consegnato da una parte all'altra rientra nel deposito ad uso, in base al quale la parte che lo riceve ne diviene proprietaria, pur avendo l'obbligo di restituirlo nella stessa misura ad una scadenza prefissata o a richiesta.

banker's acceptance: ***accettazione bancaria.*** Termine usato come sinonimo di *bank acceptance* (v.).

Bankers' Automated Clearing Services: Società istituita dalle banche britanniche nel 1968 per gestire i trasferimenti elettronici di fondi tra loro.

bankers' balances: ***disponibilità delle banche; saldi delle banche.*** Le principali banche britanniche, cioè le banche commerciali membri della stanza di compensazione, tengono in deposito presso la Banca d'Inghilterra una parte delle loro riserve liquide, che vengono considerate come moneta contante in quanto sono convertibili a richiesta in biglietti a corso legale. Mediante l'emissione di assegni tratti su questi saldi, le banche provvedono alle liquidazioni interbancarie e ai pagamenti all'*Exchequer*.

bankers' bank: ***banca delle banche.*** Espressione con la quale si indica la banca centrale, facendo riferimento ad una delle sue funzioni, quella cioè di agire da banca delle banche, accettando da queste depositi e concedendo prestiti tramite le operazioni di risconto; custodendo le riserve imposte alle banche ordinarie; provvedendo alla compensazione tra banche, ecc. (v. anche *central bank*).

banker's bill: ***cambiale bancaria.*** Termine usato come sinonimo di *bank bill* (v.).

banker's blanket bond: ***garanzia bancaria globale.*** Tipo di polizza assicurativa contro tutti i rischi derivanti dall'attività bancaria.

banker's book: ***libretto a risparmio; libretto circolare di risparmio.*** Termine usato come sinonimo di *bank book* (v.).

banker's call rate: ***tasso di interesse attivo su denaro a richiesta.*** Termine usato nel linguaggio finanziario britannico per indicare il tasso di interesse su denaro a chiamata, fatto pagare dalle banche alle case di sconto o altre istituzioni o privati. (v. anche *call money*)

banker's card: ***carta assegni; carta di banca.*** Termine usato con lo stesso significato di *cheque card* (v.).

banker's cheque: ***assegno circolare; credenziale.*** Termine usato con lo stesso significato di *bank draft 1* (v.).

bankers' clearing: ***compensazioni interbancarie.*** Il sistema mediante il quale le banche commerciali britanniche provvedono a compensare i debiti e i crediti interbancari.

bankers' clearing house: ***stanza di compensazione.***

Termine usato con lo stesso significato di *clearing house* (v.), pur se specificamente indica soltanto la stanza di compensazione utilizzata dalle banche.

«Bankers' Club»: Termine colloquiale con cui si indicano le riunioni a Basilea della *Bank for International Settlements* (v.).

bankers' commercial credit: ***credito commerciale; credito ordinario.*** L'espressione inglese indica in particolare il credito concesso a operazioni commerciali internazionali, in base al quale la banca dell'importatore apre un credito irrevocabile per un certo periodo di tempo a favore dell'esportatore, che può prelevarlo dopo la consegna dei documenti d'imbarco.

banker's credit: ***credito commerciale; credito ordinario.*** Termine usato con lo stesso significato di *bankers' commercial credit* (v.).

bankers' deposits: 1. ***depositi obbligatori delle banche.*** Tutti gli istituti di credito devono depositare, presso la banca centrale, parte delle loro riserve e poiché esse sono tenute a regolare la loro politica creditizia sulla base delle riserve bancarie in loro possesso, la banca centrale può influire sulla circolazione monetaria e sulla concessione di crediti manipolando questi depositi. Le variazioni dell'ammontare dei depositi delle banche presso la banca centrale sono degli indicatori di mutamento nella politica monetaria del governo. **2.** ***depositi delle banche.*** È una delle passività presenti nel rendiconto settimanale del dipartimento bancario della Banca d'Inghilterra, con la quale si indicano i depositi convenzionalmente tenuti come riserve presso la banca centrale da parte delle banche londinesi membri della stanza di compensazione. (v. anche *other deposits, London clearing banks*)

banker's dilemma: ***dilemma bancario.*** Espressione con la quale si indica il dilemma che una banca deve risolvere, in relazione al desiderio di liquidità e al desiderio di redditività. Infatti, quanto maggiore è la liquidità, tanto minore la redditività e viceversa.

banker's discount: ***sconto bancario.*** La differenza tra il valore nominale di una cambiale e la somma percepita dalla persona che la vende a una banca o altro istituto di sconto. Equivale all'ammontare dell'interesse semplice sul valore della cambiale dalla data in cui viene scontata alla data in cui scade.

banker's draft: ***tratta bancaria.*** Ordine inviato da un compratore alla sua banca affinché disponga il pagamento alla banca del venditore dei beni acquistati dal primo. La tratta viene inviata al venditore, che la incassa presso la sua banca, la quale a sua volta ne chiede il rimborso alla banca emittente.

banker's guarantee: ***garanzia sui crediti all'esportazione.*** È la garanzia del 90% data direttamente dall'*Export Credits Guarantee Department* (v.) alla banca dell'esportatore contro il rischio di mancato rimborso di anticipazioni o sconto cambiali concessi dalla banca all'esportatore a fronte di beni spediti e accettati da un importatore straniero. La percentuale di tale garanzia, che è alternativa all'assicurazione del credito, tiene conto della somma e del periodo per cui la banca è esposta.

bankers' indemnity: ***garanzia bancaria.*** Il termine inglese indica la garanzia, prestata dalla banca del ricevitore, che l'armatore esige quando le merci trasportate vengono consegnate senza la contestuale riconsegna della polizza di carico.

Bankers' Industrial Development Company: Fondata nel 1930, con capitale sottoscritto dal *Securities Management Trust* (v.) e altre banche inglesi, aveva lo scopo di concedere crediti per periodi superiori a quelli della pratica bancaria ordinaria, in un momento in cui anche le più forti imprese risentivano delle conseguenze della grande depressione.

banker's inquiry: ***richiesta di informazioni bancarie.*** Una richiesta di informazioni su un cliente non può essere inoltrata ad una banca direttamente da un privato. Chi desidera avere tali informazioni dovrà rivolgersi alla propria banca, che inoltrerà la richiesta alla banca interessata. Le referenze seguiranno la via inversa.

banker's lien: ***diritto di ritenzione della banca; privilegio della banca.*** La banca ha il diritto di non restituire i beni dati in garanzia di un prestito, se esso non viene integralmente restituito.

banker's mortgage: ***ipoteca a favore della banca.*** A fronte di un prestito, una banca può richiedere la garanzia ipotecaria su beni del debitore o di persona che si obblighi in sua vece.

banker's note: ***pagherò bancario.*** Titolo di credito in tutto simile a una banconota, in passato emesso da una banca privata o da una banca priva di personalità giuridica.

banker's opinion: ***opinione della banca.*** Di solito espressa in termini molto generici, rappresenta la referenza di cui si parla sotto *banker's inquiry* (v.) e *banker's reference* (v.).

banker's order: ***ordine di banca; ordine di pagamento.*** Disposizione che un cliente dà ad una banca di effettuare a suo nome un pagamento o una serie di pagamenti da addebitargli in conto. È usato per autorizzare la banca a pagare bollette di servizi alla loro scadenza, premi di assicurazione e simili. Nel Regno Unito tale ordine richiede l'applicazione di un bollo.

banker's payment: ***tratta interbancaria.*** Una tratta emessa da una banca su se stessa a favore di un'altra banca, a saldo di un credito di quest'ultima.

Bankers' Provincial Clearing Houses: Stanze di compensazione locali, che coprono aree urbane relativamente piccole, ma che hanno sede nelle principali città dell'Inghilterra e del Galles. Il termine è usato in contrapposizione a *London Bankers Clearing House* (v.).

banker's reference: ***referenza bancaria.*** Se un commerciante desidera avere credito da un fornitore, tra le referenze gli indicherà anche una o più banche con le quali lavora e che sono in grado di dare informazioni sulla sua situazione economica e finanziaria. Tali informazioni dovranno, però, essere chieste seguendo la prassi esposta sotto *banker's inquiry* (v.).

banker's revocation of authority to pay cheques: ***revoca dell'autorità ad una banca di pagare assegni.*** Secondo il diritto inglese, una banca può rifiutare il pagamento di un assegno nei seguenti casi: 1) il cliente ne ha fermato il pagamento; 2) la banca sa che il cliente emette assegni illegalmente o per scopi illeciti; 3) la banca viene informata che il cliente è morto, interdetto o fallito; 4) la banca riceve un ordine di pignoramento del saldo del conto del cliente; 5) la banca riceve un'ordinanza di un tribunale che le impone di non effettuare pagamenti.

banker's transfer: ***bonifico bancario.*** Termine usato come sinonimo di *bank transfer* (v.).

bank examiner: Nel linguaggio bancario statunitense, questo termine indica un pubblico ufficiale che periodicamente verifica i conti di una banca per accertare che le operazioni che essa svolge siano conformi alle leggi vigenti e che la sua situazione finanziaria sia solida. Tali verifiche hanno luogo almeno due volte all'anno.

Bank for International Settlements: ***Banca dei Regolamenti Internazionali.*** Banca internazionale fondata nel 1930 a Basilea col concorso delle banche centrali di Belgio, Francia, Germania, Gran Bretagna e Italia, oltre ad un gruppo di istituti giapponesi e nord–americani, allo scopo di riscuotere e amministrare le riparazioni di guerra germaniche. Oggi, tra le funzioni della Banca rientra quella di agire da corrispondente di tutte le banche di emissione europee al fine di compensare debiti e crediti tra i singoli stati, acquistando e rivendendo titoli, oro e divise.

bank giro: ***giroconto.*** Sistema usato per facilitare i pagamenti a favore di terzi da parte di chi è titolare di un conto corrente presso una banca, evitando lo spostamento fisico di denaro o di assegni mediante accreditamenti e addebitamenti sui conti delle due parti. (v. anche *giro*)

bank group: ***gruppo di banche; raggruppamento di banche.*** È uno dei sistemi mediante i quali negli Stati Uniti, ove vige il sistema bancario a sportello unico, aggirando la legge le banche possono espandere la loro attività nell'ambito dello stato in cui hanno sede o di più stati dell'Unione. Tale accorgimento, ovviamente, è inutile in quelli degli Stati Uniti, quale ad esempio la California, che consentono l'attività bancaria mediante sportelli multipli.

bank guarantee: ***garanzia bancaria.*** Termine usato con più significati. Può indicare: a) la formale promessa fatta da una banca ad un creditore di pagare il credito che egli vanta se il debitore non dovesse far fronte al proprio impegno entro i termini stabiliti. Tale promessa corrisponde alla nostra fideiussione bancaria. b) La formale promessa, fatta per iscritto da una banca, di aprire una linea di credito a favore di un commerciante al verificarsi di determinate condizioni. Tale promessa è di solito contenuta in una lettera di credito. c) La formale promessa, fatta da un privato ad una banca, di rimborsarle un prestito da essa fatto ad un terzo, qualora quest'ultimo si rifiutasse o non fosse in grado di far fronte al proprio impegno alla scadenza.

bank holding company: ***holding bancaria.*** Il termine inglese, di uso prettamente statunitense, indica una società finanziaria che controlla una o più banche. La holding bancaria costituisce uno dei modi in cui, aggirando la legge, le banche possono espandere la loro attività nell'ambito di uno o più stati dell'Unione, ove vige il sistema bancario a sportello unico. Tali società sono controllate e supervisionate dal *Federal Reserve Board* (v.).

Bank Holding Company Act: Legge approvata dal Congresso degli Stati Uniti nel 1956. Stabilisce, tra l'altro, che è necessaria l'approvazione preventiva del *Federal Reserve System* (v.) quando si intende istituire una nuova holding bancaria o quando una già esistente intende acquisire un minimo del cinque per cento del capitale azionario di una qualsiasi banca.

bank holiday: 1. Giorno in cui le banche sono chiuse. In Inghilterra e nel Galles questi giorni sono: venerdì santo, lunedì di Pasqua, lunedì di Pentecoste, il primo lunedì di giugno e l'ultimo lunedì di agosto, oltre i giorni di chiusura normale quali Natale e le domeniche. In questi giorni l'attività commerciale si ferma e le cambiali che scadono sono pagabili il giorno successivo, ad eccezione di venerdì santo e Natale, nel qual caso si devono pagare il giorno precedente. **2.** Negli Stati Uniti, qualsiasi giorno in cui le banche sono chiuse. L'espressione si usa in particolare con riferimento al periodo 4–14 marzo 1933, quando il Presidente degli Stati Uniti decretò la chiusura delle banche per evitare l'anomalo ritiro di fondi prima che si ristabilisse la fiducia tra i risparmiatori.

bank hours: ***orario di sportello.*** Termine usato come sinonimo di *banking hours* (v.).

banking: 1. ***attività bancaria; operazioni bancarie.*** In senso lato, è l'attività connessa all'accettazione di depositi e alla concessione di crediti ed è svolta non solo dalle banche propriamente dette, ma anche, e specialmente in Gran Bretagna, da un gran numero di istituzioni finanziarie specializzate in determinati settori. Oggi, le banche vere e proprie offrono ai loro clienti una grande varietà di servizi, non strettamente connessi con l'accettazione di depositi e la concessione di crediti. **2.** ***tecnica bancaria.*** La disciplina che studia lo svolgimento dell'attività bancaria e le norme che la regolamentano.

banking account: ***conto bancario.*** Termine statunitense, corrispondente a *bank account* (v.).

Banking Act: 1. Legge, approvata dal Congresso degli Stati Uniti nel 1933, con la quale si proibiva alle banche commerciali statunitensi di sottoscrivere o trattare valori mobiliari, fatta eccezione per alcuni titoli di stato e di enti locali appositamente selezionati. La stessa legge istituiva la *Federal Deposit Insurance Corporation* (v.). **2.** Con lo stesso termine si indica una legge, approvata dal parlamento britannico nel 1979, con la quale vengono ampliati i poteri della Banca d'Inghilterra in materia di controllo del sistema bancario britannico e di concessione di autorizzazioni a svolgere l'attività bancaria. Uno degli scopi principali di questa legge è quello di tutelare i depositanti e a tal fine l'attività di accettazione di depositi del pubblico è stata regolamentata mediante la suddivisione delle istituzioni che la svolgono in due grandi gruppi: le *recognized banks* e le *licensed deposit–takers* (v.).

«banking» borrowers: ***mutuatari in linea bancaria.*** Termine usato per indicare un tipo di mutuatari, di solito governi ma a volte anche banche, che contraggono prestiti non a fini di investimento in attività produttive, bensì al fine di costituire riserve liquide di metallo prezioso, valute estere o disponibilità all'estero con le quali proteggere le loro valute nazionali.

banking business: ***attività bancaria.*** Termine usato con lo stesso significato di *banking 1* (v.).

banking centre: ***piazza bancaria.*** Città in cui hanno sede banche o loro rappresentanze.

banking collapse: ***collasso del sistema bancario.*** Espressione con la quale si indica il fenomeno che si verificò negli Stati Uniti tra la fine del 1930 e il marzo del 1933, quando circa diecimila banche fallirono a causa del ritiro dei depositi da parte del pubblico.

banking commission: ***comitato di controllo del sistema bancario.*** Organo statale, preposto alla supervisione e al controllo delle imprese che costituiscono il sistema bancario di un paese.

banking company: ***impresa bancaria; istituto di credito.*** Termine usato per indicare una società per azioni che svolge l'attività bancaria. Come tutti gli altri tipi di società, anche questa è regolamentata principalmente dal *Companies Act* (v.).

banking department: ***dipartimento bancario.*** Il *Bank Charter Act* (v.) del 1844, che porta il nome di R. Peel, vincolò notevolmente l'attività della Banca d'Inghilterra e la distinse nettamente in due parti: il dipartimento di emissione e il dipartimento bancario. Mentre a quest'ultimo erano riservate tutte le operazioni che avevano a che vedere col normale funzionamento di una banca, tra cui il servizio di tesoreria dello stato, il primo fu preposto alla custodia delle riserve auree e all'emissione di banconote. Oggi, tale distinzione ha poca importanza da un punto di vista pratico, tuttavia i conti dei due dipartimenti risultano distinti nella situazione pubblicata settimanalmente dalla banca. Tale tipo di bilancio, infatti, presenta la situazione del dipartimento di emissione con le passività, rappresentate dai biglietti in circolazione e da quelli ancora in possesso della banca, e le attività, costituite da debiti dello stato, titoli di stato, altri titoli, monete di metallo non prezioso e monete e lingotti d'oro; e la situazione del dipartimento bancario con le passività, rappresentate dal capitale sociale, utili non distribuiti, depositi di privati, depositi di banche e altri conti, e le attività, rappresentate da titoli di stato, sconti e anticipazioni, altri titoli, biglietti di banca e monete.

Banking Federation of the European Economic Community: ***Federazione bancaria della Comunità Economica Europea.*** Federazione delle banche che hanno la loro sede e svolgono la loro attività all'interno della CEE. Le banche del Regno Unito vi sono rappresentate dalla *British Bankers Association* (v.).

banking firm: ***impresa bancaria.*** Questo termine, oggi ampiamente sostituito da *banking company* (v.) e *joint–stock bank* (v.), veniva usato in passato per indicare una società semplice che svolgeva l'attività bancaria. Quando, nel 1858, fu concesso anche alle banche il privilegio della responsabilità limitata, le *banking firms* cominciarono a scomparire, sostituite dagli istituti di credito, cioè le *joint–stock banks*, ed oggi nel Regno Unito non vi sono più banche costituite sotto forma di società semplici. Il termine, tuttavia, continua ad essere usato, pur se molto sporadicamente, per indicare una qualsiasi impresa che svolge l'attività bancaria.

banking group: ***gruppo di banche; raggruppamento di banche.*** Termine usato come sinonimo di *bank group* (v.).

banking hours: ***orario di sportello.*** È l'orario durante il quale gli sportelli di una banca sono aperti al pubblico per lo svolgimento di qualsiasi operazione bancaria. L'orario di sportello delle banche inglesi va dalle 9,30 alle 15,30 dal lunedì al venerdì, ma è possibile che piccole agenzie provinciali aprano ogni giorno feriale per periodi più brevi, o aprano solo due giorni la settimana. Alcune banche sono aperte anche il giovedì pomeriggio, dalle 16,30 alle 18,00, e altre ancora aprono i loro sportelli per poche ore anche il sabato mattina.

banking institution: ***istituzione bancaria.*** Qualsiasi tipo di impresa che svolga l'attività bancaria o una simile attività, limitata soltanto ad alcuni tipi di operazioni bancarie.

banking law: ***legge bancaria; diritto bancario.*** Lo stesso che *banking legislation* (v.).

banking legislation: ***legislazione bancaria.*** L'insieme delle leggi che riguardano lo svolgimento dell'attività bancaria. Nel Regno Unito, le più importanti sono il *Bank Charter Act* (v.) del 1844, il *Bills of Exchange Act* (v.) del 1882, lo *Stamp Act* (v.) del 1891, il *Bank of England Act* del 1946, che nazionalizzò la Banca d'Inghilterra, i *Currency and Bank Notes Acts* del 1928 e 1954, i *Companies Acts* del 1948 e 1967, il *Cheques Act* del 1957 e i *Trustee Savings Banks Acts* approvati dal 1954 al 1968.

banking outlet: ***sportello bancario.*** Lo stesso che *branch bank* (v.).

banking panic: ***panico bancario.*** V. spiegazione sotto *panic.*

banking policy: ***politica bancaria.*** L'insieme delle decisioni e delle scelte di una banca centrale, di una singola banca o dell'intero sistema bancario di un paese in relazione al credito e, soprattutto, al livello dei tassi di interesse.

banking principle: ***principio bancario.*** Termine usato come sinonimo di *banking school principle* (v.).

banking receipt: ***ricevuta per la banca.*** Copia, per uso della banca, di una ricevuta emessa da un funzionario doganale.

banking regulation: ***regolamentazione del sistema bancario.*** L'insieme di norme, espresse in leggi dello stato o in atti amministrativi, cui devono conformarsi le banche operanti in un determinato paese.

Banking School: ***Scuola Bancaria.*** Termine con il quale si indica il gruppo di economisti e banchieri inglesi (T. Tooke, J.W. Gilbart, J. Wilson, J. Fullarton e, in parte, anche J. Stuart Mills) che nella prima metà del secolo diciannovesimo sostennero il principio bancario. (v. anche *banking school principle, currency school, currency school principle*)

banking school principle: ***principio bancario.*** Con questo termine si indicano quel gruppo di teorie, sostenute dalla cosiddetta *Banking School* (v.), favorevoli ad una poco rigida regolamentazione dell'emissione di biglietti da parte della Banca d'Inghilterra e una più ampia manovra dello sconto, onde rendere la circolazione monetaria più flessibile e adattabile alle varie esigenze dell'economia. In particolare, uno dei principi fondamentali sosteneva che in un sistema puramente metallico, l'aumento o la diminuzione del metallo prezioso non doveva necessariamente corrispondere ad un aumento o una diminuzione della circolazione monetaria con conseguente variazione dei prezzi, bensì poteva favorire la tesaurizzazione del metallo. Pertanto, un sistema misto basato sul metallo prezioso e sulla valuta cartacea convertibile avrebbe favorito l'adeguamento della circolazione di banconote alle effettive e reali necessità dell'economia attraverso il sistema dell'attività bancaria concorrenziale. (v. anche *currency school, currency school principle*)

banking secret: ***segreto bancario.*** A parte le informazioni a fini fiscali che le banche sono tenute a dare ai competenti uffici in relazione agli interessi pagati a loro clienti, esse non sono tenute a dare informazioni riguardo i conti e la situazione economico–finanziaria dei clienti, se non in presenza di un'ingiunzione del tribunale o di leggi speciali.

banking sector: ***settore bancario.*** Termine usato prima del 1981, quando fu sostituito dal più preciso *monetary sector* (v.) nel significato indicato sotto la definizione 2.

banking service: ***servizio bancario.*** Uno qualsiasi dei servizi prestati da una banca a favore dei clienti o il complesso dei servizi prestati dall'intero sistema bancario all'economia di un paese.

banking system: ***sistema bancario.*** Le caratteristiche generali della struttura e del funzionamento delle banche di una nazione, nei loro rapporti di concorrenza e gerarchia. Nel Regno Unito, il sistema bancario è costituito dalla Banca d'Inghilterra, cioè la banca centrale; da un certo numero di istituti di credito, chiamati *joint–stock banks*, che operano in base al sistema dello sportello multiplo; delle casse di risparmio, chiamate *trustee savings banks*; e da un certo numero di altre banche, più o meno specializzate, e istituzioni finanziarie che svolgono attività che, in altri paesi, sono riservate alle banche propriamente dette, come ad esempio le case di sconto. (v. anche *branch banking, unit banking*)

banking transaction: ***operazione bancaria.*** Una qualsiasi operazione che rientri tra quelle svolte da una banca, come ad esempio il deposito o il prelievo di moneta o titoli di credito, lo sconto cambiali, il cambio di valute estere, l'emissione di assegni circolari e così via.

bank interest: ***interesse bancario.*** Viene automaticamente addebitato o accreditato dalla banca sulle somme prese a prestito o depositate. Normalmente, in Gran Bretagna gli interessi attivi delle banche su scoperti sono di un punto superiori al tasso ufficiale di sconto, mentre gli interessi passivi su depositi sono di due punti inferiori al tasso ufficiale di sconto. Sia in Gran Bretagna che negli Stati Uniti le banche normalmente non pagano interessi su depositi in conto corrente.

bank interest certificate: ***certificato di interesse bancario.*** È un certificato rilasciato dalla banca ad un cliente per scopi fiscali, quando egli può detrarre dall'imposta sul reddito parte degli interessi pagati alla banca a fronte di un mutuo.

bank-in-the-wallet: Espressione informale, usata per indicare una *supersmart card* (v.).

bank lending: ***prestiti bancari; credito bancario.*** Il termine inglese indica l'attività di concedere prestiti, dietro pagamento di un tasso d'interesse, da parte di una singola banca o di tutte le banche che costituiscono il sistema creditizio di un paese. Lo stesso termine indica l'insieme dei prestiti concessi dal sistema creditizio nazionale o internazionale o da ciascuna singola banca.

bank lending ceiling: ***tetto del credito bancario; limite massimo del credito bancario; plafond del credito bancario.*** È uno degli strumenti di politica monetaria cui può ricorrere un governo allo scopo di limitare l'aumento dell'offerta di moneta. La banca centrale impone alle banche del sistema un limite massimo di espansione del credito e ciò impedisce che i depositi, e quindi i crediti creati attraverso il moltiplicatore del credito, superino il limite imposto dalla banca centrale. Tale imposizione, tuttavia, può dar vita al fenomeno noto come *disintermediation* (v.), la cui conseguenza è un aumento dell'offerta di moneta al di là dell'obiettivo che si prefiggono le autorità monetarie. (v. anche *credit ceiling, monetary control*)

bank lending rate: ***tasso attivo bancario.*** Il tasso d'interesse che una banca fa pagare ai propri clienti nel quadro delle operazioni di impiego fondi.

bank line: ***linea di credito; fido bancario.*** Lo stesso che *credit line* (v.).

bank liquidity: ***liquidità bancaria.*** Il rapporto tecnico di scadenza tra le disponibilità e le esigibilità, che permette alle banche di fronteggiare i loro impegni con tranquillità. La liquidità bancaria è costituita da una piccola percentuale dei depositi, che la banca è obbligata a tenere sotto forma di biglietti e monete. (v. anche *bank liquidity rules*)

bank liquidity rules: ***norme sulla liquidità bancaria.*** In passato, una delle maggiori preoccupazioni delle banche era rappresentata dalla necessità di mantenere una parte delle loro attività in forma liquida, per far fronte alle richieste di prelievi da parte dei clienti, e dalla necessità di investire le attività in forme redditizie. Una regola empirica, che divenne in seguito nota come prima regola di liquidità, portò le banche inglesi a stabilire nella misura dell'otto per cento il rapporto tra i depositi e la riserva numeraria, cioè disponibilità di denaro liquido nelle casse della banca. Una seconda regola empirica, che fu poi chiamata seconda regola di liquidità, portò le banche inglesi a stabilire nella misura del trenta per cento il rapporto tra i depositi e la riserva liquida, che comprendeva la riserva numeraria più altre attività di pronto realizzo, quali buoni del tesoro, prestiti a richiesta e a breve preavviso e cambiali scontate. Ciò consentiva alle banche di disporre del restante settanta per cento delle loro attività per anticipazioni ai clienti e altre forme di investimento meno liquide. Tale rapporto del trenta per cento restò in vigore nel Regno Unito fino al 1963, quando le banche furono incoraggiate a ridurlo al ventotto per cento, che veniva considerato il minimo possibile. C'è da notare, comunque, che mentre la prima regola di liquidità può essere considerata abbastanza elastica, la seconda è, invece, piuttosto rigida. Infatti, se la riserva numeraria dovesse scendere al di sotto dell'otto per cento, potrebbe essere facilmente e prontamente ricostituita a scapito dei crediti a richiesta e a breve preavviso, ma se il rapporto di liquidità scendesse al di sotto del ventotto per cento, lo si potrebbe ricostituire soltanto attraverso una restrizione del credito.

bank loan: ***prestito bancario.*** Le banche commerciali inglesi, a differenza di quelle italiane, non si sono mai interessate di prestiti a lungo termine all'industria e, pertanto, i prestiti che concedono assumono la forma o di crediti personali e scoperti o di crediti a medio termine (da due a cinque anni) per scopi commerciali. Ambedue i tipi sono soggetti a una qualche forma di garanzia da parte del cliente e mentre i crediti personali vengono restituiti a rate in un periodo stabilito (con tassi di interesse leggermente superiori a quelli dell'altro tipo), i prestiti a medio termine vengono generalmente restituiti ad una scadenza prestabilita. Il termine inglese usato più frequentemente per questi tipi di prestiti bancari non è questo, bensì *bank advances* (v.).

bank manager: ***direttore di banca.*** Termine usato nel linguaggio popolare per indicare la persona che dirige l'attività di uno sportello bancario, dipendente da una sede centrale, più propriamente chiamato direttore di filiale o direttore di agenzia. Fino a certi limiti stabiliti dalla sede centrale, un direttore di filiale o di agenzia può concedere prestiti senza dover preventivamente chiedere il benestare della sede centrale o dei suoi diretti superiori.

bank mandate: ***mandato bancario.*** V. spiegazione sotto *mandate.*

Bank Merger Act: Legge, approvata dal Congresso statunitense nel 1960 ed emendata nel 1966, che stabilisce che le autorità federali considerino preventivamente le implicazioni concorrenziali di incorporazioni bancarie e altri tipi di acquisizione all'interno del sistema bancario.

bank money: ***moneta bancaria; moneta cartacea creditizia.*** Consiste principalmente degli assegni bancari, usati come mezzo di pagamento. La banche creano moneta attraverso una manipolazione dei depositi bancari, concedendo prestiti, soprattutto scoperti bancari, dai quali i clienti possono trarre emettendo assegni. È ovvio che questi prestiti, concessi sotto forma di depositi in conto corrente, provengono dal denaro effettivamente depositato da altri clienti che, a loro volta, hanno anche la facoltà di emettere assegni. Ciò è possibile perché alle banche è permesso di tenere riserve disponibili equivalenti soltanto ad una certa percentuale dei loro depositi totali. (v. anche *bank liquidity rules*)

bank moratorium: ***moratoria bancaria.*** Lo stesso che *moratorium* (v.).

banknote: ***banconota; biglietto di banca.*** Valuta cartacea emessa da una banca e contenente la promessa di pagare a vista al portatore la somma dichiarata. Oggi, solo le banche centrali hanno facoltà di emettere banconote e negli Stati Uniti questa funzione è svolta dal *Federal Reserve System* (v.). Mentre in passato le banconote erano convertibili in oro o altro metallo prezioso, oggi non lo sono più e vengono accettate solo per fiducia e perché svolgono la funzione di mezzo di scambio. A differenza dei biglietti di banca, i biglietti di stato vengono emessi dallo stato, direttamente o tramite una banca, per far fronte ai bisogni finanziari propri, nei limiti prescritti dalle leggi. Come i biglietti di banca, anche quelli di stato hanno potere liberatorio legale.

banknote counting machine: ***macchina conta–banconote.*** Macchina, usata dalle banche e dagli uffici cassa di imprese, mediante la quale è possibile contare banconote di qualsiasi taglio a notevole velocità, con risparmio di tempo di cassieri e contabili. Alcuni tipi di macchine conta–banconote riescono a contare più di quattromila pezzi al minuto e possono essere usati anche fogli di carta bianchi o stampati di qualsiasi formato. Molte di queste macchine sono anche predisposte per preparare pacchetti di banconote in quantità prestabilite.

Bank of America: ***Banca d'America.*** La Banca d'America fu fondata da Amedeo Giannini in California, uno dei pochi stati degli USA che consentono l'attività bancaria attraverso il sistema degli sportelli multipli, ed è una delle più grandi banche operanti nel territorio statunitense con le sue più di novecento filiali, tutte nello stato della California. Ha una sussidiaria a New York ed era collegata alla Banca d'America e d'Italia, prima che quest'ultima fosse venduta a una banca tedesca. Fu la prima banca ad emettere carte di credito direttamente.

Bank of Canada: ***Banca di Canada.*** Fondata nel 1934, con sede a Ottawa, era la banca centrale del *dominion* del Canada. Dal 1935, è la sola banca di emissione canadese e fu nazionalizzata nel 1938.

bank of circulation: ***banca di emissione; istituto di emissione.*** Termine a volte usato con lo stesso significato di *bank of issue* (v.).

bank of deposit: ***banca di deposito.*** Termine a volte usato in alternativa a *deposit bank* (v.).

bank of discount: ***banca di sconto.*** Termine talvolta usato per indicare una casa di sconto o una banca che si interessa anche dell'attività di sconto cambiali. (v. anche *discount house*)

Bank of England: ***Banca d'Inghilterra.*** Fu fondata nel 1694 come società per azioni tra i sottoscrittori di un prestito allo stato, dal quale ricevette il diritto di svolgere l'attività bancaria e di emettere banconote fino alla concorrenza del capitale. Nel 1709 ottenne il privilegio dell'emissione per l'Inghilterra e il Galles, ma quando i suoi biglietti diventarono inconvertibili (1797–1821) e si operò la riforma del sistema bancario inglese (1816), tale privilegio fu ristretto a Londra e zone adiacenti. Le leggi del 29 giugno e 19 luglio 1844 le restituirono il privilegio, stabilendo un limite all'emissione priva di riserva aurea (garantita dai prestiti allo stato) oltre il quale i biglietti dovevano essere garantiti da valuta metallica. Pur rimanendo un istituto privato, la banca presto divenne l'unico istituto di emissione e la banca delle banche. Nel 1931, la banca fu esonerata dall'obbligo di convertire in oro la valuta cartacea la cui circolazione, dopo la concentrazione delle riserve auree nel Fondo di stabilizzazione dei cambi, è diventata completamente fiduciaria. La Banca d'Inghilterra fu nazionalizzata nel 1946 e il suo capitale passò allo stato, che ne è ora l'unico azionista.

Bank of England Act: Legge, approvata dal parlamento britannico nel 1946, che stabiliva la nazionalizzazione della Banca d'Inghilterra. In base a tale legge, la Banca non apparteneva più ad azionisti privati che avevano il diritto di eleggere il Governatore e il Consiglio e diventava una società a capitale pubblico, della quale il Ministero del Tesoro deteneva l'intero pacchetto azionario. Gli azionisti ricevettero un indennizzo sotto forma di titoli di stato. (v. anche *public corporation 3, court*)

***Bank of England Quarterly Bulletin*:** Pubblicazione trimestrale contenente la descrizione della situazione economica corrente del Regno Unito, oltre a tabelle statistiche e articoli su questioni bancarie, finanziarie e monetarie.

bank office: ***sportello bancario.*** Lo stesso che *branch bank* (v.).

Bank of Ireland: ***Banca d'Irlanda.*** Fondata nel 1783, era la più antica banca dell'Irlanda, ma non è mai diventata una banca centrale. L'emissione era controllata da un'apposita commissione nominata in base al *Currency Act* del 1927, che fu sciolta quando, nel 1942, fu costituita la *Central Bank of Eire.*

bank of issue: ***banca di emissione; istituto di emissione.*** All'emissione di banconote lo stato può provvedere o direttamente, ponendo in circolazione i cosiddetti biglietti di stato, o dando ad una o più banche l'autorizzazione ad emettere biglietti di banca, anche detti banconote. In passato, si era soliti ricorrere a questa seconda soluzione ed alcuni istituti avevano il privilegio dell'emissione di biglietti che, tuttavia, dovevano essere garantiti da metallo prezioso ed il cui ammontare doveva essere stabilito dallo stato attraverso gli organi a ciò preposti. Nel Regno Unito, l'emissione di biglietti era regolata dal *Bank Charter Act* (v.) del 1844, che concedeva alcuni privilegi alla Banca d'Inghilterra, ma molti articoli di questa legge furono abrogati dal *Currency and Bank Notes Act* del 1928. L'ultima emissione di biglietti da parte di banche commerciali a ciò autorizzate scomparve dalla circolazione in Inghilterra nel 1919 e nel 1921 scomparve anche l'ultima emissione di biglietti fatta da una banca privata. Oggi, in tutti i paesi l'emissione di biglietti di banca è riservata alla banca centrale del paese che è, pertanto, l'unica che può provvedere a nuove emissioni e a sostituzioni di banconote ritirate dalla circolazione. Tali funzioni sono affidate alla Banca d'Inghilterra per l'Inghilterra e il Galles e al *Federal Reserve System* (v.) per gli Stati Uniti d'America. Il privilegio di emettere banconote di cui ancora godono alcune banche in Scozia e nell'Irlanda del Nord è tanto limitato che si può dire che la Banca d'Inghilterra detiene il monopolio dell'emissione in tutto il Regno Unito.

Bank of London and Montreal Ltd.: È una consociata della Barclays Bank, con sede principale nelle Isole Bahama.

Bank of London and South America: È una banca internazionale con sede a Londra e filiali nelle principali città della Gran Bretagna e del mondo, che svolge operazioni principalmente in valuta statunitense.

Bank of Montreal: La più grande banca commerciale canadese, con oltre 900 filiali in Canada e in alcuni paesi esteri.

Bank of North Dakota: Banca di proprietà dello stato del North Dakota e da esso gestita. Fu costituita nel 1919 tramite l'emissione di un prestito obbligazionario, in seguito riscattato. Svolge attività di banca commerciale in quanto accetta depositi dai clienti, ma concede prestiti soltanto a enti statali e parastatali e, in certa misura, ad agricoltori cittadini dello stato, contro garanzia ipotecaria di primo grado. È l'unica banca del genere negli Stati Uniti.

Bank of Scotland: ***Banca di Scozia.*** È la più antica banca della Scozia, fondata soltanto un anno dopo la Banca d'Inghilterra, nel 1695. Malgrado il nome, non ha mai svolto funzioni di banca centrale e pur se gode di un limitato privilegio di emettere banconote, esse devono essere garantite da un equivalente valore in banconote emesse dalla Banca d'Inghilterra.

Bank of the United States: ***Banca degli Stati Uniti.*** Banca a capitale misto, che funzionava su autorizzazione del Congresso e svolgeva l'attività bancaria in tutti gli Stati Uniti, attraverso filiali. Emetteva banconote, fungeva da depositario di fondi federali e da agente fiduciario del governo degli USA. Da un punto di vista tecnico ci furono due banche del genere: la prima, creata nel 1791, cessò di funzionare alla scadenza dell'autorizzazione ventennale nel 1811; la seconda ottenne l'autorizzazione del Congresso nel 1816 e cessò di funzionare nel 1836, alla scadenza della licenza, a seguito della feroce opposizione del Presidente Jackson.

bank overdraft: ***scoperto; credito allo scoperto.*** Credito concesso da una banca ad un correntista, che gli consente di prelevare, fino ad un certo limite e per un periodo stabilito, più di quanto abbia depositato sul suo conto. Poiché l'interesse viene addebitato giorno per giorno soltanto sulle somme prelevate in eccedenza al saldo reale, è un mezzo abbastanza economico per finanziare necessità fluttuanti.

bank paper: ***biglietti di banca in circolazione.*** Termine con il quale si indica l'insieme dei biglietti di banca emessi e in circolazione tra il pubblico, per distinguerli da quelli tenuti sotto forma di riserva presso la banca centrale o le altre banche del sistema bancario di un paese.

bank pass book: ***libretto.*** Il fascicoletto, rilasciato da una banca, sul quale vengono annotate le operazioni di prelievo e deposito relative ad un conto intrattenuto da un cliente con la banca. Oggi è stato quasi del tutto sostituito dal *bank statement* (v.), tranne che per i piccoli depositi a risparmio.

bank-payment instrument: ***strumento di pagamento bancario.*** Uno qualsiasi degli strumenti emessi dalle banche e utilizzati dai loro clienti per effettuare pagamenti. A parte il più tradizionale, l'assegno, che in molti casi tende a scomparire, rientrano in questa categoria tutti i tipi di cosiddetta moneta di plastica e cioè carte di credito, carte di addebito e di prelievo e carte che consentono l'accesso alle casse e agli sportelli automatici.

bank payment order: ***mandato di pagamento; ordine di pagamento; ordine di bonifico.*** Ordine dato da un cliente alla propria banca di pagare una determinata somma ad un terzo o di accreditargliela in conto.

bank personal loan: ***prestito personale; prestito a privato; piccolo credito.*** Lo stesso che *personal loan* (v.).

bank post bills: Tipo di biglietti di banca emessi per la prima volta dalla Banca d'Inghilterra nel 1738, pagabili a sette o sessanta giorni vista. In origine furono usati a titolo precauzionale contro le rapine durante i viaggi, perché potevano essere fermati prima che divenissero pagabili. La loro emissione cessò nel settembre del 1934.

bank post remittance: ***rimessa bancaria a mezzo posta.*** Indica una cambiale estera il cui importo è convertito, dalla banca cui è diretta, in contante o vaglia postale che viene poi rimesso per posta al beneficiario.

bank premises: ***locali della banca.*** I locali di proprietà della banca, che vi esercita la propria attività, sono di solito contabilizzati ad un valore di molto inferiore al loro reale valore di mercato. Nel caso della Banca d'Inghilterra, per esempio, i locali di sua proprietà non compaiono affatto nel bilancio patrimoniale.

bank premises redemption fund: ***fondo di ammortamento dei locali della banca.*** È il nome dato al conto sul quale vengono accreditate periodicamente le somme accantonate allo scopo di ridurre, se necessario, il saldo passivo del conto locali della banca.

bank rate: **1.** ***tasso ufficiale di sconto; saggio dello sconto.*** Il tasso al quale la banca centrale è disposta a riscontare effetti bancabili, di durata cioè non superiore ai tre mesi. In Gran Bretagna, il tasso ufficiale di sconto veniva fissato ogni giovedì durante la riunione dei direttori, ma poteva essere ritoccato, se necessario, anche in altri giorni della settimana. Il tasso ufficiale di sconto è anche uno strumento per aumentare o diminuire la circolazione monetaria in un paese e per combattere l'inflazione o stimolare la domanda. **2.** ***tasso di interesse.*** Negli Stati Uniti, il termine è colloquialmente usato nel significato di tasso di interesse praticato da una banca sui prestiti ai clienti e, quindi, come sinonimo di *bank lending rate* (v.).

bank rate book: ***libro del tasso ufficiale di sconto.*** È il libro sul quale si registrano, appena decisi, tutti i cambiamenti del tasso ufficiale di sconto e le sue medie semestrali e annuali.

Bank Rate Tribunal: Nome dato ad una commissione d'inchiesta, istituita nel novembre del 1957 sotto la presidenza di Lord Hubert Parker, per indagare su supposte fughe di notizie relative all'aumento del tasso di sconto del settembre 1957. Prima di tale aumento, alcune banche e compagnie di assicurazione avevano venduto grosse quantità di titoli di stato, realizzando un notevole utile quando il tasso di sconto fu portato dal cinque al sette per cento e ciò fece sospettare collusioni. La commissione giunse alla conclusione che le accuse erano infondate.

bank ratio: ***rapporto bancario; proporzione delle riserve auree.*** Quando era in vigore il sistema aureo, questo termine veniva usato per indicare il rapporto tra riserve auree della banca centrale e moneta in circolazione in un qualsiasi paese. Oggi, il termine ha un significato più generico e indica un qualsiasi rapporto bancario.

bank reconciliation: ***riconciliazione bancaria.*** È la procedura mediante la quale vengono individuati gli elementi di discordanza tra le poste e il saldo di un conto bancario, di solito rappresentati da partite registrate dalla banca e non dal cliente o viceversa.

bank reconciliation statement: ***rendiconto di concordanza; rendiconto di riconciliazione.*** Estratto conto che contiene la trascrizione di operazioni non ancora andate a buon fine relative ad un conto bancario. In esso, quindi, compaiono gli assegni emessi e non ancora addebitati, i versamenti fatti, ma non ancora accreditati, ecc. e giustifica la differenza ad una certa data tra il saldo di un conto tenuto dalla banca e il saldo dello stesso conto tenuto dal cliente.

bank release: ***liberazione bancaria.*** Il termine inglese indica un documento rilasciato da una banca dopo che il cliente ha provveduto al pagamento di una cambiale. Esso mette l'acquirente in grado di ottenere la consegna della merce.

bank report: ***relazione della banca.*** Relazione inviata da una banca al revisore dei conti di un'entità economica, con la quale si comunicano le operazioni che hanno avuto luogo tra la banca e l'entità economica in questione durante il periodo di tempo oggetto della revisione contabile.

bank reserve: ***riserva bancaria.*** L'ammontare di denaro tenuto da una banca sotto forma di liquidità, per far fronte alle richieste di prelievo da parte dei titolari di depositi. Poiché tali richieste in condizioni normali rappresentano solo una piccola percentuale dei depositi totali, non è mai necessario che una banca mantenga sotto forma di liquidità una somma pari a quella totale dei depositi dei suoi clienti. Di solito, la percentuale di riserva viene fissata per legge ed una parte di essa è depositata presso la banca centrale. Oltre la riserva prescritta dalla legge, la banca deve anche disporre di una riserva monetaria, detta riserva primaria, consistente di liquidi in cassa o presso altre banche. Col termine riserva secondaria spesso si indicano i prestiti a chiamata concessi dalle banche e il portafoglio di effetti bancabili e titoli di stato. (v. anche *legal bank reserve*)

Bank Restriction Act: Legge, approvata dal parlamento britannico nel 1797, con la quale, a seguito delle forti richieste di convertire banconote in oro durante le guerre napoleoniche e considerato il rapido assottigliarsi delle riserve auree della Banca d'Inghilterra, quest'ultima fu esonerata dall'obbligo della convertibilità, che fu poi restaurata nel 1821.

Bank restriction period: È indicato con questo termine il periodo che va dal 1797 al 1821, durante il quale le banconote della Banca d'Inghilterra non furono convertibili in oro.

Bank return: ***situazione settimanale.*** La legge del 1844, nota come *Bank Charter Act* (v.), impone alla Banca d'Inghilterra di pubblicare settimanalmente un rendiconto sulla sua situazione finanziaria, chiamato *Bank return.* Esso è diviso in due parti, la prima relativa al dipartimento di emissione e la seconda al dipartimento bancario. Attualmente, la situazione settimanale viene pubblicata ogni mercoledì.

bank run: ***assalto agli sportelli.*** Termine usato in alternativa a *run on a bank* (v.).

bankrupt: ***fallito.*** Termine usato per indicare una persona che non è in grado di far fronte ai propri impegni finanziari e viene, perciò, dichiarato fallito da un tribunale. A seguito di tale dichiarazione, i beni del fallito vengono affidati ad un curatore, che diventa di fatto il suo rappresentante fino a quando, avendo soddisfatto i debiti o parte di essi, non interviene un'altra dichiarazione del tribunale, con la quale il fallito viene riabilitato. Una società, a differenza di un singolo imprenditore, non può essere dichiarata fallita, ma può essere messa in liquidazione qualora si verifichi la stessa situazione di insolvenza.

bankruptcy: ***fallimento.*** Procedura concorsuale tramite la quale un debitore può essere sollevato dai suoi obblighi finanziari. Le disposizioni che regolano il fallimento sono leggermente diverse da paese a paese, ma in generale la procedura è quella di distribuire le attività del debitore tra i suoi creditori in modo proporzionale ai crediti. Nel Regno Unito, la procedura di fallimento ha inizio con la presentazione di una *bankruptcy petition* (v.) all'apposito tribunale o da parte del debitore o da parte di uno o più suoi creditori. Il tribunale, presa visione dell'istanza, emette il cosiddetto *receiving order* (v.) con il quale viene nominato un *official receiver* (v.), che prende possesso di tutti i beni del debitore, fatta eccezione per i suoi strumenti di lavoro ed alcuni tipi di effetti personali, e che prepara un elenco di tutte le attività e le passività del debitore. A questo punto, il debitore e i creditori possono accordarsi accettando uno *scheme of arrangement* (v.), in base al quale i creditori vengono pagati totalmente o in parte, nel qual caso il debitore non viene dichiarato fallito. Se, invece, il concordato non viene accettato dalla maggioranza dei creditori, il tribunale procede a dichiarare fallito il debitore e nomina un *bankruptcy trustee* (v.), che può essere anche la stessa persona che ha rivestito l'ufficio di *official receiver.* Il curatore del fallimento procederà, quindi, a realizzare le attività del fallito e a ripartire il ricavato in maniera proporzionale tra i creditori, secondo quanto stabilito dalla legge. A questo punto, il fallito può essere dichiarato riabilitato dallo stesso tribunale, il che significa che gli vengono riconosciuti tutti i diritti che erano stati sospesi durante il periodo del fallimento, purché il tribunale sia convinto che il fallito ha fatto del suo meglio per soddisfare i suoi debiti. Se a questo punto vi sono ancora parte di crediti non pagati, essi vengono di solito annullati.

Bankruptcy Act: ***Legge sul fallimento.*** Legge, approvata dal parlamento britannico nel 1914, che, insieme ai vari articoli non abrogati di precedenti leggi e altre leggi successive, regolamenta le procedure fallimentari nel Regno Unito.

bankruptcy acts: ***atti di fallimento.*** Con questo termine si indica un qualsiasi atto di un debitore che può portare ad una sentenza dichiarativa di fallimento nei suoi confronti. Tali atti possono essere uno o più inadempimenti, la chiusura dei locali dell'impresa, la sottrazione di merci, la fuga del debitore e simili.

bankruptcy adjudication: ***sentenza dichiarativa di fallimento; dichiarazione di fallimento.*** Termine usato in alternativa a *adjudication in bankruptcy* (v.).

bankruptcy assets: ***massa attiva nel fallimento; attivo fallimentare; attività del fallimento.*** Termine con il quale si indica l'insieme complessivo dei beni, delle somme liquide e dei crediti di un fallito.

bankruptcy code: ***codice fallimentare.*** L'insieme delle leggi che regolano le procedure fallimentari.

bankruptcy court: ***tribunale fallimentare.*** Un tribunale che ha competenza in materia fallimentare.

bankruptcy declaration: ***dichiarazione di fallimento.*** Lo stesso che *adjudication in bankruptcy* (v.).

bankruptcy discharge: ***decreto di chiusura del fallimento.*** Ordine emesso da un tribunale, con il quale si pone fine allo stato di fallimento, dopo che il fallito ha assolto i suoi doveri e i creditori sono stati tacitati. Per effetto di tale provvedimento, il fallito viene liberato dalle residue obbligazioni non soddisfatte e riacquista la capacità patrimoniale.

bankruptcy distribution: ***ripartizione finale dell'attivo fallimentare.*** Il termine inglese indica il pagamento dei creditori chirografari in proporzione dell'importo per il quale furono ammessi nello stato passivo, dopo che sono stati soddisfatti i creditori privilegiati e si è fatto fronte alle spese del fallimento, ivi compreso il compenso del curatore.

bankruptcy judge: ***giudice fallimentare.*** Il giudice assegnato a decidere casi di fallimento.

bankruptcy law: ***legge fallimentare; diritto fallimentare.*** Lo stesso che *bankruptcy legislation* (v.).

bankruptcy legislation: ***leggi sul fallimento; leggi fallimentari.*** L'insieme delle leggi che in un paese regolamentano le procedure concorsuali.

bankruptcy liabilities: ***massa passiva nel fallimento; passivo del fallimento; passività del fallimento.*** L'insieme complessivo dei debiti del fallito.

bankruptcy notice: L'ingiunzione di pagamento presentata da un creditore al suo debitore, dopo aver ottenuto contro quest'ultimo una sentenza che lo condanna al pagamento del suo debito. L'inosservanza da parte del debitore costituisce uno dei *bankruptcy acts* (v.).

bankruptcy offences: ***reati fallimentari.*** Sono quelle azioni del fallito che tendono ad ostacolare la vendita del suo patrimonio ed il conseguente pagamento dei creditori e si trovano elencate nel *Bankruptcy Act* del 1914, emendato da una legge del 1926.

bankruptcy order: ***dichiarazione di fallimento.*** Lo stesso che *adjudication in bankruptcy* (v.).

bankruptcy petition: ***istanza di fallimento; istanza fallimentare.*** Atto che, nel Regno Unito, dà inizio alla procedura fallimentare. L'istanza deve essere presentata alla *High Court* o dal debitore stesso o da una persona che vanti un credito superiore alle cinquanta sterline.

bankruptcy proceedings: ***procedura di fallimento.*** È la procedura, stabilita per legge, che si segue in caso di fallimento. Per la procedura seguita nel Regno Unito, v. *bankruptcy.*

bankruptcy receiver: ***curatore del fallimento.*** Termine a volte usato con lo stesso significato di *official receiver* (v.).

bankruptcy trustee: ***curatore del fallimento; liquidatore.*** Secondo l'ordinamento giuridico anglosassone, viene nominato dal tribunale o dai creditori, dopo che un debitore è stato dichiarato fallito, per procedere alla liquidazione delle sue attività e alla successiva ripartizione tra i creditori. Fino alla nomina del curatore definitivo, le sue funzioni vengono svolte dall'*official receiver* (v.), che potrebbe definirsi un curatore temporaneo, pur se spesso quest'ultimo viene confermato e nominato curatore definitivo.

bank secrecy: ***segreto bancario.*** Termine statunitense, usato con lo stesso significato di *banking secret* (v.).

bank service: ***servizio bancario.*** Termine usato come sinonimo di *banking service* (v.).

banks for co-operatives: ***banche per il credito alle cooperative agricole.*** Sistema costituito da dodici banche, sparse sul territorio degli Stati Uniti, sotto la supervisione della *Farm Credit Administration* per concedere prestiti alle cooperative agricole.

bank statement: ***rendiconto; rendiconto bancario.*** Oggi che la tenuta dei conti è meccanizzata, il vecchio libretto (v. *bank pass book*) è stato sostituito quasi dovunque dal *bank statement,* che è costituito da uno o più fogli sui quali sono riportate le operazioni di prelievo o deposito relative ad un conto di deposito. Da non confondersi con il *bank certificate* (v.), che è l'estratto conto relativo ad un conto corrente. Negli Stati Uniti, il termine inglese indica una relazione presentata periodicamente dalle banche agli organi di controllo del *Federal Reserve System* (v.).

Bank stock: 1. ***capitale azionario della Banca d'Inghilterra.*** Il capitale azionario della Banca d'Inghilterra prima che venisse nazionalizzata. Dopo l'indennizzo agli azionisti, esso passò completamente nelle mani dello stato nel 1946, secondo quanto stabilito dal *Bank of England Act* del 1946. **2.** ***capitale azionario di una banca.*** Il termine inglese, scritto con iniziale minuscola, indica anche le azioni di capitale emesse da un istituto bancario ed anche le quote di proprietà dello stesso istituto.

bank subsidiaries: ***filiazioni bancarie.*** Sono imprese bancarie il cui capitale è in parte o totalmente di proprietà di un'altra banca, rispetto alla quale esse rimangono distinte sotto il profilo giuridico ed hanno una certa autonomia, anche se nel loro consiglio di amministrazione siedono in maggioranza rappresentanti della banca madre.

bank supervision: ***vigilanza bancaria.*** L'attività di controllo sul settore bancario e creditizio, esercitata dalla banca centrale del paese.

bank syndicate: ***sindacato di banche; consorzio bancario.*** Gruppo di banche che si consorziano allo scopo di concedere prestiti a medio termine a tasso d'interesse variabile, di solito sul mercato delle eurovalute. Il sindacato può essere composto anche di trenta o quaranta banche di paesi diversi, che prestano una somma che può raggiungere il miliardo di dollari, per un periodo di tre, sette e anche dieci anni. I mutuatari sono di solito stati, aziende a capitale pubblico o grosse società per azioni. La pratica di costituire questi sindacati si va sempre più diffondendo sia nel Regno Unito che all'estero e diventano sempre più frequenti i casi di emissioni di prestiti a lungo termine in dollari statunitensi, marchi tedeschi e altre valute europee.

bank teller: ***cassiere di banca.*** È l'addetto ad uno sportello di cassa, cioè colui che materialmente riceve i depositi e paga assegni o altri ordini di pagamento ai clienti della banca.

bank transaction: ***operazione bancaria.*** Termine usato come sinonimo di *banking transaction* (v.).

bank transfer: ***bonifico bancario.*** Trasferimento di una somma di danaro da un conto bancario ad un altro o operazione mediante la quale si trasferisce una somma di danaro da un luogo ad un altro, mettendola a disposizione di una persona o accreditandola sul suo conto.

bank wire: Sistema computerizzato, in uso negli Stati Uniti, per il trasferimento di fondi e informazioni tra banche. È utilizzato e gestito da oltre 250 banche private, che ne sono proprietarie, e collega oltre 25 città.

BANs: bond anticipation notes.

Bar.: barrel.

bar: Termine usato nel linguaggio del mercato interbancario britannico per indicare un milione di sterline.

barber boom: Espressione usata nel Regno Unito in relazione al periodo 1971–73 per indicare l'enorme aumento della spesa pubblica, la riduzione dell'imposizione fiscale e la svalutazione del diciotto per cento della sterlina. Malgrado questi provvedimenti, la bilancia dei pagamenti britannica continuò a peggiorare e l'offerta di moneta fu quasi raddoppiata. In quel periodo, i prezzi dei beni di consumo subirono nel Regno Unito aumenti superiori a quelli registrati in qualsiasi altro paese industrializzato.

bar chart: ***diagramma a colonne; istogramma.*** Tipo di diagramma cartesiano, costituito da una serie di colonne o linee spesse, che si elevano dall'asse orizzontale per un'altezza proporzionale ad un dato valore globale relativo a successivi intervalli della variabile, rendendo possibile la comparazione dei diversi valori.

Barclaycard: È la carta di credito offerta dalla Barclays Bank.

Barclays Bank Ltd.: Una delle *«big four»* (v.) con antichissima origine, che diventò società per azioni nel 1896. Ha un gran numero di filiali in patria e interessi in molte banche di altri paesi. Fu la prima banca inglese ad emettere una propria carta di credito, la *Barclaycard.*

Barclays Bank Review: Pubblicazione trimestrale della Barclays Bank, specializzata in questioni economiche e monetarie.

bar code: ***codice a barre.*** È così detto l'insieme di cifre e piccole linee verticali di diversa larghezza che si vedono stampate sulle confezioni della maggior parte di prodotti etichettati, sulle copertine di libri e su altri articoli di largo consumo. Il codice è composto di tredici cifre e di una serie di corrispondenti barre verticali: le prime due cifre da sinistra indicano la nazione di produzione; le successive cinque cifre indicano il produttore; le successive cinque indicano il prodotto specifico e sono di solito riservate al dettagliante, che può inserirvi proprie informazioni, compreso il suo prezzo di rivendita; l'ultima cifra indica il codice di controllo contro errori di lettura. Attraverso la lettura di tale codice, un computer può fornire tutte le informazioni relative a quel prodotto, incluso il prezzo di vendita al dettaglio, e preparare il conto del cliente cha ha comprato più articoli con diversi prezzi, come ad esempio avviene in un supermercato. Il codice viene anche usato nella gestione delle scorte, sempre attraverso l'intervento di un computer opportunamente programmato.

bar depot: ***deposito cauzionale.*** Al fine di scoraggiare la pratica di ricorrere a finanziamenti esteri, le autorità finanziarie fanno ricorso a questo tipo di deposito, al cui versamento sono tenuti tutti gli operatori che ricevono fondi da mercati esteri. Il deposito consiste di una percentuale del finanziamento e va su un conto infruttifero presso la banca centrale.

bar diagram: ***diagramma a barre.*** Un diagramma che mostra la distribuzione di frequenza di una variabile discreta. Un punto su una linea retta indica ciascun valore della variabile e da ciscuno di tali punti si traccia una barra perpendicolare, la cui altezza rappresenta la diversa frequenza del verificarsi di quel valore.

bareboat charter: ***contratto di locazione a scafo nudo; cessione; noleggio a tempo–locazione.*** Tipo di contratto di noleggio in base al quale l'armatore cede la nave al noleggiatore, il quale si addossa tutte le spese per tutto il periodo del noleggio, incluse quelle relative all'equipaggio. Se necessario, il noleggiatore provvederà anche ad assumere l'equipaggio.

bare contract: ***nudum pactum.*** Promessa non vincolante da un punto di vista giuridico, perché non opportunamente sostenuta da alcuna controprestazione.

bare hull charter: ***contratto di locazione a scafo nudo; cessione; noleggio a tempo–locazione.*** Termine usato con lo stesso significato di *bareboat charter* (v.).

bare pole charter: ***contratto di locazione a scafo nudo; cessione; noleggio a tempo–locazione.*** Termine usato con lo stesso significato di *bareboat charter* (v.).

bare trustee: ***amministratore.*** Il termine inglese indica un amministratore che non ha altro compito che quello di amministrare una proprietà e consegnarla a qualcun altro ad una determinata scadenza o al verificarsi di un altro determinato evento.

bargain: **1.** ***operazione di compravendita.*** Il termine inglese viene usato nel linguaggio borsistico per indicare una qualsiasi operazione conclusa in borsa, ma non presuppone alcun prezzo speciale. **2.** ***accordo; contratto.*** In un significato più ampio del precedente, indica un qualsiasi accordo per la compravendita di un bene. **3.** ***affare; occasione.*** In un significato ancora più ampio, indica un'operazione di compravendita particolarmente vantaggiosa o a buon mercato ed anche il bene così acquistato.

bargain and sale: Questa espressione indicava un tipo di contratto, previsto dal diritto inglese, mediante il quale si trasferivano beni immobili a titolo oneroso. Fu abolito dal *Law of Property Act* del 1925.

bargain basement: ***reparto occasioni.*** È il reparto di un grande magazzino nel quale si possono trovare occasioni di acquisto particolarmente vantaggiose, perché a prezzo di affare o di svendita. Il termine inglese deriva dal fatto che questo reparto è di solito ubicato nell'interrato, sotto il livello stradale.

bargain basement price: ***prezzo d'occasione.*** Lo stesso che *bargain price* (v.).

bargain book: ***libro delle operazioni di compravendita.*** Libro nel quale uno *stockbroker* (v.) registra gli estremi di tutte le operazioni di compravendita titoli da lui concluse.

bargain campaign: ***campagna di vendite speciali.*** Campagna promozionale, impostata sulla vendita a condizioni particolarmente vantaggiose per gli acquirenti. Può coinvolgere un solo prodotto o tutta una linea di prodotti ed ha lo scopo di diffonderne la conoscenza tra i consumatori, nel tentativo di farne aumentare la domanda.

bargain counter: ***banco delle occasioni.*** Lungo bancone, in un negozio o altro punto di vendita, sul quale vengono disposti articoli che i clienti possono acquistare ad un prezzo di affare.

bargain for cash: ***operazione di compravendita per contanti.*** Nel linguaggio della borsa valori, indica un'operazione di compravendita di valori mobiliari, che deve essere liquidata per contanti entro un periodo massimo di tre giorni dopo la sua conclusione. Alla borsa valori di Londra, le operazioni per contanti sono obbligatorie per i titoli di stato, i cosiddetti *gilt–edged securities* (v.).

bargain for the account: ***operazione di compravendita a termine.*** Espressione usata nel linguaggio della borsa valori per indicare un'operazione di compravendita che verrà liquidata al termine del ciclo operativo in corso, durante i giorni di liquidazione. Il pagamento e la consegna dei titoli, pertanto, non avverranno che dopo un certo numero di giorni dalla conclusione dell'operazione.

bargain hunter: Espressione con la quale si indica chi, prima di acquistare un qualsiasi prodotto, gira per i vari negozi alla ricerca di un prezzo di occasione o di affare.

bargaining: **1.** ***mercanteggiamento.*** Pratica in uso quando un bene non è venduto a prezzo fisso. Oggi, col diffondersi delle nuove strutture di vendita tale pratica, nel commercio al dettaglio, sopravvive soltanto in alcuni settori, quale ad esempio il mercato delle opere d'arte, di oggetti e mobili antichi, di beni di seconda mano e simili. In alcuni paesi, tuttavia, tale pratica è talmente radicata nella cultura del luogo, che non sarà facile eliminarla. **2.** ***contrattazione sindacale; trattativa sindacale.*** L'insieme degli incontri e delle discussioni da cui scaturirà un accordo tra i rappresentanti sindacali dei lavoratori e dei datori di lavoro, sia di una categoria specifica, sia di una federazione o confederazione.

bargaining agent: ***rappresentante sindacale ad una contrattazione collettiva.*** Il sindacato scelto dai lavoratori di una *bargaining unit* (v.) perché li rappresenti in una contrattazione collettiva.

bargaining power: ***effetto di predominio; forza contrattuale.*** Espressione usata per indicare il potere che una singola persona o un gruppo di persone possono esercitare sulla controparte nel momento in cui vengono negoziati prezzi, salari, condizioni di un contratto di lavoro e simili. Nelle relazioni industriali, la forza contrattuale è di solito direttamente proporzionale al numero di persone che sostengono le medesime richieste ed è questo il motivo alla base della costituzione delle organizzazioni sindacali dei lavoratori e dei datori di lavoro.

bargaining session: ***sessione di contrattazione sindacale.*** Nel linguaggio delle relazioni industriali, questo termine indica il periodo di tempo durante il quale si svolgono una o più contrattazioni collettive per il rinnovo dei contratti di lavoro.

bargaining strength: ***effetto di predominio; forza contrattuale.*** Termine a volte usato con lo stesso significato di *bargaining power* (v.).

bargaining tariff: ***tariffa di predominio.*** Una tariffa doganale instaurata al solo scopo di ottenere concessioni commerciali da altri paesi, offrendo in contropartita una riduzione della tariffa stessa.

bargaining theory of wages: ***teoria della contrattazione dei salari.*** L'espressione indica una generalizzazione che rientra nella teoria del monopolio bilaterale (v. anche *bilateral monopoly*), in base alla quale i saggi dei salari sono contenuti entro due limiti, cioè il massimo che i datori di lavoro sono disposti a pagare, tenendo conto della produttività marginale dei lavoratori, e il minimo che i lavoratori sono disposti ad accettare in rapporto al costo della vita. Il punto esatto tra i due limiti è determinato dalla relativa forza contrattuale dei due gruppi. (v. anche *lump of labour theory of wages, marginal productivity theory of wages, residual theory of wages, subsistence theory of wages, wage fund theory of wages*)

bargaining unit: 1. ***categoria sindacale.*** Nelle contrattazioni collettive, indica il gruppo di lavoratori con identità di interessi tale da renderli una categoria omogenea allo scopo di negoziare un contratto di lavoro collettivo. Ci possono essere una o più di tali categorie in una singola fabbrica o impresa, come ad esempio impiegati, operai e dirigenti. **2.** ***rappresentanza sindacale.*** In questo significato, il termine assume lo stesso valore di *collective bargaining agency* (v.).

bargain money: ***caparra.*** Somma di denaro versata dal compratore al momento della conclusione di un contratto per indicare la sua intenzione e capacità di adempiere al contratto. Spesso il contratto stabilisce la perdita della caparra se il compratore diviene inadempiente.

bargain offer: ***offerta vantaggiosa; offerta a prezzi d'occasione.*** Offerta di un particolare tipo di beni ad un prezzo inferiore al normale prezzo di mercato e pertanto vantaggioso per il compratore.

bargain pack: ***pacco offerta.*** Termine usato con lo stesso significato di *banded pack* (v.).

bargain price: ***prezzo di affare; prezzo di occasione.*** È indicato con questo termine un prezzo particolarmente basso al quale si possono acquistare articoli che di solito costano qualcosa in più. Il prezzo di affare può scaturire da un saldo, da una grossa offerta di beni cui fa riscontro una domanda debole o da altre situazioni in cui il venditore desidera smaltire le giacenze.

bargain purchasing: ***acquisto in blocco.*** La pratica di acquistare beni in blocco a pronta consegna e pronto pagamento, usufruendo così di sconti per il pagamento in contanti e per la grossa quantità acquistata.

bargain sale: ***vendita a prezzi di occasione.*** Vendita, simile a un saldo, a prezzi particolarmente vantaggiosi per gli acquirenti, mediante la quale un esercente tenta di smaltire articoli non più richiesti o rimanenze di magazzino.

bargains done: ***operazioni trattate.*** Espressione usata nel linguaggio della borsa valori per indicare il numero complessivo di operazioni singole trattate in un particolare giorno. Viene usato come indice comparativo dell'attività del mercato in quel particolare giorno.

barge: ***chiatta; maona; alleggio.*** Grossa e lenta imbarcazione, generalmente a fondo piatto, usata per il trasporto di merci tra una nave ancorata in rada e la terraferma o viceversa, per operazioni di carico e scarico in porto e per il trasporto di merci pesanti, di solito alla rinfusa, lungo idrovie interne.

barge hire: ***spese di alleggio.*** Sono le spese relative al trasporto di merci su chiatte o alleggi.

barge port: Termine usato nel linguaggio dei trasporti marittimi per indicare un porto nel quale le operazioni di caricazione e discarica vengono effettuate a mezzo di chiatte o altri galleggianti, a causa di bassi fondali che non consentono l'ingresso delle navi o di carenza di strutture.

bar gold: ***oro in lingotti; oro in barre; oro in verghe.*** Quando era in vigore il sistema monetario a cambio in verghe auree, i biglietti di banca erano convertibili in barre o lingotti d'oro. In Gran Bretagna, le barre d'oro pesavano 400 once di oro fino, ma si usavano anche barre più piccole, chiamate lingottini, del peso di 200 once di oro fino. Oggi, le barre d'oro sono usate dalle banche centrali per le liquidazioni internazionali e come riserve auree.

Barlow Report: La relazione della Commissione Barlow, dal nome del suo presidente Sir M. Barlow, sulla distribuzione della popolazione nelle aree industriali, pubblicata nel 1940. Essa portò all'attenzione delle autorità il fatto che due quinti dell'intera popolazione britannica vivesse in sette grossi agglomerati urbani di oltre un milione di persone. Ciò, oltre a creare congestione nelle metropoli, esponeva il paese a pericoli di natura strategica ed economica. La relazione conteneva, inoltre, la raccomandazione di istituire un ente statale da preporre alla pianificazione della localizzazione industriale. Uno dei risultati dell'inchiesta fu la progettazione e lo sviluppo di nuove città.

barometer stock: ***titolo indice.*** Nel linguaggio borsistico, indica un titolo molto richiesto, i cui movimenti di prezzo sono interpretati come indici delle condizioni e delle tendenze generali del mercato.

baron: ***barone; magnate.*** Termine usato per indicare un uomo d'affari a capo di una potente organizzazione industriale o finanziaria. In un senso un po' più ampio, indica una qualunque persona che disponga di notevole ricchezza, potere e importanza in una qualsiasi attività, ma specialmente nel campo industriale e finanziario.

barratry: ***baratteria.*** Nel diritto marittimo, stava ad indicare qualsiasi atto doloso da parte del capitano o dell'equipaggio di una nave che arrecasse danno al carico o alla nave stessa. Il termine è ancora usato nelle polizze di carico, nelle polizze di assicurazione marittima e nei contratti di noleggio per indicare atti, intenzionali o casuali, compiuti dal capitano o dall'equipaggio, che arrecano danno all'armatore o ai caricatori o noleggiatori. Tra tali atti rientrano il furto e la distruzione del carico, il contrabbando e qualsiasi azione che possa avere come conseguenza l'affondamento della nave.

barrel: ***barile.*** È la misura di volume impiegata specialmente per determinare la portata delle navi cisterna e corrispondente a 1,6365 ettolitri nel Regno Unito e a 1,1922 ettolitri negli Stati Uniti. Il nome, sia in inglese che in italiano, indica anche altre misure di volume che variano da paese a paese e da commercio a commercio, di cui diamo alcuni esempi. Nell'industria petrolifera, il barile è uguale a circa 0,136 tonnellate metriche, a seconda del peso specifico del petrolio, così che vi sono da 7,1 a 7,8 barili in una tonnellata metrica. In termini di altre misure di capacità, il barile contiene 36 galloni imperiali e 42 galloni statunitensi, equivalenti rispettivamente a litri 163,656 e 158,97. Nel Regno Unito il barile viene usato nei seguenti commerci, con i valori riportati a fianco: birra chiara, 32 galloni; birra, 36 galloni; vino, 50 galloni; mentre come misura di peso per merci non liquide vale: per la farina, 196 libbre; per il burro, 224 libbre; per il sapone, 256 libbre.

barrel cargo: ***carico in barili.*** Nel linguaggio dei trasporti marittimi, è un carico di merci contenute in barili.

barrels per day: ***barili al giorno.*** Espressione usata per indicare il volume totale di produzione di un giacimento di petrolio, trasportato lungo un oleodotto o raffinato sul posto, diviso per il numero di giorni di un determinato periodo di tempo. Un barile al giorno equivale grosso modo a cinquanta tonnellate metriche all'anno, a seconda del peso specifico del petrolio estratto da ciascun particolare giacimento.

barrier: ***barriera.*** Un qualsiasi ostacolo, di prezzo, economico o finanziario, che si frappone alla realizzazione di un fenomeno economico. In un significato più limitato, come venne usato da Lord Beveridge nella sua famosa relazione del 1942 sui servizi sociali, il termine indica qualsiasi ostacolo che si frapponga tra il potenziale acquirente e il bene o servizio che egli vorrebbe acquistare.

barriers to entry: ***barriere all'entrata.*** Con questa espressione si indicano le caratteristiche di natura tecnologica o economica presenti in un mercato, che rendono difficile o estremamente costoso ad altre imprese penetrare in esso. Esempi di barriere del genere sono la differenziazione di un prodotto, i brevetti, notevoli economie di scala realizzate dalle imprese già presenti sul mercato, contratti di esclusiva con distributori e rivenditori e simili.

barriers to trade: ***barriere agli scambi.*** Un qualsiasi ostacolo frapposto dal governo di un paese alla libera circolazione delle merci provenienti da e dirette verso altri paesi. Possono essere rappresentate da dazi doganali, permessi, licenze o contingentamenti alle importazioni, blocchi commerciali, divieto di esportare determinati beni, controlli sui cambi e così via.

barter: ***baratto.*** È lo scambio diretto di beni e servizi senza l'intermediazione della moneta ed è il modo in cui si effettuavano gli scambi prima dell'invenzione della moneta. Il baratto presenta tre grossi svantaggi rispetto allo scambio con l'uso della moneta: a) presuppone una doppia coincidenza di bisogni, cioè chi desidera qualcosa deve trovare chi è disposto a cederla e a prendere, nello stesso tempo, ciò che il primo ha da dare in cambio; b) la determinazione del valore di scambio dei due beni; e, c) la difficoltà di scambiare beni piccoli o di poco valore con beni grandi o di grande valore.

barter agreement: ***accordo di scambio.*** Accordo tra due paesi per l'acquisto di determinate quantità di beni, che verranno pagati con determinate quantità di altri beni, senza il trasferimento di valuta.

barter arrangement: ***accordo di scambio.*** Termine usato come sinonimo di *barter agreement* (v.).

barter deal: ***accordo di scambio.*** Lo stesso che *barter agreement* (v.).

barter economy: ***economia di baratto; economia basata sul baratto.*** Lo stesso che *natural economy* (v.).

barter house: ***casa di baratto.*** Impresa d'intermediazione che, in considerazione del pagamento di una provvigione, si interessa di fare incontrare operatori commerciali che desiderano effettuare scambi di merce contro merce.

barter syndication: Espressione del linguaggio pubblicitario statunitense con la quale si indica la pratica, seguita da produttori di spettacoli televisivi di successo, di cedere il diritto di trasmissione dei loro spettacoli in cambio di alcuni minuti di spazio pubblicitario dell'emittente televisiva.

barter terms of trade: ***termini di scambio; equilibrio dello scambio.*** Lo stesso che *terms of trade* (v.).

base: 1. ***base.*** Come sostantivo, il termine inglese indica un valore o una grandezza, usati come punto di riferimento nel confrontare altri valori o grandezze. **2.** ***vile.*** Come aggettivo, viene usato per qualificare qualcosa che non possiede alcun pregio o valore.

base capital: ***capitale di base.*** Nelle imprese di intermediazione finanziaria, è il capitale che deve essere costituito a tutela del rischio di un improvviso calo della redditività. Deve essere equivalente al 25% dei costi annui dell'impresa.

base coin: ***moneta contraffatta; moneta vile.*** Termine con il quale in passato si indicava una moneta metallica falsa o che conteneva una quantità di metallo prezioso inferiore al titolo prescritto. Tali monete, fabbricate da falsari, venivano spacciate per buone, ma oggi la maggior parte delle monete, o meglio tutte quelle a corso legale, non contengono metallo prezioso e la loro contraffazione non risulta conveniente. Il termine, tuttavia, è ancora usato per indicare monete d'oro tuttora fabbricate, pur se non a corso legale come ad esempio la sterlina oro o sovrana, e spesso contraffatte da falsari.

base currency: ***valuta base.*** Nel linguaggio finanziario indica una valuta, quale ad esempio il dollaro statunitense o lo yen giapponese, per la quale vengono normalmente quotati i tassi di cambio in un dato paese o mercato valutario. Tale valuta è di solito presa come indice di riferimento per esprimere i valori relativi delle altre valute.

base lending rate: ***tasso base d'interesse.*** V. spiegazione sotto *base rate.*

base market value: ***valore base di mercato.*** Il prezzo medio di mercato di un gruppo di valori mobiliari in un dato mercato.

base metal: ***metallo vile.*** È un qualsiasi metallo non prezioso, come ad esempio il ferro, ma in economia il termine indica i metalli usati per coniare monete e in particolare il rame, il piombo, lo zinco e lo stagno o leghe in cui essi entrano ai fini della moderna monetazione.

base money: ***moneta di base.*** Termine usato nel linguaggio di economia monetaria per indicare gli *operational balances* (v.) che le banche tengono presso la banca centrale. Tali saldi costituiscono o sono parte della cosiddetta base monetaria, quando quest'ultima è vista dall'angolazione del settore monetario di un paese. (v. anche *money base*)

base pay: 1. ***paga base.*** Termine usato come sinonimo sia di *base wage* (v.) che di *base salary* (v.). **2.** ***saggio base.*** Nel linguaggio delle relazioni industriali, lo stesso che *base rate 2* (v.).

base period: ***periodo base.*** È il periodo di tempo preso come base per calcolare i numeri indici o il tasso di crescita. Ad esempio, l'indice della produzione industriale si calcola prendendo il 1963 come base e la produzione industriale di ciascun anno è indicata come percentuale della produzione del 1963. (v. anche *index number*)

base price: ***prezzo base.*** È il prezzo preso come base di partenza. Il prezzo finale risulterà dall'aggiunta al prezzo base delle spese di trasporto, di imballaggio, ecc. o dalla detrazione di sconti, abbuoni, ecc. (v. anche *computed price, millnet price*)

base rate: 1. *saggio base.* Parlando di salario o di stipendio, il saggio base è quello riferito a una data produzione o a un periodo specifico di lavoro, quale ad esempio l'ora, il giorno o la settimana. La produzione che supera il minimo o il tempo in eccesso possono essere remunerati ad un saggio di salario maggiore del saggio base, al quale vanno tuttavia aggiunte le varie indennità per raggiungere lo stipendio o il salario lordo. Nel linguaggio bancario, è il saggio di interesse che serve da base per la determinazione dell'interesse praticato a ciascun diverso cliente su depositi e su scoperti o altre forme di credito. **2. *aliquota base.*** Nel linguaggio tributario, è l'aliquota più bassa di un sistema d'imposizione fiscale progressiva.

base salary: *stipendio base.* La remunerazione corrisposta ad un lavoratore amministrativo e determinata sul saggio base al netto di qualsiasi indicizzazione, quale ad esempio l'indennità di contingenza, o altre indennità corrisposte a qualsiasi titolo. (v. anche *base rate*)

bases of monopoly power: *basi del potere monopolistico.* Il potere monopolistico di cui dispone un'impresa può derivare da molte diverse condizioni di mercato, tra cui: a) un'impresa singola, o un gruppo di imprese consociate, controlla una gran parte dell'offerta di un bene; b) risulta difficile a nuove imprese entrare nel mercato, a causa degli alti costi da sostenere nel caso in cui la produzione monopolistica sia basata su impianti altamente specifici; c) risulta inutile o dispendiosa la duplicazione della produzione, come avviene nel caso di servizi di pubblica utilità; d) un'impresa basa la propria produzione su brevetti, diritti d'autore o altre forme di privativa. (v. anche *monopoly, monopoly power*)

base stock: *scorta base; giacenza base.* È il punto più basso del livello delle scorte o delle giacenze, corrispondente al punto di riordino. Una volta raggiunto questo livello, si deve provvedere al riordino dei beni che costituiscono la scorta o la giacenza.

base stock method of inventory valuation: *criterio di valutazione basato sulla scorta minima.* Tra i vari metodi di valutazione delle scorte, quello della scorta minima è preferito in periodi in cui il valore della moneta è in rapida diminuzione, ma si può applicare se la scorta di materie prime tende ad essere costante. In tal caso, essa non si valuta al costo corrente di rimpiazzo, bensì viene calcolata sempre al prezzo originario di acquisto, che risulta poi il punto più basso nel ciclo dei prezzi a lungo termine.

base surplus plan: È un piano per la determinazione dei prezzi quando un prodotto, destinabile a più usi, può esser fatto pagare a prezzo diverso a seconda dell'uso. In base a questo piano, il produttore spunterà un prezzo fisso per la quantità prodotta in un periodo base e un prezzo inferiore per una qualsiasi quantità extra di produzione.

base value: *valore base.* Il valore dal quale si parte per calcolare un'imposta o l'incremento di valore di un bene immobile. Nel caso dell'imposta britannica sull'incremento di valore derivante da migliorie su proprietà fondiarie, il valore base viene considerato il più alto tra: a) costo di acquisizione più costo delle migliorie, più qualsiasi aumento del valore d'uso corrente verificatosi dopo la data di acquisizione; b) valore d'uso corrente alla data della vendita, più il dieci per cento; o, c) costo di acquisizione della terra, incluse tutte le migliorie, più il dieci per cento. (v. anche *development land tax*)

base wage: *salario base.* È la remunerazione di un operaio determinata, a seconda del sistema adottato, sul saggio base minimo fissato da accordi sindacali o di altra natura e, quindi, con l'esclusione di indennità di qualsiasi genere, che saranno calcolate a parte ed aggiunte al salario base. (v. anche *base rate*)

base year: *anno base.* L'anno preso come base per il calcolo di numeri indici, cui si dà il valore numerico di 100. (v. anche *base period*)

basic balance: *bilancia fondamentale.* Termine spesso usato per indicare la bilancia delle obbligazioni a lungo termine e su conto corrente.

basic business risk: *rischio dell'attività di base.* Per un'impresa d'intermediazione finanziaria, è costituito dalla possibilità che i costi aumentino, i profitti diminuiscano e si verifichino altre fluttuazioni nei profitti operativi.

basic commodities: *materiali di base; materiali primari.* Lo stesso che *primary commodities* (v.).

basic cost: *costo base.* È il costo di un bene sostenuto dal primo acquirente e, quindi, diverso dal costo che dovrà sostenere un acquirente successivo a causa di incrementi o decrementi derivanti da variazioni dell'uso del bene o dai vari fattori di determinazione del prezzo, che incidono sulla vendita successiva. Ad esempio, il primo acquirente di un bene immobile sosterrà un costo base diverso da quello che sosterrà un successivo compratore, per cause facilmente comprensibili. Il costo base è anche diverso dal costo originario (v. *original cost*), in quanto quest'ultimo rappresenta il costo sostenuto dall'attuale proprietario.

basic costing method: *metodo dei costi.* Lo stesso che *cost system* (v.).

basic crops: *raccolti fondamentali.* Termine usato per indicare certi prodotti agricoli di primaria importanza, soggetti a sostegno di prezzo. I raccolti fondamentali statunitensi di questo tipo sono il frumento, il mais, il cotone, il riso, il tabacco e le arachidi.

basic dimension: *dimensione base; dimensione teorica.* Nel controllo statistico della qualità è la dimensione teoricamente esatta, per esempio di un asse o di un foro di una parte di una macchina, alla quale si applica una tolleranza di produzione e di funzionamento. Di solito, la dimensione base sta a mezza strada tra un minimo e un massimo consentiti, ma a volte può essere rappresentata da un limite minimo con una tolleranza in più o un limite massimo con una tolleranza in meno.

basic discount: *sconto base.* Lo sconto consuetudinario concesso dal fornitore al commerciante, al quale si possono aggiungere ulteriori percentuali, ad esempio per quantità o per pagamento immediato.

basic expenditure: *spesa base; spesa primaria.* Termine spesso usato per indicare un costo alla sua prima classificazione nei libri contabili, come ad esempio un costo di materia prima che può successivamente essere riclassificato come parte del costo di lavorazione.

basic exports: *esportazioni basilari.* Sono così detti i beni primari prodotti per l'esportazione dai paesi in via di sviluppo.

basic industrial investment: *investimento industriale di base.* L'investimento che ha per oggetto l'acquisizione e la disponibilità di macchinari pesanti e attrezzature industriali.

basic industry: *industria base; industria fondamentale.* Viene così indicata una qualsiasi industria che a causa delle sue dimensioni oppure della sua produzione, importanza strategica o altre caratteristiche, ha una grande influenza sulla salute di tutte le altre industrie e dell'economia generale di un paese. Ne è un esempio l'industria che produce energia.

basic limit: ***limite base.*** Nel linguaggio delle assicurazioni, indica il limite di responsabilità in relazione al quale si formula il tasso di premio base.

basic needs: ***bisogni fondamentali; bisogni primari.*** Nel linguaggio economico con questa espressione si intendono i bisogni elementari che ogni individuo deve essere in grado di soddisfare per poter sopravvivere. I bisogni fondamentali sono il cibo, l'abbigliamento e l'alloggio. Quando la collettività è in grado di soddisfare soltanto queste necessità, e in maniera neanche del tutto completa, si parla di economia di sussistenza.

basic pay: ***paga base.*** Lo stesso che *base pay 1* (v.).

basic point price: ***prezzo di punto base.*** Espressione usata per indicare un prezzo reso, di una specifica industria, che tiene conto dei costi dei diversi centri di produzione più una tariffa di trasporto standardizzata che non tiene conto della distanza, bensì dei punti base terminali. (v. anche *basing–point system*)

basic rate: ***tasso base di premio.*** Nel linguaggio delle assicurazioni, il termine inglese indica un tasso base per un determinato tipo standard di rischio, al quale vanno poi aggiunte eventuali maggiorazioni a seconda delle differenti circostanze che rendono il rischio stesso più o meno buono per l'assicuratore.

basic research: ***ricerca di base; ricerca pura.*** È così definita la ricerca che non ha uno specifico obiettivo commerciale o tecnologico, pur se esso può essere perseguito dopo che la ricerca di base ha dato i suoi frutti. La ricerca pura viene di solito svolta da università o altri enti statali, con finanziamenti pubblici. (v. anche *research and development*)

basic salary: ***stipendio base.*** Lo stesso che *base salary* (v.).

basic standard: ***standard di base; standard basico.*** In contabilità, è uno standard preso come termine di paragone per raffrontarvi sia le misure effettive, sia gli stessi standard correnti. Una volta determinato, lo standard di base rimane in essere per lunghi periodi di tempo e viene ricalcolato soltanto quando intervengano cambiamenti di rilievo nelle condizioni che furono poste alla base della sua precedente determinazione.

basic standard cost: ***costo standard di base; costo standard fisso.*** Il costo standard preso come base di riferimento per calcolare le variazioni del costo standard corrente e del costo reale (v. anche *current standard cost, actual cost*). Lo stesso termine indica anche un costo standard ricavato da studi di progettazione alla luce di obiettivi presunti, che può o non realizzarsi.

basic supplementary cost: ***costo supplementare originario.*** L'aspettativa iniziale di costo supplementare, quando un impianto o altro capitale fisso viene acquisito per la prima volta.

basic wage: ***salario base.*** Termine usato come sinonimo di *base wage* (v.).

basic wage rate: ***saggio base.*** Lo stesso che *base rate* (v.).

basic yield: ***rendimento base; rendita base.*** Il rendimento annuo derivante da un investimento che non comporta rischio alcuno. (v. anche *premium for risk*)

basing point: ***punto base.*** Termine usato nel linguaggio dei trasporti statunitense per indicare un punto preso come base per il calcolo di tariffe da utilizzarsi nel formulare tariffe cumulative tra altri punti che si trovano oltre il punto base. (v. anche *basing–point rate, basing–point system*)

basing–point rate: ***tariffa di punto base.*** La tariffa applicabile per trasporti verso località competitive, indicate come punti base. Per località diverse, si applica la tariffa per il punto base più vicino, aumentata della tariffa locale dal punto base più vicino, anche se la distanza tra quel punto e il punto di partenza è inferiore a quella tra lo stesso punto e il punto base. È una pratica di uso statunitense. (v. anche *basing–point system, basing point*)

basing–point system: ***sistema del punto base.*** È un sistema statunitense di standardizzazione delle tariffe di trasporto merci, che non tiene conto della distanza, bensì di punti base terminali. Ad esempio, un'impresa ha due fabbriche, una a New York e una a Boston, ma quella di New York è indicata come punto base. Un acquirente che si trova più vicino a Boston dovrà pagare le tariffe di trasporto da New York alla sua località, anche se le merci ordinate sono fabbricate a Boston e spedite da quella città. Ciò si verifica nel caso di merci, quali il cemento, il ferro, l'acciaio, che hanno un notevole peso e volume rispetto al loro valore, per cui le spese di trasporto rappresentano un aspetto principale nella determinazione del loro prezzo finale. (v. anche *price system 2, zone system*)

basing rate: ***tariffa base.*** È una tariffa usata soltanto come base per il calcolo di altre tariffe.

basis: ***base.*** Termine usato nelle borse merci per indicare il differenziale tra il prezzo a termine di un bene e il suo prezzo a pronti.

basis grade: ***grado base di qualità.*** È il grado di qualità di un bene preso a base o come standard in relazione ad uno o più contratti di compravendita.

basis of accounting: ***criterio basilare di contabilità.*** Indica il metodo usato nella registrazione di fenomeni contabili. Due sono i metodi comunemente usati: *accrual basis* (v.) e *cash basis* (v.). Il secondo è particolarmente usato in piccole organizzazioni in luogo del primo, ma i due metodi non sono indipendenti in quanto il *cash basis* è spesso caratterizzato da un *accrual basis* incompleto.

basis of apportionment: ***base di ripartizione.*** Una qualsiasi delle norme seguite allo scopo di ripartire i costi indiretti o comuni ai centri di costo o ai prodotti.

basis of assessment: ***base di accertamento.*** Il periodo o il luogo in cui deve verificarsi un'operazione commerciale o finanziaria affinché sia presa in considerazione allo scopo di accertare la responsabilità tributaria in relazione a un determinato anno finanziario o di accertamento fiscale.

basis period: ***periodo base.*** Ai fini dell'accertamento dell'imposta sul reddito, indica il periodo contabile di una impresa, che termina nell'anno precedente quello dell'accertamento. Gli utili registrati nel periodo base sono considerati come utili dell'anno di accertamento.

basis point: ***punto base.*** Termine usato nel linguaggio finanziario per indicare l'unità di misura, di solito un centesimo di un punto percentuale, con cui si esprimono i movimenti dei tassi di interesse, dei corsi di cambio o dei rendimenti obbligazionari e dei titoli di stato. Il punto base è particolarmente importante nei mercati delle obbligazioni, ove sono in gioco grosse somme di denaro. Ad esempio, se una società contrae un prestito di cento milioni di sterline, al tasso di interesse del dieci per cento annuo, essa dovrà pagare dieci milioni di sterline di interesse all'anno. Un aumento di soltanto venti punti base, cioè uno 0,20 per cento, fa aumentare gli interessi di ben duecentomila sterline all'anno.

basis price: 1. ***prezzo base.*** Termine usato come sinonimo di *base price* (v.). **2.** ***prezzo basato sul rendimento.*** Nel linguaggio finanziario statunitense, il termine viene usato per indicare il prezzo di un titolo a reddito fisso espresso in termini di rendimento percentuale alla scadenza, invece che in dollari.

basis rate: ***tariffa base.*** Il prezzo base addebitato agli utenti o fruitori di un servizio, al quale andranno poi aggiunti gli extra per formare la tariffa che viene effettivamente pagata per il servizio. (v. anche *base price*)

basket loan: Nel linguaggio finanziario statunitense, questa espressione indica un mutuo, concesso da un'istituzione, superiore all'ammontare massimo che può essere mutuato per legge.

basket of commodities: ***paniere di beni.*** Insieme di beni, il cui valore di scambio complessivo funge da base per il calcolo di determinati indici o da standard di valore per una moneta. In quest'ultima funzione si è spesso suggerito l'uso di un paniere di beni, ma non si è mai applicato nella realtà. (v. anche *commodity dollar*)

basket of currencies: ***paniere di valute; paniere valutario.*** Termine usato in alternativa a *currency basket* (v).

basket purchase: ***acquisto con prezzo a forfait.*** L'acquisto di un gruppo di beni, particolarmente capitale fisso, come una singola unità ad un prezzo singolo pattuito che dovrà poi essere suddiviso, su base puramente arbitraria, tra i vari beni o gruppi di beni.

basket trading: ***operazioni su panieri di titoli.*** Lo stesso che *program trading* (v.) nel significato descritto sotto b).

Basle Agreement: ***Accordo di Basilea.*** Da non confondersi con gli Accordi di Basilea del 1961 (v. *Basle Arrangements*), indica l'accordo annunciato il 9 settembre del 1968 che concedeva al Regno Unito la possibilità di prelevare fino a due miliardi di sterline in dollari o altre valute, da utilizzarsi a sostegno dei saldi in sterline di pertinenza di paesi esteri. Infatti, a seguito della svalutazione della sterlina del 1967, il Regno Unito si impegnò a stabilizzare, mediante una serie di accordi bilaterali con i paesi dell'area della sterlina, i loro saldi in sterline in termini di dollaro, a patto che tali paesi si impegnassero a mantenere una certa proporzione minima delle loro riserve in sterline. Gli accordi bilaterali furono rinnovati nel settembre del 1971 per due anni (ma in tale occasione essi furono basati su tassi di cambio fluttuanti) ed ancora nel marzo del 1974, e in tale occasione essi furono basati sul tasso di cambio effettivo tra la sterlina e le altre principali valute ed ebbero valore fino alla fine del 1974. (v. anche *Basle facility*)

Basle Arrangements: ***Accordi di Basilea.*** Nel marzo del 1961 si riunirono a Basilea, presso la Banca dei Regolamenti Internazionali, i delegati delle banche centrali di Gran Bretagna, Francia, Olanda, Belgio, Germania Federale, Italia, Svezia e Svizzera per discutere la speculazione sulla sterlina a seguito della rivalutazione del marco tedesco. I cosiddetti «Accordi di Basilea» portarono ad un prestito svizzero alla Gran Bretagna, tendente a frenare il flusso di capitali vaganti, senza ulteriori modifiche delle parità valutarie.

Basle Club: ***Club di Basilea.*** Termine colloquiale con il quale si indicano le riunioni a Basilea della Banca dei Regolamenti Internazionali.

Basle facility: ***facilitazione di Basilea.*** È indicata con questa espressione una disponibilità decennale di due miliardi di sterline concessa nel 1968 dalla Banca dei Regolamenti Internazionali al Regno Unito per far fronte a diminuzioni permanenti dei saldi in sterline (v. *sterling balances*). Il Regno Unito poteva prelevare la somma, da restituirsi in un periodo di 6–10 anni, se i saldi in sterline scendevano al di sotto di un livello stabilito. Allo stesso tempo il Regno Unito forniva garanzie, sotto forma di valuta statunitense, a fronte dei saldi in sterline dei paesi membri dell'area della sterlina, in cambio del loro impegno a non far scendere al di sotto di una data percentuale la quantità di sterline facente parte delle loro riserve monetarie.

Basle Group: ***Gruppo di Basilea.*** Associazione delle principali banche centrali europee e delle autorità monetarie statunitensi, che interviene per evitare disfunzioni nel mercato internazionale dei capitali a breve termine. Tra le misure prese rientra il coordinamento delle politiche economiche interne, in modo da evitare forti differenze nei tassi di interesse che porterebbero a movimenti di capitali a breve.

batch: ***lotto; partita.*** Una data serie di beni o parti componenti un acquisto di beni. La quantità di un lotto può essere prestabilita o standardizzata oppure può essere l'effettiva quantità richiesta dal compratore. Il termine indica anche la quantità di materia prima prelevata dalle scorte per essere immessa nel processo produttivo.

batch costing: ***sistema di determinazione dei costi per lotto.*** Sistema in base al quale i costi vengono accumulati per lotto, come ad esempio nelle industrie petrolchimiche o della gomma. I costi si riferiscono ad una particolare quantità di materia prima quando viene inserita in un processo produttivo e spesso, oltre il costo della materia prima, comprendono le spese di gestione della fabbrica o della lavorazione durante il periodo di trattamento. Il totale risultante, detratto il valore di mercato dei sottoprodotti, è a volte suddiviso tra i principali prodotti finiti in rapporto al loro peso, volume o valore di mercato.

batch number: ***numero di lotto.*** Il numero che contraddistingue ciascuno dei differenti lotti prodotti da uno stabilimento.

batch process: ***lavorazione per lotti.*** Metodo di produzione in base al quale si produce, in un dato periodo di tempo, una quantità limitata di beni o di parti, che viene identificata con una particolare produzione. È l'opposto di *continuous process* (v.).

batch production: ***produzione per lotti.*** È indicato con questa espressione il metodo di produzione che sta a mezza strada tra la produzione su commessa e la produzione a flusso continuo. Indica il tipo di produzione, ad esempio quella delle scarpe, in cui l'unità di produzione è un insieme di articoli identici, che costituiscono il cosiddetto lotto di prodotti. Poiché tali articoli non vengono prodotti singolarmente, c'è una certa quantità di lavoro ripetitivo, ma la produzione non è sufficientemente continua da farla considerare simile a quella a flusso continuo. (v. anche *flow production, job production*)

batch size: ***dimensione del lotto.*** La quantità di beni o parti che costituiscono un lotto.

bate: Termine usato nel commercio delle carni per indicare l'abbuono di una libbra per ogni *quarter* (v.) di carne congelata, come equivalente del peso del materiale da imballaggio usato per avvolgerla.

bathtub theorem: ***teorema della vasca da bagno.*** Usando l'analogia di una vasca da bagno, la quantità o scorta totale di beni (acqua nella vasca) è uguale alla produzione (flusso dal rubinetto) meno il consumo (flusso di scarico). Il tasso di accumulazione è l'eccesso del flusso di ingresso rispetto al flusso di uscita.

battery: ***batteria.*** Termine usato nel linguaggio industriale per indicare un gruppo di macchine dello stesso tipo e in agricoltura per indicare un gruppo di gabbie in cui viene tenuto un gran numero di polli, in maniera che possano essere accuditi da poche persone, che provvedono a fornire loro il mangime e a prelevare le uova. Il sistema di allevamento in batteria implica una serie di accorgimenti che mirano ad accelerare la crescita dell'animale, onde avviarlo più rapidamente ai mercati.

battery hen: ***pollo di batteria.*** Il pollo allevato in batteria, a differenza di quello ruspante o allevato a terra, cioè lasciato libero di muoversi e di crescere naturalmente.

Bayes criterion: ***criterio di Bayes.*** La proposizione che sostiene che quando non abbiamo motivo di credere che determinate probabilità sono differenti, dovremmo supporre che esse siano uguali.

Bayesian statistics: ***formula di Bayes.*** È indicata con questo termine la traduzione di previsioni soggettive in curve di probabilità matematiche, che rientrano nelle cosiddette probabilità a posteriori elaborate dal matematico inglese Thomas Bayes. Questo procedimento viene usato quando non esistono probabilità, in quanto il fenomeno sul quale si intende fare previsioni non è mai stato preso in considerazione prima.

bazaar: ***bazar.*** Termine di origine orientale, entrato nelle lingue occidentali per indicare un negozio nel quale possono trovarsi articoli di vario genere, della natura più disparata e insolita, generalmente provenienti da altri paesi e di basso costo. Lo stesso termine si usa per indicare una vendita temporanea a scopo di beneficenza.

b.b.: bank book.

B.B.: 1) bill book; 2) branch bill.

bbl.: barrel.

B/C: bills for collection.

B.C.E.: Board of Customs and Excise.

B.D.: bill discounted.

b/d: brought down.

B/D: 1) bank draft; 2) banker's draft.

bd.: 1) bond; 2) bound.

B/Dft.: bank draft.

b.d.i.: both days inclusive.

B'dle: bundle.

b.e.: bill of exchange.

B.E.: Bank of England.

B/E: 1) bill of exchange; 2) bill of entry; 3) Bank of England.

BEA: Bureau of Economic Analysis.

beaconage: **1.** ***sistema di mede.*** Nel linguaggio marittimo, il termine inglese indica un sistema di gavitelli, boe o altro tipo di mede con le quali si segnala ai naviganti una rotta, un pericolo o comunque una guida. **2.** ***diritti di meda.*** Sono tasse, fatte pagare da un porto alle navi che vi entrano, quale contributo ai costi di installazione e manutenzione di boe, gavitelli o altre segnalazioni marittime.

bean: ***denaro.*** Termine colloquiale, usato nello *slang* britannico.

bear: ***ribassista.*** Termine borsistico con il quale si indica uno speculatore che vende, per consegna futura, titoli che possiede o non possiede, con la speranza di poterli (ri)-comprare ad un prezzo più basso prima della data di consegna, in modo da trarre un utile dall'operazione. Di un ribassista che vende titoli che non possiede si dice che ha venduto allo scoperto (*sold short*), mentre di un ribassista che vende titoli di sua proprietà si dice che era coperto (*covered* o *protected*).

bear account: ***periodo al ribasso; ciclo operativo al ribasso.*** Indica un ciclo operativo della borsa valori durante il quale si verifica un'eccedenza di vendite da parte dei ribassisti rispetto ad acquisti da parte di rialzisti. (v. anche *account 2, bear, bull*)

bear campaign: ***campagna al ribasso.*** Termine usato con lo stesso significato di *bear raiding* (v.).

bear covering: ***copertura di posizione corta; copertura di vendita allo scoperto.*** Espressione usata nel linguaggio borsistico per indicare l'acquisto di titoli o merci da parte di un operatore che aveva precedentemente effettuato una vendita allo scoperto. In questo senso, la copertura serve a realizzare un utile, se l'andamento del mercato è stato come lo speculatore aveva previsto, o a limitare la perdita, se l'andamento del mercato è stato contrario alle previsioni che avevano portato alla vendita allo scoperto.

bearer: ***portatore.*** Il possessore di un titolo di credito al portatore, cioè pagabile senza formalità. Il semplice possesso di tale titolo attribuisce al portatore tutti i diritti inerenti al titolo stesso. Titoli al portatore per eccellenza sono le banconote.

bearer bill: ***cambiale al portatore.*** È così detta una cambiale pagabile a chiunque la presenti per l'incasso. Le banconote possono considerarsi cambiali al portatore.

bearer bond: ***obbligazione al portatore; titolo al portatore.*** Sono quei titoli, obbligazionari o di stato, non nominativi, la cui proprietà può essere trasferita mediante semplice consegna e senza la formalità della registrazione nei libri dell'emittente, in quanto il portatore è sempre il legittimo proprietario del titolo.

bearer bonds register: ***registro dei titoli al portatore.*** Il registro in cui una banca annota gli estremi relativi ai titoli al portatore ad essa affidati come garanzia o in custodia.

bearer cheque: ***assegno al portatore.*** Tipo di assegno pagabile a vista, trasferibile senza girata, ma che deve essere girato al momento in cui si incassa ad uno sportello bancario.

bearer debenture: ***obbligazione al portatore.*** Termine usato con lo stesso significato di *bearer bond* (v.).

bearer depositary receipt: ***polizza di deposito al portatore.*** Ricevuta di un deposito a custodia presso una banca, emessa in forma trasferibile in quanto non intestata ad alcuna persona specifica. (v. anche *depositary receipt*)

bearer instrument: ***titolo al portatore.*** Un qualsiasi titolo di credito pagabile al portatore.

bearer paper: ***carta al portatore.*** Un qualsiasi titolo di credito pagabile al portatore, la cui proprietà può trasferirsi senza girata o altra formalità, mediante semplice consegna.

bearer scrip: ***certificato provvisorio di titolo al portatore.*** È un documento rilasciato dallo stato o da una società in relazione ad una nuova emissione di titoli al portatore. È valido fin quando non siano stati effettuati tutti i versamenti parziali o fin quando non sia pronto il titolo vero e proprio. È trattato come titolo di credito trasferibile.

bearer securities: ***titoli al portatore.*** Con questo termine si indica qualunque titolo al portatore trattato in borsa e cioè azioni, obbligazioni, buoni del tesoro, cartelle, ecc., trasferibili mediante semplice consegna.

bearer share: ***azione al portatore.*** L'azione non intestata ad una persona specifica e rappresentata dal certificato azionario al portatore. Tale azione può essere trasferita mediante semplice consegna del certificato, senza che sia necessario effettuare alcuna registrazione nel libro dei soci.

bear financial market: ***mercato finanziario ribassista.*** Lo stesso che *bear market* (v.).

bearish: ***ribassista.*** Il termine inglese è usato soltanto come aggettivo per indicare una tendenza o un'aspettativa al ribasso dei corsi azionari, obbligazionari o dei cambi.

bearish market: ***mercato al ribasso.*** Termine usato come sinonimo di *bear market* (v.).

bearishness: ***ribassismo; orientamento ribassista; orientamento al ribasso.*** J. M. Keynes indica con questo termine la maggiore preferenza del pubblico per i depositi a risparmio invece di altre forme di ricchezza, cui si accompagna una minore preferenza per la speculazione in borsa con fondi mutuati dalle banche. Questo atteggiamento porta a una diminuzione della domanda di moneta bancaria.

bear market: ***mercato al ribasso; mercato con tendenza al ribasso; mercato ribassista; mercato dell'orso.*** Termine borsistico con il quale si indica un mercato con corsi al ribasso o in cui si prevedono forti ribassi dei corsi.

bear period: ***periodo al ribasso; ciclo operativo al ribasso.*** Lo stesso che *bear account* (v.).

bear position: **1.** ***posizione corta.*** Espressione usata per indicare la situazione in cui viene a trovarsi un operatore di borsa che si è impegnato a consegnare una quantità di titoli superiore a quella di cui può disporre. (v. anche *bull position*) **2.** ***posizione ribassista.*** La posizione in cui si pone un investitore quando, prevedendo forti e diffusi ribassi dei corsi azionari, comincia a incrementare i propri depositi bancari mediante il suo risparmio corrente o i suoi profitti correnti, o a seguito di vendite di valori mobiliari in suo possesso.

bear raid: Termine usato come variante di *bear raiding* (v.).

bear raiding: Espressione del gergo borsistico con la quale si indica l'azione di ribassisti tendente a far scendere il corso dei valori mobiliari tramite una serie di forti vendite allo scoperto, effettuate nell'intento di acquistare, per copertura, a un corso più basso.

bear sale: ***vendita allo scoperto.*** È l'operazione di compravendita descritta sotto *bear transaction* (v.).

bear speculation: ***speculazione al ribasso.*** Altro termine con il quale si indica una *bear transaction* (v.).

bear speculator: ***speculatore al ribasso.*** Altro termine con il quale si indica un *bear* (v.).

bear spread: ***opzione doppia al ribasso; contratto a doppio premio al ribasso.*** Lo stesso che *spread* (v.), ma usato per trarre vantaggio dalla diminuzione di prezzo di un titolo o un bene.

bear squeeze: ***stretta del ribassista.*** Situazione che si verifica quando un ribassista ha venduto azioni allo scoperto e deve procurarsele prima del giorno di liquidazione per evitare il riporto. Se deve comprarle ad un corso a lui sfavorevole, si dice che è «stretto», e la stretta è di solito prodotta dai rialzisti che gli hanno fatto da contropartita nella vendita allo scoperto.

bear tack: Termine usato con lo stesso significato di *bear raiding* (v.).

bear transaction: ***operazione al ribasso.*** Espressione usata nel linguaggio delle borse valori per indicare un'operazione di compravendita a termine effettuata da un ribassista che, nella speranza di una diminuzione dei corsi, si impegna a consegnare in data futura e ad un prezzo stabilito una certa quantità di titoli che non possiede, contando di poterli acquistare ad un prezzo più basso prima della scadenza del contratto, così lucrando la differenza di prezzo.

beating the gun: Espressione borsistica usata negli Stati Uniti per indicare che sono state fatte offerte di vendite, e a volte reali impegni di consegna, a clienti da parte di commessi di operatori di borsa, prima che l'emittente dei titoli in questione abbia resa pubblica la propria offerta sul mercato.

B.E.C.: Bureau of Employees' Compensation.

bed and breakfast: Espressione del linguaggio borsistico britannico, con la quale si indica un'operazione di compravendita effettuata allo scopo di evitare o minimizzare l'imposta sui redditi di capitale, attraverso una perdita che non implichi l'alienazione della partecipazione. L'operazione prevede la vendita di una certa quantità di titoli, effettuata nel dopoborsa, sulla quale si incorre in una perdita che va a compensare i profitti realizzati su altre operazioni. La vendita, però, viene effettuata con l'accordo che il venditore ricomprerà gli stessi titoli il giorno seguente a un prezzo concordato all'atto della vendita. Fino all'aprile del 1975 il fisco britannico trattava il *bed and breakfast* come se fossero due operazioni distinte, in considerazione del fatto che il corso di un titolo può effettivamente cambiare tra la chiusura di un giorno e l'apertura del successivo, ma dal maggio 1975 fu stabilito che l'operazione di riacquisto poteva aver luogo soltanto un mese dopo l'operazione di vendita, quando vendita e riacquisto avevano lo scopo di minimizzare l'imposta sui redditi di capitale. Questa disposizione, tuttavia, si applica alle persone giuridiche e non ai privati che investono in borsa.

Bedaux system: ***sistema salariale Bedaux.*** Sistema di cottimo inventato da Charles Bedaux nel 1909 e fondato sulla razionalizzazione del lavoro. Applicato per la prima volta nel 1919, il sistema prevedeva un incentivo di paga pari al 75% dei «punti» bedaux (unità «B») che eccedevano i 60 «punti» all'ora. Un «punto» bedaux equivaleva all'ammontare di lavoro utile che il lavoratore medio può compiere in un minuto, in condizioni normali, tenendo conto del necessario riposo tra un atto lavorativo e il successivo.

Beeching Plan: È il piano proposto da Lord Beeching nel 1963 per la ristrutturazione delle ferrovie britanniche. Partendo da un attento esame della situazione deficitaria delle ferrovie, dovuta all'ingente sviluppo del trasporto merci su strada e del traffico automobilistico privato, il piano proponeva una serie di drastiche misure tendenti a ridurre il deficit. Tra queste misure vi erano: la chiusura di linee non redditizie; la parziale abolizione di fermate intermedie; l'istituzione di servizi rapidi passeggeri e merci; la chiusura di linee alternative, ecc. Il piano subì critiche anche perché se fosse stato applicato nella sua totalità avrebbe privato ampie zone del paese di qualsiasi tipo di servizio ferroviario e le ferrovie britanniche avrebbero perso la fisionomia di servizio pubblico da gestirsi anche se in perdita. Come compromesso, fu lasciata al governo la decisione finale e qualsiasi decisione di chiudere una linea da parte delle ferrovie veniva condizionata all'approvazione da parte del ministro dei trasporti.

Beerbohm's List: Prospetto quotidiano, che fornisce particolari riguardanti il commercio e i mercati delle granaglie.

before–tax: ***al lordo di imposte.*** Espressione aggettivale, che indica una somma guadagnata o ricevuta prima della depurazione dell'imposta sul reddito cui essa è soggetta.

«beggar-my-neighbour» policy: Espressione usata per descrivere la politica commerciale di alcuni paesi, durante la grande crisi degli anni trenta, tendente ad assicurarsi vantaggi senza tener conto dei danni che venivano arrecati alle economie degli altri paesi. Aspetti di tale politica erano, tra gli altri, esasperati controlli dei cambi, svalutazioni ufficiali della moneta, restrizioni delle importazioni mediante l'applicazione di esagerate tariffe doganali, ecc. Questo tipo di politica ebbe come risultato lo strangolamento del commercio internazionale, che arrecò danni indistintamente a tutti i paesi.

behavioural assumption: ***ipotesi comportamentale.*** È l'ipotesi sul comportamento di unità economiche singole (consumatori, imprese, fornitori, ecc.) e in particolare sulle loro motivazioni e sul modo in cui reagiscono a divergenze tra risultati previsti e risultati reali.

behavioural economics: ***economia comportamentale.*** Lo studio del comportamento economico degli individui, o gruppi di individui, per mezzo di metodi scientifici di osservazione o esperimenti controllati. L'economia comportamentale si basa fondamentalmente sull'analisi delle motivazioni psicologiche e delle aspettative che spingono gli individui a fare o a non fare determinate scelte in relazione alle loro spese, ai loro risparmi ed ai loro investimenti. In passato, gli economisti tradizionali ipotizzavano che alla base di queste scelte vi fosse il desiderio dei singoli e delle famiglie di massimizzare il loro tornaconto, ma gli studi degli economisti comportamentali hanno condotto alla formulazione di altre e diverse ipotesi.

behavioural equation: ***equazione comportamentale.*** In econometria, è l'equazione che enuncia il comportamento economico degli individui o di un'intera economia. Tale comportamento è enunciato come una relazione funzionale (ad esempio, le spese di abbigliamento dipendono dal reddito della popolazione) piuttosto che come un'identità (ad esempio, una quantità di beni richiesta eguaglia la quantità offerta) o una definizione (ad esempio, il reddito eguaglia il consumo più i risparmi, quando i risparmi sono reddito non consumato).

behavioural theory of the firm: ***teoria comportamentale dell'impresa.*** Una teoria, dovuta all'opera di M.A. Simon, March e R. Cyert e del Carnegie Institute of Technology, che tenta di migliorare la comune teoria economica dell'impresa, tenendo conto del fatto che le aziende moderne sono organismi vasti sottoposti a spinte differenti da parte delle loro componenti che hanno interessi a volte in conflitto tra loro. La teoria rigetta il presupposto che scopo dell'impresa sia la massimizzazione dei profitti, in quanto essa non riesce a massimizzare alcuno degli obiettivi delle parti che la costituiscono. Infatti, sostiene la teoria comportamentale, gli interessi dei lavoratori sono diversi da quelli degli azionisti ed ambedue potrebbero essere diversi da quelli dei clienti o dei dirigenti o dei fornitori. Pertanto, gli obiettivi dell'impresa devono tener conto di tutti gli interessi e, quindi, sono il risultato di compromessi che tendono a risolvere i conflitti di interessi. Sebbene sia accettata come realistica nelle sue descrizioni, questa teoria non è riuscita a soppiantare la tradizionale teoria dell'impresa, soprattutto perché non riesce a fornire previsioni esatte, come quelle della teoria tradizionale, relative al comportamento dei mercati, ecc. (v. anche *theory of the firm*)

behaviourism: ***comportamentismo; behaviorismo.*** Termine usato nel linguaggio economico con lo stesso significato di *behavioural economics* (v.).

behaviourist economic laws: ***leggi economiche positive; leggi economiche behavioriste; leggi economiche comportamentistiche.*** Termine usato con lo stesso significato di *positive economic laws* (v.).

behind: ***indietro; in arretrato.*** Termine usato in relazione a pagamenti regolari che di recente non sono stati eseguiti, per cui il debitore si trova in arretrato. Si applica principalmente al pagamento di rate e di canoni di locazione.

Belgian dentist: ***dentista belga.*** Nel gergo del mercato finanziario londinese, questa espressione viene usata per indicare un qualsiasi ricco investitore residente nell'Europa continentale.

Belgium-Luxemburg Economic Union: Unione economica realizzata tra il Belgio e il Lussemburgo nel 1921 e tuttora in essere, pur se i due paesi si sono successivamente uniti all'Olanda per formare il *Benelux* (v.), altra associazione economica, e tutti abbiano poi aderito alla Comunità Economica Europea.

bellwether: ***titolo guida.*** Termine del gergo borsistico statunitense, con il quale si denota un titolo considerato un indicatore della tendenza del mercato.

below par: ***sotto la pari.*** Espressione borsistica usata per indicare che il corso di un titolo è inferiore al suo valore nominale.

below the line: Espressione usata in due significati: a) nel linguaggio aziendale, indica le spese promozionali sostenute da un'impresa per la vendita dei propri prodotti, sotto forma di offerte speciali, doni o sconti e materiale propagandistico o espositivo all'interno dei punti di vendita; b) nel linguaggio politico-finanziario, l'espressione fu usata tra il 1949 e il 1964 per indicare, nel bilancio dello stato, le entrate e le uscite in conto capitale, comprendenti mutui ad industrie nazionalizzate e pagamenti di interessi sul debito pubblico tra le uscite e rimborsi di prestiti e interessi su prestiti fatti dallo stato tra le entrate. (v. anche *above the line*)

bench mark: ***riferimento.*** Termine preso a prestito da altre discipline e usato per indicare una misurazione reale di dati economici in un periodo di tempo specifico e successivamente utilizzata come base per il confronto di altri dati.

bends: ***entrambi le fasi.*** Termine usato come contrazione di *both ends* (v.).

beneficial interest: ***interesse di un beneficiario; diritto di un beneficiario.*** Nel linguaggio giuridico anglosassone, viene così indicato l'interesse di una persona che ha diritto ai vantaggi o benefici derivanti dal possesso di una proprietà, per distinguerlo dall'interesse del proprietario nominale del bene in questione.

beneficial owner: **1.** ***proprietario effettivo.*** Nella terminologia di borsa, il termine inglese indica colui che effettivamente ha la proprietà di un titolo, indipendentemente dal fatto che esso possa essere intestato ad altra persona. **2.** ***beneficiario.*** La persona a beneficio della quale una proprietà viene tenuta da un'altra persona, in virtù di un negozio fiduciario. (v. anche *trust 1*)

beneficial ownership: ***diritto di proprietà.*** Il termine inglese indica il diritto di proprietà, secondo le regole dell'*equity* (v.), di un bene affidato ad amministratori fiduciari a beneficio di un terzo, in base alla creazione di un *trust* (v.).

beneficial rates: ***contributi di miglioria; tributi locali di beneficio.*** Termine usato da Alfred Marshall per indicare i tributi locali imposti per finanziare opere di miglioria. Così chiamati, perché il cittadino riceve un beneficio in cambio del tributo che paga. (v. anche *assessment 3, onerous rates*)

beneficial use: ***uso giovevole; uso pubblico.*** Espressione con la quale si indica l'uso dell'ambiente naturale, o parte di esso, a beneficio del pubblico o della salute pubblica e che, pertanto, va tutelato contro le possibilità d'inquinamento o deturpamento. Tra gli usi pubblici rientrano le scorte di acqua potabile, le scorte di acqua destinata all'irrigazione dei campi, l'habitat degli animali acquatici e terrestri, l'ambiente destinato ad attività ricreative, il paesaggio e così via.

beneficiary: ***beneficiario.*** Nei contratti di assicurazione, è la persona designata a riscuotere la somma assicurata in caso di morte dell'assicurato. In un qualsiasi altro contratto, è la persona a beneficio della quale esso è stipulato. In una lettera di credito, ad esempio, il beneficiario è la persona fisica o giuridica nei cui confronti è aperto il credito. In un negozio fiduciario, il beneficiario è la persona a beneficio della quale una proprietà è amministrata da un'altra persona.

benefit: 1. ***beneficio; vantaggio.*** Qualsiasi tipo di giovamento o utilità che deriva a qualcuno dall'uso o dal possesso di qualcosa. **2.** ***indennità; beneficio.*** Qualcosa data ad un lavoratore in aggiunta alla remunerazione cui ha diritto. Può essere rappresentato da uno sgravio fiscale, da un'indennità di alloggio, da un premio di operosità, dalla locazione di una casa, di proprietà dell'impresa per la quale lavora, ad un equo canone e così via. **3.** ***sussidio; assegno; indennità.*** Somma pagata in base ad una polizza di assicurazione, in relazione al verificarsi di una perdita, o dallo stato a quei cittadini che non sono in grado di lavorare e di guadagnarsi da vivere a causa di malattia, inabilità, disoccupazione e simili eventi.

benefit association: ***associazione di mutuo soccorso.*** Termine usato con lo stesso significato di *benefit society* (v.).

benefit club: ***associazione di mutuo soccorso.*** Termine usato con lo stesso significato di *benefit society* (v.).

benefit–cost analysis: ***analisi dei costi e dei benefici.*** Tecnica che tenta di enucleare e valutare i costi e i benefici sociali di un programma di investimenti, onde avere uno strumento su cui basare le decisioni di intraprendere o meno il progetto.

benefit–cost ratio: ***rapporto costo–benefici.*** La misura della desiderabilità presa in considerazione nella valutazione e nella comparazione di programmi alternativi di investimento. Corrisponde al rapporto tra somma dei benefici totali che ci si aspettano dal piano di investimento e somma dei costi totali che si devono sostenere per realizzare tali benefici.

benefit in kind: ***beneficio in natura; vantaggio in natura.*** Sono i benefici non monetari che alcune imprese riservano ai loro dipendenti (ad esempio, l'uso dell'automobile dell'azienda o lo sconto sull'acquisto di prodotti venduti dall'azienda) come forma di incentivi in aggiunta al salario.

benefit payment: ***sussidio; indennità.*** Lo stesso che *benefit 3* (v.).

benefit recipient: ***assistito.*** Chiunque sia beneficiario di un programma di assistenza. Il termine inglese si applica generalmente ai cittadini che usufruiscono del servizio pubblico di assistenza medica, a coloro che percepiscono sussidi di disoccupazione o di povertà e simili, ma può applicarsi anche a stati che ricevono assistenza dall'estero.

benefit segmentation: ***segmentazione per benefici.*** La segmentazione di un mercato basata sui differenti benefici che ciascun gruppo di consumatori si aspetta di ricavare dal prodotto. (v. anche *market segmentation*)

benefit society: ***società di mutuo soccorso.*** Il termine inglese è generico, non indica alcun particolare tipo di società di mutuo soccorso, e deriva dallo scopo dell'associazione che denota, cioè quello di offrire un qualche tipo di beneficio o mutua assistenza ai soci in caso di malattia o incidente e in relazione alla vecchiaia. Negli Stati Uniti, il termine indica un tipo di associazione meglio nota come *building and loan association* (v.).

benefits of entrepreneurship: ***benefici dell'imprenditorialità.*** Sono i benefici che derivano alla comunità dalla presenza e dalle capacità degli imprenditori. Tra questi benefici si ricordano: lo stimolo all'innovazione tecnologica; la creazione di nuovi posti di lavoro; il contributo alla crescita economica generale.

benefits of large–scale production: ***benefici della produzione su larga scala.*** Espressione usata per indicare le economie di un processo produttivo, rese possibili dal fatto che l'impresa opera su larga scala. Tali economie si possono realizzare sia a monte che a valle del processo produttivo. A monte, possono derivare dagli acquisti di grandi quantitativi di materie prime, che consentono risparmi sia sotto forma di sconti per quantità, sia sotto forma di minori costi di trasporto. A valle, possono derivare dalla possibilità di vendere più facilmente dei sottoprodotti che l'impresa produce in grande quantità e in maniera continuativa, garantendo l'approvvigionamento costante al loro compratore. Altri benefici possono ricavarsi sul mercato del lavoro e sul mercato finanziario, ove la grossa impresa ha un potere contrattuale superiore a quello della piccola impresa. Tutti questi benefici, tuttavia, non vanno confusi con i rendimenti di scala di produzione, che riguardano la funzione propriamente produttiva dell'impresa.

benefits–received principle of taxation: ***principio delle prestazioni e controprestazioni.*** È il principio che sostiene che le imposte dovrebbero essere pagate dai contribuenti in ragione dei benefici che essi ricevono dallo stato. Questo principio è in parte rispettato nell'imposizione dei contributi di miglioria (v. *assessment 3*), ma la sua generale applicazione incontrerebbe grosse difficoltà, in quanto risulterebbe impossibile stabilire il vantaggio individuale di alcuni servizi indivisibili resi dallo stato, senza parlare del fatto che le imposte risulterebbero regressive, in quanto sono sempre i più poveri coloro che si avvantaggiano maggiormente dei servizi sociali offerti dallo stato.

benefits–received theory of taxation: ***teoria delle prestazioni e controprestazioni.*** Espressione usata come sinonimo di *benefits–received principle of taxation* (v.).

benefit theory of taxation: ***teoria delle prestazioni e controprestazioni.*** La teoria su cui si basa il principio esposto sotto *benefits–received principle of taxation* (v.).

Benelux: Unione doganale tra Belgio, Olanda e Lussemburgo, approvata prima della fine del secondo conflitto mondiale, ma realizzata soltanto nel 1948. I tre paesi abolirono le tariffe doganali tra loro, adottarono una tariffa unica nei confronti dei paesi terzi e limitarono i contingentamenti alle reciproche importazioni. I tre paesi, nel 1958, confluirono nella Comunità Economica Europea, di cui furono membri fondatori.

benevolence: Prestito coattivo imposto per la prima volta da Edoardo IV. Sebbene nel 1484 il parlamento inglese dichiarasse illegittimi tali prestiti, i sovrani Tudor continuarono ad imporli. Furono nuovamente dichiarati illegittimi nel 1628 e nel 1689.

Bentley's code: ***codice Bentley.*** È uno dei più diffusi codici telegrafici. (v. anche *ABC code, code*)

bequest: ***lascito; legato.*** Lo stesso che *legacy* (v.).

Berne Convention: ***Convenzione di Berna.*** Accordo internazionale, raggiunto a Berna nel 1886, in materia di proprietà letteraria e diritto d'autore. Fu sostituito dall'accordo noto come *Unesco Agreement* del 1952.

Berne Union: Associazione internazionale nota come *Union d'Assurance des credits internationaux* fondata nel 1934 per facilitare l'assicurazione del credito nel commercio internazionale.

Bernoulli distribution: ***distribuzione di Bernoulli.*** Lo stesso che *binomial distribution* (v.).

berth: ***posto di ormeggio; posto di fonda.*** È lo spazio acqueo in un porto, nel quale una nave può stare all'ancora o, più spesso, all'ormeggio presso una banchina. Nel linguaggio colloquiale britannico, il termine indica anche un posto di lavoro in qualità di impiegato.

berthage: ***diritti di banchina; diritti di ormeggio.*** Diritti portuali cui sono soggette le navi per l'uso delle strutture di un porto.

berth bill of lading: Tipo di polizza di carico usata per trasporti eseguiti da compagnie di linea per rappresentare ciascun *parcel* (v.).

berth cargo: ***carico di riempitivi di ripiego.*** Termine usato nel linguaggio dei trasporti marittimi per indicare merci trasportate a tariffe di nolo ridotte, per riempire spazi di carico rimasti vuoti a bordo di una nave.

berth charges: ***diritti di banchina; diritti di ormeggio.*** Termine usato con lo stesso significato di *berthage* (v.).

berth clause: Clausola, a volte contenuta in un contratto di noleggio, che stabilisce che il periodo di noleggio ha inizio dal momento in cui la nave è ormeggiata e pronta a caricare. Ciò al fine di evitare il pagamento del nolo per i giorni trascorsi dalla nave in attesa che si renda libero un posto di ormeggio nel porto di caricazione.

berth freight: ***nolo a collettame.*** È il nolo richiesto da compagnie di navigazione che svolgono regolare servizio di linea.

berth note: ***prenotazione di carico.*** Documento emesso da un *broker* (v.) marittimo, contenente le condizioni per il trasporto di carico. Di regola, esclude qualsiasi responsabilità da parte del broker circa il buon fine dell'accordo.

berth owner: ***armatore di nave sottocollo.*** Termine usato nel linguaggio dei trasporti marittimi per indicare un armatore disposto ad accettare, in qualità di vettore comune, merci da trasportare per conto di chiunque le offra.

berth rate: ***tariffa a collettame.*** È la tariffa praticata per il trasporto merci da compagnie di navigazione che svolgono regolare servizio di linea.

berth terms: ***caricazione e discarica a diligenza del capitano.*** Espressione usata nel linguaggio dei trasporti marittimi per indicare che le spese di caricazione e discarica delle merci trasportate sono a carico dell'armatore.

BES: Business Expansion Scheme.

bespoke: ***su misura; su ordinazione.*** Termine usato in relazione a beni prodotti non in serie, ma su richiesta del cliente.

best advice: ***miglior consiglio.*** È una delle regole introdotte dal *Financial Services Act* (v.) in campo assicurativo. Impone che coloro che operano in qualità di agenti indipendenti per la vendita di polizze di assicurazione sulla vita svolgano continue ricerche tra le diverse polizze offerte dalle varie compagnie, in modo da essere in grado di consigliare il miglior prodotto in base alle esigenze del cliente.

best bid: ***migliore offerta.*** Un'offerta, ad una gara di appalto, non necessariamente più bassa delle altre, ma tale da garantire nel migliore dei modi gli interessi di chi ha indetto la gara.

best buys: Espressione che sta ad indicare i «migliori acquisti» che può fare un consumatore, sulla scorta di esperienza personale o altrui, spesso reclamizzata nella stampa periodica o attraverso altri mezzi di comunicazione di massa.

best efforts: ***vendita al meglio.*** Termine usato come contrazione di *best-efforts selling* (v.).

best-efforts selling: ***vendita al meglio.*** Espressione usata nel linguaggio finanziario per indicare un accordo in base al quale un sindacato di banche si impegna a fungere da agente, in relazione ad una nuova emissione di valori mobiliari, facendo del proprio meglio per collocare i titoli, ma senza assumersi l'impegno di sottoscrivere l'intera emissione e di far fronte ai rischi del collocamento, riservandosi il diritto di restituire la quota di titoli invenduta.

best evidence rule: ***norma della prova migliore.*** In diritto, è la norma che stabilisce l'ammissibilità della sola prova migliore. Pertanto, la copia di un documento non è ammissibile come prova, quando si sa che esiste un originale. (v. anche *secondary evidence rule, primary evidence, secondary evidence*)

best execution: ***esecuzione al meglio.*** È una delle garanzie offerte agli investitori dalla *Securities and Investments Board* (v.), dopo la riforma del mercato finanziario londinese nota come *big bang* (v.). Essa prevede che i clienti dei market makers ottengano il miglior prezzo offerto sul mercato al momento in cui si riceve il loro ordinativo di acquisto o di vendita.

best price: ***miglior prezzo.*** Nel linguaggio delle borse valori, indica il prezzo più favorevole per il cliente, cioè il prezzo più alto se il cliente è venditore e il prezzo più basso se egli è compratore.

best profit equilibrium: ***equilibrio dell'utile massimo.*** Il livello di funzionamento al quale i costi marginali di produzione sono uguali agli utili marginali delle vendite. A questo livello di produzione si ottengono i maggiori utili.

beta coefficient: ***coefficiente beta.*** 1) Espressione usata per indicare un metodo di determinazione del rischio inerente ad un titolo o a un portafoglio titoli, in relazione all'intero mercato dei valori mobiliari. Il coefficiente beta serve a prevedere cosa accadrà al titolo o al portafoglio al verificarsi di determinate oscillazioni dell'intero mercato. Così, un titolo ad alto rischio avrà un alto coefficiente beta, mentre un titolo a basso rischio avrà un basso coefficiente beta. Ad esempio, se un titolo risente in pieno delle oscillazioni del mercato che si ripercuotono esattamente nella stessa misura sul suo corso, esso presenterà un coefficiente beta uguale a uno; se, invece, le oscillazioni del mercato vengono amplificate in relazione al corso del titolo, esso presenterà un coefficiente beta superiore all'unità, mentre se il suo corso è relativamente stabile e risente solo in parte delle oscillazioni, il suo coefficiente beta sarà inferiore all'unità. (v. anche *alpha coefficient*) 2) Lo stesso che *coefficient of regression* (v.).

beta error: ***errore beta.*** Termine usato con lo stesso significato di *error of second kind* (v.).

beta factor: ***fattore beta.*** Termine usato come sinonimo di *beta coefficient* (v.).

beta ratio: ***indice beta.*** Lo stesso che *beta coefficient* (v.).

beta risk: ***rischio beta.*** Lo stesso che *type II risk* (v.).

beta stocks: ***titoli beta.*** In relazione al sistema di quotazioni computerizzato messo in funzione a seguito del *big bang* (v.), sono indicati con questo termine i titoli oggetto di scambi meno attivi di quelli indicati come *alpha stocks* (v.), ma dei quali tuttavia i market makers sono tenuti a indicare i due prezzi in via continuativa. Le operazioni concluse in tali titoli non devono necessariamente essere rese pubbliche immediatamente.

better: ***migliore.*** V. spiegazione sotto *worse.*

betterment: **1.** ***incremento di valore per miglioria.*** Indica l'aumento di valore di un immobile, derivante da opere pubbliche o dall'imposizione, da parte delle autorità, di restrizioni nell'uso di terreni adiacenti o alternativi. **2.** ***contributo di miglioria.*** In questo significato, viene usato come sinonimo di *betterment levy* (v.). **3.** ***miglioria.*** Una qualsiasi spesa sostenuta per ampliare la vita utile di un'attività fissa, incrementarne la capacità produttiva, ridurne il costo di gestione, ecc. Da non confondersi con le spese di riparazione o manutenzione, che hanno soltanto lo scopo di mantenere efficiente l'attività, ma non di migliorarla.

betterment levy: ***contributo di miglioria.*** Termine usato con lo stesso signficato di *assessment 3* (v.).

betting duties: ***imposte sulle scommesse.*** Le imposte sulle scommesse, principalmente sul gioco del calcio e sulle corse dei cavalli, sono prelevate sul totale del monte premi e non sulle singole vincite. La maggior parte delle scommesse sono tassate nel Regno Unito dal 1966, ma già nel 1947 si tassavano i pronostici relativi alle partite di calcio.

Beveridge Plan: ***Piano Beveridge.*** È il piano proposto da Lord Beveridge nel 1942 con il *Beveridge Report* (v.).

Beveridge Report: La relazione preparata da Lord Beveridge su richiesta del governo in relazione ad un piano di assicurazioni sociali basato su tre punti: 1) sgravi fiscali per figli a carico; 2) un servizio sanitario nazionale; 3) piena occupazione. La relazione, presentata nel 1942, copriva i primi due punti e fu recepita dal governo nei *Family Allowances Act* del 1945 e *National Health Service* e *National Insurance Acts* del 1946.

bezant: ***bisante.*** Moneta d'oro dell'impero bizantino, che ebbe ampia circolazione in tutta l'Europa fino al 1250. I bisanti furono anche emessi in Spagna e nelle Fiandre.

b.f.: brought forward.

b/f: brought forward.

B.G.: bonded goods.

B/G: bonded goods.

bg.: bag.

bght: bought.

B/H: bill of health.

biannual: ***semestrale.*** Che si verifica due volte all'anno.

bias: ***distorsione.*** Caratteristica che rende un insieme di previsioni non rispondente ai valori reali, perché tende ad una stima imprecisa per eccesso o per difetto causata direttamente dall'interferenza dell'osservatore.

bicycle theory: ***teoria della bicicletta.*** Nome informale con il quale viene indicata la teoria che sostiene che la liberalizzazione degli scambi deve sempre mantenere una certa velocità, altrimenti rischia di cadere nel protezionismo.

bid: **1.** ***licitazione.*** L'offerta di un prezzo ad una vendita all'asta o ad una gara di appalto. **2.** ***offerta pubblica di acquisto.*** Offerta di acquisto di un intero capitale azionario o della maggioranza di esso. Più propriamente viene indicata con il termine *take-over bid* (v.). **3.** ***denaro; prezzo di domanda.*** In questo significato, è usato come sinonimo di *bid price* (v.).

bid and ask: Sistema di contrattazione, in uso presso la borsa valori di Londra, in base al quale ogni membro presenta una coppia di prezzi: quello al quale è disposto a comprare o *bid* (v.); e quello al quale è disposto a vendere o *ask* (v.). Quando sul mercato si incontrano un *bid* e un *ask* uguali, si realizza uno scambio. Questo sistema risulta tanto più efficiente quanto più ridotta è la differenza tra *bid* e *ask*. (v. anche *spread 5, quote*)

bid bond: ***garanzia passiva; garanzia dell'offerta.*** Termine usato con lo stesso significato di *tender guarantee* (v.).

bidder: ***offerente.*** Chiunque partecipi ad un'asta pubblica, facendo offerte nel tentativo di aggiudicarsi l'oggetto posto in vendita o il contratto di appalto cui l'asta si riferisce.

bidders' ring: ***sindacato d'asta.*** Termine usato come sinonimo di *bidding ring* (v.).

bidding: **1.** ***licitazione.*** Termine usato con lo stesso significato di *bid 1* (v.). **2.** Nelle relazioni industriali, indica la procedura di render note ai dipendenti le possibilità di impiego in altro stabilimento o industria, in modo che possano presentare domanda di assunzione se lo desiderano.

bidding ring: ***sindacato d'asta.*** Termine con il quale si indica un accordo in base al quale un certo numero di partecipanti ad un'asta (sia essa una vendita all'incanto o una gara), si impegnano ad aggiudicarsi l'asta alle migliori condizioni possibili, senza fare offerte l'uno contro gli altri, e decidere poi tra loro chi e a che prezzo si avvantaggerà dell'affare. La differenza tra il prezzo finale deciso in privato e quello precedentemente pagato o offerto in pubblico viene ripartita tra tutti i partecipanti al sindacato. Anche in Italia, come negli Stati Uniti e nel Regno Unito, questa pratica è vietata dalla legge e perseguibile penalmente.

bid filing: ***archiviazione delle offerte.*** Procedura in base alla quale le imprese che hanno preso parte ad una gara d'appalto inviano ad un'agenzia, dopo che è stato aggiudicato l'appalto, i dettagli relativi alla loro offerta, che l'agenzia inoltra a tutte le altre aziende partecipanti.

bid market: ***mercato della domanda.*** Situazione che si verifica quando le richieste in un dato mercato o per un particolare titolo superano le offerte al prezzo corrente. È l'equivalente sui mercati dei titoli della situazione che in economia viene definita *seller's market* (v.).

bid-offer spread: ***scarto denaro-lettera.*** Lo stesso che *spread 5* (v.).

bid price: **1.** ***denaro; prezzo denaro; corso denaro; cambio denaro; prezzo di domanda.*** Il termine inglese, ed il corrispondente italiano «denaro», indicano, nella terminologia di borsa, il prezzo al quale un probabile acquirente è disposto a comprare titoli o divise estere. **2.** ***prezzo d'inventario.*** Nella terminologia dei fondi comuni d'investimento, è il prezzo al quale vengono offerte le quote-parti, al netto delle spese d'acquisto. Il prezzo d'inventario corrisponde alla differenza tra le attività (contante, crediti e valore dei titoli in portafoglio) e le passività del fondo comune, divisa per il numero di quote-parti in circolazione. Il prezzo d'inventario di qualsiasi fondo comune d'investimento viene calcolato ogni giorno lavorativo e pubblicato nella pagina finanziaria dei principali quotidiani o nei giornali specializzati.

bid rate: ***tasso passivo; tasso d'interesse passivo; tas-***

so denaro. Il tasso di sconto o di interesse al quale una banca o altro operatore finanziario è disposto ad accettare depositi. Il termine viene usato pressocché nello stesso significato di *borrowing rate in capital budgeting* (v.).

biennial: ***biennale.*** Che si verifica una volta ogni due anni.

big bang: Questo termine, usato per la prima volta in questo significato da Sir Nicholas Goodison, allora presidente della borsa valori di Londra, e per la prima volta in modo formale da Robin Leigh–Pemberton, governatore della Banca d'Inghilterra, è entrato nel linguaggio comune per indicare la liberalizzazione operata nel mercato finanziario londinese il 27 ottobre 1986. Il termine è giustificato dal fatto che a differenza di quanto avvenne nel maggio 1975 nelle borse valori statunitensi, la riforma finanziaria britannica non si limitò ad abolire le commissioni minime fisse, ma toccò contemporaneamente, cioè in un colpo solo, tutta la struttura del mercato. In particolare, essa si articolò su quattro direttrici principali: **1.** l'apertura della borsa valori a nuovi membri, cioè istituzioni finanziarie anche straniere. Prima della deregolamentazione, e precisamente fino al 1982, era consentito a istituzioni finanziarie straniere o esterne alla borsa valori di possedere partecipazioni nelle ditte membri della borsa fino a un massimo del 10%, elevato al 29,9% nel 1982 e portato al 100% in sede di deregolamentazione, a partire dal marzo 1986. **2.** L'abolizione delle due figure dello *stockjobber* (v.) e dello *stockbroker* (v.), che venivano unificate nella figura del *market maker* (v.) in grado di svolgere la duplice funzione di operatore in proprio e di rivenditore agli investitori. **3.** La abolizione delle commissioni minime fisse sulle operazioni di compravendita, fino ad allora pagate dagli investitori agli *stockbroker*, e l'instaurazione del nuovo sistema delle commissioni negoziate. **4.** L'introduzione di notevoli innovazioni tecnologiche, quali lo *Stock Exchange automated quotation system* (v.). Per la protezione dell'investitore, fu creata la *Securities and Investments Board* (v.), mentre una gamma di altri organismi autoregolamentati controllano i diversi settori del mercato finanziario londinese. Oggi il termine è genericamente usato come equivalente di riforma della borsa valori.

big board: ***tabellone delle quotazioni.*** Termine colloquiale con il quale si indica la borsa valori di New York (*New York Stock Exchange*). Il termine deriva dal tabellone sul quale sono riportati i corsi dei titoli quotati in quella borsa valori.

big business: ***grossa azienda; grande impresa.*** Espressione con la quale si indica un'impresa grande in relazione al mercato che essa serve. Il termine viene, però, usato nel linguaggio comune per indicare un'impresa che controlla una grande parte del mercato nazionale del prodotto che vende e una grande quantità in senso assoluto di capitale e manodopera. Il termine di paragone in base al quale un'impresa viene definita grande può essere il suo livello di vendite, il numero dei dipendenti, il livello di reddito che essa percepisce o il valore totale delle sue attività.

«Big Five»: V. spiegazione sotto *«Big Four»*.

Big Five, the: ***i cinque grandi.*** Sono gli Stati Uniti, la Francia, il Regno Unito, la Repubblica Federale di Germania e il Giappone, cioè i cinque paesi più industrializzati del mondo, che si riuniscono periodicamente nel cosiddetto Gruppo dei Cinque per consultazioni e decisioni relative a questioni monetarie ed economiche. Nel 1987, l'Italia ha superato il Regno Unito nella produzione industriale e ciò fa pensare che vi sarà un rimaneggiamento di questo Gruppo, che dovrebbe aprire le porte a Italia e Canada.

big–five currencies: ***valute dei cinque grandi.*** Le valute dei paesi che costituiscono il gruppo detto dei cinque grandi e cioè il dollaro statunitense, il franco francese, la sterlina britannica, il marco della Germania Federale e lo yen giapponese.

«Big Four»: Espressione colloquiale con la quale si indicano le quattro maggiori banche britanniche e cioè Barclays, Lloyds, Midland e National Westminster. Il termine ha sostituito l'altro, *«Big Five»*, in uso dal 1919, quando la National Provincial e la Westminster si amalgamarono per formare la National Westminster.

big four banks: Termine usato con lo stesso significato di *«Big Four»* (v.).

big slump: ***il grande tracollo.*** Espressione con la quale si indica il tracollo della borsa valori di Wall Street, avvenuto nel 1929.

Big Three, the: ***i tre grandi.*** Espressione usata per indicare sinteticamente gli Stati Uniti, il Giappone e la Repubblica Federale di Germania, i tre paesi più industrializzati del mondo.

bilateral agreement: ***accordo bilaterale.*** È un accordo stipulato tra due parti soltanto. Il termine viene spesso usato in relazione ad accordi commerciali tra due paesi che, secondo la teoria degli scambi internazionali, hanno effetti più negativi che positivi per i paesi che li stipulano. Ciò perché l'esistenza di accordi bilaterali tende a far coincidere il volume degli scambi tra i due paesi, con la conseguenza che essi fanno un uso poco efficiente delle risorse mondiali.

bilateral clearing: ***compensazione bilaterale.*** È un tipo di accordo bilaterale e viene spesso usato tra paesi in via di sviluppo e paesi del blocco orientale per regolare il dare e l'avere degli scambi internazionali. Prevede forniture in conto corrente e la liquidazione dei saldi una volta all'anno, mediante l'intervento delle banche centrali dei paesi interessati. Tale liquidazione spesso ha luogo in valute convertibili e non in valute dei due paesi.

bilateral contract: ***contratto bilaterale.*** Un contratto stipulato tra due parti, ciascuna delle quali si impegna ad eseguire una prestazione in favore dell'altra.

bilateral flow: ***flusso bilaterale.*** Termine usato per indicare lo scambio tra settore privato e settore pubblico, quando il primo vende beni e servizi al secondo e questo paga il primo. Il termine è usato in contrapposizione all'espressione «flusso unilaterale», che indica il movimento del denaro dal settore privato verso le casse dello stato, sotto forma di imposte, o dalle casse dello stato verso il settore privato, sotto forma di pensioni, considerato privo di contropartita.

bilateral import quotas: ***contingenti d'importazione bilaterali; quote d'importazione bilaterali.*** Sono limiti imposti sulle quantità di beni che possono essere importati in un paese, a seguito di negoziazioni tra il paese importatore e quello esportatore. Sono intese a combattere lo sfruttamento monopolistico dei paesi importatori. (v. anche *import quota*)

bilateralism: ***bilateralità; bilateralismo.*** Indica l'accordo tra due paesi sulla reciproca concessione di privilegi commerciali, non estesi ad altre nazioni. Tali privilegi possono essere rappresentati da speciali tariffe doganali, blandi contingentamenti, ecc. Questa pratica ebbe origine nel periodo tra le due guerre, quando ogni paese tentava di assicurarsi vantaggi commerciali e trovò la più diffusa applicazione nella serie di accordi bilaterali stipulati tra il Regno Unito e i singoli paesi del Commonwealth. L'accordo del 1947, noto come *General Agreement on Tariffs and Trade* (v.), è basato su principi multilaterali e persegue una politica che tende ad eliminare la bilateralità e qualsiasi altro tipo di restrizione al commercio internazionale. (v. anche *multilateralism*)

bilateral mistake: ***errore bilaterale.*** Espressione che, nel linguaggio giuridico, viene usata per indicare un errore commesso da ambedue le parti di un contratto. In generale, ove ciò si verifichi il contratto può essere rescisso con mutuo consenso delle parti.

bilateral monopoly: ***monopolio bilaterale.*** Situazione di mercato in cui sia la domanda, sia l'offerta sono monopolizzate e lo scambio avviene come se ci fossero soltanto un compratore e un venditore. L'esempio più interessante di monopolio bilaterale è quello relativo al mercato del lavoro, in cui l'organizzazione sindacale dei lavoratori da un lato e quella dei datori di lavoro dall'altro danno consistenza reale all'ipotesi teorica.

bilateral negotiations: ***negoziazioni bilaterali.*** Sono negoziati che portano ad accordi bilaterali o operazioni di compravendita che hanno luogo tra due stati soltanto. A loro proposito valgono le osservazioni fatte in relazione agli accordi bilaterali. (v. anche *bilateral agreement*)

bilateral obligation: ***obbligazione bilaterale.*** È l'obbligazione oggetto di un contratto bilaterale, che prevede una prestazione e una controprestazione. (v. anche *bilateral contract*)

bilateral oligopoly: ***oligopolio bilaterale.*** Una situazione di mercato caratterizzata da un significativo grado di concentrazione dei venditori (simile a un oligopolio) e da un significativo grado di concentrazione dei compratori (simile a un oligopsonio).

bilateral payments arrangement: ***accordo di pagamenti bilaterale.*** Accordo fra due paesi che mira a controllare la concorrenza internazionale cui essi sono esposti. Prevede che tutta o la maggior parte della valuta di un paese incassata dall'altro in pagamento di proprie esportazioni possa essere utilizzata soltanto per pagare importazioni provenienti dall'altro paese che partecipa all'accordo. Il numero totale di questi accordi ha mostrato un notevole calo tra il 1975 e il 1982, secondo quanto ha dichiarato il Fondo Monetario Internazionale.

bilateral trade: ***commercio bilaterale; scambi bilaterali.*** Il commercio basato su accordi bilaterali, descritti sotto *bilateralism* (v.).

bilateral trade agreement: ***accordo commerciale bilaterale.*** Il tipo di accordo commerciale descritto sotto *bilateral agreement* (v.).

bilateral trade balances: ***saldi commerciali bilaterali.*** Le differenze che si verificano tra le esportazioni e le importazioni quando due paesi intrattengono rapporti commerciali. Generalmente non sono validi indicatori della capacità di importazione o di esportazione di un paese, che dovrebbe essere vista nel complesso che dà luogo al saldo globale della sua bilancia commerciale, ma all'inizio degli anni ottanta si è fatto un gran parlare del saldo commerciale negativo bilaterale tra molti paesi industrializzati da un lato e il Giappone dall'altro, come dimostrazione della politica commerciale protezionistica di quest'ultimo.

bill: **1.** ***cambiale.*** Termine spesso usato come contrazione di *bill of exchange* (v.). **2.** ***conto; nota.*** Nota o elenco di addebiti per la fornitura di beni o servizi. **3.** ***manifesto; avviso; locandina.*** Pezzo di carta stampato o manoscritto con il quale si informa il pubblico di una vendita, di un saldo o di qualche altro evento. In pubblicità, indica il cartellone con il quale si reclamizza un bene o servizio. **4.** ***fattura.*** In questo significato, il termine viene usato come sinonimo di *invoice* (v.). **5.** ***banconota.*** Negli Stati Uniti, il termine è usato come sinonimo di *banknote* (v.). **6.** ***bolla; bolletta; polizza.*** Nel linguaggio commerciale e finanziario, il termine inglese viene usato per indicare vari documenti, più propriamente definiti da un'altra parola che funge da determinante, connessi con il credito, con il trasporto delle merci, con le operazioni doganali e così via. **7.** ***progetto di legge; disegno di legge.*** Proposta del governo o di singoli parlamentari, sulla quale dovrà pronunciarsi il parlamento del paese. Se il disegno di legge viene approvato, esso diventa un *Act*.

bill «A»: Termine con il quale si indica un elenco quotidiano, pubblicato dalle autorità doganali britanniche, con il quale si danno informazioni sulle navi che arrivano o che partono dai porti inglesi in generale e sul carico che esse trasportano.

bill after date: ***cambiale a tempo data.*** Lo stesso che *fixed-date bill* (v.).

bill after sight: ***cambiale a tempo vista.*** Lo stesso che *term sight bill* (v.).

bill «B»: Termine con il quale si indica un elenco quotidiano, pubblicato dalle autorità doganali britanniche, con il quale si danno informazioni sulle navi in arrivo o in partenza dal porto di Londra e sul carico che esse trasportano.

billboard: ***cartellone per affissioni pubblicitarie.*** È una superficie, delimitata da una cornice, sulla quale è consentito affiggere manifesti o altri messaggi pubblicitari.

bill book: ***scadenzario.*** Libro in cui si registrano le scadenze di effetti attivi o passivi.

bill broker: ***agente di sconto.*** Con questo termine si indica chiunque svolga l'attività inerente allo sconto, alla vendita o all'acquisto di cambiali o simili titoli di credito. Può, pertanto, riferirsi ad una *discount house* (v.) o ad una piccola azienda o singolo operatore che svolgono funzioni di intermediario.

bill broking: ***attività degli agenti di sconto.*** Il termine inglese indica l'attività svolta da un singolo agente o globalmente da tutti gli agenti di sconto che operano sui mercati monetari quali quelli di Londra e New York.

bill dealing rate: ***tasso di sconto su titoli a breve termine.*** Il tasso di sconto al quale la Banca d'Inghilterra esegue le operazioni di mercato aperto in buoni del tesoro, cambiali commerciali bancabili e altri titoli a breve termine. A seconda degli obiettivi che essa si prefigge di realizzare, questo tasso può essere più alto o più basso del tasso d'interesse di mercato e del tasso d'interesse interbancario.

bill diary: ***diario degli effetti.*** Al fine di non commettere sviste in relazione alle date di scadenza degli effetti scontati, le banche inglesi usano un *bill diary*, nel quale vengono trascritti gli estremi degli effetti in scadenza. È prevista la collazione con il *bill register* (v.) ad intervalli prestabiliti, al fine di accertarsi che tutti gli effetti siano stati riportati nel diario.

bill discounting: ***sconto cambiali.*** L'attività di finanziare un'impresa o altra istituzione mediante lo sconto di cambiali commerciali o finanziarie. Nel Regno Unito, questa attività viene svolta principalmente dalle case di sconto, pur se le banche commerciali si prestano allo sconto cambiali, ma in via non continuativa e soltanto per le cambiali commerciali.

billet: ***posto di lavoro.*** Termine usato nel linguaggio colloquiale britannico per indicare un posto di lavoro, generalmente in qualità di impiegato.

bill guarantee: ***avallo.*** Garanzia offerta da una persona diversa dall'obbligato principale in merito al pagamento di una cambiale. Si realizza apponendo la firma sulla cambiale stessa, preceduta o non dalle parole «per garanzia» o «per avallo e garanzia». L'avallo non trova applicazione nel Regno Unito.

billhead: ***modulo per fatture.*** Il termine inglese indica un modulo intestato, cioè con l'indicazione della ragione sociale, dell'indirizzo, ecc. dell'impresa emittente, da usarsi nella preparazione di fatture da inviare ai clienti. Lo stesso termine si usa anche per indicare la semplice intestazione apposta su un qualsiasi foglio utilizzato per compilare una fattura.

bill holder: ***detentore di cambiale; portatore di cambiale.*** La persona che ha il possesso legittimo di una cambiale o simile titolo di credito.

bill holding: ***portafoglio cambiario.*** Termine usato con lo stesso significato di *bill portfolio* (v.).

billing: ***fatturazione.*** La preparazione e l'invio di fatture ai clienti.

billing at cost: ***fatturazione al prezzo di costo.*** Fatturazione fatta in base al prezzo praticato al rivenditore cui è diretta la fattura. L'esercente sarà quindi libero di praticare il prezzo di rivendita che riterrà più opportuno, aggiungendo la ricarica al prezzo di costo al quale egli ha acquistato il bene.

billing at selling price: ***fatturazione al prezzo di rivendita.*** Fatturazione fatta in base al prezzo di rivendita che dovrà praticare l'esercente cui è diretta la fattura. Sul totale, sarà praticato lo sconto corrispondente all'utile del negoziante.

billing clerk: ***impiegato addetto alla fatturazione.*** Impiegato dell'ufficio contabilità, addetto alla preparazione e all'invio delle fatture relative a forniture di beni o servizi ai clienti dell'impresa.

billing cycle: ***ciclo di fatturazione.*** L'intervallo di tempo che intercorre tra una fatturazione di beni o servizi venduti da un'impresa e la successiva fatturazione. Il ciclo ha di solito la durata di un mese, ma per alcune imprese di servizi, quali la società dei telefoni e simili, può anche essere più lungo.

billing department: ***reparto fatturazione; ufficio fatturazione.*** Reparto dell'ufficio contabilità preposto alla preparazione e all'invio di fatture ai clienti dell'impresa.

billing machine: ***fatturatrice.*** Macchina usata per la preparazione di fatture e l'aggiornamento delle schede clienti o fornitori.

billing of merchandise: ***fatturazione di merce.*** Preparazione ed invio di una fattura relativa alla fornitura di beni. Il termine è usato per distinguere questo tipo di fatturazione da quello relativo alla fornitura di servizi.

Billingsgate: È il più importante mercato del pesce londinese e il più antico della città.

billion: 1. ***bilione.*** Nella numerazione decimale, per convenzione internazionale indica un milione di milioni. **2.** ***miliardo.*** Nell'uso americano, il termine indica mille milioni.

bill ledger: ***libro dei fidi cambiari.*** Libro nel quale vengono aperti conti intestati a clienti ammessi allo sconto di effetti. In testa a ciascun conto viene iscritto il limite massimo concesso al cliente e ogni volta che si sconta una cambiale vengono registrati l'ammontare e la data di sconto, il nome dell'accettante e la data di scadenza. Se una cambiale viene protestata, si appone una nota ad inchiostro rosso a fianco della registrazione dell'effetto protestato.

bill market: ***mercato delle accettazioni; mercato dei titoli a breve termine.*** Termine usato con lo stesso significato di *discount market* (v.).

bill of accommodation: ***cambiale di comodo; cambiale di favore.*** Lo stesso che *accommodation bill* (v.).

bill of adventure: Termine usato nel linguaggio commerciale e dei trasporti per indicare un documento contenente la dichiarazione scritta di un commerciante con la quale egli ammette che le merci spedite sotto suo nome appartengono ad un'altra persona, che si addossa l'intero rischio relativo alla spedizione e all'operazione di tentata vendita all'estero.

bill of costs: ***specifica; parcella.*** È il conto, presentato da un avvocato al suo cliente, nel quale vengono specificati i servizi resi e i relativi compensi, nonché le spese sostenute in relazione a tali servizi.

bill of credit: ***biglietto a corso forzoso.*** Pagherò cambiario di un governo, fatto circolare come moneta. Il termine deriva dalla Costituzione degli Stati Uniti, che proibisce l'emissione di tali documenti di credito da parte degli Stati membri, ma sembra che tale proibizione non si applichi al governo federale che ne emise sotto forma di *greenbacks* (v.). L'autorità del governo federale ad emettere i *greenbacks* fu sostenuta dalla Corte Suprema degli Stati Uniti. Nel periodo coloniale veniva indicata con tale termine la particolare forma di valuta che ricevevano i proprietari terrieri quando ipotecavano le loro terre presso una *land bank* (v.).

bill of debt: ***cambiale; lettera di cambio.*** Termine generico, oggi raramente usato, con il quale in passato si indicava una *bill of exchange* (v.).

bill of entry: ***bolla doganale; bolletta doganale.*** È un modulo prestampato nel quale l'importatore o l'esportatore trascrivono tutti i particolari relativi alle merci che devono passare per la dogana e cioè nome e cognome dell'interessato, natura, quantità e prezzo delle merci, luogo di origine o di destinazione e così via.

bill of entry for home use: ***bolletta d'importazione definitiva.*** Termine generico usato per indicare una qualsiasi bolletta doganale emessa in relazione a merci importate e destinate al consumo interno.

bill of exchange: ***cambiale; tratta; cambiale–tratta.*** Titolo di credito contenente l'ordine di pagare, a vista o a certo tempo vista, al portatore o altra persona nominata, una somma di denaro determinata nel luogo menzionato nel titolo. Un tempo, quando non si era ancora diffusa la circolazione di assegni, la cambiale rappresentava un mezzo di pagamento diffuso anche in operazioni non commerciali. Oggi, consente al debitore di usufruire di un periodo di credito e allo stesso tempo, attraverso la pratica dello sconto (v. *discount*), consente al creditore di ricevere subito l'ammontare del suo credito, meno la percentuale trattenuta come suo compenso da chi sconta la cambiale. Una cambiale che invece dell'ordine di pagamento contiene una promessa di pagamento è chiamata pagherò cambiario o vaglia cambiario o cambiale propria o diretta (v. *promissory note*). Le parti di una cambiale sono: il traente (v. *drawer*), cioè la persona che dà l'ordine di pagamento o creditore; il trattario (v. *drawee*), cioè la persona alla quale l'ordine è diretto o debitore; e il beneficiario o prenditore (v. *payee*), cioè la persona alla quale sarà pagata la somma di denaro. Traente e beneficiario possono essere la medesima persona. (v. anche *inland bill* *of exchange, foreign bill of exchange*)

bill of Exchequer: ***buono del tesoro.*** Con questo termine vengono spesso impropriamente indicati i prestiti a breve termine simili a quelli rappresentati dai nostri buoni del tesoro. In effetti, questo tipo di buoni venivano emessi dal governo inglese per raccogliere prestiti a breve termine. Avevano la durata di cinque anni ed un interesse variabile, che poteva essere ritoccato ogni sei mesi. Emessi per la prima volta nel 1696, non si è più fatto ricorso ad essi dal 1897. Oggi, a fronte di prestiti a breve termine vengono emessi i *Treasury bills* (v.), mentre per prestiti a medio e lungo termine vengono emessi gli *Exchequer stocks* (v.).

bill of health: ***patente di sanità; patente sanitaria.*** Documento rilasciato dall'autorità competente al capitano di una nave al momento della partenza da un porto, attestante la situazione sanitaria del luogo in relazione a malattie infettive.

bill of lading: ***polizza di carico.*** È il titolo rappresentativo delle merci imbarcate su una nave. È emessa, da chi ne ha l'autorità, in nome e per conto dell'armatore e contiene i particolari relativi alle merci (quantità, peso, marchi d'identificazione, ecc.), ai porti di caricazione e discarica, al nolo, ecc. È di solito stilata in tre copie, di cui una rimane al caricatore, una al capitano della nave e la terza è inviata al destinatario o ricevitore delle merci, che dovrà esibirla per ottenerne la consegna. Poiché la polizza di carico dà diritto al possessore di ritirare le merci, essa può essere trasferita mediante girata, ancor prima dell'arrivo della nave su cui sono trasportati i beni che essa rappresenta.

bill of lading form: ***modulo di polizza di carico.*** Il modulo prestampato, nel quale vengono inserite, negli appositi spazi, le notizie relative a ciascuna specifica spedizione. Il modulo contiene tutte le clausole che regolano il contratto di trasporto.

bill of lading freight: ***nolo in polizza di carico.*** È il nolo pagato da un caricatore in relazione a merci spedite in servizio collettame, per le quali è stata emessa una polizza di carico. Il termine viene usato per distinguere questo nolo da altri tipi di nolo, come ad esempio quello pagato in relazione ad un contratto di noleggio.

bill of lading to order: ***polizza di carico all'ordine.*** Lo stesso che *order bill of lading* (v.).

bill of lading weight: ***peso di polizza di carico; peso P/C.*** Il peso delle merci spedite, quale risulta dalla polizza di carico.

bill of materials: ***distinta di base.*** La lista delle parti e dei materiali, con specifica delle qualità, caratteristiche e prezzo, necessari a produrre un particolare bene.

bill of parcel: ***bolla di consegna.*** Bolletta di accompagnamento, emessa in relazione a una consegna di merci su piazza.

bill of quantities: ***distinta di costruzione.*** La distinta che contiene i dettagli delle quantità di materiali e della forza lavoro necessari per una costruzione. Copia di questa distinta è inviata a tutti i partecipanti alla gara di appalto.

bill of sale: 1. ***atto di cessione.*** Documento mediante il quale si cede il titolo su beni (fatta eccezione per i beni immobili) ad un'altra persona, a garanzia di un prestito. Il possesso resta alla persona che effettua la cessione, che ridiventerà titolare del diritto di proprietà quando avrà rimborsato il debito contratto. **2.** ***atto di vendita.*** Nel linguaggio marittimo, è il documento che attesta il passaggio di proprietà conseguente alla vendita di una nave o altro natante. Tale documento ha valore legale in qualsiasi paese ed è richiesto per immatricolare la nave nel paese in cui risiede il compratore.

bill of sight: ***bolletta con richiesta di visita preventiva; richiesta di visita preventiva; permesso provvisorio per l'entrata delle merci in dogana.*** Quando un importatore non è a perfetta conoscenza delle merci inviategli e la polizza di carico non dà una descrizione specifica e minuziosa delle stesse, egli può far ricorso a questo documento che consente la discarica delle merci, in modo che esse possano essere esaminate alla presenza di un unzionario della dogana. Successivamente, sarà riempita e presentata la regolare bolla doganale. (v. anche *bill of entry, perfecting the sight*)

bill of stores: ***bolletta doganale delle provviste di bordo.*** È il documento che consente di riimportare, in esenzione doganale, beni imbarcati su una nave come provviste di bordo e, pertanto, allo stato estero, purché l'imbarco non sia avvenuto più di cinque anni prima della riimportazione. Si rende necessario quando si tratta di beni che dovrebbero pagare un dazio di importazione se venissero da uno stato estero.

bill of sufferance: ***bolletta di merce esente.*** Documento che consente alle navi di cabotaggio di trasportare merci temporaneamente esenti da un porto all'altro. All'arrivo a destinazione, queste merci dovranno essere conservate in un deposito doganale, o deposito franco, dal quale potranno essere ritirate dopo il pagamento del relativo dazio di importazione.

bill of victualling: ***elenco delle provviste di bordo; permesso doganale di provvigione di bordo.*** Documento, presentato dal capitano di una nave alle autorità doganali, contenente la distinta delle provviste, soggette a dazio o a rimborso di dazio, da usarsi a bordo durante il viaggio che la nave sta per intraprendere. Debitamente vidimato dalle autorità doganali, diventa una delle spedizioni, cioè i documenti di cui la nave deve essere fornita prima che venga autorizzata a lasciare il porto.

bill of view: ***bolletta con richiesta di visita preventiva; richiesta di visita preventiva; permesso provvisorio per l'entrata delle merci in dogana.*** Termine usato come sinonimo di *bill of sight* (v.).

bill on London: ***cambiale interna.*** Espressione limitata ad una cambiale emessa nel Regno Unito e pagabile in sterline.

bill payable at sight: ***cambiale pagabile a vista.*** È la cambiale pagabile nello stesso momento in cui viene presentata per l'incasso, indipendentemente dalla data in cui essa fu emessa. Una cambiale a vista, pertanto, non ha diritto neanche al comporto, concesso in relazione a cambiali a certo tempo data o a certo tempo vista.

bill payable on demand: ***cambiale pagabile a presentazione.*** Lo stesso che *demand bill* (v.).

bill payable to bearer: ***cambiale pagabile al portatore.*** Lo stesso che *bearer bill* (v.).

bill portfolio: ***portafoglio cambiario.*** L'insieme delle cambiali possedute da una banca.

bill rate: ***tasso di sconto.*** È il tasso che si applica per lo sconto di cambiali e che varia in base al tasso di interesse corrente per prestiti a breve termine e al tipo di cambiale che si intende scontare. Una cambiale bancaria spunterà un tasso più favorevole di quello cui sarà assoggettata una cambiale commerciale.

bill register: ***giornale di portafoglio; registro degli effetti scontati; libro copia-cambiali; copia-cambiali.*** Nella terminologia bancaria, indica il registro sul quale si elencano le cambiali in portafoglio, con la data in cui vengono scontate, i nomi delle parti, la data e l'importo della cambiale, ecc. Su una colonna a fianco si riporta il tasso di sconto praticato e l'ammontare complessivo dello sconto. Ogni sera, si detrae dal totale delle cambiali elencate il totale delle cambiali ritirate durante la giornata per ricavare il totale dell'esposizione della banca sotto forma di sconto cambiali.

bills discounted: ***effetti scontati.*** È uno dei componenti del bilancio patrimoniale di una banca, che mostra il valore totale degli effetti in portafoglio ad una data specifica.

bills discounted account: ***conto effetti scontati.*** Tutte le cambiali scontate da una banca vengono addebitate a questo conto e accreditate al conto clienti, detratto lo sconto, che viene riportato nel conto sconto.

bills discounted book: ***libro copia–cambiali; copia–cambiali.*** Libro contenente l'elenco completo delle cambiali scontate da una banca, con tutti i relativi particolari. Il termine è sinonimo di *bill register* (v.).

bills discounted ledger: ***libro dei fidi cambiari.*** Termine usato con lo stesso significato di *bill ledger* (v.).

bills for collection: ***cambiali per l'incasso.*** Sono le cambiali che un cliente affida alla banca perché provveda all'incasso e gli accrediti il corrispondente ammontare sul conto, dopo aver trattenuto la propria commissione.

bills for collection book: ***libro cambiali per l'incasso.*** Simile al *bill register* (v.), contiene tutti i dettagli relativi alle cambiali non scontate, bensì affidate alla banca per l'incasso.

bills in a set: ***giro di cambiali; gioco di cambiali.*** Si usa questa espressione quando una cambiale viene emessa in più di un esemplare, che saranno chiamati «prima (lettera) di cambio», «seconda (lettera) di cambio», ecc. Ad esempio, le cambiali estere vengono emesse in tre esemplari, ma soltanto una viene accettata e pagata ed all'atto del pagamento gli altri esemplari perdono ogni effetto e valore.

Bills of Exchange Act: ***legge cambiaria.*** Legge, approvata dal parlamento britannico nel 1882, con la quale veniva regolamentata tutta la materia relativa all'emissione, allo sconto, al pagamento e al protesto di cambiali, assegni e pagherò cambiari. Tale legge fu emendata nel 1917 a mezzo del *Bills of Exchange (Time of Noting) Act*, ma limitatamente alla questione del tempo del protesto preliminare.

bills on hand: ***cambiali in portafoglio.*** Sono le cambiali, in possesso di un'impresa, non inviate o non ammesse allo sconto. Per una banca, invece, sono le cambiali scontate, di cui essa è divenuta proprietaria.

bills–only policy: ***politica dei soli buoni.*** Espressione usata nel linguaggio finanziario statunitense per indicare la politica di limitare le operazioni di mercato aperto del Sistema della Riserva Federale soltanto ai titoli a breve termine ed in particolare a buoni del tesoro della durata di novantuno giorni. Il motivo per cui le autorità adottano tale politica è che essa dovrebbe limitare gli effetti disgreganti sul mercato monetario, in quanto il mercato dei titoli a breve termine possiede una dose di fluidità superiore a quella del mercato monetario. Tale politica, tuttavia, è stata fortemente criticata negli Stati Uniti, anche perché gli obiettivi che essa si proponeva non sono in effetti stati realizzati.

bills payable: **1.** ***effetti passivi; cambiali passive.*** Espressione usata per indicare cambiali dal punto di vista del trattario o accettante, per il quale rappresentano un debito da pagare. **2.** ***conto effetti passivi.*** Intestazione del conto nel quale vengono registrate le cambiali passive, che dovranno cioè essere pagate via via che scadono.

bills payable account: ***conto effetti passivi.*** Lo stesso che *bills payable 2* (v.).

bills payable book: ***libro effetti passivi.*** Libro, o scadenzario, nel quale vengono registrati i dati relativi a effetti che l'impresa deve pagare.

bills–preferably policy: ***politica della preferenza per i buoni.*** Espressione usata nel linguaggio finanziario statunitense per indicare la politica adottata dalle autorità del Sistema della Riserva Federale dopo il 1960, in base alla quale le operazioni di mercato aperto non venivano più rigorosamente limitate ai titoli di stato a breve termine, pur se questo tipo di operazioni restavano le preferite, ma venivano allargate anche ad altri titoli di stato a scadenza più lunga. La *Federal Open Market Committee* (v.) giunse a tale decisione a seguito delle pesanti critiche mosse alla cosiddetta politica dei soli buoni. (v. anche *bills–only policy*)

bills receivable: **1.** ***cambiali attive; effetti attivi.*** Espressione usata per indicare cambiali dal punto di vista del traente, per il quale rappresentano un credito da riscuotere. **2.** ***conto effetti attivi.*** Intestazione del conto nel quale vengono registrate le cambiali attive, che verranno cioè incassate via via che scadono, se non sono state presentate o ammesse allo sconto.

bills receivable account: ***conto effetti attivi.*** Lo stesso che *bills receivable 2* (v.).

bills receivable book: ***libro effetti attivi.*** Libro, o scadenzario, nel quale vengono registrati i dati relativi a effetti che l'impresa deve incassare.

bills remitted book: ***libro degli effetti rimessi per l'incasso.*** È il libro nel quale la banca registra i particolari relativi alle cambiali rimesse per l'incasso a propri corrispondenti. Se il numero delle cambiali è molto alto, ci possono essere più libri, in ciascuno dei quali si registreranno i dati relativi ad una sola classe di cambiali.

bills retired: ***cambiali richiamate.*** Termine usato per indicare le cambiali ritirate dalla circolazione o pagate prima della scadenza.

bill to order: ***cambiale all'ordine.*** Lo stesso che *order bill of exchange* (v.).

bimetallic standard: ***tipo bimetallico; tipo monetario bimetallico.*** V. spiegazione sotto *bimetallism.*

bimetallism: ***bimetallismo.*** Sistema monetario che prevede la circolazione di due monete tipo, una d'oro e l'altra d'argento, il cui valore nominale è uguale al valore intrinseco. Presupposti del bimetallismo sono: a) libera fusione e coniazione delle monete e convertibilità in esse dei biglietti, se è presente anche una valuta cartacea; b) potere liberatorio di ambedue monete; c) fissazione, da parte delle autorità, del prezzo di un metallo in termini dell'altro. Questo prezzo, però, con l'andar del tempo non coincide più col prezzo fissato inizialmente e si verifica così, come previsto dalla legge di Gresham, una smonetizzazione del metallo più apprezzato e un aumento della circolazione del metallo deprezzato. In Inghilterra il bimetallismo fu abbandonato nel 1816, dopo circa un secolo di esperimento. (v. anche *limping standard, limited coinage, Gresham's law, mint ratio*)

bimodal: ***bimodale.*** Termine usato in statistica per indicare una distribuzione di frequenza, che ha due massimi o due valori modali o valori di massima frequenza.

bin: ***contenitore; ripostiglio.*** Termine generico usato per indicare uno scaffale, un ripostiglio, uno scatolone o una sezione del magazzino in cui vengono conservati parti di prodotti o i prodotti stessi. Ognuno di questi contenitori o luoghi è dotato di una scheda, sulla quale è indicata la quantità di parti o prodotti che esso contiene in un qualsiasi momento.

binational industrial research and development: ***ricerca e sviluppo industriale binazionale.*** Tipo di accordo in base al quale due paesi si impegnano a utilizzare risorse umane e finanziarie in un'impresa in collaborazione. Il primo di questi accordi si concretizzò negli anni settanta tra gli Stati Uniti e Israele ed ebbe un lusinghiero successo, in quanto portò a compimento il novanta per cento dei programmi previsti. L'accordo aiutò Israele a costruire sul proprio territorio l'infrastruttura tecnica e industriale necessaria allo sviluppo di una più forte economia.

bin card: ***scheda di posizione; scheda di magazzino.*** Scheda tenuta in magazzino per registrare le reali quantità disponibili di un dato articolo in uno scaffale o altro ripostiglio. Essa viene aggiornata dopo ogni prelievo o deposito.

binder: ***polizza provvisoria; copertura provvisoria.*** Termine britannico, usato con lo stesso significato di *cover note* (v.).

binding contract: ***contratto vincolante.*** Un qualsiasi contratto che vincola le parti a fornire le prestazioni oggetto del contratto e che, in caso di inadempienza di una di loro, può essere reso efficace mediante ricorso all'autorità giudiziaria.

binding offer: ***offerta vincolante.*** È un'offerta che vincola chi l'ha fatta a svolgere la prestazione che egli si è impegnato ad eseguire nel momento in cui ha fatto l'offerta.

bin number: ***numero di contenitore.*** Quando, in un deposito, sono presenti più di un *bin* (v.), a ciascuno di loro viene assegnato un numero, in modo che si possa facilmente e rapidamente individuare quello che contiene la parte di prodotto o il prodotto voluto.

binomial distribution: ***distribuzione binomiale; teorema di Bernoulli.*** La stima matematica della probabilità che un evento si verifichi invece di un altro, quando gli eventi possibili siano solo due e i risultati precedenti non abbiano alcuna influenza su quello che si intende prevedere. Bernoulli espresse questo concetto nella celebre proposizione: «con il crescere del numero delle prove, è da attendersi con probabilità sempre maggiore che un evento si verifichi con una frequenza effettiva sempre più vicina a quella che porterebbe a prevedere la sua probabilità teorica.»

binomial probability distribution: ***distribuzione binomiale delle probabilità.*** Lo stesso che *binomial distribution* (v.).

bin tag: ***scheda di posizione; scheda di magazzino.*** Termine usato con lo stesso significato di *bin card* (v.).

B.I.R.: Bureau of Internal Revenue.

Birmingham Corporation Savings Bank: Fu il primo nome della *Birmingham Municipal Bank* (v.).

Birmingham Municipal Bank: A seguito del *Municipal Savings Banks (War Loan Investment) Act* del 1916, fu fondata in Inghilterra una sola banca municipale, quella di Birmingham, che assunse il nome di *Birmingham Corporation Savings Bank*, successivamente cambiato in *Birmingham Municipal Bank* a seguito della ricostituzione in base al *Birmingham Corporation Act* del 1919. Si tratta di una cassa di risparmio, i cui principali obiettivi sono: a) accettare depositi a interesse; b) concedere mutui per l'acquisto di abitazioni a Birmingham o in zone limitrofe; c) concedere mutui per l'acquisto di terreni a Birmingham o zone limitrofe. La banca è diretta da una commissione composta di membri del consiglio comunale e rientra tra le aziende municipalizzate.

birth control: ***controllo delle nascite.*** Qualsiasi metodo, chimico o meccanico, utilizzato per prevenire il concepimento di bambini. Il controllo delle nascite è stata la causa principale della riduzione del tasso di crescita delle popolazioni di molti stati moderni.

birth rate: ***tasso di natalità; quoziente di natalità.*** Il numero di nascite su mille persone in una qualsiasi data area, durante un determinato arco di tempo.

B.I.S.: Bank for International Settlements.

b.k.: 1) bank; 2) book; 3) backwardation.

bkcy.: bankruptcy.

bkg.: 1) banking; 2) book-keeping.

bkge: breakage.

bkrpt.: bankrupt.

bl.: 1) bale; 2) barrel.

B/L: bill of lading.

to black: ***boicottare.*** Il termine inglese, di recente formazione, si riferisce esclusivamente al boicottaggio messo in atto contro l'assunzione di lavoratori non iscritti al sindacato o a sostegno di uno sciopero in cui sono impegnati lavoratori iscritti al sindacato.

black bourse: ***borsa nera.*** Termine usato per indicare le operazioni irregolari o illegali di compravendita di valute estere. È probabile che si verifichi tale fenomeno quando un governo tenti di monopolizzare la compravendita di valute a tassi di cambio imposti.

black capitalism: ***capitalismo nero.*** Neologismo di uso statunitense, con il quale si indica la proprietà e la gestione di imprese private da parte di imprenditori neri.

black cargo: ***carico nero.*** Espressione usata per indicare un carico che i lavoratori portuali o dei trasporti si rifiutano di spostare, perché pericoloso o estremamente fastidioso o a causa di una vertenza sindacale.

black-coated workers: ***lavoratori in giacca scura.*** Espressione usata per indicare collettivamente tutti coloro che svolgono un lavoro non manuale, come ad esempio impiegati, professionisti e insegnanti, per distinguerli da coloro che lavorano manualmente nelle varie industrie.

black coats: ***lavoratori in giacca scura.*** Termine usato con lo stesso significato di *black-coated workers* (v.).

Black-Connery Act: Legge, approvata dal Congresso degli Stati Uniti nel 1938, che stabiliva una remunerazione minima di 30 centesimi di dollaro all'ora ed una remunerazione pari a due volte e mezza quella normale per ogni ora lavorativa eccedente le 40 ore settimanali prescritte, per tutti i lavoratori impiegati nella produzione di beni oggetto di scambio tra gli stati dell'Unione. La legge vietava anche l'impiego di ragazzi al di sotto dei sedici anni di età, tranne qualche eccezione. La legge fu emendata nel 1950, portando la paga oraria a 75 centesimi di dollaro. Successivi emendamenti hanno ulteriormente elevato il minimo di retribuzione oraria.

Black Country: Termine usato per indicare un'area industriale nella regione del West Midlands dell'Inghilterra, resa nera dal fumo delle ciminiere delle fabbriche, prima che si provvedesse all'installazione di depuratori.

black economy: ***economia nera.*** Sistema commerciale illecito che procede parallelamente ai normali scambi commerciali, ma condotto in modo da evitare il pagamento delle imposte, per cui le operazioni avvengono per contanti e senza emissione di fatture, mentre gli addetti vengono pagati in moneta contante o in natura. Un altro aspetto ritenuto importante è la sollecitazione verso il «fai da te», che sembra abbia raggiunto livelli notevoli, specialmente negli Stati Uniti. Una crescente economia sommersa porta le conseguenze immediate che il prodotto nazionale lordo del paese viene valutato al di sotto delle cifre reali, mentre il tasso di disoccupazione viene significativamente esagerato.

black exchange rates: ***tassi di cambio neri.*** I tassi di cambio praticati in regime di borsa nera, quando i tassi ufficiali sono imposti dal governo. (v. anche *black bourse*)

black Friday: ***venerdì nero.*** Termine con il quale si indica uno qualsiasi di una serie di eventi disastrosi in campo finanziario, che ebbero luogo di venerdì. Tra questi, 11 maggio 1866: fallimento della casa di sconto Overen, Gurney & Co., che diffuse panico nel mercato monetario londinese; e 24 settembre 1869: giorno in cui il governo federale fece un'operazione di mercato aperto del valore di quattro milioni di dollari oro.

black knight: ***cavaliere nero.*** Nel gergo finanziario, è un'impresa che lancia un'offerta di acquisto ostile o contrastata.

blackleg: ***crumiro.*** Termine dispregiativo con il quale si indica il dipendente che lavora quando gli altri scioperano o che si offre per lavorare in luogo di scioperanti.

black list: ***lista nera.*** Il termine indica: a) un elenco di persone o imprese cui è rischioso concedere credito o con cui è preferibile non intrattenere relazioni di affari; b) un elenco di lavoratori considerati sobillatori e che le imprese farebbero bene a non assumere; c) un elenco di privati o imprese di paesi esteri con cui il governo vieta di avere rapporti di affari.

black market: 1. ***borsa nera.*** Termine usato con lo stesso significato di *black bourse* (v.). **2.** ***mercato nero.*** Termine generico che indica tutte le operazioni di compravendita eseguite in contravvenzione a precise disposizioni o leggi sui prezzi o sui razionamenti.

black marketeer: ***operatore di mercato nero.*** Chiunque svolga un'attività di compravendita in un mercato nero, in contravvenzione a precise disposizioni o leggi sui prezzi o sui razionamenti.

black market price: ***prezzo del mercato nero.*** Il prezzo, favorevole per il venditore, che un compratore deve pagare se intende procurarsi beni scarsi, reperibili solo sul mercato nero.

Black Monday: ***lunedì nero.*** È così detto il lunedì, 19 ottobre 1987, in cui si verificò il drammatico crollo delle borse statunitensi, che presto si diffuse in tutti gli altri mercati azionari del mondo.

black money: 1. Termine usato per indicare monete contraffatte o vili introdotte in Inghilterra da stranieri e messe al bando da Edoardo III. Con lo stesso termine vennero anche indicate le monete di rame, quando esse furono messe in circolazione in Scozia. **2.** ***denaro nero.*** Neologismo di uso statunitense, con il quale si indica il reddito non denunciato ai fini di imposizione fiscale, in quanto proveniente da attività illecite.

Black Paper: ***Libro nero.*** Neologismo con il quale si indica un documento ufficiale che critica una politica, una pratica, un'istituzione, ecc.

Black Sea berth terms: Espressione che, nel linguaggio dei trasporti marittimi, indica una clausola di un contratto di noleggio che consente l'utilizzazione di una nave per trasporti diversi da quelli menzionati nel contratto.

black year: ***anno nero.*** Fu così chiamato il 1879, un anno particolarmente negativo per l'agricoltura della Gran Bretagna, che accelerò la migrazione dei lavoratori agricoli verso i centri urbani.

blading: Contrazione poco frequente di *bill of lading* (v.).

blank acceptance: ***accettazione in bianco.*** Termine usato con lo stesso significato di *blank bill* (v.).

blank bill: ***cambiale in bianco.*** Una cambiale sulla quale non è scritto il nome del beneficiario o nella quale non viene indicato l'importo, che sarà successivamente inserito dal traente.

blank bill of exchange: ***cambiale in bianco.*** Lo stesso di *blank bill* (v.).

blank bill of lading: ***polizza di carico in bianco.*** Una polizza di carico nella quale non è menzionato il nome del destinatario delle merci, le quali saranno, pertanto, consegnate al portatore della polizza.

blank cheque: ***assegno in bianco.*** Un assegno firmato dal traente, ma nel quale intenzionalmente non è stato inserito l'importo o il nome del prenditore.

blank credit: ***credito in bianco.*** Una lettera di credito il cui ammontare complessivo non è specificato.

blank-dated: ***senza data.*** Espressione aggettivale usata per indicare un qualsiasi documento nel quale non compare la data in cui fu redatto o emesso.

blank draft: ***tratta in bianco.*** Lo stesso di *blank bill* (v.).

blank endorsement: ***girata in bianco.*** Se nella girata apposta ad una cambiale o ad un assegno non si specifica il nome del giratario, la girata è detta in bianco e la cambiale o l'assegno diventano pagabili al portatore.

blanket bond: ***garanzia generale contro l'infedeltà dei dipendenti.*** Il termine inglese indica un contratto di assicurazione che garantisce un datore di lavoro contro qualsiasi tipo di perdita causata da dipendenti infedeli o che non svolgono i loro doveri con la debita diligenza.

blanket coverage: ***copertura in abbonamento; assicurazione in abbonamento.*** È l'assicurazione, mediante una polizza unica, di più beni o interessi indeterminati ma determinabili, nell'ambito di una categoria indicata in polizza, al verificarsi del sinistro.

blanketeers: Nome dato ai lavoratori tessili che il 10 marzo 1817 si riunirono a Manchester intenzionati a marciare su Londra per attirare l'attenzione delle autorità sulle loro richieste. L'arresto del loro capo li fece desistere dall'impresa. Il nome deriva dalla coperta che ciascuno di loro portava come simbolo.

blanket fidelity bond: ***garanzia generale contro l'infedeltà dei dipendenti.*** Lo stesso che *blanket bond* (v.).

blanket insurance: ***assicurazione in abbonamento.*** Termine usato con lo stesso significato di *blanket coverage* (v.).

blanket mortgage: ***ipoteca generale.*** È un'ipoteca accesa su tutte le proprietà di un debitore, anziché su una soltanto di esse.

blanket order: ***ordine globale.*** Ordinativo di acquisto che copre il fabbisogno completo di un articolo per un lungo periodo di tempo, di solito un anno, da spedirsi all'acquirente via via che egli lo richiede in base al suo volume di scorte. Viene utilizzato allo scopo di risparmiare tempo e spese di ordinazione e spesso ha anche il risultato di far spuntare un prezzo migliore. (v. anche *full requirements contract*)

blanket policy: ***polizza scudo; polizza flottante.*** Polizza che dà garanzia contro il verificarsi di molti diversi tipi di sinistri. Ad esempio, un appartamento può essere assicurato contro il furto, l'incendio, l'esplosione, ecc., tutto con una sola polizza. (v. anche *blanket coverage*)

blanket position bond: ***garanzia generale contro l'in-***

fedeltà dei dipendenti. Termine usato con lo stesso significato di *blanket bond* (v.).

blanket rate: ***tariffa di gruppo.*** 1) Nei trasporti via terra, indica: a) la tariffa che si applica da un gruppo di punti di partenza a un gruppo di punti di arrivo, ad esempio da una qualsiasi località sulla costa orientale a una qualsiasi località sulla costa occidentale degli Stati Uniti; b) una tariffa speciale per vari articoli diversi di un'unica spedizione. 2) Nelle assicurazioni, il tasso applicato per determinare il premio di una polizza scudo. (v. anche *blanket policy*)

blanket rate method: ***metodo della base aziendale unica.*** Nella contabilità dei costi, il termine inglese indica un criterio assunto negli Stati Uniti come metodo di base unica aziendale per la ripartizione dei costi comuni. È dato dal rapporto tra costi comuni totali di impresa e tra unità, dollari o ore totali.

blank form: ***modulo in bianco.*** Modulo prestampato, nel quale devono essere inserite le notizie richieste.

blank revolving credit: ***credito rotativo in bianco.*** È una varietà piuttosto rara di credito rotativo, che prevede il prelievo di una somma illimitata in occasione di ciascuna delle successive operazioni in relazione alle quali il credito è stato aperto. (v. anche *revolving credit*)

blank stock: Classe di capitale azionario, i cui dettagli non devono necessariamente venir inseriti nell'atto costitutivo, ma possono essere definiti dal consiglio di amministrazione al momento dell'emissione.

blank transfer: ***trapasso in bianco; cessione in bianco.*** È un atto di cessione di azioni o obbligazioni in cui non viene intenzionalmente inserito il nome del cessionario. Quando un cliente cede ad una banca titoli nominativi a garanzia di un credito, si suole stilare un trapasso in bianco, così che in caso di inadempienza la banca può inserire il proprio nome e la data e inoltrare il trapasso per l'opportuna registrazione.

bleed page: ***pagina al vivo.*** In pubblicità, indica l'intero formato di una pagina di una qualsiasi pubblicazione periodica.

blend: ***miscela.*** Il risultato di un'operazione di miscelatura, cioè un prodotto nuovo e per qualche verso differente da quelli che sono stati usati per la sua preparazione. (v. anche *blending*)

blending: ***miscelatura.*** Al fine di migliorare, rafforzare o colorare certi prodotti, principalmente quelli di origine agricola quali il caffé, il té, i vini, i tabacchi, ecc., si procede a miscelatura di differenti qualità o diverse annate di produzione.

B.L.E.U.: Belgium–Luxembourg Economic Union.

blind alley: ***vicolo cieco.*** Termine usato per indicare occupazioni che non offrono alcuna prospettiva di carriera.

blind copy: ***copia cieca.*** La copia di una lettera inviata ad una persona per informarla di quanto in essa riportato, ma avendo l'accortezza di nascondere o cancellare l'indirizzo del destinatario cui era diretto l'originale.

blind entry: Una registrazione in partita doppia priva di narrativa o una posta in un mastro cui non fa riscontro una registrazione in un altro libro contabile.

blind figure: ***cifra incomprensibile; cifra illeggibile.*** In contabilità, una cifra scritta indistintamente, tanto che può essere confusa con un'altra.

blind filing: ***archiviazione non visibile; classificazione non visibile.*** Sistema di archiviazione in cartelle, in cui si usano targhette solo per indicare sezioni dell'archivio composte da più cartelle.

blind person's allowance: ***detrazione per non vedenti.*** La detrazione d'imposta cui, nel Regno Unito, hanno diritto i non vedenti, fino ad un determinato ammontare massimo. Infatti, la detrazione viene ridotta dell'ammontare di qualsiasi sussidio per i non vedenti, percepito dall'interessato.

blind selling: ***vendita a scatola chiusa.*** Accordo in base al quale l'acquirente è costretto ad accettare merci senza poterle esaminare, assicurandosi così il privilegio di ricevere altri prodotti dello stesso venditore. Questa pratica, oggi illegale, è stata seguita a lungo nell'industria cinematografica.

blind test: ***prova del paraocchi.*** È una prova di ricerca di mercato in base alla quale a un consumatore vengono fatti provare due prodotti simili ma diversi, senza rivelargliene la marca e il consumatore dovrà poi indicare quale dei due preferisce. Il test del paraocchi ha lo scopo di escludere l'influenza che la marca potrebbe avere sulla percezione del consumatore ed è particolarmente usato quando si compiono ricerche di mercato su un nuovo prodotto che entra in concorrenza con un simile prodotto già affermato.

bliss point: ***punto della felicità.*** È così detto il punto nel quale il consumatore raggiunge il più alto livello di soddisfazione, tale che una qualsiasi variazione della composizione del totale di beni acquistati gli causerà soltanto una perdita di utilità.

blk.: bulk.

bloc: ***blocco.*** Variante grafica di *block* (v.).

bloc floating exchange rates: ***tassi di cambio fluttuanti in blocco.*** Con questo termine si indica il sistema che si diffuse nel 1973 a seguito dell'abbandono del sistema dei tassi di cambio fissi adottato a Bretton Woods. Esso prevedeva la fluttuazione dei tassi di cambio tra le principali valute, mentre un gran numero di altre valute meno importanti restavano ancorate in termini reali o nominali alle principali valute i cui tassi di cambio erano soggetti a fluttuazioni e ne seguivano pertanto i destini. (v. anche *floating exchange rate system*)

block: **1.** ***blocco.*** Il termine può indicare sia una grossa quantità di merci vendute in unica soluzione, sia un qualsiasi gruppo di persone, aziende, nazioni, ecc., con interessi comuni. In questa seconda accezione è più frequente la grafia *bloc.* **2.** ***lotto; lotto di titoli; unità di contrattazione.*** Lo stesso che *trading lot* (v.). **3.** ***blocco.*** Nel linguaggio delle borse valori statunitensi, il termine indica anche una grande partecipazione azionaria o una notevole operazione di compravendita di titoli, popolarmente intesa nella quantità di 10.000 o più azioni.

blockade: ***blocco marittimo.*** Interruzione completa, imposta con la forza da un paese belligerante, delle comunicazioni marittime di un porto, di una costa o di un intero stato con il quale il primo è in guerra. Il blocco marittimo, permesso dal diritto internazionale, viene imposto per impedire i rifornimenti al paese che lo subisce e le navi dei paesi neutrali devono assoggettarsi a tale situazione o correre il rischio di venire affondate o catturate.

block booking: ***prenotazione in blocco.*** Lo stesso che *tie–in sale* (v.).

to blockbust: Neologismo statunitense usato nel significato di spingere proprietari bianchi a vendere (case, negozi, ecc.) precipitosamente ad un prezzo inferiore al valore di mercato, facendo loro credere che stanno per trasferirsi in quella zona famiglie nere o indesiderabili che faranno crollare drasticamente il valore delle loro proprietà.

blockbuster: Neologismo statunitense con il quale si indica uno speculatore che sfrutta la pratica descritta sotto *to blockbust* (v.).
blockbusting: Neologismo statunitense con il quale si indica la pratica speculativa descritta sotto *to blockbust* (v.).
block diagram: ***diagramma a blocchi; diagramma a rettangoli.*** Tipo di diagramma cartesiano costituito da una serie di blocchi, per lo più rettangolari, che si elevano dall'asse orizzontale per un'altezza proporzionale ciascuno ad un dato valore globale relativo a successivi intervalli della variabile, rendendo possibile la comparazione dei diversi valori.
block discount: ***sconto in blocco.*** Nel linguaggio finanziario relativo alle vendite rateali, è la cessione, da parte di un venditore a una società finanziaria, dell'intero ammontare dei suoi crediti, in considerazione del versamento di una somma in contanti inferiore all'ammontare complessivo dei crediti ceduti di una percentuale corrispondente alle spettanze della finanziaria.
blocked accounts: ***conti bloccati.*** 1) Conti intestati a cittadini esteri, nei quali gli importatori devono versare l'equivalente dei loro debiti. Le disponibilità di questi conti possono essere usate dai cittadini stranieri per acquistare beni o servizi nel paese in cui si trovano i loro fondi, altrimenti essi devono aspettare, per prelevarli, che venga abolito il blocco. (v. anche *aski trading system*) 2) Con lo stesso termine si indicano disponibilità in un conto bancario, bloccate dal governo del paese in particolare per evitarne il trasferimento all'estero.
blocked balances: ***saldi bloccati.*** Termine usato con lo stesso significato di *blocked accounts* (v.).
blocked currency: ***valuta bloccata.*** È la valuta del paese che ha posto il blocco ai trasferimenti valutari verso l'estero. (v. anche *blocked accounts, aski trading system*)
blocked exchange: ***valuta bloccata.*** Termine usato con lo stesso significato di *blocked currency* (v.).
block grant: ***contributo generale.*** Termine usato con lo stesso significato di *general grant* (v.).
block insurance: ***assicurazione generale.*** Termine generico usato per indicare una qualsiasi copertura assicurativa che garantisce l'assicurato contro i rischi di vario genere cui sono esposte merci spedite in piccoli lotti, con differenti mezzi di trasporto.
block meter rate: ***tariffa scalare; tariffa graduale; tariffa a scala.*** Nei servizi pubblici, è così chiamata una tariffa che decresce per gruppi di unità, ossia per gradi. Essa prevede, pertanto, un pagamento costante per ciascuna unità di servizio contenuta in un gruppo, ma questo pagamento decresce dal primo al secondo gruppo, dal secondo al terzo e così via. Differisce dalla *step meter rate* (v.), in quanto quest'ultima può crescere o decrescere da un gruppo all'altro, a seconda delle scelte e della politica dell'impresa di pubblici servizi che la pratica.
block method: Espressione usata nel linguaggio della ragioneria per indicare un sistema di controllo e analisi dei conti di un mastro, mediante la tenuta di gruppi di sottoconti omogenei.
block offer: ***offerta di blocco.*** Accorgimento propagandistico, adottato da fondi comuni d'investimento, per lanciare nuove quote–parti o per attirare l'attenzione su altre già in vendita, consistente nell'offrire un gran numero (blocco) di quote–parti nell'arco di un breve periodo di tempo.
block of shares: ***pacchetto azionario.*** Lo stesso che *parcel of shares* (v.).
block policy: ***polizza globale; polizza scudo.*** Termine usato con lo stesso significato di *blanket policy* (v.).
block positioner: Termine usato nel linguaggio finanziario statunitense per indicare un operatore di borsa che acquista titoli in blocco, al fine di essere in grado di far fronte alla domanda proveniente da investitori istituzionali suoi clienti.
block rate schedule: ***tariffa scalare; tariffa graduale; tariffa a scala.*** Termine usato con lo stesso significato di *block meter rate* (v.).
block release: Neologismo con il quale si indica la pratica di concedere congedi temporanei a lavoratori, onde consentir loro di frequentare corsi di studio o sostenere esami.
block tariff: ***tariffa scalare; tariffa graduale; tariffa a scala.*** Termine usato con lo stesso significato di *block meter rate* (v.).
block trading: ***compravendita per blocchi.*** Termine usato nel linguaggio delle borse valori per indicare operazioni che implicano il trasferimento di grossi lotti di titoli, di solito superiori alle diecimila azioni, tra compratori e venditori istituzionali.
block vote: ***voto plurimo; voto di blocco.*** È oggi usato nei congressi di sindacati o simili, in cui ciascun delegato esprime un voto corrispondente al numero di iscritti che egli rappresenta.
blotter: ***sfogliazzo; scartafaccio; brogliaccio; libro di prima nota.*** Termine usato con lo stesso significato di *book of original entry* (v.).
B.L.S.: Bureau of Labor Statistics.
Blue Book: ***libro azzurro.*** Nome informale, derivato dal colore azzurro della copertina, dato alla pubblicazione *National Income and Expenditure* che riporta dati statistici dei conti nazionali del Regno Unito.
blue button: Termine colloquiale usato per indicare un commesso di uno *stockbroker* (v.), autorizzato ad entrare nella borsa valori, ma non ad operare per conto del suo principale. I suoi compiti si limitano a raccogliere o distribuire quotazioni di titoli, trasmettere corrispondenza e simili.
blue chip: ***azione industriale di prim'ordine.*** Sono così chiamate, in base a giudizi personali, le azioni di società industriali solide, il cui acquisto non comporta quasi alcun rischio, anche in presenza di recessione economica o di rapido declino di utili societari. Il termine, di origine americana, deriva dal gettone di color azzurro che, al gioco del poker, rappresentava il massimo valore. In un senso più ampio, il termine viene usato per indicare un qualcosa che emerge per qualità o sicurezza in una categoria di beni o servizi simili.
blue chip rate: ***tasso primario.*** Espressione usata per indicare il tasso di interesse più favorevole, praticato dalle banche commerciali inglesi e statunitensi ai loro migliori clienti, su prestiti a breve termine. Nel Regno Unito, tale tasso è convenzionalmente composto dal saggio base dichiarato dalle banche più uno.
blue collars: ***colletti blu.*** Termine usato con lo stesso significato di *blue collar workers* (v.).
blue collar workers: ***colletti blu.*** Espressione usata per indicare collettivamente tutti coloro che, in un'industria, svolgono mansioni di tecnici o di operai, per distinguerli dai cosiddetti colletti bianchi, cioè coloro che svolgono mansioni impiegatizie, professionali o manageriali. Nei paesi produttori di tecnologia avanzata, i colletti blu tendono a diminuire, con il conseguente aumento del numero dei colletti bianchi.
blue list: ***listino azzurro.*** Così chiamato perché stampato

su carta azzurra, è il listino giornaliero delle obbligazioni emesse da enti locali e offerte al pubblico.

blue print: ***cianografia.*** Processo grafico usato per riprodurre disegni tecnici o diagrammi, nei quali i tratti appaiono in colore bianco su fondo blu scuro. Il termine inglese viene, però, usato nel linguaggio colloquiale per indicare un qualsiasi piano d'azione futura in campo economico o aziendale.

blue-sky laws: Espressione statunitense con la quale si indicano leggi statali che mirano a tutelare i risparmiatori che si orientano verso il mercato azionario, evitando che diventino vittime di truffe o frodi a seguito dell'acquisto di *«blue sky»*, cioè titoli privi di alcun valore.

blurb: 1. ***fascetta pubblicitaria; manchette.*** Nel linguaggio della pubblicità, il termine inglese indica un annuncio dell'editore stampato sulla copertina di un libro o su una fascetta posta attorno alla copertina. **2.** ***soffietto.*** Nel linguaggio giornalistico, è un articolo che tende, in maniera più o meno dissimulata, a lodare un'iniziativa o una persona.

bn: billion.

B.N.: banknote.

B.N.E.C.: British National Export Council.

b.o.: 1) buyer's option; 2) branch office; 3) broker's order.

B/O: brought over.

board chairman: ***presidente del consiglio di amministazione.*** V. spiegazione sotto *chairman*.

boarding card: ***carta d'imbarco.*** È un cartoncino, consegnato ai passeggeri che hanno adempiuto alle formalità doganali e di controllo dei passaporti, che consente di salire a bordo di una nave o di un aereo.

boarding pass: ***carta d'imbarco.*** Termine usato come sinonimo di *boarding card* (v.).

board lot: ***lotto; lotto di titoli; unità di contrattazione.*** Termine usato con lo stesso significato di *trading lot* (v.).

board measure: Unità di misura del volume occupato da un carico di legname. Un *board foot* è uguale a pollici 1x12x12, ossia 144 pollici cubi. Dodici *board feet* equivalgono a un piede cubo, mentre cento *board feet* equivalgono ad un *mille* (v.) o 83,33 piedi cubi.

board meeting: ***riunione del consiglio di amministrazione; seduta del consiglio di amministrazione.*** Una qualsiasi delle riunioni periodiche, tenute dagli amministratori di una società.

board minutes: ***verbali del consiglio di amministrazione.*** Vengono stilati dal segretario della società e contengono, per sommi capi, le discussioni che hanno avuto luogo durante ciascuna riunione del consiglio di amministrazione e le relative decisioni.

board of arbitrators: ***collegio arbitrale.*** L'insieme di arbitri, di solito tre, cui è demandata la decisione di un caso soggetto ad arbitrato. Il collegio arbitrale viene di regola nominato nel seguente modo: ciascuna delle due parti nomina uno degli arbitri e costoro nominano il terzo arbitro. Quando, invece, esiste un'organizzazione pubblica cui sottoporre arbitrati, come avviene negli Stati Uniti, gli arbitri vengono nominati d'ufficio.

Board of Customs and Excise: Nel Regno Unito, è l'organo statale che gestisce il servizio doganale e riscuote il pagamento dei dazi di importazione, delle imposte di fabbricazione e dell'imposta sul valore aggiunto.

board of directors: ***consiglio di amministrazione.*** È composto di membri, eletti dagli azionisti, cui si dà il nome di amministratori. Essi sono responsabili della conduzione dell'impresa e della politica aziendale in senso lato. In genere, ciascuno dei membri del consiglio d'amministrazione è preposto ad una particolare branca o reparto dell'impresa ed è responsabile del suo funzionamento.

Board of Governors of the Federal Reserve System: ***Consiglio della Riserva Federale.*** È composto di sette membri, nominati dal Presidente degli Stati Uniti con l'approvazione del Senato, responsabili della vigilanza sulle *Federal Reserve Banks* (v.) e del coordinamento della loro attività. In stretto contatto con il ministero del tesoro, il *Board of Governors* provvede all'esatta applicazione delle leggi bancarie, autorizza il livello dei tassi di risconto delle *Federal Reserve Banks* alle banche membri, stabilisce i tassi di interesse corrisposto sui depositi delle banche membri, fissa la percentuale delle riserve obbligatorie a garanzia dei depositi e svolge tutte le altre funzioni di controllo e supervisione del sistema bancario statunitense.

Board of Inland Revenue: Nel Regno Unito, è l'organo statale che riscuote il pagamento delle imposte dirette e dell'imposta di bollo.

board of inquiry: ***comitato d'inchiesta; commissione d'inchiesta.*** Una qualsiasi commissione, nominata ad hoc per far luce su una questione di interesse pubblico.

board of referees: ***collegio arbitrale.*** Termine usato come sinonimo di *board of arbitrators* (v.).

Board of Tax Appeals: Termine usato negli Stati Uniti per indicare il tribunale tributario, ma sostituito nel 1942 con il termine *tax court* (v.).

Board of Trade: 1) Nell'uso britannico, il termine indica un comitato, più che un ministero vero e proprio, con a capo un presidente di nomina politica, che di recente è stato unito al ministero dell'industria, pur conservando intatte le sue funzioni. Tra i suoi compiti rientra quello di sovrintendere a questioni connesse alla politica commerciale e al commercio con l'estero, mentre attraverso un suo dipartimento, chiamato *Mercantile Marine Department*, provvede all'esatta applicazione delle leggi sulla navigazione mercantile. La sua pubblicazione, *Trade and Industry*, contiene preziose informazioni su tariffe e regolamenti doganali, sbocchi per il commercio inglese, trasporti e dati statistici. (v. anche *Department of Trade and Industry*) 2) Nell'uso statunitense il termine viene usato con lo stesso significato di *chamber of commerce* (v.), per indicare un'associazione volontaria di professionisti ed uomini d'affari, che ha lo scopo di promuovere il commercio, l'industria e il benessere sociale. Nell'accezione *Chicago Board of Trade*, però, indica una borsa merci funzionante in quella città degli Stati Uniti.

Board of Trade Returns: Informazioni statistiche, pubblicate dal *Board of Trade* (v.), riguardanti le esportazioni, le importazioni, i consumi interni e simili.

board of trustees: ***consiglio di amministratori fiduciari.*** Si indicava con questo termine il gruppo di persone alle quali si affidava il capitale azionario, e i relativi diritti di voto, di un gruppo di società fuse insieme per creare una forma di coalizione monopolistica, dichiarata illegale dallo *Sherman Antitrust Act* (v.).

board order: ***ordine debordant.*** È un ordine dato da un cliente al suo *stockbroker* (v.) con l'indicazione di una soglia di prezzo che deve essere raggiunta affinché si possa eseguire l'ordine di acquisto o di vendita. Di solito, tali ordini vengono dati in previsione di una diminuzione o di un aumento delle quotazioni, che stiano ad indicare una sicura tendenza al rialzo o al ribasso. Lo speculatore, cioè, data una certa situazione del mercato, è convinto che il corso di un determinato titolo registrerà dei movimenti consistenti, ma non è in grado di prevederne né la direzione, né l'entità. Allo stesso tempo egli ritiene che se si registrerà una variazione di corso in una o nell'altra direzione, ciò vorrà indicare una precisa tendenza che porterà ad ulteriori variazioni nella stessa direzione. In tale situazione di incertezza, non risulta conveniente operare ai prezzi correnti e ciò giustifica la ragione, inspiegabile a prima vista, di ordini di acquisto a prezzi superiori a quelli correnti e di ordini di vendita a prezzi inferiori, nonché il vincolo che impone che l'ordine non possa essere eseguito a prezzi più favorevoli. Certamente, se il corso raggiunge e supera il limite stabilito nell'ordine, lo speculatore ricaverà un utile inferiore dalla successiva contro-operazione rispetto all'utile che avrebbe potuto ricavare se avesse operato al corso corrente, ma ciò avrebbe implicato l'assunzione di un rischio che lo speculatore, in base alle sue previsioni, giudicava troppo elevato.

board representation: ***rappresentanza in consiglio di amministrazione.*** La presenza di uno o più membri in un consiglio di amministrazione in rappresentanza di azionisti di minoranza e dei lavoratori dipendenti dell'impresa. È uno dei modi in cui i lavoratori possono influenzare le politiche aziendali decise dal consiglio di amministrazione.

boardroom: ***sala riunioni del consiglio di amministrazione.*** Il locale riservato alle sedute del consiglio di amministrazione di una società.

board wages: ***indennità di mensa.*** Somma forfettaria cui hanno diritto i dipendenti di alberghi, o aziende non provviste di mensa, perché provvedano direttamente a pagare i pasti che consumano mentre sono in servizio.

boatage: Il termine inglese viene usato per indicare tanto il trasporto a mezzo di barche, quanto le spese relative a tale tipo di trasporto, cui di solito si fa ricorso nell'ambito di un porto.

body copy: ***testo.*** Lo stesso che *copy* (v.).

body corporate: ***ente giuridico.*** Organismo unitario, caratterizzato da una pluralità di individui, cui il diritto riconosce capacità di agire in vista di scopi leciti e determinati, conservando l'aspetto unitario senza tener conto di ciò che può accadere ai singoli membri.

body shop: Espressione statunitense, con la quale si indica un'agenzia di collocamento specializzata in un determinato settore del mercato del lavoro, di solito quello dei posti di alta responsabilità.

B. of A.: Bank of America.

B. of E.: Bank of England.

B. of T.: Board of Trade.

bogey standard: ***standard di base; standard basico.*** Termine usato con lo stesso significato di *basic standard* (v.).

bogus: ***fraudolento; falso; fasullo; finto.*** Aggettivo usato nel linguaggio finanziario e giuridico per indicare qualcosa che non esiste realmente, ma che viene fatta sembrare perfettamente sicura e redditizia.

bogus company: ***società fantasma.*** Il termine inglese indica una società inesistente, usata da persone senza scrupoli per ingannare i risparmiatori ingenui convincendoli ad acquistarne le azioni, anch'esse inesistenti e, quindi, senza alcun valore.

bogus share: ***azione fasulla.*** Sono così dette le azioni di una società fantasma, che vengono offerte agli investitori ingenui da persone prive di scrupoli. I certificati azionari effettivamente esistono, ma sono privi di qualsiasi valore in quanto rappresentano il capitale di una società inesistente.

bogus transaction: ***operazione fittizia; operazione simulata.*** Espressione usata per indicare un'operazione commerciale non reale, proposta da una persona ad un'altra con il solo scopo di convincerla ad affidargli denaro.

boiler room: Espressione usata nel linguaggio finanziario degli Stati Uniti per indicare un locale, dotato di scrivanie e telefoni, dal quale un gruppo di venditori cerca di spingere al massimo la vendita per telefono di titoli azionari e obbligazionari di dubbio valore. Le operazioni di vendita titoli di questo genere ebbero il massimo sviluppo negli anni venti, quando i risparmiatori statunitensi mostravano grande interesse per il mercato mobiliare, ma furono dichiarate fuorilegge dalle varie disposizioni approvate negli anni trenta, che portarono anche alla costituzione della *Securities and Exchange Commission* (v.). Oggi, le *boiler rooms* esistono ancora e servono da quartier generale per la vendita di titoli a prezzi superiori al loro valore. Il procedimento che viene seguito ricalca lo schema che si adottava in passato: viene inviato materiale pubblicitario ad un certo numero di persone che figurano in un elenco, detto *sucker list*, e che hanno una certa familiarità col mercato in quanto possiedono altri valori mobiliari. Se esse mostrano interesse chiedendo ulteriori informazioni, queste gli vengono fornite per telefono da un venditore della *boiler room*, chiamato *opener* o *coxey*, che nel dare le informazioni richieste ha l'accortezza di stimolare l'interesse del potenziale acquirente. Se quest'ultimo si dimostra minimamente disposto a concludere un'operazione di acquisto, viene passato ad un più esperto venditore, chiamato *loader* o *dynamiter*, che conduce in porto l'operazione convincendo il cliente ad inviare subito l'importo corrispondente ai titoli che intende acquistare, con la pretesa che l'azione sta per «decollare» ed è necessario inserirsi subito nelle operazioni di acquisto. Il cliente che cade nell'inganno invia il denaro e si trova ad aver acquistato a caro prezzo un titolo che vale molto meno di quanto egli ha pagato.

bolivar: Unità monetaria del Venezuela, suddivisa in cento centimos.

boliviano: Ex unità monetaria della Bolivia, ora sostituita dal peso, suddiviso in cento centavos, ciascuno composto da dieci boliviani.

Bolivian peso: ***peso boliviano.*** Unità monetaria della Bolivia, suddivisa in cento centavos, ciascuno diviso in dieci boliviani.

B.O.L.S.A.: Bank of London and South America.

bolshevism: ***bolscevismo.*** Termine usato per indicare il passato sistema politico e sociale delle repubbliche sovietiche. È usato anche per indicare idee simili a quelle su cui si basava tale sistema.

Bolton Report: Nome dato alla relazione, pubblicata nel Regno Unito nel 1971, sulla situazione delle piccole imprese. Essa indicò che il loro numero tendeva a diminuire e che esse avevano un ruolo sempre minore nell'economia nazionale e azzardò alcune ipotesi su tale fenomeno, raccomandando al governo di fornire migliori strumenti statistici alle piccole imprese e di riservare loro una certa benevolenza, pur se non uno speciale trattamento.

B.O.M.: beginning of month.

bon: Corrispondente all'aggettivo «buono», è un termine che si trova su coupon, buoni, ecc., che vengono, pertanto, chiamati *bons*.

bond: **1.** ***obbligazione; cartella; titolo a reddito fisso.*** Promessa scritta di rimborsare al portatore una somma di denaro ad una determinata scadenza (non prima di un anno dall'emissione) ad un tasso di interesse stabilito. Il termine inglese, che corrisponde quindi alla nostra «obbligazione» o «cartella» o «titolo a reddito fisso», è passato ad indicare una qualsiasi emissione a fronte di un debito contratto dallo stato o da enti locali e, a volte e specialmente negli Stati Uniti, anche da imprese industriali. I *bonds* possono essere al portatore o nominativi, nel qual caso si dividono in *registered coupon bonds* (v.) e *registered bonds* (v.), e possono classificarsi: a) in base all'ente emittente, cioè stato, ente locale, azienda di servizi pubblici, ecc.; b) in base al progetto che devono finanziare, ad esempio sviluppo di un'area, difesa, ecc.; c) in base al tipo di valuta in cui saranno rimborsati, ad esempio in dollari, in sterline, ecc.; d) in base a speciali privilegi, ad esempio convertibili in azioni, ecc.; e) in base alla scadenza, ad esempio a breve, medio o lungo termine. Di solito, e in quasi tutti i paesi, il reddito proveniente da obbligazioni emesse dallo stato e da municipalità non è soggetto ad imposizione fiscale. La differenza principale tra *bond* e *debenture* consiste nel fatto che il secondo termine indica un'obbligazione garantita da beni dell'emittente, mentre il primo indica genericamente un'obbligazione non garantita. (v. anche *debenture, note*) **2. *garanzia.*** Il termine inglese indica l'obbligazione assunta da un garante, con la quale egli si impegna a risarcire una delle parti di un contratto in caso di inadempienza dell'altra parte contraente nell'esecuzione delle proprie obbligazioni.

bond anticipation notes: Termine usato nel linguaggio finanziario statunitense per indicare obbligazioni a breve termine emesse da stati o municipalità con l'intento di procurarsi fondi per scopi specifici, in attesa di realizzare la vendita di emissioni obbligazionarie a più lungo termine con i cui proventi si intende finanziare determinati progetti.

bond certificate: *certificato obbligazionario; manto.* Certificato provvisorio rilasciato al sottoscrittore di obbligazioni, che sarà scambiato col titolo definitivo appena esso sarà pronto. Indica anche il certificato rilasciato a un proprietario di obbligazioni nominative, attestante che certe obbligazioni sono state registrate a suo nome. Quando tale certificato è privo di foglio cedole e di tagliando di affogliamento, in italiano viene detto «manto».

bond coupon: *cedola di obbligazione.* V. spiegazione sotto *coupon 1.*

bond creditor: *creditore chirografario.* Lo stesso che *ordinary creditor* (v.).

bond discount: *scarto cartelle; sconto di emissione.* La differenza tra il valore nominale di un'obbligazione o cartella e ciò che si ricava dalla sua vendita o che si paga al momento dell'acquisto in emissione.

bond dividend: *dividendo in obbligazioni.* È il dividendo su azioni, pagato sotto forma di obbligazioni emesse dalla stessa società che paga il dividendo.

bonded debt: *debito obbligazionario.* Il debito a fronte del quale vengono emesse e circolano obbligazioni o cartelle.

bonded factory: Termine usato per indicare una fabbrica autorizzata dalle dogane a tenere come scorte e a lavorare materie prime o componenti sui quali non è stato ancora pagato il dazio di importazione, che verrà versato solo quando i prodotti finiti lasceranno la fabbrica per essere immessi sul mercato nazionale.

bonded goods: *merci in deposito franco; merci sotto vincolo doganale.* Sono merci importate sulle quali non è ancora stato pagato il dazio e conservate in depositi doganali in attesa di riesportazione o di pagamento del dazio dovuto. Tali merci possono essere spostate da un magazzino ad un altro, ma non possono essere rilasciate all'importatore se non alla presenza di un funzionario dell'ufficio delle dogane. Il proprietario del magazzino doganale è responsabile, nei confronti dell'amministrazione delle dogane, del pagamento del dazio ed incorre in severe penalità se permette l'uscita di merci senza la relativa autorizzazione, che viene rilasciata dietro pagamento del dazio dovuto.

bonded manufacturing warehouse: Termine usato negli Stati Uniti con lo stesso significato di *bonded factory* (v.).

bonded store: *magazzino doganale; magazzino fiduciario; deposito franco; punto franco.* Termine usato come sinonimo di *bonded warehouse* (v.).

bonded stores: *provviste di bordo.* Sono indicati con questo termine tutti i beni, caricati a bordo di navi o aerei, che saranno usati dall'equipaggio e dai passeggeri durante il viaggio. Nella terminologia doganale, l'espressione indica gli articoli soggetti a dazio, quali ad esempio tabacchi e liquori, che vengono imbarcati in esenzione doganale a patto che siano usati esclusivamente dalle persone a bordo del mezzo di trasporto, durante il viaggio e al di fuori della cinta doganale di un qualsiasi paese. Per questo motivo il bar e le rivendite di liquori e tabacchi a bordo delle navi che percorrono rotte internazionali vengono aperti qualche tempo dopo la partenza da un porto e vengono chiusi quando la nave entra nelle acque territoriali di un altro paese.

bonded vaults: Sono magazzini doganali adibiti al deposito di vini o liquori. (v. anche *bonded warehouse*)

bonded warehouse: *magazzino doganale; magazzino fiduciario; deposito franco; punto franco.* Uno qualsiasi dei magazzini generali per il deposito di merci importate in temporanea franchigia doganale. Vengono usati da importatori che non intendono immobilizzare forti somme in dazi doganali e che prelevano le merci via via che esse sono necessarie per la produzione o per la vendita sul mercato interno. I magazzini doganali possono essere di proprietà dello stato o di un suo ente o possono essere di proprietà di un privato, che ha dato allo stato garanzia in relazione al pagamento del dazio di importazione su tutte le merci che entrano nel deposito. Egli, pertanto, non consente l'uscita delle merci senza la prescritta autorizzazione doganale, che fa fede dell'avvenuto pagamento del dazio di importazione. Questo termine inglese viene usato per indicare il magazzino doganale gestito da un privato.

bond expense: *spese di emissione.* La differenza tra il valore nominale di un'emissione obbligazionaria e il ricavo della sua vendita. Le spese di un'emissione comprendono i costi di natura legale, di registrazione, di stampa, ecc., oltre ad eventuali sconti di emissione, cioè il prezzo effettivo pagato dal sottoscrittore, inferiore al valore nominale dei titoli.

bond flotation: *offerta di obbligazioni.* L'operazione di lanciare un prestito obbligazionario su un mercato dei capitali, allo scopo di reperire denaro fresco per l'impresa o l'ente emittente. L'offerta può essere aperta a tutti coloro che intendono sottoscrivere le obbligazioni, oppure può essere limitata a una determinata categoria di potenziali sottoscrittori, come ad esempio istituti bancari o azionisti della società emittente.

bond fund: 1. Il fondo istituito da un'amministrazione locale o centrale per l'incasso e l'esborso dei ricavi di un prestito obbligazionario. **2.** ***fondo comune obbligazionario; fondo comune d'investimento in obbligazioni.*** Tipo di fondo comune d'investimento aperto, che impiega le proprie risorse esclusivamente in titoli a reddito fisso.

bondholder: ***obbligazionista; portatore di obbligazioni.*** È colui che possiede obbligazioni industriali o dello stato e, come tale, creditore nei confronti dell'emittente, che si impegna a rimborsare la somma presa in prestito ad una certa data futura, pagando nel frattempo un interesse annuo prestabilito, che dovrà essere versato all'obbligazionista in ogni caso, anche se l'impresa non realizza utili ed anche se essa sostiene delle perdite. Se la società emittente non paga l'interesse, gli obbligazionisti ne possono chiedere la liquidazione e in tal caso hanno un diritto di priorità, rispetto agli azionisti, sui beni dell'impresa offerti in garanzia del prestito obbligazionario.

Bondholder's Register: Pubblicazione quindicinale (esce il secondo e il quarto martedì del mese) con notizie che interessano gli obbligazionisti.

bond indenture: ***contratto per l'emissione di obbligazioni.*** L'atto pubblico che sancisce i diritti e i doveri dell'emittente e degli obbligazionisti, in relazione ad un'emissione obbligazionaria.

bond investment trust: ***fondo comune d'investimento obbligazionario.*** È un fondo comune chiuso che, per statuto, può investire il proprio patrimonio soltanto in titoli obbligazionari, ordinari o convertibili.

bond issue: ***emissione obbligazionaria; prestito obbligazionario.*** Qualsiasi emissione di titoli a reddito fisso, che rappresenti un debito contratto da un'impresa, da uno stato o da un suo ente. Può essere ripartita in più tranche, ciascuna emessa in epoche successive, fino al completamento dell'ammontare che la società o l'ente sono autorizzati ad emettere. Per ciascuna emissione obbligazionaria devono essere chiaramente indicati il prezzo di vendita al pubblico, il tasso di interesse nominale, la durata del prestito, la garanzia offerta dall'emittente e il modo in cui le obbligazioni saranno rimborsate.

bond issue in default: ***prestito obbligazionario in sofferenza.*** È un prestito obbligazionario in relazione al quale il rimborso o il pagamento degli interessi non vengono effettuati alla scadenza prestabilita.

bond lending: ***prestiti obbligazionari.*** Il termine inglese indica complessivamente i prestiti contratti su un mercato finanziario mediante l'emissione di titoli a reddito fisso. Lo stesso termine si usa per indicare l'attività di contrarre o concedere prestiti mediante l'emissione e l'acquisto di obbligazioni.

bond market: ***mercato delle obbligazioni.*** Il mercato primario o secondario delle obbligazioni emesse da imprese, da municipalità o da stati.

bond note: ***permesso di prelievo.*** È l'autorizzazione che consente di prelevare per l'esportazione merci depositate in un magazzino doganale. Si tratta di un modulo stampato, sul quale si riportano i particolari delle merci da prelevarsi, necessario ogni volta che le merci sotto vincolo doganale vengono spostate, esportate o caricate su una nave come provviste di bordo. (v. anche *locker's order*)

bond premium: ***premio di emissione.*** V. spiegazione sotto *redemption premium.*

bond rate: ***tasso delle obbligazioni.*** Termine usato da Keynes per indicare il complesso dei tassi d'interesse praticati sul mercato per la moneta presa o data in prestito per periodi di tempo relativamente lunghi.

bond rating: ***classificazione titoli.*** Sistema usato per esprimere sinteticamente un giudizio e una stima del valore d'investimento in singole emissioni obbligazionarie, attraverso l'assegnazione di una sigla, la valutazione più positiva essendo rappresentata dalla sigla AAA.

bond rating agency: ***agenzia di classificazione titoli.*** Negli Stati Uniti, è un'impresa privata che esprime giudizi sulla qualità di obbligazioni industriali, municipali o di altra natura, basandoli su precise informazioni quali ad esempio la reputazione e la redditività dell'impresa emittente, la regolarità nel pagamento di interessi su precedenti emissioni, ecc. La classificazione più alta, considerata quindi la meno rischiosa, è indicata con tre A (AAA); seguono poi quella con due A, con una A, con una B e così via.

bond ratio: Il rapporto che si ottiene dividendo il valore nominale totale delle obbligazioni di una società per il valore nominale totale di obbligazioni, azioni privilegiate e ordinarie, riserve ed eccedenze.

bond redemption: ***rimborso di obbligazioni.*** V. spiegazione sotto *redemption 2.*

bond register: ***libro delle obbligazioni.*** È il libro sociale nel quale viene registrato l'ammontare delle obbligazioni emesse e di quelle estinte, il cognome e nome dei portatori di obbligazioni nominative, i trasferimenti e i vincoli ad esse relativi e, spesso, il pagamento delle cedole.

bonds: Usato al plurale, nel linguaggio della borsa valori di Londra questo termine indica qualsiasi tipo di obbligazioni al portatore e in particolare i titoli di stato al portatore. (v. anche *bearer bond*)

bonds–outstanding method: È uno dei metodi per ammortizzare le spese e lo sconto di emissione di un prestito obbligazionario, suddividendo tali costi tra i vari anni della vita del prestito. Le cifre periodiche da imputare ai costi si ottengono dividendo il valore nominale delle obbligazioni in circolazione nel periodo in questione per il totale di tali valori nominali per tutti i periodi durante i quali le obbligazioni sono in circolazione.

bond table: ***tabella di redditività delle obbligazioni.*** Contiene, sulla base del reddito a ciascuno di una vasta serie di tassi di interesse, il valore attuale di un'obbligazione, con scadenza stabilita, che frutta interessi ad uno qualsiasi dei tassi consuetudinari.

bond valuation: ***calcolo di convenienza di un investimento obbligazionario.*** È il procedimento in base al quale si può calcolare il prezzo equo di un'obbligazione. Contempla la determinazione di un valore in base al prezzo di riscatto dell'obbligazione tenuta fino alla scadenza o fino ad una data anteriore prefissata, il tasso di interesse nominale e quello effettivo. Il termine inglese indica anche il valore determinato in base a tale procedimento.

bond warrant: ***buono di rilascio; bolletta di uscita.*** Documento emesso dal proprietario o gestore di un magazzino doganale, con il quale si autorizza il portatore a ritirare le merci descritte.

bond washing: È l'attività di vendere titoli, di solito a reddito fisso, con cedola e riacquistarli ex cedola, dopo che è avvenuto lo stacco, al fine di usufruire di un vantaggio fiscale. Tale pratica è stata dichiarata illegale a seguito dell'approvazione di leggi specifiche in materia.

bond yield: ***rendimento obbligazionario.*** Termine con il quale si indica il tasso di rendimento annuo di un titolo obbligazionario, espresso come percentuale del suo prezzo di acquisto. Può essere calcolato come rendimento immediato, rendimento nominale o rendimento effettivo. (v. anche *current yield, nominal yield, yield to maturity*)

bonification: ***rimborso.*** La restituzione al contribuente di un'imposta pagata ma non dovuta, come nel caso di rimborso di imposte di fabbricazione o di altro tipo su merci esportate.

bonus: 1. ***premio; gratifica.*** Somma di denaro pagata ai lavoratori, in aggiunta al salario, generalmente per incentivarli al lavoro. Esistono premi di produzione, premi di operosità, ecc. **2.** Con questo termine, nel linguaggio delle assicurazioni sulla vita si indica quella parte di utili che la società assicuratrice distribuisce tra i titolari di polizza. Questi utili derivano in parte dalla porzione non utilizzata di caricamento. (v. anche *loading*) **3.** ***dividendo straordinario.*** Nel caso in cui gli utili di una società siano particolarmente alti, essa può decidere di assegnare un dividendo straordinario, oltre quello normale. **4.** ***pagamento forfettario.*** Particolarmente nelle industrie minerarie, indica il pagamento di una somma di denaro, a fronte del diritto di estrazione, che viene versato in aggiunta alle *royalties* (v.).

bonus certificate: Certificato con il quale una società assicuratrice riconosce il proprio debito, nei confronti dei titolari di polizze sulla vita, derivante dalla ripartizione di utili descritta sotto *bonus 2* (v.). Il titolare, invece di aspettare la scadenza della polizza al cui ammontare sarà sommato quanto stabilito nel *bonus certificate*, può richiedere l'immediato versamento o l'utilizzazione di tale somma in conto premi.

bonus fund: ***fondo premi.*** È un fondo accantonato e utilizzato per il pagamento di premi o gratifiche al personale dipendente di un'impresa o altra organizzazione.

bonus issue: ***emissione di azioni gratuite; emissione gratuita; assegnazione gratuita.*** Se una società decide di aumentare il capitale sociale attraverso una capitalizzazione delle riserve, dovrà allo stesso tempo aumentare il numero di azioni in circolazione mediante un'emissione gratuita, cioè la distribuzione ai soci di un numero di azioni, interamente liberate, proporzionale al numero di azioni da ciascuno di loro già possedute. In passato, nel Regno Unito, l'emissione gratuita veniva usata come alternativa al pagamento del dividendo in contanti, in quanto le azioni non erano soggette ad imposizione fiscale e gli azionisti potevano rivenderle ricavando un profitto esentasse. Ciò non è più possibile oggi, a seguito dell'introduzione dell'imposta sugli utili di capitale e di quanto stabilito dalla legge finanziaria del 1968, che prevedeva che nel caso in cui un azionista avesse la possibilità di optare tra un dividendo in moneta e un numero di azioni gratuite, queste ultime dovevano venir considerate alla stessa stregua di una distribuzione di dividendi monetari ai fini fiscali. (v. anche *capital gains tax, bonus share*)

bonus–penalty contract: ***contratto con penale e premio.*** È il tipo di contratto di appalto che contiene una clausola in base alla quale si stabilisce una somma di denaro giornaliera che verrà versata all'appaltatore, se questi riesce a completare il complesso che si è impegnato a costruire prima dello scadere del tempo concordato, ma che egli dovrà pagare al committente se la consegna del complesso avverrà dopo la data stabilita.

bonus plan: ***piano di premi.*** Un qualsiasi piano che prevede il pagamento di gratifiche o premi ai dipendenti di un'impresa o altra organizzazione.

bonus share: ***azione gratuita.*** Se una società decide di aumentare il capitale sociale con passaggi da riserve a capitale, dovrà allo stesso tempo aumentare il numero di azioni distribuendo, ad esempio, una nuova azione per ogni tre azioni possedute dagli azionisti o due azioni nuove per ogni cinque possedute, ecc. Di solito le azioni gratuite così distribuite agli azionisti non danno loro alcun vantaggio economico, perché in una futura distribuzione di utili riceveranno quanto avrebbero ricevuto se non ci fosse stata la distribuzione gratuita. L'emissione di azioni gratuite spesso si rende necessaria quando, in seguito ad un processo inflattivo in atto, il capitale della società si è rivalutato in termini monetari.

bonus stock: ***azione gratuita.*** Termine usato negli Stati Uniti con lo stesso significato di *bonus share* (v.).

bonus system: ***sistema di remunerazione a premio.*** Uno qualsiasi dei tanti sistemi che prevedono un salario, corrispondente ad un dato livello di produzione di ciascun lavoratore singolo, e un premio in rapporto alla produzione eccedente quella base.

boodle: ***moneta contraffatta.*** Oltre al denaro falsificato, il termine inglese viene anche usato per indicare la cosiddetta «bustarella», o denaro dato a un pubblico ufficiale che si lascia corrompere.

book: 1. ***libro.*** Termine generico, usato in contabilità per indicare un qualsiasi tipo di registro nel quale vengono riportate scritture contabili. **2.** Nel linguaggio delle borse, il termine inglese viene usato per indicare l'esposizione totale di un operatore nei confronti del mercato, come ad esempio il totale delle attività o delle passività di un operatore sul mercato dei cambi. (v. anche *bad book*)

book account: ***conto corrente; conto aperto.*** Espressione con la quale si indica il sistema in base al quale due commercianti intrattengono relazioni d'affari con forniture di beni o servizi, che vengono pagate a scadenze prestabilite dietro presentazione di un estratto conto. Il termine indica tanto il sistema, cui corrisponde la nostra espressione «conto corrente», quanto la somma che in qualsiasi momento risulta a credito di uno dei due operatori commerciali.

book amount: ***valore contabile.*** Termine usato con lo stesso significato di *book value 1* (v.).

book balance: ***saldo contabile.*** È il saldo di un qualsiasi conto ad una data specifica.

book cost: ***valore contabile.*** Termine usato con lo stesso significato di *book value 1* (v.).

book credit: ***credito di libro; credito di banco.*** Il credito concesso da un esercente ai propri clienti, così chiamato perché viene registrato, o «segnato», su un libro tenuto a tale scopo dal negoziante. (v. anche *store credit*)

book debt: ***debito di libro; debito di banco.*** Il debito che fa da contropartita al *book credit* (v.). Viene di solito classificato dal commerciante come *good*, buono, *bad*, cattivo, e *doubtful*, dubbio, a seconda delle sue previsioni di incasso. Lo stesso termine si applica ai crediti concessi da un'impresa commerciale per merci vendute, così chiamati perché compaiono nei libri contabili dell'azienda.

booked: ***registrato.*** Termine usato per indicare scritture contabili relative ad una data operazione, registrata in un paese diverso da quello in cui ha avuto luogo, di solito al fine di ridurre l'ammontare da pagarsi in imposte.

book entry: 1. ***scrittura di rettifica.*** È quella riportata sui libri contabili semplicemente per apportare una rettifica o correzione. **2.** ***registrazione contabile; scrittura contabile.*** Il termine inglese è a volte usato con lo stesso significato di *book–keeping entry* (v.).

book entry securities: Espressione usata nel linguaggio finanziario statunitense per indicare tutti i titoli che vengono emessi e registrati mediante un computer, sistema usato per tutti i buoni del tesoro statunitensi.

book inventory: ***inventario contabile.*** È l'inventario non sussidiato da un'effettiva ricognizione fisica, ma ricavato sommando quantità e costi di beni in entrata ad un precedente inventario e sottraendo quantità e costi dei beni in uscita. Lo stesso termine indica il totale di materiali o prodotti disponibili in quantità o in valore monetario o entrambi.

book-keeper: ***contabile.*** Il termine inglese denota una persona addetta alla tenuta di tutti i libri contabili di un'impresa oppure una persona specializzata nella tenuta di particolari libri contabili.

book-keeping: ***contabilità; tenuta dei libri.*** L'attività di analisi, classificazione e registrazione di operazioni seguendo un piano prestabilito, con la mira di: a) stabilire la base per determinare i risultati di un'impresa sotto il profilo economico e finanziario; b) fornire un mezzo di controllo per la gestione di un'impresa.

book-keeping by double entry: ***contabilità in partita doppia; contabilità sistematica.*** Lo stesso che *double-entry book-keeping* (v.).

book-keeping by single entry: ***contabilità in partita semplice.*** Lo stesso che *single-entry book-keeping* (v.).

book-keeping entry: ***registrazione contabile; scrittura contabile.*** Partita o operazione commerciale iscritta in un libro contabile.

book-keeping machine: ***macchina contabile.*** Una qualsiasi macchina con la quale si provvede a tenere i conti di un'impresa.

book-keeping office: ***ufficio contabilità; reparto contabilità.*** L'ufficio di un'impresa o altra organizzazione che si interessa esclusivamente di tutto ciò che ha relazione con la tenuta dei conti e la contabilità in generale.

book-keeping system: ***sistema dei conti.*** La classificazione dei conti e dei libri contabili, dei moduli, delle procedure e dei controlli mediante i quali vengono registrati e controllati i risultati di fatti gestionali, le attività, le passività, le entrate e le uscite di un'impresa o altra organizzazione.

booklet: ***opuscolo.*** Termine usato con lo stesso significato di *brochure* (v.).

book loss: ***perdita contabile.*** Perdita risultante da svalutazione delle poste dell'attivo o da rivalutazione delle poste del passivo.

book of account: ***libro contabile.*** Qualsiasi libro, sia esso giornale, registro o mastro, contemplato da un sistema di contabilità.

book of final entry: ***mastro; giornale mastro.*** Libro per le registrazioni contabili, nel quale vengono trasferite tutte le scritture di operazioni, secondo una classificazione dei conti prestabilita.

book of first entry: ***libro di prima nota; prima nota.*** Termine usato come sinonimo di *book of original entry* (v.).

book of original entry: ***libro di prima nota; prima nota.*** Il libro contabile nel quale si registrano, man mano che si verificano, le operazioni derivanti dall'attività dell'impresa e che costituisce la fonte delle registrazioni in un mastro. I libri di prima nota possono essere specifici, quali il registro di cassa o il registro degli acquisti e delle vendite, o generici.

book of prime entry: ***libro di prima nota; prima nota.*** Termine usato come sinonimo di *book of original entry* (v.).

book of secondary entry: ***mastro; giornale mastro.*** Termine usato come sinonimo di *book of final entry* (v.).

book post: ***tariffa per libri.*** La tariffa postale che si applica per la spedizione di stampe e libri.

book profit: ***utile contabile.*** L'utile di un'impresa, quale si ricava dai libri contabili prima della revisione dei conti. Il termine è anche usato come opposto di utile economico o utile determinato in maniera diversa. Al plurale, il termine inglese indica gli utili basati sulle cifre dei libri contabili, specialmente nel caso in cui tali cifre differiscano dai costi reali.

books of account: ***documenti contabili; libri contabili.*** Espressione usata per indicare tutti i libri di prima nota, i mastri, le fatture, i buoni, i contratti, la corrispondenza, ecc., che derivano dal verificarsi di operazioni commerciali e dall'esistenza di un sistema di contabilità.

book surplus: ***eccedenza contabile.*** L'eccedenza attiva, così come appare dai libri contabili, prima di procedere a correzioni conseguenti alla revisione dei conti.

book token: ***buono libro.*** Un buono che può essere speso in una libreria per l'acquisto di libri.

book trading: Si indica con questa espressione l'attività di un membro della borsa valori che rischia i propri fondi in operazioni di compravendita, in previsione di movimenti di mercato che potrebbero portargli un profitto.

book value: 1. ***valore contabile; valore di carico.*** Il valore di un'attività, così come è registrato nei libri contabili dell'impresa. Esso può essere superiore o inferiore al valore di mercato o al valore intrinseco. **2.** ***valore nominale; valore contabile.*** Negli Stati Uniti, applicato a titoli azionari, indica il valore contabile delle attività nette diviso per il numero di azioni emesse, ossia l'ammontare attribuibile a ciascuna azione in base al valore risultante sui libri della società e dopo la deduzione del passivo avente diritto di prelazione.

boom: ***boom.*** In economia, il termine indica una delle fasi del ciclo economico (v. anche *trade cycle*) caratterizzata dall'espansione della produzione, dall'aumento dei prezzi e dei salari e da forte occupazione. Questa fase precede immediatamente la depressione, di cui già si notano i segni premonitori nell'effervescenza dell'attività economica e nell'accentuarsi della speculazione, che caratterizzano il boom. Il termine viene usato anche con significato più limitato per indicare un periodo particolarmente favorevole degli affari di un'impresa, di un imprenditore o di un mercato.

boomlet: ***piccolo boom.*** Nel linguaggio delle borse valori, il termine inglese indica un mercato effervescente, con scambi attivi e corsi in aumento, che però dura soltanto per un breve periodo di tempo.

boom market: ***mercato effervescente.*** Indica la situazione di mercato, caratterizzata da una forte eccedenza della domanda sull'offerta, circostanza che dà luogo ad aumento dei prezzi.

boom phase: ***fase di boom; fase di ascesa.*** La fase del ciclo economico descritta sotto *boom* (v.).

boom stage: ***fase di boom; fase di ascesa.*** Termine usato come sinonimo di *boom phase* (v.).

boom year: ***anno di boom.*** Un anno in cui si registrano notevoli vendite di beni di consumo durevoli e di beni capitali. I criteri generalmente usati per indicare un anno di boom prevedono: un aumento superiore al 4,5% della produzione nazionale di beni e servizi; una diminuzione della disoccupazione al di sotto del 5,5% della forza lavoro; un aumento dei redditi monetari netti dei consumatori superiore al 10% annuo.

boondoggle: Termine usato per indicare lavoro sprecato o antieconomico. Questo termine fu usato ampiamente nell'America degli anni trenta, quando i tentativi del governo volti a creare occupazione avevano a volte come risultato attività inutili o frivole.

to boost: 1. ***aumentare; spingere.*** Termine usato per indicare l'azione di incrementare con vigore la produzione, le vendite, i prezzi, ecc. **2.** ***lanciare.*** Nel linguaggio pubblicitario, indica l'azione di rendere popolare un prodotto mediante annunci che ne lodano la qualità o le caratteristiche.

boot: ***soprappiù; aggiunta.*** 1) Nella terminologia commerciale, indica qualcosa in aggiunta al bene dato in cambio di un altro, come ad esempio un'auto usata e un soprappiù di una somma di denaro in cambio di un'altra auto. 2) Nella terminologia finanziaria, indica azioni gratuite date in occasione dell'acquisto di un certo numero di altri titoli della stessa società.

bootlegging: Vendita illegale di liquori, come quella che aveva luogo negli Stati Uniti durante il proibizionismo.

bordereau: ***bordereau; borderò.*** Il termine indica una distinta o un elenco e in particolare, nel linguaggio assicurativo, la distinta delle operazioni tra un agente e la sua compagnia o tra un assicuratore e un riassicuratore.

border tax adjustment: ***adeguamento dei dazi.*** È così detto un adeguamento dei dazi doganali, permesso dalle norme del GATT, sui beni oggetto di scambi internazionali. In base a tali norme, dai prezzi delle esportazioni possono essere defalcate le imposte indirette, mentre i prezzi delle importazioni possono venir aumentati dell'ammontare delle imposte indirette che colpiscono gli stessi beni di produzione nazionale.

borrow-all policy: Particolare tipo di polizza di assicurazione sulla vita, che consente all'assicurato di prendere in prestito ogni anno dalla società assicuratrice una somma di denaro sufficiente a pagare il premio annuo.

borrowed capital: ***capitale di credito; capitale d'indebitamento.*** Il capitale di credito, che si contrappone a quello proprio o apportato dai soci, è rappresentato da due forme principali: il credito di fornitura, cioè dilazioni di pagamento consentite dai fornitori; e il credito di prestito, cioè finanziamenti concessi all'impresa da banche o altre istituzioni finanziarie. Se il capitale di credito deriva da finanziamenti a più lungo termine, viene indicato in inglese con il termine *loan capital* (v.).

borrowed note: Nome spesso dato all'accordo sottoscritto da un mutuante quando, a garanzia di un prestito, egli consegna alla banca obbligazioni al portatore o titoli nominativi. L'accordo dà alla banca il diritto di rivendere i titoli se il prestito non viene rimborsato alla data concordata.

borrowed reserves: ***riserve mutuate.*** La legge statunitense e il *Federal Reserve System* prevedono che le banche e le associazioni mutue di risparmi e prestiti mantengano riserve sotto forma di contanti o depositi presso le banche della riserva federale. Quando le riserve di una banca scendono al di sotto del livello stabilito, essa può integrarle ricorrendo al mercato dei fondi federali o può prenderle a prestito, rispettando determinate norme, dallo stesso sistema della riserva federale. (v. anche *federal funds*)

borrower: ***mutuatario.*** Colui che riceve una somma di denaro in prestito, in considerazione del pagamento di un interesse o della somministrazione di altra prestazione equivalente.

borrower's market: ***mercato del mutuatario.*** La situazione che si verifica a seguito di un'eccedenza dell'offerta sulla domanda di fondi mutuabili, che porta a una riduzione dei tassi d'interesse e quindi a innegabili vantaggi per la categoria dei mutuatari.

borrower's risk: ***rischio del debitore; rischio del mutuatario.*** Secondo Keynes, questo è uno dei rischi che influiscono sul volume degli investimenti ed è costituito dal dubbio del mutuatario circa la possibilità di guadagnare effettivamente il probabile rendimento nel quale egli spera.

borrowing: ***assunzione di debito; indebitamento; assunzione di prestito; prestito; debito.*** L'atto di contrarre un debito che consenta l'uso temporaneo di fondi altrui, di solito in considerazione del pagamento di un interesse.

Borrowing (Control and Guarantees) Act: Legge, approvata dal parlamento britannico nel 1946, che stabiliva che qualsiasi emissione azionaria superiore alle cinquantamila sterline (ridotte a diecimila nel 1956) dovesse essere preventivamente autorizzata dalla *Capital Issues Committee* (v.) del ministero del tesoro. La concessione dell'autorizzazione era spesso subordinata all'insediamento della nuova impresa in una delle aree di sviluppo, che così contribuiva alla realizzazione di un progetto governativo relativo a una ridistribuzione pianificata delle industrie.

borrowing country: ***paese mutuatario.*** Il paese che riceve credito da un altro paese, o da un organismo supernazionale, allo scopo di sanare temporanei squilibri nei conti con l'estero o allo scopo di creare capitale fisso necessario al proprio sviluppo economico. Il primo tipo di prestito è più comune tra paesi sviluppati e può consistere o nella fornitura a credito di beni e servizi o nella concessione di mutui in valuta estera. Il secondo tipo, invece, è più comune tra paesi sviluppati da un lato e paesi in via di sviluppo dall'altro.

borrowing operations: ***operazioni di raccolta; operazioni passive; operazioni di credito passive.*** Per le banche, sono le operazioni mediante le quali esse si procurano il capitale, necessario alla propria attività, principalmente attraverso i depositi dei risparmiatori. Su tali operazioni le banche pagano un tasso di interesse, per loro passivo, che è sempre inferiore al tasso di interesse che faranno pagare su un'operazione di credito attiva. (v. anche *lending operations, borrowing rate in capital budgeting*)

borrowing power: ***potere di contrarre debiti.*** Termine usato per indicare il potere di contrarre debiti concesso ad un ente o altro organo dello stato da una legge parlamentare o agli amministratori di una società dall'atto costitutivo. Il limite entro il quale gli amministratori di una società possono contrarre debiti è indicato nello statuto sociale. In assenza di tale indicazione, il limite viene stabilito di volta in volta dall'assemblea generale dei soci e se gli amministratori devono contrarre debiti e non hanno la possibilità di convocare l'assemblea, il limite sarà quello imposto dal *Companies Act* (v.), che prevede che gli amministratori possano contrarre prestiti fino ad un ammontare pari all'ammontare del capitale sociale emesso.

borrowing rate: ***tasso passivo.*** Lo stesso che *bank borrowing rate* (v.).

borrowing rate in capital budgeting: ***tasso d'interesse passivo.*** È il tasso di interesse che un operatore deve pagare quando acquista denaro sul mercato dei capitali ed è di solito superiore al tasso che otterrebbe vendendo sullo stesso mercato. (v. anche *lending rate in capital budgeting*)

borrowing requirement: ***fabbisogno finanziario.*** L'ammontare netto di denaro liquido di cui ha bisogno un governo per finanziare il deficit di bilancio e il debito pubblico che giunge a scadenza.

borrowing transactions: ***operazioni di raccolta; operazioni di credito passive.*** Termine usato come sinonimo di *borrowing operations* (v.).

boss: ***capo.*** Termine colloquiale usato per indicare il diretto superiore di un qualsiasi lavoratore o colui che è responsabile del lavoro svolto in un ufficio, in un reparto o in un'intera impresa.

Boston box: Lo stesso che *Boston matrix* (v.).

Boston interest: ***interesse di Boston.*** Espressione usata negli Stati Uniti per indicare l'interesse calcolato sul mese commerciale, cioè di trenta giorni, invece che sul numero esatto di giorni che costituiscono ciascun mese. (v. anche *New York interest*)

Boston ledger: ***mastro progressivo.*** Un tipo di mastro nel quale la registrazione su ciascun conto progredisce orizzontalmente, in sezioni assegnate a successivi periodi contabili. Questo tipo di mastro consente di tenere più conti su ogni singola pagina ed elimina la necessità di preparare un bilancio di verifica separato, in quanto esso viene sostituito dai saldi globali di ciascuna sezione.

Boston matrix: ***matrice di Boston.*** Va sotto questo nome una tecnica di analisi del portafoglio prodotti usata nel marketing e realizzata dal *Boston Consulting Group* allo scopo di classificare i prodotti industriali in base al loro assorbimento e alla loro generazione di fondi aziendali. La matrice prevede quattro diversi tipi di prodotti: il cosiddetto *cash cow*, un prodotto affermato che vanta fino al 50% della quota di mercato, richiede pochissima pubblicità per essere venduto, ma il cui mercato è stagnante; lo *star*, un prodotto che si vende bene in un mercato in crescita; il *problem child*, un prodotto che possiede grandi possibilità di miglioramento in un mercato in crescita, ma stenta ad affermarsi; il *dog*, un prodotto con scarso potenziale sia in relazione alla crescita della quota di mercato, sia in relazione alle vendite.

bot.: bought.

B.O.T.: Board of Trade.

both dates included: ***ambedue le date incluse.*** Espressione usata nel linguaggio commerciale per indicare che le due date menzionate in relazione ad un'operazione, come ad esempio l'inizio e la fine di un periodo di credito o la data di partenza e di arrivo di una spedizione, devono essere incluse nel computo dei giorni.

both ends: ***entrambe le fasi.*** Espressione usata nel linguaggio dei trasporti marittimi quando sia le operazioni di caricazione, sia quelle di discarica vengono regolate dalle stesse norme o vengono indicate nella stessa maniera, come ad esempio quando vengono considerati giorni utili soltanto quelli lavorativi, con l'esclusione dei sabati e delle domeniche, in entrambe le fasi.

bottleneck: ***strozzatura.*** In economia si chiama così un qualsiasi squilibrio che si traduce in ostacolo allo sviluppo o alla produzione di un bene, che resta al di sotto del livello desiderato. Ad esempio, sono considerate strozzature: l'inadeguata o anelastica offerta di un fattore della produzione, che ostacola l'utilizzazione economica di altri fattori esistenti; la cattiva distribuzione del reddito, che rallenta la domanda reale; la bassa capacità di importazione, che rallenta le esportazioni e la crescita del reddito, e simili altri fenomeni.

bottleneck inflation: ***inflazione da strozzatura.*** È caratterizzata dall'aumento del livello dei prezzi (o caduta del reddito reale) senza un corrispondente aumento della domanda globale o della circolazione monetaria, che si verifica quando la struttura della domanda (tipi di beni oggetto della domanda di un'economia) cambia più rapidamente di quanto si possano spostare le risorse. Un esempio è rappresentato dalla situazione che seguì la fine della seconda guerra mondiale, quando la riconversione industriale non riusciva a tener dietro alla variazione della domanda.

bottom: ***fondo.*** Nel linguaggio delle borse valori, il termine inglese indica il livello più basso cui sia mai giunto il corso di un titolo o l'intero indice di borsa. Nel linguaggio dei trasporti marittimi, il termine indica la carena di una nave, cioè la parte dello scafo che rimane permanentemente sotto il livello dell'acqua. Il termine è, poi, passato ad indicare una qualsiasi nave e in particolare una nave da carico.

bottom line: Espressione di contabilità finanziaria con la quale si indica il profitto netto di un'impresa dopo che sono stati pagati tutti i costi relativi alla gestione dell'impresa stessa.

bottom price: ***prezzo minimo.*** Lo stesso che *rock–bottom price* (v.).

bottom rate: ***tasso minimo.*** Il tasso d'interesse minimo che una banca garantisce ai suoi depositanti.

bottomry: ***cambio marittimo; prestito a cambio marittimo.*** Atto mediante il quale il capitano di una nave si procura denaro urgentemente necessario per il proseguimento del viaggio, offrendo in garanzia la nave e il suo carico. Tale accordo prevede che il prestito sarà rimborsato al termine del viaggio e pertanto se la nave andasse perduta il mutuante non potrebbe recuperare il credito. Con la crescente diffusione dei trasferimenti telegrafici, il cambio marittimo è divenuto desueto.

bottomry bill: ***contratto di prestito a cambio marittimo.*** Termine usato come sinonimo di *bottomry bond* (v.).

bottomry bond: ***contratto di prestito a cambio marittimo.*** È il contratto relativo alla concessione di un credito su garanzia di una nave e del suo carico, descritto sotto *bottomry* (v.).

bottomry loan: ***cambio marittimo; prestito a cambio marittimo.*** Termine usato con lo stesso significato di *bottomry* (v.).

bottomry premium: ***profitto marittimo.*** È l'interesse praticato su un prestito a cambio marittimo.

bought book: ***libro giornale degli acquisti; libro compere.*** Termine usato come sinonimo di *bought day book* (v.).

bought day book: ***libro giornale degli acquisti; libro compere.*** Termine usato con lo stesso significato di *purchase day book* (v.).

bought deal: ***assunzione di blocco a fermo.*** Espressione del linguaggio finanziario, con la quale si indica una nuova tecnica che va sempre più diffondendosi e che prevede l'acquisto diretto e a proprio rischio, da parte di una banca, di intere emissioni di azioni di grandi società industriali, per la successiva collocazione sul mercato attraverso la sua rete di vendita, ad un prezzo superiore a quello pagato dalla banca.

bought journal: ***libro giornale degli acquisti; libro compere.*** Termine usato come sinonimo di *purchase day book* (v.).

bought ledger: ***partitario fornitori.*** È la parte di un mastro nella quale vengono registrati i conti relativi ai fornitori di un'impresa. (v. anche *customers ledger*)

bought note: ***distinta di acquisto; nota di acquisto; conto di acquisto.*** La dichiarazione con la quale un *broker* (v.) informa il suo cliente dei dettagli relativi all'acquisto di una partita di merci o di un lotto di titoli effettuato dal primo su incarico del secondo. (v. anche *contract note*)

bought-out company: ***società rilevata.*** Il termine inglese indica specificamente una società che è stata oggetto di un *management buy-out* (v.).

Boulwarism: Metodo di contrattazione collettiva che prende il nome da Lemuel Boulware, capo dell'ufficio relazioni industriali della *General Electric* nel 1950. La direzione dell'impresa fa ai lavoratori un'offerta equa e ferma, che cioè non intende negoziare, e poi tenta di convincere i lavoratori della bontà dell'offerta.

bounce: ***assegno scoperto; assegno a vuoto.*** È un assegno per coprire il quale l'emittente non ha sufficienti fondi nel suo deposito bancario.

bouncer: ***assegno scoperto; assegno a vuoto.*** Termine usato come variante grafica di *bounce* (v.).

bounty: 1. ***sovvenzione; premio di compensazione.*** Sono premi che lo stato concede agli esportatori, al fine di incoraggiare particolari settori industriali, i cui prodotti risulteranno meno cari sui mercati esteri a seguito di tali incentivazioni. **2.** ***taglia.*** Negli Stati Uniti, somma di denaro versata a chi uccide animali o uccelli considerati dannosi, da un punto di vista economico, alle colture o altre forme di attività agricola.

bourgeoisie: ***borghesia.*** Il ceto sociale composto da professionisti e uomini d'affari. La borghesia cominciò ad emergere come classe sociale alla fine del medio evo, ma acquisì notevole potere soltanto all'epoca della rivoluzione industriale. Il termine fu usato in senso dispregiativo da Karl Marx ed è ancora oggi usato con la stessa connotazione da socialcomunisti, per indicare chiunque abbia una certa dose di proprietà.

bourse: ***borsa.*** Termine a volte usato nei paesi di lingua inglese per indicare una borsa valori o merci di altri paesi e specialmente di paesi dell'Europa continentale.

boutique: Nel gergo finanziario statunitense, il termine indica una piccola ma specializzata impresa di intermediazione, che tratta con una clientela limitata e opportunamente selezionata e offre una linea di prodotti finanziari alquanto ristretta. Il termine viene spesso usato come opposto di *financial supermarket* (v.).

box: ***scatola.*** Contenitore fatto di cartone più o meno pesante e usato come imballaggio per merci che non hanno bisogno di grande protezione.

box car: ***carro merci.*** Il termine inglese indica un carro ferroviario completamente chiuso e adibito al trasporto esclusivo di merci.

box dealing: Espressione usata per indicare l'attività svolta da alcune società di gestione di fondi comuni aperti, che ha come risultato il deprezzamento delle quote in circolazione. L'attività è resa possibile dal fatto che il prezzo d'inventario delle quote pubblicato, diciamo, il giovedì è basato sul valore del portafoglio secondo le quotazioni del mercoledì. In un mercato al rialzo, la società di gestione può chiedere alla banca fiduciaria di emettere nuove quote al prezzo di mercoledì per poi venderle al prezzo più alto di giovedì e la creazione di queste nuove quote a un prezzo inferiore a quello di mercato ha l'effetto di deprezzare le quote già in possesso dei sottoscrittori: infatti, il valore complessivo del fondo diviso per le quote in circolazione darà un valore di ciascuna quota inferiore a quello che sarebbe stato se le nuove quote fossero state emesse al prezzo di mercato. In un mercato al ribasso, la società di gestione può chiedere alla banca fiduciaria di eliminare, a seguito di riscatti, quote al prezzo del giorno precedente, superiore a quello del giorno in cui viene passato l'ordine, così togliendo al fondo una maggiore quantità di denaro di quanto ne sarebbe stato tolto se la cancellazione delle quote fosse stata fatta al prezzo del giorno in cui è partito l'ordine del sottoscrittore. Il lato negativo di questa attività sta nel fatto che la differenza tra i due prezzi viene intascata dai gestori del fondo a scapito dei sottoscrittori e ciò in parte spiega perché l'attività di gestione è tanto remunerativa e perché certi fondi hanno una performance inferiore a quella del mercato.

box file: ***contenitore di archivio.*** È un contenitore in legno o in cartone, a forma di scatola e con un coperchio, nel quale vengono conservati documenti, schede, registri, ecc.

Box-Jenkins forecasting method: ***metodo di previsione Box-Jenkins.*** Metodo statistico usato in alternativa all'analisi della regressione per prevedere una serie temporale basandosi sulla sua storia pregressa anziché su altre variabili indipendenti. Questo metodo considera la serie temporale come un insieme di variabili causali, che obbediscono ad una sottostante distribuzione di probabilità. Mediante l'analisi delle relazioni esistenti tra le variabili, il metodo tende a valutare la distribuzione e a prevedere la serie.

box number: ***numero di casella.*** È il numero di una casella postale, che costituisce parte di un indirizzo al quale va diretta la corrispondenza in risposta ad inserzioni pubblicitarie.

box wagon: ***carro merci.*** Termine usato come sinonimo di *box car* (v.).

B.O.Y.: beginning of year.

to boycott: ***boicottare.*** L'azione di porre in essere una qualsiasi forma di boicottaggio.

boycott: ***boicottaggio.*** È il rifiuto di intrattenere relazioni con un paese o con imprese, allo scopo di spingerli ad accettare certe condizioni o a fare determinate concessioni. Può essere esercitato anche da lavoratori nei confronti di aziende o settori industriali in cui vi sono dispute in corso. Per ragioni politiche, un paese potrebbe boicottarne altri, vietando l'importazione di prodotti provenienti da quei paesi o l'esportazione di prodotti diretti verso quei paesi. Un caso recente è quello del boicottaggio arabo nei confronti di Israele e dei paesi sostenitori dello stato di Israele. Il termine deriva dal nome del capitano C.C. Boycott, un commerciante inglese residente in Irlanda, col quale gli irlandesi si rifiutavano di trattare affari. (v. anche *primary boycott, secondary boycott*)

b.p.: bill payable.

B.P.B.: bank post bill.

B.P.I.: buying power index.

br.: branch.

b.r.: bank rate.

B/R: bill receivable.

bracket: ***scaglione.*** V. spiegazione sotto *income bracket* e *tax bracket.*

bracket creep: ***slittamento degli scaglioni.*** Negli Stati Uniti viene indicato con questa espressione colloquiale l'effetto generato dall'inflazione, che spinge il contribuente in scaglioni d'imposta sempre più alti, col risultato che viene aumentata sia la base imponibile personale, sia l'aliquota d'imposta marginale. (v. anche *tax bracket*)

bradburys: Termine slang usato per indicare le banconote da una sterlina e da dieci scellini, emesse dal Tesoro al posto di monete d'oro nel 1914. Il termine deriva dal nome del ministro del tesoro dell'epoca, John Bradbury.

brain drain: ***fuga dei cervelli.*** Termine colloquiale, di recente formazione, con il quale si indica l'emigrazione massiccia di scienziati, dottori e tecnici verso paesi che offrono migliori opportunità di guadagno e migliori strutture tecnologiche e scientifiche.

brain storming: ***battaglia dei cervelli; assalto delle idee.*** Tecnica di ricerca di gruppo, consistente nel riunire le persone più qualificate a discutere un problema e trovare una via operativa attraverso l'esame e la comparazione delle varie opinioni o suggerimenti.

brain trust: ***trust dei cervelli; concentrazione di cervelli.*** Espressione usata per indicare la riunione di un gruppo di esperti in determinati campi.

branch: ***filiale; agenzia bancaria.*** È un ufficio locale o uno dei negozi di un'impresa. Il termine è usato particolarmente con riferimento alle imprese bancarie, per indicare uno degli sportelli dipendenti da una sede centrale o da una filiale (più propriamente indicata col termine *main branch* o *main office*, essendo il termine *branch* usato per le agenzie). Sotto certi aspetti, le filiali di una banca vengono considerate come banche a se stanti, sotto altri aspetti vengono considerate come facenti parte della medesima struttura. Ad esempio, una filiale non è tenuta a pagare un assegno tratto su un'altra filiale, mentre un saldo attivo su un conto presso una filiale può essere usato dal cliente per compensare uno scoperto su un conto tenuto presso un'altra filiale della stessa banca.

branch accounting: ***contabilità di filiale.*** È la contabilità tenuta dalla filiale di un'impresa o altra organizzazione, che funziona in maniera indipendente dalla casa madre.

branch accounts: ***conti di filiale.*** I conti nei quali vengono registrate le operazioni di una filiale. Tali operazioni possono aver luogo tra la filiale e la casa madre, tra diverse filiali e tra la filiale e individui estranei all'organizzazione.

branch bank: ***sportello bancario.*** Una qualsiasi delle filiali o delle agenzie di una banca, presso la quale i clienti possono svolgere qualunque tipo di operazione bancaria. (v. anche *branch*)

branch banking: ***banche con filiali; sistema bancario a sportello multiplo.*** Sistema bancario caratterizzato da pochi istituti di credito, ciascuno dei quali dispone di numerose filiali o agenzie dislocate su tutto il territorio nazionale. È il sistema prevalente nei paesi europei, in contrasto con il sistema prevalente nella maggior parte degli Stati Uniti. (v. anche *McFadden Act, chain banking, unit banking*)

branch banking system: ***sistema bancario a sportello multiplo.*** Lo stesso che *branch banking* (v.).

branch books: ***libri di filiale.*** I libri contabili usati da una filiale indipendente, da un punto di vista amministrativo, dalla sua casa madre.

branch clearing: Ufficio presso la sede centrale di una banca membro della *London Bankers Clearing House* (v.) al quale le filiali inviano gli assegni tratti su altre filiali della stessa banca. Gli assegni vengono suddivisi in base alle filiali su cui sono tratti e l'ufficio provvede successivamente all'inoltro alle filiali interessate.

branch clearings: ***compensazioni intrabancarie.*** Sono le compensazioni di titoli di credito svolte dall'ufficio menzionato sotto *branch clearing* (v.).

branches ledger: Libro mastro tenuto dalla sede centrale di una banca e contenente conti, intestati a ciascuna filiale, sui quali vengono registrate tutte le operazioni tra la sede centrale e le singole filiali.

branch establishment: ***filiale; succursale.*** Termine usato con lo stesso significato di *branch* (v.).

branch house: ***filiale; succursale.*** Termine usato con lo stesso significato di *branch* (v.).

branch inventory: ***scorta di filiale.*** La scorta di prodotti finiti tenuta presso la filiale di un'impresa. (v. anche *inventory 1*)

branch manager: ***direttore di filiale.*** La persona preposta alla direzione di una filiale di un'impresa o di una qualsiasi altra organizzazione.

branch of business: ***ramo di affari; ramo di attività.*** Uno qualsiasi dei rami in cui può suddividersi l'attività economica di un paese, come ad esempio il commercio, l'industria, i servizi bancari o assicurativi, ecc.

branch of commerce: ***ramo del commercio.*** Uno qualsiasi dei rami in cui può suddividersi l'attività commerciale, e precisamente l'attività di compravendita vera e propria, i servizi bancari, i servizi finanziari e assicurativi, i trasporti e le comunicazioni.

branch office: ***ufficio distaccato.*** Un ufficio di un'impresa o altra organizzazione, che funziona in località diversa da quella in cui ha sede la casa madre.

branch of law: ***ramo del diritto.*** Uno qualsiasi dei rami in cui può suddividersi il diritto, come ad esempio il diritto commerciale, il diritto privato, il diritto pubblico e così via.

branch personnel: ***organico di filiale.*** Il personale in forza presso una filiale o sede staccata di un'impresa o altra organizzazione.

branch plant: ***stabilimento distaccato.*** Uno stabilimento o impianto produttivo di un'impresa, che ha sede in una località diversa da quella in cui opera la casa madre.

branch post–office: ***succursale postale.*** Uno qualsiasi degli uffici postali dislocati nei vari quartieri di una città, presso il quale gli utenti possono avvalersi di uno qualsiasi dei servizi offerti dalle poste.

branch sales manager: ***direttore vendite di filiale.*** La persona preposta a dirigere l'ufficio vendite di una filiale o la filiale di vendita di un'impresa. (v. anche *sales manager*)

branch sales office: ***filiale di vendita.*** Ufficio staccato o filiale di un'impresa, che si interessa esclusivamente della vendita in una determinata area geografica dei beni o servizi prodotti dalla casa madre.

branch store: ***succursale di vendita.*** Termine usato per indicare un punto di vendita ubicato in una località diversa da quella in cui opera il grande magazzino, o altro punto di vendita della grande distribuzione, che può considerarsi casa madre della succursale. Il termine viene spesso usato in relazione ad un punto di vendita aperto in un centro di acquisti periferico da un grande magazzino con sede principale nella zona centrale di una grande città. (v. anche *shopping centre*)

brand: ***marca di fabbrica; marchio di fabbrica.*** Il segno emblematico o nominativo col quale un'azienda contraddistingue il proprio prodotto da altri analoghi o dello stesso genere.

brand acceptance: ***accettazione della marca.*** Espressione usata nel linguaggio della pubblicità per indicare la disponibilità dei consumatori ad acquistare una determinata marca di un prodotto essenzialmente identico a quelli posti in vendita sotto altre marche.

branded goods: ***prodotti di marca.*** Termine generico usato per indicare i beni messi in commercio da aziende che li contraddistinguono con un marchio di fabbrica. (v. anche *brand*)

brand image: ***immagine della marca.*** Espressione usata nel linguaggio della pubblicità per indicare l'immagine che un consumatore si forma, nella propria mente, di un prodotto contraddistinto da un determinato marchio di fabbrica. La creazione di tale immagine dipende non tanto dalla qualità o convenienza del prodotto, quanto dal modo in cui esso viene presentato dalla pubblicità che tende, appunto, a creare un'immagine positiva del prodotto. Una campagna pubblicitaria errata o male impostata potrebbe anche creare, nella mente dei consumatori, un'immagine negativa del prodotto.

branding: ***differenziazione.*** Il termine inglese viene usato per indicare il tentativo effettuato dalle imprese di differenziare prodotti o gruppi di prodotti simili, mediante l'uso di nomi o simboli distintivi.

brand leader: ***leader della marca.*** È il tipo più venduto di un determinato prodotto, noto a tutti i consumatori almeno sul mercato nazionale. Può verificarsi il caso, tuttavia raro, che il nome dato al prodotto dall'impresa produttrice diventi sinonimo del nome del prodotto, come è avvenuto nel Regno Unito per il prodotto Hoover, diventato sinonimo di aspirapolvere, e per il Macintosh, diventato sinonimo di impermeabile.

brand loyalty: ***fedeltà alla marca.*** Nel linguaggio commerciale e pubblicitario, indica l'atteggiamento del consumatore che, una volta operata una scelta, continua ad acquistare la stessa marca di un prodotto essenzialmente identico a quelli venduti sotto altre marche.

brand manager: ***direttore di marca.*** Nell'organizzazione delle vendite, è il responsabile di una linea di prodotti contraddistinti dalla stessa marca.

brand map: ***mappa delle marche.*** Lo stesso che *perceptual map* (v.).

brand name: ***marca di fabbrica; marchio di fabbrica.*** Termine usato con lo stesso significato di *brand* (v.).

brass: ***denaro.*** Termine colloquiale usato come sinonimo di *money* (v.).

brassage: ***diritto di monetazione; monetaggio; tassa di monetazione.*** È il costo fatto pagare da una zecca per coniare monete di metallo prezioso. In Inghilterra fu abolito nel 1666. Oggi, il termine indica il puro costo della coniazione di monete metalliche. (v. anche *seigniorage*)

brazen law of wages: ***legge bronzea dei salari.*** Fu così chiamata, dallo stesso F. Lassalle che la formulò intorno al 1860, la teoria in base alla quale i salari, nel sistema capitalistico, sarebbero destinati a non superare il livello della semplice sussistenza. Secondo questa teoria, se i salari tendono ad essere superiori al livello minimo di sussistenza, aumenterà il numero di lavoratori e la concorrenza ridurrà i salari al livello di sussistenza. Se, invece, i salari tendono ad essere inferiori al livello minimo di sussistenza, diminuirà il numero dei lavoratori e la concorrenza farà aumentare i salari fino al livello di sussistenza. Con livello minimo di sussistenza non si intende il tenore di vita più basso possibile, bensì il livello salariale al di sotto del quale le famiglie dei lavoratori sarebbero costrette a ridurre il numero di figli.

breach of condition: ***violazione di condizione.*** È uno dei casi di inadempimento di un contratto e precisamente quello in cui l'inadempimento riguarda aspetti o condizioni essenziali del contratto. In tale caso, la parte danneggiata può considerare sciolto il contratto e astenersi dall'adempiere alla propria obbligazione o può citare per danni la parte inadempiente. (v. anche *breach of contract*)

breach of contract: ***inadempimento di un contratto.*** L'inosservanza o la mancata esecuzione di un'obbligazione imposta da un contratto. È totale quando una delle parti non adempie neanche in misura minima alle obbligazioni che le derivano dal contratto. In questo caso, l'altra parte ha il diritto di considerare sciolto il contratto e può astenersi dall'adempiere alla propria obbligazione ovvero, in alternativa, può citare per danni la parte inadempiente. Se si tratta di inadempimento parziale, la controparte può considerare sciolto il contratto o può semplicemente avere il diritto di citare per danni la parte inadempiente. L'inadempimento può riguardare l'essenza del contratto, nel qual caso si parla di violazione di una condizione, o può riguardare soltanto un aspetto secondario dello stesso, nel qual caso si parla di violazione di una garanzia. Laddove si verifichi la violazione di una condizione, la parte danneggiata può ricorrere ad una qualsiasi delle soluzioni contemplate nel caso di inadempimento totale; qualora si verifichi la violazione di una garanzia, la parte danneggiata può citare per danni la parte inadempiente.

breach of trust: ***abuso di fiducia.*** Espressione usata nel linguaggio giuridico anglosassone per indicare un'azione, una trascuratezza o una mancanza da parte di un amministratore fiduciario, che arreca un danno al bene da lui amministrato o alla persona a beneficio della quale egli amministra il bene. L'abuso di fiducia può scaturire dall'inadempimento delle condizioni imposte dal negozio fiduciario o dalla inosservanza di norme o disposizioni di legge. La misura della responsabilità del fiduciario è rappresentata dalla perdita o dal danno causati dal suo comportamento.

breach of warranty: ***violazione di garanzia.*** È uno dei casi di inadempimento di un contratto e precisamente quello in cui l'inadempimento riguarda un aspetto secondario del contratto stesso. In tale caso, la parte danneggiata può citare per danni la parte inadempiente. (v. anche *breach of contract*)

break: ***tracollo; caduta; crollo.*** Il termine inglese indica un'improvvisa e notevole diminuzione dei prezzi sul mercato mobiliare in particolare e un qualsiasi mercato in generale.

breakage: **1.** ***abbuono per rottura.*** Nel linguaggio commerciale, indica un abbuono concesso dal venditore al compratore, per eventuale rottura di merci durante il trasporto. **2.** ***addebito per rottura.*** Addebito fatto ad un cliente per oggetti rotti mentre li teneva in locazione o in prestito o a seguito di sua sbadataggine nel muoversi in un locale pubblico, come ad esempio un negozio che tratta porcellane, cristalli o altri oggetti fragili.

to break bulk: ***iniziare la discarica.*** Nei trasporti marittimi, equivale all'apertura delle stive e all'inizio delle operazioni di discarica; nei trasporti via terra, equivale all'apertura del vagone o dell'autotreno ed all'inizio della discarica.

break-bulk point: ***punto di discarica; punto di inizio discarica.*** Nei trasporti, indica il punto in cui tutto o parte del carico viene scaricato dal mezzo che l'ha trasportato.

breakdown: ***analisi stratificata.*** Un'analisi, di solito riassunta in termini di classi di operazioni, del saldo di un conto o di altre cifre.

breakdown clause: ***clausola di avaria.*** Nei contratti di noleggio a tempo, è la clausola che prevede l'interruzione della decorrenza del nolo, se la nave resta bloccata a seguito di avaria alle macchine o altra causa indipendente dal noleggiatore.

to break even: ***uscire pari.*** Espressione usata per indicare che un'operazione di qualsiasi genere non ha prodotto né profitti né perdite, cioè i costi sono stati esattamente uguali ai ricavi.

break–even analysis: ***analisi del punto di pareggio.*** Tecnica usata per studiare la redditività di un'impresa. Si basa sull'applicazione dei concetti dei costi marginali ai livelli di attività previsti e sulla successiva costruzione di un diagramma del punto di equilibrio per determinare il livello di attività al quale l'impresa non guadagna, né perde.

break–even chart: ***diagramma di redditività; diagramma del punto di equilibrio; profittogramma; grafico dei profitti.*** Mostra il livello al quale dovrebbero giungere le vendite prima che si recuperino in pieno le spese generali fisse e variabili e i costi variabili. A volte indica anche il tasso in base al quale gli utili crescono con le vendite, dopo che si è raggiunto il punto di equilibrio. In questo diagramma, l'andamento di costi e ricavi è rappresentato da rette. Ponendo sull'asse delle ascisse le quantità di prodotto e sull'asse delle ordinate il valore monetario relativo ai costi e ai ricavi, la retta dei ricavi parte dall'origine degli assi e cresce col crescere della quantità prodotta e venduta; la retta che indica i costi fissi è parallela all'asse delle ascisse, in quanto i costi fissi non variano col variare della quantità prodotta; e la retta dei costi complessivi (che si ottengono sommando i costi fissi e quelli variabili) inizia dal livello dei costi fissi e cresce col crescere della quantità prodotta e venduta. Il punto in cui la retta dei ricavi e quella dei costi si incontrano è il cosiddetto punto di equilibrio, il punto in cui i ricavi uguagliano i costi e non si verificano né profitti, né perdite. A sinistra del punto di equilibrio i costi sono maggiori dei ricavi e si sostiene una perdita; a destra del punto di equilibrio i ricavi sono maggiori dei costi e si consegue un utile.

break–even level of income: ***livello di reddito di equilibrio.*** La situazione in cui le spese in beni e servizi e il reddito sono esattamente identici. Al di sopra di questo livello, la spesa è inferiore al reddito e si realizza il risparmio; al di sotto di questo livello, la spesa è superiore al reddito e si realizza il risparmio negativo, mediante la spesa di risparmio realizzato in passato o mediante contrazione di debiti.

break–even performance: ***punto di equilibrio; punto di pareggio.*** Termine a volte usato con lo stesso significato di *break–even point* (v.).

break–even point: ***punto di equilibrio; punto di pareggio; punto vivo; punto di rottura; punto morto; punto critico.*** È il punto in cui il livello di produzione non dà né profitti, né perdite e, quindi, il punto al quale i costi totali eguagliano i ricavi totali. In un diagramma cartesiano, il punto di equilibrio corrisponde al punto di incontro tra retta dei ricavi e retta dei costi. A sinistra del punto di equilibrio i costi sono maggiori dei ricavi e l'impresa sostiene una perdita; a destra del punto di equilibrio i ricavi sono maggiori dei costi e l'impresa consegue un utile. (v. anche *break–even chart, cash break–even point, financial break–even point*)

break–even volume of production: ***volume di produzione di equilibrio.*** La produzione minima necessaria per garantire, a un dato prezzo di vendita, la copertura dei costi totali di produzione di un'impresa.

breaking bulk: ***rivendita all'ingrosso.*** L'espressione inglese indica la funzione che si assume un grossista nel rivendere una grossa partita di merci in lotti più piccoli, a seconda delle richieste e delle esigenze dei singoli rivenditori al dettaglio che egli rifornisce.

breaking–down time: ***tempo di interruzione.*** Nella programmazione della produzione, è il tempo necessario per riportare una postazione di lavoro alle condizioni standard dopo il completamento di una determinata operazione.

break of bulk: ***inizio discarica.*** È il momento in cui hanno inizio le operazioni di discarica da un mezzo di trasporto, di solito una nave, che coincide con lo spostamento del primo lotto di carico dopo aver aperto i boccaporti della nave o gli sportelli del vagone o dell'autotreno.

break–up: ***demolizione.*** Termine usato nel linguaggio industriale e marittimo per indicare il ritiro dall'attività di un bene capitale, come ad esempio una macchina o una nave, che sarà o venduto così com'è o smontato allo scopo di vendere le singole parti ancora utilizzabili.

break–up value: 1. ***valore di demolizione.*** Il valore, a prezzo corrente di mercato, di un'attività fissa se viene venduta isolatamente o in gruppo per cessazione dell'azienda. Differisce dal prezzo che si potrebbe ricavare se fosse venduta come attività fissa di un'azienda avviata e funzionante. **2.** ***valore di realizzo.*** Il valore, al prezzo corrente, del portafoglio di un fondo comune d'investimento. **3.** ***valore di scorporazione.*** Il valore di un'impresa quando ciascuna delle parti costituenti l'entità complessiva può essere divisa dalla holding e venduta o trattata separatamente.

b. rec.: bill receivable.

Bretton Woods Agreement: ***Accordi di Bretton Woods.*** Sono gli accordi raggiunti alla Conferenza di Bretton Woods sulla politica monetaria da perseguirsi nel periodo post–bellico. Gli obiettivi di tale politica prevedevano: a) la completa e libera convertibilità di tutte le valute, al fine di incoraggiare gli scambi multilaterali; b) la stabilità dei cambi; c) un qualche sistema mediante il quale prestare assistenza a paesi che si trovassero in temporanea difficoltà nei loro pagamenti con l'estero. Gli accordi prevedevano anche un certo grado di controllo dei cambi nel periodo immediatamente successivo alla fine del conflitto. L'accordo, che fu in definitiva un compromesso tra il piano Keynes e il piano White, portò alla costituzione del Fondo Monetario Internazionale e della Banca Internazionale per la Ricostruzione e lo Sviluppo, due organismi internazionali destinati a concedere prestiti ai paesi membri, il primo a breve termine e a carattere monetario, il secondo a lungo termine e per scopi di sviluppo e produttivi. (v. anche *International Monetary Fund, International Bank for Reconstruction and Development, Keynes Plan, White Plan*)

Bretton Woods Conference: ***Conferenza di Bretton Woods.*** Dal nome della cittadina americana in cui si tenne nel 1944, è la conferenza monetaria e finanziaria, organizzata dalle Nazioni Unite, che diede luogo agli Accordi di Bretton Woods. (v. anche *Bretton Woods Agreement*)

Bretton Woods institutions: ***istituzioni di Bretton Woods.*** Sono così chiamate le istituzioni costituite a seguito degli Accordi di Bretton Woods, quali il Fondo Monetario Internazionale e la Banca Mondiale.

bribe: ***retrocessione; tangente.*** Termine usato per indicare una somma di denaro o un dono in natura offerti o dati di nascosto ad una persona con voce in capitolo, al fine di convincerla a prendere una decisione favorevole a colui che gli elargisce la tangente. In molti paesi, offrire e accettare ricompense di questo genere rientra nel reato di corruzione.

bribery: ***corruzione.*** Il reato di cui si rende colpevole sia chi offre o elargisce, sia chi accetta una tangente. In alcuni paesi, tra i quali quelli arabi, offrire e ricevere tangenti rientra nel sistema ufficiale di condurre affari e, pertanto, l'azione non costituisce reato. (v. anche *bribe*)

bridge financing: ***finanziamento compensativo; finanziamento ponte; prefinanziamento.*** Termine usato con lo stesso significato di *bridging advance* (v.), ma più spesso riferito a operazioni internazionali di finanziamento da parte della Banca dei regolamenti internazionali, quando tali finanziamenti vengono concessi nelle more della definizione di un accordo di prestito tra il paese interessato e il Fondo Monetario Internazionale. Lo stesso termine è recentemente passato a indicare i finanziamenti concessi da un'azienda di credito, di solito una *merchant bank* (v.), o altra istituzione finanziaria a imprese che intendono procedere a una ristrutturazione o che lanciano un'offerta pubblica di acquisto. Tali prestiti saranno successivamente rifinanziati, di solito attraverso l'emissione di *junk bonds* (v.)

bridge rate: ***tariffa compensativa.*** Nei trasporti, è la tariffa che si applica vicino ai confini di zone a tariffe differenti, per compensare tale differenza.

bridge supplement: ***supplemento compensativo.*** Nei trasporti, è un supplemento che compensa la differenza tra una tariffa in vigore e una tariffa nuova che, per legge, non può essere posta in vigore prima di trenta giorni dal momento in cui è stata approvata. Durante questi giorni si applica, pertanto, il supplemento compensativo. Si tratta di pratica in uso negli Stati Uniti.

bridging advance: ***anticipazione compensativa; anticipazione ponte.*** È un'anticipazione a breve termine fatta da una banca ad un cliente per coprire l'intervallo di tempo tra un acquisto fatto dal cliente e la riscossione del corrispettivo di una vendita da lui effettuata.

bridging finance: ***finanziamento compensativo.*** Termine usato come sinonimo di *bridging advance* (v.).

bridging loan: ***prestito compensativo; prestito ponte.*** Termine usato con lo stesso significato di *bridge financing* (v.).

briefing: ***informazioni.*** È l'insieme di informazioni e istruzioni, di solito impartite in brevi corsi di aggiornamento, che l'impresa fornisce ai suoi venditori o operatori, affinché possano svolgere il loro lavoro più efficacemente.

bright: ***effervescente; vivace.*** Termine usato nel linguaggio delle borse valori per indicare che un titolo, o l'intero mercato, è oggetto di domanda piuttosto consistente che porta il corso al rialzo.

bring–and–buy sale: ***vendita di beneficenza.*** Riunione intesa a procurare fondi per un'iniziativa di beneficenza. Ciascuna delle persone invitate porta qualcosa di cui non ha bisogno e che consegna agli organizzatori ed acquista qualcosa, di cui ha bisogno, che è stata portata da un altro invitato.

to bring forward: ***riportare.*** Trascrivere il saldo o i totali del dare e dell'avere di un conto su una nuova pagina.

brisk: ***attivo.*** Termine usato nel linguaggio delle borse per indicare un mercato caratterizzato da notevole domanda e frequenti scambi.

British Airports Authority: L'ente cui è demandata la gestione degli aereoporti britannici.

British Association for Commercial and Industrial Education: È un'organizzazione volontaria, che si interessa di qualsiasi aspetto dell'istruzione e dell'addestramento industriale e commerciale. Ne fanno parte rappresentanze di aziende pubbliche e private, di ministeri, di enti statali e locali, di università e di sindacati.

British Bankers Association: Fondata nel 1919, raggruppa le banche con sede centrale nel Regno Unito e le banche britanniche operanti all'estero, ma membri della *British Overseas Banks Association.*

British Electricity Authority: Simile al nostro Enel, era l'ente che rilevò le aziende elettriche all'atto della loro nazionalizzazione.

British Electricity Stocks: Le obbligazioni emesse dall'ente per l'energia elettrica, sia per compensare i proprietari delle aziende elettriche che furono nazionalizzate, sia per finanziare piani di sviluppo della produzione di energia elettrica. In quanto emesse da industria nazionalizzata, queste obbligazioni erano garantite dallo stato.

British Employers' Confederation: Confederazione sindacale dei datori di lavoro che, nel 1965, si fuse con la *Federation of British Industries* (v.) e con la *National Union of Manufacturers* (v.) per formare la *Confederation of British Industry* (v.).

British Export Board: Organismo istituito nel 1971 per rilevare le funzioni del *British National Export Council* (v.).

British Export Houses Association: Associazione tra le case di esportazione britanniche, avente lo scopo di agevolare gli esportatori nelle loro operazioni con l'estero.

British Funds: Sono i cosiddetti «fondi», cioè le obbligazioni emesse dallo stato, anche note come *gilt–edged securities* (v.).

British Gas Stocks: Obbligazioni emesse dall'ente del gas, sia per compensare i proprietari delle aziende nazionalizzate, sia per finanziare piani di sviluppo della produzione di gas. Erano garantite dallo stato, in quanto emesse da industria nazionalizzata.

British Institute of Management: Società a responsabilità limitata da garanzia, senza scopo di lucro e senza capitale sociale, fondata nel 1947 per promuovere la circolazione di informazioni su questioni gestionali e l'istruzione a livello manageriale in Gran Bretagna. Ne fanno parte aziende pubbliche e private, banche e altre istituzioni finanziarie, associazioni professionali e sindacali, ecc. L'Istituto pubblica un mensile *Management Today* e una rivista trimestrale *Management Abstracts*, oltre a varie opere specialistiche.

British Insurance Association: Associazione volontaria, creata nel 1917, che raggruppa tutte le compagnie di assicurazione di qualsiasi genere esse siano, purché abbiano la sede centrale in uno dei paesi del Commonwealth o nella Repubblica d'Irlanda.

British Market Research Bureau: Organismo specializzato in ricerche di mercato, che può fornire informazioni dettagliate sulle preferenze di particolari gruppi di consumatori.

British National Export Council: Organismo costituito da rappresentanti dell'industria e del governo per assistere gli esportatori nella loro attività con l'estero. Tra i suoi compiti principali rientrano: pubblicizzare le richieste provenienti da mercati esteri; trovare nuovi mercati per i prodotti britannici; assistere direttamente o indirettamente le esportazioni.

British National Oil Corporation: Ente creato con legge del parlamento britannico nel 1975, con i compiti di: sovrintendere e riferire al governo sulle operazioni di esplorazione per la ricerca di giacimenti di petrolio; acquistare azioni di imprese private impegnate nello sfruttamento dei giacimenti del Mare del Nord; e tutelare gli interessi nazionali nel settore petrolifero.

British overseas banks: ***banche estere britanniche.*** Questo termine viene usato per indicare banche fondate prevalentemente nel diciannovesimo secolo allo scopo di finanziare il commercio di materie prime e di contribuire al suo sviluppo. A seguito delle pressioni che hanno portato all'indipendenza politica dei paesi nei quali esse si erano stabilite, le *British overseas banks* si sono rapidamente trasformate in vere e proprie banche internazionali ed hanno esteso le loro attività nel Nord America, in Giappone e in alcuni paesi europei. Di solito sono registrate in base alle leggi dei paesi in cui hanno la sede principale e intraprendono imprese in partecipazione con i governi che le ospitano, ma mantengono anche una considerevole attività sul mercato londinese, oltre ad assistere i programmi economici dei paesi meno sviluppati nei quali operano, specialmente se in tali paesi mantengono un notevole numero di sportelli.

British Overseas Banks Association: Associazione, fondata nel 1917, di cui possono far parte le banche britanniche che svolgono la loro attività all'estero, ma che hanno almeno uno sportello a Londra.

British Overseas Trade Board: Ente creato nel 1971 col compito di rilevare i servizi di promozione del commercio di esportazione, precedentemente affidati al *British National Export Council* (v.) e al *Department of Trade and Industry* (v.). L'ente fornisce informazioni sui mercati esteri, svolge attività promozionali di vario tipo e gestisce piani di finanziamento alle imprese che operano o intendono operare nel settore delle esportazioni.

British Productivity Council: Comitato paritetico formato dai sindacati dei lavoratori e degli imprenditori, con l'intento di aumentare la produttività industriale. La presidenza spetta a turno ad un rappresentante delle due organizzazioni sindacali.

British Savings Bonds: Cartelle emesse per la prima volta nel 1968, ad un tasso di interesse del 6%, per sostituire i *National Development Bonds* (v.). Da allora, il tasso d'interesse si è adeguato alle oscillazioni del mercato e l'interesse viene pagato con cadenza semestrale ed è soggetto all'imposta sul reddito. Queste cartelle sono riscattabili alla pari con un preavviso di trenta giorni, ma se vengono tenute fino alla scadenza, cioè per cinque anni dalla data di acquisto, danno diritto a un interesse supplementare del tre per cento esentasse.

British South Africa Company: Società costituita nel 1889, con patente regia, per svolgere l'attività commerciale con le regioni dell'Africa centro–meridionale. Dal 1900 al 1924 svolse anche la funzione di rappresentante del governo inglese nella Rhodesia settentrionale e meridionale. La società cessò la sua attività nel 1965.

British Standards Institution: Ente autonomo, ma riconosciuto dal governo britannico, che stabilisce standard di qualità per l'industria meccanica, per le costruzioni, per l'industria chimica, ecc. Tali standard non sono vincolanti per le industrie, ma vengono adottati da molti imprenditori.

British Steel Corporation: Azienda di stato, costituita nel 1967 in base all'*Iron and Steel Act* dello stesso anno, col compito di assumere la proprietà delle quattordici principali imprese siderurgiche del Regno Unito. Obiettivi dell'azienda erano: a) fornire all'industria britannica prodotti competitivi per prezzo, qualità e servizio; b) rafforzare la posizione tecnologica e di mercato dell'industria siderurgica; c) garantire un uso efficiente delle risorse umane.

British Technology Group: Ente costituito nel 1981 a seguito della fusione del *National Enterprise Board* (v.) e della *National Research and Development Corporation* (v.). Si prefigge l'obiettivo di unire l'esperienza tecnica del N.R.D.C. e l'esperienza di mercato del N.E.B. allo scopo di stimolare l'innovazione tecnologica nell'industria britannica e finanziare l'investimento in imprese ad alta tecnologia.

British ton: ***tonnellata inglese.*** Unità di misura di peso equivalente a 2240 libbre avoirdupois, pari a kg. 1016,0471.

British Transport Stocks: Obbligazioni emesse per compensare i proprietari di linee ferroviarie o altre aziende di trasporto, quando queste furono nazionalizzate. In seguito, furono emesse per finanziare il riammodernamento delle ferrovie britanniche. Erano garantite dallo stato, in quanto emesse da industria nazionalizzata.

brl.: barrel.

Bro.: brother.

broadcast: ***diffusione.*** Il termine inglese indica un sistema di suddividere gli eurocrediti fra partecipanti a sindacati di credito, offrendo partecipazioni via telex o per lettera alle istituzioni potenzialmente interessate a partecipare ad iniziative di emissione di prestiti.

broad market: ***mercato ampio.*** Situazione di mercato caratterizzata dalla compravendita di una grande varietà di prodotti. Il termine indica anche una situazione di mercato caratterizzata da ampi limiti di prezzo o geografici.

broad money: ***moneta in senso ampio.*** Termine spesso usato per indicare l'aggregato monetario la cui misura viene tecnicamente definita *sterling M3* (v.).

broad tape: Termine usato nel linguaggio finanziario statunitense per indicare sistemi telegrafici mediante i quali vengono diffuse notizie relative a prezzi e situazioni di mercato di titoli e derrate, trattati nelle varie borse valori e merci.

brochure: ***opuscolo.*** Indica una pubblicazione di poche pagine, con copertina di cartoncino, contenente materiale o informazioni pubblicitari.

brokage: ***senseria; mediazione.*** Termine usato come variante meno comune di *brokerage* (v.).

broken account: ***conto interrotto.*** Quando una banca sospende le operazioni relative ad un conto, esso si indica col termine *broken account* e le operazioni successive al momento dell'interruzione vengono incanalate in un altro conto. Ciò avviene, ad esempio, con i conti di persone decedute o fallite, quando la banca desidera preservare l'azione di ricorso nei confronti della proprietà dell'intestatario del conto.

broken lot: ***lotto ridotto.*** Il termine indica merci poste in vendita in una quantità inferiore a quella che di solito costituisce l'unità minima di contrattazione.

broken period: ***periodo ridotto.*** Espressione usata per indicare un periodo atipico relativo ad operazioni di cambio estero a termine. I periodi tipici in questa attività sono, per esempio, uno, due, tre, sei e dodici mesi, mentre i periodi ridotti, o atipici, risultano inferiori.

broken–period interest: ***interesse pro rata.*** Interesse relativo ad un periodo di tempo non ancora completamente scaduto. È, in altre parole, l'interesse maturato nell'arco di tempo che intercorre tra una data intermedia e la prossima scadenza ordinaria, oppure tra quest'ultima e una successiva data intermedia. Ad esempio, se si acquista un titolo a reddito fisso, con scadenza della cedola al 1° gennaio, in una qualsiasi data precedente tale scadenza, il venditore e il compratore avranno ciascuno diritto ad un interesse pro rata, in base ai giorni decorsi dal 1° gennaio per il venditore e in base ai giorni che restano fino al successivo 1° gennaio per il compratore.

broken stowage: ***spazio morto.*** Nei trasporti, lo spazio che si perde nello stivare colli di forma irregolare.

broker: ***mediatore; intermediario; sensale.*** Si indica con questo termine, entrato anche nell'uso italiano, un qualsiasi tipo di agente impiegato da un acquirente o da un venditore per acquistare o vendere titoli, derrate o servizi in considerazione di una commissione, di solito espressa come percentuale del valore dell'operazione. I broker si trovano in tutti i mercati altamente organizzati ed i loro clienti traggono vantaggio dalla loro esperienza delle condizioni o procedure del mercato, nonché dalla loro conoscenza specialistica dei beni o servizi oggetto della contrattazione. Particolare figura è il broker che opera in una borsa valori e che potrebbe, fatte salve alcune funzioni, corrispondere al nostro commissionario di borsa valori. (v. anche *commission broker, stockbroker*)

brokerage: 1. ***senseria; mediazione.*** La commissione riconosciuta a un *broker* (v.) per la conclusione di un'operazione di compravendita. Può essere una somma forfettaria prestabilita, ma più spesso è una percentuale sul valore globale dell'operazione. **2.** ***intermediazione; brokeraggio.*** L'attività svolta da un *broker* (v.) e il servizio da lui prestato al cliente.

brokerage account: ***conto di brokeraggio.*** Un conto, intestato a un cliente di una società di brokeraggio, nel quale confluiscono i titoli intestati al cliente e i ricavi di disinvestimenti disponibili per successivi reinvestimenti. (v. anche *segregated account*)

brokerage commission: ***commissione di brokeraggio; senseria; mediazione.*** Termine usato con lo stesso significato di *brokerage 1* (v.).

brokerage fee: ***senseria; mediazione.*** Termine usato con lo stesso significato di *brokerage 1* (v.).

brokerage house: ***agenzia di compravendita; agenzia d'intermediazione.*** Agenzia che si interessa dello svolgimento di pratiche di compravendita di beni mobili e immobili per conto dei suoi clienti, in considerazione di una commissione corrispondente ad una certa percentuale del valore globale dell'operazione.

broker–dealer: ***operatore indipendente.*** Presso la borsa valori londinese, è una figura simile a quella del *market maker* (v.) creata a seguito del *big bang* (v.). Deriva dall'unione delle precedenti figure degli *stockbrokers* e *stockjobbers*, dopo che questi hanno assunto la duplice funzione di operatori in proprio e di intermediari. Differisce lievemente da un *market maker*, in quanto non «crea» il mercato per specifici titoli, ma opera a tutto campo. Il termine deriva da quello di una simile figura, presente nell'*over–the–counter market* (v.) statunitense, sul modello del quale è stata organizzata la nuova borsa valori londinese.

broker's broker: Termine a volte usato con lo stesso significato di *jobber 1* (v.).

broker's contract note: ***fissato bollato; foglietto bollato; fissatino.*** Documento che serve da prova di un contratto di borsa, avente per oggetto valori mobiliari. È inviato dal *broker* (v.) al cliente e deve chiaramente indicare: a) numero e importo dei titoli trattati; b) nome della società i cui titoli sono stati trattati; c) il prezzo; d) la commissione del broker; e) l'importo del bollo. Tali contratti, infatti, nel Regno Unito sono soggetti ad un'imposta di trasferimento titoli e ad un'imposta di bollo. (v. anche *transfer stamp duty, contract stamp duty*)

broker's lien: ***diritto di ritenzione del broker; privilegio del broker.*** Nel linguaggio delle assicurazioni, indica il diritto, riconosciuto per legge ad un *broker* (v.), di non consegnare al cliente la polizza di assicurazione fino a quando quest'ultimo non abbia interamente pagato il premio. Ciò in quanto, secondo la legge inglese, una volta stipulata una polizza, il broker è responsabile del pagamento del relativo premio nei confronti dell'assicuratore, sia che il cliente lo paghi o no.

broker's line: Termine usato per indicare una linea telefonica diretta tra l'ufficio di un *broker* (v.) e la sala delle contrattazioni di una borsa o altro mercato organizzato.

broker's loan: ***prestito a mediatori di borsa.*** L'anticipazione che una banca inglese o americana fa ad un *broker* (v.) su garanzia di titoli da questi depositati presso la banca. Questi titoli sono stati, a loro volta, depositati presso il broker a garanzia di prestiti da lui concessi a suoi clienti per l'acquisto degli stessi o di altri valori mobiliari.

brokers' market: Tipo di mercato, come ad esempio la borsa valori, nel quale il pubblico non può accedere e gli scambi avvengono soltanto tra operatori autorizzati.

broker's order: ***permesso d'imbarco.*** Lo stesso che *backed note* (v).

broker's return: ***distinta del broker.*** Distinta del carico di una nave, compilata da un commesso o da un *broker* (v.) marittimo giorno per giorno o al termine delle operazioni di carico. Viene usata per desumere i dati da riportare sulle polizze di carico e come prova dell'avvenuto imbarco delle merci.

broking: ***intermediazione; brokeraggio.*** Termine usato con lo stesso significato di *brokerage 2* (v.).

broking house: ***agenzia di compravendita; agenzia d'intermediazione.*** Termine usato con lo stesso significato di *brokerage house* (v.).

bronze: ***bronzo.*** La lega metallica usata per coniare monete. Consiste del 95% di rame, del 4% di stagno e dell'1% di zinco.

Bros.: brothers.

brought down: ***riporto.*** Il termine inglese, di solito scritto in forma abbreviata B/d o b.d., all'inizio di un conto, indica che il totale iniziale è stato riportato da un conto chiuso più in alto nella stessa pagina o scheda del libro contabile nel quale è contenuto.

brought forward: ***riporto.*** Il termine inglese, di solito scritto in forma abbreviata B/f o bt. fwd., all'inizio di un conto, indica che il totale iniziale è stato riportato da un conto chiuso in una precedente pagina o scheda del libro contabile nel quale è contenuto.

brown–field economy: ***economia marrone.*** Espressione con la quale si indica un'economia che ha raggiunto la fase di maturità, nella quale gli investimenti tendono a rarefarsi e si comincia a sentire la necessità di eliminare l'eccesso di capacità produttiva, chiudendo le imprese meno efficienti. (v. anche *green–field economy*)

brown goods: Espressione coniata sul modello di *white goods* (v.), con la quale si indicano beni di consumo durevoli tradizionalmente di color marrone, come ad esempio televisori e impianti di riproduzione del suono ad alta fedeltà.

brt.: brought.

Brussels Conference: ***Conferenza di Bruxelles.*** È la conferenza internazionale, tenuta nel 1920 e seguita da quella di Genova del 1922, che portò alla raccomandazione di istituire una banca centrale in ogni paese, come preliminare necessario alla fondazione della *Bank for International Settlements* (v.).

Brussels Tariff Nomenclature: ***nomenclatura tariffaria di Bruxelles.*** Espressione con la quale si indica il metodo uniforme di classificazione e identificazione delle merci oggetto di scambi internazionali, ai fini della determinazione delle tariffe doganali. Prende il nome dalla convenzione tenutasi a Bruxelles nel 1950, che portò alla firma del trattato internazionale in questa materia.

Brussels Treaty: ***Trattato di Bruxelles.*** Trattato stipulato nel 1948 a Bruxelles, con il quale il Regno Unito, la Francia, il Belgio, il Lussemburgo e l'Olanda si impegnavano all'assistenza militare reciproca collettiva e alla collaborazione economica, sociale e culturale per un periodo di cinquant'anni. All'accordo, che fu stipulato in armonia con l'articolo 51 della Carta delle Nazioni Unite, aderirono nel 1954 anche l'Italia e la Repubblica Federale di Germania.

b.s.: 1) balance sheet; 2) bill of sale.

B.S.: 1) balance sheet; 2) bill of sale; 3) British Standard; 4) building society.

B/S: 1) bill of sale; 2) bill of store; 3) balance sheet.

B.S.C.: British Steel Corporation.

BSFF: Buffer Stock Financing Facility.

bsh.: bushel.

B.S.I.: British Standards Institution.

Bs./L.: bills of lading.

B.S.O.: Business Statistics Office.

B/St.: bill of sight.

b.t.: berth terms.

bt.: bought.

B.T.N.: Brussels Tariff Nomenclature.

bu.: bushel.

bubble: Termine con il quale si indica una qualsiasi società o impresa costituita con l'intenzione di frodare gli investitori o qualsiasi società che sia stata gestita in modo tanto spregiudicato da dilapidare il capitale sociale o da frodare gli azionisti. Tra le più famose, si ricorda la *Mississippi Bubble* in Francia e la *South Sea Bubble* (v.) in Inghilterra, dalla quale probabilmente deriva questa accezione del termine. Un altro significato del termine indica una corsa irragionevole all'acquisto di azioni di una società, quale si verificò appunto in occasione della *South Sea Bubble*, che risulta alquanto debole da un punto di vista finanziario e patrimoniale, col risultato che il prezzo delle sue azioni sale molto al di sopra del loro valore reale.

«Bubble» Act: Legge, approvata dal parlamento britannico nel 1720 dopo il crollo della *South Sea Bubble* (v.), che poneva precise condizioni per la costituzione di società per azioni, con l'intento di scoraggiare speculazioni del tipo descritto sotto *bubble* (v.), ma che ebbe anche il risultato di ostacolare la formazione di serie società per azioni. Fu abrogata nel 1825.

bubble company: Il tipo di società descritta sotto *bubble* (v.).

buck: ***dollaro.*** Espressione di slang americano, usata per indicare un dollaro statunitense.

bucket shop: Termine con il quale si indica una qualsiasi organizzazione che pratica lo *share pushing* (v.).

bucket trading: La pratica illecita di un *broker* (v.) che accetta, ma non esegue, ordini di compravendita da parte dei suoi clienti. Egli spera di guadagnare intascando la perdita cui può andare incontro il suo cliente al momento di perfezionare l'operazione, cioè nei giorni di liquidazione. Se, invece, il cliente chiude con un utile, il broker gli verserà la somma relativa. L'aspetto illecito dell'affare, che rientra nella pratica statunitense, sta nel comportamento del broker, che non esegue gli ordini del suo cliente.

buckshee: ***gratuito.*** Variante grafica di *backsheesh* (v.).

budget: ***budget; bilancio preventivo; piano economico; budget economico.*** Piano formale e dettagliato, che funge da previsione e controllo di operazioni future, generalmente relative ad entrate e uscite in un arco di tempo definito, solitamente un anno. Tale piano viene preparato ogni volta che spese necessarie e volute devono essere attentamente soppesate in relazione a entrate previste. Pertanto, è utilizzabile da privati, da imprese ed anche dallo stato. Con tale termine, infatti, si indica anche il bilancio dello stato sia nel Regno Unito che negli Stati Uniti.

budget account: ***conto di credito.*** **1.** Il credito concesso da alcuni negozi o grandi magazzini, i cui clienti si impegnano a versare una certa somma mensile a fronte del credito, utilizzabile per acquisti presso lo stesso negozio, equivalente a tot volte la somma mensile da versarsi. **2.** Nella terminologia bancaria inglese, indica un conto utilizzato esclusivamente per il pagamento, da parte della banca, di spese a scadenza ricorrente, come ad esempio canoni di fitto, bollette di fornitura di servizi, imposte locali, ecc., intestate al cliente titolare anche di un conto corrente. Questo conto viene alimentato mediante un trasferimento mensile di una somma fissa, ottenuta dividendo per dodici il valore annuo totale dei canoni, delle bollette, ecc., dal conto corrente. In questo modo, il conto di credito risulterà a volte in deficit e a volte in eccedenza, ma la banca onorerà in ogni caso le bollette in scadenza. Questo conto offre al cliente il vantaggio di ripartire in maniera uniforme nel corso dell'anno l'ammontare complessivo delle spese ricorrenti.

budget allowance: ***assegnazione di budget.*** L'assegnazione di fondi ad un reparto di un'impresa, ad un dicastero di un governo, ecc., prevista da un budget in base a parametri prestabiliti.

budget allowance bases: ***parametri di assegnazione di budget.*** Sono i parametri in base ai quali un budget prevede determinate assegnazioni di fondi ai vari reparti di un'impresa o ai vari dicasteri di un governo. Tali parametri possono essere rappresentati dal numero dei dipendenti, dal tipo di servizi svolti, dalle funzioni, dalle spese previste, ecc., del reparto o del dicastero.

budgetary constraints: ***restrizioni di bilancio.*** Termine usato per indicare le limitazioni imposte alla spesa pubblica dalla impossibilità di uno stato di aumentare l'imposizione fiscale o il debito pubblico.

budgetary control: ***controllo budgettario; controllo a bilancio.*** È il controllo effettuato mediante la comparazione di risultati previsti e risultati reali. Nel bilancio dello stato, tale controllo mira a verificare le entrate e le uscite reali in relazione a quelle preventivate nel bilancio, così che si possa intervenire se si evidenzia il rischio di non realizzare gli obiettivi previsti nel bilancio. Nelle imprese, consiste nell'impiego di un piano generale della gestione futura, detto budget, al quale si associa il controllo costante tra le previsioni che esso contiene e gli effettivi risultati della gestione. Questa procedura viene generalmente effettuata senza ricorrere a scritture in partita doppia, ma facendo uso di opportuni prospetti dai quali si ricava il confronto tra risultati previsti e risultati realizzati. Tale tecnica può sintetizzarsi in tre fasi successive: a) formazione dei budget parziali e loro coordinamento nel budget generale; b) confronto fra previsioni e risultati e conseguente misurazione degli scostamenti; c) analisi degli scostamenti, al fine di individuare e, se possibile, rimuoverne le cause. Gli scostamenti o varianti possono scaturire da variazioni dei prezzi, dei rendimenti, della composizione dei fattori della produzione e del volume di produzione.

budgetary deficit: ***disavanzo; deficit di bilancio; disavanzo di bilancio.*** Termine usato con lo stesso significato di *budget deficit* (v.), ma riferito più specificamente a un bilancio statale.

budgetary planning: ***pianificazione budgettaria.*** La pianificazione dell'attività di un'impresa o altra organizzazione, effettuata mediante la preparazione di uno o più bilanci preventivi che servono da piano operativo dell'organizzazione.

budgetary policy: ***politica di bilancio.*** Termine usato con lo stesso significato di *fiscal policy* (v.).

budget authority: ***autorizzazione di bilancio.*** Nel linguaggio politico statunitense, è il permesso concesso dal Congresso a procedere alla spesa di una somma determinata per scopi specifici in un arco di tempo prestabilito. L'entità complessiva di tale spesa dovrà, tuttavia, essere indicata nella delibera di bilancio. (v. anche *budget resolutions*)

budget centre: ***centro di budget.*** Un qualsiasi reparto di una organizzazione per il quale viene preparato un budget separato.

budget committee: ***comitato di budget.*** È un comitato consultivo, e non esecutivo, costituito nelle imprese per collaborare alla preparazione, alla revisione e al controllo di un bilancio preventivo. Di solito è costituito dal direttore generale, dal capo dell'ufficio contabilità, dal capo dell'ufficio preposto al controllo budgetario, dal direttore di stabilimento, dal direttore dell'ufficio vendite, dal capo dell'ufficio contabilità dei costi e altri funzionari di pari grado. In genere, le funzioni di un comitato di budget sono le seguenti: a) amministrare il budget secondo la politica aziendale indicata dal consiglio di amministrazione; b) ricevere ed esaminare i budget dei vari dipartimenti e preparare, sulle indicazioni di questi, il budget generale; c) riunirsi a scadenze prestabilite per confrontare le previsioni del budget e i costi e le realizzazioni reali; d) presentare relazioni al consiglio di amministrazione qualora si verifichino scostamenti notevoli dal budget e suggerire eventuali azioni per ridurre gli scostamenti; e) revisionare periodicamente il budget e indicare al consiglio di amministrazione qualsiasi variazione sia ritenuta necessaria.

budget controller: Il capo dell'ufficio preposto al controllo budgettario in una qualsiasi organizzazione. (v. anche *budgetary control*)

Budget Day: Termine con il quale si indica il giorno in cui, verso la fine del mese di marzo o il principio del mese di aprile, il bilancio dello stato viene presentato dal Cancelliere dello Scacchiere alla Camera dei Comuni per la discussione e l'approvazione.

budget-day value: Espressione usata nel Regno Unito per indicare il valore di una qualsiasi attività al 6 aprile del 1965, ai fini del calcolo dell'imposta sugli utili di capitale.

budget deficit: ***disavanzo; deficit di bilancio.*** L'eccedenza delle uscite sulle entrate previste in un bilancio preventivo. Il termine viene di solito usato in relazione al bilancio dello stato, quando la spesa pubblica supera le entrate provenienti dall'imposizione fiscale, dai dazi doganali, ecc. La più immediata conseguenza di tale disavanzo è quella di stimolare l'economia e pertanto esso viene usato per combattere le fasi di depressione.

budget directives: ***direttive di budget.*** Sono le direttive di politica aziendale imposte da un bilancio preventivo, come ad esempio la limitazione e il controllo delle spese, l'imposizione di un determinato prezzo di vendita, il livello delle scorte, e simili.

budgeted: ***preventivato.*** Termine usato per indicare che un qualcosa è stato incluso, previsto o tenuto in considerazione nella preparazione di un bilancio preventivo.

budget estimates: ***stime di un budget.*** Sono le previsioni, in forma numerica, contenute in un budget, cui devono adeguarsi i vari reparti di un'impresa o di un'altra organizzazione.

budget expenditure: ***spesa di bilancio; spesa statale.*** Termine usato con lo stesso significato di *expenditure of the state* (v.).

budgeting: ***pianificazione aziendale integrata; impostazione di bilancio.*** È l'insieme delle operazioni di preparazione, sviluppo e applicazione di un *budget* (v.).

budget line: ***linea del bilancio; linea di trasformazione; linea delle possibilità di consumo; linea di consumo; linea delle possibilità di produzione.*** Se in un sistema di coordinate cartesiane poniamo differenti quantità di un bene su uno degli assi e differenti quantità di un altro bene sull'altro asse, calcolando la quantità massima di ciascun bene che un consumatore può acquistare con le risorse limitate di cui dispone troviamo due punti, uno su ciascun asse, che uniti insieme daranno quella che è chiamata la linea del bilancio. Questa linea indica tutte le possibili combinazioni quantitative dei due beni che il consumatore può acquistare con quel dato reddito, se decide di acquistare un po' meno di un bene e un po' più dell'altro bene. Se, poi, tracciamo sullo stesso grafico la curva di indifferenza del consumatore, siamo in grado di scoprire se, a ciascun dato livello di combinazione di acquisto dei due beni, egli stia operando la migliore scelta possibile, che dovrebbe trovarsi al punto di unione tra la linea del bilancio e la curva di indifferenza più alta possibile. Se invece di due beni diversi da acquistare poniamo sugli assi due beni diversi da produrre, la linea di bilancio verrà più propriamente chiamata linea delle possibilità di produzione e indicherà tutte le possibili combinazioni quantitative di produzione dei due beni indicati, destinando una maggiore quantità di un dato fattore alla produzione di un bene e una minore quantità dello stesso fattore alla produzione dell'altro bene, o viceversa. La linea, cioè, indicherà tutte le diverse combinazioni possibili dei due prodotti che si possono ottenere utilizzando le risorse disponibili. In questo caso, la linea delle possibilità di produzione viene anche detta linea di trasformazione, perché descrive le varie possibilità di trasformare un bene nell'altro bene, attraverso l'opportuno spostamento delle risorse dall'uno all'altro.

budget period: ***periodo di budget.*** È il periodo di tempo coperto da un *budget* (v.), generalmente un anno, chiamato anno finanziario.

budget plan: ***conto di credito.*** Termine usato come sinonimo di *budget account 1* (v.).

budget policy: ***politica di bilancio.*** La politica perseguita da un governo in relazione al bilancio dello stato. Tale politica influenza principalmente la distribuzione del prodotto nazionale, con gravi ripercussioni sulla ricchezza del paese quando gran parte del prodotto nazionale viene assorbita dallo stato allo scopo di finanziare e servire il debito pubblico.

budget resolutions: ***deliberazioni di bilancio.*** Nel Regno Unito, sono deliberazioni parlamentari che consentono al governo di stabilire nuove aliquote in relazione a determinati tipi di imposte, che vengono riscosse in via provvisoria in attesa della definitiva entrata in vigore della legge finanziaria. Infatti, la legge finanziaria britannica di regola riceve l'approvazione della Corona verso la fine del mese di luglio di ciascun anno, ma è possibile che intervengano variazioni di natura fiscale a partire dal *Budget Day* (v.) in base al *Provisional Collection of Taxes Act*. Negli Stati Uniti, il termine, usato al singolare, indica la delibera del Congresso con cui viene approvato il bilancio federale e che stabilisce i totali di spesa per l'anno cui si riferisce il bilancio.

budget revision: ***revisione di un budget.*** È la revisione periodica cui viene sottoposto un budget flessibile per adeguarlo ai risultati effettivamente realizzati dall'organizzazione cui si riferisce il bilancio preventivo.

budget share: ***quota di budget.*** La percentuale di spesa totale in beni e servizi di consumo destinata a un particolare bene o servizio in un dato periodo di tempo.

budget surplus: ***avanzo di bilancio.*** L'eccedenza delle entrate sulle uscite previste in un bilancio preventivo. Il termine è di solito usato in relazione al bilancio dello stato che, in tale situazione, ha l'effetto di ridurre il livello di attività economica nel paese, secondo l'economia keynesiana.

budget target: ***obiettivo di bilancio.*** Lo stesso che *public–spending target* (v.).

budget variance: ***variante di budget; scostamento di budget.*** La differenza tra risultati previsti in un budget e risultati effettivamente realizzati da un'impresa.

buffer stock: ***scorta–cuscinetto; stock tampone; stock stabilizzatore; stock regolatore.*** Giacenze di derrate o materie prime costituite per ridurre l'ampiezza delle oscillazioni dei prezzi o dell'offerta su mercati interni o internazionali. Nel caso di scorte–cuscinetto internazionali, un'apposita autorità internazionale, finanziata dai paesi membri, cura l'acquisto del bene in questione quando il prezzo di mercato scende al di sotto di un certo limite e ne cura la vendita quando il prezzo sale al di sopra di un altro limite.

buffer stock financing facility: ***facilitazione per il finanziamento di scorte–cuscinetto.*** Facilitazione messa a disposizione dal Fondo Monetario Internazionale ai paesi membri che presentano problemi di disavanzo della bilancia dei pagamenti. Prevede la possibilità di prelevare fino al cinquanta per cento della loro quota presso il FMI per finanziare loro contributi alla creazione di scorte–cuscinetto internazionali.

buffer stock plan: ***piano delle scorte–cuscinetto.*** Piano inteso a superare effetti disastrosi che possono verificarsi in certe industrie a causa di fluttuazioni cicliche. Il piano prevede che un'agenzia governativa acquisti, anche se a prezzo minimo, le eccedenze di produzione dovute a caduta di domanda, così evitando la chiusura di impianti e la perdita di produttività quando la domanda tornerà ai livelli precedenti, e venda qualsiasi quantità del prodotto ad un prezzo massimo. In tal modo, il prezzo del bene non potrebbe scendere al di sotto di un minimo in periodi di depressione e non potrebbe salire al di sopra di un livello massimo in periodi di prosperità, fin quando l'agenzia governativa ha a disposizione scorte–cuscinetto, ed il prezzo verrebbe così stabilizzato entro limiti più ristretti di quelli che verrebbero imposti dalle fluttuazioni cicliche. In campo agricolo, questo piano viene chiamato, negli Stati Uniti, *ever–normal granary* (v.).

Buggins's turn: ***promozione per anzianità.*** Neologismo usato per indicare la promozione ottenuta non per merito, ma per anzianità di servizio.

builder's certificate: ***certificato del costruttore.*** Nella terminologia marittima, è il certificato, rilasciato dalle autorità doganali al cantiere che ha varato e allestito una nave nuova, che consente l'uscita del natante in mare aperto per procedere alle corse o al viaggio di prova, senza dover assolvere alcuna formalità doganale.

builders' policy: ***polizza dei costruttori.*** Nelle assicurazioni marittime, è una speciale polizza che garantisce il cantiere navale contro determinati rischi derivanti dalla costruzione di una nave.

building and loan association: ***associazione di credito edilizio.*** Termine generico usato negli Stati Uniti per indicare istituzioni, registrate come cooperative o quasi cooperative secondo le leggi di vari stati, che offrono ai propri membri una forma di investimento o di agevolazione creditizia, a seconda delle necessità, per l'acquisto o la costruzione di case. Nel Massachussetts sono note come *co–operative banks*; in Louisiana come *homestead–aid benefit associations* e in vari altri stati come *benefit societies, building societies* o *mutual loan associations*.

building code: ***regolamento edilizio.*** Insieme di norme emanate da una municipalità o altro ente locale, cui devono conformarsi i costruttori che operano nell'ambito di quell'amministrazione locale.

building contract: ***appalto edile.*** Tipo di contratto in base al quale un'impresa si assume il compito di costruire un edificio o altro tipo di immobile, seguendo le istruzioni del committente. L'appalto di opere pubbliche, e spesso anche quelli relativi alla costruzione di edifici privati, viene di solito aggiudicato mediante il sistema dell'asta ad offerte segrete.

building contractor: ***appaltatore edile.*** Impresa che si assume l'incarico di costruire un edificio, nell'osservanza di un capitolato d'appalto fornito dal committente.

building cycle: ***superciclo; ciclo dell'edilizia.*** Indipendentemente dal ciclo economico vero e proprio, sono stati identificati cicli di attività minima e massima per le varie industrie. Uno dei cicli che ha trovato maggior riscontro nei fatti è quello relativo all'industria delle costruzioni, calcolato in 19 o 20 anni e per questo chiamato anche superciclo.

building ground: ***terreno edificabile; suolo edificabile.*** Terreno non soggetto a vincoli di alcun genere sul quale, pertanto, è lecito costruire edifici previo rilascio dell'apposita licenza edilizia.

building industry: ***industria edilizia.*** La branca dell'industria che si interessa delle costruzioni di edifici o di opere pubbliche e infrastrutture.

building lease: ***locazione edilizia; locazione per costruzione.*** Affitto di terreno ad un costruttore ad un canone fisso con l'intesa che quest'ultimo vi costruisca abitazioni. Quando le case sono costruite e vendute, il costruttore subaffitta il terreno al proprietario della casa ad un canone superiore a quello da lui pagato. Tale affitto è di solito concesso per 99 anni, ma nei casi in cui è di 999 anni, equivale praticamente ad un diritto di proprietà. (v. anche *lease, occupational lease*)

building loan: ***mutuo edilizio.*** Lo stesso che *home loan* (v.).

building loan agreement: ***contratto di mutuo edilizio.*** Lo stesso che *moneylending contract* (v.), ma applicato a un mutuo concesso allo scopo di costruire o ristrutturare un immobile.

building materials: ***materiali edilizi.*** Tutto ciò che può servire nella costruzione di un edificio o altra opera edile, come ad esempio mattoni, cemento, calce, ferro, sabbia, tubi, pezzi igienici, mattonelle e così via.

building permit: ***licenza edilizia.*** Permesso concesso dalle competenti autorità per la costruzione di un edificio. Il rilascio della licenza prevede il pagamento di tasse e altri diritti.

building plot: ***area edificabile.*** Estensione di terreno sul quale è consentito costruire uno o più edifici. Il termine è usato come sinonimo di *building ground* (v.).

building risk policy: ***polizza contro i rischi di costruzione.*** Altro termine con il quale si indica una *builders' policy* (v.).

building site: ***area edificabile.*** Termine usato con lo stesso significato di *building plot* (v.).

Building Societies Act: Legge, approvata dal parlamento britannico nel 1962, con la quale si consolidavano una serie di leggi precedenti in materia. La legge in particolare impone condizioni in relazione alle funzioni, al funzionamento e allo scioglimento delle *building societies*, impone la revisione dei conti e la pubblicazione di rendiconti annuali dettagliati, limita il loro potere di contrarre e concedere prestiti e conferisce certi privilegi, quali la responsabilità limitata dei membri e l'esenzione da certe imposte di bollo. Nel 1987 entrò in vigore una nuova legge, che porta lo stesso nome, il cui scopo è quello di estendere l'attività delle *building societies.* Tale legge è stata emendata nel 1988.

Building Societies Association: ***Associazione delle società di credito edilizio.*** Nel Regno Unito ci sono circa 750 *building societies*, la maggioranza delle quali fa parte di questa associazione. I membri perseguono una politica comune in relazione ai tassi di interesse da pagare ai risparmiatori e da far pagare sui mutui da loro concessi.

building society: ***società di credito edilizio; cooperativa di credito edilizio.*** 1) Nel Regno Unito, sono associazioni che accettano depositi ad interesse, con i quali concedono mutui, garantiti da ipoteca di primo grado, per l'acquisto o la costruzione di case da parte di privati. Oggi, le *building societies* inglesi operano attraverso vari sportelli e casse automatiche, come le banche, presso i quali i depositanti possono prelevare contanti dal loro conto. Il tasso di interesse attivo e passivo di queste istituzioni finanziarie segue da vicino le variazioni dei tassi di interesse praticati dalle banche commerciali. 2) Negli Stati Uniti, sono delle associazioni meglio conosciute col nome di *building and loan association* (v.).

building society deposits: ***depositi presso società di credito edilizio.*** Sono i depositi versati dai risparmiatori alle *building societies*, che possono usarsi come garanzia per anticipazioni da parte di banche commerciali. Il risparmiatore che ha preferito questa tra le due forme d'investimento previste dalle *building societies* viene considerato un creditore e pertanto gode del diritto di priorità di rimborso (rispetto al risparmiatore che ha, invece, optato per le quote) in caso di liquidazione della società. Questi depositi, che prevedono per il ritiro un preavviso di trenta giorni di solito non interamente applicato, fruttano un interesse di solito inferiore dello 0,25% a quello riconosciuto sulle quote. Le imposte sugli interessi di entrambi i tipi di investimento vengono pagate dalla *building society* al posto dei risparmiatori, ad un'aliquota pari all'aliquota media cui è soggetto ciascun singolo risparmiatore.

building society interest: ***interessi su mutui ipotecari.*** Gli interessi sui mutui concessi da una *building society* (v.) possono, in certe circostanze stabilite dalle leggi finanziarie, essere detratti dal reddito imponibile del contribuente. Il tasso di questi interessi, come pure quello degli interessi passivi, segue da vicino l'andamento dei tassi di interesse praticati dalle banche commerciali inglesi.

building society shares: ***quote di società di credito edilizio.*** Sono quote corrispondenti ai depositi effettuati dai risparmiatori e possono essere utilizzate come garanzia per anticipazioni concesse da parte di banche commerciali. Il risparmiatore che ha preferito questa tra le due forme d'investimento previste dalle *building societies* può riscattare le quote di sua proprietà alla pari e senza formalità, pur se è previsto un periodo di preavviso che oscilla tra uno e sei mesi, ma che di solito non viene fatto rispettare. La norma, a questo riguardo, è che le piccole somme vengono rimborsate senza preavviso, mentre somme più consistenti vengono rimborsate a breve preavviso. Le quote fruttano un tasso d'interesse, generalmente stabilito dagli amministratori, che può essere variato a seguito delle variazioni delle condizioni monetarie nel paese. (v. anche *building society deposits*)

built–in flexibility: ***flessibilità automatica.*** Espressione usata per indicare l'inserimento, in un sistema tributario, di determinate imposte il cui gettito è suscettibile di facili variazioni automatiche in risposta a differenti fasi di fluttuazione economica.

built–in inflation: ***inflazione strutturale.*** Lo stesso che *structural inflation* (v.).

built–in obsolescence: ***obsolescenza automatica.*** Lo stesso che *planned obsolescence* (v.).

built–in stabilizer: ***stabilizzatore automatico.*** Termine usato con lo stesso significato di *automatic stabilizer* (v.).

bul.: bulletin.

bulge: ***rialzo.*** Il termine inglese indica un improvviso e notevole aumento dei prezzi sul mercato mobiliare in particolare e su un qualsiasi mercato in generale.

bulk: ***corpo; massa.*** Termine usato per indicare genericamente un grande volume o una grande quantità.

bulk buying: ***acquisto all'ingrosso; acquisto in blocco.*** La pratica di acquistare beni in grosse quantità, per poi rivenderli in quantità più piccole.

bulk cargo: ***carico alla rinfusa; carico a massa.*** Indica il carico o le merci non imballate in contenitori quali sacchi o balle. Generalmente un carico alla rinfusa è costituito da un solo prodotto, per esempio granaglie o petrolio.

bulk carriage: ***trasporto a massa.*** Il trasporto di merci alla rinfusa, cioè non imballate in alcun tipo di contenitore. Si prestano a questo tipo di trasporto merci del genere delle granaglie, carbone, minerali, cemento e simili.

bulk carrier: ***portarinfuse; nave portarinfuse.*** Nave attrezzata e adibita al trasporto di merci, come ad esempio granaglie o minerali, che non devono essere imballate in alcun tipo di contenitore.

bulk goods: ***merci alla rinfusa.*** Nel linguaggio dei trasporti, è lo stesso che *bulk cargo* (v.).

bulking: ***miscelatura.*** Lo stesso che *blending* (v.).

bulk–line costs: Sono i costi ai quali viene prodotto l'80–90% della disponibilità totale di un bene. Il termine fu usato negli Stati Uniti durante la prima guerra mondiale quando, nel tentativo di fissare prezzi equi per vari prodotti industriali, il governo federale ordinò un'indagine conoscitiva dei vari prodotti industriali e dei loro costi.

bulk-line pricing: La pratica di fissare prezzi abbastanza alti da indurre l'industria a produrre la quantità di beni richiesta o necessaria. Questa pratica fu seguita dal governo federale degli Stati Uniti durante la prima guerra mondiale nel fissare i prezzi relativi ad appalti di materiale bellico.

bulk material: Il termine indica ogni tipo di materiale che non viene prodotto in forma unitaria utilizzabile direttamente in qualsiasi lavoro, come ad esempio sbarre di acciaio o ferro, tubi, lamiere, ecc. Il termine indica anche materiali, quale il cemento e simili, misurabili soltanto in peso o volume.

bulk purchase: ***acquisto all'ingrosso; acquisto in blocco.*** Termine usato come sinonimo di *bulk buying* (v.).

bulk sale: ***vendita in blocco; vendita di liquidazione.*** La vendita di tutte o quasi tutte le scorte di un'impresa commerciale o industriale. Oggi è sottoposta a precisa regolamentazione, al fine di tutelare gli eventuali creditori dell'impresa.

bulk sales law: Legge che regola le vendite in blocco. (v. anche *bulk sale*)

bulk supply tariff: ***tariffa per fornitura di grande quantità.*** Termine usato per indicare una tariffa per la fornitura di un pubblico servizio in quantità di gran lunga superiori ai normali consumi della maggioranza degli utenti. Tale tariffa viene praticata quando un'impresa di pubblici servizi vende parte del suo prodotto ad un'altra impresa, che a sua volta lo distribuisce e rivende agli utenti di una determinata area geografica. In questo caso, la tariffa si basa sui costi di produzione del servizio, più una quota dell'utile derivante dalla sua vendita.

bulky freight: ***merci voluminose.*** Termine usato nei trasporti per indicare quelle merci con grande volume d'ingombro in relazione al peso.

bull: ***rialzista.*** Nel linguaggio delle borse valori, uno speculatore che acquista titoli a termine nella speranza che il loro corso aumenti prima di quando dovrà pagarli, il che gli consentirà di trarre un utile dalla loro rivendita. Se è in grado di acquistare in grosse quantità, egli può fare salire il corso dei titoli su cui specula, perché creando una domanda artificiale fa credere ad altri operatori che il titolo meriti di essere acquistato. Si verifica, così, un eccesso di domanda sull'offerta e il corso sale, pur se per un periodo breve, che è tuttavia sufficiente al rialzista per trarre un utile dall'operazione. (v. anche *bull transaction*)

bull account: ***periodo al rialzo; ciclo operativo al rialzo.*** Termine usato con lo stesso significato di *bull period* (v.).

bull-and-bear bonds: ***obbligazioni scommessa.*** Il termine inglese indica uno dei tanti tipi di obbligazioni studiati per spingere l'investitore a sottoscrivere prestiti con la prospettiva di un maggior rendimento. In particolare, questo tipo consiste di due tranche, la *bull tranche*, che prevede un aumento del prezzo di rimborso se un indice di borsa preselezionato sale e una riduzione del prezzo di rimborso se, invece, l'indice scende; mentre la *bear tranche* ha un piano di rimborso esattamente inverso. Il rischio dell'emittente è coperto dall'automatico bilanciamento dei diversi prezzi di rimborso, ma egli trae un profitto dal tasso d'interesse lievemente inferiore concesso ai sottoscrittori.

bull campaign: ***campagna al rialzo.*** Espressione usata nel linguaggio delle borse valori per indicare l'azione dei rialzisti tendente a far salire i corsi dei titoli mediante forti acquisti allo scoperto. Ciò induce altri operatori a comprare sul mercato e quando la domanda supera l'offerta i rialzisti vendono realizzando un utile.

bulldog bonds: ***obbligazione estere in sterline.*** Lo stesso che *bulldogs* (v.).

bulldog market: Il mercato londinese, parte del mercato mobiliare costituito dalla borsa valori, nel quale si trattano i titoli a reddito fisso noti come *bulldogs* (v.).

bulldogs: ***obbligazioni estere in sterline.*** Termine del gergo borsistico britannico, con il quale si indicano titoli nominativi a reddito fisso denominati in sterline e trattati sul mercato londinese, ma provenienti da emittenti stranieri, principalmente stati sovrani e organismi internazionali.

bullet: Termine del gergo finanziario britannico con il quale si indica un mutuo che prevede il pagamento di interessi per tutta la sua durata e il rimborso della somma capitale in unica soluzione alla scadenza del mutuo.

bullet bond: Espressione con la quale si indica un titolo a reddito fisso, di solito un'eurobbligazione, la cui data di scadenza è piuttosto lontana nel tempo.

bull financial market: ***mercato finanziario rialzista.*** Lo stesso che *bull market* (v.).

bullion: ***metallo prezioso.*** Il termine inglese indica oro e argento con grado di finezza uguale o quasi a quello delle monete coniate dalle zecche dei vari paesi. Tale metallo può assumere la forma di lingotti, ma anche quella di monete antiche o straniere, medaglie, coppe, ecc. Il termine è, comunque, generalmente usato per indicare l'oro e l'argento, coniati o non coniati.

bullion broker: Broker che si interessa di operazioni di compravendita di metalli preziosi sul *bullion market* (v.).

Bullion Committee: La commissione che, nel 1810, raccomandò il ritorno alla convertibilità della sterlina, sospesa durante le guerre napoleoniche, in quanto, come sosteneva Ricardo in una serie di lettere al *Morning Chronicle*, si stava verificando un'eccessiva emissione di valuta cartacea.

bullionism: ***bullionismo.*** Termine con il quale si indica la politica monetaria della prima fase del mercantilismo (secoli 16° e 17°), che sosteneva la regolazione diretta di operazioni commerciali tra paesi stranieri in metalli preziosi. Ciò perché, all'epoca, si identificava la ricchezza delle nazioni con la quantità di metalli preziosi posseduta. Lo stesso termine inglese viene usato per indicare il movimento dei sostenitori delle teorie monetarie esposte dalla *Bullion Committee* (v.).

bullion market: ***mercato dei metalli preziosi; mercato dell'oro.*** Centro finanziario in cui si effettuano operazioni di compravendita di oro in verghe. In Gran Bretagna questa attività è svolta da cinque aziende di *bullion brokers* (v.), che si riuniscono ogni giorno feriale per fissare il prezzo ufficiale dell'oro, e da banche e operatori autorizzati. Tutte le operazioni si svolgono per contanti. (v. anche *London gold market*)

bullion points: ***punti dell'oro; punti metallici.*** Termine usato con lo stesso significato di *gold points* (v.).

bullish: ***rialzista.*** Il termine inglese è usato soltanto come aggettivo per indicare una tendenza o un'aspettativa al rialzo dei corsi azionari, obbligazionari o dei cambi.

bullish market: ***mercato con tendenza al rialzo.*** Termine usato con lo stesso significato di *bull market* (v.).

bullishness: ***rialzismo; orientamento rialzista; orientamento al rialzo.*** J. M. Keynes indica con questo termine la maggiore preferenza del pubblico per il possesso di valori mobiliari acquistati con fondi mutuati dalle banche, in previsione di un aumento dei corsi, cui si accompagna una minore preferenza per i depositi a risparmio. Questo atteggiamento porta a un aumento della domanda di moneta bancaria.

bull market: ***mercato al rialzo; mercato rialzista; mercato del toro.*** Nel linguaggio delle borse valori, un mercato con corsi al rialzo o nel quale si prevedono forti rialzi dei corsi.

bull period: ***periodo al rialzo; ciclo operativo al rialzo.*** Nel linguaggio delle borse valori, un periodo in cui il mercato presenta una tendenza al rialzo, magari appoggiata o stimolata da operazioni speculative ad opera di rialzisti. (v. anche *bull campaign*)

bull position: 1. ***posizione lunga.*** Espressione usata per indicare la situazione in cui viene a trovarsi un operatore di borsa che si è impegnato a ritirare una quantità di titoli il cui valore supera la sue disponibilità finanziarie. Egli può uscire da tale situazione facendosi riportare al successivo periodo di liquidazione, dietro pagamento di una certa percentuale, chiamata tasso di riporto. (v. anche *bear position, contango*) **2.** ***posizione rialzista.*** La posizione in cui si pone un investitore quando, prevedendo forti e generalizzati rialzi dei corsi azionari, comincia ad assottigliare i propri depositi bancari allo scopo di acquistare valori mobiliari.

bull speculation: ***speculazione al rialzo.*** Termine usato con lo stesso significato di *bull transaction* (v.).

bull speculator: ***speculatore al rialzo.*** Altro termine con il quale si indica un *bull* (v.).

bull spread: ***opzione doppia al rialzo; contratto a doppio premio al rialzo.*** Lo stesso che *spread 4* (v.), ma usato per trarre vantaggio dall'aumento di prezzo di un titolo o di un bene. (v. anche *vertical spread, calendar spread, diagonal spread*)

bull transaction: ***operazione al rialzo.*** Espressione usata nel linguaggio delle borse valori per indicare un'operazione di compravendita a termine effettuata da un rialzista che, nella speranza di un aumento dei corsi, si impegna ad acquistare in data futura ad un prezzo stabilito una certa quantità di titoli, contando di poterli rivendere ad un prezzo più alto prima di doverli pagare, così lucrando la differenza.

bumping: Nel linguaggio delle relazioni industriali statunitense, indica la politica di mantenere il lavoratore con maggiore anzianità di servizio invece di quello assunto più recentemente, quando si deve procedere a riduzione della forza lavoro di un'impresa.

bunched cost: ***costo a forfait.*** È il costo di acquisizione, indivisibile se non su basi puramente arbitrarie, di un gruppo di beni, di solito capitale fisso, comprati come una singola unità ad un prezzo complessivo e indivisibile.

bundle: ***balla.*** Lo stesso che *bale* (v.).

bundling: Termine usato nel linguaggio del marketing per indicare un accorgimento inteso a rendere un prodotto più attraente per il consumatore, unendo al prodotto stesso un servizio che l'acquirente del prodotto può avere a un prezzo speciale, come ad esempio software unito a un computer o servizi bancari offerti a prezzo forfettario a chi tiene un conto abbastanza consistente presso la banca.

bunny bonds: ***titoli coniglietto.*** Colloquialismo creato recentemente in relazione a un'emissione obbligazionaria di una società statunitense produttrice di automobili. I titoli furono così chiamati perché si moltiplicavano come i conigli, in quanto agli investitori era consentito di reinvestire gli interessi in nuovi e identici titoli.

buoyage: ***diritti di boa.*** Tassa fatta pagare agli armatori che usano un porto, quale contributo alle spese per mantenere in funzione il sistema di boe di cui è dotato il porto.

buoyancy: Nel significato figurato con il quale è usato in finanza, questo termine indica la capacità di mantenersi a galla di un gettito fiscale in periodo di inflazione. Ciò è spiegato dal fatto che mentre le spese dello stato aumentano, superando così i limiti di bilancio, a causa dell'aumento dei redditi monetari dei contribuenti e dei prezzi dei beni colpiti da imposta di fabbricazione o di altro tipo, anche il gettito fiscale aumenta, recuperando in parte o del tutto l'eccedenza delle spese statali.

buoyant: ***esuberante; al rialzo.*** Espressione aggettivale usata per indicare un mercato nel quale i prezzi tendono a salire facilmente, a seguito di scambi attivi e consistenti.

buoy dues: ***diritti di boa.*** Termine usato con lo stesso significato di *buoyage* (v.).

buqshah: Moneta divisionale dello Yemen del Nord, oggi non più usata, equivalente ad un quarantesimo di riyal.

Bur.: bureau.

burden: 1. ***costo indiretto; costo di imputazione indiretta; costo comune.*** Termine generico usato per indicare costi che non è agevole o possibile imputare a prodotti specifici o a specifiche unità produttive, ma che gravano sulla produzione o sull'impresa considerate nel loro complesso. **2.** ***onere del debito nazionale.*** Termine usato con lo stesso significato di *burden of the national debt* (v.). **3.** ***carico tributario.*** L'onere tributario sostenuto dal singolo cittadino contribuente o dalla singola entità economica. **4.** ***portata.*** Il peso in tonnellate che una nave può trasportare. A tale fine, la tonnellata è considerata equivalente a quaranta piedi cubi, invece dei cento della tonnellata di stazza.

burden centre: ***centro di costi.*** Il termine inglese viene usato nelle imprese produttrici di beni con lo stesso significato di *cost centre* (v.).

burden method of accounting: Metodo di contabilità che prevede che le spese generali vengano raggruppate in un unico conto, senza ulteriori imputazioni a determinati oggetti, fatta eccezione per i costi di materie prime e di manodopera.

burden of proof: ***onere della prova.*** Principio giuridico in base al quale chi intende dimostrare l'esistenza di un determinato fatto o rapporto, ovvero l'inesistenza di un determinato fatto o rapporto in giudizio, deve addurre le prove necessarie per convincere la corte. Così, chi vuol far valere un diritto in giudizio, deve provare i fatti che ne costituiscono il fondamento.

burden of taxation: ***carico tributario; pressione tributaria.*** Termine usato come sinonimo più preciso di *burden 3* (v.).

burden of the national debt: ***onere del debito nazionale.*** Lo si può calcolare come percentuale del reddito nazionale o come una somma pro–capite sull'intera popolazione di un paese. Se col termine *national debt* si intende sia il debito interno che quello estero, l'onere sarà più gravoso per la comunità, in quanto esso implica un trasferimento di ricchezza in altri paesi sotto forma di pagamento di interessi e rimborso della somma capitale, che influenza il saldo complessivo della bilancia dei pagamenti. Se, invece, si intende il solo debito interno, il pagamento degli interessi non crea povertà, in quanto si tratta semplicemente di trasferimenti di moneta da un gruppo di persone ad un altro. Tuttavia, quanto più grande è l'ammontare del debito nazionale, tanto più grande risulta l'ammontare di interessi che lo stato dovrà pagare e, quindi, tanto più grande il carico tributario che dovrà sostenere ciascun cittadino. Inoltre, quanto maggiore è la spesa dello stato per coprire gli interessi del debito nazionale, tanto minore può risultare la spesa pubblica in investimenti produttivi e in servizi sociali, senza considerare le difficoltà che ciò crea a qualsiasi tipo di politica tendente a controllare l'economia del paese. (v. anche *internal debt, external debt, national debt, public debt*)

bureau: 1. ***ufficio.*** Il termine inglese viene usato per indicare principalmente un ufficio che tratta con il pubblico. **2.** ***dipartimento; sezione; divisione.*** Negli Stati Uniti, il termine inglese indica una divisione o sezione di un ministero.

bureaucracy: ***burocrazia.*** Il termine indica sia il complesso dei pubblici funzionari, sia, in senso astratto, il potere assunto dalla massa dei funzionari nello stato moderno. Anche in inglese, come in italiano, il termine è spesso usato, in senso dispregiativo, per indicare un sistema amministrativo poco flessibile, inefficiente e corrotto o un gruppo di amministratori pubblici ai quali si ascrivono le suddette colpe.

bureau de change: ***agenzia di cambiavalute.*** Termine di origine francese, usato anche nel Regno Unito per indicare un'agenzia indipendente o il reparto di una banca presso i quali è possibile effettuare operazioni di cambio di valute estere. Tali agenzie si trovano in gran numero nelle zone più frequentate dai turisti.

Bureau of Labor Standards: Divisione del ministero del lavoro degli Stati Uniti, preposta allo studio e allo sviluppo di standard di sicurezza, igienici e sanitari al fine di migliorare le condizioni di lavoro nelle industrie.

Bureau of Labor Statistics: Divisione del ministero del lavoro degli Stati Uniti, preposta alla raccolta, elaborazione e diffusione di informazioni su questioni concernenti il lavoro. Raccoglie e elabora dati statistici relativi alla forza lavoro, all'occupazione, alla disoccupazione, ai salari, alla produttività, agli sviluppi tecnologici, alle relazioni industriali, alle tendenze dei prezzi, al costo della vita, allo sviluppo industriale, ecc. Tutti questi dati vengono forniti spontaneamente da sindacati, lavoratori, imprenditori e altre agenzie governative, che hanno interesse ai risultati delle indagini svolte da questa divisione.

Bureau of Land Management: Sezione amministrativa del ministero dell'interno degli Stati Uniti, preposta all'applicazione delle leggi federali sull'utilizzazione del demanio federale e delle sue risorse.

Bureau of Public Assistance: Reparto della *Social Security Administration* (v.) del governo degli Stati Uniti, preposto all'applicazione del *Social Security Act* (v.), che prevede stanziamenti ed altri tipi di assistenza agli stati dell'Unione che abbiano piani soddisfacenti di assistenza alle persone anziane bisognose, ai non vedenti, ai portatori di handicap e ai bambini.

Bureau of Public Roads: Sezione del ministero del commercio degli Stati Uniti, preposta all'amministrazione dei contributi del governo federale ai singoli stati per la costruzione e la manutenzione delle principali vie di comunicazione. Tra i suoi compiti, rientra anche quello di collaborare con il ministero dell'agricoltura e con quello dell'interno alla costruzione di strade su terreni demaniali, quali le foreste e i parchi nazionali.

Bureau of Reclamation: Una delle più importanti divisioni del ministero dell'interno degli Stati Uniti. Si interessa di progetti di irrigazione e attività connesse, quali la costruzione di dighe e bacini di riserva, centrali idroelettriche, reti di trasmissione dell'energia prodotta, acquedotti, canali, ecc.

Bureau of the Budget: Prima del 1939 era una divisione del ministero del tesoro, ma oggi è una divisione dell'esecutivo del Presidente degli Stati Uniti, che prepara e gestisce il bilancio federale e collabora alla formulazione della politica fiscale del governo federale.

Bureau of the Customs: Divisione del ministero del tesoro degli Stati Uniti, preposto a tutte le questioni connesse con le importazioni e le esportazioni. Tra gli altri suoi compiti, quali la prevenzione del contrabbando, c'è anche quello di determinare e riscuotere i dazi doganali.

Bureau of the Mint: Divisione del ministero del tesoro degli Stati Uniti, preposto a sovrintendere all'attività delle zecche di stato e degli uffici addetti al saggio dei metalli preziosi.

Bureau of the Public Debt: Branca del fisco statunitense, dipendente dal ministero del tesoro e preposta alla gestione del debito pubblico. Tra i suoi compiti rientrano quelli di preparare le offerte di nuove emissioni del debito pubblico, suddividerle tra i sottoscrittori che ne fanno richiesta, gestire le sottoscrizioni ed emanare norme per regolamentare le operazioni di compravendita, da parte dello stato, di titoli del debito pubblico già in circolazione. (v. anche *public debt*)

Bureau of Veterans' Reemployment Rights: Sezione del ministero del lavoro degli Stati Uniti, creata in base ad una legge approvata dal Congresso nel marzo del 1947 e successivamente modificata e integrata, col compito di facilitare il reinserimento nel mondo del lavoro degli ex combattenti americani.

burglary insurance: ***assicurazione contro il furto.*** Nel Regno Unito, è una forma specializzata di assicurazione, che garantisce l'assicurato contro il furto con scasso perpetrato tra le diciotto e le sei del mattino, ma di regola non dà copertura contro piccoli furti ad opera di persone introdottesi in casa su invito dell'assicurato o che prestano servizio in qualità di domestici.

burial society: Tipo di società di mutuo soccorso, che offre ai soci un'assicurazione sulla vita per una somma pari alle spese funebri.

Burnham scales: Sono i parametri di retribuzione degli insegnanti in Inghilterra e nel Galles. Così chiamati, perché contrattati su base collettiva dalla *Burnham Committee*, di cui fu primo presidente Lord Burnham nel 1919. La *Burnham Committee* è un comitato paritetico, del quale fanno parte rappresentanti delle organizzazioni sindacali degli insegnanti e rappresentanti degli enti locali, responsabili delle spese dell'istruzione pubblica.

burning ratio: Nelle assicurazioni, è il rapporto tra l'effettiva perdita a seguito di incendio e il valore totale della proprietà che avrebbe potuto incendiarsi.

bus.: 1) bushel; 2) business.

bush.: bushel.

bushel: Misura di capacità usata per aridi e liquidi nel Regno Unito e per soli aridi negli Stati Uniti e nel Canada. Il bushel imperiale, in uso nel Regno Unito, è uguale a 2219,36 pollici cubi, corrispondenti a litri 36,3677; il bushel winchester, in uso negli Stati Uniti, è uguale a 2150,42 pollici cubi, corrispondenti a litri 35,2383. Un bushel di frumento ha il peso convenzionale di 60 libbre, corrispondenti a kg. 27,216 sia negli Stati Uniti che nel Regno Unito; un bushel di orzo ha il peso convenzionale di 48 libbre negli Stati Uniti e 50 libbre nel Regno Unito, corrispondenti rispettivamente a kg. 21,772 e kg. 22,680; un bushel di segale ha il peso convenzionale di 56 libbre, corrispondenti a kg. 25,301, sia negli Stati Uniti che nel Regno Unito; un bushel di avena ha il peso convenzionale di 32 libbre negli Stati Uniti e 39 libbre nel Regno

Unito, corrispondenti rispettivamente a kg. 14,515 e kg. 17,690. Lo stesso termine indica un'unità di misura di peso usata per il carbon fossile a Newcastle, equivalente a kg. 33,868.

business: 1. *impresa; azienda; ditta.* Termine generico con il quale si indica un qualsiasi tipo di organizzazione imprenditoriale che, attraverso la vendita di un prodotto, ricava utili per i suoi proprietari. Il termine può applicarsi tanto ad un'impresa produttrice di beni o servizi, quanto ad un'impresa commerciale o di altro tipo. Pertanto, esso è sinonimo di *firm, enterprise, company, partnership* e altri termini, senza però avere le connotazioni o i significati specifici di questi ultimi. In questo significato, il termine inglese può essere usato anche nella sua forma plurale *businesses*, come avviene anche quando esso assume il significato di attività. **2. *affari; attività imprenditoriale.*** Nel suo significato originario, il termine inglese indica una qualsiasi attività comunque connessa con la produzione o lo scambio di beni e servizi. **3. *affare; faccenda; questione.*** Una qualsiasi questione, oggetto di discussione o decisione in una riunione o in un'assemblea.

business activity: *attività commerciale.* L'attività lavorativa svolta in una qualsiasi branca del commercio, per distinguerla da quella svolta nel settore industriale, dei servizi personali o nel settore pubblico.

business administration: *amministrazione aziendale; gestione aziendale.* La branca della direzione che abbraccia la supervisione e il funzionamento di qualsiasi organizzazione aziendale.

business administrator: *amministratore aziendale.* Persona preposta al controllo e alla gestione di un'impresa o di un suo reparto.

business agent: 1. *incaricato di affari.* Nel linguaggio delle relazioni industriali statunitense, il termine indica un impiegato a tempo pieno di un sindacato, che segue le contrattazioni e sorveglia la precisa e puntuale esecuzione degli accordi. **2. *agente di affari.*** Persona che agisce per conto di altri, dai quali gli è stata concessa l'autorità di rappresentarli in questioni relative all'attività commerciale di cui essi si occupano.

business assistance: *assistenza negli affari.* Insieme di servizi, di carattere prevalentemente tecnico e professionale, che un'azienda svolge a favore di suoi clienti. In particolare, le banche offrono assistenza di questo genere, che spesso va al di là delle loro funzioni strettamente istituzionali.

business association: *impresa; azienda.* Lo stesso che *business enterprise* (v.).

«business as usual»: Espressione usata all'inizio della prima guerra mondiale per significare che la guerra non avrebbe cambiato le consuetudini commerciali del paese. Oggi, viene ancora usata per indicare che l'impresa continua a svolgere la propria attività, malgrado determinate difficoltà.

business barometer: *barometro economico.* Insieme di indici relativi a fenomeni economici, quali il credito, la produzione, il commercio, ecc., elaborati per facilitare le previsioni circa il futuro andamento di un singolo fenomeno o della situazione economica generale.

business budget: *budget aziendale.* Piano formale e dettagliato che funge da previsione e controllo di operazioni future, generalmente relative ad entrate e uscite, in un arco di tempo definito, solitamente un anno. Il budget aziendale rappresenta una parte importante nel ciclo degli eventi gestionali di un'impresa ed è, in effetti, un'espressione delle intenzioni della direzione dell'impresa. Infatti, il budget generale, che sarà adottato dall'azienda per il periodo di tempo cui esso si riferisce, scaturisce dalla fusione, con opportune revisioni, dei budget preparati per i singoli reparti in cui è suddivisa l'azienda. Il termine *business budget* viene usato per distinguere un bilancio aziendale dal bilancio dello stato, chiamato *national budget* (v.).

business card: *biglietto di visita.* Biglietto usato da uomini d'affari, sul quale è stampato il nome della persona, la ragione sociale e l'indirizzo dell'impresa per la quale lavora e la carica o funzione ricoperta nell'organizzazione.

business cash: *moneta commerciale.* Moneta contante o depositi bancari liquidi di cui può disporre un'impresa per far fronte ai propri impegni.

business centre: *centro degli affari; centro commerciale.* Lo stesso che *central business district* (v.).

business class: *classe imprenditoriale; uomini d'affari.* Una delle tre classi che costituiscono una comunità, se quest'ultima viene suddivisa, ai fini di un'indagine, nelle classi che costituiscono il suo tessuto economico. La classe imprenditoriale è formata da tutti coloro che partecipano al processo produttivo investendo i capitali forniti dalla classe dei risparmiatori e finalizzando e organizzando il lavoro offerto dalla classe dei salariati.

business combination: *fusione di aziende.* L'unione di due o più aziende, realizzata o trasferendo ad una di esse il patrimonio delle altre (v. *merger*) o costituendo una nuova società che assorbe tutte quelle preesistenti (v. *consolidation*).

business concern: *impresa; azienda.* Termine usato con lo stesso significato di *business enterprise* (v.).

business corporation: *società commerciale.* Negli Stati Uniti, è la società che si interessa della produzione o della distribuzione di beni. Si usa questo termine per distinguerla da altri tipi di società, che si muovono in altri settori dell'economia, come ad esempio le società finanziarie, le aziende di pubblici servizi e simili.

business correspondence: *corrispondenza commerciale.* Corrispondenza che ha per oggetto questioni relative allo svolgimento di una qualsiasi attività commerciale. Tale tipo di corrispondenza fa uso di un linguaggio e di strutture particolari, che richiedono una certa pratica e una discreta conoscenza del mondo degli affari.

business customs: *consuetudini commerciali.* Sono gli usi e i costumi sui quali si basa l'attività commerciale svolta in un paese o in un determinato mercato. Nel Regno Unito, le consuetudini commerciali sono state accolte nel *common law* (v.) e hanno costituito la base del diritto commerciale.

business cycle: *ciclo economico.* Termine statunitense, usato con lo stesso significato di *trade cycle* (v.).

business day: *giorno lavorativo.* Nel Regno Unito sono lavorativi tutti i giorni, ad eccezione delle domeniche, delle feste religiose e delle *bank holidays* (v.).

business deal: *operazione commerciale.* Termine usato con lo stesso significato di *business transaction* (v.).

business deposits: *depositi commerciali.* Depositi bancari creati o mutuati dalle imprese e tenuti disponibili per scopi commerciali, quali l'acquisto di materie prime o prodotti e il pagamento di salari e stipendi.

business economics: *economia aziendale.* Termine oggi poco usato per indicare la disciplina di studio che si interessa delle aziende produttrici e distributrici di beni e servizi.

business economist: ***aziendalista; economista aziendale.*** Professionista, esperto di questioni aziendali connesse con l'andamento dei mercati, che svolge opera di consulenza a tempo parziale o a tempo pieno per un'impresa, interessandosi principalmente di programmazione aziendale.

business enterprise: ***impresa; azienda.*** Con questo termine si indica un qualsiasi tipo di organizzazione, sia persona fisica che persona giuridica, che esplichi un'attività economica ed abbia un'esistenza distinta e separata nella comunità.

business entity: ***entità aziendale.*** Termine usato con lo stesso significato di *business enterprise* (v.).

business entity concept: ***concetto dell'entità aziendale.*** In ragioneria, è il concetto che l'impresa costituisce un'entità a se stante, del tutto indipendente da coloro che la possiedono o che la gestiscono e che, pertanto, nei libri contabili aziendali devono trovare espressione soltanto gli eventi relativi all'impresa, con l'esclusione di qualsiasi affare personale dei proprietari o gestori.

business equipment: ***attrezzature.*** Termine generico con il quale si indica il capitale fisso utilizzato da un'impresa industriale o commerciale, quale ad esempio macchine, impianti, veicoli e simili.

business establishment: ***impresa; azienda.*** Termine usato con lo stesso significato di *business enterprise* (v.).

business ethics: ***etica imprenditoriale; etica aziendale.*** Espressione del linguaggio giornalistico usata per indicare l'etica che pervade le azioni degli uomini d'affari, con l'implicazione che essa sia inferiore a quella di altre categorie, in quanto le prospettive di guadagno fanno sì che gli imprenditori passino sopra a qualsiasi altro tipo di considerazioni morali. Laddove l'aspetto tecnico del bene prodotto va al di là delle conoscenze del consumatore medio, egli può essere ingannato dall'impresa produttrice e ciò si può verificare in un'ampia gamma di beni e servizi. L'unica difesa che il consumatore può adottare è quella di chiedere consiglio, quando egli sospetta l'inganno in relazione alla qualità del bene o servizio, o di guardarsi intorno e paragonare i prezzi di vendita, quando egli sospetta l'inganno in relazione al prezzo. Spesso, infatti, il desiderio di grossi profitti è alla base di una politica poco lungimirante, che tende a sfruttare il consumatore, senza tener conto che l'impresa può sopravvivere soltanto se diffonde un'immagine tale da spingere i consumatori a diventare suoi clienti abituali. A volte, tale sfruttamento è reso possibile anche dallo scarto temporale tra la creazione di nuovi prodotti, siano essi beni o servizi, e l'approvazione di leggi tendenti a tutelare i consumatori, per cui questi ultimi si trovano esposti, per un certo periodo di tempo, all'arbitrio dei produttori.

Business Expansion Scheme: Un piano per l'espansione dell'attività economica, lanciato dal governo britannico nel 1983. Si basava essenzialmente su vantaggi fiscali offerti a tutti coloro che investivano, tra il 1983 e il 1987, in piccole imprese in espansione, non ancora quotate in borsa. L'investitore poteva usufruire di sgravi fiscali fino a un massimo di 40.000 sterline all'anno. Il piano rendeva anche possibile all'investitore di partecipare alla costituzione di fondi speciali, promossi da varie istituzioni finanziarie, in modo da ripartire il rischio in un ampio numero di investimenti.

business failure: ***fallimento aziendale.*** Espressione generica usata nel linguaggio popolare per indicare la situazione in cui viene a trovarsi un'impresa che deve cessare la propria attività a seguito di procedimenti giudiziari o azioni volontarie che hanno come risultato un'eccedenza di perdite rispetto ai profitti. (v. anche *bankruptcy, liquidation*)

business finance: ***finanza delle imprese; finanza aziendale.*** È l'insieme delle risorse di cui può disporre un'impresa per raggiungere i propri fini. Le necessità finanziarie di un'impresa si possono dividere in tre grandi gruppi: a breve, a medio e a lungo termine.

business firm: ***impresa; azienda.*** Termine usato con lo stesso significato di *business enterprise* (v.).

business fluctuations: ***fluttuazioni economiche.*** Lo stesso che *economic fluctuations* (v.).

business forecasting: ***previsioni commerciali; previsioni aziendali.*** Espressione usata per indicare l'arte di predire il futuro andamento di un'impresa in particolare o dell'attività commerciale in generale. Tali previsioni possono dividersi in tre grandi gruppi: a breve termine, cioè relative ad un periodo che va dai tre ai diciotto mesi; a medio termine, cioè relative ad un periodo oscillante tra i due e i tre anni; a lungo termine, cioè relative ad un periodo che va dai cinque ai quindici anni. Le previsioni a breve termine riguardano principalmente le attività di vendita e la creazione di scorte e sono influenzate dai livelli correnti dell'attività commerciale. Quelle a lungo termine, invece, sono influenzate dalle aspettative di crescita economica e riguardano gli investimenti in beni capitali e la ripartizione di nuove capacità e risorse tra nuovi prodotti e nuovi mercati nazionali e internazionali. Le previsioni di medio termine sono poco usate nella pianificazione aziendale, in quanto non si rivelano utili ad alcuno scopo che non sia estremamente specifico e pertanto limitato a poche imprese che operano in un campo particolare.

business forecasts: ***previsioni commerciali; previsioni aziendali.*** Termine usato con lo stesso significato di *business forecasting* (v.), pur se riferito a specifiche, singole previsioni.

business formation: ***formazione di nuove imprese.*** La costituzione di nuove imprese in uno qualsiasi dei settori economici di un paese. È un indicatore dello stato di salute dell'economia, che registrerà un alto numero di nuove imprese in periodi di espansione e un più basso numero di nuove costituzioni, se non un numero più o meno alto di fallimenti, in periodi di recessione. (v. anche *net business formation*)

business game: ***gioco aziendale.*** Termine usato con lo stesso significato di *management game* (v.).

business gifts: ***doni aziendali.*** I doni che molte imprese si scambiano tra loro o inviano a loro fornitori o clienti, di solito in occasione delle feste di fine anno. Tali doni variano di importanza, dalle cassette di vini o liquori ai calendari o alle agende, e spesso fungono anche da veicolo pubblicitario.

business hours: ***orario di esercizio.*** Le ore durante le quali, nell'arco di una giornata, gli esercizi commerciali restano aperti al pubblico.

business income: ***reddito aziendale; reddito di impresa.*** È il reddito netto di un'azienda, che si ottiene depurando dei costi di produzione il reddito lordo.

business indicator: ***indicatore commerciale.*** Un indicatore basato sul livello di attività commerciale riscontrata in un determinato periodo di tempo, che consente previsioni per il futuro relativo sia al settore osservato che all'indotto. (v. anche *economic indicator, leading indicator*)

business insurance: È l'assicurazione per il caso di morte di dirigenti o impiegati di particolare valore, stipulata dal datore di lavoro che sarà anche il beneficiario della polizza.

business interruption insurance: ***assicurazione contro l'interruzione di esercizio.*** Lo stesso che *loss of profits insurance* (v.).

business interruption policy: ***polizza di assicurazione contro l'interruzione di esercizio.*** Termine usato con lo stesso significato di *loss of profits policy* (v.).

business investment: ***investimento aziendale.*** Lo stesso che *company investment* (v.).

business investor: ***azienda investitrice.*** Termine usato nel linguaggio finanziario britannico per indicare una impresa che, tra le altre attività, effettua anche investimenti sui mercati finanziari e possiede, pertanto, una esperienza specifica delle operazioni che si svolgono in tali mercati.

business is business: ***gli affari sono affari.*** Frase usata per indicare che gli affari vengono posti in posizione prioritaria e, pertanto, precedono qualsiasi altra considerazione di carattere umano, morale, etico, ecc. (v. anche *business ethics*)

business law: ***diritto commerciale.*** Lo stesso che *commercial law* (v.).

business leader: ***capitano d'industria.*** Termine usato per indicare un uomo d'affari a capo di una potente organizzazione industriale o commerciale.

business letter: ***lettera commerciale; lettera di affari.*** Lettera che ha per oggetto una qualsiasi questione connessa allo svolgimento di un'attività commerciale e che viene scritta secondo i canoni della corispondenza commerciale. (v. anche *business correspondence*)

business loan: ***mutuo aziendale.*** Un qualsiasi mutuo concesso ad imprese industriali o commerciali, al fine di consentir loro di effettuare investimenti sotto forma di scorte o di ampliare il loro volume di produzione o di distribuzione di beni o servizi. Il termine inglese viene usato per distinguere questo tipo di prestiti da quelli concessi a istituzioni finanziarie o ad altre imprese non impegnate in attività produttive o commerciali.

business machines: ***macchine da ufficio.*** Qualsiasi macchina, contabile, affrancatrice, per scrivere, ecc., che contribuisce al rapido disbrigo del lavoro d'ufficio. In questa categoria, sono di recente entrati anche i piccoli computer usati negli uffici.

businessman: ***uomo di affari.*** Termine generico con il quale si indica una qualsiasi persona che svolge la propria attività lavorativa nel mondo degli affari. Può, pertanto, applicarsi ad un agente o ad un qualsiasi commerciante, ma più spesso si usa per designare il titolare di un'impresa o un funzionario di alto grado che presta la propria opera alle dipendenze di un'azienda grande e importante.

business manager: ***dirigente aziendale.*** Termine generico, usato per indicare una persona impiegata a livello dirigenziale presso un'impresa commerciale o industriale, nella quale è responsabile di questioni finanziarie e amministrative.

businessman's investment: Con questa espressione si indica un investimento in titoli di società i cui utili variano ampiamente col variare delle tendenze economiche. Così chiamato, perché adatto ad un uomo d'affari che è in grado, grazie alla sua attività, di seguire il mercato e prevedere le tendenze del ciclo economico.

business mathematics: ***computisteria.*** Disciplina di studio che ha per oggetto i conteggi e i calcoli relativi allo svolgimento di una qualsiasi attività commerciale.

business motive: ***movente commerciale.*** Secondo Keynes, questo è uno dei moventi della preferenza per la liquidità. Gli imprenditori tengono denaro in forma liquida allo scopo di coprire l'intervallo di tempo che passa tra il momento in cui essi sostengono i costi relativi alla propria attività e il momento in cui incassano il ricavo della vendita dei loro prodotti. La domanda di moneta dettata dal movente commerciale dipenderà principalmente dal valore della produzione corrente e dal numero di intermediari tra il produttore e il consumatore finale.

business name: ***ragione sociale; ditta.*** Il termine inglese indica di solito un nome di fantasia, sotto il quale un'impresa svolge la propria attività.

Business Names Registration Act: Legge, approvata dal parlamento britannico nel 1916, che nel suo articolo 1 stabilisce che tutte le imprese operanti nel Regno Unito devono iscriversi presso l'apposito registro, se intendono svolgere la loro attività sotto una ragione sociale diversa dal nome dei soci o dei proprietari. Se, invece, un imprenditore intende svolgere un'attività usando il proprio nome come ragione sociale, è autorizzato a farlo senza dover osservare alcuna formalità. Gli articoli successivi di questa legge stabiliscono le norme relative alla procedura dell'iscrizione, alle modifiche di ragione sociale, all'istituzione delle due conservatorie presso il Registro delle Società di Londra e di Edimburgo, ecc. Tra l'altro, la legge prevede che la ragione sociale compaia in ogni documento dell'impresa, ivi inclusa la carta da lettere, con l'indicazione della nazionalità dei soci, se essi non sono cittadini britannici, nel caso di società semplici.

business organization: ***impresa; azienda.*** Lo stesso che *business enterprise* (v.).

business panic: ***panico economico.*** Periodo di estrema sfiducia nelle capacità del sistema economico, che di solito si manifesta dopo che si è esaurito un periodo di espansione. Nella convinzione che i mercati crolleranno, gli investitori si affrettano a svendere i loro investimenti, col risultato che il temuto crollo dei prezzi viene accelerato, causando ulteriore sfiducia in altri settori dell'economia.

business plans: ***piani volontari di affari.*** Iniziative spontanee di produttori, mediante le quali essi si impegnano reciprocamente ad agire sulla quantità di beni prodotti in un settore, predisponendo controlli diretti ad evitare violazioni degli accordi presi.

business policy: ***politica aziendale.*** Lo stesso che *company policy* (v.).

business premises: ***locali aziendali.*** I locali in cui ha sede un'impresa. Possono essere uffici, locali di vendita o di esposizione, locali adibiti ad officine o a stabilimento e così via.

business premises policy: ***polizza di assicurazione dei locali aziendali.*** Una polizza di assicurazione del ramo incendio, che copre il rischio di danni ai locali in cui ha sede un'impresa, derivanti da incendio, scoppio di fulmini, esplosioni, caduta di aerei, terremoti, insurrezioni e rivolte popolari, tempeste, calamità naturali, rottura di tubi, ricorso vicini, urto di veicoli, ecc.

business relations: ***relazioni d'affari.*** Le relazioni intrattenute da due o più operatori o imprese.

business reply service: ***servizio di risposta affrancata.*** È il servizio di risposta con affrancatura a carico del destinatario, offerto dalle Poste, usato particolarmente quando un'azienda non vuole far pagare le spese postali ai suoi corrispondenti. Si realizza con l'invio ai corrispondenti di cartoline o buste che non richiedono affrancatura. Prima di poter utilizzare questo servizio, l'azienda deve essere autorizzata dall'ufficio postale, previo versamento di una somma di denaro in deposito.

business report: ***rendiconto d'esercizio.*** Lo stesso che *annual report* (v.).

business reputation: ***reputazione commerciale.*** La reputazione di cui gode un'impresa in un mercato, tra i consumatori, tra le imprese concorrenti, tra i fornitori e, comunque, nel mondo commerciale e finanziario.

business risk: ***rischio commerciale.*** Termine generico, usato per indicare il rischio inerente a qualsiasi tipo di attività commerciale, finanziaria, ecc., incluso il rischio del tasso d'interesse cui è esposto l'investitore non direttamente coinvolto in alcun tipo di attività commerciale.

business savings: risparmio d'impresa. Quella parte del reddito netto di un'azienda non distribuito sotto forma di dividendi o pagamenti di altra natura, ma trattenuto sotto forma di riserve, quote di ammortamento o per finanziare nuovi investimenti.

business school: ***scuola aziendale.*** Dipartimento universitario, presso il quale ci si può specializzare in alta direzione aziendale.

business sector: ***settore commerciale.*** L'ambito in cui si svolge l'attività economica di un'impresa, per distinguerlo dai settori personale e statale.

business services: ***servizi aziendali.*** I diversi servizi, alcuni dei quali sono menzionati sotto *business services industry* (v.), che un'impresa preferisce acquistare dall'esterno invece di produrli in prima persona. Il termine può essere anche usato in un significato più ampio per indicare la vasta gamma di servizi di cui ha bisogno l'attività economica e cioè la pubblicità, i servizi finanziari e di trasporto, le assicurazioni, ecc.

business services industry: ***industria dei servizi aziendali.*** Questo nuovo tipo di industria vanta una notevole crescita ed è stato calcolato che negli Stati Uniti essa creerà il maggior numero di nuovi posti di lavoro ed avrà il secondo più alto tasso di crescita di occupazione tra 149 altre industrie esaminate. Questa notevole crescita va attribuita a una serie di fattori che si sono combinati tra loro. In primo luogo, molti nuovi tipi di servizi sono diventati parte integrante della moderna gestione aziendale. Il computer e altri progressi tecnologici hanno fatto insorgere la domanda di servizi di programmazione e di software e di un'ampia gamma di servizi di consulenza e gestione. I servizi di sicurezza e sorveglianza si sono diffusi a macchia d'olio a seguito del tentativo delle imprese di evitare gli alti premi assicurativi e le perdite non coperte da assicurazione. Inoltre, si sono ampliate le richieste di collaborazione saltuaria al di là del lavoro impiegatizio, includendo tecnici e professionisti. In secondo luogo, come indica la *Monthly Labor Review*, molte imprese trovano più conveniente dare in appalto questi servizi, invece di utilizzare personale proprio. Infatti, un appaltatore esterno può mantenere personale specializzato e trarre vantaggio dalle economie di scala non realizzabili dalle singole imprese.

Business Statistics Office: Organismo creato dal governo britannico nel 1969, col compito di istituire e gestire un sistema di rilevazioni statistiche utilizzabili sia dalle industrie e altri tipi di imprese, sia dal governo.

business studies: ***studi di amministrazione aziendale.*** Sono corsi offerti da istituzioni culturali a livello universitario, autorizzate a rilasciare diplomi.

business taxation: ***imposizione sugli utili d'impresa.*** Gli utili da impresa sono assoggettati ad imposizione fiscale. Nel Regno Unito l'imposta si calcola sugli utili dopo averli depurati degli interessi passivi e delle detrazioni consentite dalla legge, ma prima della distribuzione dei dividendi.

business taxes: ***imposte sugli utili d'impresa.*** Termine generico, con il quale si indicano tutti i tipi di imposte che colpiscono a qualunque titolo gli utili d'impresa. Il termine è spesso usato in contrapposizione a imposte personali.

business transaction: ***operazione commerciale.*** Una qualsiasi operazione svolta con o da un'impresa commerciale o secondo canoni commerciali riconosciuti. Nel linguaggio della contabilità, il termine inglese è sinonimo di *external transaction* (v.).

business trip: ***viaggio di affari.*** Un qualsiasi viaggio fatto in relazione allo svolgimento di un'attività imprenditoriale. Il termine viene usato in contrapposizione a «viaggio di piacere».

business trust: Termine usato principalmente negli Stati Uniti per indicare una forma di organizzazione aziendale in base alla quale il controllo, la gestione e il titolo di proprietà dell'azienda erano in mano ad uno o più amministratori fiduciari, mentre la proprietà dei beni aziendali era in mano di privati, chiamati beneficiari, sotto forma di particolari certificati, detti *certificates of beneficial interest*. Questa organizzazione poteva ottenere la registrazione come società a responsabilità limitata, a seconda delle leggi dello stato in cui operava e della natura dell'organizzazione stessa. Era chiamata anche *Massachusetts trust* (v.), perché fu escogitata in quello stato americano, le cui leggi vietavano ad una società di possedere beni immobili. (v. anche *trust 2, certificate of beneficial interest*)

business unionism: ***sindacalismo aziendale.*** Termine usato principalmente negli Stati Uniti per indicare quel tipo di sindacati che si interessano quasi esclusivamente del miglioramento delle condizioni e degli orari di lavoro e dell'aumento delle retribuzioni dei lavoratori. Anche se tali sindacati hanno un programma di riforme sociali, esso viene posto in secondo piano rispetto alle rivendicazioni salariali e normative.

business unit: ***impresa; azienda.*** Termine usato con lo stesso significato di *business enterprise* (v.).

business volume: ***volume di scambi; volume delle contrattazioni.*** Lo stesso che *trading volume* (v.).

business wealth: ***patrimonio aziendale.*** Comprende gli immobili di proprietà dell'azienda, le materie prime, i semilavorati, gli impianti, i mezzi di trasporto, gli arredamenti degli uffici, ecc.

bust: ***bassa congiuntura.*** Il periodo che, nel ciclo economico, segue la crisi ed è caratterizzato da un declino dell'attività, diffusa disoccupazione, prezzi e profitti a livelli minimi e forte calo della produzione. A volte è anche indicato con il termine depressione e, quando presenta caratteristiche meno acute, col termine recessione.

busted convertible: Espressione usata nel linguaggio finanziario statunitense per indicare un'emissione di obbligazioni convertibili praticamente priva di valore, a seguito dell'improvviso e repentino crollo del prezzo delle attività che la garantiscono e del conseguente calo del corso delle azioni in cui le obbligazioni dovranno essere convertite.

bust–up deal: ***operazione di scorporazione.*** Operazione che prevede la vendita separata delle varie sussidiarie o delle varie componenti che costituiscono una holding o una società, di solito per rimborsare un debito contratto allo scopo di acquisire la stessa holding o società.

but–for income: Negli Stati Uniti, indica quella porzione di reddito attribuibile ad un processo o ad un prodotto in cui è stato incluso un certo fattore della produzione, sotto forma di costo eccedente il costo che si sarebbe sostenuto se non fosse stato usato quel fattore o se si fosse fatto ricorso a un surrogato. Gli elementi da considerarsi nel determinare l'eccedenza comprendono i costi relativi al fattore e l'effetto sulle vendite derivante da una qualsiasi variazione delle caratteristiche del prodotto cui ha contribuito quel fattore della produzione.

butt: ***pipa.*** Misura di capacità per liquidi, usata quasi esclusivamente nel commercio dei vini. La capacità della pipa inglese oscilla intorno ai 185 galloni imperiali, ma vi sono notevoli variazioni a seconda del tipo di vino considerato. In particolare, una pipa di vino di Porto contiene 114 galloni imperiali, corrispondenti a litri 518,2326; una pipa di vino di Xeres (sherry) contiene 108 galloni, corrispondenti a litri 490,9572; una pipa di vino Madeira contiene 92 galloni, pari a litri 418,2228.

butterfly spread: Particolare e complessa variante di *spread 4* (v.), che implica la vendita di due contratti a premio dont e l'acquisto di altri due contratti a premio dont sullo stesso o su differenti mercati, con diverse date di scadenza. Uno dei due contratti a premio è stipulato per un prezzo base più alto e l'altro per un prezzo base più basso degli altri due contratti. L'operatore che vi fa ricorso ricaverà un profitto dai premi, se il prezzo del titolo cui si riferiscono i contratti non subisce un brusco movimento.

butty: ***subappaltatore; piccolo appaltatore.*** Termine colloquiale, con il quale si indica una persona che assume in sub–appalto parte di un lavoro, assumendo successivamente la manodopera per svolgerlo.

«butty» system: Sistema di sub–appalto in base al quale un imprenditore dà in appalto una certa mole di lavoro a un terzo, che a sua volta assume manodopera per eseguirlo.

butut: Moneta divisionale del Gambia, equivalente ad un centesimo di dalasi.

buy: ***affare.*** Termine colloquiale usato con lo stesso significato di *bargain 3* (v.).

to buy: ***comprare; acquistare.*** Acquisire, un bene o servizio, dietro pagamento di un prezzo rappresentato da moneta o altri beni o servizi.

to buy a bull: Espressione del gergo borsistico, usata nel significato di acquistare valori mobiliari nella speranza che il loro corso aumenti nel prossimo futuro.

to buy a pig in a poke: ***comprare a scatola chiusa.*** Acquistare qualcosa senza esaminarla e, quindi, senza prima accertarsi che valga il prezzo richiesto dal venditore e risponda alle necessità per le quali si acquista.

to buy a pup: Espressione del gergo commerciale, usata nel significato di acquistare qualcosa che successivamente si rivela inutile e priva di alcun valore.

to buy at best: ***acquistare al meglio; comprare al meglio.*** Espressione con la quale si indica l'azione di offrire prezzi sempre più alti senza alcun limite, fino a quando viene acquistata tutta la quantità necessaria o richiesta.

buy back: **1.** ***riacquisto.*** Termine generico, usato per indicare l'acquisto di qualcosa precedentemente venduta o ceduta. In particolare, viene usato in relazione agli accordi di riacquisto nel mercato monetario degli Stati Uniti. (v. anche *repurchase agreement*) **2.** ***compensazione.*** Tipo di accordo in base al quale un esportatore che miri a vendere un impianto produttivo completo, ne accetta il pagamento per gran parte o per intero sotto forma di beni che saranno prodotti con quell'impianto o sotto forma di beni simili. Il termine deriva dal fatto che con questo accordo l'esportatore si impegna a «riacquistare» la produzione dell'impianto che egli ha fornito, ovvero a «compensare» il prezzo di vendita dell'impianto con il prezzo di acquisto dei beni offerti in cambio.

buy back price: ***prezzo di riacquisto.*** Nell'industria petrolifera, indica il prezzo pagato da una compagnia petrolifera al paese nel quale si trovano i giacimenti per riacquistare il petrolio prodotto dalla compagnia ma che, in base agli accordi di sfruttamento, spetta al paese proprietario dei giacimenti.

buy back programme: ***programma di riacquisto.*** Lo stesso che *repurchase plan* (v.).

to buy earnings: Espressione del gergo borsistico, usata nel significato di acquistare titoli di una società che, pur se al momento danno un rendimento basso, in passato hanno reso bene e c'è motivo di supporre che in futuro continueranno a distribuire dividendi cospicui, il che porterà anche ad un aumento del corso e ad un conseguente utile di capitale.

buyer: **1.** ***acquirente; compratore.*** Termine generico che indica chiunque acquisti un bene o servizio, pagandone il relativo prezzo. Nelle borse valori, indica colui che investe in titoli. **2.** ***addetto agli acquisti; direttore dell'ufficio acquisti; buyer.*** Termine entrato anche nell'uso italiano per indicare il funzionario che provvede agli approvvigionamenti di tutto quanto occorre a un'impresa per svolgere la propria attività produttiva.

buyer credit: **1.** ***credito all'esportazione.*** Accordo per il finanziamento delle esportazioni, in base al quale un importatore straniero ottiene un credito da una banca, con il quale può pagare l'esportatore. **2.** ***credito al consumo.*** Lo stesso che *consumer credit* (v.).

buyer's commission: ***commissione di acquisto.*** Termine usato come sinonimo di *buying commission* (v.).

buyer's interest: ***interesse del compratore.*** Termine usato con lo stesso significato di interesse assicurabile, ma più specifico di quest'ultimo, in quanto indica l'interesse assicurabile di chi ha acquistato il bene che intende coprire con assicurazione. Tale interesse viene acquisito dal compratore nel momento in cui egli diviene il legittimo proprietario del bene da lui comprato.

buyers' market: ***mercato al ribasso; mercato del compratore.*** Situazione di mercato caratterizzata da un'eccedenza dell'offerta sulla domanda, cioè dalla disponibilità dei produttori a produrre, e dei venditori a vendere, quantità di beni e servizi superiori a quelle che i compratori sono disposti ad acquistare ai prezzi esistenti sul mercato. Ne consegue un'accumulazione di scorte, una diminuzione dei prezzi ed una diminuzione o sospensione della produzione, cui fa riscontro una situazione favorevole al compratore, a meno che anche il suo reddito venga decurtato dalle condizioni del mercato. Nel settore manifatturiero, le imprese tenteranno di ridurre le perdite continuando a produrre finché il prezzo copre almeno i costi marginali, mentre nel settore agricolo i lavoratori autonomi saranno portati ad aumentare la loro produzione via via che i prezzi in diminuzione riducono il loro reddito. Il mercato del compratore è caratteristico dei periodi di crisi o depressione economica, ma può verificarsi anche in periodi di piena occupazione, in relazione a singoli beni e servizi, per una varietà di cause che vanno dalla lentezza dell'adeguamento della capacità produttiva alle variazioni della domanda, alla sopravvalutazione della tendenza della domanda e all'intenzionale riduzione dei prezzi nel tentativo di escludere la concorrenza da un mercato. Questa situazione può durare solo poche ore o svariati anni e quando essa è dovuta ad eccesso di capacità produttiva, la sua durata dipende generalmente dal tempo necessario perché gli impianti invecchino e vengano smantellati. (v. anche *sellers' market*)

buyer's monopoly: ***monopolio del compratore.*** Situazione di mercato caratterizzata dalla presenza, di fronte alla concorrenza perfetta tra venditori, di un solo compratore, o gruppo di compratori, che riesce a dettare o a influenzare il prezzo di vendita del bene o servizio in questione. È una situazione che è stata più propriamente definita col termine «monopsonio». (v. anche *monopsony, sellers' market*)

buyer's option: ***contratto a premio dont; contratto a premio del compratore; contratto a premio da pagare; contratto a premio di cui.*** Termine usato con lo stesso significato di *call 1* (v.).

buyer's option to double: ***noch semplice; noch per ritirare; contratto di aggiunta; contratto noch per ritirare; contratto a premio di aggiunta.*** Lo stesso che *call of more* (v.).

buyers over: ***più domanda che offerta; più compratori che venditori.*** Espressione del linguaggio di borsa con la quale si indica che nel mercato ci sono compratori ma non c'è alcun venditore o ci sono più compratori che venditori. In altre parole, indica l'eccedenza della domanda sull'offerta. (v. anche *sellers over*)

buyers' panic: ***panico dei compratori.*** Espressione statunitense con la quale si indica una situazione di mercato, di solito riscontrata nei mercati mobiliari ma verificabile anche nei mercati finanziari e delle derrate, caratterizzata dall'improvviso aumento del numero dei compratori. Questa situazione generalmente segue un periodo di prezzi depressi e ristagno negli scambi e la corsa agli acquisti può essere innescata da una semplice inversione delle aspettative da parte di pochi operatori. Il fenomeno tende quindi ad amplificarsi e tutti coloro che non intendono restare esclusi dal mercato al rialzo si contendono la disponibilità del mercato, senza far caso all'alto prezzo che sono costretti a pagare.

buyer's premium: ***premio all'acquirente.*** Premio pagato da un governo della Comunità Economica Europea ai compratori di prodotti comunitari, con l'obiettivo di incoraggiare i produttori dei paesi della Comunità ad usare prodotti comunitari in luogo di prodotti simili provenienti da paesi terzi.

buyer's risk: ***rischio del compratore.*** Espressione usata per indicare che le merci, vendute a rischio del compratore, non sono accompagnate da alcuna garanzia, prestata dal venditore, circa la loro qualità o la loro idoneità ad un determinato uso. Il compratore dovrà, pertanto, ispezionare le merci ed assicurarsi che esse rispondano alle sue necessità prima di effettuare l'acquisto, perché una volta perfezionata l'operazione di compravendita, il venditore non potrà essere ritenuto responsabile di eventuali difetti o altro.

buyers' strike: ***sciopero dei compratori.*** Movimento concertato dei consumatori, che si astengono dall'acquistare fino a quando non saranno ridotti i prezzi.

buyer's surplus: ***rendita del compratore.*** Termine usato con lo stesso significato di *consumer's surplus* (v.).

buyer traffic: ***traffico di acquirenti.*** Nel linguaggio commerciale, il passaggio di potenziali compratori sul marciapiede o nella strada su cui si affaccia un punto di vendita.

buygrid: ***griglia degli acquisti.*** Un modello molto usato in relazione a situazioni di approvvigionamento industriale. Per ciascuna fase della procedura di approvvigionamento, il modello prevede tre classi: *nuovo compito*, quando l'impresa non ha esperienze precedenti; *riapprovvigionamento modificato*, che si verifica quando l'impresa provvede a nuovi acquisti ma prima svolge un'indagine fra i potenziali fornitori, alla ricerca di qualità o prezzi migliori di quelli relativi alle precedenti forniture; *riapprovvigionamento diretto*, quando l'impresa riordina le stesse merci agli stessi fornitori.

to buy growth: Espressione usata con lo stesso significato di *to buy earnings* (v.).

buy hedge: ***copertura in acquisto.*** Lo stesso che *long hedge* (v.).

buy–in: **1.** Termine usato con diversi significati. a) Nel linguaggio delle borse valori, è sinonimo di *buying in* (v.). b) Nel linguaggio delle vendite all'asta, indica il riacquisto da parte del venditore se nessuna offerta raggiunge il prezzo di riserva. c) Nel linguaggio finanziario, indica l'acquisto di valuta nazionale da parte di una banca centrale, al fine di non farne scendere o salire il valore relativo ad altre valute trattate sul mercato. d) Nel linguaggio industriale, indica l'acquisto di materie prime, componenti, semilavorati, ecc., al fine di elevare il livello delle scorte e, quindi, per uso futuro e non per rivendita immediata. **2.** ***rilevazione dall'esterno.*** Il termine indica sostanzialmente lo stesso che *management buy–out* (v.), con la sola differenza che l'acquisizione viene tentata o realizzata da manager estranei all'impresa.

buying agency: ***agenzia di acquisto.*** Il tipo di agenzia gestita da un *buying agent* (v.).

buying agent: ***agente di acquisto.*** Figura di intermediario commerciale, che opera nei maggiori centri di produzione effettuando acquisti per conto di imprese importatrici residenti in altri paesi. Oltre a curare tutte le pratiche relative all'acquisto, tale tipo di agente spesso si occupa anche delle operazioni di imballo e spedizione delle merci all'estero. Differisce da un qualsiasi sensale, in quanto la prestazione della sua opera è a carattere continuativo.

buying association: ***gruppo d'acquisto; gruppo d'acquisto collettivo.*** Associazione di dettaglianti indipendenti che, in risposta alla crescente diffusione dei punti di vendita del grande dettaglio, uniscono le loro forze, con la tecnica della centralizzazione degli acquisti, al fine di ottenere dalle imprese produttrici sconti, ribassi e prezzi preferenziali, possibilmente scavalcando l'intermediazione del grossista.

buying behaviour: ***comportamento di consumo; condotta di consumo.*** Il comportamento più o meno regolarmente seguito da un consumatore nelle proprie scelte di acquisto dei prodotti offerti sul mercato.

buying centre: ***centro approvvigionamenti.*** Nelle grandi imprese industriali e commerciali, è l'ufficio o il gruppo di persone preposto alle decisioni sul tipo, sulla qualità, ecc. degli approvvigionamenti e sui fornitori ai quali rivolgersi.

buying club: Tipo di negozio che ha preso il posto e svolge le funzioni di una *discount house* in quelli degli Stati Uniti che appplicano rigorosamente i *fair trade practices acts* (v.). È possibile diventare socio a vita di questo club pagando una tassa di iscrizione insignificante. (v. anche *discount house 3*)

buying commission: ***commissione di acquisto.*** Compenso pagato in misura percentuale concordata sul volume complessivo di acquisti effettuati da un agente commissionario per conto del suo principale.

buying decision: ***decisione di acquisto.*** La decisione che sta alla base delle scelte di un consumatore.

buying forward: ***stoccaggio.*** Creazione o accumulazione di scorte o di riserve, generalmente di derrate alimentari, materie prime e materiale bellico o strategico. Il termine implica di solito che l'accumulazione è voluta e intenzionale, non derivante da eccedenze che il mercato non riesce ad assorbire, in previsione di un qualche evento futuro, come ad esempio una guerra, che potrebbe rendere difficile l'approvvigionamento. Lo stoccaggio può contribuire a sostenere i prezzi dei beni che vengono accumulati e, in effetti, a volte è stato usato a tale scopo. Tuttavia, se ciò avviene in concomitanza di un'emergenza, quando questa è superata, la massiccia immissione sul mercato delle scorte precedentemente accumulate può deprimere drasticamente i prezzi e portare a notevoli riduzioni della produzione corrente.

buying habit: ***abitudine di acquisto.*** Nel linguaggio commerciale e pubblicitario, indica la consuetudine di un consumatore di orientarsi, per i suoi acquisti, sempre verso gli stessi determinati articoli o verso le stesse marche di prodotti.

buying house: ***casa di acquisto.*** Termine usato nel Regno Unito con lo stesso significato di *buying agent* (v.).

buying in: ***acquisto coattivo.*** Espressione borsistica, che sta ad indicare l'acquisto di titoli, dovunque e comunque reperibili, da parte di un compratore la cui controparte non gli ha consegnato i valori che aveva promesso di vendergli. La parte inadempiente risponde di qualsiasi maggiorazione di prezzo che sarà sostenuta dal compratore.

buying long: Espressione borsistica statunitense, che indica l'acquisto a pronti di valori mobiliari o merci, con l'intenzione di tenerli per poi rivenderli quando i prezzi saliranno.

buying motive: ***movente di acquisto.*** Ciò che induce un individuo ad acquistare un bene o servizio.

buying office: ***ufficio acquisti.*** L'ufficio centralizzato che provvede all'acquisto dei beni trattati in una catena di negozi. (v. anche *purchasing department*)

buying on margin: ***acquisto a credito; acquisto a margine.*** Nel linguaggio borsistico statunitense, indica la pratica di acquistare valori mobiliari pagati in parte con fondi propri e in parte con fondi presi a prestito usando gli stessi valori mobiliari come garanzia. Poiché tale operazione è fatta in previsione di un aumento dei corsi, se ciò si verifica il compratore sarà in grado di liberare i titoli e trarne un utile, ma se i corsi scendono invece di salire, i titoli dati in garanzia possono perdere tanto che sarà necessario venderli per rimborsare il prestito e in tal caso l'operatore perderà anche parte del denaro anticipato per il loro acquisto. Al fine di prevenire tale perdita, si può fare ricorso allo *stop-loss order* (v.).

buying on time: ***acquisto con pagamento rateale; acquisto a rate.*** Lo stesso che *instalment buying* (v.).

buying policy index: ***indice delle politiche di approvvigionamento.*** Negli Stati Uniti, è un indice pubblicato mensilmente ed elaborato dal *National Bureau of Economic Research* (v.) su dati forniti dalla *National Association of Purchasing Management* e riguardanti gli impegni di approvvigionamento delle imprese per scadenze a 30, 60, 90 giorni e oltre. Pertanto, esso rientra tra gli indicatori economici anticipati e precede di qualche tempo le fasi del ciclo economico.

buying power: ***potere di acquisto.*** Lo stesso che *purchasing power* (v.).

buying price: ***prezzo di acquisto.*** La quantità di moneta necessaria per l'acquisto di un qualsiasi particolare bene.

buying rate: ***cambio di acquisto; corso di acquisto.*** Il tasso di cambio al quale un operatore, o il principale acquirente di un mercato, è disposto ad acquistare valuta estera.

buying round: ***acquisto diretto.*** Nel linguaggio commerciale, indica la pratica di approvvigionarsi direttamente da un produttore o da un esportatore, aggirando i grossisti o i normali canali di distribuzione e limitando in tal modo i costi di acquisizione dei beni.

buying to minimum inventory: ***criterio del punto di riordino.*** Lo stesso che *minimum inventory buying* (v.).

buying-up: ***accaparramento; incetta.*** Azione mediante la quale un operatore acquista la maggior parte possibile di un bene disponibile sul mercato. (v. anche *to buy up*)

«buy national» policy: ***politica del «compra nazionale».*** Tipo di politica cui spesso fanno ricorso i governi o le categorie di produttori, che spingono i cittadini, attraverso apposite campagne pubblicitarie o di sensibilizzazione, a preferire i beni prodotti da industrie nazionali anziché i beni prodotti in paesi stranieri. Il termine «nazionale» viene di solito sostituito con l'aggettivo di nazionalità relativo al paese interessato, come ad esempio nella espressione: campagna del «compra italiano».

buy-now campaign: Una campagna, lanciata dal governo di un paese o da un settore dell'economia, che mira a sollecitare la ripresa economica mediante un aumento della spesa corrente in consumi. Se essa viene lanciata al momento opportuno, può impartire ad un'economia depressa lo slancio necessario per uscire da una crisi ed avviare la ripresa economica del paese.

buy on close: ***ordine in chiusura; ordine al listino.*** Un ordine passato da un cliente al suo *stockbroker* (v.), che deve essere eseguito il più possibile vicino all'orario di chiusura delle operazioni di borsa. Nella pratica italiana è detto anche «al listino», perché l'ordine deve essere eseguito durante la chiamata del titolo per la formazione del listino ufficiale di chiusura.

buy on opening: ***ordine in apertura.*** Un ordine passato da un cliente al suo *stockbroker* (v.), che deve essere eseguito nei primi minuti dopo l'apertura delle operazioni o non deve essere eseguito affatto.

buy-or-cancel order: ***ordine valido borsa oggi.*** Nelle contrattazioni di borsa, un ordine di acquisto valido soltanto per la giornata in cui viene dato. Se esso non viene eseguito prima dell'ora di chiusura, deve intendersi annullato.

buy order: ***ordine di acquisto.*** Nel linguaggio delle borse, è un ordine per l'acquisto di una determinata quantità di titoli passato dal cliente al proprio intermediario o a un *market maker.*

buy-out: 1. ***acquisto in blocco.*** Neologismo con il quale si indica l'acquisto dell'intera produzione di un bene. **2.** ***rilevazione dall'interno.*** Lo stesso che *employee buy-out* (v.) e *management buy-out* (v.). **3.** ***prepensionamento; esodo.*** Termine usato con lo stesso significato di *early retirement* (v.), ma visto dall'angolazione del datore di lavoro.

buy stop order: ***ordine di acquisto con limite di prezzo.*** Lo stesso che *stop buy order* (v.).

to buy up: ***accaparrare; incettare.*** Nel linguaggio delle borse valori e merci, significa acquistare la maggiore quantità, che possa essere reperita sul mercato, di un determinato valore mobiliare o di una determinata derrata o materia prima. Nel caso di titoli, il compratore può essere motivato dall'intenzione di acquisire il controllo di maggioranza della società di cui acquista i titoli azionari. Nel caso di un bene, il compratore può essere motivato dall'intenzione di controllare l'offerta di quel determinato bene.

B.W.: bonded warehouse.

Bx.: box.

by-bidder: Una persona che si inserisce in una vendita all'incanto, facendo offerte fittizie per far salire il prezzo dell'oggetto posto in vendita.

by-bidding: ***offerte fittizie.*** La pratica di fare offerte fittizie a una vendita all'incanto, allo scopo di far salire il prezzo del bene offerto in vendita e stimolare gli altri partecipanti all'asta che fanno offerte in buona fede.

by cash: ***in contanti; per contanti.*** Detto di pagamenti non dilazionati nel tempo o rateali e, pertanto, effettuati all'atto dell'acquisto.

by goods train: ***a piccola velocità.*** Espressione usata nel linguaggio dei trasporti per indicare che le merci viaggiano su un treno merci, normalmente più lento di un treno passeggeri.

by instalments: ***a rate.*** Detto di acquisti, il cui pagamento ha luogo mediante più versamenti, generalmente uguali tra loro, ad intervalli di tempo uniformi.

by-laws: ***statuto.*** L'atto contenente le norme relative al funzionamento della società, tra cui la data, il luogo e l'ordine del giorno delle assemblee dei soci e delle riunioni del consiglio di amministrazione; il metodo da seguirsi nella nomina dei componenti il consiglio di amministrazione; l'emissione e il trasferimento del capitale azionario; la nomina dei sindaci revisori dei conti, ecc. Lo statuto, ovviamente, non deve essere in conflitto con l'atto costitutivo o con la legge del paese in cui opera la società.

by measure: ***sfuso; sciolto.*** Detto di merci vendute a peso o misura e non in confezioni di quantità predeterminata.

by passenger train: ***a grande velocità.*** Espressione usata nel linguaggio dei trasporti per indicare che le merci viaggiano su un vagone agganciato ad un treno passeggeri, normalmente più veloce di un treno merci. La tariffa per trasporti a grande velocità è notevolmente più alta di quella per trasporti a piccola velocità.

by-product: ***sottoprodotto.*** È un prodotto secondario risultante necessariamente dal processo produttivo indirizzato alla produzione di un altro bene. Il sottoprodotto ha, da un punto di vista economico, minore importanza del prodotto o dei prodotti principali ed il suo costo è considerato indeterminabile. Se viene immesso sul mercato e produce entrate, esse sono di solito accreditate al processo di produzione del prodotto principale.

by-product method of cost accounting: Criterio contabile di determinazione separata dei costi relativi al prodotto principale e dei costi relativi al sottoprodotto. La caratteristica principale di questo criterio è la determinazione iniziale del costo del sottoprodotto nel momento in cui esso appare per la prima volta, su una qualche base arbitraria. Tutti gli altri costi fino a questo momento vengono addebitati al prodotto principale e il reddito creato dal sottoprodotto è di solito considerato come una riduzione dei costi del prodotto principale.

by ready cash: ***a pronta cassa; per pronta cassa.*** Detto di acquisti, il cui pagamento ha luogo alla consegna, senza alcuna dilazione se non alcuni giorni nel caso in cui sia necessario trasferire fondi da una piazza all'altra.

by return of mail: ***a giro di posta; a volta di corriere.*** Espressione usata per indicare che la risposta ad una comunicazione deve essere o è stata inviata immediatamente dopo la ricezione della corrispondenza cui si risponde.

Byrnes Act: Legge, approvata dal Congresso degli Stati Uniti nel 1936 ed emendata nel 1938, che proibisce il trasporto volontario tra gli stati membri dell'Unione di qualsiasi persona assunta allo scopo di interferire, con la forza o con le minacce, in un'azione di picchettaggio pacifico durante una qualsiasi controversia tra lavoratori e datori di lavoro. La legge non si applica ai vettori comuni, cioè ferrovie e società di autoservizi pubblici.

by sample: ***su campione.*** Detto di vendite o acquisti, in relazione ai quali è stato sottoposto un campione delle merci dal venditore o dal compratore.

by show of hands: ***per alzata di mano.*** Sistema di votazione usato nelle assemblee degli azionisti. Quando la votazione è per alzata di mano, tutti i soci hanno diritto ad un solo voto, indipendentemente dal numero di azioni che possiedono. Quando, invece, la votazione è segreta, gli azionisti hanno tanti voti per quante sono le azioni di loro proprietà. Lo statuto di una società generalmente stabilisce i casi in cui si procede a votazione per alzata di mano, ma in esso sono anche stabilite le norme per richiedere la votazione segreta, quando un numero minimo di soci ritiene che la decisione da prendersi non possa essere votata per alzata di mano.

by the job: ***a cottimo.*** Detto di lavori che vengono remunerati con una somma di denaro forfettaria, senza tener conto del tempo necessario per completarli.

by the lump: ***in blocco.*** Detto di merci vendute o acquistate in unico blocco ad un unico prezzo, senza tener conto di eventuali differenze di qualità, misura, tipo, ecc.

by transfer: ***senza contante.*** La regolazione di una situazione debitoria senza il trasferimento fisico di moneta, mediante accreditamento in un conto bancario. Questa forma di pagamento va sempre più diffondendosi sia nel commercio, con le carte di credito, sia nelle imprese, che pagano i loro dipendenti mediante accreditamento in conto.

byzant: ***bisante.*** Variante grafica di *bezant* (v.).

c, C

c.: 1) cash; 2) cent; 3) collected; 4) currency.

c/: 1) case; 2) coupon.

c.a.: 1) capital account; 2) chartered accountant; 3) chief accountant; 4) commercial agent.

C.A.: 1) capital account; 2) chartered accountant; 3) chief accountant; 4) commercial agent; 5) credit account; 6) commission agent; 7) Consumers' Association; 8) current account.

C/A: 1) capital account; 2) commercial agent; 3) current account; 4) credit account.

Cabinet Committee on Economic Policy: Comitato consultivo, istituito nel 1969 e costituito di un gruppo di consiglieri presidenziali ad alto livello, che ha la funzione di discutere questioni economiche e proporre suggerimenti al Presidente degli Stati Uniti, oltre che revisionare i risultati cui sono giunte le sottocommissioni preposte allo studio di questioni specifiche.

cable: ***cablo.*** Nel linguaggio dei mercati monetari, indica il tasso di cambio a pronti per dollari, sterline e altre valute, in operazioni di cambio telegrafico con paesi transoceanici. (v. anche *spot exchange rate*)

cable address: ***indirizzo telegrafico.*** I telegrammi vengono pagati ad un tanto a parola, compreso l'indirizzo del destinatario. Al fine di far risparmiare spese telegrafiche ai propri clienti e corrispondenti, un'impresa può rivolgersi alle Poste per farsi assegnare un indirizzo telegrafico che, di solito, consiste di una sola parola e il nome della città in cui ha sede l'impresa, sufficienti per fare individuare l'organizzazione cui è diretto il telegramma.

cable code: ***codice telegrafico.*** Un qualsiasi codice usato nel commercio, principalmente per risparmiare spese telegrafiche o di telex, in quanto consente di trasmettere lunghe frasi in poche parole di codice. Tra i più diffusi ricordiamo il codice ABC e il Bentley's.

cablegram: ***cablogramma.*** Messaggio telegrafico, trasmesso mediante l'uso di cavi sottomarini.

cable rate: ***cablo; cambio cablografico.*** Termine usato con lo stesso significato di *cable* (v.).

cablese: Il particolare linguaggio usato quando si scrivono telegrammi o cablogrammi, con l'intento di risparmiare parole non strettamente necessarie, come ad esempio articoli e formule di cortesia, o parole che possono essere evitate fondendole con altre. Un esempio è rappresentato dalla parola inglese *unsent*, usata in luogo delle due parole *not sent*, e un altro dalla parola italiana «ascolare», usata in luogo delle due parole «assegno circolare».

cable transfer: ***bonifico per filo; bonifico cablografico; versamento per cablo.*** Trasferimento di denaro, di solito all'estero, fatto per telegrafo. La banca incaricata di effettuare il pagamento invia, alla banca corrispondente, un cablogramma o un telex con tutti i particolari necessari e la somma sarà accreditata sul conto della persona cui essa è indirizzata o sarà da questa prelevata. (v. anche *bank credit transfer*)

cabotage: ***cabotaggio.*** Lo stesso che *coasting trade* (v.).

C a/c: current account.

C.A.C.M.: Central American Common Market.

c.a.d.: cash against documents.

cadastral survey: ***mappa catastale; mappa particellare.*** Rilievo, in forma di una o più mappe, che contiene i dettagli relativi ai confini di ciascuna singola proprietà immobiliare in una determinata suddivisione del territorio nazionale.

cadastre: ***catasto.*** L'inventario generale e dettagliato dei beni immobili, redatto a fini principalmente fiscali e contenente le particolarità relative alla consistenza e alla rendita dei beni stessi e alle persone, fisiche o giuridiche, che ne hanno la proprietà o il possesso.

calculating machine: ***macchina calcolatrice.*** Qualsiasi macchina costruita per svolgere operazioni aritmetiche e matematiche rapidamente e con precisione.

calculator: ***calcolatore.*** Qualsiasi strumento, come ad esempio un regolo, o macchina in grado di fornire risposte rapide e precise a quesiti di carattere matematico.

calendar: ***calendario.*** Nel linguaggio delle borse valori, indica un programma, ufficiale o ufficioso, di future nuove emissioni di titoli sul mercato finanziario nazionale o internazionale.

calendar day: ***giorno di calendario.*** Un qualsiasi giorno che ha inizio alla mezzanotte e termina alla mezzanotte successiva.

calendar month: ***mese di calendario.*** Il mese con numero di giorni variabile secondo il calendario. Differisce dal mese commerciale che convenzionalmente consiste sempre di trenta giorni.

calendar spread: Espressione delle borse valori statunitensi, con la quale si indica una varietà di *bull spread* (v.) che implica un acquisto e una vendita simultanei di contratti a premio della stessa classe, con lo stesso prezzo base, ma con differenti date di scadenza.

calendar variation: ***variazione stagionale.*** Lo stesso che *seasonal variation* (v.).

calendar year: ***anno di calendario.*** Un anno di 365 o di 366 giorni, che ha inizio il 1° di gennaio e termina il 31 di dicembre dello stesso anno. Il termine viene usato per distinguere questo tipo di anno da qualsiasi altro anno che abbia inizio e fine in date diverse da quelle dette sopra, come avviene ad esempio per l'anno finanziario.

call: **1.** ***contratto a premio dont; contratto a premio del compratore; contratto a premio da pagare; contratto a premio di cui; opzione di acquisto; contratto a premio semplice.*** Il diritto che si riserva il compratore, in considerazione del pagamento di un premio, di recedere dal contratto o di scegliere fra determinate modalità di esecuzione. Trattandosi di contratto essenzialmente speculativo, con esso l'operatore si riserva il diritto di acquistare i titoli o le merci in data futura, al prezzo concordato all'atto della stipula del contratto, ma se, al momento dell'esecuzione, egli non trova conveniente, a causa di variazioni di prezzo a lui sfavorevoli, di eseguire l'obbligazione, potrà recedere abbandonando il premio oppure potrà rinviare la liquidazione, se spera che i corsi saranno a lui più favorevoli in un prossimo futuro, ricorrendo al riporto. In relazione a questo tipo di contratto a premio, poniamo il caso di avere: corso del premio = lire 5000; premio = lire 300; base del premio = lire 5000 - 300 = 4700. In tale situazione possono verificarsi le seguenti ipotesi: a) il prezzo a termine risulta superiore al corso del premio, nel qual caso l'operatore ha interesse ad eseguire il contratto, per concludere poi un'operazione contraria. Infatti, egli è compratore per lire 5000 e può diventare venditore per il prezzo a termine del titolo, superiore a quello da lui pagato; b) il prezzo a termine risulta uguale a quello del premio, nel qual caso l'operatore ha interesse ad eseguire il contratto perché concludendo un'operazione contraria non subirà alcuna perdita, mentre abbandonando il premio avrebbe una perdita di lire 300; c) il prezzo a termine risulta intermedio tra la base del premio e il corso del premio, nel qual caso è ancora conveniente per l'operatore eseguire il contratto, anche se dovrà sostenere una perdita, in quanto quest'ultima sarà inferiore al premio che dovrebbe abbandonare se rinunciasse ad eseguire il contratto; d) il prezzo a termine risulta uguale alla base del premio, nel qual caso è indifferente per l'operatore eseguire o meno il contratto; e) il prezzo a termine risulta inferiore alla base del premio, nel qual caso l'operatore ha interesse a non eseguire il contratto e ad abbandonare il premio, perché così facendo limita la sua perdita al solo ammontare del premio stesso. (v. anche *put, put and call*) **2. *richiamo di decimi.*** Il pagamento di azioni può essere dilazionato in decimi, ciascuno equivalente alla decima parte del valore dell'azione. Se all'emissione gli azionisti hanno acquistato in tal modo, l'invito della società a versare i decimi ancora dovuti è detto richiamo di decimi. **3. *richiamo di titoli.*** Nel linguaggio finanziario degli Stati Uniti è la notifica, da parte di una società, del riscatto di obbligazioni ad una data stabilita. (v. anche *callable stocks*) **4. *scalo.*** Nel linguaggio dei trasporti marittimi, indica la breve sosta di una nave in un porto, per ricevere ordini, per imbarcare provviste o carburante o per eseguire operazioni di caricazione e discarica di merci.

callable bond: *obbligazione riscattabile.* Obbligazione soggetta a riscatto da parte dell'emittente prima della scadenza, dopo averne dato preavviso ai portatori. (v. anche *callable stocks*)

callable capital: *capitale richiamabile.* Parte del capitale di una società non ancora versato e che può essere richiamato in qualsiasi momento per far fronte a passività dell'impresa. (v. anche *call 2*)

callable loan: *prestito a richiesta; mutuo a richiesta.* Termine usato come sinonimo di *call loan* (v.).

callable preferred stock: *azione privilegiata riscattabile.* Nel linguaggio finanziario statunitense, è l'azione privilegiata che la società emittente si riserva di riscattare, a propria discrezione, ad un prezzo dichiarato nel certificato azionario. (v. anche *preference shares*)

callable stocks: *titoli riscattabili.* Nel linguaggio finanziario statunitense, questo termine indica titoli a reddito fisso che la società emittente si riserva di riscattare e riemettere ad un tasso di interesse inferiore, se il costo del denaro dovesse scendere notevolmente nel corso della vita dell'obbligazione. Di solito si procede ad estrazione per decidere quali dei titoli emessi dalla società devono essere riscattati.

call account: *conto a richiesta.* Termine usato con lo stesso significato di *call deposit* (v.) per indicare conti di grosse imprese, simili ai conti correnti e sui quali le banche pagano interessi, che possono essere ritirati a richiesta, cioè senza alcun preavviso.

call-back: *richiamo.* Il ritiro dal mercato di un prodotto da parte del fabbricante, con lo scopo di correggere difetti non individuati precedentemente.

call-back pay: *indennità di chiamata.* Indennità extra pagata ad un lavoratore che viene richiamato sul posto di lavoro per un'emergenza, dopo che ha terminato il proprio turno.

call birds: *uccelli da richiamo.* Sono così chiamati, pur se più spesso si usa l'espressione *loss leader* (v.), gli articoli di marca che vengono posti in vendita a prezzi inferiori a quelli di listino, al fine di attirare i clienti nel punto di vendita.

call-box: *cabina telefonica.* Il termine inglese indica una piccola costruzione a sé, o contenuta in qualsiasi altro locale, nella quale si trova un telefono pubblico che funziona a monete.

call deposit: *deposito a richiesta.* Termine usato nel linguaggio finanziario britannico per indicare una delle più importanti voci che costituiscono l'offerta di moneta. Il deposito a richiesta, cioè fondi depositati da un cliente presso una banca e prelevabili in qualsiasi momento senza preavviso alcuno, può essere sotto forma di conto corrente, nel qual caso il prelievo può essere fatto mediante l'emissione di assegni bancari.

called bond: *obbligazione richiamata.* È l'obbligazione estinta, o per sorteggio o per riscatto, che non frutta più interessi. (v. anche *callable stocks*)

called-up capital: *capitale versato; capitale richiamato.* Quando si emettono azioni, può darsi che il pagamento venga frazionato in decimi. Il *called-up capital* è quella parte del capitale sottoscritto che la società ha chiesto agli azionisti di versare e, pertanto, corrisponde al nostro capitale versato, se gli azionisti hanno puntualmente provveduto a rispondere al richiamo di decimi. Se esso non è uguale all'ammontare di capitale sottoscritto, gli azionisti sono ancora responsabili della differenza tra capitale sottoscritto e capitale versato. (v. anche *calls in arrears, paid-up capital*)

call feature: Termine usato nel linguaggio finanziario statunitense per indicare la caratteristica delle obbligazioni emesse in quel paese che consente all'emittente di richiamarle prima della scadenza naturale, previo preavviso agli obbligazionisti, rimborsandole ad un prezzo prestabilito, nel caso in cui i tassi di interesse sul mercato dovessero subire una drastica flessione dopo il collocamento dell'emissione.

calling over: *controllo.* Ogni giorno, dopo la chiusura degli sportelli, si verifica l'esattezza delle registrazioni nei vari conti di una banca. Il termine inglese deriva dall'usanza, oggi superata dall'uso della contabilità meccanizzata ed elettronica, di chiamare i saldi della scheda di ciascun conto, mentre un impiegato li controlla sul mastro in cui essi sono stati riportati.

call-in pay: 1. *indennità di presenza.* Termine usato come sinonimo di *call pay* (v.). **2. *indennità di pronta disponibilità; indennità di reperibilità.*** È un supplemento di paga che compete al lavoratore che può essere chiamato in servizio in qualsiasi momento al di fuori del proprio orario di lavoro, come ad esempio un medico in un ospedale.

call loan: *prestito a richiesta; mutuo a richiesta.* Un prestito che, a discrezione delle parti, può essere estinto in qualsiasi momento. Il termine inglese si riferisce principalmente ad anticipazioni fatte da una banca ad uno *stockbroker* (v.).

call loan rate: *tasso di interesse passivo su prestiti a richiesta.* Termine usato come sinonimo di *call rate* (v.).

call market: *mercato giornaliero.* Il mercato monetario nel quale le banche possono investire le loro eccedenze momentanee in prestiti a richiesta.

call money: *denaro a richiesta.* Denaro dato in prestito, o depositato presso una banca, con l'intesa che il creditore può richiederne la restituzione in qualsiasi momento, con un preavviso di solito di 24 ore, ma anche senza alcun preavviso. Il termine viene usato nel Regno Unito in relazione sia al mercato nazionale che ai fondi trattati sull'euromercato.

call of more: *contratto noch per ritirare; noch per ritirare; contratto di aggiunta; contratto a premio noch; contratto a premio di aggiunta; noch semplice.* Tipo di contratto di borsa, facente parte dei contratti a premio e simile al contratto a premio dont, dal quale si distingue perché il compratore, mediante il pagamento di un premio doppio o triplo, si riserva la facoltà di ritirare una quantità di titoli o merci doppia o tripla di quella fissata, allo stesso prezzo concordato all'atto della stipula del contratto. (v. anche *call, put of more*)

call option: *contratto a premio dont; contratto a premio da pagare; contratto a premio di cui; contratto a premio del compratore; opzione di acquisto.* Termine usato come sinonimo di *call 1* (v.).

call over: *vendita aile grida.* Uno dei metodi di compravendita usato in molti mercati organizzati, ma nel Regno Unito limitato ad alcune borse merci nelle quali si trattano contratti a termine per derrate, quali lo zucchero, il caffé, il cacao, i metalli, ecc., che si prestano a gradazione e alla vendita su campione tipo. Gli operatori del mercato si riuniscono in determinate ore del giorno e «gridano» i prezzi ai quali sono disposti a comprare o vendere determinati contratti a termine, a volte specificando anche la quantità. Un'operazione di compravendita viene conclusa quando due operatori, compratore e venditore, si incontrano a uno stesso prezzo.

call pay: *indennità di presenza.* Indennità corrisposta al lavoratore che, non essendo stato tempestivamente avvertito, si presenta sul posto di lavoro quando non vi è per lui alcuna funzione da svolgere.

call premium: 1. *premio di riscatto.* La somma, al di sopra della pari, che si impegna a pagare una società se richiama un'obbligazione prima della scadenza. L'ammontare del premio di riscatto, dichiarato sul certificato del titolo in questione, varia a seconda della data di richiamo e di solito diminuisce con l'avvicinarsi della data di scadenza dell'obbligazione (v. anche *call 3, callable stocks, call feature*). **2. *premio.*** Il premio che il compratore del contratto descritto sotto *call 1* (v.) deve pagare al venditore per riservarsi il diritto di acquistare il titolo oggetto del contratto a un prezzo e a una data determinati.

call price: *prezzo di riscatto.* Nel linguaggio finanziario statunitense, indica il prezzo che, all'atto dell'emissione, si impegna a pagare la società se deciderà di procedere al richiamo di un titolo a reddito fisso prima della sua scadenza naturale. (v. anche *call 3, callable stocks, call feature*)

call protection: *protezione contro il riscatto.* Il periodo di tempo durante il quale un'obbligazione, soggetta alla *call feature* (v.), non può essere riscattata dall'emittente.

call provision: *clausola di richiamo.* Clausola, presente nel contratto di un prestito obbligazionario, che consente all'emittente di rimborsare i titoli prima della loro scadenza naturale, ad un prezzo prestabilito che di solito è superiore a quello nominale.

call rate: *tasso di interesse passivo su denaro a richiesta.* Nel linguaggio finanziario britannico, indica il tasso di interesse che una banca paga su un deposito a richiesta, il cui ritiro non è soggetto ad alcun preavviso. (v. anche *call money*)

call rule: Espressione usata nel linguaggio delle borse valori per indicare un prezzo di domanda fissato competitivamente alla fine delle contrattazioni di una qualsiasi giornata e valido fino alla successiva riapertura della borsa. Questo prezzo, che viene tenuto presente anche nelle operazioni del dopoborsa, spiega perché vengono spesso passati agli *stockbroker* (v.) ordini di acquisto in chiusura o in apertura di seduta. (v. anche *at the close order, at the opening order*)

calls in arrears: *richiami in arretrato.* Nel linguaggio finanziario, la parte di capitale di cui gli azionisti sono debitori verso la società, per non aver risposto a precedenti richiami di decimi relativi ad azioni di loro proprietà. Nel linguaggio contabile, è l'intestazione del conto nel quale vengono registrate le somme di denaro di cui gli azionisti sono debitori nei confronti della società, per non aver provveduto al versamento di decimi precedentemente richiamati. Il saldo di questo conto rappresenta la differenza tra capitale richiamato e capitale versato.

call stocks: *titoli riscattabili.* Termine usato come sinonimo di *callable stocks* (v.).

calorie wages: Espressione usata per indicare la remunerazione percepita dai lavoratori ungheresi nel 1946, periodo di fortissima inflazione in quel paese. Oltre allo stipendio base, il cui potere d'acquisto diminuiva rapidamente, essi ricevevano un'indennità agganciata ai prezzi al consumo, che li metteva in grado di acquistare cibo contenente dalle quattordicimila alle sedicimila calorie per settimana, più cinquemila calorie per ogni persona a carico.

cambist: 1. *cambiavalute; cambiatore; cambista.* Persona che si interessa del cambio di valute estere in valuta locale e viceversa, nonché dell'acquisto e della vendita di cambiali estere. **2. *listino dei cambi.*** Lista che riporta i tassi di cambio delle valute estere quotate in un mercato valutario, per ciascun giorno lavorativo. Con lo stesso termine inglese si indica anche un prontuario per la conversione di pesi e misure in uso in altri paesi nei corrispondenti locali.

Cambridge Economic Policy Group: Espressione con la quale si indica una nuova scuola di pensiero economico inglese, che sostiene la necessità di un più accurato controllo della crescita del debito contratto dalle tesorerie statali. Secondo la Scuola, per determinare l'esatto ammontare di prestiti necessari ad un governo, esso dovrebbe: a) stabilire il proprio obiettivo di lungo periodo, sulla base di una supposta piena occupazione, in relazione all'eccedenza o al deficit di bilancio; b) sottrarre da questa cifra ciò che prevede sarà l'eccedenza del settore privato; poi, c) adeguare gradatamente il pareggio tra le proprie entrate e uscite, in modo da produrre il necessario deficit o la necessaria eccedenza del settore pubblico. Le risorse necessarie per realizzare l'obiettivo di pareggio del bilancio si renderanno, così, automaticamente disponibili.

Cambridge economists: ***economisti di Cambridge.*** Termine usato per designare collettivamente gli economisti che hanno costituito la cosiddetta scuola di Cambridge. (v. anche *Cambridge School*)

Cambridge equation: ***equazione di Cambridge.*** Nome sotto il quale si indicano le equazioni usate in teoria monetaria e formulate da D.H. Robertson e J.M. Keynes. (v. anche *cash balance equation, income equation*)

***Cambridge Journal of Economics*:** Pubblicazione, iniziata nel marzo del 1977, della *Cambridge Political Economy Society.* Si prefigge di lanciare una «sfida all'ortodossia economica».

Cambridge quantity equation: ***equazione quantitativa di Cambridge.*** Termine usato da J. M. Keynes nello stesso significato di *Cambridge equation* (v.).

Cambridge School: ***Scuola di Cambridge.*** La scuola di teoria economica, di indirizzo neoclassico, che si basa principalmente sugli scritti di Alfred Marshall (1842–1924), professore di economia all'Università di Cambridge dal 1885 al 1908, e dei suoi seguaci, tra i quali: A.C. Pigou (1877–1959), che gli successe nella stessa cattedra di economia, che tenne fino al 1944; D.H. Robertson (1890–1963), che successe a Pigou; e J.M. Keynes (1883–1946). La Scuola di Cambridge rappresenta una sintesi delle idee di varie scuole economiche, con modifiche e aggiunte originali. Della scuola classica, di cui seguì da vicino le idee, evidenzia i limiti di alcune dottrine, in particolare quella del laissez faire; della scuola marginalistica utilizza il concetto di utilità marginale e accetta il metodo matematico di esposizione delle teorie economiche; della scuola storica adotta i metodi di indagine sull'origine e lo sviluppo delle forze economiche, senza però trattenersi da un'analisi critica. Molte idee moderne sono state sviluppate dagli autori di questa scuola, tra le quali la teoria neoclassica del valore. (v. anche *Cambridge Economic Policy Group, neo–classical theory of value, Marshallian School, Austrian School, Lausanne School, neo–classical school*)

Cambridge theory of money: ***teoria monetaria della Scuola di Cambridge.*** È così chiamata la teoria quantitativa della moneta, espressa sotto forma di saldi monetari e sviluppata dalla Scuola di Cambridge nelle cosiddette equazioni di Cambridge, esposte sia nella forma degli scambi che nella forma del reddito. (v. anche *cash balance equation, income equation*)

camel: Acronimo con il quale si indicano i cinque punti controllati dai funzionari incaricati di ispezionare una banca. I punti sono: *capital adequacy, asset quality, management quality, earnings, liquidity.*

cameralism: ***cameralismo.*** L'insieme delle dottrine, dette anche scienze camerali, formulate nei secoli diciassettesimo e diciottesimo soprattutto in Germania, che si interessavano non soltanto del modo in cui uno stato poteva acquisire ricchezza, ma anche e soprattutto del modo in cui utilizzarla, una volta acquisita. Gli interessi principali del cameralismo erano, quindi, l'amministrazione dello stato e il benessere generale. Oggi, il termine è a volte usato per denotare una teoria economica che ponga particolare enfasi sulle entrate dello stato come fattore di benessere sociale.

cameralistics: ***scienze camerali; cameralismo.*** Lo stesso che *cameralism* (v.).

campaign: ***campagna.*** Con questo termine si indica una singola operazione o un gruppo di attività, programmate per la realizzazione di un obiettivo. Può applicarsi tanto ad una campagna di vendita, quanto ad una campagna pubblicitaria o di altra natura.

Canada Manpower Centres: Centri funzionanti nel Canada per aiutare i lavoratori a trovare l'impiego che cercano e i datori di lavoro la manodopera richiesta. Nel 1976 ce n'erano oltre quattrocento in tutto il Canada, assistiti dalla cosiddetta *Job Bank*, che rende possibile la circolazione di informazioni relative a disponibilità di posti di lavoro.

Canada Pension Plan: Il piano di pensionamento, organizzato dal governo canadese, che copre la maggior parte dei lavoratori di quel paese. Prevede il pensionamento al compimento del sessantacinquesimo anno di età e l'erogazione di pensioni di reversibilità e d'invalidità. L'aspetto più interessante di questo piano è che esso prevede la copertura al cento per cento dell'aumento che si verifica nell'indice dei prezzi al consumo, così che il potere d'acquisto dei pensionati è interamente tutelato contro qualsiasi forma di spinta inflazionistica.

canadas: Termine con il quale alla borsa valori di Londra si indicano i titoli della *Canadian Pacific Railroad.*

to cancel: 1. ***annullare.*** Nel linguaggio giuridico, indica l'azione mediante la quale un documento viene annullato. Ciò può essere fatto con l'apposizione di un timbro, ad esempio la scritta PAGATO su un assegno o su una cambiale, il timbro postale su un'affrancatura, il timbro dell'ufficio del bollo sulle marche da bollo, ecc. Per altri documenti, ad esempio un contratto, ciò può essere fatto scrivendo la parola *cancelled* sul contratto e apponendovi le firme delle parti interessate. **2.** ***disdire; cancellare.*** Nel linguaggio commerciale, si usa nel significato di rendere inefficace o non più valido, come ad esempio per un ordinativo o una prenotazione che vengono disdetti da chi li aveva fatti.

cancellation: ***cancellazione; estinzione; annullamento.*** Si indica col termine inglese l'annullamento di un qualsiasi documento, ma in particolare di un titolo di credito, tramite la perforazione, l'apposizione di un timbro o altro sistema tale che renda inutilizzabile il documento.

cancellation clause: ***clausola di cancello.*** Termine usato come sinonimo di *cancelling clause* (v.).

cancellation date: ***data di cancello.*** Termine usato come sinonimo di *cancelling date* (v.).

cancelled cheque: ***assegno estinto.*** Un assegno sul quale è stato stampigliato o apposto il timbro PAGATO (*cancelled*) e che l'emittente può richiedere come prova dell'avvenuto pagamento di un suo debito.

cancelling clause: ***clausola di cancello.*** Nei trasporti marittimi è la clausola che prevede l'annullamento di un contratto di noleggio se la nave si presenta al porto di caricazione in ritardo rispetto alla data stabilita e al termine ultimo, detto *cancelling date* (v.).

cancelling date: ***data di cancello.*** Il termine ultimo entro il quale una nave noleggiata deve presentarsi al porto di caricazione, pena l'annullamento del contratto di noleggio. La data di cancello è espressa nella clausola di cancello.

cancelling day: ***giorno di cancello.*** Il giorno in cui un noleggiatore può cancellare il contratto, in base a quanto previsto nella clausola di cancello. Corrisponde, pertanto, alla data di cancello. (v. anche *cancelling clause, cancelling date*)

cancelling price: ***indennità per recesso.*** La penale, espressa in moneta, che è tenuto a pagare chi recede da un contratto, annulla un ordinativo, ecc.

cannibalization: ***cannibalizzazione.*** Fenomeno che si verifica quando un'impresa commercializza due prodotti non sufficientemente differenziati tra loro e uno dei due assorbe una quota di mercato precedentemente detenuta dall'altro. L'esempio più chiaro può essere quello di un'impresa che vende un detersivo in polvere e successivamente immette sul mercato lo stesso detersivo liquido. Se alle vendite del secondo corrisponde un'uguale diminuzione delle vendite del primo, si è verificato il fenomeno della cannibalizzazione.

canons of taxation: ***canoni della tassazione; canoni della imposizione fiscale.*** A. Smith, nel suo classico *The Wealth of Nations*, espose quattro canoni o principi che dovevano essere alla base dell'imposizione fiscale: 1) le imposte devono essere proporzionali al reddito del contribuente; 2) devono essere certe e non arbitrarie; 3) devono essere riscosse in un momento comodo per il contribuente; e, 4) devono avere un basso costo di esazione. In senso più lato, il termine indica le norme e gli scopi esposti da vari economisti come base di un sistema ideale di imposizione fiscale. Oggi che il fisco arriva a prelevare oltre il 40% dei redditi medi, bisognerebbe aggiungere un quinto principio ai quattro esposti da A. Smith, e cioè che le imposte non dovrebbero essere tali da disincentivare l'iniziativa del privato o dell'imprenditore. (v. anche *principles of taxation*)

canpacs: Termine usato alla borsa valori di Londra per indicare i titoli della *Canadian Pacific Railroad.*

canteen: ***mensa aziendale.*** Il luogo di ristoro in uno stabilimento o in un'impresa, presso il quale i lavoratori possono consumare il pasto di mezzogiorno. La mensa aziendale è in parte finanziata dall'impresa e in parte dal prezzo pagato per il pasto dai lavoratori. Poiché tale prezzo è sempre inferiore a quello che i lavoratori andrebbero a pagare in qualsiasi altro locale, la mensa aziendale rientra tra i benefici accessori o marginali. (v. anche *fringe benefits*)

canvasser: ***piazzista.*** Venditore che visita i propri clienti in differenti piazze e prende ordini su campione o su tipo, ricevendo di solito una commissione sulle vendite.

cap.: capital.

CAP: 1) Common Agricultural Policy; 2) capital accumulation plan.

cap: ***limite massimo.*** Termine spesso usato nel linguaggio finanziario per indicare un tetto imposto da una qualche autorità su, ad esempio, tassi d'interesse e simili. (v. anche *interest-rate cap*)

capacity: ***capacità.*** Nel linguaggio economico, questo termine indica il livello di produzione che corrisponde al minimo livello di costi totali di breve periodo di un'impresa, in un qualsiasi dato momento. In questo senso, il termine non implica il concetto di produzione massima.

capacity cost: ***costo di piena utilizzazione; costo ideale.*** Il costo corrispondente ad un livello di piena utilizzazione di una struttura produttiva. Sebbene generalmente superiore al costo corrispondente ad un livello di utilizzazione parziale, è difficile che vari in rapporto al tasso di produzione, dal momento che tra i suoi costituenti ve ne sono molti di carattere fisso o generale. (v. anche *fixed costs*)

capacity factor: ***fattore di capacità.*** Nelle imprese di pubblici servizi, si indica con questa espressione il rapporto tra il carico medio e la capacità dell'impianto.

capacity ratio: ***coefficiente di utilizzazione degli impianti.*** Il rapporto tra produzione effettiva e produzione massima possibile. Quest'ultima è difficilmente raggiungibile, a meno che si prescinda da fattori quali l'assenteismo, l'avvicendamento della manodopera, il tempo per le riparazioni di impianti che si sono guastati ed altre interruzioni inevitabili.

capacity test: ***test attitudinale; prova attitudinale.*** Una qualsiasi prova cui viene sottoposto un candidato, che desidera essere assunto da un'impresa o altra organizzazione, al fine di accertare le sue capacità, specialmente in relazione al tipo di lavoro che sarà chiamato a svolgere. I singoli test, che di solito vengono proposti in batteria, sono elaborati da psicologi ed altri esperti e sono orientati per consentire l'individuazione delle doti di cui deve disporre colui che verrà assunto per ricoprire un posto specifico. Oltre a questi test, che vengono proposti in forma scritta, esistono anche test di natura pratica, cioè di destrezza, cui vengono sottoposti gli operai che dovranno assumere una determinata funzione di controllo delle macchine.

capacity to contract: ***capacità di contrarre.*** Espressione del linguaggio giuridico con la quale si indica la capacità di un soggetto di stipulare un qualsiasi contratto, cioè il fatto di non essere legalmente interdetto da questa possibilità di agire, ad esempio per insanità mentale, per minore età o per essere stato dichiarato fallito.

capacity utilization: ***utilizzazione degli impianti.*** L'utilizzazione delle stutture di un'impresa nella produzione di beni e servizi. Sarà maggiore o minore a seconda che la domanda dei beni e servizi prodotti sia più o meno alta.

capacity utilization rate: ***indice di utilizzazione degli impianti.*** Termine usato con lo stesso significato di *capacity ratio* (v.).

capital: ***capitale.*** Con il termine capitale, si intende: 1) nella terminologia economica, a) il valore in denaro di beni; b) uno dei principali fattori della produzione, che consiste di beni impiegati per la produzione di altri beni o servizi, dai quali si trarrà un utile; c) i beni in cui è investito il denaro. 2) Nel linguaggio comune, a) la somma principale di denaro, rispetto alla somma minore rappresentata dagli interessi; b) una qualsiasi somma di denaro. 3) In ragioneria, a) fondo astratto di valori; b) valore capitalizzato di redditi futuri. 4) In senso tecnico e contabile, a) patrimonio, cioè l'insieme dei beni e dei mezzi economici di cui un'impresa può disporre e, pertanto, soggetti a trasformazioni derivanti dalla gestione economica dell'impresa; b) la somma versata dagli azionisti di una società per azioni o dai soci di un qualsiasi altro tipo di società.

capital account: **1.** ***conto capitale.*** Conto relativo soltanto al capitale sottoscritto dagli azionisti di una società per azioni allo scopo di perseguire i fini sociali, o al capitale investito da un imprenditore nella sua azienda o dai soci in un qualsiasi altro tipo di società. **2.** ***bilancia del dare e dell'avere; bilancia dei conti; bilancia internazionale delle obbligazioni.*** Quella parte della bilancia dei pagamenti nella quale vengono presi in considerazione i movimenti di capitali per investimenti da o verso il paese e i prestiti o le donazioni da o verso paesi esteri.

capital accumulation: ***accumulazione di capitale.*** Termine usato con lo stesso significato di *capital formation* (v.).

capital accumulation plan: ***piano di accumulazione di capitale.*** Un qualsiasi piano che prevede la formazione di un capitale attraverso successivi versamenti periodici in un determinato arco di tempo. Di solito il termine viene usato in relazione ai fondi comuni d'investimento, che prevedono piani di accumulazione di capitale mediante versamenti mensili di una somma stabilita per periodi di tempo oscillanti tra i dieci e i quindici anni. I versamenti effettuati dal sottoscrittore vengono investiti in quote del fondo comune e poiché essi hanno cadenza mensile, il sottoscrittore ha la certezza di mediare i costi di acquisto delle quote–parti e pertanto il risultato del piano ha la probabilità di essere più soddisfacente di un acquisto del medesimo valore effettuato in unica soluzione.

capital addition: ***aumento di capitale.*** Termine generico, usato per indicare un qualsiasi incremento del capitale di cui può disporre un singolo, un'impresa o un'altra organizzazione.

capital adequacy: ***adeguatezza del capitale; adeguatezza patrimoniale.*** Termine solitamente usato in relazione a istituti di credito, compagnie di assicurazione e società d'intermediazione finanziaria per indicare la congrua consistenza del capitale proprio in rapporto all'insieme degli impieghi o degli investimenti. In un mercato sempre più globale, l'adeguatezza patrimoniale delle banche di diversi paesi deve conformarsi a precisi standard concordati a livello internazionale e tra le banche centrali, sotto gli auspici della Banca dei Regolamenti Internazionali.

capital allowances: ***detrazioni per ammortamento; deduzioni in conto capitale.*** Sono detrazioni dagli utili d'impresa, consentite al fine del calcolo dell'imponibile, onde dare la possibilità all'azienda di procedere ad ammortamento del capitale fisso. Corrispondono al riconoscimento che il capitale fisso di un'azienda è soggetto ad usura ed obsolescenza e che l'imponibile sui redditi d'impresa sarebbe iniquo se non ne tenesse conto. (v. anche *annual allowances*)

capital and interest: ***montante.*** In matematica finanziaria, la somma del capitale impiegato e degli interessi maturati.

capital appreciation: ***plusvalenza; aumento del valore capitale.*** Differenza positiva tra due valori dello stesso bene, riferiti a momenti diversi. Può riferirsi a beni mobiliari, nel qual caso rappresenta la differenza tra il valore nominale e il valore di mercato di un titolo azionario e si parla di plusvalenza realizzata se il titolo viene venduto e plusvalenza in portafoglio nel caso contrario. Può anche riferirsi ad attività patrimoniali e a scorte o giacenze.

capital appropriation: ***stanziamento di capitale; impegno di capitale.*** Termine con il quale si indicano i piani di un'impresa, formalmente approvati dal consiglio di amministrazione o organo equivalente, per l'acquisto di nuovi beni capitali.

capital assets: **1.** ***capitale fisso; attività capitale.*** Termine statunitense, usato con lo stesso significato di *fixed assets* (v.). **2.** ***patrimonio imponibile.*** Nel linguaggio tributario, il termine inglese viene usato per indicare tutti i beni di proprietà di un contribuente.

capital at hand: ***capitale disponibile.*** Il capitale di cui può disporre in un qualsiasi momento un singolo o un'impresa.

capital bearing no interest: ***capitale infruttifero.*** Come dice lo stesso termine, si tratta di un capitale che non frutta alcun interesse o reddito a colui che lo possiede.

capital bonus: ***dividendo pagato in azioni.*** Il termine inglese indica un dividendo pagato in azioni, invece che in moneta, il cui effetto principale è quello di ridurre il valore di ciascuna azione ordinaria, mantenendo tuttavia intatta la partecipazione proporzionale dei soci alla proprietà della società. Una distribuzione di dividendi pagati sotto forma di azioni implica anche una capitalizzazione di riserve. In passato, nel Regno Unito si usava pagare dividendi in azioni invece che in moneta contante, in quanto le azioni non erano tassabili e gli azionisti potevano venderle ricavando un profitto esentasse. Ciò non è più possibile oggi, a seguito dell'introduzione dell'imposta sugli utili di capitale e di quanto stabilito dalla legge finanziaria del 1968, che prevedeva che nel caso in cui un azionista avesse la possibilità di optare tra un dividendo in moneta e un numero di azioni gratuite, queste ultime dovevano venir considerate alla stessa stregua di una distribuzione di dividendi monetari ai fini fiscali.

capital budget: **1.** ***budget degli investimenti di capitale.*** Quella parte del budget di un'azienda, o un budget separato, che tiene conto soltanto delle variazioni del capitale fisso e di come finanziarle. **2.** ***piano degli investimenti.*** Quella parte del bilancio dello stato, che tiene conto degli investimenti e di come finanziarli. Poiché il metodo di contabilità di stato usato in Italia differisce da quello usato negli Stati Uniti, nel Regno Unito e in altri paesi, non troviamo corrispondente preciso nella terminologia italiana, ma potrebbe rendersi approssimativamente col traducente dato.

capital budgeting: ***analisi di un piano d'investimento; pianificazione degli investimenti.*** Analisi che tende a valutare il tasso di remunerazione di un investimento e il costo da sostenersi per intraprenderlo, in modo da poterlo paragonare con altre opportunità d'investimento e giungere ad una decisione che tenga conto di tutte le circostanze, inclusa la differenza di rischio tra un investimento e un altro.

capital charges: ***imputazioni in conto capitale.*** Imputazioni di spesa, nei conti di un'impresa, relative al pagamento di interessi su un capitale o ad un ammortamento o alla restituzione di un mutuo.

capital clause: L'articolo, dell'atto costitutivo di una società, che tratta del capitale sociale, stabilendo l'ammontare del capitale nominale, il numero e il valore delle azioni che la società è autorizzata ad emettere.

capital coefficient: ***coefficiente di capitale.*** Si parla di coefficiente di capitale quando il reddito o la produzione sono una funzione del capitale. Così, se Y o O = ck, allora c è il coefficiente di capitale, con Y = reddito, O = produzione e K = quantità di capitale.

capital commitments: ***impegni in conto capitale.*** Spese in conto capitale per lavori già dati in appalto da una società o altra organizzazione, ma per i quali non è stato ancora fatto alcun pagamento alla data della stesura del bilancio patrimoniale in cui compare la voce.

capital consumption: ***consumo di capitale.*** Può essere sia il consumo produttivo, cioè il consumo di beni economici per produrre nuovi beni, sia il consumo di godimento, cioè la vendita di beni per aumentare il consumo corrente. Entrambi concorrono alla diminuzione del capitale a disposizione di un'economia, di un'impresa o di un singolo individuo. Nel primo caso, consumo produttivo, il consumo di capitale corrisponde o ad un consumo completo e immediato, come nel caso delle materie prime e degli alimenti, o ad un consumo lento e graduale, come nel caso di impianti o macchine, anche detto logorio o deprezzamento del capitale. (v. anche *capital consumption allowance, maintaining capital intact*)

capital consumption allowance: ***detrazione per consumo di capitale; detrazione per reintegrazione del capitale fisso.*** La detrazione che si deve operare dal reddito nazionale lordo per avere il reddito nazionale netto. Essa comprende: 1) deprezzamento del capitale, ossia il costo dei beni necessari per reintegrare i capitali fissi e le scorte esistenti all'inizio del periodo preso in considerazione; 2) perdite di capitale, ossia la distruzione di capitale dovuta a incendi, naufragi o altre calamità e sinistri; e, 3) beni economici acquistati e consumati nel corso del periodo in considerazione. C'è da dire che poiché esistono diversi metodi di valutazione del reddito nazionale, la detrazione suddetta può essere valutata anche in maniera differente.

capital contribution: ***apporto di capitale.*** Lo stesso che *contribution of capital* (v.).

capital cost component: ***componente di costo di capitale.*** In relazione al costo totale di produzione di ciascuna unità di prodotto, la componente di costo di capitale è data da: imputazioni in conto capitale/unità di prodotto, dove le imputazioni in conto capitale sono costituite dalla somma degli interessi annui pagati sul capitale di prestito utilizzato dall'impresa e delle quote di ammortamento annue, mentre le unità di prodotto si riferiscono al totale della produzione dell'anno in questione.

capital deepening: ***intensificazione di capitale; approfondimento di capitale.*** Lo stesso che *deepening of capital* (v.).

capital deflation: ***deflazione di capitale.*** Nella terminologia keynesiana, è l'opposto di inflazione di capitale ed è costituita da una diminuzione del livello dei prezzi dei beni capitali in relazione al loro costo di produzione.

capital–deposit ratio: ***rapporto depositi–capitale.*** Termine usato con lo stesso significato di *deposit ratio* (v.).

capital depreciation: ***deprezzamento del capitale.*** Lo stesso che *depreciation 1* (v.) e, quando è riferito a capitale azionario, di *depreciation 4* (v.).

capital development: ***accumulazione di capitale.*** Lo stesso che *capital formation* (v.).

capital duty: ***imposta di bollo sul capitale azionario.*** L'imposta di bollo che, nel Regno Unito, colpisce l'emissione azionaria di una società o i successivi trasferimenti di azioni.

capital element: ***elemento di capitale.*** Quella parte di una rendita che, essendo considerata come restituzione del capitale, non è assoggettata ad imposizione fiscale se il reddito dal quale sono stati pagati i premi fu a suo tempo assoggettato ad imposta sul reddito.

capital employed: ***capitale impiegato.*** Il termine inglese ricorre in vari contesti e sta ad indicare il capitale in uso in un'impresa e, quindi, il capitale «impiegato» da un'azienda. Non trattandosi di un termine tecnico specifico, non esiste un esatto corrispondente nella lingua italiana, ove si escluda il termine generico «capitale», e non vi è neppure coincidenza di definizioni in inglese, in quanto alcuni lo interpretano come attività nette (cioè, attività fisse e correnti meno passività correnti), mentre altri vi includono anticipazioni e scoperti bancari ed altre forme di valutazione o rivalutazione di investimenti

capital equipment: ***capitale investito; capitale immobilizzato.*** Attività fisse, quali ad esempio macchine, impianti, attrezzi e veicoli, di proprietà di un'impresa e da questa usate nella produzione di beni o servizi che essa vende sul mercato.

capital expenditure: ***spese in conto capitale; spese di capitale; spese d'impianto.*** Qualsiasi spesa sostenuta con l'intento di trarne un beneficio in periodi futuri, che si identifica, quindi, col costo di acquisizione di un capitale fisso. Infatti, il termine inglese è quasi sempre usato con riferimento a spese che aumentino la capacità, l'efficienza, la vita utile o l'economia di gestione di un'attività fissa. Il termine viene usato in contrasto a spese di esercizio, cioè quelle spese sostenute in relazione al funzionamento di un'impresa o altra organizzazione, i cui benefici si esauriscono nel corso di un singolo esercizio. (v. anche *revenue expenditure*)

capital expenditure budget: ***budget delle spese in conto capitale.*** Questo è generalmente un budget di lungo periodo che copre, ad esempio, un piano quinquennale o decennale di sviluppo dell'impresa. È un preventivo delle spese in attività fisse, o beni capitali, per tutto il periodo coperto dal budget e deve, pertanto, prendere in considerazione i piani della direzione relativi allo sviluppo futuro dell'impresa. Se, come è pratica corrente, questo budget viene analizzato per mostrare le spese in conto capitale previste per ciascun mese o altro periodo per ciascun reparto, esso fornisce un mezzo di controllo adeguato, in quanto la cifra prevista non può essere superata senza l'approvazione del comitato di budget o del capo dell'ufficio controllo. (v. anche *budget controller*)

capital expenditure project: ***progetto di spesa in conto capitale.*** Qualsiasi progetto che preveda una spesa per la costruzione o l'acquisizione di un bene capitale. (v. anche *capital expenditure*)

capital expenses: ***spese per investimenti in beni capitali.*** Termine usato come sinonimo di *capital expenditure* (v.).

capital exporter: ***esportatore di capitali.*** Un paese che effettua consistenti investimenti in paesi stranieri.

capital exports: ***esportazioni di capitale.*** Deflusso di valuta nazionale da un paese verso paesi stranieri, per finanziare in essi operazioni di investimento. Se tali esportazioni risultano cospicue in un arco di tempo molto breve, si parla di fuga di capitali.

capital flight: ***fuga di capitali.*** Massiccio movimento di capitali da un paese ad un altro, per paura che possa succedere qualcosa nel paese che metta in pericolo il valore o la sicurezza dei capitali in questione. Di solito, i timori riguardano pericoli di confisca, di guerra, di un accentuarsi dell'inflazione, ecc. Tali movimenti di capitali possono creare seri problemi nei mercati valutari internazionali e provocare crisi speculative che danneggiano le bilance dei pagamenti dei paesi coinvolti.

capital flow: ***flusso di capitali.*** Lo stesso che *flow of capital* (v.).

capital formation: ***formazione di capitale.*** La creazione o formazione di capitale fisso, resa possibile attraverso il risparmio, che può essere speso direttamente o indirettamente, a seconda che il risparmiatore lo utilizzi personalmente o lo presti ad altri. (v. anche *gross fixed capital formation, net fixed capital formation*)

capital formation account: ***conto della formazione di capitale.*** Conto nel quale vengono registrate le operazioni relative agli investimenti non finanziari e i trasferimenti in conto capitale che vengono considerati come operazioni di distribuzione del patrimonio. Nel conto figurano in uscita gli investimenti e i trasferimenti in conto capitale pagati; e in entrata il risparmio lordo e i trasferimenti in conto capitale ricevuti.

capital fund: ***fondo capitale.*** Lo stesso che *accumulated fund* (v.).

capital gain: ***reddito di capitale; plusvalenza.*** Reddito derivante dalla vendita di un bene capitale, al di fuori del normale corso dell'attività commerciale. Tra tali tipi di reddito rientra, ad esempio, quello realizzato dalla vendita di un valore mobiliare ad un prezzo superiore al corso di acquisto e, comunque, dalla vendita di un qualsiasi investimento e proprietà. I privati possono realizzare redditi di capitale attraverso la vendita di beni immobili di loro proprietà, operazioni in borsa, ecc., mentre le imprese possono realizzarli attraverso la vendita di capitale fisso comprato non per essere rivenduto, ma smobilitato per un qualsiasi motivo. Quindi, il reddito di capitale corrisponde spesso alla rivalutazione di un bene, anche a seguito di un processo inflattivo. Ci sono casi in cui è difficile stabilire se un reddito sia o no di capitale e pertanto si segue generalmente il concetto che se l'utile deriva da una singola operazione, come la vendita di una proprietà, è da ritenersi reddito di capitale, ma se tale operazione è seguita da altre e diventa, pertanto, regolare o ripetitiva, l'utile è considerato reddito di lavoro.

capital gains distribution: ***distribuzione di redditi di capitale.*** La distribuzione ai sottoscrittori dei redditi di capitale realizzati da un fondo comune d'investimento attraverso l'acquisto e la vendita di valori mobiliari. È una caratteristica di alcuni fondi, mentre altri tendono a capitalizzare tali redditi.

capital gains tax: ***imposta sui redditi di capitale.*** L'imposta che colpisce i redditi descritti sotto *capital gain* (v.) o qualsiasi incremento del valore di un bene. Sono assoggettate a tale imposta sia le persone fisiche che le persone giuridiche, ma sono esenti, nel Regno Unito, i privati che possiedono la casa che occupano.

capital gap: ***deficit di capitale; scarsità di capitale.*** La situazione inversa a quella descritta sotto *capital surplus 2* (v.), che si verifica quando un paese presenta un forte deficit nella bilancia dei pagamenti internazionali. È la situazione che si è verificata negli Stati Uniti per la maggior parte degli anni ottanta.

capital gearing: ***rapporto d'indebitamento.*** Lo stesso che *gearing* (v.).

capital goods: ***beni capitale; beni indiretti; beni strumentali.*** Sono così chiamati tutti i beni economici, tranne la terra, impiegati in un atto di produzione da cui si spera la reintegrazione del capitale stesso e un accrescimento della capacità economica del soggetto. Sono anche chiamati indiretti o strumentali in quanto danno luogo alla produzione di beni diretti soltanto attraverso una o più trasformazioni e con il concorso di altri beni, non essendo di per sé utilizzabili per soddisfare un bisogno del consumatore. Esempi di tali beni sono: impianti ed edifici, materie prime, mezzi di trasporto e simili.

capital-goods industries: ***industrie dei beni capitali.*** Le industrie che, in un paese, si interessano della produzione di beni capitali.

capital grant: ***assegnazione di fondi; sovvenzione.*** Nel linguaggio della contabilità di stato, indica le somme stanziate da un governo centrale a favore di enti locali, con le quali questi ultimi potranno finanziare un progetto approvato, come ad esempio la costruzione di una strada o di un acquedotto.

capital importer: ***importatore di capitali.*** Espressione usata come opposto di *capital exporter* (v.) per indicare un paese la cui economia accoglie consistenti investimenti provenienti da uno o più paesi esteri.

capital imports: ***importazioni di capitale.*** In effetti, non sono altro che gli investimenti provenienti da paesi esteri, mediante i quali è possibile incrementare la disponibilità globale di beni capitali nel paese che li riceve. C'è chi sostiene che queste importazioni sono dannose all'economia di un paese, perché hanno l'effetto di ridurre l'ammontare globale del risparmio nazionale.

capital improvement: ***incremento di capitale.*** Qualsiasi aumento del patrimonio o dei beni capitale di proprietà di un singolo individuo, di un'impresa o di un'altra organizzazione.

capital income: ***reddito di capitale.*** Il reddito derivante da investimenti in beni capitali o il reddito comunque non derivante da salari o stipendi. Il termine, infatti, è spesso usato in contrapposizione a *wage income* (v.).

capital increase: ***aumento di capitale.*** Termine usato in alternativa a *increase of capital* (v.).

capital inflation: ***inflazione di capitale.*** Nella terminologia keynesiana, è l'aumento del livello dei prezzi dei beni capitali o di investimento in relazione al loro costo di produzione. L'inflazione di capitale e l'inflazione delle merci costituiscono insieme l'inflazione dei profitti. (v. anche *commodity inflation, income inflation*)

capital inflow: ***afflusso di capitale.*** Il movimento di capitali esteri verso un paese, a scopo di investimento o di finanziamento del debito pubblico. Un afflusso di capitali di questo secondo tipo si è verificato negli anni ottanta verso gli Stati Uniti, stimolato dagli alti tassi d'interesse e dalla necessità del governo federale di finanziare lo spaventoso deficit in cui si trovava.

capital intensity: ***intensità di capitale.*** Il rapporto tra capitale e lavoro impiegati in un determinato processo produttivo. Quanto più alto è il rapporto, tanto più il processo produttivo è a uso intensivo di capitale.

capital-intensive: ***ad uso intensivo di capitale.*** Espressione aggettivale con la quale si indicano imprese o processi produttivi che usano una maggiore quantità di capitale a confronto di altri, e in relazione ad altri fattori che entrano nella produzione. Una centrale ad energia nucleare per la produzione di elettricità, ad esempio, è *capital-intensive* rispetto ad una tradizionale centrale termoelettrica, in quanto il costo di combustibile e manodopera utilizzati nella prima rappresenta una piccola percentuale dei costi totali a confronto con la seconda.

capital introduced: ***capitale conferito.*** Termine usato con lo stesso significato di *contributed capital* (v.), ma più preciso nel caso in cui ci si riferisca al capitale di un imprenditore in proprio o di una società di persone.

capital invested: ***capitale investito; capitale di apporto.*** L'espressione è usata in due accezioni molto simili tra loro: a) la quantità di capitale investito in un'impresa dai suoi proprietari; b) tale quantità di capitale, più gli utili non distribuiti e gli accantonamenti.

capital investment: ***investimento di capitale.*** Un qualsiasi investimento in beni capitali da parte di un governo, di un'impresa o altra organizzazione.

capital investment loan: ***prestito d'investimento; credito d'investimento.*** Un credito concesso al fine di finanziare l'acquisto di immobilizzazioni tecniche.

capitalism: ***capitalismo.*** Sistema economico caratterizzato dalla proprietà privata e dalla libertà dei singoli di impegnarsi in attività economiche di loro scelta, con l'intento di conseguire un profitto. L'intervento statale in un'economia capitalistica si limita al mantenimento dell'ordine e allo svolgimento di quelle attività economiche che l'iniziativa privata non potrebbe intraprendere con sufficiente garanzia di ricavarne un profitto.

capital issue: ***emissione di capitale.*** L'emissione di azioni da parte di una società, attraverso i canali e sotto le forme consentiti dalle leggi del paese.

Capital Issues Committee: ***comitato per le emissioni di capitale.*** Comitato consultivo creato nel Regno Unito dal *Borrowing (Control and Guarantees) Act* (v.) del 1946, affinché accertasse se le domande di emissioni fossero fatte nell'interesse pubblico, così continuando, sotto forma più rigida, i controlli sugli investimenti privati iniziati nel 1932. Dal 1959 tali controlli si sono attenuati e dagli anni sessanta sono sottoposte all'approvazione del Comitato soltanto le richieste di imprese estere che desiderino lanciare prestiti sul mercato inglese dei capitali.

capitalist: ***capitalista.*** In senso stretto, il termine indica colui che possiede o fornisce i capitali per svolgere un'attività economica, ma in senso più ampio viene usato per indicare coloro la cui fonte di reddito proviene da ricchezze accumulate e direttamente o indirettamente investite nella produzione di beni economici.

capitalist accumulation: ***accumulazione capitalistica.*** La teoria di Marx sosteneva che il sistema economico avrebbe gradualmente fatto cadere il controllo delle risorse produttive nelle mani di un numero sempre più ristretto di persone, creando così un proletariato sempre più numeroso a fronte di un'accumulazione capitalistica sempre più vasta.

capitalist country: ***paese a sistema capitalistico.*** Una nazione nella quale vige o è preponderante il sistema economico descritto sotto *capitalism* (v.).

capitalist economy: ***economia capitalistica.*** Termine usato con lo stesso significato di *capitalism* (v.).

capitalist ethics: ***etica del capitalista.*** Espressione a volte usata per indicare le motivazioni che sostengono lo sviluppo industriale, basate sulla proprietà privata dei mezzi di produzione, distribuzione e scambio. L'etica capitalistica esalta il lavoro, la ricerca del successo materiale e l'accumulazione della ricchezza e condanna l'ozio, lo spreco e l'indifferenza in questioni economiche.

capitalistic income: ***reddito di capitale.*** Termine generico usato per indicare qualsiasi forma di reddito derivante dalla proprietà o dall'impiego di un capitale. (v. anche *capital gain*)

capitalistic production: ***produzione capitalistica; produzione indiretta.*** Lo stesso che *indirect production 1* (v.).

capitalistic system: ***sistema capitalistico.*** Termine usato con lo stesso significato di *capitalism* (v.).

capitalization: 1. ***capitalizzazione.*** La conversione di riserve societarie, costituite principalmente da utili non distribuiti, in azioni di capitale. Nel linguaggio finanziario, il termine viene usato per indicare il valore globale o l'insieme dei vari titoli emessi da una società per azioni, che può comprendere obbligazioni garantite e non garantite, azioni ordinarie, azioni privilegiate, ecc. (v. anche *capitalization issue*) **2.** ***capitalizzazione di costi.*** Il procedimento contabile mediante il quale le spese in conto capitale di un'impresa vengono inserite nell'attivo del bilancio, onde ripartirle su più esercizi.

capitalization issue: ***emissione di azioni gratuite; emissione gratuita; assegnazione gratuita.*** Termine usato con lo stesso significato di *bonus issue* (v.).

capitalization of a tax: ***capitalizzazione di un'imposta.*** L'operazione matematica mediante la quale si ricava la quota ideale di capitale che viene sottratta al godimento del contribuente per effetto di un'imposta. Si ottiene dividendo la percentuale di reddito di un determinato bene oggetto d'imposta per il tasso d'interesse corrente e moltiplicando il quoziente per cento. L'imposta capitalizzata rappresenta anche l'ammontare di cui si riduce il valore di una proprietà colpita da una nuova imposta sul reddito di capitali durevolmente investiti. Infatti, nel caso di imposte che non si prestino a traslazione e che colpiscano il reddito di capitali durevolmente investiti, in occasione di un trasferimento il nuovo acquirente tende a ridurre il prezzo della proprietà dell'ammontare dell'imposta capitalizzata. Per fare un esempio, una proprietà viene gravata di una nuova imposta annua pari ad un milione di lire, quando il tasso di interesse corrente è del dieci per cento. In considerazione di tali cifre, sarebbe necessario un capitale di dieci milioni per ricavare la somma uguale all'imposta e sono appunto dieci milioni che il potenziale acquirente detrarrà dal prezzo della proprietà che sarebbe stato disposto a pagare se non fosse stata istituita la nuova imposta. In questo modo, il nuovo acquirente non sentirà il peso della nuova imposta, in quanto ha acquistato la proprietà ad un prezzo ridotto in rapporto alla capitalizzazione della detta imposta.

capitalization of income: ***capitalizzazione del reddito.*** L'operazione mediante la quale si arriva a determinare l'ammontare di un capitale (o il valore di un'azienda) dividendo il reddito che il capitale produce (o il reddito netto dell'azienda) per un saggio di interesse, o tasso di capitalizzazione.

capitalization of interest: ***capitalizzazione degli interessi.*** L'aggiunta alla somma capitale degli interessi corrisposti su una somma depositata nell'arco di un periodo di tempo concordato.

capitalization of profits: ***capitalizzazione dei profitti.*** Il procedimento seguito nell'effettuare un'emissione di azioni gratuite. Poiché per la legge britannica non possono emettersi azioni gratuitamente, questo procedimento consente di stabilire la distribuzione di un dividendo, che sarà però usato come pagamento delle azioni gratuite.

capitalization of reserves: ***capitalizzazione di riserve.*** Lo stesso procedimento descritto sotto *capitalization of profits* (v.), quando i redditi di capitale che danno luogo ad un'emissione gratuita vengono preventivamente passati ad un conto riserve.

capitalization rate: ***tasso di capitalizzazione; saggio di capitalizzazione.*** Il tasso di interesse da applicarsi al reddito netto di un'impresa per stabilirne il valore. (v. anche *capitalization of income*)

capitalization ratio: ***rapporto di capitalizzazione; rapporto capitalizzato.*** V. spiegazione sotto *capitalized ratios.*

capitalization unit: ***unità di capitalizzazione.*** È una spesa per un'attività fissa o per una miglioria ad un bene capitale, che abbia l'effetto di ampliarne la dimensione fisica, aumentarne la produttività, allungarne la vita utile o ridurne i costi di esercizio.

to capitalize: ***capitalizzare.*** 1) Registrare e riportare a uno o più periodi futuri una qualsiasi spesa, i cui benefici o utili saranno realizzati in quel periodo. 2) Aggiungere al conto di un capitale fisso il costo di una miglioria che avrà l'effetto di incrementare l'efficienza del capitale fisso o di rendere possibili future economie di gestione. 3) Calcolare il valore attuale di sperati utili futuri di un'impresa o di un capitale fisso. 4) Convertire in capitale.

capitalized expense: ***spesa capitalizzata.*** È un costo di solito imputato al conto profitti e perdite ma che, in quanto relativo ad un periodo di costruzione, viene aggiunto a un conto capitale fisso. Ne sono esempi: imposte pagate su edifici in costruzione o interessi e altre spese pagate in relazione ad una nuova costruzione prima che essa cominci a funzionare.

capitalized income: ***reddito capitalizzato.*** Termine usato per indicare il reddito di un'impresa trasformato in beni capitali, mediante investimento del reddito stesso.

capitalized ratios: ***rapporti capitalizzati; rapporti di capitalizzazione.*** Sono i rapporti che descrivono la struttura del capitale di una società per azioni, cioè la relazione tra ciascuna classe di capitale emesso e il totale del capitale impiegato.

capitalized surplus: ***eccedenza capitalizzata.*** Eccedenza di una società, trasferita a capitale sociale attraverso l'emissione di azioni in pagamento di un dividendo.

capitalized value: 1. ***valore capitalizzato.*** La quantità di capitale necessaria a fruttare, ai tassi d'interesse correnti, gli utili correnti derivanti da un capitale fisso. Per esempio, se gli utili derivanti da un capitale fisso ammontano a cinque milioni all'anno e il tasso di interesse corrente è del cinque per cento, il valore capitalizzato del capitale fisso è di cento milioni. **2.** ***valore attualizzato; valore attuale.*** Lo stesso che *present value* (v.).

capitalized-value standard: ***standard di valore capitalizzato.*** Riferito alla valutazione del capitale fisso di un'impresa, è il valore determinato dividendo gli utili annui per un dato tasso di interesse. Ad esempio, supponendo che gli utili netti di un'impresa ammontino a due milioni e mezzo di lire annui e il tasso di interesse sia del cinque per cento, il valore capitalizzato sarà di cinquanta milioni. (v. anche *earning-capacity standard*)

capital-labour ratio: ***rapporto capitale-lavoro.*** Il rapporto in cui sono uniti il capitale e il lavoro in un determinato processo produttivo. A seconda dell'entità di questo rapporto, il processo è detto a uso intensivo di capitale o a uso intensivo di lavoro.

capital lease: ***leasing finanziario.*** Termine statunitense, usato con lo stesso significato di *finance lease* (v.).

capital leverage: ***rapporto d'indebitamento.*** Termine usato negli Stati Uniti con lo stesso significato di *gearing* (v.).

capital levy: ***imposta straordinaria sul patrimonio.*** Imposta a carattere non ricorrente, prelevata cioè una volta tanto, sul patrimonio complessivo del contribuente. Il termine può applicarsi anche ad un'imposta straordinaria su redditi di capitale acquisiti in un particolare periodo di tempo, come ad esempio l'imposta straordinaria sui profitti di guerra, nel qual caso equivale ad un'imposta sui redditi di capitale (v. anche *capital gains tax*), con la differenza che viene applicata su redditi stimati e non su utili effettivamente realizzati. Oppure, il termine può riferirsi ad un'imposta prelevata sull'intero patrimonio nazionale, nel qual caso è simile ad una *property tax* (v.) generale a carattere non ricorrente.

capital liability: 1. ***passività in conto capitale.*** Lo stesso che *long-term liability* (v.). **2.** ***capitale netto; patrimonio netto.*** Lo stesso che *capital net worth* (v.).

capital loss: ***perdita di capitale; minusvalenza.*** È il contrario di *capital gain* (v.) e, ai fini dell'imposta sui redditi di capitale, può controbilanciare i redditi di capitale realizzati in operazioni o epoche diverse.

capital maintenance: ***conservazione del capitale.*** V. spiegazione sotto *concept of capital maintenance* e *maintaining capital intact.*

capital malleability: ***malleabilità del capitale.*** Indica una delle caratteristiche del capitale e precisamente la possibilità di utilizzarlo in maniera diversa dopo che è stato trasformato in beni capitali. Il capitale perfettamente malleabile può essere utilizzato in un qualsiasi processo produttivo o a intensità variabile in relazione agli altri fattori della produzione, indipendentemente dall'uso o dagli usi precedenti. Quando un capitale non può essere trasferito da un uso o settore a un altro, si dice che esso è poco, o non è, malleabile. Il concetto di malleabilità del capitale fu esposto dagli economisti classici, ma è stato in seguito contestato da più parti.

capital market: ***mercato finanziario.*** Il mercato dei capitali propriamente detto, ossia dei prestiti a medio o lungo termine, distinto dal mercato monetario, pur essendo molto difficile stabilire una chiara divisione tra i due. Per convenzione, si definisce mercato finanziario quello che fa fronte alle richieste finanziarie dell'industria, del commercio, dello stato e degli enti locali. Tutti i prestiti a medio e lungo termine vengono negoziati e contratti soltanto sul mercato finanziario. (v. anche *money market*)

capital mobility: ***mobilità dei capitali.*** La capacità o la possibilità di spostamento di capitali da un'area geografica a un'altra o da un impiego a un altro. (v. anche *mobility*)

capital movements: ***movimenti di capitali.*** Il termine inglese indica: 1) la trasformazione di elementi del patrimonio che può risultare dalla vendita di un tipo di investimento per il successivo reinvestimento dei fondi così realizzati in un altro tipo di investimento, oppure la liquidazione di un investimento in un luogo e il reinvestimento del ricavato in un altro luogo; 2) il trasferimento di capitali da un paese ad un altro con fini: a) di investimento all'estero; b) di speculazione a breve termine.

capital net worth: ***capitale netto; patrimonio netto.*** Lo stesso che *net worth* (v.).

capital not paid in: ***capitale non versato.*** La parte di capitale nominale di una società non ancora versata dai soci. Corrisponde alla differenza tra capitale stabilito nello statuto e capitale effettivamente versato.

capital on hand: ***capitale disponibile.*** Termine usato come sinonimo di *capital at hand* (v.).

capital outflow: ***deflusso di capitale.*** L'opposto di *capital inflow* (v.) e cioè lo spostamento di capitali nazionali verso l'estero a scopo di investimento o speculazione.

capital outlay: ***spesa in conto capitale.*** Espressione usata in contabilità di stato per indicare una spesa pubblica cha ha come oggetto l'acquisizione di un bene capitale. (v. anche *capital expenditure*)

capital-output ratio: ***rapporto capitale/prodotto.*** Il rapporto che si ottiene dividendo la quantità di capitale per la quantità di prodotto di un'azienda in un dato periodo di tempo e si può anche esprimere come il rapporto tra investimento netto e variazione quantitativa di prodotto in un determinato arco di tempo. Se tale rapporto può essere considerato grosso modo costante nell'arco del periodo di tempo considerato, moltiplicandolo per la prevista variazione di produzione si ottiene il livello previsto di investimento netto e ciò porta alla teoria degli investimenti basata sull'acceleratore (v. *accelerator theory of investment*), in cui il rapporto capitale/prodotto si identifica col coefficiente di accelerazione (v. *acceleration coefficient*).

capital owned: ***capitale netto.*** Termine usato con lo stesso significato di *net worth* (v.).

capital paid in: ***capitale conferito; capitale di apporto.*** Termine usato in alternativa a *paid-in capital* (v.).

capital-producing industry: ***industria produttrice di beni capitali.*** Lo stesso che *instrumental industry* (v.).

capital productivity: ***produttività del capitale.*** È la produzione per unità di capitale impiegato, intendendosi per capitale le attrezzature di qualsiasi tipo usate dall'impresa. La produttività del capitale corrisponde, pertanto, al rapporto tra la capacità produttiva reale, o produzione, e il valore corrente reale delle attrezzature di cui dispone l'impresa. Mentre risulta abbastanza facile determinare la produttività del lavoro e della terra, si presenta alquanto più complesso il compito di misurare la produttività del capitale, in quanto essa implica un raffronto tra la produzione fisica e il valore reale corrente del capitale investito in un'impresa. Pertanto, la produttività del capitale risulta dipendere in gran parte da fattori quali il livello tecnologico, l'organizzazione e la gestione dell'impresa e il tipo di capitale che essa utilizza, cioè se si tratta di impianti, macchine, ecc. Di regola, essa si esprime come percentuale annua, cioè la resa nell'arco di un anno di un particolare investimento di capitale.

capital productivity ratio: ***rapporto capitale/prodotto.*** Termine usato con lo stesso significato di *capital–output ratio* (v.).

capital profit: ***reddito di capitale.*** Termine usato con lo stesso significato di *capital gain* (v.).

capital ratio: In un'analisi di un piano d'investimento (v. *capital budgeting*) è il rapporto tra il fondo di investimento totale (nell'unità di valuta) e l'investimento particolare (nell'unità di valuta) che si va a realizzare.

capital rationing: ***razionamento di capitale.*** La situazione in cui il capitale da destinarsi a investimenti in un determinato progetto è limitato da decisioni interne all'impresa o da imposizioni provenienti da un organo di controllo esterno all'impresa.

capital realization: ***realizzazione di utili di capitale; realizzazione di redditi di capitale.*** Termine usato con un significato più ampio di *profit taking* (v.), in quanto include la realizzazione di utili derivanti da un qualsiasi tipo di investimento di capitale in beni mobili o immobili, mediante la loro vendita. (v. anche *capital gains*)

capital rearrangement: ***riassestamento di capitale.*** La procedura mediante la quale si procede a variare la struttura e la composizione qualitativa e quantitativa del capitale di cui dispone una società per azioni.

capital recapture rate: ***tasso di recupero del capitale.*** Termine usato come sinonimo di *capital recovery rate* (v.).

capital receipt: ***entrata per vendita di capitale.*** Un'entrata di moneta derivante dalla vendita di un'attività capitale produttrice di reddito.

capital–reconciliation statement: ***bilancio delle risorse e delle utilizzazioni; rendiconto finanziario.*** Termine britannico, usato con lo stesso significato di *statement of sources and application of funds* (v.).

capital recovery: ***recupero del capitale.*** Il processo mediante il quale viene recuperato, nell'arco della vita utile di un'attività fissa, il capitale originariamente investito per la sua acquisizione. Normalmente ciò avviene mediante quote annue di ammortamento.

capital recovery rate: ***tasso di recupero del capitale.*** È il recupero del capitale investito nell'acquisizione di un'attività fissa, espresso come tasso annuo dello stesso capitale. È costituito dal tasso di remunerazione del capitale investito nell'attività fissa, più le quote di ammortamento che, nell'arco di vita utile dell'attività, ne consentono il completo ammortamento, cioè il recupero della somma originariamente investita nell'acquisizione del bene capitale.

capital redemption: ***rimborso di capitale.*** Il rimborso di quote di capitale conferito dai soci. Può avvenire in maniera diversa a seconda del tipo di società, ma nelle società di capitali avviene mediante il riacquisto di azioni proprie sul mercato o mediante estrazione a sorte.

capital redemption policy: ***polizza a riscatto.*** Polizza di assicurazione sulla vita che prevede il rimborso di una somma ad una data prestabilita, indipendentemente dalla morte o dalla sopravvivenza dell'assicurato allo scadere di quella data.

capital redemption reserve fund: ***fondo di riserva per riscatto di capitale.*** Quando una società decide di riscattare tutte o parte delle azioni privilegiate emesse, si trasferisce a questo fondo una somma uguale al valore nominale delle azioni riscattate ed il fondo viene considerato parte del capitale versato della società. Non può essere usato per la distribuzione di dividendi, ma può utilizzarsi in pagamento di azioni gratuite.

capital rent: ***rendita di capitale.*** Il prezzo pagato per l'uso di migliorie annesse alla terra in via permanente, ma si tratta di un concetto ipotetico in quanto tali migliorie non potrebbero utilizzarsi se non insieme alla terra cui sono annesse, come ad esempio un impianto di irrigazione. Il termine è, quindi, usato quando si intende dividere la rendita in due parti: quella della terra e quella dei capitali fissi annessi ad essa. (v. anche *ground rent*)

capital reorganization: ***riorganizzazione del capitale.*** Lo stesso che *reorganization 1* (v.), di solito effettuata da una società allo scopo di impedire di essere assorbita a seguito di un'offerta di acquisto ostile. In tale caso, il termine equivale a *defensive recapitalization* (v.).

capital requirement: ***fabbisogno di capitale.*** La quantità di capitale necessaria ad un imprenditore in proprio o ad un'impresa, per poter svolgere la propria attività economica.

capital reserves: ***riserve di capitale.*** Le riserve di una società create tramite apporti dei soci in misura superiore al valore nominale delle quote o azioni da loro sottoscritte, ovvero quando vengono emesse nuove azioni al di sopra della pari o quando il valore contabile del capitale fisso viene rivalutato per adeguarlo al costo di rimpiazzo, ovvero quando si realizzano redditi di capitale. In tutti questi casi, le somme realizzate vengono trasferite al conto riserve di capitale e non possono essere utilizzate per distribuire dividendi agli azionisti. Il termine è usato in contrapposizione a riserve di utili, cioè quelle che sono disponibili per futura distribuzione sotto forma di dividendi qualora l'impresa, in un qualsiasi anno, dovesse subire una perdita invece di realizzare un profitto. (v. anche *revenue reserves*)

capital resources: ***risorse di capitale.*** L'ammontare complessivo di capitale di cui può disporre un singolo, un'impresa o una qualsiasi altra organizzazione.

capital saturation: ***saturazione del capitale.*** La situazione che si verifica quando il capitale raggiunge il proprio margine intensivo in relazione al lavoro e, di conseguenza, la sua produttività marginale scende a zero. Infatti, in tale situazione il rapporto capitale–lavoro è tanto alto che qualsiasi ulteriore aumento del capitale non porta ad alcun incremento nella produzione pro capite.

capital–saving invention: ***invenzione–capitale; invenzione risparmiatrice di capitale.*** L'invenzione che rende possibile l'uso di una minore quantità di capitale, a parità di risultati. Essa, pertanto, riduce il rapporto tra capitale e prodotto.

capital share: **1.** ***quota sociale.*** La parte di capitale apportato o di proprietà di ciascun singolo socio di una società semplice a responsabilità limitata. **2.** ***quota di capitale.*** Una quota parte di un fondo comune d'investimento chiuso che non ha diritto al pagamento di dividendi nell'arco di tempo in cui il fondo resta in essere, ma partecipa alla ripartizione delle attività del fondo alla data di scadenza dello stesso (v. anche *income share; dual fund*)

capital spending: ***spese in conto capitale.*** Spese sostenute per la creazione di beni capitali e non per finanziare consumi o trasferimenti. Il termine viene di solito usato in relazione alla spesa pubblica, ma può anche essere usato come sinonimo di *capital expenditure* (v.).

capital standard: ***indice dei beni capitali.*** Numero indice dei prezzi dei beni capitali, proposto da Edgeworth.

capital stock: 1. ***capitale sociale.*** Nella terminologia statunitense, è il capitale di apporto delle imprese costituite in forma di società; il capitale, cioè, che i soci si sono impegnati a conferire alla società, sotto forma di quote o azioni, per il raggiungimento degli scopi sociali. Tale capitale può essere versato dai soci interamente all'atto della costituzione della società, oppure parte in tale occasione e parte successivamente. (v. anche *capital structure*) **2.** ***fondo capitale.*** Nella terminologia economica britannica, indica l'ammontare totale di capitale fisico esistente in un qualsiasi momento in un'impresa, un'industria o un'economia e, pertanto, la quantità di beni capitale accumulati attraverso acquisti passati, dopo aver detratto l'ammortamento e l'ammontare scartato a seguito di obsolescenza.

capital-stock account: ***conto capitale sociale.*** Termine usato con lo stesso significato di *capital account 1* (v.).

capital-stock tax: ***imposta sul capitale sociale.*** Un'imposta in vigore in molti degli Stati Uniti, che colpisce il capitale sociale di un'impresa sotto forma di percentuale o del valore di mercato o del valore nominale dei titoli azionari.

capital structure: ***struttura del capitale; ripartizione del capitale.*** La struttura del capitale di una società è determinata dal numero e tipo di azioni che essa emette, mentre la scelta delle differenti fonti di capitale, quali obbligazioni ecc., che vanno a formare la struttura del capitale, è determinata dal loro costo. Il capitale sociale è costituito di azioni, che rappresentano una quota di proprietà dell'azienda e vengono emesse sotto forma di certificati azionari nominativi o al portatore. Esse hanno un valore nominale (negli Stati Uniti possono anche non averlo) e sono suddivise in classi, quali ad esempio azioni ordinarie o privilegiate, ecc., con differenti diritti, doveri e privilegi (v. *ordinary shares, preference shares*). Oltre queste due classi di azioni, ve ne sono altre il cui nome indica i diritti o privilegi speciali conferiti o negati ad esse dall'atto costitutivo della società. Se la società ha emesso anche obbligazioni, esse rappresentano un debito dell'impresa ed hanno diritto ad un tasso di interesse che dovrà essere pagato prima di procedere alla distribuzione di dividendi tra gli azionisti. Prima ancora di dichiarare un dividendo, la società dovrà remunerare le azioni privilegiate e dopo aver accantonato le somme destinate a riserve, le eventuali ulteriori disponibilità di utili saranno suddivise tra gli azionisti ordinari.

capital sum: ***capitale; somma capitale.*** Lo stesso che *principal 1* (v.).

capital surplus: 1. ***riserva di capitale.*** Termine usato con lo stesso significato descritto sotto *capital reserves* (v.). **2.** ***eccedenza di capitale.*** La situazione che viene a crearsi in un paese che presenta un forte attivo della bilancia dei pagamenti con l'estero. L'eccedenza di capitale si trasforma in capacità produttiva se non viene spesa in consumi o inviata all'estero sotto forma di investimenti. È la situazione che si è verificata in Giappone negli anni ottanta.

capital tax: ***imposta sul capitale.*** Termine generico usato per indicare una qualsiasi imposta che non colpisce il reddito, bensì il capitale o il patrimonio di proprietà di un individuo o di un'impresa.

capital taxation: ***imposizione patrimoniale; tassazione patrimoniale.*** Termine con il quale si indica un sistema di imposizione fiscale che percuote il contribuente in relazione al valore del suo patrimonio, invece che in relazione al suo reddito. Imposte del genere sono state spesso usate dai vari stati e lo sono tuttora, pur se più sporadicamente. Ne sono esempi le imposte patrimoniali, di solito temporanee; le imposte di successione nelle loro varie e diverse formulazioni; le imposte sui trasferimenti di capitale e molte altre.

capital tax credit: ***credito d'imposta sul capitale.*** Agevolazione fiscale concessa alle imprese che iniziano un'attività economica nelle cosiddette *enterprise zones* (v.) statunitensi. Caratteristica di questa incentivazione è che viene concessa non sotto forma di esenzione, bensì sotto forma di credito d'imposta e pertanto l'impresa per poterne usufruire deve maturare una determinata base imponibile ai fini dell'imposta sul capitale, altrimenti non ha diritto ad alcun beneficio.

capital transactions: ***operazioni di capitale.*** Espressione generica usata per indicare prestiti, contratti o concessi, di somme di denaro o trasferimenti di attività accumulate in un dato arco di tempo passato.

capital transfers: ***trasferimenti di capitale.*** Termine usato con lo stesso significato di *capital movements* (v.).

capital transfer tax: ***imposta sui trasferimenti di capitale.*** Nel Regno Unito fu istituita nel 1975, in sostituzione dell'imposta di successione, e copre i trasferimenti di capitale e di patrimoni sia nel caso di donazioni che nel caso di successione. Prevede l'esenzione per patrimoni fino alle cinquantamila sterline e un'imposizione progressiva che va dal 15% su patrimoni del valore dalle cinquanta alle sessanta mila sterline per donazioni e 30% per successioni, fino al 50% e al 75%, rispettivamente per donazioni e successioni, sulla porzione di patrimonio eccedente i 2,1 milioni di sterline. Nel marzo 1986, questa imposta fu sostituita con la *inheritance tax* (v.).

capital turnover: ***indice di rotazione del capitale.*** Termine usato con lo stesso significato di *investment turnover* (v.).

capital value: ***valore capitale; valore capitalizzato.*** Termine usato in due significati: 1) l'investimento in beni capitali (capitale fisso) misurato in termini di costo o altro valore; 2) il totale del flusso di reddito previsto, derivante da beni capitali.

capital wealth: ***ricchezza capitale.*** L'insieme dei beni capitali di proprietà di un individuo o di una comunità nel suo complesso.

capital widening: ***ampliamento di capitale.*** Lo stesso che *widening of capital* (v.).

capitation fee: ***tassa di capitazione.*** Somma di denaro che è tenuto a pagare chiunque faccia parte di un gruppo che si è imposto questo metodo di autofinanziamento, come ad esempio un circolo ricreativo o di altro genere.

capitation grant: Termine usato nel linguaggio della contabilità di stato britannica per indicare un'assegnazione di fondi, da parte del governo centrale a favore di un ente locale, basata sul numero delle persone amministrate dall'ente locale cui è diretto lo stanziamento.

capitation tax: ***capitazione; imposta di capitazione.*** Imposta prelevata in misura uguale su tutti i contribuenti, senza tener conto del reddito, del patrimonio o di qualsiasi altro criterio. Nel Regno Unito un'imposta del genere era in uso nel medio evo e pur se in teoria prevedeva un uguale versamento da parte di tutti i cittadini, in pratica veniva calcolata sulla comunità che costituiva un villaggio, in base al numero delle persone, e veniva pagata in maggior misura dalle persone più ricche e in minor misura da quelle più povere. Negli Stati Uniti, costituisce una imposta prelevata in sede locale da alcuni stati. Ne sono soggetti tutti i maschi, e in certi casi anche le femmine, di età superiore ai ventuno anni e il pagamento di tale imposta rappresenta il requisito essenziale per poter esercitare certi diritti, quale quello di voto, o per la concessione di autorizzazioni o privilegi, quali il rilascio della patente di guida.

Capper–Volstead Act: Legge, approvata dal Congresso degli Stati Uniti nel 1922, con la quale si procedeva ad escludere dall'applicazione delle leggi federali contro i monopoli le organizzazioni cooperative fondate e gestite in buona fede. La legge incoraggiava gli agricoltori e gli allevatori di bestiame a costituirsi in cooperative, al fine di realizzare una più efficiente distribuzione dei loro prodotti.

cap rate: ***tasso con limite massimo.*** Il tasso fisso che rappresenta una delle condizioni contrattuali di un *interest–rate cap* (v.).

Capt.: captain.

captain's copy: ***copia per il capitano.*** È una delle copie in cui viene emessa una polizza di carico, così chiamata perché rimane al capitano, onde egli possa confrontarla con la copia che gli verrà presentata al porto di destinazione in occasione del prelievo delle merci da parte del ricevitore.

captain's entry: ***dichiarazione del capitano.*** La dichiarazione doganale fatta dal comandante di una nave e relativa al carico, quando è consigliabile scaricare tutte le merci in un luogo particolare o quando l'importatore non ha inoltrato la dichiarazione prescritta.

captain's protest: ***dichiarazione di avaria.*** Lo stesso che *protest 2* (v.).

captive audience: ***pubblico prigioniero.*** Espressione usata nel linguaggio della pubblicità per indicare l'insieme di persone che non può evitare di vedere o ascoltare un messaggio pubblicitario, come ad esempio gli ascoltatori della radio o coloro che assistono ad una proiezione cinematografica, preceduta da shorts pubblicitari, o i telespettatori che guardano un programma spesso interrotto da inserti di pubblicità.

captive bank: ***banca prigioniera; banca asservita.*** Banca che ha come scopo principale quello di sostenere le attività di un gruppo finanziario, politico o industriale al quale è vincolata.

captive consumer: ***consumatore vincolato.*** È così detto il consumatore reso schiavo dalla pubblicità e da questa spinto ad acquistare sempre le stesse marche di determinati beni di consumo. Lo stesso termine, con maggiore aderenza alla realtà, viene anche usato per indicare coloro che sono tenuti «prigionieri», in senso figurato, da un'impresa che gode di potere monopolistico.

captive finance company: ***società finanziaria vincolata.*** Una sussidiaria di un grande gruppo industriale, il cui scopo primario è quello di finanziare il credito per l'acquisto dei beni durevoli prodotti dalla società madre. È una pratica alquanto diffusa nell'industria automobilistica.

captive item: ***articolo vincolato.*** Un articolo prodotto e utilizzato dalla stessa impresa, anche se in reparti differenti.

captive market: ***mercato prigioniero; mercato vincolato.*** Espressione con la quale si indica l'insieme dei consumatori «prigionieri» di un'impresa con potere monopolistico, quando essi non sono in grado di trovare surrogati idonei del bene soggetto a monopolio e non possono astenersi dal consumarlo, come avviene ad esempio nel campo delle imprese erogatrici di pubblici servizi.

captive mine: ***miniera prigioniera.*** Negli Stati Uniti, è così chiamata una miniera di carbone di proprietà di un'impresa che usa la totalità o quasi del carbone estratto.

captive outlet: ***punto di vendita vincolato; sbocco vincolato.*** Lo stesso che *tied shop* (v.).

captive shop: ***stabilimento vincolato.*** Negli Stati Uniti, si indica con questa espressione uno stabilimento che, a seguito di integrazione verticale (v. *backward integration*), produce per un solo cliente, cioè l'industria di cui fa parte.

capture theory of regulation: Lo stesso che *special interest theory* (v.).

car.: carat.

carat: ***carato.*** 1) In un recente passato era l'unità di misura del titolo dell'oro o altro metallo prezioso e rappresentava il numero di parti di fino contenute in 24 parti di lega. Così, l'oro a 21 carati era la lega contenente 21 parti d'oro fino e 3 parti di un altro metallo. Oggi, la misura del titolo dei metalli preziosi viene fatta in millesimi. 2) Unità di peso usata per le pietre preziose. Nel commercio dei diamanti, un carato metrico corrisponde a circa 0,20 grammi. Considerata la difficoltà di trovare pietre di grosse dimensioni, il loro prezzo cresce in proporzione geometrica rispetto al numero di carati e, pertanto, se un diamante di un carato è quotato, ad esempio, cento, uno da due carati non sarà quotato duecento, bensì quattrocento.

carboy: ***damigiana.*** Grosso recipiente di vetro, protetto da un'ingabbiatura metallica, di paglia, di plastica o altro materiale, usato per il trasporto di acidi o altri prodotti chimici.

card: **1.** ***scheda.*** Rettangolo di carta o cartoncino, di colore e dimensioni diversi, adatto a registrarvi notizie o informazioni per essere poi raccolto, insieme ad altri, in un ordine prestabilito in un apposito contenitore o schedario. **2.** ***cartolina marcatempo.*** Lo stesso che *time card* (v.).

card–carrying member: ***tesserato.*** Lo stesso che *card holder 2* (v.).

card file: ***schedario.*** Termine usato come sinonimo di *card holder 1* (v.).

card holder: **1.** ***schedario.*** Contenitore, di solito metallico, nel quale vengono conservate, in ordine alfabetico, le schede sulle quali sono registrate le informazioni di cui si compone un archivio. **2.** ***tesserato.*** Usato principalmente nel linguaggio delle relazioni industriali, il termine inglese indica un lavoratore regolarmente iscritto a un sindacato, che gli ha rilasciato una tessera d'iscrizione. **3.** ***titolare di carta di credito.*** La persona legittimamente autorizzata a utilizzare una carta di credito o altro simile strumento.

cardinal: ***cardinale.*** Termine usato in relazione alla misurazione dell'utilità, un tempo ritenuta necessaria nello studio della teoria della domanda del consumatore.

cardinalism: ***cardinalismo.*** Lo stesso che *cardinal utility theory* (v.).

cardinal utility: ***utilità cardinale.*** Termine usato con due significati: a) il concetto che l'utilità di un bene può essere misurata in termini di una qualche unità, come ad esempio in *utils* suggeriti da W. S. Jevons; b) il concetto riferito all'esistenza di determinati intervalli tra diversi livelli di utilità, che ci consente di riconoscere tali livelli, ma non ci impone l'uso di un'unità di misura dell'utilità.

cardinal utility theory: ***teoria dell'utilità cardinale.*** È la teoria che sostiene che l'analisi economica dovrebbe prendere le mosse da livelli assoluti di misurazione del piacere o dell'utilità per il consumatore.

card index: ***indice a schede.*** Sistema che prevede la registrazione sintetica su schede, conservate in uno schedario, delle informazioni contenute in un archivio o altra raccolta. È il sistema che si usa, ad esempio, nelle biblioteche pubbliche.

card index system: ***sistema di schedatura alfabetica.*** Sistema in base al quale le informazioni da archiviarsi vengono riportate su schede di uguale formato, ordinate alfabeticamente in appositi contenitori.

card ledger: ***partitario a fogli mobili; mastro a fogli staccati; mastro a schede.*** Una delle forme in cui può presentarsi un partitario o mastro. Consiste di vari fogli, o schede, non rilegati sui quali vengono riportati i conti sotto forma di registrazioni sintetiche di eventi precedentemente annotati sui libri giornali. (v. anche *ledger*)

card of accounts: ***piano dei conti.*** Lo stesso che *chart of accounts* (v.).

card time recorder: ***orologio marcatempo a cartoline.*** Orologio dotato di una stampante, usato nelle fabbriche o altri luoghi di lavoro per registrare l'orario di entrata e di uscita su una cartolina personale di ciascun lavoratore impiegato nell'organizzazione. L'orologio marcatempo viene usato quando i lavoratori sono retribuiti in base ad un tasso salariale orario. L'intero dispositivo consiste di un orologio e di due contenitori delle cartoline intestate ai dipendenti, uno marcato IN, o entrata, e l'altro OUT, o uscita. All'arrivo sul posto di lavoro, il dipendente preleva la cartolina a lui intestata dal contenitore IN, la inserisce nell'apposita fessura dell'orologio e viene automaticamente stampato l'orario che in quel momento segna l'orologio. Il dipendente pone, quindi, la cartolina nell'altro contenitore, ove essa rimane fino alla sua uscita, quando egli compirà la stessa operazione per registrare l'orario di uscita.

care of: ***presso.*** Espressione, quasi sempre abbreviata in C/o, che si fa precedere al nome e all'indirizzo di una persona o organizzazione diversa da quella cui è indirizzata una lettera o altra corrispondenza. Sarà cura di questa persona o organizzazione fare poi giungere la corrispondenza nelle mani della persona cui essa è destinata.

caretaker: ***custode; portiere.*** Persona impiegata perché si prenda cura d'un edificio, provvedendo a che vengano fatte le pulizie ordinarie e a che tutti i servizi, quali ad esempio gli ascensori, il riscaldamento, i telefoni, ecc., funzionino in modo adeguato. Il custode è anche preposto alla sorveglianza dello stabile, tenendone lontano le persone indesiderate, e a dare informazioni a coloro che vi si recano in visita ai residenti o agli uffici che esso ospita.

Carey Street: È il nome della strada di Londra in cui aveva sede il tribunale fallimentare, che è passato ad essere usato come sinonimo di fallimento.

cargo: ***carico.*** Termine che indica collettivamente tutte le merci caricate e trasportate su una nave o su un aereo, in considerazione del pagamento di un nolo.

cargo barge: ***bettolina da carico; chiatta da carico.*** Imbarcazione a fondo piatto, adibita al trasporto merci tra la terraferma e una nave ancorata in rada, quando il fondale del porto non consente l'entrata delle navi.

cargo berth: ***scalo merci.*** Posto di ormeggio in un porto, presso il quale si svolgono le operazioni di carico e scarico di una nave. È, di solito, dotato di gru, linee ferroviarie e altre attrezzature per la movimentazione e il trasporto delle merci.

cargo boat: ***nave da carico.*** Termine a volte usato come sinonimo di *cargo ship* (v.).

cargo book: ***giornale di boccaporto; giornale di carico.*** Libro, curato dal capitano di una nave da carico, nel quale vengono registrati tutti i particolari, quali ad esempio marchi, peso, dimensioni, numeri, ecc., relativi alle partite di merci caricate a bordo della nave per essere trasportate in un altro porto nazionale o estero.

cargo contamination: ***contaminazione del carico.*** Nel linguaggio delle assicurazioni marittime, indica un sinistro risultante dal deterioramento del carico per contaminazione da acqua di mare o altre sostanze che ne alterano la qualità.

cargo discharge: ***discarica merci; sbarco merci.*** L'operazione mediante la quale le merci trasportate da una nave o altro mezzo di trasporto vengono messe a terra al punto di destinazione.

cargo insurance: ***assicurazione sopra merci.*** L'assicurazione che copre il rischio di danno o perdita delle merci mentre esse sono in viaggio. Viene di solito stipulata mediante polizze valutate, che si basano sul valore dichiarato nella fattura più il costo dell'assicurazione, del nolo e un margine di profitto, generalmente del dieci per cento. Ciò elimina i motivi di contestazione nel caso in cui le merci andassero perdute a seguito di un sinistro il cui rischio rientra tra quelli coperti dall'assicurazione, in quanto il valore delle merci può cambiare a seconda del tempo e del luogo in cui si trovano.

cargo insurance policy: ***polizza marittima sopra merci.*** Polizza di assicurazione emessa a copertura dei rischi cui è esposta una partita di merci durante un viaggio per mare. Il termine viene usato per distinguere questo tipo di polizza da quella che assicura una nave contro i rischi della navigazione.

cargo liner: ***nave da carico celere; nave trasporto di linea.*** È una nave che trasporta carico e che svolge regolare servizio tra due porti terminali, con scali intermedi, secondo un orario prestabilito.

cargo manifest: ***manifesto di carico.*** Documento doganale di cui devono essere provvisti navi, aeroplani o altri mezzi che trasportano merci. Il manifesto deve contenere marchi, numeri e descrizione delle merci; nomi del mittente e del destinatario; provenienza e destinazione delle merci e qualsiasi altro elemento atto a individuare e distinguere le merci trasportate. In origine, il manifesto di carico veniva compilato soltanto per le navi e veniva inviato o consegnato ai porti di arrivo per ottenere la cosiddetta libera pratica. Oggi, con tale termine si indica l'elenco delle merci trasportate da un qualsiasi mezzo, anche un vagone ferroviario, quando queste appartengano a diversi proprietari e siano dirette a diversi destinatari.

cargo owner: ***proprietario del carico.*** Non necessariamente il caricatore, né sempre il ricevitore, è la persona che ha il diritto di proprietà delle merci in viaggio su un qualsiasi mezzo di trasporto.

cargo passage: ***viaggio con carico.*** Termine usato in contrapposizione a *ballast passage* (v.), per indicare un viaggio durante il quale la nave trasporta un carico e, pertanto, guadagna un nolo.

cargo plane: ***aereo da carico.*** Aereo attrezzato e adibito esclusivamente al trasporto di merci.

cargo policy: ***polizza marittima sopra merci.*** Termine usato come sinonimo di *cargo insurance policy* (v.).

cargo receiver: ***ricevitore del carico; destinatario del carico.*** La persona alla quale è indirizzata una partita di merci al punto di destinazione.

cargo ship: ***nave da carico; mercantile.*** Nave adibita esclusivamente al trasporto di merci o su una rotta prestabilita o da un porto ad un altro o in base ad un contratto di noleggio. A volte, qualche nave da carico è attrezzata anche per il trasporto di un numero molto limitato di passeggeri.

cargo shipped in bags: ***carico in saccheria.*** Nel linguaggio dei trasporti, merci imballate e trasportate in sacchi di tela, di carta o altro materiale.

cargo steamer: ***piroscafo da carico.*** Termine usato con lo stesso significato di *cargo ship* (v.).

cargo syndicate: ***sindacato di assicuratori merci.*** Gruppo di assicuratori, operante presso il Lloyd di Londra, che si occupa esclusivamente dell'emissione di polizze di assicurazione sopra merci. (v. anche *cargo insurance policy, syndicate 2*)

cargo ton: ***tonnellata di nolo; tonnellata di noleggio.*** È l'unità base sulla quale viene calcolata la rata di nolo da applicarsi ad una partita di merci. Se la spedizione consiste di merci pesanti, come ad esempio macchinari o barre di acciaio, la tonnellata di nolo corrisponde alla tonnellata di peso, sia essa quella imperiale di 2240 libbre (o kg. 1016) o quella metrica di 2205 libbre (o kg. 1000). Se, invece, il carico è leggero ma sviluppa notevole volume, la tonnellata di nolo corrisponde alla cosiddetta tonnellata di cubaggio, basata sul volume d'acqua dislocato da una tonnellata di peso, ossia quaranta piedi cubi o metri cubi 1,1327. Alla nave viene riconosciuto il diritto di scelta tra la tonnellata di peso e la tonnellata di cubaggio ai fini dell'applicazione della rata di nolo.

cargo tonnage: ***tonnellaggio di carico.*** La capacità cubica di portata di una nave, basata o sulle tonnellate di merci che essa può caricare e trasportare o sulle tonnellate di cubaggio di quaranta piedi cubi ciascuna. (v. anche *cargo ton*)

cargo underwriter: ***assicuratore di carichi.*** È l'assicuratore, di solito membro di un sindacato operante presso il Lloyd di Londra, che si interessa esclusivamente dell'emissione di polizze di assicurazione sopra merci. (v. anche *cargo insurance policy, syndicate 2*)

cargo vessel: ***nave da carico.*** Termine usato come sinonimo di *cargo ship* (v.).

cargoworthiness: ***idoneità al trasporto.*** L'idoneità di un mezzo, generalmente una nave, a trasportare un determinato carico.

cargo–worthy clause: ***clausola di idoneità al trasporto.*** È una clausola, contenuta nelle polizze di assicurazione sopra merci, che stabilisce che l'assicurazione è valida soltanto se la nave, o altro mezzo, sulla quale le merci vengono imbarcate è idonea al trasporto di quel particolare carico.

Caribbean Basin Initiative: ***Iniziativa del bacino caraibico.*** L'Iniziativa costituì un impegno politico degli Stati Uniti tendente a garantire il benessere economico dei paesi caraibici e dell'America Centrale. Questo programma economico, che integrò elementi di scambio commerciale e di assistenza, fu proposto dal presidente Reagan nel 1982 e ricevette l'approvazione del Congresso nell'agosto del 1983. L'aspetto più importante dell'Iniziativa fu la creazione di un'area di scambio in esenzione doganale dai paesi caraibici verso gli Stati Uniti, che incluse la maggior parte dei prodotti di quei paesi, con l'eccezione dei prodotti tessili, del petrolio e suoi derivati, articoli di abbigliamento e alcuni altri beni. L'Iniziativa prevedeva anche che i cittadini e le società statunitensi che organizzavano o partecipavano a convegni e riunioni in uno qualsiasi dei paesi che rientravano nel programma ricevessero un credito d'imposta pari alle spese sostenute, il che avrebbe dovuto contribuire a stimolare il turismo verso i paesi del bacino caraibico.

Caribbean Common Market: È un'area di libero scambio, creata nei Caraibi a seguito di un accordo, entrato in vigore il 1° maggio del 1974, tra un gruppo di paesi un tempo colonie britanniche. I paesi sono: Antigua, le Barbados, Belize, Dominica, Grenada, Guyana, Jamaica, Montserrat, St. Kitts, Nevis and Anguilla, St. Lucia, St. Vincent e Trinidad and Tobago. Scopo dell'accordo è quello di promuovere lo sviluppo e la diversificazione del commercio dell'area caraibica e l'eventuale unione politica dei paesi partecipanti.

Caribbean Community: ***Comunità Caraibica.*** Il gruppo delle nazioni del bacino caraibico che diede vita al *Caribbean Common Market* (v.).

CARICOM: Caribbean Common Market.

carload: ***carico completo.*** Nel linguaggio statunitense dei trasporti, indica la quantità di carico necessaria a riempire un intero vagone merci ferroviario o altro mezzo di trasporto.

carloadings: Nel linguaggio statunitense dei trasporti, indica il numero di vagoni merci ferroviari caricati in un determinato periodo di tempo e serve da indice dell'attività commerciale della società ferroviaria.

carload lot: ***carico completo.*** Termine usato con lo stesso significato di *carload* (v.).

carload lot rate: ***tariffa per carico completo.*** La tariffa che si applica su un *carload* (v.) e che risulta più conveniente per il mittente.

carload minimum weight: ***peso minimo di carico completo.*** Il peso minimo di cui deve essere costituita una spedizione di merci, perché rientri nell'applicazione delle tariffe per carichi completi. (v. anche *carload lot rate*)

car mile: ***miglio–vagone.*** Lo spostamento sulla distanza di un miglio di un vagone ferroviario carico di merci. È usato come indice di misurazione del volume di traffico svolto da una società ferroviaria statunitense.

carnet: ***carnet doganale.*** Documento doganale internazionale che consente la temporanea importazione in esenzione doganale di certi beni in certi paesi. Viene usato per i campioni commerciali e per la temporanea importazione di beni destinati ad una fiera campionaria o ad una mostra del tipo salone automobilistico o simili.

car registration: ***immatricolazione di automobili.*** L'iscrizione di un autoveicolo presso il pubblico registro automobilistico. Il totale delle immatricolazioni è usato come indicatore dello stato di salute dell'industria automobilistica.

Carr. Fwd.: carriage forward.

carriage: **1.** ***porto.*** Si indicano con questo termine le spese di trasporto di cose per via terrestre e in particolare mediante ferrovia. **2.** ***trasporto.*** L'azione di trasportare merci in considerazione di una remunerazione, chiamata porto quando il trasporto ha luogo via terra e nolo quando ha luogo via mare o via aerea.

carriage by air: ***trasporto aereo; trasporto per via aerea.*** È il trasporto di merci effettuato mediante l'impiego di aerei da carico.

carriage by land: ***trasporto via terra.*** È il trasporto di merci effettuato mediante un qualsiasi mezzo terrestre, quali treno, autocarro, carro, ecc.

carriage by railway: ***trasporto per ferrovia.*** È il trasporto di merci effettuato mediante l'uso di vagoni ferroviari.

carriage by sea: ***trasporto via mare; trasporto marittimo.*** È il trasporto di merci effettuato mediante l'uso di un qualsiasi mezzo marittimo.

carriage cost: ***costo del trasporto; porto.*** Lo stesso che *carriage 1* (v.).

carriage forward: ***porto assegnato.*** Espressione che indica che le spese di trasporto sono a carico del destinatario. Di solito è usata per indicare la quotazione relativa a merci il cui prezzo non include le spese di trasporto.

carriage free: ***porto pagato; franco di porto.*** Clausola usata in relazione a quotazioni, per indicare che il prezzo delle merci è comprensivo delle spese di trasporto fino al domicilio del compratore.

carriage in and out: ***porto in arrivo e in partenza.*** Sono le spese di trasporto su materiali in arrivo ad uno stabilimento (*carriage in*) e sui prodotti finiti in partenza dallo stesso stabilimento (*carriage out*).

carriage inwards: ***porto in arrivo.*** Sono le spese di trasporto pagate da un'impresa su merci acquistate e costituiscono uno dei costi di approvvigionamento.

carriage note: ***lettera di vettura.*** Lo stesso che *consignment note* (v.).

carriage outwards: ***porto in partenza.*** Sono le spese di trasporto pagate da un'impresa su merci vendute franco di porto e costituiscono uno dei costi di vendita.

carriage paid: ***porto pagato; franco di porto.*** Lo stesso che *carriage free* (v.).

carriage paid home: ***porto pagato; franco di porto.*** Espressione usata con lo stesso significato di *carriage free* (v.).

carriage paid to: ***porto pagato fino a.*** Clausola che indica che le spese di trasporto fino al punto convenuto e indicato sono a carico del venditore e in quel punto ha luogo il passaggio dei costi dal venditore al compratore.

carriage unpaid: ***porto assegnato.*** Espressione usata con lo stesso significato di *carriage forward* (v.).

carried down: ***riporto.*** L'espressione inglese, di solito usata in forma abbreviata *c.d.* alla fine di un conto, indica che il saldo è stato riportato in apertura del nuovo conto nella stessa pagina del mastro.

carried forward: ***riporto.*** L'espressione inglese, di solito usata in forma abbreviata *cd. fwd.* alla fine di un conto, indica che il saldo è stato riportato al nuovo conto o ad una pagina successiva del mastro.

carried over: ***riporto.*** L'espressione inglese, di solito usata in forma abbreviata *c/o* alla fine di un conto, indica che il saldo è stato riportato all'inizio della successiva pagina del mastro.

carrier: ***vettore.*** Persona o impresa che svolge l'attività di trasportare merci e/o passeggeri da una località ad un'altra, in considerazione del pagamento di una somma di denaro chiamata nolo, porto o tariffa a seconda del tipo di trasporto che viene effettuato.

carrier's lien: ***diritto di ritenzione del vettore; privilegio del vettore.*** Il diritto, riconosciuto ad un vettore, di conservare il possesso dei beni trasportati fino al pagamento delle somme dovutegli per il trasporto.

carrier's note: ***lettera di vettura.*** Lo stesso che *consignment note* (v.).

carrier's risk: ***rischio del vettore.*** Espressione con la quale si indica che le merci viaggiano a rischio del vettore, che si impegna così ad indennizzare il mittente in caso di danno o perdita. (v. anche *owner's risk, carrier's risk rate*)

carrier's risk rate: ***tariffa ordinaria; tariffa normale.*** Nei trasporti per ferrovia, su strada, ecc., è la tariffa che viene praticata dal vettore quando le merci viaggiano a suo rischio ed egli ne è responsabile nei confronti del mittente o del destinatario. La tariffa ordinaria è superiore a quella ridotta, in quanto comprende le spese di assicurazione. (v. anche *owner's risk rate, carrier's risk*)

to carry: ***registrare.*** In contabilità, indica l'azione di annotare un atto amministrativo su schede o registri.

to carry back: La legislazione americana relativa alle imposte sul reddito consente che le perdite di gestione o le perdite di capitale possano essere riferite ad anni precedenti (*to carry back*) o ad anni successivi (*to carry forward*) a quello in cui si sono verificate, al fine di controbilanciare utili di gestione o redditi di capitale realizzati in quegli anni.

carry–back: L'ammontare di perdite riferito ad anni precedenti quello in cui si sono verificate, secondo quanto descritto sotto *to carry back* (v.).

to carry down: ***riportare il saldo a nuovo.*** In contabilità, indica il trasferimento del saldo di un conto chiuso, generalmente a fine periodo contabile, ad un nuovo conto o subito sotto la linea che indica la chiusura del conto, con l'intento di riaprirlo all'inizio del successivo periodo contabile.

to carry forward: **1.** In contabilità, tenere sospesa la classificazione di un costo o un ricavo fino al momento in cui si riceve il beneficio del costo o si fornisce la contropartita del ricavo. Nel frattempo, tali costi o ricavi compariranno nel bilancio come *prepaid expense* (v.) o come *deferred revenue* (v.). **2.** ***riportare.*** Trasferire il saldo di un conto da un libro a un altro o da un conto temporaneo ad uno definitivo o da un periodo contabile al successivo. **3.** Trasferire il totale di una colonna di cifre ad un'altra colonna o a un'altra pagina, quando lo spazio disponibile sulla colonna è terminato. **4.** V. spiegazione sotto *to carry back.*

carry–forward: **1.** L'ammontare di perdite riferito ad anni successivi a quello in cui si sono verificate, secondo quanto descritto sotto *to carry back* (v.). **2.** ***riporto.*** Qualsiasi ammontare riportato, trasferito o tenuto sospeso, secondo quanto descritto sotto *to carry forward* (v.).

carry income: Termine statunitense, usato con lo stesso significato di *running income* (v.). Presuppone che la differenza tra i tassi d'interesse sia favorevole allo speculatore, mentre il termine *carry loss* presuppone che la differenza sia sfavorevole allo speculatore.

carrying amount: ***valore contabile.*** Lo stesso che *book value 1* (v.).

carrying charge: **1.** ***maggiorazione per pagamento rateale.*** È l'aggiunta di una somma al prezzo di vendita di un bene, che serve a coprire le spese di interessi e di altra natura conseguenti ad una vendita rateale del bene. **2.** ***spesa di mantenimento; spesa di conservazione; onere di mantenimento.*** Costo ricorrente derivante dal possesso o dalla proprietà di un bene, che di solito viene aggiunto al costo del bene al momento della vendita, se si ritiene che il mercato possa assorbirlo. Ne sono esempi le spese di assicurazione e magazzinaggio di merci, le tasse e gli interessi ipotecari su beni immobili e simili. Il concetto è molto simile a quello esposto sotto *carrying cost* (v.), tanto che i due termini sono a volte usati con lo stesso significato.

carrying cost: ***costo di utilizzazione; costo di mante-***

nimento; costo di conservazione. Termine usato da J.M. Keynes per indicare la perdita di valore (ma non la variazione del valore relativo) o i costi che implicano la maggior parte delle attività (con l'eccezione della moneta) per il semplice fatto del trascorrere del tempo, indipendentemente dal fatto che siano o meno usate per produrre un reddito. Lo stesso termine indica i costi che si devono sostenere per conservare un bene prodotto, o acquistato ora, fino al momento in cui esso sarà venduto o fino a quando il suo più alto prezzo ne rende interessante la vendita. In quest'ultima accezione, il costo di conservazione è costituito da: a) considerazioni relative al deterioramento della qualità e della idoneità dei prodotti, a causa della imprevedibilità delle esigenze dei compratori futuri; b) spese di magazzinaggio e assicurazione; c) interessi; d) remunerazione a fronte del rischio di variazioni del valore monetario dei beni durante il periodo nel quale vengono conservati.

carrying over: ***riporto proroga; riporto diretto; riporto fittizio.*** Termine borsistico usato per indicare la proroga, alla scadenza di un ciclo operativo, di un contratto a termine fino al successivo giorno dei riporti. Il riporto proroga consente il rinvio del pagamento o della consegna dei titoli oggetto del contratto a termine, in considerazione del pagamento di una somma di denaro, chiamata *contango* (v.) o *backwardation* (v.) a seconda del caso, che lo speculatore è disposto a pagare nella speranza che le sue previsioni si realizzino nei successivi giorni di contrattazione. (v. anche *bull, bear*)

carrying over day: ***giorno dei riporti.*** Lo stesso che *contango day* (v.).

carrying trade: ***trasporti; industria dei trasporti.*** La branca dell'attività economica che si interessa del trasporto di beni da una località all'altra. Può riferirsi sia al trasporto interno da parte di qualsiasi vettore, sia al trasporto internazionale, ed in quest'ultimo caso comprende tanto il trasporto di merci da e per il paese in questione, quanto il trasporto per conto di paesi terzi.

carrying value: 1. valore contabile. Lo stesso che *book value 1* (v.). **2. *valore di deposito.*** Il valore, che può essere pari o inferiore a quello di mercato, assegnato da una banca ad un bene offerto a garanzia di un prestito.

carry loss: V. spiegazione sotto *carry income.*

carry-over: 1. *riporto proroga.* Termine usato come variante di *carrying over* (v.). **2.** Termine usato con lo stesso significato di *carry-forward 1* (v.).

carry over day: ***giorno dei riporti.*** Lo stesso che *contango day* (v.).

carryover file: ***archivio permanente.*** Termine usato con lo stesso significato di *permanent file* (v.).

carry-over transaction: ***operazione di riporto proroga.*** Termine usato con lo stesso significato di *carrying over* (v.).

cartage: 1. *trasporto a mezzo carri.* Nei trasporti via terra, indica il movimento di merci una volta effettuato a mezzo di carri a mano o a trazione animale, ma oggi svolto su autocarri. Il termine viene usato in relazione al trasporto su brevi distanze. **2. *spese di trasporto a mezzo carri.*** Sono le spese che le ferrovie o altro vettore si fanno pagare per la consegna delle merci al domicilio del destinatario o a un porto per il successivo imbarco.

cartage contractor: ***vettore a contratto.*** Nel trasporto su brevi distanze, è l'equivalente di un *contract carrier* (v.).

cartage note: ***distinta delle spese di trasporto a mezzo carri.*** La distinta delle spese di trasporto spiegate sotto *cartage 2* (v.).

cartage port: Termine usato nel linguaggio dei trasporti marittimi per indicare un porto nel quale le operazioni di caricazione e discarica sono effettuate a mezzo di chiatte o altri galleggianti, a causa di bassi fondali o di carenze di strutture.

car tax: ***imposta sulle automobili.*** È un'imposta speciale, in vigore nel Regno Unito, che colpisce i veicoli a motore e le roulottes e che va a sommarsi all'imposta sul valore aggiunto. Sono soggetti all'imposta tutti i veicoli a motore fabbricati nel Regno Unito o immatricolati per essere usati in quel paese. L'imposta, quindi, si applica tanto ai veicoli di produzione nazionale quanto a quelli importati ed è proporzionale alla cilindrata del veicolo.

cartel: ***cartello; consorzio; sindacato industriale.*** Gruppo di aziende che si accordano per porre in atto misure tendenti a controllare la concorrenza, impegnandosi a rispettare certe condizioni di vendita, livelli minimi di prezzo e massimi di produzione o zone di smercio stabilite. Gli obiettivi prioritari di un cartello sono quelli di impedire la discesa dei prezzi e ridurre il costo della concorrenza, ma i cartelli sono sempre a carattere temporaneo, perché le aziende che li costituiscono conservano la loro individualità economica e giuridica e pertanto il loro accordo è sempre soggetto a frequenti revisioni e rinnovi ed è, a lungo andare, destinato a finire in quanto la politica del cartello non è sempre vantaggiosa per le imprese più efficienti che ne fanno parte. I cartelli possono essere nazionali o internazionali e tra questi ultimi uno fra i più noti è l'Opec, che ha per molti anni dettato prezzi e livelli di produzione del petrolio sul mercato mondiale.

cartelization: ***cartellizzazione.*** Neologismo di origine statunitense con il quale si indica la tendenza o la spinta che porta alla creazione di cartelli e anche l'effettiva costituzione di tali organizzazioni, spesso dettata da situazioni contingenti che non consentirebbero la sopravvivenza di singole imprese. (v. anche *decartelization*)

Cartesian coordinate system: ***sistema di coordinate cartesiane.*** Sistema formato da due rette perpendicolari tra loro, uscenti da un medesimo punto di origine e dette asse delle x e asse delle y. Ponendo su ciascuno dei due assi una scala uniformemente graduata, è possibile risolvere problemi geometrici e algebrici. In economia, si fa largo uso del sistema di coordinate cartesiane, per mezzo del quale si ricavano le varie curve o linee.

cartload: Termine usato per indicare la quantità di merci che un carro può trasportare in un unico viaggio.

cart note: ***lasciapassare per merci.*** Documento usato dalle dogane per accompagnare merci in carri sigillati nei loro spostamenti da un luogo all'altro per essere spedite o immagazzinate.

cartogram: ***cartogramma.*** Rappresentazione grafica, nella quale le manifestazioni quantitative di un fenomeno vengono indicate con diagrammi riportati su una carta geografica, in corrispondenza dei luoghi in cui esse si sono verificate.

carton: ***cartone; scatola di cartone.*** Contenitore di cartone pesante, a forma di cassa e assicurato con nastro adesivo o reggette metalliche, usato come imballaggio per prodotti e oggetti vari.

cascade tax: ***imposta a cascata.*** Lo stesso che *cumulative tax* (v.).

case: 1. *cassa.* Tipo di imballaggio pesante, di solito fatto di legno, usato nella spedizione di beni che hanno bisogno di una buona protezione contro gli urti. **2. *causa.*** Controversia tra due o più parti, portata davanti all'autorità giudiziaria.

case law: ***giurisprudenza; diritto dei precedenti; diritto giurisprudenziale.*** Quella parte del diritto inglese che si basa sulla produzione degli organi giurisdizionali e sui precedenti e non su leggi promulgate dal parlamento. Le decisioni della Camera dei Lord sono vincolanti per tutte le corti, ad eccezione della stessa Camera alta britannica; le decisioni della Corte di Appello sono vincolanti per tutte le corti, fatta eccezione per la Camera dei Lord; e quelle dell'Alta Corte sono vincolanti per tutte le corti al di sotto di essa.

case of need: ***al bisogno; occorrendo.*** Nel caso di mancata accettazione o mancato pagamento di una cambiale, il beneficiario può richiederne l'accettazione o il pagamento per intervento alla persona che sia stata eventualmente indicata da uno dei coobbligati, cioè traente, girante o avallante. L'indicazione viene fatta scrivendo sul lato inferiore sinistro della cambiale le parole *In case of need with...* seguite dal nome della persona cui può rivolgersi il beneficiario. Colui che paga per intervento acquista i diritti inerenti al titolo di credito nei confronti di colui nelle cui veci ha pagato, ma non potrà girare nuovamente la cambiale. Nel caso in cui una cambiale contenente la clausola «al bisogno» non venga pagata, essa dovrà essere protestata per mancato pagamento prima che possa essere presentata al bisognatario per il pagamento per intervento.

case–rate discount: Nel linguaggio commerciale, indica uno sconto per quantità basato sul numero di casse di un prodotto acquistate da un rivenditore. Lo sconto può essere, ad esempio, del 10% su cinquanta casse, del 20% su cento casse e del 25% su un numero di casse superiore a cento.

Cash.: cashier.

cash: ***contante; denaro liquido.*** In senso stretto, indica monete e banconote, ma in senso più ampio si riferisce a qualsiasi titolo di pronto realizzo, come assegni, buoni del tesoro a breve termine, cambiali bancabili e, soprattutto, i depositi bancari. Le banche considerano *cash* i loro saldi presso la banca centrale e le imprese considerano *cash* i loro saldi attivi presso le banche.

cash account: ***conto cassa.*** 1) Nelle banche inglesi, è un conto del mastro al quale vengono trasferiti i totali dare e avere delle operazioni di ogni giorno, il cui saldo rappresenta i contanti a disposizione. I crediti verso altri conti vengono addebitati al conto cassa, mentre i debiti da altri conti vi vengono accreditati. 2) In contabilità, è il conto nel quale si registrano soltanto le operazioni di entrata e uscita di contanti, il cui saldo rappresenta la disponibilità di cassa.

cash accounting: ***contabilità per cassa.*** Termine usato come sinonimo di *cash basis accounting* (v.).

cash accounts: ***conti moneta.*** Conti bancari o di altra natura che hanno per oggetto soltanto moneta. Possono essere costituiti, ad esempio, da crediti allo scoperto, nel qual caso il creditore è la banca e il debitore il cliente; o da depositi moneta, quali ad esempio depositi a risparmio, nel qual caso il creditore è il cliente e il debitore è la banca.

cash account system: ***sistema di contabilità per cassa.*** Termine usato con lo stesso significato di *cash basis accounting* (v.).

cash advance: ***anticipo in contanti.*** Un anticipo (v. anche *advance*) versato in moneta contante o in titoli di credito equivalenti a moneta contante.

cash against documents: ***contanti contro documenti.*** Espressione, usata nel commercio internazionale, con la quale si indica che la banca autorizzata consegnerà all'importatore i documenti rappresentativi delle merci solo dietro pagamento dell'importo in fattura, rappresentato da una tratta emessa dal venditore sul compratore. (v. anche *shipping documents, payment against documents, terms of payment*)

cash agent: ***agente non accreditato.*** Nel linguaggio delle assicurazioni, è un agente al quale la compagnia non concede credito e che deve pagare i premi delle polizze da lui stipulate con i clienti prima che queste vengano emesse e gli siano consegnate.

cash and carry: 1) Principio adottato dagli Stati Uniti prima della loro entrata nel secondo conflitto mondiale, in base al quale le esportazioni restavano libere a patto che qualunque titolo sulle merci vendute passasse al compratore straniero al momento in cui esse lasciavano il territorio americano ed egli si impegnasse a trasportarle su navi non americane. Questo principio, che non si applicava ai materiali bellici la cui vendita era assolutamente vietata ai paesi belligeranti, fu abbandonato quando, nel 1941, fu adottata la legge affitti e prestiti (v. *Lend–Lease Act*). 2) Oggi, con questa espressione si indicano gli articoli, principalmente di abbigliamento, pronti per essere portati via subito dai clienti che li acquistano. 3) Lo stesso termine indica anche un negozio che vende, di solito con piccolo sconto, gli articoli descritti sotto 2), per contanti e senza servizi accessori, come ad esempio aggiusti ad un abito lievemente imperfetto, trasporto a domicilio del cliente e simili.

cash and carry wholesaler: ***grossista a self service.*** Tipo di grossista che tratta gli articoli menzionati sotto *cash and carry 2* (v.). Differisce da altri tipi di grossisti, perché non si assume né la funzione del finanziamento delle vendite, in quanto esige il pagamento subito e per contanti, né la funzione del trasporto, al quale deve provvedere il compratore prelevando gli articoli presso i depositi del grossista.

cash asset: ***attivo di cassa; attività di pronto realizzo.*** Contanti e qualsiasi altra attività che possa essere immediatamente convertita in contanti, come ad esempio depositi bancari a richiesta, certificati di deposito a richiesta, ricevute bancarie, ecc.

cash at bank: ***liquido in banca.*** Espressione usata con due significati: 1) come sinonimo di *cash in bank* (v.); b) come voce sul lato delle attività di un bilancio, per indicare il saldo attivo dei vari conti tenuti da un'impresa presso una o più banche.

cash audit: ***controllo di cassa.*** È la revisione o verifica limitata alle operazioni svolte per contanti in un determinato periodo di tempo, che tende ad accertare se sono state opportunamente registrate tutte le entrate e le uscite, se queste ultime sono documentate dalle relative autorizzazioni, se il saldo contabile corrisponde alle effettive disponibilità di cassa, ecc.

cash balance: **1.** ***saldo di cassa.*** In contabilità, indica la quantità di monete e banconote che si trovano in un qualsiasi momento presso la cassa di un'impresa. **2.** ***saldo attivo; saldo di conto corrente.*** Nel linguaggio bancario, l'ammontare di denaro a credito del titolare di un conto corrente.

cash balance book: ***libro dei saldi di cassa.*** Libro usato nelle banche inglesi, nel quale si registrano giornalmente i saldi di ciascuno sportello di cassa e il contante in cassaforte. Il totale dovrebbe coincidere con il saldo del *cash book* (v.) e del conto cassa nel libro mastro generale.

cash balance equation: ***equazione di Cambridge.*** Nella teoria monetaria, è una rielaborazione dell'equazione degli scambi (v. *equation of exchange*) formulata da D.H. Robertson e J.M. Keynes. L'equazione di Cambridge si basa sulla premessa che la quantità di moneta che una famiglia o un'impresa intendono tenere sotto forma liquida dipende dai bisogni della famiglia o dell'impresa di acquistare beni o servizi. Essa viene espressa M = KPT, dove M rappresenta la quantità di moneta detenuta dal pubblico; K rappresenta la percentuale del reddito reale che il pubblico (famiglie e imprese) intende tenere sotto forma di saldi monetari; P rappresenta il livello medio dei prezzi; e T rappresenta il totale degli scambi che hanno luogo nell'economia in un determinato periodo di tempo. M/K = PT è una relazione che indica che l'ammontare di moneta detenuta dal pubblico diviso per la percentuale del reddito reale che il pubblico intende conservare sotto forma di saldi monetari durante un qualsiasi periodo di tempo è uguale al valore totale degli scambi durante lo stesso periodo di tempo. Ne consegue che se il volume degli scambi e la quantità di moneta rimangono costanti, il livello dei prezzi varia in misura inversamente proporzionale alla domanda di moneta (K). Ciò si può vedere più chiaramente scrivendo l'equazione nel modo seguente: P = M/KT. Una variazione nella domanda di moneta indica una variazione del desiderio di mantenere potere d'acquisto sotto forma di saldi monetari, non della quantità di contanti. Così, le variazioni della domanda di moneta generano l'aumento o la diminuzione dei prezzi. (v. anche *Fisher equation, income equation*)

cash balances: ***disponibilità liquide; saldi monetari liquidi.*** Nel linguaggio keynesiano, sono le diverse quantità di moneta che i privati e le imprese tengono sotto forma di denaro contante in depositi bancari o in cassaforte, allo scopo di poter far fronte alle loro operazioni di acquisto.

cash–balances price level: ***livello dei prezzi delle disponibilità liquide.*** Nella terminologia keynesiana, è il livello dei prezzi relativo all'indice delle disponibilità liquide, che è naturalmente diverso da quello delle operazioni per contanti, in quanto ha alla base una equazione quantitativa della moneta del tipo di quella di Cambridge. (v. anche *cash balances standard, cash balance equation*)

cash balances standard: ***indice delle disponibilità liquide.*** Termine proposto da J. M. Keynes per designare un tipo di indice monetario nel quale gli oggetti di spesa sono ponderati con riferimento alla domanda di disponibilità bancarie o di quantità di moneta cui essi danno luogo. L'indice delle disponibilità liquide è caratterizzato dal fatto che una variazione in esso *ceteris paribus* altera nella stessa proporzione la quantità di moneta richiesta dal pubblico ed ha alla base la cosiddetta equazione di Cambridge. (v. anche *cash transactions standard, cash balance equation*)

cash basis accounting: ***contabilità per cassa.*** In base a questo sistema, le entrate e le uscite sono registrate nei libri contabili nel momento in cui esse si verificano, senza tener conto del periodo cui si riferiscono. Questo sistema è di solito una variante insoddisfacente dell'*accrual basis accounting* (v.), ma i due sistemi virtualmente coincidono, quando le operazioni consistono soltanto di entrate e uscite di contanti.

cash basis delivery: ***consegna immediata.*** Lo stesso che *cash delivery* (v.).

cash before delivery: ***contanti prima della consegna.*** Clausola di compravendita che prevede il pagamento anticipato dei beni acquistati.

cash benefits: ***benefici monetari.*** Benefici erogati da un governo centrale o locale agli assistiti in forma di moneta, come ad esempio i sussidi di disoccupazione, i sussidi per l'integrazione dei canoni di locazione e simili.

cash bond: ***buono fruttifero.*** Titolo di credito rilasciato dalle banche, che si impegnano a restituire alla scadenza la somma specificata oltre agli interessi, che sono di solito leggermente più alti di quelli riconosciuti sui depositi ordinari.

cash bonus: Un bonus (v. *bonus 2*) pagato in contanti invece di essere utilizzato per ridurre il premio della polizza o di essere aggiunto alla somma assicurata. (v. anche *bonus certificate*)

cash book: ***libro cassa; giornale di cassa.*** 1) In alcune banche inglesi, è il libro nel quale si registrano tutte le operazioni di cassa, mentre in altre banche con questo termine si indica il libro nel quale si registrano i particolari dei contanti tenuti presso la banca durante la notte. In altre banche si indica con questo termine il *day book* (v.). 2) In contabilità, è un libro di prima nota nel quale si registrano le entrate o le uscite di contanti, o ambedue. Nel caso in cui si registrino sia le entrate che le uscite, le prime sono inserite sul lato dare e le seconde sul lato avere ed ogni lato dispone di due colonne, una per le operazioni in moneta e l'altra per le operazioni tramite banca. Nel caso in cui vi si registrino solo le entrate o solo le uscite, assume il nome di *cash–receipts journal* (v.) e di *cash–disbursement journal* (v.).

cash box: ***cassa.*** Il termine inglese indica una cassa di metallo pesante, mobile e di solito con più scompartimenti ed una serratura difficile a forzarsi, nella quale possono conservarsi banconote e monete o altri valori.

cash break–even point: ***punto di equilibrio di cassa.*** Se si ipotizza un'azienda organizzata per un dato volume di produzione, se si pongono le unità di prodotto sull'asse delle x e il totale dell'unità monetaria in questione sull'asse delle y, il punto di equilibrio di cassa è costituito dall'intersezione tra la curva delle entrate totali di cassa e quella delle uscite totali di cassa. (v. anche *break–even point*)

cash budget: ***budget di cassa; budget di tesoreria.*** Il budget di cassa viene preparato dopo che sono stati approntati i budget delle vendite, della produzione, dei materiali, della manodopera e delle varie altre spese. È di solito l'ultimo ad essere preparato, in quanto prevede le entrate e le uscite di cassa che sono, ovviamente, basate sui preventivi di ricavo delle vendite e su qualsiasi altra entrata e sui preventivi di uscite per materiali, salari e altre spese. Benché il budget di cassa copra tutto il periodo di un budget, al fine di rendere più agevole il controllo di cassa è di solito suddiviso in periodi più limitati, diciamo un mese o anche meno. Oltre alle spese correnti previste, il budget di cassa deve contenere anche le spese in conto capitale, dettagliate nell'apposito budget. (v. anche *budget, capital expenditure budget*)

cash capital: ***capitale emesso per contanti.*** L'espressione inglese indica un capitale azionario che consiste di azioni emesse contro pagamento in moneta da parte dei sottoscrittori. Il termine viene usato in contrapposizione ad altri tipi di azioni, che non prevedono l'introito di denaro contante da parte della società, come ad esempio le azioni di proprietà o le azioni gratuite.

cash card: ***carta di prelievo; carta per prelievi.*** È la carta opportunamente magnetizzata e rilasciata da una banca ad un suo cliente, con la quale quest'ultimo può effettuare prelevamenti in denaro contante da una cassa automatica. Il sistema prevede l'inserimento della carta nell'apposita apertura della cassa automatica e la formazione, mediante la tastiera di cui è dotata la macchina, di un codice segreto di identificazione assegnato a ciascun singolo titolare. Se la macchina accetta la carta e il codice, essa farà uscire la somma in contanti richiesta dal cliente attraverso un'apposita apertura.

cash column: ***colonna dei contanti.*** In un giornale di cassa, è la colonna nella quale vengono registrate cifre relative al movimento di contanti in cassa.

cash commodity: ***merce pronta; merce per contanti; derrata pronta.*** Termine usato per indicare merci realmente e fisicamente esistenti al momento della contrattazione, per distinguerle da merci o derrate a termine. (v. anche *future commodity*)

cash composition: ***transazione per contanti.*** Nel caso di contestazione tra le parti, è la risoluzione della vertenza mediante pagamento di una somma in moneta.

cash conversion cycle: ***ciclo di conversione in moneta.*** Il periodo di tempo intercorrente tra l'esborso di moneta per l'acquisto di materie prime e l'incasso di moneta a seguito della vendita dei prodotti finiti da esse ricavati.

cash cow: ***«mucca da soldi».*** Espressione del gergo industriale statunitense con la quale si indica una divisione che, nell'ambito di una grande impresa, realizza utili alti e stabili, ma non presenta possibilità di futura crescita. Questa divisione viene indicata col termine «mucca», perché può essere «munta» per ricavare fondi da destinarsi a divisioni o imprese più promettenti sotto il profilo della crescita futura. Per l'uso che si fa di questo termine nel linguaggio del marketing, v. *Boston matrix.*

cash credit: 1. ***credito per cassa.*** Accordo in base al quale una banca si impegna di somministrare al cliente somme fino ad un ammontare prestabilito. Per tale forma di credito, la banca richiede una garanzia oltre, naturalmente, agli interessi sulle somme effettivamente prelevate dal giorno in cui vengono somministrate. **2.** ***versamento in contanti.*** È un versamento, fatto da un cliente ad uno sportello bancario, costituito esclusivamente di denaro liquido, senza assegni o vaglia.

cash crop: ***raccolto per la vendita.*** Il termine inglese indica un raccolto coltivato da un agricoltore allo scopo di venderlo sul mercato o esportarlo e si contrappone ad un raccolto coltivato allo scopo di essere utilizzato o consumato dall'agricoltore stesso.

cash dealings: ***operazioni per contanti; operazioni a pronti.*** Termine usato in alternativa a *dealings for cash* (v.).

cash deficiency: ***ammanco di cassa; vuoto di cassa; buco.*** Termine usato come sinonimo di *cash deficit* (v.).

cash deficit: ***ammanco di cassa; vuoto di cassa; buco.*** Una mancanza di contanti in cassa, dovuta a cattiva gestione amministrativa o a deliberata sottrazione da parte di dipendenti.

cash delivery: ***consegna immediata.*** Espressione usata nelle borse valori statunitensi per indicare la consegna, e il relativo pagamento, di valori mobiliari che ha luogo nello stesso giorno in cui è stata conclusa l'operazione di compravendita.

cash department: ***ufficio cassa.*** In un'impresa, è il reparto che si interessa di riscuotere e pagare somme in contanti o in assegni. Ne è a capo il cassiere, che è anche addetto alla tenuta della piccola cassa e del giornale di cassa e che provvede a qualsiasi forma di prelievo e deposito presso le banche.

cash–deposit ratio: ***rapporto della riserva bancaria.*** Termine usato come sinonimo di *cash ratio 1* (v.).

cash deposits: ***depositi moneta.*** Nella terminologia usata da Keynes nella sua opera *Trattato della moneta*, questo termine sta a indicare il complesso dei depositi di reddito e dei depositi commerciali, tenuti sotto forma di depositi a vista o in conto corrente. (v. anche *income deposits, business deposits*)

cash deposits scheme: ***piano di depositi in contanti.*** Piano concordato tra la Banca d'Inghilterra e le banche non aderenti alla stanza di compensazione, in base al quale queste banche, invece degli *special deposits* (v.), a richiesta della banca centrale devono depositare contanti pari ad una certa percentuale dei depositi dei loro clienti. Fa parte delle misure di politica monetaria tendenti a controllare il credito.

cash desk: ***cassa.*** Il punto, in un pubblico esercizio, presso il quale i clienti pagano il conto al momento in cui lasciano il locale. Il termine può applicarsi ad un negozio, un albergo, un ristorante e così via.

cash–disbursement journal: ***giornale delle uscite di cassa.*** Il libro giornale nel quale vengono registrate, via via che si verificano, tutte le singole uscite di cassa. Ve ne sono di vario tipo, a seconda delle esigenze dell'impresa e del sistema di contabilità adottato. (v. anche *cash book*)

cash–disbursement plan: ***programma di spesa.*** Un qualsiasi programma preparato da un'impresa o altra organizzazione per determinare le spese future, specialmente in relazione ad investimenti in beni capitale.

cash disbursements: ***uscite di cassa.*** Uscite di contanti, di solito in pagamento di beni o servizi ricevuti o da riceversi.

cash discount: ***sconto di cassa; sconto per pagamento in contanti.*** Riduzione del prezzo di un tanto per cento, concessa dal venditore per pagamento in contanti entro un certo periodo di tempo dalla consegna delle merci. L'espressione *2% one month*, ad esempio, significa che sarà riconosciuta una riduzione del 2% per pagamento entro un mese.

cash dispenser: ***cassa automatica; distributore di banconote; cassa continua.*** Congegno meccanico, collegato al centro elettronico di una banca, che consente al cliente di prelevare contanti, generalmente mediante l'inserimento di una scheda magnetica personale e la composizione di un numero di codice sull'apposita tastiera digitale.

cash dividend: ***dividendo in contanti; dividendo in numerario.*** Un dividendo pagato in contanti e non in titoli di credito o in natura.

cash down: ***pronta cassa; in contanti; per contanti.*** Espressione usata nel linguaggio commerciale per indicare che i beni o servizi in questione vengono o devono essere pagati per contanti, senza alcuna dilazione.

cash economy: ***economia «per contanti».*** Termine usato con lo stesso significato di *black economy* (v.).

cash–efficiency of bank money: ***efficienza liquida della moneta bancaria.*** Espressione proposta da Keynes nella sua opera *A Treatise on Money* per indicare il rapporto tra compensazioni bancarie e depositi totali delle banche.

cash equivalent: ***equivalente di moneta liquida.*** Titolo di credito o tipo di investimento che a causa della sua alta liquidità e sicurezza può essere considerato, ai fini pratici, moneta liquida.

cash expenditure: ***esborso di cassa.*** Termine usato con lo stesso significato di *cash disbursements* (v.).

cash float: ***fondo di piccola cassa; fondo di cassa.*** Lo stesso che *float 4* (v.).

cash flow: ***flusso di cassa; flusso di tesoreria.*** Il flusso dei pagamenti in moneta fatti e ricevuti da un'impresa nel corso di un determinato periodo di tempo e che possono essere usati per investimenti, dopo che sono state detratte le spese di esercizio. È costituito da: a) il totale degli utili meno imposte e dividendi pagati, più b) le riserve per ammortamento del capitale fisso. (v. anche *gross cash flow, net cash flow*)

cash-flow budget: ***budget del flusso di cassa.*** Lo stesso che *cash budget* (v.).

cash-flow statement: ***rendiconto del flusso di cassa.*** La disposizione in forma tabulare di tutte le entrate e le uscite, le cui parti componenti si identificano spesso con quelle del bilancio patrimoniale e del conto profitti e perdite. Ai fini di una valutazione dei profitti e della situazione e gestione finanziaria di un'impresa, è ritenuto più attendibile e significativo del conto profitti e perdite.

cash forecast: ***previsione di cassa.*** Termine usato con lo stesso significato di *cash budget* (v.).

cash fund: ***investimento a brevissimo termine.*** È un deposito o investimento in contanti, prontamente riconvertibile in moneta, che rappresenta un *cash asset* (v.).

cash funds: ***investimenti temporanei.*** Termine usato con lo stesso significato di *temporary investments* (v.).

cash generation: ***generazione di cassa.*** Il flusso di cassa netto derivante da un investimento effettuato da un'impresa, quando tale investimento ha un esito positivo.

cash grant: ***sovvenzione.*** Aiuto finanziario, sotto forma di elargizione o anticipazione di contanti con particolari agevolazioni di rimborso, concesso a privati, a imprese o a enti al fine di consentir loro lo svolgimento e la continuazione della loro attività.

cash hours: ***orario di cassa.*** Le ore lavorative durante le quali è aperto un ufficio cassa o uno sportello bancario.

cashier: ***cassiere.*** La persona responsabile dell'ufficio cassa di un'impresa e della prima nota delle operazioni per contanti.

cashier's book: ***libro di cassa.*** Nelle banche inglesi, è il libro nel quale il cassiere registra giornalmente le operazioni che svolge, sotto forma di contanti in entrata e in uscita, aggiungendo alla fine della giornata un sommario che indica il saldo di apertura e quello di chiusura. Laddove è stato adottato il sistema di contabilità elettronica, questo libro è stato abolito.

cashier's check: ***assegno circolare.*** Negli Stati Uniti, è indicato con questo termine un assegno tratto da una banca su se stessa e firmato dal cassiere o altro funzionario autorizzato. Corrisponde, pertanto, a un assegno circolare. (v. anche *bank draft 1*)

Cashier's Department: È una delle divisioni della Banca d'Inghilterra: si interessa delle funzioni bancarie dell'Istituto, gestisce il Fondo per la stabilizzazione dei cambi ed è responsabile di tutte le operazioni della Banca sui mercati monetario, dei cambi e dei titoli di stato.

cash in advance: ***pagamento anticipato.*** È il pagamento che il compratore deve effettuare prima che un bene gli venga spedito o consegnato, o prima che un servizio gli venga erogato.

cash in bank: ***contanti in banca.*** In contabilità, il saldo attivo di un conto in banca, dopo aver calcolato gli assegni emessi e non ancora addebitati e le competenze bancarie relative al conto stesso.

cash income: ***reddito monetario.*** Lo stesso che *monetary income* (v.).

cash inflows: ***entrate di cassa.*** Lo stesso che *cash receipts* (v.).

cash in hand: ***riserva numeraria; contanti a disposizione; disponibilità liquide in cassa.*** Termine usato come sinonimo di *cash on hand* (v.).

cash in transit: ***fondi in giro.*** Valuta o assegni in movimento da o verso un'azienda o altra organizzazione. Sono così chiamate, in particolare, le rimesse tra una filiale e la propria sede centrale o viceversa.

cash-in-transit policy: ***polizza di assicurazione trasporto valori.*** Tipo di polizza del ramo furto, che copre l'assicurato contro il rischio di rapina di somme di denaro o altri valori mentre essi vengono trasferiti da una banca all'altra o da una banca alla sede di un'impresa o viceversa. Può essere emessa in relazione a fondi per il pagamento degli stipendi ai dipendenti dell'impresa, in relazione agli incassi della giornata di un esercizio commerciale, in relazione al trasferimento di contanti tra la sede centrale e le filiali di una banca o viceversa e simili movimenti di denaro e altri valori.

cash items: ***documenti di cassa.*** Cambiali, assegni e altri documenti giustificativi o buoni di cassa a fronte di esborsi dalla piccola cassa o da altri fondi. Sono così chiamati anche gli assegni, le cambiali e altri titoli di credito accreditati dalla banca sul conto di un cliente salvo buon fine.

cash journal: ***libro di cassa; giornale di cassa.*** In un'impresa, è un libro nel quale vengono registrate tutte le operazioni di cassa, siano o non effettuate per contanti.

cashless society: ***società senza denaro.*** Espressione venuta in uso a seguito dell'applicazione dei computer alle operazioni bancarie, per indicare una società che, in futuro, non avrà più bisogno di maneggiare denaro, se non per le piccole spese. Ciò si verificherà quando i grossi computer delle banche saranno collegati ai vari punti di vendita della città, in modo che sarà sufficiente inserire nei terminali una carta assegni o una carta di credito, perché venga addebitato il conto del compratore e accreditato quello del venditore della somma di denaro relativa all'operazione di compravendita.

cash limit: ***limite di cassa.*** Forma di controllo della spesa pubblica, introdotta nel Regno Unito quando si diffuse l'opinione che le spese statali stavano sfuggendo al controllo del governo. Il provvedimento imponeva che ogni ministero non potesse superare un determinato limite di spesa totale in termini monetari, stabilito nel bilancio dello stato.

cash management account: ***conto gestione contanti.*** Questo termine fu usato per la prima volta, e brevettato, dalla società di intermediazione finanziaria statunitense Merril Lynch nel 1977. Esso indicava il servizio di investimento di fondi liberi da investimenti in valori mobiliari, parcheggiati sui conti dei clienti, nel mercato monetario ed essendo quindi un *money-market fund* (v.) fruttava un interesse e consentiva prelievi mediante l'emissione di assegni. Tale servizio fu poi offerto da altre società di brokeraggio e pertanto, malgrado il brevetto, il termine divenne di uso comune. (v. anche *brokerage account*)

cash management bill: Termine usato nel linguaggio finanziario statunitense per indicare un'obbligazione a brevissimo termine del ministero del tesoro, con scadenza compresa tra uno e venti giorni, usata per coprire esigenze di cassa in attesa della riscossione di imposte.

cash market: ***mercato a pronti; mercato pronto; mercato per contanti.*** Termine usato con lo stesso significato di *spot market* (v.).

cash memo: ***ricevuta di cassa.*** È lo scontrino, scritto a mano su un modulo prestampato o emesso da un registratore di cassa, che l'esercente consegna al compratore come documento comprovante la vendita per contanti di un bene o servizio e come ricevuta dell'avvenuto pagamento. (v. anche *cash register*)

cash note: ***nota di cassa.*** Biglietto a carattere fiduciario, corrispondente all'odierno assegno bancario, emesso dalle banche scozzesi nel sedicesimo secolo a favore di depositanti, per consentir loro di disporre delle monete metalliche depositate presso la banca.

cash offer: ***offerta di contanti.*** Offerta di pagamento in moneta contante, cioè banconote e monete o loro equivalenti.

cash office: ***ufficio cassa.*** Termine usato con lo stesso significato di *cash department* (v.).

cashomat: ***cassa automatica.*** Neologismo usato come sinonimo di *cash dispenser* (v.).

cash on delivery: ***contrassegno; pagamento alla consegna.*** È la modalità di pagamento in base alla quale il mittente grava di assegno la merce spedita. L'assegno consiste nell'ordine dato al vettore, che di solito è l'operatore postale, di pretendere il pagamento dell'importo specificato prima di consegnare la merce al destinatario.

cash on hand: ***riserva numeraria; contanti a disposizione; disponibilità liquide in cassa.*** Disponibilità di cassa rappresentata da monete metalliche, valuta cartacea, assegni trasferibili ed altri titoli di credito accettati da una banca per accredito immediato su un conto corrente e utilizzati come fondo di cassa.

cash–only policy: ***politica del pagamento per contanti.*** Tipo di politica, seguita da un'impresa o da un esercizio commerciale, in base alla quale si forniscono beni o servizi soltanto dietro pagamento in contanti, senza alcuna dilazione o forma di credito.

cash order: 1. ***ricevuta bancaria.*** È così chiamato un titolo di credito che equivale ad una cambiale a vista. Viene di solito emessa da un fornitore che ha venduto merci ad un suo cliente, che desidera avere un periodo di credito senza accettare tratte o emettere pagherò. La ricevuta bancaria si differenzia dalla tratta appunto per il fatto che non essendo accettata non consente alla banca presso la quale viene scontata, o alla quale viene inviata per l'incasso, l'esercizio dell'azione cambiaria di regresso. **2.** ***buono di acquisto.*** Buono emesso da un'azienda con il quale il portatore può acquistare beni da un dettagliante. L'azienda che emette il buono pagherà il dettagliante a richiesta, mentre il portatore rimborserà l'azienda con versamenti rateali. È una delle varie forme di credito al consumo.

cash outflows: ***uscite di cassa.*** Lo stesso che *cash disbursements* (v.).

cash paid book: ***giornale delle uscite di cassa.*** Termine usato con lo stesso significato di *cash–disbursement journal* (v.).

cash payment: ***pagamento in contanti; pagamento a pronti; pagamento per contanti.*** Termine usato in alternativa a *payment by cash* (v.).

cashpoint machine: ***cassa automatica.*** Lo stesso che *cash dispenser* (v.).

cash position: ***posizione di cassa.*** Il rapporto tra contanti a disposizione e contanti in banca da un lato e l'esposizione nei confronti di banche dall'altro.

cash position ratio: ***rapporto di posizione di cassa.*** Il rapporto tra cassa e titoli negoziabili da un lato e passività correnti dall'altro.

cash price: ***prezzo a pronti; prezzo per pagamento in contanti.*** Il prezzo al quale il venditore è disposto a vendere le sue merci per pagamento in contanti o entro un breve periodo di tempo, di solito trenta giorni al massimo. (v. anche *forward price*)

cash proceeds: ***ricavo in contanti.*** I proventi, relativi ad un dato periodo di tempo, derivanti da vendite di beni e servizi per pagamento in contanti.

cash profit–sharing plan: ***piano di partecipazione immediata agli utili.*** Un piano adottato da un'impresa allo scopo di consentire ai propri dipendenti di partecipare alla distribuzione degli utili appena essi vengono dichiarati. (v. anche *deferred profit–sharing plan*)

cash purchase: ***acquisto a pronti; acquisto per contanti.*** Acquisto di beni o servizi, il cui prezzo è pagato in denaro contante dal compratore all'atto della consegna o entro un breve periodo di tempo dalla ricezione dei beni o dalla somministrazione dei servizi.

cash quotation: ***quotazione per contanti; quotazione a pronti.*** La quotazione di una merce o di una valuta per consegna immediata e relativo pagamento in contanti.

cash ratio: 1. ***rapporto della riserva bancaria; coefficiente di liquidità.*** Il rapporto tra le passività di una banca, rappresentate dai depositi dei clienti, e le sue attività liquide rappresentate dalla riserva numeraria, cioè disponibilità di denaro liquido nelle casse della banca. La prima regola di liquidità fissa tale rapporto nella misura dell'otto per cento. (v. anche *liquidity ratio, liquidity rules*). **2.** ***rapporto di posizione di cassa.*** In questo significato, il termine inglese è usato come sinonimo di *cash position ratio* (v.). **3.** ***rapporto di liquidità; rapporto di cassa.*** Lo stesso che *liquidity ratio 2* (v.).

cash receipts: ***entrate di cassa.*** Entrate di contanti, di solito in pagamento di beni o servizi forniti o da fornirsi.

cash–receipts journal: ***giornale delle entrate di cassa.*** Il libro giornale in cui si registrano cronologicamente le entrate di cassa. Ve ne sono di vario tipo, a seconda delle esigenze dell'impresa e del sistema di contabilità adottato. (v. anche *cash book*)

cash receivables factoring: ***factoring con accredito anticipato.*** Accordo in base al quale una società di factoring anticipa subito all'azienda cedente fino all'ottanta per cento dell'importo dei crediti, trattenendo il restante venti per cento a garanzia di restituzioni di merci, contestazioni o eventuali abbuoni. Questo venti per cento viene accreditato solo alla scadenza, dopo aver detratto ribassi o abbuoni. Come avviene per il factoring con accredito a scadenza, anche in questo caso la società di factoring garantisce l'importo dei crediti ceduti. Oltre alla commissione di factoring, oscillante tra lo 0,50% e il 2,50%, in questo caso essa percepisce anche un interesse sulla somma anticipata per tutta la durata del tempo di anticipo. (v. anche *factoring, maturity factoring*)

cash received book: ***giornale delle entrate di cassa.*** Termine usato con lo stesso significato di *cash–receipts journal* (v.).

cash records: ***registrazioni di cassa.*** Sono i documenti giustificativi o contabili relativi a movimenti di cassa e comprendono il libro della piccola cassa e i libri delle entrate e delle uscite di cassa; i registri di entrate e uscite; le matrici di assegni e copie delle distinte di versamento in banca; gli assegni estinti; i buoni di cassa e tutti gli altri documenti del genere.

cash refund annuity: ***rendita vitalizia a rimborso globale.*** Tipo di rendita vitalizia la cui polizza prevede il pagamento in unica soluzione, in caso di morte prematura del beneficiario, della differenza tra la somma da lui percepita sotto forma di rate e il prezzo da lui pagato per assicurarsi la rendita. (v. anche *instalment refund life annuity*)

cash register: ***registratore di cassa.*** Macchina usata negli esercizi commerciali per registrare gli importi delle singole vendite e i relativi totali. Dispone di un cassetto, che si apre automaticamente, nel quale vengono riposti i contanti incassati e sul lato alto dispone di una finestrella nella quale compare l'ammontare della vendita. Può essere predisposta anche per calcolare il resto da dare al cliente e per emettere un conto dettagliato delle varie voci di una vendita, se essa implica più di un articolo, che può essere consegnato al cliente come ricevuta di cassa. Esistono vari tipi di registratori, predisposti per far fronte alle varie esigenze dei singoli esercizi commerciali.

cash report: ***relazione di cassa.*** Confronto tra le entrate e le uscite effettive di cassa e quelle previste dal budget di tesoreria.

cash requirements: 1. ***fabbisogno di cassa.*** Il fabbisogno di contanti per le operazioni correnti di un'impresa. Nella terminologia bancaria, indica la somma di moneta contante che viene assegnata a ciascun cassiere, in base ad un preventivo elaborato dalla banca. **2.** ***fabbisogno di denaro.*** L'ammontare di moneta contante di cui ciascuna persona fisica o giuridica ha bisogno per far fronte alle proprie necessità di acquisto e di pagamento.

cash reserve: 1. ***riserva monetaria; scorta monetaria; riserva liquida.*** L'insieme di fondi disponibile in moneta che un'azienda tiene presso di sé per motivi precauzionali e per far fronte a operazioni correnti. **2.** ***riserva bancaria.*** Lo stesso che *bank reserve* (v.).

cash reserve ratio: ***rapporto della riserva bancaria; coefficiente di liquidità.*** Lo stesso che *cash ratio 1* (v.).

cash resource: ***attività di pronto realizzo.*** Termine usato con lo stesso significato di *cash asset* (v.).

cash sale: ***vendita per contanti; vendita a pronti.*** Vendita di beni o servizi, il cui prezzo è pagato in moneta contante dal compratore. Nel linguaggio delle borse valori statunitensi, il termine indica un'operazione di compravendita di titoli, che prevede la consegna degli stessi e il pagamento del relativo prezzo nello stesso giorno in cui ha luogo l'operazione.

cash settlement: ***pagamento in contanti; saldo in contanti.*** Lo stesso che *payment by cash* (v.), pur se più proprio in relazione al saldo di un conto o di una fattura.

cash shares: ***azioni per contanti.*** Termine usato con lo stesso significato di *cash capital* (v.).

cash situation: ***stato di cassa; situazione di cassa.*** Termine usato con lo stesso significato di *cash position* (v.).

cash statement: ***rendiconto di cassa.*** Rendiconto periodico, di solito quotidiano, nel quale vengono riportati i saldi di apertura e di chiusura dei contanti a disposizione in cassa e in ciascuna banca, un sommario delle entrate e delle uscite del periodo coperto dal rendiconto e gli estremi di prelievi e versamenti in banche. A volte contiene anche una previsione del fabbisogno di cassa per l'immediato futuro.

cash supply: ***dotazione di cassa.*** La disponibilità di contanti nella cassa di un'impresa. Lo stesso termine viene usato per indicare la dotazione periodicamente reintegrata in un sistema delle anticipazioni. (v. anche *imprest system*)

cash surrender value: ***valore di riscatto.*** Nel caso in cui un assicurato rinunzi all'assicurazione–vita, ha diritto alla liquidazione immediata di una somma, chiamata valore di riscatto, determinata in base al periodo in cui il contratto è rimasto in vigore, alla durata complessiva del contratto e, in certi casi, all'età dell'assicurato. In linea di massima, il valore di riscatto va da circa il 30% dei premi pagati in relazione ad una polizza che è rimasta in essere per almeno cinque anni al 55–65% dei premi pagati su una polizza rimasta in vigore per un periodo di trenta anni. Una polizza rimasta in vigore per un periodo inferiore ai tre anni non dà diritto a riscatto.

cash terms: 1. ***condizioni per pagamento in contanti.*** Condizioni di vendita più vantaggiose per il compratore, che si applicano soltanto nel caso in cui egli sia pronto a pagare in contanti. **2.** ***termini monetari.*** Lo stesso che *money terms* (v.).

cash till: ***registratore di cassa.*** Lo stesso che *cash register* (v.).

cash transaction: ***operazione a pronti; operazione per contanti.*** Qualsiasi operazione commerciale regolata mediante versamento di una somma in contanti e, pertanto, senza dilazioni o credito di alcun genere.

cash–transactions price level: ***livello dei prezzi delle operazioni per contante.*** Nella terminologia keynesiana, è il livello dei prezzi relativo all'indice delle operazioni per contante, che è naturalmente diverso da quello delle disponibilità liquide in quanto ha alla base una equazione quantitativa della moneta del tipo di quella di Fisher. (v. anche *cash transactions standard, Fisher equation*)

cash transactions standard: ***indice delle operazioni per contante.*** Termine proposto da J. M. Keynes per designare un tipo di indice monetario nel quale i differenti oggetti di spesa sono ponderati in ragione dell'ammontare di operazioni per contante cui essi danno luogo. Il termine operazioni per contante include, ovviamente, sia pagamenti a mezzo assegno, sia pagamenti in moneta. L'indice delle operazioni per contante è importante perché costituisce il livello dei prezzi appropriato alla equazione quantitativa di Fisher, la nota formula PQ = MV. (v. anche *cash balances standard, Fisher equation*)

cash value: ***valore monetario.*** Il valore di un qualsiasi bene in termini di moneta, cioè il prezzo che se ne può ricavare vendendolo sul mercato per pagamento in contanti. Il termine, pertanto, può essere usato con lo stesso significato di valore di mercato. (v. anche *market value*)

cash voucher: ***ricevuta di cassa; scontrino di cassa; buono di cassa; documento giustificativo di cassa.*** Una ricevuta, scritta o stampata, emessa in relazione ad un pagamento in contanti di beni o servizi da parte di un'impresa o di un esercizio commerciale. Lo stesso termine, visto dall'angolazione del compratore, indica un documento giustificativo di un esborso di contanti e del motivo per cui fu pagata la somma. In questo senso, i buoni di cassa, opportunamente numerati e datati, vengono conservati come prova di somme spese e come documenti giustificativi delle relative registrazioni nei libri contabili.

cash with order: ***contanti all'ordinazione.*** Condizione di pagamento espressa da un venditore all'atto di una quotazione o di un'offerta di beni in vendita. Indica che il venditore è disposto a vendere al prezzo indicato, se il compratore è disposto a pagare in anticipo, cioè all'atto dell'ordinazione dei beni, senza alcuna forma di dilazione o credito.

cask: ***botte.*** Contenitore per liquidi, usato principalmente nel commercio della birra e del vino. Il termine è generico e, pertanto, indica vari tipi di tale contenitore, di dimensioni e capacità diverse.

to cast: ***addizionare; sommare.*** Nel linguaggio della contabilità, il termine inglese viene usato nel significato di sommare tutte le poste numeriche presenti in una colonna di un conto, indicandone il totale.

casting vote: ***voto decisivo; voto preponderante.*** Il diritto, riservato al presidente o ad un'altra persona che dirige una riunione, ad un voto in più che ha lo scopo di far prendere una decisione quando il totale dei voti a favore di una mozione e il totale dei voti contrari sono esattamente in parità.

casual earnings: ***redditi saltuari.*** Redditi percepiti non in via continuativa e derivanti da occupazione saltuaria o attività che non costituiscono la principale fonte di reddito di un lavoratore.

casual employment: ***occupazione temporanea; occupazione saltuaria.*** Lo stesso che *irregular employment* (v.).

casual labour: ***manodopera temporanea.*** È costituita da lavoratori assunti per brevi periodi, che non maturano alcuna anzianità presso l'azienda che li occupa. (v. anche *irregular employment*)

casual leave: ***congedo straordinario.*** Giorni di congedo remunerati, in aggiunta alle ferie annuali, cui un lavoratore ha diritto per malattia o per gravi motivi familiari, quali ad esempio un matrimonio, un funerale e simili circostanze.

casual profits: ***sopravvenienze attive.*** Utili derivanti da fatti imprevisti e fortuiti, di solito estranei alla gestione di un'impresa, che ne modificano in aumento il patrimonio.

casualty: ***sinistro.*** Nel linguaggio delle assicurazioni, un incidente o un evento fortuito che causa danni o perdite.

casualty insurance: ***assicurazione contro gli incidenti.*** Si indica con questo termine qualsiasi ramo di assicurazione, ad eccezione di: a) assicurazione–vita; b) assicurazione marittima; e, in certi casi, c) assicurazione contro l'incendio.

casualty loss: ***perdita per sinistro.*** Nel linguaggio tributario statunitense, è la perdita derivante da un sinistro che ha colpito i beni del contribuente. L'importo di tale perdita può essere portato in detrazione soltanto se essa si è verificata in relazione ad attività imprenditoriali o commerciali, ovvero se è stata causata da incendio, uragano, naufragio e altri eventi simili.

casualty report service: ***servizio informazioni sinistri.*** Nel linguaggio delle assicurazioni, il servizio, offerto dal Lloyd di Londra a chi lo richiede e paga la prescritta tassa, relativo alla segnalazione immediata al ricevimento della notizia di sinistri a navi e carichi o altri mezzi di trasporto da loro assicurati. Queste informazioni vengono successivamente pubblicate nei *Weekly Casualty Reports* del Lloyd.

cat.: 1) catalogue; 2) category.

catallactics: ***scienza catallattica.*** Termine proposto, senza molta fortuna, da R. Whately nella sua opera *Introductory Lectures on Political Economy* (1831) per indicare l'economia politica.

catallaxy: ***catallassi; ordine spontaneo.*** Termine proposto per indicare una situazione ordinata di mercato, prodottasi spontaneamente e non mediante interventi esterni. F.A. Hayek fa una netta distinzione tra l'economia, nel senso tradizionalmente dato a questo termine, e la catallassi, cioè l'ordine spontaneo che non può seguire linee economiche prestabilite, in quanto i suoi obiettivi non sono noti in anticipo e non possono, pertanto, essere determinati o indirizzati dall'alto.

catalogue: ***catalogo.*** Nel linguaggio commerciale, è un elenco, in forma di libro o opuscolo, contenente la descrizione e il prezzo e, a volte, anche un'illustrazione o una fotografia, dei prodotti offerti in vendita da un'impresa.

catalogue buying: ***acquisti su catalogo.*** La pratica di acquistare beni scegliendoli da un catalogo diffuso dal produttore o dal rivenditore, invece che scegliendoli in un negozio dopo averli osservati. È la pratica seguita principalmente nelle vendite per corrispondenza.

catalogue engineering: ***ingegneria da catalogo.*** La pratica di costruire un determinato prodotto industriale utilizzando componenti prefabbricati e facilmente reperibili sul mercato.

catalogue price: ***prezzo di catalogo.*** Il prezzo di un qualsiasi articolo, quale risulta dal catalogo preparato dall'impresa che lo offre in vendita. Può essere il prezzo di vendita al dettaglio se il catalogo è diretto al consumatore finale, come avviene nelle vendite per corrispondenza, o può essere il prezzo al rivenditore se il catalogo è diretto ai negozianti o ai grossisti.

catalogue store: Un negozio che unisce le caratteristiche della vendita su catalogo e dei *discount stores* (v.). Tale negozio tratta di solito prodotti nazionali quali apparecchi TV e hi–fi, gioielleria, orologi, elettrodomestici, ecc., che sono esposti nel negozio e possono essere ordinati in tutti i modelli e le varietà presentati su un catalogo. Il negozio tiene un considerevole stock di tali articoli, che possono essere prelevati subito dal consumatore a prezzi notevolmente scontati.

catastrophe: ***catastrofe.*** Nel linguaggio delle assicurazioni, un evento fortuito che causa gravi danni e perdite. Tra le catastrofi riconosciute dalle assicurazioni rientrano il terremoto, le inondazioni, le sommosse e i tumulti popolari e vari tipi di fenomeni meteorologici, quali tempeste, bufere, trombe d'aria, uragani e simili.

catastrophe insurance: ***assicurazione contro le catastrofi.*** Tipo di assicurazione sviluppatosi recentemente a seguito dei disastri ecologici che si sono verificati in diverse parti del mondo. Maggiormente richiesta dalle industrie chimiche e farmaceutiche, questa assicurazione è l'unica che consente di coprire rischi molto grandi, pur se non illimitati.

catastrophe reinsurance: ***riassicurazione contro eventi catastrofici.*** L'accordo tra un assicuratore e un riassicuratore, in base al quale il primo si tutela contro il rischio di danni derivanti da catastrofe. Il riassicuratore sarà responsabile dei danni al di sopra di una somma concordata.

to catch a cold: ***prendere un raffreddore.*** Espressione colloquiale usata nel linguaggio delle borse valori col significato di perdere denaro in una speculazione sbagliata o in un affare mal riuscito. Un'espressione più o meno simile in italiano, ma non usata con lo stesso significato specifico, potrebbe essere «prendere un bagno».

catch crop: ***coltura intercalare.*** La coltura che si inserisce tra una semina e l'altra, approfittando dell'intervallo che si verifica nella rotazione delle colture. Si usa lo stesso termine per indicare una coltura che cresce tra i filari di un'altra.

catchpenny: Termine usato nel linguaggio commerciale britannico per indicare un qualsiasi articolo che, attirando l'attenzione del consumatore, attira anche il suo denaro. Si tratta per lo più di articoli di nessun valore e di scarsa utilità, venduti a basso prezzo e comprati solo perché piacciono.

categorical grant: ***contributo categorico.*** Lo stesso che *specific grant* (v.).

caterer: ***approvvigionatore.*** La persona o l'impresa che fornisce cibi e bevande in un luogo di divertimento, ad una festa privata, o a mense aziendali, ospedali, scuole e altre comunità.

catering: ***approvvigionamento.*** Servizio di rifornimento a domicilio di cibi, bevande, ecc., svolto da organizzazioni commerciali a favore di grossi clienti, quali alberghi, ristoranti, società di trasporto aereo, mense e simili.

cattle futures market: ***mercato a termine del bestiame.*** Tipo di mercato esistente in Australia, ove fu istituito nel 1975, e negli Stati Uniti. Si interessa della compravendita di animali vivi per consegna futura. Se il prezzo di mercato scende tra la data in cui viene concluso il contratto a termine e la data di consegna, il venditore di bestiame sarà tutelato. Se, invece, il prezzo sale, il venditore potrà abbandonare il contratto e vendere il bestiame sul mercato del disponibile.

cattle manifest: ***manifesto di carico per il trasporto di bestiame.*** Il manifesto usato da navi che trasportano bestiame vivo, nel quale sono descritti tutti i particolari degli animali presenti a bordo.

cauri: Moneta divisionale della Guinea, equivalente ad un centesimo di syli.

cause: ***causa; procedimento civile.*** Lo stesso che *civil proceeding* (v.).

cause of action: ***diritto di agire in giudizio.*** Lo stesso che *right of action* (v.).

causes of the trade cycle: ***cause del ciclo economico.*** Particolarmente durante la grande depressione degli anni trenta, vennero formulate varie teorie che tentavano di stabilire le cause del ciclo economico e dal momento che nessun ciclo è perfettamente identico ad un altro, la maggior parte di queste spiegazioni sono valide in parte e probabilmente nessuna è del tutto errata. Tuttavia, è anche molto probabile che il ciclo economico abbia un complesso di cause, tra le quali meritano particolare menzione quelle reali, monetarie e psicologiche. Alcuni economisti hanno insistito sulle cause reali, quali ad esempio le fluttuazioni inerenti alle industrie produttrici di beni capitali, in quanto essi sono beni durevoli e soggetti a domanda derivata, per cui qualsiasi variazione lieve della domanda sconvolge il ritmo di produzione di queste industrie con pesanti conseguenze su tutto il sistema economico. Altre cause reali sono considerate le fluttuazioni della produzione agricola e l'irregolarità dello stesso progresso economico. Altri economisti individuano le cause del ciclo economico in atteggiamenti psicologici di ottimismo o di pessimismo. Secondo questa teoria, una generale situazione di ottimismo, derivante da favorevoli condizioni economiche, stimola l'attività e il ciclo raggiunge la fase di prosperità. Quando, invece, si verificano anche lievi disturbi nell'attività economica, si comincia a sentire un certo pessimismo, che fa invertire rotta all'attività economica, che precipita nella recessione via via che il pessimismo si diffonde. Altri autori, invece, considerano le cause reali e psicologiche di scarsa importanza e insistono su una spiegazione del ciclo economico in termini essenzialmente monetari. Essi sostengono che le fluttuazioni dipendono dalle variazioni di offerta di moneta, in quanto le banche tendono periodicamente a espandere il credito oltre i bisogni del sistema economico, con la conseguenza che si deve poi ricorrere ad una restrizione del credito, che turba l'andamento dell'attività economica. Altri considerano il tasso di interesse un'altra causa monetaria delle fluttuazioni del ciclo economico, in quanto esso influenza la disponibilità degli operatori a tenere scorte e giacenze. In periodi di alti tassi di interesse, essi sostengono, gli operatori tendono a ridurre le scorte a causa del loro alto costo finanziario, così deprimendo la produzione; in periodi di bassi tassi di interesse, gli operatori tendono ad accumulare scorte, in tal modo stimolando la domanda e la produzione. Altri autori, infine, indicano come causa delle fluttuazioni l'eccessivo risparmio e il sottoconsumo o l'eccessivo investimento. (v. anche *trade cycle*)

caution money: ***cauzione; deposito cauzionale.*** Somma di denaro depositata da una persona a garanzia dell'esecuzione di una propria obbligazione nei confronti della persona o dell'istituzione presso la quale viene depositata la somma. Può riguardare l'esecuzione di un'obbligazione contrattuale, ad esempio un appalto di costruzione, o l'impegno di una persona ad acquistare un determinato bene in un prossimo futuro, ad esempio una casa o altro bene immobile.

caveat emptor: Frase latina usata per indicare il principio che il compratore deve sempre informarsi se le merci che intende acquistare sono della qualità che egli si aspetta e idonee all'uso che ne vuole fare. Infatti, il venditore non è tenuto a svelare al compratore eventuali difetti inerenti agli articoli offerti in vendita, anche se sa che tali difetti potrebbero modificare la decisione del potenziale acquirente. Nel Regno Unito, questo principio è stato ampiamente modificato dal *Sale of Goods Act* (v.) del 1893 e da tutte le disposizioni di legge che impongono al produttore o al venditore di dichiarare esplicitamente contenuto e qualità degli articoli offerti in vendita al pubblico.

caveat venditor: Frase latina che, letteralmente, indica l'opposto di *caveat emptor* (v.), cioè il principio che il venditore è responsabile di assicurare una vendita alle migliori condizioni reperibili in un mercato. In effetti, però, la frase latina viene usata in senso più generico per intendere che il venditore dovrebbe stare attento a non perdere un cliente solo per realizzare un affare, vendendogli beni di qualità inferiore o non idonei all'uso che l'acquirente intende farne, perché ciò lo porterebbe a concludere l'affare, ma anche a perdere qualsiasi possibilità di future operazioni con lo stesso cliente.

cavilling days: ***giorni di contestazione.*** Nel linguaggio dei trasporti marittimi, sono così chiamati i giorni durante i quali viene sospeso il decorrere delle stallie, per la risoluzione delle contestazioni sorte tra il capitano e il noleggiatore di una nave durante le operazioni di caricazione o discarica.

c.b.: currency bond.

C.B.: 1) cash book; 2) country bill.

C/B: cash book.

C.B.A.: cost–benefit analysis.

C.B.D.: cash before delivery.

C.B.I.: Confederation of British Industry.

CBOE: Chicago Board Options Exchange.

CBOT: Chicago Board of Trade.

CBT: clean ballast tanker.

c.c.: cubic centimetre.

C.C.: 1) Chamber of Commerce; 2) continuation clause; 3) cash credit; 4) country cheque; 5) country clearing.

C.C.A.: current cost accounting.
C.C.C.: Commodity Credit Corporation.
C.C.O.: Country Clearing Office.
CCT: Common Community Tariff.
c.d.: 1) cum dividend; 2) cash discount.
c/d.: 1) carried down; 2) cleared; 3) cash against documents; 4) customs dues.
C.D.: 1) certificate of deposit; 2) commercial dock.
C/D: carried down.
C.D.C.: Commonwealth Development Corporation.
C.D.F.C.: Commonwealth Development Finance Company Ltd.
cd. fwd.: 1) carriage forward. 2) carried forward.
c. div.: cum dividend.
CDR: Continental Depositary Receipt.
C.E.: 1) Chancellor of the Exchequer; 2) customs and excise.
C.E.A.: 1) Commodity Exchange Authority; 2) Council of Economic Advisers; 3) Commodity Exchange Administration.
C.E.D.: Committee for Economic Development.
C. & D.: 1) collected and delivered; 2) collection and delivery.
cedi: Unità monetaria del Ghana, suddivisa in cento pesewa.
ceding company: ***società cedente; società riassicurata.*** In un contratto di riassicurazione, è la società che trasferisce a un'altra parte dei rischi precedentemente assunti. Il termine inglese viene, quindi, usato con lo stesso significato di *re–insured* (v.).
c. & f.: cost and freight.
C&F: cost and freight.
C.E.G.B.: Central Electricity Generating Board.
c. & i.: cost and insurance.
ceiling: ***tetto; plafond.*** Limite massimo imposto da un governo o altra autorità a prezzi, salari, produzione, ecc., specialmente in periodi di emergenza. L'imposizione di un limite massimo ai salari o agli aumenti salariali viene praticata principalmente in relazione ad una politica dei redditi, in presenza di forti spinte inflazionistiche in un'economia. L'imposizione di limiti massimi di produzione, invece, viene di solito applicata allo scopo di mantenere elevato il prezzo di vendita di un bene che, a seguito di eccedenza di offerta, tende a scendere al di sotto di livelli minimi, ai quali non è più redditizio produrlo.
ceiling price: ***calmiere; meta.*** Il prezzo massimo per la vendita di determinati beni, stabilito dall'autorità in regime di prezzi controllati. L'imposizione di un calmiere o di limiti massimi di prezzo viene praticata specialmente in periodi di emergenza, come ad esempio in tempo di guerra, per impedire o limitare l'aumento del costo della vita.
cellarage: Diritto pagato per la conservazione di una qualsiasi merce in una cantina.
Celler–Kefauver Antimerger Act: Lo stesso che *Kefauver–Celler Act* (v.).
census: ***censimento.*** Operazione statistica di rilevazione, intesa a raccogliere informazioni sistematiche su una situazione sociale, demografica o economica.
census of distribution: ***censimento della distribuzione.*** Termine usato in alternativa a *distribution census* (v.).
census of population: ***censimento della popolazione.*** Termine usato in alternativa a *population census* (v.).
census of production: ***censimento della produzione.*** È così indicato il censimento delle imprese industriali e commerciali, ovvero la rilevazione generale svolta ad intervalli più o meno regolari per accertare la capacità produttiva di un paese. Il censimento della produzione nella sua attuazione pratica varia da paese a paese: nel Regno Unito, ad esempio, esso copre la produzione nelle sue molteplici attività quali l'industria propriamente detta, l'attività mineraria, la produzione di servizi di pubblica utilità, ecc., di cui tende ad accertare quantità e valore in relazione ad un dato anno da mettere, successivamente, a confronto con altri anni per i quali sono disponibili gli stessi dati. Elementi importanti di questo censimento sono le rilevazioni relative ai costi di produzione e della manodopera, alle quantità prodotte nelle singole industrie, ai tipi di organizzazione imprenditoriale, alla distribuzione delle aziende sul territorio nazionale e così via.
census of unemployment: ***censimento della disoccupazione.*** Procedimento di rilevazione statistica applicato all'occupazione. Tende ad accertare il numero dei disoccupati, le aree geografiche in cui si concentra la massima disoccupazione e il tipo di disoccupazione che si manifesta nelle varie zone del paese. Sulla scorta dei dati così rilevati, è possibile intervenire nel tentativo di ridurre la disoccupazione, specialmente nelle aree maggiormente colpite da tale fenomeno.
cent: ***centesimo.*** Moneta divisionale, equivalente alla centesima parte dell'unità monetaria in paesi che adottano il sistema decimale. Tra queste unità monetarie rientrano il dollaro, la rupia, la piastra, la sterlina (v. *penny*) e altre. Il centesimo assume diversi nomi in altri paesi, per cui v. anche *centavo, centesimo, centime* e *centimo.*
cental: Misura di peso, oggi raramente usata, corrispondente a cento libbre avoirdupois ed equivalente a kg. 45,359.
centavo: Moneta divisionale del Portogallo, equivalente ad un centesimo di escudo portoghese, e di molti paesi dell'America Latina e alcuni dell'Africa, che hanno risentito dell'influsso colonizzatore portoghese. I paesi in cui il centavo equivale ad un centesimo di un peso sono: Bolivia, Cile, Columbia, Cuba, Repubblica Dominicana, Guinea–Bissau, Messico e le Filippine. Altri paesi nei quali è in uso il centavo, corrispondente ad un centesimo dell'unità monetaria data in parentesi, sono: Argentina (austral), Brasile (cruzeiro), Isole di Capo Verde (escudo di Capo Verde), Ecuador (sucre), El Salvador (colon), Guatemala (quetral), Honduras (lempira), Mozambico (metical), Nicaragua (cordoba), Perù (sol).
centesimo: Moneta divisionale equivalente alla centesima parte dell'unità monetaria di Italia (lira), Panama (balboa), San Marino (lira), Uruguay (nuovo peso uruguayano).
centime: Moneta divisionale, equivalente ad un centesimo di franco nei seguenti paesi: Francia, Andorra, Belgio, Benin, Burundi, Cameroon, Repubblica dell'Africa Centrale, Ciad, Congo, Gibuti, Guiana Francese, Gabon, Costa d'Avorio, Liechtenstein, Lussemburgo, Malagasy, Mali, Principato di Monaco, Niger, Rwanda, Senegal, Svizzera, Togo, Alto Volta. Nei seguenti paesi, il centime equivale alla centesima parte dell'unità monetaria data in parentesi: Algeria (dinar), Haiti (gourde), Marocco (dirham).
centimo: Moneta divisionale dei seguenti paesi, equivalente alla centesima parte dell'unità monetaria data in parentesi: Costa Rica (colon), Guinea Equatoriale (ekpwele/peseta), Paraguay (guarani), Spagna (peseta), Venezuela (bolivar).
central accounting unit: ***ufficio di contabilità centra-***

lizzato. Nell'ambito di un'impresa o altra organizzazione, è l'ufficio che provvede alla contabilità di tutti i reparti o di tutte le suddivisioni che costituiscono l'impresa o l'organizzazione.

Central African Customs and Economic Union: Unione doganale ed economica nata dalla *Equatorial Customs Union* per meglio coordinare la politica di investimenti degli stati membri e la libera circolazione della manodopera.

Central American Common Market: Associazione costituita nel 1960 tra Costa Rica, El Salvador, Guatemala, Honduras e Nicaragua con l'obiettivo di realizzare l'integrazione centro-americana e il libero movimento di beni e lavoro tra i paesi partecipanti.

Central Association of Bankers: Fondata nel 1895, per unire i comitati delle tre associazioni note come *London Clearing Bankers, West End London Bankers* e *Country Banks of the United Kingdom*, confluì nel 1919 nella *British Bankers Association* (v.).

central bank: ***banca centrale.*** Nome dato alla principale istituzione bancaria di un paese, che funge da centro finanziario in stretta collaborazione col governo. Le principali funzioni di una banca centrale sono: a) tenere i fondi dello stato, per il quale svolge servizio di tesoreria, e le riserve imposte dalla legge alle altre banche del sistema; b) controllare l'emissione monetaria, di cui ha il monopolio o un monopolio virtuale, e conservare le riserve auree e valutarie del paese; c) applicare, in stretta collaborazione con le autorità governative, la politica creditizia attraverso gli strumenti stabiliti dalla legge. Altre funzioni di una banca centrale sono: operazioni di cambio, controllo dei cambi, ecc.; operazioni di mercato aperto; operazioni di risconto; collaborazione con le banche centrali di altri paesi, sotto forma di accordi monetari internazionali; trasferimento di valute e metalli preziosi da e verso altri paesi, ecc. La banca centrale di regola non intrattiene rapporti col pubblico, ma funge da banca delle banche. (v. anche *bankers' bank*)

central bank co-operation: ***collaborazione tra banche centrali.*** È ormai una funzione istituzionale delle banche centrali quella di collaborare tra loro per cercare di risolvere problemi di natura prevalentemente monetaria. Tra gli esempi di tale collaborazione, possiamo citare la *Bank for International Settlements* (v.), i *Basle Arrangements* (v.) e il *Gold Pool* (v.).

central bank deposit: ***deposito presso la banca centrale.*** Il deposito che ciascuna banca membro del sistema bancario di un paese tiene presso la banca centrale o per disposizioni di legge o per far fronte alle compensazioni interbancarie quotidiane, di solito liquidate mediante movimenti di accredito e addebito su tali depositi.

central bank lending rate: ***tasso d'interesse della banca centrale.*** Termine generico con il quale si indica il tasso d'interesse praticato da una banca centrale su anticipazioni o risconti concessi alle banche o altre istituzioni del sistema creditizio. Il termine, pertanto, ha lo stesso significato di *bank rate 1* (v.) e di *minimum lending rate* (v.).

central bank money: ***moneta della banca centrale.*** Termine usato da J. M. Keynes, con il quale egli intendeva indicare i depositi presso la banca centrale di un paese.

central bank of central banks: Nome con il quale viene a volte indicata la *Bank for International Settlements* (v.).

central banks' central bank: ***banca centrale delle banche centrali.*** Termine con il quale a volte si indica la *Bank for International Settlements* (v.).

central bank's variable assets: ***attività variabili della banca centrale.*** Sono le attività di una banca centrale diverse dai locali di sua proprietà o altri capitali fissi. In *A Treatise on Money*, Keynes suddivide queste attività in tre gruppi: 1) oro; 2) investimenti; 3) anticipazioni. Col termine oro, egli intende qualsiasi cosa che la banca non può creare essa stessa, ma in cui è tenuta per legge a convertire la propria valuta legale o che può essere convertita nella sua valuta legale. Dopo l'abbandono del sistema monetario aureo, al termine oro si potrebbe sostituire quello di valuta da riserva o altre attività della stessa natura. Col termine investimenti, Keynes intendeva qualsiasi attività diversa dall'oro, che la banca centrale acquista di propria iniziativa, come ad esempio titoli acquistati sul mercato aperto. Col termine anticipazioni, infine, Keynes voleva indicare qualsiasi attività diversa dall'oro che la banca ha acquistato in virtù di un obbligo, imposto dalla legge o dalla consuetudine, di acquistare attività del genere se esse vengono offerte rispettando determinate condizioni prestabilite, come ad esempio cambiali riscontabili.

central business district: ***centro commerciale; centro degli affari.*** Termine usato negli Stati Uniti per indicare il cuore di una qualsiasi città, ove hanno luogo la maggior parte delle attività commerciali ed economiche.

Central Electricity Generating Board: Comitato istituito nel Regno Unito nel 1957, a seguito dell'approvazione dell'*Electricity Act*, che mirava a riorganizzare l'industria elettrica britannica. Il comitato era responsabile dello sviluppo e del mantenimento di un sistema efficiente ed economico di produzione e distribuzione dell'energia elettrica su tutto il territorio dell'Inghilterra e del Galles. La prevista privatizzazione dell'industria elettrica nel 1990–1991 porterà all'eliminazione di questo comitato.

central exchange rates: ***parità centrali.*** I tassi di cambio tra le valute dei paesi facenti parte del Gruppo dei Dieci, dopo una riunione tenutasi a Washington nel dicembre del 1971. Il diverso allineamento dei tassi di cambio nei confronti del dollaro statunitense scaturì da una crisi valutaria internazionale e in attesa di un accordo di riforma valutaria di più lungo periodo, il Gruppo dei Dieci decise in quell'occasione di consentire più ampi margini di oscillazione dei cambi al di sopra e al di sotto delle nuove parità centrali. Tali oscillazioni furono, pertanto, fissate nella misura del 2,25% al di sopra e al di sotto, che davano una banda di oscillazione del 4,50%. Alcune valute, tuttavia, tra le quali la sterlina britannica, non mantennero le posizioni e presto ridiventarono libere di fluttuare.

central executive: ***dirigente centrale.*** Un dirigente che opera nella sede centrale di un'impresa o di un'altra organizzazione.

central files: ***schedari centrali; archivio centrale.*** Sono gli archivi descritti sotto *central filing* (v.).

central filing: ***archiviazione centralizzata.*** Sistema di archiviazione in base al quale tutti i documenti di un'organizzazione vengono conservati presso un ufficio archivio centrale, invece che negli archivi dei singoli reparti o delle singole suddivisioni amministrative. Questo sistema presenta vantaggi e svantaggi. Tra i vantaggi, ricordiamo: a) consente di esercitare un più efficiente controllo, a seguito di responsabilità ben definite e della possibilità di supervisione più stretta nell'ambito dell'ufficio archivio; b) un archivio centrale consente la specializzazione del personale addetto, che diventa così più efficiente; c) consente di realizzare procedure uniformi di archiviazione; d) diventa inutile la duplicazione di documenti, in quanto è necessaria una sola copia per l'archivio centrale; e) consente di realizzare economie nei costi di gestione e di attrezzatura dell'archivio. Tra gli svantaggi: a) possono verificarsi ritardi nella consegna dei documenti richiesti, a causa della distanza dei singoli uffici dall'archivio centrale e a causa delle procedure da rispettare; b) la classificazione generale usata dall'archivio può non essere idonea per certi tipi di documenti (ad esempio, la corrispondenza dell'ufficio vendite andrebbe archiviata in base alle aree di vendita, mentre un archivio centrale di solito usa il sistema alfabetico); c) l'archivio centrale rischia di diventare un deposito di documenti non necessari, in quanto risulta comodo e semplice per tutti i reparti inviare in archivio qualsiasi documento, senza procedere ad una preventiva selezione. (v. anche *departmental filing*)

central filing system: ***sistema di archiviazione centralizzata.*** Il sistema di archiviazione descritto sotto *central filing* (v.).

central government borrowing requirement: ***fabbisogno finanziario del governo centrale.*** Espressione usata nel Regno Unito per indicare la differenza tra le spese sostenute dal governo centrale e le sue entrate, senza tener conto del settore degli enti locali. Se viene incluso anche quest'ultimo settore, si parla di fabbisogno finanziario del settore pubblico. (v. anche *public sector borrowing requirement*)

centralism: ***accentramento.*** Termine usato come sinonimo di *centralization* (v.).

centralization: ***accentramento; centralizzazione.*** Un alto grado di controllo concentrato in un'organizzazione centrale o nelle mani di pochi dirigenti che operano presso la sede centrale di un'impresa. Tale situazione lascia poca libertà di azione alle sezioni o ai dirigenti periferici.

centralized files: ***archivio centralizzato.*** L'archivio di un'organizzazione accentrato presso un unico ufficio, invece di essere tenuto presso i singoli reparti. (v. anche *central filing*)

centralized filing: ***archiviazione centralizzata.*** Termine usato come sinonimo di *central filing* (v.).

centralized planning: ***pianificazione centralizzata.*** La pianificazione, affidata ad un organo centrale, descritta sotto *central planning* (v.).

centrally planned economy: ***economia a pianificazione centrale.*** Lo stesso che *planned economy* (v.).

central office: ***ufficio centrale.*** La sede principale di un'impresa o altra organizzazione, dove operano i dirigenti di più alto grado e dove sono concentrate le funzioni di comando e decisione più importanti.

Central Office of Information: Ufficio governativo inglese che fornisce informazioni al pubblico, in un gran numero di paesi del mondo, su questioni di vita, economia, cultura e politica del Regno Unito, tramite la pubblicazione e distribuzione per lo più gratuita di opuscoli, fogli informativi e simili.

central parity: ***parità centrale.*** In un sistema nel quale i tassi di cambio sono liberi di fluttuare entro una banda stabilita, la parità centrale è il rapporto di cambio concordato, al di sopra e al di sotto del quale si stabilisce la percentuale di oscillazione consentita a ciascuna valuta. (v. anche *central exchange rates*)

central place theory: ***teoria del posto centrale.*** Teoria proposta per la prima volta negli anni trenta dall'economista tedesco Walter Christaller e successivamente ampliata da altri economisti e geografi che postulano una gerarchia tra aree urbane basata sulla dimensione delle stesse e sulle distanze intercorrenti tra loro. La teoria prese le mosse da uno studio delle città meridionali della Germania, ma è stata poi estesa per comprendere tutte le città, grandi e piccole, che vengono considerate i centri di tutte le attività orientate verso i mercati. Christaller sosteneva che la funzione primaria di una città era quella di fornire beni e servizi ad un'area circostante e per svolgere efficientemente tale funzione, essa si trova al centro della sua area tributaria, il che consente un minimo di percorrenza in viaggi da parte di tutti gli abitanti dell'area servita dalla città.

central planning: ***pianificazione centrale.*** Termine con il quale si indica l'attività del governo centrale nelle economie miste, tendente a determinare i livelli di produzione e gli investimenti in aziende statali o a partecipazione statale. Gli interventi del governo centrale possono andare dal semplice tentativo di dirigere l'economia del paese attraverso la politica finanziaria, alla rigida regolamentazione di ogni settore dell'economia. Chi più,chi meno, oggi tutti gli stati svolgono un ruolo importante di pianificazione, se non altro attraverso le loro decisioni sulla localizzazione delle industrie, le loro politiche di sostegno in favore di certe produzioni, ecc. Lo stesso termine indica l'attività di pianificazione economica da parte delle autorità a ciò preposte nei paesi in cui i fattori della produzione e i mezzi della distribuzione sono completamente nelle mani dello stato.

central purchasing office: ***ufficio approvvigionamenti centrale.*** Il singolo ufficio che raccoglie le richieste e provvede all'invio di ordinativi di approvvigionamento per tutti i reparti o le suddivisioni che costituiscono un'impresa o altra organizzazione.

central rate: ***parità di cambio; parità di riferimento; tasso centrale.*** Termine con il quale si indica il tasso di cambio delle valute dei paesi membri del sistema monetario europeo nei confronti dell'unità monetaria europea (ECU). I tassi centrali vengono usati per unire insieme le valute dei paesi membri in un sistema di parità fisse, che vengono calcolate, mediante il tasso centrale, tra le valute nazionali di tutti gli stati membri del sistema monetario europeo. (v. anche *European Monetary System, European Currency Unit*)

Central Register of Businesses: ***Registro centrale delle imprese.*** Nel Regno Unito, è un registro preparato dal *Business Statistics Office* (v.) e contenente la ragione sociale e l'indirizzo di tutte le imprese funzionanti in quel paese.

central registry: ***registro centrale; conservatoria centrale.*** Nella terminologia della burocrazia statale, è l'ufficio presso il quale vengono tenuti gli archivi centrali di una qualsiasi suddivisione amministrativa dello stato.

central reserve cities: Termine una volta usato per indicare alcune grandi città degli Stati Uniti nelle quali certe banche tenevano le riserve bancarie legali di piccole banche loro corrispondenti, prima dell'istituzione del *Federal Reserve System* (v.).

central reserve city bank: Nome con il quale si indica ciascuna delle banche membri del *Federal Reserve System* (v.) con sede a New York o Chicago. Allo scopo di determinare l'ammontare di riserve che ogni banca deve tenere, le banche americane erano divise in tre classi: 1) *central reserve city banks*; 2) *reserve city banks*, cioè le banche membri con sede in città diverse da New York e Chicago; e, 3) *country banks.* Oggi le classi sono due: a) *reserve city banks*; e, b) *country banks* (v.).

central reserves of foreign currencies: ***riserve centrali di valute estere.*** Sono le riserve di valute estere detenute da una banca centrale. Nel Regno Unito, tali riserve, insieme a quelle auree, sono di pertinenza del fondo per la stabilizzazione dei cambi.

central reserves of gold: ***riserve auree centrali.*** Sono le riserve d'oro di uno stato, tenute presso la banca centrale o presso appositi locali, come ad esempio Fort Knox negli Stati Uniti.

central service unit: ***unità centrale di servizi.*** Il reparto che fornisce servizi a tutti gli altri reparti di un'impresa o a tutte le suddivisioni di una qualsiasi altra organizzazione.

central spot market: ***mercato centrale del disponibile; mercato centrale a pronti.*** Ciascuno dei grandi centri di distribuzione su larga scala dei prodotti primari disponibili immediatamente, come ad esempio New Orleans per il cotone e Chicago per i grani. Si tratta di solito di mercati organizzati, nei quali gli scambi vengono agevolati dalla presenza di operatori specializzati che fungono da intermediari tra venditori e compratori. (v. anche *spot market*)

Central Statistical Office: È l'ufficio centrale di statistica inglese, simile al nostro Istat, responsabile del coordinamento del servizio statistico di ciascun ministero.

centre: ***centro.*** Luogo particolarmente importante per una qualche attività economica, commerciale o finanziaria.

centre spread: ***doppia.*** Annuncio pubblicitario che occupa la doppia pagina centrale di un quotidiano o altra pubblicazione periodica.

cert.: 1) certificate; 2) certification; 3) certified.

certain annuity: ***rendita certa.*** La rendita che prevede il pagamento delle rate per un periodo stabilito, indipendentemente dall'essere o meno in vita di una data persona.

certain rate: ***cambio certo.*** Il tasso di cambio tra due o più valute, che non cambia o che oscilla entro limiti molto ristretti. Ne è un esempio il sistema di parità in seno al Fondo Monetario Internazionale, nato dagli Accordi di Bretton Woods, che prevedeva una parità centrale e una ristretta banda di oscillazione (1% in più o in meno). Le banche centrali erano tenute ad intervenire con vendite o acquisti delle loro rispettive valute se esse venivano sottoposte a pressioni speculative al rialzo o al ribasso.

certificate: ***certificato.*** Dichiarazione scritta, rilasciata da una pubblica autorità o da un privato, con la quale si attesta l'esistenza o la verità di un fatto o si esprime l'esito di una valutazione o di una perizia. (v. anche *share certificate, stock certificate*)

certificated bankrupt: ***fallito riabilitato.*** Il termine inglese indica un fallito al quale è stata concessa la riabilitazione civile, da parte di un tribunale, mediante il rilascio del cosiddetto *certificate of misfortune* (v.).

certificated stocks: ***partite certificate; forniture certificate; partite periziate.*** Partite di merci che sono state sottoposte ad ispezione e sono state dichiarate idonee per qualità ad essere consegnate in esecuzione di contratti a termine. L'ispezione e la certificazione si rendono necessarie quando le merci non erano disponibili al momento in cui fu stipulato il contratto a termine.

certificate of analysis: ***certificato di analisi.*** Un certificato, redatto e firmato da un perito che ha svolto un'analisi su un prodotto, con il quale si attesta che gli ingredienti corrispondono a quelli indicati sull'etichetta o prescritti dalla legge.

certificate of average: ***certificato di avaria.*** Un certificato, rilasciato dai liquidatori di avaria comune, nel quale vengono indicati i risultati della liquidazione e la quota di contributo spettante al contribuente in questione. Quest'ultimo, poi, userà il certificato per richiedere l'indennizzo alla compagnia assicuratrice, se le merci erano assicurate in base ad una polizza che prevedesse l'avaria comune.

certificate of beneficial interest: ***certificato di beneficiario.*** Negli Stati Uniti, è un documento che rappresenta la proprietà di parti o quote di un'impresa in mano ad uno o più amministratori fiduciari, come nel caso di un *business trust* (v.).

certificate of bonds: ***certificato obbligazionario.*** Lo stesso che *bond certificate* (v.).

certificate of damage: ***certificato di avaria.*** È un documento rilasciato dalla società che gestisce i magazzini portuali, quando vengono scaricate da una nave merci avariate. È firmato dal perito della società che, dopo aver attentamente ispezionato le merci, esprime la propria opinione sulla causa del danno. Si tratta di un documento indispensabile per richiedere l'indennizzo da parte degli assicuratori, degli armatori o di chi possa essere ritenuto responsabile del danno.

certificate of deduction of income tax: ***certificato di detrazione ai fini dell'imposta sul reddito.*** Le detrazioni possono variare da un anno all'altro, secondo quanto stabilito nella legge finanziaria, e pertanto i contribuenti inglesi cui sono concesse detrazioni devono presentare regolare documentazione. I certificati di cui sopra, che servono a documentare il diritto alla detrazione, vengono rilasciati da chi percepisce le somme ammesse a detrazione, ad esempio società di assicurazione per premi relativi a polizze vita, banche per interessi pagati con reddito già colpito da imposta e simili.

certificate of deposit: ***certificato di deposito.*** È emesso da una banca, quando riceve da un cliente fondi in deposito per un periodo di tempo definito, come ad esempio un anno. Trattandosi, quindi, di *time deposit* (v.) e non di *demand deposit* (v.), la banca è autorizzata a riconoscere al cliente un interesse sulla somma depositata. Le banche commerciali statunitensi vendono sul mercato monetario certificati di deposito in tagli grandi (da centomila dollari in su). Si tratta di titoli negoziabili, con scadenze che vanno da una settimana ad alcuni anni e per i quali esiste un attivo mercato secondario.

certificate of discharge: ***certificato di riabilitazione civile del fallito.*** Termine usato con lo stesso significato di *certificate of misfortune* (v.).

certificate of guarantee: ***certificato di garanzia.*** Il certificato mediante il quale un produttore o un venditore garantiscono il funzionamento, l'affidabilità e la qualità di un prodotto. (v. anche *guarantee 2*)

certificate of health: ***patente di sanità; patente sanitaria.*** Documento rilasciato dall'autorità competente al capitano di una nave al momento della partenza della nave da un porto, attestante la situazione sanitaria del luogo in relazione a malattie infettive.

certificate of incorporation: ***certificato di iscrizione al registro delle persone giuridiche.*** Quando una nuova società ha completato la procedura necessaria per la sua costituzione, il conservatore del registro delle persone giuridiche rilascia il certificato di iscrizione, che dà alla società personalità giuridica secondo le leggi vigenti nel paese.

certificate of indebtedness: ***certificato di obbligazione a breve termine al portatore.*** A volte si indicano con questo termine sia i certificati di deposito, sia i certificati del tesoro. (v. anche *certificate of deposit, treasury certificate*)

certificate of inscription: ***certificato di azioni nominative.*** Documento probatorio, e non vero titolo di credito, comprovante che determinate azioni sono state iscritte nei registri della società a nome dell'azionista.

certificate of inspection: ***certificato d'ispezione.*** Uno dei documenti d'imbarco e precisamente quello che attesta le condizioni di merci deperibili al momento della loro spedizione. Questi certificati sono usati nel commercio di prodotti agricoli, e più esattamente nel commercio dei cereali nordamericani, per i quali si effettua all'origine l'accertamento qualitativo. Vengono rilasciati da funzionari del ministero dell'agricoltura a ciò preposti e attestano la qualità, la quantità, la varietà e la classe ufficiale cui i cereali appartengono, nonché il loro peso specifico e il grado di umidità. (v. anche *shipping documents*)

certificate of insurance: ***certificato di assicurazione.*** Il certificato emesso da un *broker* (v.) di assicurazioni o da una compagnia di assicurazioni, con il quale si dichiara che un certo assicurato è coperto contro un certo rischio da una polizza di cui si riportano i dati essenziali. Tali certificati nelle assicurazioni marittime sono a volte accettati in luogo delle polizze vere e proprie, ma hanno lo svantaggio di non consentire la cessione, mediante girata, dei diritti dell'assicurato e per questo motivo non vengono accettati da chi ha acquistato merci in base ad un contratto c.i.f., in quanto, in caso di perdita totale o parziale dei beni, non potrebbe chiedere il risarcimento se non su presentazione della polizza.

certificate of inward clearance: ***certificato di verifica doganale; atto di verifica doganale.*** Lo stesso che *clearance inward certificate* (v.).

certificate of manufacturer: **1.** ***certificato del produttore.*** Nel commercio internazionale, è la dichiarazione, firmata dall'esportatore, attestante che le merci ordinate da un importatore straniero sono state completate e accantonate per la spedizione. Tale documento è spesso richiesto dalle banche in relazione a lettere di credito. **2.** ***certificato di origine.*** Lo stesso termine inglese è spesso usato con lo stesso significato di *certificate of origin* (v.).

certificate of misfortune: ***certificato di riabilitazione civile del fallito.*** È un certificato rilasciato da un tribunale fallimentare inglese al fallito che è stato riabilitato. Esso attesta che il fallimento fu dovuto a cause non imputabili alla correttezza e alla buona fede del fallito, ma ad eventi di forza maggiore tra i quali la sfortuna.

certificate of necessity: ***certificato di necessità.*** Negli Stati Uniti è un'autorizzazione, rilasciata da un'agenzia del governo federale, che consente il rapido ammortamento in un periodo di cinque anni del costo totale o parziale di strutture di emergenza, cioè impianti o attrezzature create o acquistate in un periodo di emergenza nazionale di solito connesso ad un impegno bellico. Lo scopo di questa autorizzazione è quello di invogliare gli operatori a costruire o acquistare impianti produttivi essenziali per far fronte all'emergenza.

certificate of origin: ***certificato di origine.*** È il certificato che attesta l'esatta origine di merci importate ed è richiesto da molti paesi per ragioni politiche, igieniche, di contingentamenti alle importazioni o per altri motivi. Il certificato è redatto su moduli forniti dallo stato importatore, è firmato da un funzionario delle dogane o di una camera di commercio del paese esportatore ed è vistato dal console del paese importatore.

certificate of ownership: ***atto di nazionalità.*** Termine usato con lo stesso significato di *certificate of registry* (v.).

certificate of participation: ***certificato di partecipazione.*** Termine usato in alternativa a *participation certificate* (v.).

certificate of posting: ***ricevuta di spedizione.*** Le poste inglesi rilasciano, dietro pagamento di un diritto fisso, la ricevuta che comprova l'avvenuta spedizione, da un particolare ufficio postale, di un plico o pacco non raccomandato.

certificate of pratique: ***certificato di libera pratica.*** Termine usato in alternativa a *pratique certificate* (v.).

certificate of protest: ***atto di protesto.*** Atto formale redatto da un pubblico ufficiale a ciò abilitato, con il quale si accerta e si documenta il mancato pagamento o la mancata accettazione di una cambiale o altro titolo di credito. Nel Regno Unito, il protesto per mancato pagamento deve essere elevato entro il giorno successivo alla scadenza, ma mentre non è necessario protestare cambiali interne per conservare il diritto all'azione di regresso, si devono necessariamente protestare quelle estere, a meno che esse siano inoltrate con l'ordine di non protestarle.

certificate of public convenience and necessity: È una licenza rilasciata da una commissione statale ad un'impresa privata, con la quale si autorizza quest'ultima a svolgere lavori, edili o di altra natura, di pubblico interesse e utilità.

certificate of registration: ***certificato di iscrizione ipotecaria.*** Certificato rilasciato dal conservatore del registro delle persone giuridiche, comprovante l'esistenza o meno di ipoteche accese sui beni di una società ed il loro eventuale ammontare. Tale certificato, prescritto dalla legge sulle società, è prova dell'avvenuta conclusione della procedura relativa alla costituzione di una nuova società. Copia di esso, debitamente sottoscritta dagli amministratori, deve essere allegata a ciascuna emissione obbligazionaria, il cui rimborso è garantito da ipoteca sui beni della società.

certificate of registry: ***atto di nazionalità.*** Il certificato, rilasciato dall'apposito ufficio del registro navale di un paese, nel quale sono indicati il nome, il porto di immatricolazione, il tipo, il nome dei costruttori, la stazza e il nome degli armatori e del capitano di una nave. L'atto di nazionalità attesta che la nave è iscritta nel registro navale del paese di cui batte bandiera e che ha diritto a tutti i privilegi concessi a tale bandiera in materia di traffici marittimi.

certificate of shares: ***certificato di azioni; certificato azionario.*** Termine usato in alternativa a *share certificate* (v.).

certificate of subscription: ***certificato di sottoscrizione azioni.*** Certificato temporaneo rilasciato da una società per azioni all'atto della sottoscrizione e del relativo primo pagamento frazionato del capitale sottoscritto. Nel certificato sono indicati tempo e modalità dei successivi pagamenti di decimi e, sul retro, è previsto un modello per la cessione a terzi. Il certificato sarà sostituito da un certificato di azioni all'atto dell'ultimo versamento a saldo del capitale sottoscritto.

certificate of survey: ***certificato di visita peritale.*** Rilasciato da un perito della capitaneria di porto, contiene la sua opinione sulla condizione apparente di merci scaricate da una nave. Usato di solito per accompagnare una richiesta di indennizzo alla compagnia di assicurazione per danni subiti dalle merci durante il viaggio.

certificate of tax deposit: ***certificato di deposito fiscale.*** Certificato comprovante l'avvenuto pagamento anticipato di imposte sul reddito delle persone giuridiche. Questo titolo di credito fa parte della cosiddetta *near money* (v.).

certificate of title: ***certificato di titolo.*** Certificato emesso da alcuni degli Stati Uniti comprovante il diritto di proprietà di un determinato bene immobile. Tale certificato può essere rilasciato soltanto dopo che è stato registrato l'atto di proprietà o che il proprietario ha dimostrato a una corte il suo pieno titolo di proprietà. (v. anche *title*)

certificate of trading: ***decreto di autorizzazione a iniziare l'attività sociale.*** Termine usato con lo stesso significato di *certificate to commence business* (v.).

certificate of transfer: ***certificato di trapasso di azioni; certificato di cessione di azioni.*** È il certificato emesso da alcune società che non rilasciano nuovi certificati azionari in relazione alla vendita e al conseguente trapasso di azioni. Questo certificato sarà conservato dal nuovo azionista, insieme al vecchio certificato intestato al precedente proprietario di quelle azioni.

certificate of value: ***certificato di valore.*** Dichiarazione rilasciata dal venditore nella quale si attesta che il valore delle merci in essa descritte è precisamente riportato nella fattura. Tale certificato è richiesto da alcuni paesi in relazione a beni di importazione soggetti a dazio ad valorem.

certificates of deposit market: ***mercato dei certificati di deposito.*** Il mercato secondario sul quale è possibile vendere e comprare i certificati di deposito prima della loro scadenza. Il termine inglese viene anche usato per indicare il complesso dell'attività di emissione e sottoscrizione di certificati di deposito.

certificate to commence business: ***decreto di autorizzazione a iniziare l'attività sociale.*** L'autorizzazione, rilasciata dal conservatore del registro delle persone giuridiche alla società per azioni di nuova costituzione, necessaria per iniziare l'attività sociale. Gli atti compiuti dalla società prima di tale autorizzazione sono privi di validità giuridica. Il decreto viene rilasciato solo dopo che la società ha soddisfatto determinate condizioni, tra le quali: a) le azioni devono essere state sottoscritte almeno nella misura minima stabilita e devono essere state pagate in moneta; b) gli amministratori devono aver sottoscritto e pagato le loro azioni almeno nella stessa misura, cioè gli stessi decimi, pagata dagli altri azionisti che hanno sottoscritto lo stesso tipo di azioni; c) non devono esserci debiti costituiti da somme da rimborsare a coloro che hanno chiesto ma non ottenuto l'assegnazione di azioni o obbligazioni; d) è stata presentata una dichiarazione nella quale si attesta che le precedenti condizioni sono state soddisfatte.

certification: ***certificazione.*** 1) Dichiarazione scritta rilasciata dall'autorità, attestante la veridicità dei fatti ivi esposti. 2) Negli Stati Uniti, dichiarazione formale da parte di una confederazione sindacale, in cui si attesta che un dato sindacato funge da rappresentante di un gruppo di lavoratori. (v. anche *bargaining agent*)

certified accountant: Membro della *Association of Certified and Corporate Accountants* (v.), che ha superato gli esami di abilitazione all'esercizio della professione.

certified cheque: ***assegno vistato; assegno bancario certificato; assegno bancario a copertura garantita.*** È un assegno vistato da una banca che garantisce: a) che la firma dell'emittente è autentica; b) che l'assegno è coperto e la somma è stata accantonata; c) che sia l'emittente, sia l'eventuale girante non sono interdetti dall'emettere assegni. (v. anche *marked cheque*)

certified copy: ***copia autenticata.*** Lo stesso che *attested copy* (v.).

certified financial statement: ***bilancio patrimoniale certificato; bilancio certificato.*** Negli Stati Uniti è un bilancio patrimoniale o altro rendiconto finanziario accompagnato da una relazione di un *public accountant* (v.).

certified invoice: ***fattura certificata.*** Nel commercio internazionale, è una fattura sul cui dorso è stampata e regolarmente firmata una dichiarazione corrispondente ad un certificato di origine delle merci cui essa si riferisce. (v. anche *certificate of origin*)

certified loan society: Tipo di società mutua costituita in base al *Loan Societies Act* del 1840 allo scopo di «costituire un fondo per concedere prestiti alle classi lavoratrici». Come altri tipi di società mutue, anche queste fanno parte delle cosiddette *provident societies* (v.).

certified public accountant: Negli Stati Uniti, è un *public accountant* (v.) che, avendo i requisiti relativi a età, istruzione, residenza, moralità ed esperienza previsti dalle leggi di uno qualsiasi degli Stati Uniti, è iscritto all'albo e abilitato a svolgere la professione.

certified stocks: ***partite certificate; forniture certificate; partite periziate.*** Termine usato come sinonimo di *certificated stocks* (v.).

certified transfer: ***trasferimento vidimato.*** È un modulo per il trasferimento di azioni, firmato a margine dal segretario o dall'amministratore incaricato della compilazione del libro dei soci, oppure dal segretario di una borsa valori, in cui egli attesta che sono stati depositati presso di lui i certificati di azioni sufficienti a coprire un trasferimento. Si fa ricorso a questo modulo quando un azionista cede soltanto una parte delle azioni rappresentate dal certificato azionario in suo possesso.

to certify: ***certificare.*** Dichiarare formalmente, mediante un apposito documento, che un certo fatto corrisponde a verità.

cert. inv.: certified invoice.

cess: Termine, oggi raramente usato, con il quale si indicava una speciale forma di imposta, generalmente a carattere locale o relativa ad un prodotto particolare.

cesser clause: ***clausola di esonero da responsabilità.*** Clausola che, se inserita in un contratto di noleggio, esonera il noleggiatore da qualsiasi responsabilità dal momento in cui la merce è caricata a bordo della nave.

cession: ***cessione.*** Nelle assicurazioni, indica l'ammontare trasferito o ceduto sotto forma di riassicurazione da un assicuratore a un riassicuratore. In questa forma di cessione, gli assicurati non hanno rapporto alcuno con il riassicuratore.

***ceteris paribus*:** Espressione latina, spesso usata dagli economisti, che significa «a parità di altre condizioni», «date le medesime circostanze» e simili.

c.f.: carried forward.

c/f: carried forward.

cf.: compare.

c. f. & i.: cost, freight and insurance.

c.ft.: cubit foot; cubic feet.

cft.: cubic foot; cubic feet.

CFTC: Commodity Futures Trading Commission.

Cg.: centigram.

CGBR: Central Government Borrowing Requirement.

cge.: carriage.
Cgo.: contango.
C.H.: 1) Customs House; 2) Clearing House.
chafage: ***sfregamento; attrito.*** Termine usato nel linguaggio dei trasporti e delle assicurazioni per indicare danni prodotti alle merci a seguito di attrito o sfregamento, durante il viaggio, con altre merci o con le pareti del mezzo di trasporto.
chain: ***catena.*** Misura agrimensoria, pari alla lunghezza di ventidue yarde, equivalente a metri 20,1168. È così chiamata, perché costituita di una successione di cento maglie di ferro.
chain banking: ***attività bancaria a catena.*** Lo stesso che *group banking* (v.).
chain discount: ***sconto a percentuali successive.*** È una serie di percentuali di sconto commerciale o il loro totale. Se su un prezzo di listino si concede lo sconto ai negozianti del 40+15+15, lo sconto totale sarà del 56,65%.
chain index: ***numero indice a catena; indice concatenato.*** Numero indice il cui valore, in un qualsiasi dato momento del tempo, si riferisce ad una base del periodo di tempo immediatamente precedente, invece che ad un periodo base relativo ad un passato piuttosto remoto. I numeri indici a catena sono abbastanza accurati quando si vogliano mettere a confronto variazioni relative a periodi brevi, ma la loro affidabilità diminuisce via via che si amplia l'intervallo di tempo tra due numeri indici a catena successivi.
chain of command: ***catena di comando.*** Termine usato con lo stesso significato di *line of command* (v.).
chain of distribution: ***catena di distribuzione; sistema di distribuzione.*** Nel linguaggio commerciale, è la catena ideale formata dai vari operatori che fanno giungere i beni dal produttore al consumatore finale.
chain of production: ***catena di produzione.*** Il processo mediante il quale si soddisfano i bisogni dei consumatori. Attraverso gli interventi svolti dall'industria e dal commercio, idealmente considerati anelli di una catena, il produttore di beni e il coltivatore di prodotti agricoli sono collegati con il consumatore finale.
chain promotion: ***promozione a catena.*** Nella gestione del personale, indica la pratica di promuovere a livelli di lavoro superiore resisi liberi gli impiegati che precedentemente lavoravano ai livelli immediatamente più bassi. Pertanto, la disponibilità di un posto ad alto livello avrà come risultato una catena di promozioni, in cui ogni impiegato interessato migliorerà di un grado la propria posizione.
chain–store company: ***società di negozi a catena.*** L'impresa che gestisce una catena di negozi o un grande magazzino a filiali multiple.
chain stores: ***negozi a catena; grandi magazzini a filiali multiple.*** Gruppo di negozi, che operano in diverse città o in diversi quartieri di una grande città, di tipo essenzialmente simile e con un alto grado di uniformità di gestione, sotto il controllo della proprietà centralizzata. I negozi a catena possono essere specializzati in un tipo di beni, ad esempio calzature, o possono trattare ogni tipo di articoli, come ad esempio i grandi magazzini. In ambedue i casi, è centralizzato anche l'approvvigionamento degli articoli da porre in vendita.
chain–store tax: ***imposta sui negozi a catena.*** È un'imposta progressiva prelevata da molti degli Stati Uniti sulle imprese di negozi a catena, quando essi superano il numero massimo consentito ad una singola società. L'imposta viene prelevata sotto forma di tassa per la licenza di esercizio.
chair: ***presidenza.*** La posizione di un presidente, ovvero il più alto grado di un'organizzazione. Lo stesso termine indica la funzione o l'ufficio di chi viene eletto a presiedere una riunione formale o un'assemblea.
chairman: ***presidente.*** È di solito la persona con maggiore anzianità di servizio in una società. Spesso ha solo funzioni rappresentative, oltre quella di presiedere il consiglio di amministrazione che, per legge, deve avere un presidente. Quando, invece, prende parte attiva alla conduzione della società, è di solito allo stesso tempo presidente e amministratore delegato. (v. anche *managing director*)
chairman of the board: ***presidente del consiglio di amministrazione.*** V. spiegazione sotto *chairman.*
chairman's report: ***relazione del presidente.*** La relazione sull'attività di una società per azioni scritta ogni fine anno e firmata dal presidente. Viene, di solito, inviata agli azionisti in occasione dell'assemblea generale e contiene commenti sui risultati dell'impresa durante l'anno trascorso e sulle prospettive future. (v. anche *annual report*)
chairman's statement: ***dichiarazione del presidente.*** Lo stesso che *chairman's report* (v.).
chaldron: Misura di capacità per aridi, in uso nel Regno Unito. Corrisponde a 12 *sack* (v.) o 36 *bushel* (v.), pari a ettolitri 13,084.
chamber of commerce: ***camera di commercio.*** Associazione locale di commercianti e industriali, costituita allo scopo di tutelare e promuovere le attività e gli interessi commerciali. C'è una camera di commercio in quasi tutte le città industriali del Regno Unito e degli Stati Uniti, ma in quest'ultimo paese la chiamano anche *board of trade* (v.).
chamber of shipping: ***camera di commercio marittimo.*** Associazione di armatori, spedizionieri e altri operatori interessati alle attività del commercio marittimo, che svolge funzioni analoghe a quelle di una camera di commercio, tutelando gli interessi degli iscritti.
chamber of trade: ***associazione commercianti.*** Associazione che rappresenta i commercianti al dettaglio di una determinata area geografica, fondata allo scopo di tutelare i loro interessi e di facilitare i contatti tra loro in vista di iniziative comuni e della circolazione di informazioni.
chance: ***probabilità.*** Nel linguaggio della teoria economica, il termine inglese indica la probabilità del verificarsi di determinati eventi, alla quale viene assegnato un valore matematico approssimativo che influenza la formulazione di scelte o di decisioni prese in condizioni di incertezza.
Chancellor of the Exchequer: ***Cancelliere dello Scacchiere.*** Ministro responsabile della politica monetaria del Regno Unito, della presentazione del bilancio dello stato e dell'amministrazione finanziaria in genere.
chance variable: ***variabile casuale; variabile stocastica.*** Lo stesso che *random variable* (v.).
chandler: ***commerciante; esercente.*** Termine generico (in origine indicava soltanto un fabbricante o un venditore di candele) con il quale si designa un qualsiasi operatore commerciale.
Chandler Act: Legge, approvata dal Congresso degli Stati Uniti nel 1938, con la quale si emendava e si consolidava la precedente legislazione relativa alla ristrutturazione finanziaria delle società e altri tipi di imprese e alle procedure concorsuali.
'Change: Exchange.

change: 1. *moneta spicciola; cambio; spiccioli.* Biglietti di banca di piccolo taglio, ma più spesso monete metalliche divisionali. **2. *resto.*** Denaro dato da un venditore a un compratore, quale differenza tra l'importo dell'acquisto e la somma di denaro data dal secondo al primo. **3. *borsa.*** In questo significato il termine inglese è raro ed è una contrazione di *exchange* (v.).

change account: *fondo moneta spicciola.* Termine usato con lo stesso significato di *change fund* (v.).

change fund: *fondo moneta spicciola.* La somma di moneta spicciola consegnata ad un cassiere di un esercizio commerciale per consentirgli di dare il resto ai clienti.

change in price: *variazione di prezzo.* Termine usato in alternativa a *price change* (v.).

change machine: *distributore di spiccioli.* Macchina in grado di distribuire monete di piccolo valore in cambio di monete di maggior valore. Un tipo semplificato è quello usato da bigliettai su mezzi di trasporto pubblici, gestori di circoli con macchinette da gioco che funzionano a monetine e altri tipi di esercenti per dare il resto o per cambiare banconote. È dotata di pulsanti, ciascuno corrispondente ad una somma in piccole monete o ad un numero di piccole monete, premendo i quali la macchina distribuisce l'esatto ammontare in monetine.

change money: *fondo moneta spicciola.* Termine usato con lo stesso significato di *change fund* (v.).

change of taste: *mutamento di gusto; variazione di gusto.* È una delle cause delle variazioni della domanda, particolarmente attiva in certi settori, quale ad esempio quello dell'abbigliamento. (v. anche *changes in demand*)

changes in demand: *variazioni della domanda.* In economia, si parla di variazioni della domanda quando si verifica un aumento o una diminuzione della quantità di un bene o di un servizio richiesti dai consumatori, senza che si sia verificata una variazione del prezzo di quel bene o servizio. Non va, quindi, confusa con una maggiore o minore domanda conseguente ad una diminuzione o ad un aumento del prezzo di mercato. Tra le cause principali di variazione della domanda ricordiamo: a) variazioni del reddito reale dei consumatori; b) variazioni nella distribuzione del reddito; c) variazioni dei prezzi di beni alternativi; d) variazioni nell'offerta di moneta nel paese; e) mutamenti di gusti e moda; f) variazioni di carattere tecnologico; e, g) previsioni di future tendenze del mercato.

changes in supply: *variazioni dell'offerta.* In economia, si parla di variazioni dell'offerta quando si verifica un aumento o una diminuzione della quantità di un bene o di un servizio offerti ai consumatori, senza che si sia verificata una variazione del prezzo di quel bene o servizio. Non va, quindi, confusa con una maggiore o minore offerta conseguente ad un aumento o ad una diminuzione del prezzo di mercato. Tra le cause principali di variazione dell'offerta ricordiamo: a) variazione dei costi di produzione e di vendita; b) scarsità di una materia prima per ragioni politiche o di altra natura; c) variazioni tecnologiche che influiscono sulla produzione; e, d) scarsità di un prodotto agricolo per questioni climatiche.

changing demand: *domanda instabile; domanda variabile.* Domanda di beni o servizi che non mantiene un livello stabile nel corso del tempo, ma è soggetta ad ampie e frequenti fluttuazioni.

channel: *canale.* Il termine inglese indica un canale naturale navigabile, ma in senso figurato indica il canale di distribuzione o quello lungo il quale vengono trasmesse direttive o ordini all'interno di un'organizzazione.

channel captain: Nel linguaggio del marketing, è così detto il membro più potente della catena di distribuzione, che di solito è il produttore, ma a volte può essere anche un grande rivenditore all'ingrosso o al dettaglio.

channel conflict: *conflitto di distribuzione.* Il disaccordo che viene a crearsi tra membri di un canale di distribuzione. Può essere verticale, quando il dissapore si verifica tra un dettagliante e il suo fornitore se il primo si sente troppo vincolato dal secondo; o orizzontale, quando due dettaglianti entrano in conflitto perché uno invade il territorio di vendita del secondo o tenta di portargli via clienti con metodi ritenuti sleali dall'altro.

channel discount: È lo sconto simile a quello praticato dalle industrie ai distributori, ma differente in quanto viene concesso su vendite di grosse partite ad acquirenti istituzionali, quali lo stato o aziende statali che rielaborano il prodotto o lo sottopongono ad una successiva fase di lavorazione. Poiché essi distribuiranno un prodotto diverso da quello venduto loro, si giustifica uno sconto maggiore o minore di quello praticato alla rete di distribuzione.

channel of trade: *canale commerciale.* Termine usato per indicare una linea ideale lungo la quale operano i vari intermediari che portano i beni dal produttore al consumatore finale.

Channel ports: *porti sulla Manica.* Termine con il quale si indicano collettivamente tutti i porti inglesi che si affacciano sulla costa meridionale dell'Inghilterra e sulla Manica, e in particolare quelli usati dalle navi traghetto che fanno servizio da e per la costa francese. Essi sono Dover, Folkestone, Newhaven, Portsmouth, Southampton, Weymouth e Plymouth.

channels of communication: *canali di comunicazione.* I canali attraverso i quali vengono trasmesse e diffuse le comunicazioni all'interno di un'organizzazione, in base a precise procedure stabilite dalla direzione.

channels of distribution: *canali di distribuzione.* Lo stesso che *distribution channels* (v.).

Channel tunnel: *tunnel della Manica.* È il tunnel sotto il Canale della Manica, di cui si parlava da molto tempo e la cui realizzazione ebbe inizio nel 1988. Si tratta di una galleria sottomarina della lunghezza di circa venti miglia, che collega la costa inglese a quella francese.

CHAPS: Clearing House Automated Payment System.

characteristics of goods: *caratteristiche dei beni.* Gli attributi propri di un qualsiasi bene. Ad esempio, alcune caratteristiche della carne sono il gusto, l'aspetto, il potere nutritivo delle proteine che contiene, la facilità di prepararla come alimento, i molti usi ai quali si presta e che consentono la preparazione di una vasta gamma di piatti, ecc. Il consumatore desidera acquistare queste caratteristiche e non la carne in se stessa. Se, nella teoria della domanda, si tiene conto di queste caratteristiche, la domanda di beni assume l'aspetto di domanda derivata di caratteristiche e non di domanda diretta di beni.

characteristics theory: *teoria delle caratteristiche.* La teoria che sostiene che il consumatore non domanda i prodotti in quanto tali, bensì le caratteristiche che i singoli prodotti contengono. (v. anche *demand for characteristics*)

charge: 1. *addebito; addebitamento.* L'operazione contabile opposta e perfettamente corrispondente all'accreditamento, mediante la quale si dà espressione ad una spesa o ad un aumento di spesa. (v. anche *charges*) **2. *gravame.*** L'ipoteca che grava su un bene immobile. (v. anche *charges on assets*)

chargeable asset: ***attività tassabile.*** Attività soggetta al pagamento dell'imposta sui redditi di capitale se, all'atto della vendita, viene realizzata una plusvalenza. Se, viceversa, si realizza una minusvalenza, essa potrà essere portata in detrazione di altre plusvalenze realizzate.

chargeable deficiency: ***mancanza da addebitarsi.*** L'abbuono su vini e alcoolici, che va ad aggiungersi all'*ordinary deficiency* (v.) e alla *special deficiency* (v.), ma sul quale si paga ugualmente il dazio di importazione, pur se esso sarà generalmente rimborsato successivamente.

chargeable gain: ***reddito di capitale tassabile.*** L'ammontare della differenza tra prezzo di acquisto e prezzo di vendita di un'attività capitale, soggetto al pagamento dell'imposta sui redditi di capitale.

chargeable weight: ***peso da addebitarsi.*** Il peso eccedente una qualsiasi franchigia, che deve essere pagato a parte.

charge account: ***conto di credito.*** È il credito che certi negozianti concedono a loro clienti, contro pagamento di somme mensili. In alcuni casi, il venditore che concede il credito fa pagare una percentuale in più su ogni acquisto, che giustifica come spese, ma che in effetti costituisce un interesse. Rientrano sotto questa forma di credito anche le carte di credito.

charge account customer: ***titolare di un conto di credito.*** È il cliente al quale è stato concesso un conto di credito.

charge card: ***carta di addebito; carta di prelievo.*** Lo stesso che *debit card* (v.).

charge certificate: ***certificato ipotecario.*** Certificato, rilasciato dal conservatore dei registri immobiliari, dal quale risulta se un bene immobile è gravato o meno da ipoteca.

charge for credit: ***addebito per dilazione.*** Nelle vendite con pagamento dilazionato, è una somma addebitata al compratore che chiede la dilazione. Tale somma non ha niente a che vedere con gli interessi eventuali sul credito.

charge hand: ***caposquadra.*** Nel linguaggio industriale, il capo di un gruppo di lavoratori che costituiscono una squadra.

to charge off: ***stornare dall'attivo.*** Trattare una somma, originariamente registrata all'attivo, come una spesa o una perdita.

chargeoff: ***storno dall'attivo.*** L'eliminazione, tramite trasferimento a spese, di una parte o tutto un conto come riconoscimento dell'esaurimento del suo valore.

charges: ***spese.*** L'ammontare di commissione e interessi attivi addebitato da una banca al conto di un cliente. Lo stesso termine viene usato nel linguaggio comune, oltre che in quello tecnico, per indicare il costo di un servizio fatto pagare all'utente o di un bene fatto pagare all'acquirente e in questo significato può essere usato anche al singolare.

charges forward: ***spese assegnate.*** Espressione usata per indicare che le spese di trasporto e di altra natura devono essere pagate dall'acquirente al ricevimento delle merci. Coincide, pertanto, con la clausola f.o.b. dei trasporti marittimi.

charges on assets: ***ipoteche sulle attività; gravami sulle attività.*** Sono così chiamate le ipoteche poste sulle attività di una società a garanzia del diritto degli obbligazionisti al rimborso del loro credito alla scadenza. Ciò si verifica nel caso in cui un'emissione obbligazionaria è garantita, ma non tutte le emissioni di obbligazioni sono necessariamente garantite da ipoteca o altro, pur essendo sempre valido il principio che, in caso di liquidazione della società, gli obbligazionisti hanno un diritto di priorità sugli azionisti in relazione al rimborso del loro credito.

charges prepaid: ***spese anticipate; spese pagate in anticipo.*** Nel linguaggio dei trasporti, questa espressione indica che le spese relative alla spedizione delle merci vengono pagate dal venditore.

charges register: ***libro delle ipoteche e degli oneri; registro delle ipoteche.*** Lo stesso che *register of charges 1* e *2* (v.).

charging lien: ***diritto di pegno presso terzi.*** È il diritto di pegno, fatto valere da un creditore su beni appartenenti al debitore depositati presso terzi.

charging order: ***decreto di pignoramento presso terzi.*** È l'autorizzazione, rilasciata da un tribunale a favore di un creditore, con la quale si dispone il pignoramento, presso una società o presso una banca, di azioni o partecipazioni di proprietà o intestate al debitore, a garanzia del pagamento di un debito contratto da quest'ultimo e riconosciuto dal tribunale. Il decreto impedisce il trasferimento dei valori mobiliari e dà al creditore gli stessi diritti di cui avrebbe goduto se il debitore stesso avesse dato in pegno tali valori.

charging what the traffic will bear: Espressione piuttosto generica, che offre una spiegazione per la discriminazione di prezzo. La sua origine sembra si debba far risalire alla differenza tra tariffe applicate sul trasporto di merci costose e tariffe applicate sul trasporto di merci di poco costo, le prime ovviamente più alte delle seconde. Si può riferire ad una situazione in cui l'elasticità della domanda in rapporto al prezzo di un prodotto è considerata relativamente bassa e quindi il prezzo viene aumentato fino al punto in cui l'elasticità della domanda comincia ad aumentare notevolmente.

charitable companies: ***società di carità; opere pie.*** Sono istituti di beneficenza che, in base al *Companies Act* del 1948, possono assumere la personalità giuridica di società a responsabilità limitata da garanzia, ma non possono aggiungere la parola «*limited*» (v.) alla loro ragione sociale. Tali società sono esonerate dall'invio dell'elenco dei soci al registro delle persone giuridiche.

charitable trust: Tipo di negozio fiduciario in base al quale viene creato un fondo da destinarsi ad opere di carità, all'avanzamento della cultura o della religione o, comunque, al bene pubblico. Questo tipo di persona giuridica gode di alcuni privilegi, specialmente fiscali. Infatti, è esonerata dal pagamento delle imposte sul reddito e delle imposte di successione, mentre nei suoi confronti non si applicano le norme previste dal *Perpetuities and Accumulations Act* (v.). Il *Charities Act* del 1960 stabilisce le norme per la concessione della personalità giuridica a queste associazioni e per la loro iscrizione in un apposito registro.

charity: **1.** ***beneficenza.*** Il trasferimento volontario di reddito, beni o servizi ad uno o più altri individui, direttamente o mediante l'intervento di apposite organizzazioni, gratuitamente o ad un prezzo inferiore a quello di mercato. Tale forma di trasferimento non deve necessariamente essere gratuita e il termine è giustificato dalla differenza tra il prezzo di mercato e il prezzo al quale vengono pagati i beni o i servizi così trasferiti. Non rientrano, invece, sotto questa intestazione i trasferimenti di reddito operati mediante imposizione della legge, come ad esempio i contributi e le imposte che hanno lo scopo precipuo di trasferire e ridistribuire il reddito dai più abbienti ai meno abbienti. **2.** Questo termine viene anche usato come sinonimo di *charitable trust* (v.).

charity client: Nel linguaggio della pubblicità, è un cliente che non paga alcun onorario all'agenzia, la quale tuttavia presta la sua opera in considerazione del valore sociale o morale delle iniziative che si prefigge il cliente e del fatto che si tratta sempre di associazioni senza scopo di lucro.

charity market: ***mercato della beneficenza.*** Termine usato per indicare il più nuovo dei mercati studiati dagli economisti. In questo campo si sono mossi principalmente gli studiosi statunitensi, mentre altri economisti non lo hanno ritenuto degno di attenzione, in quanto essi perseguono l'idea dell'uomo economico razionalista e spinto alla massimizzazione del proprio utile individuale. Il materiale finora raccolto dai pochi economisti che hanno studiato il mercato della beneficenza è estremamente scarso, ma già si intravedono punti di contatto con altri tipi di mercato. Tra questi, il concetto che la domanda di beneficenza è superiore all'offerta e, pertanto, il finanziamento e l'allocazione di queste risorse scarse è governato più o meno dalle stesse leggi che regolano la massimizzazione dell'utilità e dei rendimenti. Tra le cause che spingono gli uomini a destinare loro risorse alla beneficenza sono state individuate la pura e semplice filantropia, o altruismo, la speranza di benefici indiretti, quali la fama e il prestigio, e la volontà di influenzare le ideologie politiche di singoli individui o di intere popolazioni.

charm price: ***prezzo rotto; prezzo spezzato.*** È così detto il prezzo che viene esposto in una forma particolare al fine di allettare il cliente, come ad esempio 995 invece di 1000.

chart: ***diagramma.*** Schema grafico, di solito riferito ad un sistema di assi cartesiani, mediante il quale vengono rappresentate sinteticamente informazioni relative ad uno o più fenomeni collegati tra loro. In economia si fa largo uso di diagrammi per ricavare linee o curve e per spiegare determinate funzioni matematiche connesse a fenomeni economici, quali i movimenti dei prezzi, della domanda, dell'offerta e così via.

CHARTAC.: chartered accountant.

chartalism: ***cartalismo.*** La dottrina, formulata principalmente dal tedesco G. F. Knapp e dallo statunitense F. A. Walker, secondo la quale la moneta è essenzialmente una creazione dello stato e il suo valore dipende esclusivamente dal fatto che essa circola per decisione dello stato e non dal suo contenuto metallico o dal metallo che essa rappresenta. Questa teoria sorse in opposizione alla teoria metallista o metallica, dominante nel secolo diciannovesimo, ed è ormai accettata da tutti.

chartalist: ***cartalista.*** Aggettivo relativo al cartalismo, usato principalmente nell'espressione *chartalist money* (v.). Lo stesso termine viene anche usato come sostantivo per indicare un sostenitore della teoria cartalista.

chartalist money: ***moneta di stato; moneta cartalista.*** Tipo di moneta che, secondo la teoria cartalista, non dovrebbe essere altro che un segno convenzionale e che circola per forza di legge traendo il proprio valore dalla autorità dello stato. Oggi, le monete di tutti gli stati sono, senza possibilità di dubbio, cartaliste.

chartalist theory: ***teoria cartalista; teoria statale della moneta; teoria nominalista.*** Lo stesso che *chartalism* (v.).

charter: **1.** ***licenza; patente.*** Concessione governativa che conferisce speciali diritti o privilegi a istituzioni e società pubbliche o private, imponendo allo stesso tempo determinati doveri. Negli Stati Uniti, il termine indica una copia dell'atto costitutivo restituita ad una società dall'autorità amministrativa, insieme al certificato di iscrizione al registro delle persone giuridiche. (v. anche *certificate of incorporation*) **2.** ***statuto; carta.*** Lo statuto di enti pubblici o di organizzazioni internazionali, come ad esempio lo statuto delle Nazioni Unite, chiamato *charter of the United Nations.* **3.** ***contratto di noleggio.*** In questo significato, il termine viene usato come contrazione di *charter party* (v.).

charterage: ***noleggio.*** Termine usato per indicare sia un contratto di noleggio di una nave o di un aereo, sia il prezzo pagato in relazione a tale contratto. (v. anche *charter party, freight*)

charter agreement: ***contratto di trasporto.*** Termine generico con il quale si indica un contratto tra un vettore e un utente. Può riferirsi tanto ad un contratto di noleggio (v. *charter party*), quanto ad un qualsiasi altro tipo di contratto di trasporto.

charter by demise: ***contratto di locazione a scafo nudo; cessione; noleggio a tempo-locazione.*** Tipo di contratto di noleggio in base al quale l'armatore cede la nave al noleggiatore, il quale si addossa tutte le spese per tutto il periodo del noleggio, incluse quelle relative all'equipaggio. Se necessario, il noleggiatore provvederà anche all'assunzione dell'equipaggio.

chartered accountant: Membro dell'*Institute of Chartered Accountants* (v.), abilitato allo svolgimento della professione di revisore dei conti.

chartered bank: Istituto bancario che svolge la propria attività in virtù di una licenza (v. *charter 1*) concessa dalla Corona. Tale licenza regola il funzionamento della banca esattamente come il funzionamento di una società per azioni è regolato dall'atto costitutivo e dallo statuto. Anche la responsabilità degli azionisti di una *chartered bank* è stabilita dal *charter* in base al quale essa è stata fondata.

chartered companies: ***compagnie «a carta»; compagnie privilegiate; compagnie concessionarie.*** Sono società istituite con licenza della Corona, a differenza delle comuni società registrate in base al *Companies Act.* Una volta erano più numerose di quanto non lo siano oggi e venivano create con «carta» regia, che concedeva loro privative e diritti speciali, in quanto esse miravano a sviluppare il commercio con l'estero. Una delle più famose è la *Hudson's Bay Company*, fondata nel 1670. Un altro tipo di compagnia «a carta» è la *patented company* (v.).

chartered corporation: Termine usato nel linguaggio giuridico britannico per indicare una persona giuridica costituita in virtù di una patente o licenza regia. (v. anche *chartered companies, corporation, royal charter*)

chartered freight: ***nolo contrattuale.*** Il nolo che, per contratto, viene pagato dal noleggiatore di una nave o di un aereo. (v. anche *charter party, freight*)

chartereds: Termine usato nel gergo della borsa valori di Londra per indicare le azioni della *British South Africa Company.*

chartered ship: ***nave noleggiata.*** È una nave che è stata noleggiata da un singolo caricatore e che, pertanto, non è in grado di accettare merci da trasportare per conto di altri caricatori. Il termine viene usato in contrapposizione a *general cargo ship* (v.).

charterer: ***noleggiatore.*** La persona che noleggia una nave o un aereo, o parte di essi, in base ad un *charter party* (v.).

charterer's freight: ***nolo contrattuale.*** Termine usato come sinonimo di *chartered freight* (v.).

charter flight: ***volo noleggiato; volo charter.*** È il volo fatto con un aereo noleggiato da apposite organizzazioni per conto dei propri clienti. Offre notevoli vantaggi economici per gli utenti, rispetto ai normali voli di linea.

chartering agent: ***agente di noleggio.*** È un *broker* (v.) che si interessa di reperire navi da noleggiare o spazio su navi generali.

chartering broker: ***mediatore di noleggi.*** È un tipo di *broker* (v.), che opera sul mercato dei noli fungendo da intermediario tra gli armatori o le compagnie di navigazione aerea e coloro che intendono noleggiare navi o aerei.

chartering market: ***mercato dei noli.*** Termine usato come variante di *charter market* (v.).

charter market: ***mercato dei noli.*** Il mercato sul quale si svolgono le contrattazioni relative al noleggio di navi. Il principale mercato dei noli era, fino a qualche tempo fa, a Londra, ma esso tende a spostarsi verso New York. Questo mercato è caratterizzato da una notevolissima mobilità, a differenza della rigidità del mercato dei trasporti via terra, ed infatti i noli sono soggetti a raddoppiarsi o triplicarsi in brevissimo tempo, come pure a ridursi nella stessa proporzione. Ciò perché l'offerta di mezzi di trasporto, specialmente quelli marittimi, è influenzata da una serie di fattori, quali il costo del trasporto, la situazione di libera concorrenza o di monopolio che domina l'industria dei trasporti, il grado di sovvenzionamento statale concesso all'industria e, soprattutto, la domanda, che è strettamente collegata all'utilità dei trasporti navali a sua volta strettamente dipendente dalla congiuntura economica.

charter party: ***contratto di noleggio.*** Il contratto tra l'armatore e il noleggiatore, in base al quale il primo noleggia al secondo una sua nave, o parte di essa, per un periodo di tempo o per un singolo viaggio, alle condizioni specificate nel contratto, che può essere di diversi tipi. Qualunque sia il tipo, un contratto di noleggio dovrà contenere, oltre le clausole a stampa, le indicazioni relative alle parti, alla nave, alla rata di nolo, al carico, ai porti di caricazione e discarica, alla durata, alle stallie e alle controstallie.

charter-party assignment: ***cessione di noleggio.*** Espressione usata nel linguaggio finanziario per indicare un contratto in base al quale il nolo pagato dal noleggiatore all'armatore viene ceduto ad una banca come garanzia di un prestito da questa concesso all'armatore, di solito per la costruzione di una nave.

charter rate: ***tariffa di noleggio.*** La tariffa pagata in relazione al noleggio di un'intera nave o di parte del suo spazio di carico. In quest'ultimo caso, il termine viene usato con lo stesso significato di *freight rate* (v.).

chartism: **1.** ***cartismo.*** Movimento politico–sociale inglese, che prende il nome dalla *People's Charter*, compilata nel 1838 da F. Place e W. Lowett, una petizione che inglobava tutte le richieste di riforma. Tra queste: suffragio universale maschile; scrutinio segreto; parlamento annuale; un'indennità per i deputati; collegi elettorali numericamente uguali; soppressione del censo. Inoltre, essa conteneva richieste di carattere sociale, tendenti a migliorare le condizioni dei lavoratori. Nel 1848, a seguito della rivoluzione in Francia, i cartisti organizzarono una grande manifestazione, che fallì anche perché osteggiata e proibita dalle autorità britanniche. Ciò segnò la fine del movimento, ma le sue richieste vennero in gran parte raccolte dal nascente partito socialista. **2.** Nel linguaggio finanziario, indica un metodo di previsione dei corsi azionari, che si basa sull'interpolazione su grafici dei movimenti storici dei corsi stessi.

chartist: **1.** ***cartista.*** Seguace o sostenitore del movimento detto *chartism* (v.). **2.** Negli Stati Uniti, un analista del mercato azionario, che predice l'andamento dei corsi tramite lo studio delle interpolazioni su grafici degli indici azionari.

chart of accounts: ***piano dei conti.*** Al fine di tenere le scritture contabili secondo il metodo della partita doppia, è necessario preparare in precedenza un piano dei conti, cioè un elenco sistematico dei conti che, tra loro collegati, accolgono e costituiscono il sistema di scritture dell'impresa. I conti elencati in tale piano vengono contraddistinti da un numero di codice o di riferimento che serve per i collegamenti tra le scritture nel libro giornale e quelle nel libro mastro. Nell'assegnare tali numeri a ciascun conto, vengono di solito lasciati liberi dei numeri, onde poter inserire, qualora sia necessario, nuovi conti nel sistema senza dover variare la numerazione precedentemente assegnata ai conti già esistenti. Una volta fissato un piano dei conti, nel compilare le scritture si dovranno usare esclusivamente i conti in esso contenuti e fino a quando esso sarà in vigore non sarà possibile cambiare i numeri o i nomi dei singoli conti che lo compongono. Il piano dei conti varia da impresa a impresa, in quanto viene liberamente stabilito tenendo presenti le esigenze particolari dell'impresa che lo dovrà usare.

Chase Manhattan Bank: È la seconda, in ordine di importanza, tra le banche commerciali degli Stati Uniti, con sede centrale a New York e filiali nei principali centri commerciali di tutto il mondo.

chattel mortgage: ***ipoteca mobiliare.*** L'ipoteca accesa su beni mobili, di solito a garanzia di un prestito, così che se il debitore non fa fronte ai propri impegni, il creditore può impossessarsi dei beni mobili dati in garanzia.

chattel mortgage bonds: ***obbligazioni garantite da ipoteca mobiliare.*** Sono le obbligazioni a garanzia del cui rimborso il debitore ha acceso un'ipoteca su beni mobili di sua proprietà. (v. anche *chattel mortgage*)

chattel personal: ***beni mobili; beni personali.*** Qualsiasi tipo di beni che possono essere trasferiti mediante semplice consegna. Vi rientrano, pertanto, tutti gli oggetti personali e di arredamento e quanto altro non sia soggetto a registrazione, mentre non vi rientrano assolutamente i terreni, i fabbricati e simili.

chattel real: ***beni immobili; diritti su beni reali.*** Qualunque tipo di interesse o diritto su beni immobili, ad eccezione della cosiddetta *freehold land* (v.).

chattels: ***beni mobili.*** Qualsiasi forma di proprietà, tranne quella di terra o beni immobili di altra natura.

cheap: **1.** ***a buon mercato; economico.*** Detto di beni o servizi acquistati ad un buon prezzo. **2.** ***dozzinale.*** Detto di articoli di qualità scadente e, pertanto, venduti a basso prezzo.

cheap jack: Termine con il quale si indica una persona che vende articoli in modo poco ortodosso. Egli si procura grandi quantità di merci, a prezzi bassi in vendite fallimentari o di stock, e le vende di solito per strada imbonendo i passanti con offerte apparentemente vantaggiose, fidando sulla loro dabbenaggine.

cheap money: **1.** ***denaro a buon mercato; denaro a basso interesse.*** Il denaro è a buon mercato quando i tassi di interesse sono bassi ed è facile ottenere credito. Una politica monetaria tendente a mantenere bassi i tassi d'interesse può adottarsi o quando si vuole stimolare una ripresa economica dopo un periodo di crisi, o quando si vuole ridurre il costo dei debiti che lo stato è costretto a contrarre. **2. *moneta di scarso valore.*** Negli Stati Uniti, si usa questa espressione per indicare il valore del denaro in una situazione in cui i prezzi di mercato sono estremamente alti. In tale situazione, infatti, una grande quantità di denaro acquista una piccola quantità di beni o servizi e, pertanto, il suo valore è basso a paragone del valore dei beni e servizi.

cheap-money policy: *politica del denaro a buon mercato.* Tipo di politica, che prevede il contenimento dei tassi di interesse, adottata dalle autorità monetarie di un paese quando si vuole stimolare l'attività economica o quando si intende ridurre il costo del debito pubblico.

cheap price: *buon prezzo; prezzo basso.* Termine generico, usato per indicare un prezzo vantaggioso per il compratore, in relazione al livello dei prezzi quotati per lo stesso articolo o per articoli simili.

check: 1. *assegno.* Grafia statunitense del termine britannico *cheque* (v.). **2. *buono di credito.*** Titolo rilasciato da una casa finanziaria a un proprio cliente, che può spenderlo presso una rete di dettaglianti convenzionati. La casa finanziaria viene rimborsata dal consumatore mediante versamenti periodici concordati tra le due parti. (v. anche *check trading*)

checkable deposit: Termine statunitense con il quale si indica un qualsiasi conto bancario che consente al titolare di prelevare o trasferire fondi mediante l'emissione di assegni. Può, pertanto, riferirsi tanto a un *demand deposit* (v.), quanto a un *NOW account* (v.) e a uno *SNOW account* (v.).

check book: *libretto di assegni; carnet di assegni.* Termine usato negli Stati Uniti come sinonimo di *cheque book* (v.).

check book money: *moneta-deposito.* Termine statunitense, usato con lo stesso significato di *bank money* (v.).

check credit: *credito personale; prestito personale.* Servizio offerto da alcune banche, che pongono a disposizione del cliente una certa somma per l'acquisto di beni personali, che il cliente effettua emettendo assegni. Il credito viene rimborsato con versamenti periodici.

check currency: *moneta-deposito.* Termine statunitense usato come sinonimo di *check book money* (v.).

checker: 1. *verificatore.* Termine generico, usato per indicare una persona preposta al controllo di qualcosa, come ad esempio fatture, quotazioni, ordinazioni e simili. **2. *cassiere.*** Negli Stati Uniti, il termine indica il cassiere di un supermercato. (v. anche *checkout*)

to check in: *marcare in entrata.* Lo stesso che *to clock in* (v.).

checking account: *conto corrente.* Nel linguaggio bancario statunitense, è un conto di deposito a richiesta, dal quale si possono effettuare prelevamenti mediante l'emissione di assegni bancari. (v. anche *current account*)

checking deposits: *depositi a vista; depositi in conto corrente.* Nel linguaggio finanziario statunitense, indica la voce più importante di ciò che costituisce l'offerta di moneta, cioè i depositi a vista, o a richiesta, tenuti presso le banche e prelevabili mediante l'emissione di assegni bancari.

check ledger: *libro mastro di controllo.* Eliminato dopo l'adozione della contabilità meccanizzata o elettronica, nelle banche inglesi era il libro mastro nel quale si registravano giornalmente i saldi dei vari conti, che venivano poi ricontrollati mettendo a confronto i saldi dei conti e i saldi riportati nel libro mastro, per questo motivo detto di controllo.

checkless society: *società senza assegni.* Espressione venuta in uso a seguito della sempre crescente diffusione delle carte di credito, specialmente nei paesi anglosassoni ed in particolare negli Stati Uniti, e a seguito della sempre più massiccia utilizzazione dei computer nell'espletamento delle operazioni bancarie. L'espressione vorrebbe indicare una società in cui non si farà più uso non solo della moneta vera e propria, ma neanche degli assegni, quando i grossi computer delle banche saranno collegati per mezzo di terminali ad alberghi, ristoranti, negozi e tutti gli altri punti presso i quali un acquirente può entrare in contatto con un venditore. In un tale sistema sarà sufficiente inserire una carta magnetica nel terminale perché venga immediatamente eseguita l'operazione di trasferimento di fondi dal conto del compratore a quello del venditore. Oltre al vantaggio di non dover maneggiare denaro, con i rischi che ciò sempre implica, questo sistema garantirebbe rapidità di registrazione e notevoli risparmi dei costi oggi sostenuti per la circolazione e per la compensazione dell'enorme massa di assegni che vengono ogni giorno scambiati tra debitori e creditori.

check list: *distinta di controllo.* Elenco di nomi, cose, argomenti, passi di una procedura, ecc., appositamente preparato per agevolare il controllo o il raffronto.

check-list method: *metodo delle distinte di controllo.* Il metodo di controllo che prevede la preparazione di apposite distinte. (v. anche *check list*)

check number: *numero di controllo.* Numero riportato sulla confezione di un prodotto, su documenti, ecc., per facilitarne il controllo da parte del personale addetto.

check-off: *trattenuta sindacale; quota sindacale.* Il termine inglese indica il contributo sindacale prelevato dal datore di lavoro sullo stipendio del dipendente e inoltrato al sindacato. A seconda di quanto stabilito nel contratto sottoscritto dai lavoratori, la trattenuta può essere volontaria, cioè i lavoratori hanno facoltà di autorizzare o meno il datore di lavoro ad effettuare il prelievo, o può essere obbligatoria, come spesso avviene per alcune organizzazioni sindacali statunitensi, nel qual caso i lavoratori non hanno voce in capitolo.

check-off clause: *clausola della trattenuta sindacale.* Clausola di un contratto di lavoro, che autorizza il datore di lavoro a trattenere dallo stipendio del dipendente il contributo sindacale. (v. anche *check-off*)

check on inflation: *freno all'inflazione.* L'espressione inglese indica una serie di misure tendenti a rallentare il ritmo di inflazione presente in un'economia. (v. anche *control of inflation*)

check only for account: *assegno da accreditare; assegno per conteggio; assegno per scritturazione.* Termine statunitense, equivalente a *account-only cheque* (v.).

to check out: *marcare in uscita.* Lo stesso che *to clock out* (v.).

checkout: *cassa.* Termine usato come sinonimo di *checkout point* (v.).

checkout point: *cassa.* In un supermercato, è il punto in cui il cliente paga il conto dei prodotti da lui acquistati.

check register: *registro assegni.* Nel linguaggio della contabilità statunitense, è il libro giornale sul quale si registrano gli estremi degli assegni emessi dall'impresa.

check-till: *registratore di cassa.* Termine usato con lo stesso significato di *cash register* (v.).

check trading: *vendita con buoni di credito.* Forma di compravendita, in uso negli Stati Uniti, basata su crediti personali. Una società finanziaria vende assegni o buoni di credito, che saranno rimborsati dal cliente, insieme agli interessi, con versamenti periodici prestabiliti. Il cliente può usare gli assegni per fare i propri acquisti e il rivenditore sarà rimborsato dalla società finanziaria, che tratterrà una percentuale sul valore nominale dell'assegno. Si tratta di un vecchio sistema, che è tornato in auge anche in Gran Bretagna per aggirare le leggi sulle vendite rateali. Infatti, questo sistema offre il vantaggio di sfuggire a queste leggi, perché la società finanziaria non vende beni a rate, ma concede crediti, e il rivenditore vende per contanti e non a rate.

checkweighman: Persona incaricata di pesare il carbone estratto da ciascun minatore, in quelle miniere in cui il salario si basa sul numero di tonnellate di carbone estratte individualmente da ciascun minatore.

cheerful: ***euforico.*** Nel linguaggio delle borse valori, indica una situazione di mercato pervasa da ottimismo e da previsioni di aumento dei corsi e buon volume di scambi.

cheque: ***assegno.*** È una cambiale, pagabile a vista, tratta su una banca da una persona che dispone di fondi presso la stessa banca, con la quale intrattiene un rapporto di conto corrente. L'assegno deve indicare luogo e data di emissione, importo scritto in cifre e in lettere, nome del prenditore, firma del traente. Per termini nei quali *cheque* funge da determinante, v. anche i derivati di *check.*

chequeable account: ***conto corrente.*** Nel linguaggio bancario, è un altro termine con il quale si può indicare un *current account* (v.).

cheque account: ***conto corrente.*** Termine usato nell'inglese britannico con lo stesso significato di *checking account* (v.).

cheque book: ***libretto di assegni; carnet di assegni.*** Libretto a madre e figlia, con moduli prestampati per assegni, venduto dalla banca ai clienti che intrattengono con essa un rapporto di conto corrente. Il costo di un libretto di assegni comprende l'imposta di bollo, pagata dalla banca in modo virtuale.

cheque book register: ***registro dei libretti di assegni.*** Quando una banca inglese vende ad un cliente un libretto di assegni, vengono riportati su questo registro: nome e cognome del cliente, data e numeri degli assegni contenuti nel libretto. Alcune banche richiedono la firma del cliente nell'apposito spazio del registro. Anche questo libro è caduto in disuso a seguito della diffusione della contabilità elettronica.

cheque card: ***carta assegni.*** Emessa da molte banche, mette in grado il cliente di essere identificato presso qualsiasi sportello della banca che la rilascia e di prelevare, tramite l'emissione di assegni di conto corrente, fino ad una cifra stabilita presso sportelli diversi da quello presso il quale si trova il suo conto corrente. Generalmente la carta assegni reca una fotografia del cliente e la sua firma, che egli dovrà riprodurre sull'assegno in presenza del cassiere.

chequelet: Nome dato a una specie di ricevute emesse da una banca inglese negli anni venti e vendute in blocchetti, valide per pagamenti inferiori alle due sterline e, pertanto, esenti da imposta di bollo.

cheque made out to cash: ***assegno di sportello.*** Assegno di cui può usufruire l'emittente stesso per prelevare somme di denaro contante presso gli sportelli della banca con la quale intrattiene un rapporto di conto corrente.

cheque-money system: ***sistema dello cheque-moneta.*** Il sistema nel quale gli assegni circolano e vengono accettati come moneta, oggi ampiamente diffuso nella maggior parte dei paesi occidentali.

cheque payment: ***pagamento a mezzo assegno; pagamento per assegno.*** Lo stesso che *payment by cheque* (v.).

cheque rate: ***tasso di conversione; cambio cheque.*** È il tasso di cambio preso a base per la determinazione dell'equivalente, in moneta di un paese, di un debito o di un credito espresso in moneta di un altro paese e, quindi, del prezzo di acquisto o di vendita in un paese di un assegno o di una tratta a vista, o con scadenza entro otto o dieci giorni, emessa in un altro paese.

cheque requisition: ***richiesta di assegno.*** È un modulo ad uso interno, riempito da un impiegato, con il quale si chiede, a chi è autorizzato a farlo, l'emissione di un assegno con il quale effettuare un pagamento per conto dell'azienda. La richiesta può essere inoltrata soltanto dopo che è stata approvata la spesa e deve contenere tutti gli elementi necessari per l'emissione dell'assegno e cioè nome del prenditore, importo, data, motivo del pagamento e nome della persona che ne autorizza l'emissione.

Cheques Act: ***Legge sugli assegni.*** Legge, approvata dal parlamento britannico nel 1957, con la quale si emendavano le precedenti leggi che regolavano l'emissione e la circolazione di assegni bancari ed altri titoli di credito. Essa, però, non si applica alle cambiali diverse dagli assegni, né ai pagherò cambiari, la cui emissione e circolazione è regolamentata dal *Bills of Exchange Act* (v.) del 1882. Tra le altre cose, questa legge stabilì che non è necessario girare un assegno all'ordine, se esso viene versato direttamente sul conto del prenditore, e che un assegno può essere usato come prova dell'avvenuto pagamento di un debito.

cheque signer: ***macchina per firmare assegni.*** Termine usato come sinonimo di *cheque-signing machine* (v.).

cheque-signing machine: ***macchina per firmare assegni.*** Macchina appositamente predisposta per firmare assegni bancari. Funziona più o meno come una *cheque-writing machine* (v.).

cheque to bearer: ***assegno al portatore.*** Tipo di assegno pagabile a vista, trasferibile senza girata, ma che deve essere girato al momento in cui si incassa ad uno sportello bancario. Non viene usato nel nostro sistema bancario.

cheque to order: ***assegno all'ordine.*** Tipo di assegno pagabile alla persona cui è intestato o all'ordine. Le parole «all'ordine» significano che esso può essere trasferito mediante girata. Se il prenditore vuole versarlo su un suo conto in banca, questo tipo di assegno non richiede girata, che sarà invece richiesta se il prenditore desidera cambiarlo con moneta contante. Un assegno all'ordine può essere trasformato in assegno al portatore mediante una girata in bianco. (v. anche *blank endorsement, cheque to bearer*)

cheque transaction: ***operazione a mezzo assegno.*** Operazione di pagamento regolata mediante assegno, invece che mediante il versamento di un ammontare di moneta contante.

cheque-writing machine: ***macchina per scrivere assegni.*** Macchina appositamente predisposta per scrivere assegni, completi di data e, a volte, anche della firma del traente. Sono preferite alle normali macchine per scrivere, in quanto dotate di accorgimenti che mirano alla protezione dell'assegno o altro titolo di credito che si emette. Tra questi accorgimenti, c'è quello di utilizzare uno speciale tipo di inchiostro, che impregna le fibre della carta e rende impossibile l'alterazione dell'assegno.

cherry-picking: Espressione usata per indicare la pratica seguita da un tipo di acquirente, che compra soltanto articoli civetta. È uno degli svantaggi cui sono esposti gli esercenti che praticano il sistema di offrire alcuni articoli a prezzi inferiori a quelli di mercato, i cosiddetti *loss leader* (v.), al fine di attirare gli acquirenti nel loro negozio, certi di vender loro anche articoli a prezzo pieno o addirittura articoli ad un prezzo leggermente superiore a quello di mercato, il che consente di recuperare le perdite sostenute sugli articoli civetta.

chervonetz: ***cervonec.*** Nome col quale, ai tempi di Pietro I, si indicava una moneta d'oro del valore di dieci rubli. Nel 1922 fu introdotta in Russia una nuova moneta che andava sotto questo nome ed equivaleva a dieci rubli oro.

ch. f.: charges forward.

ch. fwd.: charges forward.

chg.: charge.

chge.: change.

chiao: Moneta divisionaria della Cina, equivalente ad un decimo di yuan e a sua volta suddivisa in dieci fen.

Chicago Board of Trade: Borsa merci fondata a Chicago nel 1848 ed oggi il principale mercato a termine dei grani negli Stati Uniti. Tra gli altri beni trattati in questa borsa, vi sono il legno compensato, l'argento e l'oro.

Chicago Board Options Exchange: È il più importante mercato dei contratti a premio, su valori e indici azionari, degli Stati Uniti.

Chicago Mercantile Exchange: Grossa borsa merci di Chicago, fondata nel 1919 come mercato a termine per il burro e le uova, nella quale oggi si svolgono operazioni di compravendita a termine dei più disparati beni, dal bestiame al legname, dai valori mobiliari alle valute estere. (v. anche *International Monetary Market*)

Chicago School: ***Scuola di Chicago.*** Nome con il quale si indica la corrente economica formatasi attorno a M. Friedman, professore di economia all'Università di Chicago, il cui principale contributo riguarda lo sviluppo della teoria quantitativa della moneta e la sua verifica su basi empiriche, e ad altri economisti statunitensi tra i quali si annoverano H.C. Simons, F.A. Hayek, F. Knight e G.J. Stigler. Fautori di una filosofia economica neoliberale, gli economisti della Scuola di Chicago credono fermamente nella libera concorrenza e nei mercati liberi come mezzi per allocare le risorse nel sistema economico e ritengono che il comportamento di un'economia possa spiegarsi meglio osservando le variazioni dell'offerta di moneta che osservando altre variabili. Questa visione ha portato alle teorie dei cosiddetti monetaristi, ma bisogna dire che esse furono enunciate principalmente da uno soltanto di loro, il professor Milton Friedman, come pure va detto che non tutti i professori di economia dell'Università di Chicago sono fautori della filosofia del neoliberalismo economico.

chief accountant: ***ragioniere capo; capo contabile.*** Il capo dell'ufficio contabilità di un'impresa.

Chief Cashier: ***Cassiere Capo.*** Il capo del *Cashier's Department* (v.) della Banca d'Inghilterra e il più anziano tra i capi dei dipartimenti. La sua firma compare su tutte le banconote emesse dalla Banca.

chief rent: ***canone enfiteutico.*** Termine usato in passato con lo stesso significato del più moderno *quit rent* (v.).

child benefit: ***assegno per figli a carico.*** Pagamento in moneta da parte del *Department of Health and Social Security* britannico a tutte le famiglie con figli a carico. Ammontava nel 1985 a circa sette sterline per figlio, ma era previsto un maggior contributo per le famiglie nelle quali viveva uno solo dei genitori. Il contributo corrisponde ai nostri assegni familiari per figli a carico.

children allowance: ***detrazione per figli a carico.*** Detrazione fiscale ai fini della determinazione dell'imposta sul reddito, riconosciuta nel Regno Unito per figli al di sotto dei sedici anni o al di sopra di tale età se ancora studenti.

Children and Young Persons Act: Legge, approvata dal parlamento britannico nel 1933, che regolamentava l'impiego di bambini e ragazzi in attività lavorative. In base a tale legge, era vietato assumere ragazzi al di sotto dei tredici anni, mentre quelli in età scolastica non potevano essere impiegati in orario scolastico nei mesi in cui le scuole erano aperte, pur potendo lavorare per un massimo di due ore al giorno in orario extrascolastico. Una seconda legge, nota con lo stesso nome ma approvata nel 1963, elevò dagli otto ai dieci anni l'età di responsabilità penale dei minori.

child's deferred policy: Polizza di dotazione, emessa in vari tipi, che prevede un'assicurazione sulla vita dei genitori, valida fino al raggiungimento della maggiore età del loro o dei loro figli, e il versamento ai figli di una somma stabilita, alla scadenza della polizza.

chimney money: ***imposta sul focolare.*** Termine usato in passato con lo stesso significato di *hearth tax* (v.).

Chinese auction: ***incanto a sistema olandese.*** Termine usato con lo stesso significato di *Dutch auction* (v.).

Chinese box: ***scatola cinese.*** Espressione colloquiale con la quale si indica una holding vuota, cioè una società di partecipazione che, a causa di ripetute vendite, è stata «svuotata» e possiede un limitatissimo pacchetto di azioni di altre società.

Chinese walls: ***muraglia cinese.*** Nel linguaggio della *City* di Londra, questa espressione viene usata per indicare tutti i dispositivi posti in essere allo scopo di separare gli operatori dai consulenti e così evitare il diffondersi di informazioni riservate all'interno di un'organizzazione, specialmente all'interno delle conglomerate finanziarie. La necessità di questi dispositivi fu avvertita principalmente allo scopo di evitare il diffondersi della pratica nota come *insider dealing* (v.).

CHIPS: Clearing House Interbank Payment System.

chn.: chain.

choice: ***scelta.*** La scelta costituisce uno dei problemi principali dell'economia politica, tanto che quest'ultima è stata anche chiamata teoria delle scelte. Ciò perché data la scarsità di mezzi e tempo a disposizione di ciascun essere umano, egli deve continuamente procedere ad atti di scelta tra fini conseguibili e mezzi da usare per conseguirli. Se si tralasciano tipi di società in cui le scelte sono imposte o dal sistema economico o dalla tradizione, il tipo di società che più interessa l'economia è quello in cui le scelte sono guidate principalmente da un sistema di prezzi. La teoria economica si dimostra, pertanto, utile dovunque la scelta è o può essere fatta attraverso un meccanismo di prezzi, sia il paese a regime capitalistico o a regime comunista.

chon: Moneta divisionale della Corea del Sud, equivalente ad un centesimo di won.

chose in action: Espressione del linguaggio giuridico britannico, usata per indicare un diritto di proprietà ad un bene mobile o ad un bene non tangibile, di cui generalmente non si ha il possesso effettivo, che può essere fatto valere in giudizio contro un'altra parte. Include, quindi, il diritto di citare in giudizio per il recupero di un credito, per danni conseguenti a inadempimento contrattuale, ecc. In un senso più ampio, il termine viene usato per indicare qualsiasi forma di proprietà di beni mobili o non tangibili, come ad esempio il diritto di autore, il diritto di brevetto o di privativa e così via.

chose in possession: Espressione del linguaggio giuridico britannico, usata per indicare qualsiasi tipo di bene mobile di cui si ha il possesso definitivo, come ad esempio mobilia, automobili, ecc. L'espressione viene usata in contrapposizione a *chose in action* (v.).

ch. ppd.: charges prepaid.

chq.: cheque.

Christian socialism: ***socialismo cristiano.*** Movimento, iniziato nell'Inghilterra del diciannovesimo secolo dal teologo inglese F.D. Maurice e dallo scrittore C. Kingsley, che tentò di conciliare gli obiettivi del socialismo e gli insegnamenti morali del cristianesimo. Alla teoria socialista della proprietà pubblica dei mezzi di produzione, il socialismo cristiano sostituì un programma di riforme sociali e cooperazione volontaria alla produzione e al concetto tradizionale del profitto privato sostituì i concetti dell'equa distribuzione della ricchezza e dell'altruismo. Esso, soprattutto, si distinse dal socialismo vero e proprio nel porre l'enfasi sulla supremazia dello spirito umano e sulla libertà individuale.

Christie's: Famosa casa di aste londinese, specializzata in opere d'arte.

Christmas bonus: ***gratifica natalizia.*** Somma di denaro versata ai dipendenti di un'impresa, oltre il normale salario, in occasione delle festività natalizie.

Christmas club: È il club (v. anche *club trading*) organizzato per i soli acquisti natalizi da negozi che trattano articoli particolarmente richiesti nel periodo di Natale, come ad esempio regali e simili.

chronic inflation: ***inflazione cronica.*** Tipo di inflazione, sperimentata da alcuni paesi dell'America Latina, che procede a un tasso tra il 20 e il 100 per cento e che si protrae per decenni.

chronic unemployment: ***disoccupazione cronica.*** Termine usato principalmente negli Stati Uniti per indicare la disoccupazione che dura per periodi di tempo superiori ai sei mesi e che, quindi, è il risultato di fattori diversi da quelli che causano la disoccupazione stagionale o frizionale. Tra le cause più frequenti della disoccupazione cronica sono state individuate le variazioni strutturali dell'economia, che rendono obsoleti determinati tipi di occupazioni; il crescente impiego di robot e altre forme di automazione che espellono dal processo produttivo un gran numero di lavoratori non specializzati e semispecializzati; l'istruzione di alcune classi di lavoratori, che risulta inadeguata per metterli in grado di svolgere determinati lavori in cui c'è richiesta di manodopera; e l'insoddisfacente tasso complessivo di crescita dell'economia, che genera una domanda troppo limitata di alcune categorie di lavoratori.

Chunnel: Termine colloquiale, usato come sinonimo di *Channel tunnel* (v.).

churning: Termine borsistico statunitense, con il quale si indica la creazione di un gran numero di operazioni, magari attraverso scambi fittizi, allo scopo di dare l'impressione che il mercato sia attivo.

C.I.: 1) compulsory insurance; 2) consular invoice.

C.I.C.: Capital Issues Committee.

CID: Committee on Interest and Dividends.

c.i.f.: cost, insurance and freight.

C.I.F.: cost, insurance and freight.

C.I.F.C.I.: cost, insurance, freight, commission and interest.

C.I.F.E.: cost, insurance, freight and exchange.

C.I.F.& C.: cost, insurance, freight and commission.

C.I.F.& E.: cost, insurance, freight and exchange.

C.I.F.& I.: cost, insurance, freight and interest.

C.I.F. free out: Clausola *cost, insurance and freight* (v.) che indica l'esclusione dal prezzo delle spese di discarica al porto di arrivo.

C.I.F. landed: Clausola *cost, insurance and freight* (v.) che indica che nel prezzo sono incluse le spese di discarica al porto di arrivo.

C.I.F.L.T.: cost, insurance and freight, London terms.

c.i.f. value: ***valore c.i.f.*** Il valore di beni d'importazione, quando al loro costo di mercato vengono aggiunte le spese di assicurazione e nolo.

C.I.O.: Congress of Industrial Organizations.

C.I.P.E.C.: Intergovernmental Council of Copper Exporting Countries.

circuit velocity: ***velocità di circolazione.*** Lo stesso che *velocity of circulation* (v.).

circular: ***circolare.*** Nel linguaggio della pubblicità, è un avviso, o un messaggio pubblicitario stampato, inviato ad un gran numero di persone.

circular chart: 1. ***diagramma circolare.*** È il diagramma usato nella costruzione di un organigramma circolare (v. anche *circular organization chart*). **2.** ***diagramma a settori.*** Lo stesso che *pie chart* (v.).

circular cheque: ***assegno turistico.*** Lo stesso che *travellers' cheque* (v.).

circular combination: ***concentrazione circolare.*** Concentrazione industriale basata in parte sul principio della concentrazione orizzontale (v. *horizontal combination*) e in parte su quella verticale (v. *combination, vertical combination*).

circular expenditure flow: ***flusso circolare della spesa.*** Si indica con questo termine lo stesso concetto esposto sotto *circular flow of income* (v.).

circular filing cabinet: ***schedario circolare.*** È uno schedario per archivio, che ruota su un perno centrale. Presenta alcuni innegabili vantaggi rispetto ai tradizionali schedari, in quanto si presta a far risparmiare spazio e i documenti sono facilmente accessibili.

circular flow: ***flusso circolare.*** È il flusso circolare del reddito, descritto sotto *circular flow of income* (v.).

circular flow of income: ***flusso circolare del reddito.*** Il flusso di reddito che, sotto forma di pagamento dei fattori della produzione, passa dalle imprese alle famiglie e, sotto forma di pagamento di beni e servizi, da queste alle imprese, per tornare poi alle famiglie e così via. Rappresenta il modello estremamente semplificato di un'economia, in cui si nota l'interdipendenza dei mercati dei prodotti e dei fattori della produzione, in cui sia le imprese che le famiglie compaiono alternativamente come compratori e venditori.

circular integration: ***integrazione circolare.*** La fusione di più imprese non competitive, che dispongono dello stesso mercato generale e che possono trarre vantaggio dall'applicazione di procedure di gestione centralizzate. Tra i vantaggi offerti da questo tipo di integrazione vi sono le economie di operazioni su vasta scala e i risparmi di spese generali e di costi di vendita.

circular letter: ***lettera circolare.*** Circolare in forma di lettera, inviata ad un certo numero di clienti o corrispondenti di un'impresa o altra organizzazione. Al fine di non farla apparire come una circolare, ma come una lettera personale, viene di solito dattiloscritta o stampata con caratteri dattilografici, così che abbia l'aspetto di una lettera ordinaria inviata soltanto alla persona cui essa è indirizzata.

circular letter of credit: ***lettera di credito circolare; lettera credenziale circolare.*** È una lettera di credito utilizzabile presso più banche su piazze diverse e, pertanto, non indirizzata ad una banca o persona in particolare, ma a più corrispondenti della banca emittente. È utilizzata, di solito, da persone che viaggiano all'estero e vogliono trovare disponibilità monetarie nelle città e nei paesi in cui si recano. L'uso degli assegni turistici ha oggi ridotto quasi a zero la richiesta di lettere di credito circolari da parte di viaggiatori. (v. anche *letter of credit*)

circular note: Biglietti emessi da una banca a favore di un suo cliente, che può incassarli presso una qualsiasi corrispondente della propria banca in paesi esteri. Assommavano le caratteristiche ed i vantaggi sia degli assegni turistici, sia della lettera di credito circolare, ma sono stati quasi del tutto soppiantati dall'uso sempre più massiccio degli assegni turistici. (v. anche *travellers' cheque, circular letter of credit*)

circular organization chart: ***organigramma circolare.*** È un tipo di organigramma raramente usato, se non quando si vogliano evidenziare le rispettive sfere di responsabilità in maniera più chiara di quanto risulterebbe da un organigramma orizzontale o verticale. L'organigramma circolare consiste di cerchi, o sfere, ciascuno dei quali è contenuto in un altro cerchio ed ha dimensioni diverse per indicare l'area di responsabilità dei dirigenti funzionali o di linea, il cui nome viene inserito nel cerchio. (v. anche *organization chart, horizontal organization chart, vertical organization chart, functional organization, functional relationship, line organization, line relationship*)

circular ticket: ***biglietto circolare.*** Tipo di biglietto che dà al viaggiatore la possibilità di recarsi in più luoghi lungo un itinerario più o meno circolare, con partenza e ritorno nella stessa località.

circular trust: ***concentrazione circolare.*** Termine usato con lo stesso significato di *circular combination* (v.).

circulating assets: ***attività correnti.*** Lo stesso che *current assets* (v.).

circulating capital: 1. ***capitale circolante.*** Nel linguaggio economico, indica quella parte degli investimenti di un'impresa che si consumano completamente, trasformandosi, in un solo atto di produzione, come ad esempio materie prime e costo della manodopera, e che vengono costantemente rinnovati. **2.** ***capitale circolante netto; capitale d'esercizio netto.*** Lo stesso che *working capital* (v.).

circulating capital goods: ***capitale circolante.*** Termine usato come sinonimo di *circulating capital* (v.).

circulating decimal: ***decimale circolante.*** Lo stesso che *repetend* (v.).

circulating medium: ***circolante; medio circolante.*** L'insieme dei mezzi di pagamento in circolazione in un dato paese. Comprende biglietti di banca, monete, assegni, cambiali e qualsiasi altro documento che faccia le veci del denaro contante.

circulation: 1. ***circolazione.*** Termine usato per indicare il movimento, reale o ideale, di beni, denaro, notizie, idee, ecc. **2.** ***tiratura.*** Nell'industria editoriale, il numero di copie vendute o distribuite di ciascun singolo numero di giornale, rivista o altra pubblicazione periodica.

circulation of a bank: ***circolazione bancaria.*** Termine usato in relazione a banche autorizzate all'emissione di biglietti, quali ad esempio le banche centrali, per indicare il valore totale delle banconote emesse e in possesso del pubblico. Tali banconote hanno la caratteristica di essere pagabili a vista e in passato, prima che venisse concesso alle banche centrali il monopolio dell'emissione, potevano essere emesse da qualsiasi banca operante nel paese.

circulation of costs: In contabilità, metodo usato, o ammontare interessato, nella distribuzione delle varianti ai prodotti o alle attività ritenuti competenti. (v. anche *variance*)

Citibank: Abbreviazione di *First National City Bank of New York* (v.).

City: Termine generico, usato per indicare una qualsiasi o tutte le istituzioni finanziarie che hanno sede nella *City* di Londra e che forniscono servizi finanziari a clienti nazionali ed esteri. Lo stesso termine indica il quartiere di Londra, più propriamente *the City of London,* che si estende più o meno su un miglio quadrato e nel quale hanno sede le principali istituzioni finanziarie della Gran Bretagna.

city bank: Lo stesso che *retail bank* (v.), ma spesso il termine viene usato per indicare ciascuna delle banche commerciali giapponesi che dominano il sistema finanziario di quel paese.

City Code: ***codice della City.*** È il codice di comportamento in materia di *mergers* (v.) e *take–overs* (v.), redatto nel 1968 dalle principali istituzioni finanziarie della *City* di Londra. Pur se regola in parte la materia, il Codice non ha alcun valore dal punto di vista giuridico.

City Code on Take–overs and Mergers: V. spiegazione sotto *City Code.*

city–owned enterprise: ***impresa municipalizzata; azienda municipalizzata.*** L'assunzione della gestione di servizi da parte degli enti locali, attraverso la costituzione di aziende municipalizzate, copre varie industrie di base. Nel Regno Unito, ad esempio, sono affidate ad aziende municipalizzate le industrie del carbone, del gas, dell'elettricità, dei trasporti urbani e locali, ecc. La costituzione di tali aziende, che risale alla fine del secolo scorso, diede origine alla discussione sulla loro gestione tra coloro che sostengono che il servizio vada gestito in perdita, sotto forma di servizio sociale, e coloro che, invece, sostengono che il bilancio delle imprese municipalizzate debba essere in pareggio, cioè senza utili, ma anche senza perdite. La prima tesi implica l'applicazione di tariffe basse, tali da non coprire i costi dell'azienda; la seconda implica l'applicazione di tariffe più alte, tali da coprire tutti i costi d'impianto e di gestione dell'azienda municipalizzata. Il prevalere dell'una o dell'altra tesi spesso dipende in gran parte dalla situazione politica ed economica non solo dell'ente locale, ma anche dello stato. Un caso atipico di azienda municipalizzata in Inghilterra è rappresentato dalla *Birmingham Municipal Bank* (v.). Vi sono altri tipi di aziende municipalizzate, che gestiscono luoghi di ricreazione come stadi, piscine pubbliche, teatri e altri luoghi di intrattenimento.

city plan: ***piano regolatore.*** Insieme di programmi tecnici di disciplina e organizzazione dello sviluppo edilizio di un'area urbana o di una parte di essa.

city planning: ***urbanistica.*** L'insieme delle attività di studio, ricerca e progettazione relative alla costruzione armonica di una città o di un insediamento demografico, che ha lo scopo di creare le condizioni più favorevoli possibili in cui si possano svolgere la vita e l'attività produttiva degli individui.

City revolution: ***rivoluzione della City.*** Altro termine con il quale è stata indicata la deregolamentazione finanziaria popolarmente nota come *big bang* (v.).

civil action: ***azione civile; procedimento civile.*** Termine usato con lo stesso significato di *civil proceeding* (v.).

civil authority clause: Nelle assicurazioni, clausola che stabilisce che le perdite causate da vigili del fuoco o altra autorità civile, nel tentativo di spegnere un incendio, rientrano nella copertura garantita dalla polizza.

civil commotion: ***sommosse civili; moti di popolo.*** Termine usato nel linguaggio assicurativo per indicare disturbi violenti dell'ordine pubblico, che causano danni alle persone e alle cose. È un rischio che può essere coperto da speciali tipi di assicurazione o anche da una normale polizza che, però, contenga la clausola di estensione di copertura che fa particolare riferimento a questo tipo di rischio.

civil corporation: Termine con il quale a volte si indica una società creata per esclusivi fini commerciali.

civil embargo: ***embargo civile.*** Semplice misura di polizia, con la quale le autorità di un paese impongono alle navi straniere e, a volte, anche a quelle nazionali il divieto di allontanarsi dai porti o dalle acque territoriali del paese stesso. Una misura del genere non costituisce un atto di rappresaglia nei confronti di altre nazioni, in quanto viene adottata soltanto a titolo precauzionale per tutelare gli interessi di ordine pubblico dello stato e per facilitare eventuali ricerche di polizia su navi battenti bandiera estera. (v. anche *embargo*)

civil law: ***diritto civile.*** La branca del diritto che tratta dei doveri e dei diritti dei singoli cittadini nelle loro relazioni nell'ambito della comunità di cui fanno parte. Il *civil law*, alla base dell'ordinamento giuridico dei paesi europei, è sconosciuto nei paesi anglosassoni (il cui ordinamento è basato sul *common law*), fatta eccezione per lo stato della Louisiana, mentre nel Regno Unito il termine indica specificamente il diritto romano e quello intermedio e moderno di quel paese, in contrapposizione al *common law* (v.). Il termine inglese viene anche usato per indicare il diritto di un qualsiasi paese, in contrapposizione al diritto internazionale.

Civil List: ***lista civile; dotazione della Corona.*** L'appannaggio stanziato ogni anno dal parlamento a favore del monarca, per coprire le spese correnti della famiglia reale inglese.

civil proceeding: ***procedimento civile.*** Una qualsiasi azione portata davanti alla magistratura civile di un paese.

Civil Rights Act: Legge approvata dal Congresso degli Stati Uniti nel 1964 nel tentativo di eliminare qualsiasi forma di discriminazione, in campo occupazionale, basata sulla razza, sul colore, sulla religione, sul paese d'origine e sul sesso. La legge impose determinate condizioni alle industrie occupate nell'attività interstatale e pur se si applica principalmente ai datori di lavoro, impone anche obblighi ai sindacati e alle agenzie e agli uffici di collocamento.

civil servant: ***dipendente della pubblica amministrazione; impiegato statale.*** Ciascun lavoratore, a qualsiasi grado e livello, che fa parte dell'organico dei dipendenti dello stato. Il termine non include coloro che prestano servizio militare a qualunque titolo nelle forze armate.

civil service: ***amministrazione pubblica.*** L'insieme dei dipendenti di uno stato, che si occupano dell'amministrazione del paese. Il termine non include coloro che fanno parte delle forze armate.

Civil Votes: La voce che, nel bilancio dello stato britannico, indica il capitolo che copre le spese relative all'istruzione pubblica, alle pensioni, al servizio sanitario, all'esazione delle imposte e ad altri servizi sociali di minore rilievo.

ck.: 1) check; 2) cask.

c.k.d.: completely knocked down.

cl.: 1) class; 2) clause; 3) centilitre.

clad: Termine usato negli Stati Uniti per indicare monete costituite di leghe metalliche.

claim: ***risarcimento; richiesta di risarcimento.*** 1) Nelle assicurazioni, il termine inglese indica sia la richiesta di indennizzo per danni subiti e coperti da garanzia assicurativa, sia l'ammontare stimato o effettivamente pagato dalla società assicuratrice in relazione a tali danni. 2)Nel linguaggio giuridico, è la richiesta di pagamento, rimborso o indennizzo per danni derivanti dall'esecuzione o dalla non esecuzione di un'obbligazione contrattuale.

claim adjuster: ***perito liquidatore.*** Nella terminologia assicurativa, è la persona, al servizio di una compagnia di assicurazioni, che si interessa di stabilire l'entità del danno da liquidarsi a seguito del verificarsi di un sinistro contro il cui rischio la compagnia aveva emesso una polizza di assicurazione.

claimant: ***ricorrente.*** Chiunque presenti una richiesta di indennizzo in relazione ad una polizza di assicurazione, ad un'esecuzione di obbligazione contrattuale e simili.

claimer: ***ricorrente.*** Termine usato come sinonimo di *claimant* (v.).

class: ***classe.*** Nel linguaggio borsistico, indica contratti a premio dello stesso tipo, cioè *call* (v.) o *put* (v.), aventi come oggetto lo stesso titolo o bene. Lo stesso termine indica valori mobiliari che hanno caratteristiche simili.

class A and B stock: ***azioni di classe A e B; azioni di categoria A e B.*** Il termine deriva dalla pratica di alcune società statunitensi di suddividere una classe di azioni in due sottoclassi o categorie, identificate come «classe A» e «classe B», con differenti privilegi. Così, ad esempio, possono esserci azioni privilegiate di prima classe o di classe A e azioni privilegiate di seconda classe o classe B. Queste sottoclassi vengono indicate anche col termine *classified stock* o, se si tratta di azioni ordinarie, col termine *classified common stock*.

classical economics: ***economia classica.*** Termine usato generalmente per indicare le idee, in campo economico, degli economisti inglesi appartenenti al periodo tra il 1775 e il 1850, e principalmente A. Smith, D. Ricardo, T.R. Malthus e J.S. Mill. (v. anche *Classical School*)

classical economists: ***economisti classici; economisti della scuola classica.*** Gli uomini di cultura, del mondo accademico e del mondo imprenditoriale, che nel periodo tra il 1750 e il 1850 formularono i principi della nuova scienza dell'economia e le teorie di politica economica che da essa derivarono. I più importanti fra loro furono D. Hume, A. Smith, D. Ricardo, T. Malthus, R. Torrens, N. Senior, J. McCulloch, J. Mill, J. Stuart Mill, J. Bentham e J. Elliot Cairnes.

classical employment theory: ***teoria classica dell'occupazione.*** Secondo Keynes, la teoria classica dell'occupazione si basa su due postulati fondamentali: 1) il salario è uguale al prodotto marginale del lavoro, il che equivale a dire che il salario di un lavoratore occupato è uguale al valore che si perderebbe se l'occupazione venisse ridotta di una unità, dopo aver detratto qualsiasi altro costo che verrebbe evitato a seguito di tale riduzione; 2) l'utilità del salario, quando è occupato un dato volume di lavoro, è uguale alla disutilità marginale di quella quantità di occupazione, il che equivale a dire che il salario reale di un lavoratore occupato è quello appena sufficiente a indurre il volume di lavoro effettivamente impiegato a offrire i propri servizi. Ambedue i postulati sono soggetti a riserve derivanti dalla interferenza di mercati e concorrenza imperfetti. In questo contesto, il termine disutilità implica qualsiasi motivo che spinga un lavoratore o un gruppo di lavoratori a rifiutare un'occupazione che comporti un salario la cui utilità per il lavoratore sia al di sotto di un certo minimo. Questo postulato, pertanto, è conciliabile con la disoccupazione frizionale e con la disoccupazione volontaria, ma non con la disoccupazione involontaria. Tenuto conto delle riserve sopra dette, secondo la teoria classica il volume delle risorse impiegate è determinato dai due postulati: il primo ci fornisce la scheda di domanda di occupazione; il secondo ci fornisce la scheda di offerta, e il volume di occupazione è fissato al punto in cui l'utilità del prodotto marginale bilancia la disutilità dell'occupazione marginale. Questo, secondo Keynes, è il succo della *Teoria dell'occupazione* del professor Pigou, che è anche la sola trattazione dettagliata esistente della teoria classica dell'occupazione. Infatti, la scuola classica non ha mai elaborato una vera teoria organica dell'occupazione, ma trattando del salario era giunta alla conclusione che in condizioni di salario di equilibrio, cui il mercato tendeva automaticamente attraverso aumenti e diminuzioni del salario reale, ci sarebbe sempre stato lavoro per chi lo volesse. La naturale conclusione era che per evitare la disoccupazione sarebbe stato sufficiente eliminare ogni fattore di rigidità dei salari. La Grande Depressione, però, smentì questa teoria. (v. anche *Classical School*)

classical liberalism: ***liberalismo classico; liberismo classico.*** Una filosofia economica, diffusasi nel diciannovesimo secolo, caratterizzata dal concetto sostenuto dai suoi propugnatori della necessità di mercati liberi da qualsiasi influenza statale o di altra natura. Tra l'altro, gli economisti che facevano parte di questa scuola di pensiero sostenevano che la libera concorrenza rendeva possibile una più efficiente allocazione delle risorse e una maggiore possibilità di soddisfare i bisogni umani. Il termine viene oggi usato per distinguere questo gruppo di economisti, chiamati anche economisti classici e scuola classica, da gruppi che propugnano una forma di neo–liberalismo economico, come ad esempio la Scuola di Chicago. (v. anche *classical economists, Classical School, Chicago School*)

classical model: ***modello classico.*** È così detto il modello di piena occupazione dell'economia, che si fonda sulla flessibilità dei prezzi e salari e presuppone che il funzionamento libero delle forze di mercato garantisca sempre la piena occupazione nel sistema economico, purché tutto il risparmio creato venga investito. Ciò implica che qualsiasi aumento della disoccupazione verrà automaticamente corretto dalle forze di mercato. Questa teoria fu smentita dalla Grande Depressione, ma riabilitata da A. C. Pigou, che espose alcune condizioni il cui verificarsi giustifica lunghi periodi di alta disoccupazione, ed è stata recentemente rivalutata da coloro che auspicano un limitato intervento dello stato in questioni economiche. (v. anche *classical employment theory, supply–side economics*)

Classical School: ***scuola classica.*** La tradizione del pensiero economico che ebbe origine con la pubblicazione di *Inquiry into the Nature and Causes of the Wealth of Nations* di A. Smith, si sviluppò attraverso le opere di D. Ricardo, T.R. Malthus e J.S. Mill, per giungere fino ad A. Marshall e A.C. Pigou. Partendo da premesse individualistiche e liberistiche e utilizzando il metodo deduttivo, la scuola classica giunse alla formulazione di leggi economiche generali ritenute valide per tutti i tempi e per tutti i luoghi. Uno di questi principi generali, ad esempio, che si ritrova sotto una forma o un'altra negli scritti degli economisti classici, è quello che sostiene che gli individui come tali e la società come insieme godono della massima prosperità quando è assente l'intervento statale nella vita economica. Quindi, uno dei concetti fondamentali di questa scuola era la proprietà privata unita alla libertà economica. Uno dei limiti della scuola classica è quello di aver dato poca importanza a problemi di macroeconomia quali, ad esempio, il ciclo economico, in quanto la maggior parte degli autori, fatta eccezione per Malthus, condividevano il concetto espresso da J.B. Say noto come legge dei mercati o degli sbocchi, che negava la possibilità di gravi forme di recessione economica derivanti da un calo totale della domanda globale. Nel recente passato, le teorie degli economisti classici, che del resto si basavano in gran parte sui principali gruppi economici dell'epoca in cui essi scrivevano e cioè i latifondisti, i capitalisti e i braccianti e operai, sono state abbandonate o profondamente modificate. (v. anche *individualism, economic liberalism*)

classical theory: ***teoria classica.*** La teoria economica formulata dagli economisti classici, che culminò nell'economia ricardiana.

classical theory of interest: ***teoria classica dell'interesse.*** La teoria dell'interesse che si fa risalire agli economisti classici, quali A. Smith e D. Ricardo, in base alla quale l'interesse era considerato semplicemente come la remunerazione del capitale investito, cioè come un reddito di capitale diverso dalla rendita della terra. Per la scuola classica, quindi, il tasso d'interesse costituiva il fattore che portava in equilibrio la domanda di fondi per investimento e l'offerta di risparmio ed essa supponeva che, *ceteris paribus*, la spesa in consumi fosse negativamente sensibile alle variazioni del tasso d'interesse, per cui qualsiasi aumento del saggio d'interesse avrebbe portato notevoli riduzioni nei consumi. Successivamente, però, è stato ampiamente riconosciuto che l'effetto totale delle variazioni del saggio d'interesse sulle spese in consumi è complesso e non certo, in quanto esso dipende da tendenze diverse, poiché alcuni moventi soggettivi che spingono al risparmio sono soddisfatti più facilmente se il tasso d'interesse sale, mentre altri lo sono di meno nella medesima situazione. (v. anche *abstinence theory of interest, agio theory of interest, liquidity preference theory of interest, loanable funds theory of interest, marginal productivity theory of interest, time preference theory of interest*)

classical theory of the rate of interest: ***teoria classica del saggio di interesse.*** Lo stesso che *classical theory of interest* (v.).

classical theory of the term structure of interest rates: ***teoria classica della struttura dei tassi d'interesse a termine.*** Lo stesso che *expectations theory* (v.).

classical tradition: ***tradizione classica.*** Lo stesso che *classical economics* (v.).

classification: **1.** ***imputazione.*** In contabilità, il raggruppamento di operazioni commerciali, registrazioni o conti sotto una o più intestazioni comuni. **2.** ***classificazione.*** Ripartizione di determinati elementi in diverse classi o valutazione di merci, strumenti finanziari, personale, ecc., secondo determinati criteri di qualità.

classification of accounts: ***classificazione dei conti.*** Un elenco di conti, raggruppati sistematicamente, adatto ad una particolare organizzazione, con descrizioni caratterizzanti il significato, la funzione e il contenuto di ciascun conto e le relazioni tra loro. (v. anche *chart of accounts*)

classification of jobs: ***classificazione delle mansioni.*** È usata per definire le abilità necessarie per compiere un determinato lavoro e i compiti ad esso connessi. Il termine indica anche una graduazione del livello di realizzazione raggiunto in una data occupazione. Serve per la classificazione dei salari e per altri scopi generali connessi alla gestione del personale.

classification of risks: ***classificazione dei rischi.*** Espressione usata nel linguaggio delle assicurazioni per indicare: nel ramo incendi, la natura e le condizioni dei beni assicurati; nel ramo incidenti, il tipo di occupazione dell'assicurato.

classification of ships: ***classificazione delle navi.*** Ai fini assicurativi e della sicurezza della navigazione, le navi vengono suddivise in classi, a seguito di ispezioni da parte dei periti delle società di classificazione. L'assegnazione ad una determinata classe viene fatta in base a precise norme che stabiliscono le caratteristiche che lo scafo, le macchine, le attrezzature, ecc. devono possedere ai fini della classificazione. (v. anche *classification societies*)

classification of taxes: ***classificazione delle imposte.*** Le imposte si possono classificare in relazione al modo in cui vengono soddisfatte, al metodo che ne regola la riscossione, all'oggetto e alla natura. Tra queste, le distinzioni più importanti sono tra imposte reali, che colpiscono le singole ricchezze per se stesse senza tener conto della situazione del soggetto cui appartengono; e imposte personali, che colpiscono la ricchezza o il patrimonio proprio perché appartenenti ad un soggetto della cui situazione si tiene conto; e tra imposte dirette, che colpiscono il patrimonio, il reddito, ecc., nelle loro manifestazioni immediate; e imposte indirette, che colpiscono il reddito nelle sue manifestazioni mediate, cioè quando esso viene speso in beni e servizi.

classification rating: Nei trasporti, indica l'assegnazione di una classe ad un tipo di beni, ai fini della determinazione della tariffa cui detti beni saranno assoggettati.

classification societies: ***società di classificazione navale.*** Enti privati, riconosciuti dai governi dei vari paesi e da questi incaricati di classificare le navi battenti bandiera nazionale, nel tentativo di rendere la navigazione più sicura possibile. Tali società emanano norme e regolamenti che devono essere osservati dai costruttori e dagli armatori e che mirano a garantire che le navi siano atte alla navigazione e idonee al traffico cui sono destinate. (v. anche *classification of ships*)

classification territory: ***territorio di classificazione.*** È la divisione degli Stati Uniti in zone, al fine dell'applicazione di classi e norme tariffarie uniformi all'interno di ciascuna zona. Ai fini dei trasporti su ferrovia, gli Stati Uniti sono divisi in tre territori di classificazione: 1) ufficiale (nord–est); 2) meridionale; e, 3) occidentale.

classified advertisement: ***annuncio economico; inserzione pubblicitaria.*** Piccolo annuncio, di solito di pochi righi, inserito in un giornale insieme ad altri simili sotto un'intestazione generale o classe, quale ad esempio offerte e richieste di lavoro, vendite o acquisti di immobili, ecc.

classified catalogue: ***catalogo per classi.*** È un catalogo nel quale i prodotti offerti in vendita vengono raggruppati per classi ed elencati sotto le varie intestazioni, come ad esempio un catalogo di mobili che li suddivide in classi relative ai vari ambienti cui essi sono destinati.

classified common stock: ***azioni ordinarie suddivise in classi.*** V. spiegazione sotto *class A and B stock*.

classified directory: ***elenco per classi.*** Elenco nel quale le informazioni vengono raggruppate per classi omogenee e fornite sotto le varie intestazioni, come avviene ad esempio nelle cosiddette pagine gialle, in cui gli operatori sono suddivisi per categorie ed elencati in ordine alfabetico sotto l'intestazione di ciascuna categoria.

classified risk: ***rischio differenziato.*** Nelle assicurazioni sulla vita, indica la maggiorazione dei premi applicabile in caso di condizioni di salute al di sotto dello standard o di rischi particolari cui è esposto l'assicurato.

classified stock: ***azioni privilegiate suddivise in classi.*** V. spiegazione sotto *class A and B stock*.

classified tax: ***imposta differenziata.*** Negli Stati Uniti, è l'imposta applicata a gruppi di proprietà o di beni assoggettati a diverso trattamento sotto forma di aliquote diverse per ciascun gruppo.

classified trial balance: Un bilancio di verifica classificato per gruppi di conti, ciascun gruppo con un suo totale che diventa una voce del rendiconto finanziario. Lo scopo di tale bilancio di verifica è quello di rendere routinaria la preparazione dei rendiconti finanziari.

class of shares: ***classe di azioni; categoria di azioni.*** È ciascuna delle classi di azioni menzionate sotto *class A and B stock* (v.).

class price: ***prezzo discriminato per classi di consumatori.*** Nella pratica della discriminazione dei prezzi, i venditori cercano di stabilire classi di acquirenti cui far pagare un prezzo diverso da quello pagato da altre classi o da acquirenti generici. Il prezzo imposto ad una classe di clienti, che è generalmente più alto di quello imposto ai clienti generici, è detto appunto *class price*.

class rate: ***tariffa di classe.*** Nei trasporti, è la tariffa cui sono soggetti i gruppi di classi di merci, elencati nelle colonne dei tariffari merci sotto la classe di tariffa.

class resolution: ***deliberazione di classe.*** Termine con il quale si indica una deliberazione approvata dagli azionisti proprietari di una determinata classe di azioni. Può riferirsi tanto agli azionisti privilegiati, quanto agli azionisti portatori di azioni di classe A e classe B. (v. anche *class A and B stock*)

class struggle: ***lotta di classe.*** Nella concezione del marxismo, questa espressione indica la lotta che, secondo Marx, è sempre in atto tra la classe che possiede i mezzi di produzione e il proletariato.

clause: **1.** ***clausola.*** In un qualsiasi contratto, indica ciascuna parte, consistente di una frase o di un paragrafo, che contiene una o più condizioni o garanzie. **2.** ***comma; alinea.*** Ciascuna delle suddivisioni di un articolo di legge, corrispondente a ciascun capoverso. Il primo comma corrisponde all'inizio dell'articolo, il secondo comma al primo capoverso, il terzo comma al secondo capoverso e così via.

claused bill: ***polizza di carico sporca; polizza di carico con riserva.*** Lo stesso che *foul bill of lading* (v.).

claused bill of exchange: ***cambiale condizionata.*** Tipo di cambiale, che specifica determinate condizioni da osservarsi in relazione alla sua funzione.

claw–back: ***drenaggio.*** Neologismo con il quale si indica il recupero, da parte del governo, di denaro speso in benefici sociali, tramite un corrispondente aumento dell'imposizione fiscale. Il termine è anche usato come verbo intransitivo.

clay: V. spiegazione sotto *putty–clay.*

Clayton Antitrust Act: Legge approvata dal Congresso degli Stati Uniti nel 1914 ad integrazione dello *Sherman Antitrust Act* del 1890. Scopo della legge è quello di impedire i monopoli, rendendo illegali le concentrazioni di imprese che controllerebbero una così ampia parte dell'industria da ridurre al minimo la concorrenza. La legge vieta in particolare: a) la discriminazione dei prezzi; b) i contratti che tendono a vincolare un rivenditore ad un unico produttore; c) i consigli di amministrazione incrociati, quando essi portano ad una riduzione della concorrenza; d) le partecipazioni azionarie, quando attraverso una holding si tenta di soffocare la concorrenza. La legge precisa che sono esenti dalle leggi antitrust i sindacati, in quanto il lavoro non può essere considerato un bene e le associazioni tra lavoratori non hanno lo scopo di limitare gli scambi. (v. anche *Sherman Antitrust Act, Kefauver–Celler Act*)

CLCB: Committee of London Clearing Bankers.

cld.: cleared.

clean acceptance: ***accettazione incondizionata; accettazione generale; accettazione senza riserve.*** È rappresentata dalla firma del trattario o dalla firma e dal nome del luogo di pagamento della tratta e rappresenta un'accettazione senza condizioni dell'ordine di pagamento dato dal traente.

clean bill: ***tratta libera; tratta non documentata.*** Nel commercio internazionale, è una tratta non accompagnata dai documenti rappresentativi delle merci o dagli altri indicati nel contratto di compravendita, che vengono invece spediti direttamente al compratore, indipendentemente dall'invio, dall'accettazione o dal pagamento della tratta.

clean bill of exchange: ***tratta libera; tratta non documentata.*** Forma più precisa ma meno usata di *clean bill* (v.).

clean bill of health: ***patente di sanità netta.*** Il certificato che attesta che un porto è esente da malattie infettive. Viene consegnato al capitano della nave all'atto della partenza dal porto, nel caso che venisse richiesto dalle autorità di un altro porto prima della concessione della libera pratica.

clean bill of lading: ***polizza di carico netta; polizza di carico pulita; polizza di carico senza riserve.*** È quella su cui non appare alcuna annotazione del capitano, relativa allo stato dell'imballaggio o della merce caricata a bordo della sua nave.

clean bond: ***obbligazione netta.*** Termine borsistico, usato per indicare un titolo a reddito fisso al cui corso non devono essere aggiunti né sottratti dietimi di interesse, essendo quest'ultimo stato appena pagato e non essendone ancora maturati altri.

clean cargo: ***carico pulito.*** Nel linguaggio dei trasporti marittimi, indica un carico di prodotti petroliferi raffinati.

clean credit: ***credito non documentato; credito semplice; credito in bianco.*** Credito aperto da una banca, sulla quale il cliente può emettere tratte libere (v. *clean bill*), che saranno accettate dalla banca. Il termine italiano «credito in bianco» è generico, avendo più di un significato. (v. anche *documentary credit*)

clean float: ***fluttuazione libera.*** Espressione usata nel linguaggio finanziario per indicare la fluttuazione di una valuta in un mercato valutario, senza alcuna forma di intervento ufficiale da parte della banca centrale del paese in cui essa ha corso legale o di quella del paese in cui si trova il mercato valutario.

clean red clause: ***clausola rossa non garantita.*** È così chiamato uno dei due tipi di clausola rossa e precisamente quello in base al quale il venditore, all'atto dell'erogazione di un anticipo sul credito aperto a suo favore, rilascia alla banca pagatrice una cambiale o una semplice ricevuta. (v. anche *red clause*)

clean ship: **1.** ***nave a stive vuote.*** È la nave che non trasporta carico. Il termine viene usato nel linguaggio colloquiale. **2.** ***nave pulita.*** Nel linguaggio dei trasporti petroliferi, è la nave che ha già provveduto alla pulizia delle cisterne, nelle quali non sono presenti vapori o residui di petrolio. **3.** ***nave in libera pratica.*** La nave non assoggettata a disposizioni di quarantena o che ha terminato il periodo di quarantena.

to clear: **1.** ***sdoganare; svincolare; sdaziare.*** Nel linguaggio dei trasporti marittimi e delle dogane, significa completare tutte le operazioni relative al pagamento del dazio e al rilascio della necessaria autorizzazione a introdurre in un paese merci provenienti da altri paesi. **2.** ***smaltire; eliminare.*** Nel linguaggio commerciale, esitare tutte le scorte, anche se esse devono essere vendute ad un prezzo inferiore a quello di mercato. **3.** ***liquidare; compensare.*** Nel linguaggio bancario, far passare assegni e altri titoli di credito attraverso la stanza di compensazione, liquidando il dare o l'avere soltanto, dopo che le banche si sono scambiate gli assegni tratti su ciascuna di loro e pagati da una qualsiasi delle altre banche.

to clear a bill: ***incassare una cambiale.*** L'espressione inglese significa esattamente ricevere contanti in cambio di una cambiale.

clearance: **1.** ***spedizione.*** È l'autorizzazione a lasciare il porto, data ad una nave mercantile dalle autorità doganali. Essa si concretizza mediante la riconsegna, da parte della dogana, dei documenti (sanitari, doganali, consolari, ecc.) che il capitano aveva consegnato al momento dell'arrivo in porto. (v. anche *clearance papers*) **2.** ***sdoganamento; svincolo.*** In relazione a merci, è l'atto di liberarle attraverso l'esecuzione di certe formalità, il pagamento di dazi o diritti, ecc., affinché possano entrare o uscire da un paese. **3.** ***operazione di compensazione.*** Una qualsiasi delle operazioni cui si fa cenno sotto *clearing* (v.) e *clearing house* (v.). **4.** ***liquidazione; stralcio.*** In questo significato, il termine inglese è spesso usato come contrazione di *clearance sale* (v.).

clearance account: ***conto di giro.*** Lo stesso che *clearing account* (v.).

clearance agent: ***agente di dogana; spedizioniere doganale.*** Persona particolarmente esperta nell'espletamento delle pratiche doganali relative all'importazione e all'esportazione di merci. Tale funzione può anche essere, e di solito è, svolta da un qualsiasi spedizioniere internazionale.

clearance card: ***scheda di fine rapporto d'impiego; scheda di servizio.*** Documento rilasciato dal datore al prestatore di lavoro, quando si interrompe il rapporto d'impiego per licenziamento o dimissioni. La scheda contiene informazioni relative al motivo dell'interruzione del rapporto, alla durata del servizio prestato, alle capacità del lavoratore e a tutti gli altri elementi che potrebbero interessare un futuro datore di lavoro.

clearance certificate: ***permesso di partenza.*** Termine usato con lo stesso significato di *clearance 1* (v.).

clearance house: ***stanza di compensazione.*** Termine usato come sinonimo meno frequente di *clearing house* (v.).

clearance inward certificate: ***atto di verifica doganale; certificato di verifica doganale.*** Certificato rilasciato dall'ufficiale doganale al capitano della nave da lui ispezionata, con il quale dichiara che tutto il carico destinato a quel porto è stato scaricato e che la nave non trasporta merci di contrabbando. Dopo il rilascio di questo certificato, si provvede all'imbarco delle provviste di bordo e del carico per il successivo viaggio.

clearance inwards: ***spedizione in dogana; permesso di entrata in porto.*** All'arrivo di una nave in porto, il capitano deve presentarsi agli uffici doganali per riferire sulla nave e sul carico che essa trasporta e, dietro pagamento dei diritti di stazza, gli verrà concesso il permesso di sbarco degli uomini e delle merci. Una volta completata la discarica e dopo che la nave è stata perquisita per accertare che non trasporti carico di contrabbando, le autorità doganali rilasciano il certificato di verifica doganale, che dovrà essere presentato agli appositi uffici doganali quando la nave chiederà il permesso di uscita dal porto. Tutta questa procedura burocratica è indicata con l'espressione «spedizione in dogana». Il termine inglese indica anche il documento rilasciato dalla dogana al capitano, che dà alla nave il permesso di entrare e trattenersi nel porto.

clearance loan: ***prestito di compensazione.*** Nel linguaggio finanziario statunitense, è un prestito ottenuto da uno *stockbroker* (v.) per compensare o pagare titoli prima che possa darli in garanzia di un'anticipazione. Il prestito sarà rimborsato con i fondi dell'anticipazione, dopo che egli avrà dato i titoli in deposito alla banca.

clearance outwards: ***permesso doganale di uscita; permesso doganale di partenza.*** Termine usato con lo stesso significato di *clearance 1* (v.).

clearance papers: ***spedizioni.*** Sono i documenti, sanitari, doganali e consolari, consegnati al capitano di una nave quando essa è pronta a lasciare il porto, dopo aver espletato tutte le prescritte operazioni ed aver pagato tutti i diritti. (v. anche *clearance 1*)

clearance sale: ***liquidazione; vendita di liquidazione; stralcio; vendita a stralcio.*** Nel linguaggio del commercio al dettaglio, l'espressione indica una particolare vendita a prezzi ridotti, di solito fatta a fine stagione, con l'intenzione di smaltire le rimanenze di magazzino per far posto ai nuovi arrivi di merci.

clear annual value: ***valore locativo annuo netto.*** Ai fini della determinazione dell'imposta sul reddito di fabbricati, il valore locativo annuo netto corrisponde al canone di fitto, che il proprietario dell'immobile può ricavare sul mercato libero, dal quale vengono sottratte le detrazioni consentite per legge. A questa somma sarà, poi, applicata l'aliquota per determinare l'imposta su quel reddito specifico.

clear annuity: ***rendita netta.*** Una rendita al netto delle imposte e libera da qualsiasi tipo di diritto a favore di terzi.

clear days: ***giorni utili.*** Giorni calcolati ad esclusione di quelli in cui una qualsiasi cosa inizia o termina. Se, ad esempio, un'assemblea deve essere convocata con un preavviso di trenta giorni, questi decorrono dal giorno successivo a quello di convocazione e terminano il giorno precedente quello in cui si terrà l'assemblea.

cleared goods: ***merci sdoganate; merci sdaziate.*** Merci in relazione alle quali le autorità doganali hanno rilasciato regolare autorizzazione per l'introduzione nel paese.

clearers: ***banche affiliate alla stanza di compensazione.*** Termine usato nel linguaggio colloquiale con lo stesso significato di *clearing banks* (v.).

clear estate: ***proprietà libera.*** Una qualsiasi proprietà immobiliare sulla quale non sono state accese ipoteche di alcun genere.

clearing: 1. ***compensazione.*** Operazione tramite la quale le banche si scambiano titoli di credito tratti su ciascuna di loro e pagati da una qualsiasi delle altre, regolando soltanto l'eventuale saldo mediante accredito o addebito sui particolari conti che ciascuna banca tiene presso la banca centrale. (v. anche *clearing house, clearings*) **2.** ***compensazione generale.*** È l'operazione di liquidazione in base ad un *clearing agreement* (v.). **3.** ***sdoganamento; svincolo; sdaziamento.*** L'atto o l'azione di sdoganare merci importate in un paese. (v. anche *to clear 1*)

clearing account: ***conto di giro.*** Conto di prima registrazione, contenente costi che devono essere trasferiti ad altri conti permanenti o conto, o gruppo di conti, intermedio cui viene trasferito un gruppo di costi o ricavi i cui totali saranno poi distribuiti in altri conti.

clearing agent: ***agente di dogana; spedizioniere doganale.*** Termine usato come sinonimo di *clearance agent* (v.).

clearing agreement: ***accordo di clearing; accordo di compensazione.*** Lo stesso che *compensation agreement* (v.).

clearing bank base rate: ***tasso base attivo londinese.*** Termine usato nel linguaggio finanziario britannico per indicare il saggio base di interesse attivo, stabilito dalle banche che fanno parte della stanza di compensazione londinese, sulle anticipazioni da loro accordate ai clienti. Tale saggio dipende dai livelli della domanda e dell'offerta di denaro, ma il tasso effettivamente fatto pagare ai clienti di solito differisce dal tasso base, in quanto viene stabilito tenendo presente la situazione economico–finanziaria del richiedente, nonché la natura dell'utilizzazione delle anticipazioni. In linea generale, tuttavia, le anticipazioni vengono concesse ad un tasso correntemente compreso tra l'uno e il cinque per cento al di sopra del tasso base.

clearing banks: ***banche affiliate alla stanza di compensazione.*** Il termine inglese è di solito usato impropriamente come sinonimo di *commercial bank* (v.) o *joint–stock bank* (v.), ma in effetti indica soltanto le banche che fanno parte della *London Bankers Clearing House* (v.).

clearing dollars: ***dollari di compensazione.*** Non si tratta di dollari statunitensi o di altri paesi, ma soltanto di unità di conto usate in accordi di compensazione bilaterali, quando due paesi fissano limiti alla quantità di beni e servizi che ciascuno di loro fornirà all'altro. In tale caso, ad un paese viene accreditato in dollari di compensazione l'ammontare di sue forniture all'altro paese e l'accredito è disponibile per il pagamento di beni e servizi che il paese acquista dall'altra nazione. L'accordo può anche contenere una clausola che stabilisce l'oscillazione massima consentita agli scambi, fissando un limite alle eccedenze e ai deficit delle due bilance dei pagamenti.

clearing entry: ***partita di giro.*** Nel linguaggio della contabilità, il termine inglese indica una registrazione all'attivo e al passivo della stessa contabilità. Ad esempio, le trattenute effettuate dal datore di lavoro, sugli stipendi dei dipendenti, per conto dello stato a fronte di ritenuta di imposta alla fonte o per conto di enti assistenziali a fronte di contributi a carico del lavoratore. Tali somme saranno registrate all'attivo e al passivo, in quanto corrispondono ad entrate ed uscite uguali per l'impresa.

clearing house: ***stanza di compensazione; camera di compensazione; stanza di liquidazione.*** È l'istituzione presso la quale si svolgono le operazioni di compensazione. Un funzionario di ciascuna banca facente parte della stanza di compensazione vi porta i titoli di credito pagati dalla sua banca, ma tratti su altre banche e li distribuisce agli sportelli assegnati alle varie banche. Ciascun funzionario, poi, redige un bilancio nel quale compaiono le somme che ciascuna banca deve alla sua e deve da questa avere, e le differenze vengono saldate con un assegno sulla banca centrale, che dà luogo ad accrediti e addebiti sui conti che le varie banche tengono presso la banca centrale. Esistono stanze di compensazione anche presso borse valori, borse merci, borse noli, ecc., e la loro funzione è simile a quella sopra descritta.

clearing-house agent: ***agente della stanza di compensazione.*** È così chiamata una banca che, facendo parte di una stanza di compensazione, accetta assegni di una banca che non ne fa parte, per poi sottoporli alle operazioni di compensazione per conto dell'altra banca.

Clearing House Automated Payment System: Sistema introdotto nel Regno Unito nel 1983, che rende possibile la compensazione degli assegni e altri titoli di credito su tutto il territorio nazionale nello stesso giorno in cui essi sono presentati per l'incasso allo sportello di una banca. (v. anche *town clearing, provincial clearing, provincial clearing house*)

clearing house certificates: ***certificati della stanza di compensazione.*** Al fine di avere a disposizione valuta per uso proprio, le banche inglesi fecero ricorso a questi certificati durante la crisi del 1914. Essi erano garantiti dal deposito di titoli presso la stanza di compensazione e fungevano da titoli negoziabili per facilitare la liquidazione di saldi di compensazione tra banche.

clearing house funds: ***fondi della stanza di compensazione.*** Espressione usata per indicare i pagamenti interbancari effettuati mediante un sistema di compensazione basato su un computer.

Clearing House Interbank Payment System: È il sistema di compensazione computerizzato, usato dalla stanza di compensazione di New York.

clearing-house statement: ***bilancio di stanza di compensazione.*** 1) È il rendiconto presentato da un *broker* (v.) alla stanza di compensazione di una borsa valori o merci statunitense, nel quale sono riportate tutte le operazioni di compravendita da lui effettuate per ciascun titolo o derrata, con un saldo finale. L'ammontare netto dovuto a o da un *broker* viene versato da o alla stanza di compensazione e la quantità di titoli o derrate dovute al o dal *broker* viene ugualmente consegnata o ritirata dalla stanza di compensazione. Si riduce così al minimo l'effettivo trasferimento di contanti, titoli o altri documenti di proprietà. 2) Il bilancio formale pubblicato da una stanza di compensazione, che documenta le sue attività e la sua situazione finanziaria.

clearing-house stock: Sono i valori mobiliari oggetto di compensazione presso la stanza di compensazione della borsa valori di New York.

clearing member: ***membro della stanza di compensazione.*** Espressione usata per indicare un membro di borsa, che fa parte della stanza di compensazione in funzione presso la stessa borsa. Tutti i membri della stanza di compensazione devono essere membri della borsa, ma non tutti gli operatori della borsa devono necessariamente associarsi alla stanza di compensazione.

clearing price: ***prezzo di compensazione.*** Il prezzo giornaliero al quale la stanza di compensazione di una borsa compensa tutte le operazioni e liquida tutti i contratti tra operatori per ciascun ciclo di operazioni. (v. anche *settlement price*)

clearings: ***titoli di compensazione.*** Assegni e altri titoli di credito presentati da una banca per l'incasso alla stanza di compensazione. (v. anche *clearing 1, clearing house*)

clearing stocks: Titoli oggetto di compensazione presso la stanza di compensazione della borsa valori di Londra.

clearing system: ***sistema di compensazione.*** Uno qualsiasi dei sistemi organizzati e utilizzati per la compensazione di assegni e altri strumenti finanziari, trasferimenti computerizzati, valori mobiliari, scambi presso una borsa merci, ecc.

clearing the market: Espressione borsistica, usata per indicare una situazione ideale di mercato in cui, ad un dato prezzo di equilibrio, la domanda assorbe tutta l'offerta tanto che, sempre a quel dato prezzo, non ci potrebbe essere né ulteriore domanda, né ulteriore offerta.

clearing transaction: ***partita di giro; partita di compensazione.*** Qualsiasi operazione che ne compensa un'altra uguale e contraria.

clearing union: ***unione di compensazione.*** Termine con il quale si indica una qualsiasi associazione di istituzioni bancarie internazionali, di solito le banche centrali di vari paesi, che funge da stanza di compensazione internazionale, compensando crediti e debiti di un paese ed evidenziando soltanto il saldo attivo o passivo di un paese verso i suoi partner commerciali, che sarà successivamente oggetto di liquidazione. Non si è mai riusciti a creare una struttura del genere su scala mondiale e quella che vi è andata più vicino è proprio la stanza di compensazione londinese prima del 1931, quando una gran parte di paesi esteri mantenevano saldi presso banche corrispondenti in Londra e regolavano i pagamenti tra loro mediante accrediti e addebiti su questi saldi. Lo scopo di una qualsiasi unione di compensazione è quello di agevolare gli scambi e i relativi pagamenti multilaterali.

to clear inwards: ***spedire una nave in entrata.*** L'espressione inglese indica l'espletamento di tutte le pratiche necessarie al rilascio del permesso doganale di entrata in un porto. (v. anche *clearance inwards*)

to clear outwards: ***spedire una nave in uscita.*** L'espressione inglese indica l'espletamento di tutte le pratiche necessarie al rilascio del permesso doganale di uscita dal porto. (v. anche *clearance 1*)

clear running days: ***giorni utili correnti; giorni utili consecutivi.*** Nel linguaggio dei trasporti marittimi, questa espressione viene usata per indicare che i giorni utili, per le operazioni di caricazione o di discarica o per qualsiasi altro tipo di operazione, vanno computati prendendo in considerazione tutti i giorni del calendario, lavorativi e festivi, che si trovano compresi tra le due date indicate. (v. anche *clear days*)

clear working days: ***giorni utili lavorativi.*** Nel linguaggio dei trasporti marittimi, questa espressione viene usata per indicare che i giorni utili, per le operazioni di caricazione e di discarica o per qualsiasi altro tipo di operazione, vanno computati prendendo in considerazione soltanto i giorni lavorativi ed escludendo, pertanto, i giorni festivi o comunque non lavorativi compresi tra le due date indicate. (v. anche *clear days*)

clerical duties: ***mansioni impiegatizie; mansioni esecutive.*** Qualsiasi mansione che è chiamato a svolgere un impiegato nell'ambito dell'ufficio presso il quale svolge la propria attività. Il termine viene usato per distinguere le mansioni di un dipendente che lavora in un ufficio da quelle di un lavoratore che presta la sua opera in una fabbrica. (v. anche *clerk 1*)

clerical employee: ***impiegato.*** Termine usato con lo stesso significato di *clerk 1* (v.).

clerical error: ***errore di scrittura.*** In contabilità, è l'errore materiale di chi è preposto alla tenuta dei libri, che può consistere in un'errata codifica o uno sbaglio di operazione aritmetica, oppure la registrazione di una scrittura in un conto invece che in un altro e simili.

clerical staff: ***personale impiegatizio.*** Tutti gli impiegati che svolgono mansioni esecutive negli uffici di un'impresa o altra organizzazione. (v. anche *clerk 1*)

clerical work: ***lavoro impiegatizio.*** Il lavoro svolto da un impiegato d'ufficio, in contrapposizione a quello svolto da un operaio o da un dirigente.

clerical worker: ***impiegato.*** Termine usato con lo stesso significato di *clerk 1* (v.), per distinguere un lavoratore che svolge le proprie mansioni in un ufficio da quello che le svolge in una fabbrica.

clerk: 1. ***impiegato.*** Qualsiasi persona impiegata in un'impresa o altra organizzazione per svolgere mansioni esecutive d'ufficio e in particolare colui che tratta la corrispondenza e la contabilità di qualsiasi tipo. **2.** ***commesso.*** Negli Stati Uniti, il termine viene usato per indicare anche una persona impiegata in un negozio per servire i clienti. **3.** ***soprintendente.*** Funzionario della carriera direttiva dello stato, responsabile dell'amministrazione di un ufficio periferico della struttura statale.

clerk of the works: ***soprintendente ai lavori.*** La persona preposta alla sorveglianza dei lavori di costruzione di un edificio o altra opera edile.

client: 1. ***stato cliente.*** Termine usato come sinonimo di *client state* (v.). **2.** ***cliente.*** Il termine inglese viene usato per indicare esclusivamente il cliente di un professionista, ad esempio di un avvocato o di uno *stockbroker* (v.), ad esclusione dei clienti di medici generici o specialisti. Può, tuttavia, essere usato per indicare anche un cliente nel senso di *customer* (v.), cioè un potenziale acquirente di beni.

client account: ***conto del cliente.*** Un conto bancario nel quale un professionista è tenuto a versare il denaro affidatogli dai suoi clienti o riscosso per loro conto. La legge britannica stabilisce che alcune categorie di professionisti, quali ad esempio avvocati e agenti immobiliari, sono obbligati a tenere conti bancari di questo tipo.

clientele: ***clientela.*** L'insieme dei clienti di un professionista o di un'impresa commerciale.

client state: ***stato cliente.*** Uno stato o governo che gravita nell'orbita politica ed economica di un altro stato più grande e più potente.

clipped coin: ***moneta tosa; moneta tosata.*** Termine usato con lo stesso significato di *clipped money* (v.).

clipped money: ***moneta tosa; moneta tosata.*** Era così chiamata la moneta di metallo prezioso cui era stata asportata o limata una parte di metallo. Per evitare questa pratica disonesta si fece ricorso alla zigrinatura sul bordo delle monete.

clipping: ***tosatura.*** Frode che, nei primi tempi della coniazione, consisteva nel sottrarre metallo dai bordi delle monete. Per evitarla, si fece ricorso alla zigrinatura e all'apposizione di simboli o segni anche sui contorni delle monete, oltre che sulle due facce.

clk.: clerk.

clock card: ***cartolina marcatempo.*** Lo stesso che *time card* (v.).

to clock in: ***marcare in entrata.*** L'atto di marcare il cartellino di presenza, mediante l'orologio marcatempo, al momento in cui un lavoratore giunge sul posto di lavoro.

to clock off: ***marcare in uscita.*** Espressione usata come sinonimo di *to clock out* (v.).

to clock on: ***marcare in entrata.*** Espressione usata come sinonimo di *to clock in* (v.).

to clock out: ***marcare in uscita.*** L'atto di marcare il cartellino di presenza, mediante l'orologio marcatempo, al momento in cui un lavoratore lascia il posto di lavoro.

clone fund: ***fondo clonato.*** Fondo comune d'investimento istituito allo scopo di emulare un altro fondo di successo già esistente.

close: ***chiusura.*** Nella terminologia delle borse valori e merci, indica la fine della giornata di contrattazioni, quando vengono eseguiti gli ultimi ordini, detti appunto ordini in chiusura.

to close an account: ***chiudere un conto.*** Addizionare le varie poste di un conto, calcolandone il saldo che sarà, poi, trasferito ad un altro conto. (v. anche *closed account 1, to close the books*)

to close a position: ***pareggiare.*** Bilanciare, mediante un'operazione inversa, una posizione di borsa o di divise estere.

close company: ***società a carattere familiare; società chiusa.*** Tipo di società controllata da un massimo di cinque persone o cinque famiglie, riconosciuta nel Regno Unito dalla legge sulle società (*Companies Act*) del 1967. Molte delle cosiddette *private companies* (v.) inglesi sono strutturate in questo modo. La legge impone loro di distribuire, sotto forma di dividendi, almeno il 60% degli utili.

close corporation: ***società a carattere familiare; società privata.*** Negli Stati Uniti è così chiamata una società le cui azioni sono in possesso di pochissime persone, che generalmente prendono parte attiva alla conduzione dell'impresa. Le azioni di questo tipo di società di solito non sono trattate alla borsa valori e, comunque, l'atto costitutivo o lo statuto impongono limitazioni alla possibilità di trasferimento delle azioni di proprietà dei singoli soci. (v. anche *open corporation*)

closed account: 1. ***conto chiuso.*** Lo stesso che *account closed* (v.). **2.** ***conto pareggiato; conto azzerato.*** È il conto nel quale il dare equivale esattamente all'avere ed il cui saldo è, pertanto, uguale a zero.

closed bond issue: ***emissione obbligazionaria chiusa.*** Un prestito costituito da una sola emissione obbligazionaria, per un importo prestabilito.

closed bonds: ***emissione obbligazionaria chiusa.*** Termine usato come sinonimo di *closed bond issue* (v.).

closed contract: ***contratto chiuso.*** Nelle assicurazioni, è un contratto che non può essere cambiato neanche in un minimo particolare dall'assicuratore, senza il beneplacito dell'assicurato.

closed corporation: ***società a carattere familiare; società privata.*** Termine usato come sinonimo di *close corporation* (v.).

closed economy: ***economia chiusa.*** È così detta l'economia di un paese che non intrattiene scambi commerciali con altri paesi. Si tratta di una situazione teorica, a volte usata come modello semplificato per la determinazione del livello di reddito e di occupazione nazionali. (v. anche *open economy*)

closed-end company: ***fondo comune d'investimento***

a capitale fisso; società d'investimento a capitale fisso; fondo chiuso. Termine usato con lo stesso significato di *closed–end investment trust* (v.).

closed–end fund: ***fondo comune d'investimento a capitale fisso; fondo chiuso.*** Termine usato con lo stesso significato di *closed–end investment trust* (v.).

closed–end investment company: ***fondo comune d'investimento a capitale fisso; società d'investimento a capitale fisso; fondo chiuso.*** Termine usato come sinonimo di *closed–end investment trust* (v.).

closed–end investment trust: ***fondo comune d'investimento a capitale fisso; società d'investimento a capitale fisso; fondo chiuso.*** È un fondo comune d'investimento il cui capitale, in un ammontare fisso, è stato raccolto al momento della costituzione del fondo. I titoli non vengono emessi e riscattati in via continuativa e i titoli in circolazione possono essere negoziati soltanto in borsa, ad un prezzo superiore al prezzo di inventario (*premium*) o inferiore al prezzo di inventario (*discount*). È un tipo di fondo di origine scozzese, che sorse e si diffuse nel diciottesimo secolo. (v. anche *investment company, open–end fund*)

closed–end mortgage: ***ipoteca chiusa.*** L'espressione inglese viene usata per indicare un tipo di ipoteca che non può essere usata come garanzia di altri crediti, essendo già stato raggiunto il limite massimo consentito di indebitamento, in rapporto al valore dei beni gravati da ipoteca. (v. anche *open–end mortgage*)

closed–end trust: ***fondo comune d'investimento a capitale fisso; fondo chiuso.*** Termine usato come sinonimo di *closed–end investment trust* (v.).

closed fund life policy: Polizza di assicurazione sulla vita, emessa da una società che è stata successivamente assorbita da un'altra società e che, pertanto, non rilascia più polizze garantite dalle sue attività.

closed indent: ***ordinativo chiuso.*** Ordinativo proveniente dall'estero, di solito attraverso un agente, nel quale l'acquirente specifica il nome del fabbricante o dell'azienda che dovranno fornire le merci oggetto dell'ordine. (v. anche *indent, open indent*)

closed market: ***mercato chiuso.*** Espressione con la quale si indica una zona o un paese nei quali può accedere soltanto il detentore di un brevetto o di una privativa industriale o i suoi concessionari. È il potere monopolistico derivante dal brevetto o dalla privativa che dà al produttore in questione la possibilità di dichiarare quella zona o quel paese un mercato chiuso.

closed mortgage: ***ipoteca chiusa.*** Termine usato con lo stesso significato di *closed–end mortgage* (v.).

to close down: ***cessare l'attività; chiudere l'impresa.*** Espressione usata nel linguaggio commerciale col significato di chiudere definitivamente un esercizio per ritiro dagli affari o altri motivi personali dell'esercente.

closed position: ***posizione chiusa.*** Nella terminologia delle borse merci, indica un'operazione in apertura di seduta cui fa riscontro una successiva operazione uguale e contraria, cioè una vendita bilanciata da un successivo acquisto o viceversa. (v. anche *closed trade*)

closed sectors: ***settori chiusi.*** Industrie le cui vendite sono strettamente legate ai livelli della domanda locale.

closed shop: Una fabbrica o un'impresa che assume soltanto membri di un certo sindacato, che si impegnano a continuare la loro appartenenza allo stesso sindacato per tutta la durata del rapporto di lavoro. Negli Stati Uniti fu dichiarata illegale dal *Taft–Hartley Act* (v.).

closed stock: ***partita chiusa.*** È così indicata una partita di merci venduta in quantità o numero prestabiliti o senza la garanzia di poter ottenere ricambi o sostituzioni. (v. anche *open stock*)

closed system: ***sistema di economia chiusa; sistema chiuso.*** Sistema del tutto teorico, usato ai fini di un'analisi, che prevede l'esistenza di un'economia chiusa e, pertanto, non influenzabile da eventi che si verificano in altri paesi. (v. anche *closed economy, open system*)

closed trade: ***speculazione chiusa.*** Nel linguaggio delle borse valori e merci statunitensi, questo termine viene usato per indicare una speculazione in titoli o derrate già portata a conclusione, come ad esempio una vendita allo scoperto, in relazione alla quale l'operatore ha già provveduto ad acquistare i titoli o le merci da consegnare. (v. anche *open trade*)

closed union: ***sindacato chiuso.*** Sindacato di lavoratori che limita il numero dei propri iscritti rendendo le condizioni di ammissione artificialmente difficili, con lo scopo di garantire agli aderenti salari più elevati. La stessa espressione è usata per indicare un sindacato che non consente l'iscrizione a qualsiasi lavoratore, operando discriminazioni basate sul sesso, sulla razza o sul colore. (v. anche *open union*)

closed union shop: Termine usato con lo stesso significato di *closed shop* (v.).

to close firm: ***chiudere con prezzi fermi.*** Espressione usata nelle borse valori e merci per indicare che la giornata di contrattazioni si è chiusa con prezzi sostanzialmente identici a quelli registrati in apertura di seduta.

to close out: ***liquidare; svendere.*** Tentare di smaltire giacenze di magazzino, vendendole ad un prezzo ridotto.

close price: ***margine ristretto; corso a margine ristretto.*** Nel linguaggio della borsa valori di Londra, indica un corso che presenta una differenza molto limitata tra denaro e lettera, cioè i due prezzi, quello di domanda e quello di offerta, ai quali un *market maker* (v.) è pronto a trattare un determinato titolo.

close substitute: ***succedaneo stretto.*** È così detto un bene che può facilmente sostituirne un altro, dando al consumatore un uguale grado di soddisfazione. (v. anche *weak substitute*)

to close the books: ***chiudere i conti.*** 1) Trasferire il saldo di conti di costi e ricavi alla fine di un periodo contabile al conto utili non distribuiti o altro conto capitale, per mezzo di una o più scritture di chiusura. 2) Mettere in ordine, mediante eventuali scritture di rettifica, i conti alla fine di un mese, di un trimestre o di un altro periodo inferiore ad un anno, in modo da poter preparare un bilancio di verifica.

closing: ***chiusura.*** In contabilità è l'atto di chiudere i conti, che si realizza con la preparazione e la registrazione delle scritture di chiusura. Nella terminologia delle borse valori e merci, indica la fine della giornata di contrattazioni, quando vengono eseguiti gli ultimi ordini, detti appunto ordini in chiusura. Nel linguaggio commerciale, indica l'ora in cui un qualsiasi esercizio o ufficio chiude alla fine di una giornata di lavoro.

closing account: ***conto sommario; conto sintetico.*** In contabilità, è il conto nel quale vengono riassunti vari mastri, per essere poi trasferiti sinteticamente in un rendiconto finale.

closing agreement: ***concordato tributario; concordato fiscale.*** Accordo, in materia di imposte sul reddito, di registro o altra imposta sul trasferimento di immobili, mediante il quale un contribuente e l'amministrazione finanziaria pongono fine ad una controversia, senza ricorrere alle autorità competenti a giudicare controversie fiscali.

closing balance: ***saldo di chiusura.*** In contabilità, è la differenza tra il totale delle scritture in dare e quello delle scritture in avere di un conto, al termine di un determinato periodo contabile.

closing bid: ***offerta di aggiudicazione.*** L'ultima offerta, in relazione a un oggetto venduto all'asta, alla quale esso viene aggiudicato.

closing date: ***data di chiusura.*** La data in cui si interrompono certe operazioni, come ad esempio le registrazioni contabili di un'impresa relative ad un determinato periodo; oppure l'accettazione di merci da includere in un manifesto di carico; o, ancora, le operazioni di compravendita titoli relative ad un ciclo operativo e simili.

closing down: ***cessazione di esercizio.*** La chiusura definitiva di un esercizio commerciale a causa di ritiro dagli affari o morte dell'esercente, oppure a causa di fallimento o perché il titolare dell'esercizio intende dedicarsi ad una diversa attività commerciale.

closing down sale: ***saldo per cessazione di esercizio; svendita per cessazione di esercizio.*** È così detta la svendita a prezzi ridotti di tutte le giacenze di un esercizio commerciale, in previsione della cessazione dell'attività da parte dell'esercente.

closing entry: ***scrittura di chiusura; registrazione di chiusura.*** 1) Una scrittura periodica, o serie di scritture periodiche, tramite la quale si chiudono i conti di costi e ricavi allo scopo di preparare i rendiconti finanziari. Al termine di un anno contabile, la scrittura di chiusura chiude i conti di costi e ricavi, i cui totali netti vengono trasferiti al conto utili non distribuiti o altro conto capitale. 2) Una scrittura che chiude un conto, una serie di conti o un libro mastro. (v. anche *opening entry*)

closing of transfer book: ***chiusura del registro cessioni.*** È la data dopo la quale, e per un certo periodo di tempo stabilito, non si accetteranno cambiamenti da apportare al libro dei soci a seguito di cessione di azioni. Ciò per evitare confusione in sede di assemblea ordinaria degli azionisti e di assegnazione dei dividendi.

closing out: ***operazione di chiusura.*** Nel linguaggio delle borse valori e merci, il termine viene usato per indicare una qualsiasi azione tendente a coprire o a controbilanciare una posizione lunga o corta. (v. anche *closed position, closed trade, long position, short position*)

closing price: ***prezzo di chiusura; corso di chiusura.*** Il prezzo al quale ha avuto luogo l'ultima operazione di compravendita del giorno in un mercato organizzato. Nelle borse valori, i corsi di chiusura vengono pubblicati ogni giorno al termine delle contrattazioni, ma mentre in Italia il corso di chiusura è rappresentato da una sola cifra, in Gran Bretagna è rappresentato da due, cioè il prezzo di domanda e il prezzo di offerta, per la tradizionale pratica dei *market makers* (v.) di quotare sempre due prezzi per ciascun valore mobiliare e cioè il prezzo al quale sono pronti a vendere e quello al quale sono disposti a comprare. Se, come accade, in alcuni giornali si trova un solo prezzo di chiusura, esso scaturisce dalla media dei due corsi suddetti. (v. anche *London Stock Exchange, Stock Exchange Daily Official List, opening price*)

closing purchase: ***acquisto di compensazione.*** L'acquisto, da parte del venditore di un contratto a premio, di un altro contratto a premio dalle stesse caratteristiche di quello venduto, allo scopo di pareggiare la posizione.

closing quotation: ***quotazione di chiusura.*** Termine usato con lo stesso significato di *closing price* (v.).

closing rate: ***cambio di chiusura; corso di chiusura.*** Nei mercati valutari, è il prezzo al quale è stata pagata una qualsiasi valuta estera nell'ultima operazione della giornata. Il giorno lavorativo successivo, le contrattazioni avranno inizio partendo da questo corso.

closing sale: **1.** ***vendita di compensazione.*** La vendita, da parte del compratore di un contratto a premio, di un altro contratto a premio dalle stesse caratteristiche di quello comprato, allo scopo di pareggiare la posizione. **2.** ***vendita in chiusura; ultima vendita.*** In un mercato mobiliare, l'ultima vendita di ciascun titolo che ha effettivamente avuto luogo durante la giornata di contrattazioni.

closing stock: ***giacenza finale; scorta finale.*** Nella contabilità di magazzino, è la quantità di giacenze alla chiusura di un determinato periodo contabile. (v. anche *opening stock*)

closing trial balance: ***secondo bilancio di verifica.*** In ragioneria, si indica con questa espressione il bilancio di verifica di un mastro generale che viene redatto alla fine di un esercizio, dopo aver eliminato i conti elementari.

clothing club: Organizzazione che accetta depositi da persone che intendono costituire una somma sufficiente per acquistare articoli di abbigliamento, secondo il sistema del *club trading* (v.).

club: ***circolo.*** Organizzazione priva di personalità giuridica, fondata per l'associazione di appassionati di uno sport o di un'arte, ecc., o come forma di incentivazione al risparmio in previsione di acquisti secondo il sistema del *club trading* (v.).

club accounting: ***contabilità di circolo.*** Sistema di contabilità più semplice di quelli usati da imprese commerciali o industriali, in quanto destinato ad essere usato da circoli ricreativi, artistici, ecc., che, essendo associazioni senza scopo di lucro, mancano dell'elemento profitti. Solitamente, questo sistema si riduce all'emissione di ricevute delle quote associative e alla registrazione delle entrate e delle uscite, senza conto profitti e perdite o altri rendiconti del genere. Se l'associazione non ha beni immobili o altre attività, il sistema di contabilità non prevede neanche la stesura del bilancio patrimoniale. (v. anche *income and expenditure account*)

club cheques: ***buoni di acquisto; buoni spesa.*** Sono così chiamati i buoni rilasciati da particolari tipi di associazioni, quali i club di abbigliamento, ai loro soci che possono poi spenderli in particolari negozi del luogo in cui sono stati emessi. I soci rimborsano le somme così anticipate mediante versamenti settimanali o mensili. Così, questo sistema di vendita corrisponde ad un'alternativa al sistema delle vendite rateali. (v. anche *club trading, clothing club*)

club trading: Sistema di compravendita basato sulla costituzione di club i cui soci versano regolarmente quote, sulle quali viene riconosciuto un interesse, che possono essere ritirate per acquisti presso i negozi che hanno organizzato la costituzione del club. Alcuni di questi club sono gestiti dai soci direttamente, e non dai negozi, ed in tal caso si convenzionano con sbocchi commerciali al fine di ottenere vantaggi di prezzo o di altra natura.

c/m: centimetre.

C/M: call of more.

cml.: commercial.

cm. pf.: cumulative preferred stock.

C/N: 1) circular note; 2) consignment note; 3) cover note; 4) credit note; 5) contract note.

C.N.: credit note.

c/o: 1) carried over; 2) cash order; 3) certificate of origin;

4) care of.

C/o: 1) carried over; 2) cash order; 3) certificate of origin.

Co.: company.

C.O.A.: contract of affreightment.

coach: **1.** ***torpedone; corriera.*** Mezzo usato per il trasporto su strada di passeggeri, su distanze medio–lunghe. In Gran Bretagna il servizio di torpedoni è molto meno costoso di quello offerto dalle ferrovie e, per questo motivo, è spesso preferito dai viaggiatori. **2.** ***carrozza.*** Vagone ferroviario destinato esclusivamente al trasporto di passeggeri.

co–adventurer: ***cointeressato.*** Il termine inglese indica genericamente un socio che ha un interesse nell'impresa, qualunque essa sia. In un significato più particolare, indica ciascuna delle parti di una società mista. (v. anche *joint adventure*)

coal ship: ***nave carboniera; carbonaia.*** Nave costruita e attrezzata particolarmente per il trasporto di carbone alla rinfusa.

co–assurer: ***coassicuratore.*** Termine usato come sinonimo di *co–insurer* (v.).

coaster: ***nave cabotiera; nave costiera.*** Termine usato come sinonimo di *coasting ship* (v.).

coasting ship: ***nave cabotiera; nave costiera.*** Piccola nave da carico, che si limita a trasportare merci da e verso porti della stessa nazione, procedendo di solito entro le acque territoriali del paese. (v. anche *coasting trade*)

coasting trade: ***cabotaggio; traffico di cabotaggio; traffico costiero.*** Il traffico commerciale svolto da navi tra porti della stessa nazione, di solito senza uscire dalle acque territoriali. Il traffico di cabotaggio è particolarmente conveniente per merci a basso costo o di grosso volume, laddove esistono infrastrutture capaci di assorbire e avviare rapidamente a destinazioni successive le merci sbarcate.

coastwise trade: ***cabotaggio; traffico di cabotaggio; traffico costiero.*** Termine usato come sinonimo di *coasting trade* (v.).

Cobb–Douglas production function: ***funzione della produzione Cobb–Douglas.*** Nome dato ad un particolare tipo di funzione della produzione, esposta dai due autori di *A Theory of Production*, pubblicato in *American Economic Review* nel 1929 e basata sui dati annuali della produzione industriale statunitense dal 1900 al 1922. La funzione sostiene che un aumento dell'un per cento nell'input di lavoro darà come risultato, *ceteris paribus*, un aumento dello 0,75% della produzione e che un aumento dell'un per cento del capitale darà come risultato un aumento dello 0,25% della produzione.

Cobden Treaty: Trattato commerciale tra Francia e Gran Bretagna, negoziato e stipulato da Richard Cobden nel 1860, in base al quale i due paesi si impegnavano a ridurre bilateralmente i dazi sulle merci provenienti da uno dei due paesi e dirette all'altro.

cobweb theorem: ***teorema della ragnatela.*** In ogni industria che non riesce ad adeguare prontamente la produzione alle variazioni di domanda ci possono essere notevoli fluttuazioni che, rappresentate graficamente, producono il cosiddetto teorema della ragnatela. Prendendo, ad esempio, la pianificazione della produzione da parte di un agricoltore, l'essenza del problema è che nel determinare le quantità da produrre in un dato anno, egli proietta i prezzi dell'anno precedente all'anno in cui dovrà produrre e, trascurando di tener conto di simili piani fatti da altri agricoltori, produce la quantità che conta di poter vendere a quel prezzo. Ciò avrà come risultato una sovrapproduzione o una sottoproduzione per quel dato prezzo. A seconda dell'elasticità delle curve della domanda e dell'offerta relative a quel particolare prodotto, se il procedimento viene ripetuto per un certo numero di anni consecutivi, ci sono probabilità che esso porti ad una situazione di equilibrio. Il teorema della ragnatela confuta un principio dell'economia classica. Gli economisti classici, infatti, sostenevano che se la produzione e i prezzi venivano allontanati dall'equilibrio, essi tendevano automaticamente a ristabilirlo. Il teorema della ragnatela, invece, dimostra che, fermi restando i presupposti classici della concorrenza pura in condizioni statiche, una volta allontanati dall'equilibrio, i prezzi e la produzione non necessariamente vi ritornano.

co–creditor: ***concreditore.*** Persona fisica o giuridica che vanta una porzione di un credito o che è creditore, nei confronti dello stesso soggetto, insieme ad altri nella sua medesima posizione.

c.o.d.: certificate of deposit.

C.O.D.: cash on delivery.

code: ***codice.*** Il termine inglese, come d'altronde anche quello italiano, può essere usato in una varietà di significati. Nel linguaggio giuridico, ad esempio, indica una raccolta completa di leggi relative ad un soggetto particolare, ma può anche indicare un codice di comportamento non previsto dalle leggi del paese o un insieme di numeri, o di numeri e lettere, come ad esempio nel caso del «codice fiscale», del «codice di avviamento postale», ecc. Nel linguaggio commerciale, il termine indica dei codici usati principalmente per risparmiare spese telegrafiche o di telex, in quanto consentono di trasmettere lunghe frasi in poche parole. Tra i codici commerciali più diffusi, ricordiamo il Bentley's e l'ABC.

codicil: ***codicillo.*** Aggiunta ad un testamento, per modificare o integrare le disposizioni precedentemente stabilite.

coding: ***codifica; assegnazione di codice fiscale.*** Al fine di consentire la ritenuta fiscale alla fonte, l'amministrazione finanziaria del Regno Unito rilascia a ciascun lavoratore un codice fiscale, assegnato in base alle detrazioni concesse al singolo lavoratore, che non dovranno così essere comunicate al datore di lavoro. Quest'ultimo opererà la ritenuta fiscale basandola sul codice di ciascun lavoratore e non sull'ammontare di paga cui ha diritto.

co–director: ***co–amministratore.*** Un amministratore di un'impresa, in relazione agli altri amministratori della stessa impresa.

cod war: ***guerra del merluzzo.*** Espressione con la quale si indica la controversia che sorse tra Regno Unito e Islanda sulla delimitazione delle acque territoriali di quest'ultima e, di conseguenza, sul diritto di pesca in tali acque, ricche particolarmente di merluzzi.

coefficient: ***coefficiente.*** È una grandezza usata in economia come numero che qualifica una quantità, nota o ignota, dividendola o moltiplicandola.

coefficient of acceleration: ***coefficiente di accelerazione.*** V. spiegazione sotto *acceleration coefficient*.

coefficient of alienation: ***coefficiente di divergenza; indice di dissomiglianza.*** In statistica, è il complemento del coefficiente di determinazione e cioè $1 - r^2$, ovvero la varianza non associata divisa per la varianza totale.

coefficient of association: ***coefficiente di associazione.*** Indica la riduzione percentuale di errore nel calcolare una variabile usando la relazione tra quella variabile e una o più altre variabili, quando tale relazione viene determinata tramite l'analisi della correlazione.

coefficient of correlation: ***coefficiente di correlazione; indice di correlazione; coefficiente di linearità; indice di linearità.*** Esprime il grado di relazione tra due variabili e viene indicato col simbolo *r* che equivale alla radice quadrata del coefficiente di determinazione, il cui simbolo è r^2. (v. anche *coefficient of determination*)

coefficient of cross–elasticity: ***coefficiente di elasticità incrociata.*** È il rapporto, espresso in termini aritmetici, tra una variazione percentuale del prezzo di un particolare bene o servizio e la risultante variazione percentuale delle vendite di un bene o servizio sostitutivo o competitivo.

coefficient of determination: ***coefficiente di determinazione.*** Il rapporto tra la varianza di una variabile dipendente spiegata dalla variabile indipendente e la varianza totale della variabile dipendente. Il simbolo di questo coefficiente è r^2.

coefficient of dispersion: ***coefficiente di dispersione.*** Lo stesso che *relative quartile deviation* (v.).

coefficient of elasticity: ***coefficiente di elasticità.*** Se si considera la domanda, è il rapporto aritmetico tra la variazione percentuale della quantità di un bene o servizio acquistato e la variazione percentuale del suo prezzo. Se si considera l'offerta, è il rapporto tra la variazione percentuale della quantità offerta e la variazione percentuale del prezzo. Se il coefficiente di elasticità è maggiore dell'unità, la domanda (o l'offerta) è detta elastica; se esso è minore dell'unità, è detta anelastica; e se esso è uguale all'unità, è detta unitaria. Se la curva della domanda (o dell'offerta) è verticale, il coefficiente di elasticità è zero; se la curva è orizzontale, esso è infinito.

coefficient of expectations: ***coefficiente delle aspettative.*** La percentuale della variazione della produzione del precedente periodo, che ci si aspetta costituisca la variazione della produzione del periodo corrente.

coefficient of multiple correlation: ***coefficiente di correlazione multipla.*** Indica il grado di associazione tra una variabile dipendente e due o più variabili indipendenti. Il simbolo del coefficiente di correlazione multipla è *R*, che a sua volta è la radice quadrata del coefficiente di determinazione multipla, espresso con il simbolo R^2. (v. anche *coefficient of multiple determination*)

coefficient of multiple determination: ***coefficiente di determinazione multipla.*** Indica il rapporto tra la varianza della variabile dipendente spiegata dalle variabili indipendenti e la varianza totale della variabile dipendente. Il simbolo di questo coefficiente è R^2.

coefficient of non–determination: ***coefficiente di non determinazione.*** Indica il rapporto tra la varianza totale e la varianza non associata e corrisponde, pertanto, a $1 - r^2$. (v. anche *coefficient of determination*)

coefficient of optimism: ***coefficiente di ottimismo.*** Nel criterio dell'ottimismo, si indica con questa espressione quella probabilità che risulta più accettabile per i risultati massimi e minimi.

coefficient of partial correlation: ***coefficiente di correlazione parziale.*** È così indicata la radice quadrata del coefficiente di determinazione parziale. (v. anche *coefficient of partial determination*)

coefficient of partial determination: ***coefficiente di determinazione parziale.*** Nella correlazione multipla, è il rapporto tra la varianza associata di una variabile indipendente e la varianza totale con l'effetto delle altre variabili indipendenti mantenuto statisticamente costante.

coefficient of quartile deviation: ***coefficiente di dispersione.*** Espressione usata con lo stesso significato di *coefficient of dispersion* (v.).

coefficient of regression: ***coefficiente di regressione.*** È così indicata l'inclinazione di una linea di regressione. Corrisponde, pertanto, al numero medio di aumento o diminuzione unitari della variabile dipendente in relazione all'aumento di una unità della variabile indipendente.

coefficient of skewness: ***coefficiente di asimmetria; indice di asimmetria.*** Lo stesso che *relative skewness* (v.).

coefficient of variation: ***coefficiente di variazione.*** Lo stesso che *relative standard deviation* (v.).

coefficients of equivalence: ***coefficienti di equivalenza.*** Coefficienti usati per determinare giorno per giorno i dazi sulle granaglie importate dalla Comunità Europea. I prezzi ufficiali comunitari si riferiscono a granaglie di una qualità europea standard ed i valori delle quotazioni di granaglie offerte in vendita a paesi che fanno parte della Comunità vengono adeguati, a seconda della qualità, mediante l'aggiunta o la sottrazione di questi coefficienti di equivalenza.

C. of C.: chamber of commerce.

coffer: **1.** ***forziere; scrigno.*** Una qualsiasi cassa particolarmente resistente, usata per conservare denaro, gioielli o altri oggetti preziosi o di valore. **2.** ***caveau.*** Nel linguaggio bancario, è il locale sotterraneo corazzato, nel quale vengono custoditi moneta e valori.

co–financing: ***co–finanziamento.*** Termine usato nel linguaggio finanziario internazionale per indicare prestiti concessi congiuntamente ad un paese da parte di più banche commerciali e da istituzioni finanziarie internazionali, quali la Banca Mondiale, il Fondo Monetario Internazionale o le banche per lo sviluppo regionale. È un modo per aumentare il finanziamento concesso dalle istituzioni internazionali, che impongono determinate condizioni alla concessione dei prestiti, tanto che le banche commerciali si sentono più sicure sulla sorte dei loro crediti e aderiscono volentieri a questi piani di finanziamento congiunti.

cognitive dissonance: ***dissonanza conoscitiva.*** Nel linguaggio del marketing, è l'insoddisfazione che insorge quando un consumatore si rende conto che il prodotto da lui acquistato è inferiore alle sue aspettative o alle caratteristiche che la pubblicità gli aveva fatto credere di poter trovare nel prodotto stesso.

cognitive map: ***mappa conoscitiva.*** Uno strumento utilizzato nella gestione aziendale allo scopo di facilitare le decisioni. Viene usata quando coloro che devono prendere le decisioni non hanno le idee chiare su come comportarsi al fine di risolvere un particolare problema. La mappa si prefigge di porre in forma tabulare il pensiero e le più diverse idee dei manager in relazione al problema in questione, in modo da mostrare la connessione tra i vari fattori che saranno alla base delle decisioni.

Cohen Committee: Nome con il quale si indica una commissione nominata dal presidente del *Board of Trade* britannico con il compito di considerare e riferire sulle più importanti modifiche da apportarsi al *Companies Act* del 1929. La commissione, che operò sotto la presidenza di J. Cohen, pubblicò il suo rapporto nel 1945 e le sue raccomandazioni furono tradotte in un progetto di legge presentato alla Camera dei Comuni nel 1946 e trasformato in legge nel 1947. Questa legge, il *Companies Act* del 1947, abrogò completamente il *Companies Act* del 1929, ma fu in gran parte abrogato a sua volta dal *Companies Act* del 1948. (v. anche *Companies Acts*)

coin: ***moneta.*** Moneta di metallo o lega metallica, identificabile tramite segni o simboli, emessa dalle autorità statali per essere usata come mezzo di pagamento.

to coin: ***coniare.*** Battere monete, imprimendovi l'emblema riportato sul conio. Il verbo è comunemente usato nel senso più generico di produrre e mettere in circolazione monete metalliche.

coinage: 1. ***coniazione.*** La fabbricazione di monete metalliche, con l'apposizione di segni o simboli, da parte dell'autorità a ciò preposta. Dopo che i metalli preziosi ebbero sostituito gli altri beni come mezzo di scambio, si trovò vantaggioso pesare il metallo in anticipo, in modo che non fosse necessario pesarlo ad ogni operazione commerciale. Un marchio sul pezzo di metallo ne garantiva peso e valore. Ma a seguito di frodi, quali la tosatura (v. *clipping*), si decise di apporre marchi, sotto forma di segni e simboli, su ambedue le facce delle monete ed anche sui loro bordi. Le operazioni di coniazione divennero, pertanto, più complesse e tuttavia non furono esenti da frodi, specialmente ad opera dei prìncipi, che si erano assunti il diritto di coniare monete. Col passare del tempo, le monete furono sostituite da banconote convertibili nella quantità di metallo che esse rappresentavano, ma a seguito dell'abolizione della convertibilità, le monete di metallo prezioso hanno cessato di circolare e di essere usate come mezzo di scambio. **2.** ***sistema monetario.*** In questa accezione, il termine inglese indica l'insieme di monete metalliche emesse da un paese per essere usate come mezzo di pagamento, di solito con potere liberatorio limitato, e controllato dalla banca centrale. Oggi, le monete metalliche in molti paesi costituiscono soltanto moneta divisionale della relativa unità monetaria, di solito rappresentata da biglietti o banconote.

coinage debasement: ***svilimento della coniazione.*** Lo stesso che *debasement* (v.).

coinage standard: ***standard di coniazione.*** È il peso legale di metallo fino che deve essere contenuto in ciascuna lega, ovvero il rapporto tra metallo fino e metallo vile in ciascun tipo di monete.

coin–box: ***cabina telefonica.*** Lo stesso che *call–box* (v.).

coin–changing machine: ***macchina per cambiare monete.*** Lo stesso che *change machine* (v.).

coincident indicator: ***indicatore coincidente.*** Una misura dell'attività economica, come ad esempio occupazione e disoccupazione, reddito o produzione industriale, che subisce spostamenti nella stessa direzione e nello stesso periodo dell'attività economica totale del paese.

coin circulation: ***circolazione di monete.*** La quantità di monete metalliche esistenti in una comunità, pur se esse non vengono effettivamente usate o messe in circolazione. Nel 1968 fu svolta nel Regno Unito un'interessante indagine, che dimostrò che solo una piccola parte di tutte le monete disponibili veniva usata nelle operazioni di scambio quotidiane. Infatti, dei circa otto milioni di monete in circolazione, circa il venti per cento era immobilizzato nei risparmi domestici (in salvadanai e simili); circa il quindici per cento era immobilizzato in distributori automatici e simili; circa il venti per cento era immobilizzato nelle banche. Del restante quarantacinque per cento, circa il venti veniva usato negli scambi di ogni giorno e circa il venticinque per cento non si sapeva dove fosse o come venisse usato.

coin clipping: ***tosatura di monete.*** Termine usato con lo stesso significato di *clipping* (v.).

coin–counting machine: ***macchina conta–monete.*** Macchina manuale o elettrica predisposta per poter contare monete e anche per confezionare in pacchetti le monete metalliche in uso nel paese.

coined gold: ***oro monetato.*** Oro usato nella coniazione di monete.

coined silver: ***argento monetato.*** Argento usato nella coniazione di monete.

coiner: ***falsario.*** Termine usato come sinonimo di *counterfeiter* (v.).

coin–sorting machine: ***macchina per dividere monete.*** Macchina manuale o elettrica predisposta per poter separare le monete metalliche in uso in un paese a seconda del loro valore. Per svolgere tale funzione, la macchina è tarata in base al peso e alle dimensioni delle monete e, pertanto, non può essere usata indifferentemente per monete coniate in diversi paesi.

co–insurance: ***coassicurazione.*** È l'assicurazione di uno o più rischi uguali, relativi al medesimo oggetto, da parte di due o più assicuratori, che sottoscrivono un unico contratto o più contratti sostanzialmente uguali. Essendo l'assicurazione ripartita tra più assicuratori, ciascuno di loro, in caso di sinistro, sarà tenuto al pagamento dell'indennizzo soltanto in proporzione alla quota da lui sottoscritta. Lo stesso termine viene spesso usato per indicare la situazione in cui viene a trovarsi una persona sottoassicurata, che è in parte assicuratore di se stesso, cioè risponde della percentuale del valore del bene non coperta da assicurazione. Se, ad esempio, un bene del valore di cento milioni è assicurato per ottanta milioni, il proprietario del bene è sottoassicurato e risulta assicuratore di se stesso per la somma di venti milioni. In caso di sinistro, infatti, in virtù della clausola della proporzionale, l'assicuratore sarà tenuto a pagare soltanto l'ottanta per cento del danno subito dall'assicurato, anche se la perdita è parziale e non raggiunge gli ottanta milioni previsti dalla polizza.

co–insurance clause: ***clausola di coassicurazione parziale; clausola di coassicurazione; clausola della «proporzionale».*** È la clausola, in un contratto di assicurazione, che stabilisce che se il valore del bene eccede al momento del sinistro la somma assicurata, l'assicuratore sopporta la parte proporzionale di danno. (v. anche *co–insurance*)

co–insurer: ***coassicuratore.*** Uno qualsiasi di più assicuratori che hanno sottoscritto un contratto con il quale si assumono uno o più rischi relativi allo stesso bene. (v. anche *co–insurance*)

COLA: cost–of–living adjustment.

cold call: ***visita a freddo.*** La visita a un cliente o a un potenziale cliente senza aver preventivamente fissato un appuntamento.

cold economy: ***economia fredda.*** Termine a volte usato per indicare un tipo di economia caratterizzata da debole domanda delle risorse reali, come ad esempio il lavoro, e da una grande capacità produttiva inutilizzata.

cold store: ***magazzino refrigerato; deposito refrigerato.*** Luogo in cui è possibile conservare a bassa temperatura cibo congelato o fresco, pellicce o altri beni che possono essere danneggiati dall'esposizione a temperature elevate, anche se si tratta di temperature ambiente.

co–lead manager: ***concapofila.*** Una banca capofila (v. anche *lead manager*) che svolge la sua funzione insieme ad altre banche o istituzioni, tutte alle stesse condizioni e con uguali diritti e doveri.

collapse: 1. ***crollo.*** Nel linguaggio delle borse valori e merci, indica un repentino e notevole calo dei prezzi. **2.** ***tracollo; rovina.*** Repentino tracollo finanziario, che porta al fallimento o alla liquidazione di un'impresa.

collapsible corporation: Termine usato negli Stati Uniti per indicare un tipo di società che distribuisce dividendi in natura, che gli azionisti possono trasformare in moneta vendendoli a terzi. Si evita, così, una doppia imposizione fiscale.

collar: V. spiegazione sotto *interest–rate collar* e *currency collar.*

collateral: ***garanzia impersonale; garanzia collaterale.*** Termine usato con lo stesso significato di *collateral security* (v.).

collateral acceptance: ***cambiale di ricupero.*** È una cambiale, debitamente accettata ma con scadenza e importo in bianco, rilasciata a favore di una banca da un cliente al quale è stato concesso un prestito, a garanzia del prestito stesso. La banca creditrice è autorizzata a metterla in riscossione alla scadenza del prestito, per l'importo di quest'ultimo, nel caso in cui il cliente non rispetti gli impegni assunti in relazione al rimborso.

collateral bill: ***cambiale di ricupero.*** Termine usato con lo stesso significato di *collateral acceptance* (v.).

to collateralize: ***garantire.*** Il termine inglese significa garantire un credito per l'intero ammontare o parte di esso, mediante deposito di beni mobili o immobili.

collateral loan: ***prestito con garanzia reale; prestito con garanzia collaterale.*** È il prestito garantito da beni specifici, come ad esempio titoli, tramite deposito o trasferimento del loro possesso al creditore.

collateral note: ***pagherò cambiario con garanzia reale.*** La cambiale propria garantita da azioni, obbligazioni o altri titoli di credito.

collateral security: ***garanzia impersonale; garanzia collaterale.*** Garanzia di esecuzione di un'obbligazione finanziaria, prestata da una persona diversa dal debitore.

collateral security margin: ***margine di garanzia collaterale.*** La differenza esistente tra valore di mercato di un bene dato in garanzia e importo del relativo credito accordato. Il margine ha lo scopo di garantire il mutuante contro eventuali oscillazioni del valore di mercato del bene offerto in pegno.

collateral trust bonds: ***obbligazioni con garanzia reale.*** Sono obbligazioni emesse da una società e garantite da titoli di altre società che essa detiene.

to collect: 1. ***incassare; riscuotere; introitare.*** Ricevere il pagamento di denaro, di solito da un certo numero di persone diverse. Nella terminologia bancaria, indica l'azione di una banca di presentare uno o più assegni ad altre banche sulle quali sono tratti, onde incassare l'importo per accreditarlo sul conto del cliente che ha versato l'assegno. **2.** ***prelevare; prendere in consegna.*** Nel linguaggio commerciale, ritirare merci da un magazzino, da una nave che le ha portate a destinazione o da un altro luogo ben identificato.

collectible: ***esigibile; incassabile.*** Che si può convertire in moneta subito (perché scaduto) o in futuro (alla scadenza).

collectibles: ***beni rifugio.*** Beni di notevole valore relativo, che vengono acquistati allo scopo di tutelarsi contro le tensioni inflazionistiche cui è esposta una valuta e di evitare i rischi e le pressioni fiscali cui sono soggette altre forme di investimenti. Tra i beni rifugio più diffusi si contano l'oro, in verghe o monete; i diamanti, di solito grezzi; i quadri d'autore; i francobolli rari; i libri antichi da collezione e altri ancora.

collecting agency: ***agenzia di incasso.*** Lo stesso che *debt–collection agency* (v.).

collecting banker: ***banca incassante.*** La banca che presenta un assegno ad un'altra banca per conto proprio o per conto di un cliente, ricevendone il pagamento in contanti.

collecting commission: 1. ***commissione d'incasso.*** Le spese addebitate da una banca per l'incasso di un assegno tratto su una diversa banca o la commissione riconosciuta ad un *broker* (v.) che si interessa dell'incasso di somme dovute ad un suo cliente, come ad esempio un indennizzo da parte di una società assicuratrice a seguito del verificarsi di un sinistro. **2.** ***aggio.*** Nel linguaggio finanziario, la percentuale sulle somme riscosse per conto di un ente, che l'esattore è autorizzato a trattenere quale compenso per le sue prestazioni.

collecting fee: ***commissione d'incasso.*** È il diritto, riconosciuto ad un *broker* (v.) o ad un sensale, sul nolo marittimo pagato al porto di destinazione.

collecting note: ***delega d'incasso.*** Il documento firmato da un assicurato, con il quale egli autorizza un *broker* (v.) ad incassare una somma dovutagli come liquidazione di un sinistro da una compagnia di assicurazione. Per i suoi servizi, il broker riceverà una commissione d'incasso.

collecting societies: Termine con il quale nel Regno Unito vengono indicate delle società mutue, debitamente iscritte presso il *Registrar of Friendly Societies* (v.), che svolgono l'attività di assicurazione sulla vita descritta sotto *industrial assurance* (v.).

collection: ***incasso; riscossione; esazione.*** L'azione di ricevere il pagamento in contanti di un assegno, una cambiale, un debito, ecc.

collection and delivery: ***presa e consegna.*** Espressione che compare sulle fatture inglesi per indicare l'addebito delle spese relative al prelievo e alla consegna degli articoli specificati nella fattura.

collection charges: ***diritti d'incasso; diritti di riscossione; spese d'incasso; provvigione d'incasso.*** Le spese addebitate da un'agenzia o da una banca al cliente per conto del quale essa ha proceduto alla riscossione di crediti o all'incasso di titoli di credito. Viste dall'angolazione del cliente, queste spese vengono indicate col termine *collection expenses* (v.).

collection costs: ***costi d'incasso; costi di esazione.*** Sono i costi sostenuti da un'impresa per riscuotere i propri crediti.

collection department: ***ufficio esazione.*** L'ufficio di un'impresa o altra organizzazione, incaricato di riscuotere i crediti.

collection expenses: ***spese d'incasso; spese di esazione.*** Le spese pagate ad un'agenzia o ad una banca da un cliente per conto del quale essa ha provveduto alla riscossione di crediti o all'incasso di titoli di credito. Viste dall'angolazione dell'agenzia o della banca, queste spese vengono indicate col termine *collection charges* (v.).

collection from residence: ***presa a domicilio.*** Nel linguaggio dei trasporti, indica che il carico dovrà essere o sarà prelevato al domicilio del mittente.

collection from warehouse: ***presa a magazzino.*** Lo stesso che *ex–warehouse collection* (v.).

collection items: ***titoli all'incasso.*** Termine generico, usato per indicare assegni o altri titoli di credito consegnati ad una banca perché proceda al loro incasso.

collection of samples: ***campionario.*** Insieme dei campioni dei prodotti venduti da un rappresentante o da un'impresa.

collection of taxes: ***esazione delle imposte.*** Procedura attraverso la quale l'ammontare di imposta accertato viene trasferito dal contribuente allo stato o ente che ha imposto il tributo. L'esazione viene di solito delegata ad un'esattoria o altra persona giuridica, quale ad esempio una banca.

collection on delivery: ***contrassegno; pagamento alla consegna.*** Espressione a volte usata come sinonimo di *collect on delivery* (v.).

collection–only cheque: ***assegno da accreditare; assegno per conteggio; assegno per scritturazione.*** Termine usato con lo stesso significato di *account–only cheque* (v.).

collection order: ***ordine d'incasso.*** L'ordine scritto che accompagna i documenti affidati a una banca per l'incasso e che contiene le relative istruzioni del cliente.

collection period: ***periodo d'incasso.*** Il numero medio di giorni necessario per incassare un credito a breve termine.

collection rate: ***tariffa d'incasso.*** L'elenco dei costi e delle commissioni fatte pagare da un'agenzia o da una banca per la riscossione di crediti.

collections: ***incassi.*** Termine generico, usato nel linguaggio finanziario e commerciale per indicare un insieme più o meno eterogeneo di somme incassate per conto proprio o per conto terzi.

collections ratio: ***rapporto di esigibilità; indice di dilazione dei pagamenti.*** Lo stesso che *receivables turnover* (v.).

collection system: ***sistema di esazione.*** Insieme di procedure che disciplinano la tempestiva riscossione dei crediti.

collection tickler: ***scadenzario degli effetti attivi.*** Un qualsiasi accorgimento inteso a ricordare le date di scadenza di cambiali o altri titoli di credito che l'impresa deve incassare.

collection voucher: ***reversale d'incasso.*** L'ordine scritto emesso da un ufficio amministrativo di un'impresa e diretto al tesoriere o al cassiere, con il quale si dà mandato a quest'ultimo di procedere all'incasso di una somma specificata, dovuta dalla persona o dall'organizzazione indicata nella reversale.

collective advertising: ***pubblicità collettiva; pubblicità oggettiva.*** Espressione con la quale si indica la pubblicità effettuata non da una singola impresa, ma da un gruppo di imprese o da associazioni di categoria, con l'obiettivo di stimolare il consumo di un determinato prodotto, come ad esempio la campagna per il consumo di birra o di latte, la campagna per il cuoio o la lana vergine e simili.

collective agreement: ***contratto collettivo di lavoro.*** Il contratto formale sottoscritto dai rappresentanti di uno o più datori di lavoro e di uno o più sindacati di lavoratori. Contiene gli accordi raggiunti nel corso di una contrattazione collettiva in merito al salario, alle condizioni e all'orario di lavoro e altri eventuali punti di accordo. Il contratto è valido per un periodo di tempo concordato, che di solito non supera i tre anni.

collective bargaining: ***contrattazione collettiva.*** Negoziato tra rappresentanti sindacali dei lavoratori e degli imprenditori, allo scopo di discutere ed accordarsi su un contratto di lavoro relativo a salari, orari, condizioni di lavoro, ecc., che venga poi accettato da tutti i lavoratori e gli imprenditori rappresentati al negoziato. (v. anche *individual bargaining*)

collective bargaining agency: ***rappresentanza sindacale alla contrattazione collettiva.*** L'individuo o la delegazione sindacale che si incontra con la rappresentanza dei datori di lavoro per condurre le trattative per conto dei lavoratori interessati a quella contrattazione.

collective choice: ***scelta collettiva.*** Lo stesso che *social choice* (v.).

collective choice theory: ***teoria delle scelte collettive.*** V. spiegazione sotto *social choice.*

collective consumption goods: ***beni di consumo collettivi.*** Espressione usata nel linguaggio economico per indicare beni e servizi pagati da privati o dallo stato, ma dai quali traggono beneficio tutti i cittadini indistintamente. Ad esempio, i singoli agricoltori sostengono il costo delle opere intese a prevenire l'erosione del suolo nelle loro fattorie, ma tutti gli abitanti della regione, anche i non agricoltori, ne traggono un beneficio perché ciò previene la possibilità che si verifichino inondazioni, smottamenti ed altre calamità del genere. I singoli industriali sostengono i costi di sostituzione delle macchine divenute obsolete nelle loro industrie, ma tutti i consumatori se ne avvantaggiano. Allo stesso modo, a volte uno stato intraprende la costruzione di opere o la produzione di beni e servizi, ad esempio la difesa nazionale, che i singoli non sarebbero disposti a pagare, pur traendone utilità o soddisfazione.

collective decision making: ***processo decisorio collettivo.*** Lo stesso che *social choice* (v.).

collective farms: ***fattorie collettive.*** Nei paesi comunisti, sono fattorie possedute in comune da coloro che vi lavorano. Furono costituite riunendo le proprietà di più contadini, allo scopo di realizzare una migliore gestione e utilizzazione delle risorse.

collective goods: ***beni pubblici.*** Termine usato da A. Marshall per indicare beni che non appartengono a privati, bensì alla collettività, come ad esempio strade, giardini pubblici, musei, biblioteche, ecc.

collective labour agreement: ***contratto collettivo di lavoro.*** Termine usato come sinonimo di *collective agreement* (v.).

collective mark: ***marchio collettivo.*** Un marchio usato da più membri di una cooperativa o di un'associazione o altra organizzazione. Può essere un marchio commerciale o un altro tipo di marchio distintivo.

collective order: ***ordine globale; ordine collettivo; mandato di pagamento collettivo.*** Nel linguaggio bancario, è un modulo singolo sul quale figurano più ordini o mandati di pagamento.

collective ownership: ***proprietà pubblica; proprietà collettiva.*** La proprietà di beni da parte della collettività o da parte di un gruppo di persone che non sono singolarmente titolari di una parte specifica. (v. anche *collective goods, collectivism*)

collective policy: ***polizza collettiva.*** È così detta la polizza di assicurazione sottoscritta da due o più assicuratori, ciascuno dei quali si assume una determinata proporzione del rischio. (v. anche *co–insurance*)

collective reserve unit: ***unità di riserva collettiva.*** Neologismo con il quale si indica una valuta o unità monetaria internazionale da usarsi insieme ad altre valute nelle riserve delle banche centrali. È una delle tante proposte per trovare un denominatore comune alle valute mondiali.

collective wage agreement: ***accordo salariale collettivo; contratto salariale collettivo.*** Lo stesso che *wage bargain* (v.).

collectivism: ***collettivismo.*** Termine alquanto generico, usato per indicare un sistema giuridico–economico nel quale la proprietà dei beni è nelle mani della collettività sociale, che l'amministra nell'interesse comune, essendo perciò esclusa la libera iniziativa in campo economico.

Indica l'opposto del liberalismo politico ed economico e può applicarsi tanto ad un regime fascista quanto ad un regime comunista.

collectivist: ***collettivista.*** Termine usato come aggettivo e sostantivo. Come aggettivo, ha il significato di relativo al collettivismo; come sostantivo, indica un sostenitore o un fautore del sistema che va sotto il nome di collettivismo.

collectivist economic planning: ***pianificazione economica collettivista.*** La pianificazione economica centralizzata, in uno stato nel quale è in vigore il sistema del collettivismo. (v. anche *collectivism, economic planning*)

collectivist economy: ***economia collettivista.*** Un sistema economico basato sul collettivismo.

collect on delivery: ***contrassegno; pagamento alla consegna.*** Lo stesso che *cash on delivery* (v.).

collector: ***esattore.*** Persona o organizzazione incaricata di riscuotere somme di denaro quali, ad esempio, canoni di locazione, imposte, premi di assicurazione, rate e così via.

collector of internal revenue: ***esattore delle imposte.*** Termine usato negli Stati Uniti come sinonimo di *collector of taxes* (v.).

collector of taxes: ***esattore delle imposte.*** Persona fisica o giuridica che ha la responsabilità dell'esazione delle imposte in un paese o in un'area limitata. Può essere un funzionario dipendente dell'amministrazione finanziaria dello stato o un'impresa cui viene dato in appalto l'incarico di procedere all'incasso delle imposte dovute dai contribuenti a qualunque titolo. Nel Regno Unito e negli Stati Uniti è il funzionario a capo di uno degli uffici distrettuali delle imposte. Ad esempio, ai fini dell'esazione delle imposte gli Stati Uniti sono suddivisi in sessantaquattro distretti, con un ufficio distrettuale in ciascuno di loro.

collector of the customs: ***ricevitore di dogana.*** Funzionario statale responsabile dell'esazione dei dazi d'importazione in una dogana di confine.

collier: ***nave carboniera; carboniera.*** Termine usato con lo stesso significato di *coal ship* (v.).

colliery certificate: ***certificato di miniera.*** Certificato usato nel commercio internazionale dei minerali, e soprattutto del carbon fossile. Viene rilasciato dallo stesso venditore per attestare la miniera dalla quale fu estratto il minerale, il tipo di minerale venduto e la qualità spedita. L'indicazione della miniera è particolarmente importante per stabilire la qualità del minerale.

collision: ***collisione.*** L'urto violento di una nave, un aereo o altro veicolo con un altro in movimento o con un oggetto fermo. È uno dei rischi che può essere coperto da assicurazione.

collision clause: ***clausola di collisione.*** Nelle polizze di assicurazione marittima, è la clausola che prevede la copertura del rischio di collisione, di cui sia in qualche modo responsabile la nave assicurata. La clausola prevede l'indennizzo dei danni riportati sia dalla nave assicurata, sia da una o più navi con le quali essa può entrare in collisione.

collision insurance: ***assicurazione contro la collisione.*** Garantisce l'indennizzo dei danni, sofferti dal veicolo assicurato, a seguito di collisione, anche se la responsabilità del sinistro ricade sull'assicurato. Contro la responsabilità dei danni arrecati ad altri veicoli è sufficiente stipulare una polizza di *liability insurance* (v.).

collision risk: ***rischio di collisione.*** Nel linguaggio delle assicurazioni, è il rischio cui è esposto un qualsiasi veicolo in movimento. La responsabilità civile derivante da tale rischio può essere oggetto di assicurazione. (v. anche *collision insurance, liability insurance*)

collr.: collector.

collusion: ***collusione.*** Accordo tra oligopolisti al fine di seguire politiche comuni concernenti prezzi, spartizioni di mercati, piani di investimento, ecc. Tra gli atti di collusione rientra la licitazione collusiva. (v. anche *collusive tendering*)

collusive duopoly: ***duopolio collusivo.*** Modello di duopolio, nel quale i produttori si accordano al fine di agire come un solo monopolista e su come dividere tra loro i profitti derivanti dalla loro posizione.

collusive oligopoly: ***oligopolio collusivo.*** Lo stesso che *collusion* (v.).

collusive tendering: ***licitazione collusiva.*** Collusione tra imprese per sottoporre offerte a seguito di precedenti accordi tra loro. Quattro sono i sistemi più diffusi: a) tutte le imprese partecipanti alla licitazione fanno offerte identiche; b) una delle imprese fa un'offerta inferiore a quelle delle altre; c) alcune imprese fanno offerte superiori a quelle delle altre; e, d) ogni impresa aumenta la propria offerta di un tanto sufficiente a coprire le spese sostenute da tutte le imprese per approntare le loro offerte e l'impresa che vincerà la gara rimborserà tali spese alle altre. Mentre è chiaro lo scopo di b) e d), meritano alcuni chiarimenti gli altri due sistemi. Se si adotta il sistema a), le imprese fanno dipendere l'aggiudicazione della gara dalle caratteristiche tecniche o qualitative del prodotto o servizio offerti. Il sistema c) è usato, invece, nel caso in cui alcune imprese non hanno interesse a vincere la gara o perché troppo impegnate o per altri motivi, ma devono ugualmente presentare un'offerta per essere mantenute nella lista delle imprese da invitare a future gare.

Colombo Plan: ***Piano Colombo.*** Piano di aiuti finanziari e tecnici per lo sviluppo economico dell'Asia meridionale e sud–orientale, formulato dalla Conferenza di Colombo (9–14 gennaio 1950) e accolto anche dagli Stati Uniti, che lo coordinarono col loro programma di aiuti all'estero. Il Piano prevedeva un'azione organica di intervento, con capitali e aiuti tecnici, per un periodo di sei anni, ma è stato ripetutamente prorogato. Dall'inizio del Piano (1951) al 1963 gli Stati Uniti avevano dato contributi per oltre quaranta miliardi di dollari, mentre nel solo 1968 il Regno Unito diede un contributo di otto milioni di dollari, che portò il suo contributo totale dall'inizio del Piano ad oltre duecento milioni di dollari.

colon: Unità monetaria di Costa Rica e di El Salvador, suddivisa in cento centimos in Costa Rica e in cento centavos in El Salvador.

colonial bond: Termine ormai caduto in disuso, con il quale si indicava un'obbligazione emessa da un possedimento coloniale.

Colonial Development Corporation: Organizzazione istituita in base a legge del parlamento britannico nel 1948, per assistere lo sviluppo economico dei territori che facevano all'epoca parte del Commonwealth britannico. Nel 1963 fu sostituita dalla *Commonwealth Development Corporation* (v.).

colonialism: ***colonialismo.*** Sistema discriminatorio, comune nei secoli diciassettesimo e diciottesimo, in base al quale una nazione amministrava i propri possedimenti coloniali in modo tale da trarne potere e ricchezza. Il termine viene ancor oggi usato con implicazioni peggiorative per significare che negli scambi tra paesi in via di sviluppo e paesi avanzati sono questi ultimi a trarre il maggior vantaggio economico. (v. anche *economic colonialism*)

colonial market: ***mercato coloniale.*** Termine usato in passato per indicare un mercato, rappresentato dalle colonie, nel quale la madre patria smerciava i propri prodotti.

colonial produce: ***coloniali.*** Termine usato all'epoca del colonialismo per indicare collettivamente i prodotti, generalmente agricoli quali il caffé e il cacao, provenienti dalle colonie di un paese.

colonial system: ***sistema coloniale.*** Termine usato con lo stesso significato di *colonialism* (v.).

colonial trade: ***commercio coloniale.*** In passato, si indicava con questo termine il commercio tra una colonia e la sua cosidetta madre patria.

colophon: ***colofone.*** Formula, presente in fine di libri antichi e anche di libri moderni con pretese artistiche, che contiene le indicazioni relative allo stampatore e alla stampa.

Co. Ltd.: company limited.

column: ***colonna.*** In contabilità, questo termine indica tanto una serie di cifre scritte una sotto l'altra in modo da facilitarne l'addizione, quanto lo spazio, contenuto tra righe verticali, entro il quale vanno scritte le cifre. Nel linguaggio giornalistico e pubblicitario, indica le parti in cui è divisa una pagina di giornale o di rivista. Ciascuna colonna è costituita da un numero di righe orizzontali, che vanno dalla parte alta alla parte bassa della pagina.

columnar account books: ***libri contabili a sezioni riunite; libri contabili a sezioni affiancate; libri contabili a colonne affiancate.*** Sono i libri contabili stampati e compilati col sistema delle colonne affiancate. (v. anche *columnar system*)

columnar form: ***forma a colonne; forma colonnare.*** La forma data ad un budget o altro documento contabile, nel quale i valori appaiono per gruppi omogenei, ciascun gruppo essendo riportato entro una colonna verticale distinta dalle altre, con in testa l'indicazione necessaria ad identificare il gruppo di valori.

columnar system: ***sistema a sezioni riunite; sistema a sezioni affiancate; sistema a colonne affiancate.*** In contabilità, indica il sistema in base al quale le variazioni aumentative o diminutive vengono registrate su colonne poste l'una accanto all'altra. Può applicarsi a singoli conti, a libri di prima nota e a libri mastri.

column inch: ***pollice–colonna.*** Nel linguaggio giornalistico e pubblicitario, è l'unità di misura dello spazio in una pagina di giornale o rivista, presa a base per la formulazione delle tariffe pubblicitarie. In Italia si usa, ovviamente, il centimetro o il millimetro–colonna.

column rate: Nei trasporti, indica una tariffa merci espressa come percentuale fissa di tariffe applicabili a classi di prodotti. Il termine deriva dal fatto che le tariffe merci vengono raggruppate nei tariffari in base a colonne, ciascuna contenente le diverse merci cui si applica la tariffa. (v. anche *class rate*)

column system: ***sistema a sezioni riunite; sistema a sezioni affiancate; sistema a colonne affiancate.*** Termine usato come sinonimo di *columnar system* (v.).

com.: 1) commerce; 2) commission; 3) committee; 4) common.

co–maker: ***coemittente.*** Chi, insieme a un'altra persona o a più persone, sottoscrive un pagherò cambiario diventando così responsabile del pagamento.

co–manager: ***concapofila.*** Lo stesso che *co–lead manager* (v.).

combative advertising: ***pubblicità aggressiva.*** È la pubblicità fatta con lo scopo di strappare alla concorrenza determinate zone di mercato e, quindi, di diffondere i propri prodotti a discapito di quelli altrui.

combination: **1.** ***concentrazione; concentrazione di imprese.*** Termine generico con il quale si indica la concentrazione di imprese avente lo scopo di attenuare o eliminare la concorrenza, conquistare la padronanza del mercato e, in definitiva, aumentare il profitto e ridurre il rischio. Pertanto, il termine può usarsi per indicare una qualsiasi delle seguenti concentrazioni: *cartel, holding company, merger, pool, syndicate, trust.* **2.** ***fusione di imprese.*** L'unione di due o più imprese, realizzata o trasferendo ad una di loro il patrimonio delle altre (v. *merger*) o costituendo una nuova società che assorbe tutte quelle preesistenti (v. *consolidation*).

combination in restraint of trade: ***concentrazione per la limitazione dell'attività commerciale.*** Con questa espressione si indica qualsiasi accordo tra persone fisiche o giuridiche tendente a limitare la concorrenza attraverso la creazione di un monopolio o altri accorgimenti di varia natura.

combination of producers: ***concentrazione industriale.*** La concentrazione di due o più industrie, in forma temporanea o permanente, tendente in primo luogo a conquistare il dominio del mercato delle materie prime. Trattandosi di termine alquanto generico, esso corrisponde a *combination 1* (v.).

combination order: ***ordine alternativo.*** Lo stesso che *alternative order* (v.).

combination policy: Tipo di polizza, quale ad esempio quella venduta in Italia col nome di polizza scudo o polizza del capofamiglia, che dà copertura contro vari rischi, di solito assicurati con polizze distinte e separate.

combination rate: Nei trasporti, è la tariffa ricavata dalla combinazione di due o più tariffe pubblicate in tariffari di vettori diversi. Si applica quando il trasporto viene eseguito da più vettori e non esiste una tariffa unificata. (v. anche *joint rate*)

combination through rate: Nei trasporti, indica una tariffa cumulativa, ricavata dalla combinazione di due o più tariffe praticate da vettori diversi per trasporti diretti.

combine: ***concentrazione industriale.*** Termine usato con lo stesso significato di *combination of producers* (v.).

combined carrier: ***nave combo; unità combo; nave combinata.*** È una nave in grado di trasportare carichi misti, cioè composti di minerali, liquidi e rinfuse.

combined certificate of value and origin: ***fattura doganale.*** Particolare tipo di documento usato nel commercio internazionale, che assomma in sé le caratteristiche di una fattura e di un certificato di origine. Viene rilasciata dall'esportatore a fini doganali e redatta su un modulo ufficiale, che sarà controfirmato dalle autorità consolari del paese importatore o da quelle doganali del paese esportatore. Questo tipo di fattura contiene maggiori informazioni di una comune fattura commerciale, tra cui il valore dei beni sia nel paese esportatore che in quello importatore.

combined demand and supply curve: ***curva combinata della domanda e dell'offerta.*** Si tratta di un'unica curva che mostra contemporaneamente i livelli della domanda e dell'offerta a certi livelli di prezzo. Ciò è reso possibile dal fatto che su un mercato, quale ad esempio quello dei valori mobiliari, la stessa persona può essere venditore o compratore, a seconda dell'andamento del livello dei prezzi: più sale il prezzo e più è disposto a vendere; più scende il prezzo e più è disposto a comprare.

combined entry: ***registrazione composta; articolo composto.*** Registrazione di un evento contabile composto di due o più elementi di dare e uno di avere, o di un elemento di dare e due o più di avere, oppure di vari elementi di dare e vari di avere.

combined financial statement: ***rendiconto finanziario consolidato.*** Il rendiconto finanziario nel quale sono stati sommati insieme le attività e passività e i costi e ricavi di un gruppo di imprese costituenti una concentrazione. In tal modo, le situazioni finanziarie e i risultati gestionali delle varie imprese si presentano come se si riferissero ad una singola impresa.

combined policy: ***polizza combinata.*** Nel linguaggio delle assicurazioni marittime, è un tipo di contratto stipulato tra un gruppo di assicuratori e gli armatori, a copertura di vari rischi cui sono esposte le diverse navi che costituiscono una flotta.

combined transport: ***trasporto combinato.*** Lo stesso che *intermodal transportation service* (v.).

combined transport bill of lading: ***polizza di carico per il trasporto combinato.*** Particolare tipo di polizza di carico cumulativa, emessa in relazione a spedizioni di merci che devono essere trasportate da diversi vettori, come ad esempio un container che viaggia per mare e successivamente per ferrovia o su autotreno.

combining financial statement: ***rendiconto finanziario di gruppo.*** È quello che presenta dettagli relativi alle singole imprese costituenti un gruppo, la cui situazione finanziaria individuale è rappresentata nel rendiconto.

COMBO: combined carrier.

Comecon: Sigla del *Council for Mutual Economic Aid*, che raggruppa i paesi del blocco comunista, ad eccezione della Jugoslavia e dell'Albania.

«come on» bid: Un'offerta basata su un'operazione sussidiata, tendente ad ottenere vantaggi economici futuri.

COMEX: New York Commodity Exchange Inc.

comfort letter: ***lettera di patronage; lettera di gradimento; lettera di conforto; lettera di presentazione.*** Una dichiarazione, corrispondente a un vero e proprio impegno, emessa da una *merchant bank* in occasione di un'offerta pubblica di acquisto, con la quale essa si impegna a rastrellare la somma di denaro necessaria all'operazione mediante la vendita di obbligazioni di rischio. Lo stesso termine indica un documento in forma di lettera contenente indicazioni volte a rassicurare il destinatario circa il buon esito dell'operazione cui si riferisce la lettera. Questo documento, che rientra tra le forme atipiche di garanzia personale, viene di solito inviato da una società a una banca per indurla a concedere o a mantenere in essere un credito a favore di una consociata.

coming out price: ***prezzo di emissione.*** Nel linguaggio finanziario, indica il corso di un titolo azionario al momento in cui esso viene emesso e viene per la prima volta contrattato sul mercato.

coml.: commercial.

comm.: 1) commerce; 2) commercial; 3) commission.

command-directed economy: ***dirigismo economico.*** Termine usato con lo stesso significato di *planned economy* (v.).

command economy: ***economia comandata; dirigismo economico.*** Lo stesso che *planned economy* (v.).

command of the market: ***controllo del mercato; padronanza del mercato.*** È il controllo di un mercato da parte di un'impresa o di una concentrazione industriale che possiedono un notevole grado di potere monopolistico.

commerce: ***commercio; attività commerciale.*** Nel suo significato più ampio, il termine inglese viene usato per indicare una qualsiasi forma di scambio di beni, in considerazione del pagamento di una somma di denaro o della fornitura di altri beni, e una qualsiasi somministrazione di servizi inerenti allo scambio di beni, quali ad esempio i trasporti, i servizi bancari e assicurativi, le comunicazioni, ecc. In un significato più ristretto, il termine inglese indica lo scambio di beni e servizi tra operatori di due o più paesi. Lo stesso termine viene usato per indicare una disciplina di studio nelle scuole commerciali e nelle università, fondata sull'economia, sul diritto commerciale, sulla gestione aziendale e altri soggetti pertinenti allo svolgimento di una professione o attività economica o commerciale.

commerce clause: L'espressione indica il comma 8 dell'articolo 1° della Costituzione degli Stati Uniti, che dà al Congresso il solo potere di legiferare in materia di scambi commerciali tra stati appartenenti all'Unione e con paesi terzi. (v. anche *interstate commerce*)

commercial: **1.** ***commerciale.*** Aggettivo usato per indicare una qualsiasi attività comunque collegata alla compravendita di beni e servizi. **2.** ***messaggio pubblicitario.*** Come sostantivo, il termine inglese indica un breve filmato, diffuso per televisione o in una sala cinematografica, o un messaggio verbale, diffuso per radio, tendente a reclamizzare un particolare bene o servizio.

commercial agency: ***agenzia d'informazioni commerciali.*** Lo stesso che *status inquiry agency* (v.).

commercial agent: ***agente di commercio.*** Persona fisica o giuridica che, in base ad un contratto d'agenzia, si impegna a commercializzare i beni prodotti da un'impresa in considerazione del pagamento, da parte di quest'ultima, di una commissione concordata sul volume d'affari complessivo svolto dall'agente.

commercial agriculture: ***agricoltura commerciale.*** Attività agricola intesa a produrre derrate per la vendita a terzi. (v. anche *commercial farm, subsistence agriculture*)

commercial airline: ***compagnia di navigazione aerea commerciale.*** Impresa che gestisce un servizio di trasporto aereo di merci e passeggeri, su una o più rotte determinate.

commercial and industrial loans: ***mutui commerciali e industriali.*** Si tratta di mutui non diretti specificamente a determinati settori economici, ma disponibili per qualsiasi tipo di impresa, da quelle industriali a quelle commerciali, da quelle agricole e minerarie a quelle dei servizi e delle costruzioni. Il volume dei mutui di questo genere costituisce, per gli economisti, un indicatore dei programmi aziendali di investimenti futuri in beni capitali e in scorte.

commercial art: ***disegno pubblicitario.*** La branca delle arti grafiche che si interessa della preparazione di materiale pubblicitario per giornali, libri, riviste, cartoni animati e simili.

commercial artist: ***disegnatore pubblicitario.*** È un artista che si è specializzato nella produzione di immagini pubblicitarie, da utilizzarsi nella preparazione di messaggi, manifesti, etichette, confezioni e simili, tendenti ad incrementare le vendite di un determinato prodotto.

commercial assessor: ***perito commerciale.*** Persona esperta e abilitata ad effettuare perizie su merci.

commercial attaché: ***addetto commerciale.*** Funzionario, che fa parte del personale di un'ambasciata in un paese estero, col compito di occuparsi di qualsiasi questione commerciale tra i due paesi.

commercial bank: ***banca di credito ordinario; banca di credito ordinario puro; banca di credito ordinario di tipo inglese; banca commerciale.*** Ciascuna delle banche che svolgono operazioni di provvista rimborsabili a vista o con breve preavviso e operazioni di impiego quali anticipazioni, sconti, ecc., a breve scadenza. Oltre a queste funzioni, forniscono ai clienti una serie di servizi accessori, quali custodia di titoli e valori, servizi di tesoreria, compravendita di titoli e valute, ecc. Assumono varie denominazioni a seconda delle operazioni prevalenti e così si distinguono in banche di deposito e sconto, banche di depositi e conti correnti, banche di depositi e anticipazioni, banche di depositi e riporti, ecc. Quando sono costituite sotto forma di società per azioni vengono di solito chiamate istituti di credito. (v. anche *joint–stock bank*)

commercial banking: ***attività bancaria pura.*** Questo termine viene usato principalmente in contrapposizione a *investment banking* (v.) per indicare l'attività bancaria limitata alla fornitura dei servizi caratterizzanti una banca commerciale. Il termine trova maggiore applicazione negli Stati Uniti, ove il *Glass–Steagall Act* (v.) impone, fino a quando non sarà abrogato o emendato, la netta separazione tra *commercial banking* e *investment banking.*

Commercial Banking School: Termine usato per designare gli economisti che sostengono che la politica creditizia delle banche dovrebbe in particolare tener conto dei principi di liquidità e adeguatezza delle riserve.

commercial bill: ***cambiale commerciale; cambiale di affari.*** Lo stesso che *trade bill* (v.).

commercial blockade: ***blocco commerciale.*** Blocco marittimo o di altra natura, inteso ad impedire ad una città o ad uno stato l'approvvigionamento di merci provenienti dall'estero. (v. anche *blockade*)

commercial break: ***intervallo pubblicitario.*** Un intervallo nei programmi, trasmessi da una stazione radio o televisiva, per consentire la messa in onda di messaggi o spot pubblicitari.

commercial broker: ***agente di commercio.*** Termine statunitense, usato con lo stesso significato di *commercial agent* (v.).

commercial cause: ***causa commerciale.*** Procedimento giudiziario relativo a questioni commerciali e istituito presso la sezione commerciale di un tribunale civile.

commercial code: ***codice commerciale.*** Lo stesso che *cable code* (v.).

commercial college: ***istituto commerciale.*** Istituto di istruzione secondaria che ha come discipline di studio materie relative all'attività economica e commerciale.

commercial corporation: ***impresa commerciale; società commerciale; azienda commerciale.*** Termine statunitense, usato con lo stesso significato di *commercial enterprise* (v.).

commercial correspondence: ***corrispondenza commerciale.*** Lo stesso che *business correspondence* (v.).

commercial counsellor: ***consigliere commerciale.*** Funzionario del corpo diplomatico, che fa parte di un'ambasciata in un paese estero con il compito di fornire consulenza su questioni commerciali.

commercial counterfeiting: ***contraffazione commerciale.*** L'imitazione fraudolenta di un prodotto protetto da una marca di fabbrica. Può consistere nell'imitare il prodotto vero e proprio o nel dare a un prodotto simile ma non uguale un nome o marchio di fabbrica che echeggia quello del prodotto più noto sul mercato.

Commercial Court: Nel Regno Unito, è la sezione della *Queen's* (o *King's*) *Bench Division*, che decide cause in materia di controversie esclusivamente commerciali.

commercial credit: ***credito mercantile; credito di fornitura.*** Lo stesso che *trade credit 1* (v.).

commercial credit company: ***società di credito commerciale; società finanziaria.*** Tipo di società finanziaria, la cui attività principale consiste nel finanziamento di commercianti o industriali attraverso l'acquisto, previo sconto, dei loro crediti a breve termine. A loro tutela, hanno facoltà di intentare azione di regresso nei confronti di chi hanno finanziato, se il debitore non fa fronte al proprio impegno.

commercial crisis: ***crisi commerciale.*** Indica il senso di sfiducia generale che si diffonde tra gli operatori commerciali e le banche a seguito di un clamoroso e inaspettato fallimento o una serie di fallimenti nel mondo del commercio, che portano come conseguenza una restrizione del credito e una generale sfiducia sulla solvibilità di tutti gli operatori.

commercial directory: ***guida commerciale.*** Una qualsiasi guida, del tipo delle Pagine Gialle, nella quale sono elencate secondo un determinato sistema le imprese commerciali di una città, di una regione o di un intero paese.

commercial distribution: ***distribuzione commerciale.*** I canali attraverso i quali le merci giungono dal produttore al consumatore finale. Tali canali possono variare a seconda del tipo e del luogo di produzione dei beni, del numero dei produttori, ecc., ma i canali più usuali sono ancora il grossista e il dettagliante, pur se va sempre più diffondendosi la pratica dei produttori di vendere direttamente ai dettaglianti, risparmiando così i costi di intermediari spesso inutili. I beni di importazione, invece, devono quasi necessariamente seguire canali più complicati, col conseguente aumento del prezzo al dettaglio, dovuto al notevole numero di intermediari fra il produttore e il consumatore finale.

commercial documents: ***documenti commerciali.*** Termine generico con il quale si indicano vari tipi di documenti usati nella pratica commerciale, come ad esempio fatture, documenti d'imbarco, documenti rappresentativi di titoli di proprietà, ecc., fatta eccezione per i documenti finanziari.

commercial domicile: ***domicilio commerciale.*** Il domicilio legale di un imprenditore commerciale, che si identifica con il luogo in cui egli svolge la propria attività.

commercial draft: ***cambiale commerciale.*** Lo stesso che *trade bill* (v.).

commercial economy: ***economia commerciale.*** Termine usato per indicare un tipo di economia che comprende la produzione industriale e agricola, l'attività commerciale, mediante la quale il prodotto viene distribuito e venduto, e i trasporti, le comunicazioni e i servizi relativi a questi processi. Questo tipo di economia è caratterizzato da dinamismo e rapida crescita e dalla creazione di nuove istituzioni commerciali e finanziarie accanto a quelle vecchie, che vanno modificandosi per adeguarsi al dinamismo economico.

commercial engineering: Tipo di contratto che prevede che un'impresa a tecnologia avanzata esegua un'opera di ingegneria, per conto di un'altra impresa o di un paese estero, fornendo allo stesso tempo l'assistenza tecnica e l'addestramento della manodopera locale. (v. anche *consulting engineering*)

commercial enterprise: ***impresa commerciale.*** Una qualsiasi impresa che si interessa della distribuzione e della vendita dei beni e servizi prodotti dall'industria di trasformazione. Il termine è usato in contrapposizione a impresa industriale, che indica l'organizzazione che si interessa della trasformazione delle materie prime in prodotti finiti. (v. anche *manufacturing enterprise, manufacturing industry*)

commercialese: ***gergo commerciale; linguaggio commerciale.*** Il particolare linguaggio usato nella corrispondenza commerciale. In passato, differiva notevolmente dal linguaggio usato nella corrispondenza comune, ma col passare del tempo è stato sostituito con espressioni della lingua di ogni giorno ed oggi differisce da questa soltanto per l'uso di poche espressioni particolari e di sigle e clausole relative all'attività prettamente commerciale.

commercial expense: ***spese generali commerciali.*** Sono le spese generali inerenti alla gestione di un'attività commerciale, che di solito includono spese amministrative, spese di vendita e spese generali, quali quelle relative a pubblicità, ricerche di mercato, ecc. Si usa in contrapposizione a costi generali di fabbricazione o di distribuzione.

commercial farm: ***impresa agricola.*** Il termine inglese viene usato per indicare una tenuta agricola gestita come un'impresa commerciale. L'obiettivo principale di tale tenuta è, pertanto, quello di produrre beni per la vendita a terzi, piuttosto che per il consumo da parte di coloro che la possiedono. In questo tipo di impresa agricola, gli investimenti in beni capitale sono molto più consistenti che nelle tenute i cui proprietari producono beni da consumare in proprio o da scambiare con altri beni di cui essi hanno bisogno.

commercial farming: ***agricoltura commerciale.*** Termine usato come sinonimo di *commercial agriculture* (v.).

commercial financing: ***finanziamento commerciale.*** Accordo che prevede l'acquisto di crediti, da parte del finanziatore, senza la formula «pro soluto», cioè senza il rischio dell'insolvenza.

commercial geography: ***geografia commerciale.*** La branca della geografia economica che si interessa dello studio della produzione e dello scambio dei beni oggetto di commercio internazionale, nonché del loro trasporto e della loro distribuzione sui mercati di consumo. (v. anche *economic geography*)

commercial house: ***casa commerciale.*** Una qualsiasi impresa che svolga la propria attività nel campo della compravendita di beni e servizi. (v. anche *commercial enterprise*)

commercial insolvency: ***insolvenza commerciale.*** Lo stato di insolvenza di un imprenditore commerciale o di un'impresa commerciale. (v. anche *insolvency*)

commercial insurance: ***assicurazione commerciale.*** Tipo di assicurazione che ha per oggetto i rischi derivanti da una qualsiasi operazione di natura commerciale. Vi rientrano, ad esempio, la *credit insurance* (v.) e la *title insurance* (v.).

commercial intelligence bureau: ***ufficio informazioni commerciali.*** Ufficio che svolge le stesse funzioni del *Commercial Intelligence Department* (v.).

Commercial Intelligence Department: ***ufficio informazioni commerciali.*** Un ufficio del *Board of Trade* (v.), il cui compito è quello di fornire informazioni ai commercianti in relazione a sbocchi, movimenti della domanda e dell'offerta, ecc.

commercial intelligence office: ***ufficio informazioni commerciali.*** Altro termine con cui si indica un *commercial intelligence bureau* (v.).

commercial invoice: ***fattura commerciale; nota di vendita.*** Documento commerciale emesso dal venditore di beni o servizi e inviato al compratore. La fattura indica nome, cognome e indirizzo delle due parti e del vettore; mezzo di trasporto; descrizione, quantità, prezzo unitario e prezzo globale dei beni; spese accessorie; aliquota e importo dell'imposta sul valore aggiunto o altra imposta equivalente; importo complessivo ed eventuali sconti; forma di pagamento; condizioni relative alla consegna e termina con le parole *errors and omissions excepted* (abbreviate in E.& O.E.) corrispondenti alla nostra frase «salvo errori ed omissioni» (S.E.& O.). Se il pagamento dei beni è stabilito per contanti, l'invio della fattura corrisponde ad un invito a pagare.

to commercialize: ***commercializzare.*** Rendere qualcosa oggetto di attività commerciale.

commercial jargon: ***gergo commerciale; linguaggio commerciale.*** Termine usato con lo stesso significato di *commercialese* (v.).

commercial law: ***diritto commerciale; diritto mercantile.*** Il termine inglese indica il corpo di norme del *common law* (v.), integrato dalla giurisprudenza, che regola le relazioni tra operatori commerciali o altre persone interessate da operazioni commerciali. Comprende, quindi, le leggi relative ai contratti, ai vari tipi di società e imprenditori, alle agenzie, ai titoli di credito, alle assicurazioni, alle procedure concorsuali, ecc.

commercial lending: ***prestiti delle banche commerciali.*** Nel linguaggio della finanza internazionale, questo termine viene usato in contrapposizione a *official lending* (v.) per indicare l'attività di concedere prestiti, generalmente in eurovalute, svolta dalle banche commerciali principalmente a favore dei paesi in via di sviluppo.

commercial letter of credit: ***lettera di credito commerciale.*** Una lettera di credito utilizzata in relazione a operazioni commerciali.

commercial loan: ***prestito commerciale.*** Prestito a breve termine, tra i 30 e i 90 giorni, concesso a imprese commerciali dalle banche o altre istituzioni finanziarie.

commercial loan theory of banking: ***teoria bancaria delle cambiali commerciali.*** Lo stesso che *real bills doctrine* (v.).

commercial manager: ***direttore commerciale.*** La persona responsabile del controllo delle attività commerciali, ovvero acquisti e vendite, di una qualsiasi impresa.

commercial monopoly: ***monopolio commerciale.*** La situazione di mercato caratterizzata, di fronte alla concorrenza perfetta tra compratori, dalla presenza di un solo venditore, o gruppo di venditori, che è in grado di dettare o influenzare il prezzo di vendita del bene o servizio che tratta. È una situazione che è stata più propriamente definita col termine monopolio o oligopolio.

commercial name: ***nome commerciale.*** Lo stesso che *trade name* (v.).

commercial overhead: ***spese generali commerciali.*** Termine usato con lo stesso significato di *commercial expense* (v.).

commercial paper: ***carta commerciale; portafoglio commerciale.*** Nel linguaggio commerciale e bancario, indica l'insieme delle cambiali che nascono dal regolamento di rapporti commerciali e che hanno, pertanto, alla base un credito effettivo. Recentemente, il termine è passato a indicare anche titoli di credito a breve termine, del tipo di pagherò, emessi da imprese commerciali e banche e venduti a altre imprese o privati allo scopo di finanziarsi al di fuori del sistema creditizio tradizionale. (v. anche *trade bill, financial paper*)

commercial paper company: ***casa di sconto.*** Negli Stati Uniti è l'equivalente della *discount house* britannica, cioè una società che si interessa della compravendita di cambiali commerciali o altri titoli di credito del genere.

commercial paper house: ***casa di sconto.*** Termine usato come sinonimo di *commercial paper company* (v.).

commercial partnership: ***società commerciale.*** Lo stesso che *trading partnership* (v.).

commercial policy: ***politica commerciale.*** È la politica di un governo relativa al benessere industriale e commerciale del paese. Il termine indica soprattutto i provvedimenti diretti a regolare il commercio e in particolare il commercio con l'estero.

commercial port: ***porto commerciale.*** Porto attrezzato e destinato allo svolgimento delle operazioni di caricazione e discarica di merci. Il termine viene usato in contrapposizione a porto militare e a porto turistico.

commercial register: ***registro commerciale.*** È un pubblico registro, esistente in molti paesi, nel quale vengono annotate tutte le imprese che esercitano un'attività commerciale.

commercial rent: ***rendita commerciale.*** Nel linguaggio economico inglese, indica il pagamento per l'uso della terra, descritto sotto *rent 2* (v.). Il termine inglese, che non trova preciso riscontro nella nostra lingua, viene usato per distinguere questo tipo di rendita da quello descritto sotto *economic rent* (v.).

commercial revolution: ***rivoluzione commerciale.*** L'espansione del commercio europeo dal Mediterraneo all'Atlantico e a tutto il mondo, a seguito delle grandi scoperte geografiche dei secoli quindicesimo e sedicesimo.

commercials: ***titoli di imprese commerciali.*** Termine usato alla borsa valori di Londra per designare titoli azionari di società commerciali, per distinguerli da quelli di società industriali.

commercial sale: ***vendita commerciale.*** Il trasferimento del titolo di proprietà di un bene, seguito dal trasferimento del diritto di proprietà, che può avvenire contestualmente o in epoca successiva, in considerazione del pagamento di una somma di denaro, o prezzo, o di una promessa di pagamento in futuro. Il termine inglese è usato per distinguere questo tipo di vendita da una vendita forzata, giudiziale, all'asta e simili.

Commercial Sale Rooms: È una borsa merci di Londra nella quale si trattano principalmente zucchero, té, caffé, cacao e spezie. Lo stesso termine, scritto con iniziali minuscole, viene usato per indicare sale prese in fitto, generalmente in alberghi, da viaggiatori di commercio per esporre e mostrare i prodotti da loro rappresentati ai dettaglianti locali interessati all'acquisto.

commercial services: ***servizi commerciali.*** Sono i servizi forniti da persone che svolgono una qualsiasi attività sussidiaria del commercio vero e proprio, come ad esempio servizi assicurativi, bancari, di trasporto, ecc.

commercial set: ***documenti d'uso; documenti soliti.*** Espressione con la quale si indicano i quattro principali documenti relativi ad una spedizione di merci e precisamente la fattura, la polizza di carico, la tratta e la polizza di assicurazione.

commercial ship: ***nave commerciale.*** Una qualsiasi nave adibita al trasporto di merci o passeggeri su una determinata rotta. Il termine viene usato in contrapposizione a nave militare, nave oceanografica o altri termini che indicano navi non adibite a un servizio commerciale.

commercial transaction: ***operazione commerciale.*** Nel linguaggio commerciale, una qualsiasi operazione di compravendita. Nel linguaggio finanziario, un'operazione di compravendita di valuta estera, svolta senza l'intermediazione di una banca.

commercial traveller: ***viaggiatore di commercio; commesso viaggiatore.*** Agente o rappresentante di una o più imprese commerciali, che visita i clienti in diverse piazze e vende, tramite ordinativi, i prodotti delle case che rappresenta.

commercial treaty: ***trattato di commercio; trattato commerciale.*** Accordo internazionale col quale gli stati assumono impegni giuridici al fine di assicurarsi reciproci vantaggi economici. Di solito riguarda tariffe doganali e privilegi commerciali, che si concretizzano attraverso la concessione di determinate agevolazioni agli operatori economici degli stati contraenti. Un trattato commerciale è detto bilaterale quando viene stipulato tra due paesi e multilaterale quando ad esso partecipano più di due paesi.

commercial undertaking: ***impresa commerciale.*** Termine a volte usato con lo stesso significato di *commercial enterprise* (v.).

commercial value: ***valore commerciale.*** 1) Il prezzo al quale i valori mobiliari, o qualsiasi altro bene o servizio, possono essere venduti in un mercato libero in un qualsiasi dato momento. 2) In ragioneria, il termine indica la somma di denaro che potrebbe ricavarsi dalla vendita di una qualsiasi attività su un mercato completamente libero. È, naturalmente, opportuno distinguere se il valore commerciale così definito deve riferirsi all'attività nell'uso cui è destinata o in un uso alternativo, in quanto nel secondo caso il valore commerciale potrebbe risultare di gran lunga più alto. Si pensi, ad esempio, al terreno sul quale sorge un insediamento industriale. È molto probabile che il suo valore commerciale sarebbe più alto se, invece di venire usato in quel modo, venisse destinato all'edilizia abitativa.

commercial vehicles: ***veicoli industriali.*** Un qualsiasi tipo di veicolo usato per scopi industriali o commerciali, per distinguerlo da altri veicoli usati per scopi personali o per servizio di trasporto pubblico.

commercial year: ***anno commerciale.*** È l'anno convenzionalmente considerato di 360 giorni e suddiviso in dodici mesi, ciascuno di trenta giorni. Viene considerato in tal modo al fine di facilitare le operazioni contabili relative a interessi, sconti, vendite rateali e così via.

commingling: ***commistione.*** Nel linguaggio finanziario, la mescolanza di titoli di proprietà di un individuo con quelli di proprietà dell'istituzione che li tiene in deposito. Nel linguaggio bancario, la mescolanza di fondi affidati da vari clienti alla banca allo scopo di realizzare investimenti, dei quali ultimi ciascun depositante è titolare di una quota proporzionale.

commissary store: ***spaccio militare.*** Termine usato negli Stati Uniti per indicare un negozio, gestito dallo stato, che tratta beni di consumo di qualsiasi tipo a prezzi controllati e al quale possono accedere soltanto dipendenti statali in servizio nelle forze armate o presso ambasciate e consolati in paesi esteri. Negozi di questo tipo sono presenti dovunque vi sia una base militare americana, in patria o all'estero.

commission: **1.** ***commissione; provvigione.*** Compenso pagato ad un agente in considerazione di servizi resi in relazione a vendite, acquisti, incassi o altro tipo di operazioni. Si tratta, di solito, di una percentuale sull'ammontare complessivo dell'operazione. **2.** ***commissione; comitato.*** Gruppo di persone, dotate di conoscenze o competenze specifiche, nominate dallo stato, da un ente o da altra organizzazione per svolgere una funzione di controllo o di consulenza o per eseguire una particolare indagine conoscitiva. Una commissione del genere può essere permanente o temporanea, a seconda dei compiti di cui è investita.

commission account: ***conto commissioni.*** Il conto del mastro generale nel quale vengono registrate le commissioni di pertinenza degli agenti.

commission agent: ***commissionario; agente commissionario.*** Colui che, nel contratto di commissione, acquista o vende beni per conto del committente e in nome proprio. È un collaboratore indipendente dell'imprenditore, al quale lo lega il contratto di commissione.

commission broker: 1. ***commissionario di borsa valori.*** Negli Stati Uniti, è il commissionario che esplica la propria attività di affari in una borsa valori. **2.** ***commissionario; agente commissionario.*** In questo significato, il termine inglese è usato come sinonimo di *commission agent* (v.).

commissioner of customs: ***soprintendente alle dogane.*** Funzionario a capo del *Bureau of Customs* del ministero del tesoro degli Stati Uniti. È responsabile dell'applicazione dei regolamenti doganali e delle norme relative al commercio marittimo.

commissioner of internal revenue: Capo dell'ufficio erariale del ministero del tesoro degli Stati Uniti, responsabile della supervisione generale, della determinazione, dell'accertamento e dell'esazione di imposte e tributi.

commissioners of inland revenue: Nel Regno Unito, sono i funzionari del *Board of Inland Revenue* (v.), che hanno il compito principale di incassare per lo stato le imposte sul reddito, le imposte sugli utili di capitale e le imposte di bollo.

commissioners of taxation: Termine usato con lo stesso significato di *commissioners of inland revenue* (v.).

commissioners' value: Negli Stati Uniti, è un listino di titoli pubblicato annualmente dalla *National Association of Insurance Commissioners*, che assegna loro un valore per facilitare la preparazione dei rendiconti finanziari da parte delle compagnie di assicurazione, investitori istituzionali sul mercato mobiliare statunitense.

Commission for New Towns: Ente istituito nel Regno Unito nel 1961 in base al *New Towns Act*, approvato dal parlamento britannico nel 1959. Compito principale di questo ente era quello di rilevare le banche di sviluppo create per ciascuna nuova città, nel momento in cui esse raggiungevano il primo stadio del loro sviluppo programmato. (v. anche *New Towns, development corporations*)

commission house: ***casa commissionaria; azienda commissionaria.*** Commissionario che tratta essenzialmente la vendita di prodotti agricoli per conto del committente. (v. anche *commission agent*)

commission income: ***reddito da commissioni.*** Lo stesso che *fee income* (v.).

commission manufacturer: ***produttore su commessa.*** Industriale che produce articoli su commessa. Di solito, è un industriale che, oltre a svolgere la propria attività produttiva, intraprende anche lavorazioni per conto terzi, generalmente perché, disponendo egli di particolari attrezzature, risulta più conveniente ad altre imprese fargli produrre determinati articoli o parti, invece di produrli in proprio.

commission merchant: ***commissionario; agente commissionario.*** Termine usato con lo stesso significato di *commission agent* (v.).

commission on current account: ***commissione su conto corrente; provvigione di conto.*** Quando un conto corrente non ha un adeguato saldo attivo ed il numero di operazioni è elevato, le banche inglesi addebitano una commissione il cui ammontare varia, ma generalmente si basa sul numero di assegni emessi. Nella commissione sono inclusi gli addebiti per servizi vari, quali richieste di informazioni commerciali, bonifici, pagamenti di bollette di servizi, ecc.

Commission on Industrial Relations: Commissione istituita nel Regno Unito, in base all'*Industrial Relations Act* del 1968, con il compito di accelerare la riforma del sistema di contrattazione collettiva e, soprattutto, di individuare strumenti idonei a trattare e risolvere pacificamente le vertenze sindacali. Le sue funzioni furono ampliate dall'*Industrial Relations Act* del 1971.

commission sale: ***vendita in commissione; vendita per conto terzi.*** Lo stesso che *sale on commission* (v.).

commission salesman: ***commissionario per le vendite.*** È un *commission agent* (v.) impiegato da un committente per una o più operazioni di vendita.

commitment: ***impegno.*** Lo stesso che *encumbrance 1* (v.).

commitment fee: ***diritto di impegno; provvigione sullo scoperto; commissione di impegno.*** Un diritto fatto pagare dalle banche, in luogo dell'interesse, su una porzione di mutuo non utilizzata dal mutuatario.

committee: ***comitato; commissione.*** Gruppo di persone alle quali viene delegato o assegnato uno o più compiti specifici. Il termine inglese viene usato per indicare tanto una commissione parlamentare o di nomina governativa, quanto un comitato nominato dal consiglio di amministrazione di una società.

Committee for Economic Development: Comitato formato da imprenditori statunitensi nel 1942 per pianificare la massima occupazione e produzione nel periodo postbellico.

committee of inquiry: ***commissione d'inchiesta.*** Commissione temporanea appositamente nominata dal parlamento, dal governo o da una suddivisione amministrativa dello stato, con il compito di indagare, far luce e riferire su una questione di interesse pubblico.

committee of inspection: ***commissione di vigilanza.*** Tipo di comitato dei creditori, previsto dal diritto anglosassone. Viene nominato da e tra i creditori stessi ed ha il compito di sorvegliare l'amministrazione dei beni del debitore.

Committee of London Clearing Bankers: È un comitato formato dai presidenti delle banche membri della stanza di compensazione di Londra. Si riunisce ogni mese, e quattro volte all'anno presso la Banca d'Inghilterra sotto la presidenza del suo governatore. Le funzioni del comitato sono: a) discutere questioni di interesse comune per le banche membri; b) fungere da portavoce delle banche presso il ministero del tesoro; c) diffondere tra i membri disposizioni del Tesoro in materia bancaria.

Committee of Treasury: Una delle commissioni operanti presso la Banca d'Inghilterra. Nelle sue riunioni settimanali, tra le altre cose provvede a esaminare tutte le relazioni presentate dalle altre commissioni, prima di inoltrarle al Consiglio Superiore. È composta di sette membri, inclusi il Governatore della Banca d'Inghilterra, che ne è il presidente, e il Vice Governatore.

Committee of Twenty: ***Comitato dei venti.*** Comitato

istituito nel 1972 dal Fondo Monetario Internazionale e composto di rappresentanti dei paesi sviluppati e dei paesi meno sviluppati. Il compito principale del Comitato, che completò il suo lavoro nel 1974, era quello di studiare le possibilità e i metodi di realizzare una riforma monetaria internazionale. Tra le raccomandazioni del Comitato vi erano: un metodo di valutazione dei diritti speciali di prelievo basato su un paniere di 16 tra le principali valute; una serie di suggerimenti per la gestione dei tassi di cambio fluttuanti; e metodi per risolvere i problemi della bilancia dei pagamenti mondiale.

Committee of Ways and Means: Commissione della Camera dei Comuni britannica, con funzioni più o meno simili alla nostra commissione finanze, preposta al controllo della finanza del paese ed in particolare dei modi in cui il governo si procura i fondi necessari a finanziare il bilancio dello stato. Essa esamina a fondo, prima di inviarle in aula per l'approvazione, tutte le imposte che sono soggette a rinnovo annuale o che subiscono una variazione in più o in meno da un anno finanziario all'altro.

Committee on Interest and Dividends: Organizzazione statunitense, istituita nel 1971, preposta alla sorveglianza e alla limitazione dei tassi di interesse attivi e passivi e dei dividendi distribuiti dalle società per azioni.

Committee on Invisible Exports: Commissione, istituita nel Regno Unito nel 1967, col compito di fornire consigli e informazioni alle istituzioni economiche interessate all'esportazione di beni invisibili. Hanno rappresentanti in questa Commissione, oltre ad alcuni ministeri quali il Tesoro e il Ministero per il Commercio, la Banca d'Inghilterra, il Comitato delle case di accettazione, l'Associazione delle banche estere, il Comitato delle banche commerciali, la Borsa Valori, i Lloyd's, l'Associazione delle compagnie di assicurazione e altre istituzioni interessate a questo settore dell'economia.

Committee on Public Accounts: Commissione della Camera dei Comuni britannica, preposta al controllo e alla verifica dei conti dello stato. La Commissione riceve ed esamina la relazione del *Comptroller and Auditor General* (v.) allo scopo di accertare che: a) la spesa pubblica sia stata preventivamente approvata dal parlamento; b) l'oggetto della spesa pubblica sia effettivamente quello indicato dal parlamento, per il quale fu approvato lo stanziamento.

Committee on Reform of the International Monetary System: Comitato composto dei rappresentanti di venti paesi, inclusi quelli che fanno parte del Gruppo dei Dieci, costituitosi nella seconda metà del 1972 allo scopo di negoziare una riforma monetaria internazionale, particolarmente in riferimento al futuro del dollaro statunitense come valuta da riserva. Nel giugno del 1974, il Comitato pubblicò un rapporto, dal titolo *Outline of Reform*, nel quale auspicava che il nuovo sistema fosse basato su valori di parità stabili ma aggiustabili.

committee organization: ***organizzazione per comitati.*** Tipo di organizzazione aziendale generalmente considerato sussidiario della *line organization* (v.) o della *line and staff organization* (v.). I comitati sono corpi consultivi non permanenti ai quali viene richiesto di indicare procedure che verranno vagliate dai dirigenti. I comitati presenti in tale tipo di organizzazione possono essere numerosissimi, ma tra i più importanti si ricordano il *general executive committee* (v.), l'*equipment committee* (v.) e lo *shop conference committee* (v.).

commodification: Neologismo del linguaggio bancario, con il quale si indica la tendenza a considerare la moneta sempre di più come un qualsiasi altro bene (*commodity*) acquistato e venduto sul mercato.

commodities arbitrage: ***arbitraggio su merci.*** Acquisto di beni su una piazza e pressocché simultanea rivendita degli stessi su un'altra piazza ad un prezzo più alto.

commodity: **1.** ***bene economico.*** Qualsiasi mezzo idoneo a soddisfare un bisogno e disponibile in quantità limitata. **2.** ***merce.*** Il bene economico visto da un'angolazione commerciale e, quindi, oggetto di scambio. **3.** ***prodotto di base; prodotto primario.*** In questo significato il termine inglese ha sostituito *staple* (v.) e indica un prodotto o una materia prima su cui si fonda l'economia di una determinata area geografica.

commodity agreement: ***accordo intergovernativo per i prodotti di base.*** Accordo economico internazionale tendente a tutelare i produttori contro la minaccia di caduta dei prezzi di prodotti la cui quantità esistente supera la normale domanda su scala mondiale. Un accordo di questo tipo di solito prevede piani di controllo della produzione, delle esportazioni e dei prezzi; piani per la creazione di riserve o scorte; e iniziative per espandere i mercati esistenti. (v. anche *international commodity agreements*)

commodity bonds: ***obbligazioni in materie prime.*** Termine di recente formazione, usato per indicare un'obbligazione il cui rimborso e i cui interessi sono collegati ai prezzi di un determinato bene, di solito una materia prima o il principale bene di esportazione di un paese in via di sviluppo. Tali obbligazioni, infatti, sono state ideate nel tentativo di risolvere i problemi del prestito estero dei paesi in via di sviluppo.

commodity broker: ***operatore di borsa merci; mediatore in merci.*** È indicato con questo termine il *broker* (v.) impiegato da un commerciante per la vendita o per l'acquisto di una o più partite in una borsa merci.

commodity cartel: ***cartello di beni.*** Termine alquanto generico, con il quale si indica un cartello internazionale i cui obiettivi sono quelli descritti sotto *cartel* (v.). Il più noto tra questi cartelli è l'Opec, che per molti anni ha dettato legge in materia di prezzi petroliferi. All'epoca in cui l'Opec cominciò a fare sentire il suo peso, cioè negli anni 1973–74, molti temettero che si sarebbero formati altri cartelli del genere. Malgrado i continui tentativi, tuttavia, i cartelli di beni primari non hanno mai decollato e ciò perché in alcuni casi la principale fonte di offerta è ubicata in un paese sviluppato; in altri casi, la produzione è sparsa in un gran numero di paesi, il che rende difficile mantenere gli accordi; in altri casi ancora, vi sono surrogati cui si può ricorrere.

commodity clause: Articolo dell'*Interstate Commerce Act* (v.) statunitense, che vieta alle ferrovie di trasportare un qualsiasi prodotto nel commercio fra stati se esse sono direttamente interessate, tranne che si tratti di legname o suoi derivati.

commodity control schemes: ***piani per il controllo dei prodotti.*** Sono i piani di controllo elaborati in un *commodity agreement* (v.).

commodity cost: ***costo prodotto; costo di produzione; spesa di produzione.*** Nelle aziende di erogazione del gas, dell'acqua e dell'energia elettrica, indica i costi di produzione globali o i costi relativi al prodotto erogato.

Commodity Credit Corporation: Agenzia governativa statunitense, dipendente dal ministero dell'agricoltura, istituita nel 1933. Fornisce i servizi finanziari necessari alle attività di produzione di derrate agricole a prezzi sostenuti dal governo federale, compresi i servizi accessori di trasporto, magazzinaggio, ecc., e gestisce e finanzia le attività di esportazione di prodotti agricoli, compresi gli aiuti in derrate alimentari ai paesi in via di sviluppo del terzo e del quarto mondo.

commodity currency: ***merce–moneta.*** Termine usato come sinonimo di *commodity money* (v.).

commodity deflation: ***deflazione delle merci.*** Nella terminologia keynesiana, è l'opposto dell'inflazione delle merci e nel ciclo del credito può essere definita come la differenza di cui il volume del risparmio eccede il costo degli investimenti. (v. anche *commodity inflation, credit cycle*)

commodity dollar: ***dollaro–merce.*** Termine con il quale si indica una moneta ideale che abbia un potere d'acquisto stabile in termini di uno o più beni economici, onde evitare le ampie fluttuazioni del livello generale dei prezzi. Si sono fatti vari tentativi e proposte per creare questo tipo di moneta, tra cui quella di rendere il dollaro statunitense stabile in tal senso, ma non si è ancora giunti ad alcuna realizzazione pratica.

commodity exchange: ***borsa merci.*** Gruppo di commercianti a livello nazionale o internazionale, che costituiscono un mercato organizzato per la compravendita di certi tipi di prodotti di base, quali ad esempio le granaglie, il cotone, la gomma, ecc. Le vendite hanno luogo tramite consegna simbolica, o virtuale, cioè la consegna al compratore dei titoli rappresentativi della merce, invece della merce vera e propria. (v. anche *organized market*)

Commodity Exchange Act: Legge, approvata dal Congresso degli Stati Uniti nel 1936, con la quale si istituivano stretti controlli e rigidi regolamenti cui dovevano conformarsi tutte le borse merci operanti nel paese. La supervisione delle borse merci veniva, con questa legge, affidata alla *Commodity Exchange Administration*, oggi sostituita dalla *Commodity Futures Trading Commission* (v.).

commodity fund: ***fondo comune d'investimento in beni.*** Negli Stati Uniti, è un fondo comune costituito da versamenti di diversi soggetti e utilizzato per investimenti speculativi, gestiti da professionisti, nei mercati delle derrate. Il termine viene a volte impropriamente usato per indicare un *futures fund* (v.).

commodity futures: ***contratti per consegna a termine di beni reali.*** Espressione usata con lo stesso significato di *futures* (v.), ma relativa a beni e non a strumenti finanziari.

commodity futures option: ***opzione su contratti per consegna a termine di beni; contratto a premio su futures di beni.*** Rappresenta un diritto, ma non un dovere, di acquistare o vendere un contratto a termine ad un prezzo prestabilito entro un periodo di tempo concordato, di solito tre, sei, nove o più mesi, a fronte del quale colui che si riserva il diritto paga un premio all'operatore. È una forma di copertura frequentemente usata nei mercati dei prodotti.

Commodity Futures Trading Commission: Commissione creata dal Congresso degli Stati Uniti nel 1975 e preposta a regolamentare l'attività delle borse merci statunitensi, ad esempio mediante norme che impediscono l'incetta di merci da parte di speculatori, che possono essere puniti, per azioni del genere, con ammende fino a centomila dollari. Questa commissione tende ad essere l'equivalente per le borse merci di ciò che è la *Securities and Exchange Commission* (v.) per le borse valori.

commodity income: ***reddito merce.*** Nella teoria dei numeri indici dei prezzi, questa espressione viene usata per indicare i beni che vengono acquistati da una o più persone con il suo o i loro redditi monetari. Haberler, nel suo *Der Sinn der Indexzahlen* pone in luce l'importanza della triplice distinzione tra reddito monetario, reddito merce e reddito reale.

commodity inflation: ***inflazione delle merci.*** Secondo quanto sostiene Keynes nella sua opera *A Treatise on Money*, l'nflazione delle merci misura la variazione di prezzo dei beni di consumo liquidi e può essere definita, in relazione al ciclo del credito, la differenza di cui il costo degli investimenti eccede il volume del risparmio. L'inflazione delle merci, sempre secondo Keynes, porta un incremento delle risorse disponibili per nuovi investimenti e serve a far aumentare la ricchezza della comunità. Ma essa è anche causa di una redistribuzione della ricchezza esistente, in quanto porta a un trasferimento di ricchezza da coloro che possiedono moneta ed hanno concesso prestiti a coloro che hanno contratto prestiti espressi in termini monetari, e in ciò l'inflazione delle merci assomiglia all'inflazione dei redditi.

commodity loan: ***prestito con garanzia di merci; prestito su merci.*** È un prestito con garanzia collaterale, quando questa è rappresentata da merci o materie prime, il cui possesso viene trasferito al creditore. (v. anche *collateral loan*)

commodity market: ***mercato dei prodotti.*** In senso generale è un mercato per la compravendita di prodotti, ma in senso particolare indica i mercati internazionali di derrate alimentari e materie prime. Londra e New York sono tra i più importanti centri di compravendita di tali prodotti. Il mercato tratta beni effettivi o reali, cioè prodotti fisicamente esistenti, per consegna immediata o differita, e beni non ancora prodotti, specialmente nel caso di derrate. Per questi ultimi, si fa generalmente riferimento a un tipo di derrata standard. In questi mercati organizzati operano i *broker* (v.), che fungono da agenti o per il venditore o per il compratore, intendendosi con compratore qualsiasi grossista o industriale e con venditore qualsiasi produttore o coltivatore del bene trattato.

commodity money: ***merce–moneta; moneta merce.*** È la merce che è stata prescelta come moneta. L'uso di merce–moneta era diffuso prima dell'invenzione della moneta quando una merce, accettata da tutta una comunità e tale da poter essere utilizzata di per sé qualora non venisse più usata come moneta, fungeva da mezzo di scambio, in sostituzione del baratto. La cosa si è ripetuta anche in epoche moderne, in situazioni di forte inflazione, come ad esempio in Germania subito dopo la fine della guerra, quando le sigarette venivano usate come merce–moneta.

commodity paper: ***carta commerciale.*** Termine usato negli Stati Uniti per indicare cambiali documentate o qualsiasi altro titolo di credito, che nascono dal regolamento di rapporti commerciali e che hanno, pertanto, alla base un credito effettivo. (v. anche *financial paper*)

commodity pool: ***fondo comune d'investimento in beni.*** Lo stesso che *commodity fund* (v.).

commodity price index: ***indice dei prezzi all'ingrosso per categorie di prodotti.*** Un indice dei prezzi che evidenzia la variazione media subita in un dato periodo di tempo da un gruppo di beni affini venduti all'ingrosso sui mercati internazionali. (v. anche *wholesale price index*)

commodity price indicator: ***indicatore dei prezzi all'ingrosso.*** Un indicatore che consente previsioni abbastanza accurate del futuro andamento dell'inflazione mondiale, in quanto basato sui prezzi all'ingrosso dei prodotti e delle materie prime trattati nei grandi mercati internazionali.

commodity prices: ***prezzi all'ingrosso per categorie di prodotti.*** I prezzi quotati sui mercati internazionali per ciascuna differente categoria dello stesso prodotto.

commodity rate: ***tariffa per merce specifica.*** Nei trasporti, è una tariffa speciale per una merce specifica (o gruppo di merci) estrapolata da una *class rate* (v.). Di solito, la *commodity rate* è inferiore alla *class rate* per la stessa merce, ma si applica generalmente soltanto per il trasporto su certe tratte di percorso.

commodity rate of interest: ***saggio di interesse in termini di merci.*** Nella teoria keynesiana, viene indicata con questo termine l'eccedenza percentuale dell'ammontare di una merce trattata per consegna futura, rispetto al prezzo a pronti della stessa merce.

commodity reserve theory: Teoria monetaria in base alla quale la moneta dovrebbe essere convertibile in un prodotto ad un tasso determinato o il prodotto in moneta allo stesso tasso. Una variante della teoria propone un gruppo di derrate, invece di una sola merce.

commodity restriction scheme: ***piano di limitazione delle derrate.*** Uno qualsiasi dei piani, frequenti tra il 1922 e il 1935, con i quali si tendeva a limitare la produzione mondiale di merci, non necessariamente alimentari, quali lo zucchero, il cacao, il caffé, il cotone, la gomma, ecc.

commodity shunting: ***arbitraggio di merci.*** Pratica, entrata nell'uso in Gran Bretagna all'inizio degli anni cinquanta, in base alla quale si acquistava un bene con una valuta e si vendeva per un'altra valuta, onde procurarsi la valuta di un paese nei cui confronti non era ammessa la convertibilità. Quando la sterlina non era convertibile in dollari, gli operatori si procuravano valuta statunitense acquistando platino in sterline e vendendolo in Kuwait in dollari, il che produsse la cosiddetta *Kuwait gap* (v.).

commodity speculation: ***speculazione in merci.*** Nella teoria monetaria di Keynes, la speculazione in merci si verifica quando i profitti crescono a causa di un aumento dei prezzi del capitale di esercizio, aumento che non si è ancora fatto sentire sui beni di consumo finiti. La causa di questa speculazione, pertanto, è un movimento al rialzo dei prezzi dei beni in corso di lavorazione che non ha ancora influenzato il potere d'acquisto della moneta.

commodity stabilization agreement: ***accordo di stabilizzazione dei prodotti.*** Termine usato con lo stesso significato di *commodity agreement* (v.).

commodity standard: Tipo di sistema monetario in cui la moneta è convertibile in una merce, che non sia oro o argento, ad un tasso determinato. Al giorno d'oggi, un sistema del genere non è in uso in alcun paese del mondo e resta, pertanto, semplicemente teorico.

commodity terms of trade: ***termini di scambio; equilibrio dello scambio.*** Espressione usata con lo stesso significato di *terms of trade* (v.).

commodity theory of money: ***teoria della moneta merce.*** Teoria monetaria che ascrive le oscillazioni del valore della moneta alle variazioni della domanda e dell'offerta di oro e argento per usi non monetari.

common: ***terreno di proprietà comune; comunanze.*** Termine usato con lo stesso significato di *common land* (v.).

common access facilities: ***strutture ad accesso libero.*** Sono così indicati quei beni economici o servizi che lo stato eroga gratuitamente a tutti i cittadini, finanziandoli attraverso parte del gettito derivante dall'imposizione fiscale.

common adventure: ***rischio marittimo comune.*** Espressione usata nel linguaggio delle assicurazioni marittime per indicare un qualsiasi insieme di cose, che siano esposte al medesimo rischio, come ad esempio una nave, il suo carico e il nolo che essa guadagna nel corso del viaggio.

common agricultural policy: ***politica agricola comunitaria.*** È la politica agraria della Comunità Economica Europea. Si prefigge tre obiettivi principali: a) far raggiungere alle comunità rurali un tenore di vita stabile e dignitoso; b) incoraggiare l'ammodernamento delle aziende agricole; c) facilitare la libera circolazione dei prodotti agricoli nell'ambito comunitario. La Comunità fissa i prezzi per una serie di prodotti agricoli, tra i quali il latte, il burro e le carni, e li sostiene con le entrate derivanti dall'imposizione di dazi variabili sui prodotti agricoli provenienti da paesi terzi e con l'acquisto diretto delle eccedenze di quei prodotti il cui prezzo rischia di scendere al di sotto del prezzo stabilito.

common average: ***avaria comune.*** Lo stesso che *general average* (v.).

common budget: ***bilancio comunitario.*** Il bilancio della Comunità Economica Europea, che prevede i contributi dei diversi stati membri e le altre entrate comunitarie e i contributi da elargirsi agli stati membri per finanziare i piani di sviluppo e ammodernamento approvati dalla Comunità stessa. Gran parte delle risorse del bilancio vengono assorbite dai diversi contributi all'agricoltura comunitaria.

common carrier: ***vettore comune.*** Qualsiasi impresa di trasporti, comprese le ferrovie, che opera su autorizzazione governativa e che deve accettare di trasportare merci e persone, verso corrispettivo, per conto di chiunque lo chieda. (v. anche *contract carrier, private carrier*)

common community tariff: ***tariffa doganale comunitaria; tariffa doganale esterna comune.*** È la tariffa doganale praticata da tutti i paesi membri della Comunità Economica Europea sui beni e servizi provenienti da paesi terzi.

common cost: ***costo comune; costo d'imputazione indiretta.*** Il costo di installazioni o servizi impiegati nella produzione di due o più beni o servizi, che non risulta possibile imputare ad uno o alcuno di loro. Così, ad esempio, i costi di un magazzino o di un'assicurazione contro l'incendio, che copre vari tipi di beni conservati nel magazzino, risultano essere un costo comune, perché il beneficio si estende a tutti i lotti di merce che saranno, poi, impiegati per la produzione di due o più beni.

common customs tariff: ***tariffa doganale comunitaria; tariffa doganale esterna comune.*** Termine usato con lo stesso significato di *common community tariff* (v.).

common dividend: ***dividendo per azioni ordinarie.*** Termine usato negli Stati Uniti per indicare la parte di utili di una società da suddividersi tra i proprietari di azioni ordinarie.

common employment: ***impiego comune.*** Espressione usata nel linguaggio giuridico e delle relazioni industriali per indicare una norma del diritto consuetudinario che prevede che un datore di lavoro non può essere ritenuto responsabile di danni o lesioni causate ad un lavoratore dal comportamento disattento di un altro lavoratore, purché egli abbia usato particolare attenzione nello scegliere i suoi dipendenti e nel predisporre le opportune misure antinfortunistiche. Questa norma, tuttavia, non viene più applicata dai tribunali britannici, in quanto tende a favorire il datore di lavoro a scapito del lavoratore.

common enterprise: ***impresa in compartecipazione.*** Lo stesso che *joint enterprise* (v.).

common external customs duties: ***tariffa esterna comune.*** È la tariffa praticata da un'unione doganale su beni e servizi provenienti da paesi terzi.

common external tariff: ***tariffa esterna comune.*** Lo stesso che *common external customs duties* (v.).

common land: ***terreno di proprietà comune; comunanze.*** Nel Regno Unito si indica con questo termine un terreno che può essere utilizzato da tutti i cittadini, come ad esempio un parco, purché essi rispettino determinate norme di comportamento emanate dalle autorità. In certe zone del paese, gli abitanti hanno anche il diritto di tagliare legna, condurre animali al pascolo e pescare in ruscelli o fiumi che attraversano questi terreni di proprietà comune.

common law: ***diritto consuetudinario.*** È così chiamata quella parte del diritto inglese non scritto, ma basato sulle consuetudini comuni del paese. È stato conservato e ampliato dalla giurisprudenza delle corti ed è stato in alcuni casi modificato dal diritto scritto. (v. anche *statute law*)

common–law corporation: ***società per azioni a responsabilità illimitata.*** Termine a volte usato con lo stesso significato di *joint–stock association* (v.).

common–law trust: Lo stesso che *business trust* (v.).

Common Market: ***mercato comune.*** Organizzazione proposta alla Conferenza di Messina del 1955 e creata nel 1958 con il Trattato di Roma da parte dei sei paesi fondatori: Belgio, Francia, Germania, Italia, Lussemburgo e Olanda, cui si aggiunsero nel 1973 il Regno Unito, l'Irlanda e la Danimarca e successivamente gli altri membri. In essenza, si tratta di un'unione doganale che si è impegnata ad eliminare, nel corso di un periodo di tempo prestabilito, tutti i dazi interni e tutte le restrizioni alla libera circolazione di merci, capitali e lavoro nell'ambito comunitario, tutelandosi contro le importazioni dai paesi terzi mediante una tariffa doganale comune. (v. anche *European Economic Community*)

common marketeer: Una persona favorevole all'entrata del suo paese nella Comunità Economica Europea. Il termine si riferisce in particolare a cittadini britannici, sostenitori della C.E.E.

common money bond: ***obbligazione.*** Termine usato con lo stesso significato di *bond 1* (v.).

common ownership: ***proprietà in comune.*** Lo stesso che *tenancy in common* (v.).

common price agreement: ***accordo su prezzi comuni.*** È l'accordo tra imprese, sul quale si basa il *common pricing* (v.).

common pricing: **1.** ***fissazione di prezzi comuni.*** La fissazione di prezzi identici, per prodotti economicamente identici, a seguito di accordo intercorso fra due o più venditori, generalmente in un oligopolio puro, in cui l'azienda che ponesse in vendita i propri prodotti ad un prezzo superiore a quello praticato dai propri concorrenti vedrebbe le sue vendite contrarsi notevolmente. **2.** ***licitazione collusiva.*** In questo significato, il termine inglese viene usato come sinonimo meno preciso di *collusive tendering* (v.).

common property: ***proprietà comune.*** Un bene o una risorsa senza proprietario ben identificato o identificabile e, pertanto, usata da tutti liberamente. Il fatto che nessuno ne abbia la proprietà porta all'assenza di protezione del bene e all'uso indiscriminato da parte di tutti come avviene, ad esempio, per i pascoli o i mari pescosi, che vengono regolarmente depauperati da coloro che li usano. L'unica soluzione per evitare ciò sembra essere quella di assegnare la proprietà ad un individuo, ad un'impresa o ad uno stato, che ne saranno così anche responsabili dal punto di vista della protezione e della conservazione.

common property resource: ***risorsa di proprietà comune.*** Ciascuna delle risorse che la natura mette a disposizione di tutti in grande abbondanza e che, pertanto, non hanno prezzo o valore di scambio.

common seal: ***sigillo aziendale.*** Lo stesso che *seal* (v.).

common seal book: ***libro del sigillo aziendale.*** Lo stesso che *seal book* (v.).

common shares: ***azioni ordinarie.*** Lo stesso che *ordinary shares* (v.).

common size: Espressione con la quale si indica lo stato patrimoniale di un'impresa, calcolato in valori percentuali. È particolarmente utile per mettere a confronto gli stati patrimoniali di più imprese operanti nel medesimo settore.

common stock: ***azioni ordinarie.*** Termine usato negli Stati Uniti con lo stesso significato di *ordinary shares* (v.).

common stock fund: ***fondo comune d'investimento in azioni ordinarie; fondo comune azionario.*** È un tipo di fondo comune, che investe il proprio patrimonio quasi esclusivamente in azioni ordinarie.

common stock ratio: Espressione di uso statunitense che indica il valore dichiarato delle azioni ordinarie più riserve straordinarie ed eccedenze, diviso per il valore totale di obbligazioni, azioni privilegiate, azioni ordinarie, riserve straordinarie ed eccedenze.

common support prices: ***prezzi agricoli comunitari.*** Sono così chiamati i prezzi praticati per i prodotti agricoli all'interno della Comunità Economica Europea, nell'ambito della politica agricola comunitaria. La Commissione europea fissa, per ciascun prodotto, un prezzo traguardo nell'intento di mantenere in tutti i paesi della Comunità un unico prezzo di mercato al livello più alto, in modo che gli agricoltori possano programmare la loro produzione su tale livello di prezzo. Contestualmente, però, viene anche fissato un prezzo di intervento, inferiore al prezzo traguardo, che rappresenta il prezzo minimo per quel dato prodotto. Se il prezzo di mercato scende fino a raggiungere il prezzo di intervento, che comunque è sempre superiore ai prezzi effettivi di produzione, gli enti a ciò preposti hanno l'obbligo di acquistare il prodotto, in modo da sostenere il prezzo. Nei confronti del mercato mondiale, la politica agricola comunitaria prevede tre diversi metodi per sostenere i prezzi interni. In primo luogo, si fissa un prezzo di soglia per le importazioni di prodotti agricoli da paesi terzi. Tale prezzo è inferiore al prezzo traguardo, ma è studiato in modo tale che, dopo avervi aggiunto i costi di trasporto, porta il prezzo di vendita dei prodotti agricoli provenienti dai paesi terzi allo stesso livello del prezzo traguardo fissato per i prodotti comunitari. In secondo luogo, se la produzione comunitaria è superiore al fabbisogno e il prezzo mondiale del particolare prodotto è inferiore al prezzo comunitario, la Comunità interviene con sussidi agli esportatori, in modo che le eccedenze possano essere vendute sui mercati mondiali senza perdite da parte degli agricoltori europei. In terzo luogo, quando i prezzi mondiali sono superiori a quelli comunitari, la Comunità può vietare le esportazioni, in modo da serbare la produzione per il mercato europeo.

common trust fund: È l'unione di due o più fondi comuni d'investimento piccoli, allo scopo di realizzare economie di gestione e maggiore diversificazione del rischio.

Commonwealth: Associazione di paesi che comprende il Regno Unito e la gran parte degli stati o territori che una volta facevano parte dell'impero britannico. Questi stati intrattenevano tra loro rapporti commerciali privilegiati. (v. anche *Commonwealth preference*)

Commonwealth Development Corporation: Organizzazione istituita nel 1963, in sostituzione della *Colonial Development Corporation* (v.), a seguito dell'approvazione del *Commonwealth Development Act* da parte del parlamento britannico. Compito principale di questa organizzazione è quello di contribuire allo sviluppo economico dei paesi membri del Commonwealth che hanno raggiunto l'indipendenza dopo il 1948.

Commonwealth Development Finance Company: Istituzione privata fondata nel 1953 per fornire finanziamenti a imprese produttive nei vari paesi e territori del Commonwealth britannico. Le azioni di questa società sono di proprietà di varie altre società inglesi, tra cui banche, della Banca d'Inghilterra e di altre banche centrali di paesi del Commonwealth. Oggi, l'attività di questa istituzione non si limita più ad interventi nei soli paesi del Commonwealth.

Commonwealth of Nations: ***Commonwealth delle nazioni.*** Termine usato con lo stesso significato di *Commonwealth* (v.).

Commonwealth preference: ***preferenza ai paesi del Commonwealth.*** Sono le tariffe preferenziali concesse dal Regno Unito a vantaggio dei prodotti provenienti dai paesi del Commonwealth. Tali importazioni vengono assoggettate a tariffe ridotte o, a volte, ammesse in esenzione doganale, purché si verifichino determinate condizioni, tra cui: che i prodotti siano stati interamente coltivati o fabbricati in uno di quei paesi; che essi contengano almeno il 75% di produzione di uno dei suddetti paesi. Dopo l'ingresso del Regno Unito nella Comunità Economica Europea, questo tipo di preferenza è stato abolito al termine del periodo di transizione o è stato assorbito in accordi comunitari simili, nel caso in cui la Comunità praticasse già un trattamento preferenziale ai paesi interessati. Pertanto, attualmente la preferenza ai paesi del Commonwealth da parte del Regno Unito è del tutto scomparsa.

Commonwealth Sugar Agreement: È un accordo tra Regno Unito e paesi del Commonwealth produttori di zucchero, in base al quale il primo si impegna ad acquistare dai secondi la produzione di zucchero a prezzi concordati di anno in anno. (v. anche *Sugar Board*)

communal agricultural organization: ***azienda agricola cooperativa.*** Tipo di impresa agricola di notevoli dimensioni, gestita secondo i principi della cooperativa da un gruppo di agricoltori e loro famiglie.

commune: ***comune.*** Il tipo di fattoria colletiva diffusa nella Repubblica Popolare Cinese, che risultava più ampia e più diversificata delle *collective farms* (v.).

communications strategy: ***strategia delle comunicazioni.*** La strategia adottata da un'impresa per comunicare con i suoi potenziali clienti. Può aver luogo attraverso veicoli pubblicitari, specialmente quando il prodotto è diretto alla massa dei consumatori, o attraverso visite del personale di vendita, quando il prodotto è diretto a una categoria di potenziali acquirenti relativamente piccola e ben individuata.

communism: ***comunismo.*** Sistema politico-economico basato sulla proprietà di tutta la ricchezza da parte della comunità o dello stato, con la conseguente abolizione della proprietà privata. Lo stato si assume la responsabilità della programmazione e la produzione di ciascun individuo è idealmente conforme alla capacità e il consumo conforme al bisogno. Il termine è spesso usato per indicare il sistema economico-politico della Russia, dei suoi satelliti e della Cina popolare, ma i teorici russi preferiscono usare il termine socialismo. Lo stesso termine comunismo può essere usato per indicare società o dottrine che per ragioni tradizionali, religiose o umanitarie reputano essenziale l'uguaglianza e la proprietà comune del capitale.

community: ***comunità.*** Il termine può essere usato per indicare tanto un numero di persone che vivono nello stesso luogo o hanno interessi comuni, quanto un gruppo di paesi che si uniscono allo scopo di sviluppare o gestire una comune attività. In questo secondo significato il termine è spesso usato per indicare la Comunità Economica Europea.

community bank: ***banca locale.*** Termine usato con lo stesso significato di *local bank* (v.).

community budget: ***bilancio comunitario.*** Lo stesso che *common budget* (v.).

community centre: ***centro commerciale di comunità.*** Nel linguaggio commerciale statunitense, questo termine indica uno *shopping centre* (v.) che serve una comunità che si aggira sulle centomila persone. (v. anche *neighbourhood centre, regional centre*)

community charge: Espressione usata nel Regno Unito per indicare un nuovo tipo di *poll tax* (v.) prelevata a livello locale su tutti i cittadini adulti.

community industry scheme: Piano introdotto nel Regno Unito nel 1976, allo scopo di assistere i giovani che non riescono a trovare un lavoro stabile.

community investment: ***investimento reale; investimento immobiliare.*** È così chiamato l'investimento attraverso il quale vengono creati nuovi capitali fissi e cioè l'investimento che ha come risultato la formazione di nuovo capitale. L'espressione viene usata come opposto di investimento mobiliare o finanziario e spesso si riferisce a investimenti dai quali trae giovamento la comunità, come nel caso di costruzione di scuole, ospedali e simili.

community law: ***diritto comunitario.*** Il complesso di leggi, direttive e altre norme che regolano i rapporti tra i paesi membri della Comunità Economica Europea.

community of interest: ***comunione d'interessi.*** Si indica con questa espressione il coordinamento delle politiche di due o più organizzazioni indipendenti, tramite un qualsiasi strumento che non sia il controllo di maggioranza.

community preference: ***preferenza comunitaria.*** È il principio in base al quale ciascun paese membro della Comunità Economica Europea dovrebbe dare la preferenza nel suo mercato ai prodotti, specialmente quelli agricoli, provenienti dagli altri paesi membri della Comunità.

community property: ***proprietà in comune; comunione dei beni.*** La proprietà accumulata da una coppia di coniugi durante la loro vita matrimoniale. Oltre ai beni posseduti in comune, ciascun coniuge può avere beni separati, che di solito consistono di beni posseduti prima del matrimonio, di beni acquisiti dopo il matrimonio a seguito di donazioni o di beni acquisiti in cambio di beni separati.

community-property principle: ***principio della comunione dei beni.*** Il principio in base al quale i beni acquistati da una coppia dopo il loro matrimonio vengono considerati di proprietà comune e ciascuno dei coniugi ha diritto al cinquanta per cento del patrimonio familiare.

community transit: ***transito comunitario.*** Termine con il quale si indica il transito libero, cioè non soggetto a dazi doganali, di beni tra i diversi stati che fanno parte della Comunità Economica Europea.

commutation right: ***diritto di riscatto.*** Nelle assicurazioni, indica il diritto del beneficiario di una rendita di ricevere, a propria scelta, in un unico versamento il valore monetario attuale delle rate future.

commutative contract: ***contratto commutativo.*** In contrapposizone a contratto aleatorio, indica un contratto nel quale le prestazioni delle parti sono stabilite in precedenza, così che ciascuno dà e riceve un equivalente, come ad esempio in un contratto di compravendita.

commuted value: ***valore attuale.*** Lo stesso che *present value* (v.).

commuter: ***pendolare.*** Termine con il quale si indica chi vive stabilmente in un luogo e si sposta quotidianamente in un altro luogo per lavoro. Molto comune nelle grandi città, come Londra, Tokyo e New York, il fenomeno dei pendolari ha assunto proporzioni sempre maggiori, creando problemi di trasporto. Il termine, specialmente negli Stati Uniti, tende ad essere usato impropriamente come sinonimo di viaggiatore.

commuter belt: ***cintura dei pendolari.*** È la cintura di piccoli centri che si sviluppano intorno ad una grande città e nei quali vivono stabilmente i lavoratori pendolari.

commuter tax: ***imposta sui pendolari.*** È un'imposta sul reddito dei pendolari, riscossa dalle municipalità delle città in cui essi svolgono la loro attività lavorativa.

Compagnie Internationale de Crédit à Moyen Terme: Consorzio di banche per il credito a medio termine, fondato in Svizzera nel 1967 da banche inglesi, americane ed europee.

Companies Acts: Nome con il quale si identificano le varie leggi sulle società, approvate dal parlamento britannico. La prima del dopoguerra, approvata nel 1947, fu il risultato del rapporto della *Cohen Committee* (v.) ed emendò ed ampliò il *Companies Act* del 1929. A sua volta, però, fu abrogata ad eccezione delle parti che trattavano questioni non relative alle società, quali ad esempio il fallimento e la registrazione delle ragioni sociali. La seconda legge fu approvata nel 1948; essa abrogò tutto il *Companies Act* del 1929 e gran parte di quello del 1947. È questa la legge che regolava la costituzione e il funzionamento delle società inglesi moderne. Tra le sue innovazioni, vi si prevedeva la costituzione delle cosiddette *exempt private companies* (v.), ma questa disposizione fu abrogata dal successivo *Companies Act*, quello del 1967, che impose anche una maggiore pubblicizzazione delle operazioni societarie. La legge del 1948 fu successivamente emendata in varie occasioni, tanto che si soleva parlare di *Companies Acts 1948 to 1983*, ma a partire dal 1° luglio 1985 tutte queste leggi sono state abrogate e sostituite con il *Companies Act 1985*.

companies combined policy: ***polizza combinata.*** Termine usato con lo stesso significato di *combined policy* (v.).

companies liquidation account: ***conto liquidazioni società.*** Speciale conto tenuto dal *Board of Trade* (v.) presso la Banca d'Inghilterra, nel quale vengono versati tutti i pagamenti relativi alla liquidazione di una qualsiasi società.

companies outside Great Britain: ***società estere.*** Il *Companies Act* del 1948 tratta in particolare delle società costituite e registrate all'estero, con una sede propria nel Regno Unito. L'articolo 407 della legge prevede che le società estere debbano: a) inviare al Registro delle società una copia dell'atto costitutivo, dello statuto e del certificato di registrazione nel paese d'origine; b) un elenco degli amministratori; c) i nomi e gli indirizzi di una o più persone autorizzate a ricevere notifiche per conto della società. L'articolo 411 stabilisce che la società estera deve esplicitamente indicare la propria ragione sociale e il paese di origine su tutti i documenti ufficiali, sulla sua carta intestata, su avvisi pubblicitari, nelle pubblicazioni ufficiali della società e nei manifesti che accompagnano eventuali emissioni azionarie o obbligazionarie. Queste disposizioni hanno trovato collocazione nella nuova legge del 1985.

Companies Registry: ***Ufficio del registro delle società.*** È l'ufficio presso il quale viene tenuto il registro delle società costituite e operanti nel Regno Unito. Tale ufficio si trovava a Londra, ma ora è stato spostato a Cardiff. (v. anche *Register of Companies*)

company: 1. ***società; compagnia.*** Termine generico con il quale si indica un'associazione dotata di personalità giuridica. Indica generalmente una società di capitali, in particolare quando è usato da solo, ma a volte è incluso nella ragione sociale di società di persone. Le società inglesi sono regolamentate dal *Companies Act* del 1985 e acquistano personalità giuridica mediante iscrizione al registro delle società. (v. anche *joint-stock company, company limited by shares, company limited by guarantee, unlimited company*) **2.** ***azienda.*** Il termine inglese è spesso usato nel significato di azienda o impresa, quando questa è costituita sotto forma di società, mentre negli Stati Uniti esso viene usato per indicare indistintamente una qualsiasi azienda, sia che si tratti di un'impresa individuale, sia che si tratti di una società.

company absorption: ***assorbimento di società.*** Termine generico usato per indicare l'acquisizione di una società da parte di un'altra, con totale perdita dell'individualità della prima, che diventa parte integrante della seconda.

company accounts: ***conti societari.*** Termine usato per indicare collettivamente tutti i documenti contabili di una società per azioni. (v. anche *account 5*)

company agreement: ***accordo a livello aziendale; contratto aziendale.*** L'accordo sottoscritto dalle parti quale risultato di una contrattazione a livello aziendale. (v. anche *company-wide bargaining*)

company amalgamation: ***fusione di società.*** L'unione di due o più società per formare una nuova impresa in cui le vecchie società perdono la loro autonomia e identità. Vi sono due tipi di fusione: incorporazione e unione. Nel primo, una società assorbe una o più aziende e il patrimonio di queste ultime passa alla società incorporante, che subentra in tutte le obbligazioni e in tutti i diritti delle società incorporate. Nel secondo tipo, le società preesistenti vengono estinte e si costituisce una società nuova, che subentra nella titolarità di tutti i rapporti delle società preesistenti, di cui acquisisce il patrimonio. Vi sono due principali motivi per la fusione delle società: a) assicurarsi economie derivanti dalla produzione su vasta scala; b) assicurarsi una quota più ampia del mercato di un prodotto. Oggi, la fusione di società note sui mercati è effettuata più opportunamente attraverso la costituzione di una holding, perché ciò consente alle imprese di conservare la loro ragione sociale, con tutti i vantaggi di mercato che ciò comporta.

company bargaining: ***contrattazione a livello aziendale.*** Lo stesso che *company–wide bargaining* (v.).

company committee: ***comitato aziendale.*** Gruppo di persone alle quali il consiglio di amministrazione di una società ha collettivamente delegato uno o più compiti specifici. Può trattarsi di un comitato permanente, nel qual caso tratta questioni routinarie relative allo scopo specifico per il quale è stato istituito, o di un comitato *ad hoc*, cioè istituito per occuparsi di una questione particolare non ricorrente, nel qual caso verrà sciolto appena avrà assolto il compito affidatogli.

company courses: ***corsi aziendali.*** Corsi di avviamento al lavoro, di aggiornamento o di riqualificazione svolti all'interno e a spese di un'impresa.

company debentures: ***obbligazioni di società per azioni.*** Termine usato con lo stesso significato di *debenture* (v.).

company director: ***amministratore; membro del consiglio di amministrazione.*** Persona eletta dagli azionisti, in un'assemblea ordinaria, perché curi la gestione della società insieme agli altri amministratori nominati nello stesso modo. Può avere mansioni specifiche ed essere a capo di un settore dell'azienda o può semplicemente far parte del consiglio di amministrazione, col quale condivide la responsabilità gestionale, apportando il proprio contributo di esperienza e specializzazione nella formulazione della politica aziendale.

company doctor: 1. ***medico aziendale.*** È il medico che lavora all'interno di un'impresa, prendendosi cura della salute dei dipendenti e di tutte le questioni igienico–sanitarie connesse a tale compito. **2.** ***medico delle aziende.*** Lo stesso termine inglese viene usato nel linguaggio colloquiale per indicare un aziendalista esperto di come procedere al salvataggio di imprese non competitive e sull'orlo del fallimento.

company economist: ***aziendalista; economista aziendale.*** Professionista, esperto di questioni aziendali connesse con l'andamento dei mercati, che svolge opera di consulenza a tempo parziale o a tempo pieno per un'impresa, interessandosi principalmente di programmazione aziendale.

company executive: ***dirigente aziendale.*** Termine generico, usato per indicare una persona impiegata a livello dirigenziale presso un'impresa commerciale o industriale, nella quale è responsabile di questioni finanziarie e amministrative.

company formation: ***formazione di una società di capitali; costituzione di una società.*** V. spiegazione sotto *formation of a company*.

company goal: ***obiettivo aziendale.*** Un qualsiasi obiettivo che un'impresa si prefigge di realizzare, di solito attraverso l'applicazione di una politica volta a tale realizzazione. Può riguardare la ricerca, le vendite, l'espansione aziendale o altri obiettivi del genere.

company hierarchy: ***gerarchia aziendale.*** La linea di comando che, partendo dal vertice di un'azienda, attraverso i vari gradi e le relative responsabilità, giunge alla base di una piramide ideale.

company image: ***immagine aziendale.*** È l'immagine che il pubblico in generale, e i clienti e i fornitori in particolare, si formano di un'impresa commerciale o industriale. Una volta creata, l'immagine aziendale è difficile da sradicarsi, perché il pubblico non è sempre disposto a cambiare opinione e di solito è più facile creare un'immagine negativa che un'immagine positiva. Pertanto, sia i dipendenti che i dirigenti e i proprietari di un'azienda devono essere molto cauti nel trattare con il pubblico, particolarmente quando essi rappresentano l'azienda per la quale lavorano. Molte imprese dedicano costose campagne pubblicitarie al tentativo di creare un'immagine positiva presso il pubblico ed emanano una serie di norme comportamentali per i dipendenti e tutti coloro che comunque possono contribuire alla creazione dell'immagine aziendale.

company investment: ***investimento aziendale.*** L'investimento in capitale fisso da parte di imprese industriali o commerciali. Tale investimento può essere volto ad acquisire nuove strutture produttive, quali ad esempio nuovi edifici, macchine o impianti, oppure ad acquisire nuove attrezzature, quali ad esempio arredamenti e macchine da ufficio, autoveicoli industriali, trattori, ecc.

company investment plan: ***programma di investimento aziendale.*** Un piano che prevede l'investimento in beni capitali di una somma stabilita da parte di un'impresa nell'arco di un determinato periodo di tempo.

company law: ***legislazione societaria; diritto societario.*** Complesso di leggi e norme che regolano la costituzione e la vita delle società per azioni. Nel Regno Unito, le leggi principali in materia sono il *Companies Act* del 1948, che regolamentava le società per azioni, il *Companies Act* del 1967, che emendò parzialmente il precedente; e il *Companies Act* del 1985 che abrogò e sostituì tutte le leggi precedenti. (v. anche *Companies Acts*)

company limited by guarantee: ***società a responsabilità limitata da garanzia.*** Tipo di società inglese nella quale la responsabilità dei soci è limitata alla somma che ciascuno di loro si è impegnato a versare in caso di liquidazione della società. La somma suddetta è specificata nell'atto costitutivo. Tale tipo di società è permessa solo quando si tratti di associazioni senza scopo di lucro e, quindi, trova applicazione nel caso di circoli, di associazioni culturali e simili. (v. anche *membership corporation*)

company limited by shares: ***società per azioni.*** È la tipica società per azioni, in cui la responsabilità dei soci è limitata alla parte di decimi non ancora versati. Se essi, invece, hanno versato la totalità del capitale sottoscritto, la loro responsabilità è, ordinariamente, limitata all'eventuale perdita di tale capitale, in caso di liquidazione della società. La perdita totale o parziale dipende dal tipo di azioni sottoscritte e dall'entità dei debiti della società. La parola *limited* (v.), generalmente abbreviata in *Ltd.*, pur se ciò ha dato adito a polemiche sull'interpretazione della legge, deve comparire come ultima parola nella ragione sociale, la quale deve essere posta ben in vista all'esterno di un qualsiasi locale in cui la società opera. (v. anche *joint–stock company*)

company loyalty: ***attaccamento all'azienda; lealtà verso l'azienda.*** È l'atteggiamento dei dipendenti o dei dirigenti di un'impresa, quando essi si sentono legati all'azienda e operano per il suo benessere.

company management: ***amministrazione aziendale; gestione aziendale; direzione aziendale.*** Il termine inglese viene usato in due accezioni: a) indica l'autorità esecutiva, che riunisce in sé le funzioni amministrative o di controllo e quelle di scelta di politica aziendale; b) in senso concreto e applicato alle persone che svolgono la funzione suddetta può riferirsi ad un singolo individuo che si trova a capo di un'organizzazione, oppure collettivamente al capo e ai suoi diretti collaboratori. È opportuno ricordare che nelle moderne società per azioni l'amministrazione è quasi sempre disgiunta dalla proprietà.

company meetings: ***assemblee societarie.*** Le più importanti assemblee di una società per azioni sono l'assemblea ordinaria e l'assemblea straordinaria dei soci. La legge britannica (*Companies Act*) prevede che l'assemblea ordinaria si tenga almeno una volta all'anno e che non intercorra, tra un'assemblea ordinaria e la successiva, un periodo di tempo superiore ai quindici mesi. Nel corso di tale assemblea vengono discussi ed approvati i rendiconti e le relazioni del consiglio di amministrazione e dei sindaci; si provvede alla discussione e alla dichiarazione del dividendo proposto dal consiglio di amministrazione; si nominano o si confermano i sindaci e i consiglieri, ecc. Un'assemblea straordinaria, invece, può essere convocata in qualsiasi momento, per discutere questioni straordinarie e urgenti, o dal consiglio di amministrazione o dai soci che rappresentano non meno di un decimo del capitale azionario con diritto di voto.

company not for profit: ***società senza scopo di lucro.*** Sono istituti di beneficenza o associazioni culturali, religiose, sportive, artistiche, ecc., che in base al *Companies Act* possono assumere la personalità giuridica di società a responsabilità limitata da garanzia, ma non sono autorizzate ad aggiungere la parola *limited* (v.) al loro nome. Tali società sono esonerate dall'invio dell'elenco dei soci al registro delle persone giuridiche. (v. anche *company limited by guarantee*)

company officer: ***funzionario di una società.*** Chiunque, nell'esercizio delle proprie funzioni, possa presentarsi o parlare a nome di una società. Il termine, pertanto, include gli amministratori, i direttori, i segretari e, a volte, anche i sindaci e i legali della società, quando essi agiscono in nome e per conto di quest'ultima.

company organization: ***organizzazione aziendale; organizzazione di impresa.*** La ripartizione dell'autorità e delle responsabilità tra coloro che fanno parte di un'impresa. I tre tipi principali di organizzazione aziendale sono: l'organizzazione lineare; l'organizzazione funzionale; e l'organizzazione a linee e direzioni. Per le relative spiegazioni, v. *line organization; functional organization; line and staff organization.*

company pension plan: ***programma di pensionamento aziendale.*** Un piano di pensionamento finanziato e gestito da un'impresa. Il termine viene usato per distinguere questo piano da quello gestito dallo stato o da un suo ente.

company plan: ***piano aziendale; programma aziendale.*** L'insieme di obiettivi e strategie non rigidi e di ampio respiro che un'impresa si prefigge per un determinato periodo di tempo, di solito cinque anni.

company planning: ***programmazione aziendale; programmazione d'impresa.*** La formulazione di un piano, in particolare di un piano economico, da parte di un'impresa attraverso lo studio particolareggiato delle proprie attività di produzione e di vendita. Tra le tecniche che assistono la direzione nella formulazione di una programmazione aziendale rientrano la contabilità industriale, l'analisi del sentiero critico, la tecnica di valutazione e revisione dei programmi, ecc. (v. anche *cost accounting, critical path analysis, programme evaluation and review technique, planning*)

company policy: ***politica aziendale.*** La politica perseguita da un'impresa, e stabilita dal suo consiglio di amministrazione, in relazione ai prezzi, agli investimenti, alla produzione, all'occupazione, ecc.

company profitability: ***redditività aziendale.*** La capacità di un'impresa di produrre un reddito o guadagnare degli utili. Lo stesso termine indica spesso un determinato grado di redditività di un'impresa messa a confronto con un'altra o con altre imprese simili.

company promoter: ***socio fondatore.*** Uno dei soci che decidono di fondare una società e i cui nomi compaiono nell'atto costitutivo. I soci fondatori dovranno espletare tutte le formalità necessarie per la fondazione e il successivo funzionamento della società.

company promotion: ***fondazione di una società.*** La costituzione di una società e lo svolgimento di tutte le pratiche necessarie per ottenere la sua registrazione, presso l'apposito Registro delle società, e la documentazione necessaria perché essa possa iniziare l'attività contemplata nell'atto costitutivo. (v. anche *formation of a company*)

Company Registrar: ***conservatore del registro delle società.*** Lo stesso che *Registrar of Companies* (v.).

company reserves: ***riserve societarie.*** Termine generico, usato per indicare utili non distribuiti e accantonati per scopi specifici.

company's assets: ***attivo sociale; attività sociali.*** Il complesso dei beni di una società, di cui essa può disporre a fronte di propri impegni o passività.

company saving: ***risparmio d'impresa.*** Lo stesso che *corporate saving* (v.).

company's capital: ***capitale sociale.*** Il capitale di apporto delle imprese costituite in forma di società, cioè il capitale che i soci si sono impegnati a conferire alla società sotto forma di quote o azioni, per la realizzazione degli scopi sociali. Può essere versato dai soci all'atto della costituzione della società o parte in tale occasione e parte successivamente.

company seal: ***sigillo di società.*** Termine usato con lo stesso significato di *seal* (v.).

company secretary: ***segretario di una società.*** La persona responsabile della perfetta tenuta dei libri sociali, in particolare del libro dei soci, oltre che essere addetta alla supervisione di tutto il lavoro amministrativo dell'azienda e alla stesura dei verbali del consiglio di amministrazione e delle assemblee dei soci. Trattandosi di un posto di notevole responsabilità, è di solito affidato ad uno dei funzionari più anziani.

company's liabilities: ***passivo sociale; passività sociali.*** L'insieme dei debiti di una società, che include mutui bancari, aperture di credito da parte di altre imprese e debiti a breve scadenza, questi ultimi chiamati passività correnti. Oltre ai suddetti, rientrano tra le passività di una società anche il capitale di prestito, cioè le obbligazioni, e il capitale azionario sottoscritto dai soci.

company's risk: ***rischio a carico del vettore.*** Lo stesso che *carrier's risk* (v.).

company store: ***spaccio aziendale.*** Negozio al dettaglio, di proprietà dell'azienda ma spesso gestito da altra organizzazione, nel quale possono fare acquisti i dipendenti, con particolari vantaggi e agevolazioni.

company strategy: ***strategia aziendale.*** La formulazione di una politica aziendale di lungo periodo e degli obiettivi che l'impresa si propone di realizzare, nonché dei piani strategici necessari per realizzarli.

company taxation: ***tassazione delle società.*** È l'imposizione fiscale cui sono soggetti i redditi delle persone giuridiche, sia che vengano distribuiti sotto forma di dividendi, sia che vengano accantonati sotto forma di riserve.

company title: ***ragione sociale; denominazione sociale.*** È il nome con il quale si contraddistingue una società.

Nel Regno Unito, l'uso di una qualsiasi ragione sociale diversa da quella del nome dell'imprenditore è soggetto ad approvazione del *Board of Trade* (v.), come stabilito dal *Companies Act* che, tra l'altro, vietò l'uso, nelle ragioni sociali, di aggettivi quali «Reale», «Nazionale», «Imperiale» e «Internazionale» per le società di nuova costituzione. Il *Board of Trade* rifiuterà la propria approvazione quando la ragione sociale di una società è simile a quella di un'altra al punto da generare confusione. Quando ci si rende conto di ciò dopo che la società è stata già iscritta al pubblico registro, il *Board of Trade* chiederà alla società in questione di cambiare la propria ragione sociale entro un periodo di tempo determinato e la nuova ragione sociale sarà sostituita alla vecchia nel registro delle società. L'articolo 108 del *Companies Act* del 1948 stabiliva che la società dovesse porre ben in vista la propria ragione sociale all'esterno dei propri uffici o del luogo in cui svolge la propria attività, che dovesse riprodurla sul proprio sigillo, sulla propria carta da corrispondenza e su tutti gli atti che la riguardano. Per le società a responsabilità limitata, l'ultima parola della ragione sociale deve essere *limited*, che può anche essere scritto in forma abbreviata *Ltd.* L'uso improprio della parola *limited* da parte di imprese non costituite sotto forma di società a responsabilità limitata dà luogo ad una multa fino a cinque sterline per ogni giorno durante il quale la parola è stata usata.

company town: Una città sorta per accogliere i lavoratori e le loro famiglie, quando l'azienda per la quale essi lavorano è lontana da qualsiasi centro abitato. Sorge di solito su suolo di proprietà dell'azienda, che possiede anche i principali negozi e le abitazioni della città.

company union: ***sindacato d'impresa.*** Un sindacato di cui sono membri soltanto i lavoratori di un'impresa e che, pertanto, non fa generalmente parte di una federazione sindacale.

company-wide agreement: ***contratto aziendale unificato.*** Un contratto di lavoro stipulato a livello aziendale e che, pertanto, interessa tutti i dipendenti dell'impresa, ma non i dipendenti di altre imprese della stessa industria.

company-wide bargaining: ***contrattazione a livello aziendale.*** La contrattazione per la definizione del contratto di lavoro di tutti i dipendenti di una singola impresa. Viene svolta dai rappresentanti sindacali dei lavoratori e dai rappresentanti della direzione e, una volta sottoscritto il contratto, esso avrà valore soltanto per quell'impresa e non per altre imprese della stessa industria.

comparative advantage: ***vantaggio comparato; vantaggio relativo.*** Alcuni paesi non sono in grado, per ragioni climatiche o geologiche, di produrre determinati beni. La produzione di caffé o banane è limitata alle zone tropicali, mentre l'estrazione di rame o di manganese è possibile soltanto nei paesi che hanno giacimenti di questi minerali. I paesi che non hanno o non possono produrre determinati beni devono contare sugli scambi internazionali per procurarseli. In base allo stesso principio, quando un paese ha un vantaggio assoluto nella produzione di un bene rispetto ad un altro paese, cioè quando è in grado di produrre un bene usando meno lavoro e meno materie prime, questo bene può essere proficuamente scambiato con beni in relazione ai quali un altro paese ha un vantaggio assoluto. Si può facilmente dimostrare, tuttavia, che anche quando un paese ha un vantaggio assoluto rispetto ad un altro per la produzione di tutti i beni, esiste ancora una proficua base di scambio tra i due. Questo concetto è spiegato dal principio del vantaggio comparato, che asserisce che la produzione totale può aumentare se ciascun paese si specializza nel produrre quei beni in relazione ai quali ha il massimo vantaggio relativo o il minimo svantaggio relativo. Il vantaggio relativo per un paese può scaturire dall'immobilità di varie risorse, incluse le restrizioni sui movimenti del lavoro e dei capitali. I paesi in cui la manodopera è più abbondante del capitale hanno minori produttività marginali della manodopera, tassi salariali più bassi e, quindi, prezzi più bassi per determinati prodotti. Questa condizione può trovarsi alla base del vantaggio comparato e porta agli scambi internazionali perché ciò contribuisce a far aumentare il reddito reale complessivo del paese. Naturalmente, i paesi non si specializzano soltanto nell'unico prodotto per il quale hanno il massimo vantaggio assoluto o relativo. A parte le necessità difensive e il desiderio di creare e mantenere un particolare modello culturale, vi sono anche considerazioni economiche che hanno la loro importanza. Via via che aumenta la specializzazione e la produzione, i rendimenti marginali diminuiscono, cioè i costi marginali aumentano. Il risultato è che vi sarà un punto in cui la quantità di input necessaria a garantire la produzione aumenta tanto da far scomparire il vantaggio di produrre un determinato bene. Ciò significa che i termini di scambio, ossia il rapporto al quale i beni vengono scambiati con altri paesi, cambiano e quando i rapporti di costo sono uguali nei vari paesi, non c'è più motivo di scambiare i beni. Nel considerare il vantaggio comparato non ci si deve dimenticare che il vantaggio di produzione dell'esportatore deve essere sufficientemente ampio da assorbire i costi di spostamento dei beni verso il paese importatore. (v. anche *comparative costs*)

comparative balance sheet: ***bilancio comparato.*** Due o più bilanci della stessa azienda, con date differenti, o di due o più aziende, con la stessa data, messi a confronto al fine di rilevare le varianti, che spesso vengono riportate in una colonna separata.

comparative bullion content: ***parità monetaria legale intrinseca; parità di zecca.*** È il rapporto tra i valori di due monete di paesi diversi, fissato in base al peso del medesimo metallo fino contenuto nelle due monete. La parità monetaria legale intrinseca tra due paesi non varia mai, a meno che uno dei due modifichi le proprie norme di coniazione, aumentando o diminuendo la quantità di fino. Mentre il tasso di cambio tra due paesi è soggetto a fluttuazioni, la parità di zecca resta invariata e offre un punto fermo per la valutazione delle fluttuazioni del tasso di cambio. Tutto ciò, ovviamente, riferendosi a due ipotetici paesi che usino ancor oggi un sistema mono o bimetallico.

comparative cost: ***costo relativo; costo comparato.*** Un costo calcolato in modo tale da poterlo comparare con un altro e ricavabile con uguali metodi di calcolo, rettifica di differenze di prezzo o di volume, eliminazione di elementi divergenti e simili.

comparative cost principle: ***principio dei costi comparati.*** Termine usato in alternativa a *principle of comparative costs* (v.).

comparative costs: ***costi comparati.*** I costi messi in comparazione sono: quello necessario per produrre direttamente un dato bene e quello necessario per procurarselo da altri, tramite lo scambio di altri beni prodotti direttamente. Questo concetto è alla base della divisione del lavoro (v. *division of labour*) e spiega la condizione dalla quale possono nascere proficue relazioni commerciali tra due paesi. Infatti, un paese può avere un vantaggio relativo quando, a causa di differenti risorse naturali o di altro genere, il costo di produzione di un bene è per lui inferiore al costo di produzione dello stesso bene in un altro paese. Questo paese, quindi, possiede un vantaggio relativo nella produzione di quei beni a minor costo e se si specializza in tale produzione, può vantaggiosamente scambiarli con i beni prodotti in un altro paese che, a sua volta, possiede un vantaggio relativo nella produzione di altri beni, necessari al primo paese. Questo principio, detto del vantaggio comparato, costituisce la base scientifica del liberalismo economico della seconda metà del diciannovesimo secolo. La teoria dei costi comparati, legata soprattutto al nome di D. Ricardo, è stata sempre meno realizzata nella pratica, dopo il periodo del trionfo del liberismo (1860–1880).

comparative disadvantage: ***svantaggio comparato; svantaggio relativo.*** È l'opposto di vantaggio comparato o relativo e, pertanto, v. *comparative advantage* per la spiegazione.

comparative figure: ***cifra relativa.*** In relazione a una voce presente nel rendiconto finanziario di un determinato periodo contabile, è la cifra relativa alla stessa voce nel rendiconto finanziario del precedente periodo contabile.

comparative negligence rule: ***norma della proporzionalità della colpa.*** Principio stabilito dalla legge, in base al quale quando in un evento dannoso oltre all'attività colposa di un soggetto si riscontra anche quella del soggetto che lo subisce, il risarcimento dei danni dovuto dal primo viene diminuito in relazione alla gravità della colpa imputabile al secondo.

comparative statement: ***bilancio comparato.*** Termine usato negli Stati Uniti con lo stesso significato di *comparative balance sheet* (v.).

comparative static equilibrium analysis: ***analisi di equilibrio in statica comparata.*** Metodo di analisi economica basata sulla comparazione di due posizioni di equilibrio. Si prende, cioè, in esame l'equilibrio dell'oggetto che si vuole studiare, ad esempio un mercato, si modifica uno dei fattori che ne fanno parte e si esamina la nuova posizione di equilibrio che viene, poi, confrontata con quella di partenza. Attraverso il metodo deduttivo, si evidenziano gli effetti del cambiamento apportato.

comparative statics: ***statica comparata.*** È il metodo di analisi in base al quale vengono confrontate le caratteristiche di un modello economico in differenti situazioni di equilibrio, ma prescindendo dal fattore tempo, quando l'analisi è condotta seguendo la statica economica. (v. anche *statics, dynamics*)

comparison shopping: La pratica di ricercare le migliori possibilità di acquisto visitando o interpellando preventivamente i vari venditori.

comparison test: ***test di confronto; test di paragone.*** Indagine di mercato basata sul confronto diretto tra il prodotto in esame e quelli della concorrenza.

compassionate leave: ***licenza straordinaria; licenza per gravi motivi.*** Il termine inglese viene usato per indicare una licenza pagata concessa dal datore di lavoro al lavoratore per gravi motivi familiari o privati, derivanti da situazioni che muovono compassione, come ad esempio la perdita della casa per incendio, inondazione o altra calamità naturale, una seria malattia del coniuge o dei figli e simili. Di solito, la licenza così concessa va ad aggiungersi ai giorni di ferie ordinarie cui ha diritto il lavoratore.

compensated demand curve: ***curva di domanda compensata.*** Una curva di domanda dalla quale è stato escluso l'effetto di reddito derivante da una variazione di prezzo e lungo la quale, pertanto, il reddito reale viene mantenuto costante. L'andamento della curva, quindi, è influenzato soltanto dall'effetto di sostituzione.

compensated dollar: ***dollaro stabilizzato; dollaro compensato; dollaro indicizzato.*** Il dollaro statunitense, quale sarebbe risultato se si fosse adottato il piano di stabilizzazione proposto da Irving Fisher. (v. anche *compensated dollar plan*)

compensated dollar plan: ***piano di stabilizzazione del dollaro.*** Una dei tanti piani ideati, ma non applicati, per stabilizzare il potere d'acquisto di una moneta, in questo caso quella statunitense. Il piano, proposto da Irving Fisher, suggeriva di variare la parità monetaria legale intrinseca del dollaro col variare del suo potere d'acquisto rapportato ad un indice dei prezzi. Il valore del dollaro sarebbe rimasto stabile a causa del mutamento della massa circolante conseguente agli afflussi e deflussi d'oro dalla zecca, a loro volta derivanti da variazioni nel prezzo legale del metallo. La moneta reale in circolazione sarebbe rimasta immutata e contabilmente rapportata al dollaro compensato per la convertibilità in oro.

compensated money: ***moneta compensata.*** È la moneta ideale, proposta da Fisher e spiegata sotto *compensated dollar plan* (v.).

compensating balance: ***saldo compensativo.*** Termine usato negli Stati Uniti per indicare il saldo, pari al 20% del credito ottenuto, che le imprese cui viene concesso il *prime rate* (v.) devono obbligatoriamente congelare in un deposito infruttifero presso la banca che concede il credito. In un senso più ampio, il termine indica il saldo minimo che una banca che ha concesso una linea di credito impone al cliente di tenere in deposito presso la banca stessa in un qualsiasi momento. Tale saldo viene espresso in percentuale del credito e varia dal dieci al venti per cento del mutuo complessivo. Lo scopo di tale saldo è quello di fornire alla banca capitale semipermanente, in cambio di privilegi concessi al cliente.

compensating depreciation: ***ammortamento compensativo.*** Sistema di ammortamento che tiene conto del problema della fluttuazione di prezzo del bene in via di ammortamento.

compensating error: ***errore compensativo.*** In contabilità, un errore che casualmente rettifica un altro errore di segno opposto, così che entrambi non interferiscono con l'esattezza di un bilancio di verifica.

compensating expenditures: ***spese di compensazione.*** Spese, di solito pubbliche, che compensano le dispersioni di reddito, cioè l'uscita di fondi dal flusso circolare di reddito, che impedisce alla formazione di nuovo capitale di far sentire il suo pieno peso sul reddito nazionale.

compensating payment: ***indennità compensativa; indennità integrativa.*** La somma di denaro necessaria a controbilanciare un aumento dei prezzi di mercato e, quindi, a mantenere il potere di acquisto di un lavoratore agli stessi livelli di prima che si verificasse l'aumento.

compensating tariff: ***tariffa doganale compensativa; tariffa doganale di compensazione.*** Un aumento della tariffa doganale su prodotti finiti corrispondente ad un aumento del dazio sulle materie prime usate nella produzione di quei beni. Se, ad esempio, aumenta il dazio di importazione del cotone grezzo, al fine di tutelare le industrie tessili del luogo contro l'importazione di prodotti finiti di cotone, si dovrà aumentare anche la tariffa relativa a questi ultimi.

compensating wage differentials: ***differenziali salariali compensatori.*** Sono quelle differenze salariali riconosciute ai lavoratori come compensazione di svantaggi inerenti al lavoro, quali ad esempio alto rischio, orario notturno, condizioni particolarmente gravose e simili.

compensation: 1. ***retribuzione; compenso.*** Pagamento di una somma di denaro per servizi ricevuti. Il termine, di uso statunitense, indica il reddito ricevuto dal lavoratore dipendente sotto forma di salario, di stipendio o sotto qualsiasi altra forma, incluse le varie indennità e gli incentivi. **2.** ***risarcimento; indennità.*** Rimborso o versamento di una somma di denaro a chi ha sostenuto spese o ha subito perdite o danni. **3.** ***indennizzo.*** Il compenso che riceve il proprietario di un bene in caso di espropriazione per pubblica utilità. **4.** ***compensazione.*** a) Nel linguaggio economico indica il processo per cui ad ogni movimento in un senso segue rapidamente un movimento nel senso opposto, che frena il processo di amplificazione in un'economia dinamica. b) Negli scambi internazionali, indica l'equivalenza del valore delle importazioni di un paese al valore delle sue esportazioni. c) Con lo stesso termine viene a volte indicato l'accordo descritto sotto *buy back 2* (v.).

compensation agreement: ***accordo di compensazione; accordo di clearing.*** Accordo bilaterale stipulato al fine di ovviare alle gravi ripercussioni dei trasferimenti di valuta, senza rinunciare agli scambi commerciali. Presuppone l'istituzione nei paesi contraenti di casse di compensazione, quasi sempre collegate alla banca centrale, che oltre a tenere i conti di compensazione, riscuotono le somme dovute dagli importatori nazionali e con esse pagano quanto dovuto agli esportatori nazionali, nello stesso tempo addebitando o accreditando le stesse somme alla banca corrispondente dell'altro paese. In questo modo, le partite di dare e avere vengono regolate all'interno di ciascun paese senza movimenti di valuta e tra i due paesi si verificano soltanto registrazioni contabili. Gli accordi di compensazione vengono di solito stipulati per mantenere in equilibrio la bilancia dei pagamenti tra paesi finanziariamente deboli, ma essi non mancano di inconvenienti, tra i quali il principale è quello di irrigidire le correnti di scambio.

compensation balance: ***saldo compensativo.*** Termine usato come sinonimo di *compensating balance* (v.).

compensation duty: ***dazio compensatore; dazio di compensazione.*** Termine usato come sinonimo di *compensatory duty* (v.).

compensation fee: ***risarcimento.*** Il termine inglese indica il risarcimento che l'operatore postale è tenuto a versare al mittente di un pacco, qualora esso vada smarrito o qualora giunga a destinazione rotto e con oggetti mancanti.

compensation for damage: ***risarcimento di danni.*** Somma di denaro pagata dal responsabile a chi ha subito danni o perdite per sua causa diretta o indiretta.

compensation for loss of office: ***indennità di licenziamento.*** Il termine inglese viene usato per indicare il compenso spettante ad un dirigente aziendale che debba rinunciare al suo posto a causa di cambiamenti imprevisti o inaspettati, come ad esempio la fusione dell'azienda per la quale lavora con un'altra azienda, che porta alla soppressione del suo posto di lavoro.

compensation for permanent disability: ***indennità per invalidità permanente.*** È il risarcimento che il responsabile dovrà versare a chi, a seguito di incidente sul lavoro o di altra natura, subisca lesioni personali non guaribili nel tempo. È un rischio che può essere coperto da assicurazione.

compensation for total disability: ***indennità per invalidità assoluta.*** È il risarcimento che il responsabile dovrà versare a chi, a seguito di incidente sul lavoro o di altra natura, viene a trovarsi nella totale incapacità di guadagno. È un rischio che può essere coperto da assicurazione.

compensation fund: ***fondo comune di garanzia.*** È il fondo costituito con le quote versate dai vari operatori di una borsa valori, con il quale è possibile indennizzare gli investitori che si trovassero involontariamente coinvolti nel fallimento di un operatore accreditato presso la borsa stessa.

compensation in lieu of notice: ***indennità per mancato preavviso.*** Somma di denaro pagata dal datore di lavoro al lavoratore, quando quest'ultimo viene allontanato dal proprio posto di lavoro senza un adeguato preavviso di licenziamento. Se il periodo di preavviso è stabilito nel contratto, l'indennità sarà uguale alla paga per tutti i giorni di preavviso previsti dal contratto di lavoro.

compensation principle: ***principio di compensazione.*** Principio proposto per la prima volta da Kaldor, ma oggi quasi del tutto abbandonato. Mirava a stabilire se il benessere sociale venisse o no aumentato da un cambiamento economico. Se, ad esempio, una categoria di soggetti veniva avvantaggiata da una variazione economica, mentre un'altra categoria ne veniva danneggiata, la teoria di Kaldor suggeriva di calcolare un'equa indennità per la categoria danneggiata e se dopo il pagamento di questa indennità la categoria avvantaggiata trovava ancora conveniente la variazione economica, si poteva procedere, senza così arrecare danno ad alcuno.

compensation stock: ***titoli di indennizzo.*** Quando un governo procede alla nazionalizzazione di un'industria, ai proprietari viene corrisposto un indennizzo sotto forma di titoli a reddito fisso garantiti dallo stato e chiamati titoli di indennizzo, il cui interesse globale all'epoca della nazionalizzazione equivale al reddito prodotto dalle azioni della società nazionalizzata.

compensation structure: ***struttura della remunerazione.*** Lo stesso che *wage structure* (v.).

compensation system: ***sistema di remunerazione.*** V. spiegazione sotto *wage systems.*

compensation trade: ***scambio di compensazione.*** Vera e propria forma di baratto. Si verifica quando un paese accetta, in cambio di propri prodotti, beni per lo stesso valore provenienti dal paese cui sono destinati i prodotti del primo. L'operazione di scambio non ha alcun effetto sulla bilancia dei pagamenti dei due paesi interessati.

compensation transaction: ***operazione di compensazione.*** Consiste nel fornire ad un paese estero beni o servizi per un valore equivalente a quello di altri beni o servizi forniti da quel paese. (v. anche *compensation trade*)

compensatory amount: ***montante compensativo; importo compensativo.*** Integrazione finanziaria usata per livellare le differenze tra valute verdi e tassi effettivi di cambio delle valute dei paesi membri della Comunità Economica Europea. Viene calcolato ogni settimana e funziona come un sussidio alle importazioni di generi alimentari dei paesi a valuta debole, in quanto riduce i prezzi dal livello della valuta verde alta al più basso tasso di cambio o valore reale dei beni importati, rendendo allo stesso tempo più care le esportazioni dai paesi a valuta debole. La conseguenza è che per i paesi a valuta forte le esportazioni sono a più buon mercato e le importazioni più costose, ma allo stesso tempo il montante garantisce che i prezzi pagati agli agricoltori di tali paesi non scendano al di sotto di certi livelli.

compensatory balance: ***saldo compensativo.*** Termine usato come sinonimo di *compensating balance* (v.).

compensatory duty: ***dazio compensatore; dazio di compensazione; diritto di compensazione.*** È il dazio imposto su certi articoli di importazione, per compensare i maggiori costi interni di produzione degli stessi articoli, così che la produzione interna e quella estera arrivino sul mercato pressocché allo stesso prezzo. (v. anche *compensating tariff*)

compensatory finance: ***finanza stabilizzatrice; finanza compensativa.*** Lo stesso che *deficit financing* (v.).

compensatory financing: ***finanziamento di compensazione; prestito compensativo.*** Facilitazione concessa dal Fondo Monetario Internazionale sotto forma di finanziamento a breve termine per compensare fluttuazioni del livello delle esportazioni di un paese, causate da circostanze sulla quali il paese in questione non ha o non può avere alcun controllo, come ad esempio una siccità o un'inondazione che hanno distrutto i raccolti, altre calamità naturali, caduta della domanda mondiale e così via.

compensatory fiscal policy: ***politica fiscale compensativa.*** Procedure, relative all'esazione delle imposte, alla regolazione della spesa pubblica e alla gestione del debito pubblico, intese a influenzare direttamente o indirettamente il livello generale dell'attività economica e in particolare le tendenze inflazionistiche o deflazionistiche presenti in un'economia.

compensatory levy: ***imposta compensativa; imposta di compensazione.*** È un tipo di imposta simile alla *import levy* (v.), ma applicata sui prodotti industriali. Quando, nel periodo di transizione, tali prodotti venivano fabbricati nel Regno Unito e contenevano materiali provenienti da paesi terzi sui quali non veniva imposto dazio protettivo a seguito di trattati bilaterali, quali ad esempio la preferenza ai paesi del Commonwealth, gli esportatori britannici potevano introdurre questi beni nel resto della Comunità alle tariffe preferenziali di transizione, purché pagassero questa imposta compensativa, che era calcolata in modo che la Comunità potesse percepire l'intero dazio che colpiva gli stessi beni provenienti da paesi terzi.

compensatory principle of bimetallism: ***principio compensativo del bimetallismo.*** L'asserzione che il rapporto tra il valore legale ed il valore di mercato di due metalli, in un sistema monetario basato sul bimetallismo, sarà mantenuto stabile dal normale funzionamento delle forze della domanda e dell'offerta. Così, una forte domanda ed un alto valore di mercato di uno dei metalli saranno controbilanciati da minori afflussi alla zecca e maggiori afflussi al mercato, mentre una domanda debole e un valore ridotto di mercato di uno dei metalli saranno superati con minori afflussi al mercato e maggiori afflussi alla zecca.

compensatory principle of money: ***principio compensativo della moneta.*** È lo stesso concetto esposto sotto *compensatory principle of bimetallism* (v.).

compensatory principle of taxation: ***principio delle prestazioni e controprestazioni.*** Lo stesso che *benefits-received principle of taxation* (v.).

compensatory spending: ***spesa pubblica stabilizzatrice.*** È la spesa pubblica descritta sotto *deficit financing* (v.).

compensatory tariff: ***dazio compensatore; dazio di compensazione.*** Termine statunitense, usato con lo stesso significato di *compensatory duty* (v.).

compensatory time: ***riposo compensativo.*** Periodo di riposo concesso ad un lavoratore, spesso in modo informale, in compenso di lavoro straordinario effettivamente prestato.

to compete: ***competere; essere in concorrenza.*** Concorrere, in rivalità con altri, in un mercato, ad un'asta, in un concorso, ecc., con l'intento di ottenere per sé la posta in palio. Tale posta può essere una quota di mercato, un appalto, un posto di lavoro o altro.

competing currencies: ***valute in concorrenza.*** Il sistema, già in parte esistente, proposto come alternativa alla moneta unica europea. Presuppone che ognuno sia libero di utilizzare la valuta europea che preferisce nelle sue operazioni commerciali e finanziarie. In tale situazione, la valuta che assumerebbe il predominio sarebbe la più solida, quella meno esposta a rischi d'inflazione e così sarebbero le forze di mercato a creare la valuta unica europea, invece che i politici attraverso accordi che potrebbero non ottenere i risultati sperati.

competing demand: ***domanda competitiva; domanda concorrenziale.*** Termine usato come sinonimo di *competitive demand* (v.).

competing products: ***prodotti concorrenziali.*** Lo stesso che *competitive products* (v.).

competing quotations service: ***servizio delle quotazioni in concorrenza.*** Lo stesso che *level two service* (v.).

competition: ***concorrenza.*** Situazione che si verifica quando più persone o imprese tentano di prevalere l'una sulle altre al fine di assicurarsi un vantaggio o un beneficio. In particolare, il termine indica una situazione teorica di mercato caratterizzata dal fatto che produzione e distribuzione non vengono in alcun modo influenzate dall'intervento statale. In questa situazione prevale il libero gioco delle forze della domanda e dell'offerta e il meccanismo dei prezzi è perfettamente libero di operare.

Competition Act: Legge, approvata dal parlamento britannico nel 1980, che amplia la legislazione antimonopolistica prendendo in considerazione le pratiche potenzialmente contrarie alla libera concorrenza, come ad esempio il rifiuto di vendere beni a determinati acquirenti, la vendita in esclusiva e la discriminazione di prezzo.

competition and credit control measures: ***misure di controllo del credito e della concorrenza.*** Misure introdotte dalla Banca d'Inghilterra nel 1971 con l'obiettivo di regolare il credito mediante il meccanismo di mercato nel contesto di un sistema bancario più competitivo. Allo stesso tempo, queste misure consentivano alle autorità di operare un controllo più efficace sul sistema bancario complessivo, portando sotto l'influenza della Banca d'Inghilterra anche le banche che non facevano parte della stanza di compensazione, che si erano sviluppate notevolmente in un regime di scarso controllo della concorrenza.

competitive: ***competitivo; concorrenziale.*** Detto generalmente di beni o servizi che, per prezzo o qualità, si dimostrano superiori o più convenienti di altri e in grado di attirare compratori a scapito degli altri beni o servizi più cari o di peggiore qualità. Lo stesso termine viene usato per indicare persone o imprese in concorrenza tra loro ed anche imprese che, a causa di minori costi di produzione, si dimostrano più redditizie di altre.

competitive advantage: ***vantaggio concorrenziale.*** Un qualsiasi vantaggio dal quale può trarre profitto un'impresa o un paese nel competere con altre imprese o altri paesi per la conquista di quote di mercato. Uno dei vantaggi concorrenziali più discusso è rappresentato dalle sovvenzioni o altre agevolazioni concesse da un governo a determinate industrie nazionali.

competitive advertising: ***pubblicità concorrenziale; pubblicità di concorrenza.*** Pubblicità fatta con l'intento di diffondere i propri prodotti a scapito di quelli altrui. Contrasta con l'espressione «pubblicità informativa» ed è pratica usata in un sistema di oligopolio o di *cut-throat competition* (v.).

competitive bidding: ***asta di titoli; asta competitiva.*** Con questo termine inglese si indica la fase che precede un'emissione indiretta di titoli quando, cioè, l'ente emittente richiede le offerte da investitori istituzionali in concorrenza tra loro. È il metodo di solito usato nelle emissioni indirette di buoni del tesoro o altri titoli di stato o garantiti dallo stato.

competitive cost: ***costo di concorrenza.*** È il costo sostenuto da un'impresa che opera in concorrenza con altre imprese e comprende, ad esempio, i costi di pubblicità. Tali costi sono una conseguenza della concorrenza imperfetta, perché in un sistema di concorrenza perfetta non esisterebbero né costi di vendita, né costi di concorrenza.

competitive demand: ***domanda concorrenziale; domanda competitiva.*** Quando due beni economici sono l'uno succedaneo o alternativo dell'altro, si dicono beni a domanda o a offerta alternativa, perché un aumento della domanda di uno corrisponderà ad una diminuzione della domanda dell'altro, con simili movimenti di prezzo di ciascun bene. Ciò si verifica principalmente per uno stesso tipo di prodotto posto in vendita sotto marche diverse con lievi differenze tra una marca e l'altra o per prodotti quali il burro e la margarina, lo spumante e lo champagne, ecc. Lo stesso termine si applica a fattori della produzione che possono essere sostituiti l'un l'altro.

competitive devaluation: ***svalutazione concorrenziale.*** Espressione usata per indicare la svalutazione della moneta di un paese, decisa al fine di garantirsi vantaggi per le proprie esportazioni sui mercati esteri.

competitive disadvantage: ***svantaggio concorrenziale.*** L'opposto di *competitive advantage* (v.) e cioè un qualsiasi evento che contribuisca a togliere competitività a un'impresa o a un paese sui mercati in cui essi vendono i propri prodotti. Ne è un esempio la mancata crescita di produttività nell'ambito di un'impresa o di un paese in presenza di una crescita di produttività nelle imprese o nei paesi concorrenti.

competitive edge: ***vantaggio concorrenziale.*** Lo stesso che *competitive advantage* (v.).

competitive exchange depreciation: ***svalutazione concorrenziale.*** Espressione impropria, usata con lo stesso significato di *competitive devaluation* (v.), ma giustificata quando la svalutazione ha luogo attraverso un deprezzamento pilotato, come è avvenuto nel 1986 per il dollaro statunitense.

competitive firm: ***impresa competitiva.*** In condizioni di libera concorrenza, è quell'impresa che nel lungo termine avrà, nella peggiore delle ipotesi, un equilibrio tra costi totali e ricavi totali, che giustifica la continuazione dell'attività.

competitive goods: ***beni concorrenti tra loro nell'offerta.*** Sono quei beni che si producono utilizzando gli stessi fattori della produzione, per cui aumentando la produzione di uno di loro, si deve necessariamente diminuire la produzione dell'altro. (v. anche *competitive supply*)

competitive market: ***mercato concorrenziale; mercato competitivo.*** È il mercato caratterizzato da numerosi compratori e venditori, tutti altrettanto ansiosi di acquistare e vendere.

competitiveness: ***competitività.*** La qualità posseduta da prodotti, industrie, ecc., che sono competitivi. In senso più ampio, è la capacità di un prodotto o di un'impresa di competere con prodotti o imprese concorrenti.

competitive offer: ***offerta competitiva; offerta concorrenziale.*** Nel linguaggio commerciale, indica un'offerta a condizioni o prezzi migliori, rispetto ad una o più altre offerte.

competitive price: ***prezzo competitivo; prezzo di concorrenza.*** 1) Il prezzo che si determina in un mercato a seguito di contrattazioni da parte di un gran numero di operatori, ciascuno indipendente dagli altri e non in possesso di un potere sufficiente a dominare il mercato. 2) Il prezzo unitario di un bene venduto in condizioni di concorrenza perfetta. In tali condizioni ipotetiche, il prezzo di concorrenza tenderà, nel breve termine, a coprire i costi marginali del venditore, mentre nel lungo termine tenderà ad eguagliare il costo unitario totale medio e il costo marginale del venditore, ivi compreso un utile medio o normale sul suo investimento.

competitive pricing: ***prezzatura concorrenziale.*** La fissazione dei prezzi dei propri beni o servizi a un livello tale da renderli competitivi con quelli già presenti sul mercato.

competitive products: ***prodotti concorrenziali.*** Sono prodotti in concorrenza tra loro su un mercato. Generalmente, si tratta di prodotti uguali o simili, la cui differenza consiste semplicemente nel tipo di confezione o nel nome dell'impresa che li produce o li commercializza.

competitive socialism: ***socialismo concorrenziale.*** Tipo di sistema economico che dovrebbe abolire la proprietà privata dei fattori della produzione, conservando però la libertà degli individui ad effettuare scambi commerciali.

competitive supply: ***offerta alternativa; offerta concorrenziale; offerta competitiva.*** Si parla di offerta alternativa quando dall'impiego di un dato fattore della produzione si possono ottenere alternativamente, ma non cumulativamente, beni diversi. Ad esempio, l'allevamento di bestiame e la produzione di derrate derivano dall'utilizzazione della terra per pascoli o per colture e, pertanto, i prodotti derivanti sono detti concorrenti tra loro nell'offerta o ad offerta alternativa. (v. anche *competitive goods*)

competitive system: ***sistema concorrenziale.*** Un sistema economico che consente la libera concorrenza e nel quale i prezzi vengono in gran parte determinati dal libero gioco delle forze della domanda e dell'offerta.

competitive trader: ***operatore concorrente.*** Termine usato nel linguaggio finanziario statunitense per indicare un operatore della borsa valori di New York che tratta titoli nei quali ha un interesse personale.

competitor: ***concorrente.*** Un individuo o un'impresa che entrano in concorrenza con altri. Il termine è usato principalmente nel linguaggio commerciale per indicare un rivale in affari.

competitor analysis: ***analisi della concorrenza.*** Branca delle ricerche di mercato, che si occupa dell'esame approfondito dei prodotti della concorrenza, mettendoli a confronto con quelli prodotti dall'impresa che conduce la ricerca, al fine di accertare in che modo questi ultimi possono essere migliorati o cambiati onde assicurarsi una maggiore quota di mercato.

to complain: ***reclamare.*** Esprimere insoddisfazione in relazione ad un bene o servizio acquistato o in relazione al trattamento di cui uno è stato fatto oggetto.

complaint: ***reclamo.*** Nel linguaggio commerciale, è l'espressione della propria insoddisfazione in relazione ad un bene o servizio acquistato o ad un trattamento ricevuto. Può essere espresso per iscritto, attraverso una lettera di reclamo, o verbalmente e di solito proviene da un cliente, da un consumatore o da un utente.

complaints book: ***libro dei reclami.*** È un libro a disposizione dei clienti o degli utenti in una stazione, un albergo, un grande magazzino e simili, nel quale si possono scrivere reclami, che saranno presi in considerazione dalla direzione, in relazione al servizio o al trattamento ricevuto.

complaints box: ***cassetta dei reclami.*** Ha la stessa funzione di un *complaints book* (v.), con la sola differenza che i reclami vi vengono deposti in fogli singoli, invece di venir scritti su un libro.

complementariness: ***complementarità.*** La qualità di un bene, di un fattore della produzione, di un'industria, ecc., che è complementare.

complementarity: ***rapporto di complementarità.*** È quello che lega tra loro i beni che soltanto se impiegati insieme prestano il servizio di cui sono capaci o lo prestano in modo più soddisfacente. (v. anche *complementary goods*)

complementary demand: ***domanda complementare.*** È la domanda di beni complementari e può essere dovuta a ragioni di gusto dei consumatori o a ragioni tecniche. La domanda complementare è caratterizzata dal fatto che l'aumento o la diminuzione della quantità domandata di uno dei due beni, porta un corrispondente aumento o una diminuzione della quantità domandata dell'altro bene. Non è detto, tuttavia, che la complementarità esista sempre, in quanto i gusti e la tecnologia possono cambiare, col risultato che i due beni finiscono di essere complementari. (v. anche *complementary goods*)

complementary factors of production: ***fattori della produzione complementari.*** I fattori della produzione sono generalmente in concorrenza tra loro, essendo spesso possibile sostituire, almeno in parte, l'uno con l'altro, ma se la produzione di un bene richiede particolari fattori, l'aumento della domanda di uno farà aumentare la domanda dell'altro o degli altri. Ad esempio, un aumento della domanda di navi farà aumentare la domanda di manodopera specializzata, di acciaio, ecc.

complementary goods: ***beni complementari; beni a domanda complementare.*** Si chiama complementare quel bene che presta il servizio di cui è capace, o lo presta in modo più soddisfacente, solo se impiegato insieme ad un altro o ad altri determinati beni. Esempi di beni complementari possono essere il caffé e lo zucchero, le penne e l'inchiostro, le sigarette e i fiammiferi, ecc. In tali casi, la variazione della domanda di uno dei due beni si ripercuote sulla domanda dell'altro bene, pur se in proporzioni differenti. Allo stesso modo, l'aumento del prezzo di uno dei due beni porterà all'aumento del prezzo dell'altro, pur se l'entità di tale aumento dipenderà in parte dall'elasticità relativa dell'offerta di quel bene.

complementary intra-industry trade: ***commercio complementare intraindustriale.*** Lo stesso che *international production sharing* (v.).

complementary monopolies: ***monopoli complementari.*** Sono così detti i monopoli su beni complementari tra loro. Poiché essi potrebbero arrecare danni alle industrie interessate, il pubblico interesse generalmente richiede che tale tipo di monopoli sia detenuto da un singolo monopolista.

complementary supply: ***offerta complementare.*** Lo stesso che *joint supply* (v.).

complementary-supply goods: ***beni a offerta complementare.*** Lo stesso che *joint-supply goods* (v.).

complementation agreement: ***accordo di complementazione.*** Un accordo, sottoscritto tra un'impresa e due o più paesi esteri, in base al quale vengono ridotti o completamente azzerati i dazi doganali su determinati prodotti. Ciò consente la creazione di un mercato per i prodotti dell'impresa firmataria nei paesi esteri e giustifica gli investimenti dell'impresa in quei paesi allo scopo di installarvi strutture produttrici che creano posti di lavoro.

complements: ***beni complementari; beni a domanda complementare.*** Lo stesso che *complementary goods* (v.).

complete audit: ***revisione integrale dei conti.*** La revisione di tutte le operazioni contabili, spesso fatta per periodi limitati o per piccole aziende.

completed period: ***conto vecchio.*** Nella terminologia bancaria, indica un periodo concluso di un conto corrente.

completely knocked down: ***completamente smontato.*** Espressione usata in relazione a prodotti industriali, generalmente macchine ma a volte anche mobili, che vengono quotati ed offerti in vendita completamente smontati. Il venditore, cioè, fornisce tutte le parti componenti il prodotto e il compratore dovrà provvedere, a sue spese, ad assemblarlo o montarlo per renderlo funzionante.

complete oligopoly: ***oligopolio puro; omeopolio circolare.*** Lo stesso che *perfect oligopoly* (v.).

complete ownership: ***proprietà assoluta; proprietà esclusiva; proprietà piena.*** Termine usato con lo stesso significato di *absolute owneship* (v.).

complete system of equations: ***sistema completo di equazioni.*** In econometria, è un insieme di equazioni che comprende tutte quelle necessarie per determinare un dato sistema o settore economico.

complete transaction: ***operazione commerciale completata.*** In contabilità, indica un'operazione commerciale che normalmente non sarà seguita da un'altra operazione che tratti lo stesso oggetto. Il termine è usato come opposto di *incomplete transaction* (v.).

complex monopoly: ***monopolio complesso.*** Nel Regno Unito è indicata con questa espressione una situazione in cui un certo numero di produttori indipendenti di un determinato bene o servizio perseguono una linea di condotta comune che ha l'effetto di limitare la concorrenza tra loro.

compliance department: ***ufficio di vigilanza.*** L'ufficio istituito presso tutte le borse valori statunitensi affinché svolga funzioni di sorveglianza sull'attività della borsa e dei suoi membri e si accerti che le contrattazioni si conformano alle direttive della SEC e alle leggi vigenti.

compliance officer: Figura di funzionario che ha il compito, all'interno dell'organizzazione che lo impiega, di accertarsi che le persone con le quali lavora conoscano le norme che regolano quel tipo di attività e le applichino nel corso del loro lavoro quotidiano. A volte, questo funzionario viene consultato per sapere fino a che punto è possibile agire in un determinato modo senza violare apertamente o gravemente le norme vigenti.

complimentary close: ***frase di chiusura.*** È la frase finale di una lettera commerciale, nella quale sono contenuti i saluti, o l'equivalente dei saluti, da parte del mittente. Nello stile formale, tale frase è *Yours faithfully*, ma in lettere meno formali, o quando esistono rapporti più personali, si tende ad usare *Yours sincerely* oppure *Yours truly*, seguiti dalla firma dello scrivente.

compliments slip: ***biglietto di accompagnamento.*** Il termine inglese indica un biglietto stampato sul quale sono riportate le parole «*(with the) compliments of*» seguite dal nome e l'indirizzo della persona o dell'organizzazione che invia il materiale cui si allega il biglietto. Di solito, si tratta di campioni, di omaggi, di pubblicazioni in saggio e simili, ai quali non è necessario allegare una lettera di accompagnamento.

components: ***componenti.*** Nel linguaggio industriale, sono parti che vengono incorporate in un prodotto finito senza essere sottoposte ad ulteriore lavorazione, se si esclude la fase di montaggio.

composite commodity: ***merce composita.*** Un paniere di beni e servizi (in proporzioni corrispondenti alla loro importanza come oggetti di spesa da parte del pubblico) che, in passato, si ipotizzò di poter usare come misura di valore e come base di un sistema monetario. Tale uso di una merce composita avrebbe richiesto necessariamente l'impegno del governo a impiegare tutte le sue risorse allo scopo di evitare movimenti del prezzo della merce composita superiori a una determinata percentuale in più o in meno del suo prezzo normale.

composite commodity standard: ***tipo monetario a moneta-merce composita.*** Sistema monetario teorico, in cui il valore dell'unità monetaria invece di essere definito in termini di uno o più metalli preziosi sarebbe definito in termini di un numero stabilito, o paniere, di beni e l'unità monetaria sarebbe chiamata *composite commodity unit.*

composite commodity unit: Termine usato per indicare l'unità monetaria del *composite commodity standard* (v.).

composite demand: ***domanda composita.*** La domanda totale di un bene o servizio che può essere utilizzato per scopi diversi, quando esso è in grado di soddisfare bisogni diversi. Ad esempio, la pelle usata per fare scarpe, borsette o altri articoli di pelletteria o abbigliamento.

composite index: ***numero indice composito.*** Termine usato come sinonimo di *composite index number* (v.).

composite index number: ***numero indice composito.*** È un numero indice che si basa su una combinazione o su una media di serie componenti dissimili.

composite-life method of depreciation: È un metodo secondo il quale l'ammortamento viene calcolato sulla base del deprezzamento di un gruppo di attività fisse, considerate come un unico insieme.

composite office: Termine usato nel linguaggio assicurativo britannico per indicare compagnie di assicurazione che si interessano di più di un ramo. I quattro rami principali sono rappresentati dal ramo incendio, ramo vita, ramo incidenti e ramo marittimo.

composite price level: ***livello dei prezzi composito.*** Nella terminologia keynesiana, è un livello dei prezzi che tiene conto di beni che non hanno ancora raggiunto il loro prezzo massimo e di beni che lo hanno raggiunto e/o lo hanno superato, iniziando una fase di diminuzione.

composite rate: ***aliquota composita.*** Nel Regno Unito, è l'aliquota della ritenuta alla fonte sui depositi bancari, delle *building societies* e altre istituzioni finanziarie. È calcolata in modo tale da corrispondere all'aliquota media cui sono soggetti i clienti delle suddette istituzioni.

composite rate depreciation: ***ammortamento a tasso composito.*** È l'ammortamento calcolato con un singolo tasso da applicarsi all'insieme degli impianti da ammortizzare o ad un gruppo di loro. Il tasso è basato sulla media dei tassi applicabili ai singoli impianti, con una qualche ponderazione che tenga conto dell'importanza relativa di alcuni impianti.

composite rent: ***rendita composita.*** La rendita costituita da due o più elementi componenti, come ad esempio la rendita di un edificio parte della quale è dovuta all'edificio stesso per il semplice fatto che esiste ed è utilizzato, e parte della quale è dovuta al sito in cui sorge l'edificio. Tuttavia, non è sempre possibile distinguere così nettamente gli elementi della rendita.

composite supply: ***offerta composita.*** È l'offerta di un numero e una varietà indefinita di beni o servizi, ciascuno dei quali è in grado di soddisfare lo stesso bisogno specifico. Ad esempio, il bisogno di trasporto su brevi distanze può essere soddisfatto da autobus, treni metropolitani, tram, tassì, auto private o altri mezzi di trasporto.

composition: **1.** ***conciliazione amministrativa.*** Il trasgressore di determinate leggi o regolamenti amministrativi può chiedere all'autorità di essere ammesso alla conciliazione della contravvenzione pagando l'ammenda che sarà stabilita dalla stessa autorità amministrativa, così evitando l'azione penale. **2.** ***transazione.*** Nel linguaggio giuridico e commerciale, indica un accordo concluso tra le parti di un contratto sul quale è sorta una controversia. La transazione ha lo scopo di evitare che sorga una lite e si debba ricorrere all'autorità giudiziaria, ovvero di porre fine ad una lite già iniziata, mediante reciproche concessioni che concorrono a tacitare tutte le parti. **3.** ***concordato.*** Per questo significato, v. *composition with creditors.*

composition with creditors: ***concordato.*** Tipo di composizione, ammessa dal diritto inglese, che sta tra il concordato fallimentare e il concordato preventivo. In base ad esso, un debitore che non sia in grado di far fronte ai propri impegni può convocare i creditori e offrire loro un tanto per cento dei loro crediti ad estinzione degli stessi. Se i creditori accettano, l'atto formale deve essere registrato entro una settimana ed i versamenti da parte del debitore avranno luogo a date stabilite. Se il tribunale ha già emesso l'ordinanza che istituisce l'inizio della procedura fallimentare, il debitore può ancora fare la propria offerta ai creditori e, se essi l'accettano, il tribunale chiude il procedimento.

to compound: **1.** ***capitalizzare.*** Aggiungere gli interessi al capitale, ad intervalli periodici, allo scopo di stabilire la nuova base per il successivo computo degli interessi maturati. **2.** ***transigere.*** Giungere ad una transazione o ad un concordato, che eviti che la controversia in essere tra le parti sfoci in un procedimento giudiziario. (v. anche *composition 2, composition with creditors*)

compound amount of 1: ***montante di una unità monetaria.*** Lo stesso che *accumulated amount of 1* (v.).

compound amount of 1 per period: ***montante della rendita unitaria.*** Lo stesso che *amount of an annuity* (v.).

compound arbitrage: ***arbitraggio composto.*** Lo stesso che *indirect arbitrage* (v.).

compound bonus: Nel linguaggio delle assicurazioni sulla vita, è un *bonus* (v. *bonus 2*) calcolato sulla somma assicurata dopo che ad essa sono stati aggiunti gli importi già distribuiti sotto forma di *bonus* precedenti. Pertanto, si tratta di un *bonus* composto.

compound discount: *sconto composto.* Nel caso di capitalizzazione composta, in cui cioè gli interessi vengono aggiunti periodicamente al capitale preso in prestito, lo sconto composto corrisponde alla differenza tra il versamento o una serie di versamenti da farsi in data futura e il loro valore attuale.

compound duty: *dazio composto; dazio misto.* È un dazio doganale che consiste di un dazio specifico al quale viene aggiunto un dazio ad valorem. (v. anche *ad valorem duty, specific duty*)

compound entry: *registrazione composta; articolo composto.* Lo stesso che *combined entry* (v.).

compound frequency distribution: *distribuzione di frequenza composta.* È così chiamata una distribuzione di frequenza che viene creata mediante la combinazione di due o più distribuzioni distinte.

compounding: 1. *capitalizzazione.* Il procedimento di aggiungere gli interessi composti ad una somma capitale. **2. *transazione.*** In questo significato, il termine inglese è usato come sinonimo meno frequente di *composition 2* (v.). **3. *concordato.*** In questo significato, il termine inglese è usato come sinonimo meno frequente di *composition 3* (v.).

compound interest: *interesse composto.* L'interesse calcolato sulla somma di capitale investita ed anche sugli interessi maturati nei precedenti periodi e ad essa aggiunti. Secondo la formula della capitalizzazione semplice, un capitale di 100 lire investito al 10% annuo renderebbe 100x10x1:100, cioè 10 il primo anno; 110x10x1:100, cioè 11 il secondo anno; 121x10x1:100, cioè 12,1 il terzo anno e così via. (v. anche *compound–interest formula*)

compound–interest formula: *formula di interesse composto.* È la formula che consente il rapido calcolo degli interessi composti. In base a tale formula, l'interesse composto è uguale alla somma capitale moltiplicata per 1+r/100 elevato a t, meno la somma capitale, dove r è il tasso o saggio di interesse e t è il periodo di tempo, di solito espresso in anni. Tuttavia, l'interesse composto può essere anche calcolato usando la formula della capitalizzazione semplice e cioè I = c x r x n/100, dove I rappresenta l'interesse; c è la somma capitale; r è il saggio d'interesse; e n è il periodo di tempo cui si riferisce l'interesse composto. (v. anche *compound interest*)

compound–interest method of depreciation: *metodo di ammortamento delle annualità di capitalizzazione.* Espressione usata in contabilità con lo stesso significato di *sinking fund method of depreciation* (v.), con la differenza che questo metodo non prevede l'effettiva costituzione di un fondo di ammortamento. Il tasso di valutazione, in questo caso, è rappresentato dal tasso di rendimento dell'impresa che adotta questo metodo.

compound tariff: *tariffa doganale mista.* Può consistere nell'applicazione di: a) un dazio misto (v. *compound duty*); o, b) un dazio specifico o un dazio ad valorem, a seconda di quale dei due sia maggiore.

compound trading: *attività commerciale composita.* Espressione usata per indicare l'attività commerciale dei punti di vendita della piccola distribuzione, quando questi tendono a trattare un numero sempre più alto di articoli di varia natura e, pertanto, a perdere la specializzazione che in passato contraddistingueva i negozi al dettaglio. A questo tipo di attività i piccoli negozianti sono stati spinti dalla sempre maggiore diffusione dei grandi magazzini.

comprehensive budget: *bilancio di previsione generale.* Bilancio di previsione che prevede un piano completo per l'esercizio contabile, compreso l'obiettivo di utili e il programma coordinato per realizzarlo. Lo stesso termine è usato per indicare un compendio dei budget funzionali, ciascuno dei quali è di competenza del capo dell'ufficio interessato. Tra i principali budget funzionali ricordiamo: il budget delle vendite; il budget dei costi di vendita e distribuzione; il budget di produzione; il budget dei costi di produzione; il budget dei materiali; il budget di approvvigionamento dei materiali; il budget ricerca e sviluppo; il budget della manodopera o del personale; il budget di utilizzazione degli impianti; il budget dei costi amministrativi; il budget delle spese in conto capitale; e il budget di cassa o di tesoreria. Per realizzare il budget generale, il controller o la commissione di budget riceve tutti i budget funzionali e prepara una bozza del budget generale, che sarà sottoposta per l'approvazione o la revisione al consiglio di amministrazione. Una volta che questo organo ha dato la sua approvazione, il budget generale costituisce il programma di lavoro per tutto il periodo cui esso si riferisce. Questo budget non è rigido in quanto, pur se con le necessarie e opportune autorizzazioni, vi si possono apportare modifiche in un senso o nell'altro. Ad esempio, per quanto riguarda le spese previste, esse possono essere aumentate nel corso del periodo del budget se si verificano variazioni di circostanze o altre considerazioni che giustifichino la revisione. Allo stesso modo possono essere variati gli obiettivi, qualora si rivelassero non realizzabili, Pertanto, il budget generale è vincolante, ma non inflessibile.

comprehensive coverage: *copertura globale.* La copertura assicurativa garantita da una *comprehensive policy* (v.).

comprehensive insurance: *assicurazione contro tutti i rischi.* Lo stesso che *all–risk insurance* (v.).

comprehensive motor policy: *polizza di assicurazione automobilistica contro tutti i rischi.* Polizza di assicurazione che garantisce il proprietario di un autoveicolo contro tutti i rischi derivanti dalla circolazione del mezzo. Vi sono inclusi danni al proprio automezzo, al conducente e ai terzi trasportati, furto, incendio, danni a terzi, ecc.

comprehensive policy: *polizza del capofamiglia.* Tipo di polizza che dà copertura contro tutti i rischi cui è esposta un'abitazione, ivi inclusa la responsabilità civile verso i terzi, cioè il rischio di danni a terzi prodotti dai singoli membri della famiglia o dall'abitazione coperta da assicurazione. Tra gli altri rischi inclusi nella polizza rientrano l'incendio, l'inondazione, l'esplosione, il furto, l'effrazione, il vandalismo, ecc.

compromise: *compromesso.* Termine usato in due significati: a) nel linguaggio giuridico, indica un accordo per comporre una lite, senza ricorrere all'autorità giudiziaria, mediante concessioni reciproche; b) nel linguaggio delle relazioni industriali, indica un modo di comporre una vertenza tra lavoratori e datori di lavoro mediante reciproche concessioni, per cui nessuna delle due parti ottiene tutto ciò che si prefiggeva di ricavare dalla contrattazione.

compromise benefit: *beneficio di compromesso.* Nella sua Teoria dei monopoli, A. Marshall indica con questo termine il beneficio derivante al monopolista da un compromesso che tenga conto allo stesso tempo degli utili di monopolio e della rendita del consumatore. Dice Marshall: «Supponiamo che il monopolista effettui un compromesso e calcoli una sterlina di rendita del consumatore equivalente a mezza sterlina di rendita monopolistica. Egli calcolerà la rendita di monopolio derivante dalla vendita del suo bene a qualsiasi dato prezzo e ad essa aggiungerà metà della corrispondente rendita del consumatore: la somma delle due può chiamarsi beneficio di compromesso, e il monopolista tenderà a praticare il prezzo che renderà il beneficio di compromesso più grande possibile».

comptroller: ***controllore della gestione; controller.*** Di solito è il funzionario a capo del reparto contabilità di una grossa impresa o di un ente statale, o la persona autorizzata ad approvare spese. Il suo ufficio è preposto alla preparazione e all'approvazione di qualsiasi rapporto statistico e finanziario concernente l'organizzazione nella quale opera.

Comptroller and Auditor General: Professionista nominato dalla Corona per svolgere, tra l'altro, la revisione e il controllo dei conti che, successivamente, verranno sottoposti alla *Committee on Public Accounts* (v.). Viene assistito nel suo lavoro dal dipartimento dello Scacchiere e dall'ufficio della revisione dei conti dello stato. La sua relazione finale verrà presentata al parlamento e alla *Committee on Public Accounts.*

Comptroller General: Negli Stati Uniti, è il capo dell'ufficio contabilità generale del governo federale, con il compito di provvedere alla revisione dei conti di tutte le agenzie federali, al fine di impedire esborsi di fondi non contemplati dalle leggi in vigore.

comptroller of the currency: ***supervisore delle banche nazionali.*** Negli Stati Uniti, è il funzionario del ministero del tesoro preposto alla supervisione e al controllo delle cosiddette banche nazionali e al rilascio delle autorizzazioni al loro funzionamento.

compulsory acquisition: ***espropriazione per pubblica utilità.*** Termine usato nel Regno Unito per indicare il diritto dello stato di appropriarsi di beni di privati cittadini, nel caso di pubblica utilità, previo equo indennizzo.

compulsory arbitration: ***arbitrato obbligatorio; arbitrato forzoso.*** Arbitrato previsto dalla legge o dalle consuetudini, cui le parti devono obbligatoriamente sottoporsi e adeguarsi in caso di controversia. In alcuni paesi e in determinati periodi sono soggette ad arbitrato obbligatorio le controversie tra lavoratori e datori di lavoro, dopo che il tentativo di conciliazione non ha avuto effetto. (v. anche *conciliation*)

compulsory checkoff: ***trattenuta sindacale obbligatoria; quota sindacale obbligatoria.*** Il prelievo automatico e obbligatorio, dalla busta paga del lavoratore da parte del datore di lavoro che successivamente provvede a versarlo al sindacato, del contributo sindacale che il lavoratore è tenuto a pagare in base al contratto di lavoro sottoscritto dalle rappresentanze sindacali dei prestatori e dei datori di lavoro. Fin tanto che risulta iscritto al sindacato, il lavoratore non può opporsi a tale prelievo.

compulsory insurance: ***assicurazione obbligatoria.*** È l'assicurazione che un soggetto deve necessariamente stipulare per disposizione di legge. Ad esempio, rientrano in tale tipo le assicurazioni sociali e quella sulla responsabilità civile derivante dalla circolazione di veicoli a motore.

compulsory intervention point: ***punto d'intervento obbligatorio.*** Nell'ambito del Sistema Monetario Europeo, è il limite massimo o minimo delle oscillazioni concordate, raggiunto il quale le banche centrali interessate sono tenute a intervenire sui mercati valutari nel tentativo di correggere la tendenza.

compulsory liquidation: ***liquidazione coatta.*** Termine usato come sinonimo di *compulsory winding–up* (v.).

compulsory loan: ***prestito forzoso; prestito forzato.*** Prestito imposto coattivamente dallo stato a tutti o ad una categoria di cittadini, in proporzione delle loro ricchezze. Il termine inglese indica anche un prestito che non può essere rimborsato alla scadenza e viene, pertanto, esteso o rinnovato.

compulsory membership: ***iscrizione obbligatoria.*** L'obbligo imposto ai lavoratori di iscriversi ad un sindacato per poter assumere un posto o continuare a lavorare presso un'impresa che riconosce un determinato sindacato. Negli Stati Uniti questa pratica fu dichiarata illegale dal *Taft–Hartley Act* (v.).

compulsory purchase: ***espropriazione per pubblica utilità.*** Termine usato con lo stesso significato di *compulsory acquisition* (v.).

compulsory reserve: ***riserva obbligatoria.*** È così chiamata perché è un obbligo imposto per legge alle banche di vincolare presso la banca centrale una parte delle somme raccolte con le operazioni originarie passive. La riserva obbligatoria rappresenta anche uno strumento di politica monetaria, perché le autorità possono aumentare o diminuire la massa circolante aumentando o diminuendo la percentuale di tale riserva. L'entità delle riserve obbligatorie varia da epoca ad epoca, in stretta dipendenza della situazione economico–creditizia del paese, e da paese a paese. Può anche, all'interno dello stesso paese, variare da tipo a tipo di banca, come ad esempio avviene negli Stati Uniti.

compulsory sale: ***vendita forzata; vendita coatta.*** Vendita resa necessaria dall'azione di un creditore e, pertanto, effettuata in un lasso di tempo inferiore al normale. Gli oggetti o i beni venduti sono quelli che il debitore aveva offerto in pegno e garanzia del credito a lui concesso.

compulsory saving: ***risparmio forzato; risparmio forzoso; risparmio coattivo.*** Lo stesso che *forced saving* (v.).

compulsory winding–up: ***liquidazione coatta.*** Nel Regno Unito è la liquidazione di una società a responsabilità limitata decretata da un tribunale su istanza di uno o più creditori o per ragioni stabilite dalla legge, la quale prevede che un tribunale può decretare la liquidazione di una società se: a) la società, per delibera dei soci, ha deciso che essa venga posta in liquidazione dal tribunale; b) non vengono rispettate le disposizioni di legge relative all'inoltro dei prescritti bilanci ed altre relazioni al Registro delle società o quelle relative all'assemblea ordinaria dei soci; c) la società non inizia la propria attività entro un anno dall'iscrizione nel Registro delle società o sospende l'attività per un intero anno; d) il numero dei soci scende al di sotto di due nel caso di una *private company* (v.) e al di sotto di sette nel caso di qualsiasi altra società; e) la società non è in grado di far fronte alle proprie obbligazioni; f) il tribunale ritiene che sia giusto porre in liquidazione la società. La liquidazione coatta ha inizio dalla data di presentazione dell'istanza da parte dei creditori, tranne il caso in cui sia già avviata una procedura di liquidazione volontaria (v. sopra, punto a), nel qual caso la procedura di liquidazione decorre ed ha efficacia dalla data di approvazione della delibera da parte dei soci. Tutte le azioni di trasferimento di proprietà successive alla data di inizio della procedura di liquidazione sono nulle, tranne nel caso in cui siano state ordinate dal tribunale. Nel decretare la liquidazione della società, il tribunale nomina un curatore che svolgerà le sue funzioni fino alla nomina di un liquidatore, che sarà fatta anch'essa dal tribunale. (v. anche *winding-up, voluntary winding-up, official receiver, liquidator*)

computed price: ***prezzo calcolato.*** Negli Stati Uniti, indica il prezzo risultante dall'applicazione di una formula che prevede una correzione del prezzo base per costi di trasporto ipotetici o arbitrari e differenze per le diverse gradazioni del prodotto. È il prezzo di vendita imposto da industrie a prezzi amministrati. (v. anche *base price, millnet price*)

computer-integrated manufacturing: ***fabbricazione computerizzata; lavorazione computerizzata.*** Fabbricazione mediante un insieme di utensili automatici programmabili (ad esempio: robot, macchine utensili computerizzate, ecc.) usati in un sistema dotato di ampio coordinamento basato su computer.

computer trading: ***attività commerciale computerizzata.*** Il termine viene usato principalmente negli Stati Uniti per indicare l'attività di gruppi di speculatori che trattano vendite o acquisti di derrate o titoli a termine e valori mobiliari sulla base delle indicazioni fornite da un computer.

Con.: contra.

concealed discount: ***sconto di favore.*** È lo sconto praticato da industriali o grossisti a clienti preferiti e tenuto segreto per non essere accusati di slealtà commerciale.

concealed inflation: ***inflazione nascosta.*** Lo stesso che *disguised inflation* (v.).

concealed unemployment: ***disoccupazione nascosta.*** Lo stesso che *hidden unemployment* (v.).

concealment: ***occultamento.*** Nel linguaggio delle assicurazioni, questo termine indica che l'assicurato non ha rivelato all'assicuratore fatti rilevanti, che avrebbero potuto portare quest'ultimo o a non accettare il rischio o ad accettarlo praticando una diversa tariffa di premio. L'occultamento di fatti rilevanti può rendere una polizza priva di qualsiasi effetto, a meno che essa contenga una clausola che esplicitamente escluda l'annullamento del contratto per occultamento o reticenza dell'assicurato.

concentrated industry: ***industria concentrata.*** L'accentramento di un'industria, caratterizzato dalla presenza in un'area geografica di tutte o molte aziende che operano in quel settore. Una volta causato dalla presenza di infrastrutture o condizioni geografiche e geologiche che consentissero economie esterne, oggi è un fenomeno meno pronunciato a seguito dello sviluppo dei mezzi di comunicazione, dell'uso di differenti fonti energetiche e della politica dei governi, che mirano ad un'equa distribuzione delle industrie su tutto il territorio nazionale. (v. anche *localization of industry*)

concentrated segmentation: ***segmentazione concentrata.*** La scelta, fatta da alcune imprese, di rivolgersi a un segmento di mercato molto limitato, allo scopo di evitare la concorrenza con rivali potenti. La nicchia di mercato che l'impresa si assicura le consente una maggiore specializzazione, ma essa non può mai dirsi al riparo dalla concorrenza.

concentration: **1.** ***concentrazione.*** L'economia prende in esame la concentrazione di una o più industrie in una particolare area. La concentrazione può essere motivata da vantaggi derivanti dalla presenza di efficienti infrastrutture o di una fonte di energia non economicamente trasportabile, ma presenta anche lo svantaggio che se l'industria o le industrie così concentrate devono chiudere o diminuire la produzione, si avrà un alto livello di disoccupazione nella zona, anche se il resto dell'economia nazionale continua a funzionare a pieno regime. **2.** ***concentrazione industriale.*** Esiste concentrazione industriale quando poche ma grosse imprese accentrano una notevole percentuale della produzione di un bene o gruppo di beni o hanno alle dipendenze un'alta percentuale delle persone impiegate in quel settore. Un'industria è altamente concentrata se, ad esempio, l'ottanta per cento degli addetti è impiegato nelle quattro maggiori imprese del settore; al contrario, avrebbe un basso grado di concentrazione se vi trovassero posto un centinaio di imprese di dimensioni pressocché uguali.

concentration of industry: ***concentrazione di una industria.*** Termine usato con lo stesso significato di *concentration 1* (v.).

concentration ratio: ***indice di concentrazione industriale; rapporto di concentrazione industriale.*** È un numero con il quale si tenta di indicare il grado di concentrazione esistente in un'industria. Ci sono vari tipi di indici di concentrazione, uno dei quali è rappresentato dalla percentuale della produzione totale di un dato bene, o gruppo di beni, fornito da coloro che si dedicano esclusivamente, o principalmente, alla fabbricazione di quel prodotto o gruppo di prodotti. Un altro indice è rappresentato dalla percentuale di vendite, di occupazione o di altra misura di grandezza dell'industria, detenuta dalle tre, quattro o otto imprese più grosse del settore. Quanto maggiore è una di queste percentuali, tanto maggiore è il grado di concentrazione industriale.

concentric chart: ***organigramma radiale; organigramma concentrico.*** Nell'organizzazione aziendale, indica una serie di cerchi concentrici con il presidente al centro, tutti coloro che operano ad un livello direzionale immediatamente inferiore sul circolo successivo e così via per i vari livelli direzionali, ciascuno sistemato su uno dei circoli.

concept of capital maintenance: ***concetto di conservazione del capitale.*** Il concetto che sta alla base della valutazione del processo di consumo del capitale di un'entità economica. Si suole fare distinzione tra concetto finanziario e concetto fisico: il primo basa la valutazione sull'ammontare di attività nette riportate nel bilancio patrimoniale; il secondo basa la valutazione sulla capacità dell'entità economica di continuare a fornire beni e servizi.

concept of maintenance of operating capability: ***concetto della conservazione di capacità operativa.*** Lo stesso che *physical concept of capital maintenance* (v.), la cui spiegazione è data sotto *concept of capital maintenance* (v.).

concept testing: ***test di un'idea.*** Nel marketing, è la tecnica usata per mettere alla prova nuove idee allo stadio iniziale dello sviluppo di un prodotto. Si realizza, di solito, attraverso una discussione di gruppo cui si fa intervenire un campione di quelli che potrebbero essere i futuri consumatori del prodotto.

concern: ***azienda; impresa; ditta.*** Il termine inglese è generico, come del resto i corrispondenti italiani, ed indica una qualsiasi organizzazione economica. Può applicarsi indifferentemente ad un'azienda individuale, ad una società di persone e ad una società di capitali.

concertina method: ***metodo a fisarmonica.*** Espressione usata per indicare una procedura di riduzioni delle tariffe doganali in base alla quale si abbassano i dazi più alti e si lasciano invariati quelli più bassi, in modo da diminuire il divario tra dazi presenti nella stessa tariffa.

concert party: ***cordata.*** Il termine inglese è usato nel *City Code on Take–overs and Mergers* per indicare persone fisiche o giuridiche che collaborano nell'acquisire azioni di una società con l'intento di garantirsene il controllo. Pertanto, esso è il termine più prossimo al traducente proposto.

concession: 1. ***concessione.*** Conferimento, da parte dello stato o di enti statali, di terra o altra proprietà per un uso specifico, o conferimento del diritto di usare tutto o parte di un terreno o altra proprietà o semplicemente di accedervi. Così, uno stato può conferire ad una società nazionale o estera la concessione di un terreno per la costruzione di un canale o di una ferrovia o per l'esplorazione mineraria e un ente statale o locale può dare ad un privato la concessione di gestire un posto di ristoro in una stazione, in un edificio pubblico, ecc. **2.** ***territorio in concessione; diritto in concessione.*** La parte di terreno o il diritto dati in concessione, secondo quanto detto sotto *concession 1.* **3.** ***concessione esclusiva.*** Nel linguaggio commerciale, il termine inglese indica il diritto esclusivo, concesso da un produttore ad un'organizzazione commerciale, di vendere i suoi prodotti in esclusiva nell'ambito di un determinato territorio o di un intero stato.

concessionaire: ***concessionario esclusivo.*** L'organizzazione commerciale cui un'impresa concede il diritto esclusivo di vendita dei suoi prodotti in una determinata area geografica.

concessional assistance: ***assistenza agevolata.*** Assistenza prestata dai paesi ricchi ai paesi più poveri o in via di sviluppo, mediante la concessione di mutui agevolati e soprattutto di donazioni. Scopo di questo tipo di assistenza è principalmente quello di fornire ai paesi in via di sviluppo risorse esterne in quantità superiore a quelle che potrebbero procurarsi da istituzioni e banche private, senza aumentare la quota di reddito nazionale da destinarsi al servizio del debito con l'estero.

concessional loan: ***mutuo agevolato; prestito agevolato.*** Mutuo concesso da un paese ricco, o da un'agenzia o istituzione di aiuti all'estero, a un paese povero o in via di sviluppo ad un tasso di interesse molto al di sotto del tasso di mercato o anche senza il pagamento di alcun interesse. Nel linguaggio finanziario internazionale il termine viene usato come sinonimo di *soft loan 1* (v.).

concessionary aid: ***assistenza agevolata; aiuto agevolato.*** Lo stesso che *concessional assistance* (v.).

concessionary interest rate: ***tasso d'interesse agevolato.*** Tasso d'interesse inferiore a quello di mercato, praticato di solito su prestiti concessi da un paese ricco a un paese in via di sviluppo, nell'ambito di una politica di aiuti all'estero.

conciliation: ***conciliazione.*** Nelle relazioni industriali, è il tentativo di un sindacato o di un organo di governo, che funge da mediatore, di risolvere una controversia tra datori e prestatori di lavoro. In Gran Bretagna, la conciliazione da parte di un organo di governo è entrata nel diritto a seguito dell'approvazione del *Conciliation Act* del 1896 e l'organo preposto è il *Department of Labour and Productivity.* Se il tentativo di conciliazione non sortisce alcun effetto, la controversia di lavoro viene sottoposta ad arbitrato. (v. anche *compulsory arbitration*)

conciliation board: ***ufficio di conciliazione.*** Termine generico, usato per indicare un qualsiasi ufficio o autorità che abbiano competenza in materia di conciliazione nelle controversie di lavoro.

concrete services: ***servizi concreti.*** Servizi che si manifestano concretamente nel momento in cui essi vengono somministrati, come è il caso, ad esempio, del trasporto di cose e persone. Il termine viene spesso usato in contrapposizione a *disembodied services* (v.).

concurrent condition: ***condizione concorrente.*** Una condizione presente in un contratto, che impegna i contraenti ad eseguire le rispettive prestazioni contemporaneamente.

concurrent insurance: ***assicurazione concorrente.*** L'assunzione di uno o più rischi uguali relativi al medesimo oggetto, da parte di due o più assicuratori, che sottoscrivono un unico contratto o più contratti sostanzialmente uguali. Essendo l'assicurazione ripartita tra più assicuratori, in caso di sinistro ciascuno di loro sarà tenuto al pagamento dell'indennizzo soltanto in proporzione alla quota da lui sottoscritta.

condemnation: ***esproprio.*** Termine usato negli Stati Uniti con lo stesso significato di *expropriation* (v.).

condensed balance sheet: ***bilancio sintetico.*** È quello in cui elementi di minore importanza sono stati accorpati, in modo da fornire un quadro più facilmente comprensibile della situazione finanziaria.

condition: ***condizione.*** Nel linguaggio giuridico, il termine inglese indica una condizione essenziale di un contratto che, se non rispettata da una delle parti, autorizza l'altra parte a ripudiare il contratto stesso. (v. anche *warranty*)

conditional acceptance: 1. ***accettazione condizionata.*** La legge inglese (*Bills of Exchange Act* del 1882, art. 19) prevede che l'accettazione di una cambiale possa essere condizionata e distingue cinque possibilità: a) *conditional acceptance*, cioè a dire che il pagamento dell'accettante è condizionato all'esecuzione di un'obbligazione ivi specificata, ad esempio consegna della polizza di carico; b) *partial acceptance*, cioè accettazione limitata o parziale, quando il trattario accetta di pagare solo parte della somma; c) *local acceptance*, cioè l'accettazione di pagare solo in una piazza specificata; d) accettazione condizionata ad un'estensione del periodo di credito; e) accettazione da parte di alcuni dei trattari, ma non da parte di tutti. Se la cambiale è stata negoziata prima dell'accettazione, il portatore può rifiutare l'accettazione condizionata e far protestare la tratta per mancata accettazione e se il traente o il giratario non hanno implicitamente o esplicitamente autorizzato il portatore ad accondiscendere all'accettazione condizionata, o non accondiscendono in seguito, essi non sono più responsabili e quindi non soggetti ad azione di regresso. Infine, se il traente o il giratario ricevono notifica di accettazione condizionata e non esprimono il proprio dissenso in tempo ragionevole, saranno responsabili e, quindi, soggetti ad azione di regresso. **2.** ***controfferta.*** Lo stesso che *counteroffer* (v.).

conditional bill of sale: ***atto di cessione.*** È un documento mediante il quale una persona trasferisce ad un'altra persona i suoi diritti di proprietà su un bene mobile a garanzia di un prestito, a condizione che esso gli venga restituito nel momento in cui egli avrà fatto fronte agli impegni assunti, nel caso specifico il rimborso del prestito contratto.

conditional bond: ***obbligazione condizionata.*** È un tipo di obbligazione, non usato in Italia, che prevede una o più condizioni in relazione al pagamento degli interessi o al rimborso della somma capitale.

conditional indorsement: ***girata condizionata.*** È la girata di un titolo di credito che contiene una condizione che influisce sulla responsabilità del giratario, come ad esempio pagate tizio, ma solo a consegna della polizza di carico. Secondo la legge inglese, tale girata può influire sui rapporti tra girante e giratario, ma se a pagare è una banca, quest'ultima può non tener conto della condizione inserita e considerarla come se non fosse stata scritta.

conditionality: ***condizionalità.*** Termine usato per indicare complessivamente tutte le condizioni che vengono imposte al paese che preleva fondi dal Fondo Monetario Internazionale in relazione alle sue quote di credito. Il regolamento del Fondo prevede quattro diverse quote da cui possono effettuarsi prelievi e ciascuna implica determinate condizioni. Altre e diverse condizioni vengono, invece, imposte quando il paese preleva fondi al di là delle sue normali quote di credito, come ad esempio quando si deve far fronte ad un temporaneo deficit della bilancia dei pagamenti a seguito di un calo delle esportazioni. (v. anche *compensatory financing*)

conditional most-favoured-nation clause: ***clausola condizionata della nazione più favorita.*** V. spiegazione sotto *most-favoured-nation clause.*

conditional offer: ***offerta condizionata.*** È l'offerta di contratto inviata da un soggetto, detto proponente, ad un altro soggetto, detto destinatario, con la quale il primo porta a conoscenza del secondo gli elementi essenziali del contratto che si intende stipulare condizionandolo, però, al verificarsi o al non verificarsi di determinate circostanze o condizioni. (v. anche *offer 1*)

conditional order: ***ordine condizionato.*** Opposto di ordine incondizionato, quale può essere la cambiale o l'assegno bancario. È l'ordine dato a una banca di pagare una somma di denaro, a condizione che il beneficiario rilasci quietanza liberatoria.

conditional sale: ***vendita con riserva di proprietà.*** È una vendita con soli effetti obbligatori fin quando non si verifica l'evento che dà luogo al reale trasferimento della proprietà, ad esempio consegna o completamento del pagamento. Il titolo di proprietà resta, nel frattempo, al venditore, mentre all'atto della conclusione del contratto passa al compratore l'onere di sopportare il rischio della perdita della cosa o della diminuzione del suo valore.

condition precedent: ***condizione sospensiva.*** Nel linguaggio giuridico, indica una condizione che diventa efficace soltanto al verificarsi di un determinato evento, in attesa del quale gli effetti tipici del negozio giuridico restano sospesi. Ne è un esempio un contratto di assicurazione che prevede la ricostruzione di un edificio nel caso in cui esso venga distrutto da un incendio o altro sinistro.

conditions of a contract: ***condizioni di un contratto; clausole di un contratto; clausole contrattuali.*** Sono le condizioni contenute in un contratto, cui devono conformarsi le parti contraenti e dalle quali dipende il verificarsi degli effetti del negozio giuridico. (v. anche *condition, concurrent condition, condition precedent, condition subsequent*)

conditions of employment: ***condizioni di impiego; condizioni di lavoro.*** Le condizioni, contenute in un contratto di lavoro, in base alle quali il prestatore di lavoro somministra la propria opera al datore di lavoro, che a sua volta ricompensa il primo con una controprestazione sotto forma di pagamento di un salario.

conditions of payment: ***condizioni di pagamento.*** Sono le condizioni sulle quali si sono accordati il compratore e il venditore e che regoleranno il pagamento di beni o servizi oggetto di compravendita.

conditions of sale: ***condizioni di vendita.*** Le condizioni che regolano il trasferimento di un bene dal venditore al compratore. Se si tratta di vendita all'asta, esse sono specificate sui cataloghi e vengono lette dal banditore prima di iniziare l'asta. In altri tipi di vendita, il venditore rende note al compratore le condizioni di vendita o direttamente o tramite foglietti allegati alle merci vendute al dettaglio.

conditions of supply: ***condizioni dell'offerta.*** Si indicano con questa espressione tutti quei cambiamenti che possono apportare un aumento o una diminuzione nella quantità di un bene o servizio offerta ad un dato prezzo. Possono essere rappresentati da variazioni del costo medio di produzione, variazioni dei prezzi di altri beni o servizi, ecc.

condition subsequent: ***condizione risolutiva.*** Nel linguaggio giuridico, è una condizione che risolve gli effetti già prodottisi di un negozio giuridico, ripristinando la situazione anteriore. Ne è un esempio un contratto di assicurazione che prevede il pagamento di una rendita per tutta la durata della vita delbeneficiario, alla morte del quale il contratto si risolve.

condominium: ***condominio.*** Termine usato negli Stati Uniti e in Canada per indicare la forma di proprietà in base alla quale una persona è proprietaria di un appartamento o altri locali in un edificio, insieme ad altri proprietari di parti simili dello stesso edificio e tutti hanno un diritto di proprietà indiviso sul terreno sul quale sorge il condominio e sulle parti comuni dello stesso, quali corridoi, scale, terrazzi, ascensori, locali per l'impianto di riscaldamento e così via.

Confederation of British Industry: Fondata nel 1965 a seguito della fusione della *National Association of British Manufacturers*, della *British Employers' Confederation* e della *Federation of British Industries.* Corrisponde alla nostra Confindustria, con analoghi scopi e funzioni.

conference: 1. ***conferenza.*** Espressione con la quale, nel linguaggio internazionale, si indica la riunione di armatori e di compagnie di navigazione nella quale vengono presi accordi che stabiliscono tariffe minime di nolo e dei prezzi di passaggio che saranno praticati in un determinato periodo di tempo dalle compagnie e dagli armatori aderenti. Altre questioni cui l'accordo si riferisce sono la suddivisione delle navi in categorie relative all'età, alla velocità, alla stazza, al traffico cui sono adibite, ecc., e il compenso da corrispondersi agli agenti o intermediari che procurano carico o passeggeri. Lo stesso termine viene usato per indicare l'accordo stipulato tra i partecipanti alla conferenza. **2.** ***riunione; conferenza.*** Incontro, o serie di incontri, più o meno formale nel corso del quale vengono discusse questioni relative all'organizzazione della quale fanno parte le persone che si riuniscono, sulle quali saranno probabilmente prese decisioni circa una linea o politica di azione.

conference lines: ***linee conferenziate.*** Linee di navigazione che si occupano degli stessi traffici e stabiliscono, attraverso conferenze periodiche, tariffe standardizzate per tutti i caricatori. (v. anche *conference 1*)

conference rate: ***rata di nolo conferenziato.*** È la rata di nolo applicata da una qualsiasi nave facente parte di una flotta il cui armatore ha sottoscritto l'accordo stabilito in una conferenza sui noli. (v. anche *conference 1, conference lines, conference ship, freight rate, open rate*)

conference room: ***sala delle riunioni; sala conferenze.*** Locale in cui si riuniscono gruppi di persone, comitati o anche il consiglio di amministrazione di una società, per discutere e prendere decisioni su questioni di interesse comune o relative alla politica dell'organizzazione di cui essi fanno parte.

conference ship: ***nave conferenziata.*** Nave che fa parte di una flotta il cui armatore ha sottoscritto un accordo per l'applicazione di tariffe standardizzate, stabilito in una conferenza sui noli. (v. anche *conference 1, conference lines*)

confidence trick: ***truffa all'americana.*** Più che di un particolare tipo di truffa, si tratta di un modo di perpetrarla. Consiste nell'ispirare fiducia alla persona che si intende truffare, facendole credere di essere ricchi stranieri, allo scopo di farsi consegnare denaro in cambio di oggetti privi di alcun valore.

confirmation: ***conferma.*** Termine usato con un duplice significato: a) in senso generale, indica la dichiarazione scritta con la quale si rinnova il proprio consenso ad un'operazione commerciale, di cui erano state in precedenza stabilite verbalmente o per iscritto le condizioni; b) in senso più specifico, nella revisione dei conti indica una dichiarazione scritta o verbale che riconosca l'esistenza e l'ammontare di una passività. Tale conferma avviene a seguito di una richiesta che dà, successivamente, luogo alla dichiarazione e, pertanto, può essere positiva o negativa: la prima prevede una risposta sia nel caso in cui la passività sussista, sia nel caso in cui essa non risulti da alcun documento; la seconda prevede una risposta solo nel caso in cui vi sia discrepanza.

confirmation fee: ***diritto di conferma; compenso di conferma.*** Somma di denaro che una banca addebita all'importatore che apre un credito a favore di un esportatore, quando questo credito deve essere confermato dalla banca a seguito di accordi in tal senso intercorsi tra le due parti del contratto di compravendita. Tale compenso è in aggiunta alle commissioni e spese addebitate per l'apertura e il pagamento del credito.

confirmation letter: ***lettera di conferma.*** Lettera con la quale un'impresa che ha ricevuto un ordinativo di fornitura dà conferma della prossima esecuzione dello stesso. Tale lettera conterrà il riferimento al numero e alla data dell'ordinativo e riprodurrà le indicazioni contenute in esso e relative alle condizioni di prezzo, di consegna, ecc., nonché alle quantità di beni ordinati. Se prevedibile, indicherà anche la data approssimativa o certa della spedizione. (v. anche *confirmation note*)

confirmation note: ***nota di conferma.*** Modulo facente parte di un ordinativo, o ad esso allegato, che il fornitore firma e rispedisce al mittente come conferma del contratto di vendita. (v. anche *confirmation letter*)

confirmation notice: ***distinta di vendita; nota di vendita; conto di vendita.*** Termine statunitense, equivalente a *sold note 2* (v.).

confirmation of an order: ***conferma di un ordinativo.*** Quando un'impresa riceve un ordinativo, se è ancora in grado di evaderlo ai prezzi e alle condizioni concordati e menzionati nell'ordinativo stesso, ne dà conferma al cliente mediante un telex o una lettera di conferma. (v. anche *confirmation letter*)

confirmation of balance: ***approvazione di estratto conto.*** A differenza delle nostre banche, alcune banche inglesi inviano al cliente insieme all'estratto conto un modulo che, debitamente firmato e restituito alla banca, dimostra che egli è d'accordo sul contenuto, che approva.

confirmed credit: ***credito confermato.*** Se una banca notifica ad un cliente che è stato aperto un credito a suo favore da un'altra banca e che essa si assume l'impegno di dare esecuzione all'ordine ricevuto da tale banca, il credito si dice confermato. Molto usato come forma di pagamento nel commercio internazionale, quando l'esportatore vuole essere certo che sarà pagato e l'importatore vuole garanzia che le merci siano spedite prima che venga effettuato il pagamento. Tale credito, infatti, quasi sempre prevede che l'esportatore consegni alla banca i documenti d'imbarco prima di poter ritirare la somma accreditatagli.

confirmed irrevocable credit: ***credito confermato e irrevocabile.*** Lo stesso che *irrevocable and confirmed credit* (v.).

confirmed irrevocable letter of credit: ***lettera di credito confermata e irrevocabile.*** Nel commercio internazionale, è una lettera di credito, confermata dalla banca che dovrà pagarla, che non può essere revocata dalla banca accreditante per un determinato periodo di tempo, entro il quale l'esportatore dovrà eseguire le prestazioni indicate nella lettera stessa. (v. anche *confirmed letter of credit*)

confirmed letter of credit: ***lettera di credito confermata.*** È il documento scritto dalla banca accreditante e contenente la conferma dell'impegno, assunto dalla banca presso la quale il credito è disponibile, di pagare o accettare tratte all'atto dell'esecuzione degli obblighi assunti dal beneficiario nei confronti dell'accreditante. (v. anche *letter of credit*)

confirmed opening of credit: ***apertura di credito confermata.*** Espressione usata con lo stesso significato di *confirmed credit* (v.).

confirming: L'attività svolta da una *confirming house* (v.), che consiste principalmente nel concedere finanziamenti agli esportatori, su garanzia di ordinativi e commesse ricevuti dall'estero.

confirming agent: Altro termine con il quale viene indicata una *confirming house* (v.).

confirming house: Tipo di casa commerciale britannica, che funge da agente per conto di acquirenti stranieri accettando le loro garanzie e offrendone, a sua volta, all'esportatore inglese. La *confirming house* diventa a tutti gli effetti l'acquirente con il quale ha rapporto l'esportatore, che sarà pagato subito e in valuta locale, mentre l'importatore estero potrà avvalersi di facilitazioni creditizie offerte da questa istituzione commerciale, che si interesserà anche di ottenere le migliori quotazioni e i migliori tassi di nolo, di assicurare le merci alle migliori condizioni e di fornire al cliente straniero informazioni e servizi relativi alla sua attività commerciale. In alternativa a tutto ciò, la *confirming house* può anche subentrare soltanto dopo che l'operazione di compravendita è stata conclusa direttamente tra l'esportatore inglese e l'importatore straniero. In tal caso, essa si interesserà esclusivamente dell'aspetto finanziario dell'operazione e della spedizione delle merci, con emissione dei relativi documenti d'imbarco.

confiscation: ***confisca.*** Appropriazione, da parte dello stato, di proprietà privata senza il versamento della corrispondente indennità al proprietario.

conflict of interest: ***conflitto d'interessi.*** Si dice che esiste conflitto d'interessi quando si verifica la situazione in cui una decisione, presa da un individuo nello svolgimento delle sue funzioni, può portare vantaggi personali allo stesso individuo.

conformed copy: ***copia conforme.*** La copia di un documento originale nella quale le caratteristiche legali essenziali, quali ad esempio timbri e firme, vengono dattiloscritte o indicate in grafia manuale.

confusion of goods: ***confusione di beni.*** Stato di mescolanza di merci, appartenenti a due o più persone, tale che risulta difficile separarle una volta che sono state mescolate.

congested market: ***mercato congestionato.*** Espressione usata nel linguaggio delle borse valori e merci per indicare un mercato nel quale può verificarsi che i contratti stipulati non vengano liquidati in maniera ordinata, a causa della presenza di uno o più gruppi che hanno concentrato nelle loro mani la maggior parte di questi contratti.

congestion: ***congestione.*** Nel linguaggio economico, indica l'uso di capacità, specialmente di capitale sociale, superiore al normale o superiore al livello desiderabile, tanto che può raggiungersi uno stadio in cui tutti trarrebbero vantaggio da un uso più limitato, ma nessuno ha la competenza per apportare tale riduzione. Ciò si può verificare, ad esempio, quando il traffico su una strada pubblica aumenta al punto che l'utilizzazione della struttura da parte di nuovi utenti impone costi alla totalità degli utenti maggiori dei benefici ricavati dai nuovi utenti. Questo fenomeno ha portato all'identificazione dei costi di congestione e al suggerimento di imporre un'imposta di congestione nei casi in cui esso si verifica. (v. anche *congestion costs, congestion tax*)

congestion costs: ***costi di congestione.*** Sono i costi, in aggiunta a quelli normali, derivanti agli utenti di un'infrastruttura quando essa risulta congestionata dall'eccessivo numero di persone che la utilizzano. Tali costi si manifestano in una qualità più scadente del servizio, in notevoli perdite di tempo e in scomodità per la totalità degli utenti.

congestion tax: ***imposta di congestione.*** È l'imposta che alcuni hanno suggerito di introdurre nel caso in cui si verifichi la congestione di una struttura ad uso pubblico, come ad esempio una strada, la parte di una città destinata ad uffici o ad abitazioni residenziali, ecc. Scopo dell'imposta sarebbe quello di far aumentare il prezzo di utenza, così scoraggiandone l'uso da parte del gruppo di utenti che non intende pagare l'imposta, il che porterebbe ad un servizio migliore per coloro che, invece, sono disposti a pagarla in quanto traggono maggior vantaggio dall'uso della struttura che dall'uso del denaro che dovrebbero sborsare. Il gettito dell'imposta, tuttavia, dovrebbe essere utilizzato a vantaggio di coloro che si astengono dall'uso della struttura congestionata, in maniera che l'imposta diventi giustificabile da un punto di vista sociale.

conglomeracy: ***conglomerazione.*** Neologismo usato per indicare la formazione di un conglomerato di aziende. (v. anche *conglomerate*)

conglomerate: ***conglomerato di aziende; conglomerata.*** Termine, di origine statunitense, con il quale si indica una grossa impresa che produce una grande varietà di beni o un gruppo di imprese tecnicamente non affini. Spesso è usato per indicare una holding e un gruppo di sussidiarie con attività varie e differenziate. Gli scopi che si prefigge una conglomerata sono principalmente finanziari, in quanto cerca di ottenere una migliore redditività del capitale investito e una ripartizione del rischio, rappresentato da una bassa congiuntura, attraverso la diversificazione della produzione.

conglomerate financial statement: ***rendiconto finanziario consolidato.*** È un bilancio nel quale sono state consolidate situazioni finanziarie differenti di due o più aziende. Indica anche un conto profitti e perdite nel quale sono state accorpate differenti linee di prodotti o di attività.

conglomerate merger: ***conglomerato di aziende; conglomerata.*** Termine usato come sinonimo di *conglomerate* (v.).

conglomerator: Termine di recente formazione, con il quale si indica l'organizzatore o il capo di un conglomerato di aziende.

conglomerchant: ***conglomerata commerciale.*** Termine coniato da R. Tillmann per indicare le grosse holding finanziarie costituite allo scopo di controllare due o più complessi di produzione e distribuzione di beni di largo consumo, generalmente prodotti alimentari.

Congress: ***Congresso.*** È il parlamento degli Stati Uniti d'America, composto di una camera alta, chiamata Senato, e di una camera bassa, chiamata Camera dei Rappresentanti.

Congressional Budget and Impoundment Control Act: Legge approvata dal Congresso degli Stati Uniti nel 1974 allo scopo di riformare le procedure sulla preparazione e approvazione del bilancio federale. Tra le altre cose, istituì la *Congressional Committee on the Budget* (v.) e il *Congressional Budget Office* (v.).

Congressional Budget Office: ***Ufficio bilancio del Congresso.*** È un ufficio del Congresso degli Stati Uniti, istituito in base al *Congressional Budget and Impoundment Control Act* (v.). La sua funzione principale è quella di fornire al Congresso informazioni e statistiche relative al bilancio e ad altre questioni finanziarie del governo federale.

Congressional Committee on the Budget: ***Commissione bilancio del Congresso.*** La commissione istituita con il *Congressional Budget and Impoundment Control Act* (v.). Si tratta di una commissione parlamentare permanente mista, composta da 23 deputati, che costituiscono la commissione bilancio della Camera dei Rappresentanti, e da 15 senatori, che costituiscono la commissione bilancio del Senato. Queste due commissioni discutono ed approvano il bilancio del governo federale prima singolarmente e poi congiuntamente, così evitando che il bilancio finale sia il risultato di decisioni indipendenti, e magari contrastanti, di più commissioni.

Congress of Industrial Organizations: Federazione sindacale fondata nel 1937 e confluita, nel 1955, insieme alla *American Federation of Labor* nella *American Federation of Labor and Congress of Industrial Organizations* (v.).

Con. Inv.: consular invoice.

conjoint analysis: ***analisi congiunta.*** Nel marketing, è la tecnica usata per vagliare la diversa combinazione di caratteristiche e di attributi che dovrebbe avere un prodotto nuovo o un prodotto che si intende modificare, al fine di individuare l'immagine del prodotto gradita alla maggior parte dei potenziali consumatori.

conjuncture: ***congiuntura.*** Indica una qualsiasi fase del ciclo economico attraversata, in un determinato periodo, dall'attività economica di un paese o di tutto il mondo.

cons.: 1) consigned; 2) consignment; 3) consolidated.

conscience money: Espressione usata per indicare una somma di denaro inviata da un contribuente al fisco, sotto anonimato e volontariamente, per bilanciare una sua precedente evasione fiscale, rimastagli sulla coscienza.

conscious parallelism: ***parallelismo conscio.*** Una forma di coordinamento delle politiche aziendali di vendita e di produzione, alla cui base non c'è alcun accordo formale tra imprese.

consecutives: ***viaggi consecutivi.*** Nel linguaggio dei trasporti marittimi, indica un numero specifico di viaggi svolti consecutivamente da una nave, per conto di un noleggiatore, sulla base di un singolo viaggio. In altre parole, il contratto di noleggio viene stipulato per un solo viaggio, ma viene rinnovato per più viaggi consecutivi alle stesse condizioni.

consensual contract: ***contratto consensuale.*** Un negozio giuridico che ha efficacia obbligatoria in virtù del solo consenso tra le parti, che non lo hanno messo per iscritto.

consensus: Accordo per l'autolimitazione nelle condizioni finanziarie che regolano i crediti all'esportazione. È stato sottoscritto dalla Comunità Economica Europea, da Australia, Austria, Canada, Finlandia, Giappone, Norvegia, Nuova Zelanda, Portogallo, Spagna, Svezia e Svizzera.

consequential damage: ***danno indiretto.*** Lo stesso che *remote damage* (v.).

consequential loss: ***perdita indiretta.*** Nelle assicurazioni, è la perdita derivante non direttamente dal sinistro contro il quale si è assicurati, come ad esempio deperimento di derrate per interruzione dell'alimentazione elettrica di frigoriferi a seguito di un incendio scoppiato in altri locali.

consequential loss policy: ***polizza di assicurazione contro l'interruzione di esercizio.*** Il contratto di assicurazione che garantisce un imprenditore contro i danni derivanti da interruzione di esercizio a seguito di un sinistro a sua volta coperto da assicurazione. È necessaria solo nel caso in cui la polizza che garantisce contro il sinistro non contenga una clausola che estende la copertura anche a questo tipo di danni.

conservation: ***conservazione; risparmio.*** Il termine inglese si applica al risparmio di risorse naturali, tendente a prolungarne la disponibilità o a farne un uso più redditizio possibile. (v. anche *energy conservation*)

conservatism: ***conservatorismo.*** 1) In economia, il termine viene usato con lo stesso significato di *economic conservatism* (v.). 2) In contabilità, indica l'uso del *prudent concept* (v.) come base delle tecniche contabili.

conservator: ***liquidatore.*** È la persona, nominata dal tribunale nel caso di liquidazione coatta o dai creditori nel caso di liquidazione volontaria su delibera dei creditori o dai soci nel caso di liquidazione volontaria su delibera dei soci, che provvederà al realizzo di tutte le attività della società in liquidazione e alla distribuzione del ricavato tra i creditori o tra i soci. I poteri di un liquidatore variano a seconda che sia nominato dal tribunale, dai creditori o dai soci.

conservatorship: ***amministrazione controllata.*** Lo stesso che *receivership* (v.), ma in relazione a società mutue.

consgt.: consignment.

consideration: ***prestazione corrispettiva; controprestazione; corrispettivo.*** Il beneficio derivante ad una delle parti contraenti e che l'ha indotta a stipulare un contratto. Può assumere la forma di una promessa, di un'obbligazione o, più comunemente nei contratti commerciali, di versamento di una somma di denaro o trasferimento di una proprietà. Lo stesso termine inglese viene usato anche con lo stesso significato di *consideration money* (v.).

consideration for sale: ***corrispettivo di una vendita.*** Nel linguaggio giuridico, è il prezzo di vendita, cioè la somma di denaro che il compratore deve pagare per entrare in possesso del bene oggetto di scambio.

consideration money: Nel linguaggio borsistico, indica il prezzo realmente pagato dall'ultimo acquirente in un trasferimento di titoli. Esso, infatti, può essere diverso dalla somma che riceve il primo venditore, a causa di successive vendite precedenti la registrazione del nome del nuovo proprietario sul libro dei soci. In tal caso, poiché l'imposta di trasferimento è un'imposta ad valorem, nel fissato bollato dovrà comparire il prezzo finale del trasferimento.

to consign: ***spedire.*** Nel linguaggio commerciale e dei trasporti, inviare merci da un luogo ad un altro per consegna ad un cliente che le ha acquistate o ad un depositario che ha il compito di tentarne la vendita.

consignee: **1.** ***destinatario; ricevitore; consegnatario.*** La persona cui sono indirizzate le merci oggetto di una spedizione. Il termine italiano consegnatario è usato nel commercio marittimo per indicare la persona cui è affidato o indirizzato un carico, che non deve necessariamente esserne il proprietario. **2.** ***depositario; agente consegnatario.*** La persona alla quale viene inviata una partita di merci, affinché ne tenti la vendita al meglio. (v. anche *consignment 2*)

consignee's interest: ***interesse del ricevitore; interesse del destinatario.*** Termine usato con lo stesso significato di interesse assicurabile, ma più specifico di quest'ultimo, in quanto indica l'interesse assicurabile di chi è destinatario del bene da assicurarsi. Tale interesse viene acquisito dal destinatario nel momento in cui egli diviene il legittimo proprietario del bene oggetto di spedizione.

consignment: **1.** ***spedizione; partita.*** Un lotto di merci specifiche, ordinate da un compratore e spedite dal venditore in base ad un regolare contratto di compravendita. **2.** ***conto a deposito.*** Particolare forma di deposito, in base al quale una persona, chiamata depositante, invia ad un'altra persona, chiamata agente consegnatario, una partita di merci affinché la prima ne tenti la vendita al meglio. Le merci in questione vengono pagate dal depositario solo se e quando sono vendute e il diritto di proprietà rimane, fino a quel momento, al depositante. (v. anche *sale or return*)

consignment account: ***conto beni presso terzi.*** È il conto, tenuto secondo il sistema della partita doppia, nel quale vengono registrate le scritture relative a partite di merci inviate a un depositario, o agente consegnatario. Al conto vengono addebitati il costo delle merci, quello del trasporto e spese accessorie, e la commissione spettante all'agente, mentre gli viene accreditato il ricavo della vendita a ricezione del conto di netto ricavo inviato dal consegnatario. La differenza tra i due totali costituisce il profitto o la perdita sull'operazione.

consignment contract: ***contratto di consegna in conto deposito.*** Il contratto tra depositante e depositario che regolamenta la forma di deposito descritta sotto *consignment 2* (v.).

consignment invoice: Questo termine, che non trova esatto corrispondente nella nostra lingua, indica una fattura usata nel commercio estero in relazione a partite di merci inviate ad un agente consegnatario, residente in un altro paese, affinché ne tenti la vendita. Se viene emessa all'atto della spedizione, non è una vera e propria fattura in quanto non sussiste vendita; se, invece, viene emessa dopo che è stata effettuata la vendita, a ricezione del conto di netto ricavo spedito dall'agente, corrisponde ad una qualsiasi fattura commerciale.

consignment note: **1.** ***lettera di vettura.*** Documento comprovante l'esistenza di un contratto di trasporto per ferrovia e contenente tutte le indicazioni relative alle merci e al trasporto. Può essere emessa dal vettore con clausola «all'ordine», nel qual caso costituisce titolo rappresentativo delle merci e può essere trasferita a terzi. **2.** ***nota di spedizione.*** Tipo di bolletta rappresentativa delle merci, usata da alcune società di navigazione per beni trasportati senza l'emissione della relativa polizza di carico.

consignment receipt: ***reversale ferroviaria.*** È quella parte della lettera di vettura che l'amministrazione ferroviaria restituisce al mittente, dopo che egli ha consegnato i beni da trasportarsi, alla stazione di partenza. Il rilascio della reversale è prova dell'avvenuta stipulazione del contratto di trasporto. (v. anche *consignment note 1*)

consignor: 1. ***consegnatore; speditore.*** La persona o l'impresa che invia ad un'altra un lotto di merci ordinate da quest'ultima. **2.** ***depositante.*** La persona che, in base ad un conto a deposito, invia ad un'altra persona una partita di merci, affinché quest'ultima ne tenti la vendita al meglio. (v. anche *consignment 2*)

consistency: ***concordanza.*** L'uniformità nei sistemi contabili attraverso il tempo.

consistency concept: ***concetto della concordanza.*** Uno dei fondamentali concetti contabili, in base al quale i conti di un'impresa vengono trattati in maniera uniforme da un periodo contabile all'altro.

consol.: consolidated.

consolidated accounts: ***rendiconti consolidati.*** Sono i rendiconti (bilancio patrimoniale e conto profitti e perdite) di una holding, o di un gruppo di imprese consociate, dai quali si evincono i risultati e la situazione finanziaria del gruppo.

consolidated annuities: Termine con il quale si indica il consolidamento in un'unica massa, avvenuto nel 1751, dei vari debiti pubblici contratti dal governo inglese in epoche anteriori.

consolidated balance sheet: ***bilancio consolidato.*** È il bilancio patrimoniale nel quale le attività e le passività di una società di controllo sono accorpate con le attività e le passività della altre società che essa possiede o controlla, in modo che la situazione di tutte le società appaia come se si trattasse di un'unica azienda. Gli interessi di minoranza in società sussidiarie di solito compaiono separatamente, spesso come passività.

consolidated bonds: ***titoli consolidati.*** Termine usato nel linguaggio finanziario sia per indicare una serie di obbligazioni ad un unico tasso di interesse emessa per sostituire e unificare precedenti emissioni a differenti tassi di interesse, che vengono così ritirate dalla circolazione, sia come sinonimo di *consolidated stock* (v.).

consolidated car: Nel linguaggio dei trasporti statunitense, questo termine indica un vagone ferroviario di merci, appartenenti a vari mittenti e raccolte da uno spedizioniere, consegnate a un distributore perché provveda a recapitarle ai destinatari.

consolidated debt: ***debito consolidato.*** Lo stesso che *funded debt* (v.).

consolidated financial statement: ***rendiconto finanziario consolidato.*** Lo stesso che *combined financial statement* (v.).

consolidated fund: ***fondo consolidato.*** È il fondo nel quale vengono versate tutte le entrate del Regno Unito e dal quale vengono effettuati i pagamenti. Il relativo conto presso la Banca d'Inghilterra è chiamato *Exchequer Account* (v.).

consolidated funds: Termine usato con lo stesso significato di *consolidated annuities* (v.).

consolidated fund services: ***servizi del fondo consolidato.*** Si indicano con questo termine le spese del governo inglese prelevate direttamente dal fondo consolidato senza preventiva autorizzazione parlamentare. Tali spese coprono i servizi sul fondo consolidato propriamente detti (interessi e spese), gli stipendi dei magistrati ed altre piccole spese, tutte autorizzate da leggi permanenti del parlamento.

consolidated goodwill: ***avviamento negativo.*** Termine usato con lo stesso significato di *consolidation excess* (v.).

consolidated group: ***gruppo consolidato.*** Aziende consociate, che formano un gruppo omogeneo e i cui rendiconti finanziari possono essere unificati o consolidati.

consolidated income statement: ***conto profitti e perdite consolidato.*** Termine statunitense, usato con lo stesso significato di *consolidated profit and loss account* (v.).

consolidated loan: ***debito pubblico consolidato.*** Con questo termine si indica in particolare il debito denunciabile inglese, che scadeva dopo il 1957 e fruttava un interesse del 4%. (v. anche *consolidated debt*)

consolidated mortgage: ***ipoteca consolidata.*** Un'ipoteca risultante dall'accorpamento di più ipoteche precedenti non ancora completamente estinte.

consolidated profit: ***profitto consolidato.*** Il profitto realizzato da una holding e dalle sue consociate come unica entità contabile e pertanto riportato nel conto profitti e perdite consolidato.

consolidated profit and loss account: ***conto profitti e perdite consolidato.*** È quello che raggruppa i conti profitti e perdite di due o più aziende consociate, come se fossero una singola unità economica.

consolidated quotation system: ***sistema di quotazioni consolidate.*** Negli Stati Uniti, è un sistema computerizzato che raccoglie e distribuisce le offerte correnti di vendita e di acquisto da e verso tutti i mercati nei quali si trattano titoli e valori quotati in una qualsiasi borsa del paese.

consolidated retained earnings: ***capitale di risparmio consolidato; utili di gruppo non distribuiti.*** Gli utili non distribuiti di un gruppo di aziende consociate, considerati nella loro globalità. (v. anche *retained earnings, consolidated surplus*)

Consolidated Stamp Act: È la legge del 1891 che istituì le imposte di bollo in Gran Bretagna, distinguendole in tre classi: a) ad valorem, sui trasferimenti di beni immobili e di titoli azionari; b) fisse, su assegni e ricevute; e, c) specifiche, su altri atti o documenti.

consolidated statements: ***rendiconti consolidati.*** Lo stesso che *consolidated accounts* (v.).

consolidated stock: ***titoli del debito consolidato; titoli del debito fondato.*** Sono i titoli di stato rappresentativi di un debito consolidato, cioè la riunione in un'unica massa di tutti i debiti dello stato a lunga o indeterminata scadenza. (v. anche *consolidated debt*)

consolidated surplus: ***utile consolidato.*** Il termine inglese indica gli utili non distribuiti di tutte le aziende consociate, i cui rendiconti sono stati consolidati, dopo aver detratto gli interessi azionari di minoranza, gli interessi acquisiti dalla società madre negli utili non distribuiti dalla sussidiaria alla data di acquisizione e i valori di interscambio tra aziende consociate.

consolidated tape: ***nastro consolidato.*** Nel linguaggio delle borse valori statunitensi, è il nastro della teleborsa nel quale compaiono le operazioni di compravendita di valori quotati alla *New York Stock Exchange* che hanno luogo o in quella stessa borsa o in qualsiasi altra borsa regionale o altri mercati collegati alla NYSE. Le operazioni di compravendita di titoli quotati alla *American Stock Exchange* e di altri titoli quotati in borse regionali compaiono su un nastro separato.

consolidating act: ***testo unico; legge di unificazione.*** Testo legislativo nel quale vengono unificate tutte le singole leggi preesistenti su una determinata materia.

consolidating financial statement: ***rendiconto finanziario di consolidazione.*** Rendiconto finanziario in forma tabulare, che mostra in dettaglio gli elementi che costituiranno il rendiconto finanziario consolidato.

consolidation: 1. ***unione.*** Tipo di fusione di società, che comporta l'estinzione delle società preesistenti e la costituzione di una nuova società, che assorbe i patrimoni e subentra nella titolarità di tutti i rapporti delle società preesistenti. (v. anche *merger 1*) **2.** ***consolidamento.*** La preparazione di un bilancio, o altro rendiconto consolidato, accorpando quelli delle aziende consociate. **3.** Termine generico, usato per indicare il gruppo di imprese, in uno qualsiasi dei due significati che precedono, considerate come unità economica singola. **4.** ***unificazione.*** Nel linguaggio giuridico, indica il processo di unificare in un testo unico o in un'unica legge tutte le leggi precedentemente approvate dal parlamento su una determinata materia. **5.** ***consolidamento del debito pubblico.*** Per questo significato, v. spiegazione sotto *consolidation of loans.* **6.** ***consolidamento di azioni.*** Per questo significato, v. spiegazione sotto *consolidation of shares.*

consolidation act: ***testo unico; legge di unificazione.*** Termine usato come sinonimo di *consolidating act* (v.).

consolidation excess: ***avviamento negativo.*** L'eccedenza, rispetto al valore contabile di un'azienda affiliata, pagata dalla holding in considerazione di un valore non tangibile, quale ad esempio una particolare clientela, e come tale non preso in considerazione nei libri contabili.

consolidation ledger: ***mastro dei valori di interscambio.*** Lo stesso che *eliminations ledger* (v.).

consolidation loan: ***prestito di consolidamento.*** Un prestito che ha lo scopo di consolidare e rifinanziare altri prestiti in essere.

consolidation of capital: ***consolidamento del capitale.*** Avviene quando una società di capitali consolida le sue azioni, cioè stabilisce, nel corso di un'assemblea ordinaria degli azionisti, che il valore nominale delle azioni viene elevato, sostituendo ad esempio un'azione del valore di una sterlina a dieci azioni del valore di dieci pence ciascuna. (v. anche *consolidation of shares*)

consolidation of corporations: ***unione di società.*** Lo stesso che *consolidation 1* (v.).

consolidation of loans: ***consolidamento del debito pubblico.*** Il procedimento mediante il quale tutti i debiti a lunga o indeterminata scadenza di uno stato vengono riuniti in un'unica massa, come avvenne in Gran Bretagna nel 1751. (v. anche *consolidated annuities*)

consolidation of shares: ***consolidamento di azioni.*** L'atto o il risultato di elevare il valore nominale di azioni in circolazione, fondendo più azioni di basso valore in un'unica azione di maggior valore. (v. anche *consolidation of capital*)

consolidation policy: ***politica di consolidamento.*** È la politica adottata dall'azienda madre (holding o omnium) nel consolidamento dei bilanci delle aziende consociate. La politica più diffusa è quella di consolidare i bilanci quando le aziende sussidiarie e la società di controllo costituiscono una singola unità economica e il bilancio di una qualsiasi delle sussidiarie non è importante per la comprensione dei risultati e della situazione finanziaria del gruppo nel suo complesso.

consolidation surplus: ***plusvalenza di unione.*** Nella terminologia contabile, questa espressione indica l'eccedenza, alla data di unione, del valore contabile sul costo al quale una società finanziaria o una società madre hanno acquisito le azioni di una consociata.

consolidator: Termine usato nel linguaggio commerciale per indicare un agente che si occupa del raggruppamento di merci.

consols: Abbreviazione con la quale, nel linguaggio finanziario, si indicano i titoli del debito pubblico consolidato ed anche i vari debiti contratti dallo stato, successivamente consolidati in un'unica massa. (v. anche *consolidated stock, consolidated annuities*)

consortium: ***consorzio; sindacato.*** Gruppo di aziende o banche che collaborano ad un progetto che una sola di loro non sarebbe in grado di portare a buon fine, a causa della complessità e dell'impegno che richiede.

consortium bank: ***banca consortile.*** Termine usato nel Regno Unito per indicare un tipo di banca di proprietà di altre banche, nessuna delle quali, però, ha più del cinquanta per cento della proprietà e tra le quali almeno una sia una banca estera. Queste banche svolgono la loro attività principalmente nei mercati delle eurovalute su scala più vasta di quanto sarebbe possibile ad una singola banca. Si tratta per lo più di multinazionali, che possono servire una certa area geografica o un certo tipo di attività bancaria, ad esempio i prestiti a medio termine, o anche un certo tipo di attività economica, ad esempio il settore energetico.

conspicuous consumption: ***consumo di ostentazione.*** Consumo dettato da ragioni di prestigio o di ostentazione, piuttosto che dalla reale necessità di appagare un bisogno.

constant annual principal and interest repayment: ***annualità di rimborso costante.*** Rata annuale mediante la quale il debitore rimborsa un prestito, pagando allo stesso tempo i relativi interessi. La rata, infatti, consiste di una parte della somma capitale e di una parte di interessi. Mentre la parte di somma capitale che costituisce la rata aumenta via via che vengono effettuati i rimborsi, la parte che rappresenta gli interessi diminuisce gradualmente.

constant cost: ***costo costante; costo di struttura.*** Costo o spesa che non varia col variare della produzione o dell'attività di un'impresa.

constant cost industry: ***industria a costi costanti.*** Un'industria in cui il costo unitario medio resta invariato col variare in più o in meno del volume di produzione.

constant dollar: ***dollaro costante.*** Termine usato nel linguaggio economico e finanziario statunitense per indicare un dollaro ideale, con potere d'acquisto costante nel tempo.

constant-dollar accounting: ***contabilità a dollaro costante.*** Termine statunitense, usato per indicare il concetto esposto sotto *constant purchasing power accounting* (v.).

constant-dollar plan: ***piano d'investimento a dollaro costante.*** Espressione usata negli Stati Uniti per indicare un piano d'investimento che prevede la divisione in due parti dei fondi da investire: a) un fondo titoli per l'acquisto diversificato di azioni ordinarie; e, b) un fondo in contanti, da investirsi a richiesta, cioè nella forma più liquida possibile. Il piano prevede che si mantenga costante il valore di mercato del fondo titoli mediante vendite, con trasferimento del ricavo al fondo contanti, quando i corsi salgono e acquisti, con prelevamento dal fondo contanti, quando i corsi scendono.

constant-dollar values: ***valori in dollari costanti.*** Una qualsiasi serie di valori in dollari, dalla quale è stato eliminato l'effetto delle variazioni di potere d'acquisto della valuta statunitense. Poiché la serie che ne risulta è espressa in termini reali, essa può servire come metro per la misurazione indiretta di volumi fisici.

constant marginal cost: ***costo marginale costante.*** Se, nell'incrementare il volume di produzione di un'impresa, il costo che si sostiene per aumentare di una unità la produzione totale è sempre uguale, esso si chiamerà costo marginale costante.

constant per cent of decreasing balance method of depreciation: ***metodo di ammortamento a quote proporzionali ai valori residui.*** Lo stesso che *declining-balance method of depreciation* (v.).

constant price: ***prezzo costante.*** È il prezzo di un bene o servizio che non cambia col passare del tempo. Ciò poteva essere vero in passato, quando i prezzi subivano lievi spostamenti nel corso di decenni, ma in questo secolo si deve intendere come prezzo che varia meno rapidamente di altri o che non varia in un arco di tempo molto limitato. L'espressione è anche usata nelle ipotesi di lavoro, che presuppongono prezzi costanti.

constant product curve: ***isoquanto; curva di uguale produzione.*** Lo stesso che *iso-product curve* (v.).

constant purchasing power accounting: ***contabilità a potere d'acquisto costante; contabilità indicizzata.*** Sistema di contabilità che provvede ad adeguare i costi storici ai nuovi valori derivanti da variazioni nel potere d'acquisto della moneta, basandosi su un indice dei prezzi al dettaglio. È uno dei più diffusi sistemi di contabilità da inflazione.

constant-ratio plan: ***piano d'investimento a rapporto costante.*** Termine usato per indicare lo stesso concetto espresso sotto *constant-dollar plan* (v.).

constant returns to scale: ***rendimenti costanti di scala di produzione.*** Si realizzano quando, senza variare il rapporto in cui sono uniti i fattori della produzione, si verifica un aumento di produzione proporzionale all'aumento della quantità totale dei fattori impiegati. È improbabile che tale situazione si realizzi oggi, a causa delle condizioni dell'industria moderna, ma poteva verificarsi quando in un'industria artigianale su piccola scala ciascun lavoratore eseguiva l'intera produzione di un bene a mano. (v. anche *Euler theorem*)

constant value: ***valore costante.*** È il valore di un bene, che non cambia col passare del tempo. Un fenomeno che si verificava in passato ma che in questo secolo, e specialmente dopo la fine della seconda guerra mondiale, a seguito dell'inflazione, va inteso soltanto in senso relativo, cioè del valore di un bene che cambia meno rapidamente di quello di altri beni.

constituent company: ***società affiliata; società sussidiaria.*** Una società che fa parte di un gruppo di aziende controllate o di un *merger* (v.) o di un'unione di imprese.

constrained cycle: ***ciclo costretto; ciclo vincolato.*** Un ciclo economico il cui movimento di ascesa è limitato dalla piena utilizzazione dei fattori della produzione. (v. anche *free cycle*)

constraint: ***limitazione; restrizione.*** Termine venuto recentemente di moda per indicare una qualsiasi restrizione che influenza il modo in cui si può realizzare un determinato obiettivo. Ad esempio, l'obiettivo di massimizzare il prodotto nazionale può essere soggetto alla restrizione che impone l'impossibilità di ridurre il reddito relativo o assoluto di un particolare gruppo o di una particolare categoria di persone.

construction contract: ***appalto di costruzione.*** Tipo di contratto che contempla e contiene come clausole i piani e il capitolato d'oneri relativi alla costruzione di un edificio o altra opera edile, oltre che prevedere specifiche forme di garanzia per tutte le parti del contratto.

construction contract award: ***aggiudicazione di appalto di costruzione.*** La concessione di un appalto per la costruzione di opere pubbliche, a seguito di gara cui vengono invitate un determinato numero di imprese edili. Poichè gli appalti vengono aggiudicati prima dell'inizio dei lavori, i dati relativi a tali aggiudicazioni possono essere usati come indicatori per la previsione del livello di attività futuro nell'industria delle costruzioni.

construction industry: ***industria delle costruzioni.*** Lo stesso che *constructive industry* (v.).

construction job order: ***commessa di costruzione.*** Ordine che autorizza l'esecuzione di un determinato lavoro di costruzione. (v. anche *job order*)

construction loan: ***prestito edilizio.*** Differisce da un *home loan* (v.), in quanto è un prestito a breve termine concesso per far fronte alle spese di costruzione di un immobile via via che esse maturano. Sarà rimborsato al completamento del progetto, di solito mediante i fondi concessi sotto forma di mutuo edilizio a lungo termine.

construction policy: ***polizza contro i rischi di costruzione.*** Nelle assicurazioni marittime, è una polizza speciale che garantisce il cantiere navale contro determinati rischi derivanti dalla costruzione di una nave.

constructive advertising: ***pubblicità costruttiva.*** La pubblicità fatta con lo scopo di strappare alla concorrenza determinate zone di mercato e, quindi, di diffondere i propri prodotti a scapito di quelli altrui.

constructive competition: ***concorrenza costruttiva.*** Tipo di concorrenza che non produce per le imprese o i paesi interessati gli effetti deleteri della concorrenza distruttiva, bensì contribuisce al miglioramento dei prodotti e, a volte, anche all'ampliamento dei vantaggi goduti dal consumatore.

constructive dismissal: ***licenziamento implicito.*** Nel linguaggio delle relazioni industriali, indica il comportamento di un datore di lavoro che vittimizza un proprio dipendente al punto che costui, non riuscendo più a sopportare le angherie inflittegli, si vede costretto a dimettersi. L'atteggiamento del datore di lavoro, tuttavia, se dimostrato dà al lavoratore, secondo la legge inglese, il diritto di chiedere il risarcimento di danni per licenziamento ingiustificato.

constructive industry: ***industria delle costruzioni.*** Quella branca dell'industria che si occupa della costruzione di edifici, strade, dighe, capannoni industriali, abitazioni e simili.

constructive mileage: Nel linguaggio dei trasporti statunitense, indica il chilometraggio in più, rispetto a quello previsto, percorso da un vettore a causa di cattive condizioni meteorologiche o stradali incontrate sul suo itinerario. Serve per il computo delle tariffe da addebitarsi al mittente.

constructive possession: ***possesso presunto.*** Il possesso di un bene fondato su un chiaro diritto del possessore. Il termine viene usato per distinguere questo tipo di possesso dal possesso effettivo, ma non fondato su un diritto legale del possessore.

constructive total loss: ***perdita totale relativa; perdita totale presunta; perdita totale virtuale.*** Termine usato nel linguaggio delle assicurazioni e in particolare nelle assicurazioni marittime. Indica non la perdita totale di una nave o del suo carico, bensì l'abbandono degli stessi in quanto le spese di recupero avrebbero superato il loro valore. L'assicurato ha la facoltà di considerarla come perdita totale, inviando all'assicuratore l'avviso di abbandono che consente a quest'ultimo di subentrare nei diritti, oppure può considerarla perdita parziale, nel qual caso chiede l'indennizzo previsto dall'assicurazione. (v. anche *notice of abandonment, total loss, partial loss*)

constructive total loss clause: ***clausola della perdita totale relativa.*** In un contratto di assicurazione marittima, è la clausola che prevede e regolamenta il caso della perdita totale relativa. (v. anche *constructive total loss*)

constructive trust: È una specie di negozio fiduciario, che viene ad instaurarsi quando il rapporto fiduciario scaturisce non dalla volontà delle parti, bensì per effetto della legge al fine di soddisfare una questione di giustizia ed equità. Un tale rapporto nasce, pertanto, in vari casi e può configurarsi, ad esempio, nel diritto di ritenzione e di pegno del venditore in relazione ad una parte del prezzo non ancora pagata dal compratore. Un altro esempio si verifica quando un creditore ipotecario vende il bene ipotecato ricavandone una somma superiore a quella del proprio credito, nel qual caso viene ritenuto dalla legge amministratore fiduciario della differenza tra somma realizzata dalla vendita e ammontare complessivo del suo credito.

constructive trustee: La persona che viene ritenuta amministratore fiduciario dalla legge, qualora si verifichino le condizioni di un *constructive trust* (v.).

constructive value: ***valore presunto.*** Nel linguaggio della contabilità, indica un valore non accertato esattamente, ma calcolato in base a certi parametri che appaiono giustificati per stabilire un valore che altrimenti resterebbe indeterminato.

consul: ***console.*** Funzionario governativo residente in un paese straniero, nel quale svolge compiti di natura quasi esclusivamente commerciale, rappresentando il proprio paese e tutelando gli interessi dei suoi connazionali che risiedono anch'essi in quel luogo o vi si recano come turisti.

consulage: ***diritti consolari; spese consolari.*** Sono i diritti che si devono pagare ad un consolato per visti apposti su documenti o per altri servizi resi al pubblico.

consular agent: ***agente consolare.*** Altro nome col quale viene indicato un console, in quanto egli funge da agente mediante il quale il suo paese esercita funzioni pubbliche in un altro stato. (v. anche *consul*)

consular certificate: ***certificato consolare.*** Un certificato rilasciato ad un cittadino straniero dal proprio console in un paese estero.

consular charges: ***diritti consolari; spese consolari.*** Termine usato come sinonimo di *consulage* (v.).

consular declaration: ***dichiarazione consolare.*** Una dichiarazione rilasciata da o ad un console in un paese straniero. Dichiarazioni del genere sono, in alcuni stati, ammesse come prova in caso di arbitrati o altri procedimenti giudiziari.

consular fees: ***diritti consolari; spese consolari.*** Termine usato con lo stesso significato di *consulage* (v.).

consular invoice: ***fattura consolare.*** La fattura, redatta su un modulo ufficiale, richiesta da alcuni stati al porto di discarica a scopi principalmente doganali. L'esportatore dichiara il luogo in cui sono state prodotte le merci, che i dettagli contenuti nella fattura sono veritieri, che non sarà emessa altra fattura in relazione a quelle merci e che il prezzo della fattura è quello che è stato o sarà effettivamente pagato dall'importatore. Il console del paese cui sono destinate le merci sottoscrive la dichiarazione ed essa servirà alle autorità doganali del porto di discarica per stabilire l'ammontare del dazio di importazione.

consulate: ***consolato.*** La rappresentanza di uno stato in un paese estero, nella quale risiede e svolge le proprie funzioni un console di quello stato.

Consul General: ***console generale.*** Il funzionario con grado più elevato in un consolato.

consultant: ***consulente.*** Persona fisica o giuridica che offre servizi di consulenza al pubblico in generale.

consultative committee: ***comitato consultivo.*** Un comitato istituito nell'ambito di un'organizzazione per proporre consigli e suggerimenti agli organi direttivi. Per questo motivo, è di solito composto di esperti delle varie attività di cui si interessa l'organizzazione.

Consultative Committee of Bankers and Insurers: Comitato consultivo istituito nel 1956 per discutere questioni di interesse comune alle banche e alle società di assicurazioni del Regno Unito.

consultative direction: ***gestione consultiva; direzione consultiva.*** Espressione usata nel linguaggio dell'organizzazione aziendale per indicare un tipo di direzione che prima di emanare una qualsiasi direttiva procede a consultarsi con coloro che dovranno successivamente applicarla. Ciò avviene mediante riunioni, nel corso delle quali viene discusso il problema con l'obiettivo di ricercare eventuali alternative che possano sortire lo stesso effetto delle direttive che la gestione ha in animo di emanare. Al fine di essere effettivamente efficace, la direzione consultiva prevede grande apertura mentale da parte dei dirigenti, che devono essere capaci di accettare i suggerimenti validi e di non dominare la situazione al punto di intimidire i dipendenti che vengono consultati.

consulting engineering: Tipo di contratto che prevede che un'impresa a tecnologia avanzata fornisca a un'altra impresa, generalmente in un paese in via di sviluppo, il *know-how* per mettere quest'ultima in grado di costruire un'opera di ingegneria. (v. anche *commercial engineering*)

consulting firm: ***società di consulenza.*** Uno studio di consulenza nel quale operano più professionisti che si sono associati per svolgere tale lavoro. Può essere uno studio legale, uno studio di aziendalisti o fiscalisti, uno studio di architetti e simili.

consumable: ***bene di consumo.*** L'uso di questo termine come sostantivo corrispondente all'aggettivo *consumable* è piuttosto recente. Il suo significato è lo stesso di *consumer good* (v.).

consumable good: ***bene di consumo.*** Lo stesso che *consumer good* (v.).

consumable stores: ***materiali di consumo.*** Sono beni indiretti, imputabili come spese generali. Tra questi, ad esempio, lubrificanti, forniture alla mensa aziendale e al pronto soccorso, ecc.

consumed cost: ***costo spirato; costo consumato; costo spesato.*** 1) Qualsiasi costo i cui benefici sono terminati o sono stati perduti o distrutti, come ad esempio costi di beni venduti o di materie prime che costituiscono parte di un prodotto finito venduto. In genere, tutti i costi che compaiono in un conto profitti e perdite rientrano tra i costi spirati. 2) Qualsiasi costo trasferito a un conto dei costi secondari o ad un conto finale.

consumer: ***consumatore.*** Chiunque acquisti beni o servizi per soddisfare un proprio bisogno e non per rivenderli ad altri.

consumer acceptance: ***accettazione del consumatore.*** Nel linguaggio della pubblicità, indica la disponibilità dei consumatori ad acquistare un determinato prodotto contraddistinto da una marca, ma essenzialmente identico a quelli posti in vendita sotto altre marche.

consumer advertising: ***pubblicità diretta al consumatore.*** Messaggi pubblicitari prodotti e diffusi con l'obiettivo di raggiungere i consumatori del bene o servizio che reclamizzano.

Consumer Association: ***Associazione dei consumatori.*** Organizzazione inglese indipendente e senza scopo di lucro, fondata nel 1956 per assistere i consumatori e guidarli nella scelta dei prodotti in vendita, attraverso analisi dei prodotti stessi, i cui risultati vengono pubblicati in un mensile edito dall'associazione.

consumer bank: Termine usato negli Stati Uniti con lo stesso significato di *non–bank bank* (v.) per indicare una banca che non concede prestiti commerciali e che si rivolge principalmente a una clientela di privati.

consumer banking: L'attività svolta da una *consumer bank* (v.).

consumer behaviour: ***comportamento del consumatore; piano del consumatore.*** Termine generico con il quale si indica la reazione del consumatore a situazioni mutevoli di mercato, come l'oscillazione dei prezzi o del potere d'acquisto della moneta, l'aumento dei redditi reali, ecc. Una branca della ricerca di mercato si interessa in particolare del comportamento del consumatore.

consumer contest: ***concorso tra consumatori.*** Metodo promozionale usato per incentivare le vendite. Consiste nel mettere in palio, tra i consumatori di un determinato prodotto, uno o più premi di notevole valore, come ad esempio automobili o viaggi all'estero, che verranno estratti a sorte tra tutti coloro che invieranno una cartolina, disponibile presso i punti di vendita, o buoni o tagliandi che si trovano nelle confezioni del prodotto. Un altro metodo spesso adottato, che può usarsi in unione a quello detto sopra o indipendentemente da esso, consiste nell'estrarre a sorte un premio di valore più modesto tra tutti coloro che acquistano uno o più prodotti, o effettuano un acquisto per un determinato ammontare, presso un singolo punto di vendita.

consumer co–operative: ***cooperativa di consumo.*** Associazione creata dai consumatori per far fronte ai propri bisogni. È gestita dai membri, ciascuno dei quali dispone di un voto e partecipa ai benefici derivanti dalla forma associativa. Inoltre, essi partecipano alla ripartizione delle eccedenze tra entrate e spese, in modo proporzionale agli acquisti che fanno, essendo tale ripartizione effettuata sotto forma di sconti sui prodotti venduti dalla cooperativa.

Consumer Council: Consiglio istituito dal governo britannico nel 1963, ma ora sciolto. La sua funzione generica era quella di tutelare i consumatori.

consumer credit: ***credito al consumo.*** Può essere concesso sotto forma di vendite rateali o di prestiti personali da parte delle banche per finanziare l'acquisto di beni di consumo. Ha assunto notevole influenza sui consumi e una sua restrizione non manca mai di avere notevoli ripercussioni sul livello della domanda.

Consumer Credit Act: Legge, approvata dal parlamento britannico nel 1974, che offre al consumatore un maggior grado di protezione in operazioni di acquisto a credito e mediante il sistema *hire purchase* (v.). In particolare, la legge controlla il comportamento di coloro che vendono a credito e offre garanzie a coloro che acquistano sottoscrivendo contratti di questo tipo, imponendo tra l'altro il rilascio di un'apposita licenza per i venditori a credito e per i loro esattori. All'applicazione di questa legge è preposto l'*Office of Fair Trading* (v.).

consumer credit controls: ***controlli del credito al consumo.*** Provvedimenti ai quali ricorrono le autorità di un paese quando, a seguito di un aumento del tasso di inflazione derivante da eccesso di domanda, intendono limitare la possibilità dei consumatori di acquistare beni oggi e pagarli in futuro. L'obiettivo può essere raggiunto mediante strumenti di politica monetaria e finanziaria, mediante direttive alle banche tendenti a limitare il credito personale o mediante disposizioni legislative con le quali si abbrevia il periodo di credito concesso per gli acquisti rateali e si aumenta la somma minima da versarsi all'atto dell'acquisto.

consumer debenture: Negli Stati Uniti, questo termine indica un'obbligazione emessa da un'istituzione finanziaria e da essa venduta direttamente al pubblico.

consumer demand: ***domanda di consumi; domanda di beni di consumo; domanda dei consumatori.*** La quantità globale di un bene o servizio che i consumatori sono disposti ad acquistare ad un determinato prezzo nell'arco di un dato periodo di tempo. In questa espressione, il termine domanda viene usato nel senso economico e quindi non significa quantitativo che i consumatori desidererebbero acquistare, bensì quantità di cui hanno bisogno e che sono realmente disposti e in grado di pagare.

consumer desires: ***desideri del consumatore.*** Espressione usata per indicare ciò che un consumatore desidererebbe possedere. Pur se tali desideri costituiscono altrettanti bisogni, essi non si tramutano in domanda, nel senso economico del termine, fino a quando il consumatore non è disposto o in grado di offrire moneta in cambio dei beni oggetto dei suoi desideri. (v. anche *want*)

consumer durable goods: ***beni di consumo durevoli; beni di consumo non deperibili.*** Sono i beni di consumo con vita d'uso superiore ai tre anni. Quelli con vita variabile tra i sei mesi e i tre anni sono detti semidurevoli e quelli con vita inferiore ai sei mesi sono chiamati beni di consumo deperibili o fugaci. Tuttavia, sono considerati beni di consumo durevoli tutti quelli che sono in grado di prestare più servizi utili successivi, come ad esempio gli articoli di abbigliamento, le automobili, i mobili e simili. (v. anche *consumer non–durable goods, consumer semidurable goods*)

consumer durables: ***beni di consumo durevoli; beni di consumo non deperibili.*** Termine usato come sinonimo di *consumer durable goods* (v.).

consumer economics: ***economia del consumatore.*** In senso lato, il termine indica lo studio dell'economia dal punto di vista del consumatore, che coincide in gran parte con lo studio tradizionale dell'economia, pur concedendo particolare importanza ai problemi propri del consumatore, quale ad esempio il credito al consumo, etrascurando altri problemi che non lo riguardano direttamente.

consumer education: ***educazione del consumatore.*** Termine più altisonante con il quale si indica, in effetti, la pubblicità informativa. Scopo finale dell'educazione del consumatore è quello di rendere i mercati più perfetti e competitivi attraverso la diffusione di informazioni e consigli sulla qualità e composizione dei beni di consumo e dei servizi. Si ritiene che così facendo i consumatori diventino più selettivi e spostino il loro interesse dal nome di un prodotto al suo reale contenuto, quando esso viene pubblicizzato a confronto con altri nella stampa specializzata o attraverso altri mezzi di comunicazione di massa.

consumer equilibrium: ***equilibrio del consumatore.*** La situazione in cui il consumatore massimizza la propria utilità, in presenza di determinati limiti di reddito.

consumer expenditure: ***spesa in consumi.*** Sono le spese totali in un'economia in beni e servizi per il consumo immediato e di solito corrispondono approssimativamente a due terzi del reddito nazionale. Costituiscono un indicatore del livello generale dell'attività economica. (v. anche *investment expenditure*)

consumer expenditure survey: ***indagine sulla spesa in consumi.*** Indagine statistica condotta allo scopo di accertare la natura delle spese in consumi dei cittadini di un paese e più precisamente che cosa essi comprano e in quale quantità. La determinazione di questi elementi sarà successivamente utilizzata per la composizione del paniere di beni sul quale viene calcolato l'indice dei prezzi al consumo.

consumer finance: ***credito al consumo.*** Lo stesso che *consumer credit* (v.).

consumer finance company: ***società di credito al consumo.*** Termine usato con lo stesso significato di *consumer loan company* (v.).

consumer good: ***bene diretto; bene di consumo.*** È un qualsiasi bene usato direttamente per soddisfare un bisogno. I beni di consumo si dividono in durevoli e fugaci, a seconda del periodo di vita utile che essi hanno. Si distingue anche un'altra categoria intermedia, cioè i beni semidurevoli. (v. anche *consumer durable goods, consumer non–durable goods, consumer semidurable goods*)

consumer groups: ***gruppi di consumo.*** Si tratta di piccoli gruppi di persone che compiono indagini di mercato su base locale, i cui risultati vengono poi resi noti a tutti i membri del gruppo. Tali indagini, relative ai prezzi, alla qualità dei prodotti, ecc., servono da guida al consumatore residente in quell'area geografica.

consumer index: ***barometro delle marche.*** Espressione con la quale, nel linguaggio del marketing, si indica un procedimento volto a registrare la posizione relativa delle diverse marche di un determinato prodotto nelle preferenze dei consumatori. Consiste in rilevazioni effettuate da speciali organizzazioni, che operano nel campo delle ricerche di mercato, mediante un qualsiasi metodo, che può essere quello della giuria dei consumatori, quello dei negozi pilota o quello dei sondaggi per mezzo di campioni. Tali rilevazioni vengono offerte in abbonamento ad un certo numero di produttori, così che il costo totale viene ripartito tra i diversi operatori e il costo unitario risulta notevolmente ridotto. I produttori che usufruiscono di tale servizio si trovano avvantaggiati rispetto a coloro che non intendono abbonarvisi, in quanto essi ricevono periodicamente dati relativi alle variazioni della domanda delle singole marche di un determinato prodotto, di solito rappresentati mediante diagrammi che rendono più semplice i confronti e le deduzioni. Inoltre, essi possono rendersi conto delle reazioni del mercato in relazione ad innovazioni nelle politiche di vendita attuate dall'impresa. Questo tipo di ricerca di mercato è utile per i produttori, in quanto essi non solo ricevono dati precisi sulle vendite dei propri prodotti, ma vengono anche messi in grado di paragonare i propri risultati di vendita con quelli dei loro concorrenti. Infatti, non è sufficiente sapere che le vendite di un proprio prodotto hanno subito un incremento, se non si può allo stesso tempo sapere se ciò è dovuto ad una naturale espansione del mercato o ad una crescente preferenza dei consumatori per il proprio prodotto a scapito di quelli della concorrenza.

consumer information: ***informazione del consumatore.*** Termine generico e di significato ampio, che include la pubblicità di qualsiasi tipo, le campagne di sensibilizzazione dei consumatori, le pubblicazioni e le notizie diffuse dalle associazioni dei consumatori: in breve, tutto quanto può aiutare il consumatore nelle decisioni di acquisto che è chiamato a prendere ogni giorno.

consumer inventory: ***barometro delle marche.*** Termine usato con lo stesso significato di *consumer index* (v.).

consumer investment: ***investimento del consumatore.*** Espressione usata per indicare la spesa dei consumatori diretta verso beni di consumo durevoli o verso beni immobili.

consumerism: ***consumerismo.*** Neologismo con il quale si indica il recente atteggiamento dei consumatori nei confronti degli acquisti e delle imprese produttrici di beni. Nei confronti di queste ultime, il movimento impone una maggiore responsabilità tendente a proteggere la sicurezza e la salute dei cittadini; nei confronti degli acquisti, raccomanda una scelta più attenta e ragionata dei prodotti che si acquistano, basata principalmente sulle esigenze reali. Il movimento tenta di sviluppare forze che rappresentino gli interessi del pubblico contro il potere industriale, sia in seno alle autorità governative, sia in altri settori.

consumerist: ***consumerista.*** Neologismo con il quale si indica un seguace e fautore del consumerismo.

consumer jury: ***giuria dei consumatori.*** Termine usato come sinonimo di *consumers panel* (v.).

consumer loan: ***prestito di consumo.*** Lo stesso che *consumption loan* (v.).

consumer loan company: ***società di credito al consumo.*** Negli Stati Uniti, è una società finanziaria che concede piccoli prestiti personali per l'acquisto di beni di consumo. I prestiti sono di solito garantiti da cessioni sullo stipendio o da beni personali.

consumer loyalty: ***lealtà del consumatore.*** L'atteggiamento del consumatore, che rimane fedele al prodotto o al punto di vendita scelto, senza farsi influenzare dalla pubblicità o altri espedienti usati da diversi produttori o esercenti per indurlo a cambiare.

consumer market: ***mercato dei beni di consumo.*** Il mercato, nel quale vengono trattati i beni di consumo, costituito dai consumatori finali in veste di acquirenti e i produttori o distributori in veste di venditori. Si tratta di un mercato nel quale generalmente i prezzi non scaturiscono dall'incontro della domanda e dell'offerta, in quanto le imprese offrono i loro prodotti a prezzi prestabiliti e pubblicizzati in un listino, invece di venderli col sistema dell'asta usato nei mercati organizzati.

consumer needs: ***necessità del consumatore.*** Sono i bisogni del consumatore, per soddisfare i quali egli è disposto a rinunciare ad una parte del suo reddito o a tutto il suo reddito. (v. anche *want, consumer desires*)

consumer non–durable goods: ***beni di consumo deperibili; beni di consumo fugaci; beni di consumo non durevoli.*** In economia, sono quei beni di consumo la cui utilità si esaurisce rapidamente e che, pertanto, non sono in grado di prestare più servizi utili consecutivi. Sono beni di consumo non durevoli, ad esempio, il cibo, le bevande, il tabacco, i giornali, ecc., cioè tutti quelli con vita inferiore ai sei mesi. L'espressione si contrappone a beni di consumo durevoli, cioè quelli che hanno una vita d'uso superiore ai tre anni, e a beni di consumo semidurevoli, cioè quelli con una vita d'uso variabile tra i sei mesi e i tre anni. (v. anche *consumer durable goods, consumer semidurable goods*)

consumer non-durables: ***beni di consumo deperibili; beni di consumo fugaci; beni di consumo non durevoli.*** Termine usato come sinonimo di *consumer non-durable goods* (v.).

consumer panel method: ***metodo della giuria dei consumatori.*** Nel linguaggio del marketing, indica il metodo di ricerca di mercato basato su un campione fisso e permanente di consumatori. (v. anche *consumers panel*)

consumer preference: ***preferenza del consumatore.*** È la predilezione di un consumatore per un determinato bene. In una economia di mercato, le risorse vengono utilizzate seguendo la preferenza del consumatore, che determina, attraverso la domanda, un maggiore o minore assorbimento di risorse nella produzione del bene prediletto.

consumer preference theory: ***teoria della preferenza del consumatore.*** Nell'economia moderna, è la teoria che indaga la preferenza o l'indifferenza del consumatore nei confronti di due panieri di beni, ma che non si interessa del grado di preferenza dimostrato dal consumatore.

consumer price: ***prezzo al consumo.*** È il prezzo che un consumatore paga per l'acquisto di un bene in un punto di vendita al dettaglio. Il prezzo minimo di vendita al dettaglio in molti paesi viene imposto o consigliato dal produttore, ma in altri paesi, tra i quali il Regno Unito, il prezzo imposto è permesso soltanto per certe categorie di beni. Un commerciante al dettaglio determina il proprio prezzo di vendita sulla base del costo del prodotto, al quale carica una parte dei costi gestionali e un equo profitto per se stesso.

consumer price index: ***indice dei prezzi al consumo.*** Termine usato negli Stati Uniti per indicare la media ponderata di 296 beni di largo consumo, sulla quale in particolare si basano gli adeguamenti salariali a seguito di perdita del potere d'acquisto subita dalla moneta. (v. anche *cost-of-living index, index of retail prices*)

consumer price inflation: ***inflazione dei prezzi al consumo.*** Lo stesso che *inflation* (v.), ma relativa specificamente ai prezzi al consumo.

consumer products: ***prodotti di consumo; generi di consumo.*** Sono i prodotti usati direttamente per soddisfare un bisogno. In questo senso, il termine è sinonimo di *consumer good* (v.).

consumer profile: ***profilo del consumatore.*** I dati relativi ai consumatori di un determinato prodotto e cioè età, sesso, ceto sociale, ecc.

consumer protection: ***protezione del consumatore; tutela del consumatore.*** Nonostante le varie leggi che puniscono le frodi commerciali e la sofisticazione dei generi alimentari, in molti paesi si è convinti che il consumatore non è protetto dagli attacchi di commercianti e industriali poco scrupolosi. I governi tentano di porre un freno sia alle adulterazione, sia agli eccessivi aumenti ingiustificati dei prezzi, ma i loro sforzi spesso risultano inadeguati se non proprio vani.

consumer purchaser: ***consumatore-acquirente.*** Colui che effettua l'acquisto di un bene considerato di consumo e non di investimento. Ad esempio, chi acquista un'automobile o un elettrodomestico è considerato un consumatore-acquirente.

consumer rationality: ***razionalità del consumatore.*** Nella teoria della domanda, è il presupposto che i consumatori tentino di ricavare la massima soddisfazione possibile dalle disponibilità monetarie che essi usano per fare acquisti.

consumer research: ***ricerca sui consumatori.*** È un tipo di ricerca di mercato che tende a raccogliere informazioni relative ai consumatori, tentando di accertare le abitudini, i gusti, i bisogni, i redditi e le proprietà di un certo gruppo o campione di consumatori.

consumer resistance: ***resistenza del consumatore.*** Mancanza di interesse da parte del consumatore nei confronti di un determinato prodotto.

consumer safety: ***sicurezza del consumatore.*** Misure o leggi volte a ridurre il rischio cui è esposto il consumatore, derivantegli dall'uso di beni a lui destinati.

consumers' associations: ***associazioni di consumatori.*** Uno dei principali ostacoli incontrati da queste associazioni, che tentano di tutelare i diritti del consumatore, è la difficoltà di convincere un numero sufficiente di consumatori a comportarsi in un determinato modo per porre freno agli abusi di industriali e commercianti spregiudicati. Le azioni tentate sono state il boicottaggio di certi prodotti o negozi, il rifiuto di acquistare certi prodotti perché troppo cari, ecc. Notevole successo ha riscosso in Gran Bretagna l'iniziativa della *Consumer Association* (v.) di pubblicare su un suo mensile il risultato di analisi fatte su prodotti di largo consumo.

consumer satiation: ***sazietà del consumatore.*** V. spiegazione sotto *satiation*.

consumers' capital: ***beni diretti; beni di consumo.*** Termine usato con lo stesso significato di *consumer good* (v.).

consumers' co-operative society: ***cooperativa di consumo.*** Termine usato negli Stati Uniti come sinonimo di *consumer co-operative* (v.).

consumers' councils: ***comitati dei consumatori.*** Comitati istituiti per tutelare gli interessi dei consumatori o degli utenti di imprese pubbliche. I membri vengono nominati dal ministero nella cui competenza rientrano le varie imprese ed hanno il compito di segnalare al ministero le opinioni degli utenti, che si ricavano dai loro reclami e suggerimenti.

consumers' demand: ***domanda dei consumatori.*** Lo stesso che *consumer demand* (v.).

consumer semidurable goods: ***beni di consumo semidurevoli.*** Sono quei beni di consumo che hanno una normale vita d'uso che varia dai sei mesi ai tre anni, come ad esempio certi articoli di abbigliamento, servizi di piatti e bicchieri, ecc. (v. anche *consumer durable goods, consumer non-durable goods*)

consumer services: ***servizi di consumo.*** Espressione formata sul modello di *consumer good* (v.), con la quale si indicano i servizi usati esclusivamente dai consumatori nella loro vita di ogni giorno per soddisfare un bisogno. Ne sono esempi tutti i servizi personali, i servizi di trasporto, i servizi di riparazione di qualsiasi tipo, i servizi di pulizia e simili.

consumer's expenditure: ***spesa del consumatore.*** L'ammontare di moneta che ciascun consumatore dedica al soddisfacimento dei propri bisogni di consumo in un determinato arco di tempo.

consumers' expenditure deflator: ***deflatore delle spese in consumi.*** Lo stesso che *personal consumption expenditure deflator* (v.).

consumers' good: ***bene diretto; bene di consumo.*** Termine usato come sinonimo di *consumer good* (v.).

consumers' league: ***lega di consumatori.*** Termine usato con lo stesso significato di *consumer co-operative* (v.).

consumer society: ***società dei consumi.*** Un tipo di società umana, nella quale i cittadini sono stimolati o incoraggiati a consumare la maggior quantità possibile di beni e servizi.

consumer sovereignty: ***sovranità del consumatore.*** Termine usato in alternativa a *sovereignty of the consumer* (v.).

consumers panel: ***panel dei consumatori; giuria dei consumatori.*** Con questa espressione si indica la raccolta continuativa di informazioni presso un gruppo prestabilito di consumatori, che tengono nota dei loro acquisti giornalieri di beni e servizi. Si prefigge lo scopo di determinare le preferenze dei consumatori nell'ambito di un'indagine di mercato. (v. anche *panel*)

consumer spending: ***spesa in consumi.*** Termine usato con lo stesso significato di *consumer expenditure* (v.).

consumer's risk: ***rischio del consumatore.*** Nel controllo statistico della qualità, indica la possibilità calcolata che in un piano di campionatura, un lotto di una qualsiasi data qualità venga accettato anche se difettoso e, di conseguenza, immesso sul mercato a rischio del consumatore.

consumers' society: ***società cooperativa di consumatori.*** Termine usato con lo stesso significato di *consumer co-operative* (v.).

consumer's surplus: ***rendita del consumatore.*** Collegata alla teoria dell'utilità marginale, indica la rendita soggettiva derivante dal fatto di poter acquistare un bene o servizio necessario a un prezzo inferiore a quello che si sarebbe disposti a pagare. Infatti, il venditore impone un prezzo uguale per ciascuna unità di un dato bene, ma la prima unità di quel bene può avere una tale grande utilità per il consumatore, che egli sarebbe disposto a pagare molto di più del prezzo imposto. Ma poiché l'utilità decresce col crescere del numero di unità che possiede il consumatore, egli può non essere disposto a comprare, diciamo, una quinta unità di quel bene. La quarta unità effettivamente acquistata possedeva per il consumatore utilità marginale, tanto che è stato disposto a pagare il prezzo di acquisto. Quindi, egli sarebbe stato disposto a pagare la prima, la seconda e forse anche la terza unità ad un prezzo superiore a quello effettivamente pagato. La differenza tra il prezzo effettivamente pagato per queste unità e quello che il consumatore sarebbe stato disposto a pagare costituisce la rendita del consumatore che non esisterebbe, o sarebbe molto ridotta, se il venditore potesse adottare una forma qualsiasi di discriminazione di prezzo.

consumer survey: ***indagine sui consumatori.*** Termine usato con lo stesso significato di *consumer research* (v.).

consumer tax: ***imposta sui consumi.*** Lo stesso che *consumption tax* (v.).

consumer textiles: ***prodotti tessili di consumo.*** L'industria tessile può dividersi in due settori: quello a bassa tecnologia e scarsa specializzazione che produce i tessili di consumo, cioè i tessuti di lana, cotone, lino, ecc., ben noti a tutti e utilizzati per la fabbricazione di indumenti, biancheria per la casa, ecc.; e un altro settore, di sviluppo più recente, ad alta tecnologia, che produce i cosiddetti prodotti tessili industriali e cioè le fibre sintetiche utilizzate come input industriali. (v. anche *industrial textiles*)

consumer theory: ***teoria del consumatore.*** Nel linguaggio economico, indica l'astrazione di modelli comportamentali del consumatore, basati su un'analisi della sua attività. In origine, la teoria prendeva in esame soltanto il modo in cui un consumatore procedeva a distribuire una data quantità di risorse tra un dato insieme di beni e servizi necessari a soddisfare i propri bisogni. Oggi, la teoria ha un campo di indagine più vasto, interessandosi della suddivisione del reddito del consumatore tra spesa e risparmio, nonché della suddivisione del suo tempo, anch'esso considerato una risorsa scarsa, tra lavoro e tempo libero o attività ricreative, cioè tra tempo dedicato ad attività produttive e tempo dedicato ad attività di consumo.

consumer trading area: ***area commerciale.*** L'area geografica entro la quale esercita la propria influenza commerciale un negozio al dettaglio o un centro di acquisti.

consumption: ***consumo.*** 1) Il termine inglese indica sia l'operazione tramite la quale si trae utilità da un bene o servizio (consumo di godimento), sia il processo tramite il quale si distruggono beni economici per produrre nuovi beni (consumo produttivo o riproduttivo). Il termine è anche usato in contrapposizione a investimento, per indicare quella parte di spesa globale di un paese destinata ai consumi, ivi incluse le spese per gli armamenti. 2) In contabilità, indica l'eliminazione dai documenti contabili di parte o tutto il costo di un'attività o direttamente o in un periodo di tempo, a seguito di utilizzazione, vendita o perdita della stessa.

consumption capital: ***capitale di consumo.*** Nella terminologia keynesiana, questo è un bene capitale che, a differenza di quelli usati nella produzione, si presta a soddisfare una esigenza di consumo, come ad esempio una casa. A. Marshall, invece, usava il termine per indicare beni diretti o di consumo. (v. anche *capital goods*)

consumption demand: ***domanda di consumo.*** Termine a volte usato con lo stesso significato di *consumer demand* (v.).

consumption expenditure: ***spese di consumo.*** Lo stesso che *consumer expenditure* (v.).

consumption function: ***funzione del consumo.*** V. spiegazione sotto *propensity to consume.*

consumption good: ***bene diretto; bene di consumo.*** Termine usato con lo stesso significato di *consumer good* (v.).

consumption index: ***indice del consumo.*** Termine usato da J. M. Keynes con lo stesso significato di *consumption standard 1* (v.).

consumption line: ***linea di consumo; linea del bilancio; linea di trasformazione; linea delle possibilità di consumo; linea delle possibilità di produzione.*** Termine usato con lo stesso significato di *budget line* (v.).

consumption loan: ***prestito consuntivo.*** Prestito personale concesso da una banca o altra istituzione finanziaria e utilizzato per l'acquisto di beni di consumo.

consumption-plus-investment approach: ***metodo consumo/investimenti.*** Uno dei metodi usati per la determinazione del reddito nazionale. A differenza del *saving/investment approach* (v.), questo metodo prende in considerazione il consumo e gli investimenti, arrivando tuttavia a un identico risultato finale. Esso ha il vantaggio di concentrarsi sulla spesa globale, quella cioè in beni di consumo più quella in beni d'investimento, e di facilitare l'analisi della spesa pubblica e della politica fiscale.

consumption–possibility line: ***linea di consumo; linea del bilancio; linea di trasformazione; linea delle possibilità di consumo; linea delle possibilità di produzione.*** Lo stesso che *budget line* (v.).

consumption price level: ***livello dei prezzi dei beni di consumo.*** È la media ponderata di un certo numero di beni di consumo, scelti in base alla loro rappresentatività come oggetti di spesa. Lo stesso termine può indicare il livello, in relazione a un periodo precedente, raggiunto dai prezzi di tutti i beni di consumo trattati in un mercato.

consumption products: ***prodotti di consumo; generi di consumo.*** Termine usato con lo stesso significato di *consumer products* (v.).

consumption propensity: ***propensione al consumo; inclinazione al consumo; propensione a consumare.*** Espressione usata con lo stesso significato di *propensity to consume* (v.).

consumption schedule: ***scheda del consumo.*** Lo stesso che *propensity–to–consume schedule* (v.).

consumption standard: 1. ***indice del consumo.*** Termine con il quale J. M. Keynes indica un numero indice che dovrebbe contenere, direttamente o indirettamente, una volta e una volta soltanto, tutti i beni e servizi che costituiscono il consumo finale (e non il processo produttivo intermedio), ponderati in ragione della quantità di reddito che i consumatori dedicano a ciascuno di loro. Lo stesso Keynes riconosce le grandi difficoltà che si incontrerebbero se si volesse realizzare un indice così completo e, pertanto, si limita a suggerire un indice che tenga conto di una parte ampia e rappresentativa del consumo totale. **2.** ***livello di consumo; standard di consumo.*** Il tenore di vita di un individuo o di una categoria di individui misurato in base ai consumi consentiti dal loro reddito.

consumption tax: ***imposta sui consumi.*** Termine usato nel linguaggio finanziario statunitense per indicare una qualsiasi imposta che colpisce il reddito dei cittadini nel momento in cui esso viene speso per l'acquisto di beni di consumo e servizi. (v. anche *excise duty*)

consumption unit: ***unità di consumo.*** Espressione introdotta nel linguaggio economico da J.M. Keynes per indicare un aggregato di beni e servizi, oggetto di acquisto da parte dei consumatori, scelti in base al criterio usato nel calcolo dei numeri–indici del costo della vita.

consumptive imports of capital: ***importazioni consuntive di capitale.*** Importazioni di capitali, a seguito di concessioni di prestiti o finanziamenti internazionali, destinati dal paese che li riceve alla spesa in consumi, come ad esempio il pagamento di generi alimentari importati dall'estero.

cont.: 1) contents; 2) contract.

contact damage: ***avaria per contatto.*** Nel linguaggio delle assicurazioni, indica il danno che viene a prodursi quando una parte del carico entra in contatto con un'altra parte. Il danno può derivare da urto tra due o più colli o dal loro semplice avvicinamento, quando una delle due merci per esalazioni chimiche o di altro genere deteriora l'altra.

contact director: Il funzionario di un'agenzia di pubblicità o del reparto relazioni pubbliche di un'impresa, che ha il compito di mantenere i contatti con i clienti.

contacts: ***contatti; relazioni.*** Sono le persone che uno conosce e che possono tornare utili nel corso dello svolgimento di una qualsiasi attività economica.

container: ***contenitore; cassa mobile; container.*** Il termine italiano ha perso terreno rispetto a quello inglese, che è entrato anche nella nostra lingua per indicare la cassa di grandi dimensioni, di forma e misure unificate internazionali, tale da poter essere caricata direttamente su una nave, un autotreno o un vagone ferroviario aperto. Offre il vantaggio di dare grande protezione alle merci e di poterle prelevare al domicilio del mittente per scaricarle al domicilio del destinatario, senza che debbano essere maneggiate durante il viaggio. Le misure unificate dei container sono otto piedi di larghezza, pari a metri 2,4384, otto piedi di altezza e venti o quaranta piedi di lunghezza, pari a metri 6,1 e 12,2. Il loro peso a pieno carico si aggira tra le due e le tre tonnellate.

container berth: ***scalo contenitori.*** Una qualsiasi banchina o altra struttura portuale adibita e attrezzata per le operazioni di caricazione e discarica di container.

container bill of lading: ***polizza di carico per il trasporto combinato.*** Lo stesso che *combined transport bill of lading* (v.).

container cargo service: ***servizio trasporto in contenitori.*** È il servizio offerto da società di navigazione marittima o da società ferroviarie per il trasporto di container.

container crane: ***gru per contenitori.*** Tipo di gru appositamente costruita e installata per la movimentazione di container in un porto o in un deposito.

container depot: ***deposito per contenitori.*** Area in un porto, in una stazione ferroviaria o altro terminale progettata, costruita e attrezzata per la movimentazione e il deposito di container.

containerization: ***containerizzazione.*** Spedizione e trasporto di merci per mezzo di grandi container.

to containerize: ***containerizzare.*** Equipaggiare o progettare, una nave o altro mezzo, per il trasporto di merci in container di dimensioni standardizzate. (v. anche *container*)

containership: ***nave portacontenitori; portacontenitori.*** Nave equipaggiata o progettata per il trasporto di merci a mezzo di container.

containershipping: ***containerizzazione; trasporto in contenitori.*** Termine usato come sinonimo di *containerization* (v.) e di *container traffic* (v.).

container traffic: ***trasporto in contenitori.*** Spostamento di merci da un luogo all'altro, mediante l'uso di container.

container train: ***treno portacontenitori.*** Treno merci composto di vagoni appositamente progettati e costruiti per il trasporto di container.

container truck: ***carro portacontenitori.*** Il termine inglese indica un qualsiasi carro ferroviario, autotreno o altro veicolo stradale progettati e costruiti per il trasporto di container.

contamination: ***contaminazione.*** Nel linguaggio delle assicurazioni marittime, indica un sinistro risultante dal deterioramento del carico per contaminazione da acqua di mare o altra sostanza che ne altera la qualità.

contango: 1. ***tasso del riporto; saggio del riporto.*** Nella borsa valori di Londra, indica la percentuale pagata da un rialzista per essere riportato al successivo ciclo operativo. Ad esempio, se i titoli sui quali ha giocato un rialzista non sono saliti, come sperava, egli può chiedere di riportare l'operazione ai giorni di liquidazione del successivo ciclo operativo. Il tasso di riporto detto in inglese *contango* si applica quando il rialzista desidera essere riportato e il ribassista gli fa, in effetti, un prestito a breve termine non consegnandogli i titoli che il rialzista ha acquistato. Quando, invece, i ribassisti non sono in grado di consegnare titoli che hanno venduto allo scoperto ed essi sono in numero maggiore dei rialzisti, allora si verifica la situazione inversa e sono i rialzisti che fanno un prestito ai ribassisti, da un punto di vista tecnico sotto forma di titoli, e si applica il deporto. Il tasso di riporto è sempre calcolato basandosi sul tasso di interesse sul mercato monetario. **2.** ***riporto staccato.*** Una doppia operazione, che consiste nella vendita di una determinata quantità di valori mobiliari e nel contemporaneo riacquisto della stessa quantità dei medesimi titoli, o viceversa, per liquidazione in un successivo ciclo operativo, allo stesso prezzo della prima operazione, più gli interessi detti saggio del riporto. Ciò consente di prorogare un'operazione di vendita o di acquisto senza dover necessariamente ricorrere alla stipulazione del riporto. **3.** ***riporto.*** Nel linguaggio delle borse merci e dei mercati valutari, indica l'ammontare di cui il prezzo a termine supera il prezzo a pronti.

contango broker: ***riportatore; riportista; riportante.*** Nel linguaggio delle borse valori, è un'operatore che presta ad altri suoi colleghi il necessario per liquidare determinate operazioni al termine di un ciclo operativo. Il prestito, tuttavia, non si svolge nel modo solito, bensì consiste nella possibilità offerta dal riportatore al riportato, in considerazione di un compenso chiamato saggio o tasso di riporto, di rinviare la consegna dei titoli in questione al termine del successivo ciclo operativo.

contango day: ***giorno dei riporti.*** È l'ultimo dei giorni di contrattazione in un ciclo operativo di borsa o il primo dei giorni di liquidazione. In tale giorno, riservato alla stipula dei contratti di riporto proroga, gli speculatori devono far sapere se intendono consegnare o ritirare i titoli trattati o se intendono farsi riportare al prossimo giorno dei riporti al termine del successivo ciclo operativo. (v. anche *settling days*)

contango rate: ***tasso di riporto; saggio di riporto.*** Termine usato come sinonimo di *contango 1* (v.).

contemporaneous reserve accounting: ***contabilità contemporanea delle riserve.*** Una pratica contabile imposta dalla *Federal Reserve Board* degli Stati Uniti a partire dal 1984, allo scopo di aumentare il controllo della banca centrale sull'offerta di moneta. La direttiva che la istituì riduce da due settimane a due giorni il tempo, concesso alle banche e altre istituzioni che accettano depositi, per registrare le riserve detenute a fronte dei depositi in conto corrente.

contemptuous damages: Espressione usata nel linguaggio giuridico britannico per indicare la somma più bassa possibile, rappresentata di solito dalla moneta divisionale di minor valore in circolazione nel paese, riconosciuta quale liquidazione dei danni da una corte, quando l'attore ha subito una minima perdita e il buon senso avrebbe voluto che non ricorresse all'autorità giudiziaria. Una liquidazione di danni in tale misura viene, infatti, aggiudicata da una corte per significare all'attore che essa non approva la sua azione.

contents policy: ***polizza di assicurazione contro il furto.*** È la polizza che copre il rischio di furto di beni mobili o personali, contenuti in un locale o appartamento specificato.

contest: ***concorso.*** In pubblicità, è un metodo per aumentare le vendite di un prodotto. Consiste nel mettere in palio premi di un certo valore tra i consumatori che risponderanno a determinate domande sul prodotto, generalmente su moduli reperibili nelle confezioni, o che creano il miglior *slogan* (v.) pubblicitario per quel prodotto.

contestable market: ***mercato libero; mercato aperto.*** Nel linguaggio economico, il termine inglese viene usato per indicare un mercato nel quale le nuove imprese possono entrare liberamente e dal quale esse possono uscire senza dover sostenere alcun costo. Requisito fondamentale di questo tipo di mercato, per lo più teorico, è che il nuovo entrato non venga fatto oggetto di discriminazione di costi e che, al momento in cui decida di uscirne, non trovi ostacoli a questa sua decisione e possa ricuperare i costi eventualmente sostenuti per entrare nel mercato.

contested take-over bid: ***offerta d'acquisto contrastata.*** Una offerta di acquisto di una società, ritenuta ostile dal consiglio di amministrazione, che la sconsiglia agli azionisti e tenta di neutralizzarla.

contg.: containing.

continental bill: ***cambiale continentale.*** Nel linguaggio finanziario statunitense, è una qualsiasi cambiale pagabile in uno dei paesi europei.

continental cover: ***copertura continentale.*** Assicurazione contro il rischio di incidenti ad autoveicoli britannici, mentre circolano in uno o più stati dell'Europa continentale.

continental depositary receipt: ***ricevuta di deposito continentale.*** Un documento al portatore, che consente operazioni di compravendita, in certe borse valori europee, di titoli di società giapponesi, statunitensi ed europee.

continental dollar: ***dollaro continentale.*** La moneta emessa dalle colonie o stati del Nord America durante e immediatamente dopo la guerra d'indipendenza.

contingency: ***sopravvenienza passiva.*** Termine usato con lo stesso significato di *contingent liability 1* (v.).

contingency account: ***conto sopravvenienze passive.*** Termine usato come sinonimo di *contingent account* (v.).

contingency fund: ***fondo sopravvenienze passive; fondo spese impreviste.*** Termine usato con lo stesso significato di *contingency reserve* (v.).

contingency insurance: È un tipo di assicurazione che offre copertura contro perdite derivanti da vari tipi di rischi, come ad esempio perdita o distruzione di documenti, abuso di fiducia, ecc.

contingency reserve: ***fondo di riserva per sopravvenienze passive.*** Termine usato in alternativa a *reserve for contingencies* (v.).

contingency tax: ***imposta di contingenza.*** Tipo d'imposta la cui introduzione è stata proposta negli Stati Uniti allo scopo di tassare eventuali incrementi futuri di reddito prima che essi vengano incorporati nel tenore di vita dei cittadini. Infatti, si è potuto accertare che una volta acquisito un miglioramento del tenore di vita, il cittadino non è più disposto a rinunciarvi, neanche in presenza di avverse condizioni economiche o di forte imposizione fiscale. La soluzione di questo problema potrebbe essere, secondo alcuni, una forma di imposizione fiscale preventiva che provveda a decurtare gli aumenti di reddito appena essi si manifestano.

contingency theory: ***teoria della contingenza; teoria situazionale.*** Espressione con la quale si indica un indirizzo di studi aziendali cui hanno contribuito principalmente gli economisti statunitensi Galbraith, Lorsch e Lawrence, che hanno suggerito, in contrasto con gli approcci deterministici, di focalizzare l'analisi sulle contingenze, o situazioni particolari, nell'ambito delle quali sorgono e si sviluppano i fenomeni organizzativi delle imprese.

contingent account: ***conto sopravvenienze passive.*** Conto al quale si possono imputare somme per far fronte a sopravvenienze passive incerte o impreviste.

contingent annuity: ***rendita differita; rendita condizionata.*** È la rendita il cui pagamento comincerà a decorrere al verificarsi di un evento incerto, quale la morte di una persona menzionata nel contratto.

contingent asset: ***sopravvenienza attiva.*** È un fatto imprevisto e fortuito estraneo alla gestione aziendale, che modifica in aumento il patrimonio dell'azienda.

contingent assets account: ***conto sopravvenienze attive.*** Conto nel quale vengono registrate entrate impreviste e fortuite, che hanno l'effetto di modificare in aumento il patrimonio aziendale.

contingent beneficiary: ***beneficiario secondario.*** Nelle assicurazioni sulla vita, è la persona cui sarà versata la somma assicurata, se il beneficiario primario decede prima della morte dell'assicurato. (v. anche *primary beneficiary*)

contingent charge: ***spesa eventuale; costo eventuale.*** Termine generico con il quale si indica un esborso soggetto al verificarsi di un evento o di una condizione.

contingent cost: ***costo eventuale.*** Termine usato con lo stesso significato di *contingent charge* (v.).

contingent duty: ***dazio compensatore; dazio di compensazione.*** È un particolare dazio compensatore, imposto sulle importazioni quando il paese dal quale esse provengono impone un dazio sulla importazione di beni simili.

contingent expense: ***spesa eventuale.*** Termine usato con lo stesso significato di *contingent charge* (v.).

contingent fund: ***fondo sopravvenienze passive.*** Termine usato con lo stesso significato di *reserve for contingencies* (v.).

contingent gain: ***sopravvenienza attiva.*** Lo stesso che *contingent asset* (v.).

contingent liabilities account: ***conto sopravvenienze passive.*** Termine usato con lo stesso significato di *contingent account* (v.).

contingent liability: 1. ***sopravvenienza passiva.*** È un fatto imprevisto e fortuito, estraneo alla gestione dell'azienda, che si manifesta come un aumento di passività o una spesa di natura ed ammontare imprevisti, che modificano in diminuzione il patrimonio aziendale. **2.** ***obbligazione accessoria.*** È un'obbligazione, relativa ad un'operazione passata o altro evento o condizione, che può nascere come conseguenza di un evento futuro. Ad esempio, se una persona offre garanzia per un prestito ad un'altra persona, la sua obbligazione nascerà nel momento in cui il prestito non viene restituito dall'obbligato principale.

contingent loss: ***sopravvenienza passiva.*** Lo stesso che *contingent liability 1* (v.).

contingent order: ***ordine legato; ordine limitato.*** Nel linguaggio delle borse valori, è un ordine passato dal cliente al suo agente per l'acquisto o la vendita di determinati titoli al verificarsi di una condizione espressa nell'ordine, come ad esempio il raggiungimento di un determinato corso.

contingent policy: ***polizza di sopravvivenza.*** Tipo di polizza di assicurazione sulla vita, che prevede il pagamento della somma assicurata soltanto nel caso in cui si verifichi il decesso della persona assicurata e la sopravvivenza di un'altra persona espressamente nominata nella polizza.

contingent profit: ***utile aleatorio; utile eventuale.*** Termine generico con il quale si indica un utile soggetto al verificarsi di un evento futuro incerto.

contingent reserve: ***fondo di riserva per sopravvenienze passive.*** Termine usato con lo stesso significato di *reserve for contingencies* (v.).

contingent transaction: ***sopravvenienza.*** In contabilità, è un fatto imprevisto e fortuito, che ha l'effetto di modificare il patrimonio aziendale in aumento o in diminuzione. (v. anche *contingent asset, contingent liability 1*)

continuation: ***riporto proroga.*** Termine usato con lo stesso significato di *carrying over* (v.).

continuation clause: ***clausola di proroga.*** È la clausola, contenuta in un contratto di assicurazione marittima, in base alla quale se la nave è ancora in viaggio al momento in cui cessa la copertura assicurativa, l'assicuratore si impegna a coprire i rischi fino all'arrivo della nave al porto di destino, in considerazione del pagamento di un premio proporzionale. Lo stesso termine indica la clausola in un contratto di assicurazione di qualsiasi altro tipo, che impegna l'assicuratore a dare copertura contro il rischio per un periodo prestabilito, di solito quindici giorni, entro il quale viene rinnovato il contratto e pagato il nuovo premio.

continuation day: ***giorno dei riporti.*** Termine usato con lo stesso significato di *contango day* (v.).

continuation note: ***contratto di riporto; riporto; riporto indiretto.*** Contratto, usato nelle operazioni di borsa, in base al quale un operatore, detto riportato, trasferisce in proprietà ad un altro operatore, detto riportatore, titoli di un determinato tipo e ad un dato prezzo con l'obbligo per quest'ultimo di ritrasferire, alla scadenza stabilita, la proprietà di altrettanti titoli della medesima specie dietro rimborso del prezzo, aumentato o diminuito secondo la misura concordata.

continuation rate: ***tasso di riporto; saggio di riporto; deporto.*** Lo stesso che *contango 1* (v.) e *backwardation* (v.).

continued bond: Negli Stati Uniti, è un titolo a reddito fisso che può essere tenuto dal portatore oltre la scadenza, per un periodo di tempo indefinito, con lo stesso diritto ad un interesse uguale o superiore, a seconda dei casi.

continuing guarantee: ***garanzia a mantenersi; garanzia continuativa.*** Termine usato con lo stesso significato di *continuing security* (v.).

continuing partner: ***socio continuatore.*** Il termine inglese viene usato per indicare il socio che continua l'attività, dopo l'uscita di altri soci dalla società di persone.

continuing security: ***garanzia a mantenersi; garanzia continuativa.*** È la garanzia che non deve ridursi al di sotto di un determinato limite prestabilito.

continuity concept of accounting: ***concetto di continuità.*** È il presupposto che in tutte le situazioni ordinarie un ente economico continuerà indefinitamente nel tempo. Questo presupposto è alla base della preparazione dei rendiconti finanziari.

continuous audit: ***revisione continua dei conti.*** Una qualsiasi revisione dei conti, che si effettua continuamente o ad intervalli prestabiliti nel corso del periodo contabile, allo scopo di individuare eventuali errori tempestivamente e di alleggerire il lavoro alla fine del periodo contabile coperto da revisione.

continuous budget: ***budget mobile.*** Proiezione mobile di operazioni finanziarie per una serie di periodi settimanali, mensili o trimestrali. Alla fine di ciascuno dei periodi viene eliminata la proiezione relativa ad esso e viene inserita quella relativa a un uguale periodo successivo all'ultimo della serie.

continuous cost accounting: ***contabilità dei costi per serie; calcolo dei costi per serie; calcolo dei costi per divisione.*** Tipo di procedura di calcolo dei costi applicato generalmente nelle imprese a lavoro continuo, i cui reparti non operano per commessa ma per serie di prodotti entro le quali non vi è distinzione alcuna tra un'unità e l'altra. In uno schema estremamente semplificato, questo tipo di produzione si può configurare come se si verificasse attraverso una serie di reparti, ciascuno dei quali svolge una determinata fase di lavorazione, aggiungendo una particolare trasformazione o rifinitura al prodotto che, al termine dei successivi passaggi attraverso i vari reparti, risulta completo e finito. Poiché risulta impossibile identificare la singola unità di prodotto e la conseguente attribuzione dei costi, si ricorre al sistema della media, dipartimentalizzando i costi complessivi, cioè calcolando i costi dei singoli reparti che concorrono alla produzione. Sempre in linea teorica, perché in pratica le cose vanno in maniera alquanto differente, si calcolano i costi accumulati dal primo reparto; questi vengono poi trasferiti al secondo reparto, dove si sommano ai primi i costi di questo reparto e così via fino alla fine del processo di lavorazione continuo. Quando si giunge all'ultimo reparto, i costi accumulati fino a quello stadio si dividono per il numero di unità di prodotto completate nel periodo cui si riferiscono i costi.

continuous cost records: ***prospetti di rilevazione dei costi per serie.*** Sono i prospetti utilizzati per raccogliere gli elementi di calcolo relativi ai vari reparti nel caso di calcolo dei costi per serie o per divisione. I prospetti indicano i costi complessivi riferiti ai reparti, i costi complessivi e unitari relativi a ciascun reparto ed i costi complessivi e unitari risultanti al termine della lavorazione. Ciascun prospetto indica ancora il costo totale trasferito al reparto successivo ed il costo riferibile alle unità in corso di lavorazione. (v. anche *continuous cost accounting*)

continuous credit: ***credito permanente rotativo; credito rotativo.*** Lo stesso che *revolving credit* (v.).

continuous disability policy: ***polizza continuativa di assicurazione contro gli infortuni.*** Tipo di polizza di assicurazione contro gli infortuni che prevede un'estensione di copertura anche contro le malattie, per un numero di anni concordato, di solito fino al raggiungimento di una data età da parte dell'assicurato. È detta continuativa, perché l'assicuratore si impegna a non disdire il contratto qualunque sia il numero di sinistri denunciati dall'assicurato, purché quest'ultimo continui a pagare i relativi premi durante tutto il periodo previsto dal contratto.

continuous inventory: ***inventario continuo.*** Procedimento tramite il quale si controllano le scorte ad intervalli frequenti e regolari e si mantiene una corrispondenza tra le quantità fisicamente determinate e quelle esistenti nello stesso momento nel libro degli inventari.

continuous manufacture: ***produzione continua.*** È la produzione di un singolo articolo con lavorazione a ciclo continuo o di più articoli standardizzati con la stessa sequenza di operazioni. (v. anche *continuous process*)

continuous-operative costing: ***sistema di calcolo dei costi per serie.*** Lo stesso che *process costing* (v.).

continuous process: ***lavorazione continua; ciclo continuo di produzione.*** Metodo di produzione che consente un flusso ininterrotto di fattori in entrata e di prodotti finiti in uscita, che vengono completati passando attraverso i vari reparti di un'impresa.

continuous-process industry: ***industria a produzione continua; industria a ciclo continuo.*** È l'industria che prevede un ciclo produttivo continuo, con un flusso ininterrotto di fattori in entrata e di prodotti finiti in uscita, basato su serie di produzione e non su commesse. La produzione continua viene svolta da più reparti, attraverso i quali passano le varie unità di prodotto per essere sottoposte alle diverse trasformazioni, che alla fine danno il prodotto completo. (v. anche *continuous cost accounting*)

continuous service: ***servizio continuativo.*** Il servizio prestato da un dipendente per lo stesso datore di lavoro o per più datori di lavoro, senza interruzione di continuità.

continuous stock-taking: ***inventario continuo.*** Termine usato con lo stesso significato di *continuous inventory* (v.).

continuous variable: ***variabile continua.*** È una quantità che cambia in maniera pressocché impercettibile, per cui è rappresentata da un numero infinito di valori, virtualmente senza discontinuità tra il successivo e il precedente.

contra: **1.** ***di contropartita.*** Aggettivo usato in contabilità per definire una registrazione, un conto, ecc., che fanno da contropartita ad un altro, di solito allo scopo di controbilanciarsi. **2.** ***registrazione di contropartita.*** In questo significato, il termine inglese viene usato come sostantivo ed è sinonimo di *contra entry* (v.).

contra account: ***conto di contropartita.*** Uno, due o più conti che in parte o in toto bilanciano un altro o altri conti.

contrabalance: ***saldo di conto di contropartita.*** Saldo di un conto che bilancia il saldo di segno opposto di un altro conto.

contraband: ***contrabbando.*** L'introduzione, entro i confini di un paese, di beni soggetti a dazio senza farli passare attraverso la dogana, con l'intenzione di evitare il pagamento del relativo dazio di importazione. Lo stesso termine viene usato per indicare il commercio clandestino di articoli di cui è vietata la produzione, la vendita o l'introduzione in un paese, oppure il commercio di beni sui quali è stata evasa l'imposta di fabbricazione o un'altra imposta ad essa equivalente.

contraband of war: ***contrabbando di guerra.*** Costituisce contrabbando di guerra la fornitura di qualsiasi tipo di merci che giovi alla condotta della guerra di un determinato paese e che, pertanto, un altro paese in guerra col primo è in diritto di impedire.

contra credit: ***credito di contropartita.*** Nel linguaggio della contabilità, indica una somma accreditata ad un conto al fine di controbilanciare una somma precedentemente addebitata. Lo stesso termine inglese viene usato per indicare una registrazione nel libro cassa relativa al versamento di contanti su un proprio conto bancario.

contract: **1.** ***contratto.*** Accordo tra due o più parti per costituire o estinguere un rapporto giuridico patrimoniale. Le parti di un contratto si impegnano ciascuna ad eseguire una prestazione a vantaggio delle altre o dell'altra parte. **2.** ***appalto; contratto di appalto.*** Contratto mediante il quale una parte, chiamata appaltatore, si impegna nei confronti di un'altra parte, chiamata committente, a portare a compimento un'opera o un servizio, con l'organizzazione dei mezzi necessari e con la gestione a proprio rischio, in considerazione di un corrispettivo in denaro, di solito stabilito prima dell'inizio dei lavori o della somministrazione del servizio.

contract authorization: ***autorizzazione di appalto.*** Nel linguaggio della contabilità di stato statunitense, questo termine viene usato per indicare un finanziamento, approvato dal Congresso, che autorizza un'agenzia federale a stipulare contratti di appalto per opere la cui realizzazione si protrarrà nel tempo, anche dopo che si sarà provveduto al relativo stanziamento. Tali autorizzazioni di solito sono valide per un periodo di uno o due anni e se i relativi contratti di appalto non vengono stipulati nell'arco di tempo della loro validità, esse generalmente decadono.

contract binding in honour only: Espressione del linguaggio giuridico con la quale si indica un tipo di accordo nel quale le parti indicano esplicitamente che non intendono che esso abbia valore legale, al fine di evitare un qualsiasi rapporto giuridico tra loro. Questo tipo di accordo non è un vero e proprio contratto e nessun tribunale inglese lo prenderebbe in considerazione.

contract bond: ***garanzia di esecuzione.*** Lo stesso che *performance bond* (v.).

contract broker: Nelle borse valori statunitensi si indica con questo termine uno *stockbroker* (v.), membro della borsa valori, che compra e vende titoli per conto di altre persone. Chiamato anche *two-dollar broker* perché, fino al 1919, la remunerazione per le sue prestazioni era di due dollari per ogni lotto di cento titoli trattati.

contract by consideration: ***contratto bilaterale; contratto a prestazioni corrispettive; contratto sinallagmatico.*** È un contratto in base al quale ambedue le parti si impegnano ad eseguire una determinata prestazione a favore dell'altra parte.

contract by deed: ***contratto sigillato.*** Lo stesso che *special contract* (v.).

contract by parol: ***contratto verbale.*** Un accordo verbale, ma a volte anche scritto, stipulato direttamente tra le parti interessate, senza l'intervento di un notaio o la produzione di un atto pubblico.

contract by specialty: ***contratto sigillato.*** Lo stesso che *special contract* (v.).

contract carrier: ***vettore a contratto.*** Qualsiasi vettore che presta la propria attività su contratto stipulato con ciascun cliente separatamente e non secondo un contratto unico, come può essere il caso delle ferrovie. (v. anche *common carrier, private carrier*)

contract costing: ***sistema di calcolo dei costi per appalto.*** Lo stesso che *job costing* (v.), ma applicato a un contratto di appalto invece che a una commessa e pertanto con tutte le differenze che ciò comporta. Si applica principalmente nel campo delle costruzioni edili.

contract curve: ***curva dei contratti; linea dei contratti.*** La linea dei contratti, introdotta nell'analisi economica da F.Y. Edgeworth, viene utilizzata per dimostrare che il mercato di concorrenza realizza, attraverso lo scambio, le condizioni di efficienza in senso paretiano. Dati due beni e i rispettivi prezzi, due individui, di cui si conoscono le dotazioni iniziali di risorse e le rispettive preferenze (curve di indifferenza), possono raggiungere, mediante lo scambio dei beni, un punto della linea dei contratti cui corrisponde una posizione ottimale. Rispetto a questa, ogni altro punto del diagramma nel quale è inserita la linea dei contratti (detto scatola di Edgeworth), esterno alla linea dei contratti, rappresenta una posizione peggiore per entrambi gli scambisti, mentre ogni altro punto sulla medesima linea dei contratti migliora la posizione di un individuo, ma peggiora quella dell'altro, implicando una redistribuzione delle risorse da loro possedute. (v. anche *indifference curve*)

contract financing: ***finanziamento con garanzia.*** Nel linguaggio finanziario, indica un prestito concesso su garanzia dell'esistenza di un contratto commerciale.

contract for deed: ***contratto per l'acquisto rateale di terra.*** Lo stesso che *land contract* (v.).

contract for differences: ***contratto differenziale.*** È così chiamato il contratto borsa a termine, perché stipulato non in vista di una reale operazione di compravendita con ritiro o consegna effettiva dei titoli, ma solo per speculare sulle previste differenze tra le quotazionmi all'atto della stipulazione e della scadenza del contratto.

contract for the sale of goods: ***contratto di compravendita commerciale.*** Termine usato come sinonimo di *contract of sale* (v.).

contract for the sale of land: ***contratto di compravendita immobiliare.*** Contratto che ha per oggetto la compravendita di una proprietà immobiliare.

contract grades: ***gradi contrattuali; standard contrattuali.*** È un insieme di gradi relativi a ciascun bene, che devono essere rispettati quando si procede alla consegna del bene in base ad un contratto a termine. Di solito, tali contratti prevedono diversi gradi o qualità, insieme a forme di sconto o premio per qualità inferiori o superiori a quella per la quale è stato stipulato il contratto a termine.

contract guarantee: ***garanzia di esecuzione.*** Termine generico, con il quale si indica un accordo in base al quale a una parte del contratto viene promesso un indennizzo nel caso di inadempienza dell'altra parte. Vi rientrano le forme di garanzia descritte sotto *performance guarantee* (v.), *tender guarantee* (v.) e altre.

contracting out: **1.** ***concessione di lavoro in appalto.*** Il termine inglese indica la pratica seguita da alcune imprese di affidare ad altre imprese, in appalto, la costruzione o fabbricazione di parti o componenti che saranno utilizzati nella preparazione del prodotto finito. **2.** ***concessione in appalto.*** Forma di privatizzazione che si concretizza con la concessione in appalto di forniture di servizi, quali ad esempio la pulizia delle strade di una città e il trasporto urbano, ad un'impresa privata che subentra a quella pubblica.

contracting party: ***parte contraente.*** Ciascuna delle persone fisiche o giuridiche che danno vita a un contratto.

contraction: ***contrazione.*** Nel linguaggio economico, è la riduzione di attività quale si verifica, ad esempio, in un periodo di depressione.

contractionary phase: ***fase di contrazione.*** La fase del ciclo economico, caratterizzata da una riduzione del livello di attività, che segue la fase di prosperità e si protrae fino alla punta più bassa della depressione.

contractionary policy: ***politica di contrazione.*** Manovre di politica fiscale e/o monetaria il cui obiettivo è quello di ridurre la domanda interna di beni e servizi.

contraction of demand: ***contrazione della domanda.*** Diminuzione della domanda globale di un bene o servizio, dovuta di solito alla diminuzione del potere d'acquisto dei consumatori o all'uso di beni e servizi alternativi.

contraction of production: ***contrazione della produzione.*** Diminuzione della produzione globale di un'industria, derivante dalla caduta della domanda mondiale o da una maggiore concorrenza proveniente da altri paesi. Lo stesso termine viene usato per riferirsi alla diminuzione della produzione di una singola impresa.

contraction of supply: ***contrazione della offerta.*** Diminuzione dell'offerta globale di un bene o servizio, conseguente alla contrazione della produzione.

contract labour: 1. ***manodopera temporanea.*** La manodopera assunta da un appaltatore soltanto per l'esecuzione di un singolo appalto o da un imprenditore per l'esecuzione di una singola commessa. **2.** ***manodopera a contratto.*** In passato si indicava con questo termine un tipo di lavoratori vincolati per contratto a prestare la loro opera alle dipendenze di un datore di lavoro, di solito in paesi stranieri, per un numero di anni sufficiente a ripagare il costo del viaggio, della casa che veniva loro assegnata, degli attrezzi di lavoro, ecc. Contratti di questo tipo, che generalmente erano molto sfavorevoli ai lavoratori, venivano usati nei secoli diciottesimo e diciannovesimo per portare lavoratori stranieri nell'America del Nord.

contract law: ***diritto contrattuale.*** Lo stesso che *law of contract* (v.).

contract lien on cargo: ***diritto contrattuale di ritenzione del carico.*** È il diritto, derivante ad un vettore da un contratto di trasporto, di trattenere i beni trasportati fino a quando il loro proprietario non avrà saldato tutte le spese relative al trasporto.

contract market: ***mercato a termine.*** Negli Stati Uniti, lo stesso che *futures market* (v.).

contract month: ***mese contrattuale.*** Nel linguaggio statunitense del commercio delle granaglie, questo termine indica il mese in cui, secondo il contratto, si deve consegnare il grano venduto.

contract note: ***fissato bollato; foglietto bollato; fissatino.*** Documento che serve da prova dell'avvenuta stipulazione di un contratto di borsa, avente per oggetto valori mobiliari. È inviato dallo *stockbroker* (v.) al cliente e deve chiaramente indicare: a) numero o importo dei titoli trattati; b) nome della società i cui titoli sono stati trattati; c) il prezzo; d) la commissione dello *stockbroker*; e) l'importo del bollo. Tali contratti, nel Regno Unito, sono soggetti ad un'imposta di trasferimento titoli e ad un'imposta di bollo. (v. anche *transfer stamp duty, contract stamp duty*)

contract not subject to legal jurisdiction: Termine usato con lo stesso significato di *contract binding in honour only* (v.).

contract of affreightment: ***contratto di trasporto marittimo.*** Lo stesso che *affreightment 2* (v.).

contract of agency: ***contratto di agenzia.*** Contratto in base al quale una parte, chiamata preponente, autorizza un'altra parte, chiamata agente, a promuovere per suo conto la conclusione di contratti in un'area geografica determinata, in considerazione di una retribuzione, chiamata commissione, di solito calcolata come percentuale dell'importo del contratto andato a buon fine.

contract of carriage: ***contratto di trasporto.*** È il contratto in base al quale un vettore terrestre si impegna a trasportare determinati beni da un luogo ad un altro.

contract of conveyance: ***contratto di trasporto.*** Termine generico, usato come sinonimo sia di *affreightment 2* (v.), sia di *contract of carriage* (v.).

contract of employment: ***contratto di lavoro; contratto di impiego.*** Lo stesso che *labour contract* (v.).

Contract of Employment Act: Legge, approvata dal parlamento britannico nel 1963, in base alla quale i lavoratori britannici hanno diritto ad un periodo minimo di preavviso in caso di licenziamento e ad una dichiarazione scritta delle principali condizioni di impiego. La legge, che si applica pressocché a tutti i lavoratori con un orario di lavoro di almeno ventuno ore settimanali, stabilisce un preavviso minimo di una settimana per coloro che hanno prestato servizio continuativo presso lo stesso datore di lavoro per almeno ventisei settimane; un preavviso minimo di due settimane se il periodo di lavoro continuativo è almeno di due anni; e un preavviso minimo di almeno quattro settimane per coloro che sono in servizio da almeno cinque anni. La legge prevede anche che il lavoratore dia al datore di lavoro almeno una settimana di preavviso se intende dimettersi, quando ha prestato servizio continuativo per almeno sei mesi.

contract of guarantee: ***contratto di fideiussione.*** Termine usato come sinonimo di *guaranty bond* (v.).

contract of indemnity: ***contratto di indennizzo.*** Lo stesso che *indemnity agreement* (v.).

contract of insurance: ***contratto di assicurazione.*** È il contratto tra assicuratore e assicurato, in base al quale il primo, in considerazione di un premio versatogli dal secondo, si impegna ad indennizzarlo al verificarsi di un determinato evento, specificato nel contratto, che arrechi un danno all'assicurato. In esso sono elencati tutti gli elementi relativi al rischio, tutte le condizioni che regolano il contratto e qualsiasi altro elemento che le parti desiderano porre in evidenza in deroga alle norme generali che regolano le assicurazioni.

contract of marine insurance: ***contratto di assicurazione marittima.*** È il contratto di assicurazione stipulato tra gli assicuratori marittimi e l'armatore o il proprietario del carico, a copertura dei rischi cui sono esposti carico e nave durante un viaggio per mare. Tale contratto è incorporato in una polizza di assicurazione marittima. (v. anche *marine insurance policy*)

contract of novation: ***novazione.*** V. spiegazione sotto *novation.*

contract of partnership: ***contratto di società; atto costitutivo di società.*** Il documento, redatto e sottoscritto da tutti coloro che costituiscono una società in nome collettivo o in accomandita, che governerà i rapporti tra i soci. Poiché può essere emendato soltanto con il consenso di tutti coloro che l'hanno sottoscritto, è di solito redatto in modo tale da contemplare tutte le eventualità allo scopo di evitare future dispute. Esso deve, in particolare, contenere precise disposizioni in relazione alla partecipazione di ciascun socio alla ripartizione dei profitti e delle perdite. Infatti, in assenza di disposizioni specifiche, tutti i soci sono considerati come aventi diritto ad un'eguale parte di utili e come obbligati in uguale misura in caso di perdite. Il contratto di società conterrà articoli relativi a: il nome dei soci e la ragione sociale che essi useranno; il tipo di attività; la durata della società; il capitale che ciascun socio si impegna ad apportare; la contabilità sociale e la revisione dei conti; le funzioni dei soci all'interno della società; la ripartizione degli utili, gli stipendi ai soci amministratori e i prelievi che ciascun socio potrà effettuare; interessi sul capitale, sulle anticipazioni o sui prelievi dei soci; morte, fallimento o dimissioni di un socio.

contract of sale: ***contratto di vendita; contratto di compravendita.*** È un contratto in base al quale il venditore trasferisce, o acconsente a trasferire, la proprietà di un bene al compratore, in considerazione del pagamento di una somma di denaro, chiamata prezzo. La proprietà dei beni viene trasferita nel momento in cui le parti stabiliscono che essa passi dal venditore al compratore, il che corrisponde di solito al momento in cui l'accordo è concluso. Nel caso in cui il contratto preveda la vendita di beni di natura o tipo non ancora accertati, la proprietà non passa fin quando i beni non vengono accertati e inseriti nel contratto. (v. anche *agreement to sell*)

contract of service: ***contratto di servizi.*** Lo stesso che *service contract* (v.).

contract of services: ***contratto di lavoro autonomo; contratto d'opera.*** È un contratto stipulato tra datore e prestatore di lavoro, in base al quale il secondo si impegna a prestare i propri servizi, di solito professionali, al primo in maniera non continuativa e senza alcun vincolo di dipendenza o subordinazione. È un tipo di contratto di diritto privato che viene stipulato, ad esempio, tra un'impresa e un professionista che potrebbe essere un commercialista, un revisore dei conti, un medico, un avvocato, ecc.

contract of suretyship: ***contratto di fideiussione.*** Lo stesso che *guaranty bond* (v.).

contractor: 1. ***appaltatore.*** Colui che si impegna, attraverso un contratto di appalto, a compiere un'opera o un servizio, verso un corrispettivo in denaro, con gestione a proprio rischio e fornendo l'organizzazione dei mezzi necessari. (v. anche *contract 2, independent contractor*) **2.** ***contraente.*** Una delle parti che si impegna, mediante contratto, a fornire o ricevere determinate prestazioni.

contractor's all–risks policy: ***polizza contro i rischi della costruzione.*** Termine usato con lo stesso significato di *contractor's indemnity policy* (v.).

contractor's indemnity policy: ***polizza contro i rischi della costruzione.*** Tipo di polizza del ramo incidenti, che assicura la proprietà di un appaltatore e la sua responsabilità civile verso terzi in relazione alla costruzione di un edificio o altro immobile o opera edile.

contract policy: Espressione con la quale nel Regno Unito si indica un tipo di polizza assicurativa emessa a favore degli esportatori dall'*Export Credits Guarantee Department* (v.), a copertura del rischio di inadempimento contrattuale da parte dell'importatore estero.

contract price: ***prezzo di contratto.*** È il prezzo concordato e stipulato in un contratto di compravendita, di fornitura o di appalto.

contract rent: ***rendita contrattuale.*** È il reddito che un proprietario terriero riceve dalla locazione e che è determinato a seguito di una contrattazione. La rendita contrattuale può differire, per ammontare, dalla rendita economica: la prima rappresenta quella effettivamente percepita dal proprietario; la seconda è quella che potrebbe percepire in base al valore effettivo di mercato della sua proprietà. Le due, tuttavia, tendono ad essere approssimativamente uguali.

Contract Settlement Act: Legge, approvata dal Congresso degli Stati Uniti nel 1944, con la quale si emanavano disposizioni per la procedura di liquidazione dei contratti di appalto, sottoscritti dal governo federale in relazione alla produzione bellica nel corso della seconda guerra mondiale.

contract stamp duty: ***imposta sui fissati bollati; imposta di circolazione.*** Il termine inglese indica l'imposta di bollo pagata sui fissati bollati relativi ad operazioni di compravendita di valori mobiliari. Si tratta di un'imposta di scarsa entità, che attualmente non raggiunge il valore di una sterlina. Ne sono esenti alcuni titoli, tra i quali i cosiddetti *gilt–edged securities* (v.).

contract supplies: ***forniture su commessa.*** Beni ordinati in notevoli quantità mediante un contratto tra compratore e venditore, di solito un industriale.

contract system of wage payment: ***sistema di retribuzione a cottimo.*** Sistema di retribuzione in base al quale il lavoratore viene pagato in ragione del risultato ottenuto, indipendentemente dal tempo impiegato nello svolgimento del lavoro.

contract tie: ***vincolo contrattuale.*** Il vincolo che scaturisce dalla stipulazione di un contratto tra due o più parti.

contract to sell: ***contratto di vendita di cosa futura.*** Accordo tra le parti, che si concluderà in una vendita al verificarsi di un evento necessario per perfezionare il contratto, come ad esempio la disponibilità dell'oggetto della vendita.

contract trading volume: ***volume di contrattazioni.*** Nel linguaggio delle borse, indica il numero complessivo di contratti, stipulati nell'arco di un dato periodo di tempo, per un determinato bene o per un determinato mese di consegna.

contractual: ***contrattuale.*** Aggettivo usato per definire qualsiasi tipo di relazione derivante dalla stipulazione di un contratto.

contractual capacity: ***capacità di contrarre.*** Termine usato con lo stesso significato di *capacity to contract* (v.).

contractual liability: ***responsabilità contrattuale.*** La responsabilità che ricade su ciascuna delle parti in relazione a quanto stabilito in un contratto da loro sottoscritto.

contractual obligation: ***obbligazione contrattuale.*** L'impegno assunto da una persona, mediante contratto, di eseguire una determinata prestazione a favore di un'altra persona, ovvero di astenersi dal compiere una o più determinate azioni.

contractual payment: ***pagamento contrattuale.*** Esborso derivante dalla stipulazione di un contratto, come ad esempio un contratto di lavoro, indipendentemente dal livello di produzione di un'impresa.

contractual plan: ***piano contrattuale.*** Il piano di investimento sottoscritto da un risparmiatore, che si impegna a versare ad una società di investimento una somma periodica (di solito per un periodo dai dieci ai quindici anni) in considerazione della quale la società si impegna a pagare, alla fine del periodo, un reddito fisso. Le spese di sottoscrizione per l'intero periodo del piano saranno, però, trattenute nella loro totalità se il risparmiatore interrompe l'investimento prima della scadenza stabilita. (v. anche *investment company*)

contractual relations: ***relazioni contrattuali; rapporti contrattuali.*** Sono i rapporti giuridici che vengono ad instaurarsi tra due o più parti che hanno sottoscritto un contratto. Tali rapporti possono prevedere diritti e doveri reciproci o validi soltanto per una delle parti.

contractual rent: ***rendita contrattuale.*** Termine usato come sinonimo di *contract rent* (v.).

contractual saving: ***risparmio contrattuale.*** Forma di risparmio individuale attuata mediante trattenute sulla retribuzione, destinate ad assicurazioni, fondi pensione, ecc. Così chiamata, perché prevista dal contratto di lavoro, spesso in base a prescrizioni di legge. Rientrano in questo tipo di risparmio altri piani locali o nazionali, tra i quali il più noto e diffuso nel Regno Unito è quello che va sotto il nome di *save as you earn* (v.).

contractual tie: ***vincolo contrattuale.*** Termine usato come sinonimo di *contract tie* (v.).

contract under seal: ***contratto in atto pubblico; contratto sigillato.*** Termine usato con lo stesso significato di *specialty contract* (v.).

contract wage system: ***sistema di retribuzione a cottimo.*** Espressione usata come sinonimo di *contract system of wage payment* (v.).

contract work: ***lavoro in appalto; appalto.*** È l'opera che un appaltatore si impegna a costruire, in base ad un contratto di appalto. (v. anche *contract 2, contractor 1*)

contra-cyclic movements: ***movimenti controciclici.*** Questo termine generalmente indica aumenti della spesa pubblica, tendenti a controbilanciare gli effetti di una fase di depressione sull'attività economica. (v. anche *contra-cyclic policy*)

contra-cyclic policy: ***politica controciclica.*** La politica tendente ad influire sull'attività economica in senso inverso a quello dell'andamento del ciclo economico. Porterà, quindi, all'adozione di misure che tendano a stimolare la ripresa durante una fase di depressione o a provvedimenti tendenti a frenare l'aumento dell'attività durante una fase di boom.

contra entry: ***registrazione di contropartita.*** Registrazione su una sezione di un conto, che controbilancia in parte o in toto una o più registrazioni sulla sezione opposta dello stesso conto.

contributed capital: ***capitale conferito; capitale di apporto.*** Termine usato negli Stati Uniti per indicare il capitale, sotto forma di moneta o beni immobili o mobili, apportato ad una società dai singoli soci.

contributed surplus: ***sopraprezzo azioni; premio di emissione.*** Lo stesso che *paid-up surplus* (v.).

contribution: ***contribuzione.*** In senso generale, il termine indica il versamento proporzionale a fronte di una perdita di uno dei soggetti solidalmente responsabili. In senso particolare, indica l'indennizzo pagato da un coassicuratore che, in mancanza di accordi particolari, è proporzionale alla quota di assicurazione sottoscritta.

contribution clause: ***clausola della contribuzione proporzionale.*** Nelle assicurazioni, è la clausola che stabilisce che in caso di perdita di un bene coperto da coassicurazione, ciascun assicuratore verserà un indennizzo proporzionale alla quota di assicurazione sottoscritta.

contribution holiday: ***sospensione dei contributi; fiscalizzazione dei contributi.*** La temporanea sospensione o riduzione dei contributi pensionistici versati dai datori di lavoro per effetto di una disposizione amministrativa o di legge, che mira a far diminuire i costi della manodopera per le aziende.

contribution margin: ***margine lordo di contribuzione.*** La differenza tra ricavi ottenuti dalle vendite di un prodotto e costi diretti sostenuti per la fabbricazione del prodotto costituisce il margine lordo di contribuzione di quel prodotto alle spese generali e agli utili. (v. anche *contribution theory*)

contribution of capital: ***conferimento di capitale; apporto di capitale.*** L'obbligo del socio di contribuire alla formazione del capitale di un'impresa, condotta sotto forma societaria, mediante versamento di denaro o trasferimento di beni mobili o immobili.

contribution profit: ***margine lordo di contribuzione.*** Termine usato con lo stesso significato di *contribution margin* (v.).

contribution theory: ***teoria contributiva.*** È la teoria che sostiene che dalla vendita di beni o servizi si ricavano fondi con parte dei quali si fa fronte ai costi generali e alle altre spese dell'impresa. L'effetto pratico di questa teoria è l'eliminazione di qualsiasi imputazione formale dei costi indiretti.

contribution to average: ***contribuzione all'avaria.*** Nei trasporti marittimi, è il contributo che il proprietario dei beni sacrificati nell'interesse di tutti in caso di avaria comune ha il diritto di pretendere dai proprietari dei beni che hanno beneficiato di tale sacrificio.

contributor: ***contribuente.*** Termine usato dagli economisti classici con lo stesso significato di *taxpayer* (v.).

contributories: ***parti contribuenti.*** Nel caso di liquidazione di una società per azioni, si chiamano *contributories* coloro che sono tenuti a contribuire per far fronte alle passività della società. Si distinguono in due categorie, indicate come *A list*, che comprende i soci attuali; e *B list*, che comprende gli ex soci. Questi ultimi non sono responsabili: a) se cessarono di essere soci almeno un anno prima dell'inizio della procedura di liquidazione; b) dei debiti contratti dalla società dopo che essi ne uscirono.

contributory negligence: ***colpa concorrente; concorso di colpa.*** Principio di diritto in base al quale una persona non può ritenere responsabile un'altra persona per un danno capitatogli, se egli stesso non ha usato la necessaria diligenza per evitarlo. Fino al 1945, nel Regno Unito, un lavoratore che fosse rimasto vittima di un incidente sul lavoro, non poteva ottenere alcun risarcimento dal datore di lavoro se c'era stata negligenza da parte del lavoratore, ad esempio nel non usare adeguatamente i sistemi di sicurezza. Dal 1945, a seguito di riforma della legge in materia, il lavoratore può chiedere il risarcimento anche nel caso in cui vi sia concorso di colpa che, tuttavia, influirà sull'ammontare dell'indennizzo.

contributory negligence rule: ***principio del concorso di colpa.*** È il pincipio descritto sotto *contributory negligence* (v.).

contributory pension: ***pensione.*** Il termine inglese indica la pensione cui si ha diritto a seguito del versamento di contributi, parte a carico del lavoratore e parte a carico del datore di lavoro, per un periodo di tempo stabilito dalla legge sulle pensioni. (v. anche *old-age pension*)

contributory pension scheme: ***piano di pensionamento a contributi.*** Il piano di pensionamento al cui finanziamento partecipano, mediante il versamento di contributi, sia il lavoratore che il datore di lavoro.

contributory value: ***valore debitorio; valore di contribuzione; valore contributivo.*** Nel linguaggio dei trasporti e delle assicurazioni marittimi, si indica con questa espressione l'entità del contributo che ciascuno dei proprietari dei beni salvati in caso di avaria comune è tenuto a versare ai proprietari dei beni sacrificati nell'interesse di tutti.

contributory values: ***massa debitoria.*** Nel linguaggio delle assicurazioni e dei trasporti marittimi, questa espressione indica l'insieme di tutti i valori dei beni sacrificati nell'interesse generale in caso di avaria comune, cui sono tenuti a contribuire tutti i diversi interessati alla spedizione.

control: ***controllo.*** Nel linguaggio finanziario, è il potere di chi detiene almeno il 51% delle azioni con diritto di voto di una società, che gli assicura la possibilità di dirigere la politica e l'attività dell'impresa. Il controllo della società può essere anche dato da una quota inferiore al 51%, quando il resto delle azioni sono nelle mani di singoli azionisti, che non hanno interesse a dirigere l'impresa.

control account: ***conto sinottico di mastro; conto di controllo.*** Conto del mastro che contiene i totali di uno o più tipi di operazioni, i cui dettagli sono registrati in uno o più mastri sussidiari o loro equivalenti. I totali delle colonne dei libri di prima nota vengono registrati nel conto sinottico e i dettagli delle stesse colonne vengono ricordati nei mastri sussidiari. Il saldo del conto sinottico deve corrispondere alla somma dei saldi dei mastri sussidiari.

control chart: ***diagramma di controllo.*** Lo stesso che *quality control chart* (v.).

control concept of accounting: ***concetto del controllo.*** Indica il riconoscimento delle informazioni contabili come strumento essenziale per l'esercizio delle funzioni direzionali.

controllable cost: ***costo controllabile.*** È così chiamato il costo che varia col variare del volume della produzione, dell'efficienza, delle decisioni manageriali e della scelta di alternative.

controlled company: ***società controllata.*** Una società che si trova sotto l'influenza dominante di un'altra società o a seguito di particolari accordi contrattuali o perché quest'ultima possiede un numero tale di azioni da assicurarle la maggioranza nelle assemblee. (v. anche *controlling interest*)

controlled economy: ***economia controllata.*** È quella in cui l'iniziativa individuale non è soppressa, ma può muoversi soltanto entro limiti tracciati da un programma statale o sotto il controllo dello stato su questioni relative al credito, alla produzione, agli scambi con l'estero, ecc.

controlled market: ***mercato controllato.*** Un mercato sul quale le autorità pubbliche esercitano un certo controllo diretto mediante la concessione di licenze, quote, ecc., o mediante l'imposizione di prezzi minimi o massimi.

controlled price: ***prezzo controllato.*** Prezzo di vendita imposto dal produttore, che comprende e fissa tutti i margini di profitto dei distributori e dei dettaglianti. A volte un produttore appone sulla confezione del prodotto un prezzo artificialmente alto, onde consentire al dettagliante di praticare sconti al cliente, pur conservando intatto il proprio margine di guadagno.

controller: ***controllore della gestione; controller.*** Differente forma grafica di *comptroller* (v.).

controlling account: ***conto sinottico di mastro; conto di controllo.*** Termine usato come sinonimo di *control account* (v.).

controlling company: ***società di controllo; società di partecipazione.*** Termine generico con il quale si indica un tipo di società finanziaria che controlla o possiede una o più altre società. Può essere una holding o una società madre. (v. anche *holding company, parent company, controlled company*)

controlling–company accounting: ***contabilità di società di controllo.*** La contabilità che verte sui rapporti patrimoniali e finanziari che intercorrono tra una società di controllo e le società controllate.

controlling interest: ***partecipazione di controllo; partecipazione di maggioranza; partecipazione di comando.*** È così definito l'insieme delle azioni di proprietà del gruppo o del singolo che detengono il controllo di un'impresa, attraverso il maggior numero di voti rappresentati appunto dalle azioni in loro possesso. Per ottenere il controllo di maggioranza, il gruppo o il singolo devono possedere almeno il cinquantuno per cento delle azioni con diritto di voto, ma a volte è possibile raggiungere il controllo anche con una percentuale inferiore di azioni, se le altre sono di proprietà di singoli che non intendono allearsi per ottenere il controllo della società.

controlling stake: ***partecipazione di controllo.*** Lo stesso che *controlling interest* (v.).

control of inflation: ***controllo dell'inflazione.*** Una serie di misure tendenti a non far aumentare il tasso di inflazione esistente in un'economia. (v. anche *check on inflation*)

control of investment: ***controllo degli investimenti.*** Misura cui si ricorre nei casi in cui ci sia scarsità di fattori della produzione e necessità di utilizzarli in determinate produzioni, come ad esempio in tempo di guerra. Nel Regno Unito, il controllo sugli investimenti si protrasse anche nel periodo post–bellico, quando si cercava di stimolare le industrie che producevano beni per l'esportazione o beni capitali e si scoraggiavano le industrie produttrici di beni di consumo. Uno degli strumenti di tale controllo fu la *Capital Issues Committee* (v.).

control of liquidity: ***controllo della liquidità.*** Si intende con tale espressione il controllo sulla massa monetaria in circolazione, operato dalle autorità monetarie con i vari mezzi di cui possono disporre. C'è chi sostiene che è preferibile operare tale controllo usando lo strumento dei tassi di interesse, piuttosto che la poltica monetarista.

control of monopoly power: ***controllo del potere monopolistico.*** I vari metodi usati dagli stati per impedire lo sfruttamento dei consumatori o degli utenti da parte di imprese che riescano ad acquisire una certa quantità di potere monopolistico. Negli Stati Uniti qualsiasi forma di monopolio è stata dichiarata fuori legge, tranne per alcuni servizi gestiti dallo stato, quale ad esempio il servizio postale. Nel Regno Unito ed altri paesi europei, il controllo del potere monopolistico viene esercitato attraverso leggi che ne ostacolano la formazione o che consentono il controllo del prezzo dei beni e servizi, nel caso in cui si debba concedere un monopolio nell'interesse del consumatore o dell'utente. In quest'ultimo caso, tuttavia, molti stati preferiscono gestire direttamente il monopolio, invece di accordarlo ad un'impresa privata. (v. anche *monopoly, monopoly power*)

Control of Office and Industrial Development Act: Legge approvata dal parlamento britannico nel 1965 con l'intento di agevolare la riduzione della congestione dell'area metropolitana di Londra o di qualsiasi altra zona, tra cui le conurbazioni del West Midlands, imponendo limiti allo sviluppo e all'insediamento di uffici in tali zone già congestionate. La legge si applica ad uffici con un'area globale di più di tremila piedi quadrati.

control of the market: ***controllo del mercato; padronanza del mercato.*** La situazione che viene a crearsi quando una singola impresa o un gruppo di imprese consociate si assicurano una parte del mercato sufficiente a dar loro il potere di influire sui prezzi di vendita dei beni che producono.

control stock: ***partecipazione di controllo.*** Espressione usata con lo stesso significato di *controlling interest* (v.).

conurbation: ***conurbazione.*** Agglomerazione urbana formata da un grosso centro e da altri centri minori alla sua periferia, che si sono saldati al primo, costituendo un'unica grande area urbana.

conv.: 1) convertible; 2) conveyance.

convenience foods: ***cibi pronti.*** Espressione usata per indicare particolari confezioni di generi alimentari vendute ad un prezzo superiore al normale, perché preparati in modo da far risparmiare tempo al consumatore. Si tratta, ad esempio, di cibi precotti che devono soltanto essere riscaldati prima di venir consumati o di cibi surgelati, già puliti e scelti, che il consumatore può cuocere senza dover provvedere ad alcuna altra operazione. Questo tipo di cibarie rientrano tra i cosiddetti *convenience goods* (v.).

convenience goods: ***beni di consumo di uso generale; beni di consumo di acquisto ricorrente; prodotti di ricorrente acquisto.*** Il termine inglese indica quei beni fugaci per acquistare i quali il consumatore non gira per i negozi allo scopo di paragonare prezzi, qualità, ecc., ma li acquista ove gli capita e al prezzo che gli viene richiesto.

convenience store: Termine usato negli Stati Uniti per indicare un particolare tipo di negozio, con superficie di vendita limitata e con assortimento di merci ristretto ad articoli a rapida rotazione.

convention: ***convenzione.*** Accordo scritto cui aderiscono un certo numero di operatori, che si impegnano a praticare le stesse tariffe o gli stessi tassi d'interesse o di commissione.

conventional interest: ***interessi convenzionali.*** Interessi che si fondano sulle convenzioni di un luogo o di un'attività particolari.

conventional necessaries: ***beni di prima necessità convenzionali.*** Alcuni beni voluttuari possono, secondo Marshall, diventare beni necessari a causa delle convenzioni che un gruppo di persone è costretto a rispettare in un dato ambiente. Marshall cita l'esempio di abiti alla moda e di un qualche consumo di tabacco e alcol.

conventional protectionism: ***protezionismo convenzionale.*** Il protezionismo che si manifesta attraverso l'adozione di strumenti tradizionali, quali l'imposizione di dazi doganali protettivi, di contingentamenti alle importazioni e l'erogazione di sussidi alle esportazioni. (v. anche *new protectionism, protectionism*)

conventional securities: ***titoli convenzionali.*** Termine usato come opposto di *index–linked securities* (v.) per indicare titoli il cui tasso d'interesse rimane fisso per tutta la durata del prestito.

conventional tariff: ***tariffa doganale convenzionale; tariffa doganale contrattuale.*** È la tariffa doganale stabilita in base ad accordi con altri paesi e, pertanto, soggetta a revisioni o alterazioni se vengono rinegoziati gli accordi che ne costituiscono la base.

conventional value: ***valore convenzionale.*** Valore assegnato ad un bene in conformità ad una convenzione o ad un accordo e non in base al suo reale prezzo di mercato.

convention mortgage: ***ipoteca convenzionale.*** Ipoteca accesa su un immobile residenziale e concessa di solito da una banca o altra istituzione specializzata di credito edilizio, a un tasso fisso d'interesse e per un periodo determinato, usualmente al massimo trenta anni. Negli Stati Uniti, questo tipo di ipoteca è garantita da beni reali (l'immobile sul quale è accesa o altri immobili), ma non è assicurata dalla *Federal Housing Administration.* Il termine è di solito usato per distinguere questa ipoteca da quelle citate sotto *non–traditional mortgages* (v.).

convention of periodicity: ***convenzione della periodicità.*** Lo stesso che *periodicity concept* (v.).

Convention of Stockholm: ***Convenzione di Stoccolma; Trattato di Stoccolma.*** È il trattato col quale fu costituita l'E.F.T.A. nel maggio del 1960. (v. anche *European Free Trade Association*)

convention values: ***valori convenzionali.*** Sono i valori che compaiono sul listino di titoli pubblicato annualmente dalla *National Association of Insurance Commissioners* degli Stati Uniti, intesi a facilitare la preparazione dei rendiconti finanziari da parte delle compagnie di assicurazione, investitori istituzionali nelle borse valori del paese.

convergence: ***convergenza.*** Il movimento del prezzo di un contratto a termine verso il prezzo del titolo o del bene cui il contratto si riferisce. All'inizio del contratto, i due prezzi differiscono a causa dell'elemento temporale, ma via via che il contratto si approssima alla scadenza, il suo prezzo converge verso quello del bene o del titolo.

conversion: ***conversione.*** Si chiama conversione del debito pubblico l'operazione finanziaria mediante la quale un governo converte un debito ad un certo tasso di interesse in un debito ad un tasso di interesse inferiore. Tale conversione avvenne nel Regno Unito dopo la seconda guerra mondiale e si trattò di conversione libera obbligatoria, anche detta conversione opzionale, in quanto ai portatori dei titoli di stato interessati fu offerta l'alternativa di accettare i titoli a tasso di interesse inferiore o il rimborso degli stessi al prezzo di mercato. Lo stesso termine indica l'emissione di un titolo, da parte di una società, in sostituzione di un altro, come ad esempio la conversione di obbligazioni convertibili in azioni ordinarie. (v. anche *currency conversion*)

conversion cost: ***costo di trasformazione.*** È il costo sostenuto per trasformare le materie prime in materiali pronti per la lavorazione o in prodotti finiti. Il termine esclude il costo della materia prima.

conversion issue: ***emissione di conversione.*** Nuova emissione di titoli a reddito fisso da parte dello stato o di società, offerta ai portatori di altre obbligazioni scadute o prossime alla scadenza.

conversion of funds: ***distrazione di fondi.*** L'uso di denaro altrui per scopi diversi da quelli cui è destinato.

conversion point: ***punto di conversione.*** Indica il prezzo, comprensivo di dietimi, al quale un'azione ordinaria corrisponderà esattamente al prezzo corrente di mercato di un'obbligazione, comprensivo di dietimi, convertibile in quell'azione.

conversion premium: ***premio di conversione.*** Nel linguaggio finanziario, indica la percentuale concessa al portatore di obbligazioni o altri titoli a reddito fisso sotto forma di maggiorazione del prezzo di riscatto o del valore nominale in occasione di un rimborso di tali titoli prima della loro scadenza o sotto forma di sconto per l'acquisto di nuovi titoli facenti parte di un'emissione di conversione. Lo stesso termine indica la differenza tra il corso di un'obbligazione convertibile e la sua parità teorica. (v. anche *conversion issue*)

conversion price: ***prezzo di conversione.*** È il prezzo, prestabilito e indicato sul titolo, al quale un'obbligazione potrà essere convertita in un altro titolo, generalmente un'azione ordinaria, ad opzione del portatore.

conversion rate: ***tasso di conversione.*** Il tasso al quale una valuta viene convertita in una valuta estera. (v. anche *currency conversion*)

conversion ratio: ***rapporto di conversione.*** Il rapporto tra il numero di azioni di compendio e il numero di obbligazioni convertibili stabilito all'atto dell'emissione di queste ultime.

conversion rights: ***diritti di conversione.*** Sono i diritti che un'obbligazione convertibile dà al portatore di convertirla, ad opzione, in un altro titolo, generalmente un'azione ordinaria, a condizioni prestabilite ed entro un certo periodo dalla scadenza.

conversion share: ***azione di compendio.*** Il titolo azionario offerto in cambio di un certo numero di obbligazioni convertibili, in un rapporto prestabilito e fissato all'atto dell'emissione del prestito obbligazionario.

conversion stock: ***titoli pubblici di conversione.*** Termine generico con il quale nel Regno Unito si indicano sia i titoli dati in conversione di un debito pubblico, sia molti altri titoli di stato. (v. anche *conversion*)

to convert: **1.** ***convertire.*** Verbo con il quale si indica l'azione descritta sotto *conversion* (v.). **2.** ***trasformare.*** Verbo usato per indicare il processo tramite il quale si trasforma una materia prima in prodotto finito o in materiale pronto per una successiva lavorazione.

convertibility: ***convertibilità.*** 1) Usato in relazione a banconote, il termine indica l'obbligo della banca di emissione di convertire i propri biglietti in metallo prezioso. La sterlina inglese fu convertibile in oro fino al 1914, fatta eccezione per gli anni dal 1797 al 1821, cioè durante e subito dopo le guerre napoleoniche. Nel periodo tra il 1925 e il 1931 la sterlina godette di convertibilità limitata, in quanto si poteva cambiare in oro soltanto una quantità minima di biglietti, del valore equivalente ad un lingotto d'oro del peso di quattrocento once. 2) Usato in relazione alle valute estere, il termine indica la possibilità di convertire una valuta in una qualsiasi altra valuta estera e servirsene per soddisfare obbligazioni anche verso residenti in paesi terzi e non soltanto verso residenti nel paese di origine delle valute stesse. (v. anche *non-resident convertibility*)

convertibility crisis: ***crisi della convertibilità.*** Il *Washington Loan Agreement* (v.) del 1945 prescriveva che la sterlina ridiventasse convertibile nel 1947. Il Regno Unito provò a renderla convertibile, ma si trovò a dover far fronte alla cosiddetta crisi della convertibilità, per cui essa, dopo appena cinque settimane, fu nuovamente sospesa fino al 1958. La crisi si sviluppò perché non appena i paesi europei entravano in possesso di sterline, le utilizzavano per pagare le loro importazioni dagli Stati Uniti, con la conseguenza che il Regno Unito doveva necessariamente pagare tutte le sue importazioni dagli Stati Uniti in dollari. (v. anche *non-resident convertibility*)

convertibility of sterling: ***convertibilità della sterlina.*** V. spiegazione sotto *convertibility* e *convertibility crisis.*

convertible bonds: ***obbligazioni convertibili.*** Termine usato con lo stesso significato di *convertible debentures* (v.).

convertible collision insurance: ***assicurazione con sconto condizionato.*** Tipo di assicurazione, contro la responsabilità civile derivante dalla circolazione di veicoli a motore, in base al quale l'assicurato usufruisce di uno sconto sul premio, ma alla denuncia del primo sinistro dovrà pagare un premio addizionale stabilito in polizza.

convertible currency: ***valuta convertibile.*** È la moneta di un paese che può liberamente essere convertita in valuta di altri paesi ai tassi ufficiali di cambio esistenti sui mercati valutari.

convertible debentures: ***obbligazioni convertibili.*** Obbligazioni che, a opzione del portatore, possono essere convertite in azioni ordinarie della società che ha emesso il prestito. La conversione avviene in un periodo stabilito all'atto dell'emissione del prestito obbligazionario e alle condizioni stabilite dalla società.

convertible debenture stock: ***capitale di prestito convertibile.*** Termine usato con lo stesso significato di *convertible debentures* (v.).

convertible life insurance: ***assicurazione a termine convertibile.*** Assicurazione sulla vita, del tipo chiamato puro rischio e valida per un periodo limitato, che dà all'assicurato il diritto di convertirla, in qualsiasi momento prima della scadenza, in una forma di assicurazione permanente, per il caso di morte o per il caso di sopravvivenza, senza doversi sottoporre a visita medica o altre formalità previste per questa forma di assicurazione. (v. anche *term insurance*)

convertible loan stock: ***capitale di prestito convertibile.*** Termine usato con lo stesso significato di *convertible debentures* (v.).

convertible money: ***valuta cartacea convertibile; cartamoneta convertibile.*** Termine usato come sinonimo di *convertible paper currency* (v.).

convertible notes: Termine usato nel linguaggio finanziario con lo stesso significato di *convertible debentures* (v.), con l'eccezione che in questo caso si tratta, più che di obbligazioni, di promesse di pagamento emesse da una società allo scopo di procurarsi capitale di prestito fresco, avendo già esaurito le possibilità concesse dalla legge di emettere obbligazioni vere e proprie. Il portatore di questo particolare tipo di titoli può convertirli in azioni ordinarie della società ad una certa data futura e a determinate condizioni, oppure può chiederne il rimborso in contanti alla scadenza. Al portatore viene, comunque, riconosciuto un tasso fisso di interesse annuo.

convertible paper: ***valuta cartacea convertibile; cartamoneta convertibile.*** Termine usato come sinonimo di *convertible paper currency* (v.).

convertible paper currency: ***valuta cartacea convertibile; cartamoneta convertibile.*** Banconote o biglietti che possono essere cambiati in metallo prezioso, per il loro intero valore, presso la banca che li ha emessi. La valuta cartacea oggi non è più convertibile in alcun metallo prezioso e per questo si dice che è a corso forzoso. (v. anche *convertibility*)

convertible paper money: ***valuta cartacea convertibile; cartamoneta convertibile.*** Termine usato come sinonimo di *convertible paper currency* (v.).

convertible preference shares: ***azioni privilegiate convertibili.*** Termine britannico, corrispondente allo statunitense *convertible stock* (v.).

convertible preferred stock: ***azioni privilegiate convertibili.*** Termine usato con lo stesso significato di *convertible stock* (v.).

convertible securities: ***titoli convertibili.*** Qualsiasi titolo prontamente convertibile in moneta o convertibile in un altro tipo di titolo ad una certa data futura e secondo determinate condizioni.

convertible stock: ***azioni privilegiate convertibili.*** Nel linguaggio finanziario statunitense, questo termine indica un tipo di azioni, o partecipazioni al capitale di una società, che ricevono un interesse fisso e vantano un diritto prioritario per il rimborso o il pagamento degli interessi o entrambi e possono, ad opzione del portatore, essere convertite in azioni ordinarie della stessa società ad una data futura ed a condizioni prestabilite. L'azionista utilizzerà la propria opzione di conversione se riterrà che i dividendi sulle azioni ordinarie saranno, in futuro, superiori agli interessi che fruttano le azioni privilegiate di sua proprietà o se il corso delle azioni ordinarie tenderà a salire rispetto a quello delle azioni privilegiate.

convertible term insurance: ***assicurazione a termine convertibile.*** Termine usato con lo stesso significato di *convertible life insurance* (v.).

conveyance: **1.** ***trapasso; trasferimento; cessione.*** Il termine inglese viene usato per indicare principalmente l'atto mediante il quale la proprietà di un bene immobile viene trasferita a titolo oneroso, ma spesso viene usato anche per indicare il semplice trapasso del diritto di proprietà, sia a titolo oneroso che a titolo gratuito. **2.** ***trasporto.*** In questo significato, il termine inglese è generico e può usarsi per indicare sia il trasporto marittimo che il trasporto terrestre.

cooling-off period: ***periodo di raffreddamento.*** 1) Nel linguaggio delle relazioni industriali statunitense, indica una clausola contenuta in un accordo sindacale, o condizione imposta per legge, che prevede il trascorrere di un certo tempo prima che le parti in una vertenza sindacale possano ricorrere ad azioni, quale ad esempio lo sciopero. Lo scopo è quello di concedere il tempo necessario perché si raggiunga un accordo, magari tramite l'intermediazione di organi governativi. 2) Nel linguaggio finanziario britannico, indica il periodo di tempo entro il quale il mutuante o il mutuatario possono dare il preavviso di disdetta di un accordo revocabile.

cooling period: ***periodo di attesa.*** Lo stesso che *waiting period* (v.).

coomb: Misura per aridi usata nel Regno Unito e corrispondente a quattro bushel o trentadue galloni, pari a litri 145,48.

Co–op.: co–operative.

co–operating commodities: ***beni complementari; beni a domanda complementare.*** Lo stesso che *complementary goods* (v.).

co–operation: ***cooperazione.*** L'azione svolta in comune per raggiungere un fine di produzione, di consumo o di credito senza ricorrere ad intermediari. Il concetto della cooperazione cominciò a diffondersi in Gran Bretagna all'inizio del diciannovesimo secolo, come alternativa alla concorrenza. I tentativi di cooperazione tra produttori hanno dato scarsi risultati in quel paese, ove invece ha dato buoni risultati la forma di cooperazione tra consumatori.

co–operative: ***cooperativa; società cooperativa.*** Forma societaria, caratterizzata dallo scopo mutualistico di far risparmiare a produttori o consumatori il costo della intermediazione.

co–operative advertising: ***pubblicità cooperativa.*** La pubblicità alle cui spese partecipano due o più imprese. Ad esempio, la pubblicità in campo locale di un prodotto a diffusione nazionale, finanziata in parte dal venditore o dai venditori locali e in parte dal produttore.

co–operative apartment: ***appartamento in cooperativa.*** Negli Stati Uniti, è un appartamento del quale un individuo è contemporaneamente proprietario e locatario. La cooperativa in questione è costituita sotto forma di società per azioni ed essa acquista il terreno e l'edificio che vi è eretto sopra o soltanto il terreno sul quale poi fa costruire l'immobile, mediante un finanziamento garantito da ipoteca. Poiché il finanziamento non copre mai tutti i costi, la cooperativa emette azioni che vengono sottoscritte dai probabili locatari ai quali viene anche concesso un *proprietary lease* (v.) se essi acquistano un determinato numero di azioni. Il proprietario, quindi, è tenuto a pagare un canone alla cooperativa, proporzionale alla superficie dell'appartamento, con il quale essa copre i costi dell'ipoteca, le imposte e le spese di manutenzione.

co–operative bank: ***cooperativa di credito.*** Tipo di banca, descritta sotto *credit union* (v.), i cui soci si propongono di fornirsi reciprocamente credito. Nel Massachusetts sono chiamate *co–operative banks* le *building and loan associations* (v.).

co–operative commonwealth: Espressione usata negli Stati Uniti per indicare un tipo di società ideale, in cui la vita economica si baserebbe completamente sul principio delle cooperative.

co–operative demand: ***domanda congiunta.*** Lo stesso che *joint demand* (v.).

co–operative farm: ***azienda agricola cooperativa.*** Tipo di impresa agricola di notevoli dimensioni, gestita secondo i principi della cooperativa da un gruppo di agricoltori e loro famiglie.

co–operative farming: ***agricoltura cooperativistica.*** La cooperazione in agricoltura, che praticarono per primi i coltivatori danesi con buoni risultati. Si è poi diffusa in quei paesi nei quali l'agricoltura è ancora praticata come attività su piccola scala. La cooperazione agricola assume forme di cooperative di credito, di assicurazione, di lavoro e di coltivazione.

co–operative housing association: ***cooperativa edilizia.*** Forma di cooperativa tra privati cittadini, il cui scopo è quello di edificare abitazioni per i soci. La cooperativa cessa la propria esistenza nel momento in cui ha realizzato lo scopo contemplato nel suo atto costitutivo. Nel Regno Unito, queste associazioni godono di alcuni privilegi fiscali, tra i quali rientra l'esenzione dalla *development land tax* (v.).

co–operative insurance: ***assicurazione mutua.*** Forma di assicurazione esercitata da associazioni di mutuo soccorso o da assicuratrici mutue che non dispongono di capitale sociale e non sono costituite da azionisti, bensì da soci, che sono in definitiva i proprietari dell'assicuratrice. Questa forma di assicurazione ha lo scopo di eliminare il profitto dell'imprenditore, ripartendo il rischio tra i soci. La qualità di socio si acquista stipulando un contratto di assicurazione con l'assicuratrice e tale qualità dà diritto al socio di partecipare alla distribuzione degli utili dell'assicuratrice, sotto forma di minore contribuzione, nel caso di assicurazione a contribuzione, o di minor costo del premio, nel caso di assicurazione a premio. Negli Stati Uniti e nel Regno Unito, l'assicurazione mutua può essere di due tipi, cioè a contribuzione o a premio. Nel primo tipo, i soci non sono tenuti a pagare un premio a fronte della polizza di assicurazione di loro beni, ma saranno chiamati a contribuire al totale degli indennizzi, valutati periodicamente, che l'assicuratrice è tenuta a pagare a seguito del verificarsi di sinistri. Nel secondo tipo, il socio paga un premio a fronte della polizza di assicurazione di suoi beni, che rappresenta la sua massima responsabilità come socio. In Italia, si usa solo questa seconda forma di assicurazione mutua.

co–operative marketing: ***distribuzione cooperativa.*** È una struttura distributiva organizzata congiuntamente da più produttori, allo scopo di commercializzare i loro prodotti ad un costo più contenuto.

Co–operative Marketing Act: Legge, approvata dal Congresso degli Stati Uniti nel 1922, con la quale si procedeva ad escludere dall'applicazione delle leggi federali contro i monopoli le organizzazioni cooperative fondate e gestite in buona fede. La legge incoraggiava gli agricoltori e gli allevatori di bestiame a costituirsi in cooperative, al fine di realizzare una più efficiente distribuzione dei loro prodotti.

co–operative movement: ***movimento cooperativo; cooperativismo.*** Il movimento tendente a favorire la cooperazione e il sorgere delle cooperative, principalmente quelle per la produzione e la distribuzione di generi di consumo. Questo movimento ha una lunga storia, in quanto ebbe origine nel 1844 quando un gruppo di lavoratori di Rochdale fondò la prima cooperativa, che aveva come obiettivo vantaggi pecuniari e il miglioramento della condizione sociale e familiare dei membri. Questi ventotto operai, ricordati come i *Rochdale Pioneers* (v.), aprirono prima un negozio e sei anni più tardi un grande magazzino, gestito secondo lo spirito cooperativo, nel quale potevano fare acquisti sia i membri della loro cooperativa, sia quelli di altre cooperative che nel frattempo si erano costituite nei dintorni. I profitti che derivavano da questa attività commerciale venivano ridistribuiti tra i soci in proporzione alle spese globali da loro effettuate nei negozi della cooperativa che, nel 1891, contava già più di un milione di soci. Nel 1926, i soci delle varie cooperative britanniche toccavano i ventisei milioni e nel 1968 le varie cooperative operanti nel Regno Unito raggruppavano ben oltre tredici milioni di soci.

co-operative producing enterprise: ***impresa cooperativa di produzione.*** La cooperativa, ipotizzata da J. S. Mill, tra lavoratori impegnati nel processo produttivo, siano essi artigiani o industriali. Il termine può essere usato con lo stesso significato di *producers' co-operative* (v.).

Co-operative Productive Federation: Associazione britannica tra cooperative di produttori, che vendono quasi la totalità della loro produzione a cooperative di consumo.

co-operative research: ***ricerca cooperativa.*** Ricerca applicata, condotta in forma cooperativa da più imprese della stessa industria o da più industrie con interessi comuni. Tra i vantaggi offerti da questa forma di ricerca si ricordano: la possibilità di far fronte ai costi sempre crescenti, con minor sacrificio per ciascun partecipante; la possibilità di ovviare alla scarsità di ricercatori specializzati e di strutture di ricerca; la possibilità di evitare inutili duplicazioni di attività di ricerca già in essere.

Co-operative Retail Services Ltd.: Società britannica costituita allo scopo di aprire punti di vendita al dettaglio, basati sul principio delle cooperative di consumo.

co-operative shop: ***negozio cooperativo.*** Tipo di punto di vendita al dettaglio, gestito da una società cooperativa di consumo.

co-operative society: ***società cooperativa.*** Società di produttori o consumatori del tipo descritto sotto *co-operative* (v.).

co-operative store: ***negozio cooperativo.*** Termine usato come sinonimo di *co-operative shop* (v.).

co-operative trading enterprise: ***impresa cooperativa di consumo.*** La cooperativa costituita dall'associazione di un certo numero di consumatori. Il termine può essere usato con lo stesso significato di *consumer co-operative* (v.).

Co-operative Union: ***Federazione delle cooperative.*** Fondata nel Regno Unito nel 1869, raggruppa le cooperative operanti nei vari settori, alle quali presta assistenza legale e informativa.

co-operative wholesale society: ***società cooperativa all'ingrosso.*** Associazione formata dalle cooperative di consumo, per disporre di maggiore facilità di approvvigionamento, alle quali essa rivende prodotti acquistati in grandi quantità direttamente dalle fonti di produzione. L'associazione si interessa anche della produzione e importazione di certi articoli e alla fine dell'esercizio distribuisce utili alle cooperative di consumo che ne fanno parte, sulla base degli acquisti effettuati da queste ultime.

Co-operative Wholesale Society Bank: È una delle *clearing banks* (v.) inglesi, che svolge la sua funzione principale nel fornire credito alle imprese cooperative in genere.

co-ordination: ***coordinazione.*** Nel linguaggio economico, indica l'atto o l'effetto di coordinare i fattori della produzione nella giusta quantità, al fine di raggiungere gli scopi che si prefigge l'imprenditore.

co-owner: ***comproprietario.*** Chi, insieme ad altri, è proprietario di un bene reale o personale. Il termine, pertanto, può essere usato come sinonimo di *part-owner* (v.) e di *joint-owner* (v.).

co-ownership: **1.** ***comproprietà.*** Forma di comunione di beni, che si verifica quando due o più persone hanno contemporaneamente il diritto di proprietà su una cosa determinata secondo quote stabilite. **2.** ***compartecipazione.*** Termine usato con lo stesso significato di *co-partnership* (v.).

co-ownership firm: ***impresa in compartecipazione.*** Un'impresa la cui gestione e proprietà sono in gran parte nelle mani delle persone che vi lavorano come dipendenti.

co-ownership housing society: ***cooperativa edilizia.*** Tipo di cooperativa che ha lo scopo di fornire case di nuova costruzione ai propri soci i quali, in qualità di azionisti, possiedono collettivamente le abitazioni assegnate loro in base a un accordo stipulato con la cooperativa.

co-ownership of industry: ***compartecipazione industriale.*** Termine usato con lo stesso significato di *co-partnership in industry* (v.).

co-ownership society: ***cooperativa edilizia.*** Lo stesso che *co-ownership housing society* (v.).

COP: custom of the port.

co-partner: ***consocio.*** Chi è socio con altri in una stessa impresa o in un'associazione in genere. (v. anche *partner*)

co-partnership: ***compartecipazione.*** È la partecipazione agli utili dell'impresa da parte dei lavoratori dipendenti. Si può realizzare attraverso distribuzione di una parte degli utili o assegnazione di azioni operaie non nominative, di solito proporzionalmente al salario dei dipendenti. Il sistema, abbastanza diffuso nel Regno Unito, prevede anche che i dipendenti abbiano voce in capitolo nelle decisioni gestionali.

co-partnership in industry: ***compartecipazione industriale.*** Si indicano con questa espressione i diversi piani posti in essere da varie imprese industriali al fine di coinvolgere sempre di più i lavoratori dipendenti nell'andamento e nella prosperità dell'impresa. La piena compartecipazione si fonda su tre elementi caratteristici: a) consultazione continua tra lavoratori e datori di lavoro; b) ripartizione di una quota di utili, prestabilita con l'accordo di tutte le parti, tra tutti i dipendenti; c) la possibilità per i dipendenti di acquisire quote di capitale azionario dell'impresa nella quale lavorano. Non tutti i tipi di compartecipazione, tuttavia, adottano questi tre elementi caratterizzanti ed alcuni piani prevedono soltanto la partecipazione agli utili o la possibilità di acquisizione di capitale sociale da parte dei dipendenti.

co-payment: ***ticket.*** Termine d'uso statunitense, con il quale si indica il contributo che deve pagare chi ha diritto all'assistenza sanitaria per fruire di cure specialistiche, prestazioni mediche particolari e simili.

copek: ***copeco.*** Moneta divisionaria dell'Unione Sovietica, equivalente ad un centesimo di rublo.

copper: Termine con il quale si indicano monete divisionali di basso valore, fatte di rame o di bronzo.

coppers: Termine usato nel linguaggio della borsa valori di Londra per indicare le azioni di società proprietarie di miniere di rame.

co-product: ***prodotto congiunto.*** Il termine inglese viene usato grosso modo nello stesso significato di *by-product* (v.), ma mentre un sottoprodotto rappresenta un prodotto secondario di un processo produttivo, il prodotto congiunto rappresenta un prodotto altrettanto importante quanto quello principale. La differenza fra i due termini, pertanto, consiste soltanto nel grado di importanza che si annette ai due beni prodotti mediante lo stesso processo.

co-production: ***coproduzione.*** La produzione di un bene effettuata congiuntamente da due o più diverse imprese. Può essere a livello fisico, cioè ciascuna impresa produce una parte del prodotto finito, o a livello finanziario, quando ciascuna impresa partecipa al finanziamento della produzione ma non necessariamente alla reale costruzione del bene.

copy: ***testo.*** È il testo che accompagna un messaggio pubblicitario visivo.

copyhold: Un tipo di proprietà terriera basato sulle copie di antichi documenti medievali che assegnavano al signore il diritto di proprietà e di ricevere prestazioni o canoni di fitto dai suoi vassalli. Con il *Law of Property Act* del 1922 fu abolito questo tipo di proprietà, insieme a tutti gli altri diritti accessori di cui godeva il signore, a partire dal 1° gennaio del 1926 dietro pagamento di un indennizzo da versarsi al signore che, così, perdeva qualsiasi altro diritto di prestazione sotto forma di derrate o servizi. (v. anche *quit rent*)

copy order: ***conferma di ordinativo.*** Il termine inglese indica un documento, inviato dal fornitore al cliente che gli ha trasmesso un ordinativo, nel quale vengono indicati i dettagli degli articoli che saranno oggetto della fornitura, i loro prezzi e le condizioni che regoleranno l'operazione di compravendita.

copyright: ***diritto di autore.*** Il diritto esclusivo di riproduzione e diffusione di un'opera d'ingegno, quale ad esempio un'opera letteraria, musicale, artistica, ecc. Dura per tutta la vita dell'autore e si protrae per cinquanta anni dopo la sua morte. Esso dà all'autore il monopolio sul prodotto, il che gli assicura una remunerazione per il suo lavoro e la protezione contro la concorrenza.

copyright infringement: ***violazione del diritto d'autore.*** La riproduzione e la diffusione non autorizzate di un'opera dell'ingegno, protetta da diritto d'autore. Poiché la legge concede all'autore un monopolio legale sulla sua opera, egli può adire le vie legali per la tutela dei suoi interessi e poiché il diritto sopravvive all'autore per un periodo di cinquanta anni, anche gli eredi possono tutelarsi contro le violazioni del diritto a loro trasmesso.

copyright notice: ***avviso di riserva del diritto d'autore; dichiarazione di riserva del diritto d'autore.*** L'iscrizione, apposta generalmente sul retro del frontespizio di un libro, nella quale compare il nome del detentore dei diritti di riproduzione e la data dalla quale decorrono tali diritti. Quando tale iscrizione non è presente nel libro, si intende che l'autore o l'editore non desiderano riservarsi i diritti suddetti.

copyright royalties: ***diritti d'autore.*** L'ammontare che viene pagato a un autore in considerazione della cessione dei suoi diritti su un'opera letteraria, musicale, artistica, ecc. Il termine inglese differisce da *performing rights* (v.).

copy test: ***controllo di un testo.*** Nella pubblicità, è l'indagine, condotta attraverso rilevazioni di mercato, tendente a verificare l'efficacia del testo di un messaggio pubblicitario.

copywriter: ***creatore di testi pubblicitari.*** La persona che crea il testo che accompagna un messaggio pubblicitario.

cordoba: Unità monetaria del Nicaragua, suddivisa in cento centavos.

core inflation: ***inflazione inerziale.*** Lo stesso che *inertial inflation* (v.).

corn: **1.** ***cereali; granaglie.*** Nel Regno Unito, il termine viene usato in senso generico per indicare qualsiasi tipo di cereale, quali ad esempio il grano, il granturco, l'orzo, l'avena, ecc. **2.** ***granturco; mais.*** Negli Stati Uniti, il termine inglese viene usato con significato specifico per indicare esclusivamente il mais o granturco.

corner: ***incetta; accaparramento.*** Nel linguaggio delle borse valori e merci, il termine inglese indica la pratica di acquistare l'intera disponibilità di un titolo o di una merce, al fine di rivenderli ad un prezzo più alto, a seguito della rarefazione dell'offerta. Affinché un bene si presti a tale pratica, sono necessari alcuni requisiti essenziali, tra cui: a) specializzazione della produzione; b) ciclo di produzione lungo; c) offerta e domanda relativamente anelastica; d) assenza di succedanei. Se non si verificano tali condizioni, il ricavo della vendita del bene accaparrato risulterà inferiore al costo totale di acquisto.

cornering a bear: Espressione usata per indicare una pratica speculativa, esercitata alla borsa valori di Londra dai rialzisti, che consiste nell'acquistare tutti i titoli offerti dai ribassisti ed insistere, poi, sulla consegna degli stessi nei giorni di liquidazione. Poiché le vendite dei ribassisti sono di solito allo scoperto, essi devono acquistare dai rialzisti per poter consegnare nei termini stabiliti. Si dice, in tal caso, che i ribassisti sono *cornered* (cioè, messi alle corde) e vengono poi *squeezed* (cioè, spremuti) dai rialzisti, che impongono il prezzo al quale sono disposti a cedere i titoli, di cui rientreranno in possesso alla consegna da parte dei ribassisti. (v. anche *bull, bear*)

to corner the market: L'atto o l'effetto di assicurarsi il completo controllo di un bene o di un valore mobiliare, con la conseguente possibilità di stabilirne il prezzo di vendita. Nel passato, questa pratica si verificava spesso nei mercati delle materie prime, ove il controllo completo, anche per un breve periodo, poteva procurare la fortuna di un'impresa. Trattandosi di una pratica monopolistica, essa è oggi ostacolata dai governi.

corn exchange: ***borsa dei grani.*** Mercato all'ingrosso altamente organizzato, che tratta cereali e affini, di solito a termine. Nel Regno Unito, le due più importanti borse dei grani sono la *London Corn Exchange,* fondata nel 1749, e la *Liverpool Corn Exchange.*

corn-hog ratio: Termine usato negli Stati Uniti per indicare il rapporto che si ottiene dividendo il prezzo di cento libbre di maiale vivo per il prezzo di un *bushel* (v.) di granturco. Il rapporto serve agli allevatori americani per decidere se sarà più remunerativo vendere granturco o maiali, tenendo conto che occorrono undici *bushel* e mezzo di granturco per ottenere cento libbre di carne di maiale.

Corn Laws: ***leggi protezionistiche sul grano.*** Questo termine indica in particolare le leggi che nel diciottesimo secolo e agli inizi del diciannovesimo impedivano la libera importazione di grano nel Regno Unito, mediante l'imposizione di forti dazi protezionistici intesi a tutelare i produttori nazionali dalla concorrenza straniera. Tali leggi furono abrogate nel 1846.

corn measure: ***misura per cereali.*** Una qualsiasi unità di misura, usata nel commercio dei cereali.

Corn Trade Association: Organizzazione britannica, che si interessa, tra le altre cose, di selezionare i cereali prima che siano posti in vendita nelle borse dei grani.

Corp.: corporation.

corporate: **1.** ***aziendale; sociale.*** Termine usato principalmente negli Stati Uniti come aggettivo corrispondente al sostantivo *corporation* (v.), per indicare ciò che appartiene o è in relazione con una società per azioni. **2.** ***le-***

galmente costituito. In questo significato, l'aggettivo viene usato sia nel Regno Unito che negli Stati Uniti per indicare un'organizzazione regolarmente costituita e dotata di personalità giuridica.

corporate action: *azione collegiale.* Decisioni di politica aziendale, prese o approvate dagli azionisti o dal consiglio di amministrazione di una società. Il termine è usato come opposto di azione amministrativa. (v. anche *administrative action*)

corporate advertising: *pubblicità istituzionale.* Lo stesso che *institutional advertising* (v.).

corporate banking: Espressione con la quale si indica il servizio di collegamento telematico tra banca e azienda, che consente a quest'ultima di accedere agli archivi della prima per verificare la propria situazione, ottenendo anche varie altre informazioni riguardanti la finanza aziendale. I tipi di collegamento telematico possono essere di varia natura e offrire un servizio più o meno ampio.

corporate body: *persona giuridica.* Termine usato con lo stesso significato di *legal person* (v.).

corporate–bond market: *mercato delle obbligazioni industriali.* Il mercato nel quale vengono trattati *corporate bonds* (v.). Il termine ha lo stesso significato di *corporate debt market* (v.) e indica non un mercato autonomo, bensì una delle tre parti che costituiscono il *bond market* (v.).

corporate bonds: *obbligazioni industriali; obbligazioni di società.* Termine generico, usato per indicare i titoli a reddito fisso descritti sotto *debenture* (v.). Viene usato in contrapposizione a *government bonds* (v.) e *gilt–edged securities* (v.).

corporate borrower: *mutuatario societario.* Termine usato nel linguaggio finanziario in contrapposizione a *sovereign borrower* (v.) per indicare che il mutuatario è un'impresa privata e non un governo.

corporate capital: *capitale sociale.* È il capitale di apporto di un'impresa costituita in forma di società per azioni; il capitale, cioè, che i soci si sono impegnati a conferire alla società per il raggiungimento dei fini sociali. Può essere versato all'atto della costituzione della società, o parte in tale occasione e parte successivamente.

corporate charter: *licenza; patente.* Termine usato come sinonimo di *corporation charter* (v.).

corporate communications: *comunicazioni aziendali.* Termine recente, che tende a sostituire *public relations* (v.), conservandone il significato, quando quest'ultimo è riferito a un'impresa.

corporate communications department: *ufficio comunicazioni aziendali; reparto comunicazioni aziendali.* Lo stesso che *public relations department* (v.).

corporate debt market: *mercato delle obbligazioni industriali.* Il mercato primario sul quale vengono piazzate le emissioni di obbligazioni industriali e il mercato secondario sul quale esse vengono negoziate dopo la loro emissione. (v. anche *bond market*)

corporate depository: Termine generico che non trova riscontro nella nostra lingua. Viene usato per indicare un'istituzione, di solito una banca commerciale, presso la quale sono depositati i fondi di una società o altra organizzazione legalmente costituita.

corporate development: *sviluppo aziendale.* L'incremento dell'attività di un'impresa o di uno degli altri elementi sui quali si basa la sua dimensione. (v. anche *corporate size, corporate development plan*)

corporate development plan: *piano di sviluppo aziendale.* È uno dei piani aziendali e precisamente quello che riguarda la ricerca e lo sviluppo, la diversificazione dei prodotti e delle attività, la soppressione di prodotti o reparti non remunerativi, le nuove attività necessarie per conseguire gli obiettivi di profitto stabiliti, i compiti speciali che devono essere eseguiti per attenersi ai piani e i controlli interni che si devono istituire.

corporate domicile: *sede sociale; sede legale.* Termine statunitense, usato con lo stesso significato di *registered office* (v.).

corporate economics: *economia aziendale.* Lo stesso che *business economics* (v.).

corporate fiduciary: *fiduciario di una società.* Una persona fisica o un'istituzione che svolgono mansioni di fiduciario per conto di una società per azioni, ad esempio tenendo in deposito titoli o provvedendo al loro trapasso, o fungendo da agente in relazione ad un'emissione di obbligazioni da parte della società.

corporate finance: *finanza delle società; finanza d'impresa.* La politica delle imprese in relazione alle questioni finanziarie che le riguardano e che comprendono tra l'altro il reperimento di capitale, di rischio e di prestito; il risparmio d'impresa; e la concessione di credito ai clienti.

corporate franchise: *personalità giuridica.* Termine di uso statunitense, con il quale si indica il diritto di esistere e svolgere un'attività sotto forma di persona giuridica. Tale diritto viene concesso dallo stato o da un suo ente a ciò delegato, in base a una procedura stabilita per legge.

corporate goal: *obiettivo aziendale.* Lo stesso che *company goal* (v.).

corporate growth: *sviluppo aziendale.* Termine usato con lo stesso significato di *corporate development* (v.).

corporate identity: *identità aziendale.* Lo stesso che *company image* (v.).

corporate image: *immagine aziendale.* Termine usato come sinonimo di *company image* (v.).

corporate income fund: Termine statunitense, usato per indicare un fondo comune d'investimento che possiede un portafoglio fisso di valori mobiliari e altri titoli di credito di primissimo ordine, simile a quello di un *money market fund* (v.). Questo tipo di fondo distribuisce mensilmente ai sottoscrittori un reddito derivante dagli investimenti in essere.

corporate income gearing: *rapporto reddito–indebitamento.* Esprime l'indebitamento di un'impresa come percentuale del suo reddito totale.

corporate income tax: *imposta sul reddito delle persone giuridiche; imposta sul reddito delle società di capitali.* Termine meno specifico di *corporation income tax* (v.), col quale si indica genericamente l'imposta che colpisce i redditi delle società.

corporate investment: *investimento aziendale.* Lo stesso che *company investment* (v.).

corporate logo: *logogramma aziendale.* Lo stesso che *logogram* (v.).

corporate merger: *incorporazione di società.* Lo stesso che *merger 1* (v.).

corporate name: *ragione sociale.* Termine usato con lo stesso significato di *company title* (v.).

corporate officer: *funzionario di una società.* Termine statunitense, usato con lo stesso significato di *officer of a company* (v.).

corporate paper: *carta societaria.* È un tipo di carta finanziaria e precisamente dei pagherò emessi e venduti sul mercato monetario da società che intendono procurarsi finanziamenti a breve termine senza fare ricorso ai normali canali bancari. Questo tipo di titolo di credito comparve per la prima volta in quantità notevoli sui mercati monetari canadesi negli anni cinquanta, quando il costo del denaro offerto dalle banche era diventato relativamente troppo alto. Questi pagherò, che sono garantiti dal credito di cui gode la società emittente, vengono acquistati da altre imprese che, al momento, hanno eccedenze di liquidi.

corporate plan: ***piano aziendale; programma aziendale.*** Lo stesso che *company plan* (v.).

corporate planning: ***programmazione aziendale.*** Lo stesso che *company planning* (v.).

corporate policy: ***politica aziendale.*** Lo stesso che *company policy* (v.).

corporate profit: ***profitto aziendale.*** Termine generico con il quale si indica l'eccedenza dei ricavi sui relativi costi sostenuti da un'impresa. Si riferisce, pertanto, ad un qualsiasi beneficio pecuniario derivante da un'operazione commerciale, da una o più operazioni finanziarie o dall'intera gestione dell'impresa.

corporate property: ***patrimonio societario.*** Comprende gli immobili di proprietà dell'impresa, le materie prime, i semilavorati, gli impianti, i mezzi di trasporto e qualsiasi altro bene materiale o immateriale.

corporate purpose: ***oggetto sociale; scopo sociale.*** Lo stesso che *object 2* (v.).

corporate raiders: ***predatori finanziari; scalatori.*** Nella terminologia finanziaria formatasi a seguito del crescente fenomeno delle acquisizioni, con questo termine si indicano finanzieri con pochi scrupoli che lanciano offerte di acquisto ostili nel tentativo di impossessarsi di imprese, spesso in difficoltà, con l'aiuto di *arbitrageur* (v.) e mediante acquisizioni non pubblicizzate di consistenti pacchetti azionari, rastrellati sul mercato personalmente o attraverso l'impiego di intermediari e prestanome.

corporate saving: ***risparmio delle società; risparmio d'impresa.*** Il reddito d'impresa che residua dopo il pagamento di imposte, interessi, dividendi e trasferimenti. Nel calcolare il risparmio d'impresa non vengono detratte le risorse destinate all'acquisizione di capitale fisso e scorte, mentre viene detratto l'ammortamento.

corporate seal: ***sigillo societario.*** Termine usato con lo stesso significato di *seal* (v.).

corporate sector: ***settore aziendale.*** Nel linguaggio economico, il termine inglese indica quella parte di un'economia mista che si trova nelle mani degli imprenditori privati o di aziende a partecipazione statale. (v. anche *mixed economy*)

corporate size: ***dimensione dell'azienda.*** La dimensione di un'azienda può essere misurata in diversi modi. Può basarsi sull'ammontare del capitale azionario in circolazione, sul valore del suo capitale fisso secondo stime di bilancio, sul numero dei dipendenti, sull'ammontare del fatturato globale o sulla quota di mercato che essa si è assicurata.

corporate society: ***gruppo vocazionale.*** Sistema di organizzazione economica, che implica l'autogoverno entro gruppi di lavoratori e datori di lavoro appartenenti a industrie simili.

corporate state: ***stato corporativo.*** 1) Stato organizzato sotto forma di corporazione, il cui governo è nelle mani delle corporazioni dei lavoratori e dei datori di lavoro delle varie industrie e dell'unico partito politico esistente. La figura dello stato corporativo è prominente nella teoria fascista, che attecchì in Italia, Spagna e Portogallo ed è ancora in essere in alcuni paesi dell'America centro-meridionale. 2) Termine usato da Charles A. Reich in *The Greening of America* (1970) per indicare che è lo stato e non il mercato, i consumatori o le leggi economiche, che determina cosa produrre, cosa consumare e come ripartirlo. Egli sostiene: «Lo stato corporativo decide, per esempio, che le ferrovie devono decadere mentre prosperano le autostrade, che i minatori di carbone devono essere poveri e i funzionari delle agenzie di pubblicità ricchi.»

corporate stock: **1.** ***capitale azionario.*** Il numero complessivo di azioni che una società ha emesso o è autorizzata ad emettere. Nell'atto costitutivo viene stabilito l'ammontare di capitale nominale che la società può emettere, ma essa può decidere di emetterlo in un'unica soluzione o di emetterne una certa parte e riservarsi di emettere il resto successivamente, quando avrà bisogno di capitale fresco per svolgere la propria attività. La quantità di capitale effettivamente emesso ad un qualsiasi momento della vita della società è chiamato capitale azionario, in quanto rappresentato dalle azioni in circolazione. Se la società intende in un qualsiasi momento emettere una quantità di capitale superiore a quella contemplata nell'atto costitutivo, sarà necessaria un'apposita delibera dell'assemblea generale degli azionisti. **2.** ***obbligazioni di enti locali.*** Il termine inglese è a volte usato per indicare il debito pubblico, o parte di esso, di grandi città degli Stati Uniti. Tale debito è rappresentato da obbligazioni a lungo termine, garantite da un fondo di ammortamento. (v. anche *municipal bond*)

corporate strategy: ***strategia aziendale.*** Lo stesso che *company strategy* (v.).

corporate structure: ***organizzazione aziendale; struttura aziendale.*** La struttura organizzativa di un'impresa e del personale necessario a porre in essere le decisioni della direzione. Nell'ambito di tale organizzazione, vengono definite le responsabilità e viene stabilita la linea gerarchica, in maniera da promuovere il coordinamento verticale e orizzontale e aprire canali di comunicazione discendenti e ascendenti.

corporate tax: ***imposta sulle società.*** Termine usato come sinonimo di *corporation tax* (v.).

corporate trust: Termine usato per indicare funzioni fiduciarie che si esplicano nell'interesse e per conto di persone giuridiche.

corporation: **1.** ***persona giuridica.*** Lo stesso che *legal person* (v.). **2.** ***società per azioni.*** Negli Stati Uniti, il termine è usato con lo stesso significato del termine britannico *joint-stock company* (v.) e anche nel Regno Unito, su influsso dell'inglese statunitense, esso è spesso usato come sinonimo di società per azioni e, in particolare, di grossa società e di società a capitale pubblico. (v. anche *public corporation*)

corporation aggregate: ***persona giuridica.*** Termine usato con lo stesso significato di *corporation 1* (v.), per indicare un organismo differente dalla *corporation sole* (v.) in quanto ammette la pluralità di appartenenti allo stesso organismo.

corporation charter: ***licenza; patente.*** Concessione che conferisce speciali diritti o privilegi a istituzioni, società pubbliche o private, imponendo allo stesso tempo dei doveri. Negli Stati Uniti, il termine indica la copia dell'atto costitutivo restituita a una società dall'autorità amministrativa insieme al certificato di iscrizione al registro delle persone giuridiche.

corporation finance: ***finanza aziendale.*** L'insieme dei mezzi di cui può disporre un'impresa per realizzare i propri fini. Le necessità finanziarie di un'impresa si possono dividere in tre grandi gruppi: a breve, a medio e a lungo termine.

corporation image: ***immagine aziendale.*** Lo stesso che *company image* (v.).

corporation income tax: ***imposta sul reddito delle società di capitali.*** È un'imposta sugli utili delle società per azioni, progressiva in quanto l'aliquota cresce col crescere degli utili d'impresa, in uso negli Stati Uniti.

Corporation of Insurance Brokers: Associazione professionale dei *broker* (v.) di assicurazioni, che ne tutela gli interessi. I *broker* che ne fanno parte sono chiamati *Incorporated Insurance Brokers.*

Corporation of Lloyd's: ***Corporazione del Lloyd.*** Termine spesso sostituito dal più comune *Lloyd's* (v.).

corporation sole: Questo termine, usato nel Regno Unito, indica un ufficio dotato di personalità giuridica, che può essere occupato da una sola persona alla volta, come ad esempio la carica di avvocato generale dello stato, di sovrano, di vescovo, di *public trustee* (v.), ecc. La persona che occupa tale ufficio ha una personalità giuridica separata dalla propria e qualunque sua azione, svolta nell'esercizio delle sue funzioni, sarà vincolante per coloro che gli succedono dopo il suo ritiro, ma non per lui come individuo.

corporation stock: ***obbligazioni di enti locali.*** Termine usato come sinonimo di *corporate stock 2* (v.).

corporation tax: ***imposta sulle società.*** È un'imposta sugli utili delle società, in vigore nel Regno Unito dal 1965, surrogatoria della *income tax* e della *profits tax.* È calcolata sui redditi d'impresa depurati delle detrazioni e deduzioni, ma prima della distribuzione dei dividendi. Nell'aprile del 1973, fu introdotto un nuovo sistema di imputazione con l'obiettivo di eliminare la discriminazione prima esistente tra utili distribuiti e utili non distribuiti. L'aliquota dell'imposta sulle società viene fissata ogni anno in occasione della presentazione in parlamento del bilancio e della legge finanziaria e si applica sui profitti realizzati nel precedente anno fiscale, il che vale a dire che l'imposta viene prelevata dopo l'effettiva realizzazione degli utili.

corporative state: ***stato corporativo.*** Termine usato come sinonimo di *corporate state* (v.), nel primo significato dato sotto questo lemma.

corporator: ***membro.*** Ciascuna delle persone che fanno parte di una *corporation* (v.).

corporeal hereditament: ***bene materiale; proprietà materiale.*** Termine usato con lo stesso significato di *corporeal property* (v.).

corporeal property: ***bene materiale; proprietà materiale.*** Bene o proprietà realmente esistente e tangibile. Il termine è usato come contrario di bene o proprietà immateriale. (v. anche *incorporeal property*)

corpus: ***patrimonio; capitale.*** È il capitale, contrapposto al reddito che esso produce, di un fondo, di una fondazione o di una proprietà.

correcting entry: ***posta di correzione; scrittura di rettifica; registrazione di rettifica.*** Registrazione contabile eseguita per porre riparo ad un errore precedentemente commesso, quale potrebbe essere quello di registrare una posta in un conto diverso da quello nel quale essa dovrebbe trovare sistemazione.

correctives: ***correttivi.*** Sono gli aumenti o le diminuzioni cui sono soggetti i rimborsi agli esportatori comunitari di prodotti agricoli. Se tali rimborsi sono stati prefissati dalle autorità comunitarie, è probabile che si debba ricorrere a questi correttivi al fine di adeguare il valore corrente alle condizioni prevalenti dei mercati a termine per i prodotti agricoli.

correlation: ***correlazione.*** In statistica, indica la relazione esistente tra una variabile economica dipendente e una o più variabili indipendenti, quando la prima mostra una tendenza a variare con un'approssimazione più o meno grande in funzione dell'altra o delle altre. Così, ad esempio, il risparmio (variabile dipendente) può essere correlato al reddito (variabile indipendente). La correlazione viene usata in economia principalmente per fare previsioni e per verificare ipotesi.

correlation coefficient: ***coefficiente di correlazione; indice di correlazione; coefficiente di linearità; indice di linearità.*** V. spiegazione sotto *coefficient of correlation.*

correspondence: ***corrispondenza.*** Indica sia la funzione di scrivere o ricevere lettere, sia i messaggi ricevuti e spediti sotto forma di lettere, telegrammi, telex e altri tipi di comunicazioni scritte.

correspondence clerk: ***corrispondente.*** Impiegato addetto alla corrispondenza di un ufficio. Tra i suoi compiti, rientrano la stesura di lettere in risposta a quelle ricevute e l'archiviazione della corrispondenza.

correspondent: 1. ***banca corrispondente.*** Termine usato come sinonimo di *correspondent bank* (v.). **2.** ***corrispondente.*** Persona o organizzazione con la quale si intrattengono rapporti d'affari regolari, di solito per corrispondenza.

correspondent bank: ***banca corrispondente.*** Una banca che funge da agente di un'altra banca, specialmente in paesi esteri, o da punto di contatto per un'altra banca, specialmente in relazione alla compensazione di titoli di credito quando l'altra banca non fa parte della stanza di compensazione.

corresponding amount: ***ammontare corrispondente.*** Lo stesso che *comparative figure* (v.).

corruption: ***corruzione.*** Reato di cui si rende colpevole sia chi offre o elargisce, sia chi accetta una tangente.

corset: ***corsetto.*** Termine colloquiale con il quale si indica la forma di controllo imposto dalla Banca d'Inghilterra allo sviluppo del credito bancario descritta sotto *supplementary special deposits* (v.).

cosmopolitan wealth: ***patrimonio cosmopolitico.*** Termine usato da Alfred Marshall per indicare il patrimonio pubblico comune a tutte le nazioni, come ad esempio gli oceani.

cost: ***costo.*** 1) In contabilità, spesa sostenuta nella produzione di un bene o servizio. 2) In economia, il valore dei fattori della produzione usati per produrre un bene o un servizio.

cost absorption: ***assorbimento dei costi.*** 1) Finanziamento di un costo aggiuntivo, come ad esempio spese di trasporto, non traslato sul cliente. 2) Il riconoscimento di una spesa come costo operativo o al momento in cui si è sostenuta e le si è data espressione nei libri contabili, o in un momento successivo.

cost accountant: ***costista.*** Contabile specializzato nella contabilità dei costi, cioè nella contabilità che considera la moneta come mezzo per misurare i risultati economici e non come mezzo di produzione economica. (v. anche *financial accountant*)

cost accounting: ***contabilità dei costi; contabilità industriale.*** Branca della contabilità che si occupa della classificazione, registrazione, imputazione e rappresentazione dei costi di un'unità economica. Oltre a ciò, essa include tutte le procedure tramite le quali le spese sostenute da un'azienda sono poste in relazione con le unità prodotte e la rappresentazione ed interpretazione di dati di costo quali ausilio alla gestione per controllare le operazioni correnti e future. Questo tipo di contabilità industriale è dai più considerata scientifica, a differenza dei sistemi detti *cost approximations* (v.), in quanto fa uso di procedure formali e continue.

cost accounting handbook: ***manuale dei costi; manuale di contabilità dei costi.*** Termine usato con lo stesso significato di *cost manual* (v.).

cost accounting system: ***sistema di contabilità dei costi; sistema dei costi.*** Termine usato con lo stesso significato di *cost system* (v.).

cost accounts: ***conti di costo.*** Conti, tenuti nella contabilità industriale, che coprono la registrazione contabile delle attività di produzione e, spesso, di distribuzione.

cost advantage: ***vantaggio di costo.*** Il vantaggio che vanta un'impresa, un'industria o un'economia che riesce a produrre un determinato bene a un costo più basso di quelli che deve sostenere la concorrenza esistente o potenziale. (v. anche *absolute cost advantage*)

cost allocation: ***imputazione dei costi; allocazione dei costi.*** Termine usato in alternativa a *allocation of costs* (v.).

cost allotment: ***ripartizione dei costi; allottamento dei costi; ventilazione dei costi; distribuzione dei costi.*** Lo stesso che *allocation of costs* (v.).

cost analysis: ***analisi dei costi.*** È lo studio analitico e sistematico dei costi sostenuti da un'impresa, nel tentativo di instaurare un qualche sistema di controllo dei costi o come semplice sistema di determinazione dei costi di produzione, amministrativi e mercantili.

cost and freight: ***costo e nolo.*** Clausola che indica che il trasferimento dei rischi dal venditore al compratore avviene nel momento in cui le merci oltrepassano la murata della nave, mentre per quanto attiene ai costi, il nolo fino al porto di destino è a carico del venditore, ma qualsiasi spesa aggiuntiva, ad esempio per la conservazione di derrate deperibili, è a carico del compratore. Il venditore dovrà, tuttavia, consegnare al compratore la polizza di carico netta e negoziabile. Per l'aggiunta della clausola FIO, v. *free on board.*

cost approximations: ***rilevazioni extracontabili di costo.*** Nel linguaggio della contabilità industriale, indica pratiche mediante le quali è possibile realizzare ricerche extracontabili di costo, da molti considerate la sola alternativa agli eccessivi costi di una contabilità formale. Vi sono due varietà di rilevazioni extracontabili, che vanno sotto i nomi di *cost estimating* (v.) e di *cost finding* (v.), basate su procedure saltuarie e non continue, che consentono la determinazione periodica dei costi unitari di prodotto mediante sistemi informali.

cost ascertainment: ***accertamento dei costi; appuramento dei costi.*** Termine usato con lo stesso significato di *costing* (v.).

cost attribution: ***attribuzione di costi.*** Procedimento mediante il quale si decide a quale centro o prodotto di un'organizzazione si dovrà attribuire un costo sostenuto dall'organizzazione.

cost basis of accounting: ***criterio di valutazione al costo.*** Il criterio di valutazione seguito nel registrare e relazionare le spese sostenute da un'azienda. Si basa sul presupposto che il costo o il valore contabile di un'attività sono una valida misura quantitativa dell'attività economica.

cost behaviour: ***comportamento dei costi.*** Il modo in cui si comportano i costi di un'impresa, in periodi di tempo differenti.

cost–benefit analysis: ***analisi dei costi e dei benefici.*** Termine usato in alternativa a *benefit–cost analysis* (v.).

cost–benefit ratio: ***rapporto costo–benefici.*** Termine usato in alternativa a *benefit–cost ratio* (v.).

cost book principle: ***principio dei libri dei costi.*** È il piano usato nella gestione di miniere in alcune parti del Regno Unito. Le entrate e le uscite vengono registrate sui libri, che sono frequentemente chiusi allo scopo di distribuire gli utili agli azionisti o di procacciarsi nuovi capitali, a seconda dei casi. Gli azionisti della miniera così gestita sono liberi di ritirarsi in qualsiasi momento, purché paghino la loro quota delle eventuali passività esistenti al momento del ritiro. All'atto di tale pagamento, i loro nomi vengono cancellati dal libro dei soci.

cost books: ***libri dei costi.*** Sono i libri usati nella contabilità di miniera in alcune parti del Regno Unito. (v. anche *cost book principle*)

cost centre: ***centro di costi.*** Una qualsiasi suddivisione organizzativa preposta alla contabilità dei costi che ricadono nell'area assegnatale. Può essere una singola macchina contabile e il personale addetto ad essa o un intero reparto di contabili e macchine.

cost coefficient: ***coefficiente di costo.*** È il costo di un'unità di prodotto, ad esempio il costo necessario per estrarre un barile di petrolio o per produrre una singola automobile. Il concetto del coefficiente di costo risulta utile quando si desideri mettere a confronto due o più processi produttivi simili.

cost comparison: ***comparazione dei costi.*** Il confronto tra costi standard e costi effettivi o il confronto tra costi relativi ad un periodo e costi della stessa natura relativi ad un differente periodo. La stessa espressione può anche indicare il confronto tra costi sostenuti da due o più imprese simili operanti nella stessa industria.

cost competitiveness: ***competitività di costo.*** La capacità di prodotti, industrie, ecc. di competere con la concorrenza in termini di costi di produzione.

cost concept: ***concetto del costo.*** Nel linguaggio della contabilità industriale, indica la norma fondamentale in base alla quale le attività di un'azienda vengono registrate sui libri contabili al prezzo di costo o al prezzo di mercato, a seconda di quale dei due risulti più basso, e non si tiene normalmente conto di eventuali incrementi di valore di tale attività.

cost–conscious: ***con coscienza costistica.*** Espressione aggettivale usata per indicare chi dimostra di avere una sensibilità o coscienza dei costi.

cost consciousness: ***coscienza costistica; sensibilità costistica.*** La sensibilità dimostrata da un'impresa, o meglio dai suoi dipendenti, al comportamento dei costi. Si manifesta, di solito, attraverso l'instaurazione di un qualche sistema di controllo dei costi.

cost control: ***controllo dei costi.*** L'impiego di strumenti appropriati per lo svolgimento di una qualsiasi operazione, necessaria al conseguimento di obiettivi prestabiliti, al costo più basso possibile. Il controllo riguarda principalmente il costo del lavoro e quello delle materie prime.

cost control account: ***conto di controllo dei costi.*** Conto che indica in qualsiasi momento lo stato di avanzamento della produzione, delle scorte in magazzino, ecc., non facilmente identificabili mediante una ricognizione fisica.

cost control system: ***sistema di controllo dei costi.*** Uno qualsiasi dei sistemi mediante i quali un'impresa riesce ad instaurare un efficiente controllo dei costi di produzione, amministrativi e mercantili.

cost convention: ***convenzione del costo.*** Lo stesso che *historical cost convention* (v.).

cost curve: ***curva dei costi.*** Rappresentazione grafica con il costo, espresso in unità monetarie, sull'asse verticale e la quantità di prodotto sull'asse orizzontale di un diagramma cartesiano, con la curva che mette in relazione il costo alle quantità variabili di prodotto.

cost cutting: ***riduzione dei costi.*** Termine a volte usato con lo stesso significato di *cost reduction* (v.).

cost depletion: Espressione usata negli Stati Uniti per indicare una forma di detrazione dal reddito imponibile, a fronte di esaurimento di una risorsa naturale. Il procedimento mediante il quale si calcola la detrazione è il seguente: si prende il numero delle unità di risorsa, ad esempio barili di petrolio o tonnellate di carbone, e lo si divide per il totale delle unità di risorsa presenti all'inizio del periodo contabile. La cifra che si ricava viene, poi, moltiplicata per il valore totale delle risorse, in modo che la detrazione rappresenti il valore delle risorse esaurite. (v. anche *depletion allowance, percentage depletion*)

cost determination: ***determinazione dei costi.*** Termine usato con lo stesso significato di *costing* (v.).

cost distribution: ***imputazione dei costi; allocazione dei costi.*** Termine usato come sinonimo di *allocation of costs* (v.).

cost–effective: Espressione aggettivale usata per definire piani o alternative basati sull'efficacia dei costi. (v. anche *cost effectiveness*)

cost effectiveness: ***efficacia dei costi.*** Con questo termine si indica un parametro valido per calcolare i costi relativi di metodi alternativi per realizzare un obiettivo, quando diventa troppo difficile svolgere un'analisi dei costi e dei benefici a causa dell'impossibilità di annettere ad essi un preciso valore. Ad esempio, essendo impossibile calcolare i benefici individuali derivanti dalle spese per la difesa nazionale, uno studio sull'efficienza dei costi di armi o sistemi difensivi alternativi potrebbe servire per decidere quale tipo di difesa uno stato può finanziare. Simili calcoli possono svolgersi per altri tipi di servizi, quali ad esempio l'istruzione pubblica, il servizio sanitario nazionale, l'istituzione di biblioteche e simili. Tuttavia, uno studio del genere non è in grado di offrire gli stessi risultati decisivi di un'analisi dei costi e dei benefici, perché esamina soltanto i possibili costi alternativi, ma non indica se essi sono superiori o inferiori ai benefici che ne deriveranno.

cost efficiency: ***efficienza in termini di costi.*** È l'efficienza di un sistema, ecc., in termini del rapporto tra i costi che sostiene e i benefici che offrirà. Si usa anche la forma aggettivale *cost–efficient.*

coster: ***ambulante.*** Termine usato come sinonimo di *costermonger* (v.).

costermonger: ***ambulante.*** Il termine inglese indica un qualsiasi venditore ambulante, ma in particolare uno di coloro che, con un carretto, vende frutta e verdura per le strade.

cost estimating: ***determinazione extracontabile dei costi preventivi; determinazione extracontabile dei costi stimati.*** È una delle due varietà di *cost approximations* (v.) e comprende tutte le procedure libere mediante le quali è possibile calcolare i costi preventivi o stimati di un'impresa. (v. anche *cost finding*)

cost estimation: ***stima dei costi; valutazione dei costi.*** Lo stesso che *estimate of costs* (v.).

cost finding: ***determinazione extracontabile dei costi consuntivi.*** È una delle due varietà di *cost approximations* (v.), che consiste nella determinazione dei costi di un'operazione o di un prodotto fatta tramite l'imputazione dei costi diretti e di una quota proporzionale di costi indiretti (v. anche *absorption costing*). Spesso implica arbitrarietà di metodo nella ripartizione di costi comuni, il che ha frequentemente portato all'adozione del sistema a costi parametrici primi variabili. (v. anche *direct costing, cost estimating*)

cost flow: ***flusso dei costi.*** Il passaggio di un costo o gruppo di costi attraverso due o più stadi all'interno di una unità economica. Ad esempio, il passaggio dei costi di materie prime dal reparto acquisti, alla ricezione, al magazzino, alla produzione, al reparto vendite e alla cassa.

cost–flow concept of accounting: ***principio di contabilità basato sul flusso dei costi.*** È il principio contabile basato sull'associare i costi alle funzioni, ai processi produttivi, ai prodotti finiti, ecc., tramite l'identificazione diretta dei materiali e servizi ad essi collegati.

cost fraction: **1.** ***quota di costi.*** Il costo imputabile ad un'unità operativa o produttiva, ottenuto dividendo i costi diretti totali per il numero di unità operative o produttive. **2.** ***incidenza di costo.*** Qualsiasi parte di un esborso a fronte di una spesa o di un'attività fissa, come ad esempio una spesa imputata proporzionalmente ad uno dei vari conti.

cost function: ***funzione del costo.*** L'espressione delle condizioni del costo in forma di equazione, con il costo come variabile dipendente (a sinistra dell'equazione) e il costo fisso come costante (a destra dell'equazione) e i costi variabili come coefficienti più le variabili dipendenti.

cost increase: ***aumento dei costi.*** La lievitazione, in termini reali, dei costi sostenuti da un'impresa. Può derivare da un aumento dei prezzi delle materie prime o di altri input, quali il lavoro, o da un pesante indebitamento che assorbe notevoli risorse sotto forma di interessi passivi.

cost inflation: ***inflazione da costi; inflazione indotta da costi.*** Termine usato con lo stesso significato di *cost–push inflation* (v.).

costing: ***determinazione dei costi.*** Nel linguaggio della contabilità industriale, indica una qualsiasi procedura, formale e continua o informale e non continua, mediante la quale è possibile giungere all'identificazione e alla determinazione più o meno esatta dei costi di attività, processi, prodotti o servizi. (v.anche *cost accounting, cost approximations*)

costing department: ***ufficio costi.*** Il reparto preposto alla contabilità dei costi di un'impresa. Si tratta, di solito, di una sezione del reparto contabilità generale.

costing method: ***metodo dei costi.*** Lo stesso che *cost system* (v.).

costing principle: ***principio di determinazione dei costi.*** Il principio sul quale si basa un sistema di determinazioni dei costi. Tra i più usati, ricordiamo *marginal costing* (v.) e *absorption costing* (v.).

costing statistics: ***statistica dei costi.*** Procedimenti statistici utilizzati nella rilevazione dei costi di un'impresa.

costing system: ***sistema di determinazione dei costi; sistema dei costi.*** Termine usato come sinonimo di *cost system* (v.).

costing technique: ***tecnica di determinazione dei costi; tecnica dei costi.*** Una qualsiasi delle tecniche mediante le quali è possibile giungere ad una determinazione più o meno esatta dei costi sostenuti da un'impresa. Tra le più importanti, ricordiamo *budgetary control* (v.) e *standard costing* (v.).

costing unit: ***unità di costo.*** Termine usato come sinonimo di *cost unit* (v.).

cost, insurance and freight: ***costo, assicurazione e nolo.*** Clausola che indica che le spese di nolo sono a carico del venditore, che è pertanto tenuto ad assicurare le merci con primarie compagnie di assicurazione, mentre i rischi del trasporto e di qualsiasi altra natura vengono trasferiti al compratore nel momento in cui le merci superano la murata della nave al porto di caricazione. Il prezzo pagato dal compratore copre, pertanto, tutte le spese fino al porto di destino, ma restano escluse le spese di discarica e di trasporto al magazzino del compratore.

cost, insurance, freight and commission: ***costo, assicurazione, nolo e commissione.*** Clausola simile a *cost, insurance and freight* (v.) con la sola differenza che nel prezzo quotato è inclusa la commissione dell'esportatore che funge da agente per l'acquisto per conto dell'importatore straniero.

cost, insurance, freight and exchange: ***costo, assicurazione, nolo e commissione.*** Clausola simile a *cost, insurance and freight* (v.) con la differenza che il prezzo quotato include anche la commissione bancaria relativa all'operazione valutaria connessa al pagamento delle merci in questione. A volte, il termine *exchange* può anche indicare che il prezzo quotato resterà invariato anche in presenza di fluttuazioni nel tasso di cambio tra le valute dei paesi dei due commercianti interessati all'operazione di compravendita.

cost, insurance, freight and interest: ***costo, assicurazione, nolo e interessi.*** Clausola simile a *cost, insurance and freight* (v.), con l'aggiunta che l'esportatore dave pagare gli interessi sul valore delle merci. Ciò può rendersi necessario se c'è di mezzo un agente, che importa per conto di un terzo.

cost, insurance, freight, commission and interest: ***costo, assicurazione, nolo, commissione e interessi.*** Clausola simile a *cost, insurance, freight and commission* (v.) con la differenza che il prezzo quotato include anche gli interessi di competenza della banca del venditore, in relazione allo sconto della cambiale emessa in pagamento delle merci in questione.

cost ladder: ***scala dei costi.*** Espressione usata per indicare le differenze di costi di produzione di varie imprese della stessa industria. Se c'è poca differenza di costi tra le imprese, la scala è quasi orizzontale e l'offerta dell'industria sarà molto elastica; se, al contrario, c'è grande differenza, la scala è ripida e l'offerta è anelastica.

cost ledger: ***libro dei costi.*** Libro mastro sussidiario contenente i conti usati per calcolare o riassumere il costo di beni prodotti o servizi forniti.

cost manual: ***manuale dei costi; manuale di contabilità dei costi.*** Una qualsiasi delle pubblicazioni, curate da professionisti o da specialisti per conto di un'associazione di contabili, che servono ad illustrare la tecnica di una contabilità uniforme dei costi.

cost method of inventory valuation: ***metodo di valutazione delle scorte al costo medio.*** Consiste nel valutare le scorte, dopo averle contate, moltiplicando il numero ricavato per un costo medio, determinato facendo la media ponderata del costo unitario della scorta iniziale e del costo unitario delle unità prodotte o acquistate nel periodo contabile.

cost minimization: ***minimizzazione dei costi.*** Il tentativo di ridurre al minimo i costi di un dato livello di produzione, intervenendo su altri elementi che concorrono alla produzione, come ad esempio la combinazione ottimale degli input.

cost of assembling: ***costo di assemblaggio.*** I costi da sostenersi per procedere all'assemblaggio di una macchina o di un impianto.

cost of capital: **1.** ***costo degli investimenti.*** È il costo, sostenuto dall'investitore, dei fondi da devolvere ad un investimento. Comprende anche il calcolo dell'eventuale reddito che l'investitore potrebbe ricavare, se impiegasse i fondi in un investimento alternativo. **2.** ***costo del capitale.*** È il costo, misurato in base ad un tasso di interesse, del capitale impiegato da un'azienda, tenendo presenti le diverse fonti dalle quali proviene detto capitale. Il termine inglese indica anche il costo marginale del capitale, cioè il costo che si deve sostenere per procurarsi capitale fresco.

cost of capital theory of rate making: ***determinazione delle tariffe basata sulla teoria del costo del capitale.*** Teoria, ormai cristallizzata negli Stati Uniti dal 1945, secondo la quale nella formulazione delle tariffe pubbliche si deve tener presente che l'azienda erogatrice deve guadagnare un utile sufficiente a pagare gli interessi sulle obbligazioni emesse, il dividendo alle azioni privilegiate e, per le azioni ordinarie, una remunerazione pari al tasso prevalente sul mercato per quel tipo di azioni. (v. anche *fair return on fair value theory of rate making, investment cost theory of rate making, original cost theory of rate making, prudent investment cost theory of rate making, reproduction cost theory of rate making*)

cost of coinage: ***costo di coniazione; monetaggio.*** Termine spesso usato come sinonimo di *brassage* (v.) nel suo significato moderno, cioè di costo puro sostenuto da una zecca per la coniazione di monete metalliche.

cost of control: ***costo di controllo.*** Nel linguaggio finanziario, questo termine sta ad indicare il costo che si deve sostenere per acquisire il controllo di una società per azioni. (v. anche *control*)

cost of destruction: ***costo di distruzione.*** Termine a volte usato come opposto di costo di produzione. Alcuni sostengono che le calamità naturali o le guerre arrecano benefici all'attività economica, in quanto la ricostruzione di zone distrutte, ad esempio da un terremoto, e la fornitura di materiale bellico offrono opportunità di lavoro ad un grande numero di persone. Ma è sufficiente una breve considerazione sui costi di una guerra per confutare questa asserzione fallace, considerando il costo della guerra non in termini di prezzo pagato per cannoni, carri armati, navi, missili e altro materiale bellico, ma in termini di beni alternativi che si sarebbero potuti produrre con le risorse impiegate nello sforzo bellico. Lo stesso si può dire per le spese in armamenti in periodo non bellico, che potrebbero essere impiegate in maniera da accrescere il benessere del paese o del mondo in generale. Qualunque tipo di distruzione, quindi, non arreca beneficio alla comunità nel suo complesso, pur se può arrecarne ai singoli, nel senso che essi trarranno profitti dall'opera di ricostruzione. Qualsiasi forma di distruzione, infatti, distrugge o riduce le risorse di capitale di un paese e la loro sostituzione sottrae lavoro e capitali dall'impiego in attività che potrebbero contribuire ad incrementare la disponibilità di beni strumentali e di consumo. La ricostruzione di beni distrutti non apporta, quindi, alcun beneficio o vantaggio ad una comunità nel suo complesso.

cost of direct labour: ***costo della manodopera diretta.***

È il costo della manodopera imputabile direttamente ad un determinato bene o servizio.

cost of goods purchased: ***costo delle merci acquistate.*** È il prezzo di acquisto dei beni comprati, più i costi di magazzinaggio, trasporto e consegna al luogo in cui saranno utilizzati, oltre a qualsiasi altro costo finanziario, assicurativo o di qualsiasi altra natura comunque connesso alla loro acquisizione.

cost of goods sold: ***costo delle merci vendute.*** Può essere determinato per un qualsiasi periodo sottraendo il valore d'inventario finale dal totale del valore d'inventario iniziale, più i costi dei beni prodotti o acquistati durante il periodo. Il costo dei beni prodotti comprende il costo delle materie prime, della manodopera diretta, delle spese generali di fabbricazione, ma ne restano escluse le spese generali amministrative, le spese di vendita e le altre spese generali non imputabili al reparto fabbricazione. (v. anche *cost of sales*)

cost of labour: ***costo del lavoro; costo della manodopera.*** V. spiegazione sotto *labour cost.*

cost of living: ***costo della vita; carovita.*** Le spese sostenute da una famiglia tipo per mantenere un determinato tenore di vita. (v. anche *cost–of–living index*)

cost–of–living adjustment: ***adeguamento per costo della vita.*** Termine che indica l'accordo, che si riflette nei contratti di lavoro statunitensi dal 1948, in base al quale i salari vengono aumentati o diminuiti nella stessa proporzione di aumento o diminuzione di un indice dei prezzi, che riflette gli andamenti del costo della vita.

cost–of–living allowance: ***indennità di contingenza; indennità di carovita.*** Lo stesso che *cost–of–living bonus* (v.).

cost–of–living bonus: ***indennità di contingenza; indennità di carovita.*** Indennità aggiuntiva percepita dai lavoratori e calcolata in base all'indice del costo della vita (v. *cost–of–living index*). Se il costo della vita sale, scattano un certo numero di punti dell'indice, chiamati punti di contingenza, cui fa seguito un aumento automatico dell'indennità di contingenza. Ad ogni punto, infatti, corrisponde una somma lorda prestabilita.

cost–of–living clause: ***clausola della scala mobile.*** Lo stesso che *escalator clause* (v.), ma applicato essenzialmente ai contratti di lavoro.

cost–of–living increase: ***aumento per carovita.*** Aumento automatico di pensioni e salari commisurato all'incremento del costo della vita verificatosi nell'arco di un determinato periodo di tempo. L'aumento in questione viene generalmente indicato col termine indennità di contingenza. (v. anche *cost–of–living bonus*)

cost–of–living index: ***indice del costo della vita.*** Si indica con questa espressione l'ammontare della spesa occorrente per un insieme di generi, articoli e servizi rappresentativo dei consumi di una famiglia tipo, rispetto a quello di un periodo preso come base. Lo stesso termine inglese è a volte usato con significato uguale a *consumer price index* (v.).

cost of market: ***costo di mercato.*** Nel linguaggio della contabilità industriale, questo termine viene usato in relazione alla valutazione delle rimanenze o scorte di magazzino, del costo dei sottoprodotti, ecc. Indica il prezzo o il valore desunto dall'andamento del mercato al momento in cui si procede alla valutazione dei beni suddetti.

cost of merchandise sold: ***costo delle merci vendute; costo del venduto.*** Termine usato come sinonimo di *cost of goods sold* (v.).

cost of money: ***costo del denaro; costo della moneta.*** Nel linguaggio finanziario, indica il costo al quale le imprese possono procurarsi dalle banche i fondi necessari al loro funzionamento. Il costo del denaro è strettamente legato alla politica monetaria del paese, al tasso di inflazione, al livello del tasso ufficiale di sconto e al rendimento dei titoli di stato. In una situazione di stretta creditizia e di alti tassi di inflazione, il costo del denaro è elevato; in una situazione di bassi tassi di inflazione e bassi tassi di rendimento dei titoli di stato, il costo del denaro è relativamente basso.

cost of packing: ***costo d'imballaggio.*** È il costo che si deve sostenere per imballare le merci che devono compiere un lungo viaggio. Di solito è incluso nel prezzo di vendita e viene sostenuto dal venditore, a meno che il compratore richieda un particolare tipo di imballaggio, i cui costi gli saranno addebitati.

cost of possession: ***costo del possesso.*** Termine usato con lo stesso significato di *carrying cost* (v.).

cost of production: ***costo di produzione.*** Termine usato in alternativa a *production cost* (v.).

cost of production reports: ***prospetti di rilevazione dei costi per serie.*** Sono i prospetti utilizzati per raccogliere gli elementi di calcolo relativi ai vari reparti nel caso di calcolo di costi per serie o per divisione. I prospetti indicano i costi complessivi riferiti ai reparti, i costi complessivi e unitari relativi a ciascun reparto ed i costi complessivi e unitari risultanti al termine della lavorazione. Ciascun prospetto indica ancora il costo totale trasferito al reparto successivo e il costo riferibile alle unità in corso di lavorazione.

cost of production theory of value: ***teoria del valore basata sul costo di produzione.*** La teoria che sostiene che il valore dei beni è determinato dal loro costo di produzione.

cost of products sold: ***costo dei prodotti venduti.*** Termine usato con lo stesso significato di *cost of goods sold* (v.).

cost of protection: ***costo di protezione.*** Il costo che si deve sostenere quando si decide di proteggere un'industria nazionale mediante la somministrazione di sussidi o l'imposizione di dazi protettivi. Tale costo ricade in definitiva sul contribuente o sul consumatore del prodotto dell'industria protetta.

cost of replacement: ***costo di sostituzione.*** V. spiegazione sotto *replacement cost.*

cost of reproduction: ***costo di rimpiazzo; costo di riproduzione.*** V. spiegazione sotto *reproduction cost.*

cost of reproduction theory of rate making: ***determinazione delle tariffe basata sulla teoria del costo di rimpiazzo.*** V. spiegazione sotto *reproduction cost theory of rate making.*

cost of sales: ***costo del venduto.*** 1) Nel commercio al dettaglio indica il costo totale delle merci vendute in un dato periodo contabile, determinato accertando, per ciascun articolo venduto, il costo di fattura e tutti gli altri costi imputabili all'articolo. 2) Nell'industria, indica il costo di produzione dei prodotti finiti venduti. In certi casi vengono escluse le spese generali, in particolare certe voci delle spese generali, mentre si includono raramente certe spese amministrative e di vendita. (v. anche *cost of goods sold*)

cost–of–sales account: ***conto del costo del venduto.*** Nella terminologia della contabilità, è il conto nel quale vengono registrati i costi del venduto.

cost–of–sales budget: ***budget del costo del venduto.*** È il bilancio di previsione relativo alle spese mercantili di un'impresa.

cost–of–service principle: 1. ***teoria delle prestazioni e controprestazioni.*** Teoria che sostiene che i contribuenti dovrebbero pagare le imposte in ragione del vantaggio che traggono dai servizi prestati dallo stato. È resa inapplicabile dall'impossibilità di determinare il vantaggio individuale di servizi indivisibili. **2.** ***principio del costo del servizio.*** Negli Stati Uniti, principio che sostiene che la determinazione delle tariffe ferroviarie e dei servizi pubblici si deve basare sul costo del particolare servizio.

cost or market whichever is lower method of inventory valuation: ***criterio di valutazione delle scorte al minor valore tra costo o prezzo di mercato.*** Il sistema che prevede la valutazione delle scorte, dopo un inventario fisico, sulla base del valore più basso tra costo al quale sono state acquistate e prezzo di mercato al momento in cui si procede alla valutazione. Il costo può essere, a sua volta, determinato o come costo medio delle scorte o col sistema del *first–in first–out* (v.), mentre il prezzo di mercato viene determinato in base alle quotazioni correnti o mediando il prezzo di offerta e il prezzo di domanda.

cost–outlay curve: ***isocosto; linea di isocosto; curva di isocosto; retta del bilancio del produttore.*** Lo stesso che *iso–outlay curve* (v.).

cost performance: ***efficienza economica.*** Espressione usata in contabilità per indicare la capacità di un'impresa di rispettare i costi preventivamente indicati in un budget.

cost per thousand: ***costo per mille.*** In pubblicità, è uno dei modi utilizzati per paragonare i costi dei differenti veicoli pubblicitari attraverso un calcolo di quanto verrebbe a costare raggiungere mille persone con ciascuno dei veicoli presi in considerazione. Ad esempio, per un giornale o una rivista si calcola con la seguente formula: costo dell'inserzione x 1000 / diffusione della pubblicazione.

cost–plus contract: Tipo di contratto di appalto o di commessa usato negli Stati Uniti in relazione a opere pubbliche o ad altri tipi di opere o forniture finanziate o pagate dal governo federale. Un contratto del genere prevede che il prezzo che lo stato dovrà pagare corrisponda ai costi realmente sostenuti dall'appaltatore o dal produttore, più un margine di utile prestabilito, che può essere espresso come somma forfettaria o come percentuale del costo del progetto. Spesso si fa ricorso a tale metodo per l'impossibilità di definire in anticipo, senza pregiudizio per alcuna delle parti contraenti, i costi cui si andrà incontro nel corso dell'esecuzione dei lavori.

cost–plus–fixed–fee contract: Tipo di *cost–plus contract* (v.) che prevede che al produttore o costruttore saranno riconosciuti tutti i costi sostenuti per la produzione o la costruzione del bene cui si riferisce il contratto, più una somma fissa come suo utile. Come tutti i contratti del genere, che vengono usati negli Stati Uniti specialmente per appalti di costruzione di opere pubbliche o di opere finanziate dallo stato, presenta il vantaggio di consentire il rapido inizio e completamento dei lavori, senza perdite di tempo per la contrattazione relativa ai costi e agli utili. Questo specifico contratto, tuttavia, presenta rispetto al *cost–plus–percentage–fee contract* (v.) il vantaggio che qualunque sia il costo finale del progetto, la quota di utile per l'appaltatore o il produttore resterà invariata.

cost–plus–percentage–fee contract: Tipo di *cost–plus contract* (v.) che prevede che al produttore o costruttore saranno riconosciuti tutti i costi sostenuti per la produzione o la costruzione del bene cui si riferisce il contratto, più una percentuale prestabilita di tali costi come suo utile. Rispetto al *cost–plus–fixed–fee contract* (v.) presenta lo svantaggio che l'appaltatore o il produttore hanno tutto l'interesse a far lievitare i costi globali, dal momento che i loro utili crescono col crescere dei costi complessivi.

cost–plus pricing: Sistema di determinazione del prezzo di vendita basata sull'effettivo costo sostenuto dal produttore, più una percentuale stabilita di tale costo o somma fissa come utile. Questo sistema, usato durante e dopo la seconda guerra mondiale per alcuni appalti governativi, non incentiva il produttore a tenere bassi i propri costi, particolarmente quando il suo utile è rappresentato da una percentuale di tali costi, nel qual caso ha tutto l'interesse a farli lievitare. Oggi, la giustificazione di tale sistema, laddove viene usato, consiste nel fatto che per certi appalti, sperimentali o di sviluppo, per la produzione di nuove unità o per l'acquisto di grossi macchinari che richiedono un lungo periodo di lavoro, spesso è impossibile determinare a priori i costi che dovrà sostenere l'azienda produttrice.

cost–plus principle: Il principio di determinazione del prezzo, descritto sotto *cost–plus contract* (v.) e sotto *cost–plus pricing* (v.).

cost price: 1. ***prezzo di costo.*** Termine generico, usato di solito per indicare la somma pagata da un agente o da un commerciante per i beni che intende rivendere. **2.** ***prezzo di contratto.*** Lo stesso che *contract price* (v.).

cost pull: ***trazione dei costi.*** Termine spesso usato in relazione alla natura dell'inflazione post–bellica nei paesi occidentali. Con esso si vuole indicare l'eccessiva circolazione monetaria in un'economia, che esercita una funzione di trazione sui costi come conseguenza dell'eccessiva domanda di beni e servizi. (v. anche *demand–pull inflation, cost push*)

cost push: ***spinta dei costi.*** Termine usato in relazione alla natura dell'inflazione post–bellica nei paesi occidentali. Con esso si vuole indicare la spinta dei costi che genera l'inflazione e si dà la responsabilità di questa spinta al potere contrattuale dei sindacati, che impongono aumenti salariali senza tener conto della produttività. Tali aumenti salariali, dicono i sostenitori della teoria, facendo aumentare i costi di produzione, fanno salire i prezzi e ciò porta a nuove rivendicazioni salariali che, a loro volta, fanno nuovamente salire i costi e i prezzi, e così via. Gli oppositori di questa teoria sostengono, invece, che i sindacati non avrebbero potuto imporre aumenti salariali se la domanda di manodopera sul mercato del lavoro non fosse stata sostenuta da un'eccessiva circolazione monetaria, che gonfiava la domanda di beni e servizi (v. *cost pull*) e che, pertanto, la colpa dell'inflazione non è da ascriversi ai sindacati, bensì alla politica monetaria del governo.

cost–push inflation: ***inflazione da costi; inflazione indotta da costi.*** Secondo la teoria descritta sotto *cost push* (v.) è il tipo di inflazione generata dall'aumento dei costi di produzione, di cui sarebbe causa principale il potere contrattuale dei sindacati che impongono aumenti salariali indiscriminati. All'aumento dei costi di produzione fa riscontro un aumento dei prezzi, perché le imprese tentano di scaricare sul consumatore i loro costi più elevati. Ciò porta a nuove rivendicazioni salariali e si instaura la spirale prezzi–salari. (v. anche *cost pull, demand–pull inflation*)

cost–push theory of inflation: ***teoria dell'inflazione da***

spinta dei costi. È la teoria descritta sotto *cost push* (v.).

cost rate: ***tasso standard d'incidenza delle spese generali; tasso d'imputazione dei costi comuni; quota di spese generali; quota di costi generali.*** È un tasso standard di ripartizione delle spese generali e dei costi generali.

cost records: ***registrazioni di costi.*** Libri mastri che sostengono, e sono sostenuti da, registrazioni, tabelle, relazioni, piani, fatture e altri documenti che comprovano il costo di un progetto, di un lavoro su commessa, di un centro di produzione, di un'operazione, di un prodotto o di un servizio.

cost recovery: ***recupero di un costo; copertura di un costo.*** Il recupero o la copertura di un costo, attraverso l'avvenuto riconoscimento della spesa effettuata.

cost–recovery basis: ***criterio della copertura dei costi.*** Metodo di contabilità per la vendita o differente alienazione di un bene, in base al quale si accreditano somme a fronte del costo del bene man mano che si incassano i proventi della vendita. Il metodo è a volte usato quando si è in dubbio sull'ammontare totale che sarà incassato, i proventi sono tutti o in parte sotto forma di un bene che non ha valore di mercato prontamente definibile, o è in dubbio la capacità dell'acquirente a rate di pagare l'intero importo dell'acquisto.

cost reduction: ***riduzione dei costi.*** La diminuzione, in termini reali, dei costi di un'impresa, conseguente ad una qualche forma di controllo dei costi o dell'adozione di differenti processi di produzione, di solito basati sull'automazione o sulla robotizzazione di determinate funzioni.

cost–reduction programs: ***programmi di riduzione dei costi.*** L'uso di accorgimenti tendenti alla massima riduzione dei costi, prendendo i costi standard o i costi passati come base di riferimento. Tali accorgimenti comprendono la ricerca di materie prime più economiche, migliori metodi di produzione e differente distribuzione dei tempi di produzione o di montaggio.

cost–rent societies: Tipo di società britanniche senza scopo di lucro, istitutite allo scopo di fornire abitazioni in fitto al pubblico in generale a canoni e condizioni di locazione ordinari.

cost saving: ***economia di costi.*** Riduzione dei costi, realizzata tramite una qualche azione speciale, come ad esempio l'adozione di un metodo più efficiente di produzione e distribuzione.

cost schedule: ***tabella dei costi; scheda dei costi.*** Tabella che mostra il costo totale, il costo medio, il costo marginale, i costi fissi e variabili, o uno qualsiasi dei predetti, a determinati livelli di produzione. Serve da base per le curve dei costi.

cost sheet: ***prospetto dei costi.*** Sintesi degli elementi che partecipano al costo di un prodotto.

costs of advertising: ***costi di pubblicità.*** Sono le spese, sostenute da un'impresa durante un determinato periodo, per pagare la diffusione di messaggi pubblicitari. Se l'impresa non dispone di un proprio ufficio pubblicità, in tali spese rientrano anche i compensi pagati all'agenzia che cura la sua pubblicità.

costs of collection: ***costi d'incasso; costi di esazione.*** Lo stesso che *collection costs* (v.).

costs of distribution: ***costi di distribuzione; spese di distribuzione.*** Termine usato in alternativa a *distribution costs* (v.).

costs of entrepreneurship: ***costi dell'imprenditorialità.*** Accanto ai benefici dell'imprenditorialità, un recente studio condotto negli Stati Uniti ha identificato anche alcuni costi. Tra questi, i più importanti sono: il costo per la società dei fallimenti di un gran numero di nuove imprese; il costo per le imprese esistenti derivante dalla perdita di lavoratori di talento quando essi si dimettono per avviare le loro imprese; e il costo derivante dai programmi statali sacrificati a seguito di ulteriori riduzioni del gettito fiscale.

costs of repairs: ***costi di riparazione.*** Sono i costi totali relativi ad un determinato periodo, di solito un anno, sostenuti per le riparazioni del capitale fisso di un'impresa. Tali costi confluiscono, insieme ai costi di rinnovo, nel conto riparazioni e rinnovi.

cost system: ***sistema di contabilità dei costi; sistema dei costi.*** Sistema di conti, di solito sussidiario al libro mastro generale, per mezzo del quale si determinano i costi del prodotto, dei processi o dei servizi.

cost to make and sell: ***costo complessivo; costo complessivo di prodotto.*** È il costo contabile di un prodotto, cioè il costo elementare più la quota dei costi industriali comuni o specifici, cui si aggiungono i costi amministrativi e mercantili, imputati con criteri di specialità o di comunanza. In altre parole, tutti i costi effettivamente sostenuti da un'impresa in relazione alla produzione e alla vendita di un determinato bene.

cost unit: ***unità di costo.*** La quantità o la cifra scelta come unità per la valutazione dei costi di un dato prodotto o di una data operazione. Ad esempio, un metro quadrato di pavimento, una tonnellata di acciaio, ecc. La determinazione del costo per unità facilita il confronto con i costi standard, con i costi passati o con i costi di un'altra organizzazione. Nella terminologia keynesiana, questo termine viene usato in relazione ai fattori della produzione e ai loro costi per indicare una media ponderata delle remunerazioni dei fattori che entrano nel costo primo marginale. Tale unità di costo potrebbe, quindi, essere considerata la misura di valore essenziale ed il livello dei prezzi dipenderebbe, dato lo stato della tecnologia e degli impianti, in parte dall'unità di costo e in parte dalla scala di produzione aumentando, con l'aumento della produzione, in maniera più che proporzionale rispetto a qualsiasi aumento dell'unità di costo, secondo il principio dei rendimenti decrescenti nel breve periodo.

cost value: ***valore di costo.*** Equivale a costo, ma si usa questo termine per indicare che il costo è un valore. Viene usato in contrapposizione a valore di mercato o a valore di recupero.

cost variance: ***variante di costo.*** Lo stesso che *cost variation* (v.).

cost variation: ***variazione di costo; scostamento.*** In contabilità industriale, indica una differenza di costo tra valori standard e valori effettivi.

cost–volume–profit relationship: ***relazione costi–volume–profitti.*** È la relazione, campo di osservazione della direzione e del reparto contabilità di un'impresa, tra costi di produzione (sia fissi che variabili) effettivi e previsti, tassi di produzione e profitti lordi.

cottage industry: ***industria a domicilio; lavoro a domicilio.*** La produzione realizzata, senza allontanarsi dal proprio domicilio, per conto di un imprenditore che fornisce la materia prima e determina la qualità del prodotto. Caratteristica di epoche passate, è tuttavia ancora in parziale uso in alcuni paesi.

cotton famine: Espressione con la quale si indica la situazione di pesante disoccupazione verificatasi nel Lancashire, in concomitanza con la Guerra Civile americana

(1861–1865), a causa della penuria di cotone grezzo importato dal Nord America.

Council for Small Industries in Rural Areas: Ente pubblico, precedentemente noto come *Rural Industries Loan Fund*, preposto all'erogazione di mutui statali a industrie produttrici di beni o di servizi in aree rurali della Gran Bretagna o in piccole cittadine con popolazione inferiore alle diecimila persone. Questo ente ha assorbito il *Rural Industries Bureau* (v.) di cui adesso svolge le funzioni.

Council for the Securities Industry: Organo di autoregolamentazione e coordinamento delle attività della borsa valori di Londra. Fu istituito nel 1978 col compito di garantire la professionalità degli operatori nell'industria dei valori mobiliari. Era composto di rappresentanti delle principali istituzioni finanziarie della *City*, compresa la Borsa Valori, e di «laici» che rappresentavano gli interessi degli investitori privati. (v. anche *Securities and Investments Board*)

Council of Arab Economic Unity: Organizzazione che ha il compito di istituire e finanziare società arabe per lo sfruttamento di giacimenti minerari o per la produzione di prodotti alimentari e industriali.

Council of Economic Advisers: Divisione dell'esecutivo del Presidente degli Stati Uniti, con funzioni di collaborazione alla stesura dell'annuale relazione economica del Presidente e di consulenza per le scelte di politica economica. Fu istituita dall'*Employment Act* (v.) del 1946.

Council of Ministers: ***Consiglio dei ministri.*** È l'organo della Comunità Economica Europea dotato di potere decisionale. È composto di un rappresentante di ciascun paese membro e prende decisioni su proposte formulate dalla Commissione delle Comunità Europee. (v. anche *European Commission*)

Council of the Stock Exchange: ***Comitato della borsa valori.*** È il comitato che governa la borsa valori di Londra, composto di 46 membri, eletti tra gli operatori, più il *broker* (v.) dello stato nominato d'ufficio, ma privo del diritto di voto. Il *Council* cura la gestione della Borsa; decide sulle domande di ammissione alla quotazione; redige e interpreta i regolamenti interni; funge da tribunale in materia di controversie tra i membri, ecc.

Council on Prices, Productivity and Incomes: Piccolo comitato istituito nel Regno Unito nel 1957 per relazionare periodicamente su questioni economiche connesse con i prezzi, la produttività e i redditi.

counsel: ***avvocato.*** Termine con il quale, nel Regno Unito, si indica un avvocato abilitato a patrocinare nelle corti di giustizia.

counsel's opinion: ***parere legale.*** Lo stesso che *legal advice* (v.).

counter: ***bancone.*** È il banco esistente in qualsiasi punto di vendita della piccola distribuzione ed a volte anche in quelli della grande distribuzione. Su tale banco si svolgono le operazioni di compravendita, col negoziante o il commesso da un lato e i clienti dall'altro.

counter–bid: ***controfferta.*** Il termine inglese indica un'offerta fatta in concorrenza o in opposizione ad un'altra, specialmente in una gara o in una vendita all'asta. (v. anche *counteroffer*)

counter bill: ***cambiale incrociata.*** Lo stesso che *cross bill* (v.).

counter check: Termine usato nel linguaggio bancario statunitense per indicare una ricevuta firmata dal titolare di un conto di deposito all'atto del prelievo di fondi dal proprio conto.

countercyclical action: ***azione controciclica; azione anticongiunturale; azione anticiclica.*** Un qualsiasi tipo di azione governativa tendente ad influire sul settore privato in senso inverso all'andamento del ciclo economico. Tale azione può assumere la forma di politica fiscale o monetaria oppure di aumenti della spesa pubblica, con l'obiettivo di eliminare gli effetti delle fluttuazioni cicliche sull'economia nazionale e di stabilizzare il reddito e la produzione del paese.

countercyclical fiscal policy: ***politica fiscale controciclica; politica fiscale anticongiunturale.*** La politica fiscale che mira a stabilizzare il reddito e la produzione di un paese. È una delle azioni controcicliche cui può fare ricorso un governo.

counterfeiter: ***falsario.*** Chi falsifica monete metalliche o banconote a corso legale.

counterfeit money: ***moneta contraffatta; moneta falsificata.*** Denaro riprodotto a somiglianza della valuta legale per essere spacciato come tale.

counterfeit note: ***banconota falsa.*** Banconota contraffatta che ha le sembianze di quelle legali.

counterfoil: ***matrice; madre.*** Modulo dal quale ne viene staccato un altro ed in cui sono riprodotte, in tutto o in parte, le medesime indicazioni. La matrice di un assegno è la parte che resta al correntista, dopo che egli ha staccato l'assegno, o che resta alla banca se trattasi di assegno circolare o vaglia cambiario.

Counter–Inflation Acts: Nome dato a due leggi presentate dal governo britannico e approvate dal parlamento nel 1972 e nel 1973 per sostenere la politica dei prezzi e dei redditi, nel tentativo di bloccare e ridurre l'inflazione. La prima delle due leggi, qualla del 1972, autorizzò il governo ad imporre un freno ai prezzi, alle tariffe, ai salari, ai dividendi e ai canoni di fitto. La seconda, quella del 1973, tra l'altro istituì due comitati, quello dei prezzi e quello dei salari. L'intera manovra governativa, tuttavia, fu fatta naufragare dallo sciopero dei minatori dell'inverno del 1973.

counter–jumper: ***commesso.*** Termine colloquiale usato nel Regno Unito per indicare un commesso impiegato per servire i clienti al bancone di un negozio.

to countermand: ***fermare; mettere il fermo.*** Verbo usato in relazione ad assegni, il cui emittente ha fermato il pagamento presso la banca trassata. (v. anche *to stop a cheque*)

countermand of payment: ***contrordine di pagamento; revoca di un ordine di pagamento.*** Una banca ha il dovere di pagare l'assegno emesso da un suo correntista se esso è in ordine e se ci sono sufficienti fondi sul conto. Tuttavia, l'emittente può fermare l'assegno, ordinando alla banca di sospenderne il pagamento e se la banca non rispetta il contrordine, ne sarà ritenuta responsabile, secondo l'articolo 75 del *Bills of Exchange Act* (v.) del 1882.

counter note: ***pagherò cambiario incrociato.*** Lo stesso che *cross note* (v.).

counteroffer: ***controfferta; controproposta.*** Se chi ha ricevuto un'offerta pone termini o condizioni diversi da quelli contenuti nell'offerta ricevuta, fa una controfferta, in quanto dimostra, con la sua azione, di non essere disposto ad accettare l'offerta nella formulazione in cui gli è pervenuta. Anche l'accettazione condizionata di un'offerta è, in effetti, una controfferta.

counterpart: ***copia.*** È la copia conforme di un documento o di uno strumento notarile.

counterpart fund: ***fondo di contropartita.*** È il fondo che, in base al Piano Marshall, ogni paese interessato al Piano doveva accantonare per controbilanciare al suo interno la donazione in dollari fatta dal governo degli Stati Uniti. Il fondo corrispondeva più o meno ai tre quarti della donazione e veniva successivamente riutilizzato per lavori pubblici o altri scopi approvati dal governo statunitense.

counterparty–risk capital: ***capitale per il rischio della controparte.*** Nelle imprese di intermediazione finanziaria, è il capitale che deve essere costituito a tutela del rischio di inadempienza della controparte nel sistema di liquidazione.

counter–productive: ***controproducente.*** Espressione aggettivale usata sia nel linguaggio tecnico, per indicare un qualcosa che dà come risultato una produzione inferiore alla precedente o a quella preventivata, sia nel linguaggio comune, per indicare un qualcosa che dà risultati opposti a quelli desiderati o previsti.

counterpurchase: ***controacquisto; acquisto di compensazione.*** Termine di recente formazione, usato per indicare un tipo di accordo di commercio internazionale che ha preso piede negli anni settanta. In base a tale accordo, un esportatore di beni verso un paese estero si impegna ad acquistare o a far acquistare beni che il governo di quel paese importatore desidera vendere all'estero. Il valore dei beni forniti dall'esportatore è di solito superiore al valore dei beni del cui acquisto egli si rende responsabile, l'acquisto di compensazione deve essere effettuato entro una certa data e tutte le consegne vengono pagate in contanti. A volte, una parte o la totalità dell'acquisto di compensazione viene effettuata prima che abbia luogo l'esportazione che crea l'obbligo e in questo caso il controacquisto anticipato viene accreditato in un conto ideale dell'esportatore a parziale o totale esecuzione di qualsiasi obbligazione di controacquisto presente o futura.

counter–security: ***controgaranzia.*** Garanzia rilasciata a favore di chi ha a sua volta assunto una garanzia a favore di un terzo.

counter services: ***servizi di sportello.*** Tutti i servizi che un cliente può ottenere presso uno degli sportelli della banca con la quale intrattiene rapporti e anche, pur se in misura più limitata, presso gli sportelli di altre banche.

to countersign: ***controfirmare.*** Molte società impongono che gli assegni da loro emessi siano firmati da due amministratori e controfirmati dal segretario. Tutte tre le firme sono necessarie, in tal caso, per rendere valido l'assegno.

counterspeculation: ***controspeculazione.*** Azione di governo in un'economia controllata tendente ad annullare le azioni speculative di privati cittadini. Il governo stima il prezzo prevalente di un prodotto in assenza di tendenze speculative e poi garantisce il prezzo così stimato, attraverso acquisti e vendite effettuati direttamente da un organo governativo.

counterspeculative intervention: ***intervento antispeculativo.*** Intervento da parte di una banca centrale sui mercati valutari avente lo scopo e l'obiettivo di annullare le tendenze speculative in essere contro la valuta nazionale o contro altre valute che la banca si è impegnata a difendere.

countertrade: ***controscambio; commercio estero di compensazione.*** Forma di commercio internazionale che si è andata sempre più diffondendo in questi ultimi tempi. In linea di massima, prevede che un paese esportatore si impegni ad accettare in pagamento delle sue esportazioni o ad acquistare e vendere su altri mercati un prodotto che il paese importatore desidera vendere all'estero. Il commercio estero di compensazione può assumere la forma del *buyback* (v.), del *counterpurchase* (v.) o dell'*offset* (v.).

countervailing credit: ***credito di compensazione.*** Lo stesso che *back–to–back credit* (v.).

countervailing duty: ***dazio industriale; dazio compensativo; dazio controvalore.*** È il dazio imposto sull'importazione di beni sovvenzionati, sotto forma di premi all'esportazione, dal paese che li esporta (v. anche *protective duty*). Il termine inglese viene anche usato per indicare genericamente il dazio imposto da un paese per bilanciare il dazio imposto da un altro paese e, in tal senso, potrebbe anche corrispondere al nostro dazio di compensazione che, però, ha un significato più specifico. (v. anche *compensatory duty*)

countervailing excise duty: ***dazio compensatore; dazio di compensazione.*** Simile al *compensatory duty* (v.), assume questo nome inglese quando è imposto su beni di importazione per controbilanciare un dazio interno, quale ad esempio un'imposta di fabbricazione, sullo stesso bene prodotto nel paese importatore.

countervailing power: ***potere controbilanciante.*** Nel suo libro *American Capitalism*, J.K. Galbraith illustra la sua teoria, in cui sostiene che l'eccessivo potere di un gruppo economico può essere controbilanciato dal potere di un altro gruppo contrapposto. Così, l'eccessivo potere degli industriali può essere controbilanciato dal potere di una forte organizzazione sindacale.

countervailing tariff: ***tariffa doganale industriale; tariffa doganale protettiva.*** Tariffa doganale extra, imposta da un paese allo scopo di controbilanciare i premi all'esportazione concessi dai paesi fornitori di beni di importazione. (v. anche *countervailing duty*)

country bank: **1.** ***banca di provincia.*** Nel Regno Unito, questo termine viene usato per indicare una qualsiasi banca che non abbia una propria sede a Londra. **2.** ***banca locale.*** Negli Stati Uniti viene usato con due significati e indica: a) una banca con sede in una comunità rurale; e, b) una banca con sede in una città diversa dalle cosiddette *reserve cities.* (v. anche *Federal Reserve System*)

country clearing: Fino al settembre del 1939 era il reparto della stanza di compensazione londinese che trattava gli assegni negoziati al di fuori della cerchia metropolitana di Londra. Dopo il 1939 il reparto è stato eliminato e la compensazione ha luogo senza tener conto della località di negoziazione dei titoli di credito.

country clearings: Sono le compensazioni bancarie di titoli negoziati al di fuori della cerchia metropolitana di Londra, di cui si parla sotto *country clearing* (v.).

country fund: ***fondo comune d'investimento in un singolo paese.*** Un tipo di fondo comune d'investimento chiuso che impiega il denaro raccolto in emissione tra i sottoscrittori nel mercato mobiliare di un singolo paese. Questi fondi sono di solito contraddistinti dal nome del paese in cui investono.

country risk: ***rischio del paese.*** Nel linguaggio finanziario, indica il rischio implicito nel concedere prestiti o nell'effettuare investimenti in un determinato paese estero.

County Agricultural Committees: ***Comitati agricoli di contea.*** Comitati istituiti nel Regno Unito allo scopo di garantire l'efficienza e la redditività dell'industria dell'agricoltura.

coupon: **1.** ***cedola; cupone; buono.*** Il termine si usa indifferentemente per indicare tanto una cedola di obbligazione o altro titolo, che dà diritto al pagamento di interessi, quanto un buono sconto o un buono per ricevere gratuitamente un qualche prodotto. In questi ultimi due casi è, generalmente, usato come mezzo pubblicitario. Lo stesso termine inglese a volte viene usato per indicare il tasso di interesse pagato su un titolo a reddito fisso. **2.** ***tagliando; buono.*** Parte di una tessera di razionamento che deve essere staccata e consegnata al fornitore al fine di ricevere la razione cui si ha diritto. Usata principalmente in tempo di guerra, la tessera di razionamento può diventare utile in periodi di scarsità notevole di un bene o di una derrata.

coupon ad: ***inserzione con tagliando.*** Un'inserzione pubblicitaria che reca un tagliando da riempirsi e spedirsi all'impresa inserzionista per ricevere materiale illustrativo o informazioni sul prodotto o sul servizio pubblicizzati.

coupon bond: ***obbligazione cuponata.*** Obbligazione con cedole da staccarsi alla data di scadenza e da presentarsi per l'incasso degli interessi cui danno diritto.

coupon book: ***libro cedole.*** Nelle banche inglesi, è il registro nel quale si riportano i particolari relativi alle cedole inviate per l'incasso. Vi figurano colonne in cui si inseriscono: il nome del cliente; la data di invio; l'emittente delle obbligazioni cui si riferiscono le cedole; il numero delle cedole; il numero del titolo dal quale sono state staccate; l'ammontare nominale; gli interessi incassati e la data di incasso.

coupon clipper: ***tagliacedole.*** Termine usato di solito con connotazione dispregiativa per indicare una persona il cui reddito proviene esclusivamente da interessi su titoli di stato e obbligazioni ed è per questo motivo considerata alla stregua di un parassita.

couponing: ***distribuzione di buoni.*** Azione promozionale realizzata mediante l'invio, o l'inserimento in confezioni o pubblicazioni, di buoni sconto o buoni per ricevere omaggi o confezioni di prova.

coupon pack: ***confezione con buono sconto.*** Nel linguaggio del marketing, indica la confezione di un prodotto nella quale viene inserito un buono sconto per l'acquisto di un'altra confezione dello stesso prodotto o, più spesso, per l'acquisto di un diverso bene prodotto dalla stessa impresa.

coupon policy: ***polizza cuponata.*** Nel linguaggio statunitense delle assicurazioni, indica una polizza vita che non prevede partecipazione agli utili della compagnia, ma che reca cedole redimibili in contanti ogni anno.

coupon rate of interest: ***tasso d'interesse nominale.*** È il tasso nominale di interesse di un titolo a reddito fisso, così detto perché riportato sulla cedola e incassabile dietro presentazione della stessa. Può essere diverso dal reddito effettivo, in quanto quest'ultimo dipende in gran parte dal prezzo d'acquisto del titolo.

coupon renewal: ***affogliamento.*** Termine usato come sinonimo di *coupon sheet renewal* (v.).

coupon sheet: ***foglio di cedole.*** Per alcuni tipi di titoli al portatore, in particolare per quelli a reddito fisso a lungo termine, è prevista la consegna di un foglio di cedole, attaccato o allegato al titolo vero e proprio, dal quale esse vengono staccate alla scadenza e consegnate in cambio del pagamento della somma di denaro corrispondente all'interesse nominale o al dividendo sul titolo. Quando tutte le cedole sono state staccate, la parte che resta, detta cedola di affogliamento, viene riconsegnata per ricevere un nuovo foglio di cedole. (v. anche *talon*)

coupon sheet renewal: ***affogliamento.*** Operazione di rinnovo del foglio di cedole annesso ad un titolo al portatore, quando esse siano state esaurite. Il nuovo foglio di cedole viene consegnato al portatore del titolo dietro presentazione della cedola di affogliamento. (v. anche *talon*)

coupon stripping: ***scorporo delle cedole.*** Lo stesso che *stripping* (v.).

coupon system: ***sistema di razionamento a buoni.*** È uno dei sistemi di razionamento adottati in periodi di estrema scarsità di un bene o in periodo di emergenza o di guerra, quando pressocché tutti i beni sono soggetti a razionamento. Il sistema a buoni prevede la distribuzione a tutti i cittadini di un determinato numero di buoni con i quali si può acquistare una certa quantità del bene cui essi si riferiscono, di solito ad un prezzo fisso. Il totale dei buoni distribuiti corrisponde al totale della disponibilità di quel bene, così che tutti possono acquistarne una parte, pur se essa spesso è inferiore a quella che ciascun consumatore acquisterebbe in un regime libero. Questo sistema può avere una variante che lo rende più flessibile e cioè l'emissione di buoni per un insieme di beni, ad esempio vestiario, invece che per un singolo bene, così che si dà al consumatore maggiore libertà di usare i propri buoni in relazione alle sue preferenze. Il sistema di razionamento mediante buoni, o tessere, fu usato da quasi tutti i paesi durante il secondo conflitto mondiale ed è ancor oggi in vigore in alcuni paesi comunisti.

coupon tax: ***imposta sugli interessi obbligazionari.*** L'imposta che colpisce gli interessi pagati su qualsiasi tipo di titolo a reddito fisso.

coupon yield: ***rendimento obbligazionario.*** Lo stesso che *bond yield* (v.), pur se questo termine è più spesso usato in relazione a obbligazioni al portatore.

course of exchange: Nome del listino che, prima del 1921, veniva pubblicato a Londra due volte alla settimana e che riportava i corsi sulle principali piazze estere delle valute quotate anche sul mercato valutario londinese.

court: ***consiglio.*** Nella terminologia bancaria britannica, questo termine indica il consiglio di amministrazione o Consiglio Superiore della banca centrale, ossia la *Bank of England*, che è costituito da un governatore, un vice governatore e sedici direttori, tutti nominati dalla Corona su designazione del governo. Il governatore e il vice governatore restano in carica per un periodo di cinque anni e i direttori per un periodo di quattro anni. Fino a quattro direttori, chiamati *executive directors*, possono essere impiegati a tempo pieno, mentre gli altri fanno parte di commissioni permanenti e, oltre a partecipare alle riunioni settimanali del Consiglio, possono venir interpellati dal governatore su questioni nelle quali essi hanno particolare esperienza.

courtage: ***senseria; mediazione.*** Termine a volte usato con lo stesso significato di *brokerage* (v.).

Court of Auditors: ***Corte dei revisori dei conti.*** È una delle istituzioni della Comunità Economica Europea, e precisamente quella che esercita il controllo finanziario sul bilancio comunitario. Costituita nel 1977 e composta da un rappresentante di ciascun paese membro, esamina tutte le entrate e le spese della Comunità, dichiara se la gestione finanziaria è stata sana, relaziona alle istituzioni comunitarie e pubblica un rapporto annuale delle sue attività. La Corte può anche effettuare controlli negli stati membri in collaborazione con la Corte dei Conti del paese o istituzione equivalente. I membri della Corte vengono nominati dal Consiglio dei Ministri e restano in carica per un periodo di sei anni.

Court of Justice: ***Corte di giustizia.*** V. spiegazione sotto *European Court of Justice.*

covariance: ***covarianza.*** La covarianza di due variabili è espressa da (xy)/n, dove x è lo scarto dei valori della variabile X dalla media aritmetica di X; y è lo scarto dei valori della variabile Y dalla media aritmetica di Y e n è il numero di dati.

covenant: ***convenzione; patto.*** Il termine inglese indica un accordo solenne e formale, espresso in un atto pubblico, che vincola le parti a compiere le prestazioni in esso definite o ad astenersi dalle azioni specificate.

covenanted subscriptions: Espressione con la quale si indicano delle sottoscrizioni, della durata minima di tre anni, contenute in un atto formale con il quale una persona si impegna a donare a istituti di beneficenza una determinata somma di denaro annua, che potrà portare in detrazione dalla propria dichiarazione dei redditi.

Covent Garden Market: Era il principale mercato all'ingrosso londinese per la compravendita di frutta, verdura e fiori, oggi trasformato in centro commerciale e di incontro.

cover: 1. ***garanzia.*** Titoli negoziabili o altri beni ceduti in deposito a garanzia di un'anticipazione bancaria o altra operazione di credito o a credito. (v. anche *security, collateral security*) **2.** ***copertura dei dividendi.*** Lo stesso che *times covered* (v.). **3.** ***copertura assicurativa.*** La protezione offerta da una polizza di assicurazione contro i rischi per i quali essa viene emessa. Lo stesso termine indica la somma e l'ampiezza del rischio coperto da assicurazione. **4.** ***copertura di compravendita.*** In questo significato, il termine inglese è usato come sinonimo di *hedge* (v.).

coverage: ***copertura.*** Nel linguaggio finanziario, il termine indica il grado di sicurezza di incasso del reddito di un titolo o di restituzione di una somma di denaro data in prestito. Nel linguaggio delle assicurazioni, viene usato come sinonimo di *cover 3* (v.).

covered bear: ***ribassista coperto.*** Alla borsa valori di Londra è il ribassista che è in possesso dei titoli sui quali ha speculato al ribasso e, pertanto, non è esposto alla pratica descritta sotto *cornering a bear* (v.).

covered interest arbitrage: ***arbitraggio coperto.*** Espressione usata per indicare un'operazione finanziaria consistente nel prendere in prestito un certo ammontare di una determinata valuta cui fa seguito la sua conversione in un'altra valuta per investimento e, quindi, la vendita della seconda valuta per consegna futura contro la valuta originariamente presa in prestito.

covered option: ***contratto a premio coperto.*** Un contratto a premio a copertura del quale l'operatore effettivamente possiede i titoli oggetto del contratto.

covered warrant: ***certificato di diritto di sottoscrizione coperto.*** Un certificato di diritto di sottoscrizione che dà al portatore la possibilità di acquistare un altro certificato il quale, a sua volta, dà diritto a sottoscrivere azioni. Si tratta, cioè, di un warrant su un *equity warrant* (v.) ed è detto coperto perché chi lo vende, di solito una banca, possiede in portafoglio gli *equity warrants* cui esso si riferisce.

covering: ***copertura di compravendita.*** Lo stesso che *hedge* (v.).

covering a short: ***copertura di posizione corta; copertura di vendita allo scoperto.*** Nel linguaggio borsistico, indica l'acquisto di titoli o merci da parte di un operatore che aveva precedentemente effettuato una vendita allo scoperto. In questo senso, la copertura serve a realizzare un utile, se l'andamento del mercato è stato come lo speculatore aveva previsto, o a limitare la perdita, se l'andamento del mercato è stato contrario alle previsioni che avevano portato alla vendita allo scoperto.

covering entry: 1. ***registrazione riepilogativa.*** Registrazione su uno o più giornali di tutti gli elementi che costituiscono un'operazione commerciale. **2.** ***registrazione di copertura.*** Registrazione intesa ad occultare un'operazione commerciale precedentemente registrata. Si concretizza registrando un'operazione fittizia di uguale ammontare e di segno opposto.

covering letter: ***lettera di accompagnamento.*** È una lettera allegata ad una pubblicazione, ad un campione o altro materiale, che illustra i motivi per cui esso è stato inviato.

covering purchase: ***acquisto di copertura.*** Nel linguaggio delle borse, è l'acquisto di titoli, valuta estera o di altri beni con cui far fronte agli impegni di consegna assunti con una vendita allo scoperto.

covering transaction: ***operazione di copertura.*** Operazione di borsa intesa a coprire la posizione di un operatore in relazione a contratti a termine. Consiste in un'operazione di segno opposto a quella antecedentemente effettuata.

cover note: ***nota di copertura; copertura provvisoria; polizza provvisoria.*** Documento emesso dall'assicuratore, con il quale dichiara che l'assicurato è coperto contro i rischi specificati fino all'emissione della polizza definitiva. La nota di copertura è prova del contratto esistente tra assicuratore e assicurato.

cover prices: Sono così dette le offerte che alcune imprese fanno nelle licitazioni collusive e che risultano volutamente più alte delle offerte fatte dagli altri partecipanti alla gara. (v. anche *collusive tendering*, in particolare al punto c)

coxey: Termine usato nel gergo finanziario statunitense per indicare un venditore addetto a stimolare l'interesse dei potenziali clienti in una *boiler room* (v.).

c.p.: carriage paid.

cp.: coupon.

C/P: 1) carriage paid; 2) charter party.

C.P.: 1) carriage paid; 2) charter party.

C.P.A.: certified public accountant.

c.p.d.: charterers pay dues.

CPI: consumer price index.

CPM: critical path method.

cpn.: 1) corporation; 2) coupon.

CPP: current purchasing power accounting.

CPT: cost per thousand.

CQS: Consolidated Quotation System.

cr.: 1) credit; 2) creditor.

C.R.: 1) current rate; 2) company's risk; 3) carrier's risk.

CRA: contemporaneous reserve accounting.

crack: ***tracollo; crollo.*** Lo stesso che *collapse 1* e *2* (v.).

craft guild: ***corporazione di arti e mestieri.*** Associazione medievale di artigiani, esistente in Inghilterra già nel nono secolo, che godeva di un monopolio virtuale nella produzione di determinati articoli. Imponeva uno standard di qualità degli articoli manufatti e cercava di mantenere il monopolio tramite l'applicazione di norme severe riguardanti l'apprendistato e l'ammissione all'associazione. Le gilde inglesi decaddero con lo sviluppo dell'industria e furono sciolte col *Municipal Reform Act* del 1835.

craft port: ***porto a bassi fondali.*** Un porto nel quale le navi di grossa stazza non possono entrare, né attraccare ad una banchina, per cui sono costrette a scaricare le merci su chiatte o altre imbarcazioni di modesto pescaggio, che provvederanno a trasportarle all'interno del porto.

Anche le operazioni di caricazione si svolgono con il medesimo sistema.

craftsman: ***artigiano; operaio specializzato.*** Nel linguaggio industriale, indica un lavoratore particolarmente dotato o specializzato in un'arte o mestiere e che è capace di svolgere con abilità lavori di carattere non ripetitivo, con un minimo di direzione e supervisione.

craftsmanship: ***manifattura.*** Il termine inglese indica la qualità di un prodotto fatto a mano da un artigiano. Di solito è implicito il concetto che si tratti di qualcosa di ben fatto da un punto di vista artistico o della lavorazione.

craft union: ***sindacato di categoria.*** Un sindacato organizzato sulla base del medesimo tipo di lavoro svolto dai suoi iscritti, ad esempio il sindacato degli elettricisti o quello dei minatori, ecc., che accoglie soltanto i lavoratori specializzati che operano in quell'attività. Questi diversi sindacati di categoria si riuniscono in associazioni sindacali, sino a culminare al vertice nelle confederazioni nazionali. Uno dei principali obiettivi dei sindacati di categoria è quello di far rispettare le norme sull'apprendistato, al fine di evitare l'ingresso di persone non preparate nella loro attività e di limitare il numero di operai specializzati in quella data attività.

Cramer's rule: ***regola di Cramer.*** È una regola, così chiamata dal nome del matematico svizzero, per risolvere sistemi non omogenei di equazioni lineari.

cran: Unità di misura usata nel commercio delle aringhe nel Regno Unito e corrispondente alla quantità di aringhe fresche che entrano in un barile.

cranage: ***diritti di gru.*** Sono i diritti che devono pagarsi, in un porto, per l'uso di gru, quando le attrezzature di carico di una nave non sono in grado di sollevare i colli da caricare o scaricare.

crash: ***crollo; tracollo.*** Lo stesso che *collapse 1* e *2* (v.).

crash cost: ***costo di urgenza.*** L'espressione inglese indica il costo relativo al completamento di un progetto nel più breve tempo possibile. Esso risulta superiore al costo di esecuzione del lavoro in tempi normali, in quanto l'urgenza presuppone costi addizionali per l'impiego di manodopera e impianti supplementari.

crash programme: ***programma di urgenza.*** Un programma che mira a completare un qualsiasi progetto in un tempo di esecuzione che risulti il più breve possibile.

crate: ***gabbia.*** Tipo di imballaggio, costituito da un'intelaiatura generalmente di legno, usato per copertoni, macchinari e altri articoli, di dimensioni abbastanza grandi, che hanno bisogno di poca protezione.

crawling peg: ***parità scorrevole; parità slittante; sostegno slittante.*** Espressione con la quale si indica il tasso di cambio della valuta di un paese alla quale sono consentite fluttuazioni di piccola entità, che rispecchiano le condizioni del mercato, al di sopra o al di sotto di una parità prestabilita. Tali fluttuazioni, tuttavia, se unidirezionali portano lentamente e per gradi ad un'alterazione della parità verso un tasso nuovo predeterminato. Ciò consente variazioni delle parità anche di discreta entità, senza però esporre la valuta interessata agli effetti deleteri che la colpirebbero se la variazione avvenisse all'improvviso ed in un'unica soluzione.

crawling peg exchange rate: ***parità scorrevole; parità slittante; sostegno slittante.*** Espressione usata con lo stesso significato di *crawling peg* (v.).

crawling-peg exchange rate system: ***sistema dei tassi di cambio a parità slittante.*** Una forma di sistema dei tassi di cambio fissi che prevede una parità fissa tra le valute, ma anche frequenti variazioni di piccola entità di tali parità nelle quali si rispecchiano le sottostanti variazioni che hanno luogo nei mercati valutari.

to create credit: ***creare credito.*** Si indica con questa espressione la possibilità che hanno le banche di far aumentare il potere d'acquisto di una comunità, mediante la concessione di prestiti. (v. anche *credit creation*)

to create reserves: ***creare riserve.*** Indica la pratica delle società per azioni di accantonare parte dei loro profitti sotto forma di riserve, costituendo fondi o per la sostituzione di beni capitali o per far fronte a sopravvenienze o, ancora, per essere in grado di distribuire un dividendo in anni futuri anche in caso di una diminuzione dei profitti.

creative department: ***reparto creativo.*** In un'agenzia di pubblicità, è il reparto che provvede alla creazione delle idee e alla loro rappresentazione su carta.

creator: ***fiduciante.*** Lo stesso che *settlor* (v.).

to credit: ***accreditare.*** Registrare una somma di denaro o l'equivalente in natura a credito di una persona fisica o giuridica cui è intestato un conto.

credit: **1.** ***credito.*** In economia, è lo scambio di prestazioni separate nel tempo, quindi il prestito di ricchezza o capitale da parte di un individuo ad un altro: il primo concede credito; il secondo riceve credito. Funzione principale del credito è quella di finanziare la produzione, in previsione di una futura domanda. **2.** ***accredito; accreditamento.*** Nell'attività bancaria, indica una registrazione nei libri contabili di una banca, che dimostra un versamento, o operazione equivalente, che modifica in aumento la disponibilità monetaria sul conto del cliente. **3.** ***avere.*** In contabilità, è la registrazione sul lato destro di un conto, con la quale si riduce o si elimina una spesa o altra passività. **4.** ***credito; fido.*** Nel linguaggio commerciale, indica una cessione attuale di denaro o merci da parte del creditore, contro la promessa del debitore di controprestazione futura di altra somma di denaro, generalmente più alta di quella ricevuta in prestito, o di pagamento della fornitura di merci.

credit account: ***conto di credito.*** Lo stesso che *budget account 1* (v.).

credit administration: ***amministrazione dei crediti.*** La gestione dei crediti di un'impresa, mediante la quale si mira a tutelare quanto essa deve avere dai suoi clienti e a non concedere crediti superiori a quelli che il cliente può effettivamente onorare. (v. anche *credit control, credit control policy*)

credit advice: **1.** Nella pratica bancaria inglese, è la lettera, accompagnata da una firma campione del cliente, che una filiale o la sede centrale invia ad un'altra filiale o agenzia presso la quale il cliente desidera incassare suoi assegni, raccomandando di onorare gli assegni recanti la firma di traenza allegata. Di solito, essa specifica anche fino alla concorrenza di quale ammontare la filiale può accettare assegni del cliente. **2.** ***notifica di accreditamento; comunicazione di accreditamento.*** La notifica che una banca invia a un correntista per informarlo che è stato effettuato un versamento a suo favore e che l'ammontare relativo è stato accreditato sul suo conto.

credit agency: ***agenzia di informazioni commerciali.*** Termine spesso usato con lo stesso significato di *status inquiry agency* (v.).

credit agent: ***agente accreditato.*** Nelle assicurazioni, è così detto l'agente che gode credito da parte dell'impresa assicuratrice che rappresenta. Ciò gli consente di effettuare le rimesse dei premi incassati alla fine di ciascun periodo prestabilito, di solito un trimestre.

credit agreement: ***contratto di credito.*** Il contratto o l'accordo in base al quale una banca concede ad un suo cliente un credito o una linea di credito.

credit allocation: ***allocazione di credito.*** Procedura tendente ad assicurare un minimo di credito ai settori più vulnerabili durante un periodo di politica monetaria restrittiva.

credit amount: ***ammontare del credito; ammontare a credito.*** Termine usato con lo stesso significato di *credit balance* (v.).

credit balance: ***saldo a credito; saldo attivo.*** È il saldo di un conto, a credito dell'intestatario del conto stesso. L'espressione viene usata sia nel linguaggio bancario per indicare la somma che una banca deve ad un suo cliente, sia nel linguaggio della contabilità per indicare la somma di cui il totale dell'avere di un conto supera il totale del dare.

credit bank: ***banca di credito ordinario; banca di credito ordinario puro; banca di credito ordinario di tipo inglese.*** Lo stesso che *commercial bank* (v.).

credit base: ***base di credito.*** Sono i depositi di una banca commerciale presso la banca centrale e i contanti presso le proprie filiali, che insieme costituiscono una percentuale fissa dei depositi globali presso la banca. Tenuto conto che tale base equivale a circa il trenta per cento dei depositi globali, è facile notare come essa incida sulla capacità, da parte della banca, di creare credito.

credit bill: ***cambiale di credito.*** Cambiale finanziaria, a fronte di un credito concesso dal traente.

credit boom: ***boom creditizio.*** Situazione di grande incremento della domanda e dell'offerta di credito, generalmente in relazione a una fase di notevole e frenetica attività economica corrispondente all'apice della fase ascendente del ciclo economico o boom.

credit broker: ***intermediario di credito.*** Lo stesso che *money broker 2* (v.).

credit bureau: ***ufficio informazioni commerciali.*** Termine a volte usato con lo stesso significato di *status inquiry agency* (v.).

credit card: ***carta di credito.*** Documento, emesso da banche o altre istituzioni finanziarie, che autorizza l'intestatario a ricevere beni e servizi a credito presso punti convenzionati. L'istituzione che la emette, dopo aver accertato l'affidabilità della persona, garantisce il credito ai fornitori. Il cliente effettuerà il pagamento direttamente all'istituto emittente, di solito ogni mese, dopo la ricezione dell'estratto conto.

credit ceiling: ***plafond creditizio; massimale al credito.*** Limite massimo di credito che un mutuante istituzionale può concedere durante una fase di restrizione del credito imposta dalla politica monetaria del governo. (v. anche *bank lending ceiling*)

credit clearing: Reparto della stanza di compensazione londinese, che tratta le operazioni di compensazione di bonifici bancari.

credit club: ***club di credito.*** Tipo di cooperativa di credito esistente nel Regno Unito e descritta sotto *credit union* (v.).

credit column: ***colonna dell'avere.*** Il termine inglese indica la colonna a destra di un conto a sezioni riunite o affiancate, nella quale vengono registrati gli accreditamenti.

credit commission: ***commissione di credito.*** Nella terminologia bancaria, sono gli oneri addebitati al cliente in relazione ad un'operazione di credito per prestazioni particolari o per la copertura del rischio. La commissione di credito, ovviamente, non ha niente a che vedere con gli interessi che il cliente dovrà pagare.

credit control: ***controllo del credito.*** Qualsiasi politica intesa ad allargare o restringere il credito, sia che provenga da un governo, sia che provenga da banche o altre istituzioni. Le banche centrali esercitano il controllo del credito in due modi: a) controllo quantitativo: riguarda la circolazione creditizia, che viene regolata attraverso gli strumenti del tasso ufficiale di sconto e delle operazioni di mercato aperto; b) controllo qualitativo: riguarda il tipo di credito, che viene regolato, ad esempio, mediante disposizioni sulle vendite a rate, sui contratti di borsa e sui tassi selettivi di risconto. Il termine si applica anche a qualsiasi sistema adottato da un'impresa ai fini di tutelare i propri crediti.

credit control policy: ***politica di controllo dei crediti; politica creditizia.*** La politica seguita da un'impresa commerciale nella concessione di credito ai propri clienti. Una politica del genere prevede tra l'altro: a) il credito totale che l'impresa potrà concedere in qualsiasi periodo di tempo, sulla base del proprio capitale e della propria possibilità di ottenere a sua volta credito dalle banche o da altre istituzioni finanziarie; b) il limite massimo di credito per cliente, che viene di solito calcolato suddividendo i clienti in categorie e assegnando un limite massimo a ciascuna categoria e a ciascun cliente nell'ambito della categoria cui appartiene; c) la differenziazione tra vecchi e nuovi clienti, ai quali ultimi viene di solito concesso un credito più limitato; d) la durata del credito, che come regola varia tra vecchi e nuovi clienti e in gran parte dipende dalla possibilità dell'impresa di ottenere credito dalle banche o altre fonti di capitale circolante; e) la concessione di sconti a coloro che estinguono il loro credito in periodi brevi; f) il modo in cui si dovrà agire per recuperare crediti in sofferenza; e, g) l'istituzione di un sistema adeguato di contabilità dei crediti. Lo stesso termine può applicarsi ad una qualsiasi politica governativa intesa a controllare il credito globale dell'economia. (v. anche *credit control, credit policy*)

credit control system: ***sistema di controllo dei crediti.*** È uno qualsiasi dei sistemi di controllo sul quale si basa la politica creditizia di un'impresa.

credit co-operative: ***cooperativa di credito.*** Termine generico usato come sinonimo di *credit society* (v.) e di *co-operative bank* (v.).

credit creation: ***creazione di credito.*** Processo tramite il quale si crea il credito: partendo dai depositi realmente effettuati dai clienti, una banca concede mutui ad altri clienti sotto forma di prestiti a vista, di scoperti di conto corrente, di anticipazioni e simili.

credit creation multiplier: ***moltiplicatore della creazione di credito.*** Lo stesso che *credit multiplier* (v.).

credit crunch: ***rarefazione del credito.*** Il termine inglese indica una situazione che viene a crearsi alla fine di una fase di espansione economica e che è caratterizzata da alti tassi d'interesse e dall'imposizione di limiti all'espansione del credito bancario. In tale situazione, la domanda di credito eccede l'offerta e la banca centrale emana disposizioni restrittive che tendono a limitare l'offerta di moneta. Generalmente, questa situazione rappresenta il preludio di un rallentamento dell'attività economica, cui farà presto seguito una fase di recessione.

credit cycle: ***ciclo del credito.*** Nel *Trattato della Moneta*, Keynes definisce il ciclo del credito «l'alternarsi di alti e bassi nel costo degli investimenti rispetto al volume del risparmio e la concomitante altalena del potere d'acquisto della moneta dovuta a questo alternarsi». Più avanti, egli descrive l'ordine secondo il quale si verificano gli eventi in un ciclo del credito: «Primo, un'inflazione del capitale che porta ad un aumento degli investimenti, che porta ad una inflazione delle merci; secondo, una ulteriore inflazione del capitale e delle merci per circa un periodo produttivo dei beni di consumo; terzo, una reazione nel grado di intensità dell'inflazione del capitale e dell'inflazione delle merci alla fine del periodo; quarto, la caduta dell'inflazione del capitale; e, infine, una riduzione degli investimenti al di sotto del volume normale, che porta a una deflazione delle merci». Keynes nella stessa opera distingue tre diversi tipi di ciclo del credito: 1) L'aumento degli investimenti può aver luogo, senza alcuna variazione nel volume globale di produzione, mediante la sostituzione della produzione di beni capitali in luogo di beni di consumo ed in questo caso l'aumento degli investimenti non si materializzerà che dopo il trascorrere di un periodo produttivo. 2) L'aumento degli investimenti può realizzarsi in forma di un aumento di capitale d'esercizio, corrispondente ad un aumento della produzione globale dovuto a una produzione addizionale di beni capitali che va a sovrapporsi alla produzione esistente e in questo caso l'aumento degli investimenti comincerà fin dall'inizio, essendo innanzi tutto in forma di capitale d'esercizio e, dopo il trascorrere di un periodo produttivo, in forma di capitale fisso. 3) L'aumento degli investimenti può prendere la forma di un aumento di capitale d'esercizio corrispondente a un aumento della produzione globale dovuto a una produzione addizionale di beni di consumo che va a sovrapporsi alla produzione esistente e in questo caso l'aumento degli investimenti continuerà soltanto per la durata di un periodo produttivo.

credit department: ***ufficio crediti; ufficio fidi.*** È l'ufficio o il reparto, di una banca o di un'impresa commerciale, preposto alla valutazione delle richieste di credito da parte dei clienti e alle decisioni relative alla concessione dello stesso.

credit entry: ***registrazione di accreditamento.*** Termine usato come sinonimo di *credit 2* e *3* (v.), per indicare la registrazione di accreditamento a giornale. (v. anche *credit posting*)

credit extension: ***estensione del credito.*** La concessione di credito per un periodo di tempo superiore al normale o lo spostamento nel tempo della data in cui un credito deve essere estinto.

credit facilities: ***facilitazioni creditizie.*** La possibilità di ottenere credito direttamente dal fornitore di beni o servizi oppure da una banca o altra istituzione di credito.

credit footing: ***totale dell'avere.*** In un conto o in un libro a sezioni affiancate, è il totale delle poste registrate sulla colonna dell'avere.

credit form: Modulo che, negli Stati Uniti, deve essere riempito da chiunque faccia domanda per ricevere un credito da una banca. In effetti, non è altro che un prospetto delle attività e passività, con qualche altra precisazione accessoria.

credit freeze: ***stretta creditizia.*** Termine usato con lo stesso significato di *credit squeeze* (v.).

credit gap: ***periodo di credito.*** È il periodo di tempo intercorrente tra l'acquisto di merci da parte di un commerciante ed il pagamento delle stesse. Poiché il compratore ha interesse a rinviare il pagamento al più tardi possibile, mentre il venditore desidera essere pagato il più presto possibile, è necessario colmare lo scarto temporale tra consegna e pagamento delle merci, il che viene fatto mediante l'uso dei servizi forniti dalle istituzioni finanziarie. Nel commercio internazionale, lo strumento più ampiamente usato a questo fine è stato, ed è ancora pur se in minor misura, la cambiale estera.

credit guarantee: ***garanzia del credito.*** Una forma di assicurazione, che garantisce il mutuante contro il rischio di inadempienza del mutuatario.

credit inducements: ***facilitazioni creditizie; agevolazioni creditizie.*** Facilitazioni concesse da un'impresa ai propri clienti, sotto forma di dilazione del pagamento dei beni da loro acquistati.

credit information: ***informazioni commerciali.*** Se un commerciante desidera avere credito da un altro commerciante che non lo conosce, quest'ultimo può rivolgersi alla propria banca affinché essa gli fornisca informazioni sul suo potenziale cliente. La banca si metterà in contatto con la banca di cui è cliente il commerciante che chiede credito e quest'ultima fornirà alla prima le informazioni in suo possesso sulla situazione economico–finanziaria del cliente e sul credito di cui egli gode sulla piazza. Queste informazioni vengono, quindi, trasmesse dalla banca che le ha ricevute al cliente che le ha richieste. In alternativa, il potenziale venditore può rivolgersi ad un'agenzia di informazioni commerciali invece che alla propria banca. (v. anche *status inquiry agency*)

credit inquiry: ***richiesta di informazioni commerciali.*** È la lettera mediante la quale un'impresa commerciale chiede ad una banca o ad un'agenzia di fornire informazioni sulla situazione economico–finanziaria di un potenziale cliente che ha fatto richiesta di concessione di un credito di fornitura.

credit institution: ***istituzione creditizia; istituzione di credito.*** Termine generico, usato per indicare una qualsiasi istituzione autorizzata dalle apposite autorità a concedere prestiti e spesso anche ad accettare depositi.

credit instrument: ***titolo di credito.*** Qualsiasi documento scritto o stampato, usato per trasferire fondi da una persona ad un'altra. I più diffusi sono: assegni, cambiali, vaglia, pagherò cambiari e lettere di credito, ma tra questi vi rientrano anche le obbligazioni, i buoni del tesoro, ecc. I titoli di credito si distinguono in titoli al portatore, titoli all'ordine e titoli nominativi.

credit insurance: ***assicurazione–credito.*** Forma di assicurazione che tutela il creditore contro l'insolvenza del debitore. Il creditore, tuttavia, resta responsabile di una parte del credito, altrimenti non avrebbe alcun interesse a sollecitare il pagamento del suo credito da parte del debitore. La somma generalmente pagata dalle compagnie di assicurazione in caso di insolvenza equivale all'eccedenza netta sulle normali perdite derivanti da crediti inesigibili.

credit insurance in international trade: ***assicurazione–credito nel commercio estero; assicurazione dei crediti all'esportazione.*** È un servizio generalmente svolto da un'agenzia o da un ufficio statale, che garantisce agli esportatori del paese il pagamento dei crediti concessi ad importatori stranieri.

credit insurance policy: ***polizza di assicurazione–credito.*** La polizza che rappresenta il contratto di assicurazione–credito e ne stabilisce le clausole.

credit interest: ***interessi creditori.*** Nella terminologia bancaria, il termine indica gli interessi che la banca percepisce sul denaro dato in prestito ai suoi clienti.

credit intermediation: ***intermediazione di credito.*** Lo stesso che *intermediation* (v.).

credit life insurance: L'assicurazione sulla vita di un debitore, che garantisce il rimborso del credito nel caso di sua morte.

credit limit: 1. ***castelletto; linea di credito.*** Termine usato nel Regno Unito come sinonimo di *credit line* (v.). **2.** ***limite di fido; limite di credito.*** Il limite massimo, di importo o di tempo, che un commerciante concede ad un proprio cliente in relazione a forniture in conto corrente. Una volta che il compratore ha raggiunto tale limite, non potrà chiedere ulteriori forniture senza aver prima regolato quelle già ricevute.

credit line: ***castelletto; linea di credito; fido bancario.*** L'ammontare massimo di fido o di concessione di credito che una banca si impegna, di solito in modo informale, a concedere a un suo cliente a richiesta ed anche in futuro ai termini concordati al momento della concessione. La concessione di credito può essere o non condizionata alla costituzione di garanzia collaterale, ma è sempre soggetta al mantenimento, da parte del cliente, della stessa situazione finanziaria che presentava al momento in cui gli venne concesso il credito.

credit management: ***gestione dei crediti.*** Termine usato con lo stesso significato di *credit administration* (v.).

credit manager: ***direttore dell'ufficio crediti; capo ufficio crediti.*** La persona preposta, in un'impresa o in una banca, alle decisioni sulla concessione di credito ai clienti.

credit market: ***mercato del credito.*** Termine generico, usato per indicare un mercato nel quale vengono trattati crediti a breve, medio o lungo termine. Può, pertanto, applicarsi sia al mercato monetario che al mercato finanziario. (v. anche *money market, capital market*)

credit memo: ***nota di accreditamento; nota di accredito.*** Lo stesso che *credit memorandum* (v.).

credit memorandum: ***nota di accreditamento; nota di accredito.*** Termine statunitense, usato con lo stesso significato di *credit note* (v.).

credit money: 1. ***moneta a circolazione fiduciaria.*** Moneta cartacea, in passato convertibile in oro e argento, ma non interamente garantita da tali metalli, così che sarebbe risultata impossibile la conversione contemporanea della totalità della moneta in circolazione. In senso lato, tutta la circolazione di moneta cartacea, che oggi è detta fiduciaria nel senso che essa non è convertibile in alcun metallo prezioso e viene accettata soltanto per la fiducia che il pubblico ripone nello stato che la emette. **2.** ***moneta scritturale; moneta bancaria; moneta cartacea creditizia.*** È la moneta creata dalle banche, sotto forma di crediti, sulla base dei depositi effettuati presso di loro dai clienti. Il credito così creato può essere superiore alla reale quantità di moneta che le banche hanno in deposito, purché siano rispettate le riserve previste dalla legge. **3.** ***valuta a credito.*** La somma di denaro in un conto bancario, di cui il cliente ha piena disponibilità.

credit multiplier: ***moltiplicatore del credito.*** Il rapporto tra la variazione del volume di credito concesso da un gruppo di istituzioni finanziarie e la variazione del volume delle loro attività di riserva, che diede inizio alla variazione in aumento o in diminuzione del volume di credito. In altre parole, il moltiplicatore del credito misura l'ammontare di nuovi depositi creati dai depositi originali e può essere espresso dalla formula: valore totale di nuovi depositi creati/valore dei depositi originali. (v. anche *deposit multiplier*)

credit note: ***nota di accreditamento; nota di accredito.*** Documento commerciale inviato dal fornitore a un suo cliente per informarlo che gli è stata accreditata una somma di denaro, specificata nella nota, per il motivo ivi spiegato, che può essere: un errore di fatturazione; un abbuono per merci mancanti, danneggiate o di qualità inferiore; accreditamento per merci rese, ecc. Le note di accreditamento sono generalmente scritte o stampate in inchiostro rosso.

credit opening: ***apertura di credito.*** Tipo di contratto bancario, in base al quale un istituto di credito si impegna a mettere e a tenere a disposizione di un cliente, per un periodo di tempo limitato o indefinito, una somma di denaro di cui egli può disporre. A seconda delle condizioni che regolano l'operazione, l'apertura di credito può essere condizionata alla costituzione di garanzie da parte del cliente.

creditor: ***creditore.*** È il soggetto attivo nel rapporto obbligatorio e, in generale, chi ha il diritto di riscuotere una somma di denaro o di ricevere beni o servizi da un'altra persona fisica o giuridica.

creditor firm: ***impresa creditrice.*** L'impresa che ha concesso credito a un privato o ad un'altra impresa, che sono pertanto debitori nei suoi confronti.

creditor nation: ***nazione creditrice.*** È il paese con bilancia dei pagamenti in attivo. In particolare, si indica con questo termine il paese che, a seguito di operazioni finanziarie e di investimento, deve ricevere da paesi stranieri più di quanto deve dare, sotto forma di dividendi e interessi.

creditors' committee: ***comitato dei creditori.*** Gruppo che rappresenta tutti coloro che vantano crediti nei confronti di un'impresa in difficoltà finanziarie o in liquidazione.

creditors ledger: ***mastro dei conti creditori.*** Libro mastro che contiene i conti creditori di un'impresa. Il totale dei conti che contengono saldi a credito è, di solito, sostenuto da un saldo a credito in un conto di controllo nel libro mastro generale.

creditors' meeting: ***assemblea dei creditori; adunanza dei creditori.*** V. spiegazione sotto *meeting of creditors.*

creditors' voluntary winding–up: ***liquidazione volontaria su delibera dei creditori.*** Una delle tre forme di liquidazione di una società a responsabilità limitata previste dalla legge inglese. Se la società è in stato di insolvenza, la legge prevede che i soci non possano deliberare la liquidazione senza il consenso dei creditori. Pertanto, sarà necessario convocare un'assemblea dei creditori per lo stesso giorno o per il giorno successivo a quello in cui si tiene l'assemblea dei soci, durante la quale sarà proposta la liquidazione volontaria della società. L'assemblea dei creditori dovrà essere convocata mediante inserzione dell'avviso sulla *London Gazette* (v.) e in almeno due quotidiani locali. Sia i creditori che i soci, nelle loro rispettive assemblee, nomineranno un liquidatore e se la scelta ricade su due diverse persone, sarà nominato quello scelto dall'assemblea dei creditori, mentre se questi ultimi non esprimono una loro preferenza, verrà nominato quello scelto dall'assemblea dei soci. I creditori possono, inoltre, nominare un comitato dei creditori che affianchi il liquidatore. Al momento della nomina del liquidatore, vengono a cessare i poteri di cui è investito il consiglio di amministrazione, salvo il caso in cui il comitato dei creditori o, in sua assenza, i creditori stessi deliberino che il consiglio di amministrazione continui a svolgere le sue funzioni. (v. anche *committee of inspection, members' voluntary winding–up, winding–up, compulsory winding–up, meeting of creditors, voluntary winding–up, liqui-*

dator)

credit policy: 1. *polizza di assicurazione–credito.* Termine usato con lo stesso significato di *credit insurance policy* (v.). **2. *politica creditizia.*** La politica seguita da un governo al fine di limitare o espandere il credito in relazione all'andamento dell'economia del paese. Lo stesso termine indica la politica seguita da una banca o da un'altra impresa in relazione alla concessione di credito ai propri clienti. (v. anche *credit control, credit control policy*)

credit posting: *posta di accreditamento.* Termine usato con lo stesso significato di *credit 2* e *3* (v.), per indicare la registrazione di accreditamento a mastro. (v. anche *credit entry*)

credit rating: *posizione finanziaria; posizione creditizia; reputazione finanziaria; classificazione creditizia; classamento creditizio.* Stima o valutazione che un'agenzia di informazioni commerciali o una banca assegnano a ciascuna azienda presente nei loro schedari, sulla base del comportamento dell'impresa nell'assolvere alle proprie obbligazioni finanziarie.

credit rationing: *razionamento del credito; riduzione creditizia; discriminazione creditizia.* Pratica seguita da istituti bancari nella concessione di credito ai loro clienti. Può verificarsi o attraverso la discriminazione, per cui il credito è concesso ad alcuni clienti e non ad altri, o attraverso una generale riduzione che colpisce indiscriminatamente tutti i clienti. Tale pratica può avere origine o da necessità finanziarie della banca a fini speculativi o da direttive emanate dalle autorità monetarie, che tendono a limitare la circolazione creditizia.

credit report: *informazioni commerciali.* Il termine inglese indica esattamente la lettera o il rapporto inviati da un'agenzia di informazioni commerciali o da una banca e contenenti le informazioni richieste dal cliente sulla situazione economico–finanziaria di un potenziale compratore. (v. anche *credit information*)

credit restrictions: *restrizioni creditizie.* Sono le restrizioni alla circolazione creditizia imposte da un governo al fine di ridurre la domanda globale. Si realizzano, tra l'altro, con i due tipi di controllo descritti sotto *credit control* (v.).

credit risk: *rischio di credito.* Nel linguaggio finanziario, indica il rischio che un debitore non tenga fede ai propri impegni e che la somma di denaro data in prestito non venga restituita.

credit sale: *vendita a credito.* Lo stesso che *sale on credit* (v.).

credit–sale agreement: *contratto di vendita a credito.* Accordo di vendita con clausola che stabilisce che il pagamento sarà effettuato in cinque o più rate. La proprietà del bene passa subito all'acquirente, contrariamente a quanto avviene per i contratti di vendita *hire–purchase* (v.).

credit side: *sezione avere; lato avere.* È la sezione sulla destra di un conto a sezioni riunite, nella quale vengono registrati gli accreditamenti.

credit slip: 1. *distinta di versamento; modulo di versamento.* Lo stesso che *paying–in slip* (v.). **2. *nota di credito.*** Nel linguaggio commerciale, il termine è usato con significato analogo a *credit note* (v.), pur se si incontra più frequentemente in relazione ad attività al dettaglio, quando, ad esempio, un negoziante rilascia al cliente una nota, per l'ammontare di un bene acquistato ma poi restituito, che il cliente potrà spendere per uno o più futuri acquisti.

credit society: *cassa rurale.* È una società cooperativa di credito fra piccoli agricoltori, del tipo fondato in Germania da F.W. Raiffeisen intorno al 1850. In Gran Bretagna le casse rurali non hanno riscosso successo.

credit squeeze: *stretta creditizia.* Termine, di origine e uso popolare in ambedue le lingue, con il quale si indica la politica di restrizioni creditizie cui hanno spesso fatto ricorso i governi italiano e inglese, al fine di ridurre il potere d'acquisto dei cittadini, mediante il controllo dell'offerta di moneta e la limitazione della possibilità di creare credito da parte delle banche. (v. anche *credit restrictions, to create credit*)

credit standing: *posizione finanziaria; posizione creditizia; reputazione finanziaria.* Termine usato con lo stesso significato di *credit rating* (v.).

credit status: *reputazione di credito; situazione di credito; reputazione finanziaria.* Il grado di credito di cui gode una determinata persona fisica o giuridica in una qualsiasi piazza. Prima di concedere credito a un nuovo cliente, il fornitore vuole avere informazioni sulla sua reputazione o situazione di credito e per ottenerle si può rivolgere alla propria banca o ad un'agenzia specializzata.

credit status information: *informazioni commerciali.* Termine usato con lo stesso significato di *credit information* (v.).

credit system: *sistema creditizio.* Sistema in base al quale è organizzata una società economica che consente il pagamento futuro, da parte dei consumatori o degli operatori commerciali, di forniture attuali di beni e servizi.

credit terms: *condizioni di credito.* Sono le condizioni che regolano la concessione di credito da parte di un'impresa o di una banca. Di solito riguardano principalmente i tempi e i modi di estinzione del credito e la garanzia che il cliente è tenuto a fornire.

credit theory of the trade cycle: *teoria creditizia del ciclo economico; teoria del ciclo economico basata sul credito.* Teoria che sostiene che l'attività economica dipende principalmente dall'espandersi o dal contrarsi del credito. L'espansione del credito, sostiene la teoria, fa salire i prezzi, amplia l'attività e fa aumentare l'occupazione. Al contrario, una politica di restrizioni creditizie spinge l'economia in una fase deflazionistica, cui si accompagnano diminuzione dei prezzi e dell'attività e crescente disoccupazione.

credit tightening: *restrizione creditizia.* Il termine inglese è grosso modo sinonimo di *credit squeeze* (v.).

credit token: *buono di credito.* Un qualsiasi titolo (assegno, buono, carta di credito, ecc.) rilasciato da un'impresa che esercita o finanzia le vendite a credito.

credit tranche: *quota di credito.* Se un paese membro del FMI ha bisogno di assistenza oltre la quota di prelievo immediata pari al 25% della quota globale versata al Fondo, quest'ultimo può mettergli a disposizione quattro ulteriori quote di credito, ciascuna pari al 25% della quota globale versata. Queste quote di credito saranno denominate nella valuta richiesta dal paese per far fronte a squilibri temporanei della propria bilancia dei pagamenti e saranno controbilanciate da un deposito di valuta nazionale presso il FMI, pari all'ammontare prelevato. Ciascuna quota successiva, tuttavia, impone al paese mutuatario condizioni sempre più rigide sul tipo di politica economica che esso dovrà perseguire.

credit transfer: *bonifico.* Operazione mediante la quale, su ordine di un proprio cliente, una banca o altra istituzione finanziaria accredita una somma di denaro sul conto che una persona intrattiene con la medesima.

credit transfer book: ***libretto per bonifici.*** Libretto particolare fornito dalle banche commerciali inglesi ai propri clienti che intendono avvalersi del sistema di giroconto, in modo che essi possano emettere un solo assegno a fronte di più pagamenti specificati in una distinta.

credit transfer system: ***sistema del giroconto.*** Espressione a volte usata con lo stesso significato del termine più moderno *bank giro* (v.).

credit transmission: ***trasmissione di credito.*** Differisce dalla creazione di credito, in quanto mentre questa fa aumentare il flusso totale di credito disponibile, la trasmissione di credito si limita soltanto a far circolare il credito, cioè rappresenta una semplice funzione di intermediazione nel passaggio del credito da un'unità economica a un'altra.

credit union: ***cooperativa di credito.*** Negli Stati Uniti, è così chiamata un'associazione costituita sotto forma di persona giuridica, secondo le leggi dei singoli stati o secondo il *Credit Union Act* del 1934, che ha il fine di concedere prestiti ai propri soci. Nel Regno Unito, il termine indica un club i cui membri si impegnano a mettere insieme i propri risparmi, onde poter disporre di una fonte di credito a basso costo. Questi club si svilupparono nell'Irlanda del Nord intorno alla fine degli anni sessanta e si sono diffusi in tutto il Regno Unito. Il *Credit Union Act* del 1979 impone che i membri di questi club abbiano un vincolo comune che li unisca, come ad esempio l'appartenenza, in qualità di dipendenti, ad uno stesso stabilimento. La stessa legge prevede che essi, in quanto associazioni di mutuo soccorso senza scopo di lucro, siano sottoposti a registrazione e alla supervisione di appositi organi di controllo delle *friendly societies* (v.).

credit union share draft: Deposito del tipo a risparmio offerto dalle *credit union* (v.) statunitensi, dal quale è possibile effettuare prelevamenti mediante assegno o ordine di prelievo. È simile, pertanto, allo *snow account* (v.).

credit voucher: ***distinta di versamento; modulo di versamento.*** Termine usato come sinonimo di *paying–in slip* (v.).

credit–worthiness: ***capacità di credito.*** Nel linguaggio finanziario e bancario, indica la capacità di un'impresa o di un privato di far fronte a crediti ricevuti. Pertanto, il termine indica anche il grado di credito che il privato o l'impresa meritano che venga loro concesso.

creditworthy: ***meritevole di credito.*** Espressione aggettivale usata in relazione a persone o imprese cui si può concedere credito, in quanto possiedono una solida posizione economica e finanziaria ed hanno sempre dimostrato di poter far fronte facilmente e puntualmente ai loro impegni finanziari.

creeping inflation: ***inflazione strisciante.*** Si verifica quando il tasso di aumento del livello dei prezzi non supera il due o il tre per cento annuo ed è da molti considerata una situazione di normalità. Si manifesta con una domanda di beni e servizi superiore all'offerta, con la conseguente perdita di potere di acquisto della moneta, in quanto la differenza tra domanda e offerta può essere soddisfatta soltanto in termini monetari, cioè con un aumento dei prezzi dei beni e servizi offerti. È anche chiamata inflazione indotta da costi (v. *cost–push inflation*) quando la principale causa viene identificata con gli aumenti salariali, e inflazione indotta da domanda (v. *demand inflation*) quando la causa principale è l'eccedenza di domanda rispetto all'offerta.

creeping recovery: ***ripresa strisciante.*** Indica il periodo piuttosto lungo durante il quale un'economia depressa comincia a mostrare segni di ripresa.

creeping socialism: ***socialismo strisciante.*** Espressione usata per denotare una sempre maggiore ingerenza dello stato nel settore privato dell'economia. Il termine fu usato per la prima volta da Eisenhower in un suo discorso ed è poi diventato di uso comune negli Stati Uniti per indicare principalmente la sempre crescente attività del governo federale in settori che, per tradizione, erano sempre stati dominio dell'iniziativa privata.

crew: ***equipaggio.*** Gruppo di lavoratori specializzati che prestano la loro opera a bordo di una nave o di un aereo. Il termine inglese a volte esclude gli ufficiali.

crew list: ***ruolo di equipaggio; ruolo di bordo.*** Libro tenuto a bordo di una nave e contenente nome, età, qualifica, indirizzo e luogo di nascita di tutti i membri dell'equipaggio in servizio attivo sulla nave.

crime of 1873: Termine dispregiativo con il quale si indica la legge statunitense che, nel 1873, demonetizzò l'argento. Si giunse alla demonetizzazione dell'argento perché il suo valore di mercato era superiore al prezzo pagato dal ministero del tesoro statunitense, il che portò come conseguenza che dal 1834 in poi arrivasse alla zecca una quantità sempre minore del metallo prezioso.

crippling strike: ***sciopero a singhiozzo.*** Nel linguaggio delle relazioni industriali, indica un tipo di sciopero articolato in diverse riprese, con alternanza di fasi di lavoro e di astensione dal lavoro. In certi casi riesce a paralizzare l'intera attività di un'impresa per un periodo coincidente con l'intera durata complessiva dello sciopero, pur se l'astensione dal lavoro è limitata ad una sola parte di tale periodo.

crisis: ***crisi.*** Una delle fasi del ciclo economico, caratterizzata da una situazione di ristagno dell'attività, disoccupazione, basso livello dei prezzi, dei salari, dei profitti e dell'interesse. (v. anche *trade cycle*)

critical materials: ***materiali critici.*** Termine con il quale si indicano materie prime essenziali alla difesa di una nazione, che pertanto le accumula in previsione di un'emergenza. Lo *Strategic and Critical Materials Stockpiling Act*, approvato dal Congresso degli Stati Uniti nel 1946, istituì una commissione col compito di stabilire, in diversi periodi, quali beni debbano essere considerati strategici e quali critici. La differenza tra strategici e critici riguarda soltanto la quantità che sarebbe opportuno accumulare. (v. anche *stockpiling, strategic materials*)

critical minimum effort: ***sforzo minimo critico.*** Espressione usata da H. Leibenstein per indicare lo sforzo necessario non soltanto per aumentare il capitale a disposizione di un'economia, ma anche quello per aumentarlo in maniera tanto rapida che il conseguente aumento di produzione superi l'aumento naturale della popolazione del paese in questione.

critical path: ***fase critica; percorso critico; strozzatura di produzione.*** Tra gli stadi operativi che contribuiscono ad un dato prodotto finito, è quello che consuma più tempo o quello in cui potrebbe verificarsi una strozzatura, che farebbe aumentare il tempo o i costi previsti per quel dato prodotto finito.

critical path analysis: ***analisi del percorso critico.*** Tecnica usata nella programmazione e nel controllo di progetti complessi e operazioni su vasta scala, in modo da assicurare che le date prestabilite per l'esecuzione di un determinato progetto siano rispettate e le varie operazioni e attività lavorative vengano eseguite nella giusta sequenza, riducendo a zero i periodi morti e prevedendo le eventuali strozzature che potrebbero verificarsi nel corso dell'esecuzione del progetto. A questo scopo, gli stadi critici vengono posti in evidenza, in modo da illustrare più chiaramente i risultati derivanti dall'adozione di corsi alternativi, tendenti ad evitare ritardi. A questo proposito è opportuno notare che si è calcolato che soltanto il 10–20% delle attività relative ad un progetto di notevole importanza influiscono sul tempo necessario per completarlo. La procedura solita in un'analisi del percorso critico è la seguente: a) si analizza il progetto o l'operazione, ripartendoli nelle attività o fasi di cui sono composti; b) si dispongono le varie attività o fasi in un grafico, che ne indica l'adeguata sequenza di esecuzione; c) si indica sul grafico la durata prevista di ciascuna attività o fase; d) si esamina il piano operativo che ne scaturisce, individuando le fasi critiche; e) si provvede a risolvere i problemi relativi a queste fasi critiche, che sono quelle che assorbirebbero il maggior tempo o che potrebbero creare strozzature dalle quali deriverebbero tempi morti. Quando l'operazione o il progetto risultano particolarmente complessi e le loro attività o fasi superano un certo numero, si rende pressocché indispensabile l'uso di un computer. L'analisi del percorso critico è una tecnica di grande importanza, di cui fanno uso i moderni metodi di gestione aziendale.

critical path method: ***metodo del percorso critico.*** Termine usato con lo stesso significato di *critical path analysis* (v.).

critical rate of interest: ***tasso d'interesse critico.*** Date certe aspettative degli individui in relazione al livello futuro dei tassi d'interesse, il tasso d'interesse critico indica il livello del tasso corrente al quale l'individuo si aspetta una perdita di capitale, derivante dal possesso di titoli a reddito fisso, tale da annullare esattamente il reddito, sotto forma di interesse, derivante dal possesso di quei titoli.

Cromie rule: ***regola di Cromie.*** Nelle assicurazioni, quando si verifica un sinistro che colpisce due beni coperti da assicurazione, uno dei quali è coperto da una polizza scudo (v. *blanket policy*) e da una polizza specifica, questa regola stabilisce che l'assicuratore che ha emesso la polizza scudo indennizzi la perdita dell'oggetto in questione fino all'ammontare totale assicurato e contribuisca, se il valore dell'oggetto è inferiore all'ammontare assicurato, con la restante parte all'indennizzo dell'altro oggetto coperto soltanto da polizza specifica. (v. anche *kinne rule, Page rule, Reading rule*)

crop: ***raccolto.*** Il termine inglese indica sia il prodotto di un appezzamento di terreno coltivato, ad esempio frumento o frutta e verdura, sia la quantità di prodotto raccolta.

crop insurance: ***assicurazione del raccolto.*** È l'assicurazione contro il rischio della perdita del raccolto, il cui valore viene, a tale scopo, predeterminato. Il rischio contro il quale ci si assicura più frequentemente è la grandine.

crop-lien system: ***mezzadria.*** Lo stesso che *sharecropping* (v.).

crop restriction: ***limitazione della produzione agricola.*** Uno qualsiasi dei programmi varati dagli Stati Uniti e altri paesi allo scopo di limitare la produzione di determinate derrate agricole, impedendone così il crollo dei prezzi.

crop rotation: ***rotazione colturale; avvicendamento colturale.*** V. spiegazione sotto *rotation of crops*.

crop year: ***anno agrario.*** È così chiamato il periodo di tempo che intercorre dall'inizio di un raccolto al successivo. L'anno agrario varia a seconda del tipo di coltura e del paese in cui essa si svolge. Ad esempio, l'anno agrario per il grano statunitense va dal 1° di giugno al 31 di maggio, mentre quello per la soia, sempre negli Stati Uniti, va dal 1° settembre al 31 agosto.

crore: Moneta indiana di conto, equivalente a dieci milioni di rupie o cento lac.

to cross: ***sbarrare; incrociare.*** Tirare due linee parallele sulla parte anteriore di un assegno, per indicare che il traente non desidera che esso venga pagato in contanti e che deve essere versato sul conto del prenditore. (v. anche *crossed cheque*)

cross advertising: ***pubblicità incrociata.*** È la pubblicità sulle confezioni dei prodotti della stessa impresa. Ad esempio, un'impresa che produce sapone e dentifricio può reclamizzare il primo sulle confezioni del secondo e viceversa.

cross bill: ***cambiale incrociata.*** Una cambiale emessa o consegnata in cambio di un'altra cambiale.

cross-booking: Espressione usata per indicare la pratica, adottata dai lavoratori a cottimo, di dedicare a lavori il cui tempo di esecuzione è molto ristretto il tempo che riescono a risparmiare su lavori il cui tempo di esecuzione è relativamente ampio. Lo scopo principale è quello di rendere uniformi impegno e guadagni.

to cross-cast: ***quadrare.*** Il verbo inglese indica l'operazione di sommare cifre disposte orizzontalmente, invece che verticalmente.

to crosscheck: 1. ***quadrare.*** Sommare orizzontalmente o verticalmente, onde assicurarsi dell'esattezza dei totali. **2.** ***verificare.*** Eseguire una qualsiasi operazione, che aiuti a determinare l'esattezza di un'altra operazione contabile.

cross couponing: ***distribuzione incrociata di buoni.*** Azione promozionale consistente nell'inserire nelle confezioni di un determinato prodotto buoni sconto per un altro prodotto della stessa impresa.

cross currency exposure: ***esposizione valutaria incrociata.*** Nel linguaggio finanziario, indica l'esposizione di un'impresa quando il fabbisogno per far fronte alle necessità di servizio di un suo debito in una data valuta non è coperto da entrate reali o potenziali in quella specifica valuta.

cross default: ***inadempienza indiretta.*** Nel linguaggio giuridico e finanziario, indica una clausola, contenuta in un contratto di mutuo, che stabilisce che l'inadempienza del mutuatario in relazione a qualsiasi altro prestito da lui contratto sarà considerata come inadempienza in relazione al mutuo cui si riferisce il contratto contenente questa clausola.

cross default clause: ***clausola di inadempienza indiretta.*** La clausola cui si fa cenno sotto *cross default* (v.).

crossed cheque: ***assegno sbarrato; assegno incrociato.*** È l'assegno reso non trasferibile tracciando due linee parallele trasversali sulla sua parte anteriore. Tra le due linee possono, ma possono anche non esserci, le diciture *not negotiable; account payee only; & Co.; X bank.* L'effetto dell'incrociatura è che l'assegno non può essere cambiato in contanti, ma deve essere versato su un conto bancario. Se l'incrociatura è generale, cioè tra le due linee non è indicato il nome di una banca, l'assegno può essere versato presso una qualsiasi banca; se l'incrociatura è speciale, cioè tra le due linee compare il nome di una banca, esso deve essere versato necessariamente presso la banca menzionata nell'incrociatura.

«crossed to two bankers»: Dicitura che accompagna un assegno restituito inevaso dalla banca sulla quale è tratto, perché l'incrociatura speciale reca il nome di due banche diverse. (v. anche *crossed cheque, crossing*)

cross elasticity: ***elasticità incrociata; elasticità indiretta.*** È un tipo di elasticità che deriva dalla interrelazione della domanda tra due o più beni. L'elasticità incrociata della domanda viene definita come la variazione percentuale della quantità domandata di un bene, divisa per la corrispondente variazione percentuale del prezzo di un altro bene. Il quoziente di questa divisione può avere un segno positivo o un segno negativo. Per i beni a domanda complementare si avrà un'elasticità incrociata negativa, perché l'aumento del prezzo di uno porterà ad una diminuzione dei consumi dell'altro. Nel caso, invece, di beni concorrenti tra loro si avrà un'elasticità incrociata positiva, perché l'aumento del prezzo di uno porterà ad un aumento del consumo dell'altro. Quanto più stretta è la relazione di sostituibilità o complementarità, tanto più ampia sarà la reazione ad una qualsiasi variazione di prezzo e, quindi, tanto più grande sarà il valore numerico dell'elasticità incrociata. Se i due beni, invece, hanno poca relazione l'uno con l'altro, le loro elasticità incrociate dovrebbero approssimarsi allo zero.

cross elasticity of demand: ***elasticità incrociata della domanda; elasticità indiretta della domanda.*** È l'elasticità della domanda di un bene rispetto alle variazioni di prezzo di altri beni. Essa può assumere diversi valori a seconda dei casi ed è, pertanto, difficile prevedere con sufficiente esattezza se la domanda di un bene risulterà più o meno elastica col variare del prezzo di altri beni. (v. anche *cross elasticity*)

cross elasticity of demand and supply: ***elasticità indiretta della domanda e dell'offerta; elasticità incrociata della domanda e dell'offerta.*** È la relazione tra la variazione relativa della quantità domandata o offerta di un bene, in risposta alla variazione relativa del prezzo di un altro bene. (v. anche *arc elasticity of demand and supply, cross elasticity*)

cross exchange: ***cambio indiretto; arbitraggio di cambio.*** Il cambio di valute di due paesi con l'intervento di una piazza intermedia, per cui lo scambio di moneta non è diretto, ma avviene attraverso il cambio di una valuta in quella della piazza intermedia ed il successivo cambio di quest'ultima in valuta dell'altro dei due paesi.

cross–firing: ***traenza incrociata.*** L'atto di emettere tratte incrociate, cioè tratte dello stesso importo e con uguale scadenza emesse reciprocamente da due commercianti, allo scopo di ottenere un finanziamento sotto forma di sconto cambiario.

cross holdings: ***partecipazioni incrociate.*** Lo stesso che *cross shareholdings* (v.).

crossing: ***incrociatura; sbarratura.*** Sono le due linee parallele tracciate trasversalmente sulla parte anteriore di un assegno. (v. anche *general crossing, special crossing, crossed cheque*)

cross–licensing: ***concessione di licenza incrociata.*** Accordo tra due o più parti, in base al quale esse si autorizzano a vicenda ad usare i brevetti di proprietà di ciascuna di loro.

cross note: ***pagherò cambiario incrociato.*** Un pagherò emesso o consegnato in cambio di un altro o di altri pagherò.

cross offer: ***offerta incrociata.*** È l'offerta di vendita che si incrocia con una richiesta di acquisto dello stesso bene alle stesse condizioni. Ad esempio, un'offerta di A di cento balle di cotone a un prezzo X e la contemporanea richiesta di fornitura, da parte di B, di cento balle di cotone allo stesso prezzo.

cross order: ***ordine incrociato.*** Ordine di borsa, ricevuto da uno *stockbroker* (v.), per l'acquisto e la vendita dello stesso titolo. Se l'ordine di acquisto e quello di vendita provengono da due diversi clienti, lo *stockbroker* deve eseguirli attraverso le strutture di compensazione della borsa valori, essendogli fatto divieto di compensarli personalmente. Se i due ordini provengono dalla stessa persona, si tratta di una *wash sale* (v.).

cross–over point: ***punto di equilibrio; punto di rottura; punto di pareggio; punto vivo; punto critico; punto morto.*** Lo stesso che *break–even point* (v.).

cross parity: ***parità incrociata; parità indiretta.*** Lo stesso che *cross rate* (v.).

cross picketing: ***picchettaggio incrociato.*** Picchettaggio svolto contemporaneamente da gruppi di lavoratori appartenenti a due o più sindacati, ciascuno dei quali sostiene di rappresentare gli interessi dei lavoratori dello stabilimento davanti al quale si svolge il picchettaggio.

cross rate: ***corso indiretto; tasso di cambio indiretto.*** Il tasso di cambio di due valute, calcolato in base al tasso di cambio tra ciascuna delle due e una terza valuta. Ad esempio, nell'ottobre del 1948 il corso diretto del franco francese era di circa 262 franchi per un dollaro statunitense e 864 per una sterlina britannica. Di conseguenza, il corso indiretto tra dollaro e sterlina era di 3,28 dollari per una sterlina, cioè molto inferiore alla parità dell'epoca di 4,03 dollari per una sterlina, stabilita d'accordo col Fondo Monetario Internazionale.

cross sale: ***vendita incrociata.*** Nella borsa valori, è il trasferimento, da parte di uno *stockbroker* (v.), di un titolo per il quale ha un ordine di acquisto e un ordine di vendita alle stesse condizioni, da parte di due diversi clienti. L'operazione viene conclusa tramite le strutture di compensazione della borsa valori al prezzo dell'ultima vendita effettivamente trattata.

cross–section analysis: ***analisi a sezioni incrociate.*** L'analisi di una serie di dati economici relativi a differenti gruppi di persone, imprese o paesi nello stesso momento o nel medesimo periodo di tempo. Gli esempi più noti di analisi di questo tipo, frequentemente usate dagli economisti in lavori di indagine e di ricerca, sono quelli relativi ai censimenti della popolazione e alla produzione di vari paesi.

cross shareholdings: ***partecipazioni incrociate.*** La partecipazione al capitale azionario di una società da parte di una seconda società il cui capitale azionario è parzialmente di proprietà della prima, così che ciascuna delle due è in parte proprietaria dell'altra. Le partecipazioni incrociate possono interessare più di due società e consentono a un limitato numero di azionisti di avere il controllo di un'intera industria o di larghi settori dell'economia di un paese. Esse hanno anche lo scopo di impedire o rendere più difficile l'acquisizione delle società da parte di estranei.

cross–subsidy: ***sovvenzione interna; sussidiazione interna.*** Termine usato per indicare, all'interno di un'impresa, che gli utili derivanti da un'attività vengono impiegati per ridurre i costi dei prodotti di un'altra attività.

crowding–out: ***esclusione; spiazzamento.*** L'esclusione di un gruppo di persone da un qualsiasi mercato, causata dalla massiccia presenza di altri gruppi. Questo termine, però, viene usato principalmente per indicare i modi in cui la domanda di credito proveniente dal settore privato viene spesso «spinta fuori» dai mercati finanziari dalla massiccia e più forte domanda di credito proveniente dal settore pubblico.

crowding–out effect: ***effetto di spiazzamento.*** L'effetto prodotto da deficit di bilancio, che si protraggono per molti anni, sul mercato del credito, dal quale vengono esclusi, a vantaggio dello stato, gli operatori commerciali e industriali che domandano credito. Ciò contribuisce a ridurre la formazione di capitale privato se i deficit di bilancio vengono mantenuti in un'economia a piena occupazione.

crown: ***corona.*** Moneta d'oro coniata sotto Enrico VIII; d'argento, sotto Edoardo VI; in entrambi i metalli sino a Carlo II e, in seguito, soltanto in argento. La corona d'argento equivaleva a cinque scellini, ma non ha trovato espressione nel sistema monetario decimale del Regno Unito. Scritto con iniziale maiuscola, il termine indica il capo dello stato del Regno Unito, nella persona del sovrano che agisce come una *corporation sole* (v.).

Crown Agents: ***Agenti della Corona.*** Più propriamente chiamato, dal 1954, *Crown Agents for Oversea Governments and Administrations*, è l'ufficio che sostituì il *Crown Agents' Office*, fondato nel 1833 allo scopo di procurare prestiti e forniture a tredici governi coloniali. Oggi, questa istituzione offre, a molti governi e enti esteri, i suoi servizi che vanno dalla fornitura di beni e impianti non reperibili nei paesi esteri alla gestione di progetti, dagli investimenti e attività bancarie alla produzione di francobolli e biglietti di banca, dai servizi basati su tecnologie avanzate al reclutamento di personale specializzato disposto a svolgere la propria attività di lavoro in paesi esteri in via di sviluppo.

crowner: Cartello o sagomato di piccole proporzioni, esposto in un punto di vendita per attirare l'attenzione dei clienti su un dato prodotto.

Crown land: ***terreno demaniale; terre della Corona.*** Nel Regno Unito, sono indicate con questo termine tutte le terre di proprietà della Corona, il cui reddito viene percepito dallo stato in cambio di un appannaggio annuo al sovrano.

crown of the double rose: Corona, del valore di cinque scellini, emessa in oro nel 1526.

crown of the rose: Corona, del valore di quattro scellini e mezzo, emessa in oro nel 1526.

Crowther Committee: Commissione istituita nel 1968 sotto la presidenza di Lord Crowther con il compito di indagare sulle leggi e le pratiche che regolavano la somministrazione di credito ai privati per il finanziamento di acquisti di beni e servizi per consumo personale. La Commissione, che presentò il proprio rapporto nel 1971, segnalò che le leggi in vigore limitavano alcuni tipi di credito mentre ne privilegiavano altri e ostacolavano la concorrenza tra operatori che concedevano credito. Essa propose che la legislazione esistente fosse sostituita con un singolo insieme di diritti e doveri per tutti i tipi di credito al consumo. Molte delle raccomandazioni della Commissione relative al credito al consumo sono state accolte nel *Consumer Credit Act* (v.), approvato dal parlamento britannico nel 1974, che regolamenta tutte le operazioni a credito per un valore dalle trenta alle cinquemila sterline.

C.R.R.: 1) company's risk rate; 2) carrier's risk rate.

Crs.: 1) credits; 2) creditors.

c.r.u.: collective reserve unit

crude: Termine usato nel linguaggio dell'industria petrolifera per indicare il petrolio grezzo di competenza delle società petrolifere, sul quale esse pagano tasse e *royalties* (v.) ai paesi o ai privati proprietari dei giacimenti.

crude quantity theory: ***versione rozza della teoria quantitativa.*** La cosiddetta versione rozza della teoria quantitativa sostiene che il livello dei prezzi si muove in proporzione diretta con l'offerta di moneta e si potrebbe scrivere aritmeticamente come $P = K M$, dove K è una costante positiva di proporzionalità che dipende dalle unità usate. Così, se P e M vengono misurati come numeri indici uguali a 100 nello stesso anno base, K potrebbe essere omessa o sostituita con 1,0. L'idea di fondo di questa versione è la seguente: se lo stato fa aumentare di mille volte M, si può predire l'insorgere di un'inflazione galoppante in cui P aumenterà di mille volte o, più cautamente, almeno tra le 500 e le 2000 volte. P. A. Samuelson osserva che per quanto rozza, in questa idea si può trovare qualcosa di utile. (v. anche *quantity theory of money*)

cruzado: Nuova unità monetaria del Brasile, simile al cruzeiro, ma in origine emessa nel rapporto di un cruzado per mille cruzeiro. Agli inizi del 1989 il cruzado è stato a sua volta sostituito dal nuovo cruzado, nel rapporto di 1:1000.

cruzeiro: Unità monetaria del Brasile, non più in uso, suddivisa in cento centavos.

crystallized labour: ***lavoro cristallizzato.*** Espressione usata da Karl Marx per indicare il capitale, da lui considerato il risultato di lavoro svolto nel passato.

cs.: cases.

C.S.D.: Civil Service Department.

C.S.I.R.: Council for Scientific and Industrial Research.

C.S.O.: Central Statistics Office.

ct.: 1) carat; 2) cent; 3) certificate; 4) count.

CT.: 1) cable transfer; 2) corporation tax.

ctge: cartage.

c.t.l.: constructive total loss.

c.t.l.o.: constructive total loss only.

C.T.T.: capital transfer tax.

cu.: cubic.

C.U.: 1) Consumers' Union; 2) Credit Union.

cub.: cubic.

cubic measure: ***misura di volume.*** Qualsiasi unità di misura che si presta a determinare la capacità cubica di un solido, come ad esempio il piede cubo, equivalente a 1728 pollici cubi, o il metro cubo.

cultural lag: ***ritardo culturale; scarto culturale.*** La differenza di rapidità di cambiamento tra differenti aspetti della stessa cultura di un paese. Il termine inglese si riferisce in particolare alla lentezza con cui cambiano le idee e le pratiche politiche, sociali ed economiche di un paese rispetto alla velocità con cui cambiano le invenzioni e le tecnologie nello stesso paese e nello stesso arco di tempo.

cum: 1) with; 2) cumulative.

cum all: Espressione usata per indicare la quotazione di mercato di un valore mobiliare che viene venduto con tutti i diritti.

cum bonus: Espressione usata per indicare la quotazione di mercato di un valore mobiliare che viene venduto col diritto alla distribuzione gratuita di azioni. (v. anche *bonus issue*)

cum capitalization: Termine usato con lo stesso significato di *cum bonus* (v.).

cum coupon: ***con cedola; cuponato.*** Termine borsistico, usato per indicare che un titolo a reddito fisso viene acquistato con diritto del nuovo portatore a percepire gli interessi garantiti dalla cedola alla prossima scadenza. Il venditore, pertanto, cede al compratore il proprio diritto di ricevere i dietimi maturati fino al momento della vendita, aggiungendoli al prezzo del titolo. (v. anche *cum div-*

idend)

cum d.: cum dividend.

cum distribution: ***con distribuzione.*** Esprime lo stesso significato di *cum dividend* (v.), ma si applica alle quote parti di quei fondi comuni d'investimento che distribuiscono utili.

cum div.: cum dividend.

cum dividend: ***con cedola; cuponato.*** Termine borsistico usato per indicare che un titolo azionario viene acquistato con diritto del nuovo portatore a percepire il prossimo dividendo, già dichiarato, ma non ancora pagato dalla società. (v. anche *cum coupon*)

cum drawing: ***estraibile per rimborso.*** Termine borsistico che indica che il titolo viene acquistato con i benefici che possono derivare dal probabile sorteggio per il rimborso, in base al piano di ammortamento prestabilito dall'emittente.

cum interest: ***con cedola; cuponato; con interessi.*** Termine usato con lo stesso significato di *cum coupon* (v.).

cum new: ***con opzione; con diritti di opzione.*** Termine borsistico usato per indicare che un titolo azionario viene venduto col diritto di opzione per la sottoscrizione di azioni di nuova emissione, che la società ha riservato o offerto ai suoi azionisti.

cum. pref.: cumulative preference.

cum rights: ***con opzione; con diritti di opzione.*** Termine usato con lo stesso significato di *cum new* (v.).

cumulative: ***cumulativo.*** Questo termine viene usato generalmente in relazione ad azioni o partecipazioni privilegiate, per indicare che esse hanno diritto al pagamento dei dividendi arretrati prima che dagli utili correnti si possano destinare fondi al pagamento di dividendi su azioni o partecipazioni ordinarie.

cumulative dividend: ***dividendo cumulativo.*** Le azioni privilegiate hanno diritto al dividendo prima delle azioni ordinarie. Se gli utili di una società non sono sufficienti per pagare il dividendo dell'anno sulle azioni privilegiate, esso si cumula al dividendo dell'anno successivo e dovrà essere pagato prima di distribuire un dividendo alle azioni ordinarie. In tal caso, esso è chiamato dividendo cumulativo. Se, invece, il diritto privilegiato al dividendo è limitato agli utili di ciascun anno, il dividendo è detto non cumulativo.

cumulative participating preference shares: ***azioni privilegiate cumulative di partecipazione.*** Danno diritto non soltanto al dividendo cumulativo, ma anche ad una parte di utili che dovessero residuare dopo che le azioni ordinarie sono state remunerate col massimo stabilito. (v. anche *cumulative dividend*)

cumulative preference shares: ***azioni privilegiate cumulative.*** Sono le azioni privilegiate che danno diritto al dividendo cumulativo, quello cioè relativo all'anno in corso e agli anni precedenti nei quali la società non aveva realizzato utili sufficienti per pagare il dividendo alle azioni privilegiate. In relazione a tali azioni, pertanto, il dividendo non pagato un anno per mancata realizzazione di utili diventa una passività che la società è tenuta a pagare quando realizzerà gli utili necessari. (v. anche *cumulative dividend*)

cumulative preferred stock: ***partecipazione privilegiata cumulativa.*** Termine usato con lo stesso significato di *cumulative preference shares* (v.).

cumulative stock: ***azioni cumulative; partecipazione cumulativa.*** Espressione con la quale vengono indicati tutti quei tipi di azioni o partecipazioni di capitale che conferiscono all'azionista il diritto al pagamento dei dividendi in anni successivi. In relazione a tali azioni, il dividendo non pagato un anno per mancata realizzazione di utili diventa una passività che la società è tenuta a pagare quando realizzerà gli utili necessari. (v. anche *cumulative dividend, cumulative preference shares, stock 1)*

cumulative tax: ***imposta cumulativa.*** È un'imposta riscossa sotto forma di percentuale del prezzo di un bene ogni volta che esso è oggetto di trasferimento nella catena di distribuzione.

cumulative voting: ***votazione cumulativa; votazione a voto cumulativo.*** Sistema di votazione seguito per l'elezione degli amministratori di una società. Consiste nell'eleggere simultaneamente tutti gli amministratori, per cui l'azionista ha a disposizione i voti cui gli danno diritto le azioni in suo possesso moltiplicati per il numero di amministratori da eleggere. È un sistema studiato per garantire una certa rappresentanza degli azionisti di minoranza nel consiglio di amministrazione, se essi riescono a concentrare tutti i loro voti su pochi candidati. (v. anche *ordinary voting*)

Cunliffe Committee: È la commissione di cui si parla sotto *Cunliffe Report* (v.). Era presieduta da Lord Cunliffe, all'epoca presidente della Banca d'Inghilterra, e tra i suoi membri figurava l'economista A.C. Pigou.

Cunliffe Report: È così chiamata la relazione, pubblicata nel 1919, della commissione nominata per svolgere un'indagine conoscitiva sul sistema bancario inglese, sui problemi valutari e dei cambi esteri conseguenti alla prima guerra mondiale, e sull'opportunità di ripristinare il *gold standard* (v.). Tra le altre cose, la Commissione raccomandò un ritorno al regime aureo e l'assorbimento, da parte della Banca d'Inghilterra, dei *Treasury notes* (v.). Come conseguenza, il Regno Unito ritornò al regime aureo, pur se per breve tempo (1925–1931), e nel 1928 i *Treasury notes* furono trasferiti alla Banca d'Inghilterra. (v. anche *automatic working of the gold standard*)

cupro–nickel: ***silveroide.*** È una lega di rame e nickel, con buona resistenza alla corrosione e pertanto usata nel Regno Unito per la coniazione di monete divisionali in sostituzione di quelle d'argento.

cupro–nickel coinage: ***coniazione in silveroide.*** Il *Coinage Act* del 1946 stabilì che le monete d'argento venissero sostituite nel Regno Unito con monete di silveroide, una lega composta per il 75% di rame e per il 25% di nickel. La sostituzione si era resa necessaria a causa dell'alto prezzo e della scarsità dell'argento monetabile.

cupro–nickel currency: ***moneta di silveroide.*** Sono le monete divisionali coniate in una lega di rame e nickel, cui viene a volte aggiunto anche dell'argento. Tutte queste monete hanno un valore intrinseco inferiore al loro valore nominale e pur essendo a corso legale hanno un potere liberatorio limitato.

cur.: current.

curb exchange: Nome con il quale, fino al 1953, veniva indicata l'*American Stock Exchange* (v.).

curb market: Nome dato, in origine, ad un gruppo di operatori di borsa che si incontravano, per svolgere la loro attività, all'aperto. Successivamente si indicò con questo nome, fino al 1953, la *New York Curb Exchange*, oggi chiamata *American Stock Exchange* (v.).

curb stock: Termine con il quale si indicano i titoli quotati e trattati alla *American Stock Exchange* (v.).

currency: **1. *circolante; medio circolante.*** In senso lato, il termine inglese indica l'insieme dei mezzi di pagamento in circolazione in un dato paese. Comprende banconote, monete metalliche, assegni, cambiali e qualsiasi altro documento o titolo che faccia le veci del denaro contante. **2. *valuta a corso legale.*** In senso ristretto, il termine inglese indica i mezzi di pagamento, ossia banconote e monete metalliche, che hanno potere liberatorio. **3. *durata.*** Si indica con *currency of a bill* il periodo di tempo che intercorre tra l'emissione, o l'accettazione per alcuni tipi, e la scadenza di una cambiale. **4. *valuta.*** La moneta in circolazione in un determinato paese, entro i cui confini ha corso legale. **5. *decorso; durata.*** Il periodo di tempo durante il quale un mutuo è in essere e per il quale viene calcolato l'interesse dovuto dal mutuatario al mutuante.

currency accord: *accordo valutario.* Un accordo tra i responsabili dei paesi interessati relativo ai tassi di cambio delle loro valute, quale ad esempio l'Accordo del Louvre del febbraio 1987 tra i sette paesi più industrializzati.

currency accounts: *conti bancari.* Termine generico, usato per indicare un qualsiasi tipo di deposito di moneta presso una banca, sotto forma di conto corrente, di conto vincolato, di conto di risparmio, ecc.

currency agreement: *accordo valutario.* Lo stesso che *currency accord* (v.).

Currency and Bank Notes Act: Nome con il quale vengono indicate varie leggi approvate in anni diversi dal parlamento britannico. La prima, approvata nel 1928, abrogò alcune disposizioni del *Bank Charter Act* (v.) e trasferì alla Banca d'Inghilterra l'emissione di biglietti che prima era riservata al ministero del tesoro. Il risultato fu che dal 22 novembre 1928 i biglietti di stato da una sterlina e da dieci scellini diventarono biglietti di banca. Una seconda legge che va sotto lo stesso nome fu approvata nel 1939. Il suo scopo principale fu quello di emendare la legge che regolava l'ammontare dell'emissione fiduciaria, ma stabilì anche il principio della valutazione settimanale delle attività del dipartimento di emissione della Banca d'Inghilterra. Un'altra legge con lo stesso nome fu approvata dal parlamento britannico nel 1954. Con essa, si elevò l'ammontare globale dell'emissione fiduciaria consentita per legge alla Banca d'Inghilterra.

currency appreciation: *rivalutazione monetaria; apprezzamento monetario.* Col termine inglese si indica l'aumento del corso di cambio di una valuta nei confronti di altre valute estere e di solito si applica a quelle valute che hanno un tasso di cambio fluttuante (v. anche *revaluation*). Una forte eccedenza delle esportazioni di un paese tende a ridurre sui mercati valutari la disponibilità di valuta di quel paese ed essa si rivaluta o viene rivalutata ufficialmente attraverso il riallineamento delle parità (in questo secondo caso si tratterebbe, più propriamente, di *revaluation*). Come conseguenza, le importazioni del paese in questione diventano meno care e i suoi residenti aumentano la domanda di beni esteri, mentre le sue esportazioni diventano più care per i residenti di altri paesi, che riducono la loro domanda. Questo porta ad un aumento delle importazioni rispetto alle esportazioni dello stesso paese in questione, con la conseguenza che la disponibilità di sua valuta sui mercati valutari aumenta e, probabilmente, porterà ad un riequilibrio del corso di cambio.

currency arbitrage: *arbitraggio di cambio.* Lo stesso che *arbitration of exchange* (v.).

currency area: *area valutaria.* Lo stesso che *monetary area* (v.).

currency authorities: *autorità monetarie.* Lo stesso che *monetary authorities* (v.).

currency availability: *disponibilità valutaria.* Nel linguaggio finanziario, indica accordi che consentono operazioni di mutuo in una valuta diversa da quella concordata, a causa di indisponibilità di quest'ultima.

currency availability clause: *clausola della disponibilità valutaria.* Lo stesso che *availability clause* (v.).

currency backing: *copertura della circolazione monetaria.* Lo stesso che *backing* (v.).

currency band: *banda valutaria.* Il termine inglese indica i limiti massimo e minimo entro i quali sono consentite le fluttuazioni del corso di una valuta, in relazione al corso di un'altra o di altre valute.

currency basket: *paniere valutario.* Un insieme di valute di più paesi, usate come punto di riferimento o come unità di conto. Le varie valute facenti parte del paniere vengono ponderate singolarmente e il loro valore congiunto corrisponde ad un'unità di conto. L'idea è quella di ridurre il rischio, implicito nelle variazioni di valore delle singole monete, sia per gli investitori che per i mutuatari sui mercati internazionali dei capitali.

currency bill: *cambiale estera; cambiale in valuta estera.* È così chiamata una cambiale tratta su una piazza estera ed espressa in valuta di quel paese. (v. anche *foreign bill of exchange*)

currency bond: *obbligazione in valuta.* È il tipo di obbligazione redimibile nella valuta del paese nel quale è stata emessa.

currency certificates: *certificati di credito in valuta.* Sono certificati rilasciati dal ministero del tesoro statunitense a banche e privati a fronte di depositi effettuati da questi ultimi.

currency circulation: *circolazione cartacea.* L'insieme dei biglietti di banca inconvertibili in circolazione in un qualsiasi momento in uno stato. Nel Regno Unito, l'ammontare della circolazione cartacea appare settimanalmente nel rendiconto della Banca d'Inghilterra (v. *Bank return*). La differenza tra i biglietti emessi e quelli in circolazione è tenuta, sotto forma di riserva, dal dipartimento bancario della Banca d'Inghilterra. La circolazione monetaria di solito aumenta in particolari periodi dell'anno, come ad esempio in prossimità delle feste natalizie e delle vacanze estive, a causa di una maggiore necessità di contanti da parte dei cittadini.

currency clause: *clausola valutaria; clausola della valuta.* È la clausola, contenuta in un contratto internazionale, che stabilisce un tasso di cambio fisso tra le valute dei paesi interessati o tra altre due valute, al fine di evitare il rischio di svalutazione o rivalutazione.

currency cocktail: *paniere valutario.* Termine usato con lo stesso significato di *currency basket* (v.).

currency collar: Lo stesso tipo di contratto descritto sotto *interest–rate collar* (v.), ma relativo a operazioni in valuta estera. Tra i più diffusi, ricordiamo i *range forwards* (v.) e i *participating forwards* (v.).

currency conversion: *conversione valutaria; conversione di valuta.* La conversione di una quantità di moneta espressa in una determinata valuta in un'altra quantità di moneta espressa in una differente valuta. Il termine inglese indica un concetto diverso da quello indicato da *translation* (v.).

currency convertibility: *convertibilità valutaria.* È la possibilità concessa a chi detiene valuta di un determinato paese di scambiarla con valuta di un altro paese per uno scopo qualsiasi. In un sistema di piena convertibilità, chiunque può cambiare qualsiasi valuta in qualsiasi altra valuta senza restrizione alcuna, anche in periodi di deficit della bilancia dei pagamenti. Ciò offre il vantaggio che sia i consumatori, sia i produttori possono operare acquistando e vendendo sui mercati per loro più convenienti.

currency credit multiplier: ***moltiplicatore del credito in valuta.*** Lo stesso che *credit multiplier* (v.), ma applicato ai depositi in valuta.

currency deflation: ***deflazione monetaria.*** La riduzione della massa monetaria in circolazione, di solito prodotta intenzionalmente dalle autorità monetarie di un paese. La riduzione della liquidità può essere realizzata mediante una diminuzione della spesa pubblica quando, contemporaneamente, le entrate dello stato aumentano a seguito di un inasprimento fiscale o restano invariate. Altri sistemi mediante i quali la banca centrale può ridurre la liquidità sono la vendita di titoli pubblici sul mercato aperto e la restrizione del credito. La riduzione della liquidità di un sistema economico porta ad una diminuzione dell'attività produttiva e dell'occupazione e, nei mercati concorrenziali, ad una diminuzione dei prezzi.

currency deposits: ***depositi in valuta.*** Depositi effettuati in una valuta diversa da quella nazionale, generalmente eurodollari ma anche alcune altre delle principali valute europee, presso banche autorizzate ad accettarli. Questi depositi possono essere prestati dalle banche che li ricevono o nella stessa valuta o in valute diverse nelle quali le banche sono autorizzate a convertirli. I depositi in valuta possono essere effettuati soltanto nei paesi nei quali non vige il controllo dei cambi.

currency depreciation: ***svalutazione monetaria; deprezzamento monetario.*** Col termine inglese si indica la diminuzione del corso di cambio di una valuta nei confronti di altre valute estere e di solito si applica a quelle valute che hanno un tasso di cambio fluttuante (v. anche *devaluation*). Una forte eccedenza delle importazioni tende ad incrementare sui mercati valutari l'offerta di valuta del paese importatore, con la conseguenza che essa si svaluta. Allora, le importazioni diventano più care, mentre le esportazioni diventano più concorrenziali, per cui il paese importa di meno ed esporta di più. A seguito di ciò, l'offerta di valuta del paese sui mercati esteri diventa più debole e la valuta probabilmente si rivaluterà, portando un riequilibrio del corso dei cambi.

currency devaluation: ***svalutazione ufficiale.*** Diminuzione del corso di cambio di una valuta nei confronti di altre valute estere a seguito di decisione delle autorità monetarie del paese interessato, d'accordo o non con le autorità monetarie di altri paesi. (v. anche *devaluation*)

currency diversification: ***diversificazione valutaria.*** Il concetto esposto sotto *diversification 3* (v.), ma applicato a investimenti denominati in valute estere o a saldi e disponibilità in valute estere.

currency exchange: ***ufficio cambio.*** Ufficio o reparto, di una banca o altra istituzione finanziaria, presso il quale si possono effettuare operazioni di cambio di valute estere o di documenti rappresentativi di esse.

currency exposure: ***esposizione in valuta.*** L'ammontare complessivo, denominato in una valuta diversa da quella nazionale, dei crediti o dei debiti verso un terzo da parte di un'impresa, una banca o un paese.

currency flow: ***flusso valutario.*** Una delle voci della bilancia dei pagamenti del Regno Unito, che indica i saldi di movimenti valutari da e verso il paese.

currency fluctuations: ***fluttuazioni valutarie.*** Le oscillazioni, in una direzione e nell'altra, del valore di una valuta in termini di una o più altre valute straniere. Lievi oscillazioni sono la norma e dipendono dalla situazione della bilancia dei pagamenti del paese interessato, ma quando esse diventano significative o eccessive vuol dire che la valuta è sottoposta a pressioni speculative o che qualcosa non va nell'economia del paese.

currency futures: ***contratto per consegna futura di valuta; contratto di cambio a termine.*** Lo stesso che *forward exchange contract* (v.).

currency grid: ***griglia valutaria.*** Nel linguaggio finanziario internazionale, indica la situazione creata dall'istituzione di un accordo monetario tra vari paesi, che prevede tassi di cambio più o meno fissi e concordati tra ciascuna coppia di valute. (v. anche *exchange rate parity grid*)

currency in circulation: ***moneta in circolazione.*** Lo stesso che *money in circulation* (v.).

currency indexation: ***indicizzazione valutaria.*** Lo stesso che *indexation* (v.), quando un valore viene collegato a una valuta estera.

currency index number: ***numero indice monetario.*** Lo stesso che *currency standard* (v.).

currency inflation: ***inflazione monetaria.*** Termine più preciso ma meno usato di *inflation* (v.). Infatti, quest'ultimo indica più propriamente il rapido ed eccessivo aumento di qualcosa, come ad esempio nella frase *inflazione del credito*, ma a causa dell'importanza mondiale del fenomeno dell'inflazione monetaria, il termine inflazione (e il suo equivalente inglese *inflation*) viene usato per antonomasia per indicare l'inflazione monetaria.

currency intervention: ***intervento sul mercato valutario.*** V. spiegazione sotto *intervention*.

currency management: ***controllo monetario.*** Lo stesso che *monetary control* (v.).

currency market: ***mercato valutario.*** Lo stesso che *foreign exchange market* (v.).

currency market intervention: ***intervento sui mercati valutari.*** Lo stesso che *exchange intervention* (v.).

currency misalignment: ***disallineamento valutario.*** La situazione che si verifica quando la valuta di un paese viene eccessivamente sopravvalutata o sottovalutata in relazione alle valute di altri paesi che intrattengono col primo costanti e importanti relazioni commerciali. Differisce dall'*exchange rate volatility* (v.), in quanto quest'ultimo termine indica una variabilità frequente e quotidiana, mentre il termine *misalignment* indica un allontanamento persistente e abbastanza duraturo del tasso di cambio dal livello concorrenziale di lungo periodo. (v. anche *exchange rate variability*)

Currency Note Account: ***Conto dei biglietti di stato.*** Conto nel quale venivano registrati i prestiti contratti dal Ministero del Tesoro britannico mediante l'emissione di titoli di stato che venivano utilizzati come garanzia della corrispondente emissione fiduciaria.

currency notes: ***biglietti di stato.*** Lo stesso che *tresury notes* (v.) nella definizione a).

currency of a bill: ***durata di una cambiale.*** Espressione spiegata sotto *currency 3* (v.).

currency offence: ***illecito valutario; reato valutario.*** Una qualsiasi operazione che contravviene alle norme valutarie vigenti nel paese.

currency option: ***opzione valutaria; contratto a premio in valute.*** Espressione usata anche in italiano per indicare uno strumento utilizzato in alternativa al cambio a termine. L'opzione valutaria prevede un'operazione di compravendita, per consegna a una determinata data futura, di divisa estera contro valuta nazionale, con la riserva dell'opzione, da parte dell'acquirente ma non da parte del venditore, di recedere dal contratto se, alla scadenza, esso non viene più ritenuto conveniente alla luce dei cambi a pronti del momento. L'abbandono del contratto ovviamente prevede anche l'abbandono del premio pagato, ma tale onere può risultare poco significativo in momenti di notevole volatilità dei cambi. L'opzione valutaria rappresenta un'innovazione rispetto ai contratti di cambio a termine, in quanto questi ultimi non consentono ai contraenti di recedere dall'impegno assunto. (v. anche *range forwards, participating forwards*)

currency option clause: ***clausola della opzione valutaria.*** È una clausola spesso presente nelle emissioni di eurobbligazioni che consente, ad opzione del portatore, il rimborso della somma capitale e il pagamento degli interessi in una valuta diversa da quella in cui esse furono emesse.

currency overvaluation: ***sopravvalutazione di una moneta.*** Fenomeno che si verifica principalmente a causa dell'afflusso di capitali stranieri in un paese, la cui valuta viene quotata a prezzi di molto superiori a quelli effettivi. In questa situazione si trovano spesso il marco tedesco e il franco svizzero e per la prima metà degli anni ottanta il fenomeno interessò anche il dollaro statunitense. Per correggere la sopravvalutazione, si può ricorrere ad accordi con i propri partner commerciali o a manovre di rivalutazione o svalutazione che toccano sia la valuta del paese interessato che quella dei paesi che hanno con quest'ultimo notevoli rapporti commerciali.

currency parity: ***parità monetaria; parità valutaria.*** Termine raramente usato nel significato di *par rate of exchange* (v.).

currency principle: ***principio monetario; principio metallico.*** Termine usato come sinonimo di *currency school principle* (v.).

currency rates: ***tassi di cambio.*** Termine del linguaggio bancario britannico, usato per indicare i tassi di cambio (v. *exchange rate*) quotati in termini di unità valutarie estere per una sterlina.

currency realignment: ***riallineamento valutario.*** Lo stesso che *exchange rate realignment* (v.).

currency reform: ***riforma valutaria.*** La modifica della normativa che regolamenta le operazioni valutarie di un paese e che riguarda i flussi di capitale in entrata e in uscita, sia in relazione ad attività di scambi commerciali, sia in relazione a investimenti provenienti da e diretti verso paesi esteri, nonché la possibilità dei residenti di effettuare operazioni in valuta estera per i più vari motivi. Lo stesso termine inglese viene a volte usato con lo stesso significato di *monetary reform* (v.).

currency regime: ***regime valutario.*** Lo stesso che *monetary regime* (v.).

currency regulations: ***norme valutarie.*** L'insieme di leggi e atti amministrativi che regolamentano le operazioni valutarie tra residenti di diversi paesi.

currency revaluation: ***rivalutazione ufficiale.*** V. spiegazione sotto *revaluation.*

currency risk: ***rischio della valuta.*** Il rischio cui va incontro un investitore quando i beni nei quali investe sono denominati in una valuta diversa da quella del paese in cui risiede. Il termine, pertanto, è grosso modo un sinonimo di *exchange risk* (v.).

Currency School: ***scuola metallica.*** Nome con il quale si indica un gruppo di economisti, statisti e uomini d'affari (tra i quali R. Torrens, S.J. Loyd, W. Ward, G.W. Norman e Lord Overstone) che sostennero il cosiddetto principio metallico nella polemica sulla politica monetaria, sorta in Gran Bretagna nella prima metà del secolo diciannovesimo. (v. anche *currency school principle, Banking School, banking school principle*)

currency school principle: ***principio monetario; principio metallico.*** È così chiamato il nucleo di teorie, sostenuto dalla *Currency School* (v.), in contrasto con le teorie sostenute dalla *Banking School* (v.). La scuola metallica sosteneva, tra l'altro, che la convertibilità in oro dei biglietti di banca non costituiva sufficiente garanzia contro un'eccessiva emissione di carta moneta. Pertanto, essi sostenevano che se doveva esserci un'emissione fiduciaria, essa doveva ridursi al minimo indispensabile e ogni biglietto emesso in più doveva essere integralmente garantito dall'oro. La lunga ed accesa controversia tra le due scuole terminò quando l'Atto di Peel del 1844 regolò l'emissione della Banca d'Inghilterra nel senso auspicato dalla *Currency School.* (v. anche *banking school principle*)

currency speculation: ***speculazione valutaria.*** Forma di speculazione che ha per oggetto una valuta. Si acuisce in periodi in cui si diffondono voci circa una probabile svalutazione ufficiale della moneta in questione, pur se il rischio cui va incontro lo speculatore può essere maggiore o minore a seconda che la valuta abbia un tasso di cambio fluttuante o fisso.

currency speculator: ***speculatore sui cambi.*** Chi effettua operazioni speculative su valute estere, in previsione di forti oscillazioni nei loro rapporti di cambio.

currency stabilization: ***stabilizzazione della moneta; stabilizzazione valutaria.*** L'insieme di interventi di politica economica e monetaria tendenti a stabilizzare il potere d'acquisto interno di una moneta e il suo valore di cambio.

currency standard: ***indice della moneta; indice monetario.*** Uno qualsiasi dei numeri indici usati per misurare il valore della moneta, quale ad esempio il *cash transactions standard* (v.) e il *cash balances standard* (v.).

currency swap: **1.** ***riporto valutario.*** Espressione con la quale si indica l'accordo del 1966 tra Regno Unito e la Banca dei Regolamenti Internazionali, tendente a neutralizzare i movimenti a breve termine che colpivano le riserve valutarie del Regno Unito a seguito della conversione in altre valute dei saldi in sterline che i paesi stranieri, principalmente quelli dell'area della sterlina, tenevano presso la Banca d'Inghilterra. Tale accordo, che fu rinnovato nel 1967 e nel 1968, intendeva realizzare lo scopo suddetto attraverso prestiti di valute estere al Regno Unito. **2.** ***scambio di valute; permuta di valute.*** Nella più recente terminologia finanziaria, si indica con questa espressione lo stesso strumento spiegato sotto *swap 2* (v.), allargato a operatori estranei al sistema bancario, che comporta lo scambio sia dei tassi d'interesse che delle somme capitali. Un tipico *currency swap* potrebbe funzionare come segue. Supponiamo che due mutuatari, A e B, possono accedere ai mercati dei prestiti in dollari e in marchi alle seguenti condizioni: A, 13% sui dollari e 6% sui marchi; B, 11% sui dollari e 5% sui marchi; scarto tra A e B: 200 punti base sui dollari e 100 punti base sui marchi. B gode di maggior credito di A su ambedue i mercati e può contrarre mutui a costi più bassi, ma gode anche di un vantaggio relativo sul mercato dei dollari. Supponiamo anche che, al fine di bilanciare il loro portafoglio, A preferisca denominare parte del suo debito in dollari e B in marchi. In tal caso, B dovrebbe prendere a prestito dollari e A marchi, per poi accordarsi di servire i debiti l'uno dell'altro in maniera vantaggiosa per entrambi. A seconda dei loro accordi, B riceverà da A tra 100 e 200 punti base all'anno, ma A otterrà i dollari che vuole a un prezzo inferiore a quello che avrebbe pagato se li avesse presi in prestito direttamente sul mercato. B, da parte sua, tenuto conto di ciò che riceverà da A, pagherà i marchi a un costo inferiore a quello che avrebbe pagato senza l'accordo di swap.

currency swings: ***fluttuazioni valutarie.*** Lo stesso che *currency fluctuations* (v.).

currency translation: ***traduzione valutaria.*** V. spiegazione sotto *translation*.

currency undervaluation: ***sottovalutazione di una moneta.*** V. spiegazione sotto *undervalued currency*.

currency union: ***unione valutaria.*** L'adozione di una valuta unica da parte di più paesi. È logico che ciò si realizzi in un gruppo di paesi commercialmente e finanziariamente integrati, quali quelli che costituiscono una comunità economica del tipo della CEE. Il termine inglese ha lo stesso significato di *monetary union* (v.).

currency unit: ***unità monetaria; modulo monetario.*** L'unità che sta alla base del sistema monetario di un paese e che rappresenta l'unità di misura del valore di tutti i beni e servizi scambiati entro i confini di quel paese. Può essere effettivamente coniata, come ad esempio il dollaro per gli Stati Uniti o la sterlina per il Regno Unito, o ideale e di conto, come la lira italiana. Rispetto all'unità monetaria, tutte le altre monete del paese sono suoi multipli o sottomultipli. Una unità monetaria può ma può anche non essere definita in termini di un bene, generalmente un metallo prezioso, in cui essa è convertibile. Oggi, le varie unità monetarie sono quasi dovunque rappresentate da biglietti di banca e non sono convertibili in alcun metallo prezioso.

current account: ***conto corrente.*** 1) Tipo di deposito bancario, caratterizzato da prelevamenti mediante l'emissione di assegni bancari da parte del correntista. Nel Regno Unito e negli Stati Uniti tale tipo di conto di regola non frutta alcun interesse, considerandosi contropartita del deposito il servizio che la banca fornisce al cliente. Tuttavia, si va sempre più diffondendo nel Regno Unito la pratica di concedere un modesto tasso d'interesse sui depositi in conto corrente, specialmente quando gli accordi intercorsi tra banca e correntista prevedono una giacenza minima sul conto per tutto l'arco dell'anno (v. anche *negotiable order of withdrawal account*). 2) Conto tra due imprese collegate, o tra agente e principale, che riflette i movimenti di contanti, merci o altre partite dall'una verso l'altra o in entrambe le direzioni. Generalmente il conto viene chiuso a scadenze prestabilite, onde consentire la liquidazione di eventuali saldi a favore di una delle due parti, per essere subito riaperto. 3) Nel linguaggio della bilancia dei pagamenti, il termine viene usato con lo stesso significato di *current account balance* (v.).

current account balance: **1.** ***saldo delle partite correnti.*** Nel linguaggio della bilancia dei pagamenti, è la differenza netta tra le importazioni e le esportazioni di beni e servizi, più gli eventuali trasferimenti unilaterali a paesi o cittadini stranieri, più i pagamenti di interessi e dividendi su prestiti e investimenti. Secondo molti autori, le eccedenze o i deficit in conto corrente costituiscono il dato statistico più utile per capire se un paese ha tratto profitti o perdite dal commercio internazionale. **2.** ***saldo di conto corrente.*** Nel linguaggio bancario, il termine viene usato con lo stesso significato di *cash balance* (v.).

current account credit: ***credito in conto corrente.*** Lo stesso che *bank overdraft* (v.).

current account deficit: ***deficit delle partite correnti; disavanzo delle partite correnti; deficit in conto corrente.*** La differenza sfavorevole al paese interessato tra ciò che esso deve dare ad altri paesi e ciò che deve ricevere da questi ultimi limitatamente alle cosiddette partite correnti, costituite principalmente da scambi di beni e servizi e pagamenti di interessi e dividendi su prestiti e investimenti, nell'arco di un determinato periodo di tempo.

current account holder: ***correntista.*** Chi è titolare di un conto corrente, acceso presso una qualsiasi banca.

current account imbalance: ***squilibrio delle partite correnti.*** Pur potendosi usare per indicare tanto un deficit quanto un'eccedenza della bilancia delle partite correnti, il termine inglese è più spesso usato con lo stesso significato di *current account deficit* (v.).

current account ledger: ***libro mastro dei conti correnti.*** Nelle banche inglesi tale libro non è più in uso, essendo stato quasi dovunque sostituito dagli impianti di contabilità meccanizzata o computerizzata. In esso, si registravano tutti i dettagli e i movimenti relativi ai conti correnti che una banca intratteneva con i suoi clienti.

current account overdraft: ***scoperto di conto corrente.*** Lo stesso che *bank overdraft* (v.).

current account register: ***registro dei conti correnti.*** Nelle banche inglesi è il registro nel quale sono elencati i nomi dei correntisti con a fianco il numero del conto corrente assegnato a ciascuno di loro. Tale numero sarà usato in tutte le operazioni relative al conto corrente che rappresenta e sostituisce a tutti gli effetti il vecchio sistema del conto nominativo.

current account surplus: ***eccedenza delle partite correnti; eccedenza in conto corrente.*** Questo termine indica esattamente l'opposto di quanto descritto sotto *current account deficit* (v.) e cioè l'eccedenza tra ciò che un paese deve ricevere da altri paesi e ciò che deve dare a questi ultimi, limitatamente alle partite correnti, nell'arco di un determinato periodo di tempo.

current–asset cycle: ***ciclo delle attività correnti.*** Il periodo di tempo necessario perché le vendite eguaglino le attività correnti.

current assets: ***attività correnti; disponibilità.*** Attività prontamente convertibili in contanti, entro il periodo massimo di un anno. Le cinque suddivisioni delle attività correnti sono di solito: contanti; investimenti temporanei; crediti; scorte; e risconti attivi.

current balance: ***saldo corrente; saldo delle partite correnti.*** Il saldo della bilancia dei pagamenti relativo alle partite visibili ed invisibili, con l'esclusione dei movimenti di capitali o conti del dare e dell'avere.

current banknote: ***banconota corrente.*** Termine usato per distinguere una banconota a corso legale in un paese da un'altra che è stata ritirata dalla circolazione perché demonetizzata.

current budget: ***budget corrente.*** Nella contabilità aziendale, indica la proiezione di costi e ricavi a livelli di attività previsti, mentre nella contabilità di stato indica le entrate e le uscite correnti previste nel bilancio statale.

current capital: ***capitale corrente.*** Lo stesso che *working capital 1* (v.).

current coin: ***moneta metallica corrente.*** Termine usato per distinguere una moneta metallica a corso legale in un paese da altre che sono state ritirate dalla circolazione perché demonetizzate.

current consumption: ***consumi correnti; consumi quotidiani.*** I consumi abituali di ogni giorno di un singolo individuo o di una comunità, pagati con esborsi del reddito corrente. Quanto più alti sono questi consumi, tanto più basso è il tasso di risparmio dell'individuo o della comunità e quindi tanto più basso sarà l'incremento degli stessi consumi in futuro.

current cost: ***costo corrente.*** Costo espresso in base al livello dei prezzi correnti di parte o tutti gli elementi che costituiscono un bilancio o un conto profitti e perdite. Si ottiene applicando uno o più numeri indici al costo storico o sostituendo ai prezzi storici i prezzi correnti di beni e servizi equivalenti.

current cost accounting: ***contabilità a costi correnti; contabilità a costi di rimpiazzo.*** È un sistema di contabilità relativamente recente, secondo il quale i beni capitali di un'impresa non vengono contabilizzati in base al loro costo storico, bensì in base al loro valore a nuovo, cioè il costo che si dovrebbe sostenere al momento per sostituire i beni in questione. In tal modo, i conti aziendali riflettono effettivamente gli effetti delle variazioni di prezzo sull'andamento dell'impresa, mediante l'iscrizione in bilancio delle rivalutazioni annue di tutte le attività non monetarie dell'impresa. È uno dei metodi più diffusi di contabilità per inflazione (v. anche *current purchasing power accounting*).

current cost depreciation: ***ammortamento a costi correnti.*** Ammortamento calcolato in base ai costi correnti.

current cost reserve: ***riserva per costi correnti.*** Accantonamento di utili allo scopo di poter far fronte agli effetti delle variazioni dei prezzi in periodi di rapida inflazione.

current debt: ***debito corrente.*** È un debito con scadenza entro il periodo massimo di un anno.

current exchange: ***cambio corrente; cambio del giorno.*** Termine usato come sinonimo di *current rate of exchange* (v.).

current expenditure: ***spese correnti; spese di esercizio.*** Sono le spese che coprono un costo di gestione o un incremento del capitale fisso durante un determinato periodo contabile.

current expense: ***spesa corrente.*** È la spesa relativa ad un dato periodo o una normale spesa di gestione. Il termine inglese si contrappone a *non–recurring charge* (v.).

current fund: ***stanziamento corrente; stanziamento per spese correnti.*** Stanziamento che si riferisce a scopi di carattere generale e a spese ricorrenti e, pertanto, diverso da uno stanziamento fatto per scopi specifici o spese non ricorrenti.

current funds: ***fondi correnti.*** Il termine inglese indica contanti e altre attività di pronto realizzo. Vi sono inclusi gli investimenti temporanei, i pagherò cambiari a breve scadenza, i crediti, ecc. Il termine, quindi, indica fondi in parte diversi da quelli designati come attività correnti. (v. anche *current assets*)

current income: ***utili correnti.*** Termine usato con lo stesso significato di *current profits* (v.).

current investment: ***investimento a breve termine; investimento corrente.*** È l'investimento in valori mobiliari di pronto realizzo, come mezzo per mettere a frutto disponibilità di cassa temporaneamente eccedenti il fabbisogno immediato. Nella teoria keynesiana, il termine indica l'incremento del valore degli impianti derivante dall'attività produttiva del periodo considerato e, pertanto, equivalente a ciò che Keynes definisce risparmio nello stesso contesto, in quanto l'investimento corrente è quella parte di reddito del periodo che non è stata utilizzata in consumi e può essere sinteticamente definito come acquisti da altri imprenditori, meno il costo delle utilizzazioni.

current liabilities: ***passività correnti.*** Passività da pagarsi entro il successivo esercizio e, pertanto, entro il periodo approssimativo di un anno. Sono, in definitiva, debiti per beni e servizi ricevuti.

current liquidity ratio: ***rapporto di liquidità corrente; rapporto di cassa corrente.*** Si ottiene sottraendo dalle passività correnti le attività correnti o liquide, dividendo la cifra così ottenuta per i profitti o il flusso di cassa e moltiplicando quest'ultima cifra per 365, cioè i giorni dell'anno.

current maintenance: 1. ***manutenzione ordinaria; manutenzione corrente.*** La manutenzione strettamente necessaria a mantenere un immobile, una macchina o altro capitale fisso in condizioni di svolgere al meglio la propria funzione durante la sua vita utile. **2.** ***costi di manutenzione ordinaria; costi di manutenzione corrente.*** Le spese sostenute in relazione a quanto detto sopra.

current market price: ***prezzo corrente di mercato.*** È il prezzo al quale, in un determinato giorno, un bene o servizio può essere o è stato acquistato e venduto in un determinato mercato.

current market value: ***valore corrente di mercato.*** Lo stesso che *current value* (v.).

current money: ***moneta corrente; valuta corrente.*** Termine usato per distinguere la valuta, rappresentata da monete metalliche e banconote, a corso legale in un paese da quella ritirata dalla circolazione perché demonetizzata. Nella sua opera *Teoria pura della moneta*, J. M. Keynes indica con questo termine l'aggregato di moneta di stato (e moneta della banca centrale se questa è presente nel sistema) e di moneta delle banche partecipanti detenuta dal pubblico. (v. anche *chartalist money, central bank money, member bank money*)

current–outlay cost: ***costo vivo corrente.*** Costo che richiede una spesa corrente di cassa. Il termine viene usato come opposto di costo sommerso. (v. anche *sunk cost*)

current output: ***produzione corrente.*** La produzione corrente di una comunità, distinta dal suo reddito monetario, è un flusso di beni e servizi costituito da due parti: a) il flusso di beni e servizi disponibili per il consumo immediato; b) il flusso netto di incrementi di beni capitali e di capitale prestiti non disponibili per il consumo. (v. anche *available output, non–available output*)

current position: ***rapporto tra attivo e passivo.*** Più precisamente è il rapporto fra le attività e le passività correnti di un'impresa ad una certa data.

current price: ***prezzo corrente; prezzo del giorno.*** È il prezzo al quale un bene viene offerto o domandato in un qualsiasi giorno o il prezzo registrato al momento della vendita.

current profits: ***utili correnti; profitti correnti.*** L'utile di un'impresa derivante dall'esercizio della sua normale attività. Corrisponde alla differenza tra ricavi e costi.

current purchasing power accounting: ***contabilità a potere d'acquisto corrente.*** Termine obsoleto, oggi sostituito dal più moderno *constant purchasing power accounting* (v.).

current rate: ***tariffa corrente.*** La tariffa di un servizio in vigore al momento in cui viene presa in considerazione.

current rate of exchange: ***tasso corrente di cambio; tasso di cambio del giorno.*** Il tasso al quale una valuta può essere o è stata cambiata per altre valute in un determinato giorno e su un determinato mercato valutario.

current ratio: ***quoziente di liquidità; rapporto di liquidità; quoziente di disponibilità; rapporto tra disponibilità e debiti a breve termine.*** Lo stesso che *acid–test ratio* (v.).

current replacement cost: ***costo corrente di rimpiazzo.*** È il costo che sarebbe necessario sostenere, ai prezzi correnti di mercato, per sostituire una qualsiasi attività contabilizzata in un bilancio in base al sistema dei costi storici.

current replacement value: ***valore corrente di rimpiazzo.*** Termine usato con lo stesso significato di *current replacement cost* (v.).

current reproduction cost: ***costo di rimpiazzo corrente; costo di riproduzione corrente.*** Lo stesso che *reproduction cost* (v.).

current return: ***rendimento immediato; rendimento corrente.*** Lo stesso che *current yield* (v.).

current spending: ***spese correnti; spese in conto corrente.*** Erogazioni monetarie dirette a far fronte alle spese correnti, quali ad esempio stipendi dei dipendenti, pagamenti di pensioni e altri trasferimenti, ecc. Il termine è di solito usato in relazione alla spesa pubblica, ma può essere usato come sinonimo di *current expenditure* (v.).

current standard: ***standard corrente.*** In contabilità, è uno standard che si riferisce a ciò che dovrebbe effettivamente aver luogo nel periodo di tempo cui si riferisce o nel quale viene calcolato. A differenza dello standard di base, esso non rimane in essere per lunghi periodi di tempo, bensì viene costantemente sorvegliato e modificato ad ogni mutamento delle condizioni che riflette.

current standard cost: ***costo standard corrente.*** È un costo standard basato su spese previste per materiali e servizi e sulla migliore efficienza realizzabile alle condizioni di produzione esistenti.

current supplementary cost: ***costo supplementare corrente.*** Lo stesso valore del costo supplementare originario, ricalcolato e aggiornato sulla base dei valori correnti e delle aspettative correnti. (v. anche *basic supplementary cost*)

current taxation: ***imposte e tasse correnti.*** Termine contabile con il quale si indicano le somme dovute al fisco, per tasse e imposte, nel prossimo futuro.

Current Tax Payment Act: Legge, approvata dal Congresso degli Stati Uniti nel 1943, con la quale si instaurava la ritenuta fiscale alla fonte su determinati tipi di reddito. Il datore di lavoro era autorizzato a prelevare una determinata percentuale dallo stipendio o dal salario del lavoratore, che doveva poi versare direttamente al fisco. Le imposte così trattenute costituivano un credito del lavoratore, che le detraeva dall'ammontare di imposta che doveva pagare all'atto della presentazione della propria dichiarazione dei redditi al termine di ciascun determinato periodo fiscale. Tale forma di prelievo fiscale serve a fornire entrate correnti al fisco, secondo il principio della liquidazione dell'imposta appena essa matura.

current transactions: ***operazioni correnti.*** Entrate ed uscite di fondi, che costituiscono, anno dopo anno, un processo contabile continuo.

current value: ***valore corrente.*** Il valore di un qualsiasi bene, calcolato in base agli attuali prezzi di mercato.

current value accounting: ***contabilità a valori correnti.*** Lo stesso che *value accounting* (v.).

current wages: ***salario corrente.*** La retribuzione di un lavoratore relativa al periodo di tempo attuale o al periodo di retribuzione appena scaduto.

current yield: ***rendimento immediato; rendimento corrente.*** Negli Stati Uniti, il termine indica il rendimento percentuale equivalente al rapporto tra il reddito corrente di un investimento obbligazionario e il prezzo di acquisto o il prezzo corrente dell'investimento. Nel Regno Unito, indica in particolare il rendimento annuo che un investitore si assicurerebbe investendo cento sterline al prezzo corrente in un titolo che frutta un tasso di interesse determinato. Si calcola moltiplicando il tasso percentuale di interesse annuo per il valore nominale del titolo e dividendo il risultato per il prezzo di acquisto. Tale calcolo non prende in considerazione le imposte a carico dell'investitore, né eventuali perdite o utili al momento del rimborso.

curt.: current.

curve of frequency: ***curva di frequenza.*** V. spiegazione sotto *frequency curve.*

curvilinear correlation: ***correlazione curvilinea; correlazione non lineare.*** Lo stesso che *non–linear correlation* (v.).

custodian: ***banca depositaria.*** Banca o società fiduciaria che custodisce il contante e i valori mobiliari di una società d'investimento. Tali istituti, limitandosi alla custodia, non esercitano alcuna mansione di gestione o di controllo su quanto ricevuto in deposito.

custodian account: ***deposito a custodia.*** Termine usato negli Stati Uniti come sinonimo di *custody account* (v.).

custodian bank: ***banca depositaria.*** Lo stesso che *custodian* (v.). Negli Stati Uniti, il termine indica una qualsiasi banca o società fiduciaria che, sotto la supervisione e il controllo statale o federale, funge da supervisore delle altre banche e da depositario della stanza di compensazione.

custodian trustee: Termine con il quale si indica un fiduciario che ha la custodia, ma non l'amministrazione o la gestione, di beni mobili o immobili. È, ad esempio, la funzione che svolge una banca depositaria a favore di un fondo comune d'investimento. (v. anche *custodian*)

custody account: ***deposito a custodia.*** Contratto in base al quale una banca, in cambio di un diritto, tiene in custodia valori mobiliari e provvede all'incasso degli interessi o dei dividendi e della somma capitale alla scadenza dei titoli obbligazionari. La banca esegue anche ordini di acquisto e vendita provenienti dal proprietario dei titoli e altri servizi inerenti al deposito, quale ad esempio l'invio di un rendiconto a scadenze prestabilite.

custody account analysis: ***analisi di portafoglio.*** Nella tecnica bancaria, è uno dei servizi di consulenza offerti ai clienti. Consiste nell'esame di depositi titoli in amministrazione per quanto riguarda il loro valore di mercato, il reddito e la ripartizione del rischio per settori, paesi e valute.

custody account book–keeping: ***contabilità di portafoglio.*** L'insieme di rilevazioni contabili relative ad un portafoglio di valori mobiliari affidati ad una banca in deposito in amministrazione.

custody account charges: ***diritti di custodia.*** Competenze che le banche si fanno pagare su base annua a copertura delle spese di custodia e amministrazione di un portafoglio di valori mobiliari.

custody bill of lading: ***polizza di carico di custodia.*** Forma di polizza di carico creata dalla *Bill of Lading Conference Committee* nel 1909 e usata nel commercio del cotone. La circolare del 6 gennaio 1909 che l'annunciava, diceva: «Questa polizza di carico può essere emessa dopo la consegna del cotone, ma prima dell'arrivo in porto della nave.» Essa, infatti, oltre a costituire il contratto di trasporto marittimo, serve anche da documento attestante l'avvenuta consegna del cotone presso i magazzini della compagnia di navigazione, in attesa che esso venga caricato a bordo per essere trasportato a destinazione.

custom: 1. ***avviamento; clientela.*** Il termine inglese indica i clienti che per consuetudine si servono presso un'impresa commerciale, ma anche la possibilità di lucri futuri derivante appunto dall'immagine che dell'impresa ha il consumatore suo cliente abituale. **2.** ***consuetudine.*** Usanza indiscussa che ha l'effetto di legge non scritta, perché universalmente osservata in un commercio o in un'attività.

customary form: ***forma contabile; forma normale.*** In relazione a rendiconti finanziari, indica la *account form* (v.) di un bilancio e la *report form* (v.) di un conto profitti e perdite.

customary tare: ***tara consuetudinaria; tara d'uso.*** È la tara calcolata come abbuono di peso fisso, quando i vari colli sono sempre ed invariabilmente simili e il loro peso uniforme al punto da consentire l'abbuono in percentuale fissa del peso stesso.

custom–built: ***costruito a richiesta; costruito su ordinazione.*** Termine usato come sinonimo di *custom–made* (v.).

customer: ***cliente; utente; avventore.*** È la persona che effettua acquisti di beni presso un negozio o altro esercizio commerciale o di servizi da un'azienda di erogazione, in maniera generalmente continua e regolare.

customer assistance: ***assistenza alla clientela.*** Espressione usata con lo stesso significato di *customer service* (v.).

customer classification: ***classificazione dei clienti.*** La suddivisione dei consumatori in classi ai fini di operare, nei loro confronti, una discriminazione di prezzo.

customer cost: ***costo utenti.*** Nelle aziende di erogazione di gas, elettricità ed acqua, indica il totale dei costi calcolati in base al numero e alla residenza degli utenti, piuttosto che in base al tasso massimo di utilizzazione o utilizzazione media del servizio.

customer frontage: È un metodo per calcolare l'efficienza di utilizzazione degli spazi nelle vendite al dettaglio, ad esempio ponendo in relazione la quantità delle vendite col numero di metri di bancone destinati all'esposizione di prodotti.

customer goodwill: ***favore dei clienti.*** È quella parte dell'avviamento di un'impresa commerciale che si basa sulla disponibilità di un certo numero di consumatori di concedere la loro preferenza ai beni o servizi prodotti o venduti dall'impresa.

customer market: ***mercato dei beni di consumo.*** Lo stesso che *consumer market* (v.).

customer policy: ***politica dei clienti.*** È la politica che un'impresa decide di adottare nei confronti della sua clientela.

customer rate: ***tasso di costo utenti.*** Nelle aziende di erogazione, è il tasso basato su un qualche indice di costo utenti. È generalmente usato in concomitanza con qualche altro tipo di indice per calcolare la tariffa da applicarsi al prodotto.

customer risk: ***rischio del cliente.*** Per una qualsiasi impresa, e in particolare per le imprese di intermediazione finanziaria, è il rischio rappresentato dalla possibilità che il cliente non voglia o non sia in grado di rispettare gli accordi intercorsi tra le due parti.

customer's broker: ***commesso di borsa.*** Lo stesso che *customer's man* (v.).

customer service: ***servizio ai clienti; assistenza ai clienti.*** È una delle ragioni per cui i consumatori diventano clienti di un'impresa commerciale e comprende, ad esempio, la consegna gratuita a domicilio, la resa o il cambio di articoli venduti, la concessione di credito, ecc. Assieme all'altra caratteristica della diversa ubicazione di un esercizio commerciale, che lo rende più comodo per una parte dei consumatori, è alla base del fenomeno della concorrenza imperfetta nel commercio al dettaglio.

customer service department: ***ufficio assistenza clienti.*** Ufficio o reparto di un'impresa commerciale preposto all'organizzazione e allo svolgimento del servizio di assistenza ai clienti.

customers ledger: ***partitario clienti.*** L'insieme dei conti intestati ai clienti di un'impresa. Il totale dei conti, che generalmente hanno un saldo attivo, ha corrispondenza con un saldo attivo di uguale ammontare in un conto di controllo nel libro mastro generale. (v. anche *purchases ledger*)

customer's man: ***commesso di borsa.*** Impiegato di una ditta di operatori, membri della *New York Stock Exchange* (v.), che è autorizzato ad accedere alla borsa e a trattare con i clienti.

custom–free: ***franco di dazio; esente da dazio; franco dogana; in franchigia doganale.*** Variante grafica di *customs–free* (v.).

custom–house: ***dogana; uffici doganali.*** Il termine inglese indica semplicemente i locali presso i quali ha sede la dogana, pur se a volte viene usato, specialmente in funzione aggettivale, per indicare il servizio svolto dall'amministrazione delle dogane.

custom–house agent: ***spedizioniere doganale.*** Termine usato con lo stesso significato di *customs agent* (v.).

custom–house barrier: ***barriera doganale.*** Lo stesso che *customs barrier* (v.).

custom–house broker: ***spedizioniere accreditato.*** Termine usato con lo stesso significato di *customs broker* (v.).

custom–house certificate: ***certificato doganale.*** Termine generico con il quale viene indicato un qualsiasi documento rilasciato dalle autorità doganali di un paese o comunque connesso alle operazioni doganali di importazione ed esportazione.

custom–house office: ***ufficio di dogana.*** Un qualsiasi ufficio dell'amministrazione delle dogane di un paese.

custom–house officer: ***ufficiale di dogana; funzionario di dogana.*** Persona impiegata presso l'amministrazione delle dogane di un paese e preposta all'applicazione delle leggi e disposizioni doganali.

custom–house report: ***dichiarazione di entrata.*** Entro ventiquattr'ore dall'arrivo in porto, il comandante di una nave deve presentarsi agli uffici della dogana per rilasciare la dichiarazione di entrata, cioè fornire particolari relativi alla nave da lui comandata, all'equipaggio e al carico. Generalmente la dichiarazione viene preparata in anticipo dal procuratore o dal sensale locale dell'armatore, sulla base del manifesto pervenutogli per posta, e tutto quello che il comandante deve fare è apporre la sua firma a tale dichiarazione.

custom–made: ***prodotto su ordinazione; fatto su richiesta.*** Espressione aggettivale usata nel linguaggio industriale e commerciale statunitense per indicare beni prodotti non in serie, ma su particolare ordinazione o commessa del cliente. Può riferirsi ad oggetti personali o a prodotti industriali.

custom officer: ***ufficiale di dogana; funzionario di dogana.*** Termine usato come sinonimo di *custom–house officer* (v.).

custom of the port: ***consuetudine del porto.*** Nel linguaggio dei trasporti marittimi, indica pratiche e consuetudini che sono gradualmente andate consolidandosi in un determinato porto in relazione al movimento di navi, con particolare riferimento alle operazioni di caricazione e discarica.

custom of trade: ***consuetudine commerciale.*** Termine usato con lo stesso significato di *custom 2* (v.).

custom operations: ***operazioni doganali.*** Le operazioni che devono essere svolte in relazione all'importazione o all'esportazione di beni.

custom production: ***produzione su ordinazione.*** Lo stesso che *job production* (v.).

customs: ***dazi doganali.*** Termine usato come sinonimo meno frequente di *customs duties* (v.).

customs agent: ***spedizioniere doganale.*** Una persona particolarmente esperta nell'espletamento delle pratiche doganali relative all'importazione e all'esportazione di merci. Tale compito può anche essere, e di solito è, svolto da un qualsiasi spedizioniere internazionale.

Customs and Excise: ***Ufficio delle imposte indirette.*** Lo stesso che *excise 2* (v.).

customs and excise duties: ***dazi interni ed esterni.*** Mentre il termine *customs duties* (v.) indica i dazi imposti su beni provenienti dall'estero, il termine *excise duties* (v.) indica i dazi imposti all'interno del paese sotto forma, ad esempio, di imposte di fabbricazione o simili.

customs and excise regulator: ***regolatore dei dazi.*** Termine usato nel Regno Unito per indicare un moderno strumento di politica monetaria e precisamente la facoltà del Cancelliere dello Scacchiere di variare, fino ad un massimo del venti per cento, l'aliquota dell'imposta sugli acquisti, oggi d'altronde abolita, e l'imposta di fabbricazione sulla benzina e sui tabacchi, senza la preventiva autorizzazione del parlamento. La funzione del regolatore dei dazi è quella di consentire il reperimento di maggiori fondi quando la situazione economica del paese richiede maggiori spese statali. Tale strumento, tuttavia, è stato raramente applicato di recente, anche perché l'entità del gettito è risultata poco consistente.

customs appraiser: ***ispettore di dogana.*** Termine usato con lo stesso significato di *customs surveyor* (v.).

customs area: ***zona doganale; territorio doganale.*** È l'area geografica sulla quale si estendono il controllo e la giurisdizione di un ufficio dell'amministrazione delle dogane.

customs authorities: ***autorità doganali.*** Le autorità di un paese preposte ad applicare e a far rispettare le leggi e le disposizioni doganali in vigore nel paese.

customs barrier: ***barriera doganale.*** È una delle barriere che ostacolano la libera circolazione di beni e servizi tra i paesi e precisamente quella rappresentata dai dazi di importazione o da qualsiasi altra forma di controllo o limitazione delle importazioni.

customs bill of entry: ***bolla doganale; bolletta doganale.*** È un modulo stampato sul quale l'importatore o l'esportatore riportano tutti i particolari relativi alle merci che devono passare per la dogana e cioè nome e cognome dell'interessato, natura, quantità e prezzo delle merci, luogo di origine e di destinazione, ecc.

customs bills of entry: Elenchi quotidiani, pubblicati dalle autorità doganali britanniche, che danno informazioni sulle navi inglesi che arrivano o partono dai porti del Regno Unito e sul carico che trasportano. La *Bill A* (v.) tratta di tutte le navi in generale, mentre la *Bill B* (v.) tratta in particolare delle navi da e per il porto di Londra.

customs bond: ***cauzione doganale.*** Documento formale, che può essere rappresentato da una polizza fideiussoria o da una fideiussione bancaria, presentata alle autorità doganali dall'importatore che introduce beni di provenienza estera in un magazzino doganale o nel paese in franchigia doganale basata sull'istituto della temporanea importazione. Tale documento garantisce alle autorità doganali il pagamento futuro del dazio di importazione nel momento e nei modi in cui sarà dovuto.

customs boundaries: ***frontiere doganali.*** Termine usato con significato figurato, per indicare i dazi doganali che fanno da frontiera, impedendo la libera circolazione di beni e servizi tra due o più paesi.

customs broker: ***spedizioniere accreditato.*** È un *broker* (v.) autorizzato dalle dogane a sbrigare, per conto degli importatori, le pratiche relative allo sdoganamento di merci provenienti dall'estero.

customs clearance: ***sdoganamento; svincolo; sdaziamento.*** Prima che l'importatore possa prendere possesso delle merci importate, esse devono essere rilasciate dalla dogana previo il pagamento del dazio di importazione, se le merci sono soggette a dazio, e il disbrigo delle pratiche relative all'ingresso delle merci nel paese. Ciò prevede la presentazione del manifesto di carico da parte della nave che ha trasportato le merci, della fattura originale o consolare da parte dell'importatore, delle dichiarazioni doganali prescritte e il pagamento del relativo eventuale dazio.

customs debenture: ***scontrino per il rimborso di dazio.*** Lo scontrino rilasciato dalle dogane per merci in temporanea importazione, cioè che saranno riesportate. In questo caso, alcuni paesi prevedono che il dazio venga pagato dall'importatore, ma che gli sia restituito quando le merci, dopo il trattamento per cui sono state importate, verranno rispedite all'estero. (v. anche *customs drawback*)

customs declaration: ***dichiarazione doganale.*** Il termine inglese, di significato più limitato di quello italiano, indica la dichiarazione che è tenuto a rilasciare chi spedisce un pacco postale all'estero. Viene rilasciata su un modulo apposito e, tra le altre cose, deve indicare il contenuto del pacco e il suo valore.

customs drawback: ***dazio doganale di ritorno; drawback.*** È il dazio d'importazione, precedentemente pagato dall'importatore, che viene restituito dall'amministrazione al momento della riesportazione di merci che erano state temporaneamente importate per essere sottoposte ad un qualche trattamento. Lo stesso termine indica la restituzione di dazio pagato sulle materie prime incorporate in un prodotto industriale esportato o la restituzione di imposte di fabbricazione o di altri tributi pagati all'interno. Lo scopo è, ovviamente, quello di rendere il prodotto competitivo sui mercati esteri, riducendone il costo. (v. anche *customs debenture*)

customs duties: ***dazi doganali; dazi esterni.*** Sono imposte indirette sui consumi, che colpiscono la circolazione di beni da un paese a un altro. Si distinguono in dazi di importazione, oggi quasi totalmente aboliti negli scambi tra paesi che fanno parte di una qualsiasi delle tante unioni doganali quale ad esempio la Comunità Economica Europea, e dazi di esportazione, anch'essi aboliti nella quasi totalità dei casi. Anche i dazi di transito sono stati aboliti quasi in tutti i paesi del mondo. I dazi protettivi, ancor oggi in uso in gran parte dei paesi, servono a proteggere le industrie nazionali dalla concorrenza estera. (v. anche *export duties, import duties, transit duties, protective duty*)

customs entry: ***dichiarazione doganale.*** Elenco consegnato alle autorità doganali dall'importatore o dallo spedizioniere e contenente peso, valore, descrizione delle merci e loro destinazione o provenienza a seconda se vengono esportate o importate. (v. anche *entry for warehousing, entry for home use, free entry, entry outwards*)

customs examination: ***visita doganale.*** Visita effettuata da funzionari di dogana, ad una nave o ad un magazzino presso il quale sono depositate merci schiave di dazio, al fine di accertare se esse corrispondono a quanto dichiarato nei relativi documenti d'importazione e di stabilire l'ammontare del dazio di importazione che si deve pagare su di esse.

customs fence: ***cinta doganale.*** È il confine di un paese, quando l'ingresso in esso di determinati beni e servizi sia assoggettato al pagamento di un dazio doganale di importazione.

customs formalities: ***formalità doganali.*** L'insieme delle operazioni che devono svolgersi, in base alle leggi doganali, in relazione all'importazione o all'esportazione di beni.

customs-free: ***franco da dazio; esente da dazio; franco dogana; in franchigia doganale.*** Espressione aggettivale usata in relazione a beni di importazione non soggetti al pagamento di dazio.

customs guard: ***doganiere.*** Termine generico usato per indicare un impiegato delle dogane e, più spesso, un ufficiale doganale o un appartenente al corpo addetto a far rispettare le leggi doganali di un paese.

customs inspection: ***ispezione doganale.*** Termine usato con lo stesso significato di *customs examination* (v.).

customs invoice: ***fattura doganale.*** Particolare tipo di documento usato nel commercio internazionale, che assomma in sé le caratteristiche di una fattura e di un certificato di origine. Viene rilasciata dall'esportatore a fini doganali e redatta su un modulo ufficiale, che sarà controfirmato dalle autorità consolari del paese importatore o da quelle doganali del paese esportatore. Questo tipo di fattura contiene maggiori informazioni di una comune fattura commerciale, tra cui il valore dei beni sia nel paese esportatore che in quello importatore.

customs man: ***doganiere.*** Termine usato con lo stesso significato di *customs guard* (v.).

customs permit: ***permesso doganale; bolletta di transito.*** Documento rilasciato da un funzionario doganale, con il quale si consente la rimozione o il passaggio di beni in relazione ai quali sono state espletate tutte le richieste formalità doganali, tra cui anche il pagamento dell'eventuale dazio di importazione.

customs procedures: ***procedure doganali.*** Le procedure stabilite per legge e seguite nel corso dello svolgimento delle formalità doganali relative all'importazione o all'esportazione di beni.

customs quota: ***contingente doganale d'importazione; quota doganale d'importazione.*** Controllo delle importazioni, in base al quale si consente l'ingresso nel paese di una determinata quantità di beni ad una tariffa doganale speciale, mentre quantità addizionali di importazione dello stesso bene saranno assoggettate al pagamento di un dazio molto più alto. (v. anche *import quota*)

customs regulations: ***regolamenti doganali.*** L'insieme delle norme, derivanti dalle leggi doganali, che regolano le operazioni di importazione o esportazione di beni e che costituiscono le procedure doganali.

customs revenue duties: ***dazi doganali fiscali.*** Termine specifico, usato in contrapposizione a *excise revenue duties* (v.), con il quale si indicano i dazi di importazione citati sotto *revenue duties* (v.).

Customs Service: Negli Stati Uniti, è l'agenzia del Ministero del Tesoro preposta all'esazione dei dazi doganali, alla prevenzione delle frodi e del contrabbando e alla regolamentazione relativa all'ingresso e all'uscita dagli Stati Uniti di persone, merci e posta.

customs specification: ***distinta doganale.*** È un documento richiesto dall'amministrazione delle dogane a fini principalmente statistici. Indica il valore F.O.B. delle merci esportate e il paese di destinazione.

customs station: ***posto di dogana.*** Un qualsiasi punto del territorio dello stato ove ha sede un ufficio doganale. Può trovarsi all'interno di un porto, di un aereoporto, di una stazione o sulla linea di confine ove questa è attraversata da una strada o da una ferrovia.

customs surveyor: ***ispettore di dogana.*** Persona preposta alla valutazione di merci di importazione soggette a dazi ad valorem o di altra natura, che prevedono una preventiva stima da parte delle autorità doganali.

customs tariff: ***tariffa doganale.*** L'elenco dei dazi doganali in vigore sulle diverse categorie di beni d'importazione.

customs union: ***unione doganale.*** Gruppo di paesi che si accordano per adottare un'unica tariffa doganale nei confronti di paesi terzi, mentre al loro interno i beni possono circolare liberamente o quasi. Uno degli esempi più duraturi è quello della Comunità Economica Europea. (v. anche *Benelux, European Economic Community*)

customs valuation: ***valutazione doganale.*** La valutazione di un bene di importazione ai fini della determinazione dell'ammontare di dazio cui esso è soggetto.

customs value: ***valore doganale.*** Il valore di un bene, determinato ai fini dell'applicazione di un dazio doganale di importazione. A seconda delle pratiche adottate dal paese importatore, il valore doganale può essere molto diverso dal valore reale del bene, specialmente quando il paese tende a escludere, a fini protezionistici, determinati beni di produzione straniera.

customs warehouse: ***magazzino doganale; deposito franco; punto franco; magazzino generale.*** È il magazzino generale per il deposito di merci in franchigia doganale, gestito direttamente dallo stato o da un suo ente e non da un privato cittadino. (v. anche *bonded warehouse*)

customs warrant: ***buono di prelievo; nota di trasbordo.*** È il permesso che consente di prelevare per l'esportazione merci depositate in un magazzino doganale. Si tratta di un modulo stampato, sul quale si riportano i particolari delle merci da prelevarsi, necessario ogni volta che le merci sotto vincolo doganale vengono spostate, esportate o caricate su una nave come provviste di bordo. (v. anche *locker's order*)

customs waters: ***acque doganali.*** Le acque, intorno ad uno stato, sulle quali si estendono la giurisdizione e il controllo delle autorità doganali di un paese. (v. anche *territorial waters*)

to cut: ***ribassare; ridurre; tagliare.*** Verbo usato in relazione a spese, costi, prezzi, salari, ecc., per indicare che essi sono stati volutamente portati ad un livello inferiore al precedente.

to cut a dividend: ***ridurre un dividendo.*** Espressione usata nel linguaggio della borsa valori di Londra per indicare il pagamento di un dividendo inferiore a quello dell'anno precedente.

cutback: ***riduzione; cessazione.*** Il termine inglese indica sia l'improvvisa riduzione o cessazione dell'attività produttiva di un'impresa, sia la riduzione di personale dovuta alla diminuzione o cessazione di una delle attività produttive.

cutoff: ***interruzione; separazione.*** È l'interruzione del flusso di registrazioni contabili, ad esempio a scopo di controllo, di inventario, ecc., o il momento di trapasso tra due separate gestioni.

cutoff date: ***data d'interruzione; data di separazione.*** La data prescelta per l'interruzione del flusso di registrazioni contabili o la data che rappresenta il limite per l'attribuzione di competenza di due diverse gestioni.

cutoff rate: ***tasso di interruzione.*** Il tasso di remunerazione al quale non è più conveniente effettuare un investimento.

cut price: ***prezzo stracciato.*** Un prezzo insolitamente basso e molto al di sotto di quelli praticati dalla concorrenza. Il prezzo stracciato viene di solito praticato in occasione di lanci pubblicitari o di vendite di liquidazione.

cut–price shop: ***negozio a prezzi scontati.*** Un tipo di negozio che adotta la politica di vendere i beni di cui dispone ad un prezzo inferiore a quello praticato dalla concorrenza, preferendo realizzare un piccolo margine su una grande quantità di articoli venduti, invece che un alto margine su pochi articoli. (v. anche *discount stores*)

cut–throat competition: ***concorrenza spietata.*** Situazione di concorrenza più probabile a verificarsi in presenza di duopolio o di oligopolio imperfetto e che può prendere la forma di una guerra dei prezzi. Poiché, tuttavia, una guerra dei prezzi danneggia tutti i partecipanti, la concorrenza spietata di solito si manifesta come guerra pubblicitaria. Infatti, una situazione di oligopolio imperfetto presuppone la presenza di pochi venditori, le cui merci di solito si differenziano soltanto per la marca diversa. Pertanto, essi si danno battaglia in campo pubblicitario, cercando di conservare i propri clienti, se non di procurarsene dei nuovi, sottraendoli ai loro concorrenti. In una situazione del genere, possono verificarsi notevoli diminuzioni dei prezzi di vendita. (v. anche *competitive advertising*)

cv.: convertible.

CVA: current value accounting.

c.w.o.: cash with order.

C.W.S.: Co–operative Wholesale Society.

cwt.: hundredweight.

cy.: currency.

cybernetics: ***cibernetica.*** Lo studio dei meccanismi di controllo e comunicazione e dell'automazione. L'esempio più classico di questo controllo integrato è il termostato: un forno produce calore che viene misurato da un termostato che ne regola l'attività. In questo esempio, il calore è l'input del termostato, il cui output è la regolazione dell'attività del forno, la quale è input per il forno, il cui output è il calore, che a sua volta è input per il termostato e così via.

cycle: ***ciclo.*** Una qualsiasi di una serie di sequenze operative. Il termine può applicarsi ad una macchina, un processo, un impianto, ecc., e indica anche il tempo di durata di un tale ciclo.

cycle billing: ***fatturazione ciclica.*** La preparazione e l'invio di estratti conto a clienti di un'impresa, con relativa fattura, riferiti ad un periodo contabile. Invece di inviare tali documenti a tutti i clienti contemporaneamente, essi vengono assortiti secondo una sequenza logica prestabilita e suddivisi in gruppi cui corrisponde un ciclo di fatturazione. Ciò evita che l'ufficio contabilità sia sottoposto a periodi di lavoro estremamente intenso cui si alternano periodi di semi–inattività.

cycle count: ***ricognizione fisica ciclica.*** Nell'inventario permanente, è la ricognizione fisica completata entro un dato periodo di tempo, come ad esempio un mese o un anno.

cycle time: ***tempo di ciclo.*** Lo stesso che *floor to floor time* (v.).

cyclical: ***congiunturale.*** Pertinente a una congiuntura economica. Questo aggettivo, opposto di strutturale, è spesso usato in relazione alla bassa congiuntura o fase di depressione del ciclo economico.

cyclical budget deficit: ***disavanzo ciclico; deficit di bilancio ciclico.*** Eccedenza delle uscite rispetto alle entrate nel bilancio di uno stato, che si manifesta ciclicamente ad intervalli più o meno regolari e di solito in concomitanza col verificarsi di fasi recessive nell'attività economica. È un problema che non preoccupa la finanza pubblica, in quanto il disavanzo tende ad attenuarsi o addirittura a sparire una volta che la crisi recessiva viene lasciata alle spalle.

cyclical fluctuations: ***fluttuazioni cicliche; oscillazioni cicliche; fluttuazioni economiche; movimenti congiunturali.*** Lo stesso che *economic fluctuations* (v.).

cyclical indicator: ***indicatore congiunturale; indicatore di ciclo.*** V. spiegazione sotto *economic indicator.*

cyclical industry: ***industria ciclica.*** Un'industria che risente in maniera particolare degli alti e bassi del ciclo economico. Rientrano in questa categoria di industria pressocché tutte le imprese produttrici di beni capitali.

cyclically balanced budget: ***bilancio azzerato ciclicamente.*** Un bilancio dello stato azzerato nell'arco di un ciclo economico, ma che nei singoli anni presenta disavanzi o eccedenze.

cyclical movements: ***movimenti congiunturali; fluttuazioni economiche; fluttuazioni cicliche; oscillazioni cicliche.*** Termine usato come sinonimo di *economic fluctuations* (v.).

cyclical stocks: ***titoli ciclici.*** Espressione usata nel linguaggio delle borse valori per indicare i titoli azionari o le partecipazioni di società che risentono notevolmente dei periodi di alti e bassi delle industrie di cui fanno parte.

cyclical unemployment: ***disoccupazione ciclica; disoccupazione congiunturale.*** La disoccupazione derivante dalla fase deflazionistica del ciclo economico. Poiché è concomitante con una depressione generale dell'attività economica, essa colpisce quasi tutte le forme di produzione ed è quella cui più difficilmente si può porre rimedio.

cyclic stock check: ***inventario ciclico.*** Lo stesso che *continuous inventory* (v.).

cylinder: Termine usato con lo stesso significato di *range forward* (v.).

d, D

d.: 1) penny; pence; 2) dime.
D.: 1) delivery; 2) delivered.
d/a: days after acceptance.
D/A: 1) deposit account; 2) documents on acceptance; 3) days after acceptance; 4) discharge afloat.
D.A.A.: documents against acceptance.
DAC: Development Assistance Committee.
DAF: delivered at frontier.
daily allowance: ***diaria.*** Indennità riconosciuta sotto forma di un tanto fisso al giorno a chi viene mandato in missione in una città o in un paese diversi da quello in cui risiede, per far fronte alle spese di albergo, vitto, trasporti e simili.
daily balance: ***saldo giornaliero.*** In relazione al pagamento di interessi attivi o passivi su depositi, prestiti allo scoperto, conti correnti, ecc., è il saldo di un conto alla chiusura di ciascuna giornata del periodo al quale si riferiscono gli interessi.
daily-balance interest calculation: ***metodo scalare.*** Nella pratica bancaria, è il procedimento usualmente seguito per il calcolo degli interessi su un conto corrente. Consiste nel calcolare gli interessi in funzione dei giorni di valuta successivi all'ultima modifica del saldo, totalizzandoli alla fine del periodo contabile, di solito il 31 dicembre.
Daily List: ***listino giornaliero.*** Il listino o elenco pubblicato dalla borsa valori di Londra al termine di ciascuna giornata lavorativa. In esso vengono riportati i corsi di tutti i titoli azionari ed obbligazionari quotati in quel mercato, sia che essi siano stati oggetto di contrattazioni, sia che non siano stati affatto trattati durante la giornata. Le quotazioni riportate per ciascun titolo sono due e corrispondono al prezzo–lettera e al denaro, cioè rispettivamente il prezzo al quale un *market maker* (v.) è pronto a vendere e quello al quale è pronto a comprare. Il listino viene riprodotto nei giornali specializzati, ma in essi il corso è spesso indicato con un solo valore, che rappresenta la media fra le due quotazioni pubblicate nel listino ufficiale.
daily price limit: ***limite di corso giornaliero.*** Lo stesso che *price limit 1* (v.).
daily rate of pay: ***saggio di remunerazione giornaliero.*** Si ottiene moltiplicando il saggio orario per il numero di ore di una normale giornata lavorativa, anche se, per questioni non dipendenti dal lavoratore, le ore di lavoro prestate possono risultare in numero minore di quello consuetudinario.
daily settlement: ***compensazione giornaliera.*** La compensazione di assegni e altri titoli di credito, che ha luogo ogni giorno lavorativo presso la stanza di compensazione londinese.
daily trading limit: ***limite di contrattazione giornaliero.*** La massima escursione di prezzo consentita, nell'arco di una singola giornata di contrattazioni, a beni e titoli quotati presso borse merci e valori. (v. anche *trading limit*)
daily wage: ***salario giornaliero; salario a giornata; giornata.*** È il salario di un lavoratore, calcolato in base al lavoro di una giornata ed a volte anche pagato al termine di ciascuna giornata lavorativa. (v. anche *day rate*)
dalasi: Unità monetaria del Gambia, suddivisa in cento butut.
damage: ***danno.*** Perdita di valore o di utili, derivante da un sinistro, quale ad esempio un incendio o un incidente, o da inadempimenti contrattuali o simili.
damage certificate: ***certificato di avaria.*** Documento rilasciato dalla società che gestisce i magazzini portuali, quando vengono scaricate da una nave merci avariate. È firmato dal perito della società che, dopo aver attentamente ispezionato le merci, esprime la sua opinione sulla causa del danno. È un documento indispensabile per richiedere l'indennizzo da parte degli assicuratori, degli armatori o di chi possa essere ritenuto responsabile del danno.
damage claim: ***richiesta di risarcimento.*** Nel linguaggio delle assicurazioni, è la denuncia di un sinistro con la quale si chiede implicitamente il risarcimento dei danni derivanti da una perdita parziale.
damaged cargo: ***carico avariato; carico danneggiato.*** Carico che ha subito danni durante il trasporto.
damaged goods: ***merci avariate; merci danneggiate.*** Merci che hanno subito un danno e non sono più idonee all'uso cui erano destinate.
damage report: ***rapporto sui danni.*** Il rapporto, preparato da un perito, nel quale vengono dettagliati i danni conseguenti al verificarsi di un sinistro.
damages: ***risarcimento.*** Nel linguaggio giuridico, il termine inglese indica la somma di denaro che la parte danneggiata ha il diritto di ricevere dalla parte che ha causato il danno. Tale somma può essere determinata bonariamente mediante accordo tra le parti o può essere stabilita da un tribunale a seguito di un procedimento giudiziario.
damages at large: ***risarcimento non determinato.*** Il risarcimento di eventuali danni non previsto da un accordo o da un contratto, che dovrà essere stabilito da un tribunale.
damages for breach of contract: ***risarcimento per inadempimento contrattuale; danni causati da violazione del contratto.*** Quando una delle parti non ottempera alle condizioni stipulate in un contratto, l'altra parte può adire le vie legali per recuperare i danni che le sono derivati a seguito dell'inadempimento contrattuale. In tal caso, l'ammontare del risarcimento viene stabilito dal tribunale, che si basa sulla differenza tra la situazione economica in cui si trova la parte ricorrente a causa dell'inadempienza dell'altra parte e la situazione in cui si sarebbe trovata se il contratto fosse stato rispettato. (v. anche *liquidated damages, damnum emergens, lucrum cessans*)

damages for detention: ***danni da immobilizzazione; danni per ritardo.*** Sono i danni causati ad un armatore, o al proprietario di un qualsiasi mezzo di trasporto commerciale, quando il noleggiatore non riconsegna il mezzo alla data concordata. Lo stesso termine inglese indica genericamente il risarcimento dovuto al proprietario, secondo quanto specificamente stabilito nel contratto di noleggio. (v. anche *days of detention*)

damage survey: ***perizia dei danni.*** Ispezione effettuata da un perito sui beni colpiti da un sinistro, al fine di determinare la natura e l'ammontare dei danni.

damnum emergens: ***danno emergente.*** Nel caso di inadempimento contrattuale, nella determinazione del danno subito da una delle parti e del risarcimento cui essa ha diritto, si tiene conto del cosiddetto danno emergente, cioè il danno effettivamente prodotto dall'inadempimento dell'obbligazione contrattuale e che si manifesta nella reale diminuzione del patrimonio della parte danneggiata.

damping: ***attenuazione.*** Nel linguaggio economico, è una qualsiasi azione che abbia l'effetto di smorzare l'entità di un fenomeno. Ad esempio, una politica di prepensionamento ha l'effetto di ridurre il numero dei disoccupati in un periodo di crisi, così attenuando la crescita del numero complessivo dei disoccupati.

dandy note: ***lasciapassare per merci estere.*** Ordine di consegna, emesso dalle autorità doganali o altra autorità a ciò preposta, per il rilascio di beni in deposito doganale, destinati all'esportazione o all'imbarco come provviste di bordo.

danger money: ***indennità di rischio.*** Salario addizionale spesso pagato a lavoratori che accettano di svolgere un lavoro particolarmente rischioso o pericoloso.

dangerous cargo: ***carico pericoloso.*** Un qualsiasi carico che può mettere in pericolo l'integrità del mezzo di trasporto e la vita del suo equipaggio o del personale addetto alla sua movimentazione. Sono, ad esempio, carichi pericolosi gli esplosivi, certi tipi di acidi e simili, per i quali vengono praticate tariffe più elevate.

dangerous goods: ***merci pericolose.*** Qualsiasi tipo di merci che costituiscono un carico pericoloso. (v. anche *dangerous cargo*)

dangerous trade: ***attività pericolosa.*** Qualsiasi attività lavorativa nella quale sono presenti maggiori rischi che in altre attività. Nel Regno Unito sono state elaborate norme rigorose per tutelare i lavoratori impegnati in questo genere di attività.

darij: Moneta divisionale dell'Arabia Saudita: 22 darij equivalgono a 1 riyal.

data processing: ***elaborazione dei dati.*** Sequenza sistematica di operazioni eseguite da un computer su dati fornitigli tramite dischi, nastri magnetici, ecc., allo scopo di ottenere informazioni o controllarle.

date: ***data.*** Il giorno, mese ed anno in cui si è verificato o deve verificarsi un evento o in cui è stato firmato o stilato un documento. È consuetudine britannica porre nelle lettere prima il giorno, poi il nome del mese e infine l'anno, mentre negli Stati Uniti è consuetudine porre prima il nome del mese, seguito dal giorno e dall'anno. Si può anche usare la forma abbreviata che prevede l'uso del numero, invece del nome, del mese e le ultime due cifre dell'anno. In tale caso, nel Regno Unito si scriverebbe, ad esempio, 30/4/84, mentre negli Stati Uniti si scriverebbe 4/30/84. Nel menzionare una data nel corpo di una lettera è consigliabile evitare *ult.* o *ultimo* per indicare ultimo scorso; *prox.* o *proximo* per indicare il mese prossimo; e *inst.* o *instant* per indicare il mese corrente. Tali espressioni sono ormai antiquate e non più usate nel linguaggio commerciale corrente.

date bill: ***cambiale a data fissa.*** È la cambiale che scade ad una data prestabilita, a differenza di una cambiale a vista o di una cambiale a certo numero di giorni vista.

dated billing: ***fatturazione postdatata.*** Nella terminologia commerciale statunitense, la pratica di estendere il periodo di credito oltre i termini consuetudinari mediante l'emissione di una fattura postdatata. Ad esempio, nel caso in cui sia consuetudine concedere il pagamento a trenta giorni, si emette una fattura con data di trenta giorni successiva alla data di fornitura dei beni, in modo che l'acquirente goda in effetti di un periodo di credito di sessanta giorni.

dated date: ***data d'inizio.*** L'espressione inglese viene usata nel linguaggio finanziario statunitense per indicare la data dalla quale cominciano a decorrere gli interessi su un'obbligazione di nuova emissione.

dated earned surplus: L'utile non distribuito di una società, a partire dalla data di ristrutturazione o semi–ristrutturazione della stessa.

dated securities: ***titoli datati.*** Titoli di credito, quali obbligazioni, buoni del tesoro, cambiali, ecc., che recano la data di scadenza (v. anche *maturity date*). Se essa è relativamente prossima, si definiscono *short–dated securities* (v.), se è alquanto lontana, si definiscono *long–dated securities* (v.). È bene tener presente, tuttavia, che il concetto espresso da *long* o *short* è relativo, perché dipende da quale tipo di titolo di credito si prende in considerazione.

Datel: Termine con il quale si indica il servizio delle Poste britanniche per la trasmissione di dati.

date of acquisition: ***data di acquisizione.*** 1) L'effettiva data d'acquisto di un impianto. Da tale data, esso dovrà comparire nei libri contabili e nei rendiconti finanziari dell'impresa. 2) L'effettiva data in cui ha inizio il controllo di una società da parte di un'altra, a seguito di acquisto di azioni o per altra forma di fusione.

date of delivery: ***data di consegna.*** Lo stesso che *delivery day* (v.).

date of issue: ***data di emissione.*** La data in cui un qualsiasi titolo di credito viene posto in circolazione. Il termine viene usato principalmente in relazione a cambiali e assegni.

date of maturity: ***data di scadenza.*** Termine usato in alternativa a *maturity date* (v.).

date of payment: ***scadenza; data di pagamento.*** La data in cui una cambiale dovrà essere pagata o un qualsiasi altro titolo di credito scade o è scaduto.

date of record: ***data di iscrizione.*** V. spiegazione sotto *record date.*

date stamping: ***indicazione della data.*** Prescrizione di legge che impone al produttore, sia nel Regno Unito che negli Stati Uniti, di indicare sulle confezioni di prodotti alimentari deperibili, di medicine e simili, la data entro la quale possono essere venduti. Oltre tale data, i prodotti invenduti devono essere ritirati dal commercio.

dating: La pratica di estendere il periodo di credito oltre il termine che appare sui documenti scritti, cambiando la data da cui deve ricavarsi il termine consuetudinario.

dating forward: La pratica di apporre sulle fatture una data molto anteriore a quella della effettiva consegna delle merci.

daughter company: ***società figlia.*** Una qualsiasi società controllata da una holding o sussidiaria di un'altra, detta società madre.

daughter's services allowance: ***detrazione per servizi filiali.*** Detrazione cui, nel Regno Unito, ha diritto un contribuente che è costretto a dipendere dai servizi domestici prestati da una figlia. Questa detrazione, tuttavia, esclude la possibilità di usufruire della *housekeeper allowance* (v.).

Dawes Plan: ***Piano Dawes.*** Piano formulato nel 1924, da una commissione interalleata presieduta da Charles G. Dawes, per i versamenti delle riparazioni di guerra dovute dalla Germania ai paesi alleati. Stabiliva versamenti per la durata di cinque anni, dopo di che essi sarebbero stati basati sull'andamento dell'economia tedesca. Il Piano Dawes fu sostituito nel 1929 dal Piano Young (v. anche *Young Plan*)

dawn raid: Espressione usata nel linguaggio della borsa valori di Londra per indicare l'acquisizione di azioni ad un prezzo sufficientemente alto da permettere l'acquisto di notevoli pacchetti azionari o in un periodo di tempo relativamente breve. Tale pratica oggi è alquanto rara, tranne che in casi particolari. L'espressione deriva dal fatto che operazioni del genere venivano di solito eseguite in apertura delle contrattazioni.

day bill: ***cambiale a data fissa; cambiale a scadenza fissa.*** Lo stesso che *date bill* (v.).

day book: ***giornale; libro giornale.*** Libro contabile nel quale si registrano tutte le operazioni finanziarie, senza tener conto del dare e dell'avere. Tali registrazioni vengono poi trasferite ai relativi conti della partita doppia. Nelle banche inglesi spesso si indica con questo termine il *cash book* (v.). Oggi, il *day book* è stato in gran parte dei casi sostituito da altri tipi di libri o da altri tipi di documenti contabili.

day labourer: ***avventizio; lavoratore avventizio.*** Prestatore di lavoro assunto non in base ad un contratto a termine o a tempo indeterminato, ma a seconda delle necessità del datore di lavoro e della reale esistenza di compiti da svolgere. Questo tipo di lavoratore è diffuso particolarmente nell'industria delle costruzioni e in agricoltura.

daylight exposure limit: ***limite di esposizione giornaliero.*** Nel linguaggio bancario, indica il limite entro il quale una banca deve contenere le propric operazioni in valuta estera durante un qualsiasi giorno lavorativo. Il limite può essere espresso come cifra globale o come cifra per ciascuna singola valuta estera trattata dalla banca.

daylight saving time: ***ora legale.*** La pratica, seguita da alcuni paesi specialmente in periodo estivo, di anticipare gli orologi in modo da guadagnare un'ora o più di luce solare per ciascun giorno del periodo in cui è in vigore l'ora legale.

day loan: ***prestito alla giornata.*** Lo stesso che *morning loan* (v.).

day of entry: ***giorno di presentazione.*** L'espressione inglese indica il giorno in cui viene presentato il manifesto di carico alle autorità doganali di un porto, da parte del capitano della nave o dell'agente dell'armatore.

day order: ***ordine con indicazione del giorno di validità.*** Nel linguaggio finanziario, è l'ordine di acquistare o vendere titoli in borsa in un giorno stabilito, che si annulla automaticamente se non viene eseguito in quella giornata. Ad esempio, un ordine «valido borsa domani» si intende valido fino alla chiusura della borsa il giorno successivo a quello in cui viene ricevuto. Ordini dello stesso tipo, limitati ad una settimana o un mese, sono rispettivamente chiamati *week order* e *month order*.

day rate: ***saggio giornaliero del salario; giornata.*** Con questo termine si indicava in passato il salario corrisposto al lavoratore per ogni giornata di lavoro. Oggi, si intende il minimo saggio di salario da pagarsi a un lavoratore che non ha diritto al saggio standard di produzione. Quando tale saggio è dovuto a causa di interruzione del lavoro per riparazioni o rottura degli impianti, esso è chiamato *down-time rate* (v.).

days after sight: ***giorni vista.*** Espressione usata come sinonimo di *days' sight* (v.).

days' column: ***colonna dei giorni.*** In qualsiasi libro contabile, è la colonna nella quale vengono scritte le date relative alle varie registrazioni. In un estratto conto scalare, è la colonna nella quale vengono riportati i giorni di valuta per il calcolo degli interessi.

days' date: ***a giorni data.*** Espressione usata in relazione a cambiali, col significato di «a partire dalla data» della cambiale.

day shift: ***turno di giorno.*** In un'impresa che opera con due turni di lavoro, è quello che ha inizio alle otto del mattino e termina alle cinque del pomeriggio. Il termine viene anche usato per indicare il gruppo di lavoratori che costituisce il turno di giorno.

days lost: ***giorni perduti; giorni non lavorati.*** Il numero di giorni lavorativi persi nell'arco di un determinato periodo di tempo, di solito un anno, a causa di dispute tra lavoratori e datori di lavoro, che hanno portato a scioperi, serrate o altre azioni del genere in un'impresa, un'industria o un'area geografica.

days of detention: ***giorni di immobilizzazione; giorni di ritardo.*** Sono i giorni durante i quali una nave o altro mezzo di trasporto restano immobilizzati per la continuazione delle operazioni di discarica, protrattesi oltre la data concordata per la riconsegna. Tali giorni vengono pagati dal noleggiatore in base ad una tariffa stabilita nel contratto di noleggio. (v. anche *damages for detention*)

days of grace: ***comporto.*** Sono così chiamati i giorni di dilazione, fissati dalla consuetudine o da convenzioni, per il pagamento di un'obbligazione scaduta. Ad esempio, nel Regno Unito, fatta eccezione per le cambiali pagabili a vista, qualsiasi cambiale è pagabile fino al terzo giorno successivo alla data di scadenza. Si usa la stessa espressione per indicare i giorni di dilazione abitualmente concessi per il pagamento di un premio di assicurazione scaduto.

days purpose: Espressione usata nel linguaggio dei trasporti marittimi per indicare l'insieme dei giorni necessari perché una nave possa completare le operazioni di caricazione e di discarica.

days' sight: ***a giorni vista.*** Espressione usata in relazione a cambiali, col significato di «a partire dalla presentazione» della cambiale per l'accettazione. Così, una cambiale *payable at 60 days' sight* è una cambiale che scade 60 giorni dopo la presentazione oltre, naturalmente, i giorni di grazia. (v. anche *days of grace*)

day-time release: Sistema in base al quale gli impiegati di una banca godono di un certo numero di giorni di vacanza alla settimana, per poter studiare al fine di sostenere esami professionali.

day-to-day accommodation: ***prestito alla giornata.*** Termine usato con lo stesso significato di *day-to-day loan* (v.).

day-to-day loan: ***prestito alla giornata.*** Somme di denaro date in prestito da banche a case di sconto o altri intermediari, ad un tasso fisso di interesse giornaliero, per metterli in grado di svolgere la loro attività. Pur se il prestito è per una giornata, esso viene rinnovato automaticamente per altre 24 ore, se le parti sono d'accordo. (v. anche *day loan, overnight loan, bill broker, discount house*)

day–to–day money: ***denaro a giornata; denaro giornaliero.*** Espressione usata con lo stesso significato di *day–to–day loan* (v.).

day–to–day option: ***opzione giornaliera; opzione di giorno in giorno.*** È un'opzione per l'acquisto o la vendita di titoli o derrate contemplata da un contratto a premio e valida soltanto per ventiquattr'ore, ma rinnovabile di giorno in giorno col consenso delle parti. (v. anche *option*)

day traders: Nel linguaggio delle borse, sono operatori che nell'arco della stessa giornata di contrattazioni acquistano e vendono gli stessi contratti a termine.

day wage: ***salario giornaliero; salario a giornata; giornata.*** Termine usato come sinonimo di *daily wage* (v.).

day work: ***lavoro giornaliero.*** La quantità di lavoro svolto da un addetto durante una giornata. Rappresenta la base per il calcolo del salario giornaliero. (v. anche *daily wage, day rate*)

d.b.: 1) day book; 2) documentary bill.

D.B.: 1) day book; 2) documentary bill.

d.b.a.: doing business as.

dbk: drawback.

D. bk.: drawback.

db. rts.: debenture rights.

Dbt.: 1) debit; 2) debtor.

D.C.: deviation clause.

D.C.E.: domestic credit expansion.

D.C.F.: discounted cash flow.

d.d.: 1) dated; 2) days after date.

dd.: delivered.

d/d: 1) dated; 2) days after date; 3) delivered.

D.D.: 1) death duty; 2) delayed delivery; 3) delivered at docks; 4) demand draft.

D/d.: 1) days after date; 2) days' date.

D.D. & Shpg.: dock dues and shipping.

DDP: delivered duty paid.

D.E.A.: Department of Economic Affairs.

dead account: **1.** ***conto inattivo; conto fermo.*** Nella terminologia bancaria, è un conto con saldo azzerato, che non ha registrato alcun movimento da un certo periodo di tempo. Può essere trattato come un conto estinto ed eliminato dai libri contabili. (v. anche *active account*) **2.** ***cliente inattivo.*** Nella terminologia commerciale, indica un conto intestato a un cliente che da lungo tempo non ha rapporti di compravendita con l'impresa che tiene il conto. (v. anche *live account*)

dead asset: ***attività non realizzabile.*** Una qualsiasi attività, priva di un benché minimo valore di realizzo, come ad esempio banconote scadute, titoli caduti in prescrizione e simili.

«dead book»: Termine colloquiale con il quale si indica il registro in cui sono iscritte le società che hanno cessato la loro attività.

dead capital: ***capitale inattivo; capitale morto.*** Nel linguaggio finanziario, indica un capitale monetario non investito in alcuna attività o investito in un'attività non produttiva.

dead–end job: ***lavoro senza prospettive.*** Una posizione che non offre al lavoratore alcuna prospettiva di carriera o di avanzamento.

dead file: ***fascicolo inattivo.*** Un fascicolo di archivio non usato, in quanto relativo ad una persona che non ha più rapporti con l'organizzazione o ad un'attività o un problema non più attuali. Tali fascicoli vengono di solito rimossi dall'archivio e conservati per un determinato numero di anni in deposito, prima di essere distrutti. (v. anche *active file*)

dead freight: ***nolo morto; vuoto per pieno.*** È il nolo che il caricatore deve pagare per spazio prenotato, ma non utilizzato. È calcolato come nolo su merci effettivamente caricate, meno le spese di caricazione, di movimentazione e di discarica.

dead hand: ***manomorta.*** Lo stesso che *mortmain* (v.).

deadheading: Viaggio di ritorno, senza carico, di un mezzo di trasporto o del suo equipaggio.

dead horse: Espressione usata per indicare un lavoro pagato, ma non ancora completato, o una fornitura pagata, ma non ancora prodotta o spedita.

deadline: ***termine ultimo; data ultima.*** Una data o un'ora fissata per contratto o da chi ne ha l'autorità, entro la quale si deve completare un determinato lavoro o una data attività.

dead loan: ***prestito permanente; prestito morto; credito immobilizzato.*** A differenza di un prestito temporaneo o per un breve periodo, questo è un prestito senza data specifica di rimborso. Lo stesso termine indica un prestito temporaneo tramutatosi in permanente per incapacità del mutuatario di rimborsare la somma presa a prestito.

dead loss: ***perdita completa.*** Termine generico, usato per indicare la perdita totale e definitiva di un bene a seguito di sinistro o altra causa.

dead money: ***denaro inattivo; denaro morto.*** Termine usato con lo stesso significato di *dead capital* (v.).

dead rent: ***canone improduttivo.*** 1) Canone minimo fisso, stabilito per contratto, che il concessionario deve corrispondere al proprietario di una miniera, sia che essa venga sfruttata o no. 2) Canone di fitto su terreni o immobili non utilizzati attualmente, ma tenuti a disposizione per eventuali esigenze future.

dead season: ***bassa stagione; stagione morta.*** Nel linguaggio dell'industria turistica, indica il periodo dell'anno in cui la domanda di servizi di trasporto, alloggio, ecc. è al livello più basso.

dead security: Nel linguaggio finanziario, si indicano con questa espressione fabbriche, terreni, miniere e proprietà del genere che, come garanzia, sono prive di valore se non vengono sfruttate.

dead stock: ***scorta invendibile.*** Scorte di cui vi è poca o nessuna domanda da parte dei consumatori. Ad esempio, articoli di abbigliamento passati di moda, prodotti soppiantati da altri più moderni e simili.

dead storage: Merci che giacciono in magazzino da molto tempo e difficili da raggiungersi a causa dell'accumularsi di altre merci che ne sbarrano l'accesso.

dead time: ***tempo d'ozio; tempo di attesa; tempo d'inattività.*** Tempo improduttivo per cause indipendenti dal lavoratore, come ad esempio guasto agli impianti.

deadweight: ***portata lorda; peso morto; dislocamento utile.*** Peso massimo complessivo che una nave, o altro mezzo di trasporto, può prendere a bordo. (v. anche *deadweight tonnage*)

deadweight capacity: ***portata lorda; peso morto; dislocamento utile.*** Termine usato come sinonimo di *deadweight* (v.).

deadweight cargo: ***carico di merci pesanti.*** È il carico che porterebbe una nave ad immergersi fino al marchio di bordo libero, senza però riempirne le stive. Su tale tipo di carico, il nolo viene calcolato in base alla tonnellata di peso, invece che in base alla tonnellata di volume.

deadweight cargo capacity: ***portata lorda.*** Termine usato con lo stesso significato di *deadweight tonnage* (v.).

deadweight debt: ***debito pubblico fiduciario.*** È il debito pubblico non garantito da beni reali, cioè basato sulla fiducia nei confronti dello stato. In Gran Bretagna la maggior parte del debito pubblico è di questo tipo, in quanto fu contratto per far fronte a spese belliche.

deadweight drag: Espressione statunitense, usata per indicare la situazione di freno o resistenza allo sviluppo che si verifica quando un numero relativamente piccolo di industrie crea degli shock di offerta cui sono soggette un'ampia varietà di industrie, così esponendo queste ultime a una serie continua di periodi di scarsità articiale. Tra le principali cause di *deadweight drag* negli anni settanta si ricordano i grandi aumenti dei costi dell'acciaio e degli input energetici.

deadweight loss: ***perdita lorda.*** Espressione del linguaggio economico statunitense, usata per indicare globalmente le inefficienze economiche causate dalle distorsioni, o sprechi, generate nel sistema economico dall'imposizione fiscale. Tra queste distorsioni rientrano la disincentivazione al lavoro e all'investimento causata dall'imposta sul reddito; le variazioni nell'allocazione delle risorse tra industrie, e altre che generano costi di esazione e amministrativi e incoraggiano l'evasione e l'elisione fiscale. Inoltre, sostengono gli stessi economisti, la perdita lorda aumenta in ragione più che proporzionale rispetto all'aumento delle aliquote fiscali.

deadweight ton: ***tonnellata di peso.*** Termine usato nel linguaggio dei trasporti marittimi per indicare una tonnellata di 1016 kilogrammi e distinguerla dalla tonnellata di stazza o dalla tonnellata di nolo o di volume.

deadweight tonnage: ***portata lorda.*** Il numero massimo di tonnellate di peso (ciascuna di kg. 1016) di carico, provviste, combustibile, ecc., che una nave può caricare senza immergersi al di sotto del marchio di bordo libero. Equivale alla differenza tra le tonnellate d'acqua dislocate dalla nave vuota e quelle dislocate dalla stessa nave quando viene caricata fino a raggiungere la linea di carico.

deal: 1. ***operazione commerciale.*** Accordo tra un compratore e un venditore che, se eseguito, darà luogo a una o più operazioni contabili. **2.** ***offerta promozionale.*** Nella terminologia pubblicitaria, è l'offerta a certe condizioni vantaggiose per il consumatore, con l'intento di farlo diventare cliente.

dealer: 1. ***operatore commerciale; rivenditore.*** Termine generico con il quale si indica un qualsiasi commerciante che acquista beni per rivenderli a consumatori o altri commercianti. **2.** ***operatore di borsa; intermediario di borsa; procuratore di borsa.*** Nel linguaggio delle borse, specialmente in quelle degli Stati Uniti, il termine è usato come sinonimo di *stockbroker* (v.) e di *stockjobber* (v.); nella borsa valori di Londra, indica anche l'operatore, dipendente da uno *stockbroker*, che si interessa dell'effettivo acquisto o vendita di titoli e che, pertanto, fa da controparte ad un *market maker* ed opera all'interno della borsa. Lo stesso termine, però, viene anche usato per indicare coloro che vendono e acquistano titoli all'esterno della borsa valori, su autorizzazione del *Board of Trade* (v.), presso il quale sono iscritti in un apposito albo professionale. **3.** ***cambiavalute.*** In questo significato il termine, di uso prevalentemente americano, indica un cambiavalute che opera in proprio ed è, pertanto, una figura diversa dal *money broker* (v.). **4.** ***intermediario di sconto.*** Persona o istituzione che si interessa della vendita sul mercato monetario di cambiali o accettazioni bancarie, acquistate da investitori privati o istituzioni quali società finanziarie, compagnie di assicurazioni e altre aziende di credito.

dealer aids: ***materiale pubblicitario.*** Qualsiasi tipo di materiale pubblicitario, come ad esempio campioni o modelli, locandine o espositori, fornito gratuitamente dal produttore all'esercente per assisterlo nella diffusione e nell'esposizione del prodotto.

dealer franchise: ***affiliazione commerciale.*** Lo stesso che *franchising* (v.).

dealer loan: ***anticipazione a operatori.*** È un prestito alla giornata concesso ad un operatore in titoli e soggetto alla fornitura di garanzia reale, come ad esempio valori mobiliari.

dealer price: ***prezzo per operatori.*** Lo stesso che *inside price* (v.).

dealer's brand: ***marchio commerciale; marchio di commercio; marca commerciale.*** È il marchio apposto da un'impresa distributrice, che acquista prodotti non etichettati e li rivende garantendone la qualità. Tale pratica è maggiormente diffusa nel campo dei prodotti alimentari e consente la vendita di prodotti a diffusione nazionale ad un prezzo leggermente inferiore, a causa dei minori costi, specialmente di pubblicità e distribuzione, cui va incontro il rivenditore che provvede ad etichettare le merci in proprio, invece di acquistare le stesse merci etichettate dal produttore.

dealing: ***operazione in borsa; negoziazione titoli.*** L'attività di acquistare e vendere titoli e valori su un mercato organizzato.

dealing cost: ***costo dell'operazione.*** Nel linguaggio delle borse, è l'insieme delle spese e/o commissioni che vengono addebitate al cliente per ogni operazione di compravendita titoli.

dealing desk: ***borsino.*** Lo stesso che *trading desk* (v.).

dealing for new time: ***operazioni a nuovo.*** Espressione usata nel linguaggio della borsa valori di Londra per indicare operazioni di compravendita di titoli concluse durante gli ultimi due giorni di un ciclo operativo, la cui liquidazione, però, è intenzionalmente e volontariamente rinviata al successivo ciclo operativo.

dealing period: ***ciclo operativo.*** Lo stesso che *account 2* (v.).

dealing room: ***borsino.*** Lo stesso che *trading desk* (v.)

dealings for cash: ***operazioni a pronti; operazioni per contanti.*** Nel linguaggio delle borse valori, sono le operazioni di compravendita che devono essere regolate per contanti entro alcuni giorni dalla conclusione dell'operazione. Nella borsa valori di Londra, tale forma di liquidazione è prescritta per i titoli di stato, i cosiddetti *gilt-edged securities* (v.), che devono essere pagati e consegnati entro tre giorni dalla conclusione dell'accordo di compravendita.

dealings for the account: ***operazioni a termine.*** Nel linguaggio delle borse valori, sono quelle operazioni di compravendita che vengono concluse nel corso di un ciclo operativo, ma che vengono liquidate soltanto al termine di tale ciclo, con il versamento del corrispettivo da parte dell'acquirente e la sottoscrizione, da parte del venditore, del modulo di trasferimento dei titoli se trattasi di titoli nominativi o la semplice consegna se invece si tratta di titoli al portatore. (v. anche *transfer form*)

dealings in futures: ***operazioni per consegna differita.*** Operazioni commerciali in base alle quali il venditore e il compratore si accordano per la consegna, ad una data futura specifica, di una determinata qualità e quantità di beni, il cui prezzo può essere stabilito in anticipo o al momento della consegna. Si tratta, in genere, di intermediari che trattano opzioni di acquisto o di vendita di titoli o merci, al fine di far incontrare venditori e compratori per consegne differite.

dealing spread: ***plusvalenza professionale di titoli; scarto di compravendita.*** Nel linguaggio finanziario londinese susseguente al *big bang* (v.), questo termine viene usato in sostituzione di *jobber's turn* (v.) per indicare la differenza tra i prezzi ai quali un *market maker* (v.) acquista e vende valori mobiliari. Si calcola che il profitto del *market maker* si aggiri intorno al dieci per cento di tale differenza.

dealing within the account: Espressione della borsa valori di Londra, usata per indicare l'acquisto e la vendita dello stesso titolo nel corso dello stesso ciclo operativo. Ciò implica che i titoli non vengono materialmente consegnati e che lo speculatore versa o riceve in contanti la differenza tra i due corsi.

Dean schedule: Nelle assicurazioni, è un sistema per valutare il rischio di incendio su basi obiettive, prendendo in considerazione il tipo di costruzione, gli uffici, gli inquilini o gli esercizi che occupano lo stabile, ecc. Una volta completata, l'analisi serve da base per stabilire i tassi di premio.

dear: ***costoso; caro.*** Aggettivo usato in relazione a beni e servizi il cui prezzo di vendita è relativamente alto.

dear money: ***denaro caro; moneta cara.*** Si indica con questa espressione la situazione in cui è difficile procurarsi credito se non ad un alto tasso di interesse. Di solito ciò avviene come conseguenza di una politica di restrizioni creditizie, con un alto tasso ufficiale di sconto, per cui si dice che il denaro è «caro». La stessa espressione indica una situazione in cui il livello generale dei prezzi è basso e il denaro ha un alto potere d'acquisto.

dear money policy: ***politica del denaro caro.*** La politica adottata da un governo che intende ridurre la liquidità all'interno del sistema economico, al fine di limitare la spesa privata e la conseguente domanda di beni di consumo. Tale politica prevede l'aumento del tasso ufficiale di sconto, che a sua volta produce un aumento dei tassi di interesse attivi delle banche ed un conseguente aumento del costo del denaro.

dearth: ***carenza; scarsità; penuria.*** Termine generico, con il quale si indica la mancanza o la penuria di un determinato bene o servizio in un mercato.

death benefit: ***indennità in caso di morte.*** Indennità che viene riconosciuta, in base al *National Insurance (Industrial Injuries) Act* (v.) del 1946, in caso di morte a seguito di incidente sul lavoro.

death duty: ***imposta di successione.*** Il termine inglese indica l'imposta diretta che colpiva il patrimonio del *de cuius*, oggi sostituita nel Regno Unito dall'imposta sui trasferimenti di capitale. (v. anche *capital transfer tax*)

death grant: ***contributo funerario.*** Contributo alle spese funerarie elargito ai soci delle antiche associazioni di mutuo soccorso. Oggi, nel Regno Unito, è concesso in base al *National Insurance Scheme.*

death rate: ***tasso di mortalità; quoziente di mortalità.*** Il numero dei morti su mille persone in una data area geografica nel periodo di un anno.

death sentence: ***sentenza di morte.*** Espressione usata negli Stati Uniti per indicare una clausola contenuta nella legge del 1935 sulla fusione di aziende di erogazione di pubblici servizi. Essa stabilisce che non si può costituire una concentrazione di più di tre aziende (la società madre, la sussidiaria e una sottosussidiaria). Tutte le holding che superano questo livello devono essere sciolte e ciò costituisce la cosiddetta sentenza di morte.

death tax: ***imposta sulle successioni.*** Termine generico, usato con lo stesso significato di *estate tax* (v.), *inheritance tax* (v.) e *death duty* (v.).

deb.: debenture.

debased currency: ***moneta svalutata.*** Moneta che ha subito una riduzione del peso o del titolo di fino in essa contenuto. Il termine inglese indica anche un sistema monetario che è stato privato della garanzia rappresentata da un metallo prezioso.

debasement: ***svalutazione; deprezzamento; svilimento.*** Usato in relazione alla coniazione di monete, il termine indica la riduzione del peso di metallo prezioso contenuto nell'unità monetaria, Può anche indicare la totale eliminazione del contenuto di metallo prezioso di una moneta. In passato, quando la coniazione era privilegio del sovrano, si verificavano frequenti svilimenti della moneta a seguito di pratiche fraudolente perpetrate dai sovrani che, per aumentare le proprie entrate, coglievano l'occasione di un matrimonio, di una guerra o simili eventi per procedere alla riconiazione delle monete in circolazione. Essi ordinavano ai sudditi di consegnare le monete in loro possesso, promettendone la restituzione, che avveniva puntualmente. Ma durante l'operazione di fusione del metallo prezioso, il sovrano non doveva fare altro che aggiungere una certa quantità di metallo vile per ricavare un notevole utile. I sudditi ricevevano un numero di nuove monete uguale a quello consegnato, ma il sovrano lucrava quelle che eccedevano il numero consegnato, a seguito dell'aggiunta del metallo vile. Ciò, ovviamente, portava al deprezzamento della moneta e a conseguenti spinte inflazionistiche.

debenture: ***obbligazione.*** Titolo di credito a reddito fisso, emesso a fronte di un prestito a medio o lungo termine, generalmente da società per azioni, su garanzia dei beni o del capitale della società. Un'obbligazione prevede il pagamento, da parte dell'emittente, di un interesse annuale o semestrale all'obbligazionista, che è creditore della società e non comproprietario, e il rimborso della somma capitale alla scadenza o prima, a seconda del piano di ammortamento stabilito. Poiché l'obbligazione non dà diritto alla ripartizione degli utili di un'impresa, essa non tutela il risparmiatore contro i rischi dell'inflazione. D'altra parte, però, gli assicura un reddito fisso e certo, poiché la quota di interessi deve essere pagata prima che la società proceda ad alcuna distribuzione di dividendi. Il prezzo di mercato delle obbligazioni è fortemente influenzato dall'andamento dei tassi di interesse e dai risultati gestionali dell'impresa emittente. Un'obbligazione può essere nominativa o al portatore; nel primo caso, può essere ceduta soltanto per mezzo di un atto di cessione; nel secondo, basta il trasferimento del documento o certificato obbligazionario. Nel linguaggio finanziario statunitense, il termine indica un'obbligazione garantita dal credito di cui l'emittente gode sul mercato, ma di solito con l'esclusione di qualsiasi forma di garanzia ipotecaria o altro privilegio del genere.

debenture bond: ***obbligazione non garantita.*** Negli Stati Uniti, questo termine indica genericamente un'obbligazione non garantita da beni reali, ma solo dalla fiducia che ispira l'emittente, sia esso un governo, un ente locale o una società. (v. anche *debenture, bond 1*)

debenture capital: ***capitale obbligazionario.*** Il capitale ricavato da un'impresa dalla vendita di obbligazioni. Si tratta, ovviamente, di capitale dato in prestito dagli obbligazionisti che hanno sottoscritto l'emissione, sul quale l'impresa è tenuta a pagare un interesse.

debenture certificate: 1. *certificato di rimborso di dazio.* Negli Stati Uniti si indica con questo termine il certificato che autorizza il rimborso di dazi doganali, pagati su beni importati ma destinati alla riesportazione, o il pagamento di sovvenzioni o premi a esportatori di prodotti nazionali. **2. *certificato obbligazionario; cartella di obbligazione.*** Lo stesso che *debenture–stock certificate* (v.).

debenture debt: *debito obbligazionario.* Termine usato con lo stesso significato di *bonded debt* (v.), con la sola differenza che questo prestito è assistito da garanzia reale sui beni dell'emittente.

debenture holder: *obbligazionista; portatore di obbligazioni.* Colui che è in possesso di obbligazioni. Egli è creditore nei confronti dell'emittente, in quanto l'obbligazione rappresenta un debito contratto dall'impresa nei confronti degli obbligazionisti. Pertanto, egli riceve un interesse fisso, stabilito all'atto dell'emissione del titolo obbligazionario, a meno che si tratti di obbligazioni indicizzate, ma non ha alcun diritto a partecipare agli utili della società.

debenture interest: *interesse su obbligazioni.* È l'interesse riconosciuto da una società agli intestatari di una qualsiasi quota di *debenture stock* (v.), di solito pagato mediante l'emissione di un *debenture interest warrant* (v.).

debenture interest warrant: *mandato di pagamento di interessi obbligazionari.* Il mandato di pagamento spedito da una società ad un investitore titolare di una determinata quota di *debenture stock* (v.) registrata a suo nome nei libri della società. Si rende necessario l'invio di un mandato, generalmente sotto forma di assegno, in quanto o la società non ha emesso certificati obbligazionari o quelli emessi non sono dotati di cedole per la riscossione degli interessi.

debenture issue: *emissione di obbligazioni.* L'offerta al pubblico di titoli di credito a medio o lungo termine da parte di una società già presente sul mercato mobiliare. Mediante tale emissione, l'impresa si procura capitale di prestito dando in garanzia parte delle attività di sua proprietà.

debenture loan: *prestito obbligazionario.* Lo stesso che *debenture debt* (v.).

debenture redemption fund: *fondo di ammortamento delle obbligazioni.* È il fondo creato da una società per il rimborso di un prestito obbligazionario a scadenza determinata. Quando non è previsto il rimborso graduale nel corso della durata del prestito, ogni anno vengono accantonati una parte di utili che, investiti opportunamente ad un interesse composto, daranno la somma necessaria per il rimborso del prestito obbligazionario alla sua scadenza.

debenture register: *libro degli obbligazionisti.* Lo stesso che *register of debenture holders* (v.).

debentures at a discount: *obbligazioni sotto la pari.* Le obbligazioni possono essere, ed in effetti quasi sempre sono, emesse sotto la pari. Pertanto, un'obbligazione del valore nominale di 100 può essere emessa, ad esempio, a 99 e ciò fa aumentare il rendimento effettivo del titolo.

debenture sinking fund: *fondo di ammortamento delle obbligazioni.* Termine usato con lo stesso significato di *debenture redemption fund* (v.).

debenture stock: *obbligazioni nominative.* Pur significando la medesima cosa, i termini *debentures* e *debenture stock* hanno una leggera differenza. Il primo indica un insieme di obbligazioni corrispondenti a cifre fisse e definite a fronte di debiti separati; il secondo indica un insieme di obbligazioni per somme differenti, ma facenti parte di un solo grosso debito, rappresentato da un unico certificato obbligazionario. Inoltre, il *debenture stock* può essere irredimibile e può essere registrato nei libri della società emittente al nome del suo titolare, che ha il diritto di ricevere l'interesse sul prestito prima che venga pagato alcun dividendo agli azionisti.

debenture–stock certificate: *certificato obbligazionario; cartella di obbligazione.* Il certificato emesso da una società in relazione ad un dato ammontare di *debenture stock* (v.) intestato ad un singolo investitore. Di solito, tale certificato non è corredato di cedole per la riscossione degli interessi, che vengono pagati mediante un *debenture interest warrant* (v.).

debenture to bearer: *obbligazione al portatore.* Titolo obbligazionario non nominativo, la cui proprietà può essere trasferita mediante semplice consegna e senza la formalità della registrazione nei libri dell'emittente, in quanto il proprietario è sempre il legittimo possessore del titolo.

debenture trust: È il metodo più usuale di garantire un'emissione obbligazionaria nel Regno Unito e consiste nel trasferire ad amministrazione fiduciaria, attraverso una specie di atto di deposito, i beni immobili di proprietà dell'emittente, che dovranno fungere da garanzia reale del prestito obbligazionario. Gli amministratori fiduciari, se necessario, provvederanno al realizzo dei beni e alla ripartizione del ricavato tra gli obbligazionisti.

to debit: *addebitare.* Registrare una somma, o l'equivalente in natura, a debito di una persona fisica o giuridica cui è intestato un conto.

debit: 1. *addebitamento; addebito.* L'operazione contabile opposta e perfettamente corrispondente all'accreditamento, mediante la quale si dà espressione ad una spesa o ad un aumento di essa. **2. *dare; colonna del dare.*** Nella contabilità in partita doppia, è una registrazione sul lato sinistro o la colonna a sinistra di un conto. (v. anche *credit*)

debit amount: *ammontare a debito.* Termine usato con lo stesso significato di *debit balance* (v.).

debit balance: *saldo a debito; saldo passivo.* Il saldo di un conto a debito dell'intestatario del conto stesso. L'espressione viene usata sia nel linguaggio bancario per indicare la somma di cui un cliente è debitore verso una banca, sia nel linguaggio della contabilità per indicare la somma di cui il totale del dare di un conto supera il totale dell'avere.

debit card: *carta di addebito; carta di prelievo.* Tipo di carta che viene utilizzata per addebitare direttamente sul conto bancario del cliente suoi prelevamenti mediante cassa automatica o l'importo di beni e servizi acquistati o consumati presso dei punti di vendita collegati a una rete di trasmissione elettronica dei dati. Per l'utente, questa carta risulta più conveniente in quanto egli non è soggetto al pagamento degli interessi caricati in relazione a operazioni pagate con una carta di credito, ma a differenza di quest'ultima essa non concede necessariamente credito al detentore.

debit column: *colonna del dare.* Il termine inglese indica la colonna a sinistra di un conto a sezioni riunite o affiancate, nella quale vengono registrati gli addebitamenti.

debit entry: ***registrazione di addebitamento; registrazione a debito.*** Termine usato come sinonimo di *debit* (v.) per indicare una registrazione di addebitamento a giornale. (v. anche *debit posting*)

debit footing: ***totale del dare.*** In un conto o in un libro a sezioni affiancate, è il totale delle poste registrate sulla colonna del dare.

debiting entry: ***registrazione di addebitamento.*** Termine usato come sinonimo di *debit entry* (v.).

debiting posting: ***posta di addebitamento.*** Termine usato come sinonimo di *debit posting* (v.).

debit interest: ***interessi debitori.*** Sono gli interessi che una banca paga ai clienti che hanno depositato presso di lei somme di denaro.

debit memo: ***nota di addebitamento; nota di addebito.*** Lo stesso che *debit memorandum* (v.).

debit memorandum: ***nota di addebitamento; nota di addebito.*** Termine statunitense, usato con lo stesso significato di *debit note* (v.).

debit note: ***nota di addebitamento; nota di addebito.*** Documento commerciale inviato dal fornitore ad un suo cliente per informarlo che sul suo conto è stata addebitata la somma di denaro indicata nella nota, nella quale è anche spiegato il motivo che ha dato luogo all'addebitamento.

debit posting: ***posta di addebitamento.*** Termine usato come sinonimo di *debit* (v.) per indicare una registrazione di addebitamento a mastro. (v. anche *debit entry*)

debit side: ***sezione dare; lato dare.*** È la sezione sulla sinistra di un conto a sezioni riunite o affiancate, nella quale vengono registrati gli addebitamenti.

debt: ***debito.*** Beni, servizi o somma di denaro dovuti da una persona fisica o giuridica a un'altra, in virtù di un accordo, esplicito o implicito, che dà luogo alla situazione debitoria e all'obbligo del pagamento. Un debito e un credito rappresentano i due aspetti opposti della stessa operazione commerciale e per questo motivo spesso in inglese si trova il termine *debt* laddove in italiano si sarebbe portati ad usare il termine credito.

debt admitted in bankruptcy: ***debito ammesso al passivo.*** Termine usato come sinonimo di *debt proved in bankruptcy* (v.).

debt burden: ***onere del debito.*** Termine generico, usato in relazione al debito interno o estero di un paese e al debito contratto da un'impresa o da un privato. Indica sempre il sacrificio di risorse che devono destinarsi al servizio e al rimborso del debito in questione. Per una spiegazione più dettagliata in relazione al debito nazionale, v. *burden of the national debt.*

debt buy-out: ***rilevazione di debito.*** Lo stesso che *official buy-out* (v.).

debt by record: ***debito riconosciuto in giudizio.*** Un debito che deriva da una sentenza di tribunale o da un obbligo assunto davanti a un tribunale.

debt by simple contract: ***debito per contratto non sigillato.*** Un debito che si fonda su un accordo verbale o implicito oppure su un accordo scritto, ma non sigillato, come ad esempio l'obbligazione cambiaria.

debt by specialty: ***debito per contratto sigillato.*** Un debito che si fonda su un contratto scritto e sigillato, cioè rispondente a determinate forme prescritte dalla legge.

debt capital: ***capitale di prestito.*** Lo stesso che *borrowed capital* (v.) e *loan capital* (v.).

debt collection: ***esazione crediti.*** È il servizio di riscossione di crediti concessi da un'impresa o altra organizzazione. Di solito, viene affidata ad un'agenzia specializzata in questo tipo di attività.

debt-collection agency: ***agenzia di esazione crediti; agenzia recupero crediti.*** Organizzazione che, in considerazione del pagamento di una commissione, si interessa della riscossione, per conto di altre imprese, di crediti scaduti o in scadenza.

debt-collection letter: ***sollecito di pagamento.*** Lettera mediante la quale si chiede ad un debitore di provvedere, entro un determinato periodo di tempo, al rimborso di un credito ormai scaduto.

debt-collection service: ***servizio esazione crediti; servizio recupero crediti.*** È il servizio fornito da una *debt-collection agency* (v.).

debt collector: ***esattore.*** Persona impiegata da un'impresa o altra organizzazione allo scopo di riscuotere il pagamento di crediti scaduti o in scadenza.

debt control: ***controllo dei crediti.*** Una qualsiasi procedura o un qualsiasi sistema istituiti da un'impresa per controllare i propri crediti. L'espressione inglese usa il termine *debt* (v.) nel senso detto sotto quel lemma. Il controllo dei crediti prevede: a) un sistema di contabilità accurato e aggiornato; b) l'invio immediato di fatture; c) una qualsiasi procedura che incoraggi il pagamento a ricezione della fattura, come ad esempio la concessione di sconti o, nel caso in cui ciò non si possa realizzare, l'invio di rendiconti mensili con un certo anticipo sulla data di scadenza; d) l'introduzione di un qualche sistema che consenta la rapida individuazione delle fatture o dei conti insoluti; e) l'istituzione di una procedura standard da seguirsi nel caso di mancato pagamento alla scadenza, che potrebbe articolarsi attraverso un primo cortese sollecito di pagamento, un sollecito più duro, la minaccia di adire le vie legali. È consigliabile, tuttavia, variare tale procedura di tanto in tanto, altrimenti alcuni clienti potrebbero prendere l'abitudine di pagare soltanto quando ricevono la minaccia del procedimento giudiziario.

debt conversion: **1.** ***conversione del debito pubblico.*** L'operazione finanziaria mediante la quale un governo converte un debito ad un certo tasso d'interesse in un debito a un tasso di interesse inferiore. **2.** ***conversione del debito.*** La conversione del debito estero di un paese in attività all'interno dello stesso paese, in base a uno qualsiasi dei diversi piani elaborati a tale scopo dai paesi debitori. Per un esempio di tali piani, v. *debt-for-equity swap.*

debt crisis: ***crisi debitoria.*** La crisi che si è presentata, a cavallo tra gli anni settanta e ottanta, nella situazione debitoria dei paesi in via di sviluppo. Tra le molte cause di questa crisi, che ha evidenziato la necessità di rinegoziazioni e ristrutturazioni del debito di quei paesi, rientrano i programmi di sviluppo troppo ambiziosi e a volte mal diretti; i prestiti eccessivi concessi dalle banche commerciali; gli alti prezzi del petrolio e gli alti tassi d'interesse sui mercati internazionali e la stagnazione del commercio mondiale.

debt discount: ***sconto; scarto.*** L'eccedenza del valore nominale di un prestito rispetto alla somma netta percepita dal mutuatario. (v. anche *bond discount*)

debt/equity ratio: ***rapporto capitale di prestito/capitale di rischio.*** Termine usato con lo stesso significato di *debt-to-net-worth ratio* (v.).

debt-equity swap: ***capitalizzazione dei debiti.*** Lo stesso che *debt-for-equity swap* (v.).

debt factoring: Lo stesso che *factoring* (v.).

debt-financed buy-out: ***rilevazione con capitale di prestito.*** Lo stesso che *leveraged buy-out* (v.).

debt-financed take-over: ***acquisizione con capitale di prestito.*** Lo stesso che *leveraged take-over* (v.).

debt financing: ***finanziamento mediante emissione di debiti.*** Il finanziamento di un'impresa, di un progetto, dello sviluppo di un settore o di un paese realizzato mediante la concessione di un credito, con o senza la contestuale emissione dei relativi titoli negoziabili.

debt-for-debt swap: ***conversione di debito in debito.*** Nuovo tipo di *swap*, nel quale i creditori, che di solito vantano crediti relativamente piccoli nei confronti di un paese in via di sviluppo, scambiano questi ultimi con crediti nei confronti di un altro paese, che essi ritengono più affidabile da un punto di vista economico-finanziario.

debt-for-equity swap: ***capitalizzazione dei debiti; conversione di debiti in investimenti diretti.*** Uno degli accorgimenti studiati e adottati per eliminare parte dell'ingente debito cui sono esposti molti paesi in via di sviluppo. Funziona nel seguente modo: la parte interessata a fare un investimento nel paese debitore, di solito una multinazionale, acquista una parte del debito estero di quel paese sul mercato secondario in cui esso è trattato. Tale acquisto può effettuarsi a un notevole sconto sul suo valore nominale, perché i creditori, di solito le grandi banche commerciali, sono disposti a subire una perdita piuttosto che continuare ad avere problemi col debito. Tale sconto varia da paese a paese e oscilla dal 20 al 60 per cento del valore facciale e per alcuni paesi ad alto rischio va anche al di sotto del venti per cento. L'acquirente può quindi convertire il debito in una attività locale nel paese debitore, che può essere valuta locale, obbligazioni in valuta locale o azioni di imprese interessate al debito, purché la banca centrale del paese debitore abbia preventivamente varato un piano adeguato per la conversione del debito estero. Effettuando questo scambio, l'acquirente può ottenere attività locali a un tasso di cambio molto interessante, visto lo sconto di cui si è detto sopra, e il paese debitore, a sua volta, può facilmente estinguere parte del suo debito estero, con vantaggio per tutte le parti implicate nell'operazione. (v. anche *securitization*)

debt forgiveness: ***condono di debito; cancellazione di debito.*** Il termine inglese è stato usato in relazione al debito dei paesi in via di sviluppo per indicare l'abbuono totale, cioè una forma più completa di *debt relief* (v.).

debt instrument: ***titolo di credito.*** Lo stesso che *credit instrument* (v.).

debt issue: ***emissione obbligazionaria.*** Lo stesso che *bond issue* (v.).

debt-led growth: ***crescita stimolata dal debito.*** La crescita economica di un paese stimolata dall'alto volume complessivo del debito contratto all'estero, necessario per effettuare investimenti e creare nuovi posti di lavoro all'interno del sistema economico.

debt limit: ***limite d'indebitamento.*** È il limite massimo di indebitamento, fissato dal Congresso degli Stati Uniti, oltre il quale il governo non può andare se non dietro autorizzazione del Congresso stesso. Il medesimo termine si usa in riferimento all'indebitamento di enti locali.

debt limitation: ***limite d'indebitamento.*** Lo stesso che *debt limit* (v.), ma applicato anche ai singoli e alle imprese private.

debt management: ***gestione del debito pubblico.*** Il processo di amministrare il debito pubblico, che consiste complessivamente del pagamento di interessi e rimborsi (v. anche *debt service*) e dell'emissione di nuovi titoli in sostituzione di quelli in scadenza o in aggiunta a quelli già in circolazione. Oggi, rappresenta un importante strumento di politica monetaria, perché le autorità monetarie possono imporre l'acquisto di titoli di stato alle banche o altre istituzioni finanziarie al fine di assorbire l'eccessiva circolazione di moneta, così influendo anche sui tassi di interesse medi.

debt market: ***mercato dei crediti.*** Termine generico, usato per indicare un mercato nel quale si trattano vari tipi di strumenti finanziari che vanno dai buoni del tesoro alle obbligazioni industriali e alla carta commerciale a tasso d'interesse fisso e variabile, con l'esclusione di qualsiasi forma di valore azionario. Infatti, il termine è spesso usato in contrapposizione a *equity market* (v.).

debt monetization: ***monetizzazione del debito pubblico; monetazione del debito pubblico.*** Procedimento tramite il quale i titoli del debito pubblico statunitense vengono usati per aumentare la circolazione monetaria. Ciò si realizza essenzialmente tramite operazioni di mercato aperto con l'acquisto, da parte del *Federal Reserve System* (v.), di grossi quantitativi di titoli del debito pubblico. L'effetto di tali acquisti è l'aumento della circolazione monetaria. Oltre alle operazioni di mercato aperto, esistono altri sistemi cui si può fare ricorso per raggiungere lo stesso effetto, dando alle banche la possibilità di creare una maggiore quantità di moneta-deposito. (v. anche *monetary control*)

debt of honour: ***debito di onore.*** È così detto un debito che non ha alcun fondamento giuridico e che pertanto vincola il debitore soltanto moralmente. Sono debiti d'onore quelli contratti nel gioco d'azzardo, mediante scommesse e simili.

debtor: ***debitore.*** Il soggetto passivo nel rapporto obbligatorio e, in generale, chi è tenuto a pagare una somma di denaro o a fornire beni o servizi ad un'altra persona fisica o giuridica.

debtor days ratio: ***indice di dilazione dei pagamenti.*** Lo stesso che *receivables turnover* (v.).

debtor firm: ***impresa debitrice.*** L'impresa che ha ricevuto credito da un privato o da un'altra impresa, verso i quali è debitrice.

debtor nation: ***nazione debitrice.*** Il paese con bilancia dei pagamenti in passivo. In particolare, si indica con questo termine il paese che, a seguito di operazioni finanziarie e di investimento, deve dare a paesi stranieri più di quanto deve ricevere, sotto forma di dividendi e interessi.

debtor side: ***sezione dare; lato dare.*** Lo stesso che *debit side* (v.).

debtors ledger: ***mastro dei conti debitori.*** Libro mastro che contiene i conti debitori di un'impresa.

debt-paying power: ***potere liberatorio.*** La capacità, di un mezzo di pagamento, di estinguere un'obbligazione. Hanno potere liberatorio illimitato le banconote a corso legale, mentre la moneta divisionaria ha solitamente potere liberatorio limitato.

debt-peso swap: Espressione del linguaggio finanziario internazionale, con la quale si indica la pratica, seguita da alcuni residenti di paesi in via di sviluppo con forte indebitamento all'estero, di ricomprare sui mercati secondari, ad un prezzo notevolmente sotto la pari, porzioni del debito estero del loro paese per convertirle in valuta o investimenti locali, con un notevole utile derivante dalla differenza tra valore del debito sul mercato secondario e valore prossimo al nominale dello stesso sul mercato nazionale. (v. anche *round tripping*)

debt proved in bankruptcy: ***debito ammesso al passivo.*** È così chiamato il credito che, dopo essere stato opportunamente documentato, viene ammesso al passivo di un fallimento per partecipare alla distribuzione percentuale di quanto sarà realizzato dalla vendita dei beni del fallito.

debt ratio: ***indice di indebitamento.*** Il rapporto tra il capitale di rischio e il capitale di indebitamento di un'impresa, che influenza i costi dell'impresa e gli utili disponibili per il pagamento di dividendi agli azionisti ordinari.

debt relief: ***abbuono di debito; riduzione di debito; alleggerimento di debito.*** La rinuncia, totale o parziale, alla riscossione di un debito e/o dei relativi interessi. Il termine è stato spesso usato in relazione al debito dei paesi in via di sviluppo, ma solo per indicare una riduzione parziale di tale debito.

debt-relief Laffer curve: L'applicazione della curva di Laffer (v. *Laffer curve*) al problema del debito estero, formulata dall'economista statunitense Paul Krugman. La curva di Laffer viene utilizzata ponendo il complesso del debito estero di un paese al posto dell'aliquota fiscale e il rimborso previsto del debito al posto delle entrate fiscali previste. L'importante conclusione che ne deriva sostiene che le banche creditrici possono incrementare le loro entrate concedendo abbuoni di debito ai paesi che si trovano sulla parte della curva inclinata verso il basso.

debt renegotiation: ***rinegoziazione di un debito.*** Trattativa tra mutuante e mutuatario che porta a un nuovo e differente accordo che regola il pagamento di interessi, il tasso di interesse e il rimborso di un prestito. Pur se il termine si può applicare a una qualsiasi di tali trattative, di recente è stato usato per indicare quasi esclusivamente il processo di revisione degli accordi esistenti tra paesi in via di sviluppo e consorzi di banche internazionali in relazione ai prestiti concessi in passato dai secondi ai primi.

debt repayment: ***rimborso del debito.*** Questo termine viene usato principalmente in relazione al debito pubblico e può indicare tanto il rimborso del debito interno quanto il rimborso del debito estero. Pertanto, v. *domestic debt repayment* e *foreign debt repayment.*

debt rescheduling: ***rinegoziazione di un debito.*** Lo stesso che *rescheduling* (v.).

debt restructuring: ***ristrutturazione di un debito; riprogrammazione di un debito.*** La rinegoziazione degli accordi in base ai quali una banca o un consorzio di banche aveva concesso un prestito e la conseguente riprogrammazione delle scadenze relative ai pagamenti degli interessi, al rimborso del prestito e, probabilmente, anche la revisione del tasso d'interesse.

debt retirement: ***rimborso di un debito.*** Lo stesso che *retirement 2* (v.).

debt securitization: ***mobiliarizzazione di debiti.*** V. spiegazione sotto *securitization.*

debt service: ***servizio del debito pubblico; servizio di un prestito.*** Il pagamento degli interessi su un prestito e il rimborso delle quote-capitale maturate secondo il piano di ammortamento stabilito. Il servizio del prestito pubblico rientra tra le spese ordinarie di uno stato e spesso grava pesantemente sul suo bilancio.

debt-service ratio: ***rapporto di servizio del debito.*** Il rapporto tra le entrate in valuta pregiata derivanti dalle esportazioni di un paese e i pagamenti che esso è tenuto a fare a fronte del suo debito estero. Si possono calcolare vari rapporti, a seconda che si considerino soltanto gli interessi sul debito, ovvero gli interessi e il rimborso scaglionato della somma capitale, i debiti a lungo e medio termine, solo quelli a lungo termine, e così via.

debt-service ratio requirement: ***fabbisogno percentuale per servizio debiti.*** Espressione usata per indicare il costo che sostiene un paese per il pagamento di interessi sui propri debiti con l'estero. Questo costo comprende il pagamento degli interessi complessivamente maturati in un qualsiasi arco di tempo stabilito e il rimborso della somma capitale sotto forma di percentuale dei proventi derivanti dalle esportazioni del paese. Essendo alquanto difficile stabilire una cifra ottimale esatta, di solito si considera accettabile un livello massimo del venti per cento. Lo stesso termine può essere usato in relazione al fabbisogno finanziario di una società per il servizio dei propri debiti nei confronti degli obbligazionisti, delle banche o di altre istituzioni finanziarie.

debt-servicing capacity: ***capacità di servizio di un debito.*** La possibilità di un mutuatario di far fronte al pagamento degli interessi e al rimborso di un prestito. È uno degli indicatori di sviluppo di un paese, che lo qualifica per prestiti a tasso agevolato quando tale capacità è bassa.

debt swap: ***conversione del debito.*** Lo stesso che *debt conversion* (v.) o *debt-for-equity swap* (v.).

debt-to-net-worth ratio: ***rapporto indebitamento/capitale netto; rapporto di capitale netto.*** Uno degli indici finanziari usati in un'impresa e costituito dal rapporto tra indebitamento totale e capitale netto dell'impresa. Ad esempio, una società il cui indebitamento totale ammonti a settecento miliardi ed il cui capitale netto ammonti a cinquecento miliardi, presenterà un rapporto di capitale netto corrispondente a 1,4, il che significa che i creditori hanno investito nell'impresa il quaranta per cento in più degli azionisti o proprietari dell'impresa stessa.

debt trap: ***trappola del debito.*** L'espressione si riferisce al debito pubblico di un paese e indica la situazione in cui il pagamento degli interessi sul debito nazionale inghiotte porzioni sempre più consistenti della spesa statale.

debureaucratization: ***deburocratizzazione.*** Neologismo coniato sul modello di *deregulation*, con il quale si indica la tendenza a ridurre l'eccessivo peso della burocrazia statale sulla conduzione dell'attività economica di un paese.

Dec.: decrease.

to decapitalize: ***decapitalizzare.*** Convertire un bene capitale, o parte di esso, in moneta liquida. Il termine si riferisce principalmente a investimenti che vengono smobilitati in previsione di una futura crisi o di scarsa redditività del settore in cui essi si trovano.

decartelization: ***decartellizzazione.*** Neologismo di origine statunitense con il quale si indica la tendenza che porta allo scioglimento, volontario o coatto, di cartelli precedentemente costituiti. Negli Stati Uniti la decartellizzazione è stata anche una conseguenza della deregolamentazione, iniziata nella seconda metà degli anni settanta e portata avanti dall'amministrazione Reagan. (v. anche *cartelization, divestiture*)

decasualization: ***decasualizzazione.*** Termine usato da Lord Beveridge per indicare la sostituzione di lavoro precario o temporaneo con lavoro stabile e regolare.

decaying industry: ***industria decandente.*** Industria che va sempre più perdendo la propria competitività e le cui quote di mercato, precedentemente guadagnate, vanno sempre più restringendosi come conseguenza o della caduta della domanda del bene prodotto o del prezzo di vendita troppo alto, che la mettono fuori mercato. Il male di cui soffre questo tipo di industria può essere guarito mediante l'adozione di innovazioni tecnologiche e riduzioni dei costi, purché la domanda del bene prodotto non abbia subito drastiche riduzioni sui mercati mondiali. Se, invece, il bene non è più richiesto, la cura non può che essere una ristrutturazione radicale. Purtroppo, nei paesi industrializzati molti governi perdono di vista i meccanismi di mercato e si ostinano a tenere in vita industrie morenti col pretesto di non far diminuire l'occupazione, con la conseguenza di enormi sprechi di denaro pubblico che potrebbe essere molto più proficuamente investito per la creazione di posti di lavoro in industrie in espansione o che potrebbe essere lasciato agli imprenditori privati, attraverso riduzioni della pressione tributaria, purché essi provvedano a investirlo in attività creatrici di posti di lavoro.

decentralization: ***decentralizzazione; decentramento.*** 1) Usato in relazione alle industrie, il termine indica la localizzazione di fabbriche lontano dai grossi centri urbani e ad una certa distanza tra loro. 2) In grosse organizzazioni, indica la delega di autorità a livelli subordinati o periferici o la concessione di autonomia a settori produttivi o funzionali. In tali casi, la direzione centrale conserva autorità solo su questioni di gestione generale o su decisioni che influenzano l'organizzazione nel suo complesso.

to decentralize: ***decentralizzare; decentrare.*** Delegare autorità a livelli subordinati in una gerarchia amministrativa o aumentare autorità e responsabilità di organizzazioni periferiche.

decile: ***decile.*** È uno dei nove valori che dividono una distribuzione di frequenza in dieci parti uguali, ciascuna contenente il dieci per cento del numero totale di dati. (v. anche *quartile, percentile*)

decimal coinage: ***sistema di coniazione decimale.*** È il sistema di coniazione in cui l'unità monetaria è suddivisa in cento frazioni. Il Regno Unito introdusse tale sistema il 15 febbraio 1971, in applicazione del *Decimal Currency Act* del 1967, per cui la sterlina oggi non è più divisa in venti scellini e duecentoquaranta pence (dodici pence per scellino), bensì in cento nuovi pence, il cui simbolo è p. A seguito dell'introduzione del nuovo sistema, sono in circolazione le seguenti monete: *new halfpenny* (½p.), *new penny* (1p.), *two new pence* (2p.), *five new pence* (5p.), *ten new pence* (10p.), *fifty new pence* (50p.), mentre non esistono banconote di valore inferiore a una sterlina. Recentemente è stata anche coniata una moneta in similoro del valore di una sterlina. Durante gli anni cinquanta e gli inizi degli anni sessanta molti stati, che prima facevano parte dell'impero britannico e usavano il sistema monetario inglese, adottarono il sistema decimale. Tra questi, il Sud Africa, l'Australia e la Nuova Zelanda.

decimal currency: ***valuta decimale.*** È la valuta di un paese, costituita da banconote e monete metalliche, basata sul sistema decimale. Prevede che l'unità monetaria sia suddivisa in cento centesimi o frazioni equivalenti, come ad esempio il dollaro statunitense e la sterlina britannica. A volte l'unità monetaria è semplicemente un'unità di conto e la suddivisione in cento centesimi in tal caso viene utilizzata soltanto a fini contabili.

Decimal Currency Board: Commissione istitutita dal *Decimal Currency Act* del 1967 per «facilitare il passaggio dal sistema monetario esistente al nuovo sistema stabilito da questa legge».

decimalization day: Termine con il quale viene indicata la data del 15 febbraio 1971, quando il Regno Unito passò ufficialmente dal suo vecchio sistema monetario al sistema nuovo basato sulla divisione della sterlina in cento nuovi pence. Per un certo periodo di tempo i due sistemi coesistettero e le autorità distribuirono materiale di riferimento per abituare i cittadini al nuovo sistema monetario nazionale.

decimal point: ***punto decimale.*** Il punto che, non soltanto nella pratica anglosassone, indica la divisione tra un numero intero e un decimale.

decimals: ***decimali.*** Con questo termine inglese vengono impropriamente indicati i calcoli per determinare l'interesse da addebitare o accreditare ad un conto corrente bancario. (v. anche *products*)

decimal system: ***sistema decimale.*** È il sistema in base al quale i pesi, le misure e l'unità monetaria sono regolati dalla divisione in decimi. Anche i paesi anglo–sassoni che prima usavano un differente sistema si sono adeguati o si stanno adeguando al sistema decimale.

decision: ***decisione.*** Scelta, seguita dall'azione relativa, fatta in preferenza ad un'alternativa. La capacità di prendere decisioni è una delle caratteristiche che contraddistinguono l'abilità manageriale.

decision making: ***processo decisorio.*** Espressione con la quale si indicano il processo di prendere decisioni e le attività che contribuiscono a rendere più semplice la scelta tra linee di condotta alternative, in condizioni di incertezza e di rischio.

decision map: ***mappa delle decisioni.*** Uno strumento usato nella gestione aziendale al fine di mutare una *cognitive map* (v.) in un insieme di obiettivi e alternative. La tecnica spinge i manager a pensare alla loro attività in termini di una serie di parametri e obiettivi tra loro collegati e a stabilire semplici collegamenti algebrici che saranno poi manipolati mediante un computer. La mappa delle decisioni può anche fare a meno di una sottostante mappa conoscitiva e diventare il punto di partenza delle decisioni, se i manager hanno già le idee chiare circa gli obiettivi e le decisioni che intendono considerare.

decision rule: ***regola per le decisioni.*** Una qualsiasi regola che aiuti a prendere decisioni in casi di incertezza. Può essere una regola empirica o una complessa formula matematica.

decision theory: ***teoria delle decisioni.*** Una qualsiasi delle varie tecniche di cui può disporre la direzione di un'azienda per prendere decisioni concernenti la strategia complessiva dell'impresa in condizioni di incertezza e di rischio.

decision tree: ***albero delle decisioni.*** Nel caso in cui la direzione di un'impresa o altra organizzazione si trovi a dover prendere non una sola decisione, ma una serie di decisioni che estendono la loro influenza sul futuro dell'organizzazione, si è soliti procedere alla preparazione di un albero delle decisioni che indica, sotto forma di rami dell'albero, tutte le decisioni alternative e i loro probabili risultati, in modo che risulti più facile scegliere la decisione che più si addice alla politica, alla situazione e alle aspettative dell'organizzazione.

deck cargo: ***carico di coperta; carico sopracoperta.*** È il carico trasportato sulla coperta di una nave e non nelle sue stive, come ad esempio container, legname e simili.

declarant: ***dichiarante.*** La persona che rilascia una dichiarazione ai fini fiscali, doganali o assicurativi.

declaration: ***dichiarazione.*** L'azione formale del consiglio di amministrazione e dell'assemblea dei soci, che dà luogo all'obbligo di pagare i dividendi agli azionisti. Prima che venga fatta tale dichiarazione, non è permesso pagare o pretendere alcun dividendo. Lo stesso termine inglese viene usato con significato più generico per indicare una dichiarazione inviata alle autorità doganali in relazione a beni soggetti a dazio o inviata all'ufficio delle imposte in relazione a redditi, utili di capitale e simili, soggetti a imposizione fiscale.

declaration date: ***data di dichiarazione.*** Nel linguaggio delle borse valori, indica la data ultima entro la quale un operatore è tenuto a far conoscere le proprie intenzioni in relazione ad un contratto a premio, ed è pertanto usato come sinonimo di *declaration day* (v.). Nel linguaggio commerciale, indica il termine ultimo entro il quale un potenziale compratore può far valere un proprio diritto di opzione.

declaration day: ***giorno di risposta premi.*** Nel linguaggio delle borse, è l'ultimo giorno in cui lo speculatore che si è assicurato un diritto di opzione è tenuto a comunicare alla controparte le sue decisioni in merito al contratto a premio stipulato, se cioè è disposto ad eseguirlo nei termini in cui è stato concordato o se intende variare la propria posizione, ovvero risolvere il contratto stesso. Il giorno di risposta premi è sempre quello che precede il primo dei giorni di liquidazione, cioè il giorno dei compensi. (v. anche *settling days, account day*)

declaration insurance: ***assicurazione a sostanziare.*** Termine usato per indicare il tipo di assicurazione descritto sotto *declaration policy* (v.).

declaration of association: ***dichiarazione di associazione.*** È la dichiarazione dei soci fondatori, con la quale esprimono la volontà di costituirsi in società. È contenuta nella *association clause* (v.).

declaration of bankruptcy: ***dichiarazione di fallimento.*** Lo stesso che *adjudication in bankruptcy* (v.).

declaration of compliance: È un documento che deve essere presentato al *Registrar of Companies* (v.) subito dopo la costituzione di una società per azioni. Contiene la dichiarazione, firmata dal legale o da un amministratore della società, che sono stati compiuti tutti gli atti relativi alla iscrizione della società, previsti dal *Companies Act*.

declaration of income: ***dichiarazione dei redditi.*** Lo stesso che *tax return* (v.).

declaration of solvency: ***dichiarazione di solvibilità.*** Dichiarazione rilasciata sotto giuramento dagli amministratori di una società quando quest'ultima chiede la liquidazione volontaria. Il rilascio di tale dichiarazione, che certifica la possibilità della società di pagare tutti i suoi debiti entro un periodo massimo di dodici mesi, è stabilito dal *Companies Act* del 1948.

declaration policy: ***polizza a sostanziare.*** Tipo di polizza che prevede che l'assicurato, ad intervalli regolari e prestabiliti, fornisca all'assicuratore dati relativi al valore e alla consistenza dei beni coperti da assicurazione. Viene usata nel caso in cui un commerciante o un'impresa dispongano di merci o giacenze che subiscono notevoli variazioni quantitative da un periodo di tempo ad un altro e consente che la somma assicurata sia sempre approssimativamente uguale al valore dei beni tenuti presso l'impresa. Poiché la somma assicurata varia da periodo a periodo, anche il premio deve subire uguali variazioni e di conseguenza esso viene compensato a fine anno, sulla base dei valori dichiarati nei vari singoli periodi.

declarations: ***dichiarazioni.*** Nel linguaggio delle assicurazioni, sono le informazioni rilasciate dall'assicurato o dall'assicurando sulla natura del rischio da coprire.

to declare: 1. ***dichiarare.*** Rendere di pubblico dominio mediante una dichiarazione, come ad esempio nella frase «dichiarare un dividendo». **2.** ***denunziare; dichiarare.*** In materia fiscale, inviare una dichiarazione alle autorità doganali o fiscali in relazione a beni soggetti a dazio o a redditi o utili soggetti a imposta.

to declare a dividend: ***dichiarare un dividendo.*** Azione mediante la quale si instaura il diritto dell'azionista a percepire un dividendo e il dovere della società di pagarlo.

to declare black: ***boicottare.*** Espressione colloquiale usata per indicare l'azione di porre in essere una qualsiasi forma di boicottaggio. (v. anche *boycott*)

declared capital: ***capitale sociale conferito.*** Lo stesso che *stated capital 1* (v.).

declared dividend: ***dividendo dichiarato.*** Dividendo di cui il consiglio di amministrazione e l'assemblea dei soci hanno formalmente autorizzato il pagamento ad una data stabilita. (v. anche *declaration*)

declared reserve: ***riserva palese.*** Nel linguaggio della contabilità, indica una riserva esplicitamente menzionata in un bilancio. Il termine viene usato in contrapposizione a riserva occulta.

declared value: ***valore dichiarato.*** a) Nel linguaggio finanziario statunitense, questo termine viene usato con lo stesso significato di *stated value* (v.); b) lo stesso termine viene usato in alternativa a *value declared* (v.).

declassified cost: ***costo riclassificato.*** Il costo, ad esempio di un prodotto industriale, riclassificato in termini di materiali, manodopera e altre spese che hanno contribuito alla produzione del bene.

to decline: ***declinare.*** Rifiutare, ad esempio un'offerta, o volgersi verso il basso, ad esempio di prezzi o tassi di interesse.

decline in economic usefulness: ***perdita di utilità economica.*** La diminuzione di utilità cui va soggetto un bene capitale fisso a causa di obsolescenza, logorio, ecc. (v. anche *depreciation, usefulness*)

decline in prices: ***diminuzione dei prezzi; declino dei prezzi.*** Lo stesso che *price decrease* (v.).

decline in sales: ***declino delle vendite.*** La contrazione del volume globale delle vendite di un'impresa, conseguente alla riduzione della domanda.

decline in the discount rate: ***riduzione del saggio di sconto.*** La diminuzione del saggio che deve pagare chi sconta una cambiale o altro titolo di credito.

decline in the rate of interest: ***riduzione del tasso di interesse.*** La diminuzione del tasso di interesse praticato dalle banche a chi prende denaro in prestito e che, di conseguenza, determina anche la riduzione del tasso di interesse praticato a chi deposita denaro presso la banca.

declining–balance method of depreciation: ***metodo di ammortamento a quote proporzionali ai valori residui.*** In questo metodo, la quota di ammortamento si ottiene: a) applicando una percentuale fissa al valore residuo del conto dell'attività da ammortizzare, cioè al saldo dopo aver detratto le precedenti quote di ammortamento; oppure, b) applicando un tasso decrescente al costo iniziale dell'attività. La formula a volte suggerita per questo metodo è: $r = 1 - \sqrt[n]{s}/\sqrt[n]{c}$, dove r è la percentuale; n è il numero degli anni di vita utile prevista; s è il valore di recupero; e, c è il costo dell'attività.

declining industries: ***industrie in declino.*** Lo stesso che *sunset industries* (v.).

declining–marginal–efficiency–of–capital theory: ***teoria dell'efficienza marginale decrescente del capitale.*** Teoria, sostenuta dagli economisti keynesiani, che afferma che quando, ad un dato tasso di consumo, si impianta un numero sempre maggiore di unità produttive, diminuisce il tasso di rendimento degli impianti nuovi e di quelli già esistenti.

decolonization movement: ***movimento per la decolonizzazione.*** Il movimento che, negli anni successivi alla seconda guerra mondiale, ha portato alla creazione di un numero sempre maggiore di stati sovrani, a seguito della concessione dell'indipendenza a territori che precedentemente avevano lo status di colonie.

decontrol of prices: ***liberalizzazione dei prezzi.*** Desistenza di un governo dalla regolamentazione dei prezzi di uno o più determinati beni o servizi. A seguito di tale provvedimento, il livello dei prezzi liberalizzati non dipenderà più da considerazioni politiche, bensì dal funzionamento delle leggi di mercato della domanda e dell'offerta.

decrease: ***calo; diminuzione; ribasso.*** Lo stesso che *fall* (v.).

decreasing cost: ***costo decrescente.*** Il costo che, in un dato insieme di condizioni, decresce per unità di prodotto, mentre cresce la produzione totale. I risparmi realizzati attraverso la produzione di massa, le parti intercambiabili e la divisione del lavoro hanno portato alla situazione dei costi decrescenti.

decreasing cost industry: ***industria a costi decrescenti.*** È un'industria i cui costi unitari totali medi diminuiscono con l'aumentare del volume della produzione. (v. anche *decreasing cost*)

decreasing marginal cost: ***costo marginale decrescente.*** Si verifica quando il costo di ciascuna successiva unità di prodotto risulta inferiore al costo di produzione delle precedenti unità.

decreasing returns: ***rendimenti decrescenti.*** Lo stesso che *diminishing returns* (v.).

decreasing returns to scale: ***rendimenti decrescenti di scala.*** Lo stesso che *diminishing returns to scale* (v.).

decreasing term assurance: ***assicurazione temporanea decrescente.*** È un tipo di *term insurance* (v.) in base alla quale la somma assicurata decresce col passare del tempo, fino ad azzerarsi alla scadenza del contratto. Anche i premi, naturalmente, decrescono proporzionalmente. Viene usata quando l'assicurato desidera assicurare la propria vita per una somma pari, ad esempio, a quella di un mutuo contratto per l'acquisto di una casa, del quale l'assicurazione segue le sorti, diminuendo in valore via via che il mutuatario paga le successive rate di mutuo.

decreasing utility: ***utilità decrescente.*** Lo stesso che *diminishing utility* (v.).

decree: ***decreto; sentenza.*** Un ordine emesso da una corte di giustizia dopo il dibattimento di una causa civile. Lo stesso termine viene usato, ma in relazione ad altri paesi, per indicare un provvedimento amministrativo o una legge delega emanata da chi ne ha l'autorità, come ad esempio il presidente della repubblica o un consiglio dei ministri. (v. anche *statutory instruments*)

decrement: ***decremento.*** Riduzione del valore di un bene da un momento ad un altro momento nel tempo.

decumulation of stocks: ***decumulazione di scorte; riduzione delle scorte.*** Neologismo usato con lo stesso significato di *inventory disinvestment* (v.).

dedicating of revenues: ***destinazione di imposte.*** È la pratica di destinare il gettito di determinate imposte ad uno scopo specifico. Vi si fa frequente ricorso negli Stati Uniti, specialmente da parte delle amministrazioni locali.

to deduct: ***detrarre.*** Sottrarre una cifra o una quantità da una più grande.

deducted at source: ***trattenuto alla fonte.*** Espressione usata in relazione a un tributo su interessi o dividendi, quando esso viene prelevato dall'ente pagatore sulle competenze da corrispondersi all'investitore. È la pratica seguita nella maggior parte dei paesi, incluso il Regno Unito, ma ovviamente non si applica nei casi in cui il reddito sui titoli è esente da qualsiasi forma di imposizione fiscale, come avviene per alcuni tipi di titoli di stato.

deductible clause: ***clausola della copertura detraibile.*** In un contratto di assicurazione, è la clausola che stabilisce l'esistenza di una *deductible coverage* (v.).

deductible coverage: ***copertura detraibile.*** Espressione usata nel linguaggio delle assicurazioni per indicare che il contratto prevede che sarà risarcito solo il danno eccedente una somma minima prestabilita, di cui risponde l'assicurato.

deduction: **1.** ***deduzione; detrazione.*** Qualsiasi costo o spesa detratto dai ricavi. **2.** ***trattenuta.*** La trattenuta di un tanto per cento sul salario, a titolo di acconto di imposta sul reddito. È usato il termine *deduction* in quanto l'imposta così pagata costituisce una vera e propria detrazione dal salario. **3.** ***deduzione.*** Procedimento, usato nell'analisi economica, in base al quale da un insieme di presupposti o premesse si ricavano norme generali, principî o leggi economiche. (v. anche *deductive method, induction*)

deduction at source: ***trattenuta alla fonte; ritenuta alla fonte.*** Nel Regno Unito, come avviene oggi in Italia, certe imposte (sui dividendi, sugli interessi, sul reddito, ecc.) sono prelevate alla fonte dall'ente pagatore, che ne risponde poi al fisco.

deduction for new: ***deduzione nuovo per vecchio.*** Espressione usata nel linguaggio delle assicurazioni per indicare la riduzione o deduzione effettuata dall'assicuratore nel calcolo dell'indennità da pagarsi all'assicurato quando, essendo state apportate riparazioni alla nave, l'assicurato trae un beneficio dalla differenza tra il vecchio e il nuovo. Si tratta, di solito, di un terzo, che viene detratto a fronte dei miglioramenti derivanti dalla differenza tra il nuovo e il vecchio.

deduction of tax: ***ritenuta fiscale.*** L'ammontare di imposta trattenuta dall'ente pagatore su un qualsiasi pagamento soggetto all'imposta sul reddito.

deductions from gross income: ***deduzioni dal reddito lordo.*** Previste sia per le persone fisiche che per le persone giuridiche, comprendono imposte di natura diversa da quelle sul reddito, interessi su mutui, premi di assicurazione sulla vita, ecc. e, per le persone giuridiche, anche canoni di affitto per locali utilizzati per il funzionamento dell'impresa. Dopo aver dedotto tali oneri, si ricava il reddito netto imponibile.

deductions from income: ***detrazioni dal reddito.*** Termine usato in alternativa a *income deduction* (v.).

deductions from net income: ***detrazioni dal reddito netto.*** Previste soprattutto per certi tipi di persone giuridiche, comprendono le somme pagate come dividendi, le somme destinate a riserve, ecc.

deductions from pay: ***trattenute sul salario.*** Questa espressione, spesso abbreviata in *deduction* (v.), indica le trattenute effettuate dal datore di lavoro sul salario dei suoi dipendenti a fronte di contributi sociali e imposte sul reddito, ma può anche includere altre forme di trattenute, quali ad esempio quelle relative al contributo sindacale, ai contributi ad un fondo pensioni autonomo, e simili. La legge britannica stabilisce che al lavoratore venga fornito, insieme al salario, un elenco preciso e dettagliato delle trattenute effettuate dal datore di lavoro.

deductive method: ***metodo deduttivo.*** Uno dei due metodi usati nel formulare una teoria: partendo da un'ipotesi, generalmente rappresentata da fatti sperimentati, si operano deduzioni logiche che portano alla formulazione di leggi. È il metodo tradizionalmente usato nell'economia pura. (v. anche *deduction 3, inductive method*)

deed: ***atto scritto.*** È una scrittura prevista dalla legge come mezzo di prova dell'esistenza di un negozio giuridico. Per alcune operazioni è obbligatorio redigere un atto scritto, come ad esempio per il trasferimento di beni immobili o per contratti a titoli gratuito.

deed of arrangement: ***concordato.*** Accordo tra debitore e creditori al fine di evitare il fallimento. Può raggiungersi tale accordo prima della presentazione dell'istanza di fallimento o dopo tale presentazione se non vi è obiezione da parte del giudice. Tuttavia, se si raggiunge l'accordo prima che venga emessa l'ordinanza che istituisce la procedura fallimentare, sono vincolati soltanto i creditori che aderiscono all'accordo; se esso si raggiunge dopo l'emissione di tale ordinanza e il giudice l'approva, sono vincolati tutti i creditori. Vi sono, nell'ordinamento giuridico del Regno Unito, varie possibilità di concordato preventivo.

deed of assignment: ***atto di cessione dei beni ai creditori.*** Rientra tra i casi di concordato preventivo nell'ordinamento giuridico del Regno Unito. Con tale atto il debitore, al fine di evitare il fallimento, cede ai creditori tutti i suoi beni, che passano sotto l'amministrazione dei creditori, i quali provvederanno a liquidarli e a ripartire tra loro il ricavato in soddisfacimento dei loro crediti.

deed of conveyance: ***atto di trasferimento.*** Atto pubblico usato per il passaggio di proprietà a titolo oneroso da una persona ad un'altra.

deed of covenant: Atto scritto in base al quale una persona si impegna a versare una somma di denaro annua fissa ad altra persona o ad un'organizzazione per un periodo inferiore ai sei anni. Colui che versa la somma ad associazioni di beneficenza o simili beneficia di una corrispondente detrazione ai fini dell'imposta sul reddito, se l'impegno copre un periodo di tempo superiore ai sette anni. (v. anche *covenanted subscriptions*)

deed of gift: ***atto di donazione.*** Atto pubblico usato per il trasferimento di proprietà a titolo gratuito da una persona ad un'altra.

deed of inspectorship: Atto che rientra tra i casi di concordato preventivo nell'ordinamento giuridico del Regno Unito e che richiama in parte il nostro istituto dell'amministrazione controllata. Con esso, il debitore può consegnare la propria azienda ai creditori, i quali nomineranno uno o più amministratori (*inspectors*) per gestire l'azienda o come tale o in vista di una sua liquidazione.

deed of partnership: ***atto costitutivo di società di persone; contratto di società.*** Lo stesso che *partnership contract* (v.).

deed of transfer: ***atto di trapasso; atto di cessione.*** Accordo formale contenuto in un atto pubblico, sottoscritto dal venditore e dal compratore, mediante il quale un bene viene trasferito dal primo al secondo in considerazione del pagamento di una somma di denaro o di altro corrispettivo. È, ad esempio, l'atto mediante il quale si realizza il trapasso di azioni, necessario affinché il nome del nuovo azionista venga inserito nel libro dei soci ed egli acquisisca il diritto di proprietà dei titoli.

deed of trust: **1.** ***atto di deposito.*** Il traducente italiano non corrisponde esattamente al termine inglese, che indica un atto scritto in base al quale un bene viene sottoposto ad amministrazione fiduciaria, con l'impegno della restituzione o della vendita secondo condizioni ben precisate. È spesso equivalente ad un'ipoteca ed è l'atto usato per garantire un prestito obbligazionario. **2.** ***ipoteca.*** Negli Stati Uniti, il termine è a volte usato con lo stesso significato di *mortgage* (v.).

deed poll: ***atto unilaterale.*** Nel linguaggio giuridico inglese, indica un atto pubblico sottoscritto da una sola persona, invece che da due o più persone.

deemed disposal: ***vendita ipotetica.*** È un accorgimento per determinare l'imponibile ai fini dell'imposta sugli utili di capitale. Ad esempio, le azioni di una società, anche se non realmente vendute, potrebbero essere tassate sulla differenza tra il prezzo di acquisto e il prezzo di mercato al momento della valutazione ai fini dell'imposizione fiscale. (v. anche *capital gains tax*)

deep discount bond: Espressione statunitense, con la quale si indica un titolo a reddito fisso che si vende a uno sconto superiore al 20% del suo valore facciale.

deepening investment: ***investimento di approfondimento.*** Un investimento che ha l'effetto di far aumentare la produzione globale di una determinata forza di lavoro, incrementandone la produttività. (v. anche *widening investment*)

deepening of capital: ***intensificazione di capitale; approfondimento di capitale.*** Espressione usata per indicare l'adozione di metodi di produzione più indiretti ma più efficienti, che aumenta il rapporto della quantità di capitale impiegato per produrre una data quantità di beni. (v. anche *widening of capital*)

deep in/out of the money: Espressione borsistica statunitense relativa a un contratto a premio dont. *Deep in the money* indica che il prezzo di esercizio dell'opzione è molto al di sotto del prezzo di mercato del titolo cui si riferisce il contratto; *deep out of the money* indica la situazione opposta, cioè che il prezzo di esercizio è di molto superiore al prezzo di mercato del titolo.

deep organization: ***organizzazione profonda.*** Forma di organizzazione aziendale nella quale è presente un numero alquanto elevato di livelli di controllo, spesso non giustificato dal numero relativamente basso di addetti. (v. anche *flat organization*)

def.: deferred.

defaced coin: ***moneta metallica sfigurata.*** Le monete d'oro, di argento o di rame, stabilisce la legge inglese, sulle quali siano stati impressi segni o parole, non possono più considerarsi monete a corso legale, anche se il loro peso è rimasto invariato.

defaced note: ***banconota sfigurata.*** Il *Currency and Bank Notes Act* del 1928 stabilisce che chiunque scriva o stampi parole o effigi sulle banconote è punibile con un'ammenda non superiore a una sterlina (art. 12). È, tuttavia, ammesso che le banche appongano sul retro, ma non sulla parte anteriore delle banconote, il loro codice. Le banconote sfigurate sono sempre negoziabili, perché l'unica persona soggetta ad ammenda è colui che le sfigura.

de facto corporation: ***società de facto; società irregolare.*** Nel linguaggio giuridico statunitense, indica una società che non si è adeguata a qualcuna delle norme giuridiche necessarie per la sua costituzione o per la sua esistenza, ma è temporaneamente considerata dalla legge come una società in regola, pur non essendo iscritta al registro delle società.

defalcation: ***appropriazione indebita.*** Il termine inglese indica soltanto l'appropriazione indebita di denaro contante o titoli convertibili in denaro, da parte di una persona che li ha in custodia, come ad esempio un cassiere o un amministratore fiduciario. (v. anche *embezzlement*)

default: ***inadempienza; inadempimento.*** Atto del non pagare quanto dovuto ad una scadenza o del non eseguire una prestazione contemplata in un contratto.

defaulter: ***inadempiente; parte inadempiente.*** Il termine inglese indica principalmente chi viene meno al dovere di pagare un debito alla scadenza o di eseguire una determinata prestazione prevista in un contratto da lui sottoscritto. Nel linguaggio delle borse valori, il termine viene usato con un significato un po' più specifico per indicare un operatore membro della borsa che non è in grado di far fronte ai propri impegni finanziari e contrattuali. La sua attività viene, pertanto, liquidata d'ufficio dalla borsa valori, senza peraltro farlo dichiarare fallito.

defaulting party: ***parte inadempiente.*** Lo stesso che *defaulter* (v.).

default interest: ***interesse di mora.*** Lo stesso che *delay interest* (v.).

default risk: ***rischio dell'inadempienza.*** Termine usato in alternativa a *risk of default* (v.).

defeasible conveyance: ***ipoteca.*** Termine a volte usato negli Stati Uniti con lo stesso significato di *mortgage* (v.).

defective delivery: ***cattiva consegna.*** Si verifica quando i valori mobiliari o altri beni non possiedono le caratteristiche di consegna consuetudinarie o non corrispondono alle condizioni concordate nel contratto di compravendita.

defective title: ***titolo imperfetto; titolo difettoso; titolo viziato.*** Nel linguaggio giuridico inglese, indica un titolo di proprietà su beni immobili che, non essendo iscritto presso il *Land Registry* (v.), non soddisfa appieno le condizioni per essere un titolo di proprietà valido e inoppugnabile. Per essere tale, infatti, dovrebbe dimostrare che per i passati trent'anni ciascun proprietario di quel bene immobile aveva un titolo di proprietà legalmente inoppugnabile. Il titolo imperfetto, invece, espone il proprietario al rischio che qualcun altro possa vantare diritti di proprietà sul bene in questione.

defective-title policy: ***polizza per titolo imperfetto.*** Tipo di polizza di assicurazione usata nel Regno Unito, che tutela l'acquirente di un bene immobile contro il rischio di perdere la proprietà da lui acquistata, nel caso in cui il venditore non possieda un titolo di proprietà legalmente inoppugnabile, ma solo un titolo imperfetto che, di conseguenza, non gli consente di trasmettere al compratore il diritto inoppugnabile di pacifico godimento del bene immobile da lui venduto. (v. anche *defective title*)

defence aid: ***aiuti per la difesa.*** Rientrano nella politica degli Stati Uniti nei confronti dei loro alleati. Dopo la fine del Piano Marshall, che fornì all'Europa aiuti su vasta scala, gli Stati Uniti continuarono a prestare assistenza, a scopi difensivi, ai paesi dell'Europa occidentale. Nel 1952, ad esempio, il Regno Unito ricevette, sotto forma di aiuti per la difesa, ben 121 milioni di sterline dagli Stati Uniti.

defence bonds: Titoli di stato, che potrebbero farsi rientrare tra i prestiti patriottici, emessi dal governo britannico dal 1939 al 1964 per far fronte alle spese belliche e militari. Venivano emessi in tagli da cinque sterline ed alcune emissioni prevedevano un premio alla scadenza, esente da imposte, e la possibilità di conversione. Furono sostituiti nel 1964 dai *National Development Bonds* (v.), a loro volta sostituiti nel 1968 dai *British Savings Bonds* (v.).

defence expenditure: ***spese per la difesa.*** Sono le spese sostenute da un paese in armamenti e per il mantenimento delle proprie forze armate e vi rientrano tutte le spese sostenute a questo titolo direttamente dallo stato o da sue agenzie ed enti. Negli Stati Uniti le spese per la difesa includono, oltre quelle dette sopra, anche le spese di ricerca bellica, di assistenza militare ai paesi alleati e di tutte le attività collaterali.

Defence Production Act: Legge, approvata dal Congresso degli Stati Uniti nel 1950, che autorizzava controlli sull'economia nazionale, particolarmente in settori impegnati nella produzione di materiali necessari per la difesa del paese. Prevedeva, tra l'altro, controlli sui prezzi e sui salari, controlli del credito e requisizioni di materiali e proprietà private essenziali per la difesa.

defended bid: ***offerta di acquisto contrastata.*** Lo stesso che *contested take-over bid* (v.).

defensive assets: ***attività di difesa.*** Lo stesso che *liquid assets* (v.).

defensive financial restructuring: ***ristrutturazione finanziaria difensiva.*** Lo stesso che *defensive recapitalization* (v.).

defensive investment: ***investimento difensivo.*** Una qualsiasi forma di investimento posto in essere prettamente a scopo di garantirsi contro il rischio di perdite e non con fini speculativi.

defensive lending: ***prestiti difensivi.*** Lo stesso che *involuntary lending* (v.).

defensive recapitalization: ***ricapitalizzazione difensiva.*** Tipo di ricapitalizzazione cui fa ricorso una società alla scopo di difendersi da effettive o temute offerte di acquisto ostili. Dato lo scopo che si prefiggono, queste ricapitalizzazioni sono sostanzialmente diverse, pur se formalmente simili, da quelle cui normalmente si fa ricorso allo scopo di aumentare le disponibilità finanziarie o di capitale di un'impresa e tendono a incrementare esageratamente il rapporto tra capitale di prestito e capitale proprio nel tentativo di rendere la società meno appetibile.

defensive securities: ***titoli di sicurezza.*** Obbligazioni o altri tipi di investimenti a reddito fisso ed azioni di società di determinati settori industriali che offrono particolari garanzie. Questi investimenti a carattere difensivo dovrebbero figurare in un portafoglio titoli in previsione di un ribasso generalizzato del mercato mobiliare. (v. anche *defensive stocks*)

defensive stocks: ***azioni di sicurezza.*** Termine usato principalmente nel linguaggio finanziario statunitense per indicare un tipo di azioni il cui rendimento e il cui valore non risentono, o risentono in minima parte, di variazioni dovute a fluttuazioni economiche. Questi titoli azionari, come indica anche il termine, sono più idonei di altri a resistere a pressioni speculative o a tendenze al ribasso generalizzato in condizioni economiche avverse e, pertanto, sono preferiti da coloro che acquistano valori mobiliari con intenti di investimento e non di speculazione.

deferment: ***risconto.*** Termine usato con lo stesso significato di *deferral* (v.).

deferral: ***risconto.*** Trattamento contabile di costi o ricavi registrati prima che i benefici dei costi siano ricevuti o prima che i ricavi siano effettivamente guadagnati. I risconti sono attività o passività di bilancio, che vengono riportate a periodi contabili successivi, quando i ricavi saranno guadagnati e i benefici dei costi si saranno concretizzati.

deferral of taxes: ***differimento di imposte.*** Differimento del pagamento di imposte a una data futura, mediante uno strumento consentito dalla legge. Ad esempio, un'assicurazione sulla vita differisce il pagamento delle imposte sulla somma versata come premio al momento in cui la polizza scadrà e il beneficiario riceverà la somma assicurata. In tale occasione, tuttavia, egli non pagherà imposta sulla somma versata, bensì sulla differenza tra questa e la somma assicurata che riceverà.

deferred account: ***conto differito.*** Accordo mediante il quale ad un assicurato viene concessa la possibilità di pagare il premio in due o più rate.

deferred annuity: ***rendita vitalizia differita; rendita differita.*** Si parla di rendita differita quando la prima rata viene corrisposta al titolare un certo tempo (k + 1 periodi) dopo la stipulazione del contratto. La rendita è garantita dal versamento di una somma di capitale pattuita nel contratto. Questo tipo di rendita prevede che se il beneficiario muore nel periodo di tempo che intercorre tra la stipulazione del contratto e il pagamento della prima rata della rendita, i versamenti già corrisposti dal beneficiario restano acquisiti dall'assicuratore. (v. anche *retirement annuity*)

deferred asset: 1. ***risconto attivo.*** Termine usato con lo stesso significato di *deferred charge* (v.). **2.** ***spesa prepagata; costo prepagato.*** È una delle voci di un bilancio e precisamente quella che rappresenta la parte di spese sostenute in considerazione di benefici che saranno ricevuti in uno o più esercizi futuri.

deferred bonds: ***obbligazioni differite.*** Termine usato nel linguaggio finanziario statunitense per indicare: 1) un tipo di obbligazioni che prevede, per accordo diretto tra creditore e debitore, che il pagamento degli interessi sia rinviato per un periodo di tempo indefinito; 2) obbligazioni il cui tasso di interesse aumenta gradatamente nel tempo, fino a raggiungere un certo tasso prestabilito. Quando ciò si verifica, esse vengono convertite in obbligazioni comuni a reddito fisso.

deferred charge: ***risconto attivo.*** Spesa non riconosciuta interamente come costo di gestione del periodo in cui viene sostenuta, ma che viene riportata a uno o più successivi periodi contabili. Si riconoscono quattro tipi di risconto attivo: a) spese i cui benefici saranno goduti in un numero indefinito di periodi successivi; b) spese per ricerca e sviluppo, i cui benefici si presume che durino per un numero di periodi futuri abbastanza ben definito; c) spese o costi prepagati, che sono l'unico tipo di risconto attivo a venir classificato come attività corrente; e, d) spese o perdite che non arrecano beneficio ad alcun periodo passato, presente o futuro.

deferred credit: ***risconto passivo.*** Termine usato con lo stesso significato di *deferred revenue* (v.).

deferred creditor: ***creditore ordinario.*** Nelle procedure fallimentari, è il creditore che vanta un diritto successivo a quello dei creditori privilegiati.

deferred debt: 1. ***risconto attivo.*** Termine usato con lo stesso significato di *deferred charge* (v.). **2.** ***spesa prepagata; costo prepagato.*** Termine usato con lo stesso significato di *deferred asset 2* (v.).

deferred deliveries: ***consegne differite.*** Sono le consegne future di titoli o beni acquistati in assoluto o di titoli e beni oggetto di contratti per consegna futura.

deferred demand: ***domanda differita.*** Domanda necessariamente rinviata nel tempo, a causa di attuale penuria di beni e servizi.

deferred dividend: ***dividendo differito.*** Dividendo dichiarato e iscritto come passività, ma non liquidabile fino ad una certa data posteriore a quella usuale di pagamento o fino al verificarsi di un determinato evento.

deferred earnings: ***risconti passivi.*** Lo stesso che *deferred revenue* (v.).

deferred expenditure: ***risconto attivo.*** Termine usato con lo stesso significato di *deferred charge* (v.).

deferred expense: 1. ***risconto attivo.*** Termine usato con lo stesso significato di *deferred charge* (v.). **2.** ***spesa prepagata; costo prepagato.*** Termine usato con lo stesso significato di *deferred asset 2* (v.).

deferred income: ***reddito differito; risconto passivo.*** Termine usato con lo stesso significato di *deferred revenue* (v.).

deferred interest bond: ***titolo a interessi differiti.*** Un titolo a reddito fisso in relazione al quale gli interessi non vengono pagati periodicamente, bensì a una data futura stabilita, di solito alla scadenza. Rientrano in questa categoria gli *zero–coupon bonds* (v.).

deferred interest certificate: ***certificato di interessi differiti.*** È il nome che nel Regno Unito si dà ad un documento rilasciato da una società, attestante che il pagamento di interessi dovuti è stato rinviato o differito.

deferred interest warrant: ***certificato di interessi differiti.*** Termine usato come sinonimo di *deferred interest certificate* (v.).

deferred liability: 1. ***risconto passivo.*** Termine usato con lo stesso significato di *deferred revenue* (v.). **2.** ***passività a lungo termine.*** Una qualsiasi passività che si protrae su più periodi contabili o esercizi. **3.** ***passività differita.*** Un debito il cui pagamento è stato differito oltre la data di scadenza legale o consuetudinaria.

deferred–load fund: ***fondo a spese differite.*** Lo stesso che *no–load fund* (v.).

deferred maintenance: ***manutenzione differita.*** Riparazioni o lavori di semplice manutenzione rinviati e valutati in base alla spesa necessaria per ridare ad un impianto o ad una singola macchina le caratteristiche funzionali originali.

deferred ordinary shares: ***azioni ordinarie postergate.*** Termine usato come sinonimo di *deferred shares* (v.).

deferred payment agreement: ***accordo di vendita rateale; accordo di vendita con pagamento differito.*** È l'accordo tra venditore e compratore, in base al quale al secondo viene concessa la possibilità di pagare un bene a rate in un arco di tempo determinato. L'accordo che concede credito al compratore può essere sottoscritto tra quest'ultimo e una società finanziaria, se il venditore non è disposto o non ha la possibilità di finanziare l'operazione personalmente. (v. anche *deferred payment sale*)

deferred payment annuity: ***rendita vitalizia differita; rendita differita.*** Lo stesso che *deferred annuity* (v.).

deferred payments: ***pagamenti differiti.*** Una delle funzioni del denaro è quella di servire come mezzo di pagamento futuro o differito, che gli deriva dalla funzione di servire da mezzo di scambio. La condizione necessaria perché il denaro svolga efficacemente la funzione di mezzo di pagamento differito è che esso abbia un valore stabile nel tempo.

deferred payment sale: 1. ***vendita a rate.*** Una qualsiasi vendita che sarà pagata a mezzo di versamenti successivi, nell'arco di tempo stabilito. **2.** ***vendita con pagamento differito.*** Vendita di beni il cui pagamento è differito ad un momento futuro, che si estende al di là del periodo di credito consuetudinariamente concesso.

deferred posting: ***posta differita; registrazione differita.*** Nelle banche inglesi, è un sistema meccanizzato tramite il quale tutte le registrazioni contabili di un giorno vengono effettuate il giorno successivo in un solo passaggio della macchina attraverso l'ordine alfabetico memorizzato. Ciò consente notevoli vantaggi di rapidità e di ordine nella presentazione dei conti. A seguito di un accordo tra le banche membri della stanza di compensazione, i titoli non pagati possono essere restituiti entro le ore dodici del giorno successivo a quello della presentazione, così ovviando all'inconveniente che si potrebbe verificare a seguito della registrazione differita.

deferred premium: ***premio differito.*** È così detto un premio che l'assicurato può pagare in due o più rate.

deferred profit–sharing plan: ***piano di partecipazione differita agli utili.*** Un piano adottato da un'impresa allo scopo di consentire una partecipazione dei propri dipendenti agli utili, che verranno investiti o in azioni della stessa società o in altre forme e verranno versati all'avente diritto o al momento del suo pensionamento o in un altro momento stabilito nel tempo, ma successivo a quando è avvenuta la ripartizione di utili. (v. anche *cash profit–sharing plan*)

deferred rebates: ***sconti differiti.*** Lo stesso che *aggregate rebates* (v.).

deferred repairs: ***riparazioni differite.*** Termine usato con lo stesso significato di *deferred maintenance* (v.).

deferred revenue: ***risconto passivo; reddito differito.*** Ricavi percepiti prima che siano effettivamente maturati, cioè prima che venga fornito il corrispettivo, in tutto o in parte, che dà luogo al ricavo. Ad esempio, canoni di fitto anticipati, abbonamenti venduti e simili.

deferred revenue expenditure: **1.** ***risconto attivo.*** Termine usato con lo stesso significato di *deferred charge* (v.). **2.** ***spesa prepagata; costo prepagato.*** Termine usato con lo stesso significato di *deferred asset 2* (v.).

deferred shares: ***azioni postergate; azioni a dividendo differito.*** Tipo di azioni che hanno diritto alla distribuzione di utili dopo che sono stati soddisfatti i diritti di tutti gli altri tipi di azioni, incluse quelle ordinarie e quelle privilegiate. Oggi, tale tipo di azioni non è praticamente più emesso dalle società di capitali, pur se altri tipi di azioni vengono trattati in questo modo. (v. anche *founders' shares*)

deferred stock: ***azioni postergate; azioni a dividendo differito.*** Termine usato con lo stesso significato di *deferred shares* (v.).

deferred tax: ***imposta differita.*** Termine di contabilità, usato per indicare accantonamenti a fronte di futuri oneri fiscali. Poiché, nel Regno Unito, gli utili di una società vengono calcolati al netto dell'ammortamento e poiché le quote di ammortamento a fini fiscali possono differire dalle quote a fini contabili (pur se alla fine i totali si equivalgono), è necessario operare delle rettifiche aggiungendo o sottraendo fondi alla riserva accantonata per far fronte all'imposta sul reddito al termine del periodo di ammortamento.

deferred taxation: ***risconti di imposta.*** Termine usato con lo stesso significato di *deferred tax* (v.).

deferred wages: ***salario differito.*** Termine a volte usato con lo stesso significato di *pension* (v.).

deferring: ***operazione di risconto; risconto.*** In contabilità, è l'eliminazione dai conti costi e/o ricavi di quelle parti di costi o ricavi non imputabili all'esercizio, riportandole a successivi periodi contabili.

deficiency: **1.** ***mancanza.*** Il termine inglese è usato principalmente nel linguaggio delle dogane col significato di abbuono, limitatamente a vini ed alcolici. Vi sono tre tipi di *deficiency* in tal senso: *ordinary*, cioè l'abbuono calcolato per perdite naturali, quali evaporazione e assorbimento dei contenitori; *special*, cioè quello che tiene conto di ulteriori perdite dovute a legno poroso, doghe difettose, buchi nelle botti, ecc.; e *chargeable*, cioè un abbuono ulteriore sul quale si paga il dazio d'importazione che sarà, tuttavia, generalmente rimborsato. **2.** ***deficit; disavanzo.*** In questo significato, il termine inglese è sinonimo meno usato di *deficit* (v.).

deficiency account: ***rendiconto di deficit.*** Relazione sulle probabili o reali perdite di un'impresa debitrice, di solito preparata dai creditori nel corso della procedura fallimentare.

deficiency advances: ***anticipazioni a fronte di deficit di bilancio.*** Quando il saldo del conto del governo presso la Banca d'Inghilterra è insufficiente a far fronte agli impegni in scadenza del debito pubblico, la Banca presta al governo la somma necessaria. Questi prestiti vengono chiamati *deficiency advances*, appunto perché servono a sanare temporaneamente un deficit di bilancio.

deficiency appropriation: ***stanziamento suppletivo.*** Stanziamento, disposto dal Congresso degli Stati Uniti, per far fronte a spese eccedenti gli stanziamenti già approvati.

deficiency bill: ***progetto di legge di stanziamento suppletivo.*** Atto legislativo che, se approvato, darà luogo ad un *deficiency appropriation* (v.).

deficiency bills: ***anticipazioni a fronte di deficit di bilancio.*** In passato si indicavano con questo termine i prestiti concessi dalla Banca d'Inghilterra al governo britannico per far fronte alle spese ordinarie relative al debito pubblico. Oggi, il termine usato è *deficiency advances* (v.).

deficiency in taxes: ***deficit nel gettito tributario.*** Con questo termine si indicano entrate tributarie inferiori a quelle previste o insufficienti per il fabbisogno finanziario dello stato.

deficiency in the public revenue: ***deficit delle entrate pubbliche; disavanzo pubblico; disavanzo della spesa pubblica.*** La differenza tra le entrate e le uscite di uno stato, che va coperta mediante ampliamento del debito pubblico o va eliminata mediante riduzione delle spese statali. Il termine inglese ha implicito il concetto che le entrate previste non si sono realizzate e ciò ha dato luogo al disavanzo.

deficiency in weight: ***ammanco di peso; calo di peso.*** Nel linguaggio commerciale, è la differenza tra il peso dichiarato e quello accertato.

deficiency payments: ***compensi integrativi; montanti compensativi.*** Sussidi pagati da uno stato a produttori di beni il cui prezzo sul mercato libero è inferiore al prezzo garantito dal governo. Questo tipo di compensi, tuttora ampiamente usato in molti paesi al fine di incentivare la produzione agricola, rientravano nella politica di sostegno dei prezzi agricoli seguita dal Regno Unito prima del suo ingresso nella Comunità Economica Europea. (v. anche *farm price review*)

deficiency statement: ***rendiconto di deficit.*** Termine usato con lo stesso significato di *deficiency account* (v.).

deficit: ***deficit; disavanzo.*** Ammontare, di solito espresso in termini monetari, di cui una somma è inferiore ad un'altra con cui la prima è messa in relazione. In contabilità, di solito indica un'eccedenza delle passività sulle attività. Ad esempio, un disavanzo della bilancia dei pagamenti sta ad indicare un'eccedenza, valutata in termini monetari, delle importazioni sulle esportazioni di un paese. Un disavanzo del bilancio dello stato sta ad indicare un'eccedenza delle spese rispetto alle entrate statali. Lo stesso termine, tuttavia, viene anche usato per indicare la quantità di cui una data cosa è inferiore alle necessità o alle previsioni.

deficit account: ***conto in deficit; conto deficitario.*** Termine generico, usato per indicare un qualsiasi conto intestato ad un'attività che ha fatto registrare un deficit o un conto che presenta un'eccedenza di costi rispetto ai ricavi.

deficit balance of trade: ***bilancia commerciale passiva.*** Lo stesso che *passive trade balance* (v.).

deficit financing: ***finanziamento in disavanzo.*** L'espressione deriva dalla tesi di J.M. Keynes, che sostiene che il bilancio dello stato deve essere permanentemente in disavanzo come mezzo di stabilizzazione dell'occupazione. Gli economisti non keynesiani hanno in parte condiviso questa tesi, sostenendo la necessità di un disavanzo temporaneo nel bilancio statale, limitato cioè ai periodi di depressione. Il disavanzo in questione deve essere finanziato attraverso l'emissione di prestiti pubblici, i cui proventi vengono reinseriti nella circolazione, portando così un incremento della domanda e del potere d'acquisto generale, che compensano la diminuzione di prestiti e spese private, cui è dovuta la depressione.

deficit net worth: ***capitale netto negativo.*** Lo stesso che *negative net worth* (v.).

deficit spenders: Espressione a volte usata per indicare gli *ultimate borrowers* (v.).

deficit spending: ***spesa in disavanzo.*** La spesa dello stato, finanziata attraverso un disavanzo di bilancio e, quindi, attraverso il debito pubblico, invece che attraverso un incremento dell'imposizione fiscale. Fa parte della politica economica tendente a stimolare l'economia e ridurre la disoccupazione.

deficit unit: ***unità mutuataria.*** Un'unità economica (governo, impresa o nucleo familiare) le cui spese totali superano le entrate totali non finanziarie. Queste unità sono debitori netti nel sistema finanziario, in quanto la loro domanda di fondi eccede la loro offerta.

defined benefit plan: ***piano di assegni definiti.*** Piano di pensionamento, in uso negli Stati Uniti, in base al quale il titolare riceve un flusso definito di pagamenti basati sul numero di anni di servizio prestato e sulle retribuzioni percepite durante il servizio attivo.

defined contribution plan: ***piano di contributi definiti.*** Piano di pensionamento, in uso negli Stati Uniti, in base al quale il titolare riceve una pensione corrispondente al rendimento di un conto di investimento specifico intestato al lavoratore e creato negli anni attraverso il versamento di contributi da parte del lavoratore stesso e del suo datore di lavoro.

definitional equation: ***equazione definitoria; equazione identità.*** In econometria, un'equazione deterministica, cioè senza termine di disturbo, ottenuta da definizioni, identità o condizioni di equilibrio: le variabili che appaiono nell'equazione sono state definite in modo tale che essa deve essere sempre rispettata (ad esempio, prezzo x quantità = valore).

definitions of economics: ***definizioni di economia.*** Vari economisti hanno tentato di dare una definizione esauriente di economia, ma poiché essi partivano da teorie spesso differenti tra loro, ogni definizione tentata è sempre risultata inappropriata o poco significativa. Tra le tante, quella che ha riscosso maggiori consensi è la definizione tentata da Lord Robbins. Partendo dal concetto che tutti i beni sono scarsi, egli vede le decisioni economiche come problemi di scelta e quindi definisce l'economia come «la scienza che studia il comportamento umano come dinamica tra fini e mezzi limitati che possono avere usi alternativi.» Anche questa definizione, tuttavia, appare incompleta in quanto non abbraccia tutti i campi d'indagine della scienza economica.

definitive bond: ***certificato obbligazionario definitivo.*** Quando viene emesso un prestito obbligazionario, all'atto del versamento della quota sottoscritta al riparto viene rilasciato al sottoscrittore un certificato provvisorio che, al versamento del saldo, sarà sostituito dal vero e proprio certificato di obbligazione. Quest'ultimo viene, pertanto, chiamato *definitive bond.*

deflation: ***deflazione.*** 1) Fenomeno, inverso all'inflazione, caratterizzato da una generalizzata riduzione dei prezzi dei beni e servizi e un corrispondente aumento del potere di acquisto del denaro, a seguito di una drastica riduzione della massa di mezzi di pagamento in circolazione nel paese. Una politica deflazionistica si serve di una o più operazioni economiche aventi lo scopo di fare riaffluire alla banca di emissione parte dei biglietti in circolazione, che saranno poi distrutti. Ciò porta ad una diminuzione del reddito nazionale, delle importazioni, dei salari e dell'occupazione a seguito della caduta della domanda. Quando nel 1931, dopo una già pronunziata politica deflazionistica, si reputò che era necessario deflazionare ulteriormente, nonostante che la disoccupazione fosse già a livelli elevati, il termine deflazione cominciò ad essere usato come sinonimo di crisi e depressione. Pertanto, dal 1945 in poi la politica deflazionistica è meglio conosciuta come *disinflation* (v.). 2) La conversione di un determinato fattore, come ad esempio salari e costi o prezzi, da un ammontare nominale a un ammontare reale, quando esso viene misurato in termini monetari. Ad esempio, l'aumento nominale dei prezzi di beni di consumo deve essere diviso per il tasso di inflazione se si vuole individuare l'aumento reale dei prezzi presi in considerazione.

deflationary gap: ***lacuna deflazionistica; scarto deflatorio.*** La differenza tra l'ammontare di spesa teoricamente necessario per non far diminuire l'occupazione ed il minor ammontare di spesa realmente effettuata. La spesa teorica, che include spesa pubblica e privata, dovrebbe servire ad assorbire l'offerta globale di beni e servizi, prodotti in un'economia, ai prezzi correnti. Lo scarto deflatorio si verifica quando l'economia è in una situazione di equilibrio al di sotto della piena occupazione.

deflationist: ***deflazionista.*** Chi sostiene la necessità di una politica di deflazione monetaria come rimedio contro l'alto tasso d'inflazione cui è esposto un sistema economico.

deflation of credit: ***deflazione creditizia; deflazione del credito.*** Un qualsiasi tipo di politica tendente a contrarre il credito che, secondo le autorità monetarie, aveva precedentemente subito un'espansione superiore alle necessità del sistema economico.

deflator: ***deflatore.*** Il termine inglese indica un indice dei prezzi che viene usato nel dividere aggregati di valori per aggregati di prezzo, onde ottenere aggregati di quantità. Lo stesso termine indica un fattore usato per misurare il tasso di inflazione globale di un sistema economico, onde ottenere la differenza tra prodotto nazionale lordo nominale e reale e consentire paragoni in termini reali tra dati relativi a due periodi di tempo successivi. Ad esempio, se il livello dei prezzi relativo ad un qualsiasi anno supera del venticinque per cento il livello dei prezzi relativo all'anno precedente, moltiplicando il prodotto nazionale lordo per un fattore di 0,80 si elimina l'effetto inflazionistico relativo all'anno in questione e si possono fare paragoni in termini reali con i dati relativi all'anno precedente.

deforestation: ***disboscamento; diboscamento.*** L'atto di tagliare e abbattere gli alberi di una zona boscosa, di una foresta e simili, sia allo scopo di procurarsi legname per ardere e per costruzioni sia per trasformare la zona in campi lavorabili o prati. È una delle forme di economia distruttiva, che arreca notevole danno all'ambiente, esponendolo al pericolo di frane, alluvioni, scoscendimenti e valanghe.

defunct company: ***società «defunta»; società sciolta.*** L'articolo 353 del *Companies Act* del 1948 prevede che se l'ufficio del registro delle società accerta che una società ha cessato l'attività o non risponde a lettere dell'ufficio stesso, quest'ultimo potrà pubblicare sulla *Gazette* l'avviso che, a partire da tre mesi dopo la pubblicazione di tale avviso, la società in questione sarà depennata dal registro e sciolta.

Deg.: degree.

degree in economics: ***laurea in economia.*** Nel Regno Unito viene rilasciata dalla maggior parte delle università, ma la più prestigiosa in tale disciplina resta sempre l'Università di Cambridge.

degree of specificity: ***grado di specificità.*** Espressione usata in relazione ai fattori della produzione, per indicare il grado di sostitutività o di utilizzazione in più di un processo o lavoro particolari. Più alto è il grado di specificità di un fattore produttivo, più difficile risulta sostituirlo con un altro o ampliarne l'offerta, almeno nel breve periodo. (v. anche *specific factors of production*)

degrees of monopoly: ***gradi di monopolio.*** In senso stretto, si indica col termine monopolio la situazione di mercato in cui una singola impresa produce o controlla l'intera quantità posta in vendita di un bene o servizio del quale non esiste succedaneo adeguato. In tale situazione, l'impresa è in grado di stabilire prezzo e quantità offerta del bene o servizio sul quale esercita il controllo. Una situazione del genere, che si riferisce a un monopolio assoluto o perfetto, in pratica non esiste mai, perché tutti i beni hanno succedanei più o meno adeguati e, quindi, un'impresa non riesce mai ad avere un controllo completo e totale del bene prodotto. Con il termine monopolio, pertanto, si intende una certa quantità di controllo, che può variare da caso a caso, il che dà origine al termine gradi di monopolio. Nel Regno Unito, ad esempio, si parla di monopolio quando una singola impresa ha il controllo di un terzo della produzione e vendita di un determinato prodotto, ma dal 33% in su esiste una vasta gamma di gradi di monopolio. (v. anche *monopoly*)

degressive tax: ***imposta progressiva ad aliquota crescente men che proporzionalmente.*** Imposta la cui aliquota cresce con l'aumentare dell'imponibile, ma in relazione alla quale ogni successivo aumento dell'aliquota è inferiore al precedente. Ad esempio, se si applica l'aliquota dell'1% a un imponibile di un milione, il 2,50% a dieci milioni, il 3,75% a cento milioni, il 4,25% a un miliardo e così via.

de-industrialization: ***disindustrializzazione.*** Il diffuso e sistematico disinvestimento nella capacità produttiva industriale di base di un paese. Il fenomeno della disindustrializzazione è stato particolarmente acuto nelle aree metropolitane dei paesi più progrediti, dove negli anni settanta si è verificata soltanto una piccola parte dell'investimento che sarebbe stato necessario per stabilizzare l'occupazione esistente di lavoratori dell'industria produttiva, con la conseguenza che l'economia di tali aree va sempre più spostandosi dai settori basati sulla produzione di beni industriali ai settori basati sulla produzione di servizi.

de jure corporation: ***società de jure; società di diritto; società regolare.*** Espressione usata nel linguaggio giuridico statunitense per indicare una società che si è adeguata a tutte le norme giuridiche relative alla sua costituzione ed esistenza.

delay: ***mora.*** Nel linguaggio giuridico, il ritardo ingiustificato nell'adempimento di un'obbligazione di fare o di dare, che generalmente dà luogo all'addebito dell'interesse di mora.

delayed delivery: ***consegna dilazionata.*** Nel mercato finanziario statunitense, la consegna dei titoli ha luogo consuetudinariamente il quarto giorno lavorativo dopo l'operazione di compravendita, ma può essere dilazionata se vi è accordo in tal senso tra le parti interessate.

delayed opening: ***rinvio delle contrattazioni; rinvio in apertura.*** L'inizio delle contrattazioni di un particolare valore mobiliare può essere rinviato oltre il normale inizio delle contrattazioni del giorno per ragioni giudicate gravi dai funzionari della borsa valori e tali da giustificare la temporanea sospensione del titolo. Tra queste ragioni possono esservi l'eccessivo rialzo o ribasso del titolo come conseguenza di un anomalo afflusso di ordini di acquisto o di vendita; l'anomala preponderanza di venditori o di compratori; o notizie importanti provenienti dalla società, che richiedono tempo per essere portate a conoscenza di tutti gli operatori.

delay interest: ***interesse di mora.*** L'interesse addebitato a chi effettua un pagamento dopo la data di scadenza. Il tasso di interesse sarà, a seconda dei casi, quello legale o quello corrente di mercato e verrà calcolato a partire dal giorno di scadenza, o di mora, del debito.

del credere: ***star del credere.*** Impegno assunto da un agente, in considerazione di una commissione addizionale, di garantire al committente il pagamento di beni venduti a termine.

del credere agent: ***agente del credere.*** Agente che assume l'impegno detto star del credere, garantendo al committente il pagamento dei beni venduti per suo tramite.

del credere commission: ***commissione di star del credere.*** La commissione addizionale di competenza dell'agente che assume l'impegno detto star del credere.

deld.: delivered.

to delegate: ***delegare.*** Investire una persona fidata del potere di eseguire determinate azioni o di fungere da rappresentante del delegante. Nella terminologia aziendale, viene di solito usato per indicare l'azione di concedere potere decisionale nel campo della gestione di un'impresa.

delegate: ***delegato.*** Persona che funge da rappresentante di una o più altre persone ad una riunione, in un'organizzazione, ecc.

delegated legislation: ***legislazione delegata.*** Termine con il quale si indicano decreti legislativi o leggi delegate emanati non dal parlamento britannico, ma dai ministri al governo in virtù dei poteri delegati loro da leggi parlamentari. Tale delega viene concessa dal parlamento al governo per snellire i lavori parlamentari e in considerazione della conoscenza specifica che ha ciascun ministero dei problemi alla cui soluzione è preposto.

delegation of authority: ***delega di autorità.*** In un qualsiasi tipo di azienda deve esserci un certo grado di delega di autorità, se si vuole lasciare all'imprenditore il tempo di valutare e decidere su questioni di politica aziendale. Quanto più grande è l'azienda, tanto più vasto sarà il campo di autorità delegata ai collaboratori dell'imprenditore.

delinquency: ***morosità.*** Mancato pagamento di un'obbligazione pecuniaria alla sua scadenza naturale.

delinquency ratio: ***indice d'insolvenza.*** Il rapporto tra i conti di crediti insoluti e del volume di vendite nell'arco di un determinato periodo di tempo.

delinquent account: ***conto crediti insoluti.*** È il conto nel quale vengono registrati i crediti insoluti di un'impresa.

delinquent account receivable: ***conto scaduto; conto in sospeso.*** Lo stesso che *overdue account* (v.).

delinquent tax: ***imposta arretrata.*** È l'importo che non è stato versato dopo la scadenza entro la quale doveva pagarsi l'imposta. Di solito, ciò fa incorrere il contribuente in penali, come ad esempio un tasso di interesse sull'importo dovuto al fisco ed anche una sanzione amministrativa, sotto forma di multa.

delinquent taxpayer: ***contribuente moroso.*** Un contribuente che non ha pagato quanto dovuto al fisco o perché ha evaso l'imposta cui era soggetto o perché non ha ancora materialmente provveduto al pagamento delle imposte accertate e maturate.

delisting: ***esclusione dalla quotazione; rimozione dalla quotazione.*** L'esclusione di un valore mobiliare dal listino della borsa valori presso la quale era precedentemente quotato. Può verificarsi se la società che ha emesso il titolo non risponde più ai requisiti richiesti per l'ammissione alla quotazione o non osserva le norme di comportamento emanate dagli organi di controllo della borsa valori.

deliverable grades: ***standard contrattuali; gradi contrattuali.*** È un insieme di gradi per ciascun bene, che devono essere rispettati quando si procede alla consegna del bene in base ad un contratto a termine o per consegna futura. Di solito, tali contratti prevedono diversi gradi o qualità, insieme a forme di sconto o premio per qualità inferiori o superiori a quella per la quale è stato stipulato il contratto.

deliverable stocks: ***partite consegnabili.*** Partite o scorte che sono state sottoposte ad ispezione e, a seguito di ciò, sono state dichiarate idonee per qualità ad essere consegnate, in esecuzione di contratti a termine o per consegna futura. L'ispezione e la certificazione si rendono necessari quando le merci non erano ancora disponibili al momento in cui fu stipulato il contratto.

delivered alongside: ***consegnato alla banda; reso alla banda.*** Clausola che indica che il passaggio dei costi e dei rischi dal venditore al compratore avviene lungo il bordo della nave scelta per il trasporto, restando a carico del venditore le spese per portare le merci lungo il bordo della nave e a carico del compratore quelle per metterle a bordo della nave e per il trasporto.

delivered at frontier: ***reso frontiera; consegnato alla frontiera.*** Clausola che indica che il passaggio dei costi e dei rischi dal venditore al compratore avviene alla frontiera convenuta, restando a carico del venditore le spese di uscita e a carico del compratore quelle di entrata, inclusi gli eventuali dazi doganali.

delivered at the railway station: ***reso stazione ferroviaria; consegnato alla stazione ferroviaria.*** Clausola che indica che il passaggio dei costi e dei rischi dal venditore al compratore avviene alla stazione ferroviaria convenuta, restando a carico del venditore le spese di trasporto fino alla stazione e a carico del compratore quelle relative alla caricazione delle merci sul treno e al successivo trasporto.

delivered at the seller's warehouse: ***consegnato al magazzino del venditore; reso al magazzino del venditore.*** Clausola che indica che il passaggio dei rischi e dei costi relativi al trasporto delle merci avviene al magazzino del venditore, ove il compratore dovrà provvedere a ritirarle.

delivered docks: ***reso porto; consegnato al porto.*** Clausola che indica che il passaggio dei costi e dei rischi dal venditore al compratore avviene al porto di partenza delle merci, restando a carico del venditore i costi per il trasporto fino al porto e a carico del compratore i costi di movimentazione delle merci sul molo di carico.

delivered duty paid: ***reso sdoganato.*** Clausola che indica che i costi e i rischi sono a carico del venditore fino al punto stabilito di consegna, che dovrà essere chiaramente indicato. Anche i dazi doganali e le spese di uscita da un paese e di entrata nell'altro sono a carico del venditore e, a meno che sia specificato che l'IVA è esclusa, anche quest'ultima graverà sul venditore.

delivered on board: ***reso a bordo; consegnato a bordo.*** Clausola che indica che il passaggio dei costi e dei rischi dal venditore al compratore avviene a bordo della nave scelta per il trasporto, restando a carico del venditore le spese fino alla messa a bordo delle merci, ma a carico del compratore le eventuali spese di stivaggio e successive.

delivered on rail: ***reso vagone; consegnato su vagone.*** Clausola che indica che il passaggio dei costi e dei rischi dal venditore al compratore avviene alla stazione convenuta, restando a carico del venditore le spese di trasporto fino al treno e di caricazione sul vagone ferroviario e a carico del compratore le spese successive.

delivered price: ***prezzo reso; prezzo fob destino.*** È il prezzo che include i costi di trasporto fino al punto di consegna convenuto.

delivered quantity: ***resa allo sbarco.*** Alcuni tipi di merci possono guadagnare o perdere peso durante il trasporto via mare. Per questo motivo, un contratto di compravendita o di trasporto può stabilire che il peso da prendersi in considerazione ai fini del pagamento delle merci o del nolo sia quello che sarà rilevato allo sbarco. Tale peso viene chiamato resa allo sbarco.

delivered weight: ***resa alla consegna; peso allo sbarco.*** Lo stesso che *delivered quantity* (v.).

delivering carrier: ***vettore distributore.*** Un vettore che si assume anche il compito di distribuire le merci ai relativi destinatari.

delivery: ***consegna; resa.*** Il passaggio o il trasferimento della proprietà di beni da una persona ad un'altra, come avviene in una vendita. Lo stesso termine, nel linguaggio finanziario, indica l'effettiva consegna di un titolo di credito acquistato da un investitore o da un'istituzione finanziaria.

delivery at seller's option: ***consegna a opzione del venditore.*** Espressione che, nei contratti di compravendita di valori mobiliari, indica che le parti si sono accordate per la consegna di titoli a un determinato prezzo ed entro un periodo stabilito, ma viene lasciata al venditore la scelta del giorno in cui effettuare la consegna.

delivery book: ***libro spedizioni e consegne; bollettario di consegna.*** Il libro nel quale si registrano i particolari delle merci spedite per ferrovia o a mezzo autotreno. Quando è firmato dalla persona che prende in consegna le merci, costituisce una ricevuta di spedizione o di consegna.

delivery charges: ***spese di consegna.*** I costi relativi ad una consegna e addebitati al compratore.

delivery costs: ***costi di consegna.*** Sono i costi sostenuti da un'impresa per consegnare i propri prodotti ai clienti. Essi comprendono stipendi e salari pagati ai dipendenti dei reparti imballaggio, spedizione e trasporti, i costi dei materiali usati per l'imballaggio e qualsiasi altra spesa, come ad esempio carburante, sostenuta per la consegna del prodotto al domicilio del cliente.

delivery date: ***data di consegna.*** Termine usato con lo stesso significato di *delivery day* (v.).

delivery day: ***giorno di consegna.*** Il giorno in cui una partita di merci viene o deve essere consegnata. Nel linguaggio finanziario, indica il giorno in cui viene consegnato un titolo di credito a colui che l'ha acquistato.

delivery department: ***reparto consegne.*** In un grande magazzino o in un'impresa commerciale, è il reparto che si interessa della consegna al domicilio dei clienti.

delivery expenses: ***spese di consegna.*** Termine usato con lo stesso significato di *delivery charges* (v.).

delivery ex-quay: ***consegna sulla banchina.*** Espressione usata con lo stesso significato di *delivered docks* (v.).

delivery ex-warehouse: ***consegna da magazzino.*** Espressione usata con lo stesso significato di *delivered at the seller's warehouse* (v.).

delivery in bond: ***consegna in deposito franco.*** Clausola che indica che il passaggio dei costi e dei rischi dal venditore al compratore avviene quando le merci saranno state immagazzinate in un magazzino generale al porto convenuto.

delivery man: ***addetto alle consegne.*** La persona, in un grande magazzino o in un'impresa commerciale, che organizza le operazioni di consegna al domicilio dei clienti o al negozio dei dettaglianti.

delivery month: ***mese di consegna.*** Nel linguaggio delle borse valori e merci, indica il mese in cui scadono i contratti a termine o per consegna futura e si devono consegnare i beni relativi.

delivery note: ***ricevuta di consegna.*** Documento che accompagna le merci inviate dal venditore al compratore. È redatta in duplice copia, una delle quali resta al compratore e l'altra, debitamente firmata per ricevuta, torna al venditore.

delivery notice: ***avviso di consegna.*** Nel linguaggio delle borse valori e merci, è l'avviso scritto, inviato dalla stanza di compensazione della borsa, con il quale si comunica l'intenzione del venditore di procedere alla consegna dei beni oggetto di un contratto a termine, alla scadenza dello stesso.

delivery on lighters: ***consegna su chiatte.*** Si ricorre a questo tipo di consegna quando un porto non dispone di fondali sufficientemente profondi da consentire l'attracco delle navi alle banchine. Il passaggio dei costi e dei rischi dal venditore al compratore avviene nel momento in cui le merci vengono caricate sulla chiatta e restano, pertanto, a carico del compratore le spese relative al trasporto su chiatte e tutte quelle successive.

delivery on rail: ***consegna su vagone.*** Espressione usata con lo stesso significato di *delivered on rail* (v.).

delivery on spot: ***consegna sopra luogo; consegna in loco.*** Clausola che prevede che le merci vendute saranno prelevate dal compratore nel luogo in cui si trovano al momento in cui è stato perfezionato l'accordo di compravendita.

delivery order: ***ordine di consegna; buono di consegna.*** Ordine emesso dal proprietario di merci e indirizzato a un depositario, affinché consegni tutte o parte delle merci alla persona menzionata nell'ordine. Lo stesso termine viene usato nel regolamento pro rata per indicare il documento in base al quale si procede alla ripartizione delle merci spedite alla rinfusa da un solo caricatore e destinate a più ricevitori. Molti contratti-tipo, infatti, prevedono la clausola del pro-rata, che stabilisce che la merce danneggiata o avariata e la scopatura di stiva dovranno essere ripartite in resa fra i diversi ricevitori della stessa partita, in proporzione dei loro quantitativi. Allo stesso modo, se le merci subiscono cali, perdite o avarie durante il viaggio, anche questi dovranno essere ripartiti tra i ricevitori in proporzione alla quantità di merci spettante a ciascuno di loro. Poiché non è possibile conoscere a priori l'effettiva resa di bordo, ciascun ricevitore ritira una quantità approssimativamente uguale a quella indicata nel suo ordine di consegna e le eventuali differenze saranno regolate tra i ricevitori o in natura o in denaro a discarica completata. Gli ordini di consegna, quindi, rispondono alla necessità del frazionamento della polizza di carico, quando questa viene emessa per un'unica partita di merci, destinate a più ricevitori. Vi sono due tipi di ordini di consegna: quelli propri o regolari, emessi dal vettore o dal raccomandatario, che sono titoli rappresentativi delle merci e pertanto negoziabili; quelli impropri o irregolari, che adempiono alle stesse funzioni di quelli propri, ma essendo emessi direttamente dal titolare della polizza di carico o da uno spedizioniere non sono titoli rappresentativi delle merci e, pertanto, non sono negoziabili. È possibile, tuttavia, trasformare in proprio o regolare un ordine di consegna improprio, facendovi apporre un visto di convalida dal vettore o da un suo agente.

delivery points: ***punti di consegna.*** Nel linguaggio delle borse valori e merci, sono le località in cui possono venir consegnati i beni o i valori mobiliari oggetto di un contratto a termine.

delivery price: ***prezzo di consegna.*** Il prezzo di liquidazione stabilito dalla stanza di compensazione di una borsa merci per la consegna di derrate a fronte di contratti a termine o per consegna futura.

delivery receipt: ***ricevuta di consegna.*** Termine usato negli Stati Uniti con lo stesso significato di *delivery note* (v.).

delivery risk: ***rischio della consegna.*** Nelle operazioni di compravendita di valute estere, il rischio che la controparte non sia in grado di onorare i propri impegni non per sua incapacità, ma a seguito di cause di forza maggiore, come ad esempio l'imposizione di un controllo sui cambi.

delivery service: ***servizio di consegna.*** Il servizio di distribuzione e consegna delle merci al domicilio del cliente o al negozio del dettagliante.

delivery terms: ***condizioni di consegna.*** V. spiegazione sotto *terms of delivery*.

delivery time: ***tempo di consegna.*** L'intervallo di tempo che intercorre tra il giorno in cui si invia un ordinativo di fornitura e il giorno in cui si ricevono i beni ordinati.

delivery truck: ***furgone per le consegne.*** Mezzo di trasporto di un'impresa, di un grande magazzino o di un grossista, adibito alla consegna di piccoli quantitativi di merci ai dettaglianti o al domicilio dei clienti.

delivery under ship's tackle: ***consegna sotto paranco.*** Clausola che indica che il passaggio dei rischi e dei costi dal venditore al compratore avviene al porto di caricazione delle merci e precisamente quando esse si trovano alla portata dei picchi di carico della nave scelta per il trasporto.

delivery warrant: ***ordine di consegna; buono di consegna.*** Termine talvolta usato con lo stesso significato di *delivery order* (v.).

delivery weight: ***peso allo sbarco; resa allo sbarco.*** Termine usato con lo stesso significato di *delivered quantity* (v.).

Delphi forecast: È così detto il metodo di previsione cui si fa cenno sotto *jury–of–executive–opinion method* (v.).

delta stocks: ***titoli delta.*** Alla borsa valori di Londra, sono indicati con questo termine i titoli oggetto di scarsissima attività, i cui prezzi indicativi vengono diffusi a mezzo del *Topic* (v.)

dely: delivery.

demand: ***domanda.*** Desiderio o bisogno, unito alla volontà e alla capacità di pagare ciò che si vuole acquistare. Indica, pertanto, la quantità di un bene che i consumatori desiderano acquistare, e sono in grado di pagare, ad un dato prezzo in un dato periodo.

demand analysis: ***analisi della domanda.*** La branca della teoria economica che si occupa dell'analisi dei fattori che portano un consumatore ad effettuare determinate scelte di acquisto tra le tante che potrebbe effettuare. Nel suo campo d'indagine rientrano, pertanto, i gusti del consumatore, il suo reddito, i prezzi dei beni (non soltanto dei beni che il consumatore acquista, ma anche di quelli che potrebbe acquistare ma non acquista) e la quantità di beni offerta sul mercato. Questa analisi consente di prevedere quali saranno le reazioni del consumatore ad una qualsiasi variazione di gusti, di reddito, di prezzi e di quantità offerta e consente anche di costruire la curva della domanda e di determinarne il grado di elasticità.

demand–and–supply curves: ***curve della domanda e dell'offerta.*** Lo stesso che *supply and demand curves* (v.).

demand bill: ***cambiale a richiesta; cambiale pagabile a richiesta.*** Cambiale pagabile a vista, o a richiesta, per la quale non è prevista accettazione, né è riconosciuto il comporto.

demand boost: ***espansione della domanda.*** Lo stesso che *demand expansion* (v.), pur se spesso questa espressione indica una crescita di maggiore ampiezza in un arco di tempo relativamente breve.

demand–boosting measures: ***misure per l'espansione della domanda.*** Le misure che contribuiscono a far crescere la domanda interna di beni e servizi, quali ad esempio la riduzione del tasso ufficiale di sconto e quindi del costo del denaro e la concessione di sgravi tributari.

demand cost: ***costo di domanda.*** Nelle aziende di erogazione del gas, dell'acqua e dell'energia elettrica, è il costo totale imposto dal tipo di apparecchiatura posseduta dall'utente. Tale costo è influenzato dal consumo di punta, piuttosto che dal consumo medio.

demand curve: ***curva della domanda.*** Presentazione grafica della domanda di un bene o servizio, con i prezzi sull'asse verticale e le quantità di prodotto su quello orizzontale; la curva che unisce i punti indica le differenti quantità di prodotto che i consumatori sono disposti ad acquistare a ciascun differente prezzo. È, in altre parola, la rappresentazione grafica della scheda della domanda. (v. anche *demand schedule*)

demand curve for capital: ***curva di domanda di capitale.*** Lo stesso che *investment demand curve* (v.).

demand–deficient unemployment: ***disoccupazione da deficienza di domanda.*** La situazione che si verifica quando la domanda globale all'interno di un'economia è insufficiente a garantire l'occupazione di tutta la forza lavoro presente in quel sistema economico.

demand deposit: ***deposito a vista; deposito a richiesta; deposito libero.*** Nel linguaggio bancario statunitense, indica un deposito presso una banca dal quale il cliente può prelevare, di solito emettendo assegni ed in qualsiasi momento, senza dover preventivamente dare alcun preavviso. Il denaro disponibile sul conto può essere stato depositato dal cliente o dato in prestito dalla banca.

demand deposit account: ***conto di deposito a richiesta.*** Lo stesso che *demand deposit* (v.).

demand draft: ***tratta a vista.*** Termine usato come sinonimo di *demand bill* (v.).

demand elasticity: ***elasticità della domanda.*** Lo stesso che *elasticity of demand* (v.).

demander: ***acquirente.*** Il termine inglese viene usato come opposto di *supplier* (v.) per indicare colui che è pronto ad acquistare beni o servizi, così creando una domanda individuale degli stessi.

demand expansion: ***espansione della domanda.*** La crescita della domanda di beni e servizi nell'ambito di un singolo sistema economico o in tutto il mondo, di solito a seguito di iniziative che tendono a stimolare i consumi e gli scambi.

demand for characteristics: ***domanda di caratteristiche.*** Si indica con questa espressione un nuovo approccio allo studio dei comportamenti del consumatore, suggerito dall'economista inglese K. Lancaster nel 1966 e da lui stesso successivamente approfondito. Egli partì dal presupposto che il consumatore desse un valore non ai beni come tali, ma in base alle caratteristiche a loro inerenti. Da qui, egli sviluppò una teoria della domanda che trasformava i beni in caratteristiche.

demand forecasting: ***previsione della domanda.*** Previsione che tende a determinare il livello futuro della domanda di un bene o servizio ai differenti livelli di prezzo, in modo da determinare il prezzo che consentirà di realizzare il massimo profitto. Sulla previsione della domanda si basa il livello di produzione di beni strumentali e di consumo

demand for labour: ***domanda di manodopera; domanda di lavoro.*** La domanda di manodopera su un mercato del lavoro rientra nella domanda derivata, in quanto essa dipende dalla domanda di beni e servizi che il lavoratore contribuisce a produrre. Oltre alla domanda di beni e servizi, un altro elemento che influenza la domanda di lavoro è il progresso tecnologico, che tende a ridurre il numero di posti di lavoro tradizionali, aprendo altre possibilità per le quali, tuttavia, è necessario un certo periodo di riqualificazione. In anni recenti, infatti, si è assistito ad una drastica riduzione di certe attività lavorative, cui spesso ha fatto riscontro un grande aumento di differenti possibilità di lavoro. Come per altri beni e servizi, anche la domanda di lavoro può essere elastica e anelastica. Se essa è elastica, salari più alti riducono l'occupazione, mentre salari più bassi la fanno aumentare; se essa, invece, è anelastica, salari più alti tendono a ridurre l'occupazione solo marginalmente, mentre salari più bassi non implicano grosse variazioni nel numero degli occupati. La domanda di lavoro risulta essere più elastica se: a) il prezzo dei beni e servizi prodotti è più elastico; b) la possibilità di sostituire altro lavoro o altri fattori della produzione è maggiore. Un altro elemento che influenza questo tipo di domanda è la mobilità del lavoro.

demand for money: ***domanda di moneta.*** Fenomeno strettamente collegato alla preferenza per la liquidità. Lord Keynes descrive tre ragioni di tale preferenza: a) ragioni commerciali, cioè connesse all'attività giornaliera del singolo consumatore o operatore; b) ragioni prudenziali, che giustificano la conservazione sotto forma liquida di una certa quantità di moneta per poter far fronte ad imprevisti; c) ragioni speculative, giustificate dalle aspettative degli investitori di poter meglio investire le proprie risorse. Se la domanda di moneta in un'economia subisce notevoli variazioni, esse devono ascriversi a ragioni speculative.

demand function: ***funzione di domanda.*** La relazione tra quantità di un bene o servizio domandata da un consumatore e le variabili quantitative che determinano tale domanda. Tra le variabili quantitative rientrano i gusti del consumatore, i prezzi correnti di mercato, il livello del reddito monetario, ecc.

demand funds: ***fondi a richiesta.*** Fondi depositati presso una banca e ritirabili in qualsiasi momento, a semplice richiesta del depositante.

demand inflation: ***inflazione da domanda.*** Termine usato come sinonimo di *demand–pull inflation* (v.).

demand–led inflation: ***inflazione da domanda.*** Lo stesso che *demand–pull inflation* (v.).

demand liabilities: ***passività a vista; impegni a vista.*** Nel linguaggio bancario statunitense, sono le passività delle singole banche relative ai depositi a vista dei loro clienti.

demand line of credit: ***linea di credito a domanda.*** Nel linguaggio finanziario, indica il limite massimo che una banca concede ad un suo cliente di prelevare a domanda, cioè senza alcuna formalità oltre quella della concessione della linea di credito.

demand loan: ***prestito a vista; prestito a richiesta.*** Un prestito di cui il mutuante può chiedere il rimborso in qualsiasi momento e senza preavviso, non essendo stata concordata alcuna data di scadenza. Il termine può essere usato come sinonimo di *call loan* (v.).

demand management: ***controllo del livello della domanda.*** Il livello della domanda è controllato dal governo principalmente attraverso la sua politica fiscale, ma soprattutto mediante i disavanzi di bilancio e i mezzi scelti per finanziarli.

demand–management policy: ***politica di controllo del livello della domanda.*** La politica perseguita da un governo che, in materia economica, propende per l'applicazione della cosiddetta economia della domanda, che si fa risalire al pensiero e agli scritti di J. M. Keynes.

demand note: ***cambiale diretta a vista; pagherò a vista; cambiale propria a vista.*** Promessa scritta di pagare una somma di denaro alla presentazione del titolo che contiene la promessa. Come per la tratta a vista, anche in questo caso non è concesso il comporto.

demand–oriented economics: ***economia orientata verso la domanda.*** Lo stesso che *demand–side economics* (v.).

demand price: ***prezzo di domanda.*** Il prezzo che il consumatore è disposto a pagare per una data quantità di un bene in un dato momento e luogo. Tale prezzo coincide col rapporto tra l'utilità marginale del bene in questione e l'utilità marginale della moneta per il consumatore stesso.

demand pull: ***trazione della domanda.*** Espressione usata per indicare l'inflazione indotta da un aumento della domanda di beni e servizi, conseguente ad aumenti del reddito dei consumatori.

demand–pull inflation: ***inflazione da domanda; inflazione indotta da domanda.*** Tipo di inflazione che, secondo i teorici, si verifica a seguito di un aumento generalizzato del reddito dei consumatori. Come conseguenza di tale aumento, il livello di spesa globale può eccedere il valore, misurato a prezzi costanti, della produzione che giunge sul mercato. L'eccesso di domanda, quindi, può essere soddisfatto soltanto in termini monetari, il che implica un aumento del livello generale dei prezzi.

demand pull theory of inflation: ***teoria dell'inflazione indotta da domanda.*** La teoria economica che sostiene che le variazioni dei livelli dei prezzi possono spiegarsi con gli squilibri di mercato causati da variazioni della domanda globale. Un aumento della domanda globale, in una situazione di occupazione pressocché piena, creerà un'eccedenza di domanda in molti singoli mercati e i prezzi saranno spinti verso l'alto. L'aumento della domanda di beni e servizi darà luogo ad un aumento della domanda dei fattori della produzione, i cui prezzi anche saranno spinti verso l'alto. Pertanto, secondo questa teoria, sia i prezzi dei beni di consumo, sia quelli dei fattori della produzione vengono fatti aumentare da un aumento della domanda globale.

demand rate: ***tariffa basata sulla domanda.*** Nelle imprese di pubblici servizi, è la tariffa basata su un qualche indice di domanda, come ad esempio il numero di stanze in un appartamento. Di solito non è il solo tipo di tariffa che porta alla determinazione del prezzo finale di vendita del servizio.

demand schedule: ***scheda di domanda; schedula di domanda; lista di domanda; piani di domanda.*** Indica, in forma tabulare, la quantità di un dato bene che un consumatore è disposto ad acquistare ai vari prezzi o la serie di prezzi che il consumatore è disposto a pagare per acquistare differenti quantità dello stesso bene. I prezzi indicati sono di norma decrescenti, in quanto l'utilità marginale delle singole unità successive decresce via via che aumenta il numero delle unità del bene possedute dal consumatore. (v. anche *market demand schedule*)

demand–shift inflation: ***inflazione da spostamento della domanda.*** È caratterizzata dall'aumento del livello dei prezzi (o caduta del reddito reale) senza un corrispondente aumento della domanda globale o della circolazione monetaria, che si verifica quando la struttura della domanda (tipi di beni oggetto della domanda di un'economia) cambia più rapidamente di quanto si possano spostare le risorse. Un esempio è rappresentato dalla situazione che si verificò dopo la fine della seconda guerra mondiale, quando la riconversione industriale non riusciva a tener dietro alla variazione della domanda.

demand–side economics: ***economia della domanda.*** La teoria economica che si fa risalire al pensiero e agli scritti di J. M. Keynes e che si basa principalmente sul controllo, da parte del governo, del livello della domanda. Questa teoria è stata recentemente contestata, principalmente negli Stati Uniti, dai sostenitori della cosiddetta economia dell'offerta.

demand–side economist: ***domandista.*** Lo stesso che *demand–sider* (v.), ma applicato più strettamente a studiosi ed economisti professionisti.

demand–sider: ***domandista.*** Chi sostiene e propugna le teorie economiche basate sull'economia della domanda, cioè le teorie introdotte da J. M. Keynes e sviluppate e approfondite dagli economisti keynesiani.

demand standard rule: ***regola dello standard di domanda.*** Una delle regole di politica monetaria, e forse la più nota, che sostiene l'espansione dell'offerta di moneta a un tasso annuo uniforme, corrispondente approssimativamente al tasso di crescita della produzione reale in condizioni di piena occupazione.

demand theory: ***teoria della domanda.*** V. spiegazione sotto *theory of demand.*

demarcation dispute: ***conflitto di competenza.*** Una qualsiasi disputa tra due o più organizzazioni sindacali (e non tra queste e i datori di lavoro) su chi dovrebbe svolgere certe funzioni e in particolare su quali lavoratori dovrebbero essere preposti a svolgere un determinato lavoro.

demarcation rules: ***norme di competenza.*** Sono delle norme che stabiliscono quali lavoratori devono svolgere determinate funzioni nell'ambito di un'industria o di un'impresa. Queste norme vengono usate come difesa contro il pericolo di licenziamento a seguito dell'introduzione di innovazioni tecnologiche che hanno l'effetto di far abolire determinate funzioni. In tal caso, le norme prevedono che rimangano impiegati presso l'impresa o l'industria innanzi tutto i lavoratori le cui funzioni non sono state soppresse dall'introduzione della nuova tecnologia.

demarketing: Neologismo usato anche nella nostra lingua per indicare un atteggiamento opposto a quello del *marketing* (v.) e diretto a contenere la domanda di beni e servizi, scoraggiando qualsiasi eccesso consumistico.

demerged firm: ***impresa scorporata.*** Un'impresa che è il risultato di un'operazione opposta a quella descritta sotto *merger 1* (v.). Cioè, un'impresa che viene separata da una conglomerata e diventa un'impresa autonoma a tutti gli effetti.

demerger: ***scorporo.*** L'opposto di *merger 1* (v.). A seguito di uno scorporo, le attività precedentemente svolte da una sola impresa o gruppo di imprese vengono suddivise e svolte da più società o gruppi indipendenti.

demise charter: ***noleggio a tempo–locazione; contratto di locazione a scafo nudo; cessione.*** V. spiegazione sotto *charter by demise.*

demographic transition: ***transizione demografica.*** Un cambiamento fondamentale nelle tendenze che caratterizzano una popolazione, come ad esempio il passaggio da alti tassi di natalità ad una situazione diametralmente opposta che registra bassa natalità. Una situazione del genere, fermo restando il tasso di mortalità, porta ad un declino della popolazione o ad una diminuzione del tasso di crescita della popolazione, come è avvenuto in molti paesi dell'Europa occidentale e nel Nord America in questi ultimi anni.

demographic unemployment: ***disoccupazione demografica.*** La disoccupazione causata da un aumento dell'offerta di lavoro conseguente all'ingresso sul mercato di un numero di lavoratori superiore a quello dei lavoratori che ne escono.

demography: ***demografia.*** Studio quantitativo dei fenomeni concernenti lo stato ed il movimento della popolazione. Con stato della popolazione, deve intendersi la sua situazione in un dato momento, tenendo conto del numero delle persone, della loro età, professione, sesso, ecc.; con movimento, deve intendersi l'influenza che su tale numero esercitano la natalità e la mortalità.

demonetization: ***demonetizzazione; demonetazione.*** Il termine è usato in due significati: a) il ritiro ufficiale dalla circolazione di una moneta o di un tipo di moneta, per cui essa non è più valuta a corso legale; b) la trasformazione di monete in metallo, sia da parte dello stato che dei privati, con la conseguente immissione sul mercato del metallo–merce così ottenuto. Il termine, nel primo significato, può essere usato anche in relazione a forme di moneta non metallica.

to demonetize: ***demonetizzare.*** Escludere una moneta o una banconota dal sistema monetario di un paese o togliere il valore monetario ad un metallo.

demonstration: ***dimostrazione.*** Termine del linguaggio commerciale e pubblicitario, usato per indicare una metodo di vendita che si basa sull'esibizione del prodotto e sulla spiegazione e dimostrazione dei suoi usi o dei suoi pregi, di solito nel luogo in cui il prodotto dovrà o potrà essere usato. Ne è un esempio la vendita di aspirapolvere porta a porta, con dimostrazione nella casa del potenziale acquirente, o la vendita di prodotti in una fiera, ove si riproducono le condizioni e gli ambienti in cui saranno utilizzati i prodotti offerti in vendita.

demonstration effect: ***effetto dimostrativo; effetto di dimostrazione.*** a) Espressione di recente formazione, con la quale si indica l'effetto dell'evidenza sul comportamento umano. È stata usata principalmente in relazione all'effetto esercitato sui consumatori dalla conoscenza dell'esistenza di determinati prodotti, di solito beni di qualità superiore, che li ha portati ad aumentare le proprie spese anche in assenza di variazioni di reddito. Se l'ipotesi di tale effetto è fondata, essa modificherebbe la teoria keynesiana della funzione di consumo, che asserisce che le spese in consumi di una famiglia dipendono strettamente e soltanto dal livello del reddito di cui essa gode. La teoria, esposta da James S. Duesenberry, sostiene infatti che i consumatori che hanno l'opportunità di vedere beni di qualità superiore a quelli che essi sono abituati a consumare, spesso aumentano la loro spesa in consumi anche senza che si verifichi un corrispondente aumento del loro reddito e non riducono tale spesa anche in presenza di una diminuzione del loro reddito. Questa teoria è stata estesa al campo internazionale da Ragnar Nurkse, che suggerisce che la funzione di consumo di diversi paesi potrebbe mostrare le stesse tendenze esposte sopra, con la conseguenza che i cittadini di paesi meno avanzati potrebbero acquistare beni di qualità superiore prodotti in paesi industrialmente più progrediti, il che porterebbe problemi di riduzione del risparmio e degli investimenti nazionali e di aumento dei deficit commerciali dei paesi meno avanzati. b) La stessa espressione indica l'ipotesi che spiega la tendenza dei tassi d'inflazione in differenti paesi a muoversi insieme nella stessa direzione. I sindacati militanti che con una politica aggressiva riescono in un paese a ottenere aumenti salariali inflazionistici, «dimostrano» ai sindacati di altri paesi cosa si può ottenere mediante l'azione di militanza. Ciò spinge i sindacati degli altri paesi ad agire nello stesso modo e così l'inflazione viene trasmessa da un paese a un altro.

demonstrative legacy: Il termine inglese viene usato per indicare specificamente un legato di una somma di denaro, da pagarsi all'onorato solo mediante prelievo da un particolare fondo facente parte della massa ereditaria.

demurrage: **1.** ***controstallia; stallia irregolare; compenso di controstallia.*** Periodo di tempo cui ha diritto un noleggiatore per completare le operazioni di caricazione e discarica non completate nel tempo concesso come stallie regolari. Lo stesso termine inglese indica l'indennizzo cui ha diritto l'armatore per il danno che subisce in conseguenza della detenzione della nave. (v. anche *lay–days*) **2.** ***sosta; tassa di sosta.*** Penalità addebitata al mittente che trattiene un vagone ferroviario o un autotreno, per operazioni di carico, scarico o istruzioni di viaggio, oltre il periodo di tempo concesso, che di solito ammonta a quarantotto ore. **3.** ***penale.*** Nei contratti di costruzione, indica un tanto al giorno che il costruttore è tenuto a pagare se ritarda la consegna dell'immobile oltre la data stabilita dal contratto.

demurrage charges: ***diritti di controstallia; spese di controstallia; tassa di sosta.*** Il termine inglese viene usato come sinonimo di *demurrage 1* e *2* (v.), ma per indicare soltanto il compenso, e non i giorni, di controstallia o di sosta.

demurrage club: È un'associazione di mutua assicurazione, contro i danni derivanti ai soci da controstallie.

demurrage days: ***giorni di controstallia; controstallie.*** Il termine inglese viene usato come sinonimo di *demurrage 1* e *2* (v.), ma per indicare soltanto i giorni, e non il compenso, di controstallia o di sosta.

denationalization: ***denazionalizzazione; snazionalizzazione; privatizzazione.*** La revoca di un provvedimento che aveva portato a nazionalizzare industrie, servizi, ecc., e la conseguente loro restituzione alla gestione e proprietà privata. Ha l'effetto di integrare nel processo o meccanismo di mercato le funzioni che ne erano state precedentemente sottratte e generalmente porta a maggiore efficienza e migliori risultati delle imprese privatizzate.

denatured wheat: ***grano denaturato.*** Grano trattato in maniera tale da renderlo inidoneo al consumo da parte degli esseri umani. Questa pratica fa parte della politica agricola comunitaria e tende a escludere determinate quantità di grano dal diritto al sussidio, concesso al frumento destinato alla panificazione.

denomination: ***taglio.*** Il diverso valore delle differenti banconote emesse nell'ambito di un qualsiasi sistema monetario. Lo stesso termine viene usato nel linguaggio finanziario per indicare il valore nominale di certificati obbligazionari, azionari o di certificati di titoli del debito pubblico.

denominational value: ***valore facciale.*** È il valore nominale, quale cioè risulta dalla sua faccia, di una moneta, una banconota, un titolo azionario, un'obbligazione, una cambiale o altro titolo di credito.

dep.: 1) departure; 2) deposit.

departing clause: ***clausola derogatoria.*** Clausola contenuta in un contratto, che prevede o ammette una deroga a quanto stabilito nel contratto stesso o alle consuetudini che regolano l'oggetto dell'accordo tra le parti.

department: ***dipartimento; reparto.*** Un centro di costi, ma anche un'unità operativa o una suddivisione dell'amministrazione pubblica o altra grande organizzazione. Nel linguaggio commerciale, indica ciascuno dei reparti in cui è suddiviso un grande magazzino.

departmental accounting: ***contabilità per reparti.*** Il sistema di contabilità che consente la preparazione di rendiconti relativi ai risultati dei singoli reparti di un'impresa.

departmental budget: ***budget di reparto.*** Lo stesso che *department budget* (v.).

departmental burden: ***spese generali di reparto.*** Termine usato con lo stesso significato di *departmental overhead* (v.).

departmental charge: ***onere di reparto; costo di reparto.*** Onere da aggiungersi al costo diretto di una particolare produzione o operazione, direttamente o indirettamente imputabile a un reparto aziendale.

departmental filing: ***archiviazione per reparto.*** Sistema di archiviazione che prevede che i documenti siano conservati presso i singoli reparti o dipartimenti di un'organizzazione e non in un archivio centrale. Questo sistema presenta vantaggi e svantaggi rispetto a quello di archiviazione centrale. Tra i vantaggi, possiamo ricordare: a) poiché ciascun reparto ha il proprio sistema e la propria struttura di archiviazione, il personale può accedere più facilmente ai documenti archiviati; b) per lo stesso motivo, si risparmia una notevole quantità di tempo, non essendo necessario richiedere i documenti, che si devono consultare, da un archivio centrale; e, c) ciascun reparto può adottare il sistema di classificazione e archiviazione che più si adatta alle proprie esigenze. Tra gli svantaggi, ricordiamo che spesso si verifica una inutile duplicazione di attrezzature d'archivio e di documenti, con relativi costi e tempi. Inoltre, il personale di ciascun reparto sarà costretto a impiegare tempo per l'archiviazione, non essendo questa affidata ad un esperto. (v. anche *central filing*)

departmental filing system: ***sistema di archiviazione per reparto.*** È il sistema di archiviazione descritto sotto *departmental filing* (v.).

departmentalization: ***dipartimentalizzazione.*** La suddivisione di un'impresa o di un processo contabile in dipartimenti o centri di attività, allo scopo di allocare i costi comuni di gestione e le funzioni specifiche in base a criteri o fattori preventivamente stabiliti.

departmental overhead: ***spese generali di reparto.*** Spese generali imputate ad un reparto direttamente o indirettamente. Comprendono spesso i costi diretti del reparto e una parte delle spese generali dell'azienda.

departmental profit: ***utile di reparto.*** Utile di un reparto, derivante dalle vendite a clienti, dopo aver detratto le spese e i costi diretti del reparto stesso e, a volte, anche una parte delle spese generali dell'intera azienda.

department budget: ***budget di reparto; bilancio di reparto.*** È il bilancio preventivo di uno qualsiasi dei reparti di un'impresa che, insieme agli altri, fornirà la base per la preparazione del bilancio preventivo dell'intera organizzazione.

department head: ***capo reparto; capo sezione.*** Termine usato con lo stesso significato di *department manager* (v.), pur se è più informale e meno preciso di quest'ultimo.

department manager: ***direttore di reparto.*** In un'impresa, è la persona posta a capo di uno qualsiasi dei reparti in cui si suddivide l'organizzazione.

Department of Agriculture: ***ministero dell'agricoltura.*** Uno dei più importanti ministeri del governo federale degli Stati Uniti, creato nel 1889. Tra i suoi compiti si annoverano: il coordinamento della ricerca e dell'istruzione in campo agricolo; la gestione di programmi di sviluppo e di sussidi all'agricoltura; l'ampliamento dei mercati agricoli; la politica del credito agrario, ecc.

Department of Commerce: ***ministero del commercio.*** Uno dei ministeri del governo federale degli Stati Uniti. Organizza e sovrintende l'attività di varie agenzie che operano per la promozione del commercio interno ed estero.

Department of Economic Affairs: ***dipartimento degli affari economici.*** Dipartimento istituito dal governo laburista dopo le elezioni del 1964, cui furono demandati compiti precedentemente di competenza del ministero del tesoro, tra cui l'organizzazione e la responsabilità dell'ufficio nazionale per lo sviluppo economico. Fu soppresso nel 1969 ed i suoi compiti furono assorbiti da altri dipartimenti statali.

Department of Employment and Productivity: ***ministero dell'occupazione e della produttività.*** Nome dato nel 1968 all'ex ministero del lavoro (*Ministry of Labour*). Le sue funzioni riguardano l'occupazione e le relazioni industriali, gestisce gli uffici di collocamento e il servizio per l'occupazione giovanile (*Youth Employment Service*) e si interessa delle questioni riguardanti i salari e le condizioni di lavoro. Tra i suoi compiti, rientra anche la conciliazione nelle relazioni industriali e la nomina di arbitri in occasione di rivendicazioni sindacali particolarmente difficili da risolversi. Esercita, anche, una certa forma di controllo sui prezzi al dettaglio, attraverso la pubblicazione di numeri indici.

Department of Health and Social Security: ***ministero della sanità e della previdenza sociale.*** Nuovo dicastero del governo britannico, formato nel 1968 dall'unione del ministero della sanità e del ministero della previdenza sociale. I compiti di questo dicastero sono gli stessi dei due precedenti ministeri. (v. anche *Ministry of Health, Ministry of Social Security*)

Department of Housing and Urban Development: Ministero del governo federale degli Stati Uniti cui sono stati devoluti i compiti precedentemente svolti dalla *Federal Housing Administration* (v.) e che tra l'altro amministra i programmi di edilizia popolare e altre varie forme di assistenza per l'acquisto di abitazioni.

Department of Labor: ***ministero del lavoro.*** Ministero del governo federale degli Stati Uniti, creato dal Congresso nel 1913 dividendo in due il precedente ministero del commercio e del lavoro. Si occupa di questioni connesse con l'occupazione, le assicurazioni sociali e le relazioni industriali.

Department of Scientific and Industrial Research: ***dipartimento della ricerca scientifica e industriale.*** Creato nel Regno Unito nel 1916 per promuovere la ricerca scientifica in campi che potevano influenzare l'industria e il commercio. Molti dei suoi compiti sono stati trasferiti al *Ministry of Technology* (v.).

Department of State: ***dipartimento di stato.*** V. spiegazione sotto *State Department*.

Department of the Environment: ***Ministero per l'ambiente.*** Dicastero del governo britannico, preposto alla formulazione e alla applicazione delle leggi relative alla salvaguardia e alla conservazione dell'ambiente naturale.

Department of the Treasury: ***ministero del tesoro.*** V. spiegazione sotto *Treasury Department*.

Department of Trade and Industry: ***ministero del commercio e dell'industria.*** Dicastero del governo britannico, che ha preso il posto e i compiti del ministero del commercio. (v. anche *Board of Trade*)

department store: ***grande magazzino.*** Tipo di negozio organizzato in reparti, ciascuno dei quali tratta un determinato tipo di prodotti. Pur essendo costituito, quindi, di vari negozi specializzati, li raggruppa tutti nello stesso punto di vendita, sotto un'unica gestione amministrativa. Poiché, per sopravvivere, tali negozi hanno bisogno di un voluminoso giro d'affari, si trovano soltanto nelle grandi città.

department store of finance: ***grande magazzino della finanza; supermercato finanziario.*** Lo stesso che *financial supermarket* (v.).

dependence effect: ***effetto di dipendenza.*** Termine usato da J.K. Galbraith per indicare la dipendenza del consumatore per il quale «i bisogni vengono creati in quantità sempre maggiore dal processo tramite il quale essi sono soddisfatti.»

dependency benefit: ***assegni familiari; assegni per persone a carico.*** Indennità versata ad un lavoratore in considerazione del fatto che un'altra persona, bambino o adulto che non lavora, è interamente o quasi mantenuta da lui.

dependency ratio: ***indice di dipendenza.*** Rapporto tra la popolazione attiva e il totale di coloro che essa mantiene perché appartenenti alle categorie di: a) studenti; b) pensionati; c) disoccupati.

dependent: ***persona a carico.*** È la persona che riceve da un lavoratore o contribuente più del cinquanta per cento dei mezzi necessari al proprio sostentamento. Rappresenta una delle voci che consentono sgravi fiscali a favore di colui che mantiene persone a carico.

dependent population: ***popolazione a carico.*** Indica l'insieme degli individui di una comunità che, non partecipando al processo produttivo, risultano a carico di coloro che lavorano. Vi rientrano i pensionati, gli studenti, le casalinghe, ecc. La popolazione a carico, pertanto, equivale alla popolazione totale di un paese meno il numero di coloro che sono impiegati nel processo produttivo.

dependent relative allowance: ***detrazione per familiare a carico.*** Detrazione fiscale cui, nel Regno Unito, ha diritto il contribuente che mantiene, totalmente o parzialmente, un parente suo o del coniuge, impossibilitato ad automantenersi a causa di età avanzata o di malattia. Se la persona a carico dispone di un proprio reddito, la detrazione viene ridotta a seconda dell'ammontare annuo di tale reddito.

dependent variable: ***variabile dipendente.*** Una variabile che, in un modello, è influenzata da una qualche altra variabile.

depletable: ***esauribile.*** Aggettivo col quale si indicano alcuni beni soggetti ad esaurirsi, come ad esempio un giacimento minerario, una foresta, ecc.

depletion: ***esaurimento; dissipazione.*** Riduzione irreversibile della quantità e del valore di una risorsa naturale, come ad esempio una miniera, man mano che viene trasformata in beni di consumo.

depletion accounting: Un sistema di contabilità che consiste nell'imputazione, nell'arco di un dato periodo contabile, di spese a fronte di utili basate sulla quantità di un'attività sottratta alla disponibilità totale di tale attività, come nel caso di una miniera, di un giacimento di petrolio e simili.

depletion allowance: ***detrazione per esaurimento; sgravio per esaurimento.*** Espressione statunitense con la quale si indica una detrazione fiscale concessa a coloro che sono proprietari di una risorsa naturale soggetta ad esaurimento. Il reddito derivante dalla vendita di risorse naturali o loro derivati in parte rappresenta un reddito sull'investimento del proprietario in beni costituiti appunto dalle risorse naturali e se esso venisse tassato, l'imposta corrisponderebbe in effetti ad un'imposta sul patrimonio e non sul reddito. Tale detrazione, pertanto, ha lo scopo principale di evitare l'imposizione sul patrimonio, ma anche quello di incoraggiare l'investimento per lo sfruttamento di risorse che altrimenti resterebbero inutilizzate, consentendo ai proprietari di risorse esauribili di detrarre dal loro reddito parte del costo dell'investimento via via che la risorsa naturale viene sfruttata e si esaurisce. (v. anche *cost depletion, percentage depletion*)

depletion control: ***controllo di esaurimento.*** Espressione con la quale si indicano i limiti imposti allo sfruttamento di giacimenti minerari, petroliferi e simili, al fine di ritardarne il più possibile l'esaurimento.

depletion reserve: ***fondo di riserva per esaurimento.*** Termine usato in alternativa a *reserve for depletion* (v.).

depopulation: ***spopolamento.*** La diminuzione della popolazione residente in una data zona. Tra i fenomeni di spopolamento più dannosi alla società si annovera lo spopolamento delle campagne, che crea notevoli problemi alla produzione di derrate alimentari nel paese interessato.

deposit: ***deposito.*** 1) Quantità di moneta che un cliente tiene presso una banca, sotto una qualsiasi forma di deposito, sia esso un conto corrente, un deposito vincolato, ecc. 2) Somma di denaro versata dal compratore al venditore, come anticipo sulla vendita al fine di assicurarsi la stessa. Colui che versa la somma ha il diritto di acquistare il bene o il servizio in questione, purché versi la restante somma entro un periodo di tempo stabilito. Se ciò non si verifica, normalmente egli perde il deposito. 3) Atto mediante il quale si deposita un bene presso una persona o un'istituzione, perché venga restituito a richiesta o allo scadere di un determinato periodo di tempo. Le due parti del contratto di deposito si chiamano deponente o depositante e depositario (v. anche *depositor, depositary*)

deposit account: ***deposito a tempo; deposito fiduciario; conto di deposito; deposito vincolato; conto vincolato.*** Deposito di denaro tenuto presso una banca, dal quale non si possono effettuare prelevamenti a mezzo di assegno. Su questo tipo di deposito, le banche inglesi corrispondono un interesse inferiore di un paio di punti al tasso ufficiale di sconto. Questo tasso è anche noto come *seven day rate*, in quanto è di solito richiesto un preavviso di sette giorni per qualsiasi prelievo dal deposito o il denaro deve restare in deposito per almeno sette giorni al fine di avere diritto al pagamento dell'interesse.

depositary: ***depositario.*** Persona o istituzione presso la quale vengono depositati, per garantirsi contro il furto o lo smarrimento, denaro, gioielli, titoli, documenti, ecc., in base ad un contratto di deposito. Il depositario è generalmente una banca o altra istituzione del genere, ma il termine può anche usarsi in relazione ad un magazzino che accetta beni in deposito.

depositary receipt: 1. ***polizza di deposito.*** È il documento di ricevuta che comprova il diritto di proprietà di titoli o altri valori lasciati presso una banca sotto forma di deposito a custodia. La polizza di deposito viene rilasciata dalla banca al depositante e riproduce gli estremi dei valori depositati e delle condizioni che regolano il servizio di custodia. Si tratta di un documento non negoziabile, che deve essere esibito ogni volta che si intende prelevare parte dei beni lasciati in deposito. Lo stesso termine inglese e italiano viene usato per indicare la ricevuta rilasciata da un deposito franco all'importatore che vi deposita beni provenienti dall'estero. In questo significato, tuttavia, è più comune il termine italiano fede di deposito e quello inglese *warehouse receipt* (v.) o *warehouse warrant* (v.). **2.** ***ricevuta di depositario; certificato di deposito azionario.*** Lo stesso che *American depositary receipt* (v.), ma non necessariamente proveniente da una banca americana.

depositary trust company: È un'impresa o altra organizzazione che esplica la propria attività principale fungendo da depositario e da amministratore fiduciario di beni mobili e immobili per conto di terzi.

deposit bank: ***banca di deposito.*** Termine generico usato per indicare una banca la cui attività principale è quella di accettare depositi dal pubblico e utilizzarli per concedere prestiti o anticipazioni ad altri clienti. Le principali banche di deposito britanniche sono le cosiddette *clearing banks* (v.), che offrono l'intera gamma di servizi bancari su tutto il territorio nazionale, attraverso circa quattordicimila sportelli.

deposit business: ***operazioni passive.*** Sono le operazioni che figurano al passivo nel bilancio di una banca, per la quale costituiscono un debito. La maggior parte di questa voce è rappresentata dai depositi dei clienti.

deposit–capital ratio: ***rapporto depositi–capitale.*** Termine usato come sinonimo di *deposit ratio* (v.).

deposit ceiling rates of interest: ***tassi di interesse massimi sui depositi bancari.*** Tenendo presente che le banche inglesi e americane di norma non pagano interessi su depositi in conto corrente, questa espressione va riferita al tasso di interesse massimo consentito su depositi a risparmio o vincolati, cui devono adeguarsi tutte le istituzioni finanziarie abilitate ad accettare depositi dai clienti. Negli Stati Uniti, tali tassi di interesse vengono fissati dalla *Federal Reserve Board* (v.), dalla *Federal Deposit Insurance Corporation* (v.), dalla *Federal Home Loan Bank Board* (v.) e dalla *National Credit Union Administration.* Secondo il *Deregulation and Monetary Control Act* (v.), questi limiti furono aboliti nel 1986.

deposit company: ***società di deposito.*** Società che si interessa della custodia di titoli, preziosi e altri oggetti di valore, che i clienti tengono in cassette di sicurezza presso i locali della società.

deposit currency: ***moneta–deposito.*** Lo stesso che *bank money* (v.).

deposited securities: ***titoli in deposito.*** Titoli, principalmente al portatore o esteri, depositati presso una banca. Tale deposito fu reso obbligatorio nel Regno Unito dall'*Exchange Control Act* (v.) del 1947. (v. anche *authorized depositary*)

deposit function: ***funzione di deposito.*** La pratica finanziaria di accettare denaro, assegni, ecc. in deposito dai clienti.

deposit–holder: ***depositario.*** Lo stesso che *depositary* (v.).

deposit insurance: ***assicurazione dei depositi.*** Negli Stati Uniti, indica l'assicurazione, da parte di una banca, dei depositi dei propri clienti contro il rischio di perdita in caso di fallimento o di chiusura della banca stessa. Questo tipo di assicurazione fu iniziato nel 1933 ed il servizio è prestato dalla *Federal Deposit Insurance Corporation* (v.).

deposit ledger: ***libro mastro dei depositi.*** Nelle banche inglesi, era il libro mastro nel quale venivano registrati i depositi a risparmio intestati ai clienti. Oggi, anche questo libro è stato sostituito da strumenti di registrazione meccanizzata o elettronica.

deposit loan: ***anticipazione in conto corrente.*** Nel linguaggio bancario statunitense, indica un prestito o un'anticipazione concessi dalla banca ad un cliente ed accreditati direttamente sul conto di quest'ultimo.

deposit money: ***moneta–deposito.*** Termine usato come sinonimo di *bank money* (v.).

deposit multiplier: *moltiplicatore dei depositi.* Il numero di volte, rispetto al totale dei depositi, che un sistema bancario potrebbe teoricamente espandersi in un regime di riserve parziali. Se si impone a ciascuna singola banca di tenere sotto forma di riserve il venti per cento dei depositi, il sistema bancario potrebbe espandersi fino a cinque volte l'ammontare complessivo dei depositi, concedendo prestiti che circolerebbero sotto forma di moneta–deposito (v. anche *bank money*). Nel caso esemplificato, il moltiplicatore dei depositi corrisponderebbe a cinque. Se il sistema bancario si espandesse fino al limite massimo consentito dal moltiplicatore, al ritiro di una unità di moneta dovrebbe corrispondere una diminuzione di cinque unità di moneta–deposito.

depositor: *deponente; depositante.* Persona che deposita un bene presso un'altra persona o un'istituzione, in base al contratto di deposito. (v. anche *deposit, depositary*)

depositor's account: 1. *conto di deposito.* Termine generico con il quale si indica un qualsiasi tipo di conto bancario sul quale una persona o un'istituzione tengono denaro effettivamente versato in banca o sotto forma di credito concesso dalla banca stessa. **2. *conto di credito a deposito.*** Un conto di credito che prevede il versamento da parte del cliente di una determinata somma presso un negozio o grande magazzino, a fronte della quale egli può effettuare acquisti fino alla concorrenza dell'ammontare disponibile. A volte è consentito di superare la somma depositata e in tal caso viene fatto pagare al cliente un basso tasso d'interesse sullo scoperto. (v. anche *charge account*)

depositor's passbook: *libretto di deposito.* Il documento che attesta l'esistenza di un deposito bancario o che può essere usato per prelevare fondi disponibili sul conto. Il termine viene di solito usato in relazione a conti di deposito a risparmio. (v. anche *pass book*)

depositor's surplus: *rendita del depositante.* La differenza positiva tra il saggio di interesse su un deposito bancario esistente sul mercato e quello di cui certi depositanti si sarebbero accontentati. La rendita del depositante è una sottospecie della più generale rendita del risparmiatore. (v. anche *saver's surplus*)

depository: *depositario.* Variante grafica di *depositary* (v.). Negli Stati Uniti, questo termine viene usato per indicare anche istituzioni creditizie autorizzate ad accettare depositi dal pubblico e, pertanto, banche commerciali, casse di risparmio e simili.

depository institutions: *istituzioni di deposito.* Termine generico con il quale negli Stati Uniti si indicano tutte quelle istituzioni che sono autorizzate ad accettare depositi dal pubblico e impiegare il denaro così raccolto in operazioni attive di credito, tra le quali rientrano, oltre alle banche commerciali, le istituzioni note come *savings and loan association* (v.), *mutual savings bank* (v.), *credit union* (v.) e *industrial bank* (v.). In base al *Depository Institutions Deregulation and Monetary Control Act* (v.), il sistema della riserva federale è stato autorizzato a imporre norme relative alla costituzione di riserve a tutte queste istituzioni, incluse le banche che non fanno parte del Sistema e che per questo motivo non erano prima soggette alla creazione di quelle determinate riserve.

Depository Institutions Act: Altro nome con il quale è noto il *Depository Institutions Deregulation and Monetary Control Act* (v.).

Depository Institutions Deregulation and Monetary Control Act: Legge approvata dal Congresso degli Stati Uniti nel 1980 con l'intento di eliminare le barriere che limitavano la concorrenza tra istituti di credito e di rendere uguali le regolamentazioni di base per tutti i tipi di istituzioni autorizzate ad accettare depositi dal pubblico.

depository system: *sistema delle istituzioni di deposito.* Il sistema statunitense costituito da tutte le istituzioni di deposito operanti sul territorio degli Stati Uniti.

Depository Trust Company: È l'equivalente statunitense del nostro Monte Titoli o società simile, che consente il trasferimento della proprietà di valori mobiliari per mezzo di un sistema computerizzato di registrazioni, così riducendo al minimo il trasferimento fisico dei certificati azionari.

deposit premium: *premio in deposito.* Nel linguaggio delle assicurazioni, indica il premio provvisorio versato all'assicuratore in attesa che venga esattamente calcolato il premio su polizze soggette a revisioni e adeguamenti di premio.

deposit protection: *protezione dei depositi.* È l'equivalente britannico del termine statunitense *deposit insurance* (v.).

deposit rate: *tasso sui conti di deposito.* Il tasso d'interesse, attivo per il cliente e passivo per la banca, che la seconda concede al primo sulle somme di denaro depositate su un conto di deposito. Tale tasso sarà tanto più alto quanto più a lungo il cliente si impegna a non prelevare il suo denaro e dipenderà anche dall'entità della somma depositata.

deposit ratio: *rapporto depositi–capitale.* Nelle banche, è il rapporto tra il totale dei depositi dei clienti e il totale dei conti di capitale.

deposit receipt: *ricevuta di deposito.* 1) È la ricevuta rilasciata da una banca a fronte di un versamento in deposito a risparmio, nel caso in cui non sia stato emesso un libretto di risparmio. Su di essa compaiono: la somma di denaro depositata, il tasso di interesse riconosciuto, il numero di giorni di preavviso per il prelievo. Se si effettua il prelievo di una somma inferiore al totale, la ricevuta viene ritirata e se ne rilascia una nuova per la somma a saldo. A volte, però, il prelievo viene registrato sul retro della ricevuta che continua, così, ad essere valida per il saldo. La ricevuta di deposito non è negoziabile, né trasferibile. 2) Lo stesso termine viene usato nel Regno Unito per indicare uno degli strumenti cui ricorrono gli enti locali per finanziarsi a breve termine sul mercato monetario. Le ricevute vengono emesse normalmente per somme di cinquantamila sterline e oltre e la maggioranza sono rimborsabili con preavviso di sette giorni, pur se alcune vengono emesse per periodi di novanta giorni.

deposit reserves: *depositi speciali.* Lo stesso che *special deposits* (v.).

deposits and borrowed funds: *fondi di terzi.* Nelle imprese bancarie, sono i fondi appartenenti ai clienti, con i quali la banca svolge la propria attività di intermediazione di credito.

deposit slip: 1. *distinta di versamento.* Termine usato negli Stati Uniti con lo stesso significato di *paying–in slip* (v.). **2. *ricevuta di deposito.*** Ricevuta rilasciata da una banca presso la quale sono stati depositati oggetti di valore.

deposit society: Tipo di società mutua, che stimola i soci al risparmio sotto forma di depositi dai quali essi possono prelevare, in caso di bisogno, per integrare le indennità delle assicurazioni sociali.

deposit–taking institutions: *istituzioni autorizzate ad*

accettare depositi. Termine usato nel Regno Unito per indicare tutte quelle istituzioni bancarie che, in base al *Banking Act* del 1979, non possono essere classificate come banche vere e proprie, in quanto non offrono al pubblico tutti i servizi forniti dagli istituti di credito. Rientrano tra queste istituzioni le cosiddette *investment banks* (v.) e *industrial banks* (v.), che non vengono riconosciute come istituzioni facenti parte del settore bancario britannico. Il *Banking Act* del 1979 impone a queste istituzioni di togliere il termine *bank* dalla loro ragione sociale.

deposit–taking licence: ***autorizzazione a accettare depositi.*** La autorizzazione, rilasciata dalla Banca d'Inghilterra, che consente a banche o altre istituzioni finanziarie straniere di svolgere la loro attività sul territorio britannico, accettando depositi e offrendo servizi bancari nel settore del *wholesale banking* (v.).

deposit turnover: ***indice dei depositi.*** Il rapporto tra attività e passività di una banca. Negli Stati Uniti, ove il termine viene usato, tale indice costituisce un indicatore abbastanza attendibile della velocità totale di circolazione della moneta e un indicatore del ciclo economico, dal momento che le fluttuazioni del ciclo economico generalmente coincidono con quelle dell'indice dei depositi bancari.

deposit warrant: 1. ***polizza di deposito.*** Termine usato con lo stesso significato di *depositary receipt* (v.). **2.** ***fede di deposito.*** Termine usato con lo stesso significato di *warehouse warrant* (v.).

depot: ***deposito; magazzino.*** Luogo in cui si immagazzinano merci, generalmente in o presso un terminale ferroviario o marittimo, prima che esse vengano spedite o distribuite ai rivenditori.

depreciable: ***deprezzabile; ammortizzabile.*** Che può essere ammortizzato o che è soggetto a deprezzamento, a seguito di utilizzazione, come ad esempio un edificio, una macchina o altra attività con vita utile limitata.

depreciable amount: ***ammontare ammortizzabile.*** La differenza tra costo storico di un'attività, o altro ammontare sostituito al costo storico, e il suo valore residuale previsto.

depreciable assets: ***cespiti ammortizzabili; attività ammortizzabili.*** Nel linguaggio della contabilità, indica tutte quelle attività aziendali che possono essere assoggettate ad ammortamento.

depreciable cost: ***costo ammortizzabile.*** Il costo di un'attività, meno il valore di recupero, che può essere ammortizzato suddividendolo per il periodo di vita utile dell'attività.

to depreciate: 1. ***deprezzarsi.*** Di un'attività, diminuire di valore, utilità o capacità di servizio. **2.** ***ammortizzare; ammortare.*** Estinguere gradualmente il costo di un'attività fissa, un debito o una passività, mediante iscrizione nei libri contabili di quote di ammortamento, che trasformano il costo iniziale dell'attività in costi di esercizio.

depreciated cost: ***costo ammortizzato.*** Il valore contabile di un'attività fissa. Corrisponde, pertanto, al costo iniziale meno la quota ammortizzata e qualsiasi altra forma di riduzione del costo iniziale.

depreciated currency: ***moneta deprezzata; valuta deprezzata.*** Il termine inglese indica una moneta calante, cioè con una quantità di metallo prezioso inferiore a quella che dovrebbe contenere; o una banconota scambiata ad un valore inferiore a quello nominale. (v. anche *depreciation 2*)

depreciated original cost: ***costo originale ammortizzato.*** Termine usato con lo stesso significato di *depreciated cost* (v.).

depreciated value: ***valore ammortizzato.*** Termine usato con lo stesso significato di *depreciated cost* (v.).

depreciation: 1. ***deprezzamento; deperimento.*** Diminuzione di valore di un'attività fissa, derivante da usura fisica o da obsolescenza, che non può essere ripristinato tramite riparazioni o sostituzioni di parti. **2.** ***deprezzamento.*** Perdita di valore registrata da una valuta nei confronti di altre valute in condizioni di mercato libero, che si esprime con il peggioramento dei tassi di cambio della valuta deprezzata nei confronti delle altre valute. (v. anche *currency depreciation*) **3.** ***ammortamento.*** Il processo di valutazione e registrazione contabile della diminuzione di valore di un'attività fissa. **4.** ***minusvalore; deprezzamento del capitale.*** Contrario di plusvalore. Questo termine sta ad indicare la perdita subita da un titolo quando il valore di mercato scende al di sotto del valore nominale. Il minusvalore può essere realizzato, oppure no. Nel primo caso, si parla di «perdita di capitale».

depreciation account: ***conto ammortamento.*** È il conto nel quale vengono registrate le quote relative all'ammortamento di un bene capitale. La quota prevista come ammortamento per ciascun periodo viene registrata sulla colonna del dare di questo conto, mentre la stessa somma viene registrata sulla colonna dell'avere nel conto intestato al bene capitale in via di ammortamento. In questo modo, il valore dell'attività viene ridotto gradualmente nel corso di un periodo di tempo prestabilito, di solito inferiore alla sua vita utile.

depreciation accounting: ***contabilità dell'ammortamento.*** La riduzione periodica e sistematica, di solito seguendo il metodo a quote costanti, del costo iniziale di un'attività fissa con vita utile limitata, ripartendo tale costo su più periodi contabili e trasformandolo in costi di esercizio.

depreciation allowance: ***detrazione per deprezzamento; detrazione per deperimento.*** Riduzione degli oneri fiscali di un'impresa, in relazione a spese in conto capitale, ripartita in un periodo di tempo di solito più breve della vita utile del bene capitale a fronte del quale vengono concesse le detrazioni.

depreciation at choice: ***deprezzamento libero; deprezzamento a scelta; ammortamento libero.*** È così indicata la possibilità, concessa alle imprese nel Regno Unito, di operare l'ammortamento ai fini fiscali di una spesa in conto capitale deducendone l'intero costo dall'imponibile di un anno o ripartendolo in un periodo massimo di venti anni.

depreciation base: ***base di ammortamento.*** Il costo registrato di un'attività fissa, da recuperarsi mediante ammortamento. Da tale base resta escluso il valore di recupero o di rivendita.

depreciation expense: ***quota di ammortamento.*** La parte di costo di un'attività fissa imputata al costo di esercizio di un periodo contabile.

depreciation fund: ***fondo di ammortamento.*** Denaro o titoli accantonati allo scopo di rimpiazzare un'attività fissa soggetta a logorio, nel momento in cui essa viene smantellata.

depreciation fund method: ***metodo del fondo di ammortamento.*** Metodo di ammortamento basato sulla costituzione di un fondo, mediante il quale sarà possibile sostenere il costo di sostituzione dell'attività a fronte della quale il fondo viene istituito. In base a questo metodo, l'attività fissa viene contabilizzata al costo originario ed ogni anno viene addebitata al conto profitti e perdite una quota di ammortamento, mentre una corrispondente somma di denaro viene investita in titoli il cui valore, accumulato ad interessi composti, darà la somma necessaria a sostituire l'attività nel momento in cui essa verrà smobilitata.

depreciation fund system: ***sistema del fondo di ammortamento.*** Termine usato come sinonimo di *depreciation fund method* (v.).

depreciation life estimates: ***stime di vita utile.*** Nel linguaggio della contabilità, sono le previsioni sulla vita utile o durata di esercizio di un impianto, una macchina o altra attività fissa soggetta a deprezzamento.

depreciation method: ***metodo di ammortamento.*** La procedura seguita nel determinare le quote di ammortamento di un'attività fissa soggetta a logorio o il modo in cui il suo costo dovrà essere ammortizzato.

depreciation of a currency: ***svalutazione di una moneta; svalutazione monetaria; deprezzamento di una moneta.*** Termine usato con lo stesso significato di *currency depreciation* (v.).

depreciation of capital: ***deperimento del capitale.*** Tutti i beni capitali sono soggetti a deprezzamento o per logorio o per obsolescenza. La diminuzione contabile del valore del bene capitale, rappresentata da quote di deperimento o ammortamento, è chiamata deperimento del capitale.

depreciation rate: **1.** ***tasso di ammortamento.*** Percentuale che, applicata alla base di ammortamento (v. *depreciation base*), dà la quota di ammortamento. **2.** ***saggio di svalutazione; saggio di deprezzamento.*** Il ritmo, indicato con un numero percentuale, al quale una moneta si svaluta nell'arco di un determinato periodo di tempo in relazione ad altre valute o ad un indice di valore, di solito basato sui prezzi reali.

depreciation reserve: ***riserva di ammortamento.*** Lo stesso che *accrued depreciation 2* (v.).

depreciation unit: ***unità di ammortamento.*** Il bene capitale o gruppo di attività fisse al cui costo va applicato il tasso di ammortamento.

depressed areas: ***aree depresse.*** Termine usato per indicare quelle aree della Gran Bretagna che, durante la grande depressione del 1929–1935, avevano livelli di disoccupazione particolarmente elevati, che giungevano a punte del 35% contro il 6% di altre aree. Dopo il 1935, le aree con alti livelli di disoccupazione furono chiamate aree speciali (*special areas*) e dopo il 1945 il nome fu nuovamente cambiato in aree di sviluppo (*development areas*). Leggi apposite danno al governo la possibilità di intervento in queste aree con l'obiettivo di stimolare l'occupazione.

depressed market: ***mercato depresso.*** Mercato nel quale si svolgono poche contrattazioni ed in cui i prezzi tendono a diminuire a causa di eccesso di offerta rispetto alla domanda.

depressing news: ***notizie deprimenti.*** Nel linguaggio delle borse valori, sono cattive notizie che tendono a deprimere il mercato, in quanto spingono gli investitori a vendere piuttosto che a comprare, con conseguente eccesso di offerta sulla domanda e relativo calo dei corsi.

depression: ***depressione.*** È un periodo di pesante e persistente disoccupazione, bassi livelli di produzione, stagnazione dell'attività economica, ribasso dei prezzi e diffuso pessimismo. Secondo alcuni economisti è una delle due parti in cui si suddivide la fase discendente del ciclo economico, secondo altri è una delle quattro fasi in cui si divide il ciclo economico. (v. anche *trade cycle, downward phase*)

dept.: department.

depth interview: ***intervista in profondità.*** Nelle ricerche di mercato, indica un'intervista che si svolge senza schemi prestabiliti. L'intervistatore può fare qualsiasi domanda ritenga necessaria per comprendere a fondo il pensiero dell'intervistato su un prodotto o un qualsiasi altro fatto oggetto di ricerca.

depth of a market: ***profondità di un mercato.*** Espressione usata per indicare la liquidità di un mercato, cioè l'ampiezza di attività di compravendita che può svolgersi in un mercato, complessivo o di una singola derrata o di un singolo valore mobiliare, senza causare pesanti variazioni di prezzo.

de–rating: ***detassazione.*** Il termine inglese indica la riduzione o l'abolizione di imposte locali sulle proprietà immobiliari. Fu introdotta per stimolare l'attività economica e interessava principalmente beni immobili occupati da industrie e terreni agricoli. Fu abolita nel 1963, tranne che per i terreni agricoli e i beni di proprietà di istituzioni caritatevoli.

deregulation: ***deregolamentazione; deregolazione; delegificazione.*** L'abrogazione di regolamenti statali che erano stati imposti con l'intento di guidare e dirigere la vita economica e le relazioni tra cittadini e stato di un paese. Il termine è stato usato per indicare particolarmente la rimozione di inutili o dannosi regolamenti da parte dell'amministrazione Reagan, il cui obiettivo di limitare l'interferenza statale nel funzionamento delle imprese private è stato un punto di forza del programma di ripresa economica.

Deregulation and Monetary Control Act: Legge approvata dal Congresso degli Stati Uniti nel 1980, con la quale fu sostanzialmente cambiata la struttura finanziaria statunitense. L'effetto generale della legge è stato quello di ampliare la concorrenza tra banche commerciali e istituzioni che si interessano della raccolta del piccolo risparmio, rendendo abbastanza simili i servizi offerti dai due tipi di istituzioni. La legge impone anche alle istituzioni che raccolgono il risparmio di mantenere riserve simili a quelle da tempo imposte alle banche della Riserva Federale, cosa che prima non era obbligatoria. La legge prevede anche l'abolizione, entro sei anni dalla sua approvazione, delle disposizioni che fissano d'autorità i tassi massimi di interesse sui depositi fruttiferi.

derelict vessel: ***nave abbandonata.*** Nel linguaggio delle assicurazioni e dei trasporti marittimi indica una nave che, a causa di grave pericolo imminente, è stata abbandonata in mare dal suo equipaggio e va alla deriva. Chiunque contribuisca al recupero della nave o del suo carico ha diritto al compenso di salvataggio.

de–requisitioning: ***derequisizione.*** La restituzione al legittimo proprietario di un bene di proprietà privata precedentemente requisito dall'autorità pubblica in periodo di emergenza, come ad esempio durante una guerra, un terremoto o altra calamità naturale.

derivation of demand: ***derivazione della domanda.*** Il fenomeno in base al quale la domanda di un bene o servizio viene stimolata dalla domanda di un altro bene o servizio, come ad esempio la domanda di un fattore della produzione che viene stimolata dalla domanda del bene che esso contribuisce a produrre.

derivative demand: ***domanda derivata.*** Termine usato come sinonimo di *derived demand* (v.).

derivative deposit: ***deposito fittizio; deposito derivato.*** Deposito che deriva da un prestito concesso dalla banca e accreditato direttamente sul conto del cliente. (v. anche *primary deposit*)

derivative instrument: ***strumento derivativo.*** Uno strumento finanziario, quale ad esempio un contratto a premio o a termine su un indice di borsa, che trae origine dall'esistenza di altri strumenti finanziari realmente esistenti e non potrebbe sussistere senza di loro.

derivative lease: ***subaffitto; sublocazione.*** La locazione, da parte del conduttore, di un bene immobile che a sua volta ha avuto in locazione dal proprietario.

derivative market: ***mercato derivativo.*** Un mercato nel quale si trattano i diversi tipi di prodotti finanziari cui si fa cenno sotto *derivative instrument* (v.).

derived demand: ***domanda derivata.*** È la domanda di un bene come risultato diretto della domanda di un altro bene. La domanda di fattori della produzione è derivata, perché dipende dalla domanda di beni di consumo che i fattori contribuiscono a produrre. Ad esempio, la domanda di materiali da costruzione è derivata perché è il risultato diretto della domanda di abitazioni. Lo stesso termine inglese viene spesso usato come sinonimo di *acceleration principle* (v.).

derived demand deposit: ***deposito a vista derivato; deposito a vista fittizio.*** Un qualsiasi deposito a vista creato da una banca mediante concessione di credito a un cliente. Differisce, pertanto, da quello primario, che nasce dall'effettivo deposito di moneta in banca da parte del cliente. (v. anche *primary deposit*)

derived fuel: ***combustibile derivato.*** Il combustibile ricavato da un altro combustibile primario. Si trovano in tale rapporto, ad esempio, il carbone o il petrolio e l'energia elettrica o il gas di città.

derived statistics: ***statistica derivata.*** Si indicano con questo termine numeri ricavati da dati grezzi per mezzo di un qualche procedimento matematico, come ad esempio il numero che indica il prodotto nazionale lordo pro capite ricavato da dati relativi al prodotto nazionale lordo.

derived target price: ***prezzo traguardo derivato.*** Nella terminologia della politica agricola comunitaria, è il prezzo traguardo base di un prodotto agricolo, dal quale vengono sottratti i costi di trasporto dalla principale area deficitaria alla zona per la quale viene fissato tale prezzo traguardo derivato.

derived value: ***valore derivato.*** Termine usato da Alfred Marshall per indicare il valore di un bene a domanda derivata.

descending premium: ***premio decrescente.*** Il premio assicurativo che decresce proporzionalmente al decrescere della somma assicurata in polizza. Il termine di solito si riferisce alle polizze di assicurazione temporanea decrescente. (v. anche *decreasing term assurance*)

descending-scale policy: ***polizza a premio decrescente.*** Una polizza di assicurazione il cui premio decresce col passare degli anni, in quanto decresce anche la somma assicurata. È la polizza che rappresenta il contratto di assicurazione temporanea decrescente. (v. anche *decreasing term assurance*)

descending tops: ***massimi decrescenti.*** I corsi massimi di un titolo, nell'arco di un periodo di tempo, ciascuno dei quali è minore del precedente.

description: ***descrizione.*** Nel linguaggio commerciale, il termine inglese viene usato per indicare una qualsiasi descrizione, dichiarazione, indicazione, cifra, parola, marchio, ecc., riferiti a: a) numero, quantità, dimensioni, misura o peso di un qualsiasi prodotto; b) standard di qualità di una qualsiasi merce; c) utilizzazione, resistenza, affidabilità o rendimento di un qualsiasi bene; d) nazione o luogo in cui il bene venne prodotto; e) metodo di fabbricazione o di produzione di un bene o di una merce; f) materiali di cui un prodotto è costituito; g) brevetti o altri diritti di privativa di cui può essere oggetto il prodotto.

descriptive catalogue: ***catalogo descrittivo.*** Un catalogo che oltre ad elencare i prodotti offerti in vendita da un'impresa, da una casa di aste, ecc., contiene anche una descrizione di ciascun articolo.

descriptive economics: ***economia descrittiva.*** Studi economici che spiegano e descrivono fenomeni economici in essere, senza tentare di trarre deduzioni logiche relative alle loro cause o effetti.

descriptive financial statement: ***rendiconto finanziario descrittivo.*** È un rendiconto finanziario, oggi raramente usato, nel quale ad ogni voce segue una breve spiegazione per guidare il lettore verso un'esatta comprensione di ogni punto del rendiconto.

descriptive labeling: ***etichettatura descrittiva.*** Espressione del linguaggio commerciale statunitense, usata per indicare l'applicazione, su beni di consumo, di etichette che danno informazioni circa il peso, la dimensione, la quantità, ecc., del prodotto, al fine di guidare il consumatore nella comparazione dei prezzi tra prodotti simili, ma senza indicare alcun grado di qualità. (v. anche *grade labeling*)

descriptive statistics: ***statistica descrittiva.*** La branca della statistica che si occupa dell'esposizione descrittiva delle caratteristiche di gruppo di particolari insiemi di dati osservati.

deseasonalization: ***destagionalizzazione.*** Lo stesso che *seasonal adjustment* (v.).

desertification: ***desertificazione.*** Progressivo abbandono di terreni precedentemente produttivi all'avanzare delle zone desertiche.

design: ***disegno; progetto.*** Termine entrato anche nell'uso italiano per indicare lo studio e la progettazione della linea e della forma di beni durevoli o di confezioni.

Designated Order Turnaround System: Alla NYSE, è un sistema automatizzato di elaborazione degli ordini e di informazioni sull'attività del mercato, che collega gli operatori membri direttamente con la sala delle contrattazioni. Gli operatori trasmettono ordini, attraverso le loro postazioni a distanza, e il sistema inoltra l'ordine alla postazione dello *specialist* (v.) interessato.

Design Centre: ***Centro del Design.*** Esposizione, gestita dal *Council for Industrial Design* in cui si può prendere visione di beni, prodotti dall'industria britannica, che hanno particolari caratteristiche di design. Il centro non svolge attività di vendita, ma solo di consulenza.

Design Index: ***Indice del Design.*** Indice dei beni di consumo di produzione inglese, che hanno particolari caratteristiche di design. L'indice è curato dal *Council for Industrial Design.*

desk audit: ***verifica delle mansioni esecutive.*** Nel linguaggio dell'organizzazione aziendale, è il controllo e la verifica delle mansioni esecutive affidate a ciascun singolo impiegato.

desk jobber: Lo stesso che *drop shipper* (v.).

desk level: ***livello esecutivo.*** Il livello di mansioni e responsabilità assegnato al personale impiegatizio esecutivo di un'impresa o altra organizzazione. Il termine viene usato in contrapposizione a *top level* (v.).

desk research: ***ricerca a tavolino.*** Ricerca di mercato svolta su dati di cui è già in possesso l'impresa interessata. Prevede, quindi, soltanto l'elaborazione di tali dati con l'intento di calcolare la potenzialità di un mercato. Si contrappone a *field research* (v.).

despatch: Per questo termine e i suoi derivati, v. *dispatch* e derivati.

destatization: ***destatizzazione.*** Termine a volte usato con lo stesso significato di *privatization* (v.).

desterilization of gold: ***desterilizzazione dell'oro.*** Si indica con questa espressione la pratica di rimettere in circolazione una quantità d'oro precedentemente sterilizzata, mediante un aumento dell'offerta di moneta corrispondente al valore dell'oro che si intende desterilizzare. Questa pratica, propria di un sistema monetario a base aurea, trovò applicazione nel periodo tra le due guerre, e precisamente tra il 1925 e il 1931, quando molti paesi ripristinarono il sistema monetario aureo dopo l'interruzione causata dalla prima guerra mondiale. Nella pratica statunitense, l'espressione indica la procedura seguita dal ministero del tesoro di rilasciare, al sistema della riserva federale, certificati aurei a fronte di oro precedentemente acquistato dal Tesoro, che si era però rifiutato di emettere contemporaneamente i relativi certificati aurei, preferendo procedere alla sterilizzazione di quel quantitativo d'oro. (v. anche *sterilization of gold*)

destination: ***destinazione.*** Nel linguaggio commerciale e dei trasporti, è la meta ultima di un carico o di un mezzo di trasporto. Nel linguaggio delle assicurazioni, il termine indica il luogo in cui cessa di avere efficacia la copertura assicurativa di una nave o del carico.

destination principle: ***principio della destinazione.*** Nel sistema fiscale europeo, è il principio che assegna al fisco di ciascun paese tutta l'aliquota IVA pagata su beni venduti sul suo territorio. Qualsiasi articolo di esportazione procede in esenzione IVA finché non arriva nel paese del compratore finale, dove viene assoggettato all'IVA sul suo intero valore di vendita.

destocking: ***destoccaggio; alleggerimento delle scorte.*** Operazione consistente nel ridurre le scorte di materie prime, semilavorati o prodotti finiti di un'impresa. È l'operazione inversa allo stoccaggio.

destroyed banknote: ***banconota distrutta.*** Una banconota non più idonea a circolare perché, a seguito di usura, è stata parzialmente strappata o lacerata. Si può recuperare il valore della banconota lacerata rivolgendosi agli appositi sportelli della banca di emissione, purché siano presenti sulla banconota i numeri di serie e gli altri eventuali marchi distintivi.

destructive competition: ***concorrenza distruttiva.*** Concorrenza che fa abbassare i prezzi a livelli tali che le imprese non possono più offrire al pubblico i loro prodotti senza rimetterci. È probabile che questo tipo di concorrenza si sviluppi in un mercato nel quale sono presenti solo pochi concorrenti e nel quale una piccola riduzione del prezzo di vendita attiri un gran numero di compratori.

destructive test: ***collaudo distruttivo.*** Qualsiasi prova di controllo della qualità che distrugge il prodotto sottoposto a collaudo. Sono, ad esempio, le prove di infiammabilità, di resilienza e simili.

detail account: ***sottoconto.*** Conto facente parte di un gruppo di conti, che costituiscono un libro mastro sussidiario.

detailed account: ***conto dettagliato.*** Conto nel quale vengono registrati tutti i dettagli relativi a ciascuna singola operazione e non la sola operazione complessiva.

detailed audit: ***controllo analitico; verifica dettagliata.*** Verifica dei libri contabili che prevede una revisione di tutte le singole voci, invece della revisione per campionatura come di solito avviene.

detailed budget: ***bilancio preventivo di dettaglio.*** È il bilancio preventivo di reparto, nel quale vengono evidenziati i costi previsti non in cifre globali, bensì in dettagli che tengono conto delle singole spese da sostenersi. Bilanci del genere non vengono, tuttavia, preparati dalle imprese, in quanto i costi per approntarli non sarebbero giustificati da corrispondenti benefici.

detailed planning: ***programmazione di dettaglio.*** Programmazione che consiste di uno o più programmi che prevedono tutti i dettagli relativi allo svolgimento della o delle funzioni cui essa dovrà essere applicata.

detailed schedule: ***programma di dettaglio.*** Termine usato con lo stesso significato di *detail plan* (v.).

detailed scheduling: ***programmazione di dettaglio.*** Termine usato come sinonimo di *detailed planning* (v.).

detailed statement: ***estratto conto analitico.*** Un estratto conto che contiene dettagli relativi agli addebiti e accrediti sul conto del cliente di una banca, come ad esempio nome del prenditore di un assegno emesso dal cliente, fonte di un bonifico o di un versamento, ecc. È stato sostituito dall'estratto conto, preparato a mezzo di computer, che riporta soltanto le tre cifre finali del numero degli assegni emessi dal cliente e simboli per indicare le fonti di accrediti.

detailer: ***collaboratore di vendita; propagandista commerciale.*** Lo stesso che *merchandising salesman* (v.).

detail plan: ***programma di dettaglio.*** Piano operativo che prevede tutti i dettagli relativi allo svolgimento di una qualsiasi funzione cui si deve applicare.

deterioration: ***deterioramento; deteriorazione.*** Nel linguaggio commerciale e assicurativo, il termine indica la perdita di valore o la diminuzione di qualità di un bene, non dovute ad alcuna apparente causa esterna, come ad esempio per derrate alimentari che si deteriorano per essere state conservate troppo a lungo.

determination of wages: ***determinazione dei salari.*** Termine usato in alternativa a *wage determination* (v.).

detriment: ***detrimento; pregiudizio.*** Termine di uso giuridico ed economico, con il quale si indicano costi esterni o effetti dannosi che ricadono sui terzi che non sono parti di un contratto tra compratore e venditore.

deutschmark: ***marco tedesco.*** L'unità monetaria della Repubblica Federale di Germania, divisa in cento pfennig. (v. anche *mark 3*)

devaluation: ***svalutazione; devalutazione.*** Il termine inglese indica la diminuzione del corso di cambio di una valuta nei confronti di altre valute e di solito si applica a quelle valute che hanno un tasso di cambio fisso (v. anche *currency depreciation*). Pertanto, mentre una *depreciation* si verifica attraverso il meccanismo delle forze di mercato, la *devaluation* è decisa e resa operante dalle autorità monetarie del paese, d'accordo o non con le autorità di altri paesi.

devaluation crises: ***crisi di svalutazione.*** Si indicano con questa espressione le due crisi della sterlina, quella del 1949 e quella del 1967, derivanti dalla avversa situazione della bilancia dei pagamenti britannica e da movimenti speculativi di cui fu vittima la valuta inglese. Queste due crisi furono risolte con la svalutazione della sterlina nei confronti del dollaro statunitense, come detto sotto *devaluation of sterling* (v.). Dal gennaio del 1972, alla sterlina fu concesso di fluttuare liberamente e ciò portò ad altre lievi ma graduali svalutazioni della moneta britannica nei confronti delle altre valute europee e della valuta statunitense.

devaluationist: ***svalutazionista.*** Neologismo con il quale si indica il sostenitore o il fautore della svalutazione di una moneta.

devaluation of sterling: ***svalutazione della sterlina.*** Nel periodo post–bellico si sono verificate due importanti svalutazioni della sterlina. La prima nel 1949, a seguito di difficoltà commerciali con gli Stati Uniti, che furono un effetto diretto della leggera recessione statunitense. In tale occasione, il tasso di cambio tra sterlina e dollaro fu ridotto da 4,03 a 2,80 dollari per una sterlina. La seconda svalutazione ebbe luogo nel 1967, dopo che ogni altro tentativo del governo britannico di sanare i problemi relativi alla bilancia dei pagamenti inglese si era dimostrato vano. In tale occasione, il tasso di cambio tra sterlina e dollaro fu ridotto da 2,80 a 2,40 dollari per una sterlina. Altri paesi, però, sia dell'area della sterlina, sia dell'Europa occidentale, decisero di svalutare, pur se in misura diversa, per cui questa catena di svalutazioni ebbe come risultato concreto un'effettiva rivalutazione del dollaro statunitense.

to devalue: ***svalutare.*** Ridurre il valore della moneta nazionale in relazione alle monete di altri paesi, specialmente quelle dei più importanti partner commerciali.

devaluer: ***svalutazionista.*** Termine in passato usato con lo stesso significato del più moderno *devaluationist* (v.).

developed country: ***paese sviluppato.*** Un paese che possiede le caratteristiche citate sotto *developed economy* (v.).

developed economy: ***economia sviluppata.*** È così detta l'economia di un paese industrializzato, i cui cittadini godono di un elevato reddito pro capite. Un'economia sviluppata presuppone un governo stabile, che si interessi attivamente di questioni economiche e capace di far rispettare la legge e l'ordine, in modo che venga rispettata e possa essere accumulata la proprietà produttiva o altre forme di ricchezza. Il paese in questione deve altresì disporre di efficienti mezzi di trasporto e di comunicazione e di una sufficiente liquidità, tutti elementi essenziali per l'espansione dei mercati. Infine, il paese deve disporre di imprenditori e manager capaci di organizzare la produzione ed essi devono avere la libertà di far circolare i fattori della produzione e i prodotti finiti nell'ambito del paese, senza troppa ingerenza da parte delle autorità di governo.

developer: ***operatore di sviluppo edilizio.*** Termine usato nel Regno Unito per indicare la persona o l'impresa che compiono opere di bonifica o di miglioria su un qualsiasi tipo di bene immobile. L'opera di un *developer* può consistere semplicemente nel lottizzare e dotare di servizi basilari un terreno edificabile o nella costruzione o riattazione di edifici per uso abitativo o di altra natura. È implicita nel termine l'idea che l'opera così svolta tenda a rendere l'immobile disponibile per usi più proficui.

developing country: ***paese in via di sviluppo.*** Termine usato come sinonimo di *developing nation* (v.).

developing nation: ***nazione in via di sviluppo.*** Uno qualsiasi dei paesi che non hanno ancora raggiunto un livello di sviluppo economico tale da consentire l'autonomo finanziamento degli investimenti necessari a garantire la crescita ulteriore. Tali paesi hanno generalmente un'economia basata su alcuni prodotti agricoli primari o su qualche tipo di materie prime, che vendono ai paesi sviluppati procurandosi mezzi ancora insufficienti per finanziare i piani di sviluppo necessari per una crescita significativa del reddito nazionale. Inoltre, questi paesi hanno il problema cronico della sovrappopolazione, per cui a volte risulta loro difficile anche sfamare opportunamente tutti gli abitanti. Tra i paesi in via di sviluppo rientrano la maggior parte dei paesi africani, dell'America Latina e dell'Asia, che presentano problemi e situazioni diversi.

development: ***sviluppo.*** Per il significato di questo termine nel linguaggio economico, v. *economic development.* Nel linguaggio commerciale e industriale, il termine indica l'utilizzazione dei risultati di un programma di ricerca per la fabbricazione di prodotti nuovi e migliori di quelli già esistenti. (v. anche *research and development*)

development aid: ***aiuti allo sviluppo.*** Nel linguaggio economico, sono gli aiuti forniti dai paesi industrializzati ai paesi in via di sviluppo sotto forma di moneta, beni e servizi aventi lo scopo di elevare il reddito reale e il tenore di vita degli abitanti di quei paesi, aiutandone o accelerandone lo sviluppo economico. (v. anche *economic development*)

development areas: ***aree di sviluppo.*** V. spiegazione sotto *depressed areas.*

development assistance: ***assistenza allo sviluppo.*** Lo stesso che *development aid* (v.).

Development Assistance Committee: ***Comitato di aiuto allo sviluppo.*** Comitato permanente, sorto nel 1960 come ente autonomo e successivamente incorporato nell'Organizzazione per la cooperazione e lo sviluppo economico, i cui membri forniscono aiuti per lo sviluppo dei paesi meno avanzati.

development bankers: ***banche di sviluppo.*** Negli Stati Uniti vengono indicate genericamente con questo termine tutte quelle istituzioni creditizie che investono risorse in programmi di sviluppo nei quali sono presenti reali possibilità di crescita e di affrancamento dall'economia di sussistenza e dalla dipendenza da aiuti provenienti da paesi stranieri. Tra queste istituzioni, si ricordano la *World Bank*, la *Inter–American Development Bank*, la *Asian Development Bank* e la *African Development Bank.*

development banks: ***banche di sviluppo.*** Termine usato nel Regno Unito con lo stesso significato di *development corporations* (v.) e negli Stati Uniti con lo stesso significato di *development bankers* (v.).

development capital: ***capitale di sviluppo.*** Rientra nella più ampia categoria di *venture capital* (v.) e consiste di mezzi finanziari concessi a piccole società con buoni precedenti di profitti, allo scopo di consentirne l'espansione.

development certificate: ***licenza di costruzione industriale.*** Lo stesso che *industrial development certificate* (v.).

development corporations: ***banche di sviluppo.*** Enti fondati nel Regno Unito allo scopo di consentire lo sviluppo di nuove città, secondo il *New Towns Act* del 1946. I fondi con cui esse finanziano la costruzione di case, fabbriche, opere pubbliche, ecc., provengono da mutui statali.

development cost: ***costo di sviluppo.*** Costo sostenuto da un'impresa in relazione ad un prodotto o ad un piano di sviluppo di un sistema produttivo. Include tutti i costi a partire dalla ricerca fino all'effettiva realizzazione del prodotto o del piano.

development councils: ***comitati di sviluppo.*** Comitati istituiti nel Regno Unito per consentire consultazioni tra rappresentanze di prestatori e datori di lavoro sulle migliori politiche per agevolare lo sviluppo industriale. (v. anche *Industrial Organization and Development Act*)

development district: ***zona depressa.*** Zona che presenta caratteristiche simili alle *depressed areas* (v.), ma di ampiezza territoriale più limitata. Una legge del 1960 autorizzò sulle zone depresse gli stessi interventi riservati alle *depressed areas*, e una legge del 1966 le equiparò a tutti gli effetti.

development economics: ***economia dello sviluppo.*** Nuova branca della scienza economica, che studia i problemi socio–economici dei paesi in via di sviluppo.

development expenditure: ***spesa di sviluppo; spesa promozionale.*** Termine usato come sinonimo di *development expense* (v.) nei suoi due significati.

development expense: 1. ***spesa di sviluppo.*** Spesa sostenuta per aprire e sviluppare un'attività mineraria, come ad esempio pozzi di petrolio, ecc. La spesa di sviluppo può essere capitalizzata e ammortizzata ad un certo tasso per unità di prodotto o in un determinato periodo di esercizio. **2.** ***spesa promozionale.*** Spesa sostenuta per la formazione o promozione di una nuova impresa o attività. Tra tali spese rientrano i costi di pubblicità e di ricerca di mercato.

development finance: ***finanza di sviluppo.*** Mezzi finanziari erogati da apposite istituzioni per la realizzazione di progetti di sviluppo sia in patria, nei casi in cui è necessario fornire capitali e assistenza tecnica a nuove imprese con buone possibilità di crescita, sia in paesi in via di sviluppo.

development gains: ***redditi di sviluppo; utili di sviluppo.*** Particolare tipo di reddito di capitale, derivante da opere di miglioria o di costruzione realizzate su terreni, o da un loro potenziale sviluppo, il cui valore viene così ad essere elevato. Tali redditi vengono colpiti nel Regno Unito e negli Stati Uniti dalla *development land tax* (v.).

development gains tax: ***imposta sui redditi di sviluppo.*** Era l'imposta che tra il 1974 e il 1976 colpiva, nel Regno Unito, l'incremento di valore di un terreno a seguito di opere di miglioria o di edificazione, o a seguito dell'insorgere di possibilità di sviluppo di cui usufruivano i terreni in questione. Fu sostituita nel 1976 dalla *development land tax* (v.).

development gap: ***divario di sviluppo.*** Nel linguaggio economico, è la notevole discrepanza esistente tra paesi ad economia sviluppata e paesi ad economia sottosviluppata.

development goods: ***beni di sviluppo.*** Sono così chiamati tutti quei beni che possono contribuire allo sviluppo di un sistema economico, tra i quali citiamo macchine, fertilizzanti, pesticidi, prodotti farmaceutici, ecc., in quanto contribuiscono o allo sviluppo della produzione industriale e agricola o al miglioramento delle risorse umane di un paese.

development land: ***suolo edificabile.*** Lo stesso che *building ground* (v.), quando il suolo in questione è suscettibile di sviluppo urbanistico.

development land tax: ***imposta fondiaria di sviluppo.*** Negli Stati Uniti è un'imposta che colpisce l'incremento di valore, all'atto della vendita, di un terreno che si ritiene possieda potenziale per lo sviluppo. Nel Regno Unito, l'imposta fu introdotta nel 1976 in sostituzione della *development gains tax* (v.) e colpisce gli interessi fondiari in tutto il Regno Unito, anche se il proprietario del fondo risiede in un paese straniero. Il fondo diventa soggetto all'imposta nel momento in cui si avviano su di esso opere di miglioria o di edificazione o nel momento in cui la sua proprietà viene trasferita mediante vendita e l'accertamento dell'incremento di valore ha luogo separatamente per ciascuna successiva vendita o opera di sviluppo.

development of trade: ***sviluppo del commercio.*** Ampliamento dell'entità degli scambi di beni e servizi tra due o più paesi, generalmente a seguito della conclusione di accordi tendenti a ridurre i dazi doganali di importazione o ad eliminare altre forme di barriere alla libera circolazione di beni e servizi.

development plan: ***piano di sviluppo.*** Un qualsiasi piano che preveda lo sviluppo e programmi l'utilizzazione delle risorse disponibili per la realizzazione di tale obiettivo. Può essere preparato da un'impresa per lo sviluppo di nuovi prodotti o di nuove attività e stabilimenti o da un governo per lo sviluppo di un determinato settore industriale o del complesso dell'economia nazionale. (v. anche *research and development, economic development*)

development planning: ***pianificazione dello sviluppo.*** La formulazione di uno o più piani di sviluppo da parte di un'impresa o di un governo, con i quali si intende mobilitare le risorse disponibili per destinarle principalmente allo sviluppo aziendale o dell'economia nazionale. (v. anche *development plan, economic development, planning, research and development*)

development policy: ***politica di sviluppo.*** La politica perseguita da un'impresa o da un governo, nel tentativo di promuovere lo sviluppo aziendale o quello economico del paese. (v. anche *development planning*)

development programme: ***programma di sviluppo.*** Termine usato con lo stesso significato di *development plan* (v.).

development value: ***valore di sviluppo.*** Incremento di valore di un fondo, derivante da opere di miglioria o di edificazione. Sia nel Regno Unito che negli Stati Uniti viene colpito dalla *development land tax* (v.).

deviation: ***dirottamento; deviazione.*** Nel caso in cui una nave, senza giustificazione (quale potrebbe essere ad esempio il prestare soccorso ad un'altra nave in difficoltà), devii dalla rotta consuetudinaria o specificatamente indicata in polizza, gli assicuratori non saranno tenuti a risarcire alcun eventuale danno. Ciò è valido anche se la nave è tornata sulla sua rotta prima che si verifichi il danno. (v. anche *dispatch, seaworthiness*)

deviation clause: ***clausola del dirottamento.*** Clausola, contenuta in un contratto di assicurazione marittima, che prevede l'esonero dalla responsabilità degli assicuratori nel caso in cui la nave assicurata dovesse allontanarsi, senza giustificato motivo, dalla rotta specificata o consuetudinaria. (v. anche *deviation*)

deviation from plans: ***scostamento dai programmi.*** Nella terminologia dell'organizzazione aziendale, è un qualsiasi allontanamento da un programma esistente, volontario o dovuto a cause di forza maggiore.

device: ***lascito; legato.*** Dono di un bene patrimoniale, per disposizione testamentaria, a un soggetto diverso dall'erede, chiamato legatario. Il termine inglese indica soltanto un legato consistente esclusivamente di uno o più beni immobili. (v. anche *legacy, donee*)

Devlin Report: ***Rapporto Devlin.*** Rapporto della commissione presieduta da Lord Devlin e nominata per svolgere un'indagine conoscitiva sulla situazione delle attività portuali nel Regno Unito. La relazione denunciò grosse inefficienze e raccomandò di instaurare il sistema delle licenze per le imprese che svolgono la loro attività nei porti. Tra le altre cose, raccomandò anche l'eliminazione del lavoro precario. (v. anche *decasualization*)

df.: draft.

d.f.: dead freight.

D/f: dead freight.
dft.: draft.
D.H.S.S.: Department of Health and Social Security.
D.I.: disposable income.
diagonal expansion: ***espansione diagonale.*** Espansione di un'azienda, che si realizza tramite lo sviluppo di nuovi prodotti che possono essere fabbricati usando l'equipaggiamento e più o meno le stesse materie prime necessari per la realizzazione del prodotto di base di quell'azienda. Causa di espansione diagonale è spesso la scoperta di sottoprodotti. (v. anche *by–product*)
diagonal integration: ***integrazione diagonale.*** Indica l'esistenza in un'azienda di servizi ausiliari che si inseriscono «diagonalmente» nella principale attività dell'azienda stessa. Ad esempio, un servizio di manutenzione e riparazione degli impianti, composto di personale alle dipendenze dell'impresa, può rappresentare un vantaggio economico, anche in termini di tempestività d'intervento.
diagonal spread: Espressione delle borse valori statunitensi, con la quale si indica una varietà di *bull spread* (v.) che assomma le caratteristiche del *calendar spread* (v.) e del *vertical spread* (v.) e in base al quale l'operatore acquista e vende contratti a premio della stessa classe a differenti prezzi base e differenti date di scadenza.
diagrammatic map: ***cartogramma.*** Rappresentazione grafica, nella quale le manifestazioni quantitative di un fenomeno vengono indicate con diagrammi riportati su una carta geografica in corrispondenza dei luoghi in cui esse si sono manifestate.
diary panel: Lo stesso che *consumers panel* (v.).
dictatorship of the proletariat: ***dittatura del proletariato.*** Nella teoria marxista, questa espressione indica lo stadio intermedio tra l'abolizione del capitalismo a seguito di una rivoluzione e lo stadio finale di affermazione completa del sistema comunista. Durante questo stadio intermedio, il potere sarebbe nelle mani del proletariato, che provvederebbe a sviluppare tutte le forme di attività economica, liberandole dalla motivazione del profitto.
dictionary of occupational titles: Elenco standardizzato delle occupazioni, contenente una breve descrizione di ciascuna attività lavorativa. Pubblicato dal ministero del lavoro statunitense, è usato, ad esempio, per mettere a confronto i saggi salariali per lo stesso tipo di lavoro in aziende diverse.
Dictum Meum Pactum: ***La mia parola è la mia obbligazione.*** È il motto della borsa valori di Londra, che sta ad indicare la completa fiducia tra gli operatori che vi svolgono la loro attività. Difatti, quando uno *stockbroker* (v.) ed uno *stockjobber* (v.) concludevano un affare, tutto ciò che essi facevano era una succinta annotazione nei loro libri, essendo sufficiente la parola per suggellare il contratto.
dies non: Espressione latina, usata per indicare un giorno in cui, per eventi o circostanze particolari, non si possono svolgere operazioni commerciali.
diff.: difference.
difference: ***differenza.*** Termine generico, che nel linguaggio delle borse valori indica la somma lucrata o pagata da uno speculatore, quando un'operazione viene riportata al successivo ciclo operativo.
differential: 1. ***differenziale.*** La differenza di salario o del saggio di salario tra un tipo di lavoratori e un altro, come ad esempio tra operai specializzati e non specializzati o tra insegnanti laureati e non laureati, o tra lavoratori che svolgono mansioni simili in differenti industrie. Dal 1945 in poi c'è stata una tendenza a ridurre tali differenziali, ma recentemente si è cominciato a riconsiderare che essi sono necessari per spingere i lavoratori ad assumersi maggiori responsabilità di altri o a qualificarsi, attraverso corsi di studio, per determinati tipi di occupazioni. **2.** ***scarto.*** Lo stesso termine indica sconti o premi concessi quando si consegna un bene di standard differente o in una località diversa da quanto stabilito nel contratto a termine. **3.** V. spiegazione sotto *odd–lot differential.*
differential advantage: ***vantaggio di differenziazione.*** Nel linguaggio commerciale e pubblicitario, questa espressione viene usata per indicare una qualche caratteristica di un prodotto, che induce il consumatore a preferirlo ad altri prodotti analoghi.
differential cost: 1. ***costo marginale.*** Termine talvolta usato con lo stesso significato di *marginal cost* (v.). **2.** ***costo differenziale; costo suppletivo.*** Quella parte del costo di una funzione imputabile a, e identificabile con, una caratteristica aggiuntiva; quindi: costo inclusa la caratteristica aggiuntiva, meno costo senza la caratteristica aggiuntiva.
differential cost analysis: ***analisi dei costi differenziali.*** Procedimento mediante il quale un'impresa riesce a determinare i propri costi differenziali in relazione ai costi marginali e ai costi unitari medi del proprio prodotto.
differential costing: ***contabilità industriale a costi marginali.*** Termine a volte usato con lo stesso significato di *marginal costing* (v.).
differential duty: ***dazio differenziale.*** Dazio di importazione che varia secondo il paese di origine del bene importato, al fine di favorire o scoraggiare l'importazione del bene cui è applicato o l'importazione dal paese sui cui prodotti il dazio è applicato. Un esempio era rappresentato dai dazi preferenziali concessi dal Regno Unito ai paesi del Commonwealth. (v. anche *preferential duty*)
differential opportunity: ***opportunità differenziale.*** Nel linguaggio borsistico, è il fenomeno che può verificarsi a seguito della mancanza di un buon sistema di comunicazioni tra i diversi mercati. Ad esempio, se un titolo è quotato in una borsa valori ad un corso inferiore a quello di un'altra borsa, un operatore potrebbe comprarlo ad un prezzo inferiore a quello pagato da un altro, sfruttando appunto l'opportunità differenziale. I moderni sistemi di comunicazione computerizzati di cui si servono le borse inglesi e americane hanno praticamente eliminato qualsiasi possibilità di trarre vantaggio da operazioni di arbitraggio di questo tipo.
differential pay: ***paga differenziale.*** È la paga diversa percepita da lavoratori che svolgono funzioni simili in differenti industrie o tra gruppi diversi di lavoratori che svolgono differenti mansioni nella stessa industria. (v. anche *differential*)
differential piece–rate system: ***sistema di remunerazione basato sui premi differenziali.*** Un sistema di remunerazione in base al quale si determina prima una scala di quantità e si fissano poi i saggi cottimali applicabili a ciascuna diversa quantità.
differential prices: ***prezzi differenziali.*** Prezzi diversi fatti pagare dai produttori o dai commercianti su diversi mercati per lo stesso bene o prodotto. Ad esempio, possono esistere prezzi differenziali tra il mercato interno e quello estero o tra un quartiere ed un altro della stessa città.
differential pricing: ***differenziazione dei prezzi.*** Si manifesta come conseguenza diretta della concorrenza im-

perfetta, che consente la differenziazione di prodotti omogenei attraverso l'uso di etichette, marche e massicce campagne pubblicitarie che hanno lo scopo di far credere al consumatore che prodotti simili sono in effetti diversi. Una volta che tale convinzione è entrata nella mente dei consumatori, la differenziazione dei prezzi si rende possibile ed i consumatori sono spinti ad acquistare ad un prezzo più alto prodotti che non differiscono affatto da altri venduti ad un prezzo più basso.

differential rate: ***tariffa differenziale.*** Nei trasporti, la tariffa applicabile a merci trasportate su una direttrice tra due punti, determinata sottraendo o sommando un ammontare fisso alla tariffa applicabile ad un'altra direttrice tra gli stessi due punti.

differential rate of interest: ***saggio d'interesse differenziale.*** Saggio d'interesse maggiore o minore di quello prevalente sul mercato, praticato allo scopo di agevolare e stimolare o ostacolare e penalizzare determinati tipi di investimenti o di speculazioni. Possono esistere, ad esempio, saggi d'interesse differenziali per investimenti in patria e investimenti all'estero.

differential rent: ***rendita differenziale.*** Prezzo teorico pagato per l'uso della terra e corrispondente alla differenza tra la produttività di un fondo e la produttività del fondo più povero, utilizzato per lo stesso scopo del primo e con uguale ubicazione, a parità di impiego di capitale e lavoro.

differential tariff: ***tariffa doganale differenziale.*** Tipo di tariffa doganale, mediante la quale si privilegiano o si discriminano determinati beni provenienti da un paese o da un gruppo di paesi.

differential tax: ***imposta differenziale.*** Un'imposta che tratta un unico tipo di reddito in maniera diversa o due diversi tipi di reddito in maniera uguale, come ad esempio un'imposta sugli investimenti in essere a un'aliquota più bassa di quella che graverà su uguali investimenti posti in essere in un periodo di tempo successivo oppure un'imposta che colpisce l'intero reddito senza tener conto se si tratti di reddito di impresa (o di lavoro) oppure di reddito di capitale.

differentiated marketing: ***commercializzazione differenziata.*** Si verifica quando un'impresa pone in vendita lo stesso bene in tipi diversi per ciascun differente segmento di consumatori, come ad esempio una bevanda con e senza zucchero, un tipo di caffè con e senza caffeina, un tipo di sigaretta con e senza filtro o più o meno forte, ecc.

differentiation: ***differenziazione.*** V. spiegazione sotto *product differentiation.*

diffusion index: ***indice di diffusione.*** La misura della distribuzione temporale del movimento degli indicatori economici. La percentuale di un gruppo di indicatori economici, che si sposta nella stessa direzione, ricavata per ogni arco di tempo precedentemente stabilito.

diffusion of innovation: ***diffusione d'innovazione.*** Il processo che fa arrivare nuovi beni o servizi ai consumatori. Si realizza attraverso tre fasi: nella prima fase il prodotto sarà acquistato da chi ama le novità o da chi ha grande fiducia nel prodotto o nel produttore, e questi sono i cosiddetti innovatori; in una seconda fase, il prodotto sarà adottato da un gruppo più ampio di persone, cioè gli *early adopters*, che diventano i cosiddetti *opinion leader* (v.); nella terza fase, sulla spinta degli *opinion leader* il prodotto si diffonderà tra un numero sempre più grande di consumatori.

diffusion theory of taxation: ***teoria della diffusione dell'imposta.*** È la teoria che sostiene che tutte le imposte si propagano all'intera popolazione, attraverso cambiamenti dei prezzi, e non restano circoscritte al solo settore economico colpito dalle imposte stesse.

Digest of Statistics: Pubblicazione mensile del *H.M.S.O.* che riporta i dati statistici più recenti relativi alla popolazione, all'occupazione, alla produzione, agli scambi con l'estero, ecc.

diggers: Termine usato nel gergo della borsa valori di Londra per indicare le azioni di miniere d'oro australiane.

digit: ***cifra.*** Ciascuno dei segni con i quali si rappresentano i numeri dall'uno al nove e lo zero.

diligence: ***diligenza.*** Nel linguaggio delle assicurazioni, indica il dovere, che ricade sul proprietario di un bene assicurato, di fare tutto quanto sia ragionevolmente nelle sue possibilità per evitare e prevenire il verificarsi di sinistri, che arrechino danni al bene stesso o a terzi.

dilution: ***diluizione.*** Perdita relativa o indebolimento del capitale rappresentato da azioni ordinarie, di solito causato da un aumento del numero delle azioni in circolazione senza un corrispondente incremento del patrimonio o della redditività della società.

dilution of earnings: ***diluizione degli utili.*** Espressione usata per indicare una riduzione degli utili di una società, come percentuale delle proprie azioni ordinarie di capitale, derivante da una qualsiasi iniziativa in cui si lancia la società stessa. Ad esempio, gli utili risulteranno diluiti se la società usa il proprio capitale per finanziare un progetto che, alla fine, si rivela meno remunerativo degli investimenti precedenti. Si verifica una diluizione degli utili anche nel caso in cui una società paga un prezzo elevato per l'acquisizione di un'altra società. In particolare, se le azioni della società acquisita hanno un rapporto prezzo/utili superiore a quello delle azioni della società che l'acquisisce, il reddito per azione di quest'ultima diminuirà, *ceteris paribus*, dopo che sarà stata portata a compimento l'operazione di acquisizione.

dilution of equity: ***diluizione del capitale azionario.*** Espressione usata con lo stesso significato descritto sotto *dilution* (v.).

dilution of labour: ***diluizione della manodopera.*** Nel linguaggio delle relazioni industriali, indica l'assunzione di operai o manodopera non specializzati, con l'intento di far loro svolgere mansioni precedentemente riservate a manodopera specializzata.

dilution of shareholding: ***diluizione del capitale azionario.*** V. spiegazione sotto *dilution.*

dime: Moneta divisionale degli Stati Uniti, equivalente a dieci centesimi di dollaro.

dimension: ***dimensione.*** Nel linguaggio dei trasporti, è la misura presa lungo una determinata direzione, cioè l'altezza, la larghezza o la lunghezza, di una cassa o altro contenitore o di un mezzo di trasporto.

dime store: Termine colloquiale che, negli Stati Uniti, indica un negozio al dettaglio che stocca beni di basso prezzo.

diminishing–balance method of depreciation: ***metodo di ammortamento a quote proporzionali ai valori residui.*** Termine usato con lo stesso significato di *declining–balance method of depreciation* (v.).

diminishing marginal product: ***prodotto marginale decrescente.*** V. spiegazione sotto *diminishing returns.*

diminishing marginal productivity: ***produttività marginale decrescente.*** Termine usato con lo stesso significato di *diminishing productivity* (v.).

diminishing marginal utility: ***utilità marginale decrescente.*** Termine usato con lo stesso significato di *diminishing utility* (v.).

diminishing productivity: ***produttività decrescente.*** V. spiegazione sotto *diminishing returns* e *law of diminishing marginal productivity.*

diminishing-provision method of depreciation: ***metodo di ammortamento a quote proporzionali ai valori residui.*** Termine usato con lo stesso significato di *declining-balance method of depreciation* (v.).

diminishing rate of substitution: ***tasso decrescente di sostituzione; tasso decrescente di succedaneità.*** V. spiegazione sotto *law of diminishing substitution.*

diminishing returns: ***rendimenti decrescenti.*** Condizione che si verifica quando aggiungendo successivamente uguali quantità di uno o due fattori della produzione (terra, lavoro o capitale) all'altro o agli altri fattori, ogni singola aggiunta si concretizza in un aumento di produzione sempre più esiguo. A volte, il termine si usa solo nei casi in cui il fattore costante è la terra e il termine produttività decrescente viene quindi usato per indicare casi in cui il fattore costante è costituito dal capitale o dal lavoro. (v. anche *law of diminishing returns, increasing returns*)

diminishing returns to scale: ***rendimenti decrescenti di scala.*** La situazione che si verifica in un'impresa a costi crescenti, quando un'espansione della produzione, anche dopo che è trascorso un certo periodo di tempo necessario per gli opportuni adeguamenti, dà come risultato un aumento del costo medio per unità di prodotto. (v. anche *returns to scale, increasing returns to scale*)

diminishing substitution: ***succedaneità decrescente; sostituzione decrescente.*** Termine usato con lo stesso significato descritto sotto *diminishing rate of substitution* (v.)

diminishing utility: ***utilità decrescente.*** È l'utilità di un bene che, per un consumatore, diminuisce con l'aumentare delle unità di quel bene a sua disposizione. Ciò presuppone che ciascuna unità addizionale dello stesso bene dia al consumatore un grado di soddisfazione, o utilità, inferiore a quello dato dalla precedente unità dello stesso bene, ma superiore a quello dato da una successiva unità. (v. anche *law of diminishing utility*)

diminishing-value method of depreciation: ***metodo di ammortamento a quote proporzionali ai valori residui.*** Termine usato con lo stesso significato di *declining-balance method of depreciation* (v.).

din: ***dinaro.*** V. spiegazione sotto *dinar.*

dinar: ***dinaro.*** Moneta della Yugoslavia e di numerosi paesi arabi. Il dinaro yugoslavo è suddiviso in cento para; il dinar tunisino in mille mill; il dinar dell'Algeria in cento centimes; il dinar del Kuwait, dell'Iraq, del Bahrain, della Giordania e dello Yemen del Sud in mille fil. In Iran, invece, dove l'unità monetaria è il rial, il dinar è una moneta divisionale pari ad un centesimo di rial. Dal 1971 il dinar, diviso in cento piastre o mille dirham, ha sostituito la lira sterlina libica.

Diners' Club: È una delle società che rilasciano carte di credito.

Dingley Tariff Act: Legge, approvata dal Congresso degli Stati Uniti nel 1897, con la quale veniva istituita una forte tariffa doganale sulle importazioni, onde proteggere le industrie statunitensi dalla concorrenza, principalmente quella britannica.

dip: ***flessione lieve.*** Contenuto ribasso del corso di un titolo, dopo una sostenuta tendenza al rialzo.

Dir.: director.

direct action: ***azione diretta.*** Termine usato con lo stesso significato di *direct strike* (v.).

direct advertising: ***pubblicità diretta.*** È la pubblicità rivolta direttamente ai consumatori, mediante l'invio di lettere, circolari e depliants e la consegna a mano di altro materiale pubblicitario. Nella sua forma più semplice, è un tipo di pubblicità non molto apprezzato, in quanto i vari messaggi ricevuti dal consumatore vengono di solito cestinati senza neppure essere letti. Per evitare ciò, le lettere o circolari vengono accompagnate da altro materiale promozionale, come ad esempio buoni sconto, campioni gratuiti, moduli di partecipazione a concorsi e così via.

direct amortization: ***ammortamento diretto; ammortamento in conto.*** Nel linguaggio della contabilità, indica il criterio in base al quale si diminuisce direttamente, mediante registrazioni nel lato avere del conto relativo, il bene patrimoniale da ammortizzare. Questo criterio viene usato particolarmente per le immobilizzazioni immateriali ed infatti tale pratica è vietata in Italia dal codice civile in relazione ad immobilizzazioni materiali.

direct arbitrage: ***arbitraggio diretto.*** È così detto l'arbitraggio le cui operazioni hanno luogo su tre piazze soltanto. (v. anche *arbitrage, compound arbitrage*)

direct assistance: ***assistenza diretta.*** È l'assistenza prestata dalla Banca d'Inghilterra direttamente alle case di sconto al fine di migliorare la loro situazione di liquidità, attraverso il risconto di effetti bancabili. La Banca d'Inghilterra presta questa assistenza al fine di evitare un aumento dei tassi di interesse, conseguente ad una mancanza di liquidità sul mercato monetario. (v. anche *indirect assistance, discount house 1*)

direct bill of lading: ***polizza di carico diretta.*** È così chiamata la polizza di carico usata in relazione a merci che devono essere trasportate da più vettori, terrestri e marittimi, prima che esse giungano al punto di destinazione. Viene emessa dal primo vettore ed evita ai successivi vettori la necessità di emettere altre polizze di carico. Per il caricatore, essa è oltremodo utile, in quanto gli consente di venire in possesso di un titolo rappresentativo definitivo, che egli può negoziare o utilizzare per ottenere finanziamenti, appena le merci vengono consegnate al primo vettore.

direct contact: ***contatto diretto.*** In campo pubblicitario, indica una qualsiasi iniziativa tendente a portare un messaggio pubblicitario direttamente al potenziale consumatore, senza l'uso dei mezzi di comunicazione di massa.

direct cost: **1.** ***costo diretto.*** Il costo di un qualsiasi bene o servizio che contribuisce e può essere imputabile alla produzione di un altro bene o servizio. Sono considerati costi diretti i costi di manodopera, di materie prime e le spese generali che variano col variare della produzione. **2.** ***costo variabile; costo di funzionamento; costo di dimensione.*** Lo stesso che *variable cost* (v.).

direct cost centre: ***centro di costi diretti.*** Lo stesso che *production cost centre* (v.).

direct costing: **1.** ***sistema a costi diretti.*** Il sistema di imputare costi a prodotti e servizi man mano che essi vengono sostenuti. **2.** ***sistema a costi parametrici primi variabili; sistema a costi primi variabili; contabilità industriale a costi diretti.*** È la teoria che sostiene che i costi diretti rappresentano la base di valutazione della produzione. Tale sistema, se usato in un'azienda, richiede una classificazione dei conti in cui si dia riconoscimento: a) a separabilità e assegnazione alla produzione dei costi diretti o variabili, il cui ammontare varia col variare del volume della produzione; e, b) a costi fissi o costi di struttura non allocati, che riflettono la disponibilità aziendale a produrre e vendere e che rimangono relativamente costanti col variare del volume di produzione. Con la contabilità industriale a costi diretti, per ogni processo di lavorazione o per ogni commessa, si calcola il solo costo primo, costituito dai costi speciali ad imputazione diretta che corrispondono ai costi variabili, cioè i costi che variano direttamente col variare della produzione. I costi fissi non vengono imputati alle singole produzioni, ma sono attribuiti indistintamente a tutto il complesso di attività svolte nel periodo considerato. È l'opposto di contabilità industriale a costi globali ed è piuttosto diffuso in America, ove viene preferito perché considerato uno strumento di controllo dell'efficienza dell'azienda, in quanto si ritiene che i veri dati essenziali sono i costi variabili, essendo i costi fissi non modificabili nelle decisioni di breve periodo. (v. anche *absorption costing*)

direct cost system: ***sistema a costi parametrici primi variabili; sistema a costi primi variabili; contabilità industriale a costi diretti.*** Termine usato come sinonimo di *direct costing 2* (v.).

direct dealing: ***vendita diretta.*** Termine usato con lo stesso significato di *direct selling* (v.).

direct debiting: ***addebitamento diretto.*** È un servizio di pagamento, offerto dalle banche britanniche. Il cliente dà istruzioni alla banca di pagare le fatture che saranno presentate da determinate imprese, di solito fornitori di beni e servizi tra i quali rientrano le società dei telefoni, del gas, ecc., il cui ammontare verrà direttamente addebitato sul conto del cliente. Pertanto, una volta che il titolare di un conto ha dato alla banca l'ordine di provvedere a determinati pagamenti, il creditore può esigere che qualsiasi somma a lui dovuta sia trasferita direttamente dal conto del debitore al suo conto.

direct debiting service: ***servizio di addebitamento diretto.*** Il servizio descritto sotto *direct debiting* (v.).

direct demand: ***domanda diretta.*** Nel linguaggio economico, è la domanda di un bene in grado di soddisfare direttamente un bisogno. La maggior parte dei beni di consumo sono beni a domanda diretta. (v. anche *derived demand*)

direct departmental expenses: ***costi diretti di reparto.*** Tutti i costi, eccetto quelli di materie prime e stipendi, che possono essere imputati direttamente ad un reparto specifico. Includono: salari agli operai, riscaldamento, imposte, canoni di fitto, acqua, luce, gas e forza motrice, ecc.

directed economy: ***economia controllata.*** Un'economia in cui l'iniziativa individuale non è soppressa, ma può muoversi soltanto entro limiti tracciati da un programma statale o sotto il controllo dello stato su questioni relative al credito, alla produzione, agli scambi con l'estero, ecc.

direct exchange: 1. ***scambio diretto.*** Operazioni di commercio internazionale tra due paesi che hanno luogo direttamente, cioè senza il coinvolgimento di un terzo paese. **2.** ***cambio diretto.*** Si verifica quando le valute di due paesi sono quotate in termini l'una dell'altra, senza il coinvolgimento della valuta di un terzo paese.

direct expense: ***spesa diretta.*** Termine usato con lo stesso significato di *direct cost 1* (v.).

direct exportation: ***esportazione diretta.*** Nel commercio internazionale, indica la vendita diretta, cioè senza l'intermediazione di alcun agente, di beni da un esportatore di un paese ad un importatore di un altro paese.

direct finance: ***finanza diretta.*** Il segmento del sistema finanziario nel quale si trasferiscono fondi direttamente tra mutuanti e mutuatari. In tale segmento, l'unità mutuante si assume direttamente il rischio dell'inadempienza da parte dell'unità mutuataria.

direct financial market: ***mercato finanziario diretto.*** V. spiegazione sotto *financial system.*

direct financing: ***finanziamento diretto.*** Procedimento tendente a garantirsi fondi, mediante negoziazione diretta tra l'imprenditore e il finanziatore, senza l'intervento di terzi.

direct foreign investment: ***investimento straniero diretto.*** Termine più preciso, usato con lo stesso significato di *direct investment* (v.) e *foreign equity investment* (v.).

direct goods account: ***conto beni diretti.*** Conto al quale vengono imputati i costi delle materie prime acquistate per una specifica unità di costi.

direct importation: ***importazione diretta.*** Nel commercio internazionale, è l'acquisto diretto da parte di un importatore, senza l'intermediazione di alcun agente.

direct income: ***reddito diretto.*** È il reddito di un individuo, prodotto mediante servizi economici resi alla produzione o alla distribuzione di beni. Il termine inglese indica generalmente il reddito derivante da lavoro dipendente o da attività professionale o imprenditoriale ed esclude, pertanto, altre forme di reddito quali interessi, dividendi e simili.

direct–indirect labour budget: Termine usato per indicare il bilancio preventivo relativo al lavoro indiretto destinato a servire esclusivamente o specificamente la manodopera diretta in un determinato reparto di produzione.

direct interest rate control: ***controllo diretto del tasso d'interesse.*** È uno degli strumenti a disposizione di un governo per limitare o stimolare la crescita di offerta di moneta. Si realizza attraverso una direttiva della banca centrale, che impone alle banche del sistema di praticare un determinato tasso d'interesse. Tale strumento può portare ai risultati sperati se la domanda di credito nel sistema economico è sensibile al tasso d'interesse e soprattutto se il controllo si estende a tutte le istituzioni finanziarie del sistema economico e non soltanto alle banche.

direct investment: ***investimento diretto.*** Si verifica quando una società di un paese investe in una società di un altro paese o fornendo capitale iniziale o aumentando il capitale esistente. Ciò consente alla società investitrice di partecipare alla gestione dell'impresa in cui ha investito, se non di controllarla. Dal punto di vista della partecipazione, infatti, si definisce investimento diretto quello che garantisce alla società investitrice una quota di capitale sociale con diritto di voto dell'altra società che va da un minimo del dieci per cento in su.

direct investor: ***investitore diretto.*** Chi effettua un investimento diretto, senza l'intermediazione di consulenti d'investimento o finanziari e senza ricorrere a fondi comuni o altre forme di investimento collettivo. Lo stesso termine viene anche usato per indicare la società che investe direttamente in un'altra società estera. (v. anche *direct investment*)

directional effects: ***effetti settoriali.*** Sono così indicati gli effetti che colpiscono un settore economico a seguito dell'aumento di un'imposta indiretta. Se, infatti, si aumenta l'imposta su un tipo di prodotti, è probabile che si verifichi una diminuzione della domanda di quei prodotti, mentre resta invariata o aumenta la domanda di altri prodotti. Per ovviare a questo inconveniente, i governi spesso adottano imposte indirette generalizzate, il cui aumento colpisce indistintamente tutti i settori economici.

direction of effort: ***obiettivo di spesa.*** Caratterizzazione di una qualsiasi distribuzione di spese basata sui benefici ricavati dalla spesa stessa.

direction of labour: ***direzione della manodopera.*** Uno dei metodi per ovviare all'immobilità della manodopera è, secondo alcuni, l'imposizione da parte del governo di direzioni di movimento del lavoro verso località o industrie in espansione. Ciò, però, può essere accettato dai lavoratori in periodi di emergenza, come ad esempio in tempo di guerra, o in paesi a sistema totalitario, ma incontrerà sempre almeno un certo grado di opposizione in periodi normali e in paesi democratici.

directive: ***direttiva.*** Una qualsiasi delle disposizioni emanate dalla Commissione delle comunità europee e dirette a tutti gli stati membri. Gli obiettivi delle direttive sono vincolanti per gli stati, ma ciascuno di loro è libero di adottare il metodo per realizzarli più confacente alle proprie strutture o esigenze interne. Lo stesso termine, in un significato più generico, viene usato per indicare una qualsiasi disposizione emanata da un ministero, da un organo di controllo e simili.

direct labour: ***manodopera diretta.*** La manodopera ed i relativi costi imputabili direttamente ad un prodotto specifico.

direct labour budget: ***bilancio preventivo della manodopera diretta.*** È il budget relativo esclusivamente alla manodopera diretta impiegata in un determinato reparto di produzione.

direct-labour-hours method: ***metodo delle ore di manodopera diretta.*** Metodo di ripartizione delle spese generali sulla base delle ore della manodopera diretta impiegata in ciascun singolo reparto di produzione.

direct labour method: ***metodo della manodopera diretta.*** Metodo di ripartizione delle spese generali sulla base del valore della manodopera diretta impiegata in ciascun singolo reparto di produzione.

direct labour standard: ***standard di manodopera diretta.*** È uno standard relativo alla manodopera diretta, fissato all'interno di una qualsiasi impresa. La fissazione di tale standard prevede due diversi gruppi di indagini preventive: a) quelle relative alla individuazione delle specializzazioni richieste e della durata del lavoro; e, b) quelle relative alla determinazione del salario standard da corrispondersi ai lavoratori.

direct letter of credit: ***lettera di credito diretta.*** Lettera di credito emessa da una banca e indirizzata non alla sede centrale di un'altra banca, ma direttamente ad una particolare filiale della banca corrispondente nel paese estero. (v. anche *letter of credit*)

direct liability: ***obbligazione diretta.*** L'obbligazione di un debitore derivante dalla fornitura, da parte di un'altra persona, di denaro, beni o servizi. (v. anche *indirect liability*)

direct mail advertising: ***pubblicità diretta per corrispondenza.*** Un tipo di *direct contact* (v.), che consiste nell'invio del messaggio pubblicitario, per corrispondenza, direttamente al potenziale consumatore. (v. anche *direct advertising*)

direct mail shot: ***pubblicità diretta per corrispondenza.*** Termine colloquiale, usato con lo stesso significato di *direct mail advertising* (v.).

direct marketing: ***vendita diretta; commercializzazione diretta.*** Termine usato con lo stesso significato di *direct selling* (v.).

direct material: ***materiale diretto.*** Materiale usato direttamente per la produzione di un bene, di cui diventa elemento costitutivo. Lo stesso termine viene usato per indicare anche il costo di tale materiale. (v. anche *indirect material*)

direct materials and direct labour method: ***metodo della manodopera e dei materiali diretti.*** Sistema misto di ripartizione delle spese generali sulla base dei materiali diretti e della manodopera diretta impiegati in ciascun reparto di produzione.

direct materials budget: ***bilancio preventivo dei materiali diretti.*** È il bilancio preventivo che riguarda le spese di materiali diretti, cioè quelli usati direttamente nella produzione di un bene o servizio.

direct materials standard: ***standard dei materiali diretti.*** È uno standard, relativo alle materie prime o ai materiali diretti, fissato all'interno di una qualsiasi impresa produttrice di beni. La determinazione di un tale standard comporta la specificazione della qualità e della quantità necessaria di materie prime, la considerazione di sfridi, cali, disperdimenti e simili e la determinazione dei prezzi relativi. L'indagine che tende ad accertare i detti elementi parte da uno studio puntuale e accurato del prodotto che si intende realizzare e delle caratteristiche che esso dovrà possedere.

direct materials stores: ***scorte di materiali diretti.*** Sono le scorte che un'impresa tiene di materiali necessari alla fabbricazione del suo prodotto. Possono essere suddivise in scorta di materie prime; scorta di semilavorati; scorta di componenti; e scorta di prodotti finiti.

direct mortgage loan: ***mutuo ipotecario diretto; credito ipotecario diretto.*** Credito concesso da una banca o altra istituzione finanziaria e garantito mediante l'accensione di un'ipoteca su un bene immobile del debitore a favore del creditore. Quest'ultimo potrà chiedere la vendita dell'immobile ipotecato in caso di insolvenza del debitore.

director: **1.** ***amministratore; consigliere di amministrazione; membro del consiglio di amministrazione.*** Ciascuna delle persone che, elette dagli azionisti, entrano a far parte del consiglio di amministrazione di una società col compito di collaborare alla gestione dell'impresa. (v. anche *board of directors*) **2.** ***direttore.*** Persona a capo di un ufficio, di un reparto, di un progetto o di un'istituzione.

directorate: ***consiglio di amministrazione.*** Termine usato con lo stesso significato di *board of directors* (v.).

direct order: ***ordinazione diretta.*** Ordinativo inviato direttamente da un consumatore ad un produttore o grossista, ad esempio nella vendita per corrispondenza, o da un dettagliante a un produttore oppure da un importatore ad un esportatore, escludendo l'intermediazione di grossisti o agenti.

direct organization: ***organizzazione diretta; organizzazione in linea retta.*** Tipo di organizzazione aziendale nella quale le linee di autorità e di responsabilità sono dirette, cioè a dire tra un superiore e il suo o i suoi subalterni, a ciascun livello della struttura organizzativa. Questa forma di organizzazione fu in origine indicata con il nome di organizzazione di tipo militare, in quanto ricalca la struttura gerarchica delle forze armate.

director of internal revenue: ***direttore del fisco.*** La persona a capo di uno degli uffici distrettuali delle imposte statunitensi.

directorship: Termine usato nel linguaggio aziendale per indicare sia la carica, sia il periodo di durata in ufficio di un direttore o di un membro del consiglio di amministrazione. Lo stesso termine viene a volte usato con lo stesso significato di *directorate* (v.).

directors' meeting: ***riunione del consiglio di amministrazione.*** Una qualsiasi delle riunioni periodiche tenute dagli amministratori di una società.

directors' report: ***relazione del consiglio di amministrazione.*** In ogni assemblea ordinaria dei soci, viene sottoposto alla loro approvazione il bilancio, che reca allegata la relazione del consiglio di amministrazione. Essa tratta, tra l'altro, dei seguenti punti: a) situazione della società; b) ammontare dei dividendi proposti per la distribuzione; c) ammontare di utili da accantonare come riserve; d) notizie sulle eventuali azioni o obbligazioni emesse nell'anno; e) eventuali modifiche sostanziali delle attività fisiche dell'impresa.

director's shares: ***pacchetto azionario di un amministratore.*** È il numero di azioni che è necessario possedere per riuscire ad essere nominato membro del consiglio di amministrazione di una società. Il *Companies Act* non fa alcuna menzione a tale proposito, ma di solito gli statuti delle società impongono un minimo di azioni che deve essere posseduto da un amministratore per ricoprire tale posto.

directory: ***elenco; guida.*** Libro o opuscolo che elenca, di solito in ordine alfabetico, nomi, indirizzi, occupazione, specializzazione, ecc., di professionisti, commercianti, imprese o altre organizzazioni presenti e operanti in una determinata zona, attività o occupazione.

direct overhead: ***costo comune a imputazione diretta.*** Costi di fabbrica, vendita o altra natura imputati soltanto ad un certo prodotto. Costituiscono un costo diretto.

direct paper: ***carta commerciale diretta.*** Carta commerciale venduta direttamente dall'emittente ad un investitore, senza l'intermediazione di un *discount broker* (v.) o di una casa di sconto. (v. anche *commercial paper, discount house 1*)

direct payment: ***pagamento diretto.*** Un pagamento assoluto e incondizionato per quanto attiene alla data, all'ammontare e alle persone alle quali e dalle quali deve essere fatto.

direct placement: ***collocamento diretto.*** Lo stesso che *placing* (v.).

direct production: ***produzione diretta; produzione in proprio; produzione naturale; industria naturale.*** Quando una persona provvede direttamente ai suoi bisogni producendo in proprio ciò che gli occorre, come se non esistesse la divisione del lavoro. (v. anche *indirect production 2*)

direct quotation: ***quotazione diretta.*** Nel linguaggio finanziario, è la quotazione di una valuta estera che esprime la valuta estera in termini di valuta locale.

direct–reduction mortgage: ***ipoteca a pagamenti periodici uniformi.*** Lo stesso che *amortized mortgage* (v.).

direct relationship: ***relazione diretta; relazione lineare.*** È la relazione esistente, nell'ambito dell'organizzazione aziendale, tra un superiore e il suo subordinato ad un qualsiasi livello dell'organizzazione, come ad esempio tra il direttore generale e il direttore di un reparto o tra il direttore di un reparto e il suo vice direttore. In base a tale struttura organizzativa, il secondo deve sempre rispondere direttamente al primo. (v. anche *functional relationship, lateral relationship, staff relationship*)

direct repurchase: ***riacquisto diretto.*** È uno dei metodi utilizzati allo scopo di ridurre il debito estero dei PVS. Il paese debitore acquista parte del suo debito estero a un prezzo notevolmente sotto la pari o a seguito di accordi col creditore o a un'asta pubblica organizzata da quest'ultimo.

direct–response selling: ***vendita diretta.*** Lo stesso che *direct selling* (v.).

direct revenue: ***entrate dirette.*** Termine a volte usato per indicare le entrate provenienti dalla vendita di beni e servizi, per distinguerle da quelle provenienti da investimenti, quali interessi e dividendi.

direct sale: ***vendita diretta.*** Ciascuna singola vendita diretta tra produttore e consumatore, senza l'intermediazione di dettaglianti, o tra produttore e dettagliante, senza l'intermediazione di un grossista. (v. anche *direct selling*)

direct security: ***garanzia diretta.*** Garanzia di esecuzione di una obbligazione finanziaria, prestata in prima persona dallo stesso debitore.

direct selling: ***vendita diretta.*** Attività di vendita diretta tra produttore e consumatore, senza l'intermediazione di agenti e dettaglianti. Di solito è realizzata mediante la distribuzione porta a porta o la vendita per corrispondenza. Lo stesso termine indica l'attività di vendita diretta tra produttore e dettagliante, senza l'intermediazione di grossisti.

direct services: ***prestazioni professionali; servizi diretti.*** Il termine inglese indica i servizi resi direttamente da una persona ad un'altra, al di fuori della catena di distribuzione dei beni o servizi. Vi rientrano, pertanto, i servizi prestati da un qualsiasi professionista.

direct shipment: ***spedizione diretta.*** Spedizione da un produttore al cliente di un distributore, senza che essa passi per le mani di quest'ultimo.

direct stores: ***scorte di materiali diretti.*** Termine usato come sinonimo di *direct materials stores* (v.).

direct strike: ***sciopero diretto.*** È lo sciopero che si verifica quando i lavoratori interrompono il lavoro a seguito di conflittualità col loro principale e non a sostegno di rivendicazioni altrui.

direct tax: ***imposta diretta.*** Imposta che non può essere facilmente traslata su un'altra persona da parte del soggetto percosso. Ne sono esempi l'imposta sul reddito, l'imposta di successione o qualunque altra imposta che colpisca il reddito o la ricchezza. (v. anche *indirect tax*)

direct taxation: ***imposizione diretta.*** L'imposizione sulla richezza o sul reddito di persone fisiche o giuridiche, da queste direttamente versata al fisco e non traslata su altri soggetti. (v. anche *indirect taxation*)

direct underwriting: ***assunzione a fermo.*** Nel linguaggio finanziario, indica la procedura di emissione e collocamento titoli più diffusa. Una banca o un sindacato composto da più banche e altre istituzioni finanziarie assume la totalità del prestito, ad un determinato prezzo, e successivamente lo offre in sottoscrizione pubblica a suo rischio e pericolo.

direct utility: ***utilità diretta.*** Nella terminologia usata da W. S. Jevons, possiedono utilità diretta tutti quei beni, come ad esempio il cibo, che possono essere impiegati per soddisfare un bisogno di colui che li possiede o li acquista. (v. anche *indirect utility*)

direct wages: ***salari diretti.*** La quantità di manodopera diretta espressa in termini monetari.

dirham: Unità monetaria del Marocco, suddivisa in cento franchi marocchini, e moneta divisionale della Libia, equivalente ad un millesimo di dinar. Lo stesso termine, che proviene da un'antica moneta d'argento araba, indica anche la moneta divisionale degli Emirati Arabi Uniti, equivalente ad un centesimo di riyal.

dirt cheap price: ***prezzo stracciato.*** Un prezzo estremamente basso, di molto inferiore al prezzo di mercato del bene cui si riferisce.

dirty bill of lading: ***polizza di carico sporca; polizza di carico con riserva.*** Lo stesso che *foul bill of lading* (v.).

dirty bond: Espressione colloquiale usata per indicare un titolo a reddito fisso il cui prezzo di mercato deve essere adeguato per tener conto dei dietimi di interesse maturati dall'ultimo stacco cedola al momento in cui esso viene venduto.

dirty cargo: ***carico sporco.*** Nel linguaggio dei trasporti marittimi, indica un carico di prodotti petroliferi non raffinati, come ad esempio petrolio greggio o nafta.

dirty float: ***fluttuazione sporca.*** Lo stesso che *managed float* (v.).

dirty money: ***denaro «sporco».*** Indennità extra pagate a lavoratori disposti a movimentare merci pericolose o di natura discutibile, o a lavoratori in condizioni fisiche stressanti.

dis.: 1) discharge; 2) discount.

disabilities of bankrupt: ***interdizioni del fallito.*** Un fallito non riabilitato nel Regno Unito non può: a) assumere l'incarico di amministratore o entrare a far parte della direzione di una società per azioni; b) far parte della Camera dei Lords o di una sua commissione; c) essere eletto alla Camera dei Comuni o far parte di sue commissioni; d) essere nominato giudice di pace; e) essere eletto o fungere da sindaco, assessore o consigliere in enti locali.

disability: 1. ***invalidità.*** Incapacità a svolgere un qualsiasi tipo di lavoro mediante il quale guadagnarsi i mezzi necessari per il proprio sostentamento. L'invalidità può essere temporanea o permanente. **2.** ***interdizione.*** Nel linguaggio giuridico, è l'esclusione della capacità di agire o dell'esercizio di determinati diritti pronunziata da un'autorità giudiziaria a seguito di una sentenza di condanna o dell'accertamento di uno stato di infermità mentale.

disability benefit: ***sussidio d'invalidità.*** Indennità versata a lavoratori che sono diventati invalidi a seguito di incidenti, malattie o altre cause. Nel Regno Unito, è previsto in base al *National Insurance Scheme.*

disability clause: ***clausola dell'invalidità.*** Lo stesso che *disability premium waiver clause* (v.).

disability insurance: ***assicurazione contro l'invalidità.*** Assicurazione che tutela un lavoratore contro il rischio di invalidità derivante da incidenti sul lavoro, malattie o altre cause esplicitamente espresse nella polizza.

disability pension: ***pensione d'invalidità.*** Una pensione concessa a seguito di incidente o malattia che hanno determinato l'invalidità del soggetto.

disability premium waiver clause: ***clausola dell'invalidità.*** Clausola in un contratto di assicurazione sulla vita che stabilisce che, in caso di invalidità dell'assicurato, egli non dovrà corrispondere i premi per tutta la durata dell'invalidità, purché essa sia superiore ad un periodo stabilito, di solito sei mesi.

disability retirement: ***pensionamento per invalidità.*** Collocamento in pensione prima del raggiungimento dell'età pensionabile a causa di invalidità del lavoratore. Lo stesso termine si usa per indicare i maggiori benefici cui ha diritto il lavoratore collocato in pensione per invalidità.

disabled bond: ***obbligazione fermata.*** Obbligazione della quale si interdice la vendita o il trasferimento, perché è stata rubata o smarrita o a causa di un qualsiasi altro valido motivo.

disablement: ***invalidità.*** Termine usato come sinonimo di *disability 1* (v.).

disablement benefit: ***sussidio di invalidità.*** Termine usato come sinonimo di *disability benefit* (v.).

disablement pension: ***pensione di invalidità.*** È prevista, dal *National Insurance (Industrial Injuries) Act* (v.) del 1946, per gli invalidi del lavoro, il cui grado di invalidità non consente loro di riprendere la normale attività lavorativa.

disagio: ***disaggio.*** Fenomeno inverso all'aggio (v. *agio*). In particolare, perdita subita nel cambiare una moneta estera deprezzata.

to disallow: ***respingere.*** Non accettare o non approvare una richiesta, come ad esempio una richiesta di rimborso spese o di indennizzo.

disamenities: Termine con il quale si indicano effetti esterni negativi sull'ambiente causati da un'attività economica, come ad esempio cattivi odori emanati da una conceria o da una raffineria, rumori fastidiosi e continui di uno stabilimento, deturpamento del paesaggio a seguito della costruzione di uno o più edifici e così via.

disappreciation: ***deprezzamento.*** La diminuzione del prezzo di un bene, di solito come conseguenza di un eccessivo apprezzamento precedente e, quindi, equivalente ad una reazione correttiva che riporta il prezzo del bene al livello di equilibrio di lungo periodo.

disaster: ***disastro; calamità.*** Il termine inglese viene usato per indicare una calamità naturale che produce notevoli danni e perdite di vite umane, come ad esempio un terremoto, un'inondazione e simili. Nel linguaggio finanziario, indica un pesante fallimento.

disbenefits: ***svantaggi.*** Nel linguaggio economico, il termine inglese indica costi esterni o effetti dannosi prodotti sui terzi che non sono parti di un contratto tra compratore e venditore.

disbursement: ***sborso; esborso.*** Tecnicamente, pagamento in moneta o a mezzo di assegno. Pertanto, il termine non è sinonimo di *expense* (v.) o di *appropriation* (v.).

disc.: discount.

DISC: Domestic International Sales Corporation.

disch.: discharge.

discharge: ***estinzione.*** In relazione ad una cambiale, un debito o un'obbligazione, si verifica quando l'obbligato ha eseguito la prestazione cui è tenuto.

discharged bankrupt: ***fallito riabilitato.*** È il fallito che è stato dichiarato riabilitato dal tribunale. Tale dichiarazione lo libera da tutti i debiti del fallimento (tranne qualche eccezione), gli consente di acquistare beni e cancella le interdizioni cui era soggetto, rimettendolo nella posizione civile in cui si trovava prima della sentenza di fallimento. (v. anche *disabilities of bankrupt*)

discharged bill: ***cambiale estinta.*** Una cambiale può dirsi estinta quando è stata pagata alla naturale scadenza da o per conto del debitore o dell'accettante.

discharge from bankruptcy: ***riabilitazione del fallito.*** Espressione usata con lo stesso significato di *discharge of bankrupt* (v.).

discharge from employment: ***licenziamento.*** Interruzione del rapporto di lavoro tra un dipendente e il suo principale, generalmente a seguito di decisione di quest'ultimo.

discharge in bankruptcy: ***decreto di chiusura del fallimento.*** Lo stesso che *bankruptcy discharge* (v.).

discharge money: ***tiraggio.*** Nel linguaggio dei trasporti marittimi, indica il compenso spettante al ricevitore che provvede a sue spese alle operazioni di disistivaggio del carico a lui destinato, quando tale operazione doveva, per contratto, essere eseguita dal personale dell'armatore. Tale compenso è commisurato al quantitativo di merce sbarcata o al peso di polizza dopo che è stato detratto il non pesare.

discharge of bankrupt: ***riabilitazione civile del fallito.*** L'articolo 26 del *Bankruptcy Act* del 1914, emendato dal *Bankruptcy (Amendment) Act* del 1926, prevede che dopo essere stato dichiarato fallito un debitore può rivolgersi al tribunale per chiedere la propria riabilitazione, che gli consente di acquistare beni e che cancella le interdizioni cui era soggetto. I commi due e tre del predetto articolo prevedono i casi in cui il tribunale può concedere la riabilitazione e i fatti che concorrono alla decisione del tribunale. (v. anche *disabilities of bankrupt*)

discharge of contract: ***estinzione di contratto.*** L'estinzione di un contratto pone fine ai diritti e ai doveri delle parti contraenti. Un contratto può essere estinto perché le parti hanno eseguito le rispettive obbligazioni; per mutuo consenso; per inadempimento di una delle parti; per impossibilità ad eseguire l'obbligazione prevista; per decorrenza dei termini entro i quali si dovevano eseguire le prestazioni.

discharge of debt: ***estinzione di un debito.*** Pagamento dell'intera somma o esecuzione dell'obbligazione che costituisce il debito, così che il creditore non ha più nulla a pretendere.

discharge overside: ***scarico da bordo a bordo.*** Nei trasporti marittimi, questa espressione indica la discarica di merci da una nave su chiatta o altri tipi di natanti che le trasporteranno sulla terraferma.

discharge port: ***porto di discarica; porto di sbarco.*** Lo stesso che *port of delivery 1* (v.).

discharging: La vendita di beni che erano stati tenuti dal proprietario per un lungo periodo di tempo.

discharging berth: ***posto di scarico.*** Posto di ormeggio in un porto, dotato di attrezzature in grado di provvedere alle operazioni di discarica di una nave.

discharging days: ***giorni di discarica.*** Sono i giorni durante i quali hanno luogo le operazioni di discarica di una nave al porto di destinazione. (v. anche *discharging lay–days*)

discharging expenses: ***spese di sbarco; spese di discarica.*** Le spese che si devono sostenere per mettere a terra le merci trasportate da una nave.

discharging lay–days: ***stallie di sbarco; stallie di discarica.*** Sono i giorni concessi al noleggiatore per procedere alle operazioni di discarica nel porto di destinazione. (v. anche *lay–days*)

discharging permit: ***permesso di sbarco.*** Lo stesso che *landing order* (v.).

discharging port: ***porto di discarica; porto di sbarco.*** Termine usato come sinonimo di *port of delivery 1* (v.).

discharging rate: ***rata di discarica.*** Nel linguaggio dei trasporti marittimi, la quantità minima di merci che si deve scaricare da una nave in un periodo di tempo stabilito.

disclosed reserve: ***riserva palese.*** In contabilità, è una riserva esplicitamente menzionata in un bilancio. Il termine viene usato in contrapposizione a riserva occulta.

disclosure: ***rivelazione; trasparenza.*** È la rivelazione di un fatto o di una condizione in un bilancio o altro rendiconto finanziario. Lo stesso termine indica la rivelazione del segreto bancario in certe circostanze stabilite dalla legge ed anche il dovere dell'assicurato di rivelare all'assicuratore qualsiasi fatto importante relativo al rischio coperto da assicurazione.

disclosure of turnover: ***rivelazione del giro di affari.*** In base al *Companies Act* del 1967, tutte le società con un giro d'affari annuo superiore alle cinquantamila sterline sono tenute a rivelarlo, suddividendolo tra le varie attività di cui si interessa l'impresa.

discommodity: ***scarto; rifiuto.*** Termine proposto da W. S. Jevons come opposto di *commodity 1* (v.), per indicare «qualsiasi sostanza ... di cui desideriamo disfarci, come ceneri o liquami (... o) sostanze o cose che possiedono la qualità di causare fastidi o danni».

discontinuity: ***discontinuità.*** La relazione temporale o spaziale tra quantità economiche soggette a cambiamenti relativamente grandi.

discontinuous function: ***funzione discontinua.*** Relazione che in punti specifici presenta cambiamenti notevoli.

discontinuous hypotheses: ***ipotesi discontinue.*** In econometria, sono quelle ipotesi che portano a soluzioni negative o affermative di relazioni supposte. Ad esempio, quando fra due o più variabili esiste interdipendenza, questo procedimento può consentire la determinazione di quale delle variabili rappresenti il fattore causale.

discount: 1. ***sconto.*** a) Riduzione su una somma di capitale, spesso rappresentata dal valore nominale o dal prezzo di listino. b) Nella terminologia finanziaria, la differenza tra il valore nominale di una cambiale e la somma percepita dalla persona che la vende a una banca o altra istituzione di sconto. In questo senso, lo sconto equivale all'interesse, con la differenza che mentre il secondo è pagato alla fine di un periodo di tempo stabilito, il primo viene pagato in anticipo. (v. anche *to discount a bill*) c) La differenza tra il valore stimato di un beneficio futuro e il suo valore attuale. d) Abbuono concesso per il pagamento immediato di un debito con scadenza futura. e) Differenza tra prezzo di inventario e qualsiasi prezzo ad esso inferiore al quale possono essere acquistate o vendute le quote parti di un fondo comune d'investimento a capitale fisso. (v. anche *closed–end investment trust*) **2.** ***sconto di emissione.*** Differenza tra valore nominale di un titolo e somma pagata o ricevuta per il suo acquisto o per la sua vendita. **3.** ***commissione di emissione.*** Commissione trattenuta da una banca o altro intermediario per la vendita di un'emissione obbligazionaria.

to discount a bill: ***scontare una cambiale.*** Vendere una cambiale ad una casa di sconto o altra istituzione finanziaria, prima della sua scadenza, in modo da poter disporre del contante. Ciò comporta il pagamento alla casa di sconto di un interesse, chiamato sconto (v. *discount 1b*), che di solito coincide con il tasso di interesse corrente. Se, ad esempio, un commerciante è in possesso di una cambiale a tre mesi per dieci milioni, invece di tenere questo capitale immobilizzato può vendere la cambiale a un'istituzione finanziaria ad un tasso, diciamo, del 15%. La casa di sconto, in cambio della cambiale, darà al commerciante la somma di dieci milioni, meno l'interesse su tale somma del 15% per tre mesi. Tale interesse è la remunerazione della casa di sconto per aver anticipato il pagamento della cambiale.

discount allowed: ***sconto concesso; sconto passivo.*** Non è altro che il *cash discount* (v.) dal punto di vista del venditore.

discount bank: ***banca di sconto.*** Qualsiasi banca che includa tra le sue attività anche quella di scontare cambiali e pagherò.

discount bond: ***obbligazione sotto la pari.*** Nel linguaggio finanziario statunitense, questo termine indica un'obbligazione venduta dall'emittente ad un prezzo inferiore al suo valore nominale o di rimborso. Su tali obbligazioni non vengono pagati interessi a scadenze annuali; essi maturano fino alla scadenza del titolo e sono pagati in unica soluzione al momento del rimborso e corrispondono alla differenza tra valore nominale o di rimborso e somma pagata dall'investitore all'atto dell'acquisto del titolo in sede di emissione.

discount broker: 1. ***intermediario di sconto.*** È un *broker* (v.), che non compra né vende cambiali, ma agisce da intermediario, dietro pagamento di una commissione, tra coloro che vogliono acquistare e coloro che vogliono vendere cambiali. **2.** Nel linguaggio delle borse valori, il termine inglese indica un intermediario che cura gli interessi di propri clienti praticando loro una commissione più bassa di quella che praticano gli altri broker. Ciò, ovviamente, è possibile in un regime in cui non esistono commissioni minime fisse e cioè nelle borse valori statunitensi e nella borsa valori di Londra dopo il *big bang* (v.).

discount company: ***società di sconto.*** È un'istituzione finanziaria che si interessa dello sconto di titoli di credito e che riceve prestiti dalle banche ordinarie o accetta depositi dal pubblico a saggi di interesse leggermente più alti di quelli consuetudinari.

discount credit: ***credito di sconto.*** Linea di credito concessa da una banca ad un suo cliente consentendogli di scontare cambiali, o altri titoli simili, fino ad un ammontare complessivo concordato. Nel momento in cui il cliente presenta le cambiali allo sconto, diventa debitore in solido con gli altri firmatari e, al pari di loro, risponde verso la banca del buon fine degli effetti scontati.

discount earned: ***sconto guadagnato; sconto attivo.*** La riduzione di cui beneficia l'acquirente di un bene o servizio, quando esso viene venduto ad un prezzo inferiore a quello di mercato.

discounted bill: ***cambiale scontata.*** La cambiale che è stata venduta ad una casa di sconto o ad un'altra istituzione finanziaria che si interessa di sconto cambiali. (v. anche *to discount a bill*)

discounted cash flow: ***flusso di cassa attualizzato; flusso monetario scontato.*** Metodo di valutazione e comparazione della redditività di investimenti alternativi. Si mettono a confronto i valori attuali dei flussi monetari che si possono prevedere su investimenti durante il periodo della loro esistenza. In altre parole, si tratta di trovare il tasso di interesse che pone in diretta relazione il reddito futuro previsto sull'investimento e il capitale necessario per l'investimento. Successivamente, si valuta il progetto sulla base dell'adeguatezza del tasso di interesse così trovato e se esso è tale da giustificare l'impiego del capitale, l'investimento può essere redditizio. Un altro metodo per valutare l'opportunità di effettuare un investimento è quello del valore attuale netto. (v. anche *net present value*)

discounted cash flow method: ***metodo dell'attualizzazione dei flussi di cassa.*** È il metodo o la tecnica che, nella valutazione e comparazione della redditività di investimenti alternativi, fa uso dell'attualizzazione dei flussi di cassa. (v. anche *discounted cash flow*)

discounted cash flow technique: ***tecnica dell'attualizzazione dei flussi di cassa.*** Termine usato con lo stesso significato di *discounted cash flow method* (v.).

discounted cash flow yield: ***rendimento in base al flusso monetario scontato.*** Se un progetto di investimento deve essere finanziato con capitale di prestito, si dovrà prima calcolare se sia conveniente effettuarlo. Se il tasso di rendimento sarà superiore al tasso di interesse che si dovrà pagare sul capitale di prestito, il progetto potrà essere intrapreso perché sicuramente redditizio; viceversa non sarà intrapreso se il tasso di interesse risulterà maggiore del tasso di rendimento. Per ottenere tale risultato bisognerà trovare il tasso di interesse che, usato per scontare il flusso monetario relativo al progetto, riduce a zero il suo valore netto attuale. Attraverso questo procedimento, si ricava il punto di equilibrio del tasso di rendimento dell'investimento, che corrisponderà al più alto tasso di interesse che, se non si riesce a trovarne uno migliore sul mercato, porterà l'investimento a non subire perdite, ma anche a non dare profitti.

discounted value: ***valore scontato.*** Il valore attuale di un beneficio o vantaggio futuro.

discounter: 1. ***scontante; scontatore.*** Persona fisica o giuridica che acquista un credito altrui, contro pagamento del suo valore attuale, cioè il valore facciale del titolo di credito, meno lo sconto. **2.** ***scontatario; scontista.*** Persona fisica o giuridica che cede ad altri, di solito una banca o altra istituzione finanziaria, un proprio credito contro il pagamento del suo valore attuale.

discount factoring: ***factoring con accredito anticipato.*** Lo stesso che *cash receivables factoring* (v.).

discount house: 1. ***istituto di sconto; casa di sconto.*** Istituzione finanziaria, facente parte del *London discount market* (v.), specializzata nello sconto di cambiali accettate da case di accettazione, da imprese di buona rinomanza o da banche. Le case di sconto londinesi prendono a prestito denaro a richiesta o a breve preavviso dalle banche commerciali e lo utilizzano per l'acquisto di cambiali, titoli di stato e di enti locali e certificati di deposito negoziabili, emessi sia in sterline che in dollari statunitensi. Inoltre, si assumono la responsabilità di far fronte alle necessità finanziarie del governo, acquistando i buoni del tesoro offerti all'asta ogni settimana. In periodi di restrizioni creditizie, quando non possono rifornirsi di denaro presso le banche, le case di sconto possono fare ricorso alla Banca d'Inghilterra come mutuante di ultima istanza. (v. anche *lender of last resort*) **2.** ***magazzino di sconto; casa di vendita a sconto.*** Una qualsiasi delle imprese commerciali che vendono beni di consumo durevoli di alto costo unitario a prezzi notevolmente scontati rispetto a quelli di listino o di mercato, limitando il loro margine di ricarico al quindici per cento, contro il venti o il trenta per cento di altri punti di vendita della grande distribuzione e contro il trenta o quaranta per cento dei negozi tradizionali. I loro margini di guadagno sono, pertanto, abbastanza modesti, ma possono ugualmente dare forti utili se si considera l'alto volume di vendita e la limitatezza delle spese generali e di personale. Esse, infatti, ottengono forti sconti dai produttori, data la notevole mole degli acquisti, e fanno tutte le economie possibili occupando di solito costruzioni periferiche o suburbane, il cui arredamento è estremamente economico e sommario. Anche il personale è ridotto al minimo, perché il servizio è libero e ai clienti non viene data alcuna forma di assistenza e nessuna facilitazione di credito. Un'altra notevole economia deriva dall'elevato tasso di rotazione delle scorte e dallo stock minimo che esse conservano, evitando l'immobilizzo di capitali. I clienti non ricevono alcuna forma di assistenza post–vendita, ma trattandosi di beni di marche affermate con propri servizi di assistenza ai clienti ciò non costituisce un problema, mentre risulta interessante per i clienti poter acquistare a prezzi notevolmente scontati articoli di marca che altrove pagherebbero a prezzo pieno. **3.** ***società di credito commerciale.*** Negli Stati Uniti, questo termine viene usato con lo stesso significato di *commercial credit company* (v.).

discounting: ***sconto.*** Il termine inglese indica una delle due forme di finanziamento dei crediti a breve termine e precisamente quella che prevede la costituzione in pegno dei crediti a breve di un'impresa, come garanzia per la concessione di un credito. L'altra forma di finanziamento è chiamata *factoring* (v.).

discounting back: ***attualizzazione.*** Procedimento tramite il quale si determina il valore attuale di una somma futura, ad esempio, qual è il valore oggi di 1000 lire tra quindici anni. Si giunge alla soluzione trovando la somma che, all'interesse composto di un tanto per cento per quindici anni, produrrebbe un capitale di 1000 lire al termine dei quindici anni.

discount ledger: ***libro dei fidi cambiari.*** Libro nel quale vengono aperti conti intestati ai clienti ammessi allo sconto di effetti. In testa a ciascun conto viene iscritto il limite massimo concesso al cliente e ogni volta che si sconta una cambiale vengono registrati l'ammontare e la data di sconto, il nome dell'accettante e la data di scadenza. Se una cambiale viene protestata, si appone una nota ad inchiostro rosso a fianco della registrazione dell'effetto protestato.

discount lending: ***prestiti di sconto; anticipazioni di sconto.*** Prestiti concessi dalla banca centrale alle banche o altre istituzioni finanziarie mediante ammissione allo sconto di cambiali bancabili e altri titoli di credito. Quando si sviluppò la funzione della banca centrale di prestatore di ultima istanza, i prestiti di sconto rappresentavano il principale strumento di politica monetaria a disposizione della banca per influenzare la liquidità del sistema. Lo stesso termine inglese si usa per indicare l'attività di una banca centrale di concedere prestiti o anticipazioni mediante lo sconto di titoli di credito.

discount lost: ***sconto perduto.*** Sconto mercantile sull'acquisto di un bene o servizio, di cui l'acquirente non ha beneficiato a causa di tardivo pagamento.

discount market: ***mercato dello sconto.*** Centro finanziario specializzato nello sconto di cambiali, ma nel quale si negoziano anche buoni del tesoro, titoli del debito pubblico a breve termine, obbligazioni e certificati di deposito trasferibili. Il mercato dello sconto londinese consiste di undici case di sconto principali e una dozzina di altre simili istituzioni più piccole. I capitali necessari al funzionamento di queste istituzioni vengono mutuati dal sistema bancario inglese e, in parte, da banche estere, in quanto la maggior parte delle banche inglesi generalmente non svolgono operazioni di sconto cambiali.

discount note: ***distinta di sconto.*** Elenco dei titoli di credito presentati per lo sconto ad un'istituzione finanziaria che si interessa di tale attività. Contiene tutte le notizie relative a ciascuno dei titoli di credito, come ad esempio data di emissione e di scadenza, nome del traente e dell'accettante, importo, ecc.

discount-offering coupon: ***buono sconto.*** Buono, inviato per corrispondenza o contenuto in giornali e riviste oppure in confezioni di prodotti, che offre uno sconto prefissato ai consumatori che ne faranno uso per l'acquisto del prodotto cui si riferisce il buono.

discount policy: ***politica dello sconto.*** La politica seguita dalle autorità monetarie di un paese in relazione al tasso di sconto come strumento di controllo dell'offerta di moneta e del livello interno dei prezzi.

discount rate: 1. ***tasso di sconto; saggio di sconto.*** Lo stesso che *market discount rate* (v.). **2.** ***tasso di attualizzazione.*** È il reciproco del tasso di capitalizzazione e indica il tasso che si deve applicare ad un determinato valore contabile, da riscuotersi o da pagarsi in futuro, per ricavarne il valore attuale.

discount received: ***sconto ricevuto; sconto attivo.*** Non è altro che il *cash discount* (v.) dal punto di vista del compratore.

discount register: ***giornale di portafoglio; registro degli effetti scontati; libro copiacambiali; copiacambiali.*** Nella terminologia bancaria, indica il registro nel quale si elencano le cambiali in portafoglio, con la data in cui furono scontate, i nomi delle parti, la data e l'importo delle cambiali, ecc. Su una colonna a fianco, si riporta il tasso di sconto praticato e l'ammontare dello sconto. Ogni sera si detrae dal totale delle cambiali elencate il totale delle cambiali ritirate durante il giorno per ricavare il totale dell'esposizione della banca sotto forma di sconto cambiali. Anche questo libro è stato, oggi, sostituito nelle banche inglesi da altri tipi di documenti che fanno parte della contabilità meccanizzata o elettronica.

discounts and advances: ***sconti e anticipazioni.*** Una delle attività del dipartimento bancario della Banca d'Inghilterra. Indica la somma totale mutuata ai membri del mercato finanziario e del mercato delle accettazioni da parte della Banca. Tali mutui vengono concessi o tramite il risconto di effetti bancabili o dietro garanzia di cambiali, ad un tasso leggermente più alto del tasso ufficiale di sconto.

discount securities: ***titoli sotto la pari; titoli con interesse scontato.*** Termine usato con lo stesso significato di *discount bond* (v.).

discount share: ***azione sotto la pari.*** Valore azionario il cui prezzo di mercato o di emissione è inferiore al suo valore nominale.

discount stores: ***negozi di sconto; negozi di vendita a sconto.*** Grandi magazzini che vendono articoli di ogni genere al dettaglio a prezzi scontati. Ciò è reso possibile dalle economie che derivano a questi negozi dagli acquisti che effettuano in grosse quantità e dalla limitazione dei costi generali. Differiscono da una *discount house* in quanto queste ultime limitano la loro attività commerciale alla vendita di beni di consumo durevoli, mentre questi negozi vendono, a prezzi scontati, qualsiasi tipo di beni di consumo. (v. anche *discount house 2*)

discount tables: ***tavole di sconto.*** Sono tabelle che consentono di fare rapidi calcoli relativi alle varie percentuali di sconto su una vastissima gamma di prezzi.

discount window: ***sportello di sconto.*** Termine usato negli Stati Uniti per indicare il servizio di concessione di credito fornito dal *Federal Reserve System* (v.) alle istituzioni bancarie e finanziarie che tengono le prescritte riserve presso una delle banche del sistema della riserva federale.

discount window lending: ***prestiti attraverso lo sportello di sconto.*** Lo stesso che *discount lending* (v.).

discovery period: ***periodo di osservazione.*** Periodo di tempo concesso all'assicurato, dopo la scadenza di un contratto di assicurazione, per scoprire eventuali danni subiti nel periodo coperto da assicurazione e, pertanto, indennizzabili in base a quel contratto.

discrepancy: ***discrepanza.*** Mancanza di concordanza tra cifre, somme, saldi e simili, che dimostra che è stato commesso un errore o nell'effettuare le registrazioni contabili o nel tirare le somme.

discretion: ***discrezione; discrezionalità.*** Nel linguaggio finanziario, indica l'ammontare di cui uno *stockbroker* (v.) può variare, su istruzioni del cliente, il prezzo al quale quest'ultimo desidera concludere un'operazione di compravendita in titoli. L'entità della «discrezione» può variare a seconda del corso del titolo. Lo stesso termine indica la libertà d'azione, entro limiti prestabiliti, concessa da un principale ad un suo agente o da un datore di lavoro ad un suo dipendente.

discretionary account: ***conto discrezionale.*** Nel linguaggio finanziario è così chiamato un conto in relazione al quale una banca o uno *stockbroker* (v.) hanno un potere discrezionale di gestione per conto del cliente, di solito entro limiti ben definiti nell'accordo stipulato tra le parti.

discretionary buying power: ***potere di acquisto discrezionale.*** È costituito dal reddito disponibile, più il credito personale di cui gode un consumatore. (v. anche *discretionary income*)

discretionary funds: ***fondi discrezionali.*** Lo stesso che *advisory funds* (v.).

discretionary income: ***reddito discrezionale.*** 1) Reddito personale che può essere usato per nuovi acquisti, cioè reddito disponibile (v. *disposable income*) meno esborsi per impegni precedentemente assunti. 2) Reddito disponibile meno la parte di esso solitamente spesa per far fronte alle proprie necessità primarie, cioè abbigliamento, cibo, canoni di fitto, imposte, ecc.

discretionary monetary policy: ***politica monetaria discrezionale.*** L'utilizzazione degli strumenti di controllo monetario nella direzione, nel modo e nell'ampiezza ritenuti appropriati dalle autorità monetarie alla luce delle circostanze economiche del caso e degli obiettivi che esse si prefiggono. (v. anche *monetary rules*)

discretionary order: ***ordine discrezionale.*** Ordine inviato da uno speculatore al proprio *stockbroker* (v.), accompagnato dal solito ammontare di copertura, per l'acquisto di una certa quantità di titoli in borsa, lasciando allo *stockbroker* la facoltà di decidere quali titoli acquistare.

discretionary purchasing power: ***potere di acquisto discrezionale.*** Termine usato come sinonimo di *discretionary buying power* (v.).

discretionary spending: ***spesa discrezionale.*** Spesa effettuata da un consumatore indipendentemente da impegni assunti in precedenza, da pressioni di necessità o da consuetudini di acquisto. In altre parole, è la spesa che potrebbe essere rinviata o evitata e le cifre globali ad essa relative vengono usate come indice della capacità dei consumatori di un paese di esercitare una certa discrezione sulle loro spese e sui loro risparmi.

discretionary trust: **1.** ***fondo comune d'investimento flessibile.*** Lo stesso che *flexible unit trust* (v.). **2.** ***contratto fiduciario discrezionale.*** Qualsiasi tipo di contratto fiduciario che conferisca poteri discrezionali all'amministratore fiduciario circa il modo di impiego della proprietà.

discriminating duty: ***dazio differenziale.*** Termine usato con lo stesso significato di *differential duty* (v.).

discriminating monopoly: ***monopolio discriminante.*** Un monopolio nel quale viene praticata la discriminazione dei prezzi. (v. anche *monopoly, price discrimination*)

discriminating tariff: ***tariffa doganale differenziale.*** Termine usato con lo stesso significato di *differential tariff* (v.).

discrimination: ***discriminazione.*** 1) La pratica di vendere lo stesso bene o servizio a prezzi diversi a differenti acquirenti. (v. anche *price discrimination*) 2) La pratica, diffusa soprattutto negli Stati Uniti, di trattare i lavoratori non iscritti ad un sindacato in maniera diversa da quelli iscritti.

discrimination economics: ***economia della discriminazione.*** Settore della scienza economica che si interessa dello studio e della formulazione di teorie relative alla discriminazione di cui vengono fatti oggetto determinati gruppi demografici all'interno di un sistema economico. Le principali forme di discriminazione di cui si interessa questa branca di studio sono quelle basate sulla razza, sul sesso e su differenze etniche.

discriminatory prices: ***prezzi discriminati.*** Sono i prezzi diversi per lo stesso bene o servizio fatti pagare ad acquirenti differenti. (v. anche *price discrimination*)

discriminatory tariff: ***tariffa doganale differenziale.*** Lo stesso che *differential tariff* (v.).

discriminatory tax: ***imposta discriminante.*** Qualsiasi imposta che tende a trattare i contribuenti in maniera diversa. Il termine, tuttavia, è stato usato principalmente per indicare imposte che praticano una discriminazione tra industrie, come è detto sotto *discriminatory taxation* (v.).

discriminatory taxation: ***imposizione discriminata.*** Imposizione fiscale che colpisce soltanto certe industrie, per metterne altre in grado di competere con le prime. Tempo addietro, si suggerì nel Regno Unito di usare una simile imposizione nei confronti dell'industria petrolifera e del gas naturale, onde rendere competitiva l'industria del carbone.

disct.: discount.

diseconomies of congestion: ***diseconomie di congestione.*** Le diseconomie esterne che si manifestano in aree urbane e metropolitane che risultano pesantemente congestionate da molti milioni di abitanti e da un gran numero di operatori economici.

diseconomies of scale: ***diseconomie di scala.*** Lo stesso che *internal diseconomies* (v.).

diseconomy: ***diseconomia.*** Nel linguaggio economico si fa distinzione tra diseconomie interne ed esterne. Pertanto, per le relative spiegazioni, v. *external diseconomies* e *internal diseconomies*.

disembodied services: ***servizi astratti.*** Neologismo con il quale si indicano servizi non concreti, che fluiscono attraverso sistemi di comunicazione ed elaborazione dati nazionali e internazionali. Questi servizi vengono indicati con tale termine in quanto essi non si manifestano alla stessa stregua dei servizi concreti, quali possono essere ad esempio i trasporti.

disembodied technology: ***tecnologia astratta.*** Questo termine si riferisce a fattori non concreti che contribuiscono all'incremento della produttività. Tali fattori, che restano inspiegati dal punto di vista della tecnologia concreta, sono rappresentati da tutto un insieme di forze potenziali che promuovono una maggiore efficienza nell'uso delle risorse e possono identificarsi in una forza lavoro più altamente specializzata, in una diversa organizzazione delle superfici in fabbrica, in migliori sistemi di gestione delle scorte e di contabilità dei flussi monetari, in una più rigida disciplina della forza lavoro e così via. In questo caso, la tecnologia è detta astratta in quanto non si può attribuire la maggiore produttività a una nuova macchina o altro input visibile. Il progresso tecnologico astratto viene di solito misurato con una qualche funzione di produzione standard. La funzione di produzione misura gli incrementi dovuti a un aumento degli input e la produzione eccedente viene ascritta alla tecnologia astratta. Lo stesso termine inglese viene usato per indicare la tecnologia puramente teorica o informativa, che sta alla base della realizzazione di un nuovo prodotto.

disequilibrium: 1. ***squilibrio.*** Situazione in cui l'equilibrio precedentemente esistente, ad esempio in un mercato, è stato turbato e non è ancora stato recuperato. Tale situazione si protrarrà fino a quando non verrà raggiunto un nuovo e differente punto di equilibrio. Il termine inglese indica, pertanto, l'opposto dei vari tipi di equilibrio enunciati nella teoria economica. **2.** ***disequilibrio.*** La situazione di un mercato nel quale la domanda e l'offerta non risultano in equilibrio con conseguente impossibilità per gli operatori di realizzare completamente i loro piani. (v. anche *equilibrium theory, economics of disequilibrium*)

disequilibrium economics: ***economia del disequilibrio.*** Termine usato in alternativa a *economics of disequilibrium* (v.).

disequilibrium theory: ***teoria del disequilibrio.*** V. spiegazione sotto *economics of disequilibrium.*

disguised unemployment: ***disoccupazione nascosta; disoccupazione occulta.*** È la disoccupazione che non compare nelle statistiche, in quanto i disoccupati o i sottoccupati non si iscrivono nelle liste o presso gli uffici di collocamento. La disoccupazione occulta si verifica per varie ragioni e si manifesta in varie forme e può includere: a) persone, come ad esempio donne sposate o studenti, che pur essendo disposti ad assumere un'occupazione qualora se ne presentasse l'opportunità, non ricorrono all'ufficio di collocamento; b) persone occupate a tempo parziale, per mancanza di lavoro continuativo da svolgere, che non possono comparire come disoccupati; c) personale tenuto in forza dalle industrie, pur se in effetti ridondante, in previsione di eventuali prossime espansioni dell'attività economica e della produzione; d) personale che svolge il proprio lavoro con minore efficienza e rapidità, per timore di decurtazioni di personale.

dishoarding: ***detesoreggiamento; detesaurizzazione; detesorizzazione.*** Prelevare beni da scorte e rimetterli in circolazione. Ad esempio, denaro tenuto in cassaforte e successivamente investito o metalli preziosi tesaurizzati per timore di inflazione e poi riimmessi sul mercato. Il termine si usa anche in relazione a beni di consumo e materie prime. (v. anche *hoarding*)

dishonour: 1. ***rifiuto di pagamento.*** Il termine inglese indica il fatto che un assegno bancario non è stato onorato dalla banca trassata, per mancanza di fondi sul conto dell'emittente. **2.** ***mancato pagamento; mancata accettazione.*** In relazione alla cambiale, il termine inglese indica che essa non è stata pagata alla scadenza dal debitore o non è stata accettata alla presentazione da parte del trattario. (v. anche *non-acceptance*)

dishonoured bill: ***cambiale insoluta; cambiale non onorata.*** È una cambiale il cui trattario si è rifiutato di accettare alla presentazione o il cui accettante si è rifiutato di pagare alla naturale scadenza.

dishonoured cheque: ***assegno non onorato.*** Assegno bancario non pagato dalla banca trassata per mancanza di fondi sufficienti sul conto dell'emittente o per qualsiasi altra valida ragione.

disincentive: ***disincentivo.*** Nel linguaggio economico questo termine indica qualsiasi fenomeno che induca a non svolgere una qualche attività o a non compiere un determinato atto. In particolare, viene usato in relazione alle basse remunerazioni del lavoro, che spingono i lavoratori a non accettare determinate occupazioni o a tentare di uscire dalle industrie nelle quali i redditi tendono a non crescere o a crescere in misura inferiore a quelli di altre industrie.

disinflation: ***disinflazione.*** Riduzione programmata dell'inflazione, attraverso provvedimenti organici di politica economica, monetaria e fiscale tendenti a ridurre il livello generale dei prezzi, in modo tale che l'economia tragga beneficio dall'aumentato potere d'acquisto e non sia danneggiata da una drastica inflazione. In effetti, qualsiasi politica di disinflazione porta sempre con sé una certa dose di deflazione. Il termine disinflazione, infatti, è stato coniato di recente, dato che il termine deflazione aveva assunto una connotazione ambigua e veniva popolarmente usato come sinonimo di crisi e depressione. (v. anche *deflation*)

disinflationary: ***disinflazionistico.*** Aggettivo usato in relazione a fenomeni o provvedimenti tendenti a produrre una *disinflation* (v.).

disintegration: ***dis-integrazione.*** Procedimento inverso a quello dell'integrazione (v. anche *integration*). Si verifica quando le aziende si procurano dal mercato tutto ciò che occorre loro per la fabbricazione o la vendita di un prodotto, assoggettandosi così al gioco delle forze della domanda e dell'offerta che determinano il prezzo di tutti gli input che esse utilizzano.

disintermediation: ***disintermediazione.*** Termine di recente formazione, usato nel linguaggio finanziario per indicare l'atto di prelevare forti somme dai depositi a risparmio per investirle direttamente in titoli. Il termine è stato creato per indicare l'eliminazione dell'intermediazione bancaria tra coloro che hanno denaro da dare in prestito e coloro che desiderano prenderlo a prestito, in questo caso le società di capitali, che emettono valori mobiliari riuscendo, così, a procurarsi capitale di prestito al di fuori del sistema bancario. In un linguaggio più tecnico, il termine indica il trasferimento di fondi dal settore indiretto o di intermediazione del sistema finanziario al settore diretto, quando i massimali di tasso d'interesse sui depositi diventano vincolanti per le imprese di intermediazione in periodi di alti tassi d'interesse. Lo stesso termine indica infine l'attività di concedere e contrarre prestiti attraverso mercati e istituzioni non controllati, o nuovi strumenti finanziari non interessati dai controlli diretti, in periodi nei quali le autorità impongono controlli monetari quantitativi.

to disinvest: ***disinvestire; smobilizzare.*** Ridurre l'ammontare complessivo di scorte, non ricostituendole via via che vengono vendute o utilizzate, o l'ammontare complessivo di beni capitali via via che vengono smobilitati a seguito di logorio o obsolescenza. È una pratica cui si fa ricorso dopo un periodo di boom, quando si avvertono i primi sentori di crisi. Lo stesso termine indica l'azione di vendere titoli o altri tipi di investimenti al fine di trasformarli in denaro liquido.

disinvestment: ***disinvestimento; smobilizzo.*** La vendita di un investimento, con l'intento di trasformarlo in liquidità, o la mancata sostituzione di beni capitali, man mano che vengono utilizzati o smobilitati a seguito di logorio o obsolescenza.

to dismiss: ***licenziare.*** Allontanare un lavoratore dal proprio posto di lavoro, risolvendo il contratto in base al quale era stato assunto e prestava la sua opera.

dismissal: ***licenziamento.*** Termine usato con lo stesso significato di *discharge from employment* (v.).

dismissal pay: ***indennità di licenziamento.*** È l'indennità che viene pagata ad un lavoratore che termina il suo rapporto di lavoro a causa di riduzione della produzione, dovuta a calo della domanda, o a causa di innovazioni tecnologiche che portano ad una riduzione della forza lavoro dell'impresa. Nei paesi anglosassoni oggi è notevolmente ridotta o del tutto scomparsa, perché sostituita da forme di pensione o sussidi di disoccupazione.

dismissal wage: ***indennità di licenziamento.*** Termine usato come sinonimo di *dismissal pay* (v.).

to dispatch: ***spedire.*** Inviare merci in una località determinata.

dispatch: ***sollecitudine; prontezza; speditezza.*** Nella terminologia dei trasporti marittimi, è la condizione che stabilisce che la nave debba iniziare e completare il viaggio entro un ragionevole periodo di tempo. (v. anche *deviation, seaworthiness*)

dispatch days: ***giorni risparmiati.*** Nel linguaggio dei trasporti marittimi, sono i giorni di stallia risparmiati durante le operazioni di caricazione e discarica, che danno luogo al pagamento del premio di acceleramento.

dispatch department: ***reparto spedizioni; ufficio spedizioni.*** Lo stesso che *shipping department* (v.).

dispatch earning: ***utile di premio di acceleramento.*** Corrisponde a un risparmio sui costi di trasporto, derivante dalla rapida caricazione al porto di partenza e dalla rapida discarica a destinazione, che portano al riconoscimento di un premio di acceleramento.

dispatch half demurrage: Espressione usata nel linguaggio dei trasporti marittimi per indicare un premio di acceleramento che corrisponde alla metà del diritto di controstallia.

dispatch loading only: ***premio di acceleramento alla caricazione.*** È il premio di acceleramento riconosciuto soltanto per il periodo relativo alle operazioni di caricazione.

dispatch money: ***premio di acceleramento; premio di allestimento; riscatto di stallia; premio di accelerata discarica.*** Nei contratti di noleggio marittimo, indica l'abbuono di un tanto al giorno o all'ora riconosciuto dall'armatore al noleggiatore se quest'ultimo riesce a completare le operazioni di caricazione o di discarica della nave prima che scadano i giorni di stallia concordati. (v. anche *lay-days*)

dispatch note: ***bollettino di spedizione.*** È il bollettino che accompagna i pacchi spediti all'estero. Riempito dal mittente, contiene gli estremi del destinatario e viene consegnato insieme al pacco all'ufficio postale.

dispersed industry: ***industria sparsa.*** Espressione con la quale si indica un'industria la cui localizzazione non è concentrata, bensì sparsa in un'ampia area geografica, come ad esempio l'industria del commercio al dettaglio.

displaced workers: ***lavoratori esuberanti.*** I lavoratori che hanno perso il loro posto di lavoro a seguito di una riduzione del personale, conseguente al calo della domanda o all'introduzione di innovazioni tecnologiche che riducono il fabbisogno di personale.

displacement theory: ***teoria della sostituzione.*** Altro termine con il quale si indica la *innovation theory of the trade cycle* (v.).

displacement tonnage: ***dislocamento; tonnellaggio di dislocamento.*** È il peso effettivo di una nave e di tutto ciò che essa contiene. Corrisponde al peso in tonnellate dell'acqua spostata dalla nave quando essa galleggia e ciascuna tonnellata di dislocamento corrisponde al peso di 35 piedi cubi, ovvero 0,99109 metri cubi, di acqua.

display: ***esposizione; tecnica di esposizione.*** Tecnica di collocazione ed esposizione della merce in un punto di vendita, basata su criteri moderni e razionali che tendono a favorire la vendita «visiva» di un prodotto. Rientra nel campo di attività del *merchandiser* (v.) e fa parte dei veicoli pubblicitari che, all'interno di un negozio, contribuiscono a creare e a trasmettere al consumatore un messaggio che stimoli in lui l'idea ed il bisogno del consumo. (v. anche *merchandising, lay-out*)

display advertising: ***pubblicità tabellare.*** Il tipo di pubblicità che, in giornali o riviste, fa uso di fotografie, disegni, scritte, ecc. allo scopo di attirare l'attenzione del lettore.

display cabinet: ***bacheca.*** Piccolo mobile con lati e parte superiore in cristallo o vetro, usato per l'esposizione di articoli all'interno di un punto di vendita.

display card: ***cartello da esposizione.*** Cartello esposto in una vetrina o all'interno di un punto di vendita, con il quale si reclamizza un articolo offerto in vendita.

display material: ***materiale da esposizione.*** Locandine, cartelli o altro materiale del genere, esposto insieme ai prodotti che esso reclamizza all'interno di un punto di vendita o in una vetrina.

display of goods: ***esposizione di merci; esposizione di articoli.*** L'esposizione in vetrine, bacheche, banconi, ecc., di articoli offerti in vendita in un negozio. (v. anche *display*)

display packaging: ***confezioni da esposizione.*** Il termine inglese indica scatole, lattine, bottiglie o simili contenitori, di fattura artistica o, comunque, piacevole a vedersi, preparati per presentare in maniera più attraente il prodotto che contengono.

disposable capital: ***capitale disponibile.*** Termine generico, usato per indicare il capitale di cui può disporre un'impresa o una qualsiasi altra organizzazione per lo svolgimento dell'attività in cui è impegnata.

disposable funds: ***fondi disponibili.*** Sono i fondi complessivi a disposizione di una persona o di un'organizzazione per fini determinati o generici.

disposable goods: 1. ***merci disponibili; articoli esitabili.*** Merci realmente esistenti presso un qualsiasi punto di vendita e, pertanto, disponibili per i clienti che intendessero acquistarle. **2.** ***articoli «usa e getta».*** Si tratta di tutti quei prodotti che possono essere usati una sola volta e poi vengono gettati, come ad esempio fazzoletti, bicchieri, tovaglioli e piatti di carta, posate di plastica, indumenti di carta e simili.

disposable income: ***reddito disponibile.*** Reddito personale utilizzabile per consumi o investimenti, cioè il reddito personale dal quale siano già state detratte le imposte dirette sul reddito stesso e i contributi per le assicurazioni sociali. Alcuni economisti hanno osservato che il reddito disponibile di un individuo o di una famiglia non è, in effetti, interamente disponibile per spese in consumi, a causa dei pagamenti che l'individuo o la famiglia devono fare a fronte di mutui ipotecari, polizze di assicurazione sulla vita e altre probabili forme di interessi passivi. (v. anche *personal income*)

disposable personal income: ***reddito personale disponibile.*** Termine usato con lo stesso significato di *disposable income* (v.).

disposables: ***articoli «usa e getta».*** Termine usato con lo stesso significato di *disposable goods 2* (v.).

disposal: ***esito.*** L'azione di esitare, cioè liberarsi di merci, titoli, ecc., mediante un'operazione di vendita.

Disposal of Uncollected Goods Act: Legge, approvata dal parlamento britannico nel 1952, con la quale si regolamenta la materia dei beni non ritirati dai legittimi proprietari. Se il proprietario di un bene lasciato in deposito o consegnato per una riparazione non provvede a ritirarlo e a pagare entro un ragionevole periodo di tempo, colui che ne è in possesso può notificare al proprietario che il bene è pronto e disponibile per il ritiro. Se a questa sua notifica non riceve risposta entro dodici mesi, può inviare un secondo avviso informando il proprietario del bene della sua intenzione di esitarlo. Se anche questo avviso resta senza risposta, due settimane dopo l'invio il depositario può procedere alla vendita del bene, ma soltanto a mezzo di asta pubblica. Il ricavato della vendita, detratti i costi e le competenze del depositario, deve essere messo a disposizione del depositante.

disposition of net earnings: ***destinazione del reddito netto.*** Termine usato come sinonimo di *disposition of net income* (v.).

disposition of net income: ***destinazione del reddito netto.*** Rendiconto finanziario, diretto agli azionisti di una società di capitali o ai proprietari di un'azienda, che mostra come è stato utilizzato il reddito netto dell'impresa, cioè quanta parte di esso verrà ripartita sotto forma di dividendi, quanto sarà destinato a riserve, quanto ad investimenti, ecc.

disposition of net profit: ***destinazione del profitto netto.*** Termine usato con lo stesso significato di *disposition of net income* (v.).

dispossession: ***espropriazione; esproprio.*** Lo stesso che *expropriation* (v.).

dispute: ***vertenza.*** Nel linguaggio delle relazioni industriali, indica una disputa su questioni salariali o normative, che oppone i datori di lavoro da un lato e i lavoratori dall'altro.

dispute settlement: ***composizione di una vertenza; composizione di una disputa.*** Termine generico, con il quale si indica la conclusione positiva di una vertenza sindacale o di una disputa commerciale tra stati che intrattengono rapporti di scambio.

disruption: ***turbamento; disturbo.*** Nel linguaggio economico, indica la situazione in cui uno o più mercati vengono seriamente influenzati da condizioni endogene o esogene, che ne rompono l'equilibrio e possono anche giungere a rendere difficile o impossibile lo svolgimento dell'attività propria di quel mercato.

dis–saving: ***risparmio negativo.*** Si verifica quando le spese in consumi eccedono le entrate. Può prendere la forma di utilizzazione di risparmio accumulato in passato o di credito a fronte di reddito futuro. In entrambi i casi, il motivo può essere quello di conservare un determinato tenore di vita non più reso possibile dal livello di reddito dell'individuo o della famiglia, sia a seguito di inflazione, sia a seguito di forte aumento delle spese personali o familiari causato, ad esempio, dalla nascita di altri figli o altri fenomeni del genere.

dissection: ***scomposizione; ripartizione.*** Termine usato principalmente in relazione ad un'attività commerciale suddivisa in reparti, per indicare la ripartizione dei conti acquisti e vendite tra i vari reparti.

dissolution of a company: ***scioglimento di una società di capitali.*** Una società per azioni può dirsi sciolta quando la procedura di liquidazione è giunta a termine o quando la sua ragione sociale viene depennata dal registro delle imprese. (v. anche *defunct company*)

dissolution of a partnership: ***scioglimento di una società di persone.*** Una società di persone si scioglie alla morte, fallimento o ritiro di uno dei soci e se i restanti vogliono continuare l'attività, dovranno procedere alla costituzione di una nuova società. Altri motivi di scioglimento sono il mutuo consenso dei soci e l'ordine di un tribunale.

dist.: discount.

distance freight: ***nolo di percorso.*** Nel linguaggio dei trasporti, indica il nolo proporzionato alla distanza, come ad esempio diecimila lire per tonnellata miglio.

distant delivery: ***consegna futura; consegna ritardata.*** Nel linguaggio delle borse valori e merci, indica la consegna futura di titoli o beni acquistati in assoluto o di titoli e beni oggetto di contratti per consegna futura.

distants: ***consegne future.*** Termine usato con lo stesso significato di *distant delivery* (v.), ma con valore di plurale ad indicare più di una consegna o un gruppo di consegne del genere.

distraint: ***sequestro.*** Procedura in base alla quale le autorità fiscali possono impossessarsi dei beni di un contribuente che si è rifiutato o ha trascurato di pagare quanto dovuto al fisco, secondo la legge statunitense, entro il periodo di dieci giorni dalla notifica dell'avviso o della richiesta di pagamento. Lo stesso termine indica il pignoramento dei beni di un debitore da parte del creditore a ciò autorizzato da un tribunale.

distress: ***sequestro.*** Termine usato con lo stesso significato di *distraint* (v.).

distress borrowers: ***mutuatari per assoluta necessità.*** Tipo di mutuatari, principalmente rappresentati da governi, che contraggono prestiti non per investimento in attività produttive, bensì per far fronte a loro urgenti necessità, per tacitare i loro creditori e per rispettare obblighi imposti da trattati internazionali. Questo tipo di mutuatari sono disposti a pagare tassi d'interesse insolitamente alti, imposti dai mutuanti, che non hanno alcuna relazione con i probabili rendimenti degli investimenti correnti.

distress borrowings: ***mutui di assoluta necessità.*** I mutui cui si fa cenno sotto *distress borrowers* (v.).

distress committees: Commissioni istituite nel Regno Unito per assistere le persone che si erano venute a trovare prive di occupazione e di fonte di reddito come conseguenza dello scoppio della prima guerra mondiale.

distressed areas: ***aree depresse.*** Termine a volte usato nel Regno Unito con lo stesso significato di *depressed areas* (v.). Negli Stati Uniti sono indicate con questo termine zone del territorio nazionale alle quali presta assistenza la *Economic Development Administration* (v.) mediante l'erogazione di sussidi, che hanno lo scopo di finanziare la creazione di posti di lavoro in quelle aree.

distressed sale: ***vendita di liquidazione.*** Lo stesso che *winding–up sale* (v.).

distress merchandise: ***merce ribassata.*** Merce il cui prezzo di vendita è stato ribassato allo scopo di poterla vendere con rapidità a causa, spesso, di urgenti impegni finanziari cui far fronte.

distress sale: ***vendita di beni sequestrati; vendita al ribasso.*** Termine usato come sinonimo di *distress selling 1* (v.).

distress selling: **1.** ***vendita di beni sequestrati.*** Beni provenienti da fallimento o da sequestro per mancato pagamento di imposte o altri debiti, venduti di solito all'asta per recuperare i crediti. **2.** ***vendita al ribasso.*** Vendita di titoli in borsa in un periodo di recessione, per timore che si verifichi un crack; o vendita affrettata di beni in un mercato calante.

distress warrant: ***mandato di sequestro; ordine di sequestro.*** Ordine emanato da un tribunale, con il quale si autorizza un ufficiale giudiziario a procedere al pignoramento di beni del debitore, a garanzia del pagamento di un suo debito nei confronti di un privato o dell'amministrazione pubblica.

distributable profits: ***utili distribuibili; profitti distribuibili.*** Espressione del linguaggio della contabilità, con la quale si indica quella parte del reddito netto di un'impresa che, dopo la detrazione delle quote da destinarsi a riserve e l'aggiunta di eventuali saldi riportati dall'anno precedente, risulta disponibile per la distribuzione agli azionisti sotto forma di dividendi.

distributable reserves: ***riserve distribuibili.*** Riserve di utili precedentemente accantonati, che un'impresa può utilizzare per distribuire un dividendo ai propri azionisti.

distributed income: ***utili distribuiti.*** Termine usato come sinonimo di *distributed profits* (v.).

distributed lag: ***sfasamento distribuito.*** Situazione nella quale l'effetto economico della variazione di una variabile (ad esempio, il costo) viene trasmesso ad un'altra variabile (ad esempio, il prezzo) in una serie di periodi successivi e non immediatamente al verificarsi della detta variazione.

distributed market: ***mercato decentrato.*** Un mercato nel quale non è obbligatoria la presenza fisica degli operatori, che possono trovarsi in aree geograficamente molto distanti tra loro. Un mercato del genere è reso possibile dalle moderne telecomunicazioni e dai computer, che consentono il rapido scambio di informazioni fra quanti compongono il mercato.

distributed profits: ***utili distribuiti; profitti distribuiti.*** Sono gli utili di un'impresa, o meglio parte di essi, distribuiti agli azionisti sotto forma di dividendi. Insieme agli utili non distribuiti e accantonati sotto forma di riserve costituiscono il profitto netto dell'impresa.

distributing organization: ***organizzazione di distribuzione.*** È la struttura di cui si serve un'impresa per la distribuzione dei propri prodotti sul mercato. (v. anche *distribution channels*)

distributing syndicate: ***sindacato di distribuzione.*** Gruppo di società d'intermediazione finanziaria o banche che costituiscono un sindacato allo scopo di distribuire sul mercato un forte quantitativo di valori mobiliari.

distribution: **1.** ***distribuzione.*** a) I canali attraverso i quali le merci giungono dal produttore al consumatore. Tali canali possono variare a seconda del tipo e del luogo di produzione dei beni, del numero dei produttori, ecc., ma quelli più usuali restano ancora il grossista e il dettagliante, pur se va diffondendosi sempre di più la pratica dei produttori di vendere direttamente ai dettaglianti, risparmiando così i costi di intermediari spesso inutili. (v. anche *distribution channels*) b) Il versamento di utili ad azionisti o proprietari di un'impresa, sotto forma di dividendi, azioni e simili. **2.** ***ripartizione.*** a) Nel linguaggio economico, il termine indica la ripartizione del prodotto nazionale tra i fattori della produzione. Rientrano sotto tale intestazione: profitti, rendite, interessi e salari. b) Ripartizione del reddito nazionale tra la popolazione. In passato esistevano grosse sperequazioni, ma i moderni sistemi di imposizione fiscale e le conquiste dei lavoratori hanno in gran parte ridotto il divario tra le diverse classi sociali. (v. anche *income distribution*) c) Negli Stati Uniti, il termine indica la ripartizione di una grossa emissione di titoli tra un grande gruppo di investitori. (v. anche *allotment 1*)

distribution area: ***area di distribuzione.*** Banda di corsi, delimitata da un minimo e da un massimo, nella quale un titolo viene acquistato e venduto per un periodo di tempo relativamente lungo.

distribution census: ***censimento della distribuzione.*** Il termine inglese indica il censimento ufficiale svolto ogni cinque anni e relativo ai dati delle imprese che si interessano dell'attività di commercio all'ingrosso e al dettaglio e di alcune imprese di servizi. I dati che si intende raccogliere sono quelli relativi al numero di tali imprese, alla loro consistenza, al fatturato, al numero di dipendenti e simili.

distribution centre: ***centro di distribuzione.*** Un grande deposito, di solito di proprietà del produttore, dove vengono convogliati grandi quantitativi di prodotti per essere successivamente distribuiti in quantità più piccole ai rivenditori al dettaglio.

distribution chain: ***catena di distribuzione; sistema di distribuzione.*** V. spiegazione sotto *chain of distribution.*

distribution channels: ***canali di distribuzione.*** Sono i canali attraverso i quali il prodotto passa dalla produzione al consumo. Si possono distinguere: a) un canale diretto dal produttore al consumatore, che si realizza tramite l'apertura di negozi di vendita al dettaglio da parte del produttore, la vendita porta a porta, la vendita con sistemi automatici e la vendita per corrispondenza. Il canale diretto costituisce un esempio di integrazione verticale tra produzione e distribuzione. b) Un canale breve, che dal produttore passa attraverso il dettagliante e raggiunge il consumatore finale. In questo caso, il produttore istituisce contatti diretti col dettagliante, tagliando fuori il grossista. Ciò è reso possibile dal prodotto di marca e dal prezzo di rivendita imposto dal produttore. c) Un canale lungo, che dal produttore passa attraverso il grossista e il dettagliante per raggiungere il consumatore finale. La scelta di uno di questi canali da parte del produttore dipende da una molteplicità di fattori, tra i quali: a) le caratteristiche del prodotto, cioè la deperibilità, il valore unitario c la sua diffusione; b) la struttura della produzione che, se accentrata, non richiede l'intervento di un grossista, il che è invece necessario quando essa è molto frazionata; c) la struttura delle imprese di vendita al minuto, in quanto la presenza di imprese di grosse dimensioni, quale ad esempio una catena di supermercati, tende ad eliminare il grossista dal canale di distribuzione; d) le abitudini dei consumatori che, nel caso di determinati beni, preferiscono l'acquisto periodico in quantità relativamente grandi presso i grossi centri di vendita.

distribution clause: ***clausola della ripartizione.*** Clausola, presente in contratti di assicurazione che coprono diversi beni, che stabilisce la percentuale dell'assicurazione in un rapporto tra ciascun singolo bene e il totale dei beni.

distribution costs: ***costi di distribuzione; spese di distribuzione.*** Lo stesso che *delivery costs* (v.).

distribution enterprise: ***impresa di distribuzione; azienda di distribuzione.*** Impresa commerciale che si interessa della distribuzione di prodotti sul mercato, facendo da intermediario tra produttore e dettaglianti o consumatori.

distribution expenses: ***costi di distribuzione; spese di distribuzione.*** Termine usato con lo stesso significato di *distribution costs* (v.).

distribution network: ***rete di distribuzione.*** Fisicamente intesa, è costituita dall'insieme di unità produttive o di depositi dai quali un bene viene inviato a tutte le località sul territorio nazionale.

distribution of dividends: ***distribuzione dei dividendi.*** V. spiegazione sotto *distribution 1b.*

distribution of earnings: ***ripartizione degli utili.*** Termine usato con lo stesso significato di *distribution of dividends* (v.).

distribution of expenses: ***ripartizione delle spese.*** Allocazione delle spese fisse di un'impresa ai suoi vari reparti, secondo uno qualsiasi dei sistemi utilizzati a tale fine.

distribution of income: ***distribuzione del reddito.*** Termine usato in alternativa a *income distribution* (v.).

Distribution of Industries Act: Legge, approvata dal parlamento britannico nel 1945, che rese il *Board of Trade* (v.) responsabile della programmazione relativa alla localizzazione di nuove industrie e che istituì le cosiddette *development areas* (v.).

Distribution of Industry (Industrial Finace) Act: Legge, approvata dal parlamento britannico nel 1958, che estese l'assistenza statale a progetti nuovi in zone ad alto indice di disoccupazione, soprattutto mediante la concessione di mutui o stanziamenti per l'installazione di industrie o per altre iniziative tendenti a ridurre il numero dei disoccupati.

distribution of property: ***distribuzione della proprietà.*** Anche nella distribuzione della proprietà, come in quella del reddito (v. *distribution 2b*), si sono registrati notevoli cambiamenti nel corso di questo secolo. Oggi sono sempre più rare le persone che possiedono vaste distese di terra o grossi complessi edilizi. Ciò si è verificato anche a causa delle forti imposte di successione, che hanno reso difficile il trapasso di proprietà nella loro integrità.

distribution of wealth: ***distribuzione della ricchezza.*** Termine usato come sinonimo di *income distribution* (v.) e di *distribution of property* (v.).

distribution overheads: ***costi di distribuzione.*** Lo stesso che *distribution costs* (v.).

distribution system: ***sistema di distribuzione; rete di distribuzione.*** Termine usato con lo stesso significato di *chain of distribution* (v.).

distribution theory: ***teoria della distribuzione.*** V. spiegazione sotto *theory of distribution.*

distributive costs: ***costi di distribuzione.*** Termine usato con lo stesso significato di *distribution costs* (v.).

distributive trades: ***attività di distribuzione.*** Il termine inglese indica collettivamente tutti gli esercizi commerciali che costituiscono la piccola e la grande distribuzione e tutte le imprese di servizi che contribuiscono, in un modo o nell'altro, alla distribuzione dei beni prodotti dalle industrie. Oltre ai grossisti, ai dettaglianti, ecc., vi rientrano, pertanto, anche le imprese di trasporto, le imprese che si interessano di pubblicità e le istituzioni che forniscono credito o servizi finanziari e assicurativi necessari allo svolgimento dell'attività di distribuzione.

Distributive Trades Alliance: Organizzazione che, nel Regno Unito, tutela gli interessi di grandi magazzini e catene di negozi.

distributor: **1.** ***distributore.*** Commerciante che acquista in grande quantità beni di consumo, di solito da un solo produttore che gli ha concesso l'esclusiva per la zona, che poi rivende in piccole quantità ai dettaglianti. Poiché agisce per proprio conto, non può essere considerato un agente del produttore. **2.** ***società distributrice.*** Lo stesso che *underwriter 4* (v.).

distributor brand: ***marchio commerciale; marchio di commercio.*** Termine statunitense, usato con lo stesso significato di *dealer's brand* (v.).

distributor discount: ***sconto di uso; sconto per distributori.*** Sconto concesso dal produttore a un distributore (v. *distributor 1*), di solito sotto forma di percentuale sul prezzo di vendita al dettaglio o sul prezzo di listino. L'ammontare di questo sconto corrisponde all'utile lordo del distributore, parte del quale egli dovrà retrocedere al dettagliante, specialmente quando il produttore fissa il prezzo di vendita al minuto, stampandolo sulle confezioni del prodotto.

district Federal Reserve banks: ***banche regionali della Riserva Federale.*** Lo stesso che *Federal Reserve district banks* (v.).

district manager: ***direttore territoriale.*** In una grande impresa organizzata secondo il sistema americano, è la persona responsabile del buon funzionamento di diverse filiali dell'impresa stessa ubicate in un determinato territorio geografico. Egli di solito dipende direttamente dal direttore generale e controlla i vari direttori di filiale della zona.

district sales manager: ***direttore vendite territoriale.*** È la persona che dirige un ufficio vendite territoriale, coordinando i vari addetti e la politica di vendita su tutto il territorio a lui affidato. (v. anche *district sales office*)

district sales office: ***ufficio vendite territoriale.*** In una grande impresa che ha varie filiali in un determinato territorio, è probabile che vi sia un ufficio centralizzato che coordini le vendite di tutte le filiali, nell'intento di perseguire un'identica politica di vendita in tutta la zona.

distringas notice: Espressione con la quale, nel linguaggio giuridico, si indica la notificazione, inviata con l'approvazione di un tribunale ad una società, con la quale si fa divieto a quest'ultima di acquistare o vendere certi tipi di sue azioni o obbligazioni senza prima darne comunicazione al soggetto che ha inviato la notificazione.

disturbance: ***turbamento; disturbo; interferenza.*** Termine usato come sinonimo di *disruption* (v.). In statistica, indica lo scostamento tra teoria e osservazione.

disutility: ***disutilità.*** Nel linguaggio economico è l'opposto di utilità, pertanto rappresenta un aspetto negativo cui può trovarsi esposto il consumatore di un bene. Difatti, poiché l'utilità marginale di un bene decresce col crescere della quantità di quel bene a disposizione del consumatore, se tale quantità continua ad aumentare, essa può produrre nel consumatore effetti negativi, indicati appunto col termine disutilità. Poniamo il caso di un coltivatore che ha bisogno dell'acqua per irrigare i suoi campi. L'utilità dell'acqua diminuisce col crescere della quantità riversata sulle colture, per cui se si continua ad irrigare i campi, le coltura andranno distrutte. Con lo stesso termine si indica anche il danno prodotto da qualcosa che genera disturbo o fastidio. Ad esempio, un'automobile produce utilità per chi la usa, ma disutilità per chi si trova esposto ai suoi gas di scarico e al rumore che essa produce.

disutility of labour: ***disutilità del lavoro.*** Nella terminologia keynesiana, è il complesso di ragioni che spingono uno o più lavoratori a desistere dall'offrire i propri servizi in considerazione del pagamento di un salario inferiore a un certo minimo.

D.I.T.: double income tax.

div.: 1) dividend; 2) division.

divd.: dividend.

divergence indicator: ***indicatore di divergenza.*** Mentre nel sistema detto serpente monetario, in uso in passato nell'ambito della Comunità Economica Europea, la griglia di parità dei cambi non consentiva di individuare quale di due valute si stesse allontanando dalla parità centrale, oggi ciò è reso possibile dall'indicatore di divergenza, usato nell'ambito del sistema monetario europeo e basato sulle parità delle valute dei paesi membri nei confronti dell'Unità Monetaria Europea (ECU). Questo campanello d'allarme suona quando la parità di una qualsiasi delle valute raggiunge i tre quarti dell'oscillazione consentita, che è pari al 2¼%. L'indicatore di divergenza consente, quindi, di individuare esattamente quale valuta si sta discostando dalla parità centrale e perché. Ciò porta all'adozione, da parte del paese interessato, di misure tendenti a ristabilire la situazione precedente, senza imporre uguali obblighi, come invece avveniva nel serpente monetario, sull'altro paese che può non avere alcuna colpa della variazione della parità tra la sua valuta e quella del paese che si va discostando dalla griglia.

diversification: ***diversificazione.*** 1) La creazione o l'ampliamento di una gamma di articoli prodotti da un'impresa, che procede alla diversificazione per non dover dipendere dalla domanda di un solo bene. Infatti, se non procedesse alla diversificazione della produzione, nel caso di caduta della domanda dell'unico bene prodotto, l'impresa si troverebbe nell'impossibilità di continuare l'attività. Una forma di diversificazione è anche quella di produrre derivati o sottoprodotti del prodotto principale. Altre ragioni di diversificazione possono essere: utilizzazione di impianti e personale diventati ridondanti; nuovi investimenti; opportunità di produrre un bene molto richiesto e simili. 2) Lo stesso termine viene usato per indicare la localizzazione di industrie differenti nella medesima area geografica. Le ragioni di tale diversificazione sono simili a quelle relative ai prodotti. Se in un'area esiste una sola grossa industria, invece di molte medie o piccole, si potrebbe verificare una sacca di alta disoccupazione se, per motivi di calo della domanda, quella singola industria dovesse drasticamente ridurre la produzione. 3) Nel linguaggio finanziario, il termine indica la ripartizione degli investimenti tra una vasta gamma di titoli, onde realizzare un maggiore frazionamento del rischio e la possibilità di mediare i diversi rendimenti. Un'oculata diversificazione costituisce il principio fondamentale di un sano investimento in valori mobiliari.

diversified firm: ***impresa diversificata.*** Un'impresa che s'interessa di due o più attività produttive, che non sono in relazione l'una con l'altra.

diversified fund: ***fondo comune a investimenti differenziati.*** Tipo di fondo comune che pratica un'ampia diversificazione degli investimenti. L'*Investment Company Act* (v.) stabilisce che il 75% delle attività di un tale fondo sia ripartito tra contante, titoli di stato, titoli di altre società d'investimento e altri valori mobiliari. L'ammontare investito in ogni singola società non può superare il 5% delle attività della società investitrice e la partecipazione in ogni singola società non può superare il 10% delle azioni aventi diritto di voto.

diversified portfolio: ***giardinetto.*** È un portafoglio titoli diversificato in modo da frazionare e ridurre il rischio, garantendosi allo stesso tempo un certo reddito. Il termine viene usato anche per indicare un capitale investito in diversi settori industriali o in diversi paesi.

diversion: ***deviazione.*** Nei trasporti, è il cambiamento di itinerario mentre si trasportano merci.

diversion privilege: ***privilegio di deviazione.*** Privilegio di spedire carichi, che riempiono interi vagoni, a un punto di deviazione nel quale si può procedere a ispezione, selezione e inoltro delle merci trasportate. Per tale privilegio si applica la *through rate* (v.), più una piccola addizionale.

diversity factor: ***fattore di diversità.*** Nelle aziende di pubblici servizi, si indica con questo termine il rapporto tra la domanda massima non coincidente da parte di tutti gli utenti che fanno parte di un gruppo e la domanda massima di quel gruppo. Se, ad esempio, la domanda massima prevedibile è 100 e la domanda massima reale è 20, il fattore è uguale a 1:5.

divestiture: ***cessione; cessione forzata; dismissione.*** Il termine inglese indica specificamente la cessione di una sussidiaria o mediante la sua vendita diretta o attraverso la distribuzione del capitale azionario della sussidiaria agli azionisti della holding che ne deteneva la maggioranza. Negli Stati Uniti, una cessione del genere può aver luogo anche in base alla legislazione antitrust, mediante un'ordinanza che impone alla holding di disfarsi di alcune sue sussidiarie al fine di eliminare la situazione di posizione dominante. Più spesso, tuttavia, la cessione ha luogo perché la sussidiaria non è più remunerativa o perché la holding ha interesse a realizzare capitale fresco da investire in altre iniziative. In un significato più ampio, il termine indica la cessione di una qualsiasi impresa sia da parte di una holding privata, sia da parte di un ente statale come avviene, ad esempio, nel caso di privatizzazione di imprese pubbliche.

divestment: ***cessione; cessione forzata; dismissione.*** Lo stesso che *divestiture* (v.).

divi: Abbreviazione di *dividend*, usato specialmente nel significato di *dividend 2* (v.).

divided account: ***sottoconto numerario; sottoconto elementare.*** Lo stesso che *nominal account 2* (v.).

divided budget: ***bilancio particolaristico.*** Tipo di bilancio dello stato, qual è quello usato nel Regno Unito, che prende in considerazione soltanto le entrate e le uscite statali a carattere variabile, mentre le imposte e alcune spese a carattere permanente (tra queste ultime: la lista civile, parte degli stipendi dei pubblici dipendenti, il servizio del debito pubblico, ecc.), pur contemplate nel bilancio, costituiscono la parte sottratta alla discussione parlamentare. Il termine viene usato in contrapposizone a *unified budget* (v.).

divided charge account: ***conto di credito particolare.*** Negli Stati Uniti, è un conto di credito che consente al cliente di un negozio o grande magazzino di acquistare beni di un certo valore e pagarli in un determinato periodo di tempo, di solito tre mesi, quasi sempre senza alcuna maggiorazione del prezzo del bene. (v. anche *charge account*).

divided coverage: **1.** ***coassicurazione.*** La divisione del rischio, derivante da un contratto di assicurazione, tra due o più assicuratori. (v. anche *co-insurance*) **2.** ***copertura divisa.*** La distribuzione su vari rischi di differenti somme assicurate in base ad un'unica polizza.

dividend: ***dividendo.*** 1) Quota di utile di una società per azioni, pagata agli azionisti come remunerazione del capitale da loro investito nella società. L'ammontare del dividendo è proposto dal consiglio di amministrazione, tenuto conto dell'andamento dell'impresa, per cui normalmente non si distribuiscono dividendi se l'impresa non ha realizzato utili sufficienti. Tuttavia, se il consiglio di amministrazione e l'assemblea ordinaria dei soci ritengono che si debba pagare un dividendo anche in assenza di utili, la somma necessaria sarà prelevata dalle riserve societarie. Il pagamento dei dividendi sulle azioni ordinarie è subordinato al pagamento degli interessi sulle obbligazioni emesse dalla società e al pagamento dei dividendi sulle azioni privilegiate. Di solito, una volta che si è fatto fronte a questi impegni, che hanno la precedenza, la restante parte di utili viene suddivisa tra dividendi alle azioni ordinarie e riserve. (v. anche *dividend distribution 2*) 2) Alcuni tipi di società cooperative e di società di mutua assicurazione nel Regno Unito e negli Stati Uniti dichiarano un dividendo, che è proporzionale agli acquisti fatti presso la società cooperativa o al premio pagato alla mutua assicuratrice. Così, un dividendo ad esempio del 2% significa che se un socio nell'arco dell'anno ha fatto acquisti per 100 sterline o ha pagato premi assicurativi per la stessa cifra riceverà due sterline di dividendo. 3) Il termine inglese viene a volte usato impropriamente per indicare gli interessi pagati su un titolo a reddito fisso.

dividend account: ***conto dividendi.*** Conto nel quale vengono registrati i dividendi percepiti da un'impresa su azioni che essa ha in portafoglio.

dividend-bearing securities: ***titoli a reddito variabile; valori mobiliari a reddito variabile.*** Qualunque tipo di titolo, ma generalmente azioni, che dà diritto alla ripartizione degli utili sotto forma di dividendi.

dividend coupon: ***cedola di dividendo.*** Ciascuna delle cedole che costituiscono il foglio cedole allegato ad un titolo azionario. In occasione della dichiarazione di un dividendo, la società provvede a specificare quale delle cedole deve essere staccata e presentata per l'incasso. Essa, quindi, diventa un titolo al portatore, che garantisce il diritto al dividendo.

dividend cover: ***copertura dei dividendi.*** Lo stesso che *times covered* (v.).

dividend distribution: ***distribuzione dei dividendi.*** 1) v. spiegazione sotto *distribution 1b.* 2) Forma di pagamento effettuato da un fondo comune d'investimento ai propri investitori. Con dividendo si intende la quota attribuita agli azionisti nella ripartizione del reddito netto proveniente da investimenti (v. anche *dividend 1*), mentre con utile di capitale (altra forma di dividendo dei fondi comuni) si intende la quota, attribuita agli azionisti, dei benefici netti realizzati dal fondo in seguito alla vendita di titoli le cui quotazioni hanno registrato un aumento. I dividendi percepiti sono soggetti ad imposizione fiscale alla stregua di un qualsiasi altro tipo di reddito, mentre gli utili di capitale percepiti sono soggetti ad imposizione fiscale come utili di capitale a lungo termine, indipendentemente dal periodo di possesso dei titoli. Ciò ha rilevanza negli Stati Uniti e nel Regno Unito, ove l'aliquota varia col variare del periodo di possesso di un capitale. Da tenere presente che in questo contesto il termine azionista è stato usato col significato di portatore di quote parti del fondo comune d'investimento.

dividend-equalization reserve: ***fondo stabilizzazione dividendi.*** Accantonamento, oggi raramente usato, dal quale attingere per il pagamento di dividendi in periodi futuri, durante i quali potrebbero non realizzarsi utili sufficienti per la distribuzione di dividendi.

dividend income: ***reddito da dividendi.*** Il reddito lordo proveniente da investimenti in titoli azionari sotto forma di dividendi e non di utili di capitale. Rientra nella categoria più vasta di reddito da investimenti.

dividend in kind: ***dividendo pagato in natura.*** Dividendo pagato in beni, di solito prodotti dalla stessa società, invece che in contanti o altra forma di moneta.

dividend limitation: ***limitazione dei dividendi.*** Il governo del Regno Unito ha a volte, nell'ambito di una politica di disinflazione, imposto limiti all'ammontare da distribuirsi sotto forma di dividendi. Nel 1969, ad esempio, fu imposto il limite massimo di aumento dei dividendi del 3½% rispetto al dividendo dichiarato l'anno precedente. Altri interventi del genere si erano verificati nel 1950–1951, nel 1961–1962 e nel 1966–1967.

dividend mandate: ***delega di riscossione di dividendi.*** Ordine scritto inviato da un azionista con il quale egli chiede alla società di versare i dividendi di sua competenza direttamente ad una banca, che glieli accrediterà in conto.

dividend off: ***ex dividendo; ex cedola; secco; scuponato.*** Lo stesso che *ex dividend* (v.).

dividend on: ***con dividendo; cuponato; con cedola.*** Lo stesso che *cum dividend* (v.).

dividend option: ***opzione sui dividendi.*** Nelle assicurazioni, indica la scelta cui è chiamato l'assicurato in relazione ai dividendi assegnatigli (v. anche *dividend 2*). Egli può: a) optare per il pagamento del dividendo in contanti; b) usarlo per ridurre l'importo del premio relativo all'anno successivo; c) capitalizzarlo; o, d) usarlo per aumentare la somma assicurata.

dividend payable: ***dividendo da pagare.*** 1) La passività creata dalla dichiarazione di un dividendo. In caso di liquidazione della società, fa parte delle passività relative ai creditori non privilegiati. 2) Voce del bilancio che tiene conto di dividendi dichiarati ma non ancora pagati o per impossibilità di reperire gli azionisti o perché la data del bilancio è anteriore a quella del pagamento.

dividend payment: ***pagamento dei dividendi.*** L'effettivo versamento di parte degli utili della società ai suoi azionisti.

dividend payout: ***rapporto utili/dividendi.*** Lo stesso che *payout ratio* (v.).

dividend payout ratio: ***rapporto utili/dividendi.*** Lo stesso che *payout ratio* (v.).

dividend-price ratio: ***rapporto dividendo/prezzo; indicatore dividendo/prezzo.*** Il rapporto tra il dividendo dichiarato ed effettivamente pagato e il corso di un titolo azionario.

dividend reinvestment plan: ***piano di reinvestimento dei dividendi.*** Un piano che prevede il reinvestimento automatico in titoli della stessa società dei dividendi dovuti agli azionisti. La società che lo adotta si rifornisce così di denaro fresco senza dover sostenere le spese relative a nuove emissioni di azioni.

dividend restraint: ***limitazione dei dividendi.*** Termine usato con lo stesso significato di *dividend limitation* (v.).

dividend share: ***azione ordinaria.*** Termine a volte usato con lo stesso significato di *ordinary share* (v.).

dividends in arrears: ***dividendi arretrati; dividendi accumulati.*** Lo stesso che *accumulated dividend* (v.).

dividend stripping: Pratica speculativa che consiste nell'assicurarsi il controllo di una società da parte di una persona o di un gruppo di persone, al fine di vendere parte delle attività onde procurarsi fondi sufficienti per distribuire un congruo dividendo. Di solito, dopo aver portato a termine l'operazione, il controllo di maggioranza viene rivenduto.

dividend tax: ***imposta sui dividendi; imposta cedolare; cedolare.*** Fu introdotta nel Regno Unito nel 1965 ed equivale ad un'imposta sul reddito. Viene trattenuta alla fonte e ne sono responsabili, nei confronti del fisco, le società che distribuiscono il dividendo.

dividend trading: Attività di compravendita di titoli azionari avente il solo scopo di assicurarsi i dividendi delle azioni trattate. Coloro che la praticano, acquistano le azioni poco prima della data in cui saranno trattate ex dividendo e le rivendono poco dopo tale data, appena la riduzione di prezzo conseguente allo stacco cedola è stata riassorbita dal mercato. Sono oggetto di questa attività principalmente i valori azionari che distribuiscono un alto dividendo.

dividend warrant: ***mandato di pagamento di dividendi.*** Ordine emesso da una società su una banca corrispondente a favore di un azionista per il pagamento del dividendo dovutogli in relazione alle azioni nominative di sua proprietà. Di solito prende la forma di un assegno inviato direttamente all'azionista. (v. anche *registered shares*)

dividend washing: Lo stesso che *bond washing* (v.), ma più propriamente usato in relazione a titoli azionari.

dividend yield: ***tasso di rendimento azionario.*** Il dividendo annuale percepito da un azionista diviso per il prezzo unitario di mercato dei titoli azionari da lui posseduti.

dividing society: Tipo di società di mutuo soccorso britannica, così chiamata perché suddivide periodicamente tra i soci una parte dei propri fondi. La quota spettante ai membri è inversamente proporzionale ai sussidi per malattia ricevuti nel corso del periodo cui si riferisce la ripartizione di fondi.

divisible contract: ***contratto divisibile.*** Lo stesso che *severable contract* (v.).

divisible surplus: ***eccedenza ripartibile.*** Nelle assicurazioni sulla vita, è l'eccedenza che sarà suddivisa fra gli assicurati sotto forma di dividendo (v. *dividend 2*) dopo gli accantonamenti di utili a riserve.

division: ***divisione.*** Ciascuna delle unità più o meno autonome in cui è stata suddivisa, a fini amministrativi, una grande organizzazione commerciale, industriale o statale.

divisional bond: Nel linguaggio finanziario statunitense, indica un'obbligazione emessa da una società ferroviaria e garantita da ipoteca accesa su una parte degli impianti di proprietà della società.

divisional director: ***direttore di divisione.*** La persona posta a capo di una delle divisioni di un'organizzazione commerciale o industriale. Il termine inglese non deve far pensare che si tratti necessariamente di un membro del consiglio di amministrazione. Il direttore di divisione può essere paragonato al presidente di una piccola impresa, in quanto egli assume il controllo completo della produzione e della commercializzazione del singolo prodotto o del gruppo di prodotti assegnati alla sua divisione e viene valutato non in base al volume di produzione o di vendite, ma in base agli utili prodotti dalla divisione di cui è a capo.

divisionalization: ***organizzazione divisionale; organizzazione per divisioni.*** Struttura organizzativa cui ricorre un'impresa quando essa diventa troppo grande e risulta difficile e lenta la funzione di controllo e di gestione dell'amministrazione centralizzata. L'impresa viene, pertanto, suddivisa in un certo numero di divisioni, ciascuna delle quali è preposta alla commercializzazione e vendita dei prodotti in una data area geografica o, più spesso, alla produzione, commercializzazione e vendita di un singolo prodotto o gruppo di prodotti in tutto il mercato nel quale l'impresa è presente. Questo tipo di organizzazione presenta indubbi vantaggi, in quanto porta il potere decisorio più vicino alla scena di azione e consente agli uomini di concentrarsi e specializzarsi in un mercato o in un prodotto o gruppo di prodotti, alleviando allo stesso tempo il carico di responsabilità che grava sull'alta dirigenza dell'impresa.

divisionalization by place: ***organizzazione divisionale per zona.*** Si verifica quando una grande impresa viene suddivisa in divisioni, ciascuna delle quali è preposta a tutte le operazioni di commercializzazione e vendita di tutti i prodotti dell'impresa in una delle varie aree geografiche in cui viene diviso il paese in cui essa opera o il mercato nel quale è presente. Tale forma di organizzazione divisionale è meno frequente di quella detta per prodotto.

divisionalization by product: ***organizzazione divisionale per prodotto.*** Si verifica quando una grande impresa viene suddivisa in divisioni, ciascuna delle quali è preposta a tutte le operazioni di produzione, commercializzazione e vendita di un singolo prodotto o di un gruppo di prodotti. Questa forma di organizzazione per divisioni è più frequente di quella detta per zona, in quanto consente una maggiore specializzazione delle persone che costituiscono la divisione, dovendosi interessare di un solo prodotto o gruppo di prodotti per tutto il mercato nel quale l'impresa è presente.

division manager: ***direttore di divisione.*** Termine usato come sinonimo di *divisional director* (v.).

division of labour: ***divisione del lavoro.*** Organizzazione della produzione in base alla quale ciascun operaio svolge in successione una singola operazione su un prodotto, finché esso viene completato. La divisione del lavoro consente una grande specializzazione degli operai e fa aumentare enormemente il numero di unità prodotte con una data forza lavoro rispetto al numero di unità che si potrebbero produrre se ciascun operaio svolgesse tutte le operazioni per completare il prodotto. I principali svantaggi della divisione del lavoro sono la monotonia derivante dalla ripetitività delle operazioni e la maggiore difficoltà, per un operaio, di spostarsi da un lavoro ad un altro. Gli economisti sono soliti dividere in quattro fasi lo sviluppo della divisione del lavoro: la prima fase ebbe inizio quando gli uomini smisero di farsi da soli tutto ciò di cui avevano bisogno, affidandosi allo scambio per procurarsi ciò che non producevano personalmente; la seconda fase ebbe inizio quando gli operai in fabbrica si specializzarono in una singola operazione nella fabbricazione di un prodotto; la terza fase prevede la specializzazione delle industrie nell'espletamento di singoli processi produttivi; la quarta fase avrà luogo quando le nazioni si specializzeranno nella produzione di quei beni per i quali hanno, nei confronti di altre nazioni, un vantaggio comparato, affidandosi agli scambi internazionali per soddisfare i bisogni degli abitanti. Quest'ultima fase, però, è ostacolata dalle divisioni ideologiche e politiche.

dk.: dock.

dld.: delivered.

DLT: development land tax.

DM.: deutschmark.

D.N.: 1) debit note; 2) dispatch note.

D/N: debit note.

d.o.: delivery order.

doc.: document.

dock: ***bacino; dock.*** Bacino appositamente costruito, nei porti soggetti a marea, per permettere l'ormeggio di navi e le operazioni di caricazione e discarica delle merci. È dotato di porte a saracinesca che consentono di mantenere il livello dell'acqua necessario per far galleggiare la nave in periodi di bassa marea. Nel linguaggio comune, il termine inglese ha assunto il significato di scalo, banchina, molo e simili.

dockage: 1. *diritti di bacino; diritti di dock.* Termine usato con lo stesso significato di *dock dues* (v.). **2. *corpi estranei.*** Scorie e altri materiali estranei, la cui presenza viene individuata all'atto della gradazione o dell'accertamento della qualità dei grani o dei semi oleiferi.

dock and town dues: Diritti particolari del porto di Liverpool, imposti sulla maggior parte delle merci in entrata e in uscita per l'uso del porto, indipendentemente dall'entrata o meno della nave in porto.

dock charges: *diritti di bacino; diritti di dock.* Termine usato come sinonimo di *dock dues* (v.).

dock dues: *diritti di bacino; diritti di dock.* Tassa imposta alle navi che fanno uso di un bacino o di una banchina o sulle merci che esse trasportano.

docker: *scaricatore di porto; lavoratore portuale.* Ciascuno dei lavoratori che provvedono alle operazioni di caricazione e discarica delle navi che giungono in un porto. Il termine inglese può applicarsi tanto alla categoria dei lavoratori portuali a terra, detti collettivamente *shore gang* (v.), quanto alla categoria più specializzata degli stivatori. (v. anche *stevedore*)

docket: 1. *scontrino.* La ricevuta di pagamento rilasciata da un registratore di cassa. **2. *benestare.*** Nome dato da alcune banche inglesi al modulo che viene inviato al correntista, perchè lo restituisca firmato come approvazione del saldo del conto indicato sul modulo stesso.

dock hand: *portuale; lavoratore portuale.* Termine usato con lo stesso significato di *docker* (v.), ma applicabile esclusivamente alla categoria dei lavoratori portuali a terra.

Dock Labour Board: Agenzia istituita in base al *Dock Labour Scheme* (v.) e preposta allo smistamento dei lavoratori portuali verso le opportunità di lavoro nell'ambito dell'intero porto.

dock labourer: *portuale; lavoratore portuale.* Termine usato con lo stesso significato di *dock hand* (v.).

Dock Labour Scheme: Piano, avviato nel 1947, per garantire ai lavoratori portuali del Regno Unito un salario continuativo, invece dei guadagni saltuari derivanti dal lavoro precario. Il piano è stato eliminato nel 1989.

dock landing account: *conto di sbarco.* Distinta delle merci da sbarcare, con tutti i dettagli ad esse relativi, che il capitano deve consegnare all'arrivo della nave in un porto britannico.

dock receipt: *ricevuta di dock.* Ricevuta rilasciata da una società di navigazione, comprovante l'avvenuta consegna di merci nel deposito, in attesa di essere caricate a bordo.

docks: *area del porto.* Il termine inglese viene usato per indicare l'intera area in cui si svolge qualsiasi tipo di attività connessa con il trasporto marittimo. Include, pertanto, non soltanto i moli e le banchine veri e propri, ma anche tutte le strutture di movimentazione e deposito delle merci, gli uffici, i capannoni, i silos, e altre varie attrezzature portuali.

dock shed: *capannone di magazzino generale.* Ciascuna struttura costruita e attrezzata per ricevere in deposito merci affidate alla custodia dei magazzini generali.

dockside: *scalo.* Il termine inglese è generico e indica una qualsiasi zona in un porto, in un fiume o in un canale navigabile, opportunamente banchinata e attrezzata per le operazioni di caricazione e discarica di navi o grosse imbarcazioni.

dock strike: *sciopero portuale; sciopero dei portuali.* Azione sindacale che si manifesta con l'astensione dal lavoro di tutte le categorie di lavoratori portuali e che blocca nel porto le navi che stanno eseguendo le operazioni di caricazione o discarica.

dock tally: *scontrino dei magazzini generali; distinta dei magazzini generali.* Ricevuta temporanea rilasciata dai magazzini generali al solo scopo di indicare quali e quante merci vi sono state depositate.

dock union: *sindacato portuali.* Sindacato di categoria, che iscrive soltanto lavoratori che prestano la propria opera nell'ambito di un porto.

dock warrant: *fede di deposito di dock.* Documento rilasciato dal proprietario o dal gestore di un dock o di un magazzino del porto, con il quale egli attesta che le merci in esso descritte saranno consegnate alla persona cui la fede di deposito è intestata o alla persona cui essa venisse girata. Tale documento è un titolo rappresentativo delle merci e ne consente il trasferimento di proprietà senza che ne venga contestualmente trasferito il possesso.

dock weight note: *distinta dei pesi; bolletta dei pesi.* Documento rilasciato dalla società dei magazzini generali di un porto, con il quale si indica il peso lordo, la tara, il peso netto, i marchi, il numero dei colli e la data di ingresso di merci depositate, oltre alla eventuale parte del prezzo di acquisto che deve ancora essere pagata. Il possessore della distinta dei pesi può ottenere la relativa fede di deposito dopo aver ottemperato a determinate condizioni previste dal contratto di vendita e dopo aver pagato l'eventuale saldo del prezzo d'acquisto evidenziato nel documento.

dock worker: *portuale; lavoratore portuale.* Termine usato con lo stesso significato di *docker* (v.).

doctrine of surplus value: *dottrina del plusvalore.* Lo stesso che *surplus labour and value theory* (v.).

documentary acceptance credit: *credito documentario di accettazione.* Credito di accettazione concesso ad un importatore, con l'accordo che la cambiale emessa dall'esportatore sarà accettata da una banca corrispondente nel suo paese alla presentazione dei documenti d'imbarco.

documentary bill: *cambiale documentaria; cambiale documentata.* Cambiale accompagnata da documenti (di solito rappresentativi delle merci in viaggio) che vengono consegnati al trattario all'atto dell'accettazione della cambiale (documenti contro accettazione) o all'atto del pagamento dell'importo della cambiale (documenti contro pagamento).

documentary credit: *credito documentato; credito documentario.* Metodo di pagamento e finanziamento usato nel commercio internazionale. Consiste nell'aprire un credito, presso una banca nel paese dell'esportatore, il cui importo potrà essere prelevato dal beneficiario dietro consegna dei documenti rappresentativi dei beni venduti e spediti.

documentary credit collection: *incasso documentario.* È la riscossione, da parte della banca dell'esportatore o di una sua corrispondente, del credito derivante dalla fornitura di beni. La banca che provvederà all'incasso rilascerà i documenti rappresentativi delle merci solo dopo che l'importatore o la sua banca avranno effettuato il prescritto pagamento.

documentary draft: *tratta documentata; tratta documentaria.* Termine usato con lo stesso significato di *doc-*

umentary bill (v.).

documentary letter of credit: ***lettera di credito documentaria.*** È una lettera di credito che impone la consegna dei documenti d'imbarco da parte dell'esportatore prima che la banca corrispondente proceda al pagamento del credito rappresentato dalla lettera stessa.

documentary payment order: ***ordine di pagamento documentario.*** Nella terminologia bancaria, è un ordine di pagamento, usato in relazione a crediti documentari, che può essere eseguito dalla banca corrispondente soltanto dietro presentazione dei documenti richiesti.

documentary red clause: ***clausola rossa documentaria; clausola rossa garantita.*** È così chiamato uno dei due tipi di clausola rossa e precisamente quello in base al quale il venditore ottiene dalla banca degli anticipi sul credito aperto a suo favore solo su presentazione di documenti comprovanti il deposito delle merci in magazzini pubblici e la loro assicurazione. (v. anche *public warehouse, red clause*)

document bill: ***cambiale documentaria; cambiale documentata.*** Termine usato a volte come sinonimo di *documentary bill* (v.).

document credit: ***credito documentato; credito documentario.*** Termine usato come sinonimo meno frequente di *documentary credit* (v.).

document of title: ***documento rappresentativo; titolo rappresentativo.*** Documento, firmato dal venditore, dal vettore o dal gestore o proprietario di un magazzino generale, che attesta che la persona in esso nonimata (acquirente) ha il diritto di proprietà dei beni descritti nel documento stesso.

documents against acceptance: ***documenti contro accettazione.*** Condizione presente in molti contratti di compravendita nel commercio internazionale. Prevede che la consegna dei documenti rappresentativi delle merci in viaggio, di solito da parte di una banca corrispondente della banca dell'esportatore, verrà effettuata dietro accettazione di una cambiale tratta sull'importatore. (v. anche *documentary bill*)

documents–against–acceptance bill: ***cambiale «documenti contro accettazione».*** Termine usato per indicare essenzialmente una *documentary bill* (v.), con la differenza che in questo caso specifico si tratta di una cambiale che deve essere accettata dall'importatore o dalla sua banca prima che vengano rilasciati i relativi documenti rappresentativi delle merci.

documents against cash: ***documenti contro contanti.*** Espressione usata con lo stesso significato di *documents against payment* (v.).

documents against payment: ***documenti contro pagamento.*** Condizione presente in molti contratti di compravendita nel commercio internazionale. Prevede che la consegna dei documenti rappresentativi delle merci in viaggio, di solito da parte di una banca corrispondente della banca dell'esportatore, sia effettuata solo dietro pagamento dell'importo della cambiale a vista tratta sull'importatore. (v. anche *documentary bill*)

documents–against–payment bill: ***cambiale «documenti contro pagamento».*** Termine usato per indicare essenzialmente una *documentary bill* (v.), con la differenza che in questo caso specifico si tratta di una cambiale a vista che deve essere pagata dall'importatore o dalla sua banca prima che vengano rilasciati i relativi documenti rappresentativi delle merci.

documents against presentation: ***documenti contro presentazione.*** Espressione usata con lo stesso significato di *documents against payment* (v.).

documents for collection: ***documenti per l'incasso.*** Nel commercio internazionale, sono i documenti d'imbarco inviati ad una banca nel paese dell'importatore, che saranno a lui rilasciati contro il pagamento della tratta allegata, emessa per l'importo complessivo dell'operazione commerciale.

dodger: ***evasore fiscale.*** Chi, legalmente o illegalmente, tenta di evitare il pagamento di un'imposta o di un tributo.

dog: ***chiodo.*** Per l'uso che si fa di questo termine nel linguaggio del marketing, v. *Boston matrix.*

dol.: dollar.

doldrums: Termine usato nel gergo della borsa valori di Londra per indicare un periodo di contrattazioni caratterizzato da corsi stabili. Il termine è preso in prestito dal linguaggio della marina velica, nel quale indicava la zona delle calme equatoriali, in cui i velieri avevano difficoltà a muoversi a causa della quasi completa assenza di vento.

dole: Termine colloquiale usato per indicare un *unemployment benefit* (v.).

dollar: ***dollaro.*** Nome dell'unità monetaria degli Stati Uniti d'America (suddivisa in cento cents) e di vari altri paesi, tra cui il Canada (dollaro canadese), l'Australia (dollaro australiano, adottato dal febbraio 1966), la Nuova Zelanda (dollaro neozelandese, adottato dal luglio 1967), la Malaysia (dollaro della Malaysia), il Sultanato di Brunei (dollaro di Brunei), Singapore (dollaro di Singapore), Hong Kong (dollaro di Hong Kong), l'Etiopia (dollaro etiopico), la Repubblica della Cina (dollaro di Formosa o Taiwan dollar), i territori delle Indie Occidentali Britanniche (dollaro dei Caraibi), Trinidad e Tobago.

dollar area: ***area del dollaro.*** Espressione entrata in uso dopo la seconda guerra mondiale quando la convertibilità della sterlina in dollari era limitata. L'area del dollaro comprendeva i paesi i cui saldi in sterline presso le banche inglesi potevano essere liberamente convertiti in dollari statunitensi. Tali paesi erano gli Stati Uniti d'America e loro dipendenze, il Canada e i paesi del cosiddetto *American Account* (v.). Quando, verso la fine degli anni cinquanta, le restrizioni sulla convertibilità della sterlina furono allentate, l'espressione «area del dollaro» perse il suo preciso significato.

dollar averaging: ***investimento basato sulla media del costo in dollari.*** Espressione usata con lo stesso significato di *dollar cost averaging* (v.).

dollar bond: ***obbligazione in dollari.*** Nel linguaggio della finanza internazionale, il termine indica un'obbligazione rimborsabile in dollari statunitensi a differenza di altre obbligazioni rimborsabili in valuta di altri paesi. Nel linguaggio finanziario statunitense, viene usato per indicare un titolo a reddito fisso il cui prezzo viene espresso in dollari, invece che in termini di rendimento percentuale alla scadenza. (v. anche *basis price 2*)

dollar certificate of deposit: ***certificato di deposito in dollari.*** Nel 1966 ebbe inizio un ampliamento del mercato degli eurodollari con l'emissione a Londra di certificati negoziabili di depositi in dollari. Si tratta di titoli che fruttano un interesse e che vengono emessi per somme minime di 25.000 dollari statunitensi, di solito con scadenza a sei mesi o ad un anno, ma non superiore a cinque anni. I certificati di deposito in dollari furono una innovazione americana, introdotta su vasta scala negli Stati Uniti nel 1961. Il successo che essi incontrarono presso i clienti delle banche statunitensi spinse le banche di New York ad emetterli anche sul mercato londinese. Successivamente intrapresero questa attività anche altre banche di altri paesi e si sviluppò un fiorente mercato secondario di questi titoli, nel quale operano le case di sconto londinesi e molte altre istituzioni con sede negli Stati Uniti. Questi certificati soddisfano appieno le esigenze di coloro che possiedono dollari in quantità non sufficienti per entrare nel mercato degli eurodollari o per periodi di tempo limitati o di durata incerta, per cui trovano conveniente investirli in titoli ad alta liquidità, resa possibile dal fatto che essi possono essere venduti sul mercato secondario.

dollar cost averaging: ***investimento basato sulla media del costo in dollari.*** Metodo in base al quale si effettua un investimento periodico di un determinato ammontare in dollari, indipendentemente dal corso del titolo acquistato. Quando il corso scende, si acquista un maggior numero di titoli e viceversa quando il corso sale. Nonostante le numerose fluttuazioni alle quali può essere soggetto il corso di un titolo, il costo medio per titolo pagato dall'investitore sarà inferiore al prezzo medio pagato per titolo. L'investitore che intende beneficiare del vantaggio offerto dal costo medio di un investimento, deve essere disposto a perseverare negli investimenti durante i periodi di ribasso e di rialzo delle quotazioni. Sebbene l'investitore venga a beneficiare di un costo medio inferiore al prezzo medio, non potrà realizzarsi un guadagno qualora egli decida di liquidare i propri investimenti nel momento in cui il loro valore totale risulta inferiore all'ammontare complessivamente investito. Su questo metodo sono basati i programmi di accumulazione di capitale offerti da alcuni fondi comuni d'investimento e da alcune banche.

dollar crisis: ***crisi del dollaro.*** Espressione con la quale viene indicata la crisi monetaria internazionale verificatasi nel corso del 1971 a causa di un persistente disavanzo della bilancia dei pagamenti degli Stati Uniti ed una conseguente perdita di fiducia nella moneta statunitense. A seguito di tale crisi, furono presi provvedimenti negli Stati Uniti per porre un freno ai movimenti speculativi cui era soggetto il dollaro e contemporaneamente per combattere l'inflazione e ristabilire alti livelli di occupazione nel paese. Tra le misure adottate dal Presidente vi furono: un incremento del dieci per cento del dazio d'importazione su molti beni che entravano negli Stati Uniti; una riduzione del dieci per cento degli aiuti ai paesi esteri e la sospensione della convertibilità del dollaro in oro. La conseguenza ultima della crisi, tuttavia, fu la svalutazione del dollaro del 7,89%, che fece passare il prezzo dell'oro dai 35 ai 38 dollari l'oncia.

dollar deficit: ***deficit in dollari.*** Termine usato con lo stesso significato di *dollar gap 2* (v.).

dollar diplomacy: ***diplomazia del dollaro.*** Espressione con la quale fu indicata la politica di incoraggiamento degli investimenti americani all'estero, perseguita dal Presidente Taft negli anni 1908–1913.

dollar exchange: ***cambiale in dollari; cambio in dollari.*** Cambiale tratta per una somma in dollari statunitensi, sia che venga pagata effettivamente in dollari, sia che venga pagata in altra valuta. Si usa lo stesso termine inglese per indicare il caso in cui è presa come moneta di scambio la valuta statunitense e non un'altra valuta.

dollar gap: 1. ***scarsità di dollari.*** Termine, usato anche nella nostra lingua, con il quale si indicò la situazione che venne a crearsi in Europa dopo la fine della seconda guerra mondiale. A seguito della distruzione della capacità produttiva europea e della necessità di rimpiazzare i beni capitali distrutti durante il conflitto, l'Europa dovette importare massicciamente dagli Stati Uniti, creando così un forte divario tra importazioni da ed esportazioni verso gli Stati Uniti, con una conseguente scarsità di dollari in Europa. Il fenomeno, anche a seguito degli aiuti americani in base al Piano Marshall, recedette man mano che l'Europa recuperava la propria capacità produttiva e si estinse intorno alla fine degli anni sessanta, anche a seguito della creazione degli eurodollari. **2.** ***deficit in dollari.*** La differenza tra l'ammontare in dollari dovuto agli Stati Uniti ed ai suoi cittadini dall'estero e l'ammontare in dollari dovuto dagli Stati Uniti e dai suoi cittadini all'estero.

dollar glut: ***sovrabbondanza di dollari; eccedenza di dollari.*** Situazione inversa al *dollar gap* (v.), derivante dai disavanzi della bilancia dei pagamenti statunitense, in particolare nel periodo di massimo impegno degli Stati Uniti in Vietnam. Tali disavanzi americani portarono all'accumulazione di notevoli riserve di dollari presso le banche centrali di altri paesi e ciò spinse il governo federale a sospendere la convertibilità del dollaro in oro nel 1971.

dollar pool: ***pool del dollaro.*** Negli anni anteriori al 1959, i paesi che facevano parte dell'area della sterlina convogliavano tutti i dollari guadagnati in un conto tenuto in Gran Bretagna e chiamato pool del dollaro. I cittadini dei paesi che avevano contribuito alla formazione di questo conto, avevano la possibilità di negoziare i titoli di questo pool, il cui ricavato poteva essere riutilizzato per l'acquisto di titoli esteri o investimenti all'estero. Il cambio di questi dollari nei confronti della sterlina veniva fatto ad un corso superiore a quello del mercato ufficiale delle valute estere e ciò dava luogo ad un aggio, chiamato premio del dollaro, che ha raggiunto punte del 60%.

dollar premium: 1. ***premio del dollaro.*** V. spiegazione sotto *dollar pool.* **2.** ***aggio del dollaro.*** A seguito delle restrizioni imposte sull'acquisto, da parte di residenti britannici, di titoli canadesi e statunitensi e poiché la maggior parte di tali titoli trattati nel Regno Unito provenivano da residenti che se ne disfacevano, la domanda superava di solito l'offerta, così che le quotazioni alla borsa valori di Londra erano sempre superiori alle quotazioni degli stessi titoli alle borse di New York e Montreal. Tale differenza di prezzo era indicata con l'espressione aggio del dollaro. Con l'abolizione del controllo sui cambi nel 1979, tale fenomeno ebbe termine.

dollar price: ***prezzo in dollari.*** Il prezzo di un bene o servizio quotato in dollari e non nella valuta nazionale. Molti prodotti primari, tra i quali il petrolio, vengono quotati e pagati in dollari statunitensi sui mercati internazionali.

dollar shortage: ***scarsità di dollari.*** Lo stesso che *dollar gap 1* (v.).

dollar standard: ***regime monetario basato sul dollaro.*** Termine usato da J. M. Keynes nella sua opera *A Tract on Monetary Reform* per indicare la situazione che si era venuta a creare negli Stati Uniti agli inizi degli anni venti. In quegli anni, infatti, gli Stati Uniti pretendevano di mantenere in essere un regime a base aurea ma, dice Keynes, in effetti avevano stabilito un regime basato sul dollaro e invece di garantire che il valore del dollaro si conformasse a quello dell'oro, provvedevano con grandi spese a che il valore dell'oro si conformasse a quello del dollaro.

dollar stocks: ***azioni in dollari.*** Termine usato nel linguaggio finanziario britannico per indicare azioni di società statunitensi o canadesi.

domain: ***proprietà; dominio.*** Il termine inglese viene usato per indicare la proprietà immediata o assoluta di un terreno.

Domar model: ***modello Domar.*** Termine a volte usato con lo stesso significato di *Harrod–Domar model* (v.).

domestic bill: ***cambiale interna.*** È una qualsiasi cambiale emessa e pagabile nella medesima nazione. (v. anche *foreign bill*)

domestic bond issue: ***emissione di prestito interno; emissione di prestito nazionale.*** È un prestito obbligazionario, il cui emittente risiede nel paese nel quale il prestito viene collocato.

domestic commerce: ***commercio interno.*** Termine usato negli Stati Uniti per indicare il commercio che si svolge interamente ed esclusivamente entro i confini degli USA. Lo stesso termine indica il commercio che si svolge all'interno dei confini di ciascuno degli Stati Uniti e in questo caso contrasta con il termine *interstate commerce* (v.).

domestic consumption: ***consumo interno.*** Lo stesso che *home consumption* (v.).

domestic content: ***contenuto nazionale.*** La parte di un bene finale effettivamente prodotta nel paese in cui esso è commercializzato. In teoria, il contenuto nazionale corrisponde al costo di produzione franco fabbrica meno il costo delle parti importate, ma in pratica ogni impresa multinazionale che opera in un paese straniero ha un suo proprio sistema per calcolarlo.

domestic content laws: ***leggi sul contenuto nazionale.*** Lo stesso che *domestic content rules* (v.) con la sola differenza che in questo caso si tratta di vere e proprie leggi che regolamentano la materia.

domestic content requirements: ***requisiti di contenuto nazionale.*** In relazione agli insediamenti di imprese estere, sono i requisiti imposti dai governi ospitanti e riguardanti la quantità minima di input locali che l'impresa si impegna a utilizzare.

domestic content rules: ***norme sul contenuto nazionale.*** Norme che prevedono un contenuto minimo di parti di produzione nazionale in beni di importazione assemblati in patria o all'estero, affinché essi siano esentati da contingentamenti o altre misure restrittive o vengano colpiti da un dazio d'importazione ridotto.

domestic corporation: ***società nazionale.*** Nel linguaggio giuridico statunitense, una società è detta nazionale all'interno dello stato nel quale è registrata. In tutti gli altri stati è una società estera.

domestic credit expansion: ***espansione creditizia interna.*** Indicatore economico che misura la crescita monetaria globale in un paese. È il totale che si ottiene dopo aver rettificato l'incremento dell'offerta di moneta, onde tener conto di qualsiasi variazione delle riserve causata direttamente da un'eccedenza o da un deficit dei conti con l'estero. Un'eccedenza nei confronti dell'estero porta un afflusso monetario, mentre un deficit porta un deflusso. Così, l'espansione creditizia interna equivale all'aumento dell'offerta di moneta più la valuta estera acquisita dal fondo per la stabilizzazione dei cambi a seguito di provvedimenti intesi a far fronte ad un deficit con l'estero o, al contrario, meno la quantità di valuta estera corrispondente all'eccedenza con l'estero.

domestic currency: ***valuta interna; valuta nazionale.*** La valuta che circola in un qualsiasi paese, in contrapposizione alla valuta estera, cioè quella che circola in un qualsiasi altro paese.

domestic debt repayment: ***rimborso del debito interno.*** L'estinzione totale o parziale del debito contratto da uno stato nei confronti dei suoi cittadini. Il termine è stato poco usato, in quanto nel corso di questo secolo e soprattutto dopo la seconda guerra mondiale non si è mai parlato di rimborso del debito pubblico per le ragioni ben note, ma è tornato nella letteratura finanziaria nella seconda metà degli anni ottanta, quando l'avanzo di bilancio del Regno Unito ha posto le condizioni necessarie per l'ammortamento del debito pubblico britannico.

domestic demand: ***domanda interna.*** La domanda globale di beni e servizi all'interno di un sistema economico, cioè di una singola nazione.

domestic economy: ***economia nazionale.*** Lo stesso che *national economy* (v.).

domestic expenditure: ***spesa interna.*** La spesa globale volta all'acquisto di beni e servizi all'interno di un paese. Corrisponde alla domanda interna.

domestic export: ***bene nazionale di esportazione.*** Il termine inglese indica un bene prodotto in una nazione ed esportato all'estero e si usa per fare distinzione tra questo tipo di beni di esportazione e quelli riesportati dopo che hanno subito una qualche modificazione nel paese in questione.

domestic industry: ***industria domestica.*** Caratteristica di un'economia in cui ogni famiglia, come unità economica, produce i beni necessari per soddisfare i bisogni della famiglia stessa.

domestic inflation rate: ***tasso d'inflazione interno.*** Il tasso d'inflazione prevalente in un paese, indipendentemente dall'andamento dell'inflazione in altri paesi con i quali il primo intrattiene rapporti economico–commerciali.

domestic international sales corporation: ***società interna per le vendite internazionali.*** Un tipo di società statunitense, costituita allo scopo di ridurre il differenziale di imposte tra le vendite all'estero di una società o delle sue sussidiarie in patria e le vendite di beni prodotti all'estero da sussidiarie della stessa società. Una società del genere praticamente ricava tutto il proprio reddito dall'esportazione di beni dagli Stati Uniti, ma ai fini fiscali è trattata come se non svolgesse alcuna attività all'interno di quel paese. Prima dell'adozione di questo espediente, praticato col beneplacito del ministero del tesoro statunitense, il reddito proveniente dalla vendita all'estero di beni prodotti negli Stati Uniti era immediatamente soggetto ad imposizione fiscale, mentre il reddito delle sussidiarie estere diventava soggetto ad imposizione fiscale soltanto nel momento in cui veniva trasferito alla casa madre sotto forma di dividendo. L'effetto dell'espediente, quindi, è stato quello di trattare tutto il reddito della società come se provenisse da sussidiarie all'estero sotto forma di pagamento di dividendi.

domestic investment: ***investimento privato.*** Nel linguaggio economico, indica gli acquisti globali di beni capitali da parte di privati, società ed istituzioni, contrapposti agli investimenti pubblici, cioè quelli effettuati dallo stato, dalle aziende a capitale pubblico e dalle imprese produttrici di pubblici servizi. Il termine inglese viene usato anche col significato esposto sotto *home investment* (v.).

domestic market: ***mercato interno.*** Lo stesso che *home market* (v.).

domestic non–financial debt: ***debito interno non finanziario.*** Il debito contratto all'interno di un paese da consumatori, imprese e lo stato.

domestic output: ***produzione interna.*** Lo stesso che *domestic production* (v.), ma limitatamente alla produzione globale di un paese e non anche all'attività di produzione.

domestic port: ***porto stazione di trasbordo.*** Termine usato nel linguaggio dei trasporti per indicare un porto che serve un ampio entroterra ad alta densità di popolazione. Il porto diventa, pertanto, una stazione di trasbordo di merci provenienti dall'estero e destinate all'entroterra o provenienti da quest'ultimo e destinate all'estero o ad altre zone dello stesso paese.

domestic product: ***prodotto nazionale; prodotto interno.*** Il termine inglese viene usato per indicare sia un qualsiasi prodotto fabbricato all'interno di un paese, sia l'intera produzione di beni e servizi di un paese. (v. anche *national product*)

domestic production: ***produzione interna.*** La produzione globale delle industrie di un qualsiasi paese. Lo stesso termine viene spesso usato per indicare l'attività di produzione delle industrie di un paese.

domestic rate: ***imposta locale sulle abitazioni.*** Termine generico, usato per indicare una qualsiasi imposta che, a livello locale, percuote qualsiasi immobile occupato dal proprietario.

domestic saving: ***risparmio interno.*** Lo stesso che *home saving* (v.).

domestic ship: ***nave nazionale.*** È una nave che è stata immatricolata nel paese di cui si parla.

domestic supply: ***offerta interna.*** L'offerta globale di beni e eservizi all'interno di un sistema economico, cioè di una singola nazione, escluse le esportazione.

domestic system: ***sistema di lavoro domiciliare; industria a domicilio.*** Il sistema di produzione, prevalente nei secoli sedicesimo e diciassettesimo, che seguì il sistema artigiano e precedette quello di produzione in fabbrica. In questo sistema, il capitalista forniva la materia prima e gli utensili, l'operaio fabbricava il prodotto a casa propria e lo consegnava poi al capitalista, che provvedeva a metterlo in vendita.

domestic trade: ***commercio interno.*** Lo stesso che *home trade* (v.).

domestic–trade industries: ***industrie per il commercio interno.*** Le industrie che, in un sistema economico, producono beni e servizi essenzialmente o esclusivamente per il consumo entro i confini dello stato in cui operano, senza alcun obiettivo di vendita sui mercati esteri.

domestic unitary tax: ***imposta unitaria interna.*** Non è altro che la *unitary tax* (v.) applicata ai profitti che le società realizzano entro i confini degli Stati Uniti. Infatti, la *unitary tax* è stata abolita in quasi tutti gli Stati Uniti, ma solo relativamente ai profitti prodotti all'estero.

domicile: ***domicilio.*** Nel linguaggio finanziario, è la banca o la persona, diversa dal debitore cambiario principale, presso la quale una cambiale deve essere presentata per essere pagata.

domiciled bill: ***cambiale domiciliata.*** Cambiale la cui presentazione per il pagamento deve avvenire presso domicilio e persona diversi da quelli del debitore cambiario principale. In genere, l'espressione indica una cambiale munita della clausola che indica la banca presso la quale è pagabile, di solito la banca dell'accettante.

dominant tenement: ***fondo dominante.*** È così detto un fondo intercluso, che gode di una servitù su un altro fondo confinante, detto fondo servente. (v. anche *easement, right of way*)

dominion register: Libro dei soci, domiciliati in uno dei *dominions*, che le società inglesi sono tenute a conservare presso la loro sede principale, se tra i loro soci figurano persone residenti in un *dominion.* Il libro deve contenere le stesse informazioni previste dal libro dei soci.

donated stock: Azioni che un socio restituiva alla società, di solito perché venissero rivendute. Tale pratica era diffusa quando la legge imponeva differenti norme in relazione alla vendita di azioni da parte della società emittente e alla rivendita da parte di un azionista. Oggi, tale pratica è caduta in disuso a seguito dell'abrogazione di tali disposizioni.

donated surplus: Espressione usata negli Stati Uniti per indicare un'eccedenza derivante da donazioni a titolo gratuito fatte ad una società da azionisti o terzi, quale ad esempio la concessione gratuita di un terreno da parte di un'amministrazione locale come incentivo a localizzare uno stabilimento nell'ambito del territorio amministrato dall'ente locale.

donation: ***donazione.*** 1) La restituzione di capitale azionario ad una società, senza costi per quest'ultima (v. anche *donated stock*). 2) Qualsiasi bene trasferito a titolo gratuito; in particolare, beni ceduti gratuitamente ad organizzazioni caritatevoli.

donee: ***legatario.*** Lo stesso che *legatee* (v.).

donee beneficiary: ***beneficiario a titolo gratuito.*** È il beneficiario (v. *beneficiary*) di polizze assicurative, fondi in amministrazione fiduciaria, ecc., che riceve un beneficio senza aver corrisposto alcun corrispettivo.

dong: Unità monetaria del Vietnam, suddivisa in cento xu o in dieci hao.

donor: ***fiduciante; donante.*** Lo stesso che *settlor* (v.).

Donovan Report: ***Rapporto Donovan.*** La relazione finale di una commissione nominata per svolgere un'indagine conoscitiva sui sindacati operai e dei datori di lavoro (*Royal Commission on Trade Unions and Employers' Associations*), pubblicata nel 1968. Tra le principali raccomandazioni in essa contenute, figurano: quella di sostituire accordi su scala locale ad accordi su scala nazionale; il rigetto della richiesta di rendere gli accordi vincolanti per legge; l'auspicio di una maggiore fusione di sindacati operai, onde garantire la presenza in campo nazionale di una sola organizzazione sindacale per ciascun tipo di occupazione. (v. anche *Industrial Relations Commission*)

doomage power: ***potere di imposizione.*** Espressione usata nel linguaggio tributario statunitense per indicare il potere di uno stato di basare un accertamento fiscale su un qualsiasi dato disponibile, se il contribuente non presenta o si rifiuta di presentare una dichiarazione a tal fine.

«doomsday»: ***«giorno del giudizio».*** Termine colloquiale, con il quale si indica il 5 aprile 1965. Gli utili di capitale sono infatti calcolati nel Regno Unito in base ai corsi azionari di quella data o in base all'effettivo prezzo di acquisto. (v. anche *capital gains tax*)

doomsters: Neologismo con il quale vengono indicati coloro che mostrano o diffondono eccessiva preoccupazione prevedendo il rapido esaurimento delle risorse energetiche mondiali a causa di un eccessivo sfruttamento delle riserve di petrolio. Essi sostengono che se l'umanità non provvede a riciclare rapidamente le risorse, a controllare l'inquinamento ambientale e a ridurre il tasso di consumo energetico, entro poco più di cento anni sarà destinata alla completa estinzione.

doorstep sale: ***vendita porta a porta.*** Termine col quale si indica la vendita realizzata o tentata da un *door–to–door salesman* (v.).

door to door: ***porta a porta.*** Espressione, di solito aggettivale, con la quale si indica la consegna, la tentata vendita o la distribuzione di prodotti, buoni, materiale pubblicitario, ecc., a tutti i residenti di una determinata zona.

door–to–door salesman: ***venditore porta a porta.*** Tipo di venditore che va di casa in casa cercando di vendere gli articoli che porta con sé o dei quali ha un campione in base al quale gli acquirenti gli firmeranno un ordinativo. Di solito lavora alle dirette dipendenze di una società produttrice, ma può anche essere al servizio di un agente di zona. La sua remunerazione è generalmente pagata sotto forma di provvigione proporzionale alle vendite.

door–to–door service: ***servizio porta a porta.*** Espressione del linguaggio dei trasporti, con la quale si indica il servizio che prevede il ritiro del carico, di solito in contenitori, al domicilio del mittente e la consegna al domicilio del destinatario.

Dorchester Labourers: Sono indicati con questo termine i sei braccianti agricoli del Dorset, Inghilterra, che nel 1834 furono condannati alla deportazione per essersi resi colpevoli del reato di associazione in una forma di sindacato che prevedeva un giuramento. Dopo aver scontato quattro dei sette anni di pena comminati loro, furono graziati e rimessi in libertà.

dormant account: ***conto inattivo; cliente inattivo.*** Lo stesso che *dead account 2* (v.).

dormant balance: ***saldo inattivo.*** Il saldo di un conto bancario sul quale non si fanno operazioni da molto tempo. Tra questi saldi rientrano quelli di persone morte e senza eredi, di cui nessuno ha mai richiesto il pagamento.

dormant company: ***società inattiva.*** Il termine inglese è stato introdotto dal *Companies Act* del 1985 per indicare una società che non svolge alcuna attività operativa e che pertanto non registra alcuna operazione contabile. La suddetta legge consente che non venga nominato il revisore dei conti per il periodo in cui la società resta inattiva.

dormant partner: **1.** ***socio non amministratore; socio non operante.*** Lo stesso che *silent partner 1* (v.). **2.** ***accomandante; socio accomandante.*** Lo stesso che *silent partner 2* (v.).

dormitory towns: ***città dormitorio.*** Città sviluppatesi nel dopoguerra intorno ad altre città altamente industrializzate e ad alta densità di popolazione. Le città dormitorio offrono, ai lavoratori delle grandi città, buone opportunità residenziali, lontano dal rumore e dal caos e a prezzi di gran lunga migliori di quelli della grande città. Ne sono esempi le tante piccole città sviluppatesi nei dintorni di New York, Londra, ecc.

dose: ***dose.*** Termine usato da Alfred Marshall per indicare un incremento unitario di un bene o di un fattore della produzione. Ad esempio, una dose addizionale di capitale o lavoro in rapporto ad una quantità fissa di terra.

D.O.T.: Department of Overseas Trade.

double–account–form balance sheet: ***bilancio patrimoniale a forma di doppio conto.*** La forma del bilancio patrimoniale basata sul sistema del doppio conto, usata a volte nel Regno Unito. Consiste di due sezioni: capitale (o finanza) e gestione (o spese generali). La sezione capitale mostra le entrate e le uscite di capitale, cioè i proventi della vendita di azioni e obbligazioni e i beni capitali nei quali sono stati investiti quei proventi; la seconda parte costituisce il bilancio generale e presenta attività, passività, riserve e tutte le altre solite voci di un bilancio patrimoniale.

double–account system: ***sistema di contabilità del doppio conto.*** Sistema di contabilità, prescritto da precise disposizioni giuridiche nel Regno Unito per le società che appaltano opere pubbliche. Caratteristica distintiva è la separazione delle attività e passività correnti da quelle fisse.

double assessment: ***doppia imposizione.*** Lo stesso che *double taxation* (v.).

double auction market: ***mercato a duplice asta.*** Nel mercato dei titoli, indica la continua variazione dei prezzi da parte di chi offre e di chi domanda, nel tentativo di creare un mercato. La vendita avrà luogo quando il prezzo più alto della domanda incontrerà il prezzo più basso dell'offerta.

double–barrelled bond: Termine del linguaggio finanziario statunitense, con il quale si indica un titolo emesso da enti locali e garantito sia dal futuro gettito fiscale di competenza dell'ente, sia dal reddito di un progetto specifico, come ad esempio un porto o un'autostrada, che si intende finanziare con il ricavato dell'emissione.

double bond: ***obbligazione condizionata.*** È un tipo di obbligazione, non usata in Italia, che prevede una o più condizioni in relazione al pagamento degli interessi o al rimborso della somma capitale.

double breasting: La pratica, seguita da alcune imprese sindacalizzate, di trasferire i loro dipendenti in sussidiarie non sindacalizzate, allo scopo di ridurre il potere del sindacato.

double brokerage: ***senseria doppia.*** Senseria pagata da ambedue le parti, cioè il compratore e il venditore.

double budget: ***doppio bilancio.*** Espressione popolare usata per indicare un qualsiasi piano tendente a separare chiaramente capitali e capitoli non ricorrenti da capitoli ricorrenti di entrata e uscita.

double call: ***doppia estrazione.*** Nel linguaggio finanziario, indica un accorgimento, basato su un fondo di ammortamento, che impone all'emittente di rimborsare un numero fisso di obbligazioni in ciascun anno di vita del prestito e probabilmente un numero doppio delle obbligazioni il cui rimborso era originariamente stabilito per ciascun anno determinato.

double coincidence of wants: ***doppia coincidenza dei bisogni.*** È una delle condizioni fondamentali perché si possa effettuare un'operazione di baratto. La doppia coincidenza deriva dal fatto che se una persona desidera barattare un bene di sua proprietà per un bene di cui ha bisogno, deve trovare chi non soltanto sia in possesso del bene che egli vuole, ma sia anche disposto a prendere in cambio ciò che viene offerto, con cui soddisfare un suo bisogno. Solo così il bisogno dell'una e dell'altra parte trovano soddisfazione in una singola operazione di scambio e si verifica la doppia coincidenza dei bisogni. Questa condizione del baratto, come del resto gli altri svantaggi di questo tipo di scambio, fu superata quando si cominciò ad usare la moneta.

double counting: ***duplice valutazione.*** Uno degli errori in cui si può incorrere nel valutare il reddito nazionale di un paese. È necessario, infatti, distinguere, ad esempio, i redditi originari da quelli derivati o includere nei calcoli il valore monetario dei prodotti finiti e non anche quello dei semi–lavorati.

double cropping: ***doppio raccolto.*** Nella coltivazione intensiva, il termine indica due raccolti dello stesso prodotto in un'unica stagione, quando il clima o la natura del terreno lo consentono, o due raccolti di prodotti diversi coltivati sulla medesima estensione di terra nella stessa stagione.

double declining balance method of depreciation: ***metodo di ammortamento a doppie quote proporzionali ai valori residui.*** Metodo che consiste nel ripartire il costo iniziale di un bene capitale in un determinato numero di periodi di tempo, sottraendo in ciascun periodo una quota doppia di quella riconosciuta dallo *straight line method* (v.) e applicando tale quota doppia al saldo residuo all'inizio di ciascun periodo. Nel calcolo non si tiene conto di alcun valore di recupero.

double-digit inflation: ***inflazione a due cifre.*** La situazione economica di un paese in cui il tasso annuo di aumento dei prezzi va da un minimo del 10 per cento in su.

double distribution: ***riclassificazione di spese.*** La ridistribuzione o percentualizzazione di una qualsiasi spesa, gruppo di spese, o altri costi, tramite la quale da una classificazione iniziale si trasferisce il costo ad un altro conto o lo si ripartisce tra diversi conti.

double eagle: ***doppia aquila.*** Moneta d'oro statunitense, ancora in commercio ma non più a corso legale, del valore di venti dollari oro. (v. anche *eagle*)

double endowment insurance: ***assicurazione doppia mista.*** Il termine inglese indica un tipo di assicurazione mista in base al quale l'assicuratore si impegna a pagare una somma doppia di quella assicurata se la persona assicurata sarà ancora in vita al termine del periodo di validità del contratto. (v. anche *endowment assurance*)

double entry: ***partita doppia.*** Il sistema di contabilità in cui ogni operazione dà luogo a due registrazioni, una a credito e l'altra a debito, con i totali che si pareggiano. Ciascun conto, pertanto, è dotato di due sezioni, una per il dare e una per l'avere, e ciascuna operazione registrata in una delle sezioni di un conto, verrà anche registrata nella sezione opposta del conto che fa da contropartita al primo. Quindi, ogni partita a credito avrà una corrispondente partita a debito e viceversa, da cui il nome del sistema di contabilità.

double-entry book-keeping: ***contabilità in partita doppia; contabilità sistematica.*** Sistema di contabilità che presuppone due registrazioni, una a credito e l'altra a debito, per ciascuna operazione. Le registrazioni in dare rappresentano aumenti di attività e spese o diminuzioni delle passività; quelle in avere aumentano le passività e il reddito o diminuiscono le attività. Il totale del dare deve sempre pareggiare il totale dell'avere. (v. anche *double entry*)

double factoral terms of trade: Il rapporto tra le quantità dei fattori della produzione nei due paesi, necessari per produrre quantità di beni di uguale valore negli scambi con l'estero. (v. anche *terms of trade*)

double florin: ***doppio fiorino.*** Moneta inglese d'argento, del valore di quattro scellini, la cui emissione ebbe luogo per la prima volta nel 1887 e fu sospesa nel 1890.

double income-tax relief: ***esenzione dalla doppia imposizione sul reddito.*** Termine usato con lo stesso significato di *double taxation relief* (v.).

double indemnity: ***doppio indennizzo.*** Nelle assicurazioni sulla vita, alcuni tipi di polizza prevedono, dietro versamento di un premio addizionale, il pagamento del doppio della somma assicurata in caso di morte a seguito di incidente, restando esclusi però il suicidio e la morte in guerra.

double insurance: ***doppia assicurazione.*** È la doppia copertura dello stesso rischio, generalmente con due diverse società e polizze. Poiché la legge stabilisce che non si possa trarre un utile da un danno coperto da assicurazione, l'assicurato percepirà solo l'indennizzo del danno subito e la società che paga chiederà all'altra di contribuire alla liquidazione del danno.

double liability: ***doppia responsabilità.*** È così detta la responsabilità cui erano esposti in passato i portatori del capitale azionario delle banche statunitensi. Una prima responsabilità era quella relativa al valore del capitale nominale che essi avevano versato; una seconda responsabilità era rappresentata da un uguale ammontare, che poteva essere richiamato in caso di insolvenza della banca.

double-logarithmic chart: ***diagramma a doppia scala logaritmica.*** È un diagramma nel quale si fa uso di due scale logaritmiche, una su ciascun asse di riferimento.

double option: ***opzione doppia; contratto a doppio premio; stellage; contratto a doppia facoltà; stellaggio.*** Lo stesso che *put and call* (v.).

double-page spread: ***doppia.*** Lo stesso che *centre spread* (v.).

double pricing: ***doppia prezzatura.*** La pratica, molto criticata, di esporre due prezzi su un oggetto, uno più alto cancellato e l'altro più basso, per indicare che si è operato uno sconto o un ribasso, al fine di indurre il consumatore ad acquistare l'articolo nella certezza di realizzare un risparmio.

double rate declining balance method of depreciation: ***metodo di ammortamento a doppie quote proporzionali ai valori residui.*** Espressione usata come sinonimo di *double declining balance method of depreciation* (v.).

double ryal: Antica moneta inglese d'oro, emessa per la prima volta nel 1489, col valore di venti scellini. Il suo nome fu in seguito cambiato in sovrana (v. anche *sovereign*), che venne poi ad essere conosciuta come lira sterlina.

double sampling: ***campionamento doppio.*** Nel controllo statistico della qualità, è un piano per la suddivisione del lotto in due campioni. Dopo aver esaminato il primo campione, l'intero lotto può essere accettato, scartato o sospeso in attesa dell'esame del secondo campione, effettuato il quale il piano prevede soltanto l'accettazione o lo scarto dell'intero lotto.

double sovereign: ***doppia sovrana.*** Antica moneta inglese d'oro, emessa per la prima volta nel 1489, col valore di quaranta scellini (v. anche *double ryal, sovereign*). In seguito venne emessa soltanto in occasione di eventi speciali, quale ad esempio l'incoronazione di un sovrano.

double standard: ***doppio tipo; tipo bimetallico; tipo monetario doppio.*** Sistema monetario nel quale coesistono due monete tipo, ad esempio d'oro e d'argento. Il fine della coesistenza è di dare maggiore stabilità alla moneta del paese, ma lo svantaggio principale cui si va incontro è che a seguito di mutate condizioni della domanda e dell'offerta nel tempo, il valore relativo dei due metalli, fissato per legge, cambia con la conseguente tesaurizzazione del metallo che si è apprezzato. (v. anche *bimetallism*)

double taxation: ***doppia imposizione; doppia tassazione.*** Si verifica quando il medesimo soggetto d'imposta è colpito due o più volte. Ciò può avvenire per i redditi di cittadini non residenti, che vengono colpiti da imposta sia nel paese in cui si produce il reddito, sia in quello in cui risiedono; oppure per utili di società, colpiti sia quando sono ancora in possesso dell'impresa, sia quando passano nelle mani degli azionisti sotto forma di dividendi.

double taxation agreement: ***accordo sulla esenzione dalla doppia imposizione.*** Accordo tra due paesi, in base al quale si stabilisce che una persona residente in uno dei due paesi non sarà soggetta a doppia imposizione fiscale sul reddito prodotto nell'altro paese.

double taxation relief: ***esenzione dalla doppia impo***

sizione. Si tenta di evitare la doppia imposizione mediante convenzioni internazionali, con l'obiettivo di non ostacolare gli investimenti all'estero. L'esenzione dalla doppia imposizione di redditi prodotti all'estero, e soggetti ad imposta in quel paese, si concretizza in due modi nel Regno Unito: 1) si fa pagare al contribuente soltanto la differenza tra l'aliquota vigente nel Regno Unito e l'aliquota vigente nel paese in cui è stato prodotto il reddito; 2) l'imposta pagata all'estero viene detratta da quella da pagarsi nel Regno Unito.

doubtful debt: ***credito dubbio.*** Un credito la cui esigibilità è del tutto o in parte dubbia. Quando un credito assume tale connotazione, si provvede subito ad accantonare una somma equivalente, prelevata dagli utili, con la quale far fronte al credito, o parte di esso, che viene considerato inesigibile. (v. anche *debt, bad debt*)

Douglas theory: ***teoria di Douglas.*** La teoria economica spiegata sotto *social credit* (v.).

Dow–Jones averages: ***indici Dow–Jones.*** L'indice azionario Dow–Jones è suddiviso in quattro gruppi: 1) l'indice dei prezzi di trenta azioni industriali principali; 2) l'indice dei prezzi di venti azioni di società finanziarie; 3) l'indice dei prezzi di quindici azioni di aziende di pubblici servizi; 4) l'indice che tiene conto dei prezzi dei precedenti sessantacinque titoli azionari. L'indice obbligazionario Dow–Jones è suddiviso in cinque gruppi, che tengono conto del prezzo di: 1) dieci obbligazioni di società ferroviarie di primaria importanza; 2) dieci obbligazioni di società ferroviarie di secondaria importanza; 3) dieci obbligazioni di aziende di pubblici servizi; 4) dieci obbligazioni industriali; 5) un insieme rappresentato da queste quaranta obbligazioni. Generalmente, quando si parla di indice Dow–Jones si intende l'indice relativo alle trenta azioni industriali, il più popolare indice a Wall Street. Molti investitori basano su questo indice le loro previsioni circa la tendenza generale del mercato dei valori mobiliari americano.

Dow–Jones index: ***indice Dow–Jones.*** È l'indice relativo alle trenta azioni industriali principali, descritto sotto *Dow–Jones averages* (v.).

down–market: Espressione aggettivale usata per indicare un punto di vendita che offre articoli richiesti dalle categorie di consumatori a più basso reddito e che, pertanto, dispone solamente di articoli a basso prezzo e di qualità scadente.

down payment: ***acconto; deposito.*** Quella parte del prezzo di acquisto che l'acquirente deve pagare in contanti all'atto della firma di un contratto di acquisto a rate. (v. anche *deposit 2*)

down period: ***periodo d'inattività.*** Il periodo in cui uno stabilimento è chiuso per lavori di riparazione, manutenzione o ristrutturazione.

downside: Termine usato nel linguaggio finanziario come sostantivo e aggettivo per indicare la probabilità di un movimento al ribasso del corso di un titolo azionario, indipendentemente dall'andamento dell'intero mercato.

downsizing: ***ridimensionamento.*** La riduzione dell'attività di un'impresa attraverso la chiusura di alcuni settori o attraverso la riduzione del personale impiegato. (v. anche *shake–out*)

downstairs merger: ***incorporazione verso l'alto.*** Espressione usata negli Stati Uniti per indicare un tipo di concentrazione, che si manifesta attraverso l'assorbimento di una società madre da parte di una sua sussidiaria.

downstream linkage: ***collegamento a valle.*** Lo stesso che *forward linkage* (v.).

downstream subsidies: ***sussidi «a valle».*** Sono così chiamati i sussidi erogati da un governo a sostegno delle esportazioni, dopo che i beni sono stati prodotti e realmente destinati all'esportazione. Ne è un esempio la restituzione dell'imposta di fabbricazione su prodotti venduti all'estero.

downswing: ***fase discendente; contrazione.*** Termine usato con lo stesso significato di *downward phase* (v.).

down tick: Espressione del gergo borsistico statunitense, con la quale si indica un'operazione di compravendita effettuata a un prezzo più basso di quello della precedente operazione. Quando si verifica questo evento, accanto all'ultimo prezzo del titolo viene indicato, al posto di contrattazione nella sala della borsa, il segno «meno» (–) per tutta la giornata.

down time: ***tempo di ozio; tempo d'inattività; tempo di attesa.*** Tempo necessario per l'installazione, il collaudo o la verifica e la manutenzione di un impianto. Lo stesso termine indica anche il tempo perso per ozio o inattività.

down–time rate: ***saggio giornaliero del salario; giornata.*** Il termine inglese viene usato per indicare specificamente il saggio giornaliero di salario corrisposto a lavoratori che non sono in grado di svolgere la loro attività, a causa di interruzione del lavoro dovuta a riparazioni o rottura degli impianti.

downtown: ***giù in città; in città; in centro.*** Termine usato per indicare, in modo alquanto vago, la parte più antica e sede dei principali uffici e negozi di una città di una certa dimensione. In origine, l'uso del termine era limitato al centro degli affari.

downturn: ***fase discendente; contrazione.*** Termine usato con lo stesso significato di *downward phase* (v.).

downward: ***al ribasso; discendente.*** Termine del linguaggio borsistico, usato come avverbio e aggettivo per indicare un movimento dei corsi verso il basso o una tendenza al ribasso.

downward inflexibility: ***rigidità al ribasso.*** Detto di articoli, titoli, ecc., il cui prezzo riesce a resistere a tendenze speculative o di altra natura, che vorrebbero spingerlo al ribasso.

downward phase: ***fase discendente; contrazione.*** Una delle due fasi del ciclo economico, secondo alcuni economisti suddivisa in due parti: recessione e depressione. È caratterizzata da una diminuzione dell'attività economica, da ribassi generalizzati dei prezzi e da aumento della disoccupazione. (v. anche *trade cycle, recession, depression*)

downward pressure: ***pressione al ribasso.*** Detto di prezzi che tendono a scendere a seguito di rarefazione della domanda o di eccessiva offerta.

downward price inflexibility: ***rigidità dei prezzi al ribasso.*** Lo stesso che *downward inflexibility* (v.).

downward–sloping: ***inclinata negativamente; al ribasso; discendente.*** Espressione aggettivale, usata in relazione a una tendenza o all'andamento di una curva su un grafico, con la quale si indica che la tendenza o l'andamento della curva si spostano verso il basso, assumendo un valore negativo o decrescente.

downward–sloping trend: ***tendenza al ribasso.*** Termine usato come sinonimo di *downward trend* (v.).

downward swing: ***fase discendente; contrazione.*** Termine usato con lo stesso significato di *downward phase* (v.).

downward trend: ***tendenza al ribasso.*** Nel linguaggio commerciale e delle borse, è un movimento generalizzato che punta verso il ribasso dei prezzi fino ad allora correnti nel mercato. La tendenza si fermerà quando verrà raggiunto un nuovo e diverso punto di equilibrio tra le forze di mercato.

Dow theory: ***teoria di Dow.*** Teoria, formulata da Charles Dow nel 1897, in base alla quale vengono costruiti gli indici Dow–Jones. Si basa principalmente sulle oscillazioni dei prezzi medi di titoli industriali, catalogate in tre movimenti: 1) movimenti primari, che si estendono su un periodo da meno di un anno a vari anni; 2) reazioni secondarie, che interrompono i movimenti primari per un periodo che va da tre settimane a tre mesi; 3) fluttuazioni giornaliere. (v. anche *Dow–Jones averages*)

doz.: dozen.

D/P: documents against payment.

D.P.: duty paid.

D.P.B.: deposit pass book.

dpt.: department.

dr.: 1) dram; 2) debit; 3) debtor; 4) drawer; 5) drawn; 6) drum; 7) drachma.

D/R: deposit receipt.

drachma: ***dracma.*** Unità monetaria della Grecia, suddivisa in cento leptà.

draft: ***tratta; cambiale tratta.*** Ordine scritto, inviato dal creditore (traente) al debitore (trattario), di pagare una somma di denaro specificata a un beneficiario menzionato nella tratta. È un titolo di credito negoziabile, che viene presentato al trattario per l'accettazione. Una volta accettato, diventa una *acceptance* (v.), ed ha le stesse implicazioni di un pagherò cambiario. Il termine inglese è spesso usato anche come abbreviazione di *banker's draft* (v.).

draft at a tenor: ***cambiale a tempo.*** Lo stesso che *time bill* (v.).

draft at sight: ***cambiale a vista.*** Lo stesso che *sight bill* (v.).

draft book: ***libro tratte.*** È un libro nel quale si registrano gli estremi delle tratte emesse e cioè: data e numero della tratta, nome del beneficiario, ammontare, tipo di tratta (se a vista, a giorni data, ecc.). Quando la tratta viene pagata, si registra la data del pagamento nell'apposito spazio.

draft on demand: ***tratta a vista.*** È la tratta pagabile alla presentazione, come ad esempio un assegno bancario o un *banker's draft* (v.). La scadenza, quindi, non è predeterminata, ma si verifica nel momento in cui il portatore la presenta per l'incasso.

draft terms: Espressione usata nel linguaggio commerciale per indicare le condizioni, previste in un contratto di compravendita, che consentono all'esportatore di emettere una cambiale sull'importatore o sulla sua banca.

Drage Return: Libro bianco pubblicato annualmente nel Regno Unito dal 1920 al 1939. Dava informazioni dettagliate della spesa statale per i servizi sociali.

drain of reserves: ***prosciugamento delle riserve.*** Espressione usata nel mercato monetario per indicare il flusso in uscita di valuta estera ad un ritmo tale che se non verrà fermato lascerà quantità insufficienti di riserve per far fronte al pagamento delle importazioni correnti.

dram: ***dramma; dram.*** Unità di misura di peso del sistema avoirdupois, in uso nei paesi anglosassoni e corrispondente a un sedicesimo di oncia o grammi 1,772. Nelle misure di peso farmaceutiche, un dram equivale a grammi 3,885.

Drapers' Company: Nome di una delle più antiche e importanti corporazioni inglesi, che risale al dodicesimo secolo. Fino al diciassettesimo secolo godette del monopolio del commercio dei tessuti di lana, ma oggi si dedica principalmente ad opere di carità.

draw: ***attrazione.*** Il termine inglese viene usato nel linguaggio commerciale colloquiale per indicare un qualsiasi articolo che attirando l'attenzione o solleticando il desiderio dei consumatori li spinge a spendere il loro denaro.

to draw a cheque: ***emettere un assegno; staccare un assegno.*** Nell'emettere un assegno, l'emittente deve seguire alcune disposizioni: l'assegno non deve essere ambiguo o tale da destare sospetti nella banca che dovrà pagarlo; deve essere chiaro, in modo da non generare confusione per la banca; se l'emittente stacca un assegno che si presta ad essere contraffatto, sarà responsabile verso la banca del danno che potrebbe derivarle; se egli emette un assegno in bianco, lasciando al prenditore il compito di scrivere la somma, sarà vincolato da tale assegno.

drawback: ***dazio doganale di ritorno; ristorno di dazio doganale; drawback.*** Lo stesso che *customs drawback* (v.).

drawdown: ***utilizzazione di fondi.*** Il prelievo e la conseguente utilizzazione di fondi resi disponibili da una qualsiasi istituzione finanziaria. Può riferirsi a finanziamenti internazionali, quali quelli concessi dal Fondo Monetario Internazionale o da istituzioni che concedono eurocrediti, o al prelievo e all'utilizzazione da parte di un'impresa di fondi resi disponibili da una banca nazionale.

drawee: ***trattario; trassato.*** La persona alla quale è diretto l'ordine di pagamento contenuto in una tratta. Nel caso di cambiale tratta, il trattario è il debitore; nel caso di un assegno, il trattario è la banca sulla quale esso viene emesso.

drawer: ***traente.*** La persona che emette l'ordine di pagare contenuto in una tratta, cioè il creditore. Se si tratta di un assegno bancario, è la persona creditrice della banca a seguito di deposito di una somma di denaro su un conto corrente; se si tratta di assegno circolare, il traente è il debitore, cioè la banca che ha incassato dal cliente l'equivalente del vaglia che gli rilascia.

drawer's signature: ***firma di traenza.*** È la firma che il traente appone su una cambiale tratta o su un assegno bancario o circolare.

drawing: **1.** ***traenza.*** Si indica con questo termine la facoltà del traente di disporre di una somma depositata presso il trattario, mediante l'emissione di cambiali tratte o di assegni a favore di terzi o di se stesso. **2.** ***prelievo.*** Denaro prelevato dalla cassa della ditta dal proprietario o da uno dei soci per uso personale.

drawing account: **1.** ***conto di prelievo; conto corrente.*** Tipo di deposito bancario, caratterizzato da prelevamenti a mezzo di assegni emessi dal correntista. Tale tipo di conto di norma non frutta alcun interesse sia nel Regno Unito che negli Stati Uniti, considerandosi contropartita del deposito il servizio che la banca fornisce al cliente nel pagare i suoi assegni e nel contabilizzare i movimenti del conto. **2.** ***conto prelievi.*** In contabilità, è il conto nel quale vengono registrati i prelievi di denaro per uso proprio da parte del titolare o dei soci di un'azienda.

drawing rights: ***diritti di prelievo.*** Il diritto, da parte dei paesi membri, di attingere mediante acquisti contro propria valuta, alle riserve comuni in oro e divise che costituiscono la dotazione del Fondo Monetario Internazionale. (v. anche *International Monetary Fund, special drawing rights*)

drawings: **1.** ***estrazioni.*** Il termine indica: a) le estrazioni per il rimborso alla pari di titoli di stato o obbligazioni, quando il piano di ammortamento del prestito prevede rimborsi annuali a partire da un anno prestabilito; b) l'estrazione di premi su titoli di stato, nel qual caso una parte di interessi accantonati viene versata ai possessori dei titoli estratti. **2.** ***prelievi.*** In contabilità, sono le somme di denaro prelevate per uso personale dal titolare o dai soci di un'impresa.

drawings account: ***conto prelievi.*** Variante grafica di *drawing account 2* (v.).

drawn bill: ***cambiale estera.*** Il termine inglese indica un tipo di cambiale estera emessa nel Regno Unito, pagabile all'estero, ma scontata direttamente dal traente presso una filiale di banca estera a Londra. (v. anche *foreign bill*)

drawn bond: ***obbligazione estratta; titolo sorteggiato.*** Quando il piano di ammortamento di un prestito obbligazionario prevede rimborsi periodici, per decidere quali obbligazioni rimborsare si procede ad estrazione delle serie e dei numeri delle obbligazioni e quelle così sorteggiate sono chiamate obbligazioni estratte. Esse saranno rimborsate alla pari e gli interessi finiscono di decorrere dal giorno dell'estrazione. Lo stesso sistema può essere seguito per il rimborso di titoli del debito pubblico.

draws by lot: ***estrazioni.*** Termine usato con lo stesso significato di *drawings 1* (v.).

drayage: ***carriaggio.*** È il diritto pagato per il trasporto di merci a mezzo carro.

to drift: ***muoversi.*** Nel linguaggio delle borse, questo termine indica la tendenza dei corsi o dei prezzi a spostarsi dalla posizione che occupano. Di solito viene usato per indicare tale movimento verso prezzi o corsi più bassi dei precedenti.

drilling platform: ***piattaforma di trivellazione.*** Piattaforma usata nei sondaggi per la ricerca di giacimenti petroliferi sottomarini. Dispone di tutta l'attrezzatura necessaria per la trivellazione del fondo marino, ma non per la produzione di greggio. Nella piattaforma sono anche sistemati i servizi e gli alloggi del personale addetto al funzionamento della struttura.

drive-in bank: ***banca per automobilisti; autosportello; autobanca; banca drive-in.*** Sportello che consente agli automobilisti di effettuare operazioni bancarie di prelievo e versamento, senza dover parcheggiare l'auto. Nel Regno Unito il primo di questi sportelli fu aperto a Liverpool nel 1959.

drive-in store: ***negozio per automobilisti.*** Espressione usata principalmente negli Stati Uniti per indicare un negozio o grande magazzino nel quale gli automobilisti possono fare i propri acquisti senza dover scendere dalle loro vetture.

drive-in window: ***autosportello; sportello per automobilisti.*** Lo stesso che *drive-in bank* (v.).

drive-up cashpoint machine: ***cassa automatica per automobilisti.*** Lo stesso che *cash-dispenser* (v.), ma predisposto in modo che possa essere accessibile al cliente senza che egli debba scendere dalla propria automobile.

drive-up store: ***negozio per automobilisti.*** Termine usato con lo stesso significato di *drive-in store* (v.).

drive-up window: ***autosportello; sportello per automobilisti.*** Lo stesso che *drive-in bank* (v.).

to droop: ***calare.*** Nel linguaggio delle borse, questo verbo indica una notevole diminuzione dei prezzi.

droplock loan: ***prestito a chiavistello.*** Termine usato nel linguaggio finanziario per indicare un prestito a medio termine e a tasso di interesse variabile, che può essere tramutato automaticamente in un'obbligazione a tasso di interesse fisso se i tassi d'interesse correnti scendono al di sotto di un livello prestabilito. Ad esempio, un prestito che frutta un interesse di un punto superiore al tasso interbancario londinese può diventare un'obbligazione ad un tasso di interesse fisso del quattordici per cento se il rendimento dei titoli di stato scende, ad esempio, al di sotto del tredici per cento.

drop shipment: ***spedizione diretta.*** Termine usato con lo stesso significato di *direct shipment* (v.).

drop shipper: Intermediario che procura ordini dai clienti e li invia al fabbricante o grossista, il quale provvede alla spedizione diretta. Di solito l'intermediario si interessa anche di incassare l'importo della fornitura. (v. anche *direct shipment*)

drought reserve: ***riserva per la siccità.*** Espressione australiana, usata per indicare l'aumento delle riserve auree della banca centrale in anni buoni, che saranno utilizzate in anni cattivi, in quel paese coincidenti con periodi di siccità.

drug in the market: Espressione usata per indicare una qualsiasi merce invendibile, a causa di eccessiva offerta sul mercato.

drugstore: Termine statunitense, con il quale si indica un negozio che vende una grande varietà di articoli, quali libri, prodotti di bellezza, articoli da regalo, medicine, ecc. Trovandosi generalmente in luoghi molto frequentati, questo tipo di negozio funge a volte anche da ristorante, servendo pasti leggeri che possono venir consumati abbastanza rapidamente.

drum: ***fusto.*** Contenitore cilindrico di materiale vario. Può essere metallico, se viene destinato al trasporto di liquidi, oppure di legno o cartone, se viene destinato al trasporto di merci secche o in polvere.

drummer: ***commesso viaggiatore; venditore.*** Negli Stati Uniti questo termine oggi designa un qualsiasi piazzista, ma in origine indicava l'agente di un grossista che tentava di convincere i potenziali acquirenti a visitare i magazzini del suo principale.

dry farming: ***aridocoltura.*** Coltivazione in terreni semiaridi, che prevede accorgimenti particolari per conservare l'umidità del terreno. A volte è necessario immagazzinare l'acqua nel suolo durante un'intera stagione e utilizzarla per la coltura durante la successiva, così che si raccoglie a stagioni alterne.

dry goods: **1.** ***merci secche; aridi.*** Tabacco, spezie, sigari, caffé, té, cacao, frutta secca, legumi secchi e qualsiasi altro tipo di merci non liquide, tra cui le granaglie. **2.** ***drapperie.*** Negli Stati Uniti, il termine inglese indica tessuti in genere.

dry loss: ***perdita secca.*** È la perdita, a seguito di un'imposizione fiscale, per venditori e consumatori, che eccede l'introito dello stato derivante da quell'imposta. Il caso più evidente si nota in un'industria a costi decrescenti. (v. anche *decreasing cost industry*)

dry measure: ***misura per aridi.*** Una qualsiasi unità di misura, usata nel commercio di sostanze che non siano liquidi.

dry mortgage: ***ipoteca semplice.*** L'ipoteca che crea un vincolo su un bene immobile in relazione al rimborso di un credito, ma non impone alcuna obbligazione personale al debitore ipotecario.

dry ship: ***nave da carico secco.*** Nave costruita e attrezzata per il trasporto di qualsiasi tipo di carico che non sia liquido. Il termine inglese viene usato per distinguere questo tipo di navi dalle navi cisterna.

dry trust: ***sinecura.*** Tipo di negozio fiduciario nel quale l'amministratore non deve svolgere alcun compito, tranne quello di conservare la proprietà per un certo periodo di tempo. (v. anche *trust 1*)

d/s: 1) days after sight; 2) days' sight.

D.S.: debenture stock.

D.S.I.R.: Department of Scientific and Industrial Re-

search.
D.S.T.: daylight saving time.
dstn.: destination.
D.T.I.: Department of Trade and Industry.
D.T.R.: double taxation relief.
dual banking system: ***sistema bancario duplice.*** Il termine si applica al sistema bancario statunitense, nel quale coesistono banche autorizzate a operare dai singoli stati e banche autorizzate dal governo federale.
dual capacity: ***funzione doppia; duplice funzione.*** Nel linguaggio della borsa valori londinese, è la funzione svolta da un *market maker* (v.) dopo la riforma finanziaria nota come *big bang* (v.). È detta duplice o doppia in quanto assomma le funzioni precedentemente svolte individualmente dallo *stockbroker* (v.) e dallo *stockjobber* (v.).
dual economy: ***economia duplice.*** È un'economia che sta subendo importanti sviluppi almeno in due settori industriali, diciamo quello primario e quello secondario. In alcuni casi, come ad esempio per l'economia giapponese, il termine può essere usato per indicare la situazione in cui nella stessa area geografica o nello stesso settore industriale coesistono due diversi tipi di imprese: uno costituito da grandi aziende tecnologicamente molto avanzate, che adottano metodi di produzione di vasta scala; e l'altro costituito da piccole imprese a bassa produttività, spesso impegnate nella produzione di input per le aziende del primo tipo.
dual exchange market: ***doppio mercato dei cambi.*** Lo stesso che *two–tier exchange market* (v.).
dual federalism: ***federalismo duplice.*** Negli Stati Uniti, la teoria che sosteneva che i poteri del governo federale dovevano limitarsi a regolare il commercio, mentre i singoli stati dovevano controllare la produzione. La dottrina del federalismo duplice ebbe termine nel 1936.
dual fund: ***fondo duplice.*** Negli Stati Uniti, è così chiamato un particolare tipo di fondo comune d'investimento chiuso che prevede l'emissione di un numero uguale di due tipi di quote: le quote di reddito e le quote di capitale. Le prime ricevono i dividendi nel corso di tutta la durata del fondo; mentre le seconde si dividono le attività del fondo alla data di scadenza dello stesso, dopo che le quote di reddito sono state riscattate al loro prezzo di acquisto.
dualism concept: ***concetto del dualismo.*** Il concetto su cui si basa il principio di addebitamento e accreditamento della contabilità in partita doppia.
dual listing: ***duplice quotazione.*** La quotazione di un titolo nei listini ufficiali di due diverse borse valori.
dual pay system: ***sistema duplice di salario.*** Sistema salariale in uso negli Stati Uniti, che consente al lavoratore di optare per il più remunerativo tra due o più metodi di calcolo. Ad esempio, i lavoratori dei trasporti possono scegliere tra un saggio per miglio di percorrenza e un saggio per ora di lavoro, a seconda di quale risulti per loro più vantaggioso.
dual plan: ***piano dei conti duplice.*** Un sistema di svolgimento della contabilità industriale, che si avvale di due distinti piani dei conti: uno a costi effettivi, l'altro a costi standard.
dual pricing: ***prezzo di vendita duplice; duplice prezzatura.*** Il termine inglese sta ad indicare due diversi prezzi ai quali il medesimo prodotto viene venduto su due differenti mercati.
dual purpose fund: ***fondo duplice.*** Lo stesso che *dual fund* (v.).
dual purpose trust: ***fondo duplice.*** Lo stesso che *dual fund* (v.).
dual trading: ***attività di compravendita duplice.*** Attività praticata da intermediari di borsa che consiste nell'operare in proprio oltre che per conto dei loro clienti. Tale attività si presta a speculazioni al limite del lecito quando, ad esempio, avendo ricevuto un ordine di acquisto di notevole entità, il broker prima acquista per conto proprio e poi esegue l'ordine del cliente. Data la notevole entità di quest'ultimo, il prezzo del bene o del valore mobiliare subisce subito un aumento a volte consistente e il broker può rivendere immediatamente, con un discreto profitto, la quantità che aveva precedentemente acquistato.
dual union: ***sindacato duplice.*** Espressione usata nel linguaggio statunitense delle relazioni industriali per indicare un sindacato di lavoratori organizzato in un'azienda nella quale già opera un altro sindacato.
dual unionism: ***duplice unionismo.*** Espressione del linguaggio statunitense delle relazioni industriali, con la quale si indica il tentativo, da parte di un sindacato lavoratori, di iscrivere come suoi membri lavoratori che già appartengono ad un altro sindacato.
Dubai riyal: Unità monetaria del Dubai, suddivisa in cento dirham.
ducat: ***ducato.*** Antica moneta d'oro, e a volte d'argento, emessa da vari stati europei. Il più diffuso fu il ducato della Repubblica di Venezia, che circolò in Europa dal dodicesimo al sedicesimo secolo.
dud: **1.** ***assegno scoperto; assegno a vuoto.*** Termine usato con lo stesso significato di *bounce* (v.). **2.** ***valore azionario di secondo piano.*** Un valore azionario che presenta scarsa possibilità di crescita e che pertanto è raramente trattato sul mercato.
due bill: ***riconoscimento scritto di debito.*** Espressione generica, usata per indicare un qualsiasi riconoscimento scritto di un debito.
due date: ***scadenza; data di scadenza.*** È la data in cui una cambiale deve essere pagata. Se si tratta di una cambiale a due mesi, la data di scadenza cadrà sessanta giorni dopo la data di emissione, più i tre giorni di grazia. Infatti, ai fini della scadenza di una cambiale tutti i mesi sono considerati di trenta giorni ciascuno.
due date of coupon: ***data di pagamento della cedola.*** Il giorno in cui matura il diritto al pagamento dell'interesse relativo a un titolo a reddito fisso o del dividendo relativo a un titolo azionario.
due from balance: ***nostre linee.*** Termine statunitense, equivalente al britannico *nostro account* (v.).
due–on–sale clause: Clausola presente nei contratti di mutui ipotecari statunitensi, che consente al mutuante di esigere il pagamento della somma ancora dovuta qualora il mutuatario proceda a vendere il bene immobile ipotecato.
dues: **1.** ***diritti; tasse; spese.*** Sono le somme addebitate, ad esempio da un ente portuale, per l'uso delle proprie strutture. **2.** ***ordini in sospeso.*** Gli ordinativi ricevuti da un'impresa prima che i prodotti siano disponibili per la spedizione.
dues book: ***libro degli ordini in sospeso.*** Libro nel quale vengono registrati gli ordini in sospeso, in ordine di data di ricevimento, che sarà tenuta in considerazione per stabilire una precedenza al momento in cui l'impresa sarà in grado di evaderli.
due to balance: ***vostre linee.*** Termine statunitense, equivalente al britannico *vostro account* (v.).
Duke of York tactic: Espressione usata nel linguaggio dell'economia monetaria per indicare una tattica, seguita nel Regno Unito, che consente la creazione delle condi-

zioni più favorevoli per una massiccia vendita di titoli di stato da parte delle autorità monetarie. La tattica consiste nel far salire i tassi di interesse a breve e a lungo termine fino a un tetto prestabilito, per poi far gradualmente scendere i tassi a breve termine, il che fa aumentare la domanda di titoli di stato.

dull: ***debole; stagnante.*** Aggettivo usato nel linguaggio delle borse valori per indicare un mercato caratterizzato da scarsa domanda e scarsi scambi.

dull market: ***mercato stagnante.*** Lo stesso che *stagnant market* (v.).

dummy: 1. ***prestanome; uomo di paglia.*** Lo stesso che *man of straw* (v.). **2.** ***fittizio; simulato; falso.*** Lo stesso che *sham* (v.).

dummy company: ***società di comodo.*** Termine di uso statunitense, con il quale si indica un tipo di società costituita per fare da prestanome ad un'altra società. Ad esempio, funge da intermediario tra le parti nel contratto di leasing.

dummy directors: ***amministratori di società di comodo.*** Membri del consiglio di amministrazione che agiscono soltanto seguendo le istruzioni di una società di controllo che, per una qualsiasi ragione, ha bisogno di una società di comodo.

dummy dollar: ***dollaro fittizio.*** Dollaro, del valore di un quinto di sterlina, usato alla borsa valori di Londra per stabilire l'equivalente inglese dei corsi di titoli statunitensi e canadesi. (v. anche *English equivalent*)

dummy pack: ***confezione da esposizione.*** Una confezione che non contiene il prodotto in vendita, usata soltanto per esposizione in vetrine o in appositi contenitori.

dummy stockholder: ***azionista prestanome.*** Negli Stati Uniti, questo termine viene usato per indicare chi ha intestate a suo nome azioni appartenenti ad un'altra persona, che così non compare come azionista della società.

dummy tender: ***offerta fittizia.*** Nella pratica della licitazione collusiva, sono le offerte inviate dalle aziende che non intendono aggiudicarsi il contratto, ma devono ugualmente partecipare alla gara per non essere depennate dalla lista delle aziende da invitare alle future gare. (v. anche *collusive tendering*)

dummy tendering: ***licitazione fittizia.*** Termine usato con lo stesso significato di *collusive tendering* (v.).

dummy variable: ***variabile fittizia.*** È una variabile costruita soltanto per inserire in un modello econometrico fattori non quantificabili naturalmente. Tale variabile può assumere soltanto due valori, di solito rappresentati dalle cifre 1 e 0, che rappresentano la presenza o l'assenza del fattore non quantificabile che si intende considerare.

dump bin: ***contenitore da esposizione.*** Un contenitore nel quale, in un negozio, vengono ammucchiati oggetti in vendita in maniera spesso disordinata, dal quale i clienti possono scegliere le taglie o gli articoli che intendono acquistare.

dumping: ***esportazione sottocosto; dumping.*** Forma di discriminazione di prezzo da parte di un produttore che vende i suoi prodotti su due o più mercati diversi a prezzi differenti, a causa di una qualche barriera tra i mercati e diversa elasticità della domanda in ciascuno di loro. Nel commercio internazionale, indica la pratica di vendere beni su un mercato estero a prezzi inferiori a quelli correnti sul mercato del paese produttore (esclusi, però, i costi di trasferimento dei beni). Qualsiasi pratica di dumping è sempre condotta con l'appoggio o la complicità dello stato del produttore, che lo risarcisce in un modo o nell'altro delle perdite subite nel tentativo di fare affermare i propri prodotti sul mercato estero, onde acquisire, se possibile, un monopolio o semplicemente esitare eccessi di produzione senza sconvolgere il mercato interno. L'Accordo Generale sulle Tariffe e il Commercio consente l'imposizione di dazi di importazione speciali al fine di ostacolare le pratiche di dumping, le quali sono ugualmente proibite nell'ambito della Comunità Economica Europea.

dunnage: ***fardaggio; pagliolo.*** Materiale usato nello stivaggio di carico sulle navi, per evitarne la commistione, per proteggerlo dagli urti e per impedire che si sposti durante il viaggio.

duopolist: ***duopolista.*** Ciascuno dei due venditori, che operano nella condizione di mercato detta duopolio. (v. anche *duopoly*)

duopoly: ***duopolio.*** Condizione di mercato che contempla la presenza di solo due venditori di un bene o servizio, di fronte alla presenza di molti compratori. Poiché ciò può dar luogo ad una concorrenza tale da rovinare entrambi i venditori, essi spesso ricorrono ad accordi, magari dividendosi il mercato e impegnandosi a non farsi concorrenza nelle rispettive zone. In tal caso, ambedue praticano un prezzo di monopolio.

duopsony: ***duopsonio.*** Condizione di mercato che contempla la presenza di solo due compratori di un bene o servizio, offerto da più venditori. È una situazione analoga, ma inversa, a quella del duopolio. (v. anche *duopoly*)

dup.: duplicate.

duplicate of exchange: ***seconda di cambio.*** È la seconda copia di una cambiale, tratta in due soli esemplari. (v. anche *second of exchange*)

duplicate warrant: ***copia di bolletta per merci esenti.*** La copia, firmata da un ufficiale doganale, che viene rilasciata all'importatore per consentirgli di introdurre nel paese le merci esenti da dazio di importazione dichiarate nella bolletta per merci esenti. (v. anche *entry for free goods*)

duplicating system: ***sistema di contabilità a ricalco.*** Sistema che prevede, mediante l'uso di carta carbone o altri tipi di carta speciale, la registrazione contemporanea delle operazioni aziendali sul giornale e sul mastro, eliminando la necessità della ripetizione delle descrizioni, con notevole risparmio di tempo e riduzione del pericolo di commettere errori. Tale sistema prevede l'uso di un giornale e di schede di mastro con la stessa rigatura, in maniera da far coincidere righe e colonne al momento della registrazione. Il ricalco viene detto diretto, quando si registra sul giornale ricalcando sulle schede del mastro; indiretto, quando si registra sulle schede del mastro, ricalcando sul giornale.

durable goods: ***beni durevoli; beni non deperibili.*** Sono i beni di consumo con vita d'uso superiore ai tre anni o, comunque, in grado di prestare più servizi utili successivi. (v. anche *consumer durable goods*)

durable manufacturing industry: ***industria produttrice di beni durevoli.*** Un'industria, o l'intero settore industriale, che è impegnata nella produzione di beni durevoli.

durables: ***beni durevoli; beni non deperibili.*** Termine usato come sinonimo di *durable goods* (v.).

duration: ***durata.*** Nel linguaggio finanziario, è la vita media di un'obbligazione, tenuto conto del tipo di piano di ammortamento predisposto all'emissione.

durum wheat: ***grano duro.*** Varietà di grano coltivata in genere nelle regioni caldo–aride, particolarmente idonea per la fabbricazione di pasta a causa del suo alto contenuto di glutine.

Dutch auction: ***incanto a sistema olandese.*** È la procedura inversa a quella seguita in una vendita all'incanto. Il venditore parte da una richiesta alta e il prezzo viene via via abbassato fino a quando non si trova un compratore. È usata, di solito, quando si vendono all'asta grosse partite di merci, che nessun acquirente è disposto a prendere in blocco al prezzo richiesto.

Dutch auction preferred stock: Lo stesso che *money market preferred stock* (v.).

Dutch bargain: ***affare all'olandese.*** Espressione usata nel linguaggio commerciale per indicare un'operazione dalla quale trae vantaggio una sola delle parti.

dutiable goods: ***merci schiave di dazio; merci soggette a dazio doganale.*** Qualsiasi bene sul quale l'importatore è tenuto a pagare un dazio doganale d'importazione.

dutiable stores: ***provviste di bordo soggette a dazio.*** Sono le provviste, imbarcate da una nave per uso a bordo della stessa, sulle quali si è tenuti a pagare il dazio doganale. Si tratta di solito di beni consumati in porto o entro le acque territoriali del paese che impone il dazio.

duty: ***dazio; imposta.*** Termine generico con il quale si indica una qualsiasi imposta su beni importati, esportati o consumati in un paese. Nell'uso di ogni giorno, va sempre più assumendo il significato di dazio doganale. (v. anche *customs duties*)

duty and tax reliefs: ***esenzioni da dazi e imposte.*** Sono le esenzioni dal pagamento di certe imposte e dazi (ad esempio, imposte di fabbricazione, IVA, ecc.) che uno stato concede su beni destinati all'esportazione. A volte tali esenzioni prendono la forma di vere e proprie sovvenzioni.

duty drawback: ***dazio doganale di ritorno; ristorno di dazio doganale; drawback.*** Termine usato con lo stesso significato di *customs drawback* (v.).

duty-free: ***esente da dazio; in esenzione doganale.*** Non soggetto al pagamento di un qualche tipo di dazio. Il termine è generalmente usato in relazione ai dazi doganali.

duty-free goods: ***merci in franchigia doganale.*** Sono merci non soggette a dazio doganale. Possono essere provviste di bordo, beni di residenti precedentemente destinati all'estero e che rientrano in patria o merci provenienti da determinati paesi, ai quali vengono concesse preferenze doganali. A volte un paese ammette in franchigia doganale beni particolarmente importanti per la propria economia o per il sostentamento alimentare dei propri cittadini.

duty-free importation: ***importazione in esenzione doganale.*** Ammissione di beni esteri in un paese senza che essi vengano assoggettati al pagamento di un dazio doganale. Si verifica all'interno di un'unione doganale; quando il paese importatore non produce i beni esteri né loro surrogati; per alcuni tipi di beni ammessi temporaneamente in base ad accordi internazionali, quali ad esempio materiali destinati a mostre campionarie, libri e altri beni culturali e simili.

duty-free port: ***porto franco.*** Lo stesso che *entrepot* (v.).

duty-free shop: ***negozio franco; negozio in franchigia doganale.*** Tipo di negozi che si trovano negli aereoporti internazionali o su navi passeggeri che percorrono rotte internazionali. In questi negozi è possibile acquistare beni voluttuari (profumi, liquori, tabacco, ecc.) in esenzione doganale, nei limiti previsti dalle leggi che regolano l'importazione di tali beni esenti da parte di viaggiatori per consumo personale durante il loro soggiorno all'estero.

duty paid: ***sdoganato; franco di dazio; dazio pagato; dazio compreso.*** Espressione usata nel commercio internazionale per indicare quotazioni che comprendono il dazio di importazione, cui farà fronte l'esportatore.

duty-paid contracts: ***contratti dazio incluso.*** Contratti di vendita il cui prezzo comprende anche il dazio di importazione sui beni, che il venditore si impegna a pagare oltre le spese di trasporto, di caricazione e discarica.

duty-paid value: ***valore dazio incluso; valore sdoganato.*** Il valore di merci messe a terra nel luogo di destinazione, dopo che sono state incluse tutte le spese ed anche i dazi doganali di importazione.

duty unpaid: ***schiavo di dazio; dazio escluso.*** Espressione usata nel commercio internazionale per indicare quotazioni che non comprendono il dazio di importazione, che resta a carico del compratore.

d.w.: 1) deadweight; 2) delivered weight.

D.W.: dock warrant.

d.w.c.: deadweight capacity.

DWCC: deadweight cargo capacity.

d.w.t.: deadweight tonnage.

dwt.: pennyweight.

dy.: delivery.

D/y: delivery.

dynamic analysis: ***analisi dinamica.*** È così detta la branca del metodo economico che studia il processo, cioè lo svolgimento nel tempo, che da una posizione di equilibrio ha portato ad una nuova e diversa posizione di equilibrio.

dynamic economics: ***economia dinamica.*** La branca dell'economia che si dedica allo studio delle variazioni e della crescita economica, tenendo conto della dinamica rappresentata dalla popolazione, dalla forza lavoro di un paese, dall'accumulazione di capitale, dalla situazione tecnologica, ecc. (v. anche *economic dynamics*)

dynamic equilibrium: ***equilibrio dinamico.*** L'equilibrio che tiene conto che le variabili cambiano nel tempo. Se ne possono dare più definizioni, come ad esempio: a) quando i tassi di cambiamento delle variabili sono costanti, anche se non sono necessariamente uguali o controbilanciantisi; b) quando le aspettative dei vari settori di una società sono reciprocamente compatibili e realizzate, così che la produzione corrente può sempre essere venduta ai prezzi previsti.

dynamic function of money: ***funzione dinamica della moneta.*** Contrapposta alla funzione statica o passiva della moneta che viene usata come mezzo di scambio, la funzione dinamica della moneta è quella di influenzare i livelli di produzione e i tassi di sviluppo industriale, attraverso il controllo operato sulla sua offerta dalle autorità monetarie.

dynamic peg: ***parità dinamica.*** Nella determinazione dei tassi di cambio, si è suggerito di adottare una parità dinamica, cioè una parità che viene automaticamente rapportata ad una media mobile dei tassi di cambio osservati in un periodo di tempo passato predeterminato.

dynamics: ***dinamica.*** Nella teoria economica, è così indicata la considerazione degli effetti della dimensione temporale sulle situazioni economiche. (v. anche *economic dynamics*)

dynamic state: ***situazione dinamica.*** È così detta la situazione in cui i fenomeni economici sono collegati da relazioni che cambiano. In questo senso, l'espressione è usata più o meno con lo stesso significato di *dynamic analysis* (v.) e *dynamic equilibrium* (v.).

dynamiter: Termine usato nel gergo finanziario statunitense per indicare un esperto venditore che opera in una *boiler room* (v.).

dys.: days.

e, E

&: and.

E.A.C.: East African Community.

each way: Nel linguaggio delle borse statunitensi, questa espressione indica che il *broker* (v.) percepisce una commissione da ambedue le parti del contratto stipulato suo tramite, cioè sia dal compratore che dal venditore.

eagerness to buy: ***desiderio di acquistare.*** È uno dei due elementi che, congiuntamente, costituiscono la domanda. L'altro elemento è la capacità e la volontà di pagare ciò che si vuole acquistare.

EAGGF: European Agricultural Guidance and Guarantee Fund.

eagle: ***aquila.*** Moneta d'oro statunitense del valore di dieci dollari oro, emessa per la prima volta nel 1794. Non ha più corso legale, pur essendo ancora oggetto di contrattazioni commerciali tra collezionisti e sul mercato internazionale dei preziosi.

ear–bashing: Espressione con la quale si indica una forma continua e vigorosa di *ear–stroking* (v.).

early adopters: ***primi consumatori.*** Per l'uso di questo termine nel linguaggio del marketing, v. *diffusion of innovation.*

early bargains: ***scambi in apertura; operazioni in apertura.*** Alla borsa valori di Londra, sono le prime operazioni della giornata, concluse subito dopo l'apertura delle contrattazioni. Il termine inglese comprende anche gli scambi conclusi al ristretto, o dopoborsa, che essendo effettuati dopo l'orario di chiusura ufficiale delle contrattazioni, vengono considerati come primi scambi del giorno successivo.

early closing: ***chiusura anticipata; chiusura pomeridiana infrasettimanale.*** La chiusura anticipata dei negozi, di solito alle ore 13, in un solo giorno feriale infrasettimanale. Tale giorno è, di norma, fissato dagli enti locali nella cui giurisdizione sono compresi gli esercizi commerciali e può non essere lo stesso per tutti i tipi di negozi. (v. anche *Shops Early Closing Act*)

early retirement: ***prepensionamento; esodo.*** Il pensionamento anticipato rispetto allo scadere dei limiti di età. Recentemente vi si è fatto ricorso in molti paesi allo scopo di far uscire dal mercato del lavoro personale non specializzato, che altrimenti sarebbe rimasto disoccupato a seguito di innovazioni tecnologiche. In altri casi, vi si è fatto ricorso allo scopo di agevolare l'inserimento delle nuove generazioni di lavoratori.

early warning system: ***sistema dell'avviso preventivo; sistema di preallarme.*** In conformità con la politica dei redditi e dei prezzi che il governo inglese perseguiva, nel 1965 fu stilata una lista di prodotti il cui prezzo non poteva essere aumentato dai produttori, senza un preventivo avviso. Le ragioni alla base dell'aumento dovevano essere esposte al *Department of Economic Affairs* e se entro quattro settimane esso non prendeva alcuna iniziativa, l'aumento poteva considerarsi accordato.

early withdrawal penalty: ***penale per recesso anticipato.*** Penale a carico del sottoscrittore di un investimento a termine che intende recedere prima della data di scadenza.

to earmark: ***accantonare; destinare.*** Accantonare o destinare fondi ad uno scopo specifico o trasferirli da un conto ad un altro, come ad esempio nella creazione di un fondo di ammortamento.

earmarked gold: ***oro accantonato.*** Oro di proprietà di una nazione, ma tenuto in deposito presso la banca centrale di un altro paese. Esso non rientra tra le riserve del paese presso il quale è custodito.

earmarked reserves: ***riserve accantonate.*** Riserve bancarie accantonate presso la banca centrale del paese o di un altro paese estero.

earmarked stock: ***scorte accantonate; scorte riservate.*** Lo stesso che *allocated stock* (v.).

earmarking: ***accantonamento; destinazione.*** Questo termine viene usato in relazione a riserve o fondi accantonati e disponibili soltanto per uno scopo specifico. È più frequentemente usato nel linguaggio dell'amministrazione statale, ove spesso si procede ad effettuare tali accantonamenti che, tuttavia, non sempre vengono rispettati in quanto, in momenti di ristrettezze finanziarie, i politici non esitano a ricorrere a precedenti accantonamenti per far fronte ad impegni diversi. Nel Regno Unito ne è un esempio, ormai diventato famoso, il *Road Fund* del 1909 che, costituito con il gettito di imposte sulle automobili e sulla benzina, doveva servire esclusivamente per la costruzione e la manutenzione della rete stradale inglese, ma fu in effetti utilizzato per tutt'altri scopi.

earmarking of taxes: ***destinazione di imposte.*** È la pratica, descritta sotto *earmarking* (v.), di destinare il gettito di determinate imposte ad un uso specifico. Vi si fa frequente ricorso negli Stati Uniti, specialmente da parte delle amministrazioni locali.

to earn: ***guadagnare.*** Procurarsi un reddito, specialmente attraverso la propria attività lavorativa. Riferito ad imprese, il termine inglese indica acquisire entrate monetarie, attraverso la vendita dei beni o servizi prodotti dall'impresa. Riferito, invece, ad un investimento, significa rendere all'investitore un'entrata monetaria sotto forma di interessi o dividendi.

earned income: **1.** ***reddito di lavoro.*** Il reddito di un individuo, prodotto mediante servizi economici da lui resi alla produzione o alla distribuzione di beni. Col termine inglese si intende generalmente il reddito derivante da lavoro dipendente o da attività professionali o imprenditoriali ed esclude, pertanto, altre forme di reddito quali interessi, dividendi, rendite, ecc. **2.** ***utile guadagnato.*** Lo stesso che *realized revenue* (v.).

earned income credit: ***detrazione per redditi di lavoro.*** Specie di credito d'imposta rimborsabile, o meglio detrazione, sui redditi di lavoro che non superano un ammontare determinato. Tale detrazione, più consistente per i lavoratori con persone a carico, viene ridotta o soppressa quando il reddito supera il limite stabilito.

earned income relief: ***detrazione per redditi di lavoro.*** Lo stesso che *earned income credit* (v.).

earned premium: ***premio guadagnato.*** La parte di un premio assicurativo relativa al periodo di tempo trascorso dal giorno della sottoscrizione della polizza al momento in cui si prende in considerazione. Se, ad esempio, una polizza è stata perfezionata il 10 maggio, il premio guadagnato al 10 ottobre corrisponderà ai cinque dodicesimi del premio annuo.

earned revenue: ***utile guadagnato.*** Termine usato con lo stesso significato di *realized revenue* (v.).

earned surplus: ***utili non distribuiti; capitale di risparmio.*** Termine statunitense, in passato usato con lo stesso significato di *retained earnings* (v.).

earner: Il termina inglese è generico e può indicare chiunque si guadagni un reddito mediante lo svolgimento di un'attività di lavoro dipendente o autonomo. Può, pertanto, applicarsi ad operai, impiegati e liberi professionisti e si usa generalmente in contrapposizione a *rentier* (v.).

earnest: ***caparra.*** Termine usato come contrazione di *earnest money* (v.).

earnest money: ***caparra.*** Termine usato con lo stesso significato di *bargain money* (v.).

earning assets: ***attività produttrici di reddito.*** Qualsiasi attività di proprietà di un'impresa, che contribuisca a produrre il reddito che essa realizza. Per una banca, le attività produttrici di reddito sono i fondi impiegati in prestiti, anticipazioni, sconto cambiali, investimenti, ecc., mentre quelle improduttive sono le riserve obbligatorie depositate presso la banca centrale. (v. anche *non–earning assets*)

earning capacity: ***capacità di reddito.*** La capacità di un'impresa o di un investimento di produrre un reddito più o meno costante. È, in altre parole, il valore attuale corrispondente al valore presunto di reddito netto futuro. (v. anche *earning–capacity standard, capitalized–value standard*)

earning–capacity standard: ***standard di capacità di reddito.*** Nella valutazione del capitale fisso di un'impresa, corrisponde alla somma che, divisa per un dato tasso d'interesse, darà l'equivalente del reddito dell'impresa. Se, ad esempio, si sa che il reddito di un'impresa è stato, per quest'anno, un totale di 500 milioni e il tasso d'interesse corrente è del 15%, lo standard che cerchiamo, e che corrisponde al valore del capitale fisso dell'impresa, è 7 miliardi e 500 milioni. (v. anche *capitalized–value standard*)

earning–capacity value: ***capacità di reddito.*** Termine usato con lo stesso significato di *earning capacity* (v.).

earning class: ***salariati; classe dei salariati.*** È composta da tutti coloro che prestano la loro attività lavorativa in considerazione del pagamento di un salario. J. M. Keynes considerava la società suddivisa in tre classi principali: quella degli imprenditori; quella dei risparmiatori; e quella dei salariati.

earning power: ***capacità di reddito.*** Termine usato come sinonimo di *earning capacity* (v.).

earning–power value: ***capacità di reddito.*** Termine usato con lo stesso significato di *earning capacity* (v.).

earning rate: ***indice di reddito.*** Corrisponde al rapporto tra capitale versato e profitto netto di una società e indica il tasso di redditività dell'impresa.

earnings: ***utili; guadagni; reddito; entrate; profitti.*** Il termine inglese è generico e corrisponde ad uno qualsiasi degli equivalenti italiani dati. A volte assume significati più specifici, particolarmente quando è accompagnato da un determinante, ma sempre corrispondenti a *revenue, profit* o *income.*

earnings after tax: ***utili al netto delle imposte.*** Utili di un'impresa dai quali è stato detratto l'ammontare delle imposte cui essi sono soggetti.

earnings available for ordinary: ***utili per dividendi ordinari.*** Lo stesso che *earnings for equity* (v.).

earnings basis: ***base di reddito.*** Ai fini dell'imposizione fiscale, il termine indica che si tiene conto del reddito, sia esso di impresa che di lavoro dipendente, prodotto nell'arco dell'anno, senza tener conto del momento in cui sarà realmente percepito.

earnings before tax: ***utili al lordo delle imposte.*** Utili di un'impresa dai quali sono stati sottratti gli interessi da pagarsi agli obbligazionisti, ma non le imposte sugli utili societari.

earnings bipolarization: ***bipolarizzazione dei guadagni.*** Espressione recentemente coniata negli Stati Uniti da alcuni economisti che sostengono che il ceto medio statunitense va scomparendo a seguito della graduale riduzione dell'industria pesante di quel paese e della costante creazione di posti di lavoro, specialmente nel settore terziario, che si trovano al vertice e al fondo della struttura delle remunerazioni. Se la tendenza dovesse continuare, sostengono questi economisti, il ceto medio potrebbe scomparire in alcuni decenni e i guadagni dei lavoratori sarebbero o molto alti o molto bassi rispetto a quelli tradizionali, senza la via di mezzo rappresentata appunto dai guadagni del ceto medio.

earnings drift: ***slittamento salariale.*** Lo stesso che *wage drift* (v.).

earnings for equity: ***utili per dividendi ordinari.*** Il termine inglese indica l'utile di una società per azioni in un periodo contabile, al netto delle imposte e dei dividendi su azioni privilegiate.

earnings index: ***indice dei guadagni.*** Lo stesso che *earnings standard* (v.).

earnings of management: ***salario di direzione.*** Parte del prodotto che va attribuita al proprietario o all'imprenditore, in considerazione del lavoro da lui svolto nell'impresa. Il salario di direzione corrisponde alla somma che l'imprenditore potrebbe guadagnare se vendesse i propri servizi di dirigente ad un'altra impresa di uguali dimensioni e tipo.

earnings of undertaking: ***utile d'impresa.*** Lo stesso che *earnings of management* (v.).

earnings per share: ***reddito per azione.*** Il reddito netto di un'impresa, dopo aver pagato gli interessi ma non i dividendi, diviso per il numero medio di azioni ordinarie in circolazione durante l'anno, tenendo conto anche delle azioni ritirate o di nuova emissione. Serve per determinare il valore delle azioni ordinarie di una società.

earnings–price ratio: ***rapporto utili/prezzo.*** È l'inverso del *price–earnings ratio* (v.) e corrisponde all'*earnings yield* (v.) applicato a un investimento azionario.

earnings profile: ***prospetto degli utili.*** 1) Prospetto che espone gli utili di una società, depurati delle imposte e dei dividendi su azioni privilegiate, relativi ad un determinato periodo di tempo. 2) Tabella recante le previsioni di utile per ciascun anno della vita prevista di un progetto.

earnings report: ***conto profitti e perdite.*** Termine a volte usato con lo stesso significato di *profit and loss account* (v.).

earnings rule: *regola del reddito.* Nel linguaggio finanziario del Regno Unito, si indica con questa espressione la norma giuridica che stabilisce che in relazione al pagamento delle pensioni a carico dello stato ai lavoratori giubilati di età compresa tra i 65 e i 70 anni per gli uomini e i 60 e 65 anni per le donne, che continuano a svolgere un'attività di lavoro dipendente, gli assegni vengono ridotti di un certo ammontare in proporzione ai loro guadagni settimanali, se questi non superano una data somma. Se, invece, essi superano un certo livello di reddito, lo stato non paga la pensione fino a quando il lavoratore non smette effettivamente di lavorare. Il budget britannico del 1989 ha abolito questa regola.

earnings standard: *indice dei guadagni.* Questo indice tende a misurare il potere d'acquisto della moneta sulla unità di sforzo umano, invece che sulle unità di beni, così che il potere d'acquisto della moneta diviso per il suo potere di lavoro fornisce un indice della capacità di reddito reale e quindi del tenore di vita. Tuttavia, l'ostacolo principale nel computare tale indice è rappresentato dalla difficoltà di trovare un'unità comune che si adatti a tutti i diversi tipi di sforzo umano.

earnings statement: *conto profitti e perdite.* Termine statunitense a volte usato con lo stesso significato di *profit and loss statement* (v.).

earnings yield: *rendimento complessivo.* È il rapporto tra reddito e capitale investito. Quando si usa questo termine in relazione ad un investimento azionario, si intende il rapporto tra reddito annuo dell'impresa (depurato delle imposte e degli interessi su altre forme di capitale) e il totale delle azioni ordinarie in circolazione (valutate al prezzo di mercato risultante dai listini di borsa). A volte si intende anche il rapporto tra il valore di mercato dell'azione e l'ammontare dell'ultimo dividendo effettivamente pagato dall'impresa. In relazione ai titoli a reddito fisso, il rendimento complessivo è quello che tiene conto non soltanto dell'interesse nominale, ma anche del prezzo d'acquisto del titolo, del suo valore di rimborso o di vendita e della vita del titolo. Esso, pertanto, varia col variare del corso e con l'avvicinarsi della data di scadenza. Se il corso diminuisce, il rendimento complessivo aumenta e viceversa. (v. anche *money rate of interest, yield to maturity*)

ear–stroking: Termine creato da D.H. Robertson per indicare le raccomandazioni, provenienti dai politici e indirizzate agli imprenditori, di comportarsi in maniera diversa da come li spingerebbe a fare, nel loro migliore interesse, l'azione delle forze di mercato. Tali raccomandazioni sono alla base di una politica dei redditi non imposta dal governo, ma semplicemente «raccomandata» al mondo del lavoro, il cui risultato di solito è che gli imprenditori che l'adottano perdono una gran parte della manodopera specializzata, a vantaggio delle imprese che si rifiutano di adottarla.

to ease: *cedere.* Nel linguaggio delle borse valori, significa che i corsi stanno subendo leggeri cali.

ease: 1. *indebolimento.* Una diminuzione lenta o di lieve entità dei prezzi di mercato. **2. *agiatezza.*** Lo stato di chi dispone di sufficienti mezzi di sostentamento, che gli consentono di non dover sostenere sacrifici apprezzabili.

easement: *servitù.* Il diritto di cui il proprietario di un fondo, detto fondo dominante, gode nei confronti di un altro fondo, detto servente, quali ad esempio la servitù di passaggio, la servitù di acque e simili. (v. anche *right of way 1*)

ease of entry: *facilità di entrata.* Il grado di difficoltà che si incontra per entrare in un'industria. I parametri più comuni che determinano tale difficoltà sono: a) la minima scala di operazioni e la minima quantità di capitale necessarie per entrare in concorrenza; b) il grado di diversificazione dei prodotti raggiunto dalle imprese già presenti nell'industria; c) la protezione legale, sotto forma di brevetti, privative, ecc., di cui godono i produttori presenti nell'industria. (v. anche *barriers to entry*)

to ease off: *attenuarsi.* Nel linguaggio delle borse valori indica il ridursi di un determinato fenomeno, quale ad esempio la forte domanda o offerta di un particolare titolo o la tendenza al rialzo o al ribasso dei corsi.

East African Community: *Comunità dell'Africa Orientale.* Associazione costituita da tre paesi, Kenya, Tanzania e Uganda, per formare un'unione doganale, cooperare allo sviluppo industriale della regione e avvantaggiarsi dell'uso di servizi comuni. Sfortunatamente, a causa di divergenze politiche, l'associazione non ha avuto il successo che si aspettavano i paesi fondatori.

East India Company: *Compagnia delle Indie Orientali.* Potente società fondata durante il regno di Elisabetta I, dalla quale ricevette la prima patente regia, successivamente rinnovata dai vari parlamenti dietro pagamento di somme di denaro. La Compagnia diventò una potenza non solo commerciale in India e mantenne parte del suo potere fino a dopo il 1857.

easy money: *denaro facile.* Espressione statunitense usata con lo stesso significato di *cheap money 1* (v.).

easy money policy: *politica del denaro facile.* Termine usato con lo stesso significato di *cheap–money policy* (v.).

E.B.: early bargain.

E.B.I.: European Bank of Investment (European Investment Bank).

EBQ: economic batch quantity.

E.C.: 1) European (Economic) Community; 2) East Central; 3) East Coast; 4) East Caribbean.

E.C.A.: 1) Economic Co–operation Administration; 2) Economic Commission for Africa.

E.C.A.F.E.: Economic Conference for Asia and the Far East.

E.C.E.: Economic Commission for Europe.

E.C.G.D.: Export Credits Guarantee Department.

E.C.L.A.: Economic Commission for Latin America.

E.C.M.: European Common Market.

***Econometrica*:** La pubblicazione ufficiale della *Econometric Society*, l'associazione che ha lo scopo di promuovere e diffondere lo studio dell'economia nelle sue relazioni con la statistica e la matematica.

econometrician: *econometrista.* Studioso di econometria o esperto di questioni econometriche.

econometric model: *modello econometrico.* Modello matematico composto da un insieme coerente di relazioni tra variabili economiche, tale da rendere possibile l'impiego di dati statistici per determinare l'adeguatezza del modello.

econometrics: *econometria.* L'applicazione di tecniche matematiche e statistiche per provare e sviluppare ipotesi nel campo dell'economia teorica.

economic: *economico.* Aggettivo usato per determinare qualsiasi cosa abbia a che fare con la produzione o la distribuzione di beni e servizi. Se si dice che un bene è più economico di un altro, si intende che il primo utilizza una minore quantità di fattori della produzione per raggiungere gli stessi risultati del secondo.

Economica: Pubblicazione trimestrale della Facoltà di Scienze Economiche e Politiche dell'Università di Londra.

economic accounts: ***conti economici; conti derivati.*** Nel linguaggio della contabilità, si indicano con questo termine i conti accesi ai valori economici di capitale e di reddito. Tali conti si classificano in conti di reddito, accesi alle variazioni economiche ordinarie, cioè costi e ricavi, o a quelle straordinarie, cioè plusvalenze, minusvalenze, sopravvenienze o insussistenze; e in conti di capitale, accesi al capitale netto dell'impresa e alle sue variazioni dirette conseguenti a nuovi apporti o prelevamenti. I conti di reddito possono, a loro volta, distinguersi in conti accesi alle variazioni di esercizio; conti accesi ai costi e ai ricavi pluriennali; conti accesi ai costi e ai ricavi sospesi; e conti accesi ai crediti e ai debiti non numerari.

economic activity: ***attività economica.*** 1) La produzione e distribuzione di beni e servizi nel suo complesso. 2) Il contributo di un singolo individuo o una singola impresa alla produzione e distribuzione di beni e servizi.

economic aggregates: ***aggregati economici.*** Costituiscono il campo di studio della macro–economia e comprendono, ad esempio, il volume complessivo dell'occupazione e della disoccupazione; la quantità di un bene prodotto, consumato e accantonato; l'interesse sui prestiti bancari; i prezzi; le imposte, ecc.

economic aid: ***aiuti economici.*** La fornitura di assistenza, sotto forma fisica e finanziaria, ai paesi in via di sviluppo con l'obiettivo di rafforzarne l'economia.

economical: ***economo; parsimonioso; economico.*** Aggettivo usato in relazione a persone o cose che contribuiscono al risparmio di risorse, specialmente di moneta e materie prime. Il termine può applicarsi tanto ad un singolo consumatore privato, quanto ad un'impresa o ad un piano o processo produttivo o distributivo.

economic analysis: ***analisi economica.*** Quella parte dell'economia che esamina e spiega le leggi dei fenomeni economici e, quindi, il funzionamento di un sistema economico e le influenze che hanno su di esso il comportamento umano, le forze che agiscono a livello mondiale e le istituzioni create dagli uomini, quali i mercati, le leggi e i governi.

economic and monetary union: ***unione monetaria ed economica.*** È l'obiettivo di lungo periodo della Comunità Economica Europea, che si prefigge di avere un'unica valuta, un'unica banca centrale e un'unica autorità monetaria. L'EMU così sostituirebbe l'EMS.

Economic and Social Committee: ***Comitato economico sociale.*** Organo consultivo della Comunità Economica Europea, composto da rappresentanti delle varie categorie economiche e sociali.

Economic and Social Council: ***Consiglio economico e sociale.*** Consiglio, in seno alle Nazioni Unite, che tratta questioni economiche, umanitarie, culturali, ecc. di competenza delle Nazioni Unite.

economic anthropology: ***antropologia economica.*** Branca dell'antropologia sociale, che si interessa dello studio comparato delle relazioni tra i sistemi, adottati dalle varie società umane nelle diverse epoche storiche, della gestione e dell'allocazione delle risorse economiche a loro disposizione, nonché delle loro strutture e dei loro valori.

economic appraisal: ***valutazione economica.*** Lo studio di un qualsiasi progetto dal punto di vista delle sue implicazioni economiche, quale primo passo per determinarne l'accettabilità.

economic backwardness: ***arretratezza economica.*** Situazione in cui si trovano ancor oggi alcuni paesi del terzo e del quarto mondo, che non hanno ancora raggiunto un sufficiente livello di sviluppo economico.

economic base: ***base economica.*** La base su cui poggia l'edificio economico di una città, una regione, un paese, ecc., fino a poco tempo fa rappresentata principalmente dall'attività di produzione di beni da parte delle grandi industrie o dall'agricoltura e dal commercio. Nel periodo post–industriale, la base economica di molte città sta cambiando, spostandosi verso nuove attività creatrici di servizi.

economic base theory: ***teoria della base economica.*** Teoria applicata alle aree urbane, mediante la quale si tenta di spiegare e predire il reddito, l'occupazione e il tasso di crescita di un'area urbana basandosi sul grado di specializzazione di tale area nella produzione di beni e servizi «esportati» verso altre aree. Il primo passo per realizzare tali risultati è quello di distinguere le attività svolte entro l'area urbana in due grandi categorie: quelle di base, cioè orientate verso la produzione di beni e servizi da fornire ad altre aree; e quelle non di base, cioè orientate a soddisfare i bisogni degli abitanti di quell'area. Il passo successivo è quello di determinare indici importanti, quali ad esempio il rapporto tra addetti alle attività di base e addetti alle attività non di base o tra i primi e la totalità della forza lavoro impiegata nell'intera area urbana, osservando poi le implicazioni e gli effetti delle variazioni tra questi due indici. Molti economisti ritengono che la teoria non costituisca un indicatore affidabile e realistico dello sviluppo o del declino delle aree urbane e preferiscono usare la teoria del moltiplicatore keynesiana, pur se anche essa non si è dimostrata un valido strumento di previsione.

economic batch quantity: ***serie economica; lotto economico.*** Termine usato con lo stesso significato di *economic lot* (v.).

economic batch re–ordering quantity: ***serie economica; lotto economico.*** Termine usato con lo stesso significato di *economic lot* (v.).

economic behaviour: ***comportamento economico.*** È il modo in cui le persone perseguono il proprio benessere materiale, individualmente o collettivamente. L'uomo cerca, nel suo comportamento economico, di ricavare il massimo beneficio con il minimo sforzo, cioè a dire egli tenta di portare le risorse sotto il suo controllo col minimo sforzo, per poi ridistribuirle traendono il massimo vantaggio possibile. Ciò si realizza attraverso le scelte, che portano ad una situazione di equilibrio, raggiunta la quale l'uomo avrà risolto il problema della massimizzazione dei propri vantaggi e non potrà aumentare la propria soddisfazione spostando le proprie risorse da un uso ad un altro.

economic calculation: ***calcolo economico.*** La considerazione, da parte di un consumatore o di un produttore, di come impiegare il reddito o le risorse a sua disposizione. Il calcolo economico del consumatore lo porta a decisioni su quanto del suo reddito spendere e quanto metterne da parte, su cosa comprare e in quale quantità, così che possa trarre la massima utilità da ciò che decide di spendere. Per il produttore, il calcolo economico serve a decidere cosa produrre e in quale quantità, quale metodo di produzione adottare, ecc.

economic colonialism: ***colonialismo economico.*** Viene indicata con questa espressione una teoria che sostiene che il rapporto commerciale tra paesi in via di sviluppo e paesi avanzati non è altro che un rapporto simile a quello del vecchio colonialismo, in cui un paese solo traeva vantaggio dagli scambi tra le cosiddette colonie e la madre patria. Questa teoria sostiene anche che il motivo dell'arretratezza di questi paesi vada appunto ricercato nei loro rapporti commerciali con i paesi sviluppati, che hanno fatto evolvere il settore delle esportazioni, ma hanno mantenuto il settore interno in una condizione di semplice sopravvivenza e pervaso da continua stagnazione. Non si può certo negare che in molti dei paesi in via di sviluppo i paesi industrializzati hanno cercato solo una fonte di approvvigionamento di materie prime e altri prodotti che non potevano facilmente fabbricare o coltivare in patria, senza tentare di aiutare il paese a costruire un settore industriale che lo facesse dipendere dall'estero in misura più ridotta. Infatti, anche quando i paesi avanzati hanno impiantato industrie, generalmente per l'estrazione o la lavorazione delle materie prime che volevano, la manodopera locale veniva impiegata soltanto a livelli non specializzati. Un altro aspetto dello sfruttamento è stato visto nei prezzi delle materie prime e dei prodotti finiti. Infatti, mentre i prezzi dei prodotti industriali importati dai paesi in via di sviluppo aumentavano ad un certo ritmo annuo, il prezzo delle materie prime da loro esportate tendeva a restare identico o a variare in misura molto inferiore. Basti pensare al prezzo del petrolio prima del 1973, quando esso veniva fissato dalle compagnie dei paesi industrializzati, e dopo il 1973, quando i paesi produttori si impossessarono dell'industria petrolifera, fissando essi stessi i prezzi di vendita. (v. anche *colonialism*)

Economic Commission: ***Commissione economica.*** Organo della Comunità Economica Europea, preposto alla valutazione dei problemi sottoposti dagli stati membri, che saranno poi inoltrati al Consiglio.

Economic Commission for Africa: ***Commissione economica per l'Africa.*** Agenzia regionale delle Nazioni Unite, costituita nel 1958 allo scopo di favorire e stimolare lo sviluppo economico dei paesi africani. La sua sede centrale è in Etiopia.

Economic Commission for Asia and the Far East: ***Commissione economica per l'Asia e l'Estremo Oriente.*** Organismo creato dall'*Economic and Social Council* (v.) per favorire la ricostruzione economica dei paesi dell'estremo oriente. Tenne la sua prima seduta nel 1947.

Economic Commission for Europe: ***Commissione economica per l'Europa.*** Organismo creato dall'*Economic and Social Council* (v.) per favorire la ricostruzione economica dell'Europa e per rafforzare le relazioni economiche tra gli stati europei e tra questi e il resto del mondo. Tenne la sua prima seduta a Ginevra nel maggio del 1947.

Economic Commission for Latin America: ***Commissione economica per l'America Latina.*** Agenzia regionale delle Nazioni Unite, costituita nel 1948 allo scopo di favorire e stimolare lo sviluppo economico dei paesi latino–americani. La sua sede centrale è a Santiago del Cile.

economic conditions: ***condizioni economiche.*** Espressione generica usata nel linguaggio comune per indicare il tenore di vita e le risorse a disposizione di un singolo individuo, di un'organizzazione o di una comunità.

economic conflict: ***conflitto economico.*** Il conflitto che alcuni sostengono che esista tra gli interessi del venditore e quelli del compratore. Altri sostengono che tale conflitto non esiste, perché da uno scambio traggono vantaggio ambedue le parti, altrimenti lo scambio non avrebbe luogo. Infatti, la soddisfazione che trae chi riceve un bene è sempre superiore o uguale al sacrificio che sostiene nel privarsi di ciò che dà in cambio del bene che riceve. Alcuni altri sostengono che è l'uso del denaro che fa pensare ad un conflitto, perché maschera la comunione di interessi del venditore e del compratore.

economic conservatism: ***conservatorismo economico.*** La tendenza a favorire il perpetuarsi di determinate condizioni economiche e ad opporsi a loro cambiamenti e innovazioni repentini. Il concetto alla base di questa tendenza sostiene che la società, il sistema economico e le istituzioni si sono evoluti nell'arco di un lungo periodo di tempo e non possono venire cambiati in modo arbitrario, ma devono essere lasciati liberi di mutare gradualmente in risposta al mutare delle condizioni sociali, economiche, ecc., che li tengono in essere. Altro concetto fondamentale del conservatorismo economico è la libertà assoluta dell'individuo, che viene incoraggiato a sviluppare ed esercitare l'individualità, la creatività e la fiducia nelle proprie possibilità. Ne consegue che il conservatorismo economico tende a limitare l'intervento statale a pochi campi, sostenendo che esso dovrebbe astenersi da qualsiasi intervento in tutti i settori nei quali l'iniziativa privata è in grado di svolgere le funzioni che spesso si arroga lo stato. Sempre secondo il conservatorismo economico, le spese statali dovrebbero essere limitate al minimo indispensabile, il bilancio dello stato dovrebbe essere chiuso sempre in pareggio e non dovrebbe esserci alcuna forma di ingerenza statale nel meccanismo dei prezzi, dei salari e dei tassi di interesse, che dovrebbero essere lasciati completamente liberi di rispondere alle sollecitazioni delle forze della domanda e dell'offerta.

economic consultant: ***consulente economico.*** Esperto di economia, che offre i propri servizi ad imprese o altre organizzazioni che devono risolvere problemi di natura economica.

economic continuity: ***continuità economica.*** È il concetto che malgrado i cambiamenti politici cui è soggetto, uno stato dovrebbe continuare la propria politica economica senza alterazioni, ignorando cioè le spinte settoriali espresse attraverso i partiti al potere.

economic convergence: ***convergenza economica.*** L'introduzione del Sistema Monetario Europeo nell'ambito della Comunità Economica Europea prescrive che tutti i paesi aderenti si adoperino per garantire tassi di cambio stabili, ma ciò è possibile soltanto se le economie dei vari paesi hanno una forza più o meno simile. Ciò porta alla necessità di rafforzare le economie più deboli, trasferendo verso di loro risorse provenienti dalle economie più forti. Il tentativo di rendere di pari forza le varie economie comunitarie è noto come convergenza economica, che può essere raggiunta soltanto mediante l'adeguato coordinamento delle politiche economiche dei vari paesi, con tutti i problemi che ciò comporta a causa delle diverse strutture politico–sociali dei vari paesi membri della Comunità Economica Europea.

economic co–operation: ***cooperazione economica.*** È lo scopo di molte associazioni di stati, costituite nel secondo dopoguerra, e di molti accordi multilaterali, i cui principali obiettivi sono quelli di portare assistenza ai paesi in via di sviluppo e di ridurre o eliminare le barriere alla libera circolazione di beni, capitali e lavoro.

Economic Co–operation Administration: ***Ente per la cooperazione economica.*** Fondato nel 1948 per amministrare oltre sei milioni di dollari stanziati dal governo degli Stati Uniti per aiuti all'estero, funzionò fino al 1951, quando fu sostituito dalla *Mutual Security Agency* (v.).

economic cost: *costo economico.* È il costo visto dall'angolazione dell'economista e non da quella del contabile. Il secondo tiene conto soltanto dei valori registrati nei libri contabili e se l'imprenditore usa capitale proprio solitamente non calcola interessi, in quanto non ne sono stati sborsati. L'economista, invece, nel considerare un costo tiene conto anche di costi alternativi, di costi opportunità e di fattori esterni, non considerati dal contabile, e nel caso in cui l'imprenditore usa capitale proprio calcola un interesse che tenga conto del sacrificio sostenuto dall'imprenditore nell'usare il proprio capitale e corrispondente a quello che l'imprenditore avrebbe dovuto pagare se avesse usato capitale di prestito o che egli avrebbe percepito se avesse consentito ad altri di utilizzare il proprio capitale. Per questo motivo, i costi economici sono di solito più elevati dei corrispondenti costi contabili.

economic crisis: *crisi economica.* È una delle fasi del ciclo economico, caratterizzata da una situazione di ristagno degli affari, disoccupazione, basso livello dei prezzi, dei salari, dei profitti e dell'interesse. (v. anche *trade cycle*)

economic cycle: *ciclo economico.* Lo stesso che *trade cycle* (v.).

economic decisions: *decisioni economiche.* Sono le decisioni che è chiamato a prendere un consumatore o un imprenditore, in quanto le risorse a disposizione del singolo o della comunità sono di quantità limitata. (v. anche *economic calculation*)

economic dependence: *dipendenza economica.* La situazione in cui si trova una regione o un paese che, a causa di rilevanti divari tra domanda interna e produzione, è costretto a dipendere da un altro sistema economico.

economic depression: *depressione economica.* Lo stesso che *depression* (v.).

economic determinism: *determinismo economico.* È la teoria che sostiene che ogni evoluzione sociale dipende esclusivamente dalle forze economiche. Nella teoria marxista, l'espressione indica la tesi che sostiene che gli eventi di una qualsiasi epoca storica vengono determinati dalle istituzioni economiche che predominano in quell'epoca e non dalla volontà o dalle preferenze dei singoli.

economic development: *sviluppo economico.* In generale, questo termine equivale a crescita economica, ma in un significato più specifico viene usato per indicare i cambiamenti sociali, economici o di altra natura che producono una crescita economica. Non indica, pertanto, un aspetto quantitativo, bensì un aspetto qualitativo. Rientrano tra questi cambiamenti quelli relativi alle istituzioni politiche, finanziarie, ecc., all'atteggiamento del popolo di un paese, alle tecniche di produzione, e così via. Tutti questi cambiamenti, che spesso prendono il nome di riforme, possono portare ad una crescita economica, mentre la loro inibizione può portare ad una stasi. (v. anche *economic growth*)

Economic Development Administration: Sezione del Ministero del Commercio degli Stati Uniti, preposta all'assistenza delle aree depresse del paese, mediante erogazione di fondi intesi a finanziare iniziative economiche in grado di creare posti di lavoro all'interno delle aree depresse.

Economic Development Committees: *Comitati per lo sviluppo economico.* Furono istituiti nel Regno Unito a partire dal 1962, come sottocomitati del Comitato per lo sviluppo economico nazionale, e ciascuno di loro fu preposto ad un settore dell'economia nazionale, con il compito di assistere le industrie a svolgere la loro parte nel piano nazionale. (v. anche *National Economic Development Council, National Plan*)

economic dirigism: *dirigismo economico.* Lo stesso che *command economy* (v.).

economic domination: *dominazione economica; dominio economico.* Si verifica quando una nazione mira ad avere il controllo di un'altra nazione per fini economici, come ad esempio per procurarsi determinate materie prime o per farne uno sbocco dei suoi prodotti. Fu una delle principali caratteristiche del periodo coloniale.

economic double taxation: *doppia imposizione economica; doppia tassazione economica.* Termine a volte usato per distinguere la doppia imposizione degli utili di un'impresa dalla più generica doppia imposizione dello stesso soggetto passivo da parte di due stati. (v. anche *double taxation*)

economic dynamics: *dinamica economica; cinematica economica.* Lo studio dei fenomeni economici in movimento, nella loro dipendenza da fenomeni mutanti, come ad esempio la popolazione, le innovazioni tecnologiche, il mutamento dei gusti, gli aumenti del reddito, ecc. Molti economisti lo hanno sostituito allo studio statico, basato sull'ipotesi astratta dell'immutabilità degli elementi sui quali si fonda l'equilibrio economico.

economic effects of taxation: *effetti economici dell'imposizione fiscale.* Alcuni economisti sostengono che il principale effetto economico delle imposte è quello di stimolare il cittadino ad intensificare la propria attività per rifarsi della diminuzione di reddito subita nel pagare le imposte. Altri, invece, sostengono che se le imposte gravano troppo pesantemente sul contribuente, finiscono per paralizzare ogni iniziativa e portano l'esempio di alcune forme di assenteismo giustificate, da un punto di vista economico, dall'intento del lavoratore di guadagnare di meno per pagare minori imposte o di alcuni professionisti che lavorano soltanto pochi giorni alla settimana per non far salire eccessivamente il proprio reddito imponibile. Altri effetti economici delle imposte sono l'evasione, l'esportazione di capitali, l'emigrazione verso paradisi fiscali, la traslazione e l'ammortamento delle imposte, cose che hanno fatto e fanno discutere a lungo gli economisti, in quanto suscitano perturbamenti che determinano sul mercato nuovi equilibri con vantaggi per alcuni e svantaggi per altri cittadini.

economic efficiency: *efficienza economica.* Un criterio per valutare l'uso efficiente delle risorse da parte di un'impresa, che si dirà efficiente se produce la massima quantità possibile di prodotto in relazione alle risorse impiegate nella produzione. Ciò implica non soltanto l'efficienza tecnica, ma anche l'efficienza di tutti gli altri fattori impiegati nella produzione. Nel linguaggio economico, il termine viene usato per indicare l'efficienza con la quale le risorse scarse vengono organizzate e utilizzate con l'obiettivo di realizzare determinati fini economici.

economic ends: *fini economici; obiettivi economici.* Sono gli obiettivi che si prefigge una qualsiasi attività economica e possono distinguersi in quantitativi e qualitativi.

economic entity: *entità economica.* Due o più società che operano sotto un unico controllo, i cui risultati di gestione e le cui posizioni finanziarie individuali sono spesso uniti in un rendiconto consolidato.

economic equilibrium: ***equilibrio economico.*** Termine usato con lo stesso significato di *equilibrium* (v.).

economic expansion: ***espansione economica.*** Termine a volte usato con lo stesso significato di *economic growth* (v.).

economic flow: ***flusso economico.*** L'insieme di beni e servizi che si formano e si trasformano in un dato periodo di tempo oppure il loro movimento da o verso un mercato o all'interno di un sistema economico. Il termine, pertanto, differisce da fondo, cioè l'insieme dei beni e servizi disponibili in un qualsiasi momento, al quale, anzi, spesso si contrappone. (v. anche *stock 5*)

economic fluctuations: ***fluttuazioni economiche.*** Fluttuazioni che si manifestano come fasi discendenti o ascendenti in un sistema economico, durante le quali l'attività, la produzione, i redditi e l'occupazione sono soggetti a forti diminuzioni o aumenti. Una serie completa di fluttuazioni, da un periodo di boom ad un altro, costituisce il cosiddetto ciclo economico. (v. anche *trade cycle*)

economic forecasting: ***previsioni economiche.*** Stima di valori futuri relativi ad una o più variabili economiche, partendo da valori noti della stessa o di altre variabili, supponendo che le medesime correlazioni siano valide tanto per il passato, quanto per il futuro.

economic freedom: ***libera iniziativa; libertà economica.*** Il termine inglese è stato usato da Alfred Marshall nel significato di *private enterprise* (v.). La stessa espressione indica la libertà di un individuo di fare ciò che più gli aggrada delle sue proprietà, del suo tempo e delle sue energie, un concetto caro agli economisti classici, che vedevano nella libertà economica, cioè nella completa assenza di ingerenza dello stato in questioni economiche, il più potente strumento di benessere del singolo e della collettività.

economic friction: ***attrito economico.*** In italiano, questo termine viene di solito usato al plurale ed indica tutti quegli ostacoli, di natura sociale, psicologica, religiosa, ecc., che ostacolano il normale funzionamento delle forze economiche alla base di fenomeni teoricamente indiscutibili.

economic geography: ***geografia economica.*** Branca della geografia, che studia le condizioni nelle quali si svolge l'utilizzazione da parte dell'uomo delle risorse del mondo vegetale, animale e minerale e le conseguenze, sotto forma di modificazioni, derivanti alla superficie terrestre per effetto di tale utilizzazione. (v. anche *commercial geography*)

economic good: ***bene economico.*** Si definisce bene economico qualsiasi bene, relativamente scarso, che abbia la capacità di soddisfare un bisogno e che o l'individuo o la società nel suo complesso debbano pagare per poterlo utilizzare. Si distinguono beni materiali, come ad esempio i beni di consumo, e beni immateriali, che corrispondono genericamente ai servizi. Il termine inglese si contrappone a *free good* (v.).

economic group: ***gruppo economico.*** Uno qualsiasi dei vari gruppi che si formano all'interno di un sistema economico, in base alle possibilità economiche di coloro che lo compongono. Ad esempio, nel Regno Unito vennero a crearsi due grandi gruppi economici a seguito delle decisioni governative del 1970 di combattere l'inflazione incoraggiando una maggiore produttività delle industrie, facendo leva sugli sforzi dei cittadini meno colpiti dall'imposizione fiscale, che avevano tutto l'interesse ad aumentare la produzione. Il risultato fu un notevole miglioramento della produttività complessiva, ma si vennero appunto a formare due diversi gruppi economici: uno grande e prosperoso; l'altro, più piccolo, che fu esposto a gravi forme di disoccupazione.

economic growth: ***crescita economica.*** In generale, il termine equivale a *economic development* (v.), ma in un significato più preciso corrisponde alla manifestazione reale e apparente dello sviluppo economico e si manifesta oggettivamente in un incremento dell'occupazione, del capitale, dei consumi, della produzione, ecc. Vi sono vari metri per misurare la crescita economica, ma il più usato si basa sul prodotto nazionale lordo o sul reddito reale pro–capite in un arco di tempo. Per affinare dati che potrebbero risultare imprecisi, si fa ricorso a correttivi considerando, ad esempio, non soltanto il prodotto nazionale lordo, ma anche la popolazione in due momenti differenti; non soltanto il reddito pro–capite, ma anche la distribuzione del reddito, ecc.

economic harmonies: ***armonie economiche.*** Termine usato da Adam Smith per indicare le forze che contribuiscono al benessere di un popolo, quando ciascun individuo persegue il proprio interesse. Secondo Smith, tali forze erano soprannaturali, tanto che affermò che l'uomo «è guidato da una mano invisibile verso un fine che non rientrava nelle sue intenzioni».

economic history: ***storia economica.*** La storia dell'attività economica dell'uomo, distinta dalla storia civile, religiosa, ecc. Oggetto della storia economica è lo studio nel tempo dello sforzo umano di devolvere le scarse risorse di cui dispone a fini diversi e spesso in conflitto tra loro. Rientra anche nella storia economica lo studio dello sviluppo delle istituzioni economiche e commerciali, quali il sistema bancario, le borse valori e merci, il sistema di trasporti e comunicazioni, le assicurazioni, il commercio internazionale e simili.

economic imperialism: ***imperialismo economico.*** Espressione usata da nazionalisti di paesi in via di sviluppo e da comunisti per indicare la relazione economica tra paesi in via di sviluppo e paesi a sistema capitalistico. L'implicazione è che i paesi industrializzati perseguono una politica di penetrazione in quelli in via di sviluppo, con l'intento di: 1) procurare sbocchi per l'investimento di eccedenze di risparmio presenti nei paesi industrializzati; 2) procurare sbocchi per l'eccedenza di produzione industriale dei paesi avanzati; e, 3) procurarsi materie prime. (v. anche *economic domination, economic colonialism*)

economic independence: ***autosufficienza economica; indipendenza economica; autarchia.*** La produzione all'interno di una particolare area geografica di tutto ciò che viene consumato nella medesima area. Può, quindi, riferirsi ad esempio tanto ad una fattoria, quanto ad una nazione. Mentre l'autarchia temporanea è possibile ed è stata attuata, specialmente in periodi bellici, quella continua è pressocché impossibile, perché nessun paese può svilupparsi senza scambi con altri paesi, anche se il suo territorio è molto ampio e le sue risorse molto varie. Il prezzo che di solito si paga per una politica di autosufficienza economica è un basso tenore di vita per i cittadini. (v. anche *economic nationalism*)

economic indicator: ***indicatore economico.*** Serie di dati economici in relazione abbastanza stabile con l'andamento medio dell'economia generale o con qualche altra serie, in modo che notando differenze nella prima è possibile prevedere differenze anche nella seconda. Tra gli indicatori economici rientrano: a) gli indici dei prezzi al consumo e all'ingrosso; b) l'indice della produzione industriale; c) i dati relativi alla bilancia dei pagamenti; d) indici dell'occupazione e altri.

economic information: ***informazioni economiche.*** È uno dei servizi forniti dalle banche. A questo fine, esse impiegano osservatori specializzati che analizzano le tendenze economico–commerciali, studiano le situazioni e gli sviluppi politici dei vari paesi, formulano previsioni sulle reazioni dei governi a determinate situazioni e così via. Queste informazioni, insieme a discussioni e commenti, vengono pubblicate regolarmente nelle riviste finanziate dalle banche, ad esempio la *Lloyds Bank Review* e simili, che gli interessati possono ottenere gratuitamente dalle banche che le pubblicano.

economic instability: ***instabilità economica.*** Situazione economica caratterizzata da frequenti e ampie fluttuazioni, che implicano notevoli diminuzioni e aumenti del livello di occupazione, di reddito, di produzione, ecc. L'instabilità economica è una delle principali cause dell'irrequietezza sociale, che spesso sfocia in sommosse e rivoluzioni che allontanano un paese dal progresso sociale, culturale e democratico.

economic institutions: ***istituzioni economiche.*** Tutte quelle strutture che prestano assistenza alla produzione, alla distribuzione e allo scambio di beni e servizi. Tra queste rientrano il sistema bancario, il mercato delle assicurazioni, i mercati organizzati quali le borse valori e merci, il sistema dei trasporti e delle comunicazioni e così via.

economic integration: ***integrazione economica.*** Cooperazione tra due o più stati finalizzata alla realizzazione di obiettivi economici. Può assumere la configurazione dell'unione monetaria, dell'unione doganale, del vero e proprio mercato comune oppure dell'unione economica.

Economic Intelligence Department: ***Dipartimento informazioni economiche.*** Divisione della Banca d'Inghilterra che studia e prepara relazioni sull'economia nazionale britannica e sulla situazione della bilancia dei pagamenti. In particolare, la divisione è responsabile dell'analisi di informazioni statistiche e di altra natura relative alle istituzioni e operazioni finanziarie. Molto del lavoro svolto dalla divisione è inteso a fornire consigli sulle questioni monetarie britanniche in relazione alla formulazione di politiche da parte del Tesoro e della stessa Banca. Inoltre, la divisione è responsabile della pubblicazione *Bank of England Quarterly Bulletin*, che si è guadagnata un'ampia reputazione per la chiarezza e la profondità dei commenti su questioni economiche e finanziarie.

economic interdependence: ***interdipendenza economica.*** La relazione di dipendenza in campo economico tra i vari paesi del mondo, venutasi a creare a seguito dell'ampliamento dei mercati e degli scambi commerciali. Tale interdipendenza presenta vantaggi e svantaggi per i vari paesi. Tra i vantaggi, il principale è quello dell'accresciuta quantità e varietà di beni e servizi a disposizione dei consumatori di tutto il mondo, con il conseguente aumento del tenore di vita, che non si sarebbe verificato se ciascun paese avesse dovuto limitare i propri consumi ai beni prodotti nell'ambito dei suoi confini. Tra gli svantaggi si elencano le limitazioni che l'interdipendenza impone alla libertà di azione unilaterale e il conseguente maggior bisogno di coordinamento internazionale delle politiche commerciali, industriali e monetarie perseguite dai vari paesi.

economic interest: ***cointeressenza; compartecipazione.*** Il termine inglese indica la proprietà di tutta o parte di un'impresa.

economic interpretation of history: ***interpretazione economica della storia.*** Espressione usata con lo stesso significato di *economic determinism* (v.).

***Economic Journal*:** Pubblicazione ufficiale della *Royal Economic Society of Great Britain.* È una palestra per il lancio e il confronto di nuove teorie su questioni economiche.

economic law: 1. ***legge economica.*** Generalizzazione che indica una relazione tra due o più fenomeni economici. Una delle più note leggi economiche è quella della domanda, che asserisce che un aumento del prezzo causa una diminuzione della domanda e viceversa. Affinché, però, il risultato previsto dalla legge si verifichi effettivamente è sempre sottinteso *ceteris paribus.* Poiché spesso si dà il nome di legge economica a molte asserzioni popolari non scientifiche, è bene precisare che una legge può considerarsi tale solo se applicabile in modo ampio e abbastanza completo. Dal momento che una legge economica non trova le rigide applicazioni di una legge fisica o comunque scientifica e poiché essa non detta norme come una legge giuridica, molti autori preferiscono usare, al posto del termine inglese *law*, il termine *principle* o *hypothesis.* **2.** ***diritto dell'economia.*** L'insieme delle disposizioni che regolano il sistema economico e l'intervento statale in questioni ad esso connesse.

economic liberalism: ***liberalismo economico; liberismo.*** La filosofia economica che rigetta la maggior parte delle forme di intervento, sia statale che di gruppi di potere, nella vita economica e sostiene che bisogna lasciare la più ampia libertà possibile alle forze di mercato per realizzare fini economici. Il liberismo riconosce allo stato un ruolo nella vita economica del paese, ma questo ruolo deve limitarsi a sostenere il processo competitivo affinchè risulti il più efficiente possibile e ad integrarlo laddove certi servizi essenziali, non forniti attraverso i canali del mercato, possono realizzarsi soltanto con l'intervento pubblico. Pertanto, il liberalismo economico non auspica la completa mancanza di intervento statale in tutti i campi dell'economia, ma rivendica l'interesse privato, come molla che spinge verso l'interesse della collettività, e il meccanismo dei prezzi e della concorrenza come mezzo per raggiungere un rapido progresso economico.

economic life: ***vita utile; vita economica.*** Lo stesso che *useful life* (v.).

economic locomotive: ***locomotiva economica.*** Espressione di recente coniazione, con la quale si indica un paese che a causa dell'alta produttività, della notevole domanda interna e della stabilità politica ed economica, ha la capacità di trainare nello sviluppo economico altri paesi con i quali intrattiene relazioni commerciali.

economic lot: ***lotto economico; serie economica.*** La dimensione ottimale degli acquisti di materie prime e componenti con cui alimentare una linea di produzione. Si raggiunge l'optimum di dimensione degli acquisti, quando il costo sostenuto per stoccarli è uguale al costo che si deve sostenere per riordinarli.

economic lot size: ***ampiezza della serie economica; ampiezza del lotto economico.*** Il numero di unità da ordinarsi in un singolo acquisto o da prodursi in una singola operazione produttiva, prima che le macchine vengano utilizzate per la produzione di un altro articolo. Tale serie viene calcolata in base ai costi minimi e ai massimi benefici, cioè deve essere sufficientemente ampia per trarre vantaggio dalle economie di scala di produzione e allo stesso tempo deve essere tale da minimizzare le diseconomie derivanti da più alti costi di stoccaggio e dal maggior esborso di capitale circolante.

economic magnitudes: ***grandezze economiche.*** Tutti i fenomeni che sono suscettibili di misurazione da un punto di vista economico.

economic man: ***uomo economico; homo oeconomicus.*** Uomo ipotetico, perfetto conoscitore delle leggi economiche e di mercato, ma avulso dalla complessa realtà umana e motivato solo dall'idea di massimizzare il soddisfacimento dei propri bisogni col minimo uso delle scarse risorse a sua disposizione. Questa astrazione fu creata dai primi economisti inglesi della scuola classica e fu osteggiata principalmente dalla scuola storica tedesca, che la considerava priva di qualsiasi applicazione pratica.

economic maturity: ***maturità economica.*** Riferito ad un paese, questo termine indica che esso ha raggiunto il pieno sviluppo economico.

economic method: ***metodo economico.*** Il metodo seguito nello studio dei fenomeni economici, che può essere induttivo o deduttivo. (v. anche *deductive method, inductive method*)

economic miracle: ***miracolo economico.*** Espressione del linguaggio popolare, con la quale si indica un notevole sviluppo dell'economia di un paese in un arco di tempo relativamente breve. Corrisponde ad un'accentuata fase di boom economico.

economic mobilization: ***mobilitazione economica.*** Qualsiasi sforzo tendente a far convergere le energie produttive di un paese su uno scopo preciso. Si è verificata in periodi bellici ed è stata normalmente accompagnata da leggi speciali sulle attività economiche.

economic model: ***modello economico.*** Qualsiasi esemplificazione o sistema che aiuti a comprendere il funzionamento dell'economia o a rapportare una teoria a situazioni reali. Ad esempio, A.W. Phillips fece costruire un modello, per spiegare il flusso del reddito nazionale, costituito da una macchina che pompa acqua di diversi colori in un sistema di tubicini trasparenti. Il modello economico, tuttavia, è di solito una costruzione teorica in base alla quale si possono identificare gli elementi del mondo reale da prendere in considerazione e si possono fare previsioni dei risultati derivanti da variazioni di questi elementi. Esistono, pertanto, modelli microeconomici e modelli macroeconomici. I primi vengono preparati in funzione di fenomeni economici oggetto di studio da parte della microeconomia, quali il comportamento dei singoli consumatori o delle singole imprese, piccoli gruppi di consumatori o di imprese nell'ambito di singoli mercati o industrie e le relazioni che intercorrono tra loro; i secondi vengono preparati in funzione di fenomeni economici oggetto di studio da parte della macroeconomia, quali il consumo globale, il reddito nazionale, il livello generale dei prezzi, ecc. Un modello che ha le caratteristiche sia microeconomiche che macroeconomiche è quello costruito da W. Leontief per la sua analisi delle interdipendenze strutturali. (v. anche *macroeconomics, microeconomics, input–output analysis*)

economic morphology: ***morfologia economica.*** Classificazione e studio delle varie forme di mercato puro che partecipano alla composizione di un mercato reale.

economic motives: ***moventi economici.*** Azioni ispirate prevalentemente o totalmente da considerazioni economiche.

economic nationalism: ***nazionalismo economico.*** Politica di autarchia confortata da divieti di importare da altri paesi, concretizzati mediante l'applicazione di alti dazi doganali, contingentamenti, restrizioni valutarie, ecc. Tale tipo di politica fu perseguita, nel periodo tra le due guerre, da un gran numero di paesi, di qualunque tendenza politica, con varie finalità che andavano dal tentativo di proteggere l'occupazione a quello di stimolare l'espansione delle industrie nazionali. Dopo la seconda guerra mondiale è stata abbandonata da quasi tutti i paesi non comunisti, ove è stata sostituita da una forma più o meno ampia di liberalismo economico. (v. anche *economic independence*)

economic objectives: ***obiettivi economici.*** Termine usato con lo stesso significato di *economic ends* (v.).

Economic Opportunity Act: Legge approvata dal Congresso statunitense nel 1964. Fu il primo vero attacco alla povertà negli Stati Uniti e stabiliva che la maggior parte dei programmi separati di assistenza ai poveri venissero amministrati da un unico ufficio di nuova istituzione, l'*Office of Economic Opportunity*, con la collaborazione di varie altre agenzie federali. La legge istituì corsi di addestramento professionale per i giovani, creò opportunità di lavoro per gli studenti provenienti da famiglie a basso reddito e fornì aiuto finanziario a settori dell'agricoltura e della piccola impresa che non erano qualificati per aspirare a programmi di finanziamento di più ampio respiro.

economic order quantity: ***serie economica; lotto economico.*** Termine usato con lo stesso significato di *economic lot* (v.).

economic organization: ***organizzazione economica.*** La creazione di un sistema organico di istituzioni e leggi, che forniscano stimoli idonei ad incanalare l'attività economica dei singoli verso obiettivi che servono l'interesse sociale e pubblico. Lo stesso concetto può essere definito come la creazione di incentivi per le attività individuali capaci di portare i benefici individuali allo stesso livello dei benefici sociali derivanti dall'attività economica.

economic package: ***pacchetto economico.*** Insieme di provvedimenti economici adottati da un paese allo scopo di rilanciare la propria economia o di porre rimedio a disfunzioni congiunturali o strutturali. Si tratta di solito di una serie di misure collegate tra loro, che vanno applicate in blocco se si vuole ottenere il risultato sperato.

economic paradoxes: ***paradossi economici.*** Affermazioni di economisti che sembrano contraddire le opinioni comuni o il comune modo di pensare o di vedere un problema. Ad esempio, l'affermazione che un raccolto povero può rendere ad un coltivatore più di un raccolto ricco è un paradosso, ma può diventare una verità se la si considera in relazione ad un potere monopolistico esercitato dal coltivatore che ha avuto il raccolto povero.

economic plan: ***piano economico.*** Piano preparato allo scopo di utilizzare razionalmente le risorse disponibili e quelle di cui si ritiene che si potrà disporre nell'arco di tempo coperto dal piano, in modo da realizzare i fini che l'organo pianificatore si propone nel modo più economico possibile. L'esigenza di un piano è sentita in qualsiasi nazione o entità economica che affronti il futuro e si possono preparare piani a qualunque livello e qualunque sia il regime politico in atto. Esistono, infatti, piani di consumo, di produzione, di risparmio, ecc., che a seconda del regime politico vengono preparati interamente dallo stato, come nelle economie pianificate, o in parte dallo stato e in parte dai privati, come nelle economie miste. Ogni piano, qualunque sia la sua origine, tiene conto della situazione attuale e delle aspettative future, in modo che si possa procedere alla razionale utilizzazione delle risorse in previsione di ciò che si intende realizzare. Da un punto di vista temporale, un piano si distingue in un istante iniziale, in cui vengono fatte le scelte tenendo conto delle previsioni per il futuro; la durata, che può variare da giorni ad anni, a seconda che si tratti di piani di consumo o di produzione; l'istante finale, quando cioè il piano si conclude e si possono effettuare le rilevazioni che consentono di individuare le modificazioni che sono intervenute tra l'istante iniziale e quello finale. Onde consentire lievi deviazioni ed eliminare la necessità di frequenti revisioni, si è soliti dare ai piani una certa flessibilità, in modo da garantirsi contro scarti sfavorevoli futuri previsti o imprevisti.

economic planning: ***pianificazione; programmazione economica.*** Serie di interventi statali che possono andare dal semplice tentativo di dirigere l'economia del paese attraverso la politica finanziaria, alla rigida regolamentazione di ogni settore dell'economia. Chi più, chi meno, oggi tutti gli stati svolgono un ruolo importante nella programmazione economica, se non altro attraverso le loro decisioni sulla localizzazione delle industrie, le loro politiche di sostegno in favore di certe produzioni, ecc. Il termine viene anche usato, pur se in minor misura, per indicare le decisioni di un imprenditore sui fattori della produzione da utilizzare e in quale quantità, sull'ampiezza della produzione da realizzare, ecc. (v. anche *national plan, economic plan, planning*)

economic planning regions: Nel 1965, in Gran Bretagna furono individuate dieci regioni nelle quali doveva svilupparsi la programmazione economica del governo centrale, attraverso il coordinamento di consigli regionali.

economic policy: ***politica economica.*** I mezzi che un governo adotta nel tentativo di regolare o modificare le questioni economiche di un paese e i fini che esso si prefigge. Alcuni, e forse i più importanti, tra questi fini sono: contenimento dell'inflazione; alto livello dell'occupazione; crescita economica; equilibrio negli scambi con l'estero; equa distribuzione del reddito.

Economic Policy Board: Comitato consultivo del Presidente degli Stati Uniti, istituito nel 1974 con i compiti principali di: a) consigliare il Presidente su tutti gli aspetti di politica economica nazionale e internazionale; b) svolgere funzioni di supervisione sulla formulazione, sul coordinamento e sull'applicazione della politica economica statunitense; c) fungere da centro del potere decisionale in questioni di politica economica. Il comitato opera sotto la presidenza del ministro del tesoro statunitense.

economic power: ***potere economico.*** Si può manifestare e può esistere a diversi livelli, ma consiste sempre nel dominio sulle risorse conferito ad un individuo, a un gruppo di individui o ad un paese dal potere monopolistico o dall'autorità politica.

economic pressures: ***pressioni economiche.*** Tentativi, da parte di un gruppo o di un settore economico, di far indirizzare la politica del governo del paese verso obiettivi vantaggiosi per il gruppo o il settore, ma non necessariamente tali per tutta l'economia.

economic problem: ***problema economico.*** Qualsiasi problema relativo all'applicazione delle risorse disponibili al miglior uso possibile. La risoluzione di un problema economico implica decisioni circa gli obiettivi che devono essere realizzati per primi e circa i bisogni che, almeno temporaneamente, devono essere lasciati insoddisfatti.

economic profit: ***profitto economico.*** Il profitto di un'impresa dal punto di vista dell'economista. Viene calcolato sottraendo dal profitto lordo tutti i costi, espliciti e impliciti.

economic progress: ***progresso economico.*** Si realizza attraverso riforme e una migliore utilizzazione delle risorse e si manifesta con l'aumento della produzione media pro–capite di beni e servizi, la produzione di nuovi beni e servizi di maggior valore e in maggiore quantità con la stessa o con una minore quantità di input di lavoro e un'equa distribuzione del reddito.

economic prospects: ***prospettive economiche.*** Previsione di eventi futuri che probabilmente influenzeranno l'attività economica di un singolo, di un'organizzazione o di una comunità.

economic protection: ***protezione economica.*** La protezione offerta da un governo alle industrie del proprio paese, attraverso l'applicazione di dazi protettivi e l'adozione di una politica, detta appunto protezionismo, che ha l'effetto di limitare gli scambi commerciali tra quel paese e altri paesi.

economic quantities: ***quantità economiche.*** Termine oggi poco usato, perché sostituito da *economic aggregates* (v.).

economic rationality: ***razionalità economica.*** Lo stesso che *consumer rationality* (v.).

economic recovery: ***ripresa economica.*** Una delle fasi del ciclo economico e precisamente quella che segue la depressione e riporta lentamente l'economia verso la prosperità. È caratterizzata da un lento ma progressivo ampliamento dell'attività, dal diffondersi della fiducia e dell'ottimismo e dall'aumento degli investimenti e dell'occupazione.

economic recovery program: ***programma di ripresa economica.*** Il programma economico lanciato dall'amministrazione Reagan agli inizi degli anni ottanta, con l'obiettivo di stimolare l'economia statunitense e farla uscire dalla stagnazione in cui si trovava nella seconda metà degli anni settanta. Alla base del programma vi era una differente visione dell'intervento statale in questioni economiche ispirata all'economia dell'offerta, che ha portato alla deregolamentazione massiccia, alla riduzione delle imposte sul reddito, alle incentivazioni per la costituzione di nuove imprese e a tutta una serie di altri provvedimenti che hanno contribuito al rilancio dell'economia statunitense.

Economic Recovery Tax Act: Legge, approvata dal Congresso degli Stati Uniti nel 1981, che ridusse del 25% nell'arco di tre anni le imposte sul reddito del lavoratore americano medio, indicizzò il sistema di imposizione fiscale allo scopo di neutralizzare il drenaggio fiscale causato dall'inflazione e stabilì misure fiscali intese a favorire gli investimenti aziendali. Pur se modificata da successivi provvedimenti fiscali, la legge rappresentò il punto di forza del programma di ripresa economica reaganiano basato sulle teorie dell'economia dell'offerta.

economic rent: 1. ***rendita ricardiana; rendita differenziale.*** Prezzo teorico pagato per l'uso della terra e corrispondente alla differenza tra la produttività di un fondo e la produttività del fondo più povero, utilizzato per lo stesso scopo del primo e con uguale ubicazione, a parità d'impiego di capitale e lavoro. **2.** ***rendita economica; sovrappiù.*** Gli utili provenienti ad un fattore della produzione in eccesso dell'utile minimo necessario a mantenerlo nell'uso cui è destinato e a non farlo utilizzare differentemente. Questo concetto può essere applicato soltanto a quei fattori utilizzabili in diversi processi produttivi, come ad esempio il lavoro. Se, viceversa, il fattore è specifico e può essere utilizzato in un solo modo, il concetto non è applicabile. (v. anche *transfer earnings*)

***Economic Report*:** Libro bianco pubblicato ogni anno nel Regno Unito in marzo o aprile. Contiene una rassegna dell'economia britannica relativa all'anno precedente e una previsione sull'andamento dell'economia relativa all'anno in corso. Prima del 1963 era chiamato *Economic Survey*.

economic resources: ***risorse economiche.*** Termine con il quale, nel linguaggio economico, si indicano in genere i fattori della produzione, terra, capitale e lavoro ivi inclusa l'attività dell'imprenditore, la cui offerta è scarsa in relazione alla domanda. Tutte le risorse di cui dispone un'economia sono scarse, nel senso che esse sono insufficienti a produrre tutti i beni e i servizi necessari a soddisfare tutti i bisogni umani di una comunità. I limiti alle risorse disponibili sono quelli imposti dalla natura e dalle conoscenze dell'uomo, che pertanto si sforza di utilizzarle in combinazioni diverse, tendenti a dare il massimo prodotto attraverso la minima utilizzazione possibile delle risorse esistenti. Questo sforzo e le leggi che lo regolano costituiscono la materia essenziale di studio della scienza economica.

***Economic Review*:** Pubblicazione bimestrale del *National Institute of Economic and Social Research* britannico.

economic royalist: Espressione ironica, di uso statunitense, con la quale si designa una persona che si ritiene superiore a causa della propria ricchezza o del proprio alto reddito.

economics: ***economia.*** La scienza che studia l'attività e il comportamento dell'uomo, nei suoi sforzi per soddisfare i bisogni, e i principi alla base della utilizzazione delle risorse scarse.

economic sanctions: ***sanzioni economiche.*** Misure coercitive di natura economica, imposte nei confronti di un paese da parte di altri paesi o di organismi internazionali che non approvano la politica perseguita dal paese in questione, nel tentativo di convincere i governanti a cambiare linea di condotta. Possono prendere la forma di blocco navale, di embargo sulle materie prime necessarie alla sua economia, di restrizioni alla concessione di credito, e simili.

economic science: ***scienza economica.*** Termine usato come sinonimo di *economics* (v.).

economic sector: ***settore economico.*** Lo stesso che *sector of the economy* (v.).

economic security: ***sicurezza economica.*** La certezza, per un individuo o per una collettività, di poter svolgere un'attività economica mediante la quale guadagnarsi il necessario per soddisfare i propri bisogni. L'esistenza di sicurezza economica è una delle caratteristiche di un'economia florida.

economic self–sufficiency: ***autosufficienza economica; indipendenza economica; autarchia.*** Termine usato con lo stesso significato di *economic independence* (v.).

economic service life: ***vita di servizio economica.*** Termine usato con lo stesso significato di *useful life* (v.).

economic significance: ***valore economico; significato economico; importanza economica.*** La qualità posseduta da un bene o servizio, quando esso diventa oggetto di scambio e gli viene assegnato un prezzo.

economic situation: ***situazione economica.*** La situazione in cui si trova, da un punto di vista economico, un individuo, un'organizzazione o una comunità. Il termine viene usato con un significato molto vicino a quello di *economic conditions* (v.).

economic slowdown: ***rallentamento economico.*** La riduzione di un precedente livello dell'attività economica, che comporta anche una riduzione dell'occupazione e degli investimenti.

economics minister: ***ministro dell'economia.*** Termine usato per indicare, in alcuni paesi in cui esiste, il ministro preposto alla formulazione e all'applicazione della politica economica.

economics of disequilibrium: ***economia del disequilibrio.*** Teoria economica di recente impostazione, che studia il comportamento dei mercati nei quali la domanda e l'offerta non si incontrano e degli operatori che non sono ancora riusciti a calibrare la loro domanda e la loro offerta alle condizioni del mercato. Secondo alcuni economisti contemporanei, queste sono le condizioni che si riscontrano più di frequente nella realtà economica odierna.

economics of the environment: ***economia dell'ambiente.*** La teoria che sostiene che l'abbandono o la trascuratezza dell'ambiente fisico rappresenta un costo esterno della crescita economica. In passato, la teoria sosteneva che i beni pubblici, quali le foreste e il mare, venivano esageratamente sfruttati, perché non appartenevano a nessuno in particolare. Un'altra interpretazione sostiene che il degrado ambientale è la conseguenza della concentrazione urbana e del progresso tecnologico.

economics of time: ***economia del tempo.*** Lo statunitense Gary Becker ha fatto notare come tutti noi siamo impegnati nel fare scelte economiche in relazione al tempo di cui disponiamo, in quanto anche esso è un bene limitato o scarso. Becker osserva che un pensionato con basso reddito occupa molta parte del tempo di cui dispone nella ricerca di buone occasioni d'acquisto e utilizza altro tempo (che non gli costa niente) per fare lavori, come il cucinare o il fai–da–te, che altri non possono svolgere per mancanza di tempo. Una donna d'affari di successo, al contrario, non ha il tempo di dedicarsi alla cucina e ordina per telefono i pasti che le vengono consegnati a domicilio, pagando questo servizio speciale, e impronta la sua condotta di consumo al risparmio del tempo da dedicare agli acquisti, anche se ciò la porta a pagare prezzi più alti non perché non sa fare bene i propri conti, ma anzi a ragion veduta, perché a conti fatti le conviene dedicare più tempo alla propria attività lavorativa.

economic sovereignty: ***sovranità economica.*** L'autorità esercitata da uno stato sui suoi affari economici interni. Tale sovranità è spesso limitata dall'adesione del paese a trattati internazionali, quali il G.A.T.T. o il Trattato di Roma che istituì la Comunità Economica Europea, o da situazioni dei mercati internazionali che condizionano le decisioni economiche interne.

economics profession: ***classe degli economisti.*** Il termine inglese indica la categoria degli economisti professionisti, cioè gli studiosi che fanno dell'economia la loro professione. Vi rientrano, pertanto, i professori di economia, i consiglieri economici delle varie istituzioni pubbliche e private, i giornalisti e gli scrittori di questioni economiche, ecc., mentre non vi sono inclusi coloro che trattano l'economia occasionalmente o come dilettanti e cultori della disciplina.

economics student: ***studente di economia; studioso di economia.*** Il termine inglese può usarsi come corrispondente di ambedue i termini italiani. Indica, pertanto, sia uno studente che frequenta una facoltà o un corso di economia, sia lo studioso di problemi economici. In quest'ultimo significato, tuttavia, è più comune il termine *economist* (v.).

economic stability: ***stabilità economica.*** Situazione economica caratterizzata non da immobilità, bensì da lievi e continue oscillazioni intorno ad un dato livello, chiamato equilibrio stabile. La stabilità economica è una delle condizioni che maggiormente contribuiscono al progresso sociale, culturale e politico di un paese.

economic stabilization: ***stabilizzazione economica.*** L'uso di misure monetarie, fiscali e di altra natura tendenti ad evitare o ridurre la deflazione o l'inflazione nei paesi industrializzati del mondo occidentale. Dopo la fine della seconda guerra mondiale, molti paesi occidentali si sono proposti l'obiettivo di mantenere livelli alti e stabili dell'occupazione e della produzione e molti di loro hanno anche operato nel tentativo di stabilizzare il valore delle loro valute nazionali. La politica di stabilizzazione economica è strettamente collegata alle fluttuazioni che si verificano nel cosiddetto ciclo economico, per cui essa tenta di frenare l'esuberanza dell'economia quando questa si avvicina al culmine del ciclo rappresentato dal boom e di stimolarla quando essa, una volta superato il boom, si avvia in una fase discendente. Ciò, però, non è semplice come potrebbe sembrare, a causa principalmente dell'inesattezza delle informazioni a disposizione di coloro che sono preposti alla formulazione di una politica di stabilità economica ed anche a causa degli immancabili sfasamenti temporali tra il verificarsi di un dato fenomeno economico che impone l'intervento e gli effetti sul fenomeno degli interventi decisi. Può, infatti, verificarsi che un'azione frenante, iniziata quando l'economia si avvicinava al boom, manifesti i suoi effetti quando il boom si è esaurito e l'economia si trova nella fase discendente verso la crisi. L'azione intrapresa, in tal caso, porterà ad un'accelerazione del processo recessivo con danni ancora maggiori di quelli che si sarebbero verificati se non fosse stata intrapresa alcuna azione. Per questo e per tanti altri motivi, alcuni economisti sostengono che la politica di stabilizzazione economica è più un'arte che una scienza.

Economic Stabilization Act: Legge, approvata dal Congresso degli Stati Uniti all'inizio degli anni settanta, con la quale si conferiva al Presidente il potere di congelare prezzi e salari se ciò si dimostrava necessario per combattere l'inflazione.

economic stagnation: ***stagnazione economica; ristagno economico.*** Situazione economica caratterizzata da alta disoccupazione, reddito pro-capite costante o in diminuzione e sviluppo economico nullo o estremamente ridotto.

economic statistics: ***statistiche economiche.*** Le statistiche raccolte e pubblicate dal governo e altre istituzioni allo scopo di disporre di dati relativi alla produzione, ai prezzi, all'occupazione, ai salari, ecc., che indichino la situazione dell'economia del paese nel momento in cui tali dati divengono disponibili e che consentono raffronti con altri dati relativi a periodi precedenti e che consentono di scoprire tendenze o relazioni significative.

economic strike: ***sciopero per rivendicazioni economiche.*** È quello fatto per indurre il datore di lavoro ad accettare rivendicazioni salariali dei lavoratori.

economic structure: ***struttura economica.*** La struttura nel cui ambito e con l'appoggio della quale si svolge l'attività economica di una comunità.

Economic Summit: ***vertice economico.*** La riunione annuale dei capi di stato e di governo dei sette paesi più industrializzati, più una rappresentanza della Comunità Economica Europea.

economic surplus: ***rendita economica; sovrappiù.*** Termine usato con lo stesso significato di *economic rent 2* (v.).

***Economic Survey*:** Nome con il quale, prima del 1963, veniva indicato il libro bianco oggi detto *Economic Report* (v.).

economic system: ***sistema economico.*** I principi fondamentali che regolano la vita economica di uno stato, con particolare riferimento alla proprietà, all'uso delle risorse e all'intervento dello stato in questioni economiche. Le principali funzioni di un sistema economico sono: a) fare incontrare, in maniera efficiente, l'offerta e la domanda effettive di beni e servizi; b) stabilire quali beni e servizi debbano essere prodotti e in quale quantità; c) allocare le risorse scarse tra le imprese produttrici di beni e servizi; d) distribuire il prodotto delle industrie tra coloro che compongono la comunità; e) provvedere al mantenimento e all'espansione del capitale fisso del paese; f) utilizzare a pieno le risorse di cui dispone la comunità. In un sistema capitalistico, queste funzioni vengono svolte dai privati e sono regolate dal meccanismo dei prezzi e dal movente del profitto; in un sistema socialista, invece, tutte queste funzioni vengono svolte mediante pianificazione eseguita da funzionari stipendiati, senza l'intervento di alcun investitore privato. Altri sistemi prevedono la coesistenza dell'impresa privata accanto alla pianificazione da parte dello stato e il sistema economico risulta diviso in due grandi settori, quello privato e quello pubblico.

economic theory: ***teoria economica.*** Un insieme di principi economici coerenti e derivati dal ragionamento logico, che servono da strumento per l'analisi economica. Lo stesso termine è spesso usato col medesimo significato di *economic analysis* (v.).

economic theory of services: ***teoria economica dei servizi.*** I servizi sono stati tradizionalmente considerati «produzione improduttiva». A. Smith considerava produttiva soltanto la produzione di beni materiali e osserva che «i servizi periscono nel momento preciso della loro esecuzione». T. R. Malthus fece la stessa distinzione quando affermò che i servizi hanno valore economico produttivo soltanto quando contribuiscono alla produzione di beni materiali. J. B. Say faceva distinzione tra produzione materiale e immateriale. Le industrie dei servizi, quindi, non erano considerate dai classici produttive o economicamente importanti. Recentemente, questa noncuranza dei servizi nella teoria economica è stata in parte rimossa e molti economisti moderni affermano che il settore dei servizi sarà il perno del futuro. A. G. B. Fisher, nella sua opera *Production: Primary, Secondary and Tertiary*, afferma che lo sviluppo economico è caratterizzato da uno spostamento delle economie dal settore primario a quello secondario e quindi al terziario. Egli considera un'economia agricola o tradizionale come primo stadio dello sviluppo, nel quale il reddito medio è basso e la struttura della domanda è limitata ai beni essenziali quali il cibo e il riparo. Si raggiunge il secondo stadio dello sviluppo quando la struttura secondaria industriale cresce e diventa predominante nell'economia. La predominanza del settore secondario porta con sé un reddito medio più elevato e la domanda di prodotti non essenziali accanto a quelli essenziali di base. Il successivo passo logico, secondo Fisher, è lo spostamento delle risorse dal settore secondario a quello terziario, che è caratterizzato da un reddito medio relativamente alto e da una sua più ampia proporzione destinata all'acquisto di beni e servizi di alto costo. L'aumentata produttività del settore secondario porta a una produzione a uso meno intensivo di lavoro che ha come risultato un'eccedenza di manodopera. Il settore terziario attira questi lavoratori disponibili, perché esso è caratterizzato da alto uso intensivo di lavoro. Fisher indica anche le diverse elasticità della domanda di beni e trova che l'elasticità in termini di reddito della domanda di servizi è più alta di quella di beni industriali. Con il basso tasso di crescita che si verifica nel settore secondario di molti paesi industrializzati, tali teorie stanno sempre più guadagnando terreno e anche i cinque stadi di sviluppo di W. Rostow portano a un'economia di servizi. Egli sostiene che la riduzione del tasso di crescita di un settore indica che esso ha raggiunto lo sviluppo ottimale. Questo livello ottimale è stato già raggiunto nella maggior parte dei paesi industrializzati e il passo successivo è quello verso una società di consumi di massa, che sfocia nello stadio postindustriale dello stato sociale, anche detto capitalismo dei monopoli di stato o economia dell'autoservizio. La maggior parte di queste teorie si fondano su un'osservata transizione in un'economia dei servizi basata sulla legge di E. Engel, secondo la quale via via che il reddito aumenta, diminuisce la spesa marginale in cibo e altri beni necessari, da cui discende che il consumo di servizi ha una più alta elasticità in termini di reddito. Tuttavia, U. R. Fuchs ha contestato questa più alta elasticità della domanda di servizi, sostenendo che l'accresciuta importanza del settore dei servizi è dovuta in parte all'elasticità del reddito e in parte agli effetti della socializzazione e dell'urbanizzazione.

economic thought: ***pensiero economico.*** La parte più speculativa dell'economia, che si interessa della formulazione di nuove idee o teorie.

***Economic Trends*:** Pubblicazione mensile del *H.M.S.O.* che dà, in forma grafica o tabulare, informazioni statistiche sull'andamento generale dell'economia, sui prezzi, sull'occupazione, sulla produzione, ecc.

economic union: ***unione economica.*** Accordo tra due o più stati per perseguire politiche economiche uguali o simili in relazione a questioni quali i dazi doganali, l'imposizione fiscale interna, le politiche monetarie, ecc.

economic unit: ***ente economico.*** 1) Qualsiasi individuo singolo o gruppo di persone con nome e fini comuni, che svolgono operazioni economiche con terzi. 2) Gruppo di aziende o stabilimenti che operano sotto un unico controllo e svolgono operazioni economiche tra loro o correlate.

economic warfare: ***guerra economica.*** Attività tendente a danneggiare l'economia di un paese, spesso in tempo di guerra, attraverso l'istituzione di blocchi navali, interferenze nell'approvvigionamento di materie prime, pressione su altri paesi perché limitino i loro scambi col paese in questione, ecc.

economic wealth: ***ricchezza economica.*** Qualsiasi bene economico utile, scarso e del quale si può avere la proprietà. Se la ricchezza è considerata come flusso di beni verso un soggetto, viene chiamata reddito; se si considera come fondo, viene chiamata patrimonio; se si impiega nella produzione, viene chiamata capitale quando vi sia un risultato utile, consumo nel caso contrario.

economic welfare: ***benessere economico.*** Concetto alquanto vago e impreciso, cui la scienza economica ha dato vari significati, intendendolo come benessere del singolo o della collettività, misurabile in base alla disponibilità di beni o alla possibilità di utilizzare servizi prestati da terzi.

economies of agglomeration: ***economie di agglomerazione.*** Le economie che ciascuna singola impresa può realizzare quando nella stessa area geografica è presente un certo numero di altre imprese. Il concetto delle economie di agglomerazione è uno dei punti di forza nella creazione delle cosiddette *enterprise zones* (v.) negli Stati Uniti.

economies of growth: ***economie di crescita.*** I vantaggi che derivano a un'impresa o un paese in crescita come conseguenza diretta di una crescita economica precedente o contemporanea.

economies of mass production: ***economie di produzione di massa.*** La produzione su vasta scala è la tipica caratteristica della moderna organizzazione industriale. Se ciò è possibile, un imprenditore preferirà operare su larga scala, perché così facendo egli potrà avvantaggiarsi dei rendimenti di scala di produzione e della divisione del lavoro. Le spese fisse vengono ripartite su un maggior numero di unità di prodotto e gli impianti, le macchine, gli attrezzi e i materiali vengono utilizzati meglio da un punto di vista economico. I sottoprodotti possono essere vantaggiosamente utilizzati dalla stessa impresa, oppure venduti sul mercato. È possibile finanziare costose ricerche ed esperimenti e l'impresa ha migliori opportunità di reclamizzare i propri prodotti di quanto non abbia la piccola impresa. Tutto ciò può riassumersi dicendo che la grande impresa ricava maggiori benefici della piccola impresa dalle economie di produzione interne ed esterne. Dal punto di vista della produzione, l'impresa che produce su larga scala ha, in effetti, anche alcuni svantaggi e questi derivano principalmente dalle difficoltà di gestione. Le grandi imprese tendono a diventare poco flessibili e inoltre non riesce loro facile cambiare tipo di produzione se si presenta la necessità di farlo. Ad esempio, una grande impresa che produce un tipo speciale di automobile per un mercato estero non può prontamente ristrutturarsi per produrre qualcosa d'altro se il mercato verso il quale esporta viene improvvisamente chiuso per motivi politici o per l'imposizione di limiti alle importazioni.

economies of scale: ***economie di scala.*** L'utile che si ricava, in termini di unità prodotte o di risparmio di costi medi unitari, dall'ampliamento o dall'aumento di attività di un impianto, di una fabbrica o di un'industria. (v. anche *internal economies, diseconomies of scale*)

economies of urban concentration: ***economie di concentrazione urbana.*** Lo stesso che *urbanization economies* (v.).

economies of variety: ***economie di varietà.*** Espressione coniata sul modello di *economies of scale* (v.) per indicare sostanzialmente lo stesso concetto di quest'ultimo termine, con la differenza che le economie vengono realizzate a seguito dell'ampliamento non solo dell'attività produttiva, ma anche e soprattutto della varietà di beni prodotti.

economism: ***economismo.*** Nella terminologia marxista, è la ricerca di vantaggi materiali a spese della rivoluzione.

economist: ***economista.*** Studioso di scienze sociali, che si specializza nell'economia teorica o applicata.

***Economist, The*:** Settimanale, pubblicato a Londra dal 1843, che si interessa principalmente di questioni economiche e politiche. Uno tra i più autorevoli del mondo per l'esattezza delle informazioni, l'accuratezza dei servizi e la capacità di previsione in campo economico.

Economist-Extel indicator: Indice azionario, basato su 50 azioni industriali, pubblicato dal settimanale *The Economist* (v.).

to economize: ***economizzare.*** Il termine inglese viene usato in due significati lievemente differenti: 1) usare o spendere la minima quantità possibile di risorse o di moneta; 2) fare economie, riducendo i consumi e le spese, nel tentativo di crearsi un risparmio da utilizzare in futuro.

economizing expedients: ***espedienti economizzanti.*** Termine citato da J. S. Mill per indicare tutti i tipi di *credit instrument* (v.).

economy: ***economia.*** 1) Utilizzazione ottimale delle risorse, tale da dare la massima soddisfazione col minore sacrificio possibile. 2) Il sistema economico, di una data regione geografica o nazione, all'interno del quale hanno luogo la produzione, la distribuzione e il consumo di beni e servizi.

economy of abundance: ***economia dell'abbondanza.*** Una condizione ipotetica nella quale tutti i bisogni vengono soddisfatti. Si usa questo termine anche per indicare la situazione in cui l'alto potere d'acquisto generale è tale da far funzionare al pieno delle capacità il sistema produttivo. (v. anche *economy of scarcity*)

economy of flexibility: ***economia di flessibilità.*** Il vantaggio che trae un produttore con più stabilimenti a disposizione dall'allocare aumenti o diminuzioni di produzione a quello stabilimento che ha la dimensione ottimale per assorbirli.

economy of high wages: ***economia di alti salari.*** Principio in base al quale salari più elevati fanno aumentare l'efficienza dei lavoratori, così che il datore di lavoro sarà più che ricompensato per il maggior costo della manodopera.

economy of scarcity: ***economia della scarsità.*** La condizione in cui non vi sono mai beni sufficienti per soddisfare tutti i bisogni. Il termine si usa anche per indicare la situazione in cui il potere d'acquisto generale è insufficiente per far funzionare il sistema produttivo al pieno delle capacità. (v. anche *economy of abundance*)

economywide: ***macroeconomico.*** Lo stesso che *systemwide* (v.).

Ecosoc: Economic and Social Council.

ECP: eurocommercial paper.

E.C.S.C.: European Coal and Steel Community.

E.C.U.: 1) European Customs Union; 2) European Currency Unit.

e.d.: ex dividend.

E–Day: Il giorno, 1° gennaio 1973, fissato per l'ingresso del Regno Unito nella Comunità Economica Europea. «E» sta ad indicare *entry*.

E.D.C.: 1) European Defence Community; 2) Economic Development Committee.

to edge: ***avanzare.*** Nel linguaggio delle borse valori, questo termine viene usato in riferimento a corsi che aumentano lentamente e gradualmente.

Edge Act: Legge, approvata dal Congresso degli Stati Uniti nel 1919, che consentiva alle banche commerciali statunitensi di istituire proprie sussidiarie in stati diversi da quello in cui ciascuna banca aveva la propria sede principale, ma soltanto allo scopo di svolgere l'attività bancaria in campo internazionale. Le sussidiarie così istituite furono chiamate *edge banks* (v.).

edge banks: La legge che il Congresso degli Stati Uniti approvò nel 1919, chiamata *Edge Act* (v.), riconosceva personalità giuridica a livello federale a sussidiarie di banche che operavano in diversi stati dell'Unione e a certe organizzazioni finanziarie che chiedevano di poter svolgere operazioni bancarie internazionali. Tali sussidiarie o organizzazioni finanziarie sono a volte chiamate *edge banks*.

EDITH: Estate Duties Investment Trust Ltd.

EDR: European depositary receipt.

educational policy: Tipo di polizza di assicurazione sulla vita di un genitore, la cui somma assicurata è pagabile a rate nell'arco di tempo in cui il beneficiario, uno o più figli, deve essere mantenuto agli studi.

educational tariff: Si indica con questo termine una tariffa doganale intesa a proteggere una nuova industria nazionale, fino a quando essa non sarà in grado di competere alla pari con i prodotti provenienti da simili industrie estere.

E.E.: errors excepted.

E.E.A.: Exchange Equalization Account.

E.E.C.: European Economic Community.

E. & O. E.: errors and omissions excepted.

EES: European economic space.

EFF: extended fund facility.

effective demand: ***domanda effettiva.*** 1) Desiderio di acquistare un bene o servizio, unito alla capacità e volontà di pagarlo. Quando in economia si usa il termine «domanda», si intende generalmente domanda effettiva. 2) La quantità globale di un bene oggetto di domanda al prezzo normalmente corrente nel mercato. 3) Nella teoria keynesiana, è il ricavo complessivo che gli imprenditori prevedono di poter realizzare dal volume di occupazione che decidono di offrire, compresi i redditi che essi erogano agli altri fattori della produzione.

effective exchange rate: ***tasso di cambio effettivo.*** Nel linguaggio finanziario internazionale, il tasso di cambio composito di solito presentato come un numero indice preparato su base commerciale ponderata, che intende riflettere il comportamento complessivo di una valuta nei confronti delle valute dei principali partner commerciali. Il termine è grosso modo usato con lo stesso significato di *trade–weighted exchange rate* (v.).

effective exchange rate index: ***indice di tasso di cambio effettivo.*** Un indice che misura il valore di una valuta nei confronti di un paniere di altre valute.

effective interest rate: ***tasso d'interesse effettivo.*** Il tasso di interesse reale che viene pagato su crediti rimborsabili mediante versamenti periodici. Il problema del tasso di interesse effettivo nasce in relazione ai crediti al consumo, quando l'ammontare preso a prestito viene restituito mediante un certo numero di rate periodiche. Infatti, in tali circostanze il tasso di interesse praticato dal mutuante è di solito il tasso di interesse semplice nominale, che differisce notevolmente dal tasso effettivamente pagato dal mutuatario. Ciò può apparire più chiaro con un esempio: un privato acquista un'auto a credito, valore dodici milioni, da rimborsarsi in dodici rate mensili da un milione ciascuna, al tasso di interesse del venti per cento. L'acquirente, pertanto, dovrà restituire 14.400.000 lire, ma anche senza voler tener conto del versamento degli interessi, che può avvenire sotto forma di anticipo sulla somma complessiva dovuta per l'acquisto dell'auto, il tasso del venti per cento non è quello effettivo. Infatti, il cliente prende in prestito un milione per un mese, un altro milione per due mesi, un terzo milione per tre mesi e così via. Il tasso effettivo di interesse, pertanto, andrebbe calcolato di volta in volta sulla somma non ancora rimborsata e non sulla totalità del credito. Tale tasso, che di regola è quasi il doppio del tasso di interesse nominale, può calcolarsi in base alla formula: tasso effettivo = 2 x tasso di interesse nominale x numero delle rate, diviso il numero delle rate + 1. Quindi, nell'esempio nostro, il tasso effettivo di interesse non sarebbe il venti per cento, bensì 2 x 20 x 12 : 13, ossia il 36,92 per cento.

effective money: ***moneta effettiva.*** Lo stesso che *money in active circulation* (v.).

effective pay rate: ***salario effettivo; salario lordo.*** Il salario, mensile o settimanale, non depurato da alcuna trattenuta per contributi previdenziali o per imposte.

effective rate: ***tasso effettivo; tasso di rendimento effettivo.*** È il rapporto tra reddito periodico e valore di mercato di un investimento o il tasso di interesse effettivamente pagato o ricevuto su una somma data o presa in prestito. Il termine viene usato in contrapposizione a tasso nominale, che indica il rapporto tra un tasso di interesse quotato e il valore facciale del titolo o del prestito. (v. anche *effective interest rate*)

effective rate of assistance: ***tasso effettivo di assistenza.*** Nella teoria del commercio internazionale, rappresenta l'incremento di valore aggiunto, reso possibile dall'adozione di barriere tariffarie e non tariffarie e dall'erogazione di sussidi o altri aiuti alle imprese nazionali, come percentuale del valore aggiunto realizzato in sistema di libero scambio.

effective rate of protection: ***tasso effettivo di protezione.*** Nella teoria del commercio internazionale, rappresenta l'incremento di valore aggiunto, reso possibile dall'adozione di dazi doganali protettivi, come percentuale del valore aggiunto realizzato in sistema di libero scambio.

effective tax rate: ***aliquota effettiva.*** L'aliquota effettivamente applicata al reddito imponibile di una persona, tenuto conto delle detrazioni e deduzioni consentite, che fanno scendere l'aliquota se rapportata al reddito globale.

effective threshold price: ***prezzo di soglia effettivo.*** Il prezzo minimo effettivo delle importazioni, nei paesi della Comunità Economica Europea, di cereali provenienti da paesi terzi. Tale prezzo differisce dal prezzo di soglia comunitario dichiarato. (v. anche *threshold price*)

effective yield: ***rendimento effettivo.*** Il tasso effettivo di rendimento percepito da un investitore che acquista e rivende un titolo o che l'acquista per tenerlo fino alla scadenza. (v. anche *yield to maturity, earnings yield*)

effects: ***effetti.*** Termine usato genericamente per indicare beni e in particolare beni personali.

effects not cleared: Dicitura apposta su un assegno restituito insoluto in quanto i titoli di credito versati in conto dal titolare, emittente dell'assegno, non sono ancora stati accreditati. Non si tratta, quindi, di mancanza di fondi sul conto nei confronti del quale è tratto l'assegno, bensì di semplice disguido generato da una lenta compensazione degli assegni o altri titoli di credito versati sul conto.

efficiency: ***efficienza.*** 1) Qualsiasi parametro di rendimento, applicato a una macchina, un impianto, un individuo o un'organizzazione, in termini di obiettivi prestabiliti. 2) Rapporto tra utilizzazione di fattori della produzione (input) e risultati della produzione (output), ovvero un'allocazione delle risorse tale che nessuna diversa allocazione può far aumentare l'output di qualsiasi singolo prodotto senza far diminuire l'output di altri prodotti. (v. anche *economic efficiency*)

efficiency audit: ***controllo dell'efficienza.*** Parametro usato per verificare l'efficienza di un'impresa di pubblici servizi, quando viene a mancare il parametro della redditività a seguito di decisioni di gestire l'impresa anche se in perdita, in quanto servizio sociale.

efficiency bonus: ***premio di efficienza; premio di operosità.*** Premio pagato da un datore di lavoro ai suoi dipendenti, quando questi hanno svolto le loro mansioni in maniera ineccepibile e proficua per l'impresa, realizzando gli obiettivi di produzione che essa si era prefissa. In passato, questo termine veniva usato per indicare il sistema salariale Emerson.

efficiency earnings: ***guadagni–efficienza.*** I guadagni dei lavoratori basati sulla loro efficienza nel posto di lavoro che ricoprono.

efficiency of bank money: ***efficienza della moneta bancaria.*** Termine usato da J. M. Keynes con lo stesso significato di *cash–efficiency of bank money* (v.).

efficiency of money: ***efficienza della moneta.*** Termine proposto da J. S. Mill, e da lui ritenuto più preciso, in sostituzione di *rapidity of circulation* (v.).

efficiency ratio: ***indice di efficienza.*** Il rapporto tra quantità di prodotto finito (output) e dei fattori immessi nella produzione (input).

efficiency unit: ***unità di efficienza.*** Unità di misura dell'efficienza dei fattori della produzione, in relazione alle loro curve di offerta.

efficiency variance: ***varianza di efficienza.*** Varianza derivante da cause diverse dal mutamento del prezzo dei costi diretti di materiali o lavoro.

efficiency wages: ***salari–efficienza.*** Lo stesso che *efficiency earnings* (v.).

efficient deficit: ***deficit efficiente.*** È così definito il deficit statale finalizzato, mediante il quale vengono effettivamente realizzati gli obiettivi che si propone il governo. Se il deficit è inferiore al livello efficiente, ciò significa che il governo sta spremendo il sistema economico mediante un'eccessiva imposizione fiscale o lo sta privando di utili spese pubbliche. Se, invece, il deficit è notevolmente superiore al livello efficiente, si dovrà procedere ad aumentare le imposte o a ridurre le spese pubbliche al fine di finanziare il debito in eccesso. Come alternativa, se non si riducono le spese né si aumentano le imposte, il solo modo per finanziare il debito pubblico sarà quello di monetizzare il deficit, il che porta alla creazione di tensioni inflazionistiche.

efficient demand: ***domanda effettiva.*** Termine usato con lo stesso significato di *effective demand* (v.).

efficient market: ***mercato efficiente.*** Un mercato finanziario nel quale i prezzi correnti dei titoli tengono conto di tutte le informazioni disponibili che possono influenzarne la valutazione.

efficient market hypothesis: ***ipotesi di mercato efficiente.*** La teoria che sostiene che in un mercato nel quale sono presenti numerosi investitori che aspirano a realizzare il massimo rendimento possibile con il minimo rischio possibile, il risultato non potrà essere influenzato da alcuna quantità di informazioni, in quanto l'investitore non potrà realizzare né più né meno che un'equa remunerazione in relazione al rischio, in quanto le informazioni sono già state prese in considerazione e scontate dal mercato e sono riflesse nei corsi esistenti. Tale teoria sostiene che la migliore stima del valore reale delle azioni è il loro prezzo di mercato, a causa del meccanismo altamente efficiente di determinazione dei prezzi insito nel mercato dei valori mobiliari.

efficient market theory: ***teoria del mercato efficiente.*** Lo stesso che *efficient market hypothesis* (v.).

efficient portfolio: ***portafoglio efficiente.*** Un portafoglio titoli che dà un rendimento massimo in relazione ad un determinato rischio o che implica un minimo rischio in relazione ad un determinato rendimento.

effluent charge: ***diritto di scarico; tassa di scarico.*** Ammontare fisso fatto pagare da un'autorità preposta alla conservazione e alla tutela dell'ambiente a tutti coloro che, a qualsiasi titolo, contribuiscano all'inquinamento delle acque pubbliche. La tassa viene imposta ad un tanto per ciascuna determinata unità di scarico e può essere uniforme per tutti coloro che producono scarichi o può variare a seconda del contenuto inquinante dei singoli scarichi o a seconda della capacità di smaltimento o assorbimento dell'ambiente. La tassa di scarico può essere imposta in via continuativa o soltanto quando le condizioni ambientali raggiungono un grado di deterioramento prestabilito.

effluent tax: ***diritto di scarico; tassa di scarico.*** Termine usato come sinonimo di *effluent charge* (v.).

effort–earnings: ***guadagni–sforzo.*** Termine usato da J. M. Keynes per indicare i guadagni dei lavoratori basati non sull'efficienza ma sullo sforzo che ciascun lavoratore produce.

EFL: external financing limit.

E.F.T.A.: European Free Trade Association.

EFTPOS: electronic funds transfer at point of sale.

EFTS: electronic funds transfer system.

e.g.: for example.

egalitarianism: ***egualitarismo.*** Tendenza che mira alla proprietà comune della terra e dei mezzi di produzione, all'uguale remunerazione di tutte le forme di lavoro e allo sfruttamento collettivo dei prodotti dell'attività economica.

E.I.B.: 1) European Investment Bank; 2) Export–Import Bank.

either–or facility: ***facilitazione alternativa.*** Espressione del linguaggio finanziario statunitense con la quale si indica la facilitazione, concessa ad imprese di quel paese, di prendere a prestito eurodollari da una filiale estera o dollari dalla sede centrale di una banca statunitense.

either–or order: ***ordine alternativo.*** Lo stesso che *alternative order* (v.).

ekpwele: Unità monetaria della Guinea equatoriale, suddivisa in cento centimos.

elastic currency: ***moneta elastica.*** Una moneta la cui circolazione si espande o si contrae in rapporto al volume degli scambi commerciali.

elastic demand: ***domanda elastica.*** La domanda di un bene o servizio che aumenta o diminuisce in maniera relativamente ampia in risposta a diminuzioni o ad aumenti di prezzo anche lievi. Generalmente è tale la domanda di beni voluttuari o di lusso. (v. anche *inelastic demand, elasticity of demand*)

elasticities approach: ***approccio delle elasticità.*** Nell'economia monetaria, è l'approccio tradizionale, sviluppato da Robinson nel 1937, che concentra l'attenzione sulle condizioni di elasticità necessarie affinché una svalutazione migliori la componente delle partite correnti della bilancia dei pagamenti. È un modello di equilibrio parziale, che si focalizza sulla reazione delle importazioni ed esportazioni a variazioni dei prezzi relativi e ignora gli effetti di reddito, i flussi di capitali e il mercato monetario. (v. anche *absorption approach, monetary approach*)

elasticity: ***elasticità.*** La capacità della domanda e dell'offerta di reagire alle variazioni di prezzo. In senso più lato, è la capacità di una variabile di reagire ad un piccolo cambiamento di un'altra variabile. Se un aumento o una diminuzione dell'uno per cento in una variabile producono un cambiamento superiore all'uno per cento nell'altra variabile, l'effetto è detto di elasticità. Se, viceversa, il cambiamento nell'altra variabile è inferiore all'uno per cento, l'effetto è detto di anelasticità.

elasticity of commodity substitution: ***elasticità di sostituzione di un bene.*** Facilità o difficoltà da parte di un consumatore di sostituire un bene di consumo con un altro, con poca o nessuna variazione della sua utilità. (v. anche *elasticity of substitution*)

elasticity of demand: ***elasticità della domanda.*** Quando la variazione del prezzo di un bene genera una variazione più che proporzionale della quantità domandata, la domanda si dice elastica. Se la variazione della quantità domandata è men che proporzionale, la domanda è detta anelastica. Infine, se la variazione è uguale, l'elasticità della domanda equivale a 1. Se, ad esempio, la domanda di un bene passa da 100 a 200 in seguito ad una diminuzione del 5% del prezzo, la domanda di quel bene è elastica; se, invece, passa da 100 a 105, la domanda è anelastica. Con elasticità della domanda si intende la misura delle variazioni in più o in meno cui è soggetta la domanda di un bene. (v. anche *elastic demand, inelastic demand, elasticity*)

elasticity of employment: ***elasticità dell'occupazione.*** Misura la risposta di un numero di unità di lavoro occupate in un'industria alle variazioni del numero di unità di salario che si presume saranno spese per l'acquisto della produzione di quelle unità di lavoro.

elasticity of expectations: ***elasticità delle aspettative.*** Il rapporto tra l'aumento relativo dei prezzi futuri previsti per un dato bene e l'aumento relativo del prezzo nel precedente periodo o il prezzo del precedente periodo.

elasticity of factor substitution: ***elasticità di sostituzione di un fattore della produzione.*** La facilità o la difficoltà di un produttore di sostituire un fattore della produzione ad un altro, con poca o nessuna variazione della sua produttività. Si misura dividendo la variazione proporzionale del rapporto in cui i due fattori sono combinati per la variazione proporzionale del rapporto delle loro produttività fisiche marginali. Se il quoziente dà un numero abbastanza elevato, significa che c'è un alto grado di sostituibilità tecnica tra i due fattori considerati; se, viceversa, il quoziente dà un numero basso, significa che anche il grado di sostituibilità è basso. (v. anche *elasticity of substitution*)

elasticity of input substitution: ***elasticità di sostituzione degli input.*** La misura della reattività della combinazione ottimale di input a una variazione dei loro prezzi relativi. Se tale elasticità è uguale a zero, vuol dire che i fattori della produzione che rappresentano gli input sono sempre usati in proporzioni fisse.

elasticity of output: ***elasticità della produzione.*** Lo stesso che *elasticity of production* (v.).

elasticity of production: ***elasticità della produzione.*** Il rapporto tra la variazione relativa del prodotto e la variazione relativa dei fattori utilizzati per produrlo. La variazione relativa è espressa di solito in termini di variazione percentuale.

elasticity of substitution: ***elasticità di sostituzione.*** Rapporto tra la variazione percentuale della quantità domandata di un fattore della produzione o di un bene di consumo e la variazione percentuale del prezzo di un altro bene o fattore della produzione. Serve come parametro per indicare la facilità o la difficoltà di sostituzione da parte di un produttore o di un consumatore. (v. anche *elasticity of commodity substitution, elasticity of factor substitution*)

elasticity of supply: ***elasticità dell'offerta.*** L'offerta di un bene si dice elastica se un aumento dell'uno per cento del prezzo di vendita genera un aumento superiore all'uno per cento della quantità offerta; si dice anelastica se tale aumento di prezzo genera un aumento inferiore all'uno per cento della quantità offerta. Con elasticità dell'offerta si intende la misura delle variazioni in più o in meno cui è soggetta l'offerta di un bene. (v. anche *elastic supply, inelastic supply*)

elasticity of wants: ***elasticità dei bisogni.*** Termine usato da A. Marshall più o meno con lo stesso significato di *elasticity of demand* (v.), pur se il concetto di elasticità è visto in relazione più diretta ai bisogni reali del consumatore.

elastic money: ***moneta elastica.*** Termine usato come sinonimo di *elastic currency* (v.).

elastic money supply: ***offerta di moneta elastica.*** La situazione che si verifica quando, in un sistema monetario, il volume di moneta in circolazione può essere aumentato o diminuito per far fronte alle varie necessità del sistema economico. (v. anche *elastic currency*)

elastic supply: ***offerta elastica.*** Offerta che aumenta o diminuisce in maniera relativamente ampia, in risposta ad una variazione relativamente lieve del prezzo di vendita di un bene o servizio. (v. anche *inelastic supply, elasticity of supply*)

elastic wage unit: ***unità di salario elastica.*** L'unità di salario che si presta ad aumenti o riduzioni a seconda dell'andamento dell'economia. Nella concezione classica, se l'unità di salario è elastica, diventa possibile far fronte a una depressione mediante la riduzione dei salari.

electoral/political cycle: ***ciclo elettorale/politico.*** Espressione usata nel Regno Unito per indicare le fluttuazioni dell'attività economica indotte o accentuate da un meccanismo di sincronizzazione con i periodi di elezioni politiche nel paese. L'ipotesi alla base di tale concetto, che sostiene che il ciclo economico si adegua al ciclo elettorale e politico, fu provata dalle accelerazioni notate in due indicatori economici, i redditi individuali e il prodotto nazionale lordo, negli anni che vanno dal 1948 al 1971, in concomitanza con gli anni di elezioni politiche e precisamente il 1950, 1951, 1955, 1959, 1964, 1966 e 1970. La coincidenza potrebbe spiegarsi nel modo seguente: prima delle elezioni generali, il governo al potere tenta di ridurre la disoccupazione e far aumentare i redditi mediante una politica inflazionistica o reflazionistica; il governo che sale al potere dopo le elezioni eredita un'economia in espansione, che contribuisce all'aumento delle importazioni e allo squilibrio della bilancia dei pagamenti con l'estero. Il nuovo governo, pertanto, è costretto a prendere misure impopolari, ma efficaci, imponendo restrizioni monetarie e creditizie ed adottando una politica fiscale deflazionistica, che ha come risultato il riapparire della disoccupazione e la sospensione o l'inversione della tendenza della crescita dei redditi che, insieme a provvedimenti tendenti a limitare le importazioni, pongono un freno all'espansione economica. Successivamente, quando il governo ha raggiunto il suo obiettivo, l'economia comincia ad essere riflazionata mediante l'allentamento delle restrizioni creditizie e la riduzione del carico fiscale, mentre i provvedimenti contro le importazioni danno i loro frutti e le esportazioni aumentano. Nel frattempo si avvicinano le prossime elezioni politiche e il governo agisce mediante la politica monetaria e fiscale per eliminare completamente la stagnazione economica. Nel tentativo di evitare la recessione, il governo si avvia alla reflazione, inserendo tendenze inflazionistiche nel sistema economico e così il ciclo è completato.

Electricity Consultative Councils: Organi istituiti nel Regno Unito per tutelare gli interessi degli utenti dell'ente di stato per l'energia elettrica.

Electricity Council: Nel Regno Unito era l'organo responsabile della politica relativa alla produzione e all'utilizzazione dell'energia elettrica.

electronic banking: ***servizi bancari telematici.*** Il termine inglese indica qualsiasi servizio bancario che fa uso o potrà in futuro far uso di sistemi elettronici e carte magnetiche.

electronic cheque: ***assegno telematico.*** Un comune assegno, i cui particolari (firma di traenza inclusa) vengono fotografati e tradotti in forma digitale allo scopo di essere trasmessi, per mezzo di cavi a fibre ottiche, ad un centro di compensazione elettronico e così risparmiare le enormi quantità di lavoro e spese richiesti dalla compensazione degli assegni nella loro forma abituale.

electronic funds transfer at point of sale: ***trasferimento telematico di fondi al punto di vendita.*** Il sistema di pagamento e trasferimento di fondi basato sull'uso di una *smart card* (v.) o una *supersmart card* (v.).

electronic funds transfer systems: ***sistemi telematici di trasferimento fondi.*** Sono i vari sistemi, in uso nei paesi tecnologicamente più avanzati, mediante i quali si procede al trasferimento di fondi tramite terminali di computer, così evitando l'uso di carta e documenti.

electronic mail: ***posta elettronica; posta telematica.*** Lo scambio di messaggi scritti tra persone, mediante l'uso di mezzi elettronici.

electronic money: ***moneta elettronica.*** La moneta costituita da carte di credito, carte di addebito e simili altri strumenti di pagamento, che non prevedono il passaggio di moneta cartacea o metallica.

electronic office: ***ufficio elettronico.*** Un ufficio, un'agenzia bancaria, ecc., nei quali non si fa uso di documenti stampati e tutte le operazioni avvengono attraverso supporto elettronico. In tale tipo di uffici l'uso dei moduli è ridotto al minimo indispensabile.

electronic payment: ***pagamento elettronico.*** Modo di pagamento basato sull'utilizzazione di un documento appositamente predisposto. come ad esempio una carta di addebito, e un sistema computerizzato di trasferimento di fondi.

electronic point of sale: ***punto di vendita elettronico.*** Un punto di vendita le cui casse sono dotate di *electronic price scanning* (v.).

electronic price scanning: ***sistema di lettura elettronica del prezzo.*** Sistema elettronico che consente la lettura del prezzo di un qualsiasi articolo venduto in un negozio e la sua immediata trasmissione a un registratore di cassa, che provvede ad addizionare e fornire il conto complessivo del cliente. Il prezzo dell'articolo è contenuto nel codice a barre presente sulla confezione e quando quest'ultimo viene fatto passare sul lettore elettronico si attiva il sistema suddetto. (v. anche *bar code*)

eleemosynary corporation: ***istituto di beneficenza.*** Associazione senza scopo di lucro, che si prefigge opere di beneficenza.

elements of cost: ***elementi di costo.*** Gli elementi che tradizionalmente costituiscono il costo di un prodotto e cioè spese generali, costi della manodopera e costi dei materiali.

elements of profit: ***elementi del profitto.*** In economia, il profitto si compone di tre elementi: remunerazione della direzione; interesse sul capitale impiegato; profitto puro o premio che spetta all'imprenditore per l'assunzione del rischio implicito nella produzione. Secondo l'economia classica, il profitto rappresenta la differenza tra ricavi e costi e si spiega come ricompensa per l'assunzione del rischio. Anche secondo Alfred Marshall il profitto corrisponde alla ricompensa dell'imprenditore, ma in queste due teorie esso è pur sempre una remunerazione per un particolare tipo di lavoro. Secondo teorie più moderne, il profitto assomma due caratteristiche: esso rappresenta il premio per il rischio assunto dall'imprenditore, ma è anche il compenso della sua abilità. In economia dinamica, infine, il profitto indica un guadagno superiore al normale, derivante da eccezionale abilità dell'imprenditore o da circostanze particolari, ma in tale accezione il termine più usato è extra–profitto, specialmente se si continua a chiamare profitto o profitto normale il compenso dell'imprenditore in economia statica. (v. anche *super–normal profit, normal profit*)

eligibility: ***bancabilità; riscontabilità.*** In relazione a carta presentata per il risconto a una banca centrale o a una banca della Riserva Federale, questo termine indica globalmente le caratteristiche che il titolo di credito deve possedere per essere ammesso al risconto. Tali caratteristiche devono rientrare nelle norme dettate dalla legge e dai regolamenti vigenti e per essere riscontabile il titolo deve in particolare rispondere alle prescritte norme sul tipo di operazione da cui trae origine e sul periodo di credito concesso o scadenza del titolo stesso. (v. anche *acceptability*)

eligibility requirements: ***requisiti di ammissibilità.*** Sono i requisiti necessari perché una persona possa avere il diritto di usufruire di un servizio sociale o simile beneficio. Ad esempio, uno dei requisiti per essere ammesso all'assistenza statale è quello di essere disoccupato.

eligibility rule: ***regola di bancabilità.*** Regola in base alla quale la Banca d'Inghilterra, a richiesta, risconta solo cambiali commerciali di prim'ordine e cambiali bancarie.

eligible assets ratio: ***rapporto delle attività stanziabili.*** Termine a volte usato con lo stesso significato di *reserve assets ratio* (v.).

eligible banker's acceptance: ***accettazione bancaria stanziabile.*** Termine usato negli Stati Uniti per indicare un'accettazione bancaria ammessa dal *Federal Reserve System* (v.) come garanzia su anticipazioni concesse mediante il cosiddetto sportello di sconto. Lo stesso termine viene usato per indicare accettazioni bancarie che possono essere vendute dalla banca accettante senza che ciò crei la necessità di aumentare le proprie riserve. (v. anche *discount window*)

eligible banks: ***banche ammesse al risconto.*** Nel Regno Unito sono indicate con questo termine tutte quelle banche le cui accettazioni sono ammesse al risconto da parte della Banca d'Inghilterra. Al fine di ottenere tale status, le banche interessate si impegnano tra l'altro a mutuare alle *discount houses* un minimo del 2,5% e una media del 5% dei propri depositi. Va da sé, dato il sistema britannico, che il risconto avviene sempre attraverso le *discount houses.*

eligible bills: ***titoli riscontabili; titoli bancabili; titoli stanziabili.*** Termine usato con lo stesso significato di *eligible paper* (v.).

eligible bond: Termine usato nel linguaggio finanziario degli Stati Uniti per indicare un qualsiasi tipo di obbligazione che può essere inclusa negli *eligible investments* (v.).

eligible collateral: ***garanzia riscontabile.*** Garanzia, offerta da un mutuatario, che può facilmente e prontamente essere riscontata presso la banca centrale o altra istituzione finanziaria.

eligible investments: ***investimenti legali.*** Negli Stati Uniti sono così chiamati i titoli in cui la legge consente ad istituzioni fiduciarie e investitori istituzionali, quali banche, società di assicurazione, fondi comuni d'investimento, ecc., di investire le loro disponibilità. Vengono anche detti *legal list*, in quanto sono inclusi in una lista che comprende, di solito, titoli emessi dal governo federale, certe obbligazioni emesse da enti locali, titoli di società ferroviarie di prim'ordine, obbligazioni emesse da aziende di pubblici servizi, ipoteche di primo grado e simili.

eligible liabilities: ***riserve in depositi.*** Sono le passività in sterline del sistema bancario inglese nel suo complesso, che la Banca d'Inghilterra impone che siano tenute presso di lei, sotto forma di depositi.

eligible paper: ***carta stanziabile; carta riscontabile; titolo stanziabile.*** Titolo di credito accettato da una banca centrale per il risconto o come garanzia su anticipazioni. Sia nel Regno Unito che negli Stati Uniti rientrano tra i titoli stanziabili: i buoni del tesoro; i titoli di stato a breve termine; le cambiali accettate da una banca o da una casa di accettazione.

eligible reserve assets: ***riserve in titoli stanziabili.*** Al fine di rafforzare le proprie riserve di liquidi, le banche investono parte dei loro depositi in titoli stanziabili, che possono essere prontamente riconvertiti in denaro. Dal 1971, la Banca d'Inghilterra esige che tali riserve in titoli stanziabili non scendano al di sotto del 12½% delle passività delle banche. (v. anche *eligible paper*)

eliminations: ***valori d'interscambio.*** Sono i valori d'interscambio tra due o più aziende affiliate, che vengono eliminati in sede di consolidamento dei bilanci, perché si compensano a vicenda. Tra questi valori vanno annoverati gli investimenti interaziendali, vendite, acquisti, cambiali attive e passive, ecc.

eliminations ledger: ***mastro dei valori d'interscambio.*** Mastro tenuto da una società di controllo per la registrazione dei valori d'interscambio tra aziende del gruppo, che saranno eliminati, perché si compensano, in sede di stesura dei rendiconti finanziari consolidati.

elitist goods: ***beni di élite.*** Termine a volte usato con lo stesso significato di *luxury goods* (v.).

Elsie Mackay Fund: Fondo, istituito nel 1929 da Lord e Lady Inchcape, in memoria della loro figlia. Doveva accumularsi per cinquant'anni ed essere poi usato per ridurre il debito pubblico del Regno Unito.

E.M.A.: European Monetary Agreement.

emalangeni: Moneta divisionale dello Swaziland, o Ngwane, equivalente ad un centesimo di lijangeni.

emb.: embargo.

embargo: ***embargo.*** 1) Nei trasporti, è un ordine che regola, limita o vieta il trasporto di merci a seguito di uno stato di emergenza. 2) Nel commercio internazionale, indica la proibizione o la limitazione di importare o esportare beni e/o servizi. È stato spesso usato in relazione a materiale bellico nei confronti di paesi belligeranti, per indurli a desistere dalle ostilità. 3) Nel linguaggio delle relazioni industriali, indica l'azione intrapresa per ragioni politiche da un sindacato, che vieta ai propri iscritti di avere a che fare con prodotti provenienti da o diretti verso un determinato paese. Più recentemente, questa forma di azione sindacale è stata estesa a beni e servizi prodotti da o necessari a un'impresa nazionale, con la quale un sindacato unitario ha in corso una vertenza.

to embase: ***svilire; deprezzare.*** In relazione alla coniazione di monete, questo verbo indica la riduzione del peso di metallo fino contenuto nell'unità monetaria, ma può anche indicare la totale eliminazione del contenuto di metallo prezioso di una moneta.

embassy: ***ambasciata.*** Si indica con questo termine sia il gruppo di diplomatici, con a capo l'ambasciatore, che rappresentano il loro paese in una nazione estera, sia l'edificio che essi occupano e nel quale svolgono la loro attività. Per convenzione internazionale, le ambasciate godono dell'extraterritorialità, cioè sono considerate come se si trovassero fuori dal territorio del paese che ospita la missione diplomatica. Ciò, in effetti, significa che lo stato ospitante si impegna ad astenersi dal violare la sede diplomatica e dal compiervi atti di autorità o operazioni di polizia, quali perquisizioni, arresti, pignoramenti, sequestri e simili.

embezzlement: ***appropriazione indebita; malversazione.*** Il termine inglese, di significato più ampio di *defalcation* (v.), indica l'appropriazione fraudolenta di denaro o titoli affidati in custodia ad un amministratore, un cassiere, ecc., o di beni, ad esempio merci, da parte di un magazziniere, di un commesso, ecc., o del corrispettivo di merci vendute, ma non registrate in entrata o in uscita. (v. anche *peculation*)

embodied technology: ***tecnologia concreta.*** I cambiamenti che si verificano quando nuove macchine e nuovi processi, uniti ad altri fattori della produzione, fanno aumentare la produttività di quei fattori della produzione. Lo stesso termine può essere usato per indicare la tecnologia contenuta e resa concreta in un prodotto, a differenza di quella puramente teorica o informativa che sta alla base della realizzazione di quel prodotto. (v. anche *disembodied technology*)

emergency amortization: ***ammortamento rapido; ammortamento accelerato.*** Il termine, di uso principalmente statunitense, ha pressocché lo stesso significato di *accelerated depreciation 1* (v.), ma si applica quando i costi di costruzione vengono sostenuti in un periodo in cui essi sono eccezionalmente alti per motivi contingenti. In tale caso, l'ammortamento è consentito in un tempo relativamente breve, in quanto è possibile imputare gli alti costi al periodo ritenuto eccezionale.

emergency facilities: ***impianti di emergenza; attrezzature di emergenza.*** Negli Stati Uniti, questo termine indica beni capitali costruiti durante un particolare periodo di emergenza, ad esempio in tempo di guerra, per far fronte a necessità di carattere generale, quale la difesa del paese. Per questo motivo, essi sono ammessi all'*emergency amortization* (v.).

emergency reserve: ***riserva di emergenza.*** Somma di denaro tenuta disponibile, per far fronte ad eventi di emergenza, sotto forma di liquidi o depositi bancari.

emerging country: ***paese emergente.*** Termine a volte usato con lo stesso significato di *developing nation* (v.).

emerging industries: ***industrie emergenti.*** Lo stesso che *sunrise industries* (v.).

Emerson bonus system: ***sistema salariale Emerson.*** Sistema di incentivi, in base al quale il lavoratore riceve una paga oraria minima, che viene corrisposta in ogni caso, sullo standard di produzione prestabilito, ma allo stesso tempo riceve una gratifica se supera i due terzi di tale standard. La gratifica aumenta con l'aumentare della produzione al di là dei due terzi dello standard, fino a raggiungere un massimo del 20% del salario base. Se, poi, il lavoratore supera il cento per cento dello standard di produzione prestabilito, riceverà un ulteriore premio che tiene conto del tempo risparmiato. Questo sistema salariale è il più noto tra le cosiddette «scale arbitrarie di produttività».

Emerson efficiency plan: ***piano di efficienza di Emerson.*** Altro termine con il quale si indica il sistema salariale descritto sotto *Emerson bonus system* (v.). Il nome deriva dal fatto che l'inventore chiamò *efficiency bonus* il premio di produttività che caratterizzava questo suo sistema salariale.

emigrant: ***emigrante.*** Chi si reca definitivamente o per un lungo periodo in un paese straniero per lavoro o per altri motivi. Lo stesso termine viene anche usato per chi si sposta dal luogo in cui è nato o risiede abitualmente per andare a lavorare in un'altra area o regione della stessa nazione.

to emigrate: ***emigrare.*** Lasciare il proprio paese d'origine per stabilirsi più o meno permanentemente in un altro paese.

emigration: ***emigrazione.*** Lo spostamento di lavoratori da un paese ad un altro, per ragioni prevalentemente economiche. Lo stesso termine viene a volte usato per indicare lo stesso spostamento da una regione ad un'altra che offre maggiori opportunità di lavoro, all'interno dello stesso paese.

emigration societies: Associazioni istituite nel Regno Unito allo scopo di favorire l'emigrazione verso i paesi del Commonwealth.

eminent domain: ***espropriazione per pubblica utilità.*** Termine usato negli Stati Uniti per indicare il diritto dello stato di privare un soggetto, previo equo indennizzo, della proprietà di un bene immobile, quando ciò si renda necessario per pubblica utilità.

emolument: ***emolumento.*** Questo termine viene usato di solito al plurale e indica la retribuzione, sotto forma di salario, commissione o onorario, per lavoro o servizi prestati. Il termine inglese, tuttavia, è usato principalmente in relazione ad onorari di professionisti, stipendi e altre indennità di dipendenti pubblici e remunerazione degli amministratori di società per azioni, che non vengono considerati dipendenti delle stesse.

Empire preference system: ***sistema delle tariffe preferenziali.*** Il termine inglese indica esclusivamente la pratica del Regno Unito di concedere tariffe doganali preferenziali su beni provenienti dai paesi dell'ex impero britannico. (v. anche *differential duty, preferential duty*)

empirical: ***empirico.*** Derivante dall'esperienza. A volte usato come opposto di razionale, cioè basato su un principio o su un ragionamento.

empirical study: ***studio empirico.*** In economia, qualsiasi studio basato sull'osservazione di dati reali e sull'esperienza pratica, non sulla semplice teoria.

empirical testing: ***prova empirica.*** La verifica della validità di una teoria o di un'ipotesi, mediante il confronto tra i dati previsti dalla teoria e i dati reali raccolti dopo che si è verificato un determinato evento, preso precedentemente in considerazione a livello teorico. Una verifica del genere presenta un limite, che è quello imposto dal fatto che le supposizioni presenti nella teoria non sempre corrispondono alle condizioni che si manifestano nella verifica.

empiricism: ***empirismo.*** Metodo di studio, basato sul concetto che si acquisisce conoscenza attraverso l'esperienza.

to employ: ***impiegare.*** Usare qualcosa, ad esempio determinati strumenti nello svolgimento di un'attività lavorativa, o servirsi di qualcuno che presta la propria opera lavorativa dietro compenso, rappresentato da un salario o da uno stipendio.

employee: ***lavoratore dipendente.*** Chi svolge un lavoro alle dipendenze di altri, seguendone la volontà e subendone il controllo.

employee appraisal programme: ***programma di analisi sistematica del lavoro impiegatizio.*** Il programma in base al quale si procede periodicamente, di solito a scadenze prestabilite, all'analisi e alla valutazione delle mansioni del personale impiegatizio, al fine di correggere eventuali imperfezioni nella distribuzione del lavoro, che possono essersi create nel periodo intercorrente tra un'analisi e la successiva.

employee benefit plan: ***piano previdenziale aziendale.*** Il piano previdenziale approntato da un'impresa a favore dei propri dipendenti, che può prevedere, oltre a quanto elencato sotto *fringe benefits* (v.), anche l'istituzione di un fondo pensioni aziendale.

employee benefits: ***benefici accessori; benefici aggiuntivi; benefici marginali.*** Lo stesso che *fringe benefits* (v.).

employee buy–out: ***rilevazione dei dipendenti.*** L'acquisizione del controllo di maggioranza o della totalità del capitale sociale di un'impresa da parte dei suoi dipendenti, che provvedono successivamente a gestirla in proprio. Negli Stati Uniti questa forma di rilevazione si è notevolmente diffusa anche perché la legislazione vigente offre notevoli sgravi fiscali alle imprese che trasferiscono una parte o la totalità del loro capitale azionario ai dipendenti o mediante vendita o mediante piani di partecipazione agli utili attraverso la cessione di azioni di capitale ai dipendenti. Le imprese che consentono la rilevazione totale da parte dei lavoratori sono di solito aziende che versano in cattive acque, ma che vengono poi risanate dagli stessi lavoratori attraverso il reinvestimento degli utili, eventuali riduzioni di stipendio e simili provvedimenti.

employee communications: ***comunicazioni interne; comunicazioni col personale.*** Il sistema mediante il quale la direzione di un'impresa è in grado di comunicare col personale dipendente, mettendolo al corrente delle decisioni prese e delle politiche che si intende adottare.

employee discounts: ***sconti ai dipendenti.*** Costituiscono uno dei benefici accessori concessi da molte imprese ai loro dipendenti e consistono nel consentire ai lavoratori di acquistare beni di produzione dell'impresa a un costo inferiore a quello di mercato. Questa pratica viene adottata anche nel nostro paese, principalmente nell'industria automobilistica.

employee equity participation: ***partecipazione azionaria dei dipendenti.*** L'acquisizione, da parte dei dipendenti, di una certa quota del capitale azionario dell'impresa per la quale lavorano. Può verificarsi mediante l'acquisto di azioni emesse dalla società e riservate ai dipendenti o mediante uno dei piani in base ai quali i lavoratori ricevono dei benefici aggiuntivi sotto forma di azioni di capitale o partecipano alla ripartizione di utili che vengono distribuiti in forma di azioni. (v. anche *employee stock ownership plan*)

employee health service: ***servizio sanitario aziendale.*** Le imprese più grandi, ma a volte anche quelle medie, di solito dispongono di un servizio sanitario all'interno dei loro stabilimenti, che presta la propria opera nella profilassi delle malattie cui i lavoratori sono maggiormente esposti per l'attività specifica che essi esplicano. Il servizio sanitario aziendale provvede anche a prestare le prime cure in caso di infortuni sul lavoro.

employee motivation: ***motivazione del lavoratore.*** Qualsiasi beneficio, tangibile o intangibile, concesso ai lavoratori con l'intento di realizzare migliori risultati di produttività.

employee ownership: ***proprietà dei dipendenti.*** La proprietà di un'impresa, acquisita dai lavoratori dipendenti che prestano la loro opera in essa, mediante la rilevazione di buona parte o dell'intero capitale azionario della società.

employee participation: ***partecipazione dei lavoratori.*** La pratica di far posto, nel consiglio di amministrazione di un'impresa, ad uno o più rappresentanti dei dipendenti, in modo che questi ultimi possano contribuire alla gestione e alla formulazione della politica dell'impresa.

employee rating: ***valutazione dei dipendenti.*** Sistema di valutazione delle qualità dei dipendenti, usato da molte grandi aziende non soltanto per determinare i tassi salariali, ma anche come base per l'avanzamento di carriera. Spesso il sistema si basa su una *employee rating chart* (v.).

employee rating chart: ***tabella di valutazione dei dipendenti.*** Tabella in base alla quale a ciascun dipendente vengono assegnati punti, in relazione alle sue capacità caratteriali e lavorative. Il punteggio così ottenuto serve da base per la valutazione dell'individuo, compresi gli avanzamenti di carriera.

employee recruitment: ***reclutamento del personale.*** Procedimento mediante il quale un datore di lavoro si procura il personale dipendente di cui ha bisogno per svolgere la propria attività economica. Tale procedimento prevede una serie di passi e precisamente: a) pubblicizzazione delle disponibilità di posti di lavoro; b) contatti con gli uffici di collocamento e simili; c) interviste con i candidati o eventuale ricorso alla procedura concorsuale, al fine di accertare le capacità dei candidati e la loro idoneità al tipo di lavoro che si offre; d) procedura di assunzione dei prescelti; e) archiviazione dei dati dei non assunti, cui si può fare ricorso in caso di prossime disponibilità di posti di lavoro; f) addestramento del nuovo personale; g) inserimento dei nuovi assunti nel posto di lavoro. Tutta la procedura è di competenza dell'ufficio del personale di un'azienda ed essa sarà tanto più difficile e lunga, quanto più l'economia del paese si avvicina alla piena occupazione. In tale situazione, infatti, la mobilità del lavoro aumenta e i dipendenti possono facilmente trasferirsi in altre aziende o località nelle quali sono certi di ricevere un migliore trattamento sia sotto il profilo salariale, che sotto quello dei benefici accessori.

Employee Retirement Income Security Act: Legge, approvata dal Congresso degli Stati Uniti nel 1974, che stabiliva norme di partecipazione e di gestione dei fondi pensione nell'interesse dei partecipanti. La stessa legge istituiva un'agenzia governativa, la *Pension Benefit Guaranty Corporation*, con il compito di erogare le pensioni nel caso in cui un piano di pensionamento fosse interrotto prima dell'accumulazione delle risorse necessarie a far fronte all'erogazione delle pensioni da esso previste. La legge non cambiò la natura volontaristica dei piani di pensionamento privati che prevede che nessun datore di lavoro sia obbligato a offrire una pensione al lavoratore e che qualsiasi piano di pensionamento possa essere interrotto, purché vengano garantiti i diritti precedentemente acquisiti dai lavoratori.

employees' amenities: ***benefici accessori; benefici aggiuntivi; benefici marginali.*** Lo stesso che *fringe benefits* (v.).

employee selection: ***selezione del personale.*** Procedura mediante la quale un datore di lavoro sceglie, tra coloro che chiedono di essere assunti, i futuri dipendenti che a sua giudizio sono ritenuti più idonei per svolgere le mansioni relative al posto di lavoro offerto. La selezione può aver luogo mediante semplice intervista o facendo ricorso alla procedura concorsuale e ciascuno di questi metodi si dimostra più adatto per determinati tipi di lavoro e meno adatto per altri.

employee services: ***servizi per i dipendenti.*** Tutti i vantaggi offerti ai dipendenti di un'impresa per rendere più piacevole e interessante la loro collaborazione col datore di lavoro. Tra questi servizi rientrano il trasporto dei lavoratori da casa al posto di lavoro e viceversa; la mensa aziendale; il servizio sanitario aziendale; sale di intrattenimento e circolo ricreativo; viaggi; proiezioni cinematografiche cui sono ammessi anche i familiari, e simili.

employee share ownership plan: ***piano di partecipazione azionaria dei dipendenti.*** È l'equivalente britannico dell'*employee stock ownership plan* (v.) statunitense.

employees' share scheme: ***piano di partecipazione azionaria dei dipendenti.*** Uno qualsiasi dei piani che prevedono agevolazioni per consentire ai dipendenti di diventare azionisti della società per cui lavorano.

employees' involvement: ***coinvolgimento dei dipendenti.*** Espressione con la quale negli Stati Uniti si indica un tipo di partecipazione dei dipendenti alla gestione dell'impresa, avviato nel 1979 a seguito di accordi tra la Ford e il sindacato dei lavoratori *United Auto Workers.* La partecipazione ha luogo attraverso la costituzione, in ciascuno degli stabilimenti della Ford, di un comitato direttivo composto da dieci rappresentanti della direzione e dieci rappresentanti dei lavoratori, con il compito di individuare e risolvere tutti i problemi che si presentano nell'ambito dello stabilimento.

employee stock ownership plan: ***piano di partecipazione azionaria dei dipendenti.*** Termine generico con il quale, negli Stati Uniti, si indica uno qualsiasi dei piani che prevedono la cessione ai dipendenti di una certa quota del capitale azionario della società per la quale essi lavorano. Questi piani hanno ricevuto un notevole impulso dalla legislazione vigente negli anni ottanta, che prevede notevoli sgravi fiscali per le società che trasferiscono una parte o la totalità del loro capitale azionario ai propri dipendenti. In base alle leggi approvate dal Congresso, una società che intende lanciare un piano di partecipazione azionaria dei dipendenti istituisce una specie di amministrazione fiduciaria, che prende a prestito denaro da un'istituzione finanziaria e con esso acquista azioni della società. La società usa il denaro così ricevuto per acquistare nuovi beni capitali, con i quali si garantisce il prestito e si migliora la redditività dell'impresa. Una parte degli utili dell'impresa vanno alla fiduciaria, che è così in grado di rimborsare gradualmente il mutuo. Così, ogni anno vengono accreditate sul conto del dipendente un certo numero di azioni, di solito in ragione del salario che percepisce, e quando si interrompe il rapporto di lavoro, il dipendente riceve le azioni che si sono accumulate sul suo conto, in base al numero di anni di servizio prestato. Oltre a offrire vantaggi fiscali alle imprese e a consentire la partecipazione azionaria ai dipendenti, questi piani comportano altri benefici, tra i quali risultano importanti: la maggiore motivazione dei dipendenti e la loro migliorata produttività; il finanziamento, a costi ridotti, della crescita aziendale; la creazione di un mercato privato per gli azionisti della società; e infine minore contenzioso tra datori e prestatori di lavoro.

employee stock purchase plan: ***piano di partecipazione azionaria dei dipendenti.*** Lo stesso che *employee stock ownership plan* (v.).

employee stock repurchase agreement: ***accordo di riacquisto di azioni di lavoro.*** Piano in base al quale vengono vendute, o assegnate come partecipazione agli utili, azioni di capitale ai dipendenti di un'impresa, con l'accordo che la società può riacquistarle. Il piano, adottato principalmente negli Stati Uniti, prevede molte variazioni sul tema.

employee training: ***addestramento del personale.*** Lo stesso che *personnel training* (v.).

employer: ***datore di lavoro; principale.*** La persona, fisica o giuridica, alle cui dipendenze un lavoratore svolge le proprie mansioni, seguendone la volontà e subendone il controllo.

employers' association: ***unione industriale; associazione dei datori di lavoro.*** Associazione, a livello locale, statale o federale (negli Stati Uniti), dei datori di lavoro di una particolare industria. Gli scopi che si prefigge sono molteplici, ma i più importanti sembrano essere: a) discutere e risolvere problemi del particolare settore industriale; b) fungere da controparte dei sindacati dei lavoratori nelle contrattazioni collettive. Le varie unioni industriali di solito confluiscono in confederazioni a livello nazionale. (v. anche *Confederation of British Industry*)

employer's contribution: ***contributo a carico del datore di lavoro.*** Il contributo pensionistico che il datore di lavoro è tenuto a versare all'apposito fondo o ente per ciascun lavoratore alle sue dipendenze.

Employers' Liability Act: Legge sulla responsabilità civile del datore di lavoro, approvata dal parlamento britannico nel 1880, in base alla quale il lavoratore è tutelato contro gli infortuni sul lavoro. Ad essa, si è aggiunto il *National Insurance (Industrial Injuries) Act* (v.) del 1946. La legge, tra l'altro, prevede che il datore di lavoro debba indennizzare il lavoratore che rimanga vittima di incidenti sul luogo di lavoro. La negligenza da parte del lavoratore, se accertata, potrà incidere sull'ammontare dell'indennizzo, a giudizio del tribunale.

employers' liability insurance: ***assicurazione contro la responsabilità civile del datore di lavoro.*** Il datore di lavoro può stipulare un'assicurazione che lo solleva dalla responsabilità civile che gli deriva da incidenti sul lavoro. In caso di incidente, provvederà l'assicuratore a liquidare l'indennizzo stabilito dal tribunale. Tale assicurazione è indipendente dall'assicurazione obbligatoria contro gli infortuni e serve a dare maggiore tranquillità sia al lavoratore che al datore di lavoro. (v. anche *employers' liability policy*)

employers' liability laws: ***leggi sulla responsabilità civile del datore di lavoro.*** Termine generico con il quale si indica l'insieme di leggi che regolamentano la questione della responsabilità civile del datore di lavoro in relazione ad infortuni, di cui dovessero restare vittime i prestatori di lavoro, e a malattie professionali contratte nel corso dello svolgimento di un'attività di lavoro dipendente. Leggi su questa materia vanno sempre più a sostituire e integrare le normali disposizioni di legge in materia di responsabilità civile, che si basavano su tre principi giuridici che spesso rendevano difficile per il lavoratore riuscire ad ottenere l'indennizzo che gli competeva. Tali principi erano: a) il concorso di colpa da parte del lavoratore, che spesso dimostrava negligenza nell'applicazione delle misure antinfortunistiche; b) assunzione del rischio, da parte del lavoratore, peculiare alla sua attività; c) responsabilità di altri dipendenti del datore di lavoro.

employers' liability policy: ***polizza di assicurazione contro la responsabilità civile del datore di lavoro.*** È la polizza che rappresenta il contratto di assicurazione citato sotto *employers' liability insurance* (v.). Si tratta di solito di una polizza collettiva che include tutti i dipendenti, il cui premio è calcolato in base al coacervo delle retribuzioni percepite dal personale dipendente.

employers' organization: ***organizzazione dei datori di lavoro.*** Termine usato come sinonimo di *employers' association* (v.).

employer's surplus: ***rendita del datore di lavoro.*** La differenza tra i salari effettivamente pagati dal datore di lavoro ai lavoratori ed i salari più alti che egli sarebbe disposto a pagare pur di assicurarsi i servizi di quel fattore della produzione.

employment: 1. ***impiego.*** Qualsiasi forma di lavoro retribuito, sia esso dipendente o imprenditoriale. **2.** ***occupazione.*** L'insieme delle forze di lavoro di un paese, occupate in un qualsiasi momento in un impiego retribuito. (v. anche *full employment*)

Employment Act: Legge sull'occupazione, approvata dal Congresso degli Stati Uniti il 20 febbraio del 1946, che aveva l'obiettivo di garantire alti livelli di occupazione e produttività. A questo fine, la legge impone al Presidente di presentare al Congresso una relazione annuale sulla situazione economica del paese, proponendo gli eventuali rimedi necessari. In questo compito, il Presidente è assistito dal *Council of Economic Advisers* (v.). Lo stesso termine indica due leggi, approvate dal parlamento britannico nel 1980 e 1982, che ampliavano i diritti dei lavoratori dipendenti e la loro sicurezza di mantenimento del posto di lavoro, ma allo stesso tempo riducevano il potere dei sindacati.

employment agency: ***agenzia di collocamento.*** Agenzia privata che mette in contatto datori e prestatori di lavoro, in considerazione del pagamento di una commissione. L'agenzia riceve dai datori di lavoro richieste di personale più o meno specializzato, che essa evade o mediante pubblicizzazione delle possibilità di lavoro e successiva selezione dei candidati o direttamente dai propri archivi, nei quali sono conservate le schede di chiunque si rivolga all'agenzia alla ricerca di un'occupazione per la quale ritiene di essere qualificato. Esistono anche agenzie specializzate in determinati settori, come ad esempio quelle teatrali, quelle dei collaboratori domestici e così via.

employment agreement: ***contratto di lavoro; contratto di impiego.*** Termine usato con lo stesso significato di *labour contract* (v.).

Employment and Training Administration: Divisione del Ministero del Lavoro degli Stati Uniti preposta all'amministrazione del sistema federale di assicurazioni contro la disoccupazione e alla gestione di programmi di addestramento e avviamento al lavoro.

employment bureau: ***agenzia di collocamento; ufficio di collocamento.*** Termine usato come sinonimo sia di *employment agency* (v.) che di *employment exchange* (v.).

employment contract: ***contratto di lavoro; contratto d'impiego.*** Lo stesso che *labour contract* (v.).

employment costs: ***costi del lavoro impiegatizio.*** Sono tutti i costi sostenuti da un'impresa in relazione agli impiegati che compongono il personale. Oltre agli stipendi, comprendono le indennità di lavoro straordinario, i contributi sociali e previdenziali a carico del datore di lavoro, eventuali premi di assicurazione contro la responsabilità civile del datore di lavoro e simili.

employment decline: ***calo dell'occupazione; diminuzione dell'occupazione.*** Termine usato come opposto di *employment growth* (v.) per indicare una riduzione della forza lavoro occupata in un sistema economico.

employment exchange: ***ufficio di collocamento.*** Ufficio al quale i datori di lavoro comunicano le loro necessità di manodopera e i lavoratori la loro disponibilità ad occuparsi. Nel Regno Unito gli uffici di collocamento furono istituiti nel 1909 con il *Labour Exchanges Act* (v.), su raccomandazione di Lord Beveridge.

employment function: ***funzione dell'occupazione.*** Rapporto matematico tra la domanda effettiva, misurata in termini di unità di salario, e la quantità di forza lavoro occupata. Detto più chiaramente e con le parole usate da Keynes nella sua opera *The General Theory of Employment, Interest and Money*, la funzione dell'occupazione è l'inverso della funzione di offerta complessiva ed esprime la relazione tra l'ammontare della domanda effettiva, in termini di unità di salario, diretta a una data impresa o industria o all'industria nel suo complesso, e il volume di occupazione che darà luogo a una produzione il cui prezzo di offerta consenta quell'ammontare di domanda effettiva.

employment growth: ***crescita dell'occupazione.*** L'aumento della occupazione in un sistema economico, a seguito della creazione di nuovi posti di lavoro, derivante principalmente dalla crescita economica del sistema in questione.

employment incentives: ***incentivi all'occupazione.*** Incentivi, generalmente di carattere fiscale, che contribuiscono ad aumentare l'occupazione della forza lavoro.

employment interview: ***intervista d'impiego.*** È uno dei metodi cui può ricorrere un'impresa per selezionare i candidati ad un posto di lavoro. Consiste in un'intervista pilotata, durante la quale vengono rivolte al candidato domande strutturate in modo tale da far trasparire, a seconda delle risposte, le sue capacità, il suo carattere ed anche la sua idoneità a svolgere le funzioni previste dal tipo di lavoro che si offre. A questa intervista di solito partecipa il capo dell'ufficio o del reparto nel quale il candidato dovrà svolgere il proprio lavoro. La procedura d'intervista prevede che al candidato siano state precedentemente rese note le caratteristiche del lavoro, che essa si svolga in un locale confortevole e lontano da fonti di rumore e che la commissione preposta a tale lavoro abbia preventivamente stilato un qualsiasi sistema sul quale basarsi per valutare i candidati ammessi a sostenere l'intervista. In alcuni casi, è anche previsto che l'intervista venga integrata da un test attitudinale o di abilità e destrezza, a seconda del tipo di lavoro che il candidato dovrà svolgere all'interno dell'impresa. Una volta terminato il ciclo di interviste, l'ufficio del personale comunicherà i risultati a tutti i candidati che hanno sostenuto il colloquio. (v. anche *employee recruitment, employee selection*)

employment manager: ***capo ufficio assunzioni.*** È la persona che dirige la sezione dell'ufficio del personale preposta all'assunzione di nuovi dipendenti. Può anche essere lo stesso direttore dell'ufficio personale, ma in grandi aziende di solito le due funzioni sono affidate a persone diverse, pur se il capo ufficio assunzioni lavora alle dipendenze del capo ufficio del personale.

employment multiplier: ***moltiplicatore della occupazione.*** Relazione tra l'occupazione primaria, conseguenza immediata di un investimento statale, e l'occupazione complessiva che risulta composta dall'occupazione suddetta e da quella secondaria, dovuta alla ripercussione sugli investimenti privati. (v. anche *multiplier, investment multiplier, export multiplier*)

employment of children: ***occupazione di minori.*** L'occupazione di minori ancora in età scolastica è regolata, nel Regno Unito, dal *Children and Young Persons Act* (v.) del 1933.

employment office: ***ufficio assunzioni.*** In grosse imprese, è la sezione dell'ufficio del personale che si interessa delle assunzioni di nuovi dipendenti, svolgendo tutto il lavoro connesso a tale funzione. (v. anche *employee recruitment*)

employment officer: ***capo ufficio assunzioni.*** Termine usato come sinonimo di *employment manager* (v.).

employment–population ratio: ***rapporto popolazione/occupazione.*** Il rapporto che si ricava dividendo il numero degli abitanti di un paese per il numero di coloro che sono occupati in una qualsiasi attività remunerata.

Employment Protection Act: Nome di due leggi, approvate dal parlamento britannico nel 1975 e 1978, che davano maggiore sicurezza di mantenimento del posto di lavoro ai singoli membri dei sindacati lavoratori e ampliavano i diritti dei lavoratori in relazione a congedi per puerperio e altre questioni proprie delle lavoratrici. La legge del 1975 istituì l'*Advisory Conciliation and Arbitration Service* (v.).

employment rate: ***tasso di occupazione; indice di occupazione.*** La percentuale della forza lavoro di un paese occupata in un determinato momento in un qualsiasi impiego remunerato. Di solito non si prende in considerazione tanto il tasso di occupazione, quanto quello di disoccupazione, per misurare lo stato di salute di un'economia. (v. anche *unemployment rate*)

Employment Service: Divisione del Ministero del Lavoro degli Stati Uniti che collabora con i singoli stati nella creazione e nel mantenimento di un sistema di agenzie di collocamento locali e fornisce servizi speciali per determinate categorie di lavoratori.

Employment Services Agency: ***agenzia del lavoro; agenzia per l'occupazione.*** Agenzia che, nel Regno Unito, gestisce i servizi relativi al collocamento della forza lavoro. Funziona attraverso una fitta rete di uffici di collocamento, che copre l'intero territorio nazionale.

Employment Standards Administration: Divisione del Ministero del Lavoro degli Stati Uniti preposta all'amministrazione dei programmi riguardanti gli standard di salario minimo e di lavoro straordinario, di parità salariale per tutti i lavoratori che svolgono uguali mansioni, di prevenzione della discriminazione sul posto di lavoro, ecc.

employment subsidy: ***sussidio di occupazione; contributo di occupazione.*** Espressione con la quale si indica un piano, adottato per la prima volta nella Repubblica Federale di Germania nel 1975, che prevede il pagamento di un contributo ai datori di lavoro, da parte dello stato, per ogni lavoratore extra che essi assumono. Le imprese vengono così incoraggiate a dare applicazione ai loro piani di espansione e il denaro pubblico affluisce verso le imprese che dimostrano di avere un futuro, piuttosto che essere speso in maniera indiscriminata nel tentativo di salvare o fare sopravvivere imprese in declino. Questo piano ha trovato applicazione anche nel Regno Unito.

employment tax: ***imposta sulla occupazione.*** Imposta cui sono soggette le imprese e che dipende dal numero e dall'età dei lavoratori che prestano servizio presso una qualsiasi impresa. In periodi in cui l'occupazione raggiunge livelli bassi, l'imposta viene ridotta o abolita allo scopo di agevolare l'inserimento dei lavoratori disoccupati, mentre in periodi di piena occupazione essa ha lo scopo precipuo di trasferire allo stato parte degli utili delle imprese. Questo tipo di imposta non è adottata da tutti i paesi industrializzati. (v. anche *selective employment tax*)

employment tax credit: ***credito d'imposta sulla occupazione.*** È uno degli incentivi fiscali offerti dal governo federale degli Stati Uniti alle imprese che intraprendevano un'attività economica nelle cosiddette *enterprise zones* (v.). Affinché le imprese potessero usufruire di questo incentivo, era necessario che esse fossero redditizie; trattandosi di un credito d'imposta, infatti, la condizione indispensabile per trarne un beneficio è che vi sia una base imponibile dalla quale detrarre il credito.

employment theory: ***teoria dell'occupazione.*** È così chiamata la branca della scienza economica che si interessa dello studio delle cause delle variazioni del livello occupazionale in uno o più paesi e degli effetti che tali variazioni hanno sull'economia del paese in questione.

employment volume: ***volume della occupazione.*** Il numero totale di persone effettivamente occupate in un'economia in un dato momento.

emporium: ***emporio.*** Centro, o punto commerciale o grosso negozio, nel quale si vende una grande varietà di beni. Il termine inglese ha assunto recentemente il significato di grosso e vistoso negozio al dettaglio.

empties: ***vuoti.*** Nel linguaggio commerciale, sono le bottiglie, i bidoni o altri contenitori che, di regola, vengono riutilizzati.

empty economy: ***«economia vuota»; economia priva di scorte.*** Viene definita con questa espressione un'economia sovraccarica nella quale, a causa del tentativo di soffocare l'inflazione mediante controlli sui prezzi, le scorte vengono consumate per far fronte alla domanda corrente e scendono al di sotto dei minimi prudenziali o necessari per rispondere a cambiamenti o ristrutturazioni industriali. Con questa espressione, quindi, si intende l'economia vuota nel senso che è priva di scorte. (v. anche *milk–bar economy, overloaded economy, repressed inflation, suppressed inflation*)

empty holding company: ***società di partecipazione vuota.*** V. spiegazione sotto *Chinese box*.

EMS: European Monetary System.

EMU: 1) Economic and Monetary Union; 2) European Monetary Unit.

EMV: expected monetary value.

enc.: 1) enclosed; 2) enclosure.

to encash: ***incassare; cambiare.*** Convertire un assegno, un vaglia o altro titolo di credito in denaro contante.

encashment: ***incasso.*** L'atto o l'azione di cambiare un titolo di credito in denaro contante.

encashment credit: ***credito d'incasso.*** Più che di una vera e propria forma di credito, si tratta del permesso dato ad un cliente di incassare propri assegni bancari presso una filiale della stessa o di altra banca in una città diversa da quella in cui egli ha un conto corrente. Tale permesso contempla un massimo al mese o per periodo stabilito.

encl.: 1) enclosed; 2) enclosure.

enclo.: 1) enclosed; 2) enclosure.

enclosure: 1. ***recinzione.*** Termine di interesse storico con il quale, nel Regno Unito, si indicò la creazione di diritti di proprietà privata su terreni precedentemente posseduti in comune, mediante l'innalzamento di recinti che impedivano ai contadini di accedere sulla terra che essi avevano fino ad allora coltivato. Il processo di recinzione scaturì sia dalla necessità di limitare l'uso indiscriminato della terra quando la popolazione in aumento creò una maggiore domanda di generi alimentari, sia dalla crescente redditività dell'allevamento delle pecore, che spinse i grandi latifondisti a destinare spazi sempre più ampi ai pascoli degli ovini, sottraendoli alla coltivazione. Il risultato fu che gli agricoltori restarono senza lavoro e si riversarono nelle nascenti città industriali ad un ritmo che spinse le autorità ad approvare leggi che imponevano limiti alla conversione in pascoli di terreni agricoli e al numero di pecore che ciascun allevatore era autorizzato a possedere. Una nuova e moderna forma di recinzione è vista da alcuni nell'espropriazione per pubblica utilità di terreni in o vicini ad aree urbane, allo scopo di impiantarvi industrie o strutture pubbliche che dovrebbero arrecare benefici all'intera comunità, ma che spesso si limitano ad apportarli soltanto a determinate categorie. **2.** ***allegato.*** Qualsiasi documento, nota o scritto che accompagna una lettera, un bilancio o altro documento.

encumbrance: 1. ***impegno.*** In contabilità, è l'impegno di spesa, evidenziato da un contratto o da un ordinativo di acquisto, al quale non si dà espressione nei documenti contabili, tranne che nel caso di contabilità di stato o di enti locali. **2.** ***gravame.*** Qualsiasi tipo di diritto specifico su proprietà, creato col consenso del proprietario, come ad esempio un'ipoteca. Se la proprietà viene venduta, si trasferisce al compratore anche il gravame, a meno che esso sia stato precedentemente estinto.

encumbrance account: ***conto di impegno.*** Nella contabilità di stato, è un accorgimento inteso ad evitare che si superi l'ammontare di uno stanziamento. Man mano che si autorizzano le spese, esse vanno iscritte in questo conto, che riduce lo stanziamento disponibile. Quando viene effettuata realmente la spesa, l'iscrizione sul conto è trasferita al conto dello stanziamento, che viene così ridotto della somma spesa.

end.: 1) endorsed; 2) endorsement.

end–consumer: ***consumatore finale.*** Termine di recente formazione, usato per indicare la persona che si trova all'estremità della catena ideale di distribuzione e che effettivamente consuma o usa un prodotto industriale.

ending balance: ***saldo di chiusura.*** Nel linguaggio della contabilità, indica la differenza tra il totale delle scritture in dare e quello delle scritture in avere di un conto, al termine di un determinato periodo contabile.

end money: ***fondo finalizzato; fondo di copertura.*** Fondo di riserva accantonato per l'eventualità che le spese di un progetto superino le previsioni. Se ciò si verifica, si ricorre a questo fondo per completare il progetto.

end–of–day limit: ***limite di fine giornata.*** Il limite di cui si parla sotto *intra–day limit* (v.), ma relativo al termine della giornata e pertanto più ristretto rispetto a quello intragiornaliero.

end–of–season sale: ***saldo di fine stagione.*** Vendita straordinaria e a prezzi ridotti di articoli, generalmente abbigliamento, rimasti invenduti al termine di una stagione. Ha lo scopo di eliminare giacenze per loro natura difficilmente esitabili nella stagione successiva, onde realizzare una certa somma e far posto agli arrivi di articoli da vendersi nella nuova stagione. Nel Regno Unito i saldi di fine stagione avvengono solitamente in gennaio e in luglio.

endogenous: ***endogeno.*** Aggettivo usato nel linguaggio dell'economia per indicare fenomeni che traggono origine all'interno del sistema in esame.

endogenous business–cycle theory: ***teoria endogena del ciclo economico.*** Espressione usata negli Stati Uniti come sinonimo di *endogenous theory of the trade cycle* (v.).

endogenous change: ***cambiamento endogeno.*** Una variazione della vita economica, dovuta a cause di carattere essenzialmente economico.

endogenous money: ***moneta endogena.*** Quella parte dell'offerta di moneta che viene creata all'interno del sistema economico dal settore bancario. Il termine si contrappone a moneta esogena, cioè quella parte dell'offerta di moneta che viene inserita nel sistema dall'esterno da parte del governo.

endogenous money supply: ***offerta di moneta endogena.*** Il livello di offerta di moneta determinato dalle forze interne all'economia, quali ad esempio il livello di attività economica e i tassi di interesse.

endogenous theory of the trade cycle: ***teoria endogena del ciclo economico.*** Qualsiasi teoria del ciclo economico che ne faccia risalire la causa a movimenti o assestamenti economici inerenti alla moderna economia. (v. anche *trade cycle*)

endogenous variable: ***variabile endogena.*** In econometria, indica una serie temporale economica che influenza un insieme di relazioni economiche in esame e che è a sua volta influenzata da variazioni delle stesse relazioni economiche. Pertanto, può dirsi una variabile determinata all'interno del sistema in esame.

to endorse: 1. ***girare.*** Trasferire i propri diritti su un titolo di credito ad un'altra persona, apponendo la propria firma sul retro del titolo stesso. In senso più lato, il verbo indica l'azione di apporre la propria firma su un qualsiasi documento finanziario, anche semplicemente come garante o avallante. **2.** ***approvare; sottoscrivere.*** Nel linguaggio burocratico, il termine viene anche usato nel significato di approvare un'azione, una politica o simili.

endorsed bond: ***obbligazione assunta.*** Un'obbligazione garantita, come capitale o interessi o entrambi, da una società o da un ente diversi da quello emittente, che ne hanno assunto la responsabilità dopo l'emissione.

endorsee: ***giratario.*** Persona fisica o giuridica alla quale viene trasferito, mediante girata, il diritto di proprietà di un titolo di credito, mettendola così in grado di usarlo come se esso fosse stato emesso in suo favore.

endorsee in due course: ***giratario legittimo; giratario regolare.*** Colui che, in buona fede, a titolo oneroso e nel corso ordinario della sua attività, prima della sua scadenza apparente o del possibile mancato pagamento e senza essere a conoscenza di un effettivo mancato pagamento, entra in possesso di un titolo di credito negoziabile a lui debitamente girato o girato in bianco e pagabile al portatore.

endorsement: 1. ***girata.*** Atto mediante il quale il beneficiario di un titolo di credito ne trasferisce la proprietà ad un altro soggetto, chiamato giratario, apponendo la propria firma generalmente sul retro del titolo di credito. La girata, che può essere in bianco o piena, può trasferire la proprietà solo di titoli di credito negoziabili. **2.** ***avallo.***

Il significato del termine inglese è più ampio di quello italiano ed indica anche una qualsiasi forma di garanzia prestata da un soggetto tramite sottoscrizione di un'obbligazione altrui. **3.** ***approvazione; convalida.*** Nel linguaggio burocratico, indica l'approvazione di un'azione o di un'iniziativa e deriva dal fatto che l'apposizione della propria firma ad un qualsiasi documento o atto implica l'accettazione del contenuto da parte di chi firma. **4.** ***appendice.*** Nella terminologia delle assicurazioni, indica un qualsiasi scritto, di solito separato dalla polizza o altro documento corrispondente, con il quale si apporta una variante o un'aggiunta ai dati o alle condizioni espressi in polizza. Ad esempio, una variazione della ragione sociale dell'assicurato o un ampliamento delle garanzie possono venire espressi in un'appendice, senza che sia necessario emettere una nuova polizza.

endorsement for collection: ***girata per l'incasso.*** Girata apposta ad un titolo di credito nel momento in cui esso viene incassato o quando viene consegnato ad una banca o altra istituzione finanziaria, perché provveda a curarne l'incasso per conto del beneficiario.

endorsement in blank: ***girata in bianco.*** V. spiegazione sotto *blank endorsement*.

endorsement in full: ***girata piena; girata nominativa.*** Lo stesso che *special endorsement* (v.).

endorser: ***girante.*** Il beneficiario che, mediante girata, trasferisce ad un altro soggetto il proprio diritto su un titolo di credito. Egli sarà responsabile del pagamento, nel caso di cambiale, o di buon fine, nel caso di assegno, nei confronti del giratario. (v. anche *endorsement, endorsee*)

endowment: ***dotazione; costituzione di dote.*** Somma di denaro o beni immobili devoluti ad una persona o ad un'organizzazione, con lo scopo di assicurar loro un reddito regolare e permanente.

endowment annuity insurance: Compromesso tra un contratto di assicurazione per rendita differita e un contratto di assicurazione decrescente a termine. È usato per assicurare la differenza tra somma effettivamente versata e somma da versarsi per contratto, in vista della creazione di una rendita differita.

endowment assurance: ***assicurazione mista; assicurazione per il caso di sopravvivenza.*** È un compromesso tra assicurazione e investimento. Se l'assicurato è vivo allo scadere della polizza, gli verrà versata la somma stabilita dal contratto; se, invece, muore prima che la polizza scada, il beneficiario nominato dall'assicurato riceve subito l'intera somma stabilita dal contratto. (v. anche *life assurance*)

endowment fund: ***fondo di dotazione.*** Fondo, di solito appartenente ad un'associazione di beneficenza, creato da un lascito o da una donazione, il cui reddito è destinato ad uno scopo specifico.

endowment mortgage: Tipo di ipoteca, garantita da una polizza mista intestata al titolare dell'ipoteca stessa. In base a tale contratto, chi desideri acquistare una casa prende a prestito il denaro da un'istituzione finanziaria (banca o *building society*) e contestualmente sottoscrive una polizza mista che unisce in sé un'assicurazione sulla vita del soggetto e un piano di risparmio attraverso investimenti in titoli e immobili. Per tutta la durata dell'ipoteca, il soggetto paga soltanto gli interessi sulla somma presa a prestito (il che gli consente di avvantaggiarsi al massimo degli sgravi fiscali concessi sugli interessi passivi) e alla scadenza della polizza (di solito 25 anni) il capitale accumulato attraverso il risparmio consente di estinguere l'ipoteca. In caso di premorienza dell'intestatario, la polizza di assicurazione provvede a estinguere l'ipoteca. (v. anche *mortgage protection policy*)

endowment policy: ***polizza mista; polizza di assicurazione per il caso di sopravvivenza.*** È la polizza che rappresenta il contratto descritto sotto *endowment assurance* (v.).

endowment policy system of depreciation: ***sistema di ammortamento mediante polizza assicurativa.*** Metodo di ammortamento in base al quale l'impresa, proprietaria del bene da ammortizzare, stipula una polizza assicurativa la cui somma assicurata corrisponderà al valore di rimpiazzo del bene al momento in cui esso dovrà essere smobilitato.

endowment profits: Il termine inglese indica i profitti addizionali realizzati dalle banche a seguito dell'innalzamento dei tassi d'interesse da parte delle autorità, come strumento di politica monetaria.

end product: ***prodotto finito.*** Il bene o servizio allo stadio di lavorazione finale cui lo porta un'impresa e pronto per essere venduto. Il termine viene di solito usato come sinonimo di bene di consumo, in quanto non indica un bene intermedio, cioè quel bene che funge da input per un'altra impresa.

end–user: ***utente finale; consumatore finale.*** Termine usato con lo stesso significato di *end–consumer* (v.).

E.N.E.A.: European Nuclear Energy Authority.

energy: ***energia.*** A causa degli alti prezzi del petrolio dopo il 1973 e fino a quasi la metà degli anni ottanta, l'energia ha assunto un'importanza sempre maggiore nella vita economica di tutti i paesi, tanto che recentemente è stata analizzata come uno dei fattori della produzione, assieme al capitale e al lavoro.

energy coefficient: ***coefficiente energetico.*** La percentuale del costo di energia usata per produrre ciascuna unità monetaria di prodotto. Se prendiamo il dollaro come unità monetaria, il coefficiente energetico è rappresentato dall'ammontare in dollari di energia utilizzata per produrre ciascun dollaro di prodotto. Tale coefficiente può essere molto basso per molte industrie, ma molto alto per quelle che fanno notevole uso di energia, come ad esempio le acciaierie, i cementifici e le stesse industrie dell'energia.

energy conservation: ***risparmio energetico.*** Espressione entrata nell'uso dopo la crisi del petrolio del 1973, con la quale si indica l'insieme di accorgimenti adottati da stati e consumatori per ridurre il consumo di petrolio e di altre forme di energia.

energy cost: ***costo dell'energia.*** Il costo di una qualsiasi fonte energetica usata da un'impresa o l'insieme di tali costi.

energy source: ***fonte energetica.*** Qualsiasi materiale trovato in natura o qualsiasi prodotto fabbricato dall'uomo in grado di fornire l'energia necessaria al mondo moderno per lo svolgimento dell'attività economica e di altre attività di varia natura. Tra le fonti energetiche naturali vanno annoverati il carbone, che dominò il secolo scorso e parte del secolo ventesimo; il petrolio, che oggi è il principale combustibile usato dall'uomo; il gas naturale; i corsi d'acqua e il legno. Tra le fonti energetiche emerse dopo il secondo conflitto mondiale vanno annoverati i reattori nucleari e le cellule solari. Dopo le crisi del petrolio del 1973 e del 1979, il mondo è alla ricerca di una valida fonte alternativa di energia, che possa sostituire il petrolio senza i gravi pericoli derivanti dall'uso dei reattori nucleari.

enfaced: Termine usato con lo stesso significato di

assented (v.), ma con riferimento a titoli obbligazionari esteri.

enforcement of foreign judgment: ***delibazione.*** Procedimento mediante il quale viene conferita efficacia sul territorio nazionale alle sentenze emesse da tribunali civili di altri paesi.

engagements: ***assunzioni.*** Lo stesso che *new hires* (v.).

Engel's coefficient: ***coefficiente di Engel.*** L'unità di misura del decremento relativo delle spese destinate all'alimentazione da parte di una famiglia il cui reddito è in aumento. Il concetto è stato recentemente applicato anche alla spesa relativa ad altri generi necessari, come l'abbigliamento e simili. (v. anche *Engel's law*)

Engel's curve: ***curva di Engel.*** Una curva che indica la relazione tra il reddito di un soggetto e il suo consumo di un determinato bene.

Engel's law: ***legge di Engel.*** Basata su uno studio del 1850, asserisce che col progredire della ricchezza di una famiglia, la frazione di reddito che essa destina all'alimentazione diminuisce progressivamente. Ciò dimostra, in particolare, che la domanda di generi alimentari risulta poco elastica rispetto al reddito. Altre regolarità espresse dalla legge dimostrarono che restava pressocché uguale la frazione di reddito destinata all'abbigliamento, ai canoni di fitto, al riscaldamento e all'illuminazione, ma aumentava la percentuale destinata alla salute, al divertimento e all'istruzione.

engineered cost: ***costo tecnico.*** Costo sostenuto da un'impresa per la remunerazione di un fattore che deve necessariamente entrare nella fabbricazione di un prodotto, come ad esempio materiali e manodopera.

engineering economics: ***economia dell'ingegneria.*** L'applicazione dei principi di teoria economica ai problemi di ingegneria, come ad esempio la determinazione della migliore soluzione tecnica sotto il profilo dei costi o il calcolo dei costi comparati di due progetti alternativi di costruzione di beni capitali.

engineering insurance: ***assicurazione contro tutti i rischi del montaggio industriale.*** Tipo di assicurazione in base alla quale l'assicuratore fornisce all'assicurato un servizio di ispezione periodica di impianti e la copertura contro i rischi di perdita o danni materiali diretti derivanti da sinistri che colpiscono le cose assicurate nell'arco di tempo coperto da assicurazione. Viene stipulata in relazione ad ascensori, montacarichi, gru; impianti ed apparecchi elettrici; motori e macchine produttrici di lavoro e di energia; caldaie o altri impianti a pressione e simili.

engineer surveyor: ***perito meccanico.*** Uno dei periti del Lloyd, il cui compito specifico è quello di controllare la perfetta efficienza delle macchine di propulsione e di tutti gli altri macchinari delle navi che visita. (v. anche *Lloyd's surveyor*)

English disease: ***malattia inglese.*** Termine di recente formazione, spesso usato per indicare i problemi inerenti alla gestione del lavoro nel Regno Unito, come ad esempio l'assenteismo, gli scioperi e il controllo della politica aziendale da parte dei rappresentanti del consiglio di fabbrica.

English equivalent: ***equivalente inglese.*** È il prezzo di titoli statunitensi e canadesi alla borsa valori di Londra. Si ottiene moltiplicando il corso americano o canadese per cinque, cioè il tasso di cambio fittizio tra dollaro e sterlina chiamato *dummy dollar* (v.), e dividendo il prodotto per l'effettivo tasso di cambio del giorno.

English pipe: ***pipa inglese.*** Misura di capacità per liquidi, usata quasi esclusivamente nel commercio dei vini. La capacità della pipa inglese oscilla intorno ai 185 galloni imperiali, ma vi sono notevoli variazioni a seconda del tipo di vino considerato. In particolare, una pipa di vino di Porto contiene 114 galloni imperiali, corrispondenti a litri 518,2326; una pipa di vino di Xeres (*sherry*) contiene 108 galloni, corrispondenti a litri 490,9572; una pipa di vino Madeira contiene 92 galloni, pari a litri 418,2228.

English sickness: ***malattia inglese.*** Termine usato come sinonimo di *English disease* (v.).

English statute mile: ***miglio terrestre; miglio inglese.*** Unità di misura in uso nel Regno Uniti e negli Stati Uniti, dove equivale a 5280 piedi o 1760 iarde, ovvero a 63.360 pollici. Il miglio terrestre è pari a circa 1609 metri. (v. anche *metrical mile, nautical mile, geographical mile*)

English ton: ***tonnellata inglese.*** Termine usato con lo stesso significato di *long ton* (v.).

engrossing: ***accaparramento; incetta.*** L'atto di acquistare la maggior quantità possibile di un bene, prima che esso giunga sul mercato, in modo da poterne fissare il prezzo di rivendita. È una pratica speculativa che prosperò in tempi passati, ma oggi resa difficile dai moderni mezzi di comunicazione.

enjoyment: ***godimento.*** Nel linguaggio giuridico, questo termine indica la facoltà di usare un bene e di esercitare un diritto o un privilegio. Lo stesso termine indica l'uso del bene e l'esercizio del diritto o privilegio.

enlarged access facility: ***facilitazione di accesso allargato.*** Facilitazione concessa dal Fondo Monetario Internazionale, in base alla quale ai paesi che presentano deficit dei loro conti con l'estero molto rilevanti in relazione alla loro quota di contribuzione al Fondo, viene concesso di prelevare, in un singolo anno, fino al 150% della propria quota.

enquiries before contract: ***visura; verifica catastale e ipotecaria.*** In relazione ad un contratto di compravendita di beni immobili, il termine inglese indica le indagini compiute da un notaio, o pubblico ufficiale equivalente, presso il catasto ed altri uffici, al fine di accertare che il venditore sia il legittimo proprietario del bene offerto in vendita e che esso sia libero da ipoteche o gravami di qualsiasi altro tipo.

enquiry: ***richiesta di informazioni.*** Una qualsiasi richiesta di informazioni, ma in particolare la lettera, o altra forma di comunicazione, con la quale un potenziale compratore chiede ad un venditore quotazioni, condizioni di vendita e disponibilità di un determinato bene.

enquiry agent: ***agenzia di informazioni commerciali.*** Termine usato con lo stesso significato di *status inquiry agency* (v.).

enquiry office: ***ufficio informazioni.*** L'ufficio di un'impresa, o altra organizzazione, presso il quale si possono ottenere informazioni in relazione a questioni inerenti l'attività svolta dall'organizzazione.

entail: ***condizione d'inalienabilità.*** Nel linguaggio giuridico, questo termine indica la condizione, cui deve uniformarsi chi riceve in eredità un bene immobile, che stabilisce che la proprietà dovrà essere trasmessa soltanto ad una linea di persone prestabilita, di solito il figlio maschio più anziano del figlio maschio più anziano. Tale condizione viene imposta per assicurarsi che la proprietà immobiliare resti sempre nell'ambito della stessa famiglia.

to enter: 1. ***registrare; allibrare.*** Iscrivere i dati contabili relativi ad un'operazione commerciale in un libro giornale. (v. anche *entry 1*) **2.** ***riportare a mastro.*** Trasferire su un mastro le registrazioni contabili derivanti da operazioni commerciali o di altra natura e indicate in un giornale o libro di prima nota.

enterprise: 1. *azienda; impresa.* Il termine inglese indica una qualsiasi impresa commerciale e, se usato senza alcun attributo, indica un'impresa nel suo complesso. **2. *impresa.*** In senso collettivo, indica tutte le organizzazioni imprenditoriali, come nel termine libera impresa. (v. anche *free enterprise*) **3. *iniziativa; imprenditorialità.*** Qualità di un imprenditore, caratterizzata dall'energia, l'iniziativa, l'adattabilità e la capacità di ricerca, oltre ai compiti propri di un imprenditore. (v. anche *entrepreneur*)

enterprise accounting: *contabilità d'impresa.* La contabilità a livello dell'intera azienda e non a livello di settori, quali filiali, dipartimenti, divisioni, ecc.

enterprise cost: *costo attuale.* Il costo sostenuto dagli attuali proprietari di un'impresa e, quindi, contrapposto al costo originario sostenuto dai precedenti proprietari.

enterpriser: *imprenditore.* Termine usato come sinonimo meno frequente di *entrepreneur* (v.).

enterprise value: *valore di avviamento.* Il valore di una singola attività o delle attività nette di un'azienda, basato sul presupposto di utilità futura derivante dalla continuità di funzionamento dell'attività o dell'azienda.

enterprise zones: *zone di impresa; zone di iniziativa.* Sono zone di aree urbane particolarmente depresse, nelle quali il governo del Regno Unito tenta di attirare insediamenti economici concedendo facilitazioni ed esenzioni da tributi locali. Lo stesso concetto è stato ripreso e ampliato dagli americani che, tra il 1971 e il 1982, crearono apposite leggi con l'obiettivo di rilanciare l'iniziativa economica in aree urbane e rurali particolarmente depresse. Il programma, fatto proprio dall'amministrazione Reagan, si basava sull'utilizzazione del mercato per risolvere i problemi urbani, facendo leva principalmente sulle istituzioni del settore privato, mentre il vecchio approccio si basava su forti contributi statali e sulla pianificazione centralizzata. Alla base del programma vi erano quattro elementi fondamentali: 1) riduzione delle imposte a livello federale, statale e locale allo scopo di agevolare l'attività economica; 2) deregolamentazione agli stessi livelli, allo scopo di ridurre ulteriormente i costi delle imprese; 3) miglioramento dei servizi locali, anche mediante la loro privatizzazione, che elimina le inefficienze dei servizi monopolizzati dal settore pubblico e può far risparmiare ai contribuenti notevoli risorse; 4) coinvolgimento nel programma di organizzazioni già esistenti nel territorio. Il programma prevedeva anche la creazione di punti franchi in alcune delle zone interessate, nelle quali si potevano importare beni in esenzione doganale per la lavorazione e la successiva riesportazione verso altri paesi, un provvedimento che esisteva anche nel progetto britannico.

entertaining expenses: *spese di rappresentanza.* Termine usato come sinonimo di *entertainment expenses* (v.).

entertainment: *rappresentanza; ricevimento.* È il trattamento praticato da un'impresa o altra organizzazione a clienti, fornitori, ecc., che si recano in visita presso la sede dell'organizzazione. Consiste, di solito, nell'offerta di rinfreschi, pranzi o intrattenimenti intesi ad allietare il soggiorno dei visitatori.

entertainment account: *conto di rappresentanza; conto spese di rappresentanza.* In contabilità, è il conto nel quale vengono registrate le spese di rappresentanza sostenute da un'impresa o altra organizzazione.

entertainment allowance: *fondo di rappresentanza; indennità di rappresentanza.* Fondo costituito allo scopo di far fronte alle spese di rappresentanza di un'impresa o altra organizzazione. Lo stesso termine inglese indica un'indennità, versata regolarmente ad un dipendente che sostiene spese di rappresentanza, per conto del proprio datore di lavoro, che non è tenuto a giustificare a piè di lista.

entertainment expenses: *spese di rappresentanza.* Spese sostenute da un'impresa o altra organizzazione in relazione a pranzi, rinfreschi, ecc., offerti a clienti, fornitori o visitatori. Se tali spese vengono sostenute individualmente da un dipendente, esse sono rimborsabili dietro presentazione dei documenti giustificativi o vengono compensate da particolari indennità.

entertainments duty: *imposta sugli spettacoli.* Nel Regno Unito fu introdotta per la prima volta durante la prima guerra mondiale, ma fu poi gradualmente abolita.

entertainment shares: *azioni dell'industria dei divertimenti.* Presso la borsa valori di Londra, sono così indicate le azioni di società che operano nell'industria dei divertimenti e pertanto cinema, teatri, emittenti televisive e radiofoniche e così via.

entire contract: *contratto indivisibile.* Un contratto che prevede l'adempimento completo della prestazione di una delle parti quale condizione inderogabile perché l'altra parte sia tenuta all'adempimento della controprestazione. In pratica, il contratto non prevede prestazioni parziali da alcuna delle parti, come ad esempio un contratto di appalto a forfait, in base al quale il costruttore ha diritto al pagamento solo quando ha completato la costruzione.

entitlement program: *programma di assistenza di diritto.* Negli Stati Uniti, viene indicato con questo termine un qualsiasi programma di assistenza cui partecipano automaticamente tutti i cittadini che maturano il diritto a quel tipo di assistenza in base a caratteristiche personali, quali ad esempio il livello di reddito, l'età, il periodo di servizio prestato in un posto di lavoro o il luogo di residenza. Tra questi programmi di assistenza rientrano le assicurazioni sociali, i programmi noti come *medicare* (v.) e *medicaid* (v.), le pensioni per i militari e gli impiegati del governo federale, i bollini viveri, i sussidi di disoccupazione e altri ancora.

entitlements: *diritti.* Termine statunitense, con il quale si indicano i diritti maturati dai cittadini di partecipare ai programmi di assistenza statale. I diritti più radicati di questo tipo si maturano sul posto di lavoro.

entity: *entità.* 1) Divisione di un'organizzazione, avente forma completa e autonoma per certi versi. Da un punto di vista contabile, corrisponde ad una *accounting unit 1* (v.). 2) Ciascuna di due o più società, che operano sotto un controllo comune.

entrepôt: *porto franco; deposito franco; punto franco.* Area, di solito parte di un porto o aeroporto, considerata fuori dalla cinta doganale del paese, nella quale si possono scaricare merci in esenzione doganale per la successiva riesportazione. Se le merci ivi scaricate non possono essere lavorate prima della riesportazione, si introducono nel paese pagando il dazio d'importazione, che sarà poi restituito all'atto della riesportazione. (v. anche *customs drawback*)

entrepôt port: *porto stazione di trasbordo.* Lo stesso che *domestic port* (v.).

entrepôt trade: *commercio di transito.* L'immissione in un paese di merci in esenzione doganale (in un punto franco) o in temporanea importazione, per la riesportazione dopo che esse sono state sottoposte a piccole fasi di lavorazione, come ad esempio imbottigliamento, scelta, impacchettamento, etichettatura e simili.

entrepreneur: ***imprenditore.*** Qualsiasi persona o gruppo di persone che si assumono il rischio dell'impresa. I compiti dell'imprenditore sono: a) fornire o procurare il capitale necessario all'impresa per lo svolgimento della sua attività; b) decidere quali fattori della produzione utilizzare, e in quale quantità, e organizzare la produzione; c) decidere, in previsione della domanda, la quantità di beni da produrre; d) assumersi il rischio che deriva dal fatto che la produzione e la vendita sono separate nel tempo e che in tale intervallo di tempo potrebbe verificarsi un cambiamento della domanda. L'imprenditore è, quindi, anche un dirigente, ma quando il dirigente non si assume anche il rischio della proprietà dell'impresa, egli è classificato come manodopera, o lavoro, e non come imprenditore.

entrepreneurial ability: ***capacità imprenditoriale.*** Da più parti considerato il quarto fattore della produzione, risulta il più difficile da quantificare e da individuare. In epoca recente, con la grande diffusione delle società per azioni, la discussione su questo fattore della produzione si è notevolmente ridotta, in quanto esso rappresenta la capacità di gestione e la proprietà di altri fattori della produzione riunite nella stessa persona, oggi non più facilmente reperibili nei moderni sistemi economici. (v. anche *entrepreneur*)

entrepreneurial economy: ***economia imprenditoriale.*** Il moderno sistema economico (e in particolare quello statunitense) basato sulle capacità e sulla iniziativa di un gran numero di imprenditori, che danno vita a piccole ma remunerative aziende.

entrepreneurial state: ***stato imprenditore.*** Uno stato che viene reputato il motore della crescita e dello sviluppo e che tenta di realizzare la crescita economica o mediante la gestione di industrie nazionalizzate o mediante il massiccio intervento sul funzionamento delle imprese private e dei mercati.

entrepreneurship: ***imprenditoria; imprenditorialità.*** Termine usato con lo stesso significato di *enterprise 3* (v.) e di *entrepreneurial ability* (v.).

entrepreneur's income: ***reddito dell'imprenditore.*** Keynes lo definisce come l'eccedenza del valore dei suoi prodotti finiti, venduti nel periodo considerato, sul suo costo primo. Cioè a dire, il reddito dell'imprenditore viene considerato uguale alla quantità (in dipendenza dalla sua scala di produzione) che egli tenta di massimizzare, cioè al suo profitto lordo nel senso ordinario del termine.

entrepreneur's net income: ***reddito netto dell'imprenditore.*** Secondo Keynes, corrisponde all'eccedenza del valore dei prodotti finiti, venduti nel periodo considerato, sul costo supplementare e sul costo delle utilizzazioni.

entrepreneur's net profit: ***profitto netto dell'imprenditore.*** Lo stesso che *entrepreneur's net income* (v.).

entrepreneurs' normal remuneration: ***remunerazione normale degli imprenditori.*** Secondo Keynes, è quel tasso di remunerazione che, se gli imprenditori fossero disposti a sottoscrivere nuovi contratti con tutti i fattori della produzione a tassi correnti prevalenti di guadagno, li lascerebbe in una situazione in cui non avrebbero alcun motivo di aumentare o diminuire la loro scala di operazioni.

entrepreneur's risk: ***rischio dell'imprenditore.*** Secondo Keynes, questo è uno dei rischi che influiscono sul volume degli investimenti ed è costituito dal dubbio dell'imprenditore circa la possibilità di realizzare effettivamente il probabile profitto nel quale egli spera. Se l'imprenditore rischia il proprio denaro, questo è l'unico rischio che conta; ma se il denaro è preso in prestito, entra in gioco un altro rischio che influisce sul volume degli investimenti e cioè il rischio del creditore. (v. anche *lender's risk*)

entry: **1.** ***registrazione; scrittura.*** Partita o operazione commerciale iscritta in un libro giornale. **2.** ***posta; partita.*** Partita o operazione commerciale registrata in un qualsiasi conto di un mastro generale. **3.** ***dichiarazione doganale.*** Dichiarazione che il proprietario delle merci da importare o esportare deve fare alla dogana per essere autorizzato alle relative operazioni di importazione o esportazione. (v. anche *customs entry*) **4.** ***entrata.*** La possibilità per un'impresa di entrare in un mercato o in un'industria ove sono già presenti altre imprese simili.

entry barriers: ***barriere all'entrata.*** Lo stesso che *barriers to entry* (v.).

entry declaration: ***costituto sanitario.*** Dichiarazione relativa alle condizioni sanitarie di una nave, che il suo comandante è tenuto a presentare alle autorità locali all'arrivo della nave in porto al fine di ottenere la libera pratica, cioè il permesso di stabilire libere comunicazioni con la terraferma.

entry for dutiable goods: ***dichiarazione per merci schiave di dazio.*** Termine generico, usato per indicare una qualsiasi dichiarazione presentata alle autorità doganali in relazione a merci estere sulle quali si è tenuti a pagare un dazio d'importazione.

entry for free goods: ***bolla di merce esente; bolletta di merce esente; dichiarazione per merci in esenzione doganale.*** Documento usato al porto di sbarco in relazione a merci non soggette a dazio d'importazione. Contiene i dettagli delle merci da introdurre nel paese, che devono corrispondere ai dettagli riportati nel manifesto di carico.

entry for home use: ***bolla di entrata; bolletta di entrata; dichiarazione per consumo interno.*** Documento doganale usato al porto di sbarco, o altro punto di frontiera, per merci soggette a dazio di importazione e destinate al mercato interno. Il dazio viene pagato subito e le merci possono essere scaricate. Questo documento è chiamato prima bolla; se l'importatore o l'ufficiale di dogana si rendono conto, a seguito di verifica, che il dazio pagato è inferiore a quello dovuto, perché le merci sono in quantità superiore a quella dichiarata, verrà rilasciato un altro documento relativo alla successiva quota di dazio, chiamato bolla di liquidazione. (v. anche *over entry certificate, post entry, prime entry*)

entry for home use ex-ship: ***bolla di entrata; bolletta di entrata.*** Termine usato come sinonimo di *entry for home use* (v.) quando le merci di importazione entrano nel territorio nazionale attraverso un porto.

entry for transhipment: ***bolla di trasbordo; dichiarazione di trasbordo; dichiarazione di transito.*** È il documento che si usa in relazione a merci di transito descritte in una polizza di carico cumulativa, quando non viene usata la bolletta doganale di trasbordo in transito, che viene così sostituita a tutti gli effetti da questo documento.

entry for warehousing: ***bolla di accompagnamento in deposito franco; dichiarazione di introduzione in magazzino doganale; dichiarazione di accompagnamento in deposito franco.*** Documento, usato al porto di sbarco, firmato da un importatore e consegnato alle autorità doganali, in relazione a merci d'importazione soggette a dazio, ma non importate nella cinta doganale del paese. Alla presentazione di tale documento, gli uffici doganali rilasciano il permesso di sbarco e le merci vengono immagazzinate in un deposito franco e da lì o riesportate o introdotte nel paese dopo il pagamento del relativo dazio d'importazione. Tale documento deve contenere una dettagliata descrizione delle merci, al fine di facilitare le operazioni di trasferimento al deposito franco.

entry inwards: ***bolla di entrata; bolletta doganale di entrata.*** Termine generico usato come sinonimo di *entry for home use* (v.) o di qualsiasi altro termine che indichi una dichiarazione o bolletta per l'introduzione di merci estere nel territorio nazionale.

entry outwards: ***dichiarazione doganale; bolla di sortita; bolletta doganale di uscita.*** È il documento rilasciato dalla dogana all'esportatore, che lo autorizza a svolgere le operazioni di esportazione dei beni descritti nella dichiarazione.

entry price: ***prezzo di entrata.*** Lo stesso che *threshold price* (v.).

entry tax: ***imposta di entrata; dazio di ingresso.*** Espressione generica con la quale si indica una qualsiasi imposta che colpisce i beni di importazione nel momento in cui essi entrano nel territorio di un'unione doganale (principalmente la CEE) provenienti da paesi terzi. Tale tipo di imposta può avere uno scopo protezionistico, in ciò corrispondendo a un dazio che limita o ostacola le importazioni, o lo scopo di equiparare i prezzi dei prodotti interni ed esteri, in ciò corrispondendo a un dazio compensativo.

entry under bond: ***bolletta di cauzione; bolletta di transito.*** Bolletta doganale emessa in relazione a merci estere introdotte nel territorio nazionale ma destinate a dogane interne e, quindi, ancora soggette al pagamento del dazio di importazione. Lo stesso termine veniva usato in relazione a merci nazionali soggette a dazio di esportazione e spedite da un luogo ad un altro entro la cinta doganale, prima di essere esportate e prima del pagamento del relativo dazio.

entry visa: ***visto d'ingresso.*** Atto che si concretizza con l'apposizione di un timbro e della firma del funzionario addetto, con il quale un stato attribuisce una determinata validità, nell'ambito del proprio territorio, al passaporto di un cittadino straniero, autorizzandolo così ad entrare nel paese.

envelope curve: ***curva di programmazione.*** La curva che viene tracciata unendo i punti più prossimi al minimo di una serie di curve dei costi. La curva di programmazione viene elaborata quando un'impresa considera la possibilità di entrare in un'industria o di espandere la propria attività. Non essendo vincolata ad un impianto già esistente o ad un impianto di una determinata capacità o ampiezza, si elabora la serie di curve dei costi relative a varie dimensioni possibili degli impianti e si ricava la curva di programmazione.

environment: ***ambiente.*** Termine usato da Alfred Marshall per indicare la situazione che rende possibile la rendita del consumatore. (v. anche *consumer's surplus*) Per i propugnatori della *contingent theory* (v.), il termine assume un significato più vasto e indica una realtà organica che si estende dal territorio alle istituzioni e alle forze sociali che hanno influenza sui processi di organizzazione delle imprese.

environmental external diseconomies: ***diseconomie esterne ambientali.*** Sono rappresentate principalmente dall'inquinamento dell'ambiente in cui vive l'uomo e impongono l'adozione di tasse, penalità, zonizzazioni e restrizioni nell'uso dei terreni.

environmental pollution: ***inquinamento dell'ambiente.*** È una delle esternalità derivanti dalla forte industrializzazione ed è causato dagli scarichi di rifiuti solidi, liquidi e gassosi nell'ambiente abitato dall'uomo.

Environmental Protection Agency: Agenzia del governo federale statunitense, di recente istituzione, preposta alla tutela e alla protezione dell'ambiente naturale.

environmental scanning: ***scansione dell'ambiente.*** Il controllo sistematico di un ambiente commerciale allo scopo di individuare tempestivamente opportunità o pericoli di mercato. Con ambiente in tale contesto si intende la concorrenza, le tendenze sociali e culturali, i progressi della tecnologia, la situazione economica nazionale e internazionale, ecc.

E.O.E.C.: European Organization for Economic Co–operation.

E.O.M.: Abbreviazione di *end of month*, cioè fine mese. Indica che un qualsiasi calcolo è stato fatto a partire da fine mese e non dalla data che figura nel documento, quale ad esempio una fattura e simili.

e.o.o.e.: errors or omissions excepted.

E.O.Y.: Abbreviazione di *end of year*, cioè fine anno. Indica che un qualsiasi evento viene preso in considerazione a partire dalla fine dell'anno.

EPOS: electronic point of sale.

EPS: earnings per share.

E.P.T.: excess profits tax.

E.P.T.A.: Expanded Programme of Technical Assistance.

E.P.U.: European Payments Union.

epunit: Nome con il quale a volte si indica l'unità di conto dell'Unione Europea dei Pagamenti, equivalente al dollaro statunitense.

equal advantage: ***uguale vantaggio.*** Nella teoria del commercio internazionale, è la situazione che si determina quando un paese è superiore a un altro nel medesimo rapporto in tutti i prodotti, il che rende impossibile qualsiasi vantaggio derivante dallo scambio di beni tra i due paesi in questione. (v. anche *comparative advantage*)

equal–annual–payment method of depreciation: 1. ***metodo delle annualità di ammortamento.*** Lo stesso che *annuity method of depreciation* (v.). **2.** ***metodo di ammortamento ad interessi composti; metodo di ammortamento delle annualità di capitalizzazione.*** Lo stesso che *sinking fund method of depreciation* (v.).

equal cost line: ***isocosto; linea di isocosto; curva di isocosto; retta del bilancio del produttore.*** Lo stesso che *iso–outlay curve* (v.).

Equal Employment Opportunity Act: Legge approvata dal Congresso degli Stati Uniti nel 1964 nel tentativo di eliminare qualsiasi forma di discriminazione, in campo occupazionale, basata sulla razza, sul colore, sulla religione, sul paese d'origine e sul sesso dei lavoratori. La legge impose determinate condizioni alle industrie occupate nell'attività interstatale e pur se si applica principalmente ai datori di lavoro, impone anche obblighi ai sindacati e ad agenzie e uffici di collocamento.

Equal Employment Opportunity Commission: Negli Stati Uniti, è il comitato cui è demandata l'applicazione dell'*Equal Employment Opportunity Act* (v.).

equal–instalment method of depreciation: ***metodo di ammortamento a quote costanti; metodo di ammortamento a quote fisse.*** Lo stesso che *straight–line method* *of depreciation* (v.).

equality of sacrifice: ***eguaglianza del sacrificio.*** È il concetto fondamentale di qualsiasi sistema fiscale, che prevede un uguale sacrificio da parte di tutti i contribuenti. (v. anche *equal sacrifice tax theory*)

equality of saving and investment: ***eguaglianza tra risparmio e investimento.*** Concetto espresso da J.M. Keynes nel 1935 nella sua opera *General Theory of Employment, Interest and Money*. Egli dimostrò che il risparmio è sempre uguale agli investimenti servendosi di due uguaglianze, cioè il risparmio è uguale al reddito (intendendo il reddito nazionale) meno i consumi; e gli investimenti sono uguali al reddito meno i consumi. Essendo sia il risparmio, sia gli investimenti uguali al reddito meno i consumi, ne discende che essi devono essere uguali tra loro. Questa teoria si opponeva a quella precedente, che sosteneva che un'eccedenza del risparmio sugli investimenti avrebbe generato una depressione e che un'eccedenza degli investimenti sul risparmio avrebbe generato un boom inflazionistico. La teoria di Keynes subì molte critiche, ma sembra che oggi sia accettata a seguito dell'intervento di D. Robertson nella controversia. Egli fece notare che il risparmio relativo ad un periodo è disponibile come investimento in un periodo successivo e quindi, anche se fra i due non c'è uguaglianza nello stesso periodo, possono considerarsi uguali se vengono riferiti a due periodi successivi.

equality of taxation: ***perequazione tributaria; perequazione fiscale; equità fiscale.*** Eliminazione di differenze ingiustificate tra contribuenti. L'espressione implica che l'imposizione fiscale debba essere proporzionale al reddito di ciascun contribuente.

equalization: ***perequazione; stabilizzazione.*** Eliminazione di differenze ingiustificate tra le varie categorie di salariati o tra contribuenti. Il termine indica anche la stabilizzazione dei cambi. (v. anche *exchange equalization fund, exchange equalization account*)

equalization fund: ***fondo di stabilizzazione dei cambi.*** Termine usato come sinonimo di *exchange equalization fund* (v.).

equalization grant: ***contributo statale agli enti locali.*** È il contributo concesso dal governo centrale agli enti locali, nel Regno Unito in base al *Local Government Act* del 1948. Scopo del contributo era quello di assistere gli enti locali che sostenevano spese pro–capite su base annuale superiori alla media nazionale o per la presenza nel territorio di molti cittadini non contribuenti, in quanto di età inferiore ai quindici anni, o per la scarsa densità di popolazione. Tale contributo è stato sostituito dal *rate deficiency grant* (v.).

equalization of wages: ***livellamento dei salari; perequazione dei salari.*** Espressione del linguaggio economico, usata per indicare un procedimento mediante il quale vengono livellati i salari, ovvero vengono eliminati i differenziali salariali. (v. anche *wage differential*)

equalization point: ***punto base.*** Lo stesso che *basing point* (v.).

equalization reserve: **1.** ***conto rateizzazioni.*** Conto al quale si imputano spese occasionali, controbilanciate da accreditamenti ad intervalli regolari, per ripartire su uno o più periodi contabili, e cioè in modo uniforme, le spese occasionali. **2.** ***riserva mista.*** Lo stesso che *mixed reserve* (v.).

equalization tax: ***imposta perequativa; dazio compensativo.*** Un dazio di importazione imposto dai paesi della Comunità Economica Europea, nell'ambito della politica agricola comunitaria, per rendere i prezzi di prodotti provenienti da paesi terzi uguali a quelli di derrate simili prodotte nell'ambito comunitario.

to equalize shares: ***equiparare azioni.*** Procedere alla conversione di differenti categorie di azioni in un'unica categoria, che conferisce a tutti gli azionisti gli stessi diritti e doveri.

equalizing differential: ***differenziale salariale equalizzante.*** Viene indicata con questa espressione la differenza tra salari di diversi lavoratori, che svolgono lo stesso tipo di lavoro, giustificata da fattori che non hanno niente a che vedere con la capacità o l'abilità richieste al lavoratore per svolgere quelle determinate funzioni che gli vengono assegnate. I differenziali equalizzanti possono essere di due tipi: a) quelli pagati per compensare gli svantaggi non pecuniari di un'occupazione, come ad esempio la dimensione e l'ubicazione di un'impresa, la personalità del datore e dei compagni di lavoro, la natura e il tipo di mansioni, ecc.; b) quelli derivanti da determinate caratteristiche del lavoratore non relazionate alla sua capacità o abilità, come ad esempio il suo aspetto esteriore, la sua disponibilità a collaborare col datore di lavoro, la sua istruzione di base, ecc. I differenziali salariali equalizzanti spesso spingono un lavoratore ad accettare un posto in un ambiente di lavoro poco piacevole o confortevole o portano alla disponibilità di possibilità di lavoro per lavoratori scadenti. (v. anche*non–equalizing differential*)

equalizing dividend: ***dividendo perequativo.*** Dividendo pagato per correggere ingiustizie causate da variazioni della data regolare di distribuzione. Viene pagato, di solito, quando una società anticipa la data di distribuzione o quando si verifica una fusione tra società che osservano differenti date di distribuzione.

equalizing entry: ***scrittura di chiusura; registrazione di chiusura.*** È una scrittura periodica, o una di una serie di scritture periodiche, mediante la quale si chiudono i conti di costi e ricavi allo scopo di preparare i rendiconti finanziari. Al termine di un anno finanziario, la scrittura di chiusura finale chiude i conti di costi e ricavi, i cui saldi netti vengono trasferiti al conto utili non distribuiti o altro conto capitale.

equalizing of shares: ***equiparazione di azioni.*** V. spiegazione sotto *to equalize shares.*

equalizing value: ***adeguato numerico.*** Termine usato in statistica per indicare un valore mediante il quale si può stabilire una relazione di uguaglianza tra due o più valori differenti.

equal opportunities: ***pari opportunità.*** È l'equivalente britannico del programma statunitense detto *affirmative action program* (v.).

equal pay: ***parità salariale.*** La parità tra salari corrisposti a lavoratori di sesso differente. Oggi, pur se non dovunque, questa parità può dirsi raggiunta, ma in passato fu uno dei grandi motivi di lotta, basata sul principio che il tasso salariale va riferito alle funzioni previste dal lavoro e non al lavoratore che le svolge.

equal pay for equal work: ***parità salariale.*** Termine usato come sinonimo di *equal pay* (v.).

equal product curve: ***isoquanto; curva di uguale produzione; curva di indifferenza del produttore.*** Lo stesso che *iso–product curve* (v.).

equal sacrifice tax theory: ***teoria dell'uguaglianza del sacrificio.*** Teoria, proposta da J.S. Mill, che sostiene che l'imposizione fiscale dovrebbe implicare un uguale sacrificio da parte di tutti i contribuenti. Vi sono state varie interpretazioni della teoria (F.Y. Edgeworth, N.G. Pierson, A.J. Cohen Stuart ed altri), ma la difficoltà maggiore che essa presenta in tutte le interpretazioni è quella di trovare un'unità di misura del sacrificio sostenuto dal contribuente nel pagare le imposte.

equal service: ***servizio uguale.*** Termine con il quale si indica un concetto spesso usato nel fare raffronti tra impianti diversi utilizzati per lo stesso fine. Ad esempio, un confronto tra due centrali elettriche basato non soltanto sulla produzione globale di ciascun impianto, ma anche su un servizio reso nelle medesime condizioni di erogazione, che variano di ora in ora nell'arco della stessa giornata o di giorno in giorno.

equal-utility contour: ***curva di livello di uguale utilità.*** Lo stesso che *indifference curve* (v.).

equal-utility curve: ***curva di uguale utilità.*** Lo stesso che *indifference curve* (v.).

equal value: ***equivalore.*** È l'uguaglianza di valore tra due o più beni e servizi.

equated time of payment: ***data media di pagamento.*** Lo stesso che *average due date* (v.).

equation: ***equazione.*** Un mezzo per esprimere aritmeticamente le relazioni tra variabili.

equation of accounts: ***adeguato.*** In contabilità, questo termine indica la prestazione che, determinata in tutti i suoi elementi, equivale e si sostituisce ad un insieme di più prestazioni.

equation of exchange: ***equazione degli scambi; equazione quantitativa.*** È una delle più antiche e note esposizioni della relazione tra moneta, spesa e prezzi. L'equazione degli scambi è espressa come M V = P T, dove M è la quantità di moneta in circolazione; V è la velocità di circolazione della moneta; P è il livello medio dei prezzi ai quali hanno luogo gli scambi; e, T è il totale delle operazioni commerciali che hanno luogo in un determinato periodo. M V, quindi, rappresenta la spesa globale in beni e servizi e deve necessariamente essere uguale a P T, che corrisponde alle entrate globali provenienti dalla vendita di beni e servizi durante lo stesso periodo di tempo. L'equazione degli scambi può applicarsi a tutte le operazioni eseguite in un'economia, incluse quelle relative a beni intermedi e a trasferimenti, nel qual caso V si riferisce a tutta la moneta che passa di mano o alla velocità di circolazione. Oppure, l'equazione può riferirsi soltanto agli scambi che implicano una misura dei prodotti finali, nel qual caso V rappresenta la velocità della moneta in termini di redditi e P T corrisponde al prodotto nazionale lordo. In entrambi i casi, i due elementi dell'equazione sono uguali per definizione. Ovviamente, ciò deve essere vero, poiché la quantità di moneta sborsata da una persona deve essere esattamente uguale a quella ricevuta da un'altra persona. Pur se l'equazione non rivela niente circa le relazioni causali, la sua utilità deriva dall'opportunità che essa offre di paragonare gli effetti di un cambiamento di una variabile sulle altre variabili. È chiaro che il livello dei prezzi varia in maniera direttamente proporzionale al variare dell'offerta di moneta e in maniera inversamente proporzionale al variare del numero degli scambi quando l'equazione è espressa come P = MV/T. Se si suppone che la velocità sia relativamente costante e che T vari soltanto in maniera graduale, ne discende che le variazioni di M devono generare variazioni di P. D'altro canto, se le entrate (PT) vengono considerate come un elemento passivo e non attivo e V è abbastanza costante, allora si possono usare variazioni di M per generare un più alto livello di spesa. Così, l'offerta di moneta, che viene influenzata dal governo, dalle banche e da altre istituzioni che ne determinano la disponibilità, diventa un fattore importante nella produzione globale. Mentre l'equazione presenta una certa utilità nel collegare M e P se essa viene usata con attenzione, sorgono anche complicazioni in quanto V non è costante neppure nel breve periodo. Infatti, il grado di stabilità di V è legato alla sicurezza economica, alle aspettative di variazioni dei prezzi, alle opportunità di investimento e alle possibilità di procurarsi credito. Inoltre, anche T è soggetto a fluttuare col variare delle condizioni economiche del paese.

equation of international demand: ***equazione della domanda internazionale.*** Espressione usata per indicare che il punto di equilibrio negli scambi tra due paesi equivale al punto di incontro delle relative curve di domanda-offerta. Indica come i due paesi paghino le rispettive importazioni con le proprie esportazioni.

equation of payments: ***equazione dei pagamenti.*** È il calcolo di una data in cui, qualora venga versato l'ammontare complessivo di diversi pagamenti con differenti date di scadenza, non si verificherà alcun addebito per interessi, in quanto gli interessi maturati sui pagamenti scaduti vengono annullati dagli sconti richiesti sui pagamenti effettuati prima della scadenza. La data così calcolata viene indicata col termine data media di scadenza.

equation of societary circulation: ***equazione della circolazione societaria.*** Equazione fondamentale di Newcomb, espressa con V · R = K · P, dove V è il volume di moneta, R è la velocità di circolazione (relativa all'intera massa monetaria che comprende moneta vera e propria e moneta bancaria), P è il livello dei prezzi e K è «la circolazione industriale sulla base dei prezzi che prendiamo come unità». Col termine «circolazione industriale» Newcomb intendeva il volume di beni e servizi che vengono scambiati per denaro. Dalla circolazione industriale, come pure presumibilmente dalla velocità di circolazione, Newcomb esclude tutti i trasferimenti, quali il prestare denaro o il depositarlo in banca, perché essi non sono controbilanciati da trasferimenti inversi di beni o servizi.

equilibrium: ***equilibrio.*** Situazione economica che, una volta raggiunta, continuerà indefinitamente se non si altera alcuna delle variabili che la compongono.

equilibrium exchange rates: ***tassi di cambio di equilibrio.*** Questa espressione viene usata per indicare la situazione che si verifica quando le varie valute nazionali non sono né sopravvalutate né sottovalutate, così che i tassi di cambio rappresentano effettivamente il reale rapporto tra le valute in questione, in base alla parità dei poteri d'acquisto. Il tasso di cambio di equilibrio viene altrimenti definito come il tasso che produce un deficit di conto corrente compatibile con flussi di capitale di lungo termine.

equilibrium firm: ***impresa in equilibrio.*** Un'impresa che si trova nella situazione in cui guadagna il massimo profitto realizzabile e non ha alcun incentivo per aumentare o diminuire la produzione.

equilibrium industry: ***industria in equilibrio.*** Un'industria che si trova nella situazione in cui il margine di profitto è tale che le imprese non hanno alcun incentivo per entrare o uscire dall'industria.

equilibrium interest rate: ***tasso d'interesse di equilibrio.*** È il tasso di interesse che mantiene costante il livello dei prezzi e che pareggia il livello d'investimento e il livello di risparmio inteso nel senso classico senza alcuna aggiunta di risparmio forzato.

equilibrium level of employment: ***livello di equilibrio della occupazione.*** Il livello al quale i datori di lavoro nel loro insieme non hanno alcuno stimolo o incentivo ad espandere o a contrarre l'occupazione.

equilibrium level of national income: ***livello di equilibrio del reddito nazionale.*** Lo stesso che *equilibrium national income* (v.).

equilibrium market: ***mercato in equilibrio.*** Un mercato si trova in equilibrio quando, al prezzo corrente, la quantità di beni e servizi offerta è esattamente uguale alla quantità domandata.

equilibrium market price: ***prezzo di mercato in equilibrio.*** Lo stesso che *equilibrium price* (v.).

equilibrium national income: ***reddito nazionale di equilibrio.*** È così detto il reddito nazionale che ha raggiunto un livello di equilibrio, quello cioè al quale le imprese vogliono investire e continuare a investire esattamente ciò che le famiglie vogliono risparmiare e, di conseguenza, tutti continuano a comportarsi come per il passato e il reddito nazionale non mostra alcuna tendenza verso un cambiamento.

equilibrium of firm: ***equilibrio d'impresa.*** L'equilibrio di un'impresa è raggiunto quando l'imprenditore non ha motivo di variare la propria struttura o la propria scala di produzione, in quanto la variazione della combinazione dei fattori della produzione o della quantità di beni prodotti porterebbero a utili più bassi. Si deve fare una distinzione tra equilibrio di breve e di lungo periodo. Il primo si realizza per la singola impresa quando i ricavi marginali sono uguali ai costi marginali e il costo medio variabile è uguale o inferiore al prezzo; il secondo si realizza tramite un assestamento del numero delle imprese presenti nell'industria fino al punto in cui i ricavi marginali sono uguali ai costi marginali delle singole imprese e il costo unitario totale medio è uguale o inferiore al prezzo. Si tratta, ovviamente, di equilibrio parziale e non generale. (v. anche *partial equilibrium analysis*)

equilibrium of industry: ***equilibrio d'industria.*** Il concetto è uguale a quello di equilibrio di impresa, spiegato sotto *equilibrium of firm* (v.).

equilibrium overshooting: V. spiegazione sotto *overshooting.*

equilibrium price: ***prezzo di equilibrio.*** È il prezzo al quale la quantità domandata di un bene è esattamente uguale alla quantità offerta e, pertanto, il mercato si trova in equilibrio. Si distingue un prezzo di equilibrio di breve periodo, detto anche prezzo di mercato, e un prezzo di equilibrio di lungo periodo, detto anche prezzo normale. (v. anche *normal price, market price*)

equilibrium quantity: ***quantità di equilibrio.*** La quantità comprata e venduta di un bene, al prezzo di equilibrio. (v. anche *equilibrium price*)

equilibrium rate of unemployment: ***tasso di disoccupazione di equilibrio.*** Lo stesso che *natural rate of unemployment* (v.).

equilibrium theory: ***teoria dell'equilibrio.*** Espressione usata nel linguaggio dell'economia per indicare lo stadio di un sistema economico nel suo complesso, i cui vari elementi sono rappresentati da quantità fisse e distribuiti in maniera tale che non vi è alcun motivo di natura economica che possa giustificare un rimaneggiamento o una variazione. Ciò consente di osservare gli effetti che vengono prodotti sul sistema, quando si introducono variazioni in relazione agli elementi suddetti. In base a tale teoria, si può dire che un mercato è in equilibrio quando, al prezzo corrente, la quantità offerta è esattamente uguale alla quantità domandata; un'industria è in equilibrio quando non vi sono nuove imprese che desiderano entrarvi, né imprese esistenti che desiderano uscirne; un'impresa è in equilibrio quando essa massimizza i profitti, cioè quando i costi marginali sono uguali ai ricavi marginali e non vi è alcuna ragione per aumentare o diminuire la produzione; infine, la spesa globale di un consumatore è in equilibrio quando il rapporto tra i prezzi di due qualsiasi beni acquistati è uguale al tasso marginale di sostituzione tra loro.

equi–marginal principle: ***principio della indifferenza; teoria della indifferenza.*** Nel ripartire una certa quantità di qualcosa (ad esempio, moneta) tra un dato numero di differenti usi, si assegnerà a ciascun uso una quantità tale che spostarne una parte da un uso ad un altro darà una soddisfazione uguale al sacrificio che si sostiene. A questo punto sarà indifferente, diciamo per il consumatore, ridistribuire la propria spesa.

equi–marginal returns: ***rendimenti equi–marginali.*** Sono i rendimenti derivanti da una situazione di equilibrio, che non giustifica alcuna possibile variazione dell'allocazione delle risorse. Quando si sono raggiunti rendimenti equi–marginali, si è anche raggiunto il punto di indifferenza citato sotto *equi–marginal principle* (v.).

equipment: ***attrezzatura; impianto.*** Unità di capitale fisso, di solito mobili e tali da fungere da accessori per unità più grandi quali edifici, stabilimenti, ecc. Il termine è di solito usato con un determinante, che ne specifica l'uso, come ad esempio *office equipment.*

equipment allocation: ***allocazione delle attrezzature.*** Destinazione delle attrezzature, di cui dispone un'impresa, alle varie attività che essa svolge.

equipment bonds: Nome con il quale si indicano obbligazioni, nominative o al portatore, emesse da una società allo scopo di procurarsi capitale per l'acquisto di attrezzature o impianti.

equipment committee: ***comitato per le attrezzature.*** Nell'organizzazione aziendale per comitati, è uno dei comitati che si riuniscono più di frequente. È composto da funzionari e tecnici di vario grado, dal direttore degli impianti e altri ed ha il compito di provvedere alle attrezzature dell'impresa.

equipment leasing: ***leasing di attrezzature; leasing di impianti.*** La locazione o cessione di impianti o gruppi di impianti ad un'impresa da parte di una finanziaria o di una società costruttrice, in considerazione del pagamento di una somma di denaro annua o mensile. Vi ricorre un sempre maggior numero di aziende, per i vantaggi offerti dall'operazione, per procurarsi capitali fissi, quali ad esempio aerei o computer, senza dover sostenere l'alto esborso di contanti necessario per acquistarli. Tra i vantaggi offerti dall'operazione, ricordiamo: a) l'impresa è tutelata contro il rischio di obsolescenza degli impianti e di immobilizzo di capitali; b) l'ammortamento viene fatto dalla società cedente; c) l'impresa cessionaria può diluire nel tempo l'onere finanziario delle attrezzature che riceve. Il contratto di leasing può prevedere che l'impianto diventi proprietà del cessionario quando le quote pagate raggiungono il costo dell'impianto più gli interessi. Generalmente si usa una delle seguenti tre forme di contratto: *chattel mortgage* (v.), *conditional sale* (v.) o *lease* (v.).

equipment obligation: Termine usato con lo stesso significato di *equipment trust certificate* (v.).

equipment ratio: ***rapporto di utilizzazione delle attrezzature.*** Termine usato con lo stesso significato di *equip-*

ment utilization ratio (v.).

equipment replacement: ***rinnovo delle attrezzature; sostituzione delle attrezzature.*** È il rimpiazzo di determinate attrezzature con altre. Il termine è generalmente usato per indicare la sostituzione di un bene capitale vecchio, logoro o obsoleto con un altro bene capitale, nuovo o più moderno, che svolga le stesse funzioni di quello smobilitato. Da un punto di vista contabile, il riconoscimento di un costo di sostituzione prevede l'eliminazione dai libri contabili del costo dell'attività fissa che viene sostituita.

equipment requirements: ***fabbisogno di attrezzature.*** Le necessità di un'impresa in relazione ad attrezzature o impianti da destinarsi all'attività che essa svolge.

equipment trust: Termine usato con lo stesso significato di *equipment trust certificate* (v.).

equipment trust bond: ***fede di investimento.*** Termine usato come sinonimo di *equipment trust certificate* (v.), pur se il termine *bond* viene in questo contesto usato impropriamente.

equipment trust certificate: ***fede di investimento.*** Nelle operazioni di leasing (v. *equipment leasing*) condotte da società finanziarie, è il certificato che viene rilasciato a coloro che hanno fornito capitale alla finanziaria per l'acquisto dell'impianto da noleggiare. Tali certificati, simili a certificati azionari, si riferiscono specificatamente agli impianti acquistati con il capitale che essi rappresentano, così che la proprietà dell'impianto è ben individuata ed esso non può diventare oggetto di rivendicazioni di creditori della società che lo ha in affitto. (v. anche *Philadelphia plan*)

equipment utilization: ***utilizzazione delle attrezzature.*** L'uso continuo e al massimo della capacità delle attrezzature di cui dispone un'impresa.

equipment utilization ratio: ***rapporto di utilizzazione delle attrezzature; indice di utilizzazione delle attrezzature.*** Rapporto tra la produzione effettiva calcolata in ore–macchina e il totale delle ore–macchina che costituisce la capacità globale dell'impresa.

equitable: ***relativo all'equity.*** Aggettivo usato nel linguaggio giuridico per determinare diritti o doveri riconosciuti o che possono farsi valere in base all'*equity.* (v. anche *equity 2*)

equitable assets: Nel linguaggio giuridico anglosassone, il termine indica una speciale categoria di beni facenti parte della massa ereditaria di una persona e utilizzabili soltanto per il pagamento di debiti del defunto, dopo la relativa autorizzazione di un tribunale.

equitable lien: ***privilegio generico.*** Il termine inglese indica genericamente il diritto riconosciuto a un depositario di mantenere il possesso di beni altrui, fino a quando non gli saranno state pagate o rimborsate perdite o spese da lui sostenute in relazione ai beni tenuti in custodia.

equitable mortgage: Tipo di ipoteca, prevista dal diritto anglosassone, che consiste nel dare in garanzia di un debito o gli atti di proprietà di un bene, sia esso mobile o immobile, o semplicemente una dichiarazione di ipoteca, ma senza provvedere alla relativa iscrizione nei registri ipotecari o senza concedere il possesso del bene. Nel caso in cui il debitore venga meno alle obbligazioni assunte nei confronti del creditore, quest'ultimo dovrà ricorrere ad un tribunale per poter recuperare il suo credito tramite vendita del bene oggetto di ipoteca o tramite acquisizione del bene stesso, sempre dopo l'emissione di una sentenza giudiziaria a lui favorevole. Un tipo di ipoteca del genere è quello che ha luogo quando un debitore dà in garanzia un certo numero di azioni al creditore, senza però trasferirne la proprietà, cioè senza farle registrare a nome di quest'ultimo nel registro dei soci dell'emittente. (v. anche *legal mortgage*)

equitable owner: ***beneficiario.*** Termine usato con lo stesso significato di *beneficial owner 2* (v.).

equitable tax: ***imposta equa.*** Un'imposta ritenuta equa per tutti i contribuenti. Pertanto, il termine viene usato come sinonimo di *progressive tax* (v.).

equities: ***azioni ordinarie.*** Termine spesso usato con lo stesso significato di *ordinary shares* (v.).

equity: 1. ***capitale netto; patrimonio netto.*** Il valore netto (totale delle attività meno totale delle passività) di una società posseduto dai soci, cioè il valore al quale sarebbe rimborsata ciascuna azione o quota se l'impresa venisse chiusa e le attività venissero vendute. Può essere rappresentato da quote o da azioni, per cui le azioni ordinarie vengono spesso indicate con questo termine. Nel linguaggio finanziario internazionale indica gli investimenti diretti effettuati da un paese esportatore di capitale in un paese in via di sviluppo (v. anche *direct investment*) **2.** ***equità.*** Il termine inglese indica una branca del diritto britannico e statunitense, coesistente a fianco del *common law* (v.) e dello *statute law* (v.), costituito di norme di opportunità, giustizia e onesta composizione che hanno il sopravvento quando vi siano conflitti di diritto con il *common law* o lo *statute law.*

equity annuity: ***rendita variabile.*** Lo stesso che *variable annuity* (v.).

equity appreciation certificate: È così chiamato il certificato di diritto d'opzione emesso da una società in relazione agli *unbundled stock units* (v.).

equity base: ***base di capitale proprio.*** Lo stesso che *equity–to–assets ratio* (v.).

equity capital: ***capitale netto; capitale proprio.*** Il totale dei fondi investiti in un'impresa dai suoi proprietari. In una società per azioni corrisponde al capitale rappresentato dalle azioni ordinarie. (v. anche *equity 1*)

Equity Capital for Industry: Fondo che alcune istituzioni della *City* di Londra istituirono nel 1976 per finanziare imprese produttrici piccole o medio–piccole, attraverso prestiti e partecipazioni azionarie.

equity dividend cover: ***copertura dei dividendi.*** Lo stesso che *times covered* (v.).

equity financing: ***finanziamento mediante emissione di azioni; finanziamento azionario.*** Il finanziamento di un'impresa, di un progetto, ecc., realizzato mediante investimento diretto da parte dei risparmiatori, che così diventano soci o azionisti.

equity fund: ***fondo comune d'investimento in titoli azionari.*** È il tipo tradizionale di fondo comune d'investimento, che impiega le proprie disponibilità in titoli azionari. Il termine viene usato per distinguere questo tipo di fondo da un *futures fund* (v.).

equity holding: ***partecipazione azionaria.*** Lo stesso che *shareholding* (v.), ma applicato principalmente alla partecipazione di una holding o società madre in un'altra società.

equity inter–dealer broker: ***intermediario in valori azionari.*** Nuova figura di intermediario che si è venuta a costituire sul mercato finanziario di Londra dopo la riforma della borsa valori nota come *big bang* (v.). Si tratta di un intermediario specializzato che fa da tramite fra diversi *market makers* per concludere operazioni di scambio di titoli tra loro, senza che essi vengano in contatto e quindi sulla base del più completo anonimato.

equity investment: ***investimento mobiliare; investimento azionario; investimento in titoli azionari.*** Lo stesso che *share investment* (v.).
equity issue: ***emissione azionaria.*** Lo stesso che *share issue* (v.).
equity–linked plan: ***piano di assicurazioni indicizzate.*** Il piano in base al quale le compagnie di assicurazioni emettono e vendono polizze collegate al valore e al rendimento di determinate azioni quotate in borsa.
equity–linked policy: ***polizza indicizzata.*** Tipo di polizza di assicurazione sulla vita, la cui somma è legata al rendimento di alcuni tipi di azioni ordinarie o di quote di fondi comuni d'investimento. Polizze di questo tipo sono più rischiose delle normali polizze a somma fissa, ma possono offrire una certa garanzia contro la perdita di potere d'acquisto della moneta in periodi d'inflazione. (v. anche *variable annuity*)
equity market: ***mercato azionario.*** In senso stretto, è la parte di una borsa valori nella quale si trattano azioni, distinta da quella nella quale si trattano obbligazioni e titoli di stato. In senso lato, il termine viene usato come sinonimo di mercato mobiliare.
equity market maker: Un *market maker* (v.) che opera esclusivamente sul mercato dei titoli azionari e non si occupa del mercato dei titoli a reddito fisso. Il termine è stato creato dopo la riforma del mercato finanziario londinese nota come *big bang* (v.).
equity method: ***metodo dell'adeguamento contabile.*** Adeguamento periodico degli investimenti, di una società madre in una sussidiaria, al valore contabile che risulta dai libri della sussidiaria a seguito dei valori di interscambio comuni nei rendiconti finanziari consolidati.
equity of a company: ***capitale netto di una società.*** Termine usato con lo stesso significato di *equity 1* (v.) e di *equity ownership* (v.).
equity of redemption: ***diritto di riscatto.*** Il diritto del proprietario di un bene di riscattare la proprietà ipotecata tramite pagamento della somma dovuta, dopo che è spirato il periodo entro il quale era dovuto il rimborso del prestito.
equity of statute: Termine del linguaggio giuridico con il quale si indica il principio, in materia di interpretazione di leggi parlamentari, che autorizza il giudice ad allontanarsi dall'interpretazione letterale e ad ispirarsi piuttosto alle norme di opportunità, giustizia e onesta composizione sulle quali si basa l'*equity*.
equity of taxation: ***equità dell'imposizione fiscale.*** Espressione usata con lo stesso significato di *equality of sacrifice* (v.) e *equality of taxation* (v.).
equity option: ***contratto a premio su titoli azionari.*** Lo stesso che *option 1* (v.).
equity ownership: ***proprietà; diritto di proprietà.*** La proprietà che gli azionisti vantano su una società, singolarmente o collettivamente, corrispondente al capitale versato e agli utili non distribuiti.
equity participation: ***partecipazione azionaria.*** La quantità di azioni di un'impresa detenuta da un'altra impresa o da una banca. Il termine è grosso modo sinonimo di *stake* (v.).
equity rate: ***tariffa equa.*** Nelle assicurazioni, è una tariffa adeguata a rischi maggiori o minori rispetto ai rischi medi.
equity real estate investment trust: ***fondo immobiliare.*** Lo stesso che *estate investment trust* (v.).
equity security: ***titolo di proprietà.*** È il certificato trasferibile di proprietà. Il termine si usa in relazione ad azioni di capitale o altri documenti comprovanti la proprietà.
equity share capital: ***capitale azionario ordinario.*** È il capitale azionario rappresentato soltanto dalle azioni ordinarie emesse dalla società con l'esclusione, quindi, di tutti gli altri tipi di azioni.
equity shares: ***azioni ordinarie.*** Termine spesso usato con lo stesso significato di *ordinary shares* (v.).
equity stake: ***quota di partecipazione azionaria.*** Lo stesso che *stake* (v.).
equity stub: ***diritto di partecipazione azionaria.*** Tipo di diritto di sottoscrizione usato in relazione a una *leveraged recapitalization* (v.). Viene offerto insieme a un versamento in contanti in cambio di azioni con diritto di voto della società oggetto di un'offerta di acquisto ostile e dà al portatore il diritto, per un periodo di tempo illimitato, di acquistare parte del capitale azionario della società stessa. Differisce da uno *stock option* (v.) in quanto quest'ultimo è valido soltanto per un periodo di tempo limitato e stabilisce in anticipo il prezzo dei titoli in cui può convertirsi. L'*equity stub* viene regolarmente quotato e può essere rivenduto sul mercato.
equity switching: ***modificazione di un investimento azionario.*** Lo stesso che *switching* (v.).
equity–to–assets ratio: ***rapporto attività/capitale proprio.*** Per un istituto di credito, o altra impresa, è il rapporto esistente tra il complesso delle attività presenti nel bilancio patrimoniale e il capitale sociale in circolazione.
equity trading: ***operare con capitale di prestito.*** È indicata con questa espressione la pratica di incrementare gli utili di un'impresa prendendo in prestito fondi ad un tasso di interesse inferiore al tasso di profitto che si può ricavare investendo i fondi presi a prestito nelle normali operazioni dell'impresa. Se, ad esempio, un'impresa ha un tasso di profitto del sette per cento sul capitale investito nella sua attività e tale capitale investito ammonta a dieci milioni, essa avrà un utile di settecento mila unità monetarie. Se, però, può prendere a prestito altri dieci milioni ad un tasso d'interesse del cinque per cento, il suo reddito globale sarà aumentato del due per cento, prodotto dal capitale preso in prestito. (v. anche *leverage factor 1*)
equity transaction: ***operazione di capitale.*** Qualsiasi operazione che determini una variazione del capitale netto di una società.
equity turnover: ***indice di rotazione del capitale netto.*** È rappresentato dal rapporto tra vendite di un anno e capitale proprio e indica quante volte, nel corso di un anno, viene impiegato il capitale proprio.
equity warrant: ***certificato di diritto d'opzione; certificato di diritto di sottoscrizione.*** Lo stesso che *warrant 3* (v.), pur se il termine è più spesso usato in relazione a *warrants* annessi a prestiti obbligazionari, che danno al portatore il diritto di sottoscrivere azioni dell'emittente a un prezzo prestabilito nell'arco di un determinato periodo di tempo.
equity–warrant bonds: ***obbligazioni con warrant; obbligazioni con diritto di sottoscrizione.*** Lo stesso che *warrant bonds* (v.).
equivalent bond yield: ***rendimento equivalente.*** Nel linguaggio finanziario statunitense, questa espressione indica una misura idonea ad esprimere il rendimento annuo reale di titoli a breve termine che non fruttano un interesse nominale, ma vengono venduti ad un determinato tasso di sconto e, pertanto, sotto la pari. Tale indice viene usato per paragonare il rendimento reale dei buoni

del tesoro con il rendimento di altri tipi di titoli a reddito fisso.

equivalent substitution: ***sostituzione equivalente; sostituzione di equivalenti.*** La sostituzione di un bene con un altro la cui utilità risulta, per il consumatore, più o meno equivalente a quella del primo. In tal caso si dice che i diversi beni sono equivalenti o succedanei.

ERA: effective rate of assistance.

erection all risks policy: ***polizza contro tutti i rischi del montaggio industriale.*** La polizza che rappresenta il contratto di assicurazione descritto sotto *engineering insurance* (v.).

ergonometrics: ***ergometria.*** La misurazione scientifica del lavoro svolto da un uomo in una fabbrica, in una miniera o altro posto di lavoro.

ergonomics: ***ergonomia.*** Disciplina scientifica che studia i problemi relativi al lavoro umano e all'utilizzazione ottimale delle macchine, con l'obiettivo di aumentare l'efficienza di un'impresa. L'ergonomia si serve anche delle ricerche e dei risultati di altre discipline, quali la medicina, la psicologia, la sociologia, la fisiologia ed altre.

ERI: exchange rate index.

ERISA: Employee Retirement Income Security Act.

ERM: exchange rate mechanism.

E.R.P.: European Recovery Program.

error above the true figure: ***errore per eccesso.*** Errore di calcolo, che porta ad esprimere un valore superiore a quello esatto.

error below the true figure: ***errore per difetto.*** Errore di calcolo, che porta ad esprimere un valore inferiore a quello esatto.

error in computation: ***errore di calcolo.*** Errore che, di norma, non ha rilevanza e dà luogo a pura e semplice rettifica.

error of first kind: ***errore di primo tipo.*** Nel linguaggio della statistica, è l'errore che si commette quando si rifiuta un'ipotesi che dovrebbe, invece, essere accettata.

error of law: ***errore di diritto.*** Nel linguaggio giuridico, indica la falsa rappresentazione di una norma, che produce l'annullamento quando essa sia stata la principale o unica ragione della determinazione di un contratto.

error of sampling: ***errore di campionamento.*** V. spiegazione sotto *sampling error.*

error of second kind: ***errore di secondo tipo.*** Nel linguaggio della statistica, è l'errore che si commette quando si accetta un'ipotesi che dovrebbe, invece, essere rifiutata.

errors and omissions excepted: ***salvo errori ed omissioni.*** Scritto in forma abbreviata (*e.&.o.e.*, in italiano s.e.&.o.) in calce ad una fattura, un rendiconto e simili, indica che ci si riserva il diritto di correggere errori o omissioni se verranno scoperti in futuro.

ERTA: Economic Recovery Tax Act.

escalation clause: ***clausola dell'adeguamento monetario automatico; clausola d'indicizzazione; clausola di correzione monetaria; clausola della scala mobile.*** Lo stesso che *escalator clause* (v.).

escalation price: ***prezzo ad adeguamento automatico; prezzo indicizzato.*** Tipo di prezzo, stabilito generalmente in un contratto d'appalto, suscettibile di variazioni in aumento se si verificano le eventualità determinate, quali ad esempio l'aumento del costo del lavoro o l'aumento dell'indice del costo della vita. (v. anche *indexation, monetary correction, escalator clause*)

escalation–price contract: ***contratto a prezzo indicizzato.*** Un contratto che prevede un determinato prezzo per la fornitura di beni o servizi, ma che contiene la cosiddetta *escalator clause* (v.) e contempla pertanto la possibilità che il prezzo concordato subisca modifiche nel corso dell'esistenza del contratto stesso.

escalator: ***scala mobile.*** Termine usato nel linguaggio economico per indicare un meccanismo in grado di adeguare automaticamente determinati valori in base all'aumento dei prezzi in un periodo caratterizzato da tensioni inflazionistiche. Fin dagli anni sessanta nel Regno Unito vengono usate, in relazione a contratti di mutuo di lunga durata o di contratti di leasing, clausole di indicizzazione che tutelano il mutuante contro la perdita di potere d'acquisto della moneta. Meccanismi di indicizzazione, più o meno simili a quelli in uso nel nostro paese, sono stati inseriti anche nei contratti di lavoro britannici e statunitensi.

escalator bonds: ***obbligazioni indicizzate.*** V. spiegazione sotto *index–linked securities.*

escalator clause: ***clausola dell'adeguamento monetario automatico; clausola d'indicizzazione; clausola di correzione monetaria; clausola della scala mobile.*** Clausola inserita in un accordo al fine di stabilire l'adeguamento automatico di un prezzo o di un costo in relazione ad un indice o evento prestabiliti. In un accordo sindacale, è tale la clausola che stabilisce l'automatismo degli aumenti salariali in base all'indice del costo della vita, mentre in un contratto di vendita o di appalto potrebbe indicare un aumento del prezzo contrattuale qualora si verificasse un aumento dei costi di produzione. (v. anche *escalation price, indexation, monetary correction*)

escapable costs: ***costi discrezionali.*** Lo stesso che *avoidable costs* (v.).

escape clause: **1.** ***clausola di recesso; clausola di storno.*** È la clausola che consente ad una delle parti contraenti di recedere dal contratto o di modificare la prestazione. **2.** Nella legge sulle tariffe doganali statunitensi, è l'articolo che consente al Presidente di ricorrere a contingentamenti o altre misure per frenare l'importazione di beni che danneggi i produttori nazionali. La stessa clausola è contenuta nel GATT (art. 19) e prevede che il livello di protezione a favore di un'industria nazionale possa essere elevato se l'aumento delle importazioni causa o minaccia di causare seri danni a quell'industria nazionale.

escape period: ***periodo di recesso.*** Negli accordi sindacali in base ai quali il lavoratore ha l'obbligo di continuare a far parte del sindacato, è il periodo durante il quale egli può dimettersi. Tale periodo si identifica con l'ultimo mese di un contratto di lavoro, ma può estendersi fino all'entrata in vigore del successivo contratto. (v. anche *maintenance of membership*)

Esch–Cummins Act: Legge, approvata dal Congresso degli Stati Uniti nel 1920, che stabiliva la divisione del paese in zone ai fini dell'applicazione delle tariffe di trasporto e la determinazione di tariffe tali da consentire un equo ricavo per tutte le società ferroviarie in ciascuna di queste zone. La legge stabilì anche norme relative all'utilizzazione dei redditi delle società ferroviarie che eccedessero l'equo ricavo e norme relative alla valutazione delle attività di tali società.

escheat: ***incameramento; successione dello stato.*** La devoluzione allo stato di beni appartenenti a privati, quando questi muoiono senza lasciare testamento e senza eredi.

escrow: Termine del linguaggio giuridico anglosassone, con il quale si indica un accordo o un atto che coinvolge tre parti diverse. La terza parte è responsabile della custodia dell'atto o equivalente, che non acquista validità giuridica fino a quando la parte che riceve un beneficio dall'esecuzione di tale atto non compie determinate prestazioni. Ad esempio, il termine può adattarsi al deposito in banca di una determinata somma di denaro da parte dell'acquirente di un immobile, con l'intesa che tale somma diventerà di proprietà del venditore nel momento in cui il compratore entrerà in possesso del titolo di proprietà dell'immobile in questione.

escrow account: ***conto presso terzi; deposito presso terzi.*** Somma di denaro temporaneamente custodita da un terzo, in attesa che una delle due parti esegua la prestazione promessa alla parte che ha effettuato il deposito. Al verificarsi di ciò, la somma sarà consegnata alla parte cui compete.

escudo: Unità monetaria del Portogallo, suddivisa in cento centavos, e del Cile, suddivisa in cento centesimos.

ESOMAR: European Society for Opinion and Market Research.

E.S.R.O.: European Space Research Organization.

essence of a contract: ***condizione essenziale di un contratto.*** Nel linguaggio giuridico, il termine inglese indica la causa principale ed essenziale di un contratto, venendo a cadere la quale almeno una delle parti non ha più alcun interesse all'esecuzione del contratto stesso.

essential industry: ***industria essenziale.*** Durante la seconda guerra mondiale, negli Stati Uniti si indicavano con questo termine le industrie considerate indispensabili per il favorevole proseguimento dello sforzo bellico.

essentials: ***beni essenziali.*** Beni indispensabili alla sopravvivenza di un essere umano.

essential work orders: ***commesse essenziali.*** Usate in tempo di crisi o di impegno bellico, hanno lo scopo di garantire che l'intera forza lavoro venga occupata in differenti settori, il che consente di trarre il massimo vantaggio da un punto di vista economico.

to establish: 1. ***fondare.*** Istituire in forma permanente un'impresa o altra organizzazione. **2.** ***stabilire; fissare; decidere.*** Determinare una certa linea di politica o dei piani in relazione alla conduzione di un'impresa.

established brand: ***marca affermata.*** Un prodotto o una marca che godono di notevole popolarità e di preferenza da parte dei consumatori e pertanto hanno un'alta quota di mercato.

established customers: ***clienti abituali; clienti fissi; vecchi clienti.*** Il termine inglese indica i clienti di un negozio o di un'impresa, che hanno acquisito la consuetudine di effettuare i loro acquisti o di approvvigionarsi costantemente dallo stesso rivenditore o produttore.

establishment: 1. ***stabilimento; unità produttiva.*** Un impianto produttivo, o gruppo di impianti, sotto la stessa gestione, ubicati in una singola area geografica e impegnati in un insieme di processi produttivi correlati. Di solito dispone di punti di ricezione e spedizione merci, collegamenti stradali e ferroviari, depositi, ecc., e può essere costituito da uno o più capannoni industriali. Costituisce un tipo di *economic unit* (v.) ed è di solito una *accounting unit 1* (v.). **2.** ***sistema.*** Il gruppo o le istituzioni che governano un paese o il gruppo di persone che dirige una qualsiasi istituzione, compresa l'azienda. **3.** ***fondazione; costituzione; istituzione.*** L'atto di fondare o costituire un'impresa o altra organizzazione.

establishment charges: ***spese di stabilimento.*** Sono le spese comuni, che vanno ripartite tra i vari reparti di uno stabilimento.

estate: 1. ***patrimonio.*** Il complesso di beni, mobili e immobili, di proprietà di una persona fisica o giuridica. **2.** ***proprietà; tenuta.*** Un vasto possedimento, composto di più appezzamenti di terreno che costituiscono un'unica proprietà. Lo stesso termine viene usato per indicare un'area di terra che è stata lottizzata e sulla quale sono stati edificati immobili destinati ad appartamenti privati, ad uffici o ad insediamenti industriali.

estate agency: ***agenzia immobiliare.*** La struttura in cui opera un *estate agent* (v.).

estate agent: ***agente immobiliare.*** Persona fisica o giuridica la cui attività consiste nella compravendita di beni immobili per conto di terzi. Generalmente l'agente immobiliare non acquista e vende in proprio, ma si limita a fare incontrare la domanda e l'offerta, in considerazione del versamento di una commissione percentuale sul valore globale del bene oggetto di compravendita. Nei paesi anglosassoni, l'agente immobiliare, sempre in considerazione del pagamento di una commissione, si interessa anche di altri servizi, quali prendere e dare in locazione terreni e edifici o appartamenti per conto di terzi, amministrare immobili locati, incassare i canoni di locazione, eseguire valutazioni e perizie di immobili.

Estate Duties Investment Trust Ltd.: Società fondata nel Regno Unito nel 1953, conosciuta con la sigla E.D.I.T.H., da alcune compagnie di assicurazioni e da fondi comuni d'investimento, allo scopo di prestare assistenza in materia di imposte patrimoniali a piccole ma solide aziende, tramite l'acquisto di loro azioni garantendo la non ingerenza nella gestione dell'impresa. Tali acquisti di azioni mettono in grado le piccole aziende, di solito a conduzione familiare, di pagare le imposte di successione senza dover ricorrere a pesanti indebitamenti o a massicce vendite. La EDITH è una sussidiaria della *Industrial and Commercial Finance Corporation* (v.).

estate duty: ***imposta sulle successioni; imposta di successione.*** Nel Regno Unito colpiva il valore del patrimonio del *de cuius* se esso superava l'ammontare di cinquemila sterline. Era un'imposta progressiva che, partendo dall'1% sui patrimoni dalle cinque alle seimila sterline, arrivava all'80% su patrimoni del valore superiore a un milione di sterline. Nel 1975 è stata sostituita dall'imposta sui trasferimenti di capitale, che prevede l'esenzione per patrimoni fino alle cinquantamila sterline e un'imposizione progressiva che va dal 15% su patrimoni dalle cinquanta alle sessanta mila sterline per donazioni e 30% per successioni, fino al 50% e al 75%, rispettivamente per donazioni e successioni, sulla porzione di patrimonio che supera i 2,1 milioni di sterline. Scopo di tale differenziazione era quello di tentare di ridurre le sperequazioni di reddito. (v. anche *capital trasfer tax, inequality of incomes*)

estate income: ***reddito patrimoniale.*** Termine del linguaggio tributario statunitense, usato per indicare il reddito, o la rendita, derivante da un patrimonio, determinato a fini fiscali in occasione del trasferimento del patrimonio per testamento o per vendita.

estate investment trust: ***fondo immobiliare.*** Un tipo di fondo comune statunitense che investe la maggior parte delle proprie attività in acquisti o finanziamenti diretti di proprietà immobiliari. (v. anche *real estate investment trust*)

estate manager: ***amministratore di una proprietà.*** Persona impiegata da un proprietario di beni immobili, affinché provveda a dare in fitto terre e appartamenti o case, a riscuotere i relativi canoni di locazione, a mantenere l'apposita contabilità e a far rendere la proprietà il più possibile.

estate owner: ***proprietario immobiliare.*** Chiunque possegga beni immobili, ma in particolare chi possiede un vasto patrimonio immobiliare o una tenuta. (v. anche *estate 2*)

estate tax: ***imposta sulle successioni; imposta di successione.*** È l'imposta riscossa dal governo federale degli Stati Uniti sulle successioni. Si basa sul valore del patrimonio trasmesso, senza tener conto del numero degli eredi o del loro grado di parentela col de cuius. L'aliquota può arrivare fino al 77% su patrimoni di valore superiore ai dieci milioni di dollari. (v. anche *inheritance tax*)

estate tax anticipation bonds: Lo stesso che *flower bonds* (v.).

estimate: 1. ***preventivo.*** Dichiarazione scritta del prezzo al quale un'impresa è disposta ad assumere un appalto. Il preventivo è generalmente flessibile, in quanto suscettibile di variazioni col variare dei costi dell'impresa appaltante. **2.** ***previsione di spesa.*** Documento presentato dal governo al parlamento per la concessione di stanziamenti per un particolare servizio o progetto. In questo significato, il termine inglese è di solito usato al plurale. **3.** ***stima.*** L'operazione o l'insieme delle operazioni mediante le quali si giunge a determinare il valore di un bene o servizio.

estimated cost: ***costo stimato; costo preventivo.*** Il costo previsto per la produzione o l'acquisto di un bene, calcolato sulla scorta delle informazioni disponibili al momento e comunque prima dell'effettiva produzione o dell'acquisto.

estimated–cost system: ***sistema di contabilità a costi stimati; sistema dei costi stimati.*** Sistema di contabilità che in alcune aziende sostituisce tutta la contabilità dei costi in quanto, per alcune sue caratteristiche di semplicità, offre una vantaggiosa alternativa a sistemi più complessi ed elaborati. Viene usato, generalmente, da piccole aziende che si concentrano su un unico processo produttivo e non sono suddivise in reparti, così che una sola persona esperta è in grado di tenere la contabilità, che si basa sulle tre componenti fondamentali costituite da materiali, manodopera e spese generali. L'intero sistema è basato su previsioni di costi, sulla scorta dell'esperienza pregressa.

estimated expenditure: ***uscite previste; spese previste.*** Nel linguaggio della contabilità, è la cifra prevista cui si ritiene che ammonteranno le spese che uno stato, un'impresa o un'altra organizzazione si aspetta di dover effettuare nell'arco di un determinato periodo di tempo, coperto da un bilancio preventivo.

estimated income: ***reddito previsto.*** Termine usato con lo stesso significato di *estimated revenue* (v.).

estimated price: ***prezzo stimato; prezzo variabile; prezzo di preventivo.*** È il prezzo di un bene o servizio indicato in un preventivo, che potrà tuttavia subire variazioni in aumento o in diminuzione.

estimated revenue: ***entrate previste.*** Nel linguaggio della contabilità, è la cifra prevista cui si ritiene che ammonteranno le entrate che uno stato, un'impresa o un'altra organizzazione si aspetta di realizzare in un determinato periodo di tempo, coperto da un bilancio preventivo.

estimated sales: ***vendite previste; vendite stimate.*** Il volume complessivo di vendite che un'impresa ritiene di poter realizzare nell'arco di tempo coperto da un preventivo delle vendite. (v. anche *sales budget*)

estimated tare: ***tara presunta.*** Si ha quando l'imballaggio non viene effettivamente pesato separatamente in quanto, essendo di dimensioni simili ad altri che sono stati pesati, si presume che abbia anche lo stesso peso.

estimated value: ***valore stimato; valore approssimativo.*** È il valore di un bene o servizio determinato in base ad una stima e, pertanto, non necessariamente preciso. (v. anche *estimate 3*)

estimate of cash requirements: ***previsione del fabbisogno di cassa.*** Preventivo del contante necessario ad un'impresa per far fronte, nell'arco di un determinato periodo di tempo, alle spese correnti e alle spese in conto capitale.

estimate of costs: ***stima dei costi.*** È il procedimento mediante il quale si giunge a determinare i costi preventivi di un'impresa, in particolare di quelle che usano il sistema di contabilità a costi stimati. (v. anche *estimated–cost system*)

estimate of expenditure: ***previsione di spesa.*** Nel linguaggio della contabilità, è la stima più o meno precisa delle uscite che dovranno essere sostenute da uno stato, un'impresa o un'altra organizzazione nell'arco di un determinato periodo di tempo, coperto da un bilancio di previsione.

estimate of revenue: ***previsione di entrate.*** Nel linguaggio della contabilità, è la stima più o meno precisa delle entrate che saranno realizzate da uno stato, da un'impresa o da un'altra organizzazione nell'arco di un determinato periodo di tempo, coperto da un bilancio di previsione.

estimating–cost system: ***sistema di contabilità a costi stimati; sistema dei costi stimati.*** Termine usato come sinonimo di *estimated–cost system* (v.).

estimator: ***valutatore.*** Persona addetta alla preparazione di preventivi o alla stima dei costi di produzione, specialmente nelle imprese che usano il sistema di contabilità a costi stimati. (v. anche *estimated–cost system*)

estoppel: ***preclusione.*** È la norma giuridica relativa alla prova, che impedisce ad una persona di sostenere che una sua precedente dichiarazione, con la quale affermava la veridicità di un fatto, non risponde a verità o che un fatto di cui aveva negato la veridicità risponde a verità.

et. al.: and others.

ethical goods: Espressione del linguaggio della pubblicità, usata per indicare prodotti che vengono reclamizzati soltanto in riviste o pubblicazioni mediche specializzate. Si tratta, quindi, essenzialmente di prodotti farmaceutici o sanitari.

et. seq.: and the following.

E.T.U.: Electrical Trades Union.

EUA: European unit of account.

Euler theorem: ***teorema di Eulero.*** Applicato dagli economisti all'analisi della produzione e della distribuzione, semplifica le ipotesi del modo in cui si possono combinare i fattori produttivi per produrre un bene. Se la produzione è una funzione omogenea lineare, tale che un uguale aumento percentuale di tutti i fattori dà come risultato lo stesso aumento percentuale della produzione, allora se a ciascun fattore viene pagato il suo prodotto marginale, il prodotto totale sarà uguale ai rendimenti totali di ciascun fattore. (v. anche *constant returns to scale*)

Eurailpass: Nome con il quale si indica un biglietto che consente ad un turista di viaggiare liberamente su tutte le linee ferroviarie della maggior parte dei paesi dell'Europa continentale.

EURATOM: European Atomic Energy Community.

EURCO: European composite (currency) unit.

Eurobond market: ***mercato delle eurobbligazioni.*** È il mercato europeo dei capitali a lungo termine. Si tratta di un mercato internazionale nel quale si possono lanciare prestiti obbligazionari di notevole entità in eurovalute, cioè valute disponibili fuori dei loro paesi di origine, sotto forma di depositi bancari in paesi esteri. La valuta più ampiamente usata su questo mercato è l'eurodollaro, ma hanno anche una parte di rilievo rispettivamente il marco tedesco, il fiorino, il franco svizzero, lo yen giapponese e varie valute arabe. Nel mercato delle eurobbligazioni, le banche fungono da intermediari tra mutuatari di prim'ordine (multinazionali, enti statali di vari paesi e banche) e mutuanti di prim'ordine, particolarmente paesi dell'Opec, ma anche banche, società di assicurazioni e privati. Il mercato delle eurobbligazioni ha svolto un ruolo di primo piano nel riciclaggio degli alti proventi dei paesi esportatori di petrolio, fornendo mezzi finanziari specialmente ai paesi in via di sviluppo. Ciò ha rappresentato un'opera meritoria, ma oggi molte banche si trovano ad avere forti crediti nei confronti di paesi politicamente ed economicamente molto instabili. Nel primo anno di attività, il 1970, il mercato trattò prestiti per tre miliardi di dollari, che erano diventati quattordici nel 1978, con ulteriori incrementi del venticinque per cento annuo nei due anni successivi. In una sola settimana del 1980, il mercato assorbì eurobbligazioni per ben 425 milioni di dollari.

eurobonds: ***eurobbligazioni.*** Obbligazioni emesse da imprese, grosse organizzazioni internazionali ed enti pubblici e quotate sui principali mercati europei. Sono titoli al portatore, generalmente a reddito fisso, offerti ai cittadini di paesi diversi da quelli in cui ha corso legale la valuta in cui sono emesse queste obbligazioni. L'emissione avviene tramite consorzi di banche o sindacati di collocamento titoli, sul mercato delle eurobbligazioni. (v. anche *Eurobond market*)

eurocapital: ***eurocapitale.*** Capitale che si muove nell'ambito della Comunità Economica Europea o che viene procurato sui mercati dei capitali dei paesi della Comunità, da parte delle banche commerciali inglesi.

eurocapital market: ***mercato degli eurocapitali.*** È quella parte dell'euromercato sulla quale si svolgono le operazioni relative al collocamento di eurocapitali, soprattutto in forma di eurobbligazioni, a medio e lungo termine, cioè con durata superiore ai diciotto mesi.

eurocard: Una carta di credito valida a livello europeo.

eurocheque: ***eurassegno.*** È una carta di credito che consente di acquistare beni e servizi nei paesi europei che l'accettano. In seguito ad una convenzione tra alcuni stati europei, tra i quali l'Italia e il Regno Unito, è così chiamato anche un assegno che, garantito da una carta assegni, può essere incassato presso una qualsiasi banca dei paesi che hanno sottoscritto la convenzione.

Euroclear: È un sistema internazionale, con sede amministrativa a Zurigo, usato da banche e operatori per il deposito globale e il trasferimento di valori mobiliari, principalmente eurobbligazioni, mediante semplici registrazioni contabili.

eurocommercial paper: Il termine inglese indica carta commerciale trattata sugli euromercati nella stessa maniera delle eurovalute. La vendita di questi titoli generalmente consente all'emittente di tagliar fuori l'intermediazione della banca, realizzando la cosiddetta disintermediazione e procurandosi capitale di prestito a breve termine a costi molto ridotti.

euroconvertibles: ***eurobbligazioni convertibili.*** Tipo di obbligazioni emesse in eurovalute e convertibili in azioni della società emittente.

Eurocoop: Organizzazione formata dalle cooperative di consumo operanti nell'ambito della Comunità Economica Europea.

eurocracy: ***eurocrazia.*** Termine di recente formazione, con il quale si indicano collettivamente tutti i funzionari di alto grado che svolgono le loro funzioni in seno agli organismi comunitari.

eurocrat: ***eurocrate.*** Nome con il quale si designano funzionari che occupano posti di rilievo in un organismo della Comunità Economica Europea.

eurocredit: ***eurocredito.*** Credito internazionale a medio termine in un'eurovaluta, di solito negoziato mediante l'intermediazione di un consorzio di banche. Tali crediti vengono di norma concessi per un periodo di tempo fisso, ad un determinato tasso base.

euro–currency: ***euromoneta; eurovaluta; eurodivisa.*** In senso stretto, indica le valute dei paesi europei, oggetto di trasferimento a breve termine sulle principali piazze europee e quindi qualsiasi valuta europea o extraeuropea detenuta o trattata al di fuori del paese in cui essa circola come valuta nazionale. In senso lato, indica le valute estere, principalmente l'eurodollaro, oggetto di trasferimento sull'euromercato. (v. anche *Eurobond market, euro–currency market*)

euro–currency deposits: ***depositi in eurovalute.*** I depositi, accettati dalle banche, in valute diverse da quella locale. Sia la banca che li accetta, che i titolari di questi depositi sono al di fuori del controllo della banca centrale che ha emesso la valuta oggetto del deposito.

euro–currency interest rates: ***tassi d'interesse delle eurovalute.*** I tassi d'interesse riconosciuti su depositi in eurovalute e richiesti su prestiti in eurovalute. In assenza di controlli sui cambi, questi tassi d'interesse devono essere competitivi rispetto a quelli praticati nel paese in cui circola la singola valuta, altrimenti si verifica il rimpatrio di questi eurofondi, attratti dai più appetibili tassi d'interesse nazionali. In presenza di controlli sui cambi, invece, i tassi d'interesse sugli euromercati e quelli nazionali possono essere molto diversi.

euro–currency loans: ***prestiti in eurovalute.*** Sono i prestiti, concessi dalle banche che accettano depositi in eurovalute, in valute diverse da quella locale.

euro–currency market: ***mercato delle eurovalute.*** Nel linguaggio finanziario internazionale, indica un mercato nel quale si trattano eurovalute o un mercato valutario con sede in uno dei paesi dell'Europa occidentale. Il mercato delle eurovalute è costituito principalmente da istituti bancari che prestano valute estere acquisite in un modo qualsiasi, spesso accettando depositi da clienti stranieri. Tra questi depositi, hanno un ruolo importante i petrodollari, provenienti dai paesi dell'Opec e da altri paesi produttori ed esportatori di petrolio, che vengono mutuati o a tasso fisso o a tasso variabile. (v. anche *fixed–rate loans, floating rate loans*)

euro–currency rates: ***corsi delle eurovalute.*** Vengono indicati con questo termine i corsi di cambio, ossia i prezzi, delle valute al di fuori della giurisdizione delle rispettive banche centrali.

eurodollar bond: ***obbligazione in eurodollari.*** Obbligazione in relazione alla quale gli interessi e la somma capitale sono pagati in eurodollari.

eurodollar certificate of deposit: ***certificato di deposito in eurodollari.*** Certificato di deposito emesso da banche al di fuori degli Stati Uniti, che prevede il pagamento di interessi e il rimborso della somma capitale in dollari. Tali certificati sono di taglio minimo di centomila dollari e hanno scadenze inferiori ai due anni.

eurodollar deposit: ***deposito in eurodollari.*** Un deposito in dollari, quasi sempre del tipo a tempo, tenuto presso una banca al di fuori del territorio degli Stati Uniti.

eurodollar market: ***mercato dell'eurodollaro.*** Venne così chiamato, dalla fine del 1958, il mercato valutario europeo nel quale si trattava principalmente il cosidetto eurodollaro, dopo il ritorno dei paesi europei alla convertibilità esterna. Successivamente, però, si parlò di mercato delle eurodivise, quando si cominciarono a trattare anche le valute europee. Oggi, il mercato dell'eurodollaro comprende anche i paesi dell'Opec e il Giappone.

eurodollars: ***eurodollari.*** Dal 1957, la moneta statunitense non fu più valuta scarsa in Europa e i saldi in dollari posseduti da cittadini, imprese o banche non statunitensi e negoziati in Europa assunsero questo nome. Gli eurodollari sono usati come mezzo di pagamento in luogo delle monete nazionali, per finanziamenti e per prestiti a organismi internazionali.

euro–equities: ***euroazioni.*** Sono indicate con questo neologismo, formato sul modello di *eurobonds*, le azioni ordinarie di grosse società, che vengono emesse e trattate in notevoli quantitativi nei mercati azionari di paesi diversi da quelli in cui le imprese hanno la loro sede sociale.

euro–equity market: ***mercato delle euroazioni.*** Neologismo con il quale si indica il mercato internazionale nel quale si trattano azioni di grosse società, al di fuori del paese in cui esse hanno la loro sede sociale.

Eurofer: Termine con il quale si indica il cartello dell'acciaio della Comunità Economica Europea, ufficialmente costituito alla fine del 1976. L'Eurofer è gestito da un consiglio di quindici rappresentanti, eletti dalle associazioni dei produttori di acciaio della Comunità, questi ultimi divisi in trenta gruppi a ciascuno dei quali l'Eurofer assegna una determinata quota di produzione.

eurofunds: ***eurofondi.*** Fondi disponibili sui mercati dei capitali europei.

euromarket: ***euromercato.*** 1) Il mercato finanziario e monetario internazionale sul quale si trattano eurodivise, inclusi gli eurodollari, ed eurobbligazioni. 2) Nome col quale a volte si indica il mercato comune europeo.

Euromart: Nome con il quale a volte si indica il mercato comune europeo. (v. anche *European Economic Community*)

euromerger: ***eurofusione.*** Il termine, che indica la fusione di imprese europee, fu usato quando si considerava la fusione della Pirelli e della Dunlop.

euromoney: ***euromoneta; eurovaluta; eurodivisa.*** Termine usato come sinonimo di *euro–currency* (v.).

euromoney market: ***euromercato monetario.*** È quella parte dell'euromercato sulla quale si svolgono le operazioni relative al collocamento di eurocapitali, soprattutto in forma di depositi vincolati, a breve e medio termine, cioè con durata non superiore ai diciotto mesi.

European Advisory Committee: Comitato formato da varie banche europee, tra cui la Midland Bank, la Deutsche Bank, la Amsterdam–Rotterdam Bank.

European Agricultural Guidance and Guarantee Fund: ***Fondo europeo di orientamento e garanzia per l'agricoltura.*** Ente istituito dalla Comunità Economica Europea nell'aprile del 1962 per il finanziamento della politica agricola comunitaria. Nel febbraio del 1964, è stato suddiviso in due sezioni, una relativa alla garanzia e l'altra all'orientamento. La prima finanzia le spese relative agli interventi sul mercato interno, ai sussidi delle esportazioni di eccedenze verso paesi terzi e alle restituzioni. La seconda finanzia i cambiamenti strutturali e cioè il miglioramento, l'adattamento e l'orientamento della produzione agricola. Le risorse finanziarie del Fondo provengono da due fonti: un contributo al suo bilancio da parte di tutti gli stati membri secondo i rapporti indicati nel Trattato di Roma; un contributo basato sul livello delle importazioni di prodotti agricoli provenienti da paesi terzi e derivante dai dazi d'importazione imposti su tali prodotti.

European agricultural market: ***mercato agricolo europeo.*** Il mercato comune dei prodotti agricoli costituito dai paesi che fanno parte della Comunità Economica Europea. Secondo alcuni autori, questo mercato arreca alla Comunità più danni che benefici, in quanto assorbe gran parte del bilancio comunitario, che non è così disponibile per altre iniziative più importanti per il futuro dell'Europa.

European agricultural policy: ***politica agricola europea.*** Lo stesso che *common agricultural policy* (v.).

European Atomic Energy Community: ***Comunità europea dell'energia atomica.*** Fu creata dal Trattato di Roma del 1957, che fondò la Comunità Economica Europea. Suo compito è quello di favorire il rapido incremento dell'industria nucleare per lo sfruttamento pacifico dell'energia nucleare, con l'obiettivo di elevare il tenore di vita dei paesi membri e favorire gli scambi, in questo settore, con altri paesi.

European Banks International Company: Gruppo di banche europee, costituito nel 1970. Comprende, tra le altre, la Banca Commerciale Italiana e la Midland Bank.

European Coal and Steel Community: ***Comunità europea del carbone e dell'acciaio.*** Organismo creato nel 1951 con responsabilità e poteri in materia di produzione, distribuzione e fissazione dei prezzi di carbone, coke, ligniti, minerali e rottami di ferro, manganese e acciaio. In questo campo, la CECA ha poteri reali e le sue decisioni hanno efficacia, anche contro la volontà di uno stato membro, nei rispetti delle singole legislazioni nazionali.

European Commission: ***Commissione delle comunità europee.*** Dal 1° luglio 1967, data di entrata in vigore del trattato dell'8 aprile 1966 che dispone in materia di fusione degli esecutivi comunitari, la Commissione delle comunità europee è l'organo esecutivo singolo che ha sostituito i tre corrispondenti organi che, fino al 30 giugno 1967, erano responsabili della Comunità europea del carbone e dell'acciaio, dell'Euratom e del Mercato comune. La Commissione ha tre funzioni principali: a) preparare e sottoporre nuove politiche al Consiglio dei ministri; b) emettere norme, derivanti da decisioni del Consiglio dei ministri, che abbiano valore in tutta la Comunità; c) gestire la politica agricola comunitaria.

European Common Market: ***mercato comune europeo.*** Nome con il quale comunemente si indica la Comunità Economica Europea. (v. anche *European Economic Community*)

European Communities law: ***diritto comunitario.*** Lo stesso che *community law* (v.).

European composite currency unit: ***unità monetaria europea composita.*** Termine con il quale si indica un'unità di conto del settore privato, basata sulle valute europee. Fu usata per la prima volta nel 1973 e comprendeva anche la sterlina britannica.

European composite unit: ***unità monetaria europea***

composita. Termine usato come sinonimo di *European composite currency unit* (v.).

European Co-operation Administration: ***Ente per la cooperazione europea.*** L'ente che negli Stati Uniti gestiva il programma per la ripresa economica europea, noto anche come Piano Marshall, subito dopo la fine della seconda guerra mondiale.

European Council: ***Consiglio dei ministri europeo.*** È l'organo della Comunità Economica Europea dotato di potere decisionale. È composto di un rappresentante di ciascun paese membro e prende decisioni su proposte formulate dalla Commissione delle comunità europee. (v. anche *European Commission*)

European Court of Justice: ***Corte di giustizia europea.*** È la corte di giustizia competente a decidere sulle controversie tra gli stati membri della Comunità Economica Europea, sulle interpretazioni del Trattato di Roma e sulla validità degli atti emessi dagli organi comunitari.

European currency unit: ***unità monetaria europea; scudo europeo.*** È il nome dato all'unità di conto che rappresenta il punto centrale del Sistema monetario europeo. Fu creata il 13 marzo del 1979 ed il suo valore equivale al valore di un paniere di monete di stati europei, divise per quote che tengono conto della media quinquennale del prodotto nazionale lordo e del commercio intraeuropeo di ciascuno degli stati membri dello SME. In base al trattato che istituì il Sistema monetario europeo, l'ECU avrebbe dovuto diventare l'effettivo mezzo di regolamento tra le autorità monetarie della Comunità, così diventando anche una moneta da riserva a fianco del dollaro statunitense. Ciò, però, non si è ancora realizzato.

European depositary receipt: ***polizza di deposito europeo; ricevuta di deposito europeo.*** Simile alla *American depositary receipt* (v.), ma emessa da banche europee. (v. anche *depositary receipt*)

European development fund: ***fondo europeo per lo sviluppo.*** Fondo costituito dai paesi membri della Comunità Economica Europea e destinato a promuovere lo sviluppo dei paesi associati e dei paesi d'oltremare.

European Economic Community: ***Comunità Economica Europea.*** Fu creata col Trattato di Roma (1957) da sei stati, cui in seguito se ne sono aggiunti altri, come zona di unione doganale e di integrazione economica. Il primo di questi obiettivi fu realizzato nel 1968, mediante la graduale abolizione dei dazi doganali tra i paesi membri e l'adozione di una tariffa comune nei confronti dei paesi terzi; il secondo è stato realizzato mediante: la libera circolazione di beni, servizi, capitali e lavoro nell'ambito della Comunità; l'armonizzazione delle singole legislazioni economiche; l'adozione di politiche comuni nel settore agricolo ed in quello dei trasporti; la creazione di nuove risorse mediante lo sviluppo di aree depresse e l'impiego della manodopera inutilizzata. Il Trattato di Roma, tuttavia, è da molti visto come uno strumento politico per la futura unificazione dell'Europa, nella cui direzione si registrano spinte da varie parti dei paesi membri della Comunità. Altri, invece, sembra che vedano la Comunità europea soltanto in termini economici e ciò neppure in senso lato, come hanno dimostrato i frequenti fallimenti dei vertici dei capi di governo.

European Economic Community Regional Fund: ***Fondo europeo di sviluppo regionale.*** Altro nome con il quale a volte si indica lo *European Regional Development Fund* (v.).

European Economic Recovery Program: ***Programma per la ripresa economica europea.*** V. spiegazione sotto *Marshall Plan.*

European economic space: ***spazio economico europeo.*** L'idea di uno spazio economico sul territorio europeo non limitato alla CEE, bensì aperto all'EFTA e altri paesi dell'Europa orientale.

European Free Trade Area: ***Area europea di libero scambio.*** Negli anni cinquanta prese forza un movimento tra i paesi aderenti all'O.E.C.E. per la formazione di un'area europea di libero scambio, ma la firma del Trattato di Roma del 1957 ne impedì la realizzazione.

European Free Trade Association: ***Associazione europea di libero scambio.*** Fu istituita nel 1960 da sette paesi europei, cui si è poi associata la Finlandia, per promuovere il libero scambio e una stretta collaborazione economica tra i paesi membri dell'O.E.C.E., inclusi quelli che facevano già parte della Comunità Economica Europea. In particolare si propose la creazione di una zona di libero scambio dei prodotti industriali, quasi del tutto realizzata nel 1966, che portò al raddoppio degli scambi tra i paesi membri nel periodo 1960–1966. Per gli altri tipi di prodotti di scambio, agricoli, della pesca, ecc., furono conclusi accordi bilaterali tra i paesi membri dell'Associazione.

European fund: ***fondo europeo.*** Termine usato con lo stesso significato di *European Monetary Fund* (v.).

European Fund for Monetary Co-operation: ***Fondo europeo di cooperazione monetaria.*** Lo stesso che *European Monetary Co-operation Fund* (v.).

European Investment Bank: ***Banca europea degli investimenti.*** Organismo finanziario internazionale, creato nel 1958 con un capitale di un miliardo di unità di conto UEP (equivalenti al dollaro statunitense) per facilitare gli scopi che si prefiggeva la Comunità Economica Europea, attraverso la raccolta di fondi sui mercati internazionali, che venivano utilizzati per la fornitura di prestiti dapprima ai paesi della Comunità stessa, ma dal 1963 anche a paesi al di fuori della Comunità.

European Monetary Agreement: ***accordo monetario europeo.*** Firmato a Parigi nel 1955, entrò in vigore nel 1958 in sostituzione della disciolta Unione Europea dei Pagamenti. L'AME continuò a svolgere le operazioni di compensazione multilaterale dei pagamenti tra i paesi membri, con due importanti differenze rispetto all'Unione Europea dei Pagamenti: i saldi mensili venivano regolati in oro o valute convertibili; non venivano più concessi crediti automatici. L'accordo monetario europeo concedeva prestiti a breve termine attraverso il fondo monetario europeo (v. anche *European Monetary Fund*) per finanziare deficit temporanei delle bilance dei pagamenti dei paesi membri.

European Monetary Co-operation Fund: ***Fondo europeo di cooperazione monetaria.*** Fondo istituito dalla Comunità Economica Europea per finanziare e liquidare saldi tra banche centrali, derivanti da interventi di sostegno nell'ambito del Sistema monetario europeo.

European Monetary Fund: ***Fondo monetario europeo.*** Fondo, istituito nel 1958 con il capitale residuo della Unione europea dei pagamenti e con nuovi contributi dei paesi membri dell'Accordo monetario europeo, per operazioni di compensazione multilaterale e concessione di prestiti, per un periodo massimo di due anni, a paesi membri che ne avessero bisogno per finanziare deficit temporanei delle loro bilance dei pagamenti. Il termine indica anche il fondo monetario previsto come obiettivo del Sistema monetario europeo, con le stesse funzioni di quello costituito nel 1958.

European Monetary System: ***Sistema monetario europeo.*** Sistema entrato in vigore il 13 marzo 1979 e ideato per limitare le fluttuazioni dei tassi di cambio delle valute dei paesi membri e per creare un'area di stabilità valutaria. Ad ogni valuta è permesso uno scarto massimo del 2,25% rispetto alle altre, ad eccezione della lira italiana cui, fino al 5 gennaio 1990, era consentito il 6% a causa dell'alto tasso di inflazione, di cui la lira era vittima in quel periodo, rispetto alle altre valute europee. Se le fluttuazioni istantanee superano lo scarto consentito, devono intervenire le autorità monetarie, pena l'esclusione dallo SME. Anche per operazioni di svalutazione o rivalutazione eccedenti il limite stabilito si deve preventivamente raggiungere l'accordo tra tutti i paesi membri che, in caso di serie difficoltà, ricevono l'aiuto finanziario del Fondo europeo di cooperazione monetaria, cui tutti i paesi contribuiscono. L'unità di conto dello SME è l'*European Currency Unit* (v.).

European monetary unit of account: ***unità di conto monetaria europea.*** Lo stesso che *European unit of account* (v.).

European Nuclear Energy Agency: ***Agenzia europea per l'energia nucleare.*** Agenzia istituita nel 1957, nell'ambito dell'Organizzazione Europea per la Cooperazione Economica, col compito di sviluppare la collaborazione ai fini dello sfruttamento pacifico dell'energia nucleare da parte dei paesi dell'Europa occidentale. È composta di diciotto membri, tra i quali gli Stati Uniti, il Canada e il Giappone oltre, naturalmente, all'Euratom.

European option: ***opzione europea.*** V. spiegazione sotto *American option.*

European Parliament: ***parlamento europeo.*** Assemblea eletta a suffragio diretto da tutti i cittadini dei paesi membri della Comunità Economica Europea. Svolge un ruolo consultivo, deliberativo e di controllo. È l'unico organo che può decidere l'allontanamento dei membri della Commissione delle comunità europee.

European Payments Union: ***Unione europea dei pagamenti.*** Organo internazionale istituito nel 1950 in seno all'O.E.C.E. per regolare le operazioni monetarie tra i paesi membri e favorire il ritorno alla piena convertibilità esterna delle loro valute. Fu dotato, dagli Stati Uniti, di una riserva iniziale di 350 milioni di dollari e, dai paesi membri, di una quota in unità di conto UEP (equivalenti al dollaro statunitense) basata sulla parte di scambi mondiali di ciascun paese. Quando molte valute europee, tra il 1958 e il 1959, riacquistarono la loro piena convertibilità esterna, l'Unione europea dei pagamenti fu disciolta e le subentrò l'Accordo monetario europeo. (v. anche *European Monetary Agreement*)

European Productivity Agency: ***Agenzia europea per la produttività.*** Fu istituita in seno all'O.E.C.E. allo scopo di aumentare la produttività e, di conseguenza, migliorare il tenore di vita nell'Europa occidentale.

European Recovery Program: ***Programma per la ripresa economica europea.*** V. spiegazione sotto *Marshall Plan.*

European Regional Development Fund: ***Fondo europeo di sviluppo regionale.*** È il fondo istituito dalla Comunità Economica Europea nel 1975 per compiere interventi nelle aree più depresse della Comunità, mediante contributi che si aggiungono a quelli stanziati dai governi che intendono beneficiare di tale fondo. Per il primo triennio, il fondo ricevette la dotazione di 1300 milioni di unità di conto, pari a più di 800 miliardi di lire o 540 milioni di sterline. Tra i paesi che hanno tratto maggiori benefici da questo fondo vi sono il Regno Unito, che ricevette nel primo triennio la somma di 150 milioni di sterline, l'Italia, che ricevette 325 miliardi di lire e l'Irlanda.

European Social Fund: ***Fondo sociale europeo.*** Ente istituito dalla Comunità Economica Europea per assistere e favorire il reimpiego di lavoratori rimasti senza lavoro, principalmente se ciò si era verificato a seguito dell'istituzione della Comunità, in altri settori o in altre aree della Comunità.

European unit of account: ***unità di conto europea.*** Termine con il quale si indicò il paniere di monete europee introdotto agli inizi degli anni sessanta con lo scopo di facilitare le operazioni all'interno della Comunità Economica Europea. Nel 1976, l'unità di conto europea equivaleva a grammi 0,888671 di oro fino. Nel 1979, l'unità di conto europea fu sostituita dall'unità monetaria europea.

europort: ***europorto.*** Termine di recente formazione, usato per indicare uno qualsiasi dei più importanti porti della Comunità Economica Europea, quale ad esempio Rotterdam.

eurosterling: ***eurosterlina.*** Sterline britanniche possedute da cittadini stranieri e negoziate sui mercati valutari europei.

eurosyndicated loans: ***prestiti euroconsorziati.*** Nel linguaggio finanziario internazionale, sono grossi crediti bancari, della durata dai tre ai dieci anni, concessi da consorzi internazionali di banche costituiti appositamente per la concessione di tali crediti. I mutuanti sono quasi esclusivamente istituti di credito e società finanziarie e per questo motivo i crediti non vengono fatti sottoscrivere da investitori privati. I tassi di interesse su questi crediti vengono calcolati aggiungendo un margine ai tassi interbancari e vengono di solito adeguati ogni tre o sei mesi. Questi prestiti vengono finanziati con fondi provenienti dall'euromercato.

euro–treasuries: Termine del linguaggio finanziario internazionale con il quale si indica un titolo che dà diritto al portatore di acquistare un particolare tipo di titolo di stato statunitense a un prezzo prefissato e in qualsiasi momento entro una data prestabilita.

evaluation: ***valutazione.*** Accertamento delle capacità di un lavoratore ai fini di un avanzamento di carriera. (v. anche *employee rating*)

evasion: ***evasione.*** Lo stesso che *tax evasion* (v.).

even: V. spiegazione sotto *at even.*

evening up: ***pareggiamento; livellamento.*** Nel linguaggio delle borse, è la fase in cui gli operatori procedono a rendere pari la loro posizione di dare e avere in relazione a contratti per consegna futura, acquistando o vendendo a seconda che si trovino in posizione corta o lunga.

even lot: ***lotto; lotto di titoli; unità di contrattazione.*** Lo stesso che *trading lot* (v.).

event risk: ***rischio dell'evento.*** Il rischio che un'impresa, precedentemente ben capitalizzata, diventi vittima di un'offerta di acquisto in generale e in particolare diventi oggetto di una *leveraged buy–out* (v.) o che venga sottoposta a una ristrutturazione finanziaria difensiva che aumenti notevolmente il rapporto tra debiti e capitale.

evergreen credit: ***credito sempreverde; linea di credito a revoca.*** Credito rotativo senza data di scadenza, che la banca può, in determinate circostanze, convertire in un credito a termine.

ever–normal granary: ***piano delle scorte cuscinetto; approvvigionamento sempre normale.*** Accorgimento inteso a stabilizzare i prezzi dei prodotti agricoli statunitensi mediante l'acquisto, da parte del governo, delle eccedenze di produzione, da conservarsi e rivendersi in anni di bassa produzione. (v. anche *buffer stock plan*)

eviction: ***sfratto.*** Atto mediante il quale un proprietario rientra in possesso di un suo bene immobile, a seguito di un ordine del tribunale che ne ingiunge la restituzione a chi l'occupa senza averne il diritto o contro la volontà del proprietario.

evolving budget: ***budget rinnovabile.*** Lo stesso che *rolling budget* (v.).

ex.: 1) export; 2) exchange; 3) excluding.

Ex: 1) out of; 2) without.

exact interest: ***interesse esatto.*** Interesse semplice, per periodi inferiori ad un anno, calcolato sull'anno civile, cioè quello di 365 giorni. L'espressione viene usata in contrapposizione a interesse ordinario, quello cioè calcolato su un anno di 360 giorni. (v. anche *ordinary interest*)

exaggerated claim: ***richiesta di indennizzo esagerata.*** Nel linguaggio delle assicurazioni, è una richiesta di indennizzo, da parte dell'assicurato, di una somma molto più alta del valore effettivo del bene perso o danneggiato a seguito di un sinistro. Tale comportamento, secondo le leggi britanniche, autorizza l'assicuratore a considerare sciolto il contratto e a rifiutarsi di corrispondere alcun indennizzo all'assicurato.

ex all: ***escluso tutto.*** Nel linguaggio di borsa, le azioni vendute *ex all* non danno diritto al compratore di percepire i dividendi maturati o in corso di maturazione, nè a ricevere alcuno dei diritti che il venditore può avere nella sua qualità di azionista, come ad esempio il diritto a sottoscrivere nuove azioni o a ricevere azioni gratuite e simili.

ex–ante: ***ex ante.*** Espressione latina che, nel linguaggio economico, indica situazioni o aspettative precedenti al verificarsi di un dato evento. (v. anche *ex–post*)

ex–ante saving: ***risparmio ex ante.*** È il risparmio programmato o preventivato, che può essere inferiore o superiore all'investimento ex ante, cioè quello programmato o preventivato dalle imprese.

ex bond: ***sdoganato; sdaziato; svincolato.*** Detto di beni sui quali è già stato pagato il dazio di importazione o che dovranno essere consegnati franco di dazio. Il termine viene, pertanto, usato anche per indicare quotazioni nelle quali è incluso l'ammontare relativo al pagamento del dazio d'importazione.

ex bonus: ***senza azioni gratuite; senza il beneficio di emissione gratuita.*** Espressione del linguaggio delle borse valori, usata per indicare che un titolo azionario viene venduto senza il diritto di ricevere azioni gratuite, che il venditore riserva per se stesso.

Ex Cap: ex–capitalization.

ex–capitalization: ***ex capitalizzazione; senza il beneficio di distribuzione di capitale.*** Espressione del linguaggio delle borse valori, usata per indicare che un titolo azionario viene venduto senza il diritto alla capitalizzazione. (v. anche *capitalization 1*)

excepted perils: ***pericoli eccettuati; rischi eccettuati.*** Sono i rischi espressamente non coperti da una polizza di assicurazione e dei quali il vettore non può essere ritenuto responsabile. Includono i cosiddetti casi di forza maggiore, nemici dello stato, vizio inerente, ecc.

exception: ***scostamento; eccezione.*** Nel linguaggio della contabilità, il termine inglese indica la differenza tra un costo standard e un costo effettivo. Nel linguaggio delle assicurazioni, viene usato per indicare un rischio o un evento esplicitamente escluso dalla garanzia prestata dall'assicuratore.

exception clause: ***clausola di esonero.*** Nel linguaggio dei trasporti marittimi, è la clausola presente in una polizza di carico, che esonera l'armatore da certe determinate responsabilità sul trasporto, come ad esempio franco da rottura o da colaggio; contenuto, misura e peso ignoti, ecc. Nel linguaggio delle assicurazioni, è la clausola presente in polizza, mediante la quale l'assicuratore viene esonerato dalla responsabilità in relazione a determinati rischi. (v. anche *excepted perils*)

exception principle: ***principio dell'eccezione.*** Principio che sostiene che si dovrebbe portare all'attenzione del direttore dipartimentale solo ciò che rappresenta un'eccezione a quanto l'azienda considera normale nel campo della gestione dell'impresa. F.W. Taylor ha definito il principio dell'eccezione nel seguente modo: «Il direttore dovrebbe ricevere soltanto relazioni condensate, sintetiche e sempre comparative, che tuttavia coprano ogni elemento che entra a far parte della gestione. Anche queste sintesi dovrebbero essere precedentemente esaminate con attenzione da un collaboratore, prima che vengano presentate al direttore, in modo che siano poste in risalto tutte le eccezioni alle medie o agli standard passati, sia cioè le eccezioni particolarmente favorevoli, sia quelle particolarmente sfavorevoli».

exception rate: ***tariffa ridotta speciale.*** Nel linguaggio dei trasporti statunitense, questo termine indica una tariffa ridotta speciale concessa dalle ferrovie in considerazione della forte concorrenza proveniente da altri vettori o della forte concorrenza cui è esposto un produttore in mercati lontani dal luogo di produzione.

excess: **1.** ***eccedenza.*** L'ammontare di cui una somma o una quantità supera un'altra specificata o stabilita oppure supera un limite concordato. **2.** ***franchigia.*** Nel linguaggio delle assicurazioni, è la somma concordata che l'assicurato si impegna a non richiedere all'assicuratore in relazione a ciascuna singola denuncia di sinistro, come ad esempio centomila lire per ciascun incidente occorso ad un'automobile. L'assicuratore, pertanto, pagherà soltanto la somma che eccede la franchigia, ma in compenso concederà all'assicurato un premio più basso. Scopo della franchigia è quello di ridurre i costi della società in relazione ai piccoli sinistri ed anche quello di scoraggiare la denuncia di lievi danni, che vengono pagati direttamente da chi è responsabile dell'incidente.

excess bank reserves: ***eccesso di riserve bancarie.*** Riserve, presso la banca centrale e sotto forma di contanti presso gli sportelli della banca stessa, che superano la percentuale imposta dalla legge.

excess capacity: ***eccesso di capacità produttiva; capacità eccedente; sovracapitalizzazione.*** È la capacità inutilizzata di un impianto, di uno stabilimento o di un'industria. Spesso ha origine nella caduta della domanda di un bene o nell'eccessivo impiego di capitale fisso da parte dell'impresa o dell'industria. Si risolve in ogni caso in perdite derivanti dall'impossibilità di vendere tutta la quantità di beni prodotti facendo funzionare in pieno gli impianti o dal tenere inattivi una parte di essi.

excess capital allowances: ***eccedenza di detrazioni per ammortamento.*** Detrazioni per ammortamento, consentite dalla legge, che superano la somma delle imposte che l'impresa deve pagare per l'anno fiscale cui si riferiscono. Nel Regno Unito, l'eccedenza può essere riportata e detratta da profitti futuri oppure, in casi particolari, può essere detratta dagli utili dei tre anni immediatamente precedenti quello cui si riferisce la detrazione per ammortamento.

excess coverage: ***eccesso di copertura.*** È la copertura assicurativa superiore al valore reale del bene assicurato. Ai fini della liquidazione di un danno, essa non viene presa in considerazione in base al principio che non si può trarre un utile da un sinistro. Pertanto, un eccesso di copertura si risolve soltanto nel pagamento di una parte del premio di assicurazione a fondo perduto.

excess demand: ***eccesso di domanda.*** Situazione che si verifica quando il prezzo di un bene è inferiore al prezzo di equilibrio. Si manifesta con la disponibilità dei consumatori ad acquistare quantità del bene maggiori di quelle che i produttori sono in grado o disposti a vendere. Poiché l'eccesso di domanda può essere soddisfatto soltanto in termini monetari, il prezzo del bene tende a salire fin quando non si raggiunge una nuova posizione di equilibrio tra domanda e offerta. Se il fenomeno riguarda un bene il cui prezzo è tenuto basso da controlli del governo, si renderà necessaria una qualche forma di razionamento o di discriminazione del prezzo. (v. anche *excess supply*)

excess–demand inflation: ***inflazione da eccesso di domanda.*** Tipo di inflazione che, secondo i teorici, si verifica a seguito di unaumento generalizzato del reddito dei consumatori, la cuiconseguenza diretta è un aumento del livello di spesa globale inconsumi, che eccede il valore, misurato a prezzi costanti, dellaproduzione che raggiunge il mercato. L'eccesso di domanda, che può essere soddisfatto soltanto in termini monetari, comporta quindi l'aumento generalizzato del livello dei prezzi.

excess insurance: ***assicurazione di eccedenza.*** È l'assicurazione che copre la perdita solo per la parte che supera un certo ammontare stabilito il quale, a sua volta, è coperto da altra assicurazione o da autoassicurazione.

excess liquidity: ***eccesso di liquidità.*** Riserve, sotto forma di contanti, tenute dalle banche in proporzione superiore a quella che sarebbe dettata da sani principi bancari.

excess of loss: ***eccesso di perdita.*** Nelle assicurazioni, indica un'alta sinistrosità, che richiede una forma speciale di riassicurazione.

excess of supply: ***eccesso di offerta.*** Lo stesso che *excess supply* (v.).

excess of weight: ***eccedenza di peso.*** Nel linguaggio dei trasporti, è il peso di un collo che supera quello stabilito o dichiarato. Ad esempio, nel trasporto aereo al passeggero viene concesso un determinato peso di bagaglio in franchigia, ma dovrà pagare eventuali eccedenze.

excess policy: ***polizza con sconto condizionato.*** Lo stesso che *retention policy* (v.).

excess profit: 1. ***superprofitto; eccedenza di profitto.*** Lo stesso che *super–normal profit* (v.). **2.** ***extraprofitto; sopraprofitto.*** Il profitto effettivamente realizzato dalle imprese non marginali, al di là del profitto considerato normale in quella determinata situazione dell'industria e del mercato. È un guadagno differenziale, dovuto al fatto che il prezzo del prodotto sul mercato è unico, mentre i costi unitari medi delle imprese sono tra loro diversi a causa delle differenti strutture tecniche e capacità organizzative degli imprenditori o di particolari situazioni di ubicazione, di disponibilità di privative industriali o di materie prime e simili altre cause.

excess profits duty: ***imposta sui sopraprofitti di guerra.*** Imposta riscossa nel Regno Unito durante la prima guerra mondiale sui sopraprofitti derivanti dalla situazione di belligeranza, in particolare sugli utili delle imprese che producevano armamenti.

excess profits levy: ***imposta sui sopraprofitti.*** Tipo di imposta riscossa nel Regno Unito nel periodo post–bellico (1952–1955, ma abolita dopo il 1953) al fine di evitare che le industrie interessate al programma di riarmo del paese realizzassero utili eccessivi.

excess profits tax: ***imposta sui sopraprofitti; imposta sugli utili straordinari.*** Imposta riscossa nel Regno Unito durante il secondo conflitto mondiale e negli Stati Uniti durante il primo e il secondo conflitto mondiale. L'imposta veniva applicata in ambedue i paesi sulla parte di utili eccedente un certo ammontare, basato sugli utili del periodo prebellico. Lo stesso termine indica, negli Stati Uniti, un'imposta riscossa sull'eccessiva accumulazione di utili non distribuiti, cui alcune imprese ricorrono per evitare di pagare l'imposta sui dividendi.

excess reinsurance: ***riassicurazione di eccedenza.*** È la riassicurazione, da parte di una società riassicuratrice (cioè, una società che assicura il rischio di un'altra società assicuratrice), contro la perdita di un assicuratore eccedente un ammontare stabilito. Ad esempio la società A ha emesso polizze che coprono un valore di 100; la società A si riassicura presso la società B fino all'ammontare di 90. In tal caso, la società A risponde di una quota pari a 10/100 e la società B di una quota pari a 90/100.

excess reserves: ***eccedenza di riserve bancarie; riserva bancaria eccedente; eccesso di riserve bancarie.*** Termine usato come sinonimo di *excess bank reserves* (v.).

excess return: ***rendimento addizionale.*** Lo stesso che *risk premium* (v.).

excess shares: ***azioni in eccesso; eccedenza di azioni.*** Sono le azioni relative ad un *rights issue* (v.) rifiutate dagli azionisti cui vengono offerte e successivamente offerte ad un altro azionista in aggiunta a quelle già assegnategli.

excess stock: ***eccesso di scorte.*** Nel controllo del livello delle scorte, si indica con questo termine la quantità di scorte disponibili che eccede il massimo livello di scorte programmato.

excess supply: ***eccesso di offerta.*** Situazione che si verifica quando la quantità di un bene offerta sul mercato eccede la quantità che i consumatori sono disposti ad acquistare al prezzo corrente. Il prezzo del bene, pertanto, tende a scendere fin quando non si raggiunge una nuova posizione di equilibrio tra offerta e domanda. Sia la situazione di eccesso di offerta che quella di eccesso di domanda sono considerate fenomeni di squilibrio temporaneo. (v. anche *excess demand*)

exch.: 1) exchange; 2) Exchequer.

exchange: 1. ***scambio; permuta.*** Bene o servizio dato in cambio di un altro. Viene detto in italiano permuta quando nello scambio non interviene la moneta. Il termine inglese a volte viene usato per indicare anche l'attività mediante la quale un bene o servizio è scambiato con un altro bene, ad esempio la moneta, o con un altro servizio. **2.** ***borsa.*** Mercato organizzato per la compravendita di titoli o merci. (v. anche *stock exchange, commodity exchange*) **3.** ***cambio; valuta.*** In questo significato, il termine inglese viene spesso usato come sinonimo di *foreign exchange* (v.).

exchangeable: ***cambiabile.*** Termine usato in relazione a beni che il consumatore può cambiare con altri se non rispondono allo scopo per il quale li aveva acquistati. Ad esempio, un articolo da regalo che non risulta gradito e può essere cambiato presso il rivenditore con un altro articolo di uguale valore.

exchangeable value: ***valore di scambio.*** Termine usato da D. Ricardo con lo stesso significato di *exchange value* (v.).

exchange acquisition: ***acquisizione in borsa.*** Espressione del linguaggio della borsa valori di New York, con la quale si indica un metodo di esecuzione di ordini di acquisto di un grande quantitativo di un determinato titolo, consistente nel cercare tra gli operatori chi ha ordini di vendita per lo stesso titolo, per poi incrociarli con l'ordine di acquisto.

exchange and stamp as per endorsement: ***pagamento al cambio della prima girata.*** Clausola a volte scritta su una cambiale emessa in sterline nel Regno Unito, su un trattario straniero, che si intende scontare nello stesso paese. L'istituzione che la sconta scriverà sul retro il tasso di cambio applicato, che sarà vincolante per il trattario straniero nel momento in cui egli pagherà la cambiale. Il tasso così stabilito includerà anche il bollo, gli interessi e la commissione di chi sconta il titolo di credito.

exchange arbitrage: ***arbitraggio valutario.*** L'arbitraggio che ha per oggetto la compravendita di valute.

exchange as per endorsement: ***pagamento al cambio della prima girata.*** Espressione usata con lo stesso significato di *exchange and stamp as per endorsement* (v.).

exchange at a discount: ***cambio sotto la pari.*** Il corso di cambio tra due valute, quando il corso di mercato di una di loro è al di sotto del corso ufficiale. Può verificarsi quando si prevede la svalutazione di una moneta e coloro che ne sono in possesso cercano di disfarsene nel tentativo di evitare perdite più cospicue.

exchange at a premium: ***cambio sopra la pari.*** Il corso di cambio tra due valute, quando il corso di mercato di una di loro è al di sopra del corso ufficiale. Può verificarsi in caso di scarsità di una valuta forte o pregiata, come avviene spesso in paesi dell'Europa orientale e del terzo mondo, che non dispongono di riserve di valute forti.

exchange broker: ***operatore di cambio.*** Persona che tratta valute estere e opera sul mercato dei cambi per conto di altri. Percepisce una commissione sull'ammontare delle operazioni che svolge.

exchange certified stocks: ***forniture di scambio certificate; partite di scambio certificate.*** Termine usato con lo stesso significato di *certificated stocks* (v.).

exchange cheque: ***assegno incrociato; assegno di comodo.*** Assegno bancario dato in cambio di un altro assegno o di contanti, allo scopo di favorire chi ha bisogno di credito per un breve periodo di tempo. L'assegno dato in cambio, infatti, sarà presentato per l'incasso dal prenditore solo dopo un certo periodo di tempo, concordato con la persona favorita.

exchange clause: ***clausola valuta.*** È la clausola che il traente appone su una cambiale, emessa nella propria valuta ma pagabile all'estero, per garantirsi che le spese relative al cambio della valuta ricadano sul trattario.

exchange clearing: ***compensazione di cambio.*** È la compensazione di valute estere descritta sotto *compensation agreement* (v.).

exchange clearing agreement: ***accordo di compensazione di cambio.*** Lo stesso che *compensation agreement* (v.).

exchange commission: ***commissione di cambio.*** La commissione fatta pagare da una banca per il servizio di cambio di una valuta in un'altra valuta.

exchange control: ***controllo dei cambi; controllo valutario.*** Disposizioni emanate da un governo in relazione all'acquisto e alla vendita di valute estere, allo scopo di prevenire fughe di capitali all'estero e di proteggere il valore esterno della valuta del paese. Nel corso di questo secolo, il controllo dei cambi è stato applicato da quasi tutti i paesi, in modi e limiti diversi, in gran parte dettati dalla situazione economica e monetaria del singolo paese. Nel Regno Unito, il controllo dei cambi fu abolito nel 1979.

Exchange Control Act: Legge, approvata dal parlamento britannico nel 1947, che codificò le norme precedentemente emanate in materia di controllo dei cambi. Obiettivo principale era quello di mobilizzare e controllare le risorse liquide inglesi all'estero e il movimento di valuta di proprietà di residenti.

exchange control restrictions: ***restrizioni valutarie.*** Termine usato con lo stesso significato di *exchange restrictions* (v.).

exchange dealer: ***operatore in valute.*** Il termine inglese è alquanto generico e si riferisce alle banche o altre istituzioni autorizzate dalla legge sul controllo dei cambi ad operare sul mercato valutario londinese, acquistando e vendendo valuta estera per proprio conto, cioè senza specifici ordini da parte di loro clienti. (v. anche *London foreign exchange market*)

exchange dealings: ***operazioni di compravendita valute.*** Le operazioni di acquisto e di vendita effettuate da un operatore autorizzato sul mercato delle valute estere.

exchange depreciation: ***svalutazione monetaria; deprezzamento monetario.*** Lo stesso che *currency depreciation* (v.).

exchange distribution: ***distribuzione in borsa.*** Espressione usata nel linguaggio della borsa valori di New York per indicare un metodo di esecuzione di ordini di vendita di un grande quantitativo di un determinato titolo, consistente nel cercare tra gli operatori chi ha ordini di acquisto per lo stesso titolo, per poi incrociarli con l'ordine di vendita.

exchange economy: ***economia di scambio.*** Un'economia nella quale, a seguito della divisione e della specializzazione del lavoro, si rende necessario lo scambio dei beni e servizi prodotti dai singoli.

exchange equalization: ***stabilizzazione dei cambi; perequazione dei cambi.*** Termine usato con lo stesso significato di *exchange stabilization* (v.).

exchange equalization account: ***fondo di stabilizzazione dei cambi; fondo di perequazione dei cambi; fondo di compenso dei cambi; fondo di conguaglio dei cambi; fondo di equalizzazione dei cambi.*** Il fondo per la stabilizzazione dei cambi britannico, auspicato da Keynes nella sua opera *A Tract on Monetary Reform*, fu istituito nel 1932 quale fondo da usarsi, sotto il controllo del Ministero del Tesoro e la gestione della Banca d'Inghilterra, per l'acquisto e la vendita di oro e valute estere allo scopo di prevenire indebite fluttuazioni del tasso di cambio della sterlina. Nel 1939, l'oro detenuto dal dipartimento di emissione della Banca fu trasferito al fondo per la stabilizzazione dei cambi (l'ultima piccola parte di metallo prezioso detenuta dal dipartimento di emissione fu trasferita al fondo nell'agosto del 1970, quando l'emissione divenne interamente fiduciaria), che da allora è il depositario delle riserve di oro e valute estere del paese e, più recentemente, dei diritti speciali di prelievo del Fondo Monetario Internazionale. La legge finanziaria del 1946 ampliò gli scopi per i quali si poteva usare il fondo, includendo «la conservazione o l'uso nell'interesse nazionale dei mezzi di pagamento all'estero».

exchange equalization fund: ***fondo di stabilizzazione dei cambi; fondo di perequazione dei cambi; fondo di compenso dei cambi; fondo di conguaglio dei cambi; fondo di equalizzazione dei cambi.*** È il fondo, tenuto dalla banca centrale, sul quale affluiscono le riserve di valute estere, e nel Regno Unito (v. *exchange equalization account*) anche di metallo prezioso, usate quando è necessario intervenire sui mercati valutari per evitare eccessive fluttuazioni dei tassi di cambio. Ad esempio, una valuta ha una certa parità rispetto alle altre valute trattate sui mercati dei cambi, ma si possono registrare oscillazioni lievi al di sopra o al di sotto di tale parità. Se, tuttavia, le oscillazioni vanno al di là di quello che è considerato un limite giustificato, vuol dire che una delle valute è oggetto di speculazione o si sta deprezzando. Nel caso di deprezzamento, si dovrà procedere a fissare nuove parità, più rispondenti alla situazione obiettiva che si è venuta a creare. Nel caso di speculazione, invece, la banca centrale interviene sul mercato valutario comprando o vendendo valuta estera a seconda del caso. La valuta estera necessaria per gli acquisti di valuta nazionale viene prelevata dal fondo per la stabilizzazione dei cambi e viene versata su di esso nel caso di vendita di valuta nazionale. (v. anche *exchange intervention*)

exchange equation: ***equazione degli scambi; equazione quantitativa.*** V. spiegazione sotto *equation of exchange.*

exchange fluctuations: ***fluttuazioni del cambio.*** Lo stesso che *fluctuations in the rate of exchange* (v.).

exchange for cash: ***contro effettivi.*** Espressione usata con lo stesso significato di *exchange for physical* (v.).

exchange for physical: ***contro effettivi.*** Espressione del linguaggio delle borse, con la quale si indica la situazione in cui il compratore di un bene per contanti trasferisce al venditore un equivalente ammontare di contratti per consegna a termine lungo o riceve da lui un corrispondente ammontare di contratti per consegna a termine breve ad un prezzo concordato.

exchange intervention: ***intervento valutario.*** Intervento da parte delle autorità monetarie, tramite la banca centrale, per acquistare o vendere valute estere sul mercato dei cambi, onde alleggerire la pressione cui è sottoposta la valuta nazionale o una valuta straniera. (v. anche *exchange equalization fund*)

exchange jobber: ***operatore di cambio.*** Termine di uso statunitense con il quale si indica genericamente una banca o altra istituzione finanziaria che acquista grossi quantitativi di valute estere per rivenderle, ad un tasso a lei più favorevole, ad altre banche o a privati.

exchange list: ***listino dei cambi.*** Listino redatto presso un mercato valutario per ciascun giorno lavorativo durante il quale hanno luogo operazioni di cambio estero. Da questo listino si possono rilevare i diversi corsi, ossia il prezzo al quale vengono quotate le varie valute e divise estere in termini della valuta nazionale del paese in cui ha sede il mercato.

exchange management: ***gestione dei cambi.*** Con questo termine alquanto generico, si indica qualsiasi forma di intervento da parte delle autorità monetarie di un paese in materia di cambi esteri, che alteri il libero funzionamento del mercato valutario. Rientrano, quindi, sotto questa intestazione il controllo dei cambi in tutte le sue forme, le restrizioni e gli interventi valutari e simili.

exchange market: ***mercato dei cambi; mercato delle valute; mercato valutario.*** Lo stesso che *foreign exchange market* (v.).

exchange market intervention: ***intervento sul mercato dei cambi; intervento sul mercato valutario.*** Lo stesso che *exchange intervention* (v.).

exchange of contracts: ***scambio dei contratti.*** Espressione del linguaggio giuridico, con la quale si indica la fase conclusiva della stipulazione di un contratto di compravendita, quando il compratore firma il contratto e lo invia o lo porge al venditore perché, a sua volta, vi apponga la propria firma. Dopo che le parti hanno sottoscritto il contratto, esse sono obbligate ad eseguire le prestazioni per le quali si sono impegnate.

exchange office: ***ufficio dei cambi.*** Organismo che, nei paesi in cui è presente, controlla le operazioni di cambio estero. È di solito alle dipendenze del ministero del tesoro e opera in stretto contatto con la banca centrale.

exchange of shares: ***sottoscrizione reciproca di azioni; scambio di azioni.*** È uno degli accorgimenti cui si ricorre per acquisire controllo o compartecipazione in altre società. Consiste nel sottoscrivere o acquistare azioni di una società da parte di azionisti di un'altra società e viceversa, in modo che coloro che hanno rilevato pacchetti azionari possano influenzare le decisioni e la politica di entrambe le società.

exchange parity: ***parità cambiaria.*** Lo stesso che *exchange rate parity* (v.).

exchange port: ***porto stazione di trasbordo.*** Termine usato con lo stesso significato di *domestic port* (v.).

exchange premium: ***aggio.*** Maggior valore, rispetto a quello legale o nominale, ottenuto in operazioni di cambio di valuta estera. (v. anche *agio*)

exchange privilege: Espressione del linguaggio finanziario statunitense, con la quale si indica il diritto riconosciuto al sottoscrittore di un fondo comune d'investimento di passare da questo a un altro fondo gestito dalla stessa società, di solito senza alcuna spesa addizionale.

exchanger: ***operatore di cambio; operatore in valute; cambiavalute.*** Termine generico, usato con lo stesso significato di *exchange broker* (v.) e di *exchange dealer* (v.).

exchange rate: ***cambio; corso del cambio; tasso di cambio; prezzo del cambio; corso delle divise.*** È il prezzo della valuta di un paese in termini di valuta di un altro paese. Il corso può essere libero, nel qual caso è determinato dal meccanismo di mercato secondo la legge della domanda e dell'offerta, ma più spesso è fissato da accordi internazionali, nel qual caso le sue oscillazioni al di sopra o al di sotto della parità sono contenute entro stretti limiti prestabiliti. (v. anche *exchange equalization fund, free exchange rate, official exchange rate*)

exchange rate appreciation: ***apprezzamento del cambio; apprezzamento del corso del cambio.*** L'aumento di valore di una valuta nazionale nei confronti delle valute di altri paesi che intrattengono relazioni commerciali con la prima. Tale apprezzamento ha generalmente l'effetto di far aumentare le importazioni e di far diminuire le esportazioni. (v. anche *currency appreciation*)

exchange rate band: ***banda di fluttuazione dei cambi.*** Lo stesso che *currency band* (v.).

exchange rate depreciation: ***deprezzamento del cambio; deprezzamento del corso del cambio.*** La riduzione di valore di una valuta nazionale nei confronti delle valute di altri paesi che intrattengono relazioni commerciali con la prima. Tale riduzione di valore ha generalmente l'effetto di far aumentare le esportazioni e di far diminuire le importazioni. (v. anche *currency depreciation*)

exchange rate determination: ***determinazione del cambio; determinazione del corso del cambio.*** Processo attraverso il quale vengono a determinarsi i tassi di cambio tra le varie monete trattate in un mercato valutario. Alla base del processo c'è sempre la legge della domanda e dell'offerta, che può tuttavia essere influenzata da manovre speculative e da interventi delle banche centrali, oltre, naturalmente, che dalla situazione della bilancia dei pagamenti dei paesi interessati.

exchange rate equilibrium: ***equilibrio dei tassi di cambio.*** Lo stesso che *equilibrium exchange rates* (v.).

exchange rate flexibility: ***flessibilità dei tassi di cambio.*** La capacità o la possibilità che hanno i tassi di cambio delle varie valute mondiali di variare sui mercati valutari in reazione ai movimenti delle forze della domanda e dell'offerta. Si tratta di una situazione ipotetica e di solito non gradita dai vari paesi, che tentano di influenzare tale flessibilità mediante operazioni di intervento. (v. anche *exchange intervention*)

exchange rate floating: ***fluttuazione dei tassi di cambio; fluttuazione dei cambi.*** Termine usato con lo stesso significato di *float 5* (v.), ma anche per indicare il sistema di cambi fluttuanti adottato dopo l'abbandono del sistema dei cambi fissi.

exchange rate index: ***indice del tasso di cambio.*** Un indice mediante il quale si misura il valore di una valuta in termini di un paniere di altre valute, alle quali possono venire assegnati pesi calcolati in modi diversi e che portano a risultati diversi. (v. anche *sterling exchange rate index*)

exchange rate instability: ***instabilità dei cambi; instabilità dei tassi di cambio.*** V. spiegazione sotto *instability of exchange rates.*

exchange rate intervention: ***intervento valutario; intervento sui cambi.*** Lo stesso che *exchange intervention* (v.).

exchange rate mechanism: ***meccanismo dei tassi di cambio.*** Viene calcolato in termini di una media ponderata di tutte le valute del sistema monetario europeo, inclusa la sterlina britannica.

exchange rate misalignment: ***disallineamento dei tassi di cambio; distorsione dei cambi.*** Lo stesso che *currency misalignment* (v.).

exchange rate movements: ***movimenti nei tassi di cambio; movimenti dei cambi.*** Qualsiasi aumento o diminuzione del valore di una valuta nazionale nei confronti di altre valute. Il termine è spesso usato in relazione a fluttuazioni notevoli e continue.

exchange rate overshooting: ***iperreazione del tasso di cambio.*** V. spiegazione sotto *overshooting.*

exchange rate parity: ***parità cambiaria.*** La relazione fissa di prezzo che regola la convertibilità di due valute. La parità cambiaria è stabilita tramite accordi internazionali ed è mantenuta attraverso l'applicazione di varie misure, tra cui gli interventi del fondo per la stabilizzazione dei cambi.

exchange rate parity grid: ***griglia di parità dei cambi.*** Espressione del linguaggio finanziario internazionale, con la quale si indica la situazione che viene a crearsi quando un certo numero di paesi, partecipanti ad un accordo monetario, stabiliscono parità incrociate tra le loro valute. Tale situazione è alla base della stabilità monetaria all'interno della Comunità Economica Europea, fra i cui membri il Regno Unito e la Grecia non hanno aderito al Sistema monetario europeo, il Lussemburgo ha una valuta legata al franco belga, l'Italia ha concordato una parità che prevede fluttuazioni fino al sei per cento su entrambi i lati della parità centrale e gli altri paesi hanno fissato una griglia che prevede un tasso di cambio centrale tra le loro valute, che può oscillare entro limiti del 2¼% al di sopra o al di sotto della parità centrale. (v. anche *currency grid*)

exchange rate policy: ***politica del tasso di cambio.*** I provvedimenti delle autorità centrali di un paese che mirano a mantenere il tasso di cambio della valuta nazionale a un livello tale da non danneggiare l'attività economica e i flussi d'interscambio del paese stesso.

exchange rate realignment: ***riallineamento dei tassi di cambio.*** Eufemismo con il quale in effetti si indica la svalutazione o la rivalutazione ufficiale di una valuta in un sistema monetario quale ad esempio il Sistema Monetario Europeo.

exchange rate regime: ***regime dei tassi di cambio.*** Termine a volte usato con lo stesso significato di *exchange rate system* (v.).

exchange rate risk: ***rischio del tasso di cambio.*** Lo stesso che *exchange risk* (v.).

exchange rate stability: ***stabilità dei cambi; stabilità dei tassi di cambio.*** V. spiegazione sotto *stability of exchange rates.*

exchange rate system: ***sistema dei tassi di cambio.*** Uno qualsiasi dei sistemi adottati dalle autorità monetarie di più paesi allo scopo di regolamentare e limitare le fluttuazioni delle varie valute nazionali. Ne è un esempio il Sistema Monetario Europeo.

exchange rate target: ***obiettivo dei tassi di cambio.*** L'obiettivo finale e ottimale che si prefigge un governo in relazione ai tassi di cambio tra la valuta nazionale e le valute degli altri paesi con i quali intrattiene relazioni commerciali. Lo stesso termine indica l'obiettivo che si prefiggono più governi di diversi paesi e che tende alla stabilizzazione dei cambi a un determinato rapporto o entro una banda di oscillazioni prestabilita.

exchange rate target zones: ***zone obiettivo dei tassi di cambio.*** Lo stesso che *target zones* (v.).

exchange rate uncertainty: ***incertezza del tasso di cambio.*** Lo stesso che *exchange risk* (v.).

exchange rate variability: ***variabilità del tasso di cambio.*** Vi sono due tipi di variabilità dei tassi di cambio, indicati con i termini *volatility* e *misalignment.* Ambedue indicano un allontanamento del tasso di cambio dal suo normale livello di lungo periodo ma, per la differenza di significato tra i due, v. *currency misalignment.*

exchange rate volatility: ***volatilità dei tassi di cambio; erraticità dei tassi di cambio.*** La situazione in cui una o più valute sono soggette a cambiamenti repentini e notevoli del proprio rapporto di cambio con le valute di altri paesi. La volatilità dei tassi di cambio tende a generare incertezze che, nel tempo, possono portare a una riduzione del volume del commercio internazionale e a scoraggiare gli investimenti internazionali con la conseguente riduzione del benessere dei paesi interessati. Tuttavia, pur se tale risultato appare possibile a livello teorico e in certe condizioni, gli studi empirici finora svolti non hanno stabilito che esista alcuna forte relazione tra la volatilità dei tassi di cambio nominali e il volume del commercio internazionale.

exchange reserves: ***riserve valutarie; riserve in divise estere.*** Riserve detenute dalla banca centrale di un paese e costituite da valute pregiate di paesi esteri, dette anche valute da riserva, e da crediti a vista o a brevissima scadenza sull'estero. Insieme alle riserve auree, costituiscono le riserve dell'istituto di emissione del paese.

exchange restrictions: ***restrizioni valutarie.*** Sono tutti gli interventi delle autorità monetarie di un paese, tendenti a limitare la compravendita di valute. A partire dalla prima guerra mondiale, a parte brevi periodi di allentamento quasi tutti i paesi hanno esercitato una qualche forma di restrizione valutaria. Una delle più comuni è quella di imporre, a chi vuole acquistare valuta, di farne richiesta alla banca centrale, che deciderà se approvare o no in base all'uso che il residente dichiara di voler fare della valuta estera. Le restrizioni, quindi, prendono la forma di limitazione o dell'ammontare concesso a ciascun residente o dell'uso che egli può fare delle valute estere. (v. anche *exchange clearing agreement*)

exchange risk: ***rischio del cambio.*** Rischio cui è esposto un operatore commerciale o finanziario che, accettando l'obbligo di dover versare o ricevere una somma in valuta estera in data futura, può trovare a quella data un tasso di cambio a lui sfavorevole. Contro tale rischio, gli operatori si tutelano o mediante operazioni valutarie a termine o tenendo disponibilità liquide presso i paesi esteri con i quali intrattengono rapporti di scambio.

exchanges: ***compensazioni locali.*** È lo scambio di assegni o altri titoli di credito che ha luogo direttamente tra banche in una determinata area territoriale. A seconda dell'estensione dell'area, può aver luogo una, due o più volte al giorno e il saldo viene regolato durante l'ultima compensazione della giornata. La compensazione si svolge nel seguente modo: se una banca, che chiameremo A, ha pagato assegni o altri titoli di credito tratti su o emessi da un'altra o altre banche, l'impiegato di A si reca presso l'altra o le altre banche, consegna i titoli di credito tratti su di loro e ritira quelli tratti sulla banca A e pagati dalle altre banche. L'ammontare dei singoli titoli viene registrato dagli impiegati e quando si tirerà il saldo, esso sarà regolato o con una tratta su Londra o tra gli uffici centrali delle rispettive banche, se la compensazione ha luogo nel Regno Unito. Quando nella zona vi sono soltanto due o tre banche, una di esse, a turno, invierà un suo impiegato presso le altre, ma se vi sono parecchie banche, risulta più pratico far incontrare gli impiegati ad ore prestabilite presso una delle banche.

exchange slip: ***distinta di cambio.*** Modulo che deve riempire chi chiede ad una banca il cambio di valuta estera o di assegni tratti su altre banche o filiali della stessa banca.

exchange speculation: ***speculazione sui cambi.*** Fenomeno che si realizza mediante pesanti acquisti o vendite di una o più valute estere e si manifesta quando gli operatori prevedono un prossimo movimento dei tassi di cambio o un loro riallineamento.

exchange stability: ***stabilità dei cambi.*** Termine usato con lo stesso significato di *stability of exchange rates* (v.).

exchange stabilization: ***stabilizzazione dei cambi.*** L'insieme degli interventi delle autorità monetarie di un paese, tendenti a stabilizzare il valore di cambio della valuta nazionale, premessa fondamentale per lo sviluppo del commercio con l'estero. La stabilizzazione dei cambi è strettamente legata all'equilibrio della bilancia dei pagamenti, altrimenti la domanda di valuta estera nel paese o di valuta del paese all'estero porterà ad uno squilibrio dei corsi. Per questo motivo, si fa spesso ricorso a prestiti a breve termine dall'estero o da organismi internazionali, onde riequilibrare la situazione dei pagamenti con l'estero. Altri sistemi adottati sono quelli del controllo dei cambi o del commercio con l'estero e degli accordi di compensazione dei cambi. Il Fondo Monetario Internazionale è sorto appunto per evitare il ricorso a questi sistemi e per facilitare il mantenimento della stabilità dei cambi, concedendo ai paesi membri prestiti a breve termine con cui far fronte a temporanei squilibri della bilancia dei pagamenti.

exchange stabilization fund: ***fondo di stabilizzazione dei cambi; fondo di perequazione dei cambi.*** Termine usato come sinonimo di *exchange equalization fund* (v.).

exchange standard: ***sistema a convertibilità in divise.*** All'epoca in cui era stato ripristinato il regime aureo, ma mediante l'adozione di diversi sistemi quali quello a cambio aureo o quello a cambio in verghe auree, con questo termine si indicava una moneta rappresentativa regolata, il cui standard di valore obiettivo era la moneta a corso legale di un qualche altro paese.

Exchange Telegraph Company: Società che fornisce un servizio statistico sui valori mobiliari quotati presso la borsa valori di Londra. Il pubblico può accedere a tali informazioni per mezzo del proprio *stockbroker* (v.).

exchange–traded options: ***contratti a premio autorizzati.*** Qualsiasi tipo di contratto a premio, la cui trattazione è stata autorizzata da una borsa.

exchange value: ***valore di scambio.*** Termine usato in alternativa a *value in exchange* (v.).

exchange velocity of circulation: ***velocità di circolazione della moneta in termini di scambi.*** Espressione usata con lo stesso significato di *transaction velocity of circulation* (v.).

Exchequer: Termine con il quale, nel Regno Unito, viene indicato il ministero del tesoro ed anche la persona che ne è a capo, cioè il Cancelliere dello Scacchiere. (v. anche *Treasury, Chancellor of the Exchequer*)

exchequer account: ***fondo consolidato; conto dello scacchiere.*** È il conto del ministero del tesoro del Regno Unito tenuto presso la Banca d'Inghilterra e noto anche come *consolidated fund.* Su di esso confluiscono tutte le entrate del governo britannico.

Exchequer and Audit Department: È l'ufficio del *Comptroller and Auditor General* (v.), che autorizza le spese statali dopo che esse sono state approvate dal parlamento.

exchequer bill: ***buono del tesoro.*** V. spiegazione sotto *bill of exchequer.*

exchequer bonds: Termine in uso nel Regno Unito, con il quale spesso si indicano i prestiti a breve o medio termine, simili a quelli rappresentati dai nostri buoni poliennali del tesoro.

exchequer equalization grant: ***contributo statale agli enti locali.*** Lo stesso che *equalization grant* (v.).

exchequer returns: Prospetto settimanale delle entrate e delle uscite ordinarie del Tesoro britannico, rapportato ai preventivi di bilancio e al corrispondente prospetto per lo stesso periodo dell'anno precedente.

exchequer stocks: Termine con il quale, nel Regno Unito, si indicano titoli a reddito fisso emessi dal ministero del tesoro britannico a fronte di prestiti a medio e lungo termine. Sono distinti l'uno dall'altro dall'ammontare dell'interesse e dall'anno di emissione.

exchequer tally: ***taglia.*** Nome che, in Gran Bretagna, veniva dato ad un pezzo di legno con tacche, che si consegnava a chi depositava denaro presso lo stato. Ogni tacca corrispondeva ad una somma prestabilita e quando il cittadino voleva ritirare il denaro, riconsegnava il bastoncino di legno, che veniva messo a confronto con uno uguale conservato presso l'ufficio. Se le tacche sui due bastoncini corrispondevano (*tallied*), il denaro veniva restituito. Questo sistema fu abolito nel 1782.

excise: 1. ***imposta sui consumi.*** Termine usato con lo stesso significato di *excise duty* (v.). **2.** ***ufficio delle imposte indirette.*** Il termine inglese indica collettivamente gli uffici e i funzionari preposti alla riscossione delle imposte indirette e all'applicazione delle relative disposizioni di legge.

excise duties: ***dazi interni.*** V. spiegazione sotto *customs and excise duties.*

excise duty: ***imposta sui consumi.*** Una qualsiasi delle imposte che colpiscono il reddito del cittadino nel momento in cui esso viene speso. Rientrano, pertanto, nella categoria delle imposte indirette e prendono varie forme, come ad esempio imposte di fabbricazione, imposta sul valore aggiunto, imposte sui trasferimenti, ecc.

excise licence duties: ***tasse sulle concessioni governative.*** Lo stesso che *excise licences 1* (v.)

excise licences: 1. ***tasse sulle concessioni governative.*** V. spiegazione sotto *licence tax.* **2.** ***concessioni governative.*** Licenze che consentono determinate attività per le quali la legge prevede la preventiva autorizzazione da parte dello stato.

exciseman: ***daziere.*** Funzionario addetto alla riscossione dei dazi o delle imposte indirette.

excise permit: ***bolletta daziaria; permesso daziario.*** Permesso, rilasciato da un funzionario dell'ufficio delle imposte indirette, che consente la rimozione di merci sulle quali è stata pagata l'imposta cui sono soggette.

excise revenue duties: ***imposte fiscali sui consumi.*** Termine specifico, usato in contrapposizione a *customs revenue duties* (v.), con il quale si indicano i dazi che colpiscono i beni di produzione nazionale citati sotto *revenue duties* (v.).

excise tax: ***imposta di fabbricazione; imposta sui consumi.*** Termine generico, usato negli Stati Uniti per indicare un'imposta che colpisce una qualsiasi delle fasi della fabbricazione, distribuzione o vendita di beni e servizi prodotti all'interno del paese.

excited market: ***mercato sostenuto.*** Espressione del linguaggio delle borse valori, con la quale si indica che il mercato è caratterizzato da grande attività, da un eccesso della domanda sull'offerta e da corsi in rapido aumento.

ex claim: ***ex diritti; senza diritti.*** Termine usato con lo stesso significato di *ex rights* (v.).

excluded property: ***beni esclusi.*** Sono indicati con questa espressione i beni che possono essere trasferiti da una persona all'altra in esenzione dall'imposta sui trasferimenti di capitale. Vi rientrano, ad esempio, i beni al di fuori del territorio del Regno Unito, di proprietà di sudditi domiciliati all'estero.

exclusion: 1. ***esclusione.*** Clausola in un contratto di assicurazione, che limita il rischio assunto dall'assicuratore. **2.** ***esenzione.*** Somma esente da imposizione fiscale, in quanto non raggiunge il minimo imponibile. Ad esempio, in base alla legislazione statunitense sono esenti dall'imposta sulle donazioni quelle il cui ammontare non raggiunge i tremila dollari annui.

exclusion clause: ***clausola di esclusione.*** La clausola di cui si parla sotto *exclusion 1* (v.).

exclusive agency: ***agenzia esclusiva.*** Lo stesso che *sole agency* (v.).

exclusive agency listing: ***incarico di vendita esclusivo.*** Negli Stati Uniti, questa espressione indica un contratto tra il proprietario di un bene immobile e un mediatore, in base al quale quest'ultimo ha il diritto di ricevere una commissione sulla vendita del bene anche se essa viene portata a buon fine da un altro mediatore. La vendita diretta da parte del proprietario, tuttavia, non dà ad alcun mediatore il diritto di ricevere una commissione anche se è stato sottoscritto questo tipo di contratto. (v. anche *exclusive–right–to–sell listing, listing, multiple listing, open listing*)

exclusive agency selling: ***vendita in esclusiva.*** Termine usato con lo stesso significato di *exclusive dealing* (v.).

exclusive agent: ***agente esclusivo.*** Lo stesso che *sole agent* (v.).

exclusive contract: ***contratto di esclusiva.*** Contratto che vincola un dettagliante a vendere il prodotto di un industriale e a non vendere prodotti simili provenienti da altri industriali. Negli Stati Uniti è stato dichiarato illegale, perché era uno dei mezzi per assicurarsi un certo potere monopolistico.

exclusive dealership: Lo stesso che *full–line forcing* (v.).

exclusive dealing: ***vendita in esclusiva.*** È il tipo di vendita imposta da un *exclusive contract* (v.).

exclusive dealing agreement: ***accordo di vendita esclusiva.*** Accordo tra due o più imprese, che si impegnano a trattare esclusivamente tra loro, rifiutandosi di avere rapporti commerciali con terzi, in relazione ad un determinato bene o servizio o ad un gruppo di beni o servizi, che possono essere rappresentati da tecnologie o classi di tecnologie specifiche.

exclusive distribution: ***distribuzione esclusiva.*** La concessione, da parte di un produttore a un dettagliante, di essere l'unico a trattare i suoi prodotti in una determinata area geografica.

exclusive licence: ***licenza esclusiva.*** Il diritto esclusivo, concesso dal detentore di un brevetto al licenziatario, di produrre e vendere il bene protetto da brevetto in un'area geografica determinata o in tutto il mondo.

exclusive licensee: ***licenziatario esclusivo.*** Persona fisica o giuridica cui è stata concessa una licenza esclusiva per lo sfruttamento di un brevetto, in un'area determinata o in tutto il mondo.

exclusive of expenses: ***spese escluse.*** È la clausola commerciale che stabilisce che il prezzo quotato per le merci è relativo soltanto al loro costo e restano, pertanto, escluse tutte le spese accessorie.

exclusive of packing: ***imballaggio escluso.*** Lo stesso che *packing excluded* (v.)

exclusive representation: ***rappresentanza unica.*** Il concetto, sancito negli Stati Uniti dal *National Labor Relations Act* (v.), che prevede che tutti i lavoratori siano ugualmente rappresentati dal sindacato, anche se non sono membri iscritti del sindacato stesso. Di conseguenza, un contratto sottoscritto da un sindacato lavoratori si applica nella stessa maniera a tutte le persone, siano esse iscritte o non iscritte al sindacato, nella zona territoriale cui esso si riferisce.

exclusive right to sell: ***diritto esclusivo di vendita.*** Il diritto, riservato a una determinata persona fisica o giuridica, di vendere un prodotto in una particolare area geografica o in un particolare mercato.

exclusive–right–to–sell listing: ***incarico di vendita esclusivo limitato.*** Negli Stati Uniti, questa espressione indica un contratto tra il proprietario di un bene immobile ed un mediatore, in base al quale quest'ultimo ha il diritto di ricevere una commissione sulla vendita del bene, anche se essa è portata a buon fine da un altro mediatore o da parte dello stesso proprietario. (v. anche *exclusive agency listing, listing, multiple listing, open listing*)

exclusive sales agent: ***agente di vendita esclusivo.*** Termine usato con lo stesso significato di *sole agent* (v.).

ex coupon: ***ex cedola; ex cupone; secco; scuponato.*** Espressione del linguaggio delle borse valori, con la quale si indica che un titolo viene venduto privo della cedola che dà diritto all'interesse appena maturato o di prossima scadenza. È di solito usato solo per titoli a reddito fisso.

ex cp.: ex coupon.

Ex d.: ex dividend.

ex distribution: ***senza distribuzione.*** Espressione equivalente a *ex dividend* (v.), ma usata in relazione alle quote parti di fondi comuni di investimento.

ex div.: ex dividend.

ex dividend: ***ex dividendo; ex cedola; secco; scuponato.*** Espressione del linguaggio delle borse valori, con la quale si indica che un titolo azionario viene venduto senza diritto a percepire i dividendi già dichiarati o che, comunque, saranno pagati nelle successive prossime settimane.

ex dock: ***franco banchina; franco molo.*** Termine usato con lo stesso significato di *ex quay* (v.).

ex dr.: ex drawing.

ex drawing: ***non estraibile; senza il beneficio del sorteggio.*** Espressione del linguaggio delle borse valori, con la quale si indica un titolo a reddito fisso, privo del beneficio che può derivare dall'estrazione per il rimborso anticipato.

exec.: executive.

executed consideration: ***prestazione corrispettiva eseguita.*** Nel linguaggio giuridico, è l'avvenuta consegna di moneta o altro valore, in esecuzione parziale o totale di una prestazione stabilita da un contratto. (v. anche *executory consideration*)

executed contract: ***contratto eseguito.*** È il contratto in relazione al quale tutte le parti hanno adempiuto alle loro rispettive obbligazioni.

executed trust: Espressione del linguaggio giuridico, con la quale si indica un *trust* costituito da un testatore nel suo testamento ed al quale egli destina parte dei suoi beni con indicazioni specifiche su come essi dovranno venire usati. (v. anche *trust 1*)

execution: ***esecuzione.*** Il completamento di un'obbligazione contrattuale, mediante fornitura della prestazione cui sono tenute le singole parti.

execution by outcry: ***esecuzione alle grida.*** Espressione del linguaggio delle borse merci britanniche e statunitensi, con la quale si indica l'esecuzione di ordini di acquisto o di vendita mediante offerte e accettazioni verbali che hanno luogo nel salone delle contrattazioni o nel recinto per la negoziazione alle grida.

execution-only service: ***servizio di sola esecuzione.*** Il servizio prestato da un intermediario di borsa valori a un cliente che intende gestire personalmente il proprio portafoglio titoli. In quanto tale servizio si limita alla sola esecuzione degli ordini di acquisto e di vendita passati dal cliente, con l'esclusione della consulenza gestionale, la commissione fatta pagare dal broker è molto contenuta.

execution sale: ***vendita forzata.*** Lo stesso che *sale under execution* (v.).

executive: **1.** ***funzionario; dirigente.*** Una qualsiasi persona con mansioni di responsabilità nel settore amministrativo di un'impresa o altra organizzazione. **2.** ***esecutivo.*** Persona o gruppo di persone cui viene delegata la responsabilità e l'autorità di applicare e far rispettare determinate leggi o decisioni prese da un'autorità superiore. Negli Stati Uniti, il termine viene usato per indicare il potere esecutivo, rappresentato dal Presidente e dai suoi collaboratori.

executive action: ***azione dirigenziale.*** Rientra tra i compiti di un dirigente e presuppone capacità di comando e di decisione.

executive bonus fund: ***fondo gratifiche.*** Il fondo appositamente costituito e dal quale si prelevano le somme di denaro necessarie per pagare le gratifiche concesse al personale direttivo di un'impresa.

executive committee: ***comitato esecutivo.*** Gruppo di persone, scelte di solito tra gli amministratori dell'impresa, che hanno il compito di applicare e far rispettare le decisioni prese dal consiglio di amministrazione.

Executive Councils: ***unità sanitarie locali.*** Sono gli organi creati nel Regno Unito in base al *National Health Scheme* perché provvedano all'erogazione dei servizi sanitari gratuiti.

executive director: ***direttore esecutivo; amministratore esecutivo.*** Uno qualsiasi dei membri del consiglio di amministrazione che ricopre contemporaneamente l'ufficio di capo di un settore dell'impresa, come ad esempio il settore vendite o il settore produzione.

executive duties: ***compiti dirigenziali; mansioni direttive.*** Sono i compiti che è chiamato a svolgere un qualsiasi dirigente di un'impresa.

executive employees: ***personale direttivo.*** Lo stesso che *executive personnel* (v.).

executive game: ***gestione simulata.*** Lo stesso che *management game* (v.).

executive hierarchy: ***gerarchia direttiva.*** Rapporto di subordinazione esistente tra dirigenti di un'impresa, di solito basato sull'anzianità di servizio, idealmente rappresentato nella piramide dirigenziale.

executive personnel: ***personale direttivo.*** Termine con il quale, nel linguaggio dell'organizzazione aziendale, si indicano collettivamente tutti coloro che svolgono mansioni direttive all'interno di un'impresa.

executive personnel committee: ***comitato del personale direttivo.*** È il comitato che, all'interno di un'impresa, è preposto alla valutazione dei dirigenti, ai loro trasferimenti, alle promozioni e alla determinazione delle loro competenze e remunerazioni.

executive pyramid: ***piramide dirigenziale.*** Struttura ideale, spesso riprodotta graficamente, che stabilisce il rapporto di subordinazione tra i dirigenti di un'impresa o altra organizzazione.

executive ralationship: ***relazione diretta; relazione lineare.*** La relazione esistente, nell'ambito dell'organizzazione aziendale, tra un superiore e il suo subordinato ad un qualsiasi livello dell'organizzazione, come ad esempio tra il direttore generale e il direttore di un reparto o tra il direttore di un reparto e il suo vice direttore. In base a tale struttura organizzativa, il secondo deve sempre rispondere direttamente al primo. (v. anche *functional relationship, lateral relationship, staff relationship*)

executive trade agreements: ***accordi commerciali di reciprocità.*** Accordi tra paesi, che stabiliscono la reciproca concessione di agevolazioni commerciali, soprattutto sotto forma di riduzioni delle rispettive tariffe doganali o su alcuni prodotti o su tutti i beni e servizi oggetto di interscambio.

executive turnover: ***avvicendamento dei dirigenti.*** Trasferimenti interni del personale direttivo o avvicendamento conseguente a dimissioni o raggiunti limiti di età.

executor: ***esecutore testamentario.*** La persona nominata da un testatore affinché proceda all'esecuzione delle disposizioni da lui dettate nel suo testamento e alla divisione del suo patrimonio tra gli eredi.

executory consideration: ***prestazione corrispettiva da eseguirsi.*** Espressione del linguaggio giuridico, che indica la consegna futura di moneta o altro valore, in esecuzione parziale o totale di una prestazione stabilita da un contratto. (v. anche *executed consideration*)

executory contract: ***contratto in essere; contratto da eseguirsi.*** L'espressione inglese indica che una o ambedue le parti non hanno ancora completamente eseguito le rispettive obbligazioni derivanti dal contratto e, quindi, resta ancora qualcosa da fare per completarlo.

executory trust: Nel linguaggio giuridico, è un *trust* costituito da un testatore nel suo testamento ed al quale egli destina parte dei suoi beni, dando all'esecutore soltanto indicazioni generiche su come essi dovranno essere usati. (v. anche *trust 1*)

executrix: ***esecutrice testamentaria.*** È il femminile del termine *executor* (v.).

exemplary damages: ***risarcimento esemplare.*** Risarcimento di danni superiore a quelli effettivamente subiti dalla parte lesa, fissato dalla corte in tale misura per dare un esempio e per punire il convenuto nel caso in cui egli si sia comportato in maniera deprecabile.

exempted dealers: ***investitori istituzionali.*** Nel *Prevention of Fraud (Investments) Act* (v.) sono indicati con questo termine gli enti o istituti autorizzati alla compravendita di titoli per investimento di parte dei loro fondi. Tra questi vi sono le banche, le società di assicurazioni, i fondi pensioni indipendenti e i fondi comuni di investimento.

exempt goods: ***beni esenti.*** I beni non colpiti da una particolare imposta, di solito l'imposta sul valore aggiunto.

exempt institutions: ***istituzioni esenti.*** Il *Banking Act* del 1979 stabilì che alcune istituzioni finanziarie britanniche sono esenti da quanto disposto nella legge stessa. Ciò perché si tratta di istituzioni già regolamentate in maniera soddisfacente e controllate dalle autorità in virtù di altre disposizioni di legge. Le istituzioni esenti sono le *building societies*, la *National Savings Bank*, il dipartimento bancario della Banca d'Inghilterra, le società di assicurazioni, i fondi pensioni e alcune altre. (v. anche *recognized banks, licensed deposit–takers*)

exemption: ***detrazione; esenzione.*** Termine usato nel linguaggio tributario statunitense per indicare la detrazione d'imposta sul reddito lordo di una persona fisica, sotto forma di una somma fissa per spese personali o carichi di famiglia. (v. anche *tax exemption*)

exemption clause: ***clausola di esonero.*** Clausola inserita in certi contratti, in particolare quelli di compravendita, che esonera il venditore da certe responsabilità.

exemption from tax: ***esenzione fiscale; esenzione da imposta.*** Lo stesso che *tax exemption* (v.).

exempt private company: Tipo di società di capitali inglese, soppressa dal *Companies Act* del 1967, che era esentata dall'invio della prescritta copia del bilancio annuale al Registro delle società. In quanto *private company* (v.), i suoi azionisti non potevano superare il numero di cinquanta e le azioni non potevano essere di proprietà di enti collettivi.

exempt securities: ***titoli esenti.*** Espressione del linguaggio finanziario statunitense, con la quale vengono indicati i titoli che sono esenti da alcune norme stabilite dalla *Securities and Exchange Commission* (v.). Comprendono i titoli di stato, di enti statali e locali, come pure carta commerciale e i titoli a collocamento diretto.

exempt transfer: ***trasferimento esente; trasferimento in esenzione.*** Trasferimento di beni, da una persona a un'altra, esente dall'imposta sui trasferimenti di capitali in quanto il valore non supera il minimo soggetto a tale imposta.

exercise: ***esercizio.*** L'esercizio di un diritto contemplato in un contratto.

exercise notice: ***avviso di esercizio.*** Nel linguaggio delle borse valori, è il preavviso formale, dato dal titolare di un contratto a premio, con il quale egli informa la controparte della sua intenzione di esercitare il diritto di acquistare i titoli oggetto del contratto a premio al prezzo precedentemente stabilito.

exercise price: ***prezzo di esercizio; prezzo base.*** Lo stesso che *strike price 2* (v.).

ex factory: ***franco fabbrica.*** Clausola che impegna il venditore a mettere le merci a disposizione del compratore nella propria fabbrica, da dove il compratore provvederà a sue spese e rischio a prelevarle.

exhaustible resources: ***risorse esauribili.*** Le risorse che una volta consumate non possono essere riprodotte. Tra queste rientrano i combustibili fossili, ma non i depositi di minerali, la cui estrazione dipende dal prezzo, dal costo, dalla tecnologia e dalle politiche degli stati nei cui territori essi si trovano.

exhaust price: ***prezzo limite inferiore.*** Se in un acquisto a margine il prezzo dei titoli scende tanto da raggiungere il prezzo limite inferiore, essi saranno venduti a meno che l'investitore interessato sia disposto a versare dell'altro denaro sotto forma di margine di garanzia. (v. anche *margin trading, buying on margin*)

to exhibit: ***esporre.*** Mettere in mostra articoli offerti in vendita o campioni in una fiera o mostra campionaria.

exhibit: **1.** ***allegato.*** Dichiarazione, su una questione finanziaria o di altra natura, di carattere formale, resa per informare altre persone e allegata a documenti ufficiali, come ad esempio un *audit report* (v.). **2.** ***articolo esposto.*** Il termine inglese indica un qualsiasi articolo o gruppo di articoli esposti ad una mostra o esposizione.

exhibition: ***mostra.*** Mostra organizzata di prodotti, cui è ammesso il pubblico. Può essere organizzata per una singola industria o per un gran numero di esse e può essere a carattere locale, nazionale o internazionale. Certe mostre sono riservate ai soli operatori economici, con l'esclusione del pubblico.

exigible: ***esigibile.*** Lo stesso che *collectible* (v.)

Eximbank: Export–Import Bank.

ex in.: ex interest.

ex int.: ex interest.

ex interest: ***ex interessi; senza interessi; secco.*** Espressione del linguaggio delle borse valori, con la quale si indica che un titolo è venduto senza il diritto di percepire gli interessi maturati.

ex–interest price: ***corso secco.*** Il prezzo di acquisto o di vendita di un titolo a reddito fisso, che viene venduto senza il diritto a percepire gli interessi maturati fino al giorno in cui ha luogo la vendita. Se la cedola non è ancora scaduta, si procederà al calcolo degli interessi maturati ed essi saranno aggiunti al prezzo che dovrà pagare il compratore il quale, così, acquista anche il diritto di incassare la cedola alla sua naturale scadenza.

existing–use value: ***valore di uso attuale.*** Il valore di un terreno o di un edificio corrispondente al prezzo che si può ricavare dalla sua vendita sul mercato con il vincolo che esso verrà utilizzato per lo stesso scopo cui è attualmente destinato. Tale prezzo può essere diverso da quello che potrebbe ricavarsi se l'edificio o il terreno potessero liberamente essere destinati ad un uso alternativo. Il termine si applica, ad esempio, a terreni agricoli non utilizzabili come suoli edificatori o per insediamenti industriali, ad edifici soggetti al vincolo alberghiero o di altra natura e simili altri beni immobili.

exit: ***uscita.*** Nel linguaggio economico, indica la possibilità di un'impresa di uscire, senza dover sostenere alcun costo, da un mercato o da un'industria ove precedentemente operava. Lo stesso termine viene usato anche in relazione a fattori della produzione che, per un motivo o per l'altro, vengono ritirati o si ritirano da un'attività produttiva nella quale erano impiegati.

exit bonds: ***obbligazioni di disimpegno.*** Sono indicate con questo termine le obbligazioni a lungo termine e a tasso d'interesse fisso che alcuni paesi hanno offerto in cambio del loro debito estero a più breve termine e a tasso d'interesse variabile. La sottoscrizione di questi titoli da parte di una banca creditrice porterebbe alla estinzione del suo credito diretto, il che avrebbe il vantaggio di consentire alla banca di non essere più tenuta a partecipare, in misura proporzionale alla sua esposizione, alla concessione di nuovi prestiti se il paese debitore si trova in difficoltà finanziarie.

exit interview: ***intervista di uscita.*** Colloquio che un incaricato dell'ufficio del personale tiene con un lavoratore che si è dimesso dal suo posto di lavoro, al fine di tentare di scoprire i veri motivi che lo spingono a lasciare l'azienda.

ex mill: ***franco fabbrica.*** Espressione usata con lo stesso significato di *ex factory* (v.).

ex n.: ex new.

ex new: Espressione del linguaggio delle borse valori, con la quale si indica che un valore mobiliare viene venduto senza il diritto all'assegnazione di nuove azioni in corso di emissione. Il venditore, cioè, si riserva il diritto di sottoscriverle.

ex–officio member: ***membro nominato d'ufficio.*** È il membro di una commissione non eletto, ma incluso in essa per il posto che occupa in seno ad un'organizzazione o perché nominato da un'autorità che ne ha il potere.

exogenous: ***esogeno.*** Aggettivo usato nel linguaggio dell'economia per indicare fenomeni che traggono origine dall'esterno del sistema in esame.

exogenous business–cycle theory: ***teoria esogena del ciclo economico.*** Espressione usata negli Stati Uniti come sinonimo di *exogenous theory of the trade cycle* (v.).

exogenous change: ***cambiamento esogeno.*** Un cambiamento della vita economica dovuto a cause di carattere non economico, come ad esempio una siccità, un inverno particolarmente rigido e simili.

exogenous money: ***moneta esogena.*** V. spiegazione sotto *endogenous money.*

exogenous theory of the trade cycle: ***teoria esogena del ciclo economico.*** Una qualsiasi teoria del ciclo economico che ne faccia risalire la causa a cambiamenti o disturbi esogeni, cioè di natura non economica, come ad esempio nuove invenzioni, variazioni nei raccolti e simili. (v. anche *trade cycle*)

exogenous variable: ***variabile esogena.*** In econometria, è una serie temporale economica che influenza un insieme di relazioni economiche in esame, ma che non è a sua volta influenzata da variazioni delle stesse relazioni economiche. Pertanto, può dirsi una variabile determinata all'esterno del sistema in esame.

exotic currencies: ***valute esotiche.*** Nel linguaggio finanziario internazionale, sono tutte le valute estere raramente trattate sui mercati valutari, per le quali non esiste alcun mercato internazionale di alcuna dimensione.

exp.: 1) export; 2) expense.

Expanded Programme of Technical Assistance: È un programma di assistenza tecnologica, varato dalle Nazioni Unite nel 1950 con l'intento di portare aiuto ai paesi sottosviluppati.

expanding economy: ***economia in espansione.*** È così detta un'economia nella quale i pagamenti dalle imprese ai fattori della produzione superano i pagamenti dalle famiglie alle imprese.

expanding industries: ***industrie in espansione.*** Lo stesso che *sunrise industries* (v.).

expansion: ***espansione; fase di espansione.*** È una delle fasi del ciclo economico, caratterizzata dalla piena occupazione, dall'espansione degli impianti produttivi e dei consumi, dall'aumento del livello generale dei prezzi e dallo stato di grande benessere economico. (v. anche *trade cycle*)

expansionary budget: ***budget espansivo.*** Lo stesso che *expansionist budget* (v.).

expansionary demand policy: ***politica di espansione della domanda.*** Una qualsiasi politica fiscale o monetaria che ha l'obiettivo di espandere la domanda allo scopo di ridurre la disoccupazione. Questi sono provvedimenti suggeriti dall'economia della domanda, ma contestati dalla moderna corrente degli economisti dell'offerta, che sostengono che il tasso permanente di disoccupazione non può essere ridotto con questo tipo di politiche, bensì soltanto con provvedimenti che correggono le distorsioni e i disincentivi del mercato del lavoro e cioè con politiche di espansione dell'offerta.

expansionary fiscal policy: ***politica fiscale espansiva.*** Manovre di politica fiscale che si prefiggono l'obiettivo di stimolare l'espansione dell'attività economica.

expansionary monetary policy: ***politica monetaria espansiva.*** Manovre di politica monetaria che si prefiggono l'obiettivo di stimolare l'espansione dell'attività economica.

expansionary phase: ***fase di espansione.*** Lo stesso che *expansion* (v.).

expansionary policy: ***politica di espansione.*** Lo stesso che *expansionist policy* (v.) e *expansionary demand policy* (v.).

expansionist budget: ***budget espansivo.*** Bilancio dello stato nel quale si prevede un notevole incremento delle spese e degli investimenti pubblici, con l'intento di stimolare l'espansione della produzione, dell'occupazione e dell'attività economica in generale. Un bilancio statale del genere fu introdotto nel Regno Unito nel 1953 dal conservatore Mr. Butler, allora Cancelliere dello Scacchiere.

expansionist policy: ***politica di espansione.*** È la politica economica tendente a stimolare la domanda e la produzione. Si realizza attraverso una politica monetaria adeguata, con bassi tassi di interesse e riduzioni delle riserve obbligatorie delle banche presso la banca centrale, e tutta una serie di altri provvedimenti tendenti a realizzare la piena occupazione delle risorse.

expansion of a firm: ***espansione di un'impresa.*** Può verificarsi o a seguito di nuovi investimenti, ivi compresi gli utili reinvestiti, o a seguito di fusione con altre imprese.

expansion of credit: ***espansione del credito.*** L'espansione del credito ha generalmente luogo al termine di un periodo di depressione o recessione allo scopo di agevolare la ripresa, di cui già si avvertono i primi sintomi nel sistema economico. Si realizza attraverso una serie di misure adottate dal governo e dalle autorità monetarie, prima tra le quali è la riduzione del costo del denaro, ossia dei tassi d'interesse.

expansive theory: ***teoria dell'espansione.*** La teoria che sostiene che durante una crisi monetaria la banca centrale dovrebbe espandere, anziché ridurre, l'emissione di banconote. Si dimostrò valida nel Regno Unito durante le crisi del 1847, 1857 e 1866. In quelle occasioni, infatti, la Banca d'Inghilterra fu autorizzata ad emettere più banconote di quanto le fosse concesso dal *Bank Charter Act* (v.) del 1844 e ciò contribuì a risolvere le crisi.

expectational cycle: ***ciclo delle aspettative.*** L'alternarsi del pessimismo e dell'ottimismo o di altri stati psicologici che influenzano il ciclo economico. (v. anche *expectations, trade cycle*)

expectational equilibrium: ***equilibrio delle aspettative.*** Nella teoria economica, è la situazione in cui le aspettative, pur se mutevoli, si verificano come previste.

expectation of life: ***probabilità di sopravvivenza.*** È la probabilità che una persona, o un gruppo di persone, di età x sopravviva all'età $x + n$. È uno dei concetti fondamentali della matematica attuariale, applicato alle assicurazioni sulla vita e usato per la determinazione dei premi.

expectations: ***aspettative.*** Stati psicologici, quali l'ottimismo e il pessimismo, di importanza fondamentale nell'economia di un paese, in quanto sono alla base del risparmio, degli investimenti e dei loro effetti sull'occupazione e sulla crescita economica.

expectations theory: ***teoria delle aspettative.*** Teoria che spiega la struttura dei tassi d'interesse a termine con le aspettative degli investitori circa i futuri prezzi ai quali essi potranno rivendere i titoli a medio–lungo termine. La teoria parte dal presupposto che un investitore può impiegare il proprio denaro in una serie successiva di titoli a breve termine invece che in un unico titolo a lungo termine che copra l'intero periodo in cui l'investimento è in essere. Allo stesso modo, un investitore che desideri impiegare il proprio denaro per un breve periodo, diciamo ad esempio due anni, può acquistare e rivendere, tenendoli ciascuno per un anno, due titoli a lunga scadenza che non giungono a maturità nel periodo considerato sopra. Quindi, se sono uguali le aspettative di tutti gli investitori sul rendimento futuro dei titoli a breve termine e sui prezzi futuri ai quali potranno rivendere i titoli a lungo termine tenuti in portafoglio per lo stesso periodo di tempo, in quanto questi ultimi non giungono a scadenza, i rendimenti totali di tutti i titoli dovrebbero essere gli stessi per qualsiasi dato periodo. La possibilità che si verifichi una perdita di capitale a seguito di investimento in titoli a più lunga scadenza porterà a un più alto tasso d'interesse su tali titoli al fine di indurre gli investitori a tenerli in portafoglio. Così, i differenti tassi d'interesse sui titoli con differenti date di scadenza vengono spiegati in termini di aspettative circa i prezzi futuri dei titoli. (v. anche *liquidity premium theory*)

expected exit value: ***valore di uscita atteso.*** Lo stesso che *net realizable value* (v.).

expected inflation: ***inflazione prevista; inflazione attesa.*** Lo stesso che *anticipated inflation* (v.).

expected life: ***vita presunta.*** È la vita presunta, espressa in anni di servizio, di un'attività o di un gruppo di attività, ma lo stesso termine identifica anche il valore da annettere a tale attività, in base alla vita utile prevista, in un certo momento del tempo. (v. anche *probable life*)

expected monetary value: ***valore monetario presunto.*** Espressione con la quale si indica un principio utilizzabile nel prendere decisioni, tenendo conto delle probabilità derivanti da differenti possibili corsi di azione nella gestione industriale. Il principio si basa sul concetto di frazionare il problema nelle sue varie parti costituenti e di assegnare valori numerici ai fattori qualitativi, in modo da giungere a conclusioni abbastanza logiche che aiuteranno a prendere decisioni gestionali ragionevolmente buone per massimizzare i rendimenti in condizioni di incertezza.

expected return: ***rendimento atteso; rendimento previsto.*** Lo stesso che *mean return* (v.).

expected to rank: Con questa espressione si indicano, in una procedura fallimentare, quei crediti personali che con tutta probabilità verranno provati e, pertanto, ammessi al passivo.

expected value: ***valore presunto.*** In statistica, è il valore medio di singole osservazioni estrapolate da un universo finito o infinito mediante campionature ripetute.

expendable: ***di uso.*** L'aggettivo inglese viene usato per determinare scorte, piccoli utensili, cancelleria, ecc., che si prestano ad usi singoli e in relazione ai quali, pertanto, non si tiene una specifica contabilità, ove si escludano le registrazioni relative ai costi di acquisto.

expendable fund: ***fondo disponibile.*** Fondo che l'amministrazione di un'impresa ha facoltà di spendere per scopi generali o speciali, a sua discrezione.

expended appropriation: ***stanziamento utilizzato.*** Nella contabilità di stato, è la parte di uno stanziamento equivalente alle spese maturate ed effettivamente sostenute in base allo stanziamento.

expenditure: ***spesa.*** 1) La passività incorsa, l'esborso di contanti o la cessione di beni allo scopo di acquisire un bene o servizio o di sanare una perdita. 2) La quantità di moneta pagata o da pagarsi in cambio di un bene o di un servizio ricevuti. 3) Qualsiasi esborso i cui benefici saranno notati nel presente e in successivi esercizi contabili.

expenditure arrears: ***residui passivi.*** Nel linguaggio della contabilità di stato e degli enti locali, sono somme già impegnate o accantonate, ma non spese nel corso di un determinato esercizio finanziario e, pertanto, riportate all'esercizio successivo.

expenditure curves: ***curve di spesa.*** Rappresentano le differenti combinazioni di quantità di due beni che possono essere acquistati con la stessa quantità di moneta.

expenditure–dampening policies: ***politiche di riduzione delle spese.*** Misure governative intese a ridurre la domanda globale di beni e servizi all'interno di un'economia, con l'obiettivo finale di ridurre la spesa globale in beni di importazione. L'efficacia di misure del genere dipende in gran parte dalla percentuale di reddito speso in beni di importazione. Se tale percentuale è bassa, sarà necessario operare una notevole riduzione del reddito a disposizione dei consumatori per imprimere una qualche variazione alla spesa in beni d'importazione. Il termine può applicarsi a qualsiasi tipo di politica che abbia questo obiettivo, dalle misure di restrizioni creditizie a quelle di inasprimenti fiscali e a quelle di riduzione della spesa pubblica con l'intento di abbassare il livello della liquidità.

expenditure equation: ***equazione della spesa del reddito.*** Termine usato con lo stesso significato di *income equation* (v.).

expenditure in consumption: ***spesa in consumi.*** Valore monetario complessivo dei beni venduti ai consumatori in un arco di tempo considerato. Il consumo è, *ceteris paribus*, una funzione del reddito netto.

expenditure limitation: ***limite di spesa.*** È il limite invalicabile posto ad un determinato capitolo di spesa in un bilancio dello stato, di un'impresa o di altra organizzazione.

expenditure lines: ***rette di spesa; linee di spesa.*** Termine usato con lo stesso significato di *expenditure curves* (v.).

expenditure of the state: ***spesa statale; spesa governativa.*** Sono le spese complessive effettuate da uno stato. Le principali voci della spesa statale sono: a) servizio e gestione del debito pubblico; b) difesa; c) servizi sociali; d) contributi e assegnazioni ad enti locali, oltre alle spese di amministrazione generale dello stato.

expenditure on capital assets: ***spesa in beni capitali.*** Qualsiasi spesa sostenuta con l'intento di trarne un beneficio in periodi futuri, che si identifica, quindi, col costo di acquisizione di beni capitali. Infatti, il termine inglese è quasi sempre usato con riferimento a spese che aumentino la capacità, l'efficienza, la vita utile o l'economia di gestione di un'attività fissa.

expenditure on fixed assets: ***spesa in attività fisse.*** Termine usato con lo stesso significato di *expenditure on capital assets* (v.).

expenditure on foreign travel: ***spesa per viaggi all'estero.*** Voce della bilancia dei pagamenti, di cui rappresenta una delle partite invisibili, relativa alle spese complessive di viaggi turistici, di studio o di affari, compiuti all'estero da parte di cittadini residenti nello stato. Tali spese contano come importazioni.

expenditure rate: ***tetto di spesa.*** È il limite massimo imposto per un periodo futuro dall'amministrazione di un'impresa o altra organizzazione.

expenditure survey: ***indagine sulla spesa.*** Lo stesso che *consumer expenditure survey* (v.).

expenditure–switching policies: ***politiche di modifica delle spese.*** Misure governative tendenti ad influenzare il tipo di spese effettuate da una comunità. Ad esempio, l'aumento delle aliquote dell'IVA, o imposta equivalente, su determinati prodotti, che può spingere i consumatori verso l'acquisto di surrogati o succedanei; l'imposizione di alti dazi di importazione su alcuni beni provenienti dall'estero, che può spingere i consumatori ad acquistare beni simili prodotti da industrie nazionali; la svalutazione ufficiale della moneta nazionale, che rende più costosi i beni di importazione e spinge i consumatori a rivolgersi verso beni di produzione nazionale.

expenditure taxes: ***imposte sulle spese.*** Termine generico usato per indicare una qualsiasi imposta sugli acquisti o sui consumi, che colpisce il reddito del cittadino nel momento e nella misura in cui esso viene speso. (v. anche *excise duty*)

expense: ***spesa.*** 1) In contabilità, l'uso volontario di un servizio o di un materiale tramite consumo fisico o utilizzazione nel tempo, in previsione di futuri benefici. Si identifica, pertanto, col costo spirato. (v. anche *expired cost*) 2) In economia, l'esborso di moneta utilizzata per la produzione di un bene o servizio.

expense account: **1.** ***conto spese.*** Elenco di spese effettivamente sostenute da un dipendente e soggette a rimborso o somma versata da un'azienda ad un dipendente o funzionario per far fronte a spese. **2.** ***conto di spese.*** In contabilità, qualsiasi conto al quale viene imputata una particolare spesa.

expense allocation: ***allocazione di spese; distribuzione di spese; imputazione di spese.*** L'atto di distribuire le voci di spesa ai relativi servizi, appalti, processi di fabbricazione, ecc., o ad altre unità di determinazione dei costi.

expense budget: ***budget delle spese.*** Bilancio preventivo relativo ai costi che si prevede si dovranno sostenere in relazione ad una data attività.

expense centre: ***centro di spesa.*** Qualsiasi punto all'interno di un'organizzazione al quale è stata riconosciuta la coincidenza di organizzazione e funzione. Può essere rappresentato da una singola macchina, da un reparto, da un'officina e simili.

expense classification: ***classificazione delle spese.*** Distinzione in classi delle spese sostenute da un'impresa o da un'altra organizzazione. La classificazione più generica è quella che separa le spese in conto capitale dalle spese di esercizio, mentre una classificazione più approfondita suddivide queste due in molte altre classi di spesa.

expense control: ***controllo delle spese.*** Qualsiasi accorgimento tendente a contenere le spese future entro un tetto prestabilito.

expense distribution: ***distribuzione di spese; imputazione di spese; allocazione di spese.*** Termine usato con lo stesso significato di *expense allocation* (v.).

expense loading: ***caricamento del premio.*** Lo stesso che *loading 1 a* (v.).

expense ratio: ***coefficiente di spesa; indice di spesa.*** Nelle assicurazioni, è il rapporto tra tutte le spese, escluse le imposte e gli indennizzi, e tutti i premi netti. In una qualsiasi altra impresa, è il rapporto tra le spese globali di gestione e i ricavi globali derivanti dalle vendite del prodotto.

expense reduction: ***riduzione delle spese; contenimento delle spese.*** Termine usato con lo stesso significato di *expense control* (v.).

expenses: ***spese.*** Ai fini della determinazione del reddito imponibile di una persona fisica, sono le spese deducibili, cioè ammesse in detrazione, sotto forma di spese personali, spese per la produzione del reddito, spese mediche specialistiche e simili. Nel linguaggio della contabilità aziendale, sono le spese di gestione, che non aggiungono niente al capitale dell'impresa.

expenses of production: ***spese di produzione.*** I costi in moneta sostenuti per la produzione di un bene o servizio.

expense voucher: ***documento giustificativo di spesa.*** Termine generico, usato per indicare una qualsiasi «pezza d'appoggio» o documento che giustifichi una spesa sostenuta da un'impresa o da un suo rappresentante e che deve essere consegnato se si chiede il rimborso.

expense waste: ***spreco di spese.*** Spreco evitabile che si verifica nel corso del processo produttivo a seguito di mancanza di opportuni controlli sulle spese effettuate o di un aumento di spese che non può essere traslato sul compratore del prodotto.

expensive: ***costoso; caro.*** Detto di beni o servizi, il cui costo è relativamente alto o decisamente superiore al loro valore.

experience: 1. ***sinistrosità.*** L'esperienza pregressa, relativa ad un singolo assicurato, dei sinistri denunciati e liquidati dalla società assicuratrice. Se la sinistrosità del cliente è bassa, è probabile che gli venga concessa una più conveniente tariffa di premio; se essa è alta, invece, quasi certamente gli verrà praticata la tariffa di premio più alta per il rischio che intende assicurare. **2.** ***indice di sinistrosità.*** La differenza tra il totale dei premi incassati da una società di assicurazione in relazione ad un determinato rischio e il totale degli indennizzi pagati in relazione allo stesso rischio. Viene usato come indice della redditività di una determinata classe, o ramo, di assicurazione.

experience curve: ***curva dell'esperienza.*** Concetto economico recente, basato sul presupposto che prezzi, costi e mercati sono dinamicamente collegati. Sostiene che in qualsiasi impresa, in qualsiasi epoca e in qualsiasi tipo di concorrenza capitalistica, i costi unitari tendono a diminuire in proporzioni prevedibili rispetto all'esperienza accumulata: il numero di unità vendute. Qualunque sia il prodotto e qualunque sia il risultato della particolare impresa, i costi unitari nell'industria nel suo insieme tendono a ridursi tra il 20 e il 30 per cento ogni volta che si raddoppiano le unità totali di prodotto accumulate. Costruire una curva d'esperienza è un lavoro molto difficile, perché si basa su definizioni spesso elusive che procedono di pari passo con i processi di pensiero strategico: si devono chiaramente identificare il prodotto, l'unità di misura e il mercato pertinente e si deve distillare in unità integrate di quantità e qualità il valore economico per il cliente. Ciò che la curva dimostra è che qualunque sia il prodotto o il mercato che l'impresa definisce per se stessa, essa dovrà sempre vendere più dei suoi concorrenti nel lungo periodo al fine di realizzare costi più bassi e di conseguenza profitti più alti. Inoltre, dovrà crescere al fine di sopravvivere. La quota di mercato diventa così una manifestazione dell'esperienza di un'impresa. Mentre la concorrenza procede, i produttori con costi più bassi riducono i loro prezzi, ampliano la loro quota di mercato e successivamente saranno in grado di espandere la loro produzione e la loro esperienza ad un passo ancora più rapido, scendendo lungo la curva verso posizioni di costi ancora più bassi, al tasso di circa il 25% ogni volta che si raddoppia la produzione. Infine, col mercato interamente sfruttato, la quota di mercato si stabilizza e tende ad emergere un oligopolio perfettamente prospero, mentre l'esperienza cresce più lentamente e i prezzi scendono lungo un gradiente più tenue in un'industria «matura» e relativamente in declino.

experienced investor: ***investitore esperto.*** Termine usato nel linguaggio finanziario britannico per indicare un investitore che possiede un'esperienza specifica almeno in uno dei mercati finanziari.

experience rating: ***valutazione della sinistrosità; tariffazione per sinistrosità.*** Nelle assicurazioni, porta alla determinazione di una certa tariffa di premio, inferiore o superiore a quella solitamente praticata, che tiene conto della pregressa sinistrosità dell'assicurato. Ad esempio, una riduzione del 30% sul premio a chi, nell'arco di un certo periodo di tempo passato, ha avuto un'incidenza di rischio inferiore al 30% rispetto a quella normale. Potrebbe paragonarsi, pur se con differenti applicazioni, alla polizza bonus–malus per la responsabilità civile auto.

expertise: ***competenza; perizia.*** Particolare capacità o abilità nello svolgere una funzione o nel fabbricare un oggetto. Il termine viene anche usato come sinonimo di *know–how* (v.), pur se le implicazioni dei due termini sono alquanto differenti.

expertness: ***competenza; perizia.*** Termine usato come sinonimo di *expertise* (v.).

expiration: ***scadenza; termine.*** In relazione ad un contratto, ad un'opzione, ad una licenza, ad un permesso e simili, indica la data in cui cessa la sua validità. Nel linguaggio assicurativo, oltre alla scadenza della copertura a seguito di disdetta del contratto, indica anche il termine del rischio, conseguente alla vendita o alla distruzione del bene coperto da assicurazione. Nella terminologia bancaria, sta ad indicare il termine entro il quale deve essere utilizzato un credito, pena la decadenza.

expired cost: ***costo spirato.*** Spesa dalla quale non si possono aspettare ulteriori benefici futuri, cioè un costo assorbito durante il periodo in cui se ne è goduto il beneficio o se ne è sostenuta la perdita.

expired utility: ***utilità spirata.*** Espressione che equivale a deprezzamento, in quanto indica quella parte di utilità di un'attività non più disponibile per il suo proprietario.

expiry: ***scadenza; termine.*** Lo stesso che *expiration* (v.).

expiry notice: ***avviso di scadenza.*** Nel linguaggio delle borse, è un preavviso, inviato al titolare di un contratto a premio, con il quale si fa presente che mancano pochi giorni alla scadenza entro la quale egli dovrà far conoscere la propria decisione in relazione all'esecuzione o alla rinuncia al diritto di opzione conferitogli dal contratto a premio.

ex pit transactions: ***operazioni fuori dal recinto.*** Sono le operazioni svolte al di fuori del recinto o della sala delle contrattazioni di una borsa merci. Tali operazioni vengono usate principalmente per determinare i prezzi in occasione di compravendita di merci pronte.

explicit costs: ***costi espliciti.*** Costi sostenuti sotto forma di esborsi monetari o di pagamenti in natura.

explicit interest: ***interesse di prestito.*** È l'interesse effettivamente pagato da una persona ad un'altra per l'uso di un capitale. Il termine inglese viene usato come opposto di *imputed interest* (v.).

explicit interest payment: ***pagamento di interesse esplicito.*** Rendimento monetario, e non sotto forma di servizi o altro, effettivamente versato come interesse su un deposito.

to exploit: ***sfruttare.*** Ottenere il massimo vantaggio possibile, da un punto di vista economico o commerciale, dall'utilizzazione di una qualsiasi risorsa. Il termine ha spesso una connotazione di condanna morale, quando viene usato in relazione a monopoli, multinazionali o sistemi economici basati sul profitto.

exploitation: ***sfruttamento.*** Termine spesso usato in senso peggiorativo per indicare l'utilizzazione, a proprio vantaggio e di solito in seguito a potere monopolistico, di un fattore della produzione o altro aspetto della vita economica. Implica quasi sempre l'idea della violazione di un principio economico, come ad esempio nell'espressione «sfruttamento della manodopera», che si verifica quando, secondo Alfred Marshall, il lavoro riceve una remunerazione inferiore al suo prodotto marginale o quando, secondo Marx, non partecipa come dovrebbe alla ripartizione degli utili della produzione. Il termine, anche in questo caso con implicazione peggiorativa, indica pure l'utilizzazione delle risorse di un paese o di una terra, prima non completamente sfruttate da un punto di vista economico.

exponential function: ***funzione esponenziale.*** Una funzione in cui una quantità variabile è la potenza di un numero fisso.

exponential smoothing: ***livellamento esponenziale.*** Tecnica usata per prevedere il livello futuro della domanda di un bene o servizio. Si utilizzano i recenti livelli di domanda come base per la previsione dei livelli futuri.

to export: ***esportare.*** Vendere beni o servizi prodotti in un paese a cittadini residenti in un altro paese.

export: ***bene di esportazione.*** Un singolo bene spedito da un paese o da una determinata area geografica verso un altro paese o un'altra area. Il paese che spedisce il bene è chiamato esportatore e quello che lo riceve è chiamato importatore. (v. anche *exports*)

export agent: ***agente per l'esportazione; agente esportatore.*** È un agente che mantiene proprie strutture in patria o in paesi esteri, per l'esportazione di beni i cui produttori non dispongono di un servizio apposito.

export articles: ***articoli di esportazione.*** Termine usato con lo stesso significato di *exports* (v.).

export assistance register: Organizzazione, fondata dalla federazione industriale britannica e altre associazioni, che offre assistenza alle imprese che desiderano iniziare una loro attività come esportatori.

export association: ***associazione di esportatori.*** Negli Stati Uniti, sono associazioni di imprese esportatrici, permesse dal *Webb–Pomerene Act* (v.), nei confronti delle quali non si applica la legislazione antimonopolistica. (v. anche *anti–trust laws*)

exportation: 1. ***esportazione.*** L'atto di vendere a cittadini residenti in paesi stranieri beni e servizi prodotti nel nostro paese. **2.** ***bene di esportazione.*** In questo significato, il termine inglese viene usato come sinonimo di *export* (v.).

export base theory: ***teoria della base di esportazioni.*** Termine usato con lo stesso significato di *economic base theory* (v.).

export bill of lading: ***polizza di carico per l'estero.*** È una polizza di carico emessa in relazione a merci destinate e da trasportarsi in paesi esteri. (v. anche *bill of lading*)

export bounty: ***sovvenzione alla esportazione; premio alla esportazione; premio di compensazione.*** Premio che un governo paga agli esportatori, per aiutarli a far fronte alla concorrenza sui mercati esteri. Così facendo, crea una discriminazione tra aziende che vendono i loro prodotti in patria e aziende che vendono gli stessi prodotti all'estero.

export cargo: ***carico di esportazione.*** Carico di una nave, destinato ad uno o più mercati esteri.

export commission house: ***casa commissionaria di esportazione.*** Impresa che agisce come agente esportatore per conto di produttori che non reputano economicamente vantaggioso mantenere proprie strutture per l'esportazione. La commissionaria riceve ordini dall'estero e provvede ad evaderli, ma non acquista le merci, limitandosi a fungere da intermediaria. Per i suoi servizi, riceve una commissione sull'ammontare complessivo dell'operazione andata a buon fine. (v. anche *export agent*)

export competitiveness: ***competitività delle esportazioni.*** La situazione in cui le esportazioni di un paese risultano concorrenziali, generalmente in relazione al prezzo, su uno o più mercati stranieri. Di solito ciò è dovuto a differenziali salariali nei diversi paesi, ma spesso è anche frutto di contributi alle imprese di trasformazione da parte del governo del paese esportatore e dell'adozione di tecnologie innovative.

export control: ***controllo delle esportazioni.*** Il controllo esercitato da un governo sulle esportazioni di determinati prodotti, ritenuti essenziali per la difesa o il benessere del paese o allo scopo di non far giungere in mani altrui determinati segreti industriali.

export council: ***consiglio per le esportazioni.*** Organismo costituito da rappresentanti dell'industria e del governo, che ha il compito di assistere i produttori nelle operazioni di esportazione, mediante la pubblicizzazione delle richieste provenienti da mercati esteri, l'apertura di nuovi mercati per i prodotti nazionali, l'assistenza diretta o indiretta alle pratiche di esportazione, ecc.

export credit: ***credito all'esportazione.*** Lo stesso che *buyer credit* (v.), ma in questo caso il credito viene concesso direttamente all'esportatore.

export credit insurance: ***assicurazione–credito nel commercio estero; assicurazione dei crediti all'esportazione.*** Termine usato con lo stesso significato di *credit insurance in international trade* (v.).

export credits: ***crediti alla esportazione.*** Sono così chiamate particolari forme di credito concesse dalle banche o altre istituzioni finanziarie in relazione ad operazioni di scambi commerciali internazionali. Lo stesso termine può applicarsi a forme di credito concesse direttamente dall'esportatore all'importatore.

Export Credits Guarantee Department: ***Ufficio per la garanzia dei crediti all'esportazione.*** Ufficio governativo che provvede all'assicurazione dei crediti degli esportatori britannici contro il rischio di mancato pagamento da parte degli importatori stranieri. È l'unico organismo che fornisce anche garanzie contro rischi politici e di rimesse valutarie. Tra gli altri suoi compiti, c'è anche quello di agevolare il credito alle imprese esportatrici, impegnate nella realizzazione di importanti progetti di costruzione in paesi stranieri. (v. anche *banker's guarantee, exports finance*)

export crop: ***raccolto per l'esportazione.*** Un *cash crop* (v.) coltivato allo scopo precipuo di essere venduto sui mercati esteri.

export declaration: ***dichiarazione doganale di esportazione.*** La dichiarazione doganale relativa alle esportazioni è richiesta principalmente per fini statistici. Nel Regno Unito deve essere presentata entro sei giorni dalla spedizione delle merci all'estero. (v. anche *export entry, outward manifest*)

export department: ***ufficio esportazioni; reparto esportazioni.*** Il reparto di un'impresa responsabile di tutta l'attività connessa all'esportazione del proprio prodotto.

export disincentives: ***disincentivi all'esportazione.*** Il complesso di leggi e regolamenti disorientanti, contraddittori e inutilmente complessi che influenzano negativamente le esportazioni di un paese.

export documents: ***documenti d'imbarco; carte d'imbarco.*** Sono i documenti allegati ad una cambiale estera. Comprendono la fattura, la polizza di assicurazione, la polizza di carico, il certificato di ispezione ed eventuali altri documenti richiesti dallo stato importatore.

export duties: ***dazi di esportazione; dazi di uscita.*** Ormai caduti in completo disuso. L'unica giustificazione di tali dazi poteva trovarsi nella necessità di non far andare all'estero beni e servizi essenziali al paese in cui venivano prodotti.

export earnings: ***proventi delle esportazioni.*** Le entrate realizzate attraverso l'esportazione da un'impresa, da un'industria o da un paese.

export entry: ***bolletta di esportazione.*** La dichiarazione che l'esportatore è tenuto a rilasciare alle autorità doganali. Essa deve contenere: nome della nave che trasporta le merci; porto e data di partenza; destinazione delle merci e generalità del loro proprietario; marchi e numeri di identificazione; numero dei colli; descrizione, paese d'origine, quantità o peso e valore delle merci. (v. anche *export declaration, outward manifest*)

exporter: 1. *esportatore.* Chiunque spedisca merci per la vendita su mercati esteri. Il termine può applicarsi anche ad un agente, che non ha la proprietà dei beni che spedisce all'estero. (v. anche *export merchant*) **2. *paese esportatore.*** Fra due paesi che intrattengono scambi commerciali, è quello nel quale vengono prodotti i beni o i servizi oggetto di scambio.

exporter's declaration: *dichiarazione dell'esportatore.* Termine generico, usato con lo stesso significato di *export declaration* (v.) e di *export entry* (v.).

export factoring: *factoring per l'esportazione.* Servizio di *factoring* (v.), cui possono fare ricorso gli esportatori britannici, che in tal modo evitano anche il rischio del tasso di cambio, assunto dall'impresa di factoring, e i problemi connessi con l'esazione di credito in paesi stranieri.

export finance: *finanziamento delle esportazioni.* Operazione mediante la quale si mette a disposizione il capitale necessario per l'esportazione di beni e servizi. Di solito, si realizza attraverso un credito di fornitura concesso dall'esportatore con la collaborazione e l'assistenza di una banca o altra istituzione finanziaria.

export finance company: *società di finanziamento alle esportazioni.* Lo stesso che *export finance house* (v.).

export finance house: *società di finanziamento alle esportazioni.* Una società finanziaria che si interessa principalmente di concedere finanziamenti a breve termine per l'esportazione di componenti e beni di consumo e a medio termine per l'esportazione di beni capitali.

export house: *casa di esportazione.* Termine usato con lo stesso significato di *export commission house* (v.).

Export–Import Bank: *Banca per le importazioni e le esportazioni.* Istituzione statunitense fondata nel 1934 per favorire le esportazioni e il commercio tra gli Stati Uniti ed altri paesi. Fornisce credito agli importatori stranieri per un periodo che può arrivare fino a sette anni, finanziando gli esportatori prima della spedizione delle merci all'estero.

export incentives: *incentivi all'esportazione.* Qualsiasi tipo di facilitazione concessa da un governo agli esportatori. Può configurarsi come restituzione delle imposte di fabbricazione o dell'imposta sul valore aggiunto, come sovvenzione diretta o come premi intesi a mettere gli esportatori in grado di competere con i produttori stranieri.

export industries: *industrie per l'esportazione.* In un paese, sono le industrie che producono principalmente o in larga misura per soddisfare la domanda proveniente da altri paesi.

exporting: *esportazione.* Termine usato come sinonimo di *exportation 1* (v.).

exporting by piggy back: *esportazione a dorso di maiale.* È indicata con questa espressione l'esportazione, da parte di piccole aziende, tramite case organizzate nel settore delle spedizioni ed esportazioni. Facilita le operazioni e rende possibile alle case di esportazione di ridurre i costi, in quanto esse accorpano più spedizioni per la stessa destinazione. (v. anche *export agent, export commission house*)

Export Intelligence Department: *Ufficio informazioni per l'esportazione.* Ufficio del *Board of Trade* (v.) che fornisce agli esportatori britannici consigli e informazioni sui mercati esteri.

export invoice: *fattura per l'esportazione; fattura per l'estero.* È la fattura che fa parte dei cosiddetti documenti d'imbarco. Differisce da una fattura per l'interno, in quanto contiene maggiori dettagli e precisamente quelli relativi ai marchi di spedizione, alle spese di nolo e di assicurazione, alle spese portuali e così via.

export–led growth: *crescita stimolata dalle esportazioni.* La crescita economica di un paese causata dall'alto volume complessivo delle sue esportazioni, che contribuiscono alla creazione di posti di lavoro nel sistema economico e alla piena utilizzazione delle risorse produttive.

export letter of credit: *lettera di credito di esportazione.* Termine a volte usato con lo stesso significato di *letter of credit 1* (v.), specialmente per indicare una lettera di credito inviata a un esportatore per notificargli l'avvenuta apertura di credito da parte di una banca estera.

export licence: *licenza di esportazione; permesso di esportazione.* È richiesta per l'esportazione di particolari quantità di un bene o per determinati beni, quando un governo non desidera che essi vengano esportati liberamente per questioni economiche o politiche. È rigorosamente necessaria in presenza di un *embargo* (v.).

export list: *lista delle esportazioni; elenco delle esportazioni.* Elenco alfabetico, sotto il quale vengono classificate le esportazioni per fini statistici.

export manager: *direttore dell'ufficio esportazioni.* La persona a capo o responsabile del buon funzionamento dell'ufficio esportazioni di un'impresa, che di solito opera sotto la diretta supervisione del direttore dell'ufficio vendite.

export market: *mercato delle esportazioni.* Il mercato internazionale o estero nel quale un'impresa, un'industria o un paese è in grado di vendere i propri prodotti e in questo significato il termine inglese può usarsi come sinonimo di *foreign market* (v.). Esso viene però anche usato col significato di complesso di beni e servizi trattati sui mercati internazionali.

export merchant: *esportatore.* Il termine inglese indica principalmente la persona, fisica o giuridica, che si assume il compito di vendere all'estero beni di produzione nazionale. Può, quindi, anche essere un agente che acquista beni prodotti in patria per poi rivenderli su mercati stranieri. In ciò differisce dalla casa di esportazione, che non acquista le merci, ma funge soltanto da agente. (v. anche *export commission house, merchant shipper*)

export multiplier: *moltiplicatore delle esportazioni; moltiplicatore del commercio internazionale.* In generale, indica la relazione tra l'aumento delle esportazioni di un paese, dovuto ad una variazione della domanda mondiale, e il reddito monetario del paese stesso. Infatti, il commercio internazionale influenza il moltiplicatore, in quanto le esportazioni nette, ovvero l'eccedenza delle esportazioni sulle importazioni di un paese, rientrano nel prodotto nazionale lordo. L'aumento delle esportazioni o la riduzione delle importazioni hanno, pertanto, come risultato lo stesso effetto di moltiplicatore che si verifica a seguito di investimenti privati o di spesa pubblica in una situazione di occupazione parziale delle risorse. Un aumento delle esportazioni fa aumentare la produzione globale di una quantità maggiore di quella rappresentata dai beni esportati, perché fa aumentare l'occupazione e genera così reddito che sarà in parte speso. L'ampiezza dell'effetto del moltiplicatore è determinata dal grado di dispersione, che dipende dalla propensione marginale al risparmio. Tuttavia, c'è anche da considerare che il maggior reddito derivante dall'aumento delle esportazioni e della produzione tende a far aumentare anche il volume delle importazioni. Pertanto, le importazioni in più che derivano dall'aumento del reddito fanno aumentare la dispersione e devono, quindi, essere sottratte, insieme all'ammontare del risparmio, per determinare il moltiplicatore del commercio internazionale. (v. anche *investment multiplier, leakage 3*)

export of capital: ***esportazione di capitale.*** V. spiegazione sotto *capital exports.*

export of commercial samples carnet: ***carnet per l'esportazione di campioni commerciali.*** Documento rilasciato dalla Camera di Commercio, che consente lo sdoganamento automatico di campioni commerciali accompagnati da un rappresentante dell'impresa produttrice. Ciò consente l'importazione temporanea dei campioni in esenzione doganale e senza dover versare alcun deposito.

export–oriented industrialization: ***industrializzazione orientata all'esportazione.*** La creazione, in un paese, di industrie che hanno come obiettivo la produzione di beni richiesti sui mercati esteri e, quindi, non destinati al mercato interno.

export–oriented products: ***prodotti orientati all'esportazione.*** Beni prodotti in un paese, ma destinati a mercati esteri. L'investimento diretto straniero nei paesi in via di sviluppo si è orientato verso questo tipo di prodotti, in quanto le imprese dei paesi industrializzati possono avvantaggiarsi dei più bassi costi della manodopera prevalenti in quei paesi. Ciò spiega perché molti componenti elettronici e di altra natura vengono prodotti in paesi in via di sviluppo, mentre i mercati nei quali sono più richiesti sono proprio quelli dei paesi industrializzati.

export packer: ***azienda d'imballaggio per l'esportazione.*** È un'azienda che si specializza nell'imballaggio di merci destinate a paesi stranieri. Basandosi sull'esperienza, fornirà l'imballaggio più idoneo, tenendo conto del tipo di merci, del mezzo di trasporto, della distanza da percorrere, dei climi, ecc.

export permit: ***permesso di esportazione.*** Termine usato con lo stesso significato di *export licence* (v.).

export premium: ***premio alla esportazione.*** Lo stesso che *export bounty* (v.).

export–processing zones: ***zone di trasformazione per l'esportazione.*** Punti franchi, di solito nei paesi in via di sviluppo, nei quali è possibile introdurre materie prime in esenzione doganale per la loro trasformazione e riesportazione. Le imprese che provvedono a tale trasformazione solitamente sono di proprietà di imprese multinazionali, mentre la manodopera impiegata è per la maggior parte locale.

export–promoting subsidies: ***sussidi di sostegno alle esportazioni; sussidi alle esportazioni.*** Termine generico, con il quale si indica un qualsiasi tipo di sussidio o contributo che metta in grado un'impresa di competere proficuamente sui mercati internazionali. Può essere rappresentato da un premio o contributo pagato direttamente dal governo del paese esportatore alle imprese o da vantaggi tributari offerti alle imprese impegnate nel commercio di esportazione.

export promotion: ***sostegno alle esportazioni; promozione delle esportazioni.*** Il tentativo, da parte di un governo, di incrementare il volume globale delle esportazioni, di solito mediante la concessione di sussidi o di vantaggi fiscali alle imprese esportatrici, con l'obiettivo di rendere i loro prodotti più competitivi sui mercati esteri. Lo stesso termine può usarsi per indicare una politica aziendale tendente a incrementare la presenza dell'impresa sui mercati esteri.

export quota: ***contingente di esportazione; quota di esportazione.*** Quantità fissa o massima di beni destinabili all'esportazione, stabilita dal governo di un paese per motivi economici, difensivi e simili.

export quotation: ***quotazione per l'esportazione.*** Il prezzo di un bene praticato ad un cliente straniero. Tale prezzo può essere quotato in vari modi, a seconda di cosa esso include. Così, si possono avere le quotazioni c.i.f., c.&f., f.o.b., ecc.

export rate: ***tariffa per l'esportazione.*** Nei trasporti, è una qualsiasi tariffa applicabile a beni di produzione nazionale per il trasporto verso paesi stranieri.

export rebates: ***agevolazioni alle esportazioni.*** Qualsiasi forma di sussidio o sovvenzione concessa da un paese ai propri esportatori. Il termine, pertanto, può applicarsi tanto ai premi all'esportazione, quanto alle restituzioni delle imposte di fabbricazione o di altra natura su merci destinate ai mercati esteri. (v. anche *export bounty, customs drawback*)

export refunds: ***restituzioni.*** Sono i versamenti previsti dalla politica agricola comunitaria a favore degli esportatori di cereali e altri prodotti alimentari. Le restituzioni hanno lo scopo di agevolare le esportazioni, compensando la differenza tra prezzi interni comunitari e prezzi più bassi correnti sui mercati mondiali.

export regulation: ***regolamentazione delle esportazioni.*** Tutte le norme, emanate da un governo, che regolamentano le esportazioni di beni e servizi da un paese. Generalmente esse non tendono a limitare, bensì a incoraggiare le esportazioni, tranne nei casi di materiali strategici e di beni necessari per la sicurezza o la prosperità del paese e, in alcuni casi, di alta tecnologia.

export restitutions: ***restituzioni.*** Termine usato con lo stesso significato di *export refunds* (v.).

export restraint agreement: ***accordo per la limitazione delle esportazioni.*** Accordo, tra un paese esportatore e un paese importatore, in base al quale viene limitato il volume di scambi di un determinato prodotto o di più prodotti.

export restrictions: ***restrizioni sulle esportazioni.*** Limiti imposti dalle autorità statali alla vendita all'estero di beni prodotti nel paese. Restrizioni del genere di solito vengono imposte per motivi politici, più che economici, e riguardano tecnologie avanzate e armamenti.

export risk guarantee: ***garanzia per l'esportazione.*** Garanzia che ha lo scopo di coprire il rischio relativo al credito concesso ad importatori stranieri. Può essere assunta da una compagnia di assicurazione, mediante l'emissione di una polizza, o da appositi enti o agenzie statali istituiti nei vari paesi. (v. anche *credit insurance in international trade*)

exports: ***esportazioni; articoli di esportazione; beni di esportazione.*** Sono i beni e servizi prodotti in un paese e venduti in un altro, che fanno da contropartita ai beni e servizi provenienti dai paesi esteri. Se le esportazioni eccedono le importazioni e non vi sono altre partite che controbilancino tale eccedenza, il saldo sarà pagato dai paesi importatori in valuta nazionale o estera, a meno che siano stati stipulati differenti accordi tra i paesi interessati. (v. anche *visible exports, invisible exports*)

export sales: **1.** ***vendite per esportazione.*** Sono le vendite di prodotti fabbricati in un paese e destinati a mercati esteri. **2.** ***fatturato delle esportazioni.*** Il valore complessivo dei beni venduti da un paese ad altri paesi nell'arco di un determinato periodo di tempo.

exports finance: ***finanza delle esportazioni.*** L'attività di finanziamento delle esportazioni di un paese, che può dividersi in due grosse branche: il finanziamento a breve termine e quello a lungo termine. Il primo viene usato per l'esportazione di beni di consumo e viene fornito attraverso i normali canali del finanziamento commerciale dalle banche o dalle stesse imprese esportatrici. Il secondo viene usato per l'esportazione di beni capitali o per finanziare progetti di costruzione all'estero, ad esempio una centrale elettrica. In questo secondo caso l'importatore, che spesso si identifica con lo stato nel cui territorio sarà costruito l'impianto, si aspetta un credito a lungo termine in modo che il progetto, una volta completato, contribuisca al rimborso del capitale utilizzato nella sua realizzazione. In questo caso è lo stato dell'esportatore che interviene nel finanziamento, pur se non direttamente. Esso si limita a fornire garanzie che vengono accettate dalle banche o altre istituzioni finanziarie, che materialmente provvederanno a fornire la quantità necessaria di capitale per la realizzazione del progetto. Nel Regno Unito, questa funzione è svolta dall'*Export Credits Guarantee Department* (v.).

exports financing: ***finanziamento delle esportazioni.*** Termine usato con lo stesso significato di *export finance* (v.) e di *exports finance* (v.).

export specie point: ***punto metallico superiore; punto dell'oro superiore.*** Lo stesso che *gold export point* (v.).

export subsidies: ***sussidi all'esportazione.*** Aiuti finanziari e di altra natura con cui un governo incentiva gli operatori commerciali a vendere sui mercati esteri. Questi sussidi possono essere di natura diversa, ma il loro obiettivo è sempre quello di mettere gli esportatori in grado di sostenere o battere la concorrenza straniera. (v. anche *export bounty*)

export surplus: ***eccedenza delle esportazioni; avanzo delle esportazioni.*** È l'eccedenza delle esportazioni totali sulle importazioni totali di un paese. La sua presenza non significa che la bilancia dei pagamenti sia necessariamente in attivo, perché non tiene conto di altri aspetti che entrano a far parte della bilancia dei pagamenti nel suo complesso, quali ad esempio le cosiddette partite invisibili e i movimenti di capitali. Nel sistema mercantile, o mercantilismo, era inteso come eccedenza della bilancia dei pagamenti complessiva ed era ritenuta una condizione indispensabile perché un paese potesse dirsi potente. Oggi, ci si è resi conto che esso rappresenta uno squilibrio, accettabile solo nel breve periodo, perché l'ideale da un punto di vista della cooperazione e dello sviluppo sociale internazionale è l'equilibrio della bilancia dei pagamenti di tutti i paesi.

export tax: ***imposta sulle esportazioni.*** Non si tratta di un'imposta effettivamente riscossa dallo stato, bensì di un onere che grava sugli esportatori e rende i loro prodotti più costosi sui mercati esteri, come ad esempio la sopravvalutazione della moneta nazionale sui mercati valutari.

export tax relief: ***detrazione d'imposta per esportazioni.*** In vigore in alcuni paesi, quali ad esempio l'Irlanda e la Nuova Zelanda, è una detrazione particolare concessa alle imprese sui redditi derivanti dalla vendita all'estero di beni e servizi di loro produzione.

export trade: ***commercio di esportazione.*** Branca del commercio internazionale, che copre la vendita di beni e servizi nazionali su mercati esteri e che rappresenta il principale mezzo di pagamento delle importazioni di cui ha bisogno un paese.

Export Trade Act: Legge, approvata dal Congresso degli Stati Uniti nel 1918, in base alla quale gli esportatori sono autorizzati a costituire, in deroga allo *Sherman Antitrust Act* (v.), associazioni che abbiano lo scopo di agevolare il commercio di esportazione, purché ciò non sia lesivo degli interessi di alcun singolo esportatore.

Export Trading Company Act: Legge, approvata dal Congresso degli Stati Uniti nel 1982, con la quale si garantiva la non perseguibilità (altrimenti prevista in base alla legislazione antitrust) alle società che si univano allo scopo di rilanciare le esportazioni statunitensi sui mercati esteri. Questa legge rendeva possibile l'unificazione degli sforzi di vari e diversi operatori, quali ad esempio produttori, case di spedizione, vettori, banche, società di assicurazioni, ecc., e la creazione di nuove e più complesse imprese con l'obiettivo mirato di espandersi sui mercati esteri.

exposition: ***esposizione.*** Mostra pubblica, a volte anche a carattere periodico o permanente, dei prodotti dell'industria, dell'artigianato, dell'arte, ecc., di un paese, di una regione o di un determinato settore. La più famosa esposizione dell'industria inglese fu la *London Exhibition* del 1851.

ex-post: ***ex post.*** Espressione aggettivale latina che, nel linguaggio economico, indica situazioni successive al verificarsi di un determinato evento, cioè il valore realmente assunto da una variabile, che può differire dal valore ex ante, cioè quello presunto o programmato. (v. anche *ex-ante*)

ex-post saving: ***risparmio ex post.*** È il risparmio effettivamente realizzato in un'economia. Se la tesaurizzazione è considerata costante, il risparmio ex post deve equivalere all'investimento ex post.

exposure: ***esposizione.*** 1) Nel linguaggio delle assicurazioni, indica l'ammontare complessivo del rischio, tenuto conto di ogni aspetto, quale ad esempio ricorso vicini oltre al normale rischio di perdita del bene assicurato. Nel linguaggio finanziario, è l'ammontare per il quale un operatore, una banca, ecc., è esposto sotto forma di crediti o di debiti. 2) Nel linguaggio finanziario, è il complesso dei crediti concessi da una banca, da un'impresa o da una qualsiasi altra istituzione.

express acceptance: ***accettazione esplicita.*** Accordo diretto, orale o scritto, con il quale le parti si impegnano a rispettare i termini di un contratto perfezionato da un agente o altra persona a ciò autorizzata.

expressage: 1. ***servizio di consegna per espresso.*** Il termine, di uso prevalentemente statunitense, indica il servizio fornito da imprese specializzate nella consegna rapida di merci, corrispondenza, valori, ecc. **2.** ***diritto di consegna per espresso.*** Lo stesso termine viene usato per indicare anche il prezzo fatto pagare dall'agenzia per la fornitura del servizio di consegna per espresso.

express condition: ***condizione specifica; condizione esplicita; condizione espressa.*** Una condizione chiaramente esposta in un contratto che non deve, pertanto, essere desunta dal contesto generale.

express consideration: ***corrispettivo espresso; prestazione corrispettiva espressa.*** Un corrispettivo esplicitamente indicato in un contratto scritto o in un accordo verbale.

express contract: ***contratto esplicito.*** Un accordo effettivo tra le parti, le cui condizioni vengono dichiarate o dette apertamente, nel momento in cui esso viene concluso, mediante un linguaggio esplicito e chiaro, sia esso orale o scritto.

express delivery: ***consegna per espresso.*** Servizio offerto da un operatore postale o da un vettore, che consiste nella rapida consegna del bene a lui affidato senza, cioè, aspettare di completare un carico diretto alla stessa destinazione o mediante l'inoltro a mezzo di uno speciale incaricato.

expressed trust: Espressione del linguaggio giuridico con la quale si intende un *trust* che è stato costituito in un documento, ad esempio un testamento, in maniera e con parole precise e inequivocabili. (v. anche *trust 1*)

express letter: ***espresso; lettera espresso.*** È una delle possibilità di inoltro della corrispondenza in tempi relativamente brevi, offerta dall'operatore postale. Si dovrebbe realizzare mediante l'inoltro immediato della lettera espresso, la priorità di smistamento nella città di destinazione e la consegna immediata mediante un fattorino speciale, senza dover aspettare il giro ordinario del portalettere.

express offer: ***offerta esplicita.*** L'offerta di acquisto o di vendita esplicitamente fatta da un potenziale acquirente o venditore.

express waiver: ***rinuncia esplicita.*** La rinuncia all'esercizio di un proprio diritto, esplicitamente dichiarata e che, pertanto, non deve essere desunta dal comportamento del soggetto.

express warranty: ***garanzia esplicita; garanzia espressa.*** È rappresentata da una dichiarazione rilasciata dal venditore al compratore, attestante che il bene venduto possiede una data caratteristica o si presta ad un determinato uso.

expressway: ***autostrada.*** Negli Stati Uniti, questo termine viene usato per indicare un'arteria stradale alla quale può accedere soltanto il traffico che procede ad elevate velocità. Ne sono, pertanto, esclusi i veicoli a trazione animale o, per loro natura, lenti.

expropriation: ***espropriazione; esproprio.*** Il diritto dello stato di appropriarsi di beni di proprietà privata. Ciò avviene generalmente nel caso di pubblica utilità previo equo indennizzo, ma potrebbe anche verificarsi senza indennizzo, come a volte è avvenuto per industrie o proprietà straniere in tempo di crisi politica tra due stati.

EXQ: ex quay.

ex quay: ***franco banchina; franco molo.*** Clausola che indica che il venditore risponde dei costi e dei rischi fino a quando le merci saranno scaricate sulla banchina del porto di destino, ove avviene il passaggio di detti costi e rischi dal venditore al compratore.

ex–quay delivery: ***consegna sulla banchina.*** Lo stesso che *delivered docks* (v.).

ex repayment: ***senza rimborso.*** Espressione del linguaggio delle borse valori con la quale si indica che il valore mobiliare oggetto di contrattazione viene quotato o venduto senza diritto al rimborso di capitale che sta per essere effettuato dall'emittente.

ex rights: ***ex diritti; senza diritti.*** Espressione del linguaggio delle borse valori con la quale si indica un valore mobiliare venduto senza il diritto a sottoscrivere future emissioni azionarie, che il venditore riserva per se stesso se non è già scaduto o se non è stato negoziato separatamente.

EXS: ex ship.

ex scrip: ***ex capitalizzazione.*** Termine usato con lo stesso significato di *ex capitalization* (v.).

ex ship: ***franco bordo nave a destino; f.o.b. destino.*** Clausola che indica che il venditore risponde dei costi e rischi relativi alle merci fino all'arrivo della nave nel porto di destinazione. Il passaggio di tali costi e rischi dal venditore al compratore avviene a bordo della nave felicemente arrivata in porto.

ex stock: ***da magazzino; da scorta.*** Nel linguaggio commerciale, questa espressione indica che i prodotti offerti in vendita o acquistati dovranno essere o saranno consegnati prelevandoli dalle attuali scorte già disponibili e non da produzione futura e non ancora disponibile.

ex store: ***franco deposito.*** Espressione usata con lo stesso significato di *ex warehouse* (v.).

to extend: 1. ***dilazionare.*** Estendere la data di scadenza, di un titolo di credito o altro documento, oltre i termini precedentemente stabiliti. **2.** ***riportare.*** Nel linguaggio della contabilità, trasferire il saldo di un conto o di una colonna di cifre alla successiva pagina dello stesso conto o libro contabile. **3.** ***totalizzare.*** Calcolare il totale generale di un dato numero di articoli uguali nel preparare una fattura o altro documento contabile.

extendable maturity: ***scadenza dilazionabile.*** Espressione usata in relazione a determinati tipi di titoli il cui portatore può, mediante opzione da esercitarsi entro date prestabilite, prolungarne la durata alle stesse condizioni previste al momento dell'emissione.

extended bond: ***obbligazione prorogata.*** Nel linguaggio finanziario statunitense, è un'obbligazione la cui data di scadenza è stata prorogata nel tempo, col consenso degli obbligazionisti.

extended coverage: ***estensione di copertura.*** Espressione usata anche nella nostra lingua per indicare che la copertura assicurativa si estende ad altri rischi, oltre quelli espressi nella polizza. Tale estensione di garanzia deve essere esplicita e di solito copre i rischi derivanti da tumulti, sommosse, esplosioni e simili. Se l'estensione è già inclusa nello stampato della polizza, quest'ultima sarà chiamata *extended coverage policy.*

extended coverage policy: ***polizza con estensione di copertura.*** V. spiegazione sotto *extended coverage.*

extended credit: ***estensione di credito.*** Permesso concesso dalla banca centrale, tramite la banca dell'esportatore, se quest'ultimo desidera agevolare un cliente estero concedendogli credito per un periodo superiore ai sei mesi. Lo stesso termine viene usato per indicare un credito la cui scadenza è stata dilazionata oltre i termini precedentemente stabiliti.

extended facility: Termine usato con lo stesso significato di *extended fund facility* (v.).

extended fund facility: È una forma di credito a medio termine, di solito tre anni, istituita recentemente dal Fondo Monetario Internazionale ad uso di paesi membri con gravi deficit della bilancia dei pagamenti, derivanti da squilibri strutturali di produzione, scambi e prezzi o da caratteristiche proprie delle economie a lento tasso di crescita.

extended guarantee: ***estensione di garanzia.*** Servizio o manutenzione offerti dal produttore oltre il normale periodo di garanzia. Si applica di solito a impianti o altri beni durevoli o di capitale.

extended protest: ***dichiarazione di avaria particolareggiata; costituto di avaria particolareggiato.*** È la dichiarazione di avaria resa dal capitano di una nave davanti ad un notaio, che potrà successivamente essere usata dai proprietari del carico danneggiato ai fini dell'indennizzo da parte della società di assicurazione.

extended term insurance: ***estensione del termine as-***

sicurativo. Opzione offerta al titolare di una polizza di assicurazione mista, in base alla quale egli può non ritirare il valore di riscatto, restando così assicurato per la somma originale per un periodo di tempo definito, senza l'obbligo di corrispondere alcun premio. (v. anche *paid-up insurance*)

extended unemployment benefit: ***estensione della indennità di disoccupazione.*** Durante la grande depressione degli anni trenta, i disoccupati nel Regno Unito avevano diritto ad un'indennità in base al *National Insurance Scheme.* Tale indennità era in origine prevista per un periodo di tempo definito, ma fu estesa oltre la scadenza a favore di coloro che, disoccupati da molto tempo, non disponevano di alcuna altra fonte di sostentamento.

extension bond: ***obbligazione di ampliamento.*** Nel linguaggio finanziario statunitense, è un'obbligazione garantita da ipoteca sui beni di cui entra in possesso una società ferroviaria in seguito ad un'estensione delle proprie linee o ad un ampliamento dei propri servizi.

extension clause: ***clausola dell'estensione di copertura.*** In una polizza di assicurazione, è la clausola che esplicitamente stabilisce la *extended coverage* (v.).

extension fee: ***commissione di proroga.*** Nel linguaggio finanziario, è l'onere aggiuntivo fatto pagare dal mutuante in relazione a una proroga della scadenza di un prestito.

extension of demand: ***ampliamento della domanda.*** La maggiore quantità di un bene che viene domandata dai consumatori come conseguenza di una riduzione del prezzo del bene stesso.

extensive agriculture: ***agricoltura estensiva.*** Termine usato con lo stesso significato di *extensive cultivation* (v.).

extensive cultivation: ***coltivazione estensiva.*** L'applicazione di quantità relativamente piccole di capitale e lavoro a distese relativamente grandi di terra. Si pratica in zone a basso indice di popolazione e conseguente abbondanza di terra coltivabile e rappresenta un metodo più antiquato di sfruttamento della terra rispetto a quello della coltivazione intensiva. (v. anche *intensive cultivation*)

extensive margin of cultivation: ***margine estensivo di coltivazione.*** Espressione usata con lo stesso significato di *extensive use of land* (v.).

extensive selling: ***vendita estensiva.*** È così detta la politica di vendita che prevede che si debba raggiungere il maggior numero possibile di acquirenti, praticando prezzi di vendita ridotti. (v. anche *sales policy, selective selling*)

extensive use of land: ***uso estensivo della terra.*** Espressione con la quale negli Stati Uniti si indica la situazione in cui le successive dosi unitarie di capitale e lavoro, applicate a terreni sempre meno produttivi, raggiungono terreni tanto poveri che il prodotto è appena sufficiente a remunerare il capitale e il lavoro. (v. anche *intensive use of land*)

external accounts: ***conti esteri; conti esterni.*** Conti bancari, tenuti in un qualsiasi paese, in valuta nazionale, ma di proprietà di cittadini esteri. Il termine veniva usato nel Regno Unito per indicare in particolare saldi in sterline di proprietà di cittadini residenti in paesi che non facevano parte dell'area della sterlina.

external audit: ***revisione dei conti esterna; revisione contabile esterna.*** L'esame critico, tendente ad accertare l'esattezza delle rilevazioni contabili di una società, che precede la certificazione del bilancio attraverso l'emissione di un giudizio sulla sua attendibilità. È svolto da revisori esterni, che non hanno alcun legame con la società in questione. (v. anche *internal audit*)

external auditor: ***revisore dei conti esterno.*** È un revisore dei conti che non è alle dipendenze dell'impresa per la quale presta la sua opera di consulenza. Il termine inglese equivale a *public accountant* (v.).

external bill: ***cambiale estera; cambiale pagabile all'estero; cambiale sull'estero.*** Cambiale tratta in un paese, ma pagabile in un altro paese. (v. anche *foreign bill*)

external communications: ***comunicazioni col pubblico; comunicazioni esterne.*** Le comunicazioni che un'impresa dirige al pubblico in generale e non ai propri dipendenti, dirigenti o soci. Rientrano tra queste comunicazioni tutti i messaggi pubblicitari e le azioni volte a creare un'immagine positiva dell'azienda.

external convertibility: ***convertibilità esterna.*** Discende da accordi internazionali e indica che la valuta di un paese può essere liberamente convertita in valute di altri paesi dai non residenti, mentre per i residenti vengono imposti limiti alla possibilità di convertirla. È, comunque, sempre esclusa la convertibilità in metallo prezioso. (v. anche *convertibility, convertibility crisis, convertibility of sterling, non-resident convertibility*)

external current account deficit: ***disavanzo in conto corrente; deficit delle partite correnti; deficit in conto corrente.*** Lo stesso che *current account deficit* (v.).

external debt: ***debito estero.*** Debito di un privato o di uno stato verso un altro privato residente all'estero o verso uno stato estero. (v. anche *internal debt*)

external deficit: ***deficit con l'estero; disavanzo della bilancia dei pagamenti.*** È l'eccedenza, in termini monetari, delle importazioni sulle esportazioni di un paese, ivi comprese le partite invisibili e i movimenti di capitali. Il saldo di un deficit con l'estero avviene di solito mediante trasferimento di valuta estera verso il paese creditore, a meno che siano in vigore accordi diversi tra i due stati.

external deficit on current account: ***disavanzo in conto corrente; deficit delle partite correnti; deficit in conto corrente.*** Lo stesso che *current account deficit* (v.).

external demand: ***domanda estera.*** La domanda globale di beni e servizi prodotti in un paese proveniente da mercati esteri.

external diseconomies: ***diseconomie esterne.*** Aggravi di spese che colpiscono tutte le imprese di un'industria o di una zona. Ad esempio, l'inquinamento ambientale o dell'aria può essere considerato una diseconomia esterna, in quanto implica un costo per tutti. Così anche, ad esempio, la soppressione di un'infrastruttura che garantiva economie esterne. (v. anche *external economies, internal diseconomies*)

external economies: ***economie esterne.*** Sono le economie di cui si avvantaggiano tutte le imprese che svolgono una data produzione in una zona e che hanno come risultato la diminuzione dei costi di ciascuna singola impresa. Si definiscono esterne perché provengono da ambienti esterni a ciascuna delle imprese e si realizzano, ad esempio, a seguito dei mutamenti che rendono più facile e meno costoso l'approvvigionamento di fattori della produzione o la distribuzione del prodotto, come potrebbe verificarsi a seguito della costruzione di un'autostrada, di una ferrovia, di un porto e simili. Tali mutamenti, come nell'esempio dato, sono spesso il risultato dell'impegno di enti pubblici o di associazioni di imprenditori e stimolano l'accentramento di imprese, operanti nella stessa industria, in zone che offrono tali vantaggi. (v. anche *external diseconomies, internal economies*)

external economies of scale: ***economie esterne di scala.*** Sono quelle economie di scala che si realizzano all'interno di un'intera industria e che hanno come risultato la diminuzione dei costi di ciascuna singola impresa operante in quell'industria. Corrispondono, pertanto, alla riduzione dei costi medi che realizzano le imprese di un'industria o di un'area, via via che cresce il numero di imprese. Ad esempio, quando in un'area si sviluppa una data industria, si crea in quell'area una concentrazione di manodopera specializzata, di cui possono avvalersi tutte le imprese che fanno parte di quell'industria. (v. anche *external economies*)

external effects: ***effetti esterni; esternalità.*** Si possono dividere in effetti esterni di consumo e di produzione e consistono in un danno o in un beneficio per un consumatore o per un'impresa, derivante dal consumo o dalla produzione di altri. Ad esempio, se un gran numero di automobilisti usa la propria autovettura in modo indiscriminato, ciò può causare un aumento dei costi di altri automobilisti, perché: a) salgono i costi di gestione dell'auto a causa di ingorghi; b) salgono i costi di manutenzione delle strade e di personale preposto al controllo del traffico; c) possono aumentare i prezzi dei prodotti petroliferi, se il governo tenta di limitare il consumo di carburante o come conseguenza della maggiore domanda. Un esempio di effetto esterno di produzione: un'acciaieria si espande e richiede maggiori quantitativi d'acqua, danneggiando altre imprese o l'agricoltura, in periodi di scarsa piovosità. Possono anche verificarsi effetti esterni che allo stesso tempo sono di consumo e di produzione: ad esempio, in periodi di esodo per le vacanze, le autostrade si congestionano, creando costi supplementari, sotto forma di ingorghi e code ai caselli, a chi utilizza l'autostrada come mezzo di produzione, cioè imprese di trasporti e simili.

external equilibrium: ***equilibrio esterno.*** In un sistema monetario internazionale, è l'equilibrio tra i cambi di tutti i paesi esteri, basato sul potere d'acquisto delle varie valute nei diversi paesi. Il termine viene usato come opposto di *internal equilibrium* (v.).

external finance: ***finanza esterna.*** L'insieme di fondi che un'impresa si procura dal pubblico in generale, attraverso l'emissione e la vendita di valori mobiliari, cioè azioni e obbligazioni, ma anche *commercial paper* (v.).

external financing limit: ***limite di finanziamento esterno.*** Il limite imposto alla assunzione di debiti da parte delle industrie nazionalizzate britanniche.

external funds: ***fondi esterni.*** Lo stesso che *external finance* (v.).

external goods: ***beni esterni.*** Termine usato da A. Marshall per indicare una delle due classi di beni non materiali e precisamente quella che comprende tutte le conoscenze e relazioni sociali di un individuo, dalle quali egli può trarre un beneficio o giovamento.

external growth: ***crescita esterna.*** La crescita di un'impresa realizzata attraverso l'acquisizione di altre aziende o mediante operazioni di fusione.

external imbalance: ***squilibrio con l'estero.*** Lo stesso che *passive trade balance* (v.).

external inflexibilities: ***rigidità esterne.*** Rigidità esterne ad un'organizzazione e relative all'ambiente sociale, tecnologico ed economico, che impediscono la programmazione progressiva. (v. anche *internal inflexibilities*)

externalities: ***esternalità.*** Termine usato con lo stesso significato di *external effects* (v.).

external liabilities: ***passività esterne.*** Viene espresso con tale termine il finanziamento proveniente dall'esterno di un'impresa, sotto forma di mutui, prestiti obbligazionari, ecc., che è l'opposto del finanziamento proveniente da accantonamenti di utili, riserve, ecc.

external loan: ***prestito estero.*** Un prestito rastrellato interamente o in gran parte all'estero, mediante l'emissione di obbligazioni in valuta estera attraverso un consorzio di banche.

external payments deficit: ***deficit della bilancia dei pagamenti.*** Lo stesso che *balance of payments deficit on current account* (v.).

external price level: ***livello dei prezzi all'estero.*** Il livello dei prezzi di beni e servizi trattati sui mercati esteri, qualunque sia la loro provenienza, o sui mercati di un particolare paese estero.

external purchasing power: ***potere d'acquisto esterno.*** Il potere d'acquisto della valuta di un paese all'estero. Secondo la teoria della parità dei poteri d'acquisto, esso deve corrispondere al tasso di cambio tra la valuta nazionale e quella estera, moltiplicato per il potere d'acquisto della valuta estera nel paese in cui essa circola, cioè il potere d'acquisto interno della valuta estera. (v. anche *internal purchasing power, purchasing power parity theory*)

external relations: ***relazioni col pubblico; relazioni esterne.*** I rapporti che un'impresa intrattiene con i clienti e i fornitori o, comunque, con persone fisiche o giuridiche che non fanno parte dell'azienda né come dipendenti, né come dirigenti o amministratori, né come soci o azionisti. (v. anche *public relations*)

external reserves: ***riserve all'estero.*** Le riserve che una banca centrale tiene presso banche centrali di altri paesi. Rivestono, o meglio rivestivano, particolare importanza per il Regno Unito le riserve che le banche centrali dei paesi dell'area della sterlina tenevano a Londra sotto forma di saldi in sterline.

external sterling: ***sterlina estera.*** Nel linguaggio finanziario britannico, questo termine indica i saldi in sterline di proprietà di cittadini non residenti in uno dei paesi dell'area della sterlina.

external surplus: ***attivo della bilancia dei pagamenti.*** Si verifica quando le esportazioni di un paese eccedono, in termini monetari, le sue importazioni, ivi comprese le partite invisibili e i movimenti di capitali. (v. anche *external deficit*)

external trade: ***commercio estero.*** Nel linguaggio economico e commerciale, indica l'attività svolta da un operatore, che acquista beni in un paese straniero e li rivende in un altro paese straniero verso il quale vengono spediti direttamente dal paese di origine. Pur se i beni non toccano il suolo del paese dell'operatore commerciale, i redditi di quest'ultimo rientrano nelle partite invisibili della bilancia dei pagamenti del suo paese di residenza.

external transaction: ***operazione esterna.*** Ogni operazione tra un'impresa e i terzi, come ad esempio vendite o acquisti di beni e servizi. Nella terminologia contabile indica la registrazione di fatti economici esterni, che hanno luogo, cioè, tra l'azienda e i terzi. (v. anche *internal transaction*)

extortion: ***estorsione.*** Reato che consiste nel farsi consegnare una somma di denaro o altri beni con minacce o con l'uso della violenza. Interessa l'economia, perché di questo reato restano fin troppo spesso vittime i commercianti che operano in città con alti indici di criminalità organizzata.

extra charges: ***spese addizionali.*** Spese che vanno ad aggiungersi ad altre già caricate o pagate.

extra cost: ***costo marginale.*** Termine a volte usato con lo stesso significato di *marginal cost* (v.).

extract cards: ***schede contabili.*** Nella contabilità bancaria meccanizzata, sono le schede relative ai conti dei clienti, nelle quali si registrano le variazioni giornaliere in dare e avere.

extraction industry: ***industria estrattiva; industria di occupazione; industria primaria.*** Termine usato come sinonimo di *extractive industry* (v.).

extraction rate: ***indice di estrazione.*** Il rapporto tra il peso del prodotto lavorato e il peso del materiale estratto dal sottosuolo o da altra fonte.

extractive industry: ***industria estrattiva; industria di occupazione; industria primaria.*** L'industria che si interessa dell'estrazione dei minerali e delle materie prime dal sottosuolo o dal mare ed include ogni tipo di attività agricola (pastorizia, orticoltura, agricoltura, taglio dei boschi) e la pesca.

extractor: ***estrattore.*** Il termine inglese indica un industriale o produttore che svolge la propria attività nell'ambito dell'industria primaria e vende il suo prodotto ad altri industriali, che lo utilizzano come materia prima per la loro industria che viene, per questo motivo, detta secondaria.

extra-demurrage days: ***decontrostallie; extrastallie.*** Periodo di tempo, in aggiunta alle stallie e alle controstallie, che il comandante di una nave può concedere al noleggiatore che non riuscisse ad ultimare le operazioni di caricazione o di discarica entro il tempo stabilito. Le extrastallie sono una caratteristica del contratto di noleggio a tempo e vengono remunerate con un compenso superiore a quello delle controstallie.

extra dividend: ***dividendo straordinario; dividendo supplementare.*** È un dividendo pagato in aggiunta a quello ordinario o più alto del solito. Non è una pratica seguita in Italia.

extra freight: ***sopranolo; extranolo.*** Nella terminologia dei trasporti marittimi, si indica con questo termine qualsiasi correzione al nolo convenuto o qualsiasi aumento del nolo base di navi conferenziate, in considerazione di particolari difficoltà che si possono incontrare nel trasporto o nell'utilizzazione di due porti d'origine o di destino invece di uno soltanto, ovvero per cambiamento di destinazione dopo la partenza della nave. Il sopranolo può anche essere applicato su singoli colli, quando essi sono particolarmente pesanti o ingombranti o quando il loro valore supera un determinato importo.

extra-marginal: ***extramarginale; estramarginale.*** Applicato ai costi industriali, il termine denota un'industria con costi di produzione superiori al prezzo di mercato, per cui essa deve cessare la produzione o operare in perdita. Applicato al consumo, indica l'unità di un bene al di là di quella che possiede utilità marginale. Se il consumatore ha raggiunto l'equilibrio, l'unità extramarginale di un qualsiasi bene che acquistasse gli darebbe troppo poca utilità per compensarlo del sacrificio sostenuto nell'acquistarla.

extraneous estimates: ***stime estranee.*** Stime relative a parametri che non derivano nella loro forma definitiva da calcoli, bensì dall'uso di informazioni estranee al campione di dati in esame.

extraordinary depreciation: ***deprezzamento eccezionale; ammortamento straordinario.*** È il deprezzamento di un'attività derivante da insolito e imprevisto logorio, obsolescenza o inadeguatezza, che ne riducono drasticamente il valore e la vita utile.

extraordinary expense: ***spesa straordinaria.*** Spesa di carattere eccezionale come tipo o come importo, alla quale si dà particolare rilevanza nella contabilità o nei rendiconti.

extraordinary general meeting: ***assemblea straordinaria dei soci; assemblea generale straordinaria.*** Assemblea dei soci o degli azionisti di una società per azioni, convocata per discutere questioni straordinarie e urgenti. Il consiglio di amministrazione può convocarla in qualsiasi momento, ma può anche essere richiesta dai soci che rappresentano non meno di un decimo del capitale azionario con diritto di voto. (v. anche *annual general meeting*)

extraordinary meeting: ***assemblea straordinaria.*** Termine usato con lo stesso significato di *extraordinary general meeting* (v.).

extraordinary repairs: ***riparazioni straordinarie; manutenzione straordinaria.*** Riparazioni al di fuori delle normali revisioni o riparazioni periodiche, rese necessarie da eccessivo uso o altre cause e che non possono procrastinarsi fino al momento delle revisioni generali previste. Da un punto di vista contabile, oggi sono trattate come una spesa.

extraordinary reserve: ***riserva straordinaria.*** Riserva costituita per far fronte a future ed eventuali perdite o spese derivanti da cause estranee al normale andamento dell'attività dell'impresa, come ad esempio la chiusura di un mercato di vendita o di approvvigionamento estero, conseguente ad una rivoluzione politica.

extraordinary resolution: ***risoluzione straordinaria; deliberazione straordinaria.*** In base alla legge inglese è la delibera approvata da non meno dei tre quarti dei soci che rappresentano il capitale azionario con diritto di voto. Se vi sono deleghe, affinché la risoluzione sia efficace deve essere stata inclusa nella convocazione, con la specifica che si intendeva presentarla come risoluzione straordinaria. (v. anche *ordinary resolution*)

extraordinary risks: ***rischi straordinari.*** I rischi che implicano una qualche omissione o negligenza da parte dell'imprenditore e che non vengono assunti dall'assicuratore, a meno che siano noti e ovvii.

extra packing: ***imballaggio supplementare; imballaggio speciale.*** Imballaggio usato per beni particolarmente fragili. Può consistere in un rinforzo dell'imballaggio normale o in un secondo imballaggio particolarmente idoneo ad attutire gli urti.

extrapolation: ***estrapolazione.*** Proiezione che va al di là dei dati disponibili. Ad esempio, data la popolazione odierna di un paese, si estrapola il numero totale dei cittadini di quel paese tra cinque anni.

extra premium: ***premio supplementare; premio aggiuntivo.*** Un premio extra o aggiunto a quello già pagato e relativo al periodo coperto da assicurazione. Può esser dovuto a seguito di aumenti delle tariffe assicurative stabilite per legge, ad aumenti dei massimali assicurati o altri motivi del genere.

extra product: ***prodotto extra.*** Lo stesso che *marginal physical product* (v.).

extra profit: ***extraprofitto; sopraprofitto.*** Termine usato con lo stesso significato di *excess profit 2* (v.).

extra tax: ***sovrimposta.*** Termine generico, usato per indicare un'imposta che va ad aggiungersi ad un'altra imposta che percuote lo stesso soggetto.

extra utility: ***utilità extra.*** Termine a volte usato con lo stesso significato di *marginal utility* (v.).

extremes: ***estremi; valori erratici.*** Valori della componente irregolare di una serie temporale economica, che si discostano tanto dalla media della distribuzione dei valori irregolari da tendere a distorcere le stime relative alle componenti cicliche e stagionali.

extrinsic value: ***valore estrinseco.*** Il termine inglese viene usato per indicare il valore di un bene derivante non dal suo pregio oggettivo rappresentato dal costo di acquisto, bensì dal valore affettivo o di altra natura che gli annette il soggetto che lo possiede o che desidera possederlo.

EXW: ex works.

ex warehouse: ***franco deposito; franco magazzino.*** Clausola che indica che il passaggio dei costi e dei rischi dal venditore al compratore avviene nel momento in cui le merci sono consegnate al vettore al magazzino o deposito del venditore.

ex–warehouse collection: ***presa da magazzino.*** Nel linguaggio dei trasporti, indica che le merci dovranno essere ritirate al magazzino del mittente.

ex–warehouse delivery: ***consegna da magazzino.*** Lo stesso che *delivered at the seller's warehouse* (v.).

ex–warehouse price: ***prezzo franco magazzino.*** Clausola che stabilisce che il prezzo quotato è da intendersi per il prelievo delle merci al magazzino del venditore. Esso, pertanto, include soltanto il costo delle merci, l'imballaggio e le spese relative alla caricazione sull'autotreno o sul vagone ferroviario al domicilio del venditore.

ex–warrant: ***ex warrant.*** Quando un titolo è venduto ex warrant, l'acquirente non può più esercitare il diritto di acquisto di altri titoli nella quantità e al prezzo stabiliti nel warrant, in quanto il venditore o ha esercitato tale diritto o se lo è riservato separando il warrant dal titolo.

ex wharf: ***franco banchina; franco molo.*** Termine usato con lo stesso significato di *ex quay* (v.).

ex whse: ex warehouse.

ex works: ***franco fabbrica.*** Clausola che indica che il passaggio dei costi e dei rischi dal venditore al compratore avverrà nel momento in cui le merci saranno consegnate al vettore nella fabbrica, miniera o magazzino del venditore.

f, F

F.: franc.
f.a.: free alongside.
f.a.a.: free of all average.
Fabian Socialism: ***socialismo fabiano.*** La teoria che sostiene che i principi fondamentali del socialismo possono venire introdotti gradualmente e mediante procedure parlamentari, invece che mediante la rivoluzione propugnata da altre parti. Questa teoria fu proposta dalla *Fabian Society* (v.).
Fabian Society: ***Società Fabiana.*** Associazione di ispirazione socialista, costituita a Londra nel 1843–1844 con l'obiettivo di instaurare gradualmente un sistema socialista nel paese. L'associazione prese il nome da Fabio Massimo il temporeggiatore, in quanto il suo programma non prevedeva rivoluzioni o improvvisi capovolgimenti del sistema in essere, bensì una serie di riforme portate avanti con procedure democratiche. La Società Fabiana, tuttora esistente, crede che la maggior parte delle riforme cui aspirano i socialisti sarà realizzata gradualmente ma inevitabilmente nel nome della libertà individuale e del benessere sociale. Questo punto di vista ebbe un ruolo importante nella fondazione del Partito Laburista inglese nel 1900.
FAC: fast as can.
F.A.C.: Federal Advisory Council.
face amount: ***valore nominale; valore facciale.*** Termine usato come sinonimo di *face value* (v.).
face–amount certificate company: Tipo di società di investimento, che opera principalmente negli Stati Uniti. In cambio di versamenti periodici da effettuarsi in un arco di tempo oscillante tra i dieci e i venti anni, la società si impegna a rimborsare un determinato ammontare ai portatori dei propri certificati, sui quali viene riconosciuto un interesse composto. Il tasso di interesse praticato da questo tipo di società è piuttosto basso, in quanto essa è costretta ad effettuare investimenti prudenti, essendo impegnata al rimborso di una somma fissa alla scadenza dei certificati.
face of instrument: ***sorta capitale.*** In un atto con il quale si riconosce un debito o un'obbligazione monetaria, è la somma nominale che compare nell'atto, senza l'aggiunta di interessi o spese.
face of policy: ***valore nominale in polizza.*** Nelle assicurazioni sulla vita, è il valore assicurato che compare nel corso della polizza e non soltanto quello specificato nella prima pagina. Esso, quindi, comprende anche eventuali prestazioni aggiuntive.
face value: ***valore nominale; valore facciale.*** Il valore scritto o stampato su un titolo di credito, su francobolli, banconote, ecc., che può essere diverso dal valore di mercato, specialmente per azioni, obbligazioni e titoli di stato. (v. anche *nominal value*)
facility: **1.** ***impianto; installazione.*** Gruppo coordinato di attività fisse, che contribuisce alla produzione. Può essere un intero impianto o parte di esso, come ad esempio un capannone o una singola macchina. **2.** ***facilitazione; struttura.*** Spesso usato al plurale, il termine inglese indica accordi particolari che contribuiscono ad agevolare o rendere più facile una determinata attività. Può riferirsi anche a strutture fisiche appositamente destinate allo svolgimento di un'attività, come ad esempio nell'espressione *shopping facilities.*
facility fee: ***diritto di credito.*** Il diritto fisso che è tenuto a pagare chi ottiene da una banca una linea di credito, oltre il normale tasso di interesse.
facility letter: Lettera inviata da una banca mutuante al mutuatario, nella quale vengono confermati termini e condizioni del mutuo concordati tra le parti.
facility of payment clause: ***clausola di agevolazione del pagamento.*** Nelle assicurazioni, è una clausola che consente all'assicurato e al beneficiario di nominare una o più persone autorizzate a ricevere il pagamento della somma assicurata.
facility planning: ***pianificazione delle strutture.*** Analisi dei fabbisogni futuri di capacità produttiva, compresi manodopera e capitale, per garantire la realizzazione di future strategie.
facsimile: **1.** ***facsimile.*** Copia o riproduzione esatta di un originale, ottenuta mediante fotografia o qualche altro procedimento equivalente. **2.** ***fax.*** Lo stesso che *facsimile machine* (v.).
facsimile machine: ***fax.*** La macchine riproduttrice citata sotto *fax* (v.).
facsimile signature: ***firma a timbro.*** È la firma apposta con un timbro che la riproduce. Per alcuni tipi di atti non è ammessa e le banche inglesi preferiscono che non venga usata. Tuttavia, se si impegnano col cliente ad onorare titoli di credito così autenticati, si fanno pagare un'indennità extra.
facsimile transmission: ***trasmissione a mezzo fax.*** V. spiegazione sotto *fax.*
factor: **1.** ***commissionario; agente di vendita.*** a) Nel Regno Unito è un agente che vende per conto e in nome proprio beni di proprietà altrui, a lui affidati per la vendita, dietro compenso di una percentuale, chiamata *factorage.* Può anche darsi che un *factor* acquisti i beni che poi rivenderà e in tal caso la sua figura è simile a quella di un grossista. b) Negli Stati Uniti, il termine indica un agente, molto simile all'agente star del credere, la cui attività si limita al campo tessile addossandosi la responsabilità di operazioni svolte a credito. **2.** ***società di factoring.*** In questo significato, il termine inglese è usato come sinonimo di *factoring company* (v.). **3.** ***fattore.*** Forma abbreviata di fattore della produzione. Per questo significato, v. *factors of production.*
factorage: ***commissione.*** È la commissione percepita da un *factor* (v.).
factor cost: ***costo di un fattore della produzione; costo***

netto; costo dei fattori. Il termine inglese indica sia l'incidenza di un fattore della produzione sul costo complessivo di un singolo prodotto finito, sia, in un senso più moderno, il prezzo di mercato di un bene depurato di tutte le voci di costo, quali imposte e simili, che non sono imputabili ai fattori della produzione impiegati nel fabbricarlo. Il costo dei fattori viene di solito usato in luogo del prezzo di mercato come base per il calcolo del prodotto nazionale.

factor–cost line: ***curva di isocosto; linea di isocosto.*** Termine usato con lo stesso significato di *iso–outlay curve* (v.).

factor endowment: ***dotazione di fattori.*** La disponibilità di fattori della produzione di una regione o un paese.

Factories and Workshops Act: Legge, approvata dal parlamento britannico nel 1893, che trattava la delicata materia delle attività pericolose per i lavoratori e dava al *Home Secretary* il potere di emanare norme e regolamenti ogni volta che lo ritenesse opportuno al fine di tutelare la sicurezza dei lavoratori impegnati in questi tipi di attività.

factor incomes: ***redditi dei fattori.*** Termine generico, che indica i redditi percepiti dai vari fattori della produzione sotto forma di salari, stipendi, profitti, interessi e canoni di locazione. Tali redditi consistono sia di guadagni di trasferimento che di rendita economica. (v. anche *economic rent 2, transfer earnings*)

factoring: Questo termine, spesso usato anche in italiano, indica l'attività di una società che si assume la responsabilità dei crediti di un'altra società. Si tratta di un contratto in base al quale una società, la *factoring company*, rileva i crediti dell'altra società, derivanti da vendite fatte da quest'ultima, garantendone la riscossione in considerazione del versamento di una percentuale. In pratica, il titolare del credito riceve subito un importo che può arrivare fino all'80% del credito ceduto, ma di solito la *factoring company* impone un limite al totale di crediti che è disposta ad assumersi per ogni singola impresa e, a volte, può anche rifiutarsi di accettare crediti per vendite a clienti non graditi. Di solito, nel Regno Unito, la commissione dovuta alla società che rileva i crediti si aggira intorno all'1½% al di sopra del tasso ufficiale di sconto. (v. anche *invoice discounting, maturity factoring, cash receivables factoring*)

factoring agent: ***commissionario; agente di vendita.*** Termine usato come sinonimo di *factor 1* (v.).

factoring company: ***società di factoring.*** È la società che rileva i crediti di un'impresa commerciale, anticipandone parte dell'importo, secondo quanto detto sotto *factoring* (v.).

factorizing: Termine usato come sinonimo meno frequente di *factoring* (v.).

factor markets: ***mercati dei fattori della produzione.*** Sono i mercati sui quali si incontrano la domanda e l'offerta dei fattori della produzione, generalmente regolati dalla legge della domanda e dell'offerta.

factor mobility: ***mobilità dei fattori della produzione.*** La facilità con cui un fattore della produzione, sia esso capitale, terra o lavoro, può essere trasferito da un'occupazione ad un'altra o da un'area geografica ad un'altra. (v. anche *mobility*)

factor payments: ***pagamenti ai fattori della produzione.*** Le retribuzioni a favore dei fattori della produzione, pagate in considerazione dei servizi che essi rendono. Corrispondono ai canoni di locazione per la terra; ai salari e agli stipendi per il lavoro; all'interesse per il capitale; e ai profitti per l'imprenditore.

factor price equalization: ***pareggiamento dei prezzi dei fattori.*** Immaginiamo due paesi industrializzati, A e B, ciascuno dei quali produce due beni oggetto di scambio, ad esempio automobili, che sono prodotti a uso intensivo di capitale, e calzature, che sono prodotti a uso intensivo di lavoro. Supponiamo che il tasso di investimento nel paese A sia di molto più elevato di quello nel paese B. Pertanto, col passar del tempo, la produzione relativa di automobili in A aumenterà, mentre la produzione di B si sposterà verso le calzature. La maggior domanda di lavoratori dell'industria aumobilistica in A farà aumentare i loro salari reali, mentre la maggior domanda di importazione di calzature da B farà aumentare i salari reali in B e farà anche aumentare il valore del prodotto interno lordo per ora–lavoro in quel paese. Così, l'investimento nel paese A automaticamente tende a produrre un effetto diffusivo sulla produttività in termini di valore e sui salari reali in quegli altri paesi che producono e scambiano un tipo simile di beni. In presenza di una completa mobilità degli input e rendimenti di scala costanti, è facile dimostrare che una volta che si riottiene l'equilibrio, i salari reali in ambedue i paesi effettivamente aumenteranno esattamente dello stesso ammontare e fino allo stesso livello, da cui l'espressione pareggiamento dei prezzi dei fattori.

factor price equalization theorem: ***teorema del pareggiamento dei prezzi dei fattori.*** Partendo dal concetto che l'aumento del prezzo di un bene può far aumentare il reddito del fattore usato più intensivamente nella produzione di quel bene, P.A. Samuelson giunse alla formulazione di questo teorema, che sostiene che il libero scambio, riducendo le differenze di prezzo dei beni nei diversi paesi, porta anche ad un allineamento dei prezzi dei fattori della produzione, che tendono a pareggiarsi nei vari paesi, in quanto i beni possono fungere da sostituti parziali dell'immigrazione di lavoro verso un'economia in cui esso scarseggia. Ciò potrebbe portare ad una diminuzione dei salari reali in un sistema di libero scambio, ma affinché ciò si realizzi sarebbe necessario un grande mercato unico dei fattori, cosa cui hanno pensato anche altri economisti.

factor–price frontier: ***frontiera del prezzo dei fattori.*** Si tratta di uno strumento analitico ideato da P. Samuelson per indicare il tasso di rendimento tecnicamente più alto possibile di un capitale, dato un saggio salariale fisso.

factor prices: ***prezzi dei fattori della produzione.*** Poiché i mercati dei fattori della produzione sono regolati dalla legge della domanda e dell'offerta, il prezzo dei fattori varia da mercato a mercato e da momento a momento, a seconda della quantità offerta e di quella domandata di uno specifico fattore.

factor productivity: ***produttività dei fattori.*** La produttività di tutti i fattori della produzione globalmente intesa.

factor proportions: ***proporzioni dei fattori.*** Il rapporto in cui si combinano due o più fattori della produzione.

factor proportions theory: ***teoria delle proporzioni dei fattori.*** Teoria formulata allo scopo di spiegare più chiaramente i modelli commerciali moderni. Sostiene che il commercio internazionale tende a svilupparsi con maggiore probabilità tra paesi che hanno livelli di reddito dissimili, in quanto se l'indice del livello di reddito di un bene è alto (o basso) per le esportazioni, esso dovrebbe essere basso (o alto) per le importazioni. (v. anche *Linder theory*)

factor services: ***servizi dei fattori della produzione.*** Sono i servizi resi dai fattori della produzione e usati come input di un qualsiasi processo produttivo.

factor's lien: ***diritto di ritenzione del commissionario; privilegio del commissionario.*** Il diritto, riconosciuto ad un agente, di mantenere il possesso di beni appartenenti al suo debitore, fin quando quest'ultimo non avrà versato quanto dovuto all'agente.

factors of production: ***fattori della produzione; fattori produttivi.*** Si indicano con questo termine le risorse impiegate dall'uomo nella produzione di beni e servizi. I primi economisti ne riconoscevano tre: terra, capitale e lavoro, ma verso la fine del diciannovesimo secolo ne fu aggiunto un quarto: la capacità organizzativa, tramite la quale l'imprenditore combina gli altri tre fattori. Quando si parla di fattori della produzione, col termine terra si intendono tutte le risorse, scarse e utilizzabili, fornite dalla natura; lavoro, viene usato per indicare le energie umane, fisiche e mentali, applicate alla produzione di beni e servizi; capitale, comprende la ricchezza non consumata, le quantità di beni disponibili sotto forma di utensili, macchine, impianti e materie prime, come pure la moneta usata per finanziare l'attività produttiva e per effettuare nuovi investimenti. Alcuni economisti intenderebbero aggiungere, ai quattro detti sopra, un quinto fattore della produzione e cioè l'organizzazione dell'ambiente e i servizi prestati dallo stato o dagli enti locali. L'espressione mezzi della produzione è spesso usata in italiano come sinonimo di fattori della produzione, pur se alcuni economisti limitano il significato di questa espressione a solo due fattori: la terra e il capitale.

factor utilization: ***utilizzazione dei fattori.*** Le quantità di fattori della produzione disponibili effettivamente utilizzata in un sistema economico.

factory: ***fabbrica; stabilimento.*** Locali con impianti e macchinari utilizzati per la produzione di beni, nei quali i lavoratori svolgono la loro attività intesa a mettere il prodotto a disposizione del sistema distributivo che, a sua volta, provvederà a farlo giungere al consumatore finale.

factory account: ***conto lavorazione.*** È un conto d'esercizio, nel quale vengono addebitati i costi di materie principali e sussidiarie, di manodopera, di materiali di consumo oltre ai costi industriali specializzabili e alle quote dei costi la cui specializzazione risulta non conveniente o disagevole o impossibile. I conti di lavorazione si riferiscono a certe fasi di elaborazione, a certe lavorazioni complete e a volte anche a tutto il settore tecnico della produzione di un'impresa e funzionano come conti di raccolta di costi imputabili a quelle lavorazioni cui i conti possono riferirsi.

Factory Acts: Serie di leggi approvate dal parlamento britannico con l'intento di migliorare le condizioni di lavoro nelle fabbriche. La prima fu quella del 1802, ma una delle più importanti fu quella del 1833, che proibì l'impiego di ragazzi di età inferiore ai nove anni; proibì il lavoro notturno dei giovani di età inferiore ai diciotto anni e limitò la settimana lavorativa a 69 ore, con un massimo di dodici ore al giorno.

factory agreement: ***accordo a livello di stabilimento; accordo di fabbrica.*** Un accordo sottoscritto dai rappresentanti sindacali e dell'impresa, che interessa tutti i lavoratori di una singola fabbrica di quell'impresa e non tutti i lavoratori di tutti gli stabilimenti di proprietà dell'impresa stessa. (v. anche *company agreement*)

factory board: ***consiglio di fabbrica.*** Nell'organizzazione aziendale a direzioni multiple, è uno dei quattro consigli elettivi preposti alla gestione e alle relazioni tra la direzione e i dipendenti. Il consiglio di fabbrica è formato da lavoratori addetti allo stabilimento, al magazzino, all'ufficio spedizioni, ecc., e si riunisce per discutere questioni relative a questi reparti. Le decisioni di questo consiglio devono essere prese all'unanimità ed esse diventano operative dopo che hanno ottenuto l'approvazione del membro del consiglio degli anziani preposto alla branca particolare investita dalle decisioni in questione.

factory book-keeping: ***contabilità di fabbrica.*** Branca della contabilità industriale che si interessa esclusivamente della registrazione contabile dei fenomeni connessi con l'attività di uno stabilimento o di una fabbrica.

factory burden: ***costi generali di fabbrica.*** Termine statunitense, usato con lo stesso significato di *production overheads* (v.).

factory cost: ***costo di fabbricazione; costo industriale; costo di produzione; costo contabile.*** È costituito dal costo elementare riferito specificamente al prodotto, cui si deve aggiungere una quota di spese generali di produzione, imputate in base a criteri di specialità o di comunanza, con l'esclusione di componenti di natura mercantile o amministrativa. (v. anche *prime cost, factory expense*)

Factory Department: Dipartimento del ministero del lavoro britannico, preposto alle ispezioni delle fabbriche per garantire il rispetto dei *Factory Acts* (v.).

factory expense: ***spesa generale di fabbricazione; spesa generale di produzione.*** Una voce dei costi di produzione, che comprende le spese che non coprono le materie prime e la manodopera diretta. Vi rientrano, pertanto, gli ammortamenti delle macchine, degli attrezzi, degli impianti e dei fabbricati industriali; le spese di ricerca e studio; le spese di manodopera indiretta; le spese di manutenzione e riparazione e ogni altro tipo di spesa generale di lavorazione.

factory farming: ***allevamento in batteria.*** È l'allevamento di volatili, polli ed altri animali tenuti in piccole gabbie all'interno di capannoni e trattati in modo da riprodursi e produrre, ad un ritmo più rapido del naturale, uova, latte e simili prodotti.

factory hand: ***operaio.*** Termine generico usato nel linguaggio industriale per indicare un qualsiasi lavoratore che svolga la propria attività in una fabbrica.

factory indirect expenses: ***spese indirette di fabbricazione.*** Termine usato con lo stesso significato di *production overheads* (v.).

factory inspectorate: ***ispettorato industriale.*** Dipartimento del ministero del lavoro britannico, preposto alle ispezioni di fabbriche e luoghi di lavoro al fine di accertare, attraverso la relativa documentazione, che vengano applicate e rispettate le norme emanate con i vari *Factory Acts* (v.).

factory inspectors: ***ispettori di fabbrica.*** Funzionari del ministero del lavoro britannico, preposti all'ispezione delle fabbriche, al fine di garantire il rispetto e l'applicazione dei *Factory Acts* (v.).

factory ledger: ***mastro di contabilità di fabbrica.*** Libro mastro sussidiario, contenente i conti relativi all'attività di una fabbrica, quali ad esempio materiali, manodopera, spese generali e simili.

factory manager: ***direttore di stabilimento.*** Lo stesso che *works manager* (v.).

factory order: ***ordine di produzione.*** Lo stesso che *production job order* (v.).

factory overhead costs: ***spese generali di fabbricazione.*** Lo stesso che *production overheads* (v.).
factory overheads: ***spese generali di fabbricazione.*** Lo stesso che *production overheads* (v.).
factory price: ***prezzo di fabbrica.*** Il prezzo di un prodotto nel momento in cui esso esce dalla fabbrica. Tale prezzo non comprende le spese di distribuzione né il margine di profitto dei distributori.
factory system: ***sistema di produzione in fabbrica.*** È il moderno sistema di produzione, in base al quale i lavoratori si recano in un edificio comune ove vengono messi a loro disposizione utensili e macchine per la produzione di beni, sotto il controllo dell'imprenditore. (v. anche *domestic system*)
facultative endorsement: ***girata facoltativa.*** Forma speciale di girata per cambiali, ammessa nel Regno Unito, che esonera il girante da alcuni obblighi che il portatore del titolo potrebbe altrimenti imporgli.
facultative reinsurance: ***riassicurazione facoltativa.*** È la riassicurazione di singoli rischi. L'assicuratore ha la facoltà di riassicurarsi per uno o tutti i rischi coperti dalla polizza che egli ha emesso.
faculty principle of taxation: ***principio della capacità contributiva.*** Lo stesso che *ability-to-pay principle of taxation* (v.).
faculty theory of taxation: ***teoria della capacità contributiva.*** Lo stesso che *ability-to-pay principle of taxation* (v.).
FAD: free on board airport.
FAE: free alongside elevator.
to fail: ***fallire.*** Trovarsi nella situazione di non poter far fronte alle proprie obbligazioni finanziarie. Il termine inglese non implica necessariamente l'esistenza o il ricorso ad una procedura fallimentare o di liquidazione.
failing circumstances: ***stato d'insolvenza.*** Espressione del linguaggio giuridico, usata con lo stesso significato di *failure* (v.).
failure: ***stato d'insolvenza.*** Sospensione dei pagamenti da parte di un imprenditore, una banca, ecc., che non è più in grado di far fronte alle proprie obbligazioni. Tale situazione può dar luogo al ricorso ad una procedura fallimentare o di liquidazione dell'impresa.
fair: ***fiera.*** Speciale mercato o esposizione campionaria, in cui vengono esposti prodotti con lo scopo di stimolarne l'acquisto. Molto diffuse nel medio evo, con l'espandersi dei mercati le fiere hanno sempre più perso importanza. Oggi, svolgono generalmente la funzione di esposizioni internazionali, più che quella di mercati, ad eccezione di determinati e specifici tipi di fiere quali possono essere, ad esempio, la fiera del libro di Francoforte o la fiera dell'antiquariato di Londra.
fair average quality: ***buona qualità media.*** Indica una buona media della qualità di varie classi di un prodotto soggetto a miscelatura, come té, caffé, grano, ecc. Tale clausola, inserita in molti contratti di vendita di prodotti agricoli non disponibili al momento dell'acquisto, prevede che la qualità media sia conforme a quella del campione costruito non dal venditore, bensì da autorità o istituzioni commerciali del paese produttore al momento del raccolto. Il campione così costruito conterrà, pertanto, le caratteristiche medie delle produzioni locali. Il venditore dovrà fornire merci conformi a tali campioni stagionali e le differenze che dovessero riscontrarsi non potranno superare determinati limiti di tolleranza.
fair cash value: ***valore monetario congruo; valore monetario equo.*** Il giusto prezzo in moneta al quale un bene può essere venduto sul mercato. Nel linguaggio tributario, tuttavia, il termine assume il significato di valore monetario più alto al quale un bene immobile può essere venduto sul mercato.
fair competition: ***concorrenza leale.*** È la concorrenza che si mantiene entro limiti di codici etici o di comportamento. In taluni paesi, sono stati elaborati e diffusi codici che regolano le pratiche commerciali, al fine di evitare la concorrenza sleale.
Fair Deal: Termine usato dal Presidente Truman per designare il programma di politica economica e sociale presentato all'81° Congresso degli Stati Uniti il 5 gennaio del 1949. Prevedeva inasprimenti fiscali, lotta all'inflazione e varie altre misure che, pur se autonome, non si discostavano molto da quelle contenute nel programma di Roosevelt, chiamato *New Deal* (v.).
fair-employment practices legislation: L'insieme delle leggi statunitensi tendenti ad eliminare la discriminazione razziale, di credo religioso, di nazionalità d'origine e simili, nelle relazioni industriali.
Fair Labor Standards Act: Legge, approvata dal Congresso degli Stati Uniti nel 1938, che stabiliva una remunerazione minima di trenta cent all'ora ed una remunerazione pari ad una volta e mezza quella normale per ogni ora lavorativa eccedente le quaranta ore settimanali prescritte, per tutti i lavoratori impiegati nella produzione di beni oggetto di scambio tra gli stati che compongono l'Unione. La legge vietava anche l'impiego di ragazzi al di sotto di sedici anni di età (tranne qualche eccezione). Fu emendata nel 1950, portando la paga oraria minima a settantacinque cent. Successivi emendamenti hanno ulteriormente elevato il minimo di retribuzione oraria.
fair list: Termine di uso statunitense, con il quale si indica un elenco di datori di lavoro il cui comportamento nei confronti dei lavoratori è ritenuto equo dai sindacati. L'elenco è pubblicato nei giornali e nelle riviste di tutte le organizzazioni sindacali.
fair market value: ***valore equo di mercato.*** Il prezzo che scaturisce dall'incontro su un mercato della domanda e dell'offerta di un dato bene. In assenza di reali scambi, il termine indica il valore stimato ipotizzando l'incontro suddetto.
fairness: ***equità.*** Non si tratta di un termine economico, ma recentemente se ne è fatto grande uso in relazione, ad esempio, alla distribuzione del reddito, che dovrebbe seguire canoni diversi da quelli sanzionati dalle leggi di mercato.
fair price: ***prezzo equo.*** L'equità di un prezzo è sempre stata osservata da due punti di vista contrastanti: quello del consumatore e quello del produttore, e non è affatto semplice stabilire un prezzo che tenga conto delle richieste di entrambe le parti. Al fine di essere il più equo possibile, un prezzo dovrebbe identificarsi col prezzo normale di lungo periodo in un mercato perfetto.
fair rate of return: ***tasso di remunerazione equo.*** Espressione di uso statunitense, con la quale si indica il grado di profittabilità che deve essere riconosciuto ad un'impresa di pubblici servizi, perché essa possa far fronte al pagamento di interessi e dividendi e a nuovi investimenti in beni capitali. La determinazione di tale tasso di remunerazione equo è un fattore importante alla base della regolamentazione delle imprese di pubblici servizi, poiché esso costituisce il criterio di determinazione e di adeguamento periodico delle tariffe.
fair rent: ***equo canone.*** Il canone di locazione di abitazioni, imposto da una legge che controlla i canoni di fitto,

che viene dal legislatore ritenuto una remunerazione equa del capitale investito nel bene immobile. Purtroppo, qualsiasi iniziativa del genere da parte di un governo ha sempre avuto il risultato di generare una crisi del settore edilizio e di paralizzare il mercato immobiliare. (v. anche *Rent Acts, rent control*)

fair return: ***remunerazione equa; reddito equo.*** È così indicato un utile ragionevole su un capitale comunque investito. Nello stabilire le tariffe dei pubblici servizi, si dovrebbe tener conto di una remunerazione equa, il che implica anche una giusta valutazione delle attività fisse destinate a soddisfare la richiesta di servizi da parte degli utenti. (v. anche *fair rate of return*)

fair return on fair value theory of rate making: ***teoria della determinazione delle tariffe basata sul reddito equo.*** Principio stabilito dalla Corte Suprema degli Stati Uniti nel 1898, in base al quale le imprese di servizi pubblici dovevano determinare le loro tariffe in modo tale da avere un equo reddito dal capitale investito nel servizio che erogavano. Questo principio fu rovesciato nel 1944 in favore del principio che le tariffe di questo tipo di imprese dovevano essere determinate in modo tale che i risultati finali bilanciassero gli interessi rispettivi degli utenti e degli investitori. (v. anche *cost of capital theory of rate making, investment cost theory of rate making, original cost theory of rate making, prudent investment cost theory of rate making, reproduction cost theory of rate making*)

fair trade: ***reciprocità commerciale.*** La situazione che viene a crearsi negli scambi internazionali quando un paese si adegua alle iniziative di altri paesi in materia di dazi, contingentamenti, ecc. Esiste reciprocità, infatti, quando all'eliminazione o all'istituzione di un dazio o di una restrizione in un paese corrisponde un'uguale misura nel paese o nei paesi che hanno relazioni commerciali col primo.

fair-trade agreement: ***accordo di prezzo imposto; accordo di mantenimento dei prezzi.*** Lo stesso che *price maintenance agreement* (v.).

fair trade laws: ***leggi sulla correttezza commerciale.*** Termine usato con lo stesso significato di *fair trade practices acts* (v.).

fair trade policy: ***politica di reciprocità.*** La politica seguita dagli stati nell'imporre dazi doganali su beni provenienti da paesi che seguono una politica protezionistica e nell'ammettere in esenzione doganale i beni di quei paesi che riservano lo stesso trattamento a beni provenienti da paesi esteri.

fair trade practice: ***correttezza commerciale.*** Oltre alla concorrenza leale, comprende la tutela del consumatore da aumenti indiscriminati e ingiustificati del prezzo al dettaglio. In alcuni stati, tra i quali gli Stati Uniti, sono stati codificati i canoni di comportamento commerciale.

fair trade practices acts: ***leggi sulla correttezza commerciale.*** Sono leggi, approvate dalla maggioranza degli Stati Uniti d'America, tendenti a stabilire canoni di comportamento commerciale. Tra queste, una delle più importanti autorizza i produttori a imporre un prezzo di vendita minimo, che vincola i dettaglianti e i grossisti e impedisce loro di praticare la concorrenza sleale basata sui prezzi di rivendita. Tale legge, che si applica principalmente a prodotti di marca, consente tuttavia riduzioni al di sotto del prezzo minimo di rivendita nel caso di saldi e liquidazioni.

fair-trade price: ***prezzo imposto.*** Prezzo di rivendita di un prodotto di marca, imposto dal produttore allo scopo di eliminare o ridurre la concorrenza basata sul prezzo tra grossisti o tra dettaglianti.

fair trading: ***correttezza commerciale.*** Termine usato con lo stesso significato di *fair trade practice* (v.).

Fair Trading Act: Legge approvata dal parlamento britannico nel 1973, con la quale si consolidava e ampliava la già esistente legislazione antimonopolistica. In particolare, la legge ridusse da un terzo a un quarto la quota di mercato che rappresenta la soglia oltre la quale può dirsi che un'impresa gode di potere monopolistico.

fair value: ***equo valore.*** Valore ragionevole o giusto in base al quale un investitore ha diritto di ricevere un reddito equo. Il termine inglese è spesso usato dalle imprese di erogazione di pubblici servizi per indicare la base di valutazione impiegata nello stabilire le tariffe sui servizi prestati agli utenti.

fair wage: ***salario equo.*** È il salario stabilito mediante un accordo sindacale o un contratto di lavoro collettivo. Il termine viene usato per indicare che il salario corrisposto ad un lavoratore non è inferiore a quello stabilito per il tipo di lavoro che svolge, nell'industria o nell'area in cui egli presta la sua opera.

fair wages clause: ***clausola del salario equo.*** Clausola inserita nei contratti di appalto, in particolare in quelli di appalti pubblici, che stabilisce che sia i salari, sia le altre condizioni relative alla manodopera, non devono essere inferiori a quelli della particolare area o industria in cui si eseguiranno i lavori. Tale clausola sarà applicata nei confronti di tutti i lavoratori assunti in base all'appalto e ad eventuali subappalti.

fairway: ***canale di navigazione; canale navigabile.*** Nel linguaggio dei traffici marittimi, è un canale con acqua sufficientemente profonda da consentire la navigazione delle navi. Tali canali si trovano all'interno dei porti o in fiumi, ove sono delimitati da boe, o collegano un porto interno con il mare aperto.

fair wear and tear: ***normale deterioramento.*** Espressione usata per indicare l'ammortamento sufficiente a coprire il deterioramento di un qualsiasi tipo di bene capitale, che si verifica a seguito della sua ordinaria utilizzazione in un dato periodo di tempo.

to fall: ***diminuire.*** Verbo usato in relazione a prezzi, alla domanda, all'offerta, ecc., per indicare che essi scendono al di sotto dei livelli precedentemente registrati.

fall: ***diminuzione; ribasso.*** Riduzione del livello precedentemente raggiunto da uno o più prezzi, dai salari, dal tasso di cambio e simili.

fallacy: ***fallacia.*** Nel linguaggio economico, è una proposizione che sembra rispondere a verità, ma che in effetti non è vera.

to fall back: ***ribassare.*** Il verbo inglese viene usato intransitivamente per indicare una diminuzione che si verifica dopo un precedente lieve aumento. Può riferirsi tanto a prezzi, quanto alla domanda e all'offerta di un bene.

fall-back pay: ***indennità di presenza.*** Lo stesso che *attendance money* (v.).

fall-back price: ***prezzo di riserva.*** È il prezzo al di sotto del quale un venditore si rifiuta di vendere. A volte, indica anche il prezzo minimo al quale il venditore è disposto a vendere, ma più spesso egli è pronto ad alienare il bene ad un qualsiasi prezzo superiore a quello di riserva. Il prezzo di riserva viene di solito determinato dalla convinzione che in un prossimo futuro i prezzi di quel bene subiranno un aumento o da considerazioni relative alla quantità di quel bene di cui attualmente può disporre il venditore. Nelle vendite all'asta, l'espressione indica il prezzo di partenza, che sarà successivamente aumentato attraverso le offerte fatte dai potenziali acquirenti. In una esposizione o in una fiera, l'espressione indica il prezzo segnato sui campioni o sugli articoli esposti. Se alcuni di questi, però, sono esposti non per essere venduti, il prezzo di riserva indicato è reso intenzionalmente eccessivamente alto o addirittura assurdo.

to fall due: ***scadere; giungere a scadenza.*** Riferito a debiti, titoli di credito, canoni di fitto e simili, indica che è giunto il momento in cui si deve procedere al loro pagamento o rimborso.

fallen angel: ***angelo caduto.*** Espressione del linguaggio finanziario statunitense, con la quale si indica un'obbligazione di una società industriale che all'epoca dell'emissione era classificata con un alto grado di investimento (v. *investment grade*), ma a seguito di ulteriori indebitamenti dell'emittente è scivolata al livello dei *junk bonds* (v.).

falling market: ***mercato calante; mercato al ribasso.*** Termine usato con lo stesso significato di *buyer's market* (v.) e di *bear market* (v.).

falling rate of profit: ***tasso decrescente del profitto.*** Secondo i primi economisti classici, il declino del tasso generale del profitto era insito nel sistema economico e si verificava a causa dell'aumento del capitale ad un ritmo più alto dell'aumento della produzione, per cui pur se si verificava un aumento del livello assoluto dei profitti, la concorrenza crescente aveva l'effetto di ridurre il saggio del profitto, cioè il rendimento sul capitale impiegato dall'imprenditore.

falling-rate-of-profit theory: ***teoria del tasso di profitto marginale decrescente.*** Teoria, sostenuta dagli economisti keynesiani, che afferma che quando, ad un dato tasso di consumo, si impianta un numero sempre maggiore di unità produttive, diminuisce il tasso di rendimento degli impianti nuovi e di quelli già esistenti.

fall-out: ***effetti derivati.*** Termine entrato nel linguaggio economico per indicare gli effetti collaterali di una qualsiasi iniziativa economica, come ad esempio l'insorgere di indotto dopo l'istituzione di una grossa fabbrica in una determinata area.

fallow field: ***campo incolto; campo a maggese.*** Campo o terreno lasciato a riposo per un certo periodo di tempo, di solito un anno, al fine di restituirgli la fertilità.

false accounting: ***falso contabile.*** Lo stesso che *falsification of accounts* (v.).

false misrepresentation: ***dichiarazione fraudolenta; esposizione fraudolenta.*** Lo stesso che *fraudulent misrepresentation* (v.).

false representation: ***frode; dichiarazione falsa.*** Nel linguaggio giuridico, è un inganno diretto a ledere un diritto altrui e a procurarsi un qualche vantaggio materiale ricorrendo a mezzi disonesti.

falsification: ***falsificazione.*** Imitazione fraudolenta di un biglietto di banca, di una moneta, di un titolo di credito, ecc., allo scopo di spacciarli come originali.

falsification of accounts: ***falsificazione dei conti; falso contabile.*** Reato commesso da chi altera o distrugge documenti contabili o effettua registrazioni non rispondenti ad effettivi eventi gestionali, con l'intento di frodare il fisco, i creditori o l'impresa.

family: ***famiglia.*** Lo stesso che *household* (v.).

family allowances: ***assegni familiari.*** Indennità pagata ai lavoratori quale contributo alle spese di sostentamento della famiglia, dato che il salario non tiene conto dello stato civile del lavoratore. Gli assegni familiari vengono corrisposti in ragione del numero di persone a carico e variano a seconda del rapporto di parentela.

family budget: ***bilancio familiare.*** Modo in cui una famiglia ripartisce il proprio reddito per far fronte alle spese di sostentamento, alloggio, vestiario, ricreazione e simili.

family budget expenditures: ***spese dei bilanci familiari.*** La parte del bilancio familiare destinata alle spese, intese come spese in consumi con l'esclusione, quindi, della parte di bilancio destinata al risparmio. Il livello di reddito rappresenta un fattore determinante della spesa per consumi. Infatti, ai livelli di reddito più alti si nota una forte diminuzione percentuale delle spese in beni alimentari e un forte aumento del risparmio, pressocché inesistente o negativo ai livelli di reddito più bassi.

family business: ***impresa familiare.*** L'impresa di proprietà di una singola famiglia, gestita direttamente da uno o più dei suoi membri.

family company: ***società familiare.*** Termine britannico usato con lo stesso signficato di *family corporation* (v.).

family corporation: ***società a carattere familiare.*** Espressione statunitense, con la quale si indica una società le cui azioni sono di proprietà di un limitato gruppo di persone, come ad esempio una sola famiglia.

family expenditure survey: ***indagine sui consumi delle famiglie.*** È un'indagine che si basa sulle spese di famiglie campione, rappresentative della popolazione. Viene usata per elaborare il modello dei consumi della famiglia media di un paese.

family farm: ***impresa agricola familiare.*** Negli Stati Uniti, e un'impresa agricola gestita da una singola famiglia, che utilizza le tecnologie agricole necessarie a farla diventare un'efficiente unità economica tale da competere proficuamente sul mercato. L'estensione di terra utilizzata da un'impresa agricola familiare può variare da quattro ettari se essa produce ortaggi a mille ettari se produce frumento.

family income: ***reddito familiare.*** Il reddito percepito da una singola famiglia, con il quale essa fa fronte ai propri bisogni.

family income insurance: ***assicurazione del reddito familiare.*** Assicurazione temporanea sulla vita di un capofamiglia, stipulata per garantire un reddito alla famiglia nel periodo di massimo bisogno, che coincide con quello in cui i figli crescono e sono completamente a carico dei genitori. Se il capofamiglia muore nell'arco di tempo coperto dall'assicurazione, alla famiglia viene garantito un determinato reddito; se, invece, egli è ancora vivo al termine del periodo, l'assicurazione scade ed egli non avrà diritto ad alcuna somma. Tale assicurazione rientra tra quelle chiamate «puro rischio.»

family income policy: ***polizza di assicurazione del reddito familiare.*** È il contratto relativo alla *family income insurance* (v.).

family income supplement: ***assegni familiari.*** Termine usato con lo stesso significato di *family allowances* (v.).

family industry: ***industria domestica.*** Termine usato con lo stesso significato di *domestic industry* (v.).

family life cycle: ***ciclo vitale della famiglia.*** Nel linguaggio del marketing, sono i diversi stadi che attraversa una famiglia in relazione alle sue caratteristiche demografiche. Si è soliti dividere il ciclo in sette stadi, rappresentati dalle seguenti situazioni: giovani non sposati; giovani coppie senza figli; giovani coppie col figlio minore sotto i sei anni; coppie con figli a carico; coppie anziane i cui figli hanno lasciato la casa; anziani vedovi o comunque soli. Poiché a ciascuno di questi stadi corrispondono determinati bisogni e interessi, il ciclo viene usato nel prevedere la domanda di determinati beni e servizi.

family of funds: ***famiglia di fondi comuni d'investimento.*** Gruppo di fondi comuni d'investimento gestiti dalla stessa società di gestione. Di solito, ciascuno di questi fondi ha le sue proprie caratteristiche e si prefigge un determinato risultato.

family partnership: ***società familiare.*** Società di persone, i cui membri appartengono totalmente o in gran parte allo stesso nucleo familiare.

family planning: ***pianificazione familiare.*** Altro termine usato per indicare il controllo delle nascite, cioè qualsiasi metodo, chimico o meccanico, utilizzato per prevenire il concepimento di bambini. La pianificazione familiare è stata la causa principale della riduzione del tasso di crescita delle popolazioni di molti stati moderni.

family reunion fare: ***tariffa per riunioni familiari.*** Tariffa speciale praticata su viaggi di andata e ritorno da alcune compagnie di navigazione aerea a coloro che si recano in paesi lontani a far visita ai propri familiari, utilizzando voli di linea. La riduzione rispetto alle tariffe normali dipende dalla stagione dell'anno ed è condizionata ad un determinato periodo massimo e minimo di soggiorno nel paese straniero da parte di chi ne usufruisce.

famine: ***carestia.*** Mancanza o grave scarsità di derrate alimentari a seguito di scarsi raccolti dovuti a cause naturali, quali siccità, grandine, gelo, ecc. La moderna economia ha reso le carestie meno gravi, rendendo possibili compensazioni tra diversi paesi o regioni e tra annate favorevoli e sfavorevoli. Le carestie, ancor oggi, possono essere aggravate da mezzi di trasporto insufficienti, alta densità della popolazione e forte dipendenza da particolari condizioni climatiche.

fancy goods: 1. ***articoli vari.*** Articoli di basso costo, che attirano l'attenzione degli acquirenti a causa del loro aspetto piacevole o interessante. **2.** ***articoli fantasia.*** Riferito a stoffe e confezioni, il termine inglese indica articoli in colori vivaci e disegni particolarmente allegri.

F. and D.: freight and demurrage.

Fannie Mae: Nome colloquiale con il quale si indica la *Federal National Mortgage Association* (v.).

fanout: ***sdoppiamento; scissione.*** In contabilità, la suddivisione di un conto in due o più sottoconti.

fantasy: ***«fantasia».*** Neologismo con il quale si indica una moneta metallica di scopo o origine discutibili, in particolare una moneta emessa da un paese al fine di ricavare un forte utile mediante la vendita a collezionisti, ma non destinata ad avere corso legale nel paese.

F.A.O.: Food and Agricultural Organization.

f.a.q.: 1) fair average quality; 2) free alongside quay.

far.: farthing.

fare: ***tariffa di viaggio; prezzo della corsa.*** Il prezzo che un viaggiatore deve pagare per essere trasportato da un luogo all'altro per mezzo di una nave, un aereo, un treno, un autobus o altro mezzo di trasporto.

farm: 1. ***fattoria.*** Il termine inglese indica un appezzamento di terreno utilizzato per la coltivazione di raccolti o per l'allevamento di bestiame, sul quale lavora o il proprietario o un fittavolo. **2.** ***zona di deposito.*** Nel linguaggio statunitense dei trasporti, è una zona aperta su una banchina, su un molo o su una calata, destinata al deposito di merci in transito.

farm bloc: Nel linguaggio politico statunitense, questo termine è spesso usato per indicare il blocco costituito da senatori e deputati che, al Congresso, rappresentano gli interessi delle regioni o degli stati agricoli e si battono per ottenere misure di sostegno all'agricoltura.

farm co-operatives: ***cooperative agricole.*** Associazioni di coltivatori e allevatori per la vendita diretta dei loro prodotti ai consumatori, attraverso canali gestiti dalle stesse cooperative.

farm credit: ***credito agrario.*** Lo stesso che *agricultural credit* (v.).

Farm Credit Administration: Agenzia del governo federale degli Stati Uniti, che ha il compito di fornire credito a breve, medio e lungo termine ad agricoltori e loro organizzazioni.

farm credit bank: ***banca di credito agrario.*** Termine usato con lo stesso significato di *agricultural credit bank* (v.).

farm cycle: ***ciclo agricolo.*** Secondo alcuni autori statunitensi, è il ciclo economico cui sono soggetti i prodotti agricoli, che avrebbe una durata dai quattro ai cinque anni.

farmer: ***agricoltore; coltivatore.*** Il termine inglese indica l'imprenditore agricolo che svolge l'attività di coltivare la terra o di allevare il bestiame, con l'intento di vendere il prodotto del suo lavoro.

farmers' co-operative: ***cooperativa agricola.*** Lo stesso che *agricultural co-operative* (v.).

Farmers Home Administration: Ufficio del ministero dell'agricoltura degli Stati Uniti, che ha il compito di fornire credito a quegli agricoltori che non riescono a procurarselo attraverso i normali canali a tassi e condizioni prevalenti sul mercato.

Farmers Union: Organizzazione di agricoltori, fondata negli Stati Uniti nel 1902, della quale fanno parte oltre centomila imprese agricole a conduzione familiare, residenti in almeno venti stati dell'Unione. Scopo principale di questa organizzazione è quello di tutelare gli interessi degli agricoltori agevolando la costituzione di cooperative, offrendo assicurazioni sui raccolti e diffondendo concetti di economia e nuove tecniche di coltivazione.

farm hand: ***bracciante agricolo.*** Termine usato con lo stesso significato di *farm labourer* (v.).

farm improvement scheme: ***piano di migliorie agrarie.*** Piano, previsto dall'*Agricultural Act* del 1957, in base al quale gli agricoltori britannici possono usufruire di contributi pari a un terzo del costo di migliorie a terreni agricoli e ai relativi impianti fissi.

farming: ***agricoltura.*** Termine usato con lo stesso significato di *agriculture* (v.).

farming of taxes: ***appalto d'imposta; concessione del diritto di esazione delle imposte.*** Metodo di esazione delle imposte in base al quale l'esattore, dietro versamento di una somma fissa all'erario, riceve il privilegio di esigere le imposte e trattenere ciò che ricava. Questa pratica era diffusa già ai tempi delle antiche città greche e nel primo periodo della repubblica a Roma.

farming product: ***prodotto agricolo.*** Termine statunitense, usato con lo stesso significato di *agricultural product* (v.).

farm labourer: ***bracciante agricolo.*** Lavoratore non specializzato, che presta la propria opera nei campi, specialmente in periodi in cui essa è maggiormente richiesta, cioè all'epoca del raccolto.

to farm out: ***dare in appalto.*** Disporre affinché parte di un processo produttivo o di un servizio ausiliario venga svolta da un'altra impresa o da imprese specializzate.

farm price review: ***revisione dei prezzi agricoli.*** Prima del suo ingresso nella Comunità Economica Europea, il

Regno Unito aveva un sistema di sostegno dei prezzi agricoli basato su un prezzo di vendita garantito agli agricoltori per una certa quantità di prodotto. Il prezzo di mercato veniva determinato dalla legge della domanda e dell'offerta, ma lo stato si impegnava a versare agli agricoltori l'eventuale differenza tra il prezzo garantito e quello di mercato. L'entità del prezzo garantito veniva revisionata ogni anno, ma non erano previsti sussidi per eccedenze di produzione. Dopo il suo ingresso nella Comunità Europea, il Regno Unito ha dovuto adeguarsi al sistema comunitario.

farm prices: ***prezzi agricoli.*** Sono i prezzi minimi che venivano garantiti agli agricoltori britannici prima dell'ingresso del Regno Unito nella Comunità Economica Europea. (v. anche *farm price review*)

farm price support: ***sostegno dei prezzi agricoli.*** Sussidio che, in determinate circostanze, viene corrisposto dal governo federale degli Stati Uniti ai coltivatori, quando i prezzi di certi prodotti agricoli scendono al di sotto della cosiddetta parità agraria. (v. anche *parity price*)

farmstead: ***piccola fattoria.*** Il termine inglese indica un appezzamento di terreno relativamente piccolo, con annessa casa colonica.

farm subsidies: ***sussidi agricoli.*** Si tratta di sussidi che venivano concessi agli agricoltori britannici, di cui un 30% sotto forma di agevolazioni per l'acquisto di fertilizzanti e altri materiali d'uso o per opere di miglioria e il restante 70% circa sotto forma di sostegno dei prezzi di cereali, uova, carne macellata, lana e patate. Lo scopo era quello di aumentare sia la qualità che la quantità di questi prodotti.

farm surpluses: ***eccedenze agricole.*** Sono i prodotti acquistati dal governo federale degli Stati Uniti al fine di mantenere i prezzi agricoli ai livelli garantiti dalla legge. Vengono immagazzinati in depositi federali, in attesa di essere utilizzati sul mercato interno o venduti all'estero.

farthing: Moneta inglese equivalente ad un quarto di *penny*, coniata in argento dal tredicesimo al sedicesimo secolo. Nel 1672 se ne iniziò la coniazione in rame e nel 1860 quella in bronzo. Caduta in disuso a causa del suo basso valore, tornò a circolare durante e dopo la seconda guerra mondiale, in una lega di rame, stagno e zinco. Dal 1° gennaio del 1961 non ha più corso legale.

f.a.s.: free alongside ship.

Fascism: ***fascismo.*** Dal punto di vista economico, è un sistema che riconosce la proprietà privata e la produzione di beni e servizi da parte di privati, ma sotto lo stretto e rigido controllo dello stato. In tale sistema, i lavoratori non sono liberi di organizzarsi in sindacati e di contrattare collettivamente, in quanto tale attività ricade sotto il diretto controllo dello stato.

fashion: ***moda.*** Una delle principali influenze sulle variazioni della domanda. Poiché spesso le mode sono passeggere e ancor più spesso capricciose, particolarmente per certi prodotti, risulta difficile ai produttori prevedere il livello della domanda di articoli soggetti a cambiamento di moda.

fashionable: ***alla moda; di moda.*** Termine usato in relazione a prodotti, per indicare che sono molto richiesti dai consumatori, o a luoghi, per indicare che sono frequentati da molte e facoltose persone.

fashion goods: ***beni di moda.*** Sono i beni nei cui confronti l'atteggiamento dei consumatori varia col variare del loro aspetto, stile o disegno e la cui domanda è difficilmente prevedibile.

fashion shares: ***azioni di moda.*** Sono valori mobiliari che, per ragioni palesi o non facilmente individuabili, sono oggetto di forte domanda da parte degli investitori, ma che dopo poco tempo vengono quasi completamente dimenticati dal mercato mobiliare.

fast as can: ***con ragionevole diligenza e speditezza.*** Nei contratti di noleggio, questa espressione indica che il noleggiatore dovrà procedere nel modo più sollecito possibile allo svolgimento delle operazioni di caricazione e discarica.

fast cargo liner: ***nave da carico celere; nave da carico di linea.*** Una nave da carico che svolge il servizio di trasporto merci su una linea prestabilita, in un tempo relativamente breve e certamente inferiore a quello impiegato da altre navi adibite al trasporto di merci.

fast cargo ship: ***mercantile veloce.*** Termine usato con lo stesso significato di *fast cargo liner* (v.).

fast foods: ***cibi rapidi.*** Si tratta di particolari confezioni di generi alimentari, vendute ad un prezzo superiore al normale in quanto preparate in modo da far risparmiare tempo al consumatore. Ad esempio, cibi precotti che devono soltanto essere riscaldati prima di venir consumati o cibi surgelati, già puliti e scelti, che il consumatore può cuocere senza dover provvedere ad alcuna altra operazione. Lo stesso termine viene usato per indicare qualsiasi piatto che si presti ad essere preparato e consumato in un tempo molto breve, come ad esempio hamburger e patatine fritte, *fish and chips, hot dogs* e simili.

fast-moving products: ***prodotti di rapido assorbimento.*** Termine usato con significato simile a quello di *fast-selling items* (v.).

fast-selling items: ***articoli di rapida vendita.*** Termine generico, con il quale vengono indicati tutti gli articoli commerciali oggetto di forte domanda da parte dei consumatori.

fast train: ***treno celere.*** È un treno che viaggia a velocità superiore a quella di un comune treno merci. Può, pertanto, essere un treno passeggeri che trasporta anche merci o un treno merci che viene fatto viaggiare a grande velocità.

fast-train goods: ***merci a grande velocità.*** Sono così dette le merci trasportate mediante treni merci celeri o mediante vagoni agganciati a treni passeggeri.

«fate»: ***fato.*** Termine bancario usato in relazione ad assegni. Chiedere il «fato» di un assegno nel linguaggio bancario inglese significa informarsi se sul conto dell'emittente ci sono fondi sufficienti per onorarlo.

fatigue allowance: ***maggiorazione per affaticamento.*** Nello stabilire i tempi standard necessari per determinate operazioni, si calcola una maggiorazione di tempo che tiene conto della ridotta velocità ed efficienza del lavoratore, specialmente nelle ultime ore del suo turno di lavoro, a causa di affaticamento.

faulty goods: ***merci difettose.*** Merci che non corrispondono agli standard consueti o al livello di qualità stabilito nel contratto di compravendita.

faulty packing: ***imballaggio difettoso.*** Imballaggio che non corrisponde agli standard usati in relazione a determinati prodotti e che, pertanto, non è in grado di proteggere questi ultimi durante il trasporto o il deposito.

faulty workmanship: ***lavorazione difettosa.*** Difetto che si riscontra in un prodotto a seguito di cattiva esecuzione del processo produttivo. Può essere dovuto a imperizia o disattenzione dell'operaio addetto alla lavorazione o a cattivo funzionamento delle macchine che l'hanno prodotto.

favourable: ***favorevole; in attivo.*** Termine usato in relazione ai saldi della bilancia dei pagamenti o della bilancia commerciale di un paese, per indicare l'eccedenza dell'avere sul dare o delle esportazioni sulle importazioni.

favourable balance of payments: ***bilancia dei pagamenti attiva; saldo attivo della bilancia dei pagamenti.*** Situazione dei pagamenti internazionali, che si verifica quando le entrate complessive di un paese, derivanti dalla vendita dei propri beni e servizi all'estero, dalla riscossione di interessi e dividendi su prestiti e investimenti in paesi stranieri e da eventuali rimesse di emigranti e altre fonti di valuta straniera, superano le uscite complessive dello stesso paese relative alle stesse voci.

favourable balance of trade: ***bilancia commerciale attiva; saldo attivo della bilancia commerciale.*** Situazione dei pagamenti internazionali, che si verifica quando le entrate complessive di un paese, derivanti dalla vendita dei propri prodotti sui mercati stranieri, superano le uscite complessive relative all'acquisto di beni prodotti in paesi esteri. Ciò non significa che l'intera bilancia dei pagamenti mostrerà un saldo attivo, in quanto potrebbero verificarsi gravi deficit in altri conti, che annullano il saldo attivo della bilancia commerciale.

favourable balance of trade theory: ***teoria della bilancia commerciale attiva.*** È la teoria propria del mercantilismo, che sosteneva che una bilancia dei pagamenti attiva era sinonimo di potenza di un paese. (v. anche *export surplus*)

favourable course of the market: ***andamento favorevole del mercato.*** Situazione di mercato caratterizzata da un buon livello della domanda e dell'offerta, da un incremento degli scambi e da un aumento generalizzato dei prezzi.

favourable difference: ***variante favorevole.*** Termine usato con lo stesso significato di *favourable variance* (v.).

favourable exchange: ***cambio favorevole.*** La situazione in cui si trova una moneta forte o supervalutata nei confronti di monete deboli o valutate al loro giusto prezzo. Il potere di acquisto della moneta forte o supervalutata in termini delle valute più deboli dà a colui che la possiede un vantaggio commerciale nei confronti di coloro che non sono in grado di usarla.

favourable price: ***prezzo vantaggioso.*** Prezzo che soddisfa le esigenze e le aspettative sia del venditore che del compratore. Un prezzo di mercato è, tenuto conto del concetto della rendita del consumatore e della rendita del produttore, in definitiva un prezzo vantaggioso per ambedue le parti.

favourable terms: ***condizioni vantaggiose.*** Condizioni particolarmente favorevoli dalle quali può trarre vantaggio un operatore commerciale o economico. Possono consistere, ad esempio, di favorevoli dilazioni di pagamento o dell'andamento particolarmente buono di un mercato.

favourable trend: ***alta congiuntura.*** È una fase di breve durata del ciclo economico, che si fa di solito coincidere con la massima espansione dell'attività economica.

favourable turn of the market: ***piega favorevole del mercato.*** Espressione usata con lo stesso significato di *favourable course of the market* (v.).

favourable variance: ***variante favorevole.*** È la variante favorevole di costo o efficienza, che si concretizza in costi reali inferiori a quelli preventivati o in un reddito reale superiore a quello previsto.

fax: Il termine è l'abbreviazione di *facsimile transmission*, cioè il sistema di trasmissione lungo linee telefoniche, mediante apposite macchine riproduttrici, di copie di lettere, documenti, grafici, ecc. È sufficiente formare il numero di fax del destinatario, inserire il documento da trasmettere nell'apposita macchina e in pochi secondi esso verrà riprodotto su una simile macchina nei locali del destinatario.

F.B.I.: Federation of British Industries.

F.C.A.: Farm Credit Administration.

f.c.a.r.: free of claim for accident reported.

f.c. & s.: free of capture and seizure.

F.C.I.: Finance Corporation for Industry.

F.C.I.C.: 1) Federal Crop Insurance Corporation; 2) Foreign Credit Insurance Corporation.

FCM: futures commission merchant.

Fco.: franco

FCR: forwarding agent's certificate of receipt.

F.c.s.: free of capture and seizure.

f.d.: 1) free delivery; 2) free discharge.

fd.: fund.

F.D.A.: Food and Drug Administration.

F.D.I.C.: Federal Deposit Insurance Corporation

feasibility study: ***studio di fattibilità; studio della praticabilità.*** L'analisi di un nuovo prodotto, processo o progetto, al fine di determinarne la vantaggiosità o l'attuabilità da un punto di vista finanziario e tecnico.

featherbedding: Nel linguaggio delle relazioni industriali statunitensi, questo termine indica norme sindacali create con la palese intenzione di offrire situazioni di lavoro eccessivamente comode o di assegnare ad un lavoro un numero di persone superiore al necessario, allo scopo di creare più posti di lavoro e così prevenire la disoccupazione.

F.E.B.A.: Foreign Exchange Brokers Association.

FECOM: European Monetary Co-operation Fund.

Fed: Federal Reserve System.

Federal Advisory Committee: Comitato consultivo composto da dodici consiglieri, rappresentanti dei dodici distretti in cui è suddiviso il *Federal Reserve System* (v.), che ha il compito di collaborare, in questioni bancarie e di politica monetaria, con il *Federal Reserve Board* (v.).

federal aid: ***contributo federale.*** Qualsiasi contributo finanziario concesso dal governo federale a singoli stati o regioni degli Stati Uniti per la realizzazione di progetti locali.

federal appropriation: ***stanziamento federale.*** Concessione di fondi da parte del Congresso degli Stati Uniti, al fine di mettere un'agenzia federale in grado di aggiudicare un appalto o passare un ordinativo di fornitura o acquistare beni e servizi, che impegneranno il governo ad una spesa futura.

federal budget: ***bilancio federale.*** Il bilancio del governo federale degli Stati Uniti d'America.

Federal Communications Commission: ***Commissione federale per le comunicazioni.*** Creata dal Congresso degli Stati Uniti nel 1934, fu preposta alla regolamentazione delle comunicazioni interstatali per radio, televisione, telegrafo e telefono. Questi compiti e responsabilità di controllo furono accentrati al fine di garantire un servizio più efficiente di telecomunicazioni.

federal credit agencies: ***agenzie di credito federali.*** Sono agenzie, molte delle quali di proprietà privata, sponsorizzate dal governo federale e preposte alla concessione di credito a diverse categorie di istituzioni, di imprese e di privati.

Federal Credit Union Act: Legge, approvata dal Congresso degli Stati Uniti nel 1934, con la quale si concedeva personalità giuridica a livello federale alle *credit* *unions* (v.) e se ne assegnava il controllo ad organismi competenti.

Federal Crop Insurance Corporation: Società pubblica, dipendente dal ministero dell'agricoltura degli Stati Uniti, che assicura i coltivatori contro il rischio di perdita del raccolto.

federal debt: ***debito federale.*** È il debito pubblico del governo federale degli Stati Uniti d'America, che in certi periodi ha raggiunto cifre vertiginose.

Federal Deposit Insurance Corporation: Società pubblica creata nel 1933 per assicurare i depositi bancari e garantire i risparmiatori contro il rischio di fallimento o sospensione dei pagamenti da parte di qualsiasi banca membro del *Federal Reserve System* (v.).

federal discount window: ***sportello di sconto federale.*** Lo stesso che *discount window* (v.).

Federal Farm Loan Act: Legge, approvata dal Congresso degli Stati Uniti nel 1916, con la quale l'intero territorio nazionale veniva suddiviso in dodici distretti, ciascuno con una propria *Federal Land Bank* (v.).

federal financing bank: Negli Stati Uniti, è una qualsiasi banca che riceve fondi dal ministero del tesoro e concede prestiti ad agenzie di credito federali.

federal funds: ***fondi federali.*** Sono i fondi costituiti con le riserve che le banche statunitensi devono per legge tenere presso il *Federal Reserve System* (v.). I tassi su queste riserve sono stabiliti quotidianamente dalla *Federal Reserve Board* (v.), in quanto esse sono oggetto di prestiti tra banche, di solito sotto forma di prestiti alla giornata. I fondi federali, tuttavia, includono anche altri tipi di prestiti, negoziati da istituzioni finanziarie di varia natura e da agenzie federali, e tra questi rientrano anche le disponibilità delle banche membri di fondi derivanti dal loro diritto di prendere denaro in prestito dal Sistema della Riserva Federale. Infatti, se una delle banche membri non ha interamente preso a prestito la somma cui ha diritto, essa può aumentare il risconto di titoli stanziabili al solo scopo di mutuare ad altre banche membri, che già hanno prelevato l'intero ammontare cui hanno diritto, le risorse così ottenute, che fruttano un tasso d'interesse superiore a quello fatto pagare dalle *Reserve Banks.*

federal funds market: ***mercato dei fondi federali.*** Mercato informale, nel quale vengono trattati prestiti prelevabili dalle riserve tenute dalle banche membri presso il *Federal Reserve System* (v.). Una banca le cui riserve eccedono quelle prescritte per legge può concedere prestiti, di solito alla giornata, ad altre banche le cui riserve sono al di sotto del limite imposto dalla legge bancaria statunitense. Questi prestiti vengono chiamati fondi federali, perché la moneta è in mano al Sistema della Riserva Federale e il prestito avviene semplicemente mediante trasferimento dal conto di una banca a quello di un'altra. Le riserve tenute presso il Sistema della Riserva Federale sono infruttifere e il mercato dei fondi federali consente alle banche di mantenere in tale forma soltanto il minimo imposto per legge.

federal funds rate: ***tasso d'interesse sui fondi federali; tasso d'interesse interbancario.*** Il tasso d'interesse praticato sulle operazioni di trasferimento di fondi federali dalla banca mutuante alla banca mutuataria, che è sempre più alto del tasso d'interesse praticato dalle *Reserve Banks* su anticipazioni concesse alle banche membri del sistema.

federal funds transactions: ***operazioni in fondi federali.*** Le operazioni di prestiti interbancari a breve termine che hanno per oggetto i fondi federali.

federal government: ***governo federale.*** Negli Stati Uniti, è l'organo preposto alla formulazione dell'indirizzo politico internazionale e alla gestione di tutti gli aspetti politici, economici, sociali e giuridici comuni a tutti gli stati che fanno parte dell'Unione.

Federal Home Loan Bank Act: Legge, approvata dal Congresso degli Stati Uniti nel 1932, con la quale venivano istituite banche regionali per concedere prestiti per la costruzione o l'acquisto di abitazioni, attraverso apposite istituzioni che si interessavano della raccolta del piccolo risparmio.

Federal Home Loan Bank Board: Agenzia indipendente del governo federale degli Stati Uniti, preposta al controllo e all'amministrazione del *Federal Home Loan Bank System* (v.).

Federal Home Loan Bank System: Sistema di undici banche regionali, fondato in base al *Federal Home Loan Bank Act* (v.). Sono membri di queste banche le istituzioni che si interessano, sotto varie forme, della raccolta del piccolo risparmio, che viene poi convogliato verso il finanziamento di acquisti o costruzioni di abitazioni da parte dei soci delle varie istituzioni.

Federal Home Loan Mortgage Corporation: Agenzia privata, ma sponsorizzata dal governo federale degli Stati Uniti, creata dal Congresso nel 1970 col compito di sviluppare un mercato secondario delle ipoteche su abitazioni private. In breve tempo, diventò il più grosso operatore in questo settore, agevolando notevolmente la diffusione dei mutui ipotecari attraverso la loro pronta liquidità.

Federal Housing Administration: Sezione della *Housing and Home Finance Agency* (v.) del governo federale degli Stati Uniti, che assicura le istituzioni private contro il rischio di perdite derivanti dalla concessione di mutui per l'acquisto o la ristrutturazione di abitazioni, attraverso ipoteche sugli immobili in questione. Nel 1965, la FHA fu assorbita dal *Department of Housing and Urban Development* (v.).

federal housing finance institutions: Con questo termine si indicano collettivamente tutte quelle varie istituzioni che, negli Stati Uniti, forniscono mezzi finanziari per l'edilizia abitativa.

federal intermediate credit bank: ***banca federale di credito a medio termine.*** Ciascuna delle dodici banche autorizzate dal Congresso degli Stati Uniti nel 1923 a concedere crediti a breve o medio termine a coltivatori ed allevatori. Fanno parte della *Farm Credit Administration* (v.).

federal labor local union: Un qualsiasi sindacato, affiliato alla *American Federation of Labor* (v.), che rappresenta lavoratori di diverse categorie ma di una medesima località. Viene organizzato quando il numero di lavoratori in ciascuna categoria non è sufficiente per giustificare la creazione di un sindacato di categoria.

federal land bank: ***banca federale di credito agrario.*** Tipo di banca, funzionante sotto il controllo della *Farm Credit Administration* (v.), che si interessa dell'erogazione di mutui a lungo termine (da cinque a quaranta anni), garantiti da ipoteche di primo grado su terreni ed edifici, ad agricoltori residenti nell'ambito di competenza della banca stessa. Vi sono dodici banche federali di credito agrario negli Stati Uniti, in altrettante regioni in cui è suddiviso il paese ai fini del credito agrario. (v. anche *Federal Farm Loan Act, federal land bank association*)

federal land bank association: ***associazione federale per il credito agrario.*** Una qualsiasi delle tante associazioni, su base cooperativistica, formate dagli agricoltori statunitensi per procurarsi credito tramite una *federal land bank* (v.). Infatti, qualsiasi credito concesso da queste banche deve essere negoziato attraverso una delle associazioni federali per il credito agrario. Pertanto, l'agricoltore o l'allevatore che desideri ricevere un mutuo dovrà preventivamente procurarsi l'approvazione dell'associazione e l'avallo sulla proprietà che intende dare in garanzia sotto forma di ipoteca. Una parte pari al cinque per cento del mutuo dovrà essere investita nell'acquisto di titoli emessi dall'associazione, che saranno rimborsati al momento in cui il mutuo sarà interamente estinto. Ciò rende il mutuatario socio dell'associazione, il che gli dà diritto di voto in qualsiasi riunione.

Federal Mediation and Conciliation Service: Agenzia indipendente creata negli Stati Uniti nel 1947 per prestare opera di mediazione in materia di controversie sindacali.

Federal National Mortgage Association: Un'associazione creata e supervisionata dal governo federale degli Stati Uniti, ma di proprietà privata, che ha il compito di costituire un mercato secondario delle ipoteche convenzionali e di quelle garantite o sottoscritte dal governo federale.

Federal Open Market Committee: ***Comitato federale per le operazioni di mercato aperto.*** Comitato preposto al coordinamento delle operazioni di mercato aperto svolte da parte delle banche del Sistema della Riserva Federale. È composto dal *Federal Reserve Board* (v.) e da altri cinque membri, scelti tra i dodici presidenti delle *Federal Reserve Banks*, che restano in carica per un solo anno.

federal regulatory commissions: ***commissioni regolamentatrici federali.*** Agenzie amministrative del governo federale degli Stati Uniti, preposte alla regolamentazione della condotta di certi tipi di attività economiche. Ve ne sono diverse, ciascuna delle quali regolamenta una data attività, come ad esempio la *Securities and Exchange Commission* (v.) per le borse valori operanti nel territorio nazionale.

Federal Reserve Act: Legge, approvata dal Congresso degli Stati Uniti nel 1913, che raccolse i suggerimenti della *Aldrich Commission* (v.) e istituì il *Federal Reserve System* (v.), cambiando la struttura bancaria statunitense da un sistema decentralizzato ad uno relativamente centralizzato.

federal reserve agent: È il presidente del consiglio di amministrazione di ciascuna delle *Federal Reserve Banks*, nominato dal *Federal Reserve Board* (v.).

Federal Reserve Bank: ***Banca della Riserva Federale.*** Ciascuna delle dodici banche che costituiscono il *Federal Reserve System* (v.) degli Stati Uniti d'America.

federal reserve bank float: Credito concesso dalle banche della riserva federale su depositi realmente esistenti.

federal reserve bank note: Forma di valuta cartacea statunitense, non più in circolazione. Veniva emessa, prima del 1935, dalle banche della riserva federale ed era garantita da titoli di stato e buoni del tesoro la cui emissione cessò nel 1935.

Federal Reserve Board: ***Consiglio della Riserva Federale.*** È composto di sette membri, nominati dal Presidente degli Stati Uniti con l'approvazione del Senato, responsabili della vigilanza sulle *Federal Reserve Bank*s e del coordinamento delle loro attività. In stretto contatto col ministero del tesoro, provvede all'esatta applicazione delle leggi bancarie, autorizza i livelli dei tassi di risconto delle *Federal Reserve Banks* alle banche membri, stabilisce i tassi di interesse da corrispondersi sui depositi delle banche membri, fissa le percentuali di riserve obbligatorie a garanzia dei depositi e svolge altre funzioni relative al buon funzionamento del sistema bancario statunitense.

Federal Reserve City: Ciascuna delle città in cui ha sede una delle dodici banche del sistema della riserva federale degli Stati Uniti d'America.

Federal Reserve District: ***Distretto della Riserva Federale.*** Ciascuno dei dodici distretti operativi, con a capo una delle Banche della Riserva Federale, in cui è suddiviso il Sistema della Riserva Federale statunitense.

Federal Reserve district banks: ***banche regionali della Riserva Federale.*** Le dodici banche a capo dei dodici distretti operativi del *Federal Reserve System* degli Stati Uniti, anche dette semplicemente *Federal Reserve Banks.*

federal reserve note: Forma di valuta cartacea emessa da ciascuna delle banche della riserva federale degli Stati Uniti. È garantita al 25% da certificati aurei e per il resto da titoli di stato e carta commerciale riscontata. (v. anche *gold certificate*)

Federal Reserve Open Market Committee: ***Comitato federale per le operazioni di mercato aperto.*** Lo stesso di *Federal Open Market Committee* (v.).

Federal Reserve Reform Act: Legge, approvata dal Congresso statunitense nel 1977, che tra l'altro impone un più stretto controllo sull'operato della banca centrale; l'approvazione del Senato alla nomina del presidente e del vice–presidente della *Federal Reserve Board*; il divieto di discriminazione nella scelta dei direttori delle *Federal Reserve Banks* regionali; e la considerazione di interessi economici più ampi nella scelta dei direttori in rappresentanza del pubblico.

Federal Reserve System: ***Sistema della riserva federale.*** È il sistema creato negli Stati Uniti nel 1913 e costituito da dodici banche della riserva federale (una in ciascun distretto in cui è diviso il paese), ventiquattro filiali, il *Federal Reserve Board* (v.), il *Federal Advisory Committee* (v.), il *Federal Open Market Committee* (v.) e le banche membri, cioè tutte le banche nazionali degli Stati Uniti e le altre banche che, avendone fatto richiesta, sono state ammesse a far parte del sistema. Ciascuna banca membro deve investire il 6% del proprio capitale in azioni della banca della riserva federale del distretto cui appartiene e tenere una riserva minima, del 12% se trattasi di una *country bank* (v.) e del 16,50% se trattasi di una *reserve city bank* (v.), dei propri depositi a vista presso la banca della riserva federale da cui dipende o sotto forma di contanti disponibili e del 4% dei propri depositi a risparmio o vincolati. Il Consiglio della riserva federale ha il potere di variare queste percentuali da un minimo del 7% a un massimo del 14% per le *country banks* e da un minimo del 10% ad un massimo del 22% per le *reserve city banks.* Al sistema della riserva federale, che agisce a tutti gli effetti da banca centrale degli Stati Uniti, è affidato il controllodell'emissione dei biglietti di banca attraverso le dodici banche membri del sistema.

federal savings and loan association: Lo stesso che *savings and loan association* (v.).

Federal Savings and Loan Insurance Corporation: Società pubblica, gestita dal *Federal Home Loan Bank Board* (v.), che assicura i depositi sotto forma di azioni presso ogni *savings and loan association* (v.).

federal sector account: ***conto del settore federale.*** È una misura dell'impatto diretto dell'attività fiscale del governo federale statunitense sul flusso del reddito e sulla produzione correnti degli Stati Uniti, in quanto in esso vengono registrate soltanto entrate e uscite che influenzano direttamente il flusso di reddito e di produzione correnti.

federal tax: ***imposta federale.*** Ciascuna delle varie imposte il cui gettito viene incamerato dal governo federale degli Stati Uniti. Le imposte federali vanno ad aggiungersi a quelle dei singoli stati e possono essere dirette e indirette. Vi rientrano le imposte federali sul reddito, le imposte sulle successioni e sulle donazioni, i contributi sociali, le imposte di fabbricazione e simili e tutti i dazi di importazione.

Federal Trade Commission: Agenzia indipendente del governo federale degli Stati Uniti, fondata nel 1914, che ha il compito di mantenere e tutelare la libertà dell'iniziativa privata, scoraggiando qualsiasi forma di monopolio o di pratica commerciale sleale, negli scambi tra stati, in relazione alla fissazione dei prezzi, alla pubblicità e alla distribuzione dei vari beni e servizi oggetto di scambi interstatali. Nelle sue funzioni quasi giudiziarie e nell'espletamento dei propri compiti, la Commissione può agire direttamente in certe circostanze o può istituire procedimenti giudiziari nei confronti dei trasgressori.

Federal Trade Commission Act: Legge, approvata dal Congresso degli Stati Uniti nel 1914, con la quale si istituiva la *Federal Trade Commission* (v.) e che fu successivamente emendata per concedere alla Commissione maggiori poteri.

federal union: ***unione federale; federazione di stati; confederazione.*** Forma di organizzazione politica adottata, pur se con lievi differenze, da varie nazioni al fine di costituire uno stato unico nel cui ambito, tuttavia, le nazioni conservano la loro identità e mantengono il controllo sulle questioni interne quali, ad esempio, l'istruzione, la salute pubblica, l'ordine sociale, ecc., demandando, però, al governo centrale il potere di decidere e legiferare in materia di rapporti tra stati che fanno parte dell'unione e tra questa e gli stati terzi.

federation: ***federazione.*** Organizzazione centrale costituita da un numero di associazioni, precedentemente separate, che conservano la loro individualità pur assoggettandosi alle decisioni prese dall'organismo federale che le rappresenta. La federazione viene costituita quando i soci delle varie organizzazioni che ne fanno parte hanno un qualche interesse comune.

Federation of British Industries: ***Federazione industriale britannica.*** Associazione di industriali fondata nel 1916 con lo scopo di agevolare lo sviluppo delle industrie britanniche sul territorio nazionale e all'estero. Nel 1965 si fuse con la *British Employers' Confederation* (v.) e con la *National Union of Manufacturers* (v.) per formare la *Confederation of British Industry* (v.).

federation of states: ***federazione di stati; confederazione.*** Termine usato con lo stesso significato di *federal union* (v.).

Federation of Wholesale Organizations: ***Federazione dei commercianti all'ingrosso.*** Associazione che raggruppa le maggiori imprese del commercio all'ingrosso operanti nel Regno Unito e ne tutela gli interessi.

Fed funds: ***fondi federali.*** Lo stesso che *federal funds* (v.).

fedwire: Terminc con il quale si indica il sistema di comunicazioni elettronico mediante il quale sono collegati gli uffici del *Federal Reserve System* (v.), il *Federal Reserve Board* (v.), il ministero del tesoro, le banche membri del sistema e altre agenzie federali. Viene usato principalmente per trasferire saldi di riserve tra i conti delle varie banche membri del sistema della riserva federale.

fee: **1.** ***diritto; tassa.*** Somma di denaro che deve pagarsi per un servizio reso dallo stato o da enti locali. **2.** ***onorario.*** Somma di denaro che deve pagarsi a professionisti, quali avvocati, chirurghi, ecc., per servizi da loro resi.**3.** ***commissione; provvigione.*** Lo stesso che *bank charges* (v.).

feedback: ***retroazione.*** Termine entrato nel linguaggio economico per indicare un metodo di programmazione economica, che consente di verificare e, se del caso, correggere l'esattezza di un comportamento, attraverso lo studio delle sue manifestazioni.

feeder: ***raccordo.*** Nel linguaggio dei trasporti, questo termine indica una strada, una ferrovia o una linea aerea secondarie che collegano un centro di smistamento del traffico con le aree circostanti.

feed ratio: Il rapporto tra i costi che un allevatore sostiene per alimentare un animale e il ricavo che può realizzare dalla vendita dello stesso sul mercato.

fee income: ***reddito da commissioni.*** Per le banche, è costituito dalle entrate derivanti da qualsiasi tipo di commissione fatta pagare alla clientela, esclusi gli interessi, e dalla vendita di servizi.

feeler: ***sondaggio.*** Nel linguaggio commerciale e pubblicitario, questo termine indica un'indagine volta ad accertare le opinioni o le intenzioni di un determinato gruppo di persone.

FEER: fundamental equilibrium exchange rate.

fee simple: ***proprietà assoluta.*** In passato, questo termine indicava il diritto di proprietà assoluta sulle terre, concessa come compenso per servizi resi al re o al precedente proprietario. Oggi, il termine è diventato sinonimo di *freehold*, che è una delle due forme di diritto di proprietà sulla terra. (v. anche *freehold, leasehold*)

fee simple absolute in possession: ***proprietà assoluta.*** Lo stesso che *freehold* (v.).

fellow–servant doctrine: Termine usato con lo stesso significato di *fellow–servant rule* (v.).

fellow–servant rule: Termine del linguaggio giuridico e industriale degli Stati Uniti, usato per indicare la norma di diritto che prevedeva che se un lavoratore restava vittima di un infortunio causato dalla negligenza di un suo collega, egli non poteva pretendere di essere indennizzato dal datore di lavoro. Questa norma è stata ampiamente modificata dalle *workmen's compensation laws* (v.).

fellow subsidiary: ***co–sussidiaria; società co–sussidiaria.*** Ciascuna di due o più sussidiarie di una società di controllo.

fen: Moneta divisionale della Repubblica Popolare Cinese, equivalente ad un centesimo di yuan.

fence: ***ricettatore.*** Chi acquista e rivende beni rubati.

fertility of land: ***fertilità della terra.*** Secondo D. Ricardo, era una delle cause del divario di rendita tra diversi fondi.

fertility rate: ***tasso di fertilità; quoziente generale di fertilità.*** Il rapporto tra il numero di nascite e le donne in età feconda, cioè tra i quindici e i quarantacinque anni. È utilizzato per costruire le proiezioni demografiche.

fertility rent: ***rendita di fertilità.*** È un tipo di rendita differenziale e precisamente quella che viene pagata ad un terreno più fertile, che risulta più alta di quella pagata ad un terreno meno fertile.

feudalism: ***feudalesimo.*** Organizzazione politica che si sviluppò in Europa, dopo la caduta dell'Impero Romano, tra il nono e il quattordicesimo e quindicesimo secolo.

Era caratterizzata dal maniero, governato dal signore, nel quale lavoravano i vassalli che, in cambio della loro opera, ricevevano protezione, piccoli fondi di terra che lavoravano in proprio e dai quali traevano il necessario per la loro sussistenza e il diritto di far pascolare il bestiame sui terreni di proprietà comune. Agli inizi del quattordicesimo secolo cominciò a diffondersi la pratica di remunerare in moneta i vassalli che lavoravano le terre del signore, ma essi dovevano a loro volta pagare al signore un tributo in moneta o in natura per l'uso della terra concessa individualmente a ciascuno di loro.

feudal system: ***sistema feudale.*** Termine usato con lo stesso significato di *feudalism* (v.).

feu–duties: ***tributi feudali.*** I tributi, cui si fa cenno sotto *feudalism* (v.), che i vassalli erano tenuti a pagare al signore o feudatario.

f.f.a.: free from alongside.

f.g.a.: 1) free of general average; 2) foreign general average.

F.H.A.: 1) Finance Houses Association: 2) Farmers Home Administration; 3) Federal Housing Administration.

FHEX: fridays and holidays excluded.

FHLB: Federal Home Loan Bank.

f.i.: free in.

fiat currency: ***valuta a corso forzoso.*** Termine usato con lo stesso significato di *fiat money* (v.).

fiat money: ***moneta a corso forzoso.*** Moneta cartacea inconvertibile e non garantita da metallo prezioso. È accettata in quanto dichiarata a corso legale dallo stato che la emette. (v. anche *fiat standard*)

fiat standard: ***sistema a corso forzoso.*** Il sistema monetario nel quale i biglietti devono essere accettati in pagamento, ma non sono convertibili in alcun metallo prezioso. Vi si ricorreva quando lo stato doveva attingere alle riserve metalliche per pagamenti all'estero o quando doveva aumentare la circolazione di biglietti per spese inderogabili e non altrimenti finanziabili. In tale caso, da surrogato della moneta, i biglietti diventavano vera e propria moneta e la circolazione assumeva i connotati di un prestito gratuito imposto ai cittadini, che dava luogo a un ridotto potere d'acquisto dei biglietti, con serie conseguenze sull'economia nazionale.

f.i.b.: 1) free into barge; 2) free into bunkers.

f.i.c.: freight, insurance, carriage.

fictitious assets: ***attività fittizie; elementi complementari dell'attivo; poste rettificative del capitale netto.*** Attività che compaiono nei bilanci non perché effettivamente esistenti, ma in quanto richieste dal sistema di contabilità della partita doppia per controbilanciare voci di bilancio effettive.

fictitious bill: ***cambiale di comodo; cambiale di favore.*** Cambiale che una persona, chiamata contraente di comodo, firma come traente, accettante o girante senza ricevere contropartita e al solo scopo di finanziare un'altra persona concedendogli di usare il suo nome. La posizione del contraente di comodo è quella di garante o mallevadore.

fictitious name: ***nome di fantasia; nome fittizio.*** È il nome, dato ad esempio ad un'impresa, che non corrisponde a quello di alcuna persona effettivamente esistente o esistita. Un nome fittizio può anche essere usato per indicare il prenditore di un assegno, quando l'emittente vuole che esso sia trattato come un assegno al portatore. Questa pratica non viene usata in Italia in relazione ad assegni bancari. (v. anche *fictitious payee*)

fictitious note: ***cambiale di comodo; cambiale di favore.*** Lo stesso che *fictitious bill* (v.).

fictitious payee: ***beneficiario fittizio; prenditore fittizio.*** È il nome di una persona inesistente, indicata in un assegno o in un altro titolo di credito come prenditore o beneficiario. Quando l'emittente intesta il titolo di credito ad una persona fittizia, nel Regno Unito esso viene trattato come un titolo al portatore.

fictitious person: ***persona giuridica.*** Termine a volte usato con lo stesso significato di *legal person* (v.).

fictitious purchase: ***acquisto fittizio; acquisto simulato.*** Acquisto che fa da precisa contropartita ad una vendita fittizia. (v. anche *fictitious sale*)

fictitious sale: ***vendita fittizia; vendita simulata.*** Vendita non realmente eseguita mediante la consegna dei beni cui essa si riferisce, ma effettuata mediante un atto pubblico o una scrittura privata per motivi che tornano a vantaggio delle parti. Ad esempio, la vendita di un bene ad un parente, con l'intenzione di non apparire come intestatario di quel bene, pur continuando a goderne i frutti. Vendite di questo tipo possono verificarsi ai fini di ridurre la propria esposizione in materia fiscale o al fine di ridurre la propria responsabilità illimitata in determinate operazioni commerciali.

fictitious value: ***valore fittizio.*** Valore artificialmente superiore o inferiore a quello reale dato, a seguito di accordo tra le parti, ad un bene oggetto di compravendita o di donazione. Ad esempio, quando l'imposta di bollo colpisce un trasferimento in base al valore, le parti possono accordarsi per dichiarare un valore inferiore a quello reale. Oppure, quando si intende sopravvalutare le attività di un'impresa, si può assegnare loro un valore fittizio superiore a quello reale.

fidelity bond: ***contratto di assicurazione di fedeltà; polizza di assicurazione contro l'infedeltà dei collaboratori.*** È il contratto che stabilisce i termini e le condizioni di un'assicurazione di fedeltà. (v. anche *fidelity insurance*)

fidelity guarantee: ***garanzia di fedeltà.*** Termine usato con lo stesso significato di *fidelity insurance* (v.).

fidelity insurance: ***assicurazione di fedeltà; assicurazione contro l'infedeltà dei collaboratori.*** Assicurazione contro perdite derivanti da malversazioni di dipendenti o amministratori fiduciari, che maneggiano grosse somme di denaro o occupano posti di fiducia.

fiduciary: ***fiduciario.*** Persona di fiducia che amministra o custodisce beni di proprietà altrui, come ad esempio un esecutore testamentario o un amministratore fiduciario.

fiduciary accounting: ***contabilità fiduciaria.*** Contabilità relativa a beni amministrati o custoditi da un fiduciario. (v. anche *fiduciary*)

fiduciary bond: ***fideiussione.*** Garanzia che deve essere fornita da un amministratore fiduciario, di solito mediante l'emissione di una polizza da parte di una società di assicurazioni, che si impegna a risarcire eventuali danni o perdite causati da imperizia o disonestà dell'amministratore fiduciario.

fiduciary debt: ***debito fiduciario.*** Un debito che trova fondamento in un rapporto di fiducia tra le parti e non in un contratto formale.

fiduciary deposits: ***depositi fiduciari.*** Servizio offerto dalle banche svizzere, in base al quale la banca accetta depositi e li presta a rischio esclusivo del depositante. La convenienza per il depositante è rappresentata dall'alto tasso d'interesse che può realizzare, mentre per la banca è rappresentata dal fatto che tali depositi non compaiono nei suoi bilanci e che guadagna pur sempre qualcosa dall'operazione.

fiduciary issue: ***emissione fiduciaria.*** Emissione di banconote non garantite da metallo prezioso. Può riguardare la totalità della circolazione, ma anche, come avveniva in passato nel Regno Unito, una parte della circolazione al di là di quella garantita da oro e argento. Oggi, l'emissione e, quindi, anche la circolazione di tutta la carta moneta di qualsiasi stato è completamente fiduciaria, basata cioè sulla fiducia ispirata dallo stato che la emette e che la dichiara valuta a corso legale.

fiduciary loan: ***prestito fiduciario.*** Prestito concesso senza garanzie e pertanto basato soltanto sulla reputazione e sulla fiducia che ispira il mutuatario.

fiduciary money: ***moneta a circolazione fiduciaria.*** Moneta cartacea, in passato convertibile in oro e argento, ma non interamente garantita da tali metalli preziosi, così che sarebbe risultata impossibile la conversione contemporanea della totalità della moneta in circolazione. In senso lato, tutta la circolazione di moneta cartacea oggi è detta fiduciaria, nel senso che essa non è convertibile in alcun metallo prezioso e viene accettata soltanto per la fiducia che il pubblico ripone nello stato che la emette.

fiduciary note issue: ***emissione fiduciaria.*** Termine usato come sinonimo di *fiduciary issue* (v.).

fiduciary standard: ***sistema a circolazione fiduciaria.*** Sistema monetario nel quale la valuta cartacea rappresenta l'unità monetaria a corso legale, ma non è convertibile in metallo prezioso. Lo stesso termine veniva usato in passato per designare un sistema nel quale il valore nominale, fissato dalle autorità emittenti, era superiore al valore intrinseco del metallo contenuto nelle monete in circolazione.

field auditor: ***revisore viaggiante.*** Revisore dei conti alle dipendenze di un'azienda, ma incaricato di effettuare ispezioni contabili in stabilimenti e filiali lontani dalla sede centrale.

field investigation: ***indagine esterna.*** Termine usato con lo stesso significato di *field research* (v.).

field manager: ***direttore di zona.*** Funzionario preposto alla direzione di un ufficio di zona o di un gruppo di venditori che svolgono la loro attività in un'area geografica lontana dalla sede centrale dell'impresa che li impiega.

field office: ***ufficio di zona; ufficio distaccato.*** Un ufficio la cui sede si trova in un'area geografica lontana da quella nella quale ha sede l'impresa da cui esso dipende. È diretto da un *field manager* (v.).

field personnel: ***personale esterno.*** Termine usato come sinonimo di *field staff* (v.).

field research: ***ricerca esterna.*** Ricerca di mercato condotta dall'azienda interessata, o per suo conto da istituti specializzati, attraverso interviste dirette dei potenziali consumatori. Si contrappone a *desk research* (v.).

field salesman: ***commesso viaggiatore; viaggiatore.*** Persona impiegata da grossisti o produttori affinché rappresenti i loro interessi in una determinata area geografica, visitando clienti allo scopo di procurare ordini, riscuotere pagamenti e presentare nuovi prodotti ai rivenditori al dettaglio.

field staff: ***personale esterno.*** Personale la cui attività si svolge al di fuori della sede dell'azienda che lo impiega, come ad esempio venditori, viaggiatori, agenti e simili.

field supervisor: ***capo ufficio di zona; ispettore di zona.*** Funzionario preposto al coordinamento di un ufficio distaccato o di un gruppo di venditori che operano in un'area geografica lontana dalla sede centrale dell'impresa che li impiega.

field test: ***prova preliminare.*** È la prova che si effettua prima dell'inizio della produzione e dopo che l'impianto è stato predisposto per la lavorazione di un dato prodotto finito o componente.

field warehouse: Magazzino o deposito istituito nell'ambito di una fabbrica da un grossista o altra figura di intermediario, che prende in affitto i locali dal produttore dei beni da immagazzinarvi. È usato per evitare i costi inerenti a inutili spostamenti delle merci.

field warehousing loan: Tipo di finanziamento a fronte del quale vengono ceduti in garanzia i prodotti immagazzinati in un deposito situato nell'ambito della proprietà del mutuatario. (v. anche *field warehouse*)

field workers: ***lavoratori esterni.*** Termine usato con lo stesso significato di *field staff* (v.).

fieri facias: ***precetto di pignoramento.*** Ordine emesso dall'autorità giudiziaria e che consente il pignoramento e la vendita di beni appartenenti al debitore, per un ammontare pari all'importo del suo debito, più le spese.

FIFO: first in, first out.

fifty-fifty: ***a metà; al cinquanta per cento.*** Espressione aggettivale e avverbiale usata per indicare che una determinata somma di denaro o un dato bene saranno divisi in parti esattamente uguali tra i due interessati.

fifty-per-cent method of depreciation: ***metodo di ammortamento del cinquanta per cento.*** Metodo di ammortamento seguito da talune imprese che ritengono che le loro immobilizzazioni, o meglio parte del loro valore, non siano soggette a deterioramento se vengono periodicamente effettuate le debite manutenzioni e riparazioni. A differenza di altri metodi, tuttavia, che omettono completamente l'ammortamento di tali immobilizzazioni, questo metodo prevede un ammortamento pari al cinquanta per cento del valore del bene capitale durante una fase iniziale. Il concetto alla base di questo metodo è che dal momento del loro primo impiego, gli impianti si degradano fino a raggiungere circa il cinquanta per cento del loro valore iniziale ed è appunto tale percentuale del valore complessivo che l'ammortamento ha lo scopo di reintegrare. Una volta realizzato ciò, non si procederà ad ulteriore ammortamento, in quanto le riparazioni e le manutenzioni, le cui spese verranno imputate all'esercizio, saranno sufficienti a mantenere costante nel tempo il valore residuo delle immobilizzazioni, pari al cinquanta per cento del loro valore originario.

figure: ***numero.*** Il segno con il quale si indica una cifra o un ammontare espresso in cifre, anziché in lettere.

FII: franked investment income.

fil: Moneta divisionale del Kuwait, dell'Iraq, della Giordania, di Bahrain e dello Yemen del Sud, equivalente ad un millesimo di dinar.

to file: 1. ***archiviare.*** Togliere un documento dalla circolazione, per inserirlo in un archivio. **2.** ***depositare; presentare.*** Il termine inglese viene usato in relazione a istanze o documenti depositati presso la cancelleria di un tribunale o presentati ad un ufficio.

file: 1. ***dossier; fascicolo.*** Qualsiasi cartella in cui lettere o altri documenti vengono conservati secondo un ordine prestabilito. **2.** ***archivio.*** Un insieme di fascicoli, ciascuno contenente lettere o altri documenti, disposti secondo un determinato ordine di archiviazione.

file card: ***scheda di archivio.*** Qualsiasi scheda che trovi utilizzazione in un archivio. Può essere una scheda intestata ad una persona fisica o giuridica, nella quale viene registrata la posizione in archivio dei documenti che la riguardano, o una scheda usata per la compilazione di un indice o, ancora, una scheda sulla quale vengono riportate direttamente le notizie da inserire nell'archivio.

file clerk: ***archivista.*** Termine usato come sinonimo di *filing clerk* (v.).

file copy: ***copia per l'archivio.*** Copia di una lettera o altro documento, che sarà inserita nel relativo fascicolo di archivio.

file material: ***materiale d'archivio.*** Indica collettivamente tutto il materiale che può servire alla funzione di archiviazione di documenti. Comprende cartelle, indici, etichette, schedari, ecc.

filing: **1.** ***archiviazione; classificazione.*** Sistemazione di un documento o di informazioni nell'archivio di un'impresa o altra organizzazione. **2.** ***presentazione.*** L'azione di inviare o consegnare un documento, un bilancio, un'istanza, ecc., all'ufficio competente.

filing basket: ***vaschetta d'archivio.*** In un ufficio, è la vaschetta o il cestino in cui vengono momentaneamente accumulati i documenti che dovranno successivamente essere inseriti nell'archivio.

filing cabinet: ***casellario; schedario.*** Mobile da ufficio, di solito in acciaio e con chiusura di sicurezza, predisposto e utilizzato per la conservazione di fascicoli.

filing clerk: ***archivista; impiegato addetto all'archivio.*** È la persona che, in un ufficio, si occupa dell'archiviazione dei documenti secondo il sistema in uso.

filing department: ***reparto archivio.*** L'ufficio, o parte di un ufficio, che provvede all'archiviazione dei documenti di un'intera organizzazione o di un suo singolo settore o reparto, a seconda che si usi l'archiviazione centralizzata o quella per reparti. (v. anche *centralized filing, departmental filing*)

filing equipment: ***equipaggiamento d'archivio.*** Tutto il necessario per impiantare e gestire un archivio, dagli schedari o casellari ai raccoglitori per documenti.

filing system: ***sistema di archiviazione.*** Uno qualsiasi dei sistemi usati da un ufficio per l'archiviazione di lettere o altri documenti, secondo un ordine prestabilito che ne consente la rapida individuazione quando essi sono necessari o devono essere consultati.

filing tray: ***vaschetta d'archivio.*** Termine usato come sinonimo di *filing basket* (v.).

filler: Moneta divisionale dell'Ungheria, equivalente a un centesimo di forint.

fill-or-kill order: ***ordine con urgenza immediata; ordine a risposta immediata; ordine urgenzando; ordine volando.*** Espressione usata nel linguaggio borsistico statunitense per indicare un ordine che deve essere eseguito appena esso giunge all'operatore nella sala delle contrattazioni o non deve essere eseguito affatto. L'ordine di solito indica anche il prezzo al quale esso va eseguito ed è usato in particolare da arbitraggisti, che intendono avvantaggiarsi di favorevoli differenze di quotazioni su piazze diverse o da speculatori presenti alla seduta di borsa, che intendono approfittare di una particolare situazione che si è venuta a creare sul mercato.

filter: ***filtro.*** Il termine inglese indica un accorgimento, peraltro privo di qualsiasi giustificazione teorica, che consente di utilizzare i movimenti dei corsi azionari come indicatori di una nuova tendenza. Generalmente, si assegna un certo valore percentuale (diciamo il 5%) alle variazioni di prezzo; se e quando queste ultime superano tale valore in una direzione o nell'altra, è molto probabile che il movimento continui nella stessa direzione; se, invece, il movimento è inferiore al valore suddetto, è quasi certo che non si verificherà alcuna tendenza duratura.

filtering: Termine usato nel linguaggio dell'economia per indicare il fenomeno che si verifica quando una famiglia, il cui reddito è aumentato, lascia una casa per trasferirsi in un'altra migliore e più costosa, rendendo la precedente disponibile per una famiglia a reddito più basso. Questo «filtraggio» delle case da un gruppo di reddito ad un altro è stato oggetto di studi empirici da parte di molti economisti, ma non è stato possibile presentare una teoria del fenomeno in termini più rigorosi.

fin.: financial.

final accounts: ***rendiconti finali.*** Sono i rendiconti finanziari che vengono presentati ogni anno alla proprietà dell'azienda. La prassi delle società per azioni richiede, come minimo, il bilancio, il conto profitti e perdite e le relazioni del consiglio di amministrazione e dei sindaci.

final application: ***ultimo avvertimento; ultimo avviso.*** L'espressione inglese viene usata come intestazione della lettera inviata ad un debitore, dopo che sono stati spediti altri tipi di solleciti perché egli provveda al pagamento di quanto dovuto. L'ultimo avvertimento di solito contiene la minaccia della sospensione delle forniture e dell'inizio della procedura legale per il recupero del credito. Lo stesso termine viene usato per indicare il tipo di lettera con tale contenuto.

final borrowers: ***mutuatari finali.*** Lo stesso che *ultimate borrowers* (v.).

final degree of utility: ***grado finale di utilità.*** Espressione usata da W. S. Jevons con lo stesso significato di *marginal utility* (v.). Quest'ultimo termine, infatti, non fu mai usato da Jevons nella sua Teoria dell'utilità.

final distribution: ***distribuzione di fine anno.*** È la distribuzione di un dividendo di fine anno, quando la società ha già provveduto ad una distribuzione in acconto di quanto si presume competa agli azionisti. Tale distribuzione copre la differenza tra il dividendo dichiarato dal consiglio di amministrazione e approvato dall'assemblea degli azionisti, dopo l'approvazione dei bilanci, e l'anticipo o gli anticipi già versati dalla società sotto forma di dividendo provvisorio.

final dividend: **1.** ***dividendo di fine anno; dividendo definitivo.*** Il dividendo dichiarato dopo la determinazione dell'utile netto di una società e, quindi, dopo la chiusura dell'anno finanziario. Il termine viene usato in contrasto con *interim dividend* (v.). **2.** ***dividendo finale.*** L'ultimo di una serie di *liquidating dividend* (v.).

final entry: Termine usato nell'espressione *book of final entry* (v.), per indicare la registrazione mediante la quale una scrittura contabile viene trasferita dal libro di prima nota al mastro.

final footing: ***totale complessivo.*** È il totale relativo alle cifre riportate in più di una colonna di un libro contabile o di un conto.

final good: ***bene finale.*** È il bene che si identifica col prodotto finito, in quanto acquistato dal consumatore finale e non utilizzato da imprese per la produzione di altri beni. (v. anche *intermediate goods*)

final invoice: ***fattura definitiva.*** È la fattura che segue o viene emessa in sostituzione di un'altra fattura provvisoria, precedentemente inviata.

final lenders: ***mutuanti finali.*** Lo stesso che *ultimate lenders* (v.).

final money: Espressione del linguaggio finanziario, con la quale si indica qualsiasi forma di deposito o credito bancario di cui si può disporre mediante emissione di assegni.

final notice: ***ultimo avviso.*** È l'ultima richiesta di pagamento di un debito, che contiene l'implicito o esplicito avvertimento che dopo di esso si passerà a vie legali per il recupero del credito. (v. anche *final application*)

final product: 1. *prodotto finito.* Lo stesso che *end product* (v.). **2. *prodotto finale.*** Termine a volte usato con lo stesso significato di *gross domestic product* (v.).

final services: *servizi finali.* I servizi che vengono forniti agli utenti, che li utilizzano direttamente per soddisfare i loro bisogni e non per produrre altri beni o servizi. La distinzione assume importanza in relazione alla contabilità del prodotto nazionale.

final settlement: *saldo finale; saldo completo.* L'ultimo versamento con il quale si salda un debito o il saldo definitivo dello stesso debito.

final utility: *utilità finale.* Termine usato da Alfred Marshall e Stanley Jevons con lo stesso significato di *marginal utility* (v.).

final utility theory of value: *teoria del valore basata sulla utilità finale.* È la teoria che spiega il valore, tenendo conto dell'utilità marginale. Così, un bene come l'acqua, sebbene di primaria necessità per la vita, ha un basso valore a causa della quantità pressocché illimitata a disposizione per qualsiasi uso. Viceversa, l'oro o i diamanti hanno un alto valore a causa della scarsa quantità a disposizione dell'uomo. (v. anche *marginal utility, paradox of value, total utility*)

to finance: *finanziare.* Lo stesso che *to fund 1* (v.).

finance: *finanza.* Pratica e teoria delle questioni monetarie, cioè degli scambi di moneta e degli investimenti. Recentemente, il termine ha assunto il significato più specifico di reperimento di fondi per l'attività economica ed è, quindi, in senso lato un sinonimo di capitale, inteso come uno dei fattori della produzione. Un altro significato ancora più ampio indica il reperimento di moneta nel momento in cui essa è necessaria e in questo senso viene usato anche in relazione a privati per indicare i mezzi che consentono loro di consumare più di quanto effettivamente producano in certi periodi di tempo. In relazione alle imprese, la finanza rientra in due grosse classi: quella a breve termine e quella a lungo termine. Nel Regno Unito, le fonti di finanza a breve termine sono: a) il sistema bancario; b) i fornitori che concedono credito direttamente; c) le società che finanziano acquisti con patto di riservato dominio; d) imprese consociate, quando in un gruppo una o più aziende forniscono credito ad altre; e) le cambiali, usate specialmente nel commercio estero. Le fonti di finanza a lungo termine sono: a) le emissioni di obbligazioni e di azioni da parte delle società; b) istituzioni pubbliche e private costituite a tale scopo, come ad esempio la *Industrial and Commercial Finance Corporation* (v.), la *Finance Corporation for Industry* (v.), la *Finance for Industry* (v.) che controlla le due precedentemente dette, ed altre; c) l'accensione di ipoteche su beni immobili; d) gli accordi di leasing.

finance act: *legge finanziaria.* La legge approvata ogni anno dal parlamento per dare base giuridica alle proposte del governo in merito a tassazione, imposizione fiscale, spese pubbliche, investimenti e simili.

***Finance and Development*:** Pubblicazione trimestrale del Fondo Monetario Internazionale.

finance bill: 1. *cambiale finanziaria; cambiale di credito; carta finanziaria; carta di banca.* Cambiale rilasciata a favore di chi abbia concesso un prestito, cioè generalmente una banca. Contrariamente ad una cambiale commerciale, quindi, non viene usata per finanziare un'operazione di compravendita, ma soltanto come documento rappresentativo del prestito. **2. *progetto di legge finanziaria.*** È l'insieme delle proposte del governo, contenute nel bilancio dello stato, presentato al parlamento per l'approvazione. Una volta approvato, diventa il *finance act* (v.) per l'anno in corso.

finance charge: *addebito per dilazione.* Lo stesso che *charge for credit* (v.).

finance committee: *comitato finanziario.* Termine a volte usato come sinonimo di *financial committee* (v.).

finance company: *società finanziaria; società di finanziamento.* Nel Regno Unito questo termine viene spesso usato come sinonimo di *finance house* (v.), ma indica anche un istituto non bancario che svolge l'attività di intermediario di credito, specialmente nel settore del credito a breve termine.

Finance Corporation for Industry: *Istituto di credito industriale.* Società finanziaria, fondata nel Regno Unito nel 1945, con il compito di provvedere al finanziamento di grosse aziende che non riuscivano a reperire sul mercato dei capitali i fondi necessari al loro funzionamento, sia a causa della situazione del mercato nell'immediato periodo post–bellico, sia perché le banche non erano disposte a concedere mutui per periodi medio–lunghi. Il capitale della società fu fornito dalla Banca d'Inghilterra, insieme a società di assicurazioni e fondi comuni d'investimento.

finance corporations: *istituti finanziari.* Grosse società finanziarie costituite, di solito con la partecipazione di capitale pubblico, per fornire crediti a medio e lungo termine, quando questi non sono facilmente reperibili attraverso i tradizionali canali finanziari.

Finance for Industry: Società holding fondata nel 1973 per controllare altre due società finanziarie britanniche: la *Industrial and Commercial Finance Corporation* (v.) e la *Finance Corporation for Industry* (v.), che tuttavia conservano la loro identità. Il capitale di questa holding fu fornito per l'85% dalle banche commerciali inglesi e scozzesi e per il 15% dalla Banca d'Inghilterra.

finance house: *società di finanziamento; società finanziaria; società finanziaria per il credito rateale.* Società che fornisce credito per l'acquisto di beni a rate. Si procura i fondi necessari alla propria attività sia attraverso depositi di risparmiatori e di imprese commerciali e industriali, sui quali paga un alto interesse, sia prendendo denaro in prestito dalle banche. Nel Regno Unito, oltre il cinquanta per cento del credito per l'acquisto rateale proviene da queste società. (v. anche *industrial banker*)

finance house base rate: *saggio base delle società finanziarie.* Nel linguaggio finanziario britannico, è il saggio di interesse introdotto nel 1970 dalla *Finance Houses Association* (v.) per fornire ai propri membri un punto di riferimento in relazione ad un tasso alternativo a quello bancario, specialmente per certi prestiti a medio e lungo termine il cui saggio di interesse doveva essere assoggettato a revisioni periodiche. Il saggio così praticato viene ricalcolato ogni mese, facendo la media delle medie settimanali dei tassi interbancari a tre mesi, relative alle otto settimane precedenti.

Finance Houses Association: *Associazione delle società di finanziamento.* È una delle due associazioni che riuniscono le *finance houses* del Regno Unito e altre istituzioni interessate al credito rateale. Il suo scopo principale è quello di difendere gli interessi delle società membri, principalmente attraverso un'attenta analisi della politica monetaria del governo, che potrebbe danneggiare la loro attività. (v. anche *Industrial Bankers' Association*)

finance lease: ***leasing finanziario.*** V. spiegazione sotto *leasing agreement.*

finance market: ***mercato dei capitali.*** Qualsiasi mercato organizzato, il cui scopo è quello di fornire finanza. Si distingue in mercato monetario, mercato finanziario, mercato dei titoli e dei cambi e mercato delle accettazioni. (v. anche *capital market, securities market, foreign exchange market, discount market, money market*)

finance minister: ***ministro delle finanze.*** Il capo politico del ministero delle finanze. Nel Regno Unito, tale incarico è di pertinenza del Cancelliere dello Scacchiere e pertanto il termine viene usato soltanto in relazione a strutture politiche di altri paesi.

finance ministry: ***ministero delle finanze.*** Il dicastero preposto alla imposizione e alla riscossione dei tributi dello stato. Nel Regno Unito, il termine viene usato soltanto in relazione a strutture politiche di altri paesi.

finance projecting: ***progettazione finanziaria.*** Lo stesso che *financial engineering* (v.).

financial accountant: ***contabile finanziario.*** Un contabile specializzato in contabilità finanziaria, cioè la contabilità che considera la moneta come un fattore della produzione economica. (v. anche *cost accountant*)

financial accounting: ***contabilità finanziaria; contabilità generale.*** La contabilità relativa alle entrate, alle uscite, alle attività e alle passività di un'impresa. Il termine è usato in contrapposizione a contabilità dei costi o contabilità industriale. (v. anche *cost accounting, administrative accounting*)

financial accounts: ***rendiconti finanziari.*** Sono i bilanci e i conti profitti e perdite. Il termine inglese è sinonimo di *financial statement* (v.).

financial act: ***legge finanziaria.*** Termine a volte usato come sinonimo di *finance act* (v.).

financial activities: ***attività finanziarie.*** Sono le attività di un'impresa o di un privato, che hanno per oggetto l'investimento o il reperimento di fondi.

financial adviser: ***consulente finanziario.*** Termine usato con due significati: a) un professionista, esperto del mercato finanziario, che cura gli interessi degli investitori suoi clienti, consigliando il tipo di investimento da intraprendere, il tipo di titoli da acquistare, il tipo e l'ampiezza della loro diversificazione e così via; b) nel linguaggio finanziario britannico, una banca commerciale che cura gli interessi di una società e dei suoi azionisti in occasione di un'acquisizione di controllo.

financial aid: ***aiuto finanziario; assistenza finanziaria.*** Qualsiasi tipo di intervento che abbia per oggetto la concessione di fondi o mezzi finanziari ad un'impresa, un'industria o un paese.

financial analysis: ***analisi finanziaria.*** Lo studio che, partendo dalla situazione finanziaria attuale di un'impresa, un'industria o un paese e tenendo conto di dati statistici relativi al passato prossimo e delle tendenze del mercato, giunge a ricavare previsioni abbastanza attendibili del futuro andamento dei prezzi, dei tassi di interesse, del costo della vita, della spesa in consumi, del risparmio e così via.

financial analyst: ***analista finanziario.*** Un esperto, che si interessa di analisi finanziaria.

financial assets: ***attività finanziarie.*** Attività liquide che vengono generalmente impiegate in investimenti nei mercati finanziari.Il termine indica anche gli investimenti così realizzati di proprietà di privati o di imprese.

financial assistance: ***assistenza finanziaria.*** Aiuto che si concretizza sotto forma di fornitura di moneta.

financial books: ***documenti contabili; libri contabili.*** Tutti i libri di prima nota, i mastri, le fatture, i buoni, i contratti, la corrispondenza, ecc., che derivano dal verificarsi di operazioni commerciali e dall'esistenza di un sistema di contabilità.

financial boutique: ***boutique finanziaria.*** È l'opposto di *financial supermarket* (v.) in quanto si applica a una istituzione che preferisce specializzarsi in uno o pochi servizi finanziari.

financial break-even point: ***punto di equilibrio finanziario.*** Equivale al punto di equilibrio di cassa, meno interessi e dividendi. (v. anche *cash break-even point*)

financial budget: ***budget finanziario.*** È il bilancio preventivo che mira a sanare dei deficit di cassa o a collocare delle eccedenze di cassa, derivanti da operazioni future. Prendendo come punto di partenza il budget di cassa, il budget finanziario prevede la necessità di richiedere mutui o di investire le eccedenze, a seconda della natura dei saldi del budget di cassa. (v. anche *cash budget*)

financial business: ***attività finanziaria; affari finanziari.*** L'attività economica che si interessa della compravendita di prodotti finanziari.

financial capital: ***capitale finanziario.*** Disponibilità di mezzi finanziari, che possono essere investiti sia in attività produttive sia sui mercati finanziari.

financial centre: ***centro finanziario.*** Un importante mercato finanziario sviluppatosi per ragioni storiche, economiche o fiscali, come ad esempio Londra, New York, Tokyo e Francoforte.

financial circulation: ***circolazione finanziaria.*** Espressione usata da J. M. Keynes per indicare la circolazione di moneta che alimenta il settore finanziario, cioè le operazioni sui mercati mobiliare e monetario, la speculazione e le operazioni finanziarie propriamente dette, cioè quelle che mirano a portare il risparmio corrente nelle mani degli imprenditori. La circolazione finanziaria è costituita dai depositi a risparmio e da una parte dei depositi commerciali. (v. anche *industrial circulation*)

financial committee: ***comitato finanziario.*** In un'impresa o altra organizzazione, è il comitato preposto all'analisi finanziaria e all'individuazione e valutazione dei modi alternativi di coprire il fabbisogno finanziario alle condizioni più vantaggiose per l'impresa.

financial concept of capital maintenance: ***concetto finanziario di conservazione del capitale.*** V. spiegazione sotto *concept of capital maintenance.*

financial condition: ***condizione finanziaria.*** Termine usato con lo stesso significato di *financial position* (v.).

financial conglomerate: ***conglomerata finanziaria.*** Una conglomerata che opera sui mercati finanziari di più paesi, attraverso una rete di uffici che consente l'intervento nell'arco dell'intera giornata, passando da un mercato che chiude a un altro che apre, ad esempio da Tokyo a Londra, da Londra a New York e così via. Ciò è reso possibile principalmente dai moderni mezzi di comunicazione. (v. anche *global stock market*)

financial consultant: ***consulente finanziario.*** Lo stesso che *financial adviser* (v.) nel significato a).

financial control: ***controllo finanziario.*** In senso generale, il termine indica l'opportuna gestione delle risorse finanziarie di un'impresa o altra organizzazione, con l'obiettivo di indirizzarle verso le più efficienti utilizzazioni e verso la realizzazione di progetti specifici. In un senso più specifico e relativo alla finanza pubblica, il termine indica tutti gli aspetti di gestione che vanno dall'esatta valutazione delle risorse, alla loro utilizzazione per la realizzazione di obiettivi ben determinati, quali l'istruzione, la difesa, ecc., alla corretta pianificazione e al controllo teso a contenere la spesa entro i limiti imposti dal governo e, infine, al coordinamento della spesa pubblica in armonia con gli ampi obiettivi sociali ed economici del governo e con lo sviluppo economico del paese.

financial crisis: ***crisi finanziaria.*** Situazione in cui viene a trovarsi un'impresa, un'industria o un paese che non dispone dei mezzi necessari per far fronte ai propri impegni finanziari. Il termine differisce da *financial difficulty* (v.), in quanto indica una situazione di maggiore gravità e di più lunga durata.

financial department store: ***supermercato finanziario.*** Lo stesso che *department store of finance* (v.).

financial deregulation: ***deregolamentazione finanziaria.*** Espressione più formale, usata con lo stesso significato di *big bang* (v.).

financial difficulty: ***difficoltà finanziaria; imbarazzo finanziario.*** È una situazione in cui, a causa di scarsa liquidità, un'impresa o altra organizzazione si trova temporaneamente nell'impossibilità di far fronte a tutti i suoi impegni finanziari.

financial documents: ***documenti finanziari.*** Sono i libri contabili, le fatture, le ricevute e tutti gli altri documenti usati nella contabilità finanziaria di un'impresa. Lo stesso termine indica i vari tipi di documenti usati per il trasferimento o l'incasso di moneta, come ad esempio assegni, cambiali e simili. (v. anche *financial accounting*)

financial dumping: ***dumping finanziario.*** La pratica descritta sotto *dumping* (v.), ma che ha per oggetto non prodotti industriali, bensì servizi e prodotti finanziari.

financial embarassment: ***imbarazzo finanziario.*** Lo stesso che *financial difficulty* (v.).

financial engineering: ***ingegneria finanziaria.*** L'attività di creazione di sofisticati prodotti finanziari, in grado di rispondere alle diverse necessità delle imprese e degli investitori, principalmente nel campo della limitazione dei rischi del tasso di cambio e del tasso d'interesse.

financial enterprise: ***impresa finanziaria; società finanziaria.*** Termine a volte usato con lo stesso significato di *finance house* (v.).

financial expense: ***spesa di finanziamento.*** È il costo derivante dal finanziamento di un'impresa e, pertanto, diverso dal costo direttamente imputabile al funzionamento dell'impresa stessa. Ne rappresentano un esempio gli interessi passivi su forme di indebitamento dell'impresa.

financial firm: ***impresa finanziaria.*** Lo stesso che *investment house* (v.).

financial flow: ***flusso finanziario.*** Termine usato con significato più ampio di *flow of funds* (v.), in quanto indica il flusso di mezzi finanziari, quali ad esempio prestiti commerciali e investimenti diretti, da un sistema economico a un altro o, all'interno dello stesso sistema economico, da un'impresa, un'industria o un settore ad altre imprese, industrie o settori.

financial forecast: ***previsione finanziaria.*** Una qualsiasi previsione relativa alla posizione finanziaria di un'impresa o altra organizzazione e al suo fabbisogno di mezzi finanziari.

financial futures: ***contratti finanziari a termine; contratti a termine su strumenti finanziari; attività finanziarie a termine.*** Contratti di acquisto o di vendita a termine aventi per oggetto attività finanziarie, quali ad esempio buoni del tesoro, certificati di deposito, azioni o indici azionari e altri titoli sensibili alle variazioni dei tassi di interesse, valute estere, ecc. Si tratta dello stesso concetto esposto sotto *futures* (v.), ma applicato a prodotti finanziari. (v. anche *stock index futures*)

financial gearing: ***rapporto d'indebitamento.*** Lo stesso che *gearing* (v.).

financial group: ***gruppo finanziario; gruppo di imprese.*** Termine usato con lo stesso significato di *merger 2* (v.).

financial incentive: ***incentivo finanziario; incentivo diretto; incentivo monetario.*** Incentivo concesso sotto forma di moneta o di un qualsiasi altro vantaggio direttamente e immediatamente convertibile in moneta. Può essere rappresentato, ad esempio, da un premio di produzione o da una casa di proprietà dell'impresa data in locazione al lavoratore ad un canone di fitto inferiore a quello di mercato.

financial incentive plan: ***piano di incentivi monetari.*** Un piano basato essenzialmente su incentivi corrisposti in forma di moneta o sotto forma di benefici prontamente convertibili in moneta. (v. anche *financial incentive, incentive*)

financial indicators: ***indicatori finanziari.*** Sono gli indici di borsa, i livelli dei tassi d'interesse attivi e passivi, il livello della offerta di moneta, ecc., che offrono indicazioni sull'andamento dell'attività finanziaria, e dei relativi mercati, di un paese o dell'intero sistema finanziario mondiale.

financial institutions: ***istituzioni finanziarie.*** Organizzazioni pubbliche o private, che assolvono il compito di raccogliere fondi dai risparmiatori e di incanalarli verso organizzazioni o singoli operatori che hanno bisogno di credito per svolgere la propria attività economica. Il flusso di fondi dai risparmiatori agli operatori economici è una delle condizioni fondamentali per la crescita di un sistema economico.

financial instruments: ***titoli finanziari; strumenti finanziari; attività finanziarie.*** Titoli mediante i quali si provvede a finanziare un debito pubblico o l'attività economica in senso lato. Tali titoli fruttano un tasso d'interesse per tutto il periodo della loro durata. Il termine è generico, in quanto indica un insieme di metodi di detenere ricchezza da parte di depositanti e investitori.

financial intermediaries: ***intermediari finanziari.*** Sono le istituzioni finanziarie, quali banche, società di assicurazione, fondi comuni d'investimento, ecc., che agiscono da intermediari tra i risparmiatori, o mutuanti, e i mutuatari.

Financial Intermediaries, Managers and Brokers Regulatory Association: È uno degli organismi autoregolamentati della *City* di Londra, che raccoglie una vasta gamma di piccoli broker indipendenti che si interessano di assicurazioni sulla vita e fondi comuni d'investimento.

financial intermediation: ***intermediazione finanziaria.*** L'attività di soddisfare i bisogni dei mutuanti e dei mutuatari, in considerazione del pagamento di una commissione. È l'attività svolta da banche e altre istituzioni finanziarie, che contribuisce alla creazione di una vasta gamma di servizi e strumenti finanziari a disposizione del pubblico, caratteristica delle economie sviluppate.

financial inter-relations ratio: ***rapporto delle interrelazioni finanziarie.*** Il rapporto tra il valore globale di tutte le attività finanziarie di un paese ed il valore globale di tutti i beni reali dello stesso paese. Rappresenta la misura della dimensione relativa della struttura finanziaria di un paese ad un determinato punto del suo sviluppo economico.

financial investment: ***investimento finanziario.*** È così indicato l'investimento, generalmente in titoli azionari, che ha come risultato il trasferimento di un diritto di proprietà su un capitale fisso già esistente e che, quindi, non contribuisce a creare nuovo capitale. Il termine viene usato come opposto di investimento reale o immobiliare. (v. anche *real investment*)

financial lease: ***leasing finanziario.*** V. spiegazione sotto *leasing agreement.*

financial leasing: ***leasing finanziario.*** V. spiegazione sotto *leasing agreement.*

financial leverage: ***rapporto d'indebitamento.*** Termine statunitense, usato con lo stesso significato dell'equivalente britannico *gearing* (v.).

financial liabilities: ***passività finanziarie.*** È l'opposto di *financial assets* (v.) e indica qualsiasi forma di indebitamento finanziario di privati o imprese, come ad esempio la contrazione di mutui ipotecari o di debiti consuntivi.

financial loan: ***prestito finanziario; credito finanziario.*** Espressione del linguaggio bancario, che indica un credito concesso sotto forma di prestito o anticipazione, facendo prescindere tale concessione dall'impiego dei fondi in un'operazione commerciale.

financial loss: ***perdita finanziaria.*** Perdita nella quale si può incorrere a causa di un'operazione finanziaria sbagliata o che non ha dato i risultati sperati, come ad esempio l'acquisto di titoli azionari con denaro preso in prestito, nella speranza che il corso dei titoli salga tanto da far realizzare un reddito di capitale tale da assorbire il tasso d'interesse pagato sul denaro preso a prestito e da lasciare anche un discreto utile. Se questa aspettativa, però, non si concretizza, l'operatore incorrerà in una perdita finanziaria.

financial management: ***gestione finanziaria.*** La gestione delle attività finanziarie di un'impresa, come ad esempio il reperimento di fondi attraverso l'emissione e la vendita di valori mobiliari e il successivo utilizzo della finanza così reperita in attività utili per l'impresa.

financial market: ***mercato finanziario; mercato dei capitali.*** Termine usato come sinonimo di *finance market* (v.).

financial mathematics: ***matematica finanziaria.*** La teoria matematica che si interessa della capitalizzazione ed ha come fondamento il fatto che il capitale produce un interesse.

financial measures: ***misure finanziarie.*** Uno degli strumenti a disposizione di un governo per influire sull'economia del paese. Le misure finanziarie condizionano principalmente il reperimento di mezzi finanziari da parte delle imprese e vengono applicate mediante la politica creditizia del governo.

financial operation: ***operazione finanziaria.*** Termine usato come sinonimo di *financial transaction* (v.).

financial paper: ***carta finanziaria; carta diretta; portafoglio finanziario.*** Nel linguaggio commerciale e bancario, indica l'insieme delle cambiali che hanno come sostrato operazioni di finanziamento e non il trasferimento di beni o altra operazione commerciale. Il termine, pertanto, è usato in contrapposizione a carta commerciale.

financial period: ***esercizio finanziario.*** Termine a volte usato con lo stesso significato di *financial year* (v.).

financial plan: ***piano finanziario.*** Nella fase di organizzazione o di riorganizzazione di un'impresa, è il piano in base al quale la società si procurerà il capitale necessario al proprio funzionamento, attraverso emissioni di azioni, obbligazioni e altri tipi di prestiti.

financial policy: ***politica finanziaria.*** In un'impresa, è la politica che essa stabilisce e persegue in relazione al reperimento e alla concessione di crediti. Nel formulare una politica finanziaria, si devono considerare i seguenti punti: a) capitale; b) capitale circolante; c) spese in conto capitale; d) spese di esercizio; e) crediti. In relazione al primo punto, si devono fin dall'inizio prendere decisioni riguardanti il fabbisogno di capitale e le fonti dalle quali si intende procurarselo. Se si considera, ad esempio, una società per azioni, i suoi soci fondatori dovranno decidere quale sarà l'ammontare del capitale sociale; quale ammontare sarà necessario emettere immediatamente; se le azioni devono essere offerte al pubblico e in che modo; quali classi di azioni si intende offrire, se si decide di offrirne più di una classe; quali altre forme di finanza si intende utilizzare subito o in seguito. Per quanto riguarda il capitale circolante, si dovrà in qualsiasi momento fare attenzione a che esso sia adeguato alle necessità, in modo da poter sempre far fronte ai propri impegni e operare al meglio delle capacità. In relazione alle spese in conto capitale, prima ancora della costituzione della società sarà bene calcolare con precisione i costi di acquisizione dei beni capitali necessari allo svolgimento dell'attività dell'impresa. Le spese per nuovi successivi investimenti saranno, invece, considerate nell'ambito del budget di lungo termine. Anche le spese di esercizio, come quelle relative all'acquisto di materiali ed al pagamento di salari e stipendi, dovranno essere calcolate accuratamente. Se è in essere un sistema di controllo budgetario, il calcolo verrà basato sul budget delle vendite e su quello della produzione. Infine, si dovrà tenere presente che il fabbisogno di mezzi finanziari sarà notevolmente influenzato dalle possibilità di ottenere credito e dalle decisioni di concederlo.

financial position: ***situazione finanziaria; situazione patrimoniale.*** Il termine, a volte usato come sinonimo di bilancio patrimoniale, indica la situazione delle attività e delle passività di un'impresa, così come si evidenzia da un bilancio patrimoniale. (v. anche *balance sheet*)

financial provision: ***accantonamenti finanziari.*** Accantonamenti costituiti dalle imprese a fronte di future passività. Keynes sostiene che quando essi superano la spesa effettiva per la manutenzione corrente degli impianti o la diversa passività per far fronte alla quale erano stati creati, essi diventano un fattore di disoccupazione.

financial prudence: ***prudenza finanziaria.*** Espressione usata da J. M. Keynes per indicare l'opinione diffusa tra gli imprenditori che sia consigliabile ammortizzare il costo iniziale degli impianti nell'arco di un periodo di tempo inferiore a quello della vita utile degli impianti stessi.

financial pyramid: ***piramide finanziaria.*** Nel linguaggio finanziario statunitense, questo termine indica la struttura di rischio dei vari tipi di investimenti detenuti da un privato o da una istituzione. La base della piramide è costituita da investimenti sicuri e sufficientemente liquidi, che fruttano un discreto rendimento. Via via che ci si avvicina al vertice della piramide, gli investimenti si fanno più rischiosi, ma anche più remunerativi, per giungere infine a piccoli investimenti in imprese ad alto rischio che, se andranno a buon fine, procureranno all'investitore un rendimento molto interessante.

financial ratio: ***indice finanziario.*** Un qualsiasi indice che serva a raccogliere o a dare informazioni sulla situazione finanziaria di un'impresa o sulla sua redditività. L'indice finanziario, qualunque esso sia, in un'impresa viene determinato ponendo a confronto tra loro elementi dello stato patrimoniale o ponendo a confronto elementi dello stato patrimoniale con elementi del conto economico.

financial records: ***documenti finanziari.*** Termine usato come sinonimo di *financial documents* (v.).

financial reform: ***riforma finanziaria.*** I cambiamenti nella struttura del sistema finanziario e/o nella formulazione, esecuzione e obiettivi delle autorità monetarie, cui il sistema finanziario è sensibile. Spesso, ma non sempre, una riforma finanziaria implica un'interazione complessa tra cambiamenti nel sistema finanziario e conduzione della politica monetaria.

financial report: ***rapporto finanziario; relazione finanziaria.*** Una qualsiasi relazione sui risultati di gestione e sulla situazione finanziaria di un'impresa. Indica anche la relazione interpretativa allegata a un conto profitti e perdite e ad un bilancio patrimoniale.

financial requirements: ***necessità finanziarie; fabbisogno finanziario.*** L'insieme dei mezzi finanziari di cui ha bisogno un'impresa o altra organizzazione per poter svolgere la propria normale attività.

financial resources: ***risorse finanziarie; mezzi finanziari.*** Tutte le disponibilità finanziarie che mettono un'impresa in grado di svolgere proficuamente la propria attività economica.

financial responsibility law: ***legge sulla responsabilità civile auto.*** È la legge sulla responsabilità civile derivante dalla guida o dalla circolazione di autoveicoli. Negli Stati Uniti, un automobilista deve dimostrare di essere in grado di risarcire i danni che dovessero derivare dalla guida e dalla circolazione del suo autoveicolo. Tale dimostrazione può essere richiesta prima del rilascio di una patente di guida o dopo un incidente, quale condizione perché non gli venga ritirata la patente. Ovviamente, una polizza di assicurazione con un'adeguata copertura è valida a tale effetto.

financial restructuring: ***ristrutturazione finanziaria.*** V. *defensive financial restructuring.*

financial risk: ***rischio finanziario.*** Il rischio, cui va incontro un investitore, che l'emittente non rispetti le clausole di un prestito obbligazionario. (v. anche *interest rate risk, purchasing power risk*)

financial sector: ***settore finanziario.*** Il settore dell'economia di un paese che comprende soltanto l'attività delle banche, delle altre istituzioni finanziarie e delle assicurazioni. In una definizione più ampia, si fanno rientrare in questo settore anche i servizi aziendali e i beni immobili di proprietà delle aziende.

financial securities: ***titoli finanziari.*** Lo stesso che *financial instruments* (v.).

financial services: ***servizi finanziari.*** Il tipo di servizi offerti dalle banche e dalle istituzioni finanziarie non bancarie, che costituiscono il *financial sector* (v.), tra i quali rientrano la vendita di prodotti di risparmio, le assicurazioni e i crediti.

Financial Services Act: Legge approvata dal parlamento britannico nel novembre 1986 e entrata in vigore il 29 aprile 1988. Obiettivo principale della legge è quello di regolamentare i servizi finanziari e specialmente la compravendita di prodotti di investimento, quali azioni, obbligazioni, quote di fondi comuni, polizze di assicurazione, ecc., a tutela dell'investitore, spesso sprovveduto e ignaro di come funzionano i mercati ai quali si rivolge. Tra le istituzioni create da questa legge, la più importante è la *Securities and Investments Board* (v.) la cui autorizzazione è necessaria per qualsiasi impresa che voglia operare nel mercato dei servizi finanziari.

financial stability: ***stabilità finanziaria.*** Situazione caratterizzata da un equilibrio di entrate e uscite o di costi e ricavi. Il termine può usarsi in relazione a qualsiasi tipo di impresa o organizzazione, compreso lo stato.

financial standing: ***posizione finanziaria.*** La reputazione di cui gode un privato o un'impresa in relazione alla sua capacità di far fronte a impegni di carattere finanziario.

financial statement: ***rendiconto finanziario.*** Con questo termine si indica un bilancio patrimoniale, un conto profitti e perdite o altro documento che rappresenti dati finanziari ricavati dalle registrazioni contabili di un'impresa. Lo stesso termine viene usato per indicare la relazione finanziaria che il consiglio di amministrazione di una società invia agli azionisti prima dell'assemblea generale dei soci, al fine di metterli a parte dell'andamento della società nel corso dell'ultimo anno finanziario. Tale relazione contiene il bilancio patrimoniale, il conto profitti e perdite, le osservazioni del consiglio di amministrazione e, a volte, una comunicazione del presidente della società.

Financial Statistics**:** È la pubblicazione mensile del *Central Statistical Office*, corrispondente al nostro ISTAT. Raccoglie tutte le principali statistiche finanziarie e monetarie del paese, incluse quelle relative all'offerta di moneta e all'espansione del credito interno.

financial status: ***posizione finanziaria.*** Termine usato con lo stesso significato di *financial standing* (v.).

financial structure: ***struttura finanziaria.*** È la struttura dei mezzi finanziari di cui può disporre un'impresa o altra organizzazione per svolgere la propria attività. La struttura finanziaria di un'impresa comprende finanza a breve termine e finanza a lungo termine. Quella a breve termine è fornita da istituti di credito, da fornitori e da titoli di credito, ad esempio cambiali commerciali e finanziarie. Quella a lungo termine è costituita da emissioni obbligazionarie e azionarie, da finanziamenti concessi da istituzioni pubbliche o private, da ipoteche e da accordi di leasing. L'insieme di tutti questi mezzi finanziari costituisce la struttura finanziaria di un'impresa. (v. anche *finance, capital structure*)

financial supermarket: ***supermercato finanziario.*** Neologismo con il quale si indica un'impresa finanziaria in grado di fornire ai propri clienti tutti i servizi finora somministrati separatamente da banche, compagnie di assicurazioni, intermediari di vario genere e agenti di cambio.

financial surgery: ***chirurgia finanziaria.*** Lo stesso che *asset stripping* (v.).

financial system: ***sistema finanziario.*** L'insieme dei mercati nei quali si trasferiscono fondi tra mutuanti e mutuatari o, detto più formalmente, tra unità mutuanti e unità mutuatarie. Il sistema finanziario convoglia i fondi da uno all'altro di questi due gruppi attraverso mercati finanziari diretti o indiretti. Sui mercati finanziari diretti si svolge lo scambio diretto di obbligazioni e fondi tra unità mutuatarie e unità mutuanti e, di conseguenza, l'unità mutuante si assume il rischio della inadempienza da parte dell'unità mutuataria. I mercati finanziari indiretti sono costituiti da intermediari o istituzioni finanziarie che fanno da tramite fra le unità mutuanti e le unità mutuatarie. Le istituzioni scambiano le proprie obbligazioni con i fondi delle unità mutuanti e utilizzano i fondi così accumulati per concedere mutui alle unità mutuatarie. In questo modo, l'unità mutuante si assume soltanto il rischio, generalmente più basso, dell'istituzione finanziaria invece di assumersi il rischio, generalmente più alto, dell'unità mutuataria.

***Financial Times*:** Quotidiano britannico fondato nel 1888 e specializzato in questioni finanziarie e commerciali.

***Financial Times*–Actuaries Share Indices:** Indici azionari basati sui corsi di 500 titoli, elaborati quotidianamente dal *Financial Times* in collaborazione con l'*Institute of Actuaries* di Londra. Furono pubblicati per la prima volta nel 1962 e coprono vari settori del mercato. Tra i più seguiti sono l'indice *All Share* e quello detto *Government Securities.*

Financial Times* Index:** ***indice azionario del «Financial Times». Si riferisce di solito all'*Industrial Share Index*, anche conosciuto come «l'indice delle trenta azioni». Iniziò nel 1935 col numero base di 100 ed è calcolato sui corsi di trenta azioni principali industriali e commerciali, scelte come rappresentative dell'industria e del commercio britannici, ma non della borsa valori di Londra. Tale indice non include i titoli di stato, quelli bancari e quelli assicurativi. La ragione principale per cui questo indice è tanto seguito come indicatore del mercato è perché viene calcolato ogni ora per tutta la giornata durante l'orario di contrattazioni presso la borsa valori, con l'indice di chiusura redatto alle cinque del pomeriggio.

***Financial Times* Industrial Ordinary Share Index:** È l'indice delle azioni ordinarie industriali e commerciali descritto sotto *Financial Times Index* (v.).

***Financial Times*–Stock Exchange 100 Index:** Popolarmente noto come *Footsie 100*, è rappresentato dai 100 principali titoli, in termini di capitalizzazione di mercato, trattati presso la borsa valori londinese. L'indice fu creato nel 1983 dal *Financial Times* e dalla borsa valori di Londra col numero base 1000, è calcolato su base continuativa durante le sedute di borsa e serve a dare un'indicazione, in tempo reale, della situazione del mercato.

financial transaction: ***operazione finanziaria.*** Operazione che ha per oggetto il reperimento o la fornitura di mezzi finanziari ad un'impresa o altra organizzazione.

financial trust: ***società d'investimento; fondo comune d'investimento mobiliare.*** Società che investe il denaro affidatole dai risparmiatori in una serie di investimenti accuratamente selezionati, che vengono poi fatti oggetto di una continua e attenta sorveglianza. Scopo di questo tipo di società è quello di accomunare i risparmi di un grande numero di persone che saranno poi investiti in forma comune, il che consente una maggiore diversificazione, un più ampio frazionamento del rischio e un risparmio dei costi di investimento. Esistono diversi tipi di società di investimento, tra cui i cosiddetti fondo comune a capitale fisso e fondo comune a capitale variabile. I due tipi hanno in comune la caratteristica, che è anche il loro principale merito, di consentire a risparmiatori con piccoli capitali di partecipare a grossi piani di investimento e così approfittare dei vantaggi offerti dalla diversificazione.

financial wealth: ***ricchezza finanziaria.*** L'insieme degli investimenti finanziari di proprietà di un privato o di un'impresa. La ricchezza finanziaria è detta netta quando dalle attività (quali, ad esempio, depositi presso istituzioni di risparmio, titoli e valori, ecc.) vengono sottratte le passività (quali, ad esempio, mutui, crediti passivi, ecc.).

financial year: ***anno finanziario; esercizio finanziario; anno contabile.*** È il periodo tra due bilanci successivi. Può, ma può anche non coincidere con l'anno solare. Nella contabilità di stato, l'esercizio finanziario del Regno Unito va dal 6 aprile di un anno al 5 aprile dell'anno successivo, mentre negli Stati Uniti va dal 1° luglio di un anno al 30 giugno dell'anno successivo.

financier: ***finanziere.*** Termine usato per indicare una delle persone che hanno un peso nella vita finanziaria di un paese, come ad esempio banchieri, fondatori di società finanziarie, esperti di problemi economico–finanziari e simili.

financing: ***finanziamento.*** La concessione di mezzi finanziari a imprese o altre organizzazioni, al fine di metterle in grado di svolgere la loro normale attività. (v. anche *finance, self–financing*)

financing by corporate saving: ***autofinanziamento.*** Lo stesso che *self–financing* (v.).

financing of enterprises: ***finanziamento delle imprese.*** Reperimento e concessione dei fondi necessari alle imprese per svolgere la loro attività economica. (v. anche *finance*)

financing of foreign trade: ***finanziamento del commercio internazionale.*** È generalmente svolto da istituti di credito attraverso lo strumento della cambiale estera e del credito documentario. (v. anche *foreign bill of exchange, documentary credit*)

financing of industry: ***finanziamento dell'industria.*** È generalmente svolto dal mercato dei capitali e, più precisamente, dal mercato dei valori mobiliari, ma non mancano altre forme di finanziamento, specialmente per aziende di modeste proporzioni, per società non quotate in borsa e per aziende individuali. Per queste ultime, l'unica forma di finanziamento è l'apporto di capitale da parte del titolare e i prestiti che egli può ottenere con la fiducia che ispira e con la solidità della sua impresa. Per le società di persone, i mezzi di finanziamento sono un po' più ampi, ma pur sempre limitati all'apporto diretto dei soci e ai prestiti da parte di istituzioni finanziarie pubbliche o private. Alcuni tipi di aziende possono godere di finanziamenti a condizioni particolari, quando il governo fa rientrare nella sua politica economica il sostegno a certi settori o a certe aree geografiche. Il mezzo di finanziamento più diffuso e valido resta, tuttavia, l'emissione di azioni e obbligazioni, quotate sui mercati mobiliari, cui ricorrono le grandi società per azioni.

finder: ***mediatore; sensale.*** Negli Stati Uniti, indica genericamente chi, in considerazione del pagamento di una provvigione, procura l'incontro della domanda e dell'offerta. In campo finanziario si indica con tale termine anche chi fa incontrare una società che intende emettere titoli e una società d'investimento o un consorzio di banche pronti a sottoscriverli.

finder's fee: ***provvigione; mediazione.*** La commissione o provvigione pagata a un sensale in considerazione del suo impegno nel fare incontrare domanda e offerta.

fine bank bills: ***accettazioni bancarie di buona firma.*** Lo stesso che *prime bank bills* (v.).

fine bill: ***cambiale di buona firma.*** Cambiale scontabile a un buon tasso, in quanto esposta a poco o nessun rischio, considerata la persona o l'istituzione che l'ha emessa o accettata.

fine gold: ***oro fino.*** È l'oro puro, nel senso che è il prodotto finito del procedimento di raffinazione del metallo.

fineness: ***fino; finezza.*** La quantità di oro o argento puri contenuta in una moneta d'oro o d'argento coniata in una lega metallica.

fine paper: ***carta di buona firma.*** Cambiali, assegni e pagherò tratti su banche o altre istituzioni finanziarie di prim'ordine, o da queste accettati, per cui comportano un rischio quasi nullo.

fine rate: ***tasso primario.*** Lo stesso che *prime rate* (v.).

finest rate of discount: ***migliore tasso di sconto.*** È il tasso di sconto più basso che può ottenersi sul mercato ed è riservato alle cambiali di prim'ordine, cioè quelle che recano la firma di aziende, banche o altre istituzioni finanziarie che godono di ottimo credito.

fine trade bill: ***cambiale commerciale di buona firma.*** Termine usato con lo stesso significato di *fine bill* (v.).

fine tuning: ***sintonia perfetta; sintonizzazione precisa.*** L'applicazione della politica monetaria e fiscale, messa a punto dalla scuola keynesiana, da parte del governo al fine di normalizzare le fluttuazioni di produzione ed occupazione, di controllare l'inflazione e di sostenere la bilancia dei pagamenti.

finish: ***chiusura.*** Nella terminologia delle borse valori e merci, lo stesso che *closing* (v.).

finished goods: 1. ***prodotti finiti.*** Beni o servizi allo stadio di lavorazione finale cui li porta un'impresa e pronti per essere venduti. **2.** ***conto prodotti finiti.*** Il conto nel quale compaiono i prodotti finiti, cioè trasferiti da un conto monte lavori in corso o conto semilavorati, e i trasferimenti di tali prodotti al conto vendite. Il saldo rappresenta i prodotti finiti in magazzino.

finished goods inventory: ***scorta prodotti finiti.*** Quantità di prodotti finiti non ancora venduti. Possono trovarsi in magazzino, in viaggio o in conto deposito presso terzi.

finished goods stock: ***scorta prodotti finiti.*** Lo stesso che *finished goods inventory* (v.).

finished goods storehouse: ***magazzino prodotti finiti; magazzino merci finite.*** Termine usato con lo stesso significato di *finished stock warehouse* (v.).

finished goods turnover: ***indice di rotazione delle scorte di prodotti finiti.*** Costo dei prodotti finiti venduti durante un periodo, diviso per la scorta media di prodotti finiti al costo dello stesso periodo.

finished parts stock: ***scorte pezzi finiti.*** L'insieme di pezzi finiti presenti nel magazzino dell'impresa e di cui essa può disporre.

finished product: ***prodotto finito.*** Lo stesso che *end product* (v.).

finished stock: 1. ***prodotti finiti.*** Termine usato con lo stesso significato di *finished goods 1* (v.). **2.** ***conto prodotti finiti.*** Termine usato con lo stesso significato di *finished goods 2* (v.).

finished stock warehouse: ***magazzino pezzi finiti.*** La parte del magazzino di un'impresa nella quale vengono conservati i pezzi o i prodotti finiti.

finite-life real estate investment trust: ***fondo immobiliare a termine.*** Un fondo comune d'investimento immobiliare che si propone l'obiettivo di liquidare il patrimonio entro una scadenza predeterminata e di solito relativamente prossima, cioè tra i dieci e i quindici anni dalla costituzione.

fink: ***crumiro.*** Termine di slang statunitense, che indica chi non partecipa ad uno sciopero indetto dal sindacato o riferisce al datore di lavoro di iniziative che il sindacato intende intraprendere.

f.i.o.: free in and out.

f.i.o.s.: free in and out and stowed.

f.i.o.t.: free in and out and trimmed.

F.I.R.: financial inter-relations ratio.

fire assessor: ***perito liquidatore.*** Termine usato con lo stesso significato di *fire loss adjuster* (v.).

fire insurance: ***assicurazione contro l'incendio.*** Contratto in base al quale l'assicuratore, in considerazione del pagamento di un premio annuo, si impegna a risarcire l'assicurato dei danni provocati da incendi. Vi sono varie forme di assicurazione contro l'incendio, ciascuna rappresentata da un'apposita polizza.

fire insurance policy: ***polizza di assicurazione contro l'incendio.*** È la polizza che rappresenta il contratto di assicurazione menzionato sotto *fire insurance* (v.).

fire loss adjuster: ***perito liquidatore.*** Il termine inglese indica specificamente una persona, al servizio di una società di assicurazioni che opera nel ramo incendio, alla quale viene affidato il compito di valutare i danni provocati da un incendio e di trattare la liquidazione con l'assicurato. Ovviamente, si tratta di persona estremamente esperta nel ramo.

fire office: ***società di assicurazione contro gli incendi.*** Il termine inglese viene usato per indicare specificamente una società o una mutua assicuratrice che si occupano del ramo incendio.

firing: ***licenziamento.*** Termine statunitense, usato con lo stesso significato di *discharge from employment* (v.), pur se spesso implica che il licenziamento ha avuto luogo per ragioni disciplinari.

firkin: ***barilotto.*** Unità di misura di capacità usata principalmente nel commercio della birra, ove equivale a nove galloni imperiali, ossia litri 40,914. Viene anche usato nel commercio del sapone e del burro, col valore rispettivamente di 64 e 56 libbre, equivalenti a kg. 29,030 e kg. 25,401.

firm: ***ditta; azienda; impresa.*** Il termine inglese in senso stretto indica una *partnership* (v.), ma in senso lato si usa nel linguaggio economico e commerciale per indicare un qualsiasi tipo di persona giuridica, costituita allo scopo di svolgere una qualsiasi attività economica. In quest'ultimo significato viene, pertanto, usato anche come sinonimo di *joint-stock company* (v.).

firm: ***fermo.*** Aggettivo usato nel linguaggio delle borse valori per indicare un mercato o un prezzo stabile, con tendenza al rialzo. Nel linguaggio commerciale, il termine viene usato per qualificare un prezzo o un'offerta non soggetti a cambiamenti in un arco di tempo specificato. (v. anche *firm offer, firm price*)

firm commitment: ***impegno di assunzione a fermo.*** L'impegno che si assume la banca o il sindacato di cui si parla sotto *firm underwriting* (v.).

firm contract: ***contratto a fermo.*** Qualsiasi tipo di contratto di compravendita in base al quale il venditore è tenuto a consegnare e il compratore a ritirare la quantità di beni descritti nel contratto, al prezzo e alla data stabiliti.

firmer market: ***mercato più fermo; mercato più stabile.*** Nel linguaggio delle borse, indica la situazione in cui il mercato, dopo un periodo di incertezza ed esitazione, comincia a mostrare segni di ripresa e aumento dei prezzi.

firm name: ***ragione sociale; denominazione sociale; ditta.*** La denominazione data ad un'azienda commerciale per distinguerla da altre. Può essere formata dal nome di uno o più soci, da una sigla o da un nome di fantasia. Nel Regno Unito una *partnership* (v.) può inserire il termine *company* nella propria ragione sociale, ma non deve usare la parola *limited* (abbreviata in *Ltd.*), riservata esclusivamente alle società a responsabilità limitata per azioni.

firm offer: ***offerta ferma.*** Offerta definita per l'acquisto o la vendita di beni specifici ad un dato prezzo e, di solito, entro una data stabilita o fin quando non viene revocata.

firm policy: ***politica aziendale.*** Lo stesso che *corporate* *policy* (v.).

firm price: ***prezzo fermo.*** È il prezzo, espresso in un contratto di compravendita, non soggetto a contrattazione o a revisione dopo che è stato raggiunto l'accordo. Nel linguaggio finanziario, il termine indica un prezzo che, una volta quotato da un *market maker* (v.), non può essere cambiato quando il cliente si dice pronto ad accettarlo.

firm sale: ***vendita ferma; vendita in conto assoluto; conto assoluto.*** Indica sia una vendita ad un prezzo fisso o concordato, sia una vendita in base alla quale i contraenti sono tenuti a eseguire le rispettive prestazioni. (v. anche *firm contract*)

firm theory: ***teoria dell'impresa.*** V. spiegazione sotto *theory of the firm.*

firm underwriting: ***assunzione a fermo.*** Nel linguaggio finanziario, indica la procedura di emissione e collocamento titoli più diffusa. Una banca o un sindacato composto da più banche e altre istituzioni finanziarie assume la totalità del prestito, ad un determinato prezzo, e successivamente lo offre in sottoscrizione pubblica a suo rischio e pericolo.

first and in need with: Quando una cambiale estera viene inviata al trattario per l'accettazione, il traente può negoziare la seconda copia, mentre aspetta il ritorno della prima debitamente accettata. La seconda copia recherà la dicitura *first and in need with...* seguita dal nome della banca presso la quale si trova la copia accettata. In caso di mancato pagamento da parte del trattario, dopo il protesto la banca che conserva la copia accettata pagherà la cambiale, salvo poi a rivalersi sul trattario. (v. anche *foreign bill of exchange*)

First Bank of the United States: Nome dato ad una banca privata statunitense che, nel 1791, ottenne una patente della validità di venti anni dal Congresso degli Stati Uniti. Si sperava che potesse diventare la banca nazionale del paese e fu autorizzata ad emettere proprie banconote, convertibili a vista in metallo prezioso, per un ammontare complessivo pari al suo capitale sociale. La banca eseguiva tutte le operazioni fiscali del governo, al quale faceva prestiti in previsione dell'esazione del gettito fiscale. Sebbene la banca si dimostrasse estremamente efficiente e affidabile, nel 1811 non le fu rinnovata la patente.

first bill of exchange: ***prima di cambio; prima copia di cambiale.*** Termine usato con lo stesso significato di *first of exchange* (v.).

first call: 1. ***primo richiamo.*** La prima richiesta, fatta da una società ai soci cui sono state assegnate azioni, di versare i decimi dovuti sulle azioni non ancora interamente liberate. Poiché è possibile che la società abbia disposto il versamento dei decimi in più momenti successivi, può anche esservi un secondo, un terzo, ecc., richiamo di decimi. **2.** ***prima convocazione.*** In relazione alle riunioni del consiglio di amministrazione e alle assemblee dei soci di una società per azioni, la regola generale in uso nei paesi anglosassoni stabilisce che se entro mezz'ora dall'inizio di una riunione o di un'assemblea in prima convocazione non esiste il numero legale, la riunione o l'assemblea vengono sciolte e aggiornate in seconda convocazione alla stessa ora dello stesso giorno della settimana successiva.

first-class bill: ***cambiale di prim'ordine.*** Termine usato con lo stesso significato di *fine bill* (v.).

first-class mail: ***posta di prima classe.*** Corrispondenza soggetta ad un'affrancatura più alta, ma che ha la precedenza sulla posta di seconda classe in periodi di pesante traffico postale.

first-class paper: ***carta di prim'ordine.*** Cambiali ed altri titoli di credito che recano la firma di banche o istituzioni finanziarie di ottima reputazione.

first cost: 1. ***costo primario.*** Lo stesso che *prime cost 3* (v.). **2.** ***costo originario.*** Lo stesso che *original cost* (v.).

first entry: ***prima nota.*** Termine usato in espressioni del linguaggio della contabilità, ad esempio in *book of first entry* (v.), per indicare la prima registrazione di un evento contabile in un registro di prima nota, da dove sarà poi trasferita al mastro. (v. anche *final entry*)

first-half: ***del primo semestre.*** Espressione aggettivale, usata nel linguaggio borsistico e finanziario per qualificare eventi che si sono verificati nel corso dei primi sei mesi dell'anno.

first-hand: ***di prima mano.*** Espressione aggettivale, usata per qualificare beni provenienti direttamente dal produttore, dall'importatore o dal rivenditore e, pertanto, non ancora usati da alcuno. In senso figurato, la stessa espressione può riferirsi ad informazioni, notizie, ecc., che sono state rilasciate direttamente dall'interessato e non sono, pertanto, frutto di voci o di fantasia.

first-in, first-out method of inventory valuation: ***criterio fifo di valutazione delle scorte.*** Metodo di valutazione delle giacenze di magazzino, secondo il criterio del «primo entrato, primo uscito», cioè le acquisizioni più antiche vengono esitate per prime. In base a tale metodo, ad ogni articolo che esce viene assegnato il prezzo al quale fu acquistato il lotto più vecchio esistente in magazzino, esaurito il quale si passa al prezzo del lotto entrato successivamente, e così via. Nel valutare le scorte, si presuppone che quelle in magazzino siano state acquisite per ultime e pertanto si assegna loro il valore corrispondente al prezzo di acquisto più recente.

first law of demand: ***prima legge della domanda.*** Lo stesso che *law of demand* (v.).

first law of purchase: ***prima legge della domanda.*** Termine usato con lo stesso significato di *law of demand* (v.).

first-level supervisor: ***supervisore di primo livello.*** È un capo al livello gerarchico più basso. Può sovrintendere il lavoro di una o più persone, a seconda della struttura organizzativa dell'impresa in cui opera.

first-lien bonds: ***obbligazioni garantite da ipoteca di primo grado; obbligazioni di primo grado.*** Sono indicate con questo termine, di uso principalmente statunitense, le obbligazioni di un prestito che vanta un'ipoteca di primo grado sui beni offerti a garanzia del prestito stesso. Qualora il mutuatario non sia in grado di rimborsare le obbligazioni, esse saranno rimborsate col ricavato della vendita dei beni ipotecati. (v. anche *junior-lien bonds*)

first-line equities: ***titoli guida; azioni primarie; azioni di primo piano.*** Nel linguaggio delle borse valori, sono i titoli più importanti e maggiormente richiesti, che danno il tono al mercato e trascinano a rimorchio gli altri titoli presenti nel listino.

first-line liquidity: ***attività liquide primarie.*** Lo stesso che *primary liquid assets* (v.).

first-line managers: ***quadri.*** Dirigenti addetti alla supervisione degli operai in uno stabilimento o che, comunque, lavorano in stretto contatto con impiegati o operai.

first-line reserves: ***riserve di prima linea; riserve monetarie.*** Sono così chiamate le riserve di una banca centrale, costituite da valuta nazionale ed estera con l'esclusione di quelle costituite da metallo prezioso e titoli. Lo stesso termine viene usato per indicare la riserva numeraria delle banche, cioè la disponibilità di moneta liquida in una percentuale stabilita dei depositi totali, che esse tengono nelle proprie casse allo scopo di far fronte alle richieste di prelievi da parte dei depositanti.

first–line supervisor: ***supervisore di primo livello.*** Termine usato come sinonimo di *first–level supervisor* (v.).

First Lord of the Treasury: È la carica ricoperta dal Primo Ministro britannico ed esisteva ancor prima che venisse riconosciuta quella di Primo Ministro.

first–loss policy: ***polizza primo rischio.*** Una polizza di assicurazione in relazione alla quale ambedue le parti, assicurato e assicuratore, sanno e accettano che la somma assicurata è inferiore al valore di tutti i beni coperti dalla polizza e tuttavia non si applica la norma della proporzionale. Le polizze di questo tipo sono frequentemente usate nell'assicurazione contro il furto, quando la possibilità di perdita totale è molto remota, come ad esempio nel caso di un grande magazzino, dal quale è pressocché impossibile che venga sottratto tutto il complesso di beni in esso esistenti. In tal caso, pertanto, la somma assicurata viene calcolata in modo da prevedere la più grande perdita possibile, ma non la perdita totale.

first mortgage: ***ipoteca di primo grado; prima ipoteca.*** Diritto reale di garanzia che ha la priorità su qualsiasi altro, in quanto iscritto per primo. (v. anche *mortgage, second mortgage*)

first mortgage bonds: ***obbligazioni garantite da ipoteca di primo grado; obbligazioni di primo grado.*** Termine usato con lo stesso significato di *first–lien bonds* (v.).

First National City Bank of New York: È una delle principali banche degli Stati Uniti, con sede a New York e oltre cento filiali in paesi esteri.

first notice day: ***primo giorno di avviso.*** Nel linguaggio delle borse merci, è il primo dei giorni in cui il venditore può informare il compratore, per mezzo della stanza di compensazione, della propria intenzione di consegnare prodotti effettivi in esecuzione di un contratto per consegna a termine.

first of exchange: ***prima di cambio.*** Espressione del commercio internazionale, con la quale si indica la prima copia di una cambiale estera. (v. anche *foreign bill of exchange*)

first open water: ***apertura della navigazione.*** Il termine inglese indica l'apertura ufficiale della navigazione, dopo il periodo invernale, sulle rotte soggette ai ghiacci. Negli Stati Uniti l'espressione viene usata particolarmente in relazione all'apertura della navigazione nei Grandi Laghi e nella St. Lawrence seaway.

first order goods: ***beni diretti; beni di consumo.*** Sono i beni usati direttamente per soddisfare i bisogni dei consumatori. Si dividono in durevoli e fugaci, a seconda del periodo di vita utile che essi hanno.

first premium: ***prima rata di premio; premio iniziale.*** In relazione a nuovi contratti di assicurazione, è il premio pagato all'atto della firma della polizza e sufficiente a dare copertura dal momento dell'emissione della polizza ad un determinato giorno, ad esempio la fine dell'anno, dopo di che verrà pagata la rata successiva di premio o il premio di rinnovo, che generalmente coprirà un intero anno.

first–quality: ***di prima qualità.*** Espressione aggettivale, usata nel linguaggio commerciale per indicare un bene che risponde alle più rigorose esigenze di buona qualità.

first quartile: ***primo quartile.*** In statistica, si indica con questo termine il primo dei tre punti su una distribuzione di frequenza che la dividono in quattro parti, ciascuna delle quali contiene un numero di dati uguale a quello delle altre tre.

first–rate: ***di prim'ordine.*** Espressione aggettivale usata per qualificare qualcosa appartenente alla classe migliore o più alta.

first–rate bill: ***cambiale di prim'ordine.*** Termine usato con lo stesso significato di *fine bill* (v.).

first–rate investment: ***investimento di prim'ordine.*** Un investimento che dà un buon reddito e allo stesso tempo presenta pochissimi rischi.

first–recorded mortgage: ***ipoteca di primo grado; prima ipoteca; ipoteca di prima iscrizione.*** Termine usato con lo stesso significato di *first mortgage* (v.).

first, second or third mortgage: ***ipoteca di primo, secondo o terzo grado.*** Gli aggettivi primo, secondo e terzo indicano la priorità di un'iscrizione ipotecaria rispetto alle successive iscrizioni. (v. anche *mortgage*)

first shift: ***primo turno.*** In uno stabilimento che funziona ventiquattro ore al giorno, il primo turno è quello che monta alle otto del mattino e smonta intorno alle quattro del pomeriggio.

first via: ***prima di cambio.*** Termine usato con lo stesso significato di *first of exchange* (v.).

f.i.s.: family income supplement.

fiscal advice: ***consulenza fiscale.*** Consulenza prestata da un professionista o da un esperto in materia tributaria.

fiscal agent: ***agente finanziario.*** Chi si prende cura di certe questioni finanziarie di un privato, di un'impresa o di uno stato. Nel mercato delle eurobbligazioni, il termine indica la banca incaricata di provvedere ad un'emissione di titoli e al loro rimborso alla scadenza.

fiscal assessor: ***agente del fisco.*** Lo stesso che *assessor 2* (v.).

fiscal cannibalism: ***cannibalismo fiscale.*** Il fenomeno per cui un aumento dell'imposizione fiscale in un determinato settore porta a una diminuzione del gettito proveniente da un altro settore. Ad esempio, l'aumento dell'imposta sul valore aggiunto porta a una riduzione dei consumi, che a sua volta porta un rallentamento dell'attività economica che fa aumentare la disoccupazione, col risultato che si avrà una diminuzione del gettito dell'imposta sul reddito delle persone fisiche.

fiscal decentralization: ***decentramento fiscale.*** La ripartizione del potere impositivo e del potere di controllo sulla spesa pubblica tra i diversi livelli dell'amministrazione di un paese, che vanno dalla più piccola unità di governo locale al governo centrale. È un sistema adottato dalla maggior parte dei paesi occidentali, pur se il livello di auotonomia degli enti locali varia da paese a paese.

fiscal dividend: ***dividendo fiscale.*** Termine usato negli Stati Uniti per indicare la quantità di moneta a disposizione del Presidente e del Congresso, che può essere usata in maniera discrezionale per ampliare programmi federali già in essere, per crearne nuovi, per ridurre l'imposizione fiscale federale o come strumento di stabilizzazione economica. Il sistema di imposizione fiscale federale, infatti, ha la caratteristica di produrre un aumento medio automatico del gettito di circa dieci miliardi di dollari all'anno. A meno che tale aumento venga controbilanciato da dividendi fiscali, esso agirà come drenaggio fiscale sottraendo circa dieci miliardi di dollari dall'economia privata, con l'effetto di rallentare l'espansione economica del paese.

fiscal drag: ***drenaggio fiscale.*** Il termine inglese viene usato anche in italiano per indicare come, in un sistema di imposizione fiscale progressiva, coloro che percepiscono redditi monetari crescenti pagano una percentuale sempre più alta dei loro redditi in imposte, senza che si verifichi alcun aumento delle aliquote. Il termine indica anche l'effetto di inibizione sull'attività economica privata, derivante dalla crescita automatica delle entrate statali attraverso i prelievi sui redditi e sulle risorse monetarie dell'economia. (v. anche *fiscal dividend*)

fiscal federalism: ***federalismo fiscale.*** La rinunzia a gran parte della propria indipendenza fiscale è il presupposto necessario per la realizzazione del federalismo fiscale tra stati che fanno parte di una comunità economica del tipo della CEE. Il federalismo fiscale si realizza mediante l'armonizzazione dei regimi e delle politiche fiscali dei singoli paesi.

fiscal fixity: ***rigidità fiscale.*** La caratteristica di un sistema fiscale che tende a rimanere fisso, cioè a non variare prelievo fiscale e spesa pubblica, anche in presenza di profonde variazioni nelle condizioni economiche del paese, lasciando alla politica monetaria il compito di adeguare l'economia alla mutata situazione.

fiscal flexibility: ***flessibilità fiscale.*** La caratteristica di un sistema fiscale di adeguarsi alle mutate condizioni del sistema economico, con variazioni in aumento e in diminuzione del prelievo fiscale e della spesa pubblica.

fiscal freedom: ***libertà fiscale.*** Lo stesso che *tax sovereignty* (v.).

fiscal harmonization: ***armonizzazione fiscale.*** Il processo mediante il quale si tende a eliminare contrasti o differenze nei sistemi fiscali di diversi paesi legati tra loro da un qualche vincolo economico o politico. Il termine è stato usato principalmente in relazione alla CEE.

fiscal illusion: ***illusione fiscale; illusione finanziaria.*** È l'effetto prodotto da un governo quando tende a far apparire le imposte più basse e i benefici sociali più consistenti di quanto in effetti non siano. L'illusione fiscale si è sempre più diffusa col crescere delle entrate e delle spese dello stato in rapporto al reddito nazionale complessivo ed è creata in particolare dall'aumento delle spese correnti a discapito delle spese in conto capitale, come ad esempio spese per l'assistenza sanitaria nazionale a discapito di spese per la costruzione di ospedali; fiscalizzazione degli oneri sociali a discapito di spese in investimenti e così via. Ciò porta inevitabilmente a spinte inflazionistiche, che fanno aumentare la pressione e il gettito fiscale, anche senza che vengano aumentate le aliquote delle imposte e pur se sono sintomi di pressioni contrastanti sul governo tendenti a ridurre le imposte e ad aumentare i benefici, sono anche indici di incompetenza e di cinismo da parte dei governanti.

fiscal independence: ***indipendenza fiscale.*** Lo stesso che *tax sovereignty* (v.).

fiscal instruments: ***strumenti di politica fiscale.*** Gli strumenti di cui può disporre un governo per l'applicazione della sua politica fiscale, costituiti principalmente dalla spesa pubblica e dall'imposizione fiscale. L'utilizzazione di tali strumenti deve essere tale da non rallentare gli investimenti, il risparmio, il consumo o la crescita del gettito fiscale; da non scoraggiare il desiderio di lavorare, ridurre la produzione interna o far scendere le esportazioni.

fiscalist: ***fiscalista.*** Il termine inglese viene usato per indicare un economista che sostiene che la politica fiscale è più importante della politica monetaria di un governo, ai fini della gestione di un sistema economico.

fiscal measures: ***misure fiscali.*** Uno degli strumenti a disposizione di un governo per influire sull'economia del paese. Le misure fiscali agiscono direttamente sul livello della domanda di beni di consumo e vengono applicate mediante la politica fiscale del governo.

fiscal–monetary mix: ***combinazione fiscale e monetaria.*** Espressione usata negli Stati Uniti per indicare l'unione di misure di politica fiscale e monetaria tendenti a garantire la piena occupazione. Può manifestarsi, ad esempio, attraverso la coesistenza di una rigida politica di restrizioni creditizie e di un ampio deficit statale oppure di un bilancio statale in attivo e di una politica di denaro a buon mercato.

fiscal monopoly: ***monopolio fiscale; privativa fiscale.*** Monopolio che si riserva uno stato al fine di escludere la concorrenza da industrie che per la loro semplicità possono essere gestite direttamente dallo stato o da enti pubblici, assicurando al fisco un guadagno netto derivante dalla vendita dei prodotti a prezzo di monopolio.

fiscal period: ***periodo contabile; esercizio; periodo di gestione contabile.*** Il periodo di tempo per cui consuetudinariamente si prepara un rendiconto di gestione. Generalmente si identifica con l'anno solare, ma può, per ragioni aziendali, essere più o meno lungo di un anno.

fiscal policy: ***politica fiscale.*** Politica governativa tendente ad influenzare l'economia attraverso variazioni di entità e contenuto dell'imposizione fiscale, del debito e della spesa pubblici, ecc. In unione alla politica monetaria, è uno strumento per stimolare o rallentare la domanda e per ridurre la disoccupazione. In periodi di depressione, una riduzione del carico fiscale e/o un aumento della spesa pubblica possono avere l'effetto di stimolare la domanda e una certa ripresa; viceversa, in periodi di inflazione in cui la domanda risulta eccessiva, la si può ridurre aumentando il carico fiscale dei consumatori e/o riducendo la spesa pubblica. Come accennato sopra, gli stessi risultati possono essere ottenuti mediante l'incremento o la riduzione della spesa e del debito pubblici.

fiscal stance: ***orientamento di politica fiscale.*** L'indirizzo dato da un governo alle proprie scelte di politica fiscale.

fiscal surplus: ***eccedenza fiscale.*** L'eccedenza tra le entrate, derivanti da imposizione fiscale, e le uscite di uno stato.

fiscal therapy: ***terapia fiscale.*** Termine di recente formazione, usato per indicare il concetto in base al quale l'uso dell'imposizione fiscale viene visto come panacea per tutti i mali di un sistema economico. In particolare dagli anni trenta in poi ,l'aumento delle imposte è stato considerato il principale rimedio contro l'inflazione, specialmente in un'economia surriscaldata e anche se gli approcci tendenti a giustificare questa visione sono vari ed alcuni in parte anche validi, resta il fatto che l'imposizione fiscale viene troppo spesso considerata semplicisticamente come l'unica medicina valida per sanare i mali economici e sociali che affliggono un paese.

fiscal year: ***anno finanziario; esercizio finanziario; anno contabile.*** Il termine inglese viene usato generalmente in relazione all'esercizio finanziario dello stato, ma negli Stati Uniti esso si usa come sinonimo del termine britannico *financial year* (v.).

fiscal zoning: ***suddivisione in zone fiscali; lottizzazione fiscale.*** La pratica, cui ricorrono principalmente alcune municipalità del Nord America, tendente ad escludere tutte le forme di utilizzazione di terreni che, a giudizio dei consigli comunali, richiedono più spese in servizi di quanto esse potranno pagare in imposte.

Fisher effect on interest rates: ***effetto Fisher sui tassi d'interesse.*** Lo stesso che *Fisherian mechanism* (v.).

Fisher equation: ***equazione di Fisher.*** In teoria monetaria, l'equazione di Fisher o di Newcomb–Fisher asserisce che PQ = MV, dove P è il livello generale dei prezzi; Q è la quantità di beni e servizi scambiati; M è la quantità di moneta in circolazione e V la velocità di circolazione della moneta. Cioè a dire, la quantità di moneta in circolazione moltiplicata per la sua velocità è identica al livello dei prezzi moltiplicato per il volume degli scambi. (v. anche *equation of exchange, quantity theory of money*)

Fisherian mechanism: ***meccanismo fisheriano.*** Indica la relazione tra tassi d'interesse di mercato e inflazione attesa, esposta dall'economista americano I. Fisher alla fine del secolo scorso. La relazione si basa sulla nozione che il tasso d'interesse di mercato è uguale a un tasso d'interesse reale (non osservabile) più l'inflazione attesa. Poiché gli operatori di mercato vogliono ricevere tassi reali di rendimento, i tassi d'interesse di mercato vengono adeguati in modo da tenere conto dei cambiamenti di prezzo attesi.

Fisher identity: ***identità di Fisher.*** Termine usato con lo stesso significato di *Fisher equation* (v.).

Fisher quantity equation: ***equazione quantitativa di Fisher.*** Lo stesso che *Fisher equation* (v.).

Fisher's ideal index: ***indice ideale di Fisher.*** È un indice dei prezzi basato su una formula inventata dall'economista statunitense Irving Fisher. Corrisponde, in effetti, alla media geometrica dei numeri indici di Laspeyres e di Paasche, che soddisfa sia il test della reciprocità temporale, sia quello della reciprocità dei fattori, il che dà certi vantaggi teorici rispetto ad altri numeri indici.

Fishery Limits Act: Legge, approvata dal parlamento britannico nel 1964, con la quale le acque territoriali inglesi vennero estese a dodici miglia dalla costa.

fishy–back: Espressione usata per indicare il servizio di trasporto via mare, parallelo al servizio *piggyback*, che prevede la caricazione di autotreni su traghetti.

f.i.t.: free of income tax.

five–and–ten: Termine usato con lo stesso significato di *dime store* (v.).

five–day week: ***settimana corta.*** La settimana composta da cinque giorni lavorativi che prevede, quindi, un altro giorno di riposo infrasettimanale oltre la domenica.

five–dollar bill: ***banconota da cinque dollari.*** Banconota a corso legale negli Stati Uniti, del valore di cinque dollari.

five–fold grading plan: ***piano in cinque punti.*** È un piano per la selezione del personale, che può essere usato in alternativa a quello in sette punti. In base a questo piano, ciascun candidato viene intervistato e valutato tenendo presenti i seguenti cinque fattori: a) prima impressione e aspetto fisico; b) intelligenza e capacità; c) qualificazioni e aspettative; d) motivazione; e) adattamento. (v. anche *seven–point plan*)

five percenter: Termine dispregiativo, usato negli Stati Uniti per indicare persone che, in cambio di una percentuale del 5%, usano la loro pretesa influenza su uomini pubblici per ottenere appalti per i loro clienti.

five–per–cents: Termine usato nel linguaggio colloquiale per indicare titoli a reddito fisso che fruttano un interesse del cinque per cento.

five–pound note: ***banconota da cinque sterline.*** Banconota a corso legale nel Regno Unito, del valore di cinque sterline.

fiver: ***biglietto da cinque.*** Il termine inglese viene usato colloquialmente per indicare una banconota da cinque sterline nel Regno Unito e una banconota da cinque dollari negli Stati Uniti.

Five Towns Survey: Indagine sociale, eseguita su cinque città campione nel 1912–1914 e nel 1923–1924, per accertare le condizioni delle classi lavoratrici. Le cinque città campione erano Bolton, Northampton, Reading, Stanley e Warrington.

five–twenty: Termine di uso popolare, con il quale si indicano buoni emessi dal governo statunitense tra il 1862 e il 1865, redimibili dopo cinque anni ad opzione del governo, rimborsabili in venti anni e al tasso di interesse del sei per cento.

five year plan: ***piano quinquennale.*** Nome dato ai piani ideati dall'Unione Sovietica per sviluppare le industrie del paese. Il primo fu lanciato nel 1928 e mirava principalmente allo sfruttamento delle risorse minerarie e alla costruzione di beni capitali. Il termine viene usato anche per piani di sviluppo di altre nazioni, specialmente quelle del terzo mondo.

f.i.w.: free in wagon.

fix: ***fissazione.*** Termine usato nel linguaggio finanziario per indicare: a) in alcuni mercati valutari, una riunione giornaliera durante la quale vengono ufficialmente fissati i tassi di cambio di differenti valute, adeguando il livello degli acquisti e delle vendite così che il tasso di cambio rifletta le effettive condizioni del mercato. Tra i partecipanti alla riunione sono presenti le banche commerciali e, direttamente o indirettamente, la banca centrale del paese, che può effettuare operazioni di intervento tendenti a mantenere il tasso di cambio ad un livello specifico. b) Nel mercato dell'oro londinese, ciascuna delle due riunioni, che si tengono ogni giorno lavorativo alle dieci e trenta e alle quindici, delle cinque case che trattano oro in lingotti, durante le quali esse fissano il prezzo del metallo in base al livello della domanda e dell'offerta. c) In relazione a titoli o prestiti a interesse variabile, ciascuna delle riunioni, che si tengono poco prima dell'inizio di ciascun periodo per il quale è prevista una revisione del tasso di interesse, durante le quali vengono determinati i nuovi livelli del tasso di interesse su quei titoli o prestiti.

fixation: ***fissazione.*** Nel linguaggio delle borse valori, è il momento in cui il compratore o il venditore, implicati in un contratto a premio in un mercato a termine, determinano il prezzo dell'operazione e precisamente il compratore in relazione alla vendita e il venditore in relazione all'acquisto.

fixed annuity: ***rendita fissa.*** È l'opposto di *variable annuity* (v.) e indica un contratto tra investitore e società di assicurazione in base al quale quest'ultima si impegna a versare al primo, per la durata della sua vita o per un periodo determinato, rate fisse di rendita. In questo tipo di contratto, l'assicuratore si assume sia il rischio dell'investimento, sia il rischio della mortalità.

fixed assets: ***attività fisse; attività capitale; capitale fisso; immobilizzazioni.*** Immobili, impianti e qualsiasi altro tipo di capitale fisso o proprietà, utilizzati in un'attività economica, che non vengono consumati con l'uso o convertiti in moneta nell'esercizio in corso. Essi, pertanto, logorandosi gradatamente, forniscono diverse prestazioni utili. Vengono comunemente suddivisi in: a) terreni, edifici, impianti, ecc.; b) brevetti, marchi di fabbrica, avviamento, ecc.; c) investimenti in società affiliate. Pertanto, le immobilizzazioni consistono di beni acquistati per essere usati nel processo produttivo in un periodo di tempo relativamente lungo e non per essere rivenduti o convertiti nel corso di una singola operazione produttiva o in un breve periodo di tempo.

fixed-asset schedule: ***quadro delle attività fisse.*** Quadro riassuntivo delle attività fisse, suddivise per classi, che a volte si allega alle relazioni annuali agli azionisti. Indica, tra l'altro, le attività fisse all'inizio dell'esercizio, le aggiunte o gli smobilizzi durante il periodo coperto dalla relazione e il saldo alla fine dell'esercizio.

fixed-assets register: ***registro delle attività fisse.*** Lo stesso che *plant register* (v.).

fixed-asset turnover: ***indice di rotazione delle attività fisse.*** Il rapporto che si ricava dalla divisione del fatturato netto relativo ad un dato periodo di tempo per il valore delle attività fisse prima di sottrarre la quota di ammortamento.

fixed-asset unit: ***unità di capitale fisso.*** Una voce o gruppo di voci cui è dato riconoscimento nelle procedure contabili relative alle attività fisse di una singola impresa.

fixed base index: ***numero indice a base fissa; indice a base fissa.*** In statistica, è il numero indice calcolato riferendo l'intensità che il fenomeno assume in ciascuna delle unità di tempo considerate alla stessa intensità dell'unità di tempo scelta come base.

fixed basket: ***paniere fisso.*** Il paniere di sedici valute che compongono i diritti speciali di prelievo.

fixed budget: ***budget rigido; budget fisso; bilancio rigido.*** Preventivo che assegna dotazioni fisse a ciascuna attività o dotazioni che non variano col variare della produzione o del lavoro svolto. In pratica, esso fa riferimento ad un volume fisso di produzione e ad un grado di utilizzazione degli impianti e dei macchinari ritenuto normale per l'azienda.

fixed capital: 1. ***capitale fisso.*** Termine usato con lo stesso significato di *fixed assets* (v.). **2.** ***capitale investito.*** Il capitale permanentemente investito in un'impresa.

fixed capital goods: ***attività fisse; capitale fisso.*** Termine usato con lo stesso significato di *fixed assets* (v.).

fixed charge: ***garanzia specifica.*** Particolare attività fissa di un'impresa, offerta in garanzia di un prestito. (v. anche *fixed debentures, floating charge, floating debentures*)

fixed-charge coverage: ***copertura degli oneri fissi.*** Il rapporto tra i profitti di un'impresa e gli oneri fissi, costituiti per la maggior parte da interessi e imposte.

fixed charges: ***oneri fissi; spese fisse.*** Spese che devono essere sostenute anche se l'impresa non svolge la sua attività. Si tratta di premi di assicurazione, interessi su obbligazioni o mutui, alcuni tipi di imposte e altre spese del genere.

fixed commission: ***commissione fissa.*** Una commissione che non può essere aumentata o diminuita da chi ha il diritto di percepirla, in quanto stabilita per legge in una determinata percentuale del valore monetario dell'operazione cui si riferisce. Erano commissioni fisse quelle riconosciute a uno *stockbroker* (v.) in relazione a operazioni di compravendita titoli presso la borsa valori di Londra prima della deregolamentazione del 1986. Nelle borse valori statunitensi, le commissioni fisse furono abolite nel maggio del 1975. (v. anche *minimum commission*)

fixed consumption capital: ***capitale fisso di consumo.*** Capitale fisso che, a differenza dei beni strumentali, si presta a soddisfare un'esigenza di consumo, come ad esempio una casa.

fixed costs: ***costi fissi; costi costanti; spese fisse.*** Costi o spese che non variano col variare della produzione o dell'attività di un'impresa. Vi rientrano le *fixed charges* (v.).

fixed credit: ***credito fisso.*** Credito bancario che ammette il frazionamento, cioè a fronte del quale si possono effettuare più prelevamenti fino alla concorrenza di una somma concordata, raggiunta la quale il credito si estingue. Il termine inglese viene usato in contrapposizione a *revolving credit* (v.).

fixed credit line: ***credito irrevocabile.*** Lo stesso che *irrevocable credit* (v.).

fixed-date bill: ***cambiale a tempo data.*** È la cambiale che scade un certo tempo dopo la sua data di emissione, a differenza di quella che scade un certo tempo dopo la presentazione.

fixed dates: ***date fisse.*** Nel linguaggio finanziario, sono i periodi fissi o standard, di solito da uno a dodici mesi, per i quali vengono negoziati gli eurodepositi.

fixed debentures: ***obbligazioni con garanzia specifica.*** Obbligazioni garantite da una particolare attività fissa di proprietà dell'impresa emittente. (v. anche *floating debentures*)

fixed debt: ***debito consolidato; debito fondato.*** Lo stesso che *funded debt* (v.).

fixed deposit: ***deposito vincolato; deposito a scadenza fissa.*** Deposito di una somma di denaro definita per un periodo prestabilito e ad un tasso fisso di interesse. L'interesse pagato su tali depositi è, ovviamente, superiore a quello pagato su depositi a vista di uguale entità.

fixed duty: ***dazio specifico.*** Lo stesso che *specific duty* (v.).

fixed exchange: ***cambio fisso.*** Lo stesso che *fixed exchange rate* (v.).

fixed exchange rate: ***tasso di cambio fisso; cambio fisso.*** È il tasso di cambio tra due o più valute, che non cambia o che oscilla entro limiti molto ristretti. Ne è un esempio il sistema di parità in seno al Fondo Monetario Internazionale, nato dagli Accordi di Bretton Woods, che prevedeva una parità centrale e una ristretta banda di oscillazione, pari all'uno per cento in più o in meno. Le banche centrali erano tenute ad intervenire con vendite o acquisti delle loro rispettive valute se queste ultime venivano sottoposte a pressioni speculative al rialzo o al ribasso. (v. anche *free exchange rate, flexible exchange rate*)

fixed exchange rate parity: ***parità cambiaria fissa.*** La parità cambiaria che, in base ad accordi internazionali, non può variare se non a seguito di svalutazione o rivalutazione ufficiale di una delle valute che fanno parte del sistema. È una caratteristica del regime dei tassi di cambio fissi e prevede continui interventi delle banche centrali a sostegno delle proprie valute.

fixed exchange rate regime: ***regime dei tassi di cambio fissi.*** Lo stesso che *fixed exchange rate system* (v.).

fixed exchange rate system: ***sistema dei tassi di cambio fissi.*** Il sistema che prevede oscillazioni entro limiti molto ristretti dei tassi di cambio tra le valute dei paesi che ne fanno parte. In base ad esso, vengono stabilite delle parità di cambio tra le varie valute e ciascuna di esse può oscillare al di sopra e al di sotto di tale parità, entro una banda precedentemente concordata e di solito espressa in percentuale della parità stabilita.

fixed expenses: ***spese fisse.*** Termine usato con lo stesso significato di *fixed costs* (v.).

fixed fiduciary issue: ***emissione fiduciaria fissa.*** Il metodo di regolamentazione dell'emissione fiduciaria stabilito dal *Bank Charter Act* (v.) del 1844. Stabiliva che l'ammontare dell'emissione di biglietti non dovesse eccedere l'ammontare delle riserve auree di più di un tanto determinato, fissato per legge ma soggetto a revisione.

fixed income: ***reddito fisso.*** Reddito il cui ammontare è prestabilito per legge o per contratto e non varia col variare dell'indice del costo della vita. Ne sono esempi una rendita fissa o un canone di locazione fisso su una proprietà data in affitto per un lungo periodo di tempo.

fixed–income investment: ***investimento a reddito fisso.*** Tipo di investimento che frutta un tasso di rendimento fisso. Il termine si applica di solito a un investimento in titoli di stato o in valori obbligazionari.

fixed–income receiver: ***percettore di reddito fisso.*** Chi percepisce un reddito fisso, come ad esempio uno stipendio o una pensione. Il termine viene usato in contrapposizione a *profit receiver* (v.).

fixed input: ***input a dosi fisse; input fisso.*** Un fattore della produzione, o una risorsa produttiva, usato da un'impresa in dosi fisse. Di solito il termine si riferisce ad un fattore della produzione la cui quantità è invariabile nel breve periodo, come ad esempio terra, edifici e impianti. Nel lungo periodo, non esistono input fissi, in quanto un'impresa può variare la propria scala di operazioni come varia la propria scala di produzione.

fixed instalment method of depreciation: ***metodo di ammortamento a quote costanti.*** Metodo di ammortamento che consiste nel ripartire il costo dell'attività da ammortizzare in un numero di quote annue fisse, che tengano conto del valore di recupero del bene capitale e della sua vita utile. L'ammontare costante da accantonare ogni anno può essere calcolato mediante la formula P–L/n, dove P è il costo originario del bene; L è il valore di recupero presunto alla fine del periodo di vita utile dell'attività; e n è la vita utile dell'attività espressa in anni. È il più semplice dei metodi aritmetici di ammortamento e su di esso convergono le simpatie del maggior numero dei pratici.

fixed interest: ***reddito fisso; interesse fisso.*** Nel linguaggio finanziario, è il reddito prodotto da un titolo obbligazionario o di stato, il cui interesse viene determinato all'atto dell'emissione e non varia per tutta la vita del titolo. Lo stesso termine viene a volte usato per indicare collettivamente tutti i titoli a reddito fisso trattati in un determinato mercato dei valori mobiliari.

fixed–interest investment: ***investimento a reddito fisso.*** Lo stesso che *fixed–income investment* (v.).

fixed–interest market: ***mercato del reddito fisso.*** Nel linguaggio finanziario, è il mercato nel quale vengono trattati i titoli a reddito fisso, cioè una parte del mercato dei valori mobiliari. (v. anche *fixed–interest securities*)

fixed interest rate: ***tasso d'interesse fisso.*** Un tasso d'interesse che non cambia durante l'intero arco di tempo nel quale rimane in essere un mutuo. Il termine si contrappone a *floating interest rate* (v.).

fixed–interest securities: ***titoli a reddito fisso; valori mobiliari a reddito fisso.*** Sono tutti quei titoli che fruttano un tasso fisso di interesse annuo, la cui entità è nota all'investitore prima che egli li acquisti. Nella maggior parte dei casi il reddito è veramente fisso ed il tasso è dichiarato nel nome del titolo, ad esempio buoni poliennali del tesoro 12%, il che significa che per ogni cento lire di valore nominale in possesso dell'investitore, egli riceverà ogni anno dodici lire di interesse. Vi sono, tuttavia, anche titoli indicizzati, il cui interesse è limitatamente variabile, in quanto collegato mediante una formula prestabilita ad un qualche indice noto. Tra i titoli a reddito fisso rientrano: i titoli di stato, nel Regno Unito noti come *gilts*; titoli pubblici, emessi cioè da enti locali o altre istituzioni pubbliche, che si differenziano dai *gilts* in quanto non sono garantiti dallo stato; obbligazioni di società; certi tipi di azioni, quali le azioni privilegiate. A parte i titoli del prestito irredimibile, tutti gli altri titoli a reddito fisso prevedono il rimborso del loro valore nominale alla scadenza del prestito. (v. anche *gilt–edged securities, index–linked securities, government stocks, preference shares, London stock exchange*)

fixed investment: ***investimento in beni capitali; investimento in capitale fisso.*** Con questo termine si indicano le spese pubbliche effettuate per la realizzazione di abitazioni, strade, ospedali o altre opere pubbliche e le spese di imprese private per l'acquisizione di nuovi beni capitali quali, ad esempio, edifici, macchine e impianti, navi, aerei e simili.

fixed investment trust: ***fondo comune d'investimento fisso.*** Tipo di fondo comune d'investimento il cui portafoglio titoli è dichiarato a priori nel regolamento del fondo. Anche le proporzioni di investimento, ad esempio nei diversi tipi di azioni e obbligazioni, non varia per tutta la durata del fondo e il denaro fresco dovrà essere investito rispettando queste condizioni.

fixed lease: ***locazione a canone fisso.*** Lo stesso che *straight lease* (v.).

fixed liability: ***passività fissa.*** Lo stesso che *long–term liability* (v.).

fixed loan: ***mutuo a scadenza fissa.*** Un mutuo rimborsabile a una data futura prestabilita. Il periodo di credito può oscillare tra i pochi giorni e i cinque anni e il tasso d'interesse praticato è fisso per tutta la durata del mutuo.

fixed manufacturing costs: ***costi fissi di fabbricazione.*** Termine usato con lo stesso significato di *fixed costs* (v.).

fixed market basket: ***paniere di mercato fisso.*** Un paniere di beni e servizi prestabilito e tenuto immutato per un determinato periodo di tempo, in base al quale viene calcolato l'indice dei prezzi al consumo. Il paniere è soggetto a cambiamenti solo quando diventa evidente che esso non risponde più allo scopo per il quale era stato costituito e ciò può verificarsi a seguito di notevoli variazioni nel tenore di vita del paese, di cambiamenti dei gusti dei consumatori e altre simili cause, che fanno sentire i loro effetti nel lungo periodo.

fixed minimum commission: ***commissione fissa minima.*** La commissione, stabilita per legge o consuetudine, che il mandante è tenuto a pagare a un intermediario che ha condotto a buon fine un'operazione di compravendita. Era il tipo di commissione che spettava allo *stockbroker* (v.) della borsa valori di Londra prima del *big bang* (v.).

fixed overhead: ***spese generali fisse.*** Termine usato come sinonimo di *fixed overhead expenses* (v.).

fixed overhead costs: ***costi fissi.*** Lo stesso che *fixed costs* (v.).

fixed overhead expenses: ***spese generali fisse.*** Spese generali che non variano nell'arco di un determinato periodo di tempo.

fixed parity: ***parità fissa.*** Lo stesso che *fixed peg* (v.), ma in passato riferito più spesso alla parità fissa di una valuta nei confronti dell'oro.

fixed peg: ***parità fissa.*** Nel linguaggio finanziario internazionale, è una parità fissa tra due o più valute, che tuttavia consente leggere oscillazioni al di sopra e al di sotto dei tassi di cambio concordati, purché esse siano contenute entro limiti prestabiliti.

fixed penalty bond: ***fideiussione per somma fissa.*** Nel linguaggio delle assicurazioni, si indica con questa espressione un contratto di fideiussione in base al quale il fideiussore, in tal caso l'assicuratore, è tenuto a pagare un importo fisso, cioè il valore nominale della polizza, all'assicurato o alla persona a favore della quale è prestata la fideiussione, in caso di inadempienza da parte di un terzo. (v. anche *surety bond*)

fixed plant: ***impianto fisso.*** Sono macchinari, impianti o altre strutture del genere, posizionate in un luogo ben definito.

fixed price: ***prezzo fisso.*** Prezzo di vendita prestabilito e non soggetto a contrattazione o riduzione, che costituisce una garanzia per il compratore.

fixed price contract: ***contratto a prezzo fisso.*** Un contratto che prevede un prezzo fisso per la fornitura di beni o servizi e pertanto non contempla la cosiddetta *escalator clause* (v.).

fixed–price re–offering: ***collocamento a prezzo fisso.*** Si verifica quando un sindacato di collocamento sottoscrive al valore facciale e poi rivende allo stesso prezzo al pubblico degli investitori un'intera emissione obbligazionaria. In tal caso, la remunerazione del sindacato deriva non da uno sconto, bensì da una commissione fatta pagare all'emittente e divisa in parti uguali tra le banche partecipanti al sindacato stesso.

fixed production coefficient: ***coefficiente di produzione fisso.*** Espressione usata per indicare il caso in cui due fattori della produzione devono essere usati sempre nella medesima proporzione fissa. Ne consegue che l'elasticità di sostituzione dei due fattori è uguale a zero.

fixed production overhead costs: ***costi generali fissi di produzione.*** Costi generali fissi di un'impresa attribuibili alla sua funzione della produzione.

fixed production overheads: ***costi generali fissi di produzione.*** Lo stesso che *fixed production overhead costs* (v.).

fixed proportions production function: ***funzione della produzione a proporzioni fisse.*** Una funzione della produzione, che pone in relazione l'output con gli input, in cui l'elasticità di sostituzione è uguale a zero, in quanto gli input sono in rapporto costante tra loro e non vi è sostituzione tra i fattori.

fixed rate: ***tasso fisso; saggio fisso.*** Il termine può riferirsi tanto al *fixed interest rate* (v.), quanto al *fixed exchange rate* (v.).

fixed–rate loans: ***mutui a tasso d'interesse fisso.*** Mutui a medio termine, generalmente cinque anni, sui quali viene praticato un tasso di interesse stabilito al momento della concessione, che resta invariato per tutta la durata del mutuo. Il rimborso avviene in unica soluzione alla scadenza, quindi senza l'istituzione di un fondo di ammortamento, e di solito non è prevista la possibilità di rimborso anticipato. È uno dei modi in cui vengono concessi prestiti sul mercato delle eurovalute. (v. anche *floating rate loans*)

fixed resale price: ***prezzo di vendita imposto.*** Termine usato negli Stati Uniti per indicare il prezzo di rivendita minimo imposto dal produttore a grossisti o dettaglianti a lui legati da contratto. È uno dei sistemi per evitare la concorrenza sleale tra grossisti o dettaglianti che vendono lo stesso articolo. (v. anche *fair trade practices acts, fair–trade price*)

fixed return securities: ***titoli a reddito fisso.*** Termine usato con lo stesso significato di *fixed–interest securities* (v.).

fixed sample: ***campione fisso.*** Nel linguaggio della statistica, è un campione sempre uguale, utilizzato in rilevazioni ripetute.

fixed shift: ***turno fisso.*** In un'impresa che funziona ventiquattro ore al giorno, indica la pratica di tenere gli stessi lavoratori nello stesso turno, invece di farli ruotare in modo che ogni lavoratore, nell'arco di un determinato periodo di tempo, lavori in ciascun diverso turno.

fixed–sum debenture: ***obbligazione fissa; obbligazione per somma fissa.*** Il termine inglese indica un'obbligazione pecuniaria a favore di una banca per una certa somma di denaro, con l'intesa che la banca può usarla come garanzia per i crediti da essa concessi ora o in futuro, a tassi di interesse che variano col variare del saggio base di interesse praticato dalla banca.

fixed supply: ***offerta fissa; offerta costante.*** La situazione in cui, nel breve periodo, la quantità offerta di un determinato bene non varia anche in presenza di un notevole aumento del prezzo, in quanto le scorte sono esaurite o in via di esaurimento e la produzione del bene non può essere aumentata rapidamente.

fixed trust: ***fondo comune d'investimento fisso.*** Termine usato con lo stesso significato di *fixed investment trust* (v.).

fixed unit trust: ***fondo comune d'investimento fisso.*** Termine usato con lo stesso significato di *fixed investment trust* (v.).

fixing: ***fissazione.*** Termine entrato anche nell'uso italiano per indicare il processo che porta alla determinazione delle quotazioni ufficiali di metalli preziosi e valute. (v. anche *fix, gold fixing*)

fixture: ***fissato.*** Nel linguaggio dei trasporti marittimi, è un accordo fermo, in base al quale una nave dovrà essere pronta a caricare in un giorno stabilito ad un porto conveniente per il noleggiatore.

fixtures and fittings: ***impianti fissi; immobili per destinazione.*** Attività fisse di un'impresa, annesse alla terra o all'immobile che essa utilizza per la propria attività economica. Come norma generale, diventano proprietà del proprietario della terra o dell'immobile, specialmente se non possono essere rimosse senza arrecare danno alla proprietà o se sono utilizzabili soltanto in quel luogo. Qualora si tratti di stigli o attrezzature mobili, possono essere rimossi dal loro proprietario.

Fl.: florin.

flag clause: ***clausola della bandiera.*** Nel linguaggio dei trasporti marittimi, è la clausola, contenuta nella polizza di carico, in base alla quale la responsabilità del vettore deve essere stabilita dalle leggi del paese indicato in polizza.

flag discrimination: ***discriminazione di bandiera; privilegio della bandiera.*** Trattamento preferenziale, in materia di tasse e sistemazioni portuali, riservato a navi di una o più nazioni rispetto a navi battenti bandiera di altre nazioni.

flag of convenience: ***bandiera di comodo; bandiera di convenienza.*** Espressione usata in relazione alla pratica seguita da molti armatori di registrare le loro navi in paesi esteri che offrono migliori condizioni per quanto attiene a imposte e norme di sicurezza. Il fenomeno ha portato ad un enorme sviluppo delle flotte battenti, ad esempio, bandiera panamense o liberiana, due piccoli stati che non giustificano un così alto numero di navi.

flag of necessity: ***bandiera di necessità.*** Termine usato con lo stesso significato di *flag of convenience* (v.).

flash check: ***assegno a vuoto.*** Termine statunitense, usato con lo stesso significato di *bounce* (v.).

flash–pack: ***pacco in offerta.*** Pacco di beni di consumo offerto ad un prezzo ribassato al fine di incoraggiarne l'acquisto da parte dei consumatori. Può essere una singola confezione, ma più spesso si tratta di due o più confezioni offerte insieme.

flash report: ***relazione provvisoria.*** Relazione redatta prima della chiusura dei conti o prima che siano noti e registrati tutti gli elementi contabili relativi al periodo o esercizio cui si riferisce la relazione.

flashy advertising: ***pubblicità vistosa.*** Tipo di pubblicità che attira prontamente l'attenzione del consumatore per motivi di carattere psicologico o per il tipo di messaggio trasmesso attraverso simboli o immagini che lo colpiscono.

flat: 1. ***senza interessi.*** Detto di un prestito infruttifero o di un titolo quotato e venduto ad un prezzo che non include i dietimi di interesse maturati. **2.** ***fiacco.*** V. spiegazione sotto *flat market.*

flat benefits: ***benefici uniformi.*** Benefici sociali, o di altra natura, somministrati dallo stato o dalle imprese ai cittadini o ai dipendenti in maniera uguale per tutti i soggetti che ne hanno diritto, cioè indipendentemente dal loro reddito o dal loro salario.

flat bond: ***obbligazione senza interessi; obbligazione a corso secco.*** Termine del linguaggio finanziario statunitense, con il quale si indica un titolo a reddito fisso in relazione al quale l'emittente è in arretrato col pagamento degli interessi che, tuttavia, non vengono inclusi nella quotazione del prezzo di vendita del titolo.

flat cancellation: Espressione usata nel linguaggio assicurativo degli Stati Uniti per indicare la risoluzione di un contratto di assicurazione alla data della sua entrata in vigore o entro sessanta giorni dalla sua data di scadenza naturale e, quindi, senza alcun pagamento di premio.

flat cost: ***costo primo.*** Lo stesso che *prime cost 2* (v.).

flat filing: ***archiviazione orizzontale.*** Lo stesso che *horizontal filing* (v.).

flat income bond: ***obbligazione semplice senza dietimi; obbligazione semplice a corso secco.*** Espressione del linguaggio finanziario statunitense, con la quale si indica un'obbligazione semplice il cui prezzo di vendita non tiene conto dei dietimi di interesse maturati e non ancora pagati dall'emittente. (v. anche *income bond*)

flation: ***stabilità.*** Situazione equidistante dall'inflazione e dalla deflazione, che rappresenta un equilibrio monetario ideale.

flat lease: ***locazione a canone fisso.*** Lo stesso che *straight lease* (v.).

flat market: ***mercato fiacco.*** Mercato caratterizzato da scarso entusiasmo e poche contrattazioni e nel quale i prezzi tendono a diminuire a causa di domanda insufficiente a sostenerli.

flat organization: ***organizzazione piatta.*** Forma di organizzazione aziendale nella quale è presente un numero molto esiguo di livelli di controllo. (v. anche *deep organization*)

flat price: ***corso secco.*** Lo stesso che *ex–interest price* (v.).

flat quotation: ***quotazione a secco; corso secco.*** Lo stesso che *ex–interest price* (v.).

flat rate: 1. ***rendimento uniforme.*** Il rendimento di un titolo a reddito fisso, calcolato come percentuale del suo prezzo di acquisto. Se un'obbligazione decennale è quotata ottanta lire per cento lire di valore nominale e dà un interesse annuo del 4%, il reddito uniforme risulterà del 5%. Ciò senza tener conto dell'utile di venti lire da ripartirsi nell'arco dei dieci anni e che porta il reddito lordo ben al di là del cinque per cento. **2.** ***tariffa uniforme; tariffa forfettaria; canone di abbonamento.*** È la tariffa che viene imposta da un'azienda di erogazione di pubblici servizi agli utenti, senza tener conto del consumo che sarà fatto pagare a parte o che è compreso nella tariffa stessa.

flat–rate income tax: ***imposta sul reddito a aliquota fissa.*** È un'imposta sul reddito ad aliquota unica su una base imponibile più ampia di quella prevista dalla legge corrente, che si otterrebbe eliminando detrazioni e deduzioni concesse a determinate categorie di contribuenti, come ad esempio la deduzione di interessi passivi o di determinate categorie di spese personali. Un'imposta così strutturata sembra essere preferita da alcuni economisti, i quali sostengono che essa eliminerebbe molte forme di manipolazione delle imposte sul reddito, semplificherebbe le dichiarazioni e renderebbe l'imposizione fiscale più equa.

flat–rate tariff: ***tariffa ad aliquota unica.*** Una tariffa per la fornitura di energia elettrica a piccoli utenti, ai quali viene fatto pagare un tanto fisso per ciascun kilowatt consumato.

flat–rate tax system: ***sistema di imposizione fiscale a aliquota fissa.*** Il sistema di imposizione fiscale basato su quanto detto sotto *flat–rate income tax* (v.). Oltre ai vantaggi citati sotto quel lemma, avrebbe anche l'effetto di invertire la tendenza istituzionale in favore di imposte più alte. In base a tale sistema, se la maggioranza della società desidera ampliare il settore pubblico, deve anche essere pronta ad addossarsi una quota proporzionata dell'aumento delle imposte necessario allo scopo.

flat tax: ***imposta a aliquota fissa.*** Lo stesso che *flat–rate income tax* (v.).

flat yield: ***rendimento uniforme.*** Termine usato con lo stesso significato di *flat rate 1* (v.).

flat yield curve: ***curva di rendimento piatta.*** V. spiegazione sotto *yield curve.*

flea market: ***mercato delle pulci.*** Un mercato nel quale vari venditori trattano oggetti usati o vecchi, pezzi di antiquariato e curiosità varie. Il più noto di questi mercati è quello di Parigi, ma ne esiste anche un altro ugualmente famoso a Londra, che però si tiene una sola volta alla settimana a Portobello Road.

fleet: ***flotta.*** Un gruppo di navi appartenenti ad un singolo armatore o un gruppo di veicoli stradali di proprietà di un'unica società di trasporti.

fleet policy: ***polizza cumulativa.*** Polizza di assicurazione che copre più navi dello stesso armatore o più mezzi di trasporto stradale appartenenti ad un unico proprietario.

fleet rating: ***tariffazione per flotta; tariffazione per polizza cumulativa.*** Tariffe di premio assicurativo particolarmente vantaggiose offerte ad un armatore o ad un vettore che assicuri tutte le sue navi o altri mezzi di trasporto di sua proprietà con la stessa società di assicurazione.

Fleet Street: È una strada della *City* di Londra nella quale, o in prossimità della quale, hanno sede gli uffici dei principali giornali inglesi. Il termine, pertanto, è passato ad indicare genericamente il mondo del giornalismo.

fleet terms: ***condizioni di flotta.*** Nel linguaggio commerciale, sono le particolari condizioni di pagamento e di sconto offerte da un rivenditore di automobili o altri veicoli stradali ad un'impresa che possiede una flotta di tali mezzi, a patto che quest'ultima si impegni ad acquistare presso quel rivenditore tutti i mezzi di trasporto su strada di cui ha e potrà avere bisogno.

flexibility of prices: ***flessibilità dei prezzi.*** Termine usato in alternativa a *price flexibility* (v.).

flexible budget: ***budget flessibile; bilancio flessibile.*** Lo stesso che *variable budget* (v.).

flexible compensation: ***remunerazione flessibile.*** Lo stesso che *flexible wage* (v.).

flexible exchange rate: ***tasso di cambio flessibile.*** È il tasso di cambio, tra due o più valute, lasciato libero di oscillare fra due limiti prestabiliti. (v. anche *fixed exchange rate, free exchange rate*)

flexible exchange rate system: ***sistema dei tassi di cambio flessibili.*** Il sistema che prevede oscillazioni, anche di notevole entità ma pur sempre entro limiti prestabiliti, nei tassi di cambio delle valute dei paesi che ne fanno parte. Se i tassi di cambio tendono a spostarsi al di là dei limiti concordati, sarà necessario un intervento del o dei governi interessati, che provvederanno alla svalutazione o alla rivalutazione della moneta.

flexible hours: ***orario flessibile.*** Lo stesso che *flexible work schedules* (v.).

flexible manufacturing: ***produzione flessibile.*** La capacità o possibilità di trasformare facilmente il processo produttivo passando da un prodotto a un altro.

flexible manufacturing system: ***sistema produttivo flessibile.*** L'unione di sistemi ad alta tecnologia di robotica e di computer, utilizzati nella produzione di beni industriali.

flexible markup pricing: ***fissazione flessibile del prezzo di vendita; prezzatura flessibile.*** Sistema che collega la fissazione dei prezzi di vendita con le mutevoli condizioni economiche, come ad esempio le diverse fasi di un ciclo economico.

flexible maturity loan: ***prestito a scadenza flessibile.*** Invece di avere un tasso d'interesse variabile, questo prestito ha una scadenza variabile. I pagamenti relativi al servizio del debito sono mantenuti costanti in termini assoluti o, a volte, sono posti in relazione al reddito del mutuatario. Quando i tassi d'interesse aumentano, la porzione del servizio destinata all'ammortamento della somma capitale decresce e di conseguenza aumenta la durata del prestito. Se si verifica un notevole aumento dei tassi d'interesse, si verificherà anche un ammortamento negativo, cioè i mutuanti in effetti forniscono ulteriori prestiti ai mutuatari. Questo tipo di prestito offre vantaggi a entrambe le parti: il mutuatario ha la certezza dei propri impegni di servizio del debito; il mutuante è in grado di gestire le proprie attività con minore preoccupazione circa le rinegoziazioni del debito ed eventuali storni patrimoniali. Se applicato ai paesi in via di sviluppo, questo tipo di prestito sarebbe ancor più vantaggioso se i pagamenti relativi al servizio del debito potessero essere collegati alle entrate derivanti dalle esportazioni, poiché ciò ridurrebbe l'incertezza relativa alla volatilità dei prezzi dei beni primari.

flexible monetary policy: ***politica monetaria flessibile.*** Un tipo di politica monetaria che tende ad adeguare la quantità di moneta in circolazione alle reali esigenze del sistema economico. Secondo Keynes, è da preferirsi a una politica del salario flessibile, in quanto offrirebbe maggiori garanzie di stabilità dei prezzi.

flexible price: ***prezzo flessibile.*** È un prezzo non rigido, cioè un prezzo che può tanto diminuire quanto aumentare di un tanto più o meno uguale. In generale, sono prezzi flessibili quelli relativi ai prodotti agricoli, che risentono notevolmente delle fluttuazioni delle quantità prodotte ogni anno, e quelli relativi ad alcune materie prime di base, in particolare quelle trattate nell'ambito di mercati organizzati. Il termine, tuttavia, si applica anche ad alcuni tipi di prodotti industriali, in relazione ai quali una componente dei costi è rappresentata da una materia prima a prezzo flessibile.

flexible schedule: ***orario flessibile.*** Lo stesso che *flexible work schedules* (v.).

flexible standard: ***standard flessibile.*** Costo standard determinato per una particolare classe di spesa, che prevede un tanto fisso o minimo, più una quota variabile per unità di volume relativa alla parte variabile della spesa.

flexible tariff: ***tariffa doganale flessibile.*** Negli Stati Uniti, è un sistema che prevede un certo grado di discrezionalità, da parte dei funzionari addetti, nella determinazione di un dazio doganale, quando condizioni anomale o temporanee modificano i rapporti di concorrenza tra prodotti esteri e prodotti nazionali. È stata usata in particolare per far fronte a pratiche di *dumping* (v.).

flexible trust: ***fondo comune d'investimento flessibile.*** Termine usato con lo stesso significato di *flexible unit trust* (v.).

flexible unit trust: ***fondo comune d'investimento flessibile.*** Tipo di fondo comune d'investimento i cui gestori sono liberi, entro certi limiti, di variare gli investimenti del fondo e le loro proporzioni. Essi, così, possono smobilitare investimenti che reputano poco redditizi e reinvestire il ricavato in titoli che offrono migliori prospettive.

flexible wage: ***salario flessibile.*** Salario che si presta a frequenti variazioni, in entrambe le direzioni, a seconda della situazione economica generale.

flexible wage policy: ***politica del salario flessibile.*** Politica che si basa sulla possibilità di ridurre o aumentare per legge i salari a seconda delle condizioni del sistema economico. J. M. Keynes si disse contrario a tale tipo di politica, preferendo una politica monetaria flessibile. Infatti, il principale risultato di una politica del salario flessibile (che, tra l'altro, potrebbe applicarsi soltanto in una società altamente autoritaria) sarebbe una instabilità dei prezzi talmente grande e violenta da rendere forse inutile qualsiasi calcolo o previsione economica. (v. anche *flexible money policy*)

flexible working hours: ***orario di lavoro flessibile.*** Lo stesso che *flexible work schedules* (v.).

flexible work schedules: ***orario di lavoro flessibile.*** Orario di lavoro che consente ai lavoratori dipendenti di scegliere, a seconda delle loro esigenze, l'ora di inizio e di fine lavoro, entro limiti prestabiliti. Secondo uno studio condotto negli Stati Uniti, ciò contribuisce a far aumentare la produttività dei lavoratori attraverso una minore quantità di assenze dal posto di lavoro, minor tempo d'ozio, minori costi di lavoro straordinario e miglior uso degli impianti produttivi.

flexitime: ***orario flessibile.*** Lo stesso che *flexible work schedules* (v.).

flight capital: ***capitale in fuga.*** È così detto il capitale di cui si parla sotto *capital flight* (v.), quando esso lascia un paese o si trova permanentemente all'estero.

flight from money: ***fuga dalla moneta.*** Il fenomeno che si determina quando non si riesce più a porre un freno all'inflazione e chiunque possiede o accetta denaro in pagamento, avendo perso ogni fiducia nella stabilità del valore dei biglietti, se ne disfa in cambio di beni reali frettolosamente acquistati, così aggravando ulteriormente il processo inflattivo che procede ancor più velocemente di prima a seguito dell'aumentata velocità di circolazione della moneta. Questo tipo di fenomeno è caratteristico della situazione denominata iperinflazione o inflazione galoppante. (v. anche *hyperinflation*)

flight from the dollar: ***fuga dal dollaro.*** Fenomeno caratterizzato dalla pesante smobilitazione di investimenti stranieri negli Stati Uniti e da una tendenza generale a cambiare dollari in altre valute.

flight from the pound: ***fuga dalla sterlina.*** Fenomeno caratterizzato da pesante smobilizzo di investimenti nel Regno Unito o ritiro dei depositi a vista o a breve termine in sterline da parte di non residenti, unito a una tendenza generalizzata a cambiare sterline in altre valute.

flight of capital: ***fuga di capitali.*** V. spiegazione sotto *capital flight.*

flight to the dollar: ***corsa al dollaro.*** Fenomeno che si manifesta puntualmente in concomitanza con le crisi economiche internazionali, come ad esempio durante la crisi del petrolio. Consiste in un'anomala domanda di dollari statunitensi sui mercati valutari internazionali, con un conseguente aumento dei tassi di cambio della valuta americana. Il fenomeno è l'inverso di quanto descritto sotto *flight from the dollar* (v.).

float: 1. ***titoli in corso di compensazione; saldi non disponibili.*** Questo termine indica collettivamente assegni o altri titoli di credito in corso di compensazione. Non è possibile emettere assegni a fronte di tali titoli fin quando essi non saranno accreditati come valuta. Nel linguaggio bancario e finanziario statunitense, il termine viene usato per indicare la massa di moneta rappresentata da titoli di credito, principalmente assegni bancari, che sono stati usati ma non ancora addebitati all'emittente. Tale massa contribuisce alla creazione di credito, in quanto il *Federal Reserve System* (v.) per consuetudine accredita gli assegni presentati entro due giorni lavorativi dalla loro consegna, anche nel caso in cui sia necessario più tempo per procedere alle operazioni di effettiva compensazione. Così, ad esempio, la banca della riserva federale di New York accredita sul conto di una banca membro di quella città un assegno emesso su una banca della California, alla quale non è ancora stata addebitata la stessa somma di denaro. Questa forma di estensione di credito si rende necessaria a causa del grandissimo numero di assegni in circolazione negli Stati Uniti e dell'impossibilità di compensarli tutti in breve tempo. **2.** ***flottante.*** La parte invenduta di un'emissione obbligazionaria o la quota di titoli azionari che può essere oggetto di compravendita sul mercato secondario, essendo in possesso di piccoli risparmiatori o di speculatori. **3.** Quantità di beni in corso di produzione. Di solito si computa dividendo il numero delle unità in produzione per il numero di unità prodotte per giorno medio. **4.** ***fondo di cassa.*** Somma di moneta spicciola con cui un negozio al dettaglio inizia l'attività quotidiana, necessaria per dare il resto ai primi clienti. Lo stesso termine indica la somma di denaro accreditata all'ufficio cassa nel sistema delle anticipazioni. (v. anche *imprest system*) **5.** ***fluttuazione.*** Il movimento del tasso di cambio di una valuta al di sopra o al di sotto della parità stabilita.

to float: ***lanciare; promuovere.*** Il termine inglese viene usato in relazione ad emissioni azionarie o obbligazionarie e a società o altre forme di impresa.

floatation: ***lancio.*** Variante grafica di *flotation* (v.).

floater policy: Nel linguaggio delle assicurazioni, è una polizza che copre un bene contro tutti i rischi, senza tener conto di dove esso si trovi al momento del sinistro. Si tratta, di solito, di un tipo di polizza flottante.

floaters: Termine col quale si indicano titoli di prim'ordine al portatore, quali buoni del tesoro, titoli di stato, ecc., depositati presso banche al fine di ricevere anticipazioni su titoli. Quando una banca richiama l'anticipazione accordata, i titoli dati in garanzia si spostano, o *float*, verso un'altra banca disposta a concedere l'anticipazione. Lo stesso termine viene spesso usato nel linguaggio colloquiale per indicare i *floating rate notes* (v.).

floating: ***fluttuazione; fluttuante.*** Termine usato come sostantivo e aggettivo in relazione a una valuta che non ha alcun rapporto di cambio fisso con alcuna altra valuta. Il tasso di cambio, in un qualsiasi momento, è determinato dalla interazione delle forze della domanda e dell'offerta e le sue variazioni sono indicate con i termini apprezzamento e deprezzamento a seconda che il tasso di cambio salga o scenda in relazione alle valute estere.

floating assets: ***attività correnti; disponibilità.*** Lo stesso che *current assets* (v.).

floating balances: ***crediti liquidi; disponibilità liquide.*** Nel linguaggio finanziario, sono saldi attivi di operatori, tenuti in paesi esteri allo scopo di tutelarsi contro rischi del cambio o simili.

floating capital: ***capitale fluttuante.*** Quella parte del capitale di un'impresa investita in attività correnti. Lo stesso termine viene a volte usato per indicare capitali che si spostano da un paese all'altro, alla ricerca della migliore remunerazione oppure, come fece J. S. Mill, per indicare un capitale in forma liquida disponibile per investimenti.

floating cargo: ***carico flottante.*** Termine usato con lo stesso significato di *floating goods* (v.).

floating charge: ***garanzia generale; garanzia generica.*** Quando un prestito concesso ad un'impresa viene garantito non da una specifica attività fissa, bensì da tutto il complesso di attività fisse dell'impresa, si dice che il prestito è a garanzia generale. (v. anche *floating debentures, fixed charge, fixed debentures*)

floating-charge debentures: ***obbligazioni a garanzia generale.*** Termine usato con lo stesso significato di *floating debentures* (v.).

floating clause: ***clausola nave sempre a galla.*** Termine usato nel linguaggio delle assicurazioni marittime per indicare una clausola, contenuta nei contratti di noleggio, in base alla quale il noleggiatore si impegna a tenere la nave a galla, cioè in acqua sufficientemente profonda da non farle toccare il fondo, sia che si trovi in mare aperto o in porto, per tutta la durata del contratto, al fine di evitare danni allo scafo.

floating currency: ***valuta a tasso di cambio fluttuante.*** Una valuta il cui tasso di cambio è libero di fluttuare secondo le forze della domanda e dell'offerta nei vari mercati valutari, con la minima interferenza possibile da parte delle autorità monetarie del paese che emette la valuta.

floating debentures: ***obbligazioni a garanzia generale.*** Obbligazioni garantite dalle attività fisse in generale, senza che ne venga indicata una in particolare, di proprietà dell'impresa emittente. (v. anche *fixed debentures, fixed charge, floating charge*)

floating debt: ***debito fluttuante; debito flottante.*** Quella parte del debito pubblico che consiste di prestiti a breve termine, come i buoni ordinari del tesoro, i certificati di credito del tesoro, ecc. Il termine, in senso più lato, indica un debito non ancora fondato, cioè non evidenziato da un'emissione obbligazionaria. In ambedue i casi, la caratteristica principale del debito è che esso prevede il rimborso della somma capitale ad una determinata data di scadenza.

floating exchange rate: ***tasso di cambio fluttuante.***

Quando il valore di una valuta in termini della valuta di un altro paese è libero di fluttuare, il tasso di cambio tra le due valute è determinato dal livello della domanda e dell'offerta su ciascuna piazza. E poiché ci sono più mercati valutari, è possibile che il tasso prevalente su una piazza differisca dal tasso prevalente su un'altra piazza, il che dà luogo ad operazioni di arbitraggio, che tendono a riportare allo stesso livello i tassi delle diverse piazze.

floating exchange rate system: ***sistema dei tassi di cambio fluttuanti.*** Il sistema dei tassi di cambio cui si fece ricorso agli inizi degli anni settanta, dopo il fallimento del sistema dei tassi di cambio fissi e del sistema dei tassi di cambio flessibili. In base ad esso, i tassi di cambio delle valute mondiali sono liberi di fluttuare a seconda dei livelli della domanda e dell'offerta sui vari mercati valutari internazionali. Ciò non significa che le banche centrali abbiano rinunciato a qualsiasi forma di intervento per la stabilizzazione dei cambi, ma affinché tali interventi abbiano risultati apprezzabili è ora necessario un maggior grado di coordinamento delle politiche valutarie dei paesi commercialmente ed economicamente più forti.

floating goods: ***merci flottanti.*** Termine col quale, nel linguaggio commerciale e dei trasporti marittimi, si indicano merci in viaggio per mare, che non sono ancora state acquistate da alcun compratore.

floating insurance: ***assicurazione fluttuante.*** È il tipo di assicurazione evidenziata da una *floating policy* (v.).

floating interest rate: ***tasso d'interesse fluttuante.*** Termine usato come sinonimo di *variable interest rate* (v.).

floating liabilities: ***passività correnti.*** Lo stesso che *current liabilities* (v.).

floating money: ***moneta fluttuante.*** Temporanea eccedenza di moneta presso le banche, che non trova impiego redditizio a causa della saturazione del mercato monetario. Si verifica in periodi in cui il governo rimborsa prestiti o paga grosse somme sotto forma di interessi, specialmente se ciò coincide col pagamento di altri interessi e di dividendi da parte delle imprese e sul mercato c'è poca richiesta di denaro.

floating mortgage: ***ipoteca fluttuante.*** Garanzia ipotecaria che interessa un insieme di attività fisse, ma può essere spostata su una qualsiasi di loro col conseguente svincolo delle altre.

floating policy: **1.** ***polizza flottante.*** Polizza di assicurazione marittima che consente all'assicurato di effettuare più spedizioni su navi indeterminate, fino all'importo massimo complessivo in essa stabilito. (v. anche *open policy 2*) **2.** ***polizza «in quovis».*** L'espressione italiana deriva dal latino «in quo vis vasello» e indica una polizza che assicura navi indeterminate e consente all'assicurato di specificare all'assicuratore il nome delle navi in epoca successiva a quella della stipulazione del contratto o dell'emissione della polizza.

floating pound: ***sterlina fluttuante; sterlina a cambio libero.*** Sterlina lasciata libera di fluttuare sul mercato dei cambi, in risposta alle sollecitazioni della domanda e dell'offerta.

floating prime rate: ***tasso primario fluttuante.*** Espressione del linguaggio finanziario, con la quale si indicano movimenti ascendenti e discendenti del tasso di interesse primario, in base a varie formule di adeguamento automatico.

floating rate: **1.** ***tasso di cambio fluttuante.*** Lo stesso che *floating exchange rate* (v.). **2.** ***tasso di interesse fluttuante.*** Lo stesso che *variable interest rate* (v.).

floating rate bonds: ***obbligazioni a tasso fluttuante; obbligazioni a tasso d'interesse variabile.*** Nel linguaggio finanziario, vengono indicate con questo termine tutte le obbligazioni indicizzate il cui tasso di interesse varia col variare delle condizioni di mercato e dell'andamento dei tassi di interesse correnti. Il tasso di interesse su tali obbligazioni viene stabilito, come livello minimo e massimo, all'atto dell'emissione, ma è suscettibile di adeguamenti in più o in meno durante tutta la durata del prestito, in maniera da soddisfare tanto il risparmiatore quanto l'emittente. Questi adeguamenti, che si riferiscono a periodi ben identificati, vengono decisi alcuni giorni prima dell'inizio di tali periodi, della durata di tre o sei mesi, in funzione dell'andamento dei tassi di interesse sul mercato a breve termine nel corso del periodo immediatamente precedente.

floating rate certificate of deposit: ***certificato di deposito a tasso fluttuante.*** Un certificato di deposito il cui tasso di interesse viene periodicamente adeguato all'andamento del tasso corrente, di solito il tasso interbancario sul mercato monetario londinese.

floating rate loans: ***mutui a tasso d'interesse variabile.*** Si tratta di un tipo di mutuo più flessibile di quello a tasso di interesse fisso. Mutui di questo genere vengono concessi per un periodo massimo di un anno, ad un tasso di interesse fisso valido soltanto per alcuni mesi, al termine dei quali il tasso viene rinegoziato secondo l'andamento del mercato. Questo tipo di mutui, che vengono praticati anche sul mercato delle eurovalute, consente alle banche di bilanciare la loro posizione, evitando di accettare fondi in deposito a breve termine e prestarli a lungo termine. (v. anche *fixed–rate loans*)

floating rate notes: ***carta a tasso d'interesse variabile; titolo a breve a tasso fluttuante.*** Tipo di carta commerciale o titolo a breve termine, che frutta un interesse indicizzato e pertanto sensibile alle variazioni dei tassi d'interesse di mercato.

floating rate system: ***sistema dei tassi di cambio fluttuanti.*** Lo stesso che *floating exchange rate system* (v.).

floating securities: ***flottante.*** Lo stesso che *float 2* (v.).

floating spread: ***scarto variabile.*** Negli europrestiti, indica lo scarto al di sopra del *LIBOR* (v.), che sarà ridefinito a scadenze periodiche convenute tra le parti.

floating supply: ***offerta fluttuante; flottante.*** La quantità di un titolo o di una derrata prontamente disponibile per l'acquisto o la vendita immediata in una borsa valori o in una borsa merci.

floating value: ***valore fluttuante.*** Concetto che venne accolto nel *Town and Country Planning Act* del 1947 e che venne per la prima volta formulato nel rapporto finale dell'*Expert Committee on Compensation and Betterment* del 1942. Il rapporto sosteneva che in previsione di un insediamento industriale o di altra natura in una determinata località, il valore della terra cominciava a salire a seguito di movimenti speculativi da parte di alcuni proprietari che, sopravvalutando l'entità dell'insediamento, acquistavano terreni confinanti con i loro, facendone aumentare il valore, in previsione di ricavarne un utile al momento della determinazione dell'indennizzo conseguente all'esproprio per pubblica utilità. Di conseguenza, il rapporto suggeriva l'acquisizione da parte dello stato di tutti i diritti di sviluppo di aree non urbane, da pagarsi da un unico fondo di indennizzo, così eliminando la possibilità di sopravvalutazione di terreni al momento in cui si decideva la localizzazione di un qualsiasi insediamento.

floating warranty: ***garanzia indiretta.*** Garanzia data da una persona, che induce un'altra persona a stipulare un contratto con un terzo. In alcune circostanze, tale garanzia può vincolare la parte che la offre, anche se essa non rientra tra le parti contraenti. Ad esempio, un venditore che induce un compratore ad acquistare un bene da una società finanziaria mediante il sistema del pagamento rateale, può trovarsi a dover risarcire l'acquirente se il bene risulta difettoso. (v. anche *guarantee 2*)

flood: ***inondazione; alluvione.*** Allagamento di campi, città, ecc., a seguito dello straripamento di fiumi o torrenti o di abbondanti piogge. È uno dei rischi contro i quali ci si può tutelare mediante la sottoscrizione di una polizza di assicurazione.

floor: 1. ***sala delle contrattazioni; parquet.*** È la sala nella quale si incontrano gli operatori di borsa per concludere i loro affari. Presso la borsa valori di Londra gli *stockjobbers* (v.) si raggruppavano in particolari punti della sala, a seconda del tipo di titoli che essi trattavano, e ciascun gruppo di *stockjobbers* era chiamato *market.* **2.** ***livello minimo.*** Nella terminologia economica e commerciale, il termine viene spesso usato per indicare il livello più basso di un determinato fenomeno, come ad esempio il reddito o i prezzi. In questo uso, esso assume di solito la funzione di determinante.

floor broker: ***intermediario di borsa.*** Membro della borsa valori, che svolge la propria attività di compravendita nella sala delle contrattazioni, per conto di propri clienti. (v. anche *stockbroker*)

floor dealer: ***operatore di borsa.*** È un tipo di operatore economico abilitato a svolgere un'attività in proprio, nelle borse statunitensi, entro certi limiti prestabiliti.

floor price: ***prezzo minimo.*** Espressione usata particolarmente in relazione al prezzo del petrolio, per indicare il livello minimo al di sotto del quale esso non dovrebbe scendere. Ciò in considerazione anche del fatto che si tratta di un bene soggetto ad esaurimento e che, pertanto, non deve essere sprecato. Il sostenimento del prezzo del petrolio è auspicato anche da paesi importatori, che tentano così di ridurne i consumi.

floor rate: ***tasso minimo.*** Il tasso d'interesse minimo che rappresenta una delle condizioni contrattuali dell'*interest rate floor* (v.).

floor to floor time: Nella produzione a flusso continuo, è il tempo stabilito o necessario per svolgere un processo di lavorazione su un componente ed è calcolato dal momento in cui il pezzo viene sollevato dal pavimento al momento in cui vi viene rideposto, dopo che la macchina o l'uomo hanno svolto la funzione cui esso doveva essere sottoposto. (v. anche *flow production*)

floor trader: ***operatore di borsa.*** Membro delle borse valori statunitensi che non svolge funzioni di intermediario, ma che acquista e vende per proprio conto. Corrisponde, pertanto, al non più esistente *stockjobber* (v.) della borsa valori di Londra.

floor walker: ***sorvegliante; vigilante.*** Termine usato negli Stati Uniti per indicare un dipendente di un grande magazzino che ha il compito di sorvegliare i clienti onde evitare il taccheggio e di indirizzarli ai reparti in cui possono trovare gli articoli che cercano.

florin: 1. ***fiorino.*** Nome dato ad una moneta coniata, sembra, per la prima volta a Firenze. Il nome fu anche usato in Europa per varie monete coniate in differenti epoche ed è conservato nel fiorino olandese. **2.** ***fiorino inglese.*** Fu coniato per la prima volta in oro nel 1343, durante il regno di Edoardo III, ma fu presto ritirato dalla circolazione. Il fiorino d'argento, del valore di due scellini emesso nel 1849, fu sostituito dalla moneta di dieci nuovi pence nel 1971, all'entrata in vigore del sistema decimale.

flotation: ***lancio.*** L'azione di procurare capitale fresco attraverso una pubblica sottoscrizione di azioni, di solito per una nuova società. Il termine viene anche usato per indicare l'azione di costituire e avviare una nuova impresa.

flotation cost: ***costo di lancio.*** Il costo che una società deve sostenere per il lancio di una nuova emissione azionaria o obbligazionaria. Tale costo si compone di due elementi essenziali: le spese sostenute dall'emittente per consulenza legale, amministrazione, stampa dei titoli e delle copie del manifesto, ecc.; l'onorario che compete alla società d'intermediazione, sia essa una banca o un consorzio, che si occupa della distribuzione dei titoli. Quest'ultimo elemento è senza dubbio quello che assorbe la maggior parte del costo di lancio.

flotsam: ***merci galleggianti.*** Merci gettate fuori bordo o resti di naufragio galleggianti. Nel Regno Unito se non vengono reclamati entro un anno e un giorno dal loro rinvenimento diventano proprietà della Corona.

flow: ***flusso.*** Movimento, in un dato periodo di tempo, di un insieme di beni o valori da un punto ad un altro.

flowback: ***riflusso.*** Neologismo creato in relazione allo sviluppo del mercato azionario internazionale, per indicare la rivendita, in vista di un rapido profitto, nel mercato del paese in cui una società ha la sua sede sociale, di azioni precedentemente offerte e vendute su mercati esteri.

flow chart: ***flussoschema; flussogramma; schema di flusso; diagramma di flusso; diagramma del ciclo di lavorazione.*** Rappresentazione grafica di sequenze operative nel ciclo di lavorazione o ipotetici movimenti di beni, moneta o altri elementi nell'economia da un punto ad un altro.

flow diagram: ***flussoschema; flussogramma; schema di flusso; diagramma di flusso; diagramma del ciclo di lavorazione.*** Termine usato come sinonimo di *flow chart* (v.).

flower bonds: Espressione del linguaggio finanziario statunitense con la quale si indica un tipo di titoli a basso tasso di interesse, emessi dal ministero del tesoro e accettati alla pari in pagamento di imposte federali sulle successioni.

flow line: ***linea di flusso.*** Nella produzione a flusso continuo, è la linea che percorre il prodotto per essere sottoposto alle varie fasi di lavorazione. (v. anche *flow production*)

flow–line production: ***produzione a flusso continuo.*** Termine usato come sinonimo di *flow production* (v.).

flow of capital: ***flusso di capitali.*** Il trasferimento di capitali da un paese ad un altro con fini: a) di investimento all'estero; o, b) di speculazione a breve termine.

flow of cash: ***flusso finanziario.*** Termine usato con lo stesso significato di *flow of funds* (v.).

flow of funds: ***flusso finanziario; flusso dei fondi.*** È il flusso dei pagamenti in moneta fatti da e a un'impresa nel corso di un determinato periodo di tempo e che essa può usare per investimenti, dopo aver detratto le spese di esercizio. È costituito dal totale degli utili, meno imposte e dividendi pagati, più le riserve per ammortamento del capitale fisso. Per l'uso che se ne fa nel linguaggio economico, v. *flow of funds analysis.*

flow of funds analysis: ***analisi del flusso finanziario; analisi del flusso dei fondi.*** Nel linguaggio della contabilità di stato, è l'analisi dell'origine e della destinazione dei fondi nei diversi settori dell'economia, che tiene conto non soltanto dei fondi derivanti dal trasferimento di beni e servizi, ma anche di quelli finanziari. Dal momento che le uscite di un'unità economica costituiscono entrate per un'altra e che i debiti di una rappresentano crediti per un'altra, questa analisi viene usata per ricavare un quadro completo dei rapporti finanziari tra i diversi settori dell'economia, descrivendo l'uso fatto da ciascun settore del risparmio a sua disposizione, delle fonti da cui esso proviene e del modo in cui il risparmio di un settore viene utilizzato per finanziare l'attività di un altro settore.

flow of income: ***flusso del reddito.*** Il reddito relativo ad un determinato periodo di tempo, in genere un anno solare, considerato come flusso, cioè nel suo prodursi e muoversi da un punto all'altro.

flow of information: ***flusso delle informazioni.*** Il passaggio delle informazioni, all'interno di un'impresa o altra organizzazione, dall'organo che le emana a quello cui sono destinate.

flow of materials: ***flusso dei materiali.*** Il movimento delle materie prime dal momento della loro produzione a quello della loro trasformazione in prodotti finiti.

flow of money: ***flusso monetario.*** Termine usato come variante di *money flow* (v.).

flow of work: ***flusso del lavoro.*** Termine usato come variante di *work flow* (v.).

flow process chart: ***schema di flusso di processo; schema di flusso operativo.*** Termine usato come variante di *process flow chart* (v.).

flow production: ***produzione a flusso continuo.*** È il metodo di produzione su larga scala di un bene che segue un flusso attraverso una linea di macchine o di lavoratori, ciascuno dei quali modifica il bene in piccola parte, fino ad ottenere il prodotto finito. Presuppone un altissimo grado di divisione e di organizzazione del lavoro al fine di garantire la continuità da un'operazione, o processo, alla successiva ed è caratteristico della produzione di massa di articoli identici o pressocché identici. (v. anche *batch production, job production, production*)

flow statement: ***prospetto illustrativo di un flusso di valori.*** Termine generico usato in contabilità per indicare un prospetto che illustra la proiezione di trasferimenti di valori da un conto a un altro.

to fluctuate: ***fluttuare; oscillare.*** Detto di prezzi e altri fenomeni economici, significa muoversi al di sopra e al di sotto di un determinato livello, cioè aumentare e diminuire continuamente.

fluctuating exchange: ***cambio fluttuante.*** Lo stesso che *floating exchange rate* (v.).

fluctuating exchange rate: ***tasso di cambio fluttuante.*** Termine usato con lo stesso significato di *floating exchange rate* (v.).

fluctuation: ***fluttuazione.*** Aumenti e diminuzioni continui e successivi rispetto ad un certo livello o movimenti positivi e negativi successivi di una tendenza. Il termine può essere applicato a livelli di prezzi, di esportazioni e simili o a tassi di crescita e simili.

fluctuation in sales: ***fluttuazione delle vendite.*** Oscillazione del livello delle vendite di un determinato bene o del prodotto di una data impresa o industria, a causa di diminuzioni o aumenti della domanda o a periodi stagionali particolari.

fluctuation limit: ***limite di fluttuazione.*** Limite imposto da una borsa merci alle oscillazioni massime e minime che possono verificarsi nei prezzi a termine. Appena viene toccato il limite, il bene viene sospeso dalle contrattazioni.

fluctuations in prices: ***fluttuazioni dei prezzi.*** Sono le oscillazioni dei prezzi di un qualsiasi bene al di sopra e al di sotto di un determinato livello, dovute alla situazione della domanda e dell'offerta sul mercato o a situazioni esogene che determinano condizioni psicologiche negli operatori.

fluctuations in stocks: ***fluttuazioni delle scorte.*** Secondo alcuni economisti, le fluttuazioni delle scorte sono una delle cause che contribuiscono alle fluttuazioni del ciclo economico. Infatti, quando i prezzi scendono, i commercianti tendono a ridurre le scorte ordinando minori quantitativi di merci, così contribuendo ad una generale riduzione della produzione; quando i prezzi, invece, salgono, essi tendono a ricostituire ed aumentare le loro scorte, così stimolando la produzione. La causa principale delle fluttuazioni delle scorte, tuttavia, è il costo del denaro: quando i tassi di interesse sono bassi, anche il costo di gestione delle scorte è basso, mentre quando i tassi di interesse sono elevati, anche il costo di gestione delle scorte risulta alto.

fluctuations in the rate of exchange: ***fluttuazioni del cambio.*** Oscillazioni del tasso di cambio di una valuta, dovute alla situazione della bilancia dei pagamenti del paese in cui essa circola o a tensioni speculative che ne fanno aumentare o diminuire il livello di domanda o di offerta.

fluctuations of the market: ***fluttuazioni del mercato.*** V. spiegazione sotto *market fluctuations.*

fluctuations of the money market: ***fluttuazioni del mercato monetario.*** Oscillazioni riscontrabili in un mercato monetario, a seguito dell'aumento o della diminuzione dell'offerta e della domanda di moneta.

fluidity of labour: ***mobilità del lavoro.*** Termine usato con lo stesso significato di *mobility of labour* (v.).

fluid measure: ***misura per liquidi.*** Una qualsiasi misura di volume, usata per sostanze liquide.

fluid ounce: ***oncia fluida.*** Unità di misura per liquidi, in uso nei paesi anglosassoni. Un'oncia fluida corrisponde alla ventesima parte di una pinta ed equivale a 28,4131 centimetri cubici nel Regno Unito; mentre negli Stati Uniti essa corrisponde alla sedicesima parte di una pinta ed equivale a 29,5727 centimetri cubici. (v. anche *pint, ounce*)

fluid savings: ***risparmio amorfo.*** Risparmio che non ha ancora trovato un impiego ed è, pertanto, disponibile per investimento o spesa.

flurry: ***attività frenetica.*** Il termine inglese denota un'improvvisa e anomala impennata dell'attività di compravendita, di solito a fini speculativi, in uno dei mercati finanziari e specialmente nel mercato delle valute estere.

fly-back: ***assegno scoperto.*** Termine colloquiale usato con lo stesso significato di *bounce* (v.).

flying freeholds: ***proprietà in condominio.*** Termine usato nel Regno Unito per indicare la forma di proprietà in base alla quale una persona è proprietaria di un appartamento o altri locali in un edificio, insieme ad altri proprietari di parti simili dello stesso edificio e tutti hanno un diritto di proprietà indiviso sul terreno sul quale sorge il condominio e sulle parti comuni dello stesso, quali corridoi, scale, terrazzi, ascensori, locali per l'impianto di riscaldamento e simili.

flying picket: ***picchetto volante.*** Un picchetto che si sposta da un luogo all'altro per unirsi ad altri picchetti, allo scopo di dare maggiore consistenza all'azione dei lavoratori in sciopero.

fly pitch: ***bancarella.*** Struttura mobile e temporanea, usata per vendere beni nelle strade o in un mercato.

fly-power: Nel linguaggio borsistico statunitense, è un documento di cessione scritto su un foglio separato, ma simile al modello usato sul retro dei certificati azionari cui va allegato. Debitamente firmato, trasferisce la proprietà del titolo come se fosse scritto sul certificato azionario.

fm.: fathom.

F.N.M.A.: Federal National Mortgage Association.

f.o.: firm offer.

F.O.: Foreign Office.

f.o.a.: free on aircraft.

f.o.b.: free on board.

f.o.b. pricing: ***prezzi fob; quotazioni fob; prezzatura fob.*** Sistema di prezzi, in base al quale il compratore dovrà pagare le spese di trasporto. (v. anche *free on board*)

F.O.B.T.: free on board and trimmed.

f.o.b. value: ***valore fob.*** Il valore di beni d'importazione, quando al loro costo di mercato vengono aggiunte le spese per la caricazione sulla nave che dovrà trasportarle a destinazione.

f.o.c.: 1) free on car; 2) free of charge.

focus group interview: ***intervista di gruppo.*** Lo stesso che *group discussion* (v.).

f.o.d.: free of damage.

folder: 1. ***cartella.*** Un qualsiasi contenitore di cartoncino flessibile, usato per conservare documenti, lettere, ecc., generalmente in un archivio. **2.** ***pieghevole.*** Foglio pubblicitario, di solito piegato più volte su se stesso, che dà notizie o informazioni su un prodotto al fine di stimolarne la vendita.

folio: ***foglio.*** In contabilità, il termine inglese indica due pagine, l'una di fronte all'altra, di un libro contabile.

folio column: ***colonna per i richiami.*** In un conto o libro contabile, è la colonna riservata all'annotazione del richiamo, cioè della pagina di un altro libro, del numero di un altro conto o del numero di registrazione in un altro conto, nei quali si trova una registrazione che interessa il conto o il libro in questione.

folio reference: ***richiamo.*** Numero o altro elemento di riferimento in codice o in chiaro, ad esempio alla prima nota o altra fonte, che contraddistingue una registrazione contabile.

follow-the-leader planning: ***programmazione «a guida».*** Simile alla politica dei prezzi «a guida», consiste nell'adeguamento della programmazione di un'impresa a quella dell'impresa guida nel settore o nell'industria.

follow-the-leader price policy: ***politica dei prezzi «a guida».*** Politica dei prezzi seguita da imprese che producono beni simili. Consiste nell'adeguare i propri prezzi alle variazioni operate dall'impresa guida, che non è necessariamente la più grande del settore, ma quella che riesce a produrre a prezzi più competitivi. (v. anche *price leadership*)

FOMC: Federal Open Market Committee.

Food and Agricultural Organization: ***Organizzazione per l'alimentazione e l'agricoltura.*** Organizzazione con sede a Roma, creata nell'ambito delle Nazioni Unite nel 1945. Si dedica ai problemi connessi con la produzione dei prodotti agricoli ed alimentari nel mondo, tentando di espanderla in maniera da soddisfare i bisogni delle popolazioni in continuo aumento, attraverso la ricerca e la collaborazione tecnica con i paesi che la richiedono.

food balance: ***saldo di generi alimentari.*** L'eccedenza di generi alimentari di un paese, determinata in base alla disponibilità globale di tali generi in rapporto al numero di abitanti da alimentare.

food co-operative: Negli Stati Uniti, questo termine indica un tipo di cooperativa di consumatori, costituita da un numero inferiore alle trenta persone, che raccolgono in un unico ordinativo tutto il loro fabbisogno settimanale o mensile di generi alimentari, in modo da poter comprare direttamente da un grossista, con notevole risparmio di costi.

food crop: ***raccolto per il consumo.*** Il termine inglese si contrappone a *cash crop* (v.) e indica un raccolto coltivato allo scopo di essere consumato dall'agricoltore stesso o dalla comunità.

food rationing: ***razionamento alimentare.*** Provvedimento cui hanno spesso fatto ricorso i paesi belligeranti quando non potevano disporre di generi alimentari in quantità sufficiente per far fronte alla domanda dell'intera popolazione ed anche per prevenire tentativi di accaparramento. Il sistema si basa sull'emissione di tessere annonarie, dalle quali si devono staccare i bollini relativi al bene che si acquista e che, comunque, va pagato. Interessante il sistema adottato nel Regno Unito durante il secondo conflitto mondiale, basato su punti invece che bollini. Ciò consentiva un razionamento più efficace dei generi scarsi o indivisibili, in quanto si poteva variare, a seconda dell'entità delle scorte, il numero di punti necessari per l'acquisto di ogni articolo.

food stamp: ***buono alimentare; bollino viveri.*** Buoni distribuiti dal governo federale degli Stati Uniti alle persone bisognose, che ricevono assistenza o sussidi di disoccupazione. Tali buoni vengono usati per acquistare derrate alimentari.

food stamp program: ***programma dei bollini viveri.*** Il programma di assistenza mediante il quale il governo federale degli Stati Uniti integra il potere d'acquisto di generi alimentari dei cittadini più bisognosi.

foodstuffs: ***derrate alimentari; generi alimentari.*** Qualsiasi sostanza usata regolarmente come cibo, ad esempio il riso, il grano, la carne e le verdure.

food subsidies: ***sussidi ai prezzi alimentari.*** Sono sovvenzioni statali, tendenti a mantenere i prezzi dei generi alimentari al di sotto del prezzo che verrebbe a determinarsi sul mercato libero.

foot: ***piede.*** Misura di lunghezza, in uso nei paesi anglosassoni, corrispondente a cm. 30,48.

footage: 1. ***lunghezza in piedi.*** Il termine inglese indica una qualsiasi lunghezza espressa in piedi anziché in metri o altra unità di misura lineare. **2.** ***tariffa in piedi.*** Una tariffa relativa ad un tanto per piede lineare in lavori che consentono tale tipo di misurazione, come ad esempio lo scavo e la posa in opera di un oleodotto, la perforazione di una galleria e simili.

foot dragger: Espressione usata nel linguaggio del commercio internazionale per indicare un paese tanto importante commercialmente da non consentire la realizzazione di alcun accordo se esso non partecipa a una trattativa multilaterale.

footloose industry: ***industria libera; industria mobile.*** Qualsiasi tipo di industria non vincolata a particolari luoghi di attività, a causa della sua indipendenza da mercati o servizi di trasporto specifici.

footsie: Termine del gergo finanziario londinese, con il quale viene indicato il *Financial Times–Stock Exchange 100 index* (v.).

f.o.q.: free on quay.
f.o.r.: free on rail.
for.: foreign.
for cash: ***per contanti; a pronti; contante; (contratto) a contante.*** Le operazioni di borsa «per contanti» sono quelle che prevedono il pagamento in moneta dei titoli trattati appena essi vengono consegnati, di solito un certo numero di giorni prestabilito dopo la conclusione dell'operazione.
for cause: ***per giusta causa.*** Espressione usata nel linguaggio relativo ai rapporti di lavoro per indicare un motivo valido per cui il lavoratore viene allontanato dal suo posto.
forced abstinence: ***astinenza forzata.*** Lo stesso che *forced saving* (v.), nel senso più specifico in cui si usa quest'ultimo.
forced choice rating: ***valutazione a scelta forzata.*** Sistema di valutazione del personale, adottato al fine di evitare l'uso eccessivo di valutazioni medie uniformi. Si basa su una scheda nella quale il funzionario preposto alla valutazione deve scegliere tra frasi descrittive, predisposte in modo tale che una esclude l'altra e ciascuna dà luogo ad un punteggio differente, senza però che venga reso palese l'effetto di tale punteggio sulla valutazione globalmente intesa.
forced circulation: ***circolazione a corso forzoso; corso forzoso.*** Espressione usata in relazione a biglietti e banconote, quando questi debbano, per forza di legge, essere accettati in pagamento, ma non possono essere convertiti in metallo prezioso. In tale caso, da surrogato della moneta, i biglietti diventano vera e propria moneta o carta-moneta inconvertibile. Oggi, tutti i biglietti e le banconote in circolazione nei vari paesi del mondo sono a corso forzoso, ma in passato si ricorreva a tale situazione per evitare crisi bancarie, derivanti da eccesso di emissione, o per necessità finanziarie quando si doveva attingere pesantemente alle riserve metalliche dell'istituto di emissione per far fronte a pagamenti all'estero. Il corso forzoso, pertanto, aveva la connotazione di un prestito gratuito imposto dalle autorità alla collettività ed aveva come effetto una riduzione del potere di acquisto dei biglietti, con gravi ripercussioni sull'intera economia del paese.
forced conversion: ***conversione forzata.*** Si verifica quando l'emittente impone la conversione in azioni di un titolo convertibile.
forced currency: ***carta-moneta inconvertibile; valuta a corso forzoso.*** È la valuta che deve essere, per forza di legge, accettata in pagamento dai cittadini dello stato in cui essa circola e che non può essere convertita in metallo prezioso. Oggi, tutte le valute dei vari paesi del mondo sono a corso forzoso. (v. anche *forced circulation*)
forced distribution rating: ***valutazione a distribuzione forzata.*** Sistema di valutazione del personale, adottato per evitare l'uso eccessivo di valutazioni medie uniformi. Impone, al funzionario preposto alla valutazione, l'inserimento di una certa percentuale di lavoratori nelle varie categorie, ad esempio il 10% nella più bassa, il 20% nella successiva, il 40% nella terza e così via.
forced-draught expansion: ***espansione a tiraggio forzato; espansione indotta.*** L'espansione dell'economia di un paese accelerata e indotta da speciali misure governative o da forti influenze provenienti dall'estero.
forced frugality: ***risparmio forzato.*** Termine usato da J. Bentham con lo stesso significato di *forced saving* (v.).
forced labour: ***lavoro forzato.*** Lavoro imposto ad un essere umano, che non può rifiutarsi di compierlo. È una delle caratteristiche dell'istituto della schiavitù e ancor oggi è praticato, nei confronti dei detenuti, in alcuni paesi cosiddetti civili.
forced lending: ***prestiti forzati.*** Lo stesso che *involuntary lending* (v.).
forced loan: ***prestito forzato; prestito forzoso.*** Prestito imposto coattivamente da uno stato a tutti o a una parte dei cittadini, in proporzione delle loro ricchezze. Il termine inglese indica anche un prestito che non può essere rimborsato alla scadenza e viene, pertanto, esteso o rinnovato.
forced sale: ***vendita forzata; vendita coatta; esecuzione coatta; realizzazione forzata.*** Vendita resa necessaria dall'azione di un creditore e, pertanto, effettuata in un lasso di tempo inferiore al normale. Gli oggetti o i beni venduti sono quelli che il debitore aveva offerto in pegno a garanzia del credito a lui concesso.
forced-sale value: ***valore di vendita forzata.*** Il prezzo che si può spuntare da una vendita immediata, a seguito di azione di un creditore che impone al debitore l'obbligo di alienare il bene.
forced saving: ***risparmio forzato; risparmio coattivo; risparmio forzoso.*** In senso generale, il termine indica un risparmio sul quale l'individuo non può operare alcuna forma di controllo, pur se ne ha il diritto di proprietà, come è il caso di riserve societarie o utili non distribuiti. In senso più specifico, è la riduzione forzata dei consumi, che ha luogo quando lo stato crea moneta per far fronte al finanziamento di proprie attività. In tal caso, se i redditi monetari dei privati rimangono costanti o non si adeguano al livello dei prezzi, i privati sono costretti a risparmiare, cioè ad astenersi dai consumi che non possono più permettersi. Ciò consente allo stato di dirottare verso il settore pubblico i fattori della produzione che non vengono più utilizzati per far fronte alla domanda decrescente del settore privato.
forced selling: ***vendita forzata.*** Il termine inglese viene usato nel linguaggio delle borse valori per indicare la vendita di azioni da parte di un azionista che non intende disfarsene, ma è costretto a farlo al fine di ricavare i contanti necessari a pagare i propri debiti.
force majeure: ***forza maggiore.*** Espressione di origine francese, usata per indicare forze al di là delle possibilità di controllo di una o tutte le parti di un contratto, che ne impediscono l'esecuzione. Rientrano tra le cause di forza maggiore tutte le calamità naturali, quali ad esempio i terremoti e le inondazioni.
force majeure clause: ***clausola della forza maggiore.*** Clausola che, se presente in un contratto, esonera le parti dalla responsabilità derivante dall'inadempimento delle proprie obbligazioni contrattuali dovuto al verificarsi di cause di forza maggiore.
forces of the market: ***forze di mercato.*** Sono le forze che in un mercato determinano il livello del prezzo di un bene o servizio, cioè la domanda e l'offerta. Queste forze, tuttavia, possono essere in parte o in toto modificate da ingerenze di altre forze non propriamente di mercato, quali ad esempio azioni calmieratrici o di altra natura da parte delle autorità governative, potere monopolistico e simili.
forcing: ***spinta.*** L'attività mediante la quale si tenta di far aumentare le vendite di un bene o del prodotto di un'impresa o di un'industria.
forcing methods: ***metodi di spinta.*** Qualsiasi metodo usato per spingere le vendite di un bene o di un prodotto, quali ad esempio la pubblicità, la promozione, il ricorso

a omaggi o concorsi e così via.

for collection: ***per l'incasso.*** Lo stesso che *on collection basis* (v.).

for deposit only: ***da accreditare; per scritturazione; per conteggio.*** Clausola che se apposta su un assegno bancario ne limita la negoziabilità, in quanto esso può essere estinto soltanto mediante accreditamento in conto e non mediante il pagamento in denaro contante allo sportello di una banca.

forecast: ***previsione.*** Termine usato con lo stesso significato di *forecasting* (v.).

forecasting: ***previsione.*** La stima di valori futuri, relativi ad una o più variabili economiche, partendo da valori noti della stessa o di altre variabili e supponendo che le medesime correlazioni siano valide tanto per il passato quanto per il futuro.

forecasting gap: ***divario nelle previsioni.*** È il divario esistente tra Europa e Stati Uniti in materia di previsioni economiche, più esatte negli Stati Uniti grazie alla mole di informazioni e strumenti statistici di cui può disporre quel paese.

forecast interval: ***intervallo tra previsioni.*** È il periodo di tempo tra una previsione e la successiva e di solito equivale al periodo coperto da una previsione.

forecast-type budget: ***bilancio di previsione.*** Un tipo di *budget* (v.) oggi non molto diffuso, in quanto è stato sostituito dal *flexible budget* (v.). Si tratta di un budget relativamente rigido, che proprio per questo motivo deve essere sottoposto a frequenti revisioni.

to foreclose: ***pignorare.*** Prendere possesso di un bene ipotecato, allo scopo di venderlo per soddisfare i creditori.

foreclosure: ***pignoramento.*** Quando il debitore non paga il debito ipotecario dopo un certo periodo di tempo dalla notifica dell'ingiunzione di pagamento, il creditore ha il diritto di rivolgersi a un tribunale per chiedere un provvedimento di pignoramento, cioè di esproprio dei beni ipotecati, affinché essi siano venduti per soddisfare il creditore.

foreclosure sale: ***vendita forzata di beni ipotecati.*** La vendita di beni ipotecati, ordinata dall'autorità giudiziaria, allo scopo di soddisfare i diritti del creditore.

to foredate: ***retrodatare; antidatare.*** Lo stesso che *to antedate* (v.).

foreign agency: ***rappresentanza all'estero.*** Termine usato con lo stesso significato di *foreign agent* (v.).

foreign agent: ***rappresentante estero; rappresentante all'estero.*** Persona fisica o giuridica, che rappresenta un'impresa nazionale in un paese straniero.

foreign aid: ***aiuti all'estero.*** Aiuti forniti da un paese ad un altro, sotto forma di moneta, beni e servizi. Tali aiuti vengono dati di solito per assistere lo sviluppo di un paese arretrato o quando un paese è colpito da gravi calamità naturali, quali terremoti, inondazioni, siccità e simili. Un'altra forma di aiuto all'estero è quella che contribuisce alla difesa di un paese, mediante forniture di armamenti e tecnologia bellica.

foreign aid program: ***programma di aiuti all'estero.*** Termine statunitense con il quale si indica un programma governativo di aiuti finanziari e tecnici a paesi stranieri. Tra i più noti e importanti programmi del genere attuati dagli Stati Uniti va ricordato il cosiddetto Piano Marshall, che prevedeva aiuti finanziari ai paesi europei per la ricostruzione dei beni capitali andati distrutti durante il secondo conflitto mondiale. Una volta giunto a termine tale programma, gli Stati Uniti si sono concentrati su programmi di aiuto e assistenza a paesi in via di sviluppo, che tuttavia sono stati alquanto insufficienti fino agli anni settanta, quando essi hanno ricevuto maggior vigore, pur non riuscendo a coprire che un'esigua percentuale delle necessità dei paesi del terzo e del quarto mondo.

foreign assets: ***attività sull'estero.*** Crediti che una banca vanta nei confronti di altre banche o di clienti residenti in paesi esteri. Vi rientrano anche le partecipazioni, le proprietà immobiliari e gli investimenti diretti nei paesi esteri.

foreign assistance: ***assistenza all'estero.*** Lo stesso che *foreign aid* (v.).

foreign balance: ***saldo con l'estero.*** È il saldo della bilancia dei pagamenti di un paese, che può essere attivo o passivo. Il termine è anche usato come sinonimo di *balance of payments* (v.).

foreign balances: ***disponibilità all'estero.*** Conti che una banca centrale, o altro istituto di credito, tiene accesi presso una banca centrale o altro istituto di credito in un paese estero.

foreign banks: ***banche estere.*** Banche di paesi esteri con filiali nel territorio di un paese. Scopo di queste filiali è principalmente quello di svolgere attività di finanziamento del commercio internazionale e operazioni di cambio valutario.

Foreign Banks and Affiliates Association: Associazione, costituita nel 1947, tra le principali banche estere con filiali o uffici nella *City* di Londra.

foreign bill: ***cambiale estera; cambiale pagabile all'estero; cambiale sull'estero.*** Termine usato come variante di *foreign bill of exchange* (v.).

foreign bill of exchange: ***cambiale estera; cambiale pagabile all'estero; cambiale sull'estero; divisa estera.*** È in tutto simile ad una cambiale interna, in quanto è emessa dal creditore, accettata dal debitore e concede a quest'ultimo un periodo di credito, mentre il creditore può disporre subito del denaro scontandola presso un'apposita istituzione finanziaria. Presenta, tuttavia, due differenze: a) viene emessa in tre copie, una delle quali soltanto deve essere pagata e bollata, al fine di evitare il rischio che il titolo vada smarrito; b) il periodo di credito ha inizio dal giorno in cui la cambiale viene accettata e non dal giorno in cui è emessa e ciò perché, dovendo essere inviata all'estero, il periodo intercorrente tra emissione e accettazione potrebbe essere relativamente lungo e ridurrebbe il periodo di credito reale. (v. anche *bill of exchange, inland bill of exchange*)

foreign bond issue: ***emissione di obbligazioni estere; emissione di prestito estero.*** Nel linguaggio finanziario internazionale, è un'emissione obbligazionaria di un paese estero, sottoscritta o garantita da una banca o da un consorzio di banche del paese in cui viene collocata. Tali obbligazioni vengono emesse nella valuta del paese nel cui ambito vengono sottoscritte e trattate.

foreign bonds: ***obbligazioni estere.*** Titoli a reddito fisso emessi da uno o più paesi e collocati in uno o più paesi esteri. Vengono usati per finanziare imprese estere di importanza internazionale o attività di enti di paesi esteri.

foreign borrowing: ***prestiti esteri; prestiti all'estero; prestiti stranieri.*** Il termine indica le stesse operazioni descritte sotto *foreign lending* (v.), ma osservate dal punto di vista del paese mutuatario ed è pertanto sinonimo di *foreign loans* (v.).

foreign branch: ***filiale estera.*** È la sede che un'impresa tiene aperta in un paese straniero, al fine di facilitare i contatti commerciali con i cittadini di quel paese o per svolgere una determinata attività commerciale nell'ambito del paese estero.

foreign brand: ***marca estera.*** La marca di un qualsiasi bene prodotto all'estero, ma il termine è spesso usato per indicare qualità e prezzo competitivo, cioè quanto tutti gli esterofili vedono nei beni importati da paesi stranieri.

foreign cheque: ***assegno estero.*** Assegno tratto su una banca estera che, per accordi particolari, può circolare ed essere pagato in un paese diverso da quello nel quale risiede la banca sulla quale è tratto.

foreign commerce: ***commercio estero.*** Termine usato negli Stati Uniti con lo stesso significato di *foreign trade* (v.), ma anche per indicare gli scambi commerciali tra porti di due stati della Federazione non situati sulla stessa costa.

foreign commission agent: ***commissionario estero.*** È un commissionario che opera in un mercato estero. (v. anche *commission agent*)

foreign company: ***società estera.*** Termine usato con lo stesso significato di *foreign corporation* (v.).

foreign competition: ***concorrenza estera; concorrenza straniera.*** È la concorrenza proveniente da imprese estere, che vendono il loro prodotto in altri paesi.

foreign corporation: ***società estera.*** Termine usato con due significati: 1) da un punto di vista giuridico, negli Stati Uniti una società è definita estera in tutti gli stati dell'Unione tranne quello in cui essa è iscritta al registro delle società; 2) persona giuridica iscritta nel registro delle società di un paese estero, ma con uffici e attività commerciale in altri paesi, nei quali è considerata estera. (v. anche *alien corporation, overseas company*)

foreign correspondence: ***corrispondenza estera.*** Corrispondenza, di solito in lingue straniere, proveniente da e diretta verso paesi esteri con i quali un'impresa intrattiene rapporti commerciali.

foreign correspondent: ***corrispondente estero.*** Persona preposta al disbrigo della corrispondenza in lingue straniere, proveniente da e diretta verso paesi esteri.

Foreign Credit Insurance Corporation: Associazione tra compagnie di assicurazioni e l'*Export–Import Bank* (v.), avente lo scopo di garantire il buon fine dei crediti concessi dagli esportatori statunitensi.

foreign currency: ***valuta estera; divisa estera.*** Termine usato con lo stesso significato di *foreign exchange* (v.).

foreign currency account: ***conto in valuta estera; conto valutario.*** Conto tenuto presso una banca locale, ma espresso in valuta di un altro paese. Nel Regno Unito, fatte salve le norme sul controllo dei cambi, certi cittadini britannici e la maggior parte dei residenti stranieri sono autorizzati a tenere conti in valuta estera.

foreign currency allowance: ***assegnazione di valuta estera.*** La quantità di valuta estera che la legge valutaria di un paese consente ai cittadini di portare all'estero, in occasione di ciascun viaggio o nell'arco di un anno solare.

foreign currency bonds: ***obbligazioni in valuta estera.*** Titoli a reddito fisso denominati in una valuta diversa da quella in circolazione nel paese in cui essi vengono collocati.

foreign currency deposits: ***depositi in valuta estera.*** Lo stesso che *currency deposits* (v.).

foreign currency earnings: ***entrate in valuta estera.*** I proventi derivanti a un paese dalla vendita di beni e servizi sui mercati esteri, pagati in valuta dei paesi acquirenti.

foreign currency loans: ***prestiti in valuta estera; mutui in valuta estera.*** Sono mutui concessi da banche a cittadini residenti nello stesso paese per l'acquisto di beni all'estero o per investimenti in paesi stranieri. Questi mutui sono possibili solo quando il paese non impone controlli sui cambi.

foreign currency price: ***prezzo in valuta estera.*** Il prezzo che deve pagare, in valuta del proprio paese, un consumatore che desideri acquistare beni prodotti in un altro paese. A seconda del livello dei tassi di cambio, il bene che questo consumatore desidera acquistare può essere più o meno caro, in termini di valuta locale, da un periodo a un altro. Ad esempio, quando il dollaro è sopravvalutato sui mercati valutari internazionali, i consumatori statunitensi comprano beni esteri a un prezzo inferiore, in termini della loro valuta, di quando il dollaro è scambiato al suo giusto valore; mentre il prezzo in valuta estera dei beni statunitensi è più alto quando il dollaro è sopravvalutato e più basso quando esso è trattato al suo giusto valore.

foreign currency securities: ***titoli in valuta.*** Titoli a reddito fisso o variabile, il cui interesse o dividendo è pagabile in valuta estera, come pure il rimborso, quando esso sia previsto.

foreign debt: ***debito estero.*** Lo stesso che *external debt* (v.), ma più spesso usato in relazione al debito estero dei paesi in via di sviluppo.

foreign debt repayment: ***rimborso del debito estero.*** L'estinzione parziale o totale di un debito contratto da un paese nei confronti di un altro paese o di istituzioni creditizie private.

foreign demand: ***domanda estera.*** Lo stesso che *external demand* (v.).

foreign direct investment: ***investimento diretto estero.*** Lo stesso che *direct investment* (v.) e *foreign equity investment* (v.).

foreign domicile bill: ***cambiale domiciliata all'estero.*** Cambiale tratta su persona fisica o giuridica residente in un'altra nazione. Può essere negoziata sul mercato delle accettazioni soltanto se girata o avallata da una banca.

foreign draft: ***tratta estera.*** Una tratta emessa in valuta estera e pagabile all'estero. Il termine equivale a *foreign bill of exchange* (v.).

foreign equity investment: ***investimento mobiliare straniero; investimento azionario straniero; investimento straniero in titoli azionari.*** È una delle principali fonti di fondi disponibili per finanziare lo sviluppo e stimolare la crescita di un sistema economico. Questo investimento non può essere misurato soltanto in base al volume di fondi, in quanto gli investitori stranieri spesso apportano tecnologia e capacità manageriali che non possono facilmente reperirsi in altro modo. (v. anche *direct investment*)

foreign exchange: ***cambio estero; valuta estera; divisa estera.*** Moneta o titoli di credito di un paese acquistati, venduti o circolanti in un altro paese. Anche, il cambio di una valuta in valuta di un altro paese. In senso lato, il termine inglese indica anche l'operazione di pagamento di saldi risultanti da scambi tra diversi paesi.

foreign exchange broker: ***intermediario di cambio.*** È un *broker* (v.) che agisce sul mercato dei cambi per conto di un governo, di una banca o di altre istituzioni finanziarie.

Foreign Exchange Brokers Association: Associazione fondata nel 1964 dagli intermediari di cambio della *City* di Londra per trattare principalmente eurodollari con altri paesi europei.

foreign exchange clause: ***clausola valuta.*** Lo stesso che *exchange clause* (v.).

foreign–exchange control: ***controllo dei cambi.*** Lo stesso che *exchange control* (v.).

foreign exchange deal: ***operazione in valuta estera.*** Un contratto che prevede l'acquisto o la vendita di valuta estera ad un corso stabilito, per consegna in epoca determinata.

foreign exchange dealer: ***cambiavalute.*** Lo stesso che *exchange dealer* (v.).

foreign exchange dealings: ***operazioni di compravendita valute.*** Lo stesso che *exchange dealings* (v.).

foreign exchange futures: ***cambio a termine; cambio a consegna.*** Termine usato con lo stesso significato di *forward exchange* (v.).

foreign exchange intervention: ***intervento sui mercati valutari.*** Lo stesso che *exchange intervention* (v.).

foreign exchange list: ***listino dei cambi.*** Lo stesso che *exchange list* (v.).

foreign exchange management: ***gestione dei cambi.*** La branca della gestione finanziaria di un'impresa che si interessa dei cambi esteri, calcolando profitti e perdite in valute non nazionali, quando l'impresa svolge un'attività di vendita o di investimenti in paesi esteri.

foreign exchange market: ***mercato dei cambi; mercato delle valute; mercato valutario.*** È uno dei mercati dei capitali, nel quale si svolgono operazioni di compravendita di valute estere, sia a pronti che a termine. In senso più lato, indica il complesso delle operazioni di compravendita di valute e divise estere, che determina i tassi di cambio giornalieri tra le varie valute. (v. anche *spot market, spot exchange rate, forward market, forward exchange rate*)

foreign exchange office: ***ufficio cambio estero.*** Ufficio o agenzia abilitati a trattare valute estere, presso i quali il pubblico può effettuare operazioni di cambio.

foreign exchange operations: ***operazioni in valuta estera.*** Operazioni che hanno come oggetto la compravendita di valute straniere sui mercati valutari ufficiali. In presenza di disposizioni sul controllo dei cambi, operazioni del genere possono aver luogo soltanto a seguito di approvazione da parte delle autorità a ciò preposte.

foreign exchange option: ***opzione valutaria; contratto a premio in valute.*** Lo stesso che *currency option* (v.).

foreign exchange rate: ***cambio; corso del cambio; tasso di cambio; prezzo del cambio.*** Lo stesso che *exchange rate* (v.).

foreign exchange reserves: ***riserve valutarie; riserve in divise estere.*** Lo stesso che *exchange reserves* (v.).

foreign exchange restrictions: ***restrizioni valutarie.*** Lo stesso che *exchange restrictions* (v.).

foreign exchange risk: ***rischio del cambio.*** Lo stesso che *exchange risk* (v.).

foreign exchange speculation: ***speculazione sui cambi.*** Speculazione che ha per oggetto una o più valute estere. Se svolta in maniera massiccia e nei confronti di una sola valuta, può avere effetti deleteri sull'economia del paese interessato. A questo pericolo molti paesi fanno fronte con controlli sui cambi e con interventi delle banche centrali che, tuttavia, spesso si dimostrano poco efficaci.

foreign exchange swap: ***scambio di valute; permuta di valute.*** Lo stesso che *currency swap 2* (v.).

foreign exchange transfer: ***trasferimento di valuta estera.*** L'invio di moneta da un paese a un altro.

foreign exposure: ***esposizione estera; esposizione all'estero.*** Nella terminologia bancaria, il complesso dei prestiti concessi da una banca a imprese o governi di altri paesi.

foreign–flag ship: ***nave estera; nave battente bandiera estera.*** Nave che batte bandiera di uno stato estero, nel quale è stata immatricolata. (v. anche *flag of convenience*)

foreign general average: ***avaria generale estera.*** Nel linguaggio delle assicurazioni e dei trasporti marittimi, questo termine indica un'avaria generale che sarà liquidata in base ad un regolamento d'avaria redatto e stipulato all'estero.

foreign goods: ***merci estere; beni esteri.*** Merci prodotte in un paese straniero, che diventano beni di importazione quando vengono introdotte in un altro paese.

foreign investment: ***investimento estero; investimento all'estero.*** Acquisizione, da parte del governo o di cittadini di un paese, di attività di un paese estero sotto forma di valori mobiliari industriali o di stato, beni immobili, beni capitali, ecc. Per il privato, un investimento estero può essere interessante perché dà un reddito più alto dello stesso investimento in patria o perché il paese estero dà maggiore fiducia in fatto di stabilità economica o politica, di prospettive di sviluppo, di solidità monetaria o di politica fiscale. Per un governo, invece, un investimento estero è quasi sempre dettato da scopi politici, pur se a volte vi si possono affiancare scopi commerciali. La condizione inderogabile affinché si possa effettuare un investimento all'estero è che un paese produca ed esporti più di quanto consumi o importi e in ciò l'investimento estero è simile a quello interno, in quanto si basa su uno sforzo produttivo e sul risparmio necessari per produrre beni capitali. Circa la forma degli investimenti esteri, essi possono realizzarsi come prestiti a cittadini residenti nel paese estero, come acquisizione di beni capitali o di beni immobili nel paese estero o come aumento delle riserve auree e valutarie del paese investitore. Con lo stesso termine si indicano movimenti di capitali a scopo di investimento tra nazioni e istituzioni internazionali quale, ad esempio, la Banca internazionale per la ricostruzione e lo sviluppo.

foreign lending: ***prestiti all'estero.*** Nella terminologia keynesiana, questa espressione indica l'incremento di capitale, di proprietà dei cittadini di un paese, situato in un paese straniero, ovvero le operazioni finanziarie mediante le quali si pongono moneta nazionale o titoli rappresentativi di essa a disposizione di cittadini o governi esteri, in considerazione di un qualche tipo di titolo, di proprietà o di futuri profitti. Nella terminologia più recente, essa indica i prestiti concessi dalle banche o dal governo di un paese ad un altro paese estero e anche l'attività relativa alla concessione di tali prestiti.

foreign liabilities: ***passività verso l'estero.*** Debiti assunti da una banca nei confronti di altre banche o clienti residenti in paesi esteri.

foreign loans: ***prestiti esteri.*** Prestiti provenienti da paesi stranieri a seguito di accordi tra le banche centrali o realizzati mediante emissioni obbligazionarie in paesi esteri.

foreign market: ***mercato estero.*** Nel linguaggio economico e commerciale, questo termine indica un singolo mercato, ubicato in una o più nazioni estere, nel quale una o più imprese del paese vendono il loro prodotto oppure l'insieme di tutti i mercati verso i quali sono dirette le esportazioni di un paese.

foreign money: ***moneta estera.*** Termine generico, usato per indicare la moneta in circolazione in un qualsiasi paese estero e quindi diversa da quella nazionale.

foreign money order: ***vaglia postale sull'estero.*** Servizio offerto dall'operatore postale del Regno Unito per la rimessa di piccole somme in paesi esteri. (v. anche *inland money order, money order, telegraphic money order*)

Foreign Operations Administration: ***Amministrazione delle operazioni all'estero.*** Ente del governo statunitense che nel 1953 subentrò al *Mutual Security Agency* (v.) nella gestione dei fondi stanziati dal governo americano per aiuti e assistenza ai paesi europei. L'Amministrazione fu a sua volta sostituita dalla *International Co–operation Administration* (v.) nel 1955.

foreign payments: ***pagamenti all'estero.*** Pagamenti dovuti e fatti a uno o più paesi o cittadini esteri in considerazione di beni o servizi ricevuti o come rimborso o servizio di prestiti precedentemente contratti.

foreign prices: ***prezzi esteri.*** I prezzi di determinati beni e servizi praticati in mercati diversi da quello nazionale. (v. anche *home prices*)

foreign sales: ***vendite all'estero.*** Vendite di beni e servizi effettuate da una o più imprese nazionali in paesi stranieri.

foreign sales office: ***ufficio vendite all'estero.*** L'ufficio di un'impresa che si interessa dell'esportazione e della vendita di beni o servizi in paesi stranieri.

foreign sales supervisor: ***capo ufficio vendite all'estero.*** La persona preposta alla direzione di un ufficio che si interessa delle vendite all'estero dei prodotti di un'impresa.

foreign saving: ***risparmio estero; risparmio straniero.*** Risparmio creato in un paese straniero e investito in un altro paese.

foreign sector: ***settore estero.*** Il settore di un'economia che si interessa di operazioni con il resto del mondo. Vi rientrano non soltanto le operazioni di importazione e esportazione, ma anche i movimenti di capitali a breve e a lungo termine.

foreign trade: ***commercio estero; commercio con l'estero; scambio con l'estero.*** Branca del commercio relativa alla compravendita di beni e servizi tra residenti di differenti paesi. In tempi remoti era limitato allo scambio dei beni che ciascun paese non era in grado di produrre sul proprio territorio, ma in seguito alla crescente divisione del lavoro ci si rese conto che essa poteva venir applicata tanto agli individui quanto alle nazioni. Si fece, quindi, strada il concetto che ogni nazione doveva produrre i beni per i quali aveva un vantaggio relativo o assoluto, per poi scambiarli con quanto veniva prodotto in altri paesi che seguivano lo stesso criterio. In seguito, ci si rese conto che il vantaggio assoluto o relativo non era condizione indispensabile, purché fossero presenti differenze dei relativi costi di produzione. Poiché ciascun paese dispone di risorse che sono diverse da quelle di cui dispone un altro paese, quali ad esempio materie prime, abilità e quantità della manodopera, ecc., è chiaro che risulta facile una divisione internazionale del lavoro col conseguente scambio dei beni prodotti. Molti paesi, tuttavia, sono contrari a dipendere dall'estero per la fornitura di beni e servizi che sono giudicati essenziali per la sopravvivenza della popolazione perché, in caso di conflitto, sarebbero privati di quei beni e servizi fondamentali e si troverebbero nell'impossibilità di produrli. Questo è uno dei motivi per cui molti paesi producono, anche ad alti costi, beni che potrebbero procurarsi più economicamente da altre nazioni. Purtroppo, questo non è il solo motivo per cui il commercio estero non ha ancora raggiunto la massima espansione. Dopo la seconda guerra mondiale, esso si è notevolmente ampliato, ma non si è ancora raggiunta la libera circolazione dei prodotti su scala mondiale. Restrizioni di vario genere sono ancora in atto, pur se sono state formate unioni doganali, come ad esempio la Comunità Economica Europea, che consentono la libera circolazione di beni e servizi tra paesi membri, ma applicano restrizioni sotto varie forme nei confronti dei paesi terzi.

foreign–trade financing: ***finanziamento del commercio estero.*** Termine usato come variante di *financing of foreign trade* (v.).

foreign–trade goods: ***beni di commercio estero; beni di scambio internazionale.*** Beni che entrano nel commercio tra due o più stati, indipendentemente dal luogo in cui vengono prodotti.

foreign–trade industries: ***industrie per il commercio estero.*** Le industrie che, in un sistema economico, producono beni e servizi essenzialmente o esclusivamente per la vendita sui mercati esteri, dando poca considerazione ai mercati interni.

foreign–trade multiplier: ***moltiplicatore del commercio estero.*** Lo stesso che *export multiplier* (v.).

foreign trade of consumption: ***commercio estero di consumo.*** Termine usato da A. Smith per indicare una delle branche del commercio all'ingrosso, da lui suddiviso in: a) *home trade* (v.); b) *foreign trade of consumption*; e, c) *carrying trade* (v.). Il termine, in effetti, ha lo stesso significato di *foreign trade* (v.).

foreign trade zone: ***zona franca.*** Lo stesso che *entrepôt* (v.).

Foreign Transactions Advisory Committee: Comitato consultivo istituito negli anni trenta col compito di vigilare sugli investimenti esteri nel Regno Unito. Fu sostituito, poco prima del 1940, dal *Capital Issues Committee* (v.).

foreign travel: ***viaggi all'estero.*** È una delle voci della bilancia dei pagamenti e precisamente quella che si riferisce ai viaggi all'estero, dei cittadini residenti nel paese, per studio, affari o vacanze, che contano come importazioni invisibili.

foreman: ***capo reparto.*** Supervisore che ha il potere di consigliare l'assunzione o il licenziamento di lavoratori. Per questo motivo, negli Stati Uniti non può far parte di alcun sindacato lavoratori, se non del sindacato dei capi reparto.

forestalling: ***accaparramento; incetta.*** La pratica, diffusa nel medioevo, di acquistare l'intera offerta di un prodotto prima che esso potesse raggiungere il mercato locale, con l'intento di rivenderlo ad un prezzo più alto. Oggi, il termine è spesso usato con lo stesso significato di *corner* (v.).

forestalling policies: ***politiche preventive.*** Un qualsiasi tipo di misure adottate da un governo con l'obiettivo di eliminare tendenze disturbatrici nell'economia, che potrebbero portare alla vanificazione di obiettivi prestabiliti, quali ad esempio la piena occupazione, la stabilità dei prezzi o la crescita costante.

Forex: È una delle associazioni di *foreign exchange dealers* (v.), ma il termine è anche l'abbreviazione di *foreign exchange* (v.).

forfaiting: ***finanziamento a forfait; forfettizzazione; forfettaggio.*** Lo stesso che *non–recourse finance* (v.).

forfeited shares: ***azioni confiscate.*** V. spiegazione sotto *forfeit of shares*.

forfeit of shares: ***confisca di azioni.*** Le azioni di proprietà di un azionista possono, nel Regno Unito, essere confiscate dalla società emittente se il socio non versa i decimi richiamati o se la società vanta dei crediti insoluti nei confronti dell'azionista.

forfeiture: ***confisca.*** Perdita del diritto di proprietà di un bene a seguito della commissione di un reato o dell'inadempimento di un'obbligazione.

forger: ***falsario.*** Chi falsifica monete metalliche o banconote, allo scopo di spacciarle come originali.

forgery: ***contraffazione.*** Imitazione fraudolenta di un biglietto di banca, di una moneta metallica, di un titolo di credito, ecc., allo scopo di spacciarli come originali.

forint: Unità monetaria dell'Ungheria, suddivisa in cento filler.

form: ***modulo.*** Documento stampato, con spazi bianchi da riempirsi in risposta a domande o per fornire determinate informazioni. I moduli utilizzati da un'impresa sono oggetto di studio da parte degli esperti che li creano, onde realizzare la massima chiarezza, economia e univocità.

formal contract: ***contratto formale; contratto in atto pubblico.*** È così detto il contratto che assume la forma di atto scritto, redatto da un notaio o da un pubblico ufficiale a ciò autorizzato, secondo le formalità prescritte dalla legge, sottoscritto dalle parti e controfirmato dal notaio, che vi appone il proprio sigillo.

formal incidence: ***incidenza formale.*** Il pagamento di un'imposta da parte della persona sulla quale essa effettivamente ricade, senza tener conto se si tratti di contribuente di diritto o di fatto. A seconda del tipo di imposta, infatti, sarà possibile o impossibile per il contribuente di diritto traslarla su un altro soggetto. Per le imposte dirette la traslazione risulta pressocché impossibile e ne è un esempio l'imposta sui redditi, che colpisce colui che produce il reddito. Se si tratta di imposte indirette, invece, il contribuente di diritto riesce nella maggioranza dei casi a traslarle. Ne è un esempio una qualsiasi imposta di fabbricazione, che generalmente viene pagata dal consumatore finale. Si dice generalmente, perché la traslazione dipende in gran parte dall'elasticità della domanda del bene che l'imposta colpisce. Infatti, se la domanda del bene è inelastica, l'imposta ricadrà completamente sul compratore a seguito di un aumento del prezzo di vendita corrispondente all'entità dell'imposta, ma se la domanda del bene è alquanto elastica, il venditore non caricherà sul prezzo di vendita l'intero ammontare dell'imposta, pur caricandone una buona percentuale, e così essa sarà divisa tra venditore e compratore, ma è chiaro che sarà quest'ultimo a pagarne la maggior parte. Se, infine, la domanda del bene è perfettamente elastica, il venditore non riuscirà a traslare l'imposta e dovrà sostenerne in pieno l'incidenza. (v. anche *direct tax, indirect tax*)

formalism: ***formalismo.*** Una corrente di pensiero economico che tratta le entità astratte come se esse fossero concrete. Si sostiene da alcune parti che i metodi di analisi macroeconomica adottati dalla Scuola di Cambridge e dalla Scuola Neoclassica appartengono al formalismo piuttosto che al realismo, essendo i loro modelli lontani dal reale funzionamento dei mercati e pieni di generalizzazioni e di leggi e norme formali.

formal sector: ***settore formale.*** Termine usato come opposto di *informal sector* (v.) per indicare il settore economico ufficiale di un paese.

formal venture capital: ***capitale di rischio istituzionale; capitale di rischio formale.*** Espressione usata per indicare lo svolgimento, in modo organizzato e sistematico, dell'attività di finanziamento di piccole imprese con notevoli probabilità di rapida e consistente crescita, ma anche con alto contenuto di rischio, in quanto operanti in attività pionieristiche. Questa attività è svolta da imprese costituite a tale scopo, che fanno parte della cosiddetta *venture capital industry* (v.), e pertanto differisce nettamente dall'*informal venture capital* (v.).

format: ***formato.*** La forma, le dimensioni e l'aspetto generale di un oggetto.

formation expenses: ***spese di costituzione.*** Lo stesso che *preliminary expenses* (v.).

formation of a company: ***formazione di una società di capitali; costituzione di una società.*** La costituzione di una società di capitali si concretizza, nel Regno Unito, mediante tre atti principali: 1) la stesura dell'atto costitutivo, che deve essere sottoscritto dai soci, ciascuno dei quali indicherà il numero di azioni che intende acquistare; 2) la stesura dello statuto sociale, che governerà gli affari interni della società; 3) la sottoscrizione della dichiarazione nella quale si afferma che sono state espletate tutte le formalità di legge in relazione alla costituzione della società. Dopo aver provveduto a queste formalità, la nuova società può essere iscritta presso il Registro delle persone giuridiche, dal quale riceverà un certificato che l'autorizza ad iniziare l'attività. (v. anche *memorandum of association, articles of association, Registrar of Companies, certificate to commence business*)

form letter: ***lettera prestampata.*** Tipo di lettera, di solito circolare, preparata a stampa in più esemplari per essere distribuita a clienti, fornitori, agenti, ecc. Viene di solito stampata con caratteri uguali a quelli delle macchine da scrivere in dotazione agli uffici, in modo che non si noti alcuna differenza tra il testo e l'indirizzo, che deve essere necessariamente riprodotto a macchina.

for money: ***per contanti; a pronti.*** Termine usato con lo stesso significato di *for cash* (v.).

forms analysis: ***analisi della modulistica.*** Termine usato con lo stesso significato di *forms control* (v.).

forms control: ***controllo della modulistica.*** Controllo periodico, cui fa seguito l'autorizzazione a continuarne l'uso, dei moduli di un'organizzazione, onde assicurarsi che non venga fatto lavoro inutile e che la modulistica in uso risponda realmente alle esigenze amministrative dell'organizzazione.

forms design: ***strutturazione della modulistica.*** Studio e progettazione della modulistica di un'organizzazione, onde semplificare il più possibile il completamento di un modulo, evitando la duplicazione di informazioni e agevolandone il rapido ritrovamento.

forms layout: ***configurazione della modulistica.*** È di grande importanza nella fase di studio e strutturazione dei moduli di cui farà uso un'organizzazione. Nel predisporre il modulo, si dovrà prestare particolare attenzione all'aspetto generale, al corpo dei caratteri, all'intestazione, alla sequenza logica dei dati che si richiedono, al raggruppamento di dati omogenei e così via.

forms specifications: ***requisiti di una modulistica.*** Tutto ciò cui devono rispondere i moduli in uso presso un'impresa o altra organizzazione. Tali requisiti dipendono dal numero dei moduli in uso, dall'attività svolta dall'organizzazione e dal numero di informazioni o notizie che si intende raccogliere, trasmettere e archiviare.

formula investing: ***investimenti basati su formule di opportunità.*** Espressione usata con lo stesso significato di *formula timing* (v.).

formula timing: ***investimenti basati su formule di op-***

portunità. Nel linguaggio finanziario degli Stati Uniti, questa espressione indica il metodo di effettuare operazioni di investimento mediante la compravendita di valori mobiliari basata sull'applicazione di regole prestabilite a situazioni specifiche. Gli acquisti e le vendite vengono effettuati automaticamente, invece che sulla base di una valutazione del mercato e di previsioni sull'eventuale sua evoluzione futura. Tale concezione trova giustificazione nei rialzi e nei ribassi del mercato azionario. Gli esperti del ramo riconoscono, infatti, che non è possibile attuare in modo infallibile la regola del «comprare al ribasso e vendere al rialzo». Gli investitori che basano le proprie operazioni sul criterio dell'opportunità o tempestività di intervento tentano, osservando regole prestabilite, di compensare gli squilibri provocati negli investimenti dalle fluttuazioni del mercato. Quando il mercato è al ribasso, le formule consigliano di acquistare azioni ordinarie; quando, invece, il mercato è al rialzo, esse consigliano di vendere le azioni ed acquistare titoli a reddito fisso. Tra i vari tipi di formule, ricordiamo il *constant-ratio plan* (v.), il *variable-ratio plan* (v.), il *constant-dollar plan* (v.) e il *dollar-cost averaging* (v.). Tutte queste formule sono ancora ad uno stadio sperimentale e nessuna di loro prende in considerazione un fattore la cui importanza è pari a quella della «opportunità» e cioè la «selezione».

form utility: *utilità formale.* Utilità che deriva dal fatto che ad un materiale viene data una forma specifica nel processo di produzione. Anche se il legno allo stato grezzo non offre utilità ad un consumatore, quando viene usato per produrre un mobile o altro bene durevole esso assume utilità formale, cioè derivante dalla forma, per quel consumatore.

for sale: *in vendita.* Espressione usata per indicare beni il cui proprietario è disposto a vendere.

for the account: *a termine.* Le operazioni di borsa «a termine» sono quelle che prevedono il regolamento, cioè la consegna dei titoli e il relativo pagamento, nei giorni di liquidazione relativi al ciclo operativo nel corso del quale hanno avuto luogo.

Fort Knox: Il forte nel Kentucky nel quale sono conservate le riserve ufficiali di metallo prezioso degli Stati Uniti.

fortuity: *avvenimento fortuito.* Nel linguaggio assicurativo, qualsiasi evento casuale che genera danni o perdite.

fortunate acquisition: *acquisizione fortunata.* L'acquisizione, da parte di un'impresa, di un'attività che col tempo si dimostra di un valore molto superiore al previsto o al prezzo pagato. Ad esempio, l'acquisto di un terreno che, a seguito della costruzione di infrastrutture da parte di enti locali, può essere destinato ad un uso più redditizio di quello inizialmente previsto o l'acquisto di un terreno nel quale viene scoperta la presenza di minerali.

fortune: *fortuna.* Nel linguaggio comune questo termine indica una grande ricchezza o una notevole accumulazione di moneta o altri beni.

forward accounting: *contabilità di previsione.* Branca della contabilità, che si interessa della preparazione di previsioni o proiezioni allo scopo di salvaguardare il regolare svolgimento di future operazioni aziendali.

forward book: *libro delle operazioni per consegna differita.* Nel linguaggio finanziario, indica il totale delle posizioni nette per consegna differita in rapporto a varie valute estere, che riflette o l'attività corrente o il punto di vista di una banca nei confronti di una specifica valuta.

forward buying: *stoccaggio.* Termine usato come variante di *buying forward* (v.).

forward contract: *contratto per consegna differita.* Nel linguaggio statunitense, è un contratto per l'acquisto o la vendita di un bene, di un titolo, di una valuta o di un qualsiasi altro strumento finanziario al prezzo corrente, ma per consegna e liquidazione in una data futura stabilita.

forward contracting: *operazioni per consegna differita.* Qualsiasi operazione commerciale in relazione alla quale il venditore e il compratore si accordano per la consegna, ad una specifica data futura, di una determinata qualità e quantità di beni, il cui prezzo può essere stabilito in anticipo o al momento della consegna. Si tratta, in genere, di intermediari che trattano opzioni di acquisto o di vendita di titoli o merci, al fine di far incontrare venditori e compratori per consegne differite.

forward cover: *operazioni di copertura per consegna differita.* Accorgimento mediante il quale un compratore o un venditore di valuta estera si coprono contro il rischio di fluttuazioni impreviste del corso del cambio, stipulando un contratto per un'operazione uguale e contraria a quella di cui dovranno rispondere in data futura, in modo da annullare le eventuali differenze.

forward currency exchange: *operazione di cambio per consegna differita.* Acquisto o vendita di una determinata quantità di valuta estera, per consegna ad una data futura stabilita e ad un tasso di cambio concordato all'atto della stipulazione del contratto. Un importatore, così, può acquistare subito la valuta che gli servirà tra, diciamo, tre mesi ad un tasso di cambio noto. Egli pagherà l'ammontare in valuta del suo paese solo all'atto della consegna della valuta estera, ma il contratto lo mette al riparo da imprevisti movimenti del cambio, che potrebbero arrecare danno alla sua operazione commerciale di acquisto di beni esteri.

forward dating: *postdatazione.* La pratica di apporre su documenti commerciali o titoli di credito una data successiva a quella di effettiva emissione.

forward dealings: *operazioni per consegna differita.* Termine usato con lo stesso significato di *forward contracting* (v.).

forward delivery: *consegna futura; consegna differita.* Consegna di beni che ha luogo ad una data futura, stabilita dalle parti all'atto della stipulazione del contratto di compravendita.

forward delivery price: *prezzo per consegna differita.* Termine usato con lo stesso significato di *forward price* (v.).

forwarder: *spedizioniere.* Termine usato come sinonimo di *forwarding agent* (v.) e di *shipping and forwarding agent* (v.).

forwarder's receipt: *ricevuta di carico.* Termine usato con lo stesso significato di *forwarding agent's certificate of receipt* (v.).

forward exchange: *cambio a termine; cambio a consegna.* Compravendita, al momento presente, di valuta o divisa estera con la quale far fronte a pagamenti futuri in valuta, mettendosi al riparo da oscillazioni del tasso di cambio. Il termine inglese è usato come variante di *forward currency exchange* (v.).

forward exchange contract: *contratto di cambio a termine.* Contratto stipulato tra un operatore commerciale e una banca, in base al quale quest'ultima si impegna nei confronti dell'operatore ad acquistare o vendere una quantità stabilita di una determinata valuta estera in data certa futura, al tasso di cambio prevalente al momento della sottoscrizione del contratto.

forward exchange cover: ***copertura di cambio a termine.*** Forma di garanzia, disponibile per gli operatori commerciali che si interessano di scambi con l'estero, che li tutela contro il rischio del tasso di cambio derivante dalla possibilità che si verifichi una variazione nel rapporto di cambio tra due o più valute tra il momento in cui vengono sottoscritti contratti di compravendita e il momento in cui la valuta estera viene incassata o deve essere pagata.

forward exchange market: ***mercato a termine dei cambi; mercato per consegna differita; mercato delle valute per consegna differita.*** Quella parte del mercato valutario che tratta operazioni di cambio a consegna. (v. anche *forward exchange*)

forward exchange rate: ***tasso di cambio per consegna differita; corso di cambio a termine.*** È il tasso di cambio per operazioni di compravendita di valute estere per consegna a data futura. Il tasso di cambio per consegna differita viene espresso come aggio o disaggio sul tasso di cambio per consegna immediata. (v. anche *forward exchange*)

forward exchange transaction: ***operazione di cambio a termine.*** Lo stesso che *forward currency exchange* (v.).

forward financial statement: ***rendiconto finanziario di previsione.*** Previsione della situazione patrimoniale o dei risultati di gestione, ricavata durante la preparazione di un bilancio preventivo. (v. anche *financial statement*)

forward forward: ***termine contro termine.*** Espressione del linguaggio finanziario, con la quale si indicano un acquisto ed una vendita simultanei, in un mercato a termine, di una determinata valuta con date di scadenza differenti, per mezzo di un contratto che stabilisce la consegna ad una data futura di un deposito con scadenza ad un'ulteriore data futura e un contratto che stabilisce la consegna ad una data futura e ad un prezzo fisso prestabilito di un deposito con scadenza ad un'ulteriore data futura, il che corrisponde alla creazione di un deposito per consegna futura.

forwarding: 1. ***inoltro; spedizione.*** Il termine britannico, generalmente usato per spedizioni via terra o aeree, ha insita l'idea di invio per conto terzi. **2.** ***riporto.*** In un conto che occupa varie pagine, si dice riporto la trascrizione del saldo di una pagina sul primo rigo della pagina successiva.

forwarding agency: ***agenzia di spedizioni.*** Impresa che svolge l'attività di spedizioniere terrestre per conto terzi.

forwarding agent: ***spedizioniere.*** Persona fisica o giuridica che si interessa del trasporto, per conto terzi, di merci da e verso un terminale o da una località ad un'altra.

forwarding agent's certificate of receipt: ***ricevuta dello spedizioniere; attestato di spedizione.*** Documento nel quale uno spedizioniere dichiara di aver ricevuto una data partita di merci per l'inoltro a destinazione. Non ha valore di documento rappresentativo delle merci in esso descritte, ma spesso è richiesto dalle banche per portare a termine un'operazione di credito documentario.

forwarding charges: ***spese di spedizione.*** Sono le spese che devono sostenersi in relazione alla spedizione di merci o colli. Esse includono le spese di trasporto dal domicilio del mittente a quello del destinatario, più il compenso da corrispondersi all'agenzia che si interessa della spedizione ed altre eventuali spese accessorie.

forwarding note: ***bollettino di spedizione.*** Termine generico, usato per indicare un modulo di spedizione che deve essere riempito dal mittente, al quale ne viene riconsegnata una copia dopo che il vettore vi ha apposto la propria firma o il proprio timbro, al fine di attestare l'avvenuta consegna delle merci o dei colli specificati.

forwarding office: ***ufficio spedizioni.*** L'ufficio di un'impresa che si interessa della spedizione di prodotti ai propri clienti.

forwarding receipt: ***ricevuta di spedizione.*** Termine generico con il quale si indica una qualsiasi attestazione rilasciata da un vettore, nella quale egli dichiara di aver ricevuto, per la successiva spedizione a destinazione, determinati beni o colli.

forwarding station: ***stazione di partenza.*** È la stazione ferroviaria dalla quale vengono spedite determinate merci.

forward integration: ***integrazione discendente.*** Aspetto della integrazione verticale, che si verifica quando un produttore possiede, acquisisce o controlla le imprese o i punti di vendita del suo prodotto, come ad esempio una fabbrica di birra che acquisisce il controllo di uno o più pub, o una società petrolifera che possiede o acquisisce stazioni di rifornimento. (v. anche *backward integration, vertical integration*)

forward intervention: ***intervento sul mercato a termine dei cambi; intervento sul mercato dei cambi a consegna.*** L'intervento di una banca centrale sul mercato dei cambi a termine, mirante ad influenzare il tasso di cambio a pronti di una valuta. L'intervento della banca centrale può anche avere lo scopo di influenzare i tassi di interesse su operazioni per consegna futura riguardanti la valuta del paese.

forward linkage: ***collegamento discendente.*** È il collegamento esistente tra un'industria produttrice di semilavorati e un'altra industria che fa uso dei prodotti della prima.

forward margin: ***margine su operazioni di cambio a consegna.*** La differenza, sotto forma di aggio o disaggio sul cambio, tra il corso a termine e quello a pronti di una valuta estera.

forward market: ***mercato delle operazioni per consegna differita.*** Un qualsiasi mercato nel quale vengono trattati titoli, valute o beni per consegna futura. (v. anche *forward contracting*)

forward marketing: ***operazioni per consegna differita.*** Termine usato con lo stesso significato di *forward contracting* (v.).

forward maturities: ***scadenze differite.*** Giorni per i quali è possibile stipulare contratti di compravendita per consegna futura.

forward method: ***metodo diretto.*** Nel calcolo degli interessi, è il metodo che presuppone nota la data di chiusura di un conto e in base al quale si calcolano gli interessi, o numeri, dal giorno di accreditamento delle singole operazioni alla data di chiusura del conto. Alla chiusura, si procede ad eseguire il saldo degli interessi, facendone la somma algebrica, e alla loro capitalizzazione.

forward method current account: ***conto corrente a metodo diretto.*** È un conto corrente in relazione al quale il calcolo degli interessi viene fatto adottando il metodo diretto.

forward months: ***mesi di consegne differite.*** Mesi in cui scadono contratti di compravendita per consegna futura.

forward P/E: *Price/earnings ratio* (v.) basato sulla previsione degli utili che una società realizzerà nel successivo anno finanziario.

forward price: ***prezzo per consegna differita.*** Quotazione di un bene per consegna e pagamento in data futura. (v. anche *cash price*)

forward purchases: ***acquisti per consegna differita.*** Quando vengono trattate grosse partite di beni o grosse quantità di valori mobiliari, si ricorre generalmente al contratto per consegna differita, che prevede l'impegno del venditore a consegnare, in data futura stabilita, una certa quantità del bene o del valore mobiliare in questione, ad un prezzo prestabilito, e l'impegno del compratore a ritirare tale quantità al dato prezzo. Si parla, in questi casi, di acquisti o vendite per consegna differita. (v. anche *futures*)

forward quotation: ***quotazione a termine.*** Nel mercato dei cambi, è la quotazione di una divisa o valuta per consegna e pagamento in data futura.

forward rate: ***tasso di cambio per consegna differita; corso di cambio a termine.*** Termine usato come variante di *forward exchange rate* (v.).

forward rate agreement: ***accordo per scambio futuro di tassi d'interesse.*** Sostanzialmente è la stessa cosa di un *interest–rate swap* (v.), ma con l'importante differenza che mentre quest'ultimo prevede che lo scambio e quindi il conteggio degli interessi abbia inizio appena concluso l'accordo, il *forward rate agreement* prevede che la data d'inizio dello scambio sia posteriore a quella della conclusione dell'accordo e quindi che il conteggio cominci a decorrere da una data futura prestabilita.

forward sales: ***vendite per consegna differita.*** V. spiegazione sotto *forward purchases.*

forward shifting tax: ***imposta traslata.*** È l'imposta che il soggetto percosso, o contribuente di diritto, riesce a trasferire su un altro soggetto, o contribuente di fatto, come ad esempio per le imposte indirette sulle vendite, sui consumi, ecc. Tale imposta viene dal venditore inglobata nel prezzo di vendita e così traslata sul compratore, se l'elasticità della domanda del bene glielo consente.

forward shipment: ***spedizione differita.*** Accordo per la spedizione, in una data futura stabilita, di merci acquistate a pronti.

forward trading: ***operazioni commerciali per consegna differita.*** Lo stesso che *forward contracting* (v.).

forward transactions: ***operazioni a termine.*** Lo stesso che *forward dealings* (v.).

f.o.s.: 1) free overside ship; 2) free on steamer; 3) free overside; 4) free of stamp.

f.o.t.: free on truck.

F.O.T.: free of tax.

foul: ***sporco; con riserva.*** Aggettivo usato in relazione a documenti quali la polizza di carico, la patente di sanità, ecc., per indicare che l'emittente ha delle riserve su quanto dichiarato nel documento stesso.

foul bill of health: ***patente di sanità sporca.*** Patente di sanità nella quale si dichiara l'esistenza di una malattia infettiva nel porto dal quale proviene una nave o sulla nave stessa. La patente di sanità sporca ha l'effetto di far mettere la nave in quarantena.

foul bill of lading: ***polizza di carico sporca; polizza di carico con riserva.*** È così chiamata una polizza di carico nella quale si dichiara che le merci da trasportarsi sono state imbarcate in condizioni non perfette. A questo effetto, la polizza è sottoscritta dal capitano della nave.

to found: ***fondare.*** Termine usato con lo stesso significato di *to establish 1* (v.).

foundation: ***fondazione.*** Istituzione senza scopo di lucro, creata per fini caritatevoli, per la promozione della cultura, delle scienze o delle arti, ecc. Questo tipo di organizzazione gode di personalità giuridica e, di solito, di esenzioni fiscali ed è istituita attraverso la costituzione, per donazione o lascito, di un patrimonio gestito da amministratori fiduciari.

founder: ***fondatore; socio fondatore.*** Una delle persone che partecipano alla costituzione di una società o altra forma di impresa.

founders' shares: ***azioni di fondazione.*** Sono le azioni date ai fondatori di una società, in considerazione dei loro servizi connessi alla costituzione dell'azienda. A volte, si assegna un'azione di fondazione ai sottoscrittori di un certo numero di azioni ordinarie. Questo tipo di azioni viene remunerato con un utile stabilito in anticipo, che viene versato solo dopo il pagamento dei dividendi sulle azioni ordinarie. Per questo motivo, esse fanno parte delle cosiddette azioni postergate. (v. anche *deferred shares*)

founders' stock: ***azioni di fondazione.*** Termine usato negli Stati Uniti con lo stesso significato dell'equivalente britannico *founders' shares* (v.).

Fourier analysis: ***analisi di Fourier.*** Prende il nome dal matematico francese Jean–Baptiste Fourier ed è una tecnica per analizzare i movimenti periodici di serie temporali complesse. È, pertanto, una forma di analisi armonica.

fourth market: ***quarto mercato.*** Neologismo con il quale si indica il mercato non ufficiale nel quale si svolgono, direttamente tra investitori, gli scambi di titoli quotati o non quotati in borsa.

fourth sector: ***quarto settore.*** Il settore misto pubblico–privato, nel quale gli enti statali e locali danno in appalto la gestione di servizi, come ad esempio la raccolta dei rifiuti solidi urbani, il trasporto urbano, ecc., a imprese private sulla base di offerte competitive in gare. Laddove questa iniziativa è stata adottata, si è accertato che si possono ottenere servizi più efficienti a costi di gran lunga più contenuti.

four tigers: ***quattro tigri.*** Termine giornalistico, con il quale vengono indicati i quattro paesi di nuova industrializzazione più avanzati del continente asiatico e cioè la Corea del Sud, Taiwan, Singapore e Hong Kong.

f.o.w.: free on wagon.

FOW: first open water.

FOX: futures and options exchange.

f.p.: fully paid.

F/P: fire policy.

F.P.: floating policy.

f.p.a.: free of particular average.

F.P.C.: Federal Power Commission.

f. pd.: fully paid.

F.P.H.A.: Federal Public Housing Authority.

fr.: franc.

FRA: 1) forward rate agreement; 2) future rate agreement.

fractional banking: ***sistema bancario a riserve proporzionali.*** È il sistema bancario nel quale è obbligatorio per legge mantenere una proporzione fissa tra depositi totali e contanti o titoli di pronto realizzo. È il sistema attualmente in uso in tutti i paesi del mondo, contrariamente a quanto avveniva nel passato, quando la riserva bancaria corrispondeva all'intera massa dei depositi. (v. anche *one–hundred per cent reserve system*)

fractional certificate: ***certificato frazionario.*** Certificato che rappresenta una frazione di azione. Viene di solito emesso quando due società vengono amalgamate e le azioni di una corrispondono ad una frazione delle azioni dell'altra. Può essere emesso anche in caso di raggruppamento di azioni, quando per sottoscrivere una nuova azione sono richieste più azioni vecchie.

fractional currency: ***moneta divisionaria; moneta frazionaria; moneta divisionale.*** Termine usato come sinonimo di *fractional money* (v.).

fractionally-backed paper money: ***moneta cartacea parzialmente garantita da metallo prezioso.*** All'inizio della sua storia, la moneta cartacea era convertibile in oro, in quanto ad ogni biglietto in circolazione corrispondeva una quantità d'oro il cui valore era uguale a quello del biglietto. Le banche, però, si resero presto conto che era possibile emettere biglietti per un valore complessivo superiore a quello dell'oro custodito nei loro forzieri, perché non tutti i loro clienti avrebbero contemporaneamente chiesto di convertire i biglietti in metallo. Così, esse giunsero alla conclusione che un rapporto del dieci o venti per cento tra oro e biglietti era sufficiente per non esporle al rischio di non poter far fronte alle richieste di conversione. Nacque così la carta-moneta parzialmente garantita da metallo prezioso. Il principale problema che essa presentava era quello che se tutti i portatori di biglietti della banca avessero contemporaneamente chiesto di convertire i biglietti in loro possesso in oro, la banca si sarebbe trovata nell'impossibilità di far fronte ai propri impegni. Molte banche, specialmente nell'America del diciannovesimo secolo, furono portate al fallimento proprio perché non avevano mantenuto un rapporto di sicurezza tra biglietti emessi e oro custodito. (v. anche *convertible paper currency, gold standard*)

fractional money: ***moneta divisionaria; moneta divisionale; moneta frazionaria; moneta frazionale.*** Moneta spicciola di valore inferiore a quello dell'unità monetaria. Nel Regno Unito sono le monete da 50p., 25p., 10p., 5p., 2p., 1p. e ½p.; negli Stati Uniti, sono le monete da 50¢., 25¢., 10¢. e 5¢.

fractional-reserve banking system: ***sistema bancario a riserve proporzionali.*** Termine usato come sinonimo di *fractional banking* (v.).

fractional reserves: ***riserve proporzionali.*** Riserve bancarie, imposte dalla legge, corrispondenti ad una data proporzione tra depositi totali e contanti o titoli di pronto realizzo. (v. anche *fractional banking*)

fractional right: ***spezzatura di diritto di opzione.*** È un quantitativo di diritti d'opzione insufficiente per sottoscrivere una nuova azione nel quadro di un aumento di capitale. Sarà, pertanto, necessario venderlo o acquistare la frazione mancante.

fractional share: ***frazione di azione.*** Ciascuna porzione in cui può essere suddivisa un'azione di capitale, in relazione a piani di reinvestimento dei dividendi in azioni della società, che impongono la necessità di frazionare ciascuna singola azione in un certo numero di parti.

franc: ***franco.*** 1) Unità monetaria di vari paesi, tra i quali la Francia, la Svizzera, il Belgio, il Lussemburgo, il Burundi, ecc. 2) Moneta divisionale del Marocco, equivalente ad un centesimo di dirham.

franchise: 1. ***privativa.*** Privilegio concesso da un governo, sotto forma di monopolio legale o di permesso di utilizzazione di proprietà pubblica. **2.** ***esclusiva.*** Privilegio concesso da un produttore per la vendita dei propri articoli, entro l'ambito di una data area geografica, ad un agente, grossista o dettagliante. L'esclusiva limita la concorrenza a favore del produttore e del rivenditore. **3.** ***certificato di iscrizione al registro delle persone giuridiche.*** È il certificato che, negli Stati Uniti, concede ad una società la personalità giuridica e che viene rilasciato quando essa ha completato tutta la procedura necessaria per la sua costituzione ed è stata iscritta al registro delle società. **4.** ***franchigia.*** Nelle assicurazioni, è la percentuale o la parte del valore del bene assicurato coperta da autoassicurazione, cioè di cui non risponde l'assicuratore. Indica, pertanto, l'esclusione di tale percentuale o parte dall'eventuale risarcimento di un danno.

franchise clause: ***clausola della franchigia.*** In un contratto di assicurazione, è la clausola che prevede e determina la franchigia. (v. anche *franchise 4*)

franchised dealer: ***affiliato.*** Lo stesso che *franchisee 2* (v.).

franchisee: 1. ***esclusivista.*** Chi gode di un'esclusiva. In particolare, il dettagliante autorizzato da un produttore a vendere i suoi articoli in esclusiva. (v. anche *franchise 2*) **2.** ***affiliato; impresa satellite.*** È così indicata la persona o l'impresa alla quale, in base ad un contratto di affiliazione commerciale chiamato *franchising* (v.), un'altra persona o impresa, chiamata affiliante, concede l'utilizzazione dei propri marchi e segni distintivi e della propria formula commerciale, ivi compreso il diritto di sfruttare il suo *know-how* (v.). L'affiliato, dal canto suo, si impegna a fare proprie la politica commerciale e l'immagine dell'affiliante, nell'interesse reciproco, a fornire i mezzi finanziari necessari per l'allestimento di uno o più punti di vendita e di versare all'affiliante una quota di associazione iniziale e delle *royalties* (v.) periodiche, calcolate generalmente come percentuale del fatturato lordo. (v. anche *franchisor*)

franchise policy: ***polizza con franchigia.*** Polizza di assicurazione avente lo scopo di evitare la denuncia e la richiesta di risarcimento di piccoli danni. La polizza stabilisce una determinata somma, al di sotto della quale l'assicuratore non risarcisce il danno, ma al di sopra della quale l'assicurato viene risarcito per tutto il valore della perdita. È tuttavia possibile che la polizza stabilisca che la franchigia non venga versata all'assicurato anche in caso di perdita totale.

franchiser: ***affiliante.*** Variante grafica di *franchisor* (v.).

franchise tax: ***tassa di privativa; imposta di privativa.*** Prelievo, da parte dello stato, in relazione alla concessione di una privativa ad un'impresa privata.

franchising: 1. ***affiliazione commerciale.*** Il termine inglese è entrato anche nell'uso italiano per indicare un accordo in base al quale un'impresa, in considerazione del pagamento di un canone, concede ad un'altra impresa lo sfruttamento di un nome o di un marchio per la vendita di beni e servizi uguali o diversi da quelli prodotti dall'impresa detentrice del nome o marchio. Questa pratica, molto diffusa nel campo dei cosmetici e dei profumi, si va sempre più estendendo in altri settori, quali quelli dell'abbigliamento, degli oggetti personali, ecc. Il franchising trova oggi quattro diversi tipi di applicazione: il franchising industriale; il franchising di produzione; il franchising nella distribuzione; e il franchising nei servizi. Nel franchising industriale, sia l'affiliante che l'affiliato sono due imprese industriali. La prima, che ha messo a punto la fabbricazione e la commercializzazione di uno o più prodotti, può ricorrere ad un'altra impresa industriale in patria o all'estero allo scopo di espandersi. In tal caso, fornisce all'impresa affiliata l'autorizzazione ad usare i propri brevetti e marchi, mentre quest'ultima si impegnerà a fabbricare e vendere i prodotti. Nel franchising di produzione, l'affiliante è un produttore e gli affiliati sono rappresentati da una vasta rete di punti di vendita, che commercializzano i prodotti dell'affiliante sotto un'insegna comune. Nel franchising nella distribuzione, l'affiliante acquista da terzi i beni che poi rivende ai suoi affiliati, creando in tal modo una grande catena di negozi, caratterizzati da un'insegna e da una politica commerciali comuni e riforniti da un unico grossista. È questo il caso dei grandi magazzini, che operano attraverso affiliati sull'intera superficie nazionale. Nel franchising nei servizi, è di particolare importanza il nome e l'immagine che l'affiliante è riuscito a crearsi presso gli utenti. In tale caso, infatti, l'affiliante vende all'affiliato essenzialmente il nome della sua impresa. (v. anche *franchisee 2, franchisor*) **2. *concessione.*** Lo stesso termine inglese è stato usato per indicare una forma di privatizzazione e precisamente quella che prevede la concessione a un'impresa privata, mediante una procedura di gara, della fornitura di un servizio, quale ad esempio la rimozione dei rifiuti solidi, precedentemente svolto da un ente statale o locale o dallo stesso stato.

franchisor: *affiliante.* È la persona o l'impresa che, in base ad un contratto di affiliazione commerciale chiamato *franchising* (v.), concede ad un altro imprenditore, chiamato affiliato, l'utilizzazione dei propri marchi e segni distintivi e della propria formula commerciale, ivi compreso il diritto di sfruttare il suo *know–how* (v.).

franco: *franco.* Termine usato nel commercio internazionale per indicare cha la quotazione è comprensiva del costo delle merci e di qualsiasi spesa, quali ad esempio nolo, assicurazione, ecc., fino al punto specificato.

franco domicile: *franco domicilio; franco spese di trasporto.* Espressione usata con lo stesso significato di *free delivered* (v.).

franco price: *prezzo franco.* È il prezzo che include tutte le spese fino alla consegna della merce al domicilio del compratore, ivi inclusi i dazi di importazione. (v. anche *franco*)

franc zone: *zona del franco.* Una zona valutaria che raggruppa gran parte delle ex colonie francesi dell'Africa occidentale e del Pacifico, coordinate e assistite dalla Banca di Francia.

to frank: *affrancare.* Il termine inglese viene usato in due significati: 1) esonerare dal pagamento di un'imposta, di una tassa e simili; 2) apporre un timbro o l'equivalente di un timbro su un plico, a dimostrazione che l'affrancatura è stata pagata in maniera diversa da quella che prevede l'applicazione di francobolli adesivi, a seguito di accordi intercorsi tra il mittente o il destinatario e l'ufficio postale.

franked income: *reddito franco da imposta.* È il reddito che proviene ad una società da utili di un'altra società e che, essendo stato già assoggettato all'imposta sul reddito delle persone giuridiche, non è soggetto a seconda tassazione.

franked investment income: *reddito da investimento franco da imposta.* Termine usato come sinonimo di *franked income* (v.).

franking: *franchigia postale.* Privilegio di uso gratuito del servizio postale, concesso a personalità politiche, a ministeri e ad agenzie statali.

franking machine: *macchina affrancatrice; affrancatrice.* È una macchina, azionata elettricamente o manualmente, che stampa un tipo di francobollo su un plico o su una striscia di carta che verrà poi applicata sul plico, evitando così l'uso dei francobolli adesivi. L'affrancatrice può essere di vari tipi, ma quelle più diffuse offrono la possibilità di variare il valore dell'affrancatura, in modo da poter essere usate per tutta la corrispondenza di un ufficio. La parte in cui è contenuto il meccanismo di misurazione viene chiusa e sigillata da un incaricato dell'ufficio postale, la cui autorizzazione preventiva è sempre necessaria per dotare un ufficio di tale macchina. Nelle affrancatrici possono essere inseriti particolari clichet per la stampa di piccoli slogan pubblicitari a fianco dell'affrancatura.

franking privilege: *franchigia postale.* Lo stesso che *franking* (v.).

fraternal benefit society: *società di mutuo soccorso.* Termine statunitense, usato con lo stesso significato di *friendly society* (v.).

fraternal insurance: *assicurazione mutua.* Termine usato negli Stati Uniti per indicare il tipo di assicurazione fornita da associazioni mutue del tipo delle *friendly societies* o *mutual companies.* (v. anche *mutual insurance*)

fraud: *frode.* Nel linguaggio giuridico, indica un inganno diretto a ledere un diritto altrui e a procurarsi un qualche vantaggio materiale ricorrendo a mezzi disonesti.

fraudulent conversion: *appropriazione indebita.* L'appropriazione indebita di denaro contante o titoli convertibili in denaro da parte di una persona che li ha in custodia, come ad esempio un cassiere o un amministratore fiduciario.

fraudulent conveyance: *trasferimento in frode ai creditori.* Termine usato con lo stesso significato di *fraudulent preference* (v.).

fraudulent gift: *donazione in frode ai creditori.* Invece di essere un trasferimento a titolo oneroso è un trasferimento a titolo gratuito, ma la sostanza e gli effetti sono gli stessi di quelli descritti sotto *fraudulent preference* (v.).

fraudulent misrepresentation: *dichiarazione fraudolenta; esposizione fraudolenta.* Dichiarazione o esposizione di fatti non rispondenti a verità, resa da una delle parti di un contratto allo scopo di indurre l'altra a sottoscriverlo. La persona che la rilascia sa che essa non risponde a verità, ovvero non crede che sia vera o non si preoccupa se sia o non sia vera. Secondo la legge britannica, nel caso di dichiarazione fraudolenta la parte ingannata può rescindere il contratto, ovvero perseguire l'altra parte per frode e chiedere un indennizzo a fronte dei danni subiti.

fraudulent notes: *cambiali all'aria.* Cambiali che spesso si trovano in circolazione nel periodo che precede il fallimento di un commerciante. Portano accettazioni di, o sono intestate a, persone inesistenti o persone esistenti ma che non hanno rapporti commerciali col traente o con l'emittente. L'operazione, che viene usata dal commerciante per procurarsi credito, può durare molto a lungo se chi presenta queste cambiali allo sconto provvede poi a pagarle regolarmente alla loro scadenza.

fraudulent preference: *trasferimento in frode ai creditori.* Trapasso di proprietà o altri valori da parte di un debitore a favore di uno o alcuni dei suoi creditori a pregiudizio degli altri. Qualsiasi atto del genere diventa nullo, secondo la legge britannica, se il debitore viene dichiarato fallito, su istanza di uno dei suoi creditori, entro tre mesi dalla stipulazione del trapasso.

fraudulent sale: *vendita fraudolenta; vendita in frode dei creditori.* La vendita di un bene con l'intenzione di frodare l'acquirente. Più spesso, però, il termine inglese viene usato nel significato esposto sotto *fraudulent preference* (v.).

fraudulent trading: *attività commerciale in frode dei creditori; esercizio in frode dei creditori.* Il termine inglese indica la continuazione di un'attività commerciale dopo che un'impresa è stata assoggettata a procedura di liquidazione. Gli amministratori dell'impresa, in questo caso, diventano illimitatamente responsabili dei debiti dell'impresa.

F.R.B.: Federal Reserve Bank.

FRCD: floating rate certificate of deposit.

Freddie Mac: Nome colloquiale con il quale si indica la *Federal Home Loan Mortgage Corporation* (v.).

free: 1. ***libero.*** Non soggetto a restrizioni o regolamenti speciali. **2.** ***gratuito; franco.*** Non soggetto ad alcun pagamento e, pertanto, senza prezzo.

free agent: ***agente generale; mandatario generale.*** Agente cui vengono delegati ampi poteri e che può praticamente operare negli stessi ambiti del suo principale, con grande potere discrezionale e funzioni simili a quelle di un direttore generale.

free allowance: ***bagaglio in franchigia.*** La quantità di bagaglio che un passeggero è autorizzato a portare su un mezzo di trasporto senza essere tenuto a pagare alcun supplemento. È di solito espressa in peso, generalmente venti chili per i viaggi in aereo. Se il bagaglio eccede il peso stabilito, il vettore ha il diritto di far pagare un supplemento al viaggiatore.

free alongside elevator: ***franco elevatore.*** Clausola usata per indicare che le spese e i rischi relativi al trasporto delle merci sono a carico del venditore fino a quando esse non saranno depositate presso l'elevatore che dovrà caricarle a bordo del mezzo di trasporto. Da quel momento e luogo, esse passano a carico del compratore.

free alongside ship: ***franco lungo bordo.*** Clausola che indica che il venditore deve porre le merci a disposizione del compratore sulla banchina antistante la nave sulla quale dovranno essere caricate, sostenendo costi e rischi fino a quel luogo. Da quel momento in poi, il compratore risponde dei costi e dei rischi relativi alle merci in questione.

free and open market: ***mercato libero e aperto.*** Un mercato, quale ad esempio una borsa valori, dove tutti possono acquistare e vendere e dove le operazioni di compravendita si svolgono pubblicamente.

free assets: ***attività libere; attività non impegnate.*** Termine con il quale viene indicato il rapporto tra capitale e riserve da un lato e premi incassati dall'altro, che le compagnie di assicurazione britanniche devono mantenere in forma liquida quale margine minimo di solvibilità. Per una somma di premi incassati di 250.000 sterline, le attività libere devono ammontare a 50.000 sterline; per una somma superiore alle 250.000 sterline ma inferiore ai due milioni e mezzo di sterline, le attività libere devono essere pari al 20% dei premi incassati; per una somma superiore ai due milioni e mezzo di sterline, le attività libere devono corrispondere al 20% dei primi due milioni e mezzo e al 10% della parte eccedente tale cifra.

free at wharf: ***franco banchina partenza.*** Espressione usata come sinonimo di *free alongside ship* (v.), quando la nave attracca a una banchina.

free banking: ***attività bancaria libera.*** Negli Stati Uniti, questa espressione indica la possibilità, riconosciuta per legge a tutti i cittadini, di costituire un istituto di credito. Il primo stato dell'Unione ad adottare questo sistema fu lo stato di New York (v. anche *free banking system of New York*) nel 1839. Precedentemente, la costituzione di una banca era soggetta al rilascio di particolari autorizzazioni mediante speciali e spesso discriminanti atti legislativi che, a volte spinti o ostacolati da legislatori corrotti, concedevano poteri monopolistici in campo bancario alle imprese che le ottenevano. Il sistema adottato dallo stato di New York fu ricalcato da molti altri stati, ma mentre nel primo esso funzionò in maniera abbastanza efficiente, in altri stati, e particolarmente nell'ovest, contribuì alla costituzione di banche poco solide, a volte truffaldine, in quanto si passò all'estremo opposto di concedere le autorizzazioni con troppa facilità, prestando anche poca attenzione alle garanzie offerte dalle banche a tutela del pubblico. La situazione che ne derivò portò all'approvazione, da parte del Congresso nel 1863, del *National Bank Act* che pose fine alla cosiddetta *wildcat banking era* (v.).

free banking system of New York: ***sistema bancario libero di New York.*** Sistema, istituito nel 1839 nello stato di New York, col quale si dava a tutti i cittadini la possibilità di intraprendere l'attività bancaria, purché gli aspiranti rispondessero a determinati requisiti minimi e costituissero l'impresa bancaria in osservanza delle leggi dello stato. A garanzia del pubblico, l'emissione di biglietti delle banche così costituite doveva essere garantita dal deposito di titoli e ipoteche presso l'autorità governativa dello stesso stato. (v. anche *free banking*)

free banking zone: ***zona di attività bancaria libera.*** Lo stesso che *international banking facility* (v.).

freebee: ***articolo gratuito; omaggio.*** Termine del linguaggio colloquiale, col quale si indica un qualsiasi articolo offerto gratuitamente allo scopo di attirare potenziali acquirenti in un negozio o altro esercizio commerciale.

freebie: ***articolo gratuito; omaggio.*** Variante grafica di *freebee* (v.).

freeboard: ***bordo libero.*** La distanza tra la linea di galleggiamento di una nave ed il suo ponte di coperta. La linea di galleggiamento viene dipinta sulla murata della nave ed essa non può immergersi mai al di sotto di tale linea. (v. anche *load line*)

free capital: ***capitale liquido.*** Capitale sotto forma di denaro liquido o di attività di immediato realizzo. Così detto, perché il proprietario è libero di impiegarlo nel modo che ritiene più opportuno.

free capital good: ***bene capitale generico.*** È così indicato il bene capitale che può essere utilizzato per un gran numero di differenti funzioni. Il termine viene usato in contrapposizione a *specialized capital good* (v.).

free carrier: ***franco vettore.*** Clausola che indica che le spese di trasporto sono a carico del compratore e che il venditore non ha più alcuna responsabilità dal momento in cui le merci vengono consegnate al vettore.

free coinage: ***coniazione libera.*** Si verifica quando la legge impone alla zecca di accettare dal pubblico qualsiasi quantità di uno o più metalli da coniarsi in monete.

free competition: ***libera concorrenza.*** Situazione teorica di mercato, caratterizzata dal fatto che produzione e distribuzione non vengono in alcun modo influenzate dall'intervento statale. In questa situazione prevale il libero gioco delle forze della domanda e dell'offerta e il meccanismo dei prezzi è perfettamente libero di operare in un qualsiasi mercato. (v. anche *perfect competition, perfect market*)

free currency: ***valuta libera.*** Valuta che può essere scambiata, senza alcuna restrizione, con valuta di altri paesi e, pertanto, può essere liberamente usata per regolare rapporti di debito e credito con l'estero.

free cycle: ***ciclo libero.*** Ciclo economico i cui limiti sono determinati da variabili endogene, non da fattori fisici, quali ad esempio la piena utilizzazione dei fattori della produzione. (v. anche *constrained cycle*)

free delivered: ***franco domicilio; franco spese di tra-***

sporto. Nel commercio internazionale, indica quotazioni che comprendono tutte le spese di trasporto e quelle inerenti alla copertura dei rischi fino ad una località dichiarata, come ad esempio *free delivered New York.* Se la clausola non indica alcun luogo particolare, si intende franco di ogni spesa fino al domicilio del compratore.

free delivery: ***consegna gratuita; consegna franco spese.*** Nel linguaggio commerciale, indica che il venditore si impegna a consegnare i beni al domicilio del compratore, addossandosene le spese di trasporto. Di solito, tale servizio viene offerto entro un'area ben definita, ad esempio fino a cinquanta chilometri dal domicilio del venditore.

free–delivery area: ***area di consegna gratuita.*** Nel caso in cui il venditore si impegna a consegnare i beni venduti addossandosene le spese di trasporto, egli di solito indica i limiti entro i quali è disposto a fornire il servizio. Tale area viene espressa in chilometri dalla sede del negozio o dal magazzino dell'impresa.

free–delivery limits: ***limiti di consegna gratuita.*** Espressione usata con lo stesso significato di *free–delivery area* (v.).

free delivery on board: ***consegna franco a bordo.*** Espressione usata come sinonimo meno frequente di *free on board* (v.).

free deposits: ***depositi disponibili.*** Lo stesso che *operational balances* (v.).

free depreciation: ***deprezzamento libero; ammortamento libero; deprezzamento a scelta.*** Lo stesso che *depreciation at choice* (v.).

free discharge: ***discarica senza spese; franco spese di disistivaggio e discarica.*** Nel linguaggio dei trasporti marittimi, significa che le spese necessarie per disistivare e scaricare le merci da una nave al porto di destinazione sono a carico del noleggiatore, mentre le spese per la caricazione e lo stivaggio al porto di origine sono a carico dell'armatore.

free docks: ***franco banchina.*** Quotazione che include il costo delle merci e le spese di trasporto fino al molo o alla banchina da dove saranno caricate sulla nave.

free docks price: ***prezzo franco banchina.*** Prezzo che, oltre il costo delle merci, include il trasporto e la discarica sulla banchina ove è ormeggiata la nave che dovrà trasportarle a destinazione, ma esclude le spese di movimentazione e messa a bordo della nave.

freedom of choice: ***libertà di scelta.*** È il fondamento del capitalismo e della libera iniziativa, che lascia i produttori liberi di scegliere quali beni produrre e i consumatori liberi di acquistare ciò che preferiscono.

freedom of contract: ***libertà di contrarre; autonomia contrattuale.*** Il diritto di un individuo di stipulare i contratti che reputa vantaggiosi per la propria attività, soggetto soltanto al rispetto dei vincoli imposti dalla legge.

freedom of entry: ***libertà di entrata.*** Libertà di un'impresa di entrare in un mercato. Si verifica facilmente quando non esistono barriere. (v. anche *barriers to entry*)

free economy: ***economia liberale; economia liberista.*** È l'economia basata sul rispetto della libera iniziativa individuale, senza il controllo e l'intervento diretto dello stato, nella quale le risorse vengono allocate in base al funzionamento del mercato libero. Oggi, in un modo o nell'altro, lo stato svolge sempre un certo grado di controllo e di intervento e, pertanto, anche quando si parla di economia liberale si intende che l'intervento e il controllo da parte dello stato sono ridotti al minimo, ma non del tutto assenti. (v. anche *free enterprise, capitalism*)

free enterprise: ***libera iniziativa; libera impresa.*** Sistema economico in cui ciascun individuo è libero di possedere i mezzi di produzione e utilizzarli nel modo che reputa più opportuno, in vista di un profitto privato. Nella sua forma estrema corrisponde ad un sistema economico nel quale è del tutto assente l'intervento o il controllo dello stato sulla produzione e distribuzione dei beni. Da taluni, il termine è considerato sinonimo di capitalismo. (v. anche *capitalism, free economy*)

free enterprise economy: ***economia liberale; economia liberista.*** Termine usato con lo stesso significato di *free enterprise* (v.).

free enterprise system: ***sistema liberistico.*** La filosofia economica che rigetta la maggior parte delle forme di intervento, sia statale che di gruppi di potere, nella vita economica di un paese e sostiene che bisogna lasciare la più ampia libertà possibile alle forze di mercato per realizzare fini economici. Il sistema liberistico riconosce allo stato un ruolo nella vita economica del paese, ma questo ruolo deve limitarsi a sostenere il processo competitivo affinché risulti il più efficiente possibile e ad integrarlo laddove certi servizi essenziali non forniti attraverso i canali del mercato possono realizzarsi soltanto con l'intervento pubblico. Pertanto, esso non auspica la completa mancanza di intervento statale in tutti i campi dell'economia, ma rivendica l'interesse privato come molla che spinge verso l'interesse della collettività e il meccanismo dei prezzi e della concorrenza come mezzo per raggiungere un rapido progresso economico.

free entrance: ***ingresso libero; entrata libera.*** Nel linguaggio commerciale, significa che chiunque è libero di entrare in un esercizio commerciale, senza dover pagare un biglietto di ingresso e senza essere obbligato a fare alcun acquisto.

free entry: ***bolla di merce esente; bolletta di merce esente; dichiarazione per merci in esenzione doganale.*** Documento usato al porto di discarica per merci non soggette a dazio di importazione. Contiene i dettagli delle merci da introdurre nel paese, che devono corrispondere ai dettagli riportati sul manifesto di carico.

free exchange: ***tasso di cambio libero; cambio a corso libero.*** Lo stesso che *floating exchange rate* (v.).

free exchange rate: ***tasso di cambio libero; cambio a corso libero.*** Lo stesso che *floating exchange rate* (v.).

free fall: ***caduta libera.*** Espressione usata in relazione al tasso di cambio di una moneta, quando il paese che la emette o i suoi partner commerciali non intervengono sui mercati valutari allo scopo di frenarne o arrestarne la discesa; in relazione a indici di borsa, quando essi scendono senza che sia possibile attuare alcuna forma di difesa; in relazione ai prezzi di alcuni beni primari, quando il crollo della domanda e la stabilità o l'aumento dell'offerta li fa precipitare.

free float: ***flottante negoziabile.*** Il termine inglese è sinonimo di *float 2* (v.) e indica l'ammontare complessivo di valori azionari di una società liberamente negoziabili in una borsa valori in quanto non in possesso di istituzioni che li tengano immobilizzati nei loro portafogli.

free–floater: ***sostenitore dei tassi di cambio liberi.*** Chi sostiene il *floating exchange rate* (v.).

free from alongside: ***franco banchina a destinazione.*** Espressione usata con lo stesso significato di *free overside* (v.).

free from breakage: ***franco di rottura.*** Espressione usata con lo stesso significato di *free of breakage* (v.).

free gift advertising: ***pubblicità a mezzo di campioni***

gratuiti. È la pubblicità che si basa sulla distribuzione gratuita di campioni del prodotto che si intende reclamizzare.

free gift of nature: ***dono della natura.*** Secondo gli economisti classici, era una delle caratteristiche della terra, intesa come fattore della produzione. Con tale espressione si indicano in economia tutte le risorse, comunque connesse con la terra, che possono essere sfruttate a fini economici, quali giacimenti minerari, fertilità, fiumi, cascate, acque in generale e simili.

free gold: ***oro libero.*** Nel linguaggio finanziario statunitense sono le riserve auree eccedenti il fabbisogno per far fronte ai certificati aurei e ad altre forme di indebitamento pagabili in oro.

free gold supplies: ***offerte di oro libero.*** In passato, erano così chiamate le disponibilità di oro nelle mani di istituzioni o privati cittadini disposti a vendere il metallo sul mercato.

free good: ***bene libero.*** Ciascuno dei beni che la natura mette a disposizione di tutti in grande abbondanza e che, pertanto, non hanno prezzo o valore di scambio.

free goods: ***merci esenti.*** Beni esteri sui quali non si deve pagare alcun dazio di importazione.

freehold: ***proprietà assoluta.*** È il diritto di proprietà assoluta su una data estensione di terra ed è uno dei due modi in cui si può essere proprietari di terra nel Regno Unito. Il titolare di tale diritto può concedere l'uso della proprietà ad altri attraverso un *leasehold* (v.).

freehold land: ***terra di proprietà.*** È la terra sulla quale una persona ha il diritto di proprietà, in qualità di proprietario assoluto. Può essere data in locazione per un periodo di tempo variabile attraverso l'istituto del *leasehold* (v.).

freehold property: ***proprietà assoluta.*** Termine usato con lo stesso significato di *freehold* (v.).

free house: Espressione con la quale si indica un esercizio commerciale, in particolare un pub o una locanda, gestito direttamente dal proprietario, che è libero di approvvigionarsi da qualsiasi fornitore, non essendo vincolato ad una particolare impresa. (v. anche *tied shop*)

free in: ***caricazione senza spese; franco spese di caricazione e stivaggio.*** Clausola usata nei trasporti marittimi, per indicare che le spese necessarie per la caricazione e lo stivaggio delle merci al porto di partenza sono a carico del noleggiatore, mentre quelle di disistivaggio e discarica al porto di destinazione sono a carico dell'armatore.

free in and out: ***caricazione e discarica franco di ogni spesa; franco spese di caricazione e discarica.*** Clausola usata nei trasporti marittimi, per indicare che il vettore non si assume le spese di caricazione, stivaggio, disistivaggio e discarica delle merci, che restano pertanto a carico del noleggiatore o del caricatore.

free in and out and stowed: ***caricazione, discarica e stivaggio franco di ogni spesa; franco spese di caricazione, stivaggio e discarica.*** Clausola usata con lo stesso significato di *free in and out* (v.).

free in and out and trimmed: ***caricazione, discarica e stivaggio franco di ogni spesa.*** Clausola usata per merci non imballate, con lo stesso significato di *free in and out* (v.).

free in lighters: ***franco su chiatte.*** Espressione usata con lo stesso significato di *free on board coast terms* (v.).

free into barge: ***franco sulla chiatta.*** Clausola che indica che le merci saranno poste a bordo della chiatta, da o per la nave, senza spese per il caricatore.

free into wagon: ***franco vagone partenza.*** Clausola usata per indicare che il passaggio delle spese e dei rischi, inerenti al trasporto delle merci, dal venditore al compratore avverrà quando esse saranno caricate e stivate sui vagoni ferroviari che dovranno trasportarle a destinazione.

free issue: ***emissione gratuita; emissione di azioni gratuite.*** Lo stesso che *bonus issue* (v.).

free lance: ***indipendente.*** Nel linguaggio della pubblicità, indica un libero professionista che collabora con più di un'agenzia, fornendo lavoro creativo. Lo stesso termine viene usato nel linguaggio politico, giornalistico, ecc., sempre per indicare un operatore indipendente.

free list: ***lista delle merci esenti.*** Un elenco, preparato da ciascun paese, delle merci che possono essere importate in esenzione doganale, cioè senza che si debba pagare alcun dazio di importazione.

free loan market: ***mercato dei prestiti libero.*** Un mercato dei prestiti nel quale non è in vigore alcun tipo di razionamento del credito.

freely flexible exchange rate: ***tasso di cambio libero; cambio a corso libero.*** Termine usato con lo stesso significato di *floating exchange rate* (v.).

freely floating exchange rate: ***tasso di cambio libero; cambio a corso libero.*** Termine usato con lo stesso significato di *floating exchange rate* (v.).

freely floating system: ***sistema dei tassi di cambio liberi.*** Lo stesso che *floating exchange rate system* (v.).

freely fluctuating exchange rate: ***tasso di cambio libero; cambio a corso libero.*** Termine usato con lo stesso significato di *floating exchange rate* (v.).

freely negotiable credit: ***credito liberamente negoziabile.*** Un credito di negoziazione che lascia il beneficiario libero di scegliere la banca presso la quale negoziare le tratte emesse in base al credito.

free market: ***mercato libero.*** 1) Mercato nel quale gli operatori sono liberi di trattare, senza limitazioni o imposizioni da parte di una qualsiasi autorità, e nel quale, di conseguenza, le forze della domanda e dell'offerta determinano il prezzo di equilibrio o di mercato. 2) Nel linguaggio borsistico, il termine inglese indica che un dato valore mobiliare, per il quale c'è un *free market*, può essere venduto e comprato in quantità ragionevolmente elevate, senza alcuna difficoltà.

free-market commodity: ***bene a prezzo libero.*** Un bene il cui prezzo è determinato dalle forze di mercato, cioè la domanda e l'offerta, e non è quindi soggetto ad alcuna forma di controllo da parte dello stato o di suoi enti.

free-market economy: ***economia di mercato libera.*** Nel linguaggio economico, col termine economia di mercato si intende un insieme di singoli mercati nel quale l'allocazione delle risorse viene determinata dalle decisioni di produzione, vendite e acquisti prese da imprese, famiglie e autorità centrali. L'espressione economia di mercato libera, invece, viene usata per indicare un'economia nella quale le decisioni delle famiglie e delle imprese esercitano la maggiore e più importante influenza sull'allocazione delle risorse, generando variazioni nei livelli della domanda e dell'offerta sui quali non intervengono le autorità governative. Il termine economia di mercato libera viene a volte usato come sinonimo di economia capitalistica.

free movement of labour: ***libera circolazione del lavoro.*** Situazione, concordata tra i governi di più stati, che consente ai lavoratori di spostarsi liberamente da un paese all'altro, alla ricerca di una migliore possibilità di lavoro.

free of all average: ***franco di avaria.*** Clausola usata nelle assicurazioni marittime, in base alla quale l'assicuratore non si assume il rischio di perdita derivante da avaria particolare o generale, ma risarcirà l'assicurato solo in caso di perdita totale.

free of average: ***franco di avaria.*** Espressione usata con lo stesso significato di *free of all average* (v.).

free of breakage: ***franco di rottura.*** Clausola presente in contratti di assicurazione, in base alla quale l'assicuratore non si assume il rischio di danni derivanti dalla rottura del bene assicurato.

free of capture and seizure: ***franco di confisca.*** Clausola delle assicurazioni marittime, che acquista validità in tempo di ostilità o in relazione a navi che si recano in luoghi nei quali sono in corso ostilità. Indica che l'assicuratore non è responsabile di alcuna perdita derivante da confisca della nave da parte dei paesi belligeranti.

free of carriage: ***franco di porto.*** Espressione usata con lo stesso significato di *free of freight* (v.), ma in relazione a trasporti ferroviari o su strada.

free of charges: ***franco di ogni spesa.*** Clausola che indica che il prezzo delle merci comprende tutte le spese accessorie.

free of commission: ***franco di commissione.*** Clausola che indica che il prezzo delle merci è comprensivo della commissione di competenza dell'agente che ne cura la compravendita.

free of delivery: ***a consegna libera.*** Espressione del linguaggio delle borse valori, con la quale si indica che il pagamento di valori mobiliari non comporta necessariamente la contestuale consegna dei medesimi.

free of dispatch money: ***esente da premio di allestimento.*** Clausola usata nei trasporti marittimi, in base alla quale il contratto di noleggio non prevede alcun premio di allestimento.

free of freight: ***franco di nolo.*** Detto di merci, il cui prezzo di vendita include il nolo, ma non le altre spese relative alla caricazione, discarica, assicurazione e simili.

free of general average: ***franco di avaria generale.*** Clausola delle assicurazioni marittime, in base alla quale l'assicuratore non si assume il rischio di perdita derivante da avaria generale, ma risarcirà l'assicurato soltanto in caso di perdita totale.

free of income tax: ***esente da imposta sul reddito.*** Espressione usata in relazione al pagamento di interessi, per indicare che essi sono esenti, in quanto pagati su un titolo di stato, dall'imposta sul reddito, trattenuta alla fonte in relazione ad interessi su altri tipi di titoli.

free of lighterage: ***franco spese di chiatta.*** Indica che il prezzo delle merci comprende le spese necessarie per trasportarle, a mezzo chiatte, fino alla nave che dovrà prenderle a bordo.

free of particular average: ***franco di avaria particolare.*** Clausola delle assicurazioni marittime, in base alla quale l'assicuratore non si assume il rischio di danni derivanti da avaria particolare, ma indennizzerà l'assicurato in caso di avaria generale e perdita totale.

free of postage: ***in franchigia postale.*** Detto di corrispondenza che viaggia con affrancatura a carico del destinatario o prepagata dal destinatario, quando questi è un'impresa commerciale che si serve del *freepost* (v.).

free of riot and civil commotion: ***franco da rivolte e disordini interni.*** Clausola presente nei contratti di assicurazione, in base alla quale l'assicuratore non si assume il rischio di danni derivanti al bene assicurato da eventi connessi a rivolte o disordini interni, che si verifichino nel territorio dello stato in cui si trova il bene. È possibile coprirsi da tale rischio inserendo nel contratto di assicurazione la clausola di estensione della copertura. (v. anche *extended coverage*)

free of stamp: ***esente da tassa di bollo.*** Espressione borsistica che si riferisce a titoli che possono essere trasferiti senza il pagamento della tassa o dell'imposta di bollo. Tale trattamento è riservato soltanto a certi tipi di titoli di stato.

free of tax: ***esentasse.*** Termine usato in alternativa a *tax-free* (v.).

free on aircraft: ***franco a bordo dell'aereo.*** Espressione usata con lo stesso significato di *free on board airport...* (v.).

free on application: ***gratis a richiesta; franco a richiesta.*** Detto di campioni, cataloghi, opuscoli ed altro materiale illustrativo o pubblicitario, che possono richiedersi al produttore o al venditore di un bene e che saranno forniti gratuitamente e franco di ogni spesa.

free on board: ***franco a bordo; fob partenza; franco partenza.*** Clausola che indica che il nolo è a carico del compratore e che il venditore non ha più alcuna responsabilità in relazione alle merci dal momento in cui esse sono poste a bordo della nave. Può essere accompagnata dall'abbreviazione FIO (*free in and out*, v.), condizione di trasporto e non di vendita, che stabilisce che il vettore non si assume le spese di caricazione e discarica delle merci, che sono rispettivamente a carico di chi spedisce e di chi riceve. Negli Stati Uniti, questa clausola ha un valore più generico, indicando «franco partenza» con qualsiasi mezzo di trasporto. (v. anche *free on board vessel*)

free on board airport...: ***franco a bordo aeroporto...*** Clausola che indica che le spese del trasporto aereo sono a carico del compratore e che il venditore non ha più alcuna responsabilità in relazione alle merci dal momento in cui esse sono a bordo dell'aereo nell'aeroporto di partenza convenuto e specificato. Da notare che se il compratore non indica il vettore aereo, il venditore potrà autonomamente sceglierne uno.

free on board and trimmed: ***franco a bordo stivaggio incluso.*** Nel commercio del carbone, indica che il prezzo quotato include il costo del carbone e le spese di caricazione e stivaggio.

free on board coast terms: ***franco a bordo su chiatta.*** Clausola usata per indicare che il passaggio delle spese e dei rischi inerenti al trasporto delle merci dal venditore al compratore avverrà quando esse saranno caricate sulla chiatta che dovrà trasportarle sulla nave che, a sua volta, le trasporterà a destinazione.

free on board lighters: ***franco a bordo su chiatta.*** Espressione usata con lo stesso significato di *free on board coast terms* (v.).

free-on-board price: ***prezzo fob partenza.*** Il prezzo di vendita di un bene, che include tutti i costi fino alla caricazione del bene stesso sulla nave che dovrà trasportarlo a destinazione, restando esclusi da esso tutti i costi successivi alla messa a bordo.

free on board seagoing vessel: ***franco a bordo della nave.*** Espressione usata con lo stesso significato di *free on board vessel* (v.).

free on board vessel: ***franco a bordo della nave.*** Espressione usata negli Stati Uniti per indicare la clausola *free on board* (v.). Quest'ultima, infatti, nel linguaggio dei trasporti statunitense viene usata per indicare «franco partenza», in relazione a qualsiasi mezzo di trasporto.

free on plane: ***franco a bordo dell'aereo.*** Lo stesso che *free on aircraft* (v.).

free on quay: ***franco banchina partenza.*** Espressione usata come sinonimo di *free at wharf* (v.).

free on rail: ***franco stazione partenza.*** Clausola che indica che costi e rischi si trasferiscono dal venditore al compratore al momento della consegna delle merci alla stazione di partenza.

free on truck: ***franco vagone partenza.*** Espressione usata con lo stesso significato di *free into wagon* (v.).

free out: ***franco fuori.*** Espressione usata con lo stesso significato di *free discharge* (v.).

free overboard: ***franco fuori bordo.*** Espressione usata con lo stesso significato di *free overside* (v.).

free overside: ***franco sotto paranco.*** Clausola che indica che i costi e i rischi relativi alle merci vendute si trasferiscono dal venditore al compratore nel momento in cui esse vengono staccate dai paranchi della nave al porto di destinazione. Il compratore dovrà provvedere a fornire i mezzi necessari per ricevere le merci lungo il bordo della nave.

free pay: ***paga esente da imposte.*** Il termine inglese è generico e indica quella parte del salario di un lavoratore dipendente che è esente da imposta sul reddito.

freephone: ***telefonata a carico del destinatario.*** È un servizio offerto dall'operatore postale britannico alle imprese commerciali. Prevede che il pubblico che desideri rispondere per telefono ad un'inserzione, possa farlo chiamando un determinato numero, al quale sarà addebitato il costo della telefonata.

free port: ***porto franco.*** Lo stesso che *entrepot* (v.).

freepost: ***affrancatura a carico del destinatario.*** È un servizio offerto dall'operatore postale britannico alle imprese commerciali. Prevede che il pubblico che desideri rispondere per lettera ad un'inserzione, possa farlo spedendo la lettere ad un determinato indirizzo senza affrancatura. L'ufficio postale provvederà ad addebitare al destinatario l'importo complessivo delle lettere così spedite e recapitate.

free pratique: ***libera pratica.*** Il permesso, concesso dalle autorità portuali all'equipaggio di una nave, di comunicare liberamente con la terraferma, dopo che sono state eseguite le consuetudinarie ispezioni di polizia e delle autorità sanitarie.

free price: ***prezzo di mercato libero.*** Prezzo di un bene venduto o comprato in condizioni tali che ciascuna delle parti può apportare le necessarie variazioni economiche, incluse variazioni di prezzo, secondo le proprie valutazioni della situazione della domanda e dell'offerta.

free rate of exchange: ***tasso di cambio libero; cambio a corso libero.*** Termine usato in alternativa a *floating exchange rate* (v.).

free reserves: ***riserve libere; riserve disponibili.*** Riserve costituite da quella parte di depositi che eccede le riserve obbligatorie e che non viene, almeno temporaneamente, utilizzata dalle banche per concedere crediti.

free rider: **1.** Nel linguaggio delle borse valori statunitensi, indica un rialzista che acquista lotti di nuove emissioni obbligazionarie o azionarie per poi rivenderle prima di doverne pagare l'intero costo. Tale pratica, basata sulla speranza che il corso aumenti, come spesso avviene in questa parte della vita di un titolo, è oggi vietata nelle borse valori americane. **2.** Nel linguaggio del commercio internazionale, questa espressione viene usata per indicare un piccolo paese che non fa di per sé alcuna concessione commerciale, gode di concessioni fatte da altri paesi, ma non rappresenta una grande quota di mercato, essendo semplicemente un piccolo esportatore. Se tale paese è isolato, non costituisce un peso per gli altri paesi, ma possono sorgere seri problemi se molti di questi piccoli stati diventano collettivamente abbastanza grandi da creare distorsioni al commercio internazionale quando i benefici vengono estesi secondo il principio della clausola semplice della nazione più favorita (v. anche *unconditional most-favoured-nation clause*) **3.** Nel linguaggio economico, il termine indica chi beneficia di un bene pubblico senza corrispondere allo stato o all'ente somministratore il suo contributo sotto forma di imposta o altro tipo di versamento.

free sample: ***campione gratuito.*** Campione distribuito o inviato gratuitamente a potenziali acquirenti, al fine di consentir loro di accertare la qualità o le caratteristiche di un bene offerto in vendita.

free share: ***azione gratuita.*** Lo stesso che *bonus share* (v.).

freesheets: ***pubblicazioni gratuite.*** Giornali o riviste distribuiti gratuitamente al pubblico in generale o a determinate categorie. I costi di tali iniziative vengono coperti esclusivamente dalle entrate derivanti dalle inserzioni pubblicitarie, ma a volte esse sono sponsorizzate da una o più imprese che intendono promuovere le relazioni pubbliche.

free shop: ***negozio franco; negozio in franchigia doganale.*** Lo stesso che *duty-free shop* (v.).

free silver: ***argento libero.*** Espressione usata per indicare la libera coniazione dell'argento. (v. anche *free coinage*)

free stock: ***scorte libere; scorte disponibili.*** Sono le scorte in magazzino non accantonate per l'esecuzione di ordinativi già pervenuti all'impresa e, pertanto, disponibili per la vendita.

free supply: ***offerta libera.*** Partite di beni libere e disponibili per la vendita. Il termine viene usato per riferirsi a tutte quelle partite di merci che non siano controllate da un ente statale o non siano di proprietà dello stato.

free surplus: ***utili disponibili.*** Quella parte di utili disponibile per il pagamento di dividendi, dopo che si è provveduto al pagamento degli altri oneri che vantano un diritto prioritario.

free trade: ***libero scambio.*** La libera circolazione di beni e servizi tra paesi esteri, senza restrizioni da parte degli stati sotto forma di dazi doganali, contingentamenti, licenze di importazione o altre limitazioni. Secondo gli economisti classici, il libero scambio a livello mondiale avrebbe enormemente favorito tutti i paesi, in quanto avrebbe consentito loro la specializzazione secondo il principio del vantaggio comparato. Purtroppo, c'è sempre stata una forte tendenza, da parte dei paesi di tutto il mondo, ad imporre dazi sulle importazioni, principalmente allo scopo di proteggere le industrie nazionali dalla concorrenza straniera.

Free Trade Agrement: L'accordo bilaterale di libero scambio sottoscritto da Stati Uniti e Canada e entrato in vigore il 1° gennaio 1989. Esso riguarda non soltanto lo scambio di beni sui quali saranno aboliti tutti i dazi nell'arco di un decennio, ma anche quello di servizi nonché particolari accordi sui movimenti di capitali per investimenti.

free trade agreements: ***accordi di libero scambio.*** Accordi bilaterali o multilaterali che hanno come obiettivo la libera circolazione di beni e servizi tra i paesi che li sottoscrivono. Un accordo bilaterale del genere è quello negoziato tra Israele e gli Stati Uniti, mentre un esempio di accordo multilaterale è quello sottoscritto dai paesi della CEE.

free trade area: ***area di libero scambio.*** Insieme di paesi che si sono accordati al fine di consentire la libera circolazione tra loro di beni e servizi. (v. anche *customs union, free trade*)

free trade association: ***associazione di libero scambio.*** Termine usato con lo stesso significato di *free trade area* (v.).

free trade deal: ***accordo di libero scambio.*** V. spiegazione sotto *free trade agreements.*

free trader: ***liberista.*** Un sostenitore o un fautore del libero scambio nei rapporti commerciali tra stati.

free trade zone: ***zona di libero scambio.*** Zona altamente deregolamentata nella quale gli operatori godono di imposte eccezionalmente basse e periodi di esenzione fiscale, oltre ad essere esenti da dazi di importazione e da controlli valutari. Zone di questo tipo sono state create da molti paesi allo scopo di rilanciare aree depresse e agevolare lo sviluppo di paesi di recente industrializzazione.

free under tackle: ***franco sotto paranco.*** Espressione usata con lo stesso significato di *free overside* (v.).

freeway: ***autostrada senza pedaggio; superstrada.*** Termine col quale negli Stati Uniti si indica un'arteria extraurbana destinata al traffico veloce, la cui percorrenza non è soggetta al pagamento di alcun pedaggio, o una strada a scorrimento veloce, che consente un traffico automobilistico fluido all'interno di una città.

to freeze: ***congelare; bloccare.*** Nel linguaggio economico, questo verbo indica sempre qualcosa che resta dove è o come è. Ad esempio, parlando di salari indica che essi verranno mantenuti al livello attuale, anche in presenza di aumento dei prezzi. (v. anche *wage freeze, price freeze, frozen assets*)

freeze out: ***esclusione di soci minoritari.*** Negli Stati Uniti, questo termine indica l'azione intrapresa da grossi azionisti, o dal consiglio di amministrazione di una società, allo scopo di escludere o eliminare definitivamente l'ingerenza di soci minoritari nelle questioni sociali. Si concretizza nel riacquisto, da parte dei soci di maggioranza, delle azioni di proprietà dei soci minoritari o nel trasferimento di esse ad altri soci minoritari graditi.

free zone: ***zona di libero scambio.*** Lo stesso che *free trade zone* (v.).

freight: **1.** ***nolo.*** In senso stretto, il termine inglese indica la somma di denaro pagata per il trasporto di merci o per il noleggio di una nave o di un aereoplano. Di solito, il nolo viene espresso come un tanto per tonnellata di peso o per tonnellata di cubaggio. **2.** ***carico.*** In senso lato, indica le merci per il cui trasporto si paga il nolo. **3.** ***trasporto.*** Il termine britannico è a volte usato anche per indicare il trasporto di merci via mare e via aerea, mentre negli Stati Uniti si usa anche in relazione al trasporto ferroviario e stradale.

freight absorption: ***assorbimento del nolo.*** Pratica seguita da certi venditori di non far pagare al compratore il nolo sulle merci da loro acquistate. (v. anche *absorption 2*)

freight account: ***conto nolo.*** Termine usato con due significati: 1) il conto, tenuto da un armatore, del nolo guadagnato da una nave durante ogni singolo viaggio; 2) il documento emesso dall'armatore o, in sua vece, dal raccomandatario o dal comandante della nave, relativo al pagamento del nolo in considerazione di un contratto di trasporto marittimo. Esso serve a determinare la somma dovuta dal noleggiatore o dal caricatore a titolo di acconto sul nolo, versato al porto di caricazione, o di liquidazione del nolo, versata al porto di destinazione sulla base della resa di bordo. In questa seconda accezione si usano anche i termini *freight bill* e *freight note.*

freightage: ***nolo.*** Termine usato come sinonimo meno frequente di *freight 1* (v.) e di *freight 2* (v.).

freight-allowed price: ***prezzo reso; prezzo fob destino.*** Lo stesso che *delivered price* (v.).

freight bill: ***nota di nolo.*** Termine usato negli Stati Uniti come sinonimo di *freight note* (v.).

freight booking: ***prenotazione di nolo.*** Prenotazione di spazio su un mezzo di trasporto, per la spedizione futura di un carico.

freight broker: ***sensale di noli; sensale di noleggi.*** Intermediario che tratta sui mercati dei noli in nome e per conto di coloro che intendono noleggiare spazio su mezzi di trasporto marittimi o aerei o che intendono noleggiare intere navi o aerei.

freight by measure: ***nolo a volume.*** È il nolo calcolato in base al volume d'ingombro delle merci da trasportarsi. L'unità di nolo, in tale caso, è la tonnellata di cubaggio, che consiste di quaranta piedi cubici.

freight by weight: ***nolo a peso.*** È il nolo calcolato in base al peso delle merci da trasportarsi. L'unità di nolo, in tale caso, è la tonnellata di peso, che può essere quella imperiale di 2240 libbre, pari a kg. 1016, o quella metrica di 2205 libbre, pari a kg. 1000.

freight car: ***vagone merci.*** Negli Stati Uniti, è un vagone ferroviario adibito esclusivamente al trasporto di merci.

freight charge: ***tariffa di nolo.*** Lo stesso che *freight rate* (v.).

freight classification: ***classificazione del carico.*** Il raggruppamento di beni in classi, a ciascuna delle quali viene assegnata una tariffa o rata di nolo. (v. anche *freight rate*)

freight club: Associazione di mutua assicurazione per il rimborso di noli perduti per una qualsiasi causa. È un tipo di associazione che emette quasi esclusivamente polizze di assicurazione nolo.

freight collect: ***nolo posticipato; nolo assegnato.*** Termine usato negli Stati Uniti come sinonimo dell'equivalente britannico *freight forward* (v.).

freight collision clause: Clausola che, in un contratto di noleggio o di spedizione via mare, stabilisce l'obbligo di restituzione del nolo pagato in anticipo, in caso di danni alla nave conseguenti a collisione.

freight costs: ***costi di nolo.*** Spese sostenute per la spedizione di merci.

freight density: ***densità di carico.*** Corrisponde al numero di tonnellate di carico trasportato per un miglio, diviso per il numero di miglia percorse.

freight equalization: ***perequazione del nolo.*** Nel linguaggio dei trasporti statunitense, indica la pratica di far pagare al compratore il nolo corrispondente alla tariffa dal più vicino punto di vendita, invece del nolo effettivo.

freighter: **1.** ***noleggiatore.*** Termine usato con lo stesso significato di *charterer* (v.). **2.** ***nave da carico.*** Nave adibita al trasporto di merci. Può essere di linea, nel qual caso segue una rotta precisa con scali prestabiliti, o può essere una «carretta», nel qual caso prende e porta carico dove capita, senza rotta o scali prestabiliti.

freight forward: ***nolo posticipato; nolo assegnato.*** Nolo che viene pagato all'arrivo delle merci al porto di destinazione.

freight forwarder: ***spedizioniere.*** Termine usato con lo stesso significato di *forwarding agent* (v.).

freight in: ***nolo su merci acquistate.*** Espressione usata come sinonimo di *carriage inwards* (v.).

freight in and out: ***nolo in arrivo e in partenza.*** Sono le spese di trasporto su materiali in arrivo ad una fabbrica (*freight in*) e sui prodotti finiti in partenza dalla fabbrica (*freight out*).

freight in full: ***nolo netto.*** Termine usato come variante di *full freight* (v.).

freighting: ***contratto di trasporto marittimo.*** Termine usato con lo stesso significato di *affreightment 2* (v.).

freight insurance: ***assicurazione del nolo.*** Tipo di assicurazione mediante la quale un armatore può tutelarsi contro il rischio di perdita di noli.

Freight Integration Council: ***Consiglio per l'integrazione dei trasporti interni.*** Consiglio istituito nel Regno Unito nel 1968 per assistere, con mansioni consultive, il ministero dei trasporti nel tentativo di integrazione di tutte le forme di trasporto di merci nell'ambito del territorio nazionale.

freight inwards: ***nolo su merci acquistate; nolo in arrivo.*** Termine statunitense, usato con lo stesso significato di *carriage inwards* (v.).

freight inwards account: ***conto nolo in arrivo.*** È il conto nolo, inviato dall'armatore al ricevitore o al suo agente, relativo a merci sulle quali il nolo è a carico del ricevitore o deve essere pagato al porto di destinazione.

freightliner: 1. ***treno merci veloce.*** Termine usato con lo stesso significato di *liner train* (v.). **2.** ***treno portacontenitori.*** Treno adibito al trasporto di merci in contenitori.

freight market: ***mercato dei noli.*** Il mercato sul quale si svolgono le contrattazioni relative al noleggio di navi e aerei. Il principale mercato dei noli era, fino a poco tempo fa, quello di Londra, ma esso tende a spostarsi verso New York. È un tipo di mercato che possiede notevolissima mobilità, a differenza della rigidità del mercato dei trasporti via terra, ed infatti i noli sono soggetti a raddoppiarsi e a triplicarsi in brevissimo tempo, come pure a ridursi nella stessa proporzione. Ciò perché l'offerta di mezzi di trasporto, specialmente quelli marittimi, è influenzata da una serie di fattori, quali il costo del trasporto, la situazione di libera concorrenza o di monopolio che domina l'industria dei trasporti, il grado di sovvenzionamento statale concesso all'industria e, soprattutto, la domanda, che è strettamente collegata all'utilità dei trasporti marittimi e aerei, a sua volta strettamente dipendente dalla congiuntura economica.

freight note: ***nota di nolo.*** È un documento emesso dalla compagnia di navigazione, nel quale vengono specificati i dettagli del nolo dovuto su un carico per un determinato viaggio.

freight not repayable: ***nolo dovuto ad ogni evento; nolo irripetibile.*** È così chiamato il nolo dovuto anche nel caso in cui il carico dovesse andare perduto. Generalmente è irripetibile il nolo pagato al porto di partenza.

freight out: ***nolo su merci vendute; nolo in partenza.*** Espressione usata come sinonimo di *carriage outwards* (v.).

freight out and home: ***nolo di andata e ritorno.*** È il nolo relativo al viaggio di una nave dal porto nel quale si trova ad un altro porto e viceversa.

freight outwards: ***nolo su merci vendute; nolo in partenza.*** Termine statunitense, usato con lo stesso significato di *carriage outwards* (v.).

freight outwards account: ***conto nolo in partenza.*** È il conto nolo, inviato dall'armatore al caricatore o allo spedizioniere, relativo a merci in partenza sulle quali il nolo è a carico del mittente.

freight paid in advance: ***nolo anticipato; nolo prepagato.*** Nolo pagato al porto di partenza.

freight paid to: ***nolo pagato fino a.*** Clausola che indica che le spese di trasporto fino al punto convenuto e specificato sono a carico del venditore ed in quel punto avviene il passaggio dei costi dal venditore al compratore.

freight payable at destination: ***nolo dovuto salvo felice arrivo della nave; nolo pagabile a destinazione.*** È il nolo che sarà pagato soltanto sul carico effettivamente giunto a destinazione, anche se avariato. Di solito è tale il nolo assegnato.

freight policy: ***polizza di assicurazione nolo.*** Polizza di assicurazione che tutela un vettore contro il rischio di perdita del nolo conseguente a guasti alla nave o altre cause che impediscono il guadagno del nolo.

freight port: ***porto merci.*** Porto, o area di un porto, destinato esclusivamente alle operazioni di caricazione e discarica di navi mercantili adibite al trasporto di merci. Il termine è usato in contrapposizione a porto passeggeri.

freight prepaid: ***nolo prepagato; nolo affrancato.*** Espressione riportata sulle polizze di carico per indicare che il nolo relativo al trasporto delle merci in esse descritte è stato interamente pagato al porto di imbarco.

freight rate: ***rata di nolo; tariffa di nolo; saggio di nolo; tasso di nolo.*** È la tariffa applicata ad una spedizione, a seconda della classe in cui rientra il carico, della distanza da percorrere e di altri eventuali elementi da tenere in considerazione. La rata di nolo si applica ad una singola unità di peso o di volume o ad un singolo collo delle merci da trasportare.

freight rebate: ***ribasso di nolo.*** Sconto, abbuono o restituzione equivalente di nolo già pagato, concesso da un armatore ad un caricatore che si impegna a servirsi esclusivamente delle sue navi per qualsiasi spedizione egli debba effettuare. Lo stesso termine viene usato per indicare qualsiasi elemento diminutivo del nolo, quale ad esempio la commissione di raccomandazione, la senseria, il non pesare, il tiraggio, il premio di allestimento e simili.

freight release: ***quietanza per nolo; ordine di rilascio.*** All'atto del pagamento del nolo, viene rilasciata regolare quietanza che autorizza il ricevitore a ritirare le merci. Poiché il carico è soggetto a diritto di ritenzione da parte del vettore, la quietanza viene anche chiamata ordine di rilascio. Se il nolo è prepagato, ciò risulterà dalla polizza di carico debitamente quietanzata.

freight service: ***servizio merci.*** Servizio offerto da una compagnia di navigazione aerea o marittima in relazione al trasporto di merci. Il termine viene usato in contrapposizione a servizio passeggeri.

freight surcharge: ***maggiorazione del nolo.*** Qualsiasi elemento aumentativo del nolo, quali ad esempio la cappa, la regalia, il sopranolo, il compenso di controstallie e simili.

freight ton: ***tonnellata di nolo; tonnellata di noleggio.*** È l'unità base sulla quale viene calcolato il nolo da applicarsi ad una partita di merci. Se la spedizione consiste di merci pesanti, come ad esempio macchinari o barre di acciaio, la tonnellata di nolo corrisponde alla tonnellata di peso, sia essa quella imperiale di 2240 libbre (o kg. 1016) o quella metrica di 2205 libbre (o kg. 1000). Se, invece, il carico è leggero ma sviluppa un notevole volume, la tonnellata di nolo corrisponde alla cosiddetta tonnellata di cubaggio, basata sul volume di acqua dislocato da una tonnellata di peso, ossia quaranta piedi cubici o metri cubi 1,1327. Alla nave viene riconosciuto il diritto di scelta tra la tonnellata di peso e la tonnellata di cubaggio ai fini dell'applicazione della rata di nolo. (v. anche *ship's favour*)

freight traffic: ***traffico merci.*** Caricazione, discarica e movimentazione di merci in un porto, un aeroporto o una stazione ferroviaria. Il termine viene usato in contrapposizione a traffico passeggeri.

freight train: ***treno merci.*** Espressione del linguaggio dei trasporti statunitense, con la quale si indica un treno interamente adibito al trasporto di merci in vagoni chiusi o aperti.

freight unit: ***unità di nolo.*** È l'unità convenzionale, di solito la tonnellata di noleggio di quaranta piedi cubici, cui si riferisce una rata di nolo. (v. anche *freight ton*)

freight unpaid: ***nolo assegnato.*** Espressione riportata su una polizza di carico per indicare che il nolo relativo al trasporto delle merci in essa descritte deve essere interamente pagato al porto di destinazione.

frequency: ***frequenza.*** Il numero di volte che un evento si verifica in un determinato periodo di tempo. Nel linguaggio del marketing, il termine indica il numero di volte che in un dato periodo di tempo una persona media è esposta a un messaggio pubblicitario diffuso dai mezzi di comunicazione di massa.

frequency curve: ***curva di frequenza.*** In statistica, è ciascuno dei tanti piccoli segmenti presentati da un poligono di frequenza.

frequency distribution: ***distribuzione di frequenza.*** Tabella o grafico che indica la suddivisione di un insieme di dati in base a una qualche loro caratteristica misurabile comune.

frequency polygon: ***poligono di frequenza.*** In statistica, è un grafico lineare delle frequenze delle classi, che passa per i valori centrali delle classi stesse. Si può ottenere unendo con una linea i punti centrali dei lati superiori dei rettangoli di un istogramma.

fresh money: ***denaro fresco.*** Nel linguaggio finanziario, indica il denaro che va ad aggiungersi alle disponibilità già esistenti di un'impresa. Viene di solito ricavato mediante emissioni azionarie o obbligazionarie, in vista di un ampliamento dell'attività dell'impresa.

friction: ***attrito; frizione.*** Nel linguaggio economico, indica l'interferenza di influenze esterne che impediscono il normale funzionamento di una legge economica.

frictional unemployment: ***disoccupazione frizionale.*** Disoccupazione che deriva da scarsa mobilità della manodopera da un'occupazione ad un'altra o da un'area ad un'altra. È stata notevolmente ridotta mediante l'istituzione degli uffici di collocamento, ma non può essere del tutto eliminata sia a causa della resistenza dei lavoratori a spostarsi in altre aree o occupazioni, sia a causa del tempo necessario ad un lavoratore per trovare un altro lavoro ed essere assunto.

fridays and holidays excluded: ***venerdì e festivi esclusi.*** Clausola usata nei trasporti marittimi in relazione a carichi provenienti o destinati a paesi islamici, nei cui porti le operazioni di caricazione e discarica non avranno luogo nei giorni di venerdì e nelle altre festività riconosciute.

Friedmanite: Termine colloquiale usato per indicare un monetarista e in particolare un sostenitore delle teorie dell'economista americano Milton Friedman, professore all'Università di Chicago, che propugnava il controllo diretto della circolazione monetaria da parte del governo, invece che tramite il ricorso alla politica fiscale.

friendly adjustment: ***compromesso amichevole.*** Modo di porre fine ad una disputa, mediante reciproche concessioni delle parti, che rinunciano al ricorso alle vie legali.

friendly arrangement: ***accomodamento amichevole.*** Termine usato con lo stesso significato di *friendly settlement* (v.).

friendly composition: ***transazione amichevole.*** Termine usato con lo stesso significato di *friendly settlement* (v.).

friendly settlement: ***accomodamento amichevole; definizione amichevole.*** Definizione di una controversia raggiunta in via amichevole, cioè col consenso delle parti e senza il ricorso all'autorità giudiziaria.

friendly society: ***società di mutuo soccorso; associazione di mutua assistenza.*** Tipo di società, registrata ma non in possesso di personalità giuridica secondo il *Friendly Societies Act* del 1896, costituita allo scopo di prestare assistenza ai soci in periodi di malattia e in vecchiaia o per assistere orfani e vedove di soci.

fringe banks: ***banche marginali.*** Nel Regno Unito si indicano con questo termine tutte quelle istituzioni, che non possono propriamente chiamarsi banche né sono autorizzate a porre il termine *bank* nella loro ragione sociale, supervisionate dal Ministero del Commercio, invece che dalla Banca d'Inghilterra, nelle loro attività di raccolta di fondi sotto forma di depositi.

fringe benefits: ***benefici aggiuntivi; benefici accessori; benefici marginali.*** Alquanto diffusi nel Regno Unito e negli Stati Uniti, consistono di una serie di benefici che il datore di lavoro si impegna a concedere, oltre al salario, ai propri dipendenti al momento della loro assunzione. Fra tali benefici rientrano: vacanze pagate, licenza per malattia, servizio sanitario, mensa aziendale, contributi per traslochi, contributi pensionistici, ecc. A volte l'impresa consente ai propri dipendenti di acquistare, a prezzi ridotti, una certa quantità dei beni che essa produce o stabilisce una quota di beni da dare gratuitamente ai dipendenti, come ad esempio carbone nell'industria carbonifera. Poiché tali benefici hanno un valore monetario e sono esentasse, la pratica dei *fringe benefits* è ben vista dai lavoratori e si è rapidamente diffusa in molti paesi.

fringe bodies: Espressione usata nell'inglese britannico per indicare delle imprese, impegnate principalmente in attività immobiliari di carattere speculativo, che durante il periodo più acuto della crisi economica britannica degli anni 1973–1975 furono portate al fallimento a seguito del crollo del mercato immobiliare londinese.

fringe market: ***mercato marginale.*** Nel linguaggio commerciale, indica un mercato sul quale possono vendersi soltanto piccole quantità di un bene per il quale esiste un altro mercato molto più importante.

FRN: floating rate note.

from date: ***giorni data; dalla data.*** In relazione ad una cambiale, indica che essa scade un certo numero di giorni dopo la data scritta sulla cambiale stessa. Ad esempio, quindici giorni data significa che la cambiale scade il quindicesimo giorno a partire dalla data segnata su di essa.

front door: V. spiegazione sotto *at the front door.*

front–door operations: ***operazioni per la porta principale.*** V. spiegazione sotto *at the front door.*

front end charges: ***spese iniziali.*** Lo stesso che *sales charges* (v.).

front end fees: ***spese iniziali; commissione di colloca-***

mento; commissione di ingresso; spese di sottoscrizione. Lo stesso che *sales charges* (v.).

front end finance: ***finanza iniziale.*** Sono i finanziamenti forniti durante i primi stadi di un appalto o di un progetto di costruzione in un paese straniero. La finanza iniziale serve a far fronte a quella parte delle spese di acquisto materiali non coperte da crediti all'esportazione.

front end load: ***spese iniziali.*** Lo stesso che *sales charges* (v.).

front end loading: ***caricamento iniziale.*** Termine generico usato nel linguaggio finanziario per indicare costi o addebiti, relativi alla concessione di un mutuo o ad un piano di investimento, che risultano maggiori nella fase iniziale in quanto includono le commissioni per gli agenti e buona parte delle spese di gestione, fatte pagare in anticipo al mutuatario o al sottoscrittore. Il termine indica, ad esempio, le spese iniziali di un programma di accumulazione di capitale in un fondo comune d'investimento, che equivalgono ad oltre il cinquanta per cento del primo versamento, il quale a sua volta corrisponde generalmente a tredici versamenti mensili. Ad esempio, un programma di accumulazione di capitale per versamenti di un milione al mese prevede un versamento iniziale di tredici milioni, di cui oltre il cinquanta per cento rappresenta il caricamento iniziale, che il sottoscrittore perde se non continua il programma. (v. anche *sales charges*)

front end load plan: ***piano contrattuale.*** Lo stesso che *contractual plan* (v.).

fronting: Termine che indica la pratica in base alla quale una compagnia assicuratrice si assume un rischio nei confronti dell'assicurato e poi lo ripartisce tra varie altre compagnie che restano ignote all'assicurato. Il rapporto rimane, comunque, tra quest'ultimo e la società che dà il *fronting.*

front-line managers: ***quadri.*** Lo stesso che *first-line managers* (v.).

front office: Espressione del linguaggio borsistico, usata per indicare una delle strutture presenti nelle società di *market makers* o di intermediazione finanziaria, e precisamente quella attraverso la quale opera direttamente l'intermediario. Quando si dice che un'operazione di compravendita è eseguita dal *front office*, si intende che l'intermediario, una volta ricevuto l'ordine di acquisto o di vendita, provvede a eseguirlo attraverso il suo terminale, lasciando poi al *back office* (v.) il compito di emettere la documentazione relativa all'operazione.

front-running: Espressione del linguaggio finanziario statunitense, entrata anche in quello londinese dopo il *big bang* (v.). Indica la creazione di una posizione, in relazione a uno o più titoli azionari, di venditore o compratore allo scoperto, che precede la pubblicizzazione di informazioni che possono seriamente influire sul corso di quel o quei titoli e che erano già note all'operatore o a un'altra branca dell'organizzazione. Ciò è possibile che si verifichi quando una ditta che opera in borsa ha sia il reparto operativo che dà consigli ai clienti su cosa comprare e vendere e ne esegue gli ordini, sia il reparto dei cosiddetti *market makers*, sia il reparto che si interessa di finanza aziendale. Lo stesso termine, in un uso più strettamente statunitense, indica la pratica descritta sotto *dual trading* (v.).

frozen account: ***conto congelato.*** Conto, presso un istituto di credito, sul quale non è possibile compiere operazioni a causa di un vincolo imposto da un organo a ciò abilitato, come ad esempio la magistratura.

frozen assets: ***attività congelate; attività di non immediato realizzo.*** Le attività di un'impresa non prontamente vendibili o non alienabili subito senza che si incorra in una notevole perdita.

frozen balance: ***saldo congelato.*** Lo stesso che *frozen account* (v.).

frozen credits: ***crediti congelati.*** Saldi di conti bancari che, per disposizioni governative, non possono essere trasferiti ai loro legittimi proprietari, di solito cittadini, enti o governi stranieri. In caso di incidenti internazionali, i governi ricorrono a questo mezzo di pressione per sbloccare situazioni di stallo, come avvenne durante la crisi fra gli Stati Uniti e l'Iran.

frozen stocks: ***scorte invendibili.*** Scorte che un'impresa non riesce più a piazzare sul mercato a causa di repentina caduta della domanda o di inadeguatezza del bene offerto.

F.R.S.: Federal Reserve System.

frt.: freight.

frt. fwd.: freight forward.

frustration clause: ***clausola di annullamento.*** Nelle assicurazioni marittime è la clausola che prevede l'annullamento della polizza se il bene assicurato non può giungere a destinazione a seguito di fallimento dell'impresa dovuto, ad esempio, allo scoppio di una guerra o altri motivi che esulano dal rischio assunto dall'assicuratore.

frustration of contract: ***annullamento di un contratto; estinzione di un contratto.*** Estinzione delle obbligazioni delle parti contraenti, a causa dell'insorgere di un evento non previsto all'atto della stipulazione del contratto, che ne rende impossibile l'esecuzione.

F.S.A.: Federal Security Agency.

F.S.L.I.C.: Federal Savings and Loan Insurance Corporation.

F.S.R.C.: Federal Surplus Relief Corporation.

ft.: foot.

F.T.: *Financial Times.*

F.T.-Actuaries Share Indices: V. spiegazione sotto *Financial Times Actuaries Share Indices.*

F.T.C.: Federal Trade Commission.

fth.: fathom.

F.T. Index: ***indice azionario del «Financial Times».*** V. spiegazione sotto *«Financial Times» Index.*

F.T. Industrial Ordinary Share Index: È l'indice delle azioni ordinarie industriali, descritto sotto *«Financial Times» Index* (v.).

FT-SE 100: *Financial Times*-Stock Exchange 100 Index.

full absorption costing: ***sistema di contabilità a costi pieni.*** Lo stesso che *absorption costing* (v.).

full board meeting: ***riunione plenaria del consiglio di amministrazione.*** Una riunione del consiglio di amministrazione, alla quale sono presenti tutti i suoi membri.

full-bodied currency: ***valuta metallica.*** Il termine inglese indica la valuta di un paese costituita interamente di monete metalliche d'oro o d'argento. Se la moneta di un paese è di tale tipo, non vi è bisogno di alcun intervento delle autorità monetarie per manovrarne la quantità in circolazione, essendo la quantità di moneta regolata soltanto dalla disponibilità del metallo usato per la sua coniazione. (v. anche *managed currency*)

full capacity: ***piena capacità.*** Il volume di produzione che potrebbe raggiungere una impresa se venissero utilizzate a pieno tutte le sue strutture produttive. Ciò, ovviamente, implicherebbe la presenza di notevoli quantità di ordini e una forza lavoro numericamente adeguata.

full cargo: ***carico completo.*** Un carico che riempia interamente un mezzo di trasporto.

full container ship: ***nave portacontenitori; portacontenitori.*** Nave appositamente costruita e adibita all'esclusivo trasporto di contenitori, che vengono stivati in appositi locali l'uno sull'altro ed anche sulla coperta della nave. Ciò è stato reso possibile dalla standardizzazione delle dimensioni del *container* (v.).

full-contribution clause: ***clausola di contribuzione totale.*** Nelle assicurazioni contro l'incendio di beni immobili gravati da ipoteca, questa clausola tutela gli interessi di tutti i creditori ipotecari. Essa, infatti, prevede che qualora lo stesso bene sia gravato da più ipoteche, in caso di sinistro l'assicuratore sarà tenuto a indennizzare prima il creditore titolare di ipoteca di primo grado, poi quello titolare di ipoteca di secondo grado e così via se sono presenti ipoteche di grado successivo. (v. anche *non-contribution clause*)

full cost: ***costo pieno.*** Costo di un prodotto calcolato tenendo conto di tutti i costi diretti di produzione del bene e di una quota di spese generali imputabile al prodotto in questione.

full costing: ***sistema di contabilità a costi pieni; sistema di contabilità a costi complessivi; contabilità industriale a costi globali; sistema di contabilità a costi di assorbimento.*** La contabilità industriale che si forma come scopo il calcolo delle varie configurazioni di costo al fine di stabilire i prezzi di vendita o di accertare la loro remunerabilità. Pertanto, essa determina, per ogni processo di lavorazione o per ogni commessa, il costo primo, il costo industriale ed il costo complessivo, imputando i costi comuni e generali alla produzione ottenuta. È il contrario di contabilità industriale a costi diretti ed è ancora il sistema più diffuso ed usato in Europa.

full-cost price: ***prezzo a costo pieno.*** È un prezzo che tenga conto dei costi diretti di produzione del bene, della quota di spese generali imputabile allo stesso bene e di un soddisfacente margine di profitto per l'impresa produttrice.

full-cost pricing: ***determinazione del prezzo in base al costo pieno; prezzatura al costo pieno.*** Procedimento seguito dalle imprese nel determinare il prezzo di vendita del loro prodotto. L'impresa calcola il costo unitario del prodotto in base al costo pieno e alla produzione corrente o alla produzione futura stimata e poi aggiunge una certa percentuale come profitto per giungere al costo di vendita.

full coverage: ***copertura totale.*** Nelle assicurazioni, indica che la polizza copre il cento per cento del bene assicurato e non vi sono, pertanto, franchigie o porzioni di autoassicurazione.

full crew rule: Espressione del linguaggio statunitense delle relazioni industriali con la quale si indica la pratica sindacale che impone l'impiego di un numero minimo di lavoratori iscritti al sindacato per una commessa o un lavoro determinati.

full employment: ***piena occupazione; pieno impiego.*** Nella teoria economica, il pieno impiego è la condizione in cui tutti i fattori della produzione presenti in un sistema economico sono impiegati nel processo produttivo, così che i prezzi dei fattori sono in equilibrio. Per quanto attiene al lavoro, con piena occupazione si intende la condizione in cui tutti coloro che sono in grado di lavorare e che desiderano lavorare sono effettivamente impiegati in un'occupazione remunerata, cosa che difficilmente si verifica, specialmente a causa della disoccupazione frizionale. Pertanto, si può dire di aver raggiunto la piena occupazione quando un massimo del 98,5% o un minimo del 96% dell'intera forza lavoro è occupata in lavori retribuiti, ovvero quando vi sia un numero uguale di posti di lavoro liberi e di lavoratori in cerca di lavoro. (v. anche *frictional unemployment*)

full-employment budget: ***bilancio di piena occupazione.*** Nel linguaggio della contabilità di stato statunitense, denota il concetto di un bilancio preventivo che indichi, in qualsiasi momento del tempo, la situazione di bilancio nel caso in cui l'economia nazionale operi in regime di piena occupazione ad un dato livello effettivo di spese e gettito fiscale federali.

full-employment deficit: ***disavanzo di piena occupazione.*** Nel linguaggio della contabilità di stato statunitense indica un disavanzo del bilancio federale in regime di piena occupazione.

full-employment level: ***livello di pieno impiego.*** È il livello produttivo massimo che può raggiungere un'economia, quando tutti i fattori della produzione sono impiegati nel processo produttivo.

full-employment national income: ***reddito nazionale di piena occupazione.*** Lo stesso che *full-employment output* (v.).

full-employment output: ***produzione di piena occupazione.*** Il volume globale lordo che un sistema economico è in grado di produrre quando esso operi in regime di piena occupazione, cioè con almeno il 96% della forza lavoro impiegata in attività produttive e remunerate, in assenza di pressioni inflazionistiche.

full-employment rate: ***tasso di piena occupazione.*** Lo stesso che *natural rate of unemployment* (v.).

full-employment surplus: ***attivo di piena occupazione; avanzo di piena occupazione.*** Nel linguaggio della contabilità di stato statunitense, questo termine viene usato come opposto di *full-employment deficit* (v.), per indicare un attivo del bilancio federale in regime di piena occupazione.

full-employment unemployment rate: ***tasso di disoccupazione di piena occupazione.*** Lo stesso che *natural rate of unemployment* (v.).

full endorsement: ***girata piena; girata nominativa.*** Lo stesso che *special endorsement* (v.).

full faith and credit bonds: Termine usato con lo stesso significato di *general obligation bonds* (v.).

full freight: ***nolo netto.*** È il nolo, stabilito in base alla rata e alla quantità di merci, al quale non sono state apportate variazioni che tengano conto degli elementi aggiuntivi o diminutivi, quali la cappa, la regalia, la commissione di raccomandazione, la senseria e simili. (v. anche *freight rebate, freight surcharge*)

full function wholesaler: Nella pratica commerciale statunitense è un tipo di intermediario che svolge vari servizi: prende possesso e tiene in deposito i beni che tratta, concede credito ai dettaglianti suoi clienti, si interessa della promozione delle vendite con pubblicità ed altri sistemi e svolge tutta una serie di altre simili funzioni.

full fund: ***finanziamento totale.*** V. spiegazione sotto *full fund(ing) rule.*

full fund(ing) rule: ***regola del finanziamento totale.*** In base a questa regola, adottata dal governo britannico, le autorità cercheranno di finanziare, mediante la vendita di titoli di stato ad acquirenti diversi dalle banche e dalle altre istituzioni di credito e risparmio, il totale netto di: a) debito in scadenza; b) fabbisogno finanziario del settore pubblico; c) qualsiasi variazione delle riserve di valuta estera. La regola mira a garantire che nell'arco di ciascun anno finanziario le operazioni di indebitamento statale abbiano un impatto neutro sulla crescita della liquidità in sterline nell'economia, misurata in base alla crescita di M4 (che include i depositi tenuti presso le banche e le *building societies*). Il principio sul quale si fonda la regola è il seguente: se il governo immette moneta nel sistema economico spendendo più di quanto incassa, la stessa quantità di moneta sarà prelevata dal sistema mediante il finanziamento del debito, cosicché nessuna porzione del deficit verrà finanziata mediante l'emissione di moneta. Ma è anche necessario neutralizzare l'effetto sulla moneta in senso ampio (tecnicamente indicata con *sterling M3*). Di norma, i titoli di stato vengono pagati mediante prelievi di depositi tenuti presso le banche e le *building societies* e così viene influenzato il livello dell'aggregato monetario M4; ma ciò non si verificherà quando gli acquisti di titoli di stato vengono fatti in prima persona dalle banche e dalle *building societies.* Pertanto, gli acquisti (o le vendite) di titoli di stato fatti da queste istituzioni vengono esclusi dal totale del finanziamento che viene considerato in base alla *full fund rule.*

full gold standard: ***sistema monetario aureo; monometallismo aureo.*** Lo stesso che *gold standard* (v.).

full hedging: ***copertura completa.*** Nel linguaggio finanziario, la pratica di fare ricorso a operazioni di copertura contro il rischio del cambio in relazione a tutte le operazioni di compravendita all'estero. (v. anche *selective hedging, hedge*)

full investment: ***investimento pieno.*** Termine usato da J. M. Keynes per indicare la situazione che potrebbe verificarsi qualora il prolungarsi della quasi piena occupazione per un periodo di più anni venisse accoppiato, in paesi ricchi come gli Stati Uniti e il Regno Unito, a un grande volume di nuovi investimenti, supponendo costante la propensione al consumo. In una situazione di investimento pieno, non ci si potrebbe più aspettare un rendimento lordo complessivo eccedente il costo di rimpiazzo da un qualsiasi ulteriore incremento di beni durevoli di qualsivoglia tipo.

full liability: ***piena responsabilità; responsabilità individuale.*** La responsabilità assunta in prima persona e non divisa con altri.

full–line forcing: ***pressione per l'intera linea.*** Pratica commerciale adottata da un produttore per constringere il rivenditore ad acquistare l'intera linea da lui prodotta come condizione per la fornitura di uno o più articoli molto richiesti dai consumatori a causa o di potere monopolistico su di loro detenuto dal produttore o di alto gradimento da parte dei consumatori.

full lot: ***lotto; lotto di titoli; unità di contrattazione.*** Lo stesso che *trading lot* (v.).

full–paid capital stock: ***azione interamente liberata.*** Espressione statunitense, corrispondente a quella britannica *fully–paid share* (v.).

full–paid stock: ***azione interamente liberata.*** Lo stesso che *full–paid capital stock* (v.).

full partner: ***socio accomandatario; accomandatario.*** Termine statunitense equivalente a *general partner* (v.).

full payment: ***pagamento totale; pagamento a saldo; saldo.*** Lo stesso che *payment in full* (v.).

full payout lease: ***leasing finanziario.*** Lo stesso che *financial lease* (v.).

full price: ***prezzo pieno.*** Prezzo sul quale non viene praticato alcuno sconto.

full rate: ***tariffa intera.*** È la tariffa alla quale non sono state apportate riduzioni per sconti, abbuoni, premi o altro. Il termine viene usato principalmente nel linguaggio dei trasporti in contrapposizione a tariffa ridotta.

full requirements contract: ***convenzione di necessità; contratto per l'intero fabbisogno.*** Contratto in base al quale un compratore si impegna ad acquistare dal venditore nominato nel contratto tutta la quantità di un dato bene che gli occorre nell'arco di un determinato periodo di tempo. Ciò non significa che il compratore si impegna ad acquistare una quantità specificata; potrebbe anche non acquistare niente, se il suo fabbisogno di quel bene nel periodo determinato equivale a zero.

full–service bank: ***banca universale.*** Lo stesso che *universal bank* (v.).

full–service broker: Nel linguaggio finanziario statunitense, è così detto un intermediario che non si limita a eseguire ordini di acquisto o vendita (di solito di valori mobiliari) come fa un *discount broker* (v.), ma fornisce anche consulenza e assistenza in questioni fiscali, di pianificazione e gestione degli investimenti, ecc.

full set: ***gioco completo.*** È il numero totale di copie di documenti per i quali è prevista l'emissione in più di una copia. Ad esempio, le polizze di carico vengono emesse in due originali, uno per l'armatore e l'altro per il caricatore. Questo secondo originale può essere emesso in più esemplari numerati e tutti gli originali e le copie costituiscono un gioco completo di polizze di carico. Nel caso in cui il documento venga rilasciato in più esemplari, sull'originale sarà riportata la seguente dicitura: «rilasciato in numero... esemplari, dei quali uno adempiuto gli altri restano senza valore» o altra dicitura equivalente.

full stock: Termine delle borse statunitensi, con il quale si indica un'azione il cui valore nominale è uguale a cento dollari.

full–time: ***a tempo pieno.*** Espressione aggettivale, usata per indicare che un lavoratore dedica ad una singola attività tutto il proprio tempo lavorativo.

full–time employment: ***occupazione a tempo pieno; lavoro a tempo pieno.*** Attività cui una persona dedica tutto il suo tempo lavorativo o il numero di ore stabilito da un contratto di lavoro.

full–time personnel: ***personale a tempo pieno.*** L'insieme dei lavoratori che, in un'impresa, dedicano la loro intera giornata lavorativa a quell'unico datore di lavoro.

full–time worker: ***lavoratore a tempo pieno.*** È il lavoratore che dedica ad un unico datore di lavoro la sua intera giornata lavorativa.

fully–depreciated asset: ***attività interamente ammortizzata.*** Un'attività in relazione alla quale è stato completato il piano di ammortamento, ma che tuttavia è ancora in uso.

fully insured: ***assicurato a pieno; interamente coperto.*** Un bene coperto da assicurazione per il suo intero valore. Il proprietario, quindi, non risponde di alcuna quota di autoassicurazione.

fully–paid capital: ***capitale interamente versato.*** Lo stesso che *fully paid–up capital* (v.).

fully–paid share: ***azione interamente liberata.*** Azione in relazione alla quale è stato effettuato il versamento in moneta o il conferimento in beni per il valore corrispondente all'impegno assunto all'atto della sottoscrizione da parte del socio o dell'azionista.

fully–paid stock: ***azione interamente liberata; partecipazione interamente versata.*** Nel linguaggio finanziario statunitense, questo termine viene usato come sinonimo del britannico *fully–paid share* (v.), mentre nel linguaggio finanziario britannico indica la partecipazione al capitale di una società in relazione alla quale il socio ha interamente versato l'ammontare in moneta o in beni. (v. anche *stock 1*)

fully paid-up capital: ***capitale interamente versato.*** Capitale di una società, che è stato interamente versato dai soci o in moneta o in beni.

fully-priced invoice: ***fattura dettagliata; fattura analitica.*** È una fattura nella quale sono indicati, per ciascuno degli articoli, sia i prezzi unitari che quelli complessivi.

fully-subscribed: ***interamente sottoscritto.*** Nel linguaggio finanziario, questa espressione sta ad indicare che una nuova emissione di obbligazioni o di azioni è stata sottoscritta per l'intero ammontare dal pubblico o dai soci.

function: ***funzione.*** 1) Fine o scopo generale di un reparto o di un'unità organizzativa, come ad esempio amministrazione, vendita, ricerca e simili. 2) Una relazione quantitativa espressa sotto forma di equazione in cui una o più variabili indipendenti, insieme ai loro coefficienti, determinano il valore della variabile dipendente.

functional account: ***conto a livello di funzione.*** Qualsiasi conto usato nella contabilità a livello di funzioni.

functional accounting: ***contabilità a livello di funzioni.*** Sistema di contabilità direzionale basato sul criterio di dipartimentalizzare per funzione la rilevazione dei costi e la loro responsabilità, in vista di una delega sempre maggiore dell'autorità direzionale.

functional agent: ***agente funzionale.*** Termine usato con lo stesso significato di *functional middleman* (v.).

functional analysis: ***analisi funzionale.*** Tecnica mediante la quale si svolge un esame critico di un prodotto o dei suoi vari componenti in relazione alle sue funzioni essenziali, nel tentativo di scoprire in che modo lo si può alterare, semplificare o migliorare in maniera da ridurre il costo di produzione, lasciando inalterata la qualità e la vendibilità del prodotto. Tale studio è di importanza vitale quando si intende aprire nuovi sbocchi al prodotto.

functional budget: ***budget per funzioni; budget funzionale.*** Preventivo di entrate e uscite relativo a una o più particolari funzioni in un'impresa. Tra i più importanti budget funzionali ricordiamo: il budget delle vendite; il budget dei costi di vendita e distribuzione; il budget della produzione; il budget dei costi di produzione; il budget dei materiali; il budget di approvvigionamento dei materiali; il budget ricerca e sviluppo; il budget della manodopera e del personale; il budget di utilizzazione degli impianti; il budget dei costi amministrativi; il budget delle spese in conto capitale; e il budget di cassa o di tesoreria.

functional classification: ***classificazione per funzioni.*** Classificazione delle spese di un'impresa secondo lo scopo o la funzione cui esse vanno imputate.

functional costing: ***determinazione dei costi per funzioni.*** Sistema di analisi delle spese preventivate con riferimento a particolari obiettivi o funzioni, in cui le spese sono considerate input e gli obiettivi realizzati output o produzione. Il sistema pone in relazione i vari input e output individuali, onde stabilire il costo di realizzazione dei vari obiettivi.

functional currency: ***valuta funzionale.*** La valuta del paese in cui un'impresa principalmente opera e genera la maggior parte del proprio flusso monetario netto.

functional discount: ***sconto commerciale; sconto mercantile.*** Lo stesso che *trade discount* (v.).

functional distribution: ***distribuzione funzionale.*** L'analisi della proporzione in cui il reddito nazionale viene suddiviso tra i fattori della produzione. Tale analisi si dimostrò utile nei secoli diciottesimo e diciannovesimo per identificare la distribuzione personale del reddito, in quanto in quell'epoca i pagamenti relativi alla terra, al lavoro e al capitale erano destinati a classi socio-politiche abbastanza ben definite, cioè i proprietari terrieri, i lavoratori e i capitalisti. Ma la diffusione della proprietà dei fattori tra il popolo e la maggiore complessità del concetto di capitale creatasi nel ventesimo secolo hanno reso molto meno utile la distribuzione funzionale come misura della distribuzione personale del reddito.

functional finance: ***finanza funzionale.*** Procedure, relative all'esazione delle imposte, alla regolazione della spesa pubblica e alla gestione del debito pubblico, intese a influenzare direttamente o indirettamente il livello generale dell'attività economica e in particolare le tendenze inflazionistiche o deflazionistiche presenti in un'economia.

functional foreman: ***responsabile di funzione.*** Nell'organizzazione per funzioni, è la persona responsabile di una funzione specifica, comune a tutti o a gran parte dei reparti di un'impresa. (v. anche *functional organization*)

functional foremanship: ***organizzazione funzionale; organizzazione per funzioni.*** Termine usato con lo stesso significato di *functional organization* (v.).

functional income distribution: ***distribuzione funzionale del reddito.*** Termine usato con lo stesso significato di *functional distribution* (v.).

functional management: ***direzione funzionale; direzione per funzioni.*** Nell'organizzazione funzionale del Taylor, è la direzione delle varie sezioni di un'impresa basata sulle funzioni cui sono preposti tutti i dirigenti. Come disse lo stesso Taylor: «la direzione funzionale consiste nel suddividere il lavoro gestionale in maniera tale che ciascun uomo sia chiamato a svolgere il minor numero possibile di funzioni». Ciò, nella teoria del Taylor, avrebbe consentito la massima specializzazione funzionale.

functional manager: ***direttore di funzione.*** Nell'organizzazione per funzioni, è il dirigente preposto ad una funzione specifica, spesso comune a molti o a tutti i reparti dell'impresa. (v. anche *functional organization*)

functional middleman: ***agente funzionale.*** Nel linguaggio commerciale statunitense, indica un tipo di intermediario che tratta acquisti e vendite, ma non prende possesso dei beni in cui commercia e viene generalmente remunerato con una commissione su ciascun affare andato a buon fine. (v. anche *full function wholesaler*)

functional organization: ***organizzazione funzionale; organizzazione per funzioni.*** È un tipo di organizzazione aziendale in cui esiste una certa relazione funzionale tra i vari reparti, cioè a dire tra gli specialisti, o direttori di funzioni, nelle loro rispettive sfere di attività e coloro che hanno la diretta responsabilità dell'esecuzione delle principali operazioni. Così, può verificarsi il caso che una funzione specifica, comune a tutti o a molti reparti, sia affidata ad un'unica persona. Ne è un esempio il capo dell'ufficio contabilità, che ha la responsabilità funzionale in relazione a tutto il lavoro di contabilità svolto nei vari reparti. (v. anche *line organization, line and functional organization, line and staff organization*)

functional relationship: ***relazione funzionale.*** 1) In economia, è la relazione tra due variabili, come ad esempio il prezzo di un bene e la quantità domandata o il prezzo e la quantità offerta sul mercato. Tra il reddito e il consumo, la relazione funzionale è chiamata propensione al consumo (v. anche *propensity to consume*). 2) La relazione esistente, nell'ambito dell'organizzazione aziendale, tra coloro che occupano posti funzionali o di specialisti e coloro che hanno responsabilità dirette operative, come ad esempio tra il direttore del personale e il direttore di un reparto. (v. anche *direct relationship, lateral relationship, staff relationship*)

functional responsibility: ***responsabilità funzionale.*** Nella organizzazione funzionale, indica qualsiasi responsabilità specialistica che contribuisce a fornire informazioni o collaborazione alla dirigenza di un'impresa.

functional specialization: ***specializzazione funzionale.*** Nella organizzazione funzionale del Taylor, è la specializzazione che possiede o che acquisisce chi viene preposto a svolgere una determinata funzione direttiva.

functional statement: ***rendiconto per funzioni.*** Prospetto o elencazione di spese, riclassificate in termini della loro contribuzione al prodotto finito, a un centro o ad una funzione gestionale finale. L'espressione indica l'opposto di rendiconto per oggetto. (v. anche *objective statement*)

functionary: ***funzionario.*** Il termine inglese viene usato principalmente per indicare chi ricopre un ufficio nella amministrazione dello stato o di un ente pubblico.

functions of money: ***funzioni della moneta.*** Termine usato come variante di *money functions* (v.).

to fund: 1. ***finanziare.*** Provvedere al reperimento o alla somministrazione dei mezzi finanziari necessari allo svolgimento di un'attività economica continuativa o all'esecuzione di un progetto specifico. **2.** ***consolidare.*** Sostituire valori mobiliari a reddito fisso a breve termine con altri valori mobiliari a reddito fisso a lungo termine. (v. anche *funding*)

fund: ***fondo; accantonamento; stanziamento.*** Denaro o altre attività o risorse accantonate per scopi specifici, la cui natura è di solito indicata nel nome del fondo.

fund account: ***conto di stanziamento.*** Qualsiasi conto nel quale vengono registrati i movimenti di uno stanziamento o di un fondo.

fund accounting: ***contabilità degli stanziamenti.*** Nella contabilità di stato, il termine *fund* indica una somma o altre risorse stanziate, che costituiscono un'entità contabile distinta. Il termine *fund accounting* indica la contabilità relativa a tali entità.

fundamental analysis: ***analisi di base; analisi fondamentale.*** È l'analisi dei fattori che stanno alla base delle aspettative di domanda e offerta di un valore mobiliare o di un qualsiasi altro bene e dei conseguenti comportamenti dei prezzi. Quando il termine viene usato in relazione alla teoria economica, esso indica la considerazione dei fattori macroeconomici quali il prodotto interno lordo, i tassi di interesse, gli indici di disoccupazione, le giacenze, il risparmio, ecc. (v. anche *technical analysis*)

fundamental disequilibrium: ***squilibrio fondamentale.*** Si verifica nella bilancia dei pagamenti di un paese, quando il tasso di cambio non corrisponde al reale valore della valuta del paese. Se, ad esempio, in un periodo di inflazione il valore intrinseco di una moneta scende, ma il suo tasso di cambio resta invariato, la valuta del paese in questione risulta sopravvalutata, con la conseguenza che si verificherà un aumento delle importazioni e un calo delle esportazioni, perché le prime sembreranno meno care e le seconde saranno più costose sui mercati esteri. Ciò provocherà uno squilibrio nella bilancia dei pagamenti che persisterà fino a quando il valore reale della moneta e il suo tasso di cambio non verranno allineati, cosa che sarà possibile realizzare attraverso o un aumento del valore interno della moneta tramite una politica di deflazione, o una diminuzione del tasso di cambio tramite una svalutazione ufficiale. (v. anche *devaluation*)

fundamental equilibrium exchange rate: ***tasso di cambio di equilibrio fondamentale.*** Il tasso di cambio che pone in equilibrio il saldo delle partite correnti di un paese con il fondamentale afflusso o deflusso di capitale.

fundamental research: ***ricerca di base; ricerca fondamentale.*** Termine usato con lo stesso significato di *fundamental analysis* (v.).

fundamental term: ***condizione fondamentale.*** Una condizione contrattuale basilare, senza la quale il contratto non avrebbe ragione di sussistere. Ad esempio, in relazione a un contratto di compravendita di un'automobile è condizione fondamentale che essa abbia il motore. (v. anche *implied terms*)

fund asset: ***attività di stanziamento.*** Una qualsiasi attività assegnata o appartenente ad uno stanziamento o gruppo di stanziamenti.

fund balance sheet: ***bilancio di stanziamento.*** Bilancio diviso in sezioni autobilanciantisi, ciascuna delle quali indica le attività e le passività di un singolo stanziamento o gruppo di stanziamenti tra loro collegati.

funded debt: ***debito fondato; debito iscritto; consolidato.*** È costituito da debiti pubblici a lunga o indeterminata scadenza, evidenziati da un'emissione di titoli chiamati obbligazioni se il debito è redimibile e rendite se esso è irredimibile. Lo stesso termine è usato per indicare il debito a lunga scadenza di un'impresa, finanziato mediante un'emissione obbligazionaria.

funded pension plan: ***piano di pensionamento tramite accantonamento.*** Piano di pensionamento che prevede l'accumulazione dei fondi necessari per il pagamento della pensione, così che al momento in cui il titolare si ritira, sarà disponibile l'intero fondo.

funded reserve: ***riserva accantonata.*** Riserva controbilanciata da contanti, titoli o altre attività congelate e disponibili solo per uno scopo stabilito.

fund group: ***gruppo di stanziamenti.*** Gruppo di fondi che vengono unificati a scopo amministrativo, dato il loro carattere simile.

funding: 1. ***consolidamento; consolidazione.*** Sostituzione di titoli o debiti a breve termine con titoli o debiti a lungo termine. Può essere fatto da un governo o da un'impresa, con lo scopo di rimborsare il precedente debito ed istituirne uno a più lunga scadenza e risulta particolarmente vantaggioso per l'emittente quando sul mercato prevalgono bassi tassi di interesse. Può ricorrere a tale operazione anche un'impresa fortemente indebitata con le banche: tramite l'emissione di un prestito obbligazionario essa si procura i fondi necessari per soddisfare le banche creditrici. **2.** ***finanziamento; provvista fondi.*** Il reperimento dei fondi necessari a un'impresa per lo svolgimento della propria attività. Il termine è usato particolarmente in relazione alle operazioni di provvista fondi svolte dalle banche.

funding bonds: ***titoli di consolidamento.*** Sono i titoli obbligazionari a lungo termine emessi in occasione di un consolidamento. (v. anche *funding*)

funding costs: ***costi di finanziamento; costi di provvista fondi.*** I costi che un'impresa, in particolare una banca, deve sostenere allo scopo di procurarsi i fondi necessari allo svolgimento della propria attività.

funding debenture interest: ***interessi in titoli di consolidamento.*** Quando un'impresa non è in grado di pagare in contanti gli interessi maturati su un debito obbligazionario, gli obbligazionisti a volte accettano che essi

vengano loro pagati in titoli, che vanno ad accrescere il debito sul quale l'impresa deve pagare interessi.
funding expenses: ***spese di finanziamento; spese di provvista fondi.*** Lo stesso che *funding costs* (v.).
funding loans: Nome dato a vari titoli del debito pubblico britannico, sia a breve che a medio e lungo termine.
funding operation: ***operazione di consolidamento.*** È l'operazione finanziaria che consente il consolidamento di un debito pubblico, descritta sotto *funding 1* (v.). Si tratta di solito di operazioni di mercato aperto.
funding operations: ***operazioni di provvista fondi.*** Le operazioni attraverso le quali una banca provvede a reperire i fondi necessari allo svolgimento della sua attività. Una tra le più importanti operazioni di questo tipo rimane ancora l'accettazione di depositi dei clienti. (v. anche *borrowing operations*)
funding policy: ***politica di finanziamento.*** Le decisioni di un governo in relazione alla gestione delle proprie attività e passività e in particolare in relazione al finanziamento del deficit o alla utilizzazione dell'avanzo di bilancio.
funding rule: ***regola del finanziamento.*** Lo stesso che *full fund(ing) rule* (v.).
fund liability: ***passività di un fondo.*** Passività che deve essere soddisfatta facendo uso delle risorse esistenti.
fund management: ***gestione di fondi.*** L'attività svolta da un *fund manager* (v.).
fund–management company: ***impresa di gestione fondi.*** Lo stesso che *fund manager* (v.), quando quest'ultimo non è una persona fisica. (v. anche *management–investment company*)
fund manager: ***gestore di un fondo.*** La persona fisica o giuridica preposta alla gestione finanziaria di un fondo costituito attraverso contributi, versamenti o accantonamenti provenienti da fonti diverse, di cui sono esempi i fondi pensione e i fondi comuni d'investimento.
fund obligation: ***obbligazione di un fondo.*** Onere o passività di un particolare fondo.
fund of funds: ***fondo d'investimento in fondi d'investimento.*** Negli Stati Uniti, è un tipo di fondo comune d'investimento aperto che invece di impiegare le proprie disponibilità in azioni o altri titoli, le investe in quote–parti di altri fondi comuni d'investimento.
fund pool: ***raggruppamento di fondi.*** È il raggruppamento di fondi di varia provenienza, destinati ad un investimento comune.
fund–raising costs: ***costi di provvista fondi.*** Lo stesso che *funding costs* (v.).
funds: **1.** ***fondi.*** Monete, banconote e qualsiasi altra attività di pronto realizzo. **2.** ***titoli del debito consolidato.*** Col termine inglese si indicano collettivamente i cosiddetti *consols* (v.) e altri titoli emessi dallo stato.
funds flow: ***flusso di cassa; flusso di tesoreria.*** Il flusso dei pagamenti in moneta fatti e percepiti da un'impresa nel corso di un determinato periodo di tempo. È costituito dal totale degli utili meno imposte e dividendi pagati, più le riserve per ammortamento del capitale fisso.
funds–flow statement: ***prospetto del flusso di cassa.*** Relazione che indica le fonti, durante un dato periodo di tempo, di fondi ed il modo in cui essi sono stati impiegati.
funds inflow: ***afflusso di fondi.*** Nel linguaggio della bilancia dei pagamenti, il movimento di fondi provenienti da paesi esteri per investimenti, principalmente diretti, nel paese in questione.
funds outflow: ***deflusso di fondi.*** Nel linguaggio della bilancia dei pagamenti, il movimento di fondi verso l'estero per impieghi nei paesi stranieri o in pagamento di dividendi e interessi su investimenti locali. Di solito il termine si riferisce a investimenti diretti.
funds statement: ***prospetto illustrativo di un flusso di valori.*** Termine usato con lo stesso significato di *flow statement* (v.).
fund surplus: ***eccedenza di stanziamento; avanzo finanziario.*** Eccedenza delle risorse di uno stanziamento rispetto alle necessità dello scopo per il quale esso fu creato.
funeral benefit: ***contributo funerario.*** Contributo alle spese funerarie, concesso nel Regno Unito in base al *National Insurance Scheme.*
funeral expenses: ***spese funerarie.*** Sono prese in considerazione nel *National Insurance Scheme*, che prevede un contributo per farvi fronte.
funeral grant: ***contributo funerario.*** Lo stesso che *death grant* (v.).
funeral society: Lo stesso che *burial society* (v.).
fungibility: ***fungibilità.*** È la caratteristica di un bene che, non avendo una specifica individualità, può essere sostituito da un altro bene che abbia le medesime caratteristiche. Un bene fungibile per eccellenza è il denaro, per cui una banconota può essere liberamente sostuita da un'altra banconota dello stesso taglio. Nei mercati per consegna futura, un contratto può essere sostituito con un altro, quando esso è stipulato per lo stesso bene e per la stessa data di consegna, in quanto il bene oggetto del contratto deve rispondere a determinate caratteristiche standard, uguali per tutti i contratti per consegna futura e determinata dello stesso bene.
fungible: ***fungibile.*** Detto di beni che, non avendo una specifica indidualità, possono agli effetti giuridici prendere il posto l'uno dell'altro. (v. anche *fungibility*)
fungible contracts: ***contratti fungibili.*** Espressione del linguaggio finanziario, creata a seguito del collegamento di due o più borse, con la quale si indicano contratti di compravendita che vengono acquistati in una delle borse e possono essere venduti in un'altra.
fungible goods: ***beni fungibili.*** Beni che non hanno una precisa individualità e che, pertanto, possono essere tra loro mischiati senza con ciò ledere gli interessi dei proprietari. Ad esempio, il grano immagazzinato nei silos è un bene fungibile, come lo è pure la moneta.
funk money: **1.** ***capitali vaganti.*** Termine usato con lo stesso significato di *hot money 1* (v.). **2.** ***moneta calda; denaro scottante.*** Termine usato con lo stesso significato di *hot money 2* (v.).
fur.: furlong.
furlong: Misura di lunghezza, usata nel Regno Unito, pari ad un ottavo di miglio, ossia 220 yarde, equivalente a 201,168 metri.
furniture and fixtures: ***mobili e arredi.*** Arredi di uffici, magazzini, sale da esposizione, alberghi e simili.
further advance: ***prestito aggiuntivo; secondo prestito.*** Un nuovo e successivo prestito concesso al debitore ipotecario o sullo stesso bene dato a garanzia del primo prestito o su garanzia addizionale.
to fuse: ***fondersi; unirsi.*** Detto di aziende, amalgamarsi in modo da formare una nuova impresa, con la completa perdita di identità delle aziende preesistenti.
fusion: ***fusione.*** Termine generico, a volte usato con lo stesso significato di *amalgamation* (v.).
fut.: future.
future amount of 1: ***fattore di accumulazione.*** Lo stesso

che *accumulation factor* (v.).

future commodities: ***merci a termine; derrate a termine; prodotti a termine.*** Lo stesso che *future goods* (v.).

future delivery: ***consegna futura; consegna a termine.*** Consegna di beni in data futura rispetto a quella in cui viene sottoscritto il contratto di compravendita.

future earnings: ***guadagni mancati.*** Guadagni che un soggetto avrebbe potuto realizzare in futuro, ma che non può più realizzare a causa di infortunio che ne ha menomato la capacità lavorativa.

future goods: ***beni a termine.*** Sono i beni oggetto di un contratto a termine, che non sono stati ancora prodotti o di cui il compratore non è entrato in possesso al momento della stipulazione del contratto di compravendita. (v. anche *futures*)

future rate agreement: ***contratto di tasso futuro.*** Uno dei nuovi tipi di contratto utilizzato in relazione a prestiti o investimenti. Prevede la determinazione del tasso d'interesse, collegato a un tasso preso a riferimento e ampiamente utilizzato sul mercato, che verrà applicato a partire da una certa data futura sul prestito o sull'investimento, le cui altre caratteristiche fondamentali sono già state stabilite o sono note. L'accordo consente di ridurre o eliminare il rischio del tasso d'interesse tanto per il prestatore quanto per il debitore.

futures: ***contratti a termine; contratti per consegna a termine.*** Contratti che prevedono l'impegno a comprare o vendere beni ad una data futura ad un prezzo stabilito al momento della stipulazione del contratto di compravendita. Sono molto usati nel commercio dei cereali, del cotone, del caffé e, in genere, delle materie prime. È uno dei mezzi tramite i quali un operatore si copre contro le possibili fluttuazioni dei prezzi di una materia prima o altro prodotto. (v. anche *hedge, commodity market*)

futures and options exchange: Istituzione sorta a Londra attraverso l'unione di diversi mercati a termine, nella quale è anche possibile stipulare contratti a premio sugli stessi beni. La Fox è stata creata allo scopo di contrastare la crescente influenza dei mercati a termine statunitensi.

futures commission merchant: ***commissionario di operazioni a termine.*** Negli Stati Uniti, è una persona fisica o giuridica che si interessa di eseguire operazioni a termine per conto di terzi in un mercato a termine.

futures contracts: ***contratti a termine; contratti per consegna a termine; contratti futuri.*** Lo stesso che *futures* (v.).

futures exchange: ***mercato a termine.*** Lo stesso che *futures market* (v.).

futures fund: ***fondo comune d'investimento in operazioni a termine.*** Tipo di fondo comune d'investimento che impiega le proprie disponibilità in operazioni finanziarie sui movimenti dei prezzi di beni, valute, valori mobiliari, tassi d'interesse e simili.

futures market: ***mercato a termine.*** È il mercato nel quale si svolgono le operazioni di compravendita a termine, spiegate sotto *futures* (v.).

futures marketing: ***contrattazione a termine.*** Indica la compravendita di beni mediante contratti a termine.

futures price: ***prezzo a termine; corso a termine.*** È il prezzo al quale vengono venduti beni per consegna futura in un mercato organizzato quale la borsa valori o la borsa merci. Nel caso di merci, il prezzo si riferisce a un tipo di prodotto base e l'accordo di acquistare o vendere segue la prassi standard di quel commercio specifico. Il prezzo a termine è in gran parte determinato dalla relazione tra il prezzo in contanti per consegna immediata e le previsioni del compratore e del venditore sulla situazione del mercato alla data della futura consegna.

future standard sample: ***campione tipo nei contratti a termine.*** È il campione tipo, di solito preparato da un'associazione di commercianti, in relazione al quale vengono stipulati contratti a termine per la futura consegna di derrate.

futures trading: ***operazioni commerciali a termine.*** Operazioni di compravendita per consegna e pagamento ad una data futura. Il termine viene usato in contrapposizione a operazioni commerciali a pronti. (v. anche *futures, spot trading*)

future tax: ***imposta futura.*** Imposta calcolata sugli utili d'esercizio, ma pagabile ad una data futura. Nel Regno Unito il termine è diventato obsoleto dopo il *Finance Act* del 1965 e l'istituzione della *corporation tax* (v.).

future value: ***valore futuro; valore capitalizzato.*** Il valore futuro di una somma di denaro investita oggi ad un tasso di interesse composto. Corrisponde alla somma di denaro attuale moltiplicata per (1 + il tasso di interesse) elevato a n, cioè il numero degli anni.

fwd.: forward.

f.w.t.: fair wear and tear.

F.X.: foreign exchange.

g, G

g.: 1) gallon; 2) gram; 3) guinea.
G.: gold.
G7: Group of Seven.
G10: Group of Ten.
g.a.: general average.
G/A: general average.
GAB: general arrangements to borrow.
G.A. & S.: general average and salvage.
G/A con.: general average contribution.
G/A dep.: general average deposit.
gage: ***pegno; garanzia.*** Qualsiasi bene offerto in garanzia del rimborso di un prestito o dell'esecuzione di un'obbligazione. Il termine inglese è raramente usato, tranne che in *mortgage* (v.).
gain: ***guadagno; utile; profitto.*** Termine alquanto generico, usato in due significati: 1) qualsiasi beneficio monetario; 2) eccedenza delle entrate sulle uscite relative ad un'operazione o insieme di operazioni o ad un periodo contabile. Il termine inglese è a volte usato come opposto di *loss* (v.).
gain and loss account: ***conto profitti e perdite.*** Termine usato come sinonimo meno frequente di *profit and loss account* (v.).
gainful: ***remunerativo.*** Aggettivo usato in relazione a occupazioni che vengono regolarmente remunerate con il versamento di moneta o di altri beni.
gainful employment: ***occupazione remunerata.*** Una qualsiasi occupazione normalmente remunerata o un'occupazione, una professione o altra attività che consente la realizzazione di un profitto.
gainful occupation: ***occupazione remunerata.*** Lo stesso che *gainful employment* (v.).
gain or loss: ***profitto o perdita.*** Il risultato netto di un'operazione, gruppo di operazioni o periodo contabile conclusi.
gains: ***guadagni.*** Nel linguaggio delle borse valori, il termine inglese indica collettivamente tutti quei titoli che, in un determinato periodo di tempo, hanno subito un incremento di valore.
gain sharing: ***partecipazione agli utili.*** Lo stesso che *profit–sharing* (v.).
gains tax: ***imposta sui redditi.*** Termine a volte usato con lo stesso significato di *capital gains tax* (v.).
gal.: gallon
Galbraithian: ***galbraithiano.*** Aggettivo usato per determinare idee e teorie dell'economista statunitense J.K. Galbraith.
gallon: ***gallone.*** Misura di capacità in uso nel Regno Unito e negli Stati Uniti per liquidi e aridi. Nel Regno Unito è in uso il gallone imperiale, diviso in quattro quarti, pari a dieci libbre avoirdupois, o 277,42 pollici cubici, di acqua a 62 gradi Farenheit, equivalenti a litri 4,5459. Negli Stati Uniti è in uso il gallone americano, anch'esso diviso in quattro quarti, ma pari a 8,33 libbre avoirdupois, o 231,09 pollici cubici, di acqua equivalenti a litri 3,7854. Come misura di capacità per aridi, il gallone è usato sia nel Regno Unito che negli Stati Uniti ed è pari ad un ottavo di *bushel* (v.), cioè litri 4,5462.
galloping inflation: ***inflazione galoppante.*** Lo stesso che *hyperinflation* (v.).
to gamble: ***speculare; giocare d'azzardo.*** Rischiare denaro nella speranza di ricavarne un profitto. Il termine viene usato con significato generico e con significato tecnico come corrispondente verbale di *gambling* (v.).
gambling: ***speculazione; gioco d'azzardo.*** In teoria economica, questo termine viene usato per indicare l'azione di singoli in una situazione di mercato il cui risultato dipende dall'azione di altri individui che hanno interessi contrastanti, come ad esempio in una borsa valori.
gambling policy: ***polizza scommessa.*** Lo stesso che *wager policy* (v.).
game theory: ***teoria dei giochi.*** Termine usato in alternativa a *theory of games* (v.).
gamma stocks: ***titoli gamma.*** Alla borsa valori londinese, sono i titoli relativamente inattivi, i cui prezzi sono diffusi a mezzo del *Topic* (v.) e possono essere indicativi anziché fermi. (v. anche *alpha stocks, beta stocks*)
Gantt chart: ***grafico di Gantt.*** Ideato da H.L. Gantt, mostra in forma di grafico vari dati essenziali alla gestione aziendale, quali ad esempio relazioni tra produzione pianificata e realizzata in un qualsiasi momento, rendimento di un lavoratore in relazione ad uno standard e simili.
Gantt premium plan: ***piano di incentivi di Gantt.*** Espressione usata con lo stesso significato di *Gantt system* (v.).
Gantt system: ***sistema salariale di Gantt.*** Sistema di incentivazione salariale, attraverso la partecipazione agli utili, ideato da H.L. Gantt. Prevede il pagamento al lavoratore di un salario minimo fino a un certo standard di produzione, superato il quale riceverà un tanto al pezzo che ammonta ad uno standard più un incremento che va dal 20 al 50% dello standard.
G.A.O.: general accounting office.
gap: ***divario.*** Nel linguaggio economico, indica il distacco o lo squilibrio esistente tra due paesi o aree geografiche in materia di tecnologia, ricerca scientifica, produzione, sviluppo, ecc.
gap analysis: Tipo di procedura di marketing utilizzata per individuare eventuali lacune di mercato che possono tradursi in opportunità di creazione di nuovi prodotti diretti al segmento trascurato.
to garage: Termine usato colloquialmente nel linguaggio finanziario col significato di trasferire attività o passività ad un diverso centro o ad una diversa società, di solito con lo scopo di ridurre l'imposizione fiscale.
garage: Ciascuna delle sezioni della sala delle contrattazioni alla *New York Stock Exchange* (v.).
garbling the coinage: Quando erano contemporaneamente in circolazione monete d'oro deboli e perfette, que-

ste ultime venivano rastrellate da orefici e banchieri per essere vendute a peso sui mercati esteri o per essere fuse e per utilizzare l'oro nella fabbricazione di gioielli. Tale pratica, che portava alla circolazione delle sole monete deboli, veniva indicata con l'espressione *garbling the coinage*.

garnishee: ***terzo pignorato.*** Nel linguaggio giuridico, indica il soggetto presso il quale vengono pignorati beni o moneta appartenenti ad un debitore.

garnishee order: ***autorizzazione di sequestro presso terzi.*** Emessa da un tribunale, autorizza il sequestro conservativo presso terzi di beni appartenenti ad un debitore.

garnishment: ***notifica di sequestro presso terzi; pignoramento presso terzi.*** È la notifica inviata al terzo, che è in possesso dei beni del debitore sottoposti a sequestro conservativo.

gateway charges: ***tasse aeroportuali di trasbordo.*** Sono spese supplementari da sostenersi in caso di trasbordo in alcuni aeroporti.

G.A.T.T.: General Agreement on Tariffs and Trade.

Gaussian curve: ***curva di Gauss; curva degli errori.*** Lo stesso che *normal curve* (v.).

Gaz.: Gazette.

Gazette*:** ***Gazzetta Ufficiale. Pubblicazione ufficiale governativa, che contiene informazioni di pubblico interesse quali leggi, casi di fallimento, nomine a cariche statali, ecc. In Inghilterra è la *London Gazette*, in Scozia la *Edinburgh Gazette* e in Irlanda la *Dublin Gazette*.

to gazump: Termine usato come corrispondente verbale di *gazumping* (v.).

gazumping: Termine usato nel linguaggio popolare per indicare la pratica di vendere un bene al maggior offerente non mantenendo l'impegno assunto con un altro compratore con il quale si era già raggiunto un accordo, ma per un prezzo più basso. Questa pratica è possibile quando tra l'accordo verbale e la stesura del contratto di vendita intercorre un discreto lasso di tempo, come avviene nel caso di vendita di beni immobili, per cui il termine viene principalmente usato in relazione ad operazioni di compravendita di case. La pratica è considerata immorale da più parti, ma l'economista la spiega come il sintomo dell'esistenza di un mercato del venditore, nel quale la domanda tende a superare l'offerta ad un certo livello di prezzi, col risultato che i prezzi tendono a salire nel breve periodo. Nel Regno Unito, tuttavia, la pratica ha trovato anche un corrispondente inverso, specialmente intorno alla metà degli anni settanta, quando si crearono le condizioni per l'insorgere di un mercato del compratore, che ebbe l'effetto di consentire a molti acquirenti di abitazioni di non eseguire gli accordi verbali precedentemente assunti, in quanto essi riuscivano a trovare case a più buon mercato.

g.b.: gold bond.

G.B.: Great Britain.

G.D.P.: gross domestic product.

gds.: goods.

geared to: ***adeguato a; collegato a.*** Espressione usata per indicare che un qualcosa, ad esempio il tasso di sconto su una cambiale, dipende strettamente da un qualcosa d'altro, nell'esempio specifico dal tasso ufficiale di sconto.

gearing: ***rapporto d'indebitamento.*** È il rapporto tra il capitale di rischio e il capitale d'indebitamento di un'impresa. Se l'ammontare del capitale di indebitamento è proporzionalmente alto, la struttura finanziaria dell'impresa è detta *highly geared.* Questo rapporto influenza il costo del capitale dell'impresa e gli utili disponibili per pagare dividendi agli azionisti ordinari. Lo stesso termine inglese viene a volte usato per indicare la pratica di prendere denaro a prestito ad un tasso di interesse fisso e investirlo in maniera che esso produca un rendimento sufficientemente alto per pagare gli interessi e trarre un profitto dall'operazione.

gearing of capital: ***rapporto d'indebitamento.*** Espressione usata con lo stesso significato di *gearing* (v.).

gearing of corporate income: ***rapporto reddito-indebitamento.*** Lo stesso che *corporate income gearing* (v.).

gearing ratio: ***rapporto capitale/prestiti.*** Nel linguaggio bancario e finanziario, questo termine viene usato per indicare il rapporto esistente tra il capitale di cui può disporre una banca e i mutui che essa ha concesso e non sono ancora stati rimborsati. Per certe banche, ad esempio la Banca Mondiale, questo rapporto è abitualmente 1:1 e risulta pertanto più prudente di quello di altre istituzioni creditizie.

general acceptance: ***accettazione incondizionata; accettazione generale; accettazione senza riserve.*** È rappresentata dalla firma del trattario o dalla firma e dal nome del luogo di pagamento della cambiale e costituisce un'accettazione senza condizioni dell'ordine di pagamento dato dal traente.

general accountant: ***contabile.*** Esperto che tratta qualsiasi problema di contabilità generale all'interno di un'organizzazione.

general accounting: ***contabilità generale.*** Il complesso delle scritture che, nell'arco di ciascun esercizio, registrano i fatti esterni di gestione. Riguarda, pertanto, le entrate e le uscite, i crediti e i debiti, il risultato economico dell'esercizio e fornisce i dati necessari per la compilazione del bilancio e del conto economico.

General Accounting Office: Organo indipendente del governo federale degli Stati Uniti, preposto alla revisione dei conti dello stato. Corrisponde alla nostra Corte dei Conti e ne è a capo il *Comptroller General.*

general agency: ***mandato generale.*** È il mandato che, in base ad un contratto di agenzia, viene conferito dal preponente al mandatario generale e che dà a quest'ultimo grande potere discrezionale e la facoltà di agire quasi entro gli stessi ambiti del suo principale, pur se in un'area limitata o in relazione ad operazioni particolari. (v. anche *agent, contract of agency, particular agency*)

general agent: ***agente generale; mandatario generale.*** Agente cui vengono delegati ampi poteri e che può praticamente operare negli stessi ambiti del suo principale, con grande potere discrezionale e funzioni simili a quelle di un direttore generale. (v. anche *particular agent*)

General Agreement on Tariffs and Trade: ***Accordo generale sulle tariffe e il commercio.*** Accordo firmato a Ginevra nel 1947 da 23 paesi, in seguito diventati 76, per la riduzione delle tariffe doganali e lo sviluppo del commercio internazionale. (v. anche *Kennedy Round*)

general agreements to borrow: ***accordi generali di prestito.*** Sono gli accordi alla base del Fondo Monetario Internazionale, che prevedono la possibilità per ogni paese membro di ottenere prestiti stabiliti in base alla quota di contributo versata al Fondo. Tali prestiti possono essere utilizzati per far fronte a squilibri temporanei della bilancia dei pagamenti. (v. anche *International Monetary Fund*)

general arrangements to borrow: ***accordi generali di prestito.*** Il termine inglese, diverso da *general agreements to borrow* (v.), indica l'accordo raggiunto nel 1962 tra il Gruppo dei Dieci e il Fondo Monetario Internazionale, in base al quale il primo si impegnava a fornire crediti speciali al secondo nelle valute nazionali dei paesi costituenti il Gruppo, a richiesta del Fondo Monetario Internazionale. I crediti così concessi dovevano restare separati dalle normali risorse del Fondo ed essere usati soltanto da uno o più dei paesi membri del Gruppo, se essi si fossero trovati a dover far fronte a difficoltà valutarie o di pagamenti internazionali. Le risorse offerte dal Gruppo, che nel 1962 ammontavano a sei miliardi di dollari, furono usate nel 1964 in una massiccia operazione di salvataggio della sterlina britannica.

general audit: ***controllo generale; verifica generale.*** Termine usato con lo stesso significato di *audit 2* (v.).

general authority: ***procura generale.*** Termine usato con lo stesso significato di *general power of attorney* (v.).

general average: ***avaria generale.*** Nelle assicurazioni marittime, si indica con questo termine la spesa o il danno conseguenti direttamente da un provvedimento preso dal comandante della nave allo scopo di salvare la spedizione da un pericolo verificatosi nel corso del viaggio. Prevede un contributo proporzionale da parte dell'armatore e dei proprietari del carico salvato, con il quale indennizzare coloro che hanno subito la perdita o sostenuto la spesa. Il rischio può essere coperto da una normale polizza di assicurazione marittima che preveda il caso di avaria generale.

general average account: ***conto avaria generale.*** È il conto, preparato dai liquidatori di avaria generale, nel quale compaiono la massa passiva o debitoria e la massa attiva o creditoria, la prima costituita dai valori in rischio al momento del verificarsi dell'avaria e la seconda costituita dai danni e dalle spese ammessi in avaria comune. Da questo conto, si ricava poi il bilancio o regolamento finale che, mettendo a confronto i danni subiti da ciascuna parte e la corrispondente quota di contribuzione, determina le singole posizioni debitorie o creditorie.

general average act: ***atto di avaria generale.*** Qualsiasi atto, compiuto dal capitano o dall'equipaggio di una nave nell'intento di salvare quest'ultima e/o parte del carico da un grave pericolo imminente, che dà luogo ad un'avaria generale.

general average bond: ***obbligazione d'avaria; compromesso di avaria.*** Lo stesso che *average bond* (v.).

general average clause: ***clausola di avaria generale.*** In una polizza di assicurazione marittima, è la clausola che stabilisce le responsabilità dell'assicuratore in relazione all'avaria generale.

general average contribution: ***contribuzione di avaria generale.*** La quota che ciascun proprietario del carico salvato è tenuto a contribuire, in caso di avaria generale, al fine di limitare la perdita di coloro il cui carico è stato sacrificato allo scopo di salvare la nave e parte delle merci che essa trasportava. (v. anche *general average*)

general average loss: ***perdita per avaria generale.*** È la perdita derivante da un'azione intrapresa allo scopo di salvare parte di una spedizione, descritta sotto *general average* (v.).

general average sacrifice: ***sacrificio per avaria generale.*** Sono i beni sacrificati in caso di avaria generale allo scopo di salvare il resto della spedizione, come ad esempio merci gettate in mare per alleggerire la nave. (v. anche *general average, jettison*)

general average statement: ***regolamento di avaria.*** Lo stesso che *average statement* (v.).

general balance sheet: ***bilancio patrimoniale generale.*** È il bilancio di un ente pubblico o morale, stilato in forma commerciale e non con i vari fondi che si autobilanciano.

general bequest: ***legato di genere.*** Termine usato con lo stesso significato di *general legacy* (v.), ma per indicare soltanto un legato in denaro o in beni mobili.

general bill of lading: ***polizza di carico collettiva.*** Polizza di carico emessa in relazione a più colli appartenenti a diversi caricatori, ma destinati allo stesso porto. La polizza di carico collettiva viene inviata da uno spedizioniere al suo corrispondente nel porto di destinazione e quest'ultimo provvederà al ritiro dei colli e alla loro consegna ai rispettivi destinatari.

general bonded-debt fund: Nella contabilità degli enti locali, indica il fondo creato con l'emissione di *general obligation bonds* (v.).

general burden: ***spese generali di amministrazione.*** Lo stesso che *administrative expenses* (v.).

general cargo: ***carico generale; merci generali.*** Carico di una nave o altro mezzo di trasporto, che consiste di vari tipi di merci diverse e non di un carico completo della stessa merce.

general cargo ship: ***nave a carico generale; nave per carichi generali.*** È una nave che non è stata noleggiata da un singolo caricatore e che è, pertanto, libera di accettare merci da più caricatori per trasportarle in base a quanto stabilito nelle polizze di carico. Il termine viene usato in contrapposizione a *chartered ship* (v.).

general cash: ***fondi per uso generale.*** Fondi disponibili per le spese ordinarie di gestione e per il rimpiazzo di attività.

general charges: ***spese generali.*** Spese di varia natura ed entità, addebitate o fatte pagare ad un acquirente.

general clearing: ***compensazione generale.*** Sezione della stanza di compensazione londinese, che trattava tutti i titoli di credito non compensati dalla *town clearing* (v.).

General Commissioners: ***commissioni tributarie locali.*** Il termine inglese, grosso modo corrispondente al traducente italiano, indica privati cittadini che nel Regno Unito vengono nominati dal *Lord Chancellor* a far parte di commissioni preposte, in varie zone del paese, a decidere in materia di ricorsi contro accertamenti e decisioni degli uffici distrettuali delle imposte.

general contingency reserve: ***fondo di riserva per sopravvenienze passive di carattere generale.*** Così chiamato, perché non vincolato ad alcuna particolare spesa o perdita futura. Il termine si contrappone a *special contingency reserve* (v.).

general contractor: ***appaltatore diretto.*** Lo stesso che *original contractor* (v.).

general creditor: ***creditore chirografario.*** Lo stesso che *ordinary creditor* (v.).

general crossing: ***incrociatura generale; sbarratura generale.*** È costituita da due linee parallele trasversali tirate sulla parte anteriore di un assegno, con o senza le parole *not negotiable* o *& Co.* Tale tipo di assegno non può essere cambiato in moneta dal prenditore, che deve versarlo su un conto presso una qualsiasi banca. (v. anche *special crossing*)

general customs: ***consuetudini generali.*** Sono le consuetudini che regolano un determinato commercio o una data attività e che sono comuni a tutti i luoghi in cui si svolgono quel commercio o quell'attività.

general damages: ***danni generici; danni generali.*** Nel linguaggio giuridico, sono i danni che la legge presume derivino direttamente dal torto subito, in quanto essi sono il loro risultato diretto e immediato. Tali danni non devono necessariamente essere provati in giudizio da chi sostiene di averli subiti. (v. anche *special damages*)

general delivery: ***fermo posta.*** Negli Stati Uniti, è il servizio offerto dall'operatore postale a viaggiatori o persone che non desiderano ricevere la corrispondenza al loro domicilio. Questa espressione, apposta su un plico spedito per posta, lo fa trattenere presso un apposito sportello fino a quando il destinatario si reca a ritirarlo.

general deposit: ***deposito generico; deposito generale.*** Nel linguaggio bancario, lo stesso che *irregular deposit* (v.), pur se riferito particolarmente a depositi di moneta.

general depository: ***depositario generale.*** Banca, membro del Sistema della riserva federale statunitense, autorizzata ad accettare e gestire depositi del ministero del tesoro.

general device: ***legato di genere.*** Lo stesso che *general legacy* (v.), ma usato soltanto in relazione a un legato di beni immobili.

general economic equilibrium: ***equilibrio economico generale.*** Termine usato con lo stesso significato di *general equilibrium* (v.).

general endorsement: ***girata in bianco.*** Lo stesso che *blank endorsement* (v.).

general equilibrium: ***equilibrio generale.*** Nella teoria economica, il concetto di equilibrio generale, studiato da Walras e Pareto, indica una situazione in cui date certe condizioni iniziali invariabili (come ad esempio gusti, disponibilità di beni, ecc.) l'individuo o la collettività realizzano il massimo di utilità soggettiva. Date le premesse, si tratta di una situazione statica, che non trova riscontro nella realtà, ma che pure costituisce una necessità di indagine. Si fa distinzione, anche, fra equilibrio generale in presenza di monopolio o di concorrenza monopolistica ed equilibrio generale in presenza di concorrenza pura. Nel primo caso, si intende una situazione in cui le imprese non hanno motivo di entrare o uscire da una particolare industria, né di espandersi o contrarsi. Ciò implica che può esserci equilibrio generale in presenza di monopolio ma non, in senso stretto, in presenza di concorrenza monopolistica, caso in cui si potrebbe sempre verificare un tentativo di differenziazione dei prodotti. Per quanto attiene al secondo caso, esistono varie definizioni, tra cui: a) situazione statica in cui tutti i prezzi sono in equilibrio, i consumatori spendono il loro reddito per massimizzare la loro soddisfazione e la domanda e l'offerta dei fattori della produzione sono uguali; b) situazione in cui tutte le aspettative si realizzano; c) situazione in cui l'unico fattore di disturbo è rappresentato dall'innovazione, che si auspica non si verifichi. (v. anche *partial equilibrium*)

general equilibrium analysis: ***analisi di equilibrio generale.*** La branca della teoria economica che studia il funzionamento complessivo di un sistema economico, con particolare riferimento all'occupazione e alla produzione globale, al reddito nazionale, agli investimenti e ai consumi, ai livelli dei prezzi e dei salari, ecc. A questa espressione viene di solito preferito il termine macroeconomia. (v. anche *particular equilibrium analysis, macroeconomics*)

general equilibrium prices: ***prezzi di equilibrio generale.*** I prezzi dei beni e servizi nella situazione di equilibrio generale in presenza di concorrenza pura, citata sotto *general equilibrium* (v.).

general equilibrium theory: ***teoria dell'equilibrio generale.*** È la teoria che sta alla base dell'analisi di equilibrio generale e si fonda su un sistema di equazioni per dimostrare la relazione di interdipendenza tra le variabili, quali prezzo e quantità prodotta, sia per i beni che per i fattori della produzione. Vi sono tre gruppi di equazioni, che pongono in relazione: 1) le quantità di beni domandati con i loro prezzi e i prezzi dei fattori della produzione; 2) i prezzi di tutti i beni con i loro costi di produzione; 3) l'offerta di fattori disponibili con il totale usato per la produzione di beni. Quando si risolvono le equazioni, scaturisce un valore per ciascuna variabile. (v. anche *general equilibrium, general equilibrium analysis, partial equilibrium theory*)

general equilibrium theory of international trade: ***teoria dell'equilibrio generale degli scambi internazionali.*** È un'estensione agli scambi internazionali del concetto dell'equilibrio generale. Sostiene che si realizza l'equilibrio quando il valore delle esportazioni è uguale al valore delle importazioni e che la condizione fondamentale che dà luogo al commercio internazionale è una differenza dei rapporti di scambio nelle diverse nazioni. Così, se due beni, che indicheremo con x e y si scambiano in un paese nel rapporto di 3 a 1 e in un altro paese nel rapporto di 2 a 1, il bene x sarà esportato dal primo al secondo paese. Secondo la teoria, alla base della differenza dei rapporti di scambio ci sono condizioni diverse dell'offerta e della domanda nei due paesi, la prima strettamente dipendente dalle risorse naturali e dalle capacità degli abitanti o altri fattori che danno al paese un vantaggio assoluto o relativo nella produzione; la seconda dipendente dai gusti degli abitanti del paese, dal loro potere d'acquisto e dalla distribuzione del reddito nazionale.

general equity fund: ***fondo d'investimento mobiliare generale.*** Tipo di fondo comune d'investimento aperto che investe le proprie disponibilità in titoli azionari quotati in borsa.

general executive committee: ***comitato generale esecutivo.*** Nell'organizzazione aziendale per comitati, è uno dei comitati che si riuniscono più di frequente. È composto dai cinque più importanti dirigenti dell'impresa e cioè il direttore dell'ufficio vendite, il direttore d'officina, il controller o capo dell'ufficio contabilità, l'ingegnere capo e il direttore dell'ufficio relazioni industriali.

general expenses: ***spese generali di amministrazione.*** Lo stesso che *administrative expenses* (v.).

general factory overhead budget: ***budget delle spese generali di fabbrica.*** Un bilancio preventivo che riguarda esclusivamente le spese generali di fabbrica o di stabilimento. (v. anche *budget*)

general franchise: ***concessione generale.*** Nel linguaggio giuridico statunitense, è una concessione che può essere data a chiunque ne faccia domanda nel rispetto delle leggi vigenti, come ad esempio l'autorizzazione a costituire una società, il cui atto costitutivo viene appunto identificato come una *general franchise.*

general fund: ***stanziamento generico; stanziamento generale.*** Stanziamento riferito a scopi di carattere generale e, pertanto, diverso da uno stanziamento fatto per scopi specifici.

general grant: ***contributo generale.*** Ciascuna delle contribuzioni dello stato ai bilanci degli enti locali, così chiamate perché non sono destinate a finanziare uno in particolare dei vari servizi pubblici che l'ente eroga ai cittadini per conto dello stato. Un tempo, nel Regno Unito, questi contributi erano specifici e l'ente locale non poteva stornarli per finanziare un servizio diverso da quello cui erano destinati i fondi.

general heir: ***erede generale; erede universale.*** Colui che eredita l'intero patrimonio di una persona deceduta.

general index of retail prices: ***indice generale dei prezzi al minuto.*** Lo stesso che *index of retail prices* (v.).

general indorsement: ***girata in bianco.*** Variante grafica di *general endorsement* (v.).

general insurance: ***assicurazione generale; assicurazione rami diversi; assicurazione rischi diversi.*** L'assicurazione che ha per oggetto la ripartizione di rischi tra diverse persone e organizzazioni. In pratica, copre tutti i tipi di assicurazione diversi dall'assicurazione sulla vita. Il termine inglese è usato come opposto di *long-term insurance* (v.), ma viene anche usato nelle assicurazioni marittime per indicare il tipo di assicurazione in cui i rischi assicurati sono tali da essere desunti dalla natura stessa del contratto, anche in assenza di qualsiasi specifica in polizza.

general international law: ***diritto internazionale comune; diritto internazionale generale.*** L'insieme delle norme di diritto internazionale, di origine prevalentemente consuetudinaria, i cui destinatari sono tutti i membri della comunità internazionale.

generalized system of preferences: ***sistema generalizzato di preferenze.*** Il termine inglese indica un sistema in base al quale si concedono riduzioni sui dazi di importazione e aumenti dei contingenti ai paesi in via di sviluppo, con l'intento di incoraggiare e stimolare le loro esportazioni.

general journal: ***giornale generale.*** In contabilità, è un libro giornale nel quale vengono registrate operazioni per le quali non si dispone di un giornale specifico.

general ledger: ***mastro generale.*** Mastro contenente i conti nei quali vengono classificate, in forma analitica o sintetica, tutte le operazioni di un'impresa.

general legacy: ***legato di genere; legato di quantità.*** Disposizione testamentaria in base alla quale il testatore lascia, ad un soggetto diverso dall'erede e chiamato legatario, un bene che richiede una specificazione per essere individuato.

general level of prices: ***livello generale dei prezzi.*** Variante di *general price level* (v.).

general lien: ***privilegio generico.*** Forma di diritto di ritenzione che autorizza un creditore a trattenere presso di sé beni appartenenti ad un suo debitore, come garanzia del pagamento di quanto gli è dovuto in conseguenza di una qualsiasi operazione tra le due parti. Il creditore, cioè, è autorizzato a trattenere beni che non hanno niente a che fare con l'operazione che ha fatto insorgere il suo credito. Così, ad esempio, un armatore ha il diritto di conservare il possesso di beni sui quali è già stato pagato il nolo, a garanzia del pagamento del nolo su altri beni già consegnati al legittimo proprietario.

general management: ***direzione generale.*** L'insieme dei più alti dirigenti di un'impresa o altra organizzazione.

general management trust: ***fondo comune d'investimento flessibile.*** Termine statunitense, usato con lo stesso significato di *flexible unit trust* (v.).

general manager: ***direttore generale.*** Funzionario che ha la responsabilità completa e diretta di tutta un'impresa o di un particolare settore di essa.

general market conditions: ***condizioni generali di mercato.*** Le condizioni prevalenti in un qualsiasi mercato in un qualsiasi momento o in un periodo determinato.

general meeting: ***assemblea generale degli azionisti.*** Lo stesso che *annual general meeting* (v.).

general merchandise manager: ***direttore merci.*** Funzionario preposto all'approvvigionamento di merci e materiali vari da utilizzarsi nei diversi reparti di un'impresa.

general merchandise store: ***negozio di generi diversi.*** Termine del linguaggio commerciale statunitense, con il quale si indica un negozio al dettaglio, del tipo grande magazzino, che tratta molte linee di prodotti.

general mortgage: ***ipoteca generale.*** Lo stesso che *blanket mortgage* (v.).

general mortgage bond: ***obbligazione garantita da ipoteca generale.*** Nel linguaggio finanziario statunitense, è un tipo di obbligazione garantita da ipoteca su tutti i beni dell'emittente in generale, senza riferimento ad una particolare proprietà.

general obligation bonds: Espressione del linguaggio finanziario statunitense, con la quale si indica un tipo di obbligazioni emesse da enti locali e garantite dalle imposte che l'emittente ha il potere d'imporre su proprietà che si trovano nell'ambito del territorio amministrato.

general offer: ***offerta generale.*** Offerta, fatta al pubblico in generale, che può dar luogo ad uno o più contratti di compravendita. Se, ad esempio, una persona offre una certa somma per un numero arretrato di una rivista che manca alla sua collezione, l'offerta darà luogo ad un solo contratto, perché la prima persona che risponde soddisfa il bisogno di chi ha fatto l'offerta. Se, viceversa, una persona si offre di acquistare tutti gli esemplari che gli vengono recapitati di un'emissione filatelica, l'offerta darà luogo a più contratti.

general office: ***ufficio in comune.*** Il termine inglese indica un ufficio nel quale lavorano contemporaneamente più persone, ciascuna alla propria scrivania.

general operating expenses: ***spese generali di esercizio; spese operative generali.*** Termine spesso usato nei conti profitti e perdite per indicare tutte quelle spese di solito classificate altrove, ma raggruppate a fini di bilancio. Comprendono le spese di vendita e di amministrazione, ma a volte includono anche costi di produzione, quali ad esempio deprezzamento, imposte patrimoniali, canoni di locazione, manutenzione, riparazioni e simili.

general overhead: ***spese generali di amministrazione.*** Termine usato con lo stesso significato di *administrative expenses* (v.).

general partner: ***socio accomandatario; accomandatario.*** Lo stesso che *ordinary partner* (v.).

general partnership: ***società in nome collettivo; società semplice.*** Altro termine, usato per indicare una *partnership* (v.).

general policy: ***polizza generale.*** Nelle assicurazioni marittime, è la polizza nella quale non viene precisato il valore dell'oggetto assicurato, che sarà accertato e stabilito soltanto in caso di sinistro o in un momento successivo al rilascio della polizza. In questo secondo caso, qualora ci si renda conto che il valore dell'oggetto è superiore alla somma assicurata in polizza, si può procedere ad adeguamento tramite l'emissione di una polizza supplementare. Se, al contrario, il valore dell'oggetto fosse trovato inferiore alla somma assicurata, vi sarebbe un'eccedenza di assicurazione, che potrebbe essere recuperata dall'assicurato sotto forma di rimborso parziale del premio a seguito di sua tempestiva dichiarazione. Questo tipo di polizza è di solito emesso in relazione a beni trasportati via mare, la cui descrizione deve coincidere con la descrizione contenuta nella relativa polizza di carico.

general power of attorney: ***procura generale.*** La procura mediante la quale una persona autorizza un altro soggetto, detto procuratore, a rappresentarla e ad agire in sua vece in qualsiasi questione.

general price index: ***indice generale dei prezzi.*** È il numero indice relativo ai prezzi di tutti i beni in un dato periodo di tempo.

general price level: ***livello generale dei prezzi.*** È la media di tutti i prezzi e serve ad osservare le variazioni di prezzo mettendo a confronto il livello generale dei prezzi di un anno con quello dell'anno col quale si intende fare il raffronto. Tuttavia, dato che le variazioni di prezzo di tutti i beni e servizi non seguono un andamento uniforme, l'idea di un livello generale dei prezzi è fuorviante e viene integrata da livelli settoriali dei prezzi, che prendono in considerazione particolari gruppi di beni e servizi.

general price level accounting: ***contabilità indicizzata.*** Lo stesso che *constant purchasing power accounting* (v.).

general property: ***diritto assoluto di proprietà.*** Nel linguaggio giuridico, questo termine indica il diritto che compete al legittimo proprietario di un bene.

general property tax: ***imposta patrimoniale generale; imposta sulle proprietà.*** Imposta sul patrimonio, che non tiene conto della natura o del tipo di proprietà che colpisce. Nella pratica, tuttavia, si fa una certa distinzione tra i vari tipi di patrimonio. Negli Stati Uniti è un'imposta molto importante a livello sia nazionale che locale e colpisce ogni tipo di proprietà, cioè beni mobili, quali azioni, obbligazioni, ecc. e beni immobili, come terreni e fabbricati. (v. anche *land tax, personal property tax, real-estate tax*)

general proxy: ***delega generale.*** La delega, rilasciata su apposito modulo, con la quale un azionista autorizza un'altra persona a votare in suo nome e per suo conto ad una qualsiasi assemblea degli azionisti, nel modo che il delegato riterrà opportuno. (v. anche *special proxy*)

general public: ***pubblico in generale.*** Espressione usata per indicare collettivamente tutti i membri di una comunità. In un significato più limitato, il termine indica tutti coloro che sono estranei ad un'impresa o altra organizzazione.

general purchasing power accounting: ***contabilità a potere d'acquisto generale.*** Termine statunitense, usato con lo stesso significato di *constant purchasing power accounting* (v.).

general rate: ***aliquota generale.*** Aliquota d'imposta locale valida su tutta l'area di un determinato territorio, che colpisce il bene soggetto a imposta, di solito un bene immobile, con una percentuale uniforme sul valore imponibile.

general records: ***registrazioni generali.*** Complesso di registrazioni contabili ed extracontabili.

general reserves: ***riserve generali.*** Espressione usata in contrapposizione a riserve di capitale per indicare utili di pertinenza dei proprietari o degli azionisti di un'impresa, ma non distribuiti loro per ragioni di politica aziendale. Tali riserve vanno, pertanto, a costituire i vari fondi di riserva e vengono reinvestite nell'attività dell'impresa stessa o in titoli fruttiferi. (v. anche *reserve 1, capital reserves*)

general sales tax: ***imposta generale sulle vendite.*** Imposta indiretta che colpisce i beni nel momento in cui essi vengono venduti al dettaglio. In vigore in oltre la metà degli Stati Uniti, ne sono esenti soltanto alcuni beni come ad esempio i generi alimentari.

General Services Administration: Agenzia indipendente del governo degli Stati Uniti, creata in base all'*Administrative Services Act* del 1949, con il compito di provvedere all'amministrazione di beni mobili ed immobili, nonché di servizi non personali, di altre agenzie governative statunitensi.

general ship: ***nave a carico generale; nave per carichi generali.*** Termine usato negli Stati Uniti con lo stesso significato di *general cargo ship* (v.).

general special assessment: ***contributo di miglioria generica.*** Contributo di miglioria fatto pagare a tutti i proprietari di una determinata zona in relazione ad opere di cui tutti beneficiano in ugual misura, come ad esempio la pavimentazione o l'illuminazione di una strada sulla quale si affacciano le loro proprietà.

general store: ***negozio di generi diversi.*** Termine del linguaggio commerciale britannico, con il quale si indica un negozio, di solito presente in zone rurali o in piccoli centri, nel quale si possono acquistare generi di consumo di vario tipo, come ad esempio bevande, alimentari, articoli di abbigliamento, attrezzi per la casa e per il giardinaggio, detersivi, giornali e riviste, ecc.

general strike: ***sciopero generale.*** Sciopero contemporaneo di tutti i lavoratori iscritti ai vari sindacati su tutto il territorio nazionale. Il concetto di sciopero generale è alquanto indefinito, poiché spesso si usa per una sola industria, un solo settore economico o una singola area del territorio nazionale. Se fatto nella sua forma più completa e per un periodo di tempo non breve, può gettare nel caos l'economia di un paese, ma in tal caso è da alcuni considerato un atto di ribellione contro l'autorità pubblica. In alcuni paesi sono in vigore leggi che vietano lo sciopero generale e nel Regno Unito una legge in tal senso fu abrogata nel 1947.

general tariff: ***tariffa doganale unica; tariffa doganale generale.*** Tariffa doganale che indica un solo dazio per qualsiasi articolo di importazione, senza tener conto del paese dal quale esso proviene. Anche se la tariffa prevede eccezioni in relazione ad accordi bilaterali, queste non costituiscono una seconda tariffa doganale.

general tax bonds: Espressione usata nel linguaggio finanziario con lo stesso significato di *general obligation bonds* (v.).

general theory of employment: ***teoria generale dell'occupazione.*** La teoria esposta da J. M. Keynes nella sua opera *The General Theory of Employment, Interest and Money*, che risulta in contrasto con la teoria classica.

general theory of the rate of interest: ***teoria generale del saggio d'interesse.*** La teoria del saggio d'interesse esposta da J. M. Keynes nella sua opera *The General Theory of Employment, Interest and Money*, che risulta in contrasto con tutte le teorie del saggio d'interesse formulate dagli economisti precedenti in quanto fa derivare il tasso d'interesse non soltanto dalla preferenza temporale, ma anche dalla preferenza per la liquidità.

general unemployment: ***disoccupazione generale.*** È così chiamata la disoccupazione derivante da una generale caduta della domanda di manodopera causata, ad esempio, da una riduzione della spesa globale all'interno di un sistema economico. Tale riduzione può trarre origine o da decisioni governative a seguito di una diminuzione delle esportazioni generata dagli alti costi di produzione o da disfunzioni strutturali presenti nel sistema economico.

general union: ***sindacato industriale.*** Lo stesso che *industrial union* (v.).

general warranty deed: ***atto di garanzia generale.*** Lo stesso che *warranty deed* (v.).

general welfare theory: ***teoria del benessere generale.*** Lo stesso che *public interest theory* (v.).

generic name: ***nome generico.*** Nel marketing, è il nome che indica una categoria di beni o servizi non diversificati, come ad esempio sigarette, bevande analcoliche e detersivi.

generic need: ***bisogno generico.*** Un bisogno identificato solo genericamente, come ad esempio il bisogno di trasporto che può essere soddisfatto da diversi mezzi, quali l'aereo, il treno, l'autobus, ecc.

generics: ***beni generici.*** Beni posti in commercio senza marca né pubblicità, in confezioni anonime ed economiche.

genetic industry: ***industria genetica.*** Industria che si interessa dell'incremento dell'offerta di certi tipi di piante e animali. Ne è un esempio l'industria dell'allevamento del bestiame.

Geneva (Trade) Conference: ***Conferenza di Ginevra.*** È la conferenza che si tenne a Ginevra nel maggio–luglio 1947, tra 23 stati che, a seguito di molti negoziati bilaterali, sottoscrissero nell'ottobre dello stesso anno l'accordo noto come *General Agreement on Tariffs and Trade* (v.).

Genoa Conference: ***Conferenza di Genova.*** Si tenne a Genova, dal 10 aprile al 19 maggio del 1922, una conferenza economica internazionale per esaminare e risolvere i problemi monetari che sorsero dopo la prima guerra mondiale. Non raggiunse alcun risultato concreto, ma tra le raccomandazioni che propose ci fu quella che sosteneva la necessità che ogni paese avesse una banca centrale che potesse controllare e applicare gli accordi monetari stipulati dal paese.

gentlemen's agreement: ***accordo tra gentiluomini.*** Nell'uso industriale, l'espressione indica accordi verbali e informali tra due o più industrie per dividersi i mercati, limitare la produzione, sostenere i prezzi e impegnarsi in attività tendenti a ridurre la concorrenza. Nei paesi in cui vigono disposizioni antimonopolistiche rigide, come ad esempio gli Stati Uniti, tali accordi sono condannati dalla legge.

genuine borrowers: ***mutuatari genuini.*** Termine usato da J. M. Keynes per indicare la categoria di mutuatari che contraggono prestiti allo scopo di realizzare investimenti in attività produttive, a tassi d'interesse che essi reputano vantaggiosi in relazione al rendimento probabile degli investimenti correnti che essi intraprendono. (v. anche *artificial borrowers*)

geographical classification: ***classificazione geografica.*** È un metodo di archiviazione che prevede il raggruppamento dei documenti che si riferiscono ad una medesima area geografica. Si adotta principalmente nel caso in cui un'impresa suddivida i propri clienti per zone, affidando ciascuna zona ad una persona o ad un ufficio.

geographical mile: ***miglio geografico.*** È la lunghezza media dell'arco di meridiano corrispondente ad un primo, o un sessantesimo di grado, di latitudine, pari a circa metri 1852 o yarde 2025. Il miglio geografico è in uso sia in Italia che nel Regno Unito. (v. anche *English statute mile, metrical mile, nautical mile*)

geographical mobility: ***mobilità geografica.*** Si dice che un fattore della produzione, specialmente il lavoro, ha mobilità geografica, quando risulta facile trasferirlo da una località ad un'altra.

geometric average: ***media geometrica.*** Termine usato come sinonimo di *geometric mean* (v.).

geometric mean: ***media geometrica.*** Media ottenuta sommando i logaritmi di tutti i singoli valori di una serie, dividendo il totale così ottenuto per il numero dei valori utilizzati e prendendo l'antilogaritmo di questo quoziente. A differenza della media aritmetica, la media geometrica può essere usata per trovare la media di numeri indici e trova, quindi, vasta applicazione nel calcolo di variazioni di prezzi e dati simili. (v. anche *mean, arithmetic mean, harmonic mean, quadratic mean*)

geometric progression: ***progressione geometrica.*** Una successione di numeri, tutti diversi da zero, tale che ciascun numero è uguale a quello precedente moltiplicato per una costante, detta ragione (*ratio*) della progressione geometrica. Ad esempio, la serie 1, 3, 9, 27, ... mostra una ragione della progressione geometrica uguale a tre. (v. anche *arithmetic progression, harmonic progression*)

geonomics: ***geografia economica.*** Il termine inglese viene usato come sinonimo di *economic geography* (v.).

George Noble: Nome dato ad una moneta inglese d'oro, emessa per la prima volta nel 1526, del valore di sei scellini e otto pence. Erano anche in circolazione monete dette *Half George Nobles*, il cui valore corrispondeva alla metà di un *George Noble.* (v. anche *noble*)

German historical school: ***scuola storica tedesca.*** Lo stesso che *historical school* (v.).

g.f.a.: good fair average.

G.F.C.F.: gross fixed capital formation.

G. gr.: great gross.

gi.: gill.

G.I. Bill of Rights: Legge approvata dal Congresso degli Stati Uniti nel 1944 che, con i successivi emendamenti, stabiliva benefici e sussidi per i veterani della seconda guerra mondiale durante eventuali periodi di loro disoccupazione o durante la loro frequenza di corsi scolastici o universitari. Garantiva, inoltre, la concessione di mutui per l'acquisto di case, fattorie o locali in cui i veterani potessero svolgere la loro attività lavorativa.

Gibrat's distribution: ***distribuzione di Gibrat.*** Affermazione dell'economista francese, che sostiene che la distribuzione di variazioni percentuali della dimensione delle imprese in una data classe dimensionale è uguale per tutte le altre classi dimensionali al di sopra di una classe dimensionale minima.

Gibrat's law of proportionate effect: Espressione usata con lo stesso significato di *Gibrat's distribution* (v.).

Gibson paradox: ***paradosso di Gibson.*** Dimostra come, nella maggior parte dei casi in un periodo alquanto lungo, il livello dei prezzi e il livello dei tassi di interesse seguono la medesima direzione.

Giffen effect: ***effetto Giffen.*** Si indica con questa espressione la situazione notata da R. Giffen in cui ad un aumento dei prezzi di beni di prima necessità di qualità o potere nutritivo inferiori corrisponde un aumento della domanda di tali beni, in netto contrasto con la legge della domanda. Tale effetto viene spiegato dal fatto che le famiglie a reddito più basso incrementano il consumo di tali beni il cui prezzo resta sempre contenuto, pur se aumentato, in relazione ad altri, perché solo così possono, col loro modesto reddito, far fronte ai propri bisogni. (v. anche *law of demand, Giffen goods, Giffen paradox*)

Giffen goods: ***beni Giffen.*** Sono generalmente indicati con questa espressione quei beni la cui domanda non segue la legge della domanda. Si tratta, generalmente, di beni di qualità inferiore, per cui una diminuzione di prezzo dà luogo ad una diminuzione della domanda, il che si spiega con l'effetto di reddito, in quanto il consumatore ha l'impressione che il proprio reddito reale, a seguito della contrazione del prezzo dei beni di cui fa largo uso, si espanda e pertanto ridistribuisce la sua spesa e si orienta verso beni i cui prezzi sono più alti di quelli dei beni Giffen. Ciò causa una caduta della domanda di questi ultimi, come conseguenza della diminuzione del loro prezzo. Lo stesso effetto di reddito giustifica l'atteggiamento inverso descritto sotto *Giffen effect* (v.), ma solo se esso è tanto forte da annullare l'effetto di sostituzione. (v. anche *law of demand, income effect, substitution effect, Giffen paradox*)

Giffen paradox: ***paradosso di Giffen.*** Si riferisce al fatto, osservato da R. Giffen, che un aumento del prezzo del pane o delle patate portò ad un aumento della domanda di tali beni di prima necessità, in contrasto con la legge della domanda. Questa possibilità, tuttavia, più che come indice di inapplicabilità della legge della domanda viene considerata come caso limite della teoria della domanda. (v. anche *law of demand, Giffen effect, Giffen goods*)

gift: ***donazione; dono.*** Beni trasferiti da una persona ad un'altra a titolo gratuito, cioè senza alcun tipo di pagamento in contropartita. Affinché sia giuridicamente valida, deve essere chiara l'intenzione del donatore e deve esserci un manifesto atto in tal senso, che può essere rappresentato o dalla consegna della cosa da parte del donatore o dalla sottoscrizione di un regolare atto di donazione, mediante il quale il bene viene definitivamente trasferito dal donatore al beneficiario.

gift cheques: ***assegni regalo.*** Assegni che possono acquistarsi presso certe banche britanniche, per essere offerti in dono in occasione di festività, nozze, compleanni e simili.

gift coupon: ***buono regalo.*** Buono che può essere acquistato presso un negozio o grande magazzino e regalato in occasione di una ricorrenza. Colui che lo riceve potrà usarlo per l'acquisto di beni presso il negozio che l'ha venduto.

gift inter vivos: ***donazione tra vivi.*** Donazione incondizionata e ad effetto immediato di beni, fatta prima della morte del donatore. È soggetta ad imposta, che differisce da paese a paese. Nel Regno Unito non è soggetta ad imposta se essa è diretta ad istituzioni di beneficenza ed è fatta almeno un anno prima della morte del donante. Negli altri casi, è esente da imposta se fatta almeno sette anni prima della morte del donante. (v. anche *gift tax*)

gift of nature: ***dono della natura.*** Lo stesso che *free gift of nature* (v.).

gift scheme: ***programma di distribuzione omaggi.*** Nel linguaggio del *marketing* (v.), indica un qualsiasi piano di promozione delle vendite o di pubblicità di un articolo, conseguite mediante la consegna o il sorteggio di omaggi o premi.

gift stamps: ***bollini premio.*** Nel linguaggio del *marketing* (v.), il termine indica bollini appositamente studiati e contenuti o riprodotti nelle confezioni di un prodotto, che una volta ritagliati vanno applicati su un album o una tessera. Il consumatore dovrà completare la raccolta di un certo numero di questi bollini per aver diritto ad un premio prestabilito o a sua scelta.

gift tax: ***imposta sulle donazioni.*** In vigore in tutti i paesi nei quali esiste un'imposta sulle successioni, onde evitare che quest'ultima venga evasa, colpisce i trasferimenti di proprietà per donazione. Negli Stati Uniti percuote il donante a livello federale e il donatario a livello statale. (v. anche *gift inter vivos*)

gift tokens: Tipo di buoni, in tagli differenti, che possono acquistarsi presso gli uffici postali del Regno Unito per farne dono a parenti o amici in occasione di ricorrenze o festività.

gift voucher: ***buono per omaggi.*** Nel linguaggio del *marketing* (v.), è un buono, di solito contenuto nelle confezioni di un prodotto, che da solo o insieme ad altri da raccogliersi dà diritto alla consegna di un omaggio o di un premio da parte della casa produttrice o dei punti di vendita a ciò abilitati.

gild: ***gilda.*** Variante grafica di *guild* (v.).

gild merchant: ***corporazione di arti e mestieri.*** Corporazione che, nel primo medio evo, raccoglieva tutti gli artigiani che praticavano in una città. Coll'espandersi delle città, si suddivise in più gilde, in ciascuna delle quali confluivano tutti coloro che praticavano un dato mestiere. (v. anche *craft guild*)

gill: Unità di misura di capacità per liquidi in uso nel Regno Unito, dove equivale a litri 0,142, e negli Stati Uniti, dove equivale a litri 0,118. Corrisponde a cinque once fluide o un quarto di pinta.

gilt–edged: ***di prim'ordine.*** In origine questo termine veniva usato per indicare un libro col taglio dorato e, pertanto, molto prezioso e ricercato. Esso è poi passato nel linguaggio finanziario col significato che possiede oggi e cioè di titolo di credito, generalmente titolo di stato, che costituisce un investimento sicuro e senza rischio. (v. anche *gilt–edged securities*)

gilt–edged bill: ***cambiale di prim'ordine.*** Cambiale il cui traente, accettante e girante godono di altissimo credito.

gilt–edged market: ***mercato dei titoli di stato.*** È il mercato che, nell'ambito della borsa valori, tratta i titoli di stato. Alla borsa valori di Londra è costituito da un certo numero di operatori che, essendosi specializzati in questi titoli, non trattano alcun altro tipo di operazioni.

gilt–edged securities: ***titoli di stato; titoli di prim'ordine.*** Nel linguaggio delle borse valori, sono i titoli ritenuti investimenti sicuri, particolarmente per quanto attiene al pagamento degli interessi e al rimborso della somma capitale alla scadenza. Il termine di solito è riferito a titoli di stato, esclusi i buoni del tesoro, ma a volte viene esteso anche a titoli emessi da enti locali. La maggior parte di questi titoli è redimibile ad una data fissa o prestabilita: ad esempio, gli *Exchequer Stock 12% 2013–17* sono rimborsabili al loro pieno valore nominale in una data, a scelta del governo, non anteriore al 2013 e non posteriore al 2017. Poiché gli interessi sono garantiti dallo stato, questi sono generalmente considerati gli investimenti più sicuri, pur se il loro prezzo di mercato oscilla col variare del tasso di interesse.

gilts: ***titoli di stato; titoli di prim'ordine.*** Termine usato come sinonimo di *gilt–edged securities* (v.).

gimmick: ***espediente; trovata.*** Termine colloquiale, usato nel linguaggio commerciale per indicare qualsiasi idea insolita e originale che abbia lo scopo di attirare l'attenzione dei consumatori con l'obiettivo di incrementare le vendite.

Gini coefficient: ***coefficiente di Gini.*** Misura statistica mediante la quale si può calcolare di quanto la distribuzione del reddito, in una data area in un momento del tempo o in un arco di tempo, si avvicini o si discosti dall'uguaglianza assoluta. Se il coefficiente si avvicina allo zero, la distribuzione del reddito si avvicina all'uguaglianza assoluta; se, invece, il coefficiente si avvicina a uno, la distribuzione del reddito si avvicina alla disuguaglianza assoluta. Il coefficiente di Gini è comunemente usato per accertare l'effetto della variazione di un'imposta, o di una nuova imposta, sulla distribuzione del reddito. Se esso si sposta verso lo zero, l'imposta risulta progressiva nei suoi effetti, in quanto porta ad una distribuzione del reddito più vicina all'uguaglianza assoluta.

Ginnie Mae: Termine colloquiale con il quale viene indicata la *Government National Mortgage Association* (v.).

girl Friday: ***impiegata tuttofare.*** Espressione usata per indicare una ragazza che, in un ufficio, funge da dattilografa e svolge tutta una serie di altre mansioni di scarsa o nessuna responsabilità.

giro: ***giroconto.*** Sistema mediante il quale si intende facilitare i pagamenti a favore di terzi da parte di chi è titolare di un conto corrente presso una banca o presso l'ufficio postale. Nel Regno Unito il sistema del giroconto è gestito sia dalle banche membri della stanza di compensazione, sia dal *Post Office.* Nel primo caso è chiamato *bank giro*; nel secondo *postal* o *national giro.* Ambedue i sistemi consentono trasferimenti di fondi da un conto ad un altro, senza bisogno di spostare fisicamente né il denaro, né gli assegni. In particolare, nel sistema del postagiro chiunque può aprire un conto presso l'ufficio postale e i conti di tutti i correntisti sono gestiti in un unico luogo. Il correntista postale che desideri fare un pagamento ad un altro correntista postale invierà un ordine al centro presso il quale sono tenuti i conti e la somma sarà addebitata al suo conto e accreditata sul conto dell'altro correntista. Se la persona cui il correntista vuole inviare il denaro non è a sua volta correntista postale, l'ufficio postale gli invierà al suo domicilio un mandato di pagamento, che egli potrà incassare presso un qualsiasi ufficio postale se la somma non supera le cinquanta sterline, altrimenti presso un ufficio postale specificato. Questo sistema di accreditamento automatico si presta ad una serie di servizi particolari per commercianti, enti pubblici, ecc. Da segnalare che il postagiro non frutta alcun interesse al correntista, ma i trasferimenti di denaro tra correntisti vengono, di regola, fatti senza alcun addebito, che è invece previsto per i pagamenti diretti a non correntisti in patria o all'estero. Il sistema di giroconto gestito dalle banche offre più o meno gli stessi servizi del postagiro, ma differisce da quest'ultimo in quanto i conti correnti non sono gestiti in un punto centrale, bensì sono tenuti presso le varie filiali delle banche che aderiscono al sistema.

giro account: ***conto di postagiro.*** Lo stesso che *postal giro account* (v.).

giro account holder: ***correntista postale.*** Chi è titolare di un conto corrente postale e può usarlo per trasferire somme di denaro mediante l'emissione di assegni postali o assegni di postagiro. (v. anche *postal giro account, postal cheque, girocheque*)

girobank: Una qualsiasi banca che fa parte del sistema descritto sotto *giro* (v.).

girocheque: ***assegno di postagiro.*** Tipo di assegno postale utilizzato esclusivamente per il trasferimento di fondi tra conti correnti postali. Più che un assegno, è un ordine inviato all'ufficio postale, mediante il quale il titolare del conto corrente dispone che la somma specificata venga trasferita su un altro conto postale, al cui titolare l'emittente deve quella somma di denaro. (v. anche *postal giro*)

giro system: ***sistema di giroconto; giroconto.*** È il sistema descritto sotto *giro* (v.).

to give on: ***pagare il riporto.*** Espressione propria del linguaggio borsistico, usata per indicare il pagamento che il riportato deve fare se intende postecipare la liquidazione dell'operazione speculativa nella quale è coinvolto. (v. anche *contango 1*)

give-out order: Nel linguaggio delle borse valori e merci, questo termine indica un ordine di compravendita dato da un cliente ad un *broker* (v.) e da questi passato ad uno specialista perché lo esegua.

giver: ***premista.*** Chi stipula un contratto a premio per l'acquisto o per la vendita. In inglese viene indicato con questo termine, perché egli dà una certa quantità di moneta per il privilegio derivantegli da tale tipo di contratto.

giver-on: ***riportato.*** Nel linguaggio delle borse, è uno *stockbroker* (v.) che presta titoli ad un altro *stockbroker*, il quale ne ha bisogno per consegnarli e paga al primo un interesse sui titoli che prende a prestito. (v. anche *taker-in*)

give-up: ***retrocessione.*** Ripartizione della commissione di competenza di uno *stockbroker* (v.) con altri suoi colleghi legati da accordi di partecipazione. È una pratica oggi vietata dalle borse valori, ma un tempo molto diffusa. Sopravvive in alcune istituzioni finanziarie, che impongono esplicitamente la partecipazione a qualsiasi affare di tutti i *broker* (v.) che lavorano per loro.

giving-effect statement: ***rendiconto pro-forma; rendiconto simulato.*** È un rendiconto finanziario nel quale sono stati inseriti valori non reali, al fine di mostrare gli effetti di operazioni proposte ma che non hanno ancora avuto esecuzione. La stessa espressione viene usata per indicare un rendiconto finanziario redatto al solo scopo di servire da guida o di mostrare come esporre determinate informazioni.

giving for the call: ***acquisto a premio.*** Nel linguaggio delle borse, è l'oggetto di un qualsiasi tipo di contratto a premio del compratore, cioè l'acquisto che egli si riserva di fare se, alla scadenza, troverà vantaggioso eseguire il contratto. (v. anche *call 1, call of more*)

giving for the put: ***vendita a premio.*** Nel linguaggio delle borse, è l'oggetto di un qualsiasi tipo di contratto a premio del venditore, cioè la vendita che egli si riserva di fare se, alla scadenza, troverà vantaggioso eseguire il contratto. (v. anche *put, put of more*)

gl.: gill.

glamour stocks: ***titoli affascinanti.*** Rientrano tra i *growth stocks* (v.), ma in più presentano la caratteristica di essere oggetto di forte domanda in un mercato o in un periodo, a scopo essenzialmente speculativo.

Glass-Steagall Act: Lo stesso che *Banking Act 1* (v.).

G.L.C.: Greater London Council.

gliding bands: ***bande scivolanti; bande slittanti.*** Lo stesso che *crawling peg* (v.).

Global 2000: Termine con il quale è stato indicato uno studio, finanziato dal governo federale degli Stati Uniti, nel cui rapporto sono stati posti in evidenza il degrado ambientale e l'esaurimento delle risorse naturali cui il mondo va incontro nei prossimi anni se non si procede a varare seri provvedimenti tendenti a modificare lo stato attuale delle cose.

global custody: ***custodia globale.*** L'attività, svolta da alcune banche a favore di solito di investitori istituzionali, che consiste nel tenere in custodia i valori che costituiscono un portafoglio globale, nell'incassare i dividendi, nell'esercitare i diritti relativi e nello svolgere tutti gli altri compiti comunque connessi al deposito titoli in custodia.

global economy: ***economia globale.*** Lo stesso che *world economy* (v.).

global financial market: ***mercato globale dei capitali.***

Un mercato dei capitali che abbraccia l'attività delle più importanti piazze e sul quale è possibile operare da qualsiasi paese e in qualsiasi ora del giorno.

global inflation: ***inflazione globale.*** Lo stesso che *world–wide inflation* (v.).

global investment portfolio: ***portafoglio globale.*** Un portafoglio costituito da valori mobiliari trattati presso le varie borse mondiali.

globalization: ***globalizzazione.*** La tendenza di mercati o imprese ad assumere una dimensione mondiale, superando i confini regionali o locali in cui erano precedentemente contenuti.

global marketing: ***commercializzazione globale.*** Espressione del linguaggio commerciale, con la quale si indica il principio in base al quale un'impresa è pronta a servire qualsiasi mercato che offra opportunità di vendita, senza alcuna rigida distinzione preconcetta tra mercato interno e mercato estero. La commercializzazione globale consente un maggior volume di produzione con probabile realizzazione di più bassi costi unitari di produzione e offre anche il vantaggio di poter bilanciare una caduta di domanda su un mercato con un aumento di domanda su un altro mercato.

global monetarism: ***monetarismo globale.*** Le teorie della scuola monetarista applicate non ad un singolo sistema economico nazionale, bensì a tutto il sistema economico mondiale considerato come un unico insieme.

global products: ***prodotti a diffusione mondiale.*** Prodotti il cui marchio è noto in gran parte del mondo, come ad esempio gli elaboratori IBM, la Coca Cola, le automobili Ferrari e simili.

global quota: ***quota globale; contingente globale.*** È una delle principali categorie di contingenti d'importazione. La quota globale specifica l'ammontare del contingente di un dato prodotto per tutto il mondo e non per singoli paesi. Pertanto, se un paese impone questo tipo di quota, esso non tende a discriminare tra paesi, ma stabilisce l'ammontare massimo del prodotto soggetto a contingentamento che può essere importato nel paese, qualunque sia la nazione o le nazioni di origine.

global stock market: ***mercato azionario mondiale.*** Neologismo con il quale si indica il mercato azionario venutosi a creare in campo internazionale negli ultimi anni, nel quale si trattano i titoli delle società più importanti dei vari paesi che possiedono un mercato azionario nazionale. I tre poli di questo mercato mondiale, che consentono la continuità degli scambi nell'arco delle ventiquattr'ore del giorno, sono New York, Tokyo e Londra. Questo mercato spesso aggira le borse valori, in quanto gli scambi vengono trattati direttamente per telefono tra le principali case di emissione e di investimento dei diversi paesi.

glut: ***eccedenza.*** È il supero dell'offerta sulla domanda di un bene in un determinato mercato, di solito provocato da superproduzione o da caduta rapida della domanda. Le eccedenze hanno effetti più dannosi quando si tratta di beni deperibili, perché fanno precipitare i prezzi causando gravi perdite ai produttori. Quando, invece, si tratta di materie prime o beni che possono conservarsi, i danni, pur sempre presenti, sono di entità più limitata.

G.M.: general manager.

g.m.b.: good merchantable brand.

GMP: guaranteed minimum pension.

g.m.q.: good merchantable quality.

gn.: guinea.

G.N.I.: gross national income.

GNMA: Government National Mortgage Association.

gnome: ***gnomo.*** Usato particolarmente nel Regno Unito, questo termine designa un banchiere o un finanziere che svolgono principalmente operazioni speculative sul mercato monetario internazionale. Il nome deriva dagli gnomi che, nelle antiche mitologie nordiche, sono i custodi dei tesori del mondo sotterraneo.

Gnomes of Zurich: ***gnomi di Zurigo.*** Usato di solito in senso dispregiativo, indica le banche svizzere, la maggior parte delle quali hanno la loro sede a Zurigo. (v. anche *gnome*)

G.N.P.: gross national product.

gnp: gross national product.

GNP deflator: ***deflatore del prodotto nazionale lordo.*** V. spiegazione sotto *gross national product deflator.*

g.o.b.: good ordinary brand.

go–between: ***intermediario.*** Chiunque intervenga tra due parti per facilitarne l'accordo o per fare incontrare la domanda e l'offerta.

«go–go»: ***fondo a go–go.*** Termine usato con lo stesso significato di *go–go fund* (v.).

go–go fund: ***fondo a go–go.*** Espressione usata per indicare un tipo di fondi comuni d'investimento, il cui principale obiettivo è quello di massimizzare la crescita del fondo stesso. Pertanto, i gestori mantengono un portafoglio relativamente esiguo e svolgono scambi attivi in borsa, vendendo al rialzo e comprando al ribasso, con tutti i rischi che ciò può comportare.

going concern: ***azienda avviata; azienda in attività.*** È un'azienda in piena attività, che prevede di continuare a funzionare allo stesso ritmo anche in futuro. Il concetto ha rilevanza quando si entra nell'ordine di idee di venderla e di dare, quindi, un valore a tale avviamento. (v. anche *going–concern value*)

going–concern concept: ***concetto dell'azienda avviata; concetto della continuità dell'azienda.*** Lo stesso che *continuity concept of accounting* (v.).

going–concern value: ***valore di avviamento.*** Lo stesso che *enterprise value* (v.).

going long: ***in posizione lunga.*** Espressione del linguaggio delle borse merci, con la quale si indica la pratica di comprare prima e vendere in un secondo momento.

going price: ***prezzo corrente.*** È il prezzo di un determinato bene, prevalente in un mercato in un dato momento. Pertanto, corrisponde al prezzo di mercato o prezzo di equilibrio di breve periodo. (v. anche *market price*)

going rate: ***tasso corrente; tariffa corrente.*** Il tasso di interesse o di cambio prevalente sul mercato in un determinato momento. Lo stesso termine può usarsi per indicare la tariffa corrente per un determinato servizio.

going short: ***in posizione corta.*** Espressione del linguaggio delle borse merci, con la quale si indica la pratica di vendere prima e acquistare in un secondo momento. (v. anche *short position*)

going value: **1.** ***valore di avviamento.*** Termine usato con lo stesso significato di *going–concern value* (v.). **2.** ***valore di mercato.*** Il prezzo al quale valori mobiliari o qualsiasi altro bene o servizio possono essere venduti in un mercato libero in un determinato momento.

to go into debt: ***indebitarsi; contrarre debiti.*** Lo stesso che *to run into debt* (v.).

gold: ***oro.*** Metallo prezioso, universalmente accettato e molto richiesto, che per svariati secoli ha svolto la funzione di moneta a causa delle sue particolari caratteristiche, che lo distinguono da tutti gli altri metalli. Infatti, esso ha utilizzazioni alternative, ad esempio come ornamento, è facilmente riconoscibile, non è soggetto a facile corrosione, è divisibile in piccole quantità senza che ciò ne riduca il valore, possiede grande valore in rapporto al suo peso e questo valore è abbastanza stabile nel tempo. Tutte queste caratteristiche ne hanno fatto la migliore forma di moneta che sia mai stata usata.

gold and convertible currency reserves: ***riserve in oro e valute convertibili.*** In sostanza, sono la stessa cosa di *gold and foreign exchange reserves* (v.), in quanto oggi non esistono più valute convertibili in oro. Pertanto, in questo lemma, il termine *convertible currency* va inteso nel senso di valuta convertibile in altre valute.

Gold and Foreign Exchange Office: Sezione del *Cashier's Department* (v.) della Banca d'Inghilterra che esegue le operazioni per conto del fondo per la stabilizzazione dei cambi, mantiene contatti stretti con i mercati valutari ed è responsabile della custodia delle riserve di valute estere e dell'oro, in lingotti e in monete, di pertinenza del fondo per la stabilizzazione dei cambi e di altri clienti, principalmente banche centrali di paesi stranieri.

gold and foreign exchange reserves: ***riserve auree e valutarie.*** Riserve tenute dalla banca centrale di un paese per far fronte a richieste di convertire la valuta del paese in possesso di paesi stranieri. Tali richieste possono essere una diretta conseguenza di un deficit della bilancia dei pagamenti o del timore di una riduzione del tasso di cambio a seguito di deprezzamento o svalutazione. (v. anche *gold reserves*)

Gold and Silver (Export Control) Act: Nel Regno Unito, durante la prima guerra mondiale furono proibite le esportazioni di oro e argento e questa legge, approvata dal parlamento britannico nel 1920, stabilì che tale divieto doveva durare fino al 31 dicembre 1925 e che fino a tale data era anche fatto divieto di fondere monete d'oro e d'argento senza la preventiva autorizzazione del ministero del tesoro. La legge decadde il 31 dicembre 1925, ma già dall'aprile dello stesso anno il Regno Unito aveva ripristinato il sistema aureo.

gold bars: ***lingotti di oro; verghe auree.*** Le banche centrali tengono le loro riserve auree sotto forma di lingotti, ciascuno del peso di 400 once.

gold bloc: ***blocco dell'oro.*** Era indicato con questo termine il gruppo di paesi che mantennero in essere il *gold standard* (v.) nel corso degli anni trenta, dopo che il Regno Unito e altri paesi l'avevano abbandonato. Questi paesi si trovarono nella situazione di avere monete nazionali sopravvalutate nei confronti di quelle dei paesi che avevano abbandonato il sistema monetario aureo e dovettero ricorrere all'adozione di misure di controllo delle importazioni e di limitazione degli scambi internazionali. I paesi che costituivano il blocco dell'oro erano Francia, Svizzera, Belgio e Paesi Bassi.

gold bond: ***titolo rimborsabile in oro.*** La clausola oro stabiliva che per questo tipo di titoli di stato il pagamento degli interessi e il rimborso potesse essere fatto in monete d'oro di un certo peso e fino. Il diritto dei portatori di esigere il pagamento in oro venne a cadere quando i paesi abbandonarono il sistema monetario aureo. (v. anche *gold clause*)

gold bullion standard: ***sistema monetario a cambio in verghe auree.*** Sistema monetario in cui la moneta cartacea a corso legale può essere convertita, ad un prezzo stabilito, soltanto in verghe auree e non in monete d'oro. Dato l'alto valore di una verga aurea, la convertibilità dei biglietti risulta possibile solo per grosse somme e l'oro così escluso dalla circolazione interna diventa disponibile, sotto forma di riserve, per eventuali pagamenti all'estero e come mezzo di tesaurizzazione. (v. anche *international gold–bullion standard*)

gold card: ***carta privilegiata; carta d'oro.*** Tipo di carta di credito rilasciata a persone che dispongono di un reddito di molto superiore alla media.

gold certificate: ***certificato aureo; certificato di oro.*** Il termine indica biglietti di banca emessi a fronte di un equivalente valore di oro depositato presso la banca emittente, che si impegna a convertirli nel metallo a vista e al portatore. Certificati di questo tipo, emessi dal ministero del tesoro statunitense e garantiti al cento per cento da oro, circolarono come moneta fino al 1933, ma dal 1934 sono in possesso soltanto del *Federal Reserve System* (v.), che li compra dal ministero del tesoro. Essi formano una parte delle riserve delle banche affiliate al Sistema della Riserva Federale e fungono da parziale garanzia all'emissione di *Federal Reserve Notes* (v.).

gold clause: ***clausola oro.*** Clausola spesso inserita in contratti a tutela del creditore contro possibili mutamenti del valore della moneta. Prevede che il credito sia rimborsato in oro o in valuta legale ragguagliata all'oro. È usata nelle emissioni di prestiti internazionali e, fino al 1933, negli Stati Uniti garantiva il rimborso e il pagamento di interessi in oro per alcuni tipi di titoli di stato. (v. anche *gold bond*)

gold coins: ***monete di oro.*** Monete a libera circolazione in un sistema monetario aureo. In Inghilterra, la prima moneta d'oro, del valore di uno scellino e otto pence, fu emessa nel 1257. (v. anche *gold standard*)

gold coin standard: ***monometallismo aureo; tallone aureo.*** Lo stesso che *gold standard* (v.).

Gold Commission: Nome con il quale viene indicata la *Commission on the Role of Gold in the Domestic and International Monetary Systems*, nominata negli Stati Uniti con il compito di considerare la possibilità di un ritorno al sistema monetario aureo. La Commissione era composta di diciassette membri, tra i quali erano tre consiglieri del Presidente, sette parlamentari e tre governatori del Sistema della Riserva Federale ed era presieduta dall'allora ministro del tesoro D. T. Regan. Dopo aver operato per otto mesi ed aver ascoltato decine di persone qualificate, nel marzo del 1982 la Commissione rese pubblico un rapporto nel quale formalmente respingeva l'idea di un ritorno al sistema monetario aureo. Tuttavia, essa non escluse la possibilità di assegnare all'oro un ruolo più importante in futuro e raccomandò anche l'emissione di monete d'oro, da parte del Tesoro degli Stati Uniti, da vendersi ai privati a un prezzo vicino a quello di mercato. Tali monete, tuttavia, sarebbero state prive dello status di valuta a corso legale.

gold convertibility: ***convertibilità in oro.*** La possibilità di convertire una valuta cartacea o un titolo di credito in metallo prezioso.

gold–convertible bond: ***obbligazione convertibile in oro.*** Tipo di obbligazione che, alla scadenza, viene rimborsata in oro in base a un rapporto stabilito all'atto dell'emissione. Dato che essa non sarebbe esposta al fenomeno dell'erosione del valore della moneta, il tasso d'interesse su tale tipo di obbligazione verrebbe fissato a un livello di molto inferiore a quello riconosciuto su altri tipi di obbligazioni rimborsabili in moneta a corso legale.

gold coverage: ***copertura aurea.*** Copertura, mediante le riserve ufficiali di oro, dei biglietti di banca in circolazione in un paese. È ormai caduta in disuso e solo pochi paesi conservano una certa percentuale di copertura aurea delle banconote in circolazione.

gold crisis: ***crisi dell'oro.*** Nel linguaggio finanziario internazionale, indica la situazione che viene a crearsi quando un paese, per far fronte a pagamenti internazionali, è costretto ad esportare una tale quantità d'oro che le sue riserve auree si assottigliano fin quasi a raggiungere la quantità minima imposta per legge come garanzia parziale della propria valuta. Prima del 1968, gli Stati Uniti dovevano, per legge, mantenere riserve auree pari al venticinque per cento dei biglietti in circolazione, per cui se si verificava una drastica esportazione d'oro, ne poteva conseguire una crisi finanziaria, in quanto il Sistema della Riserva Federale avrebbe dovuto ridurre l'ammontare complessivo di biglietti in circolazione, così privando l'economia del paese di una parte dell'offerta globale di moneta. Nel 1968, tuttavia, dopo che si verificarono drastiche riduzioni delle riserve auree statunitensi, il Congresso abrogò la legge che imponeva il mantenimento della riserva pari al venticinque per cento dei biglietti in circolazione.

gold currency: ***valuta aurea; moneta aurea.*** Termine usato come sinonimo di *gold money* (v.).

gold currency system: ***sistema monetario aureo.*** Termine usato con lo stesso significato di *gold standard* (v.).

gold desterilization: ***desterilizzazione dell'oro.*** Termine usato in alternativa a *desterilization of gold* (v.).

gold ducat: ***ducato d'oro.*** Altro termine con il quale fu indicata la moneta introdotta in Russia nel 1922 e chiamata *chervonetz* (v.).

gold dust: ***polvere di oro.*** Oro in minutissime parti, una volta usato anche come mezzo di pagamento in luogo di monete d'oro.

golden avalanche: ***valanga di oro.*** Fu così chiamato l'afflusso d'oro verso gli Stati Uniti, che si verificò negli anni trenta a seguito di un forte attivo della bilancia commerciale statunitense, dell'alto prezzo dell'oro in quel paese e del timore dello scoppio di una guerra in Europa. La valanga continuò a muoversi nella stessa direzione fin quando non furono adottate misure restrittive durante il secondo conflitto mondiale.

golden handcuffs: ***manette d'oro.*** Espressione colloquiale con la quale vengono indicati premi e gratifiche concessi da un'impresa a propri dipendenti allo scopo di invogliarli a restare nell'impresa e a rifiutare offerte di lavoro provenienti da altre imprese concorrenti. (v. anche *loyalty bonus*)

golden handshake: ***liquidazione.*** Il termine inglese è colloquiale e indica l'indennità pagata da un'azienda ad un suo funzionario quando egli termina il rapporto di lavoro. Può essere versata al momento in cui la persona va in pensione o quando, per ridondanza o altre ragioni, si sopprime o viene affidato ad altri il posto che egli occupa.

golden hello: ***benvenuto d'oro.*** Pagamento di rilevante entità percepito all'inizio di un rapporto di lavoro o di collaborazione, come ad esempio il premio d'ingaggio pagato a un giocatore professionista da una squadra di calcio, di basket, ecc. Ai fini fiscali, viene considerato come un anticipo sulle competenze.

golden parachute: ***paracadute d'oro.*** Espressione pittoresca del linguaggio finanziario, con la quale si indica il patto sottoscritto tra i direttori di un'impresa vittima e i proponenti di un'offerta di acquisto ostile, con il quale i primi si assicurano un nuovo vantaggioso contratto o una principesca liquidazione nel caso in cui l'offerta di acquisto abbia successo. È chiaro che tale pratica risulta sempre pregiudizievole per gli azionisti della società.

golden rule of banking: ***regola d'oro della liquidità bancaria.*** È il principio della concordanza delle scadenze delle operazioni attive e di quelle delle operazioni passive di una banca.

golden share: ***azione d'oro.*** Espressione usata per denotare un'azione di capitale che dà all'azionista il diritto di veto in relazione alla variazione di condizioni specifiche contenute nell'atto costitutivo e/o nello statuto sociale.

Golden Triangle: ***triangolo d'oro.*** Espressione con la quale si indica un'area geografica di eccezionale sviluppo economico, che si estende dai *Midlands* inglesi al bacino della Ruhr e a Parigi. Tra le aree più prospere del triangolo d'oro rientrano l'Inghilterra sud-orientale e i paesi del Benelux. Negli Stati Uniti, la stessa espressione è stata usata per indicare l'area metropolitana che abbraccia Beaumont, Port Arthur e Orange nello stato del Texas.

gold exchange management: ***controllo del sistema a cambio aureo.*** Termine usato nel periodo tra le due guerre mondiali per indicare il controllo di una variante del sistema monetario aureo basato sul trasferimento di disponibilità liquide tra stati, invece che partite d'oro. Ciò avrebbe ridotto la domanda mondiale di oro ma, secondo coloro che erano sfavorevoli a questo sistema, non avrebbe affatto contribuito a eliminare i problemi creati dagli spostamenti di oro, anzi li avrebbe accresciuti in quanto i movimenti di risorse liquide avrebbero avuto effetti contrastanti nei paesi interessati.

gold exchange standard: ***sistema monetario a cambio aureo.*** Sistema monetario in cui la valuta cartacea a corso legale di un paese non è convertibile in oro, ma è convertibile in una valuta estera che a sua volta è convertibile in oro. (v. anche *gold bullion standard, gold standard*)

gold exporting point: ***punto metallico superiore; punto dell'oro superiore.*** Sinonimo di *gold export point* (v.).

gold export point: ***punto metallico superiore; punto dell'oro superiore.*** È il punto al quale risultava più conveniente per un importatore cambiare la valuta del proprio paese in oro e spedire il metallo in pagamento di beni acquistati in un paese estero, invece di cambiare la propria valuta in quella del paese dell'esportatore. Ciò si verificava quando il tasso di cambio tra le due valute superava un determinato limite, tenuto conto del costo da sostenersi per trasportare ed assicurare l'oro, nonché della perdita di interessi sul denaro per il periodo necessario al trasporto da un paese all'altro. Condizione essenziale per il verificarsi di questo fenomeno era che ambedue i paesi avessero un sistema monetario a base aurea.

gold fix: ***determinazione del prezzo dell'oro; fissazione del prezzo dell'oro.*** Lo stesso che *gold fixing* (v.).

gold fixing: ***determinazione del prezzo dell'oro; fissazione del prezzo dell'oro.*** Col termine *fixing*, entrato anche nell'uso italiano, si indica la determinazione di un prezzo su un mercato e con questa espressione si indica la determinazione del prezzo dell'oro sul mercato di Londra. (v. anche *London gold market*)

gold flow: ***flusso dell'oro.*** Il movimento di oro in entrata e in uscita da un paese, che influenza le riserve auree di quel paese e di conseguenza l'offerta di moneta entro i suoi confini. Questo movimento tende automaticamente, nel lungo periodo, ad equilibrarsi, secondo la teoria degli economisti classici, ma in pratica ciò non si è quasi mai verificato. Tutto il concetto è ormai obsoleto, in quanto applicabile soltanto al sistema monetario aureo.

gold franc: ***franco di oro.*** Il termine inglese indica diversi tipi di franchi d'oro, che vengono ancor oggi usati come unità di conto in vari accordi internazionali, come ad esempio il «franco Poincaré», usato nei traffici marittimi. Anche il bilancio della Banca dei Regolamenti Internazionali è espresso in franchi d'oro il cui valore, in assenza di una quotazione ufficiale dell'oro, è espresso in termini di diritti speciali di prelievo.

gold importing point: ***punto metallico inferiore; punto dell'oro inferiore.*** Sinonimo di *gold import point* (v.).

gold import point: ***punto metallico inferiore; punto dell'oro inferiore.*** Se due paesi che intrattenevano rapporti commerciali adottavano entrambi un sistema monetario a base aurea, il punto metallico inferiore indicava il tasso di cambio tra le due valute al quale era più conveniente cambiare la valuta in oro e spedirla nell'altro paese a saldo di un debito derivante da un'operazione commerciale. Esso, pertanto, corrispondeva alla parità di zecca tra le due valute, meno i costi necessari per imballare, spedire ed assicurare l'oro. (v. anche *gold points*)

gold loan: ***prestito in oro.*** Pratica cui fanno ricorso alcune società minerarie per finanziare la ricerca e lo sfruttamento di nuove miniere d'oro. Le società prendono a prestito oro da una banca centrale, di solito a basso tasso d'interesse, lo vendono sul mercato e così si procurano i fondi necessari. La restituzione dell'oro avverrà in un certo numero di anni, mediante prelievi dalla loro produzione.

gold market: ***mercato dell'oro.*** Il più importante mercato dell'oro, cioè il mercato sul quale è possibile acquistare liberamente il metallo prezioso al prezzo stabilito dalle forze della domanda e dell'offerta, è stato ed è tuttora il mercato londinese. Pertanto, per ulteriori dettagli v. anche *London gold market.*

gold mohur: Moneta d'oro emessa per la prima volta in India nella seconda metà del sedicesimo secolo. Oggi, il valore del mohur varia in base al prezzo dell'oro.

gold money: ***valuta aurea; moneta aurea.*** Moneta costituita da oro coniato o da biglietti liberamente convertibili in oro.

gold movements: ***movimenti dell'oro.*** Lo stesso che *gold flow* (v.).

gold mutual fund: Termine statunitense, usato per indicare un fondo comune che investe in titoli azionari di società minerarie impegnate nello sfruttamento di giacimenti d'oro.

gold note: ***certificato aureo; certificato di oro.*** Termine usato con lo stesso significato di *gold certificate* (v.).

gold par: ***parità aurea.*** Lo stesso che *gold parity* (v.).

gold parity: ***parità aurea.*** È la quantità di oro fino, fissata ufficialmente e corrispondente all'unità monetaria di un qualsiasi paese. Quando era in vigore il sistema dei cambi fissi, la parità aurea garantiva la convertibilità in oro secondo determinati rapporti tra le monete dei vari paesi, ma essa non ha più alcun senso oggi.

gold payment: ***pagamento in oro.*** Pagamento effettuato in metallo prezioso, anziché in carta moneta. In passato, poteva essere richiesto ogni volta che il venditore non avesse eccessiva fiducia nella carta moneta offerta in pagamento, ma dopo l'abbandono del sistema monetario aureo questa forma di pagamento è stata utilizzata soltanto tra banche centrali.

gold points: ***punti dell'oro; punti metallici.*** Questa espressione veniva usata nel linguaggio finanziario in relazione ai cambi esteri e indicava i limiti del tasso di cambio oltre i quali diventava più conveniente ed economico spedire metallo prezioso da un paese ad un altro in pagamento di importazioni, invece di acquistare divise nel paese in cui si doveva effettuare il pagamento. Presupposto essenziale era che ambedue i paesi avessero un sistema monetario a base aurea ed in tale situazione i punti metallici rivestivano particolare importanza, ma diventavano alquanto meno importanti in presenza di un mercato libero dell'oro. Prima del 1914 e tra il 1925 e il 1931 i tassi di cambio erano particolarmente stabili, in quanto i paesi adottavano tutti un sistema monetario a base aurea e la valuta di ciascun paese conteneva una determinata quantità d'oro. Ad esempio, il dollaro statunitense conteneva 23,22 grani di oro fino e la sterlina britannica ne conteneva poco più di 113 grani. Il contenuto aureo determinava la parità monetaria legale intrinseca, o parità di zecca, che nell'esempio dato stabiliva che una sterlina equivaleva a poco più di 4,87 dollari statunitensi. Poiché la valuta era liberamente convertibile in oro a richiesta e vi era libertà di esportazione e importazione dell'oro, la parità era stabile e le operazioni commerciali tra i due paesi potevano dar luogo a fluttuazioni molto lievi. Se, ad esempio, la Gran Bretagna esportava pesantemente verso gli Stati Uniti così che la domanda di sterline per pagare le importazioni aumentava negli Stati Uniti, la sterlina tendeva a salire al di sopra del tasso di cambio corrispondente a 4,87 dollari. Il suo prezzo, tuttavia, non poteva salire molto al di sopra di 4,89 dollari, perché a quel punto sarebbe stato più conveniente per l'importatore americano cambiare i dollari in oro e spedire il metallo in Gran Bretagna in pagamento delle importazioni. Il costo da sostenersi per trasportare ed assicurare l'oro e la perdita di interessi su quel denaro durante il viaggio, che corrispondevano a circa lo 0,50 per cento del valore dell'oro spedito, aggiunti alla parità di zecca determinavano il punto metallico superiore o punto dell'oro superiore, cioè il punto del tasso di cambio al quale era più conveniente spedire oro che acquistare divise in Gran Bretagna. Allo stesso modo, se gli Stati Uniti esportavano pesantemente verso la Gran Bretagna ed il valore del dollaro di conseguenza aumentava presso le banche inglesi, diventava più economico per l'importatore inglese acquistare oro e spedirlo negli Stati Uniti per farlo cambiare nella valuta statunitense. Il punto inferiore dell'oro era così tenuto tra i 4,84 e i 4,85 dollari e il flusso di oro manteneva il valore relativo delle diverse valute entro limiti molto ristretti. Volendo fare un altro esempio per chiarire ulteriormente il concetto, diciamo che tra due paesi, A e B, la parità monetaria legale intrinseca viene calcolata nel numero di unità monetarie di B equivalenti ad una unità monetaria di A. Il punto metallico inferiore è rappresentato dalla parità di zecca meno i costi necessari per imballare, spedire ed assicurare l'oro; mentre il punto metallico superiore è rappresentato dalla parità di zecca più tali costi. I punti metallici erano soggetti a variazioni e si avvicinavano alla parità di zecca se il costo di spedizione diminuiva e se ne allontanavano se esso aumentava.

gold pool: ***pool dell'oro.*** Creato su base non ufficiale da otto paesi, tra i quali l'Italia, il Regno Unito e gli Stati Uniti, aveva lo scopo di mantenere stabile il prezzo dell'oro, a quell'epoca quotato 35 dollari l'oncia, in periodi di crisi. Quando si presentava l'occasione di acquistare oro, il pool agiva sul mercato londinese e quando la domanda d'oro aumentava, il pool lo vendeva nello stesso mercato. L'accordo prevedeva che ciascuna banca centrale avrebbe fornito una quantità d'oro stabilita, in caso di necessità. Nel 1968 si raggiunse un altro accordo, in base al quale veniva creato un mercato aperto solo alle banche centrali e un mercato parallelo libero, sul quale il prezzo dell'oro veniva determinato dall'equilibrio della domanda e dell'offerta. Ciò portò alla fine del pool dell'oro, che oltre a rappresentare un esempio interessante di cooperazione tra le banche centrali, riuscì nel suo intento, pur se per un breve periodo di tempo, e fruttò anche un piccolo utile alle banche centrali.

gold premium: ***aggio dell'oro.*** Quando il valore di una valuta cartacea è inferiore al suo valore nominale in oro, la differenza tra i due valori costituisce l'aggio.

Gold Reserve Act: Legge, approvata dal Congresso degli Stati Uniti nel 1934, che autorizzava la svalutazione del dollaro del 50–60% a discrezione del Presidente; imponeva l'acquisizione da parte del ministero del tesoro di tutto l'oro in possesso delle *Federal Reserve Banks* (v.) in cambio di certificati aurei; aboliva la coniazione dell'oro; vietava la conversione di valuta cartacea in oro e istituiva l'*Exchange Stabilization Fund* (v.) per difendere la quotazione del dollaro sui mercati valutari. (v. anche *gold certificate*)

gold reserves: ***riserve auree; base aurea.*** In passato il termine indicava le scorte di oro in verghe e monete che garantivano le emissioni di valuta cartacea convertibile in oro, ma quando negli anni trenta i principali paesi abbandonarono il sistema monetario aureo, il termine passò ad indicare le riserve di metallo prezioso tenute dalle banche centrali per far fronte a pagamenti in oro all'estero.

gold room: ***stanza dell'oro.*** È la stanza, presso la Banca Rothschild di Londra, nella quale due volte al giorno si riuniscono i rappresentanti delle cinque maggiori società che commerciano in oro, per fissare il prezzo del metallo prezioso su quel mercato.

gold rush: ***febbre dell'oro; corsa all'oro.*** Espressione con la quale si indica la corsa di minatori e altre persone, attratte dal miraggio del rapido arricchimento, verso zone in cui è stato scoperto un giacimento d'oro.

gold settlement fund: ***fondo di compensazione in oro.*** È il fondo costituito da certificati aurei depositati dalle 12 *Federal Reserve Banks* (v.) presso l'*Interdistrict Fund* del Sistema della Riserva Federale, sul quale vengono compensati debiti e crediti tra le banche membri, evitando così spostamenti di valuta.

gold shares: Termine usato nel linguaggio della borsa valori di Londra per indicare azioni di società proprietarie di miniere d'oro. Si tratta principalmente di società sud–africane e australiane quotate in quella borsa valori.

goldsmith: ***orafo; orefice.*** Chi lavora l'oro o i metalli preziosi o chi commercia in preziosi. Prima della creazione delle banche, gli orafi accettavano metalli preziosi che il pubblico depositava presso di loro per sicurezza, per cui con lo stesso termine inglese si indicarono anche le prime piccole imprese bancarie. (v. anche *goldsmiths' notes*)

Goldsmiths' Company: Una delle dodici più importanti e antiche corporazioni di arti e mestieri della città di Londra, che risale all'epoca medievale.

goldsmiths' notes: ***ricevute degli orefici.*** Erano le ricevute che gli orefici rilasciavano a chi depositava presso di loro metalli preziosi. Tali ricevute, che in effetti erano veri e propri pagherò in quanto contenevano la promessa dell'orefice di pagare a vista una data somma in oro, cominciarono a circolare in luogo del metallo come mezzo di pagamento, se il creditore era disposto ad accettarle, il che avveniva quando l'orefice che le aveva rilasciate godeva di buona reputazione. In questa loro funzione, le ricevute equivalevano alla valuta cartacea di un sistema monetario aureo e possono considerarsi come i prototipi delle moderne banconote. (v. anche *goldsmith, gold standard*)

gold specie standard: ***sistema monetario aureo.*** Termine usato con lo stesso significato di *gold standard* (v.).

gold standard: ***sistema monetario aureo; monometallismo aureo; regime aureo.*** Sistema monetario nel quale la valuta cartacea è liberamente convertibile in monete d'oro e viceversa, ambedue in circolazione, e vige la piena libertà di coniazione, fusione, importazione ed esportazione dell'oro. Nel periodo precedente la prima guerra mondiale, e per qualche tempo nel periodo tra le due guerre, era il sistema monetario in vigore in tutti i paesi del mondo. Esso prevedeva che il valore dell'unità monetaria equivalesse, per legge, ad una determinata quantità di oro fino. In tal modo, i tassi di cambio tra le valute dei vari paesi restavano stabili e ciò era estremamente proficuo per il commercio internazionale, ma creava difficoltà circa il controllo dell'offerta di moneta, in quanto la circolazione poteva essere aumentata solo a seguito di un incremento delle disponibilità del metallo nel paese. Nel periodo tra le due guerre mondiali quasi tutti i paesi abbandonarono questo sistema monetario, alcuni passando alla moneta cartacea inconvertibile, altri a variazioni del sistema monetario aureo, quali il *gold bullion standard* (v.) o il *gold exchange standard* (v.). Dopo la seconda guerra mondiale, tutti i paesi del mondo abbandonarono il sistema aureo e gli Stati Uniti furono l'ultimo paese a rendere la propria moneta inconvertibile. Ci furono, tuttavia, accordi che prevedevano la convertibilità di una valuta in oro soltanto in relazione a pagamenti internazionali tra banche centrali, il che creò un sistema monetario aureo esterno.

Gold Standard Act: Legge, approvata dal Congresso degli Stati Uniti nel 1900, che stabiliva il contenuto aureo del dollaro, pari a 25 e 8/10 grani di oro fino a 9/10, e altre norme da rispettarsi nell'ambito del sistema monetario aureo vigente all'epoca negli Stati Uniti.

gold sterilization: ***sterilizzazione dell'oro.*** Termine usato in alternativa a *sterilization of gold* (v.).

gold tranche: ***quota aurea.*** La quota che ogni paese membro doveva versare in oro al Fondo Monetario Internazionale, pari al venticinque per cento della sua quota globale. Il restante settantacinque per cento poteva essere versato nella valuta nazionale del paese. Ciascun paese membro poteva prelevare fondi automaticamente e senza condizioni dal Fondo fino alla concorrenza della sua quota aurea.

gold value: ***valore aureo; valore in oro.*** Il valore, in termini di oro fino, di una unità monetaria di un paese che adotti il sistema monetario aureo.

to go metric: ***adottare il sistema metrico decimale.*** Espressione entrata nell'uso britannico all'inizio degli anni settanta, quando il Regno Unito cambiò il suo sistema monetario adottando quello metrico decimale, che suddivide la sterlina in cento nuovi pence, invece che in venti scellini, ciascuno di dodici pence, come prevedeva il precedente sistema. (v. anche *metric*)

Gompertz curve: ***curva di Gompertz.*** Curva mediante la quale si indica l'andamento della produzione o dell'attività totale di un'impresa. Essa mostra, su una scala logaritmica, la crescita nell'arco di un periodo di tempo in rapporto ad un valore corrispondente all'inizio dello stesso periodo di tempo.

good: ***bene; bene economico.*** 1) Qualsiasi cosa materiale, che abbia il potere di soddisfare un desiderio o un bisogno umano. 2) Nel linguaggio economico, qualsiasi cosa, materiale o immateriale, capace di soddisfare un bisogno e, pertanto, oggetto di domanda. In tale accezione, il termine inglese può indicare sia un bene che un servizio. (v. anche *economic good*)

good and marketable title: ***diritto buono e trasferibile.*** Documento che attesta il reale diritto di proprietà e mostra l'elenco completo ed ininterrotto di tutti coloro che hanno posseduto, attraverso il tempo, il bene immobile in questione fino all'attuale proprietario.

good average quality: ***buona qualità media.*** Espressione spesso usata nei contratti di compravendita per indicare che le merci oggetto del contratto non devono essere di qualità inferiore ad una buona media.

good consideration: ***prestazione lecita.*** Il beneficio derivante ad una delle parti contraenti e che l'ha indotta a stipulare un contratto. Può assumere la forma di una promessa, di un'obbligazione o, più comunemente nei contratti commerciali, di versamento di una somma di denaro o trasferimento di una proprietà.

good delivery: ***trasferimento valido; consegna valida; consegna efficace.*** Nel linguaggio delle borse valori, è la consegna di un titolo non inficiata da irregolarità, come ad esempio l'indebito stacco di cedole, l'assenza dei bolli o, nel caso di titoli al portatore, la presenza sul titolo del nome del precedente portatore. Nel commercio dell'oro, indica che le verghe devono avere certe determinate caratteristiche per essere accettate sul mercato londinese e cioè, 350–430 once di fino al titolo di 995/1000, numero di serie e marchio di una delle case riconosciute come saggiatrici e fornitrici d'oro.

good faith deposit: ***deposito di buona fede.*** Ammontare in moneta pagato in anticipo a dimostrazione dell'intenzione di eseguire le prestazioni contemplate in un contratto di compravendita. Lo stesso termine indica il deposito di garanzia richiesto in relazione a contratti a termine.

good faith purchaser: ***compratore in buona fede.*** Chi acquista un bene senza prestare caso a circostanze che farebbero sorgere dubbi, in una persona abitualmente prudente, sulla capacità del venditore di trasferire il titolo di proprietà.

good merchantable quality and condition: ***qualità e condizione buone e mercantili.*** Espressione usata nei contratti di compravendita per indicare che le merci oggetto del contratto devono essere non inferiori ad una buona qualità e in buone condizioni.

goods: **1.** ***merci.*** Nella terminologia giuridica, è qualsiasi articolo fisico che possa divenire oggetto di un contratto di compravendita e pertanto qualsiasi bene economico. Sono, quindi, merci sia i beni mobili che i beni immobili, sia i beni materiali che quelli immateriali ed anche i servizi. **2.** ***beni.*** In economia, prodotti oggetto di domanda e che hanno il potere di soddisfare un bisogno. (v. anche *good, economic good, goods and services*)

goods account: ***conto merci.*** Nel linguaggio della contabilità, è il conto nel quale vengono registrati i movimenti sia in entrata che in uscita delle merci, intese nel senso commerciale. Nel conto merci vengono anche registrate avarie e cali, passaggi da un luogo all'altro che danno origine a trasferimenti, anche temporanei, di proprietà e qualsiasi altro evento comunque connesso con il movimento delle merci, come ad esempio il costo della manipolazione che va ad incrementare il valore delle merci.

goods afloat: ***merci flottanti.*** Nel linguaggio commerciale e dei trasporti marittimi, sono le merci in viaggio per mare, che non sono ancora state acquistate da alcun compratore.

goods and chattels: ***beni mobili.*** Qualsiasi forma di proprietà, ad eccezione di quella di terra e altri beni immobili.

goods and services: ***beni e servizi.*** Prodotti finiti di un'attività economica. I beni di solito corrispondono a oggetti fisici, i servizi a prestazioni o beni non fisici, ma entrambi sono oggetto di domanda ed hanno il potere di soddisfare un bisogno.

goods cleared inwards: ***merci dichiarate per l'importazione.*** Merci soggette a dazio di importazione o esenti da tale pagamento, dichiarate in dogana all'atto del loro ingresso sul territorio nazionale.

goods cleared outwards: ***merci dichiarate per l'esportazione.*** Merci che, all'atto dell'esportazione, vengono dichiarate all'apposito ufficio della dogana, principalmente per fini statistici.

goods delivering office: ***ufficio arrivi merci; ufficio consegna merci.*** Nelle stazioni ferroviarie, è l'ufficio preposto allo smistamento e alla riconsegna di merci trasportate per ferrovia.

goods entered inwards: ***merci dichiarate in entrata.*** Termine usato con lo stesso significato di *goods cleared inwards* (v.).

goods entered outwards: ***merci dichiarate in uscita.*** Termine usato con lo stesso significato di *goods cleared outwards* (v.).

goods exempt from duty: ***merci esenti da dazio.*** Sono le merci non soggette a dazio doganale di importazione. Possono essere rappresentate da provviste di bordo, da beni di residenti precedentemente destinati all'estero e che rientrano in patria o merci provenienti da determinati paesi, ai quali vengono concesse preferenze doganali. A volte un paese ammette in esenzione doganale beni particolarmente importanti per la propria economia o per il sostentamento alimentare dei propri cittadini.

goods in bags: ***merci in sacchi.*** Lo stesso che *bag cargo* (v.).

goods in bales: ***merci in balle.*** Merci avvolte in tela o altro materiale simile, onde formarne balle per la spedizione all'estero.

goods in barrels: ***merci in barili.*** Nel linguaggio dei trasporti, sono merci imballate e trasportate in barili.

goods in bonds: ***merci in deposito franco; merci sotto vincolo doganale.*** Lo stesso che *bonded goods* (v.).

goods in boxes: ***merci in scatole.*** Nel linguaggio dei trasporti, sono merci imballate e spedite in scatole di cartone.

goods in bulk: ***merci alla rinfusa; merci a massa.*** Nel linguaggio dei trasporti, sono merci non imballate in contenitori quali sacchi, balle o simili.

goods in cases: ***merci in casse.*** Nel linguaggio dei trasporti, sono merci imballate e spedite in casse di legno o di cartone pesante.

goods in casks: ***merci in botti.*** Nel linguaggio dei trasporti, sono merci, generalmente liquidi, spedite in botti di legno.

goods industry: ***industria dei beni; industria produttrice di beni di consumo.*** Lo stesso che *secondary industry* (v.).

goods in process: **1.** ***semilavorati; merci in lavorazione; monte lavori in corso.*** 1) Prodotti non finiti, ma dei quali è iniziato il processo di lavorazione. Includono, pertanto, le materie prime, i componenti sui quali è stato svolto un certo lavoro e i materiali a piè di macchina, ma ne sono escluse le materie prime non ancora avviate alla lavorazione e i componenti acquistati da altre imprese per essere usati come input. 2) Conto nel quale vengono addebitate le spese relative alle merci in lavorazione, come ad esempio costi delle materie prime e manodopera, e vengono accreditati i corrispettivi degli articoli trasferiti al conto prodotti finiti. La differenza rappresenta il valore dei semilavorati a disposizione. **2.** ***beni in processo.*** Nella sua classificazione del capitale, J. M. Keynes indica con questo termine non soltanto le merci in lavorazione, ma anche i prodotti agricoli in corso di coltivazione; i beni in viaggio o in deposito presso commercianti all'ingrosso e al dettaglio; e i beni in attesa della rotazione delle stagioni.

goods-in-process storehouse: ***magazzino semilavorati; magazzino merci in lavorazione.*** In un'impresa produttrice di beni, è il magazzino o parte del magazzino nel quale vengono conservati i semilavorati.

goods in progress: ***semilavorati; merci in lavorazione; monte lavori in corso.*** Termine usato con lo stesso significato di *goods in process 1* (v.).

goods in stock: ***beni in stock; beni in scorte.*** Nella sua classificazione del capitale, J. M. Keynes indica con questo termine i beni che non danno alcuna utilità o soddisfazione nel momento attuale, ma possono essere usati o consumati in qualsiasi momento, cioè le scorte.

goods in transit: ***merci in transito; merci viaggianti.*** Merci di passaggio sul territorio di un paese o merci considerate nel momento in cui si trovano su un mezzo di trasporto in viaggio verso la loro destinazione finale.

goods-in-transit policy: ***polizza su merci viaggianti.*** Polizza di assicurazione che copre merci viaggianti contro i rischi di rottura o danno derivanti dal viaggio. La copertura ha inizio nel momento in cui le merci sono messe a bordo del mezzo di trasporto e cessa nel momento in cui ne vengono scaricate al luogo di destinazione finale.

goods in use: ***beni in uso.*** Nella sua classificazione del capitale, J. M. Keynes indica con questo termine quei beni il cui pieno valore, dal punto di vista dell'utilità e della soddisfazione del consumatore, va diminuendo gradualmente nel tempo.

goods inwards note: ***nota arrivo materiali; nota merci ricevute.*** Documento sul quale sono registrati tutti i dati relativi a materiali o componenti in arrivo. Contiene nome e indirizzo del fornitore, descrizione e quantità dei materiali, ecc.

goods inwards sheet: ***nota arrivo materiali; nota merci ricevute.*** Termine usato con lo stesso significato di *goods inwards note* (v.).

goods loan: ***anticipazione su merci.*** Anticipazione bancaria concessa mediante apertura di un credito in conto corrente o col versamento immediato di una somma di denaro, dietro garanzia di merci o titoli rappresentativi di merci. Oltre ai normali interessi e alle provvigioni concordate, compete alla banca anche un rimborso per la spesa di custodia delle merci date in garanzia dell'anticipazione.

good's market: ***mercato di un bene.*** Il mercato nel quale viene trattato un singolo bene, costituito dai venditori e dai compratori di quel singolo bene.

goods market: ***mercato dei beni.*** Termine usato in contrapposizione a *asset market* (v.) e *money market* (v.) per indicare genericamente il mercato sul quale è possibile comprare e vendere beni di consumo.

goods on approval: ***merci soggette a verifica.*** Merci il cui compratore si riserva il diritto di verificare prima di accettarle in via definitiva.

goods on consignment: ***merci in conto deposito.*** Merci inviate ad un agente, perché ne tenti la vendita. L'agente ne ha il possesso, ma non la proprietà; tuttavia, è autorizzato a trasferire il diritto di proprietà ad un qualsiasi eventuale acquirente. Di solito, il periodo di tempo entro il quale l'agente ne può tentare la vendita è limitato.

goods on hand: ***merci in magazzino.*** Merci disponibili per la vendita immediata.

goods on sale or return: ***merci in conto deposito.*** Merci consegnate a un rivenditore, il quale ha il diritto di venderle e pagarle o di restituirle al venditore entro un ragionevole periodo di tempo. (v. anche *goods on consignment, sale or return*)

goods-producing industry: ***industria produttrice di beni di consumo.*** Lo stesso che *secondary industry* (v.).

goods-producing sector: ***settore produttore di beni.*** Il settore economico che si interessa della trasformazione delle materie prime e, quindi, della produzione di beni. Il termine viene usato in contrapposizione a *service-producing sector* (v.) e negli Stati Uniti il *Bureau of Labor Statistics* divide il sistema economico in due grandi settori: quello produttore di beni, nel quale rientrano l'agricoltura, l'attività mineraria, le costruzioni e la produzione industriale; e quello produttore di servizi. (v. anche *secondary sector*)

goods received note: ***nota arrivo materiali; nota merci ricevute.*** Termine usato con lo stesso significato di *goods inwards note* (v.).

goods receiving office: ***ufficio accettazione merci.*** Nelle stazioni ferroviarie, è l'ufficio presso il quale il mittente consegna le merci che intende spedire per ferrovia.

goods returned note: ***nota materiali resi; nota merci rese; nota resi.*** Documento nel quale sono registrati tutti i dati relativi a materiali o prodotti resi al venditore. (v. anche *returns 1*)

goods station: ***scalo merci.*** Stazione ferroviaria o marittima, nella quale vengono scaricate e immagazzinate merci in arrivo o in partenza.

goods train: ***treno merci.*** Treno adibito soltanto al trasporto di merci, mediante appositi vagoni chiusi o aperti.

good-this-month order: ***ordine valido questo mese.*** Varietà di *good until cancelled order* (v.), che prevede la validità dell'ordine per tutto il mese in corso. È usato nelle borse statunitensi.

good-this-week order: ***ordine valido questa settimana.*** Varietà di *good until cancelled order* (v.), che prevede la validità dell'ordine per tutta la settimana in corso. È usato nelle borse statunitensi.

good till cancelled: ***a revoca; valido revoca.*** Espressione usata per qualificare l'ordine di acquisto o di vendita descritto sotto *good until cancelled order* (v.).

good until cancelled order: ***ordine a revoca; ordine valido revoca.*** Nel linguaggio finanziario, è un ordine dato dal cliente ad uno *stockbroker* (v.) per l'acquisto o la vendita di titoli in borsa ad un corso stabilito. Tale ordine resta valido fino a quando non viene eseguito dallo *stockbroker* o revocato dal cliente. Tuttavia, la sua durata non può superare un ciclo operativo, equivalente a quattordici giorni o un mese a seconda degli usi locali, che va fino al giorno di risposta premi per ordini relativi ad operazioni a termine e fino all'ultima riunione del ciclo per ordini relativi ad operazioni per contanti.

goodwill: ***avviamento.*** Vantaggi che possono derivare in futuro ad un'impresa dall'insieme di conoscenze, favore dei clienti, rinomanza sul mercato, relazioni commerciali, ecc. È un'attività invisibile di un'impresa ed ha un valore di cui si deve tener conto. Nella terminologia della ragioneria, è l'immobilizzazione immateriale che deriva dall'acquisizione di una società da parte di un'altra e corrisponde alla differenza tra il prezzo pagato dalla società acquirente e il capitale netto che risulta dal bilancio della società acquisita. In forma più sintetica, può anche essere definito come la redditività dell'impresa.

goon: ***agente provocatore.*** Nel linguaggio statunitense delle relazioni industriali, indica una persona impiegata per creare attrito o conflitti tra lavoratori e datore di lavoro.

to go private: ***diventare privata.*** Detto di una società, il cui capitale azionario, precedentemente di proprietà di molti piccoli azionisti, viene rilevato o dalla stessa società o da un imprenditore esterno.

to go public: ***diventare pubblica.*** Detto di una *private company* (v.) che, attraverso l'offerta di proprie azioni al pubblico, si trasforma in una *public company* (v.) con la conseguente ammissione alla quotazione in una borsa valori.

goschens: Nome con il quale alla borsa valori di Londra a volte si indicano i *consols* (v.) 2½%, perché fu appunto il visconte G.J. Goschen che, in qualità di Cancelliere dello Scacchiere, operò la conversione del debito pubblico riducendo l'interesse sui *consols* dal 3 al 2½%.

go–slow tactics: ***tattica dello sciopero bianco; ostruzionismo sindacale.*** V. spiegazione sotto *working to rule.*

go–stop: ***accelera e frena; spinta e freno.*** Espressione usata per indicare il tipo di politica economica perseguita nel Regno Unito negli anni cinquanta e sessanta. Consisteva di successive espansioni e contrazioni del credito, attraverso controlli monetari e fiscali, con l'intento di influire sul livello della domanda globale e così salvaguardare il tasso di cambio della sterlina che, in momenti di boom, tendeva a scendere notevolmente a seguito di pesanti importazioni di beni di consumo. Quando si verificavano tendenze inflazionistiche, il governo applicava misure restrittive e quando si cominciavano a percepire sintomi deflazionistici venivano applicate misure che consentivano l'espansione della domanda e il mantenimento dei livelli di occupazione. Il problema principale di questa politica era l'esatta individuazione del momento in cui intervenire e dell'ampiezza degli interventi da effettuare.

gourde: Unità monetaria di Haiti, suddivisa in cento centimes.

gov.: government.

governed economy: ***economia governata.*** Lo stesso che *mixed economy* (v.).

governing director: ***amministratore unico.*** Amministratore cui sono stati conferiti poteri autocratici per la direzione della politica aziendale.

government: ***governo.*** Nel linguaggio economico inglese, questo termine è spesso usato in luogo del nostro termine stato, per indicare l'istituzione che vende protezione e giustizia ai suoi cittadini, monopolizzando la concessione e l'applicazione dei diritti di proprietà su beni e servizi e sul loro trasferimento a terzi. Il pagamento di questi servizi da parte del cittadino prende la forma di imposte e tasse.

government actuary: ***attuario statale.*** Attuario, impiegato dell'istituto di statistica statale, che si interessa di previsioni su eventi futuri, quali il movimento dei prezzi, l'incremento o la diminuzione della popolazione dello stato e simili.

government administration: ***amministrazione statale.*** Il complesso delle persone e degli uffici cui è demandato il compito di amministrare o gestire la cosa pubblica. Negli Stati Uniti, il termine indica il Presidente e tutti i suoi collaboratori.

government agency: ***agenzia governativa.*** Una qualsiasi unità dell'amministrazione dello stato, che gestisce fondi assegnati con regolare stanziamento.

government aids: ***aiuti statali.*** L'assistenza prestata dallo stato alle imprese operanti nel paese o sotto forma di sovvenzioni dirette o sotto forma di sgravi fiscali. Nella prima metà degli anni ottanta si è assistito a una drastica riduzione di questo tipo di assistenza, specialmente in Gran Bretagna ad opera del governo Thatcher e nella Repubblica Federale di Germania ad opera del Cancelliere Kohl.

governmental accounting: ***contabilità di stato.*** Principi, consuetudini e procedure seguiti nella contabilità relativa alle attività dello stato, degli enti locali e di altre agenzie o enti statali.

governmental body: ***ente statale.*** Un qualsiasi ente che fa parte dell'amministrazione statale o dipende da essa.

governmental executive: ***funzionario governativo.*** Termine usato con lo stesso significato di *government official* (v.).

governmental official: ***funzionario governativo.*** Variante di *government official* (v.).

governmental red tape: ***burocrazia statale.*** Lo stesso che *red tape* (v.).

government annuities: ***rendite di stato.*** Titoli di stato irredimibili, sui quali viene pagato soltanto l'interesse, ma la cui somma capitale non viene rimborsata. Non vengono emessi più in quasi nessun paese, dato che la domanda è caduta da quando i risparmiatori possono ottenere migliori condizioni da compagnie di assicurazione o da forme alternative di investimento a scopo previdenziale.

government assistance: ***assistenza statale.*** Lo stesso che *government aids* (v.)

government bank: ***banca di stato.*** Lo stesso che *central bank* (v.).

government bill: ***titolo di stato a brevissimo termine.*** Un qualsiasi titolo di stato, la cui durata non supera i dodici mesi, come ad esempio i buoni del tesoro. (v. anche *treasury bill*)

government bill of lading: ***polizza di carico governativa.*** Polizza di carico il cui testo e le cui condizioni sono imposti dal governo di un paese e, quindi, non sono oggetto di decisioni degli armatori.

government bond market: ***mercato dei titoli di stato.*** Il mercato nel quale vengono trattati i *government bonds* (v.). Il termine ha lo stesso significato di *gilt–edged market* (v.) e indica non un mercato autonomo, bensì una delle tre parti che costituiscono il *bond market* (v.).

government bonds: ***titoli di stato.*** Termine colloquiale, usato per indicare titoli emessi dal governo federale degli Stati Uniti. Non sono inclusi, quindi, i titoli emessi da enti locali o altri organi della pubblica amministrazione.

government borrowing: ***prestito statale; indebitamento statale.*** Il termine inglese indica l'assunzione di un debito da parte dello stato. È pratica comune a tutti gli stati ricorrere all'assunzione di prestiti quando si deve far fronte a spese eccezionali che non possono essere finanziate con le entrate fiscali. Infatti, un sano principio di molti governi moderni è quello di far fronte alle spese ordinarie mediante le entrate fiscali e a quelle straordinarie mediante ricorso al prestito pubblico.

government broker: È il *broker* (v.) che, su istruzioni della Banca d'Inghilterra, esegue le cosiddette operazioni di mercato aperto in titoli di stato, esclusi i buoni del tesoro. (v. anche *open–market operations*)

government bureau: ***ufficio governativo.*** È un ufficio statale, ed in particolare uno di quelli che trattano con il pubblico. Negli Stati Uniti, il termine viene usato per indicare una divisione o sezione di un ministero.

government control: ***dirigismo.*** È una politica di ampio intervento da parte dello stato in questioni di vita economica del paese, che porta ad una notevole riduzione, se non alla completa atrofizzazione, dei meccanismi di mercato.

government debt: ***debito statale.*** Lo stesso che *national debt* (v.).

government deficit: ***deficit pubblico; deficit statale.*** La differenza tra le entrate e le spese di uno stato. Il termine è, quindi, sinonimo di *budget deficit* (v.) quando quest'ultimo è usato in relazione al bilancio dello stato.

government department: ***ministero.*** Una delle suddivisioni dell'amministrazione dello stato.

government depository: ***depositario dello stato.*** Negli Stati Uniti, è una qualsiasi banca o altra istituzione finanziaria autorizzata da uno stato ad incassare imposte o altri pagamenti ad esso dovuti.

government enterprise: ***impresa statale.*** Tipo di organizzazione aziendale a capitale pubblico, preposta alla gestione di industrie o attività nazionalizzate, come ad esempio le linee aeree, o di pubblici servizi, come le poste e le trasmissioni radio–televisive. L'unico azionista di questo tipo di imprese è lo stato.

government expenditure: ***spesa governativa; spesa statale.*** Sono le spese complessive effettuate da uno stato. Le principali voci della spesa statale sono: a) servizio e gestione del debito pubblico; b) difesa; c) servizi sociali; d) contributi e assegnazioni a enti locali, oltre alle spese di amministrazione generale dello stato.

government finance: ***finanza pubblica; finanza statale.*** Lo stesso che *national finance* (v.).

government investment: ***investimento statale.*** Tutte le spese, sostenute da uno stato, propriamente dette di investimento, quali possono essere quelle intraprese per la costruzione di opere pubbliche, per l'edilizia abitativa pubblica e per le imprese di pubblici servizi, ma anche le spese che vengono considerate a mezza strada tra l'investimento e il consumo, quali possono essere quelle relative al servizio sanitario e all'istruzione. Queste ultime possono, tuttavia, considerarsi investimento in esseri umani e quindi essere viste alla stregua delle spese sostenute dallo stato per la costruzione di ospedali, scuole e altre forme di capitale.

government loan: ***prestito pubblico.*** In senso stretto, l'espressione inglese e quella italiana indicano il debito contratto dal governo centrale con i cittadini e le istituzioni del paese. Il debito pubblico del Regno Unito si divide in tre parti principali: a) il debito costituito da titoli non negoziabili, quali i certificati di risparmio nazionale, i *defence bonds* (v.), ecc.; b) il debito fluttuante, rappresentato in gran parte da buoni del tesoro; c) il debito costituito da titoli negoziabili, quali i titoli del debito fondato, i *consols* (v.) e altri titoli di stato a breve termine. Il debito è gestito dalla Banca d'Inghilterra, che interviene sul mercato con acquisti e vendite, attraverso il *government broker* (v.), per influenzare il tasso di interesse prevalente sul mercato, così che la gestione del debito pubblico è diventata anche uno strumento di politica monetaria. Nel secolo scorso c'era la tendenza a ridurre il prestito pubblico attraverso un fondo di ammortamento ed infatti tra il 1815 e il 1899 esso scese da 858 a 635 milioni di sterline. Dopo la seconda guerra mondiale si abbandonò tale tendenza e il prestito pubblico inglese crebbe dai 27.200 milioni di sterline del 1958 agli oltre 39.000 milioni di sterline nel 1970. Gran parte di questo aumento fu, tuttavia, dovuta agli indennizzi pagati agli azionisti o ai proprietari di aziende che proprio in quel periodo furono nazionalizzate. In termini di reddito nazionale, durante lo stesso periodo il prestito scese dall'1,4 allo 0,9 volte il reddito nazionale, nonostante ciò restando uno dei più alti in tutta l'Europa occidentale.

government monetary policy: ***politica monetaria governativa.*** È lo stesso di *monetary policy* (v.).

Government National Mortgage Association: Associazione istituita nel 1968 negli Stati Uniti, col compito di rilevare alcune delle funzioni della *Federal National Mortgage Association* (v.). I titoli obbligazionari emessi da questa istituzione sono garantiti da un pool di ipoteche e dallo stato e vengono trattati attivamente su mercati secondari.

government obligations: ***obbligazioni statali.*** Titoli di credito, quali buoni del tesoro o titoli del risparmio pubblico ecc., che uno stato si è impegnato a rimborsare.

government office: ***ufficio governativo.*** Termine usato con lo stesso significato di *government bureau* (v.).

government official: ***funzionario governativo.*** Chiunque ricopra un ufficio di una certa responsabilità e ad un certo livello nell'amministrazione dello stato.

government ordinary expenditure and revenue: ***entrate e uscite pubbliche ordinarie.*** Voce che nel bilancio dello stato indica le entrate e le uscite correnti distinte, pertanto, da quelle in conto capitale.

government outlays: ***uscite statali.*** Lo stesso che *expenditure of the state* (v.).

government–owned monopoly: ***monopolio di stato.*** Lo stesso che *state monopoly* (v.).

government ownership: ***proprietà pubblica.*** Lo stesso che *public ownership* (v.).

government procurement: ***approvvigionamento statale.*** L'acquisto, da parte dello stato, di beni e servizi dal settore privato necessari ai propri fabbisogni, quali ad esempio le dotazioni alle forze armate.

government procurement policy: ***politica di approvvigionamento statale.*** La politica, seguita da un governo, nel procedere all'acquisto dei beni e servizi necessari allo svolgimento della propria funzione. Tale politica può tendere a favorire le imprese nazionali indipendentemente da considerazioni di prezzo e qualità o può essere più liberale e tendere a procurarsi il meglio al prezzo più contenuto reperibile sui mercati internazionali. Il primo tipo di politica è considerata una delle più importanti barriere non doganali al libero scambio.

government push: ***spinta statale.*** Espressione usata da alcuni economisti in contrapposizione a *cost push* (v.) per indicare il tipo di inflazione generato dalla pressione esercitata sul governo, da parte dei sindacati, tendente a far espandere l'offerta di moneta al fine di evitare la disoccupazione che potrebbe derivare dall'aumento del costo del lavoro oltre il limite della sua produttività marginale.

government receipts: ***entrate statali.*** Lo stesso che *gov-*

ernment revenue (v.).

government regulation of business: ***regolamentazione statale dell'attività economica.*** L'instaurazione o il mantenimento da parte di un governo delle condizioni giuridiche necessarie perché un sistema economico funzioni in maniera equa, sicura ed efficiente.

government revenue: ***entrate dello stato.*** Lo stesso che *public revenue* (v.).

government saving: ***risparmio statale; risparmio del settore pubblico; risparmio pubblico.*** La differenza positiva tra entrate correnti e uscite correnti del settore statale o del settore pubblico. Corrisponde grosso modo all'investimento netto del settore pubblico meno l'indebitamento del settore pubblico o, a seconda dei casi, più il rimborso del debito del settore pubblico.

government sector: ***settore pubblico.*** Uno dei quattro settori in cui è convenzionalmente divisa l'economia di un paese. Gli altri settori sono: il privato, intendendo le aziende non a partecipazione o a controllo statale; il personale, intendendo i singoli operatori o consumatori; e i diversi, intendendo quanto non è incluso nei primi tre. Vi è chi fa una distinzione in due soli settori, quello pubblico e quello privato. (v. anche *private sector, public sector*)

government securities: ***titoli di stato.*** Il termine inglese indica i titoli a reddito fisso emessi da uno stato, che comprendono buoni del tesoro e titoli del debito consolidato.

government security: ***garanzia statale.*** Espressione usata in relazione a prestiti o emissioni obbligazionarie di enti statali o locali, il cui rimborso e pagamento degli interessi viene garantito dallo stato. Lo stato, cioè, si assume l'impegno di effettuare tali pagamenti qualora l'emittente non ne abbia la possibilità.

government spending: ***spesa statale; spesa governativa.*** Lo stesso che *expenditure of the state* (v.).

government stocks: ***titoli di stato.*** Di solito chiamati *gilt–edged securities* (v.), sono i titoli a reddito fisso del debito consolidato, esclusi quindi i buoni del tesoro, cui vengono dati vari nomi, quali *consols, treasury stocks, funding loan, Exchequer stock*, ecc. (vv.).

government subsidy: ***sussidio governativo.*** Lo stesso che *subsidy 1* (v.).

government training centre: ***centro statale di addestramento industriale.*** Un qualsiasi centro di addestramento istituito dallo stato al fine di riqualificare i lavoratori le cui funzioni sono state rese obsolete dal progresso tecnologico o al fine di riqualificare lavoratori che non hanno potuto seguire un regolare corso di studi o di apprendistato.

govt.: government.

G.P.O.: 1) General Post Office; 2) Government Printing Office.

GPP: general purchasing power accounting.

gr.: 1) gross; 2) grain; 3) gram.

G.R.: gold reserve.

grace period: 1. ***periodo di tolleranza.*** Periodo di tempo durante il quale un debitore può provvedere a saldare il suo debito, senza incorrere in penali. Nelle assicurazioni, consiste di solito di trenta giorni, entro i quali l'assicurato può pagare il premio scaduto. Nel commercio e nel credito, consiste di solito di tre giorni, chiamati comporto. (v. anche *days of grace*) **2.** ***periodo di grazia.*** Nel linguaggio bancario, è il periodo che intercorre tra la concessione di un mutuo e la prima rata di rimborso della somma capitale. In relazione alle vendite rateali, è il periodo di tempo intercorrente tra l'acquisto del bene e la scadenza della prima rata.

grade: ***grado.*** Parlando di cose che ammettono divisioni o passaggi con progressione crescente o decrescente, ciascuno dei punti che segnano la presenza o l'assenza di determinate caratteristiche previste in una scala di gradazione.

graded premium life insurance: ***assicurazione sulla vita a premi graduali.*** Tipo di assicurazione, diffusa particolarmente negli Stati Uniti, che prevede l'aumento graduale dei premi, finché si raggiunge un livello prestabilito, che resterà fisso per tutta la durata del contratto. Si addice a chi prevede un incremento graduale delle proprie entrate negli anni susseguenti alla stipula del contratto di assicurazione.

graded tax: ***imposta differenziata.*** Negli Stati Uniti, è un tipo di imposta patrimoniale che colpisce con aliquote più alte i terreni incolti e con aliquote più basse quelli coltivati, in modo da incoraggiare l'utilizzazione della terra.

grade labeling: ***etichettatura qualitativa.*** Espressione del linguaggio commerciale statunitense, con la quale si indica la pratica di riportare sull'etichetta informazioni riguardanti la qualità di un prodotto, come ad esempio nel caso di cibi in scatola, sotto forma di lettere o numeri. Il grado di qualità viene stabilito sulla base delle caratteristiche del prodotto in relazione a standard fissi e tramite la gradazione di tali caratteristiche secondo un piano prestabilito. (v. anche *grade standard, descriptive labeling*)

grade standard: ***standard qualitativo.*** È il punto centrale in una scala qualitativa, dal quale si parte per misurare il grado di qualità di un prodotto, che può essere al di sopra o al di sotto dello standard. (v. anche *grade labeling*)

grading: ***gradazione; classificazione.*** Per alcuni tipi di derrate e materie prime è facile stabilire il loro grado di qualità con notevole accuratezza, come nel caso del cotone e del grano. Ciò consente che la merce venga venduta senza che debba essere ispezionata dal compratore e che diventi anche oggetto di vendite a termine. Quando, invece, una merce non può essere facilmente classificata, essa viene di solito venduta all'asta, previa ispezione da parte dei potenziali acquirenti, come avviene, ad esempio, nel caso delle pelli fini e della lana.

gradualists: ***gradualisti.*** I monetaristi che sostengono i concetti sui quali si basa la *gradualist school* (v.).

gradualist school: ***scuola gradualista.*** Una delle due scuole in cui si è divisa la scuola monetarista. Secondo i gradualisti, la riduzione del tasso di crescita dell'offerta di moneta verso un tasso prestabilito tendente a realizzare la stabilità dei prezzi quando la condizione di partenza è rappresentata da forti tensioni inflazionistiche dovrebbe essere realizzata per gradi in quanto, essi sostengono, a) le aspettative richiedono tempo per adeguarsi e restano indietro rispetto alle reali esperienze inflattive; b) i prezzi non sono perfettamente flessibili. La conseguenza di queste opinioni è che un rallentamento del tasso di crescita dell'offerta di moneta farà sentire i suoi influssi sui prezzi solo dopo uno scarto temporale lungo e variabile, ma nel frattempo gli effetti di tale politica si faranno sentire sulla produzione e sull'occupazione e al fine di minimizzare l'ampiezza di tali effetti è necessaria una graduale riduzione del tasso di crescita dell'offerta di moneta. (v. anche *rational expectations school*)

graduated payment loan: ***prestito a rimborso differenziato.*** Il tipo di prestito descritto sotto *graduated payment mortgage* (v.).

graduated payment mortgage: ***ipoteca a rimborso differenziato.*** È un tipo di ipoteca che prevede un tasso di interesse fisso, ma quote di rimborso che vanno progressivamente aumentando fino a raggiungere un limite prestabilito, che resterà uguale per tutto il periodo di vita del credito. Si fa ricorso a questo tipo di ipoteca quando ci si aspetta che il reddito del mutuatario aumenti col passare del tempo, come nel caso di una giovane coppia che acquista la sua prima casa.

graduated pension: ***pensione differenziata.*** Pensione calcolata in base al reddito del beneficiario prima del suo pensionamento, in relazione alla quale sono stati versati contributi differenziati che giustificano la differenza di trattamento del pensionato.

graduated pension scheme: ***piano di pensionamento differenziato.*** Nel Regno Unito, la legge sulle assicurazioni sociali prevede la possibilità di contributi e pensioni differenziati, in base al reddito percepito dal lavoratore ed entro certi limiti prestabiliti. (v. anche *graduated social insurance contributions*)

graduated property tax: ***imposta progressiva sulla proprietà; imposta graduale sulla proprietà.*** Espressione usata da J. S. Mill per indicare un'imposta sul reddito da beni immobili, la cui aliquota cresce col crescere dell'ammontare del reddito. In effetti, da quanto dice Mill nella sua opera *Principles of Political Economy* al capitolo «On the General Principles of Taxation», sembra che con questo termine egli si riferisca a qualsiasi tipo di reddito e non soltanto al reddito dominicale o di fabbricati. Pertanto, il termine può assumere lo stesso significato di *progressive tax* (v.).

graduated social insurance contributions: ***contributi progressivi di assicurazione sociale.*** Sono i contributi sociali che variano col variare del reddito percepito dal lavoratore, così che chi più guadagna, più paga. Ciò comporta anche una differenziazione dell'entità delle pensioni cui avranno diritto le diverse categorie di lavoratori.

graduated tax: ***imposta progressiva; imposta graduale.*** Lo stesso che *progressive tax* (v.).

graduated taxation: ***imposizione progressiva; imposizione fiscale ad aliquote progressive.*** Lo stesso che *progressive tax system* (v.).

grain: ***grano.*** Unità di misura di peso anglosassone, teoricamente equivalente al peso di un chicco di grano, il cui valore varia a seconda dell'uso. Per l'oro e i prodotti farmaceutici equivale a grammi 0,0648, mentre per le pietre preziose e le perle rappresenta un quarto di carato, ma il suo valore varia da paese a paese. Il grano può essere preso come unità comune per paragonare i due sistemi di peso noti come troy e avoirdupois. Nel sistema troy, un'oncia contiene 480 grani, mentre nel sistema avoirdupois ne contiene 437,5. Se si desidera raffrontare i pesi principali del sistema decimale con i pesi dei sistemi troy e avoirdupois, si tenga presente che un chilogrammo è uguale a 15432,3488 grani; un grammo è uguale a 15,43235 grani; un centigrammo è uguale a 0,15432 grani; e un milligrammo è uguale a 0,01543 grani. (v. anche *ounce, pound*)

grain cubic capacity: ***capacità cubica per granaglie.*** Nel linguaggio dei trasporti marittimi, indica lo spazio totale di una nave destinabile al trasporto di granaglie.

grain elevator: ***elevatore di granaglie.*** Dispositivo meccanico in grado di sollevare granaglie e scaricarle in un silo o altro contenitore.

Grain Futures Act: Legge, approvata dal Congresso degli Stati Uniti nel 1922, che stabiliva che le operazioni a termine delle granaglie erano soggette a controlli e regolamenti emanati dal governo federale.

grain futures market: ***mercato a termine delle granaglie.*** Mercato organizzato, all'interno di una borsa merci, nel quale si trattano contratti a termine che hanno come oggetto la compravendita di granaglie per consegna futura. (v. anche *futures market*)

grain pit: ***recinto granaglie.*** Nel linguaggio delle borse merci statunitensi, è ciascuna delle piattaforme circolari nel salone di una borsa, in cui gli operatori si incontrano per comprare e vendere granaglie.

grain silo: ***silo granario.*** Edificio costruito e strutturato per la conservazione di granaglie.

Grain Standards Act: Legge, approvata dal Congresso degli Stati Uniti nel 1916, che stabiliva gli standard da rispettarsi nel commercio delle granaglie e la supervisione del governo federale su tutti i sistemi di ispezione della produzione e del commercio dei grani.

gram: ***grammo.*** Misura di peso del sistema metrico decimale, corrispondente alla millesima parte di un chilogrammo ed equivalente a 0,03527 once avoirdupois.

granary: ***granaio; silo granario.*** Termine usato con lo stesso significato di *grain silo* (v.). A volte, viene usato anche per indicare una regione che produce grosse quantità di grano.

grand: Termine colloquiale usato nel Regno Unito per indicare mille sterline e negli Stati Uniti mille dollari.

grange: **1.** ***granaio; silo granario.*** Termine usato come sinonimo meno comune di *grain silo* (v.). **2.** ***fattoria.*** Il termine inglese indica una casa di campagna con terreni ed edifici agricoli, spesso usata come dimora da un signore di campagna, che si interessa anche di gestire le proprietà agricole che possiede.

grant: **1.** ***stanziamento; assegnazione di fondi; sovvenzione.*** Il termine inglese è piuttosto generico e viene usato per indicare una qualsiasi assegnazione o concessione di fondi, di solito da parte dello stato. Può, pertanto, indicare sia uno stanziamento (v. anche *appropriation 1*), sia un'assegnazione di fondi ad un ente locale (v. anche *grants–in–aid*), sia una sovvenzione meno formale, come ad esempio una borsa di studio o simili. **2.** ***trapasso; trasferimento; cessione.*** Questo termine è a volte usato con lo stesso significato di *conveyance 1* (v.).

grantee: ***beneficiario; donatario.*** Il termine inglese indica la persona fisica o l'ente a vantaggio dei quali viene istituito un fedecommesso o viene fatta una donazione. (v. anche *trust 1*)

grant element: ***elemento di donazione.*** In relazione a un prestito, di solito un prestito concesso a un paese in via di sviluppo, è definito come la differenza tra il valore facciale originario del prestito e il valore attuale scontato del servizio del debito, come percentuale del valore facciale originario. L'elemento di donazione è tanto più grande quanto minore è il tasso d'interesse sul prestito e quanto maggiore è la sua durata.

grantor: ***fiduciante; donante.*** La persona che costituisce un fedecommesso o l'ente o la persona che fanno una donazione. (v. anche *trust 1*)

grants economics: ***economia delle donazioni.*** La branca dell'economia che studia non lo scambio bilaterale rappresentato da acquisti e vendite, bensì lo scambio unilaterale di trasferimento di servizi o risorse per i quali non vi è alcuna contropartita. In questo studio, vengono applicate alle donazioni le stesse tecniche di indagine applicate alle vendite in quanto, si sostiene, le risorse che vengono donate sono scarse come quelle che vengono vendute e pertanto devono essere economizzate, cioè a dire possono produrre maggiore utilità se date ad uno invece che ad un altro o se date in un determinato momento invece che in un altro o in una forma invece che in un'altra.

grants-in-aid: 1. *sovvenzione.* Metodo usato dal governo federale statunitense per contribuire a spese di pubblico interesse o programmi di sviluppo, a patto che lo stato o altro ente o istituzione cui è diretta la sovvenzione amministri il programma di spesa seguendo le norme federali in materia. **2. *contributo statale.*** Assegnazione di fondi da parte del governo centrale a enti locali, al fine di integrare le entrate derivanti da imposte locali, con cui l'ente fa fronte alle proprie spese.

grants to local authorities: *contributi a enti locali.* Una qualsiasi forma di contributo del governo centrale alla finanza degli enti locali. (v. anche *general grant, grants-in-aid 2, rate deficiency grant, rate support grant*)

graph: *grafico.* Schema grafico, di solito riferito ad un sistema di assi cartesiani, mediante il quale vengono rappresentate sinteticamente informazioni relative ad uno o più fenomeni collegati tra loro. In economia si fa largo uso di grafici di questo tipo per ricavare linee o curve e per spiegare determinate funzioni matematiche connesse a fenomeni economici, quali i movimenti dei prezzi, della domanda, dell'offerta e così via.

grassland: *pascolo.* Estensione di terreno, coperto di erbe spontanee o coltivato a erbe, sul quale viene fatto pascolare il bestiame.

gratuitous: *gratuito; a titolo gratuito.* Aggettivo che nella terminologia giuridica determina qualcosa che viene data senza chiedere alcun corrispettivo né in moneta, né in beni o servizi.

gratuitous bail: *comodato; prestito gratuito; prestito ad uso.* Termine usato con lo stesso significato di *gratuitous loan* (v.).

gratuitous coinage: *coniazione gratuita.* Si verifica quando la spesa di coniazione delle monete metalliche grava sul bilancio generale dello stato. È la condizione indispensabile perché il valore legale di una moneta coincida col suo valore metallico, dando luogo ad una moneta perfetta.

gratuitous contract: *contratto gratuito; contratto a titolo gratuito.* Contratto mediante il quale una delle parti si impegna a procurare un vantaggio all'altra parte, senza riceverne alcun corrispettivo. Ne sono esempi la donazione e il comodato.

gratuitous life annuity: *vitalizio gratuito; rendita vitalizia gratuita.* Rendita vitalizia in relazione alla quale il beneficiario non ha dovuto effettuare alcun pagamento di sorta.

gratuitous loan: *comodato; prestito gratuito; prestito ad uso.* Contratto in base al quale una parte consegna ad un'altra parte a titolo gratuito un bene mobile o immobile, perché se ne serva per un determinato periodo di tempo o per un uso specifico, con l'obbligo di restituire la stessa cosa ricevuta, al termine del contratto.

gratuity: 1. *gratifica; mancia.* Pagamento volontario, di solito in forma monetaria, come compenso per un servizio prestato. **2. *liquidazione.*** Somma di denaro da versarsi al lavoratore, in base ad un piano di pensionamento, quando questi lascia il lavoro per raggiunti limiti di età. **3. *regalia.*** Compenso extra, del tutto volontario, pagato da un armatore al capitano o agli ufficiali di una nave quale ricompensa per la cura da questi posta nel trasporto e nelle operazioni di caricazione e discarica delle merci. La regalia ha sostituito la cappa che, in passato, veniva regolarmente versata dall'armatore al capitano. (v. anche *primage*)

graveyard insurance: *assicurazione speculativa.* Espressione statunitense, con la quale si indica un'assicurazione stipulata, mediante sostituzione di persona o altri mezzi fraudolenti, sulla vita di persone molto vecchie o che attraversano lo stadio finale di una grave malattia o sulla vita di neonati con scarse possibilità di sopravvivenza. Lo stesso termine viene usato per indicare una società di assicurazioni che sottoscrive polizze scommessa o assume eccessivi rischi.

graveyard market: Colorita espressione del linguaggio finanziario statunitense, con la quale si indica un mercato al ribasso nel quale gli investitori che vendono vanno incontro a notevoli perdite, mentre i potenziali investitori preferiscono mantenere le proprie disponibilità in forma liquida in attesa di segnali di un miglioramento del mercato. Come in un cimitero (*graveyard*), coloro che sono dentro non possono uscirne e coloro che sono fuori non hanno alcun desiderio di entrarci.

graveyard shift: *turno notturno; terzo turno.* Nelle imprese con tre turni di lavorazione di otto ore ciascuno, è il turno che monta alla mezzanotte e smonta alle otto. Il termine è usato colloquialmente negli Stati Uniti.

gravity model: *modello gravitazionale.* Nel linguaggio economico, è un qualsiasi modello che tenti di spiegare e predire il movimento di risorse tra due o più centri urbani in termini della loro relativa forza di attrazione. Uno dei primi modelli gravitazionali fu quello proposto dall'economista statunitense W.J. Reilly e descritto sotto *Reilly's law* (v.).

gravy: *soldi facili.* Termine colloquiale, usato per indicare denaro guadagnato rapidamente o con poca fatica. Sempre nel linguaggio colloquiale, il termine indica anche beni o vantaggi corrisposti da un datore di lavoro oltre la normale paga.

gravy job: *lavoro succoso.* Espressione del linguaggio colloquiale, con la quale si indica un'attività in cui è facile guadagnare molto denaro e subito.

gray-collar: *dal colletto grigio.* Espressione aggettivale, che si riferisce a lavoratori che svolgono servizi tecnici di riparazione e manutenzione.

gray market: *mercato grigio.* Termine generico, usato negli Stati Uniti per indicare le operazioni di compravendita per consegna immediata a prezzi superiori al normale a causa di rarefazione improvvisa o imprevista di un bene. Si distingue dal mercato nero, perché mentre le operazioni di quest'ultimo sono illegali, quelle del mercato grigio non lo sono, pur se possono considerarsi discutibili. Nel linguaggio finanziario della *City* di Londra, è il mercato secondario non ufficiale che si forma immediatamente dopo l'emissione di un'eurobbligazione o immediatamente dopo l'emissione di un valore azionario prima che esso venga quotato in borsa e possa essere facilmente scambiato.

grazier: *allevatore.* Il termine inglese indica un allevatore che tiene bestiame al pascolo, su terreni generalmente di sua proprietà, per farlo crescere e poi rivenderlo.

grazing: *pascolo.* Termine usato con lo stesso significato di *grassland* (v.).

grease: *bustarella.* Termine colloquiale, usato per indicare una somma di denaro elargita allo scopo di procurarsi un favore o un servizio, che altrimenti non verrebbe offerto o prestato o non dovrebbe essere fatto o reso.

to grease: *ungere; oliare.* Questo termine viene usato in due significati: a) offrire o dare una bustarella per procurarsi un favore o un servizio (v. anche *grease*); b) aiutare, eliminando difficoltà o fornendo denaro.

great contraction: ***grande contrazione.*** Termine usato dai monetaristi come sinonimo di *great depression* (v.).

great depression: ***grande depressione.*** Espressione con la quale si indica la grande crisi economica che colpì la maggior parte del mondo nel periodo tra le due guerre, in particolare tra il 1929 e il 1935. Fu caratterizzata da prezzi bassissimi nei paesi produttori di materie prime e da un altissimo tasso di disoccupazione nei paesi industrializzati, primo fa tutti gli Stati Uniti, seguiti dalla Germania e dal Regno Unito. La crisi, tuttavia, non colpì allo stesso modo tutte le industrie e tutte le aree, perché ad esempio nel Regno Unito quello fu un periodo di espansione per alcune industrie leggere e per l'industria automobilistica. Nel tentativo di uscire dalla crisi, il Presidente Roosevelt lanciò la politica nota come *New Deal* (v.).

great gross: ***grande grossa.*** Nel linguaggio commerciale, il termine inglese indica dodici grosse, ossia dodici volte 144, pari a 1728 articoli. (v. anche *gross 2*)

great hundred: Espressione usata nel linguaggio commerciale per indicare dieci dozzine, ossia 120 articoli.

Great Leap Forward: ***grande balzo in avanti.*** Il nome dato al programma economico di larga scala di collettivizzazione rurale e rapida industrializzazione della Cina, propugnato da Mao Tse Tung tra il 1958 e il 1961.

greenbacks: Nome colloquiale, dovuto al colore verde del loro dorso, col quale si designano i biglietti a circolazione fiduciaria emessi per la prima volta dal Tesoro statunitense nel 1862 durante la guerra civile. La prima emissione fu di 150 milioni di dollari, ma successive emissioni la fecero salire fino a 450 milioni. Pur se si pensava che sarebbero stati ritirati dopo la guerra, i *greenbacks* continuarono a circolare e ad essere emessi regolarmente. Il *Gold Standard Act* (v.) del 1900 stabilì la creazione di una riserva aurea del valore di circa 150 milioni di dollari a garanzia dei *greenbacks.* Oggi, il termine viene usato nel linguaggio colloquiale per indicare le banconote statunitensi.

green ban: ***bando verde.*** Con questo neologismo si indica il bando di progetti di costruzione considerati dannosi per l'ambiente e per l'equilibrio ecologico. Tale bando viene di solito imposto dagli stessi lavoratori addetti alla costruzione, dopo attenta considerazione dei motivi addotti da ambientalisti o da abitanti del luogo in cui i progetti si devono realizzare.

green belt: ***cinta verde.*** Nel Regno Unito è una zona alla periferia di insediamenti urbani, che per disposizioni di legge non può essere usata come suolo edificatorio o per insediamenti industriali, senza la preventiva autorizzazione del *Ministry of Housing and Local Government.*

green card: ***carta verde.*** Polizza assicurativa contro la responsabilità civile derivante dalla guida di un autoveicolo in un paese estero. Non si tratta di una polizza a sé, bensì di un'estensione della garanzia offerta da una normale polizza di responsabilità civile auto. È così chiamata per il colore della carta su cui è stampata.

green clause: ***clausola verde.*** Clausola, spesso inclusa in certi tipi di credito documentario, che autorizza il versamento di un anticipo al venditore prima della spedizione delle merci, in modo che egli possa far fronte ai costi di magazzinaggio e spedizione. È una forma particolare di *secured red clause* (v.) che le banche inglesi generalmente usano nei confronti di importatori di lana proveniente dall'Australia e dalla Nuova Zelanda.

green currency: ***valuta verde.*** È l'unità di conto usata nella Comunità Economica Europea in relazione alla politica agricola comunitaria. Si tratta soltanto di un espediente contabile in base al quale i tassi di cambio tra le valute nazionali dei paesi membri sono rapportati all'unità di conto europea e il valore della moneta di ciascuno stato nell'ambito dei prodotti agricoli viene fissato con decisioni amministrative, invece che dalle forze di mercato. Il sistema delle valute verdi ha funzionato in maniera soddisfacente per parecchi anni a causa della relativa stabilità dei tassi di cambio tra le valute dei vari paesi membri, ma si sono avuti problemi in periodi di svalutazione e di transizione alla fluttuazione dei cambi. Per superare le difficoltà monetarie, la Comunità ha fatto ricorso ai cosiddetti montanti compensativi.

green economy: ***economia verde.*** Un sistema economico che, nelle sue decisioni di produzione e consumo, tiene conto dell'ambiente in cui esso opera, tentando di arrecargli il minor disturbo possibile.

green ECU: ***Ecu verde.*** Termine a volte usato con lo stesso significato di *agricultural unit of account* (v.).

green–field economy: ***economia verde.*** Un'economia in fase di sviluppo, che non ha ancora raggiunto la fase di economia matura e nella quale gli investimenti sono relativamente abbondanti, pur se diretti preferibilmente verso determinati tipi di imprese e di industrie. (v. anche *brown–field economy*)

greenfield venture: Espressione con la quale si indica un'impresa che comincia da zero o che entra in un mercato estero impiantando nuove fabbriche in quel paese, invece di acquisire imprese locali o fondersi con esse.

green hand: ***operaio non qualificato.*** Ciascuno degli operai che costituiscono la *green labour* (v.).

green labour: ***manodopera non qualificata.*** È costituita da lavoratori che non sono in possesso di alcuna specializzazione o esperienza e vengono, pertanto, preposti a lavori di scarsa o nessuna responsabilità.

green lira: ***lira verde.*** La moneta italiana usata come unità di conto nell'applicazione della politica agricola comunitaria. (v. anche *green currency, green pound*)

greenmail: ***ricatto finanziario.*** Termine di recente formazione, coniato sul modello di *blackmail* (ricatto), con il quale si indica l'imposizione che devono subire le imprese vittime di offerta di acquisto ostile, nel tentativo di evitare l'incorporazione. Tale imposizione, o ricatto, consiste nella richiesta di un prezzo, superiore di molto a quello di mercato, da parte di coloro che, prevedendo l'offerta di acquisto, avevano accumulato un discreto numero di azioni con diritto di voto e sono disposti a rivenderle alla società stessa in modo che essa possa, forse, respingere gli attacchi tendenti alla sua rilevazione.

greenmailers: ***ricattatori finanziari.*** Chi pratica il *greenmail* (v.). Il termine viene usato praticamente come sinonimo di *corporate raiders* (v.).

green money: ***moneta verde.*** Lo stesso che *green currency* (v.).

Green Paper: ***libro verde.*** Termine di recente formazione, con il quale si indica la relazione di una commissione governativa, redatta al solo scopo di farla discutere.

green–paper currency: Termine generico, coniato sul modello di *greenbacks* (v.), con il quale colloquialmente si indica un qualsiasi tipo di moneta a circolazione fiduciaria, cioè non garantita da oro o altri beni, proprio come avvenne per i *greenbacks.*

green pound: ***sterlina verde.*** La moneta di conto usata nell'ambito della politica agricola comunitaria per calcolare i prezzi dei prodotti agricoli provenienti dal Regno Unito e dall'Irlanda e diretti verso gli altri paesi della Comunità. Come per la sterlina, lo stesso accorgimento viene usato per la lira, il franco, il marco, ecc., tutti qualificati dall'aggettivo «verde» per indicare che tali unità di conto si applicano soltanto ai prezzi dei prodotti agricoli provenienti dai singoli paesi e diretti verso gli altri stati membri della Comunità Economica Europea.

green power: ***potere verde.*** Il potere del denaro. Così detto per il colore verde di molte valute cartacee, tra cui alcuni tagli della valuta britannica e di quella statunitense.

green rate: ***tasso di cambio verde.*** È il tasso di cambio tra le valute verdi, nell'ambito della Comunità Economica Europea. Il termine viene, quindi, usato con lo stesso significato di *green currency* (v.).

green revolution: ***rivoluzione verde.*** Si indica con questa espressione il recente sviluppo di larga scala di varietà di frumento, riso e altri cereali a buon mercato e ad alta produttività, usati soprattutto per migliorare l'economia dei paesi in via di sviluppo.

green stamp plan: ***piano dei bollini verdi.*** È un piano, proposto dal professor K.E. Boulding, per la costituzione di un meccanismo di mercato per il controllo della crescita della popolazione. Il piano prevede che a ciascun essere umano venga assegnato, nella sua adolescenza, un numero di bollini verdi, diciamo poco più di cento, cento dei quali gli danno diritto a procreare un figlio legalmente. Si dovrebbe, successivamente, creare un mercato di questi bollini, dove coloro che desiderano avere più figli potrebbero acquistare i bollini necessari da coloro che non desiderano avere figli. In questo modo, la società potrebbe tutelarsi contro l'eccessivo aumento della popolazione. Il piano prevede anche miti sanzioni contro coloro che procreano illegalmente, cioè senza consegnare alle autorità i bollini necessari, e tali sanzioni dovrebbero prevedere la sterilizzazione temporanea fino a quando il figlio «illegale» non viene pagato con la consegna del prescritto numero di bollini. È facile immaginare la disapprovazione e l'opposizione che ha incontrato il piano.

greeting: ***saluto.*** È la frase iniziale che, in una lettera commerciale, è costituita dalle parole *Dear Sir* o *Dear Sirs* oppure *Dear Madam* o ancora, ma specialmente negli Stati Uniti, *Gentlemen.*

Gresham's law: ***legge di Gresham.*** Legge economica erroneamente attribuita a Sir Thomas Gresham, fondatore della borsa valori di Londra nel sedicesimo secolo. La legge stabilisce che la moneta cattiva scaccia la buona, ma la buona moneta non riesce mai a scacciare quella cattiva. Infatti, all'epoca in cui le monete erano coniate in metallo prezioso, il loro valore nominale era identico al valore intrinseco, ma in seguito a svilimento della moneta, quest'ultimo diventava inferiore al valore nominale. Come conseguenza, coloro che erano in possesso di monete perfette non erano disposti a metterle in circolazione o a scambiarle a fronte di monete calanti, perché avrebbero perso nel cambio. Il risultato era che la moneta «buona» cessava di circolare.

grey area: ***area grigia.*** Nel Regno Unito, è una zona con alto indice di disoccupazione, tale da richiedere l'intervento statale ma non da essere dichiarata *development area* (v.).

grey market: ***mercato grigio.*** Variante grafica di *gray market* (v.).

grid: ***griglia.*** V. spiegazione sotto *exchange rate parity grid* e *currency grid.*

grievance: ***vertenza.*** Nel linguaggio delle relazioni industriali, è il disaccordo tra uno o più lavoratori e il datore di lavoro, su questioni di carattere salariale o normativo.

grievance procedure: ***procedura di vertenza.*** Negli accordi sindacali, la procedura di vertenza contempla i vari passi da farsi nel tentativo di comporre le vertenze tra datori e prestatori di lavoro in materia che il contratto stabilisce soggetta a tale procedura.

GRN: goods received note.

gro.: gross.

groat: Antica moneta inglese d'argento, già in circolazione nel 1279, ma poi non emessa regolarmente. La sua circolazione e coniazione fu ripristinata durante il regno della regina Vittoria come *fourpenny piece*, ma rimase in circolazione successivamente soltanto come *Maundy money* (v.).

groschen: Moneta divisionale austriaca, del valore di un centesimo di scellino.

gross: **1.** ***lordo.*** Quantità, peso o somma, prima che vengano modificati da abbuoni o detrazioni. **2.** ***grossa.*** È un numero consuetudinario di calcolo nel commercio, che corrisponde a dodici dozzine, ossia 144 articoli. Alcuni articoli vengono venduti soltanto in tale numero.

gross adventure: ***cambio marittimo; prestito a cambio marittimo.*** Lo stesso che *bottomry* (v.).

gross amount: ***ammontare lordo; somma lorda; somma al lordo.*** Ammontare considerato prima che vengano effettuate detrazioni o altre variazioni.

gross annual value: ***valore locativo annuo lordo.*** Ai fini della determinazione dell'imposta sul reddito di fabbricati, il valore locativo annuo lordo corrisponde al canone di locazione che il proprietario del bene immobile può ricavare sul mercato libero. (v. anche *net annual value*)

gross average: ***avaria grossa; avaria generale.*** Termine usato con lo stesso significato di *general average* (v.).

gross bonded debt: ***debito obbligazionario lordo.*** Nella contabilità degli enti locali, è l'ammontare lordo del debito prima, cioè, di aver dedotto il debito autosostenuto e i fondi di ammortamento disponibili. (v. anche *net bonded debt*)

gross book value: ***valore contabile lordo.*** Il valore monetario di un'attività, riportato nei libri contabili, prima che vengano applicati l'ammortamento maturato e altre valutazioni che ne diminuiscono il valore contabile.

gross capital formation: ***formazione lorda di capitale.*** Espressione usata con lo stesso significato di *gross domestic fixed capital formation* (v.).

gross capital productivity: ***produttività lorda del capitale.*** La resa totale, di solito nell'arco di un anno, di un particolare investimento di capitale, prima che vengano prese in considerazione le quote di ammortamento dello stesso investimento. (v. anche *capital productivity*)

gross carrying amount: ***valore contabile lordo.*** Lo stesso che *gross book value* (v.).

gross cash flow: ***flusso di cassa lordo; flusso monetario lordo.*** Consiste del profitto lordo di un'impresa, più gli accantonamenti a fronte di deprezzamento, meno gli interessi fissi e corrisponde alla quantità di moneta disponibile per il pagamento di imposte e dividendi e per investimento. (v. anche *cash flow, net cash flow*)

gross cost of merchandise sold: ***costo lordo del venduto.*** Costo di fattura di merci vendute, meno abbuoni ma più dazio, assicurazione e spese di trasporto.

gross debt: ***debito lordo.*** L'ammontare complessivo legalmente dovuto da un debitore al suo creditore, senza tener conto di eventuali fondi di ammortamento già costituiti o altre disponibilità da applicarsi all'estinzione del debito. (v. anche *net debt*)

gross dividend: ***dividendo lordo.*** Il dividendo pagato da una società al lordo delle ritenute fiscali, ovvero con l'aggiunta del credito d'imposta ricevuto dagli azionisti.

gross domestic fixed capital formation: ***formazione lorda interna di capitale fisso.*** È l'investimento lordo di un paese nella creazione di beni capitali, come ad esempio edifici, veicoli, impianti e macchinari, per sostituire o incrementare quelli già esistenti. Da questo investimento sono escluse le spese di manutenzione e riparazione dei beni capitali già esistenti nel paese, ma vi sono inclusi i costi di ammortamento.

gross domestic output: ***prodotto interno lordo.*** Termine usato come sinonimo di *gross domestic product* (v.).

gross domestic product: ***prodotto interno lordo.*** È il valore totale dei beni e servizi prodotti in un paese nell'arco di un determinato periodo di tempo, indicato come «lordo» in quanto non vengono calcolate le spese di ammortamento, cioè le spese per la sostituzione di beni capitali. Se non si tiene conto neppure delle imposte indirette e delle sovvenzioni, viene detto prodotto interno lordo ai prezzi di mercato; viceversa, si indicherà con prodotto interno lordo al costo dei fattori quando al prodotto interno lordo vengono sottratte le imposte indirette, ma sommate le sovvenzioni. Si differenzia dal prodotto nazionale lordo, in quanto non comprende i redditi di residenti provenienti da investimenti e proprietà all'estero. (v. anche *gross national product, net domestic product*)

gross domestic product at constant prices: ***prodotto interno lordo a prezzi costanti.*** Nel linguaggio della contabilità del reddito nazionale, questa espressione indica il prodotto interno lordo al costo dei fattori o il prodotto interno lordo ai prezzi di mercato considerato in un arco di tempo di più anni e corretto al fine di tener conto delle variazioni del valore della moneta.

gross domestic product at factor cost: ***prodotto interno lordo al costo dei fattori.*** È il valore dei beni e servizi prodotti all'interno di un paese tenendo conto soltanto della somma dei redditi percepiti dai fattori della produzione. Equivale al prodotto interno lordo ai prezzi di mercato, meno le imposte indirette, ma sommando ad esso i sussidi e le sovvenzioni. La valutazione del prodotto nazionale lordo al costo dei fattori mostra la composizione del prodotto interno lordo in termini di fattori della produzione impiegati, il cui contributo viene misurato in ragione del reddito da loro percepito.

gross domestic product at market prices: ***prodotto interno lordo ai prezzi di mercato; prodotto interno lordo a prezzi correnti.*** È il valore dei beni e servizi prodotti all'interno di un paese tenendo conto del loro prezzo di mercato. I prezzi così considerati includono tutte le imposte, mentre sussidi e sovvenzioni vengono considerati come imposte negative. In altre parole, è uguale al reddito percepito da tutti i fattori della produzione, cioè il prodotto interno lordo al costo dei fattori, più le imposte indirette e meno i sussidi e le sovvenzioni.

gross domestic product deflator: ***deflatore del prodotto interno lordo.*** V. spiegazione sotto *deflator.*

gross earnings: ***reddito lordo; entrata lorda; utile lordo di esercizio.*** Termine usato con lo stesso significato di *gross income 1* (v.).

gross equivalent: ***equivalente lordo.*** Nel linguaggio commerciale e finanziario, questo termine indica un dato ammontare netto più un altro ammontare, equivalente ad una qualsiasi detrazione precedentemente fatta, che riporta l'ammontare complessivo al suo valore originario lordo.

gross fixed capital formation: ***formazione lorda di capitale fisso.*** L'espressione inglese indica le spese per l'incremento del capitale fisso di un'azienda, incluse quelle per deprezzamento, riparazioni e manutenzione, sostenute nell'arco di un determinato periodo di tempo. (v. anche *capital formation, net fixed capital formation*)

gross fixed investment: ***investimento lordo in capitale fisso.*** Espressione usata con lo stesso significato di *gross fixed capital formation* (v.).

gross freight: ***nolo lordo.*** È il nolo stabilito in base al tasso e alla quantità di merci, al quale sono anche state apportate le variazioni che tengono conto degli elementi aggiuntivi o diminutivi, quali la cappa, la regalia, la commissione di raccomandazione, la senseria e simili.

gross gain: ***guadagno lordo.*** Termine generico, con il quale si indica un qualsiasi tipo di introito non ancora depurato delle spese sostenute per produrlo, delle imposte e di eventuali altri oneri. (v. anche *gross profit*)

gross income: 1. ***reddito lordo; entrata lorda; utile lordo di esercizio.*** Il termine inglese può essere riferito tanto al reddito delle persone fisiche, quanto al reddito delle persone giuridiche. Nel primo caso, esso indica il reddito dal quale non sono ancora state detratte le imposte, i contributi sociali e previdenziali ed altre eventuali trattenute. Nel secondo caso, indica l'utile di un'impresa dal quale non sono ancora stati detratti oneri e spese di imputazione indiretta, né imposte sul reddito di impresa. **2.** ***fatturato lordo.*** Termine usato con lo stesso significato di *gross sales 1* (v.).

gross income margin: ***margine di utile lordo.*** Il rapporto tra: a) la differenza tra fatturato netto e costo delle merci vendute; e, b) il fatturato netto.

gross income multiplier: ***moltiplicatore del reddito lordo; coefficiente di rivalutazione.*** Tecnica usata per determinare il valore di un bene immobile mediante l'applicazione di un fattore o moltiplicatore al reddito lordo prodotto da quel bene in passato. È il sistema usato anche in Italia per la determinazione dell'imposta sul reddito dei fabbricati o dei terreni e basato sul reddito catastale rivalutato mediante l'applicazione dei coefficienti di rivalutazione alle varie categorie di immobili.

gross income tax: ***imposta lorda sul reddito.*** Termine usato negli Stati Uniti per indicare un'imposta che colpisce la vendita di un bene ogni volta che esso passa da un proprietario all'altro.

gross incremental capital–output ratio: ***rapporto incrementale lordo capitale–prodotto.*** Si usa questa espressione quando nel calcolare un rapporto incrementale capitale–prodotto relativo allo sviluppo di diversi paesi si usano come dati gli incrementi percentuali dell'investimento lordo e l'incremento percentuale del prodotto nazionale lordo. Il concetto è uguale a quello del calcolo del rapporto incrementale capitale–prodotto, ma varia l'oggetto cui esso è applicato. (v. anche *incremental capital–output ratio*)

grossing–up: Il procedimento mediante il quale si calcola l'equivalente lordo di un ammontare netto, cioè a dire l'aggiunta di una percentuale, corrispondente ad una detrazione precedentemente fatta, che riporta l'ammontare netto al suo valore originario lordo.

gross interest: ***interesse globale; interesse lordo.*** L'interesse netto, più le spese per coprire i costi di rischio e amministrativi, pagato dal mutuatario. Lo stesso termine indica l'interesse percepito dal mutuante o da un investitore, sul quale non è stata ancora pagata alcuna imposta. (v. anche *pure interest, interest*)

gross investment: ***investimento lordo.*** Si intende l'investimento lordo in capitale fisso, cioè l'ammontare complessivo di moneta speso in macchine o impianti a qualunque titolo, ivi incluse le spese di deprezzamento, riparazione e manutenzione, nell'arco di un determinato periodo di tempo. (v. anche *net investment, gross fixed capital formation*)

gross lease: ***costo lordo di locazione.*** Il costo di locazione, quando il contratto prevede il pagamento di un canone di fitto più tutte le spese che abitualmente ricadrebbero sul locatore, come ad esempio imposte e assicurazioni, ma che sono invece a carico del locatario. (v. anche *net lease*)

gross loss: ***perdita lorda.*** L'eccedenza del costo delle merci vendute sull'ammontare delle vendite o utile lordo. (v. anche *net loss, loss*)

gross margin: 1. ***margine lordo.*** Rappresenta l'eccedenza del fatturato sui costi diretti dei prodotti venduti o, detto in termini più semplici, la differenza tra prezzo al dettaglio e prezzo all'ingrosso. Se un dettagliante vende a mille un prodotto da lui pagato settecento, il suo margine lordo è rappresentato da trecento. **2.** ***profitto lordo.*** Termine usato con lo stesso significato di *gross profit* (v.).

gross margin ratio: ***indice di profitto lordo.*** Lo stesso che *gross profit percentage* (v.).

gross markets: ***magazzini elettronici all'ingrosso.*** Termine del linguaggio commerciale, con il quale si indicano vasti negozi all'ingrosso che impiegano le più progredite tecniche elettroniche di vendita all'ingrosso. Le ordinazioni dei clienti vengono convogliate, mediante apposite schede o altri supporti, ad un elaboratore che provvede alla fatturazione e al controllo delle rimanenze di merci in magazzino. La scheda viene, poi, passata al magazzino, ove entra in funzione un elevatore che raccoglie le merci ordinate dal dettagliante e le fa giungere al punto di consegna ove, nel frattempo, si è recato il compratore dopo essere passato per la cassa e aver provveduto a pagare la fattura.

gross merchandise margin: ***margine lordo.*** Fatturato lordo, detratto il costo delle merci vendute. Il termine inglese è usato nella contabilità dei negozi di vendita al dettaglio. (v. anche *gross operating spread, merchandise procurement cost, gross margin 1*)

gross national debt: ***debito nazionale lordo; debito pubblico lordo.*** Debito nazionale complessivo di un governo centrale, inclusa la parte di debito pubblico i cui titoli sono in possesso di enti statali o fanno parte di fondi di ammortamento o di investimenti. (v. anche *national debt*)

gross national expenditure: ***spesa nazionale lorda.*** Termine spesso usato come sinonimo di prodotto nazionale lordo. (v. anche *gross national product*)

gross national farm product: ***prodotto agricolo lordo.*** È lo stesso concetto esposto sotto *gross national product* (v.), ma riferito soltanto al prodotto agricolo di un'economia.

gross national income: ***reddito nazionale lordo.*** Lo stesso che *gross national product* (v.).

gross national product: ***prodotto nazionale lordo.*** Il valore totale dei beni e servizi prodotti in un'economia nell'arco di un dato periodo di tempo, di solito un anno, inclusi i redditi di residenti derivanti da investimenti e proprietà all'estero ma esclusi i redditi di investimenti e proprietà di pertinenza di cittadini stranieri. Si può esprimere come prodotto nazionale lordo ai prezzi di mercato, quando sono incluse le imposte indirette ma esclusi i sussidi e le sovvenzioni; prodotto nazionale lordo al costo dei fattori, quando sono escluse le imposte indirette ma sono inclusi i sussidi e le sovvenzioni. Quest'ultimo metodo di valutazione del prodotto nazionale lordo è da preferirsi, in quanto le imposte non sono «prodotti», bensì semplici trasferimenti. Nel calcolo del prodotto nazionale lordo rientrano: a) spese per consumi personali, cioè beni e servizi acquistati e redditi in natura; b) investimenti privati, incluse variazioni di beni capitali anche sotto forma di abitazioni; c) investimenti esteri netti, cioè l'eccedenza derivante da operazioni finanziarie e commerciali internazionali; e, d) acquisti di beni e servizi da parte dello stato. (v. anche *gross domestic product, net national product*)

gross national product at factor cost: ***prodotto nazionale lordo al costo dei fattori.*** Termine usato con lo stesso significato di *gross domestic product at factor cost* (v.).

gross national product at market prices: ***prodotto nazionale lordo ai prezzi di mercato.*** Termine usato con lo stesso significato di *gross domestic product at market prices* (v.).

gross national product deflator: ***deflatore del prodotto nazionale lordo.*** V. spiegazione sotto *deflator.*

gross national product gap: ***divario del prodotto nazionale lordo.*** La differenza tra il prodotto nazionale lordo effettivo e il prodotto nazionale lordo che potrebbe realizzarsi in regime di piena occupazione e in assenza di pressioni inflazionistiche. Quando il divario assume un segno negativo, si dice che l'economia è surriscaldata.

gross net premiums: ***premi netti lordi.*** Nel linguaggio delle assicurazioni, si indica con questa espressione l'insieme dei premi incassati da un assicuratore, meno l'insieme delle porzioni di premio restituite per una qualsiasi ragione. Il premio netto lordo è, quindi, calcolato prima del pagamento da parte dell'assicuratore di eventuali premi di riassicurazione. (v. anche *net premium, return premium*)

gross operating spread: ***utile lordo.*** Nella contabilità del commercio al dettaglio, indica la differenza tra margine lordo e costi di acquisizione delle merci. (v. anche *gross merchandise margin, merchandise procurement cost, gross margin 1*)

gross output: ***produzione lorda; prodotto lordo.*** Il valore complessivo di beni e servizi derivanti dall'attività economica di un singolo, di un'impresa, di un'industria o di un intero sistema economico, prima che venga detratto il valore dei beni e servizi usati nella produzione, ivi incluso il deprezzamento dei beni capitali. (v. anche *net output, output*)

gross pay: ***paga lorda.*** È la paga complessiva guadagnata in un determinato periodo di tempo e comprendente la paga base, le indennità cui il lavoratore ha diritto, eventuali premi di produzione o di incentivazione e l'eventuale remunerazione relativa a lavoro straordinario, prima che siano effettuate le ritenute d'imposta alla fonte e siano detratti i contributi assistenziali e previdenziali di competenza del lavoratore ed eventuali altre trattenute, come ad esempio il contributo sindacale.

gross plant turnover: ***indice di rotazione delle attività fisse.*** Lo stesso che *fixed–asset turnover* (v.).

gross premium: ***premio lordo.*** Nel linguaggio delle assicurazioni, il premio netto al quale è stato aggiunto il caricamento.

gross price: ***prezzo lordo.*** È il prezzo al quale viene quotato un prodotto, prima che si proceda al calcolo di eventuali sconti o abbuoni.

gross private domestic investment: ***investimento interno lordo del settore privato.*** È l'investimento lordo del settore privato di un paese in nuovi edifici, impianti, veicoli e scorte, senza tener conto dei costi di ammortamento.

gross private fixed investment: ***investimento lordo del settore privato in capitale fisso.*** È l'investimento lordo del settore privato di un paese nella creazione di beni capitali, come ad esempio edifici, veicoli, impianti, ecc., per sostituire o incrementare quelli già esistenti.

gross proceeds: ***ricavo lordo; provento lordo.*** È la somma o il valore monetario che si ricava dalla vendita, o dall'alienazione sotto qualsiasi altra forma, di un bene mobile o immobile o dalla vendita sul mercato di un'emissione di titoli, prima che si detraggano i costi direttamente imputabili alla vendita stessa.

gross processing margin: ***margine lordo di trasformazione.*** La differenza tra il costo delle materie prime e il fatturato relativo ai prodotti finiti di un'impresa.

gross product: ***prodotto lordo.*** Il termine inglese viene a volte usato come sinonimo di *net output* (v.), in quanto da ambedue i valori che essi rappresentano devono ancora venire detratti i valori relativi al deprezzamento per usura e logorio dei beni capitali impiegati nella produzione. (v. anche *net product 1*)

gross profit: ***profitto lordo.*** Si ricava dal fatturato netto dopo aver detratto il costo delle merci vendute, ma prima di detrarre spese generali e di vendita e altri oneri e costi non operativi ma portati direttamente in detrazione dell'utile. In un'impresa produttrice di beni, il profitto lordo è rappresentato dall'eccedenza del fatturato netto sui costi diretti e sulle spese generali di stabilimento. (v. anche *income deductions, net profit, net profits*)

gross-profit analysis: ***analisi del profitto lordo.*** Determinazione delle cause che portano variazioni nel profitto lordo da un anno contabile all'altro, prendendo come base di paragone l'anno precedente quello in cui si svolge l'analisi. Può essere anche svolta mettendo a confronto il fatturato e i costi di vendita standard o preventivati con i risultati reali.

gross-profit method of inventory valuation: ***metodo di valutazione delle scorte basato sul profitto lordo; metodo della scorta permanente.*** Valutazione delle scorte effettuata sottraendo, dall'ammontare del costo delle scorte iniziali e del costo degli acquisti o prodotti finiti fabbricati durante il periodo contabile immediatamente precedente, un ammontare uguale al prodotto della percentuale media di profitto lordo, nota o stimata, e del fatturato netto relativo allo stesso periodo.

gross profit on sales: ***profitto lordo sulle vendite; utile lordo sulle vendite; profitto commerciale netto.*** L'espressione inglese è usata in relazione ad attività commerciali per indicare il fatturato netto dopo che sono stati detratti i costi delle merci vendute, ma prima di depurarlo delle spese generali e di vendita e di altri oneri da portarsi direttamente a detrazione dell'utile. (v. anche *net profit on sales*)

gross profit percentage: ***percentuale di profitto lordo.*** È la percentuale di profitto al lordo delle spese generali, ma al netto del costo del venduto. Si ottiene ricavando prima il profitto lordo, cioè la differenza tra fatturato e costo del venduto, e successivamente dividendo il profitto lordo per il fatturato e moltiplicando il prodotto per cento. Affinché un'impresa possa considerarsi redditizia, la percentuale di profitto lordo dovrebbe oscillare tra il venti e il quaranta per cento.

gross profit ratio: ***rapporto di profitto lordo; indice di profitto lordo.*** Corrisponde al profitto lordo diviso per il fatturato netto.

gross profits test: ***metodo di valutazione delle scorte basato sul profitto lordo; metodo della scorta permanente.*** Termine usato con lo stesso significato di *gross-profit method of inventory valuation* (v.).

gross receipts: ***entrata lorda.*** Le entrate totali, prima che vengano detratte le spese.

gross receipts tax: ***imposta sull'entrata lorda.*** Un'imposta che colpisce le entrate lorde (fatturato) e non i profitti, come ad esempio un'imposta sulle vendite che non ammette deduzioni o detrazioni.

gross register tonnage: ***stazza lorda di registro; tonnellaggio lordo di registro.*** Termine usato con lo stesso significato di *gross tonnage* (v.).

gross regression coefficient: ***coefficiente di regressione lordo.*** In una correlazione multipla, l'espressione indica che si prende in considerazione la relazione tra la variabile dipendente e soltanto una delle variabili indipendenti. (v. anche *multiple correlation, net regression coefficient*)

gross rental: ***rendita lorda di locazione.*** La rendita annua derivante da una proprietà immobiliare data in locazione, prima di sottrarre spese di riparazione e manutenzione e altri esborsi vari. Nel Regno Unito costituisce la base imponibile per la determinazione dell'imposta sul reddito di fabbricati e di terreni.

gross reproduction rate: ***saggio di riproduzione lordo.*** In demografia, col termine saggio di riproduzione si intende l'indice di fecondità della donna in età di procreare. Il saggio di riproduzione lordo indica il numero medio di bambini nati da ciascuna donna durante il periodo di procreazione, considerando come inesistente la mortalità infantile durante il periodo stesso. (v. anche *net reproduction rate*)

gross residual value: ***valore residuale lordo.*** Il valore residuale di un bene (v. *recovery cost 1*) al lordo delle spese che devono sostenersi per realizzarlo.

gross return on net assets: ***rendimento lordo delle attività nette.*** I profitti lordi, cioè prima del pagamento di interessi e del calcolo delle quote di ammortamento, derivanti dall'impiego di attività fisse, espressi come percentuale del costo di acquisizione di tali attività.

gross revenue: ***fatturato lordo.*** Termine usato con lo stesso significato di *gross sales 1* (v.).

gross salary: ***stipendio lordo.*** Termine usato con lo stesso significato di *gross pay* (v.).

gross sales: 1. ***fatturato lordo.*** Corrisponde al totale ricavato dalle vendite, prima di detrarre rese e abbuoni ma dopo aver detratto sconti, imposte e dazi. **2.** ***vendite lorde.*** La quantità totale di merci vendute, senza tener conto delle rese da parte degli acquirenti. (v. anche *net sales*)

gross self-financing: ***autofinanziamento lordo.*** È l'autofinanziamento di un'impresa costituito da eccedenze di utili realizzati rispetto ai dividendi distribuiti, fondi di accantonamento per sopravvenienze future e accantonamenti per ammortamenti imputati all'esercizio.

gross spread: ***commissione di emissione.*** Nel linguaggio finanziario statunitense, indica la differenza tra il prezzo pagato da un'istituzione finanziaria che sottoscrive un'emissione di titoli e il prezzo successivamente pagato dai singoli investitori alla medesima istituzione finanziaria per l'acquisto di quei titoli.

gross state product: ***prodotto statale lordo.*** Termine usato negli Stati Uniti con lo stesso significato di *gross national product* (v.), ma per indicare il prodotto lordo di ciascun singolo stato dell'Unione e non il prodotto nazionale lordo degli Stati Uniti.

gross terms: ***caricazione e discarica a diligenza del capitano.*** Lo stesso che *berth terms* (v.).

gross ton: ***tonnellata di stazza; tonnellata di registro.*** Nei trasporti marittimi, è un'unità di misura corrispondente a cento piedi cubici di spazio all'interno di una nave. Essa, pertanto, non ha alcuna relazione con il peso del carico, ma soltanto con il volume che esso sviluppa.

gross tonnage: ***stazza lorda; tonnellaggio lordo.*** L'espressione è usata in relazione non al carico, bensì alla capacità di una nave. La stazza lorda corrisponde al totale degli spazi permanentemente chiusi di una nave, espresso in piedi cubici e diviso per cento, in quanto si considera che cento piedi cubici corrispondano allo spazio necessario per trasportare una tonnellata di carico. (v. anche *net tonnage*)

gross trading profit: ***profitto commerciale lordo; profitto lordo sulle vendite; utile lordo sulle vendite.*** Termine usato con lo stesso significato di *gross profit on sales* (v.).

gross value: ***valore lordo di locazione.*** Termine usato con lo stesso significato di *gross rental* (v.).

gross value added: ***valore aggiunto lordo.*** Il valore aggiunto da ciascuna persona o impresa impegnata nella produzione di un particolare bene o servizio, determinato prendendo in considerazione: il pagamento di imposte, gli interessi, la rendita, i profitti, i compensi pagati ai dirigenti e agli altri impiegati, comprensivi dei contributi di assicurazioni sociali, e le quote di ammortamento dei capitali fissi usati nella produzione del bene o servizio.

gross wage: ***salario lordo.*** Termine usato con lo stesso significato di *gross pay* (v.).

gross weight: ***peso lordo.*** Il peso complessivo delle merci e dell'imballaggio, cioè peso netto più tara.

gross working capital: ***capitale di esercizio lordo; capitale circolante lordo.*** Moneta o attività prontamente convertibili in moneta, entro il periodo massimo di un anno, che complessivamente costituiscono il coacervo del capitale circolante di un'impresa. (v. anche *working capital*)

gross yield: ***rendimento lordo.*** È il rendimento complessivo di un titolo azionario o obbligazionario, prima di detrarre l'imposta, o di un investimento immobiliare prima di detrarre spese di manutenzione e riparazione, imposte ed eventuali interessi passivi. Nel caso di un titolo obbligazionario, è rappresentato dal rapporto tra prezzo di acquisto e interessi annui.

gross yield to redemption: ***rendimento effettivo lordo; rendimento lordo alla scadenza.*** È il rendimento effettivo di un titolo tenuto fino alla sua scadenza. Comprende un utile di capitale annuo stimato e/o l'ammontare ricevuto sotto forma di interessi annuali o semestrali, ma non comprende l'imposta sul reddito e/o l'imposta sugli utili di capitale.

groszy: Moneta divisionale della Polonia, equivalente a un centesimo di zloty.

to ground: ***toccare il fondo.*** Termine usato nel linguaggio commerciale e delle borse valori in relazione a prezzi che raggiungono il minimo livello storico.

groundage: ***diritti di ancoraggio; diritti portuali.*** Nel linguaggio dei trasporti marittimi, in senso stretto il termine indica la tassa fatta pagare dalle autorità portuali ad una nave ancorata nell'ambito del porto. In senso lato, indica qualsiasi tipo di diritti portuali.

ground crew: ***personale di terra.*** Espressione usata nel linguaggio dei trasporti aerei per indicare tutto il personale di una compagnia di navigazione che non è tenuto a volare e che svolge le proprie mansioni negli aereoporti. Vi rientrano i meccanici addetti alla manutenzione e al controllo degli aerei, le hostess di terra e simili.

grounding: ***incaglio.*** Nel linguaggio delle assicurazioni e dei trasporti marittimi, è un temporaneo arenamento di una nave, che riesce a liberarsi al sopraggiungere dell'alta marea o con mezzi propri.

ground landlord: ***concedente; proprietario concedente.*** È il proprietario di un terreno, che lo concede in affitto per un determinato periodo, di solito novantanove anni, a patto che il locatario si impegni ad erigervi una casa o altro fabbricato. (v. anche *ground lease*)

ground lease: ***locazione di suolo; affitto di suolo.*** Contratto di locazione di un terreno per un lungo periodo, tradizionalmente novantanove anni pur se sono comuni contratti di durata inferiore. Se l'area data in affitto non è edificata, il contratto dà luogo ad una locazione per costruzione, cioè una locazione concessa in cambio dell'impegno da parte del locatario di erigere sull'area uno o più edifici secondo le indicazioni del locatore, che rappresentano per quest'ultimo una garanzia del pagamento del canone di fitto sul suolo. Il locatario non è proprietario della terra né degli edifici che vi ha costruito. Egli ha semplicemente il diritto di occuparli per tutta la durata del contratto di locazione. In cambio, il locatore conserva soltanto il diritto al canone di fitto relativo al suolo e ne riacquisterà la proprietà, insieme a quella degli edifici costruiti su di esso, soltanto alla scadenza del contratto di locazione.

ground rent: ***canone di fitto di un suolo.*** È il canone pagato al proprietario di un suolo per l'uso del terreno sul quale il locatario si impegna ad edificare una casa o altro immobile. Il sistema anglosassone prevede che un edificio possa appartenere ad una persona ed il suolo sul quale esso sorge ad un'altra persona. In tal caso, il proprietario ha dato in locazione il terreno, di solito per un periodo di novantanove anni, ma se ne è riservato la proprietà, di cui rientrerà in possesso, insieme agli immobili su esso costruiti, alla scadenza del contratto di locazione. (v. anche *ground lease*)

group: ***gruppo.*** Termine generico, con il quale si indica una holding o una società madre e le sue sussidiarie.

group accounts: ***rendiconti di gruppo.*** Sono i rendiconti (bilancio patrimoniale e conto profitti e perdite) di un gruppo di aziende consociate, dai quali si evincono i risultati di gestione e la situazione finanziaria dell'intero gruppo.

groupage: ***raggruppamento.*** Nel linguaggio dei trasporti marittimi, indica la pratica degli spedizionieri di raggruppare vari piccoli colli, in relazione ai quali viene emessa una polizza di carico collettiva.

groupage bill of lading: ***polizza di carico collettiva.*** Termine usato con lo stesso significato di *general bill of lading* (v.).

groupage rates: ***tariffe di nolo a collettame; tariffe di raggruppamento.*** Tariffe di nolo applicabili a piccoli colli raggruppati insieme e spediti mediante una polizza di carico collettiva.

group annuity: ***rendita di gruppo.*** Piano di pensionamento che prevede rendite per un gruppo di lavoratori da versarsi, in base ad un unico contratto, dal momento in cui essi lasciano il servizio attivo per raggiunti limiti di età. (v. anche *annuity, deferred annuity*)

group balance sheet: ***bilancio di gruppo.*** È il bilancio patrimoniale nel quale le attività e le passività di una società di controllo sono accorpate con le attività e le passività delle altre società che essa possiede o controlla, in modo che la situazione di tutte le società appaia come se si trattasse di un'unica impresa. Gli interessi di minoranza in società sussidiarie di solito compaiono separatamente, spesso come passività.

group banking: ***attività bancaria di gruppo.*** È uno degli espedienti cui fanno ricorso le banche statunitensi per svolgere la propria attività su una più vasta area, attraverso il controllo di un gruppo di banche tramite una *holding* (v.) o altra forma di società di controllo. Ciò perché nella maggior parte degli Stati Uniti vige il sistema bancario a sportello unico. (v. anche *branch banking, unit banking*)

group bonus: ***cottimo di squadra; gratifica di gruppo; incentivo di gruppo.*** Calcolato non sulla produzione individuale, ma sulla produzione di un gruppo o di una squadra di lavoratori, tra i quali viene ripartito proporzionalmente. Viene usato principalmente quando non è facile quantificare l'apporto individuale in certi gruppi di lavoratori.

group capacity assessment: ***determinazione della capacità di gruppo.*** Sistema usato per pianificare il fabbisogno ottimale di manodopera. Si basa sulla misurazione del lavoro svolto da un gruppo di persone in ciascuno dei compiti loro affidati, che servirà da metro per le previsioni di futuro fabbisogno di manodopera.

group creditor insurance: Tipo di assicurazione in base alla quale un creditore, come ad esempio una banca, si assicura contro la morte di un gruppo di suoi debitori, allo scopo di ridurre al minimo le azioni di recupero di crediti dal patrimonio di debitori defunti.

group depreciation: È un metodo secondo il quale l'ammortamento è calcolato sulla base del deprezzamento di un gruppo di attività fisse, considerate come un unico insieme.

group discussion: ***discussione di gruppo; intervista di gruppo.*** Intervista informale e non strutturata condotta per scopo di ricerche di mercato. Con essa si intende coprire un determinato argomento, ma senza l'uso di questionari in quanto l'interazione del gruppo consente di prendere in considerazione tutti gli aspetti del problema.

group financial statement: ***rendiconto finanziario di gruppo.*** È il rendiconto relativo ad un gruppo di imprese. Si preferisce al rendiconto finanziario consolidato quando le aziende che formano il gruppo svolgono attività differenti. (v. anche *group of companies, consolidated financial statement*)

group incentive: ***incentivo di gruppo.*** Lo stesso che *group bonus* (v.).

group incentive scheme: ***piano di cottimo; piano di incentivo di gruppo.*** È il piano che prevede l'incentivo o la gratifica di gruppo, descritto sotto *group bonus* (v.).

grouping: ***raggruppamento.*** Termine usato come sinonimo di *groupage* (v.).

grouping financial statement: ***rendiconto finanziario per raggruppamento.*** Rendiconto finanziario sintetico, che ha lo scopo di raggruppare dati relativi a singole sussidiarie o gruppi di sussidiarie, i cui singoli rendiconti vengono resi pubblici in forma condensata separatamente. Di solito, il raggruppamento interessa classi di dati che compaiono in forma analitica in altri rendiconti.

group insurance: ***assicurazione collettiva; assicurazione di gruppo.*** Assicurazione che copre un gruppo di persone, di solito lavoratori, professionisti o comunque persone con caratteristiche comuni. Generalmente questo tipo di assicurazione prevede un qualche vantaggio per l'assicurato, come ad esempio un piccolo risparmio sul premio, derivante da minori costi amministrativi dell'assicuratore. Nel caso di assicurazione collettiva sulla vita, viene stipulata normalmente senza visita medica ed il premio è uguale per ciascun assicurato del gruppo, a qualunque classe egli appartenga. A questo tipo di assicurazione spesso ricorrono i piccoli datori di lavoro che non sono in grado di gestire personalmente il fondo pensioni, quando queste non sono di competenza dello stato o di un suo ente.

group life insurance: ***assicurazione collettiva sulla vita.*** Termine usato con lo stesso significato di *group insurance* (v.).

group life policy: ***polizza di assicurazione collettiva sulla vita.*** Polizza emessa in relazione all'assicurazione sulla vita di un gruppo o di tutti i dipendenti di un'impresa o altra organizzazione. Il premio viene calcolato in base al coacervo delle retribuzioni percepite da tutto il gruppo di assicurati.

group of companies: ***gruppo d'imprese.*** Numero di imprese associate fra loro a causa di controllo o proprietà comune, detenuti da un'altra società, da un singolo imprenditore o da un gruppo di azionisti. Consiste, di solito, di una holding e un certo numero di sussidiarie.

Group of Five: ***Gruppo dei Cinque.*** V. spiegazione sotto *big five, the.*

Group of Seven: ***Gruppo dei sette.*** Il Gruppo dei Cinque (v. *big five, the*) più l'Italia e il Canada.

Group of Seventy-Seven: ***Gruppo dei settantasette.*** Gruppo di paesi in via di sviluppo, in origine settantasette ma oggi più di centoventi, che si costituì nel 1964 al fine di ottenere facilitazioni commerciali e migliori termini di scambio dai paesi più ricchi.

Group of Ten: ***Gruppo dei dieci.*** Gruppo di dieci paesi industrializzati che si sono impegnati, con l'Accordo di Parigi del 1961, di mettere a disposizione del Fondo Monetario Internazionale risorse valutarie supplementari, onde consentire al Fondo stesso di difendere con maggiore efficacia le monete dei paesi membri del Gruppo contro le minacce di grosse fughe di capitali a breve termine. Il Gruppo ha contribuito ad assistere la sterlina durante le crisi del 1964–65 e 1967–68 e a sostenere il dollaro, in quanto moneta base dell'intero sistema. In origine i paesi membri erano: Belgio, Canada, Francia, Germania, Giappone, Italia, Paesi Bassi, Regno Unito, Stati Uniti e Svezia, cui si è aggiunta la Svizzera nel 1962 pur non facendo parte del Fondo Monetario Internazionale, mentre nel 1967 la Francia è uscita dal Gruppo.

Group of Twenty: ***Gruppo dei venti.*** Gruppo di venti paesi, inclusi quelli che fanno parte del Gruppo dei dieci, costituitosi nella seconda metà del 1972 allo scopo di negoziare una riforma monetaria internazionale, particolarmente in riferimento al futuro del dollaro statunitense come valuta da riserva. Nel giugno del 1974, il Gruppo pubblicò un rapporto, dal titolo *Outline of Reform*, nel quale auspicava che il nuovo sistema fosse basato su valori di parità stabili, ma aggiustabili.

group pension policy: ***polizza di rendita collettiva.*** Polizza di assicurazione emessa il relazione alla costituzione di una rendita per ciascuno degli appartenenti ad un gruppo di dipendenti, ai quali la rendita verrà corrisposta sotto forma di pensione a partire dal raggiungimento dell'età pensionabile.

group rate: ***tariffa di gruppo.*** Lo stesso che *blanket rate* (v.).

group selection procedures: ***procedure per le selezioni di gruppo.*** Procedure seguite da grosse imprese o banche per la selezione di elementi da avviare alla carriera direttiva o manageriale. I candidati vengono invitati alla selezione, che può durare da due giorni ad un'intera settimana e più, o nella sede dell'impresa o, come avviene più spesso, in uno degli alberghi più importanti della città in cui si svolge la selezione. Le procedure usate differiscono da impresa a impresa, principalmente in relazione al tipo di personale qualificato di cui si ha bisogno, ma quasi sempre consistono di interviste, test attitudinali e di intelligenza e discussioni di gruppo.

group trading: ***attività commerciale di gruppo.*** È il tentativo, da parte di grossisti e dettaglianti, di procurarsi gli stessi vantaggi di cui dispongono i grandi magazzini e le catene di negozi. Si concretizza attraverso l'acquisto di grosse partite, da parte di un certo numero di dettaglianti, dallo stesso grossista, che pratica loro uno sconto speciale. Ciò mette in grado i dettaglianti di ridurre il loro prezzo di vendita, pur se viene subordinato all'acquisto, da parte dei consumatori, di quantità lievemente superiori a quelle che essi sono soliti acquistare.

growing industry: ***industria in espansione.*** Industria che va guadagnando sempre più ampie quote di mercato, a causa della crescente domanda dei beni che essa produce. Ciò può essere dovuto alla proprietà di brevetti, ai prezzi contenuti che essa riesce a praticare, o al tipo di bene che produce e che non deve vincere la concorrenza di surrogati o di beni simili provenienti da altri paesi.

growth: ***crescita.*** Per il significato di questo termine nella terminologia economica, v. *economic growth.*

growth areas: ***aree di sviluppo.*** Aree geografiche che presentano una concentrazione di imprese industriali e/o commerciali superiore alla media nazionale. Il rapido sviluppo di queste aree è di solito conseguenza di incentivi offerti dal governo centrale o da enti locali e della costruzione di valide infrastrutture.

growth curve: ***curva di crescita.*** Una qualsiasi di una serie di curve usate per rappresentare una variabile in funzione del tempo e quindi descriverne il processo di crescita. Possono essere usate per mostrare la crescita di un individuo, di un'impresa, delle vendite di un prodotto, della popolazione di un paese, ecc. (v. anche *logistic curve*)

growth funds: ***fondi di sviluppo; fondi di crescita.*** Tipo di fondi comuni d'investimento che perseguono una politica di incremento del capitale nel lungo termine. Essi, pertanto, non distribuiscono utili e la remunerazione dell'investitore si concretizza attraverso l'aumento del valore di riscatto delle quote–parti del fondo. Sono particolarmente indicati per piani di accumulazione di capitale a lungo termine.

growth index: ***indice di crescita.*** Un indice che mostra in quale misura è cresciuta una qualsiasi variabile. Di solito, tuttavia, il termine si riferisce alla crescita economica.

growthmanship: Termine con il quale si indica l'enfasi posta sulla crescita economica, a discapito o a spese di altri obiettivi, e la concentrazione sugli investimenti come unica o principale spinta alla crescita.

growth path: ***sentiero di crescita.*** Lo stesso che *growth rate* (v.).

growth point theory: ***teoria del punto di crescita.*** In analisi economica, si indica con questa espressione un recente sviluppo delle condizioni di crescita economica regionale. La teoria assegna a determinate aree regionali eccezionali opportunità di crescita mediante l'espansione dell'occupazione e la creazione di economie esterne, così che l'aiuto regionale da parte delle autorità centrali può intervenire non in modo indiscriminato, bensì finalizzato allo sviluppo delle aree nelle quali può stimolare il maggior tasso di crescita.

growth pole: ***polo di crescita; polo di sviluppo.*** Punto di attrazione o di guida nello sviluppo economico di un paese o di una regione. Di solito si manifesta con la concentrazione di un grande numero di imprese in una limitata area geografica e con la creazione di enormi agglomerati urbani, che possono facilmente condurre al manifestarsi di diseconomie di congestione.

growth prospects: ***prospettive di crescita.*** Sono le prospettive che ha un'impresa di aumentare rapidamente i suoi già alti profitti. Ciò ha come conseguenza un aumento del valore di mercato dei suoi titoli azionari.

growth rate: ***tasso di crescita.*** Percentuale di crescita di un'economia in rapporto ad uno o più periodi precedenti. È di solito indicato come percentuale del prodotto nazionale lordo. Lo stesso termine si usa per indicare il tasso di crescita di un qualsiasi altro valore quantificabile, come ad esempio la popolazione, l'occupazione e simili.

growth/share matrix: ***matrice crescita/quota.*** Lo stesso che *Boston matrix* (v.).

growth shares: ***azioni di sviluppo; azioni di crescita.*** Termine usato con lo stesso significato di *growth stock* (v.).

growth stock: ***titolo di sviluppo; titolo di crescita.*** Sono così chiamati i titoli il cui valore di mercato è suscettibile di incremento come conseguenza della politica di espansione perseguita dalla società emittente attraverso il reinvestimento di gran parte degli utili o perché essa opera in un settore ad alta ed avanzata tecnologia. A causa della possibilità di sviluppo, questo tipo di valori mobiliari tende ad avere un corso piuttosto sostenuto e un rendimento relativamente basso, per cui sono più indicati per investimento a lungo termine.

growth theory: ***teoria della crescita.*** Analisi economica delle condizioni in cui si può realizzare la crescita e del suo ritmo. (v. anche *economic growth*)

growth zone: ***area di sviluppo industriale.*** Termine che dal 1963 indica nel Regno Unito quelle zone in cui è più probabile che si verifichi uno sviluppo industriale.

Gr. T.: gross ton.

G.R.T.: gross register ton.

Grundy Tariff: Era la tariffa doganale degli Stati Uniti, approvata nel 1930. Elevò i dazi di importazione di oltre mille articoli, ma nello stesso tempo conteneva una clausola che consentiva al Presidente di variare i dazi entro limiti del cinquanta per cento, su consiglio della *United States Tariff Commission* (v.).

gr. wt.: gross weight.

GSP: generalized system of preferences.

G.T.C.: good till cancelled.

GTC order: ***ordine a revoca; ordine valido revoca.*** V. spiegazione sotto *good until cancelled order.*

gtd.: guaranteed.

Gtee.: guarantee.

gu.: 1) guarantee; 2) guaranty.

guar.: 1) guarantee; 2) guaranty.

guarani: Unità monetaria del Paraguay, suddivisa in cento centimos.

guarantee: 1. *fideiussione; malleveria.* Variante grafica di *guaranty* (v.), più usata nel linguaggio giuridico. **2. *garanzia.*** Nel linguaggio giuridico, il termine indica l'assicurazione data dal venditore al compratore di un bene immobile del pacifico godimento della proprietà o, in relazione alla compravendita di altri beni, la garanzia di far buono qualsiasi difetto o deficienza relativa alla qualità, quantità o funzionalità del bene venduto. Il tipo di difetti coperti da garanzia ed il periodo della sua validità sono di solito riportati sul prodotto stesso oppure sul certificato di garanzia che lo accompagna o nell'atto di vendita.

guarantee company: *società a responsabilità limitata da garanzia.* Lo stesso che *company limited by guarantee* (v.).

guarantee credit: *credito contro fideiussione.* Credito concesso da una banca ad un cliente, dietro garanzie offerte da terzi.

guaranteed annual income: *reddito annuo garantito.* Negli Stati Uniti, il sussidio che alcuni propongono che andrebbe direttamente versato dal governo a quelle famiglie o singoli cittadini il cui reddito sia inferiore ad una somma stabilita.

guaranteed annual wage: *salario annuo minimo garantito.* Espressione del linguaggio statunitense delle relazioni industriali, con la quale si indica il sistema che garantisce ad ogni lavoratore un reddito regolare per i dodici mesi dell'anno. In base al *Fair Labor Standards Act* (v.), gli imprenditori che seguono questo sistema possono far lavorare i loro dipendenti per duemila ore all'anno, senza straordinario e fino a dodici ore al giorno o cinquantasei ore alla settimana, sempre senza straordinario. (v. anche *guaranteed–wage plan*)

guaranteed annuity: *rendita garantita.* Termine generico, con il quale si indica una rendita che continuerà ad essere pagata fino a quando l'assicuratore non avrà versato all'assicurato o ai suoi eredi o aventi causa tutto l'ammontare previsto dal contratto.

guaranteed bill: *cambiale garantita.* Una cambiale il cui pagamento viene garantito da una banca o altra istituzione finanziaria, alla quale potrà rivolgersi il beneficiario se il trattario dovesse rifiutarsi o non fosse in grado di pagare alla scadenza.

guaranteed bonds: *obbligazioni garantite.* Un'obbligazione di questo tipo prevede la garanzia da parte di una persona fisica o giuridica, anche diversa dall'emittente, o di un governo per quanto attiene al pagamento degli interessi e, a volte, anche per quanto attiene al rimborso della somma capitale. Le obbligazioni garantite vengono normalmente emesse da aziende di stato, da imprese a partecipazione statale e da enti locali.

guaranteed debentures: *obbligazioni garantite.* Termine usato con lo stesso significato di *guaranteed bonds* (v.).

guaranteed dividend: *dividendo garantito.* Nel linguaggio finanziario statunitense, indica il dividendo sul capitale azionario di una società, il cui pagamento è garantito da un'altra società. (v. anche *guaranteed stocks 2*)

guaranteed income bond: *polizza di rendita garantita.* Particolare tipo di contratto di assicurazione, che prevede il versamento in unica soluzione di una certa somma di denaro, che dà diritto all'assicurato di ricevere, durante il periodo stabilito in polizza, un determinato reddito corrispondente ad una data percentuale della somma versata. Al termine del periodo, l'assicuratore dovrà restituire all'assicurato una somma uguale a quella versata da quest'ultimo all'inizio del rapporto.

guaranteed minimum pension: *pensione minima garantita.* In base alle leggi sul pensionamento, le pensioni statali britanniche si dividono in due parti: la pensione base e una pensione aggiuntiva rapportata ai guadagni del lavoratore. I lavoratori che hanno un loro piano privato di pensionamento possono optare per la rinuncia alla pensione statale aggiuntiva, ma tale rinuncia è soggetta a varie condizioni, tra le quali la più importante prevede che il piano privato debba garantire un livello di pensione non inferiore a quella che il lavoratore avrebbe percepito se non avesse rinunciato alla pensione aggiuntiva statale. Questa pensione garantita è chiamata appunto *guaranteed minimum pension.*

guaranteed minimum prices: *prezzi minimi garantiti.* Termine usato con lo stesso significato di *guaranteed prices* (v.).

guaranteed minimum wage: *salario minimo garantito.* Termine usato con lo stesso significato di *guaranteed wage* (v.).

guaranteed mortgage: *ipoteca garantita.* In questo tipo di ipoteca, il pagamento degli interessi e il rimborso del capitale sono garantiti dalla *Federal Housing Administration* (v.) o da altre istituzioni del genere.

guaranteed mortgage certificate: *certificato ipotecario garantito.* Certificato di partecipazione, che rappresenta azioni o parti di una grande ipoteca garantita, frazionata al fine di essere rivenduta a risparmiatori che intendono investire in tale attività.

guaranteed prices: *prezzi garantiti.* Sono i prezzi dei prodotti agricoli garantiti ai produttori dal vecchio sistema di sostegno dei prezzi adottato nel Regno Unito prima della sua adesione alla Comunità Economica Europea. Quando il prezzo di mercato scendeva al di sotto del minimo garantito, il governo interveniva versando agli agricoltori i compensi integrativi. (v. anche *farm price review, deficiency payments*)

guaranteed promissory note: *pagherò cambiario garantito.* Non esistendo nel diritto britannico l'istituto dell'avallo, il termine indica un pagherò il cui pagamento alla scadenza è garantito da persona diversa dall'emittente.

guaranteed sample: *campione garantito.* È un campione di cui si garantisce l'esatta corrispondenza con le merci che verranno fornite e che esso rappresenta.

guaranteed security: *titolo garantito.* Un valore mobiliare (azione o obbligazione) il cui interesse, capitale o dividendo è garantito da una società diversa dall'emittente. Il termine è usato con lo stesso significato di *guaranteed stocks* (v.).

guaranteed shares: *azioni a dividendo garantito; azioni garantite.* Termine usato nel Regno Unito con lo stesso significato di *guaranteed stocks 2* (v.).

guaranteed stock: *capitale di garanzia.* Termine statunitense, usato per indicare un investimento fisso e non smobilizzabile di una *building and loan association* (v.), che costituisce una garanzia per il pagamento di interessi o dividendi a tasso fisso a tutti coloro che hanno investito nell'associazione.

guaranteed stocks: 1. *obbligazioni garantite.* Termine usato con lo stesso significato di *guaranteed bonds* (v.). **2. *azioni a dividendo garantito; azioni garantite.*** Espressione del linguaggio finanziario statunitense, con la quale si indica un tipo di azioni che prevede la garanzia del pagamento dei dividendi da parte di una società diversa da quella che le ha emesse. (v. anche *guaranteed dividend*)

guaranteed wage: ***salario garantito.*** Sistema che garantisce ai lavoratori un salario minimo settimanale, al fine di tutelarli contro i rischi derivanti dall'impiego saltuario. Nel Regno Unito fu introdotto nel secondo dopoguerra a favore dei lavoratori portuali. (v. anche *attendance money*)

guaranteed-wage plan: ***piano di salario garantito.*** Nel linguaggio statunitense delle relazioni industriali, indica un accordo in base al quale ai lavoratori viene garantito un periodo di impiego definito o un salario prestabilito per un dato periodo di tempo, che può oscillare da tre a dodici mesi all'anno. (v. anche *guaranteed annual wage*)

guarantee fund: ***fondo di garanzia.*** Un fondo formato da accantonamenti regolari di utili, con il quale far fronte ad una qualsiasi sopravvenienza o perdita eccezionale e imprevista. Nel linguaggio delle borse valori, lo stesso termine indica un fondo gestito dall'organo di governo dell'istituzione e costituito con il contributo di tutti gli operatori autorizzati a trattare nella borsa, che garantisce il pubblico contro il rischio di insolvenza degli operatori in relazione alle obbligazioni da loro assunte nello svolgimento della loro professione.

guarantee pay: ***paga garantita.*** Si indica con questo termine l'ammontare di cui i guadagni di un lavoratore a cottimo nell'arco di un dato periodo di tempo risultano inferiori all'ammontare che dovrebbe percepire se il suo lavoro venisse remunerato in base ad un tasso orario. Laddove è fatto obbligo di adottare il tasso orario, la paga garantita è un diritto del lavoratore, anche se egli lavora a cottimo.

guarantee society: ***società di assicurazioni di fedeltà.*** È una società mutua che, in considerazione di un modesto premio annuo, assicura la fedeltà dei dipendenti. (v. anche *fidelity insurance*)

guarantee stocks: ***titoli garantiti.*** Termine usato con lo stesso significato di *guaranteed stocks* (v.).

guarantor: ***fideiussore; garante; mallevadore.*** È una persona che si assume una responsabilità secondaria, cioè quella di soddisfare l'obbligazione di un'altra persona, il debitore o obbligato principale, in caso di sua inadempienza. In base al diritto anglosassone, se un garante soddisfa l'obbligazione che si è assunto, egli ha il diritto di rivalersi sull'obbligato principale. Se in relazione ad una singola obbligazione vi sono più garanti e uno di questi è costretto a far fronte all'intera obbligazione o ad una parte superiore a quella che aveva assunto, egli ha il diritto di rivalersi sugli altri garanti. Il garante ha inoltre il diritto di avvalersi di tutte le garanzie in possesso del creditore nei confronti dell'obbligato principale.

guaranty: **1.** ***fideiussione; malleveria.*** Garanzia prestata da una persona, detta fideiussore, ad un'altra, in base alla quale la prima si obbliga nei confronti della seconda a soddisfare in via accessoria l'obbligazione assunta dal debitore o obbligato principale in caso di inadempienza di quest'ultimo. **2.** ***garanzia.*** Variante grafica di *guarantee* (v.), più usato nel linguaggio giuridico.

guaranty bond: ***contratto di fideiussione.*** Garanzia di carattere personale, mediante la quale una persona si impegna a soddisfare in via accessoria l'obbligazione assunta dall'obbligato principale. Lo stesso termine inglese indica anche una promessa scritta da parte di un assicuratore, il fideiussore, di rimborsare la parte menzionata nel contratto, in caso di inadempienza di un'obbligazione o di una prestazione da parte di un terzo.

guaranty company: **1.** ***società a responsabilità limitata da garanzia.*** Lo stesso che *company limited by guarantee* (v.). **2.** ***società di garanzia.*** Società autorizzata a sottoscrivere contratti di fideiussione, in considerazione del pagamento di un premio. Si tratta, di solito, di una società di assicurazioni che opera anche nel ramo fideiussioni.

guaranty insurance: ***assicurazione di fedeltà; assicurazione contro l'infedeltà dei collaboratori.*** Termine britannico, usato con lo stesso significato del corrispondente statunitense *fidelity insurance* (v.).

guaranty savings bank: Tipo particolare di cassa di risparmio del New Hampshire. La sua caratteristica consiste nel consentire due tipi di deposito, quello cosiddetto regolare e quello speciale. Al primo viene corrisposto un interesse prestabilito; al secondo vengono distribuiti gli utili netti non destinati a riserve, dopo il pagamento degli interessi ai depositi regolari.

guaranty stock: ***azioni di garanzia.*** Capitale azionario che rappresenta la proprietà di un tipo di *savings and loan association* riconosciuta in alcuni degli Stati Uniti come ad esempio l'Ohio e la California. I certificati azionari di investimento godono del diritto di priorità sulle azioni di garanzia per quanto attiene alla distribuzione di dividendi, ma queste ultime hanno diritto alla distribuzione di tutti gli utili residui dopo il pagamento del dividendo ai certificati di investimento. (v. anche *federal savings and loan association*)

guaranty stock savings and loan associations: In alcuni degli Stati Uniti, quali la California e l'Ohio, la legge consente che le *savings and loan associations* siano costituite sotto forma diversa da quella di società mutue, il che consente l'emissione di azioni di garanzia. (v. anche *guaranty stock, federal savings and loan association*)

guardian: ***tutore.*** Persona cui è affidata la tutela di un minore o di un incapace.

guest worker: ***lavoratore ospite.*** Sul modello del tedesco *gastarbeiter*, designa lavoratori provenienti da altri paesi e destinati a coprire locali deficienze di manodopera.

guidelines: ***linee-guida; indicazioni; criteri-guida.*** Termine del linguaggio della programmazione economica indicativa con il quale si designa il complesso di indicazioni o raccomandazioni di massima provenienti dagli organi preposti alla programmazione e destinate agli operatori economici. Nell'ambito di tali direttive di massima, gli operatori saranno liberi di operare le scelte che essi ritengono più soddisfacenti. (v. anche *indicative planning*)

guidelines for non-inflationary wage increases: ***indicazioni per aumenti salariali non inflazionistici.*** Sono così chiamate le linee guida avanzate per la prima volta nel 1962 da un'amministrazione statunitense nell'*Economic Report of the President.* In sostanza, queste indicazioni facevano dipendere l'aumento salariale da un corrispondente aumento della produttività. Il concetto, tuttavia, fu superato nel 1967, quando il *Council of Economic Advisers* (v.) non reputò più appropriato porre l'aumento della produttività come base numerica per gli aumenti salariali.

guide price: ***prezzo guida.*** Termine usato in relazione alla politica agricola della Comunità Economica Europea per indicare i prezzi che si spera che gli agricoltori riescano a spuntare per determinati prodotti sul mercato libero. Ciascuno stato è autorizzato a imporre dazi sulle importazioni di quei prodotti, al fine di portare i prezzi esteri al livello dei prezzi guida nazionali. Ad un prezzo specificato e prestabilito, lievemente inferiore al prezzo guida e chiamato prezzo di intervento, scatta l'intervento degli organi a ciò preposti, che si concretizza con acquisti istituzionali al fine di impedire un'ulteriore diminuzione del prezzo di vendita di quei prodotti. Al fine di incoraggiare la produzione di particolari derrate o in particolari aree, vengono a volte stabiliti prezzi guida e di intervento regionali più elevati.

guild: ***gilda.*** Associazione di commercianti o artigiani che ebbe un ruolo importante nell'organizzazione economica dell'Europa medievale, specialmente nei secoli dodicesimo e tredicesimo. Le gilde miravano a riservare soltanto ai loro soci lo svolgimento di una determinata occupazione o professione e a tale scopo imponevano lunghi periodi di apprendistato, standard qualitativi di lavorazione molto elevati e pratiche comportamentali leali, a tutela sia dei consumatori che dei loro membri. Così, i soci delle gilde acquisirono un potere monopolistico nello svolgimento delle loro occupazioni e professioni.

guild economy: ***economia delle gilde.*** Era l'organizzazione economica prevalente in Europa nel medio evo, all'epoca delle gilde. Era organizzata in gruppi, ciascuno dei quali rappresentava tutti coloro che operavano a qualsiasi titolo in una particolare arte, in un mestiere o in una professione.

guilder: ***gulden.*** Unità monetaria dell'Olanda, suddivisa in cento centesimi, anche nota come fiorino. (v. anche *florin*)

guild socialism: ***socialismo delle gilde; gildismo.*** Movimento sorto nel Regno Unito, dopo la prima guerra mondiale, che propugnava l'attribuzione della proprietà dei mezzi della produzione allo stato e della gestione delle imprese ad associazioni di arti e mestieri del tipo delle gilde medievali.

guinea: ***ghinea.*** Nome di una moneta inglese d'oro emessa nel 1663, così chiamata perché coniata con oro proveniente dalla Guinea. Coniata fino al 1813, fu sostituita nel 1817 con la sovrana, ma il nome continuò ad essere usato per indicare il valore di 21 scellini, ossia una sterlina e uno scellino. Era consuetudine usare la ghinea in relazione a onorari, contributi volontari e quotazioni di merci alquanto costose o preziose. Il termine è del tutto uscito dall'uso dopo l'introduzione del sistema monetario decimale nel Regno Unito.

guinea pig: ***porcellino d'india.*** Espressione di slang, usata alla borsa valori per indicare una persona che funge da amministratore di varie società al solo scopo di percepire i compensi che gli spettano per tale funzione.

guinea-pig director: Termine usato con lo stesso significato di *guinea pig* (v.).

gulden: ***gulden.*** Moneta d'oro coniata nei paesi di lingua tedesca fin dal quattordicesimo secolo. Oggi, il termine è sinonimo di *guilder* (v.).

Gunter's chain: ***catena.*** Misura agrimensoria, pari alla lunghezza di ventidue yarde ed equivalente a metri 20,1168.

h,H

ha: hectare.

habit: ***abitudine; consuetudine.*** La domanda di beni di consumo è ampiamente influenzata dalle abitudini dei consumatori, che continuano ad acquistare un determinato bene proprio perché hanno assunto la consuetudine di comprarlo. È il caso di tabacco, liquori ed anche oggetti personali. Più radicata è la consuetudine del consumatore, tanto meno si riesce a far diminuire la domanda del bene in questione attraverso, ad esempio, l'aumento delle imposte di consumo. Tuttavia, mentre si è verificato che un aumento notevole delle imposte su un bene qual è il tabacco non ha fatto sensibilmente decrescere la domanda, un aumento di prezzo dei beni di consumo oggetto di consuetudine, come ad esempio oggetti personali, profumi, ecc, ha come conseguenza una drastica riduzione della domanda.

to haggle: ***mercanteggiare; discutere sul prezzo.*** Pratica in uso quando un bene non è venduto a prezzo fisso. Oggi, col diffondersi delle moderne strutture di vendita, tale pratica, nel commercio al dettaglio, sopravvive soltanto in alcuni settori, quali ad esempio il mercato di opere d'arte, di oggetti e mobili antichi, beni di seconda mano e simili.

haggling: ***mercanteggiamento.*** Forma sostantivata del verbo *to haggle* (v.).

Hague Rules: ***Regole dell'Aja.*** Norme, stilate in una conferenza all'Aja nel 1921 e successivamente modificate, che stabiliscono i diritti e i doveri dei vettori marittimi. Ad esempio, esse stabiliscono che il vettore ha il dovere di rendere la nave atta a navigare; che né il vettore, né la nave possono essere ritenuti responsabili di danni o perdite derivanti da cause di forza maggiore, ecc. Molte di queste norme, successivamente alla loro formulazione all'Aja, sono state inserite nel diritto scritto di molti stati.

hail insurance: ***assicurazione contro la grandine.*** Assicurazione che copre un agricoltore contro il rischio di danno o perdita del raccolto derivante dalla caduta di grandine.

haircut finance: Espressione del linguaggio finanziario statunitense, con la quale si indica un mutuo a fronte di una garanzia il cui valore è superiore a quello del prestito.

halal: Moneta divisionale dell'Arabia Saudita, equivalente ad un centesimo di riyal.

haler: Moneta divisionaria della Cecoslovacchia, equivalente alla centesima parte di una koruna.

half a bar: Espressione del linguaggio finanziario britannico, con la quale si indica un'operazione in valuta estera del valore complessivo di mezzo milione di sterline.

half-and-half: ***a metà; al cinquanta per cento.*** Lo stesso che *fifty-fifty* (v.).

half-commission man: ***remissore.*** Termine borsistico con il quale si indica chi procura affari ad uno *stockbroker* (v.). Il termine inglese deriva dalla consuetudine di riconoscere al remissore metà della commissione spettante allo *stockbroker.* Il termine italiano proviene dal francese *remisier*, ma è poco usato in quanto è rara la figura del remissore nelle borse valori italiane.

half-crown: ***mezza corona.*** Moneta inglese coniata per la prima volta in oro nel 1526 col valore di due scellini e mezzo. Nel 1552 fu coniata in argento, ma nei tempi moderni era in lega di cupro-nickel. È stata tolta dalla circolazione dal 1° gennaio 1970.

half-eagle: ***mezza aquila.*** Moneta d'oro statunitense, ancora in commercio ma non più a corso a legale, del valore di cinque dollari-oro. (v. anche *eagle*)

half-farthing: Antica moneta inglese, che ebbe circolazione intermittente tra il 1542 e il 1569. Fu successivamente rimessa in circolazione, ma per un breve periodo, durante il regno della regina Vittoria.

half-finished goods: ***beni semilavorati; semilavorati.*** Lo stesso che *partly-finished goods* (v.).

half George Noble: Frazione del *George Noble* (v.), l'antica moneta inglese d'oro, del valore di tre scellini e quattro pence dell'epoca. Fu emessa per la prima volta nel 1526. (v. anche *noble*)

half guinea: ***mezza ghinea.*** Antica moneta inglese, coniata in oro tra il 1663 e il 1797. (v. anche *guinea*)

half-life: ***metà vita.*** Espressione del linguaggio finanziario, con la quale si indica il periodo di tempo che va dall'emissione di un'obbligazione alla metà della durata del prestito. Se il prestito viene ammortizzato mediante quote annuali, il termine indica il periodo che va dall'emissione al momento in cui viene rimborsata la metà dell'intero prestito obbligazionario.

half noble: ***mezzo nobile.*** Antica moneta inglese d'oro, il cui valore corrispondeva a mezzo nobile d'oro, la moneta fatta coniare per la prima volta da Edoardo terzo nel 1344. (v. anche *noble*)

halfpenny: ***mezzo penny.*** In origine si tagliava in due parti il penny d'argento per effettuare piccoli pagamenti, ma dal regno di Edoardo primo ebbe inizio la coniatura di monete d'argento del valore di mezzo penny. In seguito allo svilimento della moneta durante il regno di Enrico ottavo, si sospese la coniatura del mezzo penny, che ricomparve successivamente in rame e poi in bronzo.

half-rate method of depreciation: È un metodo in base al quale durante il primo anno di ammortamento si imputa all'esercizio una quota ridotta, corrispondente alla metà della quota annua, come se l'immobilizzazione fosse stata acquistata ed avesse iniziato l'attività a metà anno. Tale metodo si applica generalmente ad un insieme di immobilizzazioni omogenee, che sono entrate in servizio in tempi diversi nel corso dell'anno.

half ryal: Antica moneta inglese d'oro, del valore originario di mezzo *royal*, cioè cinque scellini. (v. anche *royal*)

half sovereign: ***mezza sovrana.*** Antica moneta inglese, coniata in oro per la prima volta nel 1544 e sostituita dalla mezza ghinea (v. *half guinea*) tra il 1663 e il 1797.

Nel 1821, dopo le guerre napoleoniche, fu rimessa in circolazione, ma cessò di avere corso legale quando, a seguito di usura, il suo peso scese al di sotto di 61,125 grani troy.

half stock: Espressione usata nel linguaggio borsistico degli Stati Uniti per indicare azioni il cui valore nominale è di cinquanta dollari.

half-time system: ***sistema di occupazione a tempo parziale.*** In senso stretto, il termine inglese indica il sistema, introdotto con il *Factory Act* del 1833, in base al quale i bambini che lavoravano nelle fabbriche dovevano frequentare la scuola per almeno due ore al giorno, se si trovavano nell'età compresa tra i nove e i tredici anni. Questo sistema fu abolito dall'*Education Act* del 1918.

half-year coupon: ***cedola semestrale.*** Certe emissioni obbligazionarie prevedono che il pagamento degli interessi abbia luogo ogni sei mesi, anziché ogni anno. Tali obbligazioni sono dotate di due cedole annue, ciascuna di esse relativa agli interessi di sei mesi.

Halifax Building Society: Fondata nel 1853, è la più grande *building society* operante in Gran Bretagna. (v. anche *building society 1*)

hall-mark: ***marchio ufficiale di saggio; marchio d'identificazione dei metalli preziosi.*** Il marchio che viene impresso su oggetti d'oro o d'argento, per garantire che il metallo è stato saggiato e corrisponde alla finezza dichiarata. Oltre al simbolo, per gli oggetti d'oro si deve anche indicare il numero di carati o, meglio, di millesimi. Pertanto, nel Regno Unito un oggetto d'oro può avere fino a quattro marchi: uno che indica il fabbricante, di solito tramite le sue iniziali; un altro che indica l'ufficio che ha rilasciato il marchio (nel Regno Unito ve ne sono cinque, ciascuno con un simbolo diverso); un terzo che indica la qualità in carati o in millesimi; e il quarto che indica l'anno di fabbricazione dell'oggetto, tramite una lettera che cambia di anno in anno.

hall test: Nel linguaggio del marketing, è una prova su un prodotto condotta in un qualche locale ubicato nelle vicinanze di un centro commerciale. Alcuni dei consumatori che fanno acquisti nel centro vengono invitati a recarsi nel detto locale per rispondere a un questionario e per provare il prodotto.

Halsbury Committee: Commissione nominata nel 1961 col compito di studiare il passaggio del Regno Unito ad un sistema monetario decimale. La Commissione pubblicò una relazione nel 1963, che servì da base per la realizzazione dell'attuale sistema monetario britannico.

Halsey premium plan: ***piano d'incentivazione Halsey.*** Lo stesso che *Halsey system* (v.).

Halsey system: ***sistema Halsey; metodo Halsey.*** Sistema di salario ad incentivo, in base al quale il lavoratore riceve una paga fissa minima per il lavoro svolto fino ad una produzione standard e una remunerazione che va dal trenta al cinquanta per cento del tasso salariale orario per la produzione che supera lo standard. La produzione in eccesso viene calcolata come tempo risparmiato.

hammered: Espressione usata per indicare un membro della borsa valori di Londra che non è in grado di far fronte alle proprie obbligazioni. L'espressione deriva dal fatto che prima di dichiarare la sospensione del membro, il commesso a ciò preposto batte tre colpi di martello per richiamare l'attenzione degli operatori e per questo motivo il membro in questione si dice che è stato *hammered.* (v. anche *compensation fund*)

hammering: È la comunicazione ufficiale che un membro della borsa valori di Londra non è più in grado di far fronte ai propri impegni. (v. anche *hammered*)

hammer price: Se a seguito del comportamento scorretto o truffaldino di uno *stockbroker* (v.) un cliente dovesse subire una perdita in relazione ad una sua operazione in valori mobiliari, la borsa valori di Londra provvederà ad indennizzarlo prelevando i fondi necessari dal fondo comune di garanzia. L'entità dell'indennizzo dipenderà dal cosiddetto *hammer price*, cioè il prezzo dei titoli, sui quali il cliente ha perso o che non gli sono stati consegnati dallo *stockbroker*, al momento in cui quest'ultimo fu *hammered.* (v. anche *hammered, compensation fund*)

to hammer the market: Espressione del linguaggio delle borse valori, usata col significato di vendere grossi quantitativi di un determinato valore mobiliare in una singola operazione, facendone così crollare il prezzo.

hand: ***operaio.*** Qualsiasi lavoratore che svolga un'attività manuale.

handbill: ***volantino; foglietto pubblicitario.*** Un foglietto sul quale è stampato un messaggio pubblicitario e che viene distribuito a mano per la strada o altro luogo pubblico.

handbook: ***manuale.*** Opuscolo che accompagna un bene di consumo durevole, come ad esempio un frigorifero o un trapano elettrico, e dà le istruzioni per l'uso e per la riparazione.

handicraft: ***lavoro artigiano.*** È qualunque lavoro di abilità, fatto del tutto o quasi interamente a mano.

handicraft economy: ***economia artigiana.*** Tipo di sistema economico che ebbe origine nei secoli quattordicesimo e quindicesimo, come conseguenza dello sviluppo delle città. Era caratterizzato dal lavoro di artigiani, che si dedicavano ad arti e mestieri nelle loro abitazioni o in piccole botteghe, ove producevano beni da vendersi nei mercati. (v. anche *handicraft system*)

handicraftsman: ***artigiano.*** Persona che produce articoli di artigianato, cioè fatti del tutto o quasi del tutto a mano.

handicraft system: ***sistema economico artigiano.*** Lo stadio di sviluppo dell'industria durante il quale gli artigiani producevano a mano, cioè senza l'ausilio di macchine complesse, i beni che successivamente vendevano nei mercati. (v. anche *handicraft economy*)

hand labour: ***lavoro manuale.*** Qualsiasi tipo di lavoro svolto a mano, cioè senza l'ausilio di alcuna macchina.

hand labourer: ***manovale.*** Lavoratore non specializzato, che svolge un'attività prettamente manuale.

handling: **1.** ***trasporto interno.*** Lo spostamento di materiali e prodotti finiti all'interno di un'impresa, dal magazzino allo stabilimento e viceversa. **2.** ***movimentazione.*** Lo spostamento di merci da un mezzo di trasporto ad un altro o nel terminale di carico e scarico.

handling charges: **1.** ***spese di approntamento.*** Addebito fatto pagare in relazione ad articoli o ordinativi di scarso valore, al fine di coprire i costi del lavoro di imballaggio e spedizione, specialmente quando essi costituiscono una percentuale relativamente alta del prezzo complessivo pagato dal cliente. **2.** ***spese di movimentazione.*** Termine usato con lo stesso significato di *handling costs 2* (v.).

handling costs: **1.** ***costi di trasporto interno.*** I costi relativi al movimento di materiali e prodotti finiti dal magazzino allo stabilimento e viceversa. **2.** ***costi di movimentazione.*** I costi relativi al movimento di merci da un mezzo di trasporto ad un altro o nel terminale di carico e scarico.

handling expenses: ***spese generali di trasporto.*** Le spese relative allo spostamento di merci dal luogo in cui si trovano al luogo in cui devono essere vendute al consumatore finale, escluso soltanto il costo delle merci stesse. Vi rientrano, pertanto, il nolo, le spese di trasporto fino al mezzo che le porterà alla destinazione finale, le spese di caricazione e discarica, le spese di ispezione e di assicurazione ed altre eventuali.

hand-made: ***fatto a mano.*** Detto di articoli non prodotti in serie e generalmente fatti da artigiani.

hand-out: ***campione gratuito.*** Nel linguaggio della pubblicità, è un campione distribuito gratuitamente al pubblico, per dimostrare le qualità di un prodotto.

handsel: ***caparra.*** Termine a volte usato con lo stesso significato di *bargain money* (v.).

hand-to-mouth buying: ***acquisto minimo.*** L'espressione inglese viene usata nel linguaggio colloquiale per indicare la pratica, seguita principalmente dai consumatori, di acquistare i prodotti di cui hanno bisogno nella quantità strettamente necessaria. Ciò, ovviamente, implica maggior dispendio di tempo e di energie da parte del consumatore, ma anche da parte del venditore. La stessa espressione si usa, tuttavia, anche per indicare la pratica seguita da certe imprese o da certi punti di vendita di approvvigionarsi in quantità minime e solo quando è necessario, tenendo così le scorte al livello più basso possibile.

Hanseatic League: ***Lega Anseatica.*** Lega commerciale costituita nel 1361 dalle città di Lubecca e Amburgo, cui si aggiunsero successivamente Colonia, Brunswick e Danzica. Scopo della lega era quello di mantenere e consolidare alcuni privilegi commerciali.

hao: Moneta divisionale del Vietnam, equivalente ad un decimo di dong o dieci xu.

harbour: ***porto.*** È il luogo in cui una nave può rifugiarsi, gettando l'ancora o attraccando ad una banchina. Generalmente, quando sono presenti strutture costruite dall'uomo si usa il termine *port* (v.). Pertanto, *harbour* indica il rifugio per le navi, che può essere contenuto in un *port*, mentre quest'ultimo indica tutte le strutture create per facilitare le operazioni di caricazione e discarica e per prestare assistenza alle navi.

harbour authority: ***ente del porto.*** L'autorità amministrativa preposta alla gestione di un porto. (v. anche *port authority*)

harbour dues: ***diritti di porto.*** Termine generico, con il quale si indica qualsiasi somma di denaro pagata da armatori o proprietari di merci che vengono caricate o scaricate in un porto. Tali diritti rappresentano un contributo alle spese sostenute dalle autorità portuali per la manutenzione delle installazioni del porto.

harbour fees: ***diritti di porto.*** Termine usato con lo stesso significato di *harbour dues* (v.).

harbour office: ***capitaneria di porto.*** È l'ufficio che provvede al funzionamento ordinato di un porto, stabilendo le norme cui devono adeguarsi le navi in transito e provvedendo al dragaggio dei fondali, alla posa di boe, alla manutenzione degli impianti e altre simili funzioni.

hard arbitrage: Espressione del linguaggio finanziario britannico, usata in un significato molto vicino a quello di *round-tripping* (v.), in quanto indica la pratica seguita da grossi clienti delle banche di prendere denaro a prestito per poi mutuarlo, con profitto, sui mercati monetari, quando il tasso d'interesse riconosciuto su quei mercati è superiore al tasso d'interesse attivo praticato dalle banche. Ciò è possibile in quanto i tassi d'interesse sui mercati monetari sono molto più volatili del saggio base praticato dalle banche. (v. anche *soft arbitrage*)

hard cash: ***circolante; medio circolante.*** L'insieme delle monete metalliche e delle banconote circolanti in un paese.

hard-core non-tariff barriers: Il termine indica il tipo di barriere non doganali (v. anche *non-tariff trade barriers*) che comprende proibizioni dirette di importare o esportare determinati prodotti, contingenti d'importazione, restrizioni volontarie delle esportazioni e restrizioni derivanti dall'applicazione della clausola della nazione più favorita.

hard currency: **1.** ***valuta forte; moneta forte.*** Quando le monete erano coniate in metalli preziosi, era detta moneta forte quella il cui valore intrinseco superava il valore nominale. Col termine valuta forte oggi si intende quella valuta che ha un valore stabile sui mercati monetari internazionali, come conseguenza di una favorevole situazione commerciale e di stabilità interna del paese, che di solito si manifesta con un attivo della bilancia dei pagamenti. L'espressione è stata spesso usata in relazione al dollaro statunitense che, particolarmente dopo la seconda guerra mondiale, era estremamente scarso in Europa a causa della preponderanza dell'economia americana e dell'impossibilità dell'Europa di produrre ed esportare beni negli Stati Uniti. Di conseguenza, l'espressione «valuta forte» è stata anche usata per indicare una valuta la cui offerta sui mercati internazionali è bassa in relazione alla domanda. **2.** ***moneta metallica.*** In questo significato, il termine inglese è usato come sinonimo di *hard money 1* (v.).

hard disclosure: Viene indicata con questa espressione la norma emanata dalla SIB che impone agli intermediari indipendenti di rendere noto ai clienti l'ammontare di commissione che essi andranno a percepire su ciascuna delle polizze che consigliano.

to harden: ***rafforzarsi.*** Corrispondente verbale del sostantivo *hardening* (v.).

hardening: ***rafforzamento.*** Detto di un mercato che va lentamente migliorando o di prezzi che tendono a stabilizzarsi ad un livello più alto del precedente.

hard goods: ***beni di consumo durevoli; beni di consumo non deperibili.*** Lo stesso che *consumer durable goods* (v.).

hard landing: ***atterraggio duro.*** La repentina interruzione di un boom economico che, in brevissimo tempo, si trasforma in recessione più o meno pesante.

hard lending: ***prestiti a tasso convenzionale; prestiti a tasso di mercato.*** La pratica di concedere prestiti al tasso d'interesse convenzionale o prevalente sul mercato. (v. anche *hard loan 1*)

hard-lending window: ***sportello prestiti convenzionali.*** Termine usato come opposto di *soft-lending window* (v.) per indicare collettivamente tutte le istituzioni creditizie nazionali e internazionali che concedono prestiti al tasso di interesse prevalente sul mercato.

hard loan: **1.** ***prestito convenzionale; prestito a tasso di mercato.*** Un prestito sul quale il mutuatario paga il tasso d'interesse prevalente sul mercato. Il termine è di solito usato come opposto di *soft loan 1* (v.). **2.** ***prestito in valuta forte.*** Prestito concesso da un paese estero e rimborsabile in una moneta forte, come ad esempio il dollaro statunitense o il marco tedesco. Questo tipo di prestiti viene fatto di solito ad un alto tasso di interesse a paesi a valuta debole non liberamente convertibile in valute forti, per cui il paese deve procurarsi i fondi per il rimborso quasi esclusivamente mediante esportazioni.

hard loan window: ***sportello prestiti convenzionali.*** Lo stesso che *hard-lending window* (v.).

hard money: 1. ***moneta metallica.*** L'espressione inglese indica collettivamente tutte le monete metalliche di un paese e si contrappone a *soft money* (v.), che indica la moneta cartacea. **2.** ***moneta forte; valuta forte.*** In questo significato, il termine inglese è usato come sinonimo di *hard currency 1* (v.).

hard selling: ***vendita calda.*** Espressione con la quale si indica una politica di vendite estremamente aggressiva, caratterizzata di solito dalla ripetizione molto frequente di frasi o slogan pubblicitari alla radio e alla televisione, enorme uso di manifesti e pubblicità sulla stampa, ecc. L'espressione è usata come opposto di *soft selling* (v.).

hardship clause: ***clausola di avversità.*** Clausola spesso inserita nei contratti internazionali, che ne consente la revisione qualora si verifichino eventi politici o economici di eccezionale gravità nel periodo in cui è in vigore il contratto. Ha la funzione di riequilibrare il rapporto contrattuale, riportandolo alle condizioni esistenti quando esso fu posto in essere.

hardware: ***ferramenta.*** Nel linguaggio commerciale, il termine indica collettivamente oggetti, strumenti e arnesi di ferro, come ad esempio chiodi, viti, martelli, catene, ecc., ma anche arnesi quali ad esempio pentole, padelle, tegami, ecc., in ferro o in un materiale simile.

harmless warrant: Un tipo di warrant comparso sui mercati finanziari nel 1985 e annesso a euro–obbligazioni. Esso dà al portatore il diritto di sottoscrivere successive emissioni a un tasso d'interesse prestabilito. Se il tasso d'interesse corrente scende, l'investitore può sottoscrivere un prestito a un tasso d'interesse superiore a quello di mercato, ma se esso sale, chi guadagna dall'operazione è solo l'emittente, che ha concesso un interesse lievemente inferiore sull'emissione con warrant e verrà esonerato, proprio a causa delle condizioni di mercato, dall'emettere successivi prestiti a un tasso a lui sfavorevole.

harmonic mean: ***media armonica.*** È l'inverso della media aritmetica degli inversi di un gruppo di numeri. Si ottiene, pertanto, sommando gli inversi di tutti i valori di una serie, dividendo questo totale per il numero di valori e prendendo l'inverso di questo quoziente. La media armonica è sempre inferiore alla media aritmetica. (v. anche *mean, arithmetic mean, geometric mean, quadratic mean*)

harmonic progression: ***progressione armonica.*** È una successione di numeri, tutti diversi da zero, i cui inversi formano una progressione aritmetica, come ad esempio 1/3, 1/5, 1/7, 1/9... (v. anche *arithmetic progression, geometric progression*)

harmonization: ***armonizzazione.*** L'assimilazione, da parte dei paesi membri, delle politiche economiche, sociali e di altra natura della Comunità Economica Europea, previste dal Trattato di Roma. Alcune di queste politiche devono essere obbligatoriamente accettate e applicate dai paesi, al fine di evitare distorsioni e ritardi nella realizzazione degli obiettivi principali della Comunità, quale ad esempio la libera circolazione del lavoro e dei beni.

harmonogram: ***armonogramma.*** Gli armonogrammi, introdotti nel 1896 dall'ingegnere polacco K. Adamiecki, sono dei grafici preparati con l'obiettivo di programmare nel tempo il lavoro di più macchine o gruppi di macchine, in maniera tale da armonizzarne le funzioni.

harmony: ***armonia.*** È la base della dottrina economica che sostiene l'instaurarsi di un'armonia naturale se l'individuo viene lasciato libero di perseguire il proprio interesse. Questa teoria ha trovato più seguaci negli Stati Uniti e in Francia che nel Regno Unito, pur essendo molto vicina a quella sostenuta dalla Scuola Classica.

harmony of interests: ***armonia di interessi.*** Nell'uso che se ne fa in teoria economica, questa espressione indica il fondamento della dottrina che sostiene che la vita economica è retta da forze tra loro armoniche, che svolgono la loro funzione per garantire il benessere dell'umanità, anche se a volte esse possono apparire momentaneamente in contrasto tra loro. Tale dottrina sostiene, o meglio sosteneva, che se tutti gli individui vengono lasciati liberi di perseguire i loro interessi, il risultato non può che essere una naturale armonia di interessi, mentre risulterebbe dannoso qualsiasi tentativo di limitare o regolamentare l'attività economica dei singoli individui.

Harrod–Domar model: ***modello Harrod–Domar.*** Modello che spiega la crescita economica come derivante dalla relazione tra tasso di crescita garantito e tasso di crescita naturale. Il modello risulta dalla sintesi di contributi indipendenti degli economisti Roy Harrod e Evsey Domar.

Harvard business school: È un istituto superiore, con sede a Boston, specializzato nell'insegnamento di discipline economiche e aziendali e nella formazione di dirigenti d'azienda.

Harvest Bonds: Il servizio, offerto dal fondo comune d'investimento gestito dalle casse di risparmio britanniche, mediante il quale i risparmiatori possono investire una somma fissa in valori mobiliari e precisamente in azioni.

harvesting strategy: Nel marketing, è la strategia volta a realizzare profitti di breve termine da un prodotto, prima di ritirarlo dal mercato. Si applica a prodotti prossimi alla fine del loro ciclo vitale e si realizza eliminando tutte le spese di marketing, tra le quali quelle di pubblicità. Il prodotto, quindi, sarà tenuto sul mercato fino a quando si realizza un sufficiente volume di vendita sulla spinta delle precedenti campagne pubblicitarie o a causa dell'attaccamento di un certo numero di consumatori.

harvest theory of the trade cycle: ***teoria del ciclo economico basata sui raccolti.*** Lo stesso che *sun–spot theory* (v.).

hat money: ***cappa; diritto di cappa.*** Lo stesso che *primage* (v.).

Hatry Crash: Nome con il quale si indica una grave crisi che colpì la borsa valori di Londra nel 1929 e che fu principalmente dovuta a frodi e speculazioni spregiudicate. Nel tentativo di non far fallire gli operatori che erano rimasti vittime di queste frodi, i membri della borsa londinese raccolsero un fondo di garanzia di un milione di sterline, ma nonostante ciò alcuni membri non poterono evitare il fallimento e il pubblico subì notevoli perdite. Alla *Hatry Crash* fece poi seguito la crisi della borsa valori di New York, che diede inizio alla grande depressione.

haulage: ***costo di trasporto.*** È il prezzo pagato per l'uso di un mezzo di trasporto, sia esso vuoto o pieno, dal quale resta escluso il costo di caricazione e discarica delle merci.

haulage contractor: ***vettore a contratto.*** Lo stesso che *contract carrier* (v.).

haulier: ***vettore a contratto.*** Termine usato con lo stesso significato di *contract carrier* (v.).

Havana Charter: ***Carta dell'Avana.*** Documento sottoscritto all'Avana il 24 marzo 1948 da 53 stati intervenuti alla Conferenza delle Nazioni Unite, tendente a costituire l'Organizzazione internazionale per il commercio. Scopi di tale organizzazione dovevano essere: l'incremento degli scambi internazionali; l'aumento dell'occupazione; lo sviluppo delle aree arretrate; il miglioramento del tenore di vita nei paesi partecipanti. Tale organizzazione non è stata istituita, a causa della mancata ratifica degli accordi dell'Avana da parte di un sufficiente numero di paesi.

Havana Conference on Trade and Employment: ***Conferenza dell'Avana sul Commercio e l'Occupazione.*** È la conferenza che si tenne all'Avana nel 1948 e che portò alla firma della cosiddetta Carta dell'Avana. (v. anche *Havana Charter*)

haven currency: ***valuta rifugio.*** Una valuta che, a causa della sua stabilità o della sua alta domanda sui mercati valutari, viene acquistata in notevoli quantità da cittadini stranieri, non allo scopo di regolare operazioni di scambio commerciale, bensì per tutelarsi contro pressioni inflazionistiche o speculative che colpiscono le loro valute nazionali.

hawker: ***imbonitore; venditore ambulante.*** Il termine inglese indica un venditore ambulante che fa uso di un veicolo, carretto o altro per trasportare ed esporre la merce che intende vendere al dettaglio. Questi venditori devono farsi rilasciare una licenza per l'esercizio della loro attività dalle amministrazioni locali.

hawking: ***imbonimento; commercio ambulante.*** L'attività di offrire beni in vendita da porta a porta o nelle strade, attirando l'attenzione dei passanti mediante imbonimento ed esposizioni improvvisate su carretti o piccole bancarelle.

Hawley–Smoot Tariff: La tariffa doganale degli Stati Uniti approvata nel 1930. Elevò i dazi di importazione di oltre mille articoli, ma allo stesso tempo conteneva una clausola che consentiva al Presidente di variare i dazi entro limiti del cinquanta per cento, su consiglio della *United States Tariff Commission* (v.).

hazard: ***pericolo.*** Nel linguaggio assicurativo, è qualunque cosa che possa fare aumentare le probabilità di danno o perdita derivanti da un qualsiasi rischio.

H.C.P.: householder's comprehensive policy.

head: 1. ***capo.*** Chiunque sia a capo di un'organizzazione o di una sua divisione. **2.** ***direzione.*** L'insieme delle persone a capo di un'organizzazione o di una sua divisione.

headed letter–paper: ***carta da lettere intestata.*** Carta da lettere che reca stampata la ragione sociale e tutti gli altri elementi necessari per comunicare con una persona o con un'organizzazione, e cioè indirizzo, numeri di telefono, di fax e di telex, numero della casella postale, ecc.

head hunter: ***cacciatore di teste.*** Espressione colloquiale con la quale si indica una persona o un'organizzazione che tenta di assumere personale dirigente, o comunque ad altissimo livello di specializzazione, senza passare attraverso annunzi economici o altre forme di pubblicità, ma rivolgendosi direttamente a persone che per le loro attuali mansioni rispondono alle esigenze delle imprese che vorrebbero assumerle. Gli argomenti più comuni di cui si serve il cacciatore di teste sono un forte aumento della remunerazione e la concessione di allettanti benefici accessori.

head hunting: ***caccia all'uomo.*** Espressione colloquiale, con la quale si indica l'attività di un *head hunter* (v.).

heading: ***intestazione.*** Le notizie stampate nella parte superiore o inferiore di un foglio di carta da lettere. In contabilità, il termine indica la parte di un conto o di una colonna riservata alla leggenda che ne indica l'uso.

head lease: ***locazione principale.*** È la locazione, concessa dal proprietario al locatario, in base alla quale quest'ultimo concede una sublocazione ad un altro conduttore. In tale caso, la sublocazione viene indicata col termine *sublease* (v.), mentre la prima locazione col termine *head lease.*

headline: ***titolo.*** In pubblicità, indica la parte di un annuncio stampato, cui viene dato maggior risalto.

head office: ***sede centrale; sede principale; direzione generale.*** L'ufficio centrale o principale di un'impresa o altra organizzazione, dal quale vengono emanate le direttive per gli uffici periferici o per le filiali e che controlla l'intera struttura.

headquarters: ***quartiere generale.*** Termine usato nel linguaggio aziendale con lo stesso significato di *head office* (v.).

headquarters office: ***ufficio centrale; ufficio principale; direzione generale.*** Termine usato con lo stesso significato di *head office* (v.).

headright: Veniva così chiamata la concessione di cinquanta acri di terra a testa che alcune colonie americane nel secolo diciassettesimo assegnavano a chiunque intendesse stabilirsi sul loro territorio.

head tax: ***capitazione; imposta di capitazione.*** Lo stesso che *capitation tax* (v.).

health insurance: ***assicurazione contro le malattie.*** Forma di assicurazione contro perdite finanziarie derivanti da malattie. Prevede il pagamento di un tanto al giorno all'assicurato che non sia in grado di lavorare a causa di malattia.

health service: ***servizio sanitario.*** Questo termine è di solito usato per indicare il servizio prestato dallo stato a tutti i cittadini, sia che contribuiscano o non al sistema delle assicurazioni sociali. Del resto, solo una piccola parte dei contributi sociali pagati dai cittadini è utilizzata per il servizio sanitario, che è finanziato direttamente dallo stato. Il servizio sanitario prevede l'assistenza per cure mediche generiche e specialistiche e per il ricovero in ospedale.

hearth money: ***imposta sul focolare.*** Espressione usata come sinonimo meno comune di *hearth tax* (v.).

hearth tax: ***imposta sul focolare.*** Imposta che, nel diciassettesimo secolo, in Inghilterra colpiva le abitazioni in ragione dei focolari in esse installati. Lo scopo era di far pagare un'imposta maggiore a coloro che possedevano grandi abitazioni.

heaven–and–hell bonds: Tipo di obbligazioni denominate in yen giapponesi, la cui somma capitale da rimborsarsi alla scadenza varia in base al tasso di cambio tra yen e dollaro statunitense. Se lo yen sale, la somma rimborsata diminuisce e viceversa, ma a copertura di questo rischio, l'investitore riceve un tasso d'interesse superiore al normale.

heavy franc: ***franco pesante.*** Unità monetaria della Francia, dopo la svalutazione del dicembre 1958. Un franco pesante corrisponde a cento vecchi franchi ed è così chiamato per distinguerlo da questi ultimi.

heavy goods: ***merci pesanti.*** Nel linguaggio dei trasporti, questo termine indica merci che hanno un notevole peso in rapporto al loro cubaggio. Ne sono esempi la ghisa, i minerali di ferro e simili, sui quali il nolo viene calcolato in base alla tonnellata di peso invece della tonnellata di cubaggio.

heavy grain: ***frumento pesante.*** Termine usato nel linguaggio del commercio delle granaglie per indicare grano, granturco e segale.

heavy industry: ***industria pesante.*** È l'industria che produce beni capitali di una certa mole, di solito di ferro, acciaio e ghisa, come ad esempio l'industria delle costruzioni navali e l'industria siderurgica.

heavy lift: ***collo pesante.*** Nel linguaggio dei trasporti marittimi, è un collo troppo pesante per poter essere sollevato dalle attrezzature di carico di cui dispone una nave ordinaria e che, pertanto, deve essere messo a bordo e scaricato facendo uso delle gru di terra.

heavy-lift ship: ***nave per carichi pesanti.*** È una nave particolarmente attrezzata per la caricazione, la discarica e il trasporto di carichi pesanti. Viene di solito adibita al trasporto di materiale ferroviario, grandi motori, galleggianti portuali e simili.

heavy market: ***mercato pesante.*** Nelle borse valori e merci, questa espressione indica un mercato i cui prezzi tendono al ribasso.

heavy users: ***forti consumatori.*** La percentuale di consumatori che assorbe la più alta percentuale di un determinato prodotto. Una indagine di mercato condotta negli Stati Uniti nel 1964 dimostrò, ad esempio, che il 16% delle famiglie consumava l'88% di tutta la birra immessa sul mercato.

Heckscher-Ohlin law: ***legge di Heckscher-Ohlin.*** È la legge dell'equalizzazione dei prezzi dei fattori, cioè la tendenza, in un sistema di libero scambio, verso l'equalizzazione internazionale dei prezzi dei fattori della produzione. Secondo l'economista svedese Ohlin, l'equalizzazione è solo parziale e per essere totale dovrebbe verificarsi la più completa e libera mobilità dei fattori in campo internazionale.

Heckscher-Ohlin model: ***modello Heckscher-Ohlin.*** Il modello del commercio internazionale che, a differenza di quello ricardiano basato sul principio dei costi comparati, spiega il commercio mondiale basandolo principalmente sulle differenze di dotazione e costo dei fattori della produzione in ciascun paese piuttosto che sullo sforzo necessario alla produzione di ciascun bene che entra negli scambi internazionali. In base a tale modello, quindi, lo scambio trova ragione di essere nel fatto che ciascun paese possiede i fattori della produzione in proporzioni differenti, il che implica differenze nei relativi costi di produzione. I presupposti fondamentali di questo modello sono: che i costi di trasporto sono uguali a zero; che esistono identiche funzioni della produzione in tutti i paesi; che esiste la concorrenza perfetta all'interno dell'economia. (v. anche *comparative cost principle, production functions*)

Heckscher-Ohlin theory: ***teoria di Heckscher-Ohlin.*** Teoria del commercio internazionale, che sostiene che ogni paese tende ad esportare il bene che fa maggior uso del fattore della produzione relativamente più abbondante nel paese stesso.

hectare: ***ettaro.*** Misura di superficie del sistema metrico decimale, corrispondente a dieci are o diecimila metri quadrati.

hedge: ***copertura; operazione di copertura; copertura di compravendita.*** Qualsiasi operazione di acquisto o vendita effettuata allo scopo di eliminare profitti o perdite derivanti dalle fluttuazioni di prezzo su uno o più mercati. In particolare, è un acquisto o una vendita conclusi allo scopo di bilanciare rispettivamente una vendita o un acquisto, già fatti o in via di perfezionamento, in modo da annullare un'eventuale fluttuazione di prezzo. In senso più ristretto, l'operazione di copertura consiste in operazioni di acquisto e vendita simultanee, allo scopo di eliminare un rischio creandone uno uguale e contrario. Ad esempio, un investitore può coprirsi contro i rischi di inflazione acquistando titoli azionari invece di tenere tutti i suoi risparmi in titoli a reddito fisso, perché, *ceteris paribus*, ad una diminuzione del potere d'acquisto del denaro corrisponde generalmente un aumento dei corsi azionari. L'esempio classico di copertura è rappresentato dai contratti a termine (v. anche *futures*) e quello più spesso citato è il seguente: se un mugnaio acquista grano da trasformare in farina, sarà esposto alla fluttuazione di prezzo in quanto intercorrerà un certo tempo tra l'acquisto del grano e la vendita della farina. Per coprire questo rischio, egli può vendere un'uguale quantità di grano, che non possiede, allo stesso prezzo al quale ha acquistato il suo, per consegna all'epoca in cui la sua farina sarà pronta per la vendita. Se in quel momento il prezzo del grano e, di conseguenza, quello della farina sarà sceso, egli perderà sulla farina, ma guadagnerà sulla vendita di grano, perché potrà acquistarlo ad un prezzo inferiore e consegnarlo al prezzo superiore stabilito nel suo contratto a termine. Se, viceversa, il prezzo del grano sale, egli trarrà un maggiore utile dalla vendita della farina, che dovrà però sacrificare per l'acquisto del grano oggetto del suo contratto a termine. In entrambi i casi, tuttavia, egli riuscirà a tutelare gli utili che aveva previsto di realizzare dall'acquisto del grano e dalla conseguente vendita di farina. Le operazioni di copertura vengono usate anche nelle negoziazioni di cambi.

hedge clause: 1. ***clausola di protezione.*** Clausola che, prima del 1933, negli Stati Uniti tutelava chi, in funzione di intermediario, lanciava una sottoscrizione azionaria o obbligazionaria, dal rischio di essere perseguito da chi acquistava tali titoli se essi non corrispondevano a ciò che veniva reclamizzato nella circolare promozionale. Tale clausola, scritta in caratteri molto piccoli e in una parte della circolare che non balzava agli occhi, diceva: «Le dichiarazioni contenute in questa circolare ci sono giunte da fonti che riteniamo attendibili e pur se non le garantiamo, le consideriamo accurate.» Tale clausola oggi non offre più alcuna garanzia di immunità all'intermediario. **2.** ***clausola di risoluzione.*** Nelle assicurazioni, è la clausola che consente all'assicuratore di interrompere la copertura assicurativa al verificarsi di determinate condizioni previste nella clausola stessa.

hedged position: ***posizione coperta.*** Posizione lunga o corta di un operatore, coperta da contratti di entità uguale ma di segno opposto.

hedge fund: Negli Stati Uniti, questo termine indica un tipo di fondo comune d'investimento, costituito sotto forma di società a responsabilità limitata, che opera in maniera alquanto spregiudicata con capitali di investitori privati.

hedge pricing: ***prezzatura di copertura.*** Termine usato per indicare una strategia adottata dalle imprese produttrici di beni, che si basa sulla determinazione di un prezzo di vendita che tiene conto in anticipo dei previsti aumenti dei costi di produzione in un periodo in cui sono presenti tendenze inflazionistiche nel sistema economico. Tale strategia mira a mantenere invariati i margini di utile, specialmente in situazioni in cui le imprese ritengono che i provvedimenti governativi non avranno alcun effetto di allentamento del tasso di inflazione o contribuiranno ad accelerarlo.

hedging: ***copertura; operazione di copertura; copertura di compravendita.*** Termine usato come sinonimo di *hedge* (v.).

hedonic price: ***prezzo edonico; prezzo edonistico.*** La porzione del prezzo di un bene che può essere imputata a una sua particolare caratteristica.

hedonism: ***edonismo.*** In economia pura, è la dottrina che interpreta il piacere come fine e motivazione di qualsiasi azione umana. (v. anche *hedonistic principle*)

hedonistic principle: ***ipotesi edonistica; principio economico; principio del minimo mezzo; principio del tornaconto.*** In economia pura, è l'ipotesi che sostiene che l'essere umano agisce spinto esclusivamente dal desiderio di raggiungere la massima soddisfazione possibile dei propri bisogni, col minimo sacrificio possibile.

heel: ***matrice; madre.*** Lo stesso che *counterfoil* (v.).

hemline theory: ***teoria dell'orlo delle gonne.*** Strana teoria che sostiene che i corsi azionari si muovono nella stessa direzione dell'orlo delle gonne, quando questi scendono anche i corsi scendono e viceversa.

hemp: ***canapa.*** Qui ricordata, perché fu usata per un certo tempo come denaro nelle colonie britanniche del Nord America.

hereditament: ***proprietà immobiliare.*** Qualsiasi forma di beni immobili, cioè terreni, edifici, abitazioni e simili.

Her (His) Majesty's Stationery Office: Fondato nel 1786, è l'istituzione ufficiale che provvede alla stampa e alla distribuzione di tutte le pubblicazioni governative, siano esse relative alla politica o a semplici informazioni e notizie sui vari settori dello stato.

heterogeneity: ***eterogeneità.*** La qualità di beni e servizi che ne consente la differenziazione agli occhi o nella mente del consumatore.

heterogeneous product: ***prodotto eterogeneo.*** Un prodotto che a causa di una qualche sua particolare caratteristica o a seguito di forte azione pubblicitaria è o sembra diverso, agli occhi del consumatore, da altri prodotti analoghi se non perfettamente uguali.

HG: heavy grain.

hgd.: hogshead.

hhd.: hogshead.

H.H.F.A.: Housing and Home Finance Agency.

hiccup: ***calo temporaneo.*** Neologismo usato nel linguaggio delle borse valori per indicare un calo di breve durata dei corsi azionari.

hidden asset: ***attività occulta.*** Se un elemento patrimoniale viene riportato sui libri contabili ad un valore nettamente inferiore a quello equo di mercato, si crea un'attività occulta che corrisponde alla differenza tra valore di mercato e valore contabile dell'elemento patrimoniale in questione.

hidden damage: ***danno occulto; danno nascosto.*** Nel linguaggio dei trasporti marittimi, è un danno al carico che non si nota quando le merci vengono scaricate dalla nave, ma si rileva in un secondo momento, quando esse vengono ispezionate più attentamente.

hidden defect: ***vizio occulto; difetto occulto.*** Lo stesso che *latent defect* (v.).

hidden discount: ***sconto occulto.*** Questo termine indica una pratica abbastanza diffusa nel campo delle forniture industriali. Non potendo concedere sconti su determinati beni il cui prezzo di vendita è concordato e tenuto fisso da tutti i produttori, si concedono sostanziali sconti su altri beni, oggetto della stessa fornitura, il cui prezzo non è soggetto ad accordi tra produttori. Nel complesso della fornitura, quindi, l'acquirente riceve uno sconto che in pratica ritocca anche il prezzo fisso dei beni che non possono essere scontati.

hidden economy: ***economia occulta; economia nascosta.*** Lo stesso che *black economy* (v.).

hidden hand: ***mano invisibile.*** Lo stesso che *invisible hand* (v.).

hidden inflation: ***inflazione occulta.*** È la situazione che si verifica quando, a seguito del deterioramento della qualità di un bene o servizio o della diminuzione della quantità o dimensione di un prodotto, viene fornito un valore inferiore per la stessa quantità di moneta richiesta prima che si verificasse il deterioramento o la diminuzione.

hidden price increase: ***aumento di prezzo occulto.*** Si verifica quando per lo stesso prezzo viene offerto un bene di qualità o in quantità inferiori. Vi si fa ricorso perché essendo meno evidente di un aumento del prezzo, probabilmente non spingerà il consumatore a passare a beni prodotti da altre imprese o a surrogati. (v. anche *hidden inflation*)

hidden price reduction: ***riduzione di prezzo occulta.*** Un aumento della quantità o un miglioramento della qualità di un prodotto che viene offerto a prezzo invariato, come ad esempio un aumento del peso di ciascuna confezione, il cui prezzo non viene aumentato.

hidden reserve: ***riserva occulta.*** Quando le attività di un'impresa vengono deliberatamente sottovalutate o le passività sopravvalutate, si crea una riserva occulta, che non traspare dall'esame della situazione patrimoniale e che corrisponde alla differenza tra il valore contabile e il valore reale delle attività o passività in questione. A tutela degli interessi degli azionisti, le disposizioni di legge, nel Regno Unito contenute nei *Companies Acts* (v.), tendono a scoraggiare la creazione di riserve occulte.

hidden sector: ***settore occulto.*** Lo stesso che *unobserved sector* (v.).

hidden tax: ***imposta occulta.*** Con questo termine a volte si indicano le imposte indirette, quando esse non vengono scorporate dal prezzo di vendita di un bene. Alcuni beni, infatti, sono venduti ad un prezzo che include le imposte indirette, mentre altri vengono venduti ad un certo prezzo più l'imposta indiretta che li colpisce.

hidden unemployment: ***disoccupazione occulta; disoccupazione nascosta.*** Lo stesso che *disguised unemployment* (v.).

hierarchy of effects: ***gerarchia di effetti.*** Le successive fasi del processo di persuasione che portano ad una decisione di acquisto. I messaggi pubblicitari e promozionali sono basati su tale gerarchia, che considera le seguenti fasi: consapevolezza, conoscenza, gradimento, preferenza, convinzione di acquisto.

higgling: Variante grafica di *haggling* (v.).

high coupon: Espressione del linguaggio finanziario, con la quale si indica una cedola, e per essa un titolo a reddito fisso, che rende un alto tasso di interesse.

higher management: ***alta dirigenza; alta direzione.*** Il gruppo di persone che costituiscono il livello direzionale più alto all'interno di un'impresa o altra organizzazione. Sono di solito i capi dei vari reparti o delle varie divisioni dell'impresa, coordinati da quello fra loro che svolge le funzioni di presidente del gruppo e tiene il collegamento con il consiglio di amministrazione.

higher order goods: ***beni intermedi; prodotti intermedi.*** V. spiegazione sotto *intermediate goods.*

higher-rate tax: ***imposta ad aliquote superiori.*** Nel Regno Unito l'imposta sul reddito viene pagata in base ad un'aliquota standard se il reddito del contribuente non supera un determinato tetto. Al di sopra di questo limite, i redditi vengono assoggettati ad aliquote sempre crescenti, che danno luogo alle cosiddette imposte ad aliquote superiori.

highest common factor method: ***metodo del massimo fattore comune.*** Uno dei metodi suggeriti da Keynes, nella sua opera *A Treatise on Money*, per paragonare il potere d'acquisto di diverse classi di consumatori.

highest in, first out: ***più costoso, primo uscito; il più costoso ad entrare è il primo ad uscire.*** Sistema di valutazione delle scorte di magazzino ai fini di inventario, di vendita o di avvio alla produzione, in base al quale si presume che vengano usati o venduti per primi quei prodotti il cui costo risulta più alto.

high finance: ***alta finanza.*** Espressione del linguaggio popolare, usata per definire la finanza complicata, speculativa o su larga scala.

high flyers: Espressione del linguaggio delle borse valori, con la quale si indicano titoli azionari soggetti ad eccezionali rialzi dei corsi e che offrono un rapporto corso/utile superiore alla media.

high–geared capital: ***capitale ad alto rapporto d'indebitamento.*** Se il capitale utilizzato da una società risulta costituito in gran parte di azioni privilegiate e di obbligazioni e in minima parte di azioni ordinarie (ad esempio, 10:1), esso viene definito ad alto rapporto di indebitamento. Se, al contrario, risulta costituito in gran parte di azioni ordinarie e in minima parte di azioni privilegiate e obbligazioni, esso viene definito a basso rapporto di indebitamento. (v. anche *gearing*)

high–income country: ***paese a alto reddito.*** Un paese i cui cittadini godono di un elevato reddito pro capite.

high–income economy: ***economia a alto reddito.*** Il sistema economico che consente ai cittadini di un paese di godere di un elevato reddito pro capite.

high–income shares: ***azioni ad alto reddito.*** Sono azioni di capitale che distribuiscono un buon dividendo e che spesso, appunto per questo, sono più rischiose di altre che rendono un dividendo più basso.

high–investment economy: ***economia a alto investimento.*** Un sistema economico nel quale si verifica un alto tasso di investimento o a seguito di un'alta creazione di risparmio nazionale o perché esso attira investimenti da paesi stranieri.

high–involvement products: ***prodotti a alto coinvolgimento.*** Sono così detti i prodotti che richiedono al consumatore tempo e impegno prima che si raggiunga la decisione d'acquisto. Si tratta di prodotti ad alto prezzo e alte prestazioni, come ad esempio automobili e abitazioni, che vengono acquistati solo dopo molte ricerche e confronto dei costi da parte del consumatore.

highly–geared capital: ***capitale ad alto rapporto d'indebitamento.*** Lo stesso che *high–geared capital* (v.).

highly–organized market: ***mercato altamente organizzato.*** Un mercato talmente specializzato, che soltanto gli esperti sono in grado di svolgervi operazioni di compravendita. (v. anche *organized market*)

high–powered money: ***moneta a alto potenziale.*** Termine di uso statunitense, con il quale a volte si indica il complesso di riserve primarie e secondarie delle banche, in quanto ambedue possono essere usate ai fini di creare moneta bancaria. Lo stesso termine viene usato anche in un significato più ampio per indicare la base monetaria. (v. anche *primary bank reserve, secondary bank reserve, monetary base*)

high–pressure selling: ***vendita calda.*** Lo stesso che *hard selling* (v.).

high–priced shares: ***titoli pesanti.*** Titoli azionari che, a causa del loro grosso taglio o del corso di gran lunga superiore alla media del mercato, possono essere trattati soltanto da grandi investitori. Le società che hanno titoli del genere spesso ricorrono al frazionamento, al fine di attirare anche il risparmio dei piccoli investitori.

high–ratio financing: ***finanziamento a alto rapporto.*** Nella terminologia finanziaria, è un finanziamento su garanzia di beni immobili che rappresenta una percentuale insolitamente alta del valore complessivo dei beni reali offerti in garanzia.

highs and lows: ***alti e bassi.*** Espressione con la quale si indicano le colonne dei giornali specializzati che riportano i corsi più alti e quelli più bassi di ciascun titolo a reddito fisso e a reddito variabile, relativi ad un determinato periodo di tempo che di solito va dal 1° gennaio dell'anno in questione o dell'anno precedente al giorno della pubblicazione.

high–savings economy: ***economia a alto risparmio.*** Un sistema economico nel quale si realizza un alto tasso di risparmio privato, come ad esempio il Giappone, l'Italia e la Repubblica Federale di Germania. Un sistema economico del genere può far fronte agevolmente ad alti deficit del bilancio statale senza dover ricorrere a prestiti dall'estero, ma ciò avrà le sue ripercussioni sugli investimenti privati.

high seas: ***alto mare.*** Quelle parti di mari o oceani che si trovano al di fuori delle acque territoriali di qualsiasi stato. In base al diritto internazionale, qualsiasi nave può navigare liberamente in tali zone.

high–season fare: ***tariffa di alta stagione.*** È la tariffa praticata dalle compagnie di navigazione aerea o da altri vettori e da operatori turistici in periodi di alta stagione, cioè quando la domanda di servizi di trasporto, alloggio, ecc., è più alta, il che normalmente coincide con il periodo estivo o di ferie. L'alta stagione, pertanto, cade in differenti periodi dell'anno nei due emisferi.

high street bank: Espressione generica, con la quale si indica una qualsiasi delle principali banche britanniche, con sportelli nelle aree commerciali di molte città. Così detta, perché la *high street* è sempre una strada quasi interamente destinata a negozi al dettaglio e altri esercizi commerciali.

high task: Espressione usata per indicare il tasso di produzione realizzato da un operaio medio che lavora in base ad un piano di incentivi.

high technology: ***alta tecnologia.*** Lo stesso che *advanced technology* (v.).

high–technology business services: ***servizi aziendali a alta tecnologia.*** I servizi di assistenza alle imprese, resi possibili dall'introduzione di computer, laser, satelliti artificiali e altra tecnologia derivante da nuove scoperte in campo nucleare e biologico. Tali servizi si basano sull'automazione, sulla elaborazione elettronica dei dati, sulla robotica, sull'energia nucleare e su altre moderne innovazioni.

high–technology industries: ***industrie a alta tecnologia.*** Si definiscono con questa espressione tutte quelle industrie che destinano alla ricerca e sviluppo grandi risorse in rapporto alle loro vendite globali e hanno, nella loro forza lavoro, un'alta percentuale di personale specializzato. Sono costituite generalmente da imprese che operano nel campo dei sistemi di comunicazione, dei prodotti farmaceutici, degli strumenti scientifici e dell'elettronica.

high–technology investment: ***investimento in alta tecnologia.*** L'investimento destinato allo sviluppo delle comunicazioni, dei computer, degli strumenti di precisione, di misura e di controllo e simili altri prodotti ad alta tecnologia.

high-technology products: ***prodotti a alta tecnologia.*** Tutti quei prodotti che si basano sull'alta tecnologia, come ad esempio i computer, i sistemi di automazione e di robotizzazione, gli strumenti di precisione e simili.

high-technology revolution: ***rivoluzione dell'alta tecnologia.*** La rivoluzione, verificatasi principalmente negli Stati Uniti, che ha portato alla creazione di un flusso ininterrotto di capitale di rischio privato, e spesso anche pubblico, verso la ricerca e lo sviluppo di prodotti pionieristici ad alto contenuto tecnologico.

highway: ***strada pubblica.*** Termine generico usato per indicare vie, sentieri, ponti, ecc., che possono essere liberamente percorsi da chiunque con o senza il pagamento di un pedaggio. In senso un po' più specifico, il termine inglese indica una strada di gran traffico e in particolare una strada sulla quale si svolge il traffico automobilistico.

Highway Code: ***codice della strada.*** Insieme di norme emanate da uno stato e dirette agli utenti delle strade pubbliche, in particolare agli automobilisti e ai motociclisti.

highway-user tax: ***tassa di circolazione.*** Il termine, di uso statunitense, indica una tassa fatta pagare ai principali utenti delle strade pubbliche, cioè gli automobilisti, in una forma o in un'altra. Tra le più comuni, citiamo l'imposta sulla benzina o altri prodotti petroliferi usati per l'autotrazione e le tasse per il rilascio di patenti di guida e targhe automobilistiche. Nel Regno Unito viene usato il termine *road tax* (v.).

high-yield bonds: ***obbligazioni a alto rendimento.*** Termine a volte usato in luogo del più comune *junk bonds* (v.).

high yielders: ***titoli a alto reddito.*** Sono valori mobiliari, azioni o obbligazioni, che danno un buon reddito.

hinterland: ***entroterra.*** Termine, entrato anche nell'uso italiano, che in passato indicava soltanto un'estensione di terreno alle spalle di una fascia costiera e, in particolare, l'area servita da un porto. Oggi, indica anche l'area sulla quale un centro degli acquisti, quale ad esempio una grande città, estende la propria influenza e dalla quale trae parte della propria clientela.

hire: **1.** ***paga; salario.*** Remunerazione, di solito in moneta, pagata in considerazione di prestazioni ricevute. **2.** ***nolo; canone di fitto.*** Il prezzo pagato per l'uso temporaneo di un qualsiasi bene di proprietà altrui. **3.** ***noleggio.*** Accordo in base al quale una persona è autorizzata ad utilizzare un bene di proprietà altrui, per un periodo stabilito, in considerazione del pagamento di una somma di denaro, chiamata nolo.

hire purchase: ***vendita con riserva della proprietà; vendita con patto di riservato dominio; vendita con pagamento rateale.*** Tipo di vendita che prevede il pagamento di un minimo, sotto forma di deposito, da parte di chi entra in possesso di un bene e il successivo pagamento di un determinato numero di rate mensili. Poiché la proprietà del bene resta al venditore, colui che ne acquisisce il possesso può essere considerato un noleggiatore del bene, fino a quando non avrà pagato l'ultima rata. Al verificarsi di tale evento, il possessore diventa anche proprietario del bene. Le varie disposizioni di legge, contenute nei *Hire-Purchase Acts* del 1938, 1954, 1964, regolano i doveri e i diritti delle due parti contraenti. Elevando o diminuendo l'entità del pagamento iniziale ed ampliando o restringendo il periodo concesso per il pagamento delle rate, il governo inglese ha spesso influenzato l'ampiezza di questa forma di credito al consumo e ciò perché mentre in passato questo tipo di vendita interessava soltanto beni di consumo dal prezzo piuttosto elevato, in epoca più recente si è diffuso ampiamente interessando quasi ogni tipo di bene, dal piccolo elettrodomestico agli articoli di abbigliamento. La variazione delle condizioni che regolano questo tipo di vendita si è pertanto dimostrata un utile strumento che, insieme alla politica monetaria, consente al governo britannico di far crescere o diminuire la domanda interna di beni di consumo.

Hire-Purchase Acts: ***leggi sulle vendite con pagamento rateale.*** Sono le varie leggi che regolano le vendite rateali con patto di riservato dominio. La prima, a tutela soprattutto degli acquirenti, fu approvata nel 1938 e stabiliva, tra l'altro, che il prezzo del bene doveva essere chiaramente espresso, in modo che l'acquirente potesse calcolare la differenza in più tra acquisto per contanti e per pagamento rateale. Stabiliva, inoltre, che se l'acquirente aveva pagato più di un terzo del prezzo complessivo, il venditore poteva rientrare in possesso del bene soltanto se autorizzato da un tribunale.

hire-purchase agreement: ***contratto di vendita con patto di riservato dominio.*** È il contratto che regola una qualsiasi vendita del tipo descritto sotto *hire purchase* (v.).

hire-purchase company: ***società finanziaria per il credito rateale.*** Termine usato come sinonimo di *hire-purchase finance company* (v.).

hire-purchase finance: ***credito per il finanziamento di vendite rateali.*** Questo tipo di credito fu dapprima fornito dalle stesse aziende dettaglianti che vendevano i beni ed alcune ancora lo fanno, ma oggi viene in gran parte fornito da società finanziarie specializzate in questo settore. (v. anche *hire-purchase finance company, hire purchase*)

hire-purchase finance company: ***società finanziaria per il credito rateale.*** Anche indicata col termine *finance house* (v.), è una società che si specializza nel fornire ai rivenditori credito per il finanziamento di vendite con pagamento rateale. (v. anche *industrial banker*)

hire-purchase finance house: ***società finanziaria per il credito rateale.*** Termine usato come sinonimo di *hire-purchase finance company* (v.).

hire-purchase price: ***prezzo di vendita con patto di riservato dominio.*** È il prezzo complessivo che dovrà pagare chi acquista beni mediante il tipo di vendita descritto sotto *hire purchase* (v.). Tale prezzo include il costo del bene, più interessi e spese accessorie.

hire-purchase sale: ***vendita con riserva della proprietà; vendita con patto di riservato dominio; vendita con pagamento rateale.*** Termine usato con lo stesso significato di *hire purchase* (v.).

hirer: ***noleggiatore.*** Colui che prende a nolo un bene di proprietà altrui. Con lo stesso termine inglese si indica anche chi effettua un acquisto rateale sotto forma di *hire purchase* (v.).

hire retailing: ***attività di noleggio al minuto.*** Espressione di recente formazione, usata per indicare un'attività altrettanto recente, che consiste nel dare in affitto, per brevi periodi di tempo, macchinari utilizzabili o in loco o al domicilio del noleggiatore. Una delle prime attività del genere fu quella che consentiva al cliente di noleggiare, e usare nel locale del proprietario, asciugatrici e macchine per la pulitura a secco di indumenti. Successivamente, si è sviluppata anche l'attività di noleggio di attrezzi e macchine utilizzabili, ad esempio, per tinteggiare un appartamento o per dedicarsi all'hobby del «fai da te».

hiring rate: ***indice di assunzione; tasso di assunzione.***

Nella gestione del personale, è il rapporto tra il numero di addetti aggiunti al ruolo paga in un mese e la forza lavoro media nello stesso mese.

histogram: ***istogramma.*** Lo stesso che *bar chart* (v.).

historical cost: ***costo storico.*** Il costo effettivo di un bene al momento in cui fu acquistato. Può, pertanto, differire dal valore attuale di mercato o di rimpiazzo del bene stesso.

historical-cost accounting: ***contabilità a costi storici.*** La contabilità basata sul concetto che le attività vanno valutate al costo storico e che l'ammortamento deve ripartire il costo storico di ciascuna attività su tutto il periodo della sua vita economica.

historical-cost accounts: ***rendiconti a costi storici.*** I rendiconti nei quali le attività sono valutate al costo storico e l'ammortamento ripartisce il costo storico di ciascuna attività su tutto il periodo della sua vita economica.

historical-cost convention: ***convenzione del costo storico.*** La norma, o convenzione, che stabilisce che il valore di un bene da registrarsi nei conti è costituito dal suo costo di acquisizione o di produzione.

historical-cost depreciation: ***ammortamento al costo storico.*** È il metodo in base al quale il costo del bene al momento dell'acquisizione viene mantenuto per tutto il periodo dell'ammortamento.

historical method: ***metodo storico.*** Nelle dottrine economiche, è il metodo propugnato dalla scuola storica, la quale sostiene che la scienza economica dovrebbe basarsi completamente sull'indagine storica. L'economista, secondo questo concetto, dovrebbe innanzi tutto acquisire le tecniche della ricerca storica, di cui dovrebbe poi servirsi per indagare particolari fenomeni. I critici del metodo storico sostengono che pur se si deve dare la giusta considerazione alla storia, essa non ci aiuta nelle previsioni per il futuro. (v. anche *historical school*)

historical school: ***scuola storica.*** È così definito il gruppo di economisti, principalmente tedeschi, della metà del secolo diciannovesimo, i quali reagirono all'approccio teorico degli economisti classici, sostenendo che l'economista deve rivolgersi allo studio della storia per scoprire le realtà della vita economica e come metodo di verifica dei principi economici. (v. anche *historical method*)

historicism: ***storicismo.*** Nel linguaggio economico, questo termine equivale a metodo storico. (v. anche *historical method*)

hiving off: ***decentramento aziendale.*** Il termine inglese indica la concessione di autonomia ad una parte di un'impresa, che sarà in futuro amministrata autonomamente dal resto del complesso aziendale.

H.M.C.: His (Her) Majesty's Customs.

H.M.S.: 1) His (Her) Majesty's Service; 2) His (Her) Majesty's Ship.

H.M.S.O.: His (Her) Majesty's Stationery Office.

H.O.: head office.

hoard: ***ammasso; cumulo.*** Un ammasso di moneta, generi alimentari o altri beni, costituito segretamente per uso futuro.

hoarder: ***accaparratore; incettatore.*** Chiunque costituisca un ammasso di beni, con intenzioni speculative o per proprio uso futuro.

hoarding: **1.** ***tesoreggiamento; tesaurizzazione; tesorizzazione.*** Accumulazione intenzionale di scorte, moneta o metalli preziosi che supera le necessità normali. Così, il denaro risparmiato e custodito in casseforti si dice tesaurizzato, come pure l'accumulazione di scorte da parte di un'impresa o di una famiglia, che superi le necessità immediate. In economia keynesiana, il termine sta ad indicare un aumento della preferenza per la liquidità da parte dei privati. Tuttavia, essendo la quantità di moneta fissata dal sistema bancario in un qualsivoglia momento particolare, i privati non sono in grado di tesaurizzare il denaro nel senso di accumularlo e, pertanto, l'uso di questo termine sta ad indicare il tentativo piuttosto che la realizzazione di tesaurizzazione da parte dei privati. **2.** ***cartellone per affissioni pubblicitarie.*** Una superficie, delimitata da una cornice, sulla quale è consentito affiggere manifesti o altri messaggi pubblicitari.

hoards: ***scorte.*** In *A Treatise on Money*, Keynes utilizzò questo termine per indicare scorte di beni finali liquidi allo scopo di distinguerle da altre forme di scorte, anche dette capitale liquido, e indicate con *stocks*.

hog-cycle phenomenon: ***fenomeno del ciclo dei suini.*** Espressione con la quale per qualche tempo si indicò l'analisi chiamata successivamente «teorema della ragnatela», in quanto essa fu inizialmente elaborata con riferimento ad alcuni mercati agricoli. (v. anche *cobweb theorem*)

hogshead: Termine che in passato indicava una misura di capacità, ma da quando nei paesi anglosassoni i liquidi vengono misurati in galloni, esso indica semplicemente un qualsiasi grosso contenitore. Come misura per liquidi, un *hogshead* corrispondeva a 63 galloni di vino o 54 galloni di birra. Negli Stati Uniti il termine indica ancora una misura di capacità per liquidi, corrispondente a 63 galloni, equivalenti a 238,4802 litri.

to hoist: ***lanciare.*** Nel linguaggio pubblicitario, è l'azione di rendere popolare un prodotto mediante annunci che ne lodano la qualità o le caratteristiche.

hold-back pay: ***trattenuta.*** Parte di salario non versata al lavoratore per compensare anticipi già corrisposti sotto forma di denaro o di utensili a carico del prestatore di lavoro. Il termine indica anche quella parte di salario non versata per lo scarto temporale necessario a preparare il ruolo paga. Così, ad esempio, un lavoratore viene pagato un sabato per il lavoro svolto fino al giovedì precedente.

holder: ***detentore; possessore; portatore.*** Colui che è in possesso di un titolo di credito. (v. anche *holder of bill of exchange*)

holder for value: ***possessore a titolo oneroso.*** Chiunque sia in possesso di una cambiale o altro titolo di credito, ricevuto in cambio di una prestazione.

holder in due course: ***portatore regolare; possessore legittimo.*** Chiunque abbia in buona fede ricevuto una cambiale, a titolo oneroso, completa e regolarmente emessa e ne sia diventato detentore prima della scadenza e ignorando eventuali precedenti mancati pagamenti o qualsiasi difetto di possesso da parte della persona che gliela consegnò.

holder of bill of exchange: ***possessore di una cambiale.*** È la persona che è in possesso di una cambiale in qualità di beneficiario, giratario o portatore. La legge inglese prevede tre diversi tipi di possessore di cambiale: il semplice possessore, detto *holder*, il possessore a titolo oneroso, detto *holder for value*, e il possessore legittimo, detto *holder in due course*.

holding: ***partecipazione.*** Nel linguaggio finanziario, è una certa quantità di titoli azionari di una società, detenuti da un unico azionista o da un'altra società. Lo stesso termine inglese può essere usato per indicare più o meno grandi quantità di differenti strumenti finanziari, anche una particolare valuta, in possesso di privati o istituzioni. (v. anche *holding company*)

holding company: ***società finanziaria; società di partecipazione; omnium; società di sostituzione dei titoli; holding.*** Società che possiede più del cinquanta per cento, o comunque la maggioranza, del pacchetto azionario di altre società o che fa parte di un'altra società e ne controlla la composizione del consiglio di amministrazione. Di solito, l'attività di una holding si limita al controllo e alla gestione delle società sussidiarie e solo raramente si estende anche ad attività produttive di beni o servizi. Nel primo caso, la holding è definita società finanziaria pura, mentre nel secondo è chiamata società finanziaria operativa. (v. anche *pure holding company, operating holding company*)

holding gain: ***utile di possesso.*** L'aumento del prezzo di un bene causato dall'aumento generale dei prezzi nell'arco di un periodo di tempo, che consente un utile al proprietario, al momento della vendita, rispetto al prezzo pagato all'atto dell'acquisizione.

holding loss: ***perdita di possesso.*** L'opposto di *holding gain* (v.), cioè la diminuzione del prezzo di un bene, causata dalla diminuzione generale dei prezzi nell'arco di un periodo di tempo, che si tramuta in una perdita se e quando il detentore del bene decide di venderlo.

holding out: La pratica seguita da alcune imprese di utilizzare un nome o un marchio di fabbrica molto simile a quello di un prodotto già affermato sul mercato, con l'intento di confondere il consumatore e fargli acquistare il proprio prodotto che, spesso, è posto in vendita ad un prezzo inferiore a quello del prodotto che si intende imitare.

holding period: ***periodo di possesso; periodo di detenzione.*** Nel linguaggio tributario, indica il periodo di tempo durante il quale un bene capitale deve essere in possesso dello stesso individuo al fine di determinare se il profitto o la perdita derivanti dalla sua alienazione rientrano nel breve o nel lungo periodo. Ciò perché un utile di capitale realizzato in un breve periodo viene colpito dall'imposta più pesantemente di un uguale utile realizzato in un lungo periodo.

holding the line: Espressione usata per indicare gli sforzi tendenti a conservare una qualsiasi posizione economica, come ad esempio il tentativo di impedire aumenti dei prezzi o della disoccupazione.

holidays with pay: ***ferie pagate.*** È una delle conquiste dei lavoratori. Dal 1938, tutti i lavoratori hanno diritto ad un periodo di vacanze pagate, la cui durata di solito dipende dall'anzianità di servizio del lavoratore. Le ferie pagate, insieme alle riduzioni dell'orario di lavoro che hanno portato alla cosiddetta settimana corta, costituiscono un aumento salariale indiretto.

Holidays with Pay Act: È la legge approvata dal parlamento britannico nel 1938, che stabiliva il diritto del lavoratore ad un periodo di ferie pagate, la cui durata dipendeva direttamente dall'anzianità di servizio e dal contratto di lavoro in vigore.

holiday variation: ***variazione per festività.*** È una fluttuazione, in una serie temporale economica mensile, che può essere attribuita alla presenza di molti giorni di vacanza durante il mese o alla coincidenza di festività mobili, come ad esempio la Pasqua.

hollowing–out: ***svuotamento.*** È così chiamato uno degli svantaggi di una *joint venture* (v.). Consiste nel progressivo assorbimento, da parte di uno dei soci, del know–how tecnologico di proprietà dell'altro socio, al quale alla lunga vengono lasciate soltanto le attività di scarso valore aggiunto, quali la distribuzione e la vendita.

holograph will: ***testamento olografo.*** È un testamento redatto interamente di proprio pugno dal testatore.

home audit: ***verifica a domicilio.*** Espressione del *marketing* (v.), con la quale si indica un tipo di ricerca di mercato basata su visite periodiche a nuclei familiari scelti come campione.

home banking: ***banca a domicilio; telebanca; servizi bancari a domicilio.*** Termine con il quale si indica il servizio basato sul collegamento diretto a domicilio tra il cliente e la propria banca, a mezzo di un terminale attivabile autonomamente dal cliente, per lo scambio di informazioni e l'esecuzione di operazioni bancarie nell'ambito del rapporto tra le due parti.

home bill: ***cambiale interna; cambiale pagabile all'interno.*** È la cambiale emessa e pagabile entro i confini di un paese. (v. anche *foreign bill of exchange*)

home cargo: ***carico di ritorno; carico diretto in patria.*** Termine usato come sinonimo di *homeward cargo* (v.).

home consumption: ***consumo interno; consumo nazionale.*** È il consumo di beni e servizi all'interno di un paese e comprende quelli prodotti nel paese stesso e non destinati all'esportazione e quelli importati da altri paesi.

home delivery: ***consegna a domicilio.*** Nel linguaggio commerciale e dei trasporti, indica la consegna di beni alla residenza del compratore o del destinatario.

home–delivery service: ***servizio di consegna a domicilio.*** Un qualsiasi servizio di trasporto merci, che prevede la consegna al domicilio del destinatario.

home economics: ***economia domestica.*** Conoscenza organizzata e applicata alla soluzione dei problemi di gestione di un nucleo familiare in relazione ai bisogni e al benessere dei suoi componenti all'interno della comunità in cui essi vivono.

home economy: ***economia nazionale.*** La vita economica di un paese, cioè gli scambi che si svolgono entro i suoi confini. Il termine implica l'idea che la vita economica del paese formi un complesso unitario. Lo stesso termine viene comunemente usato per indicare l'insieme di tutte le imprese, pubbliche e private, esistenti in un dato momento in un paese e dirette a produrre beni e servizi. Meno frequente è, invece, l'uso del termine come sinonimo di economia politica.

Home Grown Cereals Authority: Ente istituito nel Regno Unito nel 1965 per favorire la distribuzione e la vendita di cereali prodotti nell'ambito del territorio nazionale.

home improvement finance: ***finanza per migliorie immobiliari.*** Finanziamenti concessi dalle banche commerciali britanniche, della durata tra i cinque e i dieci anni, a chi intenda ristrutturare la propria abitazione. I prestiti concessi a tale scopo sono di solito garantiti da un'ipoteca sull'immobile da ristrutturare.

home industry: ***industria a domicilio.*** Lo stesso che *domestic system* (v.).

home investment: ***investimento all'interno; investimento interno.*** L'incremento del capitale totale situato entro i confini di un paese e realizzato mediante l'utilizzazione di risparmio creato nello stesso paese.

home loan: ***mutuo edilizio; mutuo casa.*** Prestito concesso da una banca o altra istituzione finanziaria o, nel Regno Unito, da una *building society* (v.) a chi acquista o ristruttura un'abitazione. Il mutuo è di solito garantito da ipoteca di primo grado sull'immobile acquistato o ristrutturato.

home–made goods: ***merci nazionali; beni nazionali.*** Beni prodotti all'interno di un paese e non provenienti da altri paesi.

home market: ***mercato interno.*** Un mercato le cui contrattazioni si svolgono esclusivamente entro i confini di uno stato.

Home Office: ***ministero degli interni.*** Dicastero del governo britannico, i cui principali compiti consistono nel mantenimento dell'ordine pubblico, nel far rispettare le leggi e nello svolgimento di tutte le funzioni a ciò collegate.

home ownership: ***proprietà dell'abitazione.*** È una questione molto importante nella società moderna, alla cui soluzione nel Regno Unito contribuiscono notevolmente le *building societies* mediante la concessione di mutui a coloro che intendono acquistare una casa per uso proprio. Il mutuo concesso può raggiungere il 90% del costo, è garantito da ipoteca di primo grado sull'immobile e viene rimborsato in periodi che vanno dai venti ai trenta anni. La legge britannica prevede anche agevolazioni fiscali per chi acquista una casa per uso personale. (v. anche *building society*)

homeowner's policy: ***polizza del capofamiglia.*** Tipo di polizza assicurativa che dà copertura contro tutti i rischi cui può essere esposta un'abitazione, inclusa la responsabilità civile verso i terzi, cioè il rischio di danni a terzi provocati dai singoli membri della famiglia o dall'abitazione coperta da assicurazione. Tra gli altri rischi inclusi nella polizza rientrano l'incendio, l'inondazione, l'esplosione, il furto, l'effrazione, il vandalismo, il ricorso vicini, ecc.

home port: ***porto di residenza dell'armatore; porto d'immatricolazione; porto di registro.*** Termine usato con lo stesso significato di *port of registry* (v.).

home prices: ***prezzi interni.*** I prezzi di determinati beni e servizi praticati all'interno di un sistema economico. Il termine si contrappone a *foreign prices*, cioè i prezzi degli stessi beni e servizi praticati in altri mercati.

home production: ***produzione interna.*** Quella parte di beni e servizi consumati in un paese, che viene prodotta entro i confini dello stesso paese. Se tale produzione è insufficiente a soddisfare la domanda generata dal fabbisogno dei consumatori, si dovrà fare ricorso all'importazione di beni e servizi di produzione estera.

home run: Espressione statunitense, con la quale si indica un forte guadagno realizzato da un investitore in un breve periodo di tempo.

home safe: Specie di salvadanaio, con un'apertura per l'inserimento di monete e banconote, che può richiedere ad una banca chiunque apra, anche con un versamento minimo, un conto di risparmio. Le chiavi di questa piccola cassetta metallica vengono trattenute dalla banca, che provvederà ad aprirla e vuotarla a richiesta del cliente, accreditando il valore del contenuto sul suo conto di risparmio.

home sales: ***vendite interne; vendite sul mercato interno.*** L'ammontare complessivo delle vendite realizzate da un'impresa o da un'industria nell'ambito del mercato nazionale, con l'esclusione, quindi, delle vendite effettuate sui mercati esteri.

home saving: ***risparmio interno.*** Il risparmio effettivamente creato dai cittadini residenti in uno stato. Può essere utilizzato per incrementare il capitale nazionale mediante investimenti all'interno del paese o può essere investito in paesi stranieri, dando luogo a investimenti all'estero.

home service assurance: Tipo di assicurazione sulla vita, generalmente di piccola entità, i cui premi vengono pagati settimanalmente dagli assicurati ad esattori della compagnia. Così chiamata, perché gli esattori si recano ad incassare il premio al domicilio dell'assicurato.

home shopping: ***acquisti da casa; teleacquisti.*** Un nuovo sistema di vendita al dettaglio, per ora in funzione solo in alcuni paesi tra cui gli Stati Uniti, basato sull'uso di canali televisivi e telefonici. L'acquirente, che ha precedentemente aperto un conto col venditore o che è comunque registrato presso quest'ultimo, può chiamare sul suo televisore pagine che presentano beni di consumo opportunamente raggruppati per categorie, con l'indicazione del numero di riferimento e del prezzo di vendita. Una volta che l'acquirente ha fatto la sua scelta, dovrà semplicemente spingere il pulsante appropriato presente sull'apparecchio telefonico e i beni così selezionati gli verranno recapitati a domicilio. Il pagamento avrà luogo secondo gli accordi, a mezzo assegno o carta di credito.

homestead: Termine con il quale si indicava una superficie di terra, appartenente al demanio pubblico degli Stati Uniti, che veniva concessa gratuitamente ad un pioniere dopo che egli l'aveva coltivata e vi aveva risieduto per almeno cinque anni. Costituiva un bene incedibile e inalienabile di una famiglia di agricoltori e la legge prevedeva il diritto della vedova a vivere in quella proprietà dopo la morte del marito.

Homestead Act: Legge, approvata dal Congresso degli Stati Uniti nel 1862, che prevedeva l'assegnazione gratuita di 160 acri di terra ad ogni cittadino al di sopra dei 21 anni, purché egli l'avesse lavorata e vi avesse risieduto per almeno cinque anni. Come alternativa, la stessa quantità di terra veniva ceduta dal governo dopo soltanto sei mesi di residenza, ma al prezzo di 1,25 dollari per acro. Dopo la legge del 1862 furono approvati altri *Homestead Acts* che miravano a migliorare quello del 1862 e a regolamentare la questione della proprietà di terreni appartenenti al governo degli Stati Uniti.

homestead-aid benefit association: Termine con il quale in Louisiana viene indicata una *building and loan association* (v.).

home test: ***prova a domicilio.*** Nelle ricerche di mercato, è la prova che si effettua su un prodotto, facendolo usare a un campione di famiglie di consumatori.

home trade: ***commercio interno; commercio nazionale.*** La compravendita di beni e servizi, all'ingrosso e al dettaglio, entro l'ambito dei confini di un paese.

home-trade goods: ***beni di commercio interno.*** Beni scambiati all'interno dello stesso paese e che non entrano nel circuito commerciale internazionale.

home-trade industries: ***industrie per il commercio interno.*** Lo stesso che *domestic-trade industries* (v.).

home use entry: ***bolla di entrata; bolletta di entrata; dichiarazione per consumo interno.*** Termine usato in alternativa a *entry for home use* (v.).

home value declaration: ***dichiarazione di valore interno.*** Documento che accompagna beni viaggianti, determinandone il valore nel paese di origine al momento in cui fu emessa la relativa fattura.

homeward: ***di ritorno; verso la propria nazione.*** Termine usato nel linguaggio dei trasporti in relazione a viaggi, merci, ecc., da o che provengono da paesi stranieri e sono diretti verso il paese del vettore.

homeward cargo: ***carico di ritorno; carico diretto in patria.*** È l'equivalente nei trasporti marittimi o, comunque, internazionali del carico descritto sotto *return load* (v.).

homeward freight: ***nolo di ritorno.*** Lo stesso che *return freight* (v.).

homework: ***lavoro a domicilio.*** Molto diffuso nei secoli sedicesimo e diciassettesimo, quando intere industrie si basavano su questo tipo di organizzazione del lavoro. Al lavoratore venivano fornite le materie prime ed egli provvedeva, al proprio domicilio, a completare il prodotto finito. La sua remunerazione era in stretta relazione con la quantità di lavoro svolto, cioè di pezzi finiti. Nel Regno Unito si basavano su questo sistema in particolare le industrie della lana e delle calzature. Il sistema è ormai quasi del tutto caduto in disuso, pur se in certi settori permane ancora una piccola parte di lavoro a domicilio, ma si tratta più di lavoro artigianale che industriale.

homework system: ***sistema di lavoro domiciliare.*** Termine usato con lo stesso significato di *home industry* (v.) per indicare il sistema di organizzazione del lavoro descritto sotto *homework* (v.).

homogeneity: ***omogeneità.*** Nel linguaggio economico-commerciale, indica una similarità tanto stretta tra prodotti provenienti da fonti diverse da risultare molto difficile, se non impossibile, distinguerli l'uno dagli altri. L'omogeneità dei prodotti è uno dei presupposti della concorrenza perfetta.

homogeneous commodity: ***prodotto omogeneo.*** Termine usato con lo stesso significato di *homogeneous product* (v.).

homogeneous factor: ***fattore della produzione omogeneo.*** Un fattore della produzione di cui ciascuna unità è perfettamente identica alle altre.

homogeneous product: ***prodotto omogeneo.*** È così chiamato il prodotto che agli occhi del consumatore risulta uguale, qualunque sia l'azienda che lo produce. I prodotti omogènei sono sostituti perfetti l'uno degli altri e la loro elasticità incrociata è infinita.

honorarium: ***onorario.*** Somma di denaro che deve pagarsi a professionisti, quali avvocati, chirurghi, architetti, ecc., in considerazione di servizi da loro resi.

to honour: ***onorare.*** Far fronte ad un'obbligazione al momento opportuno, come ad esempio pagare una cambiale alla sua scadenza.

honour policy: ***polizza di onore; polizza di buona fede.*** Tipo di polizza di assicurazione che garantisce contro i rischi di un viaggio una persona che nel viaggio stesso può non avere un interesse assicurabile facilmente dimostrabile o accertato. Facendo parte delle polizze scommessa, non è ammessa dalla legge e, pertanto, non può essere chiesto in via ufficiale l'indennizzo in essa stabilito. Tuttavia, dato che pur essendo illegali vengono ancora stipulate, esse vengono anche rispettate dagli assicuratori come questione d'onore se si verifica il sinistro, per cui l'assicurato viene indennizzato senza che debba documentare in alcun modo l'interesse assicurabile, essendo sufficiente la presentazione della polizza. Da ciò deriva il nome di questo tipo di polizza. (v. anche *interest or no interest, insurable interest*)

Hoover moratorium: ***moratoria di Hoover.*** Proposta fatta il 20 giugno 1931 da H. Hoover, Presidente degli Stati Uniti, e successivamente ratificata dal Congresso. Stabiliva la moratoria di un anno per tutti i pagamenti di riparazioni di guerra a seguito del primo conflitto mondiale e per tutti i rimborsi di prestiti tra gli alleati, derivanti dallo stesso conflitto. Tali debiti, in effetti, non sono mai stati rimborsati. (v. anche *inter–allied debts*)

horizontal amalgamation: ***fusione orizzontale.*** È la fusione di imprese che, all'interno della medesima industria, svolgono la stessa funzione allo stesso stadio di un processo produttivo.

horizontal axis: ***asse orizzontale.*** Termine usato con lo stesso significato di *abscissa* (v.).

horizontal channel conflict: ***conflitto di distribuzione orizzontale.*** V. spiegazione sotto *channel conflict.*

horizontal combination: ***concentrazione orizzontale.*** Concentrazione industriale tra imprese che si trovano sullo stesso piano e nello stesso settore del processo produttivo o distributivo. (v. anche *combination, circular combination, vertical combination*)

horizontal communications: ***comunicazioni orizzontali.*** All'interno di un'impresa o altra organizzazione, sono le comunicazioni che hanno luogo tra dirigenti o funzionari allo stesso livello.

horizontal equity: ***equità orizzontale.*** Espressione usata nel linguaggio tributario per indicare il principio in base al quale i contribuenti con uguali mezzi dovrebbero pagare un uguale ammontare di imposte. (v. anche *vertical equity*)

horizontal expansion: ***espansione orizzontale.*** Lo stesso che *horizontal integration* (v.).

horizontal filing: ***archiviazione orizzontale.*** È il più antico metodo di archiviazione, che prevede la conservazione di documenti in cassetti o scaffali di legno o di acciaio. Rispetto al sistema verticale presenta vantaggi e svantaggi. Tra i primi, ricordiamo la semplicità dell'archiviazione, la rapidità di accesso ai documenti e la minore probabilità di perdita o errore di archiviazione. Tra gli svantaggi, si considerano lo spreco di spazio, la scarsa flessibilità del sistema e la difficoltà di riferimento.

horizontal firm: ***impresa orizzontale.*** Un'impresa che si interessa di una singola attività produttiva.

horizontal integration: ***integrazione orizzontale.*** Coordinamento, e a volte anche fusione, tra imprese operanti allo stesso stadio di un processo produttivo, con l'obiettivo di ridurre i costi tramite la realizzazione della dimensione più economica del nuovo complesso, che va a sostituirsi alle singole imprese. A volte, ed in certi settori, un'integrazione del genere può arrivare a dominare il mercato, con un conseguente potere monopolistico che consente al complesso di manovrare i prezzi più proficuamente.

horizontal labour mobility: ***mobilità orizzontale del lavoro.*** Lo stesso che *horizontal mobility* (v.).

horizontal labour union: ***sindacato a organizzazione orizzontale.*** È un sindacato organizzato sulla base dello stesso tipo di lavoro svolto dai suoi iscritti, ad esempio il sindacato degli elettricisti, ma che accoglie soltanto i lavoratori specializzati che operano in quella determinata attività. Questi diversi sindacati si riuniscono in associazioni, sino a culminare al vertice nelle confederazioni nazionali. Uno dei principali obiettivi dei sindacati ad organizzazione orizzontale è quello di far rispettare le norme sull'apprendistato, al fine di evitare l'ingresso di persone non preparate nella loro attività e di limitare il numero di operai specializzati in quel genere di attività lavorativa.

horizontal merger: ***incorporazione orizzontale.*** L'incorporazione di un'impresa da parte di un'altra che produce beni uguali o simili e che vende tali prodotti nello stesso mercato geografico.

horizontal mobility: ***mobilità orizzontale.*** La mobilità, cioè il cambiamento di occupazione, senza variazione delle qualifiche in base alle quali il lavoratore presta la sua opera. Può verificarsi tra località diverse o nello stesso centro geografico ed è causata principalmente da differenze di trattamento, quali ad esempio un salario più alto o condizioni di lavoro o di orario più convenienti per il lavoratore. Le principali barriere a questo tipo di mobilità della manodopera sono rappresentate dalle scarse informazioni di cui dispongono i lavoratori in relazione alla disponibilità di altre e migliori possibilità di lavoro e le difficoltà finanziarie e psicologiche connesse con il trasferimento in un'altra sede o in un altro luogo di lavoro.

horizontal organization chart: ***organigramma orizzontale.*** È un organigramma che si presenta esattamente nella stessa maniera e con le stesse funzioni di un organigramma verticale, con la variante che la piramide è disposta in senso orizzontale, invece che in senso verticale. Le linee di comando, pertanto, procedono orizzontalmente, di solito da sinistra a destra. (v. anche *organization chart, circular organization chart, vertical organization chart*)

horizontal price movement: ***movimento di prezzo orizzontale.*** Il movimento del corso di un titolo entro una banda di prezzi estremamente limitata per un periodo di tempo relativamente lungo.

horizontal spread: Varietà di *calendar spread* (v.) che prevede l'acquisto e la vendita dello stesso numero di contratti a premio, con lo stesso prezzo di esercizio, ma con differenti date di scadenza.

horizontal trust: ***concentrazione orizzontale.*** Termine usato con lo stesso significato di *horizontal combination* (v.).

horizontal union: ***sindacato a organizzazione orizzontale.*** Termine usato come sinonimo di *horizontal labour union* (v.).

horizontal yield curve: ***curva di rendimento piatta.*** Lo stesso che *flat yield curve* (v.).

horticulture: ***orticoltura.*** La coltivazione degli ortaggi a livello industriale o su piccola scala per consumo personale. Quando è perseguita a livello industriale, dà un alto reddito per acro in relazione ad altri tipi di coltura.

host bond: Lo stesso che *initial bond* (v.).

host country: ***paese ospitante.*** Il paese nel quale è stata insediata un'impresa o la filiale di un'impresa di proprietà di cittadini di uno o più paesi stranieri.

hostile raid: ***offerta di acquisto ostile.*** Lo stesso che *hostile take–over bid* (v.).

hostile shareholding: ***partecipazione azionaria ostile.*** Partecipazione di minoranza acquisita in previsione o nella speranza di poter successivamente procedere a un'offerta di acquisto ostile.

hostile take–over bid: ***offerta di acquisto ostile.*** Non è altro che una *take–over bid* (v.) proveniente da un gruppo non gradito al consiglio di amministrazione dell'impresa che rischia l'acquisizione e che, pertanto, la ostacola.

hot bills: ***buoni del tesoro «caldi».*** Termine usato come sinonimo di *hot treasury bills* (v.).

hotchpot: ***collazione.*** L'aggiunta al patrimonio ereditario di tutto ciò che gli eredi hanno ricevuto sotto forma di anticipi o donazioni prima della morte del testatore.

hot issue: ***emissione calda.*** Espressione del gergo borsistico statunitense, con la quale si indica una nuova emissione di valori mobiliari, la cui domanda da parte del pubblico è molto maggiore dell'offerta da parte della società emittente.

hot money: **1.** ***capitali vaganti.*** Si indicano con questa espressione principalmente i capitali a breve termine che si spostano da un paese all'altro alla ricerca dei più proficui tassi di interesse o di una maggiore stabilità monetaria. Per analogia, l'espressione indica anche i capitali di investitori che vengono spostati da un investimento all'altro al verificarsi di una benché minima variazione nei tassi di remunerazione. Nel caso di spostamento da un paese all'altro, questi capitali provocano un rafforzamento della valuta e un miglioramento della situazione della bilancia dei pagamenti del paese che li riceve, ma lo stesso motivo che li ha spinti verso un paese può, anche nell'arco di un brevissimo periodo di tempo, spingerli verso un altro, non appena si verificano migliori condizioni di remunerazione o sicurezza. **2.** ***moneta calda; denaro scottante.*** Espressione con la quale si indica una moneta che va rapidamente svalutandosi a causa dell'alto tasso di inflazione prevalente nel paese in cui essa circola. Viene così chiamata, perché chi la riceve cerca di disfarsene rapidamente, come se gli bruciasse in tasca, in cambio di altra valuta o di beni che offrono maggiore garanzia di stabilità. Ciò porta ad un aumento della velocità di circolazione della moneta e ad un conseguente aumento del tasso di inflazione.

hot stocks: ***azioni calde.*** Espressione del gergo borsistico statunitense, usata in due significati: a) titoli rubati; b) titoli di una *hot issue* (v.).

hot treasury bills: ***buoni del tesoro «caldi».*** Sono così chiamati i buoni del tesoro assegnati nel corso della più recente giornata di asta. Essi, cioè, sono ancora «caldi», perché appena «sfornati» ed essendo quelli con scadenza più lontana rispetto a tutti gli altri emessi precedentemente, non sono appetibili per investimenti a breve termine da parte di istituzioni finanziarie.

hourly compensation: ***remunerazione oraria.*** Grosso modo lo stesso che *hourly rate* (v.), ma questo termine include il salario orario più gli extra e il contributo di previdenza sociale a carico del datore di lavoro.

hourly machine rate: ***tasso orario di macchina.*** Si ricava dividendo l'importo complessivo dei costi comuni di periodo di un'impresa per il numero delle ore che, nello stesso periodo di tempo, le macchine hanno effettivamente funzionato nel processo produttivo.

hourly machine rate method: ***metodo del tasso orario di macchina; metodo dell'ora–macchina; metodo di proporzionalità al tempo di lavoro delle macchine.*** Nei procedimenti di imputazione dei costi comuni, è un metodo che si basa esclusivamente sul tempo di lavoro delle macchine. Determinato l'importo complessivo dei costi comuni di periodo, esso viene diviso per il numero delle ore che, nello stesso periodo, le macchine hanno effettivamente funzionato ed il quoziente, che si definisce tasso orario di macchina, rappresenta la base di imputazione dei costi comuni. Quando viene usato come metodo di base unica per tutta l'impresa, è estremamente arbitrario, ma può essere impiegato con maggior convenienza nell'imputazione dei costi comuni nell'ambito di certi reparti.

hourly rate: ***paga oraria.*** Nelle attività in cui i prestatori di lavoro sono pagati ad ora, è la somma di denaro loro corrisposta per ogni ora di lavoro effettivamente svolto.

hourly wage: ***salario orario.*** Termine usato con lo stesso significato di *hourly rate* (v.).

hours of attendance: ***ore di presenza.*** Il numero complessivo di ore di presenza di un lavoratore sul posto di lavoro. Su tale numero di ore si basa la remunerazione cui ha diritto il lavoratore, indipendentemente dal fatto che ci fosse o no lavoro da svolgere.

hours of work: ***orario di lavoro.*** Quando all'inizio dell'era industriale si verificò il passaggio dal sistema di lavoro a domicilio al sistema di lavoro in fabbrica e contemporaneamente si verificò l'esodo dalle campagne verso le nuove città industriali, i lavoratori, abituati a lavorare per molte ore nei campi o a domicilio, continuarono a lavorare anche per dodici o quattordici ore al giorno in fabbrica. Questo tipo di lavoro, però, era più oneroso degli altri due e non era equamente retribuito, per cui ebbero inizio le lotte, tra padronato e lavoratori, tendenti alla riduzione dell'orario di lavoro, agevolata dalla sempre più massiccia automazione, che ha contribuito alla realizzazione della settimana corta e di altre riduzioni dell'orario di lavoro.

house: ***casa.*** Termine spesso usato per indicare un'azienda o un'istituzione, come ad esempio *clearing house, finance house,* ecc. A volte il termine è riferito all'immobile che ospita l'azienda o l'istituzione, come ad esempio la borsa valori di Londra o qualche grande edificio sede di un'importante banca.

house agent: ***agente immobiliare.*** Lo stesso che *estate agent* (v.).

house bill: ***carta di gruppo.*** Cambiale tratta da un'azienda praticamente su se stessa, pur se in effetti su una filiale o su un'altra azienda del gruppo.

house brand: ***marca commerciale; marchio commerciale; marchio di commercio.*** Lo stesso che *dealer's brand* (v.).

house cheque: Espressione usata nel linguaggio finanziario per indicare un assegno tratto su una banca e presentato alla stessa banca per l'incasso, anche se in una filiale o agenzia diversa da quella presso la quale è aperto il conto sul quale l'assegno è tratto. Tali assegni, tra i quali rientra l'assegno di sportello, non passano attraverso la stanza di compensazione.

house duty: ***imposta sugli immobili.*** Termine generico con il quale si indica una qualsiasi imposta sulle abitazioni. In particolare, il termine indica l'imposta che nel 1778 nel Regno Unito colpiva gli immobili adibiti ad abitazione ed effettivamente occupati.

household: ***nucleo familiare; unità familiare.*** In economia, indica un gruppo di persone che vivono insieme o un singolo individuo che vive da solo ed ha importanza soprattutto nella statistica economica, quando si vuole stabilire il potenziale mercato di beni di consumo. La famiglia, infatti, è considerata l'unità di reddito, di spesa, di decisione in relazione ai consumi e al risparmio e di ineguaglianza.

household disposable income: ***reddito familiare disponibile.*** Lo stesso concetto esposto sotto *disposable income* (v.), ma riferito al reddito globale di un nucleo familiare.

householder: 1. ***capofamiglia.*** La persona che è a capo di una famiglia dal punto di vista giuridico. **2.** ***proprietario di casa.*** Chi possiede la casa in cui vive. **3.** ***locatario; conduttore; affittuario.*** La persona che ha il diritto di godimento di un bene preso in locazione, quando questo bene è un'abitazione.

householder's policy: ***polizza del capofamiglia.*** Termine usato come sinonimo di *homeowner's policy* (v.).

householder's protest: ***protesto di un capofamiglia.*** In caso di mancato pagamento di una cambiale in un luogo in cui non è possibile contattare un notaio, la legge prevede che possa elevarsi questo tipo di protesto, che prende la forma di un certificato rilasciato da un capofamiglia o altra persona di un certo rango, sottoscritto da due testimoni, nel quale si attesta il mancato pagamento.

householder's surplus: ***rendita del proprietario.*** La quantità di moneta al di sopra del prezzo di mercato che può indurre un proprietario a vendere la propria abitazione.

household formation: ***costituzione di nuclei familiari.*** L'aumento netto annuo del numero delle famiglie, intese in senso economico, in un paese. Le previsioni relative alla costituzione di nuovi nuclei familiari sono importanti per valutare la futura domanda di abitazioni e di beni di consumo durevoli.

household group: ***nucleo familiare.*** Termine a volte usato nel linguaggio tributario con lo stesso significato di *household* (v.).

household income: ***reddito familiare.*** Lo stesso che *family income* (v.).

household policy: ***polizza del capofamiglia.*** Termine usato con lo stesso significato di *homeowner's policy* (v.).

household saving: ***risparmio familiare.*** Il risparmio realizzato dai singoli nuclei familiari e anche il totale di tale tipo di risparmio.

household sector: ***settore familiare; settore delle famiglie.*** Termine usato come opposto di *corporate sector* (v.) nel linguaggio tributario, per indicare la fonte di gettito rappresentata dalle persone fisiche, siano esse nuclei familiari o singoli individui.

household system: ***sistema di lavoro domiciliare.*** Termine usato con lo stesso significato di *home industry* (v.).

house industry: ***industria a domicilio.*** Lo stesso che *home industry* (v.).

house journal: ***giornale aziendale.*** Termine usato con lo stesso significato di *house magazine* (v.).

housekeeper allowance: ***detrazione per governante.*** Nel Regno Unito è una detrazione che il contribuente può chiedere quando sia costretto a ricorrere ai servizi di una governante residente nella sua abitazione. La stessa detrazione può essere chiesta quando il contribuente mantiene una parente perché si prenda cura di un suo fratello o di una sua sorella rimasti orfani.

housekeeping money: ***denaro per le spese familiari.*** Nel Regno Unito la legge prevede che se il marito consegna alla moglie una somma di denaro per le spese familiari relative ad un determinato periodo di tempo, la metà della somma eventualmente non spesa appartiene al marito.

house lease: ***locazione di abitazione.*** È il contratto di locazione relativo ad un immobile destinato ad uso abitativo e non relativo ad un terreno o ad un locale adibito ad uso commerciale o di altra natura.

house magazine: ***rivista aziendale.*** Nelle grandi aziende, è il notiziario periodico, pubblicato dall'ufficio relazioni pubbliche, mediante il quale si informano i dipendenti di fatti relativi alla gestione aziendale e di quanto altro possa loro interessare nell'ambito dei rapporti interni all'azienda.

house of issue: ***casa di emissione.*** Termine statunitense, equivalente al britannico *issuing house* (v.).

house organ: ***organo aziendale.*** L'organo di informazione descritto sotto *house magazine* (v.).

houseowner's comprehensive insurance policy: ***polizza del capofamiglia.*** Termine usato con lo stesso significato di *homeowner's policy* (v.).

houseowner's policy: ***polizza del capofamiglia.*** Termine usato come sinonimo di *homeowner's policy* (v.).

house-purchase policy: Tipo di polizza di assicurazione sulla vita, emessa in relazione al rimborso di un'ipoteca da parte di chi ha acquistato un'abitazione usufruendo di un mutuo edilizio. Può essere di due tipi, a seconda del mutuo contratto: se il rimborso del mutuo avviene mediante versamenti mensili o annuali, la somma assicurata in polizza decresce via via che si rimborsa il prestito; se, invece, il mutuo prevede il rimborso in unica soluzione alla scadenza, la polizza garantisce la somma complessiva da restituirsi.

house tax: ***imposta sugli immobili.*** Il termine inglese è generico e indica una qualsiasi imposta riscossa su immobili destinati ad uso abitativo.

house–to–house selling: ***vendita a domicilio.*** Tipo di vendita effettuata usando un gruppo di venditori, ma nessun punto di vendita accessibile al pubblico. La vendita ha luogo mediante visite a domicilio e gli acquirenti provvedono ai loro acquisti facendo ordinativi in base ai campioni presentati loro dai venditori, che successivamente si incaricano anche della consegna degli articoli acquistati.

house union: ***sindacato d'impresa.*** È un sindacato di cui sono membri soltanto i lavoratori di un'impresa e che, pertanto, non fa di solito parte di una federazione sindacale.

housing: ***edilizia abitativa.*** La costruzione e l'offerta di immobili destinati ad uso di abitazione.

Housing Acts: ***leggi sull'edilizia abitativa.*** Nel Regno Unito il problema della casa risale all'epoca della Rivoluzione Industriale, quando si verificò l'esodo dalle campagne e il sovrappopolamento delle città. Il governo britannico ha tentato in varie riprese di risolvere questo problema, attraverso una serie di leggi, la più antica delle quali risale al 1851. Ad essa fecero seguito quelle del 1875, del 1890, del 1909 (la prima a considerare la pianificazione urbana), del 1919, del 1923, del 1924, del 1930, del 1949, del 1954, del 1957 e del 1961. Malgrado tutte queste leggi, il problema della casa resta uno dei più scottanti ed una recente indagine ha accertato che molto più della metà delle case delle grandi città andrebbe ricostruita o almeno ristrutturata.

Housing and Home Finance Agency: ***Agenzia finanziaria per l'edilizia abitativa.*** Ente del governo degli Stati Uniti, creato nel 1947, che organizza e sovrintende il lavoro di numerosi altri enti ed istituzioni preposti all'erogazione di mutui ipotecari per l'edilizia abitativa, all'intervento federale nell'edilizia popolare, alla pianificazione urbana, ecc.

housing association: ***associazione per l'edilizia abitativa.*** Nel Regno Unito, ciascuna delle associazioni cooperative costituite allo scopo di assistere i soci nella costruzione o ristrutturazione di abitazioni, offrendo loro consulenza tecnica e mezzi finanziari.

housing bonds: ***obbligazioni per l'edilizia abitativa.*** Costituiscono un prestito obbligazionario che gli enti locali britannici possono emettere senza la preventiva autorizzazione del governo centrale, purché le obbligazioni siano emesse alla pari e il prestito sia utilizzato esclusivamente per finanziare l'edilizia abitativa.

housing boom: ***boom edilizio.*** È uno degli indicatori di una ripresa economica, dopo un periodo di depressione. La ripresa dopo la Grande Depressione del 1929–35 ebbe inizio con un boom edilizio, che mise in moto l'indotto stimolando l'economia generale. Condizioni principali perché si verifichi un boom edilizio sono il basso tasso di interesse, la vivacità del mercato dei fitti o delle case ad uso abitativo e l'assenza di controlli da parte dello stato sul livello dei canoni di locazione sul mercato libero.

Housing Corporation: Istituzione fondata dal governo britannico nel 1964 allo scopo di: fornire assitenza alle *cost–rent societies* (v.) e alle *co–ownership housing societies* (v.) e, tramite loro, stimolare la costruzione di abitazioni e appartamenti per persone non in grado o non disposte a prenderle in affitto o ad acquistarle nella maniera ordinaria; assistere le *housing societies* (v.) nella realizzazione dei loro programmi; collaborare con le società di credito edilizio per fornire finanziamenti destinati alla realizzazione di piani di edilizia popolare. I finanziamenti concessi da questa società a capitale pubblico sono garantiti da ipoteca di secondo grado, mentre quelli forniti da altre società che con essa collaborano sono garantiti da ipoteca di primo grado.

housing investment: ***investimento nell'edilizia abitativa.*** L'investimento di capitali nel settore delle costruzioni di unità immobiliari ad uso abitativo.

housing loan: ***mutuo edilizio; mutuo ipotecario; prestito ipotecario.*** Lo stesso che *mortgage loan* (v.), con la differenza che la garanzia del prestito consiste in un'ipoteca accesa sulla abitazione il cui acquisto è finanziato dal mutuo. (v. anche *home loan*)

housing loan insurance: ***assicurazione dei prestiti ipotecari.*** Lo stesso che *mortgage loan insurance* (v.).

housing market: ***mercato delle abitazioni; mercato immobiliare.*** Il mercato nel quale si tratta la compravendita di abitazioni. In molti paesi questo mercato è stato recentemente messo in crisi da norme che regolamentano il livello dei canoni di affitto. (v. anche *rent control*)

housing policy: ***politica della casa.*** La politica perseguita da un governo centrale o da un ente locale in relazione al problema della casa. Molti stati ritengono di poter risolvere questo problema mediante il potenziamento dell'edilizia popolare; altri, mediante contributi integrativi dei canoni di fitto e concessione di crediti ipotecari; altri ancora, e forse sono quelli meno lungimiranti, con provvedimenti tendenti a mantenere i canoni di fitto a un livello artificialmente basso.

housing sector: ***settore dell'edilizia abitativa.*** Il settore dell'industria edilizia che si interessa della costruzione di immobili da destinarsi a uso di abitazioni private.

housing societies: Istituzioni filantropiche sorte nella seconda metà del secolo diciannovesimo in Gran Bretagna, al fine di edificare case e darle in locazione a canoni che bastavano appena a coprire i costi di manutenzione.

housing subsidies: ***sovvenzioni all'edilizia abitativa.*** Sovvenzioni del governo centrale a enti locali e costruttori privati, aventi lo scopo di consentire la costruzione di alloggi a costi più bassi, specialmente in periodi di alti tassi di interesse che normalmente rallentano l'attività edilizia. Nel Regno Unito, nei periodi dopo le due guerre mondiali il governo centrale ha concesso grosse sovvenzioni del genere, al fine di stimolare la ricostruzione di unità abitative da dare in locazione a chi non poteva permettersi l'acquisto di una casa propria.

housing trusts: Termine usato con lo stesso significato di *housing societies* (v.).

h.p.: hire purchase.

huckster: ***venditore ambulante.*** Il termine inglese viene usato come sinonimo sia di *hawker* (v.), sia di *pedlar* (v.). In senso figurato, indica anche chi svolge un'attività commerciale su scala estremamente piccola.

Hudson's Bay Company: Società commerciale britannica, che iniziò la propria attività nel secolo diciassettesimo in virtù di una patente regia concessa durante il regno di Carlo secondo. Fu riorganizzata nel 1863 e ancora continua la propria attività, che si è da tempo specializzata nel commercio delle pelli.

hull insurance: ***assicurazione sullo scafo; sicurtà corpi.*** Assicurazione che copre una nave contro il rischio di danni allo scafo, compreso quello di collisione e di responsabilità civile verso terzi derivante da collisione.

hull insurance policy: ***polizza di sicurtà corpi.*** È il contratto relativo alla *hull insurance* (v.).

hull insurance premium: ***premio di sicurtà corpi.*** È il premio pagato da un armatore in relazione ad una *hull insurance* (v.).

hull underwriter: ***assicuratore di corpi.*** Espressione usata per indicare la categoria o il gruppo di assicuratori specializzati in assicurazioni di navi.

human activity: ***attività umana.*** Una qualsiasi delle attività mediante lo svolgimento della quale l'uomo si procura i mezzi per vivere contribuendo, allo stesso tempo, alla produzione di beni e servizi per la comunità.

human capital: ***capitale umano.*** Espressione usata per indicare la possibilità di svolgere un determinato lavoro derivante da conoscenze e capacità acquisite durante un corso di studio o di addestramento. L'espressione deriva dal fatto che un individuo guadagna un reddito più alto proprio perché ha una serie di capacità, conoscenze, abilità, ecc., che possono paragonarsi ad un qualsiasi altro tipo di capitale investito e dal quale ugualmente si trae un reddito sotto forma, ad esempio, di interesse, rendita, ecc. Pertanto, la differenza di salario tra un lavoratore specializzato e uno non specializzato costituisce la remunerazione del capitale umano in cui ha investito il lavoratore specializzato.

human capital investment: ***investimento in capitale umano.*** Si intende con questa espressione il grado di istruzione e conoscenze specifiche relative a una data attività, per acquisire le quali un individuo «investe» tempo e denaro in corsi di studio, di aggiornamento, ecc. Il termine può anche indicare l'investimento di un paese in questo settore, che si concretizza con l'istituzione di determinati centri di istruzione e formazione, aperti più o meno gratuitamente ai giovani che intendono «investire» in se stessi.

human ecology: ***ecologia umana.*** Lo studio che si interessa della struttura e dello sviluppo delle comunità e delle società umane, in termini dei processi che le portano ad adattarsi all'ambiente specifico nel quale vivono.

human engineering: ***ingegneria umana.*** Termine usato con lo stesso significato di *ergonomics* (v.).

human–factors engineering: ***ingegneria dei fattori umani.*** Termine usato con lo stesso significato di *ergonomics* (v.).

human relationist: ***addetto alle relazioni umane.*** La persona che, nell'ambito di un'impresa o altra organizzazione, viene preposta al mantenimento delle relazioni umane.

human relations: ***relazioni umane.*** Nell'industria moderna si è prestata particolare attenzione alle relazioni umane tra lavoratori e tra questi ultimi e la struttura industriale. Si è, così, giunti a considerare il lavoratore non come un'entità numerica, bensì come un essere umano con un complesso di esigenze, aspirazioni, ecc. Ciò ha portato ad un miglioramento degli ambienti di lavoro, a migliori rapporti tra lavoratori e padronato e, nel complesso, a vantaggi per l'impresa sotto forma di maggiore e migliore produzione.

human resources: ***risorse umane.*** Nel linguaggio economico, sono le risorse costituite dal lavoro umano e distinte da quelle naturali.

human wants: ***bisogni umani.*** Sono i bisogni degli esseri umani e si dividono in bisogni economici e bisogni non economici. Tra i primi, rientrano tutti quelli relativi all'attività economica dell'uomo, come ad esempio un lavoro utile e ben remunerato, un tenore di vita crescente, la sicurezza dal punto di vista economico, ecc.; tra i secondi, rientrano quelli relativi alla personalità umana, come ad esempio l'evoluzione personale, il riconoscimento sociale, la libertà personale e simili.

human wealth: ***ricchezza umana.*** Termine a volte usato nel linguaggio economico per indicare le capacità fisiche e mentali mediante l'uso delle quali un individuo può guadagnarsi un reddito. Si tratta, ovviamente, di ricchezza intesa in senso astratto e non concreto. (v. anche *wealth, non–human wealth*)

hundredweight: Unità di misura di peso equivalente a 112 libbre avoirdupois (*long hundredweight*), pari a kg. 50,8020 o un ventesimo di *long ton* (v.), nel Regno Unito e negli Stati Uniti; e a 100 libbre (*American hundredweight*), pari a kg. 45,3591, ossia un ventesimo di *short ton* (v.), negli Stati Uniti e nel Canada. Il *long hundredweight* è diviso in quattro *quarters*, ciascuno di 28 libbre.

husbandry: ***agricoltura.*** L'attività economica che si interessa della coltivazione della terra, dell'allevamento degli animali e della produzione di derrate alimentari.

hybrid annuity: ***rendita mista.*** Tipo di rendita che consente di sfruttare i vantaggi offerti da una *fixed annuity* (v.) e una *variable annuity* (v.). Ad esempio, un investitore può mettere parte delle sue disponibilità in una rendita fissa, che gli garantisce un certo rendimento minimo, e parte in una rendita variabile, che gli dà la possibilità di realizzare un miglior rendimento, ma allo stesso tempo gli impone un rischio maggiore.

hybrid real estate investment trust: ***fondo immobiliare misto.*** Un fondo comune d'investimento immobiliare che impiega le risorse raccolte tra i sottoscrittori in parte nell'acquisizione di proprietà immobiliari e in parte nell'acquisizione di certificati ipotecari a medio e breve termine. È detto misto in quanto unisce le caratteristiche dei due tipi fondamentali di fondi immobiliari. (v. anche *real estate investment trust, equity investment trust, mortgage investment trust*)

hybrid reserve: ***riserva mista.*** Una riserva che viene utilizzata o che è destinata a due o più scopi.

hyperemployment: ***iperoccupazione; iperimpiego.*** Lo stesso che *over–full employment* (v.).

hyperinflation: ***iperinflazione.*** Situazione che si viene a creare quando la massa di moneta circolante cresce così rapidamente che essa perde quasi interamente il suo valore. In tale situazione, non si riesce più a porre un freno all'inflazione e chiunque possiede o guadagna denaro cerca di disfarsene in cambio di beni reali, così aggravando ulteriormente il processo inflattivo, che procede ad un ritmo ancor più rapido di prima. Poiché in tale situazione il deprezzamento della valuta interessata supera il limite che si poteva prevedere come semplice conseguenza dell'aumento della massa circolante, agli ultimi stadi di iperinflazione più dell'aumento della quantità di moneta in circolazione diventa importante la sua velocità di circolazione. Esperienze di iperinflazione si sono avute, dopo la fine del secondo conflitto mondiale, in Cina, in Romania, in Grecia ed in Ungheria.

hypermarket: ***ipermercato.*** Grande unità di vendita al dettaglio, basata esclusivamente sul sistema del libero servizio per tutti i prodotti in vendita. La superficie di un ipermercato si estende su un'area che va da circa 17.000 metri quadrati in su, di solito su un solo piano, in cui oltre all'unità di vendita sono ospitati servizi per i clienti, quali bar, ristorante, sportello bancario, stazione di rifornimento di carburante, ecc., forniti da terzi. Un ipermercato è generalmente ubicato su grandi direttrici di traffico, ai margini di un'importante città, con grandi spazi per parcheggio, ed è in grado di soddisfare quasi tutte le esigenze degli acquirenti.

hypothecated asset: ***bene ipotecato.*** Bene dato in garanzia del pagamento di un debito, presso il creditore o presso terzi.

hypothecated revenue: ***entrate con destinazione specifica; entrate impegnate; accantonamento di entrate.*** Risorse o fondi accantonati e disponibili soltanto per uno scopo specifico. L'uso di questo termine è più frequente nell'amministrazione dello stato o degli enti locali, ove spesso si procede ad effettuare tali accantonamenti che, tuttavia, non sempre vengono rispettati in quanto, in momenti di ristrettezze finanziarie, i politici non esitano a ricorrere a questi fondi per far fronte a impegni di natura diversa. Nel Regno Unito ne è un esempio, ormai diventato famoso, il *Road Fund* del 1909 che, costituito con il gettito di imposte sulle automobili e sulla benzina, doveva servire esclusivamente per la costruzione e la manutenzione della rete stradale britannica, ma fu in effetti utilizzato per altri scopi e mai reintegrato.

hypothecation: 1. ***ipoteca.*** Diritto di garanzia costituito a favore di un creditore su beni mobili di proprietà del debitore o loro documenti rappresentativi. Questa forma di garanzia differisce dal pegno, in quanto non prevede il trasferimento del possesso, ma assicura soltanto la vendita forzata dei beni ipotecati in caso di inadempimento dell'obbligazione da parte del debitore. (v. anche *mortgage*) **2.** ***pegno navale.*** Nel diritto marittimo è una speciale forma di pegno, in base alla quale l'armatore dà in pegno la nave ad un creditore a garanzia del suo credito, ma continua ad usarla liberamente per i suoi traffici. (v. anche *bottomry, respondentia*)

hypothecation letter: ***lettera d'ipoteca.*** Termine usato in alternativa a *letter of hypothecation* (v.).

hypothesis: ***ipotesi.*** In economia, indica un'affermazione che esprime un'apparente relazione tra fenomeni osservati, ma che può essere negata da un confronto con i fatti reali. Questo termine viene spesso usato, nel linguaggio economico, invece di legge.

hypothesis of a diminishing rate of substitution: ***ipotesi del tasso decrescente di sostituzione.*** Lo stesso che *law of diminishing substitution* (v.).

hysteresis: ***isteresi.*** In economia, il termine è usato in relazione alla irreversibilità di una funzione economica. Ad esempio, se in un periodo di espansione la curva dei costi scende, nel successivo periodo di contrazione il tentativo di tornare alla posizione originaria non procederà lungo la medesima curva dei costi e ciò perché parte delle economie, o diseconomie, inerenti all'espansione vengono perse durante la contrazione.

i, I

IA: initial allowance.
IADB: Inter–American Development Bank.
I.A.E.A.: International Atomic Energy Agency.
I.A.T.A.: International Air Transport Association.
i.b.: 1) invoice book; 2) in bond; 3) inboard.
I.B.: 1) invoice book; 2) in bond; 3) Institute of Bankers; 4) International Bank; 5) industrial business.
I.B.A.: Industrial Bankers' Association.
I.B.E.L.s: interest–bearing eligible liabilities.
IBF: international banking facility.
I.B.I.: invoice book inwards.
I.B.O.: invoice book outwards.
I.B.R.D.: International Bank for Reconstruction and Development.
i. bu.: imperial bushel.
I.C.A.: 1) International Co–operative Alliance; 2) International Co–operation Administration.
I.C.A.O.: International Civil Aviation Organization.
I.C.C.: 1) Interstate Commerce Commission; 2) International Chamber of Commerce.
I.C.C.H.: International Commodities Clearing House.
I.C. & C.: invoice, cost and charges.
I.C.F.C.: Industrial and Commercial Finance Corporation.
I.C.F.T.U.: International Confederation of Free Trade Unions.
I.C.O.R.: incremental capital output ratio.
I.C.S.I.D.: International Centre for the Settlement of Investment Disputes.
I.D.A.: International Development Association.
I.D.A.C.: Import Duties Advisory Committee.
I.D.B.: 1) industrial development bond; 2) inter–dealer broker.
ideal standard: ***standard ideale.*** È uno standard preso come termine di paragone basandosi sull'attività prevista o sulla massima possibile attività che un'impresa potrebbe raggiungere in presenza delle più favorevoli circostanze interne ed aziendali. Come dice il termine stesso, si tratta di condizioni irrealizzabili all'atto pratico e affidarsi a riferimenti del genere trova fondamento soltanto nello sprone diretto al continuo miglioramento dell'efficienza dell'impresa.
ideal standard cost: ***costo standard ideale.*** Il termine viene usato in due significati: a) costo standard ottimale (v. spiegazione sotto *perfection standard cost*); b) costo standard corrente (v. spiegazione sotto *current standard cost*).
identification badge: ***cartellino d'identificazione.*** Cartellino sul quale sono riprodotte le generalità e la fotografia di ciascun dipendente di un'organizzazione e che egli dovrà portare attaccato alla giacca o altro indumento, per motivi di sicurezza interna.
identification mark: ***marca d'identificazione.*** Lettere e numeri scritti su un qualsiasi tipo di contenitore o imballaggio, allo scopo di consentirne la rapida identificazione da parte del vettore.
identification number: ***numero di matricola.*** È il numero che viene assegnato a ciascun dipendente di un'organizzazione, al momento in cui viene assunto ed inserito nel ruolo paga.
identification problem: ***problema dell'identificazione.*** In economia monetaria, è il problema che sorge a causa dell'impossibilità di osservare direttamente la domanda di moneta. Infatti, tutto ciò che si può effettivamente osservare o misurare direttamente è la quantità di moneta offerta e per dedurre che la quantità offerta è anche la quantità domandata si deve supporre l'equilibrio del mercato monetario, una condizione non sempre riscontrabile nella realtà.
idle: ***inattivo.*** Aggettivo usato nel linguaggio delle borse valori per indicare una condizione di mercato che presenta la totale assenza di scambi.
idle balances: ***saldi monetari infruttiferi; saldi inattivi; saldi inoperosi; conti creditori inattivi; denaro inattivo.*** Sono le quantità di moneta tenute in cassaforte o depositate in conti bancari, quando si verifica il fenomeno della preferenza per la liquidità e della conseguente tesaurizzazione della moneta.
idle capacity: ***capacità inutilizzata; capacità oziosa.*** Mancata utilizzazione di una struttura produttiva, che può verificarsi o come completa inutilizzazione o come parziale utilizzazione. Può riferirsi ad una singola macchina o a un impianto e può misurarsi in tonnellate di produzione non realizzata o in ore di uso non sfruttate.
idle–capacity cost: ***costo di capacità inutilizzata.*** Il costo attribuibile alla mancata utilizzazione di una macchina o di un impianto.
idle capital: ***capitale morto; capitale infruttifero.*** Capitale non opportunamente impiegato in attività produttive, ma lasciato a giacere senza che produca alcun beneficio per colui che lo possiede.
idle money: ***moneta inutilizzata; moneta oziosa; moneta inattiva.*** Termine usato con lo stesso significato di *inactive money* (v.).
idle reserves: ***riserve inoperose.*** Riserve tenute in forma liquida da una banca, in eccedenza al proprio fabbisogno. Sono dette inoperose o inattive in quanto non sono investite in alcun impiego fruttifero. In verità, le banche raramente tengono riserve inoperose, poiché la loro politica è quella di impiegare utilmente fino all'ultimo centesimo di cui possono disporre. Pertanto, il termine si applica più propriamente alle riserve imposte dalla legge al sistema bancario, che devono essere tenute nella forma più liquida possibile, cioè disponibili in qualsiasi momento, e che non possono pertanto essere investite in maniera permanente o in alcun modo.
idle time: ***tempo di ozio; tempo di attesa; tempo d'inattività.*** Tempo perduto da lavoratori o impianti per cause

di varia natura, tra le quali rientrano la mancanza di materiali o di lavoro da svolgere, la rottura o il guasto di una macchina o di un impianto, supervisione imprecisa e altre cause evitabili o inevitabili.

i.e.: that is (id est).

I.E.A.: 1) Institute of Economic Affairs; 2) International Energy Agency.

I.E.P.A.: Intra-European Payments Agreement.

I/F: insufficient funds.

IFAD: International Fund for Agricultural Development.

I.F.C.: International Finance Corporation.

I.H.A.: Issuing Houses Association.

IHT: inheritance tax.

illegal consideration: ***corrispettivo illecito; controprestazione illecita.*** Un pagamento o altra prestazione relativi ad un *illegal contract* (v.).

illegal contract: ***contratto illecito.*** Un qualsiasi contratto che ha per oggetto un fine contrario alle disposizioni di legge o all'interesse nazionali. Contratti del genere sono nulli da un punto di vista giuridico.

illegal partnership: ***società illecita.*** Qualsiasi società di persone costituita al fine di perseguire uno scopo contrario alle leggi vigenti e, pertanto, priva di qualsiasi effetto giuridico fin dalla sua costituzione.

illegal retailers: ***dettaglianti abusivi.*** Persone che esercitano un'attività di vendita al dettaglio nelle strade della città o in mercati rionali, senza aver ottenuto le necessarie licenze dalle autorità e quindi senza essere iscritti presso una camera di commercio o istituzione equivalente, il che consente loro di non dichiarare i loro redditi e occultarsi nell'economia sommersa.

illegal strike: ***sciopero illegale.*** Astensione dal lavoro non autorizzata o non proclamata dai sindacati o non approvata mediante votazione in base agli accordi sindacali. L'espressione *illegal strike* è anche usata negli Stati Uniti per indicare un qualsiasi sciopero proclamato in violazione delle condizioni stabilite nel *Labor-Management Relations Act* (v.) del 1947.

illegal traders: ***commercianti abusivi; abusivi.*** Lo stesso che *illegal retailers* (v.).

illiquid assets: ***attività non liquide.*** Sono attività che, nel breve termine, non possono essere convertite in moneta o lo possono soltanto con notevole perdita.

illiquidity: ***illiquidità.*** Mancanza di denaro liquido e impossibilità di procurarlo mediante la vendita di beni mobili o immobili.

illness frequency rate: ***tasso di frequenza delle infermità.*** Il numero di infermità da cui sono stati colpiti i lavoratori per milione di ore-uomo di lavoro su base annua.

illness severity rate: ***tasso di gravità delle infermità.*** Il numero di giorni lavorativi persi a causa di gravi infermità o morte per mille ore-uomo di lavoro.

illth: Termine usato per la prima volta da Ruskin per indicare beni di consumo e servizi che sono dannosi per coloro che li consumano e per la società nel suo complesso, ma che vengono ugualmente prodotti poiché sono richiesti dai consumatori.

illustrated catalogue: ***catalogo illustrato.*** Catalogo che contiene illustrazioni o fotografie degli articoli offerti in vendita.

I.L.O.: International Labour Organization.

I.L.U.: Institute of London Underwriters.

image: ***immagine.*** L'idea che viene alla mente del pubblico quando pensa ad un'impresa, ad un produttore o ad un prodotto. Molte imprese investono notevoli risorse in un tipo di pubblicità o in relazioni pubbliche che contribuiscano a creare una buona immagine nel pubblico.

IMC: International Monetary Conference.

I.M.F.: International Monetary Fund.

imitation effect: ***effetto di imitazione.*** Lo stesso che *demonstration effect* (v.).

IMM: International Monetary Market.

immaterial goods: ***beni immateriali.*** Termine usato da A. Marshall con lo stesso significato di *non-material goods* (v.).

immature creditor nation: ***nazione creditrice in via di sviluppo.*** Paese che ha sviluppato le proprie risorse al punto da avere una bilancia commerciale attiva e da poter investire tali eccedenze all'estero, dopo aver saldato i debiti contratti durante il periodo di sviluppo. (v. anche *immature debtor nation, mature creditor nation, mature debtor nation*)

immature debtor nation: ***nazione debitrice in via di sviluppo.*** Paese che non ha ancora pienamente sviluppato le proprie risorse e che, a seguito di prestiti contratti all'estero per accelerare lo sviluppo, presenta un deficit nella bilancia dei pagamenti. (v. anche *immature creditor nation, mature debtor nation, mature creditor nation*)

immediate annuity: ***rendita immediata.*** Una rendita la cui prima rata viene versata al beneficiario subito dopo la stipulazione del contratto. (v. anche *annuity*)

immediate holding company: ***società di partecipazione diretta.*** Una società (A) che detiene il pacchetto di maggioranza di un'altra società (B), senza che vi sia alcuna altra organizzazione intermedia. A sua volta, il suo pacchetto di maggioranza può essere detenuto da una terza società (C), che sarà *immediate* nei suoi confronti ma non nei confronti dell'altra società (B).

immediate parties: ***parti immediate.*** Sono così chiamate, in relazione alla cambiale, le parti che si vengono a trovare in rapporto diretto tra loro, come ad esempio il traente e l'accettante, il traente e il beneficiario, un girante e i giranti immediatamente precedente e successivo. (v. anche *parties to bill of exchange*)

immediate payment: ***cassa fulminante.*** Il pagamento di beni e servizi che ha luogo immediatamente, cioè all'atto della fornitura o subito dopo.

immediate payment annuity: ***rendita immediata.*** Lo stesso che *immediate annuity* (v.).

immediate possession: ***possesso immediato.*** Il termine inglese indica un bene posseduto direttamente dal proprietario. Viene anche usato in relazione a proprietà immobiliari in vendita, per indicare che esse sono libere e l'acquirente ne può prendere possesso immediatamente.

immediate utility: ***utilità immediata.*** Termine usato da W. S. Jevons per indicare l'utilità di un bene che ha il potere di soddisfare immediatamente un bisogno. Pertanto, esso può essere usato come sinonimo di *direct utility* (v.), con la sola differenza che, come dice Jevons, il termine *immediate utility* è proprio della teoria del capitale e non della teoria dell'utilità.

immigrant: ***immigrante.*** Persona che entra in un paese straniero, per stabilirvisi permanentemente.

immigrant remittances: ***rimesse degli immigranti.*** Fondi inviati dagli immigranti a loro parenti nei paesi di origine. Costituiscono una delle partite invisibili della bilancia dei pagamenti e corrispondono ad importazioni per i paesi dai quali sono inviati e ad esportazioni per i paesi cui sono destinati.

immigration: ***immigrazione.*** Lo spostamento di lavoratori da un paese che offre poche o scadenti possibilità di lavoro ad un altro che offre migliori possibilità da un punto di vista economico o anche semplicemente di condizioni di lavoro. A volte, l'immigrazione ha come substrato persecuzioni politiche o religiose nei paesi dai quali provengono gli immigranti, altre volte essa è dettata dall'impossibilità di svolgere un lavoro altamente qualificato nel paese di origine degli immigranti. Quest'ultimo caso, che ha coinvolto principalmente uomini di scienza, è noto come «fuga dei cervelli». (v. anche *brain drain*)

imminent peril: ***pericolo imminente.*** Nel linguaggio delle assicurazioni, indica un evento che potrebbe causare una perdita o un danno.

immobility: ***immobilità.*** Termine usato in relazione a fattori della produzione che non possono facilmente essere spostati da un'area ad un'altra o da un'occupazione ad un'altra. Il termine si applica in particolare alla manodopera che è riluttante o contraria a spostarsi dall'area geografica o dall'occupazione in cui si trova.

to immobilize: ***immobilizzare.*** Nel linguaggio finanziario, questo verbo indica l'azione mediante la quale un capitale circolante viene sostituito da un capitale fisso o una qualsiasi forma di capitale viene resa immobile mediante investimento in attività non facilmente o prontamente convertibili in moneta.

I.M.O.: international money order.

imp.: 1) import; 2) imported; 3) importer.

impact: **1.** ***impatto.*** L'effetto sulla domanda di un prodotto di una certa campagna pubblicitaria o promozionale. **2.** ***incidenza.*** In questo significato, il termine inglese è usato come sinonimo di *incidence of taxation* (v.).

impact effect: ***effetto d'impatto.*** L'effetto immediato di una variazione, ad esempio della domanda quando l'offerta non riesce ad adeguarsi prontamente alla nuova e mutata situazione. L'effetto di impatto è tanto più grave quanto più lungo è il periodo di tempo necessario per tornare alla situazione di equilibrio. Così, nell'esempio della domanda e dell'offerta, l'aumento di prezzo causato dall'aumento della domanda sarà tanto più elevato quanto più tempo impiegherà l'offerta ad adeguarsi alla nuova situazione.

impaired capital: ***capitale intaccato.*** L'espressione si riferisce al capitale di un'azienda che è stato diminuito, attraverso la distribuzione di dividendi o altre azioni o a seguito di perdite, e portato al di sotto del valore che esso aveva al momento in cui furono emesse le azioni corrispondenti.

impair investment: ***investimento improduttivo.*** Un investimento che non crea nuovi beni capitali. Ne sono esempi l'acquisto di valori mobiliari, dopo la loro emissione, da un precedente proprietario o i prestiti utilizzati per il consumo.

impair savings: ***risparmio disarmonico.*** Termine usato da H. Johannsen per indicare il risparmio derivante dall'astensione dalle spese in consumi, ma non diretto a finanziare spese in conto capitale.

impartial chairman: ***presidente imparziale.*** Nel linguaggio statunitense delle relazioni industriali, è un arbitro nominato congiuntamente dalle organizzazioni sindacali e padronali, perché agevoli la soluzione di conflitti relativi a particolari contratti di lavoro soggetti ad arbitrato.

imperfect competition: **1.** ***concorrenza imperfetta.*** Situazione che si verifica in una grande varietà di forme, che rendono pertanto difficile lo sviluppo di una teoria della concorrenza imperfetta. Tali forme possono andare dal quasi monopolio da un lato alla quasi perfetta concorrenza dall'altro. La situazione di concorrenza imperfetta, che è in definitiva quella che caratterizza pressocché tutti i mercati odierni, può definirsi come situazione in cui, a causa di particolari condizioni del mercato o di vantaggi realizzati da compratori o venditori, i prezzi possono venire influenzati in modo anomalo da uno o più operatori. Ad esempio, nel commercio al dettaglio la concorrenza imperfetta è la norma ed è caratterizzata da una o più delle seguenti condizioni: barriere all'entrata di nuovi operatori sul mercato, a causa degli alti investimenti necessari o di pratiche collusive tra gli operatori già esistenti; possibilità, da parte del venditore, di influenzare la domanda mediante la differenziazione del prodotto, le insistenti campagne pubblicitarie, il possesso di marchi di fabbrica o diritti di sfruttamento di brevetti; conoscenza imperfetta, da parte dei consumatori e dei produttori, del mercato e, quindi, dei prezzi e dei profitti; assenza di concorrenza di prezzo. (v. anche *perfect competition*) **2.** ***concorrenza monopolistica.*** Il termine inglese è a volte usato con lo stesso significato di *monopolistic competition* (v.).

imperfect information: ***informazione imperfetta.*** La conoscenza relativamente incompleta da parte degli operatori di un mercato, dei prezzi presenti e futuri e dell'ubicazione dei beni e servizi trattati su quel mercato. (v. anche *perfect information*)

imperfect market: ***mercato imperfetto.*** È detto mercato imperfetto quello in cui non si verificano i presupposti della concorrenza perfetta o in cui non si verificano appieno i requisiti di un mercato perfetto. In effetti, sono pochi i mercati che si avvicinano alla definizione di mercato perfetto (e questi potrebbero essere la borsa valori e un mercato libero delle valute estere), ma i mercati all'ingrosso vi si avvicinano di più di quelli al dettaglio e ciò a causa della struttura di questi ultimi. In essi, infatti, è impossibile che tutti i compratori siano in contatto con tutti i venditori, perché i primi non hanno, o non reputano economico trovare, il tempo per confrontare i prezzi praticati dai vari venditori neppure all'interno di una città media o in un solo quartiere di una grande città. Inoltre, il consumatore, spinto da scelte generalmente indotte, non considera omogenee tutte le marche di un prodotto e di solito, per motivi di comodità, preferisce servirsi sempre dello stesso rivenditore. (v. anche *perfect competition, perfect market*)

imperfect oligopoly: ***oligopolio imperfetto; oligopoloide; eteropolio circolare; concorrenza monopolistica entro piccoli gruppi.*** Situazione di mercato che si verifica quando, di fronte alla concorrenza perfetta tra compratori, esiste un piccolo gruppo di venditori che offrono prodotti non omogenei, per cui non risulta indifferente per il compratore acquistare da uno o dagli altri produttori presenti sul mercato. La differenziazione dei prodotti, tuttavia, può essere minima, ma spacciata come grande attraverso campagne pubblicitarie con cui i pochi produttori tentano di far credere ai consumatori che il loro prodotto è superiore a quello dei concorrenti. (v. anche *oligopoly, perfect oligopoly*)

imperfect polypoly: ***polipolio imperfetto; polipolio con prodotto differenziato; eteropolio atomistico; polipoloide; concorrenza monopolistica entro grandi gruppi.*** Situazione di mercato caratterizzata dalla presenza di un numero rilevante e imprecisato di venditori dello stesso bene o servizio, di fronte alla concorrenza perfetta tra compratori. I beni o servizi offerti dai venditori, tuttavia, risultano alquanto differenziati, pur se tra loro sostituibili, per cui non è indifferente per i compratori acquistare da uno o da un altro venditore. (v. anche *polypoly*)

imperfect polypsony: *polipsonio imperfetto; eteropsonio atomistico.* Situazione di mercato caratterizzata dalla presenza di un numero rilevante e imprecisato di compratori di fronte alla concorrenza perfetta dei venditori i quali, però, a causa delle diverse condizioni economiche dei compratori preferiscono offrire solo a quelli tra loro che presentano situazioni economiche più solide. (v. anche *polypsony*)

imperial bushel: *bushel imperiale.* È il *bushel* (v.) in uso nel Regno Unito, uguale a 2219,36 pollici cubici, corrispondenti a 36,3677 litri, ed equivalente a 1,03205 bushel winchester. Il bushel viene usato come unità di misura di volume per aridi e corrisponde al peso di quarantotto libbre per l'orzo; di cinquanta libbre per il mais; di trentaquattro libbre per l'avena; di sessanta libbre per il frumento; di cinquanta libbre per la farina.

Imperial Economic Conference: *Conferenza economica imperiale.* È la conferenza che si concluse con gli Accordi di Ottawa del 1932. A seguito di tali accordi, fu introdotto il principio della preferenza imperiale su larga scala, col risultato che le importazioni del Regno Unito dai paesi del Commonwealth aumentarono notevolmente. (v. anche *imperial preference, Ottawa Agreements*)

imperial gallon: *gallone imperiale.* Misura per liquidi, così chiamata perché in uso nell'ex impero britannico e nel Regno Unito, equivalente a litri 4,5459 e suddiviso in quattro quarti (*quarts*). Un gallone imperiale è uguale a dieci libbre avoirdupois, o 277,42 pollici cubici, di acqua a 62 gradi Farenheit.

imperialism: *imperialismo.* In economia, questo termine è usato con lo stesso significato di *economic imperialism* (v.).

imperial pint: *pinta imperiale.* Misura di capacità per liquidi e aridi in uso nel Regno Unito. Corrisponde all'ottava parte di un gallone, circa trentaquattro pollici cubici e mezzo, ed equivale a 0,568 litri.

imperial preference: *preferenza imperiale.* La concessione, da parte del Regno Unito, di una tariffa doganale preferenziale ai paesi dell'ex impero britannico. L'idea di una tariffa preferenziale fu propugnata già nel 1903, ma non potè essere attuata se non quando il Regno Unito abbandonò la politica del libero scambio, cioè nel 1932, anno degli Accordi di Ottawa e della Conferenza economica imperiale. Poiché la concessione era su base di reciprocità, il volume di scambi tra Regno Unito e Commonwealth crebbe notevolmente: il primo importava principalmente materie prime e generi alimentari, mentre i paesi del Commonwealth si dimostrarono un ampio ed ottimo mercato per i prodotti finiti dell'industria britannica. (v. anche *Imperial Economic Conference, Ottawa Agreements, tariff reform*)

imperial ton: *tonnellata inglese.* Anche detta *long ton*, è l'unità di misura di peso equivalente nel Regno Unito a 2240 libbre avoirdupois, pari a 1016,4471 kilogrammi. (v. anche *metric ton, short ton*)

impersonal accounts: *conti impersonali.* In contabilità, sono i conti non intestati a persone fisiche o giuridiche, come ad esempio il *cash account* (v.), il *capital account* (v.) e simili.

impersonal ledger: *mastro dei conti impersonali.* Il mastro che contiene tutti i conti impersonali di un'impresa.

impersonal payee: *prenditore impersonale; beneficiario impersonale.* In relazione all'assegno bancario, è un prenditore che non può essere identificato in una persona fisica o giuridica. Assegni del genere non sono pagabili al portatore, ma possono essere pagati ad una persona fisica o giuridica soltanto se opportunamente girati dal traente.

impersonal security: *garanzia non personale.* È una garanzia prestata non da una persona fisica, ma da una società, generalmente una compagnia di assicurazione che emette una fideiussione nell'ambito dell'assicurazione crediti, o da beni reali o deposito di titoli o altri certificati rappresentativi di diritti il cui oggetto è costituito da moneta, beni mobili o beni immobili. (v. anche *collateral security, personal security*)

implementation lag: *sfasamento di attuazione.* Il tempo che intercorre tra l'adozione e l'applicazione di decisioni di politica monetaria.

implicit costs: *costi impliciti; costi figurativi.* Sono costi sotto forma non di effettivi esborsi monetari, bensì di mancata utilizzazione di risorse in un uso alternativo. Ad esempio, è soggetto a costi del genere chi, per seguire un corso universitario o altro tipo di istruzione, rinuncia all'opportunità di lavorare e guadagnare un reddito.

implicit interest: *interesse di computo.* Termine usato con lo stesso significato di *imputed interest* (v.).

implicit interest payment: *pagamento di interessi impliciti.* Rendimento non monetario di cui beneficia il titolare di un conto bancario, sotto forma di servizi gratuiti o a prezzo ridotto.

implicit interest rate: *tasso d'interesse implicito.* Non si tratta effettivamente di un tasso d'interesse, bensì di servizi o altri vantaggi offerti a un depositante in luogo di un tasso d'interesse, quando quest'ultimo non può essere concesso per esplicita proibizione di legge, come ad esempio nel caso di depositi in conto corrente presso le banche inglesi o americane.

implicit personal consumption expenditure deflator: *deflatore implicito delle spese in consumi personali.* Il deflatore, implicito nel procedimento di costruzione del numero indice dei prezzi, che rappresenta il rapporto tra spese effettive in consumi personali in termini monetari e le stesse spese in termini reali.

implicit price deflator: *deflatore implicito dei prezzi.* È il numero indice dei prezzi costruito in modo tale, usando le formule di Laspeyres, da deflazionare il più possibile le varie serie di spese che vanno a costituire il prodotto nazionale lordo di un paese. Il risultato di questo procedimento è che la spesa viene espressa in moneta costante.

implicit rent: *fitto figurativo.* L'ammontare di reddito di impresa che l'imprenditore attribuisce alla terra o all'edificio che possiede e che ospita la sua attività. Equivale al canone di locazione che egli dovrebbe pagare se prendesse la terra o l'immobile in affitto da un differente proprietario. Lo stesso termine si usa in relazione ad abitazioni occupate dal proprietario

implicit tariff: *dazio implicito.* Lo stesso che *effective rate of protection* (v.).

implicit wages: *salario figurativo.* L'ammontare di reddito di impresa che l'imprenditore si attribuisce, quale remunerazione per il suo lavoro nell'ambito dell'azienda. Il salario figurativo dovrà, pertanto, essere detratto dal reddito d'impresa prima di poter determinare il profitto netto.

implied conditions: *condizioni implicite; condizioni tacite.* Lo stesso che *implied terms* (v.).

implied contract: *contratto implicito.* Contratto nel quale la volontà delle parti si manifesta attraverso le loro azioni, più che attraverso parole o scritti. L'esempio più comune è la fornitura di beni o servizi effettuata da una delle parti in circostanze e situazioni che non lasciano dubbio sull'intesa implicita e reciproca che essi saranno pagati.

implied terms: ***condizioni implicite; condizioni tacite.*** Sono quelle condizioni non incluse espressamente in un contratto, ma che il diritto reputa che le parti non avrebbero omesso di inserire se lo avessero ritenuto necessario o se ci avessero pensato e che ogni uomo di buon senso darebbe per scontate.

implied trust: Il termine inglese indica una specie di negozio fiduciario che viene ad instaurarsi quando il rapporto fiduciario scaturisce non dalla volontà delle parti, bensì per effetto della legge al fine di soddisfare una questione di giustizia ed equità. Un tale rapporto nasce, pertanto, in vari casi e può configurarsi, ad esempio, nel diritto di ritenzione e di pegno del venditore in relazione ad una parte del prezzo non ancora pagata dal compratore. Un altro esempio può essere il caso in cui un creditore ipotecario vende il bene ipotecato ricavando una somma superiore a quella del proprio credito, nel qual caso viene ritenuto dalla legge amministratore fiduciario della differenza tra somma realizzata dalla vendita e ammontare complessivo del suo credito.

implied volatility: ***volatilità implicita.*** Espressione del linguaggio finanziario con la quale si indica uno strumento di misurazione tecnico elaborato in base ai premi sui contratti a premio di titoli di stato a breve termine e che indica le aspettative degli operatori circa la volatilità futura dei prezzi dei titoli sui quali si basa.

implied warranty: ***garanzia implicita.*** Insieme di condizioni relative ad un bene venduto, la cui esistenza il compratore ha diritto di supporre quando il venditore non le escluda esplicitamente. Così, ad esempio, il compratore può supporre che il venditore abbia il diritto di cedere il bene; che esso non sia soggetto ad ipoteca; che nessuno lo disturberà nel pacifico godimento del bene acquistato e così via.

to import: ***importare.*** Acquistare beni o servizi in paesi stranieri per poi rivenderli nel territorio nazionale.

import: ***bene d'importazione.*** È un bene o servizio prodotto da residenti di un paese estero ed acquistato da residenti in un altro paese. (v. anche *imports*)

Import and Export List: ***Lista delle importazioni e delle esportazioni.*** Termine con il quale nel Regno Unito si indica l'elenco, pubblicato ogni anno dalle autorità statali, che rappresenta la classificazione ufficiale di tutti i beni cui devono adeguarsi gli importatori e gli esportatori nell'approntare i moduli richiesti dall'amministrazione delle dogane.

importation: 1. ***importazione.*** L'azione di introdurre in un paese beni o servizi prodotti in altri paesi. **2.** ***bene d'importazione.*** In questo significato, il termine inglese viene usato come sinonimo di *import* (v.).

import barriers: ***barriere alle importazioni.*** Tutti gli accorgimenti che contribuiscono a limitare le importazioni di beni e servizi. Il termine è spesso usato con lo stesso significato di *trade barrier* (v.).

import broker: ***intermediario d'importazione.*** È colui che funge da intermediario tra un esportatore ed un importatore. Può essere una persona fisica, ma più spesso si tratta di un'organizzazione quale ad esempio una casa di importazione. (v. anche *export agent, export commission house*)

import cargo: ***carico d'importazione.*** Carico di una nave o di un aereo, destinato al mercato interno del paese importatore.

import commission agent: ***commissionario d'importazione.*** Intermediario che si interessa di ottenere approvvigionamenti dall'estero per conto di un grosso importatore. Viene remunerato con una commissione, rappresentata da una percentuale sull'entità degli affari portati a buon fine.

import competitiveness: ***competitività delle importazioni.*** La situazione in cui le importazioni da uno o più paesi stranieri risultano concorrenziali, generalmente in relazione al prezzo, sul mercato nazionale del paese importatore. È la medesima situazione descritta sotto *export competitiveness* (v.), pur se vista dall'angolazione opposta.

import control: ***controllo sulle importazioni.*** Lo stesso che *import restrictions* (v.).

import cover: ***copertura delle importazioni.*** Nel linguaggio commerciale e finanziario, indica il numero di mesi per i quali i costi delle importazioni lorde di un paese risultano coperti dalle riserve monetarie dello stesso paese.

import deposit: ***deposito a fronte di importazioni.*** Accorgimento cui a volte ricorrono i paesi che intendono ridurre le loro importazioni. Consiste nell'imporre all'importatore di effettuare un deposito infruttifero, presso la banca centrale o altro ente a ciò preposto, pari ad una data percentuale del valore dei beni che si intende importare. Tale deposito sarà trattenuto per un tempo stabilito e poi restituito all'importatore. La funzione del deposito è quella di ridurre la liquidità degli importatori, riducendo così anche la quantità delle importazioni, ma potrebbe non sortire gli effetti voluti se gli importatori riescono ad ottenere finanziamenti a basso tasso di interesse o se gli esportatori stranieri sono disposti ad addossarsi l'onere finanziario del deposito, al fine di non perdere le posizioni di mercato già acquisite. Nel Regno Unito si fece ricorso a questo accorgimento nel novembre del 1968 e il deposito da versarsi ammontava al 50% del valore dei beni da importare. Esso restava bloccato per sei mesi, ma ne erano esenti le importazioni di beni alimentari e di materie prime. Tale ammontare fu ridotto al 40% nel dicembre del 1969, al 30% nel maggio del 1970, al 20% nel settembre del 1970, finché fu del tutto abolito nel dicembre del 1970.

import duties: ***dazi d'importazione; dazi di entrata.*** Imposte che colpiscono i beni che entrano in un paese provenendo da altri paesi. I dazi di importazione hanno l'effetto di aumentare le entrate dello stato e, nello stesso tempo, di rendere più costosi i prodotti stranieri, offrendo così una qualche protezione alle industrie nazionali. Spesso si realizzano accordi doganali fra stati per ridurre o abolire reciprocamente i dazi di importazione. Un esempio di tali accordi fu la preferenza imperiale ed è attualmente la Comunità Economica Europea. I dazi di importazione possono essere ad valorem, quando vengono determinati in base al valore del bene importato, e specifici, quando colpiscono un particolare tipo di beni in relazione alla quantità importata. (v. anche *imperial preference, European Economic Community*)

Import Duties Act: ***legge sui dazi d'importazione.*** È la legge, approvata dal parlamento britannico nel 1932, che imponeva dazi d'importazione su una vasta gamma di prodotti provenienti da paesi non appartenenti all'impero britannico. Essa segnò l'abbandono, da parte del Regno Unito, della politica di libero scambio perseguita fino ad allora dal diciannovesimo secolo. Lo stesso termine indica la legge, approvata dal parlamento britannico nel 1958, che consolidava tutta una serie di dazi d'importazione imposti in epoche diverse a partire dal 1915, attraverso l'adozione di una classificazione standard, usata anche da altri paesi e chiamata nomenclatura tariffaria di Bruxelles.

Import Duties Advisory Committee: ***Comitato consultivo sui dazi d'importazione.*** Comitato istituito in base alla legge sui dazi di importazione (v. *Import Duties Act*) col compito di segnalare al governo eventuali altri dazi da porre in vigore in aggiunta a quelli previsti dalla succitata legge. Fu abolito nel 1939, quando i suoi compiti furono assorbiti dal *Board of Trade* (v.).

imported inflation: ***inflazione importata.*** L'inflazione che si sviluppa in un paese a seguito dell'aumento dei prezzi di prodotti e materie prime provenienti da altri mercati. Un fenomeno del genere si è verificato in maniera abbastanza diffusa a seguito dell'aumento dei prezzi del petrolio nel periodo 1972–74, ma era già stato notato in occasione del rapido aumento dei prezzi delle materie prime all'epoca della guerra di Corea.

import elasticity: ***elasticità delle importazioni.*** La propensione del volume delle importazioni di un paese a diminuire o aumentare a seguito di variazioni del reddito nazionale.

import entitlement accounts: Speciali conti, intestati ad esportatori del Regno Unito, nei quali veniva loro accreditata una percentuale delle valute estere guadagnate, che potevano in seguito essere utilizzate per pagare importazioni acquistate direttamente da loro o tramite altri importatori. Sono stati aboliti contestualmente all'abolizione dei controlli sui cambi.

import entry: ***bolletta d'importazione.*** Modulo sul quale l'importatore, o un suo agente, deve riportare i dati relativi alle merci di importazione giunte in un porto. In base alle notizie fornite, l'amministrazione delle dogane stabilisce l'entità del dazio di importazione dopo aver confrontato la bolletta con il manifesto di carico fornito dal capitano della nave. Dopo il pagamento del dazio di importazione, la bolletta serve da lasciapassare per l'introduzione delle merci nel paese. I dati riportati su una bolletta di importazione sono più o meno gli stessi che vengono riportati sulla bolletta di esportazione. (v. anche *export entry*)

importer: 1. ***importatore.*** Commerciante che riceve merci dall'estero o a seguito di ordini diretti o in conto deposito per la vendita al meglio nel paese in cui risiede. (v. anche *import merchant*) **2.** ***paese importatore.*** Termine con il quale si indica quello, fra due paesi che intrattengono scambi commerciali, nel quale vengono consumati o trasformati i beni oggetto di scambio e prodotti nell'altro paese.

import excise tax: ***dazio d'importazione.*** Negli Stati Uniti è un dazio imposto su beni provenienti da altri paesi. È identico a tutti gli altri dazi di importazione, ma differisce da questi in quanto non è incluso nel *Trade Agreements Act* (v.). Pertanto, esso rimane invariato, a meno che venga cambiato a seguito di una decisione del Congresso. Tale tipo di dazio fu in origine imposto su alcuni importanti prodotti e materie prime, quali il rame, il carbone, il legno e il petrolio, col chiaro intento di proteggere la produzione nazionale.

Import–Export Bank: Istituzione statunitense, fondata nel 1961 per fornire assicurazione agli esportatori americani sui crediti derivanti da esportazioni e contro i rischi politici cui essi sono esposti nei paesi stranieri.

import–export trade: ***commercio di importazione e esportazione.*** Attività commerciale avente per oggetto l'importazione di beni prodotti all'estero e l'esportazione verso altri paesi di beni prodotti sul territorio nazionale.

import gold point: ***punto metallico inferiore; punto dell'oro inferiore.*** Termine usato con lo stesso significato di *gold import point* (v.).

importing house: ***casa d'importazione.*** Termine generico usato per indicare un'impresa commerciale che importa prodotti da altri paesi per rivenderli sul mercato nazionale.

import letter of credit: ***lettera di credito d'importazione.*** Termine a volte usato con lo stesso significato di *letter of credit 1* (v.), specialmente per indicare una lettera di credito emessa da una banca estera in favore di un venditore locale, mediante la quale si autorizza quest'ultimo a emettere tratte sulla banca estera contro spedizione dei beni in questione.

import levy: ***dazio compensativo.*** Nella politica agricola comunitaria, rappresenta lo strumento principale mediante il quale è possibile mantenere i prezzi agricoli ad un livello equo per gli agricoltori. Si tratta di un'imposta, simile a un dazio d'importazione, che viene fatta gravare su tutti i prodotti agricoli importati nella Comunità e provenienti da paesi terzi. Il dazio compensativo è variabile, in quanto viene fissato periodicamente dalle autorità agricole comunitarie, facendolo corrispondere alla differenza tra costo sbarcato e prezzo di soglia. (v. anche *landed cost, threshold price*)

import licence: ***licenza d'importazione; permesso d'importazione.*** Autorizzazione ufficiale che un importatore può dover richiedere prima di procedere alla importazione di merci estere. La richiesta di una licenza d'importazione è prescritta nel caso in cui le autorità monetarie intendono controllare le spese all'estero o quando un paese impone contingentamenti alle importazioni di determinati beni, generalmente al fine di proteggere le industrie nazionali. Ovviamente, la licenza d'importazione è valida soltanto per le merci in essa descritte, nella quantità specificata. (v. anche *import quota*)

import–licensing scheme: ***piano di limitazione delle importazioni mediante licenze.*** Il piano, adottato da un certo numero di paesi, che prevede che si debba richiedere la preventiva autorizzazione per l'importazione di tutti o di determinati beni provenienti da paesi esteri. È uno dei sistemi mediante i quali i paesi limitano le importazioni, ergendo le cosiddette barriere non doganali.

import list: ***lista delle importazioni; elenco delle importazioni.*** È un elenco, preparato in ordine alfabetico, nel quale vengono classificati i beni di importazione. È redatto dalle autorità doganali a fini statistici e riporta la descrizione dettagliata di ciascuna classe di merci.

import merchant: ***importatore in proprio.*** Il termine inglese indica una figura di commerciante lievemente diversa da un *importer* (v.), in quanto egli acquista merci estere in proprio, le stocca e le rivende in quantità più o meno consistenti ad altri commercianti nazionali. Egli, pertanto, sostiene tutti i rischi dell'operazione commerciale di importazione dei beni esteri.

import penetration: ***penetrazione delle importazioni.*** Un aumento della proporzione di consumi nazionali coperto da importazioni.

import permit: ***permesso d'importazione; licenza d'importazione.*** Termine usato con lo stesso significato di *import licence* (v.).

import procedure: ***procedura d'importazione.*** Dopo che le merci sono state ordinate all'estero e spedite dal paese esportatore, esse giungono in uno dei porti o altri terminali autorizzati alla discarica di importazioni nel paese importatore. A questo stadio, la procedura prevede la consegna del manifesto di carico, o documento equivalente, da parte del capitano alle autorità doganali; la presentazione, da parte dell'importatore o di un suo agente, della bolletta d'importazione; la discarica delle merci da parte di personale autorizzato; il completamento delle formalità doganali da parte dell'importatore, a seconda che le merci debbano essere depositate in magazzino doganale, debbano essere riesportate o debbano essere immediatamente introdotte nel paese. Per poter prendere in consegna le merci, infine, l'importatore dovrà consegnare la polizza di carico al capitano della nave e dovrà esibire la bolletta d'importazione, debitamente vidimata, alle autorità doganali preposte al rilascio delle merci di importazione.

import quota: ***contingente d'importazione; quota d'importazione.*** È la quantità massima di un bene di cui un paese consente l'importazione. Lo scopo del contingente d'importazione è molteplice: può essere usato, insieme ai dazi d'importazione, per limitare l'ingresso di merci estere al fine di proteggere le industrie nazionali; può essere utilizzato per limitare l'uscita di valuta dal paese; può essere usato come arma di pressione o come trattamento preferenziale nei confronti di determinati paesi esteri; può, infine, rappresentare un mezzo per limitare determinati tipi di consumi. I contingenti d'importazione tra paesi industriali sono stati quasi del tutto eliminati, fatta eccezione per quelli relativi ai prodotti primari.

import rate: ***tariffa per l'importazione.*** Nei trasporti, è la tariffa applicata ai beni di origine straniera per il trasporto sul territorio nazionale.

import regulation: ***regolamentazione delle importazioni.*** Insieme di leggi e atti amministrativi che hanno lo scopo di regolamentare l'importazione di beni e servizi dall'estero. Vi rientrano, oltre alle leggi sulle tariffe doganali, le disposizioni sanitarie sull'importazione di determinati prodotti e tutte le altre cosiddette barriere non doganali, che creano agli importatori costi aggiuntivi e notevole dispendio di tempo ed energia necessari per procurarsi i permessi prescritti e per ottemperare alle disposizioni vigenti.

import restraint: ***limitazione delle importazioni.*** La limitazione delle importazioni praticata da un paese allo scopo di proteggere le proprie industrie o come ritorsione verso decisioni di simile natura prese da altri paesi. Tale limitazione si applica mediante l'adozione di uno qualsiasi dei sistemi citati sotto *import restrictions* (v.).

import restrictions: ***restrizioni delle importazioni.*** Le importazioni di beni da paesi esteri possono essere limitate in vari modi: a) tramite dazi doganali; b) tramite contingenti di importazione; c) tramite restrizioni della disponibilità valutaria degli importatori, ad esempio i depositi a fronte di importazioni; d) tramite proibizione diretta. Anche i motivi che inducono un paese a limitare le importazioni possono essere molteplici: a) tentativo di correggere squilibri nella bilancia dei pagamenti; b) proteggere le industrie nazionali; c) impedire il consumo di beni ritenuti dannosi alla salute o alla morale pubblica; d) aumentare la ricchezza del paese a spese di altri paesi. In molti di questi casi, lo scopo finale è quello di spostare la spesa da beni prodotti all'estero a beni prodotti in patria, ma la realizzazione di questo tentativo spesso dipende dall'elasticità di sostituzione dei beni di importazione. C'è, inoltre, da dire che le limitazioni delle importazioni, se protratte per un periodo di tempo relativamente lungo, portano ad un declino delle esportazioni del paese che le applica, sia perché i paesi stranieri applicheranno le stesse misure nei confronti dei beni provenienti da quel paese, sia a causa della rarefazione sui mercati esteri della valuta del paese in questione. (v. anche *customs duties, import quota, import deposit, elasticity of commodity substitution*)

imports: ***importazioni; beni d'importazione; articoli d'importazione.*** Termine che indica collettivamente i beni e servizi prodotti in altri paesi e introdotti nel paese in questione, che fanno da contropartita ai beni e servizi prodotti in patria e venduti a paesi esteri. Le importazioni, come anche le esportazioni, sono convenzionalmente divise in visibili ed invisibili e se esse superano le esportazioni e non vi sono altre partite che controbilanciano tale eccedenza, il saldo sarà pagato tramite esportazioni di valuta. (v. anche *visible imports, invisible imports*)

import schedule: ***scheda delle importazioni.*** Una scheda che mostra la relazione tra reddito nazionale e la proporzione di tale reddito spesa in beni d'importazione.

import specie point: ***punto metallico inferiore; punto dell'oro inferiore.*** Lo stesso che *gold import point* (v.).

import–substituting industrialization: ***industrializzazione orientata alla sostituzione delle importazioni.*** Il tipo di industrializzazione, a volte perseguita dai paesi in via di sviluppo, che privilegia la fondazione e la crescita di imprese produttrici di beni che precedentemente venivano importati dai paesi più avanzati. La principale giustificazione di questo tipo di industrializzazione è l'esistenza di un mercato interno già costituito, il cui soddisfacimento da parte di industrie nazionali contribuisce a limitare l'uscita di valuta pregiata dal paese. Ovviamente, questo tipo di industrializzazione prevede l'imposizione di alte barriere doganali nei confronti dei beni esteri in questione, se non l'espresso divieto di importarli.

import substitution: ***sostituzione delle importazioni.*** È la politica tendente a rimpiazzare le importazioni con prodotti fabbricati in patria. Se tale politica dà un buon risultato, ciò si manifesterà in un miglioramento dei conti con l'estero.

import substitution policy: ***politica di sostituzione delle importazioni.*** La politica cui si fa cenno sotto *import substitution* (v.) e che è sempre ispirata più da un governo che da un reale meccanismo di mercato. Questo tipo di politica, che in passato veniva ampiamente perseguita dai paesi in via di sviluppo, è stata quasi universalmente abbandonata, in quanto si è dimostrata un mezzo altamente inefficiente per alleviare la scarsità di valuta estera o per ridurre i disavanzi della bilancia dei pagamenti.

import surcharge: ***sopraddazio d'importazione.*** È una delle misure cui ricorrono i governi per frenare le importazioni e correggere gravi squilibri della bilancia dei pagamenti. Consiste in un'imposta addizionale sulle importazioni, calcolata generalmente sul valore degli articoli importati, dopo l'applicazione dei dazi d'importazione. A questa misura fecero ricorso il Regno Unito nel 1964 e gli Stati Uniti nel 1971. Il sopraddazio britannico colpì col 15%, successivamente ridotto al 10%, circa il 20% degli articoli di importazione, ma fu abolito nel novembre del 1966. Il sopraddazio statunitense, che colpiva col 10% quasi il 50% delle importazioni, ebbe vita più breve, perché fu in vigore dall'agosto al dicembre del 1971. Anche l'Italia ha fatto ricorso a questo sopraddazio, ma per un numero di articoli e per periodi piuttosto limitati.

import tariff: ***tariffa sulle importazioni.*** L'insieme dei dazi doganali in vigore in un paese. La tariffa riporta, suddivisi in gruppi, tutti gli articoli soggetti a dazio di importazione, specificandone l'ammontare o la percentuale del valore che devono essere versati nelle casse dello stato. La tariffa doganale riporta anche elenchi di beni esenti da dazio di importazione, di beni la cui importazione o esportazione è proibita e di beni sui quali si può chiedere la restituzione di dazio.

import tariffs: ***dazi d'importazione; dazi di entrata.*** Il termine inglese viene a volte usato con lo stesso significato di *import duties* (v.).

import tax: ***sopraddazio d'importazione.*** Lo stesso che *import surcharge* (v.).

import trade: ***commercio d'importazione.*** La branca dell'attività commerciale che si interessa dell'acquisto all'estero e dell'introduzione nel paese di beni e servizi prodotti in altre nazioni.

to impose: ***imporre.*** Nella terminologia tributaria, questo verbo indica l'azione di gravare un bene di un'imposta o di un dazio di importazione.

imposed lacking: ***astinenza imposta.*** Termine usato da D. H. Robertson per indicare il risparmio derivante dalla riduzione del potere d'acquisto dei redditi monetari correnti causata dall'inflazione delle merci. In tale situazione, coloro che possiedono moneta sono indotti, secondo Robertson, a risparmiare più di quanto farebbero normalmente, allo scopo di controbilanciare la perdita che hanno subito involontariamente a causa della diminuzione di valore della moneta posseduta. (v. anche *commodity inflation*)

impost: ***imposta.*** Il termine inglese è usato principalmente in relazione ai dazi doganali.

impressed stamp: ***timbro a secco.*** Timbro impresso sulla carta di in documento e, pertanto, permanente e indelebile.

imprest account: ***conto di anticipazione.*** Conto nel quale vengono registrati gli aumenti e le diminuzioni del fondo di anticipazione. (v. anche *imprest fund*)

imprest cash: ***fondo di anticipazione.*** Termine usato con lo stesso significato di *imprest fund* (v.).

imprest fund: ***fondo di anticipazione.*** Fondo, di ammontare prestabilito, tenuto sotto forma di contanti o di conto corrente bancario, o di ambedue, per far fronte a piccoli pagamenti da effettuarsi in contanti. L'ammontare disponibile sul fondo viene di tanto in tanto reintegrato tramite trasferimento sul fondo stesso di una somma equivalente al totale dei pagamenti effettuati, di cui devono conservarsi ricevute e mandati.

imprest system: ***sistema delle anticipazioni.*** Il sistema in base al quale si effettuano piccoli pagamenti in contanti il cui totale, ad intervalli di tempo, viene reintegrato tramite trasferimento sul fondo di anticipazione di un ammontare uguale ai pagamenti effettuati nel periodo trascorso dal precedente trasferimento, previa approvazione degli stessi pagamenti da parte di un organo di controllo.

to improve: ***migliorare.*** Nella terminologia delle borse valori, significa che i corsi sono in aumento a seguito di una maggiore vivacità del mercato e di più frequenti scambi.

improved good: ***bene migliorato.*** Un bene, di solito importato, che viene lavorato o montato per farne un altro bene, così aumentandone il valore. Può essere una materia prima, un genere alimentare che viene ad esempio inscatolato o confezionato oppure un componente che serve a produrre un altro articolo più complesso.

improvement: ***miglioramento; miglioria.*** Opera compiuta su un bene di proprietà altrui, che ne accresce il valore in modo durevole. Colui che compie tali opere può chiedere al proprietario del bene il rimborso di una parte del costo sostenuto, nel momento in cui gli riconsegna la proprietà. Per alcune opere di miglioramento la legislazione britannica prevede la preventiva concessione di autorizzazione da parte del proprietario.

improvement bonds: ***obbligazioni per migliorie.*** Tipo di obbligazioni emesse da una municipalità o un ente pubblico allo scopo di finanziare opere di miglioria.

improvement charge: ***contributo di miglioria.*** Termine usato con lo stesso significato di *assessment 3* (v.).

improvement tax: ***contributo di miglioria.*** Lo stesso che *assessment 3* (v.).

impulse buyer: ***acquirente per impulso.*** Colui che acquista un bene perché spinto da un impulso e non perché ne abbia effettivamente bisogno o ne abbia preventivamente pianificato l'acquisto. Di solito, un acquirente del genere non solo non considera l'utilità dell'oggetto che compra, ma non tiene neppure conto del prezzo o della qualità.

impulse buying: ***acquisto per impulso.*** Un acquisto che il consumatore non aveva precedentemente programmato, ma che viene fatto perché egli è stato attirato dalla confezione particolarmente attraente, perché ha visto l'articolo esposto e gli è piaciuto o ancora perché spinto da materiale pubblicitario esposto insieme al prodotto.

impulse goods: ***beni acquistati d'impulso.*** Sono quei beni che il consumatore acquista non in seguito ad una propria esigenza programmata o considerando l'utilità del bene, ma solo perché spinto dall'impulso di comprarli appena li vede.

impure public goods: ***beni pubblici non puri.*** Lo stesso che *quasi-public goods* (v.).

imputation: ***imputazione.*** Attribuzione di spese a determinati prodotti o, nelle aziende di erogazione di pubblici servizi, attribuzione di entrate o uscite a determinati capitoli del bilancio di previsione. Nel linguaggio economico, il termine indica l'attribuzione di valore alle risorse produttive in base al contributo che esse apportano al valore finale dei prodotti. Per la teoria dell'imputazione, v. *theory of imputation.*

imputation system: ***sistema di imputazione.*** Nel linguaggio fiscale, indica il sistema in base al quale quando una società distribuisce un dividendo (o effettua in favore dei soci pagamenti simili a un dividendo), una parte dell'imposta pagata dalla società sui propri utili viene imputata a credito degli azionisti. Questo credito d'imposta costituisce parte del reddito dell'azionista, ma soddisfa anche la sua esposizione nei confronti del fisco se l'aliquota pagata è uguale a quella cui è soggetto l'azionista. Se, invece, quest'ultimo è esentato dal pagamento o è soggetto a un'aliquota inferiore, potrà chiedere il rimborso del credito; ma se è soggetto a un'aliquota più alta, dovrà versare la differenza tra il credito d'imposta e la base imponibile relativa a quel tipo di reddito. (v. anche *tax credit*)

imputed: ***di computo; figurativo.*** Termine generico, usato per indicare un valore cui non corrisponde un esborso monetario. Ad esempio, il fitto non pagato da chi occupa un immobile proprio o l'interesse calcolato sul capitale di apporto che un'impresa utilizza per la propria attività. (v. anche *imputed interest, implicit rent*)

imputed cost: ***costo imputato; costo figurativo.*** Il termine è usato in tre significati: a) parte di costo comune o congiunto attribuito ad un qualsiasi bene o servizio ricevuto o prodotto congiuntamente ad altri; b) valore di un fattore della produzione inscindibile da uno o più altri fattori; c) il costo–opportunità di input posseduti dalla impresa produttrice e, pertanto, non effettivamente pagati da essa, pur se essa sacrifica il ricavo che potrebbe ottenere se fornisse questi input ad altri.

imputed income: ***reddito imputato; reddito figurativo.*** È il corrispondente del costo imputato, quando si considerano i fattori della produzione posseduti dall'impresa che li utilizza. Così, se il costo imputato è il prezzo che l'impresa dovrebbe pagare per procurarsi i fattori della produzione se non li possedesse, il reddito figurativo è ciò che ricaverebbe se i fattori che essa possiede e utilizza venissero venduti a terzi.

imputed interest: ***interesse di computo; interesse figurativo.*** Interesse che non implica un esborso monetario, in quanto è soltanto figurativo. Viene, infatti, calcolato al tasso normale di impiego sul capitale utilizzato da un'impresa e fornito dall'imprenditore, al fine di distinguere la remunerazione normale d'investimento del capitale dall'utile industriale o commerciale realizzato dall'impresa attraverso l'utilizzo di quel capitale. L'interesse di computo è spesso considerato come un costo di produzione.

imputed rent: ***fitto figurativo.*** Termine usato con lo stesso significato di *implicit rent* (v.).

imputed value: ***valore figurativo.*** Un valore logico o implicito, che tuttavia non compare in alcun documento contabile.

in.: inch.

inactive: ***inattivo.*** Nel linguaggio delle borse valori, denota una situazione di mercato caratterizzata da scarsa o nessuna attività, con pochi compratori e venditori.

inactive assets: ***attività inattive.*** Attività non utilizzate in maniera continuativa nel processo produttivo, come ad esempio un generatore ausiliario.

inactive class: ***classe inattiva.*** In un'economia, è l'insieme delle persone che non partecipano direttamente al processo produttivo, bensì forniscono o hanno fornito il capitale necessario alla produzione di beni e servizi e ne traggono un beneficio sotto forma di interessi o dividendi. (v. anche *active class*)

inactive money: ***moneta inattiva; moneta inutilizzata; moneta oziosa.*** La parte della massa circolante non utilizzata per il finanziamento di attività industriali o commerciali o non negoziata sul mercato monetario, perché tesaurizzata da privati per quella che Keynes chiamò preferenza per la liquidità. L'ammontare complessivo della moneta inutilizzata varia col variare dei tassi di interesse bancari o dei titoli a reddito fisso, in quanto coloro che la tesaurizzano sono pur sempre stimolati da moventi speculativi. Il termine inglese viene anche usato per indicare quella parte di depositi bancari non utilizzata per finanziamenti, pur se il rapporto tra riserve totali e depositi della banca ne consentirebbe l'utilizzazione sotto forma di nuove concessioni di credito.

inactive stocks: ***azioni inattive.*** Nel linguaggio finanziario statunitense, sono quelle azioni che vengono raramente trattate nelle borse valori. Di solito si tratta di titoli acquistati da risparmiatori e, pertanto, conservati come fonte di reddito rappresentato dai dividendi. (v. anche *active stocks*)

inadequacy: ***inadeguatezza.*** Il termine inglese indica, nel linguaggio dell'economia, l'inadeguatezza per insufficienza di capacità o d'uso di un bene capitale al processo produttivo nel quale viene utilizzato. Insieme all'usura e all'obsolescenza è uno dei fattori in base ai quali vengono determinati i tassi di ammortamento. Secondo un altro concetto contabile, l'inadeguatezza è uno dei due elementi che determinano l'obsolescenza, derivante dalle variazioni di scala di produzione, che rendono necessaria una nuova progettazione degli impianti. (v. anche *supersession*)

in–and–outer: ***speculatore di borsa valori.*** Lo stesso che *in–and–out trader* (v.).

in–and–out trader: ***speculatore di borsa valori.*** Termine statunitense, usato con lo stesso significato di *speculator* (v.), ma limitatamente a chi opera in una borsa valori mediante frequenti acquisti e vendite con l'obiettivo di trarre un profitto dalle fluttuazioni di breve periodo dei corsi azionari.

in arrears: ***in arretrato.*** Espressione usata in relazione a pagamenti più o meno regolari, per indicare che di recente essi non sono stati effettuati, per cui chi li doveva si trova in arretrato.

Inbond: È un'associazione internazionale di operatori che si interessano della compravendita di titoli a reddito fisso.

in bond: ***soggetto a dazio; schiavo di dazio; sotto vincolo doganale; in deposito doganale.*** Espressione usata per indicare beni sui quali non è ancora stato pagato il dazio di importazione e si trovano, pertanto, in un magazzino doganale in attesa di sdoganamento o di riesportazione. (v. anche *bonded goods, bonded warehouse*)

in–bond price: ***prezzo franco deposito doganale.*** Nelle quotazioni relative al commercio internazionale, indica che il prezzo copre tutti i costi fino all'immagazzinamento delle merci in un deposito doganale. Il compratore, pertanto, dovrà sostenere direttamente tutti i costi relativi alla rimozione delle merci dal deposito doganale, incluso il pagamento del dazio di importazione, e al loro trasporto alla destinazione finale.

inbound freight: ***nolo di ritorno.*** Lo stesso che *return freight*(v.).

in bulk: ***alla rinfusa.*** Nel linguaggio dei trasporti, indica che un carico di merci viene posto direttamente nel mezzo di trasporto, stive di navi o vagoni ecc., senza che esse vengano preventivamente imballate o poste in appositi recipienti. Merci che si spediscono alla rinfusa sono, ad esempio, il frumento e il carbone.

inc.: 1) incorporated; 2) increase.

in care of: ***presso.*** Quasi sempre abbreviato in C/o, si fa precedere al nome e all'indirizzo di una persona o di un'organizzazione diverse da quella cui è spedito il plico. Sarà cura di questa persona o organizzazione fare poi giungere la corrispondenza nelle mani della persona cui essa è destinata.

in case of need: ***al bisogno; occorrendo.*** Nel caso di mancata accettazione o mancato pagamento di una cambiale, il beneficiario può richiederne l'accettazione o il pagamento per intervento alla persona che sia stata eventualmente indicata da uno dei coobbligati, cioè traente, girante o garante. L'indicazione viene fatta scrivendo sul lato inferiore sinistro della cambiale le parole *In case of need with...* seguite dal nome della persona cui può rivolgersi il beneficiario. Colui che paga per intervento, acquisisce i diritti inerenti al titolo di credito nei confronti di colui nella cui vece ha pagato, ma non potrà girare nuovamente la cambiale. Nel caso in cui una cambiale contenente la clausola «al bisogno» non venga pagata, essa dovrà essere protestata per mancato pagamento prima che possa essere presentata al bisognatario per il pagamento per intervento.

ince.: insurance.

incentive: ***incentivo.*** Qualsiasi beneficio, tangibile o intangibile, concesso a lavoratori con l'intento di realizzare migliori risultati di produttività. Lo stesso termine indica qualsiasi vantaggio o beneficio concesso, con l'intento di raggiungere migliori risultati, ad esempio ai risparmiatori che investono in determinati settori o ad industrie affinché tentino di aumentare la quantità delle loro esportazioni. (v. anche *incentive scheme*)

incentive bonus: ***incentivo.*** Lo stesso che *incentive* (v.).

incentive bonus scheme: ***piano di incentivi.*** Termine usato con lo stesso significato di *incentive scheme* (v.).

incentive contract: ***contratto a incentivo.*** Un contratto che consente al venditore di partecipare a qualsiasi tipo di risparmio derivante da riduzioni di costo. Tale contratto di solito prevede accuratamente l'obiettivo di costo e di profitto, il prezzo massimo e la percentuale di risparmio dei costi che andrà al venditore come sopraprofitto.

incentive pay: ***retribuzione a incentivo.*** Genericamente un qualsiasi sistema di retribuzione in base al quale il lavoratore viene pagato in relazione al risultato ottenuto in termini di produttività. (v. anche *piece rate, incentive wage*)

incentive payment: ***incentivo.*** Lo stesso che *incentive* (v.).

incentive pay plan: ***piano di retribuzione a incentivo.*** Termine usato con lo stesso significato di *incentive wage system* (v.).

incentive scheme: ***piano di incentivi.*** Si indica con questo termine qualsiasi sistema di remunerazione del lavoro in base al quale l'ammontare del salario guadagnato dipende in gran parte dai risultati conseguiti in fatto di quantità prodotta, qualità del lavoro, ecc. Un tale piano, quindi, avrebbe l'intento di stimolare il lavoratore a conseguire migliori risultati, onde ricevere un salario più elevato. Il piano può essere basato su risultati personali, di gruppo, di reparto, d'azienda o d'industria.

incentive shares: ***azioni d'incentivazione.*** Tipo di azioni emesse da alcune società e destinate ai loro più alti dirigenti, allo scopo di incentivarli a ottenere migliori risultati di gestione. Le condizioni alle quali vengono emesse queste azioni sono particolarmente vantaggiose per i dirigenti, che spesso sono anche autorizzati a convertirle in azioni ordinarie della società in una data futura stabilita.

incentive system: ***sistema di retribuzione a incentivo.*** Termine usato con lo stesso significato di *incentive wage system* (v.).

incentive taxation: ***imposizione incentivante.*** Termine generico, usato per indicare un qualsiasi piano di imposizione fiscale che attraverso la modifica del sistema tributario in essere, sia variando le aliquote o spostando l'incidenza oppure concedendo esenzioni ed agevolazioni alle imprese, contribuisca a stimolare gli investimenti, l'attività produttiva e lo sviluppo economico in generale o lungo direttrici programmate.

incentive wage: ***salario a incentivo; salario progressivo.*** Sistema misto di retribuzione, mirante a stimolare il lavoratore a intensificare o rendere più produttivo il proprio lavoro. Consiste di due parti: un salario minimo sicuro e un supplemento di remunerazione che varia in ragione del risultato conseguito in termini di produttività, nell'unità di tempo in confronto al rendimento medio di un operaio, o di economie di materie prime realizzate a parità di produzione.

incentive wage plan: ***piano di retribuzione a incentivo.*** Termine usato con lo stesso significato di *incentive wage system* (v.).

incentive wage system: ***sistema di salario a incentivo; sistema di salario progressivo.*** È il sistema salariale che prevede premi, o incentivi, in relazione ad aumenti di produzione o ad economie di materie prime. (v. anche *incentive wage*)

inception: ***inizio.*** Nel linguaggio delle assicurazioni, il termine inglese indica il momento in cui la copertura assicurativa comincia ad essere operante.

inch: ***pollice.*** Misura di lunghezza, in uso nei paesi anglosassoni, corrispondente a un dodicesimo di piede o 2,539 centimetri. (v. anche *foot*)

inchmaree clause: ***clausola inchmaree.*** Clausola delle assicurazioni marittime, quasi universalmente inserita nelle polizze che assicurano navi a vapore. Copre i danni allo scafo o alle macchine derivanti da negligenza del capitano o dell'equipaggio, ma non degli armatori, o derivanti da esplosioni, guasti o difetti latenti dello scafo o delle macchine. Copre, quindi, tutti quei rischi che non rientrano tra i *perils of the sea* (v.).

incidence of taxation: ***incidenza delle imposte.*** Lo stesso che *tax incidence* (v.).

incidental expenses: ***spese occasionali.*** Spese che un'impresa o un privato sono tenuti a sostenere di tanto in tanto, ma non in maniera regolare e cadenzata.

incipient inflation: ***inflazione incipiente.*** Lo stesso che *repressed inflation* (v.).

in clearing: ***compensazione in entrata.*** Quando una banca procede ad un'operazione di compensazione con una o più banche diverse, i titoli di credito che una banca consegna alle altre rappresentano per quella banca la compensazione in uscita e i titoli di credito che essa riceve dalle altre banche rappresentano per lei la compensazione in entrata. (v. anche *clearing 1, clearing house*)

income: **1.** ***reddito.*** L'utile che deriva ad un soggetto dall'esercizio di un mestiere, di una professione o di un qualsivoglia impiego di capitale. Quando il reddito deriva dall'esercizio di un'attività imprenditoriale, sia essa industriale che commerciale, è più propriamente chiamato profitto. In economia, col termine reddito si intende il flusso di beni e servizi o di moneta di cui può disporre un singolo soggetto economico o una collettività in un dato arco di tempo, al termine del quale si troverà in condizioni economiche uguali a quelle iniziali. (v. anche *earnings, profit*) **2.** ***entrata.*** Qualsiasi aggiunta ad una quantità già esistente di un bene, di solito col significato opposto a «uscita». Trattandosi di un termine generico, può adattarsi a vari altri significati che abbiano, comunque, la connotazione di «entrata». (v. anche *outgo 2*)

income account: ***conto di reddito.*** Un qualsiasi conto acceso ad un particolare tipo di entrata o alle entrate e uscite correnti dell'anno contabile.

income analysis: ***analisi del reddito.*** Lo stesso che *income determination* (v.).

income and earned surplus account: ***prospetto del reddito e dell'eccedenza conseguita.*** Termine a volte usato nel linguaggio contabile statunitense con lo stesso significato di *profit and loss account* (v.).

income and expenditure account: ***conto delle entrate e delle spese.*** Conto, tenuto generalmente da circoli ricreativi o organizzazioni senza scopo di lucro, che mostra le entrate e le uscite relative ad un determinato periodo e il saldo attivo o passivo al termine del periodo cui il conto si riferisce.

income and expenditure equation: ***equazione del reddito e delle spese.*** Espressione matematica che indica la relazione, in condizioni di equilibrio, tra il reddito nazionale da un lato e i consumi e gli investimenti dall'altro. L'equazione è: Y = C + I, dove Y corrisponde al reddito nazionale; C sono le spese per consumi; I sono gli investimenti. L'equazione è considerata utile per la sua relazione implicita al risparmio e al livello generale di attività economica. In quanto, se Y = C + I e S = Y – C (con S indichiamo il risparmio), allora Y = C + S e I = S. Se ne ricava che per mantenere invariati il reddito nazionale e il livello generale dell'attività economica si devono investire tutti i risparmi della collettività.

income balances: ***disponibilità di reddito.*** Nella terminologia keynesiana, sono saldi attivi di depositi di reddito o quantità di moneta liquida tenuta dai percettori di reddito, con cui far fronte alle loro esigenze di acquisto.

income base: ***base imponibile; imponibile.*** Nel linguaggio finanziario, è l'ammontare di reddito al quale va applicata l'aliquota al fine di determinare l'imposta che il contribuente è tenuto a pagare.

income basis: ***base di rendimento.*** È il rapporto tra l'ammontare degli interessi o del dividendo e il prezzo effettivamente pagato per un titolo. Non tiene, pertanto, conto del valore nominale del titolo. (v. anche *maturity basis*)

income bond: 1. ***obbligazione semplice; obbligazione non garantita.*** Tipo di obbligazioni che prevedono il pagamento di interessi solo se l'impresa emittente realizza un utile nel corso dell'anno. Possono essere cumulative e non cumulative, ma il diritto delle prime può scadere dopo un certo periodo di tempo, di solito tre anni. Quando si realizzano utili, l'impresa verserà l'interesse su queste obbligazioni prima di pagare un qualsiasi dividendo sulle azioni ordinarie. **2.** ***polizza di rendita.*** Lo stesso termine viene usato nel Regno Unito per indicare il tipo di titolo descritto sotto *insurance bond* (v.).

income bracket: ***scaglione di reddito.*** Ciascuna delle fasce di reddito, delimitate da un massimo e da un minimo, alle quali si applicano le diverse aliquote fiscali in un sistema di imposizione progressiva.

income cash: ***reddito liquido.*** Nella terminologia keynesiana, indica il reddito sotto forma di denaro liquido, tenuto dal pubblico come moneta corrente, distintamente separata dalla moneta tesaurizzata.

income class: ***classe di reddito.*** La classe nella quale rientra un contribuente, in base al reddito da lui prodotto nel corso dell'anno.

income–consumption curve: ***curva reddito–consumo; curva del tenore di vita.*** Termine usato con lo stesso significato di *income–consumption line* (v.).

income–consumption line: ***linea reddito–consumo; linea del tenore di vita.*** In economia, si indica con questa espressione la linea usata per porre in relazione il consumo di un bene con il reddito di un individuo o di un nucleo familiare. Per far ciò, prendiamo un sistema di curve di indifferenza con quantità di un bene su di un asse e quantità di un altro bene sull'altro asse. In questo sistema, ciascuna curva di indifferenza mostra tutte le combinazioni dei due beni, che danno al consumatore un uguale grado di soddisfazione. Se tracciamo una linea retta, tangente a ciascuna curva di indifferenza, che collega un punto su un asse ad un punto sull'altro asse, formiamo quella che viene chiamata linea del prezzo, la cui pendenza indica il tasso al quale i due beni vengono scambiati sul mercato. Le linee parallele a questa linea retta riflettono altri livelli di reddito dell'individuo o del nucleo familiare, considerando costanti i prezzi dei due beni, e i punti di tangenza tra le linee del prezzo e le curve di indifferenza formano la curva o linea di reddito–consumo. Questa linea mostra la reazione dell'individuo o del nucleo familiare a variazioni del loro livello di reddito, quando i prezzi, considerati in termini monetari, restano invariati. Un aumento del reddito porterà ad uno spostamento della linea del bilancio, che si allontanerà dal punto di incontro dei due assi, mentre una diminuzione del reddito farà spostare la linea del bilancio all'interno, verso l'origine degli assi. (v. anche *budget line 1, price–consumption line*)

income debenture: ***obbligazione semplice; obbligazione non garantita.*** Termine usato con lo stesso significato di *income bond* (v.).

income deduction: ***detrazione dagli utili.*** Per le persone giuridiche sono tutti quegli oneri, spese e costi non operativi che la legge tributaria statunitense consente che siano portati direttamente a detrazione dagli utili. Perché ciò sia fattibile, deve trattarsi, ad eccezione del caso rappresentato da interessi e imposte sul reddito, di somme quantificabili e di oneri o spese non ricorrenti. Rientrano in questa classe di detrazioni: interessi; oneri di emissione di obbligazioni; imposte sul reddito; perdite su vendite di immobili o impianti; premi ed altre distribuzioni di utili periodiche a funzionari e impiegati; perdite derivanti da calamità naturali, incendi e simili; perdite derivanti da operazioni in valuta estera.

income deflation: ***deflazione dei redditi.*** Nella terminologia keynesiana, indica la diminuzione del tasso dei guadagni–efficienza, che si tramuta in una diminuzione dei costi di produzione.

income deposits: ***depositi di reddito.*** Nella terminologia keynesiana, vengono così chiamati i depositi bancari, tenuti nella forma più liquida possibile, alimentati col reddito dei lavoratori, che ne dispongono per coprire l'intervallo di tempo tra incassi e spese e li impiegano per far fronte alle loro spese personali e ai loro risparmi personali. Lo stesso termine, secondo Keynes, si applica alla moneta liquida tenuta dai lavoratori che non hanno acceso un conto bancario.

income determination: ***determinazione del reddito.*** Il reddito totale di un paese, chiamato reddito nazionale, dipende dalla quantità di investimenti in beni capitali e questa, a sua volta, dipende da un numero di fattori quali ad esempio il consumo, il risparmio, i tassi di interesse, le speranze o aspettative degli imprenditori, ecc. (v. anche *theory of income determination*)

income differential: ***differenziale di reddito.*** La differenza esistente tra il livello di reddito percepito da un lavoratore o una classe di lavoratori e il reddito percepito da un altro lavoratore o un'altra classe di lavoratori. Tale differenza di solito dipende dalla diversità delle mansioni, dalla specializzazione e anche dalla località in cui il lavoratore presta la propria opera.

income distribution: ***distribuzione del reddito.*** La scuola classica dà questo nome a quella branca della teoria economica che studia la ripartizione del prodotto tra coloro che partecipano alla produzione, cioè la remunerazione dei servizi prestati dai fattori della produzione espressa come salario, interesse, rendita e profitto. I problemi relativi a questa distribuzione sono stati risolti dalla teoria della produttività marginale dei fattori della produzione (v. *marginal productivity theory*). Il termine distribuzione del reddito o dei redditi, però, indica anche la distribuzione del reddito nazionale tra coloro che fanno parte di un paese, senza tener conto della loro partecipazione alla produzione. La conoscenza della distribuzione dei redditi tra le varie categorie di persone ha assunto notevole importanza da quando Keynes ha messo in luce le relazioni tra distribuzione del reddito e propensione al consumo. La teoria keynesiana, in seguito confermata da indagini statistiche, sosteneva che la propensione al consumo di una collettività aumenta man mano che si realizza una più uniforme distribuzione dei redditi tra i suoi componenti e viceversa decresce via via che aumentano le sperequazioni e ciò avviene perché le classi più povere spendono in consumi una percentuale di reddito superiore a quella spesa in consumi dalle classi più abbienti. Poiché il moltiplicatore degli investimenti (v. *investment multiplier*) è tanto più elevato quanto più bassa è la propensione al risparmio, ne deriva che un incremento o un decremento della porzione di reddito nazionale destinata alle classi meno abbienti potrebbero ripercuotersi favorevolmente o sfavorevolmente sulla domanda e, quindi, sull'occupazione e sul reddito nazionale. Ciò ha portato ad utilizzare, come misure antidepressive, sgravi fiscali per i redditi più bassi, prestiti al consumo, spese pubbliche che si traducono in redditi, ecc. Da quanto detto innanzi, risulta chiara l'importanza di conoscere l'effettiva distribuzione dei livelli di reddito di cui dispongono i cittadini, più che il tipo di reddito che consente loro di vivere. Per conoscere tale distribuzione, si riduce in percentuali della popolazione totale del paese il numero di individui che rientrano nelle varie classi di reddito e si riduce in percentuali del reddito nazionale l'ammontare complessivo di reddito degli appartenenti alle varie classi. Successivamente, si pongono a confronto queste percentuali e si può calcolare il reddito medio, la percentuale che gode di un reddito superiore alla media e quella che ha un reddito inferiore alla media. Strumenti ben noti per tale indagine sono la curva di Lorenz (v. *Lorenz curve*) e il diagramma di Pareto (v. *Pareto distribution*).

income earned: ***reddito realizzato; reddito guadagnato.*** Reddito, monetario o di altro genere, guadagnato attraverso la fornitura di servizi.

income effect: ***effetto di reddito.*** L'effetto che ha la variazione di prezzo di un bene sulla domanda del bene stesso a seguito della variazione del potere d'acquisto del reddito destinato ai consumi. Supponiamo che un consumatore nell'arco di un determinato periodo di tempo, diciamo un mese, acquisti trenta litri di vino ad un certo prezzo al litro. Se il prezzo del vino diminuisce, il consumatore avrà l'impressione che il suo reddito sia aumentato, perché potrà comprare gli stessi trenta litri di vino con un risparmio che utilizzerà per altri consumi, che potranno essere lo stesso vino, beni differenti o una differente qualità di vino, migliore e più costosa. Nel primo caso, la quantità domandata aumenta come conseguenza diretta dell'aumento del reddito reale del consumatore, ma potrebbe anche aumentare perché, essendo diminuito il prezzo, esso è meno costoso di altri tipi di vino e, quindi, i consumatori potrebbero decidere di sostituire questo tipo di vino ad altri che non hanno subito variazioni di prezzo. Ma se il tipo di vino in questione è di qualità inferiore, cioè è uno dei cosiddetti beni Giffen, può anche darsi che il suo consumatore ne acquisti una quantità inferiore, destinando parte del reddito all'acquisto di una migliore qualità di vino, reso possibile dalla diminuzione del prezzo di quello di cui faceva uso. (v. anche *Giffen goods, substitution effect*)

income effect of taxation: ***effetto di reddito dell'imposizione fiscale.*** È una teoria sostenuta da alcuni economisti, i quali affermano che quando una più alta imposizione fiscale priva i lavoratori di una parte del loro reddito, essi aumenteranno i loro sforzi allo scopo di mantenere invariato il loro reddito netto. Questo effetto dovrebbe, quindi, neutralizzare l'effetto di sostituzione dell'imposizione fiscale. (v. anche *substitution effect of taxation*)

income elasticity of demand: ***elasticità della domanda in rapporto al reddito.*** Se tutti i prezzi restano uguali, l'elasticità della domanda in rapporto al reddito è rappresentata dalla variazione relativa della quantità domandata di un bene, paragonata alla variazione relativa del reddito dei consumatori. Si calcola dividendo la variazione della quantità domandata per la variazione di reddito che l'ha causata e se il quoziente è positivo, vuol dire che un aumento del reddito ha portato ad un aumento della quantità domandata; se, essendo positivo, è basso, significa che ad un aumento del reddito ha fatto riscontro una piccola variazione della quantità domandata; se, viceversa, il quoziente è alto, significa che la domanda ha subito un aumento considerevole in risposta ad un aumento del reddito. Se il quoziente è uguale a zero, vuol dire che l'aumento di reddito non ha portato ad alcuna variazione della domanda. Tuttavia, per alcune classi di reddito, il quoziente potrebbe anche essere negativo, se si osservano i cosiddetti beni Giffen. (v. anche *Giffen goods, income effect*)

income elasticity of exports: ***elasticità delle esportazioni in relazione al reddito.*** Lo stesso concetto esposto sotto *income elasticity of demand* (v.), ma applicato alle esportazioni di un paese e alla crescita del reddito del resto del mondo, cioè il rapporto esistente tra aumento del reddito nei paesi esteri e aumento delle esportazioni del paese in questione.

income elasticity of imports: ***elasticità delle importazioni in relazione al reddito.*** Lo stesso concetto esposto sotto *income elasticity of demand* (v.), ma applicato alle importazioni, cioè il rapporto esistente tra aumento del reddito nazionale di un paese e aumento delle sue importazioni.

income equation: ***equazione del reddito.*** In teoria monetaria, si indica con questa espressione l'approccio applicabile sia all'equazione di Fisher, sia all'equazione di Cambridge. Quest'ultima, considerata sotto l'approccio del reddito, è espressa nel seguente modo: Py = M/(Ty Ky), dove Py rappresenta il livello medio dei prezzi di Ty; M rappresenta la quantità di moneta; Ty rappresenta i beni e servizi che costituiscono il reddito annuo reale, con l'esclusione di spese monetarie che non derivano da reddito reale; K è uguale a 1/Vy, dove Vy è uguale al numero di volte che un'unità di moneta viene spesa nei costituenti reali del reddito nazionale. (v. anche *cash balance equation, Fisher equation*)

income–expenditure model: ***modello reddito–spesa.*** Una teoria della determinazione del reddito che trae origine dalla *General Theory* di Keynes. Il livello del reddito nazionale, cioè la produzione di beni e servizi, dipende dal livello della domanda globale, che a sua volta è determinata dal livello di reddito personale e dal livello dell'imposizione fiscale e degli investimenti.

income from employment: ***reddito da lavoro dipendente.*** Lo stesso che *earned income 1* (v.), ma limitatamente al reddito prodotto da lavoratori dipendenti.

income from labour: ***reddito di lavoro.*** Termine usato da E. Cannan con lo stesso significato di *earned income 1* (v.).

income from property: ***reddito di capitale.*** Termine usato da E. Cannan con lo stesso significato di *unearned income 2* (v.).

income from self-employment: ***reddito da lavoro autonomo.*** Lo stesso che *self-employment income* (v.).

income funds: ***fondi di reddito.*** Sono i fondi comuni d'investimento che tengono in portafoglio una maggioranza di titoli a forte rendimento immediato, che li mette in grado di distribuire un reddito soddisfacente ai sottoscrittori.

income inflation: ***inflazione dei redditi.*** Nella terminologia keynesiana, indica l'aumento del tasso dei guadagni–efficienza, che si tramuta in un aumento dei costi di produzione.

income in kind: ***reddito in natura.*** Beni o servizi, invece di pagamenti in moneta, ricevuti da una persona direttamente come reddito.

income ladder: ***scala dei redditi.*** La scala ideale di successione crescente dei redditi percepiti dalle diverse categorie di lavoratori.

income leakages: ***dispersioni di reddito.*** V. spiegazione sotto *leakage 3.*

income level: ***livello di reddito.*** Il livello, nella scala dei redditi, cui è giunto un lavoratore o altro percettore di reddito.

income maintenance: ***salvaguardia del reddito; mantenimento del livello di reddito.*** Politiche tese a tutelare il livello di reddito di specifici gruppi di lavoratori, attraverso programmi di assicurazioni sociali, di interventi statali e di sostegno dei prezzi dei beni prodotti dai detti gruppi, come ad esempio i prezzi dei prodotti agricoli.

income maintenance programs: ***programmi di salvaguardia del reddito.*** Termine generico e di uso popolare, con il quale si indicano i programmi del governo federale degli Stati Uniti, più propriamente detti *unemployment insurance system* (v.) e *Old-age, Survivors, and Disability Insurance* (v.).

income motive: ***movente del reddito.*** Secondo Keynes, una delle ragioni per cui il pubblico tiene denaro liquido è quella di coprire l'intervallo tra il momento in cui si percepisce il reddito e il momento in cui esso viene speso. La forza di questo movente nell'indurre alla decisione di tenere in forma liquida una data quantità complessiva di moneta dipende principalmente dal livello di reddito e dal periodo di tempo che normalmente intercorre tra le entrate e le uscite.

income multiplier: ***moltiplicatore del reddito.*** È una delle applicazioni della formula keynesiana, che consente di studiare le relazioni tra l'aumento del reddito, effetto primario dell'investimento, e il reddito complessivo. (v. anche *multiplier*)

income-offer line: ***linea reddito-offerta.*** In economia, è una linea applicata al lavoro per mostrare la relazione tra reddito percepito da un lavoratore e tempo libero a sua disposizione. Per poter osservare tale relazione, si prende un sistema di curve di indifferenza e si pongono diversi livelli di reddito sull'asse y e diverse quantità di tempo libero sull'asse x. La linea retta che unisce un punto sull'asse x ad un punto sull'asse y indica tutte le combinazioni di reddito e tempo libero che può avere a disposizione il lavoratore, supponendo costante il saggio salariale. Questa linea retta è chiamata linea del bilancio e la sua pendenza indica un particolare saggio salariale. Sullo stesso sistema, le curve di indifferenza, che risultano convesse rispetto al punto di origine degli assi cartesiani, mostrano tutte le combinazioni di tempo libero e reddito che danno al lavoratore un uguale grado di soddisfazione. Le linee parallele alla linea del bilancio saranno tangenti alle curve di indifferenza e l'unione di tutti i punti di tangenza darà la linea reddito–offerta. Se più linee del bilancio partono a ventaglio dallo stesso punto dell'asse su cui è riportato il lavoro, la linea reddito–offerta indicherà la disponibilità del lavoratore a lavorare a differenti saggi salariali. (v. anche *map of indifference curves, wage rate*)

income payments to individuals: ***redditi personali.*** L'espressione inglese è stata sostituita dalla più moderna *personal income* (v.).

income per head: ***reddito pro capite.*** Lo stesso che *per capita income* (v.).

income profit: ***reddito di lavoro.*** Il termine inglese indica il reddito derivante da un'attività commerciale o professionale ed è, pertanto, usato in contrapposizione a reddito di capitale. (v. anche *capital gain*)

income-purchase line: ***linea reddito-acquisti.*** Se in un sistema di assi cartesiani poniamo su un asse quantità di un bene e sull'altro asse livelli diversi di reddito e tracciamo una linea retta che unisce un punto qualsiasi dell'asse su cui sono riportate le quantità diverse del bene con un punto sull'asse dei livelli di reddito, questa linea, che è detta linea del bilancio, indica tutte le possibili combinazioni del bene e del reddito a disposizione del consumatore, supponendo costante il prezzo del bene. La pendenza della linea del bilancio mostra il prezzo o il particolare tasso di scambio tra moneta e bene in questione. Sullo stesso sistema possiamo tracciare le curve di indifferenza del consumatore, convesse rispetto all'origine degli assi cartesiani, che mostrano tutte le combinazioni del bene e del reddito che danno al consumatore un uguale grado di soddisfazione. Le linee parallele alla linea del bilancio saranno tangenti alle curve di indifferenza e l'unione tra i punti di tangenza darà la linea reddito–acquisti. (v. anche *map of indifference curves*)

income pyramid: ***piramide del reddito.*** Se immaginiamo tutti i percettori di reddito ordinati su piani orizzontali sovrapposti ciascuno dei quali rappresenta un livello di reddito, otteniamo una piramide alla cui base si trovano il maggior numero di persone, che percepiscono un reddito basso, e via via un numero sempre minore di persone sui piani più elevati, fino a giungere al vertice della piramide, occupato da pochissimi individui che godono di un reddito altissimo.

income range: ***classe di reddito.*** Termine usato nel linguaggio tributario con lo stesso significato di *income class* (v.).

income realization: ***realizzazione di reddito.*** In contabilità, indica la determinazione e il riconoscimento, che si concretizzano successivamente in scritture contabili, di un reddito realizzato attraverso la vendita o fornitura di beni e servizi.

income redistribution: ***ridistribuzione del reddito; ridistribuzione della ricchezza.*** Con questa espressione si intende una distribuzione, diversa da quella precedente, della ricchezza intesa sotto forma di reddito, al fine di attenuare le sperequazioni tra classi sociali in un paese. I principali mezzi di cui può disporre un governo per realizzare, in parte, questo progetto sono l'imposizione fiscale progressiva, con aliquote molto elevate per i redditi più alti, e la spesa pubblica in servizi sociali, che fa ricadere sulla comunità i benefici di cui usufruiscono più i poveri che i ricchi. (v. anche *income distribution, inequality of incomes*)

income redistribution programs: ***programmi di ridistribuzione del reddito.*** Lo stesso che *income maintenance programs* (v.).

income–sales ratio: ***rapporto fatturato–reddito; indice fatturato–reddito.*** Il rapporto tra il fatturato globale e il valore aggiunto di un'impresa o un'industria. Può essere considerato un metro per misurare l'ampiezza dell'integrazione verticale; infatti, quanto maggiore è l'integrazione verticale, tanto più alto risulta questo indice.

income share: ***quota di reddito.*** Una quota–parte di un fondo comune d'investimento chiuso, che ha diritto al pagamento dei dividendi durante tutto l'arco di tempo in cui il fondo resta in essere. (v. anche *capital share 2, dual fund*)

income–sharing cartel: ***cartello per il riparto di utili.*** Tipo di cartello costituito da un certo numero di imprese allo scopo di ripartire tra loro gli utili realizzati da tutti i partecipanti.

income sheet: ***conto profitti e perdite; conto economico.*** Nella terminologia contabile statunitense, questo termine viene usato con lo stesso significato di *profit and loss account* (v.).

incomes policy: ***politica dei redditi.*** Si indica con questa espressione una politica governativa tendente a frenare gli aumenti salariali o limitandoli ad un tetto massimo prestabilito o sospendendoli totalmente per un certo periodo di tempo. Scopo di una tale politica è quello di combattere l'inflazione, ponendo in stretta relazione gli aumenti salariali e l'aumento del reddito nazionale reale e accoppiandola ad una politica di restrizione degli aumenti di prezzo. La politica dei redditi è stata criticata da più parti, e soprattutto dai sindacati, nei paesi in cui è stata adottata, in quanto essa disturberebbe il funzionamento del sistema di mercato ed i redditi tenderebbero ad aumentare in maniera anomala al termine del periodo di applicazione di tale politica il che porterebbe a perdere qualsiasi risultato positivo ottenuto a prezzo di notevoli sacrifici da parte dei lavoratori.

incomes structure: ***struttura dei redditi.*** La relazione esistente tra i diversi redditi derivanti da differenti occupazioni.

income stabilizer: ***stabilizzatore del reddito.*** Negli Stati Uniti, questo termine viene usato per indicare il complesso di programmi di previdenza e assistenza sociale che contribuiscono a garantire ai cittadini meno abbienti un determinato livello di reddito. (v. anche *income maintenance programs*)

income standard: ***indice dei redditi.*** Numero indice dei redditi, proposto da Edgeworth.

income statement: ***conto profitti e perdite; conto economico.*** Nella terminologia contabile statunitense, questo termine viene usato con lo stesso significato di *profit and loss account* (v.).

income statement account: ***conto di reddito.*** Nella terminologia contabile statunitense, questo termine viene usato con lo stesso significato di *income account* (v.).

income stock: ***titoli di reddito.*** Espressione generica, usata nel linguaggio finanziario per indicare un titolo azionario o a reddito fisso capace di dare un buon reddito al portatore.

income support: ***sostegno dei redditi.*** Il nuovo tipo di aiuto fornito dal programma di previdenza sociale britannico, in sostituzione della *supplementary allowance* (v.) da cui non si discosta molto.

income–support program: ***programma di sostegno dei redditi.*** Lo stesso che *price–support program* (v.).

income tax: ***imposta sul reddito.*** Imposta diretta prelevata annualmente dal fisco su tutti i tipi di reddito, sia delle persone fisiche che delle persone giuridiche. L'imposta sul reddito è generalmente ad aliquote progressive e, pertanto, colpisce più drasticamente i redditi più alti, mentre non colpisce i redditi più bassi inferiori ad un tetto stabilito e concede detrazioni e deduzioni a seconda del tipo di reddito e della composizione del nucleo familiare del contribuente. In linea di massima, in ogni paese in cui è in vigore, le aliquote, le esenzioni, le detrazioni e deduzioni vengono stabilite anno per anno mediante la legge finanziaria. Sul reddito dei lavoratori dipendenti e su alcuni altri tipi di reddito l'imposta è trattenuta alla fonte, cioè viene detratta dallo stipendio o dal salario, mentre per altri tipi di reddito essa viene determinata in base a dichiarazione del contribuente o accertamento d'ufficio da parte del fisco. Nel Regno Unito l'imposta sul reddito fu introdotta per la prima volta da W. Pitt nel 1799 durante le guerre napoleoniche e fu abolita nel 1816, ma reintrodotta da Peel nel 1842, sempre come imposta temporanea. Sta di fatto che dal 1860 in poi è stata rinnovata di anno in anno.

income tax allowances: ***detrazioni d'imposta sul reddito.*** V. spiegazione sotto *allowance 2.*

income tax assessment: ***accertamento dell'imposta sul reddito.*** Procedimento mediante il quale si giunge a determinare il reddito imponibile di una persona fisica o giuridica. Una volta determinato il reddito imponibile, mediante l'applicazione dell'aliquota o delle aliquote corrispondenti si giunge a determinare l'ammontare di imposta che il contribuente è tenuto a versare al fisco.

income tax band: ***scaglione d'imposta sul reddito.*** Lo stesso che *tax bracket* (v.).

income tax deductions: ***detrazioni d'imposta sul reddito.*** Nel linguaggio tributario britannico, questo termine viene usato con lo stesso significato di *income tax allowances* (v.).

income tax exemption: ***esenzione dall'imposta sul reddito.*** Espressione con la quale si indica che una persona fisica o giuridica non è tenuta a pagare alcuna imposta sul reddito o gode di una parziale esenzione dal pagamento di tale imposta. Per le imprese, ciò può verificarsi a seguito di imposizione incentivante o di agevolazioni concesse per attirare investimenti in determinate aree. Per le persone fisiche, ciò si verifica quando esse non producono il reddito minimo soggetto ad imposta.

income tax filing: ***presentazione della denuncia dei redditi.*** L'invio o la presentazione del modello della dichiarazione dei redditi all'apposito ufficio delle imposte dirette.

income tax form: ***modulo per la dichiarazione dei redditi.*** Modello, da riempirsi a cura del contribuente, nel quale vengono elencati tutti i tipi e l'ammontare di reddito prodotto nell'anno cui si riferisce la dichiarazione.

income tax indexation: ***indicizzazione dell'imposta sul reddito.*** È un sistema di imposizione diretta che tiene conto dei movimenti inflazionistici, così evitando un eccessivo carico tributario quando i redditi aumentano a causa dell'inflazione, dando luogo al fenomeno del drenaggio fiscale. Questo sistema fa sì che il carico fiscale rimanga costante, in relazione al potere d'acquisto di cui può disporre il contribuente, ed elimina il fenomeno per cui un percettore di reddito viene spinto verso aliquote sempre più alte, mentre il suo potere d'acquisto rimane invariato. Se il tasso di inflazione è, diciamo, del dieci per cento e tale aumento si ripercuote sia sui prezzi che sui salari, il sistema di indicizzazione prevede che l'aliquota marginale si applichi ad un reddito superiore del dieci per cento rispetto a quello dell'anno precedente. Un sistema del genere fu introdotto in Australia nel 1977.

income tax reliefs: ***detrazioni d'imposta sul reddito.*** Termine usato con lo stesso significato di *income tax allowances* (v.).

income tax return: ***dichiarazione dei redditi; denuncia dei redditi.*** È la dichiarazione che ogni percettore di reddito, sia esso una persona fisica o una persona giuridica, è tenuto a presentare su un apposito modello al competente ufficio delle imposte dirette, affinché esso possa determinare l'ammontare di imposta dovuta dal contribuente. In molti paesi in cui vige il sistema della ritenuta alla fonte, alcune categorie di cittadini sono esonerate dalla presentazione della dichiarazione, se i loro redditi non superano un tetto stabilito. Negli stessi paesi, è spesso prevista la possibilità dell'autotassazione, cioè l'imposta che il contribuente è tenuto a versare viene determinata dal contribuente stesso, salvo verifica e rettifica da parte dell'ufficio delle imposte, seguendo le istruzioni riportate sul modulo. Nel caso in cui ciò sia previsto, il contribuente procederà anche al versamento al fisco dell'imposta così determinata.

income tax schedules: ***categorie d'imposta sul reddito.*** Lo stesso che *taxation schedules* (v.).

income transactions: ***operazioni di reddito.*** Nella terminologia keynesiana, sono le operazioni di pagamento relative all'incasso e alla spesa di redditi personali.

income transfer programs: ***programmi di trasferimento del reddito.*** Lo stesso che *income maintenance programs* (v.).

income transfers: ***trasferimenti.*** Lo stesso che *transfer payments* (v.).

income velocity of circulation: ***velocità di circolazione in termini di reddito.*** Si indica con questa espressione il rapporto tra reddito che genera spesa in un determinato periodo di tempo e la quantità di moneta in circolazione, ovvero il numero di volte che la moneta passa da un percettore di reddito ad un altro nel periodo di tempo considerato. Con reddito che genera spesa si intende sia la spesa in consumi, sia la spesa in nuovi investimenti.

income velocity of money: ***velocità-reddito della moneta; velocità di circolazione della moneta in termini di reddito.*** Espressione usata con lo stesso significato di *income velocity of circulation* (v.).

income yield: ***rendimento di un titolo.*** L'espressione inglese indica il rendimento di un valore mobiliare in termini di interessi che verranno percepiti nell'anno successivo. (v. anche *yield 1*)

incoming invoice: ***fattura in arrivo.*** È la fattura ricevuta dall'acquirente dei beni in essa descritti.

incoming specie point: ***punto metallico inferiore; punto dell'oro inferiore.*** Termine usato con lo stesso significato di *gold import point* (v.).

in-company: ***intra-aziendale.*** Aggettivo di recente formazione, usato per indicare un fatto che si svolge all'interno di un'azienda, come ad esempio corsi di riqualificazione ed aggiornamento.

incomplete records: ***registrazioni incomplete.*** Questo termine indica una situazione in cui un'azienda non ha tenuto una completa documentazione, con relative registrazioni contabili, delle operazioni svolte in un determinato periodo di tempo. Al fine della preparazione del conto profitti e perdite e della situazione patrimoniale sarà, quindi, necessario ricorrere alle registrazioni esistenti e a tutti quei dettagli che consentono di ricostruire le operazioni.

incomplete transaction: ***operazione commerciale in corso.*** In contabilità, questa espressione indica un'operazione commerciale non ancora completata che, nel corso normale degli eventi, porterà ad un'altra operazione. Ad esempio, una vendita a credito che darà successivamente luogo al pagamento in contanti dei beni ceduti. (v. anche *complete transaction*)

incontestability clause: ***clausola di incontestabilità.*** Lo stesso che *incontestable clause* (v.).

incontestable clause: ***clausola di incontestabilità.*** Nelle assicurazioni sulla vita, è la clausola che nega alla compagnia la possibilità di contestare la validità della polizza a seguito di inesatte dichiarazioni da parte dell'assicurato, se questi sopravvive per un dato periodo di tempo, di solito uno o due anni, dopo la stipulazione del contratto. La polizza, tuttavia, prevede che in caso di dichiarazioni inesatte circa l'età dell'assicurato, i premi vengano ricomputati in base alla sua esatta età.

incontestable policy: ***polizza incontestabile.*** Una polizza di assicurazione sulla vita che contiene la *incontestable clause* (v.).

inconvertibility: ***inconvertibilità.*** Caratteristica di alcuni valori mobiliari che, a differenza di altri, non possono essere convertiti in altri valori mobiliari, come ad esempio azioni privilegiate di cui non è consentita la convertibilità in azioni ordinarie. Lo stesso termine si applicava in passato a determinate emissioni di carta moneta che non potevano essere convertite in metallo prezioso. Dopo l'abolizione della convertibilità in metallo prezioso per tutti i tipi di carta moneta, il termine è rimasto in uso per indicare la caratteristica di una valuta che non può essere convertita in valuta di altri paesi.

inconvertible: ***inconvertibile.*** Aggettivo usato per indicare fondi, valute o titoli che non possono essere liberamente convertiti in moneta o in un'altra valuta.

inconvertible banknote: ***banconota inconvertibile; banconota a corso forzoso.*** Sono le banconote che non possono essere convertite in un'equivalente quantità d'oro o altro metallo prezioso e che la legge impone che siano accettate come mezzo di pagamento. Tranne che per un breve periodo in occasione delle guerre napoleoniche, e precisamente tra il 1797 e il 1821, nel Regno Unito le banconote sono state convertibili in metallo prezioso fino al 1914, anno in cui la convertibilità fu sospesa. Tra il 1925 e il 1931 le banconote britanniche ridiventarono convertibili, ma solo in quantità sufficienti a raggiungere il valore di una verga d'oro del peso di 400 once. Dal 1931 in poi, le banconote britanniche non sono più state convertibili in oro. Con questo termine, però, oggi che è esclusa la convertibilità in oro, si intende una qualsiasi banconota che non possa essere convertita in altra valuta. (v. anche *convertibility 1, gold standard, gold bullion standard*)

inconvertible currency: ***valuta inconvertibile.*** È una valuta che non può essere liberamente convertita in un'altra valuta.

inconvertible money: ***moneta inconvertibile; moneta a corso forzoso.*** È la moneta cartacea che non può essere convertita in una determinata quantità di metallo prezioso e che la legge impone che sia accettata come mezzo di pagamento. (v. anche *inconvertible banknote*)

inconvertible note issue: ***emissione inconvertibile; emissione di carta-moneta a corso forzoso.*** È l'emissione di banconote inconvertibili, quella cioè che si verifica oggi in tutti i paesi del mondo. (v. anche *inconvertible banknote, inconvertible money*)

inconvertible paper currency: ***carta-moneta inconvertibile; carta-moneta a corso forzoso.*** È la carta-moneta non convertibile in metallo prezioso e che la legge impone che sia accettata come mezzo di pagamento all'interno del paese in cui essa circola. (v. anche *inconvertible banknote, inconvertible money*)

inconvertible paper money: ***carta-moneta inconvertibile; carta-moneta a corso forzoso.*** Espressione usata come sinonimo di *inconvertible paper currency* (v.).

incorp.: incorporated.

to incorporate: ***costituire; registrare.*** Verbo usato per indicare l'azione di costituzione e registrazione di una società, secondo la prassi stabilita per legge. Nel Regno Unito, tale prassi è definita nei *Companies Acts* (v.).

incorporated: ***registrato.*** Il termine inglese, generalmente usato negli Stati Uniti per identificare una società di capitali, indica che l'organismo cui si riferisce è dotato di personalità giuridica e che i suoi soci godono del privilegio della responsabilità limitata. Generalmente viene posposto, in forma abbreviata (*Inc.*), al nome della società o dell'organismo. (v. anche *limited*)

incorporated company: ***società regolare; società registrata.*** È così definita una società che, avendo adempiuto alle disposizioni di legge, è stata regolarmente iscritta al registro delle società. Nel Regno Unito, l'avvenuta registrazione sancisce i diritti e i doveri della società nel rispetto delle disposizioni contenute nei *Companies Acts* (v.), come ad esempio il diritto alla responsabilità limitata e il dovere di presentare i bilanci.

incorporated insurance broker: Termine con il quale si indica un *broker* (v.) di assicurazioni che fa parte della *Corporation of Insurance Brokers* (v.).

incorporated pocketbook: ***società finanziaria personale.*** Espressione colloquiale statunitense, con la quale viene indicata una società che, in base alle leggi federali sulle imposte sui redditi, è caratterizzata dai seguenti elementi: a) il numero degli azionisti che collettivamente possiedono, direttamente o indirettamente, oltre il cinquanta per cento delle azioni in circolazione non supera le cinque unità in un qualsiasi momento dell'ultimo semestre imponibile; b) almeno il sessanta per cento degli utili lordi della società derivano dall'incasso di dividendi, interessi, rendite, royalties, canoni di locazione e dalla vendita di valori mobiliari. Ai fini dell'imposizione fiscale, una società di questo tipo è soggetta alla normale imposta e alla sovrimposta sui redditi delle persone giuridiche, oltre ad una speciale sovrimposta sul settanta per cento del reddito netto non distribuito.

incorporation of a company: ***costituzione di una società di capitali.*** La procedura mediante la quale un gruppo di persone fisiche costituisce e iscrive al registro delle imprese una società dotata di personalità giuridica, espletando le prescritte formalità di legge. (v. anche *formation of a company, incorporation procedure*)

incorporation procedure: ***procedura di costituzione di una società.*** È la procedura che si deve seguire negli Stati Uniti per la costituzione di una società per azioni, in base alle disposizioni di legge vigenti in quel paese. Essa prevede che un gruppo di cittadini, di solito tre o più, dei quali almeno uno deve essere residente nello stato di registrazione della società, presentino una domanda al fine di ottenere l'autorizzazione a costituire la società. La domanda deve contenere l'indicazione del nome, dello scopo, della durata, della sede, dell'ammontare del capitale e del numero di azioni che la società intende emettere, oltre alle generalità e all'indirizzo dei promotori e dei sottoscrittori del capitale sociale. La domanda sarà presa in considerazione dagli organi a ciò preposti che, se tutto risulta conforme alla legge e in ordine, rilasceranno l'autorizzazione richiesta, nella quale sono specificati i poteri, i diritti, i doveri e i privilegi della società in base alle leggi statali. Una volta ricevuta tale autorizzazione, la società è giuridicamente esistente e può iniziare la propria attività. I requisiti necessari per costituire una società variano da stato a stato e, nell'ambito dello stesso stato, da tipo a tipo di società che si intende costituire. (v. anche *formation of a company*)

incorporator: ***socio fondatore.*** Lo stesso che *company promoter* (v.), ma di uso statunitense.

incorporeal hereditament: ***bene immateriale; proprietà immateriale.*** Termine usato con lo stesso significato di *incorporeal property* (v.).

incorporeal possession: ***possesso immateriale.*** Il possesso di un diritto, quale ad esempio una privativa o un diritto d'autore, completamente diverso dal possesso di un bene materiale, quale potrebbe essere una casa o un qualsiasi altro oggetto.

incorporeal property: ***bene immateriale; proprietà immateriale.*** Bene o proprietà non tangibile, ma da cui non è disgiunto un contenuto patrimoniale, come nel caso di diritto a ricevere una rendita, di prodotti dell'ingegno, ecc. Il termine è usato in contrapposizione a bene o proprietà materiale. (v. anche *corporeal property*)

Incoterms: È un insieme di norme, non vincolanti e intese ad interpretare i termini e le condizioni che regolano gli scambi internazionali, preparato ed edito in varie lingue dalla Camera di Commercio Internazionale. Pubblicato per la prima volta nel 1936, è stato successivamente aggiornato e ristampato più volte. Trattandosi di norme non obbligatorie, si applicano soltanto se richiamate dalle parti. Ad esempio, se due commercianti si accordano sulla clausola CIF e fanno riferimento agli Incoterms, il significato della clausola resta inteso così come è precisato in dettaglio negli Incoterms.

increase of capital: ***aumento di capitale.*** Una società può aumentare il proprio capitale sociale se ciò è previsto dallo statuto, ma anche nel caso in cui non fosse previsto si può realizzare dopo aver modificato lo statuto. Per le società per azioni, l'aumento di capitale deve essere deliberato dai soci riuniti in assemblea straordinaria e può essere a pagamento o gratuito, ma si verificano anche aumenti di capitale misti, cioè una parte a pagamento e una parte gratuita. Poiché l' aumento di capitale ha luogo attraverso l'emissione di nuove azioni, esse dovranno essere offerte in opzione ai vecchi soci prima di essere vendute a terzi. Ciò al fine di non turbare il preesistente equilibrio del pacchetto azionario. Nel Regno Unito, ogni aumento di capitale deve essere comunicato al Registro delle persone giuridiche entro due settimane.

increasing annuity: ***rendita a rate crescenti.*** Una rendita creata mediante una polizza di assicurazione, le cui rate sono soggette ad aumenti percentuali prestabiliti, ogni anno o dopo un certo numero di anni, al fine di consentire al titolare di far fronte al crescente costo della vita in periodi di inflazione.

increasing cost industry: ***industria a costi crescenti.*** È un'industria i cui costi unitari totali medi aumentano con l'aumentare del volume della produzione. (v. anche *increasing costs, increasing marginal cost*)

increasing costs: ***costi crescenti.*** Sono quei costi unitari che, data una certa situazione, crescono col crescere della produzione totale. Questo principio si è dimostrato rispondente a verità per una vasta gamma di prodotti in agricoltura, nella pesca, nell'attività mineraria e nel taglio dei boschi, le cosiddette industrie estrattive.

increasing marginal cost: ***costo marginale crescente.*** Il costo marginale, cioè il costo necessario per aumentare di un'unità la produzione totale di un'impresa, si dice crescente quando il costo di ciascuna unità addizionale di prodotto è maggiore del costo marginale dell'unità precedentemente prodotta.

increasing returns: ***rendimenti crescenti.*** Di solito si indica con questa espressione la situazione che si verifica fin tanto che ciascuna uguale quantità di uno o due fattori della produzione (terra, capitale e lavoro) successivamente applicata all'altro o agli altri fattori rende un aumento della produzione maggiore di quello reso dall'applicazione appena precedente. (v. anche *diminishing returns, law of increasing returns*)

increasing returns theory: ***teoria dei rendimenti crescenti.*** È la teoria che spiega i rendimenti crescenti di scala. (v. anche *increasing returns to scale, law of increasing returns, increasing returns*)

increasing returns to scale: ***rendimenti crescenti di scala.*** La situazione che si verifica quando la produzione aumenta non a seguito dell'aggiunta di una quantità dei fattori della produzione, bensì per economie di scala, come ad esempio una maggiore e più razionale divisione del lavoro, acquisti di materie prime su vasta scala, maggiore produttività della manodopera. (v. anche *returns to scale, diminishing returns to scale*)

increment: ***aumento; incremento.*** Qualsiasi aumento, di valore, salariale, ecc., da un qualsiasi punto, nel tempo o su una scala ideale, ad un altro punto dello stesso tipo.

incremental capital–output ratio: ***rapporto incrementale capitale–prodotto.*** L'espressione indica l'incremento della quantità di capitale di un'impresa durante un certo periodo di tempo, diviso per l'incremento della produzione verificatosi nello stesso periodo di osservazione e corrisponde al rapporto tra investimento netto e variazione della produzione. Il rapporto incrementale capitale–prodotto è spesso usato, nelle sue varianti, dagli economisti per studiare le crescite relative di diversi paesi. (v. anche *average capital–output ratio, gross incremental capital–output ratio*)

incremental cost: ***costo marginale.*** Lo stesso che *marginal cost* (v.).

incremental earnings: ***guadagni marginali; guadagni incrementali.*** Lo stesso che *marginal income 2* (v.).

incremental income: ***reddito marginale; reddito incrementale.*** Lo stesso che *marginal income 2* (v.).

increment value duty: ***imposta sull'incremento di valore.*** Nel Regno Unito si indica con questo termine l'imposta, introdotta con la legge finanziaria del 1910, sull'incremento di valore di qualsiasi tipo di terreno. L'aliquota dell'imposta era del 20% dell'incremento che si registrava a partire dal 30 aprile del 1909. Tale imposta, che nel Regno Unito fu abolita dalla legge finanziaria del 1920, è simile alla nostra recente imposta comunale sull'incremento di valore degli immobili (INVIM).

incubator company: ***società incubatrice; impresa incubatrice.*** Espressione di recente formazione, con la quale si indica una società o impresa che ha dato vita e sviluppo a nuovi imprenditori, fornendo loro la necessaria conoscenza del mondo industriale, l'esperienza manageriale e di mercato, i contatti con altri potenziali imprenditori coi quali costituire nuove società e a volte anche il capitale necessario per avviare la nuova impresa. Le imprese che prendono vita da queste società incubatrici, infatti, si inseriscono nella medesima industria in concorrenza diretta con la società nella quale si sono formati i nuovi imprenditori, come è stato dimostrato da uno studio sulla imprenditorialità tecnica nella Silicon Valley e lungo la Route 128, dove oltre il 90 per cento di tutti i nuovi imprenditori hanno creato imprese nella stessa industria o nello stesso mercato in cui operavano i loro precedenti datori di lavoro.

to incur: ***sostenere; subire.*** Il termine inglese è usato in relazione a costi, spese, perdite o debiti.

incur no expense: ***senza spese.*** Quando un girante appone queste parole su una cambiale dopo la sua firma, significa che egli non intende pagare e non sarà tenuto a pagare spese in relazione alla cambiale stessa. La formula esprime, ovviamente, la volontà soltanto del girante che la usa e non si ripercuote sui giranti successivi, a meno che anch'essi la usino.

in–cycle time: ***tempo in ciclo.*** È il tempo che un lavoratore dedica a un ciclo di produzione, generalmente sorvegliando una macchina mentre essa esegue il proprio ciclo di operazioni. (v. anche *in–cycle work, out–cycle time*)

in–cycle work: ***lavoro in ciclo.*** È il lavoro svolto da un operatore, mentre una macchina esegue il suo ciclo di operazioni. Si usa come opposto di lavoro fuori ciclo. (v. anche *out–cycle work*)

indebted country: ***paese indebitato.*** Lo stesso che *debtor nation* (v.).

indebtedness: ***obbligazione; debito.*** Un qualsiasi debito o un'obbligazione che comporta una prestazione o un insieme di debiti o di obbligazioni.

indefinite index number: ***numero indice indefinito.*** Lo stesso che *indefinite standard* (v.).

indefinitely dated stocks: ***titoli redimibili a scadenza indeterminata.*** Sono titoli di stato il cui rimborso è previsto dopo una data specificata ma in un momento non determinato. Ad esempio, il prestito di guerra britannico doveva essere rimborsato dopo il 1952, ma non era determinato l'anno d'effettivo rimborso. Se l'interesse su tali titoli è basso (il prestito di guerra britannico fu emesso all'interesse del 3½%) è difficile che lo stato decida di rimborsarlo fin tanto che non può prendere a prestito a un tasso uguale o inferiore.

indefinite standard: ***indice indefinito.*** Numero indice proposto da Edgeworth e corrispondente a un numero indice dei prezzi non ponderato, o meglio casualmente ponderato, che dovrebbe in qualche modo misurare il valore della moneta come tale o il grado di influenza esercitata sui prezzi generali dalle «variazioni sul lato della moneta» o dalla «variazione media obiettiva dei prezzi generali» distinte dalla «variazione del potere di acquisto della moneta». Secondo Keynes, tale indice non può trovare posto in una seria discussione dei problemi relativi ai livelli dei prezzi.

to indemnify: ***indennizzare; risarcire.*** Versare una somma di denaro ad un assicurato che ha subito un danno o una perdita.

indemnity: 1. ***indennità; indennizzo; risarcimento.*** Il termine inglese indica l'impegno, o contratto, di una parte a rispondere di un danno o di una perdita subiti da un'altra parte, sia in conseguenza di un'operazione commerciale o di altra natura tra quest'ultimo e un terzo, sia per eventi che non hanno a che fare con alcuna forma di operazioni commerciali. Differisce dalla *guaranty* (v.) in quanto mentre quest'ultima deve essere per iscritto e implica la responsabilità indiretta, o in via accessoria, di colui che si impegna all'indennizzo, la *indemnity* può non essere scritta e prevede la responsabilità diretta. Esempi di questo tipo di contratto sono l'assicurazione marittima e l'assicurazione contro l'incendio. **2.** ***contratto a doppio premio; opzione doppia; contratto a doppia facoltà; stellaggio; stellage.*** Termine usato nel linguaggio borsistico degli Stati Uniti con lo stesso significato di *straddle* (v.).

indemnity agreement: ***accordo di indennizzo.*** Contratto sottoscritto da due parti in base al quale uno dei contraenti si impegna a indennizzare l'altro in caso di perdite subite da quest'ultimo in relazione a una operazione cui hanno partecipato ambedue i contraenti o in relazione a un'azione svolta da chi garantisce l'indennizzo o ancora in relazione a una responsabilità assunta dalla parte danneggiata in operazioni svolte dall'altro contraente o in relazione a eventuali perdite derivanti da un'operazione con una terza parte. Rientra in questo tipo di contratto lo star del credere.

indemnity bond: ***garanzia d'indennizzo.*** Espressione generica, con la quale si indica un qualsiasi tipo di contratto in base al quale una parte si impegna a indennizzare un'altra parte nel caso in cui quest'ultima dovesse subire un danno o una perdita a seguito di inadempienza di un terzo.

indemnity contract: ***contratto di indennizzo.*** Lo stesso che *indemnity agreement* (v.).

indemnity insurance: ***assicurazione contro i danni.*** È l'assicurazione a carattere esclusivamente indennitario, che non può risolversi con un lucro per l'assicurato. Oltre all'elemento del rischio, prevede anche l'esistenza di un interesse assicurabile, cioè il rapporto tra assicurato e oggetto coperto da assicurazione in quanto esposto al rischio. Esula da questo tipo l'assicurazione sulla vita. (v. anche *insurable interest*)

indemnity policy: ***polizza di assicurazione contro i danni.*** La polizza che rappresenta il contratto di assicurazione descritta sotto *indemnity insurance* (v.), in base alla quale è possibile recuperare soltanto i danni effettivamente subiti. Pertanto, si differenzia dalla polizza di assicurazione sulla vita e dalla polizza contro la responsabilità civile.

indent: ***ordinativo.*** Il termine inglese indica un ordinativo, di solito proveniente dall'estero, tramite un agente o un intermediario residente nel paese del venditore, per l'acquisto di una partita di merci al meglio o ad un prezzo stabilito. Il termine è spesso usato per indicare un qualsiasi ordinativo comunque proveniente dall'estero. (v. anche *closed indent, open indent*)

indent house: Tipo di commissionaria che si specializza nella importazione di prodotti esteri su ordinazioni specifiche di acquirenti residenti nello stesso paese in cui essa opera. Il vantaggio che offre questa commissionaria è la sua vasta esperienza unita a una potente rete di contatti commerciali all'estero, il che le consente di spuntare i prezzi migliori. (v. anche *indent*)

indenture: ***strumento; atto; contratto sinallagmatico.*** Qualsiasi accordo scritto o atto contenente un contratto bilaterale, che comporti diritti e doveri per le due parti contraenti.

indenture deed: ***strumento; atto; contratto sinallagmatico.*** Termine usato con lo stesso significato di *indenture* (v.).

indentured labour: ***manodopera a contratto.*** In passato questo termine veniva usato per indicare un tipo di lavoratori vincolati per contratto a prestare la propria opera alle dipendenze di un datore di lavoro, di solito in paesi stranieri, per un numero di anni sufficiente a ripagare il costo del viaggio, della casa che veniva loro assegnata, degli attrezzi di lavoro, ecc. Contratti di questo tipo, che generalmente erano molto sfavorevoli ai lavoratori, venivano usati nei secoli diciottesimo e diciannovesimo per portare lavoratori stranieri nell'America del Nord.

independent accountant: ***revisore indipendente.*** Figura di professionista, corrispondente grosso modo al nostro dottore commercialista. Il termine inglese, che è sinonimo di *public accountant* (v.), è usato dalla *Securities and Exchange Commission* (v.) statunitense per indicare un professionista che non ha alcun legame con la società sui cui bilanci egli è chiamato ad esprimere il proprio parere professionale.

independent audit: ***revisione contabile esterna; revisione dei conti esterna.*** Lo stesso che *external audit* (v.).

independent broker: ***operatore indipendente.*** Lo stesso che *two-dollar broker* (v.).

independent commodities: ***beni indipendenti; merci indipendenti.*** Sono così chiamati tutti i beni che non sono tra loro concorrenziali né complementari, come ad esempio il sale e il caffé che non hanno alcun rapporto tra loro.

independent contractor: ***appaltatore.*** Chi è impegnato, in base a un contratto di appalto, a fornire un'opera o un servizio. L'appaltatore indipendente organizza, secondo il proprio criterio, i mezzi necessari per raggiungere lo scopo, non è soggetto ad alcun controllo da parte di colui che lo ha impiegato ed è responsabile soltanto del buon esito finale, specificato nel contratto di appalto. (v. anche *contractor*)

independent floor broker: ***operatore di borsa indipendente.*** Lo stesso che *two-dollar broker* (v.).

independent importer: ***importatore indipendente.*** Termine usato con lo stesso significato di *import merchant* (v.).

independent intermediaries: ***intermediari indipendenti.*** Lo stesso che *independents* (v.).

independent means: ***mezzi indipendenti.*** Mezzi di sussistenza non provenienti da un'attività lavorativa, ma da investimenti o beni immobili che rendono al loro proprietario quanto gli occorre per vivere senza essere costretto a lavorare.

independents: 1. ***negozi indipendenti; dettaglianti indipendenti.*** Negozi di proprietà di singoli individui, che pertanto non fanno parte di alcuna catena di negozi. Lo stesso termine indica gli operatori commerciali proprietari di tali negozi. **2.** ***imprese indipendenti.*** Piccole imprese, di solito a conduzione familiare, che sopravvivono precariamente in un'industria dominata da pochi grandi produttori. **3.** ***intermediari indipendenti.*** Sono così chiamati gli intermediari di assicurazione indipendenti di cui si parla sotto *polarization* (v.).

independent stores: ***negozi indipendenti.*** Lo stesso che *independents 1* (v.).

independent taxation: ***tassazione separata.*** La tassazione del reddito del coniuge separata da quella del dichiarante principale. Presuppone la presentazione di due diverse dichiarazioni delle imposte in luogo della dichiarazione congiunta. (v. anche *joint return*)

independent Treasury system: ***sistema del Tesoro indipendente.*** Fu indicato con questa espressione il sistema, adottato nel 1840 dal governo degli Stati Uniti, di gestire i fondi statali e di finanziarsi indipendentemente dal sistema bancario. Fu adottato a seguito delle pesanti perdite di denaro, depositato presso le banche statali, subite dal governo a seguito del panico che si diffuse nel 1837 e che spinse i cittadini a prelevare tutti i loro depositi dalle banche. Il sistema fu abolito temporaneamente nello stesso anno 1840, ma subito ripristinato nel 1846. A seguito della creazione del moderno sistema bancario, fu definitivamente abolito nel 1920.

independent union: ***sindacato indipendente; sindacato autonomo.*** È un sindacato lavoratori che non fa parte di alcuna federazione o confederazione nazionale.

independent variable: ***variabile indipendente.*** Una variabile che, in un modello, influenza una qualche altra variabile.

indeterminate bond: ***obbligazione a scadenza indeterminata; obbligazione riscattabile.*** Termine statunitense, usato grosso modo con lo stesso significato di *callable bond* (v.), ma con la differenza che l'obbligazione non ha alcuna data di scadenza prestabilita.

Index, the: Lo stesso che *Financial Times Index* (v.).

index arbitrage: ***arbitraggio sugli indici.*** Una delle strategie di investimento su cui si basa il *program trading* (v.). Essa sfrutta le differenze di prezzo tra un dato paniere di titoli, come ad esempio i 500 valori industriali dell'indice Standard & Poor, e i contratti a termine su indici di borsa. (v. anche *stock index futures*)

indexation: ***indicizzazione.*** Operazione mediante la quale si collega un valore alle variazioni di un numero indice. Ad esempio, un'obbligazione il cui rendimento è collegato all'indice dei prezzi al minuto, oppure un reddito collegato al tasso di inflazione. (v. anche *index number, monetary correction*)

indexation allowance: ***detrazione per indicizzazione.*** Ai fini del pagamento dell'imposta sui redditi di capitale, è la somma che il contribuente può portare in detrazione a fronte della variazione del potere d'acquisto della moneta nel periodo trascorso tra l'acquisto e la vendita del bene cui si riferisce l'imposta.

index cards: ***schedario alfabetico.*** Schedario usato nel sistema in base al quale le informazioni da archiviare vengono riportate su schede di uguale formato, ordinate alfabeticamente in appositi contenitori.

indexed bond: ***obbligazione indicizzata.*** V. spiegazione sotto *index–linked securities.*

indexed pension: ***pensione indicizzata.*** Pensione il cui importo viene aumentato ad intervalli di tempo regolari, in relazione all'aumento dell'indice del costo della vita.

indexer: Termine del gergo finanziario, con il quale si indica un gestore di fondi che basa le proprie decisioni di acquisto e vendita su suggerimenti provenienti da un computer, opportunamente programmato anche per individuare un portafoglio che si avvicini il più possibile al comportamento di un indice del mercato finanziario, cioè il cosiddetto *index fund* (v.).

index fund: ***fondo d'investimento indicizzato.*** Termine di uso statunitense, con il quale si indica un fondo comune d'investimento aperto, il cui portafoglio titoli è composto in modo tale che i risultati dell'investimento sono esattamente identici ai risultati dell'intero mercato in un determinato periodo di tempo. A tale scopo, il numero di titoli di ciascuna società quotata nel mercato o inserita in un indice di mercato devono essere presenti nel fondo in percentuale esattamente identica alla quota di mercato rappresentata da quel titolo in relazione all'intero mercato azionario o all'intero indice su cui si basa il fondo. Il vantaggio di questo sistema di investimento è che esso fa risparmiare ingenti costi di gestione e di analisi di mercato, in quanto la gestione dell'investimento può essere affidata a un computer ben programmato. (v. anche *indexing 2*)

index futures: ***contratti a termine su indici.*** Lo stesso che *stock index futures* (v.).

indexing: 1. ***indicizzazione.*** Termine usato come sinonimo di *indexation* (v.). **2.** ***indicizzazione di un fondo.*** Negli Stati Uniti, il termine indica il procedimento in base al quale viene costituito un fondo indicizzato, quando questo è basato su un indice azionario piuttosto che sull'intero mercato. L'indicizzazione prevede che ciascun titolo preso in considerazione dall'indice azionario, ad esempio lo Standard & Poor, sia presente nel fondo in quantità percentuale dell'investimento totale pari alla percentuale rappresentata da quel titolo nel valore totale dell'indice su cui si basa il fondo. (v. anche *index fund*)

index lease: ***locazione indicizzata.*** Nel Regno Unito, un canone di fitto basato su una data percentuale del volume di affari dell'impresa cui l'immobile è dato in locazione. È un altro termine con il quale si indica il *percentage lease* (v.).

index–linked savings: ***risparmi indicizzati.*** Risparmi che vengono adeguati alle variazioni del potere di acquisto della moneta. Certificati di risparmio di questo tipo furono emessi per la prima volta nel Regno Unito nel 1975, ma erano riservati a cittadini che andavano in pensione e limitati ad un ammontare massimo di cinquecento sterline. Successivamente, nel corso dello stesso anno, la possibilità di investire in tali certificati fu estesa anche ad altre categorie di risparmiatori.

index–linked securities: ***titoli indicizzati.*** Rientrano nella categoria dei titoli a reddito fisso, pur se il tasso di interesse non è rigidamente fisso. Si tratta di alcuni titoli di stato e obbligazioni, il cui tasso di interesse viene collegato, attraverso una formula prestabilita, ad un qualche indice noto, come ad esempio l'indice dei prezzi al consumo. Ciò consente di adeguare il tasso di interesse all'aumento o alla diminuzione del potere d'acquisto della moneta in cui è emessa l'obbligazione. (v. anche *fixed–interest securities, gilt–edged securities, debentures, London Stock Exchange*)

index–linking: ***indicizzazione.*** Termine usato con lo stesso significato di *indexation* (v.).

index number: ***numero indice.*** Numero usato per esprimere le variazioni percentuali di un qualsiasi fenomeno, come ad esempio i prezzi al consumo o la produzione industriale, tra un qualsiasi momento nel tempo e un periodo base. Al periodo base viene generalmente assegnato il numero 100 e la situazione, al momento in cui essa viene esaminata, è indicata con un numero indice riferito a 100. Se, ad esempio, assegnamo il valore 100 al livello dei prezzi al minuto accertato nel 1980 e diciamo che oggi il livello dei prezzi al minuto è uguale a 130, vuol dire che dal 1980 ad oggi si è verificato un aumento di tali prezzi equivalente al trenta per cento. (v. anche *base period, price index number, volume index number, value index number*)

index number of prices: ***numero indice dei prezzi.*** Lo stesso che *price index number* (v.).

index numbers of industrial production: ***numeri indici della produzione industriale.*** Sono numeri indici mediante i quali si possono misurare, ad intervalli regolari, le variazioni del volume di produzione in particolari tipi di industrie, gruppi industriali o nell'industria nel suo complesso. Quando è possibile, tali indici vengono basati sulle unità fisiche di prodotto invece che sul loro valore monetario, in quanto ciò elimina l'influsso delle variazioni di prezzo, ma nelle industrie in cui ciò potrebbe essere fuorviante i numeri indici sono basati sul valore monetario della produzione, dopo che esso è stato deflazionato e portato a prezzi costanti, o sulla quantità di materie prime utilizzate nel processo produttivo.

index of disparity: ***indice di disparità.*** Indice usato per paragonare tra loro le dimensioni delle principali imprese appartenenti ad industrie differenti. L'indice sarà uguale a zero se tutte le imprese appartenenti ad un'industria hanno le stesse dimensioni.

index of industrial production: ***indice della produzione industriale.*** Si intende il numero indice usato per misurare le variazioni della produzione industriale tra un anno e l'altro o tra un determinato momento e il periodo base. L'indice può riferirsi al volume o al valore della produzione, ma quando è possibile accertarlo si preferisce riferirsi al volume. L'indice della produzione industriale è costituito di più indici ponderati, uno per ciascuna industria principale del paese. (v. anche *index number, base period, volume index number, value index number*)

index of real wages: ***indice dei salari reali.*** Numero indice corrispondente al rapporto tra numero indice del costo della vita e numero indice dei salari della classe dei lavoratori salariati.

index of retail prices: ***indice dei prezzi al minuto.*** Anche noto come indice del costo della vita, è il numero indice relativo ai prezzi pagati dai consumatori per una serie di beni di uso più comune. È costruito in base ad un paniere di beni e servizi, la cui costituzione è decisa dalle autorità a ciò preposte ed è usato in Italia anche per il calcolo dell'indennità di contingenza. Affinché un tale indice dei prezzi abbia corrispondenza con la realtà, è necessario innanzi tutto operare una scelta oculata dei beni e servizi da includere nel paniere e, in secondo luogo, dei pesi da usare in relazione a ciascun bene e servizio per giungere alla media ponderata dei relativi prezzi. Per questo motivo si sostiene che l'indice dei prezzi al minuto è utile per mettere a confronto prezzi relativi a periodi non troppo distanti tra loro ed è per lo stesso motivo che i pesi usati, ed anche il paniere, vengono sottoposti a frequenti revisioni e cambiamenti. Ciò perché bisogna anche tener conto delle mode e dei gusti che cambiano col passare del tempo, nonché delle variazioni del reddito delle famiglie, che fanno spostare le spese da un consumo ad un altro nell'arco di un periodo di tempo anche relativamente breve. (v. anche *index number*)

index of weekly earnings: ***indice delle retribuzioni settimanali.*** È un indice usato nel Regno Unito per misurare le retribuzioni percepite dai lavoratori delle industrie manifatturiere e dai lavoratori delle principali industrie non manifatturiere. Viene calcolato due volte all'anno, sulla base delle informazioni relative alle retribuzioni dell'ultima settimana di aprile e di ottobre, e riflette le variazioni nella quantità di lavoro straordinario, di assenteismo, di retribuzione dei cottimisti e simili.

index of weekly wage rates: ***indice dei tassi salariali settimanali.*** È un indice usato nel Regno Unito per misurare la variazione media dei tassi salariali delle varie categorie di lavoratori, prese individualmente e nel loro insieme. Le industrie e i servizi presi in considerazione includono l'agricoltura, l'estrazione mineraria, i trasporti, l'impiego statale, l'attività cinematografica e teatrale, ecc., e i tassi salariali considerati sono quelli minimi o quelli standard stabiliti a seguito di contrattazione collettiva o per legge e relativi alle retribuzioni di salariati, esclusi i lavoratori tecnici e gli amministrativi.

index option: ***contratto a premio sull'indice; opzione sull'indice.*** In alcune borse è possibile stipulare contratti a premio non soltanto su un singolo titolo, ma su tutto il listino, come avviene alla borsa di Chicago per i listini dell'*AMEX* e della *NYSE.* In tale caso, invece che a un prezzo specifico si fa riferimento a uno degli indici di borsa sul quale lo speculatore intende operare e la sua previsione sarà relativa a un aumento o a una diminuzione dell'indice stesso. Da più parti si sostiene che questo sofisticatissimo strumento finanziario costituirà la base della più grossa attività speculativa degli anni futuri e altri hanno dato proprio a questo tipo di operazioni la colpa del crollo delle borse dell'ottobre 1987.

index substitution: ***sostituzione di indice.*** Lo stesso che *stock index substitution* (v.).

indicated yield: ***rendimento indicato.*** Il rendimento di un valore mobiliare espresso come percentuale del suo prezzo di mercato.

indication rate: ***tasso indicativo.*** Termine usato come sinonimo di *indicative rate* (v.).

indicative planning: ***pianificazione indicativa.*** Si dà questo nome alla pianificazione statale, quando essa è limitata alla preparazione di piani indicativi e non implica necessariamente l'intervento dello stato nella loro esecuzione. (v. anche *state planning, normative planning*)

indicative price: ***prezzo indicativo.*** Nel linguaggio finanziario, e specialmente in quello degli euromercati, è il prezzo quotato da un *market maker* (v.) per ogni tipo di eurobbligazioni che egli tratta, dal quale tuttavia egli non si ritiene vincolato e che pertanto può essere oggetto di contrattazione.

indicative rate: ***tasso indicativo; cambio indicativo.*** Nel linguaggio finanziario, è un tasso di cambio fornito da un operatore in valuta estera a scopo essenzialmente indicativo e non per trattare effettive operazioni in valuta estera.

indicator: ***indicatore.*** V. spiegazione sotto *economic indicator.*

indices of wholesale prices: ***indici dei prezzi all'ingrosso.*** Serie di tabulati, che indicano le oscillazioni mensili dei prezzi all'ingrosso. Si riferiscono a tutte le attività industriali e possono anche essere ordinati secondo le particolari categorie di prodotti. Gli indici dei prezzi all'ingrosso sono utili anche per fare previsioni circa le oscillazioni dei prezzi al minuto. Queste ultime, infatti, si verificano con uno sfasamento temporale di due o tre mesi rispetto a quelle dei prezzi all'ingrosso.

indifference analysis: ***analisi ordinalista.*** È l'analisi della domanda di un consumatore, così chiamata perché si basa sul concetto di utilità ordinale. Il consumatore ipotetico preso a modello per tale analisi non è mosso da questioni di utilità maggiore o minore che gli deriva da differenti quantità di beni diversi acquistati nel tempo, bensì è in grado di ordinare, in base alle sue preferenze, un insieme di panieri di beni cui è messo di fronte e che è in grado di acquistare con i mezzi a sua disposizione. I panieri tra i quali il consumatore esprime il proprio ordine di preferenza differiscono tra loro solo perché contengono quantità differenti della stessa serie di beni e servizi. L'analisi ordinalista è utilizzata per determinare la struttura degli acquisti del consumatore e in che misura possano influenzare le sue scelte eventuali cambiamenti di prezzi, gusti e redditi. (v. anche *ordinal utility*)

indifference curve: ***curva d'indifferenza; linea d'indifferenza.*** Rappresentazione grafica delle varie combinazioni di due beni o servizi che arrecheranno ad un dato soggetto un'uguale soddisfazione e che, pertanto, saranno perfettamente sostituibili l'una all'altra. Vengono rappresentate usando un piano cartesiano con un bene o servizio su un asse e l'altro bene o servizio sull'altro asse, in quantità differenti. La curva di indifferenza congiunge sul piano cartesiano i punti corrispondenti alle varie combinazioni, dei due beni o servizi, che daranno al soggetto uguale soddisfazione. Tale curva appare convessa verso il punto di origine degli assi ortogonali e con una pendenza da sinistra verso destra, a causa dell'utilità marginale decrescente di ciascun bene o servizio col crescere della quantità a disposizione e in quanto l'aumento della quantità di uno dei due deve necessariamente accompagnarsi alla diminuzione della quantità dell'altro, i cui decrementi vanno via via riducendosi mentre l'incremento della prima è costante. Quando la curva di indifferenza si applica alla produzione, essa prende il nome di isoquanto o curva di uguale produzione. In tale caso, al posto dei beni o servizi, si pongono sugli assi fattori della produzione e la curva di indifferenza traccia produzioni uguali ricavate tramite la differente combinazione dei fattori della produzione. (v. anche *indifference map*)

indifference map: ***sistema delle curve d'indifferenza.*** Rappresentazione grafica di una serie di curve di indifferenza, relative ad un singolo consumatore, che mostrano le sue preferenze nei confronti di due beni. Ciascuna curva indica le varie combinazioni dei due beni corrispondenti ad un diverso grado di soddisfazione per l'individuo e indicanti gradi di soddisfazione sempre più elevati via via che le curve si allontanano dal punto di origine degli assi ortogonali e si spostano verso destra. Queste curve, divenute di uso frequente, rendono possibile prevedere con un certo grado di accuratezza le quantità di ciascuno dei due beni che il consumatore acquisterà, fermo restando il suo livello di reddito e il prezzo dei due beni. Le curve di indifferenza furono introdotte in economia da F. Edgeworth e furono utilizzate ampiamente da V. Pareto, che diede al sistema delle curve di indifferenza il nome di «colle del piacere». Questo sistema è applicabile non soltanto ai consumatori, ma anche alla produzione e ad altri problemi. Quando viene applicato alla produzione, prende il nome di curva di indifferenza del produttore o isoquanto e mostra, sui due assi cartesiani, differenti quantità di fattori della produzione. (v. anche *iso-product curve, indifference curve*)

indifference schedule: ***scheda d'indifferenza.*** È l'esposizione, in forma tabulare, delle varie combinazioni tra quantità di beni o servizi espresse graficamente da un sistema di curve di indifferenza. (v. anche *indifference curve, indifference map*)

indirect advertising: ***pubblicità indiretta.*** È così detta la pubblicità diretta genericamente a tutti i potenziali consumatori. Essa fa uso dei grandi mezzi di comunicazione di massa quali la televisione, la radio, i giornali, le riviste e simili. Presenta il vantaggio di raggiungere un grandissimo numero di persone, ma allo stesso tempo ha lo svantaggio di essere poco efficace, in quanto troppo generica.

indirect arbitrage: ***arbitraggio indiretto.*** È l'arbitraggio le cui operazioni si svolgono usando quattro o più diverse piazze, laddove esiste un mercato libero delle valute. (v. anche *arbitrage, direct arbitrage*)

indirect assistance: ***assistenza indiretta.*** L'assistenza prestata dalla Banca d'Inghilterra indirettamente alle case di sconto, attraverso l'acquisto di buoni del tesoro in possesso degli istituti di credito. Ciò dà respiro al mercato monetario, mettendo in grado le banche di concedere anticipazioni alle case di sconto. La Banca d'Inghilterra presta assistenza al mercato monetario quando vuole evitare un aumento dei tassi d'interesse, che si verificherebbe come conseguenza di una mancanza di liquidità sul mercato. (v. anche *direct assistance, discount house 1*)

indirect business taxes: ***imposte indirette sugli affari.*** Nella determinazione del reddito nazionale, sono così indicate tutte le imposte diverse dall'imposta sul reddito che vengono detratte, insieme all'ammortamento dei capitali fissi, dal reddito nazionale lordo.

indirect cost: ***costo indiretto.*** Costo non facilmente imputabile alla produzione di un bene o di un servizio specifici, perché sostenuto in relazione all'attività produttiva in generale. È costituito da tutti i costi sostenuti in relazione alle operazioni produttive e imputabili al prodotto, esclusi i costi di materiali diretti e manodopera diretta. Ne sono esempi i costi di forza motrice, illuminazione, riscaldamento, imposte, ammortamento, salari ai capireparto e simili.

indirect damage: ***danno indiretto.*** Lo stesso che *remote damage* (v.).

indirect demand: ***domanda indiretta.*** Lo stesso che *derived demand* (v.).

indirect depreciation: ***ammortamento indiretto.*** Metodo in base al quale si procede alla costituzione di un fondo di ammortamento che, in sede di bilancio, figurerà tra le passività come posta rettificativa dell'attivo.

indirect exchange: **1.** ***scambio indiretto.*** Operazioni di commercio estero tra due paesi, svolte tramite l'intervento di uno o più altri paesi. **2.** ***cambio indiretto.*** Lo stesso che *cross rate* (v.).

indirect expense: ***spesa indiretta.*** Termine usato con lo stesso significato di *indirect cost* (v.).

indirect exporting: ***esportazione indiretta.*** Operazioni di esportazione realizzate attraverso l'intervento di intermediari. Le aziende troppo piccole per mantenere una struttura che si interessi esclusivamente delle esportazioni ricorrono a questo sistema per raggiungere i mercati esteri ed ampliare il volume delle loro esportazioni.

indirect finance: ***finanza indiretta.*** Il segmento del sistema finanziario caratterizzato dalla presenza di istituzioni finanziarie che fungono da intermediari tra le unità mutuanti e le unità mutuatarie. In tale segmento, le istituzioni si assumono il rischio dell'inadempienza dell'unità mutuataria, mentre l'unità mutuante si assume il rischio più basso dell'istituzione finanziaria. (v. anche *financial system*)

indirect financial market: ***mercato finanziario indiretto.*** V. spiegazione sotto *financial system.*

indirect foreign-exchange standard: ***sistema monetario a cambio aureo.*** Lo stesso che *gold exchange standard* (v.).

indirect help: ***assistenza indiretta; aiuto indiretto.*** Lo stesso che *indirect assistance* (v.).

indirect income: ***reddito indiretto.*** Reddito non prodotto direttamente con la propria attività lavorativa o professionale. Il termine, pertanto, si applica a qualsiasi forma di reddito diversa dal salario, dallo stipendio e dal profitto ed in particolare a canoni di fitto, interessi e dividendi. Ai fini fiscali, questo tipo di reddito è trattato in maniera meno favorevole, in quanto non vengono riconosciute le stesse detrazioni ammesse per i redditi da lavoro.

indirect investment: ***investimento indiretto.*** Lo stesso che *portfolio investment* (v.).

indirect investor: ***investitore indiretto.*** Chi investe nella borsa valori di un paese mediante l'intermediazione di un qualche investitore istituzionale, come ad esempio fondi pensioni, società di assicurazione o fondi comuni di investimento. (v. anche *direct investor*)

indirect labour: ***manodopera indiretta.*** La manodopera, ed i suoi relativi costi, non direttamente imputabile ad un prodotto specifico. Ne sono esempi i costi relativi all'amministrazione, a guardiani, a operai addetti alla manutenzione degli impianti e simili.

indirect liability: ***obbligazione indiretta.*** Obbligazione di un terzo, che potrebbe dar luogo all'insorgere di un'obbligazione diretta, cioè all'obbligo di pagare una somma di denaro o di fornire una prestazione in luogo del terzo. (v. anche *direct liability*)

indirect material: ***materiale indiretto.*** Il materiale, e il suo relativo costo, che non entra direttamente nella produzione di un bene specifico. Ad esempio, materiali necessari per la lubrificazione, per la pulizia, per la manutenzione generale ed anche per la sostituzione di piccole parti degli impianti. (v. anche *direct material*)

indirect mortgage loan: ***credito ipotecario indiretto.*** Credito concesso da una banca e garantito dalla costituzione in pegno di cartelle ipotecarie, titoli di rendita fondiaria o titoli di rendita di cartelle ipotecarie. In caso di insolvenza del debitore, la banca dovrà acquisire la proprietà del titolo offerto in pegno e dopo di ciò potrà procedere al recupero di quanto anticipato al cliente.

indirect parity: ***parità indiretta.*** Lo stesso che *cross rate* (v.).

indirect production: **1.** ***produzione capitalistica; produzione indiretta.*** È la produzione di una macchina o qualsiasi altro bene capitale o indiretto che, a sua volta, sarà utilizzato nella produzione di beni diretti per soddisfare i bisogni. L'espressione non implica il concetto che si tratti di un metodo di produzione inefficiente. **2.** ***produzione indiretta.*** Usato come opposto di produzione diretta, il termine indica la moderna produzione, conseguente alla divisione del lavoro, in cui ogni individuo si specializza in una determinata attività e conta sul lavoro degli altri per soddisfare i bisogni che esulano dalla sua attività. (v. anche *direct production*)

indirect quotation: ***quotazione indiretta.*** L'opposto di *direct quotation* (v.) e cioè un ammontare di valuta locale quotata in termini di valuta estera.

indirect securities: ***titoli secondari; titoli indiretti.*** Nella terminologia dell'economia monetaria, sono così detti i titoli a reddito fisso o altri tipi di strumenti, come ad esempio depositi e simili, emessi dagli intermediari finanziari a fronte di prestiti da loro contratti, che saranno successivamente utilizzati per concedere prestiti ai mutuatari finali.

indirect stock: ***scorte indirette.*** Scorte di materiali che non vengono usati per la fabbricazione di prodotti finiti, come ad esempio utensili, cancelleria, ecc. A volte si indicano con questo termine anche materiali che contribuiscono in minima parte al prodotto finito.

indirect tax: ***imposta indiretta.*** Imposta che non colpisce direttamente il reddito, bensì i beni e servizi nei loro trasferimenti e, di conseguenza, il reddito nel momento in cui viene speso. Le imposte indirette sono facilmente traslate da un soggetto, detto contribuente di diritto in quanto è la persona che effettivamente versa l'imposta all'erario, ad un altro soggetto, detto contribuente di fatto in quanto è la persona che effettivamente sostiene l'onere dell'imposta, generalmente inclusa nel prezzo che egli paga per i beni e servizi che acquista. (v. anche *direct tax, incidence of taxation*)

indirect taxation: ***imposizione indiretta.*** Imposizione fiscale prelevata non direttamente sul reddito, ma che colpisce i beni e servizi nei loro trasferimenti, come ad esempio un'imposta di fabbricazione, l'imposta sul valore aggiunto e simili. (v. anche *direct taxation, direct tax*)

indirect utility: ***utilità indiretta.*** W. S. Jevons sosteneva che alcuni beni non possiedono utilità diretta in quanto non sono in grado di soddisfare un bisogno di chi li possiede, ma possono essere utilizzati allo scopo di procurarsi una certa utilità mediante il loro scambio con altri beni capaci di soddisfare un bisogno. Pertanto, i beni che devono essere scambiati con altri per trarne utilità possiedono, sempre nella terminologia usata da Jevons, utilità indiretta.

individual: ***individuo; persona fisica; privato.*** Nel linguaggio economico e giuridico inglese, il termine indica una qualunque delle persone che costituiscono la popolazione di un paese.

individual banking: Lo stesso che *consumer banking* (v.).

individual bargaining: ***contrattazione individuale.*** La negoziazione di un accordo tra un individuo e un altro. Nell'uso sindacale, il termine indica la contrattazione del singolo lavoratore con il suo datore di lavoro, in relazione a orario, salario, ecc. In questo uso, si contrappone al termine contrattazione collettiva. (v. anche *collective bargaining*)

individual demand: ***domanda individuale.*** È la domanda di beni e servizi da parte di un singolo consumatore. Su un mercato, la domanda individuale non ha quasi alcuna importanza, ma la somma della domanda individuale di tutti i consumatori crea la domanda di mercato.

individual file: ***fascicolo individuale.*** Cartella contenente documenti relativi ad un singolo soggetto, come ad esempio un cliente, un dipendente, un fornitore e simili.

individual import licence: ***licenza d'importazione individuale.*** È la licenza di importazione che autorizza un operatore commerciale a far entrare beni esteri nel paese. Tali licenze possono essere di due tipi: licenza di importazione aperta e licenza di importazione specifica. (v. anche *open general licence, specific import licence*)

individual income tax: ***imposta sul reddito delle persone fisiche.*** Negli Stati Uniti è così chiamata l'imposta prelevata dal governo federale, e da molti degli stati, sul reddito delle persone fisiche che supera un determinato minimo. Ha le stesse caratteristiche, per quanto attiene a progressività delle aliquote, deduzioni e detrazioni, descritte sotto *income tax* (v.).

individual investor: ***piccolo investitore; singolo investitore.*** Lo stesso che *retail investor* (v.).

individualism: ***individualismo economico.*** Il termine è usato con due significati: 1) in senso lato, indica la politica o la concezione del liberalismo economico ed è caratterizzato dalla libertà di contrarre, riconosciuta a tutti gli individui, e dalla proprietà privata. Il concetto di individualismo economico, fondamentale per gli economisti classici, si basa sull'ipotesi che tutti gli individui tendono a realizzare la massima soddisfazione col minimo sforzo e, pertanto, basta lasciare tutti gli individui liberi di perseguire il proprio tornaconto per assicurare il benessere della collettività, intesa come somma di tutti gli individui. Ciò implica la minima quantità possibile di intervento pubblico e statale, che deve limitarsi all'emanazione di leggi atte a regolare i rapporti tra individui nel contesto economico suddetto. 2) In senso lato, il termine viene usato per indicare un qualsiasi sistema economico opposto al collettivismo. (v. anche *collectivism, Classical School*)

Individualist School: ***Scuola dell'individualismo economico.*** Termine a volte usato per indicare la scuola classica. (v. anche *individualism, Classical School*)

individualization: ***individualizzazione.*** Termine creato sul modello di *privatization* (v.), usato per indicare il recente fenomeno, verificatosi nei paesi socialisti, di consentire una certa dose di libera iniziativa ai singoli individui, che possono così possedere e controllare certe forme di attività economica.

individual licence: ***licenza d'importazione individuale.*** Termine usato come sinonimo di *individual import licence* (v.).

individual proprietorship: ***impresa individuale; impresa in proprio.*** Forma di organizzazione imprenditoriale in cui un singolo individuo possiede e dirige un'impresa, assumendosi tutti i rischi da essa derivanti e prendendo allo stesso tempo tutti gli utili. Tale tipo di impresa è soggetta a responsabilità illimitata, cioè i beni personali dell'imprenditore potranno essere utilizzati per soddisfare le obbligazioni dell'impresa. Altri svantaggi sono: il capitale dell'impresa può essere insufficiente per rendere possibile l'espansione ottimale; l'impresa dipende in maniera eccessiva dall'abilità del proprietario. Di contro, i vantaggi di questo tipo di impresa sono: a) l'interesse del proprietario, che porta alla massima efficienza possibile; b) contatto continuo del proprietario con tutti i settori dell'impresa; c) rapidità nel prendere e nell'applicare decisioni.

individual retirement accounts: ***conti di rendita individuali; conti previdenziali individuali.*** Negli Stati Uniti, sono conti nei quali possono versare parte del loro reddito i lavoratori che non partecipano ad alcun piano di pensionamento statale o privato, al fine di costituirsi una rendita che potranno percepire quando si ritireranno dall'attività lavorativa. L'ammontare di tali versamenti, fino ad un massimo stabilito per legge, è esente dall'imposta federale sul reddito, che verrà pagata solo quando il lavoratore preleverà i fondi depositati sul conto. Da un punto di vista fiscale, il lavoratore che apre un conto del genere beneficia del vantaggio che deriva dal fatto che l'imposta che andrà a pagare sulla parte di reddito così accantonata sarà certamente inferiore a quella che dovrebbe pagare nel momento in cui effettivamente percepisce il reddito e ciò sia perché il suo reddito dopo il ritiro dall'attività sarà inferiore, sia perché da pensionato rientrerà in più basse aliquote di imposta sul reddito.

individual sector: ***settore individuale.*** Lo stesso che *household sector* (v.).

individual trader: ***imprenditore in proprio.*** Lo stesso che *sole proprietor* (v.).

indivisibility: ***indivisibilità.*** È la caratteristica di un bene o di fattori della produzione, che non possono essere divisi al di sotto di una minima quantità. Per questo motivo, è probabile che un'azienda utilizzi un capitale fisso superiore a quello necessario per il suo volume di produzione, ed in tal caso un aumento della produzione non porterebbe ad un aumento parallelo di capitale. È frequente il caso in cui un'azienda invece di possedere la struttura produttiva preferisce noleggiarla se e quando le risulta necessaria. Anche un lavoratore costituisce un'unità indivisibile, perché se viene utilizzato, ad esempio, come fattorino le sue gambe non possono essere separate dalle braccia, che potrebbero essere usate per far funzionare una macchina. L'indivisibilità di alcuni fattori della produzione crea un problema per le aziende ed è fondamentale nel determinare le variazioni del costo marginale di produzione in relazione a variazioni del volume di produzione di un determinato impianto.

indivisible contract: ***contratto indivisibile.*** Lo stesso che *entire contract* (v.).

indivisible plant: ***impianto indivisibile.*** È un impianto produttivo che deve essere usato su vasta scala per adempiere alla sua funzione o non deve essere usato affatto. La dimensione minima di un impianto indivisibile viene determinata in base a considerazioni tecniche.

indoor relief: Espressione che nelle *Poor Laws* britanniche stava ad indicare l'assistenza prestata ai poveri residenti in particolari istituti. (v. anche *outdoor relief*)

to indorse: ***girare.*** Variante grafica di *to endorse* (v.).

indorsed bond: ***obbligazione garantita.*** Lo stesso che *assumed bond* (v.).

indorsee: ***giratario.*** Variante grafica di *endorsee* (v.).

indorsement: ***girata.*** Variante grafica di *endorsement* (v.).

indorsement confirmed: ***girata confermata.*** È la girata apposta a mezzo di timbro su un titolo di credito che, se fatta da una persona a ciò autorizzata, la prassi bancaria britannica vuole che sia confermata. (v. anche *endorsement*)

indorsement guaranteed: ***girata garantita.*** Termine alternativo per indicare una girata confermata. (v. anche *indorsement confirmed*)

indorsement in full: ***girata piena.*** Lo stesso che *special endorsement* (v.).

indorser: ***girante.*** Variante grafica di *endorser* (v.).

induced consumption: ***consumo indotto.*** Un aumento della spesa in consumi derivante da un aumento degli investimenti. Un aumento degli investimenti, infatti, porta ad un aumento dell'occupazione nelle industrie di beni capitali. Il reddito percepito da questi nuovi lavoratori verrà, in parte, speso in consumi e si trasformerà in reddito di lavoratori impiegati nelle industrie produttrici di beni di consumo, che a loro volta ne spenderanno una parte in consumi, il che darà luogo ad un incremento della domanda di beni e così via. (v. anche *induced investment*)

induced investment: ***investimento indotto.*** Nuovi investimenti generati da un aumento della spesa in consumi. L'aumento dei consumi, tuttavia, non sempre porta a nuovi investimenti, in quanto potrebbe essere usato per riassorbire la capacità inutilizzata di una struttura produttiva. Pertanto, la formazione di nuovi beni capitali a seguito di incremento dei consumi dipende dall'eventuale presenza di capacità inutilizzata, dalla quantità di capitale necessaria a produrre un'unità di bene di consumo, dalle previsioni degli imprenditori circa la durata del boom consumistico e simili altre considerazioni. (v. anche *induced consumption, idle capacity, autonomous investment*)

induced lacking: ***astinenza indotta.*** Termine usato da D. H. Robertson per indicare il risparmio volto a reintegrare i depositi di reddito quando, a causa di una inflazione delle merci, coloro che possiedono depositi di reddito trovano che il loro reddito reale è diminuito.

induced variable: ***variabile indotta.*** Nel linguaggio della statistica e dell'econometria, il termine indica una variabile dipendente interamente da fattori economici, il cui movimento può essere previsto mediante relazioni di correlazione con l'attività economica.

inducement to invest: ***incentivo all'investimento; incentivo a investire.*** Secondo Keynes, dipende in parte dalla tabella dell'efficienza marginale del capitale e in parte dal saggio d'interesse.

induction: ***induzione.*** Procedimento, usato nell'analisi economica, in base al quale si ricavano norme generali, principi o leggi economiche partendo dall'osservazione dei fatti della vita reale. (v. anche *inductive method, deduction 3*)

inductive method: ***metodo induttivo.*** È uno dei due metodi usati nell'analisi economica. Si basa sulla raccolta di una gran massa di dati relativi al problema oggetto di studio, che vengono poi elaborati e presi come base di generalizzazioni, chiamate ipotesi, le quali, una volta che vengono ripetutamente verificate tramite lo stesso metodo, vengono chiamate teorie. La validità del metodo induttivo, che è spesso usato come strumento di controllo di teorie economiche elaborate seguendo il metodo deduttivo, dipende dalla validità delle osservazioni assunte come base delle generalizzazioni. (v. anche *induction, deductive method*)

industrial accident insurance: ***assicurazione contro gli infortuni sul lavoro.*** Termine usato come sinonimo di *industrial injuries insurance* (v.).

industrial-accident reserve: ***fondo di riserva per infortuni sul lavoro.*** Riserva accantonata da un datore di lavoro, di solito sotto forma di percentuale del ruolo paga, alla quale possono essere imputate indennità versate a lavoratori che sono stati colpiti da infortuni sul lavoro.

industrial accidents: ***infortuni sul lavoro.*** Gli infortuni di cui possono restare vittime i lavoratori nello svolgimento della loro attività. Si è cercato di ridurli al minimo attraverso l'applicazione delle norme antinfortunistiche e di ridurne le conseguenze tramite l'assicurazione contro gli infortuni. (v. anche *industrial injuries insurance*)

industrial action: ***azione industriale.*** Qualsiasi tipo di azione intrapresa dai lavoratori per indurre il loro datore di lavoro ad accogliere le richieste di aumento salariale o di migliori condizioni di lavoro. Può prendere la forma di rifiuto di prestare lavoro straordinario, di boicottaggio, di rallentamento dell'attività o di uno dei vari tipi di sciopero.

industrial activity: ***attività industriale; attività produttiva.*** È l'attività di produzione di beni e servizi in cui è impegnata un'impresa industriale.

industrial administration: ***amministrazione industriale.*** La gestione di un'impresa industriale, attraverso i vari uffici e le varie funzioni cui sono preposti i dirigenti dell'impresa stessa.

industrial advertising: ***pubblicità industriale.*** Termine generico, con il quale si indica la pubblicità che si interessa di reclamizzare in un qualsiasi modo i beni prodotti dall'industria.

industrial agreement: ***accordo industriale; accordo sindacale.*** È l'accordo, firmato tra rappresentanti sindacali dei datori e dei prestatori di lavoro, che regola i diritti e i doveri delle parti per il periodo di tempo cui esso si riferisce.

Industrial and Commercial Finance Corporation: ***Istituto di credito industriale e commerciale.*** Istituzione fondata nel Regno Unito nel 1945 per aiutare piccole e medie aziende a reperire mezzi finanziari a lungo termine che esse non potevano procurarsi da banche o tramite emissioni pubbliche di titoli, così colmando la cosiddetta *Macmillan gap*, messa in evidenza nella relazione della Commissione Macmillan nel 1931. Il capitale della ICFC fu fornito dalla Banca d'Inghilterra, da banche scozzesi e dalle banche affiliate alla stanza di compensazione londinese, che ne sono le proprietarie. Pertanto, l'ICFC non presta denaro dello stato e non è sotto il controllo statale. I suoi prestiti a lungo termine variano dalle cinquemila alle cinquecentomila sterline, ma i richiedenti devono soddisfare determinate condizioni, tra cui la presentazione di bilanci dettagliati per i primi cinque anni di attività. (v. anche *Macmillan Committee on Finance and Industry, Macmillan Report, Macmillan gap*)

Industrial and Provident Societies: Tipo di società britanniche che possono essere registrate in base all'*Industrial and Provident Societies Act* del 1893. Si tratta di società che possono svolgere una qualsiasi attività commerciale prevista nei loro statuti, sia all'ingrosso che al dettaglio, purché nessun socio, fatta eccezione per le imprese iscritte nel Registro delle Società, possieda azioni che superino il valore di duecento sterline. Generalmente, le società mutue vengono registrate in questo modo. Tutte queste società, in base alle leggi britanniche sulle *Industrial and Provident Societies* del 1852, 1862 e 1929, godono di personalità giuridica e responsabilità limitata.

industrial arbitration: ***arbitrato industriale.*** È un mezzo per prevenire lo sciopero e risolvere i conflitti industriali tra datori e prestatori di lavoro. In base all'*Industrial Courts Act* del 1919, il ministro competente ha il potere di deferire, col consenso delle parti, la questione oggetto di disputa ad uno o più arbitri, il cui lodo, tuttavia, non è vincolante per le parti. Nel 1957 fu costituito nel Regno Unito l'*industrial disputes tribunal* (v.), che sostituì il *National Arbitration Tribunal*, preposto agli arbitrati in materia di dispute tra datori e prestatori di lavoro. (v. anche *industrial award, industrial court*)

industrial area: ***zona industriale.*** Termine usato con lo stesso significato di *industrial park* (v.).

industrial art: ***disegno pubblicitario.*** Termine usato con lo stesso significato di *commercial art* (v.).

industrial association: ***associazione industriale.*** Termine usato con lo stesso significato di *industrial union* (v.).

industrial assurance: Ramo dell'assicurazione sulla vita che si interessa dell'emissione di polizze di modesta entità, i cui premi vengono riscossi settimanalmente da esattori delle società assicuratrici al domicilio dell'assicurato. Per questo motivo, il termine è stato recentemente sostituito da *home service assurance.* L'espressione *industrial assurance* derivava dal fatto che essa si sviluppò inizialmente tra i lavoratori delle industrie nel nord dell'Inghilterra.

industrial assurance companies: Società per azioni di assicurazione del ramo vita, che svolgono l'attività descritta sotto *industrial assurance* (v.).

industrial automation: ***automazione industriale.*** Lo stesso che *automation* (v.).

industrial award: ***lodo di arbitrato industriale.*** È il lodo emesso da un tribunale a ciò preposto, cui viene deferita una disputa in materia di lavoro da parte del competente ministro. (v. anche *industrial arbitration*)

industrial bank: ***banca industriale.*** Nel Regno Unito il termine è usato come sinonimo di *industrial banker* (v.), mentre negli Stati Uniti indicava più che una banca un'organizzazione finanziaria la cui attività principale consisteva nell'accettare depositi ad interesse da parte di lavoratori e nel concedere piccoli prestiti, a condizioni più vantaggiose di quelle offerte dalle banche commerciali, di solito restituibili a mezzo di piccoli versamenti settimanali o mensili. Oggi, negli Stati Uniti l'attività delle banche industriali è più o meno simile a quella delle banche commerciali.

industrial banker: ***banca industriale.*** Termine usato nel Regno Unito per indicare piccole società finanziarie per il credito rateale, di solito con sede fuori Londra. La loro attività principale consiste nel finanziamento di acquisti rateali, ma offrono anche una serie di altri servizi bancari, pur non raggiungendo la gamma di servizi offerti dalle banche commerciali. Le banche industriali si procurano i fondi necessari alla loro attività finanziaria attraverso i depositi di piccoli risparmiatori, offrendo loro tassi di interesse superiori a quelli pagati dalle banche commerciali. (v. anche *finance house*)

Industrial Bankers' Association: ***Associazione delle banche industriali.*** Associazione, fondata nel 1956, che riunisce le banche industriali che si conformano alle norme da essa emanate. Tra l'altro, queste norme prevedono che almeno il 75% delle risorse di ciascun membro sia destinato al finanziamento di acquisti rateali, che vi sia sempre un'eccedenza di attività sulle passività, ed altre regole su questioni di liquidità, etica professionale e simili. (v. anche *Finance Houses Association*)

industrial belt: ***cintura industriale.*** Termine con il quale si indicano ampi insediamenti industriali nei sobborghi intorno a grandi aree metropolitane o intorno ai cosiddetti porti franchi.

industrial bond: ***obbligazione industriale.*** Termine generico con il quale si indica un qualsiasi tipo di obbligazione emessa da un'impresa industriale. (v. anche *bond*)

industrial building: ***edificio industriale.*** Costruzione in cui hanno sede lo stabilimento e gli uffici di un'impresa industriale.

industrial business: Espressione usata con lo stesso significato di *industrial assurance* (v.).

industrial capacity: ***capacità industriale.*** La quantità di lavoro che può essere svolta da una singola industria o da tutte le industrie di un paese.

industrial carrier: ***vettore industriale.*** Un'impresa di trasporti, di proprietà di una o più industrie da essa servite.

industrial centre: ***centro industriale.*** Grande città o zona geografica in cui sono centrate molte attività industriali.

industrial circulation: ***circolazione industriale.*** Espressione usata da J. M. Keynes per indicare la circolazione di moneta che alimenta il processo di produzione, distribuzione e scambio e viene utilizzata anche per pagare i fattori della produzione che prestano i loro vari servizi dall'inizio della produzione alla soddisfazione del consumatore finale. La circolazione industriale utilizza i depositi di reddito e parte dei depositi commerciali. (v. anche *financial circulation, income deposits, business deposits*)

industrial communications: ***comunicazioni aziendali.*** La trasmissione di messaggi, direttive, documenti, ecc., all'interno di un'impresa industriale.

industrial compensation: ***compensazione industriale.*** Altro termine con il quale viene indicato l'accordo di riacquisto descritto sotto *buy back 2* (v.).

industrial country: ***paese industriale.*** È un qualsiasi paese la cui economia si fonda principalmente sull'industria produttrice di beni e servizi.

industrial court: ***tribunale di arbitrato industriale.*** Tipo speciale di tribunale, istituito nel Regno Unito in base all'*Industrial Courts Act* del 1919, cui il ministro competente può deferire questioni relative a dispute di lavoro, previo consenso delle parti. (v. anche *industrial arbitration*)

industrial democracy: ***democrazia industriale.*** Espressione originariamente usata per indicare una gestione democratica delle associazioni sindacali. In seguito, è passata ad indicare il concetto della partecipazione operaia alla gestione aziendale, concetto che va da un estremo che sostiene la sostituzione della gestione capitalistica con un consiglio composto esclusivamente di lavoratori, ad un altro estremo che sostiene che la partecipazione operaia alla gestione non deve andare al di là di quella che è la partecipazione del cittadino alla gestione dello stato. C'è, inoltre, chi sostiene che un realistico grado di democrazia industriale è già stato raggiunto e ne sono prova i sindacati indipendenti, le contrattazioni collettive, l'azionariato operaio, la partecipazione degli operai agli utili dell'impresa e la rappresentanza operaia in commissioni che influenzano la politica aziendale. (v. anche *syndicalism*)

industrial design: ***disegno industriale.*** Il termine inglese è entrato anche nell'uso della nostra lingua per indicare un qualsiasi disegno, o progetto, applicabile per un qualsivoglia motivo di ornamento, forma, dimensioni o configurazione ad un articolo che viene, per questo, contraddistinto da altri articoli dello stesso genere. Può essere registrato presso l'apposito ufficio pubblico e in tal caso il suo sfruttamento è riservato.

industrial designer: ***disegnatore industriale.*** Chi si dedica all'attività definita sotto *industrial design* (v.).

industrial designs rules: ***norme sul disegno industriale.*** Sono le norme contenute nel *Registered Designs Act* britannico del 1949 e relative alla registrazione del disegno industriale. Queste norme sono state aggiornate nel 1955.

industrial development bond: ***obbligazione di sviluppo industriale.*** Lo stesso che *industrial revenue bond* (v.).

industrial development certificate: ***certificato di sviluppo industriale.*** Licenza rilasciata dal ministero dell'industria britannico e contenente l'autorizzazione alla costruzione o all'ampliamento di insediamenti industriali su terreni che superano i mille piedi quadrati a Londra, nel sud-est dell'Inghilterra e nei Midlands o che superano i cinquemila piedi quadrati nel resto del paese. Lo scopo dell'autorizzazione è quello di consentire un controllo governativo sulla localizzazione di nuovi insediamenti industriali.

industrial disease: ***malattia professionale; malattia del lavoro.*** Malattia che un lavoratore può contrarre nello svolgimento della sua attività ed a causa di determinati processi di lavorazione. Tutti i paesi industrializzati hanno una forma di assicurazione obbligatoria contro tale eventualità, di solito unificata all'assicurazione contro gli infortuni sul lavoro. La differenza tra i due eventi è che mentre l'infortunio deriva da una causa violenta, la malattia professionale deriva da una causa che agisce con gradualità e che trova origine nell'attività in cui è impegnato il prestatore di lavoro. In ambedue i casi, perché il lavoratore abbia diritto alle indennità previste dalla legge deve essere dichiarato inabile a continuare la propria attività di prestatore di lavoro.

industrial dispute: ***disputa industriale; conflitto industriale.*** Qualsiasi vertenza o divergenza tra lavoratori e datori di lavoro, in relazione a salari, orari e condizioni di lavoro, livelli di occupazione o altro.

industrial disputes tribunal: ***tribunale per le dispute industriali.*** Questi tribunali furono istituiti nel Regno Unito nel 1957 affinché trattassero, insieme con le *industrial courts*, casi relativi a dispute tra prestatori e datori di lavoro.

industrial economics: ***economia industriale.*** L'analisi economica che ha per oggetto l'industria. Tale branca dell'economia applicata ha assunto importanza principalmente a seguito della fondazione di scuole e università nelle quali si insegnano discipline aziendali.

industrial economy: ***economia industriale.*** L'economia di un paese, basata in maniera preponderante sulla presenza di industrie produttrici di beni.

industrial engineering: ***ingegneria industriale.*** Branca dell'ingegneria che si interessa della progettazione, costruzione e manutenzione di macchine e impianti richiesti dalle imprese industriali per lo svolgimento della loro attività produttiva.

industrial engineering department: ***ufficio ingegneria industriale.*** Nell'ambito di un'impresa, è l'ufficio preposto a risolvere tutti i problemi di ingegneria che sorgono all'interno della stessa impresa industriale.

industrial equities: ***azioni industriali.*** Termine alquanto generico, usato per indicare le azioni ordinarie emesse da imprese industriali.

industrial espionage: ***spionaggio industriale.*** Pratica mediante la quale un'impresa si procura progetti o formule segrete di proprietà di un concorrente, mediante l'impiego di spie o di agenti segreti che di solito lavorano negli uffici o nelle fabbriche del concorrente.

industrial estates: ***terreni industriali.*** Terreni che offrivano vantaggi economici e finanziari, in base alle leggi del 1934 e del 1937 approvate dal parlamento britannico, a chi intendesse stabilirvi un insediamento industriale. Scopo di queste agevolazioni era il tentativo di sviluppo industriale di quelle che allora venivano chiamate *special areas* (v.).

Industrial Estates Management Corporation: Ente istituito nel Regno Unito nel 1960 affinché subentrasse nella gestione della proprietà di terreni industriali sui quali erano state edificate fabbriche o altri insediamenti in base alle leggi del 1934 e del 1937 sui terreni industriali. (v. anche *industrial estates*)

industrial fluctuations: ***fluttuazioni industriali.*** Sono le fluttuazioni cui è soggetta la produzione industriale, da alcuni ritenute causa dei movimenti congiunturali o cicli economici. (v. anche *trade cycle, agricultural fluctuations*)

industrial giants: ***giganti industriali.*** Termine generico e di uso popolare, con il quale si indicano le grosse imprese industriali e in particolare le multinazionali.

industrial goods: ***beni di produzione.*** Beni capitali, o di altra natura, che danno luogo alla produzione di beni diretti soltanto attraverso una o più trasformazioni e con il concorso di altri beni, non essendo di per sé utilizzabili per soddisfare un bisogno del consumatore. Ne sono esempi le materie prime, le macchine e gli stabilimenti industriali.

industrial group: ***gruppo industriale.*** È un gruppo di imprese industriali, unificate sotto una medesima amministrazione.

industrial health: ***igiene del lavoro.*** Termine usato con lo stesso significato di *industrial hygiene* (v.).

industrial hereditaments: ***proprietà industriali.*** Terreni o fabbricati usati a scopo industriale o come sede di imprese industriali.

industrial hygiene: ***igiene del lavoro.*** La branca della scienza medica che si interessa dello studio, della prevenzione e della cura delle malattie, degli infortuni, delle invalidità e della diminuzione della capacità lavorativa conseguenti all'esercizio di un'attività lavorativa. Scopo principale dell'igiene del lavoro è quello di tutelare la salute dei lavoratori dell'industria.

industrial inertia: ***inerzia industriale.*** La tendenza di un'industria a mantenere i propri stabilimenti in un'area geografica anche se i motivi che spinsero a quell'insediamento non sono più validi. Ciò si verifica, per esempio, nella Gran Bretagna, dove molte industrie si insediarono nelle vicinanze di giacimenti di carbone in considerazione della facilità di approvvigionamento di quella fonte di energia. Oggi, pur essendo passate al petrolio o all'energia elettrica, esse tendono a rimanere nell'antico insediamento. Ciò si spiega in gran parte con la disponibilità, in quel luogo, di notevoli economie esterne. (v. anche *external economies*)

industrial injuries: ***infortuni sul lavoro.*** Termine usato con lo stesso significato di *industrial accidents* (v.).

industrial injuries insurance: ***assicurazione contro gli infortuni sul lavoro.*** Forma di assicurazione obbligatoria per tutti i lavoratori contro l'eventualità che essi restino vittime di infortuni sul lavoro. I contributi relativi vengono versati in parte dal prestatore e in parte dal datore di lavoro.

industrial injury benefit: ***indennità per infortunio sul lavoro.*** È l'indennità cui ha diritto un lavoratore che resti vittima di infortunio sul lavoro. Nel Regno Unito è prevista e regolata dal *National Insurance (Industrial Injuries) Act* (v.) del 1946.

industrial insurance: Termine usato come sinonimo di *industrial assurance* (v.).

industrialism: ***industrialismo.*** Questo termine indica sia un tipo di politica che tende al potenziamento dell'industria di un paese, sia la struttura economica di un paese nel quale il settore industriale sia notevolmente più sviluppato di quello agricolo.

industrialist: **1.** ***industriale.*** Chi possiede o gestisce un'impresa industriale, specialmente un'impresa grande o medio-grande. **2.** ***industrialista.*** Persona che sostiene l'industrialismo o crede in questo tipo di orientamento economico.

industrialization: ***industrializzazione.*** Lo sviluppo dell'economia di un paese o di una regione, realizzato mediante l'installazione di grandi industrie.

industrialized country: ***paese industrializzato.*** Lo stesso che *industrial country* (v.).

industrial law: ***diritto del lavoro.*** Termine a volte usato con lo stesso significato di *labour legislation* (v.).

industrial life assurance policy: È la polizza relativa alla forma di assicurazione descritta sotto *industrial assurance* (v.) e *industrial life insurance* (v.).

industrial life insurance: Termine statunitense, con il quale si indica il ramo dell'assicurazione sulla vita che si interessa dell'emissione di polizze di modesta entità, di solito inferiori ai 250 dollari, i cui premi vengono pagati settimanalmente o mensilmente dagli assicurati. Questa forma di assicurazione sulla vita ha costi più elevati, derivanti da maggiori spese generali e dall'esenzione dalla visita medica per gli assicurati.

industrial loan: ***prestito industriale.*** Prestito concesso da una banca, o altra istituzione creditizia, allo scopo di finanziare un'attività industriale. I prestiti industriali sono di solito meno liquidi dei prestiti finanziari e possono anche più facilmente di questi ultimi diventare crediti inesigibili. (v. anche *financial loan*)

industrial management: ***gestione industriale.*** La direzione di un'impresa industriale nel senso più ampio del termine *management* (v.).

industrial market: ***mercato dei beni industriali.*** Il mercato, nel quale vengono trattati i beni strumentali, costituito dalle imprese che di volta in volta agiscono in veste di compratori e di venditori.

industrial market research: ***ricerca di mercato dei beni industriali.*** Il termine inglese indica specificamente la ricerca di mercato che ha come oggetto la diffusione e la vendita di beni strumentali e non di beni di consumo.

industrial medicine: ***medicina assicurativa; medicina del lavoro.*** Questo termine viene usato più o meno con lo stesso significato di *industrial hygiene* (v.), ma copre un campo un po' più ampio, in quanto vi si fa rientrare anche la prevenzione degli infortuni mediante lo studio che porta alla costruzione di macchine e utensili più sicuri, alla maniera di trattare sostanze tossiche con minor rischio e alla prevenzione di malattie causate da fumo, gas, rumore, sostanze velenose, calore, freddo, ecc.

Industrial Mergers Ltd.: Istituzione finanziaria creata nel Regno Unito nel 1967 allo scopo di agevolare le incorporazioni, specialmente tra piccole imprese. L'istituzione assiste le imprese durante le fasi di negoziazione e dopo che l'incorporazione ha avuto luogo.

industrial migration: ***migrazione industriale.*** Lo spostamento di industrie da una regione all'altra dello stesso paese, dovuto alla domanda dei prodotti dell'industria specifica, all'offerta delle risorse di cui essa fa uso, agli incentivi offerti da determinate regioni sotto forma di sgravi fiscali o a differenziali salariali. In passato, le industrie si accentravano nelle vicinanze delle fonti di materie prime o di importanti scali navali, perché i trasporti erano lenti e costosi, ma a seguito dei grandi progressi realizzati in questo settore, oggi le industrie tendono a ubicarsi nei pressi di vasti mercati o in località che offrono la possibilità di realizzare diverse forme di economie.

industrial momentum: ***momento industriale.*** La tendenza di industrie, che in origine erano state insediate in luoghi dotati di certe speciali condizioni favorevoli, a continuare a prosperare ed espandersi anche dopo che le particolari condizioni favorevoli offerte dal luogo di insediamento si sono esaurite o hanno perso efficacia.

industrial organization: ***organizzazione industriale.*** 1) Termine usato con lo stesso significato di *industrial union* (v.). 2) La branca dell'economia che studia il comportamento delle singole imprese e la struttura dell'industria nel suo complesso.

Industrial Organization and Development Act: Legge, approvata dal parlamento britannico nel 1947, in base alla quale venivano istituiti, tra l'altro, i comitati di sviluppo per le varie industrie. (v. anche *development councils*)

industrial park: ***zona industriale.*** Estensione di terreno sul quale sono stati costruiti edifici industriali e sono stati insediati depositi, fabbriche e uffici di imprese industriali.

industrial policy: ***politica industriale.*** Un insieme di idee, interventi e iniziative che, confluendo nella politica governativa, mirano ad influenzare i processi produttivi di un paese. Molte delle iniziative politiche del governo influenzano le industrie di una nazione, ma l'elemento chiave della politica industriale è il grado di sistematizzazione degli interventi nel quadro di un piano cosciente teso alla realizzazione di determinati obiettivi. La politica industriale varia da paese a paese. Alcuni paesi, come ad esempio la Francia, fanno ampio uso di strumenti di pianificazione indicativa, incoraggiando le fusioni, creando piani di incentivi e riincanalando l'attività economica nazionale per dare priorità ai settori industriali. In altri paesi, come ad esempio il Giappone, la politica industriale è più informale e si limita a promuovere vigorosamente alcune esportazioni e a sostenere determinati settori industriali, quali quelli dell'acciaio e della cantieristica. Altri paesi, infine, come ad esempio gli Stati Uniti, basano la loro politica industriale sul capitalismo privato, sulla libera iniziativa e sulla condanna dei monopoli, disdegnando di intraprendere funzioni di pianificazione e affidandosi interamente alla cosiddetta dottrina del laissez-faire.

industrial product: ***prodotto industriale.*** Termine generico, con il quale si indica un qualsiasi bene prodotto su scala industriale, in contrapposizione a beni prodotti artigianalmente.

industrial production: ***produzione industriale.*** La produzione di beni e servizi da parte delle industrie di un paese o di una regione.

industrial production index: ***indice della produzione industriale.*** Termine usato in alternativa a *index of industrial production* (v.).

industrial property: ***proprietà industriale; privativa industriale.*** Nel linguaggio giuridico, è l'insieme di brevetti, progetti, invenzioni e marchi di fabbrica di proprietà esclusiva di un'impresa.

industrial psychologist: ***psicologo del lavoro.*** Psicologo che esplica la propria attività nell'ambito della psicologia industriale. Può avere un rapporto di lavoro continuativo con un'impresa industriale o può intervenire soltanto in caso di necessità in qualità di consulente o libero professionista.

industrial psychology: ***psicologia industriale.*** È lo studio dell'uomo nelle sue relazioni con l'ambiente di lavoro. Si interessa principalmente della sua adattabilità alle mutevoli condizioni dei diversi tipi di attività lavorativa, dell'influenza che l'ambiente o il tipo di lavoro possono avere sul suo rendimento e delle relazioni umane tra lavoratori e tra questi ultimi e la classe dirigente.

industrial quality control: ***controllo della qualità industriale.*** La politica o le procedure miranti a determinare e mantenere un soddisfacente livello qualitativo delle operazioni e dei prodotti di un'impresa industriale. Per quanto concerne la produzione, i primi prodotti ad uscire dal processo produttivo vengono sottoposti ad un severo ed approfondito controllo, al fine di accertare se il loro livello qualitativo è adeguato agli standard stabiliti. A questo controllo, ne seguono altri ad intervalli irregolari, onde accertarsi che il livello di qualità sia sempre uguale a quello stabilito.

industrial relations: ***relazioni industriali.*** In senso lato, il termine indica le relazioni tra sindacati degli imprenditori e sindacati dei lavoratori, cioè tutte le relazioni che derivano da un rapporto di lavoro. In senso più ristretto, il termine indica il campo di studio che si è venuto a creare a seguito delle insistenti richieste dei lavoratori di avere voce in capitolo sulle decisioni aziendali ed a seguito del sempre crescente controllo pubblico delle relazioni tra prestatori e datori di lavoro.

Industrial Relations Act: Legge, approvata dal parlamento britannico nel 1970, con la quale alcuni tipi di scioperi, inclusi quelli cosiddetti spontanei, vennero dichiarati *unfair industrial practices.* La stessa legge proibiva ai datori di lavoro di non riconoscere un sindacato al quale era iscritta la maggioranza dei lavoratori. Poiché molte delle norme stabilite da questa legge si dimostrarono inapplicabili, essa venne successivamente abrogata.

Industrial Relations Commission: ***Commissione per le relazioni industriali.*** Tra le altre cose, il cosiddetto *Donovan Report* (v.) del 1968 raccomandò l'istituzione di una Commissione per le relazioni industriali, col compito di esaminare le situazioni particolari di insediamenti industriali e provvedere alla registrazione di accordi sindacali su scala locale.

industrial-relations court: ***tribunale per le relazioni industriali.*** Negli Stati Uniti, è un tribunale istituito per decidere o arbitrare casi relativi a dispute tra prestatori e datori di lavoro.

industrial relations office: ***ufficio relazioni industriali.*** Nell'ambito di un'impresa, è l'ufficio preposto alle relazioni tra lavoratori e datore di lavoro.

Industrial Reorganization Corporation: ***Ente per la riorganizzazione industriale.*** Ente istituito nel Regno Unito alla fine del 1967 e sciolto nel 1971. Suo compito principale era quello di razionalizzare quei settori dell'industria britannica nei quali operavano una miriade di piccole aziende la cui produttività, di conseguenza, risultava bassa. L'ente promosse la concentrazione di queste piccole imprese, agevolandone la fusione attraverso la concessione di mutui, necessari per la loro ristrutturazione o per l'ampliamento, a tassi fissi di interesse. L'ente promosse anche lo sviluppo teconologico e contribuì al miglioramento della bilancia dei pagamenti britannica, attraverso progetti per la riduzione delle importazioni.

industrial research: ***ricerca industriale.*** È la ricerca svolta da o per conto di imprese private, allo scopo di individuare metodi di produzione più efficienti, di sviluppare nuovi prodotti o di migliorare quelli già in produzione.

industrial revenue bond: Termine di uso statunitense, con il quale si indica un tipo di titoli obbligazionari emessi da enti locali allo scopo di finanziare la costruzione di impianti e l'acquisto di attrezzature industriali, che vengono successivamente dati in locazione a imprese private. Il canone di fitto pagato dalle imprese viene calcolato in maniera tale da coprire interessi, capitale e costi del prestito. L'interesse pagato su questo tipo di obbligazioni è sempre inferiore a quello delle obbligazioni industriali, in quanto esso è esente dall'imposta federale sul reddito.

industrial revolution: ***rivoluzione industriale.*** In senso lato, questa espressione indica il periodo in cui per la prima volta nella sua storia un paese si dedica all'industrializzazione attraverso l'adozione di mezzi meccanici di produzione e lo sviluppo del sistema di trasporti per la diffusione dei prodotti industriali sul territorio nazionale. In senso più ristretto, il termine indica le condizioni che si verificarono in Gran Bretagna negli ultimi decenni del diciottesimo secolo e nei primi decenni del diciannovesimo, che resero possibile un grande sviluppo dell'industria. Il periodo fu caratterizzato: dalla recente rivoluzione agricola; dallo sviluppo delle colonie americane; dall'invenzione di nuove macchine per le industrie tessili; dall'invenzione della macchina a vapore e dall'utilizzazione del carbone come fonte di energia, con la conseguente invenzione della locomotiva e della nave a vapore; dalla costruzione di canali e strade; dalla presenza del capitalismo nell'industria. Tutti questi eventi, che si verificarono quasi contemporaneamente, portarono alla cosiddetta rivoluzione industriale che, da un punto di vista sociale, fu caratterizzata dallo spostamento della popolazione dalle campagne alle nuove città industriali che andavano sorgendo in prossimità dei giacimenti di carbone. Un'altra importante caratteristica fu il passaggio dal sistema di industria a domicilio al sistema di produzione in fabbrica. Uno degli aspetti più negativi della rivoluzione industriale inglese fu rappresentato dalle squallide condizioni di vita e di lavoro degli operai. (v. anche *agricultural revolution, domestic system, factory system*)

industrial robots: ***robot industriali.*** Sono così chiamate delle macchine stazionarie con un braccio manipolatore che può eseguire movimenti ripetitivi. I robot svolgono una grande varietà di funzioni, ma la maggior parte di queste funzioni sono semplicemente manovre di sollevamento e posizionamento di parti e, quindi, di caricazione e discarica di altre macchine. Si usano anche sofisticati robot per la verniciatura e la saldatura di parti e in essi il braccio manipolatore può essere programmato per seguire un percorso continuo invece di andare semplicemente da e verso punti predeterminati. Sebbene si discuta molto sulla riprogrammabilità dei robot, sono pochi quelli che oggi possono realmente essere riprogrammati. Pur se è possibile apportare variazioni di scarso rilievo nel percorso del braccio manipolatore, la maggior parte dei robot in uso attualmente eseguono la stessa medesima funzione in maniera ripetitiva.

industrials: ***titoli industriali.*** Termine usato nel linguaggio della borsa valori per indicare titoli azionari e obbligazionari emessi da imprese industriali e in particolare da imprese produttrici di beni strumentali.

industrial safety: ***sicurezza sul lavoro.*** È indicata con questo termine quella branca della medicina del lavoro che si interessa della prevenzione degli infortuni e della sicurezza dei lavoratori mentre essi svolgono la loro attività, venendo a contatto di macchine o sostanze pericolose.

industrial secret: ***segreto industriale.*** Lo stesso che *trade secret* (v.).

industrial sector: ***settore industriale.*** Lo stesso che *manufacturing sector* (v.).

industrial services: ***servizi industriali.*** I servizi prestati dalle molte persone occupate in tutti i tipi di industria.

industrial site: ***zona industriale.*** Termine usato con lo stesso significato di *industrial park* (v.).

industrial society: ***società industriale.*** È l'insieme delle persone che vivono in un paese industriale, anche se non direttamente o individualmente collegate alla produzione industriale.

industrial spying: ***spionaggio industriale.*** Termine usato come sinonimo di *industrial espionage* (v.).

industrial statistics: ***statistica industriale.*** Branca della statistica che si interessa di fenomeni connessi alla produzione e all'attività industriale.

industrial stocks and shares: ***titoli industriali.*** Termine usato con lo stesso significato di *industrials* (v.).

industrial strategy: ***strategia industriale.*** Una politica perseguita dal governo britannico dal 1975 in poi, con l'obiettivo di migliorare l'efficienza delle industrie inglesi, che si era andata deteriorando dopo la fine del secondo conflitto mondiale a vantaggio delle industrie di altri paesi. Il piano, presentato nel novembre del 1975 ad una riunione del *National Economic Development Council* prevedeva un più efficace coordinamento delle politiche che influenzavano l'efficienza industriale, un uso migliore degli strumenti di politica industriale e di intervento statale e un miglioramento della programmazione da parte del settore privato e di quello pubblico. Lo stesso termine è stato spesso usato per indicare l'insieme di misure governative che altri chiamano politica industriale. (v. anche *industrial policy*)

industrial technology: ***tecnologia industriale.*** Il complesso di conoscenze e know–how necessari per fabbricare un prodotto finito o per produrre input intermedi. Include la progettazione del prodotto, le tecniche di produzione e i relativi sistemi manageriali.

industrial textiles: ***prodotti tessili industriali.*** Sono le fibre sintetiche utilizzate come input industriali e generalmente fabbricate usando processi automatizzati controllati da computer. (v. anche *consumer textiles*)

industrial training: ***addestramento industriale.*** L'addestramento di apprendisti che, in seguito, diventeranno lavoratori di un'impresa industriale.

Industrial Training Act: Legge, approvata dal parlamento britannico nel 1964, con la quale si intendeva promuovere un migliore addestramento degli apprendisti nei vari settori industriali.

Industrial Training Board: ***Comitato per l'addestramento industriale.*** In base all'*Industrial Training Act* del 1964, nel Regno Unito furono istituiti questi comitati, uno per ciascuna industria, col compito di organizzare e promuovere l'addestramento di apprendisti. Viene finanziato attraverso contributi imposti alle aziende membri del comitato.

Industrial Transference Board: ***Comitato per la mobilità della manodopera.*** Ente pubblico istituito nel 1928 nel Regno Unito col compito di agevolare una maggiore mobilità della manodopera, prestando assistenza ai lavoratori disposti a trasferirsi da aree ad alto tasso di disoccupazione verso aree che offrivano maggiori passibilità di lavoro. Dopo la seconda guerra mondiale, la politica governativa in materia si è orientata verso la localizzazione di nuovi insediamenti industriali nelle aree ad alto tasso di disoccupazione, invece che in aree ad alto tasso di industrializzazione. (v. anche *areas for expansion*)

industrial tribunal: ***tribunale del lavoro.*** Nel Regno Unito, è costituito da tre persone: un giurista e due altri membri nominati dalle parti, e ha la funzione di decidere su questioni di lavoro, se le parti si dicono d'accordo a sottoporre la loro disputa a questo tipo di giudizio. Tra i ricorsi più frequenti vi sono quelli relativi a competenze dovute ma non pagate a un lavoratore e quelli relativi all'interpretazione di clausole presenti nei contratti di lavoro.

industrial undertaking: ***impresa industriale.*** È un'impresa che si interessa della fabbricazione di prodotti industriali. Il termine viene usato in contrapposizione a impresa commerciale.

industrial union: ***sindacato industriale.*** Un sindacato che raggruppa su base nazionale tutti i lavoratori appartenenti ad un'industria, come ad esempio i lavoratori metalmeccanici, quelli tessili, ecc. Poiché in un sindacato del genere è maggiore la presenza di lavoratori non specializzati, nel Regno Unito molti lavoratori specializzati preferiscono far parte di più piccoli sindacati di categoria, con l'intento di tutelare meglio i loro interessi. (v. anche *craft union*)

industrial welfare: ***benessere industriale.*** Le condizioni, che si suppongono di benessere, in cui vivono e lavorano i lavoratori delle industrie o di altre attività. Rientrano tra queste condizioni: la salute dei lavoratori, la situazione di lavoro in fabbrica, le strutture di trasporto, la disponibilità di alloggi idonei, la creazione di circoli aziendali e simili.

Industrial Workers of the World: Organizzazione sindacale fondata negli Stati Uniti nel 1904. Era un sindacato industriale che raggruppava lavoratori di varie industrie, ma poi la partecipazione si è ridotta quasi esclusivamente a lavoratori provenienti da altri paesi.

industry: ***industria.*** Questo termine viene usato nei seguenti significati: 1) impresa che produce beni, impiegando quantità relativamente grandi di capitale e lavoro. Si applica anche ad imprese produttrici di determinati servizi, come ad esempio trasporti e comunicazioni. 2) In senso collettivo, tutte le industrie di un paese o di una regione o tutte le imprese che si occupano di un determinato settore della produzione, come ad esempio l'industria alimentare, l'industria dell'acciaio, l'industria automobilistica, ecc. In quest'ultima accezione, il termine è definito in economia come «un insieme di aziende in concorrenza tra loro a causa della grande sostituibilità dei loro prodotti».

industry association: ***associazione industriali.*** Associazione fra industriali, avente lo scopo di raggiungere un'intesa comune nei rapporti con le rappresentanze sindacali dei lavoratori e di elaborare strategie comuni in materia di investimenti, sviluppo e produzione industriale.

industry effect: ***effetto d'industria.*** Si indica con tale espressione il ruolo che svolgono un numero di imprese nel determinare l'elasticità della domanda e dell'offerta di un prodotto. L'elasticità della curva di offerta totale di un'industria dipende non soltanto dall'effetto che un aumento di prezzo avrà sulla produzione di ciascuna impresa, ma anche dall'effetto che l'aumento di prezzo avrà sul numero delle imprese presenti in quella particolare industria.

industry forecasts: ***previsioni industriali.*** Sono le previsioni, formulate da appositi organismi o gruppi di studio, sulle possibilità di sviluppo e produzione industriale nel prossimo futuro. Possono riferirsi ad una singola industria, a tutta la produzione industriale in un paese o alla produzione industriale mondiale.

industry fund: ***fondo comune d'investimento in un solo ramo industriale.*** Sono così indicate quelle società d'investimento che concentrano le proprie attività su valori mobiliari di un determinato settore industriale, ad esempio nell'industria petrolifera o nell'industria chimica. Questo tipo di fondi comuni potrebbero dare buoni risultati in periodi di boom dell'industria nella quale investono, ma presentano maggiori rischi per l'investitore, in quanto non tengono conto del principio fondamentale del frazionamento del rischio attraverso un'ampia diversificazione degli investimenti.

industry–wide bargaining: ***contrattazione collettiva a livello nazionale.*** È la contrattazione che ha luogo, in vista di un rinnovo del contratto di lavoro, tra i rappresentanti di un sindacato o di una federazione sindacale e i rappresentanti dei datori di lavoro di una data industria del paese, come ad esempio l'industria tessile o quella chimica.

inefficient taxation: ***imposizione fiscale inefficiente; tassazione inefficiente.*** Un sistema di imposizione fiscale che causa la cosiddetta *deadweight loss* (v.).

inelastic demand: ***domanda anelastica; domanda inelastica; domanda rigida.*** La domanda di un bene è detta anelastica quando notevoli aumenti o diminuzioni del prezzo di vendita non generano diminuzioni o aumenti proporzionali della quantità domandata. Ciò si verifica generalmente per i beni di prima necessità e per quei beni che non possono facilmente e prontamente essere sostituiti con altri beni. (v. anche *elastic demand, elasticity of demand*)

inelasticity: ***anelasticità.*** Si dice che vi è anelasticità della domanda o dell'offerta quando la richiesta di acquisto di beni (nel primo caso) o la loro messa in vendita (nel secondo caso) subiscono una variazione proporzionale inferiore a quella che ha interessato il prezzo.

inelastic price: ***prezzo inelastico.*** È così detto il prezzo di un bene che non cambia anche in presenza di costi decrescenti. Ciò può essere spiegato dal fatto che piuttosto che diminuire il prezzo di vendita, le imprese sono propense a limitare la quantità prodotta, ma può anche essere dovuto al fatto che, a causa della discontinuità del ricavo marginale, si verifica un intervallo di tempo durante il quale il prezzo di vendita di un'impresa rimane immutato malgrado le mutate condizioni economiche.

inelastic supply: ***offerta anelastica; offerta inelastica; offerta rigida.*** L'offerta di un bene è detta anelastica quando un aumento del prezzo di vendita di quel bene non genera un corrispondente aumento della quantità offerta. Nel breve periodo è inelastica l'offerta di molti beni, soprattutto a causa della difficoltà di aumentare rapidamente la produzione. Pertanto, bisogna riferirsi ad un periodo non troppo breve per rendersi conto se l'offerta è effettivamente anelastica e quanto più lungo è il periodo di osservazione, tanto più elastica appare l'offerta. Se, tuttavia, l'offerta di un bene è perfettamente anelastica, la quantità offerta resterà invariata anche in presenza di notevoli aumenti del prezzo di vendita. (v. anche *elastic supply, elasticity of supply*)

ineligible bills: ***titoli non stanziabili; titoli non bancabili.*** Sono titoli di credito che non possono essere ammessi al risconto presso la banca centrale, in quanto presentano caratteristiche tecniche non adeguate alle esigenze dell'istituto che dovrebbe riscontarli.

inequality of incomes: ***sperequazione dei redditi.*** La disuguaglianza tra i redditi percepiti da lavoratori dipendenti o derivanti da patrimoni o investimenti. Si è tentato di attenuare le sperequazioni soprattutto tramite manovre fiscali tendenti a colpire i redditi più elevati. Ciò spiega la differenza delle imposte di successione su piccoli e su grandi patrimoni e la differenza progressiva delle aliquote che colpiscono i diversi redditi di lavoro e di capitale. (v. anche *income distribution, income redistribution*)

inequality of taxation: ***sperequazione tributaria; sperequazione fiscale; ingiustizia fiscale.*** Termine usato da J. S. Mill come opposto di *equality of taxation* (v.) per indicare la situazione, che si verificava e si verifica fin troppo spesso, in cui lo stato non riesce a trattare tutti i cittadini nella stessa maniera in questioni di imposizione fiscale, col risultato che non tutti i contribuenti concorrono alle spese dello stato in proporzione alle loro rispettive possibilità.

inertial inflation: ***inflazione inerziale.*** La teoria dell'inflazione inerziale spiega un fenomeno che non può essere illuminato né dal monetarismo né dall'economia keynesiana. Oltre ad affondare le sue radici nell'aumento dei prezzi, l'inflazione del sistema capitalistico contemporaneo possiede anche una componente inerziale. Dato il conflitto distributivo, che porta gli operatori economici a scaricare sui prezzi gli aumenti dei costi, il livello d'inflazione manifestatosi nel passato continua a essere atteso ed è perciò trasportato nel presente, così che l'inflazione continuerà ad essere presente anche in assenza dei fattori tradizionali che la spiegano, quali la domanda eccessiva e i deficit pubblici. In altre parole, si tratta di un modello di spirale salari–prezzi in grado di autoriprodursi, talché una volta entrata nel sistema economico, l'inflazione si riproduce da sola.

inertia selling: Espressione usata per indicare la pratica di inviare merci non richieste a potenziali acquirenti, facendole poi seguire da fattura e regolare richiesta di pagamento se esse non vengono rispedite entro una certa data. Così chiamata, perché si basa sull'inerzia del destinatario, che non provvede a restituire le merci non richieste.

infant industry: ***industria nascente.*** Una qualsiasi industria di nuova o recente costituzione, che non è ancora giunta al livello di piena maturità. Questa espressione è spesso usata in relazione a dazi doganali imposti per proteggere questo tipo di industrie e consentire loro di espandersi senza dover temere e subire la concorrenza straniera. La tesi della protezione delle industrie nascenti ebbe origine nello scorso secolo ed ancor oggi uno degli argomenti a suo sfavore è quello che sostiene, spesso suffragato dai fatti, che tale forma di protezionismo una volta introdotta rimane in essere ben oltre il periodo temporaneo necessario allo sviluppo delle industrie nascenti e diventa così una forma di sussidio a industrie che non riescono a decollare.

infant industry clause: ***clausola dell'industria nascente.*** Clausola usata per giustificare l'adozione di dazi d'importazione da parte di un paese che intende proteggere determinati tipi di industrie. Oggi vi fanno ricorso specialmente i paesi in via di sviluppo, le cui industrie nascenti potrebbero essere spazzate via se venissero esposte alla concorrenza proveniente da industrie simili, operanti in paesi più avanzati.

in–feeding: ***alimentazione interna.*** La fornitura di beni e servizi provenienti dall'interno della stessa organizzazione che li utilizza.

inferior goods: ***beni inferiori.*** Sono quei beni che vengono acquistati in grande quantità quando il reddito di una famiglia media è basso e che vengono sostituiti con altri beni, o acquistati in quantità notevolmente inferiori, quando il reddito della stessa famiglia media aumenta o quando il prezzo dei beni inferiori diminuisce. Può anche verificarsi il caso che la domanda di questi beni aumenti con l'aumentare del loro prezzo di vendita. È, questo, un caso limite, ma viene dimostrato con la seguente considerazione. Supponiamo che una famiglia con reddito medio–basso spenda un'alta percentuale di tale reddito in generi alimentari basilari. Se il prezzo dei generi alimentari sale, la famiglia deciderà di concentrare i suoi acquisti di cibarie sui generi basilari, eliminando la spesa che prima dedicava all'acquisto di altri generi alimentari non essenziali, in modo che potrà acquistare la stessa quantità di cibo di prima, senza dover aumentare la spesa relativa. Ciò porterà ad un aumento della domanda di generi alimentari essenziali, che si identificano appunto con i beni inferiori e che rientrano tra i cosiddetti beni Giffen. (v. anche *Giffen goods*)

infinite elasticity: ***elasticità perfetta; elasticità infinita.***

L'elasticità della domanda o dell'offerta è detta infinita o perfetta quando la quantità acquistata o offerta ad un dato prezzo non è limitata.

infinitely elastic demand: ***domanda perfettamente elastica; domanda infinitamente elastica.*** È così detta la domanda di un bene che aumenta in misura notevole anche in presenza di una minima variazione in diminuzione del prezzo di vendita. (v. anche *infinitely inelastic demand, elastic demand*)

infinitely elastic supply: ***offerta perfettamente elastica; offerta infinitamente elastica.*** È così detta l'offerta di un bene che aumenta in misura notevole anche in presenza di una minima variazione in aumento del prezzo di vendita. (v. anche *infinitely inelastic supply, elastic supply*)

infinitely inelastic demand: ***domanda perfettamente anelastica.*** È così detta la domanda di un bene che non varia anche in presenza di un forte aumento del prezzo di vendita. (v. anche *infinitely elastic demand, inelastic demand*)

infinitely inelastic supply: ***offerta perfettamente anelastica.*** È così detta l'offerta di un bene che non varia anche in presenza di un forte aumento del prezzo di vendita. (v. anche *infinitely elastic supply, inelastic supply*)

to inflate: ***inflazionare.*** Nel linguaggio economico, significa far aumentare i prezzi di beni e servizi o il livello di attività economica, specialmente mediante un aumento dell'offerta di moneta.

inflation: ***inflazione.*** Un aumento notevolmente grande e relativamente rapido del livello generale dei prezzi, che porta ad una perdita del potere d'acquisto della moneta. A volte indicato come un periodo in cui prezzi e salari crescono a dismisura, superando il volume di produzione di beni e servizi a disposizione dei consumatori. Il fenomeno dell'inflazione ha interessato in maniera minore o maggiore tutti i paesi industrializzati a partire dalla fine della seconda guerra mondiale e, pertanto, ha attratto l'attenzione degli economisti, che hanno tentato di spiegarlo e di trovare, allo stesso tempo, rimedi contro i danni che l'inflazione produce all'economia di un paese e alla stabilità della sua valuta. Tra i rimedi più frequentemente proposti si annoverano: a) l'adozione di politiche monetarie e fiscali tendenti a ridurre la domanda globale; b) l'aumento del livello di disoccupazione al fine di alleggerire la pressione inflazionistica; c) l'adozione della politica dei redditi; d) interventi diretti del governo per frenare l'ascesa dei prezzi. (v. anche *cost-push inflation, demand-pull inflation, creeping inflation, hyperinflation, inflationary gap*)

inflation accounting: ***contabilità per inflazione; contabilità da inflazione.*** Si indicano con questa espressione le operazioni di aggiustamento dei valori di beni capitali, scorte, ecc., presenti in un bilancio patrimoniale e in un conto profitti e perdite, al fine di adeguarli a valori attuali in conseguenza dell'evoluzione del processo inflattivo. Le forti tensioni inflazionistiche degli anni '70 e '80 hanno portato all'adozione di diversi sistemi di contabilità che tendono ad adeguare i costi storici ai costi correnti, fortemente modificati dalla perdita di potere d'acquisto della moneta. Uno tra i più diffusi di questi sistemi è quello noto come *constant purchasing power accounting* (v.).

inflation-adjusted deficit: ***deficit adeguato per inflazione.*** La misura dell'ampiezza dell'aggiunta del deficit pubblico al valore reale del debito statale già in essere.

inflationary finance: ***finanza inflazionistica.*** Finanza statale che crea o contribuisce a creare inflazione nel paese, mediante la crescita smisurata del debito pubblico, l'inefficienza degli uffici finanziari, gli sprechi dello stato e dei suoi enti, ecc.

inflationary gap: ***scarto inflazionistico; lacuna inflazionistica; vuoto inflazionistico.*** L'ammontare di cui la spesa, sia privata che pubblica, in consumi ed investimenti supera la spesa teorica necessaria ad assorbire tutti i beni e servizi prodotti ai prezzi correnti e cioè la differenza tra spesa globale effettiva e spesa teoricamente sufficiente a mantenere la piena occupazione. Poiché, quindi, la domanda globale supera l'offerta globale, la prima può essere soddisfatta solo in termini monetari, il che porta ad un aumento persistente dei prezzi e dei costi ed a squilibri nella bilancia dei pagamenti, quando la domanda si rivolge a beni di produzione estera non trovando soddisfazione nella produzione nazionale.

inflationary levy: ***prelievo d'inflazione; tassazione d'inflazione.*** Lo stesso che *inflationary taxation* (v.).

inflationary loan: ***prestito inflazionistico.*** Prestito proveniente da un paese estero e che crea inflazione, in quanto incrementa l'offerta di moneta all'interno del paese mutuatario se al prestito non si accompagnano una riduzione della spesa e un incremento degli investimenti in settori produttivi.

inflationary pressure: ***pressione inflazionistica.*** La pressione, cui è sottoposto un sistema economico, generata da alti tassi d'inflazione, con tutti i danni che ciò arreca alla crescita del paese e, di conseguenza, al reddito nazionale.

inflationary spiral: ***spirale inflazionistica.*** Il meccanismo che si innesca in presenza di un fenomeno di inflazione strisciante e che, se non opportunamente bloccato, può portare all'inflazione galoppante. Il fenomeno segue questo sviluppo teorico: l'inflazione strisciante porta ad un aumento dei prezzi, che spinge i lavoratori a premere per aumenti salariali i quali si trasformano in costi per i produttori. I produttori tentano di recuperare questi maggiori costi attraverso un aumento dei prezzi, che nuovamente spinge i lavoratori a premere per aumenti salariali e così di seguito. Una volta innescato questo meccanismo, in presenza di determinate condizioni risulta molto difficile bloccare la spirale inflazionistica. (v. anche *inflation, creeping inflation, hyperinflation*)

inflationary surge: ***ondata inflazionistica.*** Forte movimento al rialzo dei prezzi prevalenti in un sistema economico.

inflationary tax: ***imposta d'inflazione.*** L'imposta non effettiva, di cui si parla sotto *inflationary taxation* (v.).

inflationary taxation: ***tassazione d'inflazione.*** Quando uno stato crea inflazione emettendo moneta invece di imporre tasse, il risultato è che tutti i cittadini sono chiamati a contribuire alle spese dello stato, pagate mediante la moneta di nuova emissione, proprio come se pagassero un'imposta corrispondente in complesso alla perdita globale di potere d'acquisto che essi subiscono. Tale perdita di potere d'acquisto, anche detta tassazione d'inflazione, corrisponde alla differenza tra tasso d'inflazione prima della nuova emissione e tasso d'inflazione più alto che si verifica dopo la nuova emissione di moneta. A differenza di un'imposta effettiva, questa forma di tassazione non ha per lo stato alcun costo di esazione e non può essere evasa dai cittadini se non privandosi totalmente dell'uso della moneta, cosa pressocché impossibile nella vita di ogni giorno nelle società in cui viviamo. Un altro aspetto di questo fenomeno è l'aumento del valore nominale dei salari, dei beni, dei risparmi, ecc., che, in un sistema d'imposizione fiscale progressiva, ha l'effetto di trasferire allo stato una più alta percentuale di reddito reale. (v. anche *fiscal drag*)

inflation differential: ***differenziale d'inflazione.*** È la differenza tra i tassi di inflazione esistenti in due o più diversi paesi che intrattengono rapporti commerciali o che fanno parte di un blocco o di un'unione doganale.

inflation hedge: ***riparo dall'inflazione.*** Un qualunque bene o investimento che è in grado di offrire un riparo contro l'erosione del valore della moneta, che si verifica in periodi di inflazione.

inflation index: ***indice di inflazione.*** Numero indice che evidenzia l'andamento dell'inflazione all'interno di un sistema economico in differenti archi di tempo, messi a confronto l'uno con l'altro. Un comune indice di inflazione è rappresentato dall'indice dei prezzi al consumo, mentre un indice meno comune è rappresentato da quello che negli Stati Uniti viene chiamato *personal consumption expenditure deflator* (v.).

inflation indicator: ***indicatore di inflazione.*** Lo stesso che *inflation index* (v.).

inflationist: ***inflazionista.*** Un fautore dell'inflazione nella politica economica di un paese.

inflation premium: ***premio per inflazione.*** Il termine inglese indica un'aggiunta fatta a un prezzo, a un tasso d'interesse, ecc., allo scopo di tener conto della perdita di potere d'acquisto della moneta dovuta a un processo inflattivo in atto. Tale premio rischia di restare in essere a livelli prestabiliti anche quando il processo inflattivo mostra segni di interruzione o di regresso e ciò perché il premio deriva non tanto da situazioni inflazionistiche effettive, quanto dalle aspettative degli operatori, che invertono le loro previsioni un certo periodo di tempo dopo che il processo inflattivo ha invertito la tendenza. (v. anche *inertial inflation*)

inflation premium pricing: ***prezzatura con premio per inflazione.*** Una strategia, adottata dalle imprese produttrici di beni, che si basa sulla determinazione di un prezzo di vendita che tiene conto in anticipo dei previsti aumenti dei costi di produzione in un periodo in cui sono presenti tendenze inflazionistiche nel sistema economico. Tale strategia mira a mantenere invariati i margini di utile, specialmente in situazioni in cui le imprese ritengono che i provvedimenti governativi non avranno alcun effetto di rallentamento del tasso di inflazione o contribuiranno ad accelerarlo.

inflation rate: ***tasso d'inflazione.*** La percentuale di perdita del potere di acquisto della moneta, quando è in atto un processo inflattivo. Nella maggior parte dei paesi europei, il tasso d'inflazione generalmente riflette l'aumento percentuale dell'indice dei prezzi al consumo calcolato in un determinato mese rispetto allo stesso mese dell'anno precedente. Così, ad esempio, se diciamo che in Germania il tasso d'inflazione per il mese di marzo del 1986 è stato del tre per cento, intendiamo che i prezzi al consumo nel marzo 1986 erano più alti del tre per cento rispetto a quelli registrati nel marzo 1985. Negli Stati Uniti, invece, il tasso d'inflazione rappresenta l'aumento dei prezzi al consumo rispetto a quelli registrati nel mese precedente, composto per un intero periodo di dodici mesi. Il metodo usato negli Stati Uniti dà risultati ben diversi e molto più alti in percentuale di quelli dati dal metodo seguito in Europa.

inflation rate differential: ***differenziale d'inflazione; differenziale di tasso d'inflazione.*** Lo stesso che *inflation differential* (v.).

inflation risk premium: ***premio per rischio di inflazione.*** Un tasso d'interesse più alto del normale, offerto all'investitore come garanzia contro il rischio d'inflazione insito nei titoli a reddito fisso a medio e lungo termine, quando il loro tasso di rendimento non è indicizzato.

inflation target: ***obiettivo di inflazione.*** L'obiettivo ottimale che si pone un governo in relazione al tasso d'inflazione all'interno del sistema economico, principalmente perseguito mediante l'uso di strumenti di politica monetaria e fiscale.

inflation tax: ***imposta di inflazione.*** Lo stesso che *inflationary tax* (v.).

inflexibilities: ***rigidità.*** Si distinguono rigidità esterne e rigidità interne. Per le relative definizioni, v. *external inflexibilities* e *internal inflexibilities*.

inflow: ***afflusso.*** È il movimento di risorse finanziarie esterne verso un'impresa.

influx of capital: ***afflusso di capitale.*** Lo stesso che *capital inflow* (v.).

info quote: ***quotazione informativa.*** Nel gergo commerciale inglese, è la quotazione puramente informativa e, pertanto, priva di qualsiasi impegno a vendere effettivamente al prezzo quotato.

info rate: ***tasso informativo.*** Un tasso di cambio comunicato da un operatore in valute estere a scopo puramente informativo e non per trattare effettivi scambi.

informal contract: ***contratto informale; contratto verbale.*** Termine generalmente usato con lo stesso significato di *contract by parol* (v.).

informal record: ***registrazione extracontabile.*** Registrazione informale, che non rientra tra le regolari scritture contabili, ma che può fornire informazioni utili o essenziali. Ad esempio, un elenco degli ordinativi in sospeso, dal quale si può ricavare il totale dei prodotti da tenere disponibili e gli ordinativi ancora da evadere ad una qualsiasi data.

informal sector: ***settore informale.*** Il settore di attività economica che emerge in paesi ad alta regolamentazione statale e che è costituito da piccole imprese che operano negli interstizi della più grande economia nazionale, spesso ai limiti della legalità e spesso gravitando nell'ambito dell'economia sommersa. Il termine, comunque, indica lo stesso concetto esposto sotto *unobserved sector* (v.).

informal sector enterprises: ***imprese del settore informale.*** Le imprese che operano in un *informal sector* (v.).

informal venture capital: ***capitale di rischio informale.*** Espressione con la quale si indica il *venture capital* (v.) fornito da singoli investitori o da ristretti circoli di amici, parenti o uomini d'affari, che costituiscono piccoli fondi chiusi allo scopo di finanziare un'impresa ad alto rischio, ma che presenta allo stesso tempo notevoli probabilità di rapida e consistente crescita. (v. anche *venture capital industry, angel 2, formal venture capital*)

information agreement: ***accordo di scambio d'informazioni.*** Accordo in base al quale le imprese operanti in un'industria si scambiano informazioni dettagliate sui prezzi dei loro prodotti e sulle variazioni che intendono eventualmente apportare a tali prezzi, con l'intento di unificarli a vantaggio delle imprese e a detrimento dei consumatori. Fa parte delle pratiche restrittive colpite dalla legge sia nel Regno Unito che negli Stati Uniti. (v. anche *Restrictive Trade Practices Act, anti–trust laws*)

information–based industry: ***industria basata sulle informazioni.*** La moderna industria che produce beni e servizi basati essenzialmente sull'elaborazione delle informazioni o sulle macchine che consentono tale elaborazione. (v. anche *information economy*)

information–based society: ***società basata sulle informazioni.*** Lo stesso che *post–industrial society* (v.).

information capital: ***capitale di informazioni.*** Lo stesso che *knowledge capital* (v.).

information costs: ***costi d'informazione.*** I costi che un'impresa deve sostenere, in termini di tempo, sforzo, moneta, ecc., per ottenere informazioni sulla situazione corrente o potenziale della domanda e dell'offerta di determinati beni e servizi. Nella teoria economica, questo è un aspetto relativamente recente del funzionamento dei mercati.

information economy: ***economia delle informazioni; economia dell'informatica.*** Un sistema economico interamente o principalmente basato sulla trattazione delle informazioni a mezzo di macchine elettroniche, i cui risultati si vedono nel modo di produrre e nel tipo di beni di consumo prodotti, nel modo in cui si trattano gli affari e si raccolgono e diffondono le informazioni, nel tipo di lavoro che svolgono gli individui e nel modo in cui essi comunicano tra loro. Questo tipo di economia avrà importanti conseguenze sulla crescita, sulla produttività, sugli investimenti, sui consumi, sull'occupazione, sui prezzi e sugli scambi.

information industry: ***industria delle informazioni; industria dell'informatica.*** L'industria che produce macchine e sistemi per la trattazione elettronica delle informazioni. Si tratta di un'industria che fa un uso sempre più intensivo di capitale via via che la sua tecnologia diventa sempre più sofisticata, la sua forza lavoro richiede salari sempre più alti e le strutture produttive si espandono per far fronte alla crescente domanda. Sul finire degli anni settanta questa industria destinò il 16% dei ricavi a spese in conto capitale, contro il 4,7% di tutte le altre industrie produttrici di beni messe insieme. Il risultato inevitabile è che nei prossimi anni si assisterà a una crescente concentrazione di capitale e molte piccole imprese dell'industria saranno o acquisite dalle grandi società o spinte fuori mercato.

information market: ***mercato delle informazioni; mercato dell'informatica.*** Termine a volte usato per indicare il mercato nel quale vende i suoi prodotti l'industria dell'informatica.

information revolution: ***rivoluzione informatica.*** I cambiamenti economici, sociali, culturali e politici causati dai nuovi sistemi elettronici di comunicazione e di trattamento delle informazioni, via via che si afferma la nuova società informatica.

information society: ***società informatica.*** La società umana che fa largo uso di macchine e sistemi elettronici per il trattamento delle informazioni, per le comunicazioni, per i processi di produzione e, in pratica, per la conduzione di tutte le relazioni sociali.

information technology: ***tecnologia delle informazioni.*** Il termine si riferisce alla tecnologia elettronica utilizzata per la raccolta, l'elaborazione, la conservazione, l'aggiornamento e la trasmissione delle informazioni di cui ha bisogno una qualsiasi impresa.

informative advertising: ***pubblicità informativa.*** Tipo di pubblicità che tende semplicemente ad informare i consumatori dell'esistenza o della qualità di un determinato prodotto, senza però cercare di convincerli ad acquistarlo e senza reclamizzarlo come migliore degli altri in commercio. È di solito limitata alla stampa specializzata ed a prodotti di nuova invenzione o produzione. (v. anche *competitive advertising, persuasive advertising*)

infrastructure: ***infrastruttura; capitale fisso sociale.*** Si indicano con questo termine i servizi considerati essenziali per la formazione di un'economia moderna. Essi sono i trasporti, con la relativa rete viaria, le fonti di energia, le comunicazioni, il patrimonio abitativo, i servizi di istruzione e sanitario, ecc. Poiché la creazione di tale infrastruttura richiede forti investimenti, essa è generalmente finanziata dallo stato o da enti locali, spesso attraverso l'emissione di prestiti pubblici.

ingot: ***lingotto; barra; verga.*** Massello di metallo prezioso, oro o argento, ottenuto per colata entro l'apposita forma che ne determina il peso. I lingotti sono usati sia come riserva aurea da parte delle banche centrali, sia nel commercio dei metalli preziosi per successiva lavorazione.

inhabited house duty: ***imposta sulle abitazioni.*** L'imposta che in passato colpiva le abitazioni britanniche occupate dai loro proprietari.

inherent vice: ***vizio inerente.*** Nel linguaggio dei trasporti, indica che i beni che costituiscono il carico hanno difetti non riscontrati all'imbarco, che causano al loro proprietario una perdita o un danno prima che il carico raggiunga la sua destinazione. Un esempio potrebbe essere un carico di granaglie che si deteriora durante il viaggio. Il vettore non può essere ritenuto responsabile del deterioramento delle merci che trasporta, se esse hanno un vizio inerente e non riscontrabile, che non gli sia stato reso noto.

inheritance: ***eredità.*** Beni di cui si entra in possesso alla morte del loro proprietario. Tali beni vengono ereditati o direttamente, quando esiste un testamento redatto dal defunto, o indirettamente in virtù di leggi che si basano sul presupposto che il defunto avrebbe preferito lasciare i propri beni a parenti più prossimi piuttosto che a parenti più distanti.

inheritance tax: ***imposta sulle successioni.*** Il termine inglese è alquanto generico, perché si applica a qualsiasi imposta che colpisce la ricchezza o il patrimonio ricevuti in eredità o per donazione. Prima del 1975 nel Regno Unito esistevano varie imposte di successione, ma con la riforma tributaria che ebbe luogo in quell'anno esse furono unificate in una sola imposta, chiamata imposta sui trasferimenti di capitale, a sua volta sostituita, nel marzo 1986, dalla nuova *inheritance tax*, che non è altro che una forma modificata della *capital transfer tax.* (v. anche *legacy duty, capital transfer tax, estate duty, death duty*)

in–house: ***intra–aziendale.*** Lo stesso che *in–company* (v.).

in–house entrepreneur: ***imprenditore interno.*** Lo stesso che *intrapreneur* (v.).

in–house services: ***servizi intra–aziendali.*** I servizi, quali contabilità, elaborazione dei dati e gestione finanziaria, prodotti mediante l'uso di tecnologia informatica all'interno della stessa azienda e da essa utilizzati.

initial allowance: ***deduzione iniziale.*** Somma che un'azienda è autorizzata a detrarre, ai fini della determinazione del reddito di impresa, a fronte di nuovi investimenti in beni capitali. Questa somma può essere detratta, oltre alla normale quota di ammortamento del bene capitale cui si riferisce, solo durante il primo anno della vita utile del bene e poiché le disposizioni in materia non consentono di portare a riduzione dell'imponibile più del cento per cento del costo di beni capitali, le deduzioni iniziali non diminuiscono l'importo complessivo delle imposte calcolato sull'intera vita del bene capitale, ma riducono l'importo da pagarsi durante il primo anno, consentendo così un ammortamento accelerato.

initial bond: È così detta l'obbligazione che reca un warrant da utilizzarsi per l'acquisto di altre obbligazioni che saranno emesse in data successiva.

initial capital: ***capitale iniziale.*** Lo stesso che *starting capital* (v.).

initial carrier: ***vettore iniziale.*** Nel linguaggio giuridico, indica il vettore cui per primo sono affidate le merci e che dà inizio al loro trasporto, per poi consegnarle a un altro vettore per la continuazione o il completamento del viaggio. È stato, tuttavia, anche indicato con tale termine colui che stipula il contratto di trasporto con il mittente, pur se non si tratta della persona che effettua il trasporto sulla prima tratta del viaggio.

initial charges: ***spese iniziali.*** Lo stesso che *sales charges* (v.).

initial margin: **1.** ***deposito di garanzia iniziale.*** Il deposito che devono costituire gli operatori che stipulano un contratto a termine al momento in cui ciascun contratto viene posto in essere. È così chiamato per distinguerlo da successivi depositi che possono essere richiesti a causa di movimenti al ribasso dei prezzi dei beni o dei titoli cui si riferisce il contratto. **2.** ***deposito cauzionale iniziale.*** Nel linguaggio finanziario statunitense, è il deposito che deve essere costituito presso un broker da chiunque intenda intraprendere operazioni di acquisto a margine.

initial public offering: ***offerta iniziale al pubblico; emissione pubblica iniziale.*** La prima offerta di titoli azionari di una società al pubblico in generale, di solito subito dopo la sua costituzione. Il termine è di uso statunitense.

initial reserve: ***riserva premi iniziale.*** Nelle assicurazioni, indica il fondo costituito dai ratei di premio relativi alle frazioni di rischio che rimangono a decorrere dal giorno di chiusura dell'esercizio a quello di scadenza delle polizze o dei successivi premi, più i premi netti relativi all'anno successivo. (v. anche *legal reserve 2, mean reserve, terminal reserve*)

initial surplus: ***eccedenza iniziale.*** L'eccedenza registrata in un rendiconto finanziario all'inizio di un periodo contabile e che pertanto non riflette le operazioni del periodo cui si riferisce il rendiconto.

injunction: ***ingiunzione.*** Nel linguaggio giuridico statunitense, è l'ordine con il quale un tribunale impone di sospendere o non compiere determinati atti che, se continuati o compiuti, porteranno la persona cui l'ordine è diretto ad essere ritenuta colpevole di oltraggio alla corte, il che comporta il pagamento di un'ammenda o la carcerazione o, a volte, ambedue. Il termine era usato principalmente per indicare l'ingiunzione inviata a lavoratori in sciopero affinché si astenessero dal compiere danni irreparabili alla proprietà del datore di lavoro. L'ingiunzione intesa in questo senso fu regolata dalla legge Norris–La Guardia. (v. anche *Norris–La Guardia Act*)

in kind: ***in natura.*** Espressione che indica un valore in beni, contrapposto ad un valore in moneta. Così, un pagamento in natura è un pagamento in beni e non in moneta.

in–kind benefit: ***beneficio in natura.*** Lo stesso che *benefit in kind* (v.).

inland bill: ***cambiale interna; cambiale pagabile all'interno.*** Lo stesso che *home bill* (v.).

inland bill of exchange: ***cambiale interna; cambiale pagabile all'interno.*** Lo stesso che *home bill* (v.).

inland competition: ***concorrenza interna; concorrenza nazionale.*** Concorrenza proveniente da operatori economici che hanno la loro sede di attività all'interno della stessa nazione.

inland consumption: ***consumo interno; consumo nazionale.*** Lo stesso che *home consumption* (v.).

inland invoice: ***fattura interna.*** Fattura relativa a beni o servizi venduti all'interno dello stesso paese. Di norma, contiene un minor numero di dati rispetto a quelli contenuti in una fattura estera.

inland marine insurance: ***assicurazione marittima interna.*** Ramo delle assicurazioni marittime che copre rischi non connessi ai traffici oceanici o d'altura. Vi rientrano i rischi derivanti da traffici di cabotaggio, piccolo cabotaggio, navigazione su laghi, canali interni, ecc.; rischi cui sono esposte le installazioni fisse connesse ai trasporti e alle comunicazioni, come ad esempio banchine, depositi, stazioni radio, ecc.; rischi relativi a proprietà privata galleggiante, come boe, ecc.; e a responsabilità del vettore nella sua qualità di depositario. (v. anche *marine insurance, ocean marine insurance*)

inland market: ***mercato interno; mercato nazionale.*** Lo stesso che *home market* (v.).

inland money order: ***vaglia postale interno.*** Servizio offerto dall'operatore postale del Regno Unito per rimesse di denaro all'interno del paese. (v. anche *foreign money order, money order, telegraphic money order*)

inland port: ***porto interno.*** Porto situato lontano dal mare, ma ad esso collegato da un fiume o altre idrovie interne percorribili da navi.

inland revenue: **1.** ***gettito fiscale.*** Entrata complessiva delle imposte e delle tasse la cui esazione è di competenza, nel Regno Unito, dell'amministrazione finanziaria. Comprende tutte le imposte dirette e indirette, quali imposte sul reddito, imposte sui trasferimenti di capitale, imposte di bollo, ecc., fatta eccezione per i dazi doganali, la cui esazione è di competenza dell'amministrazione delle dogane. **2.** ***fisco; erario; erario pubblico.*** L'insieme degli impiegati statali che, nel Regno Unito, costituiscono l'amministrazione finanziaria e sono preposti all'applicazione delle leggi in materia di imposte e tasse.

inland trade: ***commercio interno; commercio nazionale.*** Lo stesso che *home trade* (v.).

inland waterways: ***idrovie.*** Col termine inglese si indicano principalmente i canali che, nel Regno Unito, furono sviluppati nel periodo della rivoluzione industriale, tanto da costituire un completo sistema di trasporto e comunicazioni. Ai canali vanno aggiunti i fiumi navigabili o resi navigabili dall'intervento dell'uomo, anche a mezzo del collegamento tra loro costituito dai canali suddetti. Le idrovie britanniche oggi hanno perso tutta l'importanza che ebbero nello sviluppo industriale della prima metà del secolo diciannovesimo e sono utilizzate principalmente da natanti da diporto e solo in parte per il trasporto di merci pesanti e voluminose. Vi sono, nel mondo, altre idrovie di notevole importanza, quali il Canale di Panama e la St. Lawrence Waterway.

inland waterways bill of lading: ***polizza di carico per idrovie.*** Polizza di carico emessa in relazione al trasporto di merci lungo fiumi, laghi o canali navigabili. (v. anche *bill of lading*)

in. liq.: in liquidation.

inner reserve: ***riserva occulta.*** Lo stesso che *hidden reserve* (v.).

innovation: ***innovazione.*** L'adozione di nuovi metodi di produzione o il lancio di nuovi prodotti che rappresentano lo stadio finale di un'invenzione. Generalmente, l'innovazione dà un certo potere monopolistico all'impresa che l'adotta o la lancia per prima, ma se essa è valida e ben accolta dal pubblico, attirerà l'attenzione delle imprese concorrenti che la riprodurranno, magari con lievi modifiche se essa è tutelata da brevetto. Ciò porterà alla perdita del potere monopolistico e al declino dei profitti per l'impresa che introdusse per prima l'innovazione. (v. anche *innovation theory of the trade cycle*)

innovation theory of the trade cycle: ***teoria del ciclo economico basata sulle innovazioni.*** Teoria che ascrive una grande importanza alle innovazioni, intese come qualsiasi forma di riduzione dei costi e di introduzione di nuovi prodotti, nelle fluttuazioni economiche, in quanto stimolano gli investimenti e di conseguenza i redditi. La teoria sostiene che via via che le innovazioni si diffondono, il loro effetto sui redditi diminuisce, in quanto i margini di profitto si restringono a seguito dell'entrata di altre imprese sui mercati e di conseguenza declinano anche i nuovi investimenti. Poiché le innovazioni non vengono tutte insieme né in successione costante, bensì ad intervalli di tempo più o meno lunghi, esse portano ad aumenti e diminuzioni del reddito e ciò spiegherebbe, secondo questa teoria, i cicli economici. (v. anche *innovation, Juglar cycle*)

innovation time lag: ***scarto temporale di un'innovazione.*** Il periodo di tempo che passa tra il momento in cui si realizza una nuova invenzione e il momento in cui l'effetto pratico, o prodotto, di tale invenzione viene commercializzato.

innovative financial instrument: ***strumento finanziario innovativo.*** Uno strumento finanziario che si discosta da quelli già esistenti a causa di aspetti innovativi nell'uso o nella struttura che lo costituisce. Ne sono esempi i contratti a premio e i contratti a termine sugli indici di borsa.

innovator: ***innovatore.*** Per l'uso di questo termine nel linguaggio del marketing, v. spiegazione sotto *diffusion of innovation*.

inpayment: ***incasso.*** L'azione di ricevere il pagamento di quanto è dovuto come contropartita di una vendita. Il termine viene usato come opposto di *outpayment* (v.) ed è, in ultima analisi, sinonimo di pagamento, pur se visto dall'angolazione di chi riceve il versamento di moneta.

in-process inventory: ***monte lavori in corso; merci in lavorazione; semilavorati.*** Termine statunitense, usato con lo stesso significato di *goods in process 1* (v.)

input: ***fattore produttivo; input.*** Il termine inglese è entrato anche nel linguaggio economico italiano per indicare qualsiasi bene o servizio utilizzato da un'impresa per la produzione di altri beni e servizi. Potrebbe, quindi, essere rappresentato da uno qualsiasi dei fattori della produzione.

input-output analysis: ***analisi dell'impiego-prodotto; analisi delle interdipendenze strutturali.*** Metodo di analisi economica, ideato da W. Leontief, che rappresenta un tentativo di applicare la teoria dell'equilibrio generale allo studio delle interrelazioni tra le diverse parti di un'economia nazionale. Il metodo è dotato di grande elasticità e trova varie applicazioni. Tra le più frequenti vi sono quelle relative alla programmazione economica e alla contabilità nazionale. In quest'ultima applicazione, mostra tutte le operazioni tra imprese durante un dato periodo contabile, considerando input ciò che un'impresa compra e output ciò che essa vende. Le cifre finali devono bilanciarsi, in quanto le uscite totali di tutti i gruppi equivalgono alle entrate totali di tutti i gruppi e l'investimento è uguale al risparmio. Nella sua applicazione alla programmazione economica, l'analisi, partendo dal presupposto di coefficienti tecnologici fissi (cioè, sono necessari un dato ammontare di materiali e un dato ammontare di ore-uomo per produrre un'unità di un dato bene), tenta di determinare che cosa può essere prodotto e la quantità di ciascun prodotto intermedio da consumarsi nel processo produttivo, dati la quantità di risorse disponibili e lo stato della tecnologia. A questa analisi vengono mosse critiche e tra queste si sostiene che essa utilizza due presupposti semplificatori troppo forzati, e cioè che ogni industria produce un singolo prodotto e che tutti i fattori della produzione vengono impiegati in relazione fissa tra loro. Ma i problemi più importanti della analisi sono quelli di calcolare quale quantità di produzione netta potrà essere destinata al consumo sottraendola al processo produttivo e quale quantità di ciascuna produzione sarà consumata nel processo produttivo volto a creare la produzione netta per il consumo. Un'esatta soluzione di questi problemi porta come risultato molte applicazioni pratiche dell'analisi delle interdipendenze strutturali, ma se essi non vengono risolti, sarà difficile fare previsioni realistiche ed essa resterà un utile strumento teorico, ma con scarsa applicazione pratica. (v. anche *general equilibrium theory, input-output matrix*)

input-output coefficient: ***coefficiente delle interdipendenze strutturali.*** È un coefficiente usato nell'analisi delle interdipendenze strutturali per indicare il rapporto tra produzione globale di un'industria e domanda, da parte della stessa industria, di beni e servizi prodotti da un'altra industria. Il coefficiente sarà uguale a zero se la prima industria non acquista alcun bene o servizio dalla seconda; viceversa, sarà positivo, ma generalmente inferiore a uno.

input-output matrix: ***matrice delle interdipendenze strutturali.*** È la matrice algebrica nella quale Leontief individuò la soluzione del problema della complessità dei rapporti reciproci e delle interrelazioni tra i diversi settori di una moderna economia e che sta alla base dell'analisi delle interdipendenze strutturali. (v. anche *input-output analysis*)

input-output statement: ***schema dell'impiego-prodotto; schema delle interdipendenze strutturali.*** Qualsiasi schema, in forma di grafico, che mostra spostamenti di quantità da una o più posizioni ad altre posizioni. Ne è un esempio la rappresentazione strutturale dell'economia americana fatta da Leontief.

inputs: Termine entrato anche nell'uso italiano per indicare le quantità o combinazioni di beni e servizi utilizzati nel processo produttivo.

input tax: ***imposta sul valore aggiunto a credito; IVA a credito.*** L'imposta sul valore aggiunto pagata da un'impresa su beni o materie prime acquistati per la successiva trasformazione e rivendita. Tale ammontare sarà, successivamente, detratto dall'IVA a debito che l'impresa sarà tenuta a versare all'erario e che incasserà all'atto della vendita del suo prodotto. (v. anche *value added tax, output tax*)

inquiry: ***richiesta di informazioni.*** Variante grafica di *enquiry* (v.).

inquiry agency: ***agenzia di informazioni commerciali.*** Termine usato con lo stesso significato di *status inquiry agency* (v.).

ins.: insurance.

inscribed stock: ***capitale iscritto.*** Termine con il quale si indicava il capitale di un'impresa diviso in quote e sottoscritto dai soci, ma a fronte del quale non venivano emessi certificati azionari. Le generalità dei soci e le relative quantità di capitale sottoscritto venivano invece registrate in un libro tenuto presso la sede della società o presso una banca. Offriva il vantaggio di poter più facilmente trasferire l'intero capitale di proprietà di un socio o parti di esso. Il sistema, tuttavia, è caduto in disuso. (v. anche *stock 1*)

insertion: ***inserzione.*** L'atto di pubblicare su un quotidiano o altro periodico un breve messaggio, di solito pubblicitario, ed anche il messaggio così pubblicato.

inside director: Espressione statunitense, con la quale si indica un amministratore, o membro del consiglio di amministrazione, che è alle dipendenze, ovvero impiegato, della società o che è allo stesso tempo un suo funzionario ovvero uno dei maggiori azionisti.

inside information: ***informazioni privilegiate.*** Lo stesso che *insider information* (v.).

inside lag: ***sfasamento interno.*** Lo stesso che *implementation lag* (v.).

inside market: ***mercato tra operatori.*** Nel linguaggio delle borse statunitensi, è il mercato nel quale avvengono scambi di valori mobiliari tra operatori di borsa, i quali così modificano le loro posizioni in relazione ai titoli trattati. Tale mercato rimane distinto da quello nel quale gli scambi avvengono tra operatori da una parte e pubblico degli investitori dall'altra.

inside money: ***moneta interna.*** Moneta basata su debiti che fanno parte del sistema economico stesso. In un'economia avanzata, la maggior parte della moneta viene creata dal sistema bancario e pertanto la proprietà di moneta da parte di un individuo o gruppo di individui (credito) è controbilanciata dal debito di un altro individuo o gruppo di individui. Poiché i due aspetti si annullano a vicenda, le attività finanziarie nette del settore privato possono consistere soltanto di moneta esterna. (v. anche *outside money*)

inside price: ***prezzo interno; prezzo per operatori.*** Nell'*over-the-counter market* (v.) statunitense, è il prezzo quotato da un operatore a un altro operatore, che differisce dal prezzo quotato ai loro clienti o investitori.

insider: Nel linguaggio borsistico e giuridico, questo termine indica chiunque abbia accesso a informazioni riservate prima che essere vengano diffuse pubblicamente. In origine, si riferiva agli amministratori, funzionari e impiegati chiave di una qualsiasi società, ma successivamente è stato esteso fino a includere anche i parenti delle persone suddette e chiunque possa trarre un vantaggio dalla conoscenza di informazioni privilegiate, come ad esempio i membri di una società d'intermediazione finanziaria. La legge statunitense e quella britannica severamente proibiscono a tali persone di operare in borsa sulla scorta delle informazioni di cui sono a conoscenza.

insider dealing: La compravendita di titoli di una società da parte di un membro, generalmente facente parte del consiglio di amministrazione, della stessa società o di istituzioni di intermediazione finanziaria. È stata duramente criticata dalla borsa valori di Londra, in quanto svolta usando informazioni riservate sulla situazione e sugli sviluppi futuri della società, cui hanno accesso soltanto i membri del consiglio di amministrazione o coloro che, in istituzioni di intermediazione finanziaria, giungono in possesso di informazioni importanti prima che esse vengano rese note al pubblico e agli operatori del mercato. La protesta vibrata della borsa valori di Londra ha portato all'approvazione di una legge, il *Companies Securities (Insider Dealing) Act* del 1985, che dichiara illegale questa pratica.

insider information: ***informazioni privilegiate; informazioni riservate; informazioni non pubbliche.*** Espressione statunitense con la quale si indicano informazioni sulle condizioni economico–finanziarie di un'impresa di cui sono a conoscenza, prima della loro pubblicazione, soltanto alcuni funzionari e dirigenti dell'impresa stessa. Il *Securities and Exchange Act* (v.) del 1934 fa divieto a queste persone di usare tali informazioni a loro vantaggio personale.

insider trading: Espressione statunitense usata con lo stesso significato di *insider dealing* (v.).

inside warranty limits: Nel linguaggio delle assicurazioni marittime, sono le zone entro le quali le navi possono navigare senza essere esposte a rischi derivanti dalla presenza di ghiaccio o di iceberg.

insolvency: ***insolvenza.*** Il termine inglese è usato con due significati: 1) impossibilità, da parte di una persona fisica, di far fronte alle proprie obbligazioni via via che esse maturano; 2) in relazione ad una persona giuridica, indica che la somma delle passività supera la somma delle attività (con l'esclusione del capitale azionario di una società per azioni).

insolvent: ***insolvente.*** Aggettivo usato in relazione a persona fisica o giuridica che si trovi in uno stato di insolvenza, cioè di incapacità di far fronte alle proprie obbligazioni finanziarie.

inspecting order: ***ordine d'ispezione.*** Lettera, scritta dal proprietario, con la quale si autorizza il latore ad ispezionare merci giacenti in deposito o su banchine portuali. Viene emessa quando si tratta di merci voluminose e nei casi in cui un campione non darebbe un'indicazione precisa della qualità o del tipo delle merci.

inspection: ***ispezione.*** Nel controllo della qualità, è il procedimento di verifica mediante il quale si accerta l'adeguatezza del prodotto agli standard di qualità prestabiliti. (v. anche *one–hundred per cent inspection, sampling inspection*)

inspection certificate: ***certificato d'ispezione.*** Uno dei documenti d'imbarco che attesta le condizioni di merci deperibili al momento della spedizione. Viene usato nel commercio di prodotti agricoli, e più esattamente nel commercio dei cereali nordamericani, per i quali si effettua all'origine l'accertamento qualitativo. I certificati d'ispezione vengono rilasciati da funzionari del ministero dell'agricoltura a ciò preposti e attestano la qualità, la quantità, la varietà e la classe ufficiale cui i cereali appartengono, nonché il loro peso specifico e il grado di umidità. (v. anche *shipping documents*)

inspector of taxes: ***agente del fisco; ispettore delle imposte.*** Funzionario preposto all'accertamento del valore di una proprietà, di un bene o di un reddito ai fini di un'imposizione fiscale.

inst.: instalment.

instability of demand: ***instabilità della domanda.*** Le fluttuazioni cui è soggetta la domanda di un bene. Mentre certi beni sono oggetto di domanda abbastanza stabile, come ad esempio i generi alimentari, altri beni, quali beni capitali e di esportazione, sono soggetti a fluttuazioni della domanda. In generale, tutti i beni oggetto di domanda derivata risentono delle fluttuazioni dovute ad aumento o diminuzione degli investimenti.

instability of exchange rates: ***instabilità dei cambi; instabilità dei tassi di cambio.*** La situazione che si verifica sui mercati valutari, quando i tassi di cambio delle varie valute sono soggetti a notevoli e continue fluttuazioni, che generano incertezze e serie difficoltà agli scambi commerciali tra i paesi interessati.

installation: ***installazione.*** Apparecchiature o macchine usate per uno scopo specifico.

installation cost: ***costo d'installazione; costo di messa in opera.*** Il costo che si deve sostenere per la messa in opera di una macchina o di un impianto.

installed capacity: ***capacità totale.*** La capacità operativa massima che ci si può aspettare da un impianto che funzioni a pieno regime.

installed load tariff: ***tariffa di carico installato.*** Una tariffa relativa alla fornitura di energia elettrica che, nella sua forma più semplice, consiste di una quota unitaria di consumo, più una quota fissa stabilita in base al numero di kilowatt di potenza installata.

instalment: ***rata.*** Quando un debito o un pagamento sono divisi in un certo numero di pagamenti parziali, ciascuno di questi pagamenti è detto rata.

instalment account: ***conto di vendita rateale.*** Negli Stati Uniti, è il credito concesso sull'acquisto di beni o servizi, che prevede il pagamento in un certo numero di rate, più o meno uguali, a scadenze fisse, generalmente una al mese, fino al raggiungimento dell'ammontare corrispondente al prezzo del bene o servizio acquistato, maggiorato del costo finanziario (interessi). Il periodo di credito concesso è, di solito, inferiore alla vita utile del bene venduto. (v. anche *hire purchase, instalment credit*)

instalment allotment: ***assegnazione di titoli con pagamento rateale.*** È l'assegnazione di azioni o obbligazioni, il cui pagamento è consentito in forma rateale.

instalment bond: ***obbligazione a rimborso frazionato.*** Termine del linguaggio finanziario statunitense, con il quale si indica un tipo di obbligazione, il cui rimborso all'obbligazionista è previsto in un certo numero di versamenti, nell'arco di un periodo di tempo prestabilito.

instalment buying: ***acquisto con pagamento rateale; acquisto a rate.*** È l'acquisto di beni o servizi finanziato attraverso il credito rateale. (v. anche *instalment account, instalment credit, hire purchase*)

instalment contract: ***contratto per l'acquisto rateale di terra.*** Lo stesso che *land contract* (v.).

instalment credit: ***credito rateale.*** Negli Stati Uniti è così chiamato il credito inteso a finanziare il tipo di vendita che prevede il pagamento di un minimo, sotto forma di deposito, da parte di chi entra in possesso del bene e il successivo pagamento di un determinato numero di rate mensili. Se la proprietà del bene resta al venditore, il che si verifica nella maggioranza dei casi, colui che entra in possesso del bene può considerarsi un noleggiatore, fino a quando non avrà pagato l'ultima rata. Al verificarsi di questo evento, il possessore diventa proprietario del bene. È l'equivalente americano del sistema *hire purchase* (v.) britannico.

instalment method of accounting: ***metodo di contabilità per le vendite rateali.*** Metodo di registrazione delle entrate provenienti da vendite con pagamento rateale, in base al quale l'utile lordo delle vendite viene registrato in un qualsiasi anno contabile in proporzione alla parte di prezzo di vendita totale incassato in contanti nel corso di quell'anno contabile.

instalment note: ***pagherò cambiario.*** Il termine, di uso statunitense, indica un titolo di credito simile al nostro pagherò, che viene usato in relazione ad acquisti rateali. L'acquirente provvederà a firmare un numero di tali titoli di credito pari alle rate che costituiscono il prezzo globale dell'acquisto da lui effettuato.

instalment payment purchase: ***acquisto con pagamento rateale; acquisto a rate.*** Termine usato con lo stesso significato di *instalment buying* (v.).

instalment plan: ***piano di pagamento rateale.*** Lo stesso che *time–payment plan* (v.).

instalment refund life annuity: ***rendita vitalizia con rimborso rateale.*** Tipo di rendita vitalizia la cui polizza prevede il pagamento di rate durante la vita del beneficiario, ma che garantisce, in caso di sua morte prematura, che i versamenti delle rate continueranno a beneficio degli eredi fin quando raggiungeranno l'equivalente della somma pagata dal beneficiario per assicurarsi la rendita. (v. anche *cash refund annuity*)

instalment sale: ***vendita con pagamento rateale.*** È la vendita di beni e servizi finanziata attraverso il credito rateale. (v. anche *instalment account, instalment credit, hire purchase*)

instalment selling: ***vendita a rate; vendita rateale.*** L'attività di vendere beni, il cui acquirente si impegna a pagare mediante un certo numero di versamenti periodici.

instalment trading: ***commercio basato sul credito rateale.*** È l'attività commerciale basata sulla compravendita di beni e servizi in base alla quale l'acquirente entra in possesso del bene all'atto del pagamento della prima rata e la rimanente parte del prezzo viene suddivisa in pagamenti più o meno uguali a scadenze regolari in un arco di tempo prestabilito. Si differenzia dal sistema *hire purchase* (v.) in quanto l'acquirente diventa proprietario del bene nel momento in cui ne entra in possesso. È particolarmente usata nella compravendita di servizi, in quanto in tali circostanze il venditore si troverebbe nell'impossibilità di rientrare in possesso del servizio fornito.

instant access account: ***conto a accesso immediato.*** Conto di deposito presso le *building societies* che consente prelievi immediati mediante l'emissione di assegni o attraverso una cassa automatica, senza che per questo il depositante incorra in alcuna penale.

instant dismissal: ***licenziamento senza preavviso.*** Lo stesso che *summary dismissal* (v.).

Institute cargo clauses: ***clausole merci dell'Istituto.*** Nelle assicurazioni marittime, sono le clausole incluse nelle polizze per la copertura di rischi eccezionali. L'istituto cui è fatto riferimento è l'*Institute of London Underwriters* (v.).

Institute of Administrative Management: Nuovo nome con il quale oggi è conosciuto l'*Institute of Office Management* (v.).

Institute of Bankers: Istituzione britannica, fondata nel 1897 per favorire gli studi sull'attività bancaria. Organizza conferenze, incontri e discussioni, nella sua sede di Londra o in sedi distaccate, su argomenti di interesse per coloro che operano nel settore dell'attività bancaria.

Institute of Chartered Accountants: Istituzione britannica, fondata nella seconda metà del secolo diciottesimo e presente in tutti i paesi del Regno Unito, che raggruppa i contabili abilitati alla revisione dei conti. Non ha alcun codice di condotta scritto, ma esercita un forte controllo disciplinare sui suoi membri, che vengono ammessi per esame dopo un periodo di pratica nella professione. I soci di questo Istituto sono riconosciuti dal *Board of Trade* (v.) quali revisori ufficiali dei conti di società pubbliche.

Institute of Economic Affairs: Fondazione britannica, creata nel 1956 allo scopo di diffondere i principi basilari dell'economia. Persegue il suo fine attraverso pubblicazioni di personalità del mondo economico, finanziario e industriale e si finanzia attraverso contributi di privati e di società e attraverso la vendita delle pubblicazioni, tra le quali si ricordano gli *Eaton Papers*, gli *Hobart Papers*, libri di testo e altre pubblicazioni non periodiche.

Institute of Export: Istituzione britannica fondata nel 1935 con l'intento di promuovere il commercio di esportazione del Regno Unito mediante la diffusione tra gli esportatori di conoscenze ed esperienze in fatto di mercati esteri e pratiche di esportazione. Per diventarne soci è sufficiente essere in qualche branca del commercio di esportazione e superare un esame di ammissione.

Institute of London Underwriters: ***Istituto degli assicuratori marittimi di Londra.*** Associazione di compagnie di assicurazione inglesi, che trattano il ramo delle assicurazioni marittime. Scopo dell'Istituto è quello di assistere i propri membri nominando periti per le liquidazioni di avarie, emettendo certificati di assicurazione, creando nuove polizze di assicurazione marittima e tutelando gli interessi dei soci.

Institute of Marketing: Associazione fondata nel Regno Unito nel 1911 col nome di *Institute of Marketing and Sales Management* con lo scopo di offrire ai propri soci l'opportunità di approfondire le loro conoscenze e abilità in campo di distribuzione e collocamento di beni e servizi. La definizione di marketing data da questa associazione è: «la funzione manageriale che organizza e dirige tutte quelle attività commerciali intese a valutare e convertire il potere d'acquisto in domanda effettiva di un bene o di un servizio specifici da parte del consumatore finale o dell'utente, in modo da realizzare i profitti, gli scopi e gli altri obiettivi che si prefigge un'impresa».

Institute of Office Management: Istituto, o associazione tra dirigenti di uffici, fondato nel Regno Unito oltre mezzo secolo fa. Ne fanno parte coloro che si interessano alla direzione di uffici o in quanto funzionari a capo di una sezione di qualche società o impresa, o in quanto insegnanti di tale disciplina, o in quanto preposti ad una funzione dirigenziale in una qualsiasi organizzazione industriale o commerciale. L'Istituto pubblica libri, opuscoli e una rivista trimestrale, *Office Management*, su argomenti relativi alla direzione di uffici.

Institute of Personnel Management: Nome di un'associazione di persone che si interessano di gestione del personale. L'associazione, che opera nel Regno Unito, ha lo scopo di elevare il grado di professionalità degli aderenti, attraverso seminari, corsi di aggiornamento, addestramento specifico ed altre iniziative del genere.

Institute strike clauses: ***clausole sciopero dell'Istituto.*** Nelle assicurazioni marittime, sono le clausole incluse nella polizza per la copertura di rischi derivanti da sciopero. L'Istituto cui si fa riferimento è l'*Institute of London Underwriters* (v.).

institution: ***istituzione.*** Nel linguaggio economico, questo termine indica un gruppo di persone che si uniscono, dandosi un'organizzazione o un sistema, con l'intento di perseguire uno scopo comune. Nel linguaggio finanziario e commerciale, il termine indica una grande e importante organizzazione che fa sentire il suo notevole peso sull'attività finanziaria o commerciale del paese.

institutional advertising: ***pubblicità istituzionale; pubblicità di prestigio.*** La pubblicità che ha per oggetto non un particolare prodotto, bensì l'immagine, ovvero il nome e la reputazione, di un'impresa e pertanto indirettamente anche i beni o servizi che essa produce.

institutional banking: Lo stesso che *corporate banking* (v.).

institutional barriers: ***barriere istituzionali.*** Costituiscono una delle fonti di disoccupazione strutturale e sono rappresentate da varie leggi e consuetudini sociali che impediscono ai mercati del lavoro di funzionare al meglio. Ad esempio, le leggi sul salario minimo, in vigore nella maggior parte dei paesi industrializzati, malgrado le loro buone intenzioni hanno un effetto deleterio sulle prospettive di occupazione dei lavoratori non specializzati. Le leggi non consentono che i salari scendano al di sotto di un minimo artificiale, anche quando le condizioni di mercato imporrebbero drastiche riduzioni dei salari. Di conseguenza, i datori di lavoro occupano un minor numero di lavoratori e il risultato netto è rappresentato da un eccesso di offerta di lavoratori non specializzati e a basso salario, che fa aumentare la disoccupazione. Se ai salari fosse consentito di assestarsi al livello dettato dalle condizioni del mercato, certamente ne deriverebbe una riduzione della disoccupazione in tali categorie di lavoratori. Altre barriere istituzionali presenti in certi paesi sono costituite dalla discriminazione razziale, dalla discriminazione in base al sesso o alla religione, ecc., che escludono da potenziali posti di lavoro individui qualificati.

institutional broker: ***intermediario istituzionale.*** Nel linguaggio borsistico statunitense, è un intermediario di borsa che effettua operazioni di compravendita titoli per conto di investitori istituzionali.

institutional buyer: ***acquirente istituzionale.*** Qualsiasi organizzazione che ha periodicamente a disposizione grosse somme da investire. Le principali organizzazioni del genere sono le compagnie di assicurazione, gli istituti che gestiscono fondi pensioni, le società di investimento, le istituzioni religiose e caritatevoli, le banche e le casse di risparmio. Tra queste, i più grandi investitori sono le società di assicurazione che trattano il ramo vita. Buona parte dei fondi di queste organizzazioni vengono investiti in borsa, sia in titoli azionari che in obbligazioni e titoli di stato.

institutional economics: ***economia istituzionale; istituzionalismo.*** L'approccio allo studio dell'economia che sottolinea l'influenza dell'ambiente sociale e dei fattori istituzionali nel comportamento economico dell'uomo. Propugnatore di questo approccio fu principalmente T. Veblen che nella sua opera mise in evidenza, ad esempio, come l'istituzione della proprietà privata ha subordinato l'istinto di operosità dell'uomo al desiderio di accumulare proprietà privata. Di conseguenza, la lotta per accaparrarsi la proprietà, il potere ed il prestigio ha posto in secondo piano quel tipo di concorrenza che tende a ridurre i prezzi e a migliorare la qualità dei prodotti. Questa tendenza si manifesta, secondo Veblen, nel monopolio, nel mantenimento del prezzo attraverso limitazioni della produzione e nel controllo sulla distribuzione. (v. anche *institutionalism*)

Institutional Index: Un indice, elaborato dalla *American Stock Exchange*, nel quale viene preso in considerazione l'andamento dei settantacinque titoli principali acquistati dai primi ottocento investitori istituzionali degli Stati Uniti. L'elenco dei titoli che compongono l'indice viene aggiornato ogni tre mesi.

institutional investor: ***investitore istituzionale.*** Termine usato con lo stesso significato di *institutional buyer* (v.).

institutionalism: ***istituzionalismo.*** Corrente di pensiero economico sviluppatasi negli Stati Uniti d'America nel secolo ventesimo sotto la spinta principale di T. Veblen e che, tra i suoi principali esponenti, annovera J.R. Commons, J.M. Clark, W.C. Mitchell, ecc. Critico nei confronti dei classici, ma anche dei loro oppositori marxisti e storicisti, l'istituzionalismo basa la sua analisi economica principalmente sulle strutture, norme e comportamenti di istituzioni ed organizzazioni quali i sindacati, nello studio delle relazioni industriali, le imprese, i cartelli e lo stato nello studio del comportamento economico dell'uomo. Tra gli aspetti positivi dell'istituzionalismo vanno ricordati la concezione dinamica della vita economica e la tendenza verso riforme e nuovi esperimenti, aspetti che influenzarono il cosiddetto *New Deal* (v.).

institutionalist: ***istituzionalista.*** Chi sostiene l'istituzionalismo o crede fermamente in tale corrente di pensiero economico.

institutional monopoly: ***monopolio istituzionale.*** Tipo di monopolio parziale, non perseguibile in base alle leggi anti–trust, che si viene a creare a seguito della concessione di una privativa industriale o dell'utilizzazione di marchi di fabbrica che contraddistinguono un prodotto. In questo secondo caso, il monopolio parziale si basa sul nome o sulla reputazione del produttore ed è creato attraverso efficaci campagne pubblicitarie. (v. anche *patent, patent right, trade mark*)

institutional pot: ***quota istituzionale.*** Nel linguaggio finanziario degli Stati Uniti, questa espressione indica la parte di un'emissione di valori mobiliari accantonata per far fronte a grosse sottoscrizioni provenienti da investitori istituzionali.

institutional training: ***addestramento istituzionale.*** L'addestramento professionale fornito direttamente da uno stato, mediante l'intervento di suoi enti centrali o periferici.

institutional unemployment: ***disoccupazione istituzionale.*** Forma di disoccupazione derivante da ostacoli frapposti alla mobilità del lavoro da parte del governo o altre istituzioni pubbliche o private, che perseguono un tipo di politica i cui effetti sono, tra l'altro, quelli di rendere i lavoratori non disposti a trasferirsi in aree che offrono maggiori possibilità di impiego. Ad esempio, una politica governativa che mira a mantenere bassi i canoni di fitto può indurre persone ormai in pensione a continuare ad abitare in case che potrebbero, invece, essere occupate da lavoratori più giovani. Ciò riduce l'offerta di abitazioni, con la conseguenza che un lavoratore non è disposto a trasferirsi, non essendo in grado di trovare una casa in affitto in una nuova sede di lavoro. Se, invece, i canoni di locazione fossero lasciati liberi, il pensionato dovrebbe necessariamente lasciare una casa più costosa in un centro industriale e trasferirsi in una località in cui vi è maggiore offerta di abitazioni a prezzi più bassi, rendendo la sua casa disponibile per altri lavoratori che intendano trasferirsi nella località industriale e che sono in grado di pagare un canone di fitto più alto di quello che può permettersi il pensionato.

in–store promotion: ***promozione nel punto di vendita.*** Attività di promozione delle vendite svolta all'interno di un negozio, mediante l'esposizione dei beni in modo da attirare l'attenzione del cliente; l'esposizione di cartelli con indicazioni di prezzi particolari; l'offerta di campioni gratuiti, e simili altri accorgimenti.

instrument: ***titolo; atto; strumento.*** Il termine inglese nel suo uso economico corrisponde al nostro «titolo» come nell'espressione titolo di credito, ma in senso più lato indica un qualsiasi documento o atto scritto usato per dare espressione a un diritto o ad un contratto.

instrumental capital: ***beni strumentali; beni indiretti; capitale strumentale.*** Anche detti *auxiliary capital* dall'economista A. Marshall, che con questi termini intendeva indicare tutti i beni che servono da ausilio alla produzione, come ad esempio utensili, macchine, materie prime, mezzi di trasporto, che oggi sono indicati col termine *capital goods* (v.) o semplicemente *capital.*

instrumental goods: ***beni strumentali.*** Lo stesso che *capital goods* (v.).

instrumental industry: ***industria produttrice di beni capitali.*** È l'industria che produce beni non per il consumo diretto, bensì per essere usati nella produzione di altri beni, come ad esempio macchine utensili e simili. È così chiamata perché tali beni capitali sono anche detti beni strumentali.

instrumental variable: ***variabile strumentale.*** Nel linguaggio dell'econometria, è una variabile predeterminata che consente di trarre stime coerenti dei parametri di un sistema di equazioni.

instrument of credit: ***titolo di credito.*** Termine usato in alternativa a *credit instrument* (v.).

instruments of monetary policy: ***strumenti di politica monetaria.*** Sono così indicate le misure cui possono fare ricorso le autorità monetarie di un paese per aumentare o diminuire la massa di moneta in circolazione e, di conseguenza, far aumentare o diminuire il livello della domanda globale di beni e servizi. Tra queste misure ricordiamo il tasso di sconto, le operazioni di mercato aperto, le direttive del ministero del tesoro, le norme sulle vendite rateali e i depositi speciali. (v. anche *bank rate, open–market operations, treasury directive, hire purchase, package deal, special deposits*)

insufficient funds: ***fondi insufficienti.*** Lo stesso che *not sufficient funds* (v.).

insular bond: Termine, ormai caduto in disuso, con il quale si indicava un'obbligazione emessa da un possedimento coloniale.

insulation: ***sterilizzazione dell'oro.*** Lo stesso che *sterilization of gold* (v.).

insurable interest: ***interesse assicurabile.*** Condizione indispensabile affinché un soggetto possa assicurare un bene contro un rischio è che egli abbia un interesse pecuniario nella cosa da assicurarsi, cioè che nell'eventualità di perdita, danno o distruzione della cosa egli soffra una perdita pecuniaria. Questo interesse è detto interesse assicurabile e qualora esso non esista, la polizza di assicurazione è nulla, anche se già firmata dalle parti, in quanto se non c'è perdita non può neppure esserci un indennizzo.

insurable risk: ***rischio assicurabile.*** È un qualsiasi rischio che può essere coperto da assicurazione, in quanto comune, facilmente descrivibile o calcolabile e oggetto di assicurazione da parte di molte altre persone, come ad esempio il furto, l'incendio, la responsabilità civile auto e simili.

insurable value: ***valore assicurabile.*** Nelle assicurazioni si indica con questo termine il costo, a prezzi correnti, di sostituzione di un bene assicurato, fatto con materiale dello stesso tipo e qualità, meno una ragionevole deduzione per deprezzamento.

insurance: ***assicurazione.*** Metodo per ripartire eventuali danni o perdite tra un gruppo abbastanza ampio di persone. Si realizza per mezzo di un contratto tra due persone, l'assicuratore e l'assicurato, in base al quale il primo, in considerazione di una somma di denaro versatagli dal secondo e chiamata premio, si impegna a risarcirlo al verificarsi di un determinato evento che arreca un danno pecuniario all'assicurato. Il rischio viene ripartito, in pratica, tra tutti gli assicurati che, attraverso il pagamento dei premi, creano un fondo col quale l'assicuratore fa fronte agli indennizzi. L'assicurazione si divide in vari rami, fra i quali sono più importanti il ramo incendio, il ramo vita e le assicurazioni marittime.

insurance age change: ***cambiamento di età a fini assicurativi.*** Nelle assicurazioni sulla vita, ai fini della determinazione dell'età dell'assicurato si prende in considerazione un anno che ha inizio sei mesi prima e termina sei mesi dopo il compleanno dell'assicurato. Per esempio, se un assicurato ha 38 anni sei mesi e due giorni, si considera come se avesse 39 anni; se, invece, ha 38 anni cinque mesi e ventinove giorni, si considera come se avesse 38 anni.

insurance agent: ***agente di assicurazioni.*** Persona al servizio di una società di assicurazioni, col compito di rappresentarla in una località o semplicemente di procacciare contratti di assicurazione. Generalmente viene remunerato con una commissione sui contratti procurati e andati a buon fine o sull'intero portafoglio gestito dall'agenzia.

insurance bond: ***polizza di rendita.*** Tipo di investimento a reddito fisso offerto dalle compagnie di assicurazione britanniche, che prevede anche una certa forma di assicurazione sulla vita, il tutto per una somma da pagarsi in unica soluzione. L'investimento può essere attivato per periodi fissi di cinque, dieci, quindici e venti anni e a volte anche per periodi inferiori ai cinque anni.

insurance broker: ***broker di assicurazioni.*** Professionista indipendente, con grandi esperienze in campo assicurativo e buone conoscenze del mercato, che fa da tramite fra l'assicurato e l'assicuratore. Il broker di assicurazioni, generalmente una grossa ditta, studia le necessità del cliente e successivamente, invece di acquistare polizze già predisposte da una compagnia di assicurazioni, stila egli stesso la polizza ad hoc per il caso del cliente e la sottopone alla compagnia che egli reputa in grado di accettare sia il rischio sia le condizioni di polizza. Il vantaggio del cliente, pertanto, sta non solo nello spuntare migliori tariffe e condizioni, ma anche nel poter disporre dell'assistenza di un esperto imparziale e rotto alle astuzie del mercato, che tutelerà i suoi interessi. Normalmente il broker è remunerato dalla compagnia di assicurazione che accetta il rischio proposto, con una percentuale del premio.

insurance certificate: ***certificato di assicurazione.*** Termine usato in alternativa a *certificate of insurance* (v.).

insurance commission: ***commissione di assicurazione.*** È la somma pagata dalla società di assicurazione ad agenti o broker in relazione a contratti stipulati mediante il loro intervento. È normalmente espressa come percentuale del premio pagato dall'assicurato.

insurance commissioner: ***commissario delle assicurazioni.*** Nella maggior parte degli Stati Uniti, esiste questo pubblico ufficiale che ha il compito di controllare la corretta gestione delle società assicuratrici operanti nell'ambito dello stato, al fine di tutelare gli interessi degli assicurati. Tra i suoi compiti rientrano il rilascio di licenze, l'approvazione delle tariffe e l'espletamento di ispezioni periodiche nelle società di assicurazioni.

Insurance Companies Amendment Act: Legge approvata dal parlamento britannico nel 1973 e che apportò notevoli modifiche alla *Insurance Companies Act* del 1958 e alla Parte Seconda del *Companies Act* del 1967. Questa legge dà al Ministero del Commercio britannico il potere di variare gli standard finanziari minimi cui devono conformarsi le società che chiedono di essere autorizzate a svolgere l'attività di assicuratrici, oltre a una serie di altri poteri che il Ministero può usare allo scopo di proteggere i clienti delle società assicuratrici.

insurance company: ***compagnia di assicurazione; società di assicurazione.*** Società per azioni che svolge l'attività di assicurare, in considerazione del pagamento di un premio da parte dell'assicurato, i rischi cui sono esposti gli operatori economici e i privati.

insurance contract: ***contratto di assicurazione.*** È il contratto tra assicuratore ed assicurato, anche detto polizza di assicurazione. (v. anche *policy 1*)

insurance cover: ***copertura assicurativa.*** Si intende con questa espressione la garanzia, che discende dall'emissione di una polizza di assicurazione, contro i rischi cui è esposta la cosa assicurata.

insurance department: ***ufficio assicurazioni.*** È l'ufficio che, all'interno di un'organizzazione, si interessa di stipulare le necessarie polizze di assicurazione e di espletare tutte le formalità relative.

Insurance Export Finance Company: Istituzione finanziaria britannica, fondata nel 1962 allo scopo di assistere gli esportatori con finanziamenti. È costituita da varie compagnie di assicurazione che fornirono, in origine, un capitale di centocinquanta milioni di sterline. La sua attività principale è quella di finanziare l'esportazione di beni capitali e grossi progetti di costruzione all'estero, ma si interessa anche di imprese di minore importanza, acquistando pagherò cambiari a medio e lungo termine per conto delle compagnie assicuratrici che rappresenta.

insurance fund: ***fondo di autoassicurazione.*** Fondo creato da chi affronta un rischio senza ricorrere alle assicurazioni, al fine di autoindennizzarsi in caso di sinistro. Il fondo può essere integrato dall'equivalente dei premi non pagati ad alcun assicuratore o da accantonamenti basati su un fattore di rischio opportunamente calcolato.

insurance market: ***mercato delle assicurazioni.*** Mercato sul quale vengono offerti e acquistati rischi assicurabili e polizze di assicurazione. Il più grande mercato di questo tipo è quello costituito dai *Lloyd's* (v.) di Londra.

insurance policy: ***polizza di assicurazione.*** V. spiegazione sotto *policy 1.*

insurance poor: Espressione colloquiale usata negli Stati Uniti per indicare chi, ossessionato dai rischi, stipula assicurazioni contro ogni possibile evento negativo, col risultato che, dovendo pagare enormi somme in premi, gli rimane ben poco con cui far fronte alle normali spese familiari e personali.

insurance premium: ***premio di assicurazione; premio assicurativo.*** La somma di denaro che l'assicurato paga all'assicuratore per garantirsi contro i rischi specificati nella polizza. Il premio è sempre pagato in anticipo e generalmente si riferisce ad un anno di copertura.

insurance rates: ***tariffe di assicurazione.*** Sono le tariffe praticate dalle varie assicuratrici per la prestazione delle garanzie specificate nei contratti di assicurazione. Sono espresse sotto forma di percentuali che, applicate alle somme assicurate, danno il premio che l'assicurato dovrà pagare. Le tariffe variano da rischio a rischio e da soggetto a soggetto, ma possono anche variare in considerazione di una maggiore probabilità che si verifichi il sinistro, indipendentemente dal tipo di rischio e dal soggetto assicurato. (v. anche *insurance rating*)

insurance rating: ***determinazione delle tariffe assicu-***

rative; tariffazione assicurativa. Le tariffe assicurative, espresse in un tot per cento o per mille (intendendosi tot lire o altra unità di valuta di premio per cento o mille lire di copertura), vengono determinate principalmente in base a calcoli delle probabilità che si verifichi il sinistro, più un caricamento per costi amministrativi e margine di profitto. I premi per le assicurazioni del ramo vita vengono determinati in base a tabelle attuariali che mostrano l'età che si può ragionevolmente supporre che un uomo o una donna raggiungano, tenendo conto delle loro occupazioni lavorative, delle loro abitudini, del luogo in cui vivono, ecc., con lievi ritocchi che tengono conto dello stato di salute al momento in cui si considera la proposta di assicurazione. Se, dopo un certo periodo di tempo, ci si rende conto che i premi sono troppo bassi in quanto non si riesce a far fronte agli impegni di indennizzo guadagnando allo stesso tempo un buon margine di profitto, essi vengono adeguati sulla base di nuovi calcoli.

insurance register: ***registro delle assicurazioni.*** Nel linguaggio della contabilità, è un registro sul quale si riportano fatti e dati relativi alle assicurazioni in essere, come ad esempio importi pagati sotto forma di premi, prossime scadenze, eventuali indennizzi e simili.

insurance reserve: ***riserva per autoassicurazione.*** Riserva contabile creata da chi si autoassicura, cioè sostiene in proprio i rischi cui è esposto, senza ricorrere a compagnie assicuratrici. Tale riserva, generalmente costituita con accantonamenti di una parte degli utili netti, consente di far fronte a sinistri, quali ad esempio danni causati da un incendio, che vengono considerati come costi di esercizio nel momento in cui si verificano.

insurance surveyor: ***perito di assicurazioni.*** Il termine inglese indica una persona con particolare esperienza nei rami incendio e danni, che viene impiegata da una società di assicurazioni affinché svolga i necessari sopralluoghi ed esprima il proprio parere sull'opportunità di assumere determinati rischi.

to insure: ***assicurare.*** Stipulare un contratto in base al quale si assume la perdita finanziaria o l'obbligazione derivanti da un rischio altrui. (v. anche *insurance*)

insured: ***assicurato.*** Una delle parti di un contratto di assicurazione, e precisamente colui che è esposto al rischio e che versa un premio affinché un altro si assuma le conseguenze di tale rischio.

insured account: ***conto assicurato.*** Conto presso una banca, o altra istituzione che accetta depositi, assicurato dallo stato o da una organizzazione privata. Tale assicurazione garantisce il depositante contro il rischio di insolvenza dell'istituzione.

insured mortgage: ***ipoteca garantita da assicurazione.*** Ipoteca il cui pagamento, in considerazione di un premio, è garantito da una compagnia di assicurazione in caso di incapacità del mutuatario di far fronte all'impegno assunto. Tale tipo di assicurazione diventa molto importante laddove esista un mercato secondario delle ipoteche, perché essa rende commerciabile qualsiasi ipoteca, indipendentemente dalle condizioni economico–finanziarie del mutuatario. Le ipoteche garantite da assicurazione sono diffuse negli Stati Uniti, ove coprono gran parte delle abitazioni residenziali, ma sono poco diffuse nel Regno Unito, ove esiste un mercato secondario delle ipoteche molto limitato.

insured pension plan: ***piano di pensionamento attraverso assicurazione.*** Tipo di rendita di gruppo, offerta da società assicuratrici statunitensi, che va a sostituirsi al fondo pensioni. Il datore di lavoro è, così, sollevato non soltanto dall'obbligo di corrispondere le pensioni, ma anche da tutto il lavoro amministrativo relativo, che viene assunto dalla compagnia di assicurazione. Attuabile solo nei paesi in cui non esiste un ente statale centrale, che si occupa delle pensioni di tutti i lavoratori.

insurer: ***assicuratore.*** Una delle parti di un contratto di assicurazione, e precisamente la compagnia che, in considerazione del versamento di un premio, si assume i rischi dell'assicurato.

int.: interest.

intangible assets: ***attività immateriali.*** È possibile che nel bilancio patrimoniale di un'impresa compaiano, sul lato delle attività, elementi quali avviamento, marchi di fabbrica, brevetti, diritti di privativa industriale, ecc. Queste attività, che vengono dette immateriali in quanto non tangibili, possono avere un valore solo nel caso in cui l'impresa venga venduta quando si trova in uno stato florido, ma se le cose cominciano ad andare male, il valore delle attività immateriali può diventare quasi, se non del tutto, nullo. (v. anche *intangible value*)

intangible cost: 1. ***costo di attività immateriale.*** Il costo sostenuto per l'acquisto di un'attività immateriale. **2.** ***costo intangibile.*** Negli Stati Uniti, è così detto un costo che può essere portato in detrazione dal reddito di chi lo sostiene.

intangible expense: ***spesa per attività immateriale.*** Lo stesso che *intangible cost 1* (v.).

intangible investment: ***investimento non tangibile; investimento immateriale.*** L'investimento che un settore produttivo o un intero paese effettua sui giovani ancora in età scolastica o sui giovani lavoratori, fornendo loro la possibilità di frequentare le scuole e così istruirsi o di partecipare a corsi di addestramento o riqualificazione e così acquisire diverse e più utili specializzazioni.

intangible personal property: ***beni personali immateriali.*** Si indicano con questa espressione principalmente diritti su beni, più che i beni veri e propri, e cioè azioni, obbligazioni, contratti e simili.

intangibles: ***beni immateriali; beni intangibili.*** Termine usato per indicare costi o benefici che o non possono essere quantificati o non possono trovare una giusta espressione in termini monetari, come ad esempio la sicurezza sulle strade derivante da programmi e investimenti che riducono il numero degli incidenti. Il termine viene anche usato con lo stesso significato di *intangible personal property* (v.).

intangible value: ***valore immateriale.*** È così indicata quella parte del valore complessivo di un'impresa che eccede il valore netto delle attività materiali. Affinché sussista, è necessario che l'impresa sia avviata e florida e che effettivamente usi i beni immateriali, quali brevetti, procedimenti segreti di lavorazione, privative industriali, ecc., che sono alla base del suo valore immateriale. (v. anche *intangible assets, tangible value*)

integrated accounting: ***contabilità integrata.*** Sistema che prevede la coesistenza, nello stesso gruppo di libri, di registrazioni relative alla contabilità dei costi e alla contabilità finanziaria.

integrated capital markets: ***mercati integrati dei capitali.*** I mercati dei capitali che, collaborando l'uno con l'altro, consentono un flusso di capitali che contribuisce a stabilizzare prezzi, remunerazioni e tassi d'interesse, così che essi risultano omogenei su tutti questi mercati.

integrated economy: ***economia integrata.*** La situazione in cui differenti settori di un sistema economico collaborano tra loro e sono interdipendenti. Di solito risultano così integrati i settori agricolo e industriale.

integrated firm: ***azienda integrata.*** Un'azienda che si interessa dell'intero processo di produzione dalle materie prime alla commercializzazione del prodotto finito. È caratteristica delle industrie dell'acciaio e del petrolio, ma può essere presente anche in altri tipi di industrie.

integration: ***integrazione.*** La specializzazione in singoli o successivi processi produttivi di beni, all'interno di un'industria o di un gruppo di imprese unificate sotto un'unica gestione. (v. anche *vertical integration, horizontal integration, lateral integration, diagonal integration*)

intellectual capital: ***capitale intellettuale.*** Lo stesso che *knowledge capital* (v.).

intellectual property: ***proprietà intellettuale.*** È costituita da beni non materiali, creati dall'ingegno e dall'inventiva dell'uomo, tra i quali rientrano i brevetti, i diritti di sfruttamento di opere artistiche e letterarie, i marchi di fabbrica e i segreti tecnologici e industriali.

intellectual property protection: ***protezione della proprietà intellettuale.*** La garanzia data da uno o più stati al proprietario di beni intellettuali di poterli sfruttare in esclusiva per un determinato periodo di tempo, con la possibilità di far valere i propri diritti in caso di imitazione, contraffazione o riproduzione fraudolenta.

intended disinvestment: ***disinvestimento deliberato.*** L'assottigliamento delle scorte contemplato e voluto da un'impresa, in previsione di un prossimo calo della domanda.

intended investment: ***investimento deliberato.*** L'investimento in scorte contemplato da un'impresa per far fronte alle future vendite previste.

intensive agriculture: ***agricoltura intensiva.*** Termine usato con lo stesso significato di *intensive cultivation* (v.).

intensive cultivation: ***coltivazione intensiva.*** L'applicazione di quantità relativamente elevate degli altri fattori della produzione (capitale e lavoro) alla terra, onde ricavare alti raccolti da una quantità di terra limitata. La coltivazione intensiva, che segna un progresso rispetto a quella estensiva, è particolarmente diffusa in molti paesi europei, tra i quali il Belgio, l'Olanda, la Gran Bretagna e l'Italia. (v. anche *extensive cultivation*)

intensive margin: ***margine intensivo.*** Nel linguaggio economico, indica il punto nella produzione oltre il quale il prodotto marginale è negativo, dato un fattore variabile e tutti gli altri fissi. In tale situazione, è presente una quantità troppo elevata del fattore produttivo variabile in relazione alla quantità dei fattori fissi.

intensive margin of cultivation: ***margine intensivo di coltivazione.*** Espressione usata con lo stesso significato di *intensive use of land* (v.).

intensive selling: ***vendita intensiva.*** L'attività volta a vendere una maggiore quantità di prodotti ai consumatori, mediante un uso più martellante della persuasione pubblicitaria e un uso più intensivo della promozione delle vendite.

intensive use of land: ***uso intensivo della terra.*** La situazione in cui l'ultima dose di capitale e lavoro applicata alla terra, sulla quale erano state applicate altre dosi di capitale e lavoro, dà un raccolto appena sufficiente a giustificarne la produzione in termini economici. Poiché la terra cui si applica questa ultima dose di capitale e lavoro è produttiva, la mancata remunerazione si giustifica col fatto che sono subentrati i cosiddetti rendimenti decrescenti. (v. anche *extensive use of land, diminishing returns, law of diminishing returns*)

inter–account deal: ***operazione a termine; operazione allo scoperto.*** Lo stesso che *time bargain* (v.). Questa espressione è giustificata dal fatto che l'operazione ha luogo nell'arco di un singolo ciclo operativo.

inter–allied debts: ***debiti interalleati.*** Il fenomeno economico che si verificò durante la prima guerra mondiale e che ebbe ripercussioni nel periodo tra le due guerre. Durante tale conflitto, infatti, molte nazioni europee contrassero debiti con i loro alleati inglesi e americani e lo stesso Regno Unito dovette a sua volta ricorrere a prestiti degli Stati Uniti. Ciò diede luogo, nel periodo postbellico, a debiti fondati, con l'eccezione del debito russo nei confronti del Regno Unito, e a pesanti squilibri nelle bilance dei pagamenti di molti paesi europei che, anche a causa della grande depressione, trovavano difficoltà a pagare gli interessi e a restituire il capitale. In seguito a ciò, molti paesi ripudiarono i loro debiti ed anche il Regno Unito, che non aveva ripudiato il debito verso gli Stati Uniti, effettuò soltanto un pagamento simbolico. L'introduzione, da parte del Congresso statunitense, del sistema noto come *Lend–Lease* evitò che si ricreassero debiti tra Regno Unito e Stati Uniti durante il secondo conflitto mondiale. (v. anche *Lend–Lease Act, Hoover moratorium, Lausanne Conference*)

Inter–American Development Bank: ***Banca di sviluppo inter–americana.*** Banca fondata nel 1959 da venti nazioni del continente americano per prestare assistenza finanziaria a enti pubblici e privati impegnati nello sviluppo dei paesi dell'America Latina. Oltre agli stati interessati, ne sono membri il Giappone e molti paesi europei.

Inter–American Investment Corporation: Istituzione finanziaria internazionale, creata nel 1985 dagli Stati Uniti e altre nazioni, con l'obiettivo di stimolare la costituzione di imprese medio–piccole nell'America Latina. L'istituzione, che ha cominciato a svolgere le proprie funzioni nel 1986, è affiliata alla *Inter–American Development Bank* (v.).

interbank accounts: ***conti interbancari.*** Depositi, anche sotto forma di conti correnti di corrispondenza, tra aziende di credito e anche altri rapporti tra banche, che danno origine a situazioni di debito e credito.

interbank funds: ***fondi interbancari.*** Fondi passivi che una banca reperisce all'interno del sistema bancario, a differenza di quelli che le giungono provenienti dal pubblico.

interbank loans: ***prestiti interbancari.*** I prestiti a breve termine che una banca concede ad altre istituzioni del sistema bancario, così impiegando temporanee eccedenze di fondi liquidi.

interbank market: ***mercato interbancario; mercato dei prestiti interbancari.*** Uno dei mercati monetari di Londra, parte del cosiddetto *parallel market* (v.). Sviluppatosi negli anni sessanta come mercato dei prestiti tra banche non membri della stanza di compensazione, è successivamente diventato un mercato utilizzato da tutte le istituzioni finanziarie, sul quale si trattano prestiti di notevole entità, di solito non meno di un quarto di milione di sterline per operazione. Tali prestiti sono concessi senza che venga fornita alcuna garanzia collaterale, per periodi fissi fino a un massimo di cinque anni o «a richiesta», e fruttano un interesse superiore a quello riconosciuto sul mercato dello sconto. (v. anche *sterling interbank market*)

interbank market bid rate: ***tasso interbancario passivo.*** Il tasso d'interesse che una banca paga sui depositi effettuati presso di lei da un'altra banca o altre istituzioni finanziarie.

interbank market offered rate: ***tasso interbancario attivo.*** Il tasso d'interesse che una banca o altra istituzione finanziaria fa pagare sui prestiti concessi nel mercato interbancario.

interbank money market: ***mercato monetario interbancario.*** Un mercato di fondi in sterline inglesi, creatosi principalmente tra banche che svolgono la loro attività sulla piazza di Londra. Tale mercato consente alle banche di impiegare i loro saldi attivi a tassi di interesse solitamente più alti di quelli che potrebbero ricavare mutuandoli al mercato dello sconto. Il mercato interbancario londinese è strettamante collegato ai mercati delle valute estere e degli eurodepositi, oltre che ad altri mercati di fondi in sterline, e i prestiti che vi si contraggono possono andare dalle ventiquattro ore ai cinque anni, pur se la maggior parte delle operazioni riguardano brevi periodi.

interbank rate: ***tasso interbancario.*** È il tasso di interesse applicato alle operazioni di credito tra banche. (v. anche *London interbank offered rate*)

interbank sterling market: ***mercato interbancario delle sterline.*** Lo stesso che *sterling interbank market* (v.).

interbourse securities: ***titoli internazionali.*** Termine generico, usato in relazione a titoli che possono essere acquistati e venduti, praticamente allo stesso prezzo, in borse valori di differenti paesi.

interchange: ***interscambio.*** Lo stesso che *trade 1* (v.).

interchangeable bond: ***obbligazione permutabile.*** Obbligazione che reca il diritto di essere permutata, ad opzione dell'obbligazionista, con un'altra obbligazione emessa sotto altra forma, come ad esempio un'obbligazione al portatore permutabile con una nominativa.

interchangeable parts: ***parti intercambiabili.*** Nel controllo statistico della qualità, sono così indicate quelle parti che, anche se scelte a caso, danno garanzia di funzionamento della macchina o dell'impianto in cui vengono montate. Nella pratica industriale, le parti intercambiabili costituiscono una caratteristica principale di un sistema di fabbricazione in cui qualsiasi parte di una macchina può essere sostituita con un'identica parte di una qualsiasi macchina simile. In una produzione di massa, resa in effetti possibile dalle parti intercambiabili, si producono grosse quantità di parti individuali, che vengono fabbricate e controllate con tanta accuratezza e precisione da rendere indifferente, ai fini del funzionamento, quale di esse verrà scelta per essere montata su una macchina. Questo concetto appare chiaro all'uomo comune quando pensa ai pezzi di ricambio della sua automobile.

intercommodity spread: Contratto a termine mediante il quale un operatore compra e vende beni differenti, ma comunque in relazione tra loro, ad esempio vende oro e acquista argento a termine.

intercompany account: ***conto d'interscambio; conto interaziendale.*** Conto nel quale vengono registrati i valori d'interscambio tra società dello stesso gruppo, di cui non si tiene conto in sede di bilancio consolidato.

intercompany balance: ***saldo interaziendale.*** Un ammontare a debito esistente tra una società membro di un gruppo e un'altra società dello stesso gruppo. Può derivare o dalla concessione di un prestito o da scambi interaziendali. Tali saldi devono essere eliminati mediante compensazione quando si preparano i rendiconti consolidati.

intercompany comparison: ***confronto interaziendale.*** Lo stesso che *interfirm comparison* (v.).

intercompany eliminations: ***valori d'interscambio.*** Lo stesso che *eliminations* (v.).

intercompany investment: ***partecipazione incrociata; partecipazione reciproca.*** Lo stesso che *cross shareholdings* (v.).

intercompany loans market: ***mercato dei prestiti interaziendali.*** Lo stesso che *intercompany money market* (v.).

intercompany market: ***mercato interaziendale; mercato del credito interaziendale.*** Lo stesso che *intercompany money market* (v.).

intercompany money market: ***mercato monetario interaziendale.*** È un mercato che viene a crearsi tra le imprese, sul quale esse possono contrarre prestiti a tassi di interesse fissati dallo stesso mercato per periodi di tempo relativamente brevi. È uno dei sistemi per porre a frutto temporanee eccedenze monetarie delle imprese.

intercompany pricing: ***prezzatura d'interscambio.*** Lo stesso che *transfer pricing* (v.).

intercompany profit: ***profitto interaziendale.*** Profitto contabile derivante da forniture di beni e servizi venduti al di sopra del loro costo da un'azienda ad un'altra azienda consociata. Nella comune pratica contabile vengono considerati valori d'interscambio e, come tali, eliminati in sede di preparazione del bilancio consolidato, nel quale compaiono soltanto i profitti derivanti dalla vendita di beni e servizi a terzi.

intercompany transaction: ***operazione interaziendale.*** Un'operazione commerciale che ha luogo tra due diverse società appartenenti allo stesso gruppo. I valori relativi vengono eliminati in sede di preparazione dei rendiconti consolidati.

intercorporate dividend credit: ***credito d'imposta su dividendi intersocietari.*** La legislazione fiscale degli Stati Uniti prevede che l'85% dei dividendi distribuiti da una società che ha pagato l'imposta sulle persone giuridiche sia esente ai fini della tassazione del reddito della società che riceve il dividendo. Ciò allo scopo di avitare la doppia tassazione di quei profitti.

inter-dealer broker: ***intermediario in valori mobiliari.*** Termine usato con lo stesso significato di *equity inter-dealer broker* (v.), ma con la differenza che esso indica un intermediario che svolge la propria attività non nel mercato dei titoli azionari, bensì in quello dei titoli a reddito fisso e specialmente in quello dei titoli di stato.

inter-dealer market: ***mercato tra operatori.*** Lo stesso che *inside market* (v.).

interdepartmental profit: ***profitto interdivisionale; profitto interno.*** Se un reparto di un'impresa fornisce ad un altro reparto della stessa impresa beni e servizi che vengono imputati ad un prezzo superiore al puro costo, tale reparto realizza un profitto interdivisionale. Nella comune pratica esso viene, però, eliminato in sede di stesura del bilancio, nel quale compaiono soltanto i profitti derivanti da forniture di beni e servizi a terzi.

interdistrict settlement account: ***conto di compensazione interdistrettuale.*** È un conto del *Federal Reserve System* (v.) degli Stati Uniti, posto sotto il controllo del *Board of Governors* (v.). Tale conto ha lo scopo di facilitare la compensazione di assegni e il trasferimento di fondi tra banche operanti in diversi distretti del sistema della riserva federale.

interdistrict settlement fund: ***fondo di compensazione interdistrettuale.*** Lo stesso che *interdistrict settlement account* (v.).

interest: ***interesse.*** Il termine inglese viene usato con i seguenti significati: 1) il reddito derivante da un qualsiasi investimento di capitale; 2) il pagamento per l'uso di moneta o capitale appartenenti ad altri, effettuato ad intervalli regolari da chi utilizza il denaro o il capitale altrui ed espresso comunemente come percentuale annua della somma capitale; 3) parte del capitale sociale di un'impresa, espresso come frazione o in termini di moneta investita. L'interesse viene spiegato in maniera differente da varie teorie. (v. anche *interest rate, abstinence theory of interest, liquidity preference theory of interest, loanable funds theory of interest, marginal utility theory of interest, agio theory of interest, marginal productivity theory of interest, time preference theory of interest, classical theory of interest, productivity theories of interest, general theory of the rate of interest*)

interest allowed: ***interesse passivo.*** Termine usato con lo stesso significato di *interest paid* (v.).

interest arbitrage: ***arbitraggio di interessi.*** Nella pratica bancaria e finanziaria, è l'utilizzazione di crediti allo scoperto non per i fini per i quali essi furono concessi, ma per investimento in certificati di deposito o in altri titoli finanziari che rendono un interesse superiore a quello pagato sullo scoperto.

interest balance: ***saldo degli interessi.*** Somma complessiva maturata a favore del creditore nell'arco di un dato periodo di tempo.

interest-bearing current account: ***conto corrente fruttifero.*** Un conto corrente che consente prelievi e trasferimenti di fondi mediante l'emissione di assegni e allo stesso tempo riconosce al titolare un tasso d'interesse concordato. Un numero sempre maggiore di banche e altri depositari britannici si stanno muovendo nella direzione di offrire questo tipo di conto ai loro clienti, senza insistere sul *minimum balance* (v.).

interest-bearing deposit: ***deposito fruttifero.*** Deposito presso un'istituzione finanziaria, che frutta un certo interesse. Nel Regno Unito e negli Stati Uniti sono fruttiferi solo i depositi a tempo e il periodo, di norma, minimo perché essi guadagnino un interesse è di sette giorni.

interest-bearing eligible liabilities: ***riserve in depositi fruttiferi.*** Depositi in sterline del sistema bancario inglese presso la banca centrale, sui quali viene riconosciuto un interesse pari a quello dei buoni del tesoro, a differenza delle *eligible liabilities* (v.), che sono infruttifere.

interest bond: Nel linguaggio finanziario statunitense, indica un'obbligazione emessa come pagamento di interessi su altre obbligazioni, non effettuato in contanti per mancanza di liquidità.

interest ceiling: ***massimale d'interesse.*** Limite massimo di interesse che una banca o altra istituzione finanziaria è autorizzata a riconoscere o far pagare ai propri clienti, per effetto di regolamentazioni imposte dalle autorità monetarie.

interest charged: ***interesse attivo.*** Termine usato con lo stesso significato di *interest earned* (v.).

interest coupon: ***cedola d'interesse.*** Ciascuna delle cedole che costituiscono il foglio cedole allegato a un'obbligazione o altro titolo a reddito fisso che paga interessi a scadenze prestabilite. L'obbligazionista dovrà staccare l'apposita cedola a ciascuna scadenza e presentarla per ricevere gli interessi.

interest cover: ***copertura degli interessi.*** È la protezione del reddito di un'obbligazione, rappresentata dal numero di volte che in un periodo, generalmente un anno, un'azienda guadagna il fabbisogno monetario per far fronte al pagamento di interessi sul capitale di prestito. Rappresenta il grado di sicurezza goduta da un obbligazionista e si calcola come ammontare complessivo disponibile per il pagamento di interessi a tutti i creditori, diviso per il fabbisogno monetario per il pagamento di interessi su tutti i debiti della società.

interest coverage: ***copertura degli interessi.*** Termine usato con lo stesso significato di *interest cover* (v.).

interest deduction: ***deduzione d'interesse; perdita d'interesse.*** È la riduzione che una banca apporta agli interessi riconosciuti sui depositi a risparmio, quando il cliente effettua un prelevamento non rispettando il termine regolamentare di preavviso.

interest differentials: ***differenziali d'interesse.*** Lo stesso che *interest- rate differentials* (v.).

interest divisor: ***divisore fisso.*** Coefficiente ottenuto dividendo i giorni dell'anno per il tasso di interesse. Viene usato per semplificare il calcolo degli interessi, particolarmente quando più somme vengono impiegate per periodi diversi, ma ad un unico tasso di interesse.

interest earned: ***interesse attivo.*** È l'interesse che riceve chi consente ad altri l'uso di un proprio capitale. Ad esempio, dal punto di vista delle banche è l'interesse che il cliente deve pagare su uno scoperto o su un mutuo concesso dalla banca.

interest equalization tax: ***imposta di perequazione degli interessi.*** Imposta, adottata negli Stati Uniti agli inizi degli anni sessanta, che colpiva i redditi di titoli acquistati all'estero da cittadini statunitensi. Mirava a frenare l'esodo di capitali dagli Stati Uniti, rinforzando così la posizione del dollaro. Nel periodo 1964–1974 questa imposta impedì che venissero venduti negli Stati Uniti titoli esteri, fatta eccezione per quelli canadesi e per quelli emessi da istituzioni internazionali, ad esempio la Banca Mondiale, che erano esenti da tale imposizione. Ciò costituì una delle principali ragioni per cui si sviluppò tanto rapidamente il mercato degli eurodollari e delle eurobbligazioni. Questa imposta fu abolita il 29 gennaio 1974.

interest-export ratio: ***rapporto interessi-esportazioni.*** In relazione a un paese indebitato verso l'estero, è il rapporto tra pagamenti di interessi (futuri o attuali) e entrate provenienti dalle esportazioni (proiettate o effettive).

interest-free loan: ***prestito senza interessi; mutuo senza interessi.*** Prestito sul quale il mutuatario non dovrà pagare alcun interesse. Mutui di questo tipo vengono a volte concessi dai governi per attirare insediamenti industriali in aree particolarmente depresse.

interest groups: ***gruppi d'interesse.*** Gruppi di persone fisiche o giuridiche unite da un interesse comune, che tentano di far tutelare mediante l'emissione di leggi o altre forme di regolamentazione governativa.

interest income: ***reddito da interessi.*** Il reddito lordo derivante da investimenti in titoli a reddito fisso e in depositi bancari o di altra simile natura, nonché il reddito delle banche derivante da operazioni che fruttano loro un interesse.

interest-induced effect: ***effetto ricchezza indotto da interessi.*** L'effetto ricchezza generato dalla variazione della valutazione di mercato delle attività finanziarie. Può essere espresso così: una diminuzione del tasso d'interesse corrente farà aumentare la valutazione di mercato delle attività finanziarie già in circolazione a un tasso d'interesse superiore a quello corrente, principalmente i titoli a reddito fisso, facendo aumentare la ricchezza di coloro che li possiedono e generando di conseguenza un aumento della spesa indotto dalla maggiore ricchezza.

interest in suspense: ***interesse in sospeso.*** Interesse su un prestito, calcolato e trasferito a un *suspense account* (v.) a causa della incapacità del mutuatario di far fronte ai propri impegni.

interest margin: ***margine d'interesse.*** Nella terminologia bancaria, indica la differenza esistente tra tassi d'interesse attivo e passivo, cioè tra il tasso di interesse ricevuto dalla banca sugli impieghi di fondi e quello pagato ai depositanti.

interest numbers: ***numeri.*** Lo stesso che *products* (v.).

interest of outside shareholders: ***interesse di minoranza.*** Lo stesso che *minority interest* (v.).

interest on arrears: ***interessi di mora.*** Lo stesso che *delay interest* (v.).

interest on bill: ***interesse sulla cambiale.*** Se una cambiale è pagabile con interessi, essi decorrono, a meno che sia espressamente stabilito in maniera diversa, dalla data della cambiale e se questa non è datata, dalla data della sua emissione.

interest on deposits: ***interesse su depositi.*** È l'interesse passivo per la banca, ma che essa recupera, con un suo utile, nel momento in cui presta il denaro ad altri. Viene calcolato in base a tabelle, se il tasso non subisce variazioni durante il periodo di esistenza del deposito. Di regola, le banche britanniche e statunitensi non riconoscono alcun interesse se il denaro è rimasto presso di loro per un periodo inferiore ad un minimo stabilito, di solito una settimana. Al momento in cui l'interesse è maturato e calcolato, esso può essere aggiunto al capitale o accreditato su un diverso conto, dal quale il cliente può prelevarlo quando ritiene opportuno.

interest or no interest: ***interesse o senza interesse.*** Nelle assicurazioni marittime, sta ad indicare che in caso di sinistro l'assicurato ha diritto all'indennizzo da parte dell'assicuratore senza dover provare che aveva un interesse assicurabile nella cosa danneggiata o perduta. Le polizze contenenti questa clausola, chiamate polizze d'onore o di buona fede, sono illegali nel Regno Unito secondo la legge del 1909 sulle assicurazioni marittime, in quanto rientrano tra le polizze scommessa. Tuttavia, vengono ancora emesse e regolarmente onorate dagli assicuratori. (v. anche *insurable interest, honour policy*)

interest paid: ***interesse passivo.*** È l'interesse che si paga per l'uso del capitale altrui. Ad esempio, dal punto di vista delle banche è l'interesse che esse pagano ai loro clienti sulle somme che questi depositano.

interest parity: ***parità d'interesse.*** Si verifica tra due valute, quando il differenziale dei tassi di interesse si riflette direttamente nello sconto o nel premio, cioè nel corso sotto o sopra la pari, dei margini di cambio per consegna futura.

interest payable account: ***conto interessi passivi.*** Un conto nel quale vengono registrati gli interessi maturati e pagati.

interest payments: ***pagamenti di interessi.*** La somma globale spesa, in un sistema economico, per pagare interessi su denaro mutuato. Include i pagamenti di interessi da parte dei settori pubblico e privato e da parte del settore personale.

interest periods: ***periodi d'interesse.*** Periodi e tassi d'interesse diversi, relativi ad un credito rinnovabile che può essere utilizzato in momenti diversi. (v. anche *roll-over credit*)

interest policy: ***polizza con interesse.*** Nel linguaggio delle assicurazioni marittime, in contrapposizione a *honour policy* (v.) indica una polizza il cui intestatario ha un effettivo e dimostrabile interesse in una spedizione via mare.

interest rate: ***tasso d'interesse; saggio d'interesse.*** La percentuale, calcolata di solito su base annua, di remunerazione di un capitale investito. In un qualsiasi momento particolare prevale un determinato tasso d'interesse, la cui entità dipende in parte dalla disponibilità sul mercato di moneta per prestiti e in parte dalle misure di politica monetaria vigenti. Anche in presenza di un tasso di interesse prevalente, non tutti i capitali dati in prestito ricevono la stessa remunerazione e ciò si spiega in parte col fattore tempo, cioè quanto durerà il prestito, e in parte col fattore rischio. Un prestito a fronte del quale viene fornita una garanzia reale sarà caricato di un saggio di interesse normalmente inferiore a quello relativo ad un prestito per il quale non viene fornita alcuna garanzia. Il tasso di interesse, infine, dipende anche in larga misura dalle tendenze inflazionistiche presenti nel sistema economico.

interest-rate arbitrage: ***arbitraggio di interessi.*** Lo stesso che *interest arbitrage* (v.).

interest-rate cap: Contratto in virtù del quale un operatore, in considerazione del pagamento immediato di un premio, si impegna a versare a un altro operatore, sua controparte nel contratto, al termine di un periodo di riferimento, una somma ricavata moltiplicando un capitale convenzionale per la differenza tra il tasso di riferimento variabile e il tasso fisso concordati alla stipula del contratto. Poiché il periodo di riferimento copre un determinato arco di tempo, la somma ricavata come detto sopra dovrà essere rapportata ai giorni di vita del contratto. L'*interest-rate cap* viene utilizzato da operatori esposti a debiti a tasso variabile allo scopo di coprirsi contro eccessive fluttuazioni e di reperire fondi a un costo inferiore a quello del mercato interbancario o comunque a un costo massimo fissato in precedenza.

interest-rate ceiling: ***tasso d'interesse massimo; massimale d'interesse.*** Lo stesso che *interest ceiling* (v.).

interest-rate collar: Contratto che assomma in sé le caratteristiche dell'*interest-rate cap* (v.) e dell'*interest-rate floor* (v.), in quanto prevede che lo stesso operatore nel medesimo periodo di riferimento acquisti il primo e venda il secondo, o viceversa. Fondandosi su due operazioni uguali e contrarie svolte contestualmente, il contratto consente all'operatore di avvalersi della copertura contro i rischi offerta da ciascuno dei suddetti contratti, ma implicitamente impone la rinunzia ai vantaggi che deriverebbero dal movimento dei tassi in direzione opposta a quella contro la quale l'operatore intende coprirsi.

interest-rate differentials: ***differenziali del tasso d'interesse.*** La differenza tra i tassi d'interesse praticati in diversi mercati monetari nazionali o internazionali o tra i tassi d'interesse riconosciuti su differenti titoli o impieghi.

interest-rate floor: Contratto in virtù del quale un operatore, in considerazione del pagamento di un premio, si impegna a versare a un altro operatore, sua controparte nel contratto, al termine di un periodo di riferimento, una somma corrispondente all'eventuale differenza tra gli interessi, su un capitale convenzionale, calcolati al tasso minimo e quelli calcolati a un tasso variabile presente sul mercato, ambedue prescelti alla stipula del contratto. Questo contratto è simile all'*interest-rate cap* (v.), ma differisce da esso in quanto viene utilizzato allo scopo di coprirsi contro eccessive fluttuazioni dei tassi variabili e garantirsi un rendimento minimo su un investimento a tasso d'interesse variabile.

interest–rate futures: ***contratti per consegna futura di titoli a reddito fisso.*** Contratto mediante il quale un operatore si impegna a vendere o a comprare, entro una certa data, titoli a reddito fisso aventi determinate caratteristiche, a un prezzo stabilito all'atto della stipula del contratto. Si tratta di uno strumento utilizzato come copertura del rischio del tasso d'interesse e come tale non deve necessariamente essere eseguito, potendosi chiudere con la liquidazione della differenza a vantaggio di una delle parti.

interest–rate option: ***opzione su tassi d'interesse; contratto a premio in tassi d'interesse.*** Tipo di contratto simile a quello descritto sotto *currency option* (v.), ma relativo a tassi d'interesse. L'opzione che si acquista o si vende riguarda tassi d'interesse fissi e tassi d'interesse fluttuanti, con la conseguenza che se i tassi fluttuanti salgono oltre i tassi fissi, l'acquirente eserciterà l'opzione e viceversa.

interest–rate risk: ***rischio del tasso d'interesse.*** È il rischio, cui va incontro un investitore, che il tasso d'interesse prevalente al momento in cui acquista un'obbligazione cambi durante la vita del titolo, pur essendo rispettate le date di pagamento e il versamento di interessi sul titolo. Il rischio si riferisce, ovviamente, ad un aumento del tasso d'interesse prevalente sul mercato monetario, nel qual caso la remunerazione del capitale investito nel titolo sarà inferiore a quella che potrebbe ottenersi sul mercato. Poiché in tale circostanza anche il prezzo di mercato dell'obbligazione subisce una diminuzione, l'investitore non può disfarsi del titolo senza rimetterci una somma più o meno equivalente alla differenza tra il tasso di interesse riconosciuto su quell'obbligazione e il tasso d'interesse al momento prevalente sul mercato. Tuttavia, il livello del prezzo dell'obbligazione non dipenderà soltanto dalla diminuzione reale del suo tasso di interesse, ma anche da altri fattori, tra i quali, principalmente, la vita del titolo e la sua redditività media. (v. anche *financial risk, purchasing power risk*)

interest–rate spread: **1.** ***tasso d'interesse addizionale; scarto d'interesse; margine d'interesse.*** Lo stesso che *spread 6* (v.). **2.** ***differenziale del tasso d'interesse.*** Lo stesso che *interest–rate differential* (v.).

interest–rate swap: ***scambio di tassi d'interesse; permuta di tassi d'interesse.*** Espressione che indica lo stesso concetto esposto sotto *swap 2* (v.), pur se limitatamente ai flussi di pagamenti di interessi, esteso anche a operatori al di fuori del sistema bancario. Il seguente è un esempio del funzionamento di un tipico scambio di tassi d'interesse. Una grossa e ben nota società europea, A, può ottenere a basso prezzo un prestito a tasso fisso sul mercato delle eurobbligazioni. Una società americana di media grandezza, B, vorrebbe prendere a prestito a tasso fisso sullo stesso mercato, ma poiché non è conosciuta dagli investitori dovrebbe pagare almeno 4 punti percentuali più di A. Tuttavia, B è nota sul mercato americano, dove può ottenere, dalla sua banca, prestiti a tasso fluttuante ad un costo abbastanza contenuto. Così, A emetterà, diciamo, 100 milioni di dollari in eurobbligazioni al 10% e B prenderà a prestito la stessa somma dalla sua banca a, diciamo, un punto percentuale al di sopra del Libor. Le due società si accordano per scambiarsi i flussi di interessi per tutta la durata del prestito, ma in modo tale da trarre ambedue un beneficio dall'operazione. B pagherà ad A il 12%, che rappresenta un risparmio del 2% su quanto avrebbe dovuto pagare se avesse emesso essa stessa le eurobbligazioni; A pagherà a B solo il tasso Libor e considerando il 2% che guadagna sul prestito a tasso fisso, paga due punti percentuali al di sotto del Libor. Così, ambedue le società ottengono fondi in prestito a un costo di un punto percentuale più basso di quanto avrebbero pagato se non avessero posto in essere lo swap.

interest receivable account: ***conto interessi attivi.*** Un conto nel quale vengono registrati gli interessi maturati e percepiti.

interest–sensitive stock: ***azioni sensibili al tasso d'interesse.*** Valori mobiliari di imprese i cui profitti subiscono variazioni a seguito di movimenti dei tassi d'interesse, come ad esempio le banche e altre istituzioni finanziarie. Il corso di tali titoli tende, pertanto, a salire o scendere a seguito di notizie riguardanti i movimenti dei tassi d'interesse. Il termine è di uso statunitense.

interest sensitivity of money demand: ***sensibilità della domanda di moneta ai tassi d'interesse.*** La capacità della domanda di moneta di rispondere con aumenti o diminuzioni al variare in diminuzione o in aumento dei tassi d'interesse.

interest spread: ***margine d'interesse.*** La differenza tra interessi attivi e passivi, cioè tra l'interesse pagato da una istituzione finanziaria per approvvigionarsi di fondi e l'interesse fatto pagare ai mutuatari.

interest tables: ***tavole degli interessi.*** Tabelle, di solito sotto forma di libro, che contengono l'ammontare degli interessi ai vari tassi percentuali per differenti periodi di tempo.

interest theory: ***teoria dell'interesse.*** Termine usato di solito con un determinante, per indicare una delle varie teorie che tentano di spiegare l'interesse. Per le teorie riportate e spiegate in questo dizionario, v. sotto *interest.*

interest to exports ratio: ***rapporto interessi–esportazioni.*** Lo stesso che *interest–export ratio* (v.).

interest warrant: ***mandato di pagamento di interessi.*** Ordine per il pagamento di interessi su titoli di stato o obbligazioni industriali nominative, emesso dallo stato o da una società su una banca. Prende, di solito, la forma di un assegno non trasferibile intestato e spedito direttamente al titolare del credito.

interest yield: ***rendimento.*** Il termine inglese indica il rendimento di un titolo a reddito fisso sul quale si percepisce un interesse. (v. anche *yield 1*)

interfirm: ***interaziendale.*** Aggettivo usato per indicare fatti che riguardano due o più aziende, i loro rapporti, ecc.

interfirm comparison: ***comparazione interaziendale.*** Analisi dei risultati e della solidità finanziaria tra aziende, generalmente della stessa industria. Si realizza di solito attraverso la compilazione di rapporti finanziari a seguito di collaborazione tra le imprese interessate, allo scopo di stimolare migliori risultati.

interfirm market: ***mercato interaziendale.*** Il mercato nel quale vengono scambiati beni e servizi tra imprese, invece che tra queste ultime e i consumatori finali.

interfund transfer: ***trasferimento tra fondi.*** Il trasferimento di moneta o altre attività o passività da un fondo ad un altro.

inter–governmental debts: ***debiti intergovernativi.*** Debiti tra governi di paesi stranieri, che insorgono a seguito di squilibri delle bilance dei pagamenti, di guerre, ecc. Allo scopo di facilitare il pagamento e il trasferimento di tali debiti, e nella fattispecie per riscuotere e amministrare le riparazioni di guerra germaniche, nel 1930 fu creata la Banca dei Regolamenti Internazionali.

interim: ***provvisorio; temporaneo; interinale.*** L'aggettivo inglese viene usato in relazione a qualcosa fatta o emessa tra due date fisse e, quindi, prima di una naturale scadenza. Nel linguaggio economico e finanziario il suo uso è limitato alle accezioni che vengono riportate qui di seguito.

interim account: 1. ***conto provvisorio.*** Conto relativo ad un periodo contabile inferiore ad un anno e generalmente non sottoposto a revisione contabile. Viene usato come indicatore dello stato di salute di un'impresa e per calcolare l'esposizione a imposte future, il livello di profittabilità e simili. **2.** ***conto di ordine.*** Conto, usato da imprese mercantili, banche, ecc., nel quale vengono accreditate o addebitate partite che, a causa di sviste, disfunzioni del servizio postale o altre ragioni, mancano dei dettagli necessari di identificazione per essere portate ai conti cui competono. Si tratta di un conto ad uso interno e a carattere temporaneo, che consente il raggruppamento di operazioni eterogenee in uno stesso conto.

interim audit: ***revisione dei conti provvisoria.*** È la verifica fatta prima che si chiuda il periodo contabile cui si riferisce o quella relativa a un periodo inferiore all'anno contabile.

interim balance sheet: ***bilancio provvisorio.*** Termine usato con lo stesso significato di *interim statement* (v.).

interim bond: ***obbligazione provvisoria; titolo provvisorio.*** Si dà questo nome ad un certificato obbligazionario provvisorio che sarà, in seguito, sostituito dal certificato definitivo.

interim budget: ***bilancio interinale; bilancio suppletivo.*** Bilancio dello stato presentato, in aggiunta al bilancio ordinario, nel corso dell'anno finanziario quando, a seguito di pesanti mutamenti nella situazione economica del paese, si rende necessario un maggior prelievo fiscale. Il governo del Regno Unito vi fece ricorso nel 1931, 1947, 1955, 1961, e 1964.

interim certificate: ***certificato provvisorio.*** Il termine può riferirsi tanto ad obbligazioni quanto ad azioni e indica il certificato che viene rilasciato a un investitore in attesa che sia approntato il certificato azionario o obbligazionario definitivo.

interim closing: ***chiusura provvisoria.*** È la chiusura dei conti in un momento qualsiasi non coincidente con la fine dell'anno contabile. Non prevede l'eliminazione dei valori d'interscambio o altre rettifiche.

interim dividend: ***dividendo provvisorio; dividendo interinale; dividendo di acconto; acconto dividendo; dividendo infrannuale.*** L'azionista matura il suo diritto al dividendo quando questo è stato approvato dall'assemblea degli azionisti su proposta del consiglio di amministrazione. Tuttavia, nel Regno Unito lo statuto di molte società autorizza il consiglio di amministrazione a disporre il versamento agli azionisti di un dividendo provvisorio, quando appare evidente che la società ha realizzato utili sufficienti per il pagamento di dividendi. Il dividendo provvisorio è, pertanto, un acconto sul dividendo definitivo e deve essere confermato dall'assemblea ordinaria degli azionisti, quando essa sarà convocata. L'ammontare di un dividendo provvisorio è di solito inferiore a quello del dividendo definitivo, in quanto quest'ultimo viene determinato dopo la fine dell'esercizio finanziario, quando sono stati desunti gli utili netti. (v. anche *final dividend 1*)

interim financing: ***finanziamento provvisorio.*** Finanziamento di breve termine di solito concesso per coprire i costi di costruzione di un edificio o di una casa, che sarà successivamente riassorbito all'atto della concessione di un finanziamento ipotecario.

interim loan: ***prestito provvisorio.*** Lo stesso che *construction loan* (v.).

interim receipt: ***ricevuta provvisoria.*** Ricevuta non definitiva, ma il termine è spesso usato nel linguaggio delle assicurazioni per indicare la ricevuta rilasciata a fronte del pagamento del premio, in attesa del perfezionamento e dell'emissione della polizza definitiva.

interim report: ***relazione interinale; relazione provvisoria.*** Relazione presentata in un qualsiasi momento non coincidente con la fine dell'anno finanziario. Generalmente si riferisce ai risultati gestionali di un trimestre o di un quadrimestre e mostra soltanto dati relativi alle vendite, alle entrate e pochi altri elementi che variano a seconda dell'attività dell'impresa. In essa, viene sempre fatto presente che i dati esposti sono provvisori e soggetti a variazioni dipendenti dalle varie contingenze.

interim statement: ***bilancio provvisorio.*** È il bilancio preparato in un qualsiasi momento, o relativo ad un qualsiasi periodo, che rientra nell'anno finanziario ma non coincide col suo termine o con altra data fissa di preparazione del bilancio.

interindustry analysis: ***analisi delle interdipendenze strutturali; analisi dell'impiego–prodotto.*** Termine usato con lo stesso significato di *input–output analysis* (v.).

interindustry competition: ***concorrenza interindustriale.*** È la concorrenza tra imprese appartenenti ad industrie diverse. Può verificarsi quando industrie diverse producono beni che risultano succedanei l'uno dell'altro, così che le imprese devono competere non soltanto con le altre imprese della stessa industria che producono lo stesso tipo di beni, ma anche con imprese di altre industrie che producono succedanei.

interlocking directorates: ***consigli di amministrazione incrociati.*** Caratterizzano un insieme di aziende organizzate e funzionanti separatamente, nei cui consigli di amministrazione siedono le stesse persone o gruppi di persone. Ciò porta ad una comunione di interessi e a politiche aziendali comuni, che possono manifestarsi con l'eliminazione o la limitazione della concorrenza tra le aziende interessate, con un'uguale politica dei prezzi, ecc. Si ricorre ai consigli di amministrazione incrociati quando non si vuole rendere palese la fusione di società o quando la legge impedisce le fusioni. Ad esempio, negli Stati Uniti, nei quali la legge di molti stati vieta che le banche operino attraverso filiali in città diverse da dove esse hanno la sede principale, si ricorre a questo accorgimento per tentare di aggirare la legge. (v. anche *branch banking, unit banking*)

interlocking directorships: ***consigli di amministrazione incrociati.*** Termine usato come sinonimo di *interlocking directorates* (v.).

interlocking shareholdings: ***partecipazioni azionarie incrociate.*** Lo stesso che *cross shareholdings* (v.).

interlocking stock ownership: ***proprietà reciproca di azioni; sottoscrizione incrociata di azioni.*** Il termine inglese indica la proprietà di azioni di una società da parte di un'altra società e viceversa. Può usarsi anche in relazione ad un azionista che possiede azioni di due diverse società.

Intermarket Surveillance Information System: Sistema computerizzato nel quale vengono memorizzati i dati relativi a tutte le operazioni su titoli e contratti a premio quotati in qualsiasi borsa valori statunitense. Il sistema consente la sorveglianza del mercato e dei movimenti di prezzo, con l'obiettivo di scoraggiare pratiche disoneste del tipo dell'*insider dealing* (v.).

Intermarket Trading System: Negli Stati Uniti, è una rete di comunicazioni elettronica che collega le sale delle contrattazioni di sette borse valori autorizzate, allo scopo di stimolare la concorrenza tra loro nella negoziazione di titoli quotati o alla NYSE o all'AMEX e in una o più borse regionali. Facendo uso di questo sistema, qualsiasi operatore presente nella sala delle contrattazioni di una qualsiasi delle borse collegate può raggiungere altri operatori per l'esecuzione di ordini, ogni volta che la quotazione diffusa su tutto il territorio nazionale mostra un prezzo interessante.

intermediary: ***intermediario.*** Chiunque intervenga tra due parti allo scopo di facilitarne l'accordo o di far incontrare la domanda e l'offerta. (v. anche *agent, broker, middleman*)

intermediary bank: ***banca intermediaria.*** Una qualsiasi banca alla quale viene trasferito un titolo per l'incasso.

intermediary financial market: ***mercato finanziario di intermediazione.*** Lo stesso che *indirect financial market* (v.).

intermediary sector: ***settore dell'intermediazione.*** Nel linguaggio finanziario, indica l'insieme delle istituzioni che svolgono l'attività dell'intermediazione.

intermediate areas: ***aree intermedie.*** Nel Regno Unito si indicano con questo termine quelle aree che possono considerarsi a mezza strada tra le aree di sviluppo, dette anche aree depresse, e le aree che godono di un alto livello di occupazione e di attività economica. Il tasso di disoccupazione delle aree intermedie è inferiore a quello delle aree di sviluppo. (v. anche *areas for expansion*)

intermediate countries: ***paesi intermedi.*** Lo stesso che *intermediate developing countries* (v.).

intermediate days: ***giorni intermedi.*** Alla borsa valori di Londra sono i due giorni, venerdì e lunedì, che vengono a trovarsi tra il giorno della consegna fogli e il giorno di liquidazione, rispettivamente giovedì e martedì. Durante questi giorni si continua il lavoro non ancora concluso durante il giorno della consegna fogli. (v. anche *settling days*)

intermediate demand: ***domanda intermedia.*** La domanda di una risorsa o di un bene non per il consumo diretto, ma come input per la produzione di un altro bene.

intermediate developing countries: ***paesi intermedi.*** Sono paesi che stanno a metà strada, nel processo di sviluppo economico, tra i paesi in via di sviluppo e i paesi industrializzati. Questi paesi hanno già portato le loro economie a un sufficiente livello di autonomia e autosostentazione e si sono affacciati come concorrenti sui mercati mondiali. Ne sono esempi il Brasile, il Messico, Taiwan, Hong Kong, Singapore e la Repubblica di Corea.

intermediate equilibrium: ***equilibrio a breve termine.*** È l'equilibrio di un'impresa o di un'industria che si realizza quando i ricavi marginali sono uguali ai costi marginali e il costo medio variabile è uguale o inferiore al prezzo. (v. anche *equilibrium of firm*)

intermediate goods: ***beni intermedi; prodotti intermedi.*** Sono i beni che si pongono tra le materie prime e i beni di consumo. Alcuni di loro possono essere utilizzati sia come beni di consumo, sia nella produzione di altri beni, come ad esempio il latte; altri, invece, sono utilizzati soltanto per la produzione di altri beni, come ad esempio l'acciaio. Vengono distinti in *higher order goods* e *lower order goods* a seconda della loro posizione su una scala ideale che vede le materie prime al punto superiore e i beni di consumo, o prodotti finiti, al punto inferiore. Pertanto, gli *higher order goods* sono più lontani dall'essere beni di consumo di quanto non lo siano i *lower order goods.*

intermediate lag: ***sfasamento intermedio.*** Il ritardo con cui si manifesta un effetto, voluto con una decisione di politica monetaria, quale ad esempio la riduzione dell'offerta di moneta o una restrizione del credito.

intermediate products: ***prodotti intermedi; beni intermedi.*** Termine usato come sinonimo di *intermediate goods* (v.).

intermediate targets: ***obiettivi intermedi.*** Insieme di obiettivi che vengono a trovarsi a monte di quelli finali che si prefigge una banca centrale mediante il controllo diretto della politica monetaria. Vengono usati per aiutare le autorità monetarie nei loro tentativi di realizzare al meglio gli obiettivi finali.

intermediate technology: ***tecnologia intermedia.*** Questo termine è stato coniato recentemente per indicare tutte quelle tecniche che sono diventate economicamente impraticabili nei paesi più avanzati, ma possono ancora essere utilizzate nei paesi meno avanzati a causa della loro abbondanza di manodopera e scarsità di capitale. Il termine può anche indicare tecnologie di nuova invenzione realizzate mediante la ricerca e lo sviluppo nei paesi meno avanzati, che si adattano alle condizioni economiche sopra dette.

intermediation: ***intermediazione.*** V. spiegazione sotto *financial intermediation.*

intermediation function: ***funzione di intermediazione.*** Nel linguaggio bancario, indica una delle funzioni delle banche e precisamente quella di far incontrare coloro che risparmiano e che desiderano dare in prestito il proprio denaro e coloro che hanno necessità di prenderlo in prestito.

intermixture of goods: ***confusione di beni.*** Lo stesso che *confusion of goods* (v.).

intermodal transportation service: ***servizio di trasporto intermodale.*** Il servizio di trasporto, offerto da una singola impresa o da più imprese collegate tra loro, che si realizza mediante l'uso di differenti mezzi di trasporto, come ad esempio vagone ferroviario, veicolo gommato e chiatta per trasportare merci dall'interno di un paese fino alla nave che a sua volta li trasporterà a destinazione.

internal audit: ***revisione contabile interna; revisione dei conti interna.*** La revisione contabile svolta da una struttura interna all'azienda e non da persone esterne, quali potrebbero essere i revisori indipendenti. (v. anche *independent accountant, independent audit*)

internal auditor: ***revisore interno; sindaco revisore dei conti.*** La persona, o più persone, preposta alla revisione contabile interna. (v. anche *internal audit, independent accountant*)

internal check: ***controllo preventivo interno.*** È il controllo automatico inteso a salvaguardare l'azienda da errori o illeciti. Si realizza attraverso l'organizzazione di una procedura amministrativa che prevede che ogni operazione segua un flusso prestabilito nel corso del quale subisce un controllo incrociato da parte di due persone o gruppi di persone, in modo che nessuno abbia il controllo esclusivo di alcuna singola operazione. Il termine inglese è stato reso con controllo preventivo interno per distinguerlo dal controllo interno. (v. anche *internal control*)

internal clearings: ***compensazioni interne; giroconto.*** Assegni e altri titoli di credito emessi e presentati per l'incasso da clienti della stessa banca, pur se appoggiati a diverse filiali o agenzie. Tali titoli, pertanto, non passano per la stanza di compensazione.

internal commerce: ***commercio interno.*** Termine in passato usato negli Stati Uniti con lo stesso significato del più moderno *intrastate commerce* (v.).

internal communications: ***comunicazioni interne.*** La trasmissione di messaggi, direttive, documenti, ecc., all'interno della medesima organizzazione.

internal competition: ***concorrenza interna.*** Questo termine può essere usato tanto come sinonimo di *inland competition* (v.), quanto per indicare la concorrenza tra imprese all'interno della stessa industria o tra diverse concessionarie della stessa impresa.

internal control: ***controllo interno.*** Metodologia generale attraverso la quale si esplica la gestione di un'organizzazione. Il controllo interno è una delle funzioni direttive e rappresenta uno dei fattori basilari della gestione aziendale. Può essere paragonato al sistema nervoso dell'azienda, che pone in azione tutte le procedure per realizzare la politica aziendale e sebbene possa sembrare uguale nelle varie organizzazioni in quanto basato su una struttura generalmente piramidale, esso è sempre diverso nei dettagli, perché gli uomini sui quali si fonda ciascuna forma di controllo interno sono diversi per capacità. Generalmente, si dice che esiste una buona organizzazione del controllo interno in quelle imprese la cui gestione scorre senza intoppi, in maniera economica e in conformità agli obiettivi di politica aziendale formulati dal consiglio di amministrazione. Lo stesso termine viene spesso usato con lo stesso significato di *internal check* (v.).

internal debt: ***debito interno.*** È quella parte del debito nazionale che lo stato ha preso in prestito da cittadini residenti entro i suoi confini o da istituzioni dello stesso paese. (v. anche *external debt*)

internal demand: ***domanda interna.*** Lo stesso che *domestic demand* (v.).

internal diseconomies: ***diseconomie interne.*** La diminuzione di efficienza di una singola impresa produttiva o l'aumento dei costi medi derivante da un aumento della produzione. Le economie di scala di produzione, che danno luogo a costi medi unitari inferiori, si verificano principalmente perché man mano che un'azienda si espande può trarre maggior vantaggio da quei fattori della produzione detti indivisibili, quali sono ad esempio gli impianti tecnologici altamente avanzati. Ma i costi medi per unità di prodotto non possono diminuire continuamente e quindi si giunge a un punto in cui la tendenza si inverte e successive unità di prodotto hanno un costo medio unitario superiore a quello delle precedenti, dando così luogo a diseconomie interne. Da alcune parti si sostiene che tali diseconomie di scala derivano in gran parte dai maggiori costi di un'amministrazione che diventa sempre più complessa onde poter dirigere un'impresa sempre più grande. (v. anche *internal economies, external diseconomies*)

internal economies: ***economie interne.*** Sono le economie realizzate o realizzabili all'interno di una singola impresa per effetto di variazioni del volume di produzione, migliore organizzazione, diversa combinazione dei fattori produttivi, progressi tecnologici e, nel complesso, maggiore efficienza dell'impresa nel suo insieme. (v. anche *economies of scale, external economies*)

internal economies of scale: ***economie di scala interne.*** Termine usato con lo stesso significato di *internal economies* (v.).

internal effects: ***effetti interni.*** Benefici o costi ricevuti o sostenuti da persone che fanno parte di un particolare raggruppamento, di solito un'unità decisionale quale ad esempio un'impresa o un ente governativo.

internal entrepreneurship: ***imprenditorialità interna.*** Lo stesso che *intrapreneurship* (v.).

internal equilibrium: ***equilibrio interno.*** In un sistema monetario internazionale, è l'equilibrio tra il valore di una moneta nazionale, in relazione a tutte quelle dei paesi che fanno parte del sistema, e il suo potere d'acquisto interno.

internal finance: ***finanza interna.*** Fondi costituiti da utili non distribuiti, che servono a finanziare l'attività dell'impresa. (v. anche *self–financing*)

internal financing: ***finanziamento interno.*** Lo stesso che *internal finance* (v.).

internal goods: ***beni interni.*** Espressione usata da A. Marshall per indicare una delle due classi di beni non materiali e precisamente quella che comprende tutte le facoltà e qualità proprie di un individuo, che lo differenziano da un altro individuo, quali ad esempio l'abilità professionale, l'intuito negli affari e la facoltà di trarre godimento dalla lettura o dalla musica. (v. anche *external goods*)

internal growth: ***crescita interna.*** La crescita di un'impresa, realizzata attraverso investimenti all'interno dell'impresa stessa invece che attraverso l'acquisizione di altre imprese.

internal improvement: ***miglioria interna.*** Opera di miglioria realizzata all'interno di un paese attraverso la nuova costruzione di infrastrutture a seguito di investimenti pubblici. Ne sono esempi la costruzione di un nuovo porto, di un'autostrada o di una linea ferroviaria e simili.

internal inflexibilities: ***rigidità interne.*** Rigidità che si manifestano all'interno di un'organizzazione e ne condizionano una programmazione dinamica e progressiva. Tra queste rigidità si possono annoverare forme di pensiero e di comportamento inveterate, politiche e procedure ormai vecchie e superate, l'immobilizzazione di fondi disponibili in progetti specifici e così via.

internalization: ***internalizzazione.*** L'inserimento nei costi di produzione degli effetti della produzione stessa sui terzi. Ad esempio, i costi di depurazione degli scarichi liquidi o gassosi che danneggerebbero i cittadini o l'ambiente o i costi di indennizzo a terzi danneggiati dall'attività produttiva dell'impresa.

internal loan: ***prestito interno.*** Un prestito pubblico sottoscritto da residenti nello stesso paese che l'ha lanciato, i cui interessi sono, pertanto, destinati ai cittadini dello stesso stato.

internal migration: ***migrazione interna.*** Nel linguaggio economico, indica lo spostamento definitivo o temporaneo di lavoratori da una regione all'altra dello stesso paese, determinato dalla differenza delle condizioni economiche tra le due regioni e dalla maggiore possibilità di lavoro offerta nella regione verso la quale avviene la migrazione.

internal national debt: ***debito nazionale interno.*** Termine usato con lo stesso significato di *internal debt* (v.).

internal price level: ***livello dei prezzi all'interno.*** Il livello dei prezzi dei beni e servizi trattati sui mercati che si trovano all'interno dei confini di uno stato.

internal pricing: ***prezzatura interna.*** È l'assegnazione di un prezzo a beni o servizi che passano da un reparto ad un altro della stessa impresa o da un'impresa ad un'altra dello stesso gruppo. Lo scopo è quello di paragonare il costo di produzione interna con quello dei beni o servizi provenienti da una fonte esterna.

internal purchasing power: ***potere d'acquisto interno.*** Il potere d'acquisto di una valuta nel paese in cui essa circola. Secondo Keynes, esso dipende dalla politica monetaria del governo e dalle abitudini monetarie degli abitanti del paese, in conformità con la teoria quantitativa della moneta. (v. anche *external purchasing power, quantity theory of money*)

internal rate of return: ***tasso di rendimento interno; saggio di rendimento interno.*** Se un progetto di investimento deve essere finanziato con capitale di prestito, si dovrà prima calcolare se sia conveniente attuarlo. Se il tasso di rendimento interno sarà superiore al tasso di interesse che si dovrà pagare sul capitale di prestito, il progetto potrà essere intrapreso perché redditizio, viceversa non sarà intrapreso se il tasso di interesse risulterà maggiore del tasso di rendimento interno. Per ottenere tale risultato, bisognerà trovare il tasso di interesse che, usato per scontare il flusso monetario relativo al progetto, riduce a zero il suo valore netto attuale. Attraverso questo procedimento, si ricava il punto di equilibrio, che corrisponderà al più alto tasso di interesse che, se non si riesce a trovarne uno migliore sul mercato, porterà l'investimento a non subire perdite, ma anche a non dare profitti.

internal reconstruction: ***riorganizzazione interna.*** Termine a volte usato con lo stesso significato di *reduction of capital* (v.).

internal reporting: ***sistema informativo interno.*** È il sistema organizzativo in base al quale le informazioni e i dati relativi alla gestione passano da una persona a un'altra o da un reparto ad un altro di un'impresa. Questi dati o informazioni prendono differenti forme a seconda del controllo interno dell'impresa e possono essere, ad esempio, rendiconti finanziari mensili, relazioni periodiche sui costi unitari, rendiconti giornalieri di cassa e così via.

internal revenue: ***gettito fiscale.*** Il termine inglese indica le entrate globali del governo federale statunitense, derivanti da imposizione fiscale interna, con l'esclusione, pertanto, dei dazi doganali.

Internal Revenue Code: ***Codice di diritto tributario.*** L'insieme di tutte le leggi tributarie federali in vigore negli Stati Uniti, ivi comprese le leggi relative all'imposta sul reddito, all'imposta di bollo, ai dazi doganali, alle imposte indirette, ecc.

internal revenue service: ***dipartimento delle imposte.*** Dipartimento del ministero del tesoro statunitense, preposto alla determinazione, all'accertamento e all'esazione delle imposte dirette, nonché all'applicazione delle disposizioni di legge in materia fiscale. Una caratteristica che lo contraddistingue è quella di tentare l'impossibile per funzionare nel pieno rispetto della legge e di guadagnarsi la piena fiducia del contribuente con fatti, e non solo parole o intenzioni, che comprovano la sua efficienza, integrità ed equità, elementi che si trovano alla base della creazione di una coscienza tributaria nel cittadino.

internal revenue tax: ***dazio interno.*** Termine generico con il quale, negli Stati Uniti, si indica una qualsiasi imposta che colpisce una qualunque delle fasi della produzione e distribuzione di beni e servizi.

internal taxes: ***imposte interne.*** Termine generico, usato come opposto di dazi d'importazione per indicare tutte quelle imposte che colpiscono il trasferimento di beni all'interno di un paese, come ad esempio le imposte di fabbricazione e le imposte sui consumi. (v. anche *excise duty, excise tax*)

internal trade: ***commercio interno.*** Lo stesso che *home trade* (v.).

internal transaction: ***operazione interna; operazione contabile.*** Qualsiasi operazione, che dà luogo a scritture contabili, che non possa configurarsi come operazione esterna. Riguarda, pertanto, forniture di beni e servizi tra reparti della stessa impresa o scritture contabili che tengano conto di fenomeni di gestione interna, come ad esempio allocazione di costi, ammortamenti, scritture di rettifica e simili. (v. anche *external transaction*)

internal wage differentials: ***differenziali salariali interni.*** Lo stesso che *relativities* (v.).

International Advertising Association: ***Associazione internazionale per la pubblicità.*** Associazione di operatori pubblicitari di oltre quaranta paesi, che ha lo scopo di migliorare l'attività professionale dei soci e di valorizzare il ruolo della pubblicità nello sviluppo dell'economia mondiale.

international agreement: ***accordo internazionale.*** Accordo sottoscritto da più paesi e relativo a questioni di interesse comune.

International Air Charter Association: Associazione, fondata nel 1971, tra compagnie di navigazione aerea specializzate in voli charter, che ha lo scopo di tutelare gli interessi dei soci.

International Air Transport Association: ***Associazione internazionale per il trasporto aereo.*** Associazione che raggruppa le principali compagnie di navigazione aerea del mondo, la cui attività è diretta alla soluzione dei problemi comuni alle società aderenti. Tra i suoi compiti rientrano la determinazione delle tariffe, la sicurezza del traffico aereo e l'apprestamento di adeguati scali.

international arbitration: ***arbitrato internazionale.*** Arbitrato demandato ad appositi tribunali, al fine di dirimere dispute sorte tra imprese residenti in differenti nazioni.

international balance of payments: ***bilancia dei pagamenti internazionali.*** Lo stesso che *balance of payments* (v.).

International Bank for Reconstruction and Development: ***Banca mondiale; Banca internazionale per la ricostruzione e lo sviluppo.*** Istituzione finanziaria internazionale fondata a Washington nel 1945 come risultato della conferenza monetaria di Bretton Woods, svolta sotto gli auspici delle Nazioni Unite, che diede vita contemporaneamente al Fondo Monetario Internazionale. La Banca, della quale possono far parte tutti i paesi membri delle Nazioni Unite, cominciò a funzionare nel 1946, con lo scopo di favorire, attraverso appropriati finanziamenti, progetti di ricostruzione e sviluppo nei paesi danneggiati dalla seconda guerra mondiale. Una volta completata la ricostruzione, la Banca si è dedicata a finanziare programmi di sviluppo in paesi del terzo mondo e ad assistere paesi che avevano problemi di disavanzi nelle loro bilance dei pagamenti. I finanziamenti della Banca mondiale vengono fatti direttamente ai governi, o dietro garanzia dei governi, a basso tasso di interesse e generalmente a lunga scadenza. Il capitale a sua disposizione proviene da sottoscrizioni da parte dei membri del Fondo Monetario Internazionale e dalla vendita di obbligazioni a paesi membri e sui mercati finanziari mondiali. La Banca oggi opera principalmente attraverso le sue due affiliate, l'Ente finanziario internazionale e l'Associazione internazionale per lo sviluppo. (v. anche *International Development Association, International Finance Corporation*)

international banking: ***attività bancaria internazionale.***

Una qualsiasi attività svolta dalle banche di un paese in un mercato estero o con non residenti, ovvero mediante partecipazioni a consorzi internazionali di banche.

International Banking Act: Legge, approvata dal Congresso degli Stati Uniti nel 1978, il cui scopo principale è quello di consentire alle banche estere di operare sul territorio statunitense alle stesse condizioni delle banche americane, estendendo alle prime l'applicazione del *McFadden Act* (v.).

international banking facility: ***struttura di attività bancaria internazionale.*** Termine statunitense, con il quale si indica un conto speciale attraverso il quale operare sul mercato delle eurovalute. Questa struttura ebbe origine a New York nel 1981, dopo che le autorità statunitensi abolirono le norme che vietavano le operazioni in eurovalute. Più che di una struttura a parte, si tratta di un accorgimento contabile che consente alla banca di tenere separate le sue attività sul mercato interno da quelle sul mercato estero, anche perché in relazione a queste ultime, a differenza delle prime, non vi è obbligo di mantenere riserve infruttifere.

international banking zone: ***zona di attività bancaria internazionale.*** Lo stesso che *international banking facility* (v.).

International Banking Services: Nome con il quale si indica un consorzio di banche formato dalla Barclays Bank, dalla Lloyds Bank, dalla Banca di Australia e della Nuova Zelanda e dalla Banca di Londra e del Sud America.

international bond: ***obbligazione internazionale; obbligazione in valuta.*** Ciascuna delle obbligazioni al portatore emesse a fronte di un prestito contratto sui mercati internazionali e pertanto sottoscritto in gran parte da mutuanti residenti in paesi diversi da quello del mutuatario.

international cartel: ***cartello internazionale.*** Cartello di cui fanno parte imprese residenti ed operanti in diversi paesi. (v. anche *cartel*)

International Centre for the Settlement of Investment Disputes: Organizzazione internazionale creata nel 1966 allo scopo di offrire un foro nel quale derimere controversie che dovessero insorgere tra le parti che stipulano certi accordi di investimenti internazionali.

International Chamber of Commerce: ***Camera di commercio internazionale.*** Organismo privato e apolitico per il commercio mondiale, fondato a Parigi, ove ha la sua sede principale, nel 1920 allo scopo di favorire scambi di idee e opinioni su questioni connesse con gli scambi internazionali. Ne fanno parte camere di commercio di molte nazioni, associazioni di industriali e di commercianti ed anche singole imprese.

International Civil Aviation Organization: ***Organizzazione internazionale dell'aviazione civile.*** Organizzazione internazionale che si interessa dei problemi concernenti l'aviazione civile e che, attraverso la formulazione di politiche comuni e la raccomandazione di procedure, assiste i paesi membri nello sviluppo dell'aviazione civile con particolare riguardo all'efficienza, all'economia di gestione e alla sicurezza. Fu fondata nel 1945 e divenne un organismo internazionale permanente nel 1947, con sede centrale a Montreal.

International Clearing Union: ***Unione internazionale di compensazione.*** Organismo internazionale, proposto dal Regno Unito alla Conferenza di Bretton Woods, ma non approvato dalla stessa, che preferì la creazione del Fondo Monetario Internazionale. La proposta, che in seguito divenne nota come Piano Keynes in quanto era stata elaborata dall'economista inglese, prevedeva tra l'altro la compensazione multilaterale dei debiti internazionali, la concessione di crediti a paesi membri che si trovassero in temporanee difficoltà, la creazione di una propria unità monetaria denominata Bancor, oltre ad un insieme di diritti e di doveri per i paesi membri.

International Coffee Council: Organismo internazionale che rappresenta i paesi maggiori produttori di caffè, che si sono accordati per regolamentare la loro produzione, la vendita e il prezzo del caffè sui mercati mondiali.

international commerce: ***commercio internazionale.*** Termine statunitense, usato con lo stesso significato di *foreign trade* (v.).

International Commerce Exchange: È l'ultima nata tra le borse valori di New York, essendo stata istituita nel 1970. Svolge la propria attività quasi esclusivamente nel mercato dei cambi.

International Commercial Bank: ***Banca commerciale internazionale.*** Nome con il quale si presenta un consorzio di banche del quale fanno parte la First National City Bank di Chicago, la Irving Trust Company, la National Westminster Bank, la Commerzbank e la Hong Kong and Shanghai Banking Corporation. Scopo del consorzio è quello di assistere le banche membri nelle operazioni in valuta estera e altre attività bancarie internazionali.

International Commodities Clearing House: Organizzazione che gestisce un sistema di compensazione tra la borsa merci di Londra, il mercato a termine australiano, il mercato a termine di Sydney e la borsa merci di Hong Kong.

international commodity agreements: ***accordi internazionali per i prodotti di base.*** Dalla fine del secondo conflitto mondiale sono stati firmati una grande quantità di accordi internazionali aventi lo scopo di ridurre l'instabilità dei prezzi dei prodotti di base e così tutelare i paesi produttori, soprattutto quelli appartenenti al terzo mondo. Difatti, le fluttuazioni di prezzo possono arrecare seri disturbi sia economici che politici in paesi che non hanno ancora raggiunto una piena maturità economica e che spesso basano la loro economia sulla produzione di un singolo bene, quale ad esempio il cacao o il rame. Questo problema fu individuato da varie commissioni delle Nazioni Unite, che hanno anche suggerito piani per la sua soluzione. L'obiettivo principale è quello di adeguare l'offerta globale di questi beni sui mercati internazionali alle variazioni della domanda globale, così che le fluttuazioni dei loro prezzi possano essere contenute entro limiti accettabili. Tra le soluzioni proposte, le più attuabili sono risultate: la creazione di scorte cuscinetto; l'assegnazione di quote di produzione; la sottoscrizione di contratti multilaterali di lungo periodo. Ne è un esempio l'accordo internazionale per lo stagno del 1953, basato principalmente su un piano di scorte cuscinetto, create dai paesi aderenti all'accordo. Quando il prezzo scendeva sui mercati internazionali, lo stagno veniva acquistato e stoccato, per essere poi rivenduto quando il prezzo tornava al di sopra di un minimo stabilito. L'accordo per il caffè del 1952 è un esempio di assegnazione di quote. Ad ogni paese produttore venne assegnata una quota di esportazione, che esso si impegnava a non superare, e ciò portò ad una stabilizzazione del prezzo del caffè, che da molti anni subiva un declino sui mercati mondiali. Esempio del terzo tipo di soluzione è l'accordo internazionale per il frumento. L'accordo resta valido per un certo numero di anni e prevede l'impegno di esportatori a vendere e di importatori a comprare una determinata quantità di frumento ogni anno ad un prezzo massimo e minimo di acquisto e di vendita prestabilito. Così, ogni esportatore può contare su una sua quota di mercato ad un prezzo non inferiore al minimo stabilito ed ogni importatore può contare su una sua quota ad un prezzo non superiore al massimo prefissato. (v. anche *buffer stock plan*)

international company: ***società internazionale; società multinazionale; multinazionale.*** Impresa di grandi dimensioni che opera in vari paesi, nei quali possiede centri di produzione o di distribuzione, ma il cui centro di direzione e pianificazione delle strategie rimane nel paese di origine. Poiché è questo centro a fare le più importanti scelte di politica aziendale e poiché esse vengono adottate a livello internazionale, gli interessi di una multinazionale possono entrare in conflitto con quelli dei singoli paesi che ospitano le sue strutture. Negli anni più recenti ciò ha dato origine ad ampie discussioni e polemiche non soltanto tra economisti, ma anche tra forze sociali dei paesi interessati da questo fenomeno, col risultato che le società multinazionali sono spesso guardate con diffidenza se non proprio con ostilità.

international competition: ***concorrenza internazionale.*** Concorrenza proveniente da imprese residenti in altri paesi, cui sono esposte le imprese delle nazioni che perseguono una politica di libero scambio.

international competitiveness: ***competitività internazionale.*** Lo stesso concetto esposto sotto *competitiveness* (v.), ma applicato ai mercati internazionali.

International Confederation of Free Trade Unions: ***Confederazione internazionale dei sindacati liberi.*** Organizzazione sindacale internazionale fondata a Londra nel 1949 con lo scopo di contrastare la Federazione sindacale mondiale a preponderanza e di ispirazione comunista. All'atto della fondazione, contava sull'adesione di 48 milioni di lavoratori, appartenenti a 53 diversi paesi. Il quartiere generale permanente della Confederazione è stato successivamente spostato a Bruxelles.

international conference: ***conferenza internazionale.*** Conferenza cui partecipano più paesi, allo scopo di discutere, risolvere e regolamentare questioni commerciali, o di altra natura, di interesse comune.

International Co-operation Administration: ***Amministrazione per la cooperazione internazionale.*** Organo del dipartimento di stato degli Stati Uniti, che nel 1955 subentrò alla *Foreign Operations Administration* (v.) nella gestione degli stanziamenti del Congresso statunitense destinati a rafforzare la difesa degli alleati e a fornire loro assistenza tecnica ed economica. Fu soppressa dal *Foreign Assistance Act* del 1961 e sostituita con l'Agenzia per lo sviluppo internazionale. (v. anche *Agency for International Development*)

International Co-operative Alliance: Organizzazione internazionale fondata a Londra nel 1895 con lo scopo di far circolare tra i suoi membri informazioni su eventi e politiche del movimento cooperativo nei vari paesi aderenti.

international corporation: ***società internazionale; società multinazionale; multinazionale.*** Termine usato con lo stesso significato di *international company* (v.).

International Cotton Advisory Committee: ***Comitato consultivo internazionale per il cotone.*** Gruppo informale di rappresentanti dei principali paesi produttori di cotone. Fu organizzato a Washington nel 1939, ma rimase inattivo per lungo tempo. Anche i suoi tentativi per giungere ad accordi internazionali per la riduzione delle eccedenze mondiali di cotone non ebbero risultati concreti.

international credit clubs: Termine usato per indicare istituzioni create allo scopo di concedere credito a medio termine, su basi di reciprocità, a membri di uguali istituzioni operanti in paesi stranieri. Il credito viene concesso all'acquirente estero e non all'esportatore nazionale.

International Credit Unions: ***Unioni internazionali per il credito.*** Sono accordi reciproci tra società finanziarie di paesi europei, aventi lo scopo di assistere il commercio estero. Prevedono la fornitura di credito al consumo internazionale, agevolazioni per l'acquisto di beni capitali con pagamenti dilazionati e servizi di consulenza per risolvere i problemi finanziari degli esportatori.

international currency: ***valuta internazionale.*** Non si è mai riusciti ad avere una valuta veramente internazionale ed anche i tentativi fatti durante la Conferenza di Bretton Woods non sortirono alcun esito. Pertanto, con questo termine si intende la valuta di un paese accettata in pagamento senza difficoltà in altri paesi o negli scambi internazionali. Una valuta del genere era la sterlina britannica prima della seconda guerra mondiale, quando Londra era ancora uno dei centri finanziari e commerciali più importanti del mondo. Dopo il conflitto, in conseguenza del declino del commercio e dell'industria britannici e dell'espansione della potenza economica e produttiva degli Stati Uniti, il dollaro passò a svolgere la funzione di valuta internazionale. Ancor oggi i prezzi dei principali prodotti di base sono quotati in dollari sui mercati internazionali, pur se il marco tedesco e lo yen giapponese si vanno sempre più affermando come valute internazionali.

international debt: ***prestito internazionale; debito internazionale.*** Un debito contratto da un paese nei confronti di un altro e quindi un prestito concesso dal secondo al primo. Anche, la somma dovuta dal paese debitore al paese creditore.

international debt issue: ***emissione di prestito internazionale.*** L'emissione di un prestito sottoscritta e venduta al di fuori dei confini del paese mutuatario. Il prestito può essere rappresentato da un'emissione di obbligazioni in valuta estera o da un'emissione di eurobbligazioni.

international depositary receipt: **1.** ***polizza di deposito internazionale; ricevuta di deposito internazionale.*** È un documento che comprova il diritto di proprietà di un bene depositato presso una banca estera. Il termine è generalmente usato per indicare un certificato azionario sostitutivo che consente ai cittadini di un paese di possedere azioni di un'impresa residente in un paese estero. Pertanto, indica la stessa cosa dell'*American depositary receipt* (v.), con la sola differenza che invece di essere americani, i titolari del certificato sono cittadini di altri paesi (v. anche *depositary receipt*). **2.** ***ricevuta di depositario internazionale.*** Simile a una *American depositary receipt* (v.), ma con funzioni esattamente inverse, in quanto consente a investitori stranieri di acquistare titoli americani nelle loro borse valori nazionali.

International Development Association: ***Associazione internazionale per lo sviluppo.*** Creata nel 1960, e affiliata alla Banca internazionale per la ricostruzione e lo sviluppo, è preposta all'erogazione di prestiti a lungo termine, fino a cinquanta anni, e a basso tasso di interesse (a volte anche senza alcun interesse) per il finanziamento di progetti di sviluppo nei paesi del terzo mondo o in quelli in via di sviluppo. Interviene quando quei paesi non riescono a procurarsi finanziamenti a bassi tassi e mira soprattutto a fornire infrastrutture che contribuiscano allo sviluppo economico dei paesi assistiti. L'Associazione è finanziata mediante contributi dei paesi membri della Banca mondiale. (v. anche *International Bank for Reconstruction and Development*)

International Development Co-operation Agency: Agenzia del governo federale degli Stati Uniti, fondata nel 1979, che ha il compito di sovrintendere a tutte le forme di assistenza degli Stati Uniti ai paesi in via di sviluppo.

international dialling code: ***prefisso e indicativo di stato estero.*** Il prefisso da utilizzarsi quando si telefona a un numero telefonico in un paese estero.

international direct investment: ***investimento diretto internazionale.*** Termine più preciso, usato con lo stesso significato di *direct investment* (v.).

international direct investment without investment: ***investimento diretto internazionale senza investimento.*** Espressione con la quale si indica la pratica, adottata da molte multinazionali dei paesi più avanzati, di subappaltare processi produttivi di parti o componenti a imprese indipendenti residenti in altri paesi, generalmente paesi in via di sviluppo. Quando la multinazionale è l'unico o il più grande cliente dell'impresa straniera, essa contribuisce a creare occupazione e rappresenta una fonte di valuta estera per il paese in via di sviluppo e la sua azione ha un effetto economico simile al convenzionale investimento diretto internazionale.

international division of labour: ***divisione internazionale del lavoro.*** È la fase della divisione del lavoro che si realizzerà quando ciascun paese del mondo si specializzerà nella produzione di quei beni per i quali ha, nei confronti delle altre nazioni, un vantaggio comparato affidandosi agli scambi internazionali per soddisfare i bisogni dei suoi abitanti. Questa fase della divisione del lavoro è, però, tuttora ostacolata dalle divisioni politiche ed ideologiche.

international double taxation: ***doppia imposizione; doppia tassazione.*** Si verifica quando il medesimo contribuente è colpito da imposta due o più volte. Può verificarsi per i redditi di cittadini non residenti, che vengono percossi da imposta sia nel paese in cui si produce il reddito, sia in quello in cui sono residenti; oppure per utili di società, colpiti sia quando sono ancora in possesso dell'impresa, sia quando passano nelle mani degli azionisti.

international economics: ***economia internazionale.*** La branca dell'economia che si interessa degli scambi internazionali nella loro teoria e pratica, nonché di problemi ad essi relativi, quali i cambi esteri, la bilancia dei pagamenti, ecc.

international economy: ***economia internazionale.*** L'attività economica che non si limita entro i confini di uno stato, ma prevede scambi con altri paesi. (v. anche *national economy*)

International Energy Agency: Agenzia internazionale, con sede a Parigi, costituita dopo la crisi petrolifera del 1973 dai ventuno principali paesi occidentali consumatori di petrolio, allo scopo di prevenire un'altra crisi petrolifera.

international equities: ***azioni internazionali.*** Lo stesso che *international stock* (v.).

International Factors: È una delle principali società di factoring mondiali, di proprietà della First National Bank di Boston e della Hill Samuel & Co. (v. anche *factoring*)

international finance: ***finanza internazionale.*** L'attività di scambio di strumenti finanziari tra paesi che intrattengono rapporti di scambio di beni e servizi. Tale attività, tuttavia, non è generata soltanto dagli scambi commerciali, ma anche da investimenti esteri di vario genere.

International Finance Corporation: ***Società finanziaria internazionale.*** Filiazione della Banca internazionale per la ricostruzione e lo sviluppo, fondata nel 1956 allo scopo di stimolare il flusso di capitali privati verso investimenti produttivi nei paesi in via di sviluppo. A seguito della riforma del suo statuto, avvenuta nel 1961, la sua attività fu molto incrementata, anche perché le si consentiva di partecipare in forma azionaria a società private, pur se per un ammontare non superiore al venticinque per cento del capitale azionario. La potenza finanziaria della Società non sta soltanto nei mezzi di cui può disporre, bensì nella sua possibilità di mobilitare capitali, provenienti da banche e altri investitori privati, da far confluire sui progetti ai quali partecipa. (v. anche *International Bank for Reconstruction and Development*)

international financial crisis: ***crisi finanziaria internazionale.*** La crisi finanziaria internazionale non è interpretata allo stesso modo dai vari autori. Un esempio ipotetico estremo di crisi internazionale è quello in cui, data la diffusione del sistema bancario a riserve proporzionali, l'aumentata domanda mondiale di riserve internazionali, in un sistema di tassi di cambio fissi, riduce a livello mondiale l'offerta di moneta, causando una grave crisi di liquidità e conseguenti fallimenti di istituti di credito, come è a volte avvenuto all'interno di singoli paesi. Tale contrazione monetaria e tale dissesto finanziario arrecherebbero pesanti danni al commercio e alle economie nazionali. Più spesso, tuttavia, il termine crisi finanziaria internazionale viene usato in relazione a correzioni dei tassi di cambio o delle bilance dei pagamenti. Eppure, tali correzioni sono parte del processo di equilibrazione tra paesi e, come tali, di per sé non possono propriamente chiamarsi crisi internazionali. Dopo tutto, al deficit della bilancia dei pagamenti o al deprezzamento della valuta di un paese corrisponde un'eccedenza della bilancia dei pagamenti o un apprezzamento della valuta di un altro paese. Nel suo uso più corrente, il termine si riferisce in senso lato al notevole onere del debito pubblico di molti dei paesi meno sviluppati e alla probabilità che essi non siano in grado di far fronte alle loro obbligazioni, così creando seri problemi finanziari ai sistemi bancari dei paesi che hanno concesso i crediti.

international financial market: ***mercato internazionale dei capitali.*** Un mercato dei capitali nel quale trattano operazioni di credito istituzioni finanziarie di più paesi.

***International Financial News Survey*:** Pubblicazione settimanale del Fondo Monetario Internazionale. Contiene dettagliati resoconti delle operazioni del Fondo e riporta passi e commenti di giornali esteri relativi a questioni finanziarie di interesse mondiale e locale.

international firm: ***impresa internazionale; società multinazionale; multinazionale.*** Termine usato come sinonimo di *international company* (v.).

International Fund for Agricultural Development: ***Fondo internazionale per lo sviluppo agricolo.*** Fondo costituito dalle Nazioni Unite nel 1974 allo scopo di assistere con mezzi finanziari i paesi in via di sviluppo nelle questioni relative alla produzione, conservazione e distribuzione di generi alimentari.

international gold-bullion standard: ***sistema monetario internazionale a cambio in verghe auree; sistema monetario a cambio aureo esterno.*** Nome con il quale si indica un sistema monetario a cambio in verghe auree quando la valuta cartacea a corso forzoso può essere convertita in verghe auree soltanto per far fronte a pagamenti all'estero per merci importate. (v. anche *gold bullion standard*)

International Gold Pool: ***pool dell'oro.*** Lo stesso che *gold pool* (v.).

international gold standard: ***regime aureo internazionale.*** Un regime aureo al quale aderiscono più paesi, le cui valute sono tutte a base aurea e pertanto convertibili in metallo prezioso.

international index: ***indice internazionale.*** Nella sua opera *A Treatise on Money*, Keynes sostiene che esiste un indice internazionale dei prezzi costituito, in pratica, da tutti i principali beni standardizzati, principalmente materie prime, trattati sul mercato internazionale e ponderati in base alla loro importanza nel commercio del paese in questione. Nella sua versione completa, questo indice dovrebbe comprendere anche i beni industriali oggetto di commercio internazionale su vasta scala. Tenuto conto delle tariffe doganali e dei costi di trasporto, il prezzo di ciascun bene che fa parte di questo indice internazionale deve essere lo stesso per tutti i paesi, se viene ridotto in termini della stessa valuta. Pertanto, dopo aver apportato le necessarie correzioni derivanti da variazioni nelle tariffe e nei costi di trasporto, le fluttuazioni del rapporto tra qualsiasi indice internazionale espresso in termini dei prezzi in un paese e lo stesso indice espresso in termini dei prezzi di un altro paese devono corrispondere rigidamente alle fluttuazioni nei tassi di cambio tra le valute dei due paesi. Cioè a dire, i tassi di cambio tra le valute devono essere in parità con i poteri di acquisto comparati di quelle valute, relativi ai beni principali che entrano nel commercio internazionale.

international investment: ***investimento internazionale.*** Lo stesso che *foreign investment* (v.).

internationalization of a currency: ***internazionalizzazione di una valuta.*** Una valuta può essere definita internazionale quando essa viene usata da non residenti nel paese di emissione per regolare operazioni creditizie e commerciali. Oggi, la valuta internazionale per eccellenza è il dollaro statunitense.

International Labour Organization: ***Organizzazione internazionale del lavoro.*** Associazione internazionale istituita come organizzazione autonoma nell'ambito della Lega delle Nazioni dopo la prima guerra mondiale, con lo scopo di tutelare e promuovere gli interessi dei lavoratori nei paesi membri, tra i quali comparivano anche gli Stati Uniti che non facevano parte della Lega delle Nazioni. Nel 1946 si affiliò alle Nazioni Unite e nel 1950 contava quali suoi membri oltre settanta paesi. Ha la sede principale a Ginevra e uffici in altre capitali.

international law: ***diritto internazionale.*** L'insieme di leggi che regola, per consuetudine o per trattato, il comportamento reciproco dei paesi civili. Il diritto internazionale si divide in pubblico e privato. (v. anche *private international law, public international law*)

international law of the sea: ***diritto marittimo internazionale.*** Termine usato come sinonimo di *international maritime law* (v.).

international lending: ***prestiti internazionali.*** Lo stesso che *foreign lending* (v.) nel significato più recente in cui è usato quest'ultimo termine.

international liquidity: ***liquidità internazionale.*** L'esistenza e la disponibilità, nei vari paesi, di riserve in oro, divise estere, diritti speciali di prelievo e diritti immediati di prelievo, tali da consentire ai paesi stessi di far fronte agli inevitabili, pur se temporanei, squilibri della loro bilancia dei pagamenti e da garantirsi la piena convertibilità esterna della loro moneta.

international maritime law: ***diritto marittimo internazionale.*** Diritto che regola la navigazione sui mari internazionali e i rapporti relativi tra paesi che fanno uso di tale via di comunicazione.

international market: ***mercato internazionale.*** Un mercato le cui contrattazioni si svolgono tra cittadini residenti in diversi paesi. (v. anche *national market*)

International Materials Conference: ***Conferenza internazionale delle materie prime.*** Organismo internazionale fondato nel 1951 a Washington allo scopo di «esaminare i criteri e i metodi con cui instaurare tra le nazioni del mondo libero una forma di collaborazione diretta ad aumentare la produzione delle materie prime e ad assicurarne il miglior impiego».

international medium of exchange: ***mezzo di scambio internazionale.*** Una moneta, o altra merce, che può essere usata in pagamento di scambi internazionali. In passato l'oro, poi la sterlina e oggi il dollaro e alcune altre valute hanno svolto la funzione di mezzo di scambio internazionale. Affinché una valuta svolga questa funzione in maniera soddisfacente, è necessario che essa venga accettata prontamente da tutti gli operatori commerciali del mondo.

international monetarism: ***monetarismo internazionale.*** La scuola di pensiero economico che sostiene che le variazioni nell'offerta di moneta su scala mondiale sono la causa principale delle pressioni inflazionistiche e deflazionistiche che si verificano nell'economia internazionale.

International Monetary Conference: ***Conferenza monetaria internazionale.*** Conferenza organizzata dall'Associazione Bancaria Americana per discutere questioni finanziarie e monetarie. Si riunisce una volta all'anno e vi partecipano i presidenti delle banche membri.

International Monetary Fund: ***Fondo Monetario Internazionale.*** Istituzione internazionale con sede a Washington, fondata nel 1945 a seguito degli Accordi di Bretton Woods, ed entrata in funzione nel 1947 con lo scopo di stabilizzare i tassi di cambio, facilitare le compensazioni multilaterali fra gli stati membri ed eliminare inutili restrizioni del commercio estero e svalutazioni monetarie. A questo scopo, i paesi dovevano dichiarare le parità delle loro rispettive valute in termini di oro e del dollaro statunitense ed esse dovevano, in seguito, rimanere il più possibile stabili. Era ammessa dagli accordi una variazione automatica contenuta entro il dieci per cento del valore della moneta, ma per variazioni superiori al dieci per cento si doveva preventivamente chiedere l'autorizzazione del Fondo. Per finanziare gli scopi che si prefiggeva il FMI, tra i quali rientrava l'assistenza a paesi con temporanee difficoltà valutarie, fu creata una riserva iniziale, successivamente aumentata, tramite versamenti da parte dei paesi membri di una somma proporzionata alle possibilità di ciascuno di loro. Ciascun paese doveva versare la propria quota in ragione del 75% in propria valuta e del 25% in oro oppure oro e dollari e ciascun paese che si trovasse in difficoltà poteva prelevare valuta estera in cambio della propria, per far fronte a impegni derivanti dal commercio con l'estero, fino ad un massimo del 25% della quota versata. Dal 1968, il Fondo Monetario Internazionale ha messo a disposizione dei propri membri anche i cosiddetti diritti speciali di prelievo. Dal 1976, la quota aurea, pari al 25 per cento della quota globale che ciascun paese è tenuto a versare, è stata sostituita con un'uguale quota in diritti speciali di prelievo. Se è vero che il Fondo non è riuscito nel suo intento di creare un efficiente sistema di compensazioni multilaterali, esso ha notevolmente contribuito a stabilizzare i cambi ed ha assolto il suo compito di assistere i paesi membri in periodi critici. Particolarmente importante è risultata la sua opera in occasione della crisi del petrolio e del problema del riciclaggio dei petrodollari. Ciò che le principali banche mondiali non riuscirono a realizzare, in quanto risultava loro impossibile accettare depositi di petrodollari a breve termine e prestarli a medio o lungo termine, fu in gran parte realizzato dal Fondo, che contribuì in maniera significativa a risolvere il problema di finanziare i deficit delle bilance dei pagamenti dei paesi importatori di petrolio. (v. anche *special drawing rights*)

International Monetary Market: ***Mercato monetario internazionale.*** Nome del mercato a termine delle valute internazionali degli Stati Uniti, che funziona come divisione della *Chicago Mercantile Exchange* (v.).

international monetary system: ***sistema monetario internazionale.*** Il sistema in base al quale i diversi paesi regolano le loro partite di dare e avere. In passato, il sistema era basato sull'oro, successivamente sostituito da vari tipi di tassi di cambio più o meno fissi o fluttuanti e più o meno manovrati.

international money: ***moneta internazionale.*** Lo stesso che *international liquidity* (v.).

international money order: ***vaglia internazionale.*** Servizio offerto dagli uffici postali per il trasferimento all'estero di somme relativamente piccole. È un sistema molto più economico e rapido di quanto non sia la rimessa a mezzo banca che, tuttavia, è la sola a poter essere utilizzata nel caso in cui la somma sia alquanto rilevante e implichi anche la trasmissione di documenti commerciali.

international movements of capital: ***movimenti internazionali dei capitali.*** Movimenti di grosse somme di denaro da un paese all'altro, alla ricerca di migliori possibilità di investimento produttivo o di più alti tassi di interesse.

international mutual fund: ***fondo comune d'investimento internazionale.*** Termine statunitense, col quale si indica un fondo comune che investe sui mercati mobiliari di tutto il mondo, allo scopo di mediare il rischio. Oggi che i mercati sono strettamente collegati tra loro, tanto che ciascuno risente degli alti e bassi degli altri, questo tipo di fondo non ha più i vantaggi che possedeva in passato.

International Organization of Consumers Unions: ***Organizzazione internazionale delle unioni tra consumatori.*** È l'associazione che raggruppa le unioni tra consumatori di oltre trenta paesi, tra i quali è l'Italia. Lo scopo che si prefigge è la tutela degli interessi dei consumatori, attraverso la circolazione di informazioni, la persuasione e l'educazione con la quale tende a rendere il consumatore più attento verso i fenomeni economici che lo interessano e lo coinvolgono.

international payment order: ***ordine di pagamento internazionale.*** Lo stesso che *mail transfer* (v.).

international payments: ***pagamenti internazionali.*** Sono i pagamenti di beni e servizi venduti da residenti in un paese a residenti in altri paesi. Se un cittadino italiano desidera acquistare un bene prodotto in Giappone, non potrà pagare in lire il produttore giapponese e, pertanto, dovrà acquistare valuta giapponese o qualsiasi altra valuta che l'esportatore è disposto ad accettare e farla recapitare a chi gli ha venduto il bene. Poiché non esiste una valuta internazionale veramente tale, egli dovrà tener conto dei tassi di cambio e dovrà servirsi di un'istituzione, generalmente una banca, che provveda ad effettuare l'operazione per suo conto. In passato, l'oro fu molto vicino ad essere una valuta internazionale ed era usato ampiamente nei pagamenti internazionali, ma dopo l'abbandono del sistema monetario aureo da parte di tutti i paesi, è diventato sempre più difficile per i privati procurarsi oro per pagamenti internazionali. Il sistema bancario ha in parte risolto questo problema, soprattutto perché oggi i pagamenti internazionali vengono raramente effettuati per contanti, essendo preferiti sistemi quali la cambiale estera, il credito documentario e simili.

international postal reply coupon: ***buono internazionale per risposta pagata.*** Servizio offerto dagli operatori postali dei vari paesi per consentire il pagamento anticipato del francobollo da apporre sulla risposta ad una lettera inviata all'estero. Il buono si può acquistare presso gli uffici postali più grandi e lo si allega alla lettera. Colui che la riceve e deve rispondere può cambiare, presso un ufficio postale del suo paese, il buono nel valore in francobolli necessario per affrancare la lettera di risposta.

International Postal Union: ***Unione Postale Internazionale.*** Lo stesso che *Universal Postal Union* (v.).

International Price Index: ***Indice dei prezzi internazionale.*** Paragone statistico, fatto mediante l'uso di numeri indici, del prodotto nazionale lordo di ciascun paese, pubblicato ogni sei mesi a cura delle Nazioni Unite.

international production sharing: ***divisione internazionale della produzione; ripartizione internazionale della produzione.*** La crescente specializzazione internazionale in determinati processi produttivi o nella produzione di componenti, diffusasi soprattutto in questi ultimi decenni grazie all'esistenza delle imprese multinazionali. Queste ultime, infatti, trovano conveniente investire nelle economie dei paesi emergenti o dei paesi in via di sviluppo, ove vengono fabbricate parti di un prodotto finito, che verranno poi assemblate in un altro paese ove i costi di produzione dell'intero prodotto risulterebbero eccessivamente alti.

international rate: ***saggio internazionale.*** Nella terminologia keynesiana, è il valore del tasso d'interesse sul mercato interno di un paese che eviterebbe movimenti di oro tra i paesi che intrattengono rapporti commerciali. Nella terminologia più moderna, è il tasso d'interesse praticato sui mercati internazionali dei capitali.

international reserves: ***riserve internazionali.*** Lo stesso che *foreign–exchange reserves* (v.).

international securities: ***titoli internazionali.*** Termine usato con lo stesso significato di *interbourse securities* (v.).

International Securities Regulatory Organization: Uno degli organismi autoregolamentati della *City* di Londra, che raccoglie i broker che operano sui mercati finanziari internazionali, in particolare gli euromercati.

international standard: ***indice internazionale; livello internazionale dei prezzi.*** Lo stesso che *international index* (v.).

International Standard Industrial Classification: ***Classificazione industriale standard internazionale.*** Metodo di classificazione dell'attività industriale, basato sui principi stabiliti dalle Nazioni Unite. (v. anche *Standard Industrial Classification*)

International Standardization Organization: ***Organiz-***

zazione internazionale per la standardizzazione. Organismo fondato nel 1946, a seguito della modificazione dell'ISA, che detta norme intese a stabilire standard internazionali scientifici, commerciali e industriali.

international stock: ***azioni internazionali.*** Il termine inglese sta a significare che il capitale azionario di una società, residente in un determinato paese, è oggetto di compravendita in borse valori di uno o più paesi stranieri. (v. anche *interbourse securities*)

International Stock Exchange (of the United Kingdom and the Republic of Ireland): Nome ufficiale della borsa valori di Londra dopo la sua fusione con l'*International Securities Regulatory Organization* (v.).

international subcontracting: ***attività di subappalto internazionale.*** Lo stesso che *international production sharing* (v.).

International Sugar Council: Organismo internazionale fondato nel 1937 col compito di mantenere l'equilibrio tra offerta e domanda globale dello zucchero sui mercati mondiali, mediante accordi internazionali. (v. anche *international commodity agreements*)

International Telecommunications Union: ***Unione internazionale delle telecomunicazioni.*** Istituzione internazionale, costituita dalla Convenzione di Madrid del 1932, avente lo scopo di promuovere la cooperazione tra i paesi per un più razionale ed efficace uso dei mezzi di telecomunicazione.

International Tin Agreement: ***Accordo internazionale per lo stagno.*** Accordo in base al quale sette paesi produttori e ventotto paesi consumatori di stagno cercano di limitare le oscillazioni di prezzo del metallo. Come gli altri accordi del genere, anche questo funziona secondo il principio di vendere grandi quantitativi quando il prezzo tende al rialzo e acquistare per stoccaggio quando esso tende al ribasso. (v. anche *international commodity agreements*)

international trade: ***commercio internazionale; scambio internazionale.*** Lo stesso che *foreign trade* (v.).

International Trade Administration: Agenzia del governo federale degli Stati Uniti, preposta alla promozione degli scambi internazionali e agli investimenti americani all'estero. Presta anche assistenza agli operatori commerciali statunitensi fornendo informazioni commerciali, economiche e di mercato; partecipa alle conferenze internazionali sul commercio e negozia con altri paesi sia su base bilaterale, sia su base multilaterale direttamente o mediante istituzioni internazionali quali il G.A.T.T.

international trade fair: ***fiera internazionale.*** Di solito organizzata sotto gli auspici di istituzioni pubbliche come fiera campionaria, è in effetti un mercato speciale nel quale confluiscono produttori e commercianti per esporre i loro prodotti nel tentativo di stimolare le vendite. Alcune di queste fiere sono riservate agli operatori economici, mentre altre sono aperte anche al pubblico.

international–trade industries: ***industrie per il commercio estero.*** Lo stesso che *foreign–trade industries* (v.).

International Trade Organization: ***Organizzazione internazionale per il commercio.*** Alla Conferenza di Ginevra del 1947, che ebbe come risulato l'Accordo Generale sulle Tariffe e il Commercio (GATT), fu proposta anche l'istituzione di un ente che avesse il compito di incrementare gli scambi internazionali e l'occupazione, di migliorare il tenore di vita nei paesi membri e di favorire lo sviluppo delle aree arretrate. Queste proposte furono riprese ed elaborate in un documento sottoscritto da 53 paesi all'Avana il 24 marzo del 1948, ma la carta statutaria dell'Organizzazione internazionale per il commercio non fu successivamente ratificata dal numero di paesi necessario per la sua costituzione. (v. anche *Havana Charter, Geneva Trade Conference*)

international trade policy: ***politica del commercio internazionale; politica commerciale internazionale.*** La politica di un paese in relazione agli scambi internazionali. Può essere liberista, se sostiene il libero scambio dei beni e servizi, o protezionista, se tende a limitare le importazioni mediante l'imposizione di dazi doganali e altre barriere non doganali.

international trade theory: ***teoria del commercio internazionale; teoria degli scambi internazionali.*** Lo stesso che *theory of international trade* (v.).

international trading system: ***sistema commerciale internazionale; sistema di scambi internazionale.*** Il sistema commerciale che viene a crearsi quando più paesi intrattengono tra loro rapporti commerciali. Il sistema è di solito regolato da appositi accordi commerciali bilaterali e multilaterali, il cui obiettivo primario è quello di liberalizzare il più possibile gli scambi commerciali tra i paesi partecipanti.

international transactions: ***operazioni internazionali.*** Espressione generica, usata per indicare operazioni economiche tra paesi o stati indipendenti, inclusi i movimenti di capitali e le operazioni finanziarie.

international–transfer–of–income approach: ***approccio dei trasferimenti internazionali di reddito.*** Uno degli approcci per la soluzione del problema di alleviare la povertà nei paesi del Terzo Mondo. Si basa principalmente sugli aiuti esteri e sui presupposti fondamentalmente pessimistici circa la possibilità dei paesi del Terzo Mondo di crescere e delle economie occidentali di promuovere la prosperità in quei paesi. Sembra che i liberali americani e i socialdemocratici europei, che sostengono questo approccio, credano che i popoli poveri non possiedano l'abilità o la capacità per prosperare da soli e per questo motivo essi favoriscono i trasferimenti internazionali di reddito.

international–transfer–of–prosperity approach: ***approccio del trasferimento internazionale di prosperità.*** Uno degli approcci per la soluzione del problema di alleviare la povertà nei paesi del Terzo Mondo. Si basa su presupposti ottimistici che sostengono che i popoli poveri possono vincere la povertà se si attuano le giuste politiche che consentono l'accumulazione di capitale e lo scambio internazionale. Questo approccio sostiene che il Nord e il Sud sono legati dal commercio internazionale, dalle migrazioni di capitale e lavoro e dai trasferimenti di tecnologia e che se si tengono aperti questi canali, la crescita dei paesi poveri si verificherà puntualmente e immancabilmente.

international union: ***sindacato internazionale.*** È così indicato un sindacato che raccoglie aderenti residenti in paesi diversi. Ad esempio, negli Stati Uniti sono internazionali i sindacati AFL e CIO, in quanto raccolgono anche iscritti residenti in Canada.

International Union of Railways: ***Unione internazionale delle ferrovie.*** Associazione tra le aziende ferroviarie di circa cinquanta paesi, il cui scopo principale è quello di ammodernare e diffondere il servizio ferroviario.

International Wheat Council: Organismo fondato nel 1942 dai principali paesi importatori ed esportatori di grano con lo scopo di stabilizzare i prezzi attraverso un adeguato controllo dell'offerta e della domanda globale sui mercati mondiali, di incoraggiare la produzione e la distribuzione e di promuovere il consumo di grano.

interpolation: ***interpolazione.*** La stima di un numero ignoto, contenuto tra numeri noti.

interquartile range: ***differenza interquartile.*** In statistica rappresenta uno degli indici di una distribuzione di frequenza e corrisponde alla differenza tra terzo e primo quartile. (v. anche *quartile*)

interrogation device: ***strumento di interrogazione.*** Nel gergo borsistico statunitense, si indica con questa espressione un terminale di computer che è in grado di fornire, su un visore o su un nastro di carta, informazioni sul mercato, come ad esempio il più recente prezzo di vendita, le quotazioni, il volume delle contrattazioni, ecc.

interstate banking: ***attività bancaria interstatale.*** Negli Stati Uniti questo termine indica l'attività che una banca può svolgere in stati dell'Unione diversi da quello in cui essa ha la sede sociale. Autorizzata dal gennaio 1991, questa attività era precedentemente vietata dalla legislazione bancaria statunitense e praticamente segna la fine del sistema bancario a sportello unico.

interstate commerce: ***commercio interstatale.*** Negli Stati Uniti, indica lo scambio di beni e servizi tra gli stati appartenenti all'Unione. È regolato da un articolo della Costituzione degli Stati Uniti (art. 1°, par. 8) che dà soltanto al Congresso federale il potere di legiferare in materia. Nel diritto costituzionale americano, pertanto, il termine include tutto quanto concerne la produzione, la distribuzione e la vendita di beni e servizi tra gli stati dell'Unione.

Interstate Commerce Act: ***Legge sul commercio interstatale.*** Legge approvata dal Congresso degli Stati Uniti nel 1887 e successivamente emendata e integrata. Riguarda principalmente il trasporto di merci e passeggeri tra stati e il suo principale obiettivo era quello di impedire monopoli o pratiche discriminatorie nel campo dei trasporti per ferrovia, in origine, e con altri mezzi di trasporto in seguito. La legge istituì la commissione per il commercio interstatale, alla quale venne affidato il compito di far rispettare le norme stabilite dalla legge stessa. (v. anche *Interstate Commerce Commission*)

Interstate Commerce Commission: ***Commissione per il commercio interstatale.*** Agenzia amministrativa indipendente del governo federale degli Stati Uniti, creata con la legge sul commercio interstatale del 1887, che le assegnava compiti di controllo su qualsiasi tipo di trasporto di passeggeri e merci tra gli stati dell'Unione. I poteri della Commissione furono in seguito ampliati per includere anche il controllo su questioni contabili, amministrative e finanziarie delle imprese di trasporto.

interstate trade barriers: ***barriere al commercio interstatale.*** Si indicano con questa espressione tutte le leggi e disposizioni, emanate dai singoli stati dell'Unione statunitense, tendenti a limitare o ad ostacolare il commercio e il trasporto tra stati. Pur se prendono la forma di leggi per la tutela della sanità pubblica, quali ad esempio le disposizioni sulla quarantena, o di imposizione fiscale discriminatoria, ad esempio sostenendo che i vettori provenienti da altri stati utilizzano autostrade costruite con il denaro dei contribuenti di quello stato, esse in definitiva tendono a scoraggiare la concorrenza di industrie residenti negli altri stati.

intervention: ***intervento.*** Una qualsiasi interferenza, da parte di un organo statale, tendente a modificare le forze di mercato onde realizzare fini economici stabiliti dal governo. In senso più ristretto, il termine indica l'intervento, da parte dell'ente governativo a ciò preposto, sui mercati valutari al fine di limitare le fluttuazioni dei tassi di cambio. Il Regno Unito fu il primo ad adottare questa forma di controllo dei cambi quando, nel 1932, istituì il fondo per la stabilizzazione dei cambi, e fu subito imitato da altri paesi. L'intervento sui mercati dei cambi, generalmente da parte delle banche centrali, può essere dettato da diverse ragioni, ma quasi sempre è volto a neutralizzare i movimenti speculativi di capitali, che possono arrecare seri danni all'economia di un paese. Il termine è usato anche nel linguaggio di borsa per indicare acquisti tendenti a neutralizzare pesanti vendite e a prevenire fluttuazioni o flessioni nelle quotazioni di un titolo. (v. anche *Exchange Equalization Account*)

intervention arrangements: ***accordi d'intervento.*** Espressione del linguaggio finanziario internazionale, con la quale si indicano gli accordi tra stati, che prevedono l'intervento delle banche centrali sui mercati valutari a sostegno delle loro valute, se esse tendono a scendere o a salire al di là delle parità concordate. Ad esempio, nell'ambito della Comunità Economica Europea i paesi che hanno aderito al Sistema Monetario Europeo sono tenuti ad intervenire, mediante le loro banche centrali, se le loro valute tendono a superare il limite di due punti e un quarto per cento (sei per cento per l'Italia) entro il quale devono mantenersi le oscillazioni delle parità incrociate.

intervention currency: ***valuta da intervento.*** Una qualsiasi valuta usata nel sistema del Fondo Monetario Internazionale allo scopo di mantenere stabili i tassi di cambio. La valuta che meglio si è prestata a questo scopo è stato il dollaro statunitense.

intervention debt: ***debito per intervento.*** Debito tra banche centrali, conseguente all'intervento di una di loro sul mercato valutario a sostegno della valuta di un altro paese, in base ad un accordo di intervento.

interventionist: ***interventista.*** Chi sostiene ed è favorevole all'intervento statale nelle questioni economiche di un paese. (v. anche *intervention*)

intervention points: ***punti d'intervento.*** In un sistema di cambi fissi, sono il valore massimo e il valore minimo entro i quali una valuta può oscillare liberamente. Se, però, il cambio tende a spostarsi oltre tali limiti, si determina l'intervento sul mercato dei cambi della competente autorità monetaria.

intervention price: ***prezzo d'intervento.*** Nella politica agricola comunitaria, è il prezzo prestabilito, lievemente al di sotto del prezzo guida, al quale scatta l'intervento da parte degli organi a ciò preposti, che si realizza attraverso acquisti, al fine di impedire ulteriori diminuzioni del prezzo di vendita di un prodotto. (v. anche *target price*)

intervention rate: ***tasso d'intervento.*** Il tasso di cambio raggiunto il quale le autorità centrali interverranno sui mercati valutari per acquistare o vendere propria valuta a seconda che il tasso stia scendendo o salendo a un livello giudicato insoddisfacente o al livello al quale, per accordi intercorsi tra i paesi appartenenti a un sistema monetario, le autorità sono obbligate a intervenire.

interview: ***intervista.*** Nel linguaggio delle relazioni industriali, indica il colloquio che sostiene un candidato con uno o più intervistatori, volto ad accertare se egli è idoneo a ricoprire il posto disponibile. Nel linguaggio delle ricerche di mercato, indica un incontro di persona o una conversazione telefonica, nel corso dei quali all'intervistato vengono poste domande e vengono chieste opinioni in relazione a uno o più prodotti.

interviewee: ***intervistato.*** Nel linguaggio delle relazioni industriali, è il candidato che si sottopone ad un'intervista in previsione di una sua assunzione.

interviewer: ***intervistatore.*** Nel linguaggio delle relazioni industriali, è la persona delegata dall'ufficio del personale ad intervistare gli aspiranti ad un posto di lavoro.

inter vivos trust: Lo stesso che *living trust* (v.).

in the bank: ***nella banca.*** Espressione britannica, con la quale si indica la situazione in cui le case di sconto sono costrette a ricorrere a prestiti della Banca d'Inghilterra per continuare la loro attività. In tale situazione, si dice che il mercato monetario è «nella banca».

in the black: ***in nero.*** Espressione usata in contrapposizione a *in the red* (v.) per indicare che un conto bancario ha ancora delle disponibilità e si trova, pertanto, nei numeri creditori, che vengono scritti in nero.

in the money: Espressione statunitense, usata in relazione a un contratto a premio su un titolo, il cui prezzo di mercato è superiore al prezzo di esercizio di un contratto a premio dont o inferiore al prezzo di esercizio di un contratto a premio put.

in the red: ***in rosso; allo scoperto.*** Nel linguaggio contabile e bancario, indica un conto che è passato nei numeri debitori, cioè ha esaurito le disponibilità e il cliente preleva in base ad un accordo che gli concede uno scoperto. L'espressione deriva dal fatto che mentre i numeri creditori vengono scritti in nero, quelli debitori vengono scritti in rosso, sia nel conto che nell'estratto conto.

intra–city concentration: ***concentrazione intra–urbana.*** È il sistema usato per sviluppare l'attività bancaria in molti degli Stati Uniti e precisamente in quelli nei quali la legge consente che una banca abbia filiali soltanto all'interno della città nella quale si trova la sua sede sociale. Ciò, naturalmente, implica differenti possibilità di sviluppo per banche cha hanno la loro sede in grandi o in piccole città.

intracommodity spread: Contratto a premio mediante il quale un operatore compra e vende lo stesso bene presso la stessa borsa, ma per mesi di consegna differenti.

intra–Community trade: ***commercio intra–comunitario.*** Il complesso di scambi commerciali tra i paesi membri della Comunità Economica Europea.

intra–day limit: ***limite intragiornaliero.*** È il limite consentito nella posizione di un operatore in valute estere, per ciascuna e per tutte le valute da lui trattate, nell'arco di una giornata di operazione. Tali limiti sono di solito molto più ampi di quelli consentiti al termine della giornata, quando si procede a pareggiare il più possibile le posizioni dei vari operatori.

Intra–European Payments Agreement: ***Accordo intraeuropeo dei pagamenti.*** Sistema, istituito nel 1948, per i pagamenti tra i paesi membri dell'Organizzazione Europea per la Cooperazione Economica (OECE), con lo scopo di agevolare la distribuzione degli aiuti americani accordati in base al Piano Marshall. In effetti, il meccanismo studiato, che tra l'altro si basava su previsioni non sempre rispettate, era troppo farraginoso perché potesse funzionare in modo adeguato e il sistema fu sostituito nel 1950 con l'Unione Europea dei Pagamenti. (v. anche *Marshall Plan, European Payments Union*)

intra–firm: ***intra–aziendale.*** Termine usato con lo stesso significato di *in–company* (v.).

intra–firm comparison: ***comparazione intra–aziendale.*** Analisi dei risultati di un reparto, in relazione agli altri, all'interno della stessa azienda. Si realizza attraverso la compilazione di rapporti di produzione, su base finanziaria, tra i vari reparti.

intra–firm trade: ***commercio intra–aziendale; scambio intra–aziendale.*** Lo stesso che *intra–firm transactions* (v.).

intra–firm transactions: ***operazioni intra–aziendali.*** Operazioni di scambio di beni e servizi tra reparti della stessa impresa o tra consociate che fanno parte dello stesso gruppo, di solito una multinazionale.

intramarginal firm: ***impresa intramarginale.*** È quell'impresa il cui costo variabile medio minimo è inferiore al prezzo di mercato. (v. anche *marginal firm*)

intramarginal intervention: ***intervento intramarginale.*** Nell'ambito del sistema monetario europeo, è l'intervento che si concretizza appena si ha l'impressione che una delle valute del sistema sia in fase di divergenza, ma non si è ancora allontanata dalla parità assegnatale tanto da mettere in funzione gli interventi automatici.

in transit: ***in viaggio; in transito.*** Espressione con la quale si definiscono beni, documenti, moneta, ecc., mentre sono in movimento da un punto ad un altro o da un paese ad un altro.

intrapreneur: ***imprenditore interno; intraprenditore.*** Termine coniato da Gifford Pinchot per indicare una persona che ricopra il ruolo di imprenditore in una grande organizzazione, la quale gli mette a disposizione capitale e strutture per la realizzazione di sue iniziative, generalmente nell'ambito in cui opera l'azienda ma con un ampio grado di indipendenza e, ovviamente, anche con l'intera responsabilità del buon esito del progetto.

intrapreneurship: ***imprenditorialità interna; intraprenditorialità.*** La possibilità data agli imprenditori interni, dall'impresa per la quale lavorano, di sviluppare e realizzare le proprie idee. L'imprenditorialità interna è vista come un mezzo per stimolare l'innovazione nei prodotti, nei servizi e nelle tecniche; per incrementare la produttività e per unire più saldamente all'impresa i suoi impiegati o dirigenti migliori, più intelligenti e più intraprendenti, che altrimenti sarebbero portati ad allontanarsi dall'organizzazione per fondare la propria impresa in concorrenza con quella in cui prima operavano.

intrastate commerce: ***commercio intrastatale.*** Termine usato nel diritto costituzionale statunitense per indicare il commercio, ivi incluso il trasporto di passeggeri e merci, che si svolge interamente entro i confini di uno qualsiasi degli stati dell'Unione.

intrinsic value: ***valore intrinseco.*** Nella concezione popolare, si ritiene che certi beni, come ad esempio i metalli preziosi, abbiano un valore intrinseco costituito da proprietà o capacità inerenti a quei beni e assenti in altri. Così, c'è chi sostiene che il pane ha un valore intrinseco in quanto ha la capacità di soddisfare la fame. Da un punto di vista economico, invece, il valore dei beni viene considerato soggettivo e cioè dipendente strettamente dalla domanda dei consumatori in relazione all'offerta. Secondo questa concezione, pertanto, non esiste un valore intrinseco ed infatti se l'offerta di pane superasse di molto la domanda, l'eccedenza avrebbe poco o nessun valore. (v. anche *absolute value*)

introduction: ***presentazione; introduzione.*** Nel linguaggio della borsa valori britannico, indica la presentazione al pubblico o l'introduzione sul mercato di nuove azioni di una società. La procedura può seguire due strade: o la richiesta di quotazione in borsa, con la relativa documentazione necessaria e la successiva vendita al pubblico, nel qual caso i *market makers* (v.) ottengono opzioni sulle azioni della società, potendo così creare un mercato con relative quotazioni; oppure un intermediario, di solito una casa di emissione, si impegna ad introdurre gradualmente le azioni sul mercato, dopo averne ottenuto la quotazione in borsa.

introductory offer: ***offerta di lancio.*** Si realizza mediante prezzi speciali, distribuzione di omaggi e campioni, ecc., e tende a indurre il consumatore a provare un nuovo prodotto.

inv.: 1) inventory; 2) invoice; 3) invest; 4) investment.

invention: ***invenzione.*** Ideazione, creazione o introduzione di oggetti, macchine, prodotti o metodi di produzione nuovi e, in senso lato, di quanto può rendere più facile, rapido ed efficiente il lavoro dell'uomo. A differenza della scoperta, l'invenzione presuppone un'attività di ricerca e l'applicazione pratica di principi scientifici. La legge protegge le invenzioni, accordando privative industriali che ne consentono lo sfruttamento soltanto al loro inventore, pur se per un limitato numero di anni. Molte invenzioni hanno l'effetto economico di ridurre il consumo di fattori della produzione, tra cui il lavoro, e per questo motivo sono state spesso guardate con sospetto dai lavoratori, in quanto tendono a creare disoccupazione. Tuttavia, riducendo i costi ed aumentando il volume di produzione, le invenzioni creano nuova ricchezza e, migliorando il tenore di vita, fanno aumentare il reddito nazionale, il che porta ad un'espansione della domanda e alla creazione di nuovi posti di lavoro. La disoccupazione creata dalle nuove invenzioni è, in realtà, disoccupazione strutturale, in parte dovuta alla scarsa mobilità della manodopera e generalmente di breve durata. Le invenzioni rappresentano un pericolo per l'occupazione soltanto se esse si susseguono a ritmo continuo, per cui la disoccupazione strutturale creata da una di loro non ha il tempo di essere riassorbita prima che un'altra invenzione crei ulteriore disoccupazione.

inventory: 1. ***scorte; giacenze; merci in magazzino.*** Nella contabilità industriale inglese sono le materie prime, i prodotti finiti e in corso di lavorazione e le merci disponibili o consegnate in conto deposito presso terzi, calcolati alla fine di un periodo contabile. In senso più lato, il termine indica le giacenze di prodotti finiti e le scorte di materie prime o componenti da usarsi come input dell'azienda. I motivi per cui si mantengono scorte risiedono in una duplice considerazione relativa, cioè, sia all'approvvigionamento che alla vendita. Si mantengono scorte di materie prime per garantire un ciclo produttivo continuo, che non dipenda da frequenti consegne e che non venga bloccato se una fornitura tarda più del previsto a raggiungere il luogo di produzione. Infatti, il ciclo produttivo continuo garantisce economie che non potrebbero realizzarsi se si producesse soltanto in base alla domanda prevista nel brevissimo termine o fondata sugli ordinativi già ricevuti. Si mantengono scorte di prodotti finiti al fine di essere certi di poter far fronte, senza ritardi, alla domanda prevista, ma anche ad un eccesso di domanda. Inoltre, le scorte assorbono la produzione in eccesso di un periodo e possono tornare utili in occasione di un improvviso aumento della domanda o di una sosta forzata degli impianti produttivi. (v anche *stock* e derivati) **2.** ***inventario.*** Lista scritta di tutti i beni posseduti da una persona o da un'azienda, con l'indicazione del loro singolo valore e del loro valore globale. In senso più ristretto, è l'elenco delle materie prime, dei prodotti in corso di lavorazione e dei prodotti finiti a disposizione di un'azienda in un qualsiasi momento. È consuetudine valutare le singole parti dell'inventario al prezzo di costo o al prezzo di mercato, a seconda di quale dei due è più basso.

inventory accounting: ***contabilità di magazzino.*** Lo stesso che *stock accounting* (v.).

inventory analysis: ***analisi delle scorte.*** Tecnica in base alla quale si cerca di determinare la quantità di scorte da tenere a disposizione e la frequenza di riordino. Questa analisi tende a determinare il livello ottimale delle scorte in relazione al loro impiego, onde ridurre i costi connessi sia con le procedure di riordino, sia con la quantità delle scorte. Esse, infatti, implicano non solo costi finanziari relativi al capitale immobilizzato, ma anche costi di magazzinaggio, assicurazione e deterioramento. Mentre è relativamente facile stabilire il momento di riordino, che coincide con un determinato livello di abbassamento delle scorte, risulta alquanto più complessa la determinazione della quantità da riordinare che, tuttavia, dipenderà in gran parte dal ritmo al quale le scorte vengono consumate, sia che si tratti di un'attività commerciale, sia che si tratti di un'impresa industriale.

inventory appreciation: ***apprezzamento delle scorte; plusvalenza delle scorte.*** Termine di uso statunitense, equivalente al britannico *stock appreciation* (v.).

inventory book: ***libro di carico e scarico di magazzino; libro di magazzino; libro giacenze di magazzino.*** Lo stesso che *stock book* (v.).

inventory build-up: ***accumulazione di scorte; formazione di scorte.*** Lo stesso che *stockbuilding* (v.).

inventory by quantity: ***rilevazione inventariale a quantità.*** Metodo di rilevazione delle giacenze di magazzino, che consiste nel registrare le quantità in entrata e quelle in uscita. La differenza dopo ogni operazione determina il saldo, che rappresenta le scorte giacenti in magazzino.

inventory card: ***scheda di magazzino.*** Lo stesso che *stock card* (v.).

inventory certificate: ***attestazione di inventario.*** Attestazione relativa ad un inventario, rilasciata ad un revisore dei conti dall'azienda. Di solito, espone il metodo seguito nella rilevazione che ha portato all'inventario, il criterio seguito nel valutare i singoli articoli e tutti gli altri elementi necessari al revisore dei conti in relazione alle giacenze di magazzino.

inventory change: ***variazione delle scorte.*** Un aumento o una diminuzione del livello globale delle scorte tenute dalle imprese in un determinato periodo. In quanto rappresenta una forma di investimento, la variazione delle scorte può avere effetti di grande importanza sull'attività economica di un paese.

inventory control: ***controllo del livello delle scorte.*** Il controllo delle quantità disponibili di merci, materie prime, prodotti in lavorazione e prodotti finiti onde assicurare il fabbisogno corrente al tipo di attività, così evitando l'eccessivo accumularsi di scorte. Il calcolo di solito è basato sul ritmo di impiego o di vendita e sul tempo necessario per la sostituzione e viene effettuato con metodi contabili, integrati da controllo fisico. Oggi, qualsiasi azienda dispone di un computer nel quale sono immagazzinati i dati relativi al controllo del livello delle scorte.

inventory cost: ***costo di conservazione.*** Lo stesso che *carrying cost* (v.).

inventory count: ***rilevazione delle scorte.*** È l'elencazione, in base a tipo e quantità, delle scorte o delle giacenze di magazzino. Può essere fatta tramite ricognizione fisica o calcolata in base al sistema di inventario permanente. (v. anche *inventory-taking, perpetual inventory*)

inventory cycle: 1. ***ciclo di investimento in scorte.*** V.

spiegazione sotto *inventory investment cycles.* **2.** ***ciclo di avvicendamento delle scorte; ciclo di rotazione delle scorte.*** È il periodo di tempo entro il quale l'investimento in merci, da parte di un punto di vendita, o in scorte, da parte di un'impresa produttrice, viene completamente esitato e sostituito.

inventory disinvestment: ***disinvestimento in scorte; investimento negativo in scorte.*** Si verifica quando un'impresa produce meno di quanto vende nell'arco di un determinato periodo di tempo, per cui le scorte diminuiscono. Se non è un'azione intenzionale, significa che non sono stati ben calcolati i volumi di produzione, in quanto essi non trovano adeguata corrispondenza nei volumi di vendita.

inventory investment: ***investimento in scorte.*** Si verifica quando un'impresa produce più di quanto vende nell'arco di un determinato periodo di tempo, per cui le scorte aumentano. Può essere un'azione intenzionale dettata da previsioni di incrementi di prezzo o di domanda o di altra natura, ma in caso contrario significa che il livello di produzione non è stato ben calcolato, in quanto non trova adeguata corrispondenza nel livello delle vendite.

inventory investment cycles: ***cicli d'investimento in scorte.*** Sono le fluttuazioni periodiche, che si manifestano con aumenti o diminuzioni della quantità di scorte e prodotti in lavorazione di un'impresa in un determinato arco di tempo. Le variazioni di investimento in scorte sono influenzate in primo luogo da fluttuazioni della domanda e, conseguentemente, dal relativo accumularsi o assottigliarsi delle scorte prima che venga mutato il volume di produzione. Se le fluttuazioni della domanda sono di breve periodo, il ciclo si esaurisce rapidamente, ma se, viceversa, esse sono persistenti, le variazioni di produzione tenderanno ad essere amplificate nello stesso senso delle variazioni della domanda. Gli investimenti in scorte rappresentano una minima percentuale della domanda globale all'interno di un sistema economico e, pertanto, non sono sufficienti a produrre fluttuazioni di grossa entità nella produzione nazionale, tuttavia possono contribuire ad amplificare fluttuazioni derivanti da altre cause.

inventory level: ***livello delle giacenze; livello delle scorte.*** Lo stesso che *stock level* (v.).

inventory management: ***gestione delle scorte.*** Procedura mediante la quale si tende a mantenere il livello ottimale delle scorte di materie prime e di prodotti finiti. Scopo della gestione delle scorte è quello di ridurre al minimo i costi di magazzinaggio, di interessi sul capitale investito in scorte, di premi di assicurazione contro incendio e furto, di affitto e spese accessorie sui locali adibiti a deposito, di eventuali perdite per avarie, rotture, ecc. e i costi amministrativi relativi al personale addetto al magazzino e alle rilevazioni dei movimenti delle scorte.

inventory on hand: ***scorte disponibili.*** Lo stesso che *free stock* (v.).

inventory pricing: ***valutazione delle scorte.*** Termine usato con lo stesso significato di *inventory valuation* (v.).

inventory profit: ***utile di rivalutazione delle scorte.*** L'eccedenza, durante un periodo di aumento dei prezzi, fra costo di una scorta di materie prime o prodotti finiti, calcolato in base al criterio fifo, e costo degli stessi calcolato in base al criterio lifo. L'espressione è usata particolarmente da coloro che sostengono la convenienza del criterio lifo nella determinazione dei costi in relazione ai prezzi di vendita. (v. anche *last in, first out method of inventory valuation; first in, first out method of inventory valuation*)

inventory rate: ***corso d'inventario.*** È il corso, o valore, al quale vengono portati nel bilancio di una banca i biglietti, i titoli, le monete di metallo prezioso, le divise e simili.

inventory records: ***scritture di magazzino.*** Tipo particolare di scritture contabili o extracontabili utilizzate nella contabilità di magazzino. Riguardano il movimento delle scorte o giacenze e sono riportate cronologicamente e sistematicamente sul libro di carico e scarico di magazzino e sulle schede di magazzino.

inventory reduction: ***riduzione delle scorte; riduzione delle giacenze.*** Lo stesso che *stock reduction* (v.).

inventory reserve: ***riserva per svalutazione scorte.*** Fondo di riserva creato allo scopo di assorbire eventuali future svalutazioni delle scorte, cioè diminuzioni del loro valore ai prezzi di mercato in relazione alla data dell'ultimo bilancio.

inventory revaluation: ***rivalutazione delle scorte.*** È l'aumento del valore delle scorte, che può verificarsi nell'arco di un determinato periodo di tempo e che porterà ad un aumento degli utili.

inventory rundown: ***riduzione delle scorte; riduzione delle giacenze.*** Lo stesso che *stock reduction* (v.).

inventory–sales ratio: ***rapporto scorte–vendite.*** È il rapporto tra le scorte di prodotti e le vendite degli stessi da parte di un'impresa o di un'industria in un determinato periodo di tempo. Uno degli obiettivi principali del controllo delle scorte è quello di mantenere il rapporto scorte–vendite al livello più basso possibile, al fine di evitare inutili o improduttive immobilizzazioni di risorse finanziarie. Il rapporto può anche essere usato come utile strumento di previsione. Aumenti relativamente ampi del rapporto indicano che le scorte crescono più rapidamente delle vendite e che può essere necessario ridurre la produzione nel prossimo futuro; viceversa, una diminuzione del rapporto indicherà che le vendite crescono ad un ritmo più sostenuto di quello della produzione e che sarà necessario aumentare quest'ultima nel prossimo futuro. In un'attività industriale, il rapporto scorte–vendite viene calcolato dividendo il costo dei prodotti usciti per il costo delle scorte medie, entrambi relativi allo stesso periodo di tempo. In un'attività commerciale, viene calcolato dividendo l'ammontare delle vendite per l'ammontare delle scorte medie ad un prezzo di vendita stimato, oppure dividendo il costo delle merci vendute nel periodo per il costo delle scorte medie tenute nello stesso periodo.

inventory–taking: ***ricognizione fisica delle scorte.*** Lo stesso che *physical inventory* (v.).

inventory theory: ***teoria delle scorte.*** La tecnica della ricerca operativa che studia i costi relativi al mantenimento e all'ordinazione delle scorte, nel tentativo di minimizzarli e di determinare l'entità più economica da riordinare ogni qualvolta ciò si renda necessario.

inventory turnover: ***indice di avvicendamento delle scorte; ricambio delle scorte; indice di rotazione delle scorte; rinnovo delle scorte.*** È rappresentato dal numero di volte che l'investimento in scorte o giacenze viene rinnovato in un dato periodo di tempo, generalmente un anno. Può essere calcolato su base quantitativa o su base monetaria. In un'attività commerciale viene calcolato dividendo il costo delle merci vendute nel periodo per il costo delle scorte medie tenute nell'arco dell'intero periodo, oppure dividendo l'ammontare delle vendite per l'ammontare delle scorte medie a un prezzo di vendita stimato. In un'attività industriale viene calcolato dividendo il costo dei prodotti usciti per il costo delle scorte medie.

inventory valuation: ***valutazione delle scorte; valutazione del magazzino.*** La determinazione del costo o frazione di costo che può essere imputato a materie prime in magazzino, prodotti in corso di lavorazione, prodotti finiti e prodotti disponibili per la vendita. (v. anche *inventory valuation methods*)

inventory valuation adjustment: ***rettifica alla valutazione delle scorte.*** Aggiunta o sottrazione dai valori contabili dati dalle aziende alle loro scorte, operata dagli organi preposti al calcolo del reddito nazionale. Si effettuano tali rettifiche perché i valori delle scorte non sempre riflettono effettive giacenze fisiche alla fine di un periodo contabile. Infatti, a seconda del criterio di valutazione adottato dalle aziende, eventuali differenze tra un anno e il precedente possono corrispondere a variazioni di prezzo e non già a variazioni di quantità delle scorte. Poiché nel calcolo del reddito nazionale si tiene conto soltanto delle variazioni di quantità delle scorte, si devono operare le rettifiche apposite al fine di isolare le valutazioni che riflettono soltanto variazioni di prezzo.

inventory valuation methods: ***criteri di valutazione delle scorte.*** Vi sono vari criteri di valutazione delle scorte e la scelta di uno di loro può essere dettata da situazioni economiche contingenti o da situazioni particolari dell'azienda. I risultati ottenuti seguendo un criterio sono di solito diversi da quelli ottenuti seguendo un differente criterio. (v. anche *base stock method of inventory valuation; average cost method of inventory valuation; cost or market whichever is lower method of inventory valuation; first in, first out method of inventory valuation; last in, first out method of inventory valuation; retail method of inventory valuation; standard cost method of inventory valuation*)

inventory value: ***valore d'inventario.*** Il valore attribuito ad un articolo in occasione di un inventario.

inventory variation: ***variazione inventariale.*** La differenza tra inventario iniziale e inventario finale relativi ad un periodo contabile. Una variazione in aumento ha l'effetto di far diminuire i costi di vendita, mentre una variazione in diminuzione ha l'effetto opposto.

inverted economic series: ***serie economica inversa.*** Una serie di indicatori economici chiave che si muovono in direzioni opposte a quelle in cui si muove il ciclo economico, diminuendo quando l'attività economica cresce e aumentando quando essa diminuisce. Un esempio di serie economica inversa è rappresentato dal tasso di disoccupazione.

inverted J–curve: ***curva a J invertita.*** Espressione con la quale si indicano i risultati positivi di un provvedimento economico, prima che si verifichino i suoi risultati negativi, cioè esattamente il contrario di quanto esposto sotto *J–curve* (v.). Ad esempio, la sopravvalutazione di una moneta inizialmente rende più consistente l'eccedenza della bilancia dei pagamenti di un paese, prima che si verifichi una drastica inversione della situazione.

inverted market: ***mercato inverso.*** Nel linguaggio borsistico, questa espressione indica un mercato a termine in cui il prezzo per consegna prossima è più alto di quello per consegna a date più lontane nel tempo. Tale situazione di prezzi invertiti generalmente indica scarsità dei beni oggetto dei contratti a termine.

inverted take–over: ***acquisizione di controllo ascendente; acquisizione di controllo verso l'alto.*** Lo stesso che *reverse take–over* (v.).

inverted yield curve: ***curva di rendimento negativa.*** V. spiegazione sotto *yield curve.*

to invest: ***investire.*** Impiegare denaro o altre risorse in attività produttive o per l'acquisto di un qualche tipo di bene o di capitale dal quale ci si aspettano interessi, rendita o utili. (v. anche *investment*)

invested capital: ***capitale investito; capitale impiegato.*** L'espressione è usata in due accezioni: a) la quantità di capitale investito in un'impresa dai suoi proprietari; b) tale quantità di capitale, più gli utili non distribuiti e gli accantonamenti.

invested capital turnover: ***indice di rotazione del capitale investito.*** Si ottiene dividendo le vendite nette per il capitale investito ed indica il numero di volte che, nell'arco di un determinato periodo di tempo, il capitale investito viene recuperato attraverso le vendite e reimpiegato nell'impresa.

investible funds: ***fondi per investimento.*** Denaro, proveniente dal risparmio, il cui proprietario intende prestare ad altri o impiegare direttamente nella produzione di beni di consumo o di beni capitali.

investing class: ***classe degli investitori; classe dei risparmiatori.*** È costituita da tutti coloro che, astenendosi dal consumo o rinunciando al diritto di proprietà su beni reali, creano una disponibilità di moneta che viene utilizzata in una qualsiasi forma di investimento che frutta un reddito monetario immediato o futuro. Questo termine fu usato da Keynes per indicare una delle classi in cui egli distinse, in *A Tract on Monetary Reform*, la società dell'epoca. Le altre due classi erano quella degli imprenditori e quella dei salariati.

investing company: ***società investitrice.*** La società che ha investito in un'altra società, la quale ultima è divenuta consociata della prima.

investment: ***investimento; collocamento.*** L'impiego del risparmio per l'acquisto di beni che diano sufficiente garanzia di sicurezza del capitale e di un reddito soddisfacente e che saranno perciò mantenuti per un certo periodo di tempo. Questi fattori distinguono l'investimento dalla speculazione. Nella teoria economica, il termine indica l'impiego produttivo del risparmio in beni capitali usati per la produzione di beni di consumo o di altri beni di investimento e fa da contrario al termine consumo. Infatti, la produzione annua di beni e servizi viene divisa, dall'analisi economica, in consumo e investimento, intendendo con quest'ultimo termine tutto ciò che non viene usato in consumi, bensì viene indirizzato all'attività produttiva direttamente, attraverso l'impiego in strutture produttive, o indirettamente, attraverso l'impiego nella costruzione di infrastrutture quali strade, porti, aeroporti, ferrovie, ecc. Nella terminologia bancaria, infine, il termine indica l'impiego fruttifero per la banca del denaro depositato presso di lei dai risparmiatori.

investment account: ***conto d'investimento.*** È uno dei conti che possono aprirsi presso la cassa di risparmio postale del Regno Unito. Tale conto prevede un interesse più alto di quello riconosciuto su un conto ordinario, ma esso è soggetto al pagamento dell'imposta sul reddito. (v. anche *ordinary account, National Savings Bank*)

investment adviser: ***consulente finanziario; consulente d'investimento; esperto finanziario.*** Persona, o gruppo di persone associate, che in qualità di stipendiato o come libero professionista dà ad altri consigli e assistenza su questioni di investimento. Un esperto finanziario può essere assunto su base stabile da investitori istituzionali, quali banche o società di assicurazione, o può essere necessario ad un privato o a istituzioni che desiderino investire sul mercato finanziario. Un consulente finanziario è generalmente remunerato con una percentuale sull'affare da lui trattato, ma a volte anche con un onorario. Quest'ultimo caso è più frequente quando la consulenza si estende anche alla gestione dell'investimento.

Investment Advisers Act: ***Legge sui consulenti finanziari.*** Legge, approvata dal Congresso degli Stati Uniti nel 1940, che dà alla *Securities and Exchange Commission* (v.) il potere di controllare e regolamentare l'attività dei consulenti finanziari. Tra le altre cose, la legge stabilisce che essi siano iscritti nell'albo dei consulenti finanziari, che informino la Commissione in relazione alle loro attività e parcelle e che non venga loro riconosciuto alcun compenso su utili di capitale eventualmente realizzati dai loro clienti.

investment advisory service: ***servizio di consulenza per gli investimenti.*** È un servizio specializzato nel settore dei collocamenti patrimoniali, offerto dalla maggior parte delle banche.

investment allowance: ***deduzione per investimento.*** Importo che un'azienda è autorizzata a detrarre, ai fini della determinazione del reddito imponibile, a fronte di nuovi investimenti in beni capitali. Queste deduzioni hanno l'effetto di consentire alle imprese di portare come ammortamento globale una somma superiore a quella del costo iniziale di un bene capitale, nel corso della sua vita utile. Pertanto, è uno degli incentivi all'investimento cui il Regno Unito ha fatto ricorso più volte: fu introdotto nel 1954, abolito nel 1956, di nuovo introdotto nel 1959 e di nuovo abbandonato nel 1966 per essere sostituito da sovvenzioni dirette che, a loro volta, furono abolite nel 1970 per tornare ancora al vecchio sistema delle deduzioni fiscali, che si realizzava attraverso un nuovo sistema di ammortamento. Questo sistema prevedeva che le aziende potessero ammortizzare il 60% delle spese in conto capitale, a fronte di imposte, durante il primo anno di vita del bene capitale acquistato. (v. anche *investment grant*)

investment analysis: ***analisi degli investimenti.*** Nel linguaggio delle borse valori, indica la formulazione di previsioni basate su uno studio dettagliato e approfondito della gestione, dei programmi e delle prospettive di ciascuna impresa quotata in borsa.

investment analyst: ***analista degli investimenti.*** Esperto nella formulazione di previsioni sul movimento dei corsi azionari, impiegato da investitori istituzionali e operatori di borsa in previsione di programmi di investimenti mobiliari.

investment appraisal: ***valutazione di un investimento.*** Procedimento che tende ad accertare la convenienza di impiegare fondi in un determinato investimento, attraverso l'analisi dei costi che esso implica e dei benefici che si prevede ne deriveranno.

investment asset: ***attività da investimento.*** Un'attività nella quale è possibile investire moneta o altre disponibilità. A seconda delle preferenze e dei tempi, può essere rappresentata da strumenti finanziari, da beni reali, da beni rifugio e anche da valute estere.

investment bank: **1.** ***banca d'investimento; banca di affari.*** Una banca che si specializza nei prestiti a lungo termine per investimento in beni capitali, generalmente attraverso l'acquisizione di azioni delle società in cui investe. Poco diffuso nel Regno Unito, questo tipo di banca subì un netto declino nel periodo tra le due guerre mondiali anche negli altri stati europei dove, tuttavia, è tornato in auge dopo la fine del secondo conflitto mondiale. Nel 1958, anche la Comunità Economica Europea ha fondato una banca di investimento. (v. anche *European Investment Bank*) **2.** ***società di collocamento.*** Istituzione finanziaria che acquista intere emissioni obbligazionarie o azionarie dalla società emittente, che può così entrare subito in possesso del capitale di cui ha bisogno, per poi collocarle ad un prezzo leggermente più alto presso singoli investitori o presso operatori finanziari. In alternativa, l'istituzione funge semplicemente da intermediario nella distribuzione dei titoli, cioè senza assunzione a fermo, in base al principio del *best–efforts selling* (v.). Così facendo, la società agisce da intermediario tra le imprese che hanno bisogno di capitali freschi e i risparmiatori che desiderano investire in imprese produttive. In questa espressione il termine *banker* o *bank* è usato in senso improprio, in quanto la società di collocamento non svolge alcuna delle attività che caratterizzano una banca, a meno che si tratti proprio di una banca che svolge anche le funzioni di società di collocamento. (v. anche *issuing house*)

investment banker: ***società di collocamento; banca d'investimento.*** Lo stesso che *investment bank 2* (v.).

investment banking: ***attività di collocamento.*** È così indicata l'attività svolta da una società di collocamento (v. anche *investment bank 2*). In un uso più generico e ampio, il termine inglese indica l'attività d'intermediazione nella compravendita di valori mobiliari e altri strumenti finanziari, svolta a differenti livelli da istituzioni quali le *merchant banks*, i broker, gli intermediari degli euromercati, ecc.; e l'attività, unita alla precedente o separata da essa, di gestione di portafogli.

investment bill: ***cambiale d'investimento.*** Una cambiale scontata da un'istituzione finanziaria, la quale intende tenerla fino alla scadenza e lucrare la differenza tra prezzo pagato e importo della cambiale. L'espressione deriva dal fatto che tale differenza può considerarsi come un interesse sul denaro anticipato e, quindi, frutto di un investimento.

investment bond: Termine con il quale si può indicare tanto un *insurance* (o *income*) *bond* (v.), quanto un *managed bond* (v.).

investment broker: ***intermediario d'investimento.*** È uno *stockbroker* (v.) che in una borsa valori tratta soltanto operazioni per contanti e non operazioni a termine. L'espressione deriva dal fatto che mentre le prime operazioni hanno come fine l'investimento, le seconde sono generalmente dettate da fini speculativi.

investment capital: ***capitale per investimento.*** Capitale liquido, di solito rappresentato dal risparmio del settore privato, disponibile per essere investito in attività produttive.

investment certificate: ***certificato azionario d'investimento; buono fruttifero.*** Generalmente emesso, negli Stati Uniti, dalle *savings and loan associations* (v.), corrisponde ad un contratto di mutuo nel quale viene espressamente dichiarato l'ammontare che l'istituzione prende in prestito dal risparmiatore, il tasso di interesse riconosciuto e la scadenza.

investment club: ***club d'investimento.*** Un gruppo relativamente piccolo di investitori, che mettono insieme i loro risparmi per costituire un portafoglio titoli attraverso un investimento iniziale e successivi investimenti regolari nel tempo. Lo scopo è quello di avere a disposizione un più consistente capitale da investire, che consente una maggiore diversificazione e, di conseguenza, un maggior frazionamento del rischio e un miglior rendimento.

investment coefficient: ***coefficiente d'investimento.*** Espressione con la quale si indica il costo di un'unità di attività fissa, che risulta utile nel paragonare unità tecniche di capacità simile in termini di produzione, ma diverse per carattere ed efficienza, come ad esempio una centrale termoelettrica e una centrale elettrica ad energia nucleare.

investment company: ***società d'investimento; fondo comune d'investimento.*** Società che investe il denaro affidatole dai risparmiatori in una serie di investimenti accuratamente selezionata, che vengono poi fatti oggetto di una continua e attenta sorveglianza e gestione. Scopo di questo tipo di società è quello di accomunare i risparmi di un grande numero di persone che saranno poi investiti in forma comune, il che consente una maggiore diversificazione, un più ampio frazionamento del rischio e un risparmio dei costi d'investimento. Esistono diversi tipi di società d'investimento, fra cui i cosiddetti fondo comune a capitale fisso e fondo comune a capitale variabile. I due tipi hanno in comune la caratteristica, che è anche il loro principale merito, di consentire a risparmiatori con piccoli capitali di partecipare a grossi piani di investimento e così approfittare dei vantaggi offerti dalla diversificazione. (v. anche *contractual plan, unit investment trust*)

Investment Company Act: ***Legge sulle società d'investimento.*** Legge sui fondi comuni d'investimento mobiliari, approvata dal Congresso degli Stati Uniti nel 1940. Disciplina l'attività dei fondi comuni e tra l'altro prevede che: a) le società d'investimento con cento o più azionisti devono essere registrate presso la *Securities and Exchange Commission* (v.); lo stesso obbligo, tuttavia, vale per qualsiasi altro tipo di società che si interessa della vendita di valori mobiliari al pubblico; b) il capitale minimo per la creazione di una società d'investimento è fissato in centomila dollari statunitensi; c) la società deve indicare gli obiettivi che si prefigge e la loro modificazione è soggetta all'approvazione da parte degli azionisti; d) la società deve tenere informati i propri azionisti in merito alle operazioni d'investimento, mediante la pubblicazione di relazioni almeno due volte all'anno.

Investment Company Institute: ***Istituto delle società d'investimento.*** Associazione che raggruppa tutti coloro che, negli Stati Uniti, operano nel settore dei fondi comuni d'investimento, sia a livello di gestori che a livello di consulenti. Fondata in modo informale nel 1940, fu successivamente riorganizzata e nel 1961 prese l'attuale denominazione. Svolge la sua attività principalmente facendo circolare informazioni statistiche sulla situazione dei vari fondi d'investimento operanti negli Stati Uniti e relazioni sulle leggi e sulle norme amministrative che interessano in qualche modo l'attività dei fondi comuni. Tiene anche i contatti, per conto dei membri, con le agenzie governative federali preposte al controllo delle società d'investimento. (v. anche *investment company*)

investment contract: ***contratto d'investimento.*** Un contratto o un accordo informale mediante il quale una parte si limita a investire il proprio denaro in un'impresa comune, nell'aspettativa di trarne un profitto senza tuttavia svolgere alcuna forma di attività in prima persona.

investment contribution: ***contributo per investimenti.*** Somma di denaro concessa ad un'impresa dallo stato o da un suo ente a titolo di contributo finanziario per la promozione di nuovi investimenti.

investment costs: ***costi d'investimento.*** Sono costituiti da tutte le spese che si devono sostenere nell'effettuare un investimento, come ad esempio parcelle a legali e consulenti, spese di acquisto sotto forma di imposte e commissioni e simili.

investment cost theory of rate making: ***determinazione delle tariffe basata sulla teoria del costo d'investimento.*** Nelle imprese di pubblici servizi, le tariffe vengono determinate anche in base ai costi d'investimento, cioè i costi sostenuti dall'attuale proprietario per l'acquisizione dei beni capitali utilizzati per l'erogazione del servizio. (v. anche *cost of capital theory of rate making, fair return on fair value theory of rate making, original cost theory of rate making, prudent investment cost theory of rate making, reproduction cost theory of rate making*)

investment counsel: ***consulente finanziario; consulente d'investimento; esperto finanziario.*** Termine usato con lo stesso significato di *investment adviser* (v.).

investment counsellor: ***consulente finanziario; consulente d'investimento; esperto finanziario.*** Termine usato con lo stesso significato di *investment adviser* (v.).

investment credit: ***credito all'investimento; credito industriale.*** Credito a lungo termine, concesso ad un'impresa per l'investimento in beni capitali. Può essere erogato da apposite banche o enti governativi a ciò preposti, ma può anche essere rappresentato da emissioni obbligazionarie della società produttrice di beni. Il termine è anche usato con lo stesso significato di *investment tax credit* (v.).

investment currency: ***valuta da investimento.*** Espressione usata nel Regno Unito, all'epoca in cui era in vigore il controllo dei cambi, per indicare valuta straniera realizzata mediante la vendita all'estero di investimenti di proprietà di cittadini britannici e usata da altri cittadini per l'acquisizione di differenti investimenti all'estero. Tale valuta, cioè, poteva essere acquistata soltanto sul mercato delle valute da investimento e soltanto in occasione di un disinvestimento all'estero. Se la domanda su tale mercato era particolarmente alta, il prezzo che si doveva pagare per la valuta da investimento poteva essere molto più alto dell'effettivo tasso di cambio sul mercato valutario.

investment demand: ***domanda di investimenti.*** La domanda di beni di investimento da parte dei risparmiatori e degli investitori.

investment demand curve: ***curva della domanda di investimenti.*** Curva che indica le quantità di moneta che il sistema produttivo è disposto a prendere in prestito ai diversi tassi di interesse per scopo di investimento in beni capitali. Questa curva è uguale alla curva del consumatore, in quanto l'interesse da pagarsi sui prestiti può essere considerato il loro prezzo.

investment demand schedule: ***scheda della domanda di investimenti; schedula della domanda di investimenti.*** Lista che rappresenta le diverse quantità di investimenti che saranno probabilmente oggetto di domanda ai diversi tassi di interesse riportati su una corrispondente lista. Nella terminologia keynesiana, questa espressione viene usata con lo stesso significato di *marginal–efficiency–of–capital schedule* (v.).

investment department: ***reparto investimenti.*** Nelle casse di risparmio inglesi si possono effettuare due tipi principali di depositi a risparmio: quelli del cosiddetto reparto ordinario, che fruttano l'interesse minimo concesso da tali banche ma che sono prelevabili a domanda o con breve preavviso; e quelli del cosiddetto reparto investimenti, che fruttano un interesse maggiore, ma che possono essere prelevati soltanto dietro preavviso di un mese. Le casse di risparmio pongono limiti alla somma complessiva che ciascun risparmiatore può tenere sotto forma di depositi nel reparto investimenti e l'apertura di un conto del genere prevede un preventivo deposito minimo in un conto presso il reparto ordinario.

investment disincentives: ***disincentivi all'investimento.*** Provvedimenti statali che hanno l'effetto di rallentare gli investimenti, come ad esempio aumenti delle imposte sui redditi delle imprese, controlli dei prezzi di vendita e, in paesi in via di sviluppo, controlli sul rimpatrio dei profitti, limitazioni delle importazioni e altri.

investment dollar premium: ***aggio del dollaro.*** All'epoca del controllo sui cambi ed a seguito delle restrizioni imposte sull'acquisto, da parte di residenti britannici, di titoli canadesi e statunitensi e poiché la maggior parte di tali titoli trattati nel Regno Unito provenivano da residenti che se ne disfacevano, la domanda superava quasi sempre l'offerta, così che le quotazioni alla borsa valori di Londra erano sempre superiori alle quotazioni degli stessi titoli nelle borse statunitensi e canadesi. Tale differenza di corso era indicata con l'espressione aggio del dollaro, ma il fenomeno ebbe termine quando, nel 1979, il Regno Unito abolì il controllo sui cambi.

investment dollars: ***dollari per investimento.*** Dollari per investimenti esteri che, nel Regno Unito, potevano essere acquistati soltanto in uno speciale mercato, nel quale il prezzo dipendeva dal livello della domanda e dell'offerta di dollari sul mercato stesso. (v. anche *dollar pool, property currency, property dollars, investment dollar premium, investment currency*)

investment exchange: ***borsa investimenti.*** Questo termine compare nel *Company Securities (Insider Dealing) Act* del 1985 per indicare «un'organizzazione che mantiene un sistema mediante il quale un'offerta di compravendita titoli fatta da un abbonato all'organizzazione viene comunicata, senza rivelarne il nome, ad altri abbonati e mediante il quale viene registrata e confermata qualsiasi accettazione di quell'offerta da parte di uno qualsiasi di quegli altri abbonati».

investment expenditure: ***spesa in investimento.*** Nella teoria della determinazione del reddito, è la spesa complessiva in beni capitali ed è l'opposto di spesa in consumo. Corrisponde approssimativamente ad un terzo del reddito nazionale. (v. anche *consumer expenditure*)

investment firm: ***impresa di investimento.*** Lo stesso che *investment house* (v.).

investment function: ***funzione d'investimento.*** Secondo la teoria tradizionale, accolta anche da Keynes, l'investimento è una funzione decrescente del saggio dell'interesse di mercato. Concetto basilare di questa teoria è l'efficienza marginale del capitale. (v. anche *marginal efficiency of capital, propensity to invest*)

investment funds: ***fondi per investimento.*** Fondi provenienti dal risparmio privato e disponibili per essere investiti sul mercato monetario o dei capitali, di solito mediante l'acquisto di titoli a reddito fisso a breve e medio termine.

investment goods: ***beni d'investimento.*** Sono così chiamati i beni capitali, perché vengono acquistati utilizzando i risparmi in investimento invece che in consumo.

investment grade: ***grado d'investimento.*** Per i titoli a reddito fisso, negli Stati Uniti viene espresso con lettere che vanno dalla tripla A (AAA) alla tripla B (BBB), ove la tripla A indica il grado d'investimento più elevato e pertanto i titoli più sicuri.

investment grant: ***sovvenzione per investimento; contributo all'investimento.*** Sovvenzioni statali concesse all'industria per determinati scopi d'investimento, quale ad esempio l'acquisto di beni capitali necessari ad un determinato processo produttivo. Introdotte nel Regno Unito nel 1966, furono abolite nel 1970, in quanto esse creavano disparità di trattamento tra l'industria produttrice di beni e l'industria produttrice di servizi. Al loro posto furono di nuovo introdotte le deduzioni per investimento, ma rimasero in essere le sovvenzioni statali per l'edilizia industriale nelle aree depresse, con contributi che raggiungevano il 45% dei costi di costruzione di nuovi stabilimenti. (v. anche *investment allowance*)

investment guarantee: ***garanzia d'investimento.*** Espressione usata nel linguaggio finanziario statunitense per indicare un'assicurazione, prestata dallo stato, contro il rischio di esproprio, nazionalizzazione o inconvertibilità di investimenti in paesi stranieri. L'assicurazione, offerta dal governo degli Stati Uniti al fine di incoraggiare gli investimenti in aree sottosviluppate, copre gli investimenti approvati dal governo ed effettuati da imprese americane in paesi con i quali gli Stati Uniti hanno sottoscritto accordi bilaterali di cooperazione e sviluppo.

investment house: ***casa d'investimento.*** Termine generico, che può essere usato con lo stesso significato di *investment banker* (v.) e di *issuing house* (v.), ma che indica anche una qualsiasi impresa che si interessa della fornitura di servizi finanziari a terzi.

investment incentives: ***incentivi all'investimento.*** Sono agevolazioni concesse dallo stato allo scopo di incoraggiare gli imprenditori a fare investimenti in beni capitali in determinate industrie o in particolari zone del paese, generalmente quelle economicamente arretrate e con alto indice di disoccupazione. Possono prendere la forma di sovvenzioni dirette o di deduzioni e detrazioni fiscali. (v. anche *investment allowance, investment grant*)

investment income: ***reddito d'investimento.*** È il reddito netto a disposizione di un investitore dopo che sono stati detratti i costi globali dell'investimento e le imposte. L'espressione è usata per indicare il reddito proveniente da investimenti collaterali, cioè quelli che non hanno a che vedere con la normale attività in cui è impegnata l'impresa o la persona che percepisce tale reddito.

investment income surcharge: ***sovrimposta sul reddito d'investimento.*** Imposta addizionale, introdotta per la prima volta nel Regno Unito nel 1973–74, intesa a colpire più pesantemente i redditi da investimento.

investment in default: ***investimento in sofferenza.*** Si indica con questa espressione un'obbligazione i cui interessi non sono ancora stati pagati o la cui somma capitale non è stata rimborsata alla data di scadenza del titolo.

investment in financial assets: ***investimento in attività finanziarie.*** Lo stesso che *financial investment* (v.).

investment in fixed capital formation: ***investimento in formazione di capitale fisso.*** Lo stesso che *company investment* (v.).

investment institution: ***organismo di investimento.*** Lo stesso che *institutional buyer* (v.).

investment intentions: ***intenzioni d'investimento.*** I piani d'investimento di organizzazioni economiche, miranti ad incrementare le proprie attività fisse o le proprie scorte di materie prime e prodotti finiti.

investment ledger: ***libro mastro degli investimenti.*** Nella terminologia bancaria, indica l'insieme dei conti accesi ai vari investimenti in titoli. Ogni volta che si effettua un nuovo investimento, si apre un nuovo conto che contiene l'esatta descrizione del titolo azionario o obbligazionario, le date di scadenza e di incasso degli interessi o degli eventuali dividendi, la data e il prezzo di acquisto. Se il titolo viene successivamente venduto, si registreranno sul conto la data di vendita con tutti i particolari relativi all'operazione e si sottrarrà il corrispondente ammontare dal totale del libro mastro.

investment letter: ***lettera d'investimento.*** Nella terminologia finanziaria statunitense, è così detta una lettera d'intenti che, in relazione al collocamento privato di una nuova emissione di titoli, viene sottoscritta dall'emittente e dal sottoscrittore e nella quale si afferma che i titoli vengono acquistati per investimento e non per essere rivenduti a terzi (ciò, tuttavia, potrà essere fatto in seguito, al verificarsi di determinati eventi, incluso un periodo di detenzione dei titoli di almeno due anni). L'esistenza di questa lettera fa aggirare l'obbligo di registrazione dell'emissione presso la SEC.

investment–linked policy: ***polizza indicizzata.*** Tipo di polizza di assicurazione sulla vita in uso nel Regno Unito, i cui premi vengono in parte utilizzati dalle compagnie di assicurazione per acquistare quote–parti di fondi comuni d'investimento mobiliari e immobiliari, così ancorando parte della somma assicurata al prezzo d'inventario delle quote–parti e garantendo il sottoscrittore contro i rischi dell'inflazione.

investment management: ***gestione di investimenti mobiliari.*** Lo stesso che *portfolio management* (v.).

investment management house: ***casa di gestione investimenti mobiliari.*** Istituzione che opera nel settore degli investimenti mobiliari fornendo i propri servizi di gestione di portafoglio a investitori istituzionali quali i fondi comuni, le società d'assicurazioni e i fondi pensione.

Investment Management Regulatory Organization: Uno degli organismi autoregolamentati della *City* di Londra, che raggruppa un migliaio di membri i quali operano nel settore delle gestioni di portafoglio, fondi comuni d'investimento, *merchant banks*, gestioni di fondi pensioni e compagnie di assicurazioni.

investment management service: ***servizio di gestione degli investimenti.*** Servizio, offerto dalle banche, che consente ai loro clienti di disinteressarsi completamente dei loro investimenti mobiliari. È particolarmente utile per coloro che non hanno tempo o competenza per seguire i propri investimenti o per coloro che risiedono all'estero. I titoli vengono trasferiti a nome della banca la quale, in cambio di un diritto pari ad una percentuale del valore del portafoglio affidatole, li controllerà per verificare le eventuali estrazioni, venderà o acquisterà a seconda dell'andamento del mercato e delle scadenze, provvederà ad esercitare i diritti di opzione, ecc. Qualsiasi variazione in relazione alla consistenza iniziale del portafoglio può essere fatta, a seconda degli accordi intercorsi, a discrezione della banca o previa approvazione del cliente.

investment manager: ***gestore di investimenti.*** Lo stesso che *portfolio manager* (v.).

investment market: ***mercato dei titoli d'investimento; mercato degli investimenti.*** Lo stesso che *securities market* (v.).

investment multiplier: ***moltiplicatore degli investimenti.*** È l'inverso della propensione marginale al risparmio e indica il rapporto tra la variazione del reddito nazionale in conseguenza di una variazione degli investimenti e quella variazione degli investimenti. Quando si verifica un aumento degli investimenti globali, *ceteris paribus* il reddito nazionale crescerà di un ammontare che è uguale a k volte l'aumento degli investimenti. Poiché, come abbiamo detto, il moltiplicatore è l'inverso della propensione marginale al risparmio, esso varia in ragione diretta della propensione marginale al consumo, per cui quanto maggiore è questa propensione, tanto più grande sarà il moltiplicatore, cioè k. Se, ad esempio, si effettuano investimenti per un miliardo, ciò provoca un primo aumento di un miliardo del reddito totale e se la propensione marginale al consumo è dello 0,80%, il consumo globale aumenterà di ottocento milioni. Le imprese produttrici vedranno di conseguenza crescere i loro redditi di una somma uguale (secondo aumento) e a loro volta aumenteranno le loro spese di 640 milioni, e così di seguito. Il reddito totale, quindi, risulterà in definitiva aumentato di cinque volte e corrisponderà a cinque miliardi, cioè un miliardo di investimento iniziale moltiplicato per k, il moltiplicatore degli investimenti, che corrisponde a cinque, nell'esempio dato sopra, in base alla formula keynesiana: k = 1/1–0,80 = 1/0,20 = 5. La teoria del moltiplicatore non è esente da critiche, vuoi perché nell'ipotesi di un reddito monetario interamente speso in consumi la formula porta ad un moltiplicatore infinitamente grande e vuoi per i pericoli inflazionistici che implicherebbe la sua applicazione.

investment opportunities: ***opportunità d'investimento.*** La possibilità, aperta al risparmiatore, di investire il proprio denaro in maniera redditizia. Le opportunità d'investimento sono maggiori e più diversificate in presenza di un sofisticato mercato finanziario e in periodi di espansione dell'attività economica.

investment opportunity curve: ***curva di opportunità di un investimento.*** Curva, ampiamente usata da I. Fisher nella sua teoria del capitale e dell'interesse, che indica il rapporto tra quantità crescenti di moneta indirizzate verso spese in investimenti e il reddito futuro che ne deriverà. La stessa curva può descrivere anche possibilità di investimento in termini reali.

investment opportunity line: ***linea di opportunità di un investimento.*** Espressione usata con lo stesso significato di *investment opportunity curve* (v.).

investment package: ***pacchetto di investimenti.*** Insieme coerente di iniziative di investimento, la cui realizzazione contribuisce a sviluppare l'infrastruttura di un paese e l'espansione delle imprese interessate. Il termine viene spesso usato per indicare il risultato dell'azione di «catalizzatore» svolta da agenzie o enti preposti al reperimento e alla somministrazione di aiuti ai paesi in via di sviluppo, qual è ad esempio la *International Finance Corporation* (v.).

investment plan: ***piano d'investimento.*** È il programma di investimento in attrezzature e impianti che la maggior parte delle imprese produttrici di beni e servizi conta di realizzare nel breve o nel lungo periodo. Lo stesso termine si usa per indicare un piano di versamenti compiuti da un risparmiatore ad intervalli di tempo regolari, che gli consente di costituire un patrimonio investito in quote–parti di un fondo comune d'investimento. Tale piano presenta il vantaggio di mediare i costi di acquisto delle quote–parti, purché il risparmiatore rispetti le scadenze di versamento.

investment planning: ***pianificazione degli investimenti.*** Scaglionamento degli investimenti nel tempo e nei diversi settori economici da parte di investitori istituzionali, di organismi statali e di imprenditori.

investment policy: ***politica degli investimenti.*** Le linee seguite da uno stato, da un'organizzazione o da un imprenditore nel decidere il tipo e la quantità di investimenti da effettuare, nonché le epoche in cui effettuarli. Lo stesso termine si usa nel linguaggio finanziario per indicare l'insieme delle direttive seguite nel campo dei collocamenti patrimoniali, al fine di realizzare il miglior risultato possibile.

investment portfolio: ***portafoglio titoli; portafoglio di investimenti.*** Elenco dei titoli azionari, obbligazionari e di altra natura, di proprietà di un privato o di un'istituzione quale può essere una banca, una società di assicurazioni o un fondo comune d'investimento. La composizione di un portafoglio titoli varierà a seconda dello scopo che si prefigge l'investitore, cioè se suo scopo principale è quello di ottenere un reddito alto o sicuro, oppure quello di trarre vantaggio dalla crescita dei titoli, cioè dall'incremento del loro valore che consente la realizzazione di un utile di capitale. Tuttavia, una caratteristica comune a qualsiasi tipo di portafoglio titoli dovrebbe essere la più ampia diversificazione, che ha come conseguenza il massimo frazionamento del rischio. Quando il termine inglese viene usato in senso più lato, esso include investimenti di natura diversa da quella dei valori mobiliari, quali ad esempio ipoteche e altri titoli finanziari e investimenti in beni reali.

investment profitability: ***redditività di un investimento.*** La capacità di un investimento di produrre un utile a vantaggio di chi lo effettua.

investment properties: ***immobili per investimento.*** Beni immobili detenuti da un'impresa o da un privato a scopo d'investimento o di locazione e non per uso proprio.

investment ratio: ***indice di investimento.*** È il rapporto tra le risorse di cui dispone un paese e la quantità di esse destinate all'investimento. In altre parole, indica l'investimento produttivo come percentuale del prodotto nazionale lordo.

investment remuneration: ***remunerazione di un investimento.*** Consiste degli interessi o dei dividendi percepiti da chi effettua un investimento in valori mobiliari.

investment resources: ***risorse per investimento; mezzi di investimento.*** Lo stesso che *investment funds* (v.).

investment revaluation reserve: ***fondo rivalutazione investimenti.*** Un fondo di riserva al quale vengono addebitate o accreditate le variazioni del valore di mercato di beni d'investimento.

investment risk: ***rischio d'investimento.*** Non esistendo un investimento sicuro al cento per cento, qualsiasi forma presenta i suoi rischi. L'investimento in valori mobiliari presenta il rischio di mancata remunerazione del capitale investito e di fallimento dell'impresa nei cui titoli si investe; l'investimento immobiliare presenta il rischio di remunerazione inadeguata e di esproprio, distruzione e obsolescenza degli edifici a seguito di sinistri o calamità naturali; l'investimento in preziosi o beni rifugio presenta il rischio di furto e smarrimento, e così via.

investment–saving curve: ***curva investimento–risparmio; scheda IS.*** Una curva che congiunge tutti i punti su un grafico nei quali le combinazioni di reddito e tasso d'interesse danno luogo a un mercato dei beni in equilibrio. Ciò si verifica quando l'investimento, che varia col variare del tasso d'interesse, eguaglia il risparmio, che varia col variare del livello del reddito. (v. anche *saving/investment theory*)

investment–saving schedule: ***scheda investimento–risparmio; scheda IS.*** Lo stesso che *investment–saving curve* (v.), ma esposto in forma tabulare.

investment schedule: ***scheda degli investimenti.*** Una scheda che mostra la relazione tra investimenti e i livelli del reddito nazionale.

investment securities: ***titoli d'investimento.*** Valori mobiliari richiesti dai risparmiatori a scopo di investimento, cioè per essere conservati in previsione della loro crescita, che frutterà un reddito di capitale, e dei dividendi che essi distribuiscono. Si tratta generalmente di titoli emessi da società solide, i cui corsi non sono soggetti a frequenti fluttuazioni, ma crescono lentamente e costantemente nel corso degli anni. (v. anche *speculative securities*)

investment services: ***servizi di investimento.*** Servizi offerti dalle banche commerciali ai loro clienti in relazione a operazioni di investimento in valori mobiliari. Comprendono l'incasso e l'accreditamento in conto di interessi e dividendi; l'esercizio di diritti di opzione in relazione a aumenti di capitale o altre operazioni sul capitale di società quotate in borsa; la sottoscrizione di nuove emissioni per conto dei clienti; il deposito a custodia di valori mobiliari; la compravendita di valori mobiliari; ecc.

investment share: ***azione d'investimento.*** Espressione usata nel Regno Unito per indicare azioni di *building societies* (v.) acquistate dai risparmiatori come investimento. Tale tipo di azioni, che differisce dalle normali azioni di capitale trattate sul mercato mobiliare, rende un interesse superiore a quello di altre forme di investimento a reddito fisso e nello stesso tempo è garantito dalle attività della *building society.* A rigor di termini, tuttavia, non dovrebbero chiamarsi azioni, essendo simili ad un qualsiasi *investment certificate* (v.) emesso negli Stati Uniti.

investment shortfall: ***carenza di investimenti.*** La situazione che si verifica in un sistema economico quando la maggior parte delle risorse viene destinata ai consumi e non si crea il risparmio necessario a mantenere gli investimenti a un livello tale da non fare diminuire l'occupazione, la formazione di capitale fisso e la produttività.

investment spending: ***spesa in investimento; spesa di investimento.*** Lo stesso che *investment expenditure* (v.).

investment strategy: ***strategia di investimento.*** Un piano per la ripartizione delle disponibilità tra investimenti di vario tipo, che vanno dai più liquidi e esenti da rischio, quali i titoli di stato, ai meno liquidi, ad esempio un investimento immobiliare, e ai più rischiosi ma più remunerativi, come ad esempio il *venture capital* (v.) e i *junk bonds* (v.). Un tale piano deve tener conto sia della situazione economica del paese o dei paesi in cui si investe, sia delle aspettative e disposizioni dell'investitore.

investment surcharge: ***sovrimposta sugli investimenti.*** Lo stesso che *investment income surcharge* (v.).

investment tax credit: ***credito d'imposta per investimenti.*** Misura fiscale adottata dal governo degli Stati Uniti nel quadro più ampio della creazione delle cosiddette *enterprise zones* (v.). Prevedeva che le imprese che investivano in tali zone avessero diritto a uno sgravio fiscale di entità variabile a seconda del tipo di investimento, che poteva essere portato in detrazione dai futuri redditi soggetti a imposta. Trattandosi di un credito, le imprese investitrici potevano avvantaggiarsi di questa agevolazione fiscale soltanto se e quando avessero realizzato utili. Appare, quindi, evidente l'intenzione del legislatore di dare a questo credito d'imposta la chiara connotazione di incentivo allo sviluppo delle imprese che si insediavano o erano già ubicate nelle *enterprise zones.* Il credito d'imposta per investimento è stato abolito negli Stati

Uniti nel 1986, a seguito dell'approvazione del *Tax Reform Act* (v.).

investment theory: ***teoria dell'investimento.*** Lo stesso che *saving/investment theory* (v.).

investment trust: ***società d'investimento; fondo comune d'investimento mobiliare.*** Termine usato con lo stesso significato di *investment company* (v.).

investment trust company: ***società d'investimento; fondo comune d'investimento mobiliare.*** Termine usato con lo stesso significato di *investment company* (v.).

investment turnover: ***indice di rotazione degli investimenti.*** Indica il numero di volte che in un determinato periodo di tempo, generalmente un anno, il valore dell'investimento di un'impresa viene realizzato attraverso le vendite e reinvestito nell'attività. Si ottiene dividendo il valore globale delle vendite per il valore globale del capitale investito, cioè capitale netto più obbligazioni in circolazione.

investor: ***investitore; risparmiatore.*** Colui che, astenendosi dal consumo, crea un risparmio di cui poi gode i frutti attraverso un investimento diretto in un'attività produttrice di beni e servizi o prestando ad altri il proprio risparmio affinché sia investito nel processo produttivo.

investor protection: ***protezione degli investitori; tutela degli investitori.*** Serie di misure mediante le quali si tenta di tutelare gli investitori in titoli azionari contro gestioni fraudolente di società per azioni e azioni speculative, di solito condotte e promosse dalle stesse società. Si concretizza con disposizioni di legge sulla gestione e sulla pubblicizzazione dei bilanci delle società quotate in borsa e con un serio e approfondito esame della reale situazione di quelle società che chiedono di essere ammesse alla quotazione in borsa.

investor–purchaser: ***investitore–acquirente.*** Colui che effettua l'acquisto di un bene considerato di investimento e non di consumo. Ad esempio, chi acquista una casa o altro bene immobile è considerato un investitore–acquirente.

investor relations: ***relazioni con gli investitori.*** Espressione di recente formazione, coniata sul modello di *public relations* (v.), con la quale si indica il servizio istituito da grosse società, da multinazionali o da case di emissione allo scopo di tenere gli azionisti informati sull'andamento dell'impresa. Le informazioni diffuse dagli uffici appositi sono dirette principalmente ai mercati stranieri nei quali si trattano le azioni delle società in questione.

investor relations department: ***ufficio relazioni con gli investitori.*** L'ufficio preposto al servizio detto sotto *investor relations* (v.).

investor service: ***servizio per gli investitori.*** Lo stesso che *level one service* (v.).

investors in industry: Anche nota come 3I, è la società descritta sotto *Industrial and Commercial Finance Corporation* (v.).

investors method: ***metodo del rendimento.*** Lo stesso che *yield method* (v.).

investor's yield: ***rendimento dell'investitore.*** Lo stesso che *internal rate of return* (v.).

invisible account: ***conto delle partite invisibili.*** Il conto della bilancia dei pagamenti di un paese nel quale vengono registrate le entrate e le uscite relative alla vendita e all'acquisto di esportazioni e importazioni invisibili.

invisible assets: ***attività immateriali.*** Lo stesso che *intangible assets* (v.).

invisible balance: ***bilancia delle partite invisibili.*** Parte della bilancia dei pagamenti che registra i movimenti delle cosiddette partite invisibili tra paesi stranieri. Un deficit di questa bilancia può essere compensato da un'eccedenza presente nella bilancia delle partite visibili e viceversa. Nel Regno Unito, ad esempio, la bilancia delle partite visibili è stata spesso in passivo, ma veniva compensata da un attivo nella bilancia delle partite invisibili. (v. anche *balance of payments, invisible exports and imports, visible balance, visible items*)

invisible banking: ***attività bancaria invisibile.*** Neologismo usato con lo stesso significato di *off–balance–sheet operations* (v.). Il termine deriva appunto dal fatto che non comparendo nei bilanci, queste operazioni restano «invisibili».

invisible earnings: ***entrate invisibili.*** Uno degli elementi che costituiscono la bilancia dei pagamenti di un paese e precisamente quello che include: a) le entrate derivanti da servizi nei settori del commercio e della finanza; b) le entrate derivanti da proprietà o partecipazioni all'estero.

invisible exports: ***esportazioni invisibili.*** V. spiegazione sotto *invisible exports and imports.*

invisible exports and imports: ***esportazioni e importazioni invisibili; partite invisibili.*** Nella bilancia internazionale dei pagamenti vengono indicate con questa espressione le entrate e le uscite di beni e servizi non rilevabili direttamente, in quanto provocate da spostamenti di persone tra due paesi, da produzione in patria e vendita all'estero di servizi, da attività della marina mercantile nazionale per conto di cittadini stranieri e viceversa, da investimenti di capitali all'estero, da rimesse di emigranti, ecc. Queste partite entrano nella costituzione della bilancia commerciale e, agendo come importazioni ed esportazioni, danno luogo a corrispondenti uscite e entrate di valute estere. (v. anche *balance of payments, current account balance 1, invisible balance, balance of trade, visible items*)

invisible hand: ***mano invisibile.*** Termine usato da Adam Smith nel sostenere la tesi che quando ciascun individuo è spinto nelle sue azioni da interesse personale, non può che derivare un benessere per l'intera società per cui, sempre secondo A. Smith, la società è regolata da una «mano invisibile» che assicura il benessere generale anche se gli individui ricercano il benessere particolare.

invisible–hand doctrine: ***dottrina della mano invisibile.*** È la dottrina esposta da Adam Smith nel 1776 e spiegata sotto *invisible hand* (v.).

invisible imports: ***importazioni invisibili.*** V. spiegazione sotto *invisible exports and imports.*

invisible items: ***partite invisibili.*** Termine usato con lo stesso significato di *invisible exports and imports* (v.).

invisible receipts: ***entrate delle partite invisibili.*** Lo stesso che *invisible earnings* (v.).

invisibles: ***partite invisibili.*** Termine usato come sinonimo di *invisible exports and imports* (v.).

invisible sector: ***settore invisibile.*** Lo stesso che *tertiary sector* (v.).

invisible supply: ***offerta invisibile.*** Questo termine viene usato per indicare una quantità di beni indeterminata, ma in teoria disponibile sul mercato in quanto giacente presso grossisti, produttori o consumatori finali.

invisible trade: ***scambio invisibile.*** È lo scambio di importazioni ed esportazioni invisibili tra paesi e, pertanto, il termine corrisponde a *invisible exports and imports* (v.).

invitation: ***invito.*** Nel linguaggio finanziario, questo termine indica il telex inviato da una banca capofila ad altre banche per invitarle a partecipare ad un'emissione sul mercato primario, particolarmente sull'euromercato.

L'invito indica le condizioni dell'emissione e contiene la richiesta esplicita di far sapere se la banca cui esso è indirizzato intende partecipare all'operazione.

invitation to bid: ***invito a partecipare a un'asta.*** È l'avviso d'asta, pubblicato in un qualsiasi giornale o reso di pubblico dominio in altra maniera, con il quale si invitano gli interessati a fare offerte in relazione ad un appalto o ad una commessa da assegnare. Quando si tratta di asta per appalto di lavori pubblici, l'avviso deve essere pubblicato in determinate pubblicazioni ufficiali ed esso di solito contiene i capitolati d'appalto sui quali devono basarsi le offerte. Il termine è usato sia che si tratti di asta svolta col sistema delle offerte segrete, sia che si tratti di asta svolta col sistema delle offerte aperte. (v. anche *open bid, sealed bid*)

invitation to make an offer: ***invito a fare un'offerta.*** Espressione usata con lo stesso significato di *invitation to treat* (v.).

invitation to tender: ***invito a partecipare a un'asta.*** Espressione usata con lo stesso significato di *invitation to bid* (v.).

invitation to treat: ***offerta di un contratto alla generalità; invito a trattare.*** Si indica con questa espressione l'azione di un venditore che pubblicizza i suoi prezzi o in un catalogo o apponendo cartellini segnaprezzo a beni esposti per la vendita. Da un punto di vista giuridico, ciò non significa che il venditore è obbligato a vendere a quel prezzo, in quanto la sua azione corrisponde ad un invito ai potenziali clienti a trattare facendo un'offerta che egli potrebbe, però, rifiutare. (v. anche *offer*)

invoice: ***fattura.*** Documento commerciale emesso dal venditore di beni o servizi e inviato al compratore. La fattura indica le generalità e l'indirizzo delle due parti e del vettore, il mezzo di trasporto, la descrizione, la quantità, il prezzo unitario e il prezzo complessivo dei beni, le spese accessorie, l'aliquota e l'importo dell'imposta sul valore aggiunto o altra imposta equivalente, l'importo complessivo della fornitura e gli eventuali sconti, la forma di pagamento, le condizioni relative alla consegna e termina con le parole *errors and omissions excepted* (abbreviate in *E. & O. E.*), corrispondenti alla nostra frase salvo errori ed omissioni (S. E. & O.). Se il pagamento dei beni è stabilito in contanti, l'invio della fattura corrisponde ad un invito a pagare.

invoice book: ***copia–fatture; registro delle fatture.*** Lo stesso che *invoice register* (v.).

invoice clerk: ***impiegato addetto alla fatturazione.*** Termine usato con lo stesso significato di *billing clerk* (v.).

invoice cost: ***costo di fattura; costo di acquisto.*** È il costo sostenuto dal compratore per l'acquisto di un bene o servizio ed esposto nella fattura. Generalmente corrisponde al costo netto, dopo che sono stati detratti eventuali sconti d'uso e per pagamento in contanti. (v. anche *invoice*)

invoice discounting: ***sconto crediti.*** La pratica di cedere i crediti, rappresentati da cambiali o da fatture, ad una società finanziaria che anticipa al cedente parte del credito e si incarica di incassarlo quando esso giunge a scadenza. La rimanente parte del credito viene versata soltanto dopo l'incasso, detratta la commissione della società finanziaria che, nel Regno Unito, si aggira sull'uno e mezzo per cento al di sopra del tasso ufficiale di sconto. Questa operazione consente al venditore di procurarsi denaro e di non tenere grosse somme immobilizzate in crediti. (v. anche *factoring*)

invoice factoring: ***sconto crediti.*** Lo stesso che *invoice discounting* (v.).

invoice price: ***prezzo di fattura.*** È il prezzo di costo di un articolo per il rivenditore, come appare sulla fattura inviatagli dal suo fornitore. L'espressione è, pertanto, simile a *invoice cost* (v.).

invoice register: ***copia–fatture; registro delle fatture.*** Libro contabile nel quale vengono registrate in ordine cronologico le fatture con tutti gli elementi relativi, quali numero progressivo, generalità del cliente, importo, ecc.

invoice value: ***valore di fattura.*** È il valore di un bene, quale risulta dalla fattura emessa dal venditore. Viene spesso usato per la determinazione dei dazi di importazione o altre forme di imposte.

invoicing: ***fatturazione.*** L'emissione e l'invio al compratore della fattura relativa ai beni o servizi da lui acquistati. La fatturazione può aver luogo prima o dopo la spedizione o la consegna dei beni o l'erogazione dei servizi. (v. anche *invoice, post–invoicing, pre–invoicing*)

invoicing department: ***ufficio fatturazione.*** Termine usato con lo stesso significato di *billing department* (v.).

involuntary absentee: ***assenteista involontario.*** Persona spesso costretta a non recarsi al proprio posto di lavoro, per motivi di salute cagionevole.

involuntary abstension: ***astinenza involontaria.*** Lo stesso che *automatic lacking* (v.).

involuntary bankruptcy: ***fallimento involontario.*** L'espressione inglese indica la procedura concorsuale che si avvia a seguito di istanza di un creditore, per distinguerla da quella che si avvia su istanza del debitore.

involuntary conversion: ***conversione involontaria.*** La sostituzione di un bene capitale ad un altro distrutto o reso inutilizzabile a seguito di incidente o da vetustà o altra causa. L'impresa può portare a detrazione del reddito imponibile parte del costo del nuovo bene capitale.

involuntary investment: ***investimento involontario.*** Un investimento non programmato in scorte o giacenze, derivante da un improvviso e inaspettato calo della domanda.

involuntary lending: ***prestiti non volontari; concessione di prestiti non volontari.*** La concessione di nuovi prestiti a un creditore allo scopo di consentirgli di servire, e di non costringerlo a ripudiare, il debito in essere, nella speranza che riesca a risollevarsi dalla crisi in cui si trova e a rimborsare il prestito in un momento futuro. Il termine è stato usato principalmente in relazione alla crisi debitoria dei paesi in via di sviluppo.

involuntary saving: ***risparmio forzato; risparmio coattivo; risparmio forzoso.*** Lo stesso che *forced saving* (v.).

involuntary unemployment: ***disoccupazione involontaria.*** Si verifica quando una persona è senza lavoro non per sua scelta, ma perché non riesce a trovare un'occupazione. Se accoppiata a una scarsa mobilità della manodopera, è uno dei problemi di più difficile soluzione in un'economia e in particolare nelle aree meno sviluppate industrialmente. Keynes, nella sua opera *The General Theory of Employment, Interest and Money*, sostiene che esiste disoccupazione involontaria quando, nel caso di un piccolo aumento del prezzo delle merci–salario in relazione al salario monetario, sia l'offerta complessiva di lavoro disposto a occuparsi al salario monetario corrente sia la sua domanda complessiva a quel livello di salario sarebbero maggiori del volume di occupazione esistente. Quando esiste disoccupazione involontaria, la disutilità marginale del lavoro è inferiore all'utilità del prodotto marginale. (v. anche *voluntary unemployment*)

invt.: inventory.

inward charges: ***spese di entrata.*** Sono le spese che una nave deve sostenere per entrare in un porto.

inward clearing bill: ***atto di verifica doganale; certificato di verifica doganale.*** Termine usato con lo stesso significato di *jerque note* (v.).

inward-oriented policy: ***politica orientata all'interno.*** Una politica commerciale che privilegia gli scambi sul mercato interno del paese che la adotta e la produzione di tutti o della maggior parte dei beni richiesti dal mercato. Un tale tipo di politica rallenta la crescita economica del paese, come è dimostrato dal caso dell'Australia che, nel 1870, era il paese più ricco del mondo, ma a seguito dell'adozione di una politica orientata all'interno, la sua quota di commercio mondiale in rapporto al prodotto nazionale lordo ristagnò e il reddito relativo del paese diminuì. Oggi l'Australia è ancora un paese ricco, ma non ha affatto approfittato delle opportunità che le si presentarono in passato.

I.O.U.: ***dichiarazione di credito.*** Abbreviazione della frase inglese *I owe you* (= io ti devo). È un semplice riconoscimento scritto di un debito, redatto su carta semplice e in maniera informale. Pur se può essere esibito in giudizio come prova dell'esistenza di un credito, non può essere considerato prova dell'ammontare del credito stesso. Essendo un semplice riconoscimento di debito, non è negoziabile e non prevede decorrenza di interessi.

I.P.M.: Institute of Personnel Management.

IPO: initial public offering.

I.R.: inland revenue.

IRA: individual retirement account.

I.R.C.: 1) Industrial Reorganization Corporation; 2) Internal Revenue Code.

Irish Development Authority: Ente istituito nel 1949 per promuovere lo sviluppo industriale della Repubblica d'Irlanda. Esso ha offerto notevoli incentivi agli investitori esteri, specialmente sotto forma di contributi in moneta. Una delle principali attenzioni dell'ente è stata quella di evitare investimenti eccessivi nell'area di Dublino, dirottandoli verso altre zone meno sviluppate del paese.

I.R.O.: Inland Revenue Office.

Iron and Steel Board: Ente istituito nel Regno Unito nel 1953, quando fu denazionalizzata l'industria siderurgica britannica, perché provvedesse a rivendere ai privati la parte dell'industria che era stata nazionalizzata nel 1950. Quando, nel 1967, l'industria siderurgica fu nuovamente nazionalizzata, questo ente fu sostituito da un altro, il *British Steel Corporation.*

Iron and Steel Corporation: Ente costituito nel Regno Unito all'atto della nazionalizzazione dell'industria siderurgica britannica nel 1950, col compito di rilevare le azioni del 96% delle imprese operanti nel settore. Quando, nel 1953, l'industria siderurgica fu snazionalizzata, questo ente fu sostituito dall'*Iron and Steel Board* (v.).

iron and steel exchange: ***borsa del ferro e dell'acciaio.*** È uno dei mercati altamente organizzati di Londra, nel quale si tratta la compravendita dei prodotti dell'industria siderurgica.

iron law of wages: ***legge ferrea dei salari.*** Lo stesso che *brazen law of wages* (v.).

irr.: irredeemable.

I.R.R.: internal rate of return.

irrational behaviour: ***comportamento irrazionale.*** Per l'economista, è irrazionale il comportamento del consumatore o del produttore che non tendono a massimizzare rispettivamente la propria utilità e il proprio profitto.

irrationality: ***irrazionalità.*** Il comportamento dei consumatori è spesso ispirato da irrazionalità, come ad esempio avviene quando si compra qualcosa per semplice abitudine o per impulso senza preventivamente considerare se il bene si trova sulla scala delle preferenze o quale altro consumo deve essere sacrificato per far fronte alla spesa dell'acquisto dettato dall'impulso. Un altro comportamento irrazionale del consumatore è quello di ritenere che un bene più costoso sia necessariamente migliore di un bene uguale ma venduto ad un prezzo inferiore. L'analisi economica, tuttavia, non può e non deve tenere conto dell'irrazionalità nel comportamento dei consumatori e, pertanto, li considera tutti spinti dalla più perfetta razionalità. Se non facesse così, infatti, sarebbe impossibile formulare una qualsiasi teoria della domanda.

irrational number: ***numero irrazionale.*** Qualsiasi numero che esprime un rapporto tra grandezze incommensurabili e che non si può rappresentare con un numero finito di cifre, ma soltanto con una successione indefinita di uno stesso gruppo di cifre.

irrecoverable: ***irrecuperabile.*** Detto di perdite, spese o crediti che non possono essere recuperati.

irredeemable: ***irredimibile.*** Aggettivo usato in relazione a titoli che non hanno una data di scadenza. Generalmente si tratta di titoli del debito pubblico consolidato, per i quali lo stato non si assume l'obbligo del rimborso, pur riservandosene il diritto, ma si impegna soltanto a pagare gli interessi annui. (v. anche *irredeemable bond*)

irredeemable bond: ***cartella di rendita; certificato di rendita.*** Sono dette cartelle di rendita i titoli rappresentativi del debito pubblico consolidato, per il quale lo stato si impegna a pagare l'interesse in perpetuo, ma non si assume l'obbligo del rimborso.

irredeemable currency: ***valuta inconvertibile.*** Termine usato con lo stesso significato di *inconvertible currency* (v.).

irredeemable debenture: ***obbligazione irredimibile.*** Obbligazione che non contiene alcuna clausola relativa al rimborso della somma capitale. L'emittente si impegna soltanto a pagare un interesse annuo, che assume le caratteristiche di una rendita per l'obbligazionista. Anche se irredimibili, tali obbligazioni diventano rimborsabili se non vengono regolarmente corrisposti gli interessi o in caso di liquidazione della società emittente.

irredeemable foreign-exchange standard: ***sistema monetario a cambio aureo.*** Lo stesso che *gold exchange standard* (v.).

irredeemable money: ***moneta inconvertibile; moneta a corso forzoso.*** Termine usato con lo stesso significato di *inconvertible money* (v.).

irredeemables: ***titoli irredimibili.*** Termine usato con lo stesso significato di *irredeemable securities* (v.).

irredeemable securities: ***titoli irredimibili.*** Sono indicati con questo termine tutti i titoli, siano essi obbligazioni o cartelle di rendita, che non prevedono il rimborso della somma capitale, ma soltanto il pagamento degli interessi annui. Titoli del genere possono essere convertiti in moneta soltanto attraverso la vendita al loro prezzo di mercato. (v. anche *irredeemable bond, irredeemable debenture*)

irredeemable stock: ***cartella di rendita; certificato di rendita.*** Termine usato con lo stesso significato di *irredeemable bond* (v.).

irrefutable presumption: ***presunzione assoluta.*** Nel linguaggio giuridico, si indica con questa espressione la presunzione per la quale non è ammessa la prova contraria, in quanto date certe premesse di fatto, si devono necessariamente trarre determinate conseguenze giuridiche. (v. anche *presumption, refutable presumption*)

irregular: ***irregolare; fallato.*** In relazione a beni di consumo, questo termine indica che essi presentano qualche lieve imperfezione che non influenza l'uso o la durabilità, ma soltanto l'aspetto esteriore, il che induce il venditore a cederli a un prezzo ridotto.

irregular deposit: ***deposito irregolare; deposito a uso.*** Il deposito di moneta o altri beni fungibili di cui il depositario acquista la proprietà e che può utilizzare, avendo tuttavia l'obbligo di restituirne la medesima quantità, pur se non esattamente gli stessi esemplari, a richiesta del depositante.

irregular employment: ***occupazione saltuaria; occupazione irregolare.*** È così chiamata un'occupazione che non offre garanzia di continuità o che impiega il lavoratore solo se e quando vi è lavoro da svolgere. Fu una delle cause principali di povertà nel diciannovesimo secolo e solo recentemente si è cercato di ridurla se non proprio di eliminarla. (v. anche *casual labour*)

irregularity: ***irregolarità.*** In contabilità, indica un errore nelle scritture. Può essere un errore materiale, dovuto a distrazione o imperizia, oppure una deliberata falsificazione.

irrevocable and confirmed credit: ***credito confermato e irrevocabile.*** Credito irrevocabile aperto da una banca presso un'altra banca a favore di un beneficiario. Se la banca presso la quale esso viene aperto conferma al cliente che essa si assume l'impegno di dare esecuzione all'ordine ricevuto dalla banca accreditante, il credito è detto confermato, ed essendo anche irrevocabile da parte della banca accreditante esso è detto confermato e irrevocabile. È un sistema di pagamento molto usato nel commercio internazionale, quando l'esportatore vuol essere certo che sarà pagato e l'importatore vuole garanzia che le merci siano spedite prima che si proceda al loro pagamento. Questa forma di pagamento soddisfa ambedue le parti, perché l'esportatore dovrà consegnare alla banca pagatrice i documenti rappresentativi delle merci prima di poter disporre della somma accreditatagli. (v. anche *irrevocable credit*)

irrevocable credit: ***credito irrevocabile.*** Credito che, una volta aperto e notificato al beneficiario, non può venir annullato dalla banca che l'ha aperto. Un credito irrevocabile è diverso da un credito confermato. (v. anche *irrevocable and confirmed credit*)

irrevocable documentary acceptance credit: ***credito di accettazione irrevocabile.*** Forma di credito usata nel commercio internazionale allo scopo di facilitare il pagamento di beni e servizi oggetto di scambio tra paesi stranieri. L'importatore apre un credito, presso una banca nel paese dell'esportatore, a favore di quest'ultimo. La banca presso la quale viene aperto il credito rilascia all'esportatore una lettera di credito irrevocabile e si impegna ad accettare cambiali, emesse dall'esportatore sulla banca, fino alla concorrenza della somma indicata nella lettera di credito, in concomitanza della consegna dei documenti rappresentativi delle merci. Se la fornitura è in un'unica spedizione, l'esportatore presenterà una sola cambiale, ma se essa consiste di più spedizioni successive e ad intervalli di tempo, ad ogni spedizione corrisponderà una cambiale il cui importo sarà uguale al valore della merce spedita. (v. anche *irrevocable letter of credit*)

irrevocable letter of credit: ***lettera di credito irrevocabile.*** È una lettera di credito che non può essere revocata, senza il consenso del beneficiario, per tutta la durata indicata nella lettera stessa. Trascorso tale termine, se non sono state corrisposte le prestazioni per le quali essa fu emessa, la lettera di credito si annulla automaticamente. (v. anche *letter of credit*)

I.R.S.: Internal Revenue Service.

IS curve: ***curva investimento–risparmio; scheda IS.*** V. spiegazione sotto *investment–saving curve.*

ISE: International Stock Exchange.

IS function: ***funzione IS.*** Una funzione che mostra tutte le possibili combinazioni del livello di reddito e tasso d'interesse che determina l'equilibrio tra domanda e offerta aggregata di beni e servizi.

I.S.I.C.: International Standard Industrial Classification.

ISIS: Intermarket Surveillance Information System.

Islamic Development Bank: Banca istituita nel 1976, con sede principale a Gedda, allo scopo di finanziare lo sviluppo dei paesi a popolazione prevalentemente islamica.

IS–LM model: ***modello IS–LM.*** È un grafico sul quale vengono riportate contemporaneamente la scheda IS e la scheda LM e mediante il quale è possibile determinare simultaneamente sia il reddito che il saggio dell'interesse. Questo modello fu proposto per la prima volta dall'economista inglese John Hicks come esposizione dell'argomento di fondo proposto da J.M. Keynes in *The General Theory of Employment, Interest, and Money.* (v. anche *investment–saving curve, liquidity–money curve*)

iso–cost contour: ***isocosto; linea d'isocosto; curva d'isocosto; retta del bilancio del produttore.*** Termine usato con lo stesso significato di *iso–outlay curve* (v.).

iso–cost curve: ***isocosto; linea d'isocosto; curva d'isocosto; retta del bilancio del produttore.*** Termine usato come sinonimo di *iso–outlay curve* (v.).

iso–cost line: ***isocosto; linea d'isocosto; curva d'isocosto; retta del bilancio del produttore.*** Termine usato come sinonimo di *iso–outlay curve* (v.).

iso–cost map: ***mappa d'isocosto.*** Grafico o diagramma nel quale si possono mostrare, per mezzo di isoplete, le variazioni del costo di approvvigionamento insieme alle distanze da qualunque centro di approvvigionamento.

iso–expenditure line: ***linea di uguale spesa; linea del bilancio.*** Termine usato con lo stesso significato di *budget line* (v.).

iso–outlay curve: ***isocosto; linea d'isocosto; curva d'isocosto; retta del bilancio del produttore.*** Se su un piano cartesiano poniamo diverse quantità di un fattore della produzione su un asse e diverse quantità di un altro fattore della produzione sull'altro asse, la linea di isocosto è la linea retta che unisce qualsiasi punto su un asse con un punto sull'altro asse e che rappresenta tutte le possibili combinazioni dei due fattori che si possono acquistare con lo stesso esborso di moneta, cioè con una spesa complessiva costante.

iso–outlay line: ***isocosto; linea d'isocosto.*** Lo stesso che *iso–outlay curve* (v.).

isopleth: ***isopleta; linea isopleta.*** Su un grafico, è la linea che unisce i punti ai quali il valore di una qualsiasi quantità misurabile risulta lo stesso.

iso–product curve: ***isoquanto; curva di uguale produzione; curva d'indifferenza del produttore.*** Se su un piano cartesiano poniamo su un asse diverse quantità di un fattore della produzione e sull'altro asse diverse quantità di un altro fattore della produzione, l'isoquanto è la curva che indica le varie combinazioni dei due fattori che daranno la stessa quantità di prodotto. L'isoquanto è detto normale quando esso corrisponde a una curva convessa rispetto all'origine degli assi cartesiani e inclinata verso il basso da sinistra verso destra. Ciò significa che il tasso marginale di sostituzione del fattore riportato sull'asse delle ordinate è negativo, cioè va diminuendo con l'aumentare del fattore riportato sull'asse delle ascisse. Si può tracciare un numero infinito di isoquanti per ciascun produttore ed essi hanno la caratteristica di non incontrarsi mai tra loro. Le curve più in alto e più a destra sul grafico indicano le combinazioni che daranno maggiori quantità di prodotto. (v. anche *indifference curve*)

iso–profit curve: ***curva di isoprofitto; linea di uguale profitto.*** Per un'impresa che produce una varietà di beni, è la linea che su un grafico unisce tutte le variazioni di produzione di ciascun bene alle quali il profitto totale risulta invariato. Si presume che l'impresa non sia in grado di massimizzare il profitto derivante da un solo prodotto senza far diminuire allo stesso tempo il profitto derivante da altri prodotti.

isoquant: 1. ***isoquanto; curva di uguale produzione; curva d'indifferenza del produttore.*** Termine usato con lo stesso significato di *iso–product curve* (v.). **2.** ***isoquanto.*** Il termine inglese è a volte usato in senso più lato per indicare una curva che rappresenti uguali quantità di qualcosa e non soltanto uguali quantità di produzione.

iso–revenue curve: ***curva d'isoricavo; linea d'isoricavo.*** Se su un piano cartesiano poniamo quantità diverse di un bene sull'asse delle ordinate e quantità diverse di un altro bene sull'asse delle ascisse, la curva di isoricavo è rappresentata dalla linea retta che congiunge un qualsiasi punto sull'asse delle ordinate con l'unico punto sull'altro asse che darà lo stesso valore totale delle vendite, in termini monetari, relativo al secondo bene. Allora, tutti i punti su questa linea rappresentano varie combinazioni di quantità dei due beni la cui vendita darà lo stesso valore monetario totale finché resta invariato il prezzo unitario di ciascun bene.

iso–revenue line: ***linea d'isoricavo.*** Lo stesso che *iso–revenue curve* (v.).

iso–utility curve: ***curva d'indifferenza; linea d'indifferenza.*** Lo stesso che *indifference curve* (v.), in relazione all'utilità di un consumatore.

iss.: issue.

IS schedule: ***scheda IS.*** V. *investment–saving schedule.*

issue: ***emissione.*** Il termine viene usato nei seguenti significati: a) l'operazione mediante la quale si dà inizio alla circolazione di moneta o titoli di credito; b) l'insieme di azioni, obbligazioni o altri valori mobiliari venduti dall'emittente in un qualsiasi momento, anche se in più scaglioni successivi.

issue broker: ***intermediario di emissione.*** È un *broker* (v.) che agisce per conto di una società o altro ente nell'emissione di azioni, obbligazioni o altri valori mobiliari. Di solito si tratta di una grossa istituzione finanziaria o di un consorzio di banche. (v. anche *issuing house*)

issue by tender: ***emissione tramite asta.*** È l'emissione di obbligazioni o titoli di stato che vengono assegnati attraverso il procedimento di vendita all'asta. L'emittente stabilisce un prezzo minimo ed i titoli saranno aggiudicati a coloro che, nel corso della vendita all'asta, offriranno il maggior prezzo al di sopra del minimo stabilito. Questo sistema è usato sia in Italia che nel Regno Unito per il collocamento di buoni del tesoro.

issued and outstanding: ***emesse e in circolazione.*** Detto delle azioni di capitale effettivamente emesse da una società e disponibili per la compravendita sul mercato mobiliare.

issued capital: ***capitale emesso; capitale sottoscritto.*** Quella parte del capitale nominale di una società che è stato effettivamente sottoscritto ed emesso sotto forma di azioni consegnate agli azionisti. Può essere uguale o inferiore al capitale nominale e può essere stato interamente versato o versato soltanto in parte, nel qual caso la differenza tra capitale sottoscritto e capitale versato viene definita come capitale non richiamato. Il diritto societario del Regno Unito e quello degli Stati Uniti non prevede, infatti, che il capitale emesso debba necessariamente corrispondere al capitale nominale che la società è autorizzata ad emettere. (v. anche *authorized capital, paid–up capital, uncalled capital*)

issue department: ***dipartimento di emissione.*** V. spiegazione sotto *banking department.*

issue discount: ***sconto di emissione.*** Lo stesso che *discount 2* (v.).

issued share capital: ***capitale azionario emesso; capitale azionario sottoscritto.*** Lo stesso che *issued capital* (v.).

issued stock: ***capitale emesso; capitale sottoscritto.*** Termine usato negli Stati Uniti con lo stesso significato di *issued capital* (v.).

issue house: ***società di collocamento; casa di emissione.*** Termine usato come sinonimo di *issuing house* (v.).

issue manager: ***capofila.*** Lo stesso che *lead manager* (v.).

issue of debentures: ***emissione di obbligazioni.*** Lo stesso che *debenture issue* (v.).

Issue Office: È una delle due sezioni del *Cashier's Department* della Banca d'Inghilterra, preposta alla somministrazione di biglietti alle banche commerciali.

issue of shares: ***emissione azionaria; emissione di azioni.*** Termine usato in alternativa a *share issue* (v.).

issue price: ***prezzo di emissione.*** Termine usato in alternativa a *price of issue* (v.).

issuer: ***emittente.*** Impresa privata o ente pubblico che emette valori azionari o obbligazionari, mediante i quali si procura capitali freschi necessari per lo svolgimento della propria attività.

issues and stops: ***avviso di consegna.*** Espressione usata nel linguaggio delle borse valori e merci per indicare un avviso scritto, inviato dalla stanza di compensazione della borsa, con il quale si comunica l'intenzione del venditore di procedere alla consegna dei beni oggetto di un contratto a termine, alla scadenza dello stesso.

issuing bank: ***banca emittente; banca accreditante.*** Lo stesso che *originating bank* (v.).

issuing broker: ***intermediario di emissione.*** Termine usato come sinonimo di *issue broker* (v.).

issuing house: ***società di collocamento; casa di emissione.*** Istituzione finanziaria britannica specializzata nel collocamento di intere emissioni di azioni e di obbligazioni. Essa fornisce all'emittente garanzie circa la completa sottoscrizione dell'emissione e ispira fiducia negli investitori per il solo fatto che offre il suo appoggio all'emissione. Poiché queste istituzioni tutelano gli interessi sia dei risparmiatori, sia delle imprese o enti che desiderano lanciare un prestito o una sottoscrizione, esse sono molto selettive nei confronti di nuove emissioni. (v. anche *investment banker, merchant bank*)

Issuing Houses Association: ***Associazione delle case di emissione.*** Associazione costituita da circa sessanta membri, tutte case di emissione, fondata nel 1945 per tutelare gli interessi dei membri e operare un collegamento tra case di emissione da una parte e la borsa valori di Londra, la Banca d'Inghilterra e il Comitato per le emissioni di capitale dall'altra. (v. anche *issuing house, Capital Issues Committee*)

i.t.: in transit.

I.T.: 1) income tax; 2) information technology.

item: **1.** ***partita contabile.*** È una scrittura di un conto o una scrittura relativa ad un determinato oggetto. **2.** ***articolo.*** Il termine è usato specialmente per indicare un articolo presente in un elenco, in un listino prezzi, in un catalogo, in una fattura e simili.

item index: ***indice particolare; indice per categoria di articoli.*** Numero indice dei prezzi al consumo relativo a una singola categoria di beni, come ad esempio l'abbigliamento o i generi alimentari.

itemized appropriation: ***stanziamento particolareggiato; stanziamento speciale.*** È uno stanziamento in relazione al quale viene indicato espressamente e in maniera particolareggiata l'uso che si deve fare della somma stanziata. (v. anche *lump-sum appropriation*)

itemized invoice: ***fattura dettagliata; fattura analitica.*** Lo stesso che *fully-priced invoice* (v.).

iteration: ***iterazione.*** Diverse successive applicazioni di una data tecnica statistica ad un dato campione, allo scopo di eliminare osservazioni estreme, supponendo che ciascuna approssimazione precedente non sia eccessiva.

iterative method: ***metodo iterativo.*** Termine usato con lo stesso significato di *iteration* (v.).

itinerant peddling: ***commercio ambulante.*** L'attività di un venditore ambulante, che va di luogo in luogo e tratta con potenziali clienti che incontra sul suo percorso.

itinerant salesman: ***venditore ambulante; venditore volante.*** Il termine inglese indica qualsiasi tipo di venditore senza un esercizio fisso, cioè senza un negozio ad un indirizzo preciso. Si può applicare, quindi, a tutti i venditori ambulanti che nel Regno Unito vengono indicati con nomi diversi a seconda delle caratteristiche che li distinguono. (v. anche *hawker, pedlar, packman, mobile shops*)

itinerant vendor: ***venditore ambulante; venditore volante.*** Lo stesso che *itinerant salesman* (v.).

I.T.O.: International Trade Organization.

I.T.S.: Intermarket Trading System.

I.T.U.: International Telecommunications Union.

i.v.: 1) invoice value; 2) increased value.

IWL: inside warranty limits.

I.W.W.: Industrial Workers of the World.

j, J

J.A.: joint account.

Jamaica Agreement: Espressione con la quale si indica la riunione del Fondo Monetario Internazionale, tenutasi nel 1976, che portò all'abolizione del prezzo ufficiale dell'oro ed all'adozione di nuove norme in materia di cambi, riconoscendone la flessibilità e abolendo il sistema delle parità fisse.

janitor: ***custode; portiere.*** Lo stesso che *caretaker* (v.).

Jason clause: Nelle assicurazioni marittime, è la clausola in base alla quale l'armatore è coperto contro il verificarsi di incidenti causati da difetti latenti, cioè difetti impossibili a scoprirsi anche se ricercati con diligenza. Il nome deriva dalla nave Jason, in quanto la clausola fu ammessa e riconosciuta dopo una lunga causa tra gli assicuratori e gli armatori di quel piroscafo. (v. anche *inherent vice*)

jawbone economics: ***economia spicciola.*** L'espressione inglese, non letteralmente riprodotta dall'equivalente italiano qui suggerito, indica dichiarazioni retoriche fatte da politici o altri economisti dilettanti sulla situazione dell'economia del paese, con l'obiettivo di influenzare le decisioni degli imprenditori, delle banche, dei consumatori e dei sindacati. Tali dichiarazioni, che di solito non contengono alcuna valida considerazione economica, sono spesso accompagnate da previsioni, che quasi sempre si dimostrano infondate, e da intimidazioni o minacce politiche. (v. anche *jawboning*)

jawboning: Termine colloquiale usato negli Stati Uniti per indicare che il controllo di un mercato, sia esso del lavoro che di beni e servizi, è spesso acquisito da chi, più di altri, mostra i denti. Difatti, il *jaw–bone* dal quale deriva l'espressione è l'osso della mascella, che contribuisce a far serrare e digrignare i denti. Da qui l'espressione, che implica intimidazioni e minacce per mezzo delle quali si controlla o ci si impadronisce di un mercato.

J–curve: ***curva a J.*** Con questa espressione si indicano i risultati negativi di un provvedimento economico, prima che si verifichino i risultati positivi. L'esempio più calzante è quello di una svalutazione ufficiale o di un deprezzamento della moneta di un paese. Tale provvedimento dovrebbe rendere le importazioni più costose e le esportazioni meno care, così che gli effetti sperati sono quelli di un miglioramento della bilancia commerciale del paese che svaluta. Però, l'effetto iniziale sarà negativo, perché essendo le esportazioni costituite di materie prime e semilavorati provenienti dall'estero che sono diventati più cari a seguito della svalutazione, si manifesterà un maggior disavanzo della bilancia commerciale. Dopo un po' di tempo, tuttavia, la svalutazione darà i suoi frutti, perché le esportazioni, divenute meno care, effettivamente aumentano mentre le importazioni, specialmente quelle di beni di consumo, diminuiranno a causa del loro costo più alto di prima. Se rappresentiamo questo andamento graficamente, vedremo che ad una breve discesa corrisponderà poi una risalita della linea tracciata sul grafico. L'espressione deriva appunto dall'andamento di questa curva, che assomiglia alla lettera J.

J–curve effect: ***effetto della curva a J.*** Nella teoria del commercio internazionale, è l'effetto, descritto sotto *J–curve*, che si manifesta a seguito della svalutazione ufficiale o del deprezzamento della moneta di un paese.

Jenkins Committee: ***Commissione Jenkins.*** Commissione d'inchiesta, istituita sotto la presidenza di Lord Jenkins per indagare e riferire sul funzionamento della legge nota come *Companies Act* del 1948 e altre leggi del diritto societario britannico, allo scopo di formulare proposte e suggerimenti per una più efficace regolamentazione alla luce delle condizioni e pratiche societarie moderne. La Commissione presentò la sua relazione nel 1962 e tra le altre cose suggerì che nessun tipo di società dovesse essere esentata dalla pubblicazione del bilancio; che chiunque possedesse un minimo del dieci per cento delle azioni di una qualsiasi società quotata in borsa dovesse renderlo noto; l'adozione di un codice di condotta da parte degli amministratori di società per azioni. (v. anche *exempt private company, Companies Acts*)

Jenkins Report: ***Relazione Jenkins.*** La relazione della *Jenkins Committee* (v.), presentata nel 1962, le cui raccomandazioni furono in gran parte accolte e trovarono espressione nel *Companies Act* del 1967. (v. anche *Companies Acts, company law*)

jeon: Moneta divisionale della Corea del Nord, equivalente a un centesimo di won.

jeopardy assessment: ***accertamento fiscale d'urgenza.*** Negli Stati Uniti, qualora l'esazione di un'imposta appaia in pericolo, l'apposito ufficio è autorizzato all'accertamento sommario e all'esazione della relativa imposta, scavalcando le formalità d'uso e di legge. La legge statunitense prevede anche la possibilità che l'ufficio abbrevi l'anno fiscale di un contribuente, quando esso accerti il rischio di evasione da parte di un contribuente che ha in progetto di lasciare il paese per trasferirsi all'estero.

jerque: ***verifica doganale.*** Ispezione di una nave, allo scopo di assicurarsi che tutto il carico destinato al porto sia stato scaricato e che essa non trasporti merci di contrabbando.

jerque note: ***atto di verifica doganale; certificato di verifica doganale.*** Certificato rilasciato dall'ufficiale doganale al capitano della nave da lui ispezionata, con il quale dichiara che tutto il carico destinato a quel porto è stato scaricato e che la nave non trasporta merci di contrabbando. Dopo il rilascio di questo certificato, si provvede all'imbarco delle provviste di bordo e del carico per il successivo viaggio.

jerquer: ***ispettore di dogana.*** L'ufficiale che ispeziona una nave prima di rilasciare il certificato di verifica doganale. (v. anche *jerque note*)

jet: ***getto; alleggio.*** È un termine usato nel gergo assicurativo come abbreviazione di *jettison* (v.).

jetsam: ***relitti del mare.*** Merci gettate a mare allo scopo di alleggerire la nave. Se non vengono reclamate, diventano proprietà della Corona.

jettison: ***getto; alleggio.*** L'atto di gettare fuori bordo di una nave o di un aereo merci o parte del natante, al fine di alleggerirlo e consentirgli di superare una difficoltà, come ad esempio uscire più rapidamente da una tempesta che mette in pericolo la nave, disincagliarsi da un banco di sabbia o da una roccia affiorante, ecc. È una delle azioni che danno luogo all'avaria generale. (v. anche *general average, general average sacrifice*)

JIT: just–in–time.

Jnr.: junior.

jnt. stk.: joint stock.

job: 1. ***mansione.*** È il compito esplicato nell'adempimento di una prestazione lavorativa. In alcuni composti, tuttavia, può assumere il significato di gruppo di posti di lavoro più o meno simili. **2.** ***commessa.*** Termine usato come contrazione di *job order* (v.).

job action: ***azione sindacale.*** Un'azione di protesta che, pur non sfociando in un vero e proprio sciopero, implica che il lavoratore non esplicherà solo alcune delle mansioni che rientrano fra i suoi doveri. In quanto non prevede la completa astensione dal lavoro, è simile ad uno sciopero bianco.

job analysis: ***analisi delle mansioni; analisi delle posizioni.*** Analisi dettagliata di un particolare lavoro, svolta al fine di accertare i metodi migliori per fare quel lavoro e le qualità che dovrebbe possedere colui al quale verrà affidato, per portarlo a termine nel minor tempo e nel miglior modo possibili.

jobber: 1. ***operatore di borsa.*** Termine spesso usato in luogo del più preciso *stockjobber* (v.). **2.** ***grossista; commerciante all'ingrosso.*** In senso lato, il termine indica un comune grossista, ma in senso più ristretto indica un intermediario che tratta partite relativamente piccole, che egli acquista da un produttore, da un importatore o da un grossista più importante di lui per poi rivenderle a un dettagliante. In questo significato, il termine è di uso statunitense. (v. anche *wholesaler*) **3.** ***cottimista.*** In questo significato il termine inglese è sinonimo di *pieceworker* (v.).

jobber's spread: ***plusvalenza professionale di titoli.*** Lo stesso che *jobber's turn* (v.).

jobber's turn: ***plusvalenza professionale di titoli.*** Quando ad un *jobber* (v.) veniva chiesta da un *broker* (v.) la quotazione di un titolo, egli dava due prezzi, uno più alto, quello al quale era disposto a vendere, e uno più basso al quale era disposto a comprare. La differenza tra i due era chiamata plusvalenza professionale dei titoli e costituiva la remunerazione del *jobber*.

jobbing backwards: Espressione usata per indicare la politica, adottata dai venditori di quote di fondi comuni d'investimento, tendente a mettere in risalto i risultati realizzati dal fondo in periodi passati. Non vi è alcuna legge economica, tuttavia, che garantisca uguali risultati per il futuro e anche proiezioni o ipotesi fatte dalle società di collocamento interessate non garantiscono l'investitore contro l'eventualità di una crescita zero o di dividendi minimi se le borse mondiali entrano in crisi, come avvenne per la maggior parte degli anni settanta.

jobbing firm: Nella terminologia borsistica britannica, questo termine indicava una società di cui facevano parte più di uno *stockjobber* (v.) e che svolgeva la propria attività nella compravendita in proprio di valori mobiliari. Il termine è restato in uso anche dopo la deregolamentazione del 1986 per indicare quella che viene più propriamente chiamata *market–making firm* (v.).

jobbing production: ***produzione su commessa.*** Termine usato con lo stesso significato di *job production* (v.).

job card: ***cartellino di commessa; scheda di commessa; foglio di commessa.*** È la scheda sulla quale si segnano i tempi che sono stati necessari per portare a termine un qualsiasi lavoro con, a fianco, i particolari delle singole operazioni svolte. È, successivamente, usata per stabilire il costo di ciascun lavoro effettuato nel reparto, se è in uso il sistema di determinazione dei costi per commessa. (v. anche *job costing*)

job centre: ***centro di avviamento al lavoro.*** Uno qualsiasi dei punti, presenti nella maggior parte delle città del Regno Unito, preposti a trovare un'occupazione ai lavoratori disoccupati, in base ad un servizio nazionale di recente istituzione. Tali centri, che hanno sostituito gli uffici di collocamento, si interessano non solo di far incontrare la domanda e l'offerta di lavoro, ma anche di organizzare corsi di qualificazione e di addestramento per avviare i lavoratori verso quelle attività che, richiedendo un certo grado di specializzazione, offrono maggiori opportunità di lavoro.

job classification: ***classificazione delle mansioni.*** È usata per definire le abilità necessarie per compiere un determinato lavoro ed i compiti ad esso connessi. Il termine indica anche una graduazione del livello di realizzazione raggiunto in una data occupazione. Serve per la classificazione dei salari e per altri scopi generali connessi alla gestione del personale.

job classification method: ***metodo di classificazione delle mansioni.*** Uno qualsiasi dei vari metodi mediante i quali un'organizzazione è in grado di compiere una propria classificazione delle mansioni.

job cost: ***costo di commessa.*** È il costo previsto per la realizzazione di una commessa, che praticamente sostituisce il prezzo di listino dei beni prodotti in serie.

job costing: ***sistema di calcolo dei costi per commessa.*** Metodo di contabilità dei costi in base al quale si determinano i costi relativi ad una specifica quantità di prodotto, a riparazioni o ad altri servizi che si spostano lungo il processo produttivo come un'unità costantemente identificabile. In base a tale criterio, ad ogni commessa vengono imputati i costi di materie prime, di manodopera diretta, di spese dirette e, di solito, anche una parte opportunamente calcolata dei costi generali. Si basa sull'uso del cartellino di commessa, sul quale vengono riportati i tempi che saranno, poi, trasformati in quantità di moneta. (v. anche *process costing, job card*)

job–cost system: ***sistema di calcolo dei costi per commessa.*** Lo stesso che *job costing* (v.).

job creation: ***creazione di lavoro; creazione di occupazione.*** Il processo di costituzione di nuove imprese e di sviluppo di quelle già esistenti che porta a un incremento dell'occupazione. Recentemente si è parlato molto dei provvedimenti da adottare nei vari paesi industrializzati allo scopo di creare nuovo lavoro con l'obiettivo di ridurre l'alto tasso di disoccupazione che affligge più o meno tutti i paesi occidentali. Negli Stati Uniti, ad esempio, si sostiene che la via migliore è quella dell'economia aperta, che dà risalto al ruolo del settore privato nelle innovazioni tecnologiche e consente al mercato di realizzare molti degli adeguamenti strutturali necessari alla riduzione della disoccupazione.

Job Creation Programme: ***programma per la creazio-***

ne di posti di lavoro. È un programma, introdotto nel Regno Unito nell'ottobre del 1975, che si prefigge di fornire occupazioni temporanee a coloro che altrimenti si troverebbero nelle liste di disoccupazione, gravando sui fondi statali.

job description: ***descrizione delle mansioni; mansionario; descrizione delle posizioni.*** È la descrizione dei requisiti che deve possedere colui al quale viene affidato un determinato lavoro, affinché possa svolgerlo nel migliore dei modi.

job design: ***progettazione delle mansioni.*** Operazione mediante la quale si provvede a revisione delle mansioni dei lavoratori, in previsione di una razionalizzazione del lavoro o allo scopo di ridurre gli effetti negativi derivanti dall'eccessiva parcellizzazione dell'attività imposta dalla catena di montaggio.

job displacement: ***soppressione di lavoro.*** Si sostiene da alcune parti che le recenti invenzioni e innovazioni tecnologiche, quali ad esempio l'utilizzazione di robot industriali nei processi di produzione, hanno l'effetto di eliminare molti posti di lavoro così aumentando il tasso di disoccupazione nei paesi tecnologicamente più avanzati. Altri economisti rispondono sostenendo che le stesse invenzioni e innovazioni creano differenti posti di lavoro, per ricoprire i quali i lavoratori devono semplicemente sottoporsi ad opportuni corsi di riqualificazione.

job duplication: ***doppio lavoro; duplicazione del lavoro.*** Si verifica quando un individuo svolge allo stesso tempo due attività lavorative e può disporre, pertanto, di due fonti di reddito, come ad esempio un insegnante che svolge anche la libera professione.

job enlargement: ***ampliamento delle mansioni.*** Procedimento mediante il quale si tenta di eliminare la monotonia e gli effetti dannosi per i lavoratori derivanti dall'eccessiva parcellizzazione dell'attività lavorativa, imposta dalla catena di montaggio o altri sistemi meccanizzati di produzione, allargando in senso orizzontale (cioè verso compiti dello stesso tipo) le mansioni di ciascun lavoratore.

job enrichment: ***arricchimento delle mansioni.*** Simile al *job enlargement* (v.), si differenzia da questo in quanto prevede l'inserimento di compiti e responsabilità superiori tra le mansioni di ciascun lavoratore. Pertanto, mentre l'ampliamento delle mansioni prevede un allargamento in senso orizzontale, l'arricchimento delle mansioni prevede l'allargamento in senso verticale.

job evaluation: ***valutazione delle mansioni; qualificazione del lavoro.*** È il calcolo, di solito basato su un sistema di punti, dei requisiti fisici, mentali e di altro genere necessari per svolgere un determinato insieme di mansioni che costituiscono un lavoro. Viene sistematicamente rilevato per ciascun tipo di lavoro all'interno di uno stabilimento o di un reparto, onde assistere la direzione del personale nell'assunzione delle persone più idonee a svolgere il lavoro. Se è in uso il sistema dei punti, il punteggio assegnato a ciascun lavoro viene anche usato per stabilire il salario relativo a quelle mansioni.

job evaluation programme: ***programma di qualificazione del lavoro.*** È il programma in base al quale vengono periodicamente valutate le mansioni dei lavoratori all'interno di uno stabilimento o di un reparto.

job factors: ***fattori di mansione.*** Sono così indicati i principali punti che si prendono in considerazione quando si svolge un'analisi delle mansioni. Tra questi rientrano: grado di istruzione necessario; precedente esperienza; tipo di decisioni che dovrà prendere chi ricoprirà quel posto, ecc.

job grades: ***gradi delle mansioni.*** Il termine è usato in due accezioni: a) livello al quale possono essere raggruppati, in conseguenza di una valutazione delle mansioni, compiti o posizioni che hanno caratteristiche simili; b) gruppi di posti di lavoro ai quali viene riconosciuto lo stesso saggio base di salario.

job grading: ***valutazione delle mansioni; qualificazione del lavoro.*** Termine usato con lo stesso significato di *job evaluation* (v.).

job growth: ***crescita dell'occupazione; crescita dei posti di lavoro.*** Lo stesso che *employment growth* (v.).

job–knowledge test: ***prova della conoscenza del lavoro.*** Test cui può essere sottoposto l'aspirante a un posto di lavoro, al fine di accertare le sue capacità in un particolare campo di attività.

jobless: ***disuccupato.*** Lo stesso che *unemployed* (v.).

jobless rate: ***tasso di disoccupazione.*** Termine colloquiale, usato con lo stesso significato di *unemployment rate* (v.).

job loss: ***perdita di posti di lavoro.*** Si verifica in un sistema economico a causa di caduta della domanda, di aumento della produttività, dell'adozione di innovazioni tecnologiche e di fenomeni di carattere ciclico quali il sopraggiungere di una fase di recessione e simili.

job lot: ***lotto.*** Il termine inglese indica una partita di merci diverse fra loro, offerte in vendita come singola unità. È di solito implicito che si tratta di merci di qualità scadente.

job–lot control: ***controllo delle scorte per lotti.*** Uno dei sistemi di controllo del livello delle scorte, che implica l'approvvigionamento nella quantità strettamente necessaria per eseguire ciascuna singola commessa.

job–lot costing: ***sistema di calcolo dei costi per lotto.*** Lo stesso che *batch costing* (v.).

job–lot system: ***sistema di calcolo dei costi per lotto.*** Lo stesso che *batch costing* (v.).

job method of cost accounting: ***sistema di calcolo dei costi per commessa.*** Espressione usata con lo stesso significato di *job costing* (v.).

job mix: ***composizione di commessa.*** L'insieme di differenti componenti che costituiscono un ordine, una scorta e simili.

job mobility: ***mobilità del lavoro; mobilità della manodopera.*** Lo stesso che *mobility of labour* (v.).

job number: ***numero di commessa.*** È il numero e/o simbolo di identificazione assegnato a ciascun lavoro, allo scopo di localizzarlo, seguirlo e determinarne i costi, nonché a ciascun prodotto o contratto.

job order: ***commessa.*** Ordine che autorizza l'esecuzione di un determinato lavoro, la produzione di un dato numero di articoli, la costruzione o la riparazione di impianti o l'erogazione di determinati servizi. Serve come base per la contabilità dei costi relativi al lavoro specificato, quando si usa il sistema di calcolo dei costi per commessa. (v. anche *job costing*)

job–order costing: ***sistema di calcolo dei costi per commessa.*** Termine usato con lo stesso significato di *job costing* (v.).

job–order cost method: ***metodo di calcolo dei costi per commessa.*** Termine usato con lo stesso significato di *job costing* (v.).

job–order cost sheet: ***scheda di rilevazione dei costi per commessa.*** Documento contabile usato nel sistema di calcolo dei costi per commessa. Su di esso vengono registrati i tempi di lavorazione che saranno, poi, tradotti in quantità di moneta. Il termine viene usato più o meno con lo stesso significato di *job card* (v.).

job-order cost system: ***sistema di calcolo dei costi per commessa.*** Termine usato con lo stesso significato di *job costing* (v.).

job-order form: ***foglio di commessa; scheda di commessa; cartellino di commessa.*** Termine usato con lo stesso significato di *job card* (v.).

job-order system: ***sistema di calcolo dei costi per commessa.*** Lo stesso che *job costing* (v.).

job production: ***produzione su commessa.*** Questo tipo di produzione è di solito associato alla produzione su piccola scala, come avviene nelle piccole imprese meccaniche i cui ordinativi sono di solito limitati ad un singolo articolo, anche se esso può risultare complesso e di notevole mole, quale ad esempio un impianto produttivo o parte di esso. In tali casi, il lavoro ripetitivo è impensabile e ciascuna commessa deve essere programmata e controllata individualmente. Tuttavia, anche se ciò può risultare difficile e complesso, anche in questo caso si dovrebbe tentare la preparazione di un programma di produzione. (v. anche *production, batch production, flow production*)

job protection laws: ***leggi sulla protezione dei posti di lavoro.*** Leggi, in vigore in molti dei paesi industrializzati, tendenti a impedire la riduzione dei posti di lavoro esistenti in un'economia, ponendo vincoli alla possibilità delle imprese di ridurre la forza lavoro da loro impiegata. Alcuni economisti sostengono che queste leggi sono alla base dell'assenza di innovazione tecnologica in questi paesi e sono anche responsabili del loro basso sviluppo economico.

job ranking: ***graduatoria delle mansioni.*** La sistemazione, in una successione ordinata, dei posti di lavoro in un'industria, in un'economia, ecc., in base alla loro importanza o in base a qualche altro criterio di valutazione, quale ad esempio la classe retributiva.

job rate: ***tariffa per commessa.*** Una base prestabilita per determinare la remunerazione relativa all'esecuzione di un determinato lavoro.

job rating: ***valutazione delle mansioni; qualificazione del lavoro.*** Termine usato con lo stesso significato di *job evaluation* (v.).

Job Release Scheme: ***piano di prepensionamento.*** Piano di pensionamento anticipato, introdotto nel Regno Unito nel 1976 allo scopo di creare nuove opportunità di lavoro per i più giovani nelle aree più depresse del paese. Il piano prevedeva il versamento di 23 sterline settimanali esentasse ai lavoratori che fossero disposti ad andare in pensione con un anno di anticipo, ma tale versamento veniva effettuato soltanto se il posto di lavoro lasciato libero era effettivamente assegnato ad un lavoratore giovane e disoccupato.

job rotation: ***rotazione delle mansioni.*** È una tecnica di gestione aziendale, che consiste nel far ruotare spesso gli uomini nelle differenti posizioni dei vari settori, in modo che possano acquisire un'ampia conoscenza di tutti i problemi dell'azienda.

job search: ***ricerca di lavoro.*** La ricerca di un posto di lavoro più o meno stabile da parte dei giovani, che si affacciano per la prima volta nel mercato del lavoro, o di lavoratori che hanno perso o stanno per perdere il loro posto di lavoro. Questi ultimi, ma a volte e fino a un certo punto anche i primi, vengono aiutati nelle loro ricerche da enti o uffici specializzati, mentre scattano i provvedimenti delle assicurazioni sociali o dell'assistenza pubblica, tendenti a garantire un certo reddito ai lavoratori in cerca di un nuovo posto di lavoro.

job search theory: ***teoria della ricerca di lavoro.*** Teoria di ispirazione classica formulata per spiegare il fenomeno della disoccupazione frizionale. Secondo la teoria, i lavoratori che hanno perso il loro posto stabiliscono soggettivamente un salario di riserva, al di sotto del quale preferiscono non prestare la loro opera e continuare a cercare un lavoro meglio remunerato, in ciò aiutati dalle indennità di disoccupazione di cui possono godere. Tale salario di riserva, tuttavia, tenderà a ridursi via via che aumenta il periodo di disoccupazione del lavoratore. (v. anche *reservation wage*)

job security: ***sicurezza del posto di lavoro.*** Lo stesso che *security of employment* (v.).

job-sharing: ***condivisione del lavoro.*** La divisione di un lavoro a tempo pieno in due o più lavori a tempo parziale, in modo da garantire un minimo di occupazione alla maggior parte dei lavoratori in un periodo di forte disoccupazione.

job sheet: ***foglio di commessa.*** Lo stesso che *job card* (v.).

job shopping: Espressione con la quale si indica la pratica, seguita principalmente da lavoratori in giovane età, di passare da un'attività lavorativa a un'altra, cercando così di individuare il tipo di lavoro che preferiscono e che è più confacente alle loro capacità.

job specification: ***specificazione delle mansioni; specificazione del lavoro.*** La determinazione dei requisiti che deve possedere colui al quale viene affidato un determinato lavoro, affinché possa svolgerlo nel migliore dei modi.

job study: ***studio delle mansioni; studio delle posizioni.*** Termine usato con lo stesso significato di *job analysis* (v.).

job ticket: ***scheda di commessa.*** Scheda sulla quale vengono registrati i dettagli relativi ad una singola operazione, inclusi i tempi impiegati, le scorie e gli sfridi prodotti, ecc. Può essere usata anche come istruzione per lo svolgimento di quell'operazione. Il termine, quindi, ha un significato molto simile a quello di *job card* (v.).

job title: ***titolo delle mansioni.*** È il mezzo che consente di individuare una mansione distinguendola da un'altra e che può variare da un'azienda ad un'altra.

job training: ***addestramento al lavoro.*** Corso, di solito svolto sul luogo di lavoro a cura dell'impresa, inteso ad integrare le conoscenze generiche del lavoro in possesso del personale di nuova assunzione. Serve principalmente a rendere il lavoratore padrone delle situazioni particolari relative al suo posto di lavoro e viene organizzato sia per i lavoratori amministrativi, sia per gli operai e i tecnici.

Job Training Partnership Act: Legge, approvata dal Congresso degli Stati Uniti nel 1983, in base alla quale oltre un milione di americani all'anno vengono addestrati per assumere posti di lavoro produttivi e autonomi nel settore privato. Il programma è gestito da esperti che costituiscono comitati operanti principalmente a livello locale.

Job Training Scheme: Piano di addestramento professionale varato dal governo Thatcher con l'obiettivo di qualificare la manodopera disoccupata. Il piano prevede che dopo una settimana di test i partecipanti vengano inviati presso imprese nazionali, nelle quali possono ricevere l'addestramento relativo alle mansioni per le quali hanno mostrato capacità o predisposizione. Ai partecipanti non viene corrisposto stipendio, ma solo l'indennità di disoccupazione, cui avrebbero comunque diritto, e il rimborso di spese di trasporto, pasti e simili.

job vacancy rate: ***indice dei posti vacanti.*** È il rapporto tra il numero di posti di lavoro vacanti e il totale dei posti di lavoro occupati e di quelli vacanti.

joint account: 1. ***conto congiunto; conto a più firme.*** Conto presso una banca intestato a due o più persone che, a seconda degli accordi intercorsi tra loro e la banca, possono effettuare operazioni singolarmente, e cioè indipendentemente l'uno dall'altro, o devono effettuarle congiuntamente. Nel primo caso si parla di conto a firme disgiunte, nel secondo di conto a firme congiunte. Il primo è spesso usato da coniugi, membri della stessa famiglia o soci in affari. In caso di morte di una di queste persone, colui o coloro che sopravvivono hanno diritto al saldo attivo del conto. **2.** ***conto in partecipazione.*** Due o più aziende che operano nella stessa linea possono trattare un articolo particolare in base ad un conto in partecipazione. Ciò significa che i profitti o le perdite realizzati o sostenute da una delle aziende in relazione a quell'articolo verranno equamente ripartiti tra tutte le aziende interessate. Lo stesso termine indica il conto nel quale vengono registrate le operazioni relative.

joint adventure: ***impresa in partecipazione; impresa in collaborazione; società mista; speculazione in partecipazione.*** Termine usato con lo stesso significato di *joint venture* (v.).

joint agreement: ***accordo intersindacale.*** Nelle relazioni industriali, indica un accordo firmato da almeno due diversi datori di lavoro e almeno due sindacati o da un solo datore di lavoro e due o più sindacati o da un solo sindacato e due o più datori di lavoro.

joint and several: ***in solido.*** Espressione usata nel linguaggio giuridico per indicare che due o più persone si impegnano congiuntamente e separatamente all'esecuzione di una determinata prestazione. Ciò significa che tutti come gruppo o soltanto uno di loro sono comunque tenuti ad eseguire la prestazione. Un creditore ha maggiori possibilità di recuperare il suo credito quando i debitori o i garanti sono responsabili in solido.

joint and several bond: 1. ***garanzia in solido.*** Garanzia prestata da due o più persone congiuntamente e separatamente, che si impegnano a risarcire un terzo in caso di inadempienza dell'obbligato principale. **2.** ***obbligazione in solido.*** Tipo di obbligazione garantita da persona diversa dall'emittente o da più persone compreso l'emittente. È usata quando una società madre intende garantire l'emissione di obbligazioni di una sussidiaria.

joint and several liability: ***responsabilità in solido.*** Responsabilità caratterizzata dal vincolo della solidarietà, cioè dalla pluralità di soggetti che rispondono singolarmente o congiuntamente delle obbligazioni assunte. Pertanto, un'obbligazione può essere soddisfatta da uno dei soci con effetto liberatorio per tutti gli altri mentre, ad esempio, un creditore insoddisfatto può citare in giudizio indifferentemente uno o più soci individualmente o tutti in solido e otterrà il medesimo risultato. (v. anche *joint liability*)

joint and several obligation: ***obbligazione in solido.*** Obbligazione assunta da due o più persone congiuntamente e separatamente. (v. anche *joint and several*)

joint and survivor annuity: ***rendita vitalizia reversibile.*** Il contratto di rendita vitalizia reversibile è di solito sottoscritto da due coniugi, ma può anche essere stipulato da due fratelli o persone con vincoli diversi. Il contratto prevede che la rendita venga pagata fino a quando uno dei due è in vita. (v. anche *last survivor annuity*)

joint annuity: ***rendita vitalizia reversibile.*** Termine usato con lo stesso significato di *joint and survivor annuity* (v.).

joint bank account: ***conto congiunto; conto a più firme.*** Lo stesso che *joint account 1* (v.).

joint bond: ***obbligazione in solido.*** Lo stesso che *joint and several bond 2* (v.).

joint combination rate: ***tariffa combinata.*** Nei trasporti, è una tariffa unificata, che si ottiene unendo insieme due o più tariffe pubblicate in un tariffario. (v. anche *joint rate*)

joint committee: ***comitato misto.*** Comitato costituito allo scopo di coordinare le attività di due o più altri comitati, come ad esempio un comitato consistente di rappresentanti di comitati dei lavoratori e dei datori di lavoro, che può essere permanente o temporaneo.

joint commodities: ***beni congiunti.*** Termine usato con lo stesso significato di *joint products* (v.).

joint consultation: ***consultazione mista.*** Si indica con questa espressione la consultazione, su questioni aziendali di comune interesse, tra direzione e lavoratori in un comitato consultivo paritetico. Le questioni oggetto di consultazione possono riguardare tutte le procedure interne dell'azienda, come ad esempio norme di sicurezza e di lavoro, ma non possono invadere il campo specificatamente sindacale, come ad esempio la contrattazione in materia di salari. Scopo di queste consultazioni è quello di creare un clima di collaborazione tra direzione e lavoratori e di evitare l'insorgere di dispute. (v. anche *joint industrial council*)

joint consultative committee: ***comitato consultivo misto.*** Costituito seguendo gli stessi criteri adottati per un *joint committee* (v.), ha però soltanto il compito di esprimere un parere sulle questioni che gli vengono sottoposte.

joint-cost goods: ***beni a costi congiunti.*** Sono così chiamati i beni la cui produzione è, per ragioni tecniche, strettamente connessa e che pertanto appaiono come risultato degli stessi costi di produzione. La quantità di ciascuno dei due o più beni prodotti può essere fissa o variabile in rapporto agli altri, ma i loro costi non sono separabili. (v. anche *joint costs*)

joint costs: ***costi congiunti.*** Sono i costi di produzione di due o più beni che, per ragioni tecniche, devono necessariamente essere prodotti congiuntamente. Ad esempio, quando si produce farina, si produce necessariamente anche crusca e non esiste alcun metodo soddisfacente, da un punto di vista logico, di ripartire i costi tra i due prodotti. Dividere o mediare questi costi tra i due o più beni è sempre arbitrario, in quanto non si può assolutamente sapere in quale misura i costi sostenuti per la produzione sono stati assorbiti da ciascun singolo bene. Il fenomeno dei costi congiunti si riscontra frequentemente in molti tipi di industrie, ma in particolare nelle industrie chimiche e petrolchimiche.

joint creditors: ***co-creditori.*** Soggetti che vantano congiuntamente il diritto di ricevere un pagamento o una prestazione.

joint custody: ***deposito congiunto.*** Tipo di deposito bancario, tenuto in comune da due o più persone, di cui ciascun titolare può disporre indipendentemente dagli altri.

joint debtors: ***condebitori.*** Soggetti responsabili congiuntamente di soddisfare il credito di un terzo.

joint demand: ***domanda congiunta.*** È la domanda di cui sono oggetto due beni complementari o che, comunque, devono essere usati insieme, come ad esempio le tazzine da caffé o da té e i relativi piattini. La relazione tra i due o più beni può anche non essere così stretta e tuttavia dar luogo a domanda congiunta. Se consideriamo, ad esempio, l'industria automobilistica, vediamo che essa assorbe acciaio, gomma, pelle, plastica, vetro speciale, ecc. Tutti questi prodotti intermedi sono oggetto di domanda congiunta da parte dell'industria automobilistica e la diminuzione o l'aumento della domanda di uno di loro porterà una diminuzione o un aumento della domanda degli altri.

joint-demand goods: ***beni a domanda congiunta.*** Sono quei beni complementari, o che devono essere usati insieme, che diventano pertanto oggetto di domanda congiunta. (v. anche *joint demand*)

joint enterprise: ***impresa in compartecipazione.*** Lo scopo congiunto che accomuna più persone e che conferisce a ciascuna di loro l'autorità, espressa o implicita, di agire in nome di tutti nell'ambito dello scopo che essi si prefiggono. Gli elementi giuridicamente necessari per costituire una impresa in compartecipazione sono: 1) un accordo esplicito o implicito tra coloro che vi partecipano; 2) uno scopo comune che il gruppo intende perseguire; 3) la comunione di interessi pecuniari; 4) un uguale diritto ad avere voce in capitolo e quindi un uguale diritto di controllo.

joint float: ***fluttuazione congiunta.*** Lo stesso che *snake in the tunnel* (v.).

joint industrial council: ***consiglio di fabbrica misto.*** Comitato paritetico di rappresentanti della direzione e dei lavoratori di una fabbrica o di un'industria. Viene costituito al fine di consentire il dialogo costruttivo su questioni aziendali tra direzione e lavoratori, onde prevenire azioni sindacali o derimere dispute. (v. anche *joint consultation*)

joint liability: ***responsabilità in comune; responsabilità solidale; obbligazione solidale.*** Responsabilità assunta da due o più persone, ciascuna delle quali risponde dell'obbligazione nella sua interezza. Se un creditore, però, vuole recuperare un suo credito mediante un'azione legale, dovrà citare tutte le persone insieme e non potrà citarne una soltanto. (v. anche *joint and several liability*)

joint lives assurance: ***assicurazione congiunta sulla vita.*** L'assicurazione sulla vita cui si fa cenno sotto *joint lives policy* (v.).

joint lives policy: ***polizza congiunta.*** Tipo di polizza di assicurazione per il caso di morte, emessa sulla vita di due persone. Poiché è preso in considerazione il caso morte, la somma assicurata sarà pagata al verificarsi della morte di uno dei due contraenti. Se si tratta di rendita differita, il pagamento delle rate avrà inizio al verificarsi dello stesso evento detto sopra.

jointly-owned company: ***società in comproprietà.*** Termine di recente formazione, usato per indicare imprese costituite in paesi esteri, il cui pacchetto azionario è diviso tra azionisti residenti nel paese in cui opera l'impresa (a volte il solo azionista è lo stato) e azionisti residenti nel paese investitore, di solito una multinazionale. Operando trasferimenti di capitale, di tecnologia e di conoscenze manageriali, il paese investitore contribuisce allo sviluppo del paese ospitante, mentre la presenza nel consiglio di amministrazione della sussidiaria di cittadini di quel paese rende la società più attenta alle necessità e alle richieste locali.

joint management-labour committee: ***comitato misto.*** Termine usato con lo stesso significato di *joint committee* (v.).

joint management-labour committee organization: ***organizzazione per comitati misti.*** Tipo di organizzazione aziendale che prevede commissioni miste di dirigenti e capi operai, opportunamente selezionati per la loro conoscenza dei problemi aziendali da un punto di vista tecnico. Scopo di questo tipo di organizzazione è quello di dare all'amministrazione la possibilità di venire a conoscenza di proposte e consigli provenienti dai lavoratori circa la politica e le vie di sviluppo dell'impresa e dei sistemi di lavorazione.

joint obligation: ***obbligazione solidale.*** Lo stesso che *joint liability* (v.).

joint owner: ***comproprietario con diritto di accrescimento.*** Termine usato con lo stesso significato di *joint tenant* (v.).

joint ownership: ***comproprietà; comunione con diritto di accrescimento.*** È la proprietà di beni mobili o immobili comune a due o più persone contemporaneamente, ciascuna delle quali ha diritto di proprietà su una determinata quota non individuabile del bene. È caratteristica di questo tipo di proprietà che alla morte di uno o più proprietari il sopravvissuto o i sopravvissuti assumano la proprietà del o dei comproprietari defunti, con l'esclusione dei loro eventuali eredi o aventi causa. (v. anche *severalty*)

joint pension: ***pensione reversibile.*** Pensione che sarà pagata al beneficiario per tutta la durata della sua vita e che, alla sua morte, continuerà ad essere pagata agli aventi causa, siano essi il coniuge o altri parenti.

joint-product costs: ***costi congiunti.*** Termine usato con lo stesso significato di *joint costs* (v.).

joint production: **1.** ***produzione in partecipazione.*** Formula di collaborazione industriale cui ricorrono alcuni paesi che vogliono sviluppare la propria struttura industriale, ma che non possiedono i capitali o la tecnologia necessari. L'accordo prevede che il paese che ospita l'industria metta, come sua partecipazione all'impresa, il terreno, gli immobili e la manodopera a costo fisso, mentre il paese straniero mette gli impianti, la tecnologia, l'organizzazione e il capitale. Per un periodo che varia tra i cinque e i dieci anni, il paese straniero ha diritto ad una partecipazione agli utili che varia a seconda dell'accordo e che può arrivare fino al 20% del fatturato. Trascorso tale periodo, la struttura industriale passa di proprietà al paese che la ospita, ma il paese straniero può continuare a ritirare il prodotto a un prezzo di favore prestabilito. Questo sistema è stato recentemente adottato nella Cina Popolare, dove è reso possibile dalla grande quantità di manodopera a basso costo. Differisce dall'impresa in partecipazione, in quanto in quest'ultima il capitale è fornito in parti uguali dai partecipanti, di solito paesi già industrializzati ed in possesso di tecnologie avanzate. (v. anche *joint adventure*) **2.** ***produzione congiunta.*** Il processo produttivo dal quale si ricavano i *joint products* (v.).

joint production councils: ***consigli di produzione misti.*** Tipo di consiglio paritetico istituito nelle industrie britanniche durante il secondo conflitto mondiale. Scopo di tali consigli era quello di incrementare la produzione e l'efficienza delle fabbriche impegnate nello sforzo bellico, attraverso la discussione, tra direzione e lavoratori, di questioni riguardanti la produzione. (v. anche *joint consultation, joint industrial council*)

joint-product method of cost accounting: ***sistema di calcolo dei costi di prodotti congiunti.*** È il sistema di ripartire i costi tra due o più beni prodotti congiuntamente, distribuendo i costi di produzione sulla base di un qualche indice, come ad esempio un indice quantitativo di prodotto, un indice dei ricavi, un indice di ripartizione tra prodotto principale e prodotto secondario, ecc. È opportuno ricordare che qualunque sia il procedimento usato per la ripartizione dei costi congiunti, ogni soluzione sarà sempre soggettiva, in quanto il problema della ripartizione è indeterminato e, pertanto, irrisolvibile. (v. anche *joint costs*)

joint products: ***prodotti congiunti.*** Sono quei beni che vengono prodotti come risultato di un unico processo di lavorazione. L'esempio più semplice e comune è quello della farina e della crusca, che vengono prodotti congiuntamente dalla macinazione del grano. (v. anche *joint-cost goods, joint costs*)

joint profits: ***profitti congiunti.*** Sono i profitti di un piccolo gruppo di imprese che entrano in concorrenza tra loro, pur facendo parte dello stesso gruppo. Può essere, infatti, politica del gruppo di non agire come monopolista, ma di spingere ciascuna impresa a tentare di accaparrarsi una più larga fetta di profitti, così aumentando i profitti congiunti del gruppo nel suo complesso.

joint profits maximization: ***massimizzazione dei profitti congiunti.*** Il tentativo, da parte del gruppo di imprese cui si fa cenno sotto *joint profits* (v.), di individuare il livello di produzione al quale i costi e i ricavi marginali del gruppo risultano uguali.

joint rate: ***tariffa unificata; tariffa congiunta.*** Nei trasporti, è una tariffa applicabile da un punto sulla linea servita da un vettore ad un punto sulla linea servita da un altro vettore. Viene stabilita tramite un accordo tra i due o più vettori interessati ed è pubblicata come tariffa singola.

joint return: ***dichiarazione congiunta.*** È la dichiarazione dei redditi fatta da coniugi sullo stesso modello, la cui imposta relativa viene pagata mediante un unico versamento. È consentita da molti stati, tra i quali l'Italia, e rende ciascuno dei due dichiaranti responsabile dell'intero ammontare dell'imposta dovuta.

joint selling association: ***associazione di vendita.*** Associazione tra imprese che producono articoli complementari tra loro e che dividono le spese di gestione di una filiale per le vendite all'estero.

joint services: ***servizi congiunti; servizi comuni.*** Servizi che derivano dall'utilizzazione di uno dei fattori della produzione e che influenzano l'efficienza di esecuzione di altri servizi, rendendola maggiore o minore.

joint-stock association: ***società per azioni a responsabilità illimitata; società per azioni di fatto.*** Nell'uso e nella legislazione statunitensi il termine, che è sinonimo di *joint-stock company*, indica una società in parte diversa dalla società per azioni, designata negli Stati Uniti col termine *corporation.* Anche questa forma associativa consta di più persone, che agiscono solidalmente per costituire e gestire un'impresa commerciale o industriale e come nel caso della società per azioni il capitale è diviso in quote trasferibili e la gestione è affidata ad un consiglio di amministrazione nominato dai soci. Le differenze principali, dunque, tra una *joint-stock company* e una *corporation* negli Stati Uniti consistono nel fatto che la prima in molti stati opera senza una formale autorizzazione statale e che i soci non godono del privilegio della responsabilità limitata, ma sono ritenuti solidalmente e illimitatamente responsabili delle obbligazioni e dei debiti contratti dalla società. Per questo motivo ed anche per la facilità con la quale si può costituire una *corporation*, questa forma di associazione è quasi del tutto scomparsa negli Stati Uniti. (v. anche *joint-stock company 1*)

joint-stock bank: ***istituto di credito; banca di credito ordinario.*** È così chiamata, nel Regno Unito, una qualsiasi banca commerciale costituita sotto forma di società per azioni. Il termine inglese era usato in passato per distinguere questo tipo di banche dalle banche private, costituite sotto forma di società di persone. L'evoluzione dalla banca privata all'istituto di credito ebbe luogo nel Regno Unito soprattutto dopo la crisi bancaria del 1825–26, durante la quale si notò che nessun istituto di credito fu coinvolto in fallimenti, laddove circa ottanta banche private inglesi dovettero chiudere. Una legge britannica del 1826 autorizzò la costituzione di banche sotto forma di società per azioni, purché esse fossero a responsabilità illimitata (solo nel 1858 fu esteso anche a questo tipo di imprese il principio della responsabilità limitata, comune alle altre società per azioni) e si limitassero a svolgere la propria attività al di fuori di un raggio di sessantacinque miglia da Londra. Ciò, ovviamente, per garantire alla Banca d'Inghilterra il monopolio nella zona di Londra, che essa conservò fino al 1833. Dopo tale data, il numero delle banche private calò drasticamente, mentre saliva quello degli istituti di credito, che superarono le cento unità. Tuttavia, a seguito di fusioni, il numero successivamente si ridusse tanto che oggi esso supera di poco le dieci unità in tutto il Regno Unito (pur se le banche scozzesi sono distinte e separate dal sistema bancario inglese, a fini pratici possono considerarsi parte di un sistema bancario britannico) e le più grandi fra queste sono anche note con il nome di *clearing banks.* Oggi, le funzioni, la natura e le operazioni di una *joint-stock bank* non differiscono da quelle di una *commercial bank*, tanto che quest'ultimo termine è preferito da molti e sta sempre più sostituendo l'altro. (v. anche *clearing banks, commercial bank*)

joint-stock company: 1. ***società per azioni; società di capitali.*** Nell'inglese britannico, questo termine indica un tipo di organizzazione imprenditoriale che si sviluppò principalmente nei secoli diciottesimo e diciannovesimo, come conseguenza dello sviluppo industriale e commerciale e della necessità di capitali sempre più cospicui per il finanziamento di tali imprese. La società per azioni ha i propri antenati nelle antiche società che si dedicavano ai traffici commerciali con paesi lontani, quali ad esempio la *East India Company* britannica. Poiché anche a quell'epoca erano necessarie notevoli quantità di capitale, si costituivano società col contributo di più persone che, successivamente, partecipavano alla divisione degli utili in rapporto alla quantità di capitale fornito da ciascuno all'impresa. Agli inizi del diciottesimo secolo, a seguito del rapido e indiscriminato diffondersi di queste speculazioni che culminarono nella crisi che va sotto il nome di *South Sea Bubble* (v.), si avvertì la necessità di regolamentare la materia ed ebbe inizio l'opera legislativa che, attraverso tappe successive, portò alla moderna società per azioni. Una moderna società per azioni è costituita da un numero illimitato di soci, che partecipano alla formazione del capitale sociale attraverso la sottoscrizione e l'acquisto di quote denominate azioni che, tranne per le quote di una *private company* (v.), sono liberamente trasferibili. I soci, chiamati azionisti, partecipano alla distribuzione degli utili in rapporto al numero di azioni possedute e solo se la società ha realizzato dei profitti. L'entità degli utili, pagati sotto forma di dividendi, è decisa dall'assemblea ordinaria dei soci su proposta del consiglio di amministrazione e dipende dall'entità dei profitti realizzati dalla società. Se l'impresa non ha realizzato profitti e magari ha sostenuto perdite, gli azionisti riceveranno un dividendo molto basso, di solito prelevato da riserve, o non riceveranno alcun dividendo ma, di regola, non saranno responsabili delle perdite. Infatti, una caratteristica che contraddistingue la società per azioni è la responsabilità limitata dei soci, il che significa che essi sono responsabili soltanto fino alla concorrenza dell'ammontare di capitale apportato da ciascuno di loro. La gestione di una società per azioni è affidata ad un consiglio di amministrazione, eletto dagli azionisti nel corso dell'assemblea ordinaria, che a sua volta elegge un amministratore delegato scegliendolo tra i suoi membri. Compito del consiglio di amministrazione è quello di decidere la politica della società, mentre compito dell'amministratore delegato è quello di far eseguire le decisioni prese dal consiglio di amministrazione. La società per azioni, che è la tipica forma di organizzazione imprenditoriale di oggi, è anche chiamata società di capitali, in quanto nella determinazione della politica societaria è data preminente considerazione all'aspetto patrimoniale e organizzativo a scapito dell'interesse e della volontà dei singoli soci, che sono notevolmente attenuati. (v. anche *formation of a company, incorporation of a company, East India Company*) **2.** ***società per azioni a responsabilità illimitata.*** Negli Stati Uniti, questo termine viene usato come sinonimo di *joint-stock association* (v.).

joint-stock company limited by guarantee: ***società a responsabilità limitata da garanzia.*** Lo stesso che *company limited by guarantee* (v.)

joint-stock company limited by shares: ***società per azioni; società a responsabilità limitata per azioni.*** Termine usato con lo stesso significato di *joint-stock company 1* (v.).

joint-stock land bank: ***banca di credito agrario.*** Tipo di banca che fu istituito negli Stati Uniti dal *Federal Farm Loan Act* del 1916 e soppresso nel 1933. Si interessava dell'erogazione ad agricoltori di mutui garantiti da ipoteca sulle loro proprietà. A differenza delle banche federali di credito agrario, queste banche non facevano parte di un sistema unificato e ciascuna operava indipendentemente dalle altre. (v. anche *federal land bank*)

joint supply: ***offerta congiunta.*** L'offerta di due o più beni che vengono prodotti congiuntamente dal medesimo processo produttivo, il che rende impossibile l'aumento o la diminuzione della produzione di uno senza una corrispondente variazione della produzione dell'altro o degli altri beni.

joint-supply goods: ***beni a offerta congiunta.*** Sono così chiamati quei beni che derivano da un unico processo produttivo, così che incrementi o decrementi dell'offerta di uno portano uguali incrementi o decrementi dell'offerta dell'altro o degli altri, con palesi ripercussioni sui prezzi. Un esempio è rappresentato da benzina e olî pesanti. Se aumenta la domanda di benzina, la maggior produzione, necessaria per far fronte a tale incremento della domanda, porterà ad un incremento anche della produzione di olî pesanti e se la domanda di questi ultimi resta pressocché invariata, il loro prezzo tenderà a diminuire. Se, al contrario, si verificherà una diminuzione della domanda di benzina, vi sarà una corrispondente diminuzione della produzione, che coinvolgerà anche gli olî pesanti. Se, in tale situazione, la domanda di olî pesanti resterà pressocché invariata, il loro prezzo tenderà a salire. Per questo motivo si dice che in generale i prezzi di beni ad offerta congiunta tendono a spostarsi in direzione opposta. Poiché è impossibile suddividere i costi di produzione tra i beni ad offerta congiunta, in quanto la produzione di uno implica necessariamente la produzione dell'altro, i produttori cercano di raggiungere la combinazione ottimale delle due produzioni alla quale possono massimizzare i profitti, ma ciò risulta possibile soltanto quando il rapporto tra le quantità prodotte non è rigido e si può, ad esempio, produrre un po' più di uno e un po' meno dell'altro, oppure una migliore qualità di uno a discapito della qualità dell'altro bene.

joint tariff: ***tariffa unificata; tariffa congiunta.*** Termine usato con lo stesso significato di *joint rate* (v.).

joint taxation: ***tassazione congiunta.*** La tassazione dei redditi del coniuge sommati a quelli del dichiarante principale. Presuppone la presentazione di una dichiarazione congiunta dei redditi dei coniugi.

joint tenancy: ***comproprietà; comunione con diritto di accrescimento.*** Termine usato con lo stesso significato di *joint ownership* (v.).

joint tenant: ***comproprietario con diritto di accrescimento.*** È così indicato qualunque soggetto che, insieme ad altri, detenga una quota del diritto di proprietà su un bene mobile o immobile, il cui proprietario singolo è costituito da tutti i singoli comproprietari. È caratteristico di questo tipo di proprietà che alla morte di uno o più comproprietari, il sopravvissuto o i sopravvissuti assumano la proprietà del o dei comproprietari defunti, con l'esclusione dei loro eventuali eredi o aventi causa. (v. anche *right of survivorship, tenant in common*)

joint through rate: ***tariffa cumulativa unificata.*** Nei trasporti, è una tariffa unificata pubblicata come tariffa unica da applicarsi per il trasporto di cose o passeggeri da un punto sulla linea servita da un vettore a un punto sulla linea servita da un altro vettore. (v. anche *joint rate, through rate*)

joint trade: ***impresa in partecipazione; impresa in collaborazione; speculazione in partecipazione.*** Termine usato con lo stesso significato di *joint adventure* (v.).

joint venture: ***impresa in partecipazione; impresa in collaborazione; società mista; speculazione in partecipazione.*** Un'impresa commerciale svolta da due o più persone o imprese in associazione e relativa ad una singola operazione o al completamento di un singolo progetto. La durata dell'associazione è, pertanto, limitata al tempo necessario per realizzare lo scopo. Il capitale è fornito e controllato, in maniera paritetica, dalle imprese partecipanti, che generalmente hanno la loro sede principale in paesi diversi. (v. anche *joint production*)

joint whole-life policy: ***polizza congiunta di assicurazione sulla vita.*** Lo stesso che *joint lives policy* (v.).

jon: Variante grafica di *jeon*, moneta divisionale della Corea del Nord, equivalente a un centesimo di won.

Jonathan's Coffee House: È considerato l'antenato della borsa valori di Londra, in quanto fu il primo luogo in cui, nel diciottesimo secolo, si riunivano gli operatori in titoli prima che venisse aperta la sede ufficiale della borsa valori.

Jour.: journal.

journal: ***giornale; libro giornale.*** Registro di un'impresa commerciale o di altra natura, nel quale si prende giornalmente nota delle partite, delle varie operazioni, ecc., che saranno successivamente trasferite ai relativi conti. Il termine inglese indica anche un giornale generale, nel quale cioè si prende nota di operazioni che non possono trovare collocazione nei giornali specifici.

journal entry: ***registrazione a giornale; scrittura.*** Partita o registrazione contabile iscritta in un libro giornale.

to journalize: ***registrare a giornale.*** Interpretare un fatto di gestione in forma contabile e dargli espressione sotto forma di registrazione in un libro giornale.

journal voucher: È il documento giustificativo sul quale vengono riportati i dettagli di un'operazione non monetaria. Un insieme di tali documenti può sostituire un libro giornale generale o può essere periodicamente riportato, in forma sintetica, sul giornale generale.

journey account: Il termine inglese indica una facilitazione concessa dal produttore ai dettaglianti che gli passano ordinativi mediante i suoi commessi viaggiatori. Consiste nel consentire il pagamento delle merci inviate al dettagliante direttamente al commesso viaggiatore in occasione della sua successiva visita. Ciò dà al viaggiatore la certezza di essere ricevuto dal dettagliante.

journey discount: Sconto addizionale, oltre quello normale, concesso da un produttore al dettagliante che gli invia ordinativi tramite uno dei suoi commessi viaggiatori. Tale sconto ha lo scopo di indurre il dettagliante ad accogliere il viaggiatore che, se è un abile venditore, potrebbe riuscire a piazzare una maggiore quantità di articoli.

journeyman: ***operaio finito; operaio specializzato.*** Il termine inglese sopravvive dal tempo delle ghilde. A quell'epoca indicava colui che, avendo svolto il prescritto periodo di apprendistato, veniva dichiarato *journeyman* dopo essere stato sottoposto ad un esame pratico che consisteva nel fabbricare un oggetto frutto dell'arte o del mestiere in cui egli operava. Dopo essere stato dichiarato *journeyman*, egli poteva mettersi in proprio o continuare a prestare servizio presso il suo maestro, onde perfezionare la sua abilità. Oggi, il termine indica un operaio che, avendo svolto un periodo di apprendistato, si è specializzato nel lavoro da svolgere ed ha, quindi, diritto al salario completo.

journey order: Il termine inglese indica un ordinativo inoltrato da un dettagliante ad un produttore tramite il commesso viaggiatore che lo visita periodicamente nel suo punto di vendita per mostrargli e descrivergli gli articoli prodotti dall'impresa che egli rappresenta.

journey terms: Termine usato con lo stesso significato di *journey account* (v.).

jr.: junior.

J.S.B.: joint-stock bank.

judgment creditor: ***creditore giudiziario.*** Creditore che ha ottenuto, in sede giudiziaria, una sentenza a lui favorevole e contraria al debitore, che sarà tenuto a liquidare il suo debito.

judgment debt: ***debito giudiziario.*** Debito riconosciuto da un tribunale, che ne ha ingiunto il pagamento.

judgment debtor: ***debitore giudiziario.*** Debitore cui è stato ingiunto, con sentenza a lui sfavorevole, il pagamento del suo debito. In caso di inadempienza, il creditore giudiziario ha il diritto di far pignorare i beni del debitore, che saranno successivamente venduti per liquidare il debito.

judgment note: ***cambiale esecutiva.*** Il termine inglese indica un tipo di pagherò cambiario speciale per quel paese, in quanto esso dà al portatore il diritto di ricorrere informalmente ad un tribunale, che emetterà un'ingiunzione di pagamento nei confronti del debitore, in caso di suo mancato pagamento alla scadenza del titolo di credito. Ciò rende la procedura più rapida, non essendo necessaria una causa formale.

judicial sale: ***vendita giudiziale.*** È la vendita forzata di un bene per autorità di un organo giudiziale e spesso sotto la sua supervisione. Può verificarsi per vari motivi, come ad esempio quando si devono vendere beni di una comunione da sciogliere; a seguito di fallimento; per realizzare il valore di un bene ipotecato e così via.

Juglar cycle: ***ciclo di Juglar; ciclo corto; ciclo minore; ciclo degli stock; ipociclo.*** È il ciclo economico di media durata, che prende il nome da Clement Juglar, il primo ad individuare il principale ciclo economico industriale. Il ciclo di Juglar, che consiste di un periodo oscillante tra gli otto e i dieci anni, spiega le fluttuazioni di prezzo, occupazione, produzione, ecc., come conseguenza delle innovazioni industriali. (v. anche *trade cycle, innovation, innovation theory of the trade cycle*)

jumble sale: ***vendita di beneficenza.*** Vendita di oggetti di seconda mano e inutili per i proprietari, organizzata allo scopo di raccogliere fondi da devolvere a qualche organizzazione di beneficenza.

jumbo certificate of deposit: Espressione del gergo finanziario, con la quale si indica un certificato di deposito del taglio minimo di centomila dollari statunitensi.

jungle: ***giungla.*** Termine del gergo della borsa valori di Londra, con il quale si indica la parte della sala delle contrattazioni nella quale vengono trattati i titoli di società con sede o operanti nell'Africa occidentale.

junior: **1.** ***di secondo grado; di grado posteriore.*** Aggettivo usato in relazione a classi di azioni, di obbligazioni o altri titoli di credito per indicare che in caso di liquidazione essi saranno soddisfatti dopo che sono state soddisfatte le classi dette di primo grado. **2.** ***più giovane; di grado inferiore.*** Riferito a personale, questo aggettivo viene usato per indicare una minore anzianità di servizio.

junior accountant: ***praticante contabile.*** Termine usato negli Stati Uniti, con il quale si indica colui che fa pratica presso lo studio di un *public accountant* (v.), corrispondente grosso modo alla nostra figura del dottore commercialista. Al praticante vengono per lo più affidati lavori esterni e di scarsa responsabilità e quando è in grado di svolgere lavori più impegnativi è sottoposto alla continua supervisione del suo principale.

junior administrator: ***direttore di medio livello.*** Ciascuno degli amministratori di un'impresa che fanno parte della direzione intermedia. Questi direttori lavorano in stretto contatto con coloro che fanno parte dell'alta direzione e questi ultimi spesso delegano ai primi molte delle loro responsabilità. Nella scala gerarchica, il direttore di medio livello è preposto alla gestione di un certo numero di supervisori, insieme ai quali cura alcuni degli aspetti particolari dell'amministrazione aziendale.

junior auditor: ***praticante revisore.*** È il giovane che, in uno studio di revisori, aspira a diventare revisore e, pertanto, fa pratica sotto la diretta supervisione di un revisore anziano.

junior board: ***consiglio dei giovani.*** Nell'organizzazione aziendale a direzioni multiple, è uno dei quattro consigli elettivi preposti alla gestione e alle relazioni tra la direzione e i dipendenti. Il consiglio dei giovani è composto di un certo numero di giovani funzionari, che si riuniscono di frequente per discutere qualsiasi argomento ritenuto meritevole di attenzione. Tutte le decisioni di questo consiglio devono essere prese all'unanimità ed esse diventano operative dopo che hanno ottenuto l'approvazione del membro del consiglio degli anziani preposto alla branca particolarmente investita dalle decisioni in questione.

junior bonds: ***obbligazioni di secondo grado; obbligazioni garantite da ipoteca di secondo grado; obbligazioni di grado posteriore.*** Termine usato come sinonimo di *junion–lien bonds* (v.).

junior capital: ***capitale netto; capitale proprio.*** Il totale dei fondi investiti in un'impresa dai suoi proprietari. In una società per azioni, corrisponde al capitale rappresentato dalle azioni ordinarie.

junior clerk: ***impiegato subalterno; impiegato più giovane.*** Sono indicati con questo termine gli impiegati da poco assunti in un'organizzazione, ai quali vengono affidati compiti semplici e di minore importanza e responsabilità o che collaborano con i loro superiori o con impiegati più anziani nell'esecuzione di compiti più complessi, come parte del loro addestramento per essere successivamente promossi ad un livello superiore, che comporti lo svolgimento di compiti di maggiore responsabilità e impegno.

junior creditor: ***creditore di secondo grado.*** Creditore la cui garanzia segue quella di un creditore di primo grado, così che in caso di inadempienza del debitore sarà soddisfatto solo dopo che sarà stato soddisfatto il creditore di primo grado.

junior debt: ***debito di seconda; debito di grado posteriore.*** È il debito rappresentato da un'emissione di obbligazioni di secondo grado, la cui liquidazione avviene successivamente a quella relativa alle obbligazioni di primo grado. (v. anche *first–lien bonds, junior–lien bonds*)

junior executive: ***dirigente più giovane.*** In un'impresa o altra organizzazione, si indica con questo termine un dirigente di nuova nomina che, pur svolgendo mansioni di responsabilità, deve ancora fare pratica lavorando in collaborazione o alle dipendenze di un dirigente superiore.

junior insurance policy: Polizza di dotazione, emessa in vari tipi, che prevede un'assicurazione sulla vita dei genitori, valida fino al raggiungimento della maggiore età del loro o dei loro figli, e il versamento ai figli di una cifra stabilita, alla scadenza della polizza.

junior issue: ***emissione di secondo grado; emissione di grado posteriore.*** Termine generico, usato nel linguaggio finanziario per indicare un'emissione di titoli azionari o obbligazionari i cui diritti sono subordinati a quelli di altre diverse azioni o obbligazioni emesse dalla stessa organizzazione. Vi rientrano, ad esempio, le azioni ordinarie nei confronti delle azioni privilegiate, le quali ultime hanno un diritto di priorità in relazione al pagamento dei dividendi e al rimborso in caso di liquidazione della società.

junior–lien bonds: ***obbligazioni di secondo grado; obbligazioni garantite da ipoteca di secondo grado; obbligazioni di grado posteriore.*** Quando un'emissione obbligazionaria è subordinata ad un'altra per quanto attiene al pagamento di interessi e al rimborso della somma capitale, nel senso che non si può soddisfare la prima se non si è precedentemente soddisfatta la seconda, le obbligazioni che la compongono sono dette di secondo grado. La subordinazione scaturisce dal fatto che l'emissione vanta un'ipoteca di secondo grado sui beni che sono stati offerti in garanzia del prestito. (v. anche *first–lien bonds*)

junior markets: ***mercati minori.*** Sono indicati con questo termine informale i vari mercati mobiliari di Londra, che operano a livelli inferiori a quello della *Stock Exchange.* I nomi specifici con i quali vengono indicati tali mercati sono: *over–the–counter market* (v.), *unlisted securities market* (v.), *third market* (v.), *London Securities Exchange* (v.).

junior mortgage: ***ipoteca successiva; ipoteca posteriore; ipoteca di grado posteriore.*** Espressione generica, con la quale si indica un'ipoteca di secondo o terzo grado su una proprietà, i cui diritti possono essere fatti valere soltanto dopo che si sono estinti quelli dell'ipoteca o delle ipotece accese in precedenza. Da un punto di vista finanziario, essa va remunerata con un tasso di interesse più elevato, in quanto non grava sui valori ipotecabili, riservati all'ipoteca precedente.

junior partner: ***socio più giovane.*** In una società semplice, è uno dei soci che ricoprono un grado più basso ed hanno minore importanza degli altri.

junior security: 1. ***garanzia di secondo grado; garanzia di grado posteriore.*** È, ad esempio, la garanzia ipotecaria che si basa su beni in relazione ai quali esiste già un precedente gravame. **2.** ***titolo di secondo grado.*** Vengono così indicate le obbligazioni e le azioni subordinate ad altre ai fini del rimborso in caso di liquidazione della società emittente. Sono, ad esempio, le azioni ordinarie nei confronti delle azioni privilegiate; o le obbligazioni garantite da ipoteca di secondo grado nei confronti di quelle garantite da ipoteca di primo grado. (v. anche *junior–lien bonds, first–lien bonds*)

junior share: ***azione di secondo grado.*** Termine a volte usato per indicare le azioni ordinarie, in quanto i loro diritti al pagamento dei dividendi e al rimborso in caso di liquidazione della società sono subordinati ai diritti delle azioni privilegiate. (v. anche *junior issue, junior security 2*)

junior stock options: ***opzioni di partecipazione.*** Termine con il quale negli Stati Uniti si indica un piano di partecipazione agli sviluppi futuri dell'impresa offerto ai dipendenti prescelti in base alle loro qualità. Versando una piccola somma in contanti, essi si garantiscono il futuro possesso di un certo numero di azioni ordinarie della società e in cambio si impegnano a restare alle dipendenze dell'impresa per un certo periodo di tempo durante il quale si devono realizzare determinati obiettivi di lungo termine. Si tratta di un tentativo per neutralizzare l'ossessione autodistruttiva dei rendiconti trimestrali, che spingono i dirigenti e le imprese a sacrificare gli sviluppi futuri a vantaggio degli utili immediati.

junk: ***scarto; rottame; residuato; cascame; sfrido.*** Lo stesso che *scrap* (v.).

junk bonds: ***obbligazioni di rischio.*** Espressione usata negli Stati Uniti per indicare obbligazioni ad alto rischio, emesse da società che occupano uno dei posti più bassi nella scala della solidità economico–finanziaria. Per questo motivo, e anche perché i *junk bonds* hanno un rendimento superiore a quello di altri titoli a reddito fisso, si ritiene che tali obbligazioni assommino caratteristiche speculative oltre a quelle di puro investimento. Il termine *junk* in questa espressione indica che i titoli sono valutati, in termini di rischio, al di sotto del grado più basso richiesto per un investimento abbastanza sicuro.

junking: Termine del linguaggio colloquiale statunitense, con il quale si indica la sostituzione di macchine vecchie e obsolete con macchine migliori e più moderne. Il termine deriva dal verbo *to junk*, che significa gettare via cose inutili, appunto perché tali macchine non possono essere rivendute che come ferro vecchio.

junk mail: La corrispondenza di carattere promozionale e pubblicitario che quasi quotidianamente ci viene recapitata e che molto spesso viene cestinata senza essere neppure aperta.

junk value: ***valore di rottame.*** Lo stesso che *scrap value* (v.).

junr.: junior.

juridical person: ***persona giuridica.*** Lo stesso che *legal person* (v.).

jurisdictional dispute: ***disputa giurisdizionale.*** Nel linguaggio statunitense delle relazioni industriali, indica una controversia sulla scelta del sindacato i cui iscritti hanno il diritto di occupare determinati posti di lavoro.

jurisdictional risk: ***rischio della giurisdizione.*** Il rischio insito nell'effettuare investimenti, nel sottoscrivere contratti di compravendita e nel concedere prestiti in paesi esteri, in quanto ciascuna delle operazioni suddette implica il sottoporsi alla giurisdizione delle autorità amministrative e giudiziarie del paese estero, che potrebbero essere parziali nell'eventualità di contestazioni.

jurisdictional strike: ***sciopero giurisdizionale.*** Tipo di sciopero una volta praticato negli Stati Uniti, prima dell'approvazione del *Taft–Hartley Act* (v.) che lo dichiarò illegale. Si ricorreva a tale forma di protesta quando si verificava un conflitto tra due sindacati sull'assegnazione di posti di lavoro a iscritti all'uno o all'altro sindacato.

jury–of–executive–opinion method: Espressione del linguaggio statunitense delle ricerche di mercato, con il quale si indica un metodo di previsione delle vendite che tiene conto delle opinioni di tutti i più alti dirigenti di un'impresa. Punti a favore di questo metodo sono: a) facilità di previsione senza l'uso di statistiche elaborate; b) maggiore accuratezza di risultati rispetto ai metodi che fanno uso di una sola persona preposta alle previsioni. Tra i punti a sfavore si ricordano: a) si basa soltanto sulle opinioni e non su dati scientifici; b) favorisce la dispersione della responsabilità delle previsioni; e, c) occupa troppo tempo ai dirigenti e, quindi, risulta molto costoso.

just compensation: ***indennizzo giusto; indennizzo equo.*** Indennità equa per ambedue le parti, che viene versata al proprietario di un bene espropriato per pubblica utilità. Al fine di essere equa, tale indennità deve essere quantificata tenendo conto di vari criteri, quali ad esempio il costo di riproduzione del bene, il danno che deriva alla parte di bene non espropriata e, soprattutto, il prezzo di mercato.

just–in–time: Espressione aggettivale, usata in relazione a nuove tecniche di produzione e gestione, sviluppate principalmente in Giappone, che si basano essenzialmente su una stretta collaborazione tra impresa produttrice e suoi fornitori e su una maggiore ampiezza di responsabilità delegata ai lavoratori, mediante le quali è possibile ridurre drasticamente i costi di produzione.

just price: ***prezzo giusto.*** Nel medio evo, quando il concetto cristiano dell'usura influenzava lo sviluppo economico e commerciale, si riteneva che ogni bene o servizio avesse un suo giusto prezzo, che corrispondeva al prezzo consuetudinario. Era quindi naturale, all'epoca, considerare colpevole sia il venditore che alzava il prezzo in periodi di scarsità del bene venduto, sia il compratore che cercava di ridurre il prezzo in periodi di abbondanza del bene che intendeva acquistare. Il declino di questo concetto può considerarsi come l'accettazione da parte della Chiesa della legge della domanda e dell'offerta.

just ton: ***tonnellata inglese.*** Anche detta *long ton*, è l'unità di misura di peso equivalente nel Regno Unito a 2240 libbre avoirdupois, pari a 1016,0471 chilogrammi. (v. anche *metric ton, short ton*)

just value: ***giusto valore.*** Nella terminologia tributaria, indica il valore di una proprietà ritenuto congruo, onesto e ragionevole, senza esagerazione in un senso o nell'altro e pertanto il suo effettivo valore di mercato.

k, K

k.: 1) karat; carat; 2) one thousand.

kaffir circus: Espressione del gergo della borsa valori di Londra, con la quale si indica il mercato, cioè il gruppo di operatori, che tratta azioni di società sud–africane.

Kaffirs: Nome con il quale, alla borsa valori di Londra, vengono indicate collettivamente le azioni di società della Repubblica del Sud Africa, trattate in quel mercato.

Kaldor criterion: ***criterio di Kaldor.*** Così chiamato dal nome dell'economista N. Kaldor, che lo enunciò, asserisce che nell'economia del benessere una variazione nelle condizioni economiche implica un miglioramento se coloro che traggono beneficio dal cambiamento attribuiscono a quest'ultimo un valore superiore a quello attribuito allo svantaggio da parte di coloro che lo subiscono a seguito del medesimo cambiamento.

kameralism: ***cameralismo.*** Variante grafica di *cameralism* (v.).

kangaroo court: Espressione colloquiale usata nel linguaggio delle relazioni industriali per indicare un tribunale, istituito senza alcuna autorità giuridica da parte di iscritti ad un sindacato, per giudicare altri iscritti accusati di non aver rispettato le direttive impartite dal sindacato.

kangaroos: Nome con il quale alla borsa valori di Londra si indica l'insieme delle azioni di società dell'Australia occidentale trattate in quel mercato mobiliare.

K.D.: knocked down.

keelage: ***diritti di ormeggio; diritti di ancoraggio.*** Sono i diritti che è tenuta a pagare qualsiasi nave che entri e si ormeggi, o si ancori, in un porto britannico.

keen: ***conveniente.*** Aggettivo usato in relazione a prezzi competitivi e, pertanto, molto bassi.

to keep house: ***restare a casa.*** La legge britannica del 1914 sul fallimento, stabilisce che un debitore commette un atto che può portare all'emissione di una sentenza dichiarativa di fallimento se egli non esce di casa, al fine di evitare i creditori, e si nega se essi chiedono di lui in un orario opportuno e ragionevole. Se, invece, egli si nega qualora i creditori chiedano di lui in un orario inopportuno, ciò non è considerato un *act of bankruptcy* (v.).

Kefauver–Celler Act: Legge approvata nel 1950 dal Congresso degli Stati Uniti al fine di emendare il *Clayton Antitrust Act* del 1914, che già vietava la partecipazione azionaria incrociata, quando ciò aveva l'effetto di ridurre la concorrenza. La legge del 1950 vieta l'acquisizione non soltanto di azioni, ma anche di qualsiasi attività di una società da parte di un'altra quando esse si trovano nello stesso ramo di attività e si potrebbe configurare nell'acquisizione un tentativo di limitare la concorrenza.

keg: ***barilotto.*** Contenitore per liquidi, usato specialmente nel commercio del vino e della birra, della capienza di circa quattro galloni e mezzo inglesi, equivalenti a circa venti litri.

Kennedy Round: La fase di negoziazioni sulla riduzione delle tariffe doganali che, iniziatasi nell'ambito del G.A.T.T. nel 1964, si concluse nel 1967. Il nome dato a questa negoziazione deriva da quello del Presidente statunitense J.F. Kennedy, il quale fu molto colpito dai risultati ottenuti dalla CEE e dall'EFTA in materia di dazi doganali e, nel 1962 a seguito dell'approvazione di una legge da parte del Congresso statunitense, il *Trade Expansion Act*, ottenne l'autorizzazione a negoziare con la CEE e l'EFTA riduzioni tariffarie fino al 50% di quelle esistenti. Il negoziato ebbe due punti particolarmente importanti: a) non si seguiva più il vecchio sistema di accordarsi su riduzioni in relazione a particolari prodotti, ma si trattava globalmente per tutti i prodotti oggetto di scambio internazionale; b) si teneva conto delle necessità dei paesi in via di sviluppo, esportatori di materie prime e di altri prodotti di base, esentandoli dall'obbligo della reciprocità. Al negoziato presero parte quarantanove paesi industriali e commerciali tra i più importanti del mondo, ma non vi parteciparono la Cina e l'Unione Sovietica. Le negoziazioni si conclusero con riduzioni tariffarie medie del 35%, ma i risultati a favore dei paesi in via di sviluppo furono alquanto modesti. L'accordo prevedeva la riduzione delle tariffe da parte degli Stati Uniti in cinque successivi scaglioni annuali a partire dal gennaio 1968 e da parte della CEE, dell'EFTA e del Giappone di un primo scaglione, nel luglio 1968, pari ai due quinti delle riduzioni totali e il resto entro il 1972. Le riduzioni sulle quali i paesi si accordarono nell'ambito del *Kennedy Round* rappresentano il più cospicuo risultato in materia mai raggiunto dal G.A.T.T. (v. anche *General Agreement on Tariffs and Trade, European Economic Community, European Free Trade Association*)

Kennedy Trade Expansion Act: Lo stesso che *Trade Expansion Act* (v.).

Keogh plan: Piano di pensionamento per i lavoratori autonomi, reso possibile dall'approvazione, da parte del Congresso degli Stati Uniti, del *Self–employed Individual Retirement Act* del 1962 e dell'*Economic Recovery Act* del 1981. In base a tale piano, tutti i lavoratori autonomi e coloro che possono dichiarare redditi da lavoro autonomo, pur se lavorano per conto di terzi, possono versare nel piano Keogh parte del loro reddito e tali versamenti possono essere detratti dal reddito imponibile. La somma così accumulata, tuttavia, sarà soggetta ad imposta sul reddito quando essa verrà prelevata dal fondo, ma ad aliquote certamente inferiori a quelle cui il reddito del lavoratore è soggetto al momento in cui esso viene prodotto. La legge del 1981 elevò a quindicimila dollari, o il 15% del reddito a seconda di quale risultasse più basso, il limite massimo di versamento per ciascun anno finanziario, cifra che è stata ulteriormente elevata nel 1982.

kerb broker: Espressione usata nel linguaggio borsistico per indicare un operatore che non fa ufficialmente parte di una borsa valori, ma tratta ugualmente titoli per conto terzi, appoggiandosi a membri autorizzati ad operare nella borsa valori.

kerb exchange: Nome con il quale, fino al 1957, era conosciuta la *American Stock Exchange* (v.).

kerb market: ***dopoborsa.*** Il mercato che ha luogo dopo che la borsa è stata ufficialmente chiusa per la giornata. L'espressione ha origine dal fatto che queste contrattazioni possono svolgersi per strada o, comunque, al di fuori dei locali della borsa.

kerb–stone broker: Termine usato con lo stesso significato di *kerb broker* (v.).

kerb trading: ***operazioni del dopoborsa.*** Espressione statunitense, con la quale si indica l'attività illecita di alcuni operatori di borsa che concludono affari dopo la chiusura ufficiale delle contrattazioni, aggirando l'obbligo di far passare qualsiasi operazione di compravendita attraverso i canali ufficiali della borsa stessa.

key account manager: Nella grande distribuzione, viene indicato con questo termine il dirigente responsabile delle vendite speciali.

key bargain: ***contratto chiave.*** Un contratto collettivo che serve come punto di riferimento per tutti i successivi contratti che vengono conclusi e sottoscritti dai rappresentanti dei prestatori e dei datori di lavoro nella stessa industria o nello stesso sistema economico.

key currency: ***valuta chiave.*** Con questo termine spesso si indica una valuta che, meglio di altre, riesce a svolgere le funzioni di mezzo di pagamento universalmente accettato nelle operazioni commerciali tra operatori residenti in diversi paesi. (v. anche *international currency*)

keyed advertisement: ***inserzione finalizzata.*** Nel linguaggio pubblicitario, è un messaggio inteso a dare la misura dell'efficacia di differenti giornali o periodici come veicoli pubblicitari. L'inserzione contiene l'invito al pubblico a rispedire, ad un determinato indirizzo, un buono o una lettera, che risultano diversi per ciascun periodico sul quale viene pubblicato il messaggio.

key executive: ***dirigente superiore.*** Dirigente che occupa un posto chiave nella scala gerarchica di un'impresa o altra organizzazione.

key factor: ***fattore chiave.*** Lo stesso che *limiting factor* (v.).

key industry: ***industria chiave.*** Viene così definita una qualsiasi industria che, a causa delle sue dimensioni oppure della sua produzione, importanza strategica o altre caratteristiche, ha una grande influenza sulla salute di tutte le altre industrie e dell'economia in generale di un paese. Ne è un esempio l'industria che produce energia.

key job: ***posto chiave; posizione chiave.*** Il termine viene usato per indicare sia un tipo di posto di lavoro attorno al quale ruotano le altre mansioni di un reparto, sia la posizione che viene presa come metro di paragone per la valutazione delle mansioni di altre posizioni.

key money: ***denaro chiave.*** Molto spesso quando nel Regno Unito si prende in locazione un immobile il conduttore, oltre a pagare il normale canone di fitto, versa una somma forfettaria che va sotto il nome di *key money.* Ciò trova origine nel tentativo, da parte dei locatori, di evitare parte delle imposte, mascherando il reale canone di fitto. Oggi, tuttavia, il *key money* è soggetto a imposizione fiscale nella stessa misura in cui lo è il reddito da immobili.

Keynes effect: ***effetto Keynes.*** Espressione con la quale si indica la teoria economica che sostiene che una diminuzione del livello globale dei prezzi porta a più bassi tassi di interesse e ad un incremento degli investimenti. Il processo espresso dalla teoria è il seguente: i privati fissano un dato rapporto, per loro ottimale, tra la quantità di moneta da loro posseduta e le loro spese in beni e servizi. Una riduzione del livello globale dei prezzi fa aumentare il loro potere d'acquisto e così il rapporto tra liquidità e spese viene variato e i privati hanno un'eccedenza di moneta, che sono disposti a investire. Ciò porta ad un aumento dei fondi disponibili sul mercato dei prestiti e ad una conseguente riduzione dei tassi di interesse il che, a sua volta, offre la possibilità di maggiori investimenti. È stato osservato, tuttavia, che l'effetto Keynes funziona soltanto nel mercato dei titoli a reddito fisso.

Keynes–effect theory: ***teoria dell'effetto Keynes.*** È la teoria economica descritta sotto *Keynes effect* (v.).

Keynesian cross: ***croce keynesiana.*** Se consideriamo un quadrante con il consumo sull'asse verticale e il reddito su quello orizzontale, si dà il nome di croce keynesiana all'intersezione della curva, che traccia l'avanzare del consumo a seguito dell'aumento del reddito (funzione di consumo), con una linea retta che parte dall'origine degli assi e procede a quarantacinque gradi rispetto a ciascun asse. (v. anche *consumption function*)

Keynesian economics: ***economia keynesiana.*** Si indicano con questa espressione le teorie e politiche economiche proposte da J.M. Keynes e dai suoi seguaci. La scuola keynesiana fondamentalmente è in disaccordo con la scuola classica, pur accettando qualche teoria di quest'ultima con delle riserve. Uno dei contributi importanti della scuola keynesiana è la teoria che sostiene che se al risparmio non corrisponde un investimento in nuovi beni capitali, l'economia del paese andrà incontro ad un aumento della disoccupazione. Essa sostiene che il privato decide quanto del proprio reddito intende destinare al consumo e quanto al risparmio. Successivamente decide se tenere il risparmio sotto forma di denaro liquido, o suoi equivalenti, o rinunciare del tutto alla liquidità in favore di una qualche forma di investimento. Ma queste decisioni possono portare ad investimenti globali inferiori al risparmio globale, nel qual caso se si vogliono evitare la stagnazione, la depressione e un forte tasso di disoccupazione, è necessario l'intervento dello stato che, attraverso la spesa pubblica, crea investimenti allo scopo di assicurare la piena occupazione. (v. anche *propensity to consume, propensity to save, liquidity preference*)

Keynesianism: ***keynesianesimo.*** Lo stesso che *Keynesian economics* (v.).

Keynesian multiplier: ***moltiplicatore keynesiano.*** Lo stesso che *investment multiplier* (v.).

Keynesian revolution: ***rivoluzione keynesiana.*** Espressione usata da alcuni economisti per indicare la diversa impostazione di particolari problemi economici, conseguente alla pubblicazione dell'opera di J.M. Keynes *General Theory of Employment, Interest and Money.* (v. anche *Keynesian economics*)

Keynes' law of consumption: ***legge del consumo di Keynes.*** Legge formulata da J.M. Keynes ma, prima di lui, osservata da altri nel comportamento umano. Sostiene che ad ogni livello di reddito, una certa percentuale di tale reddito è spesa in beni di consumo, ma tale percentuale diminuisce con l'aumentare del reddito disponibile.

Keynes Plan: ***piano Keynes.*** Il ministero del tesoro britannico propose un proprio piano alla Conferenza di Bretton Woods, che prevedeva la creazione dell'unione internazionale di compensazione. La proposta, che in seguito divenne nota come piano Keynes in quanto era stata elaborata dall'economista inglese, prevedeva tra l'altro la compensazione multilaterale dei debiti internazionali, la concessione di crediti ai paesi membri che si trovassero in temporanea difficoltà, la creazione di una propria unità monetaria, denominata Bancor, oltre ad un insieme di diritti e doveri dei paesi membri. La Conferenza non approvò la proposta, preferendo la creazione del Fondo Monetario Internazionale, più vicino alle proposte e alle aspettative degli Stati Uniti.

Keynes windfall effect: ***effetto congiunturale Keynes.*** Lo stesso che *interest–induced effect* (v.).

key personnel: ***personale chiave.*** Personale che, all'interno di un'impresa o altra organizzazione, occupa i posti chiave.

key position: ***posto chiave; posizione chiave.*** Termine usato con lo stesso significato di *key job* (v.).

key products: ***prodotti chiave.*** Sono i prodotti più importanti dell'economia di un paese.

key sector: ***settore chiave.*** Per gli enti locali britannici, è il settore che raggruppa l'istruzione, l'edilizia e la rete viaria.

keystone pricing: La pratica seguita da alcuni commercianti, che consiste nell'esporre un prezzo più alto del vero prezzo di vendita per poi ridurlo, dando all'acquirente l'impressione di averlo favorito facendogli uno sconto notevole.

key worker: ***operaio chiave.*** È un operaio altamente specializzato, che assume un'importanza chiave nella fabbrica o nel reparto in cui lavora, poiché le sue mansioni sono tali da costituire un perno sul quale ruota l'attività degli altri operai. Quando, nel Regno Unito, furono istituite agevolazioni per le imprese che si trasferivano o aprivano nuovi stabilimenti in zone depresse, la legge autorizzò tali imprese a portare nei nuovi insediamenti soltanto operai chiave. Lo scopo delle agevolazioni era, infatti, quello di creare posti di lavoro per gli abitanti delle zone depresse, ma sarebbe stato difficile per le imprese trovare tra quelle popolazioni lavoratori che potessero prendere il posto degli operai chiave.

kg.: kilogram.

khoum: Moneta divisionale della Mauritania, corrispondente a un quinto di ouguiya.

kickback: ***tangente.*** Termine con il quale, negli Stati Uniti, si designa il versamento di parte del salario fatto da un lavoratore a un rappresentante sindacale o a un membro della fabbrica al fine di ottenere o conservare un posto oppure al fine di evitare particolari turni di lavoro o altri provvedimenti non graditi. Tale pratica è stata dichiarata illegale dalla *Federal Antikickback Law.* In base a tale legge, tuttavia, non rientrano in questa pratica i versamenti di contributi sindacali.

kicker: Termine colloquiale statunitense, con il quale si indica un soprapprezzo pagato ad un mutuante, al di là del tasso d'interesse concordato, in considerazione della concessione di un mutuo più alto. È una pratica frequente nel finanziamento di acquisti di beni immobili.

kil.: kilogram.

kilderkin: Unità di misura di volume, usata nel Regno Unito nel commercio della birra, pari a diciotto galloni, equivalenti a 81,82 litri.

killer bees: Espressione del gergo finanziario statunitense, con la quale si indicano coloro che aiutano una società a respingere un'offerta di acquisto ostile. Si tratta di solito di una *investment bank* (v.), che provvede a rendere l'acquisizione più difficile e meno appettibile.

kilo: kilogram.

kilogram: ***chilogrammo.*** Dopo l'adozione del sistema decimale nel sistema monetario britannico, anche le altre unità di misura cominciano ad essere conosciute nel Regno Unito e tra queste il chilogrammo, che corrisponde a 2,2 libbre.

kina: Unità monetaria della Papuasia e Nuova Guinea, suddivisa in cento toeas.

kind: Termine usato nell'espressione *in kind*, corrispondente alla nostra espressione «in natura». Si contrappone all'espressione «in moneta» e, pertanto, indica beni e servizi forniti in luogo di moneta. (v. anche *payment in kind*)

kinked demand curve: ***curva di domanda a gomito.*** Curva della domanda di un'impresa, che diventa discontinua al prezzo di mercato. È in stretta relazione con il fenomeno di un'industria nella quale sono presenti poche imprese, ma nessuna in grado di fissare un prezzo valido per tutte le altre. Di conseguenza, se un'impresa alza il prezzo, le altre non la seguiranno, ma se lo riduce le altre faranno lo stesso. Ciò dà luogo alla curva di domanda a gomito.

Kinne rule: ***regola di Kinne.*** Norma che si applica nel caso in cui una polizza di abbonamento o una polizza scudo coprono due beni assicurati anche ciascuno con una polizza specifica. In base alla regola di Kinne, al verificarsi di un sinistro la polizza che copre ambedue i beni entra in funzione in proporzione alle perdite subite dall'assicurato in relazione a ciascun bene finché egli è indennizzato o finché si raggiunge il massimale previsto in polizza e si applica la proporzionale consuetudinaria tra la polizza scudo e ciascuna polizza specifica. (v. anche *Cromie rule, Page rule, Reading rule*)

kiosk: ***chiosco.*** Una piccola costruzione, di solito in alluminio o legno e vetri, con uno o più lati aperti quando viene usata per la vendita.

kip: Unità monetaria del Laos, suddivisa in cento at.

Kitchin cycle: ***ciclo di Kitchin.*** Breve ciclo dell'attività economica, della durata di quaranta mesi, caratterizzato da fluttuazioni dei prezzi, della produzione, dell'occupazione, ecc. Prende il nome da J. Kitchin, che fu il primo a studiarlo a fondo facendone risalire le cause principalmente alle variazioni degli investimenti in scorte e a piccole fasi di innovazione, specialmente riguardanti i beni capitali che possono essere prodotti in un periodo relativamente breve. (v. anche *innovations, Juglar cycle, Kondratieff cycle, trade cycle*)

kite: 1. Termine colloquiale, con il quale si indica una cambiale di comodo o di favore. È implicita l'idea che si ricorre a tale sistema al fine di dimostrare di essere in buone condizioni finanziarie e di meritare credito. L'espressione trae origine dall'aquilone, o cervo volante, che vola molto in alto, pur essendo fatto di un materiale poco consistente. (v. anche *accommodation bill*) **2.** Marchio che la *British Standards Institution* appone per indicare che i beni così contraddistinti hanno ricevuto la sua approvazione.

kite–flying: Espressione colloquiale, con la quale si indica la pratica di procurarsi fondi mediante l'emissione di cambiali di comodo o di favore. È implicita l'idea che ciò viene fatto al fine di apparire in buone condizioni finanziarie e meritevole di credito. (v. anche *accommodation bill, kite 1*)

kite–mark: Termine usato come sinonimo di *kite 2* (v.).

kiting: Termine usato nel gergo bancario statunitense per indicare la pratica di procurarsi fondi attraverso l'emissione di un assegno di importo superiore al saldo del conto corrente tenuto presso quella banca, coperto poco dopo col versamento di un simile assegno tratto su un'altra banca e che, a sua volta, sarà coperto col versamento di un altro assegno simile tratto su un'altra banca ancora, e così via. Questa pratica è resa possibile quando le banche accreditano gli assegni sul conto del cliente appena questi li presenta, mentre li addebitano soltanto quando essi vengono presentati per l'incasso attraverso la stanza di compensazione. Questo sfasamento temporale tra accredito e addebito dà al cliente la possibilità di effettuare pagamenti a terzi usando questo sistema.

kiwidollar: Termine colloquiale, usato per indicare il dollaro della Nuova Zelanda.

km.: kilometre.

Knights of Labor: ***Cavalieri del Lavoro.*** Organizzazione sindacale statunitense, il cui nome completo era *The Noble Order of the Knights of Labor* (Il nobile ordine dei cavalieri del lavoro), fondata nel 1869 a Philadelphia. Fu il primo tentativo di organizzare un sindacato lavoratori e, all'apice della sua breve storia, riunì fino a settecentomila associati. Dopo il 1890 perse rapidamente terreno nei confronti della più conservatrice *American Federation of Labor.* I Cavalieri del Lavoro svolgevano funzioni umanitarie ed educative, più che funzioni di difesa degli interessi dei lavoratori in campo di contrattazione salariale.

knock agreement: ***convenzione indennizzo diretto.*** Accordo tra compagnie di assicurazione, operanti nel ramo auto, in base al quale ciascuna compagnia risarcisce il proprio assicurato, indipendentemente da chi risulti responsabile del sinistro, in deroga al diritto di rivalsa.

knock-down price: ***prezzo minimo; prezzo di liquidazione; prezzo ribassato.*** Il termine inglese indica un prezzo molto basso e in particolare il prezzo di un articolo che è stato ridotto rispetto a quello che era stato fissato in precedenza.

knocked down: **1.** ***aggiudicato.*** L'espressione inglese indica che ad una vendita all'asta il banditore ha battuto il martello per dichiarare il bene aggiudicato a colui che aveva fatto l'ultima e più alta offerta. **2.** ***smontato.*** Nei trasporti, l'espressione indica un bene spedito nelle sue parti componenti, invece che come pezzo unico.

knocker: ***venditore porta a porta.*** Lo stesso che *door-to--door salesman* (v.).

knock for knock: ***indennizzo diretto.*** Termine usato con lo stesso significato di *knock agreement* (v.).

knocking copy: Espressione del linguaggio pubblicitario, con la quale si indica un messaggio strutturato in modo da criticare un prodotto della concorrenza.

knock-out agreement: Un accordo, preso da un gruppo di partecipanti ad una vendita all'asta, in base al quale soltanto uno di loro farà offerte per un qualsiasi oggetto determinato e gli oggetti così acquistati saranno assegnati per trattativa privata tra loro in un momento successivo. L'accordo mira ad evitare che il prezzo degli oggetti in vendita salga a seguito di offerte in concorrenza provenienti da ciascuno dei membri del gruppo.

knock-out price: ***prezzo stracciato.*** Un prezzo estremamente basso, di molto inferiore al prezzo di mercato del bene cui si riferisce. Così detto in inglese, perché spesso ha lo scopo e l'effetto di escludere altri concorrenti dal mercato o da una contrattazione.

know-how: Espressione entrata anche nell'uso italiano, con la quale si indica l'insieme di conoscenze ed esperienze tecniche di carattere segreto per la costruzione, la manutenzione e l'esercizio di un impianto oppure per il conseguimento, sempre in campo industriale, di determinati risultati o di miglioramenti tecnici qualitativi e quantitativi. Il *know-how* può essere oggetto di cessione, ma colui al quale se ne consente l'utilizzazione deve preventivamente impegnarsi a mantenerne il segreto. Per questo motivo, il *know-how* è considerato una pratica che limita la concorrenza.

knowledge-based industry: ***industria basata sulle conoscenze.*** L'industria che ha come scopo la produzione di beni e servizi resa possibile da una vasta mole di conoscenze acquisite attraverso la ricerca scientifica. Ne sono esempi l'industria farmaceutica e quella delle telecomunicazioni.

knowledge capital: ***capitale di conoscenze.*** L'insieme di conoscenze, sostanziali e reali, accumulate nella memoria del compilatore di programmi per computer o nella documentazione relativa a tali programmi o su dischi magnetici. Questo tipo di capitale è, nell'era dell'informatica, considerato almeno tanto importante quanto il capitale monetario; infatti, l'imprenditore che intenda avviare una nuova attività ha bisogno di accesso alle conoscenze e alle informazioni più di quanto abbia bisogno di grandi somme di denaro.

knowledge worker: ***lavoratore di concetto.*** Persona che nello svolgimento della sua attività lavorativa si serve delle conoscenze, della teoria e dei concetti acquisiti in un periodo di istruzione, invece di fare uso della sua forza muscolare o della sua abilità manuale.

know your customer: Una delle nuove norme, entrata in vigore presso la borsa valori londinese dopo il *big bang* (v.). Stabilisce che qualsiasi membro della borsa deve astenersi dal trattare operazioni che si dimostrano eccessive, per dimensione o frequenza, in relazione alla situazione finanziaria e agli obiettivi di investimento del cliente. La norma era già in vigore nelle borse valori statunitensi.

ko.: kilogram.

kobo: Moneta divisionale della Nigeria, equivalente ad un centesimo di naira.

Kondratieff cycle: ***ciclo di Kondratieff; ciclo di lunga durata.*** Ciclo che prende il nome da N.D. Kondratieff, l'economista russo che negli anni venti diede un notevole contributo allo studio del ciclo economico. Schumpeter diede questo nome a un ciclo della durata oscillante tra i cinquanta e i sessanta anni, caratterizzato da processi insiti nel sistema capitalistico, tra cui principale sarebbe l'accumulazione di capitale. Tra l'altro, Kondratieff osservò che l'espansione verso nuovi mercati non dà inizio ad un periodo di ripresa, bensì è la ripresa che rende necessaria e possibile la penetrazione. Il ciclo di Kondratieff si basa principalmente sulla logica della tecnologia: nelle ultime decadi di questo ciclo, le industrie vecchie e mature sembra che ottengano risultati eccellenti, registrando profitti mai realizzati prima e offrendo enormi possibilità di occupazione. In effetti, esse sono già sulla via del declino, perché quelli che sembrano profitti record non sono altro che il frutto del sottoinvestimento e della distribuzione di capitale non più necessario. Quando il declino diventa palese, inizia un periodo ventennale di stagnazione, bassi profitti e disoccupazione. Anche se è probabile che già esista la successiva generazione di tecnologie, esse non assorbono ancora la quantità di capitale né generano la quantità di occupazione sufficienti ad alimentare la crescita economica che è necessaria per iniziare un altro periodo di espansione. (v. anche *capital formation, Juglar cycle, Kitchin cycle, atypical Kondratieff cycle, trade cycle*)

kopek: ***copeco.*** Moneta divisionale dell'Unione Sovietica, equivalente ad un centesimo di rublo.

koruna: Unità monetaria della Cecoslovacchia, suddivisa in cento haler.

kr.: 1) krona; 2) krone; 3) kronor.

K ratio: ***rapporto K; coefficiente K.*** È l'inverso della velocità di circolazione della moneta ed è rappresentato da quella parte di reddito conservata in moneta inattiva, espressa dalla lettera k nell'equazione di Cambridge. (v. anche *cash balance equation*)

krona: ***corona.*** Unità monetaria della Svezia, suddivisa in cento öre, e dell'Islanda, suddivisa in cento aurar.

krone: ***corona.*** Unità monetaria della Norvegia e della Danimarca, suddivisa in cento öre in ambedue i paesi.

kruggerrands: Monete, contenenti un'oncia di oro fino, prodotte nella Repubblica del Sud Africa e comprate in grande quantità dai risparmiatori come bene rifugio contro i danni derivanti dall'inflazione monetaria.

kt.: karat; carat.

kurus: ***piastra.*** Moneta turca divisa in 40 para ed equivalente, inizialmente, alla centesima parte della lira oro turca. Oggi è, di fatto, l'unità monetaria della Turchia.

Kuwait gap: ***breccia del Kuwait.*** Espressione con la quale si indica la pratica, prevalente negli anni cinquanta quando erano in vigore restrizioni sulla convertibilità della sterlina, di acquistare platino sul mercato di Londra, pagandolo in sterline, e poi spedirlo in Kuwait ove veniva rivenduto per pagamento in dollari. (v. anche *commodity shunting*)

Kuznets cycle: ***ciclo di Kuznets.*** Ciclo economico che, secondo Simon Kuznets, consta di oscillazioni dei tassi di crescita economica di durata variabile tra i quindici e i venti anni. Kuznets arrivò a queste conclusioni studiando l'economia americana nei quaranta anni che precedettero il secondo conflitto mondiale. Caratteristica distintiva dei cicli di Kuznets è che essi si riferiscono a tassi di crescita invece che a contrazioni ed espansioni del livello dell'attività economica.

kwacha: Unità monetaria del Malawi, suddivisa in cento tambolas, e dello Zambia, suddivisa in cento ngwee.

kwanza: Unità monetaria dell'Angola, suddivisa in cento cent.

kyat: Unità monetaria della Birmania, suddivisa in cento pyas.

I,L

L/A: 1) landing account; 2) Lloyd's agent; 3) letter of authority.

label: ***etichetta.*** Nel suo significato più ampio, il termine indica qualsiasi contrassegno apposto ad un prodotto, che ne identifica la qualità e il produttore. Un'etichetta è, di solito, un marchio di fabbrica e non può essere imitata o riprodotta dalla concorrenza. Nel suo significato più moderno e limitato, indica un contrassegno, creato da un'organizzazione professionale o di produttori, apposto su un determinato tipo di prodotti per garantirne la qualità o la conformità a certe norme o procedimenti di fabbricazione.

labor: Grafia statunitense di *labour*, sotto il quale sono riportati anche i termini americani che, più propriamente, dovrebbero conservare la loro grafia originaria.

labour: ***lavoro; manodopera.*** Uno dei principali fattori della produzione che in unione con gli altri, capitale e terra, concorre alla produzione di beni e servizi e che viene remunerato con un salario. In senso più ristretto, il termine indica il numero di persone occupate o disponibili a lavorare o la quantità di lavoro svolto, mentre nel linguaggio comune e popolare esso è usato in un senso ancor più limitato per indicare il lavoro manuale o, collettivamente, i lavoratori che svolgono un lavoro manuale. Anche in senso economico, tuttavia, ci sono lievi differenze. Infatti, c'è chi nel termine fa rientrare anche l'imprenditore, pur se esso rappresenta una forma particolare di lavoro, in quanto anch'egli concorre, con la sua attività, alla produzione di beni e servizi. Altri, invece, escludono dalla definizione di lavoro le funzioni di organizzazione e direzione, che costituirebbero un quarto fattore della produzione. In ogni caso, è bene tener presente che il termine indica una generalizzazione abbastanza ampia, in quanto include diversi tipi di attività umana che variano l'uno dall'altro per contenuto di abilità, applicazione, sforzo e qualificazione, e viene usato come se tutti i tipi di lavoro formassero un complesso omogeneo. Il lavoro è anche stato chiamato capitale umano ed in effetti è stato dimostrato che tra capitale e lavoro esiste un certo grado di sostituibilità più alto che tra lavoro e terra. È, infatti, possibile ottenere un'uguale produzione impiegando più capitale e meno lavoro, o viceversa, ma è anche possibile, pur se in un numero più limitato di casi, ottenere la medesima produzione mediante l'applicazione di differenti dosi di lavoro e terra. (v. anche *entrepreneur, human capital, capital, land, factors of production*)

labour agreement: ***accordo sindacale.*** È l'accordo tra rappresentanti dei sindacati dei lavoratori e rappresentanti dei sindacati degli imprenditori, che dà luogo alla firma di un contratto di lavoro collettivo. (v. anche *labour contract*)

labour and machine utilization: ***utilizzazione delle macchine e della manodopera.*** Forma di controllo industriale, mediante il quale si realizza la massima utilizzazione delle macchine e della manodopera a disposizione di un'impresa.

labour budget: ***budget del lavoro; budget della manodopera.*** Questo budget è strettamente collegato al budget della produzione ed al budget dei costi di produzione, in quanto prevede il fabbisogno di manodopera per la realizzazione degli obiettivi di produzione, ma anche i costi della manodopera impiegata. La preparazione di questo budget ha bisogno di un'analisi dettagliata delle necessità di manodopera diretta e indiretta, suddivisa per categorie. Dopo aver determinato i tassi salariali appropriati per ciascuna categoria di lavoratori e dopo aver tenuto conto delle variazioni di questi tassi durante l'arco di tempo coperto dal budget, si potrà calcolare il costo totale della manodopera previsto. Oltre a fornire cifre relative al fabbisogno e al costo della manodopera, questo budget svolge l'altra utile funzione di assistere l'ufficio personale nella pianificazione delle assunzioni e dell'addestramento della forza di lavoro necessaria all'impresa. (v. anche *production budget, production cost budget*)

labour contract: ***contratto di lavoro.*** È il contratto tra lavoratori e imprenditori, firmato su base collettiva dai loro rappresentanti sindacali a seguito di un accordo sindacale, che stabilisce i termini e le condizioni di impiego per un periodo di tempo prestabilito. Può essere su scala nazionale, quando interessa tutti i lavoratori di un settore, o su base locale, quando interessa soltanto i lavoratori di una zona geografica, di una singola industria o di un singolo stabilimento. (v. anche *labour agreement*)

labour cost: ***costo del lavoro; costo della manodopera.*** È costituito dai salari pagati alla manodopera diretta e indiretta, che entra nella produzione di beni e servizi, e da altri esborsi che deve sostenere l'imprenditore in relazione al lavoro, quali oneri contributivi, accantonamenti per l'indennità di fine lavoro, ecc., e rappresenta uno dei costi industriali, che ha un peso determinante nella formazione dei prezzi di vendita. In genere si distingue in costo per unità lavorativa e costo per unità di prodotto. Il primo si ricava dividendo i costi sostenuti dall'imprenditore (salari e oneri aggiuntivi) per il numero di lavoratori alle sue dipendenze, mentre il secondo si ottiene dividendo i costi suddetti per il numero di unità di prodotto ottenute mediante l'applicazione di quella dose di lavoro. Mentre il costo per unità lavorativa è più o meno simile in tutte le imprese di un sistema economico, quello per unità di prodotto varia da un settore all'altro in quanto dipende dalla quantità di lavoro impiegata. Esso sarà, pertanto, più alto nelle industrie ad alta intensità di lavoro e più basso in quelle ad alta intensità di capitale. Da alcuni economisti, il costo del lavoro è considerato uno dei fattori che determinano l'inflazione, a causa della dinamicità dei salari, specialmente in periodi di alta occupazione e di particolari azioni sindacali. (v. anche *cost* *push, cost–push inflation*)

labour cost control: ***controllo del costo del lavoro.*** Forma di controllo esercitata dalle imprese nel tentativo di limitare il costo del lavoro. Può esplicarsi in maniera diversa a seconda del tipo di impresa e dei problemi che essa si trova a dover risolvere.

labour–cost per unit of output: ***costo del lavoro per unità di prodotto.*** È il costo, in termini reali, del lavoro impiegato nella produzione di una singola unità di prodotto. Se la produttività è alta, anche in presenza di alti salari il costo unitario può risultare basso se paragonato al costo unitario di produzione di uno stabilimento che paga salari più bassi, ma registra anche una produttività bassa.

labour day: ***festa del lavoro; festa dei lavoratori.*** Giorno dichiarato festivo in onore del lavoro. La festa del lavoro non cade nello stesso giorno in tutti i paesi. Ad esempio, nella maggior parte degli Stati Uniti essa cade il primo lunedì di settembre.

labour demand: ***domanda di lavoro; domanda di manodopera.*** La domanda di manodopera su un mercato del lavoro rientra nella domanda derivata, in quanto dipende dalla domanda di beni e servizi che il lavoro contribuisce a produrre. Oltre alla domanda di beni e servizi, un altro elemento che influenza la domanda di lavoro è il progresso tecnologico, che tende a ridurre il numero di posti di lavoro tradizionali, aprendo altre possibilità per le quali, tuttavia, è necessario un certo periodo di riqualificazione. In anni recenti, infatti, si è assistito ad una drastica riduzione di certe attività lavorative, cui spesso ha fatto riscontro un grande aumento di differenti possibilità di lavoro. Come per altri beni e servizi, anche la domanda di lavoro può essere elastica e anelastica. Se essa è elastica, salari più alti riducono l'occupazione, mentre salari più bassi la aumentano; se essa, invece, è anelastica, salari più alti tendono a ridurre l'occupazione soltanto marginalmente, mentre salari più bassi non implicano grosse variazioni nel numero degli occupati. La domanda di lavoro risulta essere più elastica se: a) il prezzo dei beni e servizi prodotti è più elastico; b) la possibilità di sostituire un altro tipo di lavoro o altri fattori della produzione è maggiore. Un altro elemento che influenza la domanda di lavoro è la mobilità del lavoro. (v. anche *mobility of labour*)

labour displacement: ***soppressione di posti di lavoro.*** Lo stesso che *job displacement* (v.).

labour dispute: ***controversia sindacale.*** Qualsiasi vertenza o divergenza tra prestatori e datori di lavoro, in relazione a salari, orari e condizioni di lavoro, livelli di occupazione o altro.

labour economics: ***economia del lavoro.*** La branca dell'economia che studia problemi e fenomeni connessi col mondo del lavoro, come ad esempio salari, efficienza, occupazione e simili.

labourer: ***manovale; bracciante.*** Un lavoratore privo di qualsiasi specializzazione, che si guadagna da vivere svolgendo un lavoro per il quale è necessaria la forza fisica e nessun grado di addestramento, qualificazione o abilità.

labour exchange: ***ufficio di collocamento.*** Ufficio al quale i datori di lavoro comunicano le loro necessità di manodopera e i lavoratori la loro disponibilità ad occuparsi. Nel Regno Unito il termine *labour exchange* è stato recentemente sostituito da *job centre* (v.).

labour exchange bank: ***banca di scambio basato sul valore del lavoro.*** Termine con il quale si indicano vari piani, proposti nel secolo diciannovesimo, che avevano lo scopo di diffondere lo scambio di beni basato sul valore del lavoro in essi incorporato con la conseguente abolizione dei metalli preziosi come mezzo di pagamento. Il primo a proporre un piano del genere fu l'industriale e riformatore sociale Robert Owen, che si era da tempo dedicato a riforme che anticiparono di mezzo secolo la legislazione sul lavoro operaio. Fu Owen che per primo usò quest'espressione quando fondò la sua *Labour exchange bank*, che fallì rapidamente. Sostenendo che i metalli preziosi creano falsi valori, Owen istituì la sua banca nella quale si potevano scambiare beni basandone il valore sulle ore–lavoro necessarie a produrli. La banca rilasciava *labour notes* (banconote lavoro) a fronte di beni consegnati e li accettava in pagamento di beni prelevati. Come si è detto, questa banca non tardò a fallire, ma lo stesso tentativo, pur se in modo lievemente diverso, fu fatto anche da altri, tra i quali Josiah Warren negli Stati Uniti e Benjamin Mazel in Francia. Il piano, pur se con impostazioni diverse ma sempre basate sul valore del lavoro, fu tentato anche da J. Proudhon in Francia e da K. Rodbertus in Germania, ma fu successivamente soppiantato dall'affermarsi del socialismo.

Labour Exchanges Act: Legge, approvata dal parlamento britannico nel 1909, con la quale venivano istituiti gli uffici di collocamento e ne venivano regolate le funzioni. Il termine *labour exchange* fu successivamente sostituito, nell'uso di ogni giorno, dal termine *employment exchange*.

labour force: ***forza lavoro.*** Questo termine viene usato con due diversi significati: a) nel significato economico, indica il numero totale dei lavoratori di un paese che sono disposti ad assumere un lavoro ai saggi salariali correnti. Vengono, pertanto, inclusi nel numero sia i lavoratori occupati, sia quelli disoccupati ma in cerca di lavoro, mentre vengono esclusi tutti coloro che non intendono occuparsi. b) Nel significato demografico, indica tutti coloro al di sopra di una certa età, che di solito coincide con l'età in cui si lascia la scuola dell'obbligo, e al di sotto dell'età pensionabile che, teoricamente, potrebbero essere occupati. La forza lavoro, in uno qualunque dei due significati, non è in rapporto costante con il numero dei residenti di un paese, in quanto è strettamente collegata ai tassi di natalità e di mortalità. Può, pertanto, verificarsi il caso di notevoli fluttuazioni di questo rapporto a seguito di un allungamento della vita media o di un declino o un incremento del tasso di natalità. Il rapporto tra forza lavoro e popolazione di un paese ha un'influenza notevole sulla crescita del reddito nazionale pro capite.

labour force participation rate: ***tasso di partecipazione alla forza lavoro.*** Lo stesso che *participation rate* (v.).

labour grade: ***valutazione del lavoro.*** Lo stesso che *job evaluation* (v.).

labour hoarding: ***tesaurizzazione del lavoro.*** Il fenomeno che si verifica quando, avendo investito grosse somme di denaro nella ricerca e nell'addestramento di lavoratori specializzati, un'impresa è restia a licenziare personale anche in presenza di una sfavorevole congiuntura economica, preferendo ridurre il tasso di utilizzazione della propria forza lavoro, in previsione di una successiva congiuntura favorevole che consentirà di tornare alla sua piena utilizzazione.

labour–hour method of depreciation: ***metodo di ammortamento basato sulle ore–lavoro.*** Metodo di ammortamento di un capitale fisso basato sul computo di una rata fissa per ora–lavoro. Si prende il costo iniziale del capitale fisso dal quale si detrae il presunto valore di recupero al momento in cui si rimpiazzerà e si divide la differenza per il numero di ore–lavoro in un esercizio, calcolato come percentuale delle ore–lavoro totali che ci si aspetta di ricavare durante la vita utile del bene capitale. Tranne in casi rari, è difficilmente applicabile, perché non è possibile prevedere con alcun grado di accuratezza il numero totale di ore–lavoro che si ricaveranno dal bene da ammortizzare.

labouring class: ***classe lavoratrice.*** Lo stesso che *working class* (v.).

labour–intensive: ***ad uso intensivo di lavoro.*** Espressione usata in inglese con valore aggettivale per indicare processi, prodotti o industrie in cui predomina l'uso di manodopera in confronto ad altri processi, prodotti o industrie in cui predomina l'uso di capitale. Le industrie che forniscono servizi sono generalmente ad uso intensivo di lavoro, così come lo sono i prodotti fatti a mano.

labour law: ***diritto del lavoro.*** Termine usato sostanzialmente con lo stesso significato di *labour legislation* (v.).

labour legislation: ***legislazione del lavoro.*** Comprende tutte le leggi scritte che regolano e disciplinano i rapporti di lavoro, con particolare riguardo ai salari, alle condizioni degli ambienti di lavoro, alla sicurezza, ai rapporti sindacali e così via.

labour–management relations: ***relazioni industriali; relazioni sindacali.*** Termine usato con lo stesso significato di *industrial relations* (v.).

Labour–Management Relations Act: Lo stesso che *Taft–Hartley Act* (v.).

Labour–Management Reporting and Disclosure Act: Legge, approvata dal Congresso degli Stati Uniti nel 1959, nata da un compromesso tra differenti misure approvate separatamente dalla Camera dei Rappresentanti e dal Senato degli Stati Uniti. La legge impone la pubblicizzazione di certe operazioni finanziarie e pratiche amministrative da parte dei sindacati e degli imprenditori; detta norme per l'elezione dei dirigenti sindacali e limita il periodo in cui essi possono restare in carica; stabilisce norme per la limitazione del picchettaggio; garantisce libertà di parola per i membri di sindacati e il voto segreto nell'elezione dei dirigenti sindacali; e pone fuori legge il cosiddetto boicottaggio secondario. (v. anche *secondary boycott*)

labour market: ***mercato del lavoro; mercato della manodopera.*** Il meccanismo attraverso il quale si determinano i prezzi del lavoro, cioè i salari. In quanto esiste un'offerta e una domanda di lavoro, sussistono le condizioni, rappresentate dalle forze della domanda e dell'offerta, proprie di un mercato. Questo mercato è, tuttavia, diviso in molti mercati più piccoli, pur se in stretta dipendenza l'uno dall'altro, proprio a causa della natura del «bene» trattato. Infatti, il lavoro non è omogeneo come lo sono tanti altri beni: oltre al lavoro non specifico, vi sono molti differenti tipi di lavoro specifico e ciascuno di loro viene trattato su un mercato che non può essere uguale a quello di un altro.

labour–market area: ***area di mercato del lavoro.*** Nel linguaggio economico si indica con questo termine un'area geografica costituita da una o più città centrali e un territorio circostante che si estende entro limiti percorribili quotidianamente dai lavoratori pendolari. Si tratta di un'unità urbana economicamente e socialmente integrata, nel cui ambito i lavoratori possono cambiare attività o impiego senza dover allo stesso tempo cambiare la loro residenza abituale.

labour–market flexibility: ***flessibilità del mercato del lavoro.*** La capacità di un mercato del lavoro di adeguarsi a condizioni economiche mutevoli, principalmente attraverso adeguamenti salariali in aumento o in diminuzione in risposta a movimenti inversi della domanda. (v. anche *market flexibility*)

labour market mobility: ***mobilità sul mercato del lavoro.*** Lo stesso che *mobility of labour* (v.).

labour market niches: ***nicchie del mercato del lavoro.*** Piccoli segmenti del mercato del lavoro che esulano dalle grandi classificazioni in cui viene ripartita la massa delle persone proficuamente impiegate in un sistema economico. Il termine è di recente coniazione ed è nato quando ci si è resi conto dell'esistenza o della possibilità di creazione di questi segmenti nell'affrontare il grave problema della disoccupazione giovanile.

labour mix: Espressione del linguaggio delle relazioni industriali, con la quale si indica il rapporto tra salariati e stipendiati all'interno di una singola impresa.

labour mobility: ***mobilità del lavoro; mobilità della manodopera.*** Termine usato in alternativa a *mobility of labour* (v.).

labour monopoly: ***monopolio del lavoro.*** Situazione del mercato del lavoro caratterizzata dalla presenza di un singolo venditore, rappresentato da un potente sindacato che riesce a regolare l'offerta e il costo del lavoro. Gli economisti, tuttavia, non sono ancora d'accordo sull'estensione e sull'influenza di questo potere monopolistico e sull'opportunità che esso venga posto sotto il controllo dello stato.

labour movement: ***movimento operaio; movimento dei lavoratori.*** Una qualsiasi organizzazione o un movimento che lotta per assicurare alla classe lavoratrice migliori condizioni di lavoro e un più alto tenore di vita. Rientrano in tali movimenti, pertanto, non solo i sindacati, ma qualsiasi altro tipo di associazione che persegue tale fine. Generalmente l'espressione include anche il tentativo da parte dei lavoratori di assicurarsi una certa rappresentanza in parlamento.

labour negotiation: ***trattativa sindacale.*** Trattativa tra sindacati dei prestatori e dei datori di lavoro, intesa a risolvere una controversia o a rinnovare un contratto di lavoro.

labour notes: ***banconote lavoro.*** Tipo di moneta, proposta da Robert Owen attraverso la sua *Labour exchange bank*, il cui valore non era rapportato ai metalli preziosi, bensì al numero di ore–lavoro. Veniva data in pagamento ai lavoratori in cambio delle loro prestazioni o dei loro prodotti ed essi potevano spenderla per acquistare altri prodotti, il cui valore era basato sul numero di ore–lavoro che erano occorse per produrli. L'idea di Owen traeva origine dalla teoria del valore–lavoro sostenuta da Adam Smith. (v. anche *labour exchange bank, labour theory of value*)

labour organization: ***organizzazione sindacale.*** Associazione di lavoratori, che svolgono la loro opera in attività uguali o simili, avente lo scopo di garantire loro, mediante azione unitaria, le condizioni più favorevoli in relazione a salari, orario di lavoro, ecc. Il termine è spesso usato con significato molto vicino a quello di *trade union* (v.).

labour piracy: ***pirateria del lavoro.*** La pratica di togliere lavoratori ad altre imprese, offrendo loro migliori salari o altri vantaggi al fine di indurli a lasciare il loro precedente datore di lavoro. La pratica è particolarmente diffusa in periodi di piena occupazione quando c'è scarsità di manodopera, ma è anche operante in periodi di minore occupazione, pur se limitata a certi strati del mercato del lavoro, cioè quelli della manodopera altamente specializzata e dei quadri dirigenti.

labour power of money: ***potere di lavoro della moneta.*** Lo stesso che *earnings standard* (v.).

labour productivity: ***produttività del lavoro; produttività della manodopera.*** Termine usato in alternativa a *productivity of labour* (v.).

labour productivity growth: ***aumento della produttività del lavoro.*** L'aumento del rapporto tra input (in questo specifico caso il lavoro) e output di un processo produttivo. Le due attività che vengono generalmente considerate le fonti principali di aumento della produttività del lavoro sono le innovazioni tecnologiche e gli investimenti. (v. anche *productivity growth, productivity of labour*)

labour ratio: ***indice lavoro/vendite.*** Il rapporto tra il valore complessivo delle vendite effettuate in un anno e il totale dei costi del lavoro per lo stesso periodo di tempo.

Labour Reform (Landrum–Griffin) Act: Altro nome con il quale si indica il *Labour–Management Reporting and Disclosure Act* (v.).

labour relations: ***relazioni industriali; relazioni sindacali.*** Termine usato con lo stesso significato di *industrial relations* (v.).

labour requirements: ***fabbisogno di lavoro.*** Il numero totale di lavoratori di cui ha bisogno un'impresa o altra organizzazione per svolgere al meglio la propria attività.

labour retraining: ***riqualificazione del lavoro.*** L'addestramento di lavoratori, resi ridondanti dal progresso tecnologico, affinché siano in grado di occupare posti che lo stesso progresso tecnologico rende disponibili, ma per i quali è richiesto un più alto grado di specializzazione o qualificazione.

labour–saving invention: ***invenzione–lavoro.*** È una qualsiasi invenzione che rende possibile l'uso di un minor numero di lavoratori, a parità di risultati. Essa, pertanto, riduce il rapporto tra lavoro e prodotto. (v. anche *invention, capital–saving invention*)

labour–saving machinery: ***macchine risparmiatrici di lavoro.*** Sono le macchine, generalmente quelle automatiche o semiautomatiche, che utilizzate in un processo produttivo svolgono operazioni ripetitive che altrimenti dovrebbero essere eseguite a mano. Il termine implica che la manodopera necessaria per la costruzione, per la supervisione e per la manutenzione delle macchine è minore di quella che sarebbe necessaria per produrre il lavoro svolto dalla macchina durante la sua vita utile. Tra questo tipo di macchine rientrano i robot e tutte le macchine elettroniche usate nell'industria e in altre attività.

labour shortage: ***scarsità di lavoro; scarsità di forza lavoro.*** Situazione che viene a crearsi in un mercato del lavoro, quando esso presenta una percentuale bassissima di forza lavoro disoccupata.

labour–shortage area: ***area con scarsità di forza lavoro.*** Negli Stati Uniti, si indica con questa espressione un'area del mercato del lavoro che presenta una percentuale di disoccupati inferiore al sei per cento della forza lavoro residente in quell'area. (v. anche *labour–market area*)

labour slowdown: ***rallentamento del lavoro.*** Forma di protesta dei lavoratori, che si concretizza non con l'astensione dal lavoro, bensì con il rallentamento deliberato dell'attività produttiva, attraverso la meticolosa e pignola applicazione delle procedure e dei regolamenti di fabbrica o di ufficio.

labour specialization: ***specializzazione del lavoro; specializzazione della manodopera.*** Termine usato in alternativa a *specialization of labour* (v.).

labour standard: ***indice del lavoro.*** Numero indice proposto da Edgeworth per la misurazione del livello dei prezzi e corrispondente a una variante dell'indice dei guadagni. Lo stesso termine fu usato da J. R. Hicks per esprimere la sua interpretazione del modo in cui vengono a determinarsi i salari e cioè attraverso l'interazione tra forze sociali ed economiche e il livello dei salari monetari che determina l'offerta di moneta. (v. anche *earnings standard*)

labour supply: ***offerta di lavoro; offerta di manodopera; disponibilità di manodopera.*** Le condizioni che regolano l'offerta di manodopera differiscono notevolmente da quelle che regolano l'offerta di un bene. Un aumento del prezzo di un bene porta generalmente ad un aumento dell'offerta di quel bene, ma per la manodopera si devono tener presenti influenze di diversa natura. L'offerta di manodopera dipende in massima parte dalla forza lavoro di un paese e dal numero delle persone che decidono di lavorare. Se consideriamo il caso di studenti o donne sposate che lavorano per contribuire al bilancio familiare, notiamo che un aumento generalizzato delle retribuzioni potrebbe convincere altre unità di queste categorie ad impiegarsi, ma allo stesso tempo potrebbe anche convincerle a rinunciare a qualsiasi forma di lavoro retribuito se l'aumento della retribuzione del capo famiglia è tale da non rendere più necessario il contributo della moglie e/o dei figli studenti. Un'altra influenza importante è la considerazione che un lavoratore ha del suo tempo libero. Un aumento di retribuzione potrebbe convincere coloro che desiderano disporre di più tempo libero per se stessi a rinunciare ad un certo numero di ore lavorative, magari al lavoro straordinario, sempre che il contratto di lavoro consenta loro di operare questa scelta, mentre potrebbe convincere altri a lavorare di più, perché essi non danno molto peso al tempo libero o perché così facendo possono liberare la moglie da impegni lavorativi. Un'altra influenza di notevole importanza è rappresentata dall'imposizione fiscale. In un paese in cui le aliquote progressive colpiscono con una forte incidenza i redditi medio–alti, un lavoratore potrebbe decidere di lavorare di meno, o comunque di non lavorare di più, se l'aumento della retribuzione porta il suo reddito in una fascia in cui gran parte del vantaggio che gli deriva dal maggior lavoro viene perso sotto forma di prelievo fiscale.

labour theory of value: ***teoria del valore–lavoro; teoria del valore basata sul lavoro.*** È la teoria che sostiene che il valore di un bene è o dovrebbe essere corrispondente alla quantità di lavoro necessaria per produrlo. La teoria non nega che alla base del valore c'è l'utilità, ovvero la capacità del bene di soddisfare un bisogno o un desiderio, ma sostiene che questa non è la sola considerazione su cui basare la determinazione del valore del bene. Tuttavia, risulta difficile stabilire il valore di un bene in base al calcolo del valore del lavoro che è stato necessario per produrlo in quanto, come sappiamo, esistono vari tipi di lavoro, differentemente remunerati, e l'uso anche dello stesso tipo di lavoro potrebbe portare a differenti risultati a seconda del tipo di gestione cui esso è sottoposto e di tanti altri elementi che contribuiscono a un maggiore o minore costo del lavoro. La teoria del valore–lavoro fu proposta da Adam Smith e approfondita da D. Ricardo e altri economisti.

labour turnover: ***tasso di rotazione del lavoro; ricam-***

bio del lavoro; avvicendamento della manodopera. Il numero di lavoratori che, in un dato periodo di tempo, si sposta da un'azienda ad un'altra è indicato con l'espressione tasso di rotazione del lavoro. La stessa espressione, tuttavia, può essere definita come il numero di persone assunte per unità di tempo al fine di mantenere costante la cifra della foza lavoro operante in una singola azienda. In tal caso, la formula per determinare l'indice di rotazione è la seguente: T = R/F, dove T equivale al tasso di rotazione, R sono le reintegrazioni per unità di tempo e F rappresenta la forza lavoro media. Il fenomeno del ricambio del lavoro è particolarmente accentuato in periodi di piena occupazione, quando le aziende si contendono i lavoratori cercando di attirarli con salari più elevati o con benefici e vantaggi di altra natura. Quando il tasso di rotazione è elevato, si nota un corrispondente calo di efficienza e un aumento del costo del lavoro nell'azienda in questione, dovuto anche ai costi amministrativi che si devono sostenere per la selezione, l'assunzione e l'addestramento di nuovi dipendenti.

labour turnover rate: ***tasso di rotazione del lavoro.*** V. spiegazione sotto *labour turnover.*

labour union: ***sindacato lavoratori.*** Termine prevalentemente statunitense, usato con lo stesso significato dell'equivalente britannico *trade union* (v.).

labour unionism: ***sindacalismo; unionismo.*** Termine prevalentemente statunitense, usato con lo stesso significato dell'equivalente britannico *trade unionism* (v.).

labour unit: ***unità di lavoro.*** Termine usato da J.M. Keynes per indicare un'unità di lavoro ordinario, che avrebbe consentito di rendere omogeneo il lavoro, assegnando un determinato salario all'unità. Il lavoro meglio pagato avrebbe, così, percepito un salario corrispondente a due o tre unità di lavoro e così via.

labour–value: ***valore lavoro.*** Termine usato da A. Marshall per indicare la quantità di lavoro di un dato tipo che può essere «acquistato» da un determinato prodotto. In altre parole, si tratta del valore del prodotto in termini di lavoro.

labour waste: ***spreco di manodopera.*** Spreco evitabile, che ha luogo durante un processo produttivo a causa di imperizia o inefficienza dei lavoratori, che impiegano un tempo superiore al necessario per lo svolgimento di una qualsiasi operazione.

lac: Moneta indiana di conto, equivalente a centomila rupie.

laches: ***negligenza; ritardo.*** Il termine inglese indica ritardo o negligenza nell'esercitare un proprio diritto, tale da far cadere in prescrizione il diritto stesso.

laden in bulk: ***caricata alla rinfusa.*** Espressione usata nei trasporti marittimi per indicare una nave che ha preso a bordo carico alla rinfusa, cioè merci che vengono caricate direttamente nelle stive della nave, senza che siano preventivamente poste in appositi recipienti o imballaggi. Merci che si spediscono in tale modo sono, ad esempio, le granaglie e il carbone.

lading port: ***porto di caricazione; porto d'imbarco.*** Il porto nel quale le merci vengono caricate a bordo della nave che le porterà a destinazione. A causa delle differenze di nolo o di spese portuali, il porto di caricazione viene di solito specificato in tutti i contratti di compravendita che prevedono il trasporto delle merci via mare.

Laffer curve: ***curva di Laffer.*** La curva inventata dall'economista statunitense Arthur Laffer e posta come fondamento della nuova tendenza che va sotto il nome di *supply–side economics* (v.). Il concetto che sta alla base della curva di Laffer può essere sintetizzato come segue. Quando le aliquote fiscali sono prossime allo zero, la produzione è bassa perché non vengono forniti certi beni pubblici che risultano essenziali per il funzionamento dei mercati. Sono esempi di tali beni la giustizia, la difesa, la legge e l'ordine, la manutenzione delle strade e altre infrastrutture e l'istruzione di base. Quando si aumentano le aliquote fiscali, le entrate dello stato aumentano, vengono forniti questi beni e servizi pubblici essenziali e l'attività economica si espande. A questo stadio iniziale, gli effetti di questi aumenti di efficienza produttiva eccedono (o crescono più rapidamente) gli effetti disincentivanti delle più alte aliquote fiscali. Tuttavia, se le aliquote vengono ulteriormente aumentate, cominciano a diventare importanti i disincentivi e le inefficienze dovuti appunto a queste aliquote fiscali più alte. In particolare, le nuove e più alte aliquote alterano i prezzi relativi e fanno diminuire il reddito netto derivante dal risparmio, dall'investimento e dall'attività lavorativa. Così, i cittadini riducono il risparmio, l'investimento e l'attività lavorativa preferendo il tempo libero, il consumo, gli scudi fiscali e il lavoro nero o non soggetto a imposizione fiscale, con la conseguenza che l'offerta di beni e servizi sul mercato diminuisce. Allo stesso tempo, i miglioramenti all'efficienza produttiva dei fattori indotti dai beni pubblici aumentano a un ritmo più lento e di conseguenza gli incrementi di produttività diventano sempre più esigui, fino a quando la produzione, raggiunto l'apice, comincia a declinare. Infine, un'aliquota fiscale effettiva del 100% avrà come risultato nessuna offerta di fattori della produzione al settore tassabile e, di conseguenza, nessuna produzione. La curva di Laffer, pertanto, implica una stretta relazione tra aliquote e gettito fiscale e indica che quando le aliquote sono uguali a zero, anche il gettito è uguale a zero; via via che le aliquote aumentano, anche il gettito aumenta, fino al punto in cui avendo raggiunto livelli giudicati troppo elevati dai contribuenti, le aliquote fiscali cominciano a erodere gli incentivi del lavoro e del capitale e di conseguenza sia la produzione che la base di prelievo cominciano a decrescere fino a quando si raggiunge il punto in cui la perdita di entrate fiscali, dovuta alla riduzione di incentivi e all'aumento di evasione ed elisione fiscale, supera l'aumento delle aliquote e il gettito comincia a declinare. Questa relazione porta con sé varie importanti implicazioni. In primo luogo, essa implica che a tutti i livelli di gettito fiscale non massimi esistono due aliquote fiscali che produrranno il medesimo ammontare di gettito; in secondo luogo, la curva implica che le riduzioni delle aliquote fiscali possono portare a aumenti o diminuzioni del gettito fiscale, a seconda del posto occupato dall'economia sulla curva di Laffer.

L.A.F.T.A.: Latin America Free Trade Association.

lag: ***ritardo; sfasamento.*** Il periodo di tempo che intercorre tra il verificarsi di due eventi successivi, di solito in relazione tra loro, come ad esempio l'incasso e il deposito di moneta, il cambiamento di una variabile ed il successivo cambiamento di un'altra variabile connessa alla prima, la presentazione e l'accreditamento di un assegno e simili. (v. anche *lead 1, lead–lag technique*)

lagan: Termine con il quale si indicano merci gettate o affondate in mare, ma segnalate da un gavitello che ne consente il ritrovamento e l'attribuzione dopo il recupero. Nel Regno Unito, se non vengono reclamate diventano proprietà della Corona.

lagged reserve accounting: ***contabilità ritardata delle riserve.*** Un sistema che computa la necessità di riserve correnti per le istituzioni di deposito basate sui livelli di deposito di un determinato momento passato, ad esempio due settimane prima. Nel 1982, la *Federal Reserve Board* votò a favore della eliminazione, entro il 1984, di questo tipo di contabilità delle riserve.

lagger: ***indicatore economico ritardato.*** Termine usato come sinonimo di *lagging indicator* (v.).

lagging indicator: ***indicatore ritardato.*** Una misura, applicabile all'attività economica, che di solito raggiunge il punto di inversione del ciclo economico solo quando l'andamento globale dell'economia ha già invertito il proprio orientamento, evidenziando così un fenomeno che si è già verificato. Ne sono esempi il prodotto nazionale lordo e l'indice dei prezzi al consumo.

«laissez-faire»: ***lasciar fare.*** Espressione di origine francese, che divenne la massima dei fisiocrati e dei liberali nei loro tentativi di abolire qualsiasi forma di restrizione all'attività commerciale. La sua origine si fa risalire alla risposta che avrebbe dato al ministro Colbert il commerciante Legendre: *Laissez-nous faire,* quando il primo chiese al secondo che cosa si potesse fare per stimolare e aiutare il commercio. Sembra, tuttavia, che sia stato il marchese V. d'Argenson a pronunziarla per primo. Qualunque sia stata la sua origine, l'espressione fu fatta propria da Adam Smith, che la usò per indicare una politica economica, opposta al mercantilismo dei suoi giorni, basata sul non intervento dello stato in questioni economiche, se non per limitare i monopoli e difendere la libertà dell'attività economica. A. Smith e la scuola classica sostenevano che un paese poteva acquisire il massimo della ricchezza soltanto se si lasciavano gli individui liberi di perseguire il loro interesse particolare, che avrebbe portato anche al benessere generale. Infatti, essi sostenevano, nessun organo collettivo può sostituirsi al singolo nel decidere quanto egli dovrà produrre e con quali metodi e solo lasciando che egli produca in risposta alla domanda di altri, egli potrà produrre la massima quantità di ricchezza. Quando nel diciannovesimo secolo furono proposte le nuove teorie del valore, la dottrina del «laissez-faire» acquisì nuovo vigore, in quanto la domanda dei consumatori divenne la forza che regolava l'offerta, in assenza di restrizioni imposte dall'alto. Pertanto, un qualsiasi intervento tendente ad alterare la domanda era considerato dannoso in quanto si ripercuoteva sull'offerta e sui prezzi. Questo spostamento di visione fu molto importante per i sostenitori del liberismo economico, in quanto la loro teoria non si basava più sull'interesse individuale, bensì su un qualcosa di meno personalizzato qual era appunto la domanda dei consumatori, che dava garanzia di un giusto livello di produzione di beni e servizi, tale da creare la massima soddisfazione per tutti. La dottrina del «laissez-faire» ebbe notevole influenza, all'epoca di Smith e dei suoi seguaci fino agli inizi del secolo ventesimo, non soltanto sull'economia britannica, ma anche su quella mondiale. La crescente attenzione sviluppatasi nel ventesimo secolo sulla necessità di una più equa distribuzione del reddito, ha portato ad un sempre più massiccio intervento dello stato in questioni economiche, che ha fatto in gran parte tramontare le teorie della scuola classica. Oggi, il termine è usato, spesso in funzione aggettivale, per indicare una certa dose di libertà dell'attività economica da influenze e ingerenze statali.

«laissez-faire» doctrine: ***dottrina del lasciar fare.*** La dottrina economica che si trova alla base del *«laissez-faire»* (v.).

«laissez-faire» economy: ***economia liberista.*** Lo stesso che *free economy* (v.).

«laissez faire, laissez passer»: Altra espressione a volte usata con lo stesso significato di *«laissez-faire»* (v.).

laity: ***laicità.*** L'insieme di persone non specializzate in una particolare attività o professione, dette singolarmente laici.

laker: ***nave lacuale; nave lacustre.*** Tipo di nave adibita al trasporto di merci e passeggeri sui Grandi Laghi e idrovie di collegamento del Canada e degli Stati Uniti.

lakh: Moneta indiana di conto, equivalente a centomila rupie.

lamb: ***agnello.*** Termine del gergo borsistico, usato per indicare uno speculatore impreparato o ingenuo. Ebbe origine a Wall Street, ma si è ampiamente diffuso sull'esempio dei termini usati alla borsa valori di Londra per indicare, con nomi di animali, particolari tipi di speculatori. (v. anche *bear, bull, stag*)

lame duck: ***anatra zoppa.*** Questo termine viene usato in due diversi significati: a) alla borsa valori di Londra, indica un membro di quella istituzione che, non essendo più in grado di far fronte alle proprie obbligazioni, sta per essere sospeso o espulso dalla borsa, cioè sta per essere *hammered.* Il termine va ricollegato a tutti gli altri nomi di animali, usati per indicare particolari tipi di speculatori o operatori di borsa che costituiscono il cosiddetto *stock exchange zoo.* b) In un significato più ampio, il termine indica un'impresa in difficoltà finanziarie o un settore industriale inefficiente. (v. anche *hammered, bear, bull, stag, lamb*)

land: ***terra.*** Nel suo significato economico, il termine indica uno dei tre fattori della produzione, distinto dagli altri due, cioè il capitale e il lavoro. Pertanto, il termine non indica soltanto la terra ferma, ma tutte quelle risorse che possono essere sfruttate a fini economici mediante l'applicazione di dosi di uno o degli altri due fattori della produzione e quindi anche il mare, i fiumi, le cascate, le foreste, i giacimenti minerari, ecc., cioè tutti i cosiddetti doni della natura. Come fattore della produzione, la terra differisce dal lavoro perché non è un fattore umano e differisce dal capitale in quanto l'aumento di prezzo non implica un aumento della sua offerta totale, essendo un fattore in offerta relativamente limitata. Essa svolge due funzioni principali: è il luogo nel quale si può svolgere un'attività economica ed è il luogo vicino o che si identifica col mercato del prodotto. Queste due funzioni determinano il prezzo di questo fattore della produzione e spiegano perché, ad esempio, la terra più vicina al centro di una città ha un prezzo più elevato di quella più lontana dal centro. Talvolta non è, tuttavia, facile distinguere nettamente la terra dal capitale, come avviene nei casi in cui per poter svolgere una delle due funzioni citate sopra è necessario che alla terra venga applicata una certa dose di capitale, magari sotto forma di miglioria di un qualche tipo. Nei paesi industrializzati, ad esempio, la maggior parte della terra incorpora in maniera maggiore o minore, diretta o indiretta, una qualche quantità di capitale, per cui risulta anche in questo caso difficile determinare una suddivisione degli utili tra terra e capitale. Tuttavia, pur se la distinzione è alquanto imprecisa nei casi limite, essa viene mantenuta per convenienza analitica. La scuola classica, e in particolare David Ricardo, indicava in tre punti le fondamentali differenze tra la terra e gli altri fattori della produzione: a) la terra è un dono della natura e non dipende, come il capitale, dagli sforzi dell'uomo; b) a differenza degli altri fattori della produzione, la quantità disponibile di terra è rigidamente limitata; c) la produzione delle industrie che dipendono in larga misura dalla terra è particolarmente soggetta alla legge dei rendimenti decrescenti. Gli oppositori della scuola classica non hanno mancato di rispondere a Ricardo, affermando che: a) la terra, pur essendo indipendente nella sua esistenza dagli sforzi dell'uomo, non ha alcuna importanza economica se non vi si applica il capitale o il lavoro; b) nel suo significato più ampio, la terra come fattore della produzione non è rigidamente limitata in quantità e ne sono prove il prosciugamento di paludi, l'utilizzazione di parte dei deserti, la bonifica di terre, come avvenne nei Paesi Bassi, ecc.; c) la legge dei rendimenti decrescenti può applicarsi a tutte le forme di produzione ed è particolarmente vera quando non si realizza la combinazione ottimale dei fattori della produzione.

land agency: ***agenzia di amministrazione.*** Agenzia che si interessa dell'amministrazione, per conto di terzi, di vaste proprietà immobiliari, sollevando il proprietario da qualsiasi tipo di impegno. L'agenzia, infatti, provvede alla riscossione dei canoni di fitto, al pagamento delle imposte, alle riparazioni degli immobili e così via.

land agent: ***amministratore.*** Chi gestisce una *land agency* (v.).

land bank: **1.** ***banca di credito agrario.*** Lo stesso che *agricultural bank* (v.). **2.** Una qualsiasi banca formata in base al *Federal Farm Loan Act* (v.) del 1916. (v. anche *Federal Land Bank, Farm Credit Administration, joint-stock land bank*) **3.** Nel periodo coloniale del Nord America, si intendeva con questo termine un'associazione tra proprietari terrieri i cui membri potevano, dietro iscrizione di ipoteca sulle terre di loro proprietà, ricevere denaro sotto forma di *bills of credit.* (v. anche *bill of credit*)

land bridge: ***ponte terrestre.*** Espressione del linguaggio dei trasporti statunitense, usata per indicare il trasporto via terra che collega i punti terminali di due importanti rotte marittime. Mediante questa struttura di trasporto terrestre, che può essere su gomma o su rotaia, viene a crearsi un ponte che consente al traffico containerizzato di viaggiare, ad esempio, da un paese dell'Oceano Pacifico fino alla California, per essere trasferito su un mezzo terrestre che lo porta sulla costa orientale, da dove viene ricaricato su nave per essere consegnato in un paese europeo.

land carrier: ***vettore terrestre.*** Termine usato in contrapposizione a vettore aereo o marittimo, per indicare un operatore di trasporti su strada o per ferrovia.

land certificate: ***certificato catastale; estratto dei registri immobiliari; certificato dei registri immobiliari.*** Lo stesso che *registered land certificate* (v.).

land charges: ***gravami su beni immobili.*** Qualsiasi forma di ipoteca o di vincolo che gravi su un bene immobile.

Land Charges Act: Legge, approvata dal parlamento britannico nel 1925, che consolidò tutte le precedenti disposizioni in materia di registrazioni di ipoteche o di altri vincoli gravanti su beni immobili. Questa legge riguarda i terreni non registrati presso la conservatoria dei registri immobiliari e, tra l'altro, stabilisce che la registrazione di un qualsiasi strumento, redatto in conformità alle disposizioni della legge, costituisce notifica di tale strumento a tutti gli effetti e a tutte le persone comunque interessate alla terra in questione, a partire dalla data della registrazione. Si deve ricordare che in alcune contee del Regno Unito non è obbligatorio registrare il titolo di proprietà su un bene immobile. (v. anche *Land Registration Act, local land charge*)

Land Charges Registry: ***Conservatoria dei registri immobiliari.*** Nel Regno Unito, è l'ufficio statale responsabile della tenuta dei registri ipotecari.

Land Commission: Commissione, istituita nel Regno Unito nel 1967, cui fu demandata l'autorità di espropriare o acquistare terreni e disporne per la pubblica utilità, nonché di riscuotere i contributi di miglioria.

land commissioner: Il termine inglese indica un funzionario che, nel Regno Unito, era preposto all'applicazione di determinate leggi in materia fondiaria. La figura scomparve quando, nel 1889, fu istituito il *Board of Agriculture* che, più tardi, diventò il *Ministry of Agriculture.*

land contract: ***contratto per l'acquisto rateale di terra.*** Un particolare tipo di contratto statunitense, usato per operazioni di compravendita di terreni con pagamento rateale. All'atto dell'accordo, il compratore versa un anticipo al venditore e successivamente effettua un numero di pagamenti concordato e riceve l'atto di proprietà o contestualmente all'ultimo pagamento o quando i versamenti hanno raggiunto una somma prestabilita. In quest'ultimo caso, tuttavia, si procederà ad accendere un'ipoteca sul terreno per il valore complessivo dei pagamenti ancora dovuti.

land conveyance: ***trasporto via terra; trasporto terrestre.*** Termine usato in contrapposizione a trasporto aereo o marittimo, per indicare la movimentazione di merci e passeggeri su strada o per ferrovia.

land credit: ***credito agrario.*** È il credito destinato a fornire mezzi finanziari ad agricoltori e agli enti di bonifica, per la conduzione dell'attività agricola e per le opere di miglioramento delle proprietà rurali.

land credit bank: ***banca di credito agrario.*** Termine usato con lo stesso significato di *land bank 1* (v.).

land damages: ***indennizzo di espropriazione.*** La somma di denaro pagata al proprietario di un fondo in caso di espropriazione per pubblica utilità. Tiene conto del valore del fondo espropriato e dell'eventuale deprezzamento della restante parte di fondo non espropriato.

land economics: ***economia della terra.*** La branca della scienza economica generale che studia i principi e i processi che regolano i miglioramenti della terra, la sua allocazione alle varie attività economiche e i problemi connessi con il suo uso.

landed: ***sbarcato; messo a terra.*** Aggettivo usato nei contratti del commercio internazionale per indicare che la clausola, o il prezzo, ecc., comprende tutte le spese fino allo sbarco delle merci. Di solito, però, non sono inclusi i diritti di bacino. (v. anche *dock dues*)

landed cost: ***costo sbarcato; costo franco di tutte le spese allo sbarco.*** È il costo franco di tutte le spese fino allo sbarco nel paese straniero cui sono destinate le merci. Include, pertanto, il costo dei beni, le spese di trasporto dal luogo in cui si trovano al porto di destinazione, le spese per sbarcarli dalla nave che li ha trasportati e le spese di assicurazione. Le merci viaggiano a rischio del venditore e la responsabilità passa al compratore nel momento in cui esse toccano la banchina al porto di destinazione.

landed estate: ***diritto immobiliare.*** Termine colloquiale, usato per indicare un interesse in un qualsiasi tipo di bene immobile.

landed price: ***prezzo sbarcato; prezzo franco di tutte le spese allo sbarco.*** Il prezzo, quotato o fatturato, che include tutte le spese relative alle merci fino al momento in cui esse vengono sbarcate e deposte sulla banchina nel porto di destinazione. Comprende, pertanto, il costo delle merci, le spese per il trasporto dal luogo in cui si trovano al porto di destinazione, le spese per sbarcarle dalla nave che le ha trasportate e le spese di assicurazione. (v. anche *landed cost*)

landed property: ***proprietà fondiaria.*** Termine usato con lo stesso significato di *landed estate* (v.), ma può anche indicare, in usi locali, una proprietà immobiliare situata nella periferia di un agglomerato urbano o lontano da esso, ovvero una proprietà costituita di fondi, cioè beni naturali quali terre, miniere, acque, ecc.

landed terms: ***franco di tutte le spese allo sbarco.*** L'espressione indica la quotazione di un prezzo che include tutte le spese relative a una partita di merci fino al momento in cui esse vengono sbarcate sulla banchina nel porto di destinazione. (v. anche *landed, landed cost, landed price*)

landed weight: ***peso sbarcato; peso accertato allo sbarco.*** È il peso accertato al momento in cui si sbarcano le merci. Può essere differente dal peso accertato all'imbarco per cause naturali, a seguito ad esempio di colaggio o di perdita o di assorbimento di umidità.

land freeze: ***congelamento della terra.*** Espressione usata principalmente negli Stati Uniti per indicare restrizioni imposte dalla legge al trasferimento o alla vendita della terra.

land grant: ***assegnazione di terra.*** Attribuzione gratuita di terra demaniale, spesso fatta in passato dal governo federale degli Stati Uniti al fine di promuovere l'insediamento di coloni in zone poco popolate del paese. Lo scopo principale era quello di aumentare la produttività del paese, spostando una parte della forza lavoro da zone densamente popolate a zone acquisite di recente a seguito del continuo spostamento della frontiera occidentale degli Stati Uniti all'epoca della colonizzazione del west.

land-grant bond: ***obbligazione garantita da terre assegnate dal governo.*** Sono obbligazioni emesse generalmente da società ferroviarie e garantite da ipoteca accesa sulle terre concesse alle società dal governo degli Stati Uniti, all'epoca della costruzione delle strade ferrate (1850–1900).

land-grant railroads: Vengono così indicate quelle ferrovie che furono costruite a seguito di un provvedimento del Congresso degli Stati Uniti, che prevedeva l'assegnazione di una certa quantità di terra per miglio di ferrovia costruita, particolarmente nella zona occidentale del paese. In cambio, le società ferroviarie che ricevevano queste assegnazioni di terra si impegnavano a trasportare merci per il governo a tariffe ridotte. Questa pratica discriminatoria fu abolita nel 1946 e da quella data il governo paga le stesse tariffe che pagano i privati. Le assegnazioni di terra alle ferrovie contribuì notevolmente alla colonizzazione della regione occidentale del paese nel periodo che va dal 1850 al 1900.

land improvements: ***miglioramenti fondiari; migliorie.*** Il termine inglese indica sia i miglioramenti apportati in aree urbane, sia i miglioramenti fondiari veri e propri. I primi si configurano nella costruzione e pavimentazione di strade e marciapiedi, nella costruzione di fognature, nella posa di reti di distribuzione dell'acqua, del gas e dell'energia elettrica, ecc.; i secondi si configurano nella realizzazione di una qualsiasi opera duratura sulla terra, che ne aumenti il valore e ne consenta un migliore o più razionale sfruttamento a fini economici, quali la costruzione di un edificio o di una qualsiasi altra struttura creata dall'uomo. Possono essere realizzati da privati o da enti pubblici e in questo secondo caso possono essere finanziati con denaro pubblico o con contributi di miglioria oppure con ambedue.

landing account: ***conto di sbarco.*** Conto tenuto dalle varie società che gestiscono i magazzini o i bacini di un porto. In tale conto vengono registrate le merci, sbarcate nel bacino o depositate nei magazzini di competenza della società, con l'indicazione della nave che le ha trasportate, la data di discarica, il peso, il numero dei colli, i marchi di identificazione e la data da cui inizia a decorrere la tassa di magazzinaggio. Il conto viene successivamente inviato al proprietario delle merci, affinché provveda al pagamento di quanto dovuto alla società.

landing book: ***registro di sbarco.*** Registro tenuto da società che gestiscono bacini o magazzini di un porto. Vi vengono registrate le merci sbarcate o ricevute in deposito, con l'indicazione della nave che le ha trasportate, la data di discarica, il peso, il numero dei colli, i marchi di identificazione e le condizioni delle merci al momento dello sbarco o dell'introduzione nei magazzini. I dati del registro di sbarco saranno, successivamente, usati per la preparazione dei conti di sbarco. (v. anche *landing account*)

landing charges: ***spese di sbarco; spese di alleggio.*** Spese addizionali che si devono pagare in certi porti, quando lo sbarco delle merci ha luogo lontano dalla banchina, per cui si rende necessario l'uso di chiatte. (v. anche *lighterage*)

landing officer: ***verificatore di dogana.*** Il funzionario preposto alla verifica delle merci soggette a dazio di importazione, di cui compila una lista dettagliata controllando la corrispondenza con l'ordine di sbarco. Ha anche il compito di controllare che le merci destinate all'esportazione vengano caricate nel modo prescritto. (v. anche *landing order*)

landing order: ***ordine di sbarco; permesso di sbarco.*** Documento, rilasciato dalla dogana e indirizzato al primo ufficiale di una nave mercantile, mediante il quale quest'ultimo viene autorizzato a far sbarcare merci soggette a dazio di importazione. Generalmente, il dazio su tali merci è stato pagato prima che venga emesso il permesso di sbarco. Via via che le merci vengono sbarcate, esse sono esaminate dal verificatore di dogana, il quale controfirmerà il permesso di sbarco se trova piena corrispondenza tra quest'ultimo e la natura e quantità delle merci sbarcate.

landing, storage and delivery charges: ***spese di sbarco, magazzinaggio e consegna.*** Nel commercio internazionale stanno ad indicare le spese prefissate, relative allo scarico, al magazzinaggio e alla consegna delle merci al domicilio dell'acquirente.

landing waiter: ***verificatore di dogana.*** Termine usato con lo stesso significato di *landing officer* (v.).

landing weight: ***peso sbarcato; peso accertato allo sbarco.*** Termine usato come sinonimo di *landed weight* (v.).

land-intensive: ***a uso intensivo di terra.*** Espressione usata in relazione a processi o tecniche di produzione che prevedono un maggior uso di terra, nel significato economico di questo termine, in relazione agli altri fattori della produzione.

landlord: ***locatore; proprietario d'immobile.*** È il proprietario di una casa, di un negozio, di un edificio industriale o altro bene immobile che, in considerazione del pagamento di una somma di denaro chiamata canone di locazione, consente ad altri di usare a scopi economici o abitativi l'immobile di sua proprietà.

landlord and tenant: Con questa espressione si indica la branca del diritto inglese che tratta dei rapporti tra locatore e locatario.

landlord's property tax: ***imposta sui terreni e sui fabbricati.*** Termine generico, con il quale si indica una qualsiasi imposta che colpisce il reddito derivante dalla proprietà di un bene immobile. L'imposta viene applicata, pur se in misura diversa, anche se l'immobile è occupato dal proprietario e non dato in locazione a terzi.

land patent: ***lettera patente di assegnazione di terra.*** Il documento, rilasciato dal governo degli Stati Uniti, mediante il quale si trasferiva ad un privato o ad una società il titolo di proprietà di terre assegnate dal governo stesso. (v. anche *land grant, land-grant railroads*)

land reclamation: ***bonifica fondiaria.*** Lo stesso che *reclamation* (v.).

land reform: ***riforma fondiaria.*** La trasformazione dell'ordinamento produttivo nel settore dell'agricoltura, realizzata attraverso l'intervento statale nell'economia privata mediante la ridistribuzione della terra che fa scomparire i grandi latifondi creando un gran numero di piccoli proprietari che coltivano direttamente gli appezzamenti di terreno che vengono loro trasferiti. In alcuni casi, questo rimedio può dimostrarsi peggiore del male che affligge l'agricoltura prima della riforma, perché se i proprietari terrieri hanno sentore di quanto si sta preparando prima che la riforma abbia luogo, tendono a decapitalizzare le loro proprietà e ciò che viene trasferito ai coltivatori risulta privo di qualsiasi valore.

land register: ***registro immobiliare.*** V. spiegazione sotto *Land Registry.*

land registrar: ***conservatore dei registri immobiliari.*** Il funzionario preposto alla tenuta dei registri immobiliari. (v. anche *registrar, Land Registry*)

land registration: ***accatastamento dei terreni.*** L'iscrizione di ciascuna singola proprietà terriera presso l'apposito ufficio del catasto, con la conseguente emissione del relativo certificato catastale. Il sistema di accatastamento è in funzione nel Regno Unito dal secolo scorso e viene via via esteso in modo da giungere all'iscrizione nei pubblici registri di tutti i diritti di proprietà terriera. (v. anche *registered land certificate, Land Registration Act*)

Land Registration Act: Legge, approvata dal parlamento britannico nel 1925, che abrogò interamente il *Land Transfer Act* del 1875 e in parte il *Land Transfer Act* del 1897. Questa legge, tra l'altro, stabiliva che si dovessero obbligatoriamente registrare i titoli di proprietà o i passaggi di proprietà relativi a terreni ubicati in determinate contee, mentre lasciava libero il proprietario di immobili nelle altre contee di registrare o meno il suo titolo di proprietà. La legge stabiliva anche le norme per l'iscrizione di ipoteche sui terreni registrati. (v. anche *Land Charges Act, Land Registry*)

Land Registry: ***Conservatoria dei registri immobiliari.*** L'ufficio presso il quale sono tenuti i registri immobiliari. Il *Land Registration Act* (v.) prevede che vi siano tre diversi registri: il *property register*, nel quale vengono annotati il numero del titolo di proprietà, una breve descrizione della stessa e il riferimento alla mappa catastale; il *proprietorship register*, nel quale vengono annotati gli estremi relativi al proprietario, cioè nome, cognome, indirizzo, data di registrazione, ecc.; il *charges register*, nel quale vengono iscritte le ipoteche di primo e secondo grado e qualsiasi altro gravame esistente sulla proprietà. La registrazione di una proprietà nei registri immobiliari rende più semplice e rapido, e quindi meno costoso, il trasferimento del titolo di proprietà.

land rent: ***rendita fondiaria; rendita della terra.*** V. spiegazione sotto *rent 2.*

Landrum–Griffin Act: Altro nome col quale viene indicato il *Labour–Management Reporting and Disclosure Act* (v.).

Lands Improvement Company: ***Società di credito per miglioramenti fondiari.*** Svolge, in gran parte, i compiti che in altri paesi sono propri delle banche di credito agricolo. È un'istituzione finanziaria, sponsorizzata dal governo britannico e fondata in base agli *Improvement of Lands Acts* del 1864 e 1899, che fornisce credito sotto forma di mutui, della durata massima di quaranta anni, per miglioramenti sia a terreni agricoli, sia a tenute destinate ad altri usi. Il mutuo deve essere preventivamente approvato dal ministero dell'agricoltura ed è garantito dai proventi del fondo che vengono in parte impegnati, per tutta la durata del credito, per il pagamento degli interessi e per il rimborso della somma capitale. È possibile ricevere questi mutui anche su terreni già ipotecati.

Lands Tribunal: Nel Regno Unito, è uno speciale tribunale preposto alla determinazione dell'indennizzo da corrispondersi ai proprietari di terreni espropriati per pubblica utilità, se le parti in questione non riescono a raggiungere un accordo.

land tax: ***imposta fondiaria.*** Termine generico che, negli Stati Uniti, indica un'imposta su terreni nei quali il proprietario non ha svolto alcuna opera di miglioramento o un'imposta su qualsiasi tipo di proprietà immobiliare. Nel Regno Unito, invece, l'imposta fondiaria è stata abolita fin dal 1963. (v. anche *real-estate tax*)

land tenure: ***regime della proprietà immobiliare.*** V. spiegazione sotto *tenure.*

land use: ***uso della terra.*** Espressione con la quale si designano tutti i servizi della terra per i vari usi cui essa può essere destinata, quali l'agricoltura, l'industria, il commercio, l'edilizia e la ricreazione. Appunto perché capace di offrire più servizi, l'uso della terra richiede una regolamentazione, cui di solito è preposto lo stato.

land–value tax: ***imposta sull'incremento di valore della terra.*** Imposta che colpisce l'incremento di valore della terra, indipendentemente dagli edifici o altre strutture e migliorie che vi si possano trovare. L'incremento del valore viene stabilito in base all'incremento della popolazione e allo sviluppo dell'attività economica in generale nell'area in cui è ubicata la terra. Poiché il proprietario non ha eseguito alcuna opera che porti la terra ad acquistare un maggior valore, quello che viene tassato è, in effetti, il cosiddetto incremento di valore capitale o patrimoniale e l'imposta è, quindi, simile ad un'imposta sui redditi di capitale, con la differenza che mentre per quest'ultima l'incremento di valore si realizza all'atto della vendita, per la prima esso si ricava attraverso un accertamento. (v. anche *economic rent, unearned increment, capital gains tax*)

land waiter: ***verificatore di dogana.*** Termine usato come sinonimo di *landing officer* (v.).

Lanham Act: Legge, approvata dal Congresso degli Stati Uniti nel 1947, che emenda le preesistenti disposizioni in materia di marchi di fabbrica.

lapping: ***differimento d'imputazioni contabili.*** In contabilità, indica la pratica di occultare un ammanco attraverso una serie di registrazioni successive che pospongono da un periodo contabile al successivo l'entrata di contanti o altra attività. Ad esempio, se un cassiere si appropria di una somma di denaro appartenente ad un cliente, non registra subito l'entrata di tale somma, ma lo farà appena può entrare in possesso, e versare regolarmente, di una somma uguale. L'entrata di quest'ultima somma sarà, a sua volta, registrata quando si presenterà al cassiere l'occasione di fare lo stesso gioco con un'altra somma e così via finché non viene scoperta l'irregolarità o finché il cassiere non sia in grado di restituire la somma di cui originariamente si appropriò o, ancora, finché non gli capiti l'occasione di cancellare ogni traccia attraverso una registrazione di copertura fittizia. (v. anche *covering entry 2*)

lapse: ***decadenza; estinzione.*** L'estinzione di un diritto o privilegio non esercitato in tempo utile. Il termine inglese è usato principalmente in relazione alle assicurazioni. (v. anche *lapsed policy*)

to lapse: 1. ***decadere; estinguersi.*** In relazione ad una polizza di assicurazione, indica che essa ha perso efficacia in quanto scaduta e non rinnovata o a seguito di mancato pagamento del premio. I benefici e i diritti che la polizza garantiva vengono, così, a decadere. **2.** ***scadere.*** In contabilità di stato, il termine indica che uno stanziamento non è più disponibile, essendo trascorso il termine ultimo entro il quale poteva essere speso. Il saldo che viene così a trovarsi disponibile può rientrare come residuo o può essere destinato ad altro uso.

lapsed policy: ***polizza decaduta; polizza scaduta.*** Nelle assicurazioni, è la polizza che ha perso efficacia o perché scaduta e non rinnovata o perché l'assicurato non ha pagato il relativo premio.

lapse provision: ***clausola della decadenza.*** La clausola che, in un contratto di assicurazione, stabilisce la procedura da seguirsi nel caso in cui l'assicurato interrompa il pagamento dei premi.

lapse ratio: ***indice di decadenza.*** Nelle assicurazioni sulla vita, è il rapporto tra polizze in essere all'inizio dell'anno e polizze riscattate o lasciate decadere nel corso dello stesso anno.

lapsing schedule: ***piano di ammortamento.*** Foglio di lavoro o tabulato nel quale vengono registrati i costi di attività fisse individuali o, più spesso, il valore totale degli incrementi di capitale fisso verificatisi nel corso dell'anno, insieme ai dettagli relativi alla ripartizione del costo su esercizi finanziari successivi a quello della loro acquisizione.

L.A.P.T.: London Association for the Protection of Trade.

larceny: ***furto.*** È il corrispondente giuridico del termine *theft*, quest'ultimo usato nel linguaggio comune. Indica la sottrazione di beni altrui, senza l'uso della forza.

large capitalization stocks: ***titoli a grande capitalizzazione.*** Sono così detti i titoli di una grande impresa, la cui quantità in circolazione è notevolmente superiore alla media dei titoli emessi da altre società.

large numbers: ***grandi numeri.*** V. spiegazione sotto *law of large numbers.*

large–scale production: ***produzione su vasta scala.*** Fenomeno caratteristico dell'attività industriale, che si manifesta con la produzione di un gran numero di unità di un bene, onde far scendere il costo unitario medio del bene o dei beni prodotti, attraverso una più ampia ripartizione dei costi fissi e dei costi generali. La produzione su vasta scala è stata resa possibile dall'uso di macchine sempre più rapide e precise, dalla disponibilità di grandi quantità di capitale, a seguito della creazione di società per azioni, e dal conseguente impiego di un gran numero di lavoratori nella stessa azienda. La produzione su vasta scala presenta degli innegabili vantaggi, ma presenta anche alcuni svantaggi e limiti. Tra questi ultimi possiamo citare: a) l'ampiezza del mercato. Un'industria che produce su vasta scala deve avere un mercato molto vasto, capace di assorbire rapidamente la produzione. Ciò porta alla ricerca continua di nuovi mercati e al pericolo di sovrapproduzione se non si trovano gli opportuni sbocchi. b) la standardizzazione del prodotto. Per alcuni beni, quali ad esempio i beni di lusso, il vestiario, ecc., la standardizzazione, insita nel concetto di produzione su vasta scala, può dimostrarsi un danno piuttosto che un beneficio. c) rendimenti decrescenti. Via via che l'azienda si espande e produce un numero sempre maggiore di beni, viene il momento in cui il costo marginale diventa superiore al costo medio. Tra gli svantaggi della produzione su vasta scala, possiamo citare: a) la burocratizzazione dell'impresa. Infatti, quanto più grande è un'impresa, tanto maggiore è la burocratizzazione necessaria per gestirla. Ciò porta ad una più lenta reazione ai cambiamenti delle condizioni di mercato e ad un più lento processo decisionale. b) difficoltà di ristrutturazione. Le imprese più grandi sono di solito quelle che tardano di più ad effettuare ristrutturazioni interne, non soltanto a causa della burocratizzazione, ma anche a causa dell'alto costo che esse implicano. c) motivazione. Mentre il proprietario di una piccola impresa è motivato dall'interesse diretto, il manager stipendiato di una grossa impresa sente meno questa motivazione.

large–scale retail trade: ***grande distribuzione; commercio al dettaglio su vasta scala.*** Si indica con questa espressione l'insieme di tutti i punti di vendita al dettaglio di grandi dimensioni che operano attraverso una vasta diversificazione merceologica e che realizzano un ampio giro di affari. La grande distribuzione comprende i supermercati e gli ipermercati, i grandi magazzini, le catene di negozi, le unioni di consumatori, le cooperative di consumo e le imprese di vendita per corrispondenza.

LASH: Sistema di trasporto che prevede che le chiatte cariche di merci vengano messe direttamente a bordo della nave che dovrà trasportarle, invece di essere scaricate e caricate al punto di partenza. Il termine inglese è formato dalle iniziali delle parole che formano la frase *lighters aboard ship*, cioè chiatte a bordo della nave, in cui col termine «chiatte» si intendono grossi contenitori galleggianti che, come detto, saranno poi direttamente caricati sulla nave porta–chiatte. Il termine inglese indica anche il tipo di nave adibita a questo tipo di trasporto.

Laspeyres index: ***indice di Laspeyres.*** È così chiamato, dal nome dell'economista e statistico Etienne Laspeyres, un numero indice usato per misurare variazioni nel tempo di un qualche aspetto relativo ad un gruppo di elementi, facendo uso di pesi basati sui valori di un anno base.

Laspeyres price index: ***indice dei prezzi Laspeyres.*** Numero indice usato per calcolare la variazione percentuale dei prezzi di un dato gruppo di beni da un anno base ad un altro qualsiasi momento nel tempo. Se vogliamo calcolare la differenza percentuale dei prezzi degli articoli di abbigliamento dal 1980 ad oggi, dovremo calcolare il costo complessivo degli articoli di abbigliamento acquistati dai consumatori nel 1980 valutati ai prezzi di oggi e dividerlo per il costo complessivo di quegli stessi articoli di abbigliamento valutati ai prezzi del 1980.

last: Unità di misura di capacità usata per gli aridi nel Regno Unito e nell'Europa settentrionale, con valori variabili e oscillanti intorno ai trenta ettolitri. Lo stesso termine indica anche un'unità di misura di peso, aggirantesi sui venti quintali, usata specialmente per carichi di navi. Nel commercio della lana, un *last* equivale a dodici *sack*, ossia 4368 libbre, corrispondenti a circa 1981 chilogrammi.

last–bag system: ***sistema dell'ultimo contenitore.*** Lo stesso che *two–bin system* (v.).

last in, first out: ***ultimo entrato, primo uscito.*** È il criterio di valutazione delle scorte descritto sotto *last in, first out method of inventory valuation* (v.).

last in, first out method of inventory valuation: ***criterio lifo di valutazione delle scorte.*** Criterio spesso usato in periodi di prezzi crescenti, che presuppone che la materia prima o il prodotto entrati per ultimi siano i primi ad essere prelevati o venduti. In base a questo criterio, gli scarichi vengono valorizzati secondo gli ultimi prezzi pagati per ciascuna partita fino all'esaurimento delle stesse, mentre il valore delle giacenze viene calcolato supponendo che esse siano quelle acquistate meno recentemente e, quindi, a prezzi di acquisto più remoti. I principali argomenti a favore di questo criterio sono: a) i costi delle acquisizioni più recenti sono più prossimi ai prezzi ai quali i beni vengono venduti; b) fa risparmiare sulle imposte, in periodi di prezzi crescenti.

last notice day: ***ultimo giorno di avviso.*** Nel linguaggio delle borse merci, indica l'ultimo giorno valido per la dichiarazione della propria intenzione di procedere alla consegna delle merci oggetto di un contratto per consegna futura.

last resort credit: ***credito di ultima istanza.*** V. spiegazione sotto *last resort lending.*

last resort lending: ***prestiti di ultima istanza; concessione di prestiti di ultima istanza.*** L'attività di concessione di prestiti da parte della banca centrale al sistema bancario o ad altre istituzioni finanziarie, in periodi di restrizione della circolazione monetaria o in periodi di crisi di liquidità, mediante il risconto di titoli di credito bancabili. Lo stesso termine può applicarsi a prestiti concessi da una istituzione internazionale alle banche centrali di paesi che attraversano periodi di crisi, che si manifestano con pesanti deficit della bilancia dei pagamenti e conseguente penuria di valuta estera. (v. anche *lender of last resort*)

last sale: ***ultima vendita.*** In un mercato mobiliare, è la vendita più recente, in ordine di tempo, di un qualsiasi titolo, da non confondersi con la *closing sale 2* (v.).

last survivor annuity: ***rendita vitalizia reversibile.*** È la rendita che prevede il pagamento delle rate al beneficiario, che ha sottoscritto il contratto, fino alla sua morte e, dopo tale evento, ad un'altra persona indicata nella polizza, fino alla sua morte. Differisce dalla *joint and survivor annuity* (v.) in quanto quest'ultima è stipulata congiuntamente da due persone, mentre la *last survivor annuity* è stipulata da una sola persona.

last trading day: ***ultimo giorno di operazioni.*** Nelle borse merci, è l'ultimo giorno di contrattazioni valido per consegna entro il mese corrente.

latent defect: ***vizio occulto; difetto occulto.*** Un difetto o vizio non individuabile attraverso un'ispezione superficiale dei beni o una semplice lettura di un documento.

lateral amalgamation: ***fusione laterale.*** La fusione di imprese che, all'interno della medesima industria, svolgono la stessa funzione allo stesso stadio di un processo produttivo.

lateral combination: ***concentrazione laterale.*** Lo stesso che *lateral amalgamation* (v.).

lateral filing: ***sistema di archiviazione laterale.*** Sistema per archiviare documenti sospendendo le apposite cartelle che li contengono a due piccole rotaie parallele, sulle quali si possono fare scorrere per un rapido accesso alle pratiche così archiviate. Il sistema sfrutta al massimo l'altezza dei locali e fa risparmiare spazio in senso orizzontale. (v. anche *vertical filing*)

lateral integration: ***integrazione laterale.*** Processo per cui un'impresa industriale o commerciale si espande, allargando la propria produzione e vendita ad altri articoli che possono essere in qualche modo legati a quelli che produceva o vendeva precedentemente o, ma più raramente, completamente diversi. Si attua allo scopo di utilizzare meglio le strutture produttive o distributive dell'impresa, riducendo così l'incidenza dei costi generali sui singoli prodotti. Può capitare che un'impresa che si espande in tal modo si unisca ad altre aziende che si occupano della produzione di beni in qualche modo collegati ai propri.

lateral relationship: ***relazione laterale.*** La relazione esistente, nell'ambito dell'organizzazione aziendale, tra funzionari e supervisori che operano allo stesso livello, cioè che non sono né superiori né subalterni l'uno dell'altro. Tale relazione esiste, ad esempio, tra i direttori dei reparti vendite, pubblicità, ricerca e pubbliche relazioni, in quanto essi collaborano tra loro e coordinano il loro lavoro lungo linee operative indicate dal direttore del reparto marketing, al quale essi devono tutti direttamente e ugualmente rispondere. (v. anche *direct relationship, functional relationship, staff relationship*)

latifundism: ***latifondismo.*** La pratica o la condizione di possedere grandi estensioni di terreno. Il termine inglese, di recente coniazione e di uso prevalentemente statunitense, deriva dall'ispano–americano latifundismo.

latifundist: ***latifondista.*** Proprietario di grandi estensioni di terreno. Il termine è stato recentemente coniato nello stesso modo di *latifundism* (v.).

Latin America Free Trade Association: ***Associazione latino–americana di libero scambio.*** Associazione creata col trattato stipulato a Montevideo nel 1960 e alla quale aderirono inizialmente l'Argentina, il Brasile, il Cile, il Messico, il Paraguay, il Perù e l'Uruguay, cui si aggiunsero subito dopo, nel 1961, l'Ecuador e la Colombia e, nel 1966, il Venezuela. I paesi, sull'esempio delle nazioni europee, convennero di creare un'area di libero scambio che in breve tempo (1961–1964) diede risultati incoraggianti con una riduzione delle tariffe doganali aggirantesi sul 30% su molte materie prime ed alcuni prodotti industriali, e con un incremento del commercio interzona aggirantesi sull'89%. Questo incremento, però, non deve trarre in inganno, perché riuscì a far giungere il commercio interzona soltanto all'8% dell'intero commercio estero di quei paesi. Ciò è dovuto principalmente al fatto che le economie dei paesi aderenti all'Associazione mancano di complementarità, il che è dimostrato anche dal fatto che l'aumento degli scambi interzona ha interessato quasi esclusivamente le materie prime, mentre il problema da risolvere resta quello dello scambio dei prodotti industriali. L'Associazione, tuttavia, costituisce una buona impostazione che può portare alla soluzione del problema quando, attraverso accordi con altre comunità economiche, si riuscirà a realizzare un assetto capace di sanare la precaria situazione economica di quei paesi.

Latin Monetary Union: ***unione monetaria latina; lega monetaria latina.*** Unione formata nel 1865 tra Belgio, Francia, Italia e Svizzera, cui si aggiunse la Grecia nel 1875. Scopo iniziale della lega era quello di stabilizzare il potere d'acquisto delle rispettive monete, mediante il ricorso ad un sistema bimetallico. L'accordo prevedeva che ciascun paese accettasse senza distinzione, ed usasse come intercambiabili, le monete d'oro emesse nei vari stati che si conformassero a determinate condizioni e le monete da cinque franchi d'argento di tipo concordato. A seguito della svalutazione dell'argento, infatti, si era fatto ricorso, fin dai primi anni, ad un sistema di bimetallismo zoppo. L'unione terminò di fatto con la prima guerra mondiale, pur se fu sciolta ufficialmente soltanto nel 1926.

launching: ***lancio.*** L'immissione di un nuovo prodotto sul mercato.

laundered money: ***denaro riciclato.*** Fondi monetari fatti passare attraverso un gran numero di conti bancari, al fine di occultarne la provenienza da attività illecite.

laurel: È il nome dato alle *unite* (v.), le monete d'oro britanniche emesse nel 1619, ciascuna del valore di venti scellini.

Lausanne Conference: ***Conferenza di Losanna.*** È la conferenza che si tenne a Losanna dal 16 giugno al 9 luglio del 1932 per tentare la definitiva liquidazione dei debiti interalleati e delle riparazioni della prima guerra mondiale. Alla conferenza si portarono due tesi: quella della Germania, che mirava al completo annullamento delle riparazioni (con Italia e Regno Unito favorevoli) e quella della Francia, che sosteneva un mantenimento almeno parziale di esse. Alla fine si giunse al compromesso che prevedeva, a saldo delle riparazioni, la consegna, da parte della Germania alla Banca dei Regolamenti Internazionali, di buoni per il valore di tre miliardi di marchi oro, con l'intesa che la Banca non li avrebbe negoziati prima di tre anni a partire dalla data dell'accordo. I paesi creditori della Germania, però, si impegnarono a non ratificare l'accordo prima che si fosse raggiunto un altro soddisfacente accordo in relazione ai debiti interalleati. Poiché questa clausola non trovò mai attuazione, l'accordo raggiunto alla Conferenza di Losanna non entrò mai in vigore e la Germania non eseguì il pagamento cui si era impegnata. (v. anche *interallied debts*)

Lausanne School: ***Scuola di Losanna.*** È così chiamata la corrente di pensiero economico che fa capo agli studi e agli insegnamenti di L. Walras, docente di economia presso l'Università di Losanna dal 1870 al 1892, e a V. Pareto, che successe a Walras. A questi nomi vanno ricollegati anche quelli degli americani J. Fisher e H.L. Moore. La Scuola di Losanna è nota soprattutto per lo sviluppo della teoria dell'equilibrio economico generale e per l'ampio ricorso allo strumento matematico nell'analisi economica. (v. anche *neo-classical school, Austrian School, Cambridge School, Marshallian School*)

law: ***legge.*** V. spiegazione sotto *economic law.*

lawful money: ***moneta legale.*** In senso lato, il termine indica qualsiasi tipo di moneta cha ha potere liberatorio nei pagamenti che si fanno entro i confini dello stato in cui essa circola. In senso ancora più ampio, e nell'uso principalmente statunitense, indica qualsiasi forma di moneta che può essere usata dalle banche americane come riserva a fronte dei depositi.

lawful reserve: ***riserva obbligatoria; fondo di riserva legale.*** Lo stesso che *legal bank reserve* (v.).

Law Merchant: Corpo di consuetudini commerciali che formano la base del diritto commerciale britannico. Prima che il diritto commerciale inglese venisse inserito nel *common law* (v.), il corpo di consuetudini noto come *Law Merchant* veniva amministrato da speciali tribunali commerciali che se ricevevano sufficiente prova della reale esistenza e uso di una consuetudine, non esitavano ad adottarla come legge.

law of appropriation: ***legge dell'appropriazione.*** Generalizzazione, formulata da K. Marx e alcuni suoi discepoli, in base alla quale si sostiene che via via che si sviluppa il capitalismo, i beni capitali aumentano di quantità e produttività, la proprietà viene sempre più accentrata e i lavoratori sono sempre più soggetti allo sfruttamento e alla disoccupazione. Ciò si verifica fin dai primi stadi dello sviluppo del capitalismo, quando il plusvalore viene investito in altri beni capitali piuttosto che essere speso in consumi, e cresce col crescere della produzione, sotto la spinta della concorrenza, mentre le imprese più piccole vengono escluse dal mercato a vantaggio di quelle più grandi, il che fa aumentare il numero dei lavoratori e diminuire quello dei datori di lavoro. L'aumento della quantità e della concentrazione dei beni capitali implica la spesa di una percentuale sempre maggiore di disponibilità monetarie per l'acquisto di materie prime e per far fronte alle spese di impianti e macchinari, mentre l'aumento della produttività fa diminuire la domanda di manodopera sul mercato del lavoro. Da ciò deriva un aumento della disoccupazione e una diminuzione dei salari, con conseguente accumulazione di povertà e di beni capitali. La teoria sostiene che quando questo processo avrà raggiunto lo stadio finale e tutte le industrie saranno nelle mani di poche persone o di un solo produttore, gli azionisti verranno privati della loro proprietà e lo stato subentrerà ad essi a vantaggio dei lavoratori. Così, il proletariato si approprierà delle proprietà della borghesia, proprio come qualche secolo addietro la borghesia si era appropriata dell'attività degli artigiani.

law of comparative costs: ***legge dei costi comparati.*** Sostiene che un paese tende a concentrare le proprie risorse sulla produzione, per l'esportazione, di quei beni in cui la sua superiorità è più marcata o la sua inferiorità meno marcata ed importerà quei beni in cui la sua superiorità è meno marcata o la sua inferiorità più marcata. In maniera più semplice e rapida, si può affermare che un paese tende ad esportare quei beni che può produrre col più grande vantaggio relativo, cioè al più basso costo comparato. Sebbene il principio dei costi comparati sia applicabile principalmente al commercio internazionale, lo possiamo notare in tutte le forme di produzione. Infatti, è un altro modo di dire che i vantaggi della divisione del lavoro vengono realizzati non col far fare alle persone ciò che sanno fare meglio, ma col far fare loro ciò che sanno fare relativamente meglio degli altri.

law of constant return: ***legge del rendimento costante.*** Secondo A. Marshall, si nota quando si bilanciano gli effetti delle azioni della legge dei rendimenti crescenti e della legge dei rendimenti decrescenti. In tal caso, un aumento della produzione si realizza soltanto attraverso un proporzionale aumento del sacrificio e del lavoro.

law of contract: ***diritto contrattuale.*** L'insieme delle disposizioni di legge che si riferiscono ai contratti.

law of corporations: ***legislazione societaria.*** Termine statunitense, usato con lo stesso significato di *company law* (v.).

law of costs: ***legge dei costi.*** Lo stesso che *Wieser's law of costs* (v.).

law of decreasing costs: ***legge dei costi decrescenti.*** Legge economica che afferma che, fino ad un certo punto, l'espansione di un'industria tramite successive applicazioni di capitale e lavoro tende ad essere accompagnata da una diminuzione più che proporzionale dei costi unitari.

law of demand: ***legge della domanda.*** La cosiddetta legge della domanda sostiene che, tranne in alcuni casi, la quantità domandata di un bene, da parte di un solo individuo o da parte dell'intera collettività, dipende strettamente dal prezzo del bene. Pertanto, la legge brevemente enuncia che una diminuzione del prezzo genera un aumento della domanda, mentre un aumento del prezzo genera una diminuzione della domanda. Questa enunciazione, però, non sempre risulta vera, in quanto si deve tener conto dell'elasticità della domanda e del principio di succedaneità. Difatti, la quantità domandata di beni a domanda anelastica varierà di poco o non varierà affatto anche in presenza di un notevole aumento o di una notevole diminuzione del prezzo, come si può facilmente vedere considerando la domanda di beni di prima necessità. Se, invece, la domanda di un bene è elastica, anche una minima variazione di prezzo porterà ad una notevole variazione della quantità domandata, come si può facilmente notare considerando la domanda di beni di lusso. Inoltre, la domanda risulterà più o meno elastica a seconda che vi siano o non vi siano beni succedanei. (v. anche *law of substitution, elasticity of demand, laws of supply and demand*)

law of demand and supply: ***legge della domanda e dell'offerta.*** Poiché si tratta di più leggi, v. spiegazioni relative sotto *law of demand* e *laws of supply and demand.*

law of derived demand: ***legge della domanda derivata.*** Fu così definita da Marshall: «Il prezzo offerto per qualsiasi cosa usata nel produrre un bene è, per ciascuna diversa quantità, limitato dall'eccedenza del prezzo al quale quella quantità del bene può trovare compratori rispetto alla somma dei prezzi ai quali è disponibile la corrispondente quantità di altre cose necessarie per produrre quel bene».

law of diminishing average productivity: ***legge della produttività media decrescente.*** Afferma che se si applicano quantità crescenti di un fattore variabile a una quantità fissa di altri fattori, verrà il momento in cui la produzione per unità del fattore variabile comincerà a diminuire, dopo di che la produzione media continuerà a diminuire via via che vengono impiegate più unità successive del fattore variabile.

law of diminishing marginal productivity: ***legge della produttività marginale decrescente.*** Afferma che se si applicano quantità crescenti di un fattore variabile ad una quantità fissa degli altri fattori, verrà il momento in cui la quantità aggiunta alla produzione totale da ciascuna dose addizionale del fattore variabile comincerà a diminuire, dopo di che ciascuna dose addizionale del fattore variabile aggiungerà di meno alla produzione totale di quanto aggiunse la dose precedente.

law of diminishing marginal utility: ***legge dell'utilità marginale decrescente.*** Poiché l'utilità decrescente di cui si parla sotto *law of diminishing utility* (v.) è l'utilità marginale, la legge prende anche il nome di legge dell'utilità marginale decrescente.

law of diminishing productivity: ***legge della produttività decrescente.*** Può essere espressa in termini di produttività marginale o di produttività media. Pertanto, v. *law of diminishing average productivity* e *law of diminishing marginal productivity* per le relative spiegazioni.

law of diminishing returns: ***legge dei rendimenti decrescenti.*** Non è che un altro modo di indicare la legge della produttività decrescente. Pertanto, v. *law of diminishing productivity* per la spiegazione. In effetti, tuttavia, la legge fu formulata per applicazione alla terra, intesa come fattore della produzione, ed essa affermava che un aumento del capitale e del lavoro applicato alla coltivazione della terra dà come risultato, in generale, un aumento men che proporzionale della quantità di prodotto ricavato dalla terra. (v. anche *diminishing returns, law of increasing returns*)

law of diminishing substitution: ***principio della sostituzione decrescente.*** Afferma che quanto minore è la quantità di un bene e quanto maggiore è la quantità di un altro bene a disposizione di un consumatore, tanto meno disposto egli sarà a rinunciare ad una parte del primo bene per ricevere in cambio ulteriori dosi dell'altro bene. Facciamo un esempio che possa illustrare questo principio. Ammettiamo che un consumatore abbia a disposizione una piccola quantità di un bene, ad esempio scarpe, e una maggiore quantità di un altro bene, diciamo camicie. Egli sarà disposto a rinunciare ad alcune camicie per avere qualche altro paio di scarpe, ma se il numero di camicie a sua disposizione si assottiglia mentre cresce il numero di paia di scarpe, verrà il momento in cui non sarà più disposto a rinunciare ad una sola camicia in cambio di un paio di scarpe. L'esempio sarà ancor più chiaro se quantifichiamo le camicie e le paia di scarpe a disposizione del consumatore. Perciò, diciamo che inizialmente egli possiede due paia di scarpe e dieci camicie e che i due beni si scambiano in ragione di uno a due. In questa situazione, egli sarà ben disposto a rinunciare a due camicie per procurarsi un altro paio di scarpe, ma se continua a far così, verrà il momento in cui si troverà con solo due camicie e con sei paia di scarpe ed a quel punto non sarà più disposto a rinunciare alle uniche due camicie che gli restano per avere un altro paio di scarpe. In effetti, questa decisione egli la prenderà prima di arrivare all'estremo appena citato, per cui man mano che scende il numero di camicie e aumenta quello delle scarpe a sua disposizione, egli sarà sempre meno disposto a sostituire le seconde alle prime.

law of diminishing utility: ***legge dell'utilità decrescente.*** È basata sul concetto che ogni successiva dose di un qualsiasi bene darà al consumatore un'utilità marginale minore rispetto a quella ricevuta dalla dose immediatamente precedente dello stesso bene, finché verrà il momento in cui una dose addizionale di quel bene non darà al consumatore la soddisfazione necessaria per convincerlo a privarsi di un altro bene che potrebbe acquistare con la stessa moneta. La si può enunciare, in breve, dicendo che poiché il nostro desiderio di un bene tende a diminuire ad ogni successivo incremento della quantità che possediamo, l'utilità di ciascuna unità addizionale diminuisce.

law of downward-sloping demand: ***legge della domanda decrescente; legge della domanda inclinata negativamente.*** Lo stesso che *law of demand* (v.).

law of equal marginal utilities: ***legge delle uguali utilità marginali.*** Sostiene che il consumatore domanda un qualsiasi bene fino al punto in cui l'utilità marginale per unità monetaria spesa in quel bene è esattamente uguale all'utilità marginale di una unità monetaria spesa in qualsiasi altro bene. Infatti, se un qualsiasi bene desse una maggiore utilità marginale per unità monetaria, il consumatore trarrebbe vantaggio acquistando una minore quantità di altri beni e una maggiore quantità di quel bene, fino al punto in cui la legge dell'utilità marginale decrescente porterebbe all'uguaglianza la sua utilità marginale per unità monetaria spesa. Viceversa, se un qualsiasi bene desse una minore utilità marginale per unità monetaria spesa, il consumatore comprerebbe una minore quantità di tale bene fino al punto in cui l'utilità marginale dell'ultima unità monetaria spesa in quel bene non fosse salita al livello comune.

law of equi-marginal returns: ***legge dei rendimenti equo-marginali.*** Non è che un altro modo di indicare il principio di sostituzione. Pertanto, v. *law of substitution* per la spiegazione. Tuttavia, va detto che il principio prende preferibilmente questo nome quando si vuole indicare la sostituzione, effettuata da un imprenditore, di una dose di un fattore della produzione con una dose di un altro fattore.

law of eventually diminishing productivity: ***legge della produttività decrescente.*** Lo stesso di *law of diminishing productivity* (v.).

law of eventually diminishing returns: ***legge dei rendimenti decrescenti.*** Lo stesso di *law of diminishing returns* (v.).

law of increasing costs: ***legge dei costi crescenti.*** Altro termine con il quale viene indicata la legge dei rendimenti decrescenti. Pertanto, per la relativa spiegazione v. *law of diminishing returns.*

law of increasing returns: ***legge dei rendimenti crescenti.*** Afferma che fino ad un certo punto, l'espansione di un'industria mediante successive applicazioni di capitale e lavoro tende ad essere accompagnata da rendimenti che crescono in ragione più che proporzionale. (v. anche *increasing returns, law of diminishing returns*)

law of indifference: ***legge d'indifferenza; legge di unicità del prezzo.*** Fu enunciata da W.S. Jevons, secondo il quale in un mercato perfetto non può esserci che un solo prezzo per un determinato bene in un determinato momento. Se, infatti, vi fossero più prezzi, diciamo due per comodità e per chiarezza, tutti i consumatori comprerebbero dal venditore che pratica il prezzo più basso e gli altri venditori si troverebbero con giacenze invendute. Tale situazione non è possibile in un mercato perfetto, perché è un presupposto di tale mercato che le informazioni viaggino velocemente, per cui il venditore che si rendesse conto di praticare prezzi troppo alti, provvederebbe subito a ridurli. Questa tendenza verso la formazione di un unico prezzo, il prezzo di mercato, va sotto il nome di legge d'indifferenza o di unicità del prezzo.

law of large numbers: ***legge dei grandi numeri.*** È una legge statistica che rende possibili valide previsioni sul comportamento di grandi gruppi. Grosso modo la legge afferma che i movimenti casuali di un grande numero di individui tendono a bilanciarsi. Ad esempio, se chiediamo ad una persona di misurare una qualsiasi superficie, diciamo una piazza, non possiamo prevedere se e quale tipo di errore farà nel misurarla, perché vi sono migliaia di cose che potrebbero influenzare la sua opera. Ma se chiediamo a mille persone di misurare la stessa piazza, possiamo predire con un piccolissimo margine di errore come si comporterà il gruppo. Potremmo, ad esempio, asserire con sufficiente sicurezza che saranno di più quelli che faranno piccoli errori di quelli che faranno grossi errori; che quanto maggiore sarà l'errore, tanto più piccolo sarà il numero delle persone che lo commette; che grosso modo il numero di coloro che sbaglia per eccesso sarà uguale al numero di coloro che sbaglia per difetto; e che l'errore medio di tutti gli individui sarà uguale a zero. La legge dei grandi numeri trova applicazione anche nelle assicurazioni per stimare, in base alla passata esperienza, il numero di persone che, in un gruppo, probabilmente subiranno un sinistro.

law of markets: ***legge degli sbocchi.*** Legge, formulata dall'economista francese J.B. Say, che sostiene che «i prodotti si scambiano con i prodotti» o «l'offerta crea la domanda». Gli economisti non sembrano essere d'accordo su cosa effettivamente intendesse Say con la sua legge, ma essa viene spiegata dicendo che l'offerta totale di beni economici deve necessariamente eguagliare sempre la loro domanda globale. Infatti, poiché i prodotti si scambiano con i prodotti, essendo la moneta un semplice mezzo di scambio, la quantità di beni prodotti rappresenta allo stesso tempo l'offerta e la domanda, per cui un aumento della produzione non è altro che un aumento della domanda. In base a questa teoria, è inconcepibile che si verifichi una crisi di sovrapproduzione generale, ma è soltanto possibile che si verifichi una temporanea eccedenza di offerta di singoli beni. Il concetto alla base della legge degli sbocchi era implicito nei ragionamenti di Adam Smith e David Ricardo e la legge fu accettata e sostenuta dalla tradizione classica, ma fu anche duramente criticata da R. Malthus, J.M. Lauderdale e J.M. Keynes. Di recente, tuttavia, e soprattutto negli Stati Uniti, la legge di Say è stata rivalutata dagli offertisti, che ne hanno dato una più moderna interpretazione, affermando che l'offerta, con il complesso di spese che comporta, crea la sua domanda, cioè fornisce ai consumatori i mezzi per assorbire qualsiasi livello di offerta e che pertanto l'offerta e la domanda devono necessariamente uguagliarsi.

law of nations: ***diritto internazionale.*** Termine usato con lo stesso significato di *international law* (v.).

law of non-proportional output: ***legge della produttività marginale decrescente.*** Lo stesso che *law of diminishing marginal productivity* (v.).

law of one price: ***legge del prezzo uguale.*** In un'economia di baratto, questa legge sostiene che il prezzo di un bene prodotto in un paese in termini di un altro bene prodotto in un altro paese deve essere uguale in tutta l'area di scambio, altrimenti gli operatori potrebbero realizzare notevoli profitti attraverso operazioni di arbitraggio su merci. La stessa legge, tuttavia, può anche applicarsi a un'economia monetaria, ove i prezzi relativi dei beni di scambio sono espressi in termini monetari. (v. anche *terms of trade*)

law of proportionality: ***legge di proporzionalità.*** Espressione a volte usata per indicare la relazione esistente tra produzione e fattori della produzione. Questa legge implica che in qualsiasi impresa esiste una qualche relazione ideale tra i fattori della produzione impiegati, che darà luogo ad una situazione di redditività ideale. In effetti, è un altro modo di indicare la legge della produttività decrescente. (v. anche *law of variable proportions, law of diminishing productivity*)

law of proportions: ***legge delle proporzioni.*** È un altro modo di indicare la legge della produttività decrescente o dei rendimenti decrescenti. Essa asserisce che quando la proporzione tra i fattori della produzione utilizzati da un'impresa si allontana dal punto ottimale, ne conseguiranno rendimenti decrescenti; quando, invece, tale proporzione si avvicina al punto ottimale, ne deriveranno rendimenti crescenti. (v. anche *law of diminishing productivity, law of diminishing returns, point of ideal proportions, law of increasing returns, increasing returns, diminishing returns*)

law of retail gravitation: ***legge di gravità del commer-***

cio al dettaglio. Termine usato in alternativa a *retail gravitation law* (v.).

law of satiable wants: ***legge dei bisogni saziabili.*** Non è che un altro modo di esprimere la legge dell'utilità decrescente. Pertanto, v. *law of diminishing utility* per la spiegazione.

law of satiety: ***legge della sazietà.*** È un altro termine usato per indicare la legge dell'utilità decrescente. Per la spiegazione, v. *law of diminishing utility*.

law of self-interest: ***principio del minimo mezzo; principio del tornaconto; principio economico; ipotesi edonistica.*** Termine usato con lo stesso significato di *hedonistic principle* (v.).

law of situation: ***legge della situazione.*** Legge espressa da Mary Parker Follet (1868–1933), studiosa statunitense di questioni aziendali. La «legge» sosteneva che se il dirigente informa i subalterni sui fatti della situazione aziendale e consente loro di partecipare alla formulazione delle decisioni, essi non si accorgeranno che in effetti obbediscono a ordini e direttive e l'autorità può essere esercitata in maniera meno conflittuale.

law of substitution: ***principio di sostituzione; legge di sostituzione.*** Principio generale, collegato alla teoria dell'utilità marginale, che sostiene che un consumatore tende ad usare il meno costoso di due o più beni che possono soddisfare lo stesso bisogno, lasciando gli altri per soddisfare bisogni che solo essi possono appagare. Così facendo, egli sostituisce nel consumo un bene più costoso con uno meno caro. Lo stesso principio lo applica l'imprenditore sostituendo una o più dosi di un fattore della produzione con una o più dosi di un altro, onde realizzare la combinazione produttiva più conveniente.

law of supply: ***legge dell'offerta.*** Afferma che un aumento del prezzo genera un aumento dell'offerta, mentre una diminuzione del prezzo genera una diminuzione dell'offerta. (v. anche *laws of supply and demand*)

law of the variation of utility: ***legge della variazione dell'utilità.*** Espressione usata da W. S. Jevons nella sua teoria dell'utilità per indicare il concetto descritto sotto *law of diminishing utility* (v.).

law of variable proportions: ***legge delle proporzioni variabili.*** Non è che un altro modo di indicare la legge della produttività decrescente. Pertanto, v. *law of diminishing utility* per la spiegazione.

law of variety: ***legge della varietà.*** Espressione usata dall'economista inglese N. W. Senior per indicare l'atteggiamento dell'essere umano nei confronti dei propri bisogni. Secondo Senior, le cose necessarie alla vita sono poche e semplici e un individuo le soddisfa tanto facilmente che è subito spinto a desiderare di estendere il proprio godimento. Il suo primo obiettivo è quello di variare l'alimentazione, ma presto insorge il desiderio di varietà ed eleganza nell'abbigliamento; a questo segue il desiderio di costruire, arredare e adornare la propria dimora. Tutti questi e altri desideri, laddove esistono, sono assolutamente insaziabili e sembra che tendano ad aumentare ad ogni successivo progresso della civiltà.

Law Reform (Contributory Negligence) Act: È una legge di riforma, approvata dal parlamento britannico nel 1945, che interessa anche il mondo del lavoro in quanto modifica le norme che precedentemente regolavano gli infortuni. In base alla legge preesistente, colui che subiva danni a seguito di un incidente (e, pertanto, anche infortunio sul lavoro) non poteva chiedere alcun risarcimento se l'incidente si era verificato anche a causa di sua negligenza. Dopo l'approvazione di questa legge, invece, il concorso di colpa non privava il soggetto del diritto di chiedere un risarcimento, pur se influiva sull'entità del risarcimento stesso in modo proporzionale al grado di negligenza dimostrata.

Law Reform (Enforcement of Contracts) Act: In base a questa legge, approvata dal parlamento britannico nel 1954 e che emenda alcune leggi precedenti, per far rispettare un contratto non è necessario che esso sia scritto, purché sia chiara l'intenzione delle parti. Resta, invece, necessaria la forma scritta per quei contratti che stabiliscono una garanzia prestata da una persona a favore di un'altra.

laws of Gossen: ***leggi di Gossen.*** Sono le tre leggi sul comportamento del consumatore, formulate da H. H. Gossen, nelle quali è racchiusa l'essenza della teoria marginalista. La prima legge afferma che la soddisfazione derivante dal consumo di una unità addizionale di un bene diminuisce col crescere del consumo, finché si raggiunge la sazietà. Questa legge, in essenza, corrisponde alla legge dell'utilità marginale decrescente. La seconda legge afferma che al fine di massimizzare la soddisfazione, l'utilità marginale derivante dal consumo dell'ultima unità di ciascun bene consumato deve essere uguale per ciascun bene consumato, cioè a dire che il tasso marginale di sostituzione è uguale al rapporto dei prezzi. La terza legge, che scaturisce dalle prime due, afferma che il valore soggettivo di ogni unità addizionale di un bene effettivamente consumata diminuisce progressivamente fino a raggiungere lo zero.

laws of returns: ***leggi dei rendimenti.*** Vi sono due gruppi di leggi dei rendimenti, quelle relative ai rendimenti crescenti o decrescenti derivanti da variazioni nella combinazione delle quantità dei fattori della produzione utilizzati; e quelle relative ai rendimenti crescenti o decrescenti derivanti da una variazione nella scala di produzione. (v. anche *law of diminishing returns, law of increasing returns, diminishing returns to scale, increasing returns to scale*)

laws of supply and demand: ***leggi della domanda e dell'offerta.*** Sono così chiamate una serie di osservazioni empiriche e di ipotesi previsionali che vengono elencate qui di seguito. a) Un aumento della domanda di un bene genera un aumento sia del prezzo di equilibrio sia della quantità di equilibrio acquistata e venduta. b) Una diminuzione della domanda di un bene genera una diminuzione sia del prezzo di equilibrio sia della quantità di equilibrio acquistata e venduta. c) Un aumento dell'offerta di un bene genera una diminuzione del prezzo di equilibrio e un aumento della quantità di equilibrio acquistata e venduta. d) Una diminuzione dell'offerta di un bene genera un aumento del prezzo di equilibrio e una diminuzione della quantità di equilibrio acquistata e venduta. e) Una diminuzione del prezzo di equilibrio di un bene genera un aumento della quantità domandata. f) Un aumento del prezzo di equilibrio di un bene genera una diminuzione della quantità domandata. (v. anche *law of demand*)

layaway plan: ***piano di accantonamento.*** Termine usato nel linguaggio commerciale statunitense per indicare un piano per l'acquisto rateale di beni, che vengono messi da parte dal venditore fino al momento in cui il compratore completa i pagamenti. Solo al verificarsi di tale evento i beni vengono consegnati all'acquirente.

lay-by system: ***sistema dell'accantonamento.*** Nel Regno Unito è un sistema di compravendita in base al quale i beni acquistati vengono accantonati dal venditore e consegnati al compratore solo quando questi ha effettuato l'ultimo pagamento parziale. È, quindi, l'opposto del sistema *hire purchase* (v.), che prevede la consegna immediata dei beni acquistati a rate. È di solito usato da punti di vendita medio–piccoli e corrisponde al *layaway plan* degli americani.

lay corporation: ***società laica.*** Negli Stati Uniti, indica una società con fini esclusivamente secolari ed è, pertanto, tale una qualsiasi società che non sia costituita per fini religiosi o ecclesiastici.

lay–days: ***stallie; giorni di stallia; stallia ordinaria; stallia regolare.*** Sono i giorni concessi ad un noleggiatore per effettuare le operazioni di carico e scarico della nave e possono essere indicati come giorni consecutivi o correnti, se si calcolano da una data ad un'altra; giorni lavorativi, se si escludono i giorni di festa secondo la consuetudine del porto; e giorni lavorativi tempo permettendo, se si escludono oltre alle festività anche i giorni in cui le condizioni atmosferiche non consentono il lavoro nel porto. Se la nave non riesce a completare le operazioni di carico e scarico nei giorni di stallia regolare, il contratto di noleggio prevede un certo numero di giorni di stallia irregolare, o controstallia, per i quali il noleggiatore dovrà pagare all'armatore un tanto al giorno. (v. anche *demurrage 1*)

lay–off: ***sospensione; interruzione.*** La sospensione, temporanea o definitiva, del rapporto di lavoro a seguito di variazioni nella domanda, e conseguente riduzione della produzione e della forza lavoro di un'impresa, o a seguito di innovazioni tecnologiche.

lay–off pay: ***indennità di licenziamento.*** È l'indennità che viene pagata ad un lavoratore che termina il proprio rapporto di lavoro a causa di riduzione di produzione, dovuta a calo della domanda, o a causa di innovazioni tecnologiche che portano ad una riduzione della forza lavoro dell'impresa. Nei paesi anglosassoni oggi è notevolmente ridotta o scomparsa, perché sostituita da forme di pensione o sussidi di disoccupazione.

lay–off rate: ***indice di sospensione.*** Nella gestione del personale, si indica con questa espressione il rapporto tra la forza di lavoro impiegata in un dato mese e il numero di lavoratori che, nel corso dello stesso mese, interrompono il loro rapporto di lavoro a causa di sospensione. (v. anche *separation rate*)

lay–out: **1.** ***organizzazione delle superfici.*** Si applica tanto negli stabilimenti industriali quanto nella grande e piccola distribuzione. Nei primi, indica la disposizione più razionale possibile dei macchinari, degli utensili e dei lavoratori al fine di massimizzare la produzione minimizzando i tempi morti causati da spostamenti, che possono essere evitati, di lavoratori o pezzi in lavorazione. Nella grande distribuzione, indica la sequenza merceologica coerente degli articoli esposti che porta a realizzare un maggior volume di vendite. Ad esempio, poiché in un supermercato il consumatore è costretto a percorrere un certo itinerario fisso tra i banconi, sarà opportuno disporre all'inizio del percorso gli articoli meno utili, più avanti gli articoli più utili e infine gli articoli indispensabili. Ciò può indurre il consumatore a prelevare alcuni articoli meno utili o superflui, sia perché all'inizio del suo percorso ha ancora intatte le proprie possibilità di spesa, sia a causa del condizionamento psicologico che lo spinge ad acquistare appena entra nel supermercato, creandogli bisogni che in effetti non ha. Via via che egli, poi, procede lungo il percorso opportunamente prestabilito, si vedrà costretto a prelevare anche i prodotti più utili di cui non può fare a meno e per comprare i quali era appunto entrato nel supermercato. (v. anche *merchandising, display*) **2.** ***disposizione.*** In pubblicità, il termine inglese, entrato anche nell'uso italiano, indica l'insieme delle varie parti che costituiscono un qualsiasi messaggio pubblicitario. Il lay–out si compone: a) dello slogan, che rappresenta la frase che racchiude in sé l'idea propagandistica originale; b) del testo, ossia la parte scritta o parlata del messaggio; c) del titolo e/o della figurazione, intesi ad attrarre l'attenzione sul messaggio; e, d) del logotipo, ossia la chiusa che sintetizza tutto il contenuto del messaggio.

lay time: ***stallia regolare; stallia ordinaria.*** Termine a volte usato con lo stesso significato di *lay–days* (v.).

lay–up refund: ***rimborso per sosta.*** Nelle assicurazioni, è il rimborso di premio, che spesso si realizza con un'estensione del periodo di copertura, conseguente ad una sosta prolungata durante la quale il mezzo di trasporto non è esposto al rischio di incidente. Di solito il termine inglese è usato in relazione a navi ferme in porto o in bacino di carenaggio per riparazioni.

lay–up warranty: ***dichiarazione di sosta.*** È la dichiarazione di un armatore, che rappresenta una garanzia per la compagnia di assicurazione, con la quale il primo comunica alla seconda che la nave coperta da assicurazione resterà ferma in porto, e quindi non esposta ai rischi della navigazione, per un periodo di tempo stabilito. Ciò dà luogo alla sospensione della copertura assicurativa per i rischi della navigazione e al conseguente rimborso di premio o estensione della durata della polizza. (v. anche *lay–up refund*)

lb.: pound (weight).

lbt.: pound troy.

L.C.: London Clause.

L/C: letter of credit.

L.C.C.: London Chamber of Commerce.

l.c.l.: less–than–carload lot.

L/D: letter of deposit.

L.D.: London docks.

L.D.C.: less developed country.

l.d.d.: loss during discharge.

ldg.: 1) loading; 2) landing.

Ldg. & Dely.: landing and delivery.

l.d.l.: loss during loading.

lead: **1.** ***anticipo.*** È il periodo di tempo di cui il cambiamento in una variabile precede il cambiamento in un'altra variabile connessa alla prima, come ad esempio una variazione degli indici dei prezzi all'ingrosso e una variazione degli indici dei prezzi al minuto. (v. anche *lag, lead–lag technique*) **2.** ***primo assicuratore.*** Nella terminologia dei Lloyd's di Londra, indica il sindacato di assicuratori che per primo sottoscrive la proposta presentata da un *broker* (v.), assumendosi una certa percentuale del rischio. Poiché i grandi sindacati hanno notevole esperienza nei loro campi specifici, quando uno di essi ha sottoscritto una parte del rischio sarà molto facile per il *broker* riuscire a coprire l'intero rischio facendone sottoscrivere la restante parte da sindacati minori, che saranno pronti ad entrare non fosse altro per la fiducia che essi hanno nelle decisioni del sindacato maggiore che per primo ha sottoscritto la sua parte della proposta di assicurazione.

leader: **1.** ***azienda leader; impresa leader; azienda primaria.*** Termine entrato anche nell'uso italiano per indicare, in campo economico, un'azienda che è all'avanguardia in un determinato settore per l'avanzata tecnologia o per le tecniche di vendita che usa, o che funge da guida nella determinazione dei prezzi o di altre condizioni di mercato. (v. anche *market leader, price leader*) **2. *indicatore economico anticipato; indicatore anticipatore; indicatore preventivo; indicatore significativo.*** Termine usato con lo stesso significato di *leading indicator* (v.).

leadership: *guida; comando; egemonia.* Termine entrato anche nell'uso italiano con il quale, nel linguaggio economico, si indica la posizione di un'impresa o di un paese che si trova all'avanguardia in un determinato settore industriale per l'alto grado di tecnologia usata o per altri motivi che ne fanno un punto di riferimento per le altre aziende o per gli altri paesi. (v. anche *price leadership*)

leading and lagging: *anticipi e dilazioni.* È la pratica di ricorrere agli anticipi o alle dilazioni dei pagamenti internazionali descritti sotto *leads and lags* (v.).

leading concern: *azienda leader; azienda primaria.* Termine usato con lo stesso significato di *leader 1* (v.).

leading currency: *valuta guida.* Termine usato con lo stesso significato di *international currency* (v.) e di *key currency* (v.).

leading indicator: *indicatore economico anticipato; indice significativo; indicatore anticipatore; indicatore preventivo; indicatore significativo.* Una misura, applicabile all'attività economica, che di solito preannuncia alti o bassi nel livello dell'attività economica prima che essi vengano effettivamente raggiunti. Ne sono esempi gli ordinativi alle fabbriche e i corsi azionari.

leading industrialized nations: *paesi più industrializzati.* Sono indicati con questa espressione i sette paesi più industrializzati dell'occidente e cioè Stati Uniti, Giappone, Germania, Francia, Regno Unito, Italia e Canada.

leading industry: *industria principale.* Termine generico, con il quale si indica un'industria di una certa importanza, nel cui ambito gravitano un numero di altre industrie più piccole.

leading sector: *settore guida.* Nella terminologia sindacale, si indica con questa espressione il settore che serve da punto di riferimento per le contrattazioni collettive relative ad altri settori del sistema economico.

leading underwriter: *primo assicuratore.* Termine usato con lo stesso significato di *lead 2* (v.).

lead–lag technique: *tecnica degli anticipi e dei ritardi.* Una tecnica per la formulazione di previsioni basata sul presupposto che esiste una correlazione stabile tra una serie di eventi economici, chiamata indicatore, ed un'altra serie di eventi di cui si prevede il comportamento sulla base delle variazioni osservate nella prima serie. (v. anche *lead, lag*)

lead manager: *capofila; banca capofila.* L'istituto bancario o la società di emissione incaricati di organizzare un sindacato di garanzia e collocamento titoli per l'emissione di azioni o obbligazioni sul mercato interno o internazionale. Il capofila provvede a costituire il necessario consorzio di banche o sindacato di garanzia e collocamento rivolgendosi a altri istituti nazionali o a quegli istituti bancari esteri che si interessano e sono in grado di lanciare il prestito o l'emissione nei paesi in cui operano, e a trattare con l'emittente in qualità di rappresentante dei membri del consorzio o del sindacato. Ovviamente, la commissione che compete al capofila è superiore a quella che viene riconosciuta agli altri membri. (v. anche *standard underwriting fee, purchase syndicate*)

leads and lags: *pagamenti anticipati e ritardati; anticipi e dilazioni.* In relazione ai pagamenti internazionali, l'espressione indica il ritardo o l'anticipo della loro liquidazione nella speranza di approfittare di attese variazioni dei tassi di cambio. Così, se ci si aspetta che un paese svaluti la propria moneta, i residenti tenderanno ad anticipare i pagamenti a residenti di altri paesi, mentre questi ultimi tenderanno a ritardare i loro pagamenti a residenti del paese in cui è probabile che abbia luogo la svalutazione. Gli effetti di questi anticipi e ritardi sulla bilancia dei pagamenti di un paese sono quelli di creare, nel breve periodo, un avanzo o un disavanzo anche nel caso in cui vi sia perfetto equilibrio tra importazioni ed esportazioni.

lead schedule: *tabella di guida; prospetto riepilogativo.* Tabella riepilogativa approntata da o per un revisore dei conti, sulla quale compaiono tutte le sezioni del bilancio da sottoporre a verifica.

lead time: 1. *durata del ciclo di ricostituzione di una scorta.* L'intervallo di tempo che intercorre tra il giorno in cui si spedisce un ordinativo e il giorno in cui si ricevono i beni ordinati. **2. *durata del ciclo di alimentazione al reparto montaggio.*** L'intervallo di tempo che intercorre tra il momento in cui vengono ordinati parti o sottoinsiemi e il momento in cui si approntano le macchine per dare inizio al ciclo di montaggio o di produzione.

lead underwriter: *primo sottoscrittore.* Ciascuna delle istituzioni finanziarie che sottoscrivono l'emissione di azioni o obbligazioni in prima persona, per poi rivenderle ad altre istituzioni che a loro volta le collocano presso i privati o presso gli investitori istituzionali.

leaflet: *volantino.* In pubblicità, è il foglietto di carta contenente un messaggio o un annuncio, di solito distribuito per strada o all'ingresso di una fiera o altri locali pubblici.

leakage: 1. *colaggio; dispersione; spillamento.* È la perdita di peso che si verifica durante il trasporto o il magazzinaggio di liquidi, in fusti o alla rinfusa, a causa di difettosa tenuta dei recipienti o delle cisterne. **2. *abbuono per colaggio; abbuono per dispersione.*** È l'abbuono riconosciuto per colaggio o evaporazione di liquidi a seguito di tenuta non perfettamente stagna dei recipienti in cui sono trasportati o depositati. Viene concesso per qualsiasi liquido, ma in particolare per i vini e gli spiriti. **3. *dispersione.*** Nella teoria monetaria, indica l'uscita di fondi dal flusso di reddito e, in senso più lato, qualsiasi causa che impedisce alla formazione di nuovo capitale di far sentire il suo peso pieno sul reddito nazionale. Infatti, secondo il principio del moltiplicatore quanto maggiore è la propensione al consumo, tanto maggiore risulta il contributo di capitale di nuova formazione all'incremento del reddito nazionale, ma le dispersioni fanno diminuire questo contributo, influendo negativamente sulla propensione al consumo. Esempi di dispersione sono l'alta propensione marginale al risparmio, il pagamento di debiti contratti in un periodo precedente a quello in esame, un aumento del livello generale dei prezzi e simili. (v. anche *multiplier, export multiplier*)

leaning into the wind: Tipo di politica, adottata dalle autorità monetarie britanniche allo scopo di rendere ordinato il mercato dei titoli di stato. Consiste nel vendere titoli in un mercato al rialzo e nel riacquistarli in un mercato al ribasso, in modo da ridurre le fluttuazioni dei tassi d'interesse e rendere possibile l'emissione di nuovi prestiti statali a condizioni favorevoli.

leap–frogging: *rincorsa salariale.* Lo stesso che *wage–wage spiral* (v.).

learning: *apprendimento.* Il concetto che sta alla base della *learning curve* (v.) e che sostiene che svolgendo le proprie mansioni i lavoratori apprendono sempre meglio come svolgerle, col risultato che la loro produttività aumenta in maniera irreversibile. (v. anche *experience curve*)

learning by doing: ***apprendimento sul lavoro.*** Lo stesso che *learning* (v.).

learning curve: ***curva di apprendimento.*** Un aspetto della così detta curva dell'esperienza. Sostiene il concetto che il numero di ore lavorative necessarie per produrre un particolare bene decresce con l'aumentare del numero totale di unità prodotte, cioè a dire che i lavoratori aumentano la loro abilità via via che la loro esperienza cresce operando sul posto di lavoro. (v. anche *experience curve*)

lease: ***locazione.*** Contratto bilaterale in base al quale il proprietario di un bene mobile o immobile, chiamato locatore, si impegna a dare in uso il bene ad un'altra persona, chiamata conduttore o locatario, in considerazione del pagamento di un canone determinato. Il contratto può essere stipulato per un periodo di tempo determinato, ad esempio 99 anni, o per tutta la durata della vita del locatario. Oltre a terreni e fabbricati, è possibile dare in locazione automobili, macchinari, attrezzature, ecc., ma in questo caso la durata del tempo di locazione è, ovviamente, inferiore a quella delle locazioni immobiliari. Recentemente si è avuto un notevole sviluppo delle locazioni di quest'ultimo tipo, note in Italia col termine leasing. (v. anche *leasing agreement, lessee, lessor, building lease, occupational lease*)

leaseback: ***leasing immobiliare.*** È una pratica finanziaria mediante la quale un'impresa o altra organizzazione che possiede proprietà immobiliari può autofinanziarsi vendendo tali proprietà ad un'altra impresa, ad esempio una società di assicurazioni o ad un privato, con l'accordo che essa viene data in locazione al venditore per un lungo periodo, che generalmente va dai 25 ai 99 anni. In questo modo, l'impresa continuerà a disporre degli immobili che le sono necessari, dietro pagamento di un canone di locazione, ma allo stesso tempo realizzerà una somma di denaro che compenserà l'esborso relativo al canone, attraverso l'opportuno investimento nell'attività produttiva dell'impresa, e le consentirà di finanziarsi, senza dover ricorrere a banche o altre istituzioni, e di trarre anche vantaggi fiscali dall'operazione.

leased department: ***reparto in locazione.*** Un reparto di un grande magazzino preso in locazione da un'organizzazione specializzata in un determinato tipo di attività commerciale. L'accordo regola non soltanto il contratto di locazione, ma anche ogni altro tipo di rapporto tra locatore e locatario. Nei grandi magazzini americani e britannici, di solito vengono dati in locazione i reparti che trattano il commercio di carni, scarpe e cappelli.

lease guarantee insurance: ***assicurazione di garanzia di locazione.*** Tipo di assicurazione che garantisce il locatore contro il rischio di mancato pagamento del canone di locazione da parte del locatario. Questo tipo di assicurazione si è recentemente molto sviluppata negli Stati Uniti, ove ebbe origine nelle operazioni di finanziamento di centri di acquisti e altri complessi commerciali e industriali.

leasehold: ***possesso immobiliare.*** È il possesso di beni immobili, disgiunto dalla proprietà, ricevuti in locazione per un periodo di tempo dietro pagamento di un canone convenuto. Nell'uso statunitense, il termine ha un significato più ampio e indica anche il possesso, sempre senza proprietà, di beni mobili, di macchinari, ecc., e il diritto di sfruttamento di brevetti, privative industriali e simili, sempre per un periodo di tempo determinato e in considerazione del pagamento di un canone convenuto. (v. anche *freehold*)

leaseholder: ***locatario; conduttore.*** Pur se si riferisce specificatamente al locatario di un bene immobile, questo termine viene usato con lo stesso significato di *lessee* (v.).

leasehold estate: ***immobile in locazione.*** Termine usato come sinonimo di *leasehold property* (v.).

leasehold land: ***terra in locazione.*** L'espressione inglese indica il possesso di terra ricevuta in locazione direttamente dal proprietario e non da un altro locatario. Al termine del periodo per cui è stato stipulato il contratto, la terra dovrà essere restituita insieme agli immobili che vi si trovavano al momento in cui ebbe inizio la locazione o che ci sono stati successivamente costruiti. Di conseguenza, chi costruisce su un terreno preso in locazione, avrà la proprietà dell'immobile costruito fin tanto che dura la locazione della terra. Questo è il motivo per cui alcuni tipi di locazione nel Regno Unito prevedono una durata fino a 999 anni. (v. anche *freehold land*)

leasehold mortgage: ***ipoteca su immobili in locazione.*** È un'ipoteca garantita da un bene immobile che il debitore ha in locazione. È possibile, sia nel Regno Unito che negli Stati Uniti, accendere un'ipoteca su un bene ricevuto in locazione, ma tale possibilità dipenderà dalla durata della locazione e dalle condizioni previste dal contratto relativo. Anche se l'immobile, infatti, è di proprietà della persona che accende l'ipoteca, non si deve dimenticare che egli dovrà restituirlo insieme alla terra quando scade il contratto di locazione di quest'ultima e, pertanto, se tale contratto è prossimo alla scadenza, la garanzia offerta dal debitore non tutela il creditore appieno contro il rischio di inadempienza del mutuatario. (v. anche *leasehold land, legal mortgage*)

leasehold mortgage bond: ***obbligazione garantita da ipoteca su immobili in locazione.*** È un'obbligazione garantita da un edificio costruito su terra ricevuta in locazione. Essa è soggetta all'osservanza, da parte del locatario che la emette, dei termini contenuti nel contratto di locazione. In caso di inadempienza, il locatore della terra ha diritto di priorità nei confronti dei portatori di questo tipo di obbligazioni. (v. anche *leasehold mortgage, leasehold land*)

leasehold property: ***immobile in locazione.*** Il termine inglese indica edifici o terreni tenuti in locazione, sui quali, cioè, il conduttore ha il diritto di possesso ed uso per un determinato numero di anni, in considerazione del pagamento di un canone di fitto.

lease-purchase agreement: ***accordo di leasing con riscatto.*** Accordo in base al quale parte dei canoni pagati da chi prende un bene in leasing viene considerata come pagamento parziale del bene stesso, che al termine del periodo concordato potrà essere riscattato dietro pagamento di una somma pattuita.

leasing: ***locazione.*** Termine usato come sinonimo di *lease* (v.), ma soltanto nel significato di locazione di beni mobili.

leasing agreement: ***accordo di locazione-vendita; locazione finanziaria; leasing.*** Accordo in base al quale un'azienda prende in affitto da un'altra azienda un bene, mobile o immobile, contro pagamento di un canone di locazione convenuto, da versarsi periodicamente, e con facoltà di riscatto al termine di un determinato periodo di tempo. Viene distinto in leasing operativo e leasing finanziario. Il primo è un accordo stipulato direttamente tra un'impresa produttrice di beni strumentali e l'impresa che ricorre al leasing. Quest'ultima riceve le macchine e gli impianti dietro pagamento di un canone annuo fisso, detraibile a fini fiscali, che la libera dai rischi derivanti dall'obsolescenza e dalla necessità di reperire i mezzi finanziari che sarebbero necessari per l'acquisto del bene. Inoltre, il canone comprende tutta una serie di servizi accessori, quali manutenzione, riparazione, assicurazione, pezzi di ricambio, ecc. Questa forma di leasing generalmente non prevede la possibilità di acquisto del bene da parte del locatario alla scadenza del contratto. Il leasing finanziario, invece, è un accordo stipulato tra una società finanziaria e l'impresa che ricorre al leasing. La prima acquista, è proprietaria o si procura il bene che la seconda vuole in locazione e la seconda, in considerazione del fatto che lo usa, si impegna a pagare alla prima un canone di locazione annuo. A parte la presenza di un intermediario, cioè la società finanziaria, il leasing finanziario differisce da quello operativo in quanto il canone relativo al primo non comprende i servizi accessori, che dovranno essere pagati a parte. L'accordo, però, prevede che l'impresa locataria possa, alla scadenza del contratto, o restituire il bene o diventarne proprietaria dietro versamento di una somma forfettaria concordata al momento della stipulazione del contratto. Un terzo tipo di accordo di leasing è il cosiddetto leasing immobiliare, per la cui spiegazione v. *leaseback.*

leasing company: ***società di leasing.*** Lo stesso che *leasing firm* (v.).

leasing firm: ***impresa di leasing.*** Istituzione finanziaria che dà in locazione, in considerazione del pagamento di un canone fisso, beni capitali richiesti da suoi clienti. (v. anche *leasing agreement, lessor*)

least cost combination: ***combinazione di minor costo.*** Se in un sistema di coordinate cartesiane mettiamo differenti quantità di un fattore della produzione su un asse e differenti quantità di un altro fattore della produzione sull'altro asse, una serie di linee rette parallele, chiamate linee di isocosto, indicheranno tutte le combinazioni dei due fattori che possono essere acquistati con la stessa quantità di moneta. Un'altra serie di curve, convesse verso l'origine degli assi cartesiani, chiamate curve di uguale produzione o isoquanti, indicheranno tutte le combinazioni dei due fattori che daranno un'uguale quantità di prodotto. A questo punto possiamo ricavare la combinazione di minor costo, che corrisponderà al punto di tangenza della linea di isocosto con l'isoquanto. Questo punto indica, infatti, la combinazione meno dispendiosa dei due fattori per realizzare quella data quantità di prodotto. (v. anche *iso-outlay curve, iso-product curve, least cost combination curve*)

least cost combination curve: ***curva delle combinazioni di minor costo.*** È la curva che unisce la serie di combinazioni di minor costo, ricavate dai punti di tangenza delle linee di isocosto con gli isoquanti. (v. anche *iso-outlay curve, iso-product curve, least cost combination*)

least outlay combination: ***combinazione di minor costo.*** Termine usato come sinonimo di *least cost combination* (v.).

least-squares method: ***metodo dei minimi quadrati.*** In statistica, è un metodo per adattare un tipo di curva prescelta a un certo insieme di dati tale che la somma dei quadrati delle distanze, prese in senso orizzontale o verticale, da ciascun punto dei dati alla curva adottata risulti minima. Il metodo è ampiamente usato nei calcoli economici per stimare un ciclo secolare e per calcolare, a fini comparativi, la relazione tra due o più variabili.

least-squares regression: ***regressione con il metodo dei minimi quadrati.*** Si intende con questa espressione l'applicazione del metodo dei minimi quadrati al calcolo della relazione media tra due o più variabili. (v. anche *least-squares method*)

leave: ***licenza; congedo; aspettativa.*** L'assenza autorizzata del lavoratore dal suo posto di lavoro. Un determinante di solito indica di che tipo di assenza si tratta, se per malattia, per ferie e così via.

leaving certificate: ***certificato d'interruzione del rapporto di lavoro.*** Durante la prima guerra mondiale se, nel Regno Unito, un lavoratore intendeva cambiare occupazione, doveva preventivamente fornirsi di questo certificato che doveva, poi, esibire al nuovo datore di lavoro. Ciò era reso necessario dalle disposizioni allora vigenti, che tendevano ad assicurare una certa distribuzione della forza lavoro tra le differenti occupazioni, onde raggiungere la massima produttività possibile, necessaria allo sforzo bellico. Oggi, questo termine indica il certificato che viene rilasciato dal datore di lavoro al lavoratore che lascia il servizio per assumere un altro lavoro dipendente e in esso devono essere chiaramente indicati il codice fiscale relativo alla detrazione cui ha diritto il lavoratore, il suo salario complessivo e l'ammontare globale di imposte trattenute fino al giorno in cui il lavoratore lascia il servizio.

led.: ledger.

ledger: ***libro mastro; mastro; partitario.*** È il principale libro contabile del sistema di contabilità a partita doppia e contiene la registrazione sintetica e classificata delle scritture precedentemente registrate sui libri giornali. Per consuetudine, i conti presenti in un mastro generalmente rientrano in cinque gruppi: attività; passività; capitale netto; entrate; e uscite. Il mastro può avere la forma di libro rilegato oppure quella di libro a fogli mobili o, ancora, può essere un insieme di schede contabili sulle quali vengono registrate informazioni, inerenti a fatti di gestione, tramite macchine contabili. (v. anche *loose-leaf ledger*)

ledger account: ***conto di mastro.*** Ciascuno dei conti che costituiscono l'aspetto principale del sistema di contabilità di un'impresa. Sono così chiamati perché, in passato, venivano redatti in un grosso registro, ma oggi sono per lo più tenuti su fogli mobili o schede oppure in parti della memoria di un computer.

ledger asset: ***attività riportata a mastro; attività vincolata; elemento attivo patrimoniale.*** Nella contabilità delle imprese assicuratrici, il termine indica qualsiasi attività che compare sul mastro, indipendentemente dal valore che le viene attribuito. Si tratta delle attività a copertura delle riserve tecniche, che devono obbligatoriamente comparire in un registro. L'azienda può avere altre attività non riportate sul mastro, ma che comunque compariranno nel bilancio.

ledger clerk: ***contabile addetto al mastro.*** Nelle imprese di grandi dimensioni, è un impiegato, a volte più di uno, addetto all'aggiornamento dei conti del libro mastro, oltre allo svolgimento di eventuali altre funzioni presso il reparto contabilità.

ledger control: ***controllo a mezzo del mastro.*** Il controllo che una società madre esercita sulle registrazioni contabili di una societa sussidiaria. Il controllo si limita ad accertare che siano state eseguite, nei conti e nei libri della sussidiaria, le registrazioni di tutti gli eventi nel giusto lato dei conti, cioè in dare o in avere.

ledger fees: ***spese bancarie; commissione bancaria;***

provvigione di banca. Qualsiasi tipo di addebito fatto al cliente da parte della banca, sia per la gestione di un suo conto, sia per operazioni di sconto, cambio, incasso, protesto, ecc. Non include, però, gli eventuali interessi attivi per la banca né lo sconto.

ledger journal: ***giornalmastro.*** È il supporto usato in una forma particolare di applicazione della partita doppia, derivante dall'unione del giornale con il mastro in un unico registro. Costituisce, pertanto, una fusione delle scritture cronologiche con le scritture sistematiche. In un unico foglio a più colonne, sviluppato in larghezza, si pongono a sinistra il giornale e a destra i conti sinottici nel numero previsto dal piano dei conti. Il giornalmastro ha utilità pratica soltanto quando è necessario un numero limitato di conti e le operazioni sono semplici ed in numero limitato.

ledger transfer: ***trasferimento tra conti.*** È il metodo, ormai antiquato, di trasferire poste o saldi da un conto del mastro ad un altro, senza preventivamente riportare la scrittura su un giornale.

Leeman's Act: Legge approvata dal parlamento britannico nel 1867 con lo scopo di impedire la speculazione su azioni di imprese bancarie. La legge stabilisce che tutti i contratti per l'acquisto e per la vendita di titoli bancari devono riportare il numero di serie delle azioni o, in caso esse non abbiano numero di serie, il nome del proprietario. Questa legge è tuttora in vigore, ma le sue dispozioni non vengono più rispettate alla borsa valori di Londra e sui contratti di acquisto e vendita di titoli bancari non compare mai il numero di serie delle azioni trattate, pur se compare il nome del proprietario.

leeway clause: Nelle assicurazioni, questa clausola garantisce all'assicurato, in caso di sinistro parziale, una tolleranza del trenta per cento rispetto ai valori dichiarati, in deroga a quanto stabilito dalla clausola della proporzionale. In altre parole, se un bene che vale sette è assicurato per cinque, in caso di sinistro parziale l'assicuratore dovrebbe pagare, in base alla clausola della proporzionale, soltanto i 5/7 del sinistro. Se, invece, è stata inserita nel contratto di assicurazione la *leeway clause*, il sinistro parziale sarà pagato pressocché per intero, cioè per i 5/7 aumentati del trenta per cento. L'uso di questa clausola è piuttosto recente e si è reso necessario a causa dell'alto tasso di inflazione, che rende inadeguati i valori assicurati nel giro di anche un solo anno.

legacy: ***lascito; legato.*** Dono di un bene personale, per disposizione testamentaria, a un soggetto diverso dall'erede, chiamato legatario. Il termine inglese indica soltanto un legato consistente in denaro o beni mobili. (v. anche *device, donee*)

legacy duty: ***imposta di successione.*** Tipo particolare di imposta di successione, introdotta nel 1796 ma ormai abolita nel Regno Unito, che colpiva i beni mobili o immobili oggetto di un lascito. L'aliquota dipendeva dal grado di parentela tra donatore e legatario. Nel 1949 fu accorpata alla *estate duty* (v.), comunemente nota come *death duty*, ma a seguito della riforma fiscale del 1975 è stata accorpata all'imposta sui trasferimenti di capitale. (v. anche *capital transfer tax, inheritance tax*)

legal action: ***azione legale.*** Qualsiasi procedimento civile, istituito in un tribunale o davanti ad un altro organo della magistratura.

legal advice: ***consulenza legale; parere legale.*** L'opinione, data verbalmente o per iscritto, di un avvocato circa i diritti del suo cliente e l'azione che egli dovrebbe intraprendere in relazione ad una questione giuridica.

legal adviser: ***consulente legale.*** Termine usato con lo stesso significato di *legal counsel* (v.).

Legal and General Assurance Co.: Fondata nel 1836, tra le compagnie di assicurazione operanti nel Regno Unito è la seconda in ordine di importanza.

legal assets: Nel linguaggio giuridico statunitense, questo termine indica quella parte della massa ereditaria destinata a soddisfare i debiti e i legati del de cuius, sulla quale possono rivalersi gli aventi diritto.

legal bank reserve: ***riserva obbligatoria; fondo di riserva legale.*** È così chiamata, perché è un obbligo imposto per legge alle banche di vincolare presso la banca centrale una parte delle somme raccolte con le operazioni originarie passive. La riserva obbligatoria rappresenta anche uno strumento di politica monetaria, perché le autorità possono aumentare o diminuire la massa circolante diminuendo o aumentando la percentuale di tale riserva. L'entità della riserva obbligatoria varia da epoca ad epoca, in stretta dipendenza dalla situazione economico–creditizia del paese, e da paese a paese. Può, anche, all'interno dello stesso paese, variare da tipo a tipo di banca, come ad esempio avviene negli Stati Uniti. (v. anche *required bank reserve, bank reserve*)

legal capacity: ***capacità di agire.*** L'attitudine di un soggetto a compiere validamente atti o negozi giuridici, essendo maggiorenne e non essendo affetto da infermità mentale o colpito da interdizione.

legal capital: ***valore legale.*** Termine usato con lo stesso significato di *legal value* (v.).

legal charge: ***ipoteca legale.*** Termine usato con lo stesso significato di *legal mortgage* (v.).

legal consideration: ***causa lecita per contrarre.*** L'elemento essenziale di un negozio giuridico, costituito dal risultato lecito che si intende conseguire mediante il negozio stesso.

legal costs: ***spese legali.*** Le spese sostenute nel corso di un'azione legale, costituite da parcelle e spese di giudizio.

legal counsel: ***consulente legale.*** Avvocato che presta più o meno permanentemente la propria opera al servizio di un'impresa o altra organizzazione.

legal currency: ***valuta legale.*** Termine usato con lo stesso significato di *legal tender* (v.).

legal day: ***giorno legale.*** Il giorno legale dura fino alla mezzanotte e, pertanto, qualsiasi obbligazione soggetta a scadenza può essere eseguita entro tale ora. Ad esempio, un debitore può essere considerato moroso solo quando è passata la mezzanotte del giorno in cui scade il suo debito.

legal debt margin: ***margine di debito legale.*** Nella contabilità degli enti locali, indica l'eccedenza del debito autorizzato sul debito emesso.

legal department: ***ufficio legale.*** Ufficio o reparto di un'impresa o altra organizzazione, che si occupa essenzialmente delle questioni e degli aspetti giuridici connessi con l'attività svolta dall'organizzazione.

legal domicile: ***domicilio legale.*** È il domicilio fissato o richiesto dalla legge per determinati soggetti. Tutte le imprese devono avere un domicilio legale, al quale possa essere recapitato qualsiasi tipo di documento giuridico.

legal entity: ***persona giuridica.*** Termine di uso particolarmente statunitense, equivalente a *legal person* (v.).

legal estate: ***proprietà legale.*** Attualmente esistono nel Regno Unito soltanto due forme di diritto sulla terra ed esse sono definite dall'art. 1 del *Law of Property Act* del 1925. Le due forme sono il *fee simple* (v.), ovvero *freehold* (v.), che indica la proprietà assoluta della terra e che si estingue solo se il proprietario muore senza eredi ed intestato (la proprietà, in tal caso, passa alla Corona); e il *leasehold* (v.), ovvero il possesso della terra concesso dal proprietario ad un locatario per un determinato periodo di tempo.

legal expenses: ***spese legali.*** Termine usato con lo stesso significato di *legal costs* (v.).

legal interest: ***interesse legale.*** È il tasso di interesse nella misura stabilita dalla legge e applicabile in mancanza di un accordo specifico tra le parti. Varia, ovviamente, da epoca ad epoca ed è sempre inferiore al tasso ufficiale di sconto, che rappresenta il punto di riferimento per tutti i differenti tipi di tasso d'interesse. Non va, pertanto, confuso col tasso di interesse massimo consentito dalla legge, che è sempre superiore al tasso ufficiale di sconto.

legal investments: ***investimenti legali.*** Sono così chiamati i titoli in cui la legge statunitense consente ad investitori istituzionali e istituzioni fiduciarie quali banche, società di assicurazione, fondi comuni d'investimento, ecc., di investire le loro disponibilità. Vengono anche detti *legal list*, in quanto sono inclusi in un elenco che comprende, di solito, titoli emessi dal governo federale, certi tipi di obbligazioni emesse da enti locali, titoli di società ferroviarie di prim'ordine, obbligazioni emesse da aziende di pubblici servizi, ipoteche di primo grado e altri tipi di titoli a basso o nessun rischio per l'investitore.

legalization: ***legalizzazione.*** L'attestazione, da parte di un pubblico ufficiale o altra persona a ciò autorizzata, dell'autenticità di una firma, di un documento o di una copia di un documento.

legal liability: ***responsabilità legale.*** Termine generico con il quale si indica una qualsiasi responsabilità derivante da un'obbligazione che può essere fatta valere ricorrendo alla legge. Pertanto, il termine è l'opposto di responsabilità morale.

legal list: ***lista degli investimenti legali; investimenti legali.*** Termine usato con lo stesso significato di *legal investments* (v.).

legal minimum reserve: ***riserva minima legale.*** Parte della riserva di una banca centrale, che per scopi pratici è immobilizzata e inutilizzabile.

legal money: ***moneta legale.*** Termine usato con lo stesso significato di *legal tender* (v.).

legal monopoly: ***monopolio legale.*** È così chiamato il tipo di monopolio creato da una disposizione di legge, che permette ad un solo soggetto economico la produzione e la vendita di un determinato bene o servizio o lo sfruttamento di un determinato diritto. Sono, pertanto, monopoli legali quelli che si basano su brevetti, privative industriali, diritti d'autore e simili. (v. anche *monopoly*)

legal mortgage: ***ipoteca legale.*** Nel Regno Unito è il tipo di ipoteca che si viene a creare, per effetto di un'espressa disposizione di legge, quando un bene viene dato in garanzia di un prestito, con la possibilità per il creditore di procedere, in caso di inadempienza del debitore, direttamente alla vendita o all'acquisizione del bene, senza dover preventivamente ricorrere ad un tribunale che lo autorizzi a ciò. A tal fine, l'ipoteca deve essere registrata negli appositi registri ipotecari e può interessare sia beni mobili che beni immobili. L'ordinamento giuridico anglosassone prevede che possa instaurarsi un'ipoteca anche sotto forma di locazione del bene per un periodo di tempo, soggetta a cessazione allo scadere del periodo convenuto, e questa possibilità si estende anche a beni di cui il debitore non ha la proprietà, ma soltanto il possesso in base a un contratto di locazione. Tale ipoteca prende la forma di sub–locazione, ma può durare al massimo un giorno in meno della locazione. Poiché è ulteriormente possibile dare in garanzia il bene ricevuto in sub–locazione, può esservi una terza forma di ipoteca, simile alla seconda sopra descritta, che a sua volta potrà durare al massimo un giorno meno della durata della sub–locazione, e così via. Un'altra forma di ipoteca legale è quella che si crea quando un bene, generalmente ma non necessariamente mobile, viene intestato al creditore col patto di riscatto da parte del debitore nel momento in cui quest'ultimo assolverà la sua obbligazione. È questo il caso che si verifica quando vengono date in garanzia azioni, che vengono intestate al creditore. (v. anche *equitable mortgage, leasehold mortgage, letter of deposit*)

legal office: ***ufficio legale.*** Termine usato con lo stesso significato di *legal department* (v.).

legal parity: ***parità legale.*** Lo stesso che *comparative bullion content* (v.).

legal person: ***persona giuridica.*** Organismo unitario, caratterizzato da una pluralità di individui o da un complesso di beni, al quale la legge concede il diritto di proprietà e di contrarre in vista di scopi leciti e determinati e di perpetuare la sua esistenza tramite l'ammissione di nuovi soci. Il termine inglese è spesso usato con riferimento a società per azioni, in quanto viene loro riconosciuta per legge la possibilità di possedere beni, di intentare procedimenti legali, di essere citate in giudizio e di esercitare molti altri dei diritti di cui gode una persona fisica.

legal pint: ***pinta.*** Misura di capacità per liquidi e aridi in uso nel Regno Unito. Corrisponde all'ottava parte di un gallone, circa 34½ pollici cubici, ed equivale a 0,568 litri.

legal quay: ***banchina attrezzata con deposito franco.*** È il solo punto in un porto, nel quale le autorità doganali consentono la caricazione e la discarica di merci schiave di dazio.

legal rate of interest: ***tasso di interesse legale.*** Termine usato con lo stesso significato di *legal interest* (v.).

legal reserve: **1.** ***riserva obbligatoria; fondo di riserva legale.*** Termine usato come sinonimo di *legal bank reserve* (v.). **2.** ***riserva matematica.*** Nelle imprese assicuratrici, è il fondo costituito da una parte dei premi incassati e da accantonare per poter far fronte agli eventi, previsti nelle polizze in vigore, al momento in cui essi si verificheranno. Tale riserva corrisponde all'eccedenza degli impegni passivi dell'impresa assicuratrice nei confronti degli assicurati sulla vita, rispetto agli impegni attivi di questi assicurati nei confronti dell'assicuratrice. In inglese è detta legale in quanto stabilita dalla legge, mentre in italiano è detta matematica in quanto viene calcolata in base a criteri e formule di matematica attuariale. **3.** ***riserva legale.*** Una riserva imposta dalla legge alle società per azioni. Consiste nell'accantonamento di una certa percentuale degli utili, in Italia stabilita al 5% fino al raggiungimento di un quinto del capitale sociale.

legal reserve insurance: ***assicurazione con riserva matematica.*** È l'assicurazione che prevede l'accantonamento di parte dei premi che, in aggiunta ai premi da percepire in futuro, servirà a liquidare le future obbligazioni dell'impresa assicuratrice nei confronti degli assicurati.

legal reserve life insurance: ***assicurazione sulla vita con riserva matematica.*** Espressione usata in relazione ad imprese assicuratrici che si conformano a quelle leggi, dello stato in cui operano, che impongono un minimo di riserva matematica sulle polizze vita in vigore. Le leggi di alcuni stati, tra i quali gli Stati Uniti, impongono questo minimo per considerare solvibile l'impresa. Il criterio scaturisce dal fatto che nelle assicurazioni sulla vita è necessario rinviare al futuro gran parte dei premi percepiti al fine di poter far fronte agli impegni, assunti con l'emissione delle polizze, nel momento in cui essi si verificheranno. È, infatti, naturale che col trascorrere degli anni diminuiscono i premi raccolti su un certo numero di polizze vita, mentre aumentano contestualmente i costi a causa del maggior numero di decessi nell'età avanzata.

legals: ***investimenti legali.*** Termine usato con lo stesso significato di *legal investments* (v.).

legal security: ***titolo per investimento legale.*** È indicato con questo termine un qualsiasi titolo nel quale possono investire, per autorizzazione che discende da una disposizione di legge, le proprie disponibilità gli investitori istituzionali e le istituzioni fiduciarie. Tale titolo, pertanto, rientra negli investimenti legali. (v. anche *legal investments*)

legal tender: ***moneta legale; moneta a corso legale.*** Qualsiasi tipo di moneta che ha potere liberatorio, e quindi deve essere accettata per legge, nei pagamenti che vengono fatti entro i confini dello stato nel quale essa circola. Mentre le banconote di medio e grosso taglio hanno potere liberatorio per qualsiasi somma, le monete metalliche oggi in circolazione nei vari stati hanno, di regola, potere liberatorio limitato ad un certo ammontare. Ad esempio, nel Regno Unito le monete di cupro–nickel hanno potere liberatorio fino alla somma massima di due sterline.

legal–tender bond: ***obbligazione in moneta legale.*** È un'obbligazione che può essere rimborsata in un qualsiasi tipo di moneta legale.

legal–tender money: ***moneta legale; moneta a corso legale.*** Lo stesso che *legal tender* (v.).

legal value: ***valore legale.*** Quella parte del capitale versato di una società che per effetto di legge, di accordo o di decisione del consiglio di amministrazione diventa il valore di parità o il valore dichiarato del capitale sociale.

legatee: ***legatario.*** Il soggetto, diverso dall'erede, a favore del quale viene fatta una disposizione testamentaria a titolo particolare. (v. anche *legacy*)

legator: ***testatore.*** Lo stesso che *testator* (v.).

legend: ***descrizione.*** In contabilità, si indica con questo termine un numero, una parola, una frase o qualsiasi altra forma di riferimento che accompagna una registrazione.

Leipzig Fair: ***Fiera di Lipsia.*** È una delle più note fiere in Europa, anche a cagione del fatto che si tiene da oltre ottocento anni.

leisure: ***tempo libero.*** Nelle scelte economiche che ciascun individuo è portato a fare compaiono due opposti che hanno un'importanza fondamentale in relazione a quasi tutte le scelte successive: il desiderio di godere più tempo libero e il desiderio di procurarsi un maggior reddito. In quanto contrarie, ciascuna di queste aspirazioni può essere soddisfatta soltanto a danno dell'altra, in quanto il tempo a disposizione di ciascun individuo è limitato. Pur se la scelta tra la possibilità di godere più tempo libero e quella di guadagnare di più è in gran parte libera, vi sono individui per i quali essa è condizionata da fattori contingenti. La posizione di chi vuole guadagnare di più perché ha una grande famiglia da mantenere è diversa da quella di chi vuole un maggior reddito per soddisfare i propri bisogni personali. Allo stesso modo, è diversa la situazione di chi vuole più tempo libero da dedicare ad attività ricreative o a coltivare il proprio spirito attraverso attività culturali da quella di chi, avendo raggiunto un reddito abbastanza elevato, preferisce lavorare di meno per non vedersi costretto a dare al fisco una grande parte del proprio reddito. Per molte persone, dunque, la legge dell'utilità marginale decrescente si applica anche al reddito, oltre che ai beni e servizi. Pertanto, un'imposizione fiscale con aliquote progressivamente più alte per i redditi più elevati ha anche l'effetto di abbassare la soglia di reddito alla quale il lavoratore non trova più conveniente lavorare e preferisce dedicare il suo tempo ad attività non remunerate oppure all'ozio. Ciò contribuisce a creare nuovi posti di lavoro per chi non ha ancora raggiunto quella soglia di reddito o per chi si trova nella necessità di procurarsi un reddito più alto. (v. anche *leisure class, law of diminishing utility*)

leisure class: ***classe dei nullafacenti.*** L'espressione inglese fu usata per la prima volta dall'economista e sociologo americano T. Veblen nella sua opera *The Theory of the Leisure Class* del 1899. Con essa, Veblen voleva indicare quella classe sociale che, a causa di ricchezze accumulate o di alti redditi, si dedica principalmente all'attività di spendere denaro e godersi la vita. (v. anche *leisure*)

leisure industries: ***industrie del divertimento; industrie del tempo libero.*** Questo termine indica collettivamente tutte quelle industrie la cui attività è indirizzata allo svago o al divertimento di chi ha tempo libero. Vi rientrano l'industria editoriale e discografica, l'industria di articoli sportivi, l'industria del turismo, quella cinematografica e teatrale e simili.

lek: Unità monetaria dell'Albania, suddivisa in cento qintar.

lempira: Unità monetaria della Repubblica dell'Honduras, suddivisa in cento centavos.

lender: ***mutuante; prestatore.*** Colui che presta, generalmente denaro, in cambio di un interesse o altra prestazione equivalente.

lender credit: ***credito del mutuante.*** Un tipo di credito concesso da banche estere, principalmente statunitensi, operanti nel Regno Unito. Si differenzia dal credito concesso dalle banche britanniche, o dalle società finanziarie per il credito rateale, in quanto non è legato a specifici acquisti presso determinati commercianti, ma lascia libero il consumatore di spendere il credito personale come e dove preferisce. (v. anche *vendor credit*)

lender of last resort: ***prestatore di ultima istanza; mutuante di ultima istanza.*** Viene indicata con questa espressione la banca centrale che concede prestiti al mercato monetario, alle proprie condizioni ma in qualsiasi momento, o ad altre istituzioni finanziarie quando gli istituti di credito o le altre banche non sono disposte a farlo. Mentre in altri paesi la banca centrale concede prestiti alle banche, nel Regno Unito il privilegio di ricorrere alla Banca d'Inghilterra come prestatore di ultima istanza è riservato alle case di sconto. Queste possono contrarre prestiti garantiti dal deposito di effetti bancabili, ma il tasso di interesse che devono pagare supera, di solito di mezzo punto, il tasso ufficiale di sconto. La Banca d'Inghilterra pratica tale tasso, più alto di quello di mercato, al fine di scoraggiare questo tipo di prestiti.

lender's market: ***mercato del mutuante.*** La situazione che si verifica a seguito di un'eccedenza della domanda sull'offerta di fondi mutuabili, che porta a un aumento dei tassi d'interesse e quindi a innegabili vantaggi per la categoria dei mutuanti.

lender's risk: ***rischio del creditore; rischio del mutuante.*** Secondo Keynes, questo è uno dei rischi che influiscono sul volume degli investimenti ed è costituito dal pericolo che il debitore non rispetti la propria obbligazione. Keynes distingue un pericolo morale, cioè la volontaria inadempienza da parte del debitore, magari facendo ricorso a cavilli legali; e l'inadempienza involontaria, derivante dalla mancata realizzazione delle aspettative del mutuatario, quando l'investimento da lui realizzato con i fondi presi a prestito non dà i risultati di profitto sperati.

lending: ***concessione di credito; attività di concessione di crediti.*** Il termine inglese indica tanto una singola azione mediante la quale si concede credito, quanto l'attività di concessione di crediti svolta da un singolo istituto o dall'intero mercato finanziario.

lending business: ***operazioni attive.*** Termine usato con lo stesso significato di *lending operations* (v.).

lending ceiling: ***tetto del credito; limite massimo del credito; plafond del credito.*** Lo stesso che *bank lending ceiling* (v.).

lending country: ***paese mutuante.*** Il paese che concede credito a un altro paese o allo scopo di sanare temporanei deficit nei conti con l'estero del paese mutuatario o allo scopo di creare in esso capitale fisso, necessario allo sviluppo economico. Il primo tipo di prestito è più comune tra paesi sviluppati e può consistere o nella fornitura a credito di beni e servizi o nella concessione di mutui in valuta estera. Il secondo tipo, invece, è più comune tra paesi sviluppati e paesi in via di sviluppo.

lending institution: ***istituzione di credito.*** Espressione generica con la quale si indica una qualsiasi istituzione che concede credito. Il termine può applicarsi tanto a una banca quanto ad altre istituzioni del tipo, ad esempio, delle *building societies* (v.).

lending limit: 1. ***limite di anticipo.*** Importo massimo accordato da una banca come prestito sul valore di un bene offerto in pegno. La differenza tra il valore di mercato del pegno e il limite di anticipo è detta margine di garanzia. **2.** ***limite massimo di credito; massimale sui prestiti.*** Lo stesso che *bank lending ceiling* (v.).

lending margin: ***margine di prestito.*** Percentuale fissa che i mutuatari sono disposti a pagare oltre al tasso di interesse base, spesso rappresentato dal tasso interbancario londinese, alle banche che concedono un eurocredito. Il tasso di interesse complessivo pagato dal mutuatario viene adeguato, di solito due volte all'anno, alle variazioni del tasso interbancario.

lending operations: ***operazioni di impiego; operazioni attive; operazioni di credito attive.*** Per le banche, sono le operazioni mediante le quali esse impiegano i capitali presi a prestito dai risparmiatori, principalmente sotto forma di depositi. Tra le operazioni di impiego rientrano le concessioni di credito, le anticipazioni su pegno, gli investimenti ipotecari, ecc. Su queste operazioni, le banche applicano un tasso d'interesse, per loro attivo, che è sempre superiore al tasso di interesse che praticano sulle operazioni di credito passive. (v. anche *borrowing operations, lending rate in capital budgeting*)

lending policy: ***politica dei prestiti.*** Il termine inglese viene usato principalmente per indicare la politica seguita da un organismo finanziario internazionale nella concessione di prestiti ai paesi in via di sviluppo. Può, tuttavia, essere usato anche per indicare la politica seguita da una banca nel concedere prestiti ai propri clienti e in tal uso diventa sinonimo di *credit policy 2* (v.).

lending rate: 1. ***tasso d'interesse ufficiale.*** È il tasso di interesse al quale la banca centrale o una qualsiasi altra istituzione del sistema bancario di un paese è disposta a concedere prestiti. È costituito dal tasso base, che può variare da banca a banca, e da un margine addizionale che varia da mutuatario a mutuatario e da tipo a tipo di prestito concesso dalla banca. **2.** ***tasso attivo.*** Lo stesso che *bank lending rate* (v.)

lending rate in capital budgeting: ***tasso d'interesse attivo.*** È il tasso di interesse che un qualsiasi investitore può ottenere sul mercato, in cambio dell'uso del suo denaro. Questo tasso è di solito, pur se non sempre, inferiore al tasso di interesse che egli dovrebbe pagare se intendesse prendere in prestito denaro sul mercato dei capitali. (v. anche *borrowing rate in capital budgeting*)

lending ratio: ***rapporto delle anticipazioni.*** Lo stesso che *advances ratio* (v.).

lend–lease: ***affitti e prestiti.*** V. spiegazione sotto *Lend–Lease Act.*

Lend–Lease Act: ***Legge affitti e prestiti.*** Legge, approvata dal Congresso degli Stati Uniti nel 1941, con la quale si autorizzava il Presidente (all'epoca F.D. Roosevelt) a «vendere, trasferire, scambiare, affittare, prestare o altrimenti adoperare materiali di difesa a beneficio di ogni paese la cui difesa fosse ritenuta vitale per la difesa degli Stati Uniti». I termini, sia per quanto riguarda i materiali e i paesi, sia per quanto riguarda le modalità del rimborso, erano lasciati alla discrezione del Presidente. Mediante questo sistema, che tra l'altro non intaccava la neutralità degli Stati Uniti prima della loro entrata in guerra, gli americani fornirono aiuti a quarantuno paesi (tra i quali l'Impero Britannico, l'Unione Sovietica, la Cina, la Francia, ecc.) inviando loro beni di ogni tipo, dagli armamenti ai generi alimentari. Il piano impedì che si venissero a creare, anche durante la seconda guerra mondiale, i debiti interalleati del primo conflitto mondiale, che sollevarono tanti problemi nel periodo tra le due guerre. (v. anche *cash and carry 1, inter–allied debts, reverse lend–lease*)

leone: Unità monetaria della Sierra Leone, suddivisa in cento cent.

Leontief input–output tables: ***tavole di Leontief.*** Vengono usate principalmente per assistere la gestione di un'impresa nella formulazione di previsioni accurate in relazione alle politiche di marketing e di vendita. Le tavole indicano le relazioni tra cifre relative all'input e cifre relative all'output, ad esempio input di materie prime e output di prodotti finiti.

lepton: Moneta divisionale della Grecia, equivalente ad un centesimo di dracma.

Lerner index: ***indice di Lerner.*** Un indicatore del potere monopolistico, ideato dall'economista A. P. Lerner. L'indice è definito nel seguente modo: prezzo *meno* costo marginale *diviso* prezzo. In una situazione di concorrenza perfetta che prevede l'uguaglianza tra prezzo e costo marginale, l'indice assume il valore di zero; ma quando il prezzo è superiore al costo marginale, l'indice assume un valore positivo che oscilla tra zero e uno. Quanto più l'indice è prossimo a uno, tanto maggiore è il potere monopolistico che esso misura.

less developed country: ***paese meno sviluppato.*** Espressione con la quale tempo addietro si indicavano i paesi che non avevano ancora raggiunto un sufficiente grado di sviluppo economico. Oggi, sono indicati col termine paesi in via di sviluppo. (v. anche *developing nation*)

lessee: ***locatario; conduttore.*** In un contratto di locazione, è la persona fisica o giuridica che riceve in locazione il bene mobile o immobile, in considerazione del pagamento di un canone convenuto. (v. anche *lessor, lease, leasehold, leasing agreement*)

lessor: ***locatore.*** In un contratto di locazione, è la persona fisica o giuridica che possiede il bene mobile o immobile dato in locazione in considerazione del pagamento di un canone convenuto. (v. anche *lessee, lease, leasehold, leasing agreement*)

less–than–carload lot: ***carico parziale.*** Termine usato nel linguaggio dei trasporti statunitense per indicare un lotto di merci che non è sufficiente a riempire un intero vagone ferroviario o a costituire un carico completo. (v. anche *carload lot*)

less–than–carload rate: ***tariffa per carico parziale.*** È la tariffa che si applica per il trasporto di un lotto di merci che non riempie un intero vagone o non costituisce un carico completo. Le tariffe applicabili ai carichi completi sono inferiori a quelle applicabili ai carichi parziali, in quanto per il vettore i primi comportano costi minori. (v. anche *carload lot rate*)

less–than–truckload lot: ***carico parziale.*** Termine usato con lo stesso significato di *less–than–carload lot* (v.).

letter bonds: ***titoli non registrati.*** V. spiegazione sotto *letter stock.*

letter box company: Tipo di società che non svolge alcuna attività produttiva, costituita in un paradiso fiscale col solo scopo di fornire un recapito che consenta di rendere minima l'imposizione fiscale in altri paesi o di svolgere operazioni finanziarie o di altra natura per i propri clienti.

letter card: ***biglietto postale.*** Può essere acquistato presso gli uffici postali di molti paesi. È preaffrancato e, ad un costo leggermente inferiore, dà all'utente lo stesso servizio di una lettera ordinaria.

letterheading: ***intestazione.*** Viene stampata sulla carta da lettere di un'impresa o altra organizzazione e contiene la ragione sociale, l'indirizzo, il numero di telefono e di telex, l'indirizzo telegrafico e qualsiasi altra notizia richiesta dalla legge o ritenuta utile dall'impresa.

lettering: In pubblicità, si indica con questo termine la scelta dei caratteri tipografici da utilizzarsi nella stampa di un messaggio pubblicitario, del nome o dell'etichetta di un prodotto, ecc.

letter of acceptance: ***lettera di accettazione.*** Lettera inviata da un compratore ad un venditore in risposta ad una lettera di offerta di quest'ultimo. In essa, il compratore accetta l'offerta fattagli e riporta tutte le indicazioni e condizioni contenute nella lettera di offerta.

letter of administration: Autorità concessa da un tribunale ad una persona che fungerà da curatore di eredità se il de cuius è morto intestato o se l'esecutore nominato nel testamento muore prima che abbia potuto portare a termine il proprio ufficio.

letter of advice: ***lettera di avviso.*** Lettera inviata da un commerciante ad un altro o da una banca ad una sua filiale o ad altra banca per avvisare che il primo ha emesso tratta sul secondo o per informarlo circa la spedizione o l'arrivo di una partita di merci, ecc. La lettera conterrà i dettagli relativi alla tratta, alla partita di merci o a qualsiasi altro oggetto cui si riferisce.

letter of allotment: ***avviso di riparto; lettera di assegnazione; certificato di assegnazione.*** Lo stesso che *allotment letter* (v.).

letter of application: ***domanda di sottoscrizione.*** Quando una società offre al pubblico un'emissione di azioni, colui che desidera acquistarle invia una domanda di sottoscrizione nella quale specifica quante azioni desidererebbe sottoscrivere allegando, allo stesso tempo, un assegno a copertura della somma richiesta come anticipo dalla società. Se al potenziale azionista non vengono assegnate le azioni richieste, il denaro gli verrà restituito, ma se gli vengono assegnate, anche se in quantità inferiore a quella da lui richiesta, egli riceverà una lettera o un certificato di assegnazione con i dettagli relativi all'operazione e la richiesta del saldo dovuto a fronte delle azioni assegnategli. (v. anche *allotment letter*)

letter of appointment: ***lettera di nomina; lettera di assunzione.*** Lettera formale inviata dal datore di lavoro ad un nuovo assunto per comunicargli che è stato prescelto per il posto cui la lettera fa riferimento. Essa contiene anche le indicazioni relative alla presa di servizio, allo stipendio o salario, all'orario e alle condizioni di lavoro. Nei paesi in cui ciò è previsto, alla lettera viene allegata una copia del contratto di lavoro che regolerà i rapporti tra l'impresa e il lavoratore.

letter of attorney: ***procura; atto di procura.*** Lo stesso che *power of attorney* (v.).

letter of comfort: ***lettera di patronage; lettera di gradimento; lettera di conforto; lettera di presentazione.*** Lo stesso che *comfort letter 1* e *2* (v.).

letter of credit: 1. ***lettera di credito.*** Lettera inviata da una banca ad un esportatore, dietro istruzioni di una banca estera sua corrispondente della quale è cliente l'importatore, mediante la quale lo si autorizza ad emettere tratte fino ad un ammontare prestabilito, dopo aver eseguito e debitamente documentato determinate prestazioni. Altrimenti, la lettera può essere usata per informare l'esportatore che è stato aperto un credito a suo favore, da parte della banca dell'importatore, per un determinato ammontare, che sarà disponibile al verificarsi di determinati eventi. Per entrare in possesso del credito, ovvero per poter emettere tratte sulla banca, l'esportatore deve, entro il periodo di tempo stabilito dalla lettera di credito, provvedere alla spedizione delle merci all'importatore. Una volta spedite le merci, l'esportatore consegnerà i documenti rappresentativi alla banca, che gli metterà il credito a disposizione, ovvero accetterà le cambiali emesse su di lei, se l'operazione è stata condotta secondo le istruzioni della banca straniera riportate nella lettera di credito. Una lettera di credito può anche coprire più spedizioni che devono, tuttavia, aver luogo entro il periodo di validità della lettera. Dopo che la banca dell'esportatore ha ricevuto i documenti rappresentativi delle merci, provvederà ad inoltrarli alla banca straniera sua corrispondente, la quale li consegnerà all'importatore dietro pagamento, se non è già stato effettuato, della somma per la quale fu emessa la lettera di credito. **2.** ***lettera credenziale.*** Documento, emesso da una banca a favore di un suo cliente che si reca all'estero, contenente l'ordine ad una o più banche straniere sue corrispondenti di accettare assegni tratti su di loro dal cliente della banca emittente, fino ad una somma massima indicata nella lettera. Gli assegni così pagati dalla banca corrispondente saranno poi addebitati alla banca emittente. La lettera credenziale può anche non prevedere l'emissione di assegni da parte del cliente, ed in tal caso essa ordina alla banca corrispondente di mettere a disposizione del cliente una somma di denaro stabilita. La lettera credenziale è caduta in disuso, essendo stata sostituita, in modo più comodo e funzionale, dagli assegni turistici. (v. anche *travellers' cheque*)

letter of deposit: ***lettera di deposito; certificato di de-***

posito. Documento che stabilisce i termini e le condizioni in base ai quali ha luogo un deposito. Può consistere nel riconoscimento scritto di aver ricevuto un oggetto in pegno o può certificare la consegna di azioni o altro bene mobile oggetto di *equitable mortgage* (v.) o, ancora, può documentare che, come in un'ipoteca legale, le azioni intestate al creditore sono state depositate in base ad un'ipoteca legale. Quando il deposito viene fatto a favore di una banca è particolarmente importante che si sottoscriva questo documento, dal quale risulti chiaro che i titoli non sono stati dati sotto forma di deposito a custodia, bensì sotto forma di deposito a garanzia di un credito. (v. anche *legal mortgage*)

letter of exchange: *lettera di cambio.* V. spiegazione sotto *bill of exchange.*

letter of guarantee: *lettera di garanzia per polizza netta.* Lo stesso che *letter of indemnity 1* (v.).

letter of hypothecation: *lettera d'ipoteca.* Nelle operazioni di finanziamento di merci in possesso del commerciante o viaggianti, prende questo nome la dichiarazione rilasciata dal venditore–traente alla banca accreditante per costituire in pegno le merci o i documenti rappresentativi delle merci viaggianti a garanzia dell'avvenuto sconto o dell'anticipazione concessa dalla banca su tratta documentata. Essa autorizza la vendita delle merci al miglior prezzo ottenibile sulla piazza estera, in caso di mancato pagamento o mancata accettazione della tratta documentata da parte dell'importatore straniero.

letter of identification: *lettera d'identificazione.* Lo stesso che lettera di indicazione. Vedi *letter of indication* per la relativa spiegazione.

letter of indemnity: 1. *lettera di garanzia per polizza netta.* Dichiarazione rilasciata dal caricatore all'atto del ritiro di una polizza di carico netta, con la quale egli solleva il capitano della nave da qualsiasi responsabilità che potesse essergli addebitata dal ricevitore a seguito di difetti riscontrati sulle merci al momento della discarica. Con tale dichiarazione, il caricatore si impegna a risarcire il ricevitore in relazione ai danni che dovessero derivargli qualora egli trovasse le merci non in perfette condizioni. Questa lettera di garanzia viene rilasciata quando sorgono divergenze tra caricatore e capitano sulla condizione delle merci all'imbarco e serve a non farle apparire sulla polizza di carico che, in tal modo, viene rilasciata netta. Se le merci sono destinate in zona di guerra, la lettera contiene anche la dichiarazione che le merci spedite non costituiscono contrabbando. (v. anche *clean bill of lading*) **2. *lettera di garanzia; lettera d'indennizzo.*** Lettera o dichiarazione mediante la quale una persona si impegna ad indennizzare un'altra persona a seguito di perdita derivante da un evento stabilito o a seguito di un'azione intrapresa a beneficio e per conto di chi rilascia la dichiarazione. E, in effetti, molto simile ad un contratto di assicurazione. **3. *lettera d'indennizzo.*** È così chiamata la lettera inviata da un azionista o da un obbligazionista ad una società, mediante la quale egli richiede il rilascio di un duplicato del certificato di azioni o di obbligazioni nominative in sostituzione di quello andato smarrito. Nella lettera, il mittente si impegna ad indennizzare la società se essa dovesse subire perdite conseguenti al rilascio del duplicato. La maggior parte delle società inglesi pretende che tale dichiarazione sia avallata da una banca o da una società di assicurazioni. (v. anche *lost share certificate, lost stock certificate*)

letter of indication: *lettera d'indicazione.* Lettera emessa da una banca insieme ad una lettera credenziale circolare o a supporto dei cosiddetti *circular notes.* È indirizzata dalla banca emittente alle proprie corrispondenti estere ed è firmata sia dal funzionario della banca sia dal cliente a favore del quale viene emessa la lettera credenziale e serve a presentare quest'ultimo, e soprattutto a fornire un campione della sua firma, alle banche corrispondenti. Quando è emessa in relazione a *circular notes*, contiene anche i numeri di serie di questi ultimi. L'impiegato della banca corrispondente dovrebbe sempre farsi esibire la lettera di indicazione quando consegna al cliente una qualsiasi somma di denaro in base alla lettera credenziale o ai *circular notes* e la banca che paga per ultima dovrebbe provvedere a ritirare la lettera d'indicazione.

letter of inquiry: *lettera di richiesta d'informazioni.* È una lettera inviata da un potenziale compratore ad un fornitore, nella quale il primo chiede al secondo di fargli pervenire un'offerta o esaurienti informazioni su un tipo di merci trattate dal destinatario della lettera.

letter of insurance: *lettera di assicurazione.* Documento inviato dal venditore al compratore, nel quale si dichiara che le merci spedite sono state coperte da assicurazione.

letter of intent: *lettera d'intenti.* Lettera formale nella quale la persona che scrive dichiara di voler seguire una certa linea di condotta in relazione ad un evento determinato e richiamato nella lettera. Essa serve a registrare l'intenzione di chi scrive nel momento in cui la lettera viene scritta, ma non può costituire una promessa o un impegno a comportarsi nel modo in essa esposto.

letter of introduction: *lettera di presentazione.* Lettera indirizzata da banche, imprese commerciali, ecc. a propri corrispondenti o agenti all'estero o in patria, con la quale si chiede di favorire il latore della lettera prestandogli assistenza come se si trattasse della stessa persona che scrive.

letter of licence: *lettera di autorizzazione.* Il termine viene usato in due significati: a) lettera, firmata dal creditore o dai creditori di un imprenditore momentaneamente in difficoltà o insolvente, con la quale si autorizza l'imprenditore, o altra persona designata, a continuare l'attività per un certo periodo di tempo senza preventivamente soddisfare il suo o i loro crediti, con l'impegno di non agire contro di lui fino alla scadenza stabilita. È uno dei modi, simile alla nostra amministrazione controllata, per evitare il fallimento dell'imprenditore, dandogli la possibilità di rimettersi in sesto e saldare i suoi debiti nella loro interezza. b) La lettera ufficiale mediante la quale il governo britannico autorizzò la Banca d'Inghilterra, in occasione delle crisi del 1847, 1857 e 1866, ad aumentare l'emissione di banconote garantite, in deroga alla legge del 1844. La Banca approfittò di questa autorizzazione solo nel 1857, in quanto durante le altre due crisi la fiducia del pubblico non venne del tutto meno.

letter of lien: *lettera di pegno.* Può avere più significati, in quanto indica: a) l'atto mediante il quale un debitore costituisce cose mobili presso terzi in pegno e garanzia di un credito concessogli da una banca. Tale documento dà alla banca il potere di entrare in possesso dei beni specificati e di venderli in caso di inadempienza del debitore. b) Documento, firmato da un compratore, nel quale questi dichiara di tenere in deposito una quantità specificata di determinate merci per conto del venditore. Tale accordo è usato a volte nel commercio estero al fine di garantire al venditore il pagamento di merci spedite al compratore. Quando interviene il pagamento, il documento perde qualsiasi efficacia. c) Accordo tra una banca e un cliente, sottoscritto da quest'ultimo, che stabilisce che una certa somma, depositata su un conto intestato al cliente, deve essere tenuta come garanzia di un'apertura di credito su un altro conto dello stesso cliente. L'accordo stabilisce che il saldo del primo conto non può scendere al di sotto della somma convenuta e allo stesso tempo autorizza la banca a non pagare assegni tratti su quel conto se il pagamento di tali assegni ne porta il saldo al di sotto dell'ammontare convenuto. La banca, in virtù di tale accordo, ha anche il potere di unificare i due conti in qualsiasi momento. Lo stesso documento viene sottoscritto da un cliente quando il saldo, o parte del saldo di un suo conto, viene costituito in garanzia di un'apertura di credito a favore di un altro cliente della banca.

letter of mark and reprisal: ***lettera di marca.*** Termine usato negli Stati Uniti con lo stesso significato di *letter of marque* (v.).

letter of marque: ***lettera di marca.*** Erano così chiamate le autorizzazioni rilasciate da sovrani o governi ad armatori privati ad armare le proprie navi per assalire in mare navi nemiche, nella cosiddetta guerra di corsa. Le navi o i beni così catturati restavano di proprietà degli armatori. (v. anche *privateer, privateering*)

letter of mart and countermart: ***lettera di marca.*** Termine usato con lo stesso significato di *letter of marque* (v.).

letter of offer: ***lettera di offerta.*** Lettera inviata da un venditore ad un potenziale compratore, nella quale il primo fa un'offerta al secondo per la fornitura di determinate merci, indicando il prezzo e tutte le altre condizioni di vendita.

letter of readiness: ***lettera di prontezza.*** Comunicazione scritta o verbale che il comandante di una nave noleggiata è tenuto ad inviare, al caricatore o al ricevitore, in relazione all'avvenuto arrivo della nave in porto e alla sua disponibilità ad iniziare le operazioni di caricazione o discarica.

letter of regret: ***lettera di scuse.*** In occasione di una nuova emissione azionaria, coloro che hanno chiesto alla società emittente di sottoscrivere un certo numero di titoli e non possono essere accontentati, ricevono una lettera di scuse con allegato un assegno pari all'ammontare che essi avevano spedito con la loro lettera di richiesta. (v. anche *allotment letter, letter of application, letter of renunciation*)

letter of renunciation: ***lettera di rinunzia.*** Quando vengono assegnate azioni, in base a diritti di opzione, a persone che non intendono più acquistarle, esse possono rinunciare in favore di altri inviando alla società una lettera di rinunzia. Un modulo da utilizzarsi in tale circostanza è di solito stampato sul retro di un certificato di assegnazione. (v. anche *allotment letter*)

letter of request: ***lettera di richiesta.*** È la lettera che l'erede, o altro avente diritto, di un azionista defunto invia alla società con la richiesta di registrare a suo nome le azioni precedentemente intestate al defunto. La lettera deve contenere tutte le informazioni necessarie alla società per apportare la relativa variazione nel libro dei soci.

letter of rights: ***lettera di diritti di opzione.*** La lettera mediante la quale una società informa un suo azionista che egli ha il diritto di chiedere altre azioni ad un prezzo determinato. L'azionista può acquistare le azioni o vendere il suo diritto ad altri.

letter of set-off: ***lettera di compensazione.*** L'autorizzazione, sottoscritta da un cliente, che consente a una banca di compensare il saldo passivo di un conto con il saldo attivo di un altro conto intestato alla stessa persona fisica o giuridica. (v. anche *set-off*)

letter of trust: ***lettera di pegno.*** Termine usato come sinonimo di *letter of lien* (v.) nel significato b.

letter-opening machine: ***macchina aprilettere.*** È una macchina, elettrica o manuale, che serve ad aprire la corrispondenza in arrivo. Quelle elettriche ad alimentazione automatica riescono ad aprire fino a cinquecento lettere al minuto, tagliando una sottile striscia su un lato della busta.

letters dispatched book: ***protocollo lettere in partenza.*** Libro nel quale vengono registrate, in ordine di data, tutte le lettere spedite con il nome e l'indirizzo del destinatario, l'oggetto della lettera e, spesso, anche l'ora in cui sono state spedite e le iniziali o il nome del reparto o della persona che le ha scritte. Il numero pregressivo del protocollo viene riportato sulla lettera in partenza.

letters patent: **1.** ***lettere patenti.*** Il termine italiano è ormai caduto in disuso, ma quello inglese viene ancora utilizzato per indicare lettere con le quali si concede un privilegio ed in particolare il privilegio di sfruttamento di un'invenzione o di una scoperta per un certo numero di anni. In questa accezione, esso corrisponde al nostro brevetto. In inglese sono dette patenti, perché sono idealmente aperte e indirizzate a tutti. **2.** ***lettere patenti di assegnazione di terra.*** Negli Stati Uniti, il termine viene usato con lo stesso significato di *land patent* (v.). **3.** ***lettere patenti.*** Negli Stati Uniti, viene indicato con questo termine anche qualsiasi strumento rilasciato da uno degli stati dell'Unione a un privato o ad una persona giuridica, mediante il quale si concede un privilegio o un diritto particolare.

letters received book: ***protocollo lettere in arrivo.*** Libro nel quale vengono registrate, in ordine di data di arrivo, tutte le lettere ricevute da un ufficio o da un'impresa, con l'indicazione del mittente, dell'oggetto della lettera e del nome di colui al quale ciascuna lettera viene inoltrata perché provveda a rispondere o a compiere quanto richiesto dal mittente.

letter stock: ***titoli non registrati.*** Nel linguaggio statunitense, sono i titoli che una società vende non sul mercato aperto, bensì attraverso collocamento privato. Affinché tali emissioni possano non essere registrate presso la SEC, è necessario che le parti sottoscrivano una *investment letter* (v.), da cui derivano i termini *letter stock*, che indica titoli azionari, e *letter bonds*, che indica titoli obbligazionari.

letting value: ***valore locativo.*** Lo stesso che *rental value* (v.).

leu: Unità monetaria della Romania, suddivisa in cento bani.

lev: Unità monetaria della Bulgaria, suddivisa in cento stotinki.

Levant Company: ***Compagnia del Levante.*** Una delle compagnie a carta, con particolare privilegio che le concedeva il monopolio degli scambi commerciali con il Medio Oriente. Fu fondata nel 1581, col nome di *Turkey Company* che fu cambiato in *Levant Company* nel 1592, e svolse la sua attività fino al 1825. (v. anche *chartered companies*)

levant trade: ***commercio col levante.*** L'espressione inglese indica gli scambi commerciali del Regno Unito con i paesi costieri a oriente della penisola italiana.

level charge plan: ***piano per il frazionamento delle***

spese. Nei fondi comuni d'investimento, le spese di sottoscrizione incidono notevolmente sulla prima fase dell'investimento, quando esse vengono fatte pagare al sottoscrittore in unica soluzione insieme al versamento iniziale. Infatti, generalmente la somma che egli paga inizialmente per un piano di accumulazione di capitale corrisponde ad un minimo di tredici versamenti mensili, ma di questa somma poco meno della metà viene realmente investita e il resto costituisce le spese di investimento. Ciò vuol dire che il costo medio di ogni quota–parte risulta molto alto inizialmente, oltre il doppio del cosiddetto prezzo d'inventario o prezzo al quale l'investitore può rivendere le sue quote–parti. Col passare del tempo, il costo medio generalmente scende via via che l'investitore versa la quota mensile stabilita e media i prezzi d'acquisto. Il piano per il frazionamento delle spese di sottoscrizione è stato studiato per ovviare a questo inconveniente che spesso scoraggia l'investitore. In base a tale piano, le spese vengono trattenute in ragione di una certa percentuale su tutti i versamenti, per cui il costo medio iniziale viene notevolmente ridotto.

level of aspiration: ***livello di aspirazione.*** Espressione usata negli Stati Uniti per indicare gli obiettivi che un lavoratore spera o si prefigge di realizzare all'interno dell'organizzazione in cui lavora. Tali aspirazioni sono di solito rappresentate da una posizione nella scala gerarchica e da un salario commisurato alle responsabilità e capacità dell'individuo.

level of living: ***livello di vita.*** Termine statunitense, usato con lo stesso significato di *standard of living* (v.).

level of prices: ***livello dei prezzi.*** Termine usato in alternativa a *price level* (v.).

level one service: ***servizio al primo livello.*** Alla borsa valori di Londra, è uno dei servizi computerizzati introdotti in relazione al *big bang* (v.). Mediante l'uso dei visori del *Topic* (v.), la comunità degli investitori al di fuori della borsa valori, le istituzioni e i privati possono vedere la singola migliore quotazione per ciascuno dei titoli più frequentemente trattati. Un servizio analogo, indicato con lo stesso termine, esiste anche nell'*over–the–counter market* (v.) statunitense.

level–payment mortgage: ***ipoteca a pagamenti periodici uniformi.*** Lo stesso che *amortized mortgage* (v.).

level premium: ***premio costante.*** Un premio che rimane invariato per tutto il periodo di un contratto di assicurazione. Il termine viene usato principalmente in relazione alle assicurazioni sulla vita.

level premium insurance: ***assicurazione a premio costante.*** Assicurazione sulla vita il cui premio viene determinato in base all'età e allo stato di salute dell'assicurato al momento in cui egli sottoscrive la polizza e resta invariato per tutta la durata del contratto.

level tendering: ***licitazione uniformata.*** Forma di licitazione collusiva che si realizza attraverso l'accordo dei partecipanti alla gara di fare tutti la stessa offerta, onde limitare la concorrenza tra loro soltanto alla differente capacità tecnica di ciascuno o alle caratteristiche del prodotto che ognuno di loro offre. (v. anche *collusive tendering*)

level term insurance: ***assicurazione puro rischio.*** Lo stesso che *term insurance* (v.).

level three service: ***servizio al terzo livello.*** Alla borsa valori di Londra, è uno dei servizi computerizzati attivati in relazione al *big bang* (v.). Consiste di una rete di personal computer collegati al calcolatore centrale che gestisce il SEAQ, riservati ai *market makers* (v.), mediante i quali essi possono immettere e ricevere quotazioni e altre informazioni utili al mercato. Un servizio analogo, indicato con lo stesso termine, esiste anche nell'*over–the–counter market* (v.) statunitense.

level two service: ***servizio al secondo livello.*** Alla borsa valori di Londra, è uno dei servizi computerizzati attivati in relazione al *big bang* (v.). Il servizio, reso attraverso i visori del *Topic* (v.), è disponibile a tutti gli abbonati al *Topic*, siano o non siano membri della borsa valori, e fornisce i corsi denaro e lettera immessi nel sistema da tutti i *market makers* (v.) per tutti i titoli principali trattati in quel mercato. Un servizio analogo, indicato con lo stesso termine, esiste anche nell'*over–the–counter market* (v.) statunitense.

leverage: 1. ***rapporto d'indebitamento; leva finanziaria; quoziente di leva.*** Termine statunitense, usato con lo stesso significato dell'equivalente britannico *gearing* (v.). **2.** ***rapporto reddito/prezzo.*** In finanza, si indica con questo termine la caratteristica che ha un valore mobiliare di portare un notevole aumento di reddito in relazione ad una piccola variazione del suo prezzo ufficiale. **3.** ***moltiplicatore.*** Termine a volte usato nel linguaggio della contabilità di stato per indicare l'effetto di reazione a catena prodotto sul reddito nazionale lordo da un incremento della spesa pubblica. (v. anche *multiplier*)

to leverage: Speculare o far speculare con denaro preso in prestito, con la speranza che gli utili ricavati siano superiori al tasso di interesse che si deve pagare sulla somma presa a prestito. (v. anche *leverage factor*)

leverage coefficient: ***coefficiente del moltiplicatore.*** È il rapporto tra un aumento della spesa iniziale e l'aumento totale del reddito nazionale. In economia keynesiana, il coefficiente del moltiplicatore è la grandezza per la quale si moltiplica l'aumento di un investimento al fine di conoscere il conseguente aumento del reddito. (v. anche *multiplier*)

leverage company: ***fondo comune d'investimento a capitale fisso; società d'investimento a capitale fisso; fondo chiuso.*** Lo stesso che *closed–end investment trust* (v.).

leveraged bid: ***offerta di acquisto per contanti.*** Un'offerta di acquisto di un'impresa, che sarà pagata in contanti con denaro preso a prestito, generalmente fornito da un consorzio di banche, invece che con denaro ricavato da emissioni di obbligazioni o altri tipi di titoli.

leveraged buy–out: ***rilevazione con capitale di prestito.*** Espressione del linguaggio finanziario statunitense, con la quale si indica l'acquisto di azioni in circolazione, da parte del gruppo dirigente di un'impresa, con un minimo esborso di contanti e facendo ricorso a prestiti di notevole entità a garanzia dei quali vengono date le attività dell'impresa e la società stessa. Si fa ricorso a questo tipo di rilevazione quando il gruppo dirigente intende escludere dall'azionariato il pubblico, allo scopo di far diventare l'impresa una società privata, cioè di proprietà di pochi azionisti. Il termine viene a volte usato con lo stesso significato dell'equivalente britannico *management buy–out* (v.), ma il termine statunitense si presta anche a indicare una rilevazione realizzata mediante il meccanismo suddetto, ma non necessariamente da parte del gruppo dirigente.

leveraged lease: Espressione usata per indicare che la locazione di un bene mobile o immobile è finanziata attraverso piccole quote di vari investitori, ciascuna corrispondente soltanto ad una parte del costo dell'attrezzatura data in leasing.

leveraged recapitalization: ***ricapitalizzazione con capitale di prestito.*** Un tipo di difesa contro le offerta di acquisto ostili. La società vittima usando capitale di prestito rastrella sul mercato le proprie azioni con diritto di voto, pagandole a un prezzo superiore a quello di mercato, nelle quali sono incluse azioni senza diritto di voto e il cosiddetto *equity stub* (v.). Questo tipo di difesa, che pone la società in una grave situazione debitoria rendendola meno appetibile, si è dimostrata più efficace del *leveraged buy-out* (v.).

leveraged take-over: ***acquisizione con capitale di prestito.*** Una acquisizione di controllo (v. anche *take-over*) realizzata utilizzando capitale preso a prestito.

leverage factor: 1. ***fattore d'incremento.*** Indica l'ammontare del quale un'impresa può aumentare l'utile del capitale investito ricorrendo a capitale di prestito. Se, ad esempio, un'impresa ha un tasso di profitto del sette per cento sul capitale investito, essa può aumentare questo tasso se riesce a prendere in prestito capitale da investire nella sua attività ad un tasso inferiore al sette per cento. Supponiamo che un'impresa abbia un capitale uguale a 100 investito nella sua attività e il tasso di profitto sia del 7%: l'utile lordo dell'impresa ammonterà a sette. Ma se essa può prendere a prestito al tasso del 5% un'altra quantità di capitale uguale a 100, vedrà aumentare del 2% il suo profitto sul capitale proprio investito. Infatti, l'utile della prima dose di capitale passerà da sette a nove. Se, ora, diciamo che la prima dose di capitale era rappresentata da azioni ordinarie e la seconda da obbligazioni e azioni privilegiate, possiamo notare che, in queste condizioni, quanto più alto è il capitale di prestito, tanto più alta è la remunerazione delle azioni ordinarie. Per questo si dice che una società ha un alto fattore di incremento quando il grosso del capitale investito nella sua attività è rappresentato da capitale di prestito. (v. anche *equity trading*) **2.** ***fattore di distribuzione dei costi fissi.*** Lo stesso che *operating leverage* (v.).

leverage fund: È indicato con questo termine un fondo comune d'investimento autorizzato a prendere a prestito denaro al fine di incrementare le proprie disponibilità per finanziare operazioni di mercato, secondo il criterio descritto sotto *equity trading* e *leverage factor 1*. L'*Investment Company Act* del 1940 proibisce negli Stati Uniti la costituzione di questo tipo di fondo comune d'investimento e pertanto sono tuttora funzionanti soltanto quelli esistenti prima dell'approvazione della legge. La maggior parte dei fondi comuni aperti operanti in Europa o altre parti del mondo, tranne ovviamente gli Stati Uniti, ricorrono ampiamente a questa pratica. (v. anche *equity trading, leverage factor 1, open-end fund*)

levy: 1. ***imposizione.*** Il termine inglese indica l'atto di imporre una nuova imposta e anche l'imposta stessa. In questo secondo significato, tuttavia, è alquanto generico ed è di solito sostituito da *tax* o *duty* e da *rate* quando si tratta di imposte locali. **2.** ***gettito.*** La quantità di denaro che entra nelle casse dello stato come frutto di un'imposta. **3.** ***contributo; contribuzione.*** Quantità di capitale richiesta ai soci di un'organizzazione per far fronte ad una perdita o per necessità operative.

lg. tn.: long ton.

liabilities: 1. ***passività; passivo.*** L'insieme dei debiti di un individuo o di una società, che includono mutui bancari, aperture di credito e debiti a breve scadenza, questi ultimi chiamati passività correnti per le imprese. Oltre ai suddetti, rientrano tra le passività di una società anche il capitale di prestito, cioè le obbligazioni, e il capitale azionario sottoscritto dai soci. Lo stesso termine inglese indica la sezione di un bilancio nella quale figurano le passività di un'impresa. **2.** ***impegni.*** Nel linguaggio bancario, il termine indica i debiti, o fondi di terzi, o le passività di una banca. (v. anche *current liabilities, liabilities of a company*)

liabilities of a bank: ***passività di una banca.*** Differiscono da quelle di una qualsiasi altra impresa, in quanto consistono per la maggior parte, oltre il 95%, dei depositi dei clienti. Le altre passività di una banca sono rappresentate dal capitale azionario sottoscritto dai soci e dai fondi di riserva. Nei bilanci, compaiono sotto la voce passività anche le accettazioni bancarie, ma in effetti esse sono controbilanciate dall'esposizione dei clienti in relazione a queste accettazioni. Tra le passività di una banca ha notevole importanza economica quella rappresentata dai depositi in conto corrente che, essendo prelevabili mediante l'emissione di assegni bancari, contribuiscono a formare moneta circolante e, quindi, ad aumentare il potere di acquisto e il livello della domanda globale.

liabilities of a company: ***passività di una società.*** Compaiono nei bilanci e sono costituite da: a) il capitale sociale, sottoscritto dai soci, al suo valore nominale, distinguendo l'ammontare delle azioni ordinarie da quello delle altre categorie di azioni; b) la riserva legale; c) le riserve facoltative; d) i fondi di ammortamento, rinnovamento, rivalutazione, ecc.; e) i fondi per indennità al personale dipendente; f) i debiti con garanzie reali; g) i debiti verso fornitori, chiamate passività correnti; h) i debiti verso banche e altri sovventori; i) gli eventuali debiti verso società collegate; l) le obbligazioni emesse e non ancora rimborsate; e, m) altri debiti, quali dividendi su azioni privilegiate, dividendi dichiarati e non distribuiti e simili. (v. anche *current liabilities*)

liabilities side: ***passivo.*** È la sezione dello stato patrimoniale nella quale vengono elencate le passività di un'impresa.

liabilities-to-worth ratio: ***rapporto d'indipendenza finanziaria.*** Il confronto tra passività e capitale netto o tra gruppi di passività e il capitale netto dà una certa indicazione della relativa sicurezza di un debito ed anche del contributo relativo alle varie classi di investitori. Il rapporto di indipendenza finanziaria può essere calcolato ponendo al numeratore tutte le passività dell'impresa e al denominatore il suo capitale netto; oppure, dividendo i debiti a lungo termine per il capitale netto; o, ancora, dividendo le passività correnti per il capitale netto. Può dare un'idea sufficientemente chiara del fattore di incremento o dell'ampiezza dell'uso della pratica che va sotto il nome di *equity trading*. (v. anche *leverage factor 1, equity trading*)

liability: 1. ***passività.*** Ogni singola somma dovuta da una persona, detta debitore, ad un'altra persona, detta creditore, pagabile in moneta o sotto forma di fornitura di beni o servizi o di altra prestazione equivalente, indipendentemente dalla ragione che ha creato il debito. Col termine persona si intende qui tanto una persona fisica quanto un'impresa o altra forma di persona giuridica. Nel caso di società, ciascuna singola passività contribuisce a formare il passivo di un bilancio. **2.** ***responsabilità.*** La condizione di essere effettivamente o potenzialmente responsabile per legge. **3.** ***obbligazione.*** Dovere o obbligo di compiere o astenersi dal compiere una determinata azione, derivante dal rapporto tra due o più persone in virtù della forza vincolante della legge.

liability certificate: ***attestato di passività.*** La dichiarazione, rilasciata da uno o più amministratori di una società ad un revisore dei conti, nella quale compaiono opinioni o fatti in relazione a passività contingenti registrate o non registrate.

liability dividend: Termine con il quale si indica il pagamento di dividendi effettuato mediante l'emissione di certificati di indebitamento o di obbligazioni. Negli Stati Uniti ne è un esempio il cosiddetto *bond dividend* (v.).

liability for endorsement: ***obbligazione per avallo.*** Obbligazione accessoria o secondaria, derivante dall'avallo prestato in relazione ad un'obbligazione altrui. Sussiste come tale fin quando l'obbligato principale non ha soddisfatto la propria obbligazione. Se, viceversa, egli non fa fede ai propri obblighi, diventa un'obbligazione principale per l'avallante. (v. anche *endorsement 2*)

liability insurance: ***assicurazione contro la responsabilità civile.*** È l'assicurazione contro il rischio, derivante da responsabilità civile dell'assicurato, di dover pagare una somma di denaro per danni arrecati a terzi a seguito di azioni sue personali o di suoi dipendenti oppure per danni provocati da beni di sua proprietà. Questo tipo di assicurazione non include i danni provocati dalla guida e circolazione di autoveicoli o altri danni che rientrano in particolari categorie, per le quali esistono altre forme specifiche di assicurazione. (v. anche *automobile liability insurance, product liability insurance, workmen's compensation insurance*)

liability management: ***gestione delle passività.*** Una strategia di gestione delle istituzioni di deposito che considera gestibili le fonti di approvvigionamento di fondi. Si concretizza mediante la concessione alquanto aggressiva di mutui, che vengono poi finanziati con denaro preso a prestito a breve, o relativamente breve, termine sui mercati monetari. Il risultato è che molte istituzioni sono diventate più vulnerabili alle vigorose politiche monetarie anti-inflazionistiche di quanto non lo siano all'inflazione stessa, perché i bruschi aumenti dei tassi d'interesse le costringono ad acquistare moneta a tassi superiori a quelli dei mutui da loro concessi.

liability on bills of exchange: ***obbligazione cambiaria.*** È l'insieme degli obblighi che nascono a seguito dell'apposizione della propria firma su una cambiale.

liability reserve: ***riserva per sopravvenienze passive.*** È una riserva costituita per far fronte a future esigenze finanziarie di incerto ammontare. Ne è un esempio una riserva destinata a soddisfare l'imposta sul reddito, che tiene conto di una passività futura di cui non si può esattamente prevedere l'ammontare.

liability to an outsider: ***passività verso un terzo.*** È un debito della società verso creditori che non siano allo stesso tempo soci o proprietari. Nel caso di società collegate, viene considerata passività verso un terzo anche il debito nei confronti di una società del gruppo, dopo che sono stati eliminati i valori d'interscambio.

liberalism: ***liberalismo economico; liberismo.*** V. spiegazione sotto *economic liberalism.*

Liberal School: ***Scuola liberistica; Scuola liberista.*** Termine a volte usato per indicare la scuola classica e il liberismo. (v. anche *Classical School, economic liberalism*)

Libermanism: ***libermanismo.*** Termine con il quale vengono indicate le idee e le teorie dell'economista russo Y.G. Liberman e, in particolare, la sua insistenza su una minore pianificazione burocratica, su un minor controllo delle forze di mercato e sulla partecipazione agli utili da parte dei lavoratori, tutte questioni all'epoca intoccabili nella visione sovietica delle teorie marxiste.

liberty bond: Titolo emesso dal governo degli Stati Uniti negli anni 1917 e 1918 per finanziare il suo sforzo bellico, dopo l'intervento nel primo conflitto mondiale, e i prestiti concessi ai paesi alleati.

liberty of contract: ***libertà di contrarre; autonomia contrattuale.*** Lo stesso che *freedom of contract* (v.).

LIBID: London interbank bid rate.

LIBOR: London interbank offered rate.

libor-linked lending: ***prestiti collegati al libor.*** Sono così detti i prestiti il cui tasso d'interesse è determinato in funzione del tasso interbancario londinese. Sul mercato londinese si è fatto sempre maggior ricorso a tale tipo di prestiti, in quanto essi impediscono che i mutuatari ricorrano alle pratiche di arbitraggio di interessi note come *hard arbitrage* (v.) e *soft arbitrage* (v.).

licence: 1. ***patente; licenza.*** Il certificato, rilasciato da un organo statale, con il quale si autorizza una persona fisica o giuridica a svolgere una certa attività o fare qualcosa per cui è prevista un'autorizzazione specifica. Ne sono esempi l'autorizzazione alla guida di autoveicoli, la licenza per la vendita di alcolici, la licenza di importazione di certi beni soggetti a contingentamento e simili. **2.** ***licenza; concessione.*** Permesso o autorizzazione, concesso da una persona fisica o giuridica ad un'altra, che consente a quest'ultima di svolgere un'attività che altrimenti sarebbe considerata illecita o lesiva degli interessi della prima. Con tale atto, chi concede la licenza in effetti cede ad altri un proprio diritto. Ne sono esempi la licenza di sfruttamento di un brevetto o di una privativa industriale, la concessione di sfruttamento di un giacimento minerario e simili.

licence tax: ***tassa sulle concessioni governative.*** È la tassa che deve pagare chi desidera farsi rilasciare una licenza da un'autorità amministrativa. Può, pertanto, essere una tassa sulle patenti di guida o sulle licenze di pesca o di caccia, oppure una tassa d'esercizio, cioè una tassa da pagarsi per ricevere l'autorizzazione a svolgere un'attività economica o commerciale per la quale è prevista una particolare licenza dalle disposizioni vigenti nel paese.

licensed dealer: ***operatore autorizzato.*** Nel Regno Unito, indica un mediatore di borsa autorizzato dal ministero dell'industria e del commercio, in base al *Prevention of Fraud (Investments) Act* del 1958, a trattare valori e titoli per proprio conto. Egli acquista in quantità relativamente grandi tramite un membro della borsa valori e rivende in piccole quantità agli investitori, servendosi di mezzi pubblicitari, quali ad esempio lettere circolari, il cui uso è vietato per legge ai membri della borsa valori britannica.

licensed deposit-takers: ***depositari autorizzati.*** In base al *Banking Act* 1979, sono così indicate le istituzioni autorizzate dalla Banca d'Inghilterra ad accettare depositi dal pubblico, ma che non forniscono l'intera gamma di servizi bancari prestati dalle cosiddette *recognized banks* (v.). Queste istituzioni, pur non potendo usare il termine *bank* nella loro ragione sociale, sono soggette al controllo della banca centrale e devono rispettare determinate condizioni in relazione alle loro attività nette e allo svolgimento della loro attività. Nel 1982 erano presenti sul territorio britannico ben 297 istituzioni di questo tipo. (v. anche *Banking Act 2*)

licensed deposit-taking institutions: ***depositari autorizzati.*** Lo stesso che *licensed deposit-takers* (v.).

licensed institutions: ***istituzioni autorizzate.*** Lo stesso che *licensed deposit–takers* (v.).

licensed property: ***proprietà in concessione.*** È la proprietà che una persona fisica o giuridica può cedere ad un'altra per lo sfruttamento lecito della proprietà stessa. Può essere un terreno, un giacimento minerario o semplicemente un edificio adibito ad un qualsiasi uso. L'uso cui è adibita una proprietà in concessione può richiedere a sua volta una licenza da parte dell'autorità statale, come nel caso in cui si impianti un pubblico esercizio. In tal caso, qualora l'autorità statale non rinnovasse al gestore la licenza di esercizio, il proprietario dell'immobile potrebbe ricevere un danno, di cui non sarebbe responsabile il conduttore, derivante non soltanto dalla perdita del canone di concessione, ma anche dalla diminuzione di valore della proprietà, che dovrebbe essere destinata ad un uso probabilmente meno redditizio. Contro tale rischio il proprietario dell'immobile può assicurarsi sottoscrivendo una polizza che lo garantisca specificamente contro la perdita derivante da riduzione del valore dell'immobile a causa di ritiro di licenza d'esercizio.

licensed public accountant: ***commercialista abilitato all'esercizio della professione.*** È il libero professionista che, avendo sostenuto il prescritto esame di abilitazione, è autorizzato dallo stato o da un'associazione professionale ad esercitare la professione. Ogni paese prevede che per svolgere la libera professione di commercialista si debba superare un esame e ci si debba successivamente iscrivere ad un albo professionale o ad un'associazione che fa le veci dell'albo professionale. Su quest'ultimo punto, infatti, differiscono le disposizioni in vigore nei diversi paesi che prevedono la figura del commercialista.

licensed securities dealer: ***operatore autorizzato.*** Termine usato con significato simile a quello di *licensed dealer* (v.) per indicare ciascuno degli operatori che svolgono la loro attività nel cosiddetto *over–the–counter market* (v.) britannico.

licensed warehouse: ***magazzino autorizzato; deposito autorizzato.*** Nel linguaggio delle borse merci, si indica con questo termine un magazzino, autorizzato dalla borsa, dal quale possono essere prelevate le merci da consegnarsi in base ad un contratto a termine.

licensee: ***licenziatario; concessionario.*** Chiunque sia in possesso di una licenza o autorizzazione, nei significati descritti sotto la voce *licence* (v.), sia che essa venga rilasciata da un organo dello stato, sia che venga concessa da una persona fisica o giuridica.

licensing: ***sistema basato sulla concessione di licenze.*** È un metodo usato per controllare, ridurre o registrare il numero di produttori di un bene o servizio, la quantità venduta o comprata, ecc. Può avere effetti diversi a seconda dello scopo che si prefigge. Se è usato esclusivamente a fini fiscali, come ad esempio nel caso delle licenze di caccia o di pesca, non ha alcun effetto di rilievo sulla domanda o sui prezzi, anche se qualora la tassa di licenza fosse molto elevata potrebbe scoraggiare la richiesta di concessioni. Se, invece, mira a contenere il numero di licenze, come nel caso di licenze edilizie in zone centrali di grandi città o di licenze per l'esercizio di rivendite di bevande alcoliche nel Regno Unito, l'effetto che sortisce è quello di far aumentare il valore delle proprietà cui viene concessa la licenza. Così, un edificio costruito con regolare licenza in una zona per la quale non vengono concesse licenze edilizie, acquista un valore superiore derivante dalla scarsità del bene. Ancora più chiaro è l'esempio di licenza per l'esercizio di una rivendita di bevande alcoliche nel Regno Unito, che fa salire il valore dell'immobile in cui la rivendita viene installata. Infatti, essendo la licenza concessa per una determinata area e non potendosi trasferire in altra zona, il gestore si vedrà costretto a pagare un canone di locazione più alto di quello che dovrebbe pagare se utilizzasse l'immobile per un'attività commerciale che potrebbe, a sua discrezione, spostare in un'altra zona della città. Ciò, ovviamente, è vero se la zona in cui egli impianterà la sua attività non offre molte possibilità di trovare adeguati locali da prendere in fitto. (v. anche *licensed property*)

licensing agreement: ***accordo di concessione di licenza.*** Uno dei modi in cui è possibile effettuare trasferimenti di tecnologia e altre forme di proprietà intellettuale. Tale trasferimento ha luogo mediante la concessione di un'autorizzazione, o licenza, a utilizzare la tecnologia o il marchio di fabbrica, ecc., nella produzione di beni o servizi, in considerazione del pagamento di un canone o royalty al proprietario del brevetto o del diritto di sfruttamento dell'idea o della tecnologia così trasferita.

licensing fee: ***diritto di concessione di licenza; tassa di concessione di licenza.*** Il diritto fisso che è tenuto a pagare chi desidera che gli venga concessa una licenza necessaria per lo svolgimento di una determinata attività economica sottoposta a regolamentazione da parte del governo. Il termine è sinonimo di *license tax* (v.) quando quest'ultimo viene usato in questo significato.

licensing law: ***legge sulla concessione di licenze.*** Un breve commento merita la legge britannica, il *Licensing Act* del 1964, che regola la concessione di licenze per l'esercizio di rivendite di bevande alcoliche o liquori. Alcuni punti caratteristici sono: a) le licenze vengono rilasciate, e possono essere revocate, dalla magistratura; b) il gestore di una rivendita può rifiutarsi di servire un cliente senza essere tenuto a dare spiegazioni del suo comportamento; c) in relazione all'età degli avventori: è reato servire, o comprare bevande alcoliche, a persone al di sotto dei diciotto anni, mentre è vietato accedere nei locali in cui si servono bevande alcoliche a persone di età inferiore ai sedici anni. Ciò significa che, ad esempio, una coppia che porta con sé un bambino di età inferiore anche ad un anno, magari in una carrozzina, non può entrare nel locale se non lasciando il bambino in strada.

licensing system: ***sistema basato sulla concessione di licenze.*** Lo stesso che *licensing* (v.).

licensor: ***concessore di licenza.*** Colui che concede una licenza di sfruttamento di un brevetto, di una privativa industriale o di una proprietà ad un licenziatario.

lie days: ***stallie; giorni di stallia.*** Variante, raramente usata, di *lay–days* (v.).

lien: ***pegno; diritto di pegno; diritto di ritenzione; privilegio.*** Diritto del creditore di conservare il possesso di beni appartenenti al debitore fino a quando quest'ultimo non ha soddisfatto il debito a fronte del quale è stato costituito il pegno. Il diritto di pegno può essere fatto valere anche quando il debito deriva da prestazione di servizi. Ad esempio, un vettore ha il diritto di ritenzione sui beni trasportati fino a quando non vengono pagate le spese di trasporto; il gestore di un magazzino o deposito può trattenere i beni depositati fino a quando non gli vengono pagati i diritti di deposito. Il diritto di pegno può, viceversa, nascere nel momento in cui beni mobili vengono dati a garanzia di un prestito, come avviene nel caso in cui un cliente deposita titoli presso una banca a garanzia di un'apertura di credito. In caso di inadempienza del debitore, il creditore può tenersi e disporre del bene dato in pegno o può venderlo secondo le procedure previste dalla legge.

lien creditor: ***creditore garantito.*** Un creditore il cui credito è garantito dal diritto di ritenzione esistente su un bene particolare.

lienee: ***datore di pegno.*** È il debitore che dà un bene di sua proprietà a garanzia del creditore. (v. anche *lien, lienor*)

lien letter: ***lettera di pegno.*** Termine usato in alternativa a *letter of lien* (v.).

lien on shares: ***diritto di pegno su azioni.*** Lo statuto di una società per azioni di solito stabilisce che la società ha il diritto di pegno su tutte le azioni di proprietà di un socio, a fronte di suoi eventuali debiti o obbligazioni nei confronti della società.

lienor: ***creditore pignoratizio.*** È la persona a favore del cui credito viene costituito un pegno. (v. anche *lien, lienee*)

lieu tax: ***imposta sostitutiva.*** Un'imposta dovuta o prelevata in luogo di un'altra e non in aggiunta a un'altra.

life: ***vita.*** Il termine inglese viene usato per indicare: a) il periodo di tempo che intercorre tra la data di emissione di un titolo a reddito fisso e la sua data di rimborso; e, b) la presunta durata di utilità di un bene capitale, espressa in anni, a fini di valutazione economica e per provvedere al suo ammortamento.

life and annuity fund: ***fondo di riserva assicurazioni sulla vita.*** Termine usato con lo stesso significato di *life fund* (v.).

life annuitant: ***vitaliziato.*** Colui che riceve una rendita per tutto il resto della sua vita. (v. anche *annuitant*)

life annuity: ***rendita vitalizia; vitalizio.*** È una rendita temporanea, in quanto è condizionata all'esistenza in vita di una persona. Infatti, i pagamenti, detti rate, in base ad un contratto di rendita vitalizia vengono effettuati fin quando il beneficiario è vivo, ma cessano alla sua morte e non possono essere trasferiti ad altri. La rendita vitalizia generalmente è il frutto di versamenti o accantonamenti in un arco di tempo, come avviene ad esempio nei piani pensionistici o nelle polizze di assicurazione sulla vita. (v. anche *life annuity certain*)

life annuity certain: ***rendita vitalizia certa.*** È la rendita vitalizia il cui contratto prevede il pagamento di un certo numero di rate in un arco di tempo convenuto, indipendentemente dal fatto che il beneficiario sia o meno in vita. Se la morte del beneficiario avviene prima che sia trascorso il periodo convenuto, le rate ancora da pagarsi continueranno ad essere versate ai suoi eredi o aventi causa. (v. anche *annuity, life annuity*)

life assurance: ***assicurazione sulla vita.*** L'assicurazione sulla vita è definita come un contratto in base al quale l'assicuratore, in considerazione di una somma di denaro a lui pagata in unica soluzione o di versamenti periodici in un arco di tempo convenuto, si impegna a versare al beneficiario o ai suoi eredi o aventi causa una certa somma di denaro o un indennizzo al verificarsi di un determinato evento, che può essere o la morte dell'assicurato o la sua sopravvivenza. Poiché l'assicurazione sulla vita non ha carattere indennitario, ma esclusivamente carattere previdenziale, non vi è limite alla somma per cui una persona può assicurarsi. La legge prevede, anche in questo caso, la necessità dell'esistenza di un interesse assicurabile e pertanto non è possibile stipulare una polizza sulla vita di un terzo che non sia in qualche modo collegato, in termini di interesse, con chi sottoscrive la polizza. Un coniuge ha senz'altro un interesse assicurabile nel o nella consorte e quindi può sottoscrivere una polizza sulla sua vita, pur se le leggi di alcuni paesi, tra i quali l'Italia, prevedono il consenso scritto dell'assicurato quando la polizza sia sottoscritta da un'altra persona. Allo stesso modo, un creditore può sottoscrivere una polizza sulla vita del suo debitore, in quanto vanta un interesse assicurabile su quella persona e, ancora, un'impresa potrebbe assicurarsi contro la morte di un suo alto dirigente dalla cui capacità dipende il buon andamento dell'attività. L'unica persona che non è tenuta ad avere un interesse assicurabile nell'assicurato è l'avente causa, eventualmente nominato in polizza. Le polizze di assicurazione sulla vita devono sempre prevedere il caso di riscatto, cioè la possibilità di riavere subito, o meglio in qualsiasi momento dopo un certo periodo di durata della polizza, una parte dei premi pagati. (v. anche *endowment assurance, whole-life assurance, insurable interest, assignee, cash surrender value*)

life assurance allowance: ***deduzione per assicurazione sulla vita.*** È l'importo, corrispondente a tutto o ad una parte di premio pagato per assicurazioni volontarie sulla vita, che il contribuente è autorizzato a portare come onere deducibile, previa esibizione della prescritta documentazione, nella sua dichiarazione dei redditi. L'assicurazione, il cui premio rappresenta un onere deducibile, può essere quella sulla vita del dichiarante o quella sulla vita del coniuge. Le disposizioni in materia variano da paese a paese, ma quasi in tutti i paesi è possibile dedurre queste spese, pur se a condizioni più o meno favorevoli per il contribuente.

Life Assurance and Unit Trust Regulatory Organization: Uno degli organismi autoregolamentati della *City* di Londra, che raggruppa circa duecento tra società di assicurazioni e fondi comuni d'investimento.

life assurance company: ***compagnia di assicurazione sulla vita.*** È una società di assicurazioni che svolge la propria attività principalmente o essenzialmente nel ramo vita.

life assurance premium relief: ***deduzione per assicurazione sulla vita.*** Lo stesso che *life assurance allowance* (v.).

life care contract: Un contratto in base al quale a una delle parti vengono garantiti il sostentamento e tutte le cure relative per tutta la durata della sua vita, in considerazione del trasferimento di suoi beni all'altra parte del contratto.

life cycle hypothesis: ***ipotesi del ciclo vitale; teoria del ciclo vitale.*** Teoria esposta da F. Modigliani, G. Brumberg e A. Andò, pressocché simile alla *permanent income hypothesis* (v.) esposta da M. Friedman in contrasto con la teoria del sottoconsumo. In particolare, l'ipotesi del ciclo vitale sostiene che le famiglie accumulano ricchezza, durante gli anni in cui i loro componenti lavorano, spendendo meno di quanto guadagnano. Una volta ritiratisi dall'attività lavorativa, i componenti delle famiglie iniziano ad attingere dalle risorse di ricchezza così accumulate.

life cycle of a product: ***ciclo vitale di un prodotto.*** È il periodo durante il quale un prodotto riscuote il successo dei consumatori, fino a quando non viene superato da un nuovo o migliore prodotto o fino a quando la sua produzione non viene interrotta.

life estate: ***proprietà in usufrutto.*** È il bene immobile dato in godimento dal legittimo proprietario ad un'altra persona. È possibile dare una proprietà in usufrutto per la durata della vita dell'usufruttuario, oppure la durata dell'usufrutto può essere calcolata sulla vita di più di una persona. Così, ad esempio, una proprietà può essere data in usufrutto per tutta la vita di A o B, qualunque sia dei due quello a morire per ultimo. (v. anche *life interest, life tenant*)

life expectancy: ***durata presunta della vita.*** Il numero di anni di vita che presumibilmente restano a chi ha raggiunto una data età, secondo la media delle persone che hanno raggiunto quella età. Ha notevole importanza nelle assicurazioni sulla vita al fine della determinazione del premio di una polizza, che viene fatta in base all'età dell'assicurato. Tale durata presunta viene calcolata facendo riferimento alle tavole di mortalità. (v. anche *mortality chart*)

life fund: ***fondo di riserva assicurazioni sulla vita.*** È un fondo accantonato dalle società o dalle mutue assicuratrici, in previsione degli impegni che saranno chiamate a rispettare nei confronti di coloro che hanno stipulato polizze sulla vita. Tale fondo viene investito in valori mobiliari e in beni immobili. (v. anche *legal reserve 2*)

life income: ***vitalizio.*** Reddito che una persona ha diritto di ricevere per il resto della sua vita. Può derivare da un usufrutto, da una pensione o da un contratto di assicurazione. (v. anche *life annuity*)

life income annuity: ***rendita vitalizia; vitalizio.*** Nel significato più comune, il termine inglese indica la rendita temporanea, che ha inizio ad una certa età del beneficiario e termina con la sua morte, descritta sotto *life annuity* (v.). In senso più ristretto, il termine indica un qualsiasi accordo o contratto che prevede il pagamento di somme di denaro ad intervalli regolari ad un beneficiario, finché egli è in vita.

life insurance: ***assicurazione sulla vita.*** Pur se talvolta viene usato anche nell'inglese britannico invece di *life assurance* (v.), il termine è proprio dell'inglese statunitense.

life interest: ***usufrutto.*** È il diritto di godere di un bene, concesso dal proprietario ad un'altra persona, per tutta la durata della vita di quest'ultima. L'usufrutto dà il diritto di godere non soltanto del bene in sé, ma anche di tutte le accessioni al medesimo, e di trarne ogni utilità nel rispetto della sua destinazione economica. La durata dell'usufrutto non può superare la durata della vita dell'usufruttuario e, pertanto, il diritto si estingue con la sua morte. (v. anche *life estate, life tenant*)

life of a contract: ***vita di un contratto; durata di un contratto.*** Nel linguaggio delle borse merci, è il periodo di tempo tra la data di definizione di un determinato contratto a termine e la data in cui esso scade. Lo stesso termine, tuttavia, può applicarsi anche ad altri tipi di contratto, come ad esempio un contratto di lavoro, per indicare il periodo di tempo per il quale esso ha valore.

life office: ***società di assicurazione sulla vita.*** Il termine inglese, usato pressocché nello stesso significato di *life assurance company* (v.), indica una società assicuratrice che, insieme agli altri rami, tratta anche il ramo vita.

life or nonrefund annuity: ***rendita mista.*** Tipo di rendita che assomma le caratteristiche della rendita vitalizia e della rendita temporanea. In base ad essa, al beneficiario viene garantito il pagamento di una rendita fissa per tutta la sua vita, ma se egli muore prima che il fondo creato con i suoi versamenti sia esaurito, la società di assicurazioni incassa la parte restante, mentre se egli è in vita quando il fondo è esaurito, la società continua ugualmente a versargli la rendita. È, in effetti, una specie di scommessa sulla quale si accordano l'assicurato e l'assicuratore. Se il primo muore prematuramente, guadagna il secondo, ma se il primo sopravvive oltre la durata prevista, l'assicuratore sosterrà una perdita.

life policy: ***polizza di assicurazione sulla vita.*** È il documento che rappresenta un contratto di assicurazione sulla vita e che regola i diritti e i doveri delle due parti: l'assicurato e l'assicuratore. (v. anche *endowment policy, whole life policy, short–term life policy, single–premium life policy, participating life policy, non–participating life policy, joint lives policy, paid–up policy, closed fund life policy, tontine policy*)

life rent: ***rendita vitalizia.*** Questo termine ha più o meno lo stesso significato di *life income* (v.), ma viene usato particolarmente quando il reddito in questione deriva da immobili di proprietà o in usufrutto.

life renter: ***usufruttuario.*** Termine usato con lo stesso significato di *life tenant* (v.).

life style: ***stile di vita.*** Espressione che indica il tenore di vita cui si è abituato un singolo o una classe sociale. Lo stile di vita ha una notevole influenza sul comportamento del consumatore.

life table: ***tavola di sopravvivenza.*** Nelle assicurazioni, è la tavola numerica dalla quale si ricava il numero, desunto con metodi statistici da dati sperimentali, dei sopravviventi ad una data età. Dalle tavole di sopravvivenza si possono dedurre le varie probabilità di vita e di morte di una data popolazione. In ragioneria, l'espressione inglese indica una tabella sulla quale vengono riportati aggiunte, smobilizzi e altre caratteristiche di «mortalità» o «sopravvivenza» di un gruppo di beni capitali.

life tenancy: ***usufrutto.*** Termine usato con lo stesso significato di *life interest* (v.).

life tenant: ***usufruttuario.*** È la persona che riceve dal proprietario di un bene il diritto di godere del bene stesso per la durata massima della sua vita. (v. anche *life estate, life interest*)

life test: ***prova di durata.*** Le prove di durata vengono eseguite, per esempio, su automobili, motori elettrici e simili. Possono essere su strada, per auto o altri mezzi di trasporto, o su banchi di prova, ma in ambedue i casi vengono riprodotte le condizioni in cui la macchina dovrà operare. Lo scopo di queste prove è quello di accertare quanto tempo ci si può aspettare che duri la macchina nelle sue condizioni normali di funzionamento.

LIFFE: London International Financial Futures Exchange.

L.I.F.O.: last in, first out.

lift–van: ***container; cassa mobile; contenitore.*** Lo stesso che *container* (v.).

ligan: Variante grafica di *lagan* (v.).

light coin: ***moneta calante.*** Una moneta metallica, il cui peso risulta inferiore a quello che essa dovrebbe avere.

light dues: ***diritti di faro.*** Tasse imposte agli armatori, quale contributo alle spese di esercizio e manutenzione di fari, segnali, boe e qualsiasi altro tipo di ausilio che svolga le funzioni di guida o avviso per la navigazione lungo i fiumi, nelle rade e lungo le coste di un paese. Nel Regno Unito vengono riscosse dall'amministrazione delle dogane per conto della *Trinity House* e sono calcolate in base al numero dei viaggi da e verso i porti inglesi.

lighter: ***chiatta; maona; bettolina.*** Grossa e lenta imbarcazione, generalmente a fondo piatto, usata per il trasporto di merci tra una nave ancorata in rada e la terraferma o viceversa, per operazioni di carico e scarico in porto e per il trasporto di merci pesanti, di solito alla rinfusa, lungo idrovie interne.

lighterage: ***spese di alleggio.*** Sono le spese relative al trasporto di merci su chiatte o alleggi. (v. anche *landing charges*)

light goods: ***merci leggere.*** Nel linguaggio dei trasporti, questo termine indica merci che sviluppano un notevole cubaggio in rapporto al loro peso. Ne sono esempi la lana grezza, il polistirolo espanso e simili.

light industry: ***industria leggera.*** È l'industria che produce articoli relativamente piccoli o leggeri, fatti di materiali non pesanti o voluminosi. Vi rientrano, ad esempio, l'industria farmaceutica, quella editoriale, quella dei giocattoli e simili.

lightning strike: ***sciopero a sorpresa.*** Forma di azione sindacale caratterizzata dal fatto che i lavoratori interrompono la loro attività all'improvviso e senza alcun preavviso.

lijangeni: Unità monetaria dello Swaziland, suddivisa in cento emalangeni.

L.I.L.O.: last in, last out.

limit: ***prezzo limitato; prezzo limite.*** Nella terminologia delle borse valori, è il prezzo massimo al quale un investitore è disposto ad acquistare un titolo o il prezzo minimo al quale è disposto a venderlo, da lui comunicato allo *stockbroker* (v.) insieme all'ordine di portare a termine l'operazione. Nel linguaggio delle banche, il termine inglese indica l'importo massimo entro il quale può essere utilizzato un credito. (v. anche *limit order*)

Limitation Act: ***Legge sulla prescrizione e sulla decadenza.*** Lo stesso che *statute of limitations (v.)*.

limitation of actions: ***prescrizione; decadenza.*** Limitazione temporale imposta sulla possibilità di ricorrere ad un tribunale per far valere i propri diritti. (v. anche *Limitation Act*)

limited: ***limitato; a responsabilità limitata.*** Il termine, generalmente abbreviato in *Ltd.* e posposto al nome di una società, indica che la responsabilità dei soci è limitata all'ammontare del capitale che ciascuno di loro ha conferito alla società. Nel Regno Unito tutte le società per azioni a responsabilità limitata sono tenute ad inserire la parola *Ltd.* nella loro ragione sociale, mentre il termine equivalente per gli Stati Uniti è *incorporated*, abbreviato in *Inc.*, che esprime più o meno lo stesso concetto. Nel Regno Unito il termine *public limited company*, abbreviato in *p.l.c. o plc*, sta sostituendo il termine *limited* quando si tratta di una *public company* (v.), perché in futuro quest'ultimo sarà usato soltanto per le *private companies.*

Limited and Reduced: La presenza di queste due parole dopo il nome di una società sta ad indicare che i soci godono di responsabilità limitata e che il capitale della società è stato ridotto rispetto all'ammontare emesso o di cui essa disponeva all'inizio della sua attività. In caso di riduzione di capitale approvata da un tribunale, infatti, la legge britannica prevede che ciò sia portato a conoscenza di tutti coloro che trattano affari con la società che ha operato la riduzione e pertanto prescrive l'aggiunta della parola *reduced* alla ragione sociale e in tutti i documenti, compresa la carta intestata, in cui essa compare.

limited audit: ***revisione parziale dei conti.*** Revisione parziale in quanto o limitata ad un certo gruppo di operazioni o conti con l'esclusione di tutti gli altri; o limitata nel tempo, cioè relativa ad un periodo contabile inferiore all'anno finanziario; o limitata nel senso che alcuni elementi vengono omessi dalla revisione.

limited by guarantee: ***a responsabilità limitata da garanzia.*** Con questa espressione si precisa che i soci di un tipo di organizzazione, ammessa dall'ordinamento britannico, godono di responsabilità limitata alla quota che ciascuno di loro si è impegnato a versare in caso di liquidazione della società. Questa forma organizzativa non viene usata per imprese commerciali o industriali, ma è quella usuale per associazioni professionali, gruppi sportivi, circoli ricreativi e simili.

limited carrier: ***vettore limitato.*** È un vettore che trasporta per conto terzi soltanto un determinato tipo di beni, come ad esempio prodotti surgelati. Si tratta, generalmente, di un vettore specializzato.

limited cheque: ***assegno limitato.*** È l'assegno il cui importo è limitato, ad esempio, alla cifra stampata a margine o punzonata in corrispondenza di un numero indicante il massimo dell'unità monetaria per il quale può essere emesso l'assegno. Esistono anche assegni sul cui margine è stampata una serie di cifre, ad esempio 10, 20, 30, 40, 50, che vengono tagliate in corrispondenza dell'ammontare al quale più si avvicina l'importo dell'assegno. Così, un assegno emesso per 28 sterline porterebbe a margine come ammontare massimo il numero 30, mentre i numeri più alti verrebbero staccati dall'emittente.

limited coinage: ***coniazione limitata.*** Situazione che si verifica quando, in base ad una legge, si procede alla coniazione di una quantità di metallo limitata. È la classica situazione del bimetallismo zoppo, nel quale circola una sola moneta tipo, integrata da una moneta sussidiaria di altro metallo a coniazione limitata. (v. anche *limping standard, bimetallism*)

limited-coinage system: ***sistema a coniazione limitata.*** Sistema monetario in base al quale il privato ha diritto di portare alla zecca soltanto una quantità limitata di un determinato metallo, per farla coniare in monete, durante un dato periodo di tempo. (v. anche *limited coinage*)

limited company: ***società a responsabilità limitata; società per azioni.*** Il termine inglese indica un qualsiasi tipo di società, i cui soci godono di responsabilità limitata. Tale limitazione può essere rappresentata dal numero di azioni sottoscritte, dalla quantità di capitale apportato alla società o da un ammontare che i soci si impegnano a versare in caso di liquidazione della società. Poiché, però, nel *Companies Act* del 1948 la società per azioni (*joint-stock company*) viene sempre chiamata *limited company*, questo termine è diventato sinonimo dell'altro. (v. anche *joint-stock company 1, guaranty company*)

limited depositary: ***depositario limitato.*** È una banca, membro del *Federal Reserve System* (v.) degli Stati Uniti, autorizzata ad accettare depositi del ministero del tesoro da accreditare sui conti correnti ufficiali degli uffici finanziari governativi preposti a operazioni di pagamento in favore di privati o di enti pubblici. La banca viene indicata con questa espressione perché l'autorizzazione viene concessa in base a condizioni ben specificate e limitative.

limited-dividend corporation: Espressione usata negli Stati Uniti per indicare un tipo di società il cui capitale è limitato in relazione agli impegni di distribuzione di dividendi. Gli utili di un tale tipo di società sono appena sufficienti a far fronte al pagamento dei dividendi e a tenere in essere le necessarie riserve.

limited exchange rate flexibility: ***flessibilità limitata dei tassi di cambio.*** La possibilità dei tassi di cambio delle varie valute mondiali di variare soltanto in misura limitata e prestabilita sui mercati valutari mondiali. Questo tipo di flessibilità era in vigore in un passato anche piuttosto recente e oggi non mancano coloro che sostengono la necessità di un ritorno a un sistema del genere come unica soluzione possibile dei tanti problemi posti dalla grande volatilità dei tassi di cambio.

limited function wholesaler: ***grossista a funzioni limitate.*** Intermediario commerciale che pur assumendo il titolo di proprietà delle merci che tratta, svolge soltanto alcune delle funzioni del grossista. Ne sono esempi il *drop shipper* (v.), il *rack jobber* (v.) e il *truck wholesaler* (v.).

limited gold standard: ***sistema monetario a cambio in verghe auree.*** Lo stesso che *gold bullion standard* (v.).

limited-information methods: ***metodi delle informazioni limitate.*** In econometria, sono metodi per la stima di parametri nei quali si fa uso di solo una parte delle informazioni disponibili, evitando così gli enormi calcoli che deriverebbero dall'uso di metodi che tengano conto dell'intera massa di informazioni disponibili.

limited legal tender: ***moneta a corso legale con potere liberatorio limitato.*** Mentre le banconote di medio e grosso taglio hanno potere liberatorio illimitato entro i confini dello stato in cui circolano, le monete metalliche moderne hanno potere liberatorio limitato ad un certo ammontare. Ad esempio, nel Regno Unito le monete divisionarie hanno potere liberatorio fino alla somma massima di cinque sterline.

limited letter of credit: ***lettera credenziale limitata.*** È una lettera credenziale pagabile soltanto nelle città in essa menzionate. Il limitato numero di piazze e la loro precisa identificazione consente alla banca emittente di informare le banche corrispondenti, fornendo loro allo stesso tempo un campione della firma del cliente e rendendo inutile l'emissione di una lettera di indicazione. (v. anche *letter of credit 2, letter of indication*)

limited liability: ***responsabilità limitata.*** Si parla di responsabilità limitata quando i soci di un'impresa sono esposti, in caso di liquidazione della società, soltanto per l'ammontare delle azioni sottoscritte o per le quote di capitale apportato alla società. La responsabilità limitata non è prerogativa soltanto delle società per azioni, perché è estesa ad altre forme di società, tra le quali le società in accomandita. Il riconoscimento della responsabilità limitata ha contribuito notevolmente alla creazione delle imprese moderne, rendendo possibile sia la riunione di molti piccoli capitali per formare un grande capitale, come avviene nelle società per azioni, sia l'intervento nelle imprese commerciali e industriali di persone prudenti, che non avrebbero altrimenti partecipato. Infatti, prima del riconoscimento del principio della responsabilità limitata, chiunque partecipasse ad un'impresa commerciale o industriale era illimitatamente responsabile, cioè a dire rispondeva dei debiti contratti dall'impresa anche con le sue proprietà private. Ad alcuni tipi di società fu concessa la responsabilità limitata già nel 1720 in Gran Bretagna, ma questo privilegio fu abolito da una legge del 1825. Nel 1855 fu nuovamente sancito da un'altra legge e nel 1858 fu esteso anche alle aziende di credito. Infine, nel 1862 il privilegio della responsabilità limitata fu esteso a tutti i tipi di *company*, pur se con limitazioni in alcuni casi. Nel ventesimo secolo, la società a responsabilità limitata, ed in particolare la società per azioni, è diventata la forma predominante di organizzazione economica. Nel Regno Unito esistono due tipi di società per azioni a responsabilità limitata, le cosiddette *private companies* e *public companies*. (v. anche *joint-stock company 1, limited company, limited partnership, private company, public company, guaranty company, unlimited liability*)

limited liability company: ***società a responsabilità limitata.*** Lo stesso che *limited company* (v.).

limited-life asset: ***attività a vita limitata.*** Qualunque tipo di attività la cui vita utile per l'impresa è limitata nel tempo. Il termine può, pertanto, riferirsi a un bene materiale, quale una macchina o un edificio, la cui vita è limitata dall'usura, dall'obsolescenza, ecc., o ad un bene immateriale, quale un brevetto o una privativa industriale, la cui vita è limitata da disposizioni di legge.

limited-line store: ***negozio specializzato.*** Termine usato in contrapposizione a *department store* (v.) per indicare un negozio che tratta principalmente una linea di prodotti piuttosto ampia, come ad esempio un negozio di ferramenta o uno di abbigliamento. Il termine non implica che il negozio abbia una gamma limitata di prodotti, bensì che esso specializza la sua attività in una linea, a differenza dei grandi magazzini che nei vari reparti trattano più linee.

limited market: ***mercato limitato.*** Termine borsistico, usato per indicare una situazione in cui risulta difficile trattare un determinato titolo a causa della scarsità della domanda o dell'offerta.

limited open end issue: ***emissione limitata aperta.*** Espressione con la quale si indica la pratica, particolarmente in uso negli Stati Uniti, di emettere un prestito obbligazionario di entità inferiore all'ammontare autorizzato, onde assicurarsi una riserva di emissione in caso di future necessità.

limited order: ***ordine con limite di prezzo.*** Termine usato come sinonimo di *limit order* (v.).

limited participation network: ***rete di comunicazioni a partecipazione limitata.*** Nel caso in cui si dimostri economicamente valido raggruppare le risorse e così ridurre i costi necessari per generare informazioni di interesse comune a tutta un'industria, le imprese si consorziano allo scopo di creare reti di comunicazione su scala nazionale, internazionale e a volte mondiale. Tali strutture vengono chiamate reti di comunicazione a partecipazione limitata in quanto l'accesso alle informazioni è riservato ai membri della rete, che nella maggior parte dei casi sono le imprese che operano in quella particolare industria. Le reti di comunicazione a partecipazione limitata sono ampiamente usate dalle compagnie di navigazione aerea e da imprese che operano in servizi tecnici quali l'esplorazione petrolifera, dove i costi per produrre una banca di dati sono talmente elevati da risultare pressocché proibitivi per una singola impresa.

limited partner: ***socio accomandante; accomandante.*** In una società in accomandita, è il socio non attivo, che ha contribuito con conferimenti alla formazione del capitale sociale ma che, non prendendo parte alla conduzione dell'azienda, gode della responsabilità limitata alla quota di capitale conferito. Un socio accomandante non ha il potere di vincolare l'azienda e qualora prendesse parte alla sua gestione diventerebbe un accomandatario, perdendo il privilegio della responsabilità limitata. Egli può, tuttavia, dare consigli ai soci accomandatari e prendere visione dei libri sociali in qualsiasi momento.

limited partnership: ***società in accomandita; società in accomandita semplice.*** Società, regolata nel Regno Unito dal *Limited Partnership Act* del 1907, che prevede l'esistenza di due tipi di soci: gli accomandanti e gli accomandatari. I primi sono limitatamente responsabili, mentre i secondi rispondono solidalmente e illimitatamente delle obbligazioni della società. Ogni società in accomandita deve avere uno o più soci accomandatari e deve essere iscritta al Registro delle società. Nell'ordinamento britannico non esiste la distinzione tra società in accomandita semplice e società in accomandita per azioni, quest'ultima rientrando nelle cosiddette *companies.* Oggi, questo tipo di organizzazione economica è quasi del tutto scomparsa nel Regno Unito, sostituita dall'altro tipo di società che prevede il privilegio della responsabilità limitata per tutti i soci. (v. anche *limited partner, general partner, general partnership, limited liability, public company, private company, joint-stock company 1*)

limited-pay life insurance: Tipo di assicurazione sulla vita che prevede il pagamento dei premi da parte dell'assicurato per un periodo di tempo limitato e l'assicurazione dello stesso per tutta la durata della sua vita. Il periodo di pagamento dei premi può andare da uno a cinque (che è il periodo più comune), dieci, venti o venticinque anni. In considerazione di questi premi, la società si impegna a versare la somma assicurata, agli eredi o aventi causa, alla morte dell'assicurato. (v. anche *life assurance*)

limited-payment plan of life insurance: Termine usato con lo stesso significato di *limited-pay life insurance* (v.).

limited policy: ***polizza limitata.*** Nel linguaggio delle assicurazioni, è così detta una polizza che esplicitamente esclude determinati tipi di sinistri o rischi.

limited price order: ***ordine con limite di prezzo.*** Lo stesso che *limit order* (v.).

limited-price store: ***negozio a bassi prezzi.*** Termine statunitense, con il quale si indica un negozio al dettaglio che stocca beni di basso prezzo.

limited private company: ***società per azioni privata.*** Lo stesso che *private company* (v.).

limited public company: ***società per azioni pubblica.*** Lo stesso che *public company* (v.).

limited review: ***revisione sommaria.*** È una verifica parziale e sommaria di un bilancio, che non prevede l'emissione di un parere, da parte del revisore, sull'esattezza dei documenti contabili presi in considerazione.

limited tax bond: ***obbligazione garantita da imposta limitata.*** È una obbligazione emessa da enti locali statunitensi e garantita dal gettito di un'imposta locale limitata, per disposizioni del governo centrale o per legge, o nell'aliquota o nella somma globale che l'ente ha l'autorizzazione di incassare.

limiting factor: ***fattore limitante.*** Un qualsiasi elemento che concorra a limitare l'attività di un'impresa e la cui influenza va ben valutata prima di considerare la quantità di fattori della produzione da inserire in un'attività economica programmata.

limit move: ***movimento limite; oscillazione massima.*** Nel linguaggio finanziario, indica il movimento di un corso che, nell'arco di una singola seduta di contrattazioni, si è portato al di là dei limiti massimo o minimo stabiliti da un contratto o dalle norme che regolano il mercato.

limit of liability: ***massimale; massimale di rischio.*** Nelle assicurazioni, indica la somma massima che l'assicuratore si impegna a pagare in caso di comprovata perdita sostenuta dall'assicurato, secondo i termini della polizza di assicurazione.

limit order: ***ordine con limite di prezzo; ordine limitato.*** Nel linguaggio delle borse valori, è l'ordine di acquisto o di vendita, passato dal cliente al suo *stockbroker* (v.), nel quale si fa riferimento ad un prezzo limite. L'ordine sarà eseguito a quel prezzo o ad un prezzo migliore. (v. anche *limit*)

limit price: ***prezzo limite.*** Il prezzo indicato da un investitore in relazione a un *limit order* (v.).

limit pricing: ***fissazione di prezzo limite.*** La pratica seguita da imprese presenti in un'industria, che consiste nel fissare i loro prezzi di vendita a un livello sufficientemente basso da non essere remunerativo per altre imprese che volessero entrare nell'industria.

limit up and down: ***limite massimo e minimo.*** Espressione usata nel linguaggio finanziario per indicare l'aumento o la diminuzione di prezzo massimi, consentiti nel corso di una singola seduta di contrattazioni, rispetto al prezzo di chiusura della precedente seduta.

limping dollar standard: ***sistema del dollaro zoppo.*** Dopo la seconda guerra mondiale, emerse un nuovo e atipico sistema monetario aureo, col dollaro che faceva la parte della valuta da riserva chiave ma basato anche sulle parità di cambio, stabilizzate ma adeguabili, fissate in base agli accordi di Bretton Woods del 1944. Questo sistema cominciò a mostrare sintomi di tensione negli anni sessanta, specialmente dopo la svalutazione della sterlina britannica nel 1967 e la conseguente corsa al dollaro, la cui parità aurea era ritenuta irrealistica, rispetto ai prezzi dei beni. Il risultato fu che gli Stati Uniti abbandonarono la parità aurea fissa del dollaro e il sistema che ne derivò venne appunto indicato come *limping dollar standard.* In base a tale sistema, gli Stati Uniti non erano tenuti a mantenere una parità fissa della loro valuta rispetto all'oro e gli altri paesi ancorarono le loro valute al dollaro o le lasciarono fluttuare liberamente. Tali accordi, tuttavia, si dimostrarono insoddisfacenti e si giunse quindi ad un sistema basato sull'uso dei diritti speciali di prelievo del Fondo Monetario Internazionale come unica attività da riserva internazionale.

limping standard: ***bimetallismo zoppo; bimetallismo incompleto; bimetallismo gobbo.*** È indicata con questa espressione la situazione in cui il rapporto in base al quale i due metalli, usati per la coniazione, si scambiano non coincide più col rapporto iniziale. Poiché, quindi, uno dei due metalli si apprezza nei confronti dell'altro che si deprezza, ne consegue che il metallo apprezzato viene tesaurizzato, mentre aumenta la circolazione delle monete del metallo deprezzato, secondo la legge di Gresham che «la moneta cattiva scaccia la buona». A questo punto diventa necessario l'intervento dell'autorità che, se opta per la coniazione limitata del metallo deprezzato, dà luogo al bimetallismo in cui circola una sola moneta tipo, diciamo d'oro, integrata da una moneta sussidiaria di un altro metallo, diciamo di argento. Se, invece, l'autorità opta per la sospensione o il divieto di coniazione del metallo deprezzato, il bimetallismo diventa monometallismo. (v. anche *bimetallism, limited coinage*)

Linder theory: ***teoria Linder.*** La teoria che spiega i modelli del commercio moderno, sostenendo che i paesi con livelli di reddito simili tendono a sviluppare gli scambi tra loro. (v. anche *factor proportions theory*)

line: 1. *linea.* Nei trasporti, indica tutti i servizi regolari o periodici tra due località svolti da navi, aerei, treni, autobus o altri mezzi di trasporto. **2. *linea di prodotti; linea.*** Serie di prodotti, in cui si specializza un'impresa commerciale o industriale, caratterizzati da elementi comuni e complementari nella loro utilizzazione. Una casa può specializzarsi anche in più linee affini, ciascuna distinta da un nome che diventa un marchio di fabbrica. **3. *ramo commerciale; ramo industriale; settore di attività.*** Particolare settore dell'attività commerciale o industriale in cui un'impresa si specializza o al quale dedica la maggior parte delle risorse a sua disposizione. **4. *line.*** Termine entrato anche nell'uso italiano per indicare, nell'organizzazione aziendale, il legame diretto di gerarchia tra un superiore e uno o più suoi subordinati.

lineage: ***tariffa per rigo.*** La tariffa fatta pagare da un giornale per inserzioni pubblicitarie, basata su un tanto a rigo di stampa della giustezza usata dal giornale.

line and functional organization: ***organizzazione lineare e per funzioni.*** Tipo di organizzazione aziendale che assomma le caratteristiche dell'organizzazione lineare e di quella funzionale. (v. anche *line organization, functional organization, line and staff organization*)

line and staff administration: ***amministrazione a linee e direzioni; amministrazione lineare a direzioni; amministrazione lineare con stato maggiore.*** Termine usato con lo stesso significato di *line and staff organization* (v.).

line and staff management: ***amministrazione a linee e direzioni; amministrazione lineare a direzioni; amministrazione lineare con stato maggiore.*** Termine usato con lo stesso significato di *line and staff organization* (v.).

line and staff organization: ***organizzazione a linee e direzioni; organizzazione lineare a direzioni; organizzazione lineare con stato maggiore.*** Tipo di organizzazione aziendale basata su un ampliamento e sviluppo dell'organizzazione lineare, in cui uno o più dei servizi ausiliari sono stati funzionalizzati. È, infatti, rappresentata da un'unione delle responsabilità dirette operative con quelle dei servizi ausiliari specialistici o funzionali. In altre parole, la *line* consiste di una catena di amministratori responsabili delle decisioni di politica aziendale e della loro esecuzione, mentre lo *staff* consiste di consulenti tecnici a ciascun livello della *line*, i quali indicano i migliori mezzi tecnici per l'esecuzione della politica decisa dalla *line*. (v. anche *line organization, functional organization, line and functional organization*)

linear development: ***sviluppo lineare.*** Lo sviluppo economico attraverso stadi successivi, ipotizzato da W. Rostow e citato sotto *stages theory of economic development* (v.).

linear measure: ***misura lineare; misura di lunghezza.*** Una qualsiasi misura relativa alla lunghezza, cioè ad una sola dimensione.

linear programming: ***programmazione lineare.*** Una tecnica matematica, che seguì allo sviluppo della ricerca operativa durante e dopo la seconda guerra mondiale, mediante la quale si cerca di determinare la soluzione migliore, fra le tante possibili, di un problema che implica scelte economiche. L'obiettivo è sempre quello di massimizzare i profitti o la produzione e di minimizzare i costi o il consumo di fattori della produzione. Il problema economico da risolvere può essere di breve periodo, come ad esempio decidere la combinazione più redditizia di beni che dovranno essere prodotti da un dato impianto, o di lungo periodo, come ad esempio la combinazione ottimale dei fattori della produzione per ottenere una data quantità di prodotto. La programmazione lineare viene applicata tenendo sempre presente che ad ogni qualsiasi dato punto del tempo i metodi di produzione, la disponibilità dei fattori o altri elementi sono fissi e che le direttrici di espansione sono lineari. Il sistema, pertanto, adotta vincoli, cioè limiti che devono essere soddisfatti dalla soluzione, e una funzione oggettiva, che dovrà essere massimizzata o minimizzata, i quali saranno poi manipolati tramite matrici algebriche. La programmazione lineare, che può essere usata per la soluzione di problemi di vario genere, ha trovato varie applicazioni in economia, tra le quali una speciale e importante è l'analisi delle interdipendenze strutturali di W. Leontief. Già in precedenza, tuttavia, essa aveva trovato una qualche applicazione nel sistema economico di F. Quesnay e nel sistema dell'equilibrio economico di L. Walras. (v. anche *input–output analysis*)

linear regression model: ***modello di regressione lineare.*** È il modello di regressione che utilizza il metodo dei minimi quadrati. (v. anche *least–squares method, least–squares regression*)

linear relationship: ***relazione lineare.*** Cosiddetta in quanto analiticamente una funzione di primo grado a due incognite rappresenta una linea retta, una volta assegnati i valori alle variabili. Così, se nell'equazione $y = a+bx$ assegnamo valori specifici ad a e b, essa descriverà una linea retta che può essere rappresentata una volta assegnati arbitrariamente due valori alla variabile indipendente x e trovati di conseguenza i due valori della variabile dipendente y.

linear trend: ***tendenza lineare.*** La tendenza rappresentata da una linea retta su un grafico.

line balancing: ***bilanciamento della linea di produzione.*** Il procedimento mediante il quale si suddivide il lavoro da farsi su un prodotto che si muove lungo una linea di lavorazione, in modo da ottenere la massima produzione con la minor quantità possibile di input, cioè addetti alla linea.

line extending: ***ampliamento di una linea.*** L'aggiunta di variazioni a una linea di prodotti già esistente e affermata. Ad esempio, un tipo di acqua di colonia, alla quale vengono aggiunti, usando la stessa marca e profumazione, un deodorante nelle varie confezioni (stick, spray, etc.), un dopobarba per diversi tipi di pelle, un bagno schiuma, un sapone, ecc., spesso col risultato di indebolire l'immagine della marca.

line filling: ***completamento di una linea.*** L'aggiunta di altri prodotti a una linea già esistente e affermata, al fine di non lasciare lacune che possano essere sfruttate dalla concorrenza.

line haul: ***percorso di linea.*** Nei trasporti, è la distanza tra il punto di origine e il punto di destino su una linea di trasporto per ferrovia o su strada. Resta esclusa, pertanto, la distanza da percorrersi per la raccolta e la consegna del carico dal domicilio del mittente a quello del destinatario.

line manager: ***dirigente di line.*** Ciascuno dei dirigenti che, in un'organizzazione lineare e per funzioni, è responsabile della politica aziendale e della sua esecuzione. (v. anche *line 4, line organization, line and functional organization*)

line of authority: ***linea gerarchica.*** Termine usato con lo stesso significato di *line of command* (v.).

line of balance: ***curva di bilanciamento.*** Rappresentazione grafica che mostra, su una scala temporale, la relazione tra avanzamento effettivo della produzione e impegni di consegna, al fine di individuare ed eliminare eventuali strozzature.

line of business: ***settore di attività; settore commerciale; settore industriale.*** V. spiegazione sotto *line 3*.

line of command: ***linea gerarchica.*** Nel linguaggio della organizzazione aziendale, indica un sistema in base al quale gli ordini e le direttive vengono emanati dal vertice della gerarchia e passano lungo la linea gerarchica da un dirigente a quello che lavora sotto il suo controllo, da questi al suo subordinato e così via.

line of communication: ***linea di comunicazione.*** La linea gerarchica attraverso la quale vengono trasmesse le comunicazioni, dal vertice alla base della piramide ideale o viceversa.

line of credit: ***linea di credito; castelletto.*** Termine usato in alternativa a *credit line* (v.).

line of discount: ***linea di credito; castelletto.*** Il termine inglese indica essenzialmente lo stesso concetto espresso da *credit line* (v.), soltanto che questa espressione è da preferirsi quando il credito viene concesso sotto forma di sconto di effetti bancabili.

line of industrial activity: ***settore industriale; ramo industriale; ramo di attività industriale.*** V. spiegazione sotto *line 3.*

line of products: ***linea di prodotti.*** V. spiegazione sotto *line 2.*

line of regression: ***linea di regressione.*** In un diagramma a punti sparsi, è la linea continua che indica la relazione media tra due variabili durante lo stesso periodo. (v. anche *scatter chart*)

line organization: ***organizzazione lineare; organizzazione di linea; organizzazione di line.*** Tipo di organizzazione aziendale in cui le linee di autorità e di responsabilità sono dirette, cioè a dire tra un superiore e il suo o i suoi immediati subalterni, a ciascun livello della struttura organizzativa. Questa forma di organizzazione fu in origine indicata con il nome di organizzazione di tipo militare, in quanto ricalcava la struttura gerarchica delle forze armate. (v. anche *functional organization, line and staff organization, line and functional organization*)

line position: ***posto di linea; posto di line.*** Un qualsiasi posto in un'impresa strutturata in base all'organizzazione lineare. Può, quindi, essere un posto compreso tra quello del presidente e quello dell'operaio specializzato in una funzione produttiva. (v. anche *line organization, staff position*)

line production: ***produzione in linea.*** Un qualsiasi sistema di produzione in base al quale il flusso dei prodotti nel corso della loro lavorazione si muove da un'operazione alla successiva, lungo una sequenza predeterminata.

liner: ***nave di linea; nave mercantile per servizio di linea.*** È la nave passeggeri o merci, o la nave mista, che svolge servizio regolare e periodico tra due località che rappresentano i punti terminali di una linea. Il termine è a volte usato per indicare altri mezzi di trasporto che svolgono la funzione sopra descritta. (v. anche *line 1, liner train*)

liner bill of lading: ***polizza di carico di nave di linea.*** Polizza di carico usata in relazione a trasporti eseguiti da compagnie di linea per rappresentare ciascun *parcel* (v.). Lo stesso termine indica la polizza di carico emessa per merce trasportata su una nave passeggeri come carico generale.

liner company: ***società di trasporto di linea.*** Una società di trasporti che gestisce un qualsiasi servizio di linea.

line relationship: ***relazione diretta.*** È la relazione esistente, nell'ambito dell'organizzazione aziendale, tra un superiore e il suo subordinato ad un qualsiasi livello dell'organizzazione, come ad esempio tra il direttore generale e il direttore di un reparto o tra il direttore di un reparto e il suo vice direttore. In base a tale struttura organizzativa, il secondo deve sempre rispondere direttamente al primo. (v. anche *functional relationship, lateral relationship, staff relationship*)

liner freighting: ***noleggio a collettame.*** Noleggio di un mezzo di trasporto da parte di più caricatori o utenti diversi.

liner rate: ***tariffa a collettame.*** Termine usato con lo stesso significato di *berth rate* (v.).

liner service: ***servizio di linea.*** Servizio svolto secondo orari prestabiliti da una o più compagnie di trasporto tra due o più centri. (v. anche *line 1*)

liner terms: Sono le condizioni praticate per il trasporto di merci a mezzo di navi adibite al servizio di linea.

liner train: ***treno merci veloce.*** Nel Regno Unito ed in altri paesi che danno maggior rilievo al trasporto merci su strada ferrata, indica un treno merci che svolge un servizio rapido regolare e periodico lungo una linea.

line stretching: ***allargamento di una linea.*** Si preferisce questa espressione a *line filling* (v.) e *line extending* (v.) quando il produttore aggiunge alla linea già esistente prodotti che si rivolgono a una categoria di persone più abbienti o meno abbienti di quelle già raggiunte, cioè si muove *up–market* o *down–market.*

line traffic: ***traffico di linea.*** Traffico di mezzi di trasporto che si svolge secondo orari prestabiliti su una linea che unisce due o più centri.

linkage: ***collegamento.*** Con questo termine si indica la capacità di un'industria di stimolare la costituzione e lo sviluppo di altre industrie, che le forniscono input o che assorbono il suo output. Un esempio di industria con collegamento ascendente e discendente è quello offerto dall'industria dell'acciaio, che crea un mercato per l'industria del minerale di ferro e del carbone, mentre altre industrie ad essa collegate ne assorbono la produzione. (v. anche *backward linkage, forward linkage*)

linked industry: ***industria collegata.*** È una qualsiasi delle industrie di cui si parla sotto *linkage* (v.). In particolare, il termine inglese indica un'industria che produce beni costituiti da più parti o elementi, che vengono forniti da altre industrie, come avviene ad esempio nell'industria automobilistica e in quella aeronautica.

L.I.P.: life insurance policy.

liquid assets: ***attività liquide.*** Tutte le attività in moneta o prontamente convertibili in moneta o quelle attività che vengono continuamente convertite in moneta, come ad esempio titoli, cambiali attive, creditori diversi, ecc. Per una banca, le attività liquide sono rappresentate da monete metalliche, banconote, saldi attivi presso la banca centrale, prestiti a richiesta o a breve preavviso, buoni del tesoro e cambiali scontate. Le attività liquide differiscono dalle attività fisse, che sono le attività acquisite da un'impresa per il proprio funzionamento, come ad esempio macchine ed edifici, non tanto per la loro natura quanto per la loro destinazione o funzione che svolgono, che ne determina la catalogazione sotto una delle due voci. Così, ad esempio, una macchina è un'attività fissa per l'azienda che la utilizza per produrre beni, ma è un'attività liquida per l'azienda che la produce.

liquid assets ratio: ***rapporto delle attività liquide.*** Lo stesso che *liquidity ratio* (v.).

to liquidate: ***liquidare; realizzare.*** Convertire un'attività fissa o liquida in moneta contante, mediante la vendita della stessa al suo valore di mercato. Nel linguaggio giuridico, il verbo significa in genere chiarire o accertare, mentre in quello commerciale equivale a pagare.

to liquidate a position: ***pareggiare.*** Bilanciare, mediante un'operazione uguale e contraria, una posizione di borsa o di divise estere.

liquidated: ***liquidato.*** Nel linguaggio giuridico, significa accertato o chiarito o determinato, mentre in quello commerciale è sinonimo di pagato. Così, un debito è liquidato quando è stato pagato o un'azienda è liquidata quando vengono accertati e legittimati i suoi conti e regolati col pagamento i rapporti di dare e avere.

liquidated claim: ***credito certo.*** Un credito il cui ammontare è stato concordato tra le parti, ovvero è accertabile mediante calcoli aritmetici.

liquidated damages: ***penale.*** È la somma, stabilita in una clausola di un contratto e non lasciata alla determinazione di un tribunale, che la parte inadempiente dovrà versare all'altra parte nel caso in cui non assolva alle obbligazioni imposte dal contratto. Può essere indicata come somma globale per la completa o parziale inadempienza, o può essere indicata come un tanto al giorno per ritardo nell'assolvere le obbligazioni contrattuali. (v. anche *damages for breach of contract*)

liquidated debt: ***debito certo.*** Un debito il cui ammontare è stato concordato tra le parti, ovvero è accertabile mediante calcoli aritmetici.

liquidating dividend: ***dividendo di liquidazione.*** Il termine inglese indica: a) la distribuzione proporzionale, ad azionisti o proprietari di un'impresa, di moneta o altri beni che residuano alla chiusura della liquidazione; b) la distribuzione proporzionale di moneta o altri beni agli azionisti di una società che opera in un'attività nella quale il capitale fisso è soggetto ad esaurimento, come ad esempio una miniera o un giacimento petrolifero, intesa come parziale rimborso del capitale versato; c) la distribuzione proporzionale di moneta o altri beni agli azionisti, con l'intento di ridurre il capitale versato o la plusvalenza derivante da rivalutazione dell'attivo.

liquidation: ***liquidazione.*** Il termine può significare: a) il pagamento di un debito o la realizzazione, attraverso la vendita, di un investimento. b) La procedura tramite la quale si procede all'estinzione di una società a responsabilità limitata, generalmente a causa di sua insolvenza o anche, ma più raramente, in vista di una ristrutturazione. La liquidazione avviene attraverso la vendita di tutte le attività ed il pagamento di tutti i crediti accertati e se, dopo aver fatto fronte a tutte le obbligazioni tra le quali vanno ascritte le spese di liquidazione, residuano fondi, questi vengono distribuiti proporzionalmente tra gli azionisti o i proprietari dell'impresa. Nel Regno Unito, la liquidazione può essere volontaria o coatta. La prima, a sua volta, si suddivide in liquidazione volontaria su delibera dei soci, che viene avviata su iniziativa dei soci o del consiglio di amministrazione, ma che è ammessa dalla legge soltanto se la società non si trova nello stato di insolvenza; e liquidazione volontaria su delibera dei creditori, che viene decisa dall'assemblea dei soci e dall'assemblea dei creditori. La liquidazione coatta, invece, avviene per decreto del tribunale su istanza dei creditori o dei soci o negli altri casi previsti dalla legge. Qualunque sia il tipo di liquidazione, viene nominato un liquidatore che provvederà alla vendita delle attività e alla ripartizione del ricavato tra i creditori. (v. anche *compulsory winding–up, voluntary winding–up, creditors' voluntary winding–up, members' voluntary winding–up, liquidator*)

liquidation value: ***valore di liquidazione.*** Il termine inglese significa: a) la quantità di moneta che può ricavarsi dalla vendita di un'attività durante la procedura di liquidazione di una società; b) l'ammontare concordato da versarsi agli azionisti privilegiati per ogni azione da loro posseduta, in caso di liquidazione volontaria o coatta della società.

liquidator: ***liquidatore.*** La persona, nominata dal tribunale nel caso di liquidazione coatta o dai creditori nel caso di liquidazione volontaria su delibera dei creditori o dai soci nel caso di liquidazione volontaria su delibera dei soci, che provvederà al realizzo di tutte le attività della società in liquidazione e alla distribuzione del ricavato tra i creditori o i soci. I poteri di un liquidatore variano a seconda che sia nominato dal tribunale, dai creditori o dai soci. (v. anche *liquidation*)

liquidator's accounts: ***conti del liquidatore; conti di liquidazione.*** La legge stabilisce che il liquidatore di una società deve usare il conto liquidazione società presso la Banca d'Inghilterra, a meno che sia autorizzato dal *Board of Trade* (v.) ad usare conti presso banche locali. Se egli riceve tale autorizzazione, può aprire conti presso qualunque banca e su di essi farà confluire i ricavi del realizzo delle attività della società in liquidazione. Se si tratta di liquidazione volontaria, il liquidatore non ha bisogno dell'autorizzazione suddetta per aprire conti presso qualsiasi banca, purché essi siano intestati alla società in liquidazione. Gli assegni emessi su tali conti dovranno essere pagabili all'ordine, dovranno recare il nome della società in liquidazione e dovranno essere firmati dal liquidatore e da un membro del comitato dei creditori o, ove questo manchi, dal curatore che svolgerà le funzioni del comitato dei creditori in relazione ai conti del liquidatore. Nel caso in cui vengano nominati due o più liquidatori, gli assegni saranno firmati da due o tutti i liquidatori, a seconda delle disposizioni del tribunale nel caso di liquidazione coatta. (v. anche *liquidator, committee of inspection, winding–up*)

liquid balances: ***disponibilità liquide; saldi monetari liquidi.*** Lo stesso che *cash balances* (v.).

liquid capital: ***capitale liquido.*** Capitale tenuto sotto forma di denaro liquido e, pertanto, non investito in alcuna forma. In *A Treatise on Money* Keynes usa questo termine per indicare scorte di qualsiasi tipo, fatta eccezione per le scorte di beni finali liquidi, indicate con *hoards* (v.).

liquid deficiency: ***deficit di liquidi.*** L'eccedenza delle passività correnti rispetto alle attività correnti.

liquid funds: ***mezzi liquidi.*** Fondi che consentono di far fronte immediatamente ad impegni finanziari.

liquid goods: 1. ***merci liquide.*** Nel linguaggio dei trasporti, indica qualsiasi tipo di liquido, come ad esempio petrolio grezzo o vino. **2.** ***beni liquidi.*** Nella terminologia keynesiana, lo stesso che *liquid stocks* (v.).

liquidity: ***liquidità.*** Il termine ha varie gradazioni di significato, che vengono qui elencate in ordine di frequenza d'uso. a) In senso generale, il termine indica il grado di prontezza o facilità con cui una qualsiasi attività può essere tramutata in denaro liquido. Tale grado varia a seconda delle attività e va dalla moneta, che è perfettamente liquida, alle proprietà immobiliari, che rappresentano il tipo di attività meno liquide. Così, ad esempio, un titolo azionario o obbligazionario può essere facilmente e prontamente convertito in moneta, in quanto esiste un mercato organizzato quale la borsa valori nel quale esso può essere negoziato. Viceversa, una proprietà immobiliare presenta un alto grado di illiquidità, in quanto può riuscire relativamente difficile venderla al suo valore di mercato o può passare un certo periodo di tempo prima che si trovi un acquirente. b) In senso finanziario, il termine indica la disponibilità totale di moneta e di attività di pronto realizzo, quali obbligazioni, buoni del tesoro, cambiali bancabili e simili. c) Negli scambi internazionali, indica la disponibilità totale di valuta o di attività di pronto realizzo negoziabili sui mercati internazionali. d) In ragioneria, indica la differenza tra attività correnti e passività correnti. e) Nel linguaggio delle borse valori statunitensi, indica la capacità, da parte del mercato di un determinato valore mobiliare, di assorbire un ragionevole ammontare di acquisti o vendite a ragionevoli variazioni di prezzo, il che costituisce una delle caratteristiche più importanti di un buon mercato. f) Nel linguaggio finanziario statunitense, il termine indica una misura ampia della liquidità negli Stati Uniti, pubblicata dalla Fed e definita come la somma delle seguenti componenti: M3 più *savings bonds* in possesso del pubblico, più titoli del Tesoro a breve termine, più accettazioni bancarie e più carta commerciale.

liquidity control: ***controllo della liquidità.*** Termine usato in alternativa a *control of liquidity* (v.).

liquidity crisis: ***crisi di liquidità.*** Situazione in cui viene a trovarsi una banca o un intero sistema bancario quando, a causa di pesanti e continui prelievi da parte dei titolari di depositi, le riserve non sono più sufficienti a far fronte alle richieste di rimborso dei clienti. In tale situazione, si rende necessario l'intervento della banca centrale che sarà sempre in grado di concedere prestiti alla singola banca o all'intero sistema bancario, mentre si pongono in moto altri provvedimenti intesi a invertire la tendenza, ripristinando la fiducia nei titolari di depositi bancari.

liquidity diversification: ***diversificazione della liquidità.*** L'investimento di disponibilità monetarie in diversi tipi di attività liquide, come ad esempio l'acquisto di titoli a reddito fisso con differenti date di scadenza, che offrono il vantaggio di poter disporre sempre di una certa quantità di moneta, a seguito delle differenti scadenze, e di tutelarsi in gran parte contro il rischio del tasso d'interesse.

liquidity function: ***funzione della liquidità.*** È un'equazione nella quale la quantità di moneta richiesta per scopi collegati alla liquidità (variabile dipendente) è presa come funzione di una o più variabili indipendenti. Così Ml = f(x,y), dove Ml è la quantità di moneta richiesta per scopi collegati alla liquidità.

liquidity–money curve: ***curva liquidità–moneta; scheda LM.*** La curva che, in un grafico, unisce tutte le combinazioni di reddito e tasso d'interesse alle quali il mercato monetario è in equilibrio. L'offerta di moneta è determinata dall'interazione tra governo, banca centrale e sistema bancario.

liquidity–money schedule: ***scheda liquidità–moneta; scheda LM.*** Lo stesso che *liquidity–money curve* (v.), ma esposto in forma tabulare.

liquidity preference: ***preferenza per la liquidità.*** È il grado di preferenza, mostrata dai privati e dalle istituzioni, a tenere i loro risparmi o le loro attività sotto forma di denaro liquido. La preferenza per la liquidità di tutti i privati e di tutte le istituzioni dà luogo alla preferenza per la liquidità della comunità nel suo insieme e determina la domanda globale di moneta. Poiché la domanda di moneta deriva dalle sue due funzioni principali, cioè quella di mezzo di scambio e quella di mezzo di tesaurizzazione, J.M. Keynes ipotizzò tre moventi alla base della preferenza per la liquidità: a) il movente delle operazioni commerciali; b) il movente precauzionale; e, c) il movente speculatorio. Il movente delle operazioni commerciali è alla base della domanda di moneta per finanziare le operazioni correnti di privati e di istituzioni e questa domanda sarà tanto più alta quanto più alto è il reddito nazionale, poiché in una situazione di alto reddito nazionale il valore globale delle operazioni commerciali sarà più alto e quindi richiederà più moneta di quanto non avvenga in una situazione di basso reddito nazionale. Anche il movente precauzionale dipenderà in gran parte dal reddito nazionale, perché tale domanda di moneta deriva dal bisogno di poter far fronte a necessità in un prossimo futuro, a contingenze imprevedibili e a probabili buone occasioni di acquisto. A questo scopo il privato, ad esempio, tende a voler avere la possibilità di disporre in qualsiasi momento di un ammontare pari almeno a due–cinque volte il suo reddito mensile. Il movente speculatorio dipende in gran parte dal livello dei tassi di interesse, per cui in periodi di alti tassi la preferenza per la liquidità sarà minore, ma in periodi di bassi tassi essa sarà maggiore. Altro elemento che influenza il movente speculatorio è il costo ed il rendimento dei titoli a reddito fisso e le aspettative circa l'andamento dei loro prezzi sul mercato. Infatti, se ci si aspetta una diminuzione dei prezzi e un conseguente aumento dei rendimenti, sarà opportuno e preferibile tenere disponibile moneta liquida per poter intervenire quando l'aspettativa si realizzerà; se, viceversa, ci si aspetta che i prezzi salgano, e di conseguenza i rendimenti diminuiscano, sarà opportuno e preferibile investire subito il denaro liquido.

liquidity preference theory of interest: ***teoria dell'interesse basata sulla preferenza per la liquidità.*** Questa teoria sostiene che l'interesse è la ricompensa per la rinuncia alla liquidità. In base a tale assunto, il tasso di interesse corrisponde al prezzo che scaturisce dall'incontro della preferenza per la liquidità, che determina la domanda di moneta, e la politica bancaria, che determina l'offerta di moneta. Infatti, la politica bancaria può apportare cambiamenti di vario genere nel grado di preferenza per la liquidità, incoraggiando un aumento o una diminuzione dell'offerta di moneta quando la preferenza per la liquidità cresce o diminuisce. Se, ad esempio, i tassi di interesse sono alti, la collettività mostra una bassa preferenza per la liquidità e di conseguenza vi è una debole domanda di moneta; se, invece, i tassi di interesse sono bassi, la collettività mostra un'alta preferenza per la liquidità e di conseguenza vi è una forte domanda di moneta. Le due tendenze possono farsi incontrare ad un dato tasso di interesse. Ma se a tale tasso di interesse si rafforza la preferenza per la liquidità, mentre l'offerta di moneta resta invariata, il tasso di interesse salirà, con la conseguenza che si verificherà una forte vendita di titoli a reddito fisso per procurarsi moneta. Ciò farà scendere il prezzo dei titoli e quindi aumentare il rendimento e il tasso di interesse. Se, invece, a quel dato tasso di interesse la preferenza per la liquidità si indebolisce mentre l'offerta di moneta resta invariata, il tasso di interesse scenderà. Questo tasso di interesse più basso sarà influenzato dalla domanda di titoli in cui investire le disponibilità liquide, il che farà salire i prezzi dei titoli e diminuire il rendimento e il tasso di interesse. (v. anche *abstinence theory of interest, agio theory of interest, classical theory of interest, loanable funds theory of interest, marginal productivity theory of interest, time preference theory of interest*)

liquidity premium: ***premio per la liquidità.*** Nella terminologia keynesiana, è il prezzo che si è pronti a pagare per l'utilità potenziale o la sicurezza data dalla possibilità di disporre di un'attività durante un periodo di tempo. Il premio ovviamente differisce a seconda del tipo di attività che si vuole tenere a disposizione, cioè in forma liquida.

liquidity premium theory: ***teoria del premio per la liquidità.*** La teoria, espressa da J. Hicks, che sostiene che la domanda e l'offerta di titoli a reddito fisso si trovano in differenti situazioni di equilibrio nel mercato a lungo termine e in quello a breve termine. Il mercato a lungo termine è dominato dai mutuatari, che preferiscono contrarre prestiti a lungo termine, il che porta a un eccesso di offerta di titoli di questo tipo, con conseguente depressione del loro prezzo e aumento del tasso d'interesse. Viceversa, il mercato a breve termine è dominato dai mutuanti, che preferiscono concedere prestiti a breve termine, in quanto essi oltre al rendimento forniscono anche un servizio in termini di liquidità, svolgendo le funzioni di quasi moneta, il che porta a un eccesso di domanda di titoli a breve termine, con conseguente aumento del prezzo e depressione del tasso d'interesse. I mutuanti, cioè, finirebbero per pagare un premio, ricevendo un tasso d'interesse più basso, a causa della loro preferenza per la liquidità. Naturalmente, qualora emergesse un premio per la liquidità troppo elevato, si verificherebbero operazioni di arbitraggio che lo riporterebbero a valori normali. (v. anche *expectations theory*)

liquidity ratio: 1. *rapporto di liquidità.* Per una banca, è il rapporto tra depositi totali dei clienti e le attività liquide a disposizione della banca. Queste ultime consistono di moneta contante e di altre attività un po' meno liquide ma pur sempre di pronto realizzo, come ad esempio crediti a richiesta e a breve preavviso, buoni del tesoro ed effetti bancabili. Il rapporto del trenta per cento è considerato convenzionalmente come il minimo rapporto di liquidità, pur se a causa di fluttuazioni stagionali esso tende ad andare sopra o sotto tale percentuale, ma nel 1963 le banche inglesi furono incoraggiate a portare il rapporto al ventotto per cento. (v. anche *liquidity rules*) **2. *rapporto di cassa; rapporto di liquidità; indice di liquidità.*** Per un'impresa, è il rapporto tra attività liquide e passività correnti e rappresenta un indice approssimativo del grado di solvibilità dell'impresa. (v. anche *liquid assets*)

liquidity risk: *rischio della liquidità.* Nella terminologia finanziaria, è il rischio che corre il depositante di trovarsi di fronte a una crisi di liquidità nel momento in cui desidera convertire i propri depositi in moneta corrente. A questo rischio tentano di far fronte, mediante l'imposizione di riserve e altri accorgimenti, le autorità preposte alla vigilanza sulle istituzioni di deposito.

liquidity rules: *regole di liquidità.* In passato, una delle maggiori preoccupazioni delle banche era rappresentata dalla necessità di mantenere una parte delle loro attività in forma liquida, per far fronte alle richieste di prelievi da parte dei clienti, e dalla necessità di investire le attività in forme redditizie. Una regola empirica, che divenne in seguito nota come prima regola di liquidità, portò le banche inglesi a stabilire nella misura dell'otto per cento il rapporto tra i depositi e la riserva numeraria, cioè disponibilità in denaro liquido nelle casse della banca. Una seconda regola empirica, che fu successivamente chiamata seconda regola di liquidità, portò le banche britanniche a stabilire nella misura del trenta per cento il rapporto tra i depositi e la riserva liquida, che comprendeva la riserva numeraria più altre attività di pronto realizzo, quali buoni del tesoro, prestiti a richiesta e a breve preavviso ed effetti bancabili. Ciò consentiva alle banche di disporre del restante settanta per cento delle loro attività per anticipazioni a clienti e altre forme di investimento meno liquide ma più remunerative. Tale rapporto del trenta per cento restò in vigore nel Regno Unito fino al 1963, quando le banche furono incoraggiate a ridurlo al ventotto per cento, che veniva considerato il minimo possibile. C'è da notare, comunque, che mentre la prima regola di liquidità può essere considerata abbastanza elastica, la seconda invece è piuttosto rigida. Infatti, se la riserva numeraria dovesse scendere al di sotto dell'otto per cento, essa potrebbe essere facilmente e prontamente ricostituita a scapito dei crediti a richiesta e a breve preavviso, ma se il rapporto di liquidità scendesse al di sotto del ventotto per cento, lo si potrebbe ricostituire soltanto attraverso una restrizione del credito.

liquidity statement: *stato di liquidità.* Prospetto, redatto periodicamente da una banca, che presenta il rapporto tra contanti e attività di pronto realizzo da un lato e debiti a breve scadenza dall'altro.

liquidity trap: *trappola della liquidità.* Si indica con questa espressione il punto in cui la domanda di moneta (liquidità) è infinitamente elastica rispetto al tasso di interesse e successivi aumenti dell'offerta di moneta non determinano alcuna diminuzione del tasso di interesse. Una situazione del genere si verifica quando il rendimento degli investimenti è molto basso e il rischio di tenerli in essere è considerato dagli investitori tanto alto da far loro preferire la liquidità. In tale situazione, che J.M. Keynes per primo analizzò a fondo, le politiche monetarie risultano del tutto impotenti.

liquid market: *mercato liquido.* Un mercato nel quale è facile realizzare vendite e acquisti.

liquid measure: *misura per liquidi.* Una qualsiasi misura di volume usata per sostanze liquide.

liquid output: *produzione liquida.* Lo stesso che *available output* (v.).

liquid ratio: *rapporto di liquidità; rapporto di cassa.* Termine usato con lo stesso significato di *liquidity ratio* (v.).

liquid reserve: *riserva liquida; scorta liquida.* Una qualsiasi riserva costituita da attività liquide. (v. anche *liquid assets*)

liquid securities: *titoli di pronto realizzo.* Sono tutti quei titoli che possono essere prontamente e facilmente convertiti in moneta, come ad esempio buoni del tesoro o obbligazioni a breve scadenza.

liquid stocks: *scorte liquide.* Termine usato da Hawtrey e Keynes per indicare scorte di prodotti finiti.

lira: Unità monetaria dell'Italia, nominalmente suddivisa in cento centesimi, e della Turchia, suddivisa in cento kurus o piastre.

lire account: *conto in lire.* Espressione del linguaggio finanziario, usata per indicare uno dei conti che le banche estere tengono presso le banche italiane.

lisente: Moneta divisionaria del Lesotho, equivalente a un centesimo di loti.

list: 1. *listino.* Elenco di prezzi fissati da un'impresa per i suoi prodotti o correnti su un mercato per una categoria di merci, prodotti, servizi, ecc. Lo stesso termine indica l'insieme dei corsi dei titoli e dei cambi in una borsa valori. (v. anche *stock exchange daily official list*) **2. *lista; elenco; indirizzario commerciale.*** Nel marketing, il termine indica gli elenchi di potenziali acquirenti divisi per categorie professionali, per zone, o in base a qualche altro criterio. Vengono preparati da aziende specializzate e venduti o noleggiati a chi intende fare una campagna di lancio per corrispondenza o mediante visite a domicilio.

list broker: *noleggiatore d'indirizzari commerciali.* Termine con il quale si indica un operatore che svolge l'attività descritta sotto *list broking* (v.).

list broking: *noleggio d'indirizzari commerciali.* È l'attività svolta da alcune imprese che preparano indirizzari commerciali, che vengono poi forniti ad imprese che li richiedono e che pagano un canone mensile o annuo. Il noleggio può risultare più vantaggioso dell'acquisto, perché l'impresa che prepara gli indirizzari si prende cura di tenerli sempre aggiornati mediante aggiunte e modifiche. (v. anche *list 2*)

list compiler: ***creatore d'indirizzari commerciali.*** Colui che materialmente compila elenchi di potenziali acquirenti, per poi rivenderli o noleggiarli a chi li utilizza. (v. anche *list 2*)

list compiling: ***creazione d'indirizzari commerciali.*** L'attività di chi compila elenchi di potenziali acquirenti, per poi rivenderli o noleggiarli a chi li utilizza. (v. anche *list 2*)

listed company: ***società quotata in borsa.*** È la società le cui azioni e obbligazioni sono ammesse alle quotazioni presso una borsa valori e, di conseguenza, compaiono nel listino pubblicato a cura della borsa. Per essere ammessa alla quotazione, la società deve conformarsi a determinate norme, che variano da paese a paese. (v. anche *listed securities*)

listed options: ***contratti a premio autorizzati.*** Lo stesso che *exchange–traded options* (v.).

listed securities: ***titoli quotati in borsa; titoli ufficiali.*** Vengono così indicati i titoli acquistati e venduti sui mercati specializzati e iscritti nei listini di borsa. Vengono in tal modo distinti da quei titoli che sono oggetto di negoziazione al mercato ristretto o di scambio diretto tra investitori. Per avere i propri titoli inseriti nei listini della borsa valori, le società devono sottostare a certe condizioni imposte dal comitato di controllo della borsa valori presso la quale chiedono l'ammissione alla quotazione. Tali condizioni, che hanno lo scopo di tutelare gli interessi degli investitori, variano da paese a paese, ma generalmente prevedono che le società inviino i propri bilanci, che siano disposte a sottoporsi a certe forme di supervisione e simili.

listed stock: ***titoli quotati in borsa.*** Termine usato negli Stati Uniti con lo stesso significato di *listed securities* (v.).

list house: ***casa produttrice d'indirizzari commerciali.*** È un'azienda che prepara e fornisce indirizzari commerciali o in vendita o a noleggio. (v. anche *list broking, list 2*)

listing: 1. ***incarico di vendita.*** Contratto tra il proprietario di un bene immobile e un mediatore o un'agenzia immobiliare, in base al quale il primo autorizza il secondo a vendere una sua proprietà immobiliare. (v. anche *exclusive agency listing, exclusive–right–to–sell listing, multiple listing, open listing*) **2.** ***quotazione in borsa.*** Lo stesso che *quotation 2* (v.).

listing admission: ***ammissione alla quotazione.*** Procedimento mediante il quale si autorizza la quotazione e la negoziazione dei titoli di una società presso una borsa valori. Per ottenere l'ammissione alla quotazione, la società deve ottemperare a determinate disposizioni di legge, che variano da paese a paese, o deve conformarsi a determinate norme stabilite dal comitato di controllo della borsa presso la quale chiede la quotazione. (v. anche *quotation 2*)

listing agreement: ***accordo di quotazione in borsa.*** L'accordo che una società è tenuta a sottoscrivere con la borsa valori in previsione della quotazione dei propri titoli presso la borsa stessa. Tale accordo impone doveri di pubblicità molto più ampi di quelli previsti dalla legge e applicabili a società non quotate in borsa.

listing requirements: ***requisiti per la quotazione in borsa.*** Le norme cui una società deve conformarsi e le caratteristiche che essa deve possedere se vuole essere ammessa alle quotazioni presso una borsa valori.

list of drawings: ***listino delle estrazioni.*** È la pubblicazione che contiene l'elenco completo dei numeri di serie dei certificati obbligazionari sorteggiati per il rimborso.

list of taxpayers: ***ruolo dei contribuenti.*** È l'elenco dei contribuenti di un ente locale o di un paese, a fianco del cui nome compare il reddito accertato o dichiarato e l'ammontare di imposta che ciascuno di loro è tenuto a pagare.

list price: ***prezzo di listino.*** È il prezzo riportato in un listino, che può essere soggetto a sconto commerciale, a sconto per pagamento in contanti, ecc. Pertanto, il prezzo di listino, anche se stabilito dal produttore, è il prezzo di vendita consigliato al dettagliante che, a sua volta, può concedere sconti al consumatore finale suo cliente, a meno che ciò sia vietato dall'accordo intercorso tra produttore e dettagliante o da precise disposizioni di legge.

list publisher: ***creatore d'indirizzari commerciali.*** Termine usato con lo stesso significato di *list compiler* (v.).

list publishing: ***creazione d'indirizzari commerciali.*** Termine usato con lo stesso significato di *list compiling* (v.).

list renting: ***noleggio di indirizzari commerciali.*** Lo stesso che *list broking* (v.).

lists closed: ***liste chiuse.*** Espressione usata per indicare che l'emittente, ad una data prestabilita, ha chiuso o chiuderà le liste di sottoscrizione di un'emissione di valori mobiliari.

lit.: litre.

Little Neddies: Termine colloquiale con il quale, nel Regno Unito, vengono indicate le commissioni per lo sviluppo regionale, istituite nel 1964 dal Comitato per lo sviluppo economico nazionale, una per ciascuna industria o settore industriale. (v. anche *National Economic Development Council*)

Little Six: Espressione britannica, formata sul modello di *Big Four* (v.), con la quale si indicavano, tra il 1939 e il 1962, sei banche più piccole e precisamente tre banche indipendenti, la Martins Bank, la District Bank e la National Bank, e tre banche sussidiarie: la Williams Deacon's Bank e la Glyn, Mills & Co. (di proprietà della Royal Bank of Scotland) e la Coutts & Co. (di proprietà della National Provincial Bank). Nel 1962, la District Bank fu acquisita dalla National Provincial Bank e nel 1966 il pacchetto di proprietà inglese della National Bank fu acquisito dalla National and Commercial Bank of Scotland.

little steel: ***piccola acciaieria.*** Termine colloquiale, con il quale negli Stati Uniti vengono indicate le piccole imprese produttrici di acciaio che non fanno parte della *United States Steel Corporation.*

littoral rights: ***diritti litoranei.*** Sono i diritti sulla fascia litoranea di una massa d'acqua, lago, mare o oceano, tra la linea di demarcazione della bassa marea e quella dell'alta marea.

livability: ***vivibilità.*** Il termine inglese indica una qualità della vita, o tenore di vita, che tiene conto non tanto dei bisogni da soddisfare quanto dei riflessi sociali di tali bisogni.

live account: ***cliente attivo.*** Un conto intestato a un cliente che intrattiene con l'impresa regolari rapporti di compravendita. Il termine viene usato in contrapposizione a *dead account 2* (v.).

lively: ***vivace.*** Aggettivo usato nel linguaggio delle borse valori per definire condizioni di mercato caratterizzate da grande attività e dalla presenza di molti venditori e compratori.

Liverpool Corn Trade Association: Associazione commerciale che si interessa, tra l'altro, della gradazione dei grani, in modo che si possano vendere in qualità uniformi per contrattazione privata negli appositi mercati organizzati.

Liverpool Cotton Association: Associazione commerciale che si interessa, tra l'altro, della gradazione del cotone grezzo, in modo che si possa vendere in qualità uniformi per contrattazione privata negli appositi mercati organizzati.

Liverpool Cotton Exchange: ***Borsa del cotone di Liverpool.*** La borsa del cotone di Liverpool è uno dei principali mercati organizzati del mondo per la compravendita di cotone grezzo.

Liverpool cotton futures market: ***mercato a termine del cotone di Liverpool.*** Il mercato a termine del cotone fu molto attivo nel periodo prebellico, ma da quando è stato riaperto nel 1954 non è riuscito più a recuperare le posizioni che teneva saldamente prima del 1939. Ciò, forse, è in parte dovuto al sistema del doppio prezzo adottato dal governo degli Stati Uniti a protezione dei coltivatori di cotone statunitensi, che erano e sono i principali fornitori del mercato di Liverpool. (v. anche *futures*)

Liverpool cotton market: ***mercato del cotone di Liverpool.*** È il mercato che tratta l'importazione del cotone grezzo e la vendita dello stesso alle industrie tessili. Il cotone viene sottoposto a gradazione da parte della *Liverpool Cotton Association* e viene poi trattato in qualità uniformi alla *Liverpool Cotton Exchange.*

Livery Company: ***gilda.*** Termine con il quale viene indicata una qualsiasi delle gilde ancora esistenti a Londra, probabilmente a causa delle livree pittoresche indossate dai suoi soci in occasione di particolari cerimonie. La maggior parte di queste associazioni oggigiorno perseguono soltanto i loro scopi sociali e filantropici e solo alcune hanno ancora voce in capitolo nella condotta dei soci legati ad un particolare tipo di arte, mestiere o commercio. (v. anche *guild*)

living cost: ***costo della vita.*** Termine usato in alternativa a *cost of living* (v.).

living debt: ***debito vivo.*** Espressione con la quale a volte si indica il debito contratto per finanziare l'attività economica corrente.

living-document doctrine: ***dottrina del documento vivo.*** Nel linguaggio statunitense delle relazioni industriali, questa espressione indica una clausola, contenuta nei contratti di lavoro pluriennali, che dà diritto al sindacato di riaprire la negoziazione salariale, in qualsiasi momento durante la vita del contratto, se l'andamento dell'indice generale dei prezzi indica il pericolo che il potere d'acquisto dei salari possa venire eroso dall'inflazione. L'alternativa è a volte rappresentata dall'inserimento, nel contratto di lavoro, di un meccanismo di indicizzazione che tenga conto dei movimenti inflazionistici. L'espressione inglese deriva dal fatto che essendo soggetto a possibili revisioni, il contratto di lavoro diventa un documento vivo, suscettibile di cambiamenti.

living on capital: ***vivere di capitale.*** Espressione con la quale a volte si indica la situazione in cui un paese non riesce a produrre nuovi beni capitali per sostituire quelli consumati o obsolcti. Tale situazione indica che vi è nel paese un'eccessiva propensione al consumo da parte dei residenti, che porterà a serie difficoltà e gravi conseguenze economiche se non verrà corretta.

living standard: ***tenore di vita.*** Termine usato in alternativa a *standard of living*(v.).

living trust: Un fedecommesso che entra in vigore mentre il fiduciante è ancora in vita. Il termine è usato in contrapposizione a *testamentary trust* (v.).

living wage: ***salario di sussistenza.*** Un salario che è appena sufficiente a far fronte all'acquisto di beni di prima necessità, indispensabili alla sopravvivenza del lavoratore e della sua famiglia.

LKg. & BKg.: leakage and breakage.

Llds.: Lloyd's.

Lloyd Jacob Report: ***Rapporto Lloyd Jacob.*** È il rapporto della Commissione Lloyd Jacob sui prezzi di vendita imposti dai produttori, pubblicato nel Regno Unito nel 1949. Il rapporto condannò tale pratica, ma il governo laburista nel 1951 pubblicò un libro bianco nel quale rigettava le conclusioni del Rapporto Lloyd Jacob e si pronunciava a favore del mantenimento di tale pratica. Nel 1955, tuttavia, un rapporto della Commissione per i monopoli giunse alle stesse conclusioni del Rapporto Lloyd Jacob e servì da base per i provvedimenti legislativi contro le pratiche commerciali restrittive, approvati dal parlamento britannico nel 1956. (v. anche *price maintenance, Monopolies Commission, Resale Prices Act, Restrictive Trade Practices Act*)

Lloyd's: ***Corporazione del Lloyd.*** Termine popolare con il quale viene indicata la *Corporation of Lloyd's*, un'associazione di assicuratori sorta nel 1689. Il nome deriva da quello del caffé di proprietà di Edward Lloyd nel quale, nel diciassettesimo secolo, si riunivano coloro che si interessavano di assicurazioni e traffici marittimi. Allora, come oggi, la principale attività del Lloyd era quella di stipulare assicurazioni marittime e di raccogliere e far circolare una massa di informazioni relative a navi e ai loro spostamenti in qualsiasi parte del mondo. Successivamente, l'attività del Lloyd si è ampliata fino a coprire qualsiasi ramo di assicurazione, eccetto quella sulla vita. È, infatti, possibile sottoscrivere polizze contro qualsiasi tipo di rischio presso il Lloyd di Londra. L'associazione, che non è una società o compagnia di assicurazioni bensì un mercato mondiale delle assicurazioni, è composta da singoli assicuratori, che tuttavia operano in sindacati, che accettano rischi proposti loro dai *brokers* (v.) con i quali stabiliscono premi e condizioni. Quando il rischio è grande, esso viene sottoscritto da più assicuratori in nome di più sindacati, in modo che esso risulti frazionato. L'associazione come tale, che fu dotata di personalità giuridica e legalmente costituita con Atto del Parlamento nel 1871, non assume responsabilità in caso di inadempienza di un membro, ma tuttavia ciascun membro prima di essere accettato deve depositare una somma di denaro notevole presso le casse dell'associazione e i premi incassati da ciascun membro vengono depositati in un fondo fiduciario, dal quale vengono pagati gli indennizzi a seguito di sinistri. Compito dell'associazione è quello di fornire documenti standardizzati, informazioni relative alla navigazione, un ufficio centrale per l'emissione delle polizze e per la presentazione delle denunce di sinistri, agenti in quasi tutti i principali porti del mondo e di pubblicare un quotidiano, che dà informazioni sui movimenti del naviglio mondiale, e altri periodici sempre di argomento marittimo ed assicurativo. (v. anche *insurance broker, lead 2, syndicate, Lloyd's underwriter, Lloyd's List and Shipping Gazette, Lloyd's agents*)

Lloyd's agents: ***agenti del Lloyd.*** Sono agenti dislocati dal Lloyd nei principali porti del mondo, col compito di inviare all'associazione informazioni relative al movimento di navi, aerei, ecc., e di nominare periti che preparino relazioni su danni e perdite. Vi sono nel mondo circa 1500 tra agenti e sub–agenti del Lloyd.

Lloyds and Scottish Finance Ltd.: Una delle principali società finanziarie, con sede a Edimburgo. È di proprietà della Lloyds Bank e della National Commercial Bank of Scotland e fa parte della *Finance Houses Association*.

Lloyd's associates: ***membri associati del Lloyd.*** Sono persone, quali ad esempio avvocati, periti, ecc., che pur non operando personalmente nel campo delle assicurazioni devono, nello svolgimento della loro attività professionale, spesso recarsi a discutere con gli assicuratori del Lloyd. Per questo motivo vengono nominati membri associati e ciò dà loro il diritto di accedere nella sala in cui gli assicuratori svolgono la loro attività.

Lloyds Bank Europe Ltd.: È una delle consociate della Lloyds Bank e svolge la sua attività nell'Europa continentale, principalmente in Francia, Svizzera, Monaco e Belgio.

Lloyds Bank Ltd.: È una delle quattro principali banche operanti in Gran Bretagna. Conta oltre duemila sportelli in Inghilterra e Galles e opera in Scozia attraverso la National Commercial Bank of Scotland. Fu fondata come banca privata a Birmingham nel 1765 e diventò un istituto di credito nel 1865. Attraverso sue consociate opera anche nell'Europa occidentale, nel Sud America, nella Nuova Zelanda e in Africa. Pubblica una rivista di studi economici e finanziari molto apprezzata.

***Lloyds Bank Review*:** Rivista trimestrale pubblicata dalla Lloyds Bank. Tratta, attraverso articoli di personalità rappresentative, questioni relative all'economia, alla finanza e all'attività bancaria in particolare.

Lloyd's Bonds: Tipo di obbligazioni che presero il nome dal loro inventore, l'avvocato J.H. Lloyd, che escogitò un sistema che consentisse ad una società ferroviaria di contrarre prestiti per un ammontare superiore a quello permesso dalle disposizioni di legge all'epoca vigenti. Il *Railway Regulation Act* del 1844, infatti, proibiva alle società di contrarre prestiti che superassero i due terzi del capitale versato, ma J.H. Lloyd fece emettere normali pagherò cambiari, che fruttavano un interesse, pagabili al portatore. Questo tipo di obbligazioni furono usate dalla società ferroviaria per pagare propri appaltatori, che poterono così realizzare contanti o contrarre a loro volta prestiti garantiti dai pagherò.

Lloyd's broker: Membro della *Corporation of Lloyd's* che agisce in nome e per conto dell'assicurato nella stipulazione di un contratto di assicurazione con i *Lloyd's underwriters* (v.), concordando la tariffa di premio e preparando la polizza che sarà poi firmata dall'apposito ufficio del Lloyd, quando il tipo di assicurazione non prevede l'uso di una polizza standard. Il *broker* viene remunerato con una commissione, che egli trattiene dai premi versatigli dall'assicurato e da lui inoltrati al Lloyd.

Lloyd's form: ***modulo del Lloyd.*** È il modulo tipo di polizza di assicurazione marittima, in uso presso il Lloyd di Londra dal 1779.

***Lloyd's List*:** Antico nome della *Lloyd's List and Shipping Gazette* (v.), con il quale ancora oggi spesso si indica tale pubblicazione.

***Lloyd's List and Shipping Gazette*:** È il quotidiano pubblicato dalla Corporazione del Lloyd, nel quale compaiono informazioni relative principalmente ai movimenti di navi, suddivise in sezioni riservate ai movimenti d'oltremare, movimenti del naviglio di cabotaggio e movimento nei porti britannici. Fu fondata nel 1734, ma precedentemente portava il titolo di *Lloyd's List* e ancora prima quello di *Lloyd's News*.

***Lloyd's Loading List*:** Settimanale, pubblicato a cura della Corporazione del Lloyd, che contiene i nomi delle navi che si trovano o giungeranno in porti britannici o continentali, i loro porti di destinazione e di scalo e le rispettive date entro le quali si deve prenotare spazio sulle stesse se si intende servirsene.

Lloyd's medals: ***medaglie del Lloyd.*** Sono medaglie conferite dal Lloyd a chi si è particolarmente distinto o nel salvare vite in mare o nel salvare carichi e navi o al servizio della Corporazione del Lloyd.

***Lloyd's News*:** Nome della pubblicazione curata da Edward Lloyd, il proprietario del caffé nel quale, nel diciassettesimo secolo, si riunivano gli antenati dei moderni Lloyd. Conteneva informazioni sui movimenti del naviglio, ad uso dei clienti del caffé. (v. anche *Lloyd's List and Shipping Gazette*)

Lloyd's policy: ***polizza del Lloyd.*** È la polizza standard di assicurazione marittima sottoscritta dagli assicuratori della Corporazione del Lloyd e recante il timbro dell'associazione.

Lloyd's Policy Signing Office: È l'ufficio istituito e autorizzato, dal comitato di direzione della Corporazione del Lloyd, a stilare e firmare tutte le polizze sottoscritte dagli assicuratori che operano nell'ambito della Corporazione.

Lloyd's Register of Shipping: ***Registro Navale del Lloyd; istituto di classificazione navale britannico.*** Associazione fondata allo scopo di ispezionare e classificare navi, in modo da dare agli assicuratori o a chiunque sia interessato ai trasporti marittimi informazioni sulle navi stesse e garanzie delle loro condizioni e qualità. L'associazione cura una pubblicazione annuale, intitolata *Lloyd's Register of British and Foreign Shipping*, che contiene informazioni su tutte le navi di cento tonnellate ed oltre. Se una nave viene costruita sotto la supervisione del Lloyd, essa viene classificata con una croce di Malta, alla quale si fa seguire il numero e la lettera che indicano la classe di appartenenza. Così, ad esempio, una nave può essere classificata con: croce maltese 100A1, che è lo standard più alto possibile.

Lloyd's Room: È la sala, nell'edificio del Lloyd, ove gli assicuratori si incontrano con i *broker* (v.) o con i membri associati per svolgere la loro attività.

Lloyd's surveyor: ***perito del Lloyd; ispettore del Lloyd.*** Impiegato altamente qualificato del *Lloyd's Register of Shipping* (v.) preposto alla sorveglianza di navi costruite sotto la supervisione del Lloyd e alle visite peritali di navi iscritte nel Registro Navale del Lloyd. Questi ispettori compiono visite periodiche alle navi, allo scopo di accertarsi delle loro condizioni generali, e inoltrano i loro rapporti al Lloyd, che provvede ad annotare le eventuali variazioni delle condizioni di sicurezza e navigabilità delle navi iscritte nel Registro. (v. anche *marine surveyor, ship surveyor*)

Lloyd's underwriter: ***membro del Lloyd.*** La figura dell'*underwriter* è caratteristica del Lloyd di Londra e il termine deriva dal fatto che quando è richiesta una copertura assicurativa di notevole entità, coloro che sono disposti a fornirla sottoscrivono il contratto provvisorio nel quale indicano, a fianco del loro nome, l'ammontare di rischio che intendono assumersi. Eventuali perdite saranno liquidate in proporzione all'ammontare di rischio sottoscritto da ciascun assicuratore membro del Lloyd.

***Lloyd's Weekly Casualty Reports*:** Settimanale pubblicato a cura del Lloyd e contenente notizie e informazioni dei sinistri verificatisi a carichi, navi o altri mezzi di trasporto assicurati dai membri della Corporazione.

L.L.T.: London landed terms.

LM curve: ***curva liquidità–moneta; scheda LM.*** V. spiegazione sotto *liquidity–money curve.*

LME: London Metal Exchange.

LM function: ***funzione LM.*** Una funzione che mostra tutte le possibili combinazioni del livello di reddito e di tasso d'interesse, che determina l'equilibrio tra domanda e offerta di moneta.

LM schedule: ***scheda LM.*** V. *liquidity–money schedule.*

LMU: Latin Monetary Union.

ln.: lien.

L.O.: 1) lock–out; 2) London Office.

load: 1. ***carico; soprapprezzo.*** Nei fondi comuni d'investimento, si indica con questo termine la differenza tra valore contabile netto e prezzo di vendita delle quote–parti, che va a coprire le spese di amministrazione e produttive della società distributrice. **2.** Unità di misura mercantile di peso, usata con valori diversi. Per il grano, corrisponde a 320 galloni o 40 *bushel* (v.) ed equivale a 1454,721 chilogrammi nel Regno Unito e a 1409,521 chilogrammi negli Stati Uniti; per il fieno, corrisponde a 36 *truss* (v.) ed equivale a 914,458 chilogrammi; per il legname, corrisponde a 40 piedi cubici di legname grezzo e a 50 piedi cubici di legname segato; per la terra, corrisponde a 27 piedi cubici o una yarda cubica.

loaded price: ***prezzo sopraccaricato.*** Prezzo che risulta ingiustificatamente troppo alto a seguito della caricazione eccessiva in considerazione di qualche piccolo servizio aggiuntivo, quale ad esempio l'imballaggio o la consegna a domicilio.

loader: Termine usato nel gergo finanziario statunitense per indicare un esperto venditore che opera in una *boiler room* (v.).

load factor: ***fattore di carico.*** Nelle aziende di erogazione di pubblici servizi, si intende il rapporto tra produzione dei periodi di punta e produzione media in un dato arco di tempo, utilizzato come base per la formulazione di tariffe differenziali per differenti categorie di utenti. Quanto più alto è il fattore di carico, tanto più bassa sarà la tariffa.

load–factor pricing: ***determinazione del prezzo in base al fattore di carico.*** È la fissazione di prezzi diversi per diversi periodi del giorno o dell'anno, allo scopo di massimizzare l'utilizzazione degli impianti attraverso un recupero di domanda nei periodi in cui essa scende al di sotto di un dato limite, o al fine di attirare consumatori a basso reddito. Ciò consente una più ampia distribuzione dei costi fissi tra le unità di prodotto e può spingersi fino al punto in cui si coprono i costi correnti per intero e parte dei costi fissi. Ad esempio, una struttura turistica può offrire prezzi più contenuti in periodi dell'anno in cui essa è meno affollata; le società dei telefoni praticano tariffe più basse in determinate ore del giorno o della notte. Quando una politica del genere viene adottata per stimolare le vendite ma la capacità degli impianti produttivi è limitata, sarà consigliabile praticare prezzi alti fin quando si giungerà alla saturazione del mercato in cui sono presenti i consumatori ad alto reddito ed una volta realizzato questo obiettivo si potrà procedere a un ampliamento degli impianti e ad una riduzione dei prezzi, al fine di attirare i consumatori a basso reddito, che generalmente rappresentano la fascia di mercato più ampia.

load fund: ***fondo con spese.*** Termine usato in contrapposizione a *no–load fund* (v.) per indicare un fondo comune d'investimento che prevede il pagamento, da parte del sottoscrittore, di determinate spese di acquisto.

loading: 1. ***caricamento; margine.*** a) Nelle assicurazioni, il termine viene usato per indicare quella parte del premio di assicurazione aggiunta, o caricata, alla parte del premio che, dal punto di vista matematico, è destinata a coprire il rischio. Il caricamento ha lo scopo di coprire le spese amministrative e produttive dell'impresa e a dare un utile o a far fronte a scarti sfavorevoli rispetto alle previsioni. Le società assicuratrici inglesi e americane distribuiscono tra gli assicurati, sotto forma di dividendo o *bonus* (v.), quella parte del caricamento che si è dimostrata eccessiva o non strettamente necessaria. b) Sempre in campo assicurativo, lo stesso termine inglese indica una parte addizionale di premio, fatta pagare a fronte di un rischio maggiore come, ad esempio, nelle assicurazioni sulla vita per età avanzata o stato di salute cagionevole dell'assicurato. In Italia, tale pratica non è in uso, in quanto il rischio maggiore viene già calcolato nella formulazione del tasso che sta alla base del premio. **2.** ***maggiorazione; soprapprezzo.*** Il termine inglese indica genericamente una qualsiasi aggiunta ad un costo o ad un prezzo. Si usa, pertanto, per indicare la maggiorazione di prezzo per pagamento rateale, che include spese amministrative, interessi, rischio, ecc.; oppure per indicare, nei fondi comuni d'investimento, la differenza tra valore contabile netto e prezzo di vendita delle quote–parti, che va a coprire le spese di amministrazione e produttive della società distributrice. Lo stesso termine indica una maggiorazione di stipendio, ad esempio dovuta per anzianità di servizio o altri motivi. **3.** ***caricazione.*** L'insieme delle operazioni di carico di una nave o altro mezzo di trasporto.

loading broker: ***mediatore di carichi; sensale di carichi.*** È colui che si adopera, per conto di un armatore, al fine di ottenere carichi. Viene remunerato con una percentuale sui noli guadagnati dalla nave tramite la sua mediazione.

loading charge: 1. ***caricamento; margine.*** Termine usato con lo stesso significato di *loading 1* (v.). **2.** ***maggiorazione; soprapprezzo.*** Termine usato con lo stesso significato di *loading 2* (v.).

loading charges: ***spese di caricazione.*** Spese da sostenersi per mettere le merci a bordo del mezzo di trasporto che dovrà portarle a destinazione. Possono essere incluse nel prezzo di vendita o essere pagate a parte dal compratore.

loading expenses: ***spese di caricazione.*** Termine usato con lo stesso significato di *loading charges* (v.).

loading in turn: ***caricazione a turno.*** Espressione usata in relazione ai contratti di noleggio nel commercio del carbone e di altre merci, con la quale si intende che se più navi sono in attesa per caricare ad una banchina o altro punto di carico, le operazioni per ciascuna di loro inizieranno secondo un turno stabilito tenendo conto della data o dell'ora di arrivo di ciascuna nave.

loading lay–days: ***stallie di caricazione; stallie d'imbarco.*** Nel linguaggio dei trasporti marittimi, sono i giorni concessi al noleggiatore per completare le operazioni di carico della nave.

loading port: ***porto di caricazione.*** Termine usato in alternativa a *port of loading* (v.).

loading rate: ***rata di caricazione.*** Nel linguaggio dei trasporti marittimi, è la quantità minima di merci che si deve caricare su una nave in un periodo di tempo stabilito.

loading risk: ***rischio di caricazione.*** Termine usato nel linguaggio delle assicurazioni e dei trasporti per indicare qualsiasi rischio cui sono esposte le merci quando esse vengono caricate a bordo del mezzo che dovrà trasportarle alla loro destinazione.

load line: ***linea di carico; linea di bordo libero; marca di bordo libero.*** È la linea, dipinta sullo scafo della nave, che deve restare a pelo d'acqua durante la navigazione a pieno carico, come misura di sicurezza nelle varie circostanze. Quando, durante la caricazione, la nave si è immersa fino alla linea di bordo libero, essa non può imbarcare altro carico. È rappresentata dalla linea che segna il diametro di un cerchio, ambedue dipinti sullo scafo al centro della nave.

load/rate tariff: Una tariffa per la fornitura di energia elettrica, che dà grande importanza agli effettivi consumi dell'utente. Infatti, egli paga una data tariffa in base alla potenza installata, ma se il consumo non raggiunge il minimo richiesto, le unità da lui consumate vengono fatturate ad un prezzo inferiore a quello stabilito per quella potenza; viceversa, se il consumo eccede il minimo richiesto dall'utente, le unità in eccesso vengono fatturate ad un prezzo relativamente alto.

load–shedding: ***ripartizione di carico.*** È la pratica cui ricorrono le centrali elettriche, in periodi di forte richiesta da parte degli utenti, che consiste nell'interrompere l'erogazione a turno per brevi periodi in zone determinate e prestabilite.

loan: ***prestito; mutuo.*** Somma di denaro messa a disposizione da una persona o da un'istituzione (mutuante) ad un'altra persona o istituzione (mutuatario) per un periodo di tempo determinato, con l'impegno di restituirla nell'arco o alla fine di tale periodo e di pagare un tasso di interesse convenuto sulla somma capitale. Un mutuo, o prestito, può essere utilizzato per svariati scopi ed infatti prendono denaro in prestito: i privati, da istituti di credito o, nel Regno Unito e negli Stati Uniti, dalle *building societies* se scopo del prestito è quello di acquistare o ristrutturare una casa; le imprese, dagli istituti di credito o dai privati e altre istituzioni attraverso l'emissione di obbligazioni; gli enti locali, da istituti di credito o tramite emissioni obbligazionarie; lo stato, generalmente da privati e da istituzioni, attraverso l'emissione di buoni ordinari del tesoro (breve termine), certificati del tesoro (medio termine) e buoni del tesoro poliennali (lungo termine), ma a volte anche da altri stati, come nel caso di prestiti fra alleati o fra paesi confinanti o vicini, in considerazione dei rapporti commerciali tra i due paesi.

loanable capital: ***capitale mutuabile.*** L'insieme di moneta e altri mezzi di pagamento di cui può disporre il sistema bancario per concedere mutui a privati o a istituzioni. Il termine, pertanto, possiede lo stesso significato di *loanable funds* (v.).

loanable funds: ***fondi mutuabili.*** Sono i fondi che, in un'economia, sono disponibili per mutui a privati o a istituzioni. Derivano in gran parte dal risparmio di privati o di società, ma anche dal detesoreggiamento e dall'aumento netto di moneta–deposito. Possono, inoltre, essere resi disponibili da una politica monetaria tendente ad aumentare l'offerta di moneta da parte delle banche o da parte del governo. Al loro arrivo sul mercato dei prestiti, questi fondi possono prendere la strada del mercato finanziario o quella del mercato monetario, intendendosi col primo quello che fa fronte alle richieste finanziarie a medio e lungo termine delle industrie, del commercio, dello stato e degli enti locali, e col secondo quello che fa fronte alle richieste di prestiti a breve termine da parte di società finanziarie o di privati.

loanable funds theory of interest: ***teoria bilaterale dell'interesse.*** Teoria che sostiene che i tassi di interesse sono determinati dall'incontro della domanda e dell'offerta di fondi mutuabili. L'offerta, a sua volta, è determinata principalmente dall'ammontare dei risparmi e dall'incremento netto di moneta–deposito; la domanda è determinata da opportunità di nuova formazione di capitali e investimenti e dal desiderio di disporre di fondi liquidi. Questa teoria ha molto in comune con la teoria dell'interesse basata sulla preferenza per la liquidità, in quanto ambedue riconoscono il ruolo del sistema bancario e l'importanza della preferenza per la liquidità dettata da moventi speculatori e precauzionali. (v. anche *abstinence theory of interest, agio theory of interest, classical theory of interest, liquidity preference theory of interest, marginal productivity theory of interest, time preference theory of interest*)

loan account: ***apertura di credito in conto corrente.*** È il mutuo concesso da una banca e accreditato direttamente sul conto corrente del cliente. A fronte di tale accredito viene istituito un conto di mutuo sul cui ammontare il cliente è tenuto a pagare l'interesse concordato, per il periodo di tempo durante il quale usufruisce del credito.

loan against pledge: ***credito su pegno.*** Nel linguaggio bancario, è un credito concesso su garanzia di un pegno manuale.

loan agreement: ***contratto di prestito.*** Nel linguaggio finanziario, è il contratto stipulato tra l'impresa o l'ente che procede ad un'emissione di valori mobiliari e il sindacato di banche che assume ad un prezzo determinato la totalità dell'emissione. La differenza tra il prezzo a fermo pagato dal sindacato e quello al quale i titoli saranno venduti al pubblico rappresenta la commissione di garanzia o di cessione.

loan broker: ***mediatore di prestiti.*** Persona fisica o istituzione finanziaria che svolge l'attività di fare incontrare la domanda e l'offerta di prestiti, in considerazione del pagamento di una commissione.

loan capital: ***capitale di prestito; capitale obbligazionario.*** È quella parte del capitale di un'impresa data in prestito da privati o istituzioni mediante l'acquisto di emissioni obbligazionarie dell'impresa mutuataria. Il termine inglese è, pertanto, divenuto sinonimo di prestito obbligazionario e obbligazioni.

loan certificate: ***certificato di prestito.*** Nel linguaggio finanziario statunitense, è un certificato rilasciato dal mutuatario e comprovante la partecipazione ad un mutuo di medio o lungo termine. Questi certificati in passato erano usati dalle municipalità, ma sono stati sostituiti dalle obbligazioni. Lo stesso termine indica un certificato, rilasciato da una stanza di compensazione alle banche associate, per un ammontare percentuale del valore delle garanzie depositate presso la stanza di compensazione dalle banche mutuatarie.

loan club: ***associazione di credito.*** Termine usato con lo stesso significato di *loan society* (v.).

loan contract: ***contratto di mutuo.*** Lo stesso che *money-lending contract* (v.).

loan conversion: ***conversione di un prestito.*** È l'operazione finanziaria mediante la quale un prestito in scadenza invece di essere rimborsato viene sostituito con una nuova emissione, ad un tasso di interesse probabilmente diverso. Tale operazione può essere fatta da società per azioni, ma più spesso è fatta dallo stato in relazione al debito pubblico.

loan crowd: Termine colloquiale delle borse valori statunitensi, con il quale si indicano quegli *stockbroker* (v.) che prestano titoli a loro colleghi impegnati in vendite allo scoperto.

loaned flat: ***prestato al netto; prestato senza interesse e senza premio.*** Espressione delle borse valori statunitensi, con la quale si indica un prestito di titoli che non prevede interessi sul corrispondente deposito in moneta. Nelle borse valori americane è invalsa la pratica che, quando si vende allo scoperto e si è costretti a prendere in prestito i titoli da consegnare, si deposita presso colui che dà a prestito i titoli una somma di denaro equivalente al valore di mercato dei titoli presi a prestito. Su questa somma di denaro viene riconosciuto un interesse, ma se i titoli presi a prestito sono scarsi sul mercato, colui che li presta non riconosce alcun interesse sul deposito e così si dice che i titoli sono stati *loaned flat*.

loan expenditure: ***erogazione di fondi presi a prestito.*** Nella terminologia keynesiana, è l'attività di spendere fondi mutuati dal risparmio privato e in essa si deve includere l'investimento pubblico finanziato mediante prestiti provenienti dai risparmiatori privati e anche qualsiasi altra spesa pubblica corrente così finanziata.

loan for consumption: ***mutuo; prestito di consumo.*** Lo stesso che *consumption loan* (v.).

loan for use: ***comodato; prestito d'uso.*** Lo stesso che *gratuitous loan* (v.).

loan fund: ***fondo prestiti.*** È un fondo che un'istituzione può utilizzare per concedere prestiti. Può essere costituito da una somma capitale e da interessi guadagnati su tale somma, ambedue disponibili per prestiti, o dai soli interessi disponibili per prestiti, quando la somma capitale fa parte di un fondo di dotazione.

Loan Guarantee Scheme: Il piano introdotto nel 1981 dal governo britannico in collaborazione con le principali banche e istituzioni di credito del paese, allo scopo di finanziare l'espansione delle piccole imprese. In base al piano, il governo è disposto a garantire fino al 70% di prestiti approvati dagli appositi comitati, purché la banca mutuante sia disposta a garantire il rimanente 30%.

loan interest: ***interesse di prestito; interesse passivo.*** L'interesse effettivamente pagato da una persona ad un'altra per l'uso di capitale.

loan interest relief: ***deduzione per interessi passivi.*** A condizione del verificarsi di certi eventi ed entro determinati limiti, al contribuente britannico è permesso di dedurre dal reddito imponibile tutto o parte dell'ammontare pagato in interessi su prestiti per l'acquisto di case, per l'avviamento di un'attività economica, ecc.

loan loss: ***perdita su crediti.*** Perdita dovuta a inadempienza del debitore, con la conseguenza che il credito viene dichiarato inesigibile e trasferito all'apposito fondo.

loan–loss provision: ***fondo perdite su crediti.*** Nel linguaggio bancario, questo termine viene usato in un significato più specifico di *provision for bad and doubtful debts* (v.), per indicare i fondi che le banche trasferiscono a riserve, prelevandoli dagli utili correnti, come salvaguardia contro i prestiti reputati difficilmente recuperabili.

loan–loss reserves: ***riserve per perdite su crediti.*** Le riserve create dalle banche mediante gli accantonamenti di utili cui si fa cenno sotto *loan–loss provision* (v.).

loan market: ***mercato dei prestiti.*** Termine generico, con il quale si indicano il mercato finanziario e il mercato monetario. Il primo è il mercato dei capitali propriamente detto, ossia dei prestiti a medio e lungo termine, richiesti dalle industrie, dal commercio, dallo stato e dagli enti locali; mentre il secondo è quello dei prestiti a richiesta o con breve preavviso, richiesti principalmente da case di sconto, società finanziarie, ecc. Il termine inglese trae probabilmente origine dal fatto che risulta difficile stabilire una chiara e netta distinzione tra mercato finanziario e mercato monetario. In un significato più ristretto, il termine indica il mercato dei prestiti bancari.

loan portfolio: ***portafoglio prestiti.*** L'insieme delle attività di una banca o altra istituzione finanziaria, costituito dai mutui concessi ai propri clienti.

loan programme: ***programma di prestiti.*** È il mezzo mediante il quale il governo federale degli Stati Uniti sostiene i prezzi agricoli, fornendo anticipazioni agli agricoltori a tassi di interesse prestabiliti, su garanzia dei raccolti.

loan rate of interest: ***tasso d'interesse corrente.*** Lo stesso che *market rate of interest* (v.).

loan selling: ***cessione di crediti.*** L'attività, relativamente recente, svolta da alcune banche e altri intermediari, che vendono ad altre banche o a investitori istituzionali parte dei prestiti da loro concessi a imprese e altri clienti, spesso mediante lo sconto di carta commerciale. È considerata più redditizia dell'attività tradizionale, che prevede la concessione di crediti e l'attesa che essi giungano a maturazione, soprattutto perché lascia notevole liquidità alla banca intermediaria.

loans–for–bonds swap: ***permuta crediti–obbligazioni.*** Una delle possibilità offerte alle banche commerciali creditrici dei paesi in via di sviluppo dell'America Latina da un recente piano per la riduzione dei debiti del terzo mondo. Prevede che le banche scambino i loro crediti, ad un prezzo prestabilito sotto la pari, con obbligazioni che fruttano un più basso tasso d'interesse, ma la cui somma capitale è garantita da uno *zero–coupon bond* statunitense. Il piano prevede anche che il pagamento degli interessi su queste obbligazioni venga garantito da una delle molte agenzie multilaterali. In alternativa, i creditori possono optare per un altro tipo di permuta, che prevede che il capitale resti invariato, ma che il tasso d'interesse venga dimezzato.

loan shark: ***usuraio.*** Termine colloquiale statunitense, usato per indicare chi approfitta di una necessità altrui per prestargli denaro a tassi di interesse esorbitanti, spesso chiedendo anche in pegno beni del valore di molte volte superiore all'ammontare del prestito.

loans ledger: ***mastro dei mutui.*** Quando una banca concede un'anticipazione sotto forma di mutuo, la somma prestata viene registrata in un libro mastro, chiamato *loans ledger*, che viene tenuto pressocché come il mastro dei conti correnti. Al cliente sarà addebitato l'interesse sull'intera somma accreditatagli per tutto il periodo di tempo in cui resta in vigore il credito e ciò risulta per lui meno favorevole di un'apertura di credito sotto forma di scoperto di conto corrente. Infatti, in quest'ultimo caso egli dovrà corrispondere l'interesse soltanto sulle somme che utilizza di volta in volta nei limiti di scoperto stabiliti e soltanto per il periodo di tempo in cui il suo conto va in rosso.

loan society: ***associazione di credito.*** Tipo di società di mutuo soccorso, che nel Regno Unito può essere costituita in base ai *Loan Societies Acts* del 1840 e 1863, avente lo scopo di concedere prestiti a persone con basso reddito, da fondi creati con i contributi dei soci, di solito persone che lavorano nello stesso stabilimento o per lo stesso datore di lavoro.

loan stock: ***capitale di prestito; capitale obbligazionario.*** Termine usato con lo stesso significato di *loan capital* (v.).

loan value: ***valore di prestito.*** La somma massima che un assicuratore è tenuto a prestare ad un assicurato sulla vita, a richiesta di quest'ultimo, su garanzia della polizza in essere. Di solito tale somma corrisponde al valore di riscatto della polizza e poiché il valore di riscatto comincia a maturare dopo il pagamento di un dato numero di premi, anche il diritto a contrarre un prestito con la società assicuratrice matura dopo un certo numero di anni. Lo stesso termine viene usato negli Stati Uniti per indicare il prezzo, stabilito dal Congresso e continuamente adeguato, al quale gli agricoltori possono depositare il grano da loro prodotto e ricevere finanziamenti dal governo federale.

L.O.B.: Location of Offices Bureau.

lobby: ***gruppo di pressione.*** È un gruppo di persone che tenta di influenzare il potere legislativo di un paese, formalmente mediante argomenti documentati, ma informalmente mediante lo sfruttamento di conoscenze personali. In molti paesi questi gruppi di pressione sono tollerati, in altri sono consultati e ascoltati dai governi, mentre negli Stati Uniti tutti coloro che svolgono tale attività, di solito al servizio di sindacati o altre organizzazioni interessate all'attività legislativa del Congresso, devono essere iscritte in un apposito albo, tenuto presso la Camera dei Rappresentanti.

local acceptance: ***accettazione locale; accettazione su piazza.*** L'art. 19 del *Bills of Exchange Act* (v.) del 1882 prevede che l'accettazione di una cambiale possa essere condizionata alla presentazione per il pagamento su una piazza specificata. Tale tipo di accettazione sarà così espressa: «Accettata, pagabile presso la banca X di Londra e lì soltanto», cui farà seguito la firma dell'accettante.

local advertising: ***pubblicità locale.*** Lo stesso che *retail advertising* (v.).

local assessment: ***contributo di miglioria.*** Lo stesso che *assessment 3* (v.).

local authorities' market: ***mercato degli enti locali.*** Lo stesso che *local authority loan market* (v.).

local authority: ***ente locale; autorità locale.*** Consiglio preposto all'esercizio delle funzioni o dei poteri conferitigli dalla legge nell'ambito di una zona territoriale ben definita. Ai fini amministrativi, l'Inghilterra e il Galles, con l'eccezione di Londra, sono divisi in contee (*counties*) e *county boroughs.* Le contee sono suddivise in *rural districts* e *urban districts* e i *rural districts* sono, a loro volta, divisi in *parishes.* Ciascuna di queste suddivisioni amministrative è governata da un consiglio. Londra, che rappresenta la sola eccezione, è governata dal *Greater London Council.* (v. anche *local government*)

local authority bills: ***titoli di enti locali.*** Lo stesso che *local authority securities* (v.).

local authority bonds: ***obbligazioni di enti locali.*** Lo stesso che *local bonds* (v.).

local authority loan market: ***mercato dei prestiti contratti da enti locali.*** Mercato monetario londinese centralizzato, di istituzione piuttosto recente, nel quale vengono soddisfatte le esigenze di prestiti degli enti locali da parte di banche e istituzioni esterne al sistema bancario britannico. L'insorgere di questo mercato ha avuto l'effetto di far diminuire la disponibilità di fondi per il mercato dello sconto. (v. anche *local bonds, local loans*)

local authority loans: ***prestiti contratti da enti locali.*** Termine usato con lo stesso significato di *local loans* (v.).

local authority market: ***mercato dei titoli di enti locali.*** Termine usato con lo stesso significato di *local authority loan market* (v.). A volte, lo stesso termine inglese viene usato per indicare il mercato primario e secondario dei titoli obbligazionari emessi da enti locali.

local authority securities: ***titoli di enti locali.*** Valori mobiliari mediante la cui emissione gli enti locali si procurano i fondi necessari per finanziare alcune loro attività, in anticipo e in previsione delle entrate fiscali di loro pertinenza. Si tratta di titoli a breve termine, e pertanto diversi dai *local bonds* (v.), che fruttano un tasso di rendimento leggermente più alto di quello dei titoli di stato o dei buoni del tesoro di uguale durata.

local bank: ***banca locale.*** Banca che svolge la propria attività nell'ambito di una piccola comunità e comunque non sull'intero territorio nazionale. Negli USA, dove la maggior parte degli stati adottava il sistema bancario a sportello unico, questo termine indicava una banca che accettava depositi e concedeva prestiti a piccole imprese, a condizioni leggermente migliori di quelle praticate dalle grandi banche.

local bill: ***cambiale su piazza.*** Una cambiale pagabile nella stessa città in cui è domiciliata la banca presso la quale viene appoggiata per l'incasso o presentata per lo sconto.

local board: ***consiglio di amministrazione locale.*** Un consiglio di amministrazione dotato di poteri limitati e nominato con l'esclusivo compito di gestire una filiale o altro ufficio periferico di una società.

local bonds: ***obbligazioni di enti locali.*** Sono le obbligazioni emesse da un qualsiasi tipo di ente locale, nel Regno Unito non soggette a bollo e esenti da imposte sul reddito per quantità inferiori al valore di cento sterline. Con il *Housing (Additional Powers) Act* del 1919, qualunque ente locale veniva autorizzato a contrarre prestiti, tramite emissione di obbligazioni, da destinarsi alla costruzione di abitazioni. Tale autorizzazione è, oggi, contenuta nell'art. 122 del *Housing Act* del 1936. Le leggi prevedono che le obbligazioni emesse da enti locali siano garantite da ipoteche o dal gettito di imposte locali, fruttino un interesse pari a quello fissato dal ministero del tesoro, abbiano una durata non inferiore ai cinque anni e siano emesse in tagli da 5, 10, 20, 50, 100 e multipli di 100 sterline. Gli enti locali possono emettere obbligazioni anche per costituire fondi mediante i quali finanziare opere di miglioria o opere pubbliche di interesse locale. (v. anche *local authority, local–improvement fund*)

local brand: ***marca locale.*** Termine di uso statunitense, con il quale si indica una marca garantita da un distributore o da un produttore in una zona territoriale limitata. È il caso che si verifica in relazione, ad esempio, al latte fresco o altri prodotti alimentari immessi e consumati su mercati locali. (v. anche *manufacturer's brand*)

local clearing: ***compensazione locale.*** Lo scambio di assegni ed altri titoli di credito che ha luogo direttamente tra banche in una determinata area territoriale. A seconda dell'estensione dell'area, può aver luogo una, due o più volte al giorno e il saldo viene regolato durante l'ultima compensazione del giorno. La compensazione si svolge nel modo seguente: se una banca, che chiameremo X, ha pagato assegni tratti su un'altra o su altre banche, l'impiegato di X si reca presso l'altra o le altre banche, consegna i titoli di credito tratti su di loro e ritira quelli tratti sulla banca X e pagati dalle altre banche. L'ammontare dei singoli assegni viene registrato dagli impiegati e, quando si tirerà il saldo, esso sarà regolato o con una tratta su Londra o tra gli uffici centrali delle rispettive banche. Quando nella zona vi sono soltanto due o tre banche, una di esse, a turno, invierà un suo impiegato presso le altre, ma se ci sono parecchie banche risulta più pratico far incontrare gli impiegati ad ore prestabilite presso una delle banche.

local content: ***contenuto locale.*** Lo stesso che *domestic content* (v.).

local content rules: ***normativa sul contenuto locale; norme sul contenuto locale.*** Lo stesso che *domestic content rules* (v.).

local currency: 1. ***valuta locale.*** La valuta di un qualsiasi paese di cui si parla nel contesto in cui si trova questo termine. **2.** ***valuta funzionale.*** Lo stesso che *functional currency* (v.).

local director: ***amministratore periferico.*** Ciascuno dei membri di un consiglio di amministrazione locale. (v. anche *local board*)

Local Employment Acts: Vanno sotto questo nome le leggi, approvate dal parlamento britannico tra il 1960 e il 1972, con le quali si autorizzava il governo a prestare assistenza ad aree territoriali nelle quali il tasso di disoccupazione saliva al di sopra del quattro per cento. L'aiuto del governo si concretizzava attraverso particolari concessioni alle aziende che impiantavano nelle zone fabbriche o altre attività tendenti a ridurre la disoccupazione. Tra queste concessioni ricordiamo: l'assegnazione di terreni in locazione o in vendita, a particolari condizioni, su cui impiantare l'attività; la concessione o il reperimento di mutui a tassi agevolati; agevolazioni fiscali in rapporto al numero di lavoratori impiegati; assistenza per l'addestramento del personale; preferenza, a parità di prezzo, nelle licitazioni per appalti di opere pubbliche o forniture allo stato.

local finance: ***finanza locale.*** Le entrate e le uscite delle suddivisioni amministrative di uno stato, note come enti locali.

local government: ***amministrazione locale; governo locale.*** È il sistema di amministrazione dei servizi locali, che si articola attraverso la suddivisione del paese in aree, o zone territoriali, ciascuna amministrata da un consiglio. (v. anche *local authority*)

local government borrowing market: ***mercato dei prestiti contratti dagli enti locali.*** Lo stesso che *local authority loan market* (v.).

local government unit: ***amministrazione locale; ente locale.*** Termine usato con lo stesso significato di *local authority* (v.).

local improvement: ***miglioria specifica; miglioria locale.*** Un'opera specifica eseguita da un'amministrazione locale in un particolare luogo, dalla quale traggono vantaggio principalmente le proprietà immobiliari circostanti o limitrofe.

local-improvement fund: ***fondo contributi di miglioria.*** Nella contabilità degli enti locali, viene così indicato il fondo costituito per provvedere al finanziamento di opere di miglioria. Il fondo viene formato con i proventi di emissioni di obbligazioni e di contributi di miglioria imposti nei confronti dei proprietari dei beni immobili che traggono vantaggio dalle opere realizzate.

local industry: ***industria locale.*** È un'industria la cui produzione viene quasi completamente assorbita dal mercato locale. Gran parte delle industrie di servizi fanno parte di questa categoria.

localization of industry: ***localizzazione dell'industria.*** Si indica con questo termine il fenomeno per cui una determinata industria tende ad accentrarsi in una regione territoriale, nella quale sorgono un numero di imprese impegnate nella produzione degli stessi beni. Il fenomeno si è manifestato in molti dei paesi industrializzati ed è stato influenzato, nel diciannovesimo ed agli inizi del ventesimo secolo, dalla possibilità di realizzare economie esterne a seguito di varie caratteristiche presenti nella regione in cui si insediavano le diverse industrie. Tali caratteristiche potevano essere la presenza di un vicino porto specializzato nei traffici di materie prime usate nell'industria; presenza di abbondante manodopera a costo relativamente basso; presenza di giacimenti minerari e corsi d'acqua; posizione della regione alla confluenza di grandi vie di comunicazione, ecc. All'epoca si riconobbe la bontà di questa soluzione, che consentiva anche una notevole specializzazione delle varie imprese nell'ambito dell'industria, con conseguente aumento della produzione e diminuzione dei prezzi, ma successivamente, e in particolare durante la grande depressione degli anni tra il 1929 e il 1935, ci si rese conto che essa presentava anche un grosso svantaggio: l'occupazione della forza lavoro di quella regione dipendeva interamente dallo stato di floridità dell'industria e se questa entrava in crisi, si creavano sacche di disoccupazione che risultavano estremamente intrattabili. Molti paesi industrializzati, infatti, durante la crisi del 1929–1935 trovarono che intere regioni, nelle quali erano concentrati particolari insediamenti industriali, mostravano un alto tasso di disoccupazione, dovuto alla crisi di una sola industria, mentre altre regioni che non avevano un così marcato accentramento industriale mostravano tassi di disoccupazione di gran lunga inferiori e, comunque, più facilmente eliminabili. Ciò portò alla tendenza a diversificare gli insediamenti industriali delle varie regioni, un processo che sta ancora avendo luogo in questo periodo. Quando una regione presenta un'ampia diversificazione degli insediamenti industriali, è più improbabile che il suo tasso di disoccupazione salga a cifre allarmanti, perché anche se un'industria va in crisi, ci saranno le altre che continueranno a tirare e che, forse, potranno in parte assorbire la disoccupazione creata dall'industria in crisi. (v. anche *localization of labour, location theory, external economies*)

localization of labour: ***localizzazione della manodopera.*** Questo termine indica il fenomeno per cui una certa quantità di manodopera specializzata o semispecializzata tende a concentrarsi in particolari regioni di un paese. Il fenomeno è strettamente collegato a quello della localizzazione dell'industria, ma è anche dovuto ad altre caratteristiche naturali che consentono determinate attività in determinate zone. Ad esempio, in Italia la coltivazione dei limoni è principalmente concentrata in Sicilia, a causa delle particolari condizioni climatiche di quella regione; la produzione del pomodoro è concentrata nella Campania; la pesca è particolarmente sviluppata nelle Marche, nella Campania e nella Sicilia, e così via. La concentrazione della manodopera presenta grosso modo gli stessi svantaggi e gli stessi vantaggi della localizzazione dell'industria. (v. anche *localization of industry, location theory*)

localized industry: ***industria concentrata.*** L'accentramento di un'industria, caratterizzato dalla presenza in un'area geografica di tutte o molte imprese che operano nello stesso settore produttivo. Una volta causata dalla presenza di infrastrutture o condizioni geografiche e geologiche che consentissero economie esterne, oggi è meno pronunciata come risultato dello sviluppo dei mezzi di comunicazione, dell'uso di diverse fonti energetiche e della politica dei governi, che mirano ad un'equa distribuzione delle industrie su tutto il territorio nazionale. (v. anche *localization of industry*)

local labour: ***manodopera locale.*** Lavoratori provenienti dall'area geografica in cui è ubicata un'impresa e non da altre regioni del paese o da altri paesi.

local labour market: ***mercato del lavoro locale.*** Un mercato del lavoro che non copre l'intero territorio nazionale, ma è limitato a una regione o a un'area geografica. (v. anche *labour–market area*)

local labour requirements: ***requisiti di manodopera locale.*** In relazione agli insediamenti di imprese estere, sono i requisiti imposti dai governi ospitanti e riguardanti il numero minimo di lavoratori locali che l'impresa si impegna a utilizzare.

local land charge: ***gravame locale su beni immobili.*** Nel Regno Unito viene indicato con questo termine qualsiasi tipo di gravame acquisito da enti locali su proprietà immobiliari a seguito di opere effettuate a spese degli enti locali, ma che devono a loro essere rimborsate in tutto o in parte dai singoli proprietari. Tali gravami vengono annotati in uno speciale registro, chiamato *Local Land Charges Register*, e sono applicabili sia alle proprietà immobiliari registrate, sia a quelle non registrate. (v. anche *Land Charges Act*)

local loans: ***prestiti contratti da enti locali.*** Nel Regno Unito, i più grandi enti locali sono autorizzati dal governo centrale a ricorrere, per i loro fabbisogni finanziari, al mercato dei capitali tramite l'emissione di obbligazioni. Un'altra forma di prestiti contratti da enti locali consiste in mutui, concessi da privati o istituzioni, garantiti da ipoteche su beni appartenenti agli enti locali. In quest'ultimo caso, il mutuante è libero di scegliere la durata del mutuo al momento in cui concede il prestito. Agli enti locali più piccoli, invece, non è consentito fare ricorso al mercato dei capitali per i loro fabbisogni finanziari correnti, ai quali devono far fronte tramite prestiti del ministero del tesoro, che pratica loro tassi di interesse lievemente inferiori a quelli di mercato. Tuttavia, anche gli enti locali più piccoli, in base al *Housing Act* del 1936, possono emettere obbligazioni, purché i proventi delle emissioni siano destinati esclusivamente al finanziamento dell'edilizia abitativa. (v. anche *local bonds*)

local market: ***mercato locale.*** Mercato limitato, sul quale si trattano beni e servizi prodotti e consumati nella stessa area geografica.

local members: Lo stesso che *locals* (v.).

local multiplier: ***moltiplicatore locale.*** Termine usato con lo stesso significato di *regional multiplier* (v.), pur se riferito ad aree più piccole.

local option: ***opzione locale.*** Per delega del governo centrale, certi atti amministrativi relativi, negli Stati Uniti, alla regolamentazione di determinate attività vengono lasciati alla discrezione delle comunità locali. Il termine inglese indica appunto l'opzione cui essi sono delegati, in base alla quale decideranno se o non rilasciare, ad esempio, determinate licenze, quali quelle per la vendita di bevande alcoliche o per la gestione di taxi o vetture in nolo e simili.

local property taxes: ***imposte locali sulle proprietà.*** Le imposte sulle abitazioni e altri tipi di proprietà immobiliari, il cui gettito è destinato a finanziare l'attività dell'ente locale nel territorio del quale si trovano gli immobili tassati. Il termine è pertanto usato con lo stesso significato di *rates* (v.).

local rate: ***tariffa locale.*** Nei trasporti, è la tariffa applicabile a partite di merci che viaggiano tra due stazioni che si trovano sulla stessa linea ferroviaria.

local rate of exchange: ***cambio della piazza.*** Il tasso di cambio corrente su una determinata piazza, che può essere diverso da quello di un'altra, favorendo così le operazioni di arbitraggio.

local rates: ***imposte locali; tributi locali.*** Termine a volte usato come sinonimo di *rates* (v.).

locals: Termine con il quale si indicano singoli membri di una borsa (di solito una borsa merci) che svolgono operazioni di compravendita per proprio conto colmando lacune che vengono ad aprirsi nella domanda o nell'offerta dei beni trattati nella borsa in cui operano. La loro attività contribuisce a incrementare la liquidità dell'intero mercato.

local spot market: ***mercato locale del disponibile; mercato locale a pronti.*** È un mercato dei beni disponibili immediatamente, che si sviluppa nelle zone di produzione e si accentra nelle città dalle quali i beni vengono spediti verso i grandi mercati centrali. (v. anche *spot market*)

local taxation: ***tassazione a livello locale; imposizione fiscale a livello locale.*** L'imposizione fiscale, prevalentemente diretta a percuotere le proprietà immobiliari, il cui gettito viene utilizzato per finanziare in parte le attività degli enti locali.

local taxes: ***imposte locali; tributi locali.*** Termine usato con lo stesso significato di *rates* (v.).

local trade: ***commercio locale.*** È il commercio di beni e servizi prodotti e consumati nella stessa area geografica.

local trader: ***operatore locale.*** Negli Stati Uniti viene indicato con questo termine un operatore relativamente piccolo, che svolge la propria attività in una delle borse valori più piccole del paese o, comunque, in borse diverse da quelle ubicate a New York.

local union: ***sindacato locale.*** Sindacato lavoratori, la cui attività è limitata ad una determinata area geografica o ad un'impresa e non iscrive membri appartenenti ad altre aree o imprese. Di solito, tali sindacati fanno parte di federazioni nazionali.

location of industry: ***ubicazione dell'industria.*** In Inghilterra, la nazione che per prima sperimentò l'industrializzazione, i fattori che influenzarono principalmente l'ubicazione delle industrie furono la presenza di fonti di energia, la vicinanza di materie prime o di porti per importarle e, per alcuni tipi di industrie, il clima e la presenza di corsi d'acqua. Agli inizi dell'industrializzazione, le fonti di energia erano rappresentate prima dai corsi d'acqua e poi dal carbone, necessario per azionare le macchine a vapore. Poiché non era economico o possibile portare i corsi d'acqua alle industrie ed era costoso spostare il carbone su lunghe distanze, le industrie si insediarono in prossimità di queste fonti energetiche. Anche le poche materie prime possedute dall'Inghilterra attirarono le industrie, mentre il clima e la presenza di acqua favorirono l'insediamento delle industrie tessili nella zona nord occidentale del paese. Quando, però, si svilupparono altre fonti di energia, quali il petrolio e l'elettricità, e i trasporti divennero più efficienti e meno costosi, le industrie preferirono insediarsi nei pressi delle grandi città, che spesso rappresentavano i principali mercati per la vendita dei loro prodotti. Dopo la crisi del 1929–1935, l'insediamento industriale è stato influenzato anche da decisioni politiche, tendenti a diversificare la presenza industriale nelle varie regioni e a favorire insediamenti in zone scarsamente o niente affatto industrializzate. (v. anche *localization of industry, Local Employment Acts, location theory*)

Location of Offices Bureau: Ente fondato nel 1963 per favorire il decentramento degli uffici privati dalle zone più affollate di Londra verso le zone periferiche della metropoli o verso altre zone del paese. Nei primi anni della sua attività prestò consiglio ed assistenza ad oltre cinquecento aziende che si trasferirono dall'area urbana all'area suburbana o ai paesi limitrofi. Ciò si era reso necessario per far fronte alle difficoltà che sorgevano dalla necessità di trasportare centinaia di migliaia di persone verso il centro di Londra ogni mattina e da lì alle loro residenze ogni sera.

location quotient: ***quoziente di localizzazione.*** Espressione con la quale si indica una tecnica usata negli studi di base economica per determinare il grado al quale l'attività di una determinata area può essere considerata di base, cioè orientata verso l'esportazione, o non di base, cioè orientata verso il soddisfacimento di bisogni locali. Se il rapporto dell'impiego globale in un'industria di quell'area è uguale a quello nazionale, quell'industria presenta un quoziente di localizzazione uguale a uno, il che significa che essa soddisfa i bisogni locali; se, invece, il quoziente è superiore all'unità, ciò significa che quell'area esporta il prodotto di quell'industria. (v. anche *economic base theory*)

location specific subsidy: ***sovvenzione di localizzazione.*** Termine usato nel Regno Unito per indicare uno speciale contributo corrisposto dallo stato o da un suo ente ad industrie che si installano o operano in particolari aree di sviluppo.

location theory: ***teoria della localizzazione.*** Si indica con questa espressione l'insieme di studi teorici tendenti a spiegare e a prevedere la localizzazione industriale, prendendo in considerazione principalmente i moventi che spingono un'impresa a insediarsi in una zona geografica anziché in un'altra. Questi studi presero le mosse dalle opere di J.H. von Thünen e M. Weber, che si interessarono in particolare il primo della produzione agricola e il secondo della produzione industriale. Passata in secondo piano l'importanza che nel diciannovesimo secolo avevano l'approvvigionamento e la vicinanza di fonti d'energia e ipotizzando come principale movente dell'industria la massimizzazione dei profitti, se si suppone che i costi di produzione siano uguali in tutte le località, le decisioni delle imprese circa la loro ubicazione è influenzata principalmente dai costi di trasporto delle materie prime o del prodotto finito. Pertanto, sempre secondo la teoria, che non trova però sempre riscontro nella pratica, tenderanno ad insediarsi presso la fonte della materia prima quelle industrie il cui prodotto comporta una perdita di volume o di peso in confronto alla materia prima, in quanto risulterà più economico spostare il prodotto verso i mercati che spostare la materia prima verso l'industria. Viceversa, tenderanno ad insediarsi nei pressi dei mercati quelle industrie il cui prodotto comporta un aumento di peso o di volume rispetto alla materia prima, sempre per il principio sopra esposto che tiene conto dei maggiori costi di trasporto. Oggi, non considerando quelle industrie che sono saldamente ancorate a determinate zone geologiche o climatiche, quali ad esempio le industrie estrattive e quelle agricole, c'è un altro influsso da non sottovalutare: la pressione governativa per insediamenti industriali in zone depresse ad alto tasso di disoccupazione. Questo elemento non può essere ignorato dai teorici della localizzazione industriale, in quanto spesso si traduce in economie per le industrie sotto forma di agevolazioni concesse dai governi. La questione importante a questo proposito è quella di determinare con una certa accuratezza se tali agevolazioni tornano effettivamente a vantaggio delle industrie o se piuttosto il loro insediamento in zone depresse non si traduca in più alti costi, minore produttività e perdita di competitività. (v. anche *localization of industry, location of industry, Local Employment Acts*)

lockage: ***diritti di passaggio in una chiusa.*** È il costo che un'imbarcazione deve sostenere per poter passare in una chiusa. È una caratteristica del trasporto su idrovie, che sono soggette a dislivelli superabili soltanto con la costruzione di conche.

locked-in: Espressione borsistica usata negli Stati Uniti per indicare la situazione di un investitore che possiede titoli da più di sei mesi, sui quali ha realizzato una plusvalenza, ma che esita o non è disposto a vendere a causa dell'imposta che dovrebbe pagare sugli utili realizzati. (v. anche *capital gain, capital gains tax*)

locked-in capital: ***capitale immobilizzato.*** Nella terminologia borsistica, è il capitale rappresentato dai valori mobiliari di cui si parla sotto *locked-in* (v.).

locked market: ***mercato bloccato; mercato immobilizzato.*** Espressione borsistica, con la quale si indica il mercato altamente concorrenziale di un titolo, con identici corsi lettera e denaro. Il mercato può essere sbloccato solo dalla comparsa di altri compratori e venditori.

locker's order: È così chiamato lo stampato che costituisce la parte posteriore di un permesso di prelievo. Su di esso vengono trascritti i particolari relativi alle merci di cui si autorizza il prelievo per l'esportazione. (v. anche *bond note*)

locking-in effect: ***effetto di immobilizzo.*** L'effetto conseguente a una diminuzione dei prezzi di mercato dei titoli di stato, che ne scoraggia la vendita e quindi impedisce la realizzazione di fondi con i quali finanziare spese o altri prestiti. Infatti, i fondi investiti da banche, da altre istituzioni finanziarie e anche da privati in titoli di stato restano, in questa situazione, immobilizzati nell'investimento in cui si trovano.

lock-out: ***serrata.*** Sospensione dell'attività lavorativa di un'impresa o parte di essa per decisione del datore di lavoro, che rifiuta ai suoi lavoratori l'accesso nei locali dell'impresa. I datori di lavoro a volte ricorrono a questa forma di pressione per costringere i lavoratori ad accettare determinate condizioni, oppure in risposta ad uno sciopero attuato o minacciato o, ancora, come forma di solidarietà con altri datori di lavoro, ovvero per bloccare richieste di lavoratori prima che esse vengano formulate. La serrata è vietata dalle leggi di alcuni paesi, ma ammessa in altri.

lock-up: ***immobilizzo.*** Nel linguaggio finanziario, il termine indica l'impiego di capitali in forme di investimenti non riconvertibili in moneta nel breve periodo. Non discostandosi molto da questo significato, nel linguaggio di borsa indica titoli il cui acquisto risulta conveniente per investimento a lungo termine, ma non per fini speculativi, in quanto il loro corso tenderà a rimanere stabile per parecchio tempo. Infine, negli Stati Uniti il termine è spesso usato per indicare una cambiale rinnovata, che rappresenta pur sempre un immobilizzo di fondi.

locomotive: ***locomotiva.*** Lo stesso che *economic locomotive* (v.).

locomotive principle: ***principio della locomotiva.*** Il principio che stabilisce che in presenza di una recessione mondiale può ristabilirsi un crescente livello di attività economica se almeno un paese, espandendo la propria domanda aggregata, aumenta la propria domanda di importazioni così stimolando le esportazioni di altri paesi. Il paese in questione agirebbe quindi come una locomotiva, trainando gli altri paesi fuori dalla recessione, pur se con qualche danno alla propria bilancia dei pagamenti.

loco price: ***prezzo franco magazzino venditore.*** Clausola relativa al commercio terrestre, con la quale si indica che il prezzo quotato si intende per merci prelevate al magazzino del venditore. Pertanto, il compratore dovrà sostenere tutti gli oneri e i rischi a partire dal momento del prelievo delle merci. Se viene applicata al commercio internazionale, la clausola ha lo stesso significato e il compratore dovrà sostenere tutte le spese relative al trasferimento delle merci dal magazzino o dalla fabbrica del venditore fino al suo domicilio.

locust years: ***anni delle locuste.*** Espressione, di origine biblica, usata da W. Churchill in relazione agli anni di depressione che precedettero il secondo conflitto mondiale. Oggi viene usata per indicare un periodo di privazioni e di sacrifici economici.

lodgement: ***versamento.*** La consegna in banca, per accredito su un conto, di moneta contante, assegni, cambiali e altri strumenti finanziari.

log: 1. ***giornale di bordo.*** Giornale nel quale vengono registrati tutti gli eventi che si verificano a bordo di una nave durante il viaggio. Può essere usato come prova in una causa in cui sia necessario stabilire certi fatti, connessi alla navigazione, che hanno portato al procedimento giudiziario. **2.** ***logaritmo.*** Termine usato come abbreviazione di *logarithm* (v.).

logarithm: ***logaritmo.*** L'esponente che indica la potenza alla quale si deve elevare un numero base per renderlo uguale a un numero reale positivo. L'uso dei logaritmi è vantaggioso nel calcolo numerico di prodotti, quozienti, potenze e radici, basandosi sui teoremi sui logaritmi. I logaritmi comuni, usati in questioni pratiche, sono basati sul numero 10, mentre quelli cosiddetti naturali, usati in questioni teoriche, sono basati sul numero *e*, che è uguale a 2,7182818.

logarithmic chart: ***diagramma logaritmico.*** È un diagramma nel quale si fa uso di una scala logaritmica su uno o su ambedue gli assi di riferimento. Se tale scala è usata soltanto su uno degli assi, il diagramma è detto semilogaritmico o a semplice scala logaritmica; se tale scala è usata su ambedue gli assi, il diagramma è detto a doppia scala logaritmica. (v. anche *semilogarithmic chart, double–logarithmic chart*)

logarithmic curve: ***curva logaritmica.*** Curva i cui valori su un asse aumentano con progressione aritmetica, mentre i valori sull'altro asse aumentano logaritmicamente. Molti modelli di crescita si conformano alla curva logaritmica.

logarithmic transformation: ***trasformazione logaritmica.*** È la trasformazione di una variabile statistica espressa in numeri naturali nei logaritmi di tali numeri.

log book: ***giornale di bordo.*** È il libro descritto sotto *log 1* (v.), ma il termine si applica anche a documenti similari usati su aerei, autotreni e altre mezzi di trasporto.

logistic curve: ***curva logistica.*** Curva, ideata da P.F. Verhulst e rielaborata da R. Pearl e L.J. Reed, impiegata per rappresentare con notevole approssimazione la crescita di una variabile, che può essere una popolazione oppure la produzione di un'impresa, la vendita di un prodotto o la crescita di una nuova impresa o di una nuova industria. L'andamento della crescita che generalmente si ricava dall'impiego della curva logistica si mostra alquanto lento all'inizio, seguito poi da un rapido decollo e da una successiva stasi o assestamento sulle posizioni acquisite.

logogram: ***logogramma.*** Termine usato nel linguaggio pubblicitario e commerciale per indicare un singolo simbolo, segno o figura che rappresentano un nome, spesso usato come marchio di fabbrica.

logrolling: ***scambio di voti.*** Termine del gergo politico e commerciale statunitense, che deriva dall'antica consuetudine invalsa tra i primi coloni americani di aiutarsi tra vicini nel far rotolare i tronchi d'albero quando si disboscava un terreno. Oggi, nell'uso politico indica l'appoggio dato da un membro del parlamento ad un altro, in cambio dell'appoggio di quest'ultimo in una futura o passata situazione simile, esprimendo parere favorevole su una legge che non lo riguarda direttamente, ma alla cui approvazione tiene particolarmente l'altro parlamentare. Ad esempio, un parlamentare eletto in una circoscrizione rurale non ha particolare interesse in una legge che riguarda un'area urbana, ma esprime voto favorevole perché un suo collega, eletto nell'area urbana, lo appoggerà nell'approvazione di una legge che riguarda un'area rurale. L'espressione è passata anche nel linguaggio commerciale per indicare una simile pratica di appoggio e sostegno tra aziende.

Lombard loan: ***credito lombard; anticipazione su pegno di titoli; anticipazione su pegno di merci.*** Credito concesso da una banca contro costituzione in pegno di titoli o merci. A seconda del tipo di garanzia offerta, il credito lombard si indicherà come prestito, o anticipazione, su titoli o su merci.

Lombard rate: ***tasso lombard.*** Espressione usata nel Regno Unito per indicare il tasso al quale una banca centrale concede anticipazioni ad una istituzione finanziaria, su garanzia di carta di prim'ordine. Lo stesso termine indica il tasso d'interesse praticato dalle banche di credito ordinario per crediti concessi su garanzia di titoli o di merci. Questo secondo tipo di tasso lombard è, ovviamente, superiore a quello praticato dalle banche centrali.

Lombards, the: ***i lombardi.*** Si indica con tale termine, ormai di importanza soltanto storica, il gruppo di commercianti e banchieri di origine lombarda che si stabilirono in Inghilterra tra il quattordicesimo e il diciassettesimo secolo. Essi furono i primi a svolgere la professione di banchieri in quel paese e posero così le fondamenta del moderno sistema bancario inglese. La loro presenza è ricordata, nella *City* di Londra, da una strada a loro intitolata.

Lombard Street: Nome di una strada della *City* di Londra, che ricorda i lombardi che si trasferirono in Inghilterra tra i secoli quattordicesimo e diciassettesimo, contribuendo notevolmente allo sviluppo del commercio e dell'attività bancaria di quel paese. Il termine è oggi usato come sinonimo di mercato monetario londinese, in quanto la maggior parte delle case di sconto e degli istituti di credito inglesi hanno la loro sede principale a o nei pressi di Lombard Street.

Lomé Convention: ***Convenzione di Lomé.*** Accordo, stipulato nel 1975 e successivamente rinnovato, tra la Comunità Economica Europea e 46 (60 nel 1979) paesi in via di sviluppo dell'Africa, del Pacifico e dei Caraibi su preferenze commerciali e assistenza per lo sviluppo economico di tali paesi.

London acceptance credit: ***credito di accettazione su Londra.*** Metodo di pagamento usato nel commercio internazionale. Una banca commerciale londinese (chiamata anche *acceptance house*) apre una linea di credito in favore di un commerciante la cui situazione patrimoniale soddisfa la banca. Il commerciante potrà così emettere tratte sulla banca le quali, debitamente accettate, saranno facilmente scontabili sul mercato monetario londinese. Bisogna distinguere il caso in cui il cliente della banca londinese è un commerciante straniero da quello in cui il cliente è un commerciante inglese. Nel primo caso, il commerciante straniero emette tratte sulla banca, con le quali paga merci acquistate nel Regno Unito. Il vantaggio del credito di accettazione in questo caso consiste nel fatto che le tratte saranno più facilmente e convenientemente negoziate sul mercato monetario londinese, in quanto accettate da una banca locale. Nel secondo caso, il commerciante inglese emette tratte sulla banca londinese, solitamente a tre mesi, con le quali può finanziare la spedizione di merci all'estero o in patria. In ambedue i casi, la banca concede un periodo di credito al debitore, mentre mette in grado il creditore di entrare subito in possesso della moneta implicata nell'operazione commerciale. Il credito di accettazione così concesso può essere indefinito o per periodi fissi, ma in quest'ultimo caso è generalmente rinnovabile. Può darsi che la banca richieda una garanzia da parte del titolare del credito, che può benissimo essere rappresentata da una lettera di ipoteca. (v. anche *letter of hypothecation*)

London Association for the Protection of Trade: Agenzia di informazioni commerciali, con sede a Londra e uffici in altre principali città inglesi. Attraverso la sua organizzazione e il collegamento con altre simili agenzie è in grado di fornire informazioni sulle condizioni economico–finanziarie di privati e imprese. In particolare, essa cura un registro nazionale nel quale vengono inseriti i nomi delle persone che non pagano regolarmente le rate relative ad acquisti con patto di riservato dominio e le banche membri dell'Associazione possono accedere a tale registro al fine di assumere informazioni su un potenziale cliente che chiede un prestito personale.

London Assurance Company, Ltd.: Società di assicurazioni sulla vita, fondata a Londra nel 1720. È una delle due più antiche società inglesi che si occupano di tale ramo, ma svolge anche la sua attività nei rami incendio e danni.

London Bankers Clearing House: ***stanza di compensazione londinese.*** Istituzione fondata da istituti di credito londinesi per la compensazione di titoli di credito nell'ambito della capitale inglese e zone limitrofe. Ogni giorno si incontrano presso la sede della stanza di compensazione gli addetti delle banche aderenti e un addetto della Banca d'Inghilterra. Essi si scambiano i titoli di credito tratti su ciascuna banca e in possesso delle altre banche e gli eventuali saldi vengono compensati con un assegno sulla Banca d'Inghilterra, presso la quale ha un conto ciascuna delle banche membri della stanza di compensazione.

London bank export credit: ***credito di esportazione tramite banche londinesi.*** Credito usato nel commercio internazionale al fine di agevolare gli esportatori inglesi. A differenza del credito di accettazione su Londra, che prevede l'accettazione da parte della banca londinese di cambiali emesse su di lei dall'esportatore, questo tipo di credito prevede l'emissione, da parte dell'esportatore, di cambiali sull'acquirente estero, che la banca provvede poi ad incassare per conto del commerciante inglese. (v. anche *London acceptance credit*)

London Chamber of Commerce: ***Camera di Commercio londinese.*** Con i suoi oltre novemila soci, è la camera di commercio più grande di tutto il Regno Unito, pur non essendo la più antica. Questo primato, infatti, compete alla Camera di Commercio di Glasgow, che fu fondata più di cento anni prima di quella di Londra. Le funzioni della Camera di Commercio londinese non differiscono da quelle delle altre istituzioni simili, ed essa mantiene anche commissioni permanenti di esami su vari soggetti di natura commerciale.

London clause: ***clausola di Londra.*** Clausola usata nel commercio internazionale per indicare che le spese portuali saranno sostenute dal caricatore.

London Clearing Bankers Association: È l'organizzazione che gestisce la *London Bankers Clearing House* (v.) ed è costituita dalle *London clearing banks* (v.).

London clearing banks: ***banche affiliate alla stanza di compensazione londinese.*** Sono così chiamate le banche che fanno parte della stanza di compensazione londinese. Esse sono: Barclays Bank; Coutts & Co.; District Bank; Glyn, Mills & Co.; Lloyds Bank; Martins Bank; Midland Bank; The National Bank; National Westminster Bank; Williams Deacon's Bank. Della stanza di compensazione fa anche parte la Banca d'Inghilterra, pur se a titolo diverso. Le banche affiliate alla stanza di compensazione fungono anche da agenti di altre banche non affiliate, per le quali svolgono operazioni di compensazione.

London clearing house: ***stanza di compensazione londinese.*** Lo stesso di *London Bankers Clearing House* (v.).

London Club: ***Club di Londra.*** Termine spesso usato per indicare i consorzi di banche che si costituiscono allo scopo di rinegoziare i prestiti concessi ai paesi in via di sviluppo. Si tratta, ovviamente, di prestiti privati e non garantiti da alcuna agenzia governativa, concessi a istituzioni finanziarie dei PVS.

London Commercial Salesrooms: Nome col quale, fin al 1945, fu conosciuto il mercato organizzato londinese nel quale venivano trattate merci di importazione provenienti da paesi tropicali e sub–tropicali. (v. anche *London Commodity Exchange*)

London Commodity Exchange: ***Borsa merci londinese.*** Quando nel 1945 la *London Rubber Exchange* e la *London Commercial Salesrooms* si amalgamarono per formare un'unica borsa merci, essa assunse il nome di *London Commodity Exchange.* Oggi rappresenta il più grande mercato organizzato britannico per la compravendita di té, caffé, cacao e altre merci, compresa la gomma, di importazione da paesi tropicali e sub–tropicali.

London Discount Houses Association: ***Associazione delle case di sconto londinesi.*** Associazione che raggruppa le case di sconto operanti sul mercato monetario e sul mercato delle accettazioni londinesi. Quando il ministero del tesoro inglese mette all'asta i buoni ordinari del tesoro, le case di sconto partecipano all'asta e si assumono la responsabilità di assorbire qualsiasi quantità di buoni vengano loro assegnati al prezzo da loro offerto. Ciò perché i buoni ordinari del tesoro sono accettati dagli istituti di credito a fronte dei prestiti a breve preavviso o a richiesta, di cui hanno bisogno le case di sconto per svolgere la loro attività. C'è inoltre da tener presente che alle aste dei buoni ordinari del tesoro non partecipa alcuno degli istituti di credito britannici, che riacquistano poi i buoni appunto dalle case di sconto.

London discount market: ***mercato dello sconto londinese.*** V. spiegazione sotto *discount market.*

London dummy dollar: ***dollaro fittizio.*** Termine usato con lo stesso significato di *dummy dollar* (v.).

London Economic Conference: ***Conferenza economica mondiale.*** Conferenza convocata dalla Lega delle Nazioni nel 1933 e tenutasi a Londra dal 12 giugno al 27 luglio dello stesso anno, con la partecipazione di sessantaquattro paesi, sotto la presidenza di J.R. Mac Donald. La Conferenza, che aveva luogo dopo quattro anni di pesante crisi economica mondiale, aveva lo scopo di discutere i problemi economico–finanziari conseguenti alla crisi e precisamente: le politiche monetarie e creditizie; la stabilizzazione dei prezzi mondiali dei prodotti; i movimenti internazionali di capitali; le restrizioni commerciali in atto; le politiche relative a tariffe doganali e trattati commerciali, ecc. Era anche nelle intenzioni degli organizzatori raggiungere un accordo sulla stabilizzazione dei cambi e su politiche commerciali che stimolassero gli scambi internazionali. Questi due principali obiettivi, però, non furono raggiunti, il primo a causa del contrasto tra i paesi a valuta aurea (Belgio, Francia, Italia, Olanda, Polonia, Svizzera e altri) e quelli che avevano abbandonato, pur se recentemente, il sistema monetario a base aurea (Regno Unito e Stati Uniti d'America); il secondo, perché i paesi avevano paura di liberalizzare gli scambi e non erano disposti a fare concessioni tariffarie, pur se reciproche. Di conseguenza, negli anni successivi, mentre la maggior parte dei paesi perseguiva politiche autarchiche, le tariffe doganali vennero ulteriormente elevate e i regolamenti sul controllo dei cambi diventarono ancora più rigidi.

London foreign exchange market: ***mercato londinese dei cambi; mercato valutario londinese.*** È un mercato che non ha un luogo d'incontro e nel quale le operazioni vengono trattate principalmente per telefono, telegrafo e telex tra le piazze interne del Regno Unito e tra queste e i mercati dei cambi nei principali centri finanziari esteri. Il mercato londinese consiste di un certo numero di banche autorizzate a svolgere operazioni di cambio e una diecina di ditte di intermediari, ciascuna nota come *foreign exchange broker.* Dall'inizio della seconda guerra mondiale fino al 17 dicembre del 1951 il mercato dei cambi londinese restò chiuso, in quanto i residenti erano autorizzati ad effettuare operazioni di cambio soltanto ai tassi ufficiali, che venivano fissati entro uno stretto margine al di sopra o al di sotto delle parità ufficiali tra le valute estere e la sterlina britannica. Dopo il 1951 le restrizioni sui cambi si allentarono gradatamente, dapprima con l'autorizzazione del 1953 ad effettuare operazioni di arbitraggio in cui erano interessate le valute dei paesi dell'Europa occidentale e in seguito, dopo il 29 dicembre 1958, con l'introduzione della piena convertibilità delle sterline in possesso di non residenti. Da allora, il mercato londinese dei cambi ha ripreso vigore, pur se non è mai tornato ai livelli raggiunti in epoche passate.

***London Gazette*:** Pubblicazione settimanale ufficiale del governo britannico, che contiene annunci ufficiali, nomine a posti statali e una serie di informazioni utili al mondo economico, come ad esempio sentenze fallimentari, ordinanze di liquidazioni, convocazioni di assemblee di creditori, variazioni della ragione sociale di imprese ed altre notizie che la legge impone che siano pubblicate nella *Gazette.* Qualsiasi informazione pubblicata nella *London Gazette* corrisponde ad una notifica diretta agli interessati, anche se essi non ne hanno notizia.

London gold market: ***mercato londinese dell'oro.*** Il mercato londinese dell'oro, come quello dei cambi, fu chiuso all'inizio del secondo conflitto mondiale per essere riaperto soltanto nel marzo del 1954. Subito dopo la riapertura, funzionò su scala ridotta, anche perché le operazioni avevano luogo soltanto in dollari e sterline, ma nel giro di un paio di anni esso recuperò le posizioni che deteneva prima della guerra come principale mercato mondiale dell'oro, sul quale venivano e vengono trattati quasi i quattro quinti di tutto l'oro negoziato sui mercati liberi. Dal 29 dicembre 1958, sono state anche autorizzate operazioni in altre valute convertibili, oltre il dollaro e la sterlina. Il mercato londinese dell'oro consiste di cinque ditte che trattano lingotti d'oro e che si riuniscono ogni giorno lavorativo presso la sede di una di loro, precisamente N.M. Rothschild di Londra, per procedere alla fissazione del prezzo del giorno, nota come *gold fixing* o semplicemente *fixing.* La ditta Rothschild è presente non soltanto come commerciante, ma anche come rappresentante della Banca d'Inghilterra, una delle principali venditrici di oro proveniente dalle miniere sud–africane. Nel 1962, la Banca d'Inghilterra fu rafforzata in questa sua posizione, in quanto fungeva anche da rappresentante del pool dell'oro. Il mercato dell'oro londinese non è, tuttavia, composto soltanto dalle cinque ditte menzionate sopra. Esse sono quelle che fissano il prezzo ufficiale, ma nel mercato, che è molto più ampio, vengono vendute e comprate, fuori dei locali di Rothschild, grandissime quantità di oro al prezzo di mercato libero. (v. anche *gold pool*)

London interbank bid rate: ***tasso interbancario passivo londinese.*** Differisce dal LIBOR in quanto mentre quest'ultimo indica il tasso al quale una banca è disposta a concedere prestiti a altri istituti di credito, il LIBID indica il tasso offerto dalle banche che desiderano approvvigionarsi di fondi sul mercato londinese.

London interbank market: ***mercato interbancario londinese.*** Lo stesso che *interbank market* (v.).

London interbank offered rate: ***tasso interbancario attivo londinese.*** È il tasso interbancario vigente sulla piazza di Londra per prestiti in eurodollari, generalmente a sei mesi. Si fa spesso riferimento a questo tasso nelle operazioni internazionali e in quelle a tasso fluttuante. Infatti, dopo il notevole sviluppo del mercato interbancario londinese, questo tasso viene usato come base per la determinazione del tasso d'interesse praticato dalle banche che concedono prestiti a medio termine in eurovalute.

London International Financial Futures Exchange: Istituzione londinese, fondata nel 1982, presso la quale si trattano contratti a termine in strumenti finanziari. (v. anche *financial futures*)

London joint–stock bank deposit rate: ***tasso d'interesse degli istituti di credito londinesi.*** È il tasso d'interesse che gli istituti di credito operanti a Londra riconoscono su depositi il cui prelievo è soggetto ad un preavviso di sette giorni. Il tasso corrisponde ad un due per cento al di sotto del tasso ufficiale di sconto e nei periodi in cui il tasso ufficiale di sconto era del due per cento, il tasso di interesse riconosciuto sui depositi suddetti era dello 0,50%.

London match–girls' strike: ***sciopero delle fiammiferaie londinesi.*** Questo sciopero, che ebbe luogo nel 1888, ha importanza storica, in quanto fu il primo sciopero riuscito di lavoratori non specializzati e mal pagati. Il suo successo, tuttavia, va in gran parte ascritto alla capacità mostrata da Annie Besant, propagandista del socialismo e appartenente alla Società Teosofica, nel sollevare l'opinione pubblica a favore delle fiammiferaie londinesi.

London metal exchange: ***borsa londinese dei metalli.*** Mercato organizzato, costituito di oltre cento membri, per la compravendita di rame, stagno, piombo e zinco. I metodi tradizionali di contrattazione sono alquanto complicati e basati sulla parola degli operatori, mentre le operazioni si svolgono parte per contanti e parte a termine, di solito a tre mesi. La borsa pubblica quotidianamente un listino prezzi ufficiale per i metalli trattati. Vi si tengono due sessioni al giorno, dal lunedì al venerdì, di cinque minuti ciascuna per ciascun metallo trattato, durante i quali si svolgono le contrattazioni tra i membri. La prima sessione comincia alle ore dodici con le contrattazioni sullo stagno, seguita da un quarto d'ora riservato alle contrattazioni private. Poi è la volta del piombo, al quale vengono riservati altri cinque minuti di contrattazioni ufficiali e un quarto d'ora per le contrattazioni private. Poi seguono, nell'ordine, lo zinco e il rame, con la medesima distribuzione di tempo. Dopo l'inattività dovuta al secondo conflitto mondiale, i contratti a termine furono reintrodotti alla borsa dei metalli a partire dal 1949 per lo stagno, dal 1952 per il piombo e dal 1953 per lo zinco e per il rame.

London money market: ***mercato monetario londinese.*** È il mercato londinese del denaro a breve termine, formato dalle case di sconto che contraggono prestiti a richiesta con le banche commerciali. Quando queste ultime non sono in grado di concedere prestiti alle case di sconto o non sono disposte a farlo per questioni connesse con la politica bancaria che perseguono, a loro si sostituisce la Banca d'Inghilterra, come mutuante di ultima istanza. (v. anche *lender of last resort, discount house 1*)

London Rubber Exchange: ***borsa londinese della gomma.*** Nome con il quale, fino al 1945, fu conosciuto il mercato organizzato londinese per la compravendita della gomma. Nel 1945 la *London Rubber Exchange* e la *London Commercial Salesrooms* si amalgamarono per formare un unico mercato per la compravendita di merci di importazione da paesi tropicali e sub–tropicali.

London School of Economics and Political Science: È uno dei *colleges* dell'Università di Londra, fondato nel 1895 per lo studio delle scienze sociali, cioè dell'economia, delle scienze politiche, della sociologia, ecc.

London Securities Exchange: È uno dei cosiddetti *junior markets* (v.) di Londra, nel quale si trattano titoli di piccole società. Fu formato dopo il *big bang* (v.) dagli operatori dell'*over–the–counter market* (v.) britannico e pur essendo una versione più formale di quest'ultimo, resta pur sempre meno formale del *third market* (v.) britannico.

London Stock Exchange: ***borsa valori di Londra.*** Mercato altamente specializzato, che soddisfa le esigenze dei risparmiatori che intendono investire in titoli a reddito fisso o in titoli a reddito variabile e delle imprese e degli enti che cercano fondi mediante i quali finanziare la propria attività. Proprio perché la borsa valori è un mercato altamente specializzato, essa funziona secondo regole fisse prestabilite, una delle quali è quella che prevede che possono entrare e trattare operazioni nella borsa valori soltanto i membri a ciò autorizzati. L'attività della borsa valori di Londra, nota anche come *the House*, è suddivisa in cosiddetti «mercati», cioè diverse classi di titoli, e ciascun mercato è costituito da un certo numero di *stands*, ovvero di ditte di *stockjobbers* che trattano quei titoli. Mentre in altri paesi le borse valori hanno trovato differenti soluzioni al problema di fornire un mercato di titoli continuo e libero con differenti gradazioni di successo, la libertà essenziale della borsa valori di Londra è garantita da un gruppo speciale di membri, gli *stockjobbers*, che costituiscono una caratteristica peculiare del sistema. In altri paesi, gli agenti di borsa tentano di far incontrare la domanda e l'offerta tramite il passaggio diretto dei titoli dal venditore al compratore. Alla borsa valori di Londra, invece, lo *stockjobber* rappresenta un «commerciante» nel «mercato». Questo commerciante è pronto a trattare con uno *stockbroker* l'acquisto o la vendita di una qualsiasi quantità ragionevole di titoli. Non è, pertanto, necessario trovare una controparte disposta ad accettare o cedere il lotto di titoli che un investitore vuole vendere o comprare: basterà rivolgersi allo *stockjobber*, che incanalando tutte le offerte e le richieste dà al mercato una enorme flessibilità. A differenza dello *stockbroker*, che vende o compra per conto del suo cliente ed è da questi remunerato con una commissione sull'affare trattato, lo *stockjobber* compra e vende titoli a proprio rischio e utile. Il livello generale dei prezzi è, anche se indirettamente, deciso dagli investitori che usano la borsa valori, in quanto essi creano la domanda e l'offerta cui gli *stockjobbers* reagiscono quotando prezzi che ritengono interessanti sia per i venditori che per i compratori. Se ad un dato livello di prezzi vi sono più compratori che venditori, o viceversa, gli *stockjobbers* adeguano i loro prezzi finché viene raggiunto l'equilibrio. Se uno *stockjobber* ignorasse questo equilibrio vitale, si troverebbe presto nell'impossibilità di comprare abbastanza titoli per soddisfare le richieste degli *stockbrokers* o si troverebbe ad acquistare molti più titoli di quanti potrebbe venderne, sostenendo così una perdita. Poiché gli *stockjobbers* operano in concorrenza tra loro per assicurarsi gli ordini degli *stockbrokers*, nessuno di loro può permettersi di quotare prezzi troppo vantaggiosi per lui, senza allo stesso tempo perdere affari che andranno a suoi concorrenti. Quando uno *stockbroker* riceve un ordine dal suo cliente, egli si reca alla borsa valori e una volta entrato nel salone delle contrattazioni si dirige verso quella parte della sala in cui sono riuniti gli operatori che trattano il titolo che egli vuole negoziare. Allo *stockjobber* che avvicina per primo egli chiederà semplicemente «A quanto i titoli X?». Dal momento che lo *stockjobber* non sa se il suo interlocutore intende acquistare o vendere, gli risponderà quotando due prezzi, il più basso è quello al quale è pronto a comprare e il più alto è quello al quale è pronto a vendere. Così, ad esempio, risponderà «120p. e 124p.» (Bisogna tener presente che alla borsa valori di Londra i titoli vengono quotati in *pence* finché il loro prezzo è inferiore alle dieci sterline, mentre da dieci sterline in su viene quotato in sterline e *pence*. Solo poche azioni straniere, in particolare quelle delle miniere d'oro sud–africane, sono quotate in dollari.) Se lo *stockbroker* si rivolgerà ad altri *stockjobbers* otterrà una risposta più o meno simile fin quando, soddisfatto del prezzo spuntato, concluderà l'operazione. Ambedue le parti prenderanno, quindi, nota dell'affare concluso, senza firmare alcun documento, perché la parola è tutto fra loro e vi è piena fiducia fra i membri della borsa valori di Londra, il cui motto è appunto «Dictum meum pactum». Per spiegare la lieve differenza di prezzo che uno *stockbroker* può trovare da uno *stockjobber* all'altro, bisogna tener presente che questi ultimi comprano e vendono in proprio, cioè agiscono come grossisti di qualsiasi altro bene, e, pertanto, uno *stockjobber* che si trovi momentaneamente a corto di un certo titolo quoterà prezzi più alti, che attirano i venditori, ma scoraggiano i compratori, il che è proprio quello che egli vuole, perché dal suo punto di vista soggettivo la domanda supera l'offerta. Viceversa, un altro *stockjobber* che tratta lo stesso titolo può darsi che ritenga di averne una quantità eccessiva e può essere disposto a praticare prezzi più bassi al fine di disfarsi di una parte di quelle che ritiene eccedenze. Cercando il miglior prezzo sul mercato, lo *stockbroker* arriva al prezzo più equo per ambedue le parti, cioè il prezzo al quale venditore e compratore sono pronti a concludere l'operazione. Nello stesso giorno in cui lo *stockbroker* ha concluso l'affare, invierà al cliente che gli ha passato l'ordine un fissatino, dal quale si possono rilevare tutti i dati relativi all'operazione. Il fissatino conterrà anche la data in cui il cliente dovrà versare allo *stockbroker* il denaro equivalente al valore dei titoli, che nel caso di titoli di stato è di solito il giorno successivo a quello dell'acquisto, mentre per i titoli di società può estendersi fino a due o tre settimane. La maggior parte dei titoli di società, infatti, vengono trattati «a termine», cioè vengono pagati e consegnati nel giorno di liquidazione al termine del ciclo operativo in cui ha avuto luogo l'operazione e ciò torna a vantaggio sia dello *stockjobber*, che ha il tempo di far incontrare la domanda e l'offerta, sia dell'investitore, che usufruisce di un breve periodo di credito. Per i titoli di stato, i cosiddetti *gilts*, la liquidazione avviene, come si è già accennato, il giorno successivo a quello dell'acquisto. Al fine di proteggere gli investitori, la borsa valori di Londra ha istituito un fondo comune di garanzia dal quale si può attingere per indennizzare i clienti che dovessero sostenere perdite per comportamento scorretto da parte di un operatore. L'entità dell'indennizzo sarà basata sul cosiddetto *hammer price*. Il listino della borsa valori di Londra è composto di circa settemila titoli, suddivisi nelle due categorie del reddito fisso e del reddito variabile, ma è possibile acquistare anche titoli quotati in qualsiasi altra parte del mondo e titoli non quotati in alcuna borsa valori. I titoli a reddito fisso sono a loro volta suddivisi in *gilts*, o titoli di stato; in titoli pubblici emessi da enti locali o altre istituzioni; in obbligazioni di società per azioni; e in azioni privilegiate. I titoli a reddito variabile sono rappresentati dalle azioni ordinarie e da quote di fondi comuni d'investimento. Nel 1973, le borse del Regno Unito e della Repubblica d'Irlanda si fusero e crearono un'unica istituzione, chiamata semplicemente *The Stock Exchange*, la cui sede amministrativa si trova nel palazzo della borsa valori di Londra, ma le cui altre sale di contrattazione si trovano nelle principali città dei due paesi. A seguito del *big bang* (v.), le due figure di operatori sono state unificate e pertanto quanto detto sopra circa le loro funzioni presenta soltanto interesse storico; inoltre, la *London Stock Exchange* ha ancora una volta cambiato il nome ufficiale, che è diventato *International Stock Exchange of the United Kingdom and the Republic of Ireland* a seguito della fusione tra l'*International Securities Regulatory Organization* (v.) e la borsa valori stessa. (v. anche *stockjobber, stockbroker, jobber's turn, contract note, for the account, account day, compensation fund, hammer price, stock exchange, fixed interest securities, gilt-edged securities, ordinary shares, preference shares*)

London syndicate: ***sindacato londinese dei commercianti di diamanti.*** È la più grande organizzazione che opera nel settore della distribuzione dei diamanti grezzi.

London wool exchange: ***borsa londinese della lana.*** Mercato organizzato, con sede a Londra, nel quale si effettuano operazioni di compravendita di lana grezza mediante il sistema della vendita all'asta. Poiché non è facile formare lotti di questa materia prima uniformi per qualità, l'importatore pubblica un catalogo che elenca i lotti in vendita e i compratori, che possono essere *broker* (v.) che agiscono per le industrie tessili locali, ispezionano i lotti in deposito prima di partecipare all'asta. Questa ispezione li mette in grado di assegnare, dal loro punto di vista, un valore a ciascun lotto, sul quale baseranno le loro offerte nel corso dell'asta.

long: ***rialzista.*** Termine borsistico statunitense, usato come sostantivo per indicare uno speculatore che acquista titoli a termine, nella speranza che il loro corso aumenti prima di quando dovrà pagarli, così che possa rivenderli traendo un utile dall'operazione. Se è in grado di acquistare in grosse quantità, egli può far salire il corso dei titoli sui quali specula, perché creando una domanda artificiale fa credere ad altri che il titolo meriti di essere acquistato. Si verifica, così, un eccesso di domanda sull'offerta ed il corso sale, pur se per un breve periodo, che è tuttavia sufficiente al rialzista per trarre il suo utile. Il termine può anche essere usato come aggettivo per indicare un operatore di borsa in possesso di un numero di titoli o di una quantità di merci superiori a quelli che per contratto si è impegnato a consegnare. In tale caso, si dice che l'operatore è *long of stock* o *long in stock*, oppure *long of a commodity*. (v. anche *short*)

long account: ***conto di riporto.*** È il conto nel quale vengono registrati i valori relativi ad un'operazione di riporto o proroga.

long and short haul clause: ***clausola del percorso lungo e breve.*** È la clausola, contenuta nell'*Interstate Commerce Act* (v.), che rende illegale la pratica in passato seguita da società ferroviarie statunitensi di far pagare, per un percorso breve compreso in una lunga tratta, una tariffa superiore a quella applicata sull'intera tratta. Ciò si rendeva possibile quando il percorso più breve era servito da una sola ferrovia, mentre quello più lungo era servito da più società ferroviarie.

long bond: ***titolo di stato a lungo termine.*** Si indicano con questo termine i titoli del debito pubblico la cui durata supera i venti anni. Sono titoli che in periodi di inflazione vengono evitati dagli investitori, in quanto sia gli interessi, sia il capitale potrebbero ridursi notevolmente, in termini reali, nel corso della vita del titolo. Qualora, tuttavia, a seguito del tentativo di molti investitori di sbarazzarsi di questi titoli, acquistati quando l'inflazione non li minacciava, il loro prezzo dovesse scendere notevolmente, potrebbero trovare acquirenti attratti non tanto dal tasso di interesse quanto dal rendimento medio, che tiene conto anche del prezzo di acquisto. (v. anche *medium bond, short bond*)

long credit: ***credito a lungo termine.*** Lo stesso che *long–term credit* (v.).

long cycle: ***ciclo di lunga durata.*** È il ciclo di cui si parla sotto *Kondratieff cycle* (v.).

long–dated bill: ***effetto a lunga scadenza; cambiale lunga; carta lunga.*** Nel mercato monetario è così chiamata una cambiale la cui scadenza va oltre i tre mesi vista o data e generalmente oscilla tra i sei e i nove mesi.

long–dated paper: ***effetto a lunga scadenza; cambiale lunga; carta lunga.*** Termine usato con lo stesso significato di *long–dated bill* (v.).

long-dated securities: ***titoli a lunga scadenza.*** Titoli di credito la cui scadenza è lontana nel tempo. Il concetto di lunghezza, in questo caso, dipende dal tipo di titolo. Infatti, se si tratta di una cambiale si usa l'aggettivo lungo per indicare un periodo superiore ai tre mesi, ma se si tratta di un titolo del debito pubblico si può usare tale aggettivo soltanto nel caso in cui la vita del titolo superi i quindici o venti anni. (v. anche *short-dated securities*)

long dozen: ***dozzina lunga.*** L'espressione inglese indica tredici pezzi calcolati come se fossero dodici. È una consuetudine commerciale invalsa, infatti, includere un tredicesimo pezzo gratis nella dozzina acquistata da un unico compratore.

long draft: ***effetto a lunga scadenza; cambiale lunga; carta lunga.*** Sostanzialmente è una cambiale la cui scadenza va oltre i tre mesi vista o data, ma il termine inglese è divenuto sinonimo di cambiale estera in quanto questa ha quasi sempre una durata superiore ai sessanta-/novanta giorni. Infatti, la cambiale estera decorre non dalla data di emissione, bensì da quella dell'accettazione e anche se viene emessa per concedere un credito di novanta giorni, l'effettiva durata, dalla data di emissione a quella di pagamento, supera ampiamente i tre mesi. (v. anche *long-dated bill, foreign bill of exchange*)

long-end of the market: ***mercato dei titoli a lungo termine.*** Nella borsa valori, è quella parte del mercato che tratta i titoli di stato a lungo termine, la cui durata, cioè, supera i venti anni.

longevity pay: ***indennità di anzianità.*** Differenza di stipendio, tra lavoratori che svolgono le stesse mansioni, basata sulla loro anzianità di servizio e corrisposta sotto forma di indennità aggiuntiva allo stipendio o al salario base.

long exchange: ***divisa lunga; cambiale estera lunga.*** Questa espressione inglese viene usata soltanto in relazione alle cambiali estere e indica quelle la cui durata va dai sessanta ai novanta giorni ed oltre. È, pertanto, un sinonimo di *long draft* (v.).

long firm: Espressione usata nel linguaggio commerciale britannico per indicare un'impresa costituita allo scopo fraudolento di ottenere merci a credito, che non saranno mai pagate.

long-form report: ***relazione dettagliata dei revisori dei conti.*** Non è altro che una relazione dei revisori dei conti, ma differisce da quella considerata sintetica, in quanto contiene maggiori elementi quali, ad esempio, commenti sui risultati della gestione e sulla situazione finanziaria, cause che hanno portato a variazioni rispetto al precedente anno contabile, suggerimenti procedurali, ecc. Viene preparata da coloro che hanno svolto la revisione dei conti di un'impresa, è indirizzata alla direzione o al consiglio di amministrazione e può integrare, contenere o sostituire la relazione in forma sintetica. (v. anche *short-form report*)

long gilts: ***titoli di stato a lunga scadenza.*** Nel linguaggio della borsa valori di Londra, sono indicati con questa espressione i titoli del debito pubblico la cui durata supera i quindici anni.

long hedge: ***copertura lunga; copertura in acquisto.*** Espressione usata nel linguaggio borsistico per indicare un'operazione di copertura consistente nella stipula di un contratto d'acquisto a termine in previsione di acquisti per contanti sul mercato dei prodotti effettivi, al fine di proteggersi contro un eventuale futuro aumento dei prezzi.

long hundred: Nel linguaggio commerciale, indica dieci dozzine, ossia 120 articoli.

long hundredweight: Misura di peso in uso nel Regno Unito e altri paesi anglosassoni. Equivale a 112 libbre avoirdupois, cioè 50,80 chilogrammi, ed è divisa in quattro *quarters*, ciascuno di 28 libbre, pari a 12,70 chilogrammi.

long interest: ***interesse lungo.*** Nel linguaggio borsistico, questo termine viene usato per indicare contratti di lunga durata in un qualsiasi dato mercato di contratti a termine.

long lease: ***locazione lunga.*** Un contratto di locazione che ha almeno altri cinquanta anni di durata prima di scadere.

long loan: ***prestito a lunga scadenza; mutuo a lungo termine.*** Espressione usata come sinonimo di *long-term loan* (v.).

long measure: ***misura di lunghezza; misura lineare.*** Termine usato con lo stesso significato di *linear measure* (v.).

long of a commodity: Nel linguaggio borsistico statunitense, è così detto un operatore di una borsa merci che dispone di una quantità di beni superiore a quella che deve consegnare in base agli accordi presi.

long of stock: Nel linguaggio delle borse valori statunitensi, è così detto un operatore che dispone di una quantità di titoli superiore a quella che deve consegnare in base agli accordi presi.

long paper: ***carta lunga.*** Termine usato come sinonimo di *long-dated paper* (v.).

long period: ***periodo lungo.*** Espressione usata nel linguaggio economico per indicare fenomeni che svolgono o esauriscono il loro effetto in un periodo di tempo relativamente lungo, al contrario di altri fenomeni che svolgono il loro effetto o si esauriscono in un arco di tempo relativamente breve. La distinzione fra lungo e breve periodo assume particolare rilevanza nella teoria dell'impresa e in quella della domanda. Tuttavia, questa espressione indica un concetto relativo, poiché il tempo necessario affinché si verifichi o si esaurisca un medesimo fenomeno varia da industria a industria. (v. anche *long period and short period*)

long period and short period: ***periodo lungo e periodo breve.*** Espressioni alquanto generiche, perché relative, usate in teoria economica per distinguere variazioni che ci si può aspettare che abbiano luogo piuttosto rapidamente (periodo breve) o piuttosto lentamente in un arco di tempo più ampio (periodo lungo). Tale distinzione si applica ad un gran numero di fenomeni economici, quali ad esempio la domanda e l'offerta, la produzione, gli investimenti, ecc., ma assume particolare rilievo nella teoria dell'impresa e in quella della domanda. Nella prima, con periodo breve si intende un periodo di tempo per il quale un'impresa si è impegnata a sostenere costi fissi, ad esempio perché possiede stabilimenti o impianti o li ha presi in locazione per un periodo di tempo specifico; con periodo lungo, invece, si intende un periodo di tempo in cui tutti i costi dell'azienda variano insieme alla produzione. È chiaro che si tratta di considerazioni elastiche, in quanto il periodo breve per alcune imprese che devono sostenere costi fissi per un periodo di tempo esteso può dimostrarsi più lungo del periodo lungo riferito ad imprese o altri tipi di organizzazioni che non hanno alcun impegno di sostenere costi fissi. Il concetto appena espresso è valido anche per la teoria della domanda e dell'offerta. Se consideriamo la risposta dell'offerta di un bene ad una lieve variazione di prezzo, notiamo che l'offerta può apparire anelastica nel periodo breve, ma se l'aumento di prezzo è stato prodotto da un aumento della domanda che presenta carattere ragionevolmente permanente, concesso un certo tempo per i necessari investimenti in nuovi beni capitali, l'offerta si dimostrerà altamente elastica nel lungo periodo. Anche in questo esempio, tuttavia, il concetto di lungo e breve non può essere usato in senso assoluto, perché varia da caso a caso e ciò che è breve per un settore industriale può essere lungo per un altro e viceversa. Pertanto, per cercare di trovare una via di mezzo, possiamo dire che con lungo periodo si intende il tempo necessario perché si verifichino tutte le conseguenze relative ad un evento iniziale.

long–period cost of output: ***costo di produzione di periodo lungo.*** Nella terminologia keynesiana, è la somma prevista del costo primo e del costo supplementare.

long–period supply price: ***prezzo di offerta di lungo periodo.*** Nella terminologia keynesiana, indica il prezzo che, al fine di rendere un profitto normale, deve essere maggiore del costo di produzione di periodo lungo di un ammontare, determinato dal saggio d'interesse corrente su mutui di simile durata e rischio, calcolato come percentuale del costo degli impianti. Pertanto, il prezzo di offerta di lungo periodo è uguale alla somma del costo primo, del costo supplementare, del costo di rischio e del costo dell'interesse.

long position: ***posizione lunga.*** È la posizione in cui si trova un operatore di una borsa valori o merci, che dispone di una quantità di titoli o beni superiore a quella che deve consegnare in base agli accordi presi a suo tempo.

long–process industries: ***industrie a lungo processo.*** Le industrie che in un'economia hanno cicli di produzione più lunghi, come ad esempio l'estrazione mineraria, la cantieristica e l'agricoltura, rispetto alle industrie manifatturiere.

long rate: **1.** ***tasso di sconto di carta lunga; tasso di sconto lungo.*** Termine usato in relazione a cambiali estere lunghe, cioè con periodo di decorrenza oscillante tra i sessanta e i novanta giorni o più prima della scadenza, per indicare il prezzo al quale può essere acquistata in un paese una cambiale tratta su un altro paese. Questo tasso di sconto viene calcolato in base al tasso di sconto per cambiali a vista, cui va aggiunto un tanto comprensivo di: interessi per il periodo di decorrenza della cambiale basati sul tasso di sconto in vigore nel paese straniero; imposta di bollo nel paese estero; un tot per il rischio, che può essere rischio di insolvenza, rischio di cambio o rischio del trasferimento valutario. **2.** ***tasso di interesse su titoli a lungo termine.*** È il tasso di interesse su titoli di stato la cui vita supera i venti anni. In periodi di inflazione, il risparmiatore evita di investire i propri risparmi in questo tipo di titoli, in quanto il tasso di interesse che può attirarlo oggi, domani potrebbe essere assolutamente irrilevante, senza considerare la naturale erosione della somma capitale. **3.** ***tariffa lunga.*** Nelle assicurazioni, indica il tasso in base al quale viene calcolato il premio relativo ad una polizza di durata superiore ad un anno. Tale tariffa risulta sempre più bassa di quella relativa a polizze emesse per la durata di un solo anno.

long run: **1.** ***lungo termine; lungo periodo.*** Espressione alquanto generica, usata in teoria economica per indicare il periodo di tempo necessario perché si verifichino tutte le conseguenze relative ad un evento iniziale. È di solito usata come sinonimo di *long period.* (v. anche *long period and short period*) **2.** ***di lungo termine; di lungo periodo.*** Espressione aggettivale, usata per indicare fenomeni che svolgono o esauriscono il loro effetto in un periodo di tempo relativamente lungo.

long–run average cost: ***costo medio di lungo periodo.*** È il costo medio osservato e relativo ad un lungo periodo di tempo e risulta essere il costo medio più basso possibile per produrre un dato bene, tenuto conto dello stato attuale delle conoscenze tecniche e delle abilità manageriali, dopo che è passato un periodo di tempo sufficiente per apportare tutte le necessarie modifiche alle strutture produttive aziendali. (v. anche *average cost, long–run cost curve*)

long–run cost curve: ***curva di costo di periodo lungo.*** La curva di costo medio di periodo lungo di un'impresa indica il costo più basso possibile al quale si possono produrre differenti quantità di prodotto. Ciascun prodotto viene realizzato attraverso quella combinazione di fattori che, consentendo di variare in qualsiasi proporzione i tre fattori della produzione, dà come risultato il costo più basso. Così, qualsiasi movimento lungo questa curva implica variazioni della combinazione dei fattori, inclusi gli impianti fissi. La curva di costo di lungo periodo assume generalmente una delle tre forme possibili: a) alcune imprese possono mostrare costi crescenti o rendimenti di scala decrescenti. Una maggiore produzione, anche in presenza di una combinazione ottimale dei fattori, si verifica soltanto con costi medi più alti per unità di prodotto. b) Altre imprese possono mostrare costi costanti o rendimenti di scala costanti. Il costo medio per unità di prodotto resta invariato via via che aumenta la scala di produzione. c) Un terzo gruppo di imprese può operare in condizioni di costi decrescenti o di rendimenti di scala crescenti. Il costo unitario del prodotto diminuisce via via che aumenta la scala di produzione. Nella maggior parte delle industrie, i costi medi di lungo periodo tendono a diminuire o a restare costanti e soltanto poche industrie mostrano una tendenza ad avere costi crescenti. L'andamento dei costi in una qualsiasi situazione dipende dallo stato di avanzamento tecnologico e dal grado di divisione del lavoro. Il fatto, poi, che in un'industria siano o no presenti imprese che operano al costo medio più basso possibile dipende dalla dimensione del mercato e da quanta importanza esse danno al principio della massimizzazione dei profitti. (v. anche *short–run cost curve*)

long–run equilibrium: ***equilibrio di lungo periodo.*** L'espressione è usata in relazione all'equilibrio parziale di lungo periodo di un'impresa o di un'industria. Si realizza tramite un assestamento del numero delle imprese presenti nell'industria, fino al punto in cui i ricavi marginali sono uguali ai costi marginali delle singole imprese e il costo unitario totale medio è uguale o inferiore al prezzo. (v. anche *short–run equilibrium*)

long–run marginal cost: ***costo marginale di lungo periodo.*** Corrisponde all'aumento dei costi totali derivante da un aumento della quantità dei beni prodotti, quando si possono variare tutti gli input utilizzati dall'impresa e in particolare il capitale. (v. anche *marginal cost, short–run marginal cost*)

longs: ***titoli a lunga scadenza.*** Espressione colloquiale, usata nel linguaggio delle borse valori per indicare i *long gilts* (v.).

longshoreman: ***scaricatore di porto; lavoratore portuale.*** Lo stesso che *docker* (v.).

long–term: ***di lungo termine; a lungo termine.*** Espressione aggettivale, usata in relazione a operazioni la cui durata si estende su un periodo di tempo abbastanza lungo. Il concetto, tuttavia, è relativo e dipende dal tipo di operazione. Ad esempio, un mutuo a lungo termine avrebbe una durata oscillante tra i dieci e i venti anni e anche oltre, ma un investimento a lungo termine avrebbe una durata notevolmente più breve.

long–term borrowing rate of interest: ***tasso d'interesse passivo a lungo termine.*** Espressione usata come sinonimo di *long–term rate of interest* (v.).

long–term capital: ***capitale a lungo termine.*** Si indica con questa espressione il capitale utilizzato da un'impresa per finanziare investimenti a lungo termine in beni capitali. Può provenire da fonti interne, come ad esempio utili non distribuiti e riserve, o da fonti esterne, come ad esempio obbligazioni, mutui a lungo termine, azioni e ipoteche. (v. anche *medium–term capital, short–term capital*)

long–term capital account: ***conto capitali a lungo termine.*** Espressione usata nel linguaggio finanziario in relazione al conto della bilancia dei pagamenti nel quale confluiscono gli investimenti e le entrate e le uscite statali in paesi esteri, per distinguerli dai capitali a breve termine.

long–term capital gains: ***redditi di capitale di lungo periodo.*** Negli Stati Uniti, era la plusvalenza realizzata a seguito della vendita di un titolo tenuto in portafoglio per un periodo non inferiore ai dodici mesi. Lo stesso concetto si applicava ad altri beni capitali e la distinzione tra breve e lungo periodo era importante ai fini fiscali, in quanto le plusvalenze di lungo periodo venivano assoggettate a un'imposta pari al 50% di quella prelevata sulle plusvalenze di breve periodo. La differenza tra redditi di capitale di lungo e di breve periodo è stata abolita nel 1986 a seguito dell'approvazione del *Tax Reform Act*.

long–term compensation: ***compensazione per lungo termine.*** Negli Stati Uniti, prima che venisse applicato il concetto di reddito medio, questa espressione indicava l'applicazione di aliquote speciali su entrate derivanti da realizzazione di investimenti tenuti in essere per diversi anni. Oggi non è più in vigore, appunto perché sostituita dal più equo concetto del reddito medio. (v. anche *average income*)

long–term contract: ***contratto a lungo termine.*** In ragioneria, si indica con questa espressione un contratto per la fornitura di beni e servizi che si estende sull'arco di uno o più successivi anni contabili. Il termine si usa in relazione a contratti per la produzione su commessa di impianti pesanti o per progetti di costruzione relativamente lunghi.

long–term credit: ***credito a lungo termine.*** È il credito con scadenza variabile tra i dieci e i trenta anni ed oltre. Viene generalmente concesso come credito fondiario, garantito da ipoteca di primo grado sull'immobile. (v. anche *Macmillan Gap, Finance Corporation for Industry, Industrial and Commercial Finance Corporation, medium–term credit, short–term credit*)

long–term debt: ***debito a lungo termine.*** In un bilancio, è un debito che scade in un qualsiasi periodo al di là dell'esercizio coperto dal bilancio stesso. Si applica, pertanto, a prestiti obbligazionari, ipoteche, mutui a lungo termine, ecc., il cui rimborso non cada nei dodici mesi successivi.

long–term expectation: ***aspettativa di lungo termine.*** Nella terminologia keynesiana, è così indicato il ricavo che l'imprenditore prevede di ottenere in futuro in seguito a un'aggiunta ai suoi impianti di produzione. (v. anche *short–term expectation*)

long–term finance: ***finanza a lungo termine.*** Espressione usata come sinonimo di *long–term capital* (v.).

long–term financing: ***finanziamento a lungo termine.*** La concessione di uno o più prestiti che si estendono su un periodo di tempo lungo. L'espressione indica un concetto relativo, che assume un diverso valore temporale a seconda del tipo di finanziamento, del settore industriale cui è concesso e dell'istituzione finanziaria che lo concede.

long–term forecast: ***previsione a lungo termine; previsione di lungo periodo.*** Previsione economica relativa ad un periodo di tempo tra i cinque e i quindici anni futuri, a partire dal momento in cui essa viene formulata.

long–term gains: ***redditi di lungo periodo.*** Utili derivanti dalla smobilitazione di un investimento, dopo che esso è rimasto in essere per almeno un anno.

long–term gains tax: ***imposta sui redditi di lungo periodo.*** Era così chiamata l'imposta che, nel Regno Unito, colpiva i redditi provenienti dalla realizzazione di un investimento, se essa avveniva dopo almeno dodici mesi dalla data in cui l'investimento era stato posto in essere. Fu introdotta dalla legge finanziaria del 1965, ma oggi nel Regno Unito esiste un'unica imposta sui redditi di capitale, che non tiene conto del periodo di tempo durante il quale l'investimento è rimasto in essere. (v. anche *capital gains tax*)

long–term insurance: ***assicurazione di lungo termine.*** L'assicurazione che ha per oggetto la ripartizione di rischi in un lungo periodo di tempo e che consiste principalmente dell'assicurazione sulla vita. Il termine inglese è usato come opposto di *general insurance* (v.).

long–term investment: ***investimento a lungo termine; investimento di lungo termine.*** Un investimento in valori mobiliari o in beni immobili acquistati per essere tenuti come fonte di reddito e non per fini speculativi. Questo tipo di investimento non rientra tra le attività correnti di un'impresa.

long–term lease: ***locazione a lungo termine; affitto a lungo termine.*** È l'impegno di locazione di beni immobili o mobili, che si estende su un certo numero di anni convenuto in precedenza. Il termine, quindi, trova applicazione non soltanto nelle locazioni immobiliari, ma anche in quelle locazioni di impianti o beni mobili che in Italia vanno sotto il nome di leasing, nonché in quelle che sembrano locazioni ma che, in effetti, sono acquisti rateali, se il contratto prevede il trasferimento della proprietà del bene al termine del periodo stabilito senza alcun pagamento supplementare oltre quello effettuato sotto forma di versamenti periodici.

long–term liability: ***passività a lungo termine.*** Una passività che, in base all'accordo che l'ha fatta insorgere, non deve essere pagata in data prossima, cioè entro un anno, nel normale funzionamento di un'impresa. Ne sono esempi le ipoteche, i prestiti obbligazionari, i mutui a lungo termine e, in generale, tutti i cosiddetti debiti fondati o a lungo termine.

long–term loan: ***prestito a lunga scadenza; mutuo a lungo termine.*** Un prestito che si estende su un periodo di tempo indefinito o, nel caso dello stato, in perpetuo o per più di venti anni. Generalmente, a fronte di tali debiti vengono emesse obbligazioni o cartelle oppure viene data in garanzia una proprietà immobiliare. In questo ultimo caso, il prestito a lungo termine corrisponde ad un'ipoteca. Quando si tratta di debiti contratti dallo stato, essi possono essere rimborsabili ad una data fissa, oppure in un qualsiasi momento dopo una data stabilita. Ad esempio, il debito di guerra inglese al 3,50% prevedeva il rimborso dopo il 1952 e molti si aspettavano che fosse rimborsato, ma debiti del genere lo stato è disposto a rimborsarli soltanto se riesce a lanciare altri prestiti ad un tasso di interesse inferiore.

long–term losses: ***perdite di lungo periodo.*** L'opposto di *long–term gains* (v.) e cioè le perdite derivanti dallo smobilizzo di un investimento rimasto in essere per almeno un anno.

long–term objectives: ***obiettivi di lungo periodo.*** Obiettivi la cui realizzazione è possibile soltanto in un certo numero di anni.

long–term planning: ***pianificazione di lungo periodo.*** Lo stesso che *strategic planning* (v.).

long–term rate of interest: ***tasso d'interesse a lungo termine.*** È il tasso di interesse che viene pagato in relazione a prestiti a lungo termine, cioè per un periodo di tempo oscillante tra i dieci e i trenta anni. In generale, questo tasso è superiore a quello su prestiti a breve termine, perché il rischio implicito nell'operazione cresce quanto più lungo è il periodo di credito concesso. Da quando il tasso di inflazione ha mostrato la tendenza a crescere continuamente, questo tipo di prestiti prevede un tasso di interesse indicizzato.

long the basis: Espressione del linguaggio borsistico, usata per indicare un operatore o un'impresa che acquistano una partita di merci a pronti e si coprono con la vendita di un'uguale partita a termine. In tale caso, si dice che l'operatore è *long the basis.*

long ton: ***tonnellata inglese.*** Anche detta *just ton*, è l'unità di misura di peso equivalente, nel Regno Unito, a 2240 libbre avoirdupois, pari a 1016,0471 chilogrammi. Viene definita *long* in relazione alla *short ton*, in uso negli Stati Uniti. (v. anche *metric ton, short ton*)

long wave: ***onda lunga; onda Kondratieff.*** Si indica con questa espressione il ciclo economico di lunga durata che prende il nome da N.D. Kondratieff, l'economista russo che negli anni venti apportò un notevole contributo allo studio delle fluttuazioni economiche. Il nome deriva dal fatto che si tratta di un'onda della durata oscillante tra i cinquanta e i sessanta anni, caratterizzata da processi insiti nel sistema capitalistico, tra cui principale sarebbe l'accumulazione di capitale.

loose–leaf ledger: ***partitario a fogli mobili; mastro a fogli staccati.*** È una delle forme in cui può presentarsi un partitario o mastro. Consiste di vari fogli non rilegati, nei quali vengono riportati i conti sotto forma di registrazioni sintetiche di eventi precedentemente annotati su libri giornali. (v. anche *ledger*)

loose plant: ***impianto mobile.*** Macchine, usate nel processo produttivo, che non hanno un'ubicazione fissa nei capannoni della fabbrica e possono essere spostate liberamente da un punto all'altro a seconda delle necessità.

loose time: ***tempo approssimativo; tempo lasco; tempo ampio.*** Tempo concesso per una data operazione lavorativa, che risulta superiore al tempo necessario ad un operaio specializzato per eseguire quel lavoro con impegno ed abilità normali.

loose tools: ***utensili mobili.*** Utensili o macchine utensili, usati nel processo produttivo, che non sono in dotazione fissa di un posto di lavoro o non hanno un'ubicazione prestabilita nei capannoni dello stabilimento e possono essere spostati liberamente da un punto all'altro a seconda delle necessità.

Lords Commissioners of H.M. Treasury: ***Consiglieri del Tesoro.*** Sono i membri del Consiglio del Tesoro e precisamente il primo ministro (che è il *First Lord of the Treasury*), il cancelliere dello scacchiere e cinque membri della Camera dei Lord. Il responsabile della politica del Tesoro è, comunque, il cancelliere dello scacchiere.

Lorenz curve: ***curva di Lorenz; curva di concentrazione dei redditi.*** Se su un piano cartesiano poniamo percentuali crescenti da 0 a 100 su ciascun asse, la curva di Lorenz mostra le relazioni cumulative percentuali tra le due variabili poste ciascuna su uno degli assi. Viene di solito usata per mostrare il grado di disuguaglianza nella distribuzione alla quale si applica. Una distribuzione perfettamente uniforme darebbe una linea retta con origine dal punto di incontro dei due assi e orientata a quarantacinque gradi rispetto ad essi. In tal caso, ad un aumento dell'1% di una variabile dovrebbe corrispondere un aumento dell'1% dell'altra variabile. Quando, però, la distribuzione non è uniforme, la curva presenta una deviazione e quanto maggiore è la sua curvatura, tanto più grande è la disuguaglianza. Se la curva di Lorenz viene applicata per rappresentare la distribuzione dei redditi, essa prende il nome di curva di concentrazione dei redditi, come avviene quando si applica alla distribuzione di Pareto.

loro account: ***loro linee.*** L'espressione inglese va distinta da quella italiana, quando quest'ultima è usata come forma di cortesia in luogo di vostre linee, L'inglese, infatti usa tre espressioni con i possessivi italiani e cioè *nostro account, vostro account* e *loro account*, corrispondenti a nostre linee, vostre linee e loro linee. Innanzi tutto, diciamo che con queste espressioni si indica un conto corrente che una banca inglese tiene acceso, in valuta locale, a o presso un corrispondente straniero. Nelle loro comunicazioni relative a questi conti, la banca inglese chiamerebbe il proprio conto presso il corrispondente straniero *nostro account* e quello del corrispondente straniero presso di lei *vostro account*, cioè nostre linee e vostre linee. È chiaro che la situazione si inverte se la consideriamo dal punto di vista del corrispondente straniero, che indicherà come *vostro account*, vostre linee, il conto della banca inglese e *nostro account*, nostre linee, quello suo presso la banca inglese. L'espressione *vostro account* può anche essere resa con la nostra corrispondente loro linee, ma si intende vostre linee e non il conto di un terzo che, in inglese, è reso con *loro account.* Infatti, se due diversi corrispondenti stranieri, chiamiamoli A e B, hanno un conto in valuta acceso presso una banca inglese, ambedue indicheranno, nelle comunicazioni con la banca inglese, il loro conto come *nostro account*, ma se A deve accreditare una somma sul conto di B si riferirà al conto di quest'ultimo con l'espressione *loro account*, cioè loro linee.

loss: 1. ***perdita.*** Nell'uso che ci interessa, il termine presenta alcune leggere variazioni di significato. Esso indica: a) una qualsiasi spesa, come nell'espressione perdite e profitti; b) un costo o una spesa non recuperabili, per i quali, cioè, non si è ricevuta una contropartita come, ad esempio, il costo di un bene non ammortizzato distrutto da un incendio e non coperto da assicurazione; c) l'eccedenza del costo, o del costo ammortizzato, di un bene capitale rispetto al prezzo di recupero, il prezzo cioè al quale si riesce a venderlo quando viene smobilizzato. **2.** ***perdita netta; perdita netta di esercizio.*** È l'opposto di utile netto, determinato allo stesso modo; cioè, l'eccedenza della somma spesa sulla somma incassata. (v. anche *net profit*) **3.** ***danno; sinistro.*** Nelle assicurazioni, è la perdita totale o parziale di un bene coperto da assicurazione.

loss-and-expense ratio: ***rapporto danni e spese.*** Nelle assicurazioni, indica la somma del coefficiente di perdita e del coefficiente di spesa. (v. anche *expense ratio, loss ratio*)

loss and gain: ***perdite e profitti.*** Denominazione data al conto al quale, nella contabilità di qualsiasi impresa, vengono periodicamente trasferiti gli elementi negativi e positivi del reddito d'esercizio, quali rendite, profitti, spese e oneri. Il suo saldo, che rappresenta il profitto netto o la perdita netta del periodo in questione, viene trasferito a «utili d'esercizio», a «perdite d'esercizio» oppure in conto capitale.

loss assessor: ***perito di assicurazioni.*** Persona incaricata da una compagnia di assicurazioni di esaminare i fatti che hanno portato alla presentazione, da parte di un assicurato, di una richiesta di indennizzo per danni derivanti dal verificarsi dell'evento contro il quale aveva sottoscritto una polizza di assicurazione e di procedere alla stima del bene perduto.

loss constant: ***costante di perdita.*** Nelle assicurazioni, indica una somma forfettaria inclusa nel premio in considerazione di un rischio di scarsa importanza e come tale non preso in considerazione nelle tabelle statistiche.

loss conversion factor: ***fattore di conversione di perdita.*** Nelle assicurazioni, indica una somma aggiunta alla perdita effettiva e liquidata quale rimborso delle spese sostenute dall'assicurato in relazione alla richiesta di indennizzo.

losses on receivables: ***perdite su crediti.*** Perdite subite da un creditore a seguito di insolvenza del suo debitore. Tali perdite devono essere ammortizzate e pertanto vanno a gravare sul conto economico.

loss leader: ***articolo civetta.*** L'articolo, di marca e molto richiesto, che viene venduto ad un prezzo inferiore a quello di mercato o a quello consigliato dal produttore allo scopo di attirare clienti nel negozio. Negli Stati Uniti, dove tale pratica è più diffusa, alcuni grandi magazzini hanno un intero reparto civetta, che lavora in perdita ma è più che ampiamente compensato dagli altri reparti nei quali le persone, attratte dal reparto civetta, finiscono col comprare. La pratica di usare articoli civetta rientra tra quelle pubblicitarie e, pertanto, i negozianti sono disposti a sostenere una piccola perdita su alcuni articoli, che corrisponde a spese di pubblicità per altri negozianti che non seguono tale pratica.

loss leader price: ***prezzo civetta.*** È il prezzo di vendita di un articolo civetta, che può essere semplicemente inferiore al prezzo di mercato, ma può anche arrivare ad essere inferiore al prezzo di costo per il dettagliante. In quest'ultimo caso è chiaro che, visto che il negoziante non rinuncia soltanto ad una parte di utile ma addirittura ci rimette una parte del costo, gli altri articoli presenti nel negozio saranno venduti ad un prezzo leggermente superiore al normale prezzo di vendita, al fine di compensare la perdita subita col prezzo civetta. Può anche darsi, tuttavia, che se il prezzo civetta è inferiore al prezzo di costo per un dettagliante, può non esserlo per un altro. Quest'ultimo, infatti, potrebbe aver spuntato un miglior prezzo di costo attraverso acquisti in grande quantità o in periodi di calo della domanda.

loss-maker: ***impresa in perdita; industria in perdita.*** L'espressione inglese può riferirsi tanto ad un'impresa quanto ad un settore o un'intera industria che registra perdite o deficit consistenti.

loss-making: ***in perdita; in passivo.*** Espressione aggettivale, con la quale si indica una qualsiasi attività economica che non riesce a decollare o a realizzare un profitto e che pertanto opera in perdita.

loss minimization: ***minimizzazione delle perdite.*** L'obiettivo di breve periodo di un'impresa, quando le condizioni negative di mercato impediscono di perseguire l'obiettivo della massimizzazione dei profitti. Consiste essenzialmente nel limitare le perdite al minimo possibile.

loss of income: ***mancato reddito; mancati utili.*** Questo termine ricorre principalmente nel linguaggio delle assicurazioni per indicare una perdita pecuniaria derivante da un sinistro o danno.

loss of profits: ***mancato profitto; mancati utili.*** Lo stesso che *loss of income* (v.).

loss of profits insurance: ***assicurazione contro l'interruzione di esercizio.*** Copre la perdita di utile derivante da interruzione di esercizio a seguito del verificarsi di un sinistro, di solito l'incendio, coperto da assicurazione. La normale polizza contro l'incendio non dà garanzia contro questo rischio, che è di solito escluso nelle condizioni generali, a meno che venga inserita un'apposita clausola nel contratto di assicurazione. La determinazione del danno che dovesse derivare da interruzione di esercizio si basa su calcoli alquanto complessi e di norma viene espressa come percentuale delle somme assicurate o viene basata sugli utili degli anni precedenti.

loss of profits policy: ***polizza di assicurazione contro l'interruzione di esercizio.*** È il contratto di assicurazione che garantisce un imprenditore contro i danni derivanti da interruzione di esercizio a seguito di un sinistro, a sua volta coperto da assicurazione. È necessaria soltanto nel caso in cui la polizza che garantisce contro il sinistro non contenga una clausola che estende la copertura anche a questo tipo di danni. (v. anche *loss of profits insurance*)

loss on realization: ***perdita di liquidazione.*** All'inizio di una procedura di liquidazione, viene aperto un conto liquidazione allo scopo di riassumere e rettificare il conto degli amministratori. Il conto liquidazione mostrerà il valore contabile delle attività, che vengono ad esso addebitate, e le somme realizzate dalla loro vendita e le passività, che vengono accreditate. La differenza a saldo viene detta perdita di liquidazione se rappresenta un passivo, che sarà trattato a seconda del tipo di impresa cui si riferisce.

loss on sale of fixed assets: ***perdita di realizzo dei beni capitali.*** In un bilancio, è la voce che registra una perdita derivante dalla vendita di un'attività fissa ad un prezzo di realizzo inferiore al suo valore contabile.

loss payable clause: ***clausola del risarcimento a terzi.*** È una clausola che, se inserita in un contratto di assicurazione, prevede la liquidazione di danni a persone diverse dall'assicurato. È il caso, ad esempio, della clausola ricorso vicini nella polizza di assicurazione contro l'incendio, o della clausola terzi trasportati nelle assicurazioni contro la responsabilità civile auto.

loss ratio: ***coefficiente di perdita.*** Nelle assicurazioni, si indica con tale espressione il rapporto tra premi incassati e relativi ad un determinato periodo di tempo e danni liquidati nello stesso periodo.

loss relief: ***detrazione per perdite.*** Detrazione di imposta di cui può avvantaggiarsi un'impresa a fronte di perdite di esercizio. Il beneficio viene concesso sempre sotto forma di compensazione in relazione a profitti passati o futuri, per cui al fine di usufruire della detrazione l'impresa deve presentare una situazione di attivo passato o futuro rispetto alla perdita.

loss reserve: ***riserva per liquidazione danni.*** Nelle assicurazioni, è un fondo di riserva per la liquidazione di danni già accertati, ma non ancora pagati.
lost bill of exchange: ***cambiale smarrita.*** Il *Bills of Exchange Act* (v.) del 1882 prevede che se una cambiale viene smarrita prima della sua scadenza, il beneficiario o il portatore può chiedere al traente che gliene rilasci un'altra dello stesso tenore, impegnandosi ad indennizzarlo nel caso in cui la cambiale smarrita venisse ritrovata e negoziata. Se il traente si rifiuta di rilasciare una seconda copia della cambiale, può essere costretto a farlo da un tribunale.
lost cheque: ***assegno smarrito.*** Nel caso in cui un assegno venga smarrito, il prenditore deve immediatamente informarne l'emittente che, a sua volta, provvederà a dare istruzioni alla sua banca affinché l'assegno smarrito non venga pagato se presentato per l'incasso. Una volta che l'emittente ha informato la banca dell'avvenuto smarrimento, se quest'ultima paga ugualmente l'assegno non potrà addebitarne l'importo sul conto del cliente. Dal canto suo, se l'emittente rilascia un secondo assegno dello stesso tenore, dovrà richiedere al prenditore la garanzia che lo sollevi dall'impegno di dover pagare anche quello smarrito, qualora esso fosse presentato da un portatore in buona fede che lo abbia ricevuto in pagamento di beni o servizi forniti. Ciò, ovviamente, solo nel caso in cui l'assegno non sia sbarrato e non trasferibile.
lost days: ***giorni perduti.*** Termine usato in alternativa a *days lost* (v.).
lost deposit pass book: ***libretto di deposito smarrito.*** Se il titolare di un libretto di deposito lo smarrisce, può ottenere dalla banca un duplicato con la semplice formalità di rilasciare una dichiarazione in tal senso, che sarà allegata o registrata sul suo conto. Ciò perché il libretto di deposito non è un titolo negoziabile.
lost deposit receipt: ***ricevuta di deposito smarrita.*** Nel caso in cui una ricevuta di deposito venga smarrita, la banca è obbligata ugualmente a rimborsare la somma depositata presso di lei, ma può richiedere sufficiente garanzia al fine di tutelarsi contro le conseguenze che potrebbero derivarle dall'aver rimborsato la somma senza avere contestualmente ottenuto la riconsegna della ricevuta.
lost discount: ***sconto perduto.*** Termine usato in alternativa a *discount lost* (v.).
lost order slips: ***cartellini di ordinativi perduti.*** Termine usato con lo stesso significato di *want slips* (v.).
lost or not lost: ***perduto per non perduto.*** Clausola che si inserisce nelle polizze di assicurazione marittima, quando queste si stipulano retroattivamente a viaggio iniziato, per evitare che essa sia inefficace a causa della perdita dell'oggetto assicurato nel momento in cui si emette la polizza. Perché questa clausola abbia valore, sia l'assicuratore che l'assicurato devono essere in buona fede e ignorare l'effettiva perdita del bene, se essa si è verificata contestualmente all'emissione della polizza. Se l'assicurato, invece, è al corrente di ciò, la polizza risulta inefficace.
lost profit: ***lucro cessante.*** Termine usato con lo stesso significato dell'espressione latina *lucrum cessans* (v.).
lost share certificate: ***certificato azionario smarrito.*** Lo statuto di una qualsiasi società per azioni di norma prevede che se un socio smarrisce un certificato azionario, la società ne emetterà un duplicato se il socio è disposto ad offrire garanzia contro l'eventuale successivo ritrovamento del certificato da parte di terzi ed il suo illecito utilizzo. La società andrà molto cauta nel rilasciare nuovi certificati, perché gli originali potrebbero essere depositati presso una banca a garanzia di anticipazioni. (v. anche *letter of indemnity 3*)
lost stock certificate: ***certificato di titoli di stato smarrito.*** Se un certificato di titoli di stato nominativo viene smarrito, la Banca d'Inghilterra ne emetterà un duplicato dopo aver ottenuto soddisfacente garanzia da parte di colui che l'ha smarrito. (v. anche *letter of indemnity 3*)
lost time: ***tempo perduto.*** Espressione generica, usata con lo stesso significato di *down time* (v.).
lost usefulness: ***utilità perduta.*** È l'affievolimento graduale della capacità di servizio o del valore di scambio di un bene capitale o qualsiasi altra proprietà, derivante da una qualsiasi causa.
lot: ***lotto; partita.*** Il termine inglese indica un insieme di beni o servizi che costituiscono una singola operazione commerciale. I beni possono essere rappresentati da merci o da proprietà immobiliari e possono essere venduti per trattativa privata o all'incanto. Quando gli articoli che costituiscono il lotto sono uniformi tra loro, il costo di ogni singolo bene viene calcolato semplicemente dividendo il costo del lotto per il numero di articoli che esso contiene. Quando, viceversa, essi sono difformi, non è possibile determinare il costo dei singoli beni se non attraverso un qualsiasi metodo di imputazione che, il più delle volte, sarà arbitrario. Nel linguaggio delle borse valori, il termine indica il numero minimo di azioni o obbligazioni che costituisce l'unità di contrattazione.
lot–acceptance sampling: ***campionatura di accettazione.*** Lo stesso che *acceptance sampling* (v.).
loti: Unità monetaria del Lesotho, suddivisa in cento lisente.
lot money: ***diritto di asta.*** È la somma che viene trattenuta, sul ricavo di una vendita, dalla casa di aste o dal banditore quale compenso del servizio reso al venditore.
lot size: ***dimensione del lotto.*** È la quantità di beni o servizi contenuti in un singolo lotto. (v. anche *lot*)
lot tolerance percent defective: ***percentuale di elementi difettosi tollerata nel lotto; tolleranza percentuale di scarti nel lotto.*** Il termine inglese indica un grado di qualità espresso in termini di numero o percentuale di articoli difettosi in un lotto di prodotti, tale da renderlo ancora accettabile. Una qualità inferiore, rappresentata da un numero o da una percentuale di articoli difettosi superiore a quella stabilita, renderebbe il lotto non accettabile.
low–cost loan: ***prestito a basso costo.*** Oltre al significato facilmente comprensibile, questo termine indica i prestiti fatti da una sussidiaria o controllata ad altre società del gruppo o alla holding, una pratica ampiamente utilizzata in campo finanziario, ma guardata con sospetto da alcuni governi, in quanto può dar luogo a offerte di acquisto di altre società da parte della holding o comunque a manovre di ingegneria finanziaria non sempre trasparenti.
lower gold point: ***punto metallico inferiore; punto dell'oro inferiore.*** Lo stesso che *gold import point* (v.).
lower–grade stocks: ***azioni di secondo grado.*** Sono le azioni non incluse tra le *top–grade stocks* (v.) e cioè quelle catalogate come *beta stocks* (v.), *gamma stocks* (v.), *delta stocks* (v.) e azioni non quotate presso la *International Stock Exchange* di Londra.
lower order goods: ***beni intermedi; prodotti intermedi.*** V. spiegazione sotto *intermediate goods.*
lower quality: ***qualità inferiore.*** Qualità di beni, che non

raggiunge la media.

lower quartile: ***terzo quartile.*** In statistica, si indica con questo termine il terzo dei tre punti su una distribuzione di frequenza che la dividono in quattro parti, ciascuna delle quali contiene un numero di dati uguale a quello delle altre tre.

lower rates: ***tariffe speciali; tariffe ridotte.*** Sono le tariffe applicate da vettori ferroviari a determinate categorie di passeggeri o a merci a seguito di accordi speciali.

lower tier-two capital: ***capitale di secondo livello inferiore.*** V. spiegazione sotto *tier-two capital.*

low-geared capital: ***capitale a basso rapporto d'indebitamento.*** V. spiegazione sotto *high-geared capital.*

low-income country: ***paese a basso reddito.*** Un paese in via di sviluppo i cui cittadini godono di un reddito pro capite abbastanza basso. Nel 1979, erano considerati a basso reddito circa novanta paesi in via di sviluppo i cui abitanti potevano disporre di un reddito annuo pro capite inferiore ai 370 dollari statunitensi.

low-income economy: ***economia a basso reddito.*** Il sistema economico di un paese a basso reddito.

low-involvement products: ***prodotti a basso coinvolgimento.*** Sono così detti i prodotti che non richiedono al consumatore tempo o impegno per raggiungere la decisione di acquisto. Si tratta di prodotti a basso prezzo e di largo uso.

low-pressure selling: Espressione usata per indicare un metodo di vendita in base al quale il venditore si pone l'obiettivo principale di soddisfare il bisogno del compratore e non di vendergli prodotti di cui il consumatore non sente il bisogno.

low-savings economy: ***economia a basso risparmio.*** Un sistema economico nel quale si realizza un basso tasso di risparmio privato, come ad esempio gli Stati Uniti nella seconda metà degli anni settanta e all'inizio degli anni ottanta. Spesso tale situazione è causata da alte aliquote fiscali o alti tassi d'inflazione, che disincentivano il risparmio.

low season: ***bassa stagione.*** Lo stesso che *dead season* (v.).

low-season fare: ***tariffa di bassa stagione.*** È la tariffa praticata dalle compagnie di navigazione aerea o da altri vettori e operatori turistici in periodo di bassa stagione, cioè quando la domanda di servizi di trasporto è più bassa. Poiché tale periodo differisce a seconda che il paese si trovi nell'emisfero australe o in quello boreale e a seconda del tipo di servizi turistici offerti, il concetto di bassa stagione va sempre riferito al paese nel quale ci si reca e nel quale si usufruisce dei servizi di trasporto o turistici. Infatti, se consideriamo un servizio turistico balneare ed il relativo servizio di trasporto, osserveremo che mentre ci troviamo in alta stagione in Europa, ci troveremo in bassa stagione, ad esempio, in Australia o in Brasile e viceversa.

low-technology industries: ***industrie a bassa tecnologia.*** Si definiscono con questa espressione tutte quelle industrie che presentano un rapporto tra fatturato e spese destinate alla ricerca e allo sviluppo inferiore alla media e una bassa percentuale di personale specializzato. Sono costituite generalmente da imprese che operano nella produzione di metalli, legno e prodotti del legno, alimentari, tabacco, tessili, carta, petrolio, gomma, ecc.

low-value-added product: ***prodotto a basso valore aggiunto.*** Un bene, di solito prodotto in paesi di nuova industrializzazione o in via di sviluppo, che richiede l'applicazione di tecnologie standardizzate e facilmente duplicate e relativamente bassi input di manodopera specializzata.

low-wage doctrine: ***dottrina dei salari bassi.*** Una delle tesi economiche sostenute dai mercantilisti, secondo i quali i bassi salari contribuivano non soltanto a mantenere bassi i costi di produzione e di esportazione, e di conseguenza una bilancia commerciale in attivo, ma anche a stimolare lo sforzo produttivo dei lavoratori. Secondo la dottrina dei salari bassi, lo sforzo produttivo era strettamente collegato agli incentivi negativi, per cui se il livello dei salari tendeva a scendere, i lavoratori tendevano ad aumentare i loro sforzi nel tentativo di guadagnare lo stesso salario di prima, mentre se il livello dei salari tendeva a salire, i lavoratori si abbandonavano all'ozio. Per questo motivo, i mercantilisti erano favorevoli all'incremento della popolazione e non erano contrari alla tassazione dei redditi di lavoro.

loyalty bonus: ***premio di fedeltà.*** Premio o gratifica, di solito in moneta, che un'impresa riconosce ai più validi collaboratori, specialmente quando teme che essi possano venir invogliati ad accettare condizioni di lavoro vantaggiose offerte dalla concorrenza. Allo scopo di vincolare i collaboratori, di solito si concorda l'entità del premio e se ne dispone l'erogazione nell'arco di un certo numero di anni, magari anche con pagamenti successivi sempre più consistenti, in modo da motivare i dipendenti a restare al servizio dell'impresa.

L/P: life policy.

L.P.S.O.: Lloyd's policy signing office.

L.P.T.B.: London Passenger Transport Board.

L.R.: Lloyd's Register.

LRA: lagged reserve accounting.

l.s.: lump sum.

L.S.E.: London School of Economics.

L.S. & D. charges: ***spese di sbarco, magazzinaggio e consegna.*** V. spiegazione sotto *landing, storage and delivery charges.*

l.t.: long ton.

L.T.: legal tender.

Ltd.: limited.

ltge.: lighterage.

l.t.l.: less than truckload.

L.T.P.D.: lot tolerance percent defective.

ltr.: litre.

lucrative capital: ***capitale lucrativo.*** Espressione con la quale a volte vengono indicati il denaro liquido e i titoli di credito, in contrapposizione al capitale fisso. Ciò perché i primi sono più facilmente e prontamente impiegabili in attività lucrative di quanto non lo sia il secondo, pressocché vincolato ad una sola attività.

lucrum cessans: ***lucro cessante.*** Nel caso di inadempienza contrattuale, nella determinazione del danno subito da una delle parti bisognerà tener conto anche del cosiddetto lucro cessante, ovvero il mancato guadagno, ma soltanto se esso sia conseguenza immediata e diretta dell'inadempimento.

Luddism: ***luddismo.*** Con questo termine si indica la fase del movimento operaio britannico caratterizzata da violente manifestazioni contro l'introduzione di macchine risparmiatrici di lavoro, che causarono pesanti licenziamenti e diffusa miseria. Il fenomeno si estese dal 1811 al 1816 ed il centro dal quale presero le mosse le manifestazioni fu Nottingham. Da qui, si estese nelle altre aree industriali del Yorkshire, del Lancashire, del Derbyshire e del Leicestershire. Poiché i luddisti si astenevano dal compiere atti di violenza contro le persone o la proprietà privata, rivolgendo la loro rabbia distruttrice soltanto contro le macchine, l'opinione pubblica si volse nel complesso in loro favore. I gravi incidenti, tuttavia, provocarono una feroce e spietata repressione, che culminò in impiccagioni e deportazioni, che fecero tornare la situazione sotto il controllo delle autorità. Nel 1816, però, i disordini esplosero nuovamente e questa volta si diffusero in tutto il Regno Unito. Furono nuovamente sedati con feroci repressioni, ma più che queste fu un notevole miglioramento della situazione economica che pose fine alle manifestazioni contro le macchine. Oggi, il termine viene usato per indicare una forte opposizione all'aumento della meccanizzazione o dell'automazione in un qualsiasi campo. (v. anche *Luddites*)

Luddites: ***ludditi.*** Nome con il quale vennero definiti i lavoratori che presero parte, nel periodo tra il 1811 e il 1816, alle violente manifestazioni contro l'installazione di macchine risparmiatrici di lavoro. Sembra che il nome derivi da un certo Ned Lud, uno squilibrato che alcuni anni prima, in un accesso di follia, aveva distrutto una macchina del genere. (v. anche *Luddism*)

ludditish: ***luddistico.*** Espressione aggettivale usata nel significato di «caratteristico di un luddita» o «che mostra tendenze al luddismo».

Ludditism: ***luddismo.*** Nel suo uso moderno, il termine indica una forte opposizione all'aumento della meccanizzazione o dell'automazione in un qualsiasi campo. (v. anche *Luddism, Luddites*)

lull: ***stasi.*** Termine usato nel linguaggio borsistico e commerciale per indicare un periodo durante il quale le contrattazioni e gli scambi sono estremamente ridotti.

lump, the: ***sistema di remunerazione a forfait.*** Sistema di contrattazione delle prestazioni della manodopera, in uso nell'industria delle costruzioni. In base a tale sistema, il lavoratore o un gruppo di lavoratori si mettono direttamente d'accordo con un appaltatore per una particolare prestazione di lavoro, in considerazione del pagamento di una somma globale che comprende, oltre alla remunerazione, tutti i costi di contributi sociali, assicurativi, ecc., cui faranno fronte i lavoratori in prima persona.

lump of labour theory of wages: ***teoria del fondo del lavoro.*** Generalizzazione che sostiene che in un qualsiasi dato periodo di tempo la quantità di manodopera richiesta dalle imprese produttrici è fissa e non varia con il variare del tasso di salario richiesto dai lavoratori. L'aumentata produttività dei lavoratori potrebbe portare, secondo questa teoria, soltanto ad una riduzione dell'orario di lavoro. (v. anche *bargaining theory of wages, marginal productivity theory of wages, residual theory of wages, subsistence theory of wages, wage fund theory of wages*)

lump sum: ***somma complessiva; somma globale; somma forfettaria.*** Espressione generica, che acquista significato specifico quando entra a far parte di un nome composto, con cui si indica una somma pagata in considerazione di un servizio ricevuto o di beni acquistati, senza però tener conto della quantità specifica dei beni o dei servizi ricevuti.

lump–sum allotment: ***assegnazione a forfait.*** Termine usato con lo stesso significato di *lump–sum appropriation* (v.).

lump–sum appropriation: ***stanziamento a forfait.*** Stanziamento o assegnazione di fondi, ad un reparto o altra entità aziendale o statale, che autorizza un complesso di spese, ma non specifica quale ammontare dello stanziamento deve essere speso per una particolare attività o per uno specifico progetto che rientra nello scopo generale per il quale è stato fatto lo stanziamento. Ad esempio, lo stanziamento per la costruzione di un porto, che non specifica quanto deve essere speso per la costruzione di banchine, frangiflutti, ecc., e quanto per la costruzione di infrastrutture nell'area portuale, quali gru, capannoni, depositi, edifici e simili.

lump–sum charter: ***noleggio a corpo.*** Contratto di noleggio che prevede il pagamento di una somma forfettaria, detta nolo a corpo o a massa. (v. anche *lump–sum freight*)

lump–sum contract: ***appalto a forfait.*** Tipo di contratto di appalto, in base al quale un appaltatore si impegna ad eseguire un determinato lavoro di costruzione, in considerazione del pagamento di una somma forfettaria. Se i costi superano tale somma, l'appaltatore andrà incontro ad una perdita.

lump–sum freight: ***nolo a corpo; nolo a massa; nolo a forfait.*** È così indicato il nolo stabilito in una determinata somma forfettaria, che copre tutto il carico per l'intero percorso. È usato generalmente nel noleggio a tempo, nel quale non si tiene conto della quantità di merci spedite o trasportate.

lump–sum payment: ***pagamento in unica soluzione.*** Pagamento complessivo del prezzo di un bene o servizio effettuato in unica soluzione invece che in forma rateale o frazionata.

lump–sum price: ***prezzo forfettario.*** Nei contratti di appalto, indica che il prezzo concordato comprende tutte le prestazioni relative all'opera da realizzarsi e che i costi dell'appaltatore saranno sostenuti da quest'ultimo in prima persona.

lump–sum purchase: ***acquisto a forfait.*** L'acquisto di un insieme di attività in considerazione di un prezzo complessivo non imputabile ai singoli beni. Ad esempio, l'acquisto di un'azienda avviata per una somma di denaro convenuta, ma non individuata attraverso la somma dei valori ascritti alle singole attività dell'azienda.

lump–sum settlement: ***saldo in unica soluzione.*** Un unico pagamento, che estingue l'obbligazione di dare del debitore.

lump–sum tax: ***imposta forfettaria.*** Un'imposta che non tiene conto di aliquote o scaglioni, ma è costituita da un ammontare fisso, che non varia in relazione all'ammontare o alla dimensione del fattore tassato.

lump system: ***sistema di remunerazione a forfait.*** Lo stesso che *lump, the* (v.).

luncheon vouchers: ***buoni mensa; buoni pasto.*** Buoni forniti gratuitamente dal datore di lavoro ai propri dipendenti, utilizzabili per consumare pasti, ma non convertibili in moneta. Sono generalmente spendibili presso ristoranti convenzionati, ove i lavoratori possono pranzare senza dover pagare il pasto. Fanno parte dei pagamenti in natura o dei benefici aggiuntivi allo stipendio, concessi dal datore di lavoro, che contribuiscono ad aumentare il salario reale. I datori di lavoro acquistano questi buoni da un'organizzazione specializzata, che provvede anche a far convenzionare determinati ristoranti, dai quali riacquista successivamente i buoni. L'organizzazione ricava il suo utile dallo sconto offertole dai ristoranti e dalla commissione pagata sui buoni dai datori di lavoro.

Lutine bell: È la campana che si trova nella sala in cui si riuniscono gli assicuratori nella sede del Lloyd di Londra. Viene suonata quando si devono fare comunicazioni importanti al mercato ivi rappresentato. Due colpi indicano che la notizia che verrà comunicata è buona; un colpo sta ad indicare che la notizia è cattiva. Oggi la campana viene raramente usata, in quanto anche il Lloyd è dotato di sistemi di comunicazioni più sofisticati e rapidi. La campana porta questo nome perché è quella che si trovava a bordo della nave «Lutine», assicurata dai Lloyd e colata a picco nel 1799 nel Mare del Nord, con un carico di lingotti d'oro di cui fu recuperata soltanto una parte.

luxuries: ***beni di lusso; beni voluttuari.*** Sono quei beni che, secondo molti, non possono essere considerati necessari per la salute o il benessere dei consumatori, che tuttavia li acquistano. Gli economisti tendono ad evitare l'implicazione etica del termine con il quale essi vengono indicati popolarmente, misurando il grado di utilità di un bene in termini di elasticità della domanda del bene in rapporto al prezzo e di elasticità della domanda del bene in rapporto al reddito del consumatore. Un'elasticità piuttosto bassa indica che il bene non può essere considerato inutile, o di lusso, ma deve essere considerato utile per il singolo consumatore, come avviene, ad esempio, per le sigarette, i liquori, il caffé e simili.

luxury goods: ***beni di lusso; beni voluttuari.*** Termine usato con lo stesso significato di *luxuries* (v.).

luxury tax: ***imposta sui beni di lusso.*** Viene così detta una qualsiasi delle imposte indirette che colpiscono gli articoli non ritenuti essenziali per un normale tenore di vita e che sono, pertanto, molto più alte di quelle che colpiscono i beni ritenuti necessari. Poiché, tuttavia, la domanda di beni di lusso è più elastica di quella di beni di prima necessità, il gettito delle imposte indirette su questi ultimi risulta generalmente più alto di quello derivante dalle imposte sui beni di lusso.

m, M

m.: 1) mile; 2) month; 3) million.

M.: one thousand.

M0: Sigla con la quale, dall'ottobre del 1983, le autorità monetarie britanniche indicano l'aggregato monetario composto da banconote e monete in circolazione presso il pubblico, più il *till money* (v.) delle banche, più i saldi operativi che le banche tengono presso la banca centrale: in breve, il contante in circolazione.

M2: Precedentemente poco usata, come detto sotto *M 1/5* (v.), questa sigla è stata reintrodotta nel 1982 per indicare, nel Regno Unito, l'aggregato monetario che comprende tutte quelle attività che rappresentano la liquidità totale del settore privato dell'economia. Secondo la definizione delle autorità monetarie britanniche, questo aggregato comprende la somma totale delle banconote e monete in circolazione presso il pubblico più i *retail deposits* (v.) in sterline del settore privato.

M 1/5: Nell'ambito della politica economica, la moneta, intesa come insieme dei mezzi di pagamento disponibili nell'intero sistema economico, viene indicata con le sigle M1, M2, M3, M4 e M5, alcune di uso più diffuso e frequente, altre raramente usate. La sigla M1 definisce l'offerta di moneta come banconote e monete metalliche in circolazione, più i depositi bancari sotto forma di conto corrente detenuti dal settore privato dell'economia. La sigla M2, meno usata di M1 e M3, definisce l'offerta di moneta come M1 più i depositi bancari, sotto forma di depositi a risparmio, detenuti dal settore privato dell'economia. La sigla M3 definisce l'offerta di moneta come M2 più tutti gli altri tipi di depositi bancari, i depositi bancari dei non residenti e i depositi bancari detenuti dal settore pubblico dell'economia, esclusi da questa definizione dal 1984. La variante *Sterling M3*, invece, indica la stessa cosa di M3, meno i depositi bancari detenuti dai non residenti. La sigla M4, molto meno usata delle precedenti, aggiunge a M3 i certificati di deposito e la sigla M5, anch'essa poco usata, dà la più ampia definizione di offerta di moneta, comprendendo tutto ciò che può essere considerato «moneta» nel breve, nel medio e nel lungo periodo. (v. anche *M2, M0, money supply*)

M.A.: Ministry of Agriculture.

machine accounting: ***contabilità meccanizzata.*** Contabilità a ricalco, eseguita mediante l'uso di macchine contabili, appositamente predisposte, di un giornale a fogli mobili e di un mastro a schede. Il ricalco è indiretto, in quanto si scrive sulle schede e si ricalca sul giornale, e le registrazioni vengono effettuate per conto di mastro invece che per articolo.

machine-hour method: ***metodo delle ore-macchina.*** Metodo di ripartizione delle spese generali, sulla base delle ore-macchina.

machine-hour rate: ***tasso di ore-macchina.*** È il tasso di costo per ora di lavoro eseguito da una macchina. È composto di spese ad imputazione diretta e indiretta, quali manodopera, energia, ammortamento, manutenzione, ecc., ed a volte anche una parte delle spese generali di fabbrica, ed è imputato ai prodotti in lavorazione. Può essere stimato o effettivo.

machine-hours: ***ore-macchina.*** Ore di lavoro eseguite da ogni singola macchina in un dato periodo di tempo, che si ricavano dalle schede di macchina.

machine load: ***carico macchine.*** Termine usato come sinonimo di *machine loading* (v.).

machine load card: ***scheda di macchina; scheda di carico macchina; cartoncino macchina; scheda di lavoro macchina.*** Documento sul quale vengono registrate le notizie relative all'attività di una determinata macchina. Di solito si compila ogni giorno e contiene le indicazioni sul tipo di lavoro per il quale la macchina è impegnata, l'ora di inizio e fine di ogni periodo di funzionamento in orario normale ed in eventuale orario straordinario, l'ora e la causa di inizio e fine di interruzioni e sospensioni di funzionamento, ecc. Tale documento è particolarmente importante in relazione alla contabilità dei costi industriali.

machine loading: ***carico macchine.*** In un impianto industriale, indica la quantità di lavoro che sarà svolto da ciascuna macchina. Viene di regola stabilito dall'ufficio controllo della produzione.

machine-made: ***fatto a macchina.*** Espressione usata con valore aggettivale, con la quale si indica che un determinato bene è stato prodotto a livello industriale, o comunque da una macchina, e non a mano da un artigiano.

machine-operating cost: ***costo di esercizio di una macchina.*** È il costo che un'impresa deve sostenere in relazione all'esercizio di ciascuna singola macchina utilizzata nella produzione di beni e servizi.

machine operator: ***operatore di macchina.*** Il lavoratore preposto al funzionamento o alla sorveglianza di una macchina, usata per la produzione di beni o servizi.

machine shop: ***officina meccanica.*** Nel linguaggio industriale, indica il luogo in cui si costruiscono, si assemblano o si riparano macchine, cioè uno stabilimento per la produzione o la riparazione di macchinari industriali. In un senso più generico, indica un qualsiasi luogo nel quale si producono articoli fatti a macchina.

machine tool: ***macchina utensile.*** Qualsiasi tipo di macchina, generalmente leggera, mobile o situata in una posizione fissa, automatica o semiautomatica ed azionata ad energia elettrica, usata per operazioni diverse nel processo produttivo. Esempi di macchina utensile sono la trapanatrice, la levigatrice e il tornio.

Macmillan Committee on Finance and Industry: Commissione istituita nel 1929 sotto la presidenza di Lord Macmillan per lo studio dei problemi di natura finanziaria e industriale. Operò in un periodo di pesante crisi anche per il Regno Unito, che aveva un tasso di disoccupazione del 10% quando la Commissione iniziò i suoi lavori e salì intorno al 20% quando essa pubblicò il suo rapporto nel 1931, mentre il prodotto interno lordo era salito soltanto del 5% rispetto a quello del periodo precedente la prima guerra mondiale. La Commissione, di cui faceva parte J.M. Keynes, ascoltò i più illustri economisti dell'epoca e giunse a conclusioni che o non furono affatto attuate o furono attuate con notevole ritardo. (v. anche *Macmillan Report, Macmillan Gap, Industrial and Commercial Finance Corporation*)

Macmillan Gap: Venne indicata con questa espressione la lacuna esistente nelle istituzioni finanziarie britanniche all'epoca della Commissione Macmillan, per cui le piccole imprese si trovavano nell'impossibilità di reperire finanziamenti a medio e lungo termine. Infatti, tali imprese raggiungevano lo stadio critico nel loro processo di sviluppo quando il capitale necessario per la loro espansione si dimostrava di difficile reperimento sia tramite le istituzioni finanziarie, sia tramite emissioni obbligazionarie pubbliche. Infatti, le banche erano disposte a concedere mutui a breve termine, generalmente sei mesi, mentre per ricorrere ad un prestito obbligazionario le imprese dovevano già essere di una dimensione sufficientemente ampia, perché ad esempio per un'emissione inferiore alle centocinquanta mila sterline i costi erano tanto elevati da scoraggiarla sul nascere. Inoltre, il mercato delle emissioni dipendeva sempre di più da investitori istituzionali, contrari all'acquisto di piccole emissioni a causa delle spese e delle difficoltà amministrative che esse comportano. Questa «lacuna», fra le banche da un lato e la borsa valori dall'altro, fu messa in evidenza dalla Commissione Macmillan e fu colmata, ma soltanto nel 1945, con la creazione di due istituzioni il cui scopo era quello di procurare credito alle piccole imprese. (v. anche *Macmillan Commission on Finance and Industry, Macmillan Report, Finance Corporation for Industry, Industrial and Commercial Finance Corporation*)

Macmillan Report: ***Rapporto Macmillan.*** È il rapporto della Commissione Macmillan, pubblicato nel 1931, nel quale principalmente si auspicava la creazione di un organismo che potesse far fronte alle esigenze di credito delle piccole imprese. Questa raccomandazione fu accolta in pieno, ma l'organismo auspicato vide la luce soltanto nel 1945. Un'altra raccomandazione, quella cioè di non abbandonare il sistema monetario aureo, fu disattesa soltanto un paio di mesi dopo la pubblicazione del rapporto. (v. anche *Macmillan Committee on Finance and Industry, Macmillan Gap, Industrial and Commercial Finance Corporation*)

macro-distribution: ***macrodistribuzione.*** La distribuzione del reddito nazionale in ampi aggregati rappresentati da salari, rendite, interessi e profitti.

macro-economic indicators: ***indicatori macroeconomici.*** Serie di dati relativi ad aggregati economici quali l'inflazione, l'occupazione e l'attività, osservando i quali è possibile prevedere le future tendenze di altre serie di dati o dell'economia in generale.

macro-economic model: ***modello macroeconomico.*** Modello preparato in funzione di fenomeni economici oggetto di studio da parte della macroeconomia, quali il consumo globale, il reddito nazionale, il livello generale dei prezzi e altri aggregati del genere. Con il termine modello si intende qualsiasi esemplificazione, sistema o costruzione teorica, che aiuti a comprendere o a descrivere il funzionamento dell'economia. (v. anche *macroeconomics, micro-economic model*)

macro-economic policy: ***politica macroeconomica.*** Politica governativa, basata principalmente su misure monetarie e fiscali, che si prefigge di attenuare le fluttuazioni cicliche di breve periodo che potrebbero impedire all'economia di raggiungere un alto livello occupazionale e di realizzare una crescita economica non inflazionistica.

macroeconomics: ***macroeconomia.*** Termine usato in contrapposizione a microeconomia per indicare quella branca dell'economia che si interessa dello studio delle attività umane raggruppate sotto forma di grandi aggregati economici, quali l'occupazione globale, il reddito nazionale, gli investimenti, i consumi, i livelli dei prezzi, i livelli dei salari, ecc. Il ricorso alla macroeconomia crebbe notevolmente dopo la pubblicazione dell'opera di J.M. Keynes *General Theory of Employment, Interest and Money* nel 1936. Scopo della teoria macroeconomica è quello di definire ed analizzare a fondo le relazioni tra gli aggregati in modo da poter poi fare previsioni in relazione alle conseguenze di variazioni delle variabili più importanti. Poiché, tuttavia, non è facile tracciare una linea che divida nettamente il campo della macroeconomia da quello della microeconomia, può avvenire che l'uso di generalizzazioni macroeconomiche applicate a situazioni del mondo reale risulti fuorviante se non si tiene debito conto degli effetti microeconomici connessi con la situazione in esame. (v. anche *microeconomics*)

macroeconomy: ***macroeconomia.*** Il termine inglese, diverso da *macroeconomics* (v.), indica un sistema economico osservato e considerato sotto il profilo dei grandi aggregati.

macro-industrial policy: ***politica macroindustriale.*** Termine recentemente coniato da studiosi statunitensi, secondo i quali la politica macroindustriale sarebbe basata su analisi settore per settore della competitività, ma si affiderebbe, dove possibile, a segnali provenienti dal mercato e a politiche con obiettivi globali da preferirsi a misure settoriali. La prima scelta degli strumenti da usarsi cadrebbe su politiche macroeconomiche, ma se l'analisi indica che esse non sono sufficienti, la seconda scelta cadrebbe su altre misure globali, quali ad esempio le politiche di promozione dei mercati. Se anche queste appaiono insufficienti, si potrebbero sviluppare politiche specifiche per la particolare industria o per le singole imprese. Un obiettivo della politica macroindustriale potrebbe essere quello di preservare la flessibilità e l'adattabilità del sistema economico, mentre si crea un clima stabile per la crescita industriale e l'aumento della competitività. Le seguenti misure rientrano tra quelle che potrebbero migliorare la competitività e che potrebbero rivestire un ruolo importante in una politica macroindustriale: 1) politiche volte a stimolare l'innovazione, a rafforzare la base tecnologica per applicazioni commerciali e a promuovere la ricerca e lo sviluppo verso prodotti e processi commerciali; 2) politiche, incluse misure fiscali e normative, volte a incoraggiare la formazione di capitale e l'investimento in nuove tecnologie; 3) sovvenzioni per l'istruzione e l'addestramento della forza lavoro, inclusa la riqualificazione dei lavoratori che hanno perso il posto di lavoro a seguito di innovazioni tecnologiche, e incoraggiamento della mobilità del lavoro; 4) politiche di aggiustamento economico volte ad agevolare il flusso di capitale e lavoro da industrie o imprese in declino a quelle con forti prospettive di competitività futura, ma lasciando al mercato il compito di identificare i settori di crescita e di declino. A queste, si dovrebbero affiancare una serie di altre misure intese a promuovere gli scambi con l'estero; a istituire centri di studio responsabili della politica industriale; ad ampliare la collaborazione tra consumatori, lavoratori, imprese e governo; e altre misure del genere.

macropolicy: ***politica macroeconomica.*** Lo stesso che *macro-economic policy* (v.), ma più spesso usato con valore di attributo.

made bill: In senso lato, il termine indica una cambiale che oltre al nome del traente e del trattario reca il nome di un terzo e precisamente di un girante almeno. In senso più ristretto, indica una cambiale tratta in Gran Bretagna e pagabile all'estero, negoziata e girata in Gran Bretagna da un corrispondente del traente.

made money: ***moneta creata.*** Si indica con questa espressione il contante messo a disposizione delle banche commerciali dalla Banca d'Inghilterra, mediante lo sconto di cambiali emesse dalle banche commerciali. Ciò consente a queste ultime di espandere il credito, utilizzando la moneta così creata per concedere anticipazioni a clienti o alle case di sconto. La manovra fa parte della politica monetaria della Banca d'Inghilterra e mira ad aumentare l'offerta di moneta e a sollecitare una riduzione del tasso di interesse prevalente sul mercato. (v. anche *monetary policy, monetary control*)

magnate: ***magnate.*** Termine usato con lo stesso significato di *baron* (v.).

magnetic ink character recognition: ***lettura di caratteri a inchiostro magnetico.*** Il termine inglese indica un sistema di stampa di marchi, che consistono di lettere e numeri in un carattere tipografico particolare e facendo uso di inchiostro magnetico, su assegni ed altri tipi di documenti e titoli di credito. Ciò consente la rapida selezione ed elencazione dei documenti per mezzo di macchine apposite e la trasmissione dei dati ad un computer, che provvede ai necessari accreditamenti e addebitamenti.

magnified demand: ***domanda amplificata.*** Quando la domanda di un bene deriva dalla domanda di un altro bene, un aumento della seconda porta ad una variazione generalmente amplificata della prima. Così, se ad esempio si verifica un aumento della domanda di beni di consumo, esso porterà ad una variazione più ampia, detta appunto amplificàta, della domanda dei beni capitali necessari per produrre i beni di consumo con i quali soddisfare l'incremento della domanda dei consumatori. Questo processo viene definito in economia col termine acceleratore. (v. anche *accelerator, acceleration, acceleration coefficient*)

M.A.I.B.L.: Midland and International Banks Ltd.

mail: 1. ***posta.*** Termine con il quale si indica collettivamente l'insieme della corrispondenza trasmessa attraverso gli uffici postali, che consiste di lettere, raccomandate, stampe, pacchetti e pacchi. **2.** ***servizio postale.*** Il sistema postale di un paese, che provvede all'inoltro e alla distribuzione della corrispondenza.

mailing: Il termine inglese, entrato anche nell'uso italiano, indica una tecnica pubblicitaria che consiste nell'invio di opuscoli, lettere, ecc., relativi ad un prodotto, direttamente al domicilio del potenziale consumatore, usando i normali canali postali. È più conveniente di altri sistemi pubblicitari quando il gruppo di potenziali clienti che si intende raggiungere è ben identificato e relativamente limitato. A questo scopo, vengono preparati appositi elenchi, specialmente di professionisti, commercianti in settori specializzati, ecc., che vengono poi venduti o noleggiati. (v. anche *list broking, mailing list*)

mailing list: ***indirizzario.*** Il termine inglese viene usato in due significati: a) un elenco contenente nomi e indirizzi di persone o imprese, cui vengono regolarmente inviati notizie e materiale illustrativo relativi agli articoli prodotti da un'impresa; b) un elenco contenente nomi e indirizzi di potenziali acquirenti, divisi per categorie professionali, per zone o in base a qualche altro criterio. Vengono preparati da aziende specializzate e venduti o noleggiati a chi intenda fare una campagna di lancio per corrispondenza o con visite a domicilio. (v. anche *mailing, list broking*)

mailing machine: ***macchina per corrispondenza.*** Termine generico, con il quale si indica una qualsiasi macchina usata in un ufficio per trattare la corrispondenza. Vi sono macchine per aprire e macchine per chiudere lettere, macchine per piegare i fogli, macchine per apporre francobolli adesivi, macchine affrancatrici e macchine per stampare indirizzi.

mail order: ***ordinazione per corrispondenza.*** È l'ordinazione di beni di consumo, durevoli o semidurevoli, inviata per posta dal consumatore ad un'impresa commerciale specializzata nella vendita per corrispondenza ed evasa da quest'ultima sempre per corrispondenza. Il pagamento generalmente ha luogo alla consegna delle merci. (v. anche *mail order firm, mail order business*)

mail order business: ***compravendita per corrispondenza.*** Attività di compravendita che ha avuto notevole sviluppo negli ultimi decenni. È svolta da imprese commerciali che si specializzano in questo settore ed a volte anche da grandi magazzini, che l'affiancano alla loro normale attività di vendita. Il consumatore sceglie gli articoli che desidera acquistare su un catalogo fornito dall'impresa commerciale e invia il suo ordinativo su moduli prestampati, che trova allegati al catalogo o in altre pubblicazioni. Il pagamento ha luogo alla consegna, ma alcune aziende, nel Regno Unito e negli Stati Uniti, concedono anche dilazioni di pagamento. In tal caso, l'ordinativo deve essere accompagnato da un primo versamento, secondo le disposizioni vigenti nel paese in materia di vendite rateali. (v. anche *mail order, mail oder firm*)

mail order catalogue: ***catalogo di vendita per corrispondenza.*** Catalogo preparato e fornito, di solito gratuitamente, dalle imprese di vendita per corrispondenza ai propri clienti. Contiene illustrazioni, descrizioni e prezzi di tutti gli articoli che l'impresa è in grado di fornire per posta.

mail order firm: ***impresa di vendita per corrispondenza; casa di vendita per posta.*** Impresa che tratta la vendita di beni di consumo durevoli o semidurevoli per corrispondenza. Essa prepara uno o più cataloghi nel corso dell'anno, in cui sono riportati articoli e prezzi tra i quali il consumatore può scegliere e successivamente ordinare o ad un agente locale dell'impresa o tramite invio di un'ordinazione per corrispondenza. Poiché un'impresa di questo tipo non dispone di punti di vendita e non deve sostenerne il relativo costo, essa può vendere a condizioni leggermente più vantaggiose di altri canali di distribuzione. Nel Regno Unito, ad esempio, il minor costo di gestione viene in parte trasferito al consumatore, che può acquistare articoli a rate fino ad un determinato ammontare senza maggiorazione di prezzo. Questo tipo di vendita presenta un grande inconveniente, cioè quello che il cliente non può esaminare direttamente la merce, che conosce soltanto attraverso le illustrazioni e le descrizioni contenute nel catalogo. A questo inconveniente le case di vendita per corrispondenza ovviano prevedendo, nelle condizioni generali di vendita, la possibilità per l'acquirente di restituire gli articoli che non fossero di suo gradimento, il prezzo dei quali gli sarà rimborsato.

mail order house: ***casa di vendita per corrispondenza.*** Termine usato come sinonimo di *mail order firm* (v.).

mail room: ***ufficio corrispondenza.*** L'ufficio o la stanza, in un'impresa o altra organizzazione, ove confluisce tutta la corrispondenza sia in arrivo che in partenza. Quella in arrivo viene aperta, suddivisa per destinatario o reparto e successivamente smistata; quella in partenza viene confezionata, pesata, affrancata e portata all'ufficio postale. Molto di questo lavoro viene di solito svolto da apposite macchine.

mail service: ***servizio postale.*** Termine usato con lo stesso significato di *mail 2* (v.).

mail survey: ***indagine per corrispondenza.*** Termine statunitense, usato con lo stesso significato di *postal survey* (v.).

mail transfer: ***trasferimento per corrispondenza; rimessa per corrispondenza.*** È il trasferimento di una somma di denaro, da un paese ad un altro, fatto per corrispondenza tramite una banca. Colui che deve inviare la somma all'estero firma un ordine alla banca, col quale dà a quest'ultima istruzioni di inviare per corrispondenza un determinato ammontare alla persona di cui fornisce nome e indirizzo. La rimessa può essere fatta direttamente al domicilio della persona, oppure può essere tenuta a sua disposizione presso una banca dove dovrà recarsi a ritirarla, ovvero può essere accreditata su un suo conto presso una banca del suo paese.

main branch: ***filiale.*** V. spiegazione sotto *branch.*

main crop: ***coltura principale.*** Il tipo di coltura che rende a un agricoltore la più alta percentuale di reddito.

main office: ***filiale.*** V. spiegazione sotto *branch.*

main port: ***porto principale.*** Ciascuno dei porti di una certa rilevanza, che non rientra nel sistema dei porti maggiori di un paese. Spesso, questi porti sono leggermente fuori delle principali rotte commerciali marittime e servono un entroterra più limitato di quello servito da un porto maggiore. (v. anche *major port*)

mainstream corporation tax: ***saldo di imposta sulle società; conguaglio di imposta sulle società.*** La differenza tra l'imposta totale che una società è tenuta a pagare per un determinato esercizio e l'ammontare che essa ha versato sotto forma di acconto.

maintaining capital intact: ***mantenere intatto il capitale.*** L'espressione inglese indica la sostituzione, nell'arco di un periodo di tempo, di quella parte del capitale che viene consumata nel corso della produzione di beni e servizi, vuoi a seguito di usura, vuoi per obsolescenza, vuoi per consumo produttivo. Se si vuole che al termine di un periodo produttivo il capitale sia uguale per quantità a quello disponibile all'inizio del processo produttivo, bisognerà impiegare fattori della produzione al fine di reintegrare il capitale consumato. Pertanto, si può dire che l'investimento viene in parte assorbito dalla reintegrazione necessaria per mantenere intatto il capitale iniziale e in parte dalla creazione di nuovi beni capitali. (v. anche *capital consumption*)

maintenance: ***manutenzione.*** Il complesso delle operazioni necessarie a tenere i beni capitali nella condizione operativa ottimale, mettendoli così in grado di svolgere soddisfacentemente la funzione per cui furono acquistati. In ragioneria, il termine indica anche i costi che l'azienda subisce in relazione alle operazioni di manutenzione e, in senso lato, qualsiasi costo operativo. Tra le operazioni di manutenzione rientrano, ad esempio, pulitura e riparazione di macchine, edifici ed impianti; oliatura e revisioni periodiche di macchine e impianti, e simili. (v. anche *maintenance costs, operating costs*)

maintenance account: ***conto manutenzione.*** Conto nel quale vengono registrate le spese relative alla manutenzione di macchine, edifici, impianti e simili.

maintenance and repair: ***manutenzione e riparazione.*** Lo stesso che *maintenance* (v.).

maintenance bond: ***garanzia per manutenzione.*** Forma di garanzia, prestata da una banca o altra istituzione, mediante la quale al committente viene assicurato il buon funzionamento degli impianti costruiti da un'altra impresa e, quindi, l'eliminazione di eventuali difetti.

maintenance call: ***richiamo di mantenimento.*** Espressione statunitense usata in relazione ad acquisti a margine per indicare il richiamo di un ulteriore margine di garanzia allo scopo di conservare lo stesso rapporto tra margine iniziale e valore dei titoli acquistati.

maintenance contract: ***contratto di manutenzione.*** Contratto stipulato tra il venditore o fornitore e l'acquirente di una macchina. Di solito prevede il pagamento di un canone annuo da parte del compratore e l'impegno del fornitore di inviare personale specializzato per effettuare revisioni periodiche o a chiamata al verificarsi di un guasto.

maintenance costs: ***costi di manutenzione.*** Sono tutti i costi che un'azienda sostiene in relazione alla manutenzione dei beni capitali che utilizza nello svolgimento della sua attività. Tra questi costi rientrano le spese di manodopera e materiali, quali lubrificanti; le spese di acquisto e sostituzione di pezzi di ricambio; le spese di revisione periodica, ecc. (v. anche *maintenance*)

maintenance department: ***reparto manutenzione.*** Reparto presente negli stabilimenti di maggior importanza o di grosse dimensioni col compito di provvedere alla periodica revisione degli impianti produttivi e alla loro rapida riparazione in caso di guasto o di rottura. Dipende, di solito, dal direttore di stabilimento e tra i suoi compiti rientra anche quello di preparare una tabella di ispezione dalla quale risultino le condizioni di ciascuna macchina e i relativi periodi massimi tra due successive ispezioni o manutenzioni.

maintenance handbook: ***manuale di manutenzione.*** Manuale fornito dal costruttore di una macchina, nel quale vengono illustrate le procedure di manutenzione che l'utente può effettuare personalmente o rivolgendosi a personale specializzato.

maintenance man: ***manutentore; addetto alla manutenzione.*** Persona preposta alla manutenzione di una o più macchine, che di solito fa parte del reparto manutenzione.

maintenance margin: ***margine di mantenimento.*** Nel linguaggio bancario, indica un margine inferiore a quello originale che, per accordo, deve essere mantenuto in deposito su un conto in qualsiasi momento. Nel linguaggio borsistico statunitense, è l'ulteriore margine di garanzia, nelle operazioni di compravendita titoli a margine, che viene richiamato allo scopo di mantenere lo stesso rapporto tra margine iniziale e valore dei titoli, in caso di movimenti di prezzo al ribasso di questi ultimi.

maintenance of membership: L'espressione, di uso statunitense, indica la clausola che, in un contratto di lavoro, stabilisce che il lavoratore che si iscrive ad un sindacato deve continuare a farne parte fino alla scadenza del contratto in corso. Poiché è una clausola del contratto sottoscritto dai rappresentanti sindacali e da quelli degli imprenditori, l'inosservanza da parte del lavoratore spesso implica la perdita del posto di lavoro. Viene, tuttavia, concesso un periodo, tra un contratto e il successivo, durante il quale il lavoratore può dimettersi dal sindacato. (v. anche *escape period*)

maintenance of operating capability: ***conservazione di capacità operativa.*** V. spiegazione sotto *concept of maintenance of operating capability*.

maintenance requirement: Lo stesso che *minimum maintenance* (v.).

maintenance reserve: ***riserva per manutenzione.*** È un conto rateizzazioni al quale vengono imputati costi occasionali di manutenzione differita o ordinaria. (v. anche *equalization reserve 1, deferred maintenance*)

maintenance reserve account: ***conto riserva per manutenzione.*** Termine usato con lo stesso significato di *maintenance reserve* (v.).

maintenance shift: ***turno di manutenzione.*** Un periodo di lavoro speciale che si svolge quando gli impianti sono fermi, ad esempio in orario notturno, allo scopo di effettuare operazioni di controllo e manutenzione degli stessi.

maintenance shop: ***officina di manutenzione.*** Officina preposta, all'interno di uno stabilimento, alla revisione e riparazione delle macchine usate nel processo produttivo.

majority: ***maggioranza.*** Quando si vota su una questione, il maggior numero di votanti a favore o contrari è detto maggioranza. Lo stesso termine indica il numero di voti con cui coloro che votano in un modo superano coloro che votano nel modo opposto.

majority equity stake: ***partecipazione di maggioranza; pacchetto di maggioranza.*** Lo stesso che *majority interest* (v.).

majority interest: ***partecipazione di maggioranza.*** L'investimento in azioni di una società, la cui consistenza è superiore a quella in possesso degli altri singoli soci.

majority-owned subsidiary: ***società controllata; società sussidiaria.*** Società il cui capitale azionario con diritto di voto è per oltre il cinquanta per cento di proprietà della società madre o di altra società sussidiaria controllata dalla società madre.

majority shareholder: ***azionista di maggioranza.*** Lo stesso che *major shareholder* (v.).

majority shareholding: ***azionariato di maggioranza.*** È così definito l'insieme delle azioni di proprietà del gruppo o del singolo che detengono il controllo di un'impresa, attraverso il maggior numero di voti rappresentati appunto dalle azioni in loro possesso. Per ottenere il controllo di maggioranza, il gruppo o il singolo devono possedere almeno il 51% delle azioni con diritto di voto, ma a volte è possibile raggiungere tale controllo anche con una percentuale inferiore di azioni, se le altre sono di proprietà di singoli che non intendono allearsi per ottenere il controllo della società.

majority stake: ***partecipazione di maggioranza; pacchetto di maggioranza.*** Lo stesso che *majority interest* (v.).

major medical insurance: Tipo di assicurazione, in uso negli Stati Uniti, che ha lo scopo di coprire le spese mediche che superano l'ammontare detraibile dalla denuncia dei redditi. Tali spese, tuttavia, non possono superare un determinato ammontare corrispondente al valore facciale, o somma assicurata, della polizza.

major port: ***porto maggiore.*** Ciascuno dei porti più grossi, usati come punto di caricazione o di discarica nel commercio internazionale. Un porto maggiore supera, per importanza e tonnellaggio di merci smistate, un porto principale. Il primo serve generalmente un vasto entroterra, che può essere costituito anche da più nazioni; il secondo serve di regola un entroterra più limitato, costituito da zone di un solo paese. I porti maggiori costituiscono un sistema di collegamento lungo il quale si muove la maggior parte del traffico commerciale lungo rotte marittime ben definite. (v. anche *main port*)

major shareholder: ***azionista di maggioranza.*** La persona fisica o giuridica che possiede la maggioranza relativa delle azioni ordinarie con diritto di voto di una società.

make: ***marca.*** Caratteristica di fabbricazione di un determinato articolo, noto sotto un nome o un simbolo detto marchio di fabbrica. (v. anche *brand*)

maker: ***emittente.*** È colui che rilascia un pagherò cambiario e ne diventa, così, l'obbligato principale. Il *Bills of Exchange Act* (v.) del 1882 stabilisce, all'art. 85, che possono esservi due o più emittenti che possono essere responsabili congiuntamente o in solido, a seconda del tenore del pagherò. L'articolo 87 della stessa legge stabilisce che se un pagherò cambiario è pagabile su una piazza particolare specificata sul titolo di credito, esso deve essere presentato per il pagamento su quella piazza al fine di rendere obbligato l'emittente. In tutti gli altri casi, non è necessario presentare il titolo per il pagamento al fine di rendere obbligato l'emittente.

makeready time: ***tempo di preparazione.*** È il tempo usato per approntare le macchine o altre strutture prima che possa effettivamente essere avviata la produzione. In ragioneria, il termine indica i costi di manodopera e di eventuali altri fattori utilizzati nella preparazione delle macchine.

make-up day: ***giorno di stesura.*** Nel linguaggio bancario, è il giorno in cui si devono stilare le relazioni, contenenti le cifre relative all'attività della banca, da inviare alla banca centrale.

make-work activities: ***attività creatrici di lavoro.*** Qualsiasi attività che, riducendo o limitando la produzione media per ora-uomo in uno stabilimento o in un'industria, porta all'occupazione di altri lavoratori. Tra tali attività, che sono di solito frutto di accordo tra datori e prestatori di lavoro, rientrano la riduzione dell'orario di lavoro settimanale e la limitazione della produzione mediante il controllo della qualità del lavoro e l'uso di metodi che assorbono molto tempo, per menzionarne soltanto un paio. Tali pratiche possono essere giustificate in periodi di forte disoccupazione, ma si corre il rischio che una volta introdotte non potranno essere più soppresse, neanche in periodi di alta occupazione.

make-work fallacy: Espressione usata per indicare l'opinione errata che la distruzione accidentale o intenzionale di ricchezza o l'uso inefficiente e antieconomico della manodopera arrechi un beneficio all'economia in quanto crea o prolunga l'occupazione. Ad esempio, in un periodo in cui si prevedono disoccupazione e licenziamenti, i lavoratori occupati possono intenzionalmente rallentare il lavoro, in modo che il periodo in cui saranno occupati venga prolungato del tempo necessario a terminare la produzione in atto. Può darsi che essi riescano a protrarre il loro periodo di occupazione, ma così facendo impongono maggiori costi all'imprenditore e se la cosa continua a lungo è naturale che la ricchezza da loro creata viene distrutta o ridotta al punto che l'imprenditore non sarà più in grado di pagare i salari e dovrà necessariamente ricorrere al licenziamento.

making a price: ***formare un prezzo.*** Espressione usata alla borsa valori di Londra per indicare il procedimento attraverso il quale si forma il prezzo di un titolo al quale sia lo *stockbroker* (v.), sia lo *stockjobber* (v.) sono pronti a concludere l'operazione. Il procedimento prevede la doppia quotazione da parte dello *stockjobber*, cioè un prezzo più alto al quale è disposto a vendere e uno più basso al quale è disposto a comprare, in quanto egli ignora se lo *stockbroker* gli si rivolge in qualità di compratore o in qualità di venditore. (v. anche *London Stock Exchange*)

making–up day: ***giorno per le operazioni di riporto.*** Lo stesso che *contango day* (v.).

making–up price: ***corso di riporto; prezzo di compenso.*** Termine borsistico, usato per indicare il prezzo dei titoli al quale i contratti a termine vengono riportati al successivo ciclo operativo. Corrisponde normalmente al prezzo di mercato al mezzogiorno del giorno dei riporti. Poiché i titoli non vengono effettivamente acquistati o venduti, il corso di riporto rappresenta soltanto un accorgimento necessario per chiudere i conti relativi al ciclo operativo. All'apertura del successivo ciclo, l'operazione viene riaperta, partendo dal corso di riporto al quale va aggiunto o sottratto il saggio di riporto.

makuta: Moneta divisionale dello Zaire, corrispondente ad un centesimo di zaire.

malfeasance: ***infrazione.*** Azione illecita da parte di qualcuno che non ha il diritto di compierla o che si è impegnato con un contratto a non compierla. (v. anche *misfeasance, non–feasance*)

malicious damages: ***danni dolosi.*** Nel linguaggio assicurativo, sono danni provocati intenzionalmente e non verificatisi accidentalmente.

malleable capital: ***capitale malleabile.*** Espressione usata dagli economisti classici per indicare il concetto che i materiali che costituiscono una particolare macchina possono essere rapidamente e senza costi tramutati in una diversa macchina. Ciò implica il concetto che un investimento «sbagliato» in beni capitale può essere rapidamente e senza costi trasformato in un investimento «giusto». (v. anche *capital malleability*)

Maloney Act: Legge, approvata dal Congresso degli Stati Uniti nel 1938, come emendamento al *Securities Exchange Act* (v.). Stabiliva che dovevano essere iscritti all'albo della *Securities and Exchange Commission* (v.) tutti coloro che trattavano titoli sul mercato secondario e sul mercato terziario, cioè al di fuori della borsa valori, fatta eccezione soltanto per coloro che trattavano titoli esclusivamente all'interno di un solo stato.

maloti: È il plurale di *loti* (v.), l'unità monetaria del Lesotho.

malpractice insurance: ***assicurazione contro i rischi derivanti da attività professionale.*** Assicurazione stipulata da professionisti allo scopo di proteggersi contro la responsabilità civile derivante da negligenza nello svolgimento della loro attività professionale. È diffusa soprattutto tra medici, chirurghi, ingegneri, architetti e simili professionisti.

Malthusian doctrine: ***dottrina di Malthus.*** Termine usato con lo stesso significato di *Malthusian theory of population* (v.).

Malthusianism: ***maltusianismo.*** Termine usato non tanto per indicare le teorie di T. Malthus sulla crescita della popolazione mondiale, quanto l'insieme di pratiche tendenti a far diminuire il tasso di natalità. (v. anche *Malthusian theory of population, neo–Malthusianism*)

Malthusian law of population: ***legge maltusiana della popolazione; legge della popolazione di Malthus.*** Termine usato con lo stesso significato di *Malthusian theory of population* (v.).

Malthusian League: ***lega maltusiana.*** Associazione fondata da Annie Besant allo scopo di diffondere la conoscenza dei metodi per il controllo delle nascite. Fu così chiamata perché ispirava la propria attività alla necessità, sostenuta da T. Malthus, di limitare il tasso di natalità per far migliorare il tenore di vita e per evitare il pericolo di sovrappopolamento e di conseguenti guerre o carestie. (v. anche *Malthusian theory of population*)

Malthusian theory of population: ***teoria maltusiana della popolazione; teoria della popolazione di Malthus.*** Teoria esposta da T. Malthus in una sua opera, *Essay on the Principle of Population*, pubblicata anonima nel 1798 e rivista e sistematizzata nella seconda edizione del 1803 e nelle successive, pubblicate non più anonime. Secondo la teoria maltusiana, la popolazione cresce più rapidamente dei mezzi di sussistenza e la differenza di crescita può illustrarsi dicendo che la popolazione cresce secondo una progressione geometrica (1, 2, 4, 8, 16, ecc.), mentre l'incremento dei mezzi di sussistenza segue una progressione aritmetica (1, 2, 3, 4, 5, ecc.). Pertanto, sosteneva Malthus, se non si trovava il modo di frenare l'aumento della popolazione, l'umanità era destinata alla fame, alla miseria e alla povertà. Egli indicò dei cosiddetti freni preventivi alla crescita della popolazione nel celibato, nei matrimoni in età avanzata ed altri accorgimenti che limitassero il tasso di natalità; se non si fossero applicati tali freni, sarebbero automaticamente entrati in funzione i cosiddetti freni positivi, che Malthus indicò nelle guerre, nelle carestie, nelle pestilenze, ecc., il cui effetto sarebbe stato quello di riportare l'umanità al livello di sussistenza. La teoria di Malthus è stata criticata da più parti e per vari motivi ed in definitiva si è dimostrata fallace, soprattutto perché Malthus non immaginò lo sviluppo futuro della tecnica e delle nuove invenzioni, ma si limitò ad applicare una legge economica statica in un periodo di crisi economica derivante dalla distruzione apportata dalle guerre napoleoniche.

man.: manager.

managed account: ***conto gestito.*** Conto d'investimento costituito da moneta affidata da uno o più clienti a un gestore, che decide autonomamente dove e quando investirlo. Il gestore può essere una banca o altra istituzione di intermediazione o consulenza finanziaria.

managed bond: Tipo di investimento che può essere acquistato mediante un versamento in unica soluzione e che resta in essere per periodi fino ai venti anni. I gestori provvederanno a ripartire l'investimento tra azioni, titoli a reddito fisso e beni immobili, in proporzioni che vengono variate a seconda delle condizioni del momento. L'investitore può effettuare prelievi regolari da tale investimento.

managed cost: ***costo gestito; costo di politica.*** Costo aziendale, la cui entità è stabilita a discrezione del consiglio di amministrazione in conformità con la politica perseguita dall'impresa.

managed currency: ***moneta manovrata; moneta regolata.*** È così indicata la moneta permanentemente disancorata dall'oro il cui valore, in termini di valute estere, e la cui quantità in circolazione vengono regolati dalle autorità monetarie, attraverso l'azione del fondo per la stabilizzazione dei cambi e attraverso la manovra del credito, basata sui meccanismi delle operazioni di mercato aperto, del tasso ufficiale di sconto, ecc. Una moneta che fosse interamente basata sul metallo prezioso non avrebbe bisogno di essere regolata, in quanto sarebbe la stessa quantità disponibile di metallo a regolarla automaticamente attraverso il ben noto meccanismo per cui ad una diminuzione della quantità di metallo corrisponderebbe una depressione del livello generale dei prezzi con conseguente incremento della profittabilità della produzione di metallo a fini monetari, il che porterebbe ad una maggiore quantità di metallo disponibile e al ristabilimento della situazione ideale. Ma poiché questo meccanismo è lento ad operare, esso non si adatta ad un'economia moderna; da qui la tendenza ad adattare la quantità di moneta ai bisogni dell'economia e non lasciare, invece, che essa condizioni l'attività economica. Oggi, a seguito delle nuove teorie monetarie affermatesi inizialmente nel Regno Unito nel periodo della grande depressione e in risposta alle moderne esigenze di politica economica, il concetto di moneta manovrata è universalmente diffuso e applicato, pur se tali tipi di moneta tendono a creare più o meno forti tensioni inflazionistiche. (v. anche *full–bodied currency*)

managed economy: ***economia pianificata.*** Lo stesso che *planned economy* (v.).

managed exchange rate: ***tasso di cambio manovrato.*** Un tasso di cambio il cui livello viene manovrato dalle banche centrali dei paesi interessati, mediante interventi sui mercati valutari internazionali e altre misure fiscali e monetarie.

managed float: ***fluttuazione manovrata.*** La fluttuazione del tasso di cambio di una valuta, derivante da interventi discrezionali e non ufficiali della banca centrale del paese in cui circola la valuta in questione, pur se essa sostiene di seguire politiche di tassi di cambio liberi.

managed floating exchange rate: ***tasso di cambio fluttuante manovrato.*** È così detto il tasso di cambio fluttuante entro limiti stabiliti, le cui eccessive oscillazioni vengono corrette mediante interventi delle autorità monetarie del o dei paesi interessati. Questo sistema, in vigore da alcuni decenni, non ha mancato di suscitare insoddisfazioni e malcontenti tanto da spingere un gruppo, dapprima limitato ma via via sempre più consistente, di economisti, politici e giornalisti ad auspicare un ritorno a un sistema di flessibilità limitata dei tassi di cambio. (v. anche *limited exchange rate flexibility*)

managed fund: ***fondo gestito; fondo manovrato.*** È il fondo comune d'investimento la cui società di gestione impiega esperti finanziari col compito di selezionare, controllare e gestire il proprio portafoglio di investimenti in valori mobiliari.

managed gold standard: ***regime aureo regolato.*** Sistema monetario aureo proposto da R. G. Hawtrey e altri economisti nel periodo tra le due guerre mondiali. Prevedeva una continua cooperazione tra gli istituti di emissione dei vari stati aderenti a una convenzione internazionale, basata sul sistema a cambio aureo e intesa a prevenire indebite fluttuazioni nel potere d'acquisto dell'oro.

managed market: ***mercato manovrato.*** Un mercato, nazionale o internazionale, nel quale il livello di alcuni o di tutti i prezzi non scaturisce dal libero gioco delle forze della domanda e dell'offerta, ma è determinato o influenzato da decisioni o provvedimenti delle autorità statali.

managed money: ***moneta manovrata; moneta regolata.*** Termine usato come sinonimo di *managed currency* (v.).

managed prices: ***prezzi manovrati.*** Lo stesso che *administered prices* (v.).

managed standard: ***tipo monetario manovrato.*** Espressione a volte usata per indicare la moneta manovrata, in contrasto col sistema monetario a base aurea che, a causa dell'automatismo insito nel sistema, non aveva bisogno di alcuna manovra da parte delle autorità monetarie. (v. anche *managed currency, automatic working of the gold standard*)

managed trade: ***commercio manovrato; scambio manovrato.*** Commercio tra paesi esteri sottoposto a un qualche tipo di controllo non tariffario da parte del paese esportatore, del paese importatore o di entrambi e quindi non determinato interamente dalle forze di mercato.

managed trust: ***fondo gestito; fondo manovrato.*** Termine usato come sinonimo di *managed fund* (v.).

management: ***amministrazione; direzione; gestione.*** Questo termine inglese viene usato in due accezioni: a) indica l'autorità esecutiva, che riunisce in sé le funzioni amministrative o di controllo e quelle di scelta di politica aziendale; b) in senso concreto e applicato alle persone che svolgono la funzione suddetta, può riferirsi ad un singolo individuo che si trova a capo di un'organizzazione, oppure collettivamente al capo e ai suoi diretti collaboratori. Il termine è entrato anche nell'uso comune italiano per indicare l'attività di un amministratore, particolarmente quello di un'impresa commerciale o industriale.

management account: ***conto di deposito in amministrazione.*** Nel linguaggio bancario, è il conto costituito da titoli che il cliente deposita presso la banca non soltanto perché gli vengano custoditi, ma anche perché se ne curi l'amministrazione, sia attraverso l'incasso di interessi e dividendi e la verifica dei sorteggi, sia apportando modifiche alla consistenza e alla diversificazione del portafoglio, dietro istruzioni di massima del cliente.

management accountancy: ***contabilità analitica; contabilità direzionale; contabilità gestionale.*** È la contabilità adattata o strutturata per le necessità informative e di controllo ai vari livelli amministrativi. Essa classifica e interpreta i dati relativi all'esercizio, sta alla base di ogni studio e di ogni sforzo tendenti al miglioramento dell'efficienza aziendale e rende possibile la formulazione di preventivi parziali e della programmazione aziendale. Tra gli scopi che la contabilità gestionale consente di realizzare ricordiamo: il controllo dei movimenti interni, il controllo dei costi e dell'efficienza aziendale; la realizzazione di calcoli di convenienza economica comparata; la determinazione dei prezzi di vendita e l'accertamento della loro remuneratività; la predisposizione della programmazione aziendale; il controllo della gestione; la determinazione dei risultati lordi parziali, ecc. La contabilità gestionale e la contabilità generale sono tra loro coordinate e collegate, pur avendo ciascuna scopi diversi.

management accountant: ***contabile gestionale.*** Un contabile esperto in contabilità industriale o gestionale.

management accounting: ***contabilità analitica; contabilità direzionale; contabilità gestionale.*** Termine usato come sinonimo di *management accountancy* (v.).

management authority: ***mandato di amministrazione.*** È il mandato la cui sfera è limitata ad atti puramente amministrativi. Il mandatario, pertanto, non ha alcuna facoltà di disporre.

management buy–in: ***acquisizione dall'esterno.*** Termine formato sul modello di *management buy–out* (v.) per indicare l'operazione mediante la quale imprenditori esterni all'azienda ne acquisiscono il controllo di maggioranza. Si tratta di un termine alquanto generico.

management buy–out: ***rilevazione dei dirigenti; acquisizione dall'interno.*** L'acquisizione del controllo di maggioranza o della totalità del capitale di un'impresa da parte dei suoi dirigenti, che provvedono successivamente a gestirla in proprio. Il capitale necessario per l'operazione viene preso in prestito dando come garanzia le attività dell'impresa e in molti casi parte di queste attività vengono successivamente vendute per restituire il prestito contratto all'atto dell'acquisto (v. anche *leveraged buy–out*)

management by exception: ***direzione tramite il principio dell'eccezione; direzione per eccezione.*** Espressione usata per indicare l'azione presunta da intraprendersi quando i risultati operativi di un'azienda si discostano dalle proiezioni di programmazione, come ad esempio nel caso di costi effettivi diversi dai costi standard o da quelli previsti da un bilancio di previsione. I risultati operativi possono essere favorevoli, quando si identificano con le previsioni, o sfavorevoli quando se ne discostano ed è quest'ultima condizione che dà luogo alla direzione per eccezione.

management by objectives: ***direzione per obiettivi.*** Espressione usata per indicare un nuovo e diverso approccio alla direzione e all'organizzazione aziendale, inteso ad incoraggiare l'iniziativa e ad evitare che si lavori a scopi contrastanti tra loro, il che può avvenire quando non si comunicano a tutta la struttura aziendale gli obiettivi che si prefigge la direzione. La direzione per obiettivi pone l'enfasi sulla realizzazione di obiettivi, lasciando libertà di adottare i metodi che porteranno a risultati migliori e più rapidi.

management by objects: ***direzione per obiettivi.*** Termine usato come sinonimo di *management by objectives* (v.).

Management Centre Europe: È il più importante centro europeo, con sede a Bruxelles, per la formazione di dirigenti aziendali ad alto livello.

management checks: ***controllo di gestione.*** Termine usato come sinonimo di *management control* (v.).

management committee: ***comitato di direzione.*** È composto di esperti dei ministeri dell'agricoltura dei paesi membri della Comunità Economica Europea e di specialisti dei gruppi di prodotti agricoli i cui prezzi sono sostenuti mediante la politica agricola comunitaria. Nel linguaggio dell'organizzazione aziendale, il termine indica un comitato di persone preposto alla direzione di un'impresa o altra organizzazione.

management company: ***società di gestione.*** Termine usato come sinonimo di *management–investment company* (v.).

management consultant: ***consulente di direzione e organizzazione.*** Esperto che presta la propria opera di consulenza su questioni connesse alla gestione e all'organizzazione aziendale, quali l'uso più efficace delle risorse a disposizione dell'impresa, aspetti di riorganizzazione o ristrutturazione aziendale, e simili.

management consulting firm: ***azienda di consulenza direzionale; società di consulenza aziendale.*** Organizzazione, di solito sotto forma di società o associazione, di esperti di questioni aziendali che forniscono consulenza ad imprese piccole e medio–piccole. Le imprese grandi o medio–grandi di solito dispongono di esperti del genere, che prestano la loro opera a tempo pieno alle dipendenze dell'impresa.

management control: ***controllo di gestione.*** Qualsiasi sistema che consenta alla direzione di un'impresa o altra organizzazione di assicurarsi che i piani e le azioni decise vengano effettivamente posti in essere e di accertare dove e se sia necessario intervenire a seguito di deviazioni dalla linea di azione stabilita.

management education: ***formazione manageriale.*** L'addestramento del personale che assumerà compiti direzionali. Si effettua o all'interno dell'impresa o presso università e altre istituzioni e si basa sull'insegnamento delle discipline necessarie alla gestione aziendale.

management fee: 1. ***onorario di gestione.*** L'ammontare pagato da un fondo comune d'investimento alla società di gestione in considerazione dell'attività professionale svolta da quest'ultima in relazione alla gestione degli investimenti del fondo. È di solito basato sul valore degli attivi netti del fondo. (v. anche *sales charges*) **2.** ***onorario di capofila; commissione di capofila.*** Compenso pagato alla banca capofila di un sindacato da chi contrae un credito consorziale. (v. anche *lead manager*)

management functions: ***funzioni direzionali.*** Sono le funzioni connesse all'attività di direzione o gestione di un'impresa o altra organizzazione.

management game: ***simulazione di gestione.*** Metodologia usata nei corsi di formazione di dirigenti aziendali. Consiste essenzialmente nel presentare problemi pratici derivanti da situazioni aziendali che impongono decisioni cui il manager deve arrivare in tempi brevi. Generalmente viene organizzata dividendo i partecipanti al corso in gruppi, ciascuno dei quali costituisce un'impresa immaginaria. Le imprese così formate, quindi, si cimentano a risolvere casi o problemi realistici accuratamente preparati da esperti e le decisioni adottate da ciascun gruppo vengono valutate da un arbitro o mediante l'uso di un computer. I partecipanti al corso, così, imparano la tecnica delle decisioni e a tale apprendimento contribuisce anche la successiva analisi dei risultati raggiunti da ciascun singolo gruppo.

management group: ***gruppo direttivo.*** Nel linguaggio finanziario, è un gruppo di istituzioni che collaborano da vicino con la banca capofila nella distribuzione e nella determinazione del prezzo di un'emissione obbligazionaria.

management information system: ***sistema di informazioni di direzione.*** Il sistema centralizzato di raccolta di informazioni, relative alla gestione di un'impresa o altra organizzazione, che costituisce una vera e propria banca dei dati, alla quale il personale autorizzato può attingere dati importanti e necessari al buon funzionamento di ogni reparto.

management–investment company: ***società di gestione.*** Società che gestisce le attività di un fondo comune d'investimento e alla quale viene lasciato ampio potere discrezionale in relazione all'acquisto e alla vendita dei valori mobiliari che costituiscono il portafoglio del fondo comune. I due tipi più diffusi sono la *closed–end company* (v.) e la *open–end company* (v.).

management–investment trust: ***società di gestione.*** Termine usato come sinonimo di *management–investment company* (v.).

management mandate: ***mandato di amministrazione.*** Termine usato come sinonimo di *management authority* (v.).

management performance: ***risultati di gestione.*** Sono sostanzialmente misurati in base al grado di abilità e di successo dimostrato dalla direzione di un'impresa nel realizzare gli obiettivi che essa si era prefissi.

management ratio: ***indice di direzione.*** È dato dal rapporto tra il numero del personale esecutivo, rapportato a mille, e il numero del personale dirigente. Può essere anche dato dal rapporto tra il numero del personale esecutivo da un lato e il numero dei membri appartenenti all'alta o alla media direzione dall'altro lato.

management review: ***revisione della gestione.*** Valutazione, da parte di un *public accountant* (v.) o altro professionista, dei risultati di gestione. Consiste nel controllo dell'aderenza della gestione alle politiche aziendali, dell'adeguatezza delle sue procedure operative, della capacità produttiva e delle relazioni con il mondo esterno all'azienda e con tutti coloro che costituiscono l'azienda.

management science: ***scienza della direzione.*** Il termine inglese indica sia il campo che abbraccia i problemi aziendali, particolarmente quelli di natura complessa, e le loro soluzioni, sia il campo di studio di nuove e migliori tecniche gestionali. È, quindi, il vasto campo che utilizza sistemi informativi e le tecniche di ricerca operativa e teoria decisionale per giungere scientificamente alla formulazione di decisioni gestionali.

management shares: ***azioni di direzione; azioni a favore dei direttori.*** Azioni dello stesso tipo di quelle di fondazione, con la sola eccezione che invece di venir assegnate ai soci promotori o fondatori vengono assegnate ai membri del consiglio di amministrazione o ai direttori dell'azienda, allo scopo di stimolarli ad ottenere migliori risultati di gestione. A volte si tratta di azioni che implicano particolari diritti di voto e in tal caso vengono emesse con l'intento di dare alla direzione il controllo completo sulle questioni di politica aziendale. (v. anche *founders' shares*)

management stock: ***azioni di direzione; azioni a favore dei direttori.*** Termine usato negli Stati Uniti come sinonimo di *management shares* (v.).

management training: ***addestramento alla direzione.*** Addestramento che ha luogo mediante uno o più corsi, durante i quali coloro che dovranno essere inseriti nella struttura direttiva dell'impresa ricevono gli ultimi insegnamenti relativi alla gestione aziendale in generale e alle operazioni dell'impresa in particolare. Tale addestramento ha anche lo scopo di sviluppare le qualità sociali e intellettuali dei potenziali dirigenti e di incoraggiarli all'uso delle moderne tecniche di decisione e alla soluzione di problemi di gestione aziendale.

management trust: ***società di gestione.*** Termine usato con lo stesso significato di *management–investment company* (v.).

manager: ***amministratore; direttore; dirigente; manager.*** Termine, entrato anche nell'uso comune italiano, con il quale nell'organizzazione aziendale si indica colui che ricopre mansioni direttive e di responsabilità in un determinato settore di un'impresa commerciale o industriale.

manager bank: ***capofila; banca capofila.*** Lo stesso che *lead manager* (v.).

manager–controlled firm: ***impresa controllata dagli amministratori.*** Una società per azioni nella quale non esiste un singolo azionista o un gruppo di azionisti proprietari di una quantità di capitale sociale con diritto di voto sufficiente per esercitare il controllo della politica aziendale. Quest'ultima, pertanto, resta completamente nelle mani degli amministratori.

manageress: ***amministratrice; direttrice.*** Il termine inglese è il femminile di *manager* (v.) e viene usato con lo stesso significato.

managerial capitalism: ***capitalismo manageriale.*** Lo stadio nello sviluppo economico di un paese durante il quale le attività industriali e commerciali sono saldamente nelle mani di grosse società, solo nominalmente possedute da un gruppo di azionisti, che cambia continuamente a seguito di acquisti e vendite del capitale azionario, mentre in realtà coloro che prendono le decisioni importanti e guidano le imprese e l'economia sono i manager stipendiati dalle società stesse. Gli azionisti, infatti, si interessano poco dell'andamento e della politica aziendale e la loro figura assomiglia di più a quella di redditieri che a quella di imprenditori. (v. anche *managerial revolution*)

managerial discretion: ***discrezionalità manageriale.*** La possibilità del consiglio di amministrazione di una società per azioni di perseguire obiettivi ritenuti remunerativi dagli amministratori. Una certa dose di discrezionalità in tal senso viene sempre concessa dagli azionisti agli amministratori.

managerialist: ***managerialista.*** Neologismo usato come sostantivo e aggettivo per indicare chi crede fermamente nel controllo e nella programmazione manageriale dell'attività aziendale, economica, di governo, ecc.

managerial revolution: ***rivoluzione manageriale; rivoluzione dirigista.*** Espressione, tratta dal libro omonimo dello scrittore americano J. Burnham pubblicato nel 1941, usata per indicare una situazione di crescente potere dei dirigenti di azienda a seguito o del loro controllo sul capitale delle grandi imprese commerciali e industriali o del loro controllo sulle politiche di tali imprese, conseguente al disinteresse degli azionisti o alla loro impossibilità di esercitare un controllo efficace a causa del frazionamento della proprietà in piccoli pacchetti azionari di piccoli azionisti. (v. anche *managerial capitalism*)

manager of the open market account: Lo stesso che *manager of the system account* (v.).

manager of the system account: Il funzionario della *Federal Reserve Bank* di New York che effettua le operazioni di mercato aperto, acquistando e vendendo titoli di stato sul mercato monetario.

manager's cheque: Espressione generica, usata nel linguaggio bancario per indicare un assegno tratto da una banca su se stessa e firmato da uno dei suoi direttori. Viene usato quando la banca provvede a pagamenti su istruzioni e per conto di un suo cliente.

manager's shares: ***azioni di direzione; azioni a favore dei direttori.*** Termine usato come sinonimo di *management shares* (v.).

managing agent: ***gestore.*** Persona nominata dal proprietario di un immobile o di un'impresa commerciale, affinché provveda alla gestione del complesso in considerazione del pagamento di una commissione sotto forma di percentuale degli utili di esercizio.

managing director: ***amministratore delegato.*** È la persona che effettivamente dirige una società per azioni. Può essere un'azionista che possiede il pacchetto di maggioranza, ma più spesso si tratta di un professionista nominato dal consiglio di amministrazione tra i suoi componenti. In questo secondo caso, il suo compito principale è quello di provvedere all'esecuzione delle decisioni prese dal consiglio di amministrazione in relazione alla politica e agli obiettivi aziendali. Laddove, invece, possieda il pacchetto azionario di maggioranza, è colui che prende, o influenza sostanzialmente, le decisioni di politica aziendale, riunendo in sé i due elementi costitutivi dell'impresa: la proprietà, pur se in forma non completa, e l'amministrazione.

managing owner: ***proprietario–direttore.*** Termine usato con lo stesso significato di *owner–manager* (v.).

managing partner: ***socio gerente.*** È il socio che è stato incaricato dagli altri soci di gestire la conduzione dell'azienda, organizzata sotto forma di società di persone.

managing underwriter: ***capofila.*** Lo stesso che *lead manager* (v.).

Manchester Royal Exchange: Mercato organizzato per la compravendita di cotone grezzo, di provenienza principalmente americana. Il mercato svolgeva la propria attività a mezzo di trattativa privata, in quanto è facile suddividere il cotone grezzo secondo una gradazione qualitativa prestabilita, per cui non è necessario ispezionarlo, come invece avviene per le vendite all'asta di altre materie prime tra le quali è la lana. A seguito della continua contrazione dell'industria del cotone, nel 1968 la *Manchester Royal Exchange* cessò la sua attività.

Manchester School: ***Scuola di Manchester; manchesterismo.*** Termine con il quale si indica un gruppo di uomini, con a capo R. Cobden e J. Bright, che diede vita al movimento di pensiero economico basato sulla dottrina del libero scambio della scuola classica. Il gruppo fu particolarmente attivo in Inghilterra tra il 1820, anno di ricostituzione della Camera di Commercio di Manchester, e il 1850, data che segnò il passaggio dell'Inghilterra al libero scambio, verso il quale si indirizzarono successivamente la maggior parte dei paesi europei. La Scuola di Manchester, sostenuta dalle teorie economiche di David Ricardo, si adoperò principalmente a favore dell'abolizione del dazio di importazione sui cereali attraverso la propaganda della *Anti–Corn–Law League* (v.).

Manchester ship canal: Canale navigabile tra l'estuario del fiume Mersey e Manchester, che ha reso quest'ultimo un porto raggiungibile da navi d'altura. È lungo cinquantotto chilometri, profondo nove metri e largo trentasei metri. L'opera di costruzione fu iniziata nel 1887 e il canale fu aperto alla navigazione nel 1894. Il dislivello di diciotto metri tra Eastham e Manchester viene superato attraverso un sistema di cinque chiuse.

mandant: ***mandante.*** In un contratto di mandato, è la persona che affida ad un altro soggetto (mandatario) il compito di agire per suo conto e a volte anche in suo nome. (v. anche *mandate*)

mandate: ***mandato; contratto di mandato.*** È il contratto mediante il quale una parte, chiamata mandatario, si impegna a compiere determinati atti giuridici per conto, e a volte anche in nome, di un'altra parte, chiamata mandante, dalla quale ha ricevuto l'incarico. Il termine inglese, come del resto quello italiano, indica anche il documento in virtù del quale il mandatario è autorizzato a compiere l'atto per conto del mandante. In particolare, nella terminologia bancaria indica l'atto di delega, contenente un campione della firma del mandatario, mediante il quale il titolare di un conto autorizza un'altra persona a prelevare fondi. In questo caso, la persona che preleva dal conto dovrà far precedere la sua firma dalle parole *per pro* o *p.p.* (per procurationem) seguite dal nome del titolare del conto. Il mandatario non ha il potere di delegare altre persone a firmare in sua vece. Il termine inglese viene anche usato per indicare un assegno o un qualsiasi altro tipo di mandato di pagamento.

mandator: ***mandante.*** Termine usato come sinonimo di *mandant* (v.).

mandatory: ***mandatario.*** In un contratto di mandato, è la persona che si impegna a compiere uno o più atti giuridici per conto, e a volte anche in nome, di un'altra persona, chiamata mandante. (v. anche *mandate*)

mandatory redemption: ***rimborso obbligatorio.*** È la caratteristica di certe emissioni di prestiti o di obbligazioni, che prevedono l'obbligo, da parte dell'emittente, di rimborsare parte dell'emissione, attraverso la creazione di una cassa di ammortamento, prima che l'intero prestito giunga a scadenza.

mandatory retirement: ***pensionamento obbligatorio.*** Il pensionamento per raggiunti limiti di età. Anche se il lavoratore desidera continuare la propria attività, la legge gli impone di ritirarsi in pensione. Ciò, tuttavia, non avviene nelle attività di lavoro autonomo ed anche il lavoratore dipendente andato in pensione può spesso assumere un altro lavoro, magari a tempo parziale. Alcuni paesi, però, in questo caso non versano al lavoratore l'intero importo della pensione, detraendo una percentuale che varia in ragione dei guadagni del lavoratore pensionato.

mandats: Titoli emessi e usati come moneta durante la Rivoluzione Francese. Simili agli *assignat*, anche questi persero rapidamente il loro valore iniziale.

man–day: ***giorno–uomo.*** Il lavoro compiuto da un uomo in ogni singola giornata lavorativa.

man Friday: ***impiegato tuttofare.*** Espressione colloquiale con la quale si indica un lavoratore disposto a svolgere qualsiasi tipo di mansione all'interno dell'organizzazione che lo occupa.

man–hours: ***ore–uomo.*** Ore di lavoro, ordinario o straordinario, eseguito da ogni singolo lavoratore nell'arco di un determinato periodo di tempo. L'ora–uomo è l'unità di misura del lavoro umano e indica il lavoro compiuto da un uomo in un'ora.

manifest: ***manifesto.*** Lo stesso che *cargo manifest* (v.).

manipulation: ***manipolazione; aggiotaggio.*** Nel linguaggio delle borse valori statunitensi, indica la pratica illegale di acquistare o vendere allo scopo di influenzare il prezzo o al fine di dare l'impressione di un mercato attivo del titolo o dei titoli sui quali si intende speculare e spingere così altre persone ad acquistare o a vendere.

manit: ***minuti–uomo.*** È la contrazione di *man–minutes* (v.).

man–land ratio: ***rapporto uomo–terra.*** La relazione quantitativa esistente, in un particolare periodo ed in un dato luogo, tra la popolazione, le risorse naturali, lo sviluppo tecnologico e il tenore di vita. Questi quattro elementi sono strettamente collegati, per cui fin tanto che le risorse naturali sono sufficienti e il progresso tecnologico non si arresta, possono aumentare o il numero complessivo degli abitanti o il tenore di vita o ambedue, ma se le risorse naturali diminuiscono o se si arresta lo sviluppo tecnologico, un aumento della popolazione porterà come conseguenza uno scadimento del tenore di vita.

man–machine chart: ***diagramma del carico di tempo teorico uomo–macchina.*** Tipo di diagramma di attività multiple nel quale vengono indicate, in base ad una scala di tempi comune ad entrambi, le operazioni eseguite sia dalla macchina, sia dall'operaio addetto al suo controllo.

man–made capital: ***capitale artificiale; beni materiali artificiali.*** Lo stesso che *artificial capital* (v.).

man–minutes: ***minuti–uomo.*** Espressione usata in relazione ad un piano di remunerazione ad incentivi in base al quale un lavoratore riceve un premio per i minuti–uomo di lavoro realizzato al di là della produzione standard per lavoratore.

Mann–Elkins Act: Legge, approvata dal Congresso degli Stati Uniti nel 1910, che conferiva poteri limitati alla *Interstate Commerce Commission* (v.) allo scopo di regolamentare tariffe e gestione dei servizi telefonici e telegrafici. Questi poteri, notevolmente ampliati, furono successivamente trasferiti alla *Federal Communications Commission* (v.).

manning agreement: ***accordo di dotazione di personale.*** Accordo stipulato tra un datore di lavoro e un'organizzazione sindacale sul numero di lavoratori che dovranno essere preposti allo svolgimento di un determinato lavoro.

man of straw: ***uomo di paglia; prestanome.*** Nell'uso commerciale e finanziario, indica una persona che figura come responsabile, senza che lo sia effettivamente. In pratica, egli firma o agisce in vece di altre persone, che non possono o non vogliono comparire come effettivi proprietari o come animatori di determinate azioni.

man-of-war: ***nave da guerra.*** Il termine inglese indica non necessariamente una nave dotata di armamento offensivo e difensivo. Infatti, qualsiasi nave, anche se mercantile, comandata da un ufficiale della marina militare di qualsiasi paese è per gli inglesi almeno in teoria una nave da guerra.

manorial system: ***sistema feudale.*** Lo stesso che *feudalism* (v.).

manpower: ***forza lavoro; forze di lavoro.*** L'insieme degli elementi, uomini e donne, di una popolazione che in un paese si considerano idonei al lavoro per età e condizioni di salute, in un determinato periodo di tempo. (v. anche *labour force*)

manpower control: ***controllo della forza lavoro.*** Direttiva statale che tende a condizionare la distribuzione della forza di lavoro allo scopo di garantirne l'uso più efficiente nel far fronte ad un obiettivo nazionale di grande importanza, quale può essere, ad esempio, quello della produzione di materiale bellico in tempo di guerra.

Manpower Development and Training Act: Legge, approvata dal Congresso degli Stati Uniti nel 1962, con la quale si provvedeva a fornire l'addestramento necessario a lavoratori privi di qualsiasi tipo di qualificazione e ai lavoratori ridondanti a seguito dell'introduzione di innovazioni tecnologiche.

manpower planning: ***programmazione della forza lavoro.*** È la programmazione relativa alle future necessità di forza lavoro da parte di un'impresa o altra organizzazione. È essenziale per garantire il reclutamento di personale del calibro e nel numero necessari allo svolgimento dell'attività e deve tener conto non soltanto del naturale ricambio del personale per morte, pensionamento e dimissioni, ma anche di eventuali futuri sviluppi dell'impresa a seguito dell'aumento della domanda, dell'apertura di nuovi mercati, ecc. Pertanto, si tratta di una forma di programmazione di lungo periodo.

Manpower Services Commission: Organismo che, nel Regno Unito, era preposto ai servizi relativi al collocamento della forza lavoro. I compiti di questo organismo venivano espletati attraverso la *Employment Services Agency* che, con la sua fitta rete di uffici di collocamento, copriva l'intero territorio nazionale.

mantissa: ***mantissa.*** La parte decimale, sempre positiva, di un logaritmo comune.

manual jobs: ***lavori manuali.*** Tutte le mansioni che vengono eseguite usando le mani e la forza fisica.

manual labour: ***lavoro manuale.*** È il tipo di lavoro che necessita di una certa dose di forza fisica e di una qualche abilità manuale.

manual of accounting: ***manuale di contabilità.*** Termine usato in alternativa a *accounting manual* (v.).

manual rate: ***tariffa tipo.*** È la tariffa dei premi di assicurazione che compare nei prontuari in uso presso le diverse compagnie ed è generalmente espressa in termini di unità monetarie, ad esempio sterline, per mille unità monetarie, cioè mille sterline, di rischio. Così, se un tariffario prevede un premio del dodici per mille, significa che per ogni mille lire, dollari, sterline, ecc. di rischio assicurato, il cliente dovrà pagare dodici lire, dollari o sterline di premio base, cui poi andranno aggiunte le spese accessorie, eventuali maggiorazioni e le imposte.

manual rating: ***determinazione della tariffa tipo; tariffazione da manuale; tariffazione tipo.*** Nelle assicurazioni, indica la determinazione della tariffa di premio basata su un manuale che classifica i tipi di rischio secondo un criterio generale, senza tener conto delle condizioni particolari relative ad ogni singolo caso. (v. anche *manual rate*)

manual worker: ***operaio; bracciante; lavoratore manuale; manovale.*** Persona che svolge il proprio lavoro facendo uso esclusivamente della propria forza fisica e, a volte, di una qualche abilità manuale.

manufactory: ***fabbrica; stabilimento.*** Termine a volte usato con lo stesso significato di *factory* (v.).

manufacture: 1. ***manufatto.*** In origine, il significato di questo termine era «fatto a mano» e, pertanto, indicava un prodotto artigianale in contrapposizione a un prodotto della natura. Oggi, il termine indica un qualsiasi prodotto derivante dalla trasformazione delle materie prime, generalmente fatto con mezzi meccanici. **2.** ***fabbricazione; manifattura.*** Il processo di trasformazione delle materie prime in prodotti finiti. È anche detta produzione secondaria, in base ad una classificazione recente dovuta a C. Clark e ormai entrata nell'uso comune. (v. anche *primary production, secondary production, tertiary production*)

manufactured goods: ***prodotti industriali; prodotti finiti.*** Qualunque bene che rappresenti il risultato finale di un processo di trasformazione delle materie prime in beni di consumo o in beni capitali.

manufacturer: ***produttore; industriale; fabbricante.*** Chiunque è impegnato nel processo di trasformazione delle materie prime in prodotti finiti.

manufacturer's agent: ***agente del produttore.*** Nell'ordinamento britannico e statunitense, corrisponde al nostro agente, il cui rapporto col preponente è regolato dal contratto di agenzia. Sia nel Regno Unito che negli Stati Uniti, questo tipo di agente opera quale rappresentante di un produttore in una determinata area geografica, sulla quale generalmente gode di un diritto di vendita esclusivo. È vincolato alla politica di prezzo del produttore, col quale intrattiene un rapporto continuativo in ciò distinguendosi dal *broker* (v.), per il quale può anche gestire un deposito, ma senza interessarsi della concessione di crediti o delle riscossioni. Egli può rappresentare più produttori, purché questi ultimi svolgano la loro attività in settori differenti e non in concorrenza tra loro. L'agente del produttore è remunerato con una commissione su tutte le vendite realizzate nell'area sulla quale gode l'esclusiva, sia che esse avvengano per sua intermediazione, sia che esse si realizzino attraverso altri canali.

manufacturer's brand: ***marca industriale; marca del produttore.*** È una marca garantita da uno o più produttori su tutto il territorio nazionale. È il caso che si verifica, ad esempio, con prodotti surgelati o prodotti industriali distribuiti sull'intero territorio nazionale ed anche al di fuori di esso. (v. anche *local brand*)

manufacturer's liability: ***responsabilità del produttore.*** Lo stesso che *product liability* (v.).

manufacturer's recommended price: ***prezzo consigliato dal produttore.*** Lo stesso che *recommended price* (v.).

manufacturer's representative: ***rappresentante del produttore.*** Termine usato con lo stesso significato di *manufacturer's agent* (v.).

manufacturers' sales branches: ***filiali di vendita dei produttori.*** Strutture di proprietà dei produttori, che le tengono separate dai loro stabilimenti allo scopo di vendere o immettere sul mercato dell'ingrosso i loro prodotti. Differiscono dagli uffici di vendita, in quanto le filiali dispongono di scorte di prodotti.

manufacturers' sales offices: ***uffici di vendita dei produttori.*** Strutture commerciali di cui si servono i produttori per la vendita all'ingrosso dei loro prodotti. Differiscono dalle filiali di vendita, in quanto non dispongono di scorte di prodotti e la loro attività si limita a ricevere o procurare ordinativi che saranno, successivamente, evasi dal produttore direttamente o da una sua filiale.

manufacturers' sales tax: ***imposta sulle vendite.*** Lo stesso che *sales tax* (v.) quando essa è prelevata al passaggio del bene dal produttore al grossista.

manufacturer's selling price: ***prezzo di vendita del produttore.*** Il prezzo praticato dal produttore ai propri clienti, che possono essere grossisti, dettaglianti e, solo in certi casi, consumatori finali.

manufacturing: 1. ***manifatturiero; industriale.*** Nell'uso aggettivale, il termine indica tutto ciò che è relativo all'attività di trasformazione delle materie prime in prodotti finiti. **2.** ***fabbricazione; manifattura; lavorazione.*** Quando è usato come sostantivo, il termine inglese ha lo stesso significato di *manufacture 2* (v.). **3.** ***settore industriale.*** Lo stesso che *manufacturing sector* (v.).

manufacturing account: ***conto lavorazione.*** Conto riassuntivo che mostra i costi sostenuti nell'arco di un determinato periodo di tempo da un'impresa in relazione ai processi di lavorazione da essa intrapresi. Il conto evidenzia i costi dei beni prodotti di solito in termini di costo dei materiali, costo della manodopera e costi generali.

manufacturing–based economy: ***economia basata sull'industria manifatturiera.*** Un sistema economico, del tipo di quello statunitense fin verso la fine degli anni settanta, caratterizzato dalla presenza di giganti dell'industria manifatturiera (ad esempio la General Motors e altre case produttrici di veicoli a motore) e da potenti organizzazioni sindacali.

manufacturing budget: ***budget della produzione.*** È il bilancio preventivo o piano della produzione di un'impresa. Nella sua forma definitiva, questo budget deve ovviamente basarsi sulle previsioni di vendita. Pertanto, esso viene preparato dal direttore del reparto produzione, in stretta collaborazione col direttore del reparto vendite. Infatti, sarebbe impensabile ipotizzare un volume di vendite di molto superiore alle capacità produttive degli impianti e della forza lavoro di un'impresa o un volume di produzione che risultasse di gran lunga superiore alle previsioni di vendita. Il budget della produzione, quindi, prenderà in esame i seguenti elementi: a) la produzione prevista, in quantità e valore, del prodotto dell'impresa; b) l'acquisto di materie prime; c) le scorte di materie prime, semilavorati e articoli vari; d) i costi di manodopera; e) le spese generali.

manufacturing business: ***azienda industriale; impresa industriale.*** Termine usato come sinonimo di *manufacturing enterprise* (v.).

manufacturing company: ***società industriale.*** Termine usato con lo stesso significato di *manufacturing enterprise* (v.).

manufacturing concern: ***azienda industriale; impresa industriale.*** Termine usato come sinonimo di *manufacturing enterprise* (v.).

manufacturing corporation: ***società industriale.*** Termine statunitense, usato con lo stesso significato di *manufacturing enterprise* (v.).

manufacturing cost: ***costo industriale; costo di produzione; costo contabile; costo di fabbricazione.*** Termine usato con lo stesso significato di *factory cost* (v.).

manufacturing cycle: ***ciclo di fabbricazione.*** Termine usato con lo stesso significato di *production cycle* (v.).

manufacturing department: ***reparto lavorazione.*** Termine usato con lo stesso significato di *production department* (v.).

manufacturing district: ***area industriale.*** Area geografica di un paese, nella quale sono concentrate un buon numero di imprese industriali produttrici di beni.

manufacturing economy: ***economia dei beni industriali.*** Lo stesso che *manufacturing–based economy* (v.). Il termine viene usato in contrapposizione a *services economy* (v.).

manufacturing employment: ***occupazione industriale; occupazione nell'industria produttrice di beni.*** L'insieme delle persone occupate nel settore della produzione industriale di beni all'interno di un sistema economico. A seguito del continuo progresso tecnologico, l'occupazione industriale tende a diminuire anche in presenza di sostanziali aumenti della produzione globale. (v. anche *service employment*)

manufacturing enterprise: ***azienda industriale; impresa industriale; impresa manifatturiera; impresa produttrice di beni.*** Una qualsiasi impresa che fa parte dell'industria di trasformazione. Il termine è usato in contrapposizione a impresa commerciale, che indica l'impresa che si interessa della distribuzione e della vendita dei beni e servizi prodotti dall'industria di trasformazione. (v. anche *commercial enterprise, manufacturing industry*)

manufacturing equipment: ***impianti di produzione; immobilizzazioni tecniche.*** Macchine, edifici e altre attrezzature utilizzate da un'impresa nella produzione di beni e servizi.

manufacturing establishment: ***stabilimento industriale.*** Un qualsiasi stabilimento nel quale vengono utilizzate macchine per la produzione di beni.

manufacturing expense: ***spesa generale di fabbricazione; spesa generale di produzione.*** Termine usato con lo stesso significato di *factory expense* (v.).

manufacturing facilities: ***impianti produttivi; immobilizzazioni tecniche.*** Termine usato con lo stesso significato di *manufacturing equipment* (v.).

manufacturing firm: ***azienda industriale; impresa industriale; impresa manifatturiera; impresa produttrice di beni.*** Termine usato come sinonimo di *manufacturing enterprise* (v.).

manufacturing house: ***azienda industriale; impresa industriale.*** Termine usato come sinonimo di *manufacturing enterprise* (v.).

manufacturing industry: ***industria manifatturiera; industria di trasformazione.*** La branca dell'industria che si interessa della fabbricazione di prodotti finiti attraverso l'utilizzazione del capitale e l'applicazione del lavoro alle materie prime fornite dall'industria estrattiva o di occupazione. Anche detta industria di trasformazione, secondo la classificazione, entrata nell'uso comune, che distingue l'attività industriale in industria di occupazione, industria di trasformazione e industria di prestazione.

manufacturing order: ***ordine di produzione.*** Lo stesso che *production job order* (v.).

manufacturing output: ***produzione industriale.*** Il termine inglese indica esclusivamente la produzione di beni, capitali o di consumo, da parte delle industrie. Pertanto, esso non include la produzione di servizi. (v. anche *industrial production*)

manufacturing overhead: ***spesa generale di fabbricazione; spesa generale di produzione.*** Termine usato con lo stesso significato di *factory expense* (v.).

manufacturing overhead costs: ***spesa generale di fabbricazione; spesa generale di produzione.*** Termine usato con lo stesso significato di *factory expense* (v.).

manufacturing plant: ***stabilimento di produzione.*** L'edificio, e tutto ciò in esso contenuto, nel quale si svolge l'attività produttiva di un'impresa industriale.

manufacturing process: ***processo produttivo.*** Processo di lavorazione, mediante il quale vengono prodotti beni industriali.

manufacturing sector: ***settore industriale.*** Il settore di un sistema economico che provvede alla produzione industriale di beni.

manufacturing statement: ***conto lavorazione.*** Termine usato con lo stesso significato di *manufacturing account* (v.).

manufacturing trade: ***commercio di beni industriali; scambio di beni industriali.*** La compravendita, tra residenti di un paese o tra paesi esteri, dei beni prodotti dalle industrie manifatturiere.

«many interests» theory: ***teoria dei molti interessi.*** Simile alla *special interest theory* (v.) sostiene che la regolamentazione dell'attività economica da parte del governo si verifica essenzialmente allo scopo di tutelare vari interessi privati.

map of indifference curves: ***sistema delle curve di indifferenza.*** Termine usato con lo stesso significato di *indifference map* (v.).

mar.: 1) maritime; 2) market.

mare clausum: ***mare chiuso.*** Espressione di origine latina, con la quale vengono indicate le acque territoriali su cui ha sovranità uno stato rivierasco. (v. anche *territorial waters*)

margin: 1. ***margine.*** In economia, e precisamente nella teoria marginalistica, si indica con questo termine il punto in cui un consumatore acquista effettivamente l'ultima unità di un qualsiasi bene, che possiede, pertanto, utilità marginale. Poiché, tuttavia, tale teoria non si applica soltanto ai consumi, il termine indica anche il punto in cui un qualsiasi soggetto economico si astiene dal compiere un'azione il cui sacrificio risulta maggiore della soddisfazione che essa gli procura. (v. anche *marginal utility, marginal utility school, marginal analysis, marginal productivity*) **2.** ***margine di guadagno.*** Si ricava dal fatturato netto, dopo aver detratto il costo delle merci vendute ma prima di detrarre spese generali e di vendita e altri oneri e costi non operativi, ma portati direttamente a detrazione dell'utile. In un'impresa produttrice di beni, è rappresentato dall'eccedenza del fatturato netto sui costi diretti e sulle spese generali di stabilimento. **3.** ***margine lordo di contribuzione.*** In questo senso, il termine inglese viene usato come sinonimo di *contribution margin* (v.). **4.** ***deposito di garanzia; copertura; deposito cauzionale.*** È il deposito in moneta o in titoli che gli operatori a termine in merci o valori mobiliari sono tenuti a costituire a copertura del rischio di inadempienza delle obbligazioni assunte nei confronti del mercato a termine. **5.** ***margine di garanzia.*** Nella tecnica bancaria, indica la differenza tra l'ammontare del prestito concesso da una banca e il valore di mercato dei titoli o altra garanzia depositati dal mutuatario. In senso più lato, il termine indica l'eccedenza tra l'ammontare di un prestito e il valore totale di mercato dei titoli dati in garanzia e costituisce un'ulteriore garanzia per il mutuante in caso di diminuzione del valore dei titoli depositati, a seguito di oscillazioni del mercato. (v. anche *margin call, remargining, margin of safety 1*) **6.** ***a margine; a credito.*** Espressione borsistica che indica la pratica di acquistare titoli pagati in parte con fondi propri e in parte con fondi presi a prestito usando i titoli stessi come garanzia. Poiché tale operazione viene fatta in previsione di un aumento dei corsi, se ciò si verifica il compratore sarà in grado di liberare i titoli e trarre un utile, ma se i corsi scendono invece di salire, i titoli dati in garanzia possono perdere tanto del loro valore che sarà necessario venderli per rimborsare il prestito e in tal caso il compratore perderà anche parte del denaro anticipato per l'acquisto dei titoli. **7.** ***scarto.*** Nel linguaggio delle borse valori, il termine indica la differenza tra corso denaro e corso lettera di valori mobiliari, biglietti di banca, divise estere e simili.

margin account: ***conto acquisti a margine.*** Nel linguaggio finanziario statunitense, indica il conto intestato a un cliente presso il suo broker, che consente al primo di effettuare acquisti di titoli utilizzando in gran parte il credito di cui gode o che fornisce il secondo, anticipando soltanto una parte del prezzo dei titoli e riconoscendo al broker un interesse sulla differenza tra somma anticipata e ammontare complessivo dell'operazione. (v. anche *buying on margin*)

margin agreement: ***contratto di conto acquisti a margine.*** Il contratto che stabilisce diritti e doveri del broker e dell'investitore in relazione a un *margin account* (v.).

marginal analysis: ***analisi marginalistica.*** Metodo di indagine teorica dei fenomeni economici, basato sulla variazione in più del valore di una variabile (ad esempio, della produzione globale, delle entrate o dei costi) derivante dall'aggiunta di una unità ad un'altra variabile (ad esempio, agli input, ai prezzi di vendita o alla produzione). Questo metodo trova oggi applicazione in tutte le branche della teoria economica ogni volta che sia necessario operare una scelta a causa della scarsità delle risorse da applicare ad una varietà di fini con l'intento di massimizzare la soddisfazione. Così, trova applicazione, pur se spesso a livello inconscio, nelle decisioni di spesa alla cui base sono le scelte del consumatore tendenti a procurargli la massima soddisfazione attraverso un'accorta allocazione delle sue disponibilità di moneta e di tempo; e trova applicazione nelle decisioni dell'imprenditore circa le scelte di allocazione dei fattori della produzione, al fine di massimizzare gli utili. Le scelte che fanno giungere il consumatore alla soluzione dei suoi problemi di distribuzione delle risorse sono basate sulla legge dell'utilità marginale decrescente; quelle che consentono all'imprenditore di risolvere i problemi di allocazione dei fattori della produzione sono basate sulla legge delle proporzioni variabili. Per fare un esempio: la più efficiente allocazione delle risorse prevede che il costo marginale per produrre un qualsiasi bene, all'interno di un sistema produttivo, risulti uguale. Se il costo marginale sostenuto da un'impresa per produrre un bene è inferiore a quello sostenuto da un'altra impresa per produrre lo stesso bene o se il costo marginale della produzione risulta inferiore quando si utilizza una risorsa invece di un'altra, il sistema può aumentare la sua efficienza passando dall'impresa o dalla risorsa a più alto costo di produzione all'impresa o alla risorsa a più basso costo di produzione. L'analisi marginalistica assunse per la prima volta forma distinta nel 1871 nell'opera *Theory of Political Economy* di W.S. Jevons e, contemporaneamente, nell'opera di Karl Menger, dove l'utilità marginale spiegava la domanda di beni da parte del consumatore. Entro il 1890, tuttavia, il concetto di margine era già stato applicato anche alla teoria della distribuzione e ai problemi di allocazione delle risorse che si presentavano all'imprenditore. Lo stesso termine inglese viene usato in ragioneria per indicare un metodo in base al quale si imputa l'origine di una variazione ai fattori che hanno contribuito ad un effetto comune. (v. anche *law of diminishing marginal utility, law of variable proportions, marginal cost, marginal utility, decreasing utility*)

marginal balance: ***eccedenza marginale.*** È l'eccedenza delle entrate rispetto ai costi variabili di un'impresa.

marginal benefits: ***benefici aggiuntivi; benefici marginali; benefici accessori.*** Lo stesso che *fringe benefits* (v.).

marginal borrower: ***mutuatario marginale.*** Viene indicato con questo termine colui il quale è disposto a prendere in prestito denaro ad un dato tasso di interesse prevalente sul mercato, ma è pronto a rinunciarvi se il tasso viene aumentato anche se di un minimo infinitesimale. (v. anche *marginal lender*)

marginal buyer: ***compratore marginale.*** Viene indicato con questo termine colui il quale è pronto ad acquistare un determinato bene o servizio al prezzo corrente di mercato, ma è anche pronto a rinunciarvi se il prezzo viene aumentato anche se di un minimo infinitesimale. (v. anche *marginal seller*)

marginal consumer: ***consumatore marginale.*** È colui il quale sarebbe disposto ad aumentare o diminuire leggermente il proprio consumo di un determinato bene, se il prezzo di tale bene subisse una benché lieve diminuzione o un benché lieve aumento.

marginal cost: ***costo marginale.*** Corrisponde all'aumento dei costi totali derivante da un incremento di una unità del tasso di produzione. Naturalmente, in pratica molti tipi di prodotti sono fabbricati in unità multiple, piuttosto che aggiungendo una unità alla volta, e in tali circostanze il costo marginale viene calcolato dividendo la variazione dei costi totali per la variazione del numero di unità prodotte. Poiché i costi fissi non variano col variare della produzione, i costi fissi marginali sono sempre uguali a zero. Pertanto, i costi marginali sono necessariamente costi variabili marginali e una variazione dei costi fissi non avrà alcuna ripercussione sui costi marginali. Infatti, il costo di produzione di pochi pomodori in più ottenuti coltivando in modo più intensivo un dato pezzo di terra è lo stesso, qualunque sia il canone di fitto pagato per il pezzo di terra in questione. (v. anche *long–run marginal cost, short–run marginal cost*)

marginal costing: ***contabilità industriale a costi marginali.*** È il sistema di contabilità che si basa sull'assegnazione di costi marginali, o variabili, ad un'attività, a un reparto o a un prodotto. Viene usato in contrapposizione a contabilità industriale a costi diretti e a contabilità industriale a costi globali. (v. anche *direct costing, absorption costing*)

marginal cost of acquisition: ***costo marginale di acquisto.*** È il costo addizionale che un compratore deve sostenere per l'acquisto di un'ulteriore dose di un prodotto o di un fattore produttivo. Se l'acquisto avesse luogo in un mercato altamente competitivo, il costo di acquisto di un'ulteriore dose del prodotto resterebbe costante, ma se l'acquisto avviene su un mercato non altamente competitivo, i venditori chiederanno prezzi più alti via via che aumenta la quantità domandata, con la conseguenza che il costo marginale di acquisto subisce un aumento. Poiché la concorrenza perfetta è un fenomeno piuttosto raro, è naturale che il prezzo salga o scenda in rapporto alla quantità domandata e offerta.

marginal cost of production: ***costo marginale di produzione.*** Termine usato con lo stesso significato di *marginal cost* (v.).

marginal cost pricing: ***determinazione del prezzo di vendita in base al costo marginale.*** Metodo in base al quale viene assegnato a ciascun bene prodotto un prezzo di vendita tale da coprire tutti i costi diretti e in più la parte variabile dei costi generali.

marginal demand price: ***prezzo di domanda marginale.*** Termine usato per la prima volta da Alfred Marshall per indicare il prezzo che un acquirente potenziale è disposto a pagare per una unità addizionale di un determinato bene. A causa della legge dell'utilità marginale, il prezzo che un acquirente è disposto a pagare per unità addizionali dello stesso bene diminuisce coll'aumentare della quantità totale di quel bene a sua disposizione. Ciò spiega perché una grossa partita di merci può essere venduta soltanto ad un prezzo inferiore a quello che si potrebbe chiedere se essa venisse venduta in singole unità o in piccoli lotti.

marginal desirability: ***utilità marginale.*** Il termine inglese è talvolta usato in luogo del più diffuso *marginal utility* (v.).

marginal disutility of employment: ***disutilità marginale del lavoro.*** Lo stesso che *marginal disutility of labour* (v.).

marginal disutility of labour: ***disutilità marginale del lavoro.*** L'aumento del carico di lavoro che è a stento uguagliato dall'utilità marginale che deriva al lavoratore dalla remunerazione che egli percepisce in considerazione di tale aumento. È in gran parte causata dal sistema di imposizione fiscale progressiva, che colpisce il reddito marginale con aliquote sempre più alte. (v. anche *disutility, marginal income 2*)

marginal dose: ***dose marginale.*** Nella terminologia economica usata da J. Mill e A. Marshall la parola «dose» indica una data quantità di uno dei due fattori della produzione, capitale e lavoro, applicata all'altro fattore, la terra. Col termine dose marginale si intende, quindi, la più piccola quantità di uno dei due fattori suddetti che si può aggiungere al terzo.

marginal effective tax rate: ***aliquota d'imposta effettiva marginale.*** L'aliquota d'imposta sul reddito delle persone fisiche derivante dall'investimento marginale. Se è di molto maggiore dell'aliquota ufficiale, può scoraggiare gli investimenti.

marginal efficiency of capital: ***efficienza marginale del capitale.*** È definita come quel saggio di sconto che uguaglia la somma dei valori attuali dei ricavi netti futuri attesi, derivanti dall'impiego di una dose marginale di capitale al costo della dose stessa. Infatti, se un progetto di investimento deve essere finanziato con capitale di prestito, si dovrà prima calcolare se sia conveniente attuarlo. Se il tasso di rendimento dell'investimento sarà superiore al tasso di interesse che si dovrà pagare sul capitale di prestito, il progetto potrà essere intrapreso, perché redditizio; viceversa, non sarà intrapreso se il tasso di interesse risulterà maggiore del tasso di rendimento. Al fine di prevedere tale risultato, bisognerà trovare il tasso di interesse che, usato per scontare il flusso monetario relativo al progetto, riduce a zero il suo valore netto attuale. Attraverso questo procedimento si ricava il punto di equilibrio del tasso di rendimento dell'investimento, che corrisponderà al più alto tasso di interesse che, se non si riesce a trovarne uno migliore sul mercato, porterà il progetto a non subire perdite, ma anche a non dare profitti.

marginal-efficiency-of-capital schedule: ***scheda dell' efficienza marginale del capitale; tabella dell'efficienza marginale del capitale.*** In un qualsiasi dato momento, ad un'impresa si presentano molte opportunità di investimento, alcune migliori e alcune meno buone. Alcune possono far prevedere tassi di rendimento del quaranta o del cinquanta per cento, altre soltanto del quattro o del cinque per cento ed altre ancora possono implicare tassi di rendimento negativi. Se l'impresa conoscesse l'insieme delle sue opportunità di investimento e il tasso di rendimento di ciascuna, potrebbe preparare una scheda dalla quale risulterebbe il tasso di rendimento di un'ulteriore unità monetaria investita, dopo che è stato già investito un dato numero di unità monetarie nelle opportunità più redditizie possibili. Questa scheda porrebbe in relazione il tasso marginale di rendimento netto su un'unità addizionale di investimento con l'ampiezza dell'investimento già intrapreso. Detta nella terminologia keynesiana, è una curva che esprime la relazione tra il ritmo dell'investimento complessivo e l'efficienza marginale del capitale in generale corrispondente a ciascun valore del ritmo dell'investimento.

marginal efficiency of investment: ***efficienza marginale dell'investimento.*** È un altro modo di esprimere l'efficienza marginale del capitale. Per la relativa spiegazione v. *marginal efficiency of capital.*

marginal-factor cost: ***costo del fattore marginale.*** Termine usato con lo stesso significato di *marginal cost of acquisition* (v.).

marginal farmers: ***coltivatori marginali.*** Sono i coltivatori che lavorano i terreni marginali, il cui prodotto è appena sufficiente a coprire i costi di produzione a determinati prezzi di vendita. Se i prezzi dei prodotti diminuiscono, il coltivatore marginale abbandonerà il terreno o lo coltiverà in perdita. (v. anche *extensive margin of cultivation, intensive margin of cultivation, marginal land*)

marginal firm: ***impresa marginale.*** È l'impresa che trova appena conveniente continuare la propria attività, in quanto il suo costo variabile medio minimo è uguale al suo prezzo di mercato. Qualora il prezzo diminuisse anche di poco o il suo costo variabile medio aumentasse anche di poco, essa si vedrebbe costretta a rinunciare a produrre. In condizioni di concorrenza perfetta, per tale impresa il prezzo, il costo marginale, il ricavo marginale, il ricavo medio e il costo medio sono tutti uguali tra loro. (v. anche *intramarginal firm, marginal seller*)

marginal income: **1.** ***margine lordo di contribuzione.*** Termine usato con lo stesso significato di *contribution margin* (v.). **2.** ***reddito marginale.*** Espressione con la quale viene da taluni indicato l'ultimo incremento che va ad aggiungersi al reddito di un individuo, quale ad esempio potrebbe essere la remunerazione relativa al lavoro straordinario. L'identificazione del reddito marginale ha importanza in relazione ad un sistema di imposizione fiscale ad aliquote progressive, in base al quale vengono colpiti con maggiori imposte proprio i redditi marginali, producendo così un effetto disincentivante sui lavoratori, che non sono più disposti a svolgere lavoro straordinario se buona parte del guadagno derivante da tale lavoro addizionale deve essere poi ceduta al fisco. Ciò spiega la cosiddetta disutilità marginale del lavoro. (v. anche *marginal disutility of labour*)

marginal-income ratio: ***indice del margine lordo di contribuzione.*** La percentuale di ricavi utilizzabile per coprire i costi fissi e gli utili, dopo aver dedotto la quota percentuale necessaria a coprire i costi variabili.

marginalist school: ***marginalismo; scuola marginalistica.*** Lo stesso che *marginal utility school* (v.).

marginal labourer: ***lavoratore marginale.*** Viene indicato con questa espressione il lavoratore che produce una quantità di beni il cui valore di mercato è appena sufficiente a coprire il valore monetario del suo salario.

marginal land: ***terreno marginale; terra marginale.*** È quel terreno il cui prodotto è appena sufficiente a coprire i costi di produzione ad un dato livello di prezzi di vendita. Se i prezzi diminuiscono o i costi crescono, il terreno marginale sarà abbandonato oppure sarà coltivato in perdita. (v. anche *extensive margin of cultivation, intensive margin of cultivation*)

marginal lender: ***mutuante marginale.*** Viene indicato con questo termine colui il quale è disposto ad investire o a dare in prestito denaro ad un dato tasso di interesse prevalente sul mercato, ma è pronto a rinunciarvi se il tasso viene diminuito anche se di un minimo infinitesimale. (v. anche *marginal borrower*)

marginal letter of credit: ***lettera di credito marginale.*** Così chiamata, perché stampata sul margine di una cambiale, viene emessa da una banca per autorizzare la persona alla quale è indirizzata a emettere la cambiale annessa, per una certa durata e per una somma specificata, con l'impegno che essa sarà onorata dalla banca se spiccata secondo i termini espressi nella lettera di credito.

marginal money cost: ***costo marginale monetario.*** Il costo marginale espresso in termini monetari e non reali.

marginal net efficiency of a factor of production: ***efficienza netta marginale di un fattore della produzione.*** Termine usato da A. Marshall con lo stesso significato di *marginal efficiency of capital* (v.).

marginal output curve: ***curva di produzione marginale.*** Indica, a qualsiasi dato volume di produzione, l'aggiunta alla produzione fisica totale da parte dell'ultima unità fisica di input variabile (ad esempio, lavoro) aggiunta mentre uno o più fattori della produzione (ad esempio, la dimensione degli impianti) sono mantenuti fissi. Con le unità di produzione marginale sull'asse y e le unità del fattore di input variabile sull'asse x, la curva di produzione marginale assumerà la forma di una U rovesciata a causa dell'utilizzazione del fattore fisso prima meno efficiente, poi efficiente e infine di nuovo meno efficiente.

marginal pair: ***coppia marginale.*** È rappresentata dal venditore marginale e dal compratore marginale. A volte l'espressione viene usata per indicare questi due, più il primo venditore il cui prezzo è appena superiore al prezzo di mercato e il primo compratore il cui prezzo è appena inferiore a quello di mercato. (v. anche *marginal buyer, marginal seller*)

marginal physical product: ***prodotto marginale fisico.*** Si indica con questa espressione l'aumento fisico di produzione reso possibile dall'aggiunta di una unità addizio nale di un fattore variabile. (v. anche *marginal productivity*)

marginal pricing: ***determinazione del prezzo in base al costo marginale.*** Lo stesso che *marginal cost pricing* (v.).

marginal prime cost: ***costo primo marginale.*** L'incremento di costo primo che un imprenditore deve sostenere per produrre un'ulteriore unità di prodotto.

marginal private net product: ***prodotto netto marginale privato.*** Quella parte del prodotto netto totale di beni fisici o servizi non personali conseguente all'incremento marginale delle risorse, in qualsiasi uso o luogo, che torna a vantaggio, prima della vendita di tali beni o servizi, della persona che ha provveduto all'investimento di risorse in quel campo. (v. anche *marginal social net product, external effects*)

marginal producer: ***impresa marginale; produttore marginale.*** Termine usato con lo stesso significato di *marginal firm* (v.).

marginal product: ***prodotto marginale.*** Si indica con questo termine la variazione della produzione totale resa possibile dall'aggiunta di una unità di un fattore variabile, mantenendo fissi gli altri fattori della produzione. È bene tener presente, tuttavia, che con «una unità di un fattore variabile» non si intende un numero ben definito corrispondente a uno, bensì «una piccola quantità». Infatti, se ad esempio un campo di dimensione fissa dà un raccolto di dieci quintali di grano e, ferme restando la dimensione del campo e la quantità di lavoro ad esso applicata, tramite l'uso di una unità (ad esempio corrispondente a mezzo quintale) di fertilizzante si ottengono dodici quintali di grano, il prodotto marginale corrisponde ai due quintali di grano in più ottenuti mediante l'uso del fertilizzante.

marginal productivity: ***produttività marginale.*** È definita come la capacità di un'unità addizionale di un fattore variabile della produzione di far aumentare il prodotto totale. La produttività marginale, tuttavia, è un concetto che può essere analizzato sia in termini di prodotto fisico addizionale, sia in termini di ricavo addizionale. Essa dipende essenzialmente dal fatto che la legge dei rendimenti decrescenti può essere applicata al processo produttivo e pertanto si nota che oltre un certo punto ciascuna successiva unità di input di un fattore produttivo apporta una variazione quantitativa minore nella produzione totale di quanta ne apportò l'unità immediatamente precedente. La produzione addizionale derivante da una successiva unità di input è chiamata prodotto marginale fisico, mentre il ricavo aggiunto da questo input, cioè la differenza nel ricavo totale dell'impresa, corrisponde al prodotto marginale fisico moltiplicato per il ricavo marginale (il ricavo marginale è uguale al prezzo soltanto in condizioni di concorrenza perfetta). Ciò è noto come ricavo del prodotto marginale o prodotto marginale in valore. Il minimo costo per produrre una qualsivoglia quantità di prodotto è quello al quale l'ultima lira (o lira marginale) spesa per ciascun fattore di input accresce della stessa quantità il prodotto marginale fisico. In caso contrario, si otterrebbe una maggiore quantità di prodotto con lo stesso costo, spostando l'input dal fattore che rende una minore quantità di prodotto marginale fisico per ogni lira spesa a quello che ne rende una quantità maggiore. In effetti, ciò significa che l'equilibrio di minor costo è quello in cui il prodotto marginale fisico di ciascun fattore è proporzionale al suo prezzo. Tale relazione può essere espressa in termini matematici nel seguente modo: Prodotto marginale fisico di A : Prodotto marginale fisico di B = Prezzo di A : prezzo di B; oppure: PMF di A/Prezzo di A = PMF di B/Prezzo di B = PMF di C/Prezzo di C, dove PMF indica il prodotto marginale fisico e A, B e C, i diversi fattori della produzione. (v. anche *marginal physical product, law of diminishing returns, marginal value product, marginal revenue product, marginal analysis*)

marginal productivity of capital: ***produttività marginale del capitale.*** Espressione usata con lo stesso significato di *marginal efficiency of capital* (v.).

marginal-productivity-of-capital schedule: ***scheda di produttività marginale del capitale.*** Termine usato con lo stesso significato di *marginal-efficiency-of-capital schedule* (v.).

marginal productivity of labour: ***produttività marginale del lavoro.*** Indica la variazione della quantità totale prodotta, conseguente alla variazione di una unità dell'input di lavoro. Anche in questo caso è bene ricordare che con unità si intende una piccola dose e non un singolo lavoratore. (v. anche *marginal product*)

marginal productivity theory: ***teoria della produttività marginale.*** Quando in un'impresa uno dei fattori della produzione è fisso e un altro è variabile, se l'impresa intende massimizzare i profitti, essa aumenterà la produzione fino al punto in cui l'ultima unità prodotta comporta un uguale aumento dei costi e dei ricavi, cioè, in linguaggio economico, fino al punto in cui il costo marginale eguaglia il ricavo marginale. In altre parole, tutte le imprese che intendono massimizzare i profitti impiegheranno successive unità del fattore variabile fino a quando il costo marginale del fattore è uguale al ricavo marginale prodotto da quel fattore. Possiamo, pertanto, dire che in base alla teoria della produttività marginale un fattore non sarà mai pagato più di quanto rende, in condizioni di concorrenza perfetta. Se il fattore variabile è il lavoro, ad esempio, essendo il costo del lavoro rappresentato dal salario che l'impresa paga al lavoratore, essa impiegherà successive dosi di lavoro fin quando il salario pagato è uguale o inferiore al ricavo del prodotto marginale e nessun lavoratore può aspettarsi di ricevere un salario superiore al ricavo marginale da lui prodotto. (v. anche *marginal revenue product, marginal productivity*)

marginal productivity theory of distribution: ***teoria della distribuzione basata sulla produttività marginale.*** Espressione usata per indicare la teoria che sostiene che il prezzo di ciascun fattore della produzione dipende dalla sua produttività marginale. (v. anche *theory of distribution*)

marginal productivity theory of interest: ***teoria della produttività marginale dell'interesse.*** È la teoria che spiega il tasso di interesse in termini di produttività marginale del capitale. Essa sostiene che in condizioni di concorrenza il tasso di interesse tende ad essere uguale all'incremento marginale della produzione apportato dall'ultima unità di capitale, quando la quantità di capitale disponibile si presuppone fissa. (v. anche *abstinence theory of interest, agio theory of interest, classical theory of interest, liquidity preference theory of interest, loanable funds theory of interest, time preference theory of interest*)

marginal productivity theory of wages: ***teoria della produttività marginale dei salari.*** È la teoria che sostiene che il salario del lavoratore, in condizioni di concorrenza perfetta, tende ad essere uguale all'incremento marginale della produzione apportato dal lavoratore marginale. Ciò perché l'impresa che tende a massimizzare i profitti impiegherà dosi successive di lavoro fino a quando il costo marginale di questo fattore della produzione risulta uguale al ricavo marginale prodotto dallo stesso fattore. Pertanto, nessun lavoratore può aspettarsi di ricevere un salario superiore al ricavo marginale da lui prodotto. Questa teoria presuppone non soltanto la concorrenza perfetta, ma anche la perfetta mobilità del lavoro e una situazione di piena occupazione dei lavoratori impegnati in un qualsiasi particolare genere di lavoro. (v. anche *bargaining theory of wages, lump of labour theory of wages, residual theory of wages, subsistence theory of wages, wage fund theory of wages*)

marginal product of labour: ***prodotto marginale del lavoro.*** Nella terminologia keynesiana, indica il valore che andrebbe perso se si riducesse l'occupazione di una unità, dopo aver detratto qualsiasi altro costo che verrebbe evitato a seguito di tale riduzione di produzione.

marginal profit: ***profitto marginale.*** È la differenza tra il prezzo di vendita e il costo marginale di un prodotto.

marginal propensity to consume: ***propensione marginale al consumo; inclinazione marginale al consumo.*** Definita per la prima volta da J.M. Keynes, la propensione marginale al consumo è una parte importante della teoria del moltiplicatore. Essa esprime la relazione percentuale, sempre inferiore a uno, tra un aumento del reddito e un aumento della spesa in consumi. La propensione marginale al consumo si presume inferiore ad uno perché la porzione di aumento del reddito sarà in parte spesa in consumi e in parte risparmiata. Infatti, Keynes fece notare una fondamentale legge psicologica in base alla quale alla crescita del prodotto nazionale corrisponde una diminuzione della propensione marginale al consumo, cioè a dire più si arricchiscono le persone, tanto minore è la percentuale del loro aumento di reddito destinata al consumo. (v. anche *average propensity to consume*)

marginal propensity to import: ***propensione marginale alle importazioni; propensione marginale a importare; inclinazione marginale alle importazioni.*** Analoga alla keynesiana propensione marginale al consumo, la propensione marginale a importare indica la percentuale di un aumento del reddito nazionale che verrà spesa in beni di importazione. Questo è un elemento importante quando si tenta di spiegare perché gli scambi tra paesi tendono a bilanciarsi e perché i periodi di prosperità e di depressione tendono a diffondersi da un paese all'altro. Il meccanismo consisterebbe nel fatto che ad un incremento del reddito nazionale, magari derivante da un aumento delle esportazioni, fa riscontro un aumento delle importazioni. Tuttavia, la proporzione tra aumento del reddito nazionale e aumento delle importazioni è in gran parte determinata dalla necessità di un paese di importare beni prodotti in un altro paese. Quanto più forte è questa necessità, tanto più alta sarà la propensione marginale alle importazioni. (v. anche *average propensity to import*)

marginal propensity to invest: ***propensione marginale all'investimento; propensione marginale a investire; inclinazione marginale all'investimento.*** È il rapporto tra un aumento di nuovo capitale formato a seguito di un piccolo aumento del reddito e il piccolo aumento del reddito. (v. anche *average propensity to invest*)

marginal propensity to save: ***propensione marginale al risparmio; propensione marginale a risparmiare; inclinazione marginale al risparmio.*** La propensione marginale al risparmio è il complemento della propensione marginale al consumo ed è definita come l'aumento o la diminuzione della spesa in consumi o del risparmio, conseguente ad un dato aumento o ad una data diminuzione del reddito. Anche questa percentuale è sempre inferiore a uno ed ha notevole importanza nella teoria keynesiana del moltiplicatore, il quale, nella sua forma più semplice, viene calcolato come: 1 : propensione marginale al risparmio. Come per la propensione marginale al consumo, anche per quella al risparmio vige la fondamentale legge psicologica, espressa da Keynes, che sostiene che ad una crescita del reddito corrisponde un aumento della propensione marginale al risparmio, cioè a dire quanto più si arricchiscono le persone, tanto maggiore è la percentuale del loro aumento di reddito destinata al risparmio. (v. anche *average propensity to save*)

marginal purchase: ***acquisto marginale.*** L'acquisto marginale è strettamente collegato al concetto di utilità marginale e rappresenta l'ultima quantità di un qualsiasi bene che un consumatore effettivamente acquista ad un dato livello di prezzi di mercato. Evidentemente, il consumatore ritiene che questo acquisto marginale gli darà ancora una soddisfazione sufficiente a giustificare la spesa necessaria per farlo. (v. anche *marginal utility*)

marginal purchaser: ***acquirente marginale.*** Termine usato come sinonimo di *marginal buyer* (v.).

marginal rate: ***aliquota marginale.*** È la percentuale più alta di imposta sul reddito che il contribuente paga sullo scaglione del suo reddito che risultà più pesantemente tassato.

marginal rate of substitution: ***saggio marginale di sostituzione; tasso marginale di sostituzione.*** È il tasso al quale un individuo è disposto a sostituire successive unità di un bene con successive unità di un altro bene. Il concetto è strettamente collegato a quello dell'utilità marginale decrescente: supponendo un consumatore che abbia a disposizione una data quantità di due beni diversi, che chiameremo A e B, e che variando le quantità di ciascun bene il consumatore conservi invariata la sua soddisfazione totale, il concetto del tasso marginale di sostituzione sostiene che quante più unità di A il consumatore sostituisce con unità di B, tante più unità di B dovranno essere acquisite dal consumatore in cambio di successive diminuzioni di A al fine di mantenere invariata la sua soddisfazione totale. Il concetto del tasso marginale di sostituzione può essere applicato anche a questioni di sostituzione dei fattori della produzione e ad altri problemi del genere.

marginal rate of technical substitution: ***saggio marginale di sostituzione tecnica; tasso marginale di sostituzione tecnica.*** È il concetto del saggio marginale di sostituzione applicato ai fattori della produzione e rappresenta la differenza di quantità di un fattore che deve essere utilizzata a fronte di una piccola riduzione di un altro fattore al fine di mantenere lo stesso livello di produzione.

marginal rate of transformation: ***saggio marginale di trasformazione; tasso marginale di trasformazione.*** Il tasso al quale, attraverso una riallocazione degli input, è possibile trasformare la produzione di un bene in produzione di un altro diverso bene. Si raggiunge la combinazione ideale dei beni e il livello ideale di produzione quando il tasso marginale di trasformazione dei beni è uguale al rapporto tra i loro prezzi.

marginal real cost: ***costo marginale reale.*** Il costo marginale espresso in termini reali e non monetari.

marginal relief: ***detrazione marginale.*** In relazione alle imposte sul reddito, indica le detrazioni concesse a determinate fasce di reddito nel Regno Unito, nei casi in cui un contribuente appartiene ad una data categoria sociale, ma il suo reddito supera di poco il limite massimo imposto per poter usufruire delle detrazioni concesse alla categoria di cui egli fa parte.

marginal return: ***prodotto marginale.*** Il termine inglese è a volte usato in luogo del più diffuso *marginal product* (v.).

marginal revenue: ***ricavo marginale.*** Può essere definito come la variazione del ricavo totale derivante dalla vendita di un'unità addizionale di prodotto. In condizioni di concorrenza perfetta il ricavo marginale è uguale al prezzo, in quanto queste condizioni presuppongono la perfetta elasticità della domanda dei beni prodotti da una qualsiasi impresa, ma in condizioni di concorrenza imperfetta e di monopolio, il ricavo marginale diminuisce con l'aumentare della produzione, a causa della riduzione di prezzo necessaria per vendere una maggiore quantità di un bene. La situazione in presenza di una perfetta discriminazione di prezzo (in cui, cioè, ogni unità di prodotto è venduta ad un prezzo diverso) è uguale a quella della concorrenza perfetta, per cui anche in questo caso il ricavo marginale corrisponde al prezzo del prodotto marginale.

marginal revenue curve: ***curva dei ricavi marginali.*** Se su un diagramma cartesiano poniamo sull'asse delle ordinate i livelli di prezzo e sull'asse delle ascisse le quantità del bene prodotto e venduto, ogni punto della curva dei ricavi marginali indica la variazione del ricavo totale ad ogni successivo incremento di una unità di bene venduta.

marginal revenue product: ***ricavo del prodotto marginale.*** La variazione di ricavo conseguente alla vendita del prodotto derivante dall'utilizzazione di un'unità addizionale di un fattore variabile. L'espressione viene usata per distinguere questo concetto da quello del ricavo marginale. In condizioni di concorrenza perfetta, il ricavo del prodotto marginale è uguale al prodotto marginale fisico moltiplicato per il prezzo del prodotto. In un sistema di concorrenza monopolistica, il ricavo del prodotto marginale è inferiore al prodotto marginale fisico, in quanto la curva della domanda mostra una pendenza verso destra e la perdita di ricavo delle precedenti unità, dovuta al più basso prezzo della maggiore produzione, deve essere dedotta dal ricavo aggiunto dall'unità di prodotto marginale. (v. anche *marginal revenue, marginal productivity*)

marginal revolution: ***rivoluzione marginalistica.*** Espressione con la quale si indicano collettivamente i contributi alla teoria economica di W.S. Jevons, K. Menger e L. Walras, che risolsero il conflitto apparente tra valore e utilità, postulando che il valore di un bene dipendeva non dall'utilità generale, bensì dall'utilità specifica dell'unità marginale di tale bene. (v. anche *marginal utility school*)

marginal risk: ***rischio marginale.*** In relazione a operazioni di compravendita di valute a termine, è il rischio che la controparte della banca fallisca dopo aver sottoscritto il contratto.

marginal seller: ***venditore marginale.*** Il termine viene usato in economia con più significati: a) indica colui che è pronto a vendere un determinato bene o servizio al prezzo corrente di mercato, ma che è pronto a rinunciarvi se il prezzo diminuisce, anche se di un minimo infinitesimale; b) in una situazione di concorrenza perfetta nel lungo periodo, è il venditore i cui costi di produzione sono uguali al prezzo del bene che egli vende; c) nel breve periodo, il venditore i cui costi marginali sono uguali al prezzo di mercato. (v. anche *marginal buyer, marginal firm*)

marginal significance: ***utilità marginale.*** Il termine inglese è stato usato da P.H. Wicksteed nella sua opera *Commonsense of Political Economy* con lo stesso significato di *marginal utility* (v.).

marginal social cost: ***costo marginale sociale.*** Il costo, sostenuto dalla società nel suo complesso, di un'unità addizionale di prodotto, tenendo conto delle economie e diseconomie esterne generate dalla maggiore produzione.

marginal social net product: ***prodotto netto marginale sociale.*** Il prodotto netto totale di beni fisici o servizi non personali conseguente all'incremento marginale delle risorse, in qualsiasi uso o luogo, senza tener conto di chi tragga maggior vantaggio da tale prodotto. (v. anche *marginal private net product, external effects*)

marginal social product: ***prodotto marginale sociale.*** La situazione in cui una variazione della quantità impiegata di un fattore variabile della produzione influenzi non il prodotto marginale privato, cioè i guadagni diretti di un individuo, bensì il benessere sociale.

marginal tax rate: ***aliquota d'imposta marginale.*** Lo stesso che *marginal rate* (v.).

marginal theory of distribution: ***teoria marginalistica della distribuzione.*** Termine usato con lo stesso significato di *marginal productivity theory of distribution* (v.).

marginal theory of value: ***teoria del valore basata sull'utilità marginale.*** Termine usato con lo stesso significato di *marginal utility theory of value* (v.).

marginal total cost: ***costo marginale totale.*** Il totale dei costi addizionali che un'impresa deve sostenere per produrre una unità addizionale di prodotto. Il termine, pertanto, significa la stessa cosa di *marginal cost* (v.) e viene usato in questa forma quando si intende contrapporre il costo marginale totale a un costo marginale parziale, quale può essere, ad esempio, il costo salariale marginale.

marginal trading: ***acquisto a credito; acquisto a margine.*** Termine usato con lo stesso significato di *buying on margin* (v.).

marginal unit: ***unità marginale.*** È l'ultima unità che viene aggiunta ad un qualsiasi aggregato o la prima che viene sottratta dallo stesso aggregato.

marginal unit cost: ***costo dell'unità marginale.*** È il costo dell'ultima unità che viene aggiunta ad un qualsiasi aggregato o della prima unità che viene sottratta dallo stesso aggregato. (v. anche *marginal cost, marginal unit*)

marginal user cost: ***costo marginale delle utilizzazioni.*** Nella terminologia keynesiana, indica il rapporto tra l'incremento del costo delle utilizzazioni e l'incremento del valore della produzione.

marginal utility: ***utilità marginale; utilità finale.*** Si indica con questo termine l'utilità che deriva dall'ultima unità di un qualsiasi bene, sia sotto il profilo della produzione, sia sotto il profilo del consumo. Dal punto di vista del consumo, la domanda di un bene da parte di un consumatore è determinata non dall'utilità totale, bensì dall'utilità marginale e quanto maggiore è la disponibilità di un bene, tanto minore risulta la sua utilità marginale, ovvero l'utilità dell'ultima unità che il consumatore acquisisce. Prendiamo l'esempio delle paia di scarpe possedute da un individuo. Un solo paio gli darà un alto grado di soddisfazione e, quindi, un alto grado di utilità. Se egli può permetterselo, sarà disposto a comprare altre paia di scarpe, ma più ne compra, tanto minore diventa l'utilità marginale, cioè tanto minore è l'utilità che gli deriva da ciascun successivo paio di scarpe. Potrà comprarne paia di diversi colori e per diverse utilizzazioni, tenendone un paio per quando piove, un altro per quando va in campagna, un altro per andare a ballare, ecc., e tutte queste paia di scarpe gli daranno un'alta soddisfazione totale. Ma quante più paia di scarpe da pioggia, da campagna o da ballo egli avrà, tanto meno sarà disposto a comprare altre paia di scarpe di ciascun tipo, finché verrà il momento in cui non sarà più disposto ad acquistare alcun paio di scarpe, ai prezzi correnti. A quel punto, l'utilità marginale dell'ultimo paio di scarpe che egli ha effettivamente acquistato è stata pari al sacrificio sostenuto per acquistarlo e ai prezzi correnti di mercato egli preferirà utilizzare il denaro per comprare qualcosa d'altro. È importante, anche, porre in relazione l'utilità marginale e l'utilità totale di un bene. Ciascun bene, infatti, può avere una bassa utilità marginale, ma un'alta utilità totale, come ad esempio l'acqua, e poiché, come detto sopra, è l'utilità marginale che insieme all'offerta di un bene ne determina il prezzo, essa ci permette di spiegare il cosiddetto paradosso del valore, cioè perché beni che sono essenziali per la sopravvivenza dell'uomo vengono venduti a prezzi estremamente bassi, mentre beni che non sono affatto essenziali, come ad esempio i gioielli, vengono venduti a prezzi alti. La prima formulazione organica della teoria dell'utilità marginale fu data contemporaneamente da W.S. Jevons e da K. Menger nel 1871 e successivamente vi contribuirono gli economisti della cosiddetta scuola marginalistica, ma mentre il gruppo più antico di questa scuola ipotizzava che l'utilità marginale potesse essere misurata, il gruppo più moderno sostiene che è possibile soltanto stabilire delle preferenze, ma non misurare la differenza tra queste preferenze. (v. anche *paradox of value, total utility, utility, marginal analysis, marginal utility school*)

marginal utility of capital: ***utilità marginale del capitale.*** Termine usato da A. Marshall con lo stesso significato di *marginal efficiency of capital* (v.).

marginal utility of income: ***utilità marginale del reddito.*** È il concetto dell'utilità marginale applicato al reddito di un individuo. Si può dire che quanto maggiore è il reddito di un privato, tanto minore è la soddisfazione che gli deriva da un piccolo successivo aumento delle sue entrate. In quanto, poi, il reddito può dare soddisfazione soltanto in relazione a ciò che ci permette di acquistare, oggi o in futuro attraverso il risparmio, possiamo dire che l'utilità marginale del reddito corrisponde all'utilità marginale dei beni che possiamo acquistare con quel reddito. L'utilità marginale del reddito è alla base del sistema di imposizione fiscale ad aliquote progressive, ma in virtù di quanto detto sopra la perdita di soddisfazione derivante dall'imposizione fiscale è minore per un individuo ad alto reddito ed è maggiore per un individuo a basso reddito, anche se può esservi enorme differenza tra l'ammontare pagato in imposte dai due individui.

marginal utility of money: ***utilità marginale della moneta.*** È il concetto dell'utilità marginale applicato alla moneta e possiamo definirla come l'incremento di soddisfazione totale derivante ad un individuo dall'incremento di una unità della quantità di moneta a sua disposizione. Poiché, tuttavia, quanto maggiore è la quantità di moneta a disposizione di un individuo, tanto minore risulta l'incremento di utilità derivante da successive unità, il concetto è lo stesso di quello esposto a proposito della utilità marginale del reddito. (v. anche *marginal utility of income*)

marginal utility school: ***marginalismo; scuola marginalistica; scuola austriaca; scuola viennese; scuola anglo–austriaca.*** Anche detta indirizzo soggettivistico o indirizzo psicologico, è la scuola che fa perno sul concetto dell'utilità marginale. Il pensiero economico di questa scuola si sviluppò soprattutto attraverso le opere di tre economisti, tra il 1871 e il 1874, W.S. Jevons in Inghilterra, K. Menger in Austria e L. Walras in Francia, ma era già stato espresso da economisti precedenti, quali il Genovesi, il Galiani ed altri, pur se con scarsa consapevolezza della sua importanza. Le teorie di questi studiosi furono da principio accolte con indifferenza e poi con ostilità in Francia, Germania e Inghilterra e furono in parte accettate soltanto in Italia, in Olanda e in America. La polemica, tuttavia, fu superata grazie soprattutto ad Alfred Marshall, ma l'accettazione delle teorie non sgombrò del tutto il campo dalle discussioni, che continuarono a vertere sul significato e sull'applicazione del concetto di utilità marginale. Tra gli economisti che accettarono le teorie di questa scuola vanno ricordati soprattutto V. Pareto, A. Graziani, P.H. Wicksteed, A. Pigou e I. Fisher, ma può dirsi che l'indirizzo ha finito per permeare più o meno tutta la scienza dell'economia dell'ultimo secolo, con l'eccezione della corrente storicistica. Il pensiero della scuola marginalistica non differisce molto da quello della scuola classica, ma pone maggior enfasi sul valore d'uso dei beni, rinunziando a prendere in considerazione la quantità di lavoro necessaria a produrli, come base per la determinazione del loro valore. Così, il valore, o prezzo, di ciascun bene viene messo in stretta relazione all'utilità del bene stesso e, in particolare, alla sua utilità marginale per il singolo consumatore. Questo punto ha fatto nascere forti obiezioni alle teorie della scuola, basate soprattutto sul problema che veniva a nascere della misurabilità e comparabilità del valore dei beni, problema che è stato aggirato soprattutto con gli studi di V. Pareto, che portarono ad una misurazione del valore basata su atti di scelta individuali. Il gruppo più antico degli appartenenti alla scuola marginalistica, dunque, asseriva che l'utilità potesse essere misurata, mentre il gruppo più moderno sostiene che si possono soltanto stabilire delle preferenze, ma non si possono misurare le differenze tra loro. Il marginalismo ha anche il merito di aver consentito di ricondurre il costo a un fenomeno di valore, attraverso l'applicazione del medesimo principio sia all'analisi dell'offerta che all'analisi della domanda, consentendo così la formulazione di una più rigorosa teoria del prezzo sia dei prodotti, sia dei fattori della produzione. Sintetizzato al massimo, il principio marginalistico, applicabile ai consumi come alla produzione, cioè alle scelte del consumatore come a quelle dell'imprenditore, sostiene che un soggetto economico decide di intraprendere una data azione soltanto se la soddisfazione iniziale appare maggiore del sacrificio iniziale che l'azione comporta e continua a portarla avanti finché la soddisfazione continua a restare maggiore del sacrificio, ma la interrompe quando il secondo diventa superiore alla prima. Come si può facilmente notare, la difficoltà maggiore di questa teoria consiste nella possibilità di dividere in dosi uguali e molto piccole il sacrificio e la soddisfazione relativi all'azione intrapresa dal soggetto economico e nel misurare i loro incrementi o decrementi man mano che l'azione procede.

marginal utility theory of interest: ***teoria dell'utilità marginale dell'interesse.*** È la teoria dell'interesse basata sul concetto che gli individui desiderano rendere uguali le aspettative di utilità marginale delle loro proprietà attuali e le aspettative di utilità marginali di loro proprietà future. Per fare un esempio, supponiamo che in date circostanze la proprietà immediata di un'abitazione per un individuo che non ne possiede alcuna rappresenti un così alto grado di utilità marginale che egli è disposto a pagare una somma di denaro in più pur di poterne entrare in possesso; egli è, cioè, disposto a prendere in prestito il denaro che gli consente di entrare in possesso dell'abitazione e pagare su di esso un interesse che corrisponde al sacrificio dell'utilità marginale derivantegli da un qualche bene che potrebbe acquisire in futuro se non dovesse pagare l'interesse sul prestito contratto. Viceversa, per un altro individuo la valutazione attuale dell'utilità marginale futura derivante, ad esempio, da un motoscafo è maggiore della sua valutazione dell'utilità marginale derivante da qualsiasi altro acquisto attuale. Egli è, pertanto, disposto a dare in prestito il denaro di cui dispone oggi perché l'interesse che gli frutterà, insieme alla somma capitale quando essa gli sarà restituita, lo metterà in grado di acquistare il motoscafo in un dato momento futuro. Secondo gli economisti che hanno formulato questa teoria, la spiegazione del tasso di interesse prevalente è da ricercarsi in queste motivazioni psicologiche, alla cui base sta l'utilità marginale. In effetti, la teoria dell'utilità marginale dell'interesse non è altro che un ampliamento della teoria dell'interesse basata sul compenso. (v. anche *abstinence theory of interest, agio theory of interest, classical theory of interest, liquidity preference theory of interest, loanable funds theory of interest, marginal productivity theory of interest, time preference theory of interest*)

marginal utility theory of value: ***teoria del valore basata sull'utilità marginale.*** È la teoria, generalmente accettata dagli economisti moderni, che ha sostituito la teoria del valore–lavoro e la teoria del valore basato sul costo di produzione. Essa, in breve, sostiene che il valore dei beni oggetto di scambio è determinato dall'utilità del piccolo incremento finale nella domanda e nell'offerta. (v. anche *cost of production theory of value, labour theory of value*)

marginal value: ***valore marginale.*** È il prezzo al quale i consumatori saranno indotti ad acquistare l'ultima unità di un determinato bene, che va ad aggiungersi a quelle unità che essi hanno già acquistato. (v. anche *marginal demand price*)

marginal value product: ***prodotto marginale in valore; valore del prodotto marginale; ricavo del prodotto marginale.*** Termine usato con lo stesso significato di *marginal revenue product* (v.).

marginal wage cost: ***costo salariale marginale.*** Termine sul cui significato preciso gli economisti non concordano. Keynes dice che con questo termine potremmo intendere il costo di una unità addizionale di prodotto se non si sostengono altri costi tranne il costo salariale addizionale; oppure, potremmo intendere il costo salariale addizionale che si sostiene nel produrre una unità addizionale di prodotto nel modo più economico possibile, con l'ausilio degli impianti esistenti e di altri fattori non occupati.

margin benefits: ***benefici aggiuntivi; benefici marginali; benefici accessori.*** Termine a volte usato come sinonimo di *fringe benefits* (v.).

margin call: ***richiamo di margine di garanzia; richiamo di margine addizionale; richiesta di deposito.*** Nella tecnica statunitense delle operazioni di borsa, si indica con questo termine il deposito supplementare in denaro o titoli richiesto da un *broker* (v.) ad un cliente che ha acquistato titoli a margine. La richiesta del *broker* è dettata dalla variazione in diminuzione del corso dei titoli dal momento in cui essi furono acquistati, il che ha ridotto il rapporto tra valore dei titoli e deposito di garanzia, che va ripristinato dal cliente, pena la vendita dei titoli acquistati a margine. Lo stesso termine indica la richiesta di deposito di garanzia addizionale sui contratti a termine finanziari. (v. anche *initial margin, variation margin, margin trading, buying on margin, margin 4, remargining*)

margin dealing: ***operazioni a margine.*** Espressione usata in relazione ad operazioni a termine in titoli, valute o merci. Deriva dal significato inglese del termine *margin*, corrispondente al nostro deposito di garanzia, e le operazioni a margine indicano la vendita dell'eventuale margine di guadagno, da parte di un operatore che si è assicurato l'acquisto di una certa quantità di titoli, valuta o merci ad un prezzo fisso per consegna futura, attraverso la vendita del suo contratto a premio. (v. anche *margin 4, margin trading, buying on margin, option*)

margin maintenance call: ***richiamo di margine di garanzia.*** Lo stesso che *margin call* (v.).

margin of cultivation: ***margine di coltivazione.*** È lo stadio della coltivazione della terra che dà come risultato un ricavo appena sufficiente per far fronte ai costi di produzione e può essere intensivo o estensivo. Con margine intensivo di coltivazione si intende la situazione in cui l'ultima dose di capitale e lavoro applicata alla terra, sulla quale erano state applicate altre dosi di capitale e lavoro, dà un raccolto appena sufficiente a giustificare la produzione in termini economici. Poiché la terra cui si applica quest'ultima dose di capitale e lavoro è produttiva, la mancata remunerazione si giustifica col fatto che sono subentrati i cosiddetti rendimenti decrescenti. Con margine estensivo di coltivazione si intende la situazione in cui le successive dosi unitarie di capitale e lavoro, applicate a terreni sempre meno produttivi, raggiungono terreni tanto poveri che il prodotto è appena sufficiente a remunerare il capitale e il lavoro. (v. anche *diminishing returns, law of diminishing returns*)

margin of gain: ***margine di guadagno.*** Termine usato con lo stesso significato di *margin 2* (v.).

margin of profit: ***margine di profitto; margine di utile.*** Termine usato in alternativa a *profit margin* (v.).

margin of safety: 1. ***margine di garanzia.*** In finanza, si indica con questa espressione inglese la differenza tra il valore nominale globale di un'emissione obbligazionaria e il valore effettivo della proprietà data in garanzia del prestito obbligazionario. (v. anche *margin 5*) **2.** ***margine di sicurezza.*** In ragioneria, è la differenza tra i ricavi delle vendite e il volume di equilibrio delle vendite, cioè il volume di vendite che non dà né profitti né perdite. Può essere espresso come un indice o come una quantità monetaria o di altra natura.

margin requirement: ***deposito di garanzia; copertura; margine di copertura; margine di garanzia.*** Termine usato con lo stesso significato di *margin 4* (v.).

margin trading: ***acquisto di titoli a credito; acquisto di titoli a margine.*** Pratica non seguita alla borsa valori britannica, dove il sistema delle liquidazioni al termine del ciclo operativo già offre un breve periodo di credito all'investitore, ma molto diffusa nelle borse valori statunitensi e di altri paesi. Acquistare valori mobiliari «a margine» significa acquistare titoli per un valore superiore a quello del contante posseduto al momento dell'acquisto, mutuando la restante parte necessaria di contanti da un *broker*, al quale verranno consegnati i titoli così acquistati a garanzia del prestito da lui concesso. Pertanto, una parte dei titoli viene acquistata a credito, in previsione e nella speranza di un incremento del loro prezzo. Se il corso dei titoli diminuisce, l'investitore dovrà versare una somma di denaro supplementare, chiamata margine di deposito, altrimenti quando i suoi titoli raggiungeranno il prezzo limite inferiore, stabilito nell'accordo col *broker*, saranno venduti con conseguente perdita. Se, viceversa, i corsi aumentano e l'investitore vende i titoli, egli realizzerà un profitto su un numero di titoli maggiore di quello che avrebbe potuto acquistare con il denaro contante a sua disposizione. Questa pratica è vietata in molti paesi, in quanto ritenuta estremamente pericolosa, tanto è vero che insieme ad altre cause fu alla base del crollo di Wall Street nel 1929. (v. anche *buying on margin, account 2, exhaust price, margin 4*)

margin transaction: ***operazione a margine.*** V. spiegazione sotto *margin dealing* e *margin trading*.

Maria Theresa dollar: ***tallero di Maria Teresa.*** Moneta d'argento del valore di circa cinque lire dell'epoca, con l'effige di Maria Teresa e datata 1780 in tutti i suoi esemplari coniati anche in questo secolo, che fu unità monetaria dell'Etiopia fino al 1938. Dopo tale data, e fino al 1945, continuò ad avere corso in quel paese e in altre zone dell'Africa del nord dove veniva accettata pur non avendo corso legale. Era suddivisa in venti girsch ed aveva il valore di circa 23½ grammi di fino.

marine carrier: ***vettore marittimo.*** Operatore che svolge la sua attività nel ramo dei trasporti marittimi. Il termine di solito indica una compagnia di navigazione ed è usato in contrapposizione a vettore terrestre e a vettore aereo.

marine insurance: ***assicurazione marittima.*** È il contratto in base al quale una parte, chiamata assicuratore, in considerazione del pagamento di una somma di denaro, chiamata premio, da parte di un altro soggetto, chiamato assicurato, si impegna a risarcire quest'ultimo da perdite che potrebbero derivargli da un viaggio per mare. L'assicuratore è generalmente un gruppo di persone, chiamate anche *underwriters* in inglese in quanto ciascuna di loro firma in calce alla polizza di assicurazione marittima precisando l'ammontare di rischio che si assume; l'assicurato è in genere l'armatore, che assicura la sua proprietà o il rischio che potrebbe derivargli dall'uso della sua proprietà da parte di altri; la proprietà assicurata è la nave e il carico che essa trasporta, sia che si tratti di merci, passeggeri o altro. Il documento che stabilisce le condizioni dell'assicurazione è la polizza di assicurazione marittima. Infine, i rischi contro i quali l'assicurato si tutela comprendono i danni derivanti da incendio, tempeste, collisioni, ecc.; da cattura o detenzione della nave da parte di governi o autorità stranieri, ivi incluse le magistrature di paesi esteri; e i danni provocati alla nave, al carico e ai passeggeri da negligenza dell'equipaggio. Nel caso in cui si verifichi un sinistro, esso può rientrare nella perdita parziale o nella perdita totale, quest'ultima a sua volta suddivisa in perdita totale assoluta e perdita totale relativa o presunta. Come qualsiasi altro tipo di assicurazione, anche l'assicurazione marittima presuppone la reale esistenza di un interesse assicurabile, ma non è necessario che esso esista proprio al momento dell'emissione della polizza. Infatti, se si stipula una polizza per assicurare una partita di merci durante il loro trasporto via mare, l'interesse assicurabile non sussiste fin quando le merci non vengono caricate a bordo e non ha inizio il viaggio, ma ciò non ostante la polizza può essere ugualmente emessa prima che le merci vengano caricate sulla nave. L'assicurazione marittima può suddividersi in assicurazione marittima interna e assicurazione marittima oceanica o d'altura. (v. anche *insurable interest, marine insurance policy, Lloyd's, Lloyd's underwriter, total loss, partial loss, constructive total loss, actual total loss, average, general average, particular average, inland marine insurance, ocean marine insurance*)

marine insurance broker: ***intermediario di assicurazioni marittime; sensale di assicurazioni marittime.*** I Lloyd di Londra non trattano direttamente col pubblico e pertanto chiunque voglia stipulare una polizza di assicurazione marittima su quel mercato dovrà rivolgersi ad un *broker*, che tratterà per lui condizioni e tariffe presso i Lloyd. Poiché questi intermediari conoscono molto bene quel mercato particolare, la loro utilizzazione risulta oltremodo vantaggiosa per i clienti. Infatti, quando si stipula una polizza di assicurazione marittima presso i Lloyd, la cosa più importante è quella di trovare un primo assicuratore che ispiri fiducia tra i suoi colleghi. Ciò renderà più rapida e sicura la sottoscrizione della polizza da parte degli altri assicuratori. (v. anche *lead 2, Lloyd's, Lloyd's underwriter*)

marine insurance company: ***società di assicurazione marittima.*** Tipo particolare di società a responsabilità limitata, consentita nel Regno Unito, che svolge l'attività assicurativa nel ramo marittimo. La particolarità consiste nel fatto che la responsabilità è limitata non da azioni, bensì dal valore globale delle attività dichiarate.

marine insurance policy: ***polizza di assicurazione marittima; polizza di sicurtà; polizza marittima.*** È il documento che costituisce il contratto di assicurazione ed è sottoscritto dagli assicuratori, con la specifica dell'ammontare del rischio che ciascuno di loro si assume. Pur essendo un modulo tipo, con clausole e condizioni prestampate, è possibile, qualora lo si voglia, inserire deroghe alle condizioni generali o per tener conto di eventi o fatti particolari o per modificare o annullare qualcuna delle condizioni previste dalla polizza. Oltre alle clausole prestampate, la polizza di assicurazione marittima deve indicare le generalità dell'assicurato; la natura della cosa assicurata, se si tratta cioè di nave o merci o entrambi; i rischi contro i quali si garantisce l'assicurato; il tempo di validità della polizza, se trattasi di polizza a tempo, oppure il viaggio specifico, se trattasi di polizza a viaggio; la somma assicurata; i nomi degli assicuratori e la loro quota di rischio. La polizza può essere emessa «franco avaria particolare» o «con avaria particolare». Nel primo caso essa garantisce l'indennizzo soltanto in caso di perdita totale e di avaria generale; nel secondo, essa dà copertura ampia contro tutti i rischi cui può essere esposta la nave durante il viaggio. Gli assicuratori rispondono dell'intera somma assicurata in caso di perdita totale, mentre nel caso di perdita parziale essi sono solitamente responsabili soltanto per i due terzi, mentre l'altro terzo ricade sull'assicurato. (v. anche *marine insurance, Lloyd's, time policy, voyage policy, floating policy, open policy, valued policy, unvalued policy, mixed policy, total loss, partial loss, free of particular average, particular average, general average*)

marine insurer: ***assicuratore marittimo.*** Un qualsiasi operatore del ramo assicurazioni marittime. Può essere una *marine insurance company* (v.) o uno dei sindacati del Lloyd. (v. anche *Lloyd's underwriter*)

marine law: ***diritto marittimo.*** Termine usato con lo stesso significato di *admiralty* (v.).

marine policy: ***polizza marittima.*** Termine usato come sinonimo di *marine insurance policy* (v.).

marine risks: ***rischi di mare.*** Termine usato con lo stesso significato di *perils of the sea* (v.).
marine survey: ***visita peritale.*** È indicata con questa espressione una qualsiasi visita a fini assicurativi fatta ad una nave da parte di un perito. La visita può essere fatta in previsione dell'emissione di una polizza di assicurazione marittima o in relazione all'accertamento dei danni subiti e da essere liquidati in virtù di una polizza in essere o come semplice controllo routinario dell'efficienza della nave e delle sue attrezzature.
marine surveyor: ***perito marittimo; perito navale.*** È uno dei periti del Lloyd, il cui compito specifico è quello di controllare la perfetta efficienza delle macchine di propulsione e di tutti gli altri macchinari delle navi che visita. (v. anche *Lloyd's surveyor, ship surveyor*)
marine syndicate: ***sindacato di assicuratori marittimi.*** È un gruppo di assicuratori del Lloyd, specializzato nel ramo delle assicurazioni marittime, rappresentato da un agente nella sala della Corporazione del Lloyd nella quale si svolgono le contrattazioni relative alla sottoscrizione di polizze di assicurazione marittima.
marine underwriter: ***assicuratore marittimo.*** Termine usato come sinonimo di *marine insurer* (v.).
Maritime Administration: Agenzia del ministero del commercio degli Stati Uniti, preposta ad una serie di doveri relativi alla costruzione di navi mercantili da parte del governo statunitense; alla locazione e alienazione a operatori privati di navi di proprietà del governo federale; al pagamento di sovvenzioni a favore di linee di comunicazioni marittime gestite da società private; all'amministrazione della legislazione marittima. Lo scopo di questa agenzia è quello di agevolare ed incoraggiare la costruzione e la gestione di una flotta mercantile, di proprietà di cittadini statunitensi, capace di trasportare una buona parte dei beni oggetto di scambi internazionali tra gli Stati Uniti e gli altri paesi del mondo.
maritime business: ***industria dei trasporti marittimi.*** Lo stesso che *shipping business* (v.).
maritime economics: ***economia marittima.*** Lo studio, da un punto di vista teorico e pratico, dei problemi e dell'attività economica connessi con la navigazione e i trasporti marittimi.
maritime economy: ***economia marittima.*** L'attività economica connessa con la navigazione e i trasporti marittimi e tutti i relativi problemi.
Maritime Industrial Development Areas: ***Aree di sviluppo marittimo–industriale.*** Il *National Ports Council* (v.) nel 1964 indicò con questa espressione gli insediamenti industriali che si trovavano o si pensava di far sorgere in località prossime a grandi porti o a tratti di mare sufficientemente profondi da giustificare la costruzione di porti capaci di accogliere le grosse navi d'altura. Si trattava di un progetto integrato, sull'esempio di altri paesi europei, che tendeva ad accentrare in tali aree alcune delle industrie di base, che sarebbero state avvantaggiate nei loro approvvigionamenti di materie prime provenienti dai paesi d'oltremare. Per sfruttare le infrastrutture a pieno, si riteneva di localizzare altre industrie di trasformazione, collegate a quelle di base, nelle medesime aree.
maritime law: ***diritto marittimo.*** Termine usato con lo stesso significato di *admiralty* (v.).
maritime lien: ***privilegio marittimo; garanzia marittima.*** Forma di diritto di ritenzione indipendente dal possesso. È un diritto particolare su una nave e/o il suo carico, che deriva da una qualche obbligazione assunta in relazione ad un viaggio della nave stessa. Questo diritto può esser fatto valere, a seguito di ricorso alla Corte dell'Ammiragliato, dovunque si trovi la nave, tramite sequestro provvisorio o anche vendita della stessa. Possono esercitare questo diritto, ad esempio, l'equipaggio della nave in relazione al pagamento delle loro retribuzioni; il capitano, in relazione a spese sostenute e alla sua retribuzione; altri armatori, per aver salvato la nave in mare.
maritime loan: ***prestito a cambio marittimo; cambio marittimo.*** Lo stesso che *bottomry* (v.).
maritime mortgage: ***ipoteca marittima.*** È l'ipoteca che grava su una nave o altro tipo di natante.
maritime passport: ***passaporto marittimo.*** Lo stesso che *ship's passport* (v.).
maritime perils: ***pericoli del mare; rischi e pericoli marittimi; rischi di mare; rischi della navigazione.*** Lo stesso che *perils of the sea* (v.).
maritime policy: ***polizza marittima; polizza di assicurazione marittima.*** Termine usato come sinonimo di *marine insurance policy* (v.).
maritime risk insurance: ***assicurazione contro i rischi di mare.*** Termine usato con lo stesso significato di *marine insurance* (v.).
maritime risks: ***rischi di mare.*** Termine usato con lo stesso significato di *perils of the sea* (v.).
mark: **1.** ***marca; marchio.*** I marchi di identificazione apposti sui colli a cura del mittente e su indicazione del destinatario. Scopo di questi marchi è quello di far rapidamente e con certezza riconoscere i colli al momento dello sbarco o dell'inoltro. I marchi di identificazione vengono riportati sul documento che rappresenta il contratto di trasporto, quali la polizza di carico, la lettera di vettura e simili. **2.** ***marca; marchio; marca di fabbrica; segno distintivo.*** Termine generico, con il quale si indica un qualsiasi segno, o marchio, emblematico o nominativo mediante il quale un'impresa distingue i propri prodotti al fine di differenziarli da quelli di altre imprese che operano nello stesso settore industriale e nelle stesse linee di prodotti. Il marchio può essere anche distintivo del luogo di origine di un prodotto. **3.** ***marco.*** Unità monetaria della Repubblica Federale di Germania e della Repubblica Democratica Tedesca. È suddiviso in cento pfenning e si distingue, a seconda della parte della Germania in cui circola, in Westmark e Ostmark. **4.** ***corso.*** Nel linguaggio della borsa valori di Londra è il prezzo dei singoli valori mobiliari, riportato nel listino ufficiale sotto l'intestazione *Business Done.* Sebbene, in base alle norme che regolano la borsa, non sia obbligatorio comunicare ufficialmente i dettagli delle operazioni concluse se non in pochi casi specifici, l'uso di computer per elaborare e compilare queste informazioni indica che oggi questa è la regola e non l'eccezione. (v. anche *marking*)
mark–down: **1.** ***ribasso; riduzione.*** a) Nella piccola e grande distribuzione, si indica con questo termine la riduzione apportata ad un prezzo di vendita precedentemente stabilito in base al costo dell'articolo e al margine di utile lordo aggiunto al costo (v. anche *mark–on, mark–down cancellation*). b) Nella terminologia bancaria e borsistica, indica il deprezzamento di un titolo dovuto al ribasso del suo corso e, di conseguenza, anche la riduzione di valore di un deposito di garanzia costituito di valori mobiliari il cui corso ha subito il ribasso. **2.** ***svalutazione.*** In ragioneria, indica la riduzione operata sul valore contabile di un'attività. (v. anche *write–down*)
mark–down cancellation: ***annullamento parziale di un ribasso.*** L'espressione inglese indica un aumento del prezzo di vendita precedentemente ribassato che, tutta-

via, non lo riporta al livello del prezzo al quale il bene veniva offerto in vendita prima che si apportasse il ribasso. Ad esempio, un articolo, venduto a ventimila lire, viene ribassato a quattordicimila (questo è un *mark–down*), ma successivamente il suo prezzo viene portato a diciassettemila lire (questo è un *mark–down cancellation*).

marked cheque: ***assegno vistato; assegno bancario certificato; assegno bancario a copertura garantita.*** Un assegno può essere vistato da una banca per due diverse ragioni: a) per scopi di compensazione; b) a richiesta dell'emittente. Nel primo caso, ciò si verifica principalmente in provincia e nelle piccole città. La banca che riceve un assegno tratto su un'altra banca lo invia a quest'ultima perché lo visti e ne garantisca così il pagamento quando esso sarà presentato, lo stesso giorno o quello successivo, per la compensazione. Una volta che l'assegno viene vistato, è come se la banca sulla quale è stato emesso lo avesse regolarmente pagato ed infatti essa procede ad accantonare i fondi necessari sottraendoli al saldo del conto corrente del cliente. Pertanto, se dopo che la banca ha vistato un assegno ne viene presentato un altro per un ammontare superiore al saldo del conto dopo l'accantonamento dei fondi per pagare l'assegno vistato, la banca può rifiutarsi di pagarlo, apponendo la scritta «fondi non sufficienti». Altre banche, invece, preferiscono pagare subito l'assegno, cioè detrarre i fondi necessari dal conto dell'emittente appena l'assegno viene presentato per essere vistato, dando alla banca che l'ha ricevuto un buono per l'ammontare corrispondente, onde consentire che esso passi attraverso la stanza di compensazione. Nel caso in cui un cliente chiede che l'assegno sia vistato dalla banca, quest'ultima praticamente ne garantisce il pagamento. Anche in questo caso, la banca accantona i fondi necessari a pagare l'assegno, ma lo addebiterà al conto soltanto quando esso sarà presentato per l'incasso. Un cliente può volere che l'assegno sia vistato quando deve effettuare pagamenti a persone che non accetterebbero un assegno bancario non vistato, come può accadere quando una persona acquista un bene immobile o quando deve fare un versamento al fisco. La pratica, ancora molto diffusa negli Stati Uniti e nel Canada, è stata quasi del tutto abbandonata dalle banche britanniche. Infatti, fin dal 1920 la *Committee of London Clearing Bankers* raccomandò di abbandonare tale pratica sostituendo ad essa l'emissione di assegni circolari. (v. anche *certified check, banker's draft*)

marked price: ***prezzo marcato; prezzo segnato.*** È il prezzo indicato sui singoli prodotti esposti in un punto di vendita.

marked share: ***azione annotata.*** Termine generico, usato per indicare un certificato azionario recante un'annotazione che indica che sono stati esercitati i diritti di opzione o di sottoscrizione relativi a quell'azione.

marked transfer: ***trasferimento vidimato.*** È un modulo per il trasferimento di azioni, firmato a margine dal segretario o dall'amministratore incaricato della compilazione del libro dei soci o dal segretario di una borsa valori, nel quale la persona attesta che sono stati depositati presso di lei i certificati di azioni sufficienti a coprire il trasferimento. Si fa ricorso a questo modulo quando un azionista cede soltanto una parte delle azioni rappresentate dal certificato azionario.

market: **1.** ***mercato; piazza.*** a) Nel suo significato più ampio e generale, il termine indica un qualsiasi punto o area geografica in cui qualsiasi tipo di beni o servizi vengono trattati da venditori e compratori che possono venire in contatto tra loro. In tal modo, il mercato sta ad indicare il punto di incontro della domanda e dell'offerta, dal quale incontro scaturirà un prezzo, detto prezzo di mercato, che regolerà gli scambi tra gli operatori di quel mercato. b) In un significato più ristretto, il termine indica un gruppo di operatori che trattano un particolare bene o un particolare gruppo di beni. Questo mercato è caratterizzato dalla presenza da un lato di acquirenti disposti a comprare al prezzo di mercato e di potenziali acquirenti disposti a comprare ad un prezzo inferiore a quello di mercato, e dall'altro di venditori disposti a vendere al prezzo di mercato e di potenziali venditori disposti a vendere ad un prezzo superiore a quello di mercato. Questo tipo di mercato, che generalmente è un mercato altamente organizzato, può non avere una sede propria, come è il caso del mercato delle valute, o può avere una sede nella quale tuttavia non compaiono fisicamente i beni oggetto di compravendita, e quasi sempre non implica l'ubicazione in una particolare area geografica. Tuttavia, anche se i venditori e i compratori sono lontani tra loro migliaia di chilometri e si servono di intermediari o di mezzi di comunicazione per portare a termine le loro operazioni, essi fanno pur sempre parte del mercato e anzi lo costituiscono. Questo tipo di organizzazione centralizzata di mercato presenta tre caratteristiche di notevole interesse economico. La prima è che consente di ovviare ad imperfezioni di mercato. La seconda è che consente di ovviare al rischio di fluttuazioni di prezzo mediante la possibilità di stipulare contratti a termine. La terza è che consente l'incontro di speculatori al rialzo e al ribasso. Un esempio di mercato di questo tipo è una qualsiasi borsa valori, ma altrettanto noti sono, ad esempio, il mercato londinese dell'oro o il mercato londinese dei metalli. c) All'interno della borsa valori di Londra, il termine indica un gruppo di *stockjobber* (v.) che tratta un particolare tipo di titoli. Esiste, infatti, il mercato dei titoli di stato, il mercato dei titoli industriali britannici, il mercato dei titoli minerari sud–africani, noto come *Kaffir Circus*, e tanti altri mercati più o meno grandi. d) Lo stesso termine viene usato per indicare un'area geografica commerciale, senza alcun riferimento specifico ai beni trattati o agli operatori. Si parla, così, di mercato mondiale, di mercato internazionale, di mercato europeo, ecc. e) Nella teoria economica di A. Marshall, il termine viene usato per indicare un'area nella quale idealmente i prezzi in un qualsiasi dato momento sono uguali per tutti i venditori e per tutti i compratori. f) Infine, lo stesso termine viene usato per indicare l'andamento delle contrattazioni commerciali di un determinato bene in un dato luogo e momento. (v. anche *London gold market, London metal exchange, perfect market, imperfect market, Kaffir Circus*) **2.** ***valore di mercato; valore di scambio.*** In un uso colloquiale, il termine inglese è anche sinonimo di *market value* (v.).

marketability: ***commerciabilità.*** Questo termine è quasi sempre usato in relazione a valori mobiliari, per indicare una pronta e facile vendita degli stessi ad un prezzo quasi certamente non inferiore a quello al quale essi possono essere acquistati.

marketable amount: ***quantità commerciabile; quantità vendibile.*** Nel linguaggio delle borse valori, è una quantità di titoli che un operatore è in grado di fornire a richiesta di un compratore. Essa non deve essere inferiore alla quantità minima di contrattazione, a meno che si tratti di spezzature, ma non deve neppure essere tanto cospicua da far sospettare che sia in atto un rastrellamento dei titoli in questione.

marketable collateral: ***garanzia commerciabile; garanzia corrente.*** Nel linguaggio bancario, è una garanzia rappresentata da un pegno facilmente convertibile in moneta e trasferibile, come ad esempio valori mobiliari, valute convertibili e simili.

marketable loan: ***prestito commerciabile; prestito negoziabile.*** Un prestito strutturato in modo tale da renderlo negoziabile su un mercato secondario, come ad esempio un prestito a fronte del quale sono state emesse obbligazioni o altri titoli di credito.

marketable parcel: ***pacchetto negoziabile; quantità negoziabile.*** Nel linguaggio delle borse valori, è il numero di titoli che costituiscono l'unità di contrattazione in ciascuna borsa valori. (v. anche *round lot*)

marketable securities: ***titoli negoziabili; valori mobiliari commerciabili; titoli commerciabili.*** L'espressione inglese, contrapposta a *non–marketable securities* (v.), indica genericamente tutti quei valori mobiliari trattati in una borsa che, pertanto, possono essere facilmente e prontamente venduti ad un prezzo quasi certamente non inferiore a quello al quale possono essere acquistati.

marketable title: ***diritto cedibile; diritto trasferibile.*** È il diritto di proprietà, che discende all'attuale proprietario di un bene immobile e che può essere pertanto ceduto o trasferito ad altra persona. (v. anche *good and marketable title*)

market access: ***accesso a un mercato.*** È la possibilità di entrare in un mercato per compiervi operazioni di compravendita. Il termine viene usato principalmente per indicare la possibilità di accesso su mercati stranieri.

market amount: ***ammontare minimo di contrattazione.*** Il termine inglese viene usato principalmente nel linguaggio finanziario per indicare la quantità minima di contrattazione in valute o divise estere. Può, tuttavia, essere usato anche in relazione ad altri tipi di mercato.

market analysis: ***analisi di mercato.*** Termine usato con lo stesso significato di *market research* (v.).

market analyst: ***analista di mercato.*** Esperto che si interessa di analisi di mercato.

market area: ***area di un mercato.*** È l'area territoriale entro la quale un acquisto o una vendita di un bene hanno ripercussioni sul prezzo di quel bene, che regola le operazioni di compravendita tra gli operatori presenti in quel mercato.

market assessment: ***stima di mercato.*** Termine usato con lo stesso significato di *market evaluation* (v.).

market basket: ***paniere di mercato.*** Lo stesso che *fixed market basket* (v.).

market behaviour: ***comportamento del mercato.*** Espressione con la quale si indica la formazione di un prezzo di mercato attraverso l'incontro delle cosiddette forze di mercato, cioè la domanda e l'offerta, e l'ingerenza di altre forze non propriamente di mercato, quali ad esempio azioni calmieratrici o di altra natura delle autorità governative, potere monopolistico e simili. (v. anche *theory of market behaviour*)

market break: ***crollo del mercato.*** Lo stesso che *break* (v.).

market capitalism: ***capitalismo di mercato.*** Lo stesso che *capitalism* (v.).

market capitalization: ***capitalizzazione di mercato.*** Il valore di mercato del capitale azionario di una società, derivante dal corso delle sue azioni moltiplicato per il numero di azioni di capitale emesse dalla società.

market channels: ***canali di mercato.*** Lo stesso che *distribution channels* (v.).

market characteristics: ***caratteristiche di un mercato.*** Elementi che contraddistinguono un determinato mercato, come ad esempio la borsa valori, una borsa merci o un comune mercato per la compravendita di beni di consumo.

market condition: ***condizione di mercato.*** Termine usato con lo stesso significato di *market situation* (v.).

market conduct: ***condotta di mercato.*** È il comportamento delle imprese, influenzato dalla struttura del mercato, nel variare prezzi, produzione, caratteristiche del prodotto e spese di ricerca e di vendita.

market coverage: ***copertura del mercato.*** Nel linguaggio della pubblicità, è il numero di potenziali consumatori effettivamente raggiunti da un messaggio pubblicitario.

market crash: ***crack in borsa.*** Espressione usata nel linguaggio borsistico per indicare un improvviso crollo dei prezzi nell'arco di una sola seduta, come avvenne a Wall Street il 29 ottobre del 1929 e, più recentemente, nell'ottobre del 1987.

market day: ***giorno di mercato.*** È il giorno della settimana o del mese in cui si tiene un mercato in un luogo determinato. (v. anche *market town*)

market demand: ***domanda di mercato.*** È la quantità di un bene o di un servizio domandata su un mercato al prezzo corrente di mercato. In base alla legge della domanda, se sul mercato si verifica una diminuzione di prezzo, la domanda di mercato salirà, perché la riduzione di prezzo ha il duplice effetto di far aumentare il potere d'acquisto dei consumatori, rendendo possibile un maggior volume di acquisti, e di far diminuire il fenomeno della sostituzione. Ad esempio, una diminuzione del prezzo di vendita del burro ne farà aumentare la domanda, sia perché i consumatori ne possono acquistare una maggiore quantità con lo stesso esborso monetario di prima, sia perché coloro che prima non potevano permetterselo e ricorrevano a surrogati o beni sostitutivi, quali la margarina, potranno ora destinare parte della loro spesa globale all'acquisto di burro. Viceversa, un aumento del prezzo di mercato porta, generalmente, ad una riduzione della domanda di mercato per i motivi contrari a quelli detti sopra. (v. anche *law of demand, market supply, market demand curve, market demand schedule*)

market demand curve: ***curva della domanda di mercato.*** Se si riportano su un grafico le informazioni relative ai prezzi di mercato e alle quantità di un bene o servizio oggetto di domanda di mercato, si può ottenere la curva della domanda di mercato, che indica la quantità domandata dai consumatori ad ogni dato livello del prezzo di mercato. Se viene tracciata su un diagramma di assi cartesiani riportando i vari livelli del prezzo di mercato sull'asse verticale e i vari livelli della quantità domandata sull'asse orizzontale, si noterà che la curva mostra una pendenza verso il basso da sinistra a destra. Ciò sta ad indicare che quanto più diminuisce il prezzo di un bene, con tutti gli altri prezzi che restano invariati, tanto più aumenta la quantità di quel bene domandata sul mercato. Questa tendenza, che tuttavia mostra varie eccezioni dovute all'elasticità della domanda, è espressa dalla legge della domanda. (v. anche *elasticity of demand, demand curve, law of demand*)

market demand schedule: ***scheda della domanda di mercato; lista della domanda di mercato; schedula della domanda di mercato.*** È la rappresentazione, in forma tabulare, della lista o scheda di domanda di tutti gli individui presenti nello stesso mercato e si ottiene sommando le quantità domandate da ciascun individuo a ciascun livello di prezzo. La scheda della domanda di mercato indica la quantità di beni domandati ai differenti livelli di prezzo, quando i prezzi degli altri beni e tutti i redditi rimangono invariati. (v. anche *demand schedule, market schedule, market supply schedule, market price*)

market–directed economy: ***economia di mercato.*** Termine usato con lo stesso significato di *market economy* (v.).

market discount rate: ***tasso di sconto corrente.*** È il tasso corrente sul mercato monetario per lo sconto di effetti bancabili. È in gran parte influenzato dal livello del tasso ufficiale di sconto, che a sua volta dipende dalla politica creditizia perseguita dalle autorità monetarie del paese, ma anche dalla reputazione finanziaria di cui godono l'accettante o il trattario. Le varie istituzioni che praticano lo sconto, infatti, adottano un tasso di sconto base, al quale sarà poi applicata un'addizionale a seconda del rischio che esse corrono nell'effettuare l'operazione di sconto. (v. anche *Bank rate*)

market disequilibrium: ***disequilibrio di mercato.*** La situazione di mercato in cui la quantità di un bene o servizio domandata e quella offerta non sono identiche.

market distortions: ***distorsioni di mercato.*** Imperfezioni nei meccanismi di mercato, derivanti principalmente da deliberate politiche governative, che tendono a limitare o a bloccare gli aumenti di prezzo di alcuni beni o servizi. (v. anche *market imperfections, price distortions*)

market domination: ***dominazione del mercato.*** Il fenomeno che si verifica quando un'impresa, di solito una multinazionale, si assicura una larghissima quota del mercato nazionale o internazionale di uno o più beni o servizi.

market economy: ***economia di mercato.*** Tipo di organizzazione economica in cui ci si basa sulle forze della domanda e dell'offerta per risolvere i problemi relativi alle scelte di quali beni produrre e in quale quantità, di quali sistemi di produzione utilizzare e di chi sarà il destinatario di tali beni, una volta che essi saranno stati prodotti. Il tipo ideale di economia di mercato è quello in cui gli individui agiscono in qualità di principali, nel tentativo di realizzare i loro propri interessi. Se un individuo funge da agente per qualcun altro, lo fa di sua propria scelta e volontà e in base a termini concordati con la controparte. (v. anche *neo–liberalism*)

market equilibrium: ***equilibrio di mercato.*** Situazione che si realizza quando la domanda e l'offerta di un bene o servizio si equivalgono su un mercato. Si tratta sempre di una situazione di breve durata, perché sia la domanda sia l'offerta tendono continuamente a variare e ciò porta a prezzi di mercato diversi, fin quando non si ristabilisce una nuova situazione di equilibrio. Variazioni di reddito, di popolazione, dei prezzi di altri beni o dei gusti possono apportare variazioni della domanda di un bene o servizio, mentre variazioni di costi, della tecnologia o degli obiettivi di un'impresa possono apportare variazioni nell'offerta dello stesso bene o servizio. In linea teorica, il mercato tende automaticamente a ritrovare un proprio equilibrio, perché se il prezzo scende al di sotto del punto di equilibrio, la pressione della domanda non soddisfatta spinge il mercato al rialzo; viceversa, se il prezzo sale al di sopra del punto di equilibrio, la pressione dell'eccesso di offerta spinge il mercato al ribasso. Nella teoria economica, pertanto, si indica con questa espressione il prezzo di mercato immediato al quale ha correntemente luogo lo scambio di beni, con la loro conseguente eliminazione o rimozione dal mercato. L'espressione può riferirsi a due tipi di equilibrio se si tiene conto delle due diverse possibilità di acquisto, qualora il mercato le preveda entrambe, e cioè l'acquisto per consegna immediata e l'acquisto per consegna a termine, il primo in relazione a beni effettivamente esistenti sul mercato al momento in cui viene conclusa l'operazione di compravendita; il secondo in relazione ad operazioni speculative o di copertura su beni non fisicamente presenti sul mercato.

marketer: Termine generico, usato per indicare una persona o impresa che opera in un mercato o che svolge attività di marketing.

market evaluation: ***stima di mercato.*** Calcolo, più o meno preciso, della quantità di un determinato bene o servizio che può essere assorbita da un mercato.

market exchange rate: ***tasso di cambio di mercato.*** Lo stesso che *market rate of exchange* (v.).

market extension merger: ***conglomerato di mercato.*** Un conglomerato di imprese con prodotti simili, ma diversa ubicazione geografica.

market failure theory of regulation: Lo stesso che *public interest theory* (v.).

market flexibility: ***flessibilità del mercato.*** La capacità di un mercato di rispondere a sollecitazioni che impongono cambiamenti anche radicali negli aspetti di varia natura che caratterizzano quel determinato mercato.

market fluctuations: ***fluttuazioni del mercato.*** Variazioni di breve durata che, in un mercato, possono interessare sia i prezzi, sia la quantità di beni scambiati e, di conseguenza, il volume di affari nell'ambito del mercato. (v. anche *market price, market demand, market supply, market equilibrium*)

market forces: ***forze di mercato.*** Termine usato in alternativa a *forces of the market* (v.).

market forecast: ***previsione di mercato.*** Previsione che riguarda l'andamento dei prezzi e dei livelli della domanda e dell'offerta su un determinato mercato.

market functions: ***funzioni di mercato.*** Vengono così indicate quelle posizioni, relative ad attività, passività ed altre variabili, verso cui può spostarsi un'unità economica attraverso il processo di scambio con altre unità economiche.

market garden: ***orto.*** Appezzamento di terreno coltivato ad ortaggi e frutta, i cui prodotti vengono venduti sui vicini mercati o vengono usati direttamente dall'agricoltore che li coltiva.

market goods: ***beni di mercato.*** Termine usato in contrapposizione a *public goods* (v.) per indicare tutti i beni soggetti alle leggi di mercato.

market if touched: Espressione usata nelle borse merci per indicare un ordine di acquisto o vendita ad un determinato prezzo, che potrebbe rendersi con «trattate se (il prezzo indicato viene) toccato». Corrisponde all'ordine con limite di prezzo delle borse valori.

market imperfections: ***imperfezioni di mercato.*** Le situazioni che si verificano in un mercato regolamentato e che spesso portano i consumatori a pagare prezzi più alti di quelli che pagherebbero in un mercato libero. Ciò si verifica perché quando i mercati sono regolamentati, i salari sono tipicamente più alti, la produzione è più bassa e c'è spesso capacità produttiva superiore al necessario. Lo stesso termine indica le imperfezioni che si verificano in un mercato a causa della presenza di uno o più monopoli o di potere monopolistico.

market index: ***indice di mercato.*** V. spiegazione sotto *stock exchange indices.*

market–induced financial innovation: ***innovazione finanziaria indotta dal mercato.*** Il processo di introduzione di nuove attività, istituzioni o servizi finanziari avviato dal mercato in risposta a costrizioni vincolanti, che limitano le opportunità di profitto, o a progressi tecnologici.

market inflexibility: ***inflessibilità del mercato.*** L'incapacità di un mercato di adeguarsi a condizioni mutate, che può portare fino alla paralisi o alla soppressione del mercato stesso.

market information: ***informazioni di mercato; informazioni commerciali.*** Termine usato con lo stesso significato di *market intelligence* (v.).

marketing: ***distribuzione; collocamento; commercializzazione; marketing.*** Termine entrato nel linguaggio internazionale per indicare l'insieme delle tecniche o la funzione manageriale intese ad organizzare e dirigere tutte quelle attività commerciali volte a valutare e convertire il potere di acquisto in domanda effettiva di un bene o di un servizio specifici da parte del consumatore finale o dell'utente, in modo da realizzare i profitti, gli scopi e gli altri obiettivi che si prefigge un'impresa. Questa definizione, espressa dall'*Institute of Marketing* britannico, implica la presentazione e la distribuzione di beni e servizi nel modo, tempo e luogo più adatti per il produttore, il distributore e il consumatore. Le attività del marketing, pertanto, comprendono lo studio del mercato, le tecniche di vendita, i canali commerciali, le strutture del commercio all'ingrosso e al dettaglio, l'addestramento dei venditori, la pubblicità, il trasporto, il magazzinaggio, il finanziamento, la raccolta e lo studio delle informazioni di mercato, insomma, tutto quanto contribuisce al flusso di beni e servizi dal produttore al consumatore. A rigor di termini, in economia non esiste distinzione tra produzione e marketing: ambedue sono produttivi in quanto contribuiscono alla funzione dei beni e servizi, che è quella di soddisfare i bisogni. Ma mentre la produzione contribuisce a questa funzione rendendo i beni e i servizi materialmente disponibili, il marketing vi contribuisce rendendoli disponibili al consumatore nel momento, nella forma e nel luogo in cui egli è pronto ad acquistarli.

marketing agreement: ***accordo di marketing.*** Nell'agricoltura degli Stati Uniti, indica un sistema di distribuzione e vendita di certi prodotti agricoli, inteso a massimizzare i ricavi dei produttori. Il sistema, che è sponsorizzato in parte dai produttori e in parte dal governo federale, trova origine e fondamento giuridico in una serie di leggi approvate e rese operanti particolarmente dal 1937 in poi e riguarda una serie di prodotti tra i quali rientrano quelli dell'industria casearia, i grassi e gli olî, il cotone, il frumento, la frutta e verdura, lo zucchero e il tabacco. Gli accordi, che vengono presi tra i produttori e i rappresentanti del ministero dell'agricoltura, diventano validi e operanti se e quando sono approvati dai due terzi dei produttori rappresentanti i due terzi delle derrate prodotte e quando sono così approvati diventano obbligatori per tutti i produttori appartenenti ad una particolare zona di produzione. Essi prevedono norme che regolano la quantità di prodotti immessi sul mercato, la loro qualità e il mantenimento di prezzi imposti per un periodo di tempo specificato.

marketing analysis: ***analisi di mercato; ricerca di mercato.*** Termine a volte usato con lo stesso significato di *market research* (v.).

marketing boards: Organismi paragovernativi, la cui istituzione fu resa possibile nel Regno Unito a seguito dell'approvazione degli *Agricultural Marketing Acts* del 1931–33, preposti all'emanazione di norme intese a regolare la produzione e la vendita delle varie derrate agricole. L'istituzione di questi organismi era soggetta all'approvazione da parte della maggioranza dei produttori di ciascuna particolare derrata, ma una volta istituiti, le norme che essi emanavano erano vincolanti per tutti i produttori di quella derrata. Ciascun organismo corrispondeva praticamente ad un cartello con un'agenzia di vendita centrale, capace anche di limitare la produzione di ogni singolo prodotto agricolo, in quanto ciascun produttore doveva farsi rilasciare un'apposita licenza che lo autorizzava a produrre una specifica derrata nella quantità consentita. La funzione di questi organismi era in pratica molto simile a quella degli accordi di marketing statunitensi, ma giunse a termine quando il Regno Unito entrò a far parte della Comunità Economica Europea.

marketing budget: ***budget di marketing.*** Bilancio preventivo delle spese di marketing che un'impresa conta di sostenere nell'arco di tempo coperto dal budget.

marketing channels: ***canali di distribuzione.*** Lo stesso che *distribution channels* (v.).

marketing co–operative: ***cooperativa di distribuzione e di vendita.*** Associazione di produttori, generalmente di derrate agricole, che ha lo scopo di distribuire e vendere congiuntamente la produzione dei membri. Negli Stati Uniti questo tipo di cooperative, che superano il numero di ottomila e costituiscono il più forte movimento cooperativo statunitense, ha contribuito notevolmente ad incrementare i ricavi degli agricoltori, tramite più efficienti procedure di distribuzione e vendita, mentre ha anche contribuito a tutelare gli interessi dei consumatori attraverso un miglioramento sia della qualità dei prodotti venduti, sia dei metodi di confezionamento.

marketing cost: ***costo di marketing; costo di distribuzione.*** È il costo che deve sostenere un'impresa per localizzare i clienti, persuaderli ad acquistare i suoi prodotti, distribuire i prodotti e incassare i ricavi. Rientrano, pertanto, in questo costo le spese di ricerca di mercato, quelle di pubblicità, quelle di trasporto e magazzinaggio dei prodotti e parte delle spese amministrative dell'impresa.

marketing department: ***ufficio marketing.*** È il reparto o l'ufficio di un'impresa preposto alla formulazione e all'applicazione della politica di marketing. (v. anche *marketing policy*)

marketing director: ***direttore dell'ufficio marketing.*** La persona responsabile del buon funzionamento dell'ufficio di distribuzione e della politica di marketing di un'impresa.

marketing expenses: ***spese di distribuzione; spese di marketing.*** Termine usato con lo stesso significato di *marketing cost* (v.).

marketing intelligence: ***informazioni di marketing.*** Tutto ciò che consente a un'impresa produttrice di beni o servizi di tenersi aggiornata sulle mutevoli situazioni di mercato, in modo da poter prontamente intervenire quando se ne presenti l'opportunità o la necessità.

marketing logistics: ***logistica di marketing.*** L'attività della distribuzione necessaria a garantire che i prodotti offerti in vendita effettivamente raggiungano il mercato.

marketing man: ***addetto al marketing.*** Un qualsiasi impiegato che faccia parte dell'ufficio marketing di un'impresa.

marketing management: ***direzione marketing.*** Lo stesso che *marketing department* (v.).

marketing manager: ***direttore dell'ufficio marketing.*** Termine usato con lo stesso significato di *marketing director* (v.).

marketing mix: ***mix del marketing.*** 1) Espressione con la quale, nel linguaggio pubblicitario, si indica globalmente l'insieme delle varie somme di denaro da spendere in relazione ai singoli canali pubblicitari che si intende utilizzare in una campagna di vendita. Cioè, un tanto del *mix* sarà speso in pubblicità attraverso i canali di diffusione di massa, un'altra parte sarà spesa in campioni omaggio, un'altra parte ancora in doni da sorteggiare o altra forma di incentivo per attirare l'attenzione del consumatore, e così via. 2) La stessa espressione viene usata per indicare i quattro principali elementi del marketing, anche noti come «le quattro P»: prodotto, prezzo, promozione e piazza; cioè il prodotto giusto deve essere reso disponibile per soddisfare i bisogni del consumatore al prezzo giusto; la sua esistenza deve essere resa nota al maggior numero possibile di persone e deve essere disponibile nella giusta zona del mercato.

marketing plan: ***piano di marketing.*** Progetto in base al quale dovrà articolarsi l'attività di marketing di un'impresa, nell'arco di tempo coperto dal piano. Oltre alle direttrici di massima e anche, a volte, di dettaglio, il piano indica gli obiettivi che l'impresa si prefigge e i costi che essa intende sostenere.

marketing policy: ***politica di marketing.*** La politica di marketing di un'impresa si basa principalmente su cinque punti: a) programmazione dei profitti, necessaria quando si usa un sistema di controllo a bilancio; b) volume delle vendite, necessario per realizzare il profitto programmato; c) ricerca di mercato, al fine di accertare la potenzialità del mercato cui si rivolge l'impresa; d) promozione delle vendite, al fine di raggiungere, in base alle potenzialità del mercato, il volume di vendite necessario a realizzare l'utile programmato, il che prevede la formulazione di apposite politiche di pubblicità e di relazioni pubbliche; e) vendite, che di solito sono compito di un altro ufficio separato dall'ufficio marketing. (v. anche *budgetary control*)

marketing research: ***ricerca di marketing.*** Il termine inglese ha un significato leggermente diverso da *market research* (v.), in quanto viene usato per indicare l'analisi di mercato intesa a risolvere i problemi connessi alla distribuzione e vendita di un particolare prodotto. Essa, pertanto, pur prendendo le mosse da una più ampia e articolata ricerca di mercato, scende nell'analisi delle difficoltà pratiche che potrebbero incontrarsi nella vendita del prodotto particolare in una qualsiasi area geografica e di quali linee di prodotti potrebbero essere accolti più favorevolmente dai consumatori di una data area geografica. La ricerca di marketing, pertanto, si adatta meglio alle esigenze di singoli produttori che intendono individuare i metodi migliori per la distribuzione e la vendita dei loro particolari beni o servizi.

marketing test: ***test di marketing.*** L'immissione, in determinate aree campione, di uno o più prodotti allo scopo di accertare la reazione dei consumatori prima del lancio su tutto il territorio nazionale.

market intelligence: ***informazioni di mercato; informazioni commerciali.*** L'insieme delle informazioni sull'attività di uno o più mercati, fornite agli operatori commerciali da imprese private o da organizzazioni statali o parastatali. Le informazioni fornite possono riguardare i mercati interni o i mercati esteri e di solito comprendono notizie sui contratti più importanti stipulati su quel mercato; stime di mercato per particolari prodotti; tariffe doganali correnti e regolamenti d'importazione; norme sull'etichettatura di determinati prodotti; posizione commerciale di concorrenti esteri; dati statistici su prezzi, livelli di produzione e simili in vari paesi esteri, ed altre informazioni del genere.

market interest rate: ***tasso d'interesse di mercato.*** Lo stesso che *market rate of interest* (v.).

market leader: ***leader di mercato.*** È un'impresa o un prodotto che ha conquistato una quota di mercato superiore a quella controllata dalle altre imprese o dagli altri prodotti concorrenti. Quando il termine è usato in relazione ad un'impresa, esso può indicare la preponderanza di quell'impresa nella vendita di un singolo bene o servizio, di una linea di beni o servizi oppure di un intero settore merceologico. (v. anche *market share*)

market letter: Negli Stati Uniti, è una lettera inviata da una società d'intermediazione finanziaria ai propri clienti o venduta, mediante abbonamento, da un consulente finanziario indipendente a ciò autorizzato dalla SEC. La lettera, a seconda della provenienza, fornisce suggerimenti sul tipo di investimento più raccomandabile al momento o si limita a esporre le tendenze dei tassi d'interesse, dell'economia e del mercato finanziario in generale.

market line rate: È il rapporto tra il volume di vendite raggiunto da una pubblicazione, quotidiana o periodica, espresso in termini monetari e il costo per rigo di pubblicità in un determinato corpo tipografico.

market list: ***mercuriale.*** È il listino del prezzo medio delle merci su un mercato, pubblicato a cura delle camere di commercio o altri organismi a ciò preposti. Ha importanza per la determinazione del prezzo di un contratto di compravendita le cui parti non lo abbiano stabilito esplicitamente e serve anche da indicazione orientativa nelle contrattazioni sulla piazza in cui viene pubblicato.

market maker: **1.** ***operatore indipendente.*** Dopo la deregolamentazione della borsa valori di Londra nota come *big bang* (v.), questo termine è entrato nel linguaggio finanziario britannico per indicare ciascuno degli operatori appartenenti alla nuova categoria professionale che, a partire dal 27 ottobre 1986, si è sostituita agli *stockjobbers* (v.) e agli *stockbrokers* (v.). Questi operatori creano il mercato attraverso il sistema di contrattazione noto come *bid and ask* (v.), in concorrenza tra loro, con il conseguente risultato di una contrazione delle differenze tra denaro e lettera, che porta naturalmente a una maggiore attività e a un più ampio volume di scambi. Inoltre essi, avendo assunto la duplice funzione, provvedono anche a vendere direttamente agli investitori. (v. anche *single capacity, dual capacity*) **2.** Lo stesso termine viene talvolta usato nel linguaggio della borsa valori per indicare un privato, ma più spesso un'istituzione finanziaria, che riesce ad influenzare notevolmente il mercato mediante consistenti acquisti o vendite che determinano le variazioni di corso di un limitato gruppo di titoli. Requisito essenziale perché ciò riesca è che la persona o l'istituzione disponga effettivamente dei titoli trattati o se li possa procurare prontamente, quando l'azione è volta a provocare una riduzione dei corsi.

market–maker book: ***portafoglio di un market maker.*** Il totale dei titoli, di un unico o di diverso tipo, di cui può disporre un *market maker.* La consistenza del portafoglio è uno dei motivi che inducono un *market maker* a praticare prezzi lettera e denaro più o meno alti di quelli praticati da altri suoi colleghi.

market–making firm: Dopo la deregolamentazione della

borsa valori londinese avvenuta nel 1986, questa espressione è entrata nell'uso per indicare ciò che prima era chiamata *jobbing firm* (v.), vale a dire una società o ditta di *market makers*.

market manipulation: ***manipolazione del mercato.*** V. spiegazione sotto *markets manipulation*.

market mechanism: ***meccanismo di mercato.*** Il meccanismo, rappresentato principalmente dal libero gioco delle forze della domanda e dell'offerta, che in un mercato determina cosa produrre, quanto produrre, a chi vendere e a quale prezzo vendere. Mentre questo meccanismo può operare egregiamente in relazione alla maggior parte dei beni e servizi determinando anche l'allocazione delle risorse e il livello dei prezzi, per altri beni e servizi, come ad esempio beni strategici e servizi pubblici, il meccanismo di mercato risulta assente o soppresso e ad esso viene sostituito un meccanismo politico col compito di determinare l'ammontare della produzione e di allocarne i costi. (v. anche *price mechanism*)

market niches: ***nicchie di mercato.*** Piccoli segmenti di un mercato più ampio, opportunamente individuati allo scopo di raggiungere con maggior forza penetrativa coloro che ne fanno parte. (v. anche *market segmentation*)

market objective: ***obiettivo di mercato.*** L'obiettivo che un'impresa si prefigge di raggiungere su un mercato, in relazione a vendite e profitti.

market order: ***ordine senza indicazione di validità.*** Nelle borse valori e merci, è l'ordine di acquisto o di vendita al prezzo corrente nel momento in cui esso raggiunge la sala delle contrattazioni. Qualora l'ordine giunga dopo la chiusura, l'intermediario che l'ha ricevuto ha la facoltà di eseguirlo nel corso della seduta successiva.

market orientation: ***orientamento verso il mercato.*** L'atteggiamento delle imprese più moderne, che si prefiggono di produrre ciò che il mercato richiede e non ciò che, a loro giudizio, può essere un buon prodotto.

market-oriented: ***orientato verso il mercato.*** Espressione aggettivale, usata per indicare un'impresa che adegua la propria produzione alle esigenze del mercato, recepite attraverso un'attenta analisi delle fluttuazioni della domanda. L'espressione può anche essere usata per indicare un'impresa che cerca di anticipare le richieste del mercato non soltanto sotto il profilo della quantità, ma anche sotto quello della qualità e del tipo di prodotti domandati dal consumatore.

market-oriented economy: ***economia orientata verso il mercato.*** Il significato di questa espressione è simile a quello spiegato sotto *market-oriented* (v.), con la sola differenza che in questo caso specifico il concetto si applica a un intero sistema economico invece che a una singola impresa.

market-out clause: ***clausola di recesso.*** Alcuni accordi stipulati tra una società emittente e un consorzio di garanzia e collocamento titoli contengono questa clausola, che prevede la facoltà del consorzio di recedere dall'impegno assunto se il mercato diventa particolarmente sfavorevole. (v. anche *underwriting syndicate*)

market overt: ***mercato pubblico; mercato aperto.*** Il termine inglese, alquanto antico e con significato piuttosto specialistico, indica in definitiva un mercato nel quale le merci sono esposte per essere liberamente vendute a chiunque intenda acquistarle. In questo senso sono mercati aperti qualsiasi negozio o mercato rionale. Il termine inglese, però, ha anche implicazioni giuridiche in relazione al trasferimento del diritto di proprietà delle merci così vendute. Infatti, in base alle leggi britanniche, la vendita in un mercato aperto è la principale eccezione alla norma che stabilisce che un acquirente non acquista il titolo di proprietà delle merci comprate se il venditore non è il legittimo proprietario delle stesse. In linea generale, sempre secondo le leggi britanniche ma anche di altri paesi, se una persona non ha il diritto di proprietà di determinati beni, non può trasferirli mediante vendita. Tuttavia, in deroga a tale principio, se la vendita ha luogo tra l'alba e il tramonto in un mercato aperto nel quale le merci sono esposte al pubblico, nella loro interezza e non sotto forma di campione, e sono del tipo generalmente trattato da quel particolare venditore, il compratore in buona fede acquista il diritto di proprietà anche se le merci dovessero risultare rubate. Nella *City* di Londra vengono considerati, a tale fine, mercato aperto tutti i negozi e i mercati nell'ambito della *City* in qualsiasi giorno della settimana esclusa la domenica, mentre all'esterno dei suoi confini si tengono mercati aperti in determinati giorni e luoghi.

market participant: ***operatore di mercato.*** Espressione generica, usata per indicare chiunque effettui operazioni di acquisto e vendita su un mercato, per conto proprio o per conto di suoi clienti.

market partnership: Espressione che, alla borsa valori di Londra, indica una società di due membri che trattano operazioni di compravendita ciascuno per proprio conto e a proprio nome ma che, nei confronti della borsa valori, si dichiarano responsabili in solido per tutte le operazioni intraprese individualmente da ciascuno di loro.

market penetration: ***penetrazione in un mercato.*** La capacità di entrare in un particolare mercato e conquistarne la quota più grande possibile.

market performance: ***risultati di mercato.*** Il rendimento di un'impresa o di un'industria in un mercato, valutato in base a criteri specifici, come ad esempio impiego efficiente di risorse scarse per produrre il massimo reddito reale possibile; piena occupazione dei fattori della produzione; crescita e progressione nell'ampliare e migliorare il flusso di beni e servizi.

market place: **1.** ***luogo di mercato.*** Il termine inglese indica il luogo in cui fisicamente si riunisce un mercato ed è di solito usato in relazione ad un mercato all'aperto. **2.** ***mercato.*** In un significato più generico il termine, spesso scritto in un'unica parola (*marketplace*), viene usato per indicare un o il mercato al quale si rivolge un'impresa o un paese. In tale uso, esso diventa sinonimo di *market* (v.) nel significato dato sotto 1 a).

market portfolio: ***portafoglio di mercato.*** Questa espressione indica la migliore scelta dei vari impieghi cui può essere destinato il denaro di un investitore. La scelta tiene conto del rischio e del rendimento e opera opportune ripartizioni tra impieghi più e meno redditizi, più e meno rischiosi e più e meno lunghi nel tempo.

market position: ***posizione sul mercato.*** Espressione usata nel linguaggio delle borse valori per indicare la relazione tra domanda e offerta di un determinato valore mobiliare ad un dato corso.

market potential: ***potenziale di mercato.*** La capacità di un mercato di assorbire una data quantità di un bene o servizio.

market power: ***potere di mercato; potere contrattuale.*** È la forza contrattuale di un singolo operatore o di un gruppo di venditori o compratori, in grado di influire sul prezzo del bene o servizio trattato in quel mercato. La completa assenza di potere di mercato costituisce la necessaria condizione per l'esistenza di un mercato in equilibrio perfettamente competitivo.

market price: ***prezzo di mercato; prezzo di equilibrio di breve periodo.*** Questo termine viene usato in due significati: a) In una situazione di concorrenza perfetta, è il prezzo al quale la quantità di beni e servizi offerti dai venditori risulta uguale alla quantità di beni e servizi domandati dai compratori in un particolare mercato e in un momento specifico. Altrimenti, può essere definito come il prezzo al quale beni e servizi vengono scambiati sul mercato di giorno in giorno o il prezzo corrente sul mercato, determinato dall'incontro delle forze della domanda e dell'offerta. Il prezzo di mercato, pertanto, può considerarsi fisso quando e fin tanto che l'offerta e la domanda sono in equilibrio e a questo prezzo tutta la quantità offerta sarà assorbita dalla domanda. Ma il prezzo di mercato può variare da giorno a giorno ed anche da ora ad ora dello stesso giorno, a seguito di variazioni dell'offerta o della domanda. Un giorno può darsi che vi sia penuria di compratori, un altro giorno può capitare che l'offerta sia scarsa. Il prezzo di mercato di derrate deperibili, ad esempio, tende a subire notevoli oscillazioni e può arrivare a livelli molto bassi a causa del desiderio dei venditori di disfarsi delle merci che non vogliono o non possono riportare in deposito. Se, invece, si tratta di beni di consumo durevoli, i venditori sono più disposti a non vendere quando il prezzo è basso, nella speranza di poter vendere in futuro ad un prezzo più alto. Anche i beni non deperibili, tuttavia, sono soggetti a variazioni di prezzo, come può verificarsi, ad esempio, per articoli di abbigliamento alla moda o soggetti a domanda stagionale, che vengono esitati a prezzi bassi ai saldi di fine stagione. Possiamo, quindi, affermare che il prezzo di mercato è un prezzo di equilibrio di breve periodo, determinato in condizioni che non consentono un adeguamento dell'offerta. Esso è un prezzo di equilibrio, perché non tende a variare fino a quando la scheda della domanda di mercato e la scheda dell'offerta di mercato restano in equilibrio. Sebbene tutti coloro che sono disposti a vendere o a comprare il bene al prezzo di mercato siano in grado di farlo, vi saranno sempre compratori (coloro la cui domanda diventa effettiva in tutto o in parte soltanto a prezzi inferiori a quelli di mercato) e venditori (coloro disposti a vendere tutta o parte della loro offerta del bene soltanto a prezzi superiori a quelli di mercato) che non effettuano scambi o ne effettuano in quantità inferiore a quella che sarebbero disposti ad effettuare ad altri livelli di prezzo. Se il prezzo è al di sopra dell'equilibrio, la pressione dell'eccesso di offerta spinge al ribasso il prezzo di mercato; se il prezzo è al di sotto dell'equilibrio, la pressione della domanda non soddisfatta spinge al rialzo il prezzo di mercato. Il prezzo di mercato, in quanto prezzo di equilibrio, può variare anche per altri motivi. Variazioni nel reddito, nella popolazione, nei prezzi di altri beni o nei gusti possono alterare la domanda di un bene o servizio; mentre variazioni nei costi, nei prezzi di altri beni, nella tecnologia, nel bisogno di moneta o negli obiettivi di un'impresa possono alterare l'offerta di un bene o servizio. Ciò comporta uno spostamento in tutta la scheda di mercato e l'aumento della domanda di un bene ha l'effetto che a qualsiasi prezzo sarà domandata una quantità di quel bene superiore a quella domandata precedentemente o avrà l'effetto che la stessa quantità di quel bene sarà ora domandata ad un prezzo più alto. Così, il prezzo di equilibrio, e quindi quello di mercato, viene influenzato dalle variazioni della domanda e dell'offerta. Un aumento della domanda o una diminuzione dell'offerta faranno salire il prezzo del bene, mentre una diminuzione della domanda o un aumento dell'offerta ne faranno diminuire il prezzo. b) Il prezzo, di solito indicativo, che è stato pagato in operazioni già concluse per prodotti di qualità, quantità e tipo simili, in un mercato particolare in un qualsiasi momento. Oltre al gioco delle forze economiche della domanda e dell'offerta, rispecchia le tendenze del mercato, le voci che circolano in esso, la disinformazione e le decisioni personali e spesso arbitrarie di venditori e compratori. (v. anche *mint price, market value, equilibrium price, normal price, market schedule, market demand schedule, market supply schedule*)

market pricing: ***determinazione del prezzo di mercato.*** È la determinazione del prezzo di un bene o servizio, quale scaturisce dall'incontro delle forze della domanda e dell'offerta in un mercato concorrenziale e libero da qualsiasi intervento esterno.

market promotion policy: ***politica di promozione di mercato.*** Una qualsiasi politica avente l'obiettivo di incrementare il funzionamento del sistema di mercato. Ne sono esempi i programmi di riqualificazione e rilocazione della forza lavoro e le politiche di stimolo della ricerca scientifica e tecnologica.

market protection: ***protezione di un mercato.*** Tattica che consiste nel riservare un mercato a un solo produttore o a una categoria di produttori. Si concretizza col divieto di accesso per tutti gli altri operatori o produttori e di solito ha il risultato di generare inefficienze, di far aumentare i prezzi dei beni prodotti e di ridurre i loro standard di qualità.

market quotation: ***quotazione di mercato.*** Il prezzo al quale un determinato bene o servizio viene offerto su un mercato. Può essere un prezzo uguale su tutto il mercato o può scaturire dalla media dei prezzi leggermente diversi praticati dai vari venditori.

market rate of discount: ***tasso di sconto corrente.*** Termine usato in alternativa a *market discount rate* (v.).

market rate of exchange: ***tasso di cambio di mercato.*** Il tasso di cambio tra due o più valute che viene a determinarsi attraverso il libero gioco delle forze di mercato, ossia della domanda e dell'offerta, quando le autorità dei paesi interessati non ricorrono ad alcuna forma di intervento avente l'obiettivo di modificare tale rapporto liberamente determinatosi. Lo stesso termine viene anche usato quando accanto al mercato libero esiste un mercato parallelo dei cambi, le cui quotazioni sono mantenute volutamente entro certi limiti prestabiliti. (v. anche *real exchange rate*)

market rate of interest: ***tasso d'interesse corrente; tasso di interesse di mercato; saggio di interesse di mercato.*** È il tasso d'interesse prevalente sul mercato, che le banche impongono su prestiti a breve termine. Esso è soggetto a variazioni in relazione al tipo di prestito ed è notevolmente influenzato sia dalla domanda e dall'offerta di fondi disponibili per prestiti, sia dalla politica monetaria e creditizia delle autorità governative del paese, sia dal tasso d'interesse che fruttano i titoli a reddito fisso.

market ratio: ***indice di mercato; rapporto di mercato; rapporto di scambio.*** Misura la capacità di un bene di imporsi nello scambio con un altro bene in un mercato libero. L'espressione è generalmente usata in riferimento al valore di scambio tra oro e argento.

market-related interest rate: ***tasso d'interesse adeguato al mercato.*** Un tasso d'interesse calcolato e adeguato tenendo conto dell'andamento del mercato monetario, come ad esempio il *minimum lending rate* (v.) britannico e il tasso d'interesse indicizzato.

market report: ***relazione di mercato.*** È una relazione che descrive le condizioni di un mercato e riporta i prezzi correnti su di esso.

market research: ***analisi di mercato; ricerca di mercato.*** Si indica con questa espressione quella branca del marketing che si interessa dello studio della struttura di un mercato, cercando di individuare dove siano i consumatori, che cosa effettivamente vogliano per soddisfare i loro bisogni e come si possa influire sui loro desideri o sulla creazione di nuovi bisogni che i consumatori non avvertono senza uno stimolo esterno. Essa consiste, pertanto, nella raccolta, nello studio e nell'interpretazione sistematica e scientifica di tutti i fattori che influiscono su un'operazione commerciale alla cui base si trova il trasferimento di beni e servizi dal produttore al consumatore o all'utente. Essa, in verità, ha inizio ancor prima della produzione dei beni e servizi, al fine di individuare meglio i metodi di produzione, la quantità da produrre e le linee di prodotti che possono trovare più facile smercio in determinati settori del mercato. Successivamente, continua e dura finché l'impresa continua a produrre quelle linee di beni e servizi e copre tutti gli aspetti della tecnica commerciale, dallo studio del comportamento del consumatore all'assistenza al cliente dopo la vendita. (v. anche *marketing research*)

market research agency: ***agenzia per le ricerche di mercato.*** Organizzazione di professionisti, che offre servizi di ricerca di mercato ad esportatori o ad imprese che non intendono o non sono in grado di creare un apposito reparto. Nel Regno Unito queste organizzazioni si sono consociate per costituire la *Market Research Society* (v.).

market research costs: ***costi di ricerca di mercato.*** Sono i costi che un'impresa sostiene per mantenere un proprio ufficio ricerche di mercato. Spesso, però, tali ricerche vengono affidate ad agenzie specializzate, con notevole risparmio di spesa.

market research department: ***ufficio ricerche di mercato.*** In un'impresa, è il reparto preposto alla ricerca di mercato. Se l'impresa non è sufficientemente grande da giustificare i costi di un reparto che si interessi esclusivamente delle ricerche di mercato, essa può ricorrere ad agenzie specializzate. (v. anche *market research agency*)

market research division: ***ufficio ricerche di mercato.*** Termine usato con lo stesso significato di *market research department* (v.).

market research expenditure: ***spese per ricerche di mercato.*** Sono le spese in cui incorre un'impresa in relazione allo svolgimento di una ricerca di mercato da parte di un'agenzia specializzata.

market research manager: ***direttore dell'ufficio ricerche di mercato.*** È il funzionario a capo del reparto ricerche di mercato e responsabile del suo buon funzionamento.

Market Research Society: Fondata nel Regno Unito nel 1947, è un'associazione di professionisti che operano nel campo delle ricerche sociali e di mercato. Scopo di questa associazione è quello di promuovere e proteggere gli interessi dei suoi soci e di pubblicizzare la loro attività.

market reserve system: ***sistema di riserva di mercato.*** Nel linguaggio del commercio internazionale, è il sistema, instaurato da un governo, che prevede la riserva del mercato interno di un determinato bene o servizio alle industrie e alle imprese locali. Ne è un esempio la proibizione del governo brasiliano di commerciare con l'estero e accogliere investimenti stranieri nel campo della microelettronica.

market review: ***rassegna del mercato.*** Termine usato con lo stesso significato di *market report* (v.).

market risk: ***rischio di mercato.*** In finanza, si indica con questa espressione l'effetto combinato del rischio finanziario, del rischio del tasso di interesse e del rischio del potere d'acquisto. (v. anche *financial risk, interest rate risk, purchasing power risk*)

market saturation: ***saturazione del mercato.*** V. spiegazione sotto *saturation*.

market schedule: ***scheda di mercato; lista di mercato; schedula di mercato.*** Si indica genericamente con questo termine sia la scheda della domanda, sia la scheda dell'offerta di un mercato, pur se più spesso si usa per indicare la prima di queste due. La relazione tra la scheda della domanda e quella dell'offerta di un mercato determina il prezzo di mercato di un bene, cioè il prezzo al quale tutti coloro che sono disposti a pagare quel prezzo o un prezzo più alto potranno procurarsi il bene o servizio, e tutti coloro che sono disposti a vendere a quel prezzo o ad un prezzo più basso troveranno certamente un compratore. (v. anche *market demand schedule, market supply schedule, market price, demand schedule, supply schedule*)

market sealing: Espressione usata negli Stati Uniti per indicare la situazione in cui beni acquistati in un mercato a basso prezzo non possono essere rivenduti in un mercato nel quale vige un prezzo più alto.

market segment: ***segmento di mercato.*** Ciascuna delle categorie di consumatori o utenti che, nel loro insieme, costituiscono un mercato. I segmenti di mercato di consumatori sono basati di solito su aspetti demografici, geografici, psicografici o di uso del bene cui si riferiscono.

market segmentation: ***segmentazione di un mercato.*** La suddivisione di un mercato in più categorie, generalmente di compratori o utenti, con lo scopo di praticare differenti condizioni a ciascuna diversa categoria presente nel mercato. È una pratica che può avere migliori risultati quando si forniscono servizi che non quando si forniscono beni.

market share: ***quota di mercato.*** La quantità di mercato conquistata da un prodotto o da un'impresa in relazione alla quantità di mercato conquistata da altri prodotti o imprese concorrenti. Se l'espressione viene usata in relazione a classi di prodotti, essa sta ad indicare la quantità di mercato conquistata da ciascuno dei prodotti che fanno parte di quella classe. Ad esempio, considerando il mercato dei vini, si può parlare di quota di mercato dei vini spumanti in relazione al mercato globale dei vini. (v. anche *market leader*)

market share measurement: ***determinazione della quota di mercato.*** Procedura mediante la quale un'impresa giunge a determinare la quota di mercato conquistata dai suoi prodotti o classi di prodotti. Spesso la determinazione della quota di mercato è alla base di una politica di sviluppo e promozione delle vendite.

market sharing: ***divisione del mercato.*** Termine usato con lo stesso significato di *sharing the market* (v.).

market-sharing agreement: ***accordo di divisione del mercato.*** Accordo mediante il quale due o più paesi, produttori o venditori di un determinato bene, decidono di dividersi il mercato, generalmente su base geografica. (v. anche *sharing the market*)

market situation: ***situazione del mercato.*** Una qualsiasi situazione che viene a crearsi su un mercato, in relazione al livello dei prezzi, della domanda e dell'offerta di determinati beni e servizi.

market skimming: ***scrematura del mercato.*** La politica di penetrare in un mercato con prodotti ad alto prezzo in modo da conquistarne un piccolo segmento (la «crema») e imporre il proprio marchio come prodotto di qualità superiore. Successivamente, se lo si reputa opportuno o necessario, si procede alla conquista di altri segmenti del mercato, riducendo gradatamente il prezzo di vendita del o dei prodotti.

markets manipulation: ***manipolazione dei mercati.*** Pratica che tende a turbare e falsare il normale svolgimento delle attività di uno o più mercati, ad esempio attraverso operazioni di accaparramento nei mercati delle derrate o attraverso false operazioni di acquisto e vendita di titoli in un mercato azionario, effettuate allo scopo di far credere che vi sia una notevole attività con l'obiettivo di far salire o scendere il corso dei titoli oggetto di tale pratica.

market socialism: ***socialismo di mercato.*** Espressione con la quale si indica l'uso della determinazione dei prezzi di mercato da parte di società collettiviste, quali quelle esistenti nei paesi a regime comunista.

market square: ***piazza del mercato.*** È il luogo in cui si tiene fisicamente un mercato nel quale confluiscono venditori, con le loro merci, e compratori.

market stability: ***stabilità di mercato.*** Situazione di un mercato, caratterizzata da lievi oscillazioni dei prezzi e delle quantità di beni oggetto di offerta e di domanda.

market stagnation: ***ristagno del mercato; stagnazione del mercato.*** Situazione caratterizzata da un rallentamento o dalla completa cessazione dell'attività commerciale di un mercato.

market standing: ***posizione commerciale.*** È la posizione che un'impresa occupa in un determinato mercato, in base al suo volume di vendite.

market statement: ***mercuriale.*** Termine usato con lo stesso significato di *market list* (v.).

market structure: ***struttura di mercato.*** Si intendono con questa espressione le caratteristiche fondamentali che possono influenzare il comportamento dei venditori e dei compratori e possono, pertanto, influenzare la natura dei risultati di un mercato. Alcune di tali caratteristiche sono: la distribuzione per ampiezza e per numero dei venditori nel mercato; la natura delle omogeneità e differenze dei prodotti di differenti venditori; la natura, il numero e la dimensione dei compratori; il grado di conoscenza, da parte dei venditori e dei compratori, dei prezzi di altre operazioni; la capacità di venditori singoli di mutare la domanda di mercato attraverso campagne pubblicitarie, miglioramenti qualitativi dei prodotti, ecc.; la facilità con cui nuovi venditori possono entrare o uscire dal mercato. È bene, tuttavia, tener presente che la struttura di mercato può essere osservata da due diversi punti di vista: da quello del consumatore, la struttura di un mercato consiste di quelle imprese dalle quali egli può acquistare un prodotto ben individuato; dal punto di vista del produttore, la struttura di un mercato consiste di quei consumatori ai quali egli può vendere un singolo prodotto ben individuato, se le condizioni di vendita sono sufficientemente favorevoli.

market supply: ***offerta di mercato.*** È la quantità di un bene o di un servizio offerta su un mercato al prezzo prevalente di mercato. In presenza di una diminuzione del prezzo di mercato dovuta ad una contrazione della domanda o ad altra causa, l'offerta di mercato diminuirà, sempre che non si tratti di beni deperibili, perché il venditore preferirà aspettare prezzi più alti piuttosto che vendere a prezzi che egli giudica troppo bassi. Se, viceversa, si verifica un aumento del prezzo di mercato dovuto ad un'espansione della domanda o ad altra causa, anche l'offerta di mercato aumenterà, perché il venditore riterrà che sarà difficile spuntare prezzi ancora più alti. (v. anche *market demand, market supply curve, market supply schedule*)

market supply curve: ***curva dell'offerta di mercato.*** Se si riportano su un grafico le informazioni relative ai prezzi di mercato e alle quantità di un bene o servizio offerto sul mercato, si può ottenere la curva dell'offerta di mercato che indica la quantità offerta dai venditori ad ogni dato livello del prezzo di mercato. Se viene tracciata su un diagramma di assi cartesiani riportando i vari livelli del prezzo di mercato sull'asse verticale e i vari livelli della quantità offerta sull'asse orizzontale, si noterà che la curva mostra una tendenza verso il basso da destra a sinistra. Ciò sta ad indicare che quanto più aumenta il prezzo di un bene, con tutti gli altri prezzi che restano invariati, tanto più aumenta la quantità di quel bene offerta sul mercato. Questa tendenza, che tuttavia mostra varie eccezioni dovute all'elasticità dell'offerta, è espressa dalla legge dell'offerta. (v. anche *elasticity of supply, supply curve, law of supply*)

market supply schedule: ***scheda dell'offerta di mercato; lista dell'offerta di mercato; schedula dell'offerta di mercato.*** È la rappresentazione, in forma tabulare, della lista o scheda di offerta di tutti gli individui presenti nello stesso mercato e si ottiene sommando le quantità offerte da ciascun individuo a ciascun livello di prezzo. Essa, pertanto, mostra la quantità totale che i venditori sono disposti a offrire ai diversi livelli di prezzo. (v. anche *supply schedule, market demand schedule, market schedule, market price*)

market survey: ***indagine di mercato; inchiesta di mercato.*** Procedura operativa svolta nell'ambito di una ricerca di mercato da personale specializzato che, attraverso interviste a consumatori e dettaglianti o altri metodi di ricerca, raccoglie le informazioni necessarie a svolgere la ricerca di mercato. (v. anche *market research*)

market test: ***prova di mercato.*** Serie di esperimenti e verifiche delle possibilità di vendita di un prodotto. Si attua diffondendo il prodotto in una o due città di media grandezza e creando così le stesse condizioni che incontrerà il prodotto quando sarà distribuito su vasta scala su tutto il territorio nazionale.

market timers: Espressione del linguaggio borsistico statunitense, con la quale si indicano gli esperti che si incaricano di fare previsioni sui movimenti di breve e lungo termine dei mercati dei titoli. Si tratta, di solito, di indipendenti, che forniscono le loro previsioni mediante l'invio di *newsletters* ai loro abbonati. (v. anche *market letter*)

market timing: ***tempismo di mercato.*** L'insieme di tempestive decisioni relative a quando e quale tipo di valori mobiliari è preferibile acquistare o vendere, in base ai segnali provenienti dal mercato e a indicazioni tecniche seguite dagli investitori e dagli operatori.

market tone: ***tono del mercato.*** Lo stato di buona o cattiva salute di un mercato finanziario, misurato in base ai prezzi e al volume degli scambi.

market town: ***città sede di mercato.*** È indicata con questo termine qualsiasi città autorizzata a tenere un mercato, generalmente all'aperto, in particolari giorni della settimana o del mese. Nel Regno Unito le autorizzazioni a tenere un mercato erano, in passato, concesse dal sovrano, ma più recentemente, e precisamente dal 1858, il parlamento britannico ha concesso agli enti locali che lo desiderano il diritto di tenere un mercato.

market transformation: ***trasformazione di mercato.*** Lo scambio di un bene per un altro da parte di entità economiche, in un mercato fisicamente inteso.

market trend: ***tendenza del mercato.*** Disposizione di un mercato ad evolversi e modificarsi in positivo o in negativo. La modifica può interessare sia il numero degli operatori, sia la quantità di beni scambiati, sia il prezzo di mercato.

market valuation: ***valutazione di mercato.*** Il valore assegnato a un titolo azionario dal libero gioco delle forze della domanda e dell'offerta in un mercato organizzato. Lo stesso termine può usarsi in relazione a beni immobili o altri beni reali.

market value: ***valore di mercato; valore di scambio; valore venale.*** Termine usato in due significati: a) il prezzo al quale i valori mobiliari, o qualsiasi altro bene o servizio, possono essere venduti in un mercato libero in un determinato momento. b) In ragioneria, la somma di denaro che potrebbe ricavarsi dalla vendita di una qualsiasi attività su un mercato completamente libero. È, naturalmente, opportuno distinguere se il valore di mercato così definito deve riferirsi all'attività nell'uso cui è destinata o in un uso alternativo, in quanto nel secondo caso il valore di mercato potrebbe risultare di gran lunga più alto. Si pensi, ad esempio, al terreno sul quale sorge un insediamento industriale. È molto probabile che il suo valore di mercato sarebbe più alto se invece di venir usato in quel modo venisse destinato all'edilizia abitativa.

market weakening: ***indebolimento del mercato.*** Tendenza di un mercato ad evolversi e modificarsi in senso negativo. La modifica può interessare il numero degli operatori o la quantità di beni scambiati, ma più spesso l'espressione si riferisce ad una diminuzione del prezzo di mercato.

market yield: ***rendimento corrente; rendimento di mercato.*** Lo stesso che *current yield* (v.).

marking: ***annotazione; registrazione.*** Contiene i dettagli relativi alla quantità e al prezzo delle singole operazioni concluse alla borsa valori di Londra tra le undici antimeridiane e le tre pomeridiane. Pur non essendo obbligatorie che in pochi casi specifici, vengono comunicate e rilevate al fine di formare il listino ufficiale della borsa valori di Londra, dal quale i quotidiani specializzati ricavano la rubrica *Stock Exchange Dealings* che, pubblicata il giorno successivo a quello in cui gli scambi hanno avuto luogo, dà il prezzo indicativo di mercato dei vari titoli quotati alla borsa valori di Londra. (v. anche *London Stock Exchange, stock exchange daily official list*)

marking names: Certi titoli internazionali, quelli del tipo cosiddetto «americano», possono essere registrati a nome di una persona, diversa dal proprietario, all'uopo nominata e che può essere una banca o un membro della borsa valori. Questi titoli vengono, successivamente, girati in bianco da questa persona ed essi diventano praticamente titoli al portatore, per i quali non è più necessaria la registrazione dei vari passaggi da un proprietario all'altro nei registri della società emittente. Con il termine *marking names* si intende il nome di persone o banche alle quali si possono intestare titoli in base a questa pratica, di cui la borsa valori di Londra tiene un elenco aggiornato. Questi titoli, appunto per la facilità con cui possono venir trasferiti, sono quotati a prezzi leggermente superiori a quelli dei titoli che non si prestano a questa pratica. I dividendi o qualsiasi altra distribuzione vengono incassati dall'intestatario per conto del proprietario effettivo, che pagherà una certa percentuale a fronte del servizio reso dal cosiddetto *marking name.* (v. anche *American share certificate*)

markka: Unità monetaria della Finlandia, suddivisa in cento pennia.

Mark Lane: Nome di una strada della *City* di Londra, nella quale hanno sede gli uffici di molti mediatori che operano presso la borsa dei grani. Per questo motivo, il nome della strada viene usato nel linguaggio colloquiale per indicare il mercato dei grani.

mark of origin: ***marchio di origine.*** L'indicazione che deve obbligatoriamente comparire sui beni d'importazione. È considerata una delle pratiche restrittive delle importazioni in quanto fa aumentare i costi del produttore e fa notare al consumatore che si tratta di un prodotto estero.

mark–on: ***margine di utile lordo; ricarico; utile lordo; margine lordo d'intermediazione.*** Indica la somma aggiunta al costo di un bene, al fine di determinare il prezzo di rivendita onde coprire le spese di esercizio e dare un margine di utile netto. Il termine indica anche il rapporto tra il prezzo di rivendita così stabilito e la cifra che è stata aggiunta al costo dell'articolo. Così, un aumento di una sterlina o di un dollaro per formare un prezzo di rivendita di due sterline o dollari corrisponde ad un ricarico del cinquanta per cento. (v. anche *mark–up, mark–up cancellation, mark–down, mark–down cancellation*)

Markovitz portfolio selection: Un metodo di scelta cui si fa ricorso quando si valuta il rischio relativo ad una qualsiasi forma di investimento in beni capitali. Si procede ponendo a confronto il rischio di un tipo di investimento con il rischio di un altro tipo di investimento. Se, ad esempio, il rischio di un investimento o nel prodotto A o nel prodotto B in alternativa è considerevole, lo si può ridurre investendo in entrambi, in modo che uno faccia da copertura all'altro.

marksman: Nel linguaggio bancario, si indica con questo termine una persona che non è in grado di scrivere, e quindi di firmare, per una ragione qualsiasi che può andare dall'analfabetismo a un'impossibilità fisica temporanea. La banca che accetta un ordine di pagamento o di prelievo firmato, ad esempio, col segno di croce, richiede che sia convalidato dalla firma di altre due persone in veste di testimoni, almeno una delle quali non deve avere rapporti con la persona che firma e deve essere conosciuta dalla banca. Se, tuttavia, non è possibile trovare un testimone che risponda a questi requisiti, possono firmare anche due impiegati della banca. Una persona che non è in grado di scrivere può, tuttavia, regolare meglio i suoi rapporti con la banca, dando a qualcuno di cui si fida la facoltà di firmare per procura.

mark system: ***sistema della marca.*** Era il sistema in base al quale era organizzata l'agricoltura nell'antica Germania. Esso prevedeva una parte di terra di proprietà delle singole famiglie sulla quale esse edificavano le loro abitazioni, un'altra parte di terra tenuta e coltivata in comune e la parte più grande, di proprietà del signore, coltivata dai suoi vassalli.

mark–up: **1.** ***aumento; rialzo.*** Termine usato con più significati: a) l'aggiunta di una somma ad un prezzo di rivendita, precedentemente stabilito in base al costo dell'articolo e al margine di utile lordo ad esso aggiunto, allo scopo di determinare un nuovo e più alto prezzo di vendita. La percentuale del rialzo si calcola sul precedente prezzo di rivendita. b) L'ammontare totale di cui, nell'arco di un determinato periodo di tempo, vengono aumentati i prezzi di vendita correnti all'inizio del periodo in questione. c) Nella terminologia bancaria e borsistica, l'apprezzamento di un titolo a seguito di un aumento del suo corso e, di conseguenza, anche l'apprezzamento di un deposito di garanzia costituito di titoli il cui corso ha subito il rialzo. **2.** ***margine di utile lordo; utile lordo.*** Termine ormai quasi dovunque sostituito da *mark-on* (v.) in questo significato.

mark-up cancellation: ***annullamento di un rialzo.*** L'eliminazione di tutto o parte di un aumento del precedente prezzo di vendita. (v. anche *mark-up, mark-down cancellation*)

mark-up pricing: ***prezzatura di rivendita.*** Tecnica di determinazione del prezzo di vendita adottata dalla maggior parte dei dettaglianti. Consiste nell'aggiungere una determinata percentuale al prezzo di costo del dettagliante.

to marshal: ***graduare le attività e le passività.*** È il verbo corrispondente al sostantivo *marshalling* (v.). In ragioneria viene usato con due significati affini: a) stabilire ordine e classi delle attività di un'impresa in relazione alla loro utilizzazione per liquidare passività; b) stabilire classi e priorità delle passività da liquidarsi, in maniera che tutti i creditori siano trattati in modo equo.

Marshall aid: ***aiuti Marshall.*** È l'aiuto fornito dagli Stati Uniti all'Europa, in base al Piano Marshall, negli anni successivi alla seconda guerra mondiale, principalmente per far fronte alla scarsità di dollari in Europa. (v. anche *Marshall Plan*)

Marshallian cross: ***croce di Marshall.*** Se su un diagramma di assi cartesiani riportiamo il prezzo sull'asse verticale e la quantità domandata di un bene o servizio sull'asse orizzontale, l'intersezione della curva di domanda con la curva di offerta viene chiamata croce di Marshall, dal nome dell'economista britannico Alfred Marshall.

Marshallian demand curve: ***curva di domanda di Marshall.*** Una curva di domanda sul cui andamento esercitano la loro influenza sia l'effetto di reddito che l'effetto di sostituzione. (v. anche *compensated demand curve*)

Marshallian economics: ***economia marshalliana.*** Termine usato per indicare le teorie economiche propugnate dalla scuola neoclassica inglese. (v. anche *Marshallian School*)

Marshallian K ratio: ***coefficiente K; rapporto K.*** Termine usato con lo stesso significato di *K ratio* (v.).

Marshallian School: ***Scuola neoclassica inglese; Scuola di Marshall.*** È uno dei tre filoni della cosiddetta scuola neoclassica, e precisamente quello che faceva capo all'economista inglese Alfred Marshall (1842–1924). A questa corrente di pensiero economico fu dato il nome di scuola neoclassica per distinguerla dalla scuola classica di A. Smith e D. Ricardo, nella cui tradizione essa si muoveva. Interesse principale della Scuola di Marshall fu la teoria microeconomica, da lui portata a livelli che ancor oggi in parte influenzano gli scritti di economisti contemporanei, attraverso l'analisi approfondita del meccanismo dei prezzi e dell'equilibrio parziale. Tra gli strumenti di analisi elaborati dalla Scuola di Marshall, molti dei quali sono ancor oggi largamente usati anche dai cultori di economia induttiva, ricordiamo le curve di domanda; i concetti di sostituzione, di elasticità e di rendita del consumatore; il concetto di costi primi e costi supplementari e il concetto di periodo lungo e periodo breve. (v. anche *neo-classical school, Cambridge School, Austrian School, Lausanne School*)

marshalling: ***graduazione di attività e passività.*** È il procedimento attraverso il quale un tribunale stabilisce l'ordine di priorità con cui le attività vengono usate per soddisfare le passività. Può riferirsi a: a) ripartizione tra creditori; e, b) ripartizione tra beneficiari. Nel primo caso, quando vi siano, ad esempio, due creditori dello stesso debitore ed un creditore ha il diritto di rivalersi su due fondi monetari del debitore, mentre l'altro creditore può rivalersi soltanto su un fondo, il tribunale ordinerà che il primo creditore sia soddisfatto usando il fondo sul quale il secondo creditore non può accampare alcun diritto. Se tale fondo è insufficiente, si intaccherà anche il secondo, ma di esso dovrà pur sempre rimanere una parte con cui soddisfare il secondo creditore. Se il primo creditore si è già appropriato di tutto o parte del secondo fondo, il tribunale consentirà al secondo creditore di usare il fondo sul quale non vanta alcun diritto per un ammontare pari a quello prelevato dal primo creditore dal secondo fondo. Nel secondo caso, cioè ripartizione tra beneficiari, è l'ordine in cui i beni di un defunto devono essere usati per il pagamento dei suoi debiti. Esso regola la suddivisione dei beni del defunto tra i beneficiari, ma non influenza i diritti dei creditori, che possono rivalersi indiscriminatamente su uno o tutti i beni che costituiscono l'asse ereditario. Se, tuttavia, un beneficiario non riceve ciò che gli era stato legato per testamento in quanto un creditore è stato soddisfatto proprio col bene a lui destinato, egli può rivalersi sui beni che si sarebbero dovuti usare a tale scopo seguendo il normale ordine (*marshalling*) prima di intaccare la sua proprietà. (v. anche *marshalling securities*)

marshalling securities: È lo stesso concetto esposto sotto *marshalling* (v.), con la differenza che invece di un fondo monetario i creditori hanno a disposizione garanzie diverse sulle quali rivalersi. Anche in questo caso, il principio del *marshalling* stabilisce che il creditore, che può rivalersi su più d'una garanzia di proprietà del debitore, nell'esercitare i suoi diritti non dovrà arrecare pregiudizio al creditore che è garantito da una delle stesse garanzie. Ad esempio, se A dà in garanzia, attraverso un'ipoteca, due proprietà che indichiamo con X e Y a B e successivamente accende un'ipoteca di secondo grado sulla proprietà Y a favore di C, quest'ultimo può chiedere il *marshalling* delle proprietà. Cioè, egli può chiedere che il credito di B venga soddisfatto con la proprietà X e, qualora questa non sia sufficiente, con quella parte della proprietà Y necessaria, così che la parte eccedente di Y o la sua interezza rimanga disponibile per soddisfare il suo credito.

Marshall Plan: ***Piano Marshall.*** Piano di aiuti statunitensi all'Europa, che prese il nome dal generale G.C. Marshall, allora segretario di stato americano, che lo espose in un suo discorso all'Università di Harvard il 5 giugno 1947. Dopo la fine del secondo conflitto mondiale, a seguito della distruzione della capacità produttiva europea e della necessità sia di rimpiazzare i beni capitali andati distrutti durante il conflitto, sia di riconvertire l'industria bellica, l'Europa si trovò costretta ad importare massicciamente dagli Stati Uniti, creando così un forte divario tra importazioni ed esportazioni da e verso gli Stati Uniti, con una conseguente grave scarsità della moneta americana in Europa. Allo scopo di far fronte a questa situazione, il Piano Marshall prevedeva massicci aiuti statunitensi ai paesi europei, le cui strutture economiche e produttive erano state danneggiate o distrutte durante il conflitto, sotto forma di prestiti, di donazioni o di ambedue insieme, a patto che i paesi europei utilizzassero le risorse esistenti e cercassero di abolire le barriere commerciali e le divisioni politiche esistenti. Il Piano ebbe termine ufficialmente nel 1951, ma gli Stati Uniti continuarono ad erogare aiuti ai paesi europei sotto altra forma quasi fino alla fine degli anni sessanta. Il Piano ebbe l'effetto di accelerare la ripresa economica e produttiva dei paesi europei ed anche se indubbiamente tornò a vantaggio degli Stati Uniti sia da un punto di vista economico che politico, resta un esempio unico e mai ripetuto di generosa collaborazione e assistenza tra paesi stranieri.

Marshall's theory of markets: ***teoria dei mercati di Marshall.*** È la teoria, proposta da Alfred Marshall, che sosteneva che quanto più grande è il mercato di un bene, tanto più piccole sono, in linea generale, le fluttuazioni di prezzo di quel bene.

mart: ***mercato.*** Il termine inglese è una contrazione di *market* (v.), ma in questo senso è quasi del tutto desueto. Viene ancora usato, invece, per indicare un centro commerciale presso il quale si svolge una notevole attività di compravendita.

Martins Bank Ltd.: Banca fondata a Liverpool nel 1831 e per questo nota all'epoca come *Bank of Liverpool.* Attraverso fusioni con altre banche, divenne la Martins Bank, che merita di essere segnalata per la caratteristica di essere l'unica banca che, pur avendo la propria sede principale in una città diversa da Londra, fa parte della *London Clearing House.*

Marxian law of capital accumulation: ***legge marxista della accumulazione del capitale.*** Lo stesso che *law of appropriation* (v.).

Marxian School: ***Scuola marxista.*** È la scuola di pensiero economico che fa capo agli scritti e alle teorie di K. Marx (1818–1883). Tesi centrale di questa scuola è quella che sostiene che soltanto il lavoro crea valore e poiché i lavoratori non ricevono tutti i ricavi del processo produttivo, essi sono sottoposti ad un continuo sfruttamento, che culminerà nella rivoluzione violenta e nella affermazione del collettivismo.

Marxism: ***marxismo.*** Termine con il quale si indica una scienza sociale che trae origine dal pensiero di K. Marx e che rappresenta un insieme unitario di principi relativi alla filosofia, alla storia, alla sociologia, alle scienze politiche e all'economia.

Massachusetts trust: Termine usato con lo stesso significato di *business trust* (v.).

mass advertising: ***pubblicità di massa.*** È così detta la pubblicità diretta genericamente a tutti i tipi di potenziali consumatori. Essa fa uso dei grandi mezzi di comunicazione di massa, quali la televisione, la radio, i giornali, le riviste e simili. Presenta il vantaggio di raggiungere un grandissimo numero di persone, ma allo stesso tempo ha lo svantaggio di essere poco efficace, in quanto troppo generica.

mass consumer services: ***servizi di consumo di massa.*** Servizi richiesti in quantità sempre crescente via via che aumenta il potere d'acquisto a disposizione dei consumatori e via via che la crescente domanda consente alle industrie di servizi di trarre vantaggio dalle economie di scala. Tra questi servizi rientrano i trasporti a fini turistici, le sistemazioni in alberghi, il noleggio di autovetture, i servizi di ristoro e di divertimento e altri del genere.

mass consumption: ***consumo di massa.*** Il consumo di un particolare bene o servizio, o di tutti i beni e servizi disponibili su un mercato, da parte di un numero sempre crescente di individui. Secondo alcuni autori, la società del consumo di massa rappresenta lo stadio finale dello sviluppo di un paese.

mass market: ***mercato di massa.*** Un mercato nel quale si vendono articoli prodotti in serie, che possono essere acquistati da tutti, inclusi i consumatori a basso livello di reddito.

mass media: ***mezzi di comunicazione di massa.*** Sono i mezzi di comunicazione capaci di raggiungere un grandissimo numero di persone, quali ad esempio i giornali e le riviste a diffusione nazionale, la radio e la televisione.

mass picketing: ***picchettaggio di massa.*** È il picchettaggio effettuato da un gran numero di lavoratori contemporaneamente. Può avere uno scopo soltanto dimostrativo o può essere svolto con l'intento di impedire l'ingresso negli stabilimenti ai lavoratori che non aderiscono allo sciopero o di impedire l'ingresso e l'uscita di merci. Se effettuato dai dipendenti di un'impresa commerciale, mira ad impedire l'entrata dei clienti nei locali di vendita. (v. anche *picketing*)

mass–produced article: ***articolo prodotto in serie.*** Qualsiasi articolo che scaturisce da un processo di produzione in serie. (v. anche *mass production*)

mass production: ***produzione di massa; produzione in serie.*** La produzione in grandi quantità di articoli standardizzati, allo scopo di trarre vantaggio dalla maggiore efficienza delle macchine e dalla divisione del lavoro, con l'obiettivo primario di ridurre i costi medi e il prezzo dei prodotti. Le caratteristiche principali della produzione di massa sono: il flusso di lavoro costante e ininterrotto; l'impiego di utensili capaci di far risparmiare lavoro; l'impiego di macchinari appositamente costruiti per le operazioni produttive specifiche; la suddivisione del processo produttivo nelle sue forme più semplici, con lo scopo di evitare perdite di produzione causate da perdite di tempo nel passare da un'operazione all'altra.

mass unemployment: ***disoccupazione di massa; disoccupazione massiccia.*** È il tipo di disoccupazione causata principalmente da una generale e massiccia contrazione della domanda. Si manifesta con alte percentuali di lavoratori disoccupati, in periodi di crisi economica che non risparmia alcun settore industriale. È la forma più grave e preoccupante di disoccupazione, che si tenta di combattere con piani di ripresa generalmente finanziati tramite il deficit pubblico.

master: 1. ***capitano.*** La persona al comando di una nave mercantile. **2.** ***maestro.*** Persona che ha raggiunto il più alto grado di abilità in un mestiere o in un'arte e impiega al suo servizio apprendisti, che intendono imparare da lui l'arte o il mestiere.

master agreement: ***contratto collettivo generale.*** Un contratto collettivo approvato dalle rappresentanze dei datori e prestatori di lavoro, che diventa il punto di riferimento o modello per gli accordi tra un sindacato e i singoli datori di lavoro.

master budget: ***budget generale.*** Bilancio di previsione, che prevede un piano completo per l'esercizio contabile, inclusi l'obiettivo di utili e il programma coordinato per realizzarlo. Lo stesso termine viene usato per indicare un compendio dei budget funzionali, ciascuno dei quali è di competenza del capo dell'ufficio interessato. Tra i principali budget funzionali ricordiamo: il budget delle vendite; il budget dei costi di vendita e distribuzione; il budget di produzione; il budget dei costi di produzione; il budget dei materiali; il budget di approvvigionamento dei materiali; il budget ricerca e sviluppo; il budget della manodopera o del personale; il budget di utilizzazione degli impianti; il budget dei costi amministrativi; il budget delle spese in conto capitale e il budget di cassa o di tesoreria. Allo scopo di realizzare il budget generale, il controller o la commissione di budget riceve tutti i budget funzionali e prepara una bozza del budget generale, che sarà sottoposta per l'approvazione o la revisione al consiglio di amministrazione. Una volta che questo organo ha dato la sua approvazione, il budget generale costituisce il programma di lavoro per tutto il periodo cui esso si riferisce. Questo budget non è rigido in quanto, pur se con le necessarie e opportune autorizzazioni, vi si possono apportare modifiche in un senso o nell'altro. Ad esempio, per quanto riguarda le spese previste, esse possono venir aumentate nel corso del periodo coperto dal budget se si verificano variazioni di circostanze o altre considerazioni che giustificano la revisione. Allo stesso modo, possono essere variati gli obiettivi, qualora essi si rivelassero non realizzabili. Pertanto, il budget generale è vincolante, ma non inflessibile. (v. anche *master plan*)

master control account: ***conto di controllo generale.*** In ragioneria, è un conto di controllo tenuto nel mastro generale, integrato da un mastro sussidiario o altra forma di registrazione che contiene i conti di controllo che si riferiscono ciascuno ad un numero limitato di conti.

master of the mint: ***direttore della zecca.*** Nel Regno Unito, è il capo della zecca reale, posto tenuto dal Cancelliere dello Scacchiere. Tuttavia, chi effettivamente svolge le funzioni relative a tale posto è il vice–direttore della zecca.

master plan: ***piano generale.*** È un programma economico, approntato più o meno seguendo la stessa procedura del budget generale, che copre un ampio periodo di tempo e fissa gli obiettivi che l'impresa si propone di realizzare. (v. anche *master budget*)

master policy: ***polizza generale; polizza principale.*** Nelle assicurazioni, è la polizza che copre un gruppo di persone o un insieme di rischi e che contiene tutte le clausole relative al contratto di assicurazione collettiva o di gruppo. I singoli assicurati ricevono, invece della polizza, un certificato che fa riferimento alla polizza generale e riporta una sintesi delle principali condizioni di assicurazione contenute in essa.

master porter: ***capocarovana.*** Nella marina mercantile, si indica con questo termine la persona addetta al controllo e alla supervisione delle operazioni di discarica di una nave da parte di facchini portuali che compongono la cosiddetta carovana. A seguito del diffondersi sempre più massiccio dell'uso di attrezzature meccaniche per svolgere le operazioni di caricazione e discarica delle navi, è una figura che tende a scomparire, insieme a quella del facchino portuale.

master's receipt: ***bollettino d'imbarco; ricevuta d'imbarco; ricevuta di bordo; ricevuta del capitano.*** Termine usato con lo stesso significato di *mate's receipt* (v.).

mat.: maturity.

match: ***corrispondenza.*** Termine usato nel linguaggio delle borse valori per indicare due operazioni che si controbilanciano o si annullano a vicenda.

matched and lost: Espressione del linguaggio borsistico statunitense, con la quale si indica la situazione in cui le domande di acquisto ad un prezzo fisso risultano ciascuna uguale o superiore alla quantità di titoli offerti e, pertanto, si decide con il lancio di una monetina quale delle domande dovrà essere soddisfatta. La stessa espressione indica la situazione in cui due o più offerte di vendita a prezzo fisso risultano ciascuna uguale o superiore alla quantità di titoli domandati ed anche in questo caso la decisione di quale soddisfare è lasciata alla sorte, sotto forma del lancio della monetina.

matched book: Espressione con la quale si indica una situazione in cui le date di scadenza delle passività di una banca o di un operatore corrispondono alle date di scadenza delle loro attività.

matched order: ***ordine legato.*** Nelle borse statunitensi, è un ordine di segno opposto sullo stesso titolo, cioè di acquisto e contemporanea vendita della stessa quantità di un valore mobiliare, allo scopo di far salire o scendere artificialmente il corso di quel titolo.

matched sale–purchase agreement: ***accordo pronti contro termine.*** Espressione usata nel linguaggio finanziario per indicare la vendita di titoli da parte del *Federal Reserve System* (v.) per consegna immediata ad un operatore o ad una banca esteri, con l'intesa di riacquistarli ad una data prestabilita, di solito dopo una settimana, allo stesso prezzo della vendita. Tali accordi consentono al Sistema della Riserva Federale di effettuare temporanei ritiri di riserve dal sistema bancario.

matched sample: ***campione analogo.*** Nel linguaggio delle ricerche di mercato, è un campione uguale sotto tutti gli aspetti a un altro campione. Così, ad esempio, costituiscono campioni analoghi due gruppi di persone aventi le stesse caratteristiche di età, sesso, reddito, estrazione sociale, residenza, ecc., che vengono utilizzati per provare due prodotti diversi. Se le risposte date dai due gruppi differiscono, ciò è dovuto alla differenza tra i due prodotti, visto che i due campioni sono analoghi.

match–girls' strike: ***sciopero delle fiammiferaie.*** Termine usato con lo stesso significato di *London match–girls' strike* (v.).

matching: ***confronto.*** È il confronto dei costi e dei ricavi, oppure delle spese e degli incassi, per competenza. Si ottiene introducendo nella contabilità, se necessario, i ratei e i risconti.

matching duty: ***dazio industriale; dazio compensativo.*** È il dazio che un paese impone sui beni provenienti da altri paesi che adottano il sistema di sovvenzioni agli esportatori. Lo stesso termine è anche usato per indicare genericamente il dazio imposto da un paese per bilanciare il dazio imposto da un altro paese e, in tal senso, potrebbe anche corrispondere al nostro dazio di compensazione che, però, ha un significato più specifico. (v. anche *compensatory duty*)

matching finance: Espressione con la quale si indica un finanziamento, da parte di un privato o di un'istituzione pubblica, pari alla somma resa disponibile per lo stesso scopo dal destinatario della sovvenzione.

matching fund: Espressione di recente coniazione, usata per indicare una somma di denaro versata come contributo da parte di un singolo o di un'organizzazione in proporzione alla somma raccolta per mezzo di una pubblica sottoscrizione o di entità eguale a quest'ultima. Questo fondo, il cui versamento viene di solito annunciato in anticipo all'inizio della sottoscrizione, ha lo scopo di incentivare e consentire la raccolta di fondi sufficienti a realizzare un determinato progetto.

matching gift: Donazione che ammonta alla stessa somma messa a disposizione dal destinatario, o da altri privati o organizzazioni, per uno scopo specifico.

matching grant: Tipo di *grant–in–aid* (v.) che prevede che l'ente cui è destinato metta a disposizione almeno una parte dei fondi che, integrati da tale sovvenzione, servono a coprire i costi che l'ente è chiamato a sostenere.

mate: ***primo ufficiale.*** Nella marina mercantile, è l'ufficiale che prende il comando della nave in assenza del capitano e che svolge, pertanto, le funzioni di comandante in seconda.

material: ***materiale; materia prima.*** Bene acquistato da un'impresa per essere utilizzato come input o parte componente di un prodotto finito. Può andare dalla materia prima nel suo stato grezzo, che pertanto richiede un qualche trattamento prima di essere avviata alla produzione, alle parti finite che possono essere assemblate senza che siano sottoposte ad alcuna operazione preliminare.

material abstract: ***compendio dei materiali.*** Registrazione dei materiali usciti e restituiti al magazzino, classificata sotto le seguenti intestazioni: a) unità di costo o numero d'ordine permanente; b) descrizione o codice; c) quantità; d) valore.

material alteration: ***alterazione sostanziale; alterazione materiale.*** L'articolo 64 del *Bills of Exchange Act* (v.) del 1882 definisce alterazioni sostanziali in particolare quelle alterazioni di una cambiale o di un assegno relative alla data, all'importo, alla scadenza, alla piazza di pagamento e all'aggiunta di una piazza particolare di pagamento non prevista dall'accettazione. In virtù dello stesso articolo, una cambiale o un assegno, che siano stati sostanzialmente alterati in uno degli elementi suddetti senza il consenso delle parti, diventano nulli tranne che nei confronti dell'obbligato che ha fatto, autorizzato o assentito a fare l'alterazione e dei successivi giranti. Se, tuttavia, l'alterazione non è evidente, il portatore in buona fede può obbligare il pagamento secondo il tenore originario della cambiale o dell'assegno.

material analysis: ***analisi dei materiali.*** Termine usato con lo stesso significato di *material abstract* (v.).

material asset value: ***valore materiale.*** Il valore corrente del patrimonio netto di un'impresa, escluso il valore d'avviamento e quello di altri beni immateriali.

material-based industry: ***industria basata sui materiali.*** L'industria che si dedica alla produzione di beni mediante la trasformazione di materie prime in prodotti finiti. Questo tipo di industria produttiva ha rappresentato il motore della crescita economica nei primi tre quarti del secolo ventesimo.

material control: ***controllo dei materiali.*** Si intende con questa espressione l'acquisto, la ricezione, il magazzinaggio e la somministrazione di materiali necessari per il processo produttivo. Il termine implica un controllo che impedisca sprechi o appropriazioni indebite e che tenga conto dei costi unitari più bassi a parità di qualità e del minimo immobilizzo di capitali in giacenze di magazzino.

material cost: ***costo dei materiali.*** È il costo delle materie prime nel loro stato grezzo o delle parti finite o semilavorate che l'impresa usa come input per la fabbricazione dei propri prodotti finiti.

material expense: ***spese di materiale.*** Sono le spese che l'impresa sostiene in relazione all'acquisto, alla ricezione, al magazzinaggio e al trasporto sul luogo di utilizzazione delle materie prime o delle parti finite o semilavorate usate come input per la fabbricazione del prodotto finito.

material fact: ***fatto materiale; fatto essenziale.*** Nel linguaggio delle assicurazioni, il termine si contrappone a fatto formale, per indicare un qualsiasi fatto importante che l'assicurando è tenuto a dichiarare all'assicuratore nel momento in cui chiede che quest'ultimo emetta una polizza a copertura di un determinato rischio. La conoscenza di questo fatto potrebbe indurre l'assicuratore a rifiutare il contratto o a far pagare una tariffa di premio più alta. Nel linguaggio giuridico e finanziario, il termine indica informazioni importanti che la società è tenuta a portare a conoscenza del pubblico, in sede di diffusione di un manifesto di emissione.

material goods: ***beni materiali.*** In economia vengono contrapposti a beni immateriali. La scuola classica riteneva la materialità requisito essenziale dei beni economici e considerava tali soltanto quelli rappresentati da cose corporee, cioè ponderabili, con date forme e dimensioni e con determinate proprietà fisiche, chimiche, ecc. Quei beni che non rispondevano a questi requisiti non erano considerati ricchezza, venivano definiti immateriali e consistevano di servizi o effetti utili dei beni materiali. (v. anche *materiality 1*)

materialism: ***materialismo.*** In economia, questo termine, che generalmente viene usato al posto di materialismo storico, indica il cardine sul quale K. Marx basava la sua concezione della storia. In senso più lato, tuttavia, il termine indica l'opinione che tutte le azioni dell'uomo sono ispirate soltanto e sempre da motivi economici.

materialistic concept of history: ***concetto materialistico della storia.*** Espressione usata con lo stesso significato di *economic determinism* (v.).

materiality: **1.** ***materialità.*** In economia, la scuola classica riteneva la materialità requisito essenziale dei beni economici e considerava ricchezza soltanto quei beni che erano rappresentati da cose corporee o ponderabili, con date forme e dimensioni e con determinate proprietà fisiche, chimiche, ecc. Nella discussione sulla materialità, che andò avanti per tutto il secolo diciannovesimo, furono espresse varie opinioni e ci fu anche chi (F. Ferrara) affermò che i beni devono considerarsi materiali se agiscono sull'uomo attraverso un mezzo fisico, mentre devono considerarsi immateriali se suscitano nell'uomo soltanto sensazioni. In questa lunga discussione si fece anche molta confusione, ma oggi sembra che il pensiero classico sia tornato in auge, attraverso la distinzione tra beni e servizi che i beni stessi sono in grado di fornire a individui o ad altri beni. **2.** ***rilevanza.*** In ragioneria, si indica con questo termine l'importanza relativa di una qualsiasi voce omessa o inserita nei libri contabili, nei rendiconti finanziari, nei bilanci, ecc. Lo stesso termine viene usato per indicare l'importanza relativa di un qualsiasi atto contabile, sia relativo alla registrazione, sia relativo alla verifica di fatti gestionali.

material ledger sheet: ***scheda d'inventario permanente.*** È la scheda sulla quale sono riportate le quantità di ciascun materiale presente in magazzino, con le date di entrata e di uscita. Oggi è in gran parte scomparsa, essendo stata sostituita dal computer.

material needs: ***bisogni materiali.*** I bisogni basilari di ciascun individuo e in particolare della maggioranza degli esseri umani che vivono nei paesi più poveri. Tali bisogni sono rappresentati, in ordine di importanza, da generi alimentari migliori e in maggiore quantità, disponibilità prossima di acqua potabile, sicurezza della sopravvivenza, cure mediche, istruzione, un'abitazione decente e adeguati trasporti.

material representation: ***dichiarazione essenziale; dichiarazione rilevante.*** Una dichiarazione che per la sua importanza è tale da determinare il consenso e indurre una delle parti a concludere un contratto.

material requirements planning: ***programmazione dei***

fabbisogni di materiali. Lo stesso che *inventory management* (v.).

materials allocation: *allocazione di materiali.* L'accantonamento di materiali che dovranno essere usati per una particolare commessa o per un preciso programma di produzione.

materials and services: *materiali e prestazioni.* In ragioneria, questa espressione indica gli oggetti immediati di spesa, intesi in senso globale.

materials budget: *budget dei materiali.* È un bilancio preventivo che tiene conto del fabbisogno di materiali per un determinato periodo. Quando sono necessari vari materiali, componenti, semilavorati, ecc., per la fabbricazione del prodotto finito, in esso vengono indicati la quantità totale e il costo di ciascun materiale da usarsi durante ciascun periodo cui il budget si riferisce. Il budget dei materiali è basato sul fabbisogno dettagliato nel budget della produzione. (v. anche *production budget, materials purchase budget*)

materials buyer: *direttore dell'ufficio acquisti.* In ogni grande impresa produttrice di beni viene di solito istituito un ufficio acquisti, il cui direttore risponde al direttore della produzione della politica di acquisti e del controllo del reparto affidatogli. Egli ha il compito di interpretare e attuare la politica aziendale in materia di acquisti e tra le sue funzioni e responsabilità specifiche rientrano: a) la raccolta di tutte le richieste di approvvigionamento provenienti dai vari reparti; b) la richiesta di quotazioni ai fornitori; c) l'emanazione di ordinativi di approvvigionamento; d) la ricezione dei materiali ordinati; e) far rispettare le date di consegna; f) il controllo delle fatture.

materials control: *controllo dei materiali.* È il controllo sui livelli delle scorte di materiali, mirante a garantire la disponibilità del materiale necessario al momento e nel luogo in cui serve al fine di non interrompere il processo di lavorazione. Allo stesso tempo, il controllo dei materiali deve garantire il minimo immobilizzo possibile di fondi in scorte non indispensabili. (v. anche *material control*)

materials cost: *costo dei materiali.* Lo stesso che *material cost* (v.).

materials cost variance: *variante del costo dei materiali.* La differenza tra il costo standard dei materiali prescelti per l'effettiva produzione di un determinato bene e il costo reale dei materiali utilizzati.

material service: *servizio materiali.* Il termine inglese ha lo stesso significato di *material expense* (v.).

materials handling: *trasporto interno dei materiali.* Movimentazione di materie prime da un reparto all'altro di una fabbrica o da uno stabilimento ad un altro di proprietà della stessa impresa o organizzazione.

materials handling costs: *costi del trasporto interno di materiali.* È il costo che l'impresa sostiene per la movimentazione dei materiali in entrata e in uscita dal magazzino. Comprende il costo degli addetti, quello delle macchine impiegate per il trasporto e i costi amministrativi direttamente imputabili al trasporto interno dei materiali.

materials in process: *materiali in corso di lavorazione.* Lo stesso che *goods in process 1* (v.).

materials management: *gestione dei materiali.* La procedura mediante la quale si gestiscono le attività relative all'ordinazione, la ricezione, il magazzinaggio e il prelievo dei materiali all'interno di un'impresa produttrice di beni.

material specifications: *specificazioni dei materiali.* In un capitolato d'appalto o in una commessa di produzione sono i dettagli relativi alla qualità e al tipo di materiali cui si deve conformare l'impresa appaltatrice o produttrice nell'acquistare i materiali che successivamente verranno utilizzati per la costruzione o la fabbricazione del prodotto finito.

materials purchase budget: *budget di approvvigionamento dei materiali.* Questo bilancio preventivo si basa sul fabbisogno di materiali esposto nel budget dei materiali, ma quest'ultimo si basa sul budget di approvvigionamento dei materiali al fine di identificare i preventivi di costo di materie prime, componenti, semilavorati, ecc. Nel corso della preparazione di questo budget, si deve tener conto delle quantità effettive da acquistarsi nel periodo coperto dal budget, o nei sottoperiodi del budget, considerando i prezzi che dovranno essere pagati durante tutto l'arco di tempo coperto dal budget e le risorse finanziarie a disposizione. (v. anche *materials budget*)

materials purchasing: *approvvigionamento materiali.* L'acquisto dei materiali necessari al funzionamento e all'attività produttiva di un'impresa.

materials requisition: *prelievo materiali.* È il prelievo, che periodicamente viene effettuato dalle scorte di magazzino, dei materiali necessari ad alimentare il processo produttivo.

materials requisition form: *modulo di prelievo materiali; buono di prelievo materiali.* È il modulo che deve essere riempito e firmato dal responsabile del prelievo materiali. Verrà, poi, consegnato al responsabile del magazzino, che provvederà a somministrare i materiali richiesti. Il buono deve indicare, oltre alla data e al reparto, la quantità dei materiali richiesti, il loro codice di identificazione, l'uso che se ne deve fare, ecc. Questo modulo può variare da azienda ad azienda, ma in linea di massima dovrà sempre contenere almeno le informazioni dette sopra.

materials requisition procedure: *procedura per il prelievo dei materiali.* È la procedura che si deve seguire per il prelievo dal magazzino dei materiali necessari ad alimentare il processo produttivo. Varia da impresa ad impresa, ma in linea generale prevede che venga riempito un modulo di prelievo materiali, che dovrà essere firmato dal responsabile del prelievo e successivamente consegnato al magazziniere, che provvederà al rilascio dei materiali richiesti.

material store–room: *magazzino materiali.* Deposito nel quale vengono conservati e custoditi i materiali necessari ad alimentare il processo produttivo di una fabbrica.

materials usage variance: *variante d'impiego materiali.* L'espressione indica quella parte della variante del costo dei materiali dovuta alla differenza tra la quantità standard di materiali specificata nei piani di produzione e la quantità degli stessi materiali effettivamente usata nel processo di produzione.

material value clause: *clausola del valore reale.* È la clausola che lega il valore nominale di un'obbligazione indicizzata, o altro titolo di credito, al valore reale di un determinato bene o alle variazioni di prezzo di determinati valori reali o alle oscillazioni di determinati indici.

material waste: *spreco di materiali.* Spreco evitabile, che ha luogo durante un processo di produzione, dovuto ad errori di approvvigionamento, eccessiva somministrazione di materie prime ai reparti lavorazione, mancanza di supervisione del processo produttivo o sciupio dovuto a cattiva lavorazione.

maternity benefit: ***assegno di maternità.*** Nel Regno Unito è la somma di denaro che, in base al programma di assicurazioni sociali, viene versata ad una famiglia alla nascita di ciascun figlio.

maternity leave: ***congedo per puerperio.*** Periodo di assenza dal posto di lavoro, durante il quale la lavoratrice percepisce regolarmente il proprio stipendio o salario, concessa in occasione della nascita di un figlio. Il periodo varia a seconda delle leggi del paese, ma generalmente comprende un certo numero di mesi prima e dopo il parto.

mate's receipt: ***ricevuta d'imbarco; bollettino d'imbarco; ricevuta di bordo; ricevuta del comandante in seconda; ricevuta del primo ufficiale; ricevuta di spedizione.*** Ricevuta che viene rilasciata al caricatore al momento del caricamento delle merci sulla nave e a prova dell'avvenuto imbarco. Tale documento consente al caricatore di ritirare la polizza di carico, qualora non gli sia stata già rilasciata per merci da imbarcare. Se, invece, le merci sono state imbarcate per trasporto su acque interne o se si tratta di piccole partite, la ricevuta d'imbarco sostituisce la polizza di carico e serve sia a comprovare l'avvenuto imbarco delle merci, sia per effettuare il ritiro delle stesse al porto di destino.

mathematical economics: ***economia matematica.*** L'applicazione dell'analisi matematica, e più precisamente di simboli, grafici, equazioni, ecc., all'economia, particolarmente nel trattare relazioni tra un numero di fattori variabili e per integrare la spiegazione data in parole. Non costituisce una particolare scuola di pensiero economico, ma l'uso della matematica come strumento generale applicato alla dimostrazione e anche alla teoria economica va sempre più diffondendosi.

mathematical methods: ***metodi matematici.*** Vengono sempre più usati in economia, in quanto consentono rapidità e brevità di esposizione delle relazioni tra dati economici e anche a causa della similarità tra varie teorie, quali quella della produzione, della scelta del consumatore, degli scambi internazionali, della finanza pubblica, ecc. Uno degli svantaggi dell'uso di modelli matematici è che essi devono essere, poi, tradotti in linguaggio chiaro se si vuole che siano compresi dai profani che dovranno applicare le conclusioni formulate dall'economia alla politica aziendale o statale. Uno dei vantaggi, viceversa, è che la formulazione di teorie economiche diventa più precisa.

mathematical model: ***modello matematico.*** È costituito da un insieme di relazioni tra un numero di variabili economiche ed è costruito teoricamente e successivamente messo a confronto con la realtà, al fine di dimostrarne la ragionevolezza e la coerenza.

mathematical programming: ***programmazione matematica.*** Termine usato con lo stesso significato di *linear programming* (v.).

mathematical school: ***scuola matematica.*** Scuola di economia, i cui membri adottano un approccio matematico alla soluzione dei problemi di natura economica.

matrix: ***matrice.*** In matematica, è una tabella di numeri, detti elementi della matrice, disposti per righe e colonne al fine di facilitarne l'analisi. A seguito dell'utilizzazione di modelli matematici per spiegare e formulare teorie economiche, le matrici hanno assunto una grande importanza nell'analisi economica.

matrix algebra: ***algebra delle matrici.*** Ramo della matematica, di carattere puramente astratto, che ha trovato varie applicazioni sia in teoria economica che in econometria.

to mature: ***maturare; scadere; giungere a maturazione.*** Usato in relazione a interessi, titoli di credito, ecc., indica il costituirsi nel tempo del diritto al pagamento che il debitore si è impegnato a riconoscere al creditore.

mature: ***maturato; giunto a maturazione.*** Aggettivo usato in relazione a titoli di credito, quali cambiali, ecc., per indicare che è giunto il momento di pagarli.

mature creditor nation: ***nazione creditrice progredita.*** È così indicata una nazione che avendo un'economia interna ben sviluppata ha effettuato ampi investimenti in altre nazioni. Tali investimenti portano generalmente ad un saldo attivo nelle partite invisibili della bilancia dei pagamenti, corrispondente agli utili derivanti dagli investimenti all'estero. La nazione, pertanto, è detta creditrice, sia che gli utili vengano pagati in valuta, sia che essi vengano compensati tramite importazioni dai paesi nei quali essa ha investito. (v. anche *mature economy, mature debtor nation, immature creditor nation, immature debtor nation*)

mature debtor nation: ***nazione debitrice progredita.*** È così indicata una nazione la cui economia interna ha raggiunto un completo sviluppo, ma a seguito di prestiti dall'estero che le hanno consentito massicci investimenti in beni capitali. Tale nazione, che è debitrice di somma capitale e di interessi verso i paesi esteri che le hanno concesso i prestiti, ha ora raggiunto una posizione commerciale che le consente di far fronte ai propri impegni, utilizzando il saldo attivo della sua bilancia commerciale. (v. anche *mature economy, mature creditor nation, immature creditor nation, immature debtor nation*)

matured liability: ***impegno scaduto; obbligazione scaduta.*** Un impegno finanziario che scade o che è scaduto da poco tempo. L'espressione è spesso usata in relazione alla somma capitale di un prestito obbligazionario.

mature economy: ***economia matura.*** Questo termine viene usato in due significati: a) il significato più moderno è quello dato da W.W. Rostow nella sua opera *Stages of Economic Growth*, nella quale egli sostiene che ogni nazione passa attraverso cinque stadi di sviluppo economico, da lui individuati quali: la società tradizionale; le premesse per il decollo; il decollo, rappresentato dall'economia matura; la spinta verso la completa maturità; la completa maturità, che si raggiunge circa sessanta anni dopo il decollo ed è caratterizzata dai consumi di massa. Il terzo stadio, dunque, è quello dell'economia matura che Rostow identifica con la situazione in cui un paese ha sviluppato la propria economia tanto da poter fare uso della tecnologia esistente. Come conseguenza di questa realizzazione, il paese in questione può produrre qualsiasi articolo desideri e se non produce certi articoli è per una questione di scelta, non di impossibilità. b) Il significato che possiamo indicare come più antico, pur se risale soltanto agli ultimi anni trenta del secolo attuale e precisamente ai cosiddetti teorici del ristagno tra i quali ricordiamo A. Hansen e J.M. Keynes, definisce economia matura quella di un paese nel quale sono state sfruttate tutte le possibilità di investimento e il tasso di crescita della popolazione scende con conseguente calo della domanda e dell'investimento in beni capitali. Tale situazione, dicevano i teorici del ristagno, porta alla disoccupazione e al calo del reddito nazionale, se lo stato non interviene aumentando gli investimenti e stimolando la domanda di beni e servizi con l'intento di mantenere la piena occupazione.

mature–economy thesis: ***tesi dell'economia matura.***

Teoria relativa al grado di maturità raggiunto da un'economia, quando il tasso di crescita di una popolazione mostra una costante tendenza verso la diminuzione, non vengono realizzate nuove e importanti scoperte scientifiche, non esiste più una frontiera da allargare e le aspettative sono per lunghi periodi di depressione, interrotti da brevi e sporadici periodi di prosperità.

mature industries: ***industrie mature.*** Le industrie che producono *mature products* (v.). Vi rientrano l'industria automobilistica, l'industria siderurgica, quella tessile ed altre nelle quali si nota, in questo periodo, una drastica riduzione dell'occupazione.

mature products: ***prodotti maturi.*** Sono i beni oggetto di produzione di massa, che richiedono abilità che possono facilmente essere acquisite, o quei prodotti che possono fabbricarsi usando manodopera non specializzata.

maturing debt: ***debito in scadenza.*** Un debito prossimo ad essere rimborsato. In particolare, il debito statale che giunge a scadenza e deve essere rimborsato o rifinanziato.

maturing liability: ***impegno in scadenza; obbligazione in scadenza.*** È un impegno finanziario la cui scadenza è prevista tra brevissimo tempo. L'espressione è spesso usata in relazione alla somma capitale di un prestito obbligazionario.

maturity: 1. ***maturazione; scadenza.*** La data in cui un titolo a reddito fisso deve essere rimborsato o la data in cui una cambiale, un pagherò o titoli di credito del genere scadono e devono essere pagati. **2.** ***maturità.*** In economia, il termine inglese indica la situazione nella quale si trova un'economia matura. Pertanto, per la relativa spiegazione v. *mature economy* nei suoi due significati. **3.** ***durata.*** Lo stesso che *redemption period* (v.).

maturity bands: ***bande di scadenza.*** Sono le bande, stabilite dalla Banca d'Inghilterra, nelle quali rientrano gli effetti bancabili che essa è disposta a riscontare dalle case di sconto nello svolgimento del suo compito istituzionale di mutuante di ultima istanza. Le bande di scadenza sono quattro: nella prima rientrano gli effetti con scadenza da 1 a 14 giorni; nella seconda, gli effetti con scadenza da 15 a 33 giorni; nella terza, gli effetti con scadenza da 34 a 63 giorni; e nella quarta, quelli con scadenza da 64 a 91 giorni. L'attività della Banca si concentra principalmente sul risconto di titoli delle bande 1 e 2, ma non è insolito che essa tratti anche titoli che fanno parte delle altre due bande.

maturity basis: ***base di scadenza.*** Espressione usata per indicare il metodo usato al fine di calcolare il valore di un titolo a reddito fisso e il suo tasso di rendimento, basandosi sull'assunto che esso sarà tenuto fino alla sua naturale scadenza. Corrisponde ad un rapporto tra valore del titolo alla scadenza e somma, nell'unità monetaria, degli interessi e, pertanto, non tiene conto di eventuali premi di emissione o del prezzo di acquisto eventualmente inferiore al valore nominale. (v. anche *income basis*)

maturity date: ***data di scadenza.*** È la data in cui una cambiale, un pagherò o altro titolo di credito del genere deve essere pagato o in cui un prestito obbligazionario deve essere rimborsato.

maturity factoring: ***factoring con accredito a scadenza.*** Accordo in base al quale la società di factoring paga alla scadenza il cento per cento dei crediti ad essa ceduti, addebitando una commissione che può oscillare dallo 0,50% al 2,50%. La società di factoring in questo caso si assume totalmente il rischio dell'insolvenza e si addossa tutte le spese relative alle richieste di informazioni sui clienti, alla tenuta della contabilità clienti, all'invio di eventuali solleciti e all'incasso dei crediti. L'azienda che cede i crediti ha, pertanto, un notevole risparmio dei costi di amministrazione. (v. anche *factoring, cash receivables factoring*)

maturity gap exposure: ***esposizione allo scarto di scadenze.*** Il rischio derivante dal fatto di avere in portafoglio attività e passività di pari ammontare e nella stessa valuta, ma con scadenze diverse.

maturity ladder: ***scala delle scadenze.*** Sistema suggerito dalla Banca d'Inghilterra nella sua qualità di supervisore del sistema bancario. Prevede che i depositi dei clienti siano inseriti in categorie di scadenza e che si appronti una valutazione delle capacità della singola banca di convertire le proprie attività in moneta. La scala che ne deriva dà una misura dell'esposizione della banca a seguito di differenti date di scadenza delle passività e delle attività. Si tratta, tuttavia, di un aspetto puramente indicativo della situazione della banca, che potrà essere facilmente corretto mediante un'oppurtuna gestione delle attività e passività.

maturity risk: ***rischio della scadenza.*** Il rischio che corre una banca o altra istituzione finanziaria quando accetta depositi o prende in prestito moneta a vista o a breve scadenza e concede prestiti con scadenza più lunga.

maturity value: 1. ***importo alla scadenza.*** È la somma che si deve pagare alla scadenza di un titolo di credito, quale ad esempio una cambiale, un pagherò e simili. **2.** ***valore alla scadenza.*** È la somma che viene rimborsata alla scadenza di un titolo a reddito fisso, quale ad esempio un'obbligazione, un buono del tesoro e simili.

maturity yield: ***rendimento alla scadenza.*** Lo stesso che *yield to maturity* (v.).

Maundy money: Espressione con la quale si indicano le monete, appositamente coniate dalla zecca, che il re o la regina d'Inghilterra distribuiscono ai poveri il giovedì santo. La parola *Maundy* sembra che derivi dal latino «mandatum novi», che erano le prime parole dell'inno che veniva cantato quando il sovrano, in segno di umiltà, lavava i piedi ai poveri prima della distribuzione del denaro (questa usanza non è più seguita), mentre un'altra interpretazione fa risalire il termine al *maund*, cioè uno dei cestini che conteneva il pane destinato ai poveri. L'usanza della distribuzione del *Maundy money*, che sembra risalga a Carlo secondo e dopo un periodo in cui non fu praticata venne ristabilita da Giorgio sesto, vuole che il sovrano distribuisca, a tanti poveri di ambedue i sessi quanti sono i suoi anni, un numero di *pence* d'argento equivalente ai suoi anni. Così, se il sovrano ha quaranta anni, ad esempio, ottanta poveri, quaranta di ciascun sesso, ricevono quaranta *pence* d'argento in monete appositamente coniate dalla zecca. Queste monete, che non hanno corso legale, arrecano ben poco beneficio ai poveri che le ricevono e l'unico uso che ne possono fare è quello di rivenderle a collezionisti o come argento agli orefici. Pertanto, la cerimonia non ha altra funzione se non quella tradizionale.

Max.: maximum.

maximand: ***massimando.*** È l'entità che si intende massimizzare. Per esempio, se si vogliono massimizzare gli utili, nei calcoli tendenti ad individuare gli elementi sui quali intervenire al fine di realizzare lo scopo che ci si prefigge, gli utili rappresentano il massimando.

maximation: ***massimizzazione.*** Termine usato come contrazione di *maximization* (v.).

maximax: ***maximax; massimassimo.*** In una situazione d'incertezza, è il principio di scegliere la strategia che dà il massimo tra i possibili risultati massimi, cioè la più ottimistica delle strategie.

maximin: ***maximin; massiminimo; criterio del pessimismo.*** In una situazione di incertezza, è il principio di scegliere quella strategia che dà il massimo tra i possibili risultati minimi derivanti da strategie alternative.

maximin criterion: ***massimino; maximin; criterio del pessimismo.*** Lo stesso che *maximin* (v.).

maximin strategy: ***strategia del maximin.*** Basata sul criterio del pessimismo, è quella strategia che, in una situazione di incertezza, dà il migliore tra i minimi risultati che possono derivare da strategie alternative.

maximization: ***massimizzazione.*** È il massimo accrescimento possibile di una variabile che un'impresa o un individuo possono realizzare attraverso opportune scelte. Ad esempio, per un'impresa può essere desiderabile massimizzare i profitti, il che può essere realizzato attraverso opportune scelte che conducono al livello di produzione ottimale; per un individuo può essere desiderabile massimizzare la soddisfazione che può derivargli dalla spesa di una determinata somma di denaro, ed anche questo può essere realizzato attraverso scelte opportune che tengano conto dell'utilità marginale dei beni acquistati con l'esborso della somma di denaro suddetta.

maximization of profits: ***massimizzazione dei profitti.*** Termine usato in alternativa a *profit maximization* (v.).

to maximize profits: ***massimizzare i profitti.*** Sviluppare il volume della produzione fino al punto in cui il costo di un'unità marginale di prodotto è uguale al ricavo netto derivante dalla stessa unità.

maximum and minimum tariff: ***tariffa doganale doppia; tariffa doganale minima e massima.*** Sistema di dazi d'importazione che prevede un dazio minimo e un dazio massimo da applicarsi sullo stesso bene. Poiché le tariffe doganali sono normalmente negoziate tra paesi che intrattengono rapporti commerciali, questo sistema consente l'applicazione di dazi minimi nei confronti di beni provenienti da paesi che hanno fatto concessioni commerciali analoghe o di altra natura e l'applicazione di dazi massimi nei confronti di beni provenienti da paesi con i quali non sono stati stipulati accordi commerciali.

maximum demand: ***domanda massima.*** La domanda più consistente di un bene o servizio da parte dei consumatori nell'arco di un determinato periodo di tempo, che può essere di qualsiasi ampiezza, da un'ora ad un giorno ad un anno.

maximum demand tariff: ***tariffa di domanda massima.*** Tariffa relativa alla fornitura di energia elettrica che, nella sua forma più semplice, consiste di due parti: un prezzo unitario e un prezzo più elevato per kilowatt di massima domanda registrata in un determinato arco di tempo.

maximum efficiency: ***efficienza massima.*** È quella che si realizza quando si è trovata la combinazione meno dispendiosa di due fattori della produzione per ricavare la quantità di prodotto più conveniente per l'impresa. (v. anche *least cost combination*)

maximum-hour legislation: Viene popolarmente indicato con questa espressione il *Fair Labor Standards Act* (v.), approvato dal Congresso degli Stati Uniti nel 1938 e da allora ripetutamente emendato.

maximum interest rate: ***tasso d'interesse massimo.*** Lo stesso che *interest rate ceiling* (v.).

maximum-likelihood method: ***metodo della massima verosimiglianza.*** Nella terminologia statistica, questa espressione indica un metodo per la stima di un parametro di popolazione che massimizza la probabilità di un campione. Si basa sulla supposizione che il fattore o i fattori più probabili hanno costituito il campione più verosimile e che i parametri di una relazione sono costanti ignote.

maximum output: ***produzione massima.*** Il livello di produzione più alto possibile.

maximum price: ***prezzo massimo.*** È il prezzo di un bene fissato da un'autorità governativa ad un livello inferiore a quello del prezzo di equilibrio, in un periodo di forte tensione inflazionistica, nel tentativo di frenare l'ascesa dei prezzi. Per i commercianti diventa, così, illegale vendere o comprare ad un prezzo superiore, ma se il governo non dispone di ampie scorte del bene, si troverà di fronte alla necessità di ricorrere al razionamento se vorrà evitare l'insorgere di un mercato nero.

maximum price fluctuation: ***fluttuazione di prezzo massima.*** Nel linguaggio borsistico, è il movimento massimo consentito nel prezzo di un contratto a termine durante una singola seduta di contrattazioni.

maximum social advantage: ***vantaggio sociale massimo.*** Espressione usata in relazione al principio di imposizione fiscale suggerito da Lord Dalton, secondo il quale un'imposta che trasferisce il reddito da una categoria sociale ad un'altra è efficace e valida soltanto se contribuisce ad accrescere il benessere sociale della comunità nel suo complesso.

max-min system: ***sistema del punto di riordino.*** Lo stesso che *order-point control* (v.).

May Day: Nel gergo delle borse valori statunitensi, questo termine indica il 1° maggio 1975, giorno in cui furono abolite le commissioni minime fisse sulle operazioni di compravendita titoli. Le conseguenze di questa abolizione furono un notevole calo delle commissioni fatte pagare ai grandi investitori istituzionali; un aumento delle commissioni dovute dai piccoli investitori privati; e un notevole incremento dell'attività di compravendita in quei mercati mobiliari.

May Report: ***Rapporto May.*** È indicata con questo termine la relazione, resa nota nel 1931, della Commissione britannica sulla spesa pubblica che previde un forte deficit nel bilancio dello stato. Come rimedio, la Commissione raccomandò il taglio della spesa pubblica e l'aumento dell'imposizione fiscale.

M.b.O.: management by objectives.

M/C.: marginal credit.

MCA: monetary compensation amount.

McClintock table: Lo stesso che *American experience table of mortality* (v.).

McFadden Act: Legge, approvata dal Congresso degli Stati Uniti nel 1927, che permette alle *national banks* di aprire filiali o agenzie nelle città o comunità nelle quali risiede la sede centrale di ciascuna di loro, purché lo stato interessato conceda il medesimo privilegio alle *state banks.* (v. anche *national bank, state bank, branch banking, chain banking, unit banking*)

McGuire Act: Legge, approvata dal Congresso degli Stati Uniti nel 1952, con la quale si emenda il *Miller-Tydings Act* (v.), a sua volta emendamento dello *Sherman Anti-trust Act* (v.). Questa legge stabilisce che sono legali gli accordi sul prezzo imposto non soltanto quando essi sono stati sottoscritti dagli acquirenti, ma anche quando questi ultimi non li hanno formalmente approvati. La conseguenza è che laddove esistano accordi di prezzo di rivendita imposto tra un produttore ed alcuni suoi clienti, anche gli altri clienti del produttore sono tenuti ad osservare questi accordi, praticando il prezzo imposto nei loro punti di vendita. (v. anche *resale price maintenance agreement*)

McKenna duties: Dazi di importazione istituiti nel 1915 dall'allora Cancelliere dello Scacchiere R. McKenna. Colpivano l'importazione di automobili, film prodotti all'estero e strumenti musicali, con l'intento di limitare l'importazione di beni di importanza non primaria durante il primo conflitto mondiale. Non essendo stati abrogati dopo la fine della guerra, questi dazi costituirono la prima importante deroga del Regno Unito alla sua politica del libero scambio.

McKinley tariff: È la tariffa doganale approvata con legge del Congresso degli Stati Uniti nel 1890. Tendeva a far sviluppare le industrie nazionali, proteggendole contro la concorrenza di nazioni che potevano disporre di manodopera a più buon mercato. Con questa tariffa furono notevolmente aumentati i dazi sulla lana, sui filati e tessuti di lana, sui filati e tessuti di cotone di prima qualità, su altri tipi di prodotti tessili e altri articoli di minore importanza. In qualche caso, il dazio precedente fu aumentato del cinquanta per cento, rendendolo proibitivo, mentre per altri prodotti fu ribassato o addirittura eliminato, come nel caso dello zucchero, il cui dazio di importazione fu sostituito da un premio di compensazione, di due centesimi di dollaro la libbra, per i produttori nazionali.

MCT: mainstream corporation tax.

m.d.: 1) months' date; 2) months after date.

M.D.: managing director.

M/D: 1) memorandum of deposit. 2) months after date.

mdse.: merchandise.

mean: ***media.*** Un punto centrale in un insieme di numeri. Una media viene calcolata in maniera diversa a seconda dei dati da prendersi in considerazione e a seconda dello scopo che ci si prefigge. Vi sono quattro principali tipi di medie, la media aritmetica, la media geometrica, la media armonica e la media quadratica. Quando il termine inglese, come pure quello italiano, viene usato senza alcun aggettivo, si vuole indicare la media aritmetica. (v. anche *arithmetic mean, geometric mean, harmonic mean, quadratic mean*)

mean deviation: ***scarto medio; scostamento medio; deviazione media.*** È la somma delle deviazioni, senza tener conto dei segni positivi o negativi, dei valori di una distribuzione dalla media, divisa per il numero totale dei valori.

mean price: ***prezzo medio; corso medio.*** Termine usato con lo stesso significato di *middle price* (v.).

mean reserve: ***riserva premi media; riserva matematica.*** Nelle assicurazioni, è costituita dalla media aritmetica tra la riserva premi iniziale e la riserva premi finale, relative ad un determinato periodo di tempo, di solito un anno. Poiché è la riserva che le società di assicurazioni inglesi e americane sono tenute, per legge, a mantenere al fine di poter far fronte agli eventi previsti nelle polizze in vigore, essa è anche detta *legal reserve.* (v. anche *initial reserve, terminal reserve, legal reserve 2*)

mean return: ***rendimento medio.*** Nel linguaggio finanziario, è il valore atteso o medio di tutti i probabili rendimenti degli investimenti che costituiscono un portafoglio.

means: ***mezzi.*** È la quantità complessiva di ricchezza di cui può disporre un individuo sotto forma di reddito e di patrimonio.

means of payment: ***mezzi di pagamento.*** Sono tutti quei mezzi che possono essere usati per saldare un debito o per pagare beni e servizi. Tra i più comuni mezzi di pagamento rientrano la moneta, sotto forma di banconote e di monete metalliche (pur se queste ultime hanno un potere liberatorio limitato); gli assegni di vario tipo; i vaglia postali e cambiari; le cambiali e i pagherò.

means of production: ***fattori della produzione; mezzi di produzione.*** Termine usato con lo stesso significato di *factors of production* (v.).

means test: ***accertamento di nullatenenza.*** Durante la grande depressione degli anni trenta, i disoccupati nel Regno Unito avevano diritto ad un'indennità in base al *National Insurance Scheme.* Tale indennità era in origine prevista per un periodo di tempo definito, ma fu estesa oltre la scadenza a favore di coloro che, disoccupati da molto tempo, non disponevano di alcuna altra fonte di sostentamento. Questa loro situazione veniva controllata attraverso un'indagine, chiamata *means test*, tendente ad accertare il reddito e la ricchezza di tutti i membri della famiglia del lavoratore che aspirava all'indennità di disoccupazione.

to means–test: ***accertare le fonti di reddito.*** Questo verbo è stato recentemente coniato sul significato del corrispondente sostantivo. Il suo significato è duplice: a) accertare le fonti di reddito e la situazione economica di un individuo, disoccupato o inabile al lavoro, onde decidere se concedergli un sussidio statale; b) far dipendere l'assegnazione di un sussidio statale dall'accertamento di nullatenenza della persona che aspira a tale beneficio.

measured day rate: Espressione usata negli Stati Uniti per indicare un sistema salariale in base al quale il tasso di salario giornaliero di un lavoratore viene sottoposto a revisioni periodiche, basate sulla sua efficienza e produttività.

measured daywork: Espressione con la quale si indica un sistema di retribuzione che prevede risultati standard per ciascun tipo di lavoro, stabiliti in base a tecniche di studio del lavoro da svolgersi. I tassi salariali relativi a ciascun lavoro vengono stabiliti mediante negoziazione tra datore e prestatori di lavoro o loro rappresentanti e in tale sede si stabiliscono anche gli obiettivi di produzione giornaliera. Se il lavoratore raggiunge tali obiettivi, gli viene riconosciuta l'intera retribuzione concordata, mentre per i giorni in cui l'obiettivo non è realizzato riceverà una percentuale del salario massimo pari alla percentuale di produzione realizzata.

measure goods: ***merci a cubatura; merci a cubaggio.*** Termine usato come sinonimo di *measurement goods* (v.).

measurement: ***misura; misurazione.*** Le misurazioni nei paesi anglosassoni sono basate principalmente sulla yarda e sul metro per quanto attiene alle misure di lunghezza; sulla libbra e sul chilogrammo per quanto attiene alle misure di peso. Una yarda equivale a 0,9144 metri e una libbra equivale a 0,453 chilogrammi.

measurement account: ***conto di volume; conto di cubatura.*** È il conto delle merci, in casse o scatole ricevute per la spedizione, tenuto da sensali marittimi o società di gestione di una qualche struttura portuale. In tale conto vengono registrate le dimensioni delle casse (altezza, larghezza e profondità) al fine di determinare il nolo che, su merci leggere, è calcolato sulla base di quaranta piedi cubici per tonnellata. (v. anche *measurement freight*)

measurement cargo: ***carico a cubatura; carico a cubaggio.*** Termine usato con lo stesso significato di *measurement goods* (v.).

measurement concept: ***principio di riferibilità al tempo.*** In contabilità, si indica con questa espressione il principio dell'identificazione dell'attività economica col tempo, in base al quale l'attività può essere misurata e relazionata in riferimento a ciascun periodo di tempo.

measurement freight: ***nolo a cubatura; nolo a volume.*** È il nolo calcolato sulle dimensioni delle merci, non sul loro peso, e precisamente sulle dimensioni delle scatole o casse che le contengono. Per merci leggere, infatti, quaranta piedi cubici corrispondono ad una tonnellata di nolo.

measurement goods: ***merci a cubatura; merci a cubaggio.*** Sono le merci il cui nolo viene determinato non in base al peso, bensì in base al volume. Il calcolo del volume viene fatto misurando le dimensioni delle scatole o casse che le contengono e per merci leggere quaranta piedi cubici equivalgono ad una tonnellata di nolo. (v. anche *measurement account, measurement freight*)

measurement ton: ***tonnellata d'ingombro; tonnellata di cubaggio; coefficiente d'ingombro.*** Nei trasporti marittimi, si indica con questo termine l'unità presa come base per la determinazione della rata di nolo da applicarsi su merci leggere, ma che sviluppano notevole volume. La tonnellata di cubaggio corrisponde al volume d'acqua dislocato da una tonnellata di peso, ossia quaranta piedi cubici o 1,1327 metri.

measure of value: ***misura di valore.*** Lo stesso che *standard of value* (v.).

mechanization: ***meccanizzazione.*** In economia, questo termine indica l'uso di una grande quantità di macchine, in relazione alla manodopera, in un qualsiasi processo produttivo. L'inizio della meccanizzazione dei processi produttivi viene fatto risalire alla rivoluzione industriale, pur se a quell'epoca il rapporto tra macchine e manodopera era molto più basso di quanto non sia oggi. Infatti, lo sviluppo più drammatico della meccanizzazione si è avuto dopo la prima e dopo la seconda guerra mondiale.

mechanized accounting: ***contabilità meccanizzata.*** Si intende con questa espressione la contabilità tenuta per mezzo di macchine contabili che non siano elaboratori elettronici. Pur se era possibile disporre di macchine contabili già nei primi anni di questo secolo nel Regno Unito, esse erano meccaniche e non elettriche. Le banche inglesi, ad esempio, passarono alla contabilità meccanizzata con macchine elettriche nel 1929. Attraverso l'uso di tali macchine, che tenevano aggiornata tutta la contabilità, le banche inglesi via via eliminarono quasi tutti i libri contabili che esse tenevano in precedenza. Oggi, la contabilità meccanizzata tenuta per mezzo di macchine elettriche è stata quasi dovunque soppiantata dalla contabilità tenuta con elaboratori elettronici. È inutile dilungarsi qui sui vantaggi offerti dal computer rispetto alle antiche macchine contabili.

medallion: ***medaglione.*** Termine con il quale, nel Regno Unito, si indica il simbolo, stampato sugli assegni, che attesta l'avvenuto pagamento della tassa di bollo. L'articolo 39 del *Finance Act* del 1956 rese possibile il pagamento in abbonamento della tassa di bollo sugli assegni e ciò ha consentito alle banche inglesi di non dover più inviare tutti gli assegni all'apposito ufficio del fisco perché venissero bollati uno per uno, lavoro di mole enorme, considerato lo sviluppo che hanno avuto gli assegni come mezzi di pagamento dopo la seconda guerra mondiale.

media: ***mezzi pubblicitari; veicoli pubblicitari.*** Sono così indicati collettivamente tutti i mezzi attraverso i quali la pubblicità può far giungere ai consumatori i messaggi dei produttori. Pur se il termine comprende anche manifesti, opuscoli, ecc., esso è più sovente usato con riferimento ai mezzi di comunicazione di massa, quali la radio, la televisione, i giornali, le riviste e simili.

media analysis: ***analisi dei mezzi; ricerca dei mezzi.*** Termine usato con lo stesso significato di *media research* (v.).

median: **1.** ***mediana.*** Il valore equidistante dagli estremi di una serie di numeri o di grandezze, tale che divide in due parti uguali i numeri o le grandezze con valore inferiore alla mediana e i numeri o le grandezze con valore superiore alla mediana, presenti nella serie. **2.** ***secondo quartile.*** È indicato con questo termine il secondo dei tre punti su una distribuzione di frequenza che la dividono in quattro parti, ciascuna delle quali contiene un numero di dati uguale a quello delle altre tre.

media planning: ***pianificazione dei mezzi.*** Nel linguaggio della pubblicità, è la ripartizione dei messaggi o degli annunci pubblicitari tra i vari mezzi di comunicazione di massa disponibili in un dato arco di tempo.

media research: ***analisi dei mezzi; ricerca dei mezzi.*** Nel linguaggio della pubblicità, questa espressione indica lo studio scientifico dell'efficienza relativa dei differenti mezzi di informazione di massa nel rendere noto un prodotto ai potenziali consumatori. Si effettua attraverso la raccolta e l'analisi di dati relativi alla tiratura della stampa quotidiana e periodica, agli indici di ascolto e di gradimento di programmi radiofonici e televisivi, al numero di spettatori che frequentano una sala cinematografica, e altri dati del genere.

mediate possession: ***possesso mediato.*** Il possesso di un bene da parte di una persona diversa dal proprietario. (v. anche *immediate possession*)

mediate utility: ***utilità mediata.*** Termine usato da W. S. Jevons, e da lui ritenuto proprio della teoria del capitale, per indicare l'utilità di qualsiasi attrezzo, macchina o altro mezzo idoneo a produrre o procurare beni che possiedono utilità diretta o immediata.

mediation: ***mediazione.*** È la procedura per derimere dispute in base alla quale un terzo, chiamato mediatore, tenta di far accordare le parti. Prende il nome di arbitrato quando il mediatore ha il potere di imporre e far valere la propria decisione; prende il nome di conciliazione quando il mediatore ha soltanto il potere di esprimere un suggerimento sul quale basare la soluzione della disputa. Il termine è spesso usato in relazione a dispute di natura sindacale tra lavoratori e datori di lavoro, nel qual caso il mediatore è di solito un organo governativo. (v. anche *arbitration, conciliation*)

mediator: ***mediatore.*** La terza parte neutrale che interviene allo scopo di derimere una disputa mediante accordo stragiudiziale.

medicaid program: ***programma di assistenza contro le malattie.*** È un programma di assistenza sociale statunitense, diverso dal *medicare program* (v.) in quanto fornisce assistenza medica gratuita ad altre e diverse categorie di cittadini e precisamente a famiglie a basso reddito, ai non vedenti e ai portatori di handicap.

medical expenses policy: ***polizza di assicurazione spese mediche.*** Polizza del ramo danni, che garantisce una persona contro il rischio di dover sostenere spese mediche a seguito di incidente o malattia mentre si trova in un paese straniero.

medical insurance: ***assicurazione sanitaria; assicurazione medica.*** Lo stesso che *private health insurance* (v.).

medicare program: ***programma di assicurazione contro le malattie.*** Il programma statunitense di assicurazione nazionale contro le malattie, entrato in vigore il 1° luglio 1966 e riservato agli anziani e a certe categorie di invalidi. Il programma prevede due parti: l'assicurazione contro le spese ospedaliere e l'assicurazione contro altri tipi di spese mediche e sanitarie.

medium bond: ***titolo di stato a medio termine.*** Sono i titoli del debito pubblico la cui durata va dai cinque ai venti anni. Anche questi titoli, come quelli a lungo termine, vengono evitati dagli investitori in periodi di inflazione, in quanto sia il capitale, sia gli interessi potrebbero ridursi notevolmente, in termini reali, nel corso della vita del titolo. Al fine di evitare questo rischio, recentemente si è cominciato a fare ricorso a titoli indicizzati, quando la loro vita si estende oltre i tre anni. (v. anche *long bond, short bond, index–linked securities*)

medium–dated securities: ***titoli a media scadenza.*** Titoli a reddito fisso, la cui scadenza oscilla tra i cinque e i quindici anni dalla data di emissione.

medium gilts: ***titoli di stato a media scadenza.*** Nel linguaggio della borsa valori di Londra, sono indicati con questa espressione i titoli del debito pubblico, la cui durata oscilla tra i cinque e i quindici anni.

medium of advertising: ***mezzo pubblicitario; veicolo pubblicitario.*** Uno qualsiasi dei mezzi di comunicazione usati per trasmettere messaggi pubblicitari. (v. anche *media*)

medium of exchange: ***mezzo di scambio; intermediario degli scambi.*** Una delle funzioni della moneta è quella di servire da mezzo di scambio. Con questo termine si indica qualsiasi cosa che venga accettata in cambio di beni e servizi e che contribuisca ad agevolare il loro scambio, evitando lo scambio diretto tra beni o baratto. Pertanto, qualsiasi oggetto o bene può essere usato come mezzo di scambio, purché vi sia chi lo accetta e purché offra un facile punto di riferimento in base al quale si possa assegnare un valore ai beni e servizi da scambiarsi. Ad esempio, subito dopo la seconda guerra mondiale, quando il marco tedesco aveva subito un deprezzamento enorme, un mezzo di scambio accettato dai più in Germania era rappresentato dalle sigarette. Quando la moneta è usata come mezzo di scambio, essa deve possedere alcune caratteristiche indispensabili: a) deve essere prontamente accettata da tutti coloro che risiedono nel paese in cui essa circola; b) deve essere divisibile, perché la moneta in grossi tagli non può essere usata per scambi di scarso o limitato valore; c) non deve essere facilmente falsificabile, perché ogni contraffazione riduce il valore della moneta; d) infine, ma soltanto nel caso in cui si tratti di moneta coniata in metallo prezioso, deve avere un alto valore in relazione al peso, altrimenti diventa poco pratica. (v. anche *functions of money, unit of account, store of wealth*)

mediums: ***titoli a media scadenza.*** Termine usato con lo stesso significato di *medium gilts* (v.).

medium–sized enterprise: ***media impresa.*** Impresa più grande di quelle che vengono definite piccole, ma più piccola delle grandi imprese. Il criterio in base al quale un'impresa rientra in una delle tre classificazioni differisce da paese a paese e da settore a settore, come è detto sotto *small business* (v.).

medium–term: ***di medio termine; a medio termine.*** Espressione aggettivale, usata in relazione a operazioni la cui durata è superiore a quella definita di breve termine, ma inferiore a quella detta di lungo termine. Il concetto non è univoco, in quanto la durata del medio termine varia da tipo a tipo di operazione.

medium–term bill: ***effetto a media scadenza; cambiale media; carta media.*** Nel mercato monetario, indica una cambiale la cui scadenza va da uno a tre mesi vista o data.

medium–term capital: ***capitale a medio termine.*** È il capitale rappresentato da prestiti non rimborsabili a richiesta, pur se concessi per un periodo di tempo stabilito e limitato che, di solito, non supera i cinque anni. (v. anche *long–term capital, short–term capital*)

medium–term credit: ***credito a medio termine; mediocredito.*** Normalmente denominato credito industriale o mobiliare, ha una scadenza che varia generalmente da un anno a dieci anni e fornisce alle imprese parte dei capitali necessari per investimenti in attività fisse o loro sostituzione, ampliamento o trasformazione. La difficoltà per le piccole e medie imprese inglesi di procurarsi capitale di questo tipo fu posta in evidenza dalla Commissione Macmillan, che auspicò la creazione di un'istituzione che colmasse la cosiddetta *Macmillan Gap.* (v. anche *Macmillan Gap, Finance Corporation for Industry, Industrial and Commercial Finance Corporation, long–term credit, short–term credit*)

medium–term financial strategy: ***strategia finanziaria di medio termine.*** Una politica, cui diede l'avvio il governo britannico nel 1980, in base alla quale vennero fissati obiettivi di aumento annuo decrescente dell'offerta di moneta e di indebitamento del settore pubblico, allo scopo di combattere l'inflazione e incoraggiare maggiori investimenti interni e più alti livelli di produzione nel settore privato. Gli obiettivi stabiliti non furono realizzati ogni anno e questa politica, revisionata nel 1983, fu definitivamente abbandonata nel 1985.

medium–term financing: ***credito finanziario.*** Credito concesso da una banca sotto forma di prestito o anticipazione, facendo prescindere tale concessione dall'impiego dei fondi in un'operazione commerciale.

medium–term forecast: ***previsione a medio termine; previsione di medio periodo.*** Previsione economica relativa ad un periodo di tempo tra un anno e mezzo e quattro anni, a partire dal momento in cui essa viene formulata.

medium–term liability: ***passività a medio termine.*** Una passività che, in base all'accordo che l'ha fatta insorgere, deve essere soddisfatta in un periodo di tempo di solito non superiore ai cinque anni.

medium–term note: Il termine inglese indica una variante della *eurocommercial paper* (v.), recentemente utilizzata sugli euromercati e altrove. La differenza tra la *medium–term note* e la *eurocommercial paper* consiste soltanto nella loro durata: la prima, infatti, è di solito emessa per periodi oscillanti tra i 18 e i 36 mesi, in ciò avvicinandosi alle caratteristiche delle eurobbligazioni, mentre la seconda viene emessa per periodi oscillanti tra i 3 e i 6 mesi.

meeting of creditors: ***assemblea dei creditori; adunanza dei creditori; riunione dei creditori.*** Dopo l'inizio di una procedura fallimentare, la legge britannica prevede la convocazione di un'assemblea dei creditori, a mezzo pubblicazione dell'avviso nella *London Gazette*, al fine di accertare se sia possibile raggiungere un accordo tra questi e il debitore. L'assemblea deve essere convocata dal curatore e si deve tenere non oltre il quindicesimo giorno successivo a quello dell'emissione dell'ordinanza che dà l'avvio alla procedura fallimentare. Lo stesso termine inglese si usa anche con riferimento all'adunanza dei creditori convocata da un debitore prima dell'avvio di qualsiasi tipo di procedura concorsuale, al fine di stabilire se esista la possibilità di un accordo con i creditori. Infine, si indica con lo stesso termine l'assemblea dei creditori convocata in relazione alla liquidazione, volontaria o coatta, di una società per azioni.

meetings: ***assemblee; riunioni.*** Le più importanti assemblee di una società per azioni sono l'assemblea ordinaria e l'assemblea straordinaria dei soci. La legge britannica prevede che l'assemblea ordinaria si tenga almeno una volta all'anno e che non intercorra, tra un'assemblea ordinaria e la successiva, un periodo di tempo superiore ai quindici mesi. Nel corso di tale assemblea vengono discussi ed approvati i rendiconti e le relazioni del consiglio di amministrazione e dei sindaci; si provvede alla discussione e dichiarazione del dividendo proposto dal consiglio di amministrazione; si nominano o si confermano sindaci e consiglieri, ecc. L'assemblea straordinaria, invece, può essere convocata in qualsiasi momento, per discutere questioni straordinarie e urgenti, o dal consiglio di amministrazione o dai soci che rappresentano non meno di un decimo del capitale azionario con diritto di voto.

megabuck: Termine di slang statunitense, usato per indicare un milione di dollari. (v. anche *buck*)

megalopolis: ***megalopoli.*** Termine usato per la prima volta da J. Gottmann per indicare l'immensa conurbazione che si estende pressocché ininterrottamente da Boston a Washington e abbraccia le metropoli di New York, Filadelfia e Baltimora, oltre alle due suddette e un gran numero di centri più piccoli. L'estensione di questa megalopoli è di circa il tre per cento dell'intero territorio degli Stati Uniti, ma accoglie oltre quaranta milioni di abitanti, pari a circa il venti per cento dell'intera popolazione statunitense. Il termine è passato poi nel linguaggio comune e viene usato per indicare una qualsiasi concentrazione urbana di grosse dimensioni. (v. anche *conurbation*)

mem.: memorandum.

member: 1. ***membro.*** Lo stesso che *corporator* (v.). **2.** ***socio.*** Il termine inglese indica particolarmente il socio di una cooperativa o mutua.

member bank money: ***moneta delle banche partecipanti.*** Nella sua opera *Teoria pura della moneta*, J. M. Keynes indica con questo termine i depositi delle banche membri di un sistema bancario al cui vertice c'è la banca centrale.

member banks: ***banche membri.*** Il termine viene usato con significato diverso nel Regno Unito e negli Stati Uniti. Nel primo indica le banche affiliate alla stanza di compensazione e, in senso più lato, una qualsiasi banca commerciale. Negli Stati Uniti, invece, indica una qualsiasi banca che faccia parte del Sistema della Riserva Federale, cioè tutte le *national banks* e gran parte delle *state banks*. (v. anche *commercial bank, clearing banks, national bank, state bank, Federal Reserve System*)

member corporation: ***società membro.*** Nel linguaggio delle borse valori statunitensi, è un'impresa di intermediazione nella compravendita di valori mobiliari organizzata sotto forma di società per azioni, avente almeno un membro effettivo della borsa valori come suo impiegato o dirigente.

member firm: ***ditta membro.*** Nel linguaggio della borsa valori di Londra, questa espressione viene usata per indicare una società di intermediazione i cui soci o i cui direttori sono tutti singolarmente membri della borsa valori. Nel linguaggio delle borse valori statunitensi, il termine indica un'impresa di intermediazione nella compravendita di valori mobiliari organizzata sotto forma di società di persone, avente almeno un membro effettivo della borsa valori come suo impiegato o socio accomandatario.

member organization: ***organizzazione membro.*** Nel linguaggio delle borse valori statunitensi, questo termine indica indistintamente sia una *member corporation* (v.) che una *member firm* (v.).

membership corporation: ***associazione.*** Nel linguaggio giuridico statunitense, il termine indica una società senza scopo di lucro, che non emette capitale azionario e i cui soci ne fanno parte dopo aver chiesto l'iscrizione ed aver pagato la prescritta tassa di capitazione. È usata principalmente per società sportive, circoli ricreativi e simili. (v. anche *company limited by guarantee*)

members of companies: ***soci di società per azioni.*** Si diventa soci di una società per azioni o all'atto della sua costituzione o, successivamente, dopo aver effettuato l'acquisto anche di una sola azione emessa dalla società. Nel primo caso, il requisito essenziale è quello di aver sottoscritto l'atto costitutivo della società, mentre nel secondo è sufficiente acquistare, o ricevere in eredità o in altra maniera, azioni della società. Qualunque sia il modo in cui una persona è entrata a far parte della società, affinché egli venga effettivamente considerato tale è necessario che il suo nome sia iscritto nel libro dei soci.

members rate: ***tariffa per i membri.*** Nel linguaggio delle borse, indica la commissione fatta pagare da un operatore in relazione all'esecuzione di un ordine per conto di un altro membro della stessa borsa o di altre borse.

members' voluntary liquidation: ***liquidazione volontaria su delibera dei soci.*** Termine usato con lo stesso significato di *members' voluntary winding-up* (v.).

members' voluntary winding-up: ***liquidazione volontaria su delibera dei soci.*** È una delle due forme di liquidazione volontaria, prevista dagli articoli 283–91 del *Companies Act* del 1948. Di solito si ricorre a questa forma quando si intende procedere a ristrutturazione della società o quando si decide di liquidarla per ragioni non dipendenti dalla solvibilità dell'impresa. Tale tipo di liquidazione ha inizio con la dichiarazione, da parte di uno o più membri del consiglio di amministrazione, che dopo una ricognizione della situazione economico–finanziaria della società appare evidente che essa è in grado di far fronte a tutte le sue obbligazioni entro dodici mesi dalla data di inizio della procedura di liquidazione. Questa dichiarazione deve essere fatta entro un periodo non superiore alle cinque settimane che precedono l'approvazione della decisione, da parte dei soci, di mettere la società in liquidazione. La dichiarazione deve essere accompagnata da un prospetto dell'attivo e del passivo della società. Nel corso di un'assemblea generale appositamente convocata, i soci deliberano sulla liquidazione e nominano uno o più liquidatori, ed all'atto di tale nomina cessano i poteri precedentemente conferiti al consiglio di amministrazione, salvo il caso in cui l'assemblea o il liquidatore chiedano al consiglio di continuare la sua attività. (v. anche *winding–up, compulsory winding–up, voluntary winding–up, creditors' voluntary winding–up, liquidator*)

memo: memorandum.

memorandum: ***nota; memorandum.*** Breve comunicazione scritta informale, inviata in luogo di una lettera a qualcuno che opera all'interno dello stesso ufficio o della stessa organizzazione.

memorandum account: ***conto d'ordine.*** Termine usato per indicare annotazioni di memoria a corredo della situazione dell'impresa, esposta nello stato patrimoniale, e relative a voci che non costituiscono attività e passività in senso stretto e devono, pertanto, essere riportate separatamente.

memorandum cheque: ***assegno postdatato.*** Si indica con questa espressione un assegno bancario postdatato rilasciato da un debitore al proprio creditore a fronte del debito contratto dal primo e a garanzia del credito concesso dal secondo, che potrà presentarlo per l'incasso se il debitore non farà fronte al proprio impegno di restituzione entro la data concordata.

memorandum clause: ***clausola memorandum.*** Nelle assicurazioni marittime, è una clausola che solleva l'assicuratore dall'obbligo dell'indennizzo qualora la perdita della cosa assicurata derivi da cause che vengono espressamente definite in questa clausola o qualora i beni oggetto del sinistro, di solito beni deperibili, siano espressamente menzionati in questa clausola.

memorandum of agreement: ***contratto di vendita con patto di riservato dominio.*** Si indica con questo termine l'accordo scritto tra acquirente e venditore in una vendita con patto di riservato dominio. Esso stabilisce le condizioni alle quali si effettua la vendita, i diritti e i doveri delle due parti e tutti gli altri dettagli prescritti dalle leggi che regolamentano le vendite con pagamento rateale. Copia del contratto deve essere inviata all'acquirente entro sette giorni dalla data in cui esso fu sottoscritto dalle parti. (v. anche *hire purchase, Hire Purchase Acts*)

memorandum of association: ***atto costitutivo; atto costitutivo di società di capitali.*** È il documento fondamentale per la costituzione di una società per azioni. Il suo contenuto può differire da paese a paese a seconda delle sfumature diverse previste dal diritto commerciale del paese in cui viene costituita e registrata la società, ma in qualsiasi nazione esso deve contenere la denominazione sociale, la durata della società, l'oggetto sociale, numero e tipi di azioni ovvero l'ammontare di capitale autorizzato, l'indirizzo della sede sociale. Affiancato allo statuto sociale, rappresenta la legge, spesso inalterabile, che governerà la vita della società. Qualora esso venisse alterato in un successivo momento, ne dovrà essere data notizia all'ufficio del registro delle imprese al quale, insieme agli altri documenti prescritti, esso deve essere inviato affinché la società venga registrata e possa essere autorizzata a iniziare la sua attività. Mentre lo statuto sociale regola gli affari interni della società, l'atto costitutivo regola i rapporti tra la società e i terzi. (v. anche *articles of association, certificate to commence business*)

memorandum of deposit: ***certificato di deposito; lettera di deposito.*** Termine usato con lo stesso significato di *letter of deposit* (v.).

memorandum of satisfaction: ***certificato di avvenuto pagamento di un debito ipotecario.*** Certificato che attesta l'avvenuto pagamento di un debito ipotecario. Se il debito era stato contratto da una società per azioni, l'articolo 100 del *Companies Act* del 1948 stabilisce che una copia di questo certificato debba essere inoltrata all'ufficio del registro delle imprese per la prescritta annotazione. In base al suddetto articolo, è oggi possibile registrare anche l'avvenuto pagamento di una parte del debito ipotecario, sempre dietro presentazione del suddetto certificato, mentre prima del 1948 ciò non era possibile perché non previsto dalla legge.

memorandum sale: ***vendita salvo vista e verifica.*** Termine statunitense, usato con lo stesso significato di *sale on approval* (v.).

mensualization: ***mensualizzazione.*** Termine di recente coniazione, usato per indicare la pratica di pagare salari e stipendi una volta al mese e non una volta alla settimana o alla quindicina come si era soliti fare in passato, specialmente in altri paesi europei e negli Stati Uniti.

mer.: mercantile.

Merc: Chicago Mercantile Exchange.

mercantile: ***commerciale; mercantile.*** L'aggettivo inglese è usato in alcune espressioni con lo stesso significato dell'altro aggettivo *commercial* (v.).

mercantile agency: ***agenzia d'informazioni commerciali.*** Termine usato con lo stesso significato di *status inquiry agency* (v.).

mercantile agent: ***commissionario; agente di vendita.*** Termine usato con lo stesso significato di *factor 1* (v.).

mercantile bill: ***cambiale commerciale.*** Termine usato con lo stesso significato di *commercial bill* (v.), pur se ormai è quasi del tutto desueto.

mercantile business: ***azienda mercantile; impresa mercantile.*** Termine usato con lo stesso significato di *mercantile house* (v.).

mercantile credit: ***credito mercantile; credito di fornitura.*** Termine usato con lo stesso significato di *trade credit 1* (v.).

mercantile credit agency: ***agenzia d'informazioni commerciali.*** Termine usato con lo stesso significato di *status inquiry agency* (v.).

mercantile discount: ***sconto commerciale; sconto all'infuori; sconto irrazionale; sconto mercantile.*** Termine usato con lo stesso significato di *trade discount* (v.).

mercantile house: ***casa mercantile; azienda mercantile; impresa mercantile.*** Termine generico usato per indicare una qualsiasi impresa che svolga una attività industriale o commerciale. Il termine può, pertanto, applicarsi ad un'impresa industriale, ad un grossista, ad un dettagliante, ad una ditta di brokeraggio e simili.

mercantile law: ***diritto commerciale; diritto mercantile.*** Termine usato con lo stesso significato di *commercial law* (v.).

mercantile marine: ***marina mercantile.*** Termine usato con lo stesso significato di *merchant marine* (v.).

mercantile paper: ***carta commerciale.*** Termine usato con lo stesso significato di *commercial paper* (v.).

mercantile person: ***persona giuridica.*** Termine usato con lo stesso significato di *legal person* (v.), quando quest'ultimo termine si applica ad un'impresa mercantile.

mercantile system: ***sistema mercantilista; sistema mercantile; mercantilismo.*** In Gran Bretagna il sistema mercantile si sviluppò lungo quattro direttrici principali: a) lo sviluppo del commercio marittimo attraverso l'approvazione dei *Navigation Acts* del 1651, 1660, 1663 e 1672; b) l'accumulazione di ricchezza nazionale sotto forma di metallo prezioso, richiesto in pagamento di prodotti industriali esportati in altri paesi; c) la creazione di un popolo intraprendente e la creazione di un vasto impero coloniale; d) la protezione dell'agricoltura e delle industrie nazionali, attraverso l'applicazione di forti dazi sulle importazioni. (v. anche *Navigation Acts, mercantilism*)

mercantilism: ***mercantilismo; sistema mercantile; sistema mercantilista; crisoedonismo.*** Tra i secoli sedicesimo e diciottesimo, i moderni stati europei emergevano dall'economia medievale e si impegnavano nel tentativo di costruire forti economie nazionali, capaci di proteggerli in tempo di guerra e di facilitare la loro espansione territoriale e la colonizzazione dei paesi d'oltremare. Alla base di queste economie venivano posti l'autosufficienza e lo sviluppo della produzione, mentre i metalli preziosi, in parte derivanti dal commercio e in parte provenienti dal nuovo mondo, venivano usati dai governi per mantenere forti eserciti e grandi flotte di navi da guerra e per finanziare i programmi di espansione e di investimenti interni. Era, quindi, politica fondamentale di questi stati favorire le esportazioni, il cui pagamento veniva richiesto in oro e argento, e scoraggiare le importazioni mediante l'applicazione di tariffe doganali indiscriminate. Tutti questi cambiamenti politici ed economici divennero noti col termine mercantilismo, che non indicava un rigido corpo di dottrine, ma incorporava una vasta gamma di idee, alla base delle quali vi era quella fondamentale che sosteneva che la potenza di una nazione si misurava in base alle sue disponibilità di oro e argento e che, pertanto, andava incoraggiato qualsiasi tentativo che mirasse a far aumentare le scorte di metallo prezioso di un paese. Come dottrina, quindi, il mercantilismo non è assurto mai a trattazione sistematica e razionale e gli scrittori mercantilisti si occuparono di argomenti isolati, soprattutto problemi monetari e commerciali, visti sotto un'angolazione essenzialmente pratica, in cui primeggiava la figura di uno stato forte e ricco e di un'autorità capace di far progredire gli interessi della nazione, ai quali andavano sacrificati quelli dei singoli. Soprattutto in Gran Bretagna, le leggi approvate durante il mercantilismo favorivano le esportazioni attraverso la concessione di premi agli esportatori e restituzioni di dazio sui beni importati come materie prime e riesportati come prodotti finiti, mentre veniva proibita sia l'importazione di beni ritenuti inutili per la produzione industriale del paese, sia l'esportazione di materie prime necessarie all'industria nazionale. Il commercio delle colonie veniva limitato a scambi con la madre patria e veniva anche proibita l'installazione di industrie che entrassero in concorrenza con quelle già funzionanti in Gran Bretagna. Ma già nella seconda metà del diciottesimo secolo, la politica mercantilistica veniva vista come un ostacolo all'espansione economica anche di quei paesi che riuscivano a mantenere una continua eccedenza delle esportazioni sulle importazioni. Questa denuncia del sistema mercantilistico trovò la voce più autorevole in Adam Smith che, nella sua opera *The Wealth of Nations*, dimostrò come tutti avessero molto da guadagnare da una maggiore liberalizzazione degli scambi. Tuttavia, anche se le sue idee vennero accolte con favore, il mercantilismo continuò ad esercitare la sua influenza per molti altri decenni e si può dire che soltanto dopo la seconda guerra mondiale esso ha cominciato a scomparire a seguito della creazione di organismi sovrannazionali e dell'approvazione di trattati internazionali tendenti a liberalizzare gli scambi tra le nazioni del mondo. (v. anche *mercantile system, Navigation Acts*)

mercantilist: 1. *mercantilista.* Sostantivo con il quale si indica un seguace o un propugnatore delle idee che erano proprie del mercantilismo. **2. *mercantilistico.*** Aggettivo usato per definire dottrine, idee, politiche e teorie proprie del mercantilismo.

mercantilist doctrine: *dottrina mercantilista.* La dottrina alla base del mercantilismo, descritta sotto *mercantilism* (v.).

merchandise: *merce; mercanzia.* Il termine inglese viene usato per indicare particolarmente la merce acquistata da un dettagliante per la successiva rivendita, che costituisce, pertanto, la scorta o giacenza del commerciante. Il termine è, tuttavia, usato anche con un significato più ampio per indicare i beni oggetto di scambio commerciale. (v. anche *goods, commodity*)

merchandise account: *conto merci.* Conto nel quale in passato venivano registrati acquisti e vendite di merci, il nolo o le spese di trasporto ad esse relative, e molti altri tipi di spese sempre connesse con l'acquisto, lo spostamento e la vendita di merci. Il saldo di tale conto, dopo le opportune rettifiche che tenessero conto delle giacenze di inizio e fine periodo, rappresentava il profitto lordo relativo al periodo di esercizio. Oggi, anche nei negozi al dettaglio questo conto è stato quasi dovunque frazionato e sostituito da più conti, ciascuno intestato ai vari elementi che prima costituivano nel loro insieme il conto merci.

merchandise advance: *prestito su merci; anticipazione su merci.* Lo stesso che *goods loan* (v.).

merchandise balance: *bilancia commerciale.* Termine a volte usato con lo stesso significato di *balance of trade* (v.).

merchandise broker: *intermediario di commercio; sensale.* Termine generico, usato negli Stati Uniti per indicare un qualsiasi intermediario tra compratore e venditore in un'operazione commerciale relativa a una o più partite di merci nelle quali egli non acquista il titolo di proprietà.

merchandise car: *vagone merci; vagone a collettame.* Nel linguaggio statunitense dei trasporti, il termine indica un vagone ferroviario che trasporta merci appartenenti a più proprietari e, quindi, non noleggiato ad un singolo mittente.

merchandise cost: *costo delle merci.* Corrisponde al prezzo effettivamente pagato dal compratore ed è, pertanto, equivalente al costo delle merci come risulta dalla fattura, al netto dello sconto d'uso.

merchandise inventory: *scorta merci.* Sono le merci giacenti in magazzino o consegnate in conto deposito a terzi, calcolate alla fine di un periodo contabile. Nell'attività al dettaglio, sono le giacenze o scorte di cui può disporre il negoziante per la vendita immediata. (v. anche *inventory 1* e *2*)

merchandise mark: *marchio commerciale; marchio di fabbrica; marchio di origine.* Il termine inglese indica un qualsiasi marchio apposto su una confezione di merci, principalmente allo scopo di individuarle in relazione a documenti commerciali. Si usa, quindi, principalmente nel commercio estero e corrisponde a uno qualsiasi dei traducenti dati, pur non identificandosi esattamente con alcuno dei significati specifici dei termini italiani. (v. anche *mark 1* e *2*, *trade mark*)

Merchandise Marks Act: Legge, approvata dal parlamento britannico nel 1887, che prescriveva che tutti gli articoli importati nel Regno Unito dovessero avere sulle confezioni il marchio di origine o di fabbrica, contenente il nome del paese nel quale venivano prodotti. Tale legge rese anche illegale l'uso di marchi di fabbrica inglesi da parte di imprese straniere. Successive leggi sui marchi di fabbrica dichiararono reato la contraffazione o la falsa applicazione di marchi di fabbrica, nonché l'uso di descrizioni inesatte o fuorvianti sulle confezioni di prodotti messi in commercio all'interno del Regno Unito.

merchandise procurement cost: *costo di acquisizione delle merci.* Rientra sotto questa espressione qualsiasi costo relativo all'acquisto di merci da rivendersi o da utilizzarsi come input per la produzione di altri beni. Nella contabilità delle imprese distributrici indica i costi di acquisto, trasporto, ricezione, magazzinaggio e vendita di merci acquistate per essere successivamente rivendute.

Se si detrae il costo di acquisizione delle merci dal margine lordo, si ottiene l'utile lordo del negozio di vendita al dettaglio. (v. anche *gross merchandise margin, gross operating spread*)

merchandiser: Termine entrato anche nell'uso italiano per indicare la persona esperta di merchandising, che ha la funzione di consigliare, suggerire ed insegnare al dettagliante come disporre la merce nel suo punto di vendita, allo scopo di incrementare direttamente o indirettamente gli acquisti da parte dei consumatori clienti del punto stesso. L'intervento del merchandiser è, pertanto, di tipo prevalentemente qualitativo, mira ad assicurare la rotazione delle merci controllandone lo stato di vendibilità e si attua con visite periodiche o sollecitate dal dettagliante. (v. anche *merchandising, lay–out, display*)

merchandise removal docket: ***scontrino per l'uscita di merce.*** Scontrino, di solito autoadesivo, posto su un bene ingombrante, che non può essere contenuto nelle solite buste di carta o plastica, dopo che l'acquirente ha pagato il prezzo d'acquisto. Viene usato nei grandi magazzini e serve a informare il personale di sorveglianza che l'articolo portato dal cliente è stato regolarmente acquistato e pagato.

merchandise trade: ***commercio di beni; scambio di beni.*** Termine usato in contrapposizione a *services trade* (v.) per indicare che l'oggetto dello scambio è rappresentato esclusivamente da beni.

merchandise trade deficit: ***deficit commerciale.*** Lo stesso che *passive trade balance* (v.).

merchandise turnover: ***indice di avvicendamento delle scorte; indice di rotazione delle scorte.*** Termine usato con lo stesso significato di *inventory turnover* (v.).

merchandising: Termine, entrato anche nell'uso corrente italiano, con il quale nell'ambito del marketing si indica ogni attività promozionale effettuata su un punto di vendita e avente l'obiettivo di incrementare gli acquisti da parte dei consumatori. Il merchandising riguarda non soltanto il dettagliante, ma anche il produttore che ha tutto l'interesse di offrire al primo un'assistenza tecnica volta a favorire la commercializzazione dei suoi prodotti. Funzione specifica del merchandising, che viene svolta da un consulente specializzato impiegato di solito dal produttore e chiamato merchandiser, è la programmazione e l'esecuzione di tutte le operazioni volte ad ottimizzare l'esposizione, lo stato di presentazione e di conservazione e la rotazione di uno o più prodotti e delle rispettive confezioni, nelle quantità e nei tempi migliori. Le tecniche di merchandising si servono, pertanto, di veicoli pubblicitari all'interno del punto di vendita, del *lay–out* (v.) e del *display* (v.) delle merci, al fine di creare e trasmettere al consumatore un messaggio che stimoli in lui l'idea ed il bisogno del consumo. (v. anche *merchandiser*)

merchandising department: ***ufficio merchandising; reparto merchandising.*** In un'impresa produttrice di beni di consumo è l'ufficio che intrattiene rapporti di collaborazione con i dettaglianti e che studia le tecniche di vendita che si applicano al prodotto dopo che esso è giunto al punto di vendita. Compito di questo ufficio è anche quello di studiare le confezioni in cui offrire ai consumatori gli articoli prodotti dall'impresa.

merchandising salesman: ***collaboratore di vendita; propagandista commerciale.*** Nella terminologia commerciale statunitense, è una figura di assistente di vendita, impiegato da un produttore affinché collabori con i suoi rappresentanti, promuovendo l'immagine dell'impresa e stimolando la domanda dei suoi prodotti. Questo tipo di collaboratore è ampiamente utilizzato dall'industria farmaceutica, che gli affida il compito di visitare medici e strutture sanitarie e in tale caso è da noi chiamato collaboratore scientifico.

merchant: ***commerciante.*** Persona fisica o giuridica che acquista e vende beni senza cambiarne la forma o la sostanza. Può essere impegnato nel commercio interno o in quello internazionale, ma la sua funzione resta sempre quella di assistere la distribuzione di un bene in un qualche stadio tra la produzione o la fabbricazione e la vendita al dettaglio. Nel suo significato originario, il termine veniva usato per indicare chi acquistava e vendeva per proprio conto, ma poi è passato ad indicare anche chi riceve e vende beni in conto deposito e chi svolge operazioni di compravendita in nome e per conto di terzi.

merchantable quality: ***qualità commerciabile; qualità mercantile; qualità buona e mercantile; qualità sana e mercantile.*** Locuzione con la quale viene indicata una qualità tale da consentire la vendita delle merci cui essa si riferisce. Cioè, le merci devono poter essere utilizzate per gli scopi, o uno degli scopi, per cui esse sono abitualmente usate e di qualità tale che un uomo ragionevole e che si comporta in modo ragionevole, dopo attento esame delle stesse, è disposto ad accettarle in esecuzione del contratto stipulato col venditore. La locuzione può anche intendersi nel senso che il venditore è tenuto a consegnare merce di qualità non inferiore alla media che viene trattata all'epoca e nel luogo di consegna o di imbarco. (v. anche *middling quality*)

merchantable title: ***titolo cedibile; titolo trasferibile.*** Lo stesso che *marketable title* (v.).

Merchant Adventurers: ***mercanti imprenditori.*** Nome con il quale in Gran Bretagna venivano indicate parecchie compagnie mercantili, fondate nel corso del tredicesimo secolo. Le più note furono quelle di Londra, York e Bristol, che si interessarono per vari secoli del commercio internazionale e principalmente di quello dei tessuti di lana, uno dei pochi beni esportati dall'Inghilterra nei secoli che vanno dal tredicesimo al diciassettesimo. (v. anche *Muscovy Company*)

merchant bank: **1.** ***banca mercantile; società d'intermediazione finanziaria; banca di affari.*** Istituzione finanziaria tipica del sistema bancario britannico. Si è evoluta dall'antica casa di accettazione, fondata da commercianti stranieri giunti in Inghilterra agli inizi o verso la metà del diciottesimo secolo. L'attività bancaria di questi commercianti si limitava, all'epoca, a prestare il proprio nome in relazione a cambiali usate per finanziare particolari operazioni commerciali. Una volta accettate da loro, queste cambiali diventavano facilmente negoziabili sul mercato di Londra. In questa loro attività, i commercianti stranieri erano avvantaggiati dalle conoscenze e dalle relazioni che ancora intrattenevano nei loro paesi d'origine, per cui diventava facile per loro valutare l'affidabilità di altri commercianti in paesi stranieri. Con l'espandersi della loro attività bancaria, si specializzarono nel concedere finanziamenti a lungo termine per progetti da realizzarsi in paesi stranieri e così accanto alla loro attività di sconto di cambiali estere aggiunsero quella dell'emissione di prestiti esteri. Oggi, le banche mercantili inglesi sono circa una dozzina di banche private, la cui specializzazione si estende a qualsiasi ramo dell'attività bancaria e finanziaria e in particolare alla compravendita di valuta estera, all'emissione di prestiti a lungo termine a favore di governi e istituzioni straniere, all'emissione e collocamento di prestiti obbligazionari e al finanziamento del commercio internazionale tra Regno Unito e altri paesi ed anche tra paesi terzi (v. anche *issuing house, acceptance house*). **2.** Negli Stati Uniti, dove le funzioni di una *merchant bank* britannica sono svolte da un *investment banker* (v.), questo termine viene usato per indicare una banca che ha stipulato un accordo, con uno o più commercianti, di accettare depositi derivanti da operazioni commerciali regolate mediante carte di credito o di addebito.

merchant banker: ***banca mercantile.*** Termine usato come sinonimo di *merchant bank* (v.).

merchant banking: Nell'uso che se ne fa negli Stati Uniti, questo termine indica l'attività speculativa delle *investment banks* che prestano e investono i loro capitali nel finanziamento di acquisizioni ostili e di rilevazioni con capitale di prestito. Nell'uso britannico, invece, indica l'attività di una *merchant bank* (v.).

merchant gild: ***corporazione di arti e mestieri.*** Termine usato in alternativa a *gild merchant* (v.).

merchanting: Termine con il quale si indica un tipo di attività commerciale, che consiste nell'acquistare beni in un paese estero e rivenderli in un altro paese estero.

merchant law: Termine usato in alternativa a *law merchant* (v.).

merchantman: ***nave mercantile; mercantile.*** Nella terminologia nautica e dei trasporti marittimi, il termine inglese indica una nave adibita a traffici commerciali ed è, pertanto, l'opposto di *man-of-war*, che indica la nave da guerra o adibita ad azioni belliche.

merchant marine: ***marina mercantile.*** L'insieme delle navi di un paese, adibite a traffici commerciali. Possono essere di proprietà privata o statale e gestite dallo stato o da privati cittadini dello stato. (v. anche *merchant shipping*)

merchant middleman: ***commerciante.*** Il termine inglese, di uso statunitense, indica un commerciante che acquista il titolo di proprietà delle merci che tratta e, pertanto, si assume la piena responsabilità economica e il rischio dell'operazione commerciale.

merchant navy: ***marina mercantile.*** Termine usato con lo stesso significato di *merchant marine* (v.).

merchant prince: Termine colloquiale, usato per indicare un commerciante molto ricco e potente.

merchants' account: ***conto corrente.*** Termine statunitense, usato con lo stesso significato di *open account 2* (v.).

merchant shipper: ***esportatore.*** Il termine inglese indica un commerciante che acquista merci direttamente da un produttore, per poi esportarle in paesi stranieri. (v. anche *export merchant, export commission house*)

merchant shipping: ***tonnellaggio mercantile.*** Nella terminologia delle assicurazioni e dei trasporti marittimi, il termine indica l'insieme delle navi mercantili appartenenti ai vari stati che si interessano di traffici marittimi commerciali. A volte, tuttavia, esso è usato anche per indicare tutte le navi mercantili battenti bandiera di un singolo stato e in tal caso diventa sinonimo di marina mercantile. (v. anche *merchant marine*)

Merchant Shipping Act: Legge, approvata dal parlamento britannico nel 1876, che rendeva obbligatorio l'uso delle marche di bordo libero per qualsiasi tipo di nave adibita a traffici commerciali. (v. anche *load line*)

merchant's risk: ***rischio del proprietario.*** Espressione con la quale si indica che le merci vengono trasportate a rischio del caricatore o del destinatario, a seconda di chi sia loro proprietario durante il trasporto. Se merci trasportate a rischio del proprietario vengono alleggiate, ciò dà origine ad una richiesta di contribuzione, per avaria generale, da parte del proprietario delle merci. (v. anche *average, general average*)

merchant's rule: Metodo usato per computare l'ammontare degli interessi e della somma capitale su prestiti che prevedono rimborsi parziali. In base a questo metodo, a ciascun rimborso parziale viene riconosciuto un interesse che decorre dal momento in cui viene effettuato fino all'anniversario del prestito. Così, se viene concesso un prestito ad interesse a partire dal primo di gennaio, viene computato un interesse sulla somma capitale fino al trentuno dicembre (interesse a debito del debitore e a credito del creditore) e un interesse sui rimborsi parziali effettuati durante l'anno dal momento in cui sono stati fatti fino alla fine dell'anno (interesse a credito del debitore e a debito del creditore). In un qualsiasi momento dell'anno, quindi, l'ammontare del debito equivale alla somma capitale originaria più gli interessi fino alla fine dell'anno, da cui vanno detratti i rimborsi parziali più l'interesse su tali rimborsi fino alla fine dell'anno. Se il prestito si estende su più anni, al primo gennaio dell'anno successivo si considera somma capitale l'ammontare del debito non ancora rimborsato e pertanto questo metodo implica l'applicazione di un interesse composto. (v. anche *United States rule*)

merchant wholesaler: ***grossista; commerciante all'ingrosso.*** Termine statunitense, con il quale si indica un commerciante che acquista merci per proprio conto in grosse quantità, per poi rivenderle ad altri commercianti in quantità più piccole. Agisce, pertanto, in prima persona, acquistando il titolo di proprietà delle merci che tratta e assumendosi il rischio e la responsabilità economica di ciascuna operazione commerciale che effettua.

mergee: Termine di recente coniazione, usato per indicare una qualsiasi delle aziende che partecipano alla incorporazione o all'aggruppamento di imprese. (v. anche *merger*)

merger: **1.** ***incorporazione.*** Tipo di fusione che si realizza attraverso l'assorbimento di una o più società da parte di un'altra società, che ne incorpora il patrimonio e subentra in tutte le obbligazioni e in tutti i diritti della società incorporata, che si estingue. L'incorporazione si distingue dall'unione, in quanto non viene costituita una nuova società cui partecipano quelle preesistenti. (v. anche *consolidation 1*) **2.** ***aggruppamento d'imprese; gruppo d'imprese.*** Il termine inglese viene a volte usato in italiano per indicare un raggruppamento di imprese di carattere finanziario, basato cioè sulla provvista di mezzi finanziari da parte di una società nei confronti di un'altra o dalla presenza nelle società di consigli di amministrazione incrociati. Questo significato è giustificato dal fatto che il termine inglese, nel suo significato più ampio, indica un qualsiasi tipo di concentrazione di imprese. (v. anche *combination 1, interlocking directorates*)

merit bonus: ***gratifica per merito.*** Ricompensa speciale pagata ad un lavoratore che ha svolto le proprie mansioni in maniera lodevole, al di là di quanto gli imponeva il dovere nei confronti del datore di lavoro.

merit goods: Espressione usata per indicare beni forniti dallo stato ai cittadini, gratuitamente o quasi, sulla base del merito o dei bisogni, come ad esempio i medicinali in un sistema di servizio sanitario pubblico.

merit increase: ***aumento per merito.*** Aumento speciale di paga, concesso ad un dipendente in considerazione dell'eccellente lavoro da lui svolto o di servizi eseguiti al di fuori delle mansioni previste dalla sua qualifica.

merit pay: ***retribuzione a incentivo.*** Lo stesso che *incentive pay* (v.).

merit payment: ***gratifica per merito; premio per merito.*** Lo stesso che *merit bonus* (v.).

merit rating: 1. ***valutazione di merito.*** Nell'uso che se ne fa nelle relazioni industriali, questo termine indica la valutazione, da parte dell'impresa, dell'efficienza, della responsabilità, del merito e di altre qualificazioni del prestatore di lavoro. Tale valutazione viene fatta con diversi scopi, tra i quali rientrano quello di avere una base su cui fondare la concessione di aumenti salariali o di promozioni e quello di stabilire una graduatoria dei dipendenti in caso si dovesse procedere alla temporanea sospensione o al licenziamento di prestatori di lavoro in occasione di una chiusura temporanea degli stabilimenti o di un calo notevole della domanda. **2.** ***tariffazione per merito.*** Nelle assicurazioni, il termine è alquanto generico ed indica la determinazione di premi che tenga conto del comportamento dell'assicurato in relazione ad eventi di cui egli ha il controllo. Ad esempio, rientra nella tariffazione per merito lo sconto concesso ad un automobilista che non ha provocato incidenti nell'arco di un determinato periodo di tempo.

merit services: Espressione con la quale si indicano i servizi forniti dallo stato ai cittadini, gratuitamente o quasi, sulla base del merito o dei bisogni, come ad esempio servizi di assistenza sociale, servizi ospedalieri, istruzione e simili.

merit system: ***sistema basato sul merito.*** Il sistema di assunzione e promozione del personale, adottato dal governo federale degli Stati Uniti e dai governi dei singoli stati, basato sulla competenza e sulle effettive capacità degli aspiranti.

merit wants: Termine usato con lo stesso significato di *merit goods* (v.) e *merit services* (v.).

Merrick multiple piece rate plan: ***sistema salariale di Merrick.*** È un piano di remunerazione ad incentivi che, partendo dal sistema Taylor, prevede incentivi progressivamente crescenti per successive quantità di lavoro svolto. In pratica, il sistema prevede due tariffe differenziali, invece di una soltanto prevista dal sistema Taylor. Lo scatto intermedio previsto da questo sistema vuol essere un compenso per gli operai non molto abili e, allo stesso tempo, uno sprone a migliorare la produttività. (v. anche *Taylor differential piece rate plan*)

Mersey Docks and Harbour Board: È l'ente autonomo, costituito dal parlamento britannico nel 1857, che amministra i porti di Liverpool e Birkenhead.

mesne profits: ***profitti intermedi.*** Nel linguaggio giuridico, sono i profitti realizzati tra due dati periodi di tempo e in particolare i profitti, percepiti da chi detiene un bene immobile illegittimamente, che maturano dall'inizio del possesso illegittimo al momento in cui viene eseguito lo sfratto.

Messina Powers: ***Potenze di Messina.*** Espressione con la quale si indicano i sei paesi (Belgio, Olanda, Lussemburgo, Francia, Repubblica Federale di Germania e Italia) i cui rappresentanti si riunirono a Messina nel 1955 per esaminare le possibilità di costituzione della Comunità Economica Europea.

Messrs.: Gentlemen; Sirs.

metal exchange: ***borsa dei metalli; mercato dei metalli.*** È un mercato organizzato nel quale vengono trattati determinati metalli. (v. anche *London metal exchange*)

metallic circulation: ***circolazione metallica.*** Termine usato con lo stesso significato di *metallic currency* (v.).

metallic currency: ***valuta metallica; circolazione metallica.*** La parte della valuta di un paese coniata in metalli o leghe metalliche. Dopo l'abbandono del sistema aureo, le sole monete metalliche circolanti oggi nei vari paesi sono quelle di piccolo taglio coniate in rame, nichel, bronzo o altri metalli o leghe di basso valore. Vengono ancora oggi coniate monete d'oro ed anche d'argento in alcuni stati quali il Regno Unito, la Francia e la Repubblica del Sud Africa, ma esse non hanno corso legale e vengono acquistate da collezionisti o come beni rifugio.

metallic money: ***valuta metallica; moneta metallica.*** Termine usato con lo stesso significato di *metallic currency* (v.).

metallic reserve: ***riserva metallica.*** È la riserva di metallo prezioso a disposizione di un paese, con la quale si fa fronte a pagamenti all'estero richiesti in oro o argento. In passato, la riserva metallica aveva la funzione di garantire la convertibilità della valuta cartacea in circolazione.

metayage: ***mezzadria.*** Termine usato come sinonimo di *metayer system* (v.).

metayer system: ***mezzadria.*** Sistema di conduzione agraria, diffuso particolarmente nell'Europa meridionale e praticamente inesistente nel Regno Unito. Si basa sull'associazione di fatto del proprietario terriero e del lavoratore, chiamato mezzadro. Il primo fornisce il podere, la casa colonica e gli utensili e macchine, mentre il secondo fornisce il lavoro e gli utili vengono ripartiti tra i due.

meter rate: ***tariffa ordinaria.*** Nelle imprese di pubblici servizi, si indica con questa espressione una tariffa uniforme per tutte le unità di servizio prestate e misurate da un contatore.

method of equivalent substitution: ***metodo della sostituzione equivalente.*** Uno dei metodi suggeriti da Keynes, nella sua opera *A Treatise on Money*, per paragonare il potere d'acquisto di diverse classi di consumatori.

method of limits: ***metodo dei limiti.*** Uno dei metodi suggeriti da Keynes, nella sua opera *A Treatise on Money*, per paragonare il potere di acquisto di diverse classi di consumatori.

methodology: ***metodologia.*** In economia, è lo studio dei metodi seguiti dagli economisti nei loro lavori di ricerca. I metodi usati in economia sono essenzialmente due, quello normativo e quello positivo. Il primo prende come campo di studio quelle che, a giudizio dell'economista, dovrebbero essere le norme che regolano l'attività economica; il secondo, prescindendo da qualsiasi implicazione di carattere etico o da giudizi soggettivi dell'economista, prende come campo di studio il reale comportamento del sistema economico.

methods engineering: ***studio dei metodi.*** Termine usato con lo stesso significato di *methods study* (v.).

methods of payment: ***metodi di pagamento.*** Lo stesso che *means of payment* (v.).

methods of production: ***metodi di produzione.*** V. spiegazione sotto *production method* (v.).

methods study: ***studio dei metodi.*** Rappresenta il primo stadio nello studio del lavoro ed è usato per individuare il metodo più pratico ed efficace per svolgere un lavoro o una qualsiasi operazione o processo. Consiste nell'analisi dettagliata dei metodi proposti come punto di partenza, per giungere ad una determinazione ottimale delle procedure da seguire nell'esecuzione del lavoro. Lo studio dei metodi può aver luogo anche dopo che sono state adottate determinate procedure, con lo scopo di migliorare i metodi di produzione attraverso l'osservazione, la registrazione, l'analisi e l'esame critico dei metodi già in uso. Oggetto dello studio dei metodi è anche la disposizione delle macchine, degli utensili e delle postazioni di lavoro.

methods study procedures: ***procedure dello studio dei metodi.*** Le procedure per lo studio dei metodi seguono generalmente questa successione: a) si seleziona il tipo di lavoro che si ritiene di poter studiare al fine di realizzare vantaggi economici; b) si definisce l'ampiezza dello studio da intraprendersi; c) si registrano tutti i fatti di una certa importanza relativi al metodo attualmente adottato, facendo uso delle appropriate tecniche di registrazione, quali i diagrammi di flusso, i diagrammi di attività multiple, ecc.; d) si esaminano criticamente i fatti registrati e si tenta di trovare alternative, di eliminare o semplificare i movimenti al fine di realizzare un metodo più efficace; e) si sviluppa il metodo migliorato, registrandolo e poi riesaminandolo finché si è convinti di aver trovato il metodo ottimale per fronteggiare le circostanze attuali; f) si definisce il nuovo processo o la nuova procedura, specificando la nuova dislocazione degli operai e delle macchine, la quantità dei materiali da utilizzarsi e le condizioni di lavoro; g) si adotta il nuovo metodo, dopo la necessaria programmazione e ristrutturazione; h) si verificano i risultati del nuovo metodo, al fine di accertarsi che venga applicato propriamente e che faccia realizzare gli obiettivi previsti.

methods–time measurement: ***analisi dei tempi e dei metodi; misurazione tempi e metodi.*** È così indicata l'analisi dettagliata dei movimenti di un operaio, necessari per svolgere un determinato compito, e l'attribuzione di tempi standard entro i quali si deve compiere ciascun movimento.

me–too products: ***prodotti imitativi.*** Espressione colloquiale, usata per indicare articoli palesemente imitati da altri articoli precedentemente posti in commercio. L'imitazione può consistere nella riproduzione quasi uguale della confezione, compresi i colori pur se in proporzioni lievemente diverse, o nell'uso di un nome, per indicare il nuovo prodotto, simile o quasi simile a quello del prodotto che si vuole imitare o, ancora, nel riprodurre la composizione intrinseca del prodotto già affermato sul mercato.

METR: marginal effective tax rate.

metre: ***metro.*** L'unità del sistema metrico, che sta entrando in uso anche nel Regno Unito e negli Stati Uniti. In termini di misure anglosassoni, il metro equivale a 3,28084275 piedi o 0,9144 yarde.

metric: ***metrico.*** Oltre ad indicare il sistema metrico decimale, questo aggettivo è spesso usato per qualificare una persona o un paese che usano o sono abituati ad usare il sistema metrico decimale. Questo uso entrò nella lingua inglese all'inizio degli anni settanta, quando il Regno Unito abbandonò il suo precedente sistema monetario per adottare quello metrico decimale, che suddivide la sterlina in cento *pence.*

metrical mile: ***miglio metrico; chilometro.*** Unità di misura in uso in Francia, Italia e altri paesi europei e corrispondente a mille metri. (v. anche *nautical mile, English statute mile, geographical mile*)

to metricate: ***convertire nel sistema metrico decimale; passare al sistema metrico decimale.*** Verbo usato in senso transitivo e intransitivo per indicare o la conversione di una qualsiasi misura in misura del sistema metrico decimale o il passaggio al sistema metrico decimale, dopo l'abbandono di un altro e diverso precedente sistema. Il termine entrò nell'uso inglese all'inizio degli anni settanta, quando il Regno Unito abbandonò il suo precedente sistema monetario per adottare quello metrico decimale.

metrication: ***conversione nel sistema metrico decimale.*** Il termine inglese indica la conversione di una qualsiasi misura in una misura del sistema metrico decimale o l'adozione di quest'ultimo in luogo di un altro e diverso sistema. Anche questo termine entrò nell'uso inglese all'inizio degli anni settanta, in occasione del passaggio al nuovo sistema monetario britannico.

metric system: ***sistema metrico.*** È il sistema unificato di pesi e misure in uso principalmente nei paesi non anglo–sassoni, la cui unità base è rappresentata dal metro. Questo sistema si va sempre più diffondendo anche nei paesi anglo–sassoni dove, probabilmente, sostituirà il sistema di pesi e misure attualmente in uso.

metric ton: ***tonnellata metrica.*** È la tonnellata di mille chilogrammi, corrispondente a 2204,6223 libbre. (v. anche *long ton, short ton*)

metrification: ***conversione nel sistema metrico decimale.*** Termine usato come sinonimo di *metrication* (v.).

to metrify: ***convertire nel sistema metrico decimale; passare al sistema metrico decimale.*** Verbo usato come sinonimo di *to metricate* (v.).

metrocorporation: Termine di uso statunitense, con il quale si indica una grande impresa industriale o commerciale, che dà notevole sostegno alla realizzazione di scopi sociali e civici. L'obiettivo di questo tipo di impresa è pur sempre il profitto, ma esso non viene posto nella condizione di unico o principale scopo. Un aspetto importante dell'esistenza di imprese del genere negli Stati Uniti è costituito dagli enormi contributi finanziari che esse destinano a iniziative culturali e sociali.

metrology: ***metrologia.*** Scienza che si interessa dello studio dei vari sistemi di misura e monetari, usati dai vari popoli nelle varie età.

metropolitan clearing: ***compensazione metropolitana.*** Sistema di compensazione, istituito a Londra nel 1907 per far fronte alla crescente circolazione di assegni bancari. Comprendeva le banche dell'area metropolitana, incluse quelle nelle zone periferiche della capitale. La compensazione metropolitana fu sospesa allo scoppio della seconda guerra mondiale, a seguito del trasferimento della stanza di compensazione londinese a Stoke–on–Trent, e non fu mai ripristinata, neanche quando, alla fine del conflitto, la stanza di compensazione fu riportata a Londra.

mezzanine debt: Lo stesso che *mezzanine finance* (v.).

mezzanine finance: Espressione di recente formazione, usata originariamente in relazione alle acquisizioni dall'interno o dall'esterno (v. *buy–in 2* e *management buy–out*). In ognuna di queste rilevazioni, il capitale necessario viene raccolto per la maggior parte (60–65% del fabbisogno) mediante l'accensione di debiti garantiti dalle attività dell'impresa; una parte più modesta (15–20% del fabbisogno) viene fornita dai nuovi azionisti o proprietari, ivi compresi i *venture capitalists*; la restante parte, non garantita da alcun bene reale, è indicata con l'espressione *mezzanine finance.* Essa costituisce un *junior debt* (v.), rispetto al *senior debt* citato sopra e garantito dalle attività dell'impresa, che riceve una remunerazione superiore proprio a causa del maggior rischio che comporta per il mutuante. Tale forma di finanziamento corrisponde a quella realizzata negli Stati Uniti mediante l'emissione di *junk bonds* (v.), con la differenza che mentre questi ultimi fruttano un tasso d'interesse fisso, il *mezzanine debt* frutta un tasso d'interesse fluttuante o negoziato. Accanto a questa espressione, ne sono nate molte altre ad essa connesse, come *mezzanine deal, mezzanine investor, mezzanine market*, ecc., con significato facilmente intuibile. Il motivo per cui questo tipo di finanziamento è indicato con il termine *mezzanine* è che il rischio che esso implica sta a mezza strada tra quello relativo al credito convenzionale e quello relativo al capitale azionario. (v. anche *stepped interest*)

MFC: marginal factor cost.

mfd.: manufactured.

mfg.: manufacturing.

mfr.: 1) manufacture; 2) manufacturer.

mfst.: manifest.

Mgr.: manager.

mi.: mile.

micro–economic model: ***modello microeconomico.*** Modello preparato in funzione di fenomeni economici oggetto di studio da parte della microeconomia, quali il comportamento dei singoli consumatori o delle singole imprese, piccoli gruppi di consumatori o di imprese nell'ambito di singoli mercati o industrie e le singole relazioni che intercorrono tra loro. Con il termine modello si intende qualsiasi esemplificazione, sistema o costruzione teorica che aiuti a comprendere o a descrivere il funzionamento dell'economia. (v. anche *microeconomics, macro–economic model*)

microeconomics: ***microeconomia.*** La moderna analisi economica è convenzionalmente divisa in due parti, la macroeconomia e la microeconomia. Quest'ultima ha come campo di studio le decisioni e le azioni economiche individuali, cioè dei singoli consumatori, delle singole imprese o di piccoli gruppi di consumatori e imprese. Rientrano nell'analisi microeconomica anche i prezzi, i salari e i redditi degli individui. L'analisi microeconomica si può dividere in tre stadi: a) il comportamento degli individui, produttori o consumatori, in un'economia basata sulla concorrenza; b) il mercato di ciascun singolo bene, sul cui funzionamento influisce il comportamento indipendente dei compratori e dei venditori; c) le relazioni tra i vari mercati presenti nel sistema economico. (v. anche *macroeconomics*)

microenterprise: ***microimpresa.*** Impresa di dimensioni estremamente ridotte, che opera prevalentemente nell'*informal sector* (v.).

micromotion study: ***analisi dei micromovimenti.*** È lo studio del lavoro realizzato attraverso la registrazione su pellicola cinematografica dei movimenti effettuati da un lavoratore nel corso dell'esecuzione di un determinato compito. Il film così ottenuto viene poi sincronizzato con un cronometro al fine di individuare con precisione i tempi di ciascun movimento ed apportare le necessarie correzioni quando e dove sia possibile.

M.I.D.A.s: Maritime Industrial Development Areas.

middle class: ***ceto medio.*** La parte della popolazione di un paese impiegata in un lavoro subordinato o dipendente, che tuttavia presuppone un'attività principalmente mentale a differenza della classe operaia, impiegata in un lavoro dipendente che presuppone un'attività principalmente manuale.

middle–income country: ***paese a medio reddito.*** Un paese in via di sviluppo i cui cittadini godono di un reddito pro capite superiore a quello dei paesi a basso reddito, ma inferiore a quello dei paesi ad alto reddito. Nel 1979, erano considerati a medio reddito circa sessanta paesi in via di sviluppo i cui abitanti potevano disporre di un reddito annuo pro capite superiore ai 370 dollari statunitensi.

middle–income economy: ***economia a medio reddito.*** Il sistema economico che contraddistingue un paese a medio reddito.

middleman: ***mediatore; intermediario.*** Viene indicata con questo termine inglese qualsiasi figura di operatore commerciale che si inserisce in un qualsiasi punto del processo di acquisto o vendita di beni, cioè sia tra il produttore e l'industriale nel caso in cui oggetto della compravendita sono le materie prime, sia tra il fabbricante o il produttore e il consumatore, nel caso in cui oggetto della compravendita sono i prodotti finiti o beni di consumo. Pertanto, il termine abbraccia la grande categoria di operatori che vengono più specificamente indicati, a seconda delle loro funzioni, con i termini commerciante, grossista, agente, sensale, dettagliante, ecc. Quanto più complessa e vasta è la rete di distribuzione di un prodotto, tanto maggiore è il numero di intermediari necessari per farlo giungere alla portata del consumatore. In economia, l'intermediario è considerato una figura estremamente importante nel processo concorrenziale, in quanto attraverso la sua specializzazione egli riesce a fare meglio e a minor costo la sua parte nella distribuzione dei beni. La questione se l'intermediario sia o no necessario è antica e risale al medio evo. In quel periodo era visto come un parassita, che traeva un indebito profitto a spese del produttore e del consumatore, ma col passare del tempo e con la separazione del sistema distributivo dal sistema produttivo, l'intermediario è stato visto con spirito sempre meno critico e in epoca moderna si è giunti a considerarlo una figura necessaria quando il suo ruolo nella catena distributiva risulta utile e giustificato. Oggi, a seguito dello sviluppo dell'integrazione verticale e del movimento cooperativo tra produttori e tra consumatori, alcune figure di intermediari sono scomparse o sono sulla via di scomparire. (v. anche *vertical integration*)

middle management: ***media direzione; direzione a medio livello.*** L'insieme dei direttori al livello immediatamente più basso di coloro che fanno parte dell'alta direzione di un'impresa o altra organizzazione.

middle manager: ***direttore di medio livello.*** Ciascuno degli amministratori di un'impresa che fanno parte del *middle management* (v.). Questi direttori lavorano in stretto contatto con coloro che fanno parte dell'alta direzione e questi ultimi spesso delegano ai primi molte delle loro responsabilità. Nella scala gerarchica, il direttore di medio livello è preposto alla gestione di un certo numero di supervisori, insieme ai quali cura alcuni degli aspetti particolari dell'amministrazione aziendale.

middle market: ***mercato medio.*** Nel linguaggio bancario, è l'insieme delle imprese medio–piccole clienti delle banche. Queste imprese sono preferite dalle banche regionali americane perché sono abbastanza piccole da non poter chiedere i tassi più vantaggiosi e da non interessare le grandi banche, ma allo stesso tempo sono abbastanza grandi da non correre il rischio di improvvisi fallimenti.

middle market price: ***prezzo medio; corso medio; prezzo medio di mercato.*** Termine usato come sinonimo di *middle price* (v.).

middle market value: ***valore medio di mercato; corso medio di mercato.*** È il valore di un titolo azionario o obbligazionario corrispondente al prezzo di chiusura, cioè il prezzo al quale ha avuto luogo l'ultima operazione di compravendita del giorno in un mercato organizzato. In inglese è indicato come «medio» in quanto scaturisce dalla media aritmetica dei due prezzi quotati da un qualsiasi *market–maker* (v. anche *market–maker, London Stock Exchange, Stock Exchange Daily Official List, middle price*)

middle price: ***prezzo medio; corso medio.*** Scaturisce dalla media fra due prezzi, quello dell'offerta e quello della domanda. Quando viene usato alla borsa valori di Londra, questo termine sta ad indicare la media tra i due prezzi quotati da un *market–maker* (v.) e cioè il più basso, che è quello al quale egli è disposto a comprare, e il più alto, al quale è disposto a vendere. Nel listino ufficiale della borsa valori londinese vengono registrati i due prezzi e il corso medio risulta dalla media aritmetica di questi due prezzi. Anche i prezzi, relativi a titoli quotati in borsa, che compaiono sui quotidiani sono ricavati facendo la media dei due prezzi suddetti e sono, pertanto, prezzi medi. (v. anche *London Stock Exchange, Stock Exchange Daily Official List*)

middle rates: ***parità centrali.*** Lo stesso che *central exchange rates* (v.).

middle–way economy: ***economia mista.*** Termine usato con lo stesso significato di *mixed economy* (v.).

middling goods: ***merci di qualità media.*** V. spiegazione sotto *middling quality*.

middling quality: ***qualità media; qualità buona media della stagione.*** La seconda delle espressioni italiane corrispondenti a quella inglese è usata esclusivamente per i prodotti del suolo. L'inserimento di questa clausola, in un contratto di compravendita, impone al venditore di fornire merci aventi proprietà intrinseche ed estrinseche non inferiori a quelle medie di una determinata produzione. (v. anche *merchantable quality*)

Midland and International Banks Ltd.: Banca fondata nel 1964 su base internazionale dalla Midland Bank, dalla Standard Bank, dalla Commercial Bank of Australia e dalla Toronto–Dominion Bank, con l'intento di intraprendere operazioni bancarie e finanziarie di portata internazionale.

Midland Bank Ltd.: È una delle quattro principali banche dell'Inghilterra, fondata nel 1836 come Birmingham and Midland Bank. Svolge attività anche in Scozia, attraverso la sua sussidiaria Clydesdale Bank e in Irlanda, attraverso le sussidiarie Belfast Banking Co. e Northern Bank Ltd.

***Midland Bank Review*:** Pubblicazione trimestrale curata ed edita dalla Midland Bank. Contiene per lo più articoli su questioni economiche e monetarie di attualità.

midnight deadline: ***termine di mezzanotte.*** Nel linguaggio giuridico–bancario statunitense, indica la mezzanotte del giorno successivo a quello in cui una banca riceve un versamento, un preavviso e simili o dal quale decorre il periodo di tempo consentito per intraprendere una determinata azione.

mid–price: ***prezzo medio; corso medio.*** Lo stesso che *middle price* (v.).

MIGA: Multilateral Investment Guaranty Agency.

migrant: ***lavoratore migratore.*** Termine usato con lo stesso significato di *migratory worker* (v.).

to migrate: ***migrare.*** Spostarsi periodicamente da una regione o nazione all'altra, per motivi di lavoro. (v. anche *migratory worker*)

migration: ***migrazione.*** In economia, indica uno spostamento, definitivo o temporaneo, di lavoratori da un paese ad un altro o da una regione di un paese ad un'altra, determinato dalla differenza delle condizioni economiche tra paesi o regioni e dalle maggiori possibilità di lavoro offerte nei paesi verso i quali avviene la migrazione. (v. anche *emigration, immigration*)

migration from agriculture: ***esodo rurale.*** Fenomeno che, in misura diversa, ha interessato tutti i paesi industrializzati. È stato dovunque generato dal fascino esercitato sulle popolazioni rurali dagli insediamenti urbani e dalla speranza di guadagnare redditi più elevati lavorando nel settore industriale. Ad esso hanno anche contribuito le misere condizioni di vita di alcune categorie di lavoratori dell'agricoltura nei diversi paesi europei. Nei periodi di grave crisi industriale, l'esodo rurale ha subito un rallentamento e, a volte, ha anche mostrato un'inversione di tendenza.

migratory worker: ***lavoratore migratore.*** Un lavoratore che si sposta periodicamente da una regione ad un'altra o da un paese ad un altro, a seconda delle possibilità di lavoro che offrono le varie regioni o i vari paesi. Il lavoratore migratore è di solito impegnato in lavori stagionali, quali l'attività turistica balneare o montana, l'attività agricola non specializzata dipendente dai periodi del raccolto e simili.

mil: Moneta divisionaria di Cipro, equivalente a un millesimo della sterlina cipriota.

mild inflation: ***inflazione mite.*** Lo stesso che *moderate inflation* (v.).

mile: ***miglio.*** Unità di misura, in uso presso popoli antichi e moderni, con valori diversi a seconda dei luoghi. Hanno un valore ben determinato: a) il miglio geografico, in uso in Italia e nel Regno Unito, pari a circa 1852 metri o 2025 yarde; b) il miglio terrestre o miglio inglese, in uso nel Regno Unito e negli Stati Uniti, pari a 1760 yarde o circa 1609 metri; c) il miglio nautico o miglio marino, di uso internazionale, pari a 1852 metri; d) il miglio metrico o chilometro, in uso in Italia e altri paesi europei, pari a 1000 metri.

mileage: ***indennità di percorso.*** La somma in denaro per miglio di percorso, riconosciuta a personale in missione quale rimborso delle spese di viaggio.

mileage allowance: ***indennità di percorso.*** Lo stesso che *mileage* (v.).

military aid: ***assistenza militare.*** Assistenza prestata da un paese più ricco e progredito ad uno più povero, al fine di aiutarlo nella difesa dei suoi confini. Prende la forma di forniture militari, ma anche di mezzi monetari e finanziari e di beni e servizi.

military expenditures: ***spese militari.*** Le spese che un paese destina al mantenimento delle forze armate, all'approvvigionamento di armi e alla ricerca volta a procurarsi mezzi bellici sempre più moderni e sofisticati. Le spese militari di alcuni paesi hanno raggiunto cifre esorbitanti e un impiego di risorse insostenibile, a lungo andare, anche per le economie più prospere.

military pound: ***sterlina militare.*** Tipo di moneta di occupazione, ufficialmente chiamata *British Military Authority Note*, usata in Nord Africa dalle forze di occupazione britanniche durante il secondo conflitto mondiale. La sterlina militare rappresentava un'obbligazione diretta assunta dal ministero del tesoro britannico. (v. anche *occupation money, allied military lira, yellow seal dollar*)

Milk Act: Legge, approvata dal parlamento britannico nel 1934, che assegnava agli scolari inglesi bisognosi un terzo di pinta di latte gratuito al giorno.

milk–bar economy: Viene definita con questa espressione un'economia sovraccarica nella quale, a causa degli alti costi amministrativi necessari per estendere il controllo sui prezzi a tutti i settori della produzione, vengono sottoposti a controllo soltanto i prezzi dei beni più essenziali, con la conseguenza che i prezzi del settore non controllato aumentano e attirano l'impiego di risorse alla produzione di beni e servizi relativamente meno essenziali, gonfiando così il settore dell'attività terziaria. (v. anche *overloaded economy, empty economy, repressed inflation, suppressed inflation*)

to milk the profits: ***mungere i profitti.*** Espressione colloquiale, usata per indicare la pratica di privare un'impresa di gran parte dei profitti. Approfittando del potere conferito dal possesso del pacchetto di maggioranza, si fa approvare dall'assemblea dei soci un dividendo estremamente alto o la corresponsione di stipendi molto elevati agli amministratori, invece di costituire riserve.

mill: 1. ***opificio.*** Termine una volta usato per indicare uno stabilimento industriale o una fabbrica, oggi caduto quasi dovunque in disuso. **2.** ***millesimo di dollaro.*** Un decimo di un *cent* statunitense, usato in molti stati dell'Unione per calcolare le imposte sui beni immobili.

mill base system: ***sistema franco produttore.*** Sistema che prevede la quotazione di prezzi di vendita franco produttore. L'acquirente dovrà pagare le spese di trasporto dal punto in cui le merci si trovano al punto in cui gli saranno consegnate. È una pratica seguita negli Stati Uniti.

mille: Unità di misura, usata nel commercio marittimo del legname, pari a 1220 pezzi di legname ovvero cento *board feet* o 83,33 piedi cubici.

milled edge: ***orlo zigrinato.*** L'orlo di molte monete è ancor oggi zigrinato, cioè fornito di una fitta serie di lineette verticali in rilievo. In origine, tale accorgimento fu reso necessario al fine di evitare la pratica molto diffusa della tosatura o limatura delle monete d'oro e d'argento. Infatti, quando esse venivano coniate con soltanto un emblema e un marchio che ne garantiva il peso, risultava facile staccarne o limarne un pezzetto e far poi circolare le monete come se ancora contenessero la stessa quantità di metallo attestata dal marchio. Il bordo zigrinato pose fine a questa pratica truffaldina. (v. anche *clipping, sweating*)

milled money: ***moneta coniata.*** Moneta fisicamente esistente sotto forma di pezzi di metallo coniati secondo le leggi del paese. Il termine non implica che tali pezzi rechino l'orlo zigrinato.

Miller–Tydings Act: Va sotto questo nome un emendamento, approvato dal Congresso degli Stati Uniti, allo *Sherman Antitrust Act* che stabiliva che gli accordi relativi al prezzo di rivendita imposto dal produttore non costituiscono violazione della legge contro i monopoli.

milliard: ***miliardo.*** Unità del sistema di numerazione decimale, equivalente a mille milioni. Negli Stati Uniti è spesso sostituito dal termine *billion* (v.).

millième: Moneta divisionale dell'Egitto, del Sudan e della Libia, equivalente ad un millesimo della sterlina egiziana e sudanese e ad un millesimo del dinar libico.

millime: Moneta divisionale della Tunisia, equivalente ad un millesimo di dinar tunisino.

milling: ***zigrinatura.*** Da un punto di vista economico, la sola forma di zigrinatura che interessi è quella sul bordo delle monete coniate in metallo prezioso. (v. anche *milled edge*)

milling in transit: ***lavorazione in transito.*** Espressione usata negli Stati Uniti per indicare un privilegio concesso ad alcune categorie di materie prime. Tale privilegio prevede l'applicazione di una tariffa unica, quella relativa alle materie prime, per il trasporto di queste ultime dal loro punto di origine al loro punto di destinazione, con una sosta per la loro lavorazione in un qualche punto intermedio del percorso complessivo. Il privilegio consiste nel non applicare una diversa tariffa dal punto di lavorazione a quello di destinazione finale.

millnet price: ***prezzo netto di fabbrica.*** Il prezzo effettivamente spuntato dal produttore o dal venditore quando il prezzo quotato è quello computato, partendo dal prezzo base. Rispetto al prezzo computato, il prezzo netto di fabbrica equivale al prezzo quotato ed effettivamente pagato dall'acquirente (prezzo computato) dal quale vanno detratte le spese effettivamente sostenute dal venditore per il trasporto dei beni venduti. La sua entità, pertanto, dipende dal luogo in cui risiede il compratore e dal tipo di formula applicata per calcolare il prezzo computato dal prezzo base. È una pratica seguita negli Stati Uniti. (v. anche *base price, computed price*)

Mincing Lane: Nome di una strada della *City* di Londra che, nel linguaggio colloquiale, viene usato per indicare la borsa merci di Londra, che ha sede appunto in quella strada.

mineral rights: ***diritti minerari.*** Nella legislazione degli Stati Uniti d'America sono i diritti sul sottosuolo o sul suo sfruttamento, che appartengono al proprietario di un terreno. Egli può vendere tali diritti anche indipendentemente dal terreno. Ad esempio, un proprietario può vendere i diritti di sfruttamento di un giacimento petrolifero separatamente dal terreno sotto il quale esso si trova. Così, quando il giacimento sarà esaurito, il terreno, o quella parte di esso che veniva occupata dagli impianti per l'estrazione del petrolio, tornerà al legittimo proprietario.

mini–bond: Una polizza a premio unico ideata per contribuenti che si trovano nei più alti scaglioni di reddito e pertanto sono soggetti all'aliquota marginale massima. Quando un investitore acquista questo tipo d'investimento, invece di pagare in contanti trasferisce alla compagnia d'assicurazione una certa quantità di valori azionari, il cui controvalore, meno una piccola commissione, gli verrà accreditato in pagamento del premio. Ai fini fiscali, ciò corrisponde alla vendita dei titoli e poiché l'impresa di assicurazione paga un'aliquota più bassa sugli utili di capitale, essa trasferisce tale vantaggio al cliente, che potrà anche portare in detrazione l'ammontare del premio. La scadenza della polizza viene calibrata per una data successiva al pensionamento dell'investitore, che così andrà a pagare un'aliquota più bassa anche in sede di rimborso.

miniboom: ***miniboom.*** Espressione di recente coniazione, usata per indicare un boom di rilevanza relativamente modesta o di durata relativamente breve.

minicrisis: ***minicrisi.*** Termine di recente coniazione, usato specialmente nella terminologia finanziaria per indicare una crisi monetaria di breve durata o di modesta rilevanza. (v. anche *monetary crisis*)

minim: ***goccia.*** È la più piccola unità di misura per liquidi del sistema usato nel Regno Unito, negli Stati Uniti e in alcuni altri paesi. La goccia inglese corrisponde a 0,059 centimetri cubici e quella americana a 0,062 centimetri cubici. Viene usata principalmente dai farmacisti ed equivale ad un sessantesimo di dramma fluida o ad un quattrocentottantesimo di oncia fluida.

minimand: ***minimando.*** È l'entità che si intende minimizzare. Per esempio, se si vogliono minimizzare i costi, nei calcoli tendenti ad individuare gli elementi sui quali intervenire al fine di realizzare lo scopo che ci si prefigge, il minimando è rappresentato dai costi. (v. anche *minimization, to minimize*)

minimarket: ***minimercato; superette.*** Punto di vendita al dettaglio, con una superficie che va dai duecento ai quattrocento metri quadrati, con caratteristiche analoghe a quelle dei supermercati, quali la tecnica del libero servizio, ma con un assortimento di prodotti inferiore da un punto di vista quantitativo e numerico (ad esempio, sono del tutto assenti o scarsamente presenti i generi alimentari deperibili), derivante dalla minore superficie disponibile per l'esposizione e la vendita.

minimax: ***minimax; minimassimo; minimo-massimo.*** In una situazione di incertezza, è il principio di scegliere quella strategia che dà il minimo dei risultati negativi massimi derivanti da strategie alternative.

minimax criterion: ***criterio del minimassimo.*** Lo stesso che *minimax* (v.).

minimax principle: ***principio del minimax; principio del minimassimo; criterio del minimax; principio del mini-mo-massimo.*** Termine usato con lo stesso significato di *minimax* (v.).

minimization: ***minimizzazione.*** Insieme di pratiche ed accorgimenti usati allo scopo di minimizzare, cioè rendere quanto più piccolo è possibile, un elemento di un insieme. Ad esempio, la minimizzazione dei costi tende a ridurre al minimo i costi di un dato livello di produzione, intervenendo su altri elementi che concorrono alla produzione.

to minimize: ***minimizzare.*** Rendere un singolo elemento di un insieme quanto più piccolo è possibile. (v. anche *minimization, minimand*)

minimum amount: ***quantitativo minimo.*** Termine usato con lo stesso significato di *trading lot* (v.).

minimum balance: ***saldo minimo.*** Quantità minima di moneta che un correntista è tenuto a mantenere sul proprio conto quando gli accordi con la banca prevedono che egli non sarà tenuto a pagare spese in relazione al conto corrente. Su questo saldo minimo, egli non riceverà alcun interesse dalla banca, che si ripaga in tal modo delle spese non addebitate. Tra le banche inglesi con sede in città di provincia o in piccoli centri si è ormai diffusa la pratica di riconoscere un interesse sui saldi attivi dei conti correnti, fatta però eccezione per questo saldo minimo. Anzi, se il cliente dovesse per distrazione o necessità far scendere il saldo del conto al di sotto del minimo concordato, la banca provvederà ad addebitargli gli interessi sulla differenza tra saldo minimo e saldo effettivo per tutto il tempo in cui si protrae tale situazione. I conti correnti presso le casse di risparmio britanniche non prevedono spese se il correntista mantiene un saldo attivo minimo durante tutto il periodo di sei mesi sul quale vengono computate le spese, altrimenti ogni operazione darà luogo a un addebito nella misura prestabilita dalla cassa di risparmio. La forte concorrenza tra banche e altri depositari che si è sviluppata a seguito della deregolamentazione della *City* di Londra avvenuta nel 1986 ha portato alla concessione di notevoli vantaggi a favore dei depositanti, che oggi si vedono riconoscere un interesse sui conti correnti, in molti casi anche senza alcun impegno relativo al saldo minimo.

minimum charge: ***minimo.*** In una tariffa graduale, è l'ammontare minimo che l'utente è tenuto a pagare anche se non utilizza affatto il servizio fornito o se lo utilizza soltanto in parte.

minimum commission: ***commissione minima.*** Una commissione, generalmente espressa come percentuale dell'intero ammontare di una qualsiasi operazione commerciale, stabilita per legge e dovuta dal cliente all'agente da lui impiegato per portare a buon fine l'operazione. Trattandosi di commissione minima, l'agente non può applicare alcuna riduzione al cliente, mentre è possibile il contrario, cioè che data la natura particolarmente complessa dell'operazione, l'agente chieda una commissione più alta. La commissione minima a favore dello *stockbroker* (v.) veniva applicata alle normali operazioni di compravendita titoli alla borsa valori di Londra prima della deregolamentazione del 1986.

minimum-cost combination: ***combinazione di minor costo.*** Termine usato con lo stesso significato di *least cost combination* (v.).

minimum efficient scale: ***scala efficiente minima.*** La dimensione di un impianto o di un'impresa che consente di realizzare i minimi costi medi di lungo periodo.

minimum employment target: ***obiettivo minimo di occupazione.*** Nei piani di sviluppo utilizzati principalmente dai paesi in via di sviluppo, è un obiettivo, fissato dall'autorità che pianifica, che prevede un determinato livello minimo di occupazione in relazione agli investimenti e alla tecnologia di cui può disporre il paese.

minimum export rules: ***normativa sul minimo di esportazioni.*** Insieme di norme emanate da molti paesi in via di sviluppo, cui si devono adeguare le multinazionali che creano strutture produttive entro i confini dei PVS. Tra l'altro, queste norme prevedono che la multinazionale debba esportare un minimo della quantità dei beni prodotta nel paese ospitante.

minimum guaranteed income: ***reddito garantito minimo.*** Lo stesso che *social dividend* (v.).

minimum inventory buying: ***criterio del punto di riordino.*** Criterio che prevede la reintegrazione delle scorte soltanto quando il loro livello raggiunge un minimo prestabilito, chiamato punto di riordino, che tiene conto del fabbisogno degli impianti produttivi e del tempo che intercorre tra l'invio dell'ordinativo e la ricezione della fornitura.

minimum lending rate: ***tasso minimo di sconto; tasso minimo di prestito.*** È il tasso di interesse minimo che la Banca d'Inghilterra, nella sua qualità di mutuante di ultima istanza, fa pagare alle case di sconto per prestiti a breve termine o per lo sconto di cambiali bancabili. È il tasso che indirettamente determina il tasso di interesse di mercato, quello cioè praticato dalle banche e dalle altre istituzioni finanziarie inglesi. Il tasso minimo di sconto, che nel 1972 prese il posto del *bank rate* (v.) al quale è del resto molto simile, è determinato in base ad una formula prestabilita che prende come base il tasso di interesse prevalente sui buoni del tesoro britannici e normalmente si calcola aggiungendo lo 0,5 per cento al tasso d'interesse medio al quale vengono aggiudicati i buoni del tesoro alle aste del venerdì, per poi arrotondarlo al più vicino 0,25 per cento superiore, così che esso cambia automaticamente in multipli dello 0,25 per cento ad ogni variazione del tasso d'interesse sui buoni del tesoro. Ciò dà al tasso minimo di sconto una flessibilità che non possedeva prima, in quanto segue da vicino i movimenti dei tassi di mercato. Così, il tasso minimo di sconto risulta sempre lievemente più alto del tasso di interesse sui buoni del tesoro e ciò al fine di scoraggiare le richieste di prestiti da parte delle case di sconto. Il tasso minimo di sconto fu sospeso dalle autorità monetarie britanniche nel 1981, ma non abolito, e fu ripristinato per un solo giorno il 14 gennaio del 1985. (v. anche *lender of last re-*

sort, discount house 1, treasury bill)

minimum maintenance: Il rapporto minimo, che deve essere sempre rispettato, tra valore dei titoli acquistati a margine e deposito di garanzia costituito dall'investitore. Se tale rapporto va al di sotto del minimo a causa di movimenti dei corsi, l'investitore dovrà integrare il deposito, oppure si procederà alla liquidazione dei titoli a lui intestati. Si tratta di pratica statunitense.

minimum mark-up law: ***legge sul ricarico minimo.*** Una legge che impone ai dettaglianti di ricaricare almeno un minimo sul costo di acquisto al fine di determinare il loro prezzo di rivendita. Differisce dalle *fair trade laws* in quanto si applica a tutti i beni offerti in vendita e non soltanto ai prodotti di marca. Scopo della legge è quello di impedire ai dettaglianti la rivendita al prezzo di costo, che potrebbe nuocere ad altri commercianti più piccoli, autorizzata soltanto in occasione di saldi e liquidazioni.

minimum of existence: ***minimo di esistenza.*** Espressione con la quale si indica il reddito minimo necessario per vivere in determinate circostanze di luogo e di tempo.

minimum-of-existence theory of wages: ***teoria dei salari al minimo di esistenza.*** Termine usato con lo stesso significato di *brazen law of wages* (v.).

minimum price: ***prezzo minimo.*** Prezzo di un bene fissato dallo stato ad un livello superiore a quello del prezzo di equilibrio, al fine di garantire un determinato reddito ai produttori di quel bene. Le eccedenze di produzione vengono acquistate dallo stato attraverso suoi enti e vendute altrove, conservate per esigenze future o distrutte se il bene non si presta ad essere conservato.

minimum price fluctuation: ***fluttuazione di prezzo minima.*** Espressione usata nel linguaggio borsistico per indicare il movimento minimo consentito nel prezzo di un contratto a termine durante una singola seduta di contrattazioni. Nelle borse statunitensi, il termine indica la minima variazione di prezzo consentita per un dato contratto.

minimum rate: ***tariffa minima.*** Nelle imprese di erogazione di pubblici servizi, indica la tariffa più bassa che l'impresa è autorizzata a praticare per la vendita di uno specifico bene o servizio. Qualsiasi tariffa minima deve essere preventivamente decisa e autorizzata da un apposito comitato.

minimum rate of discount: ***tasso di sconto minimo.*** Termine usato in passato con lo stesso significato di *bank rate 1* (v.). Ambedue i termini sono stati successivamente sostituiti da *minimum lending rate* (v.).

minimum ratios: ***rapporti minimi.*** Espressione generica, con la quale si indicano il *cash ratio* (v.), il *liquidity ratio* (v.) e il *reserve assets ratio* (v.).

minimum resale price: ***prezzo minimo di rivendita.*** Negli accordi tra produttori e dettaglianti sul prezzo di rivendita imposto, si può fare riferimento o ad un prezzo fisso cui si deve attenere il dettagliante, o ad un minimo al di sotto del quale egli non è autorizzato a vendere. In questo secondo caso, che è il più frequente in determinati settori merceologici, viene lasciata una certa discrezionalità al venditore, che contribuisce ad azionare il meccanismo della concorrenza tra punti di vendita al dettaglio della piccola e della grande distribuzione. (v. anche *price maintenance agreement*)

minimum reserve: ***riserva obbligatoria; riserva minima.*** È l'ammontare minimo di riserve che una banca commerciale e altre istituzioni di deposito sono tenute a mantenere su un conto presso la banca centrale.

minimum reserve ratio: ***rapporto di riserva minima.*** È così detta la percentuale, relativa alle *eligible liabilities* (v.) di una banca, che essa deve tenere sotto forma di contanti al fine di poter far fronte ad eventuali anomale richieste di prelevamento da parte dei titolari di conti di deposito. Attualmente, tale rapporto è, nel Regno Unito, del 12,50 per cento.

minimum sacrifice: ***sacrificio minimo.*** È il sacrificio, in termini di contribuzione alle spese dello stato, ritenuto minimo in relazione al reddito di ciascun contribuente, che sta alla base della teoria del sacrificio minimo.

minimum sacrifice tax theory: ***teoria del sacrificio minimo.*** Teoria, basata sull'applicazione della legge dell'utilità marginale decrescente alla moneta e più esattamente al reddito dei contribuenti, proposta da F.Y. Edgeworth, il quale sosteneva che bisogna ridurre al minimo il sacrificio sostenuto dalla massa dei contribuenti nel suo insieme. Per raggiungere tale scopo, egli suggeriva l'applicazione di aliquote fortemente progressive per redditi superiori ad un determinato livello e agevolazioni per i percettori di reddito inferiore a quel livello. Questa teoria viene ritenuta inapplicabile per l'effetto fortemente deprimente che essa avrebbe sullo spirito di iniziativa e sul risparmio.

minimum selling price: ***prezzo minimo di vendita.*** Termine usato con lo stesso significato di *minimum resale price* (v.).

minimum standard of living: ***tenore di vita minimo.*** È il livello di consumo al quale vengono soddisfatti soltanto i bisogni di beni e servizi che sono ritenuti strettamente necessari dal consumatore. Un'ulteriore riduzione di tale livello denuncerebbe l'esistenza di uno stato di povertà.

minimum stock: ***scorta minima; giacenza minima.*** È il punto più basso del livello delle scorte o delle giacenze, corrispondente al punto di riordino. Una volta raggiunto questo punto, si deve provvedere al riordino dei beni che costituiscono la scorta o la giacenza.

minimum subscription: ***sottoscrizione minima.*** Al momento della costituzione di una nuova società per azioni, i soci fondatori approntano un programma dal quale risulta l'ammontare minimo che essi si prefiggono di realizzare attraverso la pubblica sottoscrizione di azioni. Questa somma o sottoscrizione minima rappresenta le necessità della società per iniziare a svolgere la propria attività e sarà utilizzata: a) per l'acquisto di beni capitali; b) per far fronte alle spese preliminari, ivi incluse le spese di emissione delle azioni; c) per la restituzione di fondi precedentemente presi in prestito per sostenere le spese di costituzione della società; d) come capitale circolante. La sottoscrizione minima prevista nel programma deve essere raggiunta prima che avvenga l'assegnazione delle azioni a chi ne ha fatto richiesta. (v. anche *prospectus*)

minimum tender price: ***prezzo minimo di offerta.*** In relazione a un'emissione di titoli di stato mediante vendita all'asta, è il prezzo minimo al quale le offerte di acquisto saranno prese in considerazione dalla banca centrale. La determinazione di tale prezzo dipende dagli obiettivi che si prefigge il governo con la propria politica monetaria e dai rendimenti di mercato su titoli o impieghi simili.

minimum trading lot: ***unità di contrattazione.*** Termine usato con lo stesso significato di *trading lot* (v.).

minimum-value clause: ***clausola del valore minimo.*** Clausola, contenuta in molti contratti di prestito, che prevede che il mutuante può prendere possesso del bene offerto in garanzia dal mutuatario quando il suo valore scende al di sotto di una determinata percentuale, ad esempio il 120%, del prestito concesso e non ancora rimborsato.

minimum wage: ***salario minimo; minimo salariale.*** Lo stesso che *wages floor* (v.).

minimum wage legislation: ***legislazione sul salario minimo.*** L'insieme delle leggi e disposizioni protettive, che tendono a garantire un salario minimo ai lavoratori di certe industrie. La necessità di emanare tali leggi è di solito dettata dalla inesistenza di organizzazioni sindacali o dal loro scarso potere contrattuale.

mining: ***attività mineraria; attività estrattiva.*** Termine usato come sinonimo di *mining industry* (v.).

mining index: ***indice dei valori minerari.*** Presso una borsa valori, è l'indice che prende in considerazione soltanto le azioni emesse da imprese minerarie.

mining industry: ***attività mineraria; attività estrattiva; industria mineraria; industria estrattiva.*** È la branca dell'industria estrattiva o di occupazione che si interessa dell'estrazione dei minerali dal sottosuolo o dal mare.

mining stock: ***titoli minerari.*** Sono le azioni o obbligazioni emesse da società impegnate nell'attività mineraria.

minirecession: ***minirecessione.*** Termine di recente coniazione, usato per indicare una recessione che interessa un solo settore industriale di un paese o una recessione di breve durata o scarsa rilevanza in un più vasto campo industriale.

Ministry of Agriculture, Fisheries, and Food: Dicastero del governo britannico, responsabile di tutte le questioni relative all'agricoltura e alla pesca, due delle branche industriali relative alla produzione, importazione e vendita dei prodotti alimentari.

Ministry of Economic Warfare: Dicastero del governo britannico, istituito durante il secondo conflitto mondiale e responsabile dell'applicazione di sanzioni economiche nei confronti dei paesi nemici. Fu abolito alla fine della guerra.

Ministry of Food: Dicastero del governo britannico, istituito durante la prima e la seconda guerra mondiale col compito di occuparsi di tutte le questioni relative all'approvvigionamento e al razionamento dei generi alimentari. Nel 1955 fu associato al ministero dell'agricoltura e della pesca. (v. anche *Ministry of Agriculture, Fisheries, and Food*)

Ministry of Fuel and Power: Nome con il quale era indicato in passato il dicastero del governo britannico oggi noto come *Ministry of Power* (v.).

Ministry of Health: ***Ministero della Sanità.*** Dicastero del governo britannico, creato nel 1919 col compito di occuparsi delle questioni relative alla salute pubblica, all'edilizia abitativa e agli enti locali. Queste ultime due funzioni furono trasferite, nel 1951, ad un nuovo dipartimento appositamente creato e il ministero della sanità passò ad interessarsi esclusivamente delle questioni sanitarie. Nel 1968 fu unito al ministero della previdenza sociale per formare un nuovo dicastero. (v. anche *Ministry of Social Security, Department of Health and Social Security, Ministry of Housing and Local Government*)

Ministry of Housing and Local Government: Dicastero del governo britannico, creato nel 1951 a seguito della separazione dei compiti di pertinenza del *Ministry of Health* (v.). È responsabile delle questioni relative all'edilizia abitativa ed ai rapporti tra governo centrale ed amministrazioni locali.

Ministry of Labour: ***Ministero del Lavoro.*** Dicastero del governo britannico, sostituito nel 1968 con un nuovo ministero. (v. anche *Department of Employment and Productivity*)

Ministry of Pensions and National Insurance: Dicastero del governo britannico, preposto alle questioni relative alla previdenza sociale, al quale, nel 1966, subentrò un nuovo ministero. (v. anche *Ministry of Social Security*)

Ministry of Power: Dicastero del governo britannico, già noto come *Ministry of Fuel and Power*, responsabile di tutte le questioni relative alle fonti di energia e alla loro utilizzazione. Controlla, pertanto, l'attività delle industrie produttrici di gas, carbone, energia elettrica e petrolio. Tra i compiti di questo dicastero rientrano anche la tutela della sicurezza dei lavoratori impiegati nelle industrie dell'energia e le questioni riguardanti le industrie metallurgiche.

Ministry of Social Security: ***Ministero della Previdenza Sociale.*** Dicastero del governo britannico, istituito nel 1966 per subentrare al *Ministry of Pensions and National Insurance.* Era preposto alle questioni relative alla previdenza sociale, ma nel 1968 fu unito al ministero della sanità per formare un nuovo dicastero. (v. anche *Ministry of Health, Department of Health and Social Security*)

Ministry of Technology: Dicastero del governo britannico, istituito nel 1964 col compito di occuparsi delle questioni relative alla ricerca scientifica e ai progressi tecnologici. Prima del 1964, questi compiti erano assolti dal *Department of Scientific and Industrial Research* insieme ad altri enti e comitati statali.

Ministry of Transport: ***Ministero dei Trasporti.*** Dicastero del governo britannico, preposto a tutte le questioni relative al trasporto su strada, per ferrovia, sulle idrovie interne, via mare e via aerea.

min–max: Termine usato con lo stesso significato di *range forward* (v.).

minor coin: ***moneta vile.*** Il termine inglese viene usato per indicare qualsiasi moneta coniata in metallo non prezioso, quindi in rame, nickel o leghe di scarso valore.

minorities: ***minoranze.*** Termine usato nei bilanci consolidati per indicare interessi di minoranza in società sussidiarie. (v. anche *minority interest*)

minority control: ***controllo di minoranza.*** Il controllo effettivo su una società per azioni realizzato da un singolo o da un gruppo di azionisti che possiedono meno del 51% delle azioni ordinarie con diritto di voto.

minority equity stake: ***partecipazione azionaria di minoranza; pacchetto di minoranza.*** Lo stesso che *minority interest* (v.).

minority interest: ***partecipazione di minoranza; interesse di minoranza.*** Termine che nei bilanci consolidati di società finanziarie sta a rappresentare il valore contabile delle azioni di società sussidiarie non in possesso della holding o di alcuna altra società del gruppo, ma di proprietà di singoli azionisti o di altre società esterne. Gli interessi di minoranza sono di preferenza considerati alla stregua di passività nei bilanci consolidati, piuttosto che come parte del capitale netto della sussidiaria. Il diritto, sia in Italia che nei paesi anglosassoni, prevede delle forme di protezione degli interessi degli azionisti di minoranza, che possono ricorrere alla magistratura qualora, contrariamente alla loro volontà, la società si accinga a intraprendere azioni da loro ritenute illegali in quanto non giustificate dai poteri delegati al consiglio di amministrazione, oppure quando tali azioni sono fatte a detrimento della minoranza o, ancora, quando furono approvate in modo ritenuto non valido.

minority participation: ***partecipazione di minoranza.*** Lo stesso che *minority interest* (v.).

minority report: ***relazione di minoranza.*** È la relazione di un singolo membro o di un gruppo di membri di un comitato, di una commissione, di un'assemblea, ecc., che rappresentano la minoranza in seno all'organismo.

minority shareholders: ***azionisti di minoranza.*** Sono i singoli investitori o la società che detengono una piccola parte del capitale azionario di una società sussidiaria di una holding. (v. anche *minority interest*)

minority shareholding: ***azionariato di minoranza.*** È l'insieme delle azioni, di proprietà di singoli investitori, che non sono in possesso dell'azionista di maggioranza, sia esso un singolo o una società di controllo.

minority stake: ***partecipazione di minoranza; pacchetto di minoranza.*** Lo stesso che *minority interest* (v.).

to mint: ***coniare.*** Battere monete, imprimendovi l'emblema riportato sul conio. Il verbo è comunemente usato nel senso più generico di produrre e mettere in circolazione monete metalliche.

mint: ***zecca.*** In senso stretto, il termine indica il luogo nel quale vengono coniate le monete metalliche che saranno successivamente messe in circolazione nel paese, ma nel Regno Unito indica anche il dipartimento del governo britannico responsabile della coniatura, a capo del quale si trova il Cancelliere dello Scacchiere. Oggi la zecca è, in qualsiasi paese, sotto il controllo dello stato, che rappresenta il suo unico cliente, ma in passato, e nel Regno Unito fino all'inizio del secondo conflitto mondiale, teoricamente chiunque poteva portare metallo alla zecca e chiedere che venisse coniato in monete: vi era, cioè, libertà di coniazione e la zecca era aperta al pubblico. Ciò oggi non è più consentito e la zecca acquista il metallo necessario, conia le monete e le pone in circolazione tramite la banca centrale. (v. anche *royal mint*)

mintage: ***diritto di monetazione; tassa di monetazione; monetaggio.*** Termine usato con lo stesso significato di *brassage* (v.).

mint mark: ***marchio di zecca.*** Il marchio che la zecca britannica, in base alla licenza concessale, è tenuta ad apporre su tutte le monete che conia.

mint master: ***direttore della zecca.*** Termine usato in alternativa a *master of the mint* (v.).

mint par: ***parità monetaria legale intrinseca; parità di zecca.*** Termine usato con lo stesso significato di *comparative bullion content* (v.).

mint parity of exchange: ***parità monetaria legale intrinseca; parità di zecca.*** Termine usato con lo stesso significato di *comparative bullion content* (v.).

mint par of exchange: ***parità monetaria legale intrinseca; parità di zecca.*** Termine usato con lo stesso significato di *comparative bullion content* (v.).

mint price: ***prezzo di zecca.*** Con l'espressione prezzo di zecca di una determinata quantità di un metallo si intende la quantità di monete che possono essere coniate usando quella quantità di metallo. Se, invece, consideriamo la quantità di monete in circolazione corrispondente a quella stessa determinata quantità di metallo, ricaviamo il prezzo di mercato di quella quantità di metallo. Vi può essere differenza tra il prezzo di zecca e quello di mercato, perché le monete in circolazione sono soggette a un calo di peso dovuto all'usura e, pertanto, ne occorrerà un numero superiore a quello delle monete nuove per raggiungere la stessa quantità di metallo. Ciò spiega perché il prezzo di mercato di una data quantità d'oro, ad esempio, è superiore al suo prezzo di zecca. Il prezzo di zecca dell'oro può, quindi, essere definito come il suo valore in monete d'oro. (v. anche *mint price of gold*)

mint price of gold: ***prezzo di zecca dell'oro.*** È il valore in monete d'oro di una data quantità di oro. Da quando si è abbandonato il sistema monetario aureo, questa espressione è passata a significare la quantità di valuta cartacea che la zecca di stato è pronta a pagare per ogni acquisto di oro.

mint ratio: ***rapporto di zecca; rapporto legale fisso.*** In un sistema monetario bimetallico, è il rapporto tra il peso di un metallo nel sistema monetario e il peso dell'altro metallo in quel sistema. Si può anche esprimere come il rapporto tra il prezzo dell'oro e il prezzo dell'argento fissato dalla zecca, rapporto che è per legge fisso e non varia a seguito delle fluttuazioni di mercato. (v. anche *bimetallism*)

mint value: ***valore di zecca; prezzo di zecca.*** V. spiegazione sotto *mint price* e *mint price of gold.*

minus tick: Espressione usata con lo stesso significato di *down tick* (v.).

minute book: ***libro dei verbali; libro delle deliberazioni; registro dei verbali.*** È il libro nel quale si riportano sommariamente gli eventi verificatisi nel corso di una riunione di una qualsiasi organizzazione. Nelle società per azioni, è il libro nel quale vengono trascritti i verbali delle assemblee generali degli azionisti e quelli delle riunioni del consiglio di amministrazione. La stesura e la registrazione di questi verbali nell'apposito libro è prevista per legge ed è affidata al segretario della società.

minutes: ***verbali.*** La registrazione in forma scritta degli argomenti trattati e delle deliberazioni adottate in un'assemblea. L'articolo 145 del *Companies Act* del 1948 stabilisce che per ogni riunione del consiglio di amministrazione e per ogni assemblea degli azionisti si deve stilare un regolare verbale, che sarà trascritto nell'apposito libro dei verbali. Firmato dal presidente dell'assemblea o dal presidente della successiva, il verbale costituirà prova delle deliberazioni adottate e degli interventi alla discussione. I verbali delle sedute del consiglio di amministrazione devono contenere la data e il luogo della riunione, il nome degli amministratori presenti, tutte le deliberazioni adottate e le eventuali nomine decise. Il verbale così preparato viene letto alla successiva riunione e, se trovato corretto, viene approvato e firmato dal presidente.

M.I.P.: 1) marine insurance policy; 2) monthly investment plan.

misalignment: ***disallineamento.*** Lo stesso che *currency misalignment* (v.).

misappropriation: ***appropriazione indebita.*** Termine usato con lo stesso significato di *defalcation* (v.).

miscarriage: 1. ***disguido.*** Il termine inglese sta ad indicare un trasporto di merci impreciso e non in carattere con quanto stabilito nel contratto di trasporto. **2.** ***smarrimento.*** Perdita di merci durante il trasporto dal luogo di origine a quello di destinazione.

miscellaneous assets: ***altre attività; attività di varia natura.*** In un bilancio, vengono indicate con questo termine le attività, generalmente secondarie, che non possono rientrare in alcuna delle altre classi di attività riportate in bilancio.

miscellaneous expenses: ***spese di natura varia.*** Spese non classificabili come spese di fabbricazione, di vendita, amministrative o generali e che, pertanto, in un conto economico compaiono separatamente, come detrazione dal reddito di esercizio.

miscellaneous file: ***fascicolo «diversi».*** Fascicolo nel quale vengono raccolti documenti e lettere relativi a vari argomenti e clienti, specialmente quando i rapporti non sono tali da richiedere un singolo fascicolo per ciascuno di loro.

miscellaneous revenue: ***entrate di natura varia.*** Entrate di secondaria importanza e non classificabili in altro modo in un conto economico. Sono, ad esempio, le entrate derivanti da interessi su saldi attivi di depositi bancari o da canoni di fitto di locali non utilizzati dall'impresa.

miscellaneous services sector: ***settore dei servizi di varia natura.*** Il settore che comprende la produzione e somministrazione di servizi personali, aziendali e medico–sanitari. Secondo un'indagine della *Monthly Labor Review* statunitense, questo è il settore suscettibile di maggior crescita nel prossimo futuro.

misdescription: ***descrizione falsa; descrizione inesatta; descrizione erronea.*** Il termine inglese indica una descrizione di beni mobili o immobili non corrispondente alla reale natura dell'oggetto. Può essere dovuta ad un errore materiale o ad un'errata dichiarazione, ma se è tale da fare apparire il bene molto diverso da quello che effettivamente è, può anche essere motivo di rescissione di un contratto, in quanto l'acquirente non può essere costretto ad accettare il bene. Se questi, tuttavia, insiste affinché l'altro contraente adempia alla sua obbligazione contrattuale, quest'ultimo può o fornire il bene come appare dalla descrizione o, nel caso di impossibilità, ridurre il prezzo concordato.

misdirected demand: ***domanda mal diretta.*** Espressione generica, con la quale si indica un tipo di domanda di beni e servizi che stimola la produzione e l'occupazione in aree geografiche o settori industriali già ad alto tasso di occupazione, mentre non stimola la produzione e l'occupazione di settori con bassi livelli occupazionali. Un esempio di domanda mal diretta potrebbe essere la domanda di impianti stereofonici in un periodo in cui il settore dell'elettronica ha un alto tasso di occupazione mentre, ad esempio, il settore dell'arredamento denuncia un alto tasso di disoccupazione.

misdirected investment: ***investimento mal diretto; investimento sbagliato.*** Investimento che o non dà i frutti sperati o crea capitali fissi che rimangono inutilizzati a causa delle mutate condizioni economiche. Ne è un esempio il forte investimento che ebbe luogo negli Stati Uniti nelle industrie produttrici di apparecchi elettrici quando il prezzo dell'energia, prima dello shock petrolifero, era estremamente basso. A seguito del forte aumento dei prezzi dell'elettricità in conseguenza del notevole aumento dei prezzi dei prodotti petroliferi, quel settore industriale subì un tremendo calo e l'investimento precedentemente realizzato risultò mal diretto. Lo stesso può dirsi del notevole investimento nella ricerca di fonti alternative di energia, che risultò mal diretto quando si verificò il crollo del prezzo dei prodotti petroliferi.

misery index: ***indice della miseria.*** Espressione informale, usata per indicare la somma del tasso di inflazione e del tasso di disoccupazione.

misfeasance: ***esercizio arbitrario di un diritto.*** Nel linguaggio giuridico, indica l'esecuzione impropria di un'azione che il soggetto ha il diritto o il dovere di compiere e pertanto va considerata pienamente legale. Ne può essere un esempio la negligenza di un amministratore o di un liquidatore nell'esercizio dei suoi doveri, che ha come risultato un danno per la società. (v. anche *malfeasance, non–feasance*)

misleading: ***fuorviante.*** Aggettivo spesso usato in relazione a bilanci, rendiconti, ecc., nei quali una dichiarazione oscura, distorta o non rispondente a verità può indurre ad un'errata interpretazione del documento, senza che l'estensore ne avesse l'intenzione.

misleading description: ***descrizione fuorviante.*** Termine usato con lo stesso significato di *misdescription* (v.).

mismanagement: ***cattiva gestione; cattiva amministrazione.*** Conduzione di un'azienda che si discosta dai sani principi amministrativi e che arreca un danno agli azionisti o ai proprietari dell'impresa. Nel termine inglese non è implicita la malafede, ma piuttosto l'incapacità o la negligenza degli amministratori.

misrepresentation: ***esposizione falsa; dichiarazione falsa.*** Dichiarazione o esposizione non rispondente a verità, resa da una delle parti di un contratto al fine di indurre l'altra a sottoscriverlo. Può essere fraudolenta o non intenzionale. Nel primo caso, la persona che la rilascia sa che non risponde a verità o non crede che sia vera oppure non si preoccupa se sia o non sia vera. Nel secondo caso, la persona che la rilascia crede onestamente che risponda a verità. Le conseguenze di una dichiarazione falsa, per la legge britannica, sono: nel caso di dichiarazione fraudolenta, la parte ingannata può rescindere il contratto, ovvero perseguire l'altra parte per frode e chiedere un indennizzo a fronte dei danni subiti; nell'altro caso, può rescindere il contratto, ma di regola non può perseguire l'altra parte per gli eventuali danni subiti. (v. anche *Misrepresentation Act*)

Misrepresentation Act: Legge, approvata dal parlamento britannico nel 1967, in base alla quale la parte danneggiata da una dichiarazione falsa ma non fraudolenta può perseguire l'altra parte per i danni subiti, purché si verifichino determinate circostanze. (v. anche *misrepresentation*)

missed discount: ***sconto perduto.*** Termine usato con lo stesso significato di *discount lost* (v.).

missing profit: ***lucro cessante.*** Lo stesso che *lucrum cessans* (v.).

missionary: ***collaboratore di vendita; propagandista commerciale.*** Termine colloquiale, usato con lo stesso significato di *merchandising salesman* (v.).

missionary selling: ***vendita con l'ausilio di propagandisti.*** Tecnica di promozione delle vendite utilizzata principalmente da case editrici e produttori di articoli farmaceutici, i cui propagandisti, o collaboratori, visitano i docenti e i medici.

Mississippi bubble: ***bolla del Mississippi.*** Espressione con la quale venne indicata una struttura finanziaria e commerciale altamente speculativa creata in Francia dall'economista scozzese John Law agli inizi del diciottesimo secolo. Il Law dapprima si conquistò un vasto potere commerciale sul bacino dei fiumi Mississippi, Missouri e Ohio e successivamente riuscì ad ottenere dalla corona francese la concessione di un monopolio sul tabacco, la gestione della zecca e il privilegio di esazione delle imposte a condizione che rimborsasse il debito pubblico francese. Queste imprese portarono all'acquisizione di varie aziende commerciali e istituzioni finanziarie, con conseguente speculazione sulle quote o azioni delle relative società. Quando, però, nel 1720 alcuni finanziatori si ritirarono, parte del pubblico perse la fiducia nelle capacità e nella serietà di Law e cominciò a ritirarsi. A ciò si aggiunse la notizia che il valore delle banconote di una banca di proprietà del Law sarebbe stato gradualmente ridotto e questa fu la goccia che fece traboccare il vaso. Gli investitori e i clienti della banca tentarono di realizzare i loro crediti, ma la banca sospese i pagamenti, Law fu rimosso dalle posizioni che aveva conquistato e il crack fu inevitabile.

misstatement: ***dichiarazione falsa; esposizione falsa.*** Termine usato con lo stesso significato di *misrepresentation* (v.).

MIT: market if touched.

mite: ***mite.*** Nome popolarmente dato in Inghilterra a monete molto piccole, tra le quali il mezzo penny coniato nel diciannovesimo secolo. Il nome deriva dall'antica unità monetarie delle Fiandre ai tempi di Carlo quinto.

mitigation of damages: ***riduzione dei danni; diminuzione dei danni.*** In una azione legale tendente a recuperare i danni derivanti da inadempienza contrattuale, il tribunale considererà se la parte danneggiata ha effettivamente fatto tutto quanto era in suo potere al fine di ridurre al minimo i danni subiti e non sentenzierà il risarcimento di quei danni che la parte danneggiata avrebbe potuto evitare mediante una sua azione ragionevole e tempestiva.

mix: ***mix; composizione.*** Termine con il quale si indica l'insieme dei beni prodotti da una singola impresa.

mixed account: ***conto misto; conto ibrido.*** È così chiamato un qualsiasi conto che contiene elementi reali e nominali. Ad esempio, un conto vendite nel quale l'elemento reale è rappresentato dal costo delle merci vendute e l'elemento nominale da profitti e perdite sulle vendite.

mixed carload rate: ***tariffa per carico completo misto.*** Nel linguaggio statunitense dei trasporti, indica una tariffa applicabile a beni diversi di un'unica spedizione, sufficiente a riempire un intero vagone o altro mezzo di trasporto.

mixed costs: ***costi misti.*** Lo stesso che *semi-variable costs* (v.).

mixed currency: ***valuta mista.*** È la valuta di un paese, quando essa risulta composta di monete di metallo prezioso e di banconote, oppure di monete coniate in vari tipi di metalli preziosi.

mixed economy: ***economia mista.*** Un sistema economico nel quale sono allo stesso tempo presenti elementi sia del capitalismo sia del socialismo. Gli elementi capitalistici sono rappresentati dalla libera iniziativa degli imprenditori privati, mentre quelli socialisti sono rappresentati dalla partecipazione dello stato al processo produttivo o tramite pianificazione statale o tramite aziende pubbliche o a partecipazione statale. Oggi, quasi tutte le economie sono miste, in quanto non ne esiste alcuna che sia interamente lasciata alla libera iniziativa o che sia interamente controllata dallo stato. Sono, perciò, economie miste quelle della Francia, del Regno Unito e dell'Italia, come lo sono quelle della Repubblica Federale di Germania e della Russia. Quella tedesca potrebbe definirsi relativamente libera, mentre quella della Russia relativamente controllata. (v. anche *non-market structures*)

mixed farming: ***agricoltura mista.*** È il tipo di attività agricola in cui si dà uguale importanza sia all'allevamento del bestiame che alla coltura dei campi.

mixed goods: ***beni misti.*** Si tratta di beni il cui consumo, e il beneficio che ne deriva, non è limitato a un solo individuo e nello stesso tempo non è a disposizione di tutti. Pertanto, questi beni si trovano a metà strada fra i beni privati e i beni pubblici.

mixed income: ***reddito misto.*** È un reddito composto da due o più differenti elementi, cioè reddito di lavoro, di capitali e d'impresa. Un imprenditore in proprio potrebbe considerare il suo come reddito d'impresa, ma in effetti esso è un reddito misto, perché deriva dal lavoro da lui prestato all'interno dell'azienda, dai capitali che nell'impresa ha investito e dagli utili provenienti direttamente dall'attività dell'impresa.

mixed inventory: ***scorta mista.*** È una scorta costituita da beni di una stessa categoria, ma non identificabili con una specifica singola partita.

mixed investment trust: ***fondo d'investimento misto.*** È un fondo comune d'investimento che diversifica i propri collocamenti in valori mobiliari e in beni immobili.

mixed market economy: ***economia di mercato mista.*** Lo stesso che *mixed economy* (v.).

mixed policy: ***polizza a viaggio e a tempo; polizza mista.*** Nelle assicurazioni marittime, si indica con questo termine la polizza che unisce le caratteristiche di una polizza a viaggio e di una polizza a tempo. Ad esempio, è una polizza mista quella che assicura una nave in relazione a un viaggio, diciamo da Genova a Città del Capo, per un periodo massimo di sei mesi.

mixed reserve: ***riserva mista.*** Viene indicato con questo termine un conto con saldo attivo, costituito allo stesso tempo da una passività, cioè un fondo di riserva e/o un accantonamento, come ad esempio una riserva per riammodernamento degli impianti.

mixed strategy: ***strategia mista.*** La strategia risultante dalla fusione di due diverse strategie e delle loro relative probabilità.

mixed surplus: ***conto al netto; conto derivato.*** In ragioneria, è un conto di capitale netto nel quale sono presenti non soltanto utili non distribuiti, ma anche elementi di capitale versato o crediti derivanti da rivalutazione.

mixed tariff: ***tariffa doganale mista.*** Termine usato con lo stesso significato di *compound tariff* (v.).

mixer: Termine borsistico di uso colloquiale, con il quale vengono indicate azioni con reddito relativamente alto acquistate da un investitore allo scopo di mediare il reddito relativamente basso proveniente da altre azioni in suo possesso, onde ottenere un reddito medio più elevato dal suo investimento complessivo.

mixing and milling regulations: ***norme sull'importazione di semilavorati.*** Le norme che regolamentano l'importazione di semilavorati, prescrivendo che ogni prodotto montato o miscelato nel paese contenga una determinata quantità di prodotto nazionale.

mixing import quota: ***contingente d'importazione di semilavorati; quota d'importazione di semilavorati.*** Sono contingenti che limitano la quantità di semilavorati prodotti all'estero e che entrano nella composizione di beni prodotti nel paese importatore. Vengono applicati principalmente nei confronti dei semilavorati esportati da paesi nei quali il costo del lavoro è particolarmente basso ed hanno lo scopo di limitare le importazioni ed anche di rendere i prodotti finiti più cari per il consumatore. (v. anche *import quota*)

mix variance: ***variante di composizione.*** Variante che deriva da cambiamenti delle proporzioni tra beni prodotti o attività svolte.

mkt.: market.

MLR: minimum lending rate.

M.M.: 1) mercantile marine; 2) money market.

M/m: made merchantable.

MMC: 1) Monopolies and Mergers Commission; 2) money market certificate.

MMDA: money market deposit account.

MMMF: money market mutual fund.
M.N.: merchant navy.
MNC: multinational corporation.
mnemonic code: ***codice mnemonico.*** V. spiegazione sotto *mnemonic system.*
mnemonic system: ***sistema mnemonico.*** In ragioneria, è un sistema di codificazione dei conti, o gruppi di conti, basato su lettere o gruppi di lettere alfabetiche, che richiamano il nome o il tipo di conti cui si riferiscono.
mngmt.: management.
mngr.: manager.
mo.: month.
m.o.: money order.
mobile bank: ***banca mobile.*** Una roulotte attrezzata come piccola banca, che può raggiungere parti remote del paese in uno o più giorni della settimana o essere presente in piccoli centri in occasione di fiere, mostre e mercati.
mobile filing unit: ***unità di archiviazione mobile.*** Tipo di schedario, usato nel sistema di archiviazione laterale. L'intero sistema è costituito da un certo numero di unità, o contenitori, che possono scorrere su guide fisse, ancorate al pavimento. Tutte le unità sono adiacenti quando si blocca il sistema di scorrimento, ma possono spostarsi su rotaie quando è necessario accedere ad una di loro. Questo sistema contribuisce a far risparmiare spazio e inoltre consente la completa visibilità e facilità di accesso ai documenti archiviati.
mobile industry: ***industria mobile; industria libera.*** Termine usato con lo stesso significato di *footloose industry* (v.).
mobile shop: ***negozio mobile.*** Punto di vendita mobile, organizzato su un veicolo stradale di medie o grandi dimensioni, nel quale il cliente può entrare per acquistare la merce in vendita. Molto diffusi in zone rurali, si cominciano a vedere anche nei sobborghi delle grandi città o in località turistiche o zone di grande affluenza di pubblico.
mobility: ***mobilità.*** Si indica con questo termine la facilità con cui un fattore della produzione, sia esso capitale, terra o lavoro, può essere trasferito da un'occupazione ad un'altra o da un'area geografica ad un'altra. Per quanto riguarda il capitale, bisogna distinguere tra capitale fisso, o beni capitali, e capitale come viene inteso nel senso popolare, cioè di quantità di denaro liquido disponibile. I beni capitali una volta costruiti manifestano una scarsa mobilità, in quanto la maggior parte dei macchinari e degli impianti rispondono a necessità specifiche e pur se alcuni tipi di macchine possono essere utilizzate per scopi diversi, esse restano sempre notevolmente inamovibili sia da un punto di vista geografico, sia da un punto di vista di utilizzazione. Lo stesso vale per beni capitali quali capannoni industriali e simili, che pur se possono essere riconvertiti implicano un notevole investimento e, pertanto, possono anch'essi considerarsi scarsamente mobili. Per il capitale sotto forma di moneta il discorso è completamente diverso. Esso è altamente mobile, tanto che l'imprenditore che ha deciso di utilizzarlo in un modo può cambiare idea all'ultimo momento ed utilizzarlo differentemente. La moneta, tuttavia, non è di per sé un fattore della produzione, ma la sua alta mobilità spiega in parte la mobilità di lungo periodo dei beni capitali. Le imprese, infatti, acquistano e cambiano spesso impianti. Quando le macchine o gli impianti sono consumati, l'impresa solitamente decide di sostituirli. Se non sono mutate le condizioni della domanda, del costo e della tecnologia, è molto probabile che l'impresa acquisti un bene capitale esattamente uguale al primo, ma proprio a causa della notevole mobilità della moneta, potrebbe acquistare una macchina diversa capace di produrre gli stessi beni o potrebbe acquistare macchine per produrre beni del tutto diversi da quelli che produceva con i vecchi impianti o, ancora, potrebbe spendere i fondi in qualche altra maniera. Queste decisioni influenzano la diversa allocazione di lungo periodo del capitale di un paese. Per quanto riguarda la terra, essa è dotata di notevole mobilità in relazione agli usi che non richiedono una particolare ubicazione fisica. Un campo coltivato a frumento può, nel giro massimo di un anno, essere destinato ad altra coltura, o un terreno agricolo alla periferia di una città in espansione può essere lottizzato e venduto come suolo edificatorio. Anche quando la terra è occupata da un fabbricato, questo può essere destinato ad usi diversi, pur se in questo caso la mobilità è alquanto ridotta e fortemente condizionata dall'investimento necessario per la ristrutturazione o la destinazione dell'edificio ad un uso diverso. Quando, viceversa, l'ubicazione fisica è importante, la terra non presenta mobilità alcuna. La terra in aperta campagna non può trasformarsi in terra al centro di una grande città. Questa immobilità della terra non la rende sensibile a variazioni di prezzo derivanti dalla necessità di una determinata ubicazione. Nel caso di un forte incremento della popolazione di una grande città, la domanda di terra in luoghi particolarmente favoriti aumenta in maniera vertiginosa, il prezzo cresce enormemente, ma la reazione dell'offerta rimane pressoché nulla. La terra, dunque, rappresenta un particolare tipo di fattore della produzione: è dotata di notevole mobilità quando l'uso che se ne intende fare non implica una particolare ubicazione, non è affatto dotata di mobilità nel caso contrario. Per la mobilità dell'altro fattore della produzione, il lavoro, v. *mobility of labour.* (v. anche *geographical mobility, immobility*)
mobility of labour: ***mobilità del lavoro.*** Con questa espressione si intende la facilità con cui il lavoro si sposta all'interno di un sistema economico. Come per altri fattori della produzione, anche in questo caso si deve fare una distinzione tra: a) mobilità geografica, cioè la disponibilità dei lavoratori a spostarsi da una località ad un'altra; e, b) mobilità occupazionale, cioè la disponibilità dei lavoratori a spostarsi da un'occupazione ad un'altra. Bisogna altresì tener presente che il lavoro è unico sotto un aspetto suo particolare: la sua mobilità può essere fortemente influenzata da motivi di carattere non monetario e così può verificarsi il caso che i lavoratori siano indotti a trasferirsi o a non trasferirsi da considerazioni derivanti dalla loro soddisfazione o insoddisfazione del lavoro che svolgono, del luogo in cui lo svolgono, delle persone con le quali o per le quali lo svolgono, ecc. Prescindendo da tali considerazioni e tenendo conto che, come gli altri fattori della produzione, anche il lavoro deve in qualche misura rispondere a variazioni di carattere monetario, possiamo vedere che la mobilità del lavoro è influenzata da varie altre cause. Anche ammesso che esso risponda a variazioni della struttura salariale, ciò non significa che esse ne possano interamente determinare il grado di mobilità. Infatti, se la categoria dei tipografi subisce delle riduzioni del potere di acquisto dei salari, mentre aumenta il salario reale dei professori, non è pensabile che un tipografo possa cambiare attività e diventare professore. Allo stesso modo, una segretaria non può ipso facto cambiarsi in una modella o un'attrice di prosa. Tuttavia, sarà possibile per il tipografo e per la segretaria spostarsi geograficamente

verso aree che offrono migliori possibilità di guadagno alle loro specializzazioni. Ciò ci suggerisce che un fattore molto importante della mobilità del lavoro è il tempo. Il tipografo e la segretaria non possono diventare professore o attrice di prosa in breve tempo, ma se lo vogliono, possono studiare e, col tempo, diventare realmente professore e attrice. Diciamo, dunque, che nel breve periodo la mobilità occupazionale è estremamente bassa, ma nel lungo periodo essa è molto alta. A ciò contribuisce anche il naturale ricambio della forza lavoro. In un qualsiasi paese, almeno il tre o il quattro per cento all'anno della forza lavoro risulta cambiata, a causa del ritiro dal mercato del lavoro di coloro che hanno raggiunto i limiti di età pensionabile e a causa dell'avvio al lavoro dei giovani che lasciano la scuola. Basandosi su questo avvicendamento, nell'arco di poco più di venti anni si può totalmente cambiare la distribuzione occupazionale dell'intera forza lavoro anche se nessuno si trasferisce da un'occupazione all'altra. Basterà fare in modo che chi si avvia al lavoro venga occupato in attività diverse da quelle in cui era occupato chi va in pensione. Anche la situazione economica di un paese influisce sulla mobilità del lavoro, per cui in periodi di depressione la mobilità geografica è molto bassa, mentre in periodi di piena o quasi piena occupazione le differenze salariali favoriscono la mobilità sia geografica che occupazionale. Per riassumere, diciamo che la mobilità del lavoro è molto maggiore nel lungo periodo che nel breve periodo; nell'arco di un dato periodo di tempo, essa risulta molto maggiore tra lavori nella stessa area geografica ed occupazione che tra differenti aree ed occupazioni. Tutto ciò, ovviamente, non tenendo conto di barriere create dall'uomo alla mobilità del lavoro, quali speciali indennità di anzianità di servizio con lo stesso datore di lavoro; benefici non monetari erogati a particolari categorie di lavoratori o da particolari aziende; la necessità di ottenere licenze per svolgere determinati lavori, e simili. (v. anche *geographical mobility, mobility, immobility, occupational mobility*)

mobilization: *mobilitazione.* Termine usato con lo stesso significato di *economic mobilization* (v.).

mobilization of capital: *mobilizzazione del capitale.* Termine usato con lo stesso significato di *mobilization of resources* (v.).

mobilization of resources: *mobilizzazione delle risorse.* La capacità e la possibilità di un'impresa di realizzare in qualsiasi momento un investimento di capitale.

mock auction: *asta simulata; asta truccata.* Vi possono essere vari tipi di asta simulata o truccata. Uno dei più frequenti e semplici è quello di far salire il prezzo degli oggetti messi all'asta attraverso offerte fittizie fatte da complici del banditore o del proprietario della casa di aste, quando essi si rendono conto che qualcuno dei presenti è particolarmente interessato ad un dato oggetto. Un altro accorgimento è quello di vendere un oggetto ad un prezzo molto alto ad un complice del banditore o del proprietario della casa, con l'intesa che egli poi lo cederà ad un prezzo più basso di quello di partenza, o di quello raggiunto durante l'asta, ad un altro acquirente. Un altro sistema è quello di accordarsi preventivamente sul prezzo di un oggetto e su chi lo deve acquistare e poi far salire il prezzo allo scopo di escludere gli altri probabili acquirenti. Questi sistemi, insieme ad alcuni altri, sono particolarmente dannosi per il proprietario dell'oggetto venduto all'asta e pertanto sono considerati reato, in base al *Mock Auctions Act* del 1961, punibile con l'arresto fino a due anni e con ammenda fino a mille sterline.

mode: *moda; norma.* In statistica, è il valore o uno dei valori che ha la massima frequenza, ovvero compare il massimo numero di volte, in un gruppo di numeri. Tuttavia, in una data serie vi possono essere una, più di una, o nessuna norma. Il concetto della norma viene ampiamente applicato nel commercio, ad esempio per determinare le misure più richieste di scarpe o di abiti da stoccare in un negozio.

model: *modello.* V. spiegazione sotto *economic model.*

moderate inflation: *inflazione moderata.* Tipo di inflazione durante la quale la perdita di potere d'acquisto della moneta è contenuta entro il quattro o il cinque per cento. Tale tasso di inflazione, che pure sembra basso, è sufficiente a causare effetti disturbatori nell'economia di un paese.

modern agricultural revolution: *rivoluzione agricola moderna.* Il rapido aumento della produzione agricola per ora–uomo e per acro, accompagnato da una rapida diminuzione del numero dei lavoratori agricoli dopo la fine del secondo conflitto mondiale. Questo fenomeno si è verificato in tutti i paesi del mondo, ma la sua portata è particolarmente significativa nelle statistiche relative agli Stati Uniti, che mostrano un aumento, tra il 1950 e il 1980, del 453 per cento della produzione per ora–uomo e un aumento del 64 per cento della produzione per acro. Nello stesso periodo di tempo, il numero degli occupati nell'industria dell'agricoltura statunitense scese di circa il trenta per cento, da 9,9 milioni a 3,8 milioni.

modernization: *modernizzazione; ammodernamento; rimodernamento.* La sostituzione di macchinari vecchi o antiquati con macchinari a tecnologia avanzata.

modern portfolio theory: *teoria moderna del portafoglio.* Lo stesso che *portfolio management theory* (v.).

modified accounts: *rendiconti modificati.* Le imprese britanniche medie e piccole sono autorizzate a inoltrare al pubblico registro delle società rendiconti modificati, dai quali, cioè, sono stati omessi alcuni dettagli.

modified rebuy: *riapprovvigionamento modificato.* V. spiegazione sotto *buygrid.*

modified union shop: Espressione statunitense con la quale si indica un accordo sindacale in base al quale i dipendenti di un'impresa possono continuare ad essere o non essere iscritti al sindacato, ma coloro che saranno assunti dopo la firma di questo accordo dovranno necessariamente iscriversi al sindacato.

modular advertising: *pubblicità modulare.* Il concetto di fornire al cliente soltanto alcuni servizi pubblicitari specializzati, invece dell'intero pacchetto normalmente offerto in campo pubblicitario. (v. anche *service module*)

module: *modulo.* Ciascuna parte di dimensioni standard, separata o separabile, di cui si compone un mobile, una costruzione prefabbricata o un'apparecchiatura elettronica o meccanica.

MOFs: multi–option facilities.

mohur: Moneta d'oro emessa per la prima volta in India nella seconda metà del tredicesimo secolo. Oggi, il valore del mohur varia in base al prezzo dell'oro.

moiety: *metà.* Il termine inglese ha un uso alquanto limitato. Si riferisce principalmente alla metà di un bene immobile, quando questo è diviso in due parti uguali di proprietà di due diversi soggetti, e alla metà di un'imposta o tassa il cui pagamento è consentito in due rate uguali.

m.o.m.: middle of month.

momentary equilibrium: *equilibrio momentaneo.* Situazione che si realizza quando la domanda e l'offerta di un dato bene o servizio si equivalgono su un mercato. Si tratta sempre di una situazione di breve durata, perché sia la domanda che l'offerta tendono continuamente a variare e ciò porta a prezzi di mercato diversi fin quando non si ristabilisce una nuova e diversa situazione di equilibrio.

mon.: monetary.

monetarism: ***monetarismo.*** Viene indicata con questo termine di recente formazione la scuola di pensiero economico che sostiene che la principale causa dell'inflazione è rappresentata dalla quantità di moneta in circolazione. I più noti sostenitori di questa teoria sono stati gli economisti della Scuola di Chicago. (v. anche *Chicago School*)

monetarist: ***monetarista; economista monetarista.*** Termine di recente coniazione con il quale si indica un economista, appartenente alla scuola di pensiero detta monetarismo, che sostiene che nella gestione di un'economia tendente a evitare periodi di inflazione e deflazione, la politica monetaria del governo è più importante e sortisce migliori effetti della politica fiscale. (v. anche *monetarism, monetary policy, fiscal policy*)

Monetarist School: ***Scuola monetarista.*** Termine con il quale viene indicata la scuola di pensiero economico creatasi attorno alle teorie del professor Milton Friedman dell'Università di Chicago. (v. anche *monetarism, Chicago School*)

monetarist theory: ***teoria monetarista.*** La teoria che enfatizza il ruolo svolto dalla quantità di moneta e di credito e dal tasso d'interesse nell'influenzare l'attività economica. Essa sostiene l'efficienza della politica monetaria, e non della politica fiscale, nel mutare il reddito nazionale e il tasso d'inflazione e sostiene l'inefficienza delle politiche monetaria e fiscale intese a variare il livello di occupazione.

monetary aggregates: ***aggregati monetari.*** Le varie misure dell'offerta di moneta, definite sotto *M0, M 1/5* e *M2* (v.)

monetary alignment: ***allineamento monetario.*** Espressione eufemistica usata per indicare la svalutazione ufficiale della moneta di un paese. (v. anche *devaluation*)

monetary approach: ***approccio monetario.*** Nell'economia monetaria, questo approccio pone il problema della bilancia dei pagamenti come un fenomeno monetario da analizzarsi con gli strumenti della teoria monetaria. Esso focalizza l'attenzione sul complesso della bilancia dei pagamenti e ne definisce un qualsiasi squilibrio come una variazione del livello di riserve di valute estere. Queste variazioni di riserve vengono viste come se riflettessero una disparità tra saldi monetari desiderati ed effettivi e allo stesso tempo fornissero un meccanismo automatico tramite il quale si ripristina l'equilibrio sul mercato monetario. (v. anche *absorption approach, elasticities approach*)

monetary area: ***area monetaria.*** Lo spazio geografico coincidente con l'estensione territoriale di quei paesi i cui scambi internazionali hanno luogo in termini di una sola moneta. Tali paesi sono legati tra loro da vincoli politici o economici o semplicemente da prossimità territoriale e la moneta in cui essi effettuano gli scambi tra loro è quella del paese politicamente o economicamente più forte, cui sono ancorate le monete degli altri paesi. Si parla, così, di area della sterlina, area del franco, area del rublo e area del dollaro.

monetary assets and liabilities: ***attività e passività monetarie.*** Nella contabilità per inflazione, sono rappresentate da contanti, crediti, debiti e mutui esistenti e calcolati in termini monetari e non in funzione di variazioni del livello dei prezzi.

monetary authorities: ***autorità monetarie.*** Si indicano con questo termine le autorità responsabili della politica monetaria di un governo, cioè la banca centrale e il ministero del tesoro che, con le loro decisioni, determinano l'ampiezza delle variazioni della domanda e dell'offerta di moneta, con tutte le conseguenze che ciò comporta sull'economia del paese.

monetary base: ***base monetaria.*** Espressione economica di coniazione recente, usata per indicare i crediti della banca centrale sotto forma di titoli, anticipazioni a istituzioni finanziarie, titoli di credito in corso di compensazione, cui vanno aggiunti i saldi di cassa del Tesoro, la riserva aurea e altre attività, di varia natura e di minore importanza, della banca centrale. La base monetaria può anche essere considerata come l'aggregato di moneta legale in possesso di privati e di istituti bancari, i depositi delle banche presso la banca centrale e le passività a breve termine delle autorità monetarie. Poiché questi ultimi sono utilizzabili dalle banche come riserve obbligatorie, essi pongono un freno all'espansione dei depositi e del credito. Tuttavia, l'espansione della base monetaria determina il potenziale tasso di crescita della quantità di moneta in circolazione.

monetary base control: ***controllo della base monetaria.*** È uno degli strumenti di cui può disporre una banca centrale per limitare, secondo la teoria monetarista, la creazione di credito da parte delle banche. Consiste nel controllare l'aumento della base monetaria, intesa nel senso di saldi operativi tenuti dalle banche presso la banca centrale, secondo percentuali precise nel corso di determinati periodi di tempo, quando le banche rispettano un consistente rapporto tra i loro depositi e la moneta base. (v. anche *base money*)

monetary bloc: ***blocco monetario.*** Un gruppo di paesi che tengono le loro riserve di valuta estera in una singola moneta, generalmente quella del paese più importante dal punto di vista finanziario e commerciale. Un blocco del genere fu quello formato dai paesi della cosiddetta area della sterlina. (v. anche *sterling area*)

monetary compensation amount: ***montante compensativo; importo compensativo monetario.*** Lo stesso che *compensatory amount* (v.).

monetary control: ***controllo monetario.*** La banca centrale di un paese può influenzare notevolmente la politica monetaria, attraverso il controllo della quantità di moneta in circolazione, che essa svolge mediante la sua supervisione sul sistema bancario, le decisioni e l'applicazione della politica monetaria e altri controlli più o meno importanti sull'espansione e la contrazione del credito. In quanto i suoi controlli tendono ad influenzare la quantità di moneta in circolazione, essi sono considerati controlli quantitativi, mentre i controlli tendenti ad influenzare il flusso del credito in particolari settori o per scopi speciali sono indicati come qualitativi o selettivi. Il controllo quantitativo si realizza tramite tre strumenti: a) il più importante è rappresentato dalle operazioni di mercato aperto, cioè la vendita o l'acquisto di titoli di stato sul mercato aperto da parte della banca centrale. Sebbene spesso lo scopo di queste operazioni sia quello di sostenere il corso dei titoli di stato o di portarlo ad un livello voluto, esse controllano il credito alterando le riserve e i depositi delle banche. I titoli venduti sul mercato aperto, infatti, vengono acquistati da privati e da banche (nel Regno Unito attraverso l'intermediazione delle case di sconto), le cui riserve risultano ridotte quando pagano i titoli acquistati e i cui depositi dei clienti risultano ugualmente ridotti quando essi prelevano fondi per pagare i titoli acquistati. Se, viceversa, la banca centrale acquista titoli di stato, la moneta che essa sborsa per tali acquisti va ad aumentare le riserve delle banche e poiché l'ammontare delle riserve determina il volume del credito che le banche possono concedere, le autorità monetarie provvedono alla vendita di titoli quando si vuole restringere il credito e al loro acquisto quando invece si vuole espandere il credito. In pratica non vi è alcun limite al potere delle autorità monetarie in fatto di espansione del credito attraverso le operazioni di mercato aperto, mentre c'è un limite alla loro capacità di contrazione del credito. Questo limite è rappresentato in massima parte dalla quantità di titoli a disposizione per la vendita da parte della banca centrale e dal loro prezzo di vendita, che sarà tanto più basso quanto maggiore è la quantità offerta, con conseguente aumento del costo di finanziamento del debito pubblico. b) La banca centrale influenza la quantità di denaro in circolazione anche attraverso la manovra del tasso ufficiale di sconto. In molti paesi le banche, ma in altri paesi altre istituzioni finanziarie, quando hanno bisogno di liquidi possono contrarre prestiti con la banca centrale. Esse possono scontare cambiali bancabili o altri titoli di credito al tasso ufficiale di sconto. La banca centrale incoraggia lo sconto di titoli di credito quando abbassa il tasso di sconto, ma lo scoraggia quando alza il tasso di sconto ufficiale. Tuttavia, non è detto che un aumento o una diminuzione del tasso di sconto realmente scoraggi o incoraggi le istituzioni finanziarie a chiedere prestiti alla banca centrale: ciò dipenderà in gran parte dalla situazione economico–finanziaria del paese, ma le variazioni del tasso di sconto hanno un effetto psicologico notevole sia sulle banche che sui privati. In casi estremi, comunque, la banca centrale può restringere il credito rifiutandosi di rinnovare i prestiti alle istituzioni finanziarie. c) Un altro potente strumento nelle mani della banca centrale, con il quale essa può controllare il credito, è rappresentato dalle riserve obbligatorie che le banche devono tenere a fronte dei depositi dei clienti. La banca centrale può, infatti, stabilire la percentuale tra depositi e riserve ed una variazione di questa percentuale può far aumentare o diminuire le disponibilità monetarie che le banche usano per concedere prestiti. Questo è uno strumento molto efficace, ma trova i suoi limiti nella legge che stabilisce il minimo e il massimo delle riserve bancarie. Infatti, quando la percentuale delle riserve è già al massimo o al minimo, la banca centrale non può ulteriormente ridurre o ampliare il credito mediante questo strumento. Il controllo del credito attraverso strumenti qualitativi è da più parti ritenuto iniquo, in quanto reca in sé una certa discriminazione. Esso si realizza attraverso una serie di iniziative delle autorità monetarie, che possiamo riassumere come segue: a) persuasione morale e controllo del sistema bancario da parte della banca centrale, che chiederà a determinati tipi di banche di limitare il credito nei loro particolari settori. Se le banche non rispondono all'invito, la banca centrale potrà inviare ispezioni o usare altre forme di pressione, la cui efficacia, tuttavia, non è sempre garantita. b) Un'altra importante forma di controllo qualitativo è rappresentata dalla regolazione del credito agli operatori di borsa, agli importatori attraverso depositi infruttiferi a fronte di importazioni e ad altre categorie di operatori economici. c) In periodi di particolare necessità, la banca centrale può elevare, nei paesi la cui legislazione lo prevede, il versamento minimo anticipato a fronte di acquisti rateali e può limitare anche il numero di rate. Ciò riduce la domanda di beni di consumo e contribuisce a limitare il volume di credito e la pressione inflazionistica. d) Le autorità monetarie possono limitare il credito all'edilizia abitativa, imponendo un anticipo minimo per l'acquisto di case e un numero massimo di anni di durata dei mutui ipotecari. e) Un'altra forma di controllo selettivo del credito, strettamente collegata alla manovra del tasso di sconto, è quella di imporre alle banche limiti massimi al tasso di interesse che esse pagano sui depositi dei loro clienti. Quando questo tasso è portato a livelli bassi, il risparmio si incanala verso altri investimenti più remunerativi e viene così ridotta la capacità di concessione di credito da parte delle banche. Molte forme di controllo selettivo del credito hanno l'effetto di deprimere certi settori dell'economia, come avviene particolarmente per quelle accennate sotto c) e d), col risultato che esse appaiono più come misure recessive che come misure di risanamento dell'economia e questo è il motivo per cui vi si fa ricorso soltanto in situazioni particolarmente gravi, quando più o meno tutti i settori dell'economia di un paese sono colpiti da provvedimenti di rigida politica monetaria. (v. anche *monetary policy, open–market operations, bank rate, lender of last resort, central bank, legal bank reserve, bank deposit, monetary authorities*)

monetary correction: ***correzione monetaria; adeguamento monetario automatico.*** L'inserimento di clausole di indicizzazione in contratti di appalto o di fornitura, che garantiscono l'appaltatore o il fornitore contro variazioni nel valore della moneta. Anche i contratti di lavoro, ormai da molto tempo, prevedono una forma di indicizzazione legata all'aumento del costo della vita secondo modi e tempi che variano da paese a paese. La tendenza moderna è quella di indicizzare anche le imposte e altri fenomeni che influiscono sul tasso di inflazione o sono da esso influenzati. (v. anche *escalator clause, escalation price, indexation*)

monetary crisis: ***crisi monetaria.*** Situazione di grave tensione e squilibrio che si viene a creare sui mercati valutari internazionali quando, a seguito di movimenti speculativi, una o più valute risultano sopravvalutate rispetto alle altre valute trattate in quei mercati. In presenza di questa situazione, si verifica generalmente un intervento da parte di una o più banche centrali, nel tentativo di risolvere o modificare la crisi, o nel tentativo di non far fare alla moneta nazionale le spese della sopravvalutazione dell'altra o delle altre monete.

monetary deflation: ***deflazione monetaria.*** La riduzione della massa monetaria in circolazione, di solito prodotta intenzionalmente dalle autorità monetarie di un paese. La riduzione della liquidità può essere realizzata mediante una diminuzione della spesa pubblica quando, contemporaneamente, le entrate dello stato aumentano a seguito di un inasprimento fiscale o restano invariate. Altri sistemi mediante i quali la banca centrale può ridurre la liquidità sono quelli descritti sotto *monetary control* (v.). La diminuzione della liquidità in un sistema economico porta ad una diminuzione dell'attività produttiva e dell'occupazione e, nei mercati concorrenziali, ad una diminuzione dei prezzi.

monetary discretion: ***discrezionalità monetaria.*** V. spiegazione sotto *monetary rules.*

monetary economics: ***economia monetaria.*** La branca della scienza economica che studia la natura della moneta e tutti i problemi derivanti dalla sua utilizzazione. Tra i soggetti di studio dell'economia monetaria rientrano, oltre alla moneta stessa, i sistemi finanziari, la politica monetaria, i tassi d'interesse, la bilancia dei pagamenti e i tassi di cambio tra le valute dei diversi paesi.

monetary economist: ***monetarista; economista monetarista.*** Lo stesso che *monetarist* (v.).

monetary economy: ***economia monetaria; economia basata sulla moneta.*** Con questo termine si indica un'economia nella quale gli scambi sono basati sulla moneta e non sul baratto. Dando a ciascun lavoratore la possibilità di scambiare i suoi prodotti con moneta, da usarsi successivamente per acquistare beni con i quali soddisfare i propri bisogni, l'economia monetaria favorisce la divisione e la specializzazione del lavoro, con conseguente incremento della produzione globale di beni e servizi. (v. anche *natural economy*)

monetary equations: ***equazioni monetarie.*** Sono varie equazioni matematiche che esprimono la relazione tra spese in moneta e prezzi. Queste equazioni derivano generalmente in maniera più o meno diretta dalla teoria quantitativa della moneta.

monetary expansion: ***espansione monetaria.*** L'aumento della massa monetaria globale in circolazione in un sistema economico, cioè l'aumento dell'offerta di moneta.

monetary fund: ***fondo monetario.*** Fondo le cui attività sono rappresentate da valori monetari e non da beni capitali o altre diverse attività.

monetary gold: ***oro monetario.*** Oro destinato a essere coniato o usato come moneta, anche se sotto forma di titoli rappresentativi del metallo, come nel caso dei certificati aurei statunitensi.

monetary growth: ***crescita monetaria.*** Lo stesso che *monetary expansion* (v.).

monetary income: ***reddito monetario.*** Reddito percepito esclusivamente in moneta e non sotto forma di beni o altri benefici non monetari. L'espressione può anche essere usata per indicare un reddito calcolato in valore monetario, ossia in quantità di moneta percepita, invece che in valore reale, cioè corrispondente ad una certa quantità di beni e servizi che possono essere acquistati con un dato reddito. (v. anche *monetary value, money illusion, real income*)

monetary inflation: ***inflazione monetaria.*** Lo stesso che *currency inflation* (v.).

monetary instability: ***instabilità monetaria.*** L'instabilità presente in un sistema monetario internazionale, che si manifesta con notevoli e frequenti fluttuazioni dei tassi di cambio e con forti sbalzi nei prezzi sui mercati internazionali dei beni e delle materie prime.

monetary instruments: ***strumenti monetari.*** Strumenti finanziari utilizzati come moneta. Vi rientrano tutti i mezzi di pagamento che costituiscono la definizione più ampia di moneta, incluse le riserve bancarie presso l'istituto centrale.

monetary integration: ***integrazione monetaria.*** Il processo che porta all'utilizzazione di un'unica valuta da parte di più paesi diversi, che precedentemente usavano le singole valute nazionali.

monetary item: ***partita contabile monetaria.*** Una qualsiasi delle *monetary assets and liabilities* (v.).

monetary liquidity: ***liquidità monetaria.*** Disponibilità di mezzi monetari, con cui far fronte a proprie obbligazioni.

monetary management: ***gestione monetaria.*** Termine di significato molto generico e ampio, con il quale si indica tutto il complesso della moderna politica monetaria. In un significato più ristretto e limitato al linguaggio finanziario britannico, il termine indica la gestione del mercato monetario londinese principalmente da parte della Banca d'Inghilterra mediante interventi di acquisto e vendita di titoli di stato, allo scopo di equilibrare il flusso di fondi tra i settori pubblico e privato dell'economia.

monetary movements: ***movimenti monetari.*** Elemento del conto della bilancia dei pagamenti che mostra come viene saldata la differenza in conto corrente e conto capitali a lungo termine, mediante aumenti o diminuzioni di passività in sterline del governo britannico nei confronti di non residenti. I pagamenti possono essere effettuati in sterline, in oro o in valute convertibili.

monetary policy: ***politica monetaria.*** Viene indicata con questo termine quella parte della politica economica di un governo tendente a regolare la quantità di moneta in circolazione nel paese o lo stato di liquidità della intera economia, allo scopo di realizzare fini che il governo si propone, quali la stabilità del valore della moneta del paese, l'eliminazione di un deficit della bilancia dei pagamenti, la riduzione del tasso di inflazione, l'aumento dell'occupazione, ecc. Poiché, di solito, ciascuno di questi problemi non si presenta mai da solo, anzi tendono a presentarsi generalmente insieme, risulta spesso difficile decidere quale tipo di politica monetaria adottare, perché un provvedimento può essere salutare per uno di questi problemi, ma allo stesso tempo disastroso per un altro. All'epoca in cui era in vigore il sistema monetario aureo, la politica monetaria veniva usata principalmente allo scopo di mantenere stabili le riserve auree del paese, per cui se si verificava un deficit della bilancia dei pagamenti con conseguente esportazione di oro, le autorità monetarie intervenivano agendo sul tasso di sconto e tramite operazioni di mercato aperto per ridurre il credito e, di conseguenza, la circolazione monetaria. Ciò portava ad una riduzione delle spese in importazioni e ad un aumento delle esportazioni, che facevano tornare in patria l'oro precedentemente esportato. Quando, invece, si verificava un attivo della bilancia dei pagamenti, l'azione delle autorità monetarie si muoveva lungo direttrici opposte. Dopo l'abbandono del sistema monetario aureo, la moneta ha assunto una funzione dinamica che non aveva prima ed è ora in grado di influenzare notevolmente il livello di occupazione, la domanda di beni e servizi, gli investimenti e il reddito nazionale. Da qui la necessità di un diverso tipo di politica monetaria, che oggi si serve di strumenti più vari quali la struttura del tasso di interesse, il controllo del credito concesso da banche o altre istituzioni finanziarie, il controllo dei movimenti internazionali dei capitali, l'ammontare minimo da versarsi come anticipo per acquisti rateali, ecc. C'è da dire che sebbene il termine politica monetaria venga usato come contrario di politica fiscale, i due tipi di politica non sono in conflitto tra loro, tanto è vero che una qualsiasi politica monetaria è sempre integrata da un'adeguata politica fiscale. Il problema, semmai, è quello di stabilire a quale delle due vada data maggiore importanza e questo problema è stato oggetto di ampia e lunga discussione fra gli economisti che, cominciata intorno agli inizi degli anni settanta, non sembra ancora giunta a termine. In anni recenti, difatti, le ricerche della Scuola di Chicago e del professor Milton Friedman hanno in gran parte riabilitato la politica monetaria, specialmente negli Stati Uniti, facendola apparire più importante della politica fiscale, malgrado i suoi pesanti e disastrosi fallimenti in molti paesi dell'America Latina. (v. anche *gold standard, automatic work-*

ing of the gold standard, dynamic function of money, fiscal policy, monetarism)

monetary policy instruments: ***strumenti di politica monetaria.*** Lo stesso che *instruments of monetary policy* (v.).

monetary policy regime: ***regime di politica monetaria.*** Lo stesso che *monetary regime* (v.).

monetary policy rules: ***regole di politica monetaria.*** Lo stesso che *monetary rules* (v.).

monetary reform: ***riforma monetaria.*** La sostituzione di una unità monetaria o di un sistema monetario con un'altra unità o un altro sistema monetario. La sostituzione può essere conseguente ad un periodo di inflazione galoppante, per cui l'unità monetaria viene del tutto soppressa e sostituita con un'altra di minor valore, come accadde in Ungheria dopo il secondo conflitto mondiale. La sostituzione dell'unità monetaria può anche essere parziale e conseguente a deprezzamento, come avvenne in Francia nel 1960 quando al vecchio franco fu sostituito il nuovo franco, detto franco pesante, nel rapporto di cento a uno. Infine, la riforma monetaria può interessare l'intero sistema, come avvenne nel Regno Unito in occasione dell'introduzione del sistema decimale o in Australia con l'introduzione del dollaro australiano diviso in cento centesimi al posto della sterlina divisa in scellini e pence.

monetary regime: ***regime monetario.*** L'insieme di azioni prevedibili, contingenti o di altra natura, che decidono di seguire coloro che sono preposti alla formulazione della politica monetaria di un paese.

monetary reserves: ***riserve monetarie; riserve degli istituti di emissione.*** L'ammontare di metallo prezioso in lingotti e di monete tenuto dal governo o dall'istituto di emissione, come parziale garanzia dell'emissione di biglietti di banca. Lo stesso termine viene usato per indicare la riserva che garantisce parzialmente la moneta–deposito creata dalle banche.

monetary restraint: ***restrizione monetaria.*** La limitazione della massa circolante da parte delle autorità monetarie di un paese, con l'obiettivo di tenere sotto controllo l'andamento dell'economia e in particolare le tensioni inflazionistiche che si manifestano in presenza di un'eccessiva offerta di moneta.

monetary rules: ***regole monetarie; normativa monetaria.*** Le regole prestabilite che impongono alle autorità, e soprattutto ai politici, una determinata e rigida linea di condotta nella formulazione della politica monetaria del paese. Il termine viene usato in contrapposizione a discrezionalità monetaria, che indica il più alto grado di libertà concessa alle stesse autorità nella formulazione di una politica monetaria. Il dibattito, che trova radici in un passato non molto recente, tra coloro che temono l'ignoranza e la mala fede dei politici e pertanto auspicano rigide regole e coloro che sperano nell'intelligenza e nelle buone intenzioni degli stessi e pertanto sostengono la necessità di non vincolarli concedendo loro una più o meno ampia discrezionalità, non ha ancora trovato una soluzione soddisfacente, ove si escluda il compromesso tra le due tesi.

monetary saturation: ***saturazione monetaria.*** La situazione in cui l'offerta e la domanda di moneta si trovano in perfetto equilibrio. M. Friedman ha indicato l'argomentazione basilare a favore della saturazione monetaria. Fondamentalmente, se l'emissione e il servizio di strumenti monetari hanno un costo uguale a quelli degli strumenti non monetari, la minimizzazione della perdita lorda impone che i rendimenti dei due tipi di strumenti siano uguali. In un'economia nella quale non si riconoscono interessi agli strumenti monetari, la saturazione può verificarsi solo quando il tasso nominale d'interesse sugli strumenti non monetari è uguale a zero. Ma in un'economia moderna senza restrizioni legali o tecnologiche sul pagamento di interessi sugli strumenti monetari, la saturazione può realizzarsi con prezzi stabili (o qualsiasi altra politica a favore del livello dei prezzi) riconoscendo i tassi d'interesse di mercato agli strumenti monetari. (v. anche *deadweight loss, monetary instruments, non–monetary instruments)*

monetary school: ***scuola monetaria.*** Espressione usata in passato per indicare la scuola di pensiero economico oggi nota come monetarismo. (v. anche *monetarism, monetarist)*

monetary sector: ***settore monetario.*** 1) In un sistema economico, è il settore nel quale si scambiano beni e servizi in considerazione di pagamenti in moneta. Il termine viene usato in contrapposizione a *non–monetary sector* (v.). 2) In un significato più ristretto, il termine viene usato nel Regno Unito per indicare l'insieme delle istituzioni finanziarie che costituiscono il sistema bancario propriamente detto e cioè le *recognized banks* (v.) i *licensed deposit–takers* (v.), la *National Girobank* (v.), le *trustee savings banks* (v.) e il dipartimento bancario della Banca d'Inghilterra.

monetary snake: ***serpente monetario.*** Accordo stipulato nel 1972 tra un certo numero di paesi europei, quasi tutti appartenenti alla Comunità Economica Europea, tendente a mantenere entro limiti prestabiliti le oscillazioni dei tassi di cambio delle loro singole valute. Nel 1974, la Francia, il Regno Unito, l'Irlanda e l'Italia già non ne facevano più parte, ma nel 1978 si iniziò un altro esperimento, informato dagli stessi principi che erano alla base del serpente monetario, fondando il sistema monetario europeo. (v. anche *European Monetary System, European Currency Unit)*

monetary sovereignty: ***sovranità monetaria.*** Il diritto di ciascuno stato sovrano di tutelare la propria economia contro la disoccupazione, la deflazione o pesanti squilibri della bilancia dei pagamenti, anche se ciò risulta contrario a suoi precisi impegni di cooperazione con altri paesi e con organismi internazionali.

monetary squeeze: ***stretta monetaria.*** Il risultato di una politica di contenimento dell'aumento della massa monetaria circolante in un paese, che di regola porta a un aumento dei tassi d'interesse.

monetary stabilization: ***stabilizzazione monetaria.*** L'insieme di interventi di politica economica tendenti a stabilizzare il potere di acquisto interno di una moneta o il suo valore di cambio.

monetary standard: ***tipo monetario.*** La varietà di sistema monetario usato in un paese, a seconda della moneta tipo adottata. Si può, così, avere un tipo monetario monometallico o bimetallico, un tipo monetario a cambio aureo, a carta moneta inconvertibile, ecc. (v. anche *standard money, bimetallism, monometallism, gold standard, gold bullion standard, gold exchange standard, inconvertible money, paper standard)*

monetary supply: ***offerta di moneta; massa circolante.*** Termine a volte usato come sinonimo di *money supply* (v.).

monetary system: ***sistema monetario.*** L'insieme delle politiche e delle pratiche connesse con la moneta di un particolare paese. Pertanto, esso comprende le norme relative alla coniazione di monete e all'emissione di biglietti di banca, il rapporto di valore fra moneta metallica e moneta cartacea o tra diversi tipi di monete metalliche e biglietti di banca, la determinazione della moneta tipo e del tipo monetario. In alcuni casi, il termine è usato come sinonimo di tipo monetario. (v. anche *monetary standard, standard money, bimetallism, monometallism, gold standard, gold bullion standard, gold exchange standard, inconvertible money, paper standard*)

monetary target: ***obiettivo monetario.*** L'obiettivo di massima crescita dell'offerta di moneta, misurata in una o nell'altra delle sue componenti, che si pongono le autorità monetarie di un paese, tenendo conto del prodotto nazionale lordo e della particolare situazione dell'economia.

monetary terms: ***termini monetari.*** Espressione usata come sinonimo di *money terms* (v.).

monetary theory: ***teoria monetaria.*** Qualsiasi teoria tendente a spiegare l'essenza, le funzioni e il valore della moneta in relazione ai beni e servizi di cui essa facilita lo scambio e in rapporto a se stessa in momenti successivi. Pertanto, rientrano nella teoria monetaria anche le teorie relative all'interesse e allo sconto. Gli economisti classici vedevano la moneta come un velo dietro al quale si celavano le relazioni tra i beni e tra questi e i soggetti economici, ma la tendenza degli economisti moderni è quella di considerare la moneta come una delle principali forze che influenzano l'intero sistema economico. Ciò ha portato alcuni economisti ad identificare la teoria monetaria con la teoria economica generale.

monetary theory of interest: ***teoria monetaria dell'interesse.*** La teoria dell'interesse basata sulla preferenza per la liquidità, in quanto essa non tiene conto, nella determinazione del tasso d'interesse, delle considerazioni non monetarie relative al volume del risparmio o alla produttività, ma si basa essenzialmente sulla domanda di moneta in forma liquida da parte degli individui.

monetary theory of the trade cycle: ***teoria monetaria del ciclo economico.*** La teoria che sostiene che il ciclo economico dipende dalla quantità di moneta in circolazione in un'economia è stata formulata in vari modi e con varie sfumature. Comunque, pressocché tutte le formulazioni annettono grande importanza alla preferenza dei singoli per il consumo o per il risparmio, oppure alla creazione di moneta da parte del sistema bancario o ad entrambi i fenomeni.

monetary transactions: ***operazioni monetarie.*** Operazioni di compravendita regolate mediante l'uso di moneta contante. Possono rientrare nel cosiddetto settore osservato se vengono registrate nei libri contabili e assoggettate al pagamento delle relative imposte; o possono rientrare nel settore non osservato nel caso contrario. (v. anche *observed sector, unobserved sector*)

monetary union: ***unione monetaria; lega monetaria.*** Accordo internazionale, bilaterale o multilaterale, che ha lo scopo di tendere all'unificazione dei sistemi monetari dei paesi contraenti. Una delle più note e durature è stata l'unione monetaria latina, mentre quella di cui si discute molto è l'EMU. (v. anche *Latin Monetary Union, Scandinavian Monetary Union, economic and monetary union*)

monetary unit: ***unità monetaria; modulo monetario.*** Lo stesso che *currency unit* (v.).

monetary value: ***valore monetario.*** È il valore di un bene calcolato in termini di moneta e non di utilità. Il valore monetario è il contrario del valore reale, per cui anche il reddito può essere calcolato in valore monetario o reale, intendendo con valore reale il vero potere di acquisto del reddito. (v. anche *monetary income, money illusion*)

monetization of the debt: ***monetazione del debito pubblico; monetizzazione del debito pubblico.*** Termine usato in alternativa a *debt monetization* (v.).

to monetize: 1. ***monetizzare.*** In questo significato, il verbo può avere due valori: a) considerare un bene o servizio in base al suo equivalente monetario; b) fissare il valore ufficiale monetario di un metallo o di una lega, usati nella coniazione di monete. (v. anche *money equivalent*) **2.** ***monetare.*** Trasformare un metallo o una lega in monete a corso legale.

money: ***moneta; denaro; soldi.*** Col termine moneta, in economia si intende qualsiasi cosa che funge da intermediario degli scambi e da comune misura di valore. La moneta può prendere la forma di biglietti di banca o di monete metalliche, oggi ambedue con valore nominale, fatta eccezione per alcune monete di metallo prezioso che, tuttavia, non sono o sono limitatamente usate come mezzo di scambio di beni e servizi e, comunque, non hanno corso legale. In un'economia moderna, la moneta in circolazione, costituita dai vari mezzi di pagamento, supera il numero complessivo di biglietti e monete metalliche emessi dallo stato, a causa della creazione di moneta–deposito da parte delle banche. Il valore di una moneta è calcolato in termini di beni e servizi che una sua data quantità può acquistare e pertanto il suo valore sale se con quella data quantità di moneta si può comprare una maggiore quantità di beni e servizi e scende nel caso opposto. E poiché il valore di tutti i beni e servizi viene espresso in termini monetari, il valore della moneta può essere calcolato in termini di livello generale dei prezzi, per cui se il livello dei prezzi scende, ciò significa che il valore della moneta sale, mentre se esso sale, significa che il valore della moneta diminuisce. In epoche remote, quando la moneta non esisteva, l'unico mezzo di scambio era il baratto, cioè lo scambio di un bene con un altro bene. Ciò implicava vari svantaggi, tra i quali la doppia coincidenza dei bisogni e la difficoltà di assegnare un valore oggettivo ai beni da scambiarsi. Infatti, se qualcuno desiderava scambiare un cavallo con delle galline, doveva trovare chi avesse le galline e fosse disposto a scambiarle e, allo stesso tempo, fosse disposto a prendere il cavallo in cambio delle galline. Anche quando venisse superata la difficoltà della doppia coincidenza dei bisogni, restava quella del valore, perché non risultava facile stabilire quante galline equivalessero ad un cavallo. Queste e le molte altre difficoltà del goffo sistema di scambio del baratto furono superate con l'invenzione della moneta che, all'inizio, era rappresentata da qualcosa che fosse accettata più o meno da tutti e che allo stesso tempo avesse un suo valore intrinseco in termini di utilità, così che potesse essere usata anche se la sua funzione di mezzo di scambio fosse venuta meno. In differenti epoche e luoghi, quasi tutti i beni sono stati usati come moneta, dal bestiame al sale, dalle donne ai generi alimentari, ma a causa della loro diversa mole e instabilità di valore, essi non assolvevano appieno le funzioni della moneta. Finalmente, si giunse ad usare i metalli preziosi come moneta, in quanto essi erano in grande domanda come ornamento, avevano un alto valore intrinseco in rapporto al loro peso, la loro disponibilità era scarsa e non potevano essere facilmente contraffatti. Dapprima, i metalli preziosi venivano pesati in occasione di ogni singola operazione commerciale, ma col passare del tempo si scoprì che essi potevano essere pesati una volta per tutte e così nacquero le prime monete, che consistevano di pezzi di metallo prezioso recanti un marchio che ne indicava il peso e spesso un emblema che attestava chi le aveva pesate ed emesse. La pratica della tosatura portò all'uso di monete rotonde con il bordo zigrinato, ma ciò non impedì che fossero praticati altri tipi di frodi, quali lo svilimento della coniazione. Pertanto, ogni volta che si sospettava un deprezzamento della moneta, si tornava all'antica pratica di pesare il metallo prezioso. La moneta cartacea cominciò a circolare come ricevuta di deposito di una certa quantità di metallo prezioso, il cui proprietario affidava ad un orefice affinché glielo custodisse e quando le banche divennero luoghi più sicuri in cui depositare i metalli preziosi, le banconote, sempre sotto forma di promesse di rimborso di metallo prezioso, sostituirono le cosiddette *goldsmiths' notes* (v.) e ciò segnò l'inizio della storia della moderna moneta cartacea.

money at call: ***denaro a richiesta; disponibilità a vista; fondi a vista.*** V. spiegazione sotto *money at call and short notice.*

money at call and short notice: ***denaro a richiesta e a breve preavviso.*** Espressione che nei bilanci delle banche segue immediatamente, sotto il profilo della liquidità, i contanti e i titoli in corso di compensazione. Sotto questa intestazione rientrano i prestiti agli operatori della borsa valori e al mercato monetario londinese che si interessa dello sconto di cambiali. La durata di questi prestiti va dalle ventiquattro ore (il cosiddetto denaro a richiesta che non prevede preavviso) ai sette giorni, se concessi al mercato monetario, o ai quattordici giorni se concessi a operatori di borsa onde consentir loro di giungere al successivo giorno di liquidazione che, alla borsa valori di Londra, ricorre appunto ogni due settimane. Tuttavia, può anche darsi che la restituzione dei prestiti così concessi non venga richiesta per periodi di tempo relativamente lunghi. Quando, però, le banche inglesi sono a corto di denaro liquido, esse richiamano i prestiti fatti al mercato monetario, costringendo così le case di sconto a ricorrere a prestiti da parte della Banca d'Inghilterra. Il tasso di interesse, che su questi prestiti viene calcolato su base giornaliera, dipende in gran parte dal tipo di garanzie offerte e, per gli operatori di borsa, dal tipo di titoli depositati a fronte delle anticipazioni. (v. anche *lender of last resort, money market*)

money at interest: ***denaro a interesse.*** Denaro dato o preso in prestito, sul quale deve essere pagato un interesse convenuto.

money at short notice: ***denaro a breve preavviso.*** V. spiegazione sotto *money at call and short notice.*

money–back guarantee: ***garanzia di rimborso.*** È la garanzia offerta dalle case di vendita per corrispondenza, onde sopperire allo svantaggio rappresentato dall'impossibilità per il cliente di esaminare da vicino gli oggetti che ordina da catalogo. Tale garanzia prevede che qualora il cliente non sia soddisfatto, verrà rimborsato dopo aver rispedito l'oggetto non gradito. (v. anche *mail order business, mail order firm*)

money balances: ***saldi in moneta; saldi monetari; disponibilità monetarie; disponibilità in moneta.*** La quantità di moneta tenuta sotto forma di denaro contante o di liquidi, da parte di famiglie ed imprese, al fine di far fronte a necessità improvvise.

money base: ***base monetaria.*** Lo stesso che *monetary base* (v.).

money bill: ***progetto di legge finanziaria; disegno di legge finanziaria.*** Nel Regno Unito, si indica con questo termine un progetto di legge che tratta del reperimento di fondi mediante imposizione fiscale e della loro destinazione al finanziamento di servizi o investimenti pubblici. Tale progetto di legge può essere presentato soltanto alla Camera dei Comuni e, se approvato, diventa legge anche senza l'approvazione della Camera dei Lords.

money broker: 1. ***cambiavalute.*** Negli Stati Uniti, il termine indica un operatore finanziario che si interessa del commercio di valute estere per conto di suoi clienti, che possono essere banche o altre istituzioni finanziarie, dalle quali è remunerato con una percentuale sugli affari conclusi. Si differenzia da un *dealer* (v.), il quale commercia in valute estere acquistandole e vendendole in proprio. **2.** ***intermediario di credito.*** Nel Regno Unito, il termine indica un intermediario che, in considerazione del pagamento di una commissione sul volume di affari concluso, mette in contatto banche, o altre istituzioni disposte a concedere prestiti alla giornata, con case di sconto o altre istituzioni o operatori finanziari che intendono servirsi di prestiti a richiesta. Lo stesso termine, usato però nel linguaggio borsistico e non in quello dei mercati valutari o monetari, indica un membro della borsa valori che svolge la funzione di concedere prestiti ai *market–makers* che trattano titoli azionari e titoli di stato e che hanno bisogno di questi prestiti per finanziare le loro posizioni di mercato e per consegnare ai loro clienti i titoli da loro acquistati, ma non ancora consegnati dai venditori. (v. anche *money at call and short notice, money market, overnight loan, day–to–day loan*)

money call: ***conferimento di moneta.*** La parte o il totale del prezzo di acquisto di un titolo azionario versato in contanti all'atto della sottoscrizione o in un secondo tempo. Il termine esclude qualsiasi forma di pagamento che non sia in moneta. (v. anche *call 2*)

money capital: 1. ***capitale liquido.*** Capitale tenuto sotto forma di denaro liquido o di attività di pronto realizzo, per distinguerlo dal capitale tenuto sotto forma di attività fisse, di beni immobili o di altri tipi di investimento. (v. anche *capital, mobility, real capital, property capital*) **2.** ***capitale monetario.*** Di recente, questo termine è stato spesso usato in contrapposizione a *knowledge capital* (v.) per indicare il concetto di capitale considerato tradizionalmente in forma monetaria.

money centre: ***centro monetario.*** Un qualsiasi luogo, di solito una grande città, nel quale funziona un importante mercato monetario e nel quale hanno la loro sede importanti società di gestione, banche e altre istituzioni finanziarie.

money–centre banks: ***banche maggiori.*** Termine generico, usato principalmente negli Stati Uniti per indicare le otto o nove banche più grandi in termini di attività presenti sul loro bilancio. La maggior parte di loro sono banche newyorkesi, che si procurano una parte relativamente alta dei fondi di cui hanno bisogno rivolgendosi al mercato monetario piuttosto che ai piccoli depositanti.

money changer: ***cambiavalute.*** Il termine inglese, quasi mai usato e pertanto di solo valore storico, indica quei mercanti che si occupavano del cambio di monete prima che sorgessero le banche. A quell'epoca, il tasso al quale monete di una data emissione si cambiavano con monete di un'altra emissione dipendeva dalle condizioni delle vecchie monete, e quindi dal loro peso, e dal contenuto di fino dichiarato per ciascuna emissione.

money circulation: ***circolazione monetaria.*** La circolazione della moneta che passa di mano in mano col procedere degli scambi commerciali. Il termine inglese è spesso usato con lo stesso significato di *money supply* (v.).

money column: ***colonna per la registrazione di cifre.*** Nei libri contabili, è la colonna, suddivisa in un certo numero di caselle da linee verticali e orizzontali, nella quale vengono registrati valori monetari.

money consideration: ***corrispettivo in moneta.*** La somma di denaro che un compratore si impegna a versare in cambio di un bene o servizio acquistato. (v. anche *nominal consideration*)

money contribution: ***contributo in moneta; apporto in denaro.*** Apporto o contributo versato sotto forma di moneta, a differenza dell'apporto in natura che è costituito da beni.

money costs: ***costi monetari.*** Qualsiasi costo espresso in termini monetari o un costo sostenuto in moneta e non in altre forme di pagamento.

money costs of production: ***costi monetari di produzione.*** Lo stesso che *expenses of production* (v.).

money creation: ***creazione di moneta.*** Quando un privato o un'impresa ricevono un finanziamento da una banca, si apre un conto corrente o se ne incrementa uno già esistente dell'ammontare del credito concesso. Questo conto corrente diventa una passività della banca, che è però controbilanciata da una cambiale che rappresenta un'attività. Allo stesso modo, un titolo acquistato da una banca rappresenta un'attività che controbilancia la passività rappresentata dall'incremento del conto corrente del venditore del titolo. In ambedue i casi, il volume dei depositi a richiesta, e quindi della moneta, aumenta. Il processo di espansione dell'offerta di moneta da parte delle banche è limitato essenzialmente dalla probabilità che i titolari di depositi a vista richiedano contanti per liquidare loro obbligazioni, invece di farlo per mezzo di assegni bancari. Come risultato, la banca viene limitata nelle sue operazioni attive dalla quantità di moneta che il pubblico desidera tenere sotto forma di denaro liquido. Così, se il pubblico desidera tenere in forma liquida il venti per cento della propria moneta, la creazione di moneta da parte della banca, che andrebbe ad incrementare i depositi a richiesta, non può essere superiore a cinque volte i depositi in contanti. Ma un'espansione pari a cinque volte i depositi è il limite estremo, perché essa non fornisce un margine di sicurezza se dovesse verificarsi un ritiro di contanti superiore al normale. In pratica, al fine di limitare la possibilità delle banche di creare moneta, lo stato impone riserve legali che le banche devono rispettare. Ciò significa che esse devono tenere una percentuale particolare dei loro depositi sotto forma di contanti, il che offre un certo margine di sicurezza se si verifica un'anomala richiesta di prelievi. Ma, e ciò è ancor più importante, esiste anche un limite alla possibilità concessa alle banche di creare moneta mediante estensione di crediti. Poiché, infatti, i prestiti o l'acquisto di titoli da parte di una banca aumentano i depositi a vista ma non in contanti, essi devono avvenire in proporzione all'ammontare di contanti di cui può disporre la banca al di là delle riserve imposte dalla legge.

money dealer: ***operatore monetario.*** Termine generico, con il quale si può indicare un qualsiasi tipo di impresa che si interessa di intermediazione in campo finanziario e monetario. Può applicarsi, pertanto, sia a un'istituzione bancaria, sia a una casa di sconto e sia anche ai piccoli intermediari che operano sul mercato monetario.

money demand: ***domanda di moneta.*** Lo stesso che *demand for money* (v.).

money economy: ***ecomomia monetaria.*** Lo stesso che *monetary economy* (v.).

moneyed class: ***classe dei benestanti.*** Termine cui sono stati dati significati leggermente diversi dai differenti economisti, pur se tutti lo applicano a coloro che non hanno bisogno di lavorare per procurarsi i mezzi di sostentamento, in quanto possono contare su considerevoli entrate derivanti dagli investimenti di ricchezza precedentemente accumulata. Il termine, pertanto, può applicarsi tanto ai redditieri, le cui entrate sono costituite principalmente da interessi su denaro dato in prestito a privati o istituzioni, quanto a coloro che effettivamente detengono il potere economico in una comunità.

moneyed corporations: ***società finanziarie; società di capitali.*** Termine generico di uso statunitense, con il quale si indica una qualsiasi impresa che opera nel settore della finanza e del credito. In un senso ancora più ampio e generico, il termine indica una qualsiasi società che possiede un capitale monetario e lo utilizza nel corso della propria attività.

money equivalent: ***equivalente monetario; equivalente monetario in natura.*** È il valore obiettivo, calcolato come valore contabile, di mercato o intrinseco, di un bene o servizio oggetto di un'operazione commerciale o di scambio, che non implica il trasferimento o la promessa di pagamento di una somma di denaro. Lo stesso termine inglese può indicare il valore, dichiarato in termini monetari, di un bene o servizio oggetto di scambio concluso col metodo del baratto.

money flow: ***flusso monetario.*** È il passaggio della moneta dal compratore al venditore. In economia, questo flusso è ipotizzato come circolare, perché ogni venditore è a sua volta compratore e così il denaro circola, ma non si ferma. Dalle famiglie, esso passa ai loro fornitori, da questi alle imprese produttrici di beni e servizi e da queste ai lavoratori e, quindi, alle famiglie. Questo è il modello estremamente semplificato di un'economia, nel quale si nota l'interdipendenza dei mercati dei prodotti e dei fattori della produzione, in cui sia le aziende che le famiglie compaiono alternativamente come compratori e venditori.

money–flow analysis: ***analisi del flusso monetario.*** Lo stesso che *flow of funds analysis* (v.).

money functions: ***funzioni della moneta.*** L'espressione indica i vari modi in cui può essere usata la moneta o i servizi che essa rende nell'ambito di un'economia. I vari tipi di moneta risultano più o meno efficienti se assolvono tutte o quasi tutte le funzioni che una moneta deve svolgere. Le tre principali funzioni della moneta sono quelle di servire: a) come intermediario degli scambi; b) come mezzo di tesaurizzazione; e, c) come unità di conto. Al fine di assolvere bene la funzione di intermediario degli scambi, una moneta deve possedere determinate caratteristiche e precisamente: deve essere prontamente accettata da tutti coloro che vivono o operano nel paese in cui essa circola; deve essere divisibile, perché la moneta in grossi tagli non può essere usata per scambi di scarso o limitato valore; non deve essere facilmente falsificabile, perché ogni contraffazione riduce il valore della moneta; infine, ma questo soltanto nel caso in cui si tratti di moneta coniata in metallo prezioso, deve avere un alto valore in relazione al peso, altrimenti diventa poco pratica. Anche al fine di assolvere bene la funzione di accumulatore del potere di acquisto, o mezzo di tesaurizzazione, la moneta deve possedere almeno una caratteristica particolare: deve avere un valore stabile nel tempo. Infatti, se un individuo decide di non spendere oggi una quantità di moneta, deve essere sicuro che quando deciderà di spenderla potrà acquistare con essa esattamente la stessa quantità di beni al cui consumo ha rinunciato oggi. Come unità di conto, la moneta non ha bisogno di esistere fisicamente: basta che essa venga uniformemente usata ogni qual volta si intenda assegnare un valore in termini monetari ai beni e servizi. La moneta ha altre funzioni non altrettanto importanti quanto quelle sopra esposte e, tra queste, potremmo citarne l'uso come mezzo di pagamento differito. Si ricorre a questa funzione della moneta quando si intende saldare in futuro un debito contratto nel presente, ma questa funzione altro non è che quella detta precedentemente di unità di conto, cui viene aggiunta la dimensione temporale.

money gross domestic product: ***prodotto interno lordo in termini monetari.*** Il prodotto interno lordo di un paese calcolato sommando l'inflazione presente nel paese alla produzione reale.

money growth: ***crescita monetaria.*** Lo stesso che *monetary expansion* (v.).

money illusion: ***illusione monetaria.*** Espressione usata per la prima volta dall'economista statunitense Irving Fisher per indicare l'erronea credenza che si stia meglio quando si riceve una maggiore quantità di moneta di quanto si stesse quando se ne riceveva di meno, senza tener conto del corrispondente aumento del livello generale dei prezzi. In altre parole, l'illusione monetaria si manifesta quando consideriamo i valori monetari come se essi fossero valori reali e consideriamo la moneta in relazione al suo valore nominale piuttosto che in relazione al suo potere d'acquisto. L'economista inglese J.M. Keynes affermò che i lavoratori si ribellano di più ad una riduzione dei loro salari monetari che ad una riduzione dei loro salari reali. Ciò può indicare un'ignoranza di problemi economici, dalla quale d'altronde deriva l'illusione monetaria, ma considerando l'andamento dell'inflazione nel periodo che va dalla fine del secondo conflitto mondiale ad oggi, non sembra che ai lavoratori sia mai stata prospettata una riduzione dei salari monetari cui facesse riscontro un aumento del loro potere d'acquisto. L'illusione monetaria spiega in parte il motivo per cui le famiglie continuano a risparmiare anche quando il tasso di interesse sia inferiore al tasso di inflazione, che taglia una buona fetta del potere d'acquisto del denaro risparmiato.

money in active circulation: ***moneta in attiva circolazione.*** È la moneta in effettiva circolazione, che non è stata tesaurizzata dal pubblico. Il termine, pertanto, è diverso da moneta in circolazione, in quanto quest'ultimo designa tutta la moneta comunque in possesso del pubblico, inclusi i mezzi di pagamento creditizi.

money in circulation: ***moneta in circolazione; massa circolante.*** L'ammontare complessivo di moneta, inclusi i mezzi di pagamento creditizi, effettivamente circolante in un'economia. La massa circolante, pertanto, non comprende la moneta, nel suo senso più lato, conservata nelle casse della banca centrale di un paese.

money income: ***reddito monetario; reddito nominale; reddito pecuniario.*** Termine usato con lo stesso significato di *monetary income* (v.).

money laundering: ***riciclaggio di denaro sporco.*** L'utilizzo in attività lecite di denaro proveniente da attività criminose. (v. anche *laundered money*)

moneylender: ***mutuante.*** Il termine inglese, che non trova corrispondente preciso in un singolo vocabolo italiano, indica una persona che esercita il mutuo professionalmente e pubblicamente, dietro autorizzazione delle competenti autorità. Chiunque eserciti questa attività, stabilisce il *Moneylenders Act* del 1927, non può usare la parola «banca» nella propria ragione sociale, né deve far intendere, esplicitamente o implicitamente, che esercita l'attività bancaria. Il *Moneylenders Act* del 1900 stabiliva che non potevano essere considerate *moneylenders* le banche, le società di mutuo soccorso e tutte le altre istituzioni autorizzate a prestare denaro, ma non nei termini stabiliti da quella legge.

moneylending contract: ***contratto di mutuo.*** Contratto stipulato tra un mutuante, di solito una banca o altra istituzione finanziaria, e un mutuatario. In esso, sono contenute le norme stabilite dalla legge circa il tasso di interesse, la durata del mutuo e il periodo di tempo entro il quale il mutuante ha il diritto di adire le vie legali in caso di inadempienza del mutuatario.

money lent and lodged book: ***libro dei depositi e dei prestiti.*** Libro contabile, una volta tenuto dalle banche britanniche, che nelle varie colonne riportava le varie somme prestate dalla banca sotto forma di mutui, scoperti di conto corrente, anticipazioni, ecc. e le varie somme depositate dai clienti sotto forma di conto corrente, conto di deposito, ecc.

moneyless economy: ***economia naturale.*** Lo stesso che *natural economy* (v.).

money letter: Il termine inglese indica un antico precursore del vaglia postale, ideato da alcuni impiegati postali inglesi verso la fine del diciottesimo secolo. Rappresentò un'utile innovazione, che consentiva di inviare somme di denaro in altre città senza la necessità di spostare fisicamente la moneta, cosa oltremodo pericolosa in quell'epoca, quando il denaro doveva viaggiare in diligenze esposto al rischio continuo che i briganti che infestavano le strade se ne impossessassero.

money loan: ***credito per contanti.*** Operazione mediante la quale una banca pone a disposizione di un cliente mezzi di pagamento sotto forma di scoperto di conto corrente, credito di sconto e simili.

money–maker: Termine usato per indicare una persona che mostra particolari abilità e successo nel guadagnare denaro o un'impresa o iniziativa commerciale molto remunerativa e di successo.

money manager: Termine generico, con il quale si indica un operatore del mercato monetario. Può applicarsi tanto a una persona fisica quanto a una persona giuridica e tra queste ultime può applicarsi tanto a società di gestione quanto a case di sconto o simili altre istituzioni.

money market: ***mercato monetario.*** Termine con il quale si indica non un luogo o edificio particolare nel quale si acquista e si vende il denaro, bensì il complesso delle istituzioni che provvedono all'acquisto e alla vendita di titoli di credito a breve termine, di valute estere, di metalli preziosi, ecc. I crediti negoziati in questo mercato sono sempre a breve termine o a richiesta, mentre i prestiti a medio e lungo termine vengono trattati sul mercato finanziario. (v. anche *London money market, money at call and short notice, capital market*)

money market account: ***conto del mercato monetario.*** Lo stesso che *money market deposit account* (v.).

money market banks: ***banche maggiori.*** Lo stesso che *money–centre banks* (v.).

money market certificate: ***certificato del mercato monetario.*** Strumento finanziario usato sul mercato statunitense dal 1978. Si tratta di certificati a sei mesi, non soggetti alla *regulation Q* (v.), che fino al 1° ottobre 1983 erano remunerati con un tasso d'interesse collegato al rendimento dei buoni del tesoro a sei mesi ed erano emessi in tagli minimi di diecimila dollari.

money market deposit account: ***conto di deposito del mercato monetario.*** Conto a tempo autorizzato sul mercato statunitense dal *Garn–St. Germain Act* del 1982 come strumento concorrente delle quote del *money market fund* (v.). Questo conto viene remunerato al tasso d'interesse di mercato, rientra tra i depositi assicurati dal governo federale, consente limitate operazioni di trasferimento mediante titoli di credito e, fino al 1° gennaio 1985, doveva rispettare un saldo minimo di 2500 dollari. Nel 1985 tale saldo minimo è stato portato a 1000 dollari e dal 1986 è stato del tutto abolito.

money market fund: ***fondo comune d'investimento in titoli di credito.*** Negli Stati Uniti, è un fondo comune d'investimento a capitale variabile che impiega le disponibilità monetarie raccolte tra i sottoscrittori in titoli di credito ad alto rendimento trattati sul mercato monetario, come ad esempio titoli del governo federale, certificati di deposito e cambiali commerciali. Le quote emesse sono remunerate al tasso d'interesse di mercato, possiedono limitate caratteristiche di trasferibilità, ma non sono assicurate dal governo federale, a differenza di altri tipi di deposito. (v. anche *mutual investment trust*)

money market instruments: ***strumenti del mercato monetario.*** Gli strumenti finanziari utilizzati sui mercati monetari, quali ad esempio carta commerciale e certificati di deposito.

money market interest rate: ***tasso d'interesse del mercato monetario.*** Il tasso d'interesse che viene a formarsi sul mercato monetario e che deve pagare chi intende contrarre prestiti a breve termine su tale mercato. In periodi nei quali si teme l'insorgere di tensioni inflazionistiche, le autorità monetarie adottano provvedimenti che fanno aumentare questo tasso d'interesse; mentre quando si ritiene che si debba incoraggiare l'espansione della attività economica, ad esempio in una fase di ripresa, le autorità monetarie adottano misure che tendono a ridurre il tasso d'interesse sul mercato monetario. Nei periodi che intercorrono tra queste due diverse situazioni, l'obiettivo delle autorità monetarie è quello di mantenere stabile questo tasso d'interesse.

money market mutual fund: ***fondo comune d'investimento in titoli di credito.*** Lo stesso che *money market fund* (v.).

money market preferred stock: Termine usato dalla Shearson Lehman Brothers per indicare un tipo di azioni privilegiate a rendimento variabile, il cui dividendo viene determinato ogni sei settimane per mezzo di un'asta a sistema olandese cui partecipano diverse società interessate.

money–measurement concept: ***concetto del valore monetario.*** È il concetto basilare della contabilità, che sostiene che il valore di beni, servizi o eventi può essere misurato soltanto in unità di moneta.

money multiplier: ***moltiplicatore della moneta.*** Struttura che pone in evidenza la relazione tra le variazioni delle riserve delle istituzioni di deposito e l'offerta di moneta. Il moltiplicatore risulta maggiore di uno in un sistema bancario a riserve proporzionali.

money of account: ***moneta di conto.*** Una delle funzioni della moneta è quella di servire da unità di conto, cioè da standard di valore per mezzo del quale è possibile misurare e registrare il valore dei beni scambiati in una o più operazioni commerciali. L'unità di conto potrebbe anche non essere la moneta o, come avviene specialmente in periodi di forte inflazione, potrebbe essere la moneta di un altro stato, ma se usiamo la moneta, come unità di conto, noi diamo a ciascuna cosa oggetto di scambio un valore pari ad un certo numero di unità di moneta, cioè qualunque cosa di valore ha un prezzo e usando la moneta siamo in grado di paragonare senza difficoltà il valore relativo di due o più beni. Se, ad esempio, un chilo di pane e un litro di latte costano ciascuno mille lire, sappiamo che nella nostra comunità il pane e il latte hanno lo stesso valore. Se un chilo di pane costa mille lire e un chilo di carne ne costa quindicimila, sappiamo subito che la carne ha un valore quindici volte superiore a quello del pane, e così via. Quando la moneta viene usata semplicemente per scopi contabili, senza avere una sua reale esistenza fisica, essa è detta moneta ideale o di conto, come avviene per alcune valute, usate anche in sottomultipli, ma soltanto a fini contabili. (v. anche *money functions*)

money of exchange: ***moneta di scambio.*** Lo stesso che *medium of exchange* (v.).

money–off pack: ***confezione con sconto.*** Confezione di un prodotto che reca un messaggio stampato nel quale si dichiara uno sconto sul prezzo abituale del prodotto presentato in altre confezioni.

money on call: ***denaro a richiesta.*** Espressione usata come sinonimo di *money at call* (v.).

money on hand: ***liquido disponibile; denaro disponibile.*** Denaro di cui si può liberamente disporre per far fronte a proprie obbligazioni o necessità.

money order: ***vaglia postale.*** È il servizio offerto dagli uffici postali a coloro che desiderano inviare una somma di denaro ad un'altra persona, generalmente residente in un'altra città o in un altro paese. A seconda del paese in cui viene emesso il vaglia, ci sono due sistemi. In base ad uno di questi sistemi, colui che vuole inviare il denaro acquista un vaglia postale dell'ammontare corrispondente alla somma di denaro che intende spedire e dopo che l'ufficio postale vi ha apposto la convalida, il nome del destinatario, l'indirizzo e l'indicazione dell'ufficio postale presso il quale può essere riscosso, egli stesso lo invia al destinatario. In base all'altro sistema, invece, colui che vuole spedire il denaro lo consegna all'ufficio postale insieme ad un modulo, sul quale sono specificati i dati relativi al mittente e al destinatario, e l'ufficio postale provvede a spedire il vaglia. (v. anche *foreign money order, inland money order, telegraphic money order*)

money price: ***prezzo in moneta; prezzo monetario; prezzo assoluto.*** Il prezzo di un bene o servizio espresso in termini di moneta, cioè quantità di moneta scambiata con una unità del bene o servizio, e non di un qualche altro tipo di unità di misura del valore, quale ad esempio il lavoro necessario a produrlo.

money proceeds: ***ricavi monetari.*** Il ricavo, in termini di moneta, della vendita di un bene o dell'intera produzione di un'impresa in un dato arco di tempo.

money profit: ***profitto monetario.*** Profitto costituito da moneta e non da altri beni. Il termine, usato da D. Ricardo, non è molto comune, in quanto ridondante e trova applicazione soltanto quando si pongono a confronto profitti in moneta e profitti, o più propriamente benefici o vantaggi, di altra natura.

money proper: ***moneta propriamente detta.*** La moneta nella forma in cui circola in un paese, cioè metallica o cartacea, il cui versamento estingue un debito o altra obbligazione di pagare. Questo termine viene usato per distinguere la moneta vera e propria da altre forme di moneta, quale ad esempio la moneta bancaria, e da titoli rappresentativi, quali cambiali e simili.

money rate of efficiency earnings: ***saggio monetario dei guadagni–efficienza.*** Il livello dei guadagni–efficienza in termini monetari, che influenza il costo di produzione e il prezzo del prodotto finito, sempre in termini monetari.

money rate of exchange: ***tasso di cambio monetario.*** Termine usato da A. C. Pigou, in contrapposizione a *real ratio of international interchange* (v.), con lo stesso significato di *exchange rate* (v.).

money rate of interest: ***tasso d'interesse nominale; saggio d'interesse nominale; saggio monetario d'interesse.*** È il tasso d'interesse dichiarato su un titolo a reddito fisso come percentuale del valore nominale del titolo. Differisce dal tasso di interesse effettivo, anche detto tasso di rendimento effettivo, che viene calcolato tenendo conto non soltanto del tasso di interesse nominale, ma anche del prezzo di acquisto del titolo, del suo valore di rimborso, della vita residua del titolo e della cadenza di pagamento degli interessi. Pertanto, il tasso di interesse nominale è fisso per tutta la vita del titolo, mentre il tasso di interesse effettivo varia col variare del corso del titolo e con l'avvicinarsi della data di rimborso. Se il corso diminuisce, il rendimento effettivo aumenta e viceversa. Lo stesso termine inglese si usa come contrario di *real rate of interest* (v.) per indicare il tasso d'interesse non adeguato al potere d'acquisto della moneta. Così, se ad esempio una somma di denaro del valore di 100 in termini reali quando si effettua il prestito riceve l'interesse del 5% annuo e alla fine del primo anno essa vale, in termini reali e cioè di potere d'acquisto, soltanto 90, il mutuante riceve come rimborso, inclusi gli interessi, una somma pari soltanto a 94,50 in termini reali, pur se in termini monetari è di 105. In questo caso, mentre il saggio monetario d'interesse era del 5%, il saggio reale d'interesse è stato in effetti negativo ed uguale a –5,50%. Possiamo pertanto dire, citando I. Fisher, che il saggio reale d'interesse è uguale al saggio monetario d'interesse dopo aver apportato a quest'ultimo le necessarie correzioni dettate dalla variazione del valore della moneta. (v. anche *effective rate*)

money rate risk: ***rischio del tasso di interesse nominale.*** Lo stesso che *interest rate risk* (v.).

money refund offer: ***ristorno.*** È l'impegno che si assume il venditore di beni o servizi di ridurre il prezzo delle sue forniture ad un cliente abituale, qualora esse superino o raggiungano un determinato importo nell'arco di un certo periodo di tempo.

money sector: ***settore monetario.*** Lo stesso che *monetary sector* (v.).

money shop: Espressione colloquiale del linguaggio bancario con la quale si indica uno sportello presso il quale è possibile incassare assegni ed effettuare depositi, ma non svolgere tutte le altre operazioni offerte da un istituto bancario. Si tratta di solito di sportelli aperti in centri commerciali o in grandi magazzini e supermercati.

money–spinner: ***miniera d'oro.*** Il termine inglese, usato nel linguaggio colloquiale, indica un'impresa, un prodotto o una proprietà estremamente remunerativi. Può, ad esempio, applicarsi ad un libro che si vende ottimamente, ad un negozio che vende articoli molto richiesti, ad un film che batte ogni record d'incasso e così via.

money spread: Lo stesso che *vertical spread* (v.).

money stock: ***offerta di moneta; massa monetaria.*** Termine usato con lo stesso significato di *money supply* (v.).

money substitutes: ***sostituti monetari.*** Espressione generica, con la quale si indicano tutti i titoli di credito (quali, ad esempio, titoli di stato a breve termine, assegni bancari, cambiali bancabili, ecc.) generalmente accettati come moneta.

money supply: ***offerta di moneta; massa monetaria.*** La quantità di moneta, sotto forma di mezzi di pagamento monetari e creditizi, in circolazione effettiva in un'economia in un qualsiasi dato momento. Alcuni decenni or sono, l'offerta di moneta poteva essere definita come l'insieme di monete metalliche, biglietti di banca e depositi in conto corrente, in quanto anche questi ultimi potevano essere usati per pagare un qualsiasi debito. Recentemente, però, alcuni economisti hanno suggerito che si debbano includere nell'offerta di moneta anche i depositi a risparmio o a tempo, a causa della facilità con cui possono essere convertiti in depositi in conto corrente. Questo suggerimento, oggi largamente accettato, ha fatto aumentare notevolmente l'offerta di moneta. Tuttavia, è bene dire che non tutte le attività di pronto realizzo fanno parte dell'offerta di moneta, dalla quale resta ancora esclusa la grande massa di sostituti della moneta nota come quasi moneta. (v. anche *near money, M 1/5*)

money supply growth: ***crescita dell'offerta di moneta.*** Lo stesso che *monetary expansion* (v.).

money supply target: ***obiettivo di crescita dell'offerta di moneta.*** Lo stesso che *monetary target* (v.).

money's worth: ***equivalente monetario in natura.*** Termine usato con lo stesso significato di *money equivalent* (v.).

money terms: ***termini monetari.*** Espressione usata in contrapposizione a termini reali per indicare la valutazione di un bene o servizio basata sul valore del denaro e non sul valore di altri beni e servizi o sulla sua utilità. (v. anche *money illusion, real terms, monetary value, money equivalent*)

money transfers: ***operazioni di pagamento; trasferimenti di moneta.*** Nel linguaggio bancario, il termine inglese indica l'insieme delle operazioni mediante le quali vengono estinti debiti monetari nazionali e internazionali.

money transmission: ***trasmissione di moneta.*** L'attività principale di una *retail bank* (v.), che raccoglie depositi di imprese e privati e li canalizza verso chi richiede credito.

money trust: ***trust del denaro.*** Espressione usata negli Stati Uniti per indicare la concentrazione dell'attività bancaria nelle mani di pochi e grandi consorzi. Per timore che ciò avvenga, la legge della maggior parte degli stati membri della federazione vieta alle banche di creare filiali o agenzie in città diverse da quella in cui ha sede la banca. Una delle poche eccezioni a questa pratica è rappresentata dallo stato della California. Molte banche, tuttavia, aggirano l'ostacolo per mezzo di consigli di amministrazione incrociati o altri accorgimenti del genere. (v. anche *interlocking directorates, branch banking, unit banking*)

money value: ***valore monetario.*** Termine usato come sinonimo di *monetary value* (v.).

money veil: ***moneta velo.*** Agli inizi del diciannovesimo secolo, gli economisti classici formularono le prime teorie realmente complete sul funzionamento dell'economia e in queste teorie la moneta assumeva un rilievo veramente notevole. L'economia veniva ritenuta idealmente divisibile in una parte reale e una parte monetaria. Nella prima, i prezzi relativi, le produzioni relative e i redditi relativi erano determinati da fattori quali le preferenze delle famiglie e le possibilità di produzione a disposizione delle imprese. Nella parte monetaria, il livello dei prezzi era determinato dalla domanda e dall'offerta di moneta. In una situazione di equilibrio, le due parti non si influenzavano a vicenda: un aumento dell'offerta di moneta portava ad un aumento dei prezzi, in termini monetari, ai quali si effettuava lo scambio di beni e servizi nell'economia, ma non aveva alcun effetto sui prezzi relativi, sulla distribuzione delle risorse o su quella del reddito derivante dalla produzione corrente. Se l'offerta di moneta si raddoppiava, per esempio, si sarebbero raddoppiati anche i prezzi di tutti i beni e servizi, ma si sarebbe raddoppiato anche il reddito delle famiglie e chiunque guadagnasse un reddito di lavoro non avrebbe subito alcuna modifica della sua situazione. Questa teoria portò gli economisti classici a considerare la moneta come un velo dietro il quale si nascondevano le relazioni fra i beni e tra questi e i soggetti economici.

money–wage bargains: ***contratti collettivi di salari monetari.*** I contratti collettivi, conclusi dai rappresentanti dei lavoratori e degli imprenditori, nei quali si determina il livello dei salari monetari. Secondo Keynes, l'assunto che il livello generale dei salari reali dipenda da questi contratti non risponde a verità, in quanto sono certe altre forze che determinano il livello generale dei salari reali.

money wages: ***salario nominale; salario monetario.*** È il salario espresso in termini monetari e non in termini reali, cioè di potere d'acquisto. A volte lo stesso termine viene usato per indicare quella parte di salario pagata in moneta, quando un'altra parte viene pagata in natura o in servizi, che possono essere rappresentati da trasporti e pasti gratuiti oppure vitto e alloggio o altre facilitazioni e benefici aggiuntivi del genere. Secondo J. M. Keynes, le rivendicazioni in materia di salari monetari influiscono sulla distribuzione del salario reale complessivo fra i diversi gruppi di lavoratori e non sull'ammontare medio per unità di occupazione. (v. anche *real wages, real income*)

mongo: Moneta divisionale della Repubblica della Mongolia, equivalente a un centesimo di tugrik.

monied class: ***classe dei benestanti.*** Variante grafica, usata da J. S. Mill, di *moneyed class* (v.).

monoculture: ***monocoltura.*** Il sistema di coltivare soltanto un tipo di raccolto in una qualsiasi area, diffuso in Inghilterra prima della rivoluzione agricola e ancora molto comune nelle zone tropicali.

monometallic standard: ***tipo monetario monometallico; tipo monometallico.*** Tipo monetario basato sull'uso di un solo metallo prezioso. (v. anche *monometallism*)

monometallism: ***monometallismo.*** Sistema monetario basato sull'uso di un solo metallo prezioso per la coniazione di moneta legale con potere liberatorio illimitato, cui si affiancano monete imperfette di metallo non prezioso, a potere liberatorio limitato, e biglietti di banca e di stato pienamente convertibili in metallo. Questo sistema, basato sull'oro (ma può anche esservi un monometallismo argenteo) e chiamato monometallismo aureo o sistema monetario aureo, fu in vigore nella maggior parte dei paesi durante il secolo diciannovesimo. Sospeso nel periodo del primo conflitto mondiale, fu ripristinato nel periodo fra le due guerre in alcuni paesi ma con forme diverse, note come sistema monetario a cambio aureo e sistema monetario a cambio in verghe auree. Affinché il monometallismo funzioni perfettamente, è necessario che le monete siano di peso e valore pieno e che si possano liberamente coniare, importare ed esportare. (v. anche *gold bullion standard, gold exchange standard, gold standard*)

monometallist country: ***paese monometallista; paese a sistema monometallico.*** È un paese nel quale vige un sistema monetario monometallico aureo o argenteo. (v. anche *monometallism*)

Monopolies and Mergers Act: Legge sui monopoli e le fusioni, approvata dal parlamento britannico nel 1965, con la quale si dava maggior potere alla Commissione per i monopoli, funzionante fin dal 1948. In particolare, la legge autorizzava il ministero del commercio a deferire alla Commissione, perché svolgesse le proprie indagini, i casi di fusione che potevano costituire un passo verso la formazione di monopoli. In base al *Monopolies and Restrictive Practices (Inquiry and Control) Act* del 1948, doveva considerarsi potere monopolistico quello esercitato da imprese che controllassero più di un terzo del mercato di un bene o servizio. (v. anche *Monopolies Commission, Restrictive Trade Practices Act*)

Monopolies and Mergers Commission: È così chiamato un tribunale amministrativo indipendente istituito nel Regno Unito nel 1973 in sostituzione della *Monopolies Commission* (v.), cui è demandato il compito di svolgere indagini sulla presunta esistenza di monopoli o su fusioni di imprese con sospetti fini monopolistici, dietro segnalazione del ministro per il commercio e l'industria o altro organo a ciò autorizzato.

Monopolies and Restrictive Practices (Inquiry and Control) Act: Legge, approvata dal parlamento britannico nel 1948, che istituì la *Monopolies Commission* (v.) e introdusse nel Regno Unito una politica contraria ai monopoli e favorevole alla libera concorrenza.

Monopolies Commission: ***Commissione per i monopoli.*** La Commissione per i monopoli fu istituita nel Regno Unito, in base al *Monopolies and Restrictive Practices (Inquiry and Control) Act* del 1948, con il compito di indagare su qualsiasi industria in cui una sola impresa o gruppo di imprese consociate controllassero più del 33% del mercato di un bene o servizio. Il potere della Commissione, che era limitato allo svolgimento delle indagini e alla presentazione dei risultati al ministero del commercio perché si procedesse alla necessaria azione, fu ampliato dal *Monopolies and Mergers Act* (v.) del 1965, che autorizzava le indagini anche sulle fusioni di imprese che si trovassero in una situazione monopolistica o che implicassero attività eccedenti i cinque milioni di sterline. (v. anche *Restrictive Trade Practices Act*)

monopolist: ***monopolista.*** L'impresa o il singolo individuo che produce e vende l'intera quantità prodotta di un bene o servizio. Nei vari paesi, tuttavia, il monopolista è variamente definito in termini di quantità della quota di mercato che controlla. Nel Regno Unito, ad esempio, viene considerata tale un'impresa che controlla più di un terzo dell'intera produzione e vendita di un determinato bene o servizio. (v. anche *monopoly, monopolistic firm*)

monopolistic combination: ***concentrazione monopolistica.*** L'accordo tra due o più imprese che tende a creare un monopolio di fatto, allo scopo di trarre vantaggi di mercato dalla posizione in cui le imprese vengono a trovarsi. (v. anche *monopoly agreements*)

monopolistic competition: ***concorrenza monopolistica.*** Nella teoria economica, questo termine indica una delle forme di concorrenza imperfetta, caratterizzata da un gran numero di produttori ma una differenziazione dei loro prodotti che li rende succedanei non perfetti l'uno dell'altro. In questa situazione, le imprese sono in grado di aumentare i prezzi dei loro prodotti, in relazione ai prezzi delle imprese concorrenti, senza che ciò porti ad una perdita di tutte le loro vendite, a causa della differenza tra i prodotti delle varie imprese, che può essere reale o soltanto immaginata dai consumatori. La curva della domanda dei prodotti dell'impresa non è perfettamente elastica in questa situazione, ma mostra un'inclinazione alquanto negativa, cioè è inclinata verso il basso e non perfettamente orizzontale come avviene in una situazione di concorrenza perfetta. Tale curva mostra la domanda del prodotto della singola impresa a prezzi diversi, nel presupposto che le altre imprese non cambino i loro prezzi. Quanto più un prodotto è differenziato dagli altri, tanto meno elastica sarà la curva di domanda. In un significato più generale, il termine indica una situazione di mercato caratterizzata dalla presenza di pochi produttori o dal dominio del mercato da parte di pochi venditori. (v. anche *perfect competition*)

monopolistic firm: ***impresa monopolistica.*** È così indicata una qualsiasi impresa che agisce in una situazione di monopolio, cioè di controllo totale o quasi totale dell'offerta di un bene o servizio. (v. anche *monopoly, monopolist*)

monopolistic income: ***reddito monopolistico.*** È il reddito realizzato da un'impresa che gode di potere monopolistico.

to monopolize: ***monopolizzare.*** Assumere il possesso o il controllo della totalità di un bene, in modo da essere l'unico venditore su un mercato.

monopolized commodities: ***beni di monopolio.*** Beni la cui vendita è riservata a un solo produttore, sia esso un'impresa privata o statale.

monopoly: ***monopolio.*** Situazione di mercato in cui una singola impresa produce o controlla l'intera quantità posta in vendita di un bene o servizio, del quale non esiste succedaneo adeguato. In tale situazione, l'impresa monopolistica è in grado di stabilire prezzo o quantità di offerta del bene o servizio. In questo senso, il monopolio rappresenta l'estremo opposto della concorrenza perfetta, ma la definizione data sopra si applica ad una situazione, quella del monopolio assoluto o perfetto, che in pratica non si verifica mai, in quanto o esistono succedanei del bene prodotto dall'impresa, come avviene praticamente per quasi tutti i beni, o l'impresa non ha il controllo totale del bene prodotto. Pertanto, col termine monopolio, nel senso in cui esso viene generalmente usato, si intende quello che è stato altrimenti definito come quasi–monopolio, ovvero il controllo relativo della produzione e della vendita di un bene che, ad esempio, nel Regno Unito è rappresentato dal controllo di una quota del mercato superiore al 33 per cento. L'unico caso in cui si può verificare la situazione di monopolio perfetto è quello delle imprese produttrici di pubblici servizi, ma anche in questo caso ciò non si verifica in ugual misura in tutti i paesi. Un monopolio può avere origine diversa: può essere creato o prodotto dalla legge, nel qual caso si parla di monopolio legale; può essere prodotto da condizioni naturali, nel qual caso viene chiamato monopolio naturale; e può essere creato dalla necessità di assicurare la più ampia e opportuna diffusione o utilizzazione di un pubblico servizio, nel qual caso viene definito monopolio sociale. Sulla questione dell'utilità o meno del monopolio e dei vantaggi o degli svantaggi che esso presenta, gli economisti non sono sempre stati concordi. C'è chi sostiene che il monopolio è vantaggioso perché consente la razionalizzazione della produzione, con conseguente eliminazione di sprechi e di capacità produttiva in eccesso, e perché premia l'impresa che riesce ad assicurarsi il potere monopolistico attraverso innovazioni e invenzioni che portano a maggiori economie di scala. C'è, invece, chi sostiene che un qualsiasi monopolio si basa sullo sfruttamento del consumatore, in quanto in un sistema monopolistico i prezzi saranno certamente superiori, e la produzione totale inferiore, a quelli di un sistema concorrenziale. Si sostiene, anche, che viene a mancare l'incentivo verso una maggiore efficienza e che anche se si realizzano nuove invenzioni, il monopolista tenderà a conservarle in un cassetto per non dover sostenere costi ingiustificati per ampliare o migliorare una produzione che già gli consente di godere di una rendita monopolistica. (v. anche *legal monopoly, natural monopoly, social monopoly, monopolist, monopoly power*)

monopoly agreements: ***accordi monopolistici.*** Accordi tra singole imprese, che hanno lo stesso effetto che si verificherebbe in presenza di un sistema di monopolio. Accordi del genere rientrano in tre classi: a) il controllo dei prezzi, attraverso la creazione di sindacati commerciali o *price rings*; b) il controllo della produzione, attraverso la creazione di cartelli; e, c) la divisione dei mercati in sfere di influenza riservate a ciascuna singola impresa.

monopoly control: ***controllo monopolistico.*** Termine di significato analogo a potere monopolistico. Per la spiegazione, v. *monopoly power.*

monopoly output: ***produzione monopolistica.*** Se lo scopo di un monopolista è quello di massimizzare i profitti, considerato che anche nel caso di monopolio assoluto o perfetto egli non ha in controllo della domanda, egli dovrà decidere se fissare il prezzo, lasciando ai consumatori la decisione di quanta parte della sua produzione sarà venduta a quel prezzo, oppure stabilire la quantità da produrre e lasciare che la domanda dei consumatori stabilisca il prezzo al quale dovrà essere venduto il bene da lui prodotto, tenendo presente che una maggiore quantità di un qualsiasi bene sarà venduta ad un prezzo minore. Pertanto, la produzione monopolistica sarà in equilibrio quando il costo marginale è uguale al ricavo marginale, situazione in cui il ricavo totale supera del massimo ammontare possibile il costo totale, per cui il monopolista non avrà alcun interesse a superare questo limite di produzione.

monopoly power: ***potere monopolistico.*** È il potere che deriva ad un'impresa monopolistica dalla situazione di mercato in cui opera, che le consente di controllare l'offerta di un bene o servizio o il suo prezzo. La quantità di potere monopolistico esercitato da un'impresa può essere misurata dall'ammontare di influenza che hanno le azioni di altre imprese sulla scheda di domanda dell'impresa monopolistica. Quanto maggiore è tale influenza sulla curva di domanda del monopolista, tanto minore è la quantità di potere monopolistico di cui egli gode. (v. anche *monopolistic firm, bases of monopoly power, control of monopoly power*)

monopoly price: ***prezzo monopolistico; prezzo di monopolio.*** Il fatto che un'impresa abbia un potere monopolistico non significa che essa possa imporre il prezzo più alto possibile per il bene o servizio di cui ha il controllo. In effetti, la maggior parte delle imprese o dei gruppi di imprese che si sono assicurate un qualche controllo monopolistico tendono a massimizzare i profitti non alzando il prezzo dei loro prodotti, ma abbassando i costi di produzione o tramite l'organizzazione su vasta scala e la concentrazione della produzione presso lo stabilimento meglio equipaggiato, facendolo lavorare a piena capacità; o eliminando inutili spese di vendita e pubblicità; o realizzando una standardizzazione del bene o servizio, da cui fanno derivare un aumento della produttività globale. Ciò perché l'impresa monopolistica sa che un prezzo troppo alto incoraggerebbe l'ingresso nell'industria di altre imprese o stimolerebbe l'invenzione e il consumo di succedanei, oltre ad attirare l'attenzione dello stato che interferirebbe allo scopo di tutelare i consumatori. Ne consegue che anche nel caso di un potente monopolio, il controllo sul prezzo è limitato e il monopolista che desidera massimizzare i suoi profitti deve decidere se vendere grosse quantità ad un prezzo che attira la domanda o se vendere piccole quantità ad un prezzo relativamente alto, ma non potrà fare ambedue le cose: non potrà vendere grosse quantità ad un prezzo alto. Il prezzo, quindi, se non viene fissato direttamente dal monopolista dovrà essere determinato, come nel caso di qualsiasi altra impresa soggetta alla concorrenza libera, dalle forze della domanda e dell'offerta. Poiché la domanda non può essere controllata dal monopolista, egli dovrà rivolgere la sua attenzione all'offerta o al prezzo. Nella maggior parte dei casi, gli sarà più facile vendere una grande quantità ad un prezzo basso, ma se deciderà di applicare il prezzo basso o il prezzo relativamente più alto dipenderà in gran parte dal grado di elasticità della domanda del bene e dalle condizioni della sua produzione, cioè se la sua impresa è soggetta a rendimenti crescenti o decrescenti. Se l'impresa è soggetta a rendimenti crescenti e il monopolista impone un prezzo alto, la domanda dei suoi beni sarà bassa, la produzione anche sarà bassa e il suo costo unitario sarà probabilmente più alto di quanto non sarebbe se la produzione fosse più grande. Se egli riduce il prezzo, può darsi che le vendite aumentino tanto che il guadagno sulla maggiore quantità prodotta si riveli superiore alla perdita di profitto per unità venduta causata dal prezzo più basso. È chiaro, quindi, che vendere al prezzo più alto o vendere il maggior numero possibile di articoli non significa necessariamente guadagnare il più possibile per il monopolista. Se la domanda dei suoi prodotti è elastica e sono presenti rendimenti crescenti, è probabile che il prezzo monopolistico sia basso, perché il costo unitario per produrre una grande quantità è minore del costo unitario per produrre una piccola quantità e una grande domanda ad un prezzo basso assicura la massima rendita monopolistica. Se, viceversa, la domanda dei prodotti del monopolista è anelastica e non vi sono adeguati succedanei, il monopolista può imporre un prezzo alto, e può farlo qualunque sia la condizione di produzione. Ma se esistono succedanei, egli non potrà fissare un prezzo alto, a meno che controlli anche il prezzo dei succedanei. Se, infatti, egli impone un prezzo alto e non ha il controllo del prezzo dei succedanei, la domanda si sposterà dai suoi prodotti ai succedanei. Anche nel caso in cui non vi siano succedanei il monopolista non può imporre un prezzo molto alto per un bene soggetto a domanda anelastica, perché si esporrà all'intervento del governo che regolerà il prezzo, onde evitare lo sfruttamento del consumatore. Ne consegue che il prezzo di monopolio non deve necessariamente essere un prezzo alto. Anche il monopolista non ritiene per lui vantaggioso un prezzo alto, in quanto tenendolo basso e attirando così la domanda potrà aumentare l'efficienza dei suoi impianti e tenere i costi di produzione a livelli bassi, cioè potrà trarre il massimo vantaggio dalla legge dei rendimenti crescenti.

monopoly profit: ***rendita monopolistica.*** In una situazione di monopolio, il ricavo medio è superiore al costo medio e al costo marginale, per cui il monopolista oltre al profitto normale si assicura un profitto extra, chiamato rendita monopolistica.

monopoly revenue: ***rendita monopolistica.*** Lo stesso che *monopoly profit* (v.).

monopoly surplus: ***rendita monopolistica.*** Termine usato con lo stesso significato di *monopoly profit* (v.).

monopoly system: ***sistema monopolistico; regime monopolistico.*** Situazione di mercato in cui un'impresa può liberamente e legalmente esercitare un potere monopolistico. (v. anche *monopoly, monopoly power, control of monopoly power*)

monopoly system of issue: ***sistema del monopolio dell'emissione.*** Sistema che prevede che soltanto un istituto bancario in un paese, di solito la banca centrale, è autorizzato ad emettere biglietti di banca. Il sistema prevede altresì che talvolta siano autorizzate all'emissione anche banche strettamente collegate allo stato tramite la banca centrale.

monopoly tax: ***imposta sui monopoli.*** Un'imposta istituita allo scopo di correggere le distorsioni generate dalla presenza di un monopolio. Tale imposta dovrebbe essere del tipo forfettario, in modo da non influire sulle decisioni del monopolista relative al livello di produzione.

monopsonist: ***monopsonista.*** Il compratore che accentra nelle sue mani tutta o quasi tutta la domanda di un bene o servizio. Il monopsonista è esattamente l'opposto del monopolista, per cui tutte le considerazioni teoriche relative al secondo si applicano anche al primo. (v. anche *monopsony, monopoly, monopolist*)

monopsonistic firm: ***impresa monopsonistica.*** È l'impresa che su un mercato accentra nelle sue mani tutta o quasi tutta la domanda di un determinato bene o servizio. (v. anche *monopsony, monopsonist, monopoly, monopolistic firm*)

monopsonistic market: ***mercato monopsonistico.*** È così detto il mercato caratterizzato, di fronte alla concorrenza perfetta tra venditori, dalla presenza di un solo compratore di un determinato bene o servizio. Il termine è usato come sinonimo di monopsonio, per cui vale per il mercato monopsonistico quanto detto per il monopsonio. (v. anche *monopsony, monopoly*)

monopsony: ***monopsonio; monopolio unilaterale della domanda.*** Forma di concorrenza imperfetta caratterizzata dalla presenza sul mercato di una pluralità di venditori, in concorrenza perfetta tra loro, ma di un singolo compratore, chiamato monopsonista, che accentra nelle sue mani la domanda e impedisce l'accesso sul mercato ad altri acquirenti. Esempi di monopsonio sono rappresentati da un governo, quando agisce da unico compratore di un determinato prodotto o di uno dei fattori della produzione; da una sola impresa che agisce come unica acquirente di un prodotto, ad esempio agricolo, o di una materia prima; o da una sola impresa che impiega un tipo altamente specializzato di manodopera, anche se in un'area limitata. Il monopsonio, a volte impropriamente detto monopolio unilaterale della domanda, è esattamente l'opposto del monopolio propriamente detto o monopolio dell'offerta, per cui si applicano al monopsonio tutte le considerazioni teoriche relative al monopolio. La forma di monopsonio più comunemente studiata è quella che si verifica nel mercato dei fattori della produzione, specialmente quello del lavoro, ma almeno in linea teorica si parla di monopsonio ogni volta che compare un elemento monopolistico nel lato della domanda. Nel mercato del lavoro, tuttavia, la posizione del monopsonista appare più chiara e definita, perché egli è realmente l'unico acquirente di lavoro in una particolare regione, ad esempio una zona mineraria, o l'unico acquirente di un particolare tipo di lavoro, ad esempio operai telefonici specializzati. In questa situazione è probabile che i salari scendano al di sotto del ricavo del prodotto marginale, in quanto il monopsonista impiegherà lavoratori soltanto finché l'ultimo lavoratore impiegato farà aumentare i costi dello stesso ammontare di cui farà aumentare i ricavi. Infatti, il costo addizionale derivante dall'impiego di un altro lavoratore sarebbe superiore al salario pagato a quel lavoratore, in quanto implicherebbe un salario più alto per tutti gli altri lavoratori. Pertanto, il salario stabilito dal monopsonista spesso si identifica col salario minimo che il lavoratore è disposto ad accettare. (v. anche *monopsonist, monopoly, minimum wage, marginal revenue produtc*)

month: ***mese.*** Nel linguaggio giuridico e commerciale, è il mese di calendario, a meno che sia chiaramente detto che ci si vuole riferire al mese commerciale o al mese lunare, rispettivamente di trenta e di ventotto giorni. L'espressione mezzo mese, invece, invariabilmente si riferisce ad un periodo di quindici giorni.

monthly account: ***conto mensile.*** Forma di credito al consumo, concordata direttamente tra un dettagliante o un grande magazzino e un consumatore. Prevede che i beni acquistati siano addebitati sul conto del consumatore fino ad un certo importo globale massimo concordato. Ogni fine mese, il fornitore provvederà a rimettere l'estratto conto al consumatore, che lo salderà entro una data stabilita.

***Monthly Digest of Statistics*:** Pubblicazione mensile, edita dal H.M.S.O., nella quale vengono riportati gli ultimi dati statistici, posti a raffronto con quelli precedenti, relativi alla popolazione, alla produzione, al commercio interno ed internazionale, ai salari, ai prezzi, all'occupazione e a tutti gli altri aspetti di interesse generale o parti colare che rientrano nel campo della statistica.

monthly increments: ***incrementi mensili.*** Espressione usata nel linguaggio della Comunità Economica Europea per indicare gli aumenti mensili dei prezzi di intervento, dei prezzi traguardo e dei prezzi di soglia con i quali si intende fornire compensazioni per la conservazione di prodotti e assistere l'ordinata immissione dei prodotti sul mercato.

monthly investment plan: ***piano d'investimento mensile.*** Piano di accumulazione di capitale, studiato ed applicato dalla *New York Stock Exchange* (v.), in base al quale gli investitori possono effettuare, tramite il loro *broker* (v.), acquisti per una cifra mensile costante. Il piano, analogo a quello proposto da molti fondi comuni d'investimento, trova giustificazione nella possibilità di mediare le fluttuazioni dei prezzi di mercato, attraverso un investimento costante nel tempo e indirizzato su un solo titolo o su un paniere di titoli.

monthly statement: ***situazione mensile; rendiconto mensile.*** È così chiamata la situazione, pubblicata mensilmente dalle banche commerciali inglesi, che mostra le loro attività e passività alla data della pubblicazione. Prima del 1946 era consuetudine per queste banche mostrare nella loro situazione mensile un rapporto della riserva bancaria superiore a quello effettivamente esistente in altri momenti nel corso del mese. Tale pratica era nota come *window dressing* (v.).

month order: ***ordine a revoca; ordine valido revoca.*** Nel linguaggio finanziario, il termine indica l'ordine di acquisto o vendita di titoli in borsa valido fino ad un mese, che si annulla automaticamente se non viene eseguito entro tale termine. Esso implica anche un prezzo più o meno preciso al quale lo *stockbroker* (v.) dovrà acquistare o vendere.

moonlighter: ***bioccupato.*** Termine con il quale si indica chi svolge un secondo lavoro, secondo quanto detto sotto *moonlighting* (v.).

moonlighting: ***bioccupazione; assunzione di secondo lavoro.*** Termine colloquiale, con il quale nel Regno Unito si indica la pratica seguita da alcune categorie di lavoratori di assumere un secondo lavoro che svolgono di sera (al chiarore della luna) o durante il fine settimana. Questo secondo lavoro è reso più interessante dal fatto che, non essendo dichiarato, non è soggetto ad alcuna ritenuta fiscale, tanto meno quella alla fonte.

moorage: ***diritti di ormeggio.*** Somma di denaro che una nave deve pagare per potersi ormeggiare in un porto.

moral hazard: ***rischio morale.*** Nel linguaggio delle assicurazioni, indica il rischio che corre l'assicuratore se l'assicurato con pochi scrupoli è portato a causare un incidente o una perdita al fine di incassare l'indennizzo previsto dalla polizza.

moral obligation bond: Espressione del linguaggio finanziario statunitense, con la quale si indica un *revenue bond* (v.) in relazione al quale lo stato o un ente locale si è impegnato moralmente ad appoggiare il pagamento degli interessi se le entrate derivanti dal progetto, per il cui finanziamento viene emesso il prestito, non raggiungono la somma globale necessaria al rimborso e al pagamento degli interessi.

moral suasion: ***persuasione morale.*** È quella esercitata dalla banca centrale su determinate banche, al fine di convincerle a limitare il credito nei loro particolari settori, quando la politica monetaria lo impone. Viene attuata attraverso l'invio di ispezioni o altre forme di pressione che, tuttavia, non sempre si dimostrano efficaci. (v. anche *monetary control*)

moratorium: ***moratoria.*** Estensione di tempo, concessa con provvedimento legislativo di un governo in circostanze eccezionali, per l'adempimento di qualsiasi obbligazione e in particolare per il pagamento di obbligazioni pecuniarie scadute o in via di scadenza. Il termine è a volte usato anche nel linguaggio commerciale e bancario per indicare che un creditore ha concesso al debitore una proroga per il pagamento della sua obbligazione, generalmente una cambiale, in modo da consentirgli di procurarsi i fondi necessari per far fronte all'impegno a suo tempo assunto.

more developed country: ***paese più sviluppato.*** Termine usato in contrapposizione a *less developed country* (v.) per indicare un paese a economia sviluppata. (v. anche *developed economy*)

more favourable terms clause: ***clausola dei termini più favorevoli.*** In un contratto di lavoro, è la clausola in base alla quale il sindacato lavoratori si impegna a non concedere termini più favorevoli ad un altro datore di lavoro in concorrenza con quello che firma il contratto contenente tale clausola. È una pratica in uso negli Stati Uniti.

morning loan: ***prestito alla giornata.*** Termine statunitense, con il quale si indica un prestito, senza alcuna garanzia collaterale e di ammontare imprecisato, concesso ad un operatore di borsa al fine di consentirgli di svolgere la sua attività durante una qualsiasi giornata. (v. anche *overcertification, overnight loan*)

morning shift: ***turno di mattina.*** In un'impresa che adotta il sistema a turni continui, è il turno che ha inizio alle otto del mattino e termina alle sedici. Lo stesso termine indica anche il gruppo di lavoratori che costituisce il turno. (v. anche *shift 1*)

Morris plan bank: Termine con il quale negli Stati Uniti si indicava più che una banca un'organizzazione finanziaria, la cui principale attività consisteva nell'accettare depositi ad interesse da parte di lavoratori e nel concedere piccoli prestiti, a condizioni più vantaggiose di quelle offerte dalle banche commerciali, di solito restituibili a mezzo di piccoli versamenti settimanali o mensili.

mortality: 1. ***logorio; deteriorabilità.*** Nella terminologia industriale, è la tendenza di un bene capitale a deteriorarsi e deprezzarsi attraverso l'uso e il trascorrere del tempo. **2.** ***mortalità.*** Nella terminologia assicurativa, è la percentuale dei decessi in una data regione nell'arco di un determinato periodo di tempo. (v. anche *mortality chart*)

mortality chart: ***tavola di mortalità.*** Un insieme di dati relativi alla mortalità di gruppi di popolazione di età compresa tra un determinato anno e il successivo. Per l'uso che se ne fa nella matematica attuariale, le tavole di mortalità sono divise per varie categorie di individui, in relazione al sesso, alla professione, alla residenza, ecc. Ad esempio, una tavola di mortalità può includere, per ciascuna data categoria, le età da zero a novantanove anni e indicare il numero e la percentuale di decessi a tutte le successive età su un milione di persone vive all'età compresa tra un giorno e un anno.

mortality curve: 1. ***curva di mortalità.*** Nella terminologia assicurativa, è una curva che mostra la vita reale o supposta di un gran numero di persone. È basata sul numero di decessi nell'arco di tempo preso in considerazione. **2.** ***curva di deteriorabilità.*** Nella terminologia industriale, è una curva che mostra la durata reale o supposta di un gran numero di beni capitali. È basata sul numero di beni capitali ritirati dall'attività nell'arco di tempo preso in considerazione.

mortality rate: ***tasso di mortalità.*** Termine usato con lo stesso significato di *death rate* (v.).

mortality ratio: ***rapporto di mortalità; indice di mortalità.*** Nelle assicurazioni sulla vita, viene indicato con questo termine il rapporto tra mortalità presunta, in base ad una tavola di mortalità, per individui appartenenti ad una certa categoria e mortalità reale che interessa gli assicurati, di una determinata società assicuratrice, appartenenti a quella categoria. (v. anche *mortality chart*)

mortality table: ***tavola di mortalità.*** Termine usato con lo stesso significato di *mortality chart* (v.).

mortgage: ***ipoteca; vincolo ipotecario; diritto di garanzia immobiliare.*** Diritto reale di garanzia concesso, a fronte di un prestito, al mutuante dal mutuatario su tutta o parte di una sua proprietà immobiliare. Il diritto anglosassone prevede due diversi tipi di ipoteca: la *legal mortgage* (v.) e la *equitable mortgage* (v.).

mortgage–backed certificate: ***certificato ipotecario.*** Lo stesso che *mortgage certificate* (v.).

mortgage–backed security: ***titolo garantito da ipoteca.*** Lo stesso che *mortgage debenture* (v.).

mortgage bank: ***società di credito ipotecario.*** Termine a volte usato nel Regno Unito con lo stesso significato di *building society 1* (v.).

mortgage banker: ***società di credito ipotecario.*** Negli Stati Uniti, è una società finanziaria che concede prestiti ipotecari. Può agire in prima persona o in qualità di intermediario di una banca.

mortgage bond: 1. ***obbligazione ipotecaria.*** Termine usato con lo stesso significato di *mortgage debenture* (v.). **2.** ***obbligazione fondiaria; cartella fondiaria.*** Titolo a reddito fisso, emesso per il finanziamento a lungo termine di ipoteche di primo grado concesse da banche o altre istituzioni finanziarie.

mortgage buydown: ***sconto d'ipoteca.*** Espressione con la quale si indica uno sconto offerto all'acquirente di una casa o altro bene immobile sotto forma di riduzione del tasso di interesse ipotecario, particolarmente in periodi in cui risulta difficile ottenere mutui ipotecari. Invece di ridurre il prezzo di vendita, azione che impegnerebbe il venditore anche nei confronti di chi paga in contanti, viene offerto all'acquirente lo sconto di un paio di punti percentuali sul tasso di interesse ipotecario, che di solito corrispondono ad uno sconto di circa l'otto per cento sul prezzo del bene immobile.

mortgage certificate: ***certificato ipotecario.*** Negli Stati Uniti, è un certificato che attesta l'esistenza di una partecipazione in un credito ipotecario. Viene rilasciato dal creditore ipotecario, che gode del diritto reale di garanzia su una vasta proprietà, a tutti coloro che contribuiscono al mutuo. (v. anche *mortgage company*)

mortgage clause: ***clausola dell'ipoteca.*** Quando un bene immobile o mobile gravato da ipoteca è assicurato sia dal creditore che dal debitore ipotecario, questa clausola, inserita in polizza, serve a tutelare gli interessi del creditore, stabilendo la proporzione che, in caso di sinistro, dovrà essere versata a ciascuno dei due assicurati.

mortgage company: ***società di credito ipotecario.*** Negli Stati Uniti, è una società privata che concede mutui ipotecari con la partecipazione di investitori privati. La società tratta il mutuo e poi ne assegna quote a coloro che intendono partecipare al suo finanziamento. A ciascun investitore viene rilasciato un certificato comprovante la sua quota di interesse nell'ipoteca. (v. anche *mortgage certificate*)

mortgage credit: ***credito ipotecario.*** Credito a garanzia del quale è stata chiesta e offerta un'ipoteca su beni immobili di proprietà del debitore.

mortgage debenture: ***obbligazione ipotecaria.*** È una delle obbligazioni che costituiscono un'emissione garantita da ipoteca sui beni di proprietà dell'emittente. L'ipoteca può essere accesa su terreni, edifici, impianti, macchine e altri beni mobili o immobili, a beneficio e a garanzia di tutti i sottoscrittori del prestito obbligazionario.

mortgage debt: ***debito ipotecario.*** Debito a garanzia del quale è stata accesa un'impoteca su beni mobili o immobili di proprietà del debitore.

mortgage deed: ***contratto ipotecario.*** Contratto in base al quale un debitore accende su una sua proprietà un'ipoteca a garanzia del creditore per l'ammontare di denaro che il secondo ha concesso in prestito al primo.

mortgagee: ***creditore ipotecario.*** È colui a favore del quale viene accesa un'ipoteca, cioè colui che effettua un prestito a garanzia del quale il debitore concede un'ipoteca su beni mobili o immobili di sua proprietà.

mortgagee in possession: Il creditore ipotecario che ha preso possesso della proprietà del debitore ipotecario, che non ha adempiuto alla sua obbligazione, e l'amministra ricevendone gli utili. Tuttavia, è pratica comune affidare la proprietà e la sua amministrazione ad un curatore, perché in tal caso il creditore ipotecario evita la responsabilità che gli deriverebbe dall'amministrazione diretta della proprietà del debitore.

mortgage finance: ***finanza ipotecaria.*** Mezzi finanziari resi disponibili da apposite istituzioni allo scopo di concedere mutui, per l'acquisto o la ristrutturazione di immobili, garantiti da ipoteca sui medesimi o su altri beni immobili.

mortgage holder: ***debitore ipotecario.*** Lo stesso che *mortgagor* (v.).

mortgage insurance: ***assicurazione ipotecaria.*** Assicurazione sulla vita di un debitore ipotecario, che ha lo scopo di estinguere il debito in caso di morte dell'assicurato. Negli Stati Uniti esiste anche un altro tipo di assicurazione del genere, che prevede l'estinzione dell'ipoteca in caso di comprovata impossibilità da parte del debitore.

mortgage interest: ***interesse ipotecario.*** L'interesse, passivo per il debitore e attivo per il creditore, relativo a un prestito ipotecario.

mortgage interest rate: ***tasso d'interesse ipotecario.*** Il tasso di interesse fatto pagare dal creditore al debitore su un prestito garantito da ipoteca accesa generalmente su un bene immobile. In quanto si tratta di un prestito garantito da beni reali, il tasso d'interesse è di solito inferiore a quello praticato su prestiti allo scoperto.

mortgage interest relief: ***deduzione per interessi passivi.*** La deduzione ammessa, in relazione all'imposta sul reddito, a fronte di interessi passivi pagati su un prestito contratto dal contribuente allo scopo di acquistare o costruire una casa e garantito da ipoteca sullo stesso o altro immobile.

mortgage investment: ***investimento ipotecario.*** Investimento di fondi nella concessione di mutui ipotecari, direttamente o tramite società di credito ipotecario. (v. anche *mortgage company*)

mortgage investment trust: ***fondo comune d'investimento ipotecario.*** È un tipo di fondo comune statunitense, che investe la maggior parte delle proprie attività in ipoteche a medio e a breve termine, attraverso l'acquisto di certificati ipotecari. (v. anche *mortgage certificate, real estate investment trust*)

mortgage lien: ***garanzia ipotecaria; vincolo ipotecario.*** È la garanzia, rappresentata da ipoteca, che tutela un creditore contro il rischio di inadempienza del suo debitore.

mortgage loan: ***prestito ipotecario; mutuo ipotecario.*** Prestito a garanzia del quale è stata accesa un'ipoteca su beni mobili o immobili di proprietà del debitore, in favore del creditore.

mortgage loan insurance: ***assicurazione dei prestiti ipotecari.*** L'assicurazione di prestiti concessi da istituzioni private a privati cittadini per l'acquisto, la costruzione o la ristrutturazione di abitazioni. Tale assicurazione consente alle istituzioni di concedere mutui a termini più vantaggiosi. Il programma, negli Stati Uniti, fu varato con il *National Housing Act* del 1934 e fu amministrato per molti anni dalla *Federal Housing Administration* (v.) che nel 1965 fu assorbita dal nuovo *Department of Housing and Urban Development* (v.).

mortgage loss clause: ***clausola della perdita dell'ipoteca.*** Nelle assicurazioni, è una clausola che, inserita in polizza, tutela il creditore ipotecario contro la perdita derivante da atti del debitore che avrebbero l'effetto di invalidare la polizza.

mortgage market: ***mercato delle ipoteche.*** Termine con il quale si indicano collettivamente tutte le istituzioni finanziarie comunque connesse con la concessione di mutui ipotecari e con l'emissione di prestiti obbligazionari il cui ricavato viene utilizzato per la concessione di tali prestiti. Le principali istituzioni fonte di credito ipotecario sono le *building societies* nel Regno Unito e le *savings and loan associations* negli Stati Uniti; le società di assicurazione; le casse di risparmio e le banche commerciali. (v. anche *primary mortgage market, secondary mortgage market*)

mortgage money: ***fondi ipotecari.*** Il termine inglese indica le risorse disponibili per finanziare la costruzione o l'acquisto di proprietà immobiliari, in particolare abitazioni. La quantità di fondi ipotecari disponibili in un paese dipende dalle fluttuazioni dell'attività economica in generale e dai tassi di interesse in particolare.

mortgage note: ***pagherò ipotecario.*** Un pagherò che comprova l'esistenza di un mutuo a garanzia del quale è stato offerto un bene immobile di proprietà del debitore.

mortgage of ship: ***ipoteca navale.*** Una nave o suoi carati possono essere ipotecati a garanzia di un mutuo o di altri beni ricevuti dalla nave stessa o dai suoi armatori. Un'ipoteca navale viene registrata nel registro navale nel quale è iscritta la nave offerta in garanzia del prestito. (v. anche *hypothecation 2*)

mortgage of stock: ***ipoteca su titoli.*** I titoli obbligazionari e azionari possono essere oggetto di ipoteca a garanzia di un prestito. Generalmente, la loro proprietà non viene trasferita e l'ipoteca prende la forma di una *equitable mortgage* (v.).

mortgage participation certificate: ***certificato di partecipazione ipotecaria.*** Lo stesso che *mortgage certificate* (v.).

mortgage protection policy: Tipo di polizza di assicurazione sulla vita, emessa in relazione al rimborso di un'ipoteca da parte di chi ha acquistato un'abitazione finanziata con mutuo edilizio. Può essere di due tipi, a seconda del tipo di mutuo contratto: se il rimborso del mutuo avviene mediante versamenti mensili o annuali, la somma assicurata in polizza decresce via via che si rimborsa il prestito; se, invece, il mutuo prevede il rimborso in unica soluzione alla scadenza, la polizza garantisce la somma complessiva da restituirsi.

mortgager: ***debitore ipotecario.*** Variante grafica di *mortgagor* (v.).

mortgage real estate investment trust: ***fondo comune d'investimento ipotecario.*** Lo stesso che *mortgage investment trust* (v.).

mortgage register: ***registro delle ipoteche.*** Termine generico, con il quale viene indicato il registro nel quale viene annotata l'ipoteca che grava su un bene mobile o immobile. Corrisponde al registro nel quale è iscritto il bene e, pertanto, sarà il registro immobiliare nel caso in cui l'ipoteca sia accesa su beni immobili; il registro navale se è una nave ad essere offerta in garanzia; il registro automobilistico se l'ipoteca grava su un automobile. (v. anche *register of charges 2*)

mortgage repayment: ***rimborso di prestito ipotecario.*** Restituzione di denaro, il cui prestito è garantito da vincolo ipotecario. Avviene di solito mediante versamenti mensili o annuali, costituiti in parte dalla somma capitale e in parte dagli interessi.

mortgage–security policy: Termine usato come sinonimo di *mortgage protection policy* (v.).

mortgage term: ***durata dell'ipoteca.*** È il periodo per il quale viene accesa un'ipoteca su un bene mobile o immobile. Tale periodo è stabilito nel contratto di ipoteca e termina all'atto dell'ultimo versamento a saldo del debito ipotecario.

mortgagor: ***debitore ipotecario.*** È il soggetto che accende l'ipoteca, su beni immobili o mobili di sua proprietà, a favore e garanzia della persona che gli concede un prestito ipotecario.

mortmain: ***manomorta.*** Quando, in passato, i beni immobili giungevano in possesso di enti perpetui, quali la Chiesa o persone giuridiche ed enti morali, essi venivano indicati con questo termine, per significare che era come se fossero di proprietà di un morto che li stringeva nella sua mano. Dato il carattere perpetuo di questi enti, i beni così posseduti sfuggivano al pagamento delle imposte di successione che, invece, colpivano qualsiasi altro bene immobile al momento del suo trasferimento agli eredi del defunto. Per questo motivo, molti stati in passato, e tra questi la Gran Bretagna, negarono agli enti perpetui il diritto di proprietà di beni immobili.

most–favoured–nation clause: ***clausola della nazione più favorita.*** La clausola della nazione più favorita veniva spesso inclusa in trattati commerciali bilaterali o multilaterali. Con essa, ciascun paese che sottoscriveva il trattato si impegnava a concedere agli altri firmatari gli stessi privilegi che avesse, in futuro, concesso ad altri paesi in forza di altri trattati relativi, ad esempio, a riduzioni tariffarie sulle importazioni. La clausola può essere semplice o condizionata. Se essa è semplice, estende automaticamente a tutti i paesi, con i quali si hanno trattati che contengono la clausola, i privilegi concessi ad altri paesi sia che questi vengano dati in forma reciproca, sia che vengano dati in forma unilaterale. Se, invece, la clausola è condizionata, vuol dire che la concessione dei futuri privilegi è subordinata ad una simile concessione da parte del paese al quale vengono estesi. La clausola della nazione più favorita fu molto diffusa prima del 1914, ma la sua portata fu notevomente ridotta nel periodo tra le due guerre a seguito dell'uso di contingentamenti delle importazioni, della clausola condizionata e altri accorgimenti che tendevano ad annullare i privilegi concessi precedentemente da tale clausola. Dopo il secondo conflitto mondiale, nel tentativo di ovviare alle difficoltà create al commercio internazionale nel periodo tra le due guerre, si giunse alla firma dell'Accordo Generale sulle Tariffe e il Commercio, che prevedeva accordi tariffari bilaterali simultanei. (v. anche *General Agreement on Tariffs and Trade*)

most–use criterion: ***criterio del maggior uso.*** Nell'organizzazione aziendale, indica il criterio che si segue nel raggruppare varie attività, come ad esempio attività di servizi quali quelli dei fattorini, degli archivi centrali o degli approvvigionamenti di materiali d'uso in una società finanziaria, ecc., che in seno all'organizzazione non sono tanto importanti da meritare una divisione operativa specifica. Il criterio del maggior uso stabilisce che tali attività vengano assegnate e aggregate al reparto che le usa di più. Così, ad esempio, se gli archivi centrali sono utilizzati in preponderanza dal reparto contabilità, essi verranno aggregati a quel reparto.

M.O.T.: Ministry of Transport.

motion: **1.** ***movimento.*** Nell'industria, si indica con questo termine ciascun movimento compiuto da un operaio nello svolgimento delle sue mansioni. È oggetto di studio tendente a migliorare l'efficienza e a ridurre i movimenti inutili che causano stanchezza. (v. anche *motion analysis, motion chart*) **2.** ***mozione.*** Proposta, generalmente scritta o in termini ben definiti, che viene sottoposta ad un'assemblea con l'intento che essa l'adotti come propria deliberazione.

motion analysis: ***analisi dei movimenti; studio dei movimenti.*** Studio o analisi dei movimenti che gli operai devono compiere nel corso dell'espletamento delle loro mansioni. Lo studio dei movimenti tende ad eliminare qualsiasi spostamento superfluo, che porta a perdite di tempo e a maggior affaticamento per il lavoratore. Attraverso questo studio, si mira anche a migliorare gli impianti, facendo in modo che sia il pezzo ad andare dall'operaio e non viceversa. (v. anche *motion chart*)

motion chart: ***tabella dei movimenti; diagramma dei movimenti.*** Tabella usata per registrare i movimenti che fa un operaio durante lo svolgimento delle sue mansioni nel controllo di una macchina o lungo una catena di montaggio. Tali tabelle vengono successivamente analizzate dall'apposita squadra che studia i tempi e i metodi e, come risultato di questo studio, sarà probabilmente possibile ridurre sia il tempo necessario per svolgere le operazioni studiate, sia lo sforzo fisico dell'operaio, attraverso l'eliminazione di movimenti non necessari.

motion study: ***studio dei movimenti; analisi dei movimenti.*** Termine usato con lo stesso significato di *motion analysis* (v.).

motivational research: ***ricerca sulle motivazioni; indagine motivazionale; ricerca motivazionale.*** Nella ricerca di mercato, è l'indagine che tenta di identificare i motivi per cui un consumatore acquista un determinato prodotto invece di un altro. Viene usata principalmente per prodotti non differenziati, allo scopo di individuare le spinte psicologiche che guidano il consumatore. Una volta scoperte queste spinte, sarà possibile dare al prodotto un'immagine che risponda ai motivi psicologici del consumatore, il quale vedrà così differenziato un prodotto che, in definitiva, come contenuto intrinseco è identico agli altri. Scopo finale dell'indagine è, come sempre, quello di far aumentare le vendite del prodotto.

Motor Carrier Act: Legge, approvata dal Congresso degli Stati Uniti nel 1935, che assoggetta alla giurisdizione della *Interstate Commerce Commission* il trasporto di merci mediante veicoli a motore nell'ambito del commercio tra gli stati membri dell'Unione. Principale obiettivo di questa legge fu quello di dare alla Commissione il potere di emanare disposizioni relative al servizio e alle tariffe delle società di trasporto su strada.

motor insurance: ***assicurazione auto.*** Tipo di assicurazione del ramo danni, che copre la responsabilità civile per lesioni o danni a cose derivanti dalla guida o dalla circolazione di un autoveicolo. Vi sono vari tipi di polizza nei diversi paesi, che impongono massimali differenti pur se si sta tentando di unificarli, considerata l'alta diffusione delle automobili ed i sempre più frequenti spostamenti di automobilisti da un paese ad un altro.

motors: ***titoli automobilistici.*** Termine usato nel linguaggio della borsa valori di Londra, con il quale si indicano collettivamente i valori mobiliari di imprese costruttrici di automobili e altri veicoli stradali a motore.

Motor Show: ***salone dell'automobile.*** Esposizione degli ultimi modelli della produzione automobilistica, che si tiene generalmente a Londra in ottobre. Vi sono altre esposizioni del genere in molti dei paesi produttori o consumatori di veicoli stradali.

motor vehicle excise duty: ***imposta di bollo sui veicoli a motore.*** L'imposta cui sono soggetti, nel Regno Unito, tutti i veicoli a motore iscritti nel pubblico registro automobilistico e provvisti di targa di circolazione. Sono esenti da questa imposta certe categorie di veicoli, tra le quali rientrano le ambulanze, i veicoli dei vigili del fuoco, le motocarrozzette per invalidi e i veicoli utilizzati dal corpo diplomatico. Le automobili private sono soggette al pagamento di un'imposta fissa; i motocicli e le auto a tre ruote pagano in ragione della cilindrata; gli autobus e i tassì pagano in ragione dei posti a sedere a disposizione dei passeggeri; e i veicoli per il trasporto di merci pagano in ragione del loro peso, con imposte addizionali se usano un rimorchio o se superano un determinato peso.

motorway: ***autostrada.*** Strada appositamente costruita per il traffico automobilistico e ad esso riservata, con l'esclusione di qualsiasi altro tipo di veicolo non a motore o non rispondente a determinate caratteristiche. Le prime nazioni a costruire autostrade furono l'Italia e la Germania negli anni trenta, ma dopo il 1950 altre nazioni hanno provveduto a realizzare la loro rete autostradale, che è diventata una delle infrastrutture più necessarie al commercio e al turismo moderni. Nel Regno Unito le autostrade sono gratuite, mentre negli Stati Uniti sono quasi tutte a pagamento, essendo state costruite da imprese private.

movable exchange: ***divisa mobile.*** Espressione statunitense, con la quale vengono indicati titoli di credito quotati nella valuta del paese in cui devono essere pagati e non nella valuta del paese in cui vengono emessi.

movable property: ***beni mobili.*** Qualsiasi tipo di proprietà, fatta eccezione per la terra e gli edifici su essa costruiti.

moveables: ***beni mobili.*** Termine usato come sinonimo di *movable property* (v.).

movement of account: ***movimento di conto.*** Le operazioni di prelievo e di deposito relative ad un conto bancario. Le banche preferiscono i conti con un forte movimento, perché ogni operazione consente loro di trarre un utile supplementare sotto forma di spese o competenze e giorni di valuta.

movement of capital: ***movimento di capitali.*** Lo spostamento di capitali liquidi speculativi da un impiego ad un altro o da una nazione ad un'altra.

movement of funds: ***movimento di fondi.*** Il movimento di fondi extra da e verso un'impresa o altra organizzazione.

movement of funds statement: ***prospetto illustrativo del movimento di fondi.*** Relazione che indica le fonti, nell'arco di un determinato periodo di tempo, di fondi extra ed il modo in cui essi sono stati impiegati.

movements on reserves: ***movimenti sulle riserve.*** Il *Companies Act* del 1967 prescrive che tutte le società per azioni forniscano dettagli relativi a tutti i conti o fondi di riserva, fatta eccezione per i fondi di ammortamento dei capitali fissi, giustificando qualsiasi loro aumento o diminuzione.

moving average: ***media mobile.*** Una serie di medie, ottenute scegliendo un gruppo di numeri successivi in una serie, facendone la media e poi eliminando dal gruppo il primo numero tra quelli precedentemente scelti e inserendo quello immediatamente successivo nella serie. Fatta la media di quest'ultimo gruppo di numeri, si elimina il primo di loro e si inserisce il successivo nella serie e così via fin quando si esaurisce la serie di numeri. Nei calcoli economici si fa uso di medie mobili per rendere più regolari delle curve irregolari.

moving average method: ***metodo del costo medio semplice.*** Nella valutazione delle giacenze di magazzino, è il metodo che si basa su una media aritmetica dei costi delle materie prime caricate in entrata in un periodo prefissato, ad esempio un mese o un trimestre, che precede il tempo nel quale ha luogo l'uscita da valutare. Spesso il termine inglese viene usato nel linguaggio corrente per indicare il *moving weighted average method* (v.).

moving budget: ***budget mobile.*** Termine usato con lo stesso significato di *continuous budget* (v.).

moving parity: ***parità mobile; parità scorrevole; parità slittante.*** Termine usato con lo stesso significato di *crawling peg* (v.).

moving projection: ***proiezione mobile.*** Sono le previsioni di gestione contenute in un budget mobile. Il termine implica che si tratta di previsioni soggette a continua revisione e aggiornamento a scadenze prestabilite, ad esempio un certo numero di settimane o un mese o altro periodo, e valide per un periodo di uguale durata, senza alcun riferimento o alcuna considerazione all'esercizio finanziario. (v. anche *continuous budget*)

moving weighted average method: ***metodo del costo medio ponderato.*** Nella valutazione delle giacenze di magazzino, è il metodo che si basa su una media aritmetica ponderata dei costi delle materie prime caricate in entrata in un periodo prefissato, ad esempio uno o due mesi, che precede il tempo nel quale ha luogo l'uscita da valutare. I pesi usati nel fare la media sono in relazione alle quantità via via caricate.

M.P.: months after payment.

M.P.C.: marginal propensity to consume.

MPM: marginal propensity to import.

M.P.S.: marginal propensity to save.

M/R: mate's receipt.

MRP: marginal revenue product.

M.R.S.: marginal rate of substitution.

m.s.: 1) months after sight; 2) motor ship.

MS.: mail steamer.

M.S.A.: Merchant Shipping Act.

M.S.C.: Manchester Ship Canal.

m.t.: metric ton.

M.T.: 1) measurement ton; 2) metric ton.

MT: mail transfer.

mtg.: mortgage.

mtge.: mortgage.

MTN: medium–term note.

multi–activity chart: ***diagramma di attività multiple.*** Termine usato come sinonimo di *multiple–activity time chart* (v.).

multi–brand strategy: ***strategia multi–marche.*** La pratica, adottata da alcune grosse imprese o multinazionali, di disporre di varie marche all'interno di una singola linea di prodotti. Questa strategia si prefigge diversi risultati, tra i quali: segmentazione del mercato con la successiva creazione di singole fedeltà alla marca; opportunità di conservare come clienti coloro che di tanto in tanto decidono di cambiare marca; ottenere più spazio nelle esposizioni sugli scaffali dei negozi e dei supermercati; lasciare poco o nessuno spazio di mercato alla concorrenza.

multicollinearity: ***multicollinearità.*** In econometria, è la situazione in cui due o più variabili indipendenti vengono poste in relazione tra loro e, allo stesso tempo, con una variabile dipendente.

multi–company: ***multisocietario.*** Aggettivo di recente coniazione, usato per qualificare una persona o un'organizzazione che controlla o gestisce molte società operanti nello stesso settore o un numero di società operanti in una varietà di settori.

multi-country trade: ***commercio multilaterale; commercio pluriangolare.*** Termine usato con lo stesso significato di *multilateral trade* (v.).

multicraft union: ***sindacato misto.*** Sindacato di lavoratori, i cui membri fanno parte di differenti categorie. A volte si crea un sindacato del genere quando i lavoratori appartenenti ad una singola categoria sono troppo pochi per giustificare la fondazione di un loro sindacato. Unendosi ad altre categorie, più o meno simili o operanti nella stessa industria o nello stesso tipo di imprese, essi raggiungono il numero che consente loro di acquisire un discreto potere contrattuale.

multicurrency: ***multivalutario; plurivalutario.*** Aggettivo usato in relazione a emissioni obbligazionarie e prestiti per indicare che essi possono essere denominati in più di una valuta. Ad esempio, un'emissione obbligazionaria può essere venduta in una valuta e rimborsata in più valute o un credito rinnovabile può essere reso disponibile in più valute, a seconda delle esigenze del mutuatario.

multicurrency clause: ***clausola plurivalutaria.*** La clausola, in una *multicurrency credit line* (v.), che consente di utilizzare e restituire il credito in una o più valute concordate tra le parti contraenti.

multicurrency credit line: ***linea di credito multivalutaria; linea di credito plurivalutaria.*** Nel linguaggio bancario e finanziario, indica una linea di credito che può essere utilizzata in una o più valute concordate.

multicurrency unit: ***unità monetaria composita; unità multivalutaria.*** Un'unità monetaria fondata su un paniere di valute in base a rapporti determinati, come si verifica per l'ECU.

multi-dimensional scaling: ***graduazione multidimensionale.*** Tecnica di ricerca di mercato che si prefigge di misurare l'atteggiamento di un campione di consumatori, graduando le loro risposte in base a un approccio multidimensionale, reso necessario dalla complessità degli atteggiamenti dei singoli consumatori.

multi-employer agreement: ***accordo sindacale plurilaterale.*** Negli Stati Uniti, si indica con questa espressione un accordo sindacale stipulato tra un sindacato lavoratori e un gruppo di diversi datori di lavoro, che può andare da tre o quattro imprese a tutte le imprese presenti in un'industria.

multifactor productivity: ***produttività multifattoriale.*** La produttività di più fattori della produzione, generalmente capitale e lavoro insieme. Viene misurata dividendo la produzione reale per un indice di input di capitale e lavoro. Un aumento della produttività multifattoriale indica che il capitale e il lavoro sono diventati più efficienti nella produzione di beni, a seguito di cambiamenti tecnologici o altri fattori di efficienza.

Multifiber Arrangement: ***accordo multifibre.*** Accordo tra paesi esportatori e paesi importatori di prodotti tessili, in base al quale gli importatori si astengono dall'imporre dazi doganali su tali prodotti in cambio dell'impegno da parte degli esportatori di contenere volontariamente le loro esportazioni.

multiforecast: ***previsione multipla.*** Sistema che consente la previsione di limiti massimi e minimi di vendita per un determinato arco di tempo. Poiché è difficile prevedere l'esatto valore delle vendite relative ad un periodo che si estende fino a sei mesi o ad un anno, si preferisce ricorrere a previsioni multiple che danno i limiti entro i quali ci si può ragionevolmente aspettare che rientrino le vendite relative a quel periodo di tempo. Se, poi, tali previsioni vengono sottoposte a frequenti revisioni, sarà possibile eliminare gli aspetti pessimistici ed ottimistici, avvicinandosi maggiormente al valore reale, in maniera che la direzione dell'impresa possa procedere ad una programmazione più efficace in relazione alle politiche di produzione, scorte, investimenti e simili.

multi-industry: ***multi-industriale.*** Aggettivo di recente coniazione, usato per qualificare una persona, un'organizzazione o un bene che hanno a che fare con un vasto numero di industrie o settori industriali differenti.

multi-industry company: ***società multi-industriale.*** Società che opera in più di un'industria, con l'obiettivo di diversificare i propri investimenti e di essere presente su più di un mercato, allo scopo di minimizzare i rischi delle fluttuazioni della domanda di un singolo bene o dei prodotti di una singola industria.

multilateral agreements: ***accordi multilaterali.*** Accordi ai quali partecipano più di due parti. Si tratta di accordi spesso usati nel commercio internazionale, un esempio dei quali è l'Accordo Generale sulle Tariffe e il Commercio. (v. anche *multilateralism, General Agreement on Tariffs and Trade, multilateral trade, bilateral trade agreement, bilateralism*)

multilateral aid: ***aiuti multilaterali.*** Aiuti in moneta o in beni inviati da due o più paesi, direttamente o tramite l'intervento di un'agenzia internazionale, a uno o più paesi bisognosi.

multilateral banks: ***banche multilaterali.*** Lo stesso che *multilateral development banks* (v.).

multilateral compensation: ***compensazione multilaterale.*** Liquidazione di debiti e crediti tra diversi membri che partecipano ad un accordo di compensazione.

multilateral development agency: ***agenzia di sviluppo multilaterale.*** Organismo internazionale, quale ad esempio la Banca Mondiale, che ha fra i suoi compiti istituzionali quello di promuovere lo sviluppo economico dei paesi membri e di altri paesi meno avanzati.

multilateral development banks: ***banche di sviluppo multilaterali.*** Istituzioni importanti, e per molti paesi essenziali, del sistema finanziario internazionale. Si tratta di istituzioni creditizie costituite e finanziate da più paesi che, oltre a concedere prestiti in prima persona, fungono da catalizzatore per la mobilitazione di risorse rese disponibili dal settore privato e che riescono a fare ciò che le banche non sono in grado di fare, cioè principalmente fornire il tipo di risorse che aiutano la crescita del settore privato nei paesi in via di sviluppo, mediante la concessione di prestiti a tasso agevolato. (v. anche *development bankers*)

multilateral development lending: ***prestiti di sviluppo multilaterali.*** Sono i prestiti, concessi dalle banche di sviluppo multilaterali, a tasso d'interesse agevolato e a volte anche senza alcun tasso di interesse.

multilateral insurance agency: ***agenzia di assicurazione multilaterale.*** Agenzia internazionale che avrebbe il compito di garantire gli investitori privati contro certi tipi di rischio politico insiti nei programmi di prestiti ai paesi in via di sviluppo.

Multilateral Investment Guaranty Agency: Agenzia multilaterale avente l'obiettivo principale di finanziare progetti di investimento specifici nei paesi in via di sviluppo e di promuovere, verso tali paesi, un maggior flusso di investimenti diretti.

multilateralism: ***multilateralità; multilateralismo.*** Una politica tendente alla conclusione di accordi multilaterali, con lo scopo di liberalizzare gli scambi internazionali affrancandoli dalle restrizioni imposte da accordi bilaterali.

Obiettivo primario di una simile politica è quello di consentire ai vari paesi di specializzarsi nella produzione e nello scambio di beni in base al principio del vantaggio comparato. (v. anche *multilateral trade, multilateral agreements, bilateralism*)

multilateral long–term contracts: ***contratti multilaterali di lungo periodo.*** Dalla fine del secondo conflitto mondiale, sono stati sottoscritti una grande quantità di contratti di questo tipo, aventi lo scopo di ridurre l'instabilità dei prezzi dei prodotti di base e così tutelare i paesi produttori, soprattutto quelli appartenenti al terzo mondo. Difatti, le fluttuazioni di prezzo possono arrecare seri disturbi sia economici che politici in paesi che non hanno ancora raggiunto una piena maturità economica e spesso basano la loro economia sulla produzione di un singolo bene, quale ad esempio il cacao o il rame. Questo problema fu individuato da varie commissioni delle Nazioni Unite, che hanno anche suggerito piani per la sua soluzione. L'obiettivo principale è quello di adeguare l'offerta globale di questi beni sui mercati internazionali alle variazioni della domanda globale, così che le fluttuazioni dei loro prezzi possano essere contenute entro limiti accettabili. Tra le soluzioni proposte, le più accettabili sono risultate: la creazione di scorte cuscinetto; l'assegnazione di quote di produzione; e la sottoscrizione di contratti multilaterali di lungo periodo. Un esempio di questo tipo di soluzione è l'accordo per il frumento, valido per un certo numero di anni e contenente l'impegno di esportatori a vendere e di importatori a comprare una determinata quantità di frumento ogni anno ad un prezzo massimo e minimo di acquisto e vendita prestabilito. Così, ogni esportatore può contare su una sua quota di mercato ad un prezzo non inferiore al minimo stabilito ed ogni importatore può contare su una sua quota di acquisto ad un prezzo non superiore al massimo prefissato.

multilateral negotiations: ***trattative multilaterali.*** Trattative cui partecipano più di due parti interessate alla definizione di una questione. Il termine viene generalmente usato in relazione a trattative commerciali tra più paesi, che danno luogo ad accordi multilaterali. (v. anche *multilateral agreements, multilateralism, multilateral trade*)

multilateral system of settlements: ***sistema di liquidazioni multilaterale.*** Termine usato con lo stesso significato di *multilateral compensation* (v.).

multilateral trade: ***commercio multilaterale; commercio pluriangolare.*** È lo scambio di beni e servizi tra più paesi. Il commercio multilaterale è l'opposto del commercio bilaterale: mentre il primo consente di trarre il massimo vantaggio dagli scambi internazionali e dalla divisione del lavoro a livello di nazioni, il secondo crea ostacoli al libero fluire di beni e servizi, distorce la struttura commerciale mondiale e costringe molti paesi ad acquistare da fonti più costose. Anche in materia di pagamenti il commercio multilaterale è da preferirsi, in quanto gli scambi hanno luogo solitamente in una valuta piuttosto stabile e accettata da tutti, quali possono essere il dollaro o il marco tedesco. I conti tra paesi vengono regolati attraverso una compensazione multilaterale e ciascun paese non deve preoccuparsi di esportare verso un altro paese tanto quanto importa da quel paese; sarà sufficiente che cerchi di mantenere un giusto equilibrio tra esportazioni ed importazioni fra se stesso e il resto del mondo. Dopo il secondo conflitto mondiale, si sono fatti notevoli sforzi allo scopo di incoraggiare il commercio multilaterale, riducendo o eliminando i dazi doganali, i contingentamenti, i controlli sulle importazioni e tutti gli altri ostacoli che erano stati creati alla libera circolazione di beni e servizi tra i paesi nel periodo tra le due guerre mondiali. (v. anche *bilateral trade, bilateralism, bilateral trade agreement, multilateralism, General Agreement on Tariffs and Trade*)

multilateral trade agreement: ***accordo commerciale multilaterale.*** È il tipo di accordo descritto sotto *multilateral agreements* (v.).

Multilateral Trade Negotiations: ***Negoziazioni commerciali multilaterali.*** Sono stati indicati con questo termine i negoziati che hanno avuto luogo nell'ambito del GATT e che si conclusero a Ginevra nel 1979. A quell'epoca, i dazi doganali erano già stati ridotti a livelli tollerabili e pertanto l'attenzione dei negoziatori si era concentrata principalmente su questioni non tariffarie, quali ad esempio i sussidi dei vari stati a certi tipi di industrie nazionali, le politiche di approvvigionamenti statali e l'applicazione unilaterale di contingentamenti da parte di alcuni paesi importatori. La complessità di queste trattative è documentata dal fatto che si è dovuto far ricorso a negoziazioni supplementari rese necessarie per l'applicazione degli accordi raggiunti a Ginevra nel 1979 sulle politiche di approvvigionamenti statali.

multilateral trading system: ***sistema commerciale multilaterale.*** Il sistema oggi esistente in campo di scambi commerciali, al quale aderiscono la maggior parte dei paesi in base a trattati multilaterali e bilaterali. Recentemente, il sistema è stato oggetto di critiche da più parti, che possono riassumersi in tre atteggiamenti principali. Il primo, cui aderiscono molti dei paesi in via di sviluppo, considera il sistema attuale iniquo e chiede nuove e diverse regolamentazioni (quali ad esempio preferenze e non reciprocità piuttosto che lo status di nazione più favorita e reciprocità) e nuove istituzioni (ad esempio, l'UNCTAD invece del GATT). Il secondo, rappresentato da alcuni paesi europei e dai sostenitori della politica industriale negli Stati Uniti, sostiene che la natura basilare del commercio è cambiata. La competitività deriva da capacità organizzative e tecnologiche che comprendono la possibilità per un paese di decidere in quale campo intende avere un vantaggio comparato e di integrare le organizzazioni industriali, statali e di ricerca allo scopo di creare questo vantaggio. La terza scuola di pensiero sostiene che i prezzi dei beni e servizi trattati sui mercati internazionali non riflettono più il vantaggio comparato, ma sono fortemente influenzati da massicci flussi di capitale che producono mutevolezza e incertezze senza precedenti nei tassi di cambio e quindi nei modelli commerciali e pertanto fino a quando non si farà qualcosa per cambiare radicalmente il sistema dei tassi di cambio, le politiche di liberalizzazione degli scambi non hanno alcun senso.

multilinear tariff: ***tariffa doganale doppia; tariffa doganale minima e massima.*** Termine usato con lo stesso significato di *maximum and minimum tariff* (v.).

multi–market: Aggettivo di recente coniazione, usato per qualificare una persona o un'organizzazione che hanno interessi in un gran numero di mercati molto diversi tra loro.

multi–market firm: ***conglomerato di aziende; conglomerata.*** Lo stesso che *conglomerate* (v.).

multimodal transport: ***trasporto multimodale.*** Lo stesso che *intermodal transportation service* (v.).

multi–national: ***multinazionale.*** Aggettivo spesso usato impropriamente come sostantivo per indicare una *multinational corporation* (v.).

multinational company: ***società multinazionale; multinazionale.*** Termine usato con lo stesso significato di *international company* (v.).

multinational corporation: ***società multinazionale; multinazionale.*** Termine usato negli Stati Uniti con lo stesso significato di *international company* (v.).

multinational firm: ***impresa multinazionale.*** Termine usato con lo stesso significato di *international company* (v.).

multi–option facilities: ***facilitazioni a opzione multipla.*** Nuovo tipo di facilitazioni creditizie, la cui utilizzazione si è particolarmente diffusa nel 1987, che consentono ai mutuatari di procurarsi credito a costi inferiori a quelli dei normali mutui. Un sindacato di banche sottoscrive col mutuatario un accordo di medio termine in base al quale si impegna a fornire fondi a richiesta a un determinato tasso massimo al di sopra del LIBOR, in considerazione del pagamento di una commissione che dovrà essere versata dal mutuatario anche se deciderà di non utilizzare alcun prestito. Quest'ultimo, infatti, si aspetta di poter mutuare denaro a un tasso più basso di quello massimo stabilito nell'accordo, in quanto può chiedere alle banche che fanno parte del sindacato di partecipare in concorrenza a un'offerta di prestito ed egli avrà sempre la possibilità di scegliere (da cui l'espressione *multi–option*) tra diverse forme di mutuo, come ad esempio anticipazioni a breve termine in una qualsiasi valuta, accettazioni, ecc. Qualora le banche, a causa delle condizioni del mercato, in un qualsiasi momento della vita dell'accordo non si dimostrino disposte a entrare in offerte concorrenziali, il mutuatario può chiedere il prestito al tasso garantito all'atto della sottoscrizione dell'accordo.

multipack: ***confezione multipla.*** Confezione contenente due o più prodotti, di solito confezionati e venduti separatamente, offerti in vendita come un singolo prodotto ad un prezzo inferiore a quello che risulterebbe dalla somma dei prezzi dei singoli prodotti contenuti nella confezione. La confezione multipla può essere formata da due o più articoli uguali, ad esempio dentifricio o scatole di lamette da barba o saponette, o da più articoli differenti ma utilizzabili congiuntamente, quali ad esempio dentifricio e spazzolino o, come si usa negli Stati Uniti e nel Regno Unito, confezioni di cibo quali pasta, formaggio grattugiato e salsa, tutto in scatole e in un'unica confezione.

multipacket: ***nave a sezioni multiple.*** Tipo di nave da carico nella quale il settore macchine propulsive è distinto e separato dal settore adibito al trasporto del carico containerizzato. Per le operazioni di caricazione e discarica, la sezione stiva viene staccata dalla sezione motrice, la quale ultima può ripartire immediatamente con un'altra sezione di carico.

multi–part tariff: ***tariffa discriminata; tariffa a scaglioni di consumo.*** Tariffa (nel significato di gruppo di prezzi) che prevede un prezzo base, generalmente fisso, e un prezzo variabile in rapporto alla quantità domandata o consumata. Le imprese di pubblici servizi generalmente applicano questo tipo di tariffa, che può essere articolata in due o più prezzi. Nel caso in cui è articolata in due prezzi, viene fatto pagare un canone fisso, più un tanto per unità di servizio consumata; nel caso in cui è articolata in più prezzi, viene fatto pagare sempre il canone fisso, più un prezzo per un certo numero di unità, un prezzo più alto per le unità di consumo oltre il primo scaglione, un prezzo ancora più alto per unità di consumo al di là del secondo scaglione e così via, finché si copre il massimo di unità che un utente può consumare in un singolo periodo di fatturazione. Questo tipo di tariffa viene usato principalmente da quelle imprese di servizi che hanno bisogno di impianti costosi e di grosse dimensioni, con alti costi di installazione e gestione, il cui prodotto (tranne quello dell'industria del gas) non può essere conservato. La domanda del servizio di imprese quali la società dei telefoni o dell'energia elettrica è soggetta ad ampie fluttuazioni nel corso della giornata, della settimana o della stagione e tende a concentrarsi in ore di punta. Per poter far fronte a questo eccesso di domanda, l'impresa deve avere impianti che spesso funzionano al di sotto della loro capacità, così che i costi per produrre il servizio addizionale delle ore di punta risultano più alti. In tale situazione, i costi fissi dell'impresa sono correlati ai costi del servizio fornito nelle ore di punta e l'impresa ripartisce questi costi tra gli utenti sotto forma di un canone fisso. I costi primi, invece, vengono coperti facendo pagare agli utenti un tanto per unità di servizio fornita.

multiphase account: ***conto multifase; conto plurisezionale; conto plurilaterale.*** È un conto nel quale si registrano le variazioni di un oggetto che evolve attraverso più stadi. Ciascuna sezione di questo tipo di conto accoglie le registrazioni relative al passaggio dell'oggetto attraverso un particolare stadio.

multiphase sampling: ***campionamento a più fasi.*** Insieme di procedure di campionamento in base alle quali vengono raccolti dati completi su tutte le unità di un campione e altri dati soltanto su alcune unità di un campione. Il secondo insieme di dati rappresenta un sottocampione rispetto al primo gruppo di dati e questo tipo di campionamento è detto a due fasi. Si può ampliare l'insieme delle procedure allo scopo di inserire una terza o una quarta fase, nel qual caso il campionamento sarebbe a più fasi. Questo sistema viene adottato per motivi di convenienza o di economia.

multiplant economies: ***economie di impianti multipli.*** La riduzione dei costi totali medi che si realizza quando un'impresa possiede e gestisce più di un singolo impianto produttivo.

multiplant operation: ***gestione di impianti multipli.*** Si verifica quando un'impresa svolge la propria attività di produzione in due o più stabilimenti. Ciò è giustificato quando i mercati che assorbono i prodotti dell'impresa sono molto lontani l'uno dall'altro e i costi di trasporto influiscono in misura notevole sul prezzo di vendita dei beni prodotti dall'impresa.

multiple–activity process chart: ***diagramma di attività multiple; tabella di attività multiple.*** V. spiegazione sotto *multiple–activity time chart.*

multiple–activity time chart: ***diagramma di tempi e attività multiple; tabella di tempi e attività multiple.*** Diagramma usato quando si vogliono mettere a confronto le attività simultanee di vari soggetti o macchine o quando si vuole porre in evidenza la relazione tra i movimenti fisici di un singolo lavoratore durante lo svolgimento delle sue mansioni nel controllo di una macchina o lungo la catena di montaggio. Il diagramma evidenzia i tempi d'ozio dell'uomo o della macchina e serve come punto di partenza per una migliore razionalizzazione del lavoro.

multiple bank: ***banca ad attività multipla.*** Una banca che svolge la propria attività in un campo che va molto al di là delle operazioni bancarie tradizionalmente intese in senso stretto. Tra le attività di tale tipo di banca rientrano, oltre quelle proprie di una banca commerciale, quelle particolari di una *investment bank*, quelle delle società finanziarie e di leasing, nonché quelle delle imprese immobiliari, tutte più o meno raccolte sotto lo stesso tetto.

multiple banking: ***attività bancaria multipla.*** L'attività svolta da una cosiddetta *multiple bank* (v.).

multiple budget: ***budget mobile.*** Termine usato con lo stesso significato di *continuous budget* (v.).

multiple–commodity reserve dollar: Espressione con la quale si indica un piano inteso a mantenere un rapporto di valore costante tra l'oro e altri beni in termini della valuta statunitense. Si basa sulla proposta di accantonare una riserva di un certo numero di beni prestabiliti e rendere il dollaro convertibile o in oro o in beni presenti in questa riserva e viceversa. Ciò garantirebbe un rapporto costante tra il valore dei beni, dell'oro e del dollaro. (v. anche *commodity dollar, compensated dollar plan*)

multiple correlation: ***correlazione multipla.*** La correlazione esistente tra una variabile dipendente da un lato e due o più variabili indipendenti dall'altro lato.

multiple costing: ***determinazione dei costi di prodotti multipli.*** È un metodo ibrido di determinazione dei costi, basato su aggregati quando l'impresa produce una grande varietà di articoli. Si stabiliscono in via preliminare i costi dei singoli componenti, dei singoli processi e delle singole operazioni, che vengono poi uniti, attraverso l'uso di appropriate tecniche, allo scopo di accertare il costo complessivo di ciascun prodotto. (v. anche *multiple–product pricing*)

multiple currency system: ***sistema di riserve in valute multiple.*** Sistema adottato da quasi tutte le banche centrali, che consiste nel costituire riserve valutarie in un gran numero di valute estere, dando la preferenza a quelle pregiate o più forti.

multiple equilibrium: ***equilibrio multiplo.*** Si parla di equilibrio multiplo quando, in una determinata situazione, sono presenti due o più punti di equilibrio.

multiple exchange rates: ***tassi di cambio multipli; cambi multipli.*** È una forma di controllo dei cambi, che si concretizza attraverso l'uso selettivo di differenti tassi di cambio stabiliti per legge dal governo di un paese. Scopo di questa forma di controllo è quello di agevolare le importazioni di certi prodotti, scoraggiando allo stesso tempo l'importazione di altri prodotti non desiderati. In base a tale sistema, il valore della valuta nazionale cambia, in relazione ad un'altra valuta, a seconda del tipo di bene che si intende importare e per il quale si richiede di cambiare valuta nazionale con valuta estera. Ad esempio, se si vogliono importare generi alimentari e si vuole scoraggiare l'importazione di beni voluttuari, la valuta nazionale sarà cambiata in valuta estera ad un tasso più conveniente per l'importatore se egli intende importare generi alimentari e ad un tasso per lui meno conveniente se intende importare beni voluttuari. Ciò anche quando i due tipi di beni provengono dallo stesso paese estero e saranno, pertanto, pagati nella stessa valuta straniera.

multiple expansion of credit: ***espansione di credito multipla.*** Si indica con questa espressione il procedimento in base al quale un prestito concesso da una banca diventa, nel corso ordinario delle operazioni commerciali, un deposito presso un'altra banca la quale, vedendo così incrementate le proprie riserve, può concedere un altro prestito di entità uguale o inferiore a quella del deposito ricevuto. Questo nuovo prestito può, a sua volta, diventare un deposito presso una terza banca che a sua volta procederà, sulla base di tale deposito, a concedere un altro prestito e così via, di modo che il prestito iniziale fatto dalla prima banca si moltiplica a dismisura.

multiple–line underwriter: ***assicuratore di rami diversi.*** Espressione di uso statunitense, con la quale si indica un assicuratore che assume diversi tipi di rischio, cioè in differenti rami di assicurazione quali il ramo incendio, il ramo vita, ecc.

multiple listing: ***incarico di vendita in partecipazione.*** Contratto tra il proprietario di un bene immobile e un mediatore, in base al quale quest'ultimo, pur avendo un diritto esclusivo per la vendita del bene, permetterà che essa sia portata a buon fine da un altro mediatore, in considerazione del pagamento di una percentuale della commissione spettante sulla vendita. (v. anche *exclusive agency listing, exclusive–right–to–sell listing, listing, open listing*)

multiple management: ***direzione multipla.*** V. spiegazione sotto *multiple–management organization.*

multiple–management organization: ***organizzazione a direzioni multiple.*** Tipo di organizzazione aziendale, introdotta negli Stati Uniti da Charles McCormick nel 1932 e subito diffusasi in molte altre imprese ed in altri paesi. Il sistema prevede la creazione nell'impresa di quattro consigli elettivi, che vengono parzialmente rinnovati di anno in anno mediante una certa valutazione comparativa di merito. I quattro consigli così istituiti sono: il consiglio degli anziani; il consiglio dei giovani; il consiglio di fabbrica; e il consiglio delle vendite. Scopo di questo tipo di organizzazione è quello di assicurare legami costanti tra direzione e dipendenti e dare a questi ultimi la sensazione della loro importanza e del conto in cui si tengono i loro suggerimenti e la loro collaborazione. (v. anche *senior board, junior board, factory board, sales board*)

multiple–option facilities: ***facilitazioni a opzione multipla.*** Lo stesso che *multi–option facilities* (v.).

multiple prices: ***prezzi multipli.*** Il sistema di prezzi relativi ad un prodotto base, che viene posto in vendita in molti modelli differenti, ciascuno ad un prezzo diverso dall'altro. Serve a sfruttare appieno i motivi psicologici di prestigio, che spingono molti consumatori ad acquistare i modelli più costosi. Lo stesso termine inglese è spesso usato per indicare la discriminazione dei prezzi, descritta sotto *price discrimination* (v.).

multiple pricing: ***fissazione di prezzi multipli; applicazione di prezzi multipli.*** Nel linguaggio commerciale, indica la pratica, seguita da alcuni produttori e rivenditori, di applicare prezzi diversi per lo stesso bene o servizio in diversi mercati, facendo pagare un prezzo più alto nelle zone in cui risiedono o si servono i clienti più ricchi.

multiple–product pricing: ***fissazione del prezzo di prodotti multipli; determinazione del prezzo di prodotti multipli.*** Il metodo seguito al fine di determinare i singoli prezzi di vendita di due o più beni prodotti dalla stessa impresa. Si tratta di un metodo alquanto complesso, che implica il calcolo dei costi diretti relativi a ciascun prodotto e la ripartizione tra loro delle spese generali o dei costi fissi.

multiple rates of exchange: ***tassi di cambio multipli; cambi multipli.*** Termine usato in alternativa a *multiple exchange rates* (v.).

multiple re–entry visa: ***visto di reingresso multiplo.*** Visto di ingresso in un paese, che consente al titolare di uscire e rientrare il numero di volte che vuole, durante tutto l'arco di tempo coperto dal visto.

multiple reserve system: ***sistema delle riserve multiple.*** Il sistema moderno sul quale si fonda la costituzione delle attività di riserva di un paese. In tempi passati, prima l'oro e poi il dollaro statunitense rappresentavano la voce più importante delle riserve di un paese, ma a seguito dell'abbandono del sistema monetario aureo e della crisi del dollaro, allo scopo di mantenere un livello accettabile di liquidità internazionale i paesi hanno ampiamente diversificato le loro attività di riserva, che oggi consistono, in ordine di importanza, di dollari statunitensi, oro, altre valute da riserva, quali lo yen e il marco, diritti speciali e diritti immediati di prelievo presso il Fondo Monetario Internazionale.

multiples: ***negozi a catena.*** Il termine inglese è una contrazione di *multiple shops* (v.).

multiple sampling: ***campionamento multiplo.*** Nel controllo statistico della qualità, il campionamento multiplo rappresenta un ampliamento del sistema del campionamento doppio. Esso, infatti, prende in considerazione più di due campioni, quando ciò si rende necessario al fine di giungere ad una decisione conclusiva, e ciascun successivo campione è esattamente della stessa dimensione del primo. Dall'esame di ciascun campione può scaturire una delle tre seguenti decisioni: a) accettare il lotto; b) rifiutare il lotto; c) esaminare un altro campione, in quanto il risultato ottenuto non giustifica ancora nessuna delle due precedenti decisioni. (v. anche *double sampling*)

multiple shops: ***negozi a catena.*** Termine usato con lo stesso significato di *chain stores* (v.).

Multiple Shops Federation: È l'associazione britannica dei proprietari di negozi a catena, costituita allo scopo di tutelare i loro interessi.

multiple-step form: ***forma verticale; forma a cascata; forma a gradini.*** È la forma scalare progressiva in cui viene esposto un conto profitti e perdite, che andrà letto dall'alto in basso e che inizierà con i dati relativi alle vendite e terminerà con i dati relativi al ricavo netto. A volte, anche il bilancio viene preparato in questa forma.

multiple-step income statement: ***conto economico in forma verticale.*** È un conto economico preparato nella forma descritta sotto *multiple-step form* (v.).

multiple store: ***grande magazzino.*** Unità di vendita al dettaglio, che offre una vasta gamma di articoli vari e di consumo generale, che possono andare dalla cancelleria alla maglieria intima. La superficie dedicata alla vendita è superiore ai quattrocento metri quadrati e può essere abbinato alla struttura di un supermercato.

multiple tariff: ***tariffa doganale doppia; tariffa doganale minima e massima.*** Termine usato con lo stesso significato di *maximum and minimum tariff* (v.).

multiple tariff system: ***sistema della tariffa doganale doppia.*** È così chiamato il sistema di tassazione dei prodotti di importazione, che si basa su una tariffa doppia. (v. anche *maximum and minimum tariff*)

multiple taxation: ***imposizione multipla.*** Si verifica quando due o più organi preposti all'imposizione fiscale usano la stessa base impositiva per stabilire il tributo che il contribuente dovrà pagare a ciascuno di loro. Se, ad esempio, prendiamo come base impositiva il reddito di un individuo e su di esso vengono calcolate le imposte locali, oltre a quelle sul reddito percepite dal governo centrale, ed eventuali altre imposte temporanee o straordinarie, si verifica il fenomeno dell'imposizione multipla.

multiple-voting shares: ***azioni a voto plurimo.*** Nel Regno Unito, le società possono emettere diversi tipi di azioni, ciascuno con differente diritto di voto. Possono, pertanto, esserci azioni che hanno parità di diritti in tutte le altre circostanze, ma in sede di votazione hanno differente peso. A volte ricorrono a questo accorgimento le piccole imprese che emettono nuove azioni allo scopo di aumentare il capitale sociale necessario ad un programma di espansione, ma vogliono conservare il controllo della società nelle mani di chi già lo detiene. Il codice italiano vieta espressamente l'emissione di azioni a voto plurimo. (v. anche *non-voting shares*)

multiplier: ***moltiplicatore.*** Quando viene usato senza alcun determinante, questo termine generalmente indica il moltiplicatore degli investimenti. Per la relativa spiegazione, v. *investment multiplier.*

multiplier effect: ***effetto del moltiplicatore.*** L'effetto complessivo di un investimento privato o di una spesa pubblica sul reddito nazionale. (v. anche *investment multiplier, export multiplier*)

multiplier principle: ***principio del moltiplicatore.*** È la teoria, sostenuta principalmente dagli economisti della scuola keynesiana, che spiega il modo in cui un aumento degli investimenti privati o della spesa pubblica può produrre ripercussioni amplificate sul reddito nazionale, derivanti dalla spesa in consumi. (v. anche *investment multiplier, export multiplier*)

multiplier theory: ***teoria del moltiplicatore.*** Termine usato con lo stesso significato di *multiplier principle* (v.).

multi-product firm: ***impresa a produzione multipla; impresa pluriprodotto.*** È l'impresa che produce più di un bene o servizio. Ad esempio, la General Motors americana non produce soltanto veicoli stradali nella loro più ampia varietà, ma produce anche frigoriferi e lavatrici. L'analisi economica di solito prende in considerazione l'impresa che produce un solo prodotto, ma ciò soltanto per convenienza di indagine, perché oggi la norma è quella di imprese a produzione multipla.

multi-purpose card: ***carta multiuso.*** Espressione con la quale si indica una *smart card* (v.) o una *supersmart card* (v.).

multishift operation: ***operazione a turni multipli.*** La pratica di far funzionare un complesso industriale in due o più turni di lavoro, a seconda del tipo di industria e del livello della domanda dei beni che essa produce. Gli stabilimenti a ciclo continuo, ad esempio, operano su tre turni di lavoro al giorno.

multistage sampling: ***campionamento a più stadi.*** Struttura di un campione o insieme di procedure per il campionamento, in base al quale il campione da esaminare viene considerato come se fosse costituito da un certo numero di unità appartenenti ad un primo stadio, ciascuna costituita da unità appartenenti ad un secondo stadio e così via.

multiyear budget: ***bilancio pluriennale.*** Lo stesso che *Swedish budget* (v.).

muni bond: ***obbligazione municipale.*** Abbreviazione di *municipal bond* (v.).

municipal bank: ***banca municipale.*** V. spiegazione sotto *Birmingham Municipal Bank.*

municipal bond: ***obbligazione municipale.*** Obbligazione a lungo termine, emessa da enti locali e principalmente da municipalità di grandi città degli Stati Uniti. Tali obbligazioni sono garantite da un fondo di ammortamento nel quale confluiscono parte degli introiti provenienti dalle imposte locali. Gli interessi che esse fruttano sono esenti dall'imposta federale sul reddito.

municipal bond market: ***mercato delle obbligazioni municipali.*** Il mercato nel quale vengono trattate le varie emissioni di *municipal bond* (v.). Non si tratta di un mercato autonomo, bensì di una delle tre parti che costituisconо il *bond market* (v.).

municipal corporation: ***municipalità.*** Suddivisione amministrativa dello stato, costituita per svolgere le funzioni di governo locale. Negli Stati Uniti e nel Regno Unito non è rigidamente limitata alle città, ma può costituirsi per un'intera contea, una grande o piccola città, un paese o altra suddivisione territoriale dello stato. Da un punto di vista giuridico è simile ad un'impresa, costituita sotto forma di società per azioni, in quanto possiede personalità giuridica, ma è allo stesso tempo diversa in quanto non vi sono azionisti.

municipal enterprise: ***azienda municipalizzata.*** L'assunzione della gestione di servizi da parte degli enti locali, attraverso la costituzione di aziende municipalizzate, copre varie industrie di base. Nel Regno Unito, ad esempio, prima dell'ondata di privatizzazioni erano affidate ad aziende municipalizzate le industrie del carbone, del gas, dell'elettricità, dei trasporti urbani e locali, ecc. La costituzione delle aziende municipalizzate, che risale alla fine del secolo scorso, diede origine alla discussione sulla loro gestione tra coloro che sostengono che il servizio vada gestito in perdita, sotto forma di servizio sociale, e coloro che, invece, sostengono che il bilancio delle imprese municipalizzate debba essere in pareggio, cioè senza utili, ma anche senza perdite. La prima tesi implica l'applicazione di tariffe basse tali che non coprono i costi dell'azienda; la seconda implica l'applicazione di tariffe più alte, tali da coprire tutti i costi di impianto e di gestione dell'azienda municipalizzata. Il prevalere dell'una o dell'altra tesi spesso dipende in gran parte dalla situazione politica ed economica non soltanto dell'ente locale, ma anche dello stato. Un caso atipico di azienda municipalizzata in Inghilterra è rappresentato dalla *Birmingham Municipal Bank.* Vi sono altri tipi di aziende municipalizzate, che gestiscono luoghi di ricreazione come stadi, piscine pubbliche, teatri e altri luoghi di intrattenimento. (v. anche *Birmingham Municipal Bank*)

municipality: ***municipalità.*** Termine usato con lo stesso significato di *municipal corporation* (v.).

municipal security: ***titolo municipale.*** Lo stesso che *municipal bond* (v.).

municipal socialism: ***socialismo municipale.*** Espressione con la quale si indica la proprietà e la gestione di servizi di pubblica utilità da parte di aziende municipalizzate. (v. anche *municipal enterprise*)

municipal taxes: ***imposte municipali.*** Termine a volte usato con lo stesso significato di *rates* (v.) per indicare le imposte percepite da una municipalità.

municipal undertaking: ***azienda municipalizzata.*** Pur significando essenzialmente lo stesso che *municipal enterprise* (v.), il termine inglese viene più spesso usato in luogo dell'altro quando l'azienda si interessa della gestione di un luogo di divertimento o di intrattenimento.

municipal warrant: ***mandato di pagamento municipale.*** Ordine di pagamento emesso da un funzionario di un'amministrazione locale sulla tesoreria della stessa, con il quale si dà mandato a quest'ultima di pagare la somma menzionata alla persona indicata o al portatore.

Muscovy Company: ***Compagnia di Moscovia.*** Impresa commerciale, fondata in Inghilterra nel 1553 con lo scopo principale di trovare un passaggio a nord-est e per svolgere traffici commerciali con la Russia ai tempi di Ivan il Terribile, il quale le concesse tali privilegi che la misero in grado di sostenere con successo la concorrenza di altre compagnie del genere. La Compagnia di Moscovia contribuì in maniera sensibile allo sviluppo e allo sfruttamento delle risorse naturali russe, tra l'altro costruendo stabilimenti in zone accessibili alle navi. Il suo periodo di prosperità durò circa un secolo e fu, poi, sopravanzata dalle compagnie mercantili olandesi. Primo governatore della Compagnia di Moscovia fu l'italiano Sebastiano Caboto. (v. anche *Merchant Adventurers*)

mushroom organization: Espressione colloquiale usata per indicare un'impresa che si è sviluppata molto rapidamente e non si è guadagnata una buona reputazione.

muster: ***campione.*** Il termine inglese, di uso non molto comune, indica un campione o un insieme di campioni estratti da un lotto di merce e usati come rappresentativi della qualità e del tipo di tale lotto. L'espressione *to pass muster*, quindi, implica che il lotto di merci è perfettamente identico al campione e potrà immancabilmente superare qualsiasi esame o ispezione.

muster-roll: ***ruolo di bordo; ruolo di equipaggio.*** Libro tenuto a bordo di una nave e contenente generalità, qualifica, indirizzo e luogo di nascita di tutti i membri dell'equipaggio in servizio attivo sulla nave.

mutatis mutandis: ***fatti i debiti mutamenti.*** Espressione latina a volte usata in economia per indicare che due fatti sono sostanzialmente identici nelle loro implicazioni o nei loro risultati, tenendo ovviamente conto di circostanze contingenti naturalmente diverse.

mutilated bank notes: ***banconote lacerate; banconote danneggiate.*** Se una banconota è danneggiata soltanto in parte, nel senso che ne è stato lacerato un pezzetto ma conserva intatti i numeri di serie, essa può essere generalmente cambiata presso qualsiasi banca. Se, invece, la banconota è seriamente danneggiata, nel senso che quasi la metà è stata lacerata o non compaiono intatti i numeri di serie, essa può essere presentata soltanto allo sportello della banca di emissione, che deciderà se sia o no il caso di cambiarla con una nuova banconota.

mutilated bill: ***cambiale lacerata; cambiale danneggiata.*** Viene trattata alla stessa stregua di un assegno danneggiato. (v. anche *mutilated cheque*)

mutilated cheque: ***assegno lacerato; assegno danneggiato.*** Se un assegno presentato per il pagamento è stato lacerato in modo tale da far sorgere il sospetto che l'emittente o chi per esso intendesse annullarlo, la banca generalmente si rifiuta di pagarlo senza un'approvazione scritta dell'emittente. Gli assegni lacerati e non confermati dall'emittente vengono restituiti, dalle banche inglesi, con sopra la scritta *cheque mutilated* o *cheque torn.* Se l'assegno danneggiato viene garantito dalla banca che l'ha accettato nei confronti della banca che deve, in ultima istanza, pagarlo con una dichiarazione scritta che spiega le circostanze della lacerazione, esso viene di solito accettato dalla banca trassata.

mutual accounts: ***conti reciproci; conti di compensazione.*** Conti nei quali figurano crediti reciproci tra le parti o che presuppongono che i debiti reciproci vengano soddisfatti mediante compensazione tra le parti.

mutual aid: ***mutuo soccorso; mutua assistenza.*** È uno dei motivi che contribuiscono alla costituzione di associazioni spontanee per la somministrazione di servizi ai soci. Può definirsi come il desiderio di un gruppo di persone di sostenersi a vicenda al verificarsi di determinate circostanze che colpiscono uno o più membri del gruppo.

mutual aid society: ***società di mutuo soccorso; associazione di mutua assistenza.*** Termine usato con lo stesso significato di *friendly society* (v.).

mutual benefit association: ***associazione di assicurazione mutua.*** È una forma di assicurazione mutua che, negli Stati Uniti, opera in base al principio della contribuzione. I soci non pagano premi anticipati, ma sono chiamati a contribuire per far fronte agli indennizzi da pagarsi a seguito del verificarsi di sinistri. (v. anche *assessment insurance*)

mutual benefit insurance: ***assicurazione mutua.*** Lo stesso che *mutual insurance* (v.).

mutual capital certificate: ***certificato d'investimento.*** Lo stesso che *investment certificate* (v.).

mutual company: ***società mutua; società cooperativa.*** Tipo di società, sorta come sviluppo della *friendly society* (v.), consentita dalla legge sia degli Stati Uniti che del Regno Unito, ma generalmente usata soltanto per assicuratrici mutue e casse di risparmio. Tale società non dispone di capitale sociale ed è di proprietà di coloro che partecipano, quali clienti, alla sua attività diventandone così soci. I profitti di una società mutua vengono distribuiti tra i soci, dopo aver detratto gli importi necessari a costituire le riserve. L'ammontare di utili distribuito a ciascun socio è proporzionale al suo apporto quale cliente della società. (v. anche *assessment insurance, mutual insurance*)

mutual corporation: ***società mutua; società cooperativa.*** Termine usato negli Stati Uniti con lo stesso significato di *mutual company* (v.).

mutual dealings: ***operazioni reciproche.*** Sono operazioni commerciali, finanziarie o di altra natura, che danno luogo a possibilità di compensazione.

mutual debts: ***debiti reciproci.*** Obbligazioni di dare cui sono soggette due parti, ciascuna nei confronti dell'altra.

mutual fund: ***fondo comune d'investimento a capitale variabile; fondo aperto; società d'investimento a capitale variabile.*** Termine statunitense, usato con lo stesso significato dei termini britannici *open-end fund* (v.) e *unit trust* (v.).

mutual insurance: ***assicurazione mutua.*** Forma di assicurazione esercitata da associazioni di mutuo soccorso o da assicuratrici mutue, che non dispongono di capitale sociale e non sono costituite da azionisti, bensì da soci che sono, in definitiva, i proprietari dell'assicuratrice. Questa forma di assicurazione ha lo scopo di eliminare il profitto dell'imprenditore, ripartendo il rischio tra i soci. La qualità di socio si acquista stipulando un contratto di assicurazione con l'assicuratrice e tale qualità dà diritto al socio di partecipare alla distribuzione degli utili dell'assicuratrice, sotto forma di minore contribuzione, nel caso di assicurazione a contribuzione, o di minor costo del premio, nel caso di assicurazione a premio. Negli Stati Uniti e nel Regno Unito, l'assicurazione mutua può essere di due tipi, cioè quelli appena citati: a contribuzione o a premio. Nel primo tipo, i soci non sono tenuti a pagare un premio a fronte della polizza di assicurazione su loro beni, ma saranno chiamati a contribuire al totale degli indennizzi, valutati periodicamente, che l'assicuratrice è tenuta a pagare a seguito del verificarsi di sinistri. Nel secondo tipo, il socio paga un premio, a fronte della polizza di assicurazione su beni di sua proprietà, che rappresenta la sua massima responsabilità come socio. In Italia, si usa soltanto questa seconda forma di assicurazione mutua. (v. anche *assessment insurance, stock insurance company, proprietary insurance company*)

mutual insurance company: ***mutua assicuratrice.*** Società che pratica l'assicurazione mutua. È caratterizzata dal fatto che non dispone di un capitale sociale e che è di proprietà dei soci e non di azionisti. In questo tipo di assicuratrice, ogni assicurato è allo stesso tempo assicuratore degli altri soci. (v. anche *proprietary insurance company, mutual insurance, stock insurance company, assessment insurance, mutual company*)

mutual interest contract: ***contratto sinallagmatico.*** Lo stesso che *contract by consideration* (v.).

mutual investment trust: ***fondo comune d'investimento a capitale variabile; fondo aperto; società d'investimento a capitale variabile.*** Termine statunitense, usato con lo stesso significato di *open-end fund* (v.).

mutualism: ***mutualismo; mutualità.*** Termine che indica la spontanea tendenza umana, particolarmente diffusa tra le classi economicamente più deboli, ad associarsi e prestarsi assistenza e soccorso reciprocamente. Il movimento mutualistico ebbe origine in Inghilterra, all'epoca della rivoluzione industriale, col sorgere delle prime *friendly societies*, e successivamente si diffuse in tutti i paesi di lingua anglosassone e negli altri paesi europei. In Inghilterra, il mutualismo ebbe anche un'elaborazione dottrinaria ad opera di P.J. Proudhon, che sosteneva l'ingiustizia dei redditi non derivanti da lavoro e del plusvalore derivante dalla proprietà privata dei beni. Egli sosteneva che canoni di fitto, rendite, interessi e profitti erano manifestazioni parassitarie e andavano abolite in favore delle prestazioni lavorative quale base di uguaglianza sociale ed economica. (v. anche *friendly society, mutual aid, mutual company, mutual insurance*)

mutual life assurance company: ***società di mutua assicurazione sulla vita.*** Assicuratrice mutua che si dedica al ramo delle assicurazioni sulla vita. Si tratta di una *mutual company* (v.), i cui profitti sono ripartiti tra i soci o sotto forma di riduzione dei premi di assicurazione o sotto forma di minor contribuzione o sotto forma di aumento della somma assicurata in polizza o, ancora, sotto forma di dividendo pagato in moneta. (v. anche *assessment insurance, mutual insurance, mutual company, paid-up additions*)

mutual loan association: ***associazione mutua di credito.*** Termine generico, usato negli Stati Uniti per indicare istituzioni, registrate come cooperative o quasi cooperative secondo le leggi dei vari stati dell'Unione, che offrono ai propri membri una forma di investimento o di agevolazione creditizia, a seconda delle necessità, per l'acquisto o la costruzione di case. Queste istituzioni assumono nomi specifici a seconda degli stati americani in cui operano.

mutual mistake: ***errore bilaterale.*** Termine usato con lo stesso significato di *bilateral mistake* (v.).

Mutual Mortgage Insurance System: Espressione con la quale viene indicato un fondo rotativo a disposizione della *Federal House Administration* (v.) degli Stati Uniti allo scopo di assicurare ipoteche su abitazioni singole o multiple.

mutual relief association: ***assicuratrice mutua.*** Termine statunitense, usato con lo stesso significato di *mutual insurance company* (v.).

mutual savings bank: ***cassa cooperativa di risparmio; cassa mutua di risparmio.*** Cassa di risparmio del tipo di società mutua, i cui clienti ne diventano soci nel momento in cui aprono un conto di deposito presso di essa. I profitti vengono distribuiti tra i soci, in proporzione all'entità dei loro depositi. Negli Stati Uniti, è un'istituzione finanziaria specializzata in prestiti ipotecari e diffusa soprattutto nel settore nord-orientale degli Stati Uniti. Per molti aspetti, essa è simile a una *savings and loan association* (v.).

Mutual Security Agency: ***Ente di sicurezza reciproca.***

Ente del governo degli Stati Uniti che nel 1951 subentrò alla *Economic Co–operation Administration* (v.) nella gestione dei fondi stanziati dal governo statunitense per aiuti e assistenza ai paesi europei. L'Ente fu a sua volta sostituito nel 1953 dalla *Foreign Operations Administration* (v.).

mutual shareholding: ***partecipazione incrociata.*** Proprietà di un certo numero di azioni di capitale di una società da parte di un'altra, le cui azioni sono, in parte, detenute dalla prima.

mutual weight: ***peso reciproco; tolleranza reciproca.*** Certi contratti di compravendita di cereali prevedono la clausola del peso reciproco, che stabilisce che ogni diminuzione di peso sia sopportata dal venditore e ogni aumento di peso, purché non derivante da bagnamento da acqua, sia sopportato dal compratore. Pertanto, ogni deficienza di peso sarà pagata dal venditore e ogni eccedenza sarà pagata dal compratore, al prezzo stabilito nel contratto.

mutuary: ***mutuatario.*** Termine usato con lo stesso significato di *borrower* (v.).

m.v.: 1) motor vessel; 2) market value.

m/v: motor vessel.

myriagramme: ***miriagrammo.*** Multiplo del grammo, pari a diecimila grammi o dieci chilogrammi, ormai quasi del tutto scomparso dall'uso. In termini di misure di peso inglesi, equivale a 22,046 libbre o 321½ once troy.

myriametre: ***miriametro.*** Multiplo del metro, pari a diecimila metri o dieci chilometri, ormai quasi del tutto scomparso dall'uso. In termini di misure di lunghezza inglesi, equivale a 6,214 miglia.

My Word is My Bond: ***La mia parola è la mia obbligazione.*** Traduzione inglese del motto latino della borsa valori di Londra, che sta ad indicare la completa fiducia tra gli operatori che vi lavorano. Difatti, quando essi concludono un affare, tutto ciò che fanno è una succinta annotazione nei loro libri, essendo sufficiente la parola per suggellare il contratto.

n, N

n.: net.
n.a.: 1) not available; 2) not applicable.
N/A: 1) no advice; 2) new account.
N.A.: 1) non–acceptance; 2) new account.
n.a.a.: not always afloat.
Naderism: ***naderismo.*** Lo stesso che *consumerism* (v.) ma questo termine deriva dal nome dell'avvocato statunitense Ralph Nader, che diede l'avvio al movimento con le sue riuscite campagne contro l'insicurezza delle automobili, i rischi cui ci espone l'industria e l'inquinamento ambientale.
N.A.F.T.A.: New Zealand–Australia Free Trade Agreement.
naira: Unità monetaria della Nigeria, suddivisa in cento kobo.
NAIRU: non–accelerating–inflation rate of unemployment.
naive model: ***modello ingenuo.*** Espressione con la quale si indica l'ipotesi che sostiene che le forze che in passato hanno prodotto un determinato fenomeno economico saranno presenti anche in futuro e produrranno un fenomeno simile o identico. Non si tratta, quindi, di un modello matematico, ma di supposizioni opinabili, in quanto non tengono conto di tutte le altre cause che interagiscono nel determinare una data situazione economica.
naked contract: ***nudum pactum; nudo patto.*** Promessa non vincolante da un punto di vista giuridico, in quanto non sostenuta opportunamente da alcuna controprestazione.
naked debenture: ***obbligazione non garantita.*** È un'obbligazione che corrisponde ad un semplice riconoscimento di un debito, non essendo garantita da alcun bene reale. Il termine viene usato in contrapposizione a obbligazione ipotecaria, cioè garantita da ipoteca su beni reali. (v. anche *mortgage debenture*)
naked option: ***opzione allo scoperto; contratto a premio allo scoperto.*** Lo stesso che *uncovered option* (v.).
naked position: ***posizione allo scoperto.*** Posizione lunga o corta di un operatore di borsa, non coperto da contratti di entità uguale ma di segno opposto.
naked shorting: ***vendita allo scoperto.*** Lo stesso che *selling short* (v.), con la sola differenza che questo termine indica una vendita allo scoperto in relazione alla quale lo speculatore non ha preso in prestito i valori sottostanti. Questa pratica è illegale in molti paesi, tra i quali gli Stati Uniti.
naked writer: ***venditore allo scoperto.*** Nel linguaggio borsistico, è il venditore di un contratto a premio che si impegna a consegnare, al compratore del contratto stesso, titoli che non possiede, a un prezzo specificato.
N.A.L.G.O.A.: National and Local Government Officers' Association.
N.A.M.: National Association of Manufacturers.
name bond: ***garanzia nominativa.*** Contratto di assicurazione stipulato a garanzia della fedeltà di un determinato dipendente, qualunque sia il posto che egli occupa nell'impresa. (v. anche *position bond*)
name clause: È l'articolo dell'atto costitutivo di una società, nel quale si indica la ragione sociale che verrà usata nel corso dell'attività. La scelta della ragione sociale è riservata ai soci fondatori, ma nel Regno Unito deve essere accettata e convalidata dall'apposito ufficio del registro delle società.
name day: ***giorno della consegna fogli.*** Alla borsa valori di Londra è il secondo dei giorni di compensazione, al termine di ciascun ciclo operativo borsistico di due settimane. È il giorno in cui gli *stockbrokers* passano agli *stockjobbers* i nomi degli acquirenti e la descrizione dei titoli da loro acquistati. Pur non essendo identico, corrisponde grosso modo al nostro giorno della consegna fogli. (v. anche *stockjobber, stockbroker, to pass a name, London Stock Exchange*)
named policy: ***polizza intestata.*** Nelle assicurazioni marittime, è così chiamata la polizza contenente il nome della nave che trasporta le merci coperte da assicurazione.
name of company: ***ragione sociale.*** Termine usato con lo stesso significato di *company title* (v.).
names: Termine col quale i Lloyd di Londra indicano i soci occulti, quelli cioè che non prendono parte attiva alla gestione del sindacato di assicuratori e lasciano le decisioni e la conduzione dell'attività in mano ad uno o più soci attivi. La persona designata come «nome» deve, tuttavia, avere una solida posizione economica e deve poter dimostrare di possedere un patrimonio che superi la settantacinquemila sterline.
names of directors: ***nomi degli amministratori.*** Devono essere riportati per esteso in qualsiasi relazione del consiglio di amministrazione ed almeno due devono comparire su tutti gli atti ufficiali, compresa la carta intestata, di qualsiasi società a responsabilità limitata. (v. anche *directors' report*)
name ticket: ***foglio.*** Nel linguaggio della borsa valori di Londra, indica un foglio passato da uno *stockbroker* (v.) ad uno *stockjobber* (v.), con il quale il primo comunica al secondo gli estremi di un'operazione compiuta durante il ciclo operativo appena terminato. Ciascun foglio contiene il numero complessivo dei titoli acquistati, il corso, le generalità e l'indirizzo del compratore e dello *stockbroker.* I fogli relativi al ciclo operativo vengono consegnati nel cosiddetto *name day* (v.).
napoleon: ***napoleone.*** Moneta francese d'oro del valore di venti franchi, recante sul dritto l'effige di Napoleone.
narration: ***descrizione.*** È la spiegazione che accompagna un qualsiasi articolo registrato su un libro giornale.
narrative form: ***forma progressiva.*** Lo stesso che *multiple–step form* (v.).
narrower–range investments: ***investimenti a raggio ristretto.*** Nel linguaggio giuridico, questa espressione in-

dica il ristretto tipo di titoli nei quali un amministratore fiduciario è tenuto ad investire il cinquanta per cento dei fondi che amministra. Se l'ammontare investito in questo tipo di titoli è inferiore al cinquanta per cento, l'amministratore sarà ritenuto responsabile delle eventuali perdite subite dal fondo da lui amministrato. Gli investimenti a raggio ristretto vanno indirizzati su buoni di risparmio, certificati di risparmio, depositi fruttiferi presso casse di risparmio, titoli a reddito fisso emessi dallo stato o da enti locali e pertanto garantiti dallo stato, buoni del tesoro, obbligazioni di alcune società inglesi e alcuni tipi di depositi presso le *building societies.* (v. anche *wider–range investments*)

narrow market: ***mercato languido; mercato fiacco; mercato morto; mercato limitato.*** Espressione usata per indicare una situazione di mercato in cui il volume delle contrattazioni è molto limitato. Si usa, in particolare, in relazione al mercato dei valori mobiliari caratterizzato da scarsità di offerta.

narrow money: ***moneta in senso stretto.*** Altra espressione con la quale, nel Regno Unito, si indica l'aggregato monetario tecnicamente noto come *M0* (v.).

N.A.S.D.: National Association of Securities Dealers.

NASDAQ: National Association of Securities Dealers Automated Quotations.

national accounting: ***contabilità nazionale; macro–contabilità; contabilità sociale.*** Termine usato con lo stesso significato di *social accounting* (v.).

national accounts: ***conti della nazione; conti economici nazionali; conti sociali; conti nazionali.*** Sono così chiamati i conti del reddito nazionale e della spesa nazionale che, nella contabilità sociale, illustrano le operazioni tra i diversi settori dell'economia durante un periodo di tempo determinato. Se i dati sono affidabili e se il sistema non presenta eccessive limitazioni, i conti sociali possono essere usati per confrontare il presente col recente passato, fornendo così utili informazioni statistiche sia ai privati che alle istituzioni e consentendo al governo di verificare l'efficacia della politica economica e di sottoporla a modifiche se ciò si reputa necessario. (v. anche *social accounting*)

national accounts budget: ***bilancio dello stato.*** Termine usato negli Stati Uniti con lo stesso significato di *national budget* (v.).

national accounts classification: ***classificazione dei conti nazionali.*** Termine con il quale si indica il rendiconto finanziario presentato al parlamento britannico insieme al bilancio dello stato per l'approvazione. Espone tutte le operazioni del settore pubblico e i loro effetti sull'economia nazionale nel corso dell'anno precedente.

national advertising: ***pubblicità nazionale.*** È la pubblicità di un bene o servizio fatta su tutto il territorio nazionale.

National Advisory Council on International Monetary and Financial Problems: ***Comitato consultivo nazionale sui problemi monetari e finanziari internazionali.*** Agenzia indipendente del governo degli Stati Uniti, creata nel 1945 con il compito di coordinare la politica e gli interventi dei rappresentanti statunitensi presso il Fondo Monetario Internazionale, la Banca Internazionale per la Ricostruzione e lo Sviluppo e di altre agenzie governative che hanno a che fare con prestiti internazionali, cambi esteri o operazioni monetarie in valute estere.

National Arbitration Tribunal: ***Tribunale arbitrale nazionale.*** Organo istituito nel Regno Unito nel 1940, e funzionante fino al 1951, con lo scopo di comporre le vertenze tra datori e prestatori di lavoro. L'arbitrato fu reso obbligatorio in quel periodo, perché non si poteva consentire che scioperi o altre azioni a sostegno di vertenze sindacali influissero negativamente sullo sforzo bellico.

national assistance: ***assistenza sociale.*** Include qualsiasi forma di versamento in moneta che lo stato concede ai cittadini con reddito basso, al fine di metterli in grado di far fronte alle spese necessarie per raggiungere un minimo tenore di vita. I fondi necessari vengono direttamente dalle casse dello stato e non dal versamento di contributi, come avviene per il sistema di previdenza sociale. Nel Regno Unito, l'attuale sistema di assistenza risale al 1948, quando fu introdotto con legge del parlamento. Mirava ad assistere tutti coloro che non rientravano nel sistema di previdenza sociale e che disponevano di pensioni minime e insufficienti anche per la semplice sopravvivenza. La *National Assistance Board*, che si interessava di questo servizio, fu soppressa nel 1966, quando le subentrò il *Ministry of Pensions and National Insurance*, ma nel 1968 il servizio di assistenza sociale fu trasferito al *Department of Health and Social Security.* (v. anche *national insurance*)

National Association of British Manufacturers: ***Associazione nazionale degli industriali britannici.*** È una delle tre associazioni degli industriali del Regno Unito, che nel 1965 si fusero per costituire un'unica organizzazione, in modo da potersi presentare in maniera compatta sia alle contrattazioni sindacali, sia in tutte le altre sedi nelle quali si prendessero decisioni relative all'industria. (v. anche *Confederation of British Industry*)

National Association of Investment Clubs: ***Associazione nazionale dei club d'investimento.*** Associazione, composta da club d'investimento locali, costituita allo scopo di far circolare informazioni e consigli tra i suoi aderenti. (v. anche *investment club*)

National Association of Manufacturers: ***Associazione nazionale degli industriali.*** Associazione fondata nel 1895 e composta da oltre ventimila industriali appartenenti ai vari stati della federazione statunitense. L'Associazione fa da portavoce degli industriali che si presentano, così, compatti in tutte le sedi legislative o amministrative in cui vengono prese decisioni concernenti l'industria.

National Association of Securities Dealers: ***Associazione nazionale degli operatori in titoli.*** Associazione costituita tra gli operatori di titoli non quotati nelle borse valori statunitensi, allo scopo di imporsi un regolamento in collaborazione con il comitato di sorveglianza sulle borse valori ufficiali. (v. anche *over–the–counter market, Securities and Exchange Commission*)

National Association of Securities Dealers Automatic Quotations: Sistema che consente di trasmettere simultaneamente, a tutti gli operatori sul territorio degli Stati Uniti, le quotazioni di oltre 2500 titoli trattati sul mercato mobiliare statunitense.

national bank: 1. ***banca nazionale.*** Negli Stati Uniti, viene indicata con questo termine una qualsiasi banca costituita su autorizzazione e in base a leggi del governo federale, a differenza delle cosiddette banche statali, costituite su autorizzazione e in base a leggi dei singoli stati. Le banche nazionali sono sotto il controllo del *Federal Reserve System* (v.), di cui devono essere membri, e sono associate alla *Federal Deposit Insurance Corporation* (v.). **2.** ***banca centrale.*** Il termine inglese è usato con lo stesso significato di *central bank* (v.).

National Bank Act: Legge, approvata dal Congresso degli Stati Uniti nel 1863 col nome di *National Currency Act*, che istituì il sistema delle banche nazionali. Quando, nel 1866, fu istituita un'imposta federale del dieci per cento sulle banconote delle banche statali, queste scomparvero dalla circolazione col risultato che le banche nazionali divennero le sole banche di emissione dell'epoca. (v. anche *state bank*)

national bank notes: ***banconote delle banche nazionali.*** Banconote emesse in passato dalle banche nazionali statunitensi e ora non più in circolazione. Erano garantite al cento per cento da emissioni di titoli di stato depositati presso il ministero del tesoro a Washington. (v. anche *national bank*)

national bargaining: ***contrattazione a livello nazionale.*** Contrattazione tra rappresentanti dei datori e dei prestatori di lavoro, che ha l'obiettivo di stabilire livelli salariali e condizioni normative per tutti i lavoratori che operano in un'industria o in un gruppo d'industrie su tutto il territorio nazionale.

National Board for Prices and Incomes: ***Commissione nazionale per i prezzi e i redditi.*** Commissione istituita nel Regno Unito, in base al *Prices and Incomes Act* del 1965, allo scopo di rallentare l'aumento dei prezzi e dei redditi e di attuare la politica dei redditi introdotta dal governo. Ogni richiesta di qualsiasi aumento doveva essere sottoposta alla Commissione, che decideva se concederlo e in quale misura. Nel frattempo, e fino a quando essa non rendeva noto il proprio parere, l'aumento restava bloccato. La Commissione, che aveva sostituito la Commissione nazionale per i redditi, fu soppressa nel 1971. (v. anche *Prices and Incomes Act, National Incomes Commission*)

national brand: ***marca nazionale.*** Espressione generica, usata per indicare la marca con cui un produttore contraddistingue un articolo a diffusione a livello nazionale e non semplicemente locale. (v. anche *manufacturer's brand*)

national budget: ***bilancio dello stato.*** È simile ad un bilancio preventivo di una qualsiasi impresa e contiene le previsioni delle entrate e delle uscite dello stato per l'esercizio finanziario che, nel Regno Unito, va dall'aprile di un anno al marzo dell'anno successivo. Il bilancio dello stato viene presentato per la discussione e l'approvazione dal Cancelliere dello Scacchiere alla Camera dei Comuni verso la fine di marzo o gli inizi di aprile di ciascun anno. (v. anche *budget*)

National Bureau of Economic Research: È un'organizzazione privata di ricerca, fondata nel 1920 e con sede a New York. Ha curato la pubblicazione di scritti economici di notevole rilievo ed ha contribuito alla creazione e allo sviluppo di indici, successivamente adottati da ministeri statunitensi.

national capital: ***capitale sociale; capitale nazionale; ricchezza sociale; patrimonio nazionale.*** In economia, si indica con questa espressione il valore monetario di tutti i beni reali di un paese in un determinato momento, intendendo con beni reali sia quelli pubblici che quelli di proprietà privata. Da tale computo vanno escluse tutte le forme di moneta, ad eccezione delle monete d'oro e d'argento. Se i beni reali posseduti nel paese da cittadini stranieri sono più o meno uguali ai beni reali posseduti da cittadini del paese in altre nazioni, viene ignorata la questione della nazionalità dei beni, in quanto essi si compensano, ma se c'è un ampio divario tra le due categorie, invece di ricchezza nazionale viene a volte usata l'espressione «ricchezza entro i confini», una grossa parte della quale può essere di proprietà di cittadini stranieri. I calcoli relativi alla ricchezza sociale sono spesso imprecisi, sia a causa di quanto detto a proposito dei beni posseduti da stranieri, sia soprattutto per la difficoltà di assegnare un valore monetario a beni che sfuggono a qualsiasi criterio di monetizzazione. Per questo motivo, oggi si presta molto meno attenzione alla ricchezza sociale, basandosi sull'indicatore del reddito nazionale al fine di stabilire il grado di benessere di un popolo. (v. anche *national income*)

National Chamber of Trade: ***Camera di commercio nazionale.*** Istituzione fondata nel Regno Unito nel 1897, della quale fanno parte singoli operatori commerciali e organizzazioni locali di commercianti. Scopo di questa istituzione è quello di incoraggiare il commercio al dettaglio, assistendo i propri soci e tutelandone gli interessi presso le autorità preposte alla regolamentazione del commercio al minuto.

National Coal Board: ***Ente nazionale per il carbone.*** Ente creato nel 1946 in base alla legge che dispose la nazionalizzazione dell'industria del carbone. L'Ente controllava la maggior parte delle miniere dell'Inghilterra, del Galles e della Scozia e tra i suoi compiti rientrava anche il dovere di sviluppare l'industria e fornire sul mercato carbone in quantità ed a prezzi tali da favorire l'interesse pubblico.

National Consumer Council: ***Consiglio nazionale dei consumatori.*** Istituito nel Regno Unito nel 1975, ha il compito di difendere gli interessi dei consumatori.

National Co-operative Research Act: Legge, approvata dal Congresso degli Stati Uniti nel 1984, che consente a qualsiasi gruppo di imprese, in deroga alla legislazione antitrust, di collaborare nel settore ricerca e sviluppo, purché il contesto di ciò che fanno sia a favore della concorrenza nell'ambito del mercato mondiale. Da quando la legge è entrata in vigore, si è verificata un'esplosione di consorzi di imprese, grandi e piccole, con l'obiettivo di sviluppare nuove tecnologie.

National Council of Credit: ***Consiglio nazionale per il credito.*** Ente al quale devono rivolgersi, per le necessarie autorizzazioni, tutte le banche degli Stati Uniti che desiderino svolgere attività bancarie in settori o forme non concessi loro dalla legge in base alla quale ciascuna di tali banche è stata istituita.

National Credit Union Administration: Agenzia del governo federale statunitense, preposta al rilascio dell'autorizzazione, alla regolamentazione e alla supervisione delle *credit union* (v.) federali.

national currency: ***valuta nazionale.*** Lo stesso che *domestic currency* (v.).

National Currency Act: Nome in origine dato alla legge che istituì il sistema delle banche nazionali negli Stati Uniti. (v. anche *National Bank Act*)

national debt: ***debito nazionale; debito interno.*** In senso stretto, l'espressione indica il debito contratto dal governo centrale nei confronti dei cittadini e delle istituzioni del paese. Il debito interno del Regno Unito si divide in tre parti principali: a) il debito costituito da titoli non negoziabili, quali i certificati di risparmio nazionale, i *defence bonds* (v.), ecc.; b) il debito fluttuante, rappresentato in gran parte da buoni del tesoro; e, c) il debito costituito da titoli negoziabili, quali i titoli del debito fondato, i *consols* (v.) e altri titoli di stato a breve termine. Il debito interno inglese è gestito dalla Banca d'Inghilterra, che interviene sul mercato con acquisti e vendite, attraverso il *government broker* (v.), allo scopo di influenzare il tasso di interesse prevalente sul mercato, così che la gestione del debito nazionale è diventata anche uno strumento di politica monetaria. Nel secolo scorso c'era la tendenza a ridurre il debito nazionale attraverso un fondo di ammortamento ed infatti tra il 1815 e il 1899 esso scese da 858 a 635 milioni di sterline. Dopo la seconda guerra mondiale, tale tendenza fu abbandonata e il debito nazionale britannico crebbe dai 27.200 milioni di sterline del 1958 agli oltre 39.000 milioni di sterline nel 1970. Gran parte di questo aumento fu, tuttavia, dovuto agli indennizzi pagati agli azionisti o ai proprietari di aziende che proprio in quel periodo furono nazionalizzate. In termini di reddito nazionale, tuttavia, nello stesso periodo suddetto, il debito nazionale scese dall'1,4 volte il reddito nazionale allo 0,9 volte, ma nonostante ciò restò uno dei più alti in tutta l'Europa. Sia nel Regno Unito, sia in Italia, la grande mole del debito nazionale ha creato seri problemi a qualsiasi politica tendente a controllare l'economia dei due paesi, ma nel 1988, grazie soprattutto al programma di privatizzazioni, il governo britannico è riuscito ad azzerare il deficit statale e a realizzare anche un piccolo avanzo. A volte, il termine debito nazionale è usato in senso più lato per indicare il debito interno e il debito esterno di un paese. (v. anche *public debt, internal debt, external debt, national savings certificates, irredeemable bond, floating debt, funded debt*)

national debt commissioners: Nel Regno Unito si indica con questo termine l'ente che raccoglie i depositi dei risparmiatori tenuti presso le casse di risparmio e presso gli uffici postali, per poi investirli nel debito nazionale sotto forma o di buoni del tesoro a breve termine o di titoli a lungo termine.

national debt reduction fund: ***fondo per la riduzione del debito nazionale.*** Vengono indicati con questo termine vari fondi istituiti in epoche differenti da privati cittadini britannici allo scopo di ridurre l'entità del debito nazionale. Tra questi, si ricordano il *National Fund*, istituito nel 1927 con una donazione anonima di cinquecentomila sterline, cui si aggiunsero altre donazioni in epoche successive che, insieme agli interessi maturati, costituirono un fondo che nel 1964 ammontava a tre milioni di sterline; l'*Elsie MacKay Fund*, istituito nel 1929 da Lord e Lady Inchcape in memoria della loro figlia con una donazione di un milione e seicentomila sterline; e il *John Buchanan Fund*, istituito nel 1932 con una donazione di quattrocentomila sterline. (v. anche *sinking fund*)

national defence contribution: ***contributo per la difesa nazionale.*** Termine con il quale venne indicata un'imposta sui redditi d'impresa istituita nel Regno Unito nel 1937 per contribuire alle spese di riarmo del paese.

national development bonds: Sono i titoli di stato a reddito fisso che nel 1964 sostituirono i *defence bonds* (v.). Erano indirizzati ai piccoli risparmiatori, ma vennero acquistati anche da investitori istituzionali e associazioni di vario genere. Nel 1968, furono sospese le emissioni di questi titoli ed al loro posto cominciarono ad essere emessi i *British Savings Bonds* (v.).

National Discount Company: È una delle più importanti case di sconto operanti sul mercato monetario londinese.

national dividend: ***dividendo nazionale; dividendo sociale.*** Termine, ancor oggi a volte usato, con il quale in passato si indicava il reddito nazionale. (v. anche *national income*)

National Dock Labour Board: Ente istituito nel Regno Unito nel 1946 con il compito di gestire il piano tendente ad eliminare il lavoro precario nei porti ed in particolare nel porto di Londra. (v. anche *Devlin Report*)

national economic accounting: ***contabilità economica nazionale.*** Lo stesso che *social accounting* (v.).

national economic accounts: ***conti economici nazionali.*** Termine usato come sinonimo di *national accounts* (v.).

National Economic Development Council: ***Comitato per lo sviluppo economico nazionale.*** Popolarmente chiamato *Neddy*, è un organismo istituito dal governo britannico nel 1962 col compito di intraprendere la programmazione industriale allo scopo di incrementare il tasso di sviluppo economico del Regno Unito. Il Comitato è composto di economisti indipendenti, industriali e dirigenti sindacali e opera sotto la presidenza del Cancelliere dello Scacchiere. La prima riunione del Comitato fu tenuta nel marzo del 1962 e successivamente esso si è riunito più o meno ogni mese. Pur trattandosi di un comitato consultivo, le sue relazioni hanno notevole valore perché il loro contenuto è frutto di un accordo tra il governo, gli industriali e i sindacati. Il Comitato dispone di un numero di sottocomitati, noti come *Little Neddies*, ciascuno preposto ad un settore industriale con il compito di assistere le industrie a svolgere la loro parte nel piano nazionale. (v. anche *Economic Development Committees, national plan*)

National Economic Development Office: ***Ufficio per lo sviluppo economico nazionale.*** È così chiamato l'ufficio di segreteria del Comitato per lo sviluppo economico nazionale. (v. anche *National Economic Development Council*)

national economy: ***economia nazionale.*** Espressione con la quale si indica la vita economica di un paese, cioè gli scambi che si svolgono entro i suoi confini. Il termine implica l'idea che la vita economica del paese formi un complesso unitario. Lo stesso termine viene usato comunemente per indicare l'insieme di tutte le imprese, pubbliche e private, esistenti in un dato momento in un paese e dirette a produrre beni e servizi. Meno frequente è, invece, l'uso del termine come sinonimo di economia politica. (v. anche *international economy*)

National Enterprise Board: Ente, corrispondente al nostro IRI, istituito nel Regno Unito in base all'*Industry Act* del 1975 al fine di: a) estendere la proprietà pubblica in settori redditizi dell'industria manifatturiera, quando ciò sia avvertito come esigenza di interesse pubblico; e, b) promuovere la democrazia industriale nelle imprese a partecipazione statale. L'Ente è anche preposto a salvataggi di imprese in difficoltà, onde garantire l'occupazione in quelle sacche di crisi in cui le imprese rischiano la chiusura. Il salvataggio si concretizza attraverso aiuti finanziari a quelle imprese disposte a sottoscrivere accordi di programmazione con lo stato in relazione ai loro futuri sviluppi.

National Farmers Union: Organizzazione di agricoltori, fondata negli Stati Uniti nel 1902, della quale fanno parte oltre centomila imprese agricole a conduzione familiare residenti in almeno venti stati dell'Unione. Scopo di questa organizzazione è quello principale di tutelare gli interessi degli agricoltori, agevolando la formazione di cooperative, offrendo assicurazioni sui raccolti e diffondendo concetti di economia e nuove tecniche di coltivazione. Lo stesso nome ha assunto un'organizzazione di agricoltori del Regno Unito, che si prefigge più o meno gli stessi scopi dell'organizzazione statunitense.

national farm loan association: ***associazione nazionale per il credito agrario.*** Termine con il quale negli Stati Uniti si indica una qualsiasi delle tante associazioni su base cooperativistica, costituite dagli agricoltori allo scopo di procurarsi credito tramite una delle dodici *federal land banks.* Infatti, qualsiasi credito concesso da queste banche deve essere negoziato attraverso una delle associazioni nazionali per il credito agrario. Pertanto, l'agricoltore o l'allevatore che desideri ricevere un mutuo dovrà preventivamente procurarsi l'approvazione dell'associazione e l'avallo sulla proprietà che intende dare a garanzia sotto forma di ipoteca. Una parte pari al cinque per cento del mutuo dovrà essere investita nell'acquisto di titoli emessi dall'associazione, che saranno rimborsati al momento in cui il mutuo sarà interamente estinto. Ciò rende il mutuatario socio dell'associazione, il che gli dà il diritto di voto in qualsiasi riunione.

National Film Finance Corporation: ***Istituto di credito cinematografico.*** Istituzione finanziaria speciale, fondata nel Regno Unito nel 1949 in base al *Cinematograph Film Production Special Loans Act*, per fornire credito a medio termine all'industria cinematografica britannica. I prestiti vengono concessi al tasso del due per cento al di sopra del tasso ufficiale di sconto, più una percentuale sugli utili del film così finanziato.

national finance: ***finanza pubblica; finanza statale.*** L'insieme dei mezzi, soprattutto moneta, di cui può disporre uno stato per raggiungere i propri fini, e cioè fornire beni e servizi collettivi, promuovere lo sviluppo e la crescita, assicurare la crescita stabile e agevolare un'equa distribuzione dei redditi e della ricchezza.

National Freight Corporation: Società a capitale pubblico, costituita in base al *Transport Act* del 1968, con il compito di cooperare con le ferrovie britanniche allo scopo di fornire un servizio di trasporto merci integrato all'interno della Gran Bretagna. La società ha il compito precipuo di assicurare il trasporto merci su strada in e dalla Gran Bretagna, oltre a quello di offrire servizi di magazzinaggio, di gestire alcuni porti inglesi, di offrire il trasporto via mare su alcune particolari rotte e di assicurare il servizio di hovercraft.

National Fund: ***fondo nazionale.*** È un fondo, istituito con una donazione anonima di mezzo milione di sterline, per la riduzione del debito nazionale britannico. Successive donazioni e gli interessi sulla somma capitale avevano portato il fondo al valore di tre milioni di sterline nel 1964, una somma irrisoria a confronto con l'entità del debito nazionale britannico di quell'epoca.

national giro: ***postagiro.*** Termine usato con lo stesso significato di *postal giro* (v.).

National Girobank: Istituzione finanziaria britannica, che fa parte del Post Office e rientra fra le *exempt institutions* (v.). Fu creata allo scopo di fornire un servizio di conto corrente e bonifici a basso costo. La gamma di servizi bancari offerta da questa istituzione comprende, oltre ai conti correnti, la concessione di prestiti personali, l'emissione di una carta assegni, la concessione di scoperti per somme limitate, l'accettazione di conti di deposito, l'emissione di assegni turistici e altri servizi di minore importanza.

national goods: ***beni nazionali; merci nazionali.*** Beni prodotti in patria da industrie nazionali, in contrapposizione a beni importati dall'estero e prodotti da industrie straniere.

national government: ***governo nazionale.*** È il governo centrale di un paese. Il termine viene usato in contrapposizione al termine governo locale. (v. anche *local government*)

National Health Service: ***servizio sanitario nazionale.*** Nel Regno Unito, il servizio sanitario è esteso a tutti i cittadini, sia che contribuiscano o no al sistema delle assicurazioni sociali. Del resto, soltanto una piccola parte dei contributi pagati alle assicurazioni sociali dai cittadini viene utilizzata per il servizio sanitario nazionale, che è finanziato direttamente dallo stato. Il servizio sanitario prevede l'assistenza per cure mediche generiche e specialistiche e per il ricovero in ospedale.

national income: ***reddito nazionale; prodotto nazionale; dividendo nazionale.*** Il flusso totale di beni e servizi, calcolato in termini monetari, all'interno di un'economia nell'arco di un particolare periodo di tempo, di solito un anno solare. Il reddito nazionale può essere calcolato in tre diversi modi: a) come reddito netto, in termini monetari, derivante ai vari fattori della produzione; b) come valore monetario della produzione globale di beni e servizi in un'economia, al netto delle imposte indirette e dei sussidi e dopo aver tenuto conto delle vendite tra industrie, al fine di evitare che alcuni beni e servizi vengano conteggiati due volte; c) come somma della spesa globale in consumi, del risparmio globale (investimento), della spesa pubblica e della differenza tra esportazioni e importazioni. Qualunque di questi tre modi sia usato per calcolare il reddito nazionale, il risultato dovrebbe teoricamente essere identico, in quanto tutte le spese in una nazione generano redditi di uguale ammontare, ma a causa di sfasamenti temporali tra produzione e percezione del reddito e per una serie di altre ragioni, l'identità non si realizza. Del resto, la somma dei redditi monetari ha poco significato allo scopo di valutare il benessere di un popolo, in quanto il denaro, pur essendo un'utile unità di misura in questi calcoli, si è dimostrato poco attendibile a causa delle sue frequenti variazioni di valore. Basti pensare che tra il 1955 e il 1967 il reddito nazionale del Regno Unito appare più che raddoppiato in base ai calcoli monetari effettuati, mentre in realtà esso aveva subito un incremento di circa il trenta per cento ed il resto dell'aumento apparente era dovuto all'aumento dei prezzi che si era verificato nell'arco di quel periodo di tempo. Tuttavia, il reddito nazionale resta un indicatore del benessere di una nazione, pur se non un indicatore perfetto in quanto l'entità del reddito sociale dipende da una serie di fattori, tra i quali vanno ricordati: a) la quantità e qualità dei fattori della produzione di cui dispone un paese; b) la situazione del paese da un punto di vista della tecnologia avanzata; c) la stabilità politica, che agevola il processo di crescita del reddito nazionale. (v. anche *gross national product, net national product*)

national income accounts: ***conti del reddito nazionale.*** Lo stesso che *national accounts* (v.).

National Income and Balance of Payments White Paper: Nome di una pubblicazione dell'Ufficio Centrale di Statistica del Regno Unito, presentata al parlamento prima della presentazione del bilancio dello stato. La pubblicazione contiene indicazioni sul reddito nazionale e sui conti della bilancia dei pagamenti, riferiti all'anno precedente e messi a confronto con dati dello stesso tipo, ma riferiti ad anni passati.

National Income and Expenditure: Titolo del *Blue Book* che riporta informazioni dettagliate sul reddito nazionale del Regno Unito, suddiviso nelle sue varie componenti. Le tavole contenute in questo libro riportano i dettagli del reddito e delle spese di privati, della formazione di capitale e della suddivisione del reddito nazionale in salari, profitti, ecc. Viene pubblicata dal H.M.S.O. in settembre e si riferisce al reddito nazionale del precedente anno solare. Contiene anche calcoli relativi al reddito nazionale di anni recenti, rapportato ai prezzi prevalenti in un anno base, in modo che si possano fare confronti in termini reali tra l'anno cui si riferisce il libro e gli anni precedenti.

national income and product accounts: ***conti del prodotto e del reddito nazionali.*** Dati statistici, pubblicati dal ministero del commercio statunitense, relativi alla produzione del paese. Si riferiscono principalmente al prodotto nazionale lordo e netto, al reddito personale e al reddito disponibile.

National Incomes Commission: ***Commissione nazionale per i redditi.*** Commissione, spesso popolarmente indicata col nome *Nicky*, istituita dal governo britannico nel 1962 col compito di valutare le richieste di aumenti salariali e decidere se esse fossero coerenti con la politica dei redditi, introdotta dal governo in quell'epoca, che prevedeva aumenti salariali non superiori al tasso di crescita del reddito nazionale. La Commissione aveva anche il compito di valutare gli aumenti di altre fonti di reddito, quali i redditi di impresa e di fabbricati, oltre ai salari e agli stipendi, ma fu opinione alquanto generale che essa tendesse a limitare soltanto i redditi derivanti da lavoro dipendente. L'attività della Commissione, che iniziò alla fine del 1962, ebbe termine nel 1965, quando fu sostituita dalla Commissione nazionale per i prezzi e per i redditi. (v. anche *National Board for Prices and Incomes*)

national incomes policy: ***politica dei redditi.*** Termine usato con lo stesso significato di *incomes policy* (v.).

national-income theory: ***teoria del reddito nazionale.*** Lo studio dei problemi connessi alle fluttuazioni economiche, nei riflessi che queste hanno sul reddito nazionale.

National Industrial Recovery Act: Legge, approvata dal Congresso degli Stati Uniti nel 1933, che stabiliva codici di comportamento in materia di concorrenza, di contrattazione collettiva, ecc., e altre misure tendenti a promuovere la ripresa economica allo scopo di uscire dalla forte depressione che all'epoca interessava non soltanto gli Stati Uniti, ma quasi tutti i paesi del mondo. Nel 1935, la Corte Suprema degli Stati Uniti dichiarò anticostituzionale la parte di questa legge che stabiliva i codici di comportamento.

national industrial reserve: ***riserva industriale nazionale.*** Vengono indicate con questa espressione le strutture per la produzione di aerei, munizioni, navi e prodotti chimici amministrate dal ministero della difesa o dalla *General Services Administration* (v.) degli Stati Uniti.

national industry: ***industria nazionale.*** Industria che ha sede nel paese, in contrapposizione a industrie che hanno sede in altre nazioni.

National Institute of Economic and Social Research: ***Istituto nazionale di ricerca economica e sociale.*** Istituzione fondata nel Regno Unito nel 1938 allo scopo di intraprendere la ricerca sistematica sulle condizioni economiche e sociali del paese. Le ricerche vengono condotte indipendentemente dai ricercatori dell'Istituto o in collaborazione con le università e sono finanziate con donazioni da parte di fondazioni e contributi provenienti dal ministero del tesoro ed altre agenzie governative e dalle industrie private. I risultati delle ricerche vengono pubblicati in volumi ed opuscoli o nella pubblicazione trimestrale dell'Istituto dal titolo *National Institute Economic Review*.

national insurance: ***assicurazioni sociali.*** Il sistema di sicurezza sociale che in ogni paese mira a garantire il lavoratore contro il rischio della mancanza di lavoro o della perdita della capacità lavorativa temporanea o permanente, totale o parziale. Oltre a questi rischi di maggior importanza, il sistema copre altri rischi secondari, quali aiuto e assistenza a vedove e orfani, assistenza per maternità, contributi funerari, assegni familiari, ecc. Le pensioni di vecchiaia, che rappresentano una certezza più che un rischio, sono quasi sempre incluse nelle assicurazioni sociali, il cui costo viene generalmente sostenuto dal lavoratore e dal datore di lavoro, attraverso l'applicazione di marche assicurative su appositi libretti, che attestano il pagamento dei contributi prescritti dalla legge, ed è integrato da fondi dello stato, provenienti dall'imposizione fiscale generale. Le assicurazioni sociali presentano almeno tre vantaggi di carattere generale rispetto alle assicurazioni private, ma anche vari svantaggi. I vantaggi possono essere elencati come segue: a) il costo di assicurazione pro-capite è più modesto, a causa del grande numero di assicurati; b) il costo amministrativo per gestire il piano di assicurazioni è di solito più basso, a causa principalmente della standardizzazione dei modelli, delle procedure, ecc.; c) per quanto concerne i piani di pensionamento, non ci sono difficoltà nell'accertare rapidamente la situazione di un lavoratore, anche se egli si è spesso trasferito da un lavoro ad un altro o da una regione ad un'altra. Tra i principali svantaggi si possono elencare: a) l'impossibilità di adattare l'assicurazione ai vari rischi, per cui il contributo risulta uguale per lavoratori esposti a gravi rischi e per lavoratori esposti a rischi trascurabili; b) il finanziamento delle assicurazioni sociali in gran parte dipendente non già da un fondo costituito dai contributi dei lavoratori, bensì dall'imposizione fiscale dello stato, espone gli assicurati a variazioni di trattamento dipendenti da decisioni politiche spesso arbitrarie.

national insurance acts: ***leggi sulle assicurazioni sociali.*** Sono le varie leggi che regolano le assicurazioni sociali di un paese. Le tre più importanti leggi del genere approvate dal parlamento del Regno Unito sono quella del 1911, che istituiva le assicurazioni sociali contro le malattie e che, attraverso successive integrazioni, giunse ad includere le pensioni; quella del 1937, che consentì ai lavoratori con reddito inferiore alle quattrocento sterline annue di versare contributi volontari che davano loro diritto ad un numero limitato di benefici tra i quali l'assistenza alle vedove e agli orfani e la pensione di vecchiaia; e quella del 1946, nota come *National Insurance (Industrial Injuries) Act* (v.).

national insurance contributions: ***contributi previdenziali.*** Sono i contributi settimanali o mensili che i lavoratori e i datori di lavoro devono versare all'ente statale preposto alle assicurazioni sociali. Di regola, sono responsabili del versamento di tali contributi i datori di lavoro, che provvedono a trattenere sui salari la quota del contributo spettante al lavoratore. I contributi vengono versati mediante acquisto di marche da apporre su appositi libretti. (v. anche *national insurance, national insurance stamps*)

national insurance fund: ***fondo assicurazioni sociali.*** Un fondo nel quale vengono versati i contributi previdenziali e dal quale vengono erogati gli assegni a coloro che ne hanno diritto. Poiché i contributi versati sono a volte insufficienti a far fronte alle uscite, il governo del paese provvede a integrare il fondo con risorse provenienti dalle entrate generali dello stato.

National Insurance (Industrial Injuries) Act: È la legge sulle assicurazioni sociali, approvata dal parlamento britannico nel 1946, che sostituisce i precedenti *Workmen's Compensation Acts.* In base a questa legge, sia i lavoratori che i datori di lavoro sono tenuti a versare un contributo addizionale, oltre il normale contributo previdenziale, a fronte del quale lo stato, e per esso l'ente preposto alle assicurazioni sociali, si addossa il rischio di indennizzare il lavoratore che resti vittima di un qualsiasi incidente sul lavoro. (v. anche *national insurance contributions, national insurance acts, Employers' Liability Act, industrial injury benefit*)

national insurance stamps: ***marche assicurative.*** Sono le marche che, applicate su appositi libretti, attestano l'avvenuto versamento dei contributi previdenziali settimanali o mensili da parte del datore di lavoro. Sia nel Regno Unito che in Italia, alcune categorie di lavoratori non coperti dal sistema delle assicurazioni sociali possono versare contributi volontari attraverso l'acquisto di speciali marche assicurative da apporre sugli appositi libretti. (v. anche *national insurance, national insurance contributions, national insurance acts*)

National Inventors Council: ***Consiglio nazionale degli inventori.*** È la sezione speciale del ministero del commercio degli Stati Uniti, creata nel 1940 con il compito di considerare e valutare le invenzioni relative a operazioni e materiali bellici.

national investment: ***investimento nazionale.*** La somma dell'investimento del settore privato e dell'investimento del settore pubblico.

nationalization: ***nazionalizzazione.*** In senso stretto, il termine indica l'acquisizione, che implichi il controllo e la proprietà da parte dello stato, di un'impresa o di un'industria precedentemente di proprietà e sotto il controllo di privati. In senso più esteso, indica la gestione da parte dello stato di beni appartenenti a privati o la proprietà da parte dello stato di beni dati in gestione a privati. La nazionalizzazione di determinate industrie è sempre stato uno dei punti principali dei programmi dei partiti socialisti europei, tra i quali il *Labour Party* britannico che quando, nel 1945, giunse al potere si imbarcò in un vasto piano di nazionalizzazioni. Così, nel 1946 fu nazionalizzata la Banca d'Inghilterra; nel 1947 l'industria del carbone; nel 1948 l'industria elettrica e i trasporti interni, questi ultimi denazionalizzati nel 1951; nel 1949 l'industria del gas; nel 1951 l'industria siderurgica, denazionalizzata poco dopo, ma rinazionalizzata nel 1967. Tutte queste nazionalizzazioni furono dettate da considerazioni di carattere socialista, che sostengono che il potere economico deve essere nelle mani della collettività o dei lavoratori, ma recentemente la corsa alla nazionalizzazione si è alquanto spenta sia nel Regno Unito che in altri paesi europei a governo socialista. Esistono altre considerazioni a favore della nazionalizzazione, che esulano da ideali politici e trovano fondamento in dati di fatto obiettivi. Tra queste, ricordiamo: a) considerazioni fiscali, quando la nazionalizzazione avviene con lo scopo precipuo di aumentare le entrate dello stato; b) considerazioni sociali, quando essa avviene allo scopo di stimolare l'attività economica, particolarmente in periodi di depressione; c) considerazioni strategiche, quando le industrie nazionalizzate hanno importanza chiave per la difesa di un paese; d) considerazioni gestionali, quando si ritiene che lo stato possa gestire un'impresa con maggior efficienza o quando la nazionalizzazione interessa un'impresa erogatrice di servizi che, per il vantaggio degli utenti, ottiene migliori risultati se gestita direttamente dallo stato, come nel caso delle ferrovie. Quando un'impresa privata viene nazionalizzata, i proprietari o gli azionisti ricevono un indennizzo, spesso sotto forma di titoli di stato a reddito fisso negoziabili. Una forma modificata di nazionalizzazione è quella della partecipazione statale, che prevede l'acquisizione da parte dello stato di un pacchetto azionario che gli consenta il controllo, pur se non la totale proprietà, di determinate imprese o di particolari settori industriali.

nationalized industries: ***industrie nazionalizzate.*** Sono le industrie diventate di proprietà pubblica a seguito di nazionalizzazione. Possono essere di due tipi: a partecipazione statale, nel qual caso lo stato si è garantito un pacchetto azionario di maggioranza che gli consente di stabilire la politica dell'industria; sotto il totale controllo o di intera proprietà dello stato. Nel primo caso sono presenti un certo numero di azionisti, che possono sempre far sentire le proprie opinioni in materia di politica aziendale; nel secondo caso, l'unico azionista è lo stato, ma possono esservi obbligazionisti privati, specialmente quando lo stato ha dovuto procedere all'emissione di obbligazioni a medio–lungo termine per procurarsi i fondi necessari per acquisire il controllo dell'industria o dell'impresa.

National Labor Relations Act: Legge, approvata dal Congresso degli Stati Uniti nel 1935, che garantiva ai lavoratori il diritto di designare i loro rappresentanti alle contrattazioni collettive e dichiarava illegali le pratiche tendenti a limitare o a negare il diritto alla contrattazione collettiva. Nel 1947 fu emendata dal *Labor–Management Relations Act* (v.).

National Labor Relations Board: Agenzia indipendente del governo degli Stati Uniti istituita in base al *National Labor Relations Act* (v.) del 1935 e conservata, pur se con alcune modifiche, dal *Labor–Management Relations Act* (v.) del 1947. Tra i compiti di questa agenzia rientra quello di organizzare libere elezioni dei rappresentanti dei lavoratori di imprese private alle contrattazioni collettive. Un altro importante compito dell'agenzia è quello di indagare, su segnalazione dei lavoratori, su presunte pratiche discriminatorie da parte di sindacalisti o di datori di lavoro.

national launch: ***lancio nazionale.*** Il lancio di un nuovo prodotto rendendolo contemporaneamente disponibile su tutto il territorio nazionale, invece di immetterlo successivamente su aree di mercato sempre più grandi.

National Loans Fund: ***fondo nazionale prestiti.*** È il fondo tenuto presso la Banca d'Inghilterra e destinato alle operazioni di prestito intraprese dal governo a favore di imprese pubbliche o di enti locali che hanno bisogno di fondi per finanziare progetti di pubblica utilità, quali la costruzione di una centrale elettrica, di scuole o altre strutture pubbliche.

national market: ***mercato nazionale.*** Lo stesso che *home market* (v.).

National Marketing Council: Istituzione, creata dal *British Productivity Council* (v.) nel 1965, con il compito di diffondere, in campo nazionale e internazionale, la conoscenza delle più moderne tecniche di marketing.

National Mediation Board: Agenzia indipendente del governo degli Stati Uniti, creata nel 1934 con il compito di provvedere all'applicazione del *Railway Labor Act* del 1926 e sue successive integrazioni e modificazioni, di promuovere la contrattazione collettiva tra lavoratori e datori di lavoro del settore dei trasporti ferroviari e aerei e di fungere da mediatore nelle dispute di lavoro regolamentato da accordi sottoscritti da ambedue le parti.

national minimum: ***minimo nazionale.*** Espressione con la quale negli Stati Uniti viene indicata una politica di previdenza sociale che stabilisce un minimo tenore di vita e impegna lo stato a garantire questo minimo a ciascun cittadino attraverso l'assicurazione sociale, i sussidi o altri mezzi di assistenza sociale.

National Monetary Commission: Commissione nominata in base all'*Aldrich–Vreeland Act*, approvato dal Congresso degli Stati Uniti nel 1908, col compito di svolgere un'indagine conoscitiva sulla situazione degli istituti di credito e degli altri tipi di banche all'epoca funzionanti nel paese. L'indagine della commissione ebbe come risultato finale l'istituzione del *Federal Reserve System* (v.).

national money: ***moneta nazionale.*** Lo stesso che *domestic currency* (v.).

national origin plan: ***piano d'immigrazione per quote.*** È il piano in base al quale le autorità degli Stati Uniti, preposte al controllo dell'immigrazione, stabiliscono ogni anno il numero di persone cui viene consentito di stabilirsi negli Stati Uniti provenendo da paesi soggetti a contingenti d'immigrazione. Il piano prende in considerazione il numero di persone già residenti negli Stati Uniti e provenienti da un determinato paese e stabilisce il rapporto tra la popolazione degli Stati Uniti e i cittadini provenienti dal paese in considerazione. Questo rapporto determina il numero di persone che, tra tutti gli emigranti ammessi negli Stati Uniti nell'anno successivo al calcolo, possono provenire da quel determinato paese. Questo piano fu modificato nel 1952 e nel 1957 con l'intento di stabilire diverse quote di immigrazione dai vari paesi.

national output: ***produzione nazionale.*** L'insieme dei beni e servizi prodotti in un paese e destinati al consumo interno e all'esportazione. Il livello della produzione nazionale è strettamente collegato al livello degli investimenti.

national plan: ***programma nazionale; piano nazionale.*** Un qualsiasi programma che tenda a pianificare l'economia nazionale per un certo numero di anni. Nel Regno Unito, è passato ad indicare il programma formulato nel 1965 dal *Department of Economic Affairs* e relativo al quinquennio 1965–70. Come obiettivo generale, questo programma mirava ad un più rapido tasso di crescita del reddito nazionale, mentre l'obiettivo più specifico era quello di realizzare un aumento della produzione nazionale del venticinque per cento nel periodo che andava dal 1964 al 1970. Il piano forniva dettagli relativi agli investimenti necessari in ciascun settore industriale, al tasso di crescita di ciascun settore e alle variazioni che si sarebbero verificate nella forza lavoro. Di conseguenza, poneva in evidenza la necessità di una maggiore mobilità del lavoro se si volevano realizzare gli obiettivi previsti. Il piano fu certamente troppo ottimistico, ma anche le rigide restrizioni creditizie imposte dalle autorità monetarie nel periodo 1966–67 lo resero inattuabile e il risultato fu che la produzione nazionale crebbe soltanto del due, a volte del tre per cento annuo nell'arco di tempo coperto dal piano. Un programma più modesto e flessibile fu pubblicato nel 1968. Esso prevedeva un aumento della produzione nazionale oscillante tra il due e mezzo e il tre e mezzo per cento annuo nel periodo tra il 1968 e il 1972. (v. anche *National Economic Development Council, Economic Development Committees, economic planning*)

National Ports Council: ***Comitato nazionale per i porti.*** È un comitato responsabile dello sviluppo dei porti del Regno Unito. Fu costituito a seguito della raccomandazione contenuta nel Rapporto Rochdale del 1963, che sosteneva la necessità di un coordinamento delle politiche di sviluppo dei porti britannici. (v. anche *Rochdale Report, Maritime Industrial Development Areas*)

national product: ***reddito nazionale; prodotto nazionale; dividendo nazionale; dividendo sociale; reddito sociale.*** Termine usato con lo stesso significato di *national income* (v.).

national production: ***produzione nazionale.*** Lo stesso che *home production* (v.).

National Production Authority: Agenzia speciale del ministero del commercio degli Stati Uniti, istituita nel 1950 e soppressa nel 1953, il cui compito era quello di regolare le priorità, le allocazioni e svolgere altri controlli che la legge sulla produzione di materiale per la difesa attribuiva al Presidente degli Stati Uniti.

National Provincial Bank Ltd.: Era una delle principali banche commerciali britanniche, fondata nel 1833. Nel 1968 si fuse con la Westminster Bank Ltd. e insieme formarono la National Westminster Bank Ltd.

national real output: ***produzione reale nazionale.*** Lo stesso che *full–employment output* (v.).

National Research and Development Corporation: ***Società nazionale per la ricerca e lo sviluppo.*** Istituzione pubblica, creata nel Regno Unito in base al *Development of Inventions Act* del 1948, con il compito di agevolare lo sviluppo delle invenzioni attraverso finanziamenti e di detenere i diritti di invenzioni fatte da gruppi di ricerca pubblici. Nel 1964 la società, che prima dipendeva dal *Board of Trade*, passò alle dipendenze del ministero della tecnologia, di nuova istituzione.

national revenue: ***entrate nazionali.*** Termine usato da N. W. Senior con lo stesso significato di *public revenue* (v.).

national saving: ***risparmio nazionale.*** La somma del risparmio privato (quello cioè realizzato dai privati e dalle imprese) e del risparmio pubblico. Quando il risparmio pubblico è negativo, il risparmio privato viene dato in prestito allo stato attraverso vari canali appositamente predisposti. Tali canali nel Regno Unito sono rappresentati dai certificati di risparmio nazionale, titoli di stato con estrazioni a premio e altri vari titoli del genere. (v. anche *national savings certificates, Premium Savings Bond, defence bonds*)

National Savings Bank: ***Cassa di risparmio nazionale.*** Nome con il quale, dal 1° ottobre 1969, viene indicata la cassa di risparmio postale del Regno Unito. Si tratta della più grande cassa di risparmio operante nel Regno Unito, con sportelli presso tutti gli uffici postali principali e presso alcuni uffici postali più piccoli. Chiunque abbia superato l'età di sette anni può aprire un conto di risparmio presso questa speciale banca, a suo nome o a nome di bambini che non hanno ancora raggiunto l'età di sette anni. Oltre alle persone fisiche, possono aprire conti di risparmio alcuni tipi di organizzazioni, quali circoli ricreativi, associazioni culturali, ecc., ma non enti economici. Il servizio prevede due tipi di conti: il conto ordinario e il conto d'investimento. Il primo prevede depositi di qualsiasi entità fino ad un massimo di diecimila sterline, che può essere elevato per le organizzazioni che ne facciano richiesta. Al titolare del conto viene rilasciato un libretto, sul quale vengono annotati i dettagli relativi a versamenti, prelievi e interessi. Vi sono norme particolari da rispettarsi per i prelievi, specialmente se essi sono di entità ragguardevole. Il secondo tipo di conto, quello di investimento, può essere aperto da chiunque abbia almeno cinquanta sterline su un conto ordinario. Anche per questo conto l'ammontare massimo che si può depositare è di diecimila sterline, ma qualunque prelievo è soggetto ad un mese di preavviso. Ovviamente, l'interesse pagato su questo secondo tipo di conto è superiore a quello pagato sul saldo di un conto ordinario. La cassa di risparmio postale britannica fu fondata nel 1861 e prima dell'ottobre 1969 veniva chiamata *Post Office Savings Bank.*

national savings certificates: ***certificati di risparmio nazionale.*** Nel Regno Unito sono indicati con questo termine dei titoli di stato non negoziabili, emessi in piccoli tagli, sui quali i piccoli risparmiatori fanno confluire i loro risparmi, attratti dal tasso d'interesse e dall'esenzione dall'imposta sul reddito fino ad un determinato ammontare di certificati posseduti da ogni singolo individuo. Questi certificati possono essere acquistati presso un qualsiasi ufficio postale, presso le banche e presso le casse di risparmio al prezzo di emissione corrispondente al valore nominale iniziale, cui si aggiunge di anno in anno l'interesse per giungere al valore di rimborso alla scadenza dei certificati. L'interesse, quindi, è posticipato, ma composto. La prima emissione ebbe luogo nel febbraio del 1916 ed allora erano chiamati *War Savings Certificates,* nome che venne cambiato in quello attuale il 6 dicembre 1920. L'emissione dei certificati di risparmio nazionale non avviene regolarmente ogni anno: infatti, dal 1916 al 1963 ci furono soltanto undici emissioni. (v. anche *national debt, national savings*)

national savings gift tokens: Sono certificati di risparmio che possono acquistarsi presso gli uffici postali britannici e presso le casse di risparmio in tagli da una, tre e cinque sterline. Vengono usati in luogo di comuni regali in occasione di ricorrenze come battesimi, compleanni, ecc., e possono essere usati per acquistare titoli di stato non negoziabili o per creare depositi presso le casse di risparmio.

National Savings Group: ***Gruppo per il risparmio nazionale.*** V. spiegazione sotto *National Savings Movement.*

National Savings Movement: ***Movimento per il risparmio nazionale.*** Movimento che nel Regno Unito ha lo scopo di incoraggiare il risparmio nazionale. Ha istituito gruppi di risparmio in tutto il paese, formati da alunni delle scuole, personale di aziende, impiegati dello stato, ecc., per i quali ha studiato appositi piani di accumulazione del piccolo risparmio settimanale, che potrà essere utilizzato per l'acquisto di certificati di risparmio nazionale o per aprire depositi a risparmio presso le casse di risparmio. Sono anche previsti piani per l'acquisto rateale di certificati di risparmio nazionale, di titoli di stato con estrazione a premio o altri titoli di stato non negoziabili. (v. anche *national savings certificates, Premium Savings Bond, British savings bonds*)

national savings securities: ***titoli del risparmio nazionale.*** Espressione usata per indicare collettivamente vari titoli a reddito fisso destinati ai piccoli risparmiatori. Vi rientrano, tra gli altri, i *National Savings Stamps* (v.), i *national savings gift tokens* (v.), i *national savings certificates* (v.) ed altri.

National Savings Stamps: ***marche di risparmio nazionale.*** È uno dei sistemi adottati nel Regno Unito per incoraggiare il piccolo risparmio. Si tratta di marche, del valore di pochi pence, che possono essere acquistate presso gli uffici postali e alcune casse di risparmio e incollati su apposite tessere che, una volta riempite, possono essere utilizzate per l'acquisto di titoli di stato non negoziabili, quali i certificati di risparmio nazionale, o alternativamente possono usarsi per aprire depositi presso le casse di risparmio. (v. anche *national savings certificates, British savings bonds, Premium Savings Bond*)

national savings stock register: ***registro dei titoli del risparmio nazionale.*** Nel Regno Unito è un elenco di titoli di stato che i piccoli investitori possono acquistare presso gli uffici postali. L'interesse sui titoli presenti in tale elenco è esente da imposte sul reddito.

National Science Foundation: ***Fondazione nazionale delle scienze.*** Agenzia indipendente del governo degli Stati Uniti, creata nel 1950 allo scopo di promuovere la ricerca scientifica e lo studio delle scienze. Assolve al suo compito finanziando gli studi scientifici di studenti meritevoli, concedendo sovvenzioni per la ricerca scientifica a singoli individui e ad istituzioni e fornendo locali e attrezzature per svolgere ricerche. La Fondazione è suddivisa in quattro branche: una per la ricerca nel campo della medicina; una per la ricerca nel campo delle scienze matematiche, fisiche e di ingegneria; una per la ricerca nel campo delle scienze biologiche; e una che si interessa del personale dell'istruzione scientifica.

National Securities Clearing Corporation: Istituita nel 1977, provvede alla compensazione dei valori mobiliari trattati sul mercato di New York. Fu costituita attraverso la fusione della *National Clearing Corporation,* di proprietà della *National Association of Securities Dealers* (v.) e delle strutture di compensazione gestite dalla *New York Stock Exchange* (v.) e dall'*American Stock Exchange* (v.).

National Security Council: ***Consiglio della sicurezza nazionale.*** Branca dell'esecutivo del Presidente degli Stati Uniti, creata in base al *National Security Act* del 1947 con lo scopo di integrare le politiche civile e militare connesse con la sicurezza della nazione e assicurare un più stretto collegamento tra i servizi militari e altre agenzie del governo federale preposte a compiti di difesa.

national security exchanges: ***borse valori nazionali.*** Vengono indicate con questo termine tutte le borse valori degli Stati Uniti iscritte presso la *Securities and Exchange Commission* (v.), secondo quanto stabilito dalla legge del 1934 nota come *Securities Exchange Act* (v.).

National Security Resources Board: Branca dell'esecutivo del Presidente degli Stati Uniti, creata in base al *National Security Act* del 1947 e soppressa nel 1953. Aveva compiti consultivi concernenti l'accumulazione e la conservazione di materiale strategico e l'ubicazione di industrie essenziali alla sicurezza degli Stati Uniti. In periodi di emergenza, aveva anche il compito di elaborare politiche relative alla mobilitazione civile e industriale, all'uso delle risorse del paese per scopi civili e militari e all'unificazione delle attività di varie agenzie federali.

national self-sufficiency: ***autosufficienza nazionale; autarchia.*** Lo stesso che *economic nationalism* (v.).

national treatment: ***trattamento nazionale.*** Nel linguaggio del commercio internazionale, indica il concetto fondamentale per l'interscambio, che stabilisce che un bene estero, una volta che ha attraversato la frontiera, sarà trattato esattamente nello stesso modo in cui è trattato un bene prodotto nel paese.

National Trust: ***Comitato per la tutela delle bellezze nazionali.*** Associazione fondata nel Regno Unito nel 1895 con lo scopo di tutelare contro la speculazione e il degrado ambientale edifici o zone di interesse storico o di particolare bellezza. L'iniziativa ha dato luogo a lasciti a favore dell'associazione e a suoi acquisti di zone di particolare interesse culturale, storico o paesaggistico.

national union: ***sindacato nazionale.*** Associazione di lavoratori o imprenditori, i cui soci sono sparsi su tutto il territorio nazionale. Negli Stati Uniti indica un sindacato con iscritti residenti in tutti gli stati dell'Unione.

National Union of Manufacturers: ***Sindacato nazionale degli industriali.*** Era una delle due organizzazioni degli imprenditori del Regno Unito. Nel 1963 si unì all'altra organizzazione analoga, la *Federation of British Industries*, per costituire la *Confederation of British Industries* (v.).

national wealth: ***ricchezza nazionale; patrimonio nazionale; capitale sociale; capitale nazionale.*** Termine usato come sinonimo di *national capital* (v.).

national welfare: ***benessere nazionale.*** È un obiettivo di carattere generale, perseguito dai paesi, ma difficilmente definibile senza fare riferimento alla situazione economica e politica contingente di ciascun paese.

National Westminster Bank Ltd.: È una delle quattro maggiori banche inglesi, nata nel 1968 dalla fusione della National Provincial Bank Ltd. con la Westminster Bank Ltd.

National Westminster Bank Review**:** Come tutte le altre più importanti banche operanti nel Regno Unito, anche la National Westminster Bank cura una propria pubblicazione, il cui primo numero vide la luce nel novembre del 1968, dopo la fusione della National Provincial Bank con la Westminster Bank. La *National Westminster Bank Review*, che pubblica articoli e studi di carattere economico e finanziario, sostituisce le due precedenti riviste che le due banche pubblicavano separatamente prima della loro fusione, e cioè la *National Provincial Bank Review* e la *Westminster Bank Review*.

nation of shopkeepers: ***nazione di bottegai.*** È l'espressione con la quale Napoleone, in segno di disprezzo, definì l'Inghilterra.

nation's economic budget: ***budget economico del paese.*** Termine usato negli Stati Uniti per indicare uno strumento di analisi economica che consiste di un riassetto dei conti nazionali tale da far bilanciare, in termini di entrate e di uscite, ciascuno dei conti dei quattro settori e cioè il pubblico, il privato, i consumi e i conti con l'estero.

nation state: ***stato nazionale.*** Espressione con la quale si indica l'unità economica che sostituì il sistema feudale.

natural advantage: ***vantaggio naturale.*** È uno dei fattori che influenzano l'ubicazione iniziale di un'industria in una determinata area geografica. Può essere rappresentato dalla vicinanza di una fonte energetica, dalla vicinanza alle materie prime usate dall'industria, dalla idoneità delle condizioni atmosferiche e climatiche, ecc.

natural business year: ***ciclo annuale dell'attività di un'impresa.*** Un anno finanziario che termina in coincidenza con la fine di una stagione o con il punto più basso di attività dell'impresa nell'arco di un anno solare.

natural capital: ***capitale naturale; beni materiali naturali.*** Secondo alcuni economisti, con questa espressione si indicano dei beni materiali naturali, quali la terra, distinti dai beni materiali artificiali, cioè quelli prodotti dall'uomo. Sia i beni materiali naturali che quelli artificiali, tuttavia, contribuiscono alla produzione del reddito nazionale reale. (v. anche *capital goods*)

natural deposit: ***deposito naturale.*** Il deposito primario rappresentato da moneta effettivamente depositata presso la banca da un cliente. Il termine è usato per distinguere questo tipo di deposito da quelli che la banca si procura sul mercato interbancario allo scopo di finanziare una particolare operazione attiva.

natural economy: ***economia naturale.*** È così indicata un tipo di economia nella quale gli scambi si svolgono in natura, cioè col sistema del baratto, invece di ricorrere all'intermediazione della moneta. In un tale tipo di economia, gli scambi sono estremamente limitati a causa della scarsa divisione del lavoro. (v. anche *monetary economy*)

natural increase: ***incremento naturale.*** L'aumento naturale della popolazione di un paese, quale risultato della differenza tra tasso di natalità e tasso di mortalità. Se, invece, il secondo è superiore al primo, si verifica un decremento naturale della popolazione.

natural interest rate: ***interesse naturale; saggio naturale d'interesse; tasso naturale d'interesse.*** È il tasso d'interesse al quale si verifica l'equilibrio tra la domanda e l'offerta di fondi disponibili per prestiti. Tuttavia, in un qualsiasi momento il tasso di interesse corrente può essere superiore o inferiore al tasso naturale. Se il tasso corrente è inferiore al tasso naturale, si verifica un eccesso di domanda di prestiti, che può portare ad un'eccessiva espansione del credito bancario. Se, viceversa, il tasso corrente è superiore al tasso naturale, si verificherà una contrazione della domanda di credito, con conseguenti influssi negativi sia sulla produzione che sull'occupazione. Secondo Keynes, è il tasso al quale il risparmio e il valore degli investimenti si bilanciano esattamente, così che il livello dei prezzi della produzione nel suo complesso corrisponde esattamente al tasso monetario dei guadagni–efficienza dei fattori della produzione.

natural law: 1. ***diritto naturale.*** Espressione con la quale viene comunemente indicato un insieme di principi morali, che traggono origine dalla ragione e dalla coscienza umana. **2.** ***legge naturale.*** Nell'economia classica, si indicava con questa espressione la convinzione che l'ordine naturale dei fenomeni economici fosse di per sé semplice, armonioso e a vantaggio dell'umanità. Secondo questo concetto, un mercato completamente libero e privo di influssi monopolistici nel lungo periodo deve naturalmente soddisfare gli interessi di tutti gli operatori, attraverso la determinazione di un prezzo per tutti i beni che sia sufficientemente basso per attirare i compratori e allo stesso tempo sufficientemente alto per mantenere costante il flusso di beni e servizi che giungono sul mercato, a seguito dell'equa remunerazione dei fattori che contribuiscono alla produzione.

natural level of unemployment: ***livello di disoccupazione naturale.*** V. spiegazione sotto *natural rate of unemployment.*

natural monopoly: ***monopolio naturale; monopolio tecnico.*** Con questo termine si intendono quei monopoli che derivano da condizioni naturali, quali la scarsità di una determinata materia prima o la natura del terreno o del clima di una regione che limitano la produzione di un bene a quella zona. Esempi quasi perfetti di monopolio naturale sono la produzione del nickel in Canada, che da solo produce circa il novanta per cento dell'offerta mondiale, e la coltivazione di caffè del Brasile, che da solo produce la maggior parte dell'offerta mondiale. In entrambi i casi, una condizione naturale ha creato un monopolio tanto forte da poter controllare il prezzo mondiale dei due prodotti. Un altro tipo di monopolio naturale è quello che deriva da caratteristiche particolari dell'attività economica. Tali caratteristiche sono quelle che di solito portano alla concorrenza distruttiva, per cui nell'interesse pubblico risulta preferibile concedere un monopolio a quell'impresa che riesce a produrre a condizioni più vantaggiose di tutte le altre. In questo secondo caso, tuttavia, lo stato di solito controlla i prezzi praticati dall'impresa cui viene concesso il monopolio. Sono esempi di questo secondo tipo di monopolio naturale alcune imprese di pubblici servizi, come quelle dell'elettricità e del gas. La proliferazione di imprese in questi campi porterebbe ad un'inutile duplicazione delle strutture, se più imprese dovessero servire una sola zona, per cui la migliore soluzione è quella di concedere un diritto di monopolio. (v. anche *destructive competition, public utilities, monopoly*)

natural oligopoly: ***oligopolio naturale.*** Un'industria in cui le imprese in concorrenza tra loro si sono ampliate a causa dell'incentivo dei costi di lungo periodo decrescenti e nella quale la concorrenza ha prontamente ceduto il passo alla dominazione del mercato da parte di pochi grossi produttori.

natural order: ***ordine naturale.*** È il concetto sostenuto dai fisiocrati e dai loro seguaci e molto diffuso nel diciottesimo secolo. Secondo questo concetto, le società umane sono soggette alle stesse leggi naturali che governano il mondo fisico e pertanto tutte le attività dell'uomo devono essere in armonia con queste leggi naturali. Ciò può essere realizzato cercando di ottenere il massimo vantaggio con il minimo sacrificio e se tutti i membri di una società perseguono questo fine, sarà garantito il benessere della comunità nel suo insieme. Quindi, ogni uomo ha diritto al massimo grado di libertà nella sua attività economica e l'intervento dello stato deve essere ridotto al minimo indispensabile. Questo concetto dell'ordine naturale diede origine al termine *laissez-faire* (v.).

natural person: ***persona fisica.*** Nel linguaggio giuridico, si indica con questa espressione un qualsiasi essere umano. Il termine viene usato in contrapposizione a «persona giuridica», cioè persona artificiale, come sono ad esempio le società, alla quale vengono riconosciuti gli stessi diritti e doveri di una persona fisica. (v. anche *legal person*)

natural premium: ***premio naturale.*** Nelle assicurazioni sulla vita, si indica con questa espressione il premio che aumenta ogni anno con l'aumentare del rischio, derivante dall'età più avanzata dell'assicurato.

natural price: ***prezzo naturale.*** Termine usato da A. Smith per indicare il prezzo di un bene che consente di coprire tutti i costi di produzione e distribuzione, oltre a lasciare un soddisfacente profitto per l'imprenditore.

natural protection: ***protezione naturale.*** La protezione di cui godono, senza l'adozione di speciali misure, beni voluminosi e deperibili a causa del loro alto costo di trasporto e della necessità di vicinanza al mercato, che rendono costoso alla concorrenza l'ingresso sul mercato con beni provenienti da altre regioni.

natural rate hypothesis: ***ipotesi del tasso naturale.*** Lo stesso che *natural rate of unemployment hypothesis* (v.).

natural rate of growth: ***tasso naturale di crescita.*** È il tasso di crescita massimo che può sostenere una qualsiasi economia.

natural rate of interest: ***interesse naturale; saggio naturale d'interesse; tasso naturale d'interesse.*** Termine usato in alternativa a *natural interest rate* (v.).

natural rate of unemployment: ***tasso di disoccupazione naturale.*** Un tasso o livello di disoccupazione compatibile con un tasso stabile di inflazione. Riguarda principalmente lavoratori privi di alcuna specializzazione o disoccupati a causa di cambiamenti strutturali. In questa situazione, quando il tasso di disoccupazione è più alto del tasso naturale, l'inflazione tende a diminuire con l'allentarsi della pressione salariale, mentre quando il tasso di disoccupazione è più basso di quello naturale, la crescente pressione salariale spingerà verso l'alto il tasso di inflazione, almeno in teoria, perché in pratica si è accertato che entrano in gioco altri fattori che fanno variare questo tasso nel tempo. Negli anni sessanta e all'inizio degli anni settanta, negli Stati Uniti si pensava che il tasso di disoccupazione naturale si aggirasse sul 4% della forza lavoro, ma già nella metà degli anni settanta veniva accettato da più parti un tasso oscillante tra il 5 e il 6 per cento, che poi è di nuovo sceso negli anni ottanta.

natural rate of unemployment hypothesis: ***ipotesi del tasso di disoccupazione naturale.*** L'ipotesi, espressa dai monetaristi, che sostiene che non esiste alcun compromesso duraturo tra disoccupazione e inflazione. Ciò significa che gli sforzi tendenti a ridurre la disoccupazione mediante una politica monetaria stimolatrice possono realizzare soltanto riduzioni temporanee della disoccupazione, ma con l'effetto di lungo periodo di una più alta inflazione.

natural resource industry: ***industria delle risorse naturali.*** L'industria che si occupa di rendere disponibili, per la trasformazione e il consumo, le risorse della natura. Ne sono esempi l'industria petrolifera e l'industria mineraria.

natural resources: ***risorse naturali.*** Qualsiasi tipo di ricchezza fornita spontaneamente dalla natura e, pertanto, il termine ha lo stesso significato contenuto nel concetto formale di «terra». Sono risorse naturali i giacimenti minerari, il legname, la fertilità del suolo, l'acqua, la vita animale, ecc.

natural rights: ***diritti naturali.*** I diritti di ciascun cittadino, che lo stato non ha il potere di negare o di sopprimere. Tra questi diritti rientrano la vita, la libertà e la ricerca della felicità personale.

natural selection hypothesis: ***ipotesi della selezione naturale.*** L'ipotesi che sostiene che le imprese incapaci di massimizzare i profitti sono destinate a scomparire dal mercato.

natural tolerance: ***tolleranza naturale.*** Nel controllo statistico della qualità, il concetto di tolleranza naturale è strettamente legato a quello di tolleranza totale. Stabilito il grado di tolleranza naturale di un campione, se il suo valore è superiore a quello della tolleranza totale ciò vuol dire che una quantità prevedibile del prodotto non sarà conforme ai requisiti; se, invece, il valore della tolleranza naturale è uguale o inferiore a quello della tolleranza totale, ci si può ragionevolmente aspettare che tutto il prodotto sarà conforme ai requisiti tranne, forse, una minima quantità. (v. anche *total tolerance*)

natural value: ***valore naturale.*** Termine usato da J. S. Mill con lo stesso significato di *normal value* (v.).

natural wage: ***salario naturale.*** Nella teoria degli economisti classici, era il salario determinato soltanto dalla domanda e dall'offerta di lavoro.

natural wastage: ***riduzione naturale.*** La naturale riduzione della forza lavoro di un'impresa o di un'industria, a seguito di dimissioni, decessi o pensionamento dei lavoratori.

natural wealth: ***ricchezza naturale.*** I mercantilisti reputavano la terra una ricchezza naturale, mentre altre forme di ricchezza, quali ad esempio la moneta, erano considerate artificiali.

nautical mile: ***miglio nautico; miglio marino.*** Unità di misura internazionale, pari a 1852 metri, con la variante del miglio nautico inglese, pari a 1853 metri. (v. anche *English statute mile, geographical mile, metrical mile*)

NAV: net asset value.

navicert: ***navicert.*** Termine che deriva dall'abbreviazione di *naval certificate* e che indica un lasciapassare rilasciato in tempo di guerra a navi neutrali al momento in cui esse lasciano un porto dirette verso un altro porto neutrale. Il certificato viene rilasciato dalle autorità consolari del paese belligerante e attesta la natura del carico, la destinazione ad un paese estraneo al conflitto e il permesso concesso alla nave di compiere quel viaggio specifico. Esibendo tale certificato, il capitano della nave può attraversare un blocco navale ed evitare perquisizioni o dirottamenti da parte della marina militare del paese che ha rilasciato il navicert.

Navigation Acts: ***Leggi sulla navigazione.*** Vengono indicate con questo termine le leggi approvate in Inghilterra nel diciassettesimo secolo e miranti a sviluppare e proteggere la marina mercantile del paese. Infatti, secondo le teorie del mercantilismo, una forte marina mercantile e militare contribuiva a realizzare l'attivo della bilancia dei pagamenti, che i mercantilisti vedevano come necessario per il benessere del paese. Le leggi sulla navigazione, che portano le date del 1651, 1652, 1660, 1663 e 1672, avevano lo scopo di tenere il commercio marittimo nelle mani degli inglesi e a colpire l'espansione della flotta mercantile olandese. Tra le altre cose, esse stabilivano che i beni provenienti dalle colonie britanniche, tra le quali quelle americane, potevano essere importate in Inghilterra soltanto su navi costruite, comandate e armate da inglesi; che i beni provenienti dall'Europa potevano essere trasportati in Inghilterra soltanto su navi inglesi o su navi appartenenti al paese esportatore; che i beni provenienti da altri paesi su navi non inglesi dovevano pagare un forte dazio di importazione; ecc. Le leggi sulla navigazione furono abrogate soltanto nel 1849. (v. anche *mercantile system, mercantilism*)

navvy: ***sterratore; manovale.*** In origine, il termine inglese indicava dei lavoratori non specializzati, impiegati per gli scavi in occasione della costruzione di canali artificiali. Oggi, indica chiunque svolga un pesante lavoro manuale.

navy bills: Sono cambiali emesse dalla marina militare britannica. Ve ne sono due tipi: uno viene emesso dall'Ammiragliato in pagamento di provviste di bordo; l'altro, che è una cambiale a breve scadenza, viene emesso dagli ufficiali della marina militare per la somma corrispondente ai loro stipendi. Questo secondo tipo è di facile negoziazione all'estero, perché rappresenta una comoda forma di rimessa su Londra.

naya paisa: Moneta divisionale dell'India, equivalente ad un centesimo di rupia.

N.B.: take note; mark well.

N.B.E.R.: National Bureau of Economic Research.

NBFIs: non-bank financial intermediaries.

N.B.P.I.: National Board for Prices and Incomes.

N.B.S.: National Bureau of Standards.

NBV: net book value.

NCUA: National Credit Union Administration.

N.D.: national debt.

N.D.C.: national defence contribution.

N.D.L.B.: National Dock Labour Board.

near money: ***quasi moneta.*** Espressione entrata recentemente nel lignuaggio economico per indicare ciò che è quasi ma non propriamente moneta. Vi rientrano le cambiali, l'insieme dei depositi bancari non utilizzabili a vista, i buoni del tesoro a breve termine, le carte di credito, ecc., cioè tutti quegli strumenti capaci di assolvere alcune delle funzioni della moneta, ma che non possiedono tutte le sue caratteristiche. La quasi moneta, pertanto, corrisponde alla liquidità secondaria di un sistema monetario. (v. anche *money supply*)

near-monopoly: ***quasi-monopolio; monopolio imperfetto.*** Il concetto di monopolio puro è del tutto astratto e, pertanto, quando si parla di monopolio si intende, in effetti, il quasi-monopolio, cioè la situazione di mercato in cui un singolo produttore o venditore ha un controllo relativo sulla produzione o sulla vendita che, ad esempio, nel Regno Unito corrisponde a più del 33 per cento del mercato. (v. anche *perfect monopoly, monopoly*)

near order: ***ordine circa.*** Ordine di borsa che dà all'operatore che deve eseguirlo la possibilità di concluderlo ad un corso superiore o inferiore a quello indicato dal cliente, a seconda che si tratti rispettivamente di acquisto o di vendita, con una tolleranza pari all'ammontare della commissione ufficiale.

N.E.B.: National Enterprise Board.

necessaries: ***beni di prima necessità.*** Si indicano con questo termine tutti quei beni indispensabili per la sopravvivenza di una persona, quali ad esempio cibo, vestiario, alloggio, ecc. Lo stesso termine viene usato in senso più esteso per indicare i beni necessari ad una particolare condizione sociale di una persona. I beni di prima necessità hanno la caratteristica di essere oggetto di domanda anelastica. Infatti, una variazione di prezzo anche notevole non genera una corrispondente variazione percentuale della quantità domandata. Tuttavia, sono oggetto di domanda alquanto meno anelastica quei beni di prima necessità per i quali sono disponibili opportuni beni sostitutivi.

necessary condition: ***condizione necessaria.*** In matematica, è la condizione necessaria per il sussistere di una data proposizione. Essa corrisponde alla proprietà che deve essere posseduta da tutti gli enti di una proposizione affinché essa possa sussistere. Il termine è anche usato in senso più ampio per indicare la proprietà di una proposizione così strettamente correlata ad un'altra, che quest'ultima non può sussistere o rispondere a verità a meno che anche la prima sussista e risponda a verità. (v. anche *sufficient condition*)

necessities: ***necessità.*** Termine con il quale vengono indicati i beni e servizi indispensabili alla sopravvivenza di un individuo o appropriati al suo particolare tenore di vita. Nel Regno Unito possono essere oggetto di contratti vincolanti stipulati da minorenni o da vedove che agiscono sotto la spinta dell'urgenza e della necessità, cioè se il minorenne o la vedova non hanno adeguate fonti di sostentamento.

necessity certificate: ***certificato di necessità.*** Termine usato in alternativa a *certificate of necessity* (v.).

necessity goods: ***beni di necessità; beni necessari.*** Quel tipo di beni per l'acquisto dei quali una famiglia spende una proporzione decrescente del suo reddito se esso aumenta e una proporzione crescente se il reddito diminuisce.

neck chart: ***diagramma delle strozzature.*** Metodo grafico in virtù del quale è possibile individuare strozzature effettive o potenziali in un flusso di lavoro. Si realizza riportando su un grafico quantità differenti di lavoro da svolgere, poste in relazione ad una scala di tempi.

Ned.: National Economic Development Council.
N.E.D.C.: National Economic Development Council.
Neddy: National Economic Development Council.
N.E.D.O.: National Economic Development Office.
negative asset: ***attività negativa.*** Espressione a volte usata per indicare una passività (v. anche *liability 1*)
negative assurance: ***assicurazione negativa.*** Una dichiarazione con la quale si assicura ad un'altra persona che non si è verificato un determinato evento.
negative cash flow: ***flusso di cassa negativo.*** Un flusso di cassa che presenta un'eccedenza delle uscite sulle entrate, il che non indica necessariamente che l'impresa sta sostenendo perdite. Infatti, il flusso di cassa negativo può essere relativo a un breve periodo dell'esercizio o a una specifica commessa, il cui pagamento a saldo avverrà in un momento futuro.
negative certificate of origin: Un certificato d'origine, richiesto da società arabe, nel quale si attesti che nessun componente del bene che esso accompagna fu prodotto da imprese israeliane o da loro consociate.
negative confirmation: ***conferma negativa.*** Nella revisione dei conti, la conferma indica una dichiarazione scritta o verbale che riconosca l'esistenza e l'ammontare di una passività. Tale conferma avviene a seguito di una richiesta, che dà successivamente luogo alla dichiarazione e, pertanto, può essere positiva o negativa: la prima prevede una risposta sia nel caso in cui la passività sussista, sia nel caso in cui essa non risulti da alcun documento; la seconda prevede una risposta soltanto nel caso in cui vi sia discrepanza.
negative covenant: ***clausola vessatoria; clausola restrittiva.*** Sono indicate con questa espressione tutte quelle clausole che limitano la libertà di contrarre di una delle parti dopo che essa ha sottoscritto il contratto o durante il periodo in cui esso è in vigore. Clausole di questo tipo possono comparire nei contratti di lavoro, in cui un lavoratore si impegna a non svolgere la stessa attività in concorrenza con quella del suo datore di lavoro entro una data area o entro un periodo di tempo dopo che ha lasciato l'impiego. Lo stesso tipo di clausola può comparire in un contratto di vendita di un'impresa, quando colui che vende si impegna a non svolgere la stessa attività in concorrenza con colui che compra entro una certa area geografica o entro un determinato periodo di tempo dopo la conclusione della vendita. Un'altra clausola del genere potrebbe essere quella che compare in un contratto di edizione, con la quale l'autore si impegna a non pubblicare un'altra opera simile a quella cui si riferisce il contratto, se questa entra in concorrenza con la prima. Questi tipi di clausole non sono ben visti dal diritto e sono applicabili soltanto se esse vengono considerate necessarie al fine di tutelare i diritti di una delle parti o se vengono considerate utili nel pubblico interesse.
negative easement: ***servitù negativa.*** Servitù che impone un non fare al proprietario del fondo servente. (v. anche *positive easement*)
negative goodwill: ***avviamento negativo.*** Lo stesso che *consolidation surplus* (v.).
negative income effect: ***effetto di reddito negativo.*** La situazione, notata da R. Giffen, in cui ad un aumento dei prezzi di beni di prima necessità di qualità o potere nutritivo inferiori corrisponde un aumento della domanda di tali beni, in netto contrasto con la legge della domanda. Tale effetto viene spiegato col fatto che i più poveri aumentano il consumo di tali beni, il cui prezzo resta sempre contenuto, pur se aumentato, in relazione ad altri, perché solo così possono, col loro modesto reddito, far fronte ai propri bisogni.
negative income tax: ***imposta negativa sul reddito.*** Negli Stati Uniti, questa espressione indica il sussidio che alcuni propongono che andrebbe versato direttamente dallo stato a quelle famiglie o singoli cittadini il cui reddito sia inferiore ad una somma stabilita.
negative inflation: ***inflazione negativa.*** La situazione in cui i prezzi non subiscono alcun aumento, anzi diminuiscono in termini reali.
negative interest: ***interesse negativo.*** Nel linguaggio bancario, indica un interesse addebitato al capitale, anziché essergli accreditato. Il depositante, cioè, non percepisce alcun compenso, anzi deve corrisponderlo al depositario per il servizio da lui prestato. L'interesse negativo fu in vigore in Svizzera, sui depositi esteri in franchi svizzeri, dal 1974 al 1979.
negative investment: ***disinvestimento; investimento negativo.*** Termine usato con lo stesso significato di *disinvestment* (v.).
negative net worth: ***capitale netto negativo.*** L'eccedenza delle passività rispetto alle attività e al capitale azionario di una società, spesso derivante da perdite.
negative pledge: Espressione con la quale si indica l'impegno da parte di un mutuatario, ad esempio l'emittente di un prestito obbligazionario, di non contrarre nuovi prestiti dando ai nuovi creditori garanzia o termini preferenziali rispetto a quelli di cui godono i creditori già esistenti.
negative pledge clause: ***clausola negativa di garanzia.*** Clausola contenuta in un contratto di ipoteca, con la quale viene stabilito che il mutuatario non darà in pegno o in garanzia, a fronte di successivi mutui, alcuna delle sue attività, a meno che le obbligazioni non ancora rimborsate vengano garantite in qualche altro modo da qualche altra attività.
negative posting: ***registrazione negativa.*** Un accorgimento contabile, per cui vengono registrate soltanto le variazioni relative a somme regolarmente pagate, invece di registrare le somme effettivamente incassate. Questo accorgimento risulta utile quando si ricevono pagamenti uniformi sia dal punto di vista del tempo che da quello dell'ammontare, quali ad esempio canoni di locazione.
negative prescription: ***prescrizione estintiva.*** È il mezzo mediante il quale l'ordinamento giuridico di un paese opera l'estinzione di un diritto non esercitato dal titolare entro il periodo di tempo stabilito dalla legge. (v. anche *positive prescription*)
negative price: ***prezzo negativo.*** È il prezzo figurativo relativo, ad esempio, a prodotti di scarico inquinanti. Tale prezzo è simile alla tassa di scarico e costituisce un'alternativa alle sovvenzioni versate dalle industrie come loro contributo ai piani di disinquinamento. (v. anche *effluent charge*)
negative rate of interest: ***tasso d'interesse negativo.*** Un tasso d'interesse che, a causa di particolari situazioni di mercato, risulta negativo per il mutuatario. Ad esempio, un tasso d'interesse che, a seguito di un'operazione di swap, dà un utile al mutuatario invece di imporgli un costo; oppure, un tasso d'interesse del 3% stabilito in passato, ma oggi superato dal tasso d'inflazione e dal tasso d'interesse di mercato, per cui il mutuatario può investire il denaro preso a prestito a un tasso che risulta superiore a quello che deve pagare.
negative real growth: ***crescita reale negativa.*** Si verifica quando, dopo aver tenuto conto dell'effetto dell'in-

flazione sui livelli dei prezzi, si verifica una contrazione nel valore del prodotto nazionale lordo di un paese da un anno all'altro.

negative real interest rate: ***tasso d'interesse reale negativo.*** È un tasso d'interesse che risulta inferiore al tasso di inflazione, per cui il mutuante pur percependo un interesse subisce una perdita in termini reali, mentre il mutuatario realizza un guadagno a spese del suo creditore.

negative saving: ***risparmio negativo.*** Lo stesso che *dis–saving* (v.), ma questo termine si applica anche alla finanza statale per indicare la situazione in cui gli investimenti interni superano il risparmio interno, cioè una situazione di *budget deficit* (v.).

negative tax: ***imposta negativa.*** È lo stesso concetto esposto sotto *negative income tax* (v.).

negative user cost: ***costo delle utilizzazioni negativo.*** Secondo Keynes, il costo delle utilizzazioni risulta negativo soltanto quando l'imprenditore ha incrementato i propri impianti col suo lavoro, cioè quando l'industria è integrata al punto che gli imprenditori fabbricano da soli la maggior parte dei loro impianti.

negative utility: ***utilità negativa.*** Lo stesso che *disutility* (v.).

negative wealth: ***ricchezza negativa.*** Termine usato da A. Marshall per indicare i debiti di un individuo nei confronti di altri individui, che vanno detratti dalla sua ricchezza lorda se si vuole giungere a determinare con accuratezza la sua reale ricchezza netta.

negative working capital: ***capitale circolante negativo.*** L'eccedenza delle passività correnti rispetto alle attività correnti di un'impresa.

negative yield curve: ***curva di rendimento negativa.*** V. spiegazione sotto *yield curve.*

negligence: 1. ***negligenza; incuria.*** Da un punto di vista giuridico, può essere definita come la trascuratezza nell'adempiere i propri doveri d'ufficio o il mancato adempimento di un atto che ci si aspetterebbe da un uomo ragionevole o il compimento di un atto che non ci si aspetterebbe da un uomo ragionevole. La negligenza commessa da una delle parti può portare all'annullamento di un contratto. Secondo il diritto inglese, affinché una persona possa essere citata in giudizio, per il risarcimento di danni derivanti da negligenza, si devono verificare le seguenti circostanze: a) che il soggetto accusato di negligenza sia tenuto per legge all'esecuzione di un dovere nei confronti della persona che l'accusa; b) che col suo comportamento sia in qualche modo venuto meno a tale dovere; c) che da tale comportamento derivino danni alla persona nei cui confronti doveva essere eseguito il dovere. **2.** ***colpa nautica; colpa tecnica.*** Nel diritto della navigazione, indica la trascuranza, da parte del capitano, delle cautele usuali nell'espletamento delle sue funzioni tecniche attinenti alla condotta della nave quando questa è in navigazione. Esiste colpa nautica quando, per un errore di giudizio, il capitano sbaglia una manovra che può avere come risultato una collisione o uno sbandamento del carico. (v. anche *negligence clause*)

negligence clause: ***clausola di negligenza; clausola di colpa nautica; clausola di colpa tecnica.*** È la clausola che esonera l'armatore o il proprietario di una nave dalla responsabilità derivante da colpa nautica. (v. anche *negligence 2*)

negligent collision: ***collisione colposa.*** Nel linguaggio delle assicurazioni marittime, è una collisione dovuta a colpa nautica, che si sarebbe, cioè, potuta evitare se si fosse prestata maggiore attenzione.

negociant: ***negoziante.*** Termine di derivazione francese, usato in inglese principalmente per indicare un negoziante di vini.

negotiability: ***negoziabilità.*** La qualità posseduta da un titolo di credito, quale l'assegno o la cambiale, che ne consente il trasferimento legittimo ad un'altra persona mediante girata e consegna o semplicemente mediante consegna. (v. anche *negotiable*)

negotiable: ***negoziabile; trasferibile.*** Nell'uso comune, questo aggettivo significa trasferibile a mezzo di semplice consegna, ma nell'uso giuridico un titolo o documento è negoziabile quando esso risponde a determinate formalità di legge. Se un titolo di credito è emesso all'ordine o al portatore, chiunque lo accetti è ritenuto possessore legittimo, secondo il diritto britannico, purché lo abbia ricevuto in buona fede, in considerazione di una prestazione, prima della scadenza e ignorando qualsiasi eventuale difetto inerente al titolo stesso. Affinché un titolo di credito sia negoziabile, è anche necessario che sia in forma scritta; che sia firmato dall'emittente o dal traente; che sia pagabile a vista o ad una certa data vista; che contenga una promessa o un ordine incondizionati a pagare una somma certa di denaro; che, nel caso di una cambiale, il traente sia menzionato nel titolo. (v. anche *negotiability, negotiable instrument*)

negotiable bill: ***cambiale negoziabile.*** V. spiegazione sotto *negotiable instrument.*

negotiable certificate of deposit: ***certificato di deposito negoziabile.*** Certificato di deposito il cui interesse può essere negoziato tra banca e cliente. Generalmente i certificati di deposito fruttano un interesse uguale per tutti coloro che li sottoscrivono, ma le banche statunitensi negoziano tassi più alti per certificati di importo pari o superiore ai centomila dollari o per certificati con scadenza superiore ai quattro anni.

negotiable cheque: ***assegno trasferibile.*** È un assegno emesso all'ordine o al portatore e che, pertanto, può essere trasferito con girata e consegna. Un assegno trasferibile può essere reso non trasferibile con una girata restrittiva. (v. anche *restrictive endorsement*)

negotiable document: ***documento negoziabile.*** Un qualsiasi documento che può essere trasferito ad un soggetto che lo riceva in buona fede e in considerazione di una controprestazione, con ciò acquisendone i diritti in luogo di colui che l'ha ceduto. Sono tali, ad esempio, le polizze di carico e alcuni tipi di polizze di assicurazione. (v. anche *negotiable, negotiability*)

negotiable instrument: ***titolo negoziabile; titolo trasferibile.*** Sono indicati con questa espressione tutti quei titoli di credito che, redatti in una certa forma, sono cedibili ad altri a mezzo di girata e consegna o semplicemente a mezzo di consegna. Rientrano fra tali titoli la cambiale, l'assegno, il pagherò cambiario, ecc. Secondo il diritto britannico, il possessore legittimo di un titolo negoziabile ne acquisisce il diritto indipendentemente da eventuali difetti nel titolo di proprietà del o dei precedenti possessori. Infatti, affinché un titolo sia negoziabile, deve rispondere ai seguenti tre requisiti: a) deve essere redatto in modo tale che il diritto di proprietà viene trasferito con la semplice consegna o, in taluni casi, con la girata e la consegna; b) una persona che lo accetti in buona fede, in considerazione di una sua controprestazione e ignorando eventuali difetti inerenti al titolo, ne acquista il diritto nei confronti di chiunque; c) deve contenere in sé il diritto di azione e dare al possessore il diritto di agire in proprio nome. Pertanto, sempre secondo il diritto inglese, il titolo negoziabile è una deroga alla norma del «nemo dat quod non habet», in quanto in base a ciò che è stato detto sopra, il possessore di un titolo di credito ne ottiene il diritto di proprietà anche se gli proviene da una persona che ne è entrata in possesso in modo illegale. (v. anche *negotiable, negotiability*)

negotiable instruments law: ***legge sui titoli negoziabili.*** Al fine di stabilire un'uniformità di trattamento con lo scopo di realizzare una maggiore sicurezza e rapidità nelle operazioni commerciali tra stati nelle quali vengono usati titoli di credito negoziabili, gli stati dell'Unione americana hanno reso operante una legge uniforme sui titoli negoziabili, incorporata nel *Uniform Commercial Code* (v.) in vigore nella maggior parte degli Stati Uniti.

negotiable note: ***pagherò negoziabile.*** Un pagherò cambiario che risponde ai requisiti citati sotto *negotiable instrument* (v.).

negotiable order of withdrawal: ***ordine di prelievo negoziabile.*** Titolo di credito che consente il prelievo da un conto depositato presso una banca o altra istituzione finanziaria che accetta depositi. Tale titolo può essere ceduto a terzi ed è pertanto negoziabile su tutto il territorio degli Stati Uniti.

negotiable order of withdrawal account: ***conto a ordini di prelievo negoziabili.*** Tipo di conto di risparmio, i cui ordini di prelievo, simili ad assegni di conto corrente, sono validi e negoziabili su tutto il territorio nazionale, introdotto nel sistema bancario statunitense nel 1981. L'introduzione di questo tipo di conto rese possibile, per la prima volta nella storia del sistema bancario degli Stati Uniti, il pagamento di un interesse ai titolari di conto corrente sul saldo che essi mantengono presso la banca debitrice.

negotiable paper: ***titolo negoziabile; titolo trasferibile.*** Termine usato con lo stesso significato di *negotiable instrument* (v.).

to negotiate: 1. ***negoziare; contrattare.*** Fare oggetto di contrattazione, in previsione di un'operazione di compravendita. **2.** ***trasferire; cedere; negoziare.*** Trasferire un diritto, di solito rappresentato da un titolo di credito, in considerazione di una contropartita, a mezzo di consegna o di girata e successiva consegna. (v. anche *negotiable, negotiability, negotiable instrument*)

negotiated commission: ***commissione negoziata.*** Una commissione non stabilita per legge, ma concordata tra intermediario e cliente, tenuto conto del tipo e dell'ammontare dell'operazione, della frequenza di interventi richiesti e di altri fattori che possono influire sull'impegno di tempo ed energie da parte dell'intermediario. La deregolamentazione della borsa valori londinese, avvenuta nel 1986, portò all'abolizione delle commissioni fisse e all'adozione delle commissioni negoziate. (v. anche *big bang, fixed commission*)

negotiated purchase: ***acquisto negoziato.*** Nel linguaggio finanziario, indica l'insieme delle trattative di negoziazione tra la società che intende effettuare un'emissione di valori mobiliari e un sindacato di garanzia e collocamento titoli.

negotiated rate: ***tasso salariale contrattato.*** Il saggio del salario determinato su scala nazionale mediante trattativa e susseguente accordo tra i rappresentanti dei lavoratori e quelli dei datori di lavoro. Il lavoratore dovrà ricevere, quale remunerazione dell'opera da lui prestata, almeno il tasso salariale così concordato, ma spesso, e particolarmente in periodi di piena occupazione, i datori di lavoro sono disposti a pagare un salario superiore a quello contrattuale, allo scopo di garantirsi la manodopera indispensabile a realizzare i livelli di produzione necessari a far fronte alla domanda dei consumatori.

negotiated sale: ***vendita negoziata.*** Termine usato con lo stesso significato di *negotiated purchase* (v.), pur se visto dall'angolazione opposta.

negotiation: 1. ***negoziazione; contrattazione.*** Indica l'atto o il processo di discutere nel tentativo di raggiungere un maggior vantaggio da un'operazione di compravendita. Il termine viene spesso usato al plurale per indicare una serie di discussioni formali su un dato argomento, intese a raggiungere un accordo accettabile da tutte le parti interessate. Ne sono un esempio le contrattazioni sindacali in occasione del rinnovo di un contratto di lavoro. **2.** ***negoziazione; trasferimento.*** Atto o processo di trasferire un diritto, di solito rappresentato da un titolo di credito.

negotiation costs: ***costi di negoziazione.*** Termine usato analogamente a costi di informazione, per indicare il tempo e l'energia spesi nella contrattazione di un'operazione commerciale o di un accordo di altro tipo.

negotiation credit: ***credito di negoziazione.*** Nel linguaggio bancario, indica un credito in base al quale la banca, dietro richiesta del compratore, si impegna a scontare le tratte spiccate dal venditore sul compratore stesso a saldo dell'operazione commerciale eseguita dalle due parti.

negotiation fee: ***commissione di negoziazione.*** La commissione fatta pagare da chi funge da intermediario nella negoziazione di un mutuo.

negotiation of bills of exchange: ***negoziazione di cambiali.*** La negoziazione di un titolo di credito nel Regno Unito è regolata dall'articolo 31 del *Bills of Exchange Act* del 1882. Esso stabilisce: a) una cambiale è negoziata quando viene trasferita da un soggetto ad un altro in modo tale da rendere il secondo il possessore della cambiale; b) una cambiale pagabile al portatore viene negoziata con semplice consegna; c) una cambiale pagabile all'ordine viene negoziata mediante girata da parte del possessore completata dalla consegna; d) quando il possessore di una cambiale pagabile a suo ordine la cede in considerazione di una controprestazione senza apporvi la girata, la cessione dà al cessionario lo stesso diritto che il cedente aveva sulla cambiale e in aggiunta il cessionario acquisisce il diritto di avere sulla cambiale la girata del cedente. L'articolo 36 della stessa legge stabilisce che se una cambiale è negoziabile all'atto dell'emissione, rimane tale finché non vi sia apposta una girata restrittiva o non venga estinta mediante pagamento o altrimenti. La stessa legge prevede che una cambiale possa essere ritrasferita ad un precedente possessore o girante. (v. anche *restrictive endorsement, negotiable instrument, negotiable*)

neighbourhood centre: ***centro commerciale locale.*** Nel linguaggio commerciale statunitense, questo termine indica uno *shopping centre* (v.) che serve un numero di persone inferiore alle diecimila unità.

neighbourhood effects: ***effetti esterni; esternalità.*** Termine usato con lo stesso significato di *external effects* (v.).

neo-capitalism: ***neocapitalismo.*** Espressione con la quale, nel linguaggio economico, si indicano le forme assunte dal capitalismo nella società moderna del nostro secolo.

neo-classical economics: ***economia neoclassica.*** Viene indicata con questa espressione la teoria proposta dagli economisti appartenenti alla scuola neoclassica. Nei paesi di lingua anglosassone, l'espressione praticamente indica soltanto la teoria esposta dalla scuola neoclassica inglese, ma a rigor di termini bisogna includervi anche la teoria della scuola viennese e quella della scuola di Losanna. (v. anche *Marshallian School, Cambridge School, Austrian School, Lausanne School*)

neo-classical school: ***scuola neoclassica.*** A rigor di termini, le scuole economiche neoclassiche sono tre: la scuola classica inglese, che fa capo ad Alfred Marshall; la scuola austriaca, che fa capo a F. von Wieser e E. von Böhm-Bawerk; e la scuola di Losanna, che fa capo a L. Walras e V. Pareto. Nei paesi di lingua anglosassone, tuttavia, con scuola neoclassica si intende essenzialmente la scuola di Cambridge. Alla base del pensiero degli economisti di queste tre scuole ci sono sempre l'interesse per i problemi dell'equilibrio e la fiducia nel sistema capitalistico e nella libera iniziativa, oltre alla netta distinzione tra economia reale ed economia monetaria. (v. anche *Cambridge School, Marshallian School, Austrian School, Lausanne School*)

neo-classical theory of value: ***teoria neoclassica del valore.*** È la teoria, formulata dalla Scuola di Cambridge, che sostiene che il valore di un qualsiasi bene è determinato dall'interazione delle forze della domanda e dell'offerta. Secondo questa teoria, il valore del bene si determina al punto di equilibrio delle due forze, cioè al punto in cui ha luogo il massimo volume di scambi. (v. anche *Cambridge School*)

neo-classicism: ***neoclassicismo.*** Termine con il quale viene generalmente indicata la scuola neoclassica e in particolare la scuola neoclassica inglese. (v. anche *neo-classical school, Marshallian School, Cambridge School, Austrian School, Lausanne School*)

neo-colonialism: ***neo-colonialismo.*** Il nuovo tipo di rapporto di dipendenza economica o di altro tipo che lega molti dei paesi in via di sviluppo ai paesi sviluppati che, prima della fine della seconda guerra mondiale, li tenevano come colonie.

neo-imperialism: ***neo-imperialismo.*** Termine usato nella letteratura economica socialista per indicare il rapporto che si instaura tra i paesi in via di sviluppo e le gigantesche multinazionali estere che ne controllano l'economia.

neo-Keynesian: ***neo-keynesiano.*** Termine usato con significato di aggettivo e di sostantivo. Come aggettivo, sta ad indicare una politica, una teoria, ecc., basata sul concetto keynesiano che i fattori di maggior influenza sulla crescita economica sono rappresentati dalla spesa pubblica e dalla manovra fiscale. Come sostantivo, sta ad indicare un sostenitore della politica fiscale esposta da J.M. Keynes e dai suoi seguaci.

neo-Keynesian economics: ***economia neo-keynesiana.*** Il pensiero politico di un piccolo gruppo di economisti dell'Università di Cambridge in Inghilterra, che accettano le idee fondamentali di J.M. Keynes e in particolare quelle contenute nella sua opera *The General Theory of Employment, Interest and Money.*

neo-liberalism: ***neoliberalismo; neoliberismo economico.*** Indirizzo di pensiero economico che, in nome delle teorie dell'economia classica, denunciava le violazioni della concorrenza generate da concentrazioni monopolistiche e auspicava interventi tendenti a ripristinare l'effettiva libertà di mercato. Le teorie del neoliberalismo hanno trovato più ampia applicazione nella Repubblica Federale di Germania all'epoca del ministro dell'economia, e poi Cancelliere, Ludwig Erhard, ove è stata chiamata anche economia di mercato. I più recenti rappresentanti del neoliberalismo, tra i quali ricordiamo gli austriaci F.A. Hayek e L. von Mises e il francese J. Rueff, hanno alquanto abbandonato il tentativo di esaltare i vantaggi della libera concorrenza, concentrando la loro attenzione e protesta sugli inconvenienti degli interventi statali che, nella migliore delle ipotesi, risultano essere tardivi e spesso restrittivi. (v. anche *economic liberalism*)

neo-Malthusianism: ***neomaltusianismo.*** La tendenza a limitare la consistenza numerica dei nuclei familiari, mediante una diminuzione del tasso di natalità realizzata attraverso pratiche anti-concezionali. Il riferimento a Malthus e alla sua teoria della popolazione è improprio, se non addirittura inesatto, anche perché egli sosteneva la necessità di posporre il matrimonio, e quindi la costituzione di un nuovo nucleo familiare, fino al momento in cui la coppia poteva permetterselo sotto il profilo economico. (v. anche *Malthusianism, Malthusian theory of population*)

neo-Malthusians: ***neomaltusiani.*** Vengono indicati con questo termine i seguaci di Malthus che ampliarono e svilupparono la sua teoria, basando la limitazione delle nascite sull'uso di contraccettivi. Essi sostengono che questo è l'unico mezzo per realizzare efficacemente una riduzione sostanziale della miseria e dei vizi. (v. anche *Malthusianism, Malthusian theory of population*)

neo-mercantilism: ***neomercantilismo.*** La tendenza, avvertita in alcuni stati moderni e in determinate situazioni, a limitare le importazioni, ad ampliare le esportazioni e a creare eccedenze favorevoli nei conti con l'estero, attraverso l'applicazione di pratiche derivanti dalle teorie proprie del mercantilismo. (v. anche *mercantilism*)

net: ***netto.*** Aggettivo usato per indicare una quantità, un peso o una somma dopo che sono stati calcolati abbuoni, sconti o deduzioni, o non soggetti ad alcun abbuono, sconto o deduzione. Il termine è l'opposto di lordo. (v. anche *gross 1*)

net advantages: ***vantaggi netti.*** Sono vantaggi diversi dalle attrattive monetarie e non monetarie di lavori differenti, che tendono ad annullarsi a vicenda. In un'economia nella quale i lavoratori potessero spostarsi liberamente da un lavoro all'altro, ciascuno di loro tenderebbe a prendere il posto che offre i maggiori vantaggi o i minori svantaggi, cioè il posto in cui i vantaggi netti sono più numerosi. A causa delle preferenze di ciascun lavoratore, i vantaggi netti tendono ad essere uguali nei diversi lavori, mentre i salari tendono ad essere differenti in quanto gli svantaggi di una occupazione devono essere compensati con vantaggi e viceversa. Così, un lavoro pericoloso sarà remunerato con un salario superiore a quello pagato per un lavoro tranquillo; un lavoratore può essere disposto ad accettare un lavoro in cui guadagna di meno, ma che gli lascia più tempo libero; e così via. Poiché, tuttavia, i lavoratori non sono in grado di spostarsi liberamente da un lavoro all'altro per vari motivi, i vantaggi netti offerti da un'occupazione tendono ad essere maggiori di quelli offerti da un'altra occupazione, cosa che non avverrebbe se si potessero eliminare tutti gli ostacoli alla mobilità del lavoro. (v. anche *mobility of labour*)

net amount: ***ammontare netto; somma netta; somma al netto.*** Ammontare considerato dopo che sono state effettuate detrazioni o altre variazioni.

net amount at risk: ***ammontare netto di rischio.*** Nelle assicurazioni, questa espressione indica la differenza tra la somma nominale assicurata in polizza e l'effettiva riserva tenuta a fronte di quel rischio specifico. L'ammon tare della riserva tende sempre ad essere inferiore al valore della somma assicurata e, pertanto, l'assicuratore corre un rischio, rappresentato appunto dalla differenza tra somma assicurata e riserva.

net annual value: ***valore locativo annuo netto.*** Ai fini della determinazione dell'imposta sul reddito di fabbricati, il valore locativo annuo netto corrisponde al canone di fitto, che il proprietario dell'immobile può ricavare sul mercato libero, dal quale vengono sottratte le detrazioni consentite dalla legge. A questa somma sarà, poi, applicata l'aliquota al fine di determinare l'imposta su quel reddito specifico. (v. anche *gross annual value*)

net assets: 1. ***attivo netto; attività nette.*** La differenza tra il valore contabile delle attività di un'azienda e le sue passività verso terzi. Lo stesso termine inglese è talvolta definito come il totale delle attività fisse più le attività correnti nette o le attività fisse più quelle correnti, meno le passività correnti, per cui spesso il termine viene usato come sinonimo di capitale impiegato in un'impresa. (v. anche *capital employed, net worth*) **2.** ***patrimonio netto.*** Nella terminologia dei fondi comuni d'investimento, indica la differenza tra l'attivo (rappresentato da contanti, crediti e valore di mercato dei titoli in portafoglio) ed il passivo del fondo comune. Il patrimonio netto diviso per il numero delle quote–parti in circolazione dà il prezzo d'inventario delle quote–parti del fondo comune d'investimento. (v. anche *net asset value*)

net asset value: ***valore d'inventario.*** Nella terminologia dei fondi comuni d'investimento, è il prezzo al quale vengono offerte le quote–parti, al netto delle spese di acquisto. Il valore d'inventario corrisponde alla differenza tra gli attivi (contanti, crediti e valore dei titoli in portafoglio) ed il passivo del fondo comune, divisa per il numero di quote–parti in circolazione. Il valore d'inventario di qualsiasi fondo comune d'investimento viene calcolato ogni giorno lavorativo e pubblicato nella pagina finanziaria dei principali quotidiani.

net asset worth: ***valore di attività nette.*** È così detto il valore delle azioni ordinarie di una società, ottenuto dividendo le attività nette sociali per il numero di azioni ordinarie in circolazione.

net avails: ***netto ricavo.*** Nella terminologia bancaria, l'espressione indica la somma effettivamente ricevuta dal cliente che sconta una cambiale. Corrisponde al valore nominale del titolo di credito, meno l'interesse, o sconto, trattenuto dall'istituzione finanziaria che procede allo sconto quale sua competenza.

netback price: ***prezzo netto di fabbrica.*** Termine usato con lo stesso significato di *millnet price* (v.).

net balance: ***saldo netto.*** Nel linguaggio commerciale, ciò che residua dal ricavo di una vendita dopo aver detratto tutti i costi relativi all'operazione. Il termine è usato con lo stesso significato di *net proceeds* (v.).

net bonded debt: ***debito obbligazionario netto.*** Nella contabilità degli enti locali, è l'ammontare netto del debito, che corrisponde al suo ammontare lordo meno il debito autosostenuto e meno l'ammontare dei fondi di ammortamento disponibili. (v. anche *gross bonded debt*)

Net Book Agreement: ***Accordo sul prezzo netto di copertina.*** È l'accordo che fu raggiunto tra editori e librai inglesi nel 1901, in base al quale questi ultimi si impegnavano a vendere i libri al prezzo netto di copertina, senza concedere sconti ai loro clienti. Nel 1933, tuttavia, l'accordo fu rivisto dando ai librai la possibilità di praticare uno sconto del dieci per cento sui libri acquistati da biblioteche pubbliche. L'accordo è un esempio di prezzo al dettaglio imposto e, pertanto, rientrò in quanto successivamente stabilito dalla legge sui prezzi al dettaglio. (v. anche *resale price maintenance, Resale Prices Act*)

net book amount: ***valore contabile netto; valore contabile residuo.*** In contabilità, indica il valore netto di un'attività fissa registrato nei libri contabili. Tale valore corrisponde al costo dell'attività fissa, meno le riserve rappresentate dai fondi di ammortamento. Nel Regno Unito, il *Companies Act* del 1948 stabilì che qualora non fosse noto il costo di acquisizione di un'attività fissa e risultasse complicato o dispendioso ricavarlo, le imprese potevano indicare le attività fisse al loro valore contabile netto. (v. anche *book amount*)

net book value: ***valore contabile netto; valore contabile residuo.*** Termine usato con lo stesso significato di *net book amount* (v.).

net borrowed reserves: ***riserve nette mutuate.*** Espressione usata negli Stati Uniti per indicare il margine positivo di differenza tra crediti concessi dalle banche della Riserva Federale ed eccesso di riserve appartenenti alle banche membri.

net business: ***scambi al netto.*** Nel linguaggio della borsa valori londinese, questo termine indica l'attività di intermediazione nella compravendita di titoli non remunerata mediante il pagamento di una commissione. Questa attività è svolta dai *market makers*, che traggono il loro profitto dallo scarto tra denaro e lettera, e da qualche altro intermediario che opera grosso modo sullo stesso principio. Il termine si contrappone a *agency business* (v.).

net business formation: ***formazione netta di nuove imprese.*** Negli Stati Uniti, è un indice che misura ogni mese il numero netto di nuove imprese, tenendo conto delle nuove registrazioni dalle quali si sottrae il numero di imprese che escono dall'attività. È uno degli indicatori significativi, che anticipa di qualche mese la tendenza generale del ciclo economico.

net capital: ***capitale netto; patrimonio netto.*** Termine usato con lo stesso significato di *net worth* (v.).

net capital employed: ***capitale netto impiegato.*** Termine usato con lo stesso significato di *capital employed* (v.).

net capital formation: ***formazione netta di capitale.*** Termine usato con lo stesso significato di *net fixed capital formation* (v.).

net capital productivity: ***produttività netta del capitale.*** La resa totale, di solito nell'arco di un anno, di un particolare investimento di capitale, dopo aver scontato le quote di ammortamento relative allo stesso investimento. È ciò che Keynes chiamò *marginal efficiency of capital* (v.), cioè il rendimento atteso dell'ultima unità addizionale di capitale. (v. anche *capital productivity*)

net carrying amount: ***valore contabile netto.*** Lo stesso che *net book amount* (v.).

net cash: ***contanti netto.*** Clausola commerciale che prevede il pagamento a pronta cassa dell'importo netto della fattura, dal quale sono già stati sottratti gli eventuali sconti.

net cash flow: ***flusso di cassa netto; flusso monetario netto.*** Consiste degli utili non distribuiti e degli accantonamenti a fronte di deprezzamento delle attività fisse di un'impresa. (v. anche *cash flow, gross cash flow*)

net change: ***variazione netta.*** Nel linguaggio borsistico, è la differenza tra il corso di chiusura di un giorno e il corso di chiusura del giorno di contrattazione successivo.

net cost: ***costo netto.*** Nelle assicurazioni sulla vita, si indica con questo termine l'ammontare totale pagato sotto forma di premio dopo aver detratto i dividendi ricevuti e il valore di riscatto della polizza al momento in cui se ne determina il costo netto (v. anche *mutual insurance, assessment insurance*). Lo stesso termine inglese viene usato come sinonimo di *net price* (v.).

net current assets: ***attività correnti nette; capitale circolante netto.*** Nel linguaggio contabile, è la differenza tra attività correnti e passività correnti di un'azienda.

net cycle time: ***tempo netto di ciclo.*** È costituito dal tempo in ciclo più il tempo fuori ciclo, cioè il tempo totale dedicato da un lavoratore alle sue mansioni in fabbrica. (v. anche *in–cycle time, out–cycle time*)

net debt: ***debito netto.*** Il debito totale dovuto ad un creditore, cioè il debito lordo, meno l'ammontare del fondo di ammortamento, costituito fino al momento in cui si calcola il debito netto, o altre disponibilità da applicare all'estinzione del debito. (v. anche *gross debt*)

net dividend: ***dividendo netto.*** Il dividendo effettivamente percepito dall'azionista, al netto dell'imposta o del credito d'imposta. Quando si usa il termine dividendo senza alcun determinante, si intende sempre il dividendo netto.

net domestic output: ***prodotto interno netto.*** Termine usato con lo stesso significato di *net domestic product at factor cost* (v.).

net domestic product: ***prodotto interno netto.*** Termine usato con lo stesso significato di *net domestic product at factor cost* (v.).

net domestic product at factor cost: ***prodotto interno netto al costo dei fattori.*** Il valore totale dei beni e servizi prodotti in un paese nell'arco di un determinato periodo di tempo, dopo aver detratto le spese di ammortamento, cioè le spese per la sostituzione di beni capitali. (v. anche *gross domestic product at factor cost*)

net domestic saving: ***risparmio interno netto.*** Il risparmio, al netto degli ammortamenti, realizzato in un paese congiuntamente da privati, imprese e stato. (v. anche *net saving*)

net earnings: ***reddito netto; entrate nette; utile netto di esercizio.*** Termine usato con lo stesso significato di *net income 1* (v.).

net earnings of management: ***profitto; profitto puro.*** Espressione usata dall'economista inglese Alfred Marshall come sinonimo di *pure profit* (v.), cioè il profitto spettante all'imprenditore per il rischio che egli si assume.

net equity assets: ***attività di capitale netto.*** Attività nette, meno il valore di rimborso delle azioni privilegiate, inclusi eventuali arretrati di interesse.

net estate: ***massa ereditaria.*** Il patrimonio di cui un testatore può disporre per testamento, meno le spese funerarie, le spese di testamento e di amministrazione della massa ereditaria, i suoi debiti e le sue passività e l'ammontare dell'imposta di successione da pagarsi sul patrimonio alla sua morte.

net fixed capital formation: ***formazione netta di capitale fisso.*** Le sole spese effettivamente sostenute per l'incremento del capitale fisso di un'azienda durante un determinato periodo di tempo, senza considerare quelle relative al deprezzamento, alle riparazioni e alla manutenzione. (v. anche *capital formation, gross fixed capital formation*)

net fixed investment: ***investimento netto in capitale fisso.*** Termine usato con lo stesso significato di *net fixed capital formation* (v.).

net foreign investment: ***investimento estero netto.*** L'acquisizione totale di attività all'estero da parte dei cittadini di un paese, meno l'acquisizione totale di attività nel paese da parte di cittadini stranieri.

net freight: ***nolo netto.*** Termine usato con lo stesso significato di *full freight* (v.).

net gain: ***guadagno netto.*** Termine generico, usato per indicare un qualsiasi tipo di introito, dopo che esso è stato depurato delle spese sostenute per produrlo, delle imposte e di eventuali altri oneri. (v. anche *net profit*)

net income: **1.** ***reddito netto; entrate nette; utile netto di esercizio.*** Il termine inglese può essere riferito tanto al reddito delle persone fisiche, quanto al reddito delle persone giuridiche. Nel primo caso, esso indica il reddito effettivamente percepito da un individuo, al netto di imposte, contributi sociali e previdenziali ed altre eventuali trattenute. Nel secondo caso, indica l'utile lordo d'esercizio depurato dei costi operativi e degli altri oneri e costi non operativi portati direttamente a detrazione dell'utile. In questo caso, pertanto, corrisponde alla somma che resta a disposizione degli azionisti o dei proprietari di un'impresa, dopo che sono state pagate tutte le spese d'esercizio, incluse le imposte sui redditi d'impresa. **2.** ***fatturato netto.*** In questo significato, il termine inglese viene usato come sinonimo di *net sales 1* (v.).

net indebtedness: ***indebitamento netto; saldo netto a debito.*** Nelle operazioni di compensazione, è il saldo netto che una o più banche o uno o più operatori devono alle altre banche o agli altri operatori.

net interest: **1.** ***interesse netto.*** Nei paesi nei quali vige la norma della ritenuta d'imposta alla fonte, questo termine indica l'importo di competenza del titolare di un deposito bancario, dopo che sono state operate le ritenute sulla somma maturata. **2.** ***interesse puro.*** In questo significato è più proprio il termine *pure interest* (v.).

net interest margin: ***margine d'interesse netto.*** Per una banca, è il reddito netto da interessi attivi diviso per il coacervo delle attività produttrici di reddito.

net investment: ***investimento netto.*** L'espressione inglese viene usata per indicare la somma globale di moneta spesa in un determinato periodo di tempo per l'acquisto di macchine e impianti non destinati a rimpiazzare simili beni capitali consumati e che, pertanto, reppresentano aggiunte nette alla quantità di capitale fisso a disposizione dell'economia. La stessa espressione ovviamente indica l'investimento lordo in beni capitali meno la parte di tale investimento destinata a spese per deprezzamento, riparazioni e manutenzione nell'arco di un determinato periodo di tempo. (v. anche *gross investment, net fixed capital formation*)

net investment abroad: ***investimento estero netto.*** Lo stesso che *net foreign investment* (v.).

net lease: ***costo netto di locazione.*** Il costo di locazione, quando il contratto prevede che il locatore sostenga tutte le spese relative a imposte, assicurazione, riparazioni, manutenzione, modifiche e migliorie sulla proprietà data in locazione. (v. anche *gross lease*)

net liabilities: ***passività nette.*** L'insieme delle passività di un'impresa, meno il totale delle sue attività, quando l'ammontare delle prime supera quello delle seconde.

net loss: ***perdita netta; perdita netta di esercizio.*** Termine usato con lo stesso significato di *loss 2* (v.).

net margin: **1.** ***margine netto.*** Rappresenta la differenza tra il margine lordo e le spese che sono state sostenute per realizzarlo. Tenendo presente che il margine lordo è rappresentato dall'eccedenza del fatturato sui costi diretti dei prodotti venduti o, detto in termini più semplici, la differenza tra prezzo al dettaglio e prezzo all'ingrosso, se un dettagliante vende a 1000 un bene che ha acquistato a 700, il suo margine lordo è rappresentato da 300. Ma se di questa cifra ad esempio due terzi, corrispondenti al venti per cento del prezzo di vendita, corrispondono a spese sostenute per la vendita del prodotto, il suo margine netto è rappresentato da 100. **2.** ***profitto netto.*** Il termine inglese viene a volte usato con lo stesso significato di *net profit* (v.).

net national debt: ***debito nazionale netto.*** Debito nazionale complessivo di un governo centrale, esclusa la parte di debito pubblico i cui titoli sono in possesso di enti statali o fanno parte di fondi di ammortamento o di investimento. (v. anche *national debt*)

net national income: ***reddito nazionale netto.*** Lo stesso che *net national product* (v.).

net national product: ***prodotto nazionale netto.*** Questa espressione viene spesso usata in relazione ai calcoli del reddito nazionale. Poiché i beni capitali si deprezzano o vengono consumati nel corso della produzione di altri beni, il valore dei beni capitali consumati viene detratto dal prodotto nazionale lordo al fine di ottenere i valori relativi al prodotto nazionale netto. Tuttavia, è molto difficile riuscire a misurare con sufficiente precisione il consumo di beni capitali. I valori usati dalle imprese sono basati sul costo originario sostenuto dall'impresa per acquisire il bene capitale e vengono di solito ammortizzati secondo una qualche formula arbitraria. Le deduzioni per il deprezzamento non sono molto realistiche, a causa sia della variazione dei livelli dei prezzi, sia delle pratiche consentite dai governi a fini fiscali con l'intento di stimolare gli investimenti. Il risultato di tutto ciò è che sebbene il prodotto nazionale netto sia a volte considerato un miglior punto di riferimento per la valutazione della produzione corrente, l'impossibilità da parte dell'economista di calcolare con sufficiente esattezza il consumo dei beni capitali porta all'uso più ampio e generalizzato dei valori del prodotto nazionale lordo. (v. anche *national income, gross domestic product*)

net net weight: ***peso nettissimo.*** Espressione usata nel commercio internazionale per indicare il peso effettivo delle sole merci, esclusa quindi anche la confezione nella quale sono poste in vendita o la carta in cui esse sono avvolte. (v. anche *net weight*)

net operating income: ***reddito netto di gestione; reddito netto di esercizio; risultato netto di gestione.*** Lo stesso che *operating profit* (v.).

net operating loss: ***perdita netta di gestione.*** Nel linguaggio tributario, indica l'eccedenza delle detrazioni e deduzioni sul reddito lordo. Nel linguaggio della contabilità, indica la perdita che non tiene conto di interessi e imposte sul reddito, ma che comprende l'ammortamento delle attività operative. Pertanto, il termine, grosso modo, corrisponde a *net loss* (v.) o *loss 2* (v.).

net operating profit: ***utile netto di gestione; profitto netto di gestione.*** Lo stesso che *operating profit* (v.).

net option: ***opzione; contratto a premio.*** Termine usato come sinonimo di *option* (v.) nei suoi due significati.

net output: ***produzione netta; prodotto netto; valore aggiunto.*** Il complesso di beni e servizi derivanti dall'attività economica di un singolo operatore, di un'impresa, di un'industria o di un'intera economia, dopo che è stato detratto l'ammontare di beni e servizi utilizzati nella produzione. L'espressione, sia in inglese che in italiano, è spesso usata come sinonimo di valore aggiunto, pur se talvolta i significati dei due termini non sono esattamente uguali. Il termine inglese *net output* è a volte usato anche come sinonimo di *gross product*, in quanto ambedue indicano un valore dal quale deve ancora essere detratto il valore del deprezzamento di beni capitali usati nella produzione. (v. anche *value added, gross output, output, gross product, net product 1*)

net pay: ***paga netta.*** È la paga che un lavoratore effettivamente riceve nella sua busta paga come remunerazione del lavoro svolto nell'arco di un determinato periodo di tempo. Comprende la paga base, le indennità cui il lavoratore ha diritto, eventuali premi di produzione o di incentivazione e l'eventuale remunerazione relativa a lavoro straordinario, il tutto depurato dell'imposta trattenuta alla fonte, dei contributi assistenziali e previdenziali di competenza del lavoratore ed eventuali altre trattenute, come ad esempio il contributo sindacale.

net position: ***posizione netta.*** Se un operatore in borsa acquista titoli o merci a pronti con l'intenzione di tenerli fino a quando si presenti l'occasione di venderli ricavandone un utile o quando egli ha proceduto all'acquisto di una quantità di titoli o merci superiore a quella che gli occorre per far fronte ad una precedente vendita allo scoperto, si dice che l'operatore è *long*, cioè si trova in una situazione di eccedenza di disponibilità di titoli o merci. Se, viceversa, egli vende allo scoperto, cioè si impegna a consegnare in futuro una data quantità di titoli o merci che oggi non possiede, ma conta di poter acquistare a un prezzo più basso prima di doverli consegnare, si dice che l'operatore è *short*, cioè si trova nella situazione di non poter al momento far fronte ai propri impegni. La posizione netta di un operatore è quella che deriva dalla differenza tra un insieme di contratti *long* e un insieme di contratti *short*. (v. anche *buying long, selling short, long, short*)

net premium: ***premio netto.*** Nel linguaggio delle assicurazioni, indica il premio effettivamente percepito dall'assicuratore, che corrisponde al premio pagato dall'assicurato meno: a) percentuale che l'assicuratore versa all'agente o al broker; b) imposte; c) eventuali porzioni di premio restituite; d) eventuali premi di riassicurazione. A volte, la stessa espressione viene usata per indicare il premio pagato dall'assicurato a fronte del rischio, al quale vanno aggiunte le imposte per giungere al premio totale che l'assicurato dovrà pagare alla firma della polizza e alle successive scadenze. (v. anche *return premium, gross net premiums*)

net present value: ***valore attuale netto.*** Metodo di valutazione e comparazione della redditività di investimenti alternativi. Si attua prendendo il valore attuale netto del reddito previsto, cioè a dire il reddito netto relativo agli anni in cui l'investimento, che può essere rappresentato da un impianto produttivo, resterà in funzione. Questo valore viene poi attualizzato, ad un tasso di interesse basato sul rischio, fino alla data in cui si effettua l'investimento, ottenendo un valore per ogni anno di funzionamento. Se il totale di questi valori annuali supera il valore del capitale che si intende investire, l'investimento può essere redditizio. Un altro metodo per valutare l'opportunità di effettuare un investimento è quello del flusso monetario scontato. (v. anche *discounted cash flow*)

net price: ***prezzo netto.*** Corrisponde alla somma che un acquirente paga dopo che dal prezzo di un bene sono stati detratti tutti gli eventuali sconti e abbuoni.

net private debt: ***debito netto del settore privato; debito privato netto.*** È il debito netto contratto da privati, imprese e associazioni non commerciali di un paese, in contrapposizione al debito pubblico contratto dallo stato e suoi enti. (v. anche *private debt, public debt*)

net proceeds: ***ricavo netto; provento netto.*** La somma o il valore monetario che effettivamente si ricava dalla vendita, o dall'alienazione sotto qualsiasi altra forma, di un bene mobile o immobile o dalla vendita sul mercato di un'emissione di titoli, dopo che sono stati detratti i costi direttamente imputabili alla vendita stessa.

net product: ***prodotto netto.*** a) È così espresso il valore globale della produzione di un singolo operatore, di un'impresa, di un'industria o di un'intera economia, dopo che è stato detratto il valore dei beni capitali consumati nel processo di produzione, cioè i valori di ammortamento dei beni capitali. Possiamo, pertanto, dire che il prodotto netto equivale al prodotto lordo meno: il valore dei beni e servizi usati nel processo produttivo, quali ad esempio le materie prime, i beni e servizi provenienti da altre imprese o da altre nazioni, ecc.; e il valore corrispondente al deprezzamento dei beni capitali usati nel processo produttivo (v. anche *value added, gross product, gross output, net output, output*). b) Termine usato dai fisiocrati durante il diciottesimo secolo, con il quale veniva indicata la differenza tra il valore della nuova ricchezza e il valore della ricchezza utilizzata per creare la nuova ricchezza. I fisiocrati erano dell'opinione che si potesse parlare di prodotto netto soltanto in relazione alle industrie estrattive (pesca, agricoltura, estrazione dei minerali, ecc.), in quanto l'industria di trasformazione era ritenuta sterile, pur se essenziale all'attività economica. (v. anche *Physiocrats, extractive industry*)

net profit: ***profitto netto; utile di esercizio.*** È il profitto che residua dopo aver detratto dalle entrate complessive tutte le spese sostenute per produrre quel reddito e qualsiasi eventuale perdita che si sia sostenuta. Il profitto netto viene ricavato nel conto profitti e perdite, ponendo in avere il profitto lordo dell'impresa e in dare tutte le spese, come ad esempio canoni di fitto, imposte, salari, premi assicurativi, ammortamento, ecc., e le eventuali perdite relative al periodo in esame. La differenza tra i due totali darà il profitto netto.

net profit after taxes: ***utile di esercizio al netto delle imposte.*** Espressione a volte usata come sinonimo di utile d'esercizio. V. spiegazione sotto *net profits*.

net profit before taxes: ***utile netto di esercizio al lordo delle imposte.*** L'espressione inglese viene usata per indicare l'utile lordo d'esercizio delle persone giuridiche, depurato dei costi operativi, ma non delle imposte o altri oneri che possono essere portati direttamente a detrazione degli utili.

net profit margin: ***margine di utile netto.*** È rappresentato dal rapporto tra fatturato netto e utile netto d'esercizio.

net profit on sales: ***profitto netto sulle vendite; utile netto sulle vendite.*** L'espressione inglese è usata in relazione ad attività commerciali per indicare l'ammontare di utile che rimane al venditore dopo che dal profitto lordo sono state detratte tutte le spese sostenute per la vendita delle merci, ivi inclusi i costi delle merci vendute e tutti gli altri oneri portati direttamente a detrazione dell'utile. (v. anche *gross profit on sales*)

net profit percentage: ***percentuale di profitto netto.*** È la percentuale di profitto al netto di tutte le spese generali sostenute da un'impresa, che compete all'imprenditore. Si ottiene ricavando prima il profitto netto, cioè la differenza tra profitto lordo e spese generali, e successivamente dividendo questo profitto netto per il fatturato e moltiplicando il prodotto per cento.

net profit ratio: ***indice di profitto netto.*** Il rapporto tra profitto netto e vendite globali.

net profits: ***reddito netto; entrate nette; utile netto di esercizio.*** Il termine inglese si usa in riferimento alle persone giuridiche, per indicare l'utile lordo d'esercizio depurato dei costi operativi e degli altri oneri e costi non operativi portati direttamente a detrazione dell'utile. Corrisponde, pertanto, alla somma che resta a disposizione degli azionisti o dei proprietari di un'impresa, dopo che sono state pagate tutte le spese d'esercizio, incluse le imposte sui redditi d'impresa. (v. anche *income deduction, gross profit*)

net property income from abroad: ***reddito netto su proprietà all'estero.*** Nel linguaggio della bilancia dei pagamenti, questa espressione indica la differenza tra profitti, dividendi e interessi ricevuti dai residenti di un paese su attività ubicate all'estero e gli stessi pagamenti fatti a residenti in altri paesi su attività ubicate nel paese in questione.

net public debt: ***debito netto del settore pubblico; debito pubblico netto.*** È il debito netto contratto da uno stato o da suoi enti o agenzie. (v. anche *public debt*)

net purchases: ***costo netto degli acquisti.*** Il costo delle merci o materie prime acquistate, più il nolo pagato per trasportarle dal luogo in cui si trovavano al punto di destinazione e meno gli abbuoni e lo sconto di cassa concessi dal venditore.

net rate: ***tariffa netta.*** Nel linguaggio delle assicurazioni, il termine è usato in due significati per indicare: a) il premio pagato, meno i dividendi ricevuti come partecipazione agli utili dell'impresa di assicurazioni; e, b) il premio pagato, meno il caricamento. (v. anche *loading 1, mutual company, mutual insurance, dividend 2*)

net realizable value: ***valore netto di presunto realizzo.*** È il valore dei prodotti destinati alla vendita e si calcola detraendo i costi relativi dal prezzo di mercato.

net receipts: ***entrate nette.*** Termine usato con lo stesso significato di *net income 1* (v.).

net redemptions: ***riscatti netti; disinvestimenti netti.*** La differenza positiva tra i riscatti, o disinvestimenti, da parte di sottoscrittori di un fondo comune d'investimento e le nuove sottoscrizioni da parte di altri e diversi investitori nello stesso fondo comune.

net register tonnage: ***stazza netta di registro; tonnellaggio netto di registro.*** È la capacità di trasporto di carico di una nave (quale appare sul registro navale e sui suoi documenti di immatricolazione) misurata prendendo cento piedi cubici come spazio necessario per accogliere una tonnellata di carico. L'effettiva capacità di trasporto di una nave mercantile è, tuttavia, di solito superiore alla sua stazza netta di registro.

net regression coefficient: ***coefficiente di regressione parziale; coefficiente di regressione netto.*** In una correlazione multipla, è il coefficiente di ciascuna variabile indipendente dell'equazione di regressione. Il termine *net* sta ad indicare che la relazione tra la variabile dipendente e quella particolare variabile indipendente è esente da influenze collaterali dell'altra o delle altre variabili indipendenti sulla variabile dipendente. (v. anche *multiple correlation, gross regression coefficient*)

net rent: ***canone di locazione netto.*** Canone di locazione base, cui vengono aggiunte le spese mensili relative a imposte, servizi e manutenzione, quando tali spese sono a carico del conduttore.

net rental: ***rendita netta di locazione.*** È la rendita, derivante da una proprietà data in locazione, dopo aver detratto imposte, spese di riparazioni e manutenzione e altri esborsi vari e di minore importanza.

net reproduction rate: ***saggio di riproduzione netto.*** In demografia, col termine saggio di riproduzione si intende l'indice di fecondità della donna in età di procreare. Il saggio di riproduzione netto indica il numero medio di bambini nati da ciascuna donna durante il periodo di procreazione, calcolando anche la mortalità infantile verificatasi nello stesso periodo. Lo stesso termine inglese è a volte usato per indicare il rapporto tra il numero di bambine che diventeranno madri e il numero di donne che le hanno generate. Se tale rapporto è uguale a uno, si evince che la popolazione è stazionaria; se il rapporto è inferiore a uno significa che la popolazione è in diminuzione; se è superiore a uno significa che la popolazione è in aumento. (v. anche *gross reproduction rate*)

net residual value: ***valore residuale netto.*** Il valore residuale di un bene (v. *recovery cost 1*) al netto delle spese o altri costi che si sono dovuti sostenere in relazione alla sua vendita.

net return: ***reddito netto; utile netto d'esercizio.*** Lo stesso che *net profits* (v.).

net revenue: ***fatturato netto.*** Termine usato con lo stesso significato di *net sales 1* (v.).

net sale contract: ***contratto di vendita a prezzo netto.*** Tipo di contratto usato nelle vendite in cui è impiegato un mediatore. Prevede un prezzo netto per il bene che il mediatore si impegna a vendere e che andrà interamente al venditore, mentre qualsiasi somma aggiunta al prezzo netto che il mediatore riuscirà a realizzare costituirà la sua remunerazione.

net sales: 1. ***fatturato netto.*** Corrisponde al fatturato lordo, meno abbuoni, nolo pagato per trasportare le merci dal luogo in cui si trovavano al punto di destinazione e lo sconto di cassa concesso all'acquirente. **2.** ***vendite nette.*** La quantità totale di merci vendute, dopo aver sottratto le rese da parte degli acquirenti. (v. anche *gross sales*)

net saving: ***risparmio netto.*** È il risparmio in un'economia, dopo aver sottratto dal risparmio globale le spese di ammortamento e dopo avervi aggiunto l'apprezzamento della scorta di capitale. Nella terminologia keynesiana, indica l'eccedenza del reddito netto sulla spesa in consumi.

net self-financing: ***autofinanziamento netto.*** L'autofinanziamento di un'impresa, costituito dai fondi che provengono dall'utile di esercizio non prelevato e reinvestiti nell'azienda.

net single premium: ***premio individuale netto.*** Il complesso dei costi annui futuri di assicurazione, individualmente attualizzati tenendo conto dell'età dell'assicurato alla quale si effettua il computo. In relazione a polizze collettive, il termine indica un premio che, immediatamente investito al tasso d'interesse presunto, darà un rendimento esattamente sufficiente a pagare tutte le indennità dovute in base alla polizza via via che esse maturano, purché il tasso di mortalità coincida con quello previsto nella tavola utilizzata per il computo.

net tangible asset ratio: ***rapporto delle attività tangibili nette.*** Se dalle attività tangibili complessive si sottraggono le passività correnti e gli interessi dei gruppi minoritari e successivamente si divide il valore ottenuto per il valore globale degli investimenti a lungo termine, si ottiene il rapporto delle attività tangibili nette.

net tangible assets: ***attività tangibili nette.*** Lo stesso che *tangible net worth* (v.).

netting-down: Termine usato per indicare il procedimento mediante il quale si calcola l'equivalente netto di un ammontare lordo, detraendo da quest'ultimo la percentuale voluta.

net ton: ***tonnellata americana.*** Termine usato con lo stesso significato di *American ton* (v.).

net tonnage: ***stazza netta; tonnellaggio netto.*** L'espressione è usata in relazione non al carico, bensì alla capacità di una nave. La stazza netta corrisponde al totale degli spazi permanentemente chiusi di una nave (stazza lorda) dopo aver sottratto gli spazi destinati all'equipaggio, alle macchine, alle provviste di bordo, al carburante e altri locali non destinati al trasporto di carico. (v. anche *gross tonnage*)

net trading: ***scambi al netto.*** Lo stesso che *net business* (v.).

net trading profit: ***utile netto sulle vendite; profitto netto sulle vendite; profitto commerciale netto.*** Il termine inglese è usato come sinonimo di *net profit on sales* (v.).

net transaction: ***operazione al netto.*** Operazione di compravendita titoli in relazione alla quale né il compratore né il venditore pagano commissioni o altre spese di intermediazione.

net turnover: ***giro di affari netto.*** È il valore complessivo delle vendite di un'impresa nell'arco di un determinato periodo di tempo, meno il valore delle rese. (v. anche *turnover 2, sales returns*)

net United Kingdom rate: È la somma di cui un investitore può chiedere al fisco inglese la restituzione quando i dividendi a lui spettanti vengono tassati alla fonte ed egli non è tenuto a pagare l'intera aliquota di imposta sul reddito, a seguito di deduzioni e detrazioni personali.

net value: ***valore netto.*** Nel linguaggio delle assicurazioni, l'accumulazione di premi netti non assorbiti per far fronte ai rischi assicurati.

net value added: ***valore aggiunto netto.*** Il valore, aggiunto da ciascuna persona o impresa impegnate nella produzione di un particolare bene o servizio, determinato prendendo in considerazione il pagamento di imposte, gli interessi, la rendita, i profitti e i compensi pagati ai dirigenti e agli altri dipendenti, comprensivi dei contributi di assicurazioni sociali, ma escludendo le quote di ammortamento dei capitali fissi usati nella produzione del bene o servizio.

net wage: ***salario netto.*** Lo stesso di *net pay* (v.).

net weight: ***peso netto.*** Il peso effettivo delle merci, senza tener conto dell'imballaggio nel quale sono racchiuse per la spedizione e dopo aver calcolato la tolleranza di calo o altri abbuoni. Corrisponde, pertanto, al peso lordo meno la tara e le tolleranze o abbuoni. Nel caso si tratti di merci in confezioni destinate all'esportazione, si è soliti distinguere il peso delle confezioni prima che esse vengano imballate in casse di legno o scatole di cartone (e questo è il peso netto) e il peso delle sole merci senza la confezione (e questo è il peso nettissimo). (v. anche *net net weight*)

network advertising: ***pubblicità sull'intera rete; pubblicità su rete nazionale.*** La pubblicità diffusa non tramite stazioni radio e televisive locali, bensì su tutto il territorio nazionale raggiunto da una rete di telecomunicazioni.

network analysis: ***analisi del percorso critico.*** Termine a volte usato con lo stesso significato di *critical path analysis* (v.).

net working capital: ***capitale circolante netto; capitale***

di esercizio netto. Il capitale correntemente usato nell'esercizio di un'impresa, che corrisponde alla differenza tra attività correnti e passività correnti.

net worth: ***capitale netto; patrimonio netto; capitale proprio.*** Espressione che, in relazione a società per azioni, indica il capitale di rischio al suo valore contabile, cioè calcolato in base alla situazione patrimoniale dell'azienda. Corrisponde, quindi, al capitale conferito più gli utili non distribuiti e gli accantonamenti, o capitale di risparmio. In relazione ad un'impresa individuale o una società in accomandita, l'espressione indica il valore netto dell'azienda per il suo o i suoi proprietari, rappresentato dal capitale d'apporto, inizialmente investito nell'azienda, più gli utili accumulati e reinvestiti. Un altro modo di calcolare il capitale netto di una società è quello di sottrarre dalle attività complessive dell'azienda le sue passività verso terzi. (v. anche *appropriated surplus, retained earnings, paid–in capital*)

net worth certificate: ***certificato di capitale netto.*** Il *Garn–St. Germain Act* del 1982 mise questo strumento a disposizione delle autorità federali che possono, così, soccorrere le istituzioni di deposito che versano in cattive acque. I certificati di capitale netto vengono emessi dalle istituzioni di deposito in difficoltà e vengono acquistati dall'agenzia federale a ciò preposta, allo scopo di incrementare artificialmente il capitale netto dell'istituzione emittente.

net worth ratio: ***rapporto di capitale netto.*** È uno dei rapporti finanziari e corrisponde al rapporto tra indebitamento a lungo termine e capitale netto.

net yield: ***rendimento netto.*** È il rendimento annuale di un titolo a reddito fisso, calcolato come reddito monetario, rappresentato dagli interessi percepiti sul titolo aumentati o diminuiti della differenza, ripartita tra gli anni durante i quali si tiene il titolo, tra prezzo di acquisto e valore di rimborso, se il titolo è stato comprato rispettivamente sotto o sopra la pari. Nel caso di titoli azionari, il rendimento netto corrisponde al dividendo percepito, diviso per il prezzo di acquisto del titolo. Nel caso di un titolo a reddito fisso, il rendimento netto tiene conto di: a) l'ammontare ricevuto sotto forma di interessi annuali; b) la differenza tra prezzo di acquisto e valore di rimborso; c) la vita del titolo. Una formula per calcolare tale rendimento potrebbe essere: $R = 100 - P/V + I/P$, dove: R corrisponde al rendimento effettivo; P equivale al prezzo pagato o prezzo corrente; V è uguale alla vita residua del titolo; I è il tasso nominale di interesse annuo. (v. anche *dividend yield, earnings yield*)

neutral banking transactions: ***prestazione di servizi; operazioni indifferenti.*** Espressione usata con lo stesso significato di *non–credit business* (v.).

neutral budget: ***bilancio neutro.*** Un bilancio statale congegnato in modo tale da non avere alcun effetto né di contrazione né di espansione sull'economia del paese interessato.

neutral equilibrium: ***equilibrio neutro.*** Nel linguaggio economico, questa espressione viene usata per indicare una situazione in cui una volta che si è raggiunto l'equilibrio, esso continuerà ad esistere indefinitamente a meno che una delle variabili, siano esse economiche o non economiche, venga alterata con conseguente squilibrio della preesistente condizione, che porterà ad una situazione di equilibrio nuovo e diverso.

neutrality of money: ***neutralità della moneta.*** Il teorema che sostiene che a causa dell'effetto Pigou nel mercato monetario, ad un dato incremento dell'offerta di moneta corrisponderà un uguale incremento proporzionale nei prezzi monetari di equilibrio.

neutralization of gold: ***neutralizzazione dell'oro.*** Lo stesso che *sterilization of gold* (v.).

neutral money: ***moneta neutrale.*** Una moneta ideale che abbia un potere d'acquisto stabile in termini di uno o più beni economici, onde evitare le ampie fluttuazioni del livello generale dei prezzi. Si sono fatti vari tentativi e proposte per creare questo tipo di moneta, tra cui quella di rendere il dollaro statunitense stabile in tal senso, ma non si è ancora giunti ad alcuna realizzazione pratica. Questa espressione, nella letteratura economica moderna, si è sostituita all'espressione moneta velo degli economisti classici, ma entrambe hanno più o meno lo stesso significato, in quanto indicano un'ipotesi che non trova riscontro nella realtà. (v. anche *money veil*)

neutral rate of interest: ***saggio neutrale d'interesse; tasso neutro d'interesse.*** Espressione usata dall'economista inglese J.M. Keynes per indicare il tasso di interesse di equilibrio che rapporta l'investimento al risparmio effettivo, quando nell'economia non si verifica alcuna forma di risparmio forzato o coattivo.

new account dealings: ***operazioni di nuovo periodo.*** Termine usato con lo stesso significato di *new time dealings* (v.).

New Deal: Espressione con la quale viene indicato l'insieme di provvedimenti legislativi, sociali ed economici, che durante la presidenza di F.D. Roosevelt furono adottati dal governo degli Stati Uniti allo scopo di assistere i lavoratori disoccupati a seguito della grande depressione e al fine di agevolare il decollo della ripresa economica. Il *New Deal*, che si fa coincidere col periodo che va dal 1933 al 1945, ebbe effetti molto importanti nelle relazioni industriali. Nel 1935 fu approvato il *National Labor Relations Act*, che garantiva ai lavoratori il diritto di organizzarsi e di eleggere, con voto segreto, il loro rappresentante alle contrattazioni collettive, così offrendo la possibilità di un controllo sull'offerta di lavoro. Nello stesso anno fu fondata, dapprima soltanto come comitato all'interno dell'*American Federation of Labor*, la CIO (*Congress of Industrial Organizations*) che, staccatasi dall'AFL considerata troppo conservatrice, ottenne il proprio riconoscimento prima attraverso azioni di forza e poi con una sentenza della Corte Suprema degli Stati Uniti. La fondazione della CIO cambiò il mercato del lavoro statunitense da un monopsonio ad una situazione più vicina a un monopolio bilaterale.

new economics: ***nuova economia.*** Espressione con la quale viene indicata la politica economica dei neo–keynesiani, basata sulla teoria della manovra fiscale flessibile e della spesa pubblica per stimolare e migliorare l'economia di un paese.

new entrants: 1. ***nuovi assunti.*** Nel linguaggio economico, il termine viene usato per indicare coloro che entrano per la prima volta nel mondo del lavoro. Essi svolgono la funzione importante di ridistribuzione delle varie occupazioni in un'economia che mostra scarsa mobilità del lavoro. Difatti, i nuovi lavoratori si indirizzeranno verso attività in espansione che possono occuparli e così la forza lavoro delle industrie in declino viene lentamente ridotta dall'esodo naturale dei lavoratori, principalmente per raggiunti limiti di età. **2.** ***nuove imprese.*** La stessa espressione inglese viene usata per indicare le nuove imprese che entrano in un mercato più o meno consolidato. Esse possono trovare difficoltà differenti, a seconda del grado di tecnologia raggiunto dalle imprese già sul mercato e della situazione economica generale e particolare del mercato (v. anche *barriers to entry*)

new for old: *nuovo per vecchio.* Espressione del linguaggio delle assicurazioni, con la quale si indica che, in caso di sinistro con perdita totale, il bene coperto da assicurazione sarà valutato al costo di sostituzione e non al suo valore residuo.

newgo: *nuovo periodo.* Termine usato come sinonimo di *new time* (v.).

new hires: *nuove assunzioni.* Il numero totale di persone che, in un qualsiasi dato periodo di tempo, entrano nel mondo del lavoro, a seguito di assunzione da parte di datori di lavoro.

new industrial country: *nuovo paese industriale.* Lo stesso che *newly industrialized country* (v.).

new international economic order: *nuovo ordine economico internazionale.* Espressione generica con la quale si indica l'orientamento verso un nuovo e differente tipo di rapporto economico tra paesi industrializzati e paesi in via di sviluppo, manifestatosi nell'ambito delle Nazioni Unite.

new issue: *nuova emissione.* Le nuove emissioni di azioni o di obbligazioni possono essere fatte direttamente dall'impresa interessata, che invita il pubblico a sottoscriverle pubblicando un manifesto di emissione contenente tutte le informazioni relative ai titoli e all'impresa stessa, o da un sindacato di garanzia e collocamento titoli, che si impegna contrattualmente con la società emittente a collocare i titoli sul mercato e a sottoscrivere la parte eventualmente non sottoscritta dal pubblico. In ambedue i casi, il potenziale sottoscrittore dovrà inviare una domanda di sottoscrizione, che costituisce l'offerta di acquisto dei titoli, che l'impresa o la società di emissione possono accettare o declinare. Oggi, si verifica raramente il caso che una nuova impresa offra la propria emissione azionaria alla pari sul mercato finanziario, come invece si verificava in passato. La consuetudine è quella di raccogliere i fondi attraverso sottoscrizione o dei soci fondatori o di altre società già in funzione, onde finanziare la nuova impresa fin quando sarà nota sul mercato. Pertanto, le nuove emissioni sono solitamente offerte da imprese già presenti ed affermate sul mercato e ciò consente di fare una previsione abbastanza accurata su quella che sarà la remunerazione del capitale fornito dai risparmiatori all'impresa emittente. Il prezzo di emissione delle nuove azioni non deve necessariamente essere uguale al loro valore nominale, ed in effetti è generalmente basato sul prezzo di mercato delle azioni già in circolazione di quella stessa società o di azioni di società simili, meno un premio di emissione offerto al fine di incentivare i sottoscrittori. Se il premio di emissione è interessante, esso ha il potere di attrarre l'attenzione degli aumentisti, quella particolare figura di rialzista noto come *stag* (v.) alla borsa valori di Londra, che sottoscrive i titoli con l'intenzione di rivenderli appena gli vengono assegnati, intascando il premio di emissione, cioè la differenza tra il prezzo al quale egli sottoscrive le azioni e il prezzo di mercato che egli potrà spuntare quando la sottoscrizione sarà chiusa. (v. anche *prospectus, offer for sale, issuing house*)

new issue market: *mercato delle nuove emissioni; mercato primario.* In senso lato, il termine inglese indica il mercato dei capitali a lungo termine, ovvero il mercato delle nuove emissioni di azioni ed obbligazioni. In questo mercato, le imprese possono procurarsi i capitali necessari o per un'espansione della propria attività, o per una riconversione, o per avviare una nuova impresa o, infine, per inserire capitale azionario pubblico in un'impresa precedentemente di proprietà di poche persone. Al mercato delle nuove emissioni le imprese possono giungere in varie maniere, e precisamente con: a) un collocamento privato, che si verifica quando un'emissione viene completamente assorbita da una società finanziaria o da investitori istituzionali, quali le compagnie di assicurazione o i fondi comuni d'investimento, senza che i titoli raggiungano il libero mercato; b) una presentazione sul mercato dei titoli, quando l'emittente chiede la quotazione in borsa dei titoli da emettere. In questo caso, di solito la società ha già altri titoli sul mercato; c) una collocazione in borsa, che prevede la quotazione come nel caso b), più l'accordo con investitori istituzionali o società di emissione che si impegnano a sottoscrivere l'intera emissione per poi rivenderla in borsa a piccoli lotti; d) un'emissione pubblica, oggi alquanto rara, che si concretizza con la pubblicazione di un manifesto di emissione da parte della società e l'acquisto dei titoli o direttamente da parte del pubblico o tramite l'intermediazione di un sindacato di garanzia e collocamento titoli; infine, e) un'emissione riservata ai vecchi azionisti, che vantano un diritto di opzione sui nuovi aumenti di capitale. Tutte queste forme di emissione prevedono costi non indifferenti per la società emittente, sotto forma di spese di pubblicità, premi di emissione, commissioni agli intermediari, ecc., così che l'emissione deve essere sufficientemente ampia da ripartire questi costi su un grande numero di titoli. Tra i tipi di nuove emissioni sopra citati, quelli che comportano un minor costo per l'emittente, sia sotto forma di spese di pubblicità che di spese di sottoscrizione, sono la collocazione privata e la collocazione presso i vecchi soci con diritto di opzione. In linea generale, tuttavia, si può affermare che i costi di emissione sono tanto più bassi quanto più nota è la società emittente e quanto più grande è la fiducia che essa ispira nei risparmiatori e negli investitori istituzionali. Ciò consente, infatti, alla società o all'ente emittente di eliminare l'intermediazione, che assorbe una grande percentuale dei costi di emissione. (v. anche *private placing, stock-exchange introduction, stock-exchange placing, public issue, rights issue, prospectus, Macmillan Gap*)

New Jason clause: Nei trasporti marittimi, è la clausola che limita la responsabilità del vettore, in caso di perdita conseguente a incidente o disastro, e chiama i noleggiatori o i proprietari del carico a contribuire all'avaria comune. La stessa clausola se inserita in una polizza di assicurazione marittima indica che l'assicurato è coperto contro i rischi che potrebbero derivargli dall'inserimento della *New Jason clause* nella polizza di carico.

newly industrialized country: *paese di nuova industrializzazione.* Uno qualsiasi dei paesi che si sono di recente affacciati sui mercati internazionali dei prodotti industriali, avendo raggiunto un livello di industrializzazione che consente loro di competere con i paesi più avanzati. Tra questi paesi si possono citare il Brasile, la Repubblica di Corea, il Messico, Taiwan, Hong Kong, Singapore e altri.

newly industrializing economies: *economie dei paesi di nuova industrializzazione.* Le economie dei paesi citati sotto *newly industrialized country* (v.), caratterizzate da alti tassi di crescita economica, registrati a partire dall'inizio degli anni settanta, e tutte orientate verso l'esportazione, con una quota del mercato internazionale superiore allo 0,4% nel 1976.

new model unions: Tipo di sindacati dei lavoratori, che ebbero la maggiore diffusione durante la seconda metà del secolo scorso. L'iscrizione era riservata a certi tipi di lavoratori specializzati e il sindacato abbinava la funzione propria di un sindacato lavoratori a quella di società di mutuo soccorso. In linea di massima, la loro politica era quella di collaborazione con i datori di lavoro, ma la loro arma di lotta era pur sempre rappresentata dallo sciopero. (v. anche *trade union, craft union, new unionism, old unionism*)

new money: ***denaro nuovo.*** Espressione usata in relazione ad un'operazione di rifinanziamento, per indicare l'ammontare di cui il valore complessivo nominale dei titoli supera il valore di quelli prossimi alla scadenza e che il mutuatario incamera.

new order: ***ordinativo nuovo.*** Richiesta di fornitura di beni, ricevuta ed accettata da un'impresa per consegna immediata o futura. Poiché passa un certo tempo tra la ricezione di nuovi ordinativi e la loro esecuzione, essi di solito svolgono la funzione di indicatore economico in relazione alle future condizioni del commercio. Un aumento di nuovi ordinativi indica un aumento della produzione e dei posti di lavoro in un prossimo futuro.

new penny: ***nuovo penny.*** È la nuova moneta divisionale del Regno Unito, creata a seguito della conversione del sistema monetario inglese in sistema decimale, che ebbe luogo nel febbraio del 1971. Oggi, il nuovo *penny* equivale a un centesimo della sterlina e viene indicato con la lettera *p.*

new product development: ***sviluppo di un nuovo prodotto.*** Lo stesso che *product development* (v.).

new protectionism: ***nuovo protezionismo.*** L'insieme di provvedimenti volti a proteggere alcuni tipi di industrie e adottati da molti paesi industrializzati, come ad esempio regolamentazione delle importazioni, standard di qualità, contenuto nazionale, quote e contingentamenti e simili. Arthur Dunkel, direttore generale del GATT, ha definito il nuovo protezionismo con le seguenti parole: «Le misure che si trovano tra la legalità e l'aperta violazione delle norme del GATT che attualmente regolamentano buona parte del commercio internazionale di acciaio, automobili, natanti, fibre sintetiche e così via.» Il termine inglese viene spesso usato come sinonimo di *neo-mercantilism* (v.).

new shares: ***nuove azioni; azioni di nuova emissione.*** Espressione che, nel linguaggio della borsa valori di Londra, viene usata per indicare quelle azioni la cui proprietà può essere trasferita mediante la consegna del documento che ne attesta l'esistenza, non essendo ancora stati emessi i relativi certificati azionari da parte della società emittente. Da un punto di vista del dividendo, queste azioni non hanno ancora diritto al pagamento del dividendo annuale e per questo motivo vengono quotate separatamente fino alla data del pagamento del dividendo sulle altre azioni della stessa società. (v. anche *renounceable documents*)

New South: ***Nuovo Sud.*** Lo stesso che *Sun Belt* (v.).

news release: ***comunicato stampa.*** Lo stesso che *press release* (v.).

new time: ***nuovo periodo.*** Vedi spiegazione sotto *new time dealings.*

new time dealings: ***operazioni di nuovo periodo.*** Nel linguaggio della borsa valori di Londra, sono operazioni concluse negli ultimi due giorni di un ciclo operativo di borsa, ma calcolate ai fini della liquidazione come se avessero avuto luogo nei primi giorni del successivo ciclo operativo. (v. anche *account 2*)

new towns: ***nuove città.*** Sono le nuove città che nel Regno Unito furono fondate allo scopo di frenare la smisurata crescita di Londra e altre grandi città. Le nuove città furono fondate in zone in cui esistevano piccoli centri, dai quali presero il nome, con l'intenzione di farvi trasferire una popolazione residente che trovasse in esse disponibilità di abitazioni e di lavoro. Per questo ultimo motivo, le sedi prescelte erano sufficientemente lontane dalle grandi città al fine di evitare che i nuovi agglomerati urbani divenissero semplici città dormitorio. La fondazione e lo sviluppo di queste nuove città furono regolamentati dal *New Towns Act*, approvato dal parlamento britannico nel 1946, che prevedeva l'istituzione di una banca di sviluppo per ciascuna nuova città. (v. anche *Commission for New Towns, development corporations*)

new unionism: ***nuovo unionismo; nuovo sindacalismo.*** Espressione usata per indicare i nuovi sindacati che andavano sviluppandosi nel Regno Unito verso la fine del secolo diciannovesimo. La differenza tra questi e i precedenti consisteva nell'ampliamento delle possibilità di iscrizione al sindacato. Prima che venissero fondati questi nuovi sindacati, i lavoratori specializzati confluivano nelle corporazioni di arti e mestieri, mentre i non specializzati si associavano in sindacato. La fondazione di questi nuovi sindacati diede l'inizio al potente movimento sindacale inglese, che fece nascere i grandi sindacati industriali del secolo ventesimo. (v. anche *trade union, craft union, new model unions, old unionism*)

new world economic order: ***nuovo ordine economico mondiale.*** È il nuovo ordine di cui si è discusso e si continua a discutere nel dialogo nord–sud. (v. anche *North–South dialogue*)

New York clause: ***clausola della perdita dell'ipoteca.*** Termine usato con lo stesso significato di *mortgage loss clause* (v.).

New York Commodity Exchange: ***Borsa merci di New York.*** Mercato dei contratti a termine nel quale hanno luogo principalmente contrattazioni relative a oro, argento e rame.

New York Futures Clearing Corporation: Organizzazione istituita dalla *New York Futures Exchange* (v.) per gestire le operazioni di compensazione di contratti a termine.

New York Futures Exchange: È il mercato dei prodotti a termine della città di New York. (v. anche *futures market*)

New York interest: ***interesse di New York.*** Negli Stati Uniti, si indica con questa espressione l'interesse calcolato sulla naturale lunghezza di un mese, cioè ventotto, trenta o trentuno giorni a seconda dei casi. L'espressione è contrapposta a interesse di Boston, che viene invece calcolato sul mese commerciale. (v. anche *Boston interest*)

New York loss clause: ***clausola della perdita dell'ipoteca.*** Termine usato con lo stesso significato di *mortgage loss clause* (v.).

New York Plan: Espressione usata per indicare sia una società finanziaria sia il sistema da essa usato, che prevede la locazione di attrezzature e impianti sotto forma di vendita con riserva di proprietà. (v. anche *equipment leasing, conditional sale, Philadelphia plan, lease, leasing agreement*)

New York Reserve Bank: È la più importante delle dodici banche della Riserva Federale, che gode anche di una certa autonomia in determinati settori, quale ad esempio quello delle accettazioni bancarie.

New York Stock Exchange: ***Borsa valori di New York.*** È la principale borsa valori ed il principale mercato di valori mobiliari di tutti gli Stati Uniti. La borsa valori di New York, da non confondersi con l'altra borsa che funziona nella stessa metropoli e chiamata *American Stock Exchange* (v.), è un'associazione che risale al 1792 e consta di 1375 membri che trattano la compravendita di titoli azionari, obbligazionari, di stato, ecc. Si può diventare membri della borsa valori di New York soltanto acquistando da un membro che si ritira il diritto ad un *seat* o ricevendolo in eredità, ma in ambedue i casi l'ammissione definitiva alle operazioni di borsa è soggetta all'approvazione di una commissione preposta all'esame delle ammissioni. (v. anche *stock exchange, seat*)

New York stock right: ***diritto di opzione di New York.*** Espressione del linguaggio borsistico statunitense, usata per indicare il diritto di un azionista ad acquistare nuove azioni emesse dalla società di cui egli già fa parte. Il valore teorico di un diritto di opzione di New York viene calcolato in due diversi momenti, prima e dopo la data entro la quale bisogna far valere il proprio diritto. Se viene calcolato prima, la formula su cui si basa il calcolo è la seguente: corso di mercato del titolo già in circolazione meno prezzo di sottoscrizione, diviso per il numero di diritti di opzione necessari per acquistare una singola azione nuova, più uno. Se il calcolo viene fatto dopo la data entro la quale si deve far valere il proprio diritto, la formula è come quella detta sopra, tranne che al denominatore non viene aggiunto uno. Queste formule vengono usate quando un azionista con diritti di opzione intende vendere a terzi i propri diritti ed è necessaria la formula perché spesso ciascuna azione in circolazione dà diritto soltanto ad una frazione di azione di nuova emissione, per cui, ad esempio, ad ogni dieci azioni in circolazione può corrispondere il diritto ad una sola azione di nuova emissione. (v. anche *option, Philadelphia stock right*)

New Zealand–Australia free trade agreement: È l'accordo di libero scambio concluso dall'Australia e dalla Nuova Zelanda sul tipo di simili accordi conclusi in altre parti del mondo e tendenti a ridurre o eliminare i dazi di importazione e agevolare la libera circolazione di beni e lavoro nei paesi firmatari. (v. anche *European Free Trade Association, European Economic Community, Latin American Free Trade Association*)

next in, first out: ***il prossimo ad entrare è il primo ad uscire.*** Espressione usata in ragioneria per indicare il criterio di valutazione delle scorte di magazzino, in base al quale lo scarico viene effettuato al prezzo di acquisto presunto. Questo criterio è meno usato del LIFO e del FIFO. (v. anche *last in, first out; first in, first out*)

next time: ***nuovo periodo.*** Termine usato come sinonimo di *new time* (v.).

N/F.: no funds.

N.F.C.: National Freight Corporation.

N.F.U.: National Farmers' Union.

ngultrum: Unità monetaria del Bhutan, suddivisa in due tikchung o cento paise.

ngwee: Moneta divisionale dello Zambia, equivalente a un centesimo di kwacha.

N.H.I.: National Health Insurance.

N.H.S.: National Health Service.

N.I.: 1) national insurance; 2) national income.

N.I.C.: National Incomes Commission.

NIC: newly industrialized country.

niche: ***nicchia.*** V. spiegazione sotto *market niches.*

niche marketing: ***commercializzazione per nicchie di mercato.*** Lo stesso che *concentrated segmentation* (v.).

nickel: ***nichelino.*** Termine colloquiale in uso negli Stati Uniti per indicare una moneta da cinque centesimi di dollaro, così chiamata dal metallo di cui è fatta. In un significato più generico, il termine inglese indica qualsiasi moneta metallica di poco valore.

Nicky: Termine popolare con il quale viene indicata nel Regno Unito la Commissione nazionale per i redditi. (v. anche *National Incomes Commission*)

NIF: note issuance facility.

night safe: ***cassa notturna; cassa continua di versamento.*** Servizio, introdotto nel Regno Unito nel 1928, offerto dalle maggiori banche ai propri clienti, al fine di metterli in grado di affidare denaro contante e assegni alla custodia della banca dopo l'orario di sportello o durante il fine settimana. La cassa continua è costituita da un'apertura, su una delle pareti esterne della banca, e un condotto a scivolo che porta in un locale sicuro o corazzato. I clienti, come ad esempio i commercianti, che devono depositare assegni e contanti dopo l'orario di chiusura della banca, ricevono una chiave con la quale possono aprire la copertura metallica della cassa continua e inserirvi, in un apposito contenitore anch'esso chiuso a chiave, ciò che desiderano depositare. Con l'avvento del computer, molte banche hanno eliminato le chiavi di apertura della cassa e ciò ha luogo attraverso l'impostazione di un codice su una tastiera che fa le veci dell'antica serratura. Una volta depositato il contenitore all'interno della cassa continua, esso giunge nella stanza blindata o altro luogo sicuro all'interno della banca, da dove viene prelevato il mattino successivo o del prossimo giorno lavorativo. A questo punto, il cliente può avere con la banca uno dei seguenti due accordi: a) la banca procede all'apertura del contenitore ed accredita il contenuto sul conto del cliente; oppure, b) il cliente si reca in banca, ove gli viene consegnato il contenitore ancora chiuso, che egli aprirà per versarne il contenuto sul proprio conto.

night shift: ***turno di notte.*** In un'impresa che opera con due turni di lavoro, è quello che ha inizio alle nove di sera e termina alle sei del mattino. In un'impresa che opera con tre turni di lavoro, è quello che ha inizio alla mezzanotte e termina alle otto del mattino. Lo stesso termine viene usato per indicare anche il gruppo di lavoratori che costituisce il turno di notte.

Nikkei–Dow average: Un numero indice dei corsi azionari registrati presso la borsa valori di Tokyo.

nil norm: Espressione usata per indicare uno standard di minimi aumenti dei salari e dei prezzi imposto dal governo, che limita la concessione di un massimo prestabilito ai soli lavoratori che risultino sottopagati o ai casi in cui si è verificato un incremento di produttività, per cui l'aumento salariale risulta diretta conseguenza di una maggiore produttività.

nil paid: Espressione che, nel linguaggio della borsa valori di Londra, viene usata per indicare una nuova emissione di azioni, di solito fatta per soddisfare diritti di opzione o di sottoscrizione, a fronte della quale non è stato ancora effettuato alcun versamento alla società emittente.

nil price: ***nessun prezzo; senza prezzo.*** L'assenza di qualsivoglia considerazione in cambio di un bene o servizio. Si usa principalmente in relazione a donazioni tra privati e ad alcuni servizi offerti dallo stato, quali la difesa, l'istruzione e, in alcuni paesi, il servizio sanitario.

nineteenth–century liberalism: ***liberalismo del diciannovesimo secolo.*** Termine usato con lo stesso significato di *classical liberalism* (v.).

N.I.R.A.: National Industrial Recovery Act.
nirvana approach: Espressione usata dall'economista statunitense R. Kessel per indicare l'errore di logica, oggi spesso commesso nei dibattiti economici, di mettere a confronto una politica economica imperfetta realmente adottata con una politica economica perfetta ma soltanto teorica, al fine di denigrare la prima.
N.L.R.A.: National Labor Relations Act.
N.L.R.B.: National Labor Relations Board.
N.M.B.: National Mediation Board.
N/N.: not to be noted.
N.N.I.: net national income.
N.N.P.: net national product.
No.: number.
N/O: no orders.
no account: ***nessun conto.*** Espressione che compare su assegni restituiti da una banca trattaria, quando l'emittente di tali assegni non intrattiene alcun conto con quella banca. Colui che emette assegni su una banca presso la quale non abbia preventivamente aperto un conto è perseguibile a norma di legge nel Regno Unito.
no advice: ***non autorizzata.*** Espressione scritta su una cambiale domiciliata presso una banca che ne rifiuta il pagamento in quanto non ha ricevuto dal cliente alcuna autorizzazione specifica a pagarla. La consuetudine inglese, infatti, vuole che il cliente autorizzi la banca a pagare le cambiali che egli domicilia presso di lei, ma in pratica si è spesso obiettato che l'accettazione di una cambiale domiciliata presso una banca particolare può già di per sé intendersi come autorizzazione al pagamento. Oggi, infatti, le cambiali domiciliate su banche londinesi vengono da queste regolarmente pagate anche in assenza di autorizzazione specifica, a meno che intervengano accordi diversi tra banca e cliente. Invece, l'autorizzazione è ancora necessaria per il pagamento di cambiali domiciliate presso banche londinesi da clienti stranieri.
no arrival, no sale: ***nessun arrivo, nessuna vendita.*** L'espressione inglese indica una condizione contenuta nei contratti di vendita che stabilisce che se o finché le merci non arrivano a destinazione, il compratore non acquista il diritto di proprietà e non è tenuto a pagarle.
noble: ***nobile.*** Antica moneta inglese d'oro, coniata per la prima volta da Edoardo terzo nel 1344, col valore di sei scellini e otto pence dell'epoca. Il nobile continuò ad essere coniato per molto tempo, pur se nei secoli successivi cambiò nome e valore. Ad esempio, il nobile coniato nel 1464 fu portato al valore di otto scellini e quattro pence dell'epoca, mentre il *George noble* (v.), coniato nel 1526, cambiò nome ma tornò al valore originario della moneta di Edoardo terzo.
no claims bonus: ***sconto condizionato.*** Sconto concesso da una compagnia di assicurazione all'automobilista che non ha denunciato sinistri in un arco di tempo di solito corrispondente ad un anno. È una forma di incentivazione tendente a far prestare maggiore attenzione agli automobilisti durante la guida, evitando così piccoli incidenti che rappresentano un notevole aumento di costi amministrativi per le società di assicurazione. Se non vengono denunciati sinistri da parte dell'assicurato per un periodo di tempo superiore ad un anno, lo sconto può giungere fino al quaranta per cento del premio.
no claims discount: ***sconto condizionato.*** Termine usato come sinonimo di *no claims bonus* (v.).
no cure, no pay: ***nessun pagamento se non vi è successo.*** Nei salvataggi marittimi, l'espressione indica un tipo di contratto in base al quale non è dovuto alcun compenso se il tentativo di salvare beni in pericolo in mare non ha buon esito.
no effects: ***conto scoperto; niente fondi.*** Lo stesso che *no funds* (v.).
no–fault: Espressione aggettivale, usata negli Stati Uniti in relazione ad un tipo di assicurazione contro i rischi derivanti dalla circolazione di veicoli a motore, in base al quale la vittima di un incidente viene indennizzata, dei danni subiti o delle spese sostenute, dalla stessa società con la quale è assicurata, senza tener conto di chi sia il responsabile dell'incidente.
no–fault auto insurance: ***assicurazione automobilistica «casco».*** Il tipo di assicurazione automobilistica citato sotto *no–fault* (v.).
no–frills service: ***servizio di sola esecuzione.*** Lo stesso che *execution–only service* (v.).
no funds: ***conto scoperto; niente fondi.*** Espressione che compariva su assegni restituiti dalla banca trassata, quando il conto dell'emittente risultava avere una consistenza insufficiente per soddisfare gli assegni. Questa espressione è stata recentemente sostituita, nel Regno Unito, dalla frase più generica e meno impegnativa *refer to drawer* (v.).
noise: ***rumore.*** Termine del gergo borsistico statunitense, con il quale si indica l'attività sul mercato mobiliare generata da scambi mediante computer e altri fenomeni che, tuttavia, non riflettono una reale attività di compravendita o una reale tendenza del mercato.
noise trader: ***operatore non informato.*** Un operatore di un mercato finanziario che non dispone di sufficienti informazioni per effettuare le proprie scelte e pertanto si basa sui «rumori» o sulle «voci» che circolano nel mercato.
NOL: net operating loss.
no liability: ***senza responsabilità.*** Nel diritto societario, questa espressione indica una situazione giuridica in cui la società non può citare in giudizio i propri azionisti per il mancato pagamento relativo a richiami di decimi. Se, infatti, si verifica che il socio non paghi, la società può soltanto confiscare le azioni a lui intestate.
no–liability company: È un tipo di società mineraria ammessa dal diritto australiano, che consente ai propri soci di scegliere tra il pagamento dei richiami di decimi e la confisca delle azioni di loro proprietà da parte della società. (v. anche *no liability*)
no–load fund: ***fondo senza spese.*** È un fondo comune d'investimento, che non fa pagare al sottoscrittore alcuna spesa di acquisto. Può, invece, far pagare un diritto fisso di gestione del fondo, da detrarsi o dalla somma che viene investita da ciascun singolo sottoscrittore o dalla somma complessiva destinata agli investimenti.
nom.: nominal.
nom. cap.: nominal capital.
nominal account: **1.** ***conto di reddito.*** Qualsiasi conto acceso a costi e ricavi, che si esaurisce generalmente nel corso di un esercizio finanziario e non viene riaperto nel successivo esercizio (v. anche *personal account, real account*). **2.** ***sottoconto numerario; sottoconto elementare.*** Qualsiasi conto che rappresenti un sottoconto di un conto acceso alle attività di un'impresa, quali ad esempio attrezzature, impianti, ecc. (v. anche *real account, personal account*). **3.** ***conto impersonale.*** V. spiegazione sotto *impersonal accounts.*
nominal assets: ***attività nominali; elementi complementari dell'attivo; attività fittizie; poste rettificative del capitale netto.*** Termine usato con lo stesso signifi-

cato di *fictitious assets* (v.).

nominal balances: ***saldi nominali.*** Lo stesso che *money balances* (v.).

nominal capital: ***capitale nominale; capitale sociale nominale.*** Termine usato con lo stesso significato di *authorized capital* (v.).

nominal consideration: ***corrispettivo nominale.*** Somma simbolica che viene a volte inserita come corrispettivo in un atto di trasferimento di beni mobili o immobili, ceduti dal proprietario sotto forma generalmente di donazione e non di vendita. (v. anche *money consideration*)

nominal cost: ***costo nominale; costo monetario.*** Un costo misurato in termini monetari al momento in cui esso fu sostenuto, senza cioè tener conto alcuno della perdita di potere d'acquisto della moneta dal momento in cui fu sostenuto il costo al momento in cui esso viene preso in considerazione. (v. anche *real cost*)

nominal coupon: ***interesse nominale.*** Termine usato con lo stesso significato di *nominal interest rate* (v.).

nominal damages: ***danni nominali; risarcimento nominale; risarcimento simbolico.*** Nel linguaggio giuridico, indica una piccola somma accordata da un organo della magistratura in riconoscimento di una lesione dei diritti dell'attore che, però, non ha subito danni materiali a seguito del comportamento del convenuto. (v. anche *exemplary damages*)

nominal demand: ***domanda nominale.*** La domanda di beni e servizi ovvero il prodotto nazionale lordo espressi in termini monetari.

nominal element: ***componente nominale; componente di reddito.*** Termine usato in ragioneria per indicare la parte di un conto che riflette costi spirati o ricavi realizzati, pertanto trasferibili al conto profitti e perdite.

nominal exchange rate: ***tasso di cambio nominale.*** Il tasso di cambio tra due o più valute quale si manifesta sui mercati valutari, senza tener conto di altri fattori economici che possono avere il loro peso sul tasso di cambio reale (v. *real exchange rate*). In questo senso, il termine è sinonimo di *market rate of exchange* (v.).

nominal exchange rate risk: ***rischio del tasso di cambio nominale.*** Lo stesso che *nominal exchange risk* (v.).

nominal exchange risk: ***rischio del cambio nominale.*** Si verifica quando i profitti derivanti dal commercio internazionale sono incerti a causa di variazioni impreviste nei tassi di cambio nominali.

nominal income: ***reddito nominale.*** Lo stesso che *monetary income* (v.) nel significato specifico di reddito calcolato in valore monetario.

nominal interest: ***interesse nominale.*** Termine usato con lo stesso significato di *nominal interest rate* (v.).

nominal interest rate: ***tasso nominale; tasso d'interesse nominale.*** È il tasso di interesse percentuale riferito al valore nominale di un titolo a reddito fisso, emesso al di sopra o al di sotto della pari o che gode di speciali premi. In tale accezione, l'espressione è l'opposto di tasso di interesse effettivo, che tiene conto anche del prezzo pagato al momento dell'acquisto del titolo. Se si dice che il tasso nominale di un titolo è del dodici per cento, significa che il titolo frutta un interesse annuo di dodici unità monetarie per ogni cento investite, cui poi va sommata o detratta la differenza tra costo di acquisto e valore nominale o di rimborso, divisa per il numero di anni di vita del titolo. (v. anche *effective rate*)

nominalist: ***nominalista.*** È così indicato un seguace o sostenitore della teoria nominalista, in base alla quale la moneta ha un potere d'acquisto derivante non dal suo valore intrinseco, bensì dal comando statale, cioè dal suo valore nominale. Secondo i nominalisti, quindi, qualsiasi tipo monetario può rispondere alle varie funzioni della moneta, purché esso sia scelto dal governo di uno stato, che gli assegna un valore nominale.

nominal ledger: ***mastro generale.*** Termine usato con lo stesso significato di *general ledger* (v.).

nominal money stock: ***offerta nominale di moneta.*** L'offerta di moneta, in un sistema economico, considerata indipendentemente dal livello dei prezzi, ovvero dal suo reale potere d'acquisto.

nominal partner: ***socio di nome; socio nominale.*** È una persona che pur non avendo alcun interesse in un'impresa, acconsente a che essa venga gestita in suo nome o a che il suo nome sia reso noto al pubblico come quello di uno dei soci dell'impresa, nel caso in cui la soppressione o la variazione della ragione sociale potrebbe danneggiare la reputazione o il giro d'affari dell'impresa. Il caso più frequente si verifica quando uno dei soci si ritira dall'attività o quando un'azienda, condotta sotto il nome di uno o più soci, viene venduta ad altre persone.

nominal price: ***prezzo nominale; corso nominale.*** Il termine inglese viene usato in due diversi significati: a) riferito a titoli azionari o obbligazionari, e pertanto corrispondente al nostro termine corso nominale, indica il valore al quale un titolo sarà rimborsato, se trattasi di titolo a reddito fisso, o il valore assegnato a ciascuna azione all'atto della costituzione di una società. Il corso nominale è quasi sempre diverso dal corso di mercato, che viene stabilito dalle forze della domanda e dell'offerta operanti nel mercato specializzato dei valori mobiliari. b) Riferito ad un qualsiasi bene, e pertanto anche a valori mobiliari, indica un prezzo che è il più vicino al valore di mercato di quel bene, il cui prezzo preciso è impossibile determinare a causa delle rare contrattazioni. In questo caso, il prezzo esiste soltanto nominalmente e non è detto che quel bene venga o debba essere effettivamente scambiato a quel prezzo.

nominal quotation: ***quotazione nominale.*** Quotazioni (denaro e lettera) fatte da un *market maker* (v.) a titolo di valutazione, ma non come indicazione di prezzi ai quali è pronto a vendere o comprare.

nominal rate of return: ***tasso di rendimento nominale.*** Il tasso di rendimento di un investimento considerato in termini monetari, cioè senza tener conto del tasso d'inflazione che ridurrà il rendimento effettivamente goduto.

nominal rent: ***canone di fitto simbolico.*** È il canone di fitto, inserito in un contratto che regola la locazione di un bene immobile, che non corrisponde al reale valore di mercato dell'immobile. Il canone di fitto simbolico può trovarsi, ad esempio, in un contratto in base al quale un socio di un'associazione culturale concede in uso un proprio locale per il quale l'associazione gli paga un fitto simbolico di mille lire l'anno.

nominal share capital: ***capitale azionario nominale; capitale sociale nominale; capitale nominale.*** Termine usato con lo stesso significato di *authorized capital* (v.).

nominal value: ***valore nominale; valore facciale.*** Il significato di questo termine è alquanto simile a quello di prezzo o corso nominale. Se riferito a titoli a reddito fisso, esso indica il valore al quale il titolo dovrà essere rimborsato; se usato in relazione a titoli azionari, esso indica il valore assegnato ad un'azione all'atto della costituzione della società emittente. In entrambi i casi, il valore di mercato del titolo può essere molto diverso dal suo valore nominale. (v. anche *nominal price*)

nominal wages: ***salario nominale; salario monetario.*** Termine usato con lo stesso significato di *money wages* (v.).

nominal yield: ***rendimento nominale.*** È il rendimento o tasso di interesse dichiarato su ciascuna cedola di un titolo a reddito fisso. Per i titoli azionari, si indica con tale espressione il rendimento percentuale ottenuto come rapporto tra il valore nominale dell'azione e il dividendo distribuito. (v. anche *nominal interest rate, nominal value*)

nominative bond: ***titolo nominativo.*** È il titolo intestato al suo proprietario, che non può, pertanto, essere trasferito con semplice consegna. Nel Regno Unito si usò questa espressione per indicare i *National War Bonds* emessi nel 1918 e rimborsabili nel 1927. Questi buoni del prestito di guerra avevano una parte staccabile che doveva essere riempita col nome del proprietario e inviata alla *Post Office Savings Bank* affinché si provvedesse alla registrazione del titolo a nome del suo legittimo proprietario. Il nome veniva anche inserito sul titolo e ciò consentiva di usarlo come garanzia a fronte di prestiti o anticipazioni bancarie senza alcuna formalità.

nominee: ***intestatario.*** Il termine inglese è usato principalmente in relazione a valori mobiliari e indica la persona alla quale essi vengono intestati, quando il reale acquirente non desidera rendere nota la propria identità. Tuttavia, poiché ciò consente operazioni non sempre chiare di trasferimenti di pacchetti azionari consistenti, il *Companies Act* del 1948 dà al *Board of Trade* la facoltà di indagare, quando lo reputi necessario, allo scopo di accertare in quali mani si trovi realmente il controllo di una società. Anche il *Companies Act* del 1967 ribadisce questa norma e in più impone agli amministratori di società per azioni di dichiarare dettagliatamente il numero e il tipo di azioni di loro proprietà, siano esse registrate sotto il loro nome o sotto il nome di intestatari di comodo, quali ad esempio loro parenti o amici. (v. anche *nominee companies*)

nominee companies: ***società intestatarie.*** Sono società, generalmente costituite da banche, che vengono fondate col solo scopo di fungere da intestatarie di azioni o altri valori mobiliari che i clienti delle banche depositano come garanzia a fronte di prestiti o anticipazioni o acquistano ma preferiscono che non siano intestati a loro nome. Una volta che i titoli vengono trasferiti a queste società, esse subentrano all'azionista nei rapporti con la società le cui azioni sono intestate a loro nome, ma soltanto dietro istruzioni dei reali proprietari dei titoli. I dividendi e qualsiasi altra notizia, inviati dalla società per azioni alla società intestataria, vengono inoltrati all'azionista. Le società intestatarie offrono almeno due vantaggi: a) quando l'azionista risiede all'estero, è più facile per lui acquistare e vendere azioni non intestate a suo nome; b) le società intestatarie hanno una durata teoricamente illimitata e perciò non presentano gli svantaggi cui potrebbe essere esposto un azionista che avesse intestato azioni ad un intestatario che morisse o si ritirasse dall'attività, il che richiederebbe un nuovo trasferimento ad un altro intestatario, che presenterebbe lo stesso rischio. (v. anche *nominee*)

nominee director: ***amministratore nominato.*** Amministratore nominato membro di un consiglio di amministrazione in qualità di rappresentante di un azionista principale o di un gruppo di azionisti.

nominee name: ***nome intestatario.*** È il nome al quale è registrata un'azione, che non consente di sapere chi sia effettivamente il proprietario del titolo. (v. anche *nominee, nominee companies*)

nominee shareholders: ***azionisti prestanome; azionisti intestatari.*** V. spiegazione sotto *nominee* e *nominee companies.*

nominee shareholdings: Termine britannico, equivalente allo statunitense *street–name stocks* (v.).

non–accelerating–inflation rate of unemployment: ***tasso di disoccupazione di inflazione stabile.*** Lo stesso che *natural rate of unemployment* (v.).

non acceptable: ***non accettabile.*** Espressione usata per indicare una clausola che può essere inserita in una tratta per indicare che essa deve essere messa in pagamento e non deve essere presentata per l'accettazione al debitore. Se la tratta contenente tale clausola viene ammessa allo sconto, l'istituzione finanziaria si trova a concedere un credito allo scoperto, garantito soltanto dal buon nome del trattario.

non–acceptance: **1.** ***mancata accettazione.*** È il rifiuto da parte del trattario di accettare una cambiale. Quando una cambiale viene presentata per l'accettazione nella debita forma e non viene accettata entro il termine consuetudinario, che corrisponde all'orario di chiusura degli uffici il giorno successivo a quello della presentazione per l'accettazione, la persona che la presenta può farla protestare per mancata accettazione. (v. anche *dishonour 2, protest*) **2.** ***rifiuto di accettazione.*** Il diritto del compratore di rifiutare le merci speditegli se esse non sono uniformi al tipo o alla qualità stabiliti nel contratto di compravendita. Il termine, usato nel linguaggio giuridico, corrisponde a *refusal of goods* (v.) usato principalmente nel linguaggio commerciale.

non–apparent easement: ***servitù non apparente.*** Tipo di servitù su un fondo che non si manifesta con opere visibili, ma che impone determinati obblighi al proprietario del fondo servente, come ad esempio il divieto di fabbricare oltre una certa altezza.

non–appropriated funds: ***fondi non stanziati.*** Fondi ancora disponibili, in quanto non ancora assegnati al finanziamento di alcuna attività.

non–assented: Espressione del linguaggio di borsa statunitense, usata per indicare titoli azionari o obbligazionari il cui proprietario non ha assentito ad una variazione delle condizioni di emissione. In un uso più particolare, il termine indica obbligazioni emesse da paesi stranieri che, per ragioni interne, non sono in grado di far fronte all'obbligo assunto al tempo dell'emissione del prestito. Al verificarsi di un caso del genere, se al portatore delle obbligazioni viene offerta un'alternativa quale potrebbe essere, ad esempio, il rimborso immediato al cinquanta per cento o il rimborso a data indeterminata ed egli non accetta alcuna di queste possibilità fidando nella tutela che forse potrà offrirgli la legge, le sue obbligazioni sono *non–assented.* Se egli, viceversa, accetta una delle soluzioni proposte, le sue obbligazioni diventano *assented.*

non–assessable capital stock: ***capitale azionario senza contribuzione straordinaria.*** Termine usato come sinonimo di *non–assessable stock* (v.).

non–assessable insurance: ***assicurazione senza contribuzione straordinaria.*** Contratto di assicurazione mutua in base al quale la responsabilità del socio assicurato è limitata all'ammontare che egli paga sotto forma di premio in relazione all'assicurazione di propri beni e non può, pertanto, venirgli chiesto di pagare alcuna contribuzione straordinaria, anche nell'evento di pesanti perdite a seguito della denuncia di un gran numero di sinistri da parte dei soci assicurati. (v. anche *assessable* *insurance, mutual benefit association, assessment insurance, mutual insurance, mutual life assurance company*)

non-assessable policy: ***polizza di assicurazione senza contribuzione straordinaria.*** È la polizza che incorpora il contratto di assicurazione descritto sotto *non-assessable insurance* (v.).

non-assessable stock: ***azione senza contribuzione straordinaria.*** Espressione usata negli Stati Uniti per indicare un tipo di azione che, a differenza di quella detta *assessable*, non prevede alcuna contribuzione straordinaria dell'azionista in caso di liquidazione della società, purché egli abbia interamente versato l'ammontare di capitale rappresentato dall'azione. Questo è il tipo di azioni comunemente emesso dalle società negli Stati Uniti e nel Regno Unito. (v. anche *assessable stock*)

non-assignable: ***non cedibile.*** Espressione aggettivale usata principalmente in relazione a contratti i cui diritti non possono essere ceduti a terzi. In effetti, tutti i contratti sono cedibili a meno che la legge lo vieti specificamente o le parti abbiano stabilito di comune accordo che quel particolare contratto non è cedibile.

non-authorized bank: ***banca non autorizzata.*** Espressione usata nel linguaggio bancario britannico per indicare una cinquantina tra banche e altre istituzioni che hanno il permesso della banca centrale per trattare valute estere, ma non sono autorizzate a intraprendere operazioni per proprio conto sul mercato valutario.

non-available output: ***produzione non disponibile.*** Il flusso netto di incrementi di beni capitali e di capitale prestiti che non si trovano in forma disponibile per il consumo. Costituisce una delle due parti che compongono la produzione corrente di una comunità, mentre l'altra parte viene detta produzione disponibile.

non-bank bank: ***banca a singola attività.*** Espressione statunitense, usata per indicare una banca che svolge soltanto una delle due attività che caratterizzano una banca e cioè o accetta solo depositi o concede solo prestiti.

non-bank financial institutions: ***istituzioni finanziarie non bancarie.*** Lo stesso che *non-banks* (v.).

non-bank financial intermediaries: ***intermediari finanziari non bancari.*** Le istituzioni finanziarie che non rientrano nel *monetary sector* (v.), cioè il sistema bancario propriamente detto. Ne sono esempi le *building societies*, i fondi comuni d'investimento, le società di assicurazione e i fondi pensione.

non-banks: istituzioni ***finanziarie non bancarie.*** Istituzioni finanziarie che non rientano nel settore bancario, in quanto non svolgono le attività proprie di una banca, ma si limitano a operare in altri settori, quali ad esempio le carte di credito, la vendita di fondi comuni d'investimento, la gestione di portafogli, il leasing e simili.

non-borrowed reserves: ***riserve non mutuate.*** Negli Stati Uniti, questo termine indica un aggregato di riserve costituito dalle riserve bancarie totali, sotto forma di depositi presso il *Federal Reserve System* (v.) e di liquidi presso le singole banche, meno i prestiti concessi alle banche dal Sistema della Riserva Federale.

non-business days: ***giorni non lavorativi.*** Questa espressione inglese è usata quasi esclusivamente in relazione alla scadenza di cambiali. In base al *Bills of Exchange Act* del 1882, i giorni non lavorativi sono tutte le domeniche, venerdì santo, il giorno di Natale, tutte le *bank holidays* stabilite dal *Bank Holiday Act* del 1871 e successive modificazioni, e qualunque altro giorno proclamato festa nazionale per decreto reale. Le cambiali che scadono in un giorno non lavorativo sono pagabili il giorno successivo, fatta eccezione per il venerdì santo e il giorno di Natale, nel qual caso si devono pagare il giorno precedente. (v. anche *bank holiday*)

non-business organization: ***organizzazione senza scopo di lucro.*** Termine statunitense, usato con lo stesso significato di *non-profit corporation* (v.).

non-callable stocks: ***titoli non riscattabili.*** L'opposto di *callable stocks* (v.), cioè titoli a reddito fisso che l'emittente non può riscattare prima della scadenza.

non-cancellable policy: ***polizza non rescindibile.*** Nel linguaggio delle assicurazioni, indica un contratto, incorporato in una polizza, da cui nessuna delle due parti può recedere senza il consenso dell'altra. È previsto che le parti possano recedere da qualsiasi tipo di polizza, previo un periodo di preavviso stabilito, tranne che per le polizze di assicurazione sulla vita, dalle quali l'assicuratore non può recedere a meno che vi sia stata dichiarazione fraudolenta da parte dell'assicurato.

non-cash benefits: ***benefici non monetari.*** L'insieme di benefici a favore di alcune categorie di cittadini, erogati nel più vasto ambito dell'assistenza sociale. Vi rientrano il servizio sanitario gratuito, l'assegnazione di alloggi a basso canone di locazione e di buoni viveri e simili altre forme di assistenza che non prevedono l'erogazione di sussidi in moneta.

non-clearers: Sono così chiamate le banche che non fanno parte della stanza di compensazione.

non-clearing-house stock: Sono così detti i titoli azionari che non passano attraverso la stanza di compensazione della borsa valori di New York.

non-competing groups: ***gruppi non concorrenziali.*** Espressione con la quale vengono indicati vasti gruppi di lavoratori che non sono in concorrenza tra loro sul mercato del lavoro, pur se all'interno di ciascun gruppo i lavoratori sono in concorrenza l'uno con l'altro. I gruppi che non entrano in concorrenza tra loro e formano differenti mercati del lavoro sono: il gruppo degli imprenditori; il gruppo degli impiegati, anche detti colletti bianchi; il gruppo dei lavoratori specializzati; il gruppo dei lavoratori non specializzati. È, infatti, molto difficile che i lavoratori appartenenti ad uno di questi gruppi possano o vogliano svolgere le mansioni specifiche di lavoratori appartenenti ad un altro gruppo.

non-concessional loan: ***prestito a tasso d'interesse di mercato; mutuo a tasso d'interesse convenzionale.*** Prestito sul quale il mutuatario dovrà pagare un normale tasso d'interesse. Il termine viene usato nel linguaggio finanziario internazionale in contrapposizione a *concessional loan* (v.).

non-concurrent insurance: ***assicurazione non concorrente.*** È l'assicurazione stipulata mediante due o più polizze che risultino tra loro differenti per qualche particolare o dettaglio che non sia il nome dell'assicuratore, l'ammontare assicurato o la data di emissione della polizza.

non-conference ship: ***nave non conferenziata.*** Nave che appartiene ad un armatore che non ha sottoscritto alcun accordo per l'applicazione di tariffe standardizzate. Può, pertanto, praticare noli più convenienti per i caricatori. (v. anche *open rate 1*)

non-consumer goods: ***beni strumentali; beni indiretti.*** Termine usato con lo stesso significato di *producer goods* (v.).

non-contestable clause: ***clausola di incontestabilità.*** Lo stesso che *incontestable clause* (v.).

non-contribution clause: ***clausola della non contribuzione.*** Nelle assicurazioni contro l'incendio di beni immobili gravati da ipoteca, questa è la clausola più usata allo scopo di proteggere gli interessi del creditore ipotecario. In base ad essa, la polizza di assicurazione incendio tutelerà gli interessi soltanto del proprietario del bene ipotecato e del creditore titolare di ipoteca di primo grado. (v. anche *full-contribution clause*)

non-contributory pension: ***pensione non contributiva; pensione sociale.*** È una pensione il cui pagamento non è soggetto al preventivo versamento di contributi. L'*Old Age Pensions Act*, approvato dal parlamento britannico nel 1908, stabiliva che avevano diritto ad una pensione tutti coloro che avendo superato il sessantesimo anno di età non erano titolari di alcuna pensione e versavano in cattive condizioni economiche. Questo tipo di pensione viene corrisposta ancor oggi nel Regno Unito ed anche in Italia, dove è chiamata pensione sociale e viene versata dopo il compimento del sessantacinquesimo anno di età, ma il numero delle persone che ne hanno diritto va sempre più diminuendo, come risultato dell'ampliamento del servizio previdenziale, in base al quale oggi tutti i lavoratori versano contributi a fronte dei quali sarà loro corrisposta una pensione al raggiungimento dei limiti dell'età lavorativa. Negli Stati Uniti, il termine sta ad indicare una pensione concessa da un datore di lavoro ai propri dipendenti, addossandosene l'intero costo e, quindi, non richiedendo alcuna contribuzione da parte dei lavoratori.

non-controllable cost: ***costo non controllabile.*** È un costo sul quale il reparto non ha alcun controllo, in quanto esso gli viene imputato ed è controllato da un'altra unità amministrativa.

non-corporate: ***non registrato; non costituito in società.*** Aggettivo usato in relazione a imprese, generalmente individuali ma a volte anche costituite sotto forma di società o di cooperative, che non sono state registrate presso il pubblico registro delle società, in quanto non costituite come società per azioni e pertanto non tenute per legge alla registrazione.

non-credit business: ***operazioni indifferenti; prestazione di servizi.*** Operazioni che non appaiono nel bilancio di una banca, in quanto non direttamente collegate con le operazioni di raccolta e impiego fondi, ma che pure influenzano i risultati di esercizio. Si tratta, per lo più, di prestazioni di servizi, come ad esempio custodia e amministrazione titoli, operazioni di credito documentario, compravendita di titoli per conto di clienti, locazione di cassette di sicurezza e simili.

non cum.: non cumulative.

non-cumulative dividend: ***dividendo non cumulativo.*** Le azioni privilegiate hanno diritto di ricevere un dividendo prima che venga distribuito alcun dividendo alle azioni ordinarie. Se la società non realizza utili sufficienti per pagare alcun dividendo in un determinato anno finanziario, il dividendo sulle azioni privilegiate si cumula a quello dell'anno successivo se esso compete ad azioni privilegiate cumulative. Se, invece, trattasi di dividendo relativo ad azioni privilegiate non cumulative, esso deve essere pagato con gli utili di ciascun singolo esercizio finanziario e qualora tali utili non siano realizzati l'azionista perderà il diritto al dividendo.

non-cumulative preference shares: ***azioni privilegiate non cumulative.*** Sono le azioni privilegiate che non danno diritto al pagamento di dividendi cumulativi, cioè di dividendi relativi ad anni passati e pagati al termine del primo anno nel quale la società ha realizzato utili sufficienti per pagarli. (v. anche *non-cumulative dividend*)

non-cumulative preferred stock: ***azioni privilegiate non cumulative.*** Termine usato negli Stati Uniti con lo stesso significato di *non-cumulative preference shares* (v.).

non-cumulative stock: ***azioni non cumulative.*** Negli Stati Uniti, sono così indicati tutti quei tipi di azioni che non conferiscono all'azionista il diritto al pagamento di dividendi in anni successivi. In relazione a tali azioni, il dividendo non pagato un anno per mancata realizzazione degli utili necessari non diventa una passività che la società è tenuta a soddisfare quando realizzerà gli utili necessari. (v. anche *non-cumulative dividend, non-cumulative preference shares*)

non delivery: ***mancata consegna.*** Si verifica quando un vettore, un venditore, un depositario, ecc., non effettuano, o si rifiutano di effettuare, la consegna di beni.

non-depository institutions: ***istituzioni non di deposito.*** Negli Stati Uniti, sono istituzioni finanziarie o intermediarie la cui principale fonte di fondi è costituita da passività non rappresentate da depositi, come ad esempio le società di assicurazione del ramo vita e i fondi comuni d'investimento.

non-direct investment: ***investimento non diretto.*** Lo stesso che *portfolio investment* (v.).

non-discretionary trust: ***fondo comune d'investimento fisso.*** Termine usato con lo stesso significato di *fixed investment trust* (v.).

non-distributable reserves: ***riserve non distribuibili.*** Lo stesso che *undistributable reserves* (v.).

non-durable consumers' goods: ***beni di consumo deperibili; beni di consumo fugaci; beni di consumo non durevoli.*** Lo stesso che *consumer non-durable goods* (v.).

non-durable goods: ***beni di consumo deperibili; beni di consumo fugaci; beni di consumo non durevoli.*** Lo stesso che *consumer non-durable goods* (v.).

non-durables: ***beni di consumo deperibili; beni di consumo fugaci; beni di consumo non durevoli.*** Termine usato come sinonimo di *non-durable consumers' goods* (v.).

non-earning assets: ***attività improduttive; attività non produttrici di reddito.*** Nella terminologia bancaria, sono le riserve obbligatorie depositate presso la banca centrale, che non producono reddito. L'espressione si contrappone a attività produttrici di reddito, che sono quelle impiegate in prestiti, anticipazioni, investimenti e simili. (v. anche *earning assets*)

non-employed: ***non occupato.*** L'espressione inglese indica le persone non impiegate in alcuna forma di attività retribuita, ma tenute a versare i contributi assistenziali e previdenziali, in quanto lavoratori indipendenti e come tali utenti del servizio sanitario nazionale e futuri utenti del sistema pensionistico. Nel Regno Unito, i contributi che sono tenuti a versare i non occupati sono leggermente più alti di quelli versati dai lavoratori dipendenti.

non-endorsable: ***non girabile.*** Titolo di credito, cambiale o assegno bancario, sul quale il traente ha scritto le parole «non all'ordine» o un'espressione equivalente.

non-equalizing differential: ***differenziale salariale non equalizzante.*** Le differenze tra salari di differenti lavoratori, che sorgono a causa di diversità di capacità, abilità o preparazione specifica richiesta al lavoratore per svolgere le funzioni inerenti al suo lavoro. I cosiddetti gruppi non competitivi sul mercato del lavoro non possono facilmente essere sostituiti l'uno con l'altro a causa dell'istruzione o dell'addestramento necessari per professioni o lavori notevolmente differenti o a causa dello speciale o insolito talento di cui è dotato un individuo. I gruppi non competitivi sono, ad esempio, gli avvocati, i chirurghi, i minatori; mentre il talento insolito o speciale caratterizza un giornalista o un campione sportivo, capace di guadagnare somme di denaro esorbitanti in brevi periodi di tempo.

non-executive director: ***direttore non esecutivo; amministratore non esecutivo.*** Un membro del consiglio di amministrazione che non ricopre alcuna carica come capo di un settore dell'impresa. Egli, pertanto, contribuisce alle decisioni relative alla politica aziendale, ma non ha alcuna responsabilità esecutiva in relazione ad essa.

non-expendable fund: ***fondo non intaccabile.*** È un fondo che non può essere speso. Di tale fondo, pertanto, il capitale non può essere intaccato, mentre gli interessi possono essere usati per la realizzazione dello scopo per il quale fu costituito il fondo. Ne sono esempio i fondi di dotazione, i fondi legati ad una fondazione e simili.

non-feasance: ***omissione di atto dovuto.*** È la mancata esecuzione di un dovere che una persona fisica o giuridica è tenuta a compiere, come ad esempio il dovere dell'ente a ciò preposto di riparare le strade e le autostrade onde garantire la sicurezza dei veicoli in circolazione. (v. anche *malfeasance, misfeasance*)

non-flexible price: ***prezzo rigido al ribasso; prezzo flessibile al rialzo.*** È il prezzo di un bene meno flessibile al ribasso di quanto non lo sia al rialzo. Se la domanda di un tale bene aumenta, il suo prezzo aumenta di una percentuale inferiore a quella di un bene con prezzo flessibile nella stessa condizione di mercato. Tra i beni a prezzi rigidi al ribasso rientrano i prodotti di industrie ad alta concentrazione, come ad esempio l'industria dell'acciaio e delle automobili, e di pochi produttori che dominano un mercato locale.

non-forfeiture options: ***opzioni non soggette a decadenza.*** Nelle assicurazioni sulla vita, vengono indicati con questa espressione i diritti di un assicurato che restano in essere anche quando egli interrompa il pagamento dei premi. Questi diritti sono: a) ricevere il valore di riscatto della polizza; b) utilizzare il valore di riscatto della polizza per sottoscrivere una polizza a premio unico per una somma assicurata inferiore a quella della precedente polizza; c) utilizzare il valore di riscatto per tenere in essere l'esistente polizza fino a concorrenza della somma stessa, magari sotto forma di assicurazione puro rischio.

non-forfeiture period: ***periodo di non decadenza.*** È il periodo di tempo entro il quale, una volta sospeso il pagamento dei premi, un titolare di polizza di assicurazione sulla vita può far conoscere alla compagnia le sue decisioni in merito alle tre possibili soluzioni spiegate sotto *non-forfeiture options* (v.).

non-forfeiture values: ***valori non soggetti a decadenza.*** Sono i valori di cui si parla sotto *non-forfeiture options* (v.).

non-human wealth: ***ricchezza non umana.*** Termine a volte usato nel linguaggio economico per indicare il tipo di ricchezza detta anche tangibile. Si tratta, in effetti, di un capitale o di un patrimonio, mediante il quale un individuo può procurarsi un reddito. (v. anche *wealth, human wealth*)

Non-importation Act: Legge, approvata dal Congresso degli Stati Uniti nel 1806, che vietava l'accesso su tutto il territorio dell'Unione a certi tipi di beni provenienti da una qualsiasi parte dell'impero britannico.

non-importation agreement: ***accordo di non importazione.*** All'epoca in cui le colonie americane erano in lotta con la madre patria, e più esattamente negli anni tra il 1768 e il 1774, fu indicato con questa espressione un qualsiasi accordo tra le colonie che prevedesse il divieto di importare beni di provenienza britannica o dall'impero britannico.

non-inflationary growth: ***crescita senza inflazione.*** Crescita economica realizzata attraverso provvedimenti e mediante iniziative che non contribuiscono a far aumentare il tasso d'inflazione e anzi tendono a farlo diminuire. La crescita senza inflazione è un grave problema soprattutto per quei paesi che, seguendo le teorie keynesiane, basano la crescita economica principalmente sui deficit del bilancio statale, il cui finanziamento, però, si realizza di solito parallelamente alla creazione di inflazione.

non-instalment credit: ***credito non rateale.*** Credito rimborsabile in soluzione unica a scadenza prestabilita e non a mezzo di versamenti parziali ad intervalli più o meno regolari.

non-insurable risk: ***rischio non assicurabile.*** Nella terminologia delle assicurazioni, questa espressione indica un rischio non previsto dalle scienze attuariali e di conseguenza non assicurabile. Le variazioni dei gusti dei consumatori che portano a variazioni del livello della domanda di un prodotto e i cambiamenti sociali sono esempi di rischio non assicurabile.

non-interest-bearing: ***infruttifero.*** Espressione aggettivale del linguaggio finanziario, con la quale si indica un'immobilizzazione di capitale che non produce interessi.

non-interest-bearing deposit: ***deposito infruttifero.*** Un deposito di moneta che non produce interessi. Indica in particolare le riserve che le banche sono tenute a depositare presso la banca centrale, anche per fornire a quest'ultima risorse finanziare e una fonte di reddito. (v. anche *eligible liabilities*)

non-interest-bearing discount bond: ***obbligazione a interesse posticipato.*** Nel linguaggio finanziario statunitense, indica un'obbligazione che non paga interessi durante la sua vita. Tutti gli interessi vengono pagati in unica soluzione al momento del rimborso dell'obbligazione.

non-interest income: ***reddito da commissioni.*** Nella terminologia bancaria, lo stesso che *fee income* (v.).

non-labour income: ***reddito non di lavoro.*** Il reddito che deriva da investimenti o da trasferimenti e, pertanto, non da attività lavorativa effettivamente svolta.

non-ledger assets: ***valori di attività non riportati sul mastro.*** Sono tutti quei valori relativi ad attività o ad incremento di valore di attività, che per consuetudine non vengono riportati sui libri contabili, come si verifica ad esempio nelle società finanziarie.

non-life insurance: ***assicurazione generale; assicurazione rami diversi; assicurazione rischi diversi.*** Lo stesso che *general insurance* (v.).

non-linear correlation: ***correlazione non lineare; correlazione curvilinea.*** Una qualsiasi correlazione basata su linee di regressione non rappresentate da rette, bensì da parabole o iperboli.

non-linear programming: ***programmazione non lineare.*** È una tecnica matematica per la soluzione di certi tipi di problemi di ottimizzazione che si discostano da quelli di programmazione lineare, in quanto almeno una delle relazioni del problema, se non tutti i vincoli, non è lineare. I problemi di programmazione non lineare si presentano certamente con maggiore frequenza di quelli di programmazione lineare, ma a causa delle difficoltà relative alla soluzione delle forme non lineari, si cerca sempre di sostituire ad esse una forma lineare, quando sia giustificabile ritenere che vi sia sufficiente approssimazione tra le due.

non-manual worker: ***lavoratore del pensiero.*** Espressione usata come opposto di *manual worker* (v.) per indicare chi svolge un'attività lavorativa facendo uso delle proprie facoltà mentali e non fisiche.

non-manufacturing industry: ***industria non manifatturiera.*** Un qualsiasi tipo di industria non impegnata nella produzione di beni dalle materie prime al prodotto finito. Vi rientrano le industrie del commercio, dei servizi, dei trasporti, delle telecomunicazioni e simili.

non-marketable debt: ***debito non negoziabile.*** Nel Regno Unito viene indicata con questa espressione quella parte del debito pubblico costituita da titoli che non possono essere acquistati e venduti alla borsa valori. (v. anche *non-marketable securities, national debt, national savings certificates, defence bonds, consols, irredeemable bonds, funded debt*)

non-marketable securities: ***titoli non negoziabili.*** Sono tutti quei titoli che non possono essere acquistati e venduti alla borsa valori. Il termine, pertanto, può applicarsi ad un gran numero di titoli, quali ad esempio azioni non quotate in borsa o non cedibili senza il consenso degli altri azionisti, ma nel Regno Unito viene usato principalmente in relazione a quei titoli del debito pubblico che, per loro propria natura, non possono essere negoziati. Questi titoli costituiscono circa il trenta per cento del debito pubblico britannico e quasi la metà di essi è costituita da buoni di risparmio di varia natura. Altri titoli non negoziabili sono quelli del debito fondato, le cartelle di rendita e i titoli rappresentativi del debito estero, cioè il debito verso governi stranieri. (v. anche *national debt, national savings certificates, defence bonds, consols, irredeemable bond, funded debt*)

non-market economics: ***economia delle azioni.*** La branca della scienza economica che studia il comportamento degli esseri umani in azioni che non hanno niente a che vedere col mercato o con l'uso della moneta.

non-market economy: ***economia non di mercato.*** Lo stesso che *socialist economy* (v.).

non-market structures: ***strutture non di mercato.*** Le grandi e crescenti strutture deliberatamente impiantate nei sistemi di economia di mercato allo scopo di realizzare obiettivi che un mercato libero non è in grado di realizzare affatto o non è in grado di realizzare nell'arco di tempo voluto. La presenza di queste strutture nel sistema riflette fini, obiettivi e priorità che scaturiscono da considerazioni essenzialmente politiche ed etiche, piuttosto che economiche. La struttura che ne deriva, rappresentata da un miscuglio di strutture economiche, politiche, sociali, culturali e etiche, viene chiamata economia mista.

non-material goods: 1. ***beni immateriali.*** In economia, vengono contrapposti ai beni materiali. La scuola classica riteneva la materialità requisito essenziale dei beni economici e considerava tali soltanto quelli rappresentati da cose corporee, cioè ponderabili, con date forme e dimensioni e con determinate proprietà fisiche, chimiche, ecc. Quei beni che non rispondevano a questi requisiti non erano considerati ricchezza, venivano definiti immateriali e consistevano di servizi o effetti utili dei beni materiali. (v. anche *materiality 1*) **2.** ***beni non materiali.*** Con questo termine, A. Marshall indicava le due classi di beni di cui può disporre ogni individuo, descritte sotto *internal goods* (v.) e *external goods* (v.).

non-material needs: ***bisogni non materiali.*** Sono i bisogni, non altrettanto impellenti quanto quelli materiali ma ugualmente importanti, di ciascun individuo che popola il nostro pianeta. Tali bisogni sono rappresentati dalla fiducia in se stesso o nelle proprie capacità, dalla dignità umana, dalla possibilità di decidere per se stesso e di partecipare alle decisioni che influenzano la propria vita e il proprio lavoro e dall'opportunità di sviluppare in pieno le proprie capacità e il proprio talento.

non-material services: ***servizi non materiali.*** Nelle economie a pianificazione centralizzata, sono i servizi che non contribuiscono direttamente alla produzione fisica di beni e che comprendono il trasporto passeggeri e altri tipi di comunicazioni, l'edilizia abitativa, la cura della salute, l'istruzione, la finanza, le assicurazioni, l'amministrazione pubblica e i servizi personali e di riparazioni. Il termine è usato in contrapposizione a *productive services* (v.).

non-medical policy: ***polizza senza visita medica.*** Polizza di assicurazione sulla vita emessa senza la preventiva visita medica dell'assicurato.

non-member bank: ***banca indipendente.*** Negli Stati Uniti, è una qualsiasi banca che non fa parte del Sistema della Riserva Federale. Dal momento che tutte le banche nazionali sono tenute a far parte del Sistema, il termine può usarsi soltanto in relazione a banche statali o banche private. (v. anche *national bank, state bank*)

non-monetary advantages: ***vantaggi non monetari.*** Sono tutti quei vantaggi offerti da un'occupazione, che non si manifestano sotto forma monetaria o non hanno niente a che vedere con la retribuzione. Tra i vantaggi non monetari si potrebbero citare, ad esempio, la vicinanza del posto di lavoro, facilmente raggiungibile dalla propria abitazione, o l'insopprimibilità di un posto di lavoro, che offre continuità di impiego qualunque sia l'andamento del mercato o dell'economia nazionale, o ancora un posto che si addice alle particolari esigenze caratteriali di un lavoratore che mira ad essere indipendente o ad avere più tempo libero o ad avere un particolare orario di lavoro. L'effetto più importante e immediato dei vantaggi non monetari di un'occupazione è che essi attraggono più aspiranti di altri tipi di occupazioni. Questa maggiore offerta di lavoro e il principio che tutto ha un valore spiegano il motivo per cui un'occupazione che presenta un maggior numero di vantaggi non monetari è di solito remunerata con un salario più basso di altre occupazioni più o meno simili, ma con un minor numero di vantaggi non monetari o con un maggior numero di svantaggi non monetari. (v. anche *net advantages, non-monetary disadvantages*)

non-monetary benefit: ***beneficio non monetario.*** Lo stesso che *benefit in kind* (v.). Tra i benefici non monetari rientrano anche quelli citati sotto *non-monetary advantages* (v.).

non-monetary disadvantages: ***svantaggi non monetari.*** Sono tutti quegli svantaggi di un'occupazione che non riguardano il livello della remunerazione in relazione ad altri tipi simili di lavoro. Tra gli svantaggi non monetari si possono citare quelli relativi a posti di lavoro lontani dalla propria abitazione o mal serviti da mezzi di trasporto o in zone di intenso traffico; quelli relativi a posti nei quali non vi è certezza di continuità di lavoro, in quanto dipendono direttamente dalla situazione del mercato o dell'andamento dell'economia nazionale; quelli relativi a posti di lavoro pericolosi o ubicati in zone insalubri o con orari notturni, ecc. A questi svantaggi di solito fa riscontro un salario più alto, anche perché il tipo di lavoro non attira molti aspiranti e, quindi, l'offerta di lavoro è inferiore o uguale alla domanda. (v. anche *net advantages, non–monetary advantages*)

non–monetary economy: ***economia naturale; economia non monetaria.*** Termine usato con lo stesso significato di *natural economy* (v.).

non–monetary instruments: ***strumenti non monetari.*** Strumenti finanziari non utilizzabili come moneta o non prontamente convertibili in moneta, come ad esempio titoli di credito a medio–lungo termine, valori azionari e simili.

non–monetary investment: ***investimento in beni rifugio.*** La pratica seguita da molti risparmiatori di investire i loro soldi in oggetti antichi o rari, in diamanti, ecc., nella speranza di tutelarsi contro l'erosione del potere di acquisto della moneta.

non–monetary sector: ***settore non monetario.*** In un sistema economico, è il settore nel quale i beni e servizi vengono prodotti direttamente dal consumatore o vengono scambiati l'uno per l'altro, senza l'intermediazione della moneta e, pertanto, adottando il sistema del baratto. Ne sono esempi le attività del «fai da te», la produzione di servizi intra–aziendali, il lavoro delle casalinghe e simili.

non–monetary theories of interest: ***teorie non monetarie dell'interesse.*** Le teorie del tasso d'interesse basate non su considerazioni monetarie, bensì su considerazioni relative alla domanda e all'offerta di fondi mutuabili, nelle quali la moneta è trattata semplicemente come mezzo passivo di scambio. Le più importanti tra queste sono le teorie dell'interesse basate sulla produttività, la teoria dell'interesse basata sull'astinenza, la teoria dell'interesse in termini di preferenza temporale e la teoria bilaterale dell'interesse.

non–money income: ***reddito non monetario.*** Comprende sia i redditi pagati in natura, sia i vari benefici concessi ai lavoratori che possono tradursi in termini monetari, come ad esempio i contributi sociali e assistenziali a carico dei datori di lavoro, le ferie pagate, l'assistenza medica gratuita o quasi e altri benefici del genere.

non–negotiable: ***non negoziabile.*** Il termine inglese, usato principalmente in relazione a titoli di credito, è popolarmente ritenuto sinonimo di non trasferibile. In realtà, esso indica che un titolo di credito non possiede tutti i requisiti che lo rendono negoziabile, ma può tuttavia essere trasferito ad altri. (v. anche *negotiable, negotiable instrument*)

non–negotiable instrument: ***titolo non negoziabile.*** Titolo di credito che non possiede i requisiti necessari per essere negoziabile, ma che può tuttavia essere trasferito a terzi.

non–notification loan: ***mutuo senza notifica.*** Un mutuo concesso da una banca o da una società finanziaria a fronte di crediti a breve termine ceduti dal mutuatario. È detto «senza notifica», in quanto il debitore non viene informato del fatto che il suo debito è stato ceduto a terzi. Un mutuo del genere viene fatto con ricorso, il che significa che se il debitore originale non paga il suo debito, la banca o la società finanziaria cui esso è stato ceduto possono ricorrere contro chi glielo ha ceduto, che per loro rappresenta l'obbligato principale.

non–occupational: ***non occupazionale.*** Non relativo a una particolare occupazione o a un mestiere o lavoro.

non–operating: ***non operativo.*** L'aggettivo inglese viene usato nel significato di non collegato all'attività produttiva dell'impresa e indica, pertanto, entrate o uscite derivanti da un'attività secondaria, casuale o di minor importanza.

non–operating assets: ***attività non operative.*** Sono tutte le attività che non contribuiscono direttamente alla produzione del reddito regolare proveniente dalla normale operazione di un'impresa. Tra queste rientrano: azioni e obbligazioni in portafoglio; beni immobili non utilizzati; prestiti o anticipazioni a dipendenti, e simili. (v. anche *operating assets*)

non–operating company: ***società non operativa.*** Il termine inglese viene usato in due significati simili per indicare: a) una società i cui beni capitali non vengono utilizzati e le cui attività operative hanno come risultato profitti o perdite del tutto incidentali; b) una società i cui beni capitali sono noleggiati ad altri, che li utilizzano a scopi produttivi pagando un canone di locazione che la società poi distribuisce ai suoi azionisti. (v. anche *operating company*)

non–operating expense: ***spese non operative.*** Sono tutte quelle spese non direttamente collegate con l'attività produttiva di un'impresa. Possono essere portate a detrazione degli utili, purché rispondano a determinate caratteristiche. (v. anche *income deduction*)

non–operating income: ***reddito non operativo.*** È l'utile realizzato da un'impresa indipendentemente dalla propria attività produttiva e proveniente da altre fonti o attività. Può, quindi, essere un reddito proveniente da investimenti effettuati dall'impresa e che si manifesta o sotto forma di utili monetari o sotto forma di plusvalenza o incrementi di valore degli investimenti.

non–operating income and expense budget: ***budget delle entrate e delle uscite non operative.*** È un bilancio preventivo delle spese e degli incassi non collegati all'attività produttiva dell'impresa.

non–operating loss: ***sopravvenienza passiva.*** In ragioneria, qualsiasi evento non previsto, fortuito e non connesso alla gestione dell'impresa, ma che ha il risultato di modificare in diminuzione il patrimonio aziendale.

non–operating profit: ***sopravvenienza attiva.*** In ragioneria, qualsiasi evento non previsto, fortuito e non connesso alla gestione dell'impresa, ma che ha il risultato di modificare in aumento il patrimonio aziendale.

non–operating revenue: ***reddito non operativo; ricavo non operativo.*** Termine usato come sinonimo di *non–operating income* (v.).

non–operational balances: ***saldi non operativi.*** Questo termine viene usato come opposto di *operational balances* (v.) e indica i saldi che le banche britanniche devono tenere presso la banca centrale e sui quali non possono compiere operazioni di compensazione o di altra natura. L'obbligo è imposto soltanto alle banche con un determinato livello di depositi e risorse.

non–participating employments: ***impieghi non partecipanti.*** Questa espressione viene usata nel Regno Unito esclusivamente per indicare quelle occupazioni che non partecipano al piano di pensionamento gestito dall'ente statale a ciò preposto, in quanto dispongono di un proprio piano di pensionamento autonomo.

non–participating life policy: ***polizza sulla vita senza partecipazione agli utili.*** Lo stesso che *non–participating policy* (v.).

non–participating policy: ***polizza senza partecipazio-***

ne agli utili. Nelle assicurazioni mutue sulla vita, è un tipo di polizza in base alla quale l'assicurato paga un premio che copre quasi interamente il costo previsto della polizza, la quale non prevede alcun rimborso sotto forma di dividendo o partecipazione agli utili. (v. anche *participating policy, mutual company, mutual insurance*)

non-participating shares: ***azioni privilegiate a interesse fisso.*** Tipo di azioni privilegiate che danno all'azionista il diritto di percepire soltanto un interesse fisso sulla somma di denaro investita, ma nessuna partecipazione alla suddivisione degli utili della società sotto forma di dividendi.

non-payment: ***mancato pagamento.*** Negligenza nell'effettuare un pagamento o rifiuto di adempiere a un'obbligazione assunta. Quando si riferisce a titoli di credito, il termine ha lo stesso significato di *dishonour 2* (v.).

non-pecuniary benefits: ***benefici non pecuniari.*** Lo stesso che *non-monetary advantages* (v.).

non-pecuniary costs: ***costi non pecuniari.*** Lo stesso che *non-monetary disadvantages* (v.).

non-pecuniary goal: ***obiettivo non pecuniario.*** Un qualsiasi obiettivo, perseguito da una persona fisica o giuridica, che non è direttamente in relazione col denaro o non può essere misurato in termini di unità monetarie, come ad esempio il prestigio, il potere e simili.

non-performance: ***inadempienza; inadempimento.*** Lo stesso che *default* (v.).

non-performing loan: ***prestito in sofferenza.*** Nella terminologia bancaria internazionale, è così detto un prestito che è stato ristrutturato o in relazione al quale il pagamento degli interessi è in arretrato di almeno novanta giorni.

non-personal deposit: ***deposito non personale.*** Un deposito non intestato a una persona fisica.

non-physical money: ***moneta scritturale; moneta creditizia; moneta bancaria.*** Lo stesso che *substitute money* (v.).

non-portfolio investment: ***investimento non finanziario.*** In generale un qualsiasi tipo di investimento che non rientra tra quelli finanziari descritti sotto *portfolio investment* (v.) e in particolare l'investimento in beni immobili posseduti direttamente dall'investitore. Il termine viene a volte usato con lo stesso significato di *direct investment* (v.) per indicare una partecipazione in singole società che ammonti a più del 10% del capitale con diritto di voto.

non-price competition: ***concorrenza non basata sul prezzo.*** È un tipo di concorrenza che viene basata non sulla maggiore convenienza del prezzo di vendita dei prodotti, ma su un insieme di fattori che attirano il consumatore, quali migliore qualità, miglior servizio dopo la vendita, pubblicità più convincente, confezioni particolari, ecc. Per alcuni prodotti, quali ad esempio automobili e computer, il servizio che la casa produttrice può offrire dopo la vendita è di particolare importanza per il consumatore ed è un'arma efficace che la casa usa ampiamente contro la concorrenza di imprese rivali.

non-productive debt: ***debito non produttivo.*** Il debito contratto da un paese e non utilizzato a scopi produttivi.

non-productive labour: ***manodopera indiretta.*** Il termine inglese è caduto in disuso, sostituito da quello più preciso di *indirect labour* (v.).

non-productive loan: ***prestito non produttivo.*** Un prestito che fa aumentare il potere d'acquisto all'interno di un sistema economico, ma non porta direttamente a un incremento della produzione.

non-productive stock: ***scorte non produttive.*** Lo stesso che *indirect stock* (v.).

non-profit association: ***associazione senza scopo di lucro.*** Termine usato come sinonimo di *non-profit corporation* (v.).

non-profit corporation: ***associazione senza scopo di lucro.*** Associazione dotata di personalità giuridica, ma costituita soltanto per scopi caritatevoli, umanitari, educativi, ricreativi o, comunque, limitati a campi del genere. Ai fini fiscali, un'associazione di questo tipo è esentata dal pagamento dell'imposta sul reddito, ma non dal pagamento di altre imposte cui potrebbe trovarsi esposta in relazione, ad esempio, a beni immobili o altre attività che producono reddito. Pertanto, se l'associazione possiede edifici dati in locazione, sarà tenuta a pagare la relativa imposta sul reddito da fabbricati. (v. anche *non-stock corporation*)

non-profit enterprise: ***azienda di erogazione.*** Viene definita con questa espressione un'azienda che svolge un'attività nella quale utilizza le risorse di cui dispone per soddisfare i bisogni dei componenti dell'azienda stessa. Ne sono esempi lo stato, le opere pie, e simili organizzazioni. (v. anche *non-profit corporation*)

non-profit-making institution: ***istituzione senza scopo di lucro.*** Lo stesso che *non-profit corporation* (v.).

non-profit organization: ***organizzazione senza scopo di lucro.*** Termine usato come sinonimo di *non-profit corporation* (v.).

non-profit policy: ***polizza senza partecipazione agli utili.*** Termine usato con lo stesso significato di *non-participating policy* (v.).

non-proportional reinsurance: ***riassicurazione non proporzionale.*** Lo stesso che *surplus reinsurance* (v.).

non-public information: ***informazioni privilegiate; informazioni non pubbliche.*** Lo stesso che *insider information* (v.).

non-pure public goods: ***beni pubblici non puri; beni quasi pubblici.*** Termine usato con lo stesso significato di *quasi-public goods* (v.).

non-recourse finance: ***forfettizzazione.*** Finanziamento concesso da società finanziarie specializzate o da banche sotto forma di acquisto, con una determinata percentuale di sconto, di crediti vantati da un esportatore nei confronti dei suoi clienti esteri, con rinuncia al diritto di regresso nei confronti del venditore. Il finanziamento più spesso prende la forma di responsabilità finanziaria, in considerazione del riconoscimento di una commissione, assunta dalla società specializzata, che passa all'esportatore i vari pagamenti parziali accreditati dall'importatore, anticipando la maggior parte della somma da questi ancora dovuta quindici giorni prima della spedizione delle merci. Anche in relazione a questa somma la società rinuncia al diritto di regresso nei confronti dell'esportatore.

non-recourse loan: ***mutuo senza regresso.*** Espressione di uso statunitense, con la quale si indica un mutuo concesso dal governo federale in base al programma di aiuti all'agricoltura. Il contratto di mutuo prevede che il mutuatario consegni all'ente governativo a ciò preposto le eccedenze di prodotti agricoli, che saranno tenuti fuori dal mercato e costituiranno la garanzia a fronte del mutuo, che sarà rimborsato secondo il programma governativo. Se, tuttavia, le eccedenze consegnate non raggiungono, quando saranno immesse sul mercato, il valore del mutuo a fronte del quale furono date in garanzia, il governo non è autorizzato a intraprendere alcuna azione di regresso contro il coltivatore.

non-recoverable: ***non recuperabile.*** Detto di spese, perdite o crediti che non possono essere recuperati.

non-recurring charge: ***spesa straordinaria; spesa non ricorrente.*** Espressione generica, usata per indicare una qualsiasi spesa o perdita involontaria considerata dalla gestione di tipo straordinario, cioè tale che difficilmente si ripresenterà in futuro. Ne può essere un esempio una perdita derivante da incendio o furto.

non-recurring expense: ***spesa straordinaria; spesa non ricorrente.*** Termine usato con lo stesso significato di *non-recurring charge* (v.).

non-renewable resources: ***risorse non rinnovabili.*** Risorse naturali che, una volta utilizzate, non possono essere riprodotte. Ne sono esempi le miniere, i giacimenti petroliferi, le foreste, ecc., che si esauriscono via via che si estrae e si utilizza il prodotto.

non-resident: ***non residente.*** Chiunque non risieda entro i confini di uno stato. Nel Regno Unito il termine si applica sia alle persone fisiche che alle persone giuridiche e ai fini fiscali sono considerati non residenti i privati o le imprese la cui residenza non sia in alcuna delle quattro nazioni che compongono il Regno Unito, cioè l'Inghilterra, il Galles, la Scozia e l'Irlanda del Nord. Ai fini, invece, del controllo dei cambi, con lo stesso termine si indicano privati o imprese che non risiedono in alcuna delle quattro nazioni suddette o a Gibilterra, nella Repubblica d'Irlanda, nell'Isola di Man o nelle Isole Normanne. (v. anche *non-resident convertibility*)

non-resident account: ***conto di non residente.*** Conto di deposito bancario, il cui titolare è una persona fisica o giuridica non residente nel paese in cui ha sede la banca presso la quale il conto è in essere.

non-resident convertibility: ***convertibilità per i non residenti.*** Espressione usata per indicare che una valuta può essere convertita in valuta di altri paesi o usata per soddisfare obbligazioni verso residenti in paesi terzi, ma soltanto e limitatamente alla quantità di quella valuta detenuta da non residenti nel paese in cui essa circola. La sterlina inglese divenne pienamente convertibile per i non residenti alla fine del 1958, mentre la lira italiana divenne convertibile per i non residenti all'inizio del 1961. (v. anche *convertibility, convertibility crisis, convertibility of sterling, external convertibility*)

non-residential fixed investment: ***investimenti fissi non residenziali.*** Termine usato negli Stati Uniti per indicare investimenti privati e pubblici nella costruzione di edifici non residenziali (fabbriche, depositi, negozi, ecc.) o nella sostituzione o nuova costruzione di beni strumentali.

non-residential structures investment: ***investimenti in immobili non residenziali.*** Investimenti che hanno lo scopo di sostituire o costruire nuovi immobili non residenziali, quali ad esempio capannoni industriali, depositi, negozi, strutture e infrastrutture agricole, chiese, scuole e simili.

non-revenue receipts: ***entrate non fiscali.*** Nella contabilità di stato, l'espressione viene usata per indicare le entrate statali, non derivanti da imposizione fiscale, relative ad un determinato periodo di tempo. Vi rientrano gli interessi su mutui, le spese recuperabili e il pagamento di servizi statali da parte dei cittadini.

non-reversibility of a function: ***irreversibilità di una funzione.*** L'espressione viene usata per indicare l'irreversibilità di una funzione economica. Ad esempio, se in un periodo di espansione la curva dei costi scende, nel successivo periodo di contrazione il tentativo di tornare alla posizione originaria non procederà lungo la medesima curva dei costi e ciò perché parte delle economie, o diseconomie, inerenti all'espansione vengono perdute durante la contrazione.

non-rivalness: ***senza concorrenza; assenza di concorrenza.*** È la capacità di un bene o servizio di essere consumato da un maggior numero di persone, senza che ciò arrechi detrimento a coloro che lo consumavano prima. Questa proprietà si ritrova nei cosiddetti beni o servizi pubblici o sociali, quali ad esempio la difesa, l'illuminazione stradale, e simili.

non-specific factors of production: ***fattori della produzione reversibili; fattori della produzione non specifici.*** Sono quei fattori della produzione che possono prontamente essere destinati a impieghi alternativi, senza che il loro valore subisca una grave menomazione.

non-standard material: ***materiale fuori standard.*** Vengono così definiti tutti quei materiali, cioè materie prime o componenti, che sono al di sopra o al di sotto dello standard specificato in un capitolato. (v. anche *standard material*)

non-standard method: ***metodo fuori standard.*** Un metodo operativo che non rientra tra quelli standard, cioè quelli studiati o adottati dall'impresa per la produzione dei propri beni. (v. anche *standard method*)

non-static economy: ***economia non statica.*** Termine usato come opposto di *stationary economy* (v.) per indicare un'economia nella quale si intraprende un discreto volume di investimenti, che porta a un incremento dell'occupazione, della produzione e della formazione di capitale.

non-stock corporation: ***società senza capitale azionario.*** Il termine, di uso statunitense, sta ad indicare un tipo di associazione mutua che gode di personalità giuridica, ma non persegue scopi di lucro. Tale associazione è caratterizzata dal fatto che non emette azioni e ne sono esempi le assicuratrici mutue, le casse di risparmio costituite come associazioni mutue, gli enti locali, le associazioni religiose e quelle caritatevoli. (v. anche *non-profit corporation, mutual insurance, mutual company*)

non-store retailer: ***dettagliante senza negozio.*** Termine statunitense, con il quale si indica ciascun operatore commerciale che svolge la sua attività di vendita attraverso canali non rappresentati da negozi. Vi rientrano i venditori porta a porta, le imprese di vendita per corrispondenza, i gestori di distributori automatici e simili.

non-subsidized ship: ***nave non sussidiata.*** Nave dell'armamento libero, che non riceve sovvenzioni dallo stato.

non-tariff barriers: ***barriere non tariffarie.*** Lo stesso che *non-tariff trade barriers* (v.).

non-tariff charges: ***oneri non tariffari; spese non tariffarie.*** Costituiscono una delle cosiddette barriere non doganali e consistono di varie spese sulle importazioni, in aggiunta a quelle rappresentate dai dazi doganali, che vengono fatte pagare a vari stadi del canale di distribuzione o nel momento in cui i beni attraversano i confini o sotto forma di imposte sulla vendita finale del bene al consumatore. A volte esse hanno scopo protettivo, come ad esempio il dazio d'importazione variabile applicato dalla maggior parte dei paesi europei sui prodotti agricoli provenienti dai paesi terzi; altre volte servono a compensare un'imposta che grava sui beni di produzione nazionale, come ad esempio l'imposta sul valore aggiunto.

non-tariff company: ***compagnia assicuratrice indipendente.*** Una società di assicurazioni che non aderisce a un accordo di praticare per lo stesso rischio lo stesso premio specificato in una tariffa concordata tra tutte le società aderenti.

non-tariff measures: ***misure non doganali.*** Una qualsiasi delle misure adottate da un paese al fine di controllare l'afflusso di beni esteri e citate sotto *non-tariff trade barriers* (v.).

non-tariff trade barriers: ***barriere non doganali.*** La barriera commerciale non doganale è stata definita come «qualsiasi regolamentazione, pratica o politica statale o privata, diversa da un ordinario dazio doganale, che interferisce con il normale svolgimento del commercio e tende a distorcere il volume, la composizione o la direzione dei flussi commerciali.» Le barriere non doganali possono dividersi nelle seguenti categorie: 1) restrizioni quantitative, tra le quali si citano i vari tipi di quote o contingenti; 2) gli oneri, o spese, non tariffari; 3) la partecipazione statale al commercio, che si concretizza principalmente nelle politiche di approvvigionamenti statali; 4) standard di qualità imposti su determinati prodotti; 5) procedure doganali e pratiche amministrative, tra le quali rientrano i diversi sistemi di valutazione dei beni ai fini doganali; 6) tassi di nolo marittimo discriminatori. Tutte queste pratiche hanno l'effetto di rendere più cari i beni esteri sui mercati nazionali o comunque di limitare il flusso di importazioni nel paese che le adotta.

non-tariff trade regulation: ***regolamentazione non tariffaria.*** Una qualsiasi regolamentazione, tra quelle citate sotto *non-tariff trade barriers* (v.), che ha lo scopo e l'effetto di limitare lo scambio internazionale di beni e servizi.

non-taxable income: ***reddito non imponibile.*** È il reddito o la porzione di reddito su cui non si deve pagare alcuna imposta. Nel Regno Unito, rientrano in questa categoria: il reddito di pensioni di guerra e di invalidità; le rendite pagate ad alcune categorie di decorati al valore militare o civile; gli interessi su alcuni tipi di titoli di stato e di depositi a risparmio presso gli uffici postali; borse di studio; indennità di licenziamento fino ad un limite stabilito; sussidi di disoccupazione; indennità di malattia e alcuni altri tipi di reddito meno importanti.

non-tradables: ***beni e servizi non scambiabili.*** Beni e/o servizi che non possono essere scambiati o perché lo scambio è vietato da disposizioni governative o perché per loro natura (come ad esempio alcuni servizi quali l'istruzione e i servizi legali) non si prestano allo scambio tra paesi diversi o anche all'interno dello stesso paese. In un significato più ristretto, il termine inglese, contrapposto a *tradables* (v.), indica i servizi, da molti paesi esclusi dal commercio internazionale.

non-traded products: ***prodotti non scambiati; prodotti esclusi dallo scambio.*** I prodotti che fanno parte di alcune categorie la cui esportazione è vietata dal paese produttore o è diretta soltanto verso determinati paesi. Tra tali categorie di prodotti rientrano quelli a tecnologia molto avanzata utilizzati in campo militare per la difesa del paese produttore.

non-trading partnership: ***società non commerciale.*** Pur non esistendo nel Regno Unito una precisa definizione giuridica di impresa commerciale o non commerciale, la prima viene definita generalmente come un'impresa che basa la propria esistenza sull'acquisto e la vendita di beni. Da questa definizione, discende che tutte le altre imprese, siano esse società per azioni o società in accomandita o a responsabilità limitata, non possono essere considerate commerciali. Così, ad esempio, una società costituita da professionisti, quali medici o avvocati, allo scopo di gestire insieme un gabinetto medico o uno studio legale, non può essere definita come società commerciale, pur se basa la propria esistenza sulla vendita di servizi. In questo tipo di società, ad esempio non esiste delega implicita che autorizzi uno dei soci a vendere o impegnare beni appartenenti alla società o a contrarre debiti o emettere cambiali in nome e per conto degli altri soci. Se si intende delegare un socio a compiere atti di questo tipo, ciò deve essere fatto in modo esplicito e nelle forme previste dalla legge.

non-traditional mortgages: ***ipoteche non tradizionali.*** Tutte le forme di ipoteca che tengono conto del processo inflattivo e, pertanto, si discostano da quelle tradizionali a tasso di interesse fisso. I quattro tipi principali di ipoteche del genere sono: *adjustable-rate mortgage* (v.); *graduated-payment mortgage* (v.); *price-level-adjusted mortgage* (v.) e *shared-appreciation mortgage* (v.).

non-transferable: ***non trasferibile; non all'ordine.*** Usata in relazione a titoli di credito, questa espressione indica che essi non possono essere ceduti a terzi. Queste parole, scritte su un assegno, stanno ad indicare che esso può essere pagato soltanto al prenditore menzionato su di esso o che l'assegno può essere versato sul conto corrente del prenditore, a sua richiesta.

non-transferable cheque: ***assegno non trasferibile.*** Un ordine di pagamento a una banca che può essere incassato solo da un'altra banca per conto del prenditore.

non-transferable goods: ***beni non trasferibili.*** Termine usato da A. Marshall per indicare le qualità o facoltà di un individuo, che non possono essere trasferite ad altri. Tra questi beni, detti da Marshall beni interni, rientrano anche le relazioni d'affari che dipendono dalla fiducia che ispira l'individuo e che non possono essere trasferite come parte dell'avviamento della sua impresa. Altri beni non trasferibili di cui gode un individuo sono rappresentati dal clima del paese in cui vive, dall'aria che in quel luogo egli può respirare, dai privilegi che gli derivano dall'avere la cittadinanza di quel paese e dai diritti e dalle opportunità di usare proprietà pubbliche.

non-unique equilibrium: ***equilibrio multiplo.*** Lo stesso che *multiple equilibrium* (v.).

non-valued policy: ***polizza non valutata.*** Nelle assicurazioni marittime e aeree, si indica con questo termine una polizza che non contiene l'indicazione del valore esatto della cosa assicurata, che dovrà essere stabilito se e quando si verifica il sinistro contro il quale la polizza assicura l'oggetto. Generalmente, la polizza non valutata viene emessa per una certa somma totale determinata, a copertura di un insieme di beni esposti a rischi diversi o a rischi simili ma in periodi diversi, così che risulta molto difficile che tutti i beni assicurati vadano perduti in un unico sinistro. Ciò dà la possibilità di definire il valore di uno dei beni coperti dalla polizza dopo che si verifica il sinistro. (v. anche *valued policy*)

non-voting shares: ***azioni senza diritto di voto.*** Sono quelle azioni che non conferiscono ai loro proprietari il diritto di votare nelle assemblee dei soci o in relazione a particolari tipi di delibere, come ad esempio la nomina degli amministratori, o in relazione a qualsiasi delibera. Nel Regno Unito e negli Stati Uniti fanno ricorso a questo accorgimento molte cosiddette *public companies* (v.) quando coloro che le controllano desiderano aumentare il capitale di rischio, ma non intendono lasciarsi sfuggire di mano la conduzione dell'impresa. In tale caso, vengono emessi due tipi di azioni ordinarie: uno costituito da un numero molto maggiore di azioni alle quali non viene riconosciuto il diritto di voto (queste azioni vengono di solito contraddistinte come azioni A); e un altro costituito da un numero molto più limitato di azioni, che conferiscono ai loro proprietari il diritto di voto. Questo secondo tipo di azioni viene di solito sottoscritto pressocché interamente da coloro che controllano la società o che vanno a costituirla. A volte, sempre allo scopo di evitare che la gestione della società cada in mani altrui, coloro che la controllano emettono azioni a voto plurimo. In base al codice civile italiano, tutte le azioni ordinarie hanno lo stesso diritto di voto. (v. anche *multiple–voting shares*)

non–voting stock: ***azioni senza diritto di voto.*** Termine statunitense, usato con lo stesso significato di *non–voting shares* (v.).

non–wage attributes: ***attributi non salariali.*** Le caratteristiche di un posto di lavoro che non hanno niente a che fare con la remunerazione. Si tratta, ad esempio, delle possibilità di carriera, delle condizioni in cui si svolge l'attività lavorativa, del prestigio che essa conferisce e così via.

non–wage earner: ***lavoratore autonomo.*** Lo stesso che *self–employed* (v.).

non–wage–earners' incomes: ***redditi non salariali.*** Tutti i redditi derivanti da attività non remunerate con un salario, come ad esempio il reddito dell'imprenditore, i redditi di capitale, quelli dei professionisti e simili.

non–wage labour costs: ***costi del lavoro non salariali.*** Tutti i costi che un'impresa deve sostenere, in relazione all'impiego di manodopera, al di là della pura e semplice remunerazione corrisposta al lavoratore. Consistono principalmente degli oneri sociali e dei cosiddetti *fringe benefits* (v.).

non–waiver clause: Nelle assicurazioni, è la clausola che stabilisce che anche se l'assicuratore svolge indagini tendenti ad accertare l'entità del sinistro denunciato, ciò non vuol dire che egli se ne assume la responsabilità ed è, solo per questo, tenuto a liquidare il danno.

non–working days: ***giorni non lavorativi.*** Termine usato con lo stesso significato di *non–business days* (v.).

no orders: ***nessun ordine.*** Lo stesso che *no advice* (v.).

no–par stock: ***azioni senza valore nominale.*** Termine statunitense, usato con lo stesso significato di *no–par value shares* (v.).

no–par–value capital stock: ***azioni senza valore nominale.*** Termine usato come sinonimo di *no–par value shares* (v.).

no–par value shares: ***azioni senza valore nominale.*** Negli Stati Uniti è possibile emettere azioni di capitale senza che venga loro assegnato un valore nominale all'atto dell'emissione. Il loro valore, pertanto, sarà quello che verrà a determinarsi a seguito della libera contrattazione di quelle azioni nella borsa valori in cui saranno quotate. È possibile, tuttavia, che alle azioni venga assegnato un valore legale o dichiarato, come è anche possibile che una società emetta due categorie di azioni: una certa quantità con valore nominale ed un'altra quantità senza valore nominale. In tutti i casi, le azioni rappresentano una quota proporzionale di proprietà dell'azienda, anche se ad esse non viene assegnato alcun valore nominale o legale. Lo stato di New York fu il primo ad approvare una legge che consentiva l'emissione di questo tipo di azioni e lo fece nel 1912, ma già nel 1920 le società americane che le emettevano erano la maggioranza. Il motivo principale per cui la legge statunitense consentiva l'emissione di queste azioni era che le società potevano assegnare alle loro azioni ordinarie un valore dichiarato più consono al valore reale delle loro attività e potevano emettere nuove azioni in qualsiasi momento ed a qualsiasi prezzo. Nel 1952 fu istituita una commissione nel Regno Unito affinché indagasse sull'opportunità di consentire alle società britanniche di emettere azioni senza valore nominale. La relazione della commissione, pubblicata nel 1954, espresse parere favorevole, anche perché in un periodo di rapidi cambiamenti di prezzo il valore nominale delle azioni non ha senso e non ha riscontro alcuno col loro valore di mercato. La commissione raccomandò, pertanto, che si consentisse alle società che lo desideravano di emettere questo tipo di azioni, ma raccomandò anche che non si imponesse l'adozione di questo sistema e non si consentisse, come avveniva negli Stati Uniti, l'emissione mista di azioni ordinarie con valore nominale accanto a quelle senza valore nominale. (v. anche *legal value*)

no–par–value stock: ***azioni senza valore nominale.*** Termine usato come sinonimo di *no–par value shares* (v.).

no protest: ***senza spese.*** Espressione usata per indicare che una cambiale recante questa dicitura non deve essere protestata, dalla banca che l'ha ricevuta per l'incasso, in caso di mancato pagamento alla scadenza. La stessa espressione inglese sta ad indicare che nessuna banca o altra persona, incaricata dell'incasso della cambiale, è autorizzata a far pagare alcuna spesa di protesto.

Nordic Council: Organismo fondato nel 1952 da quattro paesi nordici (Danimarca, Islanda, Norvegia e Svezia) con lo scopo di sviluppare la collaborazione tra loro su questioni economiche e di altra natura, attraverso i lavori di alcune commissioni permanenti.

Nordic Currency Loan Agreement: Accordo monetario stipulato nel 1962 tra cinque paesi nordici e precisamente Danimarca, Finlandia, Islanda, Norvegia e Svezia. L'accordo prevedeva che se uno dei cinque paesi si fosse trovato in difficoltà a seguito di squilibri nella propria bilancia dei pagamenti, avrebbe potuto fare ricorso a prestiti da parte della banca centrale di uno qualsiasi degli altri paesi che avevano sottoscritto l'accordo. Il paese che intendesse fare ricorso ad un prestito, però, doveva precedentemente utilizzare una certa parte delle proprie riserve di valuta estera e dei propri diritti di prelievo dal Fondo Monetario Internazionale. In base all'accordo, il paese che chiedeva il prestito si impegnava a depositare un ammontare equivalente in valuta nazionale presso la banca centrale che glielo concedeva.

no recourse: ***senza regresso.*** Lo stesso che *without recourse* (v.).

no rent land: ***terra marginale.*** L'espressione inglese fu usata dall'economista David Ricardo per indicare la terra i cui frutti sono appena sufficienti a coprire i costi di produzione al livello corrente dei prezzi di vendita.

norm: ***norma; tetto di aumento salariale.*** Questo termine indica la media normale o solita, ma è stato anche usato per indicare il tasso di aumento salariale consentito, e stabilito come tetto massimo, in occasione dell'adozione di una politica dei redditi.

normal competitive return: ***rendimento normale di concorrenza; profitto normale.*** È il rendimento normale che un imprenditore si aspetta di ricavare dagli investimenti che pone in essere. Esso viene calcolato in base ad un tasso di interesse standard, che deve essere tale da trattenere l'imprenditore in quella particolare attività. Se il rendimento fosse inferiore al normale, l'imprenditore si rivolgerebbe verso attività diverse e pertanto il rendimento normale di concorrenza coincide col costo opportunità della permanenza dell'imprenditore nell'attività che svolge. Se, al contrario, il rendimento dell'industria nella quale l'imprenditore opera fosse superiore al normale, ciò attirerebbe altri imprenditori in quel settore.

normal cost: ***costo normale.*** Il termine inglese è usato in due accezioni. Esso può indicare: a) un costo standard, cioè un costo sostenuto in condizioni operative normali o consuetudinarie; oppure, b) il costo medio di produzione più basso, in presenza di determinate condizioni di impianti e attrezzature. (v. anche *standard cost*)

normal curve: ***curva normale; curva delle probabilità; curva binomiale.*** Curva che, su un piano cartesiano, esprime le relazioni tra la frequenza, misurata sull'asse Y, e le deviazioni (positive o negative) dalla media, misurate sull'asse X, di una serie di grandezze. Molti tipi di variabili hanno grandezze distribuite secondo il modello della curva normale. Oltre il novantanove per cento di una distribuzione normale si troverà entro un raggio di tre deviazioni standard da un lato o dall'altro della media aritmetica; il novantacinque per cento si troverà entro un raggio di due deviazioni standard da un lato o dall'altro della media aritmetica e il sessantotto per cento si troverà entro un raggio di una deviazione standard da un lato o dall'altro della media aritmetica.

normal curve of distribution: ***curva normale; curva delle probabilità; curva binomiale.*** Termine usato con lo stesso significato di *normal curve* (v.).

normal curve of error: ***curva degli errori.*** Termine usato con lo stesso significato di *normal curve* (v.).

normal distribution: ***distribuzione normale; curva normale.*** Termine usato con lo stesso significato di *normal curve* (v.).

normal equilibrium: ***equilibrio normale; equilibrio d'impresa; equilibrio d'industria.*** Termine usato con lo stesso significato di *equilibrium of firm* (v.).

normal function: ***curva normale; curva delle probabilità; curva binomiale.*** Termine usato con lo stesso significato di *normal curve* (v.).

normal goods: ***beni normali.*** I beni la cui domanda diminuisce col diminuire del reddito dei consumatori e aumenta con l'aumentare del loro reddito. Il termine viene usato in contrapposizione a *inferior goods* (v.).

normal hours: ***tempo teorico uomo–macchina.*** Espressione usata per indicare il tempo standard di impiego dell'uomo e della macchina per una qualsiasi operazione del ciclo produttivo.

normal income: ***reddito normale.*** Lo stesso che *permanent income* (v.).

normal price: ***prezzo di equilibrio di lungo periodo; prezzo normale.*** Il prezzo di equilibrio di un bene risultante nel lungo periodo dall'azione congiunta delle forze della domanda e dell'offerta e, pertanto, diverso dal prezzo di mercato prevalente in un qualsiasi momento determinato, che corrisponde al prezzo di equilibrio di breve periodo. Il prezzo normale, che può quindi definirsi prezzo di equilibrio di lungo periodo, è quello al quale il prezzo di mercato tende a unificarsi dopo oscillazioni temporanee che lo hanno portato al di sopra o al di sotto del prezzo normale. Il prezzo di equilibrio di lungo periodo è quello che rende uguale il tasso di produzione e il tasso di consumo. (v. anche *equilibrium price, market price*)

normal probability curve: ***curva delle probabilità; curva normale.*** Termine usato con lo stesso significato di *normal curve* (v.).

normal profit: ***profitto normale.*** Il termine inglese esprime lo stesso concetto spiegato sotto *normal competitive return* (v.).

normal return: ***rendimento normale.*** Espressione alternativa, usata per indicare il profitto normale o il rendimento normale di concorrenza. Per la relativa spiegazione, v. *normal competitive return.*

normal standard cost: ***costo standard normale.*** Costo standard detto normale in quanto basato sul costo medio relativo ad una serie di periodi trascorsi e sulle previste variazioni future dei prezzi, dell'efficienza dell'industria o del volume di produzione. (v. anche *standard cost*)

normal table: ***tabella normale.*** È una presentazione, sotto forma tabulare, di valori scelti, calcolati in base alla curva normale. (v. anche *normal curve*)

normal tax: ***imposta normale.*** Espressione generica, spesso usata per indicare l'imposta pagata in base all'aliquota tipo, in quanto la base imponibile non supera una certa cifra. (v. anche *surtax*)

normal tax rate: ***aliquota tipo; aliquota standard.*** Negli Stati Uniti, si indica con questo termine l'aliquota che grava su tutto il reddito del contribuente al di sopra di un minimo, che è esente, e al di sotto di un massimo, che è soggetto ad un'imposta sul reddito addizionale, che va ad aggiungersi a quella calcolata in base all'aliquota standard. L'aliquota tipo viene stabilita ogni anno per mezzo della legge finanziaria, ma poiché ciascun contribuente ha diritto a determinate deduzioni e detrazioni, l'aliquota effettiva in base alla quale viene determinata l'imposta che egli deve pagare è quasi sempre inferiore all'aliquota standard.

normal trading unit: ***unità di contrattazione.*** Lo stesso che *trading lot* (v.).

normal unemployment rate: ***tasso di disoccupazione normale.*** Lo stesso che *natural rate of unemployment* (v.).

normal value: ***valore normale; valore naturale; valore–lavoro.*** Con questa espressione si indica il prezzo, o valore monetario, di un bene che le forze economiche tendono a determinare ed al quale il prezzo di mercato tende ad adeguarsi. Si tratta del valore basato sul lavoro contenuto nel bene o che è stato necessario per produrre il bene ed è, pertanto, diverso dal valore basato sulla rarità o sulla scarsità di un bene.

normal year: ***anno normale.*** Negli Stati Uniti, si indica con questa espressione un anno in cui il volume fisico dei beni e servizi e la produzione industriale crescono fra il tre e il quattro per cento; l'aumento dei prezzi è fra il quattro e il cinque per cento; i redditi monetari dei consumatori aumentano tra il sette e il nove per cento e il tasso di disoccupazione oscilla tra il cinque e il sei per cento della forza lavoro. Nessun anno del periodo post–bellico può essere considerato, in base a questi criteri, un anno normale per l'economia statunitense.

normative economics: ***economia normativa.*** L'economia che, nei lavori di alcuni autori o in loro interventi pubblici, va al di là della pura e semplice analisi e descrizione di fenomeni, spingendosi ad includere dichiarazioni e giudizi sull'opportunità o meno di intraprendere determinate azioni, così perdendo la connotazione di economia pura o positiva e fondendosi con la politica. (v. anche *positive economics*)

normative planning: ***pianificazione normativa.*** È la pianificazione che non si limita ad indicare programmi o obiettivi, ma presuppone un diretto intervento dello stato o sotto forma di azione propria o sotto forma di imposizione di determinate direttive. (v. anche *indicative plan-*

ning)

Norris–La Guardia Act: Legge, approvata dal Congresso degli Stati Uniti nel 1932, con la quale si regolamentavano alcune questioni di lavoro e relazioni industriali. Tra le altre cose, la legge imponeva dei limiti al potere delle corti federali di emettere ingiunzioni in relazione a dispute di lavoro. Un altro importante provvedimento della legge era quello di dichiarare illegali i cosiddetti *yellow–dog contracts.*

Northern Stock Exchange: Nel 1965, prese questo nome l'associazione di varie borse valori minori funzionanti in Inghilterra. L'associazione, che intendeva trovare una sede in cui svolgere la propria attività centralizzata, era costituita dalle borse valori di Manchester, Liverpool, Leeds, Sheffield, Newcastle ed altre, aventi sede in città più piccole. Le varie borse valori del Regno Unito e della Repubblica d'Irlanda confluirono in un'unica istituzione all'inizio degli anni settanta. (v. anche *stock exchange, London Stock Exchange*)

North Sea bonanza: *fortuna del Mare del Nord.* Espressione usata negli anni sessanta e settanta per indicare i benefici che la Gran Bretagna si aspettava dallo sfruttamento dei giacimenti di gas e petrolio scoperti nel Mare del Nord.

North–South dialogue: *dialogo nord–sud.* Le discussioni e le trattative tra i paesi sviluppati e i paesi in via di sviluppo su questioni di assistenza e di trasferimento di risorse dai primi ai secondi.

Norwich Union Assurance Co. Ltd.: È una delle più grandi compagnie di assicurazioni operanti nel Regno Unito ed una delle otto che vantano una data di fondazione anteriore al 1800. Infatti, questa compagnia fu fondata nel 1797 e allora si interessava esclusivamente del ramo incendi, ma già nel 1808 era passata ad operare anche nel ramo vita.

no–shop retailing: Espressione usata per indicare le vendite al dettaglio che non passano attraverso i comuni canali della piccola distribuzione. Comprende, tra l'altro, la vendita attraverso distributori automatici e per corrispondenza.

no–strike clause: Clausola, a volte presente in un contratto di lavoro statunitense, in base alla quale i lavoratori si impegnano a non ricorrere all'arma dello sciopero e i datori di lavoro a non ricorrere alla serrata per tutto il periodo in cui il contratto è in vigore. Tale clausola ricorre più frequentemente nei contratti di lavoro del pubblico impiego.

nostro account: *nostre linee.* Nel linguaggio bancario inglese si trovano tre espressioni con i possessivi italiani: *nostro account, vostro account* e *loro account*, corrispondenti a nostre linee, vostre linee e loro linee. Per le relative spiegazioni, v. sotto *loro account.*

nostro overdraft: *nostro scoperto.* Espressione che appare a volte nel conto economico di banche statunitensi per indicare che la banca ha venduto più cambiali di quante non ne abbia acquistate da corrispondenti esteri e pertanto essa è esposta verso una o più banche straniere per l'ammontare indicato a fianco dell'espressione *nostro overdraft.*

not always afloat, but safe aground: *non sempre a galla, ma su fondo sicuro.* Condizione cui si fa spesso riferimento nei trasporti marittimi, specialmente in relazione a porti con alta onda di marea. Indica che la nave non deve necessariamente galleggiare, purché il fondo che potrebbe eventualmente toccare sia sicuro, cioè non tale da procurare danni alla chiglia e allo scafo.

notarial act: *atto notarile.* Viene così indicato un atto che la legge impone che venga redatto da un notaio, affinché esso sia valido. Secondo il diritto inglese, come del resto anche quello italiano, uno di tali atti è il protesto cambiario.

notarial act of honour: Espressione usata per indicare l'intervento cambiario attestato da un notaio. Quando una cambiale viene protestata, essa può essere pagata da una persona diversa dall'obbligato principale, per motivi suoi personali. Poiché colui che paga acquisisce tutti i diritti che la cambiale gli concede nei confronti di colui che non l'ha pagata, tale suo atto di intervento deve essere attestato da un notaio. (v. anche *act of honour*)

notary public: *notaio.* Pubblico ufficiale autorizzato e preposto a ricevere giuramenti e ultime volontà, ad autenticare e rilasciare copie di documenti e ad elevare protesto in caso di mancato pagamento di cambiali, assegni, ecc. o di mancata accettazione di cambiali–tratte. Le funzioni e i compiti di un notaio differiscono lievemente da paese a paese.

notch problem: Espressione usata per indicare il problema che viene a crearsi quando l'aliquota fiscale cresce in maniera progressiva e l'aliquota più elevata viene applicata all'intera somma imponibile. Se, ad esempio, è prevista un'aliquota per una somma imponibile fino ai dieci milioni ed una aliquota superiore per un imponibile che superi i dieci milioni e l'aliquota superiore viene applicata sull'intera somma imponibile, si crea una notevole sperequazione tra chi ha un imponibile di nove milioni e novecentonovantanove mila e chi ha un imponibile di dieci milioni e uno. La differenza di imposta, infatti, non sarebbe giustificata dalla differenza di due unità monetarie di imponibile. Questo problema viene risolto applicando aliquote successivamente più elevate sulle porzioni di imponibile che superano la fascia dell'aliquota inferiore e così, nell'esempio dato sopra, l'aliquota più alta dovrebbe applicarsi non a tutto l'imponibile di dieci milioni e uno, ma soltanto alla parte di imponibile che supera i dieci milioni. Questo sistema è oggi adottato in tutti i paesi che usano aliquote fiscali progressive.

note: 1. *pagherò cambiario; cambiale propria; vaglia cambiario; pagherò.* È una promessa scritta di pagare ad una persona specificata o al portatore una certa somma ad una data stabilita. Questa promessa può o meno essere unita ad un'altra promessa di riconoscere un certo tasso di interesse sulla somma in questione. Il termine, particolarmente negli Stati Uniti, è sinonimo di *bond* (v.), ma mentre quest'ultimo viene usato in relazione a promesse di rimborso ad una data che va al di là di un anno dal giorno dell'emissione, il termine *note* viene usato per promesse di pagamento ad una data futura inferiore ad un anno dal momento dell'emissione. (v. anche *promissory note*) **2. *banconota; biglietto di banca; biglietto di stato.*** Il termine inglese viene spesso usato con lo stesso significato di *banknote* (v.). **3. *carta commerciale.*** In un uso più moderno e principalmente statunitense, il termine viene usato come sinonimo di *commercial paper* (v.) nel suo significato più moderno.

note broker: *agente di sconto.* Lo stesso che *bill broker* (v.), pur se propriamente dovrebbe applicarsi solo ad un agente che tratta lo sconto di pagherò cambiari.

note circulation: *circolazione cartacea; seconda circolazione.* In senso lato, questa espressione indica la circolazione di biglietti di banca e di stato inconvertibili che, però, hanno potere liberatorio. In passato, quando i biglietti di banca o di stato erano convertibili in oro o argento, la circolazione dei biglietti era detta fiduciaria, in quanto essi venivano accettati sulla fiducia che l'istituto emittente ispirava al pubblico, il quale era certo che avrebbe in qualsiasi momento potuto convertirli in metallo prezioso. Oggi che non è più possibile convertire i biglietti in alcunché, col termine circolazione fiduciaria si intende la circolazione degli assegni, che vengono accettati in pagamento per la fiducia che ispira l'emittente. Il termine inglese corrisponde anche al nostro termine seconda circolazione, col quale si intendeva appunto la circolazione di biglietti che si appoggiava alla prima circolazione, ovvero quella delle monete metalliche d'oro o di argento. In questo caso, la circolazione degli assegni verrebbe definita terza circolazione, in quanto riposante su quella dei biglietti (seconda circolazione) a sua volta riposante su quella delle monete metalliche (prima circolazione). In senso più ristretto, il termine inglese sta ad indicare la quantità di biglietti, emessi da una sola banca, effettivamente in circolazione e in possesso del pubblico. (v. anche *banknote, note issue*)

note-issuance facility: Una delle recenti innovazioni introdotte nella pratica bancaria. Prevede l'impegno da parte di una banca di acquistare nuova carta commerciale o altri titoli simili emessi da un cliente, quando questi non riesca a venderli direttamente sul mercato, e ciò consente all'emittente di procurarsi capitale di prestito a medio termine a condizioni più vantaggiose di quelle praticate sui diversi tipi di mutui.

note issue: ***emissione di biglietti.*** All'emissione di moneta cartacea lo stato può provvedere o direttamente, emettendo i cosiddetti biglietti di stato, o dando ad una o più banche l'autorizzazione ad emettere biglietti di banca, anche detti banconote. In passato si era soliti ricorrere a questa seconda soluzione ed alcuni istituti avevano il privilegio dell'emissione di biglietti, che tuttavia dovevano essere garantiti da metallo prezioso ed il cui ammontare doveva essere stabilito dallo stato attraverso gli organi a ciò preposti. Nel Regno Unito, l'emissione di biglietti era regolata dal *Bank Charter Act* (v.) del 1844, che concedeva alcuni privilegi alla Banca d'Inghilterra, ma molti articoli di questa legge furono abrogati dal *Currency and Bank Notes Act* (v.) del 1928. L'ultima emissione di biglietti da parte di banche commerciali a ciò autorizzate scomparve dalla circolazione in Inghilterra nel 1919 e nel 1921 scomparve anche l'ultima emissione di biglietti fatta da una banca privata. All'epoca in cui queste banche erano autorizzate ad emettere biglietti, il termine *note issue* indicava l'ammontare totale di banconote proprie che una qualsiasi banca era autorizzata ad emettere. Nel 1928, anche il ministero del tesoro britannico rinunciò ad emettere biglietti di stato e trasferì alla Banca d'Inghilterra la facoltà di emettere biglietti da una sterlina e da dieci scellini. Oggi, in tutti i paesi l'emissione di biglietti di banca è riservata alla banca centrale del paese che è, pertanto, l'unica che può e deve provvedere a nuove emissioni e a sostituzioni di banconote ritirate dalla circolazione. Tali funzioni sono affidate alla Banca d'Inghilterra per l'Inghilterra e il Galles e al *Federal Reserve System* (v.) per gli Stati Uniti d'America. Il privilegio di emettere banconote di cui ancora godono alcune banche in Scozia e nell'Irlanda del Nord è tanto limitato che si può dire che la Banca d'Inghilterra detiene il monopolio dell'emissione in tutto il Regno Unito. (v. anche *Bank of England, bank amalgamation*)

note-issuing authority: ***istituto di emissione.*** Lo stesso che *bank of issue* (v.).

note-issuing bank: ***istituto di emissione; banca di emissione.*** Termine a volte usato con lo stesso significato di *bank of issue* (v.).

note-issuing department: ***dipartimento di emissione.*** Lo stesso che *issue department* (v.).

note of accommodation: ***cambiale di comodo; cambiale di favore.*** Lo stesso che *accommodation bill* (v.).

note of bills offered for discount: ***distinta di sconto.*** Lo stesso che *discount note* (v.).

note of hand: ***pagherò cambiario; cambiale propria; cambiale diretta; pagherò; vaglia cambiario.*** Termine a volte usato in luogo del più comune *promissory note* (v.).

note of protest: ***protesto preliminare.*** Lo stesso che *noting* (v.).

note of title: ***nota di titolo di proprietà.*** Documento emesso dal *Taurus* (v.), mediante il quale si provvede a informare le parti interessate, cioè venditore e compratore, dell'avvenuta liquidazione di un'operazione di compravendita titoli alla borsa valori di Londra.

note option depositaries: Espressione statunitense, usata per indicare quelle banche che, a seguito di accordi con il ministero del tesoro, investono automaticamente in conti fruttiferi tutti i fondi che esse incassano per conto del governo federale, fino a quando essi non vengono ritirati dal Tesoro.

note payable: ***cambiale passiva.*** Un pagherò cambiario, dal punto di vista dell'emittente per il quale esso rappresenta un debito da pagare. (v. anche *note receivable*)

note receivable: ***cambiale attiva.*** Un pagherò cambiario, dal punto di vista del beneficiario per il quale esso rappresenta un credito da riscuotere. (v. anche *note payable*)

note receivable discounted: ***effetto scontato; cambiale scontata.*** È la cambiale, sia essa pagherò o tratta, non ancora scaduta e che è stata venduta ad una banca o altra istituzione finanziaria o ceduta a un terzo al valore facciale meno lo sconto, corrispondente all'interesse sulla somma anticipata da chi ha acquistato l'effetto.

note register: ***libro degli effetti; registro degli effetti.*** Libro nel quale vengono registrati cronologicamente gli effetti attivi o passivi, via via che vengono ricevuti o emessi. I dettagli della registrazione variano da impresa a impresa e possono includere data di emissione o di acquisizione o di scadenza, importo ed eventuale interesse attivo o passivo, nome dell'emittente o del beneficiario ed eventuale girante, numero dell'effetto e cenni all'operazione commerciale a fronte della quale la cambiale è stata ricevuta o emessa.

note reserve: ***riserva di banconote.*** La differenza tra banconote in circolazione e il limite massimo di emissione che la banca centrale è per legge autorizzata a raggiungere.

notes in circulation: ***biglietti in circolazione.*** L'insieme dei biglietti di banca inconvertibili in circolazione in un qualsiasi momento in uno stato. In Gran Bretagna, l'ammontare dei biglietti in circolazione appare settimanalmente nel rendiconto della Banca d'Inghilterra. La differenza tra i biglietti emessi e quelli in circolazione è tenuta, sotto forma di riserva, dal dipartimento bancario della Banca d'Inghilterra. I biglietti in circolazione di solito aumentano in particolari periodi dell'anno, come ad esempio in prossimità delle festività natalizie e delle vacanze estive, a causa di una maggiore necessità di contanti da parte dei cittadini.

notes issued: ***biglietti emessi.*** Sono i biglietti di banca emessi, ma non posti in circolazione nella loro totalità da una banca centrale. (v. anche *notes in circulation*)

notes payable: ***effetti passivi.*** Espressione usata nella contabilità in partita doppia per indicare il nome di un conto nel quale vengono registrati, separatamente o in un unico ammontare, gli effetti che rappresentano passività per l'impresa nei confronti di banche, fornitori o altri creditori nominati negli effetti.

notes receivable: ***effetti attivi.*** Espressione usata nella contabilità in partita doppia per indicare il nome di un conto nel quale vengono registrati, separatamente o in un unico ammontare, gli effetti che rappresentano attività per l'impresa nei confronti di clienti o altri debitori nominati negli effetti.

notes receivable for collection: ***effetti all'incasso.*** Effetti non più in possesso del beneficiario, perché consegnati ad una banca o altra istituzione finanziaria affinché provveda all'incasso alla data di scadenza. Differiscono dagli effetti scontati, in quanto la banca o l'istituzione finanziaria non ha anticipato l'importo, che accrediterà soltanto dopo l'avvenuto pagamento da parte del debitore.

not–for–profit organization: ***organizzazione senza scopo di lucro.*** Lo stesso che *non–profit corporation* (v.).

notice: ***preavviso; avviso.*** È il periodo di tempo che, in base ad accordi o per disposizione di legge, deve trascorrere tra il momento in cui una parte di un contratto informa l'altra di una sua intenzione ed il momento in cui l'azione preavvisata ha luogo o diventa efficace. Così, può essere necessario un preavviso prima che il titolare di un conto di risparmio o di un deposito vincolato possa prelevare il proprio denaro. È altresì necessario un preavviso quando si intende rescindere un contratto di assicurazione o si vuole interrompere un rapporto di lavoro. In quest'ultimo caso, il periodo varia a seconda delle consuetudini dell'attività in cui il lavoratore svolge le proprie mansioni e, a volte, la lunghezza di tale periodo dipende dal numero di anni di servizio che il lavoratore ha trascorso alle dipendenze dello stesso datore di lavoro. Quest'ultimo può non dare alcun preavviso al lavoratore, ma in tal caso dovrà versargli una somma corrispondente al salario dei giorni di preavviso non dato. Se, invece, un lavoratore è trovato colpevole di qualche grave mancanza, come ad esempio appropriazione indebita, egli può essere licenziato in tronco, cioè senza che abbia diritto ad alcun preavviso.

notice day: ***giorno di dichiarazione.*** Nel linguaggio delle borse, è il giorno in cui si possono rilasciare le dichiarazioni di intenzione relative alla consegna di beni oggetto di contratti a termine.

notice deposit: ***deposito soggetto a preavviso.*** Un deposito bancario che può essere estinto solo dopo che è stato notificato il preavviso previsto dal contratto. In caso contrario, il titolare del conto dovrà rinunciare agli interessi relativi ai giorni di preavviso non notificati, oltre a una probabile riduzione del tasso d'interesse sull'intero periodo.

notice loan: ***mutuo soggetto a preavviso.*** Lo stesso concetto esposto sotto *notice deposit* (v.).

notice of abandonment: ***avviso di abbandono; dichiarazione di abbandono.*** Nelle assicurazioni marittime, indica l'avviso che l'assicurato deve inviare all'assicuratore per informarlo della sua intenzione di abbandonare la cosa assicurata, perché: a) appare inevitabile la sua perdita totale; oppure, b) il costo per riparare i danni appare superiore al valore di recupero della cosa assicurata. Nella sua comunicazione, l'assicurato deve dichiarare che intende abbandonare la cosa assicurata come perdita totale relativa. Ciò darà all'assicurato il diritto al pagamento dell'indennizzo e all'assicuratore il diritto di reclamare i beni abbandonati. (v. anche *constructive total loss*)

notice of assessment: ***avviso di accertamento; notifica di accertamento.*** Avviso di accertamento, che ha anche la funzione di richiesta di pagamento, inviato dal fisco britannico al contribuente in relazione a imposte non trattenute alla fonte e alla sovrimposta sul reddito d'investimento. Questo tipo di imposte, infatti, viene di regola accertato dopo la fine dell'anno fiscale e il pagamento dell'imposta deve essere effettuato entro il 6 luglio successivo all'anno fiscale cui si riferisce l'accertamento o trenta giorni dopo l'invio dell'avviso di accertamento, se quest'ultima scadenza è posteriore al 6 luglio.

notice of dishonour: ***avviso di mancato pagamento; avviso di mancata accettazione.*** Quando una cambiale non viene accettata o non viene pagata alla scadenza, il possessore deve informare di questo evento tutte le parti, come ad esempio i vari giranti, contro cui intende riservarsi il diritto dell'azione di regresso. Se una delle parti non riceve questo avviso, non potrà in seguito essere chiamata a rispondere dell'obbligazione rappresentata dalla cambiale. Lo stesso termine viene usato per indicare l'avviso di mancato pagamento con il quale una banca, incaricata dell'incasso, informa il suo cliente di non aver potuto provvedere all'accreditamento dell'importo, per i motivi specificati nell'avviso che accompagna l'assegno restituito. (v. anche *dishonour*)

notice of intended resolution: ***avviso di deliberazione prevista.*** In base alle disposizioni della legge inglese, i soci che rappresentano almeno un ventesimo di tutti coloro che hanno diritto di voto in un'assemblea ordinaria oppure cento o più soci portatori di azioni in relazione alle quali sono state versate almeno cento sterline, possono chiedere che, a loro spese, venga inviato a tutti i soci un avviso in relazione ad una deliberazione che si intende far approvare alla prossima assemblea, accompagnato da una loro dichiarazione di non più di mille parole.

notice of lien: ***avviso di pegno.*** È la notifica, inviata al segretario o all'amministratore che cura il registro dei soci di una società per azioni, con la quale lo si informa che determinate azioni sono state date in pegno, senza che ne sia stato trasferito il diritto di proprietà. L'avviso, che ha la funzione di informare la società del fatto che quelle determinate azioni sono state costituite in pegno, è di solito inviato in duplice copia, con la richiesta di rispedire al mittente una delle copie in segno di ricevuta. Il motivo per cui una banca o altra istituzione si sente in dovere di inviare questo avviso è che il cliente che ha depositato le azioni potrebbe successivamente chiedere alla società emittente un duplicato del certificato azionario o potrebbe anche contrarre un debito con la società, garantito dalla sua condizione di azionista. Una volta che la società è informata del fatto che l'azionista non è più in possesso delle azioni, si asterrà dal rilasciargli duplicati o dal concedergli crediti e il diritto del cessionario è così salvaguardato contro eventuali future dispute sulla validità delle proprie rivendicazioni.

notice of protest: ***avviso di protesto.*** Lo stesso che *notice of dishonour* (v.).

notice of readiness: ***avviso di prontezza.*** Comunicazione scritta o verbale che il comandante di una nave noleggiata è tenuto a dare, al caricatore o al ricevitore, dell'avvenuto arrivo della nave in porto e della sua disponibilità ad iniziare le operazioni di caricazione o di discarica.

notice of second mortgage: ***avviso d'ipoteca di secondo grado.*** Quando un bene viene gravato da ipoteca di secondo grado, è prescritto che se ne debba dare notizia al titolare dell'ipoteca di primo grado onde stabilire per quale importo egli potrà utilizzare quell'ipoteca come garanzia. Di solito, viene richiesto al titolare dell'ipoteca di primo grado di accusare ricevuta dell'avviso per iscritto, confermando la somma specificata e dichiarando espressamente se è a conoscenza di altre ipoteche gravanti sullo stesso bene.

notification: ***notifica.*** La comunicazione formale con la quale il creditore informa il suo debitore di aver ceduto o costituito in pegno il suo credito.

noting: ***protesto preliminare.*** Quando nel Regno Unito o negli Stati Uniti vengono rifiutati il pagamento o l'accettazione di una cambiale, il beneficiario può consegnarla ad un notaio affinché egli provveda al protesto preliminare, necessario per poter successivamente elevare il protesto definitivo. Il notaio che riceve la cambiale, la ripresenta all'accettante per il pagamento o al trattario per l'accettazione e se riceve una risposta negativa procede al protesto preliminare, che consiste nell'apporre sulla cambiale stessa la data, le spese, una nota corrispondente alla registrazione sui suoi libri e le sue iniziali. Alla cambiale viene poi allegato un foglietto, sul quale il notaio specifica il motivo del protesto preliminare. Nel Regno Unito la prassi differisce leggermente a seconda che si tratti di cambiali interne o di cambiali estere. Per la cambiale interna, infatti, il protesto preliminare non è necessario affinché il beneficiario conservi il diritto all'azione di regresso e pertanto quando lo si eleva, lo si fa con lo scopo preciso di sollecitare l'accettazione o il pagamento per intervento. Quando, invece, si tratta di una cambiale estera, è necessario elevare il protesto preliminare se si vuole conservare il diritto di procedere contro il girante o il traente. Quando si intende procedere al protesto preliminare, esso può essere elevato lo stesso giorno in cui sono stati rifiutati il pagamento o l'accettazione o deve essere elevato entro il successivo giorno lavorativo. È ovvio che non si procede ad elevare protesto preliminare nel caso in cui il beneficiario non ha dato autorizzazione o nel caso in cui la cambiale rechi la dicitura «senza spese». Quando, nel Regno Unito, non è possibile servirsi di un notaio per elevare il protesto preliminare, è previsto che qualsiasi capo famiglia, alla presenza di due testimoni, possa rilasciare un documento che attesti il mancato pagamento o la mancata accettazione della cambiale. Tale dichiarazione potrà essere usata a tutti gli effetti come un protesto formale. (v. anche *dishonour, notice of dishonour, no protest, protest*)

noting charges: ***spese di protesto preliminare.*** Sono le spese sostenute dal creditore, ma che saranno addebitate al debitore, in relazione all'operazione di protesto preliminare.

noting slip: Termine usato come sinonimo di *noting ticket* (v.).

noting ticket: Un modulo sul quale viene annotata la risposta data dal debitore all'atto della presentazione di una cambiale in sede di protesto preliminare.

not in order: ***non in ordine.*** Parole scritte da una banca su un assegno restituito insoluto in quanto contenente un errore formale, come ad esempio una discrepanza tra la somma in lettere e quella in cifre.

notional: ***figurativo.*** Aggettivo usato per definire qualcosa di non ancora reale, ma ritenuto soltanto possibile o probabile. Può, pertanto, indicare il valore calcolato o previsto di un servizio non ancora reso o di una passività non ancora sostenuta, ma solanto probabile o eventuale.

notional demand: ***domanda apparente.*** L'opposto di *effective demand* (v.) e cioè il desiderio di acquisto di beni e servizi non sostenuto dalla capacità di pagarli. (v. anche *potential demand*)

notional income: ***reddito figurativo.*** Il reddito che si presume possa derivare ad un investitore da un suo investimento, ma che egli non percepisce realmente in quanto utilizza egli stesso l'investimento. Così, ad esempio, si indica come reddito figurativo la somma che potrebbe ricavare il proprietario di un bene immobile se lo desse in locazione invece di tenerlo per uso proprio. Il reddito figurativo è parte della ricchezza o del reddito globale di un individuo o di una società, ma quando si tratta di reddito derivante da un'abitazione occupata personalmente dal proprietario, molti paesi non ne tengono conto ai fini dell'imposizione fiscale sul reddito delle persone fisiche.

notional price: ***prezzo figurativo.*** Il prezzo di un fattore della produzione, quando esso viene usato direttamente da chi lo possiede e per il quale, quindi, non deve effettuare alcun esborso effettivo.

notional rent: ***fitto figurativo; canone di locazione figurativo.*** Termine usato con lo stesso significato di *implicit rent* (v.).

notional wages: ***salario figurativo.*** L'insieme dei salari, con i quali remunerare i lavoratori, ipotizzato in un progetto di investimento. Il salario che i lavoratori percepiranno realmente se il progetto viene messo in pratica potrebbe, tuttavia, essere ben diverso da quello figurativo.

not negotiable: ***non negoziabile.*** Quando le parole *not negotiable* sono scritte su di un assegno o su una cambiale, secondo l'articolo 81 del *Bills of Exchange Act* del 1882 significa che il possessore del titolo di credito non può trasferire ad altra persona un titolo di proprietà migliore di quello trasferito a lui dalla persona che gli ha rilasciato o consegnato l'assegno. (v. anche *not negotiable crossing*)

not negotiable crossing: ***incrociatura «non negoziabile».*** L'espressione indica lo stesso concetto esposto sotto *not negotiable*. Non è necessario che le parole vengano scritte tra le due linee della sbarratura, è sufficiente che esse siano nelle loro vicinanze. L'effetto della dicitura *not negotiable* non è quello di rendere il titolo di credito non trasferibile, bensì quello di renderlo non negoziabile, cioè colui che lo riceve lo accetta con tutti i difetti sostanziali o formali che potrebbero essere inerenti al titolo di credito. (v. anche *not negotiable*)

notorious insolvency: ***insolvenza notoria.*** La situazione di insolvenza di un soggetto, nota alla comunità o alla categoria di persone con le quali il soggetto intrattiene relazioni d'affari.

not over age: ***non sopra età.*** Espressione usata nel linguaggio delle assicurazioni e dei trasporti marittimi per indicare una nave che ha al massimo quindici anni di vita. Quando questa espressione viene inserita in un contratto di noleggio, significa che il noleggiatore non vuole una nave la cui età sia superiore ai quindici anni. (v. anche *over-age ship*)

not provided for: ***non coperto.*** Espressione che spesso accompagna un assegno restituito, di cui la banca trassata ha rifiutato il pagamento in quanto l'emittente non ha provveduto in tempo a depositare sul proprio conto l'ammontare necessario per far fronte all'assegno. Anche questa dicitura è caduta in disuso e oggi si preferisce far accompagnare l'assegno insoluto dalla dicitura *refer to drawer* (v.).

not saturdays: ***esclusi i sabati.*** Espressione che può a volte comparire su una cambiale restituita insoluta, quando la persona addetta all'incasso si è presentata di sabato al trattario e questi è una banca o un'impresa di proprietà di israeliti, che non aprono il sabato.

not sufficient funds: ***fondi insufficienti.*** Espressione che accompagna un assegno restituito insoluto dalla banca trassata quando i fondi sul conto dell'emittente non risultano sufficienti per far fronte al pagamento. L'espressione può anche essere abbreviata in *not sufficient.* Ambedue, tuttavia, sono cadute in disuso e sono state sostituite dalla dicitura meno impegnativa *refer to drawer* (v.).

not weight: ***«non pesare».*** È così indicato un abbuono riconosciuto sotto forma di minore quantità di carico da prendere in considerazione ai fini della determinazione del nolo da far pagare al ricevitore o al caricatore delle merci, quando il nolo viene calcolato sulla resa di bordo e il ricevitore rinuncia alla pesatura. (v. anche *not weight clause*)

not weight clause: ***clausola «non pesare».*** Nelle polizze di carico, è la clausola che consente l'abbuono detto «non pesare». In presenza di tale clausola, il nolo viene determinato in base al peso di polizza, diminuito della percentuale di abbuono. (v. anche *not weight*)

novation: ***novazione.*** Nel linguaggio giuridico, indica la sostituzione di una vecchia obbligazione con una nuova o di un vecchio debitore con uno nuovo. Nel diritto britannico, pertanto, non esiste la distinzione tra novazione oggettiva e soggettiva ed il termine copre ambedue i casi. La novazione richiede il consenso di tutte le parti, vecchie e nuove, del contratto, in quanto con essa vengono trasferiti diritti e doveri. Nel caso di una società in accomandita in cui uno o più soci nuovi subentrano a vecchi soci che si ritirano, si ritiene implicitamente che i vecchi creditori accettino i nuovi debitori se essi continuano ad intrattenere con la nuova società i rapporti che avevano con la vecchia.

novelty: ***novità; originalità.*** La caratteristica che rende un bene industriale diverso o più funzionale di quelli similari precedentemente in commercio e anche lo stesso bene. Affinché possa dar luogo alla concessione di un brevetto, la novità, ovvero il bene nuovo, non doveva essere noto prima della sua produzione, in quanto la sola novità o originalità di forma non è sufficiente a garantire il diritto esclusivo di sfruttamento.

novice: ***novizio.*** Una persona che ha da poco assunto un lavoro o iniziato una carriera ed essendo priva di esperienza specifica ha bisogno di guida ed addestramento.

NOW account: ***conto a ordine di prelievo negoziabile.*** V. spiegazione sotto *negotiable order of withdrawal account.*

noxious trade: ***attività nociva; industria insalubre.*** Un'attività, un'industria, ecc., di carattere pericoloso o dannoso quali possono essere le attività di concia delle pelli, di macellazione di animali, di saponificazione e simili, che arrecano fastidio o danno a causa degli odori che emanano o perché possono produrre piombo o sostanze velenose nell'atmosfera. La stessa espressione viene usata in relazione a quelle industrie chimiche che producono sostanze tossiche che, a seguito di incidente, potrebbero venire a contatto con l'ambiente e con gli abitanti della zona producendo loro seri e gravi danni.

n.p.: 1) net proceeds; 2) no protest.

N.P.: 1) notary public; 2) no protest.

NPV: 1) net present value; 2) no par value.

N.R.A.: National Recovery Administration.

N.R.D.C.: National Research and Development Corporation.

N.R.R.: net reproduction rate.

n.r.t.: net register ton.

N.R.T.: net register ton.

NRV: net realizable value.

N/S: not sufficient.

N.S.C.: National Security Council.

NSCC: National Securities Clearing Corporation.

n.s.f.: not sufficient funds.

N.S.F.: not sufficient funds.

nt. wt.: net weight.

nude contract: ***nudum pactum; nudo patto.*** Termine usato con lo stesso significato di *naked contract* (v.).

N.U.G.M.W.: National Union of General and Municipal Workers.

nuisance tax: ***imposta fastidiosa; imposta molesta.*** Espressione popolare con la quale si indica genericamente una qualsiasi imposta il cui gettito non è sufficiente a giustificare il fastidio arrecato a coloro che sono tenuti a pagarla o a coloro che sono preposti a riscuoterla.

null and void: ***nullo e di nessun effetto; privo di valore legale.*** Un documento, un accordo e simili, che non possiedono nessun valore giuridico e che non possono portare alcun effetto. È tale, ad esempio, un accordo di mutuo ad un tasso di interesse superiore a quello consentito dalla legge. Un accordo di questo genere non può essere fatto valere in un tribunale e, in genere, se una delle parti ha corrisposto una somma di denaro all'altra, non può recuperarla in forza di legge.

N.U.M.: 1) National Union of Manufacturers; 2) National Union of Mineworkers.

numbered account: ***conto numerato; conto cifrato.*** È una delle caratteristiche delle banche svizzere, ma viene usato anche in altri paesi. Si tratta di un conto di deposito o di custodia intestato ad un numero e non ad una persona fisica o giuridica. La corrispondenza tra numero e identità del titolare è nota soltanto ad una ristrettissima cerchia di dipendenti della banca. Tutte le operazioni relative al conto vengono svolte sotto il codice numerico, senza mai menzionare il nome del titolare.

numeraire: ***numerario.*** Termine con il quale a volte si indica l'insieme delle monete metalliche e dei biglietti di banca e di stato aventi corso legale in un paese. Lo stesso termine si usa per indicare la funzione della moneta usata come misura di valore.

numerical classification: ***classificazione numerica.*** Nell'archiviazione di documenti o nella contabilità in partita doppia si possono usare codici numerici mediante i quali è possibile identificare i luoghi in cui sono conservati i documenti o i diversi conti di un mastro. Il principale svantaggio di questo sistema è rappresentato dal fatto che prima di poter identificare un archivio o un conto è necessario fare riferimento ad un elenco alfabetico dal quale si possa rilevare il numero relativo all'archivio o al conto.

numerical filing: ***archiviazione numerica.*** Sistema di archiviazione usato principalmente nei casi in cui si devono conservare notevoli quantità di fascicoli, ciascuno intestato ad un singolo cliente, come ad esempio si verifica in una banca o in un ospedale. A ciascun cliente viene assegnato un numero progressivo e la sua pratica sarà archiviata in ordine numerico, anziché alfabetico. Ciò evita anche errori o disguidi che potrebbero essere causati da omonimia.

numerical rating system: ***sistema numerico di tariffazione.*** Nelle assicurazioni sulla vita, si indica con questa espressione il sistema in base al quale vengono determinate le tariffe applicabili a rischi al di sotto dello standard. In base a questo sistema, si assegna il numero cento ad un rischio normale e ai vantaggi e agli svantaggi individuali vengono assegnati valori differenti tramite i quali è possibile giungere ad individuare la deviazione netta di un qualsiasi rischio al di sotto del normale.

numismatics: ***numismatica.*** La scienza che studia la moneta nelle sue relazioni con l'economia pubblica, la storia ed anche l'arte. Lo stesso termine inglese viene usato per indicare la raccolta o collezione di monete.

nuncupative will: ***testamento orale; testamento nuncupativo.*** Dichiarazione, relativa alla destinazione dei propri beni dopo la morte, fatta da un testatore alla presenza di un sufficiente numero di persone, ma senza alcun supporto redatto per iscritto. Questo tipo di testamento non è valido nel Regno Unito, tranne il caso in cui venga fatto da soldati in servizio attivo o da marinai in navigazione.

N.U.R.: National Union of Railwaymen.

nursery finance: Espressione del linguaggio finanziario britannico con la quale si indicano fondi mutuati a società «private» che intendono trasformarsi in società «pubbliche», nel significato dato a questi aggettivi dal diritto commerciale inglese. La banca che concede il mutuo acquista una partecipazione azionaria di minoranza nella società e di solito nomina un suo rappresentante nel consiglio di amministrazione. Tutto ciò vincola la banca a fornire alla nuova società consulenza specializzata e capitali freschi in caso di necessità.

nursing an account: Espressione usata nel Regno Unito per indicare la pratica seguita da certe banche che vengono a scoprire che un conto, al quale avevano concesso anticipazioni o scoperti anche consistenti, si trova in una situazione molto delicata a causa delle pessime condizioni economiche e finanziarie in cui si dibatte il titolare. La pratica così indicata consiste nel tentativo, da parte della banca, di recuperare tutto o parte del credito concesso e si può attuare attraverso la bonaria persuasione o attraverso la rateizzazione o anche la vendita, da parte del cliente, dei titoli o altri beni dati in garanzia a suo tempo. Se i beni costituiti in garanzia, tuttavia, risultano di un valore di mercato inferiore all'entità del credito vantato, la banca, sempre nell'ambito della pratica suddetta, può rilevarli al prezzo di mercato e conservarli nella speranza che il loro valore aumenti in un prossimo futuro. È anche probabile che la banca sia disposta ad aumentare la concessione di fido al cliente già eccessivamente esposto, se così facendo vede una possibilità di recuperare in pieno anche il precedente credito. C'è chi sostiene che poiché la minor perdita è sempre la prima che si subisce, è preferibile accettare il concetto che quel conto rappresenta un credito inesigibile o una perdita parziale, piuttosto che rimettere altro denaro nel tentativo, spesso di scarso successo, di renderlo un buon credito. In ogni caso, tutte le procedure e i tentativi fatti dalla banca nella speranza di recuperare il credito vengono indicati con l'espressione *nursing an account.*

N.U.T.: National Union of Teachers.

nv.: non–voting.

n. wt.: net weight.

NYFCC: New York Futures Clearing Corporation.

NYFE: New York Futures Exchange.

NYSE: New York Stock Exchange.

NYSE composite index: ***indice composito NYSE.*** L'indice composito che rispecchia i movimenti dei corsi di tutte le azioni ordinarie quotate alla *New York Stock Exchange.* È basato sulla chiusura del mercato al 31 dicembre 1965 uguale a 50.00 ed è ponderato in base al numero di azioni quotate per ciascuna emissione. L'indice viene calcolato in via continuativa e compare sul nastro della teleborsa. Le variazioni espresse in punti nell'indice sono convertite in dollari e centesimi di dollaro, in modo da fornire una misura significativa delle variazioni del prezzo medio dei titoli quotati. L'indice composito è integrato da indici separati relativi a quattro gruppi di industrie: imprese di trasporti; imprese di pubblici servizi; imprese industriali; e imprese finanziarie.

o, O

o.: overseer.
o/a: on account.
O.A.: old account.
o.a.p.: old age pension.
O.A.P.: old age pension.
OAPEC: Organization of Arab Petroleum Exporting Countries.
O.A.S.: Organization of American States.
O.A.S.I.: Old Age and Survivors' Insurance.
O.B.: ordinary business.
object: 1. *oggetto di costo.* Si indica con questo termine la designazione iniziale di un costo, che viene inserito nel conto cui si riferisce, ma può successivamente essere trasferito ad altri conti, perdendo o conservando la propria identità. Così, ad esempio, un acquisto di materie prime può essere oggetto di un costo inserito nel conto materie prime e successivamente trasferito, col procedere della lavorazione, al conto prodotti in lavorazione, al conto prodotti finiti e infine al conto costo del venduto. **2. *scopo.*** È lo scopo che si prefigge una società, esposto nel suo atto costitutivo.
object cost: *costo primario; costo per oggetto.* Il costo di un bene o servizio in termini dell'oggetto, ovvero di ciò che si riceve in considerazione del costo sostenuto. Il termine si usa principalmente in relazione ai costi registrati nei conti primari che saranno, successivamente, trasferiti ad altri conti, spesso perdendo la loro identità originale. (v. anche *object 1*)
objective: 1. *oggettivo.* Nel suo uso come aggettivo, il termine inglese ha due significati: a) relativo ad una classificazione delle operazioni commerciali o dei conti secondo il criterio dell'oggetto; b) che tiene conto della realtà dei fatti e non è, pertanto, basato su idee, sentimenti o preferenze personali. **2. *obiettivo.*** Nel suo uso come sostantivo, il termine inglese sta ad indicare lo scopo che ci si prefigge di realizzare o di raggiungere attraverso una particolare azione o operazione.
objective function: *funzione di obiettivo.* Una funzione che rende subito chiari i risultati di una qualsiasi strategia tendente alla realizzazione di un obiettivo. Una delle più comuni funzioni del genere è quella che indica i profitti che possono ricavarsi dalle vendite. Se, ad esempio, il prodotto x si vuole vendere a 5 e il prodotto y a 10, la funzione risulterebbe: profitto = 5x+10y.
objective statement: *rendiconto per oggetto.* Prospetto o elencazione di spese, in termini del loro oggetto originale. L'espressione indica l'opposto del rendiconto per funzioni. (v. anche *object 1, functional statement*)
objective value: *valore oggettivo.* Valore non stabilito dal compratore o dal venditore, ma determinato in base a quotazioni di mercato relative ad un bene simile per quantità, qualità, condizione, utilità o luogo in cui si trova o in cui viene negoziato. Lo stesso termine viene usato per indicare un valore stabilito da persona competente, in maniera indipendente, a seguito di un'opportuna verifica e valutazione del bene.
objects clause: In un atto costitutivo di società, è così indicata la clausola nella quale viene stabilito il campo di attività entro il quale l'impresa che va a costituirsi intende muoversi. Si tratta di una delle parti più importanti, se non proprio la più importante, dell'atto costitutivo, in quanto ciò che l'impresa andasse a fare al di là degli scopi o obiettivi contemplati in questa clausola, potrebbe venire invalidato. Per questo motivo oggi si è orientati verso una stesura di questa clausola in termini precisi, ma che lascino all'impresa un vasto campo d'azione, in previsione di eventuali future ristrutturazioni o cambiamenti della produzione a seguito di variazioni della domanda.
o. b/l.: order bill of lading.
obligated balance: *saldo impegnato.* L'espressione inglese viene usata in un duplice significato: a) quella parte di uno stanziamento non ancora spesa, ma già destinata a far fronte ad una spesa approvata; b) quella parte di uno stanziamento non ancora materialmente sborsata, ma già spesa o impegnata.
obligation: 1. *obbligazione.* Il termine inglese ha due significati principali, corrispondenti al nostro traducente: a) nel linguaggio commerciale, una qualsiasi passività o forma di indebitamento, riconosciuta in forma scritta; b) nel linguaggio giuridico, un qualsiasi obbligo o dovere di un soggetto di eseguire una determinata prestazione a favore di un altro soggetto. Nel linguaggio finanziario a volte si trova questo termine, in luogo del più diffuso *debenture* (v.), per indicare obbligazioni industriali, emesse da aziende ferroviarie estere. **2. *impegno.*** Nel linguaggio della contabilità di stato, il termine inglese indica genericamente un impegno di spesa da parte dello stato, di enti locali o di aziende di erogazione.
obligations incurred: *impegni assunti; stanziamenti impegnati.* Nel linguaggio della contabilità di stato, l'espressione indica tutti gli impegni di spesa assunti in un periodo determinato. Gli impegni assunti vengono esposti come totale delle spese che deriveranno dai detti impegni.
obligations outstanding: *stanziamenti non ancora impegnati.* Nel linguaggio della contabilità di stato, l'espressione indica l'ammontare relativo a ordinativi di fornitura o ad appalti non ancora completati. Non essendo stati ricevuti i beni o servizi cui si riferiscono, gli stanziamenti non si sono ancora tramutati in impegni di spesa.
obligee: *obbligatario.* Il soggetto che ha il diritto all'esecuzione di una determinata prestazione da parte di un altro soggetto. Il termine indica anche il creditore nei confronti del quale è stata assunta un'obbligazione scritta di pagamento da parte di un'altra persona, chiamata obbligato. (v. anche *obligation 1, obligor*)
obligor: *obbligato.* È il soggetto passivo di un'obbligazione, cioè la persona che ha il dovere o l'obbligo di eseguire

una determinata prestazione a favore di un altro soggetto. Il termine indica anche il debitore che ha assunto un'obbligazione scritta di pagamento a favore di un'altra persona, chiamata obbligatario. (v. anche *obligation 1, obligee*)

observed depreciation: 1. *ammortamento elastico; ammortamento ragionato; ammortamento a stime periodiche.* È l'ammortamento di un impianto o di un immobile, basato non su quote annuali proporzionali alla vita utile prevista, bensì su verifiche, ispezioni fisiche e valutazioni delle condizioni di funzionamento o funzionalità del bene. L'ammortamento viene espresso come percentuale del costo di acquisto o del costo di sostituzione dell'intero bene capitale e la frazione che ne risulta avrà come numeratore la quantità di servizio già resa dal bene e come denominatore la quantità totale, passata e futura, di servizio che ci si aspetta dal bene in questione. **2. *deprezzamento stimato.*** Termine con il quale si indica lo stato di funzionamento o funzionalità di un bene capitale, ricavato mediante ispezione tecnica sul bene in questione. Il termine inglese in questo significato non ha niente a che vedere con il concetto contabile di ammortamento, pur se il deprezzamento stimato viene spesso indicato in termini di spesa necessaria per rimettere un impianto nella sua piena efficienza operativa.

observed life table: *tavola di sopravvivenza.* In ragioneria, il termine viene usato con lo stesso significato di *life table* (v.).

observed sector: *settore osservato.* Il settore di attività economica pubblica e privata di un paese normalmente soggetto alle rilevazioni che portano alla determinazione dei conti della nazione. Il termine viene usato in contrapposizione a *unobserved sector* (v.).

to obsolesce: *diventare obsoleto; rendere obsoleto.* Il verbo inglese, che può essere usato tanto intransitivamente quanto transitivamente, indica la perdita di funzionalità di un impianto o altro bene a seguito principalmente di progressi tecnologici che consentono la produzione di apparati sempre più perfetti e precisi o più rispondenti alle esigenze per cui vengono impiegati. (v. anche *obsolescence*)

obsolescence: *obsolescenza.* La perdita di efficienza economica o di valore di un bene per cause non connesse al suo naturale logorio fisico derivante dall'uso, bensì per effetto del progresso economico o di invenzioni e scoperte. L'obsolescenza può rendere antieconomico l'uso di un bene capitale anche poco tempo dopo il suo acquisto ed è per questo motivo che le imprese accantonano ogni anno una discreta porzione di utili, specialmente quando la loro attività prevede l'uso di grandi quantità di beni capitali. Ad esempio, se attraverso l'utilizzazione di un nuovo processo o di un nuovo impianto un'impresa può realizzare un'apprezzabile riduzione dei costi che sostiene utilizzando gli attuali processi o impianti, ciò significa che questi ultimi sono diventati obsoleti e l'impresa dovrà cambiarli se vuole restare competitiva, anche se ci si può aspettare una vita fisica degli impianti di molti altri anni a venire. Lo stesso termine viene usato per indicare la perdita di utilità di merci, scorte, ecc., a seguito di nuove invenzioni, cambiamento di gusti, differenti leggi riguardanti quei beni, ecc. Pertanto, con obsolescenza deve intendersi la perdita di utilità economica derivante da una qualsivoglia causa che non sia l'usura o il logorio fisico di un bene.

obsolete: *obsoleto.* Non più usato o idoneo all'uso.

obsolete machinery: *macchinario obsoleto.* Macchinario ormai superato dal progresso tecnologico e che, pertanto, deve essere sostituito con macchine più moderne ed efficienti, se si vuole conservare la competitività dell'impresa.

obsolete stocks: *giacenze obsolete.* Scorte di beni ormai invendibili, in quanto superati da altri e non più oggetto di domanda da parte dei consumatori.

OBU: offshore banking unit.

o/c: overcharge.

Oc. B/L: ocean bill of lading.

occupancy cost: *costo di conduzione; costo di locazione.* L'espressione inglese viene usata come sinonimo di *occupancy expense* (v.).

occupancy expense: *spese di conduzione; spese di locazione.* Tutte le spese comunque connesse con l'occupazione di un bene immobile altrui. Tra le più comuni rientrano il canone di fitto da pagarsi, le spese condominiali e di riscaldamento, le spese di manutenzione e riparazione di competenza del conduttore, le spese di illuminazione e altre spese di minore importanza.

occupancy ratio: *rapporto di locazione.* È il rapporto tra il numero di unità abitative disponibili ed idonee ad essere adibite ad uso di abitazione e il numero di unità effettivamente occupate ed adibite a tale uso. (v. anche *vacancy ratio*)

occupation: *occupazione.* Le occupazioni remunerate rientrano in quattro tipi o categorie: a) l'occupazione primaria, come la caccia, la pesca, l'agricoltura, l'attività mineraria, ecc., i cui prodotti sono le materie prime ed i generi alimentari; b) l'occupazione secondaria o di trasformazione, che provvede a trasformare le materie prime in prodotti finiti; c) i servizi commerciali, che si interessano del movimento e della distribuzione dei prodotti da quando escono dalla fabbrica a quando arrivano al consumatore finale, ivi comprese le attività bancaria, assicurativa, di trasporto, ecc.; e, d) i servizi personali di qualsiasi genere, esclusi quelli menzionati sotto c). Tra questi ultimi rientrano tutte le attività professionali, artigianali e di prestazione e quindi anche i servizi ricreativi, turistici, militari o paramilitari, ecc. Secondo un'altra classificazione, le occupazioni sub c) e d) vengono indicate globalmente come attività o industria terziaria o di prestazione.

occupational accidents: *infortuni sul lavoro.* Lo stesso che *industrial accidents* (v.).

occupational disease: *malattia professionale.* Una malattia cui è particolarmente esposto chi svolge un determinato lavoro che può comportare il rischio di respirare o venire a contatto con sostanze velenose o semplicemente dannose, o il rischio di essere esposti a condizioni climatiche o ambientali particolarmente rigide o insalubri e tali da poter far contrarre una specifica malattia. I posti di lavoro nei quali è presente il rischio di contrarre malattie professionali sono, di regola, remunerati con un salario più alto di quello corrisposto a lavoratori che operano in campi esenti da rischi. Ciò perché il rischio inerente all'attività tende a ridurre l'offerta di lavoro. (v. anche *non–monetary disadvantages, net advantages*)

occupational hazard: *rischio professionale.* Un rischio cui può essere esposto chi svolge una particolare attività o professione. Il rischio può essere quello di contrarre una malattia professionale o quello che espone il lavoratore al pericolo di morte proprio per il tipo di lavoro svolto, come ad esempio il maneggio e la fabbricazione di esplosivi, la pulizia di navi cisterna adibite al trasporto di prodotti petroliferi e altri lavori di questo tipo. Anche per i lavori che presentano un alto rischio professionale vengono, di regola, corrisposti salari più alti, in quanto il rischio tende a ridurre l'offerta di lavoro. (v. anche *non–monetary disadvantages, net advantages*)

occupational lease: ***locazione per occupazione; appigionamento.*** La locazione di un bene immobile ad un conduttore per un periodo di tempo stabilito, in contrasto con la locazione di un terreno ad un costruttore. La locazione per occupazione da parte del conduttore può essere per breve periodo, come avviene nel caso di appartamenti mobiliati, o per un certo numero di anni con la facoltà per le parti di interrompere il rapporto, come avviene per case o appartamenti. Nel Regno Unito, gli immobili per uso abitativo vengono locati per periodi che vanno di sette in sette anni e le parti possono recedere dal contratto a tali scadenze settennali. Gli immobili adibiti ad attività commerciali vengono locati per periodi di sette, quattrodici, ventuno anni o più con l'accordo di adeguamenti del canone di fitto ad intervalli determinati. L'aumento del canone può essere stabilito in anticipo in forma percentuale rispetto al canone iniziale o può essere soggetto a revisione basata su altri meccanismi, quali l'indice dei prezzi al consumo, ecc. Si può anche verificare il caso di immobili locati, il cui canone viene rapportato alla redditività dell'attività, diventando così una vera e propria forma di partecipazione agli utili dell'impresa che viene ospitata nei locali dati in affitto. (v. anche *lease, building lease*)

occupational level: ***livello occupazionale; condizione occupazionale.*** Il raggruppamento di lavoratori in base a qualche caratteristica che li accomuna, quale potrebbe essere la specializzazione in una determinata attività o la natura stessa dell'attività svolta. Nel primo caso si avrebbero livelli occupazionali identificati come specializzati, semi specializzati, non specializzati; nel secondo caso, si potrebbero individuare diversi livelli quali quello dei professionisti, quello degli impiegati, quello degli operai, quello dei commercianti, quello degli imprenditori, ecc. All'interno di ciascuno di questi livelli si potrebbe procedere ad ulteriori suddivisioni o raggruppamenti e parlare, ad esempio, di impiegati di concetto o esecutivi, di commercianti al dettaglio o all'ingrosso, di grandi o piccoli imprenditori, e così via.

occupational medicine: ***medicina assicurativa; medicina del lavoro.*** Termine usato con lo stesso significato di *industrial medicine* (v.).

occupational mobility: ***mobilità occupazionale.*** Espressione con la quale nel linguaggio economico si indica: a) la disponibilità dei lavoratori a spostarsi da un'occupazione ad un'altra, in risposta a cambiamenti dei salari o della domanda di lavoro; b) la facilità con cui un qualsiasi altro fattore della produzione può essere trasferito da un'occupazione ad un'altra. (v. anche *mobility, mobility of labour*)

occupational pension: ***pensione di lavoro.*** Pensione di vecchiaia che deriva da un diritto maturato a seguito di un rapporto di lavoro passato, durante il quale sono stati versati i contributi previsti dalle leggi sulle assicurazioni sociali.

occupational psychology: ***psicologia del lavoro.*** Termine usato con lo stesso significato di *industrial psychology* (v.).

occupational structure: ***struttura occupazionale.*** Il tipo e il numero delle differenti occupazioni esistenti in un sistema economico in qualsiasi dato momento.

occupational test: ***prova attitudinale.*** Lo stesso che *capacity test* (v.).

occupational union: ***sindacato di categoria.*** Sindacato che tutela gli interessi di una particolare categoria di lavoratori, di solito professionisti, impiegati o dirigenti.

occupational wage structure: ***struttura salariale occupazionale.*** La struttura salariale di diversi gruppi di lavoratori, classificati in base alle occupazioni nelle quali sono impiegati (v. anche *wage structure*)

occupation lease: ***locazione per occupazione; appigionamento.*** Termine usato come sinonimo di *occupational lease* (v.).

occupation money: ***moneta di occupazione.*** Viene indicata con questo termine la moneta usata dalle forze armate di un paese nei territori occupati di un paese nemico. Generalmente, questo tipo di moneta viene emessa nell'unità monetaria del paese occupato e viene usata per acquisti o pagamenti locali, ma a volte essa viene emessa nell'unità monetaria del paese occupante. Esempi di quest'ultimo tipo di moneta di occupazione sono il cosiddetto *yellow seal dollar* (v.) e la *military pound* (v.), mentre un esempio del primo tipo furono le amlire, in circolazione in Italia dal 1943, anno dell'inizio dell'occupazione, al 1950, quando cessarono di avere corso legale. (v. anche *allied military lira*)

occupation tax: **1.** ***tassa sulle occupazioni.*** Espressione generica, usata per indicare una qualsiasi tassa percepita dallo stato all'atto del rilascio della licenza o dell'abilitazione, con le quali si autorizza una persona a dedicarsi ad una determinata attività o professione. **2.** ***imposta sulle professioni.*** Espressione generica, usata per indicare una qualsiasi imposta che colpisce coloro che svolgono una determinata attività o professione che richieda un'autorizzazione statale sotto forma di licenza o abilitazione.

ocean bill of lading: ***polizza di carico per trasporti oceanici.*** È una polizza di carico all'ordine, emessa in relazione a spedizioni intercontinentali. (v. anche *bill of lading*)

ocean marine insurance: ***assicurazione marittima oceanica; assicurazione marittima di altura.*** Ramo delle assicurazioni marittime che copre i rischi connessi ai traffici oceanici o d'altura, relativi alla perdita di beni trasportati via mare, ivi inclusi i mezzi di trasporto e il loro contenuto che non rientra specificamente sotto l'intestazione di «merci». Probabilmente questa è la forma più antica di assicurazione, in quanto se ne trova traccia già nella storia dei tempi remoti. (v. anche *marine insurance, inland marine insurance*)

o/d.: 1) on demand; 2) overdraft.

odd dates: Espressione usata nel linguaggio finanziario in relazione ad operazioni, sui mercati monetari e dei cambi, per periodi di tempo diversi da quelli consuetudinari dei mercati interessati.

odd–even pricing: ***prezzatura di richiamo.*** La pratica, spesso usata nel commercio al dettaglio, di dare a un articolo un prezzo che termina con un 9 o un 5 e che è molto vicino a un numero intero, come ad esempio 99 invece di 100. Il termine inglese deriva dal fatto che tali prezzi terminano con un numero dispari, mentre il prezzo intero terminerebbe con un numero pari. (v. anche *charm price*)

odd lot: ***spezzatura.*** Di solito nelle varie borse valori di qualsiasi paese i titoli vengono trattati in quantità, o lotti, regolari che per i titoli a reddito fisso corrispondono ad una certa somma, ad esempio cinque milioni, e per le azioni ad un certo numero di titoli, ad esempio dieci o cento azioni dello stesso tipo. Col termine spezzatura si indica una quantità, o lotto, irregolare, cioè inferiore per importo o quantità a quelli abitualmente trattati.

odd–lot broker: Nel linguaggio di borsa si indica con

questo termine un *broker* (v.) che tratta spezzature, cioè quantità di titoli inferiori al lotto normale oggetto di negoziazione, in nome e per conto di un proprio cliente.

odd-lot dealer: È l'operatore di borsa statunitense, che tratta titoli in quantità inferiori ai normali lotti di contrattazione. (v. anche *odd lot*)

odd-lot differential: ***differenziale di spezzatura.*** Piccola spesa addizionale fatta pagare dagli operatori di borsa statunitensi per operazioni che implicano la compravendita di una quantità di titoli inferiore all'unità di contrattazione.

odd lot doctrine: Espressione statunitense, con la quale si indica una dottrina che consente di dichiarare la totale invalidità di un soggetto quando, pur non essendo incapace di svolgere una qualsiasi attività lavorativa, è portatore di handicap tali da non consentirgli di ottenere un impiego regolare in alcun settore del mercato del lavoro, senza l'interessamento di istituzioni o persone ben disposte verso di lui.

oddment: ***rimanenza; scampolo.*** Articolo venduto ad un prezzo estremamente ridotto, in quanto scompagnato o in quantità insolitamente piccola.

odd time: Espressione usata nel linguaggio delle assicurazioni per indicare un periodo di copertura inferiore al periodo normale per il quale vengono emesse le polizze relative a quel particolare rischio. Ad esempio, nelle assicurazioni automobilistiche le polizze vengono emesse per la durata di un anno solare, ma se si stipula un'assicurazione per un periodo inferiore, tale periodo può essere indicato con questa espressione. Un altro caso è quello in cui un'impresa desidera far coincidere la scadenza delle proprie polizze con la chiusura dell'esercizio finanziario. Se, però, l'assicurazione viene stipulata, ad esempio, a settembre, il periodo intercorrente tra il giorno in cui viene sottoscritta la polizza e il giorno in cui si chiude l'anno finanziario dell'impresa viene indicato come *odd time.*

o.e.: omissions excepted.

O.E.C.D.: Organization for Economic Co-operation and Development.

O.E.E.C.: Organization for European Economic Co-operation.

O.E.M.: original equipment manufacturer.

O. & M.: Organization and Methods.

O.F.C.: Overseas Food Corporation.

off-balance-sheet financing: ***finanziamento fuori bilancio.*** L'utilizzazione di una fonte di finanziamento che crea una passività non riportata nel bilancio dell'impresa, come ad esempio un leasing finanziario non riportato in bilancio.

off-balance-sheet operations: ***operazioni fuori bilancio.*** Operazioni che le banche sono autorizzate ad effettuare, in un contesto di deregolamentazione, senza che esse appaiano sui loro bilanci. Si tratta generalmente di operazioni di impiego, garanzia, opzioni, lettere di credito e nuovi strumenti finanziari che espongono le banche a rischi, ma che rimangono invisibili nei bilanci e pertanto non impongono riserve di capitale. La contabilizzazione di queste operazioni è stata, tuttavia, unificata tra i vari paesi ed è stata anche approvata l'imposizione di una minima riserva di capitale a partire dal 1988.

off-board: ***fuori borsa.*** Lo stesso che *over-the-counter* (v.) pur se più specificamente riferito alla NYSE.

off-board market: ***mercato terziario; mercato ristretto; mercatino; mercato dei titoli non quotati in borsa.*** Termine usato con lo stesso significato di *over-the-counter market* (v.).

off-board securities: ***titoli non quotati in borsa.*** Termine usato con lo stesso significato di *unlisted securities* (v.).

off-budget spending: ***spesa fuori bilancio.*** La spesa pubblica che non rientra nel bilancio dello stato. A partire dagli anni settanta, il Congresso degli Stati Uniti mise fuori bilancio le spese relative a molte agenzie governative, con la conseguenza che tale spesa crebbe vertiginosamente fino a raggiungere i venti miliardi di dollari agli inizi degli anni ottanta.

offensive trade: ***attività nociva; industria insalubre.*** Termine usato con lo stesso significato di *noxious trade* (v.).

offer: 1. ***offerta; proposta; offerta di contratto.*** L'atto mediante il quale un soggetto porta a conoscenza di un altro soggetto gli elementi essenziali di un contratto che si intende stipulare. L'offerta può essere condizionata o incondizionata e colui al quale essa è diretta, il destinatario, può restare indifferente, così interrompendo fin dall'inizio il processo di formazione del contratto; può accettarla così come è formulata dando, successivamente, esecuzione al contratto; può accettarla a condizione che il proponente sia disposto a variare qualche elemento del contratto. In questo ultimo caso, trattasi di una nuova offerta fatta dal precedente destinatario. Un'offerta non è vincolante per il proponente fin quando essa non viene accettata dal destinatario, che ne dà comunicazione al primo. Dal momento in cui il proponente riceve l'accettazione del destinatario, il contratto è perfezionato e deve essere eseguito dalle parti (v. anche *conditional offer, unconditional offer, invitation to treat*). **2.** ***lettera.*** Nel linguaggio delle borse, il termine sta ad indicare l'offerta di merci o titoli fatta dai venditori ad un particolare prezzo al quale sono disposti a vendere. (v. anche *offer price*)

offer and acceptance by post: ***offerta e accettazione per corrispondenza.*** Negli scambi internazionali, ma anche in quelli nazionali, spesso si giunge al perfezionamento di un contratto di compravendita attraverso lo scambio di lettere o telegrammi tra il proponente e il destinatario dell'offerta. In tali circostanze, l'offerta non è vincolante fin quando non giunge al proponente la comunicazione scritta con la quale il destinatario dichiara di accettare la sua offerta.

offer by prospectus: ***offerta mediante manifesto di emissione.*** L'offerta di una nuova emissione di valori mobiliari fatta da una società direttamente al pubblico, mediante la pubblicazione e la distribuzione del manifesto di emissione.

offer by tender: ***offerta in gara; offerta all'asta.*** Le emissioni di nuove azioni possono avvenire anche attraverso una gara indetta dalla società emittente tra i potenziali acquirenti. La società stabilisce un prezzo minimo e prenderà in considerazione tutte le richieste di sottoscrizione ad un prezzo superiore al minimo stabilito. Se una casa di emissione o altra istituzione finanziaria o un investitore istituzionale offrono un prezzo alto per l'intera emissione, essa sarà venduta in blocco, altrimenti si assegneranno le azioni a coloro che hanno offerto i prezzi più alti. Ciò significa che molti sottoscrittori pagano per le stesse azioni un prezzo più alto di quello pagato da altri sottoscrittori.

offer curve: ***curva di offerta.*** Nella teoria del commercio internazionale, è una curva che indica la quantità di un determinato bene che un paese è disposto a esportare in cambio di un altro determinato bene di importazione. Sullo stesso grafico è possibile tracciare un'analoga curva relativa al secondo paese, leggendo importazioni al posto di esportazioni sull'asse orizzontale e viceversa, e l'intersezione di queste due curve indicherà i termini di scambio e le quantità di beni scambiate.

offered market: ***mercato dell'offerta.*** Situazione che si verifica quando le offerte in un dato mercato o per un particolare titolo superano le richieste al prezzo corrente. È l'equivalente nei mercati dei titoli della situazione che in economia viene detta *buyers' market* (v.).

offered price: ***prezzo–lettera; cambio–lettera.*** Termine usato come sinonimo di *offer price 1* (v.).

offered rate: ***tasso attivo; tasso d'interesse attivo; tasso lettera.*** Il tasso di sconto o di interesse al quale una banca o altro operatore finanziario è disposto a concludere operazioni di prestito. Il termine viene usato pressocché nello stesso significato di *lending rate in capital budgeting* (v.).

offeree: 1. ***destinatario.*** Il soggetto al quale il proponente sottopone un'offerta di contratto, o in forma scritta o verbalmente. (v. anche *offer, offeror*) **2.** ***società vittima.*** Lo stesso che *victim company* (v.).

offeree company: ***società vittima.*** Lo stesso che *victim company* (v.).

offer for sale: ***offerta al pubblico; offerta di vendita.*** Quando un'impresa intende emettere nuove azioni, ha due strade da seguire: a) le offre direttamente al pubblico attraverso la pubblicazione di un manifesto che contiene tutte le informazioni relative all'emissione e all'impresa, insieme ad un invito e un modulo di sottoscrizione; b) le cede in blocco ad un sindacato di garanzia e collocamento titoli, o società di collocamento, che provvede a collocare i titoli sul mercato attraverso un'offerta al pubblico. Questo secondo sistema viene chiamato nel Regno Unito *offer for sale* e prevede la pubblicazione, da parte della società di collocamento titoli, di un manifesto contenente le informazioni sull'emissione e sulla società emittente. Se si segue questa strada, la società emittente si garantisce la collocazione immediata di tutta l'emissione, in quanto la società di collocamento si impegna contrattualmente a sottoscrivere quella parte dell'emissione eventualmente non sottoscritta dal pubblico. (v. anche *prospectus, new issue, issuing house, stag*)

offer for sale by tender: ***offerta di vendita all'asta.*** L'espressione inglese indica un metodo poco usato di vendita di una nuova emissione azionaria. Come avviene per la *offer for sale* (v.), una società di collocamento acquista in blocco l'emissione prima che essa abbia luogo. Poi, attraverso la pubblicazione di un manifesto di emissione, si invitano offerte dal pubblico e poiché il manifesto indica il prezzo minimo, le offerte che il pubblico invia devono superare tale prezzo. Dopo che sono state ricevute le offerte, la società di collocamento stabilisce il prezzo al quale dovranno essere vendute le azioni e l'emittente riceve l'intero ammontare della vendita, meno il compenso spettante alla casa di collocamento.

offering: ***offerta.*** Lo stesso che *public issue* (v.).

offering circular: ***circolare di offerta.*** La circolare che, per piccole emissioni di valori mobiliari, viene pubblicizzata in luogo del manifesto di emissione richiesto dalla *Securities and Exchange Commissione* (v.) statunitense. (v. anche *regulation A*)

offering price: ***prezzo di emissione.*** 1) Lo stesso che *ask price 3* (v.). 2) Lo stesso che *price of issue* (v.).

offeror: ***proponente.*** Il soggetto che sottopone un'offerta di contratto ad un altro soggetto, chiamato destinatario. L'offerta può essere fatta per iscritto o verbalmente. (v. anche *offer, offeree*)

offer price: 1. ***prezzo lettera; cambio lettera; corso lettera.*** Il prezzo al quale gli operatori presso una borsa sono disposti a cedere merci, titoli o divise estere. L'espressione italiana prezzo–lettera viene usata in relazione a merci e titoli; quella cambio–lettera viene usata in relazione a divise estere. I termini spesso compaiono sui listini ufficiali accanto alle relative quotazioni, che vanno intese non come prezzi di mercato, bensì come prezzo richiesto dai venditori. **2.** ***prezzo di offerta.*** È il prezzo al quale un potenziale venditore è disposto a cedere un bene. **3.** ***prezzo di emissione.*** In questo significato, il termine inglese viene usato come sinonimo di *ask price 3* (v.).

offer to purchase: ***offerta pubblica di acquisto.*** Lo stesso che *take–over bid* (v.).

offer with sample: ***offerta campionata.*** Nel linguaggio commerciale, è un'offerta accompagnata da un campione dei beni che si intende vendere.

off–exchange: ***fuori borsa.*** Espressione aggettivale, usata con lo stesso significato di *over–the–counter* (v.).

off–hire clause: ***clausola della sospensione del noleggio.*** Nei contratti di noleggio a tempo, è la clausola che prevede l'interruzione della decorrenza del nolo se la nave resta bloccata a seguito di avaria alle macchine o per altra causa indipendente dal noleggiatore.

office: ***ufficio.*** a) Locale o locali in cui viene svolto il lavoro amministrativo di un'impresa o altra organizzazione. L'ufficio può essere separato dai locali in cui l'impresa svolge la propria attività produttiva o può essere ubicato nello stesso edificio. A seconda delle esigenze particolari di ciascuna impresa, l'ufficio può essere unico, nel qual caso vi si accentrano tutte le funzioni amministrative, o può essere diviso in reparti, nel qual caso ogni reparto si interessa di una particolare funzione amministrativa, quale ad esempio la contabilità, la pubblicità o altro. b) Posizione di fiducia e di responsabilità nell'amministrazione e nella direzione di un'impresa o altra organizzazione.

office accommodation: ***locali per uso di ufficio.*** Locali costruiti o affittati allo scopo di installarvi uffici.

office and administration budget: ***budget delle spese di ufficio e di amministrazione.*** Bilancio preventivo di un'impresa che prende in considerazione soltanto gli stipendi e le spese relative al personale e ai dirigenti d'ufficio e altre spese relative all'amministrazione, quali ad esempio spese legali, spese di certificazione del bilancio e simili.

office and administration expenses: ***spese di ufficio e di amministrazione.*** Sono le spese citate sotto *office and administration budget* (v.).

office boy: ***fattorino; ragazzo di ufficio.*** Giovane impiegato, addetto allo svolgimento di compiti che non richiedono impegno o responsabilità. È preposto principalmente alla consegna e al prelievo di corrispondenza, allo smistamento di documenti all'interno dell'organizzazione e simili compiti di scarso rilievo.

office building: ***edificio per uffici.*** È un edificio, o parte di esso, utilizzato esclusivamente o principalmente per ospitare uffici. Se gli uffici presenti nell'edificio non sono di una sola impresa, ma vengono fittati indifferentemente a piccoli e grandi operatori in differenti campi di attività, è probabile che l'amministrazione dell'edificio predisponga dei centri di servizi di cui si possono servire tutti coloro che hanno un ufficio in affitto. Tra tali servizi centralizzati possono rientrare il servizio di segreteria telefonica, quello di dattilografia, quello di duplicazione di documenti mediante fotocopie o ciclostilati, un centro di elaborazione di dati, un servizio di stenografi e simili.

office copy: 1. ***copia autentica.*** È la copia di un atto, quale ad esempio un testamento o una procura, autenticata e bollata dall'ufficio statale a ciò preposto. **2.** ***copia per l'ufficio.*** Copia di una lettera o altro documento, che sarà inserita nel relativo fascicolo dell'archivio dell'ufficio che l'ha prodotta.

office employee: ***impiegato di ufficio; impiegato esecutivo.*** Persona che svolge lavori di tipo esecutivo in un ufficio.

office equipment: ***attrezzatura di ufficio; arredi di ufficio.*** Tutti i principali beni mobili che costituiscono gli arredi di un ufficio. Ne fanno parte scrivanie, sedie e scaffalature, contenitori di documenti, macchine per scrivere e contabili, ciclostili, fotocopiatrici, ecc.

office expenses: ***spese di ufficio.*** In senso stretto sono le spese di cancelleria e altro materiale di consumo usato in un ufficio. In senso più lato, indica tutte le spese relative agli uffici di un'impresa, inclusi gli stipendi agli impiegati e ai direttori.

office forniture: ***mobili di ufficio; arredi di ufficio.*** L'ergonomia si è interessata anche degli uffici e in particolare degli arredi dell'ufficio. Ciò ha portato a notevoli cambiamenti nella progettazione e costruzione di scrivanie, tavoli, sedie, sgabelli, ecc., con lo scopo di rendere più confortevole il lavoro da un punto di vista fisico. Sono, quindi, comparsi i mobili di ufficio progettati per fini speciali, quali ad esempio le sedie per dattilografi, e con lo scopo di risparmiare spazio. Altre caratteristiche dei moderni mobili d'ufficio sono la flessibilità, che consente la loro più varia utilizzazione; la leggerezza, che ne consente il rapido e facile spostamento da un punto all'altro dell'ufficio; l'intercambiabilità, che consente l'utilizzazione di pezzi standardizzati e pezzi per scopi specifici; i colori, che rendono l'ambiente più allegro e vivibile.

office hours: ***orario di ufficio.*** È l'orario durante il quale è aperto un ufficio. A seconda del tipo di attività, l'orario di apertura potrà essere suddiviso in cinque o in sei giorni alla settimana e potrà essere continuato, ad esempio dalle nove del mattino alle cinque del pomeriggio con un'ora di intervallo per la colazione; o interrotto, ossia dalle nove alle tredici, con pausa di almeno due ore e riapertura pomeridiana che si protrae sino alle diciannove o oltre, a seconda dell'orario di riapertura.

office job: ***lavoro di ufficio.*** Termine usato con lo stesso significato di *office work* (v.).

office junior: ***giovane di ufficio.*** È un impiegato da poco assunto in un'organizzazione, al quale vengono affidati compiti semplici e di minor importanza, o che collabora con i suoi superiori o con gli impiegati più anziani nell'esecuzione di compiti più complessi, come parte del suo addestramento al fine di essere successivamente promosso ad un livello superiore, che comporti lo svolgimento di mansioni di maggiore responsabilità.

office lay-out: ***disposizione di un ufficio.*** La disposizione degli uffici di un'impresa e dei posti di lavoro all'interno di ciascun ufficio, tale da rendere il lavoro scorrevole, rapido ed economico. Si dovrà, ad esempio, fare in modo che i documenti che interessano più reparti o più persone dello stesso reparto fluiscano senza intoppi da un reparto all'altro o da una persona all'altra; che le persone preposte a determinate funzioni collaterali siano a stretto contatto l'una con l'altra, ecc. In breve, si dovrà cercare di sprecare il minor tempo possibile in spostamenti di persone, nel reperimento di documenti e nella trasmissione di questi ultimi da un reparto all'altro.

office machinery: ***macchine per ufficio.*** Espressione usata per indicare collettivamente tutte le macchine usate in un ufficio. (v. anche *office machines*)

office machines: ***macchine per ufficio.*** Qualsiasi tipo di macchina che può essere usata in ufficio al fine di rendere più rapido il lavoro, migliorando anche la qualità e l'aspetto dei risultati, sia che si tratti di corrispondenza, sia che si tratti di documenti ad uso interno. Le macchine per ufficio vanno dalle macchine per scrivere alle calcolatrici, dalle affrancatrici ai telex, dalle fotocopiatrici ai computer. Esse richiedono una certa quantità di investimento di capitale e l'addestramento di personale in grado di usarle, ma offrono il vantaggio di far risparmiare posti di lavoro e di compiere determinate funzioni in tempi molto brevi.

office management: ***direzione di ufficio.*** Lo studio e la pratica volti all'organizzazione di un ufficio, in modo che esso risulti il più efficiente possibile.

office manager: ***direttore di ufficio.*** Il direttore d'ufficio non fa parte dell'alta dirigenza di un'impresa, ma è semplicemente un amministrativo la cui funzione principale è quella di far applicare la politica aziendale, formulata dalla dirigenza, nel reparto o nell'ufficio a lui affidato. Egli è, quindi, un dirigente soltanto nel senso che dirige l'ufficio di cui è a capo. Tra le sue funzioni principali rientrano l'interpretazione della politica emanata dall'alta dirigenza; la pianificazione del lavoro all'interno dell'ufficio di cui è responsabile; il controllo dei risultati realizzati dall'ufficio in aderenza alla pianificazione del lavoro.

office manual: ***manuale di ufficio.*** Manuale che contiene tutte le norme di procedura adottate in un determinato ufficio.

Office of Business Economics: Ufficio del ministero del commercio statunitense, addetto alla preparazione di stime dettagliate relative al prodotto e al reddito nazionale degli Stati Uniti.

Office of Economic Opportunity: Ente federale, istituito nel 1964 allo scopo di amministrare i programmi di assistenza ai poveri, in base all'*Economic Opportunity Act* (v.).

Office of Fair Trading: Agenzia statale creata nel Regno Unito in base al *Fair Trading Act* del 1973 allo scopo di rafforzare e far rispettare le disposizioni di legge in materia di monopoli e fusioni e al fine di tutelare gli interessi dei consumatori.

Office of Management and Budget: Nome dato al *Bureau of the Budget* (v.) degli Stati Uniti durante l'amministrazione Nixon.

Office of Treasurer of the United States: La sezione del dipartimento del tesoro degli Stati Uniti preposta alle entrate e alle uscite di denaro pubblico, alla emissione e al ritiro dalla circolazione di monete e valuta cartacea, al pagamento di interessi e al rimborso del debito pubblico e alla custodia di titoli depositati in garanzia presso il governo federale.

office organization: ***organizzazione di ufficio.*** Si indica con questa espressione sia il modo in cui i compiti e gli spazi vengono ripartiti all'interno di un ufficio, sia l'insieme del personale di un ufficio, che forma una squadra affiatata di lavoro. (v. anche *office lay-out*)

office personnel: ***personale di ufficio.*** La costituzione del personale di un ufficio varia a seconda delle dimensioni dell'ufficio e delle funzioni ad esso affidate. In un ufficio di media grandezza, tra i cui compiti non rientra quello della contabilità aziendale, si potrebbe ipotizzare una struttura che vede un direttore a capo dell'ufficio; uno o più impiegati anziani con funzioni di capo ufficio o di supervisori, che alleviano i compiti del direttore in relazione all'organizzazione del lavoro e al controllo dei singoli posti o impiegati; un certo numero di impiegati con funzioni esecutive, che possono anche avere una loro specializzazione se sono addetti ad una o due sole funzioni, come ad esempio un impiegato addetto all'archivio e alla ricezione ed invio della corrispondenza; impiegati subalterni, che collaborano con gli esecutivi, svolgendo i compiti più semplici e meno importanti e facendo, così, la pratica necessaria per assumersi, successivamente, mansioni più onerose; segretari o segretarie, che collaborano col direttore e con i capi ufficio sia stenografando relazioni, lettere, ecc., sia prendendosi cura della parte più riservata del lavoro esecutivo e delle relazioni con altri uffici o con l'esterno; dattilografi o dattilografe, che provvedono alla copiatura di materiale stenografato o dettato su registratori.

office premises: ***uffici; locali adibiti a uffici.*** L'espressione inglese indica un edificio, o parte di esso, utilizzato soltanto o principalmente per ospitare uffici. (v. anche *office building*)

office procedure: ***procedura di ufficio.*** Insieme di norme, che regolano la pratica e il lavoro di un ufficio.

officer of a company: ***funzionario di una società.*** Chiunque, nell'esercizio delle sue funzioni, possa presentarsi o parlare a nome di una società. Il termine, pertanto, include gli amministratori, i direttori, i segretari e, a volte, anche i sindaci e i legali della società, quando essi agiscono in nome e per conto di quest'ultima.

office staff: ***personale di ufficio.*** Termine usato con lo stesso significato di *office personnel* (v.).

office supervisor: ***capo ufficio; supervisore di ufficio.*** È la persona posta a capo di un ufficio, o di una sua sezione, che lavora alle dirette dipendenze del direttore d'ufficio, col quale collabora all'organizzazione del lavoro e al controllo dei risultati. (v. anche *office manager, office personnel*)

office supplies: ***materiali per ufficio.*** Tutti i materiali di consumo di cui dispone un ufficio e di cui esso conserva una certa scorta. Tra questi rientrano fogli di carta intestata e bianchi, carta carbone, penne, matite, gomme, nastri per macchine da scrivere e per stampanti, dischetti per macchine elettroniche e computer, cartelle, raccoglitori, blocchetti per appunti, oltre la modulistica particolare, che varia da ufficio a ufficio.

office work: ***lavoro di ufficio.*** Lavoro, generalmente esecutivo, svolto all'interno di un ufficio, in contrapposizione a lavoro esterno, svolto per strada o lontano dalle strutture amministrative dell'azienda.

official assignee: ***curatore.*** Termine usato con lo stesso significato di *official receiver* (v.).

official bank rate: ***tasso di sconto ufficiale; saggio di sconto ufficiale.*** Lo stesso che *bank rate 1* (v.).

official buy-out: ***rilevazione ufficiale.*** Una delle soluzioni proposte per il debito estero dei paesi in via di sviluppo. Prevede che i creditori cedano i loro crediti nei confronti dei PVS, ad un prezzo scontato, in cambio di nuovi crediti nei confronti di istituzioni ufficiali. Queste ultime, una volta acquisiti i crediti, procederanno a forme di riprogrammazione o ristrutturazione, che consentiranno ai paesi debitori di pagare minori interessi e di ammortizzare il debito in un più lungo arco di tempo.

official classification: ***classificazione ufficiale.*** Il territorio degli Stati Uniti è suddiviso in zone agli effetti dell'applicazione di classi o norme tariffarie uniformi all'interno di ciascuna zona. Ai fini dei trasporti per ferrovia, gli Stati Uniti sono divisi in tre territori di classificazione, uno dei quali, quello del nord-est, è chiamato classificazione ufficiale. (v. anche *classification territory*)

official close: ***chiusura ufficiale.*** Nel linguaggio borsistico, l'espressione indica l'ora in cui le contrattazioni vengono ufficialmente chiuse. Ciò non significa che non possono aver luogo altre operazioni, ma esse avverrano nel cosiddetto dopoborsa e conteranno come prime operazioni del giorno lavorativo successivo. Alla borsa valori di Londra la chiusura ufficiale ha luogo alla tre e mezza pomeridiane. (v. anche *after-hours dealings*)

official discount rate: ***tasso di sconto ufficiale.*** Termine usato con lo stesso significato di *bank rate 1* (v.).

official exchange rate: ***cambio ufficiale; tasso di cambio ufficiale.*** Il tasso, fissato dalle autorità monetarie di un determinato paese, al quale la valuta di quel paese viene cambiata con valuta di un altro paese. L'espressione si contrappone a tasso di cambio libero, quello cioè che si determina sui diversi mercati valutari quando si lascia libero gioco alle forze della domanda e dell'offerta. Pertanto, il tasso di cambio ufficiale generalmente è diverso dal tasso di cambio libero, a meno che le autorità monetarie siano in grado di intervenire su uno o più mercati valutari acquistando o vendendo valute estere o valuta nazionale, in modo da far coincidere i due tassi. Ciò, tuttavia, è piuttosto raro, oltre che difficile da realizzare. (v. anche *exchange rate, free exchange rate*)

official finance: ***finanza ufficiale.*** Lo stesso che *official lending* (v.).

official financing: ***finanziamento ufficiale; movimenti di capitali ufficiali.*** Termine del linguaggio britannico relativo alla bilancia dei pagamenti, con il quale si indica l'eccedenza, che viene utilizzata per creare riserve di valuta estera o investimenti in altri paesi, o il deficit, che viene finanziato attraverso vendite di valuta estera o prestiti contratti in altri paesi o disinvestimenti all'estero. A volte il termine viene usato con lo stesso significato di *balance for official financing* (v.).

official import and export list: ***tariffa doganale a uso pubblico.*** Termine usato con lo stesso significato di *Import and Export List* (v.).

official lender: ***mutuante istituzionale; mutuante pubblico.*** Nel linguaggio della finanza internazionale, è un'istituzione, quale ad esempio la Banca Mondiale, che concede prestiti ai paesi in via di sviluppo, in molti casi a tasso d'interesse agevolato.

official lending: ***prestiti di mutuanti istituzionali.*** Il termine inglese indica l'attività di concedere prestiti, principalmente ai paesi in via di sviluppo, da parte di istituzioni internazionali quali la Banca dei Regolamenti Internazionali e il Fondo Monetario Internazionale. Il termine è spesso usato in contrapposizione a *commercial lending* (v.).

official list: ***listino ufficiale.*** Lo stesso che *Daily List* (v.).

official listing: ***quotazione in borsa.*** Lo stesso che *quotation 2* (v.).

official quotations: ***quotazioni ufficiali.*** Sono le quotazioni che compaiono nel listino ufficiale di una borsa valori al termine di una giornata di contrattazioni. Per quanto riguarda in particolare il listino della borsa valori di Londra, le quotazioni ufficiali per ciascun titolo sono due, corrispondenti al prezzo-lettera e al denaro, cioè rispettivamente il prezzo al quale un *market maker* (v.) è pronto a vendere e quello al quale è pronto a comprare. Se in un giornale specializzato viene riportata una sola quotazione in relazione ad un titolo, essa rappresenta la media fra le due quotazioni pubblicate nel listino ufficiale. (v. anche *Daily List, London Stock Exchange*)

official rate: ***cambio ufficiale; tasso di cambio ufficiale.*** L'espressione inglese è l'abbreviazione di *official rate of* *exchange* o dell'altra *official exchange rate* (v.), che ha lo stesso significato e viene usata in alternativa alla prima.

official rate of interest: ***tasso d'interesse ufficiale; tasso d'interesse legale.*** È il tasso di interesse nella misura stabilita dalle legge e applicabile in mancanza di un accordo specifico tra le parti. Varia, ovviamente, da periodo a periodo ed è sempre inferiore al tasso ufficiale di sconto, che rappresenta il punto di riferimento per tutti i differenti tipi di tasso d'interesse. Non va, pertanto, confuso col tasso di interesse massimo consentito dalla legge, che è sempre superiore al tasso ufficiale di sconto.

official receiver: ***curatore del fallimento; curatore.*** Nel Regno Unito è la persona nominata perché assuma l'amministrazione dei beni di un fallito o di una società in liquidazione. I compiti del curatore in relazione al fallimento sono specificati nel *Bankruptcy Act*, mentre quelli in relazione alla liquidazione di una società sono specificati nel *Companies Act*. Il curatore svolge le proprie mansioni fino a quando non viene nominato un liquidatore, che potrebbe anche essere la stessa persona che funge da curatore. (v. anche *bankruptcy, liquidation, liquidator, receiver, receiver for debenture holders*)

official referee: ***perito di ufficio.*** Esperto nominato da un tribunale affinché esprima il proprio parere su questioni tecniche delle quali i giudici hanno scarsa o nessuna cognizione.

official reserves: ***riserve ufficiali; riserve nazionali.*** Le riserve di un paese, costituite di oro, valute estere e diritti speciali di prelievo.

official settlements account: ***conto ufficiale liquidazioni.*** Termine usato per indicare uno strumento di misura della bilancia dei pagamenti degli Stati Uniti, basato sui movimenti di dollari tra i conti ufficiali esteri e le riserve statunitensi.

official strike: ***sciopero ufficiale.*** Azione di sospensione del lavoro, regolarmente dichiarata da un sindacato lavoratori.

official support: ***sostegno ufficiale.*** Espressione usata nel linguaggio finanziario per indicare gli interventi della banca centrale di un paese sui mercati valutari, con l'intento di mantenere stabile o di far aumentare o diminuire il tasso di cambio della valuta nazionale. Le operazioni di sostegno si realizzano attraverso massicce vendite di valuta straniera da parte della banca centrale quando lo scopo è quello di mantenere stabile o di far salire il tasso di cambio della valuta nazionale o di contenere l'avanzata di una o più valute estere; attraverso acquisti di valuta straniera, quando lo scopo è quello di non far salire troppo il tasso di cambio della valuta nazionale o di non far scendere troppo il tasso di cambio della valuta estera.

off–licence: Espressione aggettivale, che nel Regno Unito indica un negozio autorizzato alla vendita di liquori e bevande alcoliche, ma soltanto per il consumo al di fuori dei locali del negozio. Esso, pertanto, può vendere soltanto bottiglie o altre confezioni non aperte.

off–market purchase: ***acquisto fuori mercato.*** L'acquisto di un qualsiasi bene al di fuori del mercato riconosciuto in cui si tratta quel bene.

off–peak service: ***servizio in ore normali.*** Nelle imprese di pubblici servizi, è il servizio prestato agli utenti nelle ore non di punta, quando la domanda rientra nei limiti della normalità o è addirittura inferiore al normale. (v. anche *peak load*)

off–peak tariff: ***tariffa ridotta per ore normali.*** È una tariffa, inferiore a quella praticata nelle ore di punta, per alcuni tipi di servizi erogati in ore di carico normale. In Italia, una telefonata interurbana costa di meno in determinate ore in cui il traffico telefonico è ridotto; nel Regno Unito, l'energia elettrica costa meno quando la domanda non raggiunge il carico di punta. Le ore durante le quali è in vigore la tariffa ridotta vengono regolate automaticamente da appositi congegni a tempo.

off–price: ***prezzo scontato.*** Un prezzo che risulta inferiore a quello imposto o a quello originariamente richiesto dal venditore, essendo stato accordato uno sconto. Il termine trova applicazione nel linguaggio del commercio al dettaglio.

off–sale: È la vendita di bevande alcoliche o liquori per consumo al di fuori del negozio che li vende. Il termine è di uso britannico. (v. anche *off–licence*)

offset: **1.** ***contropartita.*** Nella contabilità tenuta col sistema della partita doppia, il termine indica una scrittura che eguaglia o controbilancia un'altra scrittura sul lato opposto dello stesso conto o di un altro conto. **2.** ***compensazione.*** Termine usato in contabilità per indicare una somma o una scrittura che ha l'effetto di ridurre o annullare un'altra somma o scrittura di segno opposto. **3.** ***scambio di compensazione.*** Nel linguaggio del commercio internazionale, si indica con questo termine un accordo bilaterale in base al quale le agenzie preposte all'approvvigionamento statale scelgono fornitori stranieri in concorrenza tra loro in base alla loro disponibilità o a produrre parte dei beni richiesti entro i confini dello stato acquirente o a controbilanciare in qualche modo le «perdite» di valuta estera, di occupazione o di bilancio che si presume si verifichino quando il paese acquista da un fornitore straniero invece che da un fornitore nazionale. Questo tipo di scambi di compensazione sono usati più frequentemente in relazione a importanti acquisti statali di beni capitali, come ad esempio aerei per l'aviazione militare, e spesso servono a trasferire tecnologia dal paese fornitore a quello acquirente.

offset account: ***conto di contropartita.*** In contabilità, è un conto che eguaglia o controbilancia, in tutto o in parte, un altro conto.

offsets to saving: ***compensazioni al risparmio.*** In economia, questa espressione viene usata per indicare tutti i mezzi di utilizzazione del risparmio liquido. Ad esempio, il risparmio che viene a crearsi in un'economia può essere compensato direttamente attraverso il suo investimento in nuovi beni capitali o nella sostituzione di beni capitali obsoleti o consumati o, ancora, nell'ampliamento delle scorte. Se non è possibile assorbire con questi investimenti tutto il risparmio creato e ne resta una parte sotto forma liquida, essa può venir compensata con mezzi indiretti, cioè con altre attività economiche che hanno lo stesso effetto degli investimenti diretti citati sopra. Tra i mezzi indiretti di compensazione del risparmio rientrano la creazione di un deficit pubblico, cioè spese statali superiori alle entrate dello stato; l'ampliamento del credito; e un'eccedenza delle esportazioni sulle importazioni. La somma degli investimenti diretti e dei mezzi indiretti appena detti compensa il risparmio che si crea in un'economia.

offsetting error: ***errore di compensazione.*** In contabilità, è un errore che ha l'effetto di compensare un altro errore uguale e contrario, così che nessuno dei due errori viene evidenziato in un bilancio di verificazione.

offsetting swap: ***operazione di scambio di compensazione.*** Un'operazione di scambio (v. anche *swap 2*) che tende a ridurre o neutralizzare il rischio insito nell'operazione di scambio primaria.

offset transaction: ***operazione di compensazione.*** Operazione mediante la quale vengono compensati gli ordini di acquisto e di vendita pervenuti ad operatori di borse che funzionano in maniera diversa dalla *London Stock Exchange* (v.). Tali compensazioni hanno luogo attraverso le apposite strutture, di solito gestite dalle stesse borse, come avviene ad esempio nelle borse merci, ma in alcuni paesi, tra i quali l'Italia, le strutture di compensazione sono gestite dalla banca centrale.

offshore banking: ***attività bancaria offshore; attività bancaria internazionale.*** La parte dell'attività bancaria di un paese svolta in valute diverse da quella nazionale e quindi al di fuori del controllo della banca centrale.

offshore banking unit: ***banca offshore.*** Espressione con la quale si indica una banca estera che tratta operazioni di cambio, operazioni in eurovalute e operazioni sul mercato monetario interno in un paese in cui i mercati monetario e dei capitali sono liberi e godono vantaggi da un punto di vista fiscale.

offshore currency: ***xenovaluta.*** Lo stesso che *euro-currency* (v.).

offshore financial centre: ***piazza finanziaria offshore; centro offshore.*** Termine usato con lo stesso significato di *offshore market* (v.).

offshore funds: ***fondi d'investimento esteri.*** Fondi d'investimento autorizzati da e domiciliati in un paradiso fiscale o comunque in uno stato estero che offre notevoli vantaggi dal punto di vista fiscale. Tali fondi non sono soggetti alle disposizioni di legge di altri paesi ed è opinione diffusa che diano ottimi risultati agli investitori disposti a correre il rischio.

offshore investment centre: ***centro d'investimento offshore.*** Lo stesso che *offshore market* (v.).

offshore market: ***mercato offshore.*** Esistono tre diversi tipi di mercati offshore: a) quelli creati in paesi nei quali il sistema finanziario interno è altamente regolamentato e che vengono organizzati attraverso conti speciali distinti dai conti interni, come ad esempio la cosiddetta *international banking facility* (v.); b) quelli presenti in paesi nei quali le operazioni sia per residenti che per non residenti sono ampiamente liberalizzate, per cui il mercato offshore rappresenta semplicemente le operazioni svolte nel paese tra contraenti non residenti; e, c) quei mercati in cui è presente un'alta concentrazione di banche offshore, attirate dalla liberale legislazione economica e fiscale del paese. Tra i più noti centri offshore di questo tipo ricordiamo Bahrain, le Isole Cayman, le Filippine, le Barbados e la Liberia.

offshore production: ***produzione all'estero.*** È una pratica seguita da molte imprese multinazionali e consiste nel fabbricare parti o prodotti completi in un paese straniero, di solito un paese in via di sviluppo, nel quale l'abbondanza di manodopera locale contribuisce a tenere bassi i costi di produzione. Molte imprese statunitensi hanno installato sussidiarie in Messico, nella Repubblica di Corea, a Taiwan, in India e in altri paesi, dove operano principalmente nel settore dell'elettronica, dell'automobile e della chimica. Una volta prodotte, le parti componenti vengono spedite alla società madre, che provvede all'assemblaggio e alla successiva distribuzione sui mercati.

off-the-books economy: ***economia sommersa.*** Lo stesso che *black economy* (v.).

off-the-books work: ***lavoro nero.*** Lavoro pagato in contanti o in natura e non denunciato a fini fiscali, previdenziali, ecc. Il termine spesso implica che il lavoratore che si presta a questo tipo di attività venga sottopagato, oltre a restare escluso da tutti i benefici quali il diritto alla pensione, all'assistenza sanitaria, all'assicurazione contro gli infortuni, ecc., con grande convenienza per il datore di lavoro, che così evita di dover sostenere ingenti costi. Spesso il lavoro nero rappresenta una seconda occupazione per il lavoratore, che così arrotonda i suoi guadagni, ma quando esso costituisce l'unica attività del lavoratore, il fatto che non sia dichiarato contribuisce a distorcere gli indici di disoccupazione, oltre a tutte le altre conseguenze che comporta in campo assistenziale e fiscale. Il lavoro nero si sviluppa a livelli abbastanza notevoli specialmente quando le aliquote fiscali e i contributi sociali raggiungono livelli ritenuti iniqui e insostenibili.

off-the-job training: ***addestramento esterno; addestramento fuori sede.*** L'addestramento di un lavoratore svolto non sul posto di lavoro, bensì in una università o in una scuola o istituto specializzati.

off-the-peg research: Ricerca di mercato nella quale si utilizzano dati raccolti da persone diverse da quelle che conducono la ricerca. Il termine inglese è preso a prestito dal linguaggio commerciale, nel quale un *off-the-peg suit* è un abito bell'e fatto, cioè non confezionato su misura.

off-the-shelf component: ***componente prefabbricato.*** Un componente che non viene prodotto esclusivamente per un determinato modello di un bene industriale, ma può essere usato in diversi modelli e per diversi prodotti.

of record: ***registrato; iscritto.*** V. spiegazione sotto *stockholder of record.*

O.F.T.: Office of Fair Trading.

O.G.L.: open general licence.

oil bill: ***fattura petrolifera; bolletta petrolifera.*** Il costo complessivo che un paese privo di, o con scarse, risorse energetiche deve pagare ai paesi esportatori per far fronte alle proprie necessità di prodotti petroliferi. Il termine è stato coniato negli anni settanta, dopo la prima crisi petrolifera.

oil deficit: ***deficit petrolifero.*** Il costo in valuta estera delle importazioni di petrolio in un paese. Lo stesso termine viene usato per indicare l'ammontare di valuta estera dovuto dai paesi importatori di petrolio ai paesi esportatori di petrolio non controbilanciato da spese di questi ultimi nei primi per l'acquisto di altri beni e servizi.

oil facility: ***facilitazione petrolifera; sportello petrolifero.*** Espressione coniata negli anni settanta, con la quale si indica la concessione speciale di prestiti da parte del Fondo Monetario Internazionale ai paesi con pesanti squilibri nella bilancia dei pagamenti, dovuti principalmente all'aumento del prezzo del petrolio. Tali prestiti venivano in gran parte finanziati dai paesi esportatori di petrolio.

oil shock: ***shock petrolifero.*** Il consistente aumento dei prezzi petroliferi, che ebbe l'effetto di un trauma sulle economie dei paesi importatori di petrolio. Si distingue un primo shock petrolifero, che ebbe luogo dopo la guerra del Kippur nei primi anni settanta, e un secondo shock petrolifero, quando il prezzo del petrolio raggiunse e superò i trenta dollari al barile.

Okun's law: ***legge di Okun.*** È una regola empirica, formulata da A. Okun nel 1961, che pone in relazione reciproca le variazioni del tasso di disoccupazione e le variazioni del prodotto nazionale lordo in termini reali. Partendo da un tasso di disoccupazione del quattro per cento, ritenuto normale per l'economia degli Stati Uniti, la legge di Okun indica che ad ogni punto percentuale in più nel tasso di disoccupazione corrisponde una diminuzione del tre per cento del prodotto nazionale lordo in termini reali.

Old Age and Survivors' Insurance: È il nome dato al

sistema di previdenza e assicurazioni sociali negli Stati Uniti, che funziona sugli stessi principi sui quali si basano simili sistemi in altri paesi. È gestito dal governo federale ed è finanziato con i contributi pagati dai lavoratori e dai datori di lavoro. Il sistema prevede il pagamento di pensioni ai lavoratori assicurati che abbiano superato i sessantacinque anni di età e garantisce certe indennità alla famiglia di lavoratori in caso di loro premorienza a qualsiasi età.

old-age pension: ***pensione di vecchiaia.*** Quasi tutti i paesi hanno un proprio sistema nazionale di previdenza, che prevede il pagamento di una pensione ai lavoratori dopo che questi hanno raggiunto l'età pensionabile, che varia da paese a paese tra i sessanta e i settanta anni. Questi sistemi previdenziali implicano il versamento di contributi, da parte dei lavoratori e dei datori di lavoro, che vengono utilizzati per finanziare il servizio offerto agli iscritti. Pertanto, tutti coloro che versano i contributi prescritti hanno diritto a ricevere la pensione, ma poiché in passato il sistema di previdenza sociale non era esteso come lo è oggi, sopravvivono ancora persone che non hanno potuto versare i contributi necessari a garantire loro la pensione. Molti stati hanno ovviato a ciò assegnando una pensione sociale, non basata cioè sul versamento di contributi, a tutti coloro che avendo superato una determinata età non dispongono di mezzi di sostentamento tali da garantire loro la sopravvivenza. (v. anche *contributory pension, non-contributory pension*)

Old Age, Survivors, and Disability Insurance: Lo stesso che *Old Age and Survivors' Insurance* (v.).

old colonial system: ***vecchio sistema coloniale; vecchio colonialismo.*** Il sistema coloniale diffuso nei secoli diciassettesimo e diciottesimo, detto «vecchio» per distinguerlo dal moderno colonialismo economico. I due sistemi, quello vecchio e quello moderno, hanno in comune lo sfruttamento di un paese da parte di un altro, pur se oggi ciò viene fatto in maniera più sottile e sofisticata di ieri, tanto che si parla di colonialismo economico, con ciò intendendo la dipendenza economica di un paese da un altro, pur se apparentemente ne è garantita l'indipendenza territoriale e politica. (v. anche *colonialism, economic colonialism*)

Old Lady of Threadneedle Street: Espressione a volte usata per indicare la Banca d'Inghilterra e coloro che ne sono alla guida. Il termine era più diffuso in passato, quando aveva anche una connotazione ironica, volendo richiamare l'attenzione su un tipo di politica monetaria e bancaria tradizionalista, conservatrice e contraria ad ogni forma di progresso.

old line life insurance: ***assicurazione per il caso di morte.*** Il termine inglese indica una particolare forma di assicurazione in uso negli Stati Uniti, che prevede che in considerazione del pagamento di un premio costante a intervalli concordati, alla morte dell'assicurato verrà pagata agli eredi una certa somma senza condizioni.

old money: ***denaro vecchio.*** Termine usato come opposto di *fresh money* (v.), per indicare capitale già esistente nell'impresa.

old share: ***azione vecchia.*** Termine usato come opposto di *new share* (v.), per indicare azioni emesse in passato. Lo stesso termine si usa per indicare azioni che vengono sostituite con altre di nuova emissione, ad esempio in occasione di un frazionamento.

old unionism: ***vecchio unionismo; vecchio sindacalismo.*** In economia, si indicano con questo termine i piccoli sindacati del passato, generalmente rappresentati dalle gilde o corporazioni di arti e mestieri. La loro politica era quella di limitare l'accesso a nuovi membri, attraverso lunghi periodi di apprendistato e la specializzazione richiesta per il particolare mestiere, con l'intento di mantenere alte le remunerazioni di coloro che già facevano parte della corporazione. Quando sorse e si diffuse il sistema del lavoro nelle fabbriche, che richiedeva anche la presenza di manodopera non specializzata o semi specializzata, il potere dei vecchi e piccoli sindacati fu notevolmente ridotto, anche a seguito della fondazione e dell'espansione dei nuovi sindacati, che associavano tutti i lavoratori senza tener conto della loro specializzazione o del settore nel quale svolgevano la loro attività. (v. anche *trade union, craft union, new model union, new unionism*)

oligopolist: ***oligopolista.*** Il venditore o il produttore che, insieme a pochi altri in una situazione di oligopolio, partecipa a costituire l'offerta totale di un bene o di un servizio sul mercato nel quale opera. (v. anche *oligopoly*)

oligopolistic industry: ***industria oligopolistica.*** Industria caratterizzata dalla presenza di solo poche imprese che producono un determinato bene o servizio domandato sul mercato nel quale esse operano. (v. anche *oligopoly*)

oligopolistic market: ***mercato oligopolistico.*** Espressione equivalente a oligopolio. Per la relativa spiegazione, v. *oligopoly.*

oligopoly: ***oligopolio; mercato oligopolistico.*** Situazione di mercato caratterizzata dalla presenza di un numero limitato di venditori di fronte alla concorrenza perfetta tra compratori. Dato il basso numero di imprese presenti in un mercato oligopolistico, le loro politiche e attività sono fortemente influenzate dalle reazioni che ciascuna di loro si aspetta dalle altre. Ciò porta ad una situazione di incertezza, che è stata da molti paragonata ad una partita a carte o a scacchi, o ad una situazione di alleanza tra le poche imprese, che torna a svantaggio del compratore in quanto si può tramutare in una forma di monopolio. L'analisi dell'oligopolio fu iniziata dalla scuola classica, ma solo recentemente è stata sviluppata appieno a seguito dell'evolversi di una realtà di mercato che ha portato all'affermazione dell'oligopolio in tutti i paesi a sistema capitalistico. E con l'analisi, sono venute le critiche da parte di coloro che denunciano la rigidità dei prezzi di oligopolio, che non tendono a mutare neppure in presenza di incrementi di produttività e progressi tecnologici che le imprese sfruttano solo a proprio vantaggio, traducendoli in maggiori redditi monetari sotto forma di profitti e di salari, mentre dall'altra parte gli enormi sprechi, relativi alla costosa rete di distribuzione, alla pubblicità mediante la quale si tenta di differenziare i prodotti e alla capacità produttiva tenuta inattiva al fine di scoraggiare i potenziali concorrenti, ricadono soltanto sul consumatore traducendosi in aumenti costanti dei prezzi di vendita. Un'altra critica molto diffusa è quella che denuncia il sempre più massiccio condizionamento del consumatore, che non riesce più ad operare libere scelte individuali, mentre la stretta connessione tra oligopolisti e politici condiziona lo sviluppo della società al punto che le scelte, anche in questo campo, non sono più autonome e a vantaggio della comunità, ma condizionate dalle esigenze delle strutture oligopolistiche. (v. anche *imperfect oligopoly, perfect oligopoly*)

oligopoly price: ***prezzo di oligopolio; prezzo oligopolistico.*** È il prezzo che prevale nella situazione di mercato oligopolistico, caratterizzato dalla presenza di pochi venditori di fronte alla concorrenza perfetta tra compratori. Il prezzo oligopolistico tende ad essere maggiore del prezzo che verrebbe a determinarsi in una situazione di concorrenza perfetta e ciò per vari motivi. In primo luogo, se il numero di venditori è molto limitato è probabile che si verifichino pratiche collusive tendenti a garantire ai partecipanti vantaggi monetari, derivanti da accordi sul mantenimento di determinati livelli di prezzo. In secondo luogo, quando non intervengono accordi del genere, la costosa rete di distribuzione, le forti spese di pubblicità con cui le imprese tentano di differenziare i loro prodotti agli occhi dei consumatori e gli sprechi derivanti da capacità produttiva lasciata inutilizzata, si traducono in costi che le imprese oligopolistiche traslano sul consumatore sotto forma di aumenti di prezzo. Un altro motivo è che mentre in un sistema di concorrenza perfetta gli aumenti di produttività e le innovazioni tecnologiche si trasformano in una riduzione di costi che si traduce in una diminuzione dei prezzi, con conseguente espansione della domanda e della produzione, in un mercato oligopolistico si trasformano in un incremento dei redditi monetari delle imprese, con conseguente ristagno nello sviluppo economico e difficoltà di riassorbire quei lavoratori che, a seguito di innovazioni tecnologiche, vengono ad essere estromessi dal processo produttivo.

oligopsonist: ***oligopsonista.*** Il compratore che, insieme a pochi altri in una situazione di oligopsonio, partecipa a costituire la domanda totale di un bene o di un servizio sul mercato nel quale opera. (v. anche *oligopsony*)

oligopsonistic market: ***mercato oligopsonistico.*** Termine usato con lo stesso significato di *oligopsony* (v.).

oligopsony: ***oligopsonio; mercato oligopsonistico.*** Situazione di mercato caratterizzata dalla presenza di un numero limitato di compratori di fronte alla concorrenza perfetta tra venditori di uno stesso bene o servizio. Tale situazione, che rientra tra i casi di concorrenza imperfetta, dà ai compratori un certo potere che consente loro di esercitare un qualche controllo sul livello dei prezzi del bene o servizio.

oligopsony price: ***prezzo di oligopsonio; prezzo oligopsonistico.*** È il prezzo che prevale nella situazione di mercato oligopsonistico, caratterizzato dalla presenza di pochi compratori che sono in grado di esercitare un certo controllo sul prezzo del bene o servizio acquistato. Come nella situazione di mercato oligopolistico, anche in questa situazione il prezzo non è determinabile in base alle curve dei costi e della domanda e pertanto il prezzo oligopsonistico tende ad essere inferiore al prezzo che verrebbe a determinarsi in una situazione di concorrenza perfetta, essendo esso in gran parte determinato dal relativo potere contrattuale delle parti.

Olson's model: ***modello di Olson.*** Modello socio–economico, studiato ed esposto da Mancur Olson, che sostiene che gruppi di cittadini, accomunati da un interesse particolare, impongono pressioni sulle istituzioni al fine di ottenere cambiamenti socio–economici che ridistribuiscano la ricchezza in maniera a loro favorevole, così riducendo l'efficienza e il reddito globale della regione o del paese. Dal momento che occorre tempo perché questi gruppi si coagulino, le società stabili tendono ad avere un maggior numero di tali gruppi di «cacciatori di rendita» e allo stesso tempo più lenti tassi di crescita. La teoria di Olson è semplice e, guardando le società umane più stabili, è anche prontamente accettabile, ma data la natura dei gruppi di cui tratta risulta molto difficile dimostrarla empiricamente.

Olson's theory: ***teoria di Olson.*** Il fondamento teorico che sta alla base del modello di Olson.

OMB: Office of Management and Budget.

ombudsman: ***difensore civico.*** Termine di origine svedese con il quale, nel Regno Unito, si indica il *parliamentary commissioner for administration* (v.).

omitted dividend: ***dividendo non dichiarato.*** Lo stesso che *passed dividend* (v.).

omnibus clause: ***clausola omnibus.*** Nelle assicurazioni, viene indicata con questa espressione la clausola che estende la copertura ad altre persone o beni, oltre quelli assicurati in polizza. Ad esempio, è una clausola omnibus quella che, nelle assicurazioni contro i rischi derivanti dalla circolazione e dalla guida dei veicoli a motore, estende la copertura a persone, diverse dal proprietario assicurato, che guidano la vettura con il consenso di quest'ultimo e nel rispetto delle condizioni in base alle quali l'assicurazione è stata stipulata.

omnibus research: ***ricerca omnibus.*** Una ricerca basata su questionari inviati regolarmente da società di ricerche di mercato a un campione di consumatori collaudato. È così chiamata perché qualunque impresa con bisogni specifici di sondaggio può comprare un certo spazio sui questionari.

omnibus risk: ***rischio omnibus.*** Nelle assicurazioni, è il rischio, di natura e conseguenze diverse, coperto da una singola polizza che contenga la clausola omnibus. Ad esempio, una polizza che copre un edificio contro i rischi derivanti dalle attività diverse di coloro che in quell'edificio hanno il loro ufficio o il loro luogo di lavoro.

omnium: Termine di origine latina, usato nel linguaggio borsistico per indicare il valore complessivo di un insieme di titoli industriali o statali che possono essere usati come garanzia per un prestito.

on account: **1.** ***in conto.*** Espressione usata come sinonimo di «a credito», per indicare una vendita, un acquisto o la consegna di merci, il cui relativo pagamento avverrà in data successiva, alla chiusura del conto. **2.** ***in acconto.*** Espressione usata in relazione ad un anticipo o ad un pagamento parziale di un debito.

on approval: ***salvo vista e verifica.*** Clausola contenuta nei contratti di vendita, con la quale il compratore si riserva il diritto di prendere visione delle merci e approvarne la qualità prima di accettarle.

on arrival: ***all'arrivo.*** Clausola contenuta nei contratti di vendita e relativa alla consegna delle merci. Stabilisce che esse saranno spedite con il mezzo di trasporto indicato nel contratto e la consegna avrà luogo all'arrivo dello stesso.

on berth: ***sotto collo; ormeggiata.*** Espressione usata con lo stesso significato di *on the berth* (v.).

on board bill of lading: ***polizza di carico ordinaria; polizza di carico per merce imbarcata.*** Termine usato con lo stesso significato di *shipped bill of lading* (v.).

on–board securities: ***titoli quotati in borsa.*** Termine colloquiale, usato nel linguaggio finanziario statunitense con lo stesso significato di *listed securities* (v.).

on–budget spending: ***spesa in bilancio.*** Espressione usata come opposto di *off–budget spending* (v.) per indicare la spesa pubblica contemplata nel bilancio dello stato. L'espressione aggettivale *on–budget* viene usata anche per indicare lo stesso concetto riferito al bilancio di un'impresa.

on call: Espressione usata in relazione ai prezzi dei prodotti delle imprese manifatturiere, soggetti a variazioni in aumento o in diminuzione a seconda della variazione dei costi delle materie prime. L'espressione indica una variante di prezzo riferita alla quotazione della borsa merci e fissata in un certo importo in più rispetto alla quotazione a termine della materia prima o delle materie prime che entrano nella fabbricazione del prodotto.

on collection basis: ***per l'incasso.*** Nel linguaggio bancario, questa espressione indica che un titolo di credito viene inviato alla sede o ad una agenzia di una banca non per essere ammesso allo sconto, ma per essere incassato alla scadenza.
on commission basis: ***su commissione.*** Nel linguaggio commerciale, questa espressione indica che una data operazione viene effettuata in considerazione del riconoscimento di una commissione a favore di colui che la porta a buon fine.
on consignment: ***in conto deposito.*** Espressione usata in relazione a merci inviate ad un agente o altra persona per la vendita al meglio oppure per scopi di esposizione, propaganda o altro. L'ammontare delle merci in conto deposito può essere saldato appena viene effettuata la vendita o a scadenze prestabilite trimestrali o semestrali, sempre che esse siano state effettivamente vendute. (v. anche *sale or return*)
oncost: 1. ***spese generali; spese comuni; costi generali di amministrazione e di vendita.*** Termine a volte usato con lo stesso significato di *overhead expenses* (v.). **2.** ***costo fisso.*** Termine a volte usato con lo stesso significato di *fixed costs* (v.).
on credit: ***a credito.*** Espressione usata in relazione a vendite o acquisti che prevedono la consegna in un determinato momento e il pagamento in un momento successivo differito nel tempo.
on current account: ***in conto corrente.*** Espressione usata in relazione ad acquisti o vendite che prevedono la fornitura di merci in un determinato momento e il pagamento delle stesse a scadenze prestabilite di tre, sei o più mesi, all'atto della presentazione di un estratto conto dal quale risultino i movimenti in dare e in avere tra le due parti contraenti.
on demand: ***a vista.*** Espressione usata in relazione a cambiali, o altri titoli di credito, pagabili al momento in cui essi vengono presentati per l'incasso e, quindi, non soggetti ad accettazione, preavviso o comporto.
on–demand bond: ***garanzia di esecuzione a prima richiesta.*** Lo stesso che *performance bond on demand*, per la cui spiegazione v. *performance bond*.
one–cancels–the–other order: ***ordine alternativo.*** Lo stesso che *alternative order* (v.).
one–day jobbing: Espressione usata nel linguaggio borsistico per indicare contratti aperti e chiusi, cioè stipulati e liquidati, nel corso della stessa giornata di contrattazioni.
one–hundred per cent inspection: ***ispezione al cento per cento.*** Nel controllo statistico della qualità, questo termine indica l'operazione di selezione intesa a svolgere un'ispezione completa di tutti gli articoli di un dato segmento della produzione, come ad esempio l'intera produzione di una giornata o un particolare lotto di prodotti ad un determinato stadio del processo produttivo, con lo scopo di individuare ed eliminare tutti gli articoli difettosi presenti nel lotto preso in esame.
one–hundred per cent reserve money: ***moneta a riserva del cento per cento.*** V. spiegazione sotto *one–hundred per cent reserve system*.
one–hundred per cent reserve system: ***sistema della riserva bancaria del cento per cento.*** Sistema, seguito in passato ma oggi ormai desueto, in base al quale le banche erano obbligate a mantenere sotto forma di riserve l'intera massa dei depositi. Questo sistema, che aveva lo scopo di impedire variazioni nel volume dei crediti bancari, non consentiva alle banche di concedere prestiti per una somma globale superiore al loro capitale netto, impedendo così la creazione della cosiddetta moneta–deposito. (v. anche *fractional reserves, fractional banking*)
one–man business: ***impresa autocratica; impresa individuale.*** È l'impresa di proprietà di una sola persona, che apporta il capitale necessario allo svolgimento dell'attività, sostiene il rischio connesso all'impresa e ne percepisce tutti gli utili o ne sostiene tutte le perdite. È un tipo di impresa che tende sempre più a scomparire, sia a causa delle sempre crescenti quantità di capitale necessarie per l'avvio di una qualsiasi attività, sia per il rischio che essa comporta, non potendo godere del privilegio della responsabilità limitata riconosciuto alle società. Gli unici settori nei quali ancora sopravvive questo tipo di organizzazione aziendale sono il commercio al dettaglio, l'artigianato e la piccola industria, pur se anche in questi si va sempre più diffondendo l'impresa organizzata sotto forma di società per azioni o di società a responsabilità limitata.
one–man company: ***società autocratica; società individuale; società unipersonale.*** Espressione impropria, in quanto una società non può essere costituita da una sola persona, ma usata colloquialmente per indicare una società, del tipo denominato *private* nel Regno Unito, che prevede un numero minimo di due soci, uno dei quali funge soltanto da prestanome, mentre l'altro ne è l'effettivo ed unico proprietario, avendo apportato tutto o quasi tutto il capitale sociale necessario allo svolgimento dell'attività e dedicando il suo tempo e lavoro alla conduzione dell'impresa. Questo tipo di organizzazione aziendale, che viene a trovarsi a cavallo tra l'impresa individuale e la società per azioni, presenta lo svantaggio che spesso gli interessi del proprietario e dell'azienda tendono a fondersi, per cui non è sempre facile individuare le passività dell'uno e dell'altra.
one–man management: ***direzione autocratica; direzione individuale; gestione autocratica.*** La direzione di un'impresa autocratica, retta da un solo individuo, generalmente il proprietario.
one–name paper: ***carta non girata.*** Un titolo di credito, sia esso assegno o cambiale, che pur essendo negoziabile non è stato ancora girato. Qualora venisse girato diventerebbe, secondo la terminologia inglese, una *two name paper*, cioè una carta a due nomi, con ciò intendendosi il nome del traente e quello del girante nel caso di una cambiale, o quello dell'emittente e del girante nel caso di un assegno. La differenza tra i due tipi di titolo di credito consiste nel fatto che mentre il primo contempla un solo obbligato, il secondo prevede due persone responsabili del pagamento, una in via principale e l'altra in via secondaria dopo che la prima non ha adempiuto alla propria obbligazione. (v. anche *two–name paper*)
one–off production: ***produzione singola.*** La produzione di un singolo articolo su commessa, tale da soddisfare le esigenze o i gusti del particolare cliente che lo ordina. L'espressione non è limitata, come si potrebbe ritenere, alla produzione artigianale ad esempio di mobili o abiti, perché può essere usata anche in rapporto a grossi impegni di un'industria, che però sono volti alla produzione di un singolo impianto o pezzo, secondo particolari esigenze o requisiti.
one–product company: ***impresa monoprodotto.*** Lo stesso che *single–product firm* (v.).
one–reserve system: ***sistema a riserva unica.*** Sistema bancario che prevede che una singola banca, di solito la banca centrale, detenga l'intera riserva di tutto il sistema, da usarsi in periodi di crisi o di panico dei depositanti.
onerous contract: ***contratto oneroso.*** Contratto che

prevede una considerazione in moneta o di altra natura, in cambio del vantaggio ricavato da un contraente. Si contrappone al *gratuitous contract* (v.).

onerous rates: ***tributi locali onerosi; tributi locali a titolo oneroso.*** Espressione usata dall'economista Alfred Marshall per indicare quella parte dei tributi locali che non viene impiegata per il compimento di opere o la somministrazione di servizi dai quali il cittadino ricava un beneficio. Se il tributo viene usato per costruire una strada o un ospedale, il cittadino ne ricava un beneficio diretto o indiretto, ma se il tributo viene utilizzato, ad esempio, per il pagamento di interessi su debiti contratti dall'ente locale, il cittadino, sempre secondo Marshall, non riceve alcun vantaggio o beneficio dal tributo che paga. (v. anche *beneficial rates*)

one-stop banking: Espressione con la quale si indica il concetto di raccogliere la gamma completa di servizi bancari sotto lo stesso tetto, così che il cliente può svolgere ogni tipo di operazione senza doversi recare in più uffici. Il concetto richiederebbe l'unione dei servizi offerti dalle banche speciali, quali le *merchant banks*, con quelli offerti nella vasta rete di agenzie delle banche commerciali.

one-thousand-hour clause: ***clausola delle mille ore.*** È una delle norme stabilite dal *Fair Labor Standards Act* (v.). Prevede che le ore lavorative possano raggiungere un massimo di dodici al giorno e cinquantasei alla settimana, purché le ore lavorative totali di ciascun lavoratore non superino il numero di mille durante un periodo di ventisei settimane consecutive.

one-way callable stock: Espressione usata nel linguaggio finanziario per indicare titoli a reddito fisso che non possono essere riscattati a richiesta del portatore, ma soltanto a discrezione dell'emittente.

one-way price: ***prezzo a senso unico; prezzo unico.*** Un prezzo singolo, quotato da uno *stockjobber* (v.) o da un *market maker* (v.) invece dei consuetudinari due prezzi, al quale egli è disposto a comprare o a vendere il valore mobiliare al quale si riferisce il prezzo.

one-way trade: ***scambio unidirezionale.*** Situazione commerciale caratterizzata dal fatto che un paese fornisce beni e servizi a un altro paese, ma non acquista niente da quest'ultimo.

on hand: ***disponibile; a disposizione.*** L'espressione viene usata in relazione a merci o scorte in magazzino, siano esse acquistate e pagate o semplicemente in conto deposito. In un bilancio, tuttavia, se non vi è altra precisazione, gli articoli indicati come disponibili si intendono di proprietà dell'impresa.

on margin: ***a margine; a credito.*** Lo stesso che *margin 6* (v.).

on money: Espressione con la quale, nel linguaggio borsistico e bancario, si indica che la commissione di acquisto o di vendita di titoli sarà calcolata come percentuale dell'ammontare complessivo dell'operazione. (v. anche *on stock*)

on-pack premium: ***omaggio; premio.*** È un prodotto che viene unito generalmente all'esterno della confezione di un altro prodotto e viene offerto gratuitamente o a prezzo ridotto onde indurre il consumatore ad acquistare l'altro prodotto.

on passage: ***in viaggio.*** Espressione usata in relazione a merci viaggianti per indicare che esse sono partite dal luogo in cui furono prodotte e in cui si trovavano, ma non sono ancora giunte al loro punto di destinazione o di consegna.

on sale or return basis: ***vendita in conto deposito; conto deposito.*** Espressione usata con lo stesso significato di *sale or return* (v.).

onshore banking: ***attività bancaria interna.*** Termine di recente formazione, usato come contrario di *offshore banking* (v.) per indicare l'attività bancaria condotta sul mercato interno di un determinato paese.

on sight: ***a vista.*** Espressione usata come sinonimo di *on demand* (v.).

on standard: ***su tipo; su campione tipo; su campione standard.*** Clausola contenuta nei contratti di compravendita e usata in relazione alla qualità delle merci oggetto del contratto stesso. Stabilisce che le merci fornite dovranno corrispondere ad un campione tipo sottoposto da una delle due parti contraenti, di solito il venditore, all'altra. Questa clausola spesso comporta delle difficoltà, quando le merci devono percorrere un lungo tragitto, perché non è improbabile che il tempo necessario per approntare la partita e per trasportarla al luogo di consegna produca alterazioni e differenze tra campione e partita. Inoltre, il campione preso a caso da una partita non è sempre del tutto rappresentativo dell'intero lotto. Pertanto, il campione tipo è spesso predisposto dal venditore soltanto allo scopo di consentire al compratore di rendersi conto delle caratteristiche generali della merce, la quale potrà avere caratteristiche non esattamente coincidenti con quelle del campione standard. A questi inconvenienti generalmente si ovvia fissando precise tolleranze qualitative.

on stock: Espressione con la quale, nel linguaggio borsistico e bancario, si indica che la commissione di acquisto o di vendita di titoli sarà calcolata ad un tanto per titolo. (v. anche *on money*)

on stream: ***chiavi in mano.*** Espressione usata particolarmente in relazione alla vendita di automobili, con la quale si intende che il prezzo quotato è comprensivo di ogni spesa accessoria e imposta e dà all'acquirente il diritto di avere il veicolo in grado di circolare.

on tap: ***a richiesta; a rubinetto.*** Espressione del linguaggio borsistico, usata in relazione a titoli che si possono avere a richiesta, indicando con ciò che la fonte di emissione è praticamente inesauribile. (v. anche *open-end fund*)

on the berth: ***sotto collo; ormeggiata.*** Espressione usata in relazione a navi, per indicare che sono ormeggiate o ancorate e pronte ad iniziare le operazioni di caricazione o di discarica o in attesa di effettuare tali operazioni.

on-the-job learning: ***apprendimento sul lavoro.*** Il processo di apprendimento cui è sottoposto un dirigente aziendale nell'esercizio delle proprie funzioni. È considerato il mezzo migliore per creare dirigenti, in quanto l'esperienza che si acquisisce nel fare una cosa o nel prendere una decisione è reale e completa, e non sostituibile con nozioni manualistiche, perché si inserisce nel tessuto mentale ed emotivo dell'individuo, lasciandovi una traccia incancellabile. Affinché ciò avvenga, tuttavia, e affinché si realizzi una certa velocità di apprendimento sul lavoro, è necessario che le condizioni di lavoro in cui si svolge il processo siano tali da condurre ad un effettivo, reale e duraturo apprendimento.

on-the-job training: ***addestramento sul lavoro.*** L'addestramento cui viene sottoposto un lavoratore direttamente durante l'espletamento delle sue mansioni. Lo stesso termine indica l'insieme delle cognizioni e capacità acquisite dal lavoratore attraverso la pratica nello svolgimento delle sue mansioni. (v. anche *on-the-job learning*)

on type: ***su tipo; su campione tipo; su campione standard.*** Espressione usata con lo stesso significato di *on standard* (v.).

onus of proof: ***onere della prova.*** Termine usato con lo stesso significato di *burden of proof* (v.).

O.O.: own occupation.

O.P.: open policy.

O.P.E.C.: Organization of Petroleum Exporting Countries.

open account: 1. ***conto aperto.*** In contabilità, è un conto che non è stato ancora chiuso e sul quale è, pertanto, ancora possibile effettuare registrazioni. **2.** ***conto corrente; conto aperto.*** L'espressione viene usata in relazione al sistema in base al quale due commercianti intrattengono relazioni di affari con forniture di beni o servizi, che vengono pagate a scadenze prestabilite su presentazione di un estratto conto. Il termine indica tanto il sistema, cui corrisponde la nostra espressione conto corrente, quanto la somma che in ogni qualsiasi momento risulta a credito di uno dei due commercianti.

open account credit: ***credito in conto aperto.*** Lo stesso che *charge account* (v.).

open bid: ***offerta aperta.*** È l'offerta inviata a seguito della pubblicazione di un avviso d'asta o ad un invito formale, da parte di una impresa che intende concorrere all'aggiudicazione di un appalto o di una commessa. L'offerta contiene l'indicazione del prezzo relativo alla fornitura di materiali o all'esecuzione del lavoro, ma l'impresa si riserva il diritto di ridurre la sua quotazione ad un livello inferiore a quello del prezzo quotato da altre imprese concorrenti. (v. anche *invitation to bid, sealed bid*)

open book account: ***registrazione su conto corrente; registrazione sul partitario clienti.*** Espressione usata in contabilità per indicare una registrazione sui documenti del venditore, con la quale viene addebitato sul conto del compratore l'importo delle merci o servizi forniti. (v. anche *open account 2*)

open books: ***libri aperti.*** Nel linguaggio delle relazioni industriali, indica l'obbligo degli imprenditori di permettere la consultazione dei loro documenti contabili da parte dei sindacati lavoratori, in occasione di dispute che vertano su questioni economiche e salariali.

open–cast mining: ***estrazione a cielo aperto.*** Operazione di estrazione di minerali, in miniere alla superficie della terra o, comunque, non in gallerie sotterranee.

open certificate: ***certificato aperto.*** Nelle assicurazioni, indica genericamente una polizza le cui tariffe e condizioni sono soggette a variazione. (v. anche *open policy*)

open charter: ***contratto di noleggio aperto.*** Contratto di noleggio che consente al noleggiatore di usare la nave o l'aereo per il trasporto di qualsiasi merce desideri, verso i porti o gli aereoporti di sua scelta.

open cheque: ***assegno aperto; assegno al portatore; assegno all'ordine; assegno non sbarrato.*** Espressione generica, usata per indicare un qualsiasi tipo di assegno che può essere incassato dal beneficiario senza alcuna formalità alla presentazione presso un qualsiasi sportello della banca trassata. Il termine è generalmente usato come opposto di assegno sbarrato o incrociato. (v. anche *crossed cheque*)

open commitment: ***impegno aperto.*** Termine usato con lo stesso significato di *open position* (v.).

open company: ***società aperta.*** Termine usato con lo stesso significato di *open corporation* (v.).

open competition: ***concorrenza aperta.*** È un piano in base al quale i membri di un'associazione di imprenditori pur essendo in concorrenza tra loro si scambiano dati statistici e informazioni relative alla produzione, alle scorte, agli ordinativi in via di esecuzione, ai prezzi, ecc. Poiché tali accordi possono portare ad una limitazione della libera concorrenza attraverso la formazione di cartelli o generici accordi sui prezzi di vendita, non sono visti di buon occhio dalle autorità preposte alla applicazione delle disposizioni di legge contro i monopoli.

open contract: ***contratto aperto.*** a) Un contratto tra venditore e compratore nel quale compaiono soltanto l'oggetto della compravendita, il corrispettivo in moneta e i nomi delle due parti, ma senza alcuna clausola o condizione. Un contratto del genere è, per la legge inglese, valido a tutti gli effetti e può esserne imposta l'esecuzione da ciascuna delle due parti, pur se lascia «aperti», cioè non definiti nei dettagli, vari punti che troverebbero considerazione in un contratto stilato in maniera formale. In pratica un contratto del genere è, tuttavia, molto raro. b) Lo stesso termine inglese viene usato come sinonimo di *open position* (v.).

open corporation: ***società aperta.*** Una qualsiasi società, le cui azioni sono di proprietà di un gran numero di azionisti. Tale tipo di società, che è regolarmente quotata presso la borsa valori del paese nel quale opera, rappresenta l'opposto della società a carattere familiare, nella quale le azioni sono di proprietà di pochi soci e generalmente escluse dalla quotazione in borsa. (v. anche *close corporation*)

open covenant bond: ***fideiussione per somma da accertarsi.*** Nel linguaggio delle assicurazioni, è un contratto di fideiussione in base al quale il fideiussore, o assicuratore, è tenuto a pagare una somma di denaro all'assicurato, o persona a favore della quale è prestata la fideiussione, nell'ammontare accertato a posteriori in caso di inadempienza da parte di un terzo. (v. anche *surety bond*)

open cover: ***copertura aperta.*** Copertura assicurativa, generalmente ancora sotto forma di proposta, nella quale non è stabilito il valore dei beni assicurati. (v. anche *open policy*)

open credit: ***credito in bianco; credito scoperto; credito allo scoperto; credito in conto corrente.*** È il credito, concesso da una banca o da un'impresa commerciale, in base al quale il cliente può prelevare moneta o ricevere forniture di merci fino ad un dato ammontare, senza che debba fornire alcuna garanzia reale o personale e senza che debba immediatamente pagare i beni così fornitigli. (v. anche *open account 2, credit line*)

open door policy: ***politica della porta aperta.*** La politica in base alla quale un paese consente a cittadini stranieri di svolgere operazioni commerciali all'interno dei propri confini in condizioni di perfetta parità con i cittadini residenti in quel paese e in altri paesi stranieri. La politica della porta aperta, pertanto, prevede l'eliminazione di qualsiasi tipo di protezionismo e di qualsiasi altra barriera o ostacolo alla libera circolazione di beni e servizi, fatta eccezione, qualora fosse ritenuta necessaria, per una bassa tariffa doganale unica, con scopi puramente fiscali.

open economy: ***economia aperta.*** L'economia di un paese che intrattiene scambi commerciali con altri paesi. Sotto questo profilo, oggi qualsiasi paese del mondo ha un'economia aperta. (v. anche *closed economy*)

open–end company: ***società d'investimento a capitale variabile.*** Termine usato con lo stesso significato di *open–end fund* (v.).

open–end contract: ***contratto di fornitura aperto.*** Un tipo di contratto in virtù del quale l'acquirente può ordinare ulteriori e successive forniture agli stessi termini e alle stesse condizioni delle precedenti, senza bisogno della preventiva accettazione o approvazione da parte del venditore.

open–end credit: ***credito aperto.*** Il credito concesso mediante l'emissione di carte di credito o altri accorgimenti similari, per cui il consumatore o l'acquirente possono pagare una parte del loro debito complessivo a scadenze predeterminate e continuare ad acquistare usufruendo sempre della stessa concessione di credito.

open–ended: ***aperto.*** Aggettivo usato per indicare contratti, decisioni o politiche senza limiti o vincoli fissi e, pertanto, adattabili a condizioni mutevoli.

open–ended question: ***domanda aperta; domanda a risposta libera.*** Nelle ricerche di mercato, è una domanda che non prevede un semplice sì, no, o non so da parte dell'intervistato, che quindi è libero di esprimersi in base a proprie considerazioni. Questo tipo di domande vengono utilizzate quando il ricercatore desidera sondare le opinioni e gli atteggiamenti dell'intervistato.

open–ended quota: ***quota aperta; contingente aperto.*** Prevede che l'importazione del bene cui si riferisce venga dichiarata soggetta a restrizione quantitativa, ma non viene stabilita la quantità che è consentito importare. Lo scopo è quello di creare grande incertezza negli esportatori stranieri e negli importatori nazionali dei prodotti che rientrano in questo tipo di quota.

open–ended unit trust: ***fondo aperto.*** Lo stesso che *open–end fund* (v.).

open–end fund: ***società d'investimento a capitale variabile; fondo comune d'investimento a capitale variabile; fondo aperto.*** Fondo comune d'investimento d'origine americana, introdotto nel Regno Unito durante gli anni trenta. La caratteristica di questo fondo consiste nel fatto che esso emette in via continuativa nuove quote, per tale motivo dette *on tap* (v.), e che le riscatta a richiesta del sottoscrittore, al loro valore contabile netto. Questo tipo di fondo ha avuto particolare diffusione tra i piccoli risparmiatori, in quanto consente un'ampissima diversificazione anche di un investimento molto esiguo, a causa del gran numero di titoli tenuti in portafoglio e altre forme di investimento dei contanti del fondo stesso. Le quote–parti di un fondo aperto sono di un unico tipo e vengono vendute soltanto da società di distribuzione autorizzate, ad un prezzo basato sul valore di mercato dei titoli in portafoglio cui vanno aggiunte le spese di sottoscrizione. (v. anche *closed–end company, management investment company, net asset value, net assets 2*)

open–end investment company: ***società d'investimento a capitale variabile.*** Termine usato negli Stati Uniti con lo stesso significato di *open–end fund* (v.).

open–end investment trust: ***società d'investimento a capitale variabile; fondo comune d'investimento a capitale variabile; fondo aperto.*** Termine usato come sinonimo di *open–end fund* (v.).

open–end issue: ***emissione garantita da ipoteca aperta.*** Termine usato con lo stesso significato di *open–end mortgage bonds* (v.).

open–end mortgage: ***ipoteca aperta.*** Tipo di ipoteca che consente al debitore di aumentare l'importo del mutuo già ricevuto, così diminuendo il rapporto che precedentemente esisteva tra valore dei beni offerti in garanzia e debito. (v. anche *closed–end mortgage*)

open–end mortgage bonds: ***obbligazioni garantite da ipoteca aperta.*** È una emissione obbligazionaria garantita da un'ipoteca che consente l'emissione di altre obbligazioni, garantite dagli stessi beni che sono stati ipotecati a garanzia della prima emissione. L'emissione, tuttavia, non è illimitata, ma soggetta a determinate restrizioni.

open–end trust: ***società d'investimento a capitale variabile; fondo aperto; fondo comune d'investimento a capitale variabile.*** Termine usato come sinonimo di *open–end fund* (v.).

opener: Termine usato con lo stesso significato di *coxey* (v.).

open–field system: ***sistema del campo aperto.*** Nel sistema feudale, veniva indicato con questa espressione il campo che era suddiviso in strisce uguali, coltivate da diversi contadini. Un contadino poteva coltivare più di una striscia di questo campo, sulle quali venivano alternate le colture più necessarie all'economia del maniero. (v. anche *feudalism*)

open general licence: ***licenza d'importazione aperta.*** Gli operatori commerciali che intendono importare beni di produzione estera, devono preventivamente farsi rilasciare le apposite licenze. La licenza aperta viene rilasciata per l'importazione di quei beni non soggetti a contingentamenti o a divieto di importazione.

open indent: ***ordinativo aperto.*** È un ordinativo proveniente dall'estero e indirizzato ad un esportatore o intermediario, al quale viene lasciata la libertà di scegliere il fornitore delle merci oggetto dell'ordinativo. (v. anche *indent, closed indent*)

open inflation: ***inflazione «libera».*** È una situazione caratterizzata dall'assoluta mancanza di qualsiasi controllo sui prezzi e da un aumento della domanda monetaria di beni e servizi rispetto alla produzione o all'offerta degli stessi. La differenza che viene a crearsi tra quantità domandata e quantità offerta viene soddisfatta in termini monetari, cioè con un aumento del prezzo di vendita dei beni e servizi.

opening: ***apertura.*** Nel linguaggio della borsa valori, indica l'inizio della giornata di contrattazioni.

opening a crossing: ***apertura di assegno sbarrato.*** Nel caso in cui un assegno è sbarrato, l'emittente può annullare la sbarratura scrivendo sull'assegno le parole *pay cash*, cioè «pagate contanti», accompagnate dalla sua firma. Questa operazione viene indicata in inglese con l'espressione *opening a cheque*. L'effetto di tale operazione è che l'assegno può essere cambiato presso uno sportello bancario, invece di dover essere versato in un conto. Di tale operazione, tuttavia, non si trova traccia nel *Bills of Exchange Act* e si deve, quindi, ritenere che derivi dalla consuetudine.

opening balance: ***saldo iniziale; saldo di apertura.*** È il saldo di un conto all'inizio di un determinato periodo contabile, come ad esempio un mese o un anno.

opening balances: ***bilancio di apertura.*** È rappresentato dal saldo dei conti del mastro alla fine di un periodo contabile, riportato al periodo contabile successivo.

opening bid: ***offerta di apertura.*** È l'offerta con la quale ha inizio un'asta pubblica. Può provenire dal banditore, come prezzo minimo di partenza, o da un qualsiasi partecipante quando non è previsto il prezzo minimo di apertura.

opening entry: ***registrazione di apertura; scrittura di apertura.*** L'espressione inglese è usata con diverse sfumature di significato. Può intendersi: a) una scrittura mediante la quale vengono registrate attività o passività sui libri di un'impresa appena costituita; b) una registrazione con la quale si dà inizio ad un nuovo sistema di contabilità in un'impresa già funzionante; oppure, c) una registrazione mediante la quale all'inizio di un nuovo periodo contabile vengono riaperti dei conti che erano stati chiusi alla fine del precedente periodo contabile. (v. anche *to open the books, closing entry*)

opening of credit: ***apertura di credito.*** Espressione del linguaggio commerciale e bancario, con la quale si indica la concessione di credito da parte di una banca o di un'impresa commerciale o industriale. Nel primo caso, la banca accredita l'importo del credito concesso al cliente sul suo conto corrente; nel secondo caso, l'impresa consente ad un operatore il prelievo di partite di merci, che saranno addebitate in conto corrente e pagate a scadenze prestabilite dietro presentazione al compratore dell'estratto conto preparato dal venditore. (v. anche *open account 2, open credit*)

opening price: ***prezzo di apertura; corso di apertura.*** È il prezzo che viene quotato all'apertura delle contrattazioni in un mercato organizzato o il prezzo al quale viene effettuata la prima operazione di compravendita. Il prezzo di apertura può essere poco rispondente alla reale situazione del mercato, in quanto gli operatori che lo quotano non sono ancora a conoscenza delle tendenze della domanda e dell'offerta ed essi, pertanto, si basano sul prezzo di chiusura del giorno precedente o su notizie o provvedimenti governativi di cui sono venuti a conoscenza nel periodo intercorso tra la chiusura delle contrattazioni il giorno precedente e l'apertura delle stesse il mattino successivo. Se gli operatori considerano buone le notizie ricevute, possono prevedere un aumento della domanda e, pertanto, quotano un corso di apertura superiore a quello di chiusura del giorno precedente. Se, viceversa, reputano cattive le notizie ricevute, possono prevedere un aumento dell'offerta e, pertanto, quotano un prezzo più basso di quello di chiusura del giorno precedente. Quando non intervengono fattori di rilievo tra la chiusura e la successiva riapertura, il prezzo di apertura tende ad essere simile a quello di chiusura del giorno precedente. Alla borsa valori di Londra, il corso di apertura corrisponde al prezzo quotato alle nove e trenta del mattino per titoli industriali, commerciali, ecc., e a quello quotato alle dieci del mattino per i titoli di stato. (v. anche *London Stock Exchange, closing price*)

opening quotation: ***quotazione di apertura.*** Espressione usata con lo stesso significato di prezzo di apertura. Per la relativa spiegazione, v. *opening price.*

opening rate: ***corso di apertura; cambio di apertura.*** Lo stesso di *opening price* (v.), ma usato in relazione a cambi esteri.

opening sale: ***vendita in apertura.*** In un mercato mobiliare, è la prima vendita di ciascun titolo che ha luogo all'inizio della giornata di contrattazioni.

opening stock: ***giacenza iniziale; scorta iniziale.*** Nella contabilità di magazzino, è la quantità di giacenze all'apertura di un determinato periodo contabile. Le giacenze iniziali relative ad un periodo generalmente coincidono con le giacenze finali relative al precedente periodo contabile. (v. anche *closing stock*)

opening time: ***orario di apertura.*** Orario in cui un negozio o un ufficio inizia l'attività quotidiana.

open insurance: ***assicurazione aperta.*** È il tipo di assicurazione rappresentato da una *open policy* (v.).

open interest: ***esposizione in beni; posizione aperta.*** Espressione usata nel linguaggio delle borse per indicare la quantità di beni necessaria in un qualsiasi dato momento ad un operatore per soddisfare i contratti a termine rispetto ai quali egli è esposto.

open international trading system: ***sistema commerciale internazionale aperto.*** Un sistema commerciale nel quale i paesi che vi partecipano si sono accordati di ridurre al minimo i dazi di importazione e altri tipi di barriere e al quale possono aderire tutti i paesi che lo desiderano.

open letter of credit: ***lettera di credito aperta.*** Una lettera di credito che non prevede particolari condizioni da soddisfare perché divenga operativa. Può, pertanto, essere ad esempio una lettera di credito che non richiede la presentazione di alcun documento particolare insieme alla tratta emessa per il prelievo dell'ammontare indicato nella lettera di credito. (v. anche *letter of credit, ordinary letter of credit*)

open licence: ***licenza d'importazione aperta.*** Termine usato come sinonimo di *open general licence* (v.).

open line: ***linea di credito in bianco; linea di credito allo scoperto.*** Nel linguaggio bancario, l'espressione viene usata come sinonimo di credito in bianco o credito allo scoperto. Per la relativa spiegazione, v. *open credit.*

open listing: ***incarico di vendita aperto; incarico di vendita non esclusivo.*** Contratto tra il proprietario di un bene immobile e un mediatore, in base al quale la commissione sulla vendita del bene spetterà soltanto e interamente a colui che porterà la vendita a buon fine. (v. anche *exclusive agency listing, exclusive–right–to–sell listing, listing, multiple listing*)

open market: ***mercato aperto.*** Un mercato nel quale le contrattazioni non sono riservate soltanto ad un gruppo di operatori specializzati, ma sono estese a chiunque voglia accedervi allo scopo di comprare o vendere. Ne consegue che un prezzo su un mercato aperto viene determinato dal libero gioco delle forze della domanda e dell'offerta. Il termine viene usato anche in un significato alquanto più specialistico in relazione alla compravendita di valori mobiliari, quando questa ha luogo al di fuori del mercato specializzato rappresentato dalla borsa valori. (v. anche *open–market operations*) In un'altra accezione, il termine indica un mercato, nazionale o internazionale, nel quale possono vendere e comprare tutti coloro che lo desiderano, in quanto le contrattazioni sono libere e gli scambi non sono soggetti ad alcuna forma di discriminazione o di restrizione doganale o di altra natura.

Open Market Committee: ***Comitato per le operazioni di mercato aperto.*** Termine usato con lo stesso significato di *Federal Open Market Committee* (v.).

open–market operations: ***operazioni di mercato aperto.*** È uno degli strumenti di politica monetaria di cui dispone una banca centrale per aumentare o diminuire l'offerta di moneta all'interno dell'economia. Quando la banca centrale intende aumentare la circolazione monetaria, essa acquista titoli di stato dal mercato monetario; quando, invece, intende ridurla, essa vende titoli di stato sul mercato aperto. Nel caso in cui la banca centrale vende, la vendita avrà l'effetto di far scendere il prezzo dei titoli di stato con conseguente aumento della redditività degli stessi che, pertanto, possono diventare più interessanti per i risparmiatori che li acquistano. Per pagare questi acquisti, i risparmiatori prelevano i fondi dai loro depositi bancari e le banche vedono così diminuire il rapporto tra depositi e disponibilità liquide, cioè il rapporto della riserva bancaria, il che comporta una riduzione dei crediti al fine di ristabilire l'equilibrio. Quando, invece, la banca centrale acquista titoli di stato dal mercato aperto, la loro quotazione sale e di conseguenza diminuisce la loro redditività, per cui può diventare conveniente per i risparmiatori vendere e depositare il ricavato in banca. Le banche, così, vedono aumentare le loro disponibilità liquide con conseguente aumento del rapporto della riserva bancaria, il che consente un ampliamento del credito. Le operazioni di mercato aperto hanno anche la funzione, quindi, di influenzare il tasso di interesse prevalente sul mercato per i depositi e per i prestiti bancari. A tale scopo, la Banca d'Inghilterra effettua vendite e acquisti sul mercato libero molto frequentemente, anche per compensare gli effetti deleteri causati dai cosiddetti capitali vaganti. Nel Regno Unito, le operazioni di mercato aperto vengono svolte per conto della Banca d'Inghilterra dal cosiddetto *special buyer* (v.), un'azienda di intermediari di sconto, quando vengono comprati o venduti buoni del tesoro; dal cosiddetto *government broker* (v.), quando invece vengono venduti o comprati i titoli di stato denominati *gilt-edged securities* (v.). Negli Stati Uniti, le operazioni di mercato aperto vengono condotte dalla *Federal Reserve Bank* di New York per conto del Sistema della Riserva Federale. (v. anche *bank reserve, cash ratio, monetary control, hot money 1, open market*)

open-market paper: ***carta di mercato aperto.*** Nel linguaggio finanziario statunitense, questa espressione indica cambiali o pagherò emessi in favore di se stessi da soggetti che godono di grande credito e girati in bianco, in modo da renderli negoziabili. Questi titoli di credito vengono poi venduti a istituzioni finanziarie diverse dalle banche, da cui il nome col quale vengono indicati. Ricorrono all'emissione di tali titoli di credito le imprese o i privati che, invece di chiedere prestiti direttamente alle banche, preferiscono ricorrere al mercato aperto sul quale vendono questi titoli che non prevedono interessi e pertanto vengono «scontati», cioè all'atto della vendita l'emittente riceve il valore facciale del titolo, meno la percentuale di interesse anticipato chiamata sconto. (v. anche *discount 1*)

open-market policy: ***politica di mercato aperto.*** La politica monetaria di una banca centrale, quando essa fa ricorso alle operazioni di mercato aperto al fine di espandere o contrarre il volume del credito concesso dalle banche. (v. anche *open-market operations*)

open-market purchases: ***acquisti sul mercato aperto.*** Gli acquisti di titoli di stato sul mercato aperto, da parte della banca centrale di un paese, di cui si parla sotto *open-market operations* (v.).

open-market rate: ***tasso di sconto sul mercato aperto.*** È il tasso di interesse o di sconto praticato sulla vendita di carta commerciale sul mercato aperto. (v. anche *commercial paper, open market*)

open-market sales: ***vendite sul mercato aperto.*** Le vendite di titoli di stato sul mercato aperto, da parte della banca centrale di un paese, di cui si parla sotto *open-market operations* (v.).

open-market value: ***valore di mercato aperto.*** Lo stesso che *market value* (v.).

open mint: ***coniazione libera.*** Lo stesso che *free coinage* (v.).

open mortgage: ***ipoteca aperta.*** Termine usato come sinonimo di *open-end mortgage* (v.).

open mortgage clause: ***clausola dell'ipoteca.*** Lo stesso che *mortgage clause* (v.).

open order: **1.** ***ordine aperto.*** Nel linguaggio borsistico, indica un ordine a revoca, e pertanto non limitato nel tempo e quindi aperto in tale senso, per l'acquisto o la vendita di titoli presso una borsa valori ad un prezzo stabilito. Pur se è concessa una leggera tolleranza sul massimo o minimo indicati, l'ordine non può considerarsi aperto rispetto al prezzo e, pertanto, sotto questo profilo rientra tra gli ordini con limite di prezzo. **2.** ***ordinativo arretrato.*** Nel linguaggio commerciale, il termine inglese è usato con lo stesso significato di *back order* (v.).

open outcry: ***operazione alle grida.*** Metodo di contrattazione adottato in molte borse valori e merci, che impone che ogni offerta o richiesta venga gridata per essere registrata. (v. anche *outcry market*)

open policy: **1.** ***polizza di abbonamento; polizza aperta; polizza a scalare; polizza a sostanziare; polizza a sostanziamento.*** Nelle assicurazioni marittime, è la polizza nella quale non viene precisato il valore dell'oggetto assicurato, che sarà accertato e stabilito soltanto in caso di sinistro o in un momento successivo al rilascio della polizza. In questo secondo caso, qualora ci si accorga che il valore dell'oggetto è superiore alla somma assicurata in polizza, si può procedere ad adeguamento tramite l'emissione di una polizza supplementare. Se, al contrario, il valore dell'oggetto fosse trovato inferiore alla somma assicurata, vi sarebbe un'eccedenza di assicurazione, che può essere recuperata dall'assicurato sotto forma di rimborso parziale del premio a seguito di sua tempestiva dichiarazione. Le polizze di abbonamento sono di solito emesse in relazione a merci trasportate via mare e la descrizione delle stesse nella polizza di assicurazione deve coincidere con la descrizione contenuta nella relativa polizza di carico. **2.** ***polizza flottante.*** Il termine inglese viene sempre più usato come sinonimo di *floating policy* a causa delle caratteristiche simili dei due tipi di polizza. Per la relativa spiegazione, v. *floating policy 1.*

open position: ***posizione aperta; posizione non pareggiata.*** Nel linguaggio delle borse, è l'insieme di contratti a termine aperti in un qualsiasi momento, che non sono stati ancora pareggiati o chiusi da un'operazione uguale e contraria. In altri termini, a fronte di questi contratti non ci sono ancora stati né acquisti, né vendite, né consegna o ritiro dei beni oggetto dei contratti.

open price: ***prezzo aperto.*** Un prezzo non stabilito in via definitiva alla stipula di un contratto, bensì soggetto a variazioni legate alle condizioni del mercato e all'andamento dell'inflazione. (v. anche *cost-plus contract*)

open price agreement: ***accordo per la formazione del prezzo dichiarato.*** Accordo in base al quale le imprese operanti in un'industria si scambiano informazioni dettagliate sui prezzi dei loro prodotti e sulle variazioni che intendono eventualmente apportare a tali prezzi, con l'intento di unificare i prezzi dei prodotti a vantaggio delle imprese e a detrimento dei consumatori. Fa parte delle pratiche restrittive colpite dalla legge sia nel Regno Unito che negli Stati Uniti. (v. anche *Restrictive Trade Practices Act, anti-trust laws*)

open price association: ***associazione di prezzo dichiarato.*** È un'associazione tra produttori, che si interessa di raccogliere e far circolare tra i propri membri notizie e dati relativi alla formazione di un prezzo uniforme e alla quantità di beni prodotti dalle imprese che aderiscono all'associazione. (v. anche *open price agreement, open price filing*)

open price filing: Negli Stati Uniti, si indica con questa espressione l'inoltro di dati relativi alla produzione e al prezzo da parte delle imprese che fanno parte di un'associazione creata allo scopo di raccogliere e far circolare tra i propri membri questo genere di informazioni, in previsione della determinazione di un prezzo di vendita uniforme. (v. anche *open price agreement, open price association*)

open price system: ***sistema del prezzo dichiarato.*** È il sistema che prevede lo sforzo congiunto di parte o di tutte le imprese operanti in un determinato settore industriale per scambiarsi informazioni sui loro prezzi passati, presenti e futuri e sulle quantità prodotte, in modo di tentare di uniformare i loro prezzi di vendita. Le informazioni possono essere scambiate direttamente tra le imprese, ma più spesso vengono raccolte e fatte circolare da un'associazione creata con questo scopo precipuo. (v. anche *open price agreement, open price association, open pricing*)

open price term: ***condizione del prezzo aperto.*** Nel linguaggio giuridico–commerciale statunitense, è così detta una condizione presente in un contratto in base alla quale non viene definito il prezzo del bene oggetto di compravendita, che sarà stabilito alla consegna, pur se dovrà essere contenuto entro limiti ragionevoli.

open pricing: ***sistema del prezzo dichiarato; formazione del prezzo dichiarato.*** Tipo di pratica collusiva osteggiata sia nel Regno Unito che negli Stati Uniti. Consiste nel tentativo, da parte delle imprese operanti in un dato settore industriale, di formare un prezzo uniforme di vendita attraverso la circolazione tra loro di informazioni relative alle quantità prodotte e ai prezzi. La formazione di un prezzo uniforme può anche avvenire a seguito della fissazione del prezzo da parte dell'impresa più forte, cui si adeguano le altre imprese dell'industria. (v. anche *open price agreement, open price association, open price system, price*)

open rate: 1. ***rata di nolo libero; tariffa libera.*** È la rata di nolo applicata da una nave dell'armamento libero, cioè il cui armatore non ha sottoscritto l'accordo stabilito in una conferenza sui noli per l'applicazione di tariffe standardizzate per tutti i caricatori (v. anche *conference lines, conference rate, conference ship, freight rate*). **2.** ***tasso di sconto sul mercato aperto.*** Termine usato come sinonimo di *open–market rate* (v.).

open safe–custody account: ***deposito aperto; titoli a dossier; deposito a dossier; deposito in amministrazione.*** È il deposito di beni, specialmente valori mobiliari, presso una banca cui si dà l'incarico non soltanto di custodirli, ma anche di amministrarli, controllando i sorteggi per il rimborso o per l'attribuzione di premi, incassando dividendi e interessi e provvedendo ad esercitare tutti i diritti inerenti ai titoli stessi.

open shop: Espressione con la quale si indica una fabbrica o un'impresa che assume lavoratori indipendentemente dalla loro appartenenza o meno ad un qualsiasi sindacato. (v. anche *closed shop*)

open stock: ***partita aperta.*** È una partita di merce costituita da pezzi singoli, tenuti a disposizione per essere venduti come sostituti o ricambi di pezzi distrutti o smarriti di un servizio, ad esempio di tazze o di posate, o di un prodotto che presuppone la necessità di ricambi, come ad esempio un'automobile. (v. anche *closed stock*)

open swap: ***operazione di scambio aperta.*** Un'operazione di scambio il cui rischio non è coperto da un'operazione di scambio di compensazione. In genere, le banche tendono a coprire il rischio appena possibile, ma se non se ne presenta l'occasione, esse affrontano il rischio in prima persona, pur se in questo caso richiedono qualche forma di garanzia collaterale o di copertura di diversa natura. (v. anche *swap 2, offsetting swap*)

open system: ***sistema di economia aperta; sistema aperto; sistema economico aperto.*** Il sistema economico di un paese, considerato in relazione ai sistemi economici di altri paesi. In questo sistema, che è quello nel quale oggi si trovano tutti i paesi del mondo, gli eventi economici che si verificano in un paese influiscono sugli eventi economici che si verificano in un altro paese, e viceversa. Ciò spiega vari fenomeni, tra i quali quello dell'inflazione indotta. (v. anche *open economy, closed system*)

to open the books: ***aprire i libri.*** Espressione che in contabilità viene usata con due differenti sfumature di significato: a) iniziare le registrazioni contabili di una nuova impresa o di un'impresa ristrutturata, oppure iniziare le registrazioni dopo l'adozione di un nuovo sistema di contabilità; b) iniziare le registrazioni relative ad un nuovo periodo contabile, dopo che sono stati chiusi i conti relativi al precedente periodo, tramite una registrazione di apertura o riportando a nuovo i saldi dei conti relativi al precedente periodo contabile. (v. anche *opening entry*)

open to buy: ***disponibile per gli acquisti.*** Nel commercio al dettaglio, questa espressione viene usata per indicare una somma di denaro a disposizione di un dettagliante per l'acquisto di merci da stoccare nel suo negozio.

open–to–buy report: ***relazione sulle disponibilità per gli acquisti.*** Nel commercio al dettaglio, è un rendiconto che evidenzia le relazioni esistenti o previste tra merci stoccate e vendite, al fine di determinare le somme che il commerciante ha a disposizione per l'acquisto di nuove partite di merci da stoccare nel suo negozio.

open trade: 1. ***speculazione aperta.*** Nel linguaggio delle borse valori e merci statunitensi, è una speculazione in titoli o derrate iniziata ma non ancora completata, come ad esempio una vendita allo scoperto, in relazione alla quale non si è ancora provveduto ad acquistare i titoli o le derrate da consegnare o ad intraprendere alcuna altra iniziativa. (v. anche *closed trade*) **2.** ***libero scambio; scambio aperto; commercio aperto.*** Lo stesso che *free trade* (v.).

open trading system: ***sistema commerciale aperto.*** Lo stesso che *open international trading system* (v.).

open union: ***sindacato aperto.*** Sindacato di lavoratori che non tende a limitare il numero dei propri iscritti attraverso discriminazioni basate sul sesso o sulla razza dei lavoratori o attraverso condizioni di ammissione particolarmente gravose o artificialmente difficili, come ad esempio alti contributi o complessi esami di ammissione. Un sindacato del genere accetta l'iscrizione di qualsiasi lavoratore, tranne il caso in cui si tratti di un sindacato di categoria, che accetta qualsiasi lavoratore purché appartenente a quella determinata categoria. (v. anche *closed union*)

operating: ***operativo; di gestione.*** Pertinente ad un qualsiasi tipo usuale di attività in cui è impegnata un'organizzazione industriale o commerciale. (v. anche *operational*)

operating accounts: ***conti operativi; conti di costi e ricavi; conti accesi a componenti di reddito.*** Espressione generica, usata in contabilità industriale per indicare un qualsiasi conto nel quale vengono registrati accrescimenti o diminuzioni di componenti del reddito dell'impresa, derivanti dall'attività operativa di quest'ultima.

operating assets: ***attività operative.*** Sono tutte quelle attività che contribuiscono direttamente alla produzione del reddito regolare proveniente dalla normale operazione di un'impresa. Tra queste rientrano: gli impianti produttivi, gli immobili utilizzati dall'impresa, gli autoveicoli, ecc. (v. anche *non–operating assets*)

operating assets turnover: ***indice delle attività operative; tasso delle attività operative.*** Il rapporto tra il valore delle attività operative tangibili medie e il valore del fatturato di un'impresa. (v. anche *operating assets*)

operating budget: ***budget operativo; budget dei costi e dei ricavi.*** È il budget che copre i costi e i ricavi direttamente connessi all'attività in cui è impegnata un'organizzazione industriale o commerciale. L'espressione è usata come opposto di budget degli investimenti. (v. anche *capital budget 1, budget*)

operating capability: ***capacità operativa.*** La quantità di beni e servizi che un'impresa è in grado di produrre mediante l'utilizzazione delle sue risorse in un arco di tempo determinato.

operating company: ***società operativa.*** Una società che svolge una reale attività produttiva o commerciale e intrattiene rapporti di scambio con terzi. (v. anche *non-operating company*)

operating cost ratio: ***indice dei costi di esercizio.*** Termine di uso statunitense, con il quale si indicano i costi di esercizio espressi in rapporto al valore del fatturato netto.

operating costs: ***spese di gestione; costi di esercizio; spese di esercizio.*** Espressione generica, con la quale si indica qualsiasi costo o spesa sostenuti nello svolgimento della normale attività principale di un'impresa, escluse le spese non operative. Le spese di esercizio comprendono le spese di gestione propriamente dette, le spese di revisione dei conti, di consulenza legale, di cancelleria e stampa, le imposte, gli stipendi del personale, le spese di distribuzione e di pubblicità, i costi finanziari, ecc. Sottraendo le spese di esercizio dall'utile lordo, si ottiene il reddito netto. (v. anche *non-operating expense, operational cost*)

operating cycle: ***ciclo operativo.*** Il tempo che intercorre tra l'acquisto di materie prime, componenti o prodotti finiti e la loro conversione in moneta. Il ciclo operativo ha una durata che varia da impresa a impresa, a seconda dell'attività in cui essa opera, e sarà generalmente più lungo per un'impresa industriale e più breve per un'impresa commerciale. Anche tra imprese industriali il ciclo operativo è di diversa lunghezza, a seconda del tipo di bene che l'impresa produce. Sarà relativamente breve per un'impresa che produce generi alimentari; sarà molto più lungo per quelle imprese che producono beni strumentali o che sono impegnate in opere di costruzione. Tra le imprese commerciali il ciclo operativo è più o meno di uguale lunghezza, ove si escludano le imprese che effettuano vendite a rate, il cui ciclo operativo può estendersi nell'arco di molti mesi e, a volte, può interessare anche più di un singolo anno finanziario.

operating expenses: ***spese di gestione; costi di esercizio; spese di esercizio.*** Termine usato con lo stesso significato di *operating costs* (v.).

operating gearing: ***fattore di distribuzione dei costi fissi.*** Lo stesso che *operating leverage* (v.).

operating holding company: ***società finanziaria operativa; società madre; casa madre.*** È una società finanziaria che oltre a controllare e gestire altre società svolge anche un'attività produttiva o commerciale. (v. anche *pure holding company*)

operating income: ***utile di gestione; profitto di gestione; reddito operativo; utile di esercizio.*** Termine usato con lo stesso significato di *operating profit* (v.).

operating lease: ***leasing operativo.*** V. spiegazione sotto *leasing agreement.*

operating ledger: ***mastro dei conti operativi.*** È un mastro che contiene soltanto conti operativi, cioè quelli relativi a costi e ricavi derivanti direttamente ed esclusivamente dall'attività operativa dell'impresa. (v. anche *operating accounts*)

operating leverage: ***fattore di distribuzione dei costi fissi.*** La tendenza dell'utile di esercizio a variare in maniera non proporzionale al variare del fatturato dell'impresa, conseguente ad un aumento della produzione o delle vendite. Tale differenza tra utile netto d'esercizio e fatturato aumenta con l'aumentare del rapporto tra costi fissi e costi complessivi, dal momento che le variazioni di fatturato a quel punto producono variazioni molto più ampie nell'utile netto d'esercizio, in quanto i costi fissi vengono ripartiti su un numero più alto di prodotti venduti.

operating loss: ***perdita operativa; perdita di gestione; perdita di esercizio.*** La perdita che deriva direttamente dalle operazioni di un'impresa, nel campo che costituisce la sua normale attività. (v. anche *non-operating loss*)

operating performance: ***rendimento operativo; efficienza operativa.*** Il livello di abilità dimostrata e il grado di successo realizzato nella gestione di una qualsiasi attività. La misura qualitativa del rendimento operativo è rappresentata da una funzione particolare del controllo interno, che inizialmente era rivolto soltanto all'accuratezza delle registrazioni di eventi contabili, ma in seguito si è ampliato fino a comprendere la verifica dell'applicazione e degli effetti delle politiche gestionali.

operating-performance income statement: ***conto profitti e perdite di gestione; conto profitti e perdite operativo.*** È il conto profitti e perdite nel quale si tiene conto soltanto dei risultati derivanti dallo svolgimento delle operazioni dell'impresa nel suo campo specifico di attività. Restano, pertanto, escluse da questo conto tutte quelle operazioni che non hanno relazione diretta con l'attività principale o esclusiva dell'impresa, quali potrebbero essere le vendite di attività a suo tempo acquistate senza lo scopo di rivenderle, perdite non ricorrenti derivanti da eventi contro i quali normalmente non ci si assicura, l'eliminazione di attività immateriali quali ad esempio brevetti scaduti, e simili. (v. anche *profit and loss account, operating results*)

operating policy: ***politica operativa; politica di gestione.*** È la politica fissata dalla direzione di un'impresa, cui si devono conformare le singole attività dei vari reparti.

operating procedures: ***procedure operative.*** Procedure interne emanate dalla direzione allo scopo di dare uniformità alle operazioni dei diversi reparti o dei diversi lavoratori di un'impresa. Le procedure operative variano da impresa a impresa e la loro efficacia contribuisce all'efficienza operativa di ciascuna impresa. (v. anche *operating policy, operating performance*)

operating profit: ***utile di gestione; profitto di gestione; reddito operativo; utile di esercizio; utile operativo.*** L'utile che deriva dalle operazioni di un'impresa nel campo che costituisce la sua normale attività. Corrisponde alla differenza tra i ricavi operativi e i costi operativi e non comprende il reddito non operativo. (v. anche *operating costs, operating revenue, non-operating income*)

operating rate: ***indice operativo.*** Il rapporto tra produzione effettiva e produzione massima possibile. Quest'ultima è difficilmente realizzabile, a meno che si prescinda da fattori quali l'assenteismo, l'avvicendamento della manodopera, il tempo per le riparazioni di impianti che si sono guastati ed altre interruzioni inevitabili del processo produttivo.

operating ratio: ***rapporto di gestione; rapporto operativo.*** Un qualsiasi indice ricavato ponendo a confronto elementi diversi di un bilancio, di solito utilizzato per determinare il grado di solvibilità di un'impresa. La stessa espressione viene usata per indicare il diverso grado di efficienza di un'impresa nel tempo e può riferirsi ad un indice di utilizzazione della capacità produttiva, ad un rapporto tra vendite e scorte, ecc. Uno dei rapporti operativi più usati ai fini della determinazione del grado di solvibilità di un'impresa e dell'ammontare di credito che le si può concedere è il rapporto di liquidità. Un altro rapporto operativo usato allo stesso scopo è il quoziente di liquidità. (v. anche *acid–test ratio, current ratio*)

operating report: ***relazione operativa.*** Una qualsiasi relazione interna, il cui fine è quello di evidenziare costi preventivati, costi effettivi, costi standard, e simili.

operating reserve: 1. ***riserva operativa; fondo svalutazione.*** Una riserva creata attraverso una o più imputazioni alle attività operative e dedotta in bilancio dalla relativa attività. Serve per fronteggiare spese che non possono essere previste o identificate in anticipo. **2.** ***conto rateizzazioni.*** Il termine inglese è spesso usato come sinonimo di *equalization reserve* (v.).

operating results: ***risultati operativi; risultati di gestione; risultati di esercizio.*** Espressione generica, usata per indicare sia profitti che perdite, derivanti dallo svolgimento delle operazioni connesse all'attività principale nella quale è impegnata un'impresa. Il termine, pertanto, può corrispondere, come significato, tanto a utile netto d'esercizio, quanto a perdita netta d'esercizio. In un senso più ottimistico, il termine viene usato come sinonimo di utile di gestione. (v. anche *net income, net loss, operating profit*)

operating revenue: ***ricavo operativo; ricavo di gestione; ricavo di esercizio.*** Il termine inglese indica: a) per le imprese commerciali o produttrici di beni, il fatturato lordo, meno le rese, gli abbuoni e gli sconti, cui si va ad aggiungere il ricavo lordo derivante da qualsiasi altra fonte di reddito regolare, quale potrebbe essere l'interesse su titoli, ecc.; b) per le imprese produttrici di servizi, il ricavo netto derivante dalla vendita dei servizi prodotti.

operating statement: ***conto economico operativo; conto profitti e perdite operativo.*** Lo stesso che *operating–performance income statement* (v.).

operating surplus: ***eccedenza di esercizio.*** L'eccedenza di attività trasferita al conto utili non distribuiti al termine di un esercizio.

operating time: ***tempo operativo.*** Il tempo in cui un impianto produttivo o una singola macchina effettivamente svolgono la funzione cui sono destinati.

operation: ***operazione.*** Una qualsiasi azione precedentemente programmata e soggetta a procedure operative. In particolare, il termine indica l'esecuzione di un lavoro programmato, come ad esempio una singola operazione o un insieme limitato di operazioni semplici nel processo produttivo. Usato al plurale, il termine indica le attività di un'impresa, escluse quelle relative al suo finanziamento e quelle di carattere straordinario o non ripetitivo. (v. anche *operating procedures*)

operational: ***operativo.*** Pertinente ad una qualsiasi operazione, nel senso in cui quest'ultima è descritta sotto il lemma *operation* (v.). Lo stesso termine inglese viene usato per indicare qualcosa su cui si può intervenire o che si può eseguire come un'operazione. (v. anche *operating, operational cost*)

operational audit: ***revisione operativa.*** L'analisi critica delle procedure e della struttura organizzativa di un'impresa o di un suo reparto, onde accertare la loro effettiva funzionalità ovvero la possibilità di variazioni tendenti a migliorare il rendimento del reparto o dell'impresa.

operational balances: ***saldi operativi.*** Saldi, generalmente infruttiferi, tenuti dalle banche, membri della stanza di compensazione, presso la banca centrale allo scopo di compensare crediti e debiti interbancari.

operational cost: ***costo operativo.*** È il costo che si deve sostenere nello svolgimento di un'operazione. Il termine inglese differisce da *operating costs* (v.), perché mentre quest'ultimo si riferisce al costo non di una singola operazione ma di tutte le operazioni di un'impresa che ne costituiscono la gestione, il termine *operational cost* si riferisce al costo di una singola operazione o comunque sostenuto in relazione ad una singola operazione. (v. anche *operational, operation*)

operational economics: ***economia operativa.*** Analisi e conclusioni praticabili da un punto di vista amministrativo e possibili da un punto di vista di politica aziendale.

operational game: ***gioco operativo.*** La simulazione della programmazione delle operazioni e del processo decisionale relativo, entro i limiti di un modello rappresentativo della situazione reale in cui potrebbe operare un'impresa.

operational process chart: ***schema di processo operativo.*** Rappresentazione grafica sulla quale vengono indicati i punti ai quali si introducono i materiali in un processo produttivo e le operazioni e i controlli che deve svolgere l'operatore. Il tutto viene esposto in forma schematica, senza dettagli relativi alla movimentazione dei materiali o alle funzioni particolari dell'operatore.

operational research: ***ricerca operativa; ingegneria della gestione.*** Lo studio e la valutazione di tutti i problemi relativi all'utilizzazione di risorse scarse, al fine di trovare la migliore soluzione possibile ai problemi aziendali. La ricerca operativa si sviluppò durante il secondo conflitto mondiale, quando sorsero problemi relativi all'uso ottimale di mezzi e uomini relativamente scarsi e fu poi applicata all'industria. Essa ricorre alla collaborazione dell'economista, del contabile, dello psicologo, del matematico, del fisico, del biologo e di altri scienziati e fa principalmente uso di tecniche e modelli logici e matematici in presenza di problemi di scelta, tra i quali si intende individuare il miglior corso di azione possibile. Tra questi problemi potrebbero esserci quello di allocare il capitale disponibile tra i vari reparti di un grande magazzino con l'obiettivo di massimizzare i profitti o quello di come utilizzare meglio uomini e impianti in un'industria produttiva, con l'obiettivo di realizzare la massima produzione e il minor tempo d'ozio possibili, ecc. La procedura seguita nella ricerca operativa è generalmente quella di esprimere il problema in forma di equazione matematica, la cui soluzione indica l'efficacia di un determinato insieme di condizioni e decisioni relative. Ciò di solito implica calcoli molto lunghi e complessi, che richiedono l'utilizzazione di elaboratori elettronici. (v. anche *operational research techniques*)

operational research techniques: ***tecniche di ricerca operativa.*** Sono le varie tecniche di cui si fa uso nella ricerca operativa al fine di giungere alla soluzione dei problemi ad essa relativi. Tra queste tecniche rientrano la programmazione lineare, l'analisi del sentiero critico, l'analisi delle scorte, il calcolo del flusso monetario scontato, il calcolo delle probabilità, la teoria delle code di attesa, e altre. (v. anche *linear programming, critical path analysis, discounted cash flow, queueing theory*)

operation card: ***cartellino operativo; scheda operativa.*** Lo stesso che *job card* (v.).

operation job card: ***cartellino di commessa; scheda di commessa; foglio di commessa.*** Termine usato con lo stesso significato di *job card* (v.).

operation nudge: ***spinta operativa.*** Termine usato con lo stesso significato di *operation twist* (v.).

operations analysis: ***analisi operativa.*** Lo stesso che *operational research* (v.).

operations plan: ***piano operativo.*** È uno dei piani aziendali e precisamente quello che stabilisce i compiti di ciascun reparto o ciascuna suddivisione dell'impresa, gli obiettivi di medio termine e quelli relativi all'anno seguente, con i necessari bilanci di previsione. Potrebbe riguardare, ad esempio, gli obiettivi di vendita e di profitto, i piani di marketing annuali relativi a ciascuno dei prodotti principali dell'impresa, le spese di capitale o il bilancio preventivo quinquennale.

operations research: ***ricerca operativa; ingegneria della gestione.*** Termine usato negli Stati Uniti con lo stesso significato di *operational research* (v.).

operation twist: ***giro operativo.*** Il tentativo, operato dal ministero del tesoro statunitense e dal Sistema della Riserva Federale nel 1961, di far aumentare il tasso di interesse a breve termine, al fine di riconciliare gli obiettivi nazionali e internazionali. In pratica, si tentò di aumentare il tasso di interesse a breve allo scopo di frenare la fuga di capitali speculativi verso l'estero e allo stesso tempo si tentò di mantenere basso il tasso di interesse a lungo termine allo scopo di favorire l'espansione degli investimenti in beni capitali.

operative: ***operaio meccanico.*** Termine usato con lo stesso significato di *factory hand* (v.).

operative leasing: ***leasing operativo.*** V. spiegazione sotto *leasing agreement*.

operator: ***operatore.*** Termine generico, usato per indicare: a) chi è preposto all'uso o al controllo di una macchina o altra apparecchiatura, quali potrebbero essere un computer, un centralino telefonico, una trasmittente radio e simili; b) chi tratta titoli in una borsa valori o beni in una borsa merci; c) un operatore di borsa che tratta azioni di rischio e, pertanto, uno speculatore.

OPIC: Overseas Private Investment Corporation.

opinion: ***parere; opinione.*** Parte della relazione di un revisore dei conti, nella quale egli esprime il proprio parere in relazione all'esattezza della situazione finanziaria e dei risultati operativi esposti nel bilancio e in relazione all'aderenza ai principi di contabilità del metodo seguito nella rappresentazione contabile delle operazioni dell'impresa.

opinion book: ***registro delle opinioni.*** In passato era un registro nel quale le banche inglesi trascrivevano le opinioni date ad altre banche sulla situazione di un loro cliente o ricevute da altre banche su loro clienti a seguito di richieste di informazioni. Oggi, è stato sostituito da schede intestate ai vari clienti e archiviate in ordine alfabetico o registrate su nastro magnetico.

opinion former: ***formatore di opinione.*** Lo stesso che *opinion leader* (v.).

opinion leader: ***formatore di opinione.*** Nelle ricerche di mercato, è una persona che contribuisce, col proprio prestigio e con la propria influenza, alla diffusione di un prodotto, di un gusto, di una moda, ecc. nell'intera società o all'interno di un determinato gruppo sociale.

opinion maker: ***formatore di opinione.*** Lo stesso che *opinion leader* (v.).

opinion poll: ***sondaggio di opinione.*** Lo stesso che *public–opinion survey* (v.), pur se c'è chi fa distinzione tra *public opinion poll*, commissionato da un mezzo di comunicazione di massa, e *private opinion poll*, commissionato da un privato, come ad esempio un candidato a un'elezione politica.

opinion research: ***ricerca di opinione.*** Termine usato con lo stesso significato di *market research* (v.).

opportunity cost: ***costo di sostituzione; costo–opportunità; costo di opportunità.*** Il costo di un bene o di un fattore della produzione misurato in termini di utilità che si sarebbe potuta ricavare se esso fosse stato destinato ad altro uso. Quando un bene o un fattore della produzione può essere utilizzato in più impieghi alternativi, il suo uso in un impiego implica la rinuncia all'utilità che si sarebbe potuta ricavare se esso fosse stato destinato ad altro uso. Secondo tale teoria, questa rinuncia o sacrificio rappresenterebbe il costo di quel bene o fattore. Ad esempio, se si decide di edificare una scuola in un determinato luogo, il costo della scuola è rappresentato dall'uso diverso che si sarebbe potuto fare del terreno su cui essa viene costruita e delle risorse necessarie per costruirla. Quest'uso alternativo poteva prevedere la costruzione di un ospedale o di un edificio per uffici o altro e, pertanto, il costo della scuola è rappresentato dall'ospedale o dall'edificio per uffici non costruiti. In una società economicamente ordinata secondo i criteri della concorrenza perfetta, i prezzi dei beni e servizi rifletterebbero i costi di opportunità, perché colui che possiede le risorse non sarebbe disposto a cederle ad una remunerazione inferiore a quella che potrebbe ricavare da un uso alternativo e colui che usa le risorse non sarebbe disposto a pagarle più di quanto sia necessario al fine di attirarle verso l'uso cui egli intende destinarle. Nella vita reale, però, il prezzo dei beni e servizi non sempre riflette il costo di opportunità, a causa dell'imperfetta conoscenza del mercato, delle barriere naturali o artificiali che si frappongono al libero movimento delle risorse, delle pratiche discriminanti da parte di singoli individui o di stati, ecc. Tuttavia, i propugnatori della teoria sostengono che tutta la politica economica dovrebbe essere basata sui costi–oppurtunità.

opportunity line: ***linea di consumo; linea delle possibilità di consumo; linea del bilancio; linea di trasformazione.*** Termine usato con lo stesso significato di *budget line* (v.).

opposed bid: ***offerta di acquisto contrastata.*** Lo stesso che *contested take–over bid* (v.).

optimal: ***ottimale.*** Aggettivo spesso usato nel linguaggio economico con lo stesso significato di *optimum* (v.).

optimal capacity: ***capacità ottimale.*** Il livello di produzione che corrisponde al minimo livello di costi totali di breve periodo di un'impresa, in un qualsiasi dato momento. In questo significato, il termine non implica il concetto di produzione massima.

optimal distribution: ***distribuzione ottimale.*** La migliore o la più auspicabile distribuzione del reddito o della ricchezza tra coloro che costituiscono una comunità.

optimal resource allocation: ***allocazione ottimale delle risorse.*** Si dice che in un'economia c'è un'allocazione ottimale delle risorse quando, essendo esse scarse, sono ripartite tra i beni e servizi prodotti dall'economia in modo tale che non sarebbe possibile riallocarle senza danneggiare qualcuno. Se, viceversa, è possibile procedere ad una riallocazione con vantaggio di tutti, ciò significa che la precedente allocazione delle risorse non era ottimale.

optimism criterion: ***criterio dell'ottimismo.*** Quando in una condizione di incertezza non sono note le probabilità di varie eventualità, la decisione da prendersi dovrebbe essere basata su due successivi passaggi. Il primo dovrebbe essere quello di determinare un coefficiente di ottimismo, cioè quella probabilità che risulta più accettabile per i risultati massimi e minimi. Il secondo dovrebbe essere quello di scegliere il miglior risultato previsto, usando i pesi del coefficiente di ottimismo allo scopo di stabilire i valori del risultato previsto.

optimist: ***ottimista.*** Ciascuno degli economisti della scuola ottimista, che respingevano le conclusioni pessimistiche del dogma economico della metà del diciannovesimo secolo.

Optimist School: ***scuola ottimista.*** Nome a volte dato alla corrente di pensiero economico iniziata dagli scritti dell'economista francese Frédéric Bastiat (1801–1850) e dell'economista americano Henry C. Carey (1793–1879) e continuata dai loro seguaci. I due economisti, e in particolare il francese, seguirono la corrente di pensiero economico dell'epoca e nei loro scritti difesero l'ordine economico esistente dagli attacchi che gli venivano mossi principalmente dai socialisti. L'economista americano pose in dubbio la teoria ricardiana della rendita, sostenendo che essa doveva considerarsi come la remunerazione di capitale precedentemente investito, così come il reddito di capitale doveva essere visto come remunerazione di lavoro svolto in passato. La scuola attaccò anche la teoria della popolazione di Malthus, sostenendo che non vi era alcuna prova del fatto che la popolazione crescesse più rapidamente delle risorse alimentari. Tanto gli scritti di Bastiat quanto quelli di Carey sono stati recentemente criticati da più parti.

optimum: ***optimum; ottimale.*** Nel linguaggio economico, questo aggettivo indica il meglio di un qualcosa o l'insieme delle condizioni più favorevoli in cui può verificarsi un determinato fatto o fenomeno. Si può, pertanto, parlare di popolazione ottimale, di combinazione ottimale dei fattori della produzione, di impresa ottimale, di optimum di produzione, ecc. È bene ricordare che mentre in inglese il termine è usato come aggettivo, in italiano esso viene usato come neutro sostantivato. (v. anche *optimum firm*)

optimum allocation of resources: ***allocazione ottimale delle risorse.*** Termine usato in alternativa a *optimal resource allocation* (v.).

optimum firm: ***optimum d'impresa.*** Espressione con la quale nella teoria economica viene indicata l'impresa che ha raggiunto la dimensione di massima efficienza, con costi di produzione unitari minimi, e che pertanto non ha alcun motivo né per ampliare né per ridurre il proprio volume di produzione. Mentre è facile individuare l'optimum di impresa come entità teorica, in pratica risulta alquanto complesso, se non proprio impossibile, determinare se un'impresa abbia o no raggiunto la dimensione ottimale, né è di grande aiuto osservare che essa gode di rendimenti crescenti quando si espande verso la dimensione ottimale, mentre si trova esposta a rendimenti decrescenti quando supera questa dimensione, perché l'optimum può variare non soltanto da industria a industria, ma anche all'interno della stessa industria in differenti momenti a seguito di variazioni della domanda, dei gusti, del livello tecnologico, ecc. C'è, inoltre, da tener presente che laddove si verificano variazioni quali quelle appena menzionate accompagnate da un progresso economico, una qualsiasi impresa può inseguire l'optimum ma mai raggiungerlo, in quanto questa è una situazione che di regola si può realizzare soltanto in condizioni statiche e in presenza di concorrenza perfetta, ambedue a loro volta realizzabili solo ipoteticamente.

optimum lot size: ***dimensione della serie economica.*** Lo stesso che *optimum size lot* (v.).

optimum order quantity: ***quantità ottimale di riordino.*** Lo stesso che *optimum size lot* (v.).

optimum output: ***optimum di produzione.*** Il livello di produzione al quale si verificano i più bassi costi unitari medi e i più bassi costi dell'unità marginale.

optimum plant size: ***dimensione ottimale degli impianti.*** La dimensione degli impianti alla quale i costi medi di lungo periodo risultano minimi.

optimum population: ***optimum di popolazione.*** Il numero di persone che forniscono una foza lavoro che all'interno di una determinata area, in unione alle risorse naturali e al capitale disponibile, dà la massima produzione pro capite possibile. Ne consegue che un paese con una grande popolazione non è necessariamente sovrappopolato, fin tanto che la popolazione non risulta eccessiva per fare il miglior uso possibile delle risorse di cui dispone il paese. Alla stessa stregua, se la popolazione di un paese è rappresentata da un numero relativamente piccolo di persone, ma sufficiente a fare il miglior uso possibile delle risorse di cui dispone il paese, non si può dire che esso sia sottopopolato. Pertanto, il concetto di sovrappopolazione o il suo contrario vanno posti in relazione all'optimum di popolazione, da un punto di vista economico. (v. anche *overpopulation, underpopulation*)

optimum price: ***prezzo ottimale.*** Il prezzo al quale un venditore è disposto a vendere e un compratore è disposto a comprare, in assenza di qualsiasi tipo di potere monopolistico, e che soddisfa pienamente ambedue gli operatori. Il prezzo ottimale può essere determinato soltanto dal libero gioco delle forze della domanda e dell'offerta in un mercato libero.

optimum quantity of money: ***quantità ottimale di moneta.*** Espressione coniata dal professor Milton Friedman per indicare la quantità di moneta in circolazione, che agevola la massima crescita economica col minimo tasso di inflazione.

optimum rate of interest: ***saggio d'interesse ottimale.*** Secondo Keynes, è il tasso d'interesse che può sostenere la piena occupazione e che egli identifica col tasso neutro d'interesse.

optimum size: ***dimensione ottimale.*** La dimensione più conveniente per ciascun tipo di impresa, a seconda dell'attività che essa svolge. Tale dimensione può variare nel corso del tempo, in dipendenza di cambiamenti di fattori esterni, quali ad esempio il costo dei trasporti, l'apertura di nuovi mercati, ecc. Oggi, la tendenza è verso un aumento delle dimensioni dell'impresa, a causa dei vantaggi che possono realizzarsi da progetti su vasta scala.

optimum size lot: ***dimensione della serie economica.*** La dimensione ottimale degli acquisti di materie prime o componenti con cui alimentare una linea di produzione. Si raggiunge l'optimum di dimensione degli acquisti quando il costo sostenuto per stoccarli è uguale al costo che si deve sostenere per riordinarli.

optimum tariff: ***tariffa doganale ottimale.*** Una tariffa doganale che è ritenuta la più giusta per favorire lo sviluppo economico di un paese, in quanto comprende una equa proporzione di dazi protettivi, che consentono lo sviluppo delle industrie nascenti. È, ovviamente, un concetto sostenuto dai protezionisti.

option: **1.** ***contratto a premio.*** Il termine inglese, in questo significato, è generico e viene usato nel linguaggio di borsa per indicare un qualsiasi tipo di contratto a premio, cioè un contratto in base al quale una delle parti contraenti si riserva il diritto, ma non il dovere, dietro pagamento di un compenso chiamato premio, di eseguire il contratto, nei termini in cui è stato stipulato, alla scadenza convenuta, ossia di comprare oppure di vendere, ovvero di variare la propria posizione o anche di risolvere il contratto stesso. In concreto, se uno speculatore ritiene che il prezzo di un titolo scenderà nel prossimo futuro, egli può stipulare un contratto che gli consenta di consegnare ad una data futura titoli quotati al corso del giorno in cui stipula il contratto. Se la diminuzione si verifica, egli lucrerà la differenza di prezzo. Se, invece, egli ritiene che il prezzo di un titolo salirà nel prossimo futuro, egli può stipulare un contratto che gli consenta di ricevere ad una data futura titoli quotati al corso del giorno in cui si sottoscrive il contratto. Naturalmente, le operazioni a premio sono un po' più complicate e quella data sopra vuole essere una spiegazione soltanto informativa (v. anche *call, put, put and call, call of more, put of more*). **2.** ***opzione.*** Il diritto, da esercitarsi entro un determinato periodo di tempo, di comprare o vendere un qualsiasi tipo di bene, sia immobile che mobile, riconosciuto da una delle parti contraenti all'altra parte, generalmente in considerazione di un premio, come avviene nel contratto a premio, o di diritto discendente dalla stipulazione di un contratto precedente, come può essere quello dell'azionista che, avendo già sottoscritto azioni di una società, riceve con esse il diritto di opzione in caso di aumento del capitale sociale. Un simile diritto viene, in determinate circostanze, riconosciuto a chi, avendo un contratto di locazione, deve essere interpellato dal proprietario dell'immobile al fine di accertare la sua eventuale disponibilità ad acquistare il bene che ha in locazione, qualora il proprietario decida di venderlo. (v. anche *option to purchase*)

optional bond: Espressione del linguaggio finanziario statunitense, con la quale si indica un titolo a reddito fisso redimibile che l'emittente può, a sua scelta, decidere di rimborsare ad una data che precede quella di scadenza naturale.

optional capital: ***capitale opzionale.*** La differenza, in termini di costi capitali, tra due diversi progetti, l'uno alternativo all'altro. Ad esempio, la differenza di costo tra due macchine, una delle quali è più costosa dell'altra, ma offre prestazioni migliori.

optional consumption: ***consumo opzionale.*** L'acquisto di beni e servizi che non sono essenziali per il benessere e il comfort di un individuo. Il concetto è strettamente legato a livelli di reddito medio–alti e infatti il consumo opzionale si diffonde sempre di più, via via che aumenta il reddito pro capite dei cittadini di un paese.

optional date: In relazione ad un *optional bond* (v.), è la data in cui l'emittente ha il diritto di rimborsare i titoli, purché vengano rispettate determinate condizioni.

optional dividend: Espressione statunitense, usata per indicare un dividendo che può essere pagato sia in moneta, sia in titoli, generalmente della società che deve pagarlo, a scelta dell'azionista.

optional payment bond: Espressione statunitense, che indica un'obbligazione in relazione alla quale il pagamento degli interessi e il rimborso della somma capitale possono essere effettuati, a scelta del portatore, nella valuta nazionale o in una o più valute estere.

option contract: ***contratto a premio; opzione.*** Lo stesso che *option 1* e *2* (v.).

option dealer: ***operatore in contratti a premio.*** Uno *stockjobber* (v.) o uno *stockbroker* (v.) autorizzato dalla borsa valori cui appartiene a trattare contratti a premio. Un operatore di questo tipo non può, tuttavia, trattare direttamente col pubblico, ma solo con un altro operatore autorizzato a fungere da intermediario.

option dealing: ***operazioni a premio.*** Pratica speculativa, cui si fa ricorso in quasi tutte le borse del mondo. Alla borsa valori di Londra queste operazioni furono vietate a partire dal 1939, ma furono reintrodotte nel 1958. (v. anche *option 1*)

option demand: ***domanda di opzione.*** Domanda, in senso economico, caratterizzata dalla disponibilità a pagare per disporre della possibilità futura di usare un'area o una struttura che può difficilmente, o non può affatto, essere sostituita e per la quale non esiste succedaneo alcuno.

option growth fund: Tipo di *option mutual fund* (v.) che acquista contratti a premio su titoli che i gestori ritengono soggetti a notevoli fluttuazioni di prezzo. Se le previsioni si avverano, il fondo è in grado di realizzare notevoli profitti mediante l'esercizio del diritto che gli deriva dai contratti a premio.

option holder: ***titolare di contratto a premio.*** Chi ha acquistato un contratto a premio e non lo ha ancora esercitato o venduto.

option money: ***premio.*** In un contratto a premio, è la somma di denaro che una delle parti contraenti è tenuta a versare all'altra, in cambio del diritto di decidere se, alla scadenza, eseguire il contratto nei termini in cui esso è stato stipulato, ovvero variare la propria posizione o anche risolvere il contratto stesso. (v. anche *option 1*)

option mortgage: ***ipoteca con opzione.*** Tipo di ipoteca che prevede l'opzione, da parte del mutuatario, di portare in detrazione nella denuncia dei redditi la somma pagata sotto forma di interessi o di usufruire di una sovvenzione statale equivalente ad una riduzione del tasso d'interesse ipotecario.

Option Mortgage Scheme: Piano introdotto dal governo britannico nel 1968, in base al quale venivano istituite le cosiddette ipoteche con opzione. (v. anche *option mortgage*)

option mutual fund: Negli Stati Uniti, è un fondo comune d'investimento che opera nel mercato dei contratti a premio allo scopo di incrementare il valore delle proprie quote.

option premium: ***premio.*** Lo stesso che *option money* (v.).

options exchange: **1.** ***borsa delle opzioni.*** Mercato specializzato nella compravendita di opzioni. **2.** ***mercato dei premi.*** Un mercato, di solito aggregato a una borsa valori, nel quale è possibile svolgere operazioni di compravendita titoli mediante contratti a premio.

options market: ***mercato dei premi.*** Lo stesso che *options exchange* (v.).

options settlement: ***risposta premi.*** L'operazione preparatoria della liquidazione al termine di un ciclo operativo di borsa. Nella giornata della risposta premi, lo speculatore che si è assicurato il diritto di opzione è tenuto a comunicare alla controparte le sue decisioni in merito al contratto a premio stipulato, se cioè è disposto ad eseguirlo nei termini in cui è stato sottoscritto o se intende variare la propria posizione, ovvero risolvere il contratto stesso. (v. anche *option 1*)

option to double: **1.** ***noch per ritirare.*** Termine usato con lo stesso significato di *call of more* (v.). **2.** ***noch per consegnare.*** Termine usato con lo stesso significato di *put of more* (v.).

option to purchase: ***opzione di acquisto.*** Il termine inglese viene usato con due significati: a) nel linguaggio giuridico, indica il diritto di una delle parti di un contratto di acquistare un bene, di solito immobile, in un qualsiasi momento entro una data stabilita nel contratto. L'altra parte è impegnata a non ritirare l'offerta e a non vendere ad altri il bene, prima della scadenza concordata. b) Nel linguaggio delle borse valori, è il diritto, concesso da una società ai propri azionisti, di acquistare ad un prezzo vantaggioso o ricevere gratuitamente un determinato numero di nuovi valori azionari della società. (v. anche *option 2*)

option trading: ***compravendita di opzioni.*** L'attività di acquisto e vendita di opzioni su azioni, svolta in molte borse valori tra cui la *Chicago Board Options Exchange* (v.).

option writer: ***premista.*** La persona fisica o giuridica che vende contratti a premio dont o contratti a premio put.

opulence: ***opulenza.*** Termine usato dagli economisti classici e oggi sostituito da *affluence* (v.).

opulent society: ***società opulenta; società del benessere.*** Termine usato in passato, ma oggi sostituito dal più moderno *affluent society* (v.).

O.R.: 1) operations research; 2) operational research; 3) owner's risk; 4) official receiver.

oral agreement: ***accordo verbale.*** Lo stesso che *contract by parol* (v.).

ord.: ordinary.

order: 1. ***ordinativo; ordinazione; ordine.*** La richiesta di fornitura di beni e servizi, sia che provenga direttamente dal cliente, sia che venga inoltrata tramite un agente o un rappresentante. Nel linguaggio bancario, il termine inglese corrisponde al nostro ordine o ordinativo. **2.** ***ordine.*** Nel linguaggio borsistico, è la richiesta che un cliente invia al suo *stockbroker* (v.), o ad un agente di cambio o altro operatore a ciò autorizzato, a trattare per suo conto l'acquisto o la vendita di un determinato titolo alle condizioni stabilite nell'ordine. Nel linguaggio bancario, il termine indica la disposizione data alla banca dal titolare di un diritto, concernente un'operazione relativa al diritto stesso, come ad esempio ordine di pagamento, ordine di prelievo, e simili.

order bill of exchange: ***cambiale all'ordine; tratta all'ordine.*** È la cambiale pagabile all'ordine del beneficiario e, pertanto, richiede la sua girata. L'articolo 8 del *Bills of Exchange Act* del 1882 stabilisce che «una cambiale è pagabile all'ordine quando ciò è espresso sulla cambiale o quando in essa è espresso il nome della persona alla quale deve essere pagata e non contiene alcuna parola che ne vieti il trasferimento o che indichi l'intenzione di volerne vietare il trasferimento». (v. anche *cheque to order*)

order bill of lading: ***polizza di carico all'ordine.*** È la polizza di carico che prevede la consegna delle merci in essa descritte all'ordine di una determinata persona, che deve girare la polizza di carico prima che le merci vengano consegnate dal capitano della nave che le ha trasportate. Questo tipo di polizza di carico è la più usata, quando il contratto di vendita prevede il pagamento alla consegna delle merci. In tale caso, la procedura è generalmente la seguente: il caricatore fa emettere la polizza di carico all'ordine di se stesso, la gira e la invia, insieme ad una tratta, alla banca dell'acquirente tramite la propria banca. Quando il compratore avrà pagato la tratta, la banca gli consegnerà la polizza di carico, esibendo la quale egli potrà ritirare le merci dalla nave che le ha trasportate o dal magazzino nel quale sono state depositate. (v. anche *bill of lading*)

order book: ***libro ordinazioni.*** Registro nel quale vengono trascritti i dati relativi agli ordinativi pervenuti ad un'azienda, secondo un ordine prestabilito. Il libro ordinativi, che oggi è stato quasi dovunque sostituito da schede o da informazioni computerizzate, consente all'impresa di conoscere in qualsiasi momento la quantità di merci che dovrà essere spedita in qualsiasi dato giorno e di aumentare la produzione, se ciò è possibile e se si rende necessario, al fine di poter evadere tutti gli ordinativi ricevuti, senza rinvii o ritardi.

order buying: ***acquisto su ordinativo.*** La pratica seguita da produttori o negozianti, che acquistano rispettivamente materie prime e prodotti finiti soltanto dopo che hanno ricevuto un ordinativo. Ciò consente loro di immobilizzare in scorte una minima quantità di capitale.

order cheque: ***assegno all'ordine.*** Termine usato in alternativa a *cheque to order* (v.).

order clerk: ***addetto agli ordinativi.*** L'impiegato amministrativo che, in una fabbrica, è addetto alla ricezione degli ordinativi di fornitura e al controllo della loro esatta esecuzione.

order–cost system: ***sistema di calcolo dei costi per commessa.*** Lo stesso che *job costing* (v.).

order–driven market: ***mercato basato sugli ordini.*** Nel linguaggio borsistico, è il tipo di mercato che fonda il proprio sistema di compravendita sugli ordini passati dagli intermediari agli specialisti, che provvedono a far incontrare domanda e offerta. Esempi di questo tipo di mercato sono le borse di New York e di Tokyo. (v. anche *quote–driven market*)

order form: ***modulo di ordinazione.*** Il modulo sul quale viene trasmessa un'ordinazione di fornitura di merci. Può essere inviato direttamente dal cliente, ma più spesso è riempito, firmato e spedito dall'agente o dal rappresentante del produttore al quale esso è indirizzato.

orderly marketing agreement: ***accordo di marketing disciplinato.*** Nel linguaggio del commercio internazionale, è un accordo di divisione di un mercato in base al quale viene limitata la concorrenza estera, così riservando una quota di mercato ai produttori nazionali che altrimenti dovrebbero soccombere alla concorrenza di prodotti migliori e più economici provenienti da altri paesi. Spesso, tale tipo di accordo prevede un termine di scadenza e un graduale aumento delle quote di importazione consentite, per cui i paesi esportatori pur limitando, almeno temporaneamente, la loro presenza sul mercato in questione, si astengono da qualsiasi azione di ritorsione. Accordi del genere di solito si limitano a prodotti ad uso intensivo di manodopera e vengono stipulati tra paesi industrializzati e paesi in via di sviluppo.

order of business: ***ordine del giorno.*** Lo stesso che *agenda* (v.).

order of liquidity: ***ordine di liquidità.*** Nel linguaggio bancario, questa espressione viene usata in relazione a bilanci che mostrano le attività più liquide nella parte superiore e quelle meno liquide via via che si procede verso la parte inferiore della piramide sulla quale sono riportate. (v. anche *order of permanence*)

order of payment: ***ordine di pagamento; mandato di pagamento.*** L'ordine inviato ad una banca da un cliente, con il quale il secondo istruisce la prima a versare la somma specificata all'ordine del beneficiario menzionato nel mandato. Generalmente non viene concessa l'emissione di mandati di pagamento ai privati titolari di un conto bancario, in quanto essi possono emettere assegni allo stesso scopo. L'emissione di mandati di pagamento è di solito concessa a enti pubblici o statali, per i quali la banca svolge servizio di tesoreria. Ciò evita loro la necessità di emettere assegni e di depositare varie firme di traenza e allo stesso tempo consente di specificare su ciascun singolo mandato di pagamento elementi e notizie che non troverebbero posto su un comune assegno bancario.

order of permanence: ***ordine di permanenza.*** È esattamente l'opposto di *order of liquidity* (v.) e si ottiene capovolgendo la piramide che rappresenta l'ordine di liquidità delle attività di una banca. Sulla base della piramide, che ora è in alto, si trovano le attività meno liquide e sul vertice, che ora è in basso, si trovano le attività più liquide.

order paper: ***carta all'ordine; titolo di credito all'ordine.*** Un qualsiasi titolo di credito che richiede la preventiva girata del beneficiario o del giratario per essere incassato o trasferito. Se vi si appone una girata in bianco, essa ha l'effetto di trasformare il titolo all'ordine in un titolo al portatore. (v. anche *order bill of exchange, cheque to order*)

order picking: ***approntamento di un ordinativo.*** Il processo di prelevare da magazzino e accumulare insieme tutti gli articoli richiesti da un ordinativo, prima che essi vengano imballati per la spedizione.

order point: ***punto di riordino.*** Lo stesso che *reorder size* (v.).

order–point control: ***controllo con punto di riordino.*** Un qualsiasi sistema di controllo delle scorte che prevede il riordino dei materiali quando la quantità in magazzino scende a un livello prestabilito, chiamato punto di riordino.

order processing time: ***tempo di inoltro di un ordinativo.*** Il tempo che intercorre tra l'accertamento del fatto che un prodotto deve essere acquistato o fabbricato e l'invio del relativo ordine di acquisto o fabbricazione.

order quantity: ***entità di un ordinativo; dimensione di un ordinativo.*** La quantità di un bene che viene richiesta mediante l'invio di un singolo ordinativo.

order servicing: ***esecuzione di un ordinativo.*** L'espressione inglese indica il lavoro di raccolta da magazzino di tutti gli articoli richiesti da un ordinativo e di preparazione di tutti i documenti necessari per la spedizione delle merci.

orders not to pay: ***ordini di non pagare.*** Il titolare di un conto corrente ha il diritto di inviare alla banca un ordine con il quale chiede che non venga pagato un assegno da lui emesso. Ciò può verificarsi principalmente a seguito dello smarrimento dell'assegno in questione. Nel suo ordine, il cliente darà alla banca tutti i dati relativi all'assegno, e cioè numero di conto e di assegno, data di emissione, nome del prenditore, importo, e la banca provvederà ad informare le filiali ove l'assegno potrebbe essere presentato. Oggi che le banche tengono la contabilità a mezzo di un computer centrale e terminali presso le varie filiali, è più facile fermare il pagamento di quanto non lo fosse in passato. L'unica persona che può fermare il pagamento di un assegno è l'emittente e pertanto se esso sarà smarrito dal prenditore, questi dovrà informare l'emittente il quale, a sua volta, informerà la banca.

orders of goods: ***ordini di beni.*** Espressione usata dall'economista inglese Alfred Marshall per indicare i beni secondo la sua classificazione in: a) beni di consumo; e, b) beni strumentali. (v. anche *consumer good, producer goods*)

ordinalism: ***ordinalismo.*** Lo stesso che *ordinal utility theory* (v.).

ordinal ranking: ***classificazione ordinale.*** Ordinamento di una serie in base a valori relativi, senza tener conto del loro valore assoluto. (v. anche *ordinal utility theory*)

ordinal utility: ***utilità ordinale.*** Il concetto di utilità basata non sul grado di soddisfazione o di piacere che un bene o servizio può fornire al consumatore, bensì su un ordine o su una gradazione di alternative piacevoli. Il motivo per cui si tende a stabilire quest'ordine o questa gradazione è, a sua volta, fondato sul concetto che non è possibile misurare il piacere o la soddisfazione in maniera scientifica e, pertanto, non esiste una comune misura che consenta al consumatore o all'economista di porre a confronto beni o servizi tra loro. Non essendo, pertanto, possibile stabilire il grado quantitativo di soddisfazione che un bene può dare, i sostenitori della teoria dell'utilità ordinale concludono che l'unico modo per poter operare scelte è quello di dare un ordine di preferenza o di priorità ai vari beni e servizi che ciascun singolo consumatore acquista col reddito che ha a sua disposizione. (v. anche *indifference analysis*)

ordinal utility theory: ***teoria dell'utilità ordinale.*** La teoria che sostiene che non essendo possibile misurare concretamente l'utilità o il piacere che può dare un bene ad un qualsiasi consumatore, è necessario basare le scelte su un ordine di preferenza o di priorità. (v. anche *ordinal utility*)

ordinary account: ***conto ordinario.*** È uno dei due conti che possono aprirsi presso la cassa di risparmio postale nel Regno Unito. Tale conto prevede un interesse più basso, ma esentasse fino ad un determinato ammontare annuo. (v. anche *investment account, National Savings Bank*)

ordinary annuity: ***rendita ordinaria.*** È la rendita che viene corrisposta al termine di ciascun periodo contemplato nel contratto. Il termine inglese viene usato come opposto di *annuity due* (v.).

ordinary asset: ***attività ordinaria.*** Ai fini del calcolo dell'imposta sul reddito, l'espressione indica un bene o servizio regolarmente e ordinariamente comprato e venduto dal contribuente nel corso della sua normale attività. Gli utili derivanti da tali vendite vengono, pertanto, considerati reddito ordinario del contribuente e tassati con una determinata aliquota fiscale. Se, però, tali acquisti e vendite non rientrano nell'attività ordinaria del contribuente, come ad esempio l'acquisto e la vendita di titoli o di una proprietà immobiliare da parte di un investitore, gli utili che ne derivano vengono tassati come redditi di capitale ad un'aliquota fiscale differente. (v. anche *capital gains tax, income tax*)

ordinary bill: ***conto; distinta di vendita.*** Lo stesso che *sold note 2* (v.).

ordinary business: Il ramo dell'assicurazione sulla vita che si interessa dell'emissione di polizze ordinarie, i cui premi vengono pagati dagli assicurati ad intervalli mensili, trimestrali o annuali. Il termine inglese viene usato in contrapposizione a *industrial business* (v.).

ordinary capital: ***capitale ordinario.*** Il capitale di una società, rappresentato dall'insieme di azioni ordinarie in circolazione. (v. anche *ordinary shares*)

ordinary credit: ***credito chirografario.*** Il credito vantato da un creditore chirografario. (v. anche *ordinary creditor*)

ordinary creditor: ***creditore chirografario.*** Colui che vanta un credito in base ad un documento sottoscritto dal debitore. È indicato con questa espressione inglese, in quanto egli non vanta alcun privilegio nei confronti degli altri creditori e, pertanto, rientrano tutti in un'unica categoria, detta ordinaria per distinguerla da quella dei creditori privilegiati, nei cui confronti si applica il principio della «par condicio creditorum». (v. anche *preferential creditor*)

ordinary damages: ***danni ordinari.*** Danni ammessi da un tribunale e calcolati come risarcimento giusto ed equo di una perdita subita dall'attore per colpa del convenuto.

ordinary debt: ***debito ordinario.*** Un debito a fronte del quale non è stata fornita alcuna garanzia reale. Si basa, pertanto, soltanto sul buon nome del debitore e sulla fiducia di cui egli gode.

ordinary deficiency: ***mancanza ordinaria.*** L'abbuono su vini ed alcoolici calcolato per perdite naturali, quali ad esempio evaporazione e assorbimento dei contenitori.

ordinary department: ***reparto ordinario.*** Nelle casse di risparmio inglesi si possono effettuare due tipi principali di depositi: quelli nel cosiddetto reparto ordinario, che fruttano l'interesse minimo concesso da tali banche ma che sono prelevabili a domanda o con breve preavviso;

e quelli nel cosiddetto reparto investimenti speciali, che fruttano un interesse maggiore, ma che possono essere prelevati soltanto dietro preavviso di un mese.

ordinary depreciation: ***deprezzamento ordinario.*** Il deprezzamento, o affievolimento della capacità di servizio di un bene capitale, dovuto alla normale usura, al suo invecchiamento, all'azione degli elementi atmosferici e simili agenti che ne fanno diminuire il valore di mercato oltre che l'utilità.

ordinary discount: ***sconto ordinario.*** La differenza tra il valore di un titolo di credito alla scadenza ed il valore attuale che, ad un dato tasso di interesse o saggio di sconto, raggiungerà alla scadenza il valore facciale del titolo di credito.

ordinary dividend: ***dividendo per azioni ordinarie.*** La parte di utili di una società da suddividersi tra i proprietari di azioni ordinarie.

ordinary general meeting: ***assemblea generale ordinaria.*** Termine usato con lo stesso significato di *annual general meeting* (v.).

ordinary income: ***reddito ordinario.*** Reddito derivante dalla normale attività di un individuo o di un'impresa e non da utili di capitale o plusvalenze su vendite di beni mobili o immobili.

ordinary interest: 1. ***interesse ordinario.*** L'interesse che non viene capitalizzato e che viene calcolato su un anno di 360 giorni. Il termine viene usato in contrapposizione a interesse esatto, quello cioè calcolato su un anno di 365 giorni. (v. anche *exact interest*) **2.** ***interesse semplice.*** Lo stesso che *simple interest* (v.).

ordinary investor: ***investitore comune.*** Nel linguaggio finanziario britannico, è un investitore che non possiede alcuna conoscenza specifica dei mercati finanziari.

ordinary letter of credit: ***lettera di credito ordinaria.*** Il termine viene usato in relazione ad una comune lettera di credito, per distinguerla da altri tipi con condizioni o clausole particolari. In una lettera di credito ordinaria vengono specificate le condizioni in base alle quali è possibile prelevare i fondi accreditati e il nome di colui che potrà emettere le tratte relative al prelievo. (v. anche *letter of credit, open letter of credit*)

ordinary life insurance: 1. ***assicurazione ordinaria sulla vita; assicurazione per il caso di morte.*** Termine usato con lo stesso significato di *straight life insurance* (v.). **2.** Il ramo dell'assicurazione sulla vita che si interessa dell'emissione di polizze individuali di importo superiore a quelle emesse per interi gruppi. (v. anche *industrial business, industrial life insurance*)

ordinary meeting: ***assemblea ordinaria; assemblea generale ordinaria.*** Termine usato con lo stesso significato di *annual general meeting* (v.).

ordinary partner: ***socio ordinario.*** Qualsiasi membro di una società in nome collettivo, caratterizzato dalla responsabilità illimitata per quanto attiene alle obbligazioni sociali, di cui risponde anche con il suo patrimonio personale. Dopo l'estensione della responsabilità limitata a quasi tutti i tipi di organizzazione aziendale, questo tipo di socio è andato scomparendo ed oggi lo si trova soltanto in quei tipi di impresa per le quali non è ammessa la responsabilità limitata. (v. anche *partnership, limited liability, unlimited liability*)

ordinary partnership: ***società in nome collettivo; società semplice.*** Termine usato con lo stesso significato di *partnership* (v.).

ordinary rates: ***tariffe generali; tariffe ordinarie.*** Nelle ferrovie, sono le tariffe pagate da qualsiasi categoria di utenti per il trasporto di merci o passeggeri, che non siano soggette a particolari sconti o maggiorazioni.

ordinary rent: ***rendita ordinaria.*** Questa espressione inglese viene usata per distinguere la rendita, nel senso più ristretto del termine, da altri usi che se ne fanno nel senso di canone di fitto o canone di noleggio di beni capitali, ecc. Per la spiegazione di rendita in questo senso, v. *rent 2.*

ordinary repairs: ***manutenzione ordinaria; riparazioni ordinarie.*** La manutenzione necessaria a compensare la normale usura o il deterioramento naturale e conservare la proprietà in buone condizioni.

ordinary resolution: ***risoluzione ordinaria; deliberazione ordinaria.*** È la delibera che, per essere valida, richiede l'approvazione da parte della maggioranza dei presenti con diritto di voto all'assemblea. È il tipo di risoluzione che viene generalmente adottata nel corso di assemblee ordinarie dei soci di una società per azioni. Per alcuni tipi di deliberazioni, tuttavia, è prevista l'approvazione da parte di una maggioranza dei tre quarti dei soci che rappresentano il capitale azionario con diritto di voto. Questi tipi di deliberazioni sono elencati nel *Companies Act* del 1948, ma se una società desidera che una qualche delibera sia necessariamente approvata da una maggioranza più qualificata di quella relativa, può farne menzione nello statuto sociale. (v. anche *extraordinary resolution, articles of association*)

ordinary risks: ***rischi ordinari.*** I rischi connessi all'attività che si svolge e che non implicano negligenza da parte dell'imprenditore.

ordinary safe–custody account: ***deposito aperto; deposito a dossier; titoli a dossier; deposito in amministrazione.*** Termine usato con lo stesso significato di *open safe–custody account* (v.).

ordinary shareholder: ***azionista ordinario.*** Persona fisica o giuridica che detiene azioni ordinarie di una società e ne è pertanto proprietario effettivo insieme a tutti gli altri azionisti ordinari.

ordinary shareholders' equity: ***capitale netto; patrimonio netto.*** Lo stesso che *equity 1* (v.).

ordinary shares: ***azioni ordinarie.*** Le parti in cui è suddiviso il capitale di una società per azioni. Le azioni ordinarie danno ai loro proprietari il diritto di voto alle assemblee della società e il diritto di ricevere un dividendo annuo se, dopo il pagamento degli interessi sulle obbligazioni e dei dividendi sulle azioni privilegiate, residuano ancora utili da distribuire. Pertanto, nonostante che gli azionisti ordinari siano i veri proprietari dell'impresa, la loro remunerazione è giustamente subordinata a quella degli obbligazionisti e degli azionisti privilegiati. Le azioni ordinarie si trovano, quindi, in ordine di ripartizione degli utili, tra le azioni privilegiate e le azioni postergate e la loro remunerazione dipende dalla redditività dell'impresa. (v. anche *preference shares, deferred shares*)

ordinary stock: 1. ***partecipazione ordinaria.*** È lo *stock* (v.), nel senso di partecipazione al capitale, risultante dalla conversione di azioni ordinarie. Esso, pertanto, conserva gli stessi diritti delle azioni ordinarie in fatto di rimborso, in caso di liquidazione della società, e di distribuzione dei dividendi. **2.** ***azioni ordinarie.*** Termine usato negli Stati Uniti con lo stesso significato di *ordinary shares* (v.).

ordinary voting: ***votazione ordinaria.*** Sistema di votazione seguito per l'elezione degli amministratori di una società e per l'approvazione delle deliberazioni ordinarie. In base a questo sistema, gli amministratori vengono eletti uno per volta, con separata votazione, in ciascuna delle quali ogni azionista ha il diritto di esprimere un singolo voto per ciascuna azione con diritto di voto in suo possesso. (v. anche *cumulative voting*)

ordinary working hours: ***ore lavorative normali; orario lavorativo normale.*** Sono le ore lavorative giornaliere o settimanali previste dal contratto di lavoro di un particolare settore industriale o terziario. Una volta esaurite le ore lavorative normali, per le quali il lavoratore è remunerato col salario normale stabilito nel contratto di lavoro, l'imprenditore può chiedere ore di lavoro straordinario, che saranno remunerate in base ad un diverso tasso salariale. (v. anche *overtime, overtime pay, overtime rate*)

ordinate: ***ordinata; asse delle ordinate.*** È l'asse verticale, a volte anche individuato con la lettera y, in un piano cartesiano o sistema di coordinate cartesiane a due dimensioni.

ore: Moneta divisionale della Svezia, equivalente ad un centesimo di krona; e della Danimarca e Norvegia, equivalente ad un centesimo di krone.

Organic School: ***scuola organica.*** Espressione con la quale vengono a volte indicati il filosofo inglese Herbert Spencer e i suoi seguaci o, comunque, tutti coloro che tendono a ricercare analogie tra la società e l'organismo biologico. Secondo l'analogia elaborata da Spencer, ad esempio, al sistema venoso e arterioso dell'organismo umano corrisponderebbe la rete ferroviaria; a quello nervoso, la rete telegrafica; al cuore umano, la borsa valori, e così via.

organization: ***organizzazione.*** Il termine inglese viene usato con almeno tre diversi significati nel linguaggio economico–commerciale. Esso può indicare: a) una qualsiasi associazione di persone, funzioni, stati, ecc., con scopi comuni ben individuati; b) un processo amministrativo sviluppato, nel quale ogni elemento ha la sua funzione; ed infine, c) uno dei fattori della produzione, oggi noto come imprenditore, ma all'epoca dell'economista inglese Alfred Marshall, che fu il primo a riconoscerlo, chiamato più genericamente organizzazione.

organizational buying: ***approvvigionamento aziendale.*** L'acquisto di beni, necessari all'attività produttiva, da parte di imprese e non di singoli individui. L'identificazione, la valutazione e le decisioni d'acquisto di un'impresa sono infatti guidate da un insieme di considerazioni che differiscono da quelle che guidano il singolo consumatore.

organizational unit: ***unità organizzativa.*** Una qualsiasi delle parti nelle quali, seguendo un criterio amministrativo, viene suddivisa un'impresa. Tali parti assumono il nome di unità organizzativa in particolare quando vengono preposte allo svolgimento di una o più funzioni o attività.

organization and methods: ***organizzazione e metodi.*** Qualsiasi tentativo conscio, e applicato scientificamente, tendente a migliorare l'organizzazione di un'impresa, a semplificare e migliorare i metodi e in generale a creare e mantenere una macchina amministrativa efficiente. Il campo dell'organizzazione e metodi è, pertanto, alquanto vasto e copre l'organizzazione in generale, le procedure amministrative, l'introduzione e l'utilizzazione di macchine per l'ufficio, la modulistica, ecc.

organization and methods department: ***reparto organizzazione e metodi.*** Il reparto che, all'interno di un'impresa, si interessa dello studio e delle modifiche relativi all'organizzazione e ai metodi. Anche se il volume di lavoro d'ufficio svolto da un'impresa piccola o media può non giustificare la presenza di un reparto organizzazione e metodi, può essere un errore non prendere in considerazione i vantaggi che potrebbero derivare anche ad un'impresa di modeste proporzioni da un'accurata revisione dei sistemi e delle procedure che essa adotta. Spesso, le piccole e medie imprese, che non possono sostenere le spese relative a un reparto organizzazione e metodi, ricorrono all'opera di uno studio di professionisti, che nell'arco di alcuni anni può riordinare tutta l'organizzazione interna dell'impresa. (v. anche *organization and methods*)

organization and methods officer: ***direttore del reparto organizzazione e metodi.*** È la persona a capo del reparto organizzazione e metodi e deve essere uno specialista nel suo campo. Egli è, tra l'altro, responsabile delle seguenti attività: assistenza alla direzione al fine di migliorare l'amministrazione e le procedure del lavoro d'ufficio; revisione dell'organizzazione e dei sistemi del lavoro d'ufficio, con lo scopo di procedere a semplificazioni e miglioramenti; controllo della modulistica, onde evitare sprechi e perdite di tempo; installazione di nuovi uffici all'interno dell'impresa o in sue filiali e agenzie; introduzione di nuove macchine e modifica di quelle esistenti per far fronte a nuove esigenze del lavoro d'ufficio; organizzazione e supervisione di corsi di addestramento o di aggiornamento di breve durata per i capi ufficio o supervisori; insieme di altri compiti di minor rilevanza, ma non meno importanti. (v. anche *organization and methods department*)

organization chart: ***organigramma.*** Rappresentazione grafica delle relazioni funzionali tra i singoli organi all'interno di un'impresa o altra organizzazione, con riferimento alla loro struttura gerarchica. (v. anche *circular organization chart, horizontal organization chart, vertical organization chart, functional organization, functional relationship, line organization, line relationship*)

organization costs: ***costi di organizzazione; costi di avviamento.*** Termine statunitense equivalente a *preliminary expenses* (v.).

organization expenses: ***spese di organizzazione; spese di avviamento.*** Termine statunitense equivalente a *preliminary expenses* (v.).

organization factor: ***fattore organizzazione.*** Nel procedimento di imputazione dei costi comuni basato sul metodo dei fattori di servizio, è il fattore relativo al complesso di servizi svolti dagli organi amministrativi dell'impresa e connessi alla sua organizzazione generale.

Organization for Economic Co–operation and Development: ***Organizzazione per la cooperazione e lo sviluppo economico.*** Organizzazione creata nel settembre del 1961 in base alla convenzione firmata a Parigi nel dicembre del 1960 dai paesi che allora facevano parte dell'Organizzazione europea per la cooperazione economica (OECE). In origine, pertanto, l'OCSE consisteva di venti paesi, cui si aggiunse il Giappone nel 1964. Scopi principali dell'OCSE, che subentrò appunto nel settembre del 1961 all'OECE, sono quelli di stimolare lo sviluppo economico dei paesi membri; contribuire allo sviluppo economico di tutti i paesi, anche se non membri dell'organizzazione; contribuire all'espansione del commercio mondiale; prestare assistenza ai paesi in via di sviluppo. L'organizzazione pubblica bollettini statistici sull'andamento delle economie dei diversi paesi e rassegne periodiche delle prospettive economiche dei singoli paesi membri. (v. anche *Organization for European Economic Co–operation*)

Organization for European Economic Co–operation: ***Organizzazione europea per la cooperazione economica.*** Organizzazione, creata il 16 aprile del 1948 e consistente, in origine, di diciassette paesi membri, con lo scopo di fornire alle nazioni europee uno strumento di collaborazione nel fine comune della ripresa economica dell'Europa dopo il secondo conflitto mondiale. L'OECE amministrò in Europa gli aiuti offerti dagli Stati Uniti in base al cosiddetto Piano Marshall e continuò a svolgere la sua funzione, che mirava all'integrazione europea, anche dopo la fine del Piano Marshall. Nel 1949 fu associata la Spagna e nel 1960 furono associati anche gli Stati Uniti e il Canada, portando così a venti il numero dei paesi membri. Nel settembre del 1961 all'OECE subentrò l'Organizzazione per la cooperazione e lo sviluppo economico. (v. anche *Organization for Economic Co–operation and Development*)

Organization for Trade Co–operation: ***Organizzazione per la cooperazione commerciale.*** Organismo che, nelle intenzioni dei fondatori, avrebbe dovuto sostituire il GATT. (v. anche *General Agreement on Tariffs and Trade*)

Organization of American States: ***Organizzazione degli Stati Americani.*** Agenzia regionale funzionante nell'ambito delle Nazioni Unite e composta da ventuno paesi dell'emisfero occidentale. Tra gli scopi principali dell'Organizzazione rientrano il mantenimento della pace e la collaborazione economica tra i paesi americani e la difesa della loro sovranità e indipendenza.

Organization of Arab Petroleum Exporting Countries: ***Organizzazione dei paesi arabi esportatori di petrolio.*** Organizzazione istituita nel 1968 da Algeria, Bahrain, Iraq, Kuwait, Libia, Qatar, Arabia Saudita, Siria e gli Emirati Arabi. È un'associazione indipendente dall'OPEC, pur se gli stessi paesi fanno parte anche di quest'ultima organizzazione.

Organization of Central American States: ***Organizzazione degli stati dell'America Centrale.*** Organizzazione istituita nel 1961 da Costarica, Guatemala, Honduras, Nicaragua ed El Salvador al fine di promuovere la cooperazione economica e politica tra questi stati.

Organization of Petroleum Exporting Countries: ***Organizzazione dei paesi esportatori di petrolio.*** Organismo fondato nel 1960 allo scopo di rappresentare i principali paesi produttori di petrolio nei loro rapporti con le società petrolifere. Prima del 1973, tale organizzazione aveva lo scopo di mantenere al livello più alto possibile le tasse e le royalties che le compagnie petrolifere pagavano ai paesi produttori sulla base del greggio estratto. Dopo il 1973, a seguito della guerra arabo–israeliana dell'ottobre 1973 e dell'embargo posto dai paesi arabi nei confronti dei paesi che sostenevano Israele, l'OPEC divenne un vero e proprio cartello per la determinazione dei prezzi del petrolio sui mercati mondiali. La politica dei prezzi dell'OPEC è stata uniforme fino all'inizio degli anni ottanta, quando la diminuzione della domanda di petrolio da parte dei paesi industrializzati e la sovrapproduzione di greggio che rischiava di far crollare i prezzi hanno prodotto le prime fratture all'interno dell'organizzazione. Ciò si è potuto verificare a causa delle differenze economiche e sociali dei paesi membri dell'OPEC. Essi, infatti, si possono dividere in due grandi gruppi: a) i paesi a bassa densità di popolazione e alto reddito pro capite; e, b) i paesi ad alta densità di popolazione e basso reddito pro capite. Dei primi fanno parte, tra gli altri, il Venezuela, la Nigeria, l'Iran e l'Iraq; dei secondi fanno parte, fra gli altri, l'Arabia Saudita, il Kuwait, gli Emirati Arabi. Posti di fronte all'alternativa di ridurre la produzione o i prezzi, i paesi dell'OPEC non si sono trovati d'accordo, in quanto quelli più ricchi erano dell'opinione di ridurre drasticamente la produzione allo scopo di mantenere alto il prezzo di vendita, mentre i paesi ad alta densità di popolazione preferivano vendere a qualsiasi prezzo la massima quantità possibile di greggio, onde poter finanziare i loro piani di sviluppo e far fronte alle esigenze di una grande popolazione. La questione, risolta con un compromesso nel 1983, sembra che debba ripresentarsi in maniera più drammatica nel prossimo futuro, se la domanda di prodotti petroliferi mondiale continuerà a mantenersi agli stessi livelli odierni.

organization principles: ***principi di organizzazione.*** Sarebbe impossibile, pur se qualcuno ha tentato, stabilire dei principi di organizzazione validi in assoluto. Esistono, tuttavia, dei principi generali, applicabili alla maggior parte dei casi, ed essi sono: a) l'obiettivo. L'obiettivo di un'impresa dovrebbe essere chiaramente definito e il metodo per realizzarlo dovrebbe essere chiaramente indicato, con sufficienti dettagli, in modo da mettere gli organizzatori in grado di decidere quale forma organizzativa sia più idonea al raggiungimento dell'obiettivo. b) flessibilità. Tutta la struttura organizzativa deve possedere flessibilità e, pertanto, al momento di pianificarla si deve tener conto di eventuali cambiamenti di politica aziendale e di circostanze. c) responsabilità. La responsabilità di ciascun posto all'interno dell'organizzazione deve essere chiaramente definita e deve essere accompagnata da sufficiente autorità per permettere a chi ricopre il posto di svolgere le proprie funzioni. Deve essere, inoltre, presente una struttura di responsabilità ben chiara, per cui ciascuno cui è delegata una parte di responsabilità deve rispondere soltanto al suo diretto superiore. d) disciplina. La disciplina è un fattore importante in ogni organizzazione e deve essere applicata secondo il principio della situazione.

organization structure: ***struttura organizzativa.*** La struttura in base alla quale si articolano le relazioni funzionali tra i diversi livelli di gestione e responsabilità all'interno di un'impresa o altra organizzazione.

organized exchange: ***borsa organizzata.*** Un qualsiasi mercato organizzato nel quale l'ingresso e la partecipazione alle contrattazioni sono riservati ai soli operatori autorizzati e nel quale vengono trattate determinate merci (borsa merci) o in generale titoli azionari, obbligazionari, di stato, ecc., nel qual caso il mercato prende il nome di borsa valori. (v. anche *organized market, commodity exchange, London Stock Exchange, stock exchange*)

organized financial market: ***mercato finanziario organizzato.*** Espressione generica, usata per indicare indifferentemente una borsa valori o un mercato dei cambi. (v. anche *foreign exchange market, stock exchange*)

organized investment market: ***mercato organizzato dei titoli di investimento.*** Lo stesso che *stock exchange* (v.).

organized labour: ***lavoro organizzato.*** L'associazione di lavoratori in sindacati, allo scopo di usare il potere contrattuale derivante dal numero nelle loro relazioni con la proprietà e il governo.

organized market: ***mercato organizzato.*** Un mercato tenuto in un luogo noto, nel quale si possono riunire tutti i principali operatori e nel quale le operazioni di compravendita si svolgono in base a norme prestabilite ed accettate da tutti i partecipanti. Spesso un mercato organizzato consente l'ingresso e la partecipazione alle contrattazioni soltanto ai propri membri regolarmente iscritti, come avviene in tutte le borse valori e nella maggioranza delle borse merci. Poiché il numero dei membri è relativamente limitato e poiché, almeno in teoria, ogni compratore è allo stesso tempo in contatto con tutti i venditori ed ogni venditore con tutti i compratori e gli altri venditori, questo tipo di mercato è quello che più si avvicina al concetto economico di mercato perfetto. Di solito, un mercato organizzato sotto forma di borsa merci si costituisce quando: a) il bene trattato è durevole; b) il prezzo del bene è soggetto ad ampie fluttuazioni; c) si trattano quantità relativamente grandi del bene. Quando un mercato organizzato tratta merci, ci sono due possibilità: 1) il bene può essere facilmente suddiviso in differenti gradazioni di qualità; 2) il bene non può essere facilmente suddiviso in differenti gradazioni di qualità, ma il mercato fornisce le strutture e la possibilità di esaminare le varie partite o nella loro interezza o attraverso campioni rappresentativi. Nel primo caso, le operazioni di compravendita si svolgono generalmente per trattativa privata; nel secondo caso, esse si svolgono generalmente attraverso il procedimento dell'asta o vendita all'incanto. (v. anche *stock exchange, London Stock Exchange, commodity exchange, perfect market, perfect competition*)

organ–pipes chart: ***canne di organo; diagramma a canne di organo.*** Un grafico che riepiloga la quantità o il valore degli scambi che hanno avuto luogo nella giornata presso una borsa valori.

orientation: ***orientamento.*** Il processo di inserimento del personale neoassunto nell'organizzazione e nelle sue funzioni. Consiste nell'informare la persona del tipo di attività che svolge l'impresa, dei metodi relativi al lavoro che dovrà svolgere all'interno dell'organizzazione, delle sue funzioni specifiche, dei suoi rapporti con gli altri membri del personale ed ogni altro aspetto che possa contribuire al suo miglior rendimento ed al suo miglior inserimento.

orientation price: ***prezzo orientativo; prezzo di orientamento.*** Nella politica agricola della Comunità Economica Europea, è il prezzo che si spera che gli agricoltori riescano a spuntare per determinati prodotti sul mercato libero. Ciascuno stato è autorizzato a imporre dazi sulle importazioni di quei prodotti, al fine di portare i prezzi esteri al livello dei prezzi orientativi nazionali. Ad un prezzo specificato e prestabilito, lievemente al di sotto del prezzo orientativo e chiamato prezzo di intervento, scatta l'azione degli organi a ciò preposti, che si concretizza con acquisti istituzionali, allo scopo di impedire un'ulteriore diminuzione del prezzo di vendita di quei prodotti. Al fine di incoraggiare la produzione di particolari derrate o in particolari aree, vengono a volte stabiliti prezzi di intervento regionali più elevati.

origin: ***origine.*** Nel linguaggio economico, questo termine viene usato per indicare il punto in cui comincia ad entrare in funzione la legge dell'utilità marginale decrescente. Questa legge, infatti, non agisce fin dalla prima unità di un determinato bene che il consumatore acquista, in quanto la prima e a volte anche la seconda, la terza e la quarta unità possiedono per il compratore grande utilità. Soltanto quando egli disporrà di una certa quantità minima di quel bene, se continuerà ad acquistarne entrerà in funzione la legge dell'utilità marginale decrescente. (v. anche *law of diminishing marginal utility, margin*)

original bill: ***cambiale originale.*** Nel mercato monetario, è una cambiale che è stata tratta e venduta dalla stessa persona e sulla quale, pertanto, non figura il nome di alcun girante.

original capital: ***capitale proprio; capitale di apporto.*** È il capitale versato all'atto della costituzione o della registrazione di una società.

original contractor: ***appaltatore diretto.*** Chi, in considerazione del pagamento di un prezzo fisso concordato, si impegna col committente per eseguire un determinato lavoro o una fornitura di materiali. Il termine viene usato in contrapposizone a *subcontractor* (v.).

original cost: ***costo originario.*** L'esborso monetario sostenuto dal proprietario di un bene per la sua acquisizione. Nel costo originario, pertanto, non rientra nessuna variazione del costo derivante da alterazioni successive alla data di acquisto e relative ad ammortamento, migliorie, ecc. Nelle imprese di pubblici servizi, si indica con questa espressione il costo, di un'attività o di un sistema operativo, sostenuto dalla persona che per prima ha destinato tale unità o sistema alla produzione di servizi pubblici. Lo stesso termine inglese viene a volte usato in luogo del più comune *object cost* (v.).

original cost method of inventory valuation: ***metodo del costo originario.*** Espressione usata con lo stesso significato di *first–in, first–out method of inventory valuation* (v.), pur se questa denominazione è impropria e può essere fuorviante.

original–cost standard: ***standard di costo originario.*** In relazione alla valutazione dei beni capitali di un'impresa, questa espressione indica il costo di tali beni capitali misurato in base al capitale di rischio e di prestito, versato cioè dagli azionisti e dagli obbligazionisti rispettivamente, all'epoca in cui l'impresa fu costituita o in epoca successiva.

original cost theory of rate making: ***determinazione delle tariffe basata sulla teoria del costo originario.*** Nelle imprese di pubblici servizi, è la determinazione delle tariffe da far pagare agli utenti, basata sul costo originario del bene, cioè l'unità o il sistema produttivo. Il concetto è quello che il servizio venduto dovrebbe fruttare un certo utile in relazione appunto al costo originario del bene capitale utilizzato nella produzione del servizio. (v. anche *original cost, cost of capital theory of rate making, fair return on fair value theory of rate making, investment cost theory of rate making, prudent investment cost theory of rate making, reproduction cost theory of rate making*)

original entry: 1. ***registrazione di prima nota.*** Una registrazione nella forma opportuna per essere trasferita a mastro o per essere inserita in un libro di prima nota. Essa contiene tutte le informazioni relative ad una data operazione o, in alternativa, fa riferimento a documenti che contengono le informazioni suddette o ad altri libri in cui sono contenute altre scritture sulle quali è basata la registrazione in questione. **2.** ***libro di prima nota; prima nota.*** In questo significato, il termine inglese è usato in luogo di *book of original entry* (v.).

original equipment manufacturer: ***produttore di materiale originale; produttore originario.*** Si usa questo termine per distinguere il produttore e venditore di un impianto o di un'unità di prodotto da produttori o venditori di parti di ricambio.

original goods: ***beni naturali.*** Nel linguaggio economico, questo termine è talvolta usato come sinonimo di doni della natura, in quanto sta ad indicare beni che l'uomo non è costretto a produrre, perché gli vengono forniti direttamente dalla natura, come ad esempio la terra o i giacimenti minerari. Tali beni, tuttavia, non hanno di per sé una grande importanza dal punto di vista economico, fin quando non viene applicato loro un altro o altri fattori della produzione.

original invoice: ***fattura originale.*** È così chiamata sia la prima delle varie copie di una fattura, sia una fattura successivamente integrata da un'altra.

original issue discount: ***sconto di emissione originario.*** Lo sconto sul valore nominale di un titolo concesso al primo acquirente, cioè quando il titolo viene venduto dall'emittente.

original–issue stock: ***capitale originale.*** Espressione usata negli Stati Uniti per indicare i particolari certificati azionari che vengono rilasciati ai sottoscrittori originali delle azioni di una società, quando esse vengono emesse. Il termine, quindi, non può applicarsi agli stessi certificati dopo che su di essi è stata apportata una modifica relativa al nome dell'azionista, a seguito di una vendita.

original maturity: ***durata originale.*** Il tempo che deve decorrere, fino alla scadenza di un prestito obbligazionario, calcolato dal momento in cui ha luogo l'emissione.

original package: ***imballaggio originale.*** Imballaggio preparato per spedizioni internazionali e rimasto intatto fino alla consegna al destinatario.

original package doctrine: ***dottrina dell'imballaggio originale.*** Negli Stati Uniti, è la dottrina che consente l'imposizione di dazi soltanto quando l'imballaggio originale viene aperto, perché solo in quel caso è possibile affermare che il bene non è più allo stato estero o in transito.

original payee: ***primo prenditore; prenditore originario; primo beneficiario; beneficiario originario.*** È la persona a favore della quale viene emesso un titolo di credito e il cui nome compare sullo stesso. (v. anche *payee*)

original producers: ***produttori originali.*** Con questa espressione a volte si indicano i proprietari di beni naturali che, in considerazione del pagamento di un canone di locazione o altra remunerazione, ne consentono lo sfruttamento ad altri. Lo stesso termine viene a volte usato per indicare un salariato, in quanto proprietario del suo lavoro, che concede ad altri in cambio di una remunerazione.

originating bank: ***banca emittente; banca accreditante.*** In relazione ad una lettera di credito o altro documento simile, è la banca estera dalla quale proviene la lettera di credito. La banca che, invece, inoltra o versa materialmente all'esportatore l'importo della lettera di credito viene indicata come banca notificante. (v. anche *advising bank, letter of credit*)

orphan drug: ***farmaco negletto.*** Una medicina cui viene concesso uno status di monopolio sul mercato a causa della sua unicità, del limitato mercato cui si rivolge e della capacità comprovata di combattere una malattia mortale o estremamente rara. La legge statunitense, che creò questo status e che inoltre offre sgravi fiscali a quelle imprese che producono tali medicine, in origine stabilì che avevano diritto a tale trattamento solo le medicine che si rivolgono a un potenziale mercato inferiore ai 200.000 pazienti e il cui fatturato non supera i cinque milioni di dollari.

Orthodox School: ***Scuola ortodossa.*** Espressione con la quale nel linguaggio economico viene a volte indicata la scuola classica. (v. anche *Classical School*)

orthodox tradition: ***tradizione ortodossa.*** Lo stesso che *classical tradition* (v.).

O/s: outstanding.

O/S: on sale or return.

o/sg.: outstanding.

Oslo Convention: ***Convenzione doganale di Oslo.*** È la convenzione conclusa il 22 dicembre del 1930 tra i rappresentanti dei quattro paesi scandinavi, dell'Olanda, del Belgio e del Lussemburgo. Scopo di tale accordo era quello di costituire una zona economica con inclinazioni liberistiche e imporre una tregua doganale che vincolasse le tariffe in vigore negli stati contraenti. La svalutazione della sterlina britannica nel 1931 fece naufragare le speranze di miglioramento degli scambi tra i paesi che avevano sottoscritto la convenzione. I sette paesi furono, infatti, divisi da questo evento, in quanto i quattro paesi scandinavi seguirono la sterlina e a loro volta svalutarono, mentre Belgio, Olanda e Lussemburgo rimasero fedeli al blocco aureo.

ostensible agency: ***mandato implicito; mandato presunto.*** Mandato presunto o implicito che esiste quando intenzionalmente o per mancanza di esercizio della ordinaria diligenza si induca qualcuno a ritenere che un terzo agisca in qualità di proprio mandatario o agente, anche se in effetti il terzo non è mai stato impiegato a tale scopo.

ostensible owner: ***proprietario apparente.*** Lo stesso che *reputed owner* (v.).

ostensible ownership: ***proprietà apparente.*** Lo stesso che *reputed ownership* (v.).

ostensible partner: ***socio apparente.*** Lo stesso che *nominal partner* (v.).

o.t.: overtime.

O.T.: overseas trade.

OTC: 1) over–the–counter; 2) Overseas Trading Corporation.

other accounts: ***altri conti.*** È una parte della passività descritta come «altri depositi» nel rendiconto settimanale del dipartimento bancario della Banca d'Inghilterra. Sotto questa intestazione rientrano i saldi delle banche estere e dei clienti ordinari della Banca. (v. anche *other deposits*)

other assets: ***altre attività; attività secondarie di varia natura.*** Nei bilanci, vengono indicate con questa espressione quelle attività di minore importanza e di genere vario che non possono trovare collocazione sotto altre intestazioni consuetudinarie. L'ammontare di queste attività, che vengono riportate in bilancio sotto un unico totale, rappresenta di regola soltanto una piccolissima percentuale delle attività totali.

other deductions: ***altre detrazioni.*** Nei conti profitti e perdite o altri tipi di conti simili, vengono indicati sotto questa intestazione i costi secondari di varia natura esposti sotto un unico totale al fine di evitare inutili e lunghe descrizioni analitiche. Lo stesso termine inglese è, a volte, usato per indicare le detrazioni dagli utili. (v. anche *income deduction*)

other deposits: ***altri depositi.*** È una delle passività che compaiono nel rendiconto settimanale del dipartimento bancario della Banca d'Inghilterra. È suddivisa in due parti: *bankers' deposits*, cioè i depositi delle banche londinesi affiliate alla stanza di compensazione; e *other accounts*, cioè i saldi delle banche estere e dei clienti ordinari della Banca d'Inghilterra.

other expense: ***altre spese.*** Lo stesso che *non–operating expense* (v.).

other income: ***utile aggiuntivo.*** Lo stesso che *non–operating income* (v.).

other income method: ***metodo dell'utile aggiuntivo; metodo della rettifica dei costi.*** Nel linguaggio della contabilità, questo termine indica un metodo, che prevede una serie di possibilità diverse, in base al quale il ricavo della vendita di sottoprodotti viene considerato come elemento di reddito aggiuntivo o come rettifica del reddito derivante dalla vendita dei prodotti principali. (v. anche *non–operating income*)

other insurance clause: ***clausola di altra assicurazione.*** Quando un bene è coperto da più polizze di assicurazione, questa clausola stabilisce che eventuali perdite andranno ripartite proporzionalmente tra le due o più polizze che garantiscono il bene contro quel particolare rischio.

other liabilities: ***passività secondarie di varia natura; altre passività.*** Nei bilanci, vengono indicate con questa espressione quelle passività di minore importanza e di genere vario che non possono trovare collocazione sotto altre intestazioni consuetudinarie. L'ammontare di queste passività, che vengono riportate in bilancio sotto un unico totale, rappresenta di regola soltanto una piccolissima percentuale delle passività totali.

other revenue: ***altri ricavi.*** Lo stesso che *non-operating income* (v.).

other securities: ***altri titoli.*** È l'intestazione di una delle attività riportate nel rendiconto settimanale del dipartimento bancario della Banca d'Inghilterra. È suddivisa in due parti: a) sconti e anticipazioni; e, b) titoli. La prima indica la somma mutuata dalla Banca ai membri del mercato finanziario e del mercato delle accettazioni, tramite il risconto di effetti bancabili o dietro garanzia di titoli depositati presso la Banca. La seconda indica la somma globale in titoli acquistati direttamente dalla Banca o di sua proprietà.

Ottawa Agreements: ***Accordi di Ottawa.*** Sono gli accordi che seguirono alla Conferenza economica imperiale tenutasi ad Ottawa nel 1932. Scopo della conferenza e degli accordi fu quello di incrementare gli scambi commerciali tra Regno Unito e paesi del Commonwealth, a discapito di altri paesi. Infatti, la conferenza e gli accordi seguirono l'adozione da parte del Regno Unito di una tariffa doganale discriminante nei confronti dei paesi terzi, ma favorevole ai paesi del Commonwealth. In base agli Accordi di Ottawa, costituiti da dodici accordi bilaterali di cui sette tra Regno Unito e paesi del Commonwealth e cinque direttamente tra paesi del Commonwealth, il Regno Unito concedeva una tariffa preferenziale (detta preferenza imperiale) ai paesi del Commonwealth i quali, a loro volta, concedevano al Regno Unito uguale trattamento preferenziale. Ambedue le preferenze furono realizzate principalmente attraverso l'aumento dei dazi doganali sui prodotti provenienti da paesi terzi. In cambio della tariffa preferenziale concessa dai paesi del Commonwealth, il Regno Unito in particolare si impegnò: a) ad imporre dazi di importazione su beni fino ad allora importati in esenzione doganale, quali frutta, burro, uova, frumento, rame, ecc.; b) a continuare ad importare in esenzione doganale tutti i beni provenienti dai paesi del Commonwealth, altrimenti soggetti all'imposizione stabilita nell'*Imperial Duties Act* del 1932; c) ad aumentare i dazi d'importazione in vigore su una grande varietà di beni, principalmente generi alimentari; d) ad applicare contingentamenti alle importazioni di carne e derivati del latte, provenienti da paesi terzi. Questo sistema di tariffe preferenziali è stato notevolmente indebolito a seguito dell'ingresso del Regno Unito nella Comunità Economica Europea, pur se mediante negoziati una parte di queste preferenze è stata mantenuta al fine di non pregiudicare la posizione di alcuni paesi del Commonwealth, tra i quali quelli produttori di zucchero. (v. anche *imperial preference, Imperial Economic Conference*)

ouguiya: Unità monetaria della Mauritania, suddivisa in cinque khoums.

ounce: ***oncia.*** Unità di misura di peso in uso nei paesi anglosassoni. Si distingue in oncia troy, equivalente alla dodicesima parte di una libbra e contenente 480 grani; e oncia avoirdupois, equivalente alla sedicesima parte di una libbra e contenente 437,5 grani. Nelle misure di peso farmaceutiche, l'oncia equivale a 8 dramme. Rapportata al sistema decimale, l'oncia troy equivale a 31,1035 grammi; l'oncia avoirdupois a 28,3495 grammi. (v. anche *grain, pound, dram, avoirdupois, fluid ounce*)

outage: **1.** ***calo; perdita.*** La quantità di carico persa da un contenitore a seguito, ad esempio, di evaporazione. **2.** ***inattività.*** Periodo di tempo durante il quale un impianto o una macchina non possono funzionare a causa di guasto o di revisione.

outage cost: ***costo d'inattività.*** Costo conseguente alla indisponibilità di un impianto o di una macchina, dovuta a guasto, revisione o mancata osservanza delle date di consegna da parte del costruttore.

out clearing: ***compensazione in uscita.*** Quando una banca procede ad un'operazione di compensazione con una o più banche diverse, i titoli di credito che una banca consegna alle altre rappresentano per quella banca la compensazione in uscita e i titoli di credito che essa riceve dalle altre banche rappresentano per lei la compensazione in entrata. (v. anche *clearing 1, clearing house*)

outcry market: ***mercato alle grida.*** Espressione usata nel Regno Unito in relazione alle borse merci nelle quali, anche quando le operazioni avvengono per trattativa privata, ciascuna di esse deve essere gridata affinché possa venire registrata. (v. anche *organized market, commodity exchange*)

out-cycle time: ***tempo fuori ciclo.*** È il tempo che un lavoratore dedica alle proprie mansioni fuori del ciclo di produzione. Può essere il tempo dedicato all'avviamento delle macchine, oppure alla loro manutenzione o ad altre attività non identificabili col ciclo di produzione vero e proprio. (v. anche *in-cycle time*)

out-cycle work: ***lavoro fuori ciclo.*** È il lavoro svolto da un operatore, mentre la macchina cui è addetto non partecipa al ciclo di produzione. Può essere il lavoro di avviamento o preparazione della macchina, oppure un qualsiasi lavoro di manutenzione o altra attività comunque non direttamente connessa col ciclo di produzione vero e proprio. (v. anche *in-cycle work*)

outdoor advertising: ***pubblicità esterna.*** Tutti i mezzi, quali ad esempio insegne e cartelloni, posti all'esterno di un punto di vendita allo scopo di attirare o influenzare i potenziali clienti.

outdoor relief: Espressione che nelle *Poor Laws* britanniche stava ad indicare l'assistenza prestata ai poveri residenti nelle loro abitazioni e non in appositi istituti. (v. anche *indoor relief*)

Outer Seven: All'epoca in cui il Regno Unito non era membro della Comunità Economica Europea quest'espressione veniva usata per indicare i sette paesi che facevano parte dell'Associazione europea di libero scambio, e cioè Austria, Regno Unito, Danimarca, Norvegia, Portogallo, Svezia e Svizzera. L'aggettivo *outer*, cioè esterni, era usato in considerazione della posizione geografica di questi sette paesi rispetto ai sei membri che costituivano il primo nucleo della Comunità Economica Europea. (v. anche *European Free Trade Association, European Economic Community*)

outgo: **1.** ***spesa; esborso.*** Termine usato in contabilità con lo stesso significato di *expenditure* (v.). **2.** ***uscita.*** Termine generico, usato per indicare una qualsiasi sottrazione da una quantità esistente di un bene, di solito col significato opposto a «entrata». Trattandosi di termine generico, può adattarsi tanto ad un esborso di moneta, quanto ad un'uscita di un qualsiasi altro bene o a vari altri significati che abbiano, comunque, la connotazione di «uscita». (v. anche *income 2*)

outgoing invoice: ***fattura in partenza.*** È la fattura che il venditore spedisce al compratore dei beni o servizi in essa descritti.

outgoings: ***esborsi; spese.*** Termine usato come opposto di *income* (v.). Per la spiegazione, v. *outlay.*

outgoing specie point: ***punto metallico superiore; punto dell'oro superiore.*** Lo stesso che *gold export point* (v.).

out–guide: ***cartellino di archivio.*** Un cartellino o altro dispositivo inserito in un archivio al posto di una pratica prelevata e in giacenza presso qualche altro ufficio. Il cartellino indica il codice relativo alla pratica, la sua posizione d'archivio, la data in cui la pratica fu prelevata, il nome di chi la prelevò e l'ufficio o la persona che l'ha in esame.

outlaw strike: ***sciopero illegale.*** Termine usato con lo stesso significato di *illegal strike* (v.).

outlay: ***esborso; spesa.*** Il termine inglese viene usato principalmente per indicare la spesa globale di un privato, di una società o di un governo, cioè a dire il modo in cui un qualsiasi percettore di reddito decide di ripartire le sue entrate lorde. Un privato, ad esempio, potrà ripartire il suo reddito destinandolo a quattro principali usi: a) spesa in beni e servizi; b) pagamento di imposte e tasse; c) trasferimenti, sotto forma di regali e simili; d) risparmio. Allo stesso modo, le imprese suddivideranno i propri redditi tra: a) pagamento di dividendi e interessi; b) pagamento di imposte e tasse; c) risparmio; non considerando le spese e i costi operativi. Se si considerano tutti gli individui, tutte le imprese e il governo come una singola entità, si vedrà che la spesa globale di una nazione sarà indirizzata sui consumi e sugli investimenti, in quanto il risparmio si trasforma in investimento. Secondo il più diffuso concetto economico odierno, se questa spesa globale non è sufficiente a mantenere la piena occupazione, il governo dovrà intervenire con un aumento della spesa pubblica. Lo stesso termine viene usato in contabilità per indicare il pagamento di moneta in cambio di beni e servizi ricevuti e come sinonimo di costo per indicare il prezzo di acquisto di un bene o servizio, misurato in termini di moneta sborsata in cambio del bene o servizio acquistato.

outlay account: ***prospetto di riparto degli utili.*** Termine usato con lo stesso significato di *appropriation account 1* (v.).

outlay contour: 1. ***curva d'isocosto; linea d'isocosto; isocosto; retta del bilancio del produttore.*** Termine usato con lo stesso significato di *iso–outlay curve* (v.). **2.** ***curva dei prezzi.*** Termine usato con lo stesso significato di *price line 2* (v.).

outlay cost: ***costo vivo.*** In contabilità, è un costo rappresentato da un esborso di moneta o da un trasferimento di beni e, quindi, un qualsiasi costo effettivamente registrato. Il termine inglese viene usato come opposto di costo imputato, quando quest'ultimo sta ad indicare il costo–opportunità di input posseduti dall'impresa e, pertanto, non effettivamente pagati. (v. anche *imputed cost*)

outlay curve: 1. ***curva d'isocosto; linea d'isocosto; isocosto; retta del bilancio del produttore.*** Termine usato con lo stesso significato di *iso–outlay curve* (v.). **2.** ***curva dei prezzi.*** Termine usato con lo stesso significato di *price line 2* (v.).

outlay expiration: ***estinzione di una spesa.*** La graduale riduzione di una spesa sostenuta, come conseguenza di eventi o condizioni che riducono la probabile utilità futura del bene capitale cui la spesa si riferisce. Gli eventi che portano a questa estinzione possono essere l'usura, il trascorrere del tempo, la distruzione del bene capitale, e simili.

outlay taxes: ***imposte indirette.*** Il significato del termine inglese è alquanto più ampio di quello del corrispondente italiano, ma anche più generico. Esso comprende una qualsiasi imposta che colpisce le spese di privati o di imprese, come ad esempio le imposte di consumo, l'IVA, ecc., ma anche alcune tasse e imposte locali, come ad esempio le tasse su concessioni governative e le imposte locali sui fabbricati. Anche le imposte sulla benzina, sul tabacco, sui liquori, ecc. rientrano in questa categoria.

outlet: ***sbocco; sbocco commerciale; punto di vendita.*** Un qualsiasi mercato che può assorbire la produzione di un'industria, di un'impresa o di un paese. Il termine inglese è anche usato per indicare un qualsiasi punto di vendita al dettaglio, sia della piccola che della grande distribuzione.

outlet store: ***negozio delle occasioni.*** Termine statunitense, con il quale si indica un negozio al dettaglio che vende beni di poco prezzo, articoli non più in produzione, prodotti obsoleti e oggetti pignorati per mancato pagamento da parte dell'acquirente o provenienti da fallimenti.

outliers: ***valori erratici.*** Termine usato con lo stesso significato di *extremes* (v.).

out–of–date cheque: ***assegno prescritto.*** Termine usato con lo stesso significato di *stale cheque* (v.).

out–of–pocket cost: ***erogazione finanziaria; costo vivo.*** Il termine inglese viene usato in un duplice significato: a) un qualsiasi costo sostenuto da un privato e pagato in contanti, come ad esempio spese di benzina durante un viaggio, di cui egli può successivamente chiedere il rimborso. In questo significato, il termine inglese indica un costo variabile pagato in contanti, cioè nel momento in cui viene sostenuto. b) Un qualsiasi costo, diverso dai costi fissi e pertanto variabile, imputabile direttamente ad un prodotto, una commessa o un'operazione.

out–of–pocket expenditure: ***spese minute; spese minime.*** Lo stesso che *out–of–pocket cost* (v.) nel significato a).

out–of–pocket expense: ***erogazione finanziaria; spesa viva.*** Termine usato con lo stesso significato di *out–of–pocket cost* (v.).

out–of–pocket recovery point: ***punto di recupero delle erogazioni finanziarie.*** In un diagramma di redditività, è il punto nel quale si identifica la copertura dei costi che, nella gestione aziendale, danno effettivamente luogo ad erogazioni finanziarie. Differisce dal *break–even point* (v.), in quanto quest'ultimo tiene conto anche di costi fissi sopprimibili, quali ad esempio l'ammortamento e l'interesse sul capitale proprio, cui non corrispondono reali ed effettive erogazioni finanziarie, non presi in considerazione dall'*out–of–pocket recovery point*, che considera soltanto i costi fissi non sopprimibili, che possono essere misurati da effettive erogazioni numerarie, come ad esempio i premi di assicurazione, gli stipendi di direzione, e simili.

out of sale: ***fuori commercio.*** Detto di beni esauriti o non più prodotti, che pertanto non si trovano in commercio.

out–of–state corporation: ***società estera.*** Termine più preciso per indicare la società descritta al punto 1) di *foreign corporation* (v.).

out of stock: ***esaurito.*** Detto di articolo non disponibile per la vendita immediata, in quanto tutte le scorte o giacenze sono state esitate.

out of the money: Espressione statunitense, usata in relazione a un contratto a premio su un titolo, il cui prezzo di esercizio è superiore al prezzo di mercato nel caso di contratto a premio dont o inferiore al prezzo di mercato nel caso di un contratto a premio put.

out of work: ***disoccupato.*** Espressione usata con funzione di attributo per indicare una persona non impiegata in un lavoro retribuito. (v. anche *unemployed*)

outpayment: ***erogazione.*** L'azione di effettuare il pagamento di quanto dovuto come contropartita di un acquisto. Il termine viene usato come opposto di *inpayment* ed è, in ultima analisi, sinonimo di pagamento, visto dall'angolazione di chi effettua il versamento di moneta.

out–port: Un qualsiasi porto fuori della giurisdizione doganale di Londra e, pertanto, qualsiasi porto inglese ad eccezione di Londra.

output: ***produzione; prodotto.*** La quantità o il valore dei beni e servizi complessivi prodotti nell'arco di un determinato periodo di tempo, o attraverso una singola operazione, da un privato, un'impresa, un'industria o un paese. Nel calcolo del reddito nazionale, la produzione viene misurata nel momento in cui essa viene resa disponibile dal processo produttivo, ma ciò crea notevoli difficoltà quando si tratta di misurare i servizi, siano essi prodotti da privati o dallo stato, per i quali l'unità di prodotto non è facilmente identificabile. Il termine inglese in questo significato è spesso usato nel senso di prodotto lordo. Un altro significato del termine inglese indica la produzione, in un arco di tempo determinato, di una miniera, di un pozzo petrolifero o altro giacimento minerario. (v. anche *gross output, net output*)

output budgeting: ***pianificazione della produzione.*** Generalmente questa espressione viene usata per indicare i piani, preparati dalle apposite autorità governative, tendenti a stabilire la quantità di beni e servizi da prodursi nell'arco di un periodo di tempo futuro ben determinato, utilizzando le risorse disponibili a tale fine. Il termine inglese, tuttavia, è alquanto generico ed impreciso ed è usato più spesso in relazione a piani, preparati da imprese senza scopo di lucro o da agenzie ed enti statali, tendenti a porre in stretta relazione le risorse e la produzione, al fine di massimizzare l'efficienza, in assenza di riprove costituite, per altri tipi di imprese, dai profitti o dalla risposta di mercato. (v. anche *Programme Planning Budgeting System*)

output costs: ***costi di produzione.*** Corrispondono alla somma globale delle remunerazioni o dei prezzi pagati da un imprenditore per produrre un determinato bene o servizio e comprendono il costo dei fattori della produzione (materiali e lavoro) e la quota di spese generali imputata al prodotto. Nella terminologia usata dalle imprese di pubblici servizi, il termine inglese indica i costi che variano col variare della produzione del servizio consumata da un particolare utente.

output effort: ***sforzo produttivo.*** L'impegno dedicato da un lavoratore allo svolgimento delle proprie mansioni e che si manifesta in una maggiore o minore produttività.

output index: ***indice della produzione.*** Lo stesso che *index of industrial production* (v.).

output price: ***prezzo di produzione.*** Lo stesso che *factory price* (v.).

output rate: ***tariffa di produzione.*** Nella terminologia usata dalle imprese di pubblici servizi, l'espressione inglese indica quella parte di tariffa basata sui costi di produzione. (v. anche *output costs*)

output response function: ***funzione di reazione della produzione.*** Ipotesi che sostiene che se la domanda globale di beni e servizi all'interno di un sistema economico aumenta costantemente, la produzione anche aumenterà ma, dopo un periodo di tempo, ad un tasso di reazione decrescente. Ciò può essere il risultato di diverse cause, come ad esempio un aumento dell'occupazione che crea una crescente scarsità di manodopera qualificata; orari di lavoro più lunghi, ma non tanto da non essere accettati dai lavoratori; occupazione di lavoratori marginali, con il conseguente prosciugamento di questa fonte di lavoro addizionale; crescente scarsità di materie prime in rapporto al fabbisogno crescente, e altre ancora.

output tax: ***imposta sul valore aggiunto a debito; IVA a debito.*** L'imposta sul valore aggiunto che un'impresa riscuoterà dal compratore dei suoi prodotti e di cui dovrà successivamente rispondere all'erario. Dall'importo dell'IVA a debito, tuttavia, il soggetto è autorizzato a detrarre l'importo dell'IVA a credito, cioè l'ammontare di imposta sul valore aggiunto che egli ha pagato all'atto dell'acquisto dei beni successivamente trasformati e rivenduti. (v. anche *value added tax, input tax*)

outright: ***a termine secco.*** Aggettivo usato in relazione alle operazioni descritte sotto *outright deal* (v.).

outright deal: ***operazione a termine secco.*** Nel linguaggio bancario e borsistico, è un'operazione in valuta estera per consegna a termine, senza una corrispondente operazione a pronti. In un'operazione del genere, le parti fissano in anticipo il tasso di cambio a termine secco, cioè che non prevede un premio o una variazione delle posizioni delle due parti, e nel giorno stabilito la divisa estera sarà consegnata e pagata a quel tasso di cambio. Tali operazioni, che sono di solito effettuate da operatori impegnati nel commercio internazionale, offrono a questi ultimi la possibilità di garantirsi contro il rischio che potrebbe derivar loro da forti fluttuazioni delle parità e offrono alla controparte, di solito una banca, la possibilità di approvvigionarsi della valuta che dovrà consegnare ad un tasso di cambio per lei favorevole, che potrebbe e dovrebbe verificarsi nell'arco di tempo tra la stipula del contratto e la data di consegna della valuta estera. Questo tipo di operazioni si svolgono anche per beni diversi dalla valuta.

outright forward transaction: ***operazione a termine secco.*** Lo stesso che *outright deal* (v.).

outright rate of exchange: ***tasso di cambio a termine secco.*** Il tasso di cambio stabilito in anticipo dalle parti, al quale avrà luogo un acquisto o una vendita di valuta estera a termine, cioè per consegna ad una data posteriore a quella di negoziazione. Ad operazioni del genere, che si differenziano da quelle a termine in quanto non prevedono un premio e non sono accompagnate da una corrispondente operazione a pronti, ricorrono abitualmente gli operatori commerciali che si interessano di importazioni ed esportazioni, al fine di tutelarsi contro il rischio di improvvise e notevoli fluttuazioni dei cambi.

outside broker: ***intermediario esterno.*** Nel linguaggio delle borse, è un operatore che non fa parte di alcuna borsa valori, ma è autorizzato ad invitare il pubblico a sottoscrivere titoli tramite suo. Una volta ottenute le richieste di acquisto, egli funge da intermediario tra il pubblico ed uno *stockbroker* (v.). La figura ha la sua ragione di esistere nel fatto che agli *stockbrokers* membri della borsa valori viene fatto divieto di invitare il pubblico a sottoscrivere titoli mediante qualsiasi forma di pubblicità, cosa che invece può fare l'intermediario esterno.

outside dealer: ***operatore esterno.*** Nel Regno Unito, è un mediatore di borsa autorizzato dal ministero dell'industria e del commercio, in base al *Prevention of Fraud (Investments) Act* del 1958, a trattare valori e titoli per proprio conto. Egli acquista in quantità relativamente grandi tramite un membro della borsa valori e rivende in piccole quantità agli investitori, servendosi di mezzi pubblicitari, quali ad esempio lettere circolari, il cui uso è vietato per legge ai membri delle borse valori britanniche.

outside director: ***amministratore esterno.*** Membro del consiglio di amministrazione di una società non eletto dagli azionisti, ma nominato, ad esempio, da un'altra società che possiede una partecipazione azionaria nella prima. L'amministratore esterno, quindi, dipende dalla società che lo ha nominato e di solito non ricopre alcun incarico esecutivo nei vari settori dell'impresa. (v. anche *non–executive director*)

outside lag: ***sfasamento esterno.*** Il ritardo che si verifica tra l'attuazione di una politica macroeconomica e la realizzazione del suo effetto complessivo.

outside money: ***moneta esterna.*** Moneta proveniente da una qualche fonte esterna al sistema economico stesso. Se esiste, essa deve rientrare in uno dei seguenti tre tipi: debito pubblico infruttifero (moneta cartacea o moneta a corso forzoso); oro e altri metalli preziosi; valuta estera.

outside price: ***prezzo esterno; prezzo per gli investitori.*** Nell'*over–the–counter market* (v.) statunitense, è il prezzo che gli operatori quotano agli investitori, che risulta diverso da quello quotato ad altri operatori dello stesso mercato.

outsider: **1.** ***estraneo; terzo.*** Qualsiasi persona che non abbia un rapporto stabile di lavoro con un'impresa o che non ne faccia parte in qualità di dirigente, sindaco, revisore dei conti o semplice azionista. In alcune circostanze, anche gli azionisti di una società possono essere considerati terzi nei confronti della società stessa. **2.** ***impresa non coalizzata.*** Una qualsiasi impresa che si rifiuti di aderire ad una coalizione avente lo scopo di sospendere la lotta tra imprese della stessa industria ed evitare il calo dei prezzi sul mercato. L'impresa non coalizzata tende, a differenza di quelle coalizzate, a salvaguardare i profitti agendo sui costi invece che sui prezzi.

outside salesman: ***venditore esterno.*** Un venditore che svolge la propria attività in luogo diverso dal locale di vendita ufficiale dell'impresa presso la quale è impiegato.

outside shareholders: ***azionisti di minoranza.*** Lo stesso che *minority shareholders* (v.).

outside shareholders' interest: ***partecipazione di minoranza.*** Lo stesso che *minority interest* (v.).

outside tenders: ***offerte esterne.*** Espressione che nel linguaggio finanziario londinese indica le offerte provenienti dai rappresentanti di banche estere che, alle vendite settimanali di buoni del tesoro, fanno offerte contro quelle delle case di sconto londinesi.

out–sourcing: ***approvvigionamento da fonte esterna.*** L'acquisto di componenti da un fornitore straniero o da uno stabilimento i cui dipendenti non sono iscritti al sindacato. Il termine si applica al linguaggio delle relazioni industriali.

outstanding: **1.** ***insoluto; in arretrato; scoperto; non saldato; non pagato; scaduto.*** Aggettivo con il quale si indica un conto o un titolo di credito, il cui importo non è ancora stato trasferito dal debitore al creditore. **2.** ***in circolazione.*** Aggettivo usato per definire titoli azionari o obbligazionari emessi da un'impresa e in possesso del pubblico. **3.** ***eccellente.*** Aggettivo a volte usato per indicare particolari realizzazioni in campo di produzione o redditività di un'impresa, di un titolo, e simili.

outstanding and open account: ***conto insoluto.*** Nel linguaggio giuridico–commerciale, è un debito non ancora pagato, derivante da prestazioni di servizi, merci fornite e altre operazioni in conto corrente, per liquidazione futura su presentazione dell'estratto conto da parte del creditore.

outstanding balance: ***saldo scoperto.*** È la parte di un debito che non è stata ancora liquidata.

outstanding bonds: ***obbligazioni in circolazione.*** Sono le obbligazioni emesse da un'impresa e tuttora in possesso degli obbligazionisti. Il numero delle obbligazioni in circolazione può non coincidere col numero di obbligazioni emesse, quando l'emissione prevede l'ammortamento attraverso il rimborso di una determinata parte del prestito ad intervalli prestabiliti tra la data di emissione e quella di scadenza. Pertanto, il numero di obbligazioni in circolazione sarà uguale al numero di quelle emesse per un certo periodo di tempo, che va dalla data di emissione alla data della prima estrazione per il rimborso, dopo di che il numero delle obbligazioni in circolazione andrà via via diminuendo a seguito delle successive estrazioni, fino al giorno in cui il prestito sarà totalmente ammortizzato con l'ultima parte di rimborso che coincide con la data di scadenza del prestito obbligazionario.

outstanding capital stock: ***capitale sociale in circolazione.*** Espressione statunitense, con la quale viene indicato il capitale emesso da una società e in possesso dei suoi azionisti.

outstanding cheque: ***assegno in circolazione.*** Dal punto di vista dell'emittente, è un assegno emesso ma non ancora presentato per l'incasso dal prenditore.

outstanding order: ***ordinativo inevaso.*** Lo stesso che *unexecuted order* (v.).

outstanding security: ***titolo in circolazione.*** Titolo di credito, quale ad esempio un'obbligazione, in possesso di un investitore e pertanto non riscattato dalla società emittente.

outstanding stock: ***capitale sociale in circolazione.*** Termine usato con lo stesso significato di *outstanding capital stock* (v.).

outturn: **1.** ***resa allo sbarco.*** La quantità di merci effettivamente sbarcata al porto di destinazione. (v. anche *outturn weight*) **2.** ***entrata fiscale; gettito netto.*** Nel bilancio dello stato, il termine indica le effettive entrate fiscali in relazione al gettito previsto nel precedente bilancio di previsione.

outturn weight: ***peso di resa allo sbarco; peso resa.*** È il peso effettivo delle merci sbarcate al porto di destino. Il peso di resa allo sbarco può differire da quello dichiarato nella polizza di carico e relativo alle merci ricevute a bordo al porto d'imbarco, a seguito di variazioni derivanti dall'assorbimento o dalla perdita di umidità durante il viaggio o cause simili.

outward cargo: ***carico di andata.*** Il carico preso a bordo da una nave per il viaggio dal porto in cui si trova ad un altro porto. Su tale carico, la nave guadagna il nolo di andata.

outward freight: ***nolo di andata.*** Il nolo guadagnato da una nave nel suo viaggio di andata, cioè dal porto in cui si trova ad un altro porto.

outward manifest: ***manifesto di partenza.*** Il documento doganale di cui devono essere munite tutte le navi in partenza da porti nazionali per poter ottenere l'autorizzazione a salpare. Il manifesto di partenza, che si applica anche agli aeroplani destinati al trasporto di merci, deve contenere una specifica dettagliata di tutte le merci caricate a bordo della nave o dell'aereo. (v. anche *manifest*)

outward–oriented policy: ***politica orientata verso l'esterno.*** Una politica commerciale che privilegia gli scambi sui mercati esteri e la produzione dei beni per i quali il paese ha il maggior vantaggio comparato. L'esperienza ha dimostrato che le economie dei paesi che adottano questo tipo di politica crescono più rapidamente di quelle dei paesi che adottano politiche orientate verso l'interno.

outwork: ***lavoro esterno.*** Il lavoro svolto da un dipendente di un'impresa al di fuori dei locali nei quali hanno sede gli uffici o gli impianti dell'impresa. Può applicarsi al lavoro svolto da agenti, propagandisti, venditori, operai addetti alle riparazioni a domicilio dei clienti, ecc. Lo stesso termine viene usato per indicare un lavoro dato in appalto ad un'altra impresa o a lavoratori in proprio esterni all'impresa.

outworker: ***lavoratore esterno.*** Qualsiasi dipendente di un'impresa che non svolga la sua attività lavorativa all'interno dei locali in cui hanno sede gli uffici o gli impianti dell'impresa. Il termine può applicarsi ad agenti, rappresentanti o qualsiasi tipo di personale che svolga un lavoro esterno.

overabsorption: ***sovrassorbimento.*** In contabilità, indica il fenomeno che viene a manifestarsi quando i crediti in un conto di assorbimento superano il totale del conto al quale quest'ultimo si riferisce, come ad esempio un conto spese.

overage: ***eccedenza all'imbarco.*** Nei trasporti, indica una quantità di merce imbarcata in eccesso a quanto specificato nella polizza di carico, nel manifesto o nel contratto di noleggio.

over-age ship: ***nave sopra età.*** Nel linguaggio delle assicurazioni e dei trasporti marittimi, è una nave con più di quindici anni di esercizio. Da un punto di vista assicurativo, le navi sopra età sono tenute al pagamento di un premio addizionale.

overall: ***globale; complessivo; totale; generale.*** Aggettivo usato in vari contesti e sfumature di significato, cui tuttavia è comune la connotazione di complessivo, totale o generale.

overall index: ***indice generale; superindice.*** L'indice complessivo dei prezzi al consumo, che comprende e riassume tutti gli indici particolari relativi ai vari beni e servizi che costituiscono il cosiddetto paniere di mercato fisso.

over-allocation: ***sopracollocazione; collocazione eccessiva.*** Situazione che si verifica quando una banca capofila assegna alle altre banche del sindacato un ammontare di titoli superiore a quello che è stato deciso di emettere.

overall unemployment rate: ***tasso di disoccupazione globale.*** Il valore che indica la percentuale assoluta di disoccupati nella forza lavoro di un paese e che, pertanto, assomma in sé i dati relativi alla disoccupazione strutturale e a quella congiunturale.

over and short: ***abbuoni e sconti attivi e passivi.*** L'espressione inglese viene usata per indicare un conto, un rendiconto o qualsiasi altro documento contabile nel quale vengono riportate le differenze di scarsa rilevanza tra entrate e uscite e i relativi documenti giustificativi o tra numero effettivo di articoli, accertato attraverso un inventario fisico, e numero degli stessi articoli riportato su conti o documenti commerciali.

overbooked issue: ***emissione prenotata in eccesso.*** Lo stesso che *over-subscribed issue* (v.).

overbought: Termine con valore aggettivale, usato in due accezioni: a) in riferimento a titoli azionari, o merci oggetto di compravendita in borse merci, indica un giudizio sul prezzo al quale essi sono stati trattati. Tale giudizio implica l'opinione che il titolo o la merce specifici sono stati acquistati ad un prezzo troppo alto rispetto al loro valore reale, a causa di un'ascesa artificiosa dei prezzi generata da acquisti massicci. b) In riferimento ad un singolo operatore commerciale, indica che egli ha acquistato una quantità di scorte eccessiva e non giustificata dal suo normale giro di affari. (v. anche *oversold*)

overcapacity: ***capacità eccedente; capacità in eccesso; eccesso di capacità produttiva; sovracapitalizzazione.*** La presenza in un'industria di un numero eccessivo di imprese in grado di produrre una quantità di beni e servizi superiore a quella che può essere venduta ad un prezzo tale da portare un profitto sui capitali investiti nell'industria. Riferito ad una singola impresa, il termine indica una capacità produttiva, rappresentata da impianti, personale, locali, ecc., superiore a quella necessaria per far fronte alla domanda di beni e servizi prodotti dall'impresa. (v. anche *excess capacity*)

over-capitalization: ***supercapitalizzazione; capitalizzazione fittizia.*** Il termine inglese viene usato nel linguaggio finanziario con due significati leggermente diversi per indicare: a) l'emissione di titoli azionari per un valore di mercato complessivo superiore al valore del capitale netto dell'impresa che li emette; b) l'emissione di titoli che fruttano un reddito superiore a quello che l'impresa può permettersi di pagare con i profitti che le derivano dall'attività che essa svolge. La supercapitalizzazione può derivare da diverse cause, tra le quali possono esservi: a) l'impresa in questione ha pagato un prezzo troppo alto per l'acquisizione del suo capitale fisso; b) essa non ha provveduto ad un appropriato accantonamento per l'ammortamento del suo capitale fisso; c) si è verificato un aumento nel valore della moneta in un periodo di deflazione.

over-capitalized company: ***società con capitale annacquato; società supercapitalizzata; società sovracapitalizzata.*** Una società il cui ammontare complessivo di utili è insufficiente a pagare una normale remunerazione al capitale azionario versato dagli azionisti. Ad esempio, se i profitti di una società sono sufficienti a pagare una giusta remunerazione ad un capitale azionario interamente versato, diciamo, di un miliardo, un capitale azionario di due miliardi sarebbe eccessivo per quella società che, in inglese, sarebbe indicata come *overcapitalized.* (v. anche *over-capitalization*)

overcarriage: ***trasporto oltre il punto di destino.*** È il caso che si verifica quando le merci non vengono regolarmente scaricate al punto di destino, ma vengono trasportate oltre quel punto sulla stessa linea o rotta.

to overcarry: ***trasportare oltre il punto di destino.*** Può succedere che delle merci non vengano scaricate al punto al quale sono dirette e vengano trasportate oltre quel punto per essere scaricate ad un porto o ad una stazione successivi nel quale la nave farà scalo o il treno farà sosta o al punto effettivo di destino, ma durante il viaggio di ritorno. L'errore può capitare principalmente a causa di indicazioni imprecise sui colli, che sono stati pertanto stivati in una zona contenente merci dirette ad una destinazione diversa da quella in cui dovevano essere scaricati i colli in questione.

overcertification: Termine statunitense con il quale si indica la pratica, una volta in uso tra le banche, di garantire un assegno per un importo superiore al deposito del traente. Tale pratica trovava applicazione soprattutto in concomitanza con acquisti a margine, quando l'operatore non disponeva della cifra necessaria per concludere l'affare. Così, la banca garantiva l'assegno col quale l'operatore pagava i titoli, che venivano subito dopo depositati presso la banca come garanzia collaterale al mutuo contratto dall'operatore. Tale pratica è stata oggi sostituita da quella dei prestiti alla giornata. (v. anche *buying on margin, margin loan, marked cheque, collateral loan, cer-*

tified cheque)

to overcharge: ***addebitare in più.*** In conseguenza di un errore materiale, può capitare che ad un cliente venga addebitato o fatto pagare più di quanto corrisponde al prezzo dei beni o servizi fornitigli. In molti casi del genere, si rimedia all'errore emettendo una nota di accreditamento. (v. anche *credit note*)

overcharge: ***ammontare pagato in più.*** La somma che per errore è stata fatta pagare in più, rispetto al prezzo normale o concordato. (v. anche *to overcharge*)

to overcheck: ***andare allo scoperto; andare in rosso.*** Termine statunitense, usato come sinonimo di *to overdraw* (v.).

over–demand: ***eccedenza di domanda; eccesso di domanda; domanda eccessiva.*** Questo termine viene usato più o meno con lo stesso significato di *excess demand* (v.), ma in un significato più generale indica la situazione che si verifica quando la domanda globale di beni e servizi supera la corrispondente offerta o produzione. A seguito di ciò, si ha un decremento delle scorte con successivo aumento dei prezzi di vendita e del livello di occupazione.

overdraft: **1.** ***scoperto di conto.*** L'ammontare di cui un assegno o altro titolo di credito eccede la somma depositata e disponibile su un conto per far fronte al suo pagamento. **2.** ***scoperto; credito scoperto; credito allo scoperto; credito in conto corrente.*** Termine usato con lo stesso significato di *bank overdraft* (v.).

overdraft facility: ***apertura di credito.*** L'apertura di credito concessa da una banca ad un proprio cliente, che è così autorizzato a prelevare, mediante emissione di assegni, più di quanto egli abbia effettivamente versato sul proprio conto corrente. (v. anche *opening of credit*)

to overdraw: ***andare allo scoperto; andare in rosso; sorpassare.*** Nel linguaggio bancario, indica l'azione di un correntista di emettere assegni per un importo superiore alla quantità di moneta disponibile sul proprio conto corrente. Se tra il correntista e la banca sono intercorsi accordi che autorizzano l'emissione di assegni per un ammontare superiore a quello depositato, essi saranno regolarmente pagati dalla banca trassata; in caso contrario, essi saranno dei veri e propri assegni allo scoperto.

overdrawing: ***sorpasso di conto.*** Prelevamento che supera le disponibilità di un conto corrente bancario. Se la banca onora gli assegni il cui importo supera le disponibilità, il cliente praticamente usufruisce di un prestito da parte della banca, ma generalmente si tratta di un'agevolazione concessa in via straordinaria e solo temporanea.

overdrawn account: ***conto scoperto.*** È il conto che presenta un'eccedenza a debito del cliente rispetto al credito. Nei conti correnti bancari ciò si verifica in relazione a crediti allo scoperto concessi dalla banca e a seguito dell'emissione, da parte del cliente, di un assegno o altro titolo di credito per un importo superiore alla somma disponibile sul suo conto. (v. anche *overdraft, to overdraw*)

overdue: ***scaduto; in sofferenza.*** Aggettivo usato in relazione a cambiali, pagherò, debiti, ecc., la cui data di pagamento o di rimborso è trascorsa.

overdue account: ***conto scaduto; conto in sospeso.*** Quando un venditore concede credito in conto corrente ad un suo cliente, il saldo viene liquidato a scadenze concordate, ogni tre o sei mesi. La presentazione dell'estratto conto da parte del creditore corrisponde ad un invito di pagamento e se trascorre un periodo di tempo superiore a quello necessario per le relative operazioni di controllo e versamento di quanto dovuto, si dice che il conto è scaduto o in sospeso. Ciò non giustifica alcuna azione da parte del creditore, ove si escluda l'invio di una lettera di sollecito.

overdue bills: ***cambiali in sofferenza; sofferenze; effetti insoluti.*** Le cambiali non pagate alla data di scadenza, tenuto conto del comporto. In base all'articolo 36 del *Bills of Exchange Act* del 1882, una cambiale a vista viene considerata in sofferenza quando, facendo riferimento alla data di emissione che compare su di essa, è stata in circolazione per un periodo di tempo ragionevolmente troppo lungo in relazione allo scopo per cui essa fu emessa. (v. anche *days of grace*)

overdue bills account: ***conto effetti insoluti.*** Nella terminologia bancaria inglese, è il conto al quale vengono addebitati gli effetti scontati e tornati insoluti alla banca. Lo scarico degli effetti insoluti in questo conto presuppone l'impossibilità di addebitarli sul conto del cliente che li presentò per lo sconto. (v. anche *overdue bills book*)

overdue bills book: ***libro effetti insoluti.*** Nella terminologia bancaria inglese, è il registro nel quale vengono trascritti tutti i particolari relativi a effetti insoluti che non è stato possibile addebitare sul conto del cliente che li presentò per lo sconto. Oltre ai nomi del traente, del trattario e dello scontatario, vengono riportati sul libro effetti insoluti la data di emissione e di scadenza, l'importo, il tasso al quale l'effetto fu scontato, le spese sostenute, gli interessi a partire dal giorno del mancato pagamento ed altre eventuali informazioni. (v. anche *overdue bills account*)

overdue cheque: ***assegno scaduto.*** In quanto un assegno bancario è una tratta a vista, esso rientra nel caso considerato dall'articolo 36 del *Bills of Exchange Act* del 1882, per cui una banca può rifiutarsi di pagarlo se tra la data di emissione e quella di presentazione intercorre un periodo di tempo ragionevolmente troppo lungo in relazione allo scopo per cui l'assegno fu emesso. In questo caso, tuttavia, la questione più complessa è quella di intendersi sull'effettiva durata del periodo di tempo di cui si parla nell'articolo 36 sopra citato. Dalle consuetudini, sembra emergere il concetto che tale periodo si estenda per un massimo di dieci giorni dalla data di emissione. Ciò, comunque, non ha niente a che vedere con gli assegni prescritti in quanto in circolazione da sei o da dodici mesi. (v. anche *overdue bill, stale cheque*)

over–employment: ***iperoccupazione; iperimpiego.*** Termine a volte usato con lo stesso significato di *over–full employment* (v.).

over entry certificate: ***bolletta di liquidazione; rettifica della prima dichiarazione per l'introduzione di merci.*** Espressione usata nella terminologia doganale, in relazione all'importazione di merci per il consumo all'interno del paese, sulle quali il dazio di importazione viene pagato in base alla dichiarazione contenuta nella prima bolla. Se, però, ci si rende successivamente conto che è stato pagato un importo superiore a quello dovuto, viene rilasciata una bolletta di liquidazione, la cui funzione è quella di rettificare la prima dichiarazione e ammettere l'importatore alla restituzione del dazio pagato in eccedenza di quello dovuto. (v. anche *post entry, entry for home use, prime entry*)

overexploitation: ***ipersfruttamento.*** Neologismo usato per indicare l'eccessivo sfruttamento di una risorsa naturale. L'ipersfruttamento può manifestarsi come sfruttamento eccessivo e superiore al ritmo al quale si ricostituisce la risorsa, come avviene ad esempio nella pesca in determinate zone, nell'abbattimento di interi boschi e foreste, ecc.; oppure nello sfruttamento irrazionale di un giacimento minerario, ad esempio carbone o petrolio, a ritmi tanto intensi da esaurire il giacimento in tempo relativamente breve. Questo secondo caso non è grave quanto il primo, specialmente quando il minerale o altra risorsa estratta è utilizzato all'interno del paese, ma appare più dannoso quando il minerale è destinato all'esportazione e si sa che così facendo il paese resterà in poco tempo privo di qualsiasi fonte di quella materia prima. Ciò spiega perché gli Stati Uniti preferiscono importare buona parte del loro fabbisogno di petrolio, invece di aumentare lo sfruttamento dei giacimenti che possiedono.

overextended: ***sopraesposto.*** Aggettivo usato per indicare una situazione caratterizzata da un alto rapporto tra passività e attività correnti.

over–freight: ***sopranolo; extranolo.*** Nella terminologia dei trasporti marittimi, indica qualsiasi correzione al nolo convenuto o qualsiasi aumento del nolo base di navi conferenziate in considerazione di particolari difficoltà che si possono incontrare nel trasporto o dell'utilizzazione di due porti d'origine o di destino invece di uno solo, ovvero per cambiamento di destinazione dopo la partenza della nave. Il sopranolo può anche essere applicato su singoli colli, quando essi sono particolarmente pesanti o ingombranti o quando il loro valore supera un determinato importo.

over–full employment: ***iperoccupazione; iperimpiego.*** Situazione caratterizzata dalla disponibilità di un numero di posti di lavoro superiore al numero delle persone che potrebbero occuparli. Da un punto di vista teorico, una situazione del genere è caratteristica di un periodo di forte inflazione durante il quale la domanda di beni e servizi è superiore all'offerta e, di conseguenza, anche la domanda di lavoro risulta superiore all'offerta. Da un punto di vista pratico, questa situazione si verifica molto raramente, ma fu in effetti sperimentata nel Regno Unito, e in altri paesi, nel periodo immediatamente successivo alla seconda guerra mondiale. Al verificarsi di tale situazione in quel periodo probabilmente contribuì in maniera non indifferente l'impegno per la ricostruzione e la scarsità relativa di manodopera, conseguente all'enorme perdita di vite umane che si era verificata durante il conflitto.

overfunding: ***superfinanziamento; finanziamento in eccesso.*** Con questo termine è stata indicata la politica del governo britannico di emettere più titoli di stato di quanti ne fossero necessari, in base alla *full fund(ing) rule* (v.), per coprire il fabbisogno finanziario del settore pubblico. Scopo di queste emissioni, fino al 1985, era quello di rastrellare moneta dal mercato e così limitare la possibilità di creazione di credito da parte delle banche, nel tentativo di rispettare gli obiettivi dichiarati nella strategia finanziaria di medio termine. Dopo il 1985, si è ancora fatto ricorso al superfinanziamento, ma per altri motivi, tra i quali quello di tenere sotto controllo i flussi di capitali speculativi.

overhang: Termine del linguaggio finanziario, col quale si indicano saldi ufficiali di una valuta estera involontariamente detenuti da vari paesi e di gran lunga superiori alle loro necessità operative. In simili circostanze, l'aggregato di questi saldi rappresenta una temporanea inconvertibilità, a causa dell'impossibilità del paese che ha emesso la valuta da riserva di convertirla in altre forme di attività da riserva accettabili.

overhead absorption: ***assorbimento dei costi generali.*** Un qualsiasi metodo in base al quale i costi generali di un'impresa vengono ripartiti tra determinati prodotti o centri di costi secondo norme particolari stabilite dall'impresa stessa.

overhead costs: ***costi comuni; costi generali.*** In contabilità, sono tutti quei costi che non possono essere imputati direttamente ad un prodotto o ad un'attività, ma riguardano più oggetti o l'intera azienda considerata nel suo complesso. I costi comuni si suddividono in due categorie: costi generali di produzione; costi generali di amministrazione e di vendita. I costi generali di produzione sono costituiti da: a) spese di manodopera indiretta, cioè di lavoratori che si dedicano ai servizi produttivi ausiliari o che svolgono funzioni di supervisione e controllo degli operai impegnati direttamente nel ciclo produttivo; b) spese per ricerche, studi, progetti, ecc.; c) ammortamento delle macchine, degli impianti, dei fabbricati industriali, ecc.; d) spese di manutenzione e riparazione; e) qualsiasi altra spesa generale di lavorazione. Per i costi generali di amministrazione e di vendita, v. *overhead expenses.*

overhead expenses: ***spese generali; spese comuni; costi generali di amministrazione e di vendita.*** In contabilità, sono tutti quei costi o spese che non possono essere direttamente imputati ad un solo prodotto o ad una sola attività, ma riguardano più oggetti o l'intera azienda considerata nel suo complesso. I costi generali di amministrazione e di vendita, che rappresentano una categoria dei costi comuni e generali, sono costituiti da: a) stipendi del personale amministrativo e di vendita; b) oneri diversi, quali oneri finanziari, oneri tributari, ecc.; c) ammortamento dei fabbricati, dei mobili e degli arredi relativi agli uffici e all'organizzazione commerciale, e degli eventuali automezzi. (v. anche *overhead costs*)

overhead price: ***prezzo tutto compreso; prezzo e spese accessorie.*** Lo stesso che *all–in price* (v.).

overhead rate: ***tasso d'imputazione dei costi comuni; tasso standard d'incidenza delle spese generali; quota di spese generali; quota dei costi generali.*** È un qualsiasi tasso standard di ripartizione delle spese generali e dei costi generali. (v. anche *overhead costs, overhead expenses*)

overheads: ***costi comuni; spese comuni.*** Termine usato come sinonimo di *overhead costs* (v.) e di *overhead expenses* (v.).

overhead variance: ***variante di costi comuni; variante di spese generali.*** La differenza tra il costo standard di spese generali o costi comuni assorbito nella produzione effettiva e gli effettivi costi comuni o le effettive spese generali.

overheated economy: ***economia surriscaldata.*** Espressione a volte usata nel linguaggio economico per indicare una situazione caratterizzata da eccessiva domanda, causata dall'espansione dell'offerta di moneta, da parte del governo, a livelli superiori a quelli dell'offerta di beni e servizi derivanti dalla produzione corrente, con conseguenti forti spinte inflazionistiche. (v. anche *overloaded economy*)

overheating: ***surriscaldamento.*** Una situazione di eccesso di domanda di risorse reali in condizioni di piena occupazione.

over–identification: ***superidentificazione.*** Condizione che si verifica quando, mediante un sistema di equazioni stocastiche, vengono date più relazioni di quante siano necessarie per trarre stime non distorte di tutti i parametri.

overinsurance: ***soprassicurazione.*** È l'assicurazione per una somma eccedente il valore del bene assicurato. Se da parte dell'assicurato vi è stato dolo nel sopravvalutare l'oggetto coperto da assicurazione, il contratto non è valido. Se, invece, il contraente era in buona fede quando dichiarò un valore superiore, il contratto è valido fino alla concorrenza del valore effettivo della cosa assicurata. La soprassicurazione può, quindi, tornare soltanto a svantaggio dell'assicurato che, nel migliore dei casi, si troverà a pagare un premio più alto del dovuto. (v. anche *return of premium*)

over–investment: ***soprainvestimento; iperinvestimento.*** Il soprainvestimento va riferito ad un concetto esposto da alcuni economisti, i quali sostengono che verso gli ultimi stadi di un boom commerciale, a seguito di continui investimenti attratti dall'aumento costante della domanda, i beni capitali utilizzati per la produzione di beni di consumo tendono a divenire eccessivi in relazione alla domanda di beni e servizi, col rischio che il boom termini prima ancora che i nuovi investimenti vengano completati. Ciò dà luogo ad un eccesso di beni capitali, che si verifica anche nei primi stadi di iperinflazione, generato da previsioni troppo ottimistiche sulle possibilità future dell'economia. (v. anche *hyperinflation, over–saving*)

over–investment theory of the trade cycle: ***teoria del ciclo economico basata sul soprainvestimento.*** Lo stesso che *underconsumption theory of the trade cycle* (v.).

overissue: ***sopraemissione; emissione eccessiva.*** Un'emissione di titoli azionari superiore a quella autorizzata dall'atto costitutivo della società o dalla delibera del consiglio di amministrazione. L'espressione può anche applicarsi ad un'emissione di obbligazioni superiore a quella giustificata dal bene offerto in garanzia o ad un'emissione eccessiva di banconote da parte di una banca, quando era consentito alle banche di emettere proprie banconote.

to overland: Termine usato nel linguaggio dei trasporti marittimi nel significato di scaricare più di quanto era stato dichiarato nel manifesto di carico.

overlap area: ***area di sovrapposizione.*** Un lavoro o un'area di lavoro in cui possono essere indifferentemente occupati uomini o donne.

overlapping insurance: Espressione generica, usata per indicare due o più contratti di assicurazione stipulati a garanzia della responsabilità derivante dallo stesso bene o contro lo stesso rischio. Quando si verifica questa situazione, entrano in funzione norme specifiche tendenti a regolare le responsabilità dei diversi assicuratori nei confronti dei beni o delle responsabilità dell'assicurato. (v. anche *Cromie rule, Kinne rule, Page rule, Reading rule*)

overlay: ***sovrapposizione.*** Nel linguaggio della pubblicità, è la tecnica che consente la riproduzione di due diverse immagini o scritte sovrapposte l'una all'altra in un manifesto, un bozzetto o altro veicolo pubblicitario.

overloaded economy: ***economia sovraccarica.*** Un'economia nella quale si tenta artificialmente di reprimere o soffocare l'inflazione, attraverso un controllo sui prezzi operato dalle autorità statali, a seguito del quale la domanda globale continua a crescere e ad eccedere l'offerta globale misurata ai prezzi correnti, ma questi ultimi vengono mantenuti artificialmente stabili. Mentre ciò ha generalmente successo in periodo di guerra, in periodo di pace l'eccedenza di potere d'acquisto può portare: a) ad un'eccessiva riduzione delle scorte da parte dei produttori e dei distributori, che tentano di soddisfare la domanda dei consumatori; b) all'utilizzazione sul mercato interno di quella parte della produzione normalmente destinata alle esportazioni; c) all'aumento delle importazioni, con conseguenti squilibri della bilancia dei pagamenti. Quando si verificano queste situazioni, si può facilmente sfociare in quella che viene chiamata una «economia vuota». Se, poi, i controlli non sono estesi a tutti i settori, è facile sfociare in quella che viene chiamata *milk–bar economy*. (v. anche *empty economy, milk–bar economy*)

overlying bonds: ***obbligazioni garantite da ipoteca di secondo grado; obbligazioni di secondo grado.*** Lo stesso che *junior–lien bonds* (v.).

overlying mortgage: ***ipoteca successiva; ipoteca di secondo grado.*** Lo stesso che *junior mortgage* (v.).

overmanning: ***eccesso di personale.*** L'uso di un numero di lavoratori superiore a quello necessario per svolgere efficientemente un determinato lavoro, con la conseguente diminuzione di produzione pro capite.

overnight loan: ***prestito alla giornata.*** Anticipazione temporanea concessa da una banca ad una casa di sconto, al fine di metterla in grado di acquistare le cambiali che le vengono offerte verso la fine della giornata lavorativa. Differisce dal *day–to–day loan* (v.), in quanto viene concessa non all'inizio, bensì verso la fine della giornata, ma come il *day–to–day loan* deve essere restituita durante la successiva giornata lavorativa, pur se può essere rinnovata. Se la banca si rifiuta di rinnovare l'anticipazione, la casa di sconto dovrà ricorrere alla Banca d'Inghilterra nella sua funzione di prestatore di ultima istanza e poiché il tasso da questa praticato è superiore a quello praticato dalle altre banche, la possibilità delle case di sconto di servirsi di prestiti delle banche ordinarie influenza il tasso di sconto prevalente sul mercato monetario. (v. anche *morning loan, bill broker, discount house 1, lender of last resort*)

overnight money: ***moneta alla giornata.*** Lo stesso che *overnight loan* (v.).

overnight telegrams: ***telegrammi notturni.*** L'ufficio postale britannico offre il servizio di telegrammi a tariffa notturna, che possono essere spediti entro la mezzanotte per consegna a mezzo posta il mattino successivo. La tariffa notturna equivale al cinquanta per cento di quella ordinaria.

overplus: ***plusvalore.*** Termine usato da D. Ricardo con lo stesso significato del più moderno *surplus value 1* (v.).

overpopulation: ***sovrappopolazione.*** Da un punto di vista economico, il concetto di sovrappopolazione va messo in relazione a quello di optimum di popolazione. Infatti, un paese con un'alta densità di popolazione non è detto che sia sovrappopolato, se le persone che vivono in quel paese sono nel numero ideale per dare, in unione alle risorse naturali e al capitale disponibili, la massima produzione pro capite possibile. (v. anche *optimum population, underpopulation*)

overproduction: ***sovrapproduzione; superproduzione.*** Situazione che viene a verificarsi a seguito di una crisi di sottoconsumo, per cui la produzione globale non viene assorbita. La sovrapproduzione può derivare sia da un'errata valutazione dei produttori, che hanno troppo ottimisticamente fatto investimenti eccessivi, sia da una caduta del potere d'acquisto dei redditi dei consumatori. Il termine inglese viene usato con due sfumature di significato: a) una produzione superiore a quanto si può vendere ad un qualsiasi prezzo; b) una produzione superiore a quanto si può vendere ad un prezzo remunerativo. Nel primo caso, la superproduzione si riferisce a certi beni specifici, ma non a tutti i beni nello stesso momento. Nel secondo caso, la sovrapproduzione può riferirsi sia a certi beni specifici, sia alla produzione globale di beni e servizi. In ambedue i casi, tuttavia, la sovrapproduzione porta come risultato prezzi eccessivamente bassi ed una generalizzata disorganizzazione dei mercati.

overproduction theory of the trade cycle: ***teoria del ciclo economico basata sulla sovrapproduzione.*** Lo stesso che *underconsumption theory of the trade cycle* (v.).

over–regulation: ***eccesso di regolamentazione; regolamentazione eccessiva.*** L'eccesso di norme e regolamenti, imposti da uno stato o da un organo di controllo, che ostacola l'attività di un settore economico o di un'industria.

override: La remunerazione corrisposta ad un agente di zona, sotto forma di percentuale delle commissioni spettanti agli agenti sui quali egli svolge funzioni ispettive o organizzative.

overrider: Sinonimo meno frequente di *over–riding commission* (v.).

over–riding commission: La commissione riconosciuta ad un intermediario che procura persone disposte a sottoscrivere un'emissione di azioni. Lo stesso termine viene usato come sinonimo di *override* (v.).

over–riding royalty interest: Espressione statunitense, usata nell'industria petrolifera per indicare l'interesse di un terzo nella produzione di petrolio greggio e gas di una determinata zona. Il terzo in questione è, di solito, una persona o un'impresa che ha in subaffitto una parte della zona e il cui interesse, pertanto, si sovrappone a quello dell'impresa o della persona che ha il diritto di sfruttamento dell'intero giacimento.

over–saving: ***iperrisparmio; risparmio eccessivo.*** Nel linguaggio economico, questo termine ha due sfumature di significato, in quanto indica: a) risparmio liquido superiore a quanto possa essere utilizzato in investimenti; b) risparmio liquido superiore a quanto possa essere remunerativamente utilizzato al tasso corrente e futuro dei consumi all'interno di un'economia. L'iperrisparmio tende a sfociare nel fenomeno del sottoconsumo, che alcuni economisti considerano la causa della fase discendente, o contrazione, del ciclo economico. Per questo motivo, oggi il risparmio viene incoraggiato in periodi inflazionistici, ma viene scoraggiato ogni qual volta sia necessario stimolare la domanda nel tentativo di raggiungere la piena occupazione. (v. anche *downswing, underconsumption, underconsumption theory of the trade cycle*)

over–saving theory of the trade cycle: ***teoria del ciclo economico basata sull'iperrisparmio.*** Espressione usata con lo stesso significato di *underconsumption theory of the trade cycle* (v.).

overseas agent: ***rappresentante estero.*** Termine usato con lo stesso significato di *foreign agent* (v.).

overseas aid: ***assistenza ai paesi esteri.*** Termine usato con lo stesso significato di *foreign aid* (v.).

overseas banks: ***banche estere.*** Termine usato con lo stesso significato di *foreign banks* (v.).

overseas branch: ***filiale estera.*** La sede che un'impresa tiene aperta in un paese straniero, allo scopo di facilitare i contatti commerciali con i cittadini di quel paese o di svolgere una determinata attività economica o commerciale nell'ambito del paese estero. (v. anche *overseas company*)

overseas company: ***società estera.*** Il *Companies Act* del 1948 tratta in particolare delle società costituite e registrate all'estero, con sede propria nel Regno Unito. L'articolo 407 della legge prevede che le società estere debbano inviare al Registro delle Società: a) una copia dell'atto costitutivo, dello statuto e del certificato di registrazione nel paese di origine; b) un elenco degli amministratori; c) i nomi e gli indirizzi di una o più persone autorizzate a ricevere notifiche per conto della società. L'articolo 411 stabilisce che la società deve esplicitamente indicare la propria ragione sociale e il paese di origine su tutti i documenti ufficiali, sulla sua carta intestata, su avvisi pubblicitari, nelle pubblicazioni ufficiali della società e nei manifesti che accompagnano eventuali emissioni di azioni.

overseas department: ***dipartimento estero.*** Divisione della Banca d'Inghilterra che ha il compito di occuparsi di questioni monetarie internazionali e di mantenere rapporti di collaborazione con altre banche centrali.

overseas firm: ***impresa estera.*** Termine usato come sinonimo di *overseas company* (v.).

overseas fund: ***fondo d'investimento all'estero.*** Negli Stati Uniti, è un tipo di fondo comune d'investimento aperto che impiega il denaro dei sottoscrittori nei mercati mobiliari di paesi esteri.

overseas investment: ***investimento all'estero; investimento estero.*** Termine usato con lo stesso significato di *foreign investment* (v.).

overseas market: ***mercato estero.*** Termine usato con lo stesso significato di *foreign market* (v.).

Overseas Private Investment Corporation: Agenzia del governo federale degli Stati Uniti preposta alla promozione dello sviluppo economico in paesi terzi, mediante l'assicurazione di investimenti statunitensi contro il rischio politico e la concessione di garanzie e prestiti diretti per il finanziamento di investimenti americani. Recentemente, il maggior sindacato statunitense (AFL–CIO) ha proposto la soppressione di questa agenzia, ma l'amministrazione l'ha invece fatta rientrare nel novero delle imprese da privatizzare.

overseas sales: ***vendite all'estero.*** Termine usato con lo stesso significato di *foreign sales* (v.).

overseas trade: ***commercio estero; commercio con l'estero; scambio con l'estero.*** Termine usato con lo stesso significato di *foreign trade* (v.).

overseas trading corporation: ***impresa commerciale estera.*** Espressione che veniva usata in relazione al trattamento fiscale riservato ad imprese commerciali costituite e residenti nel Regno Unito, ma che svolgevano interamente la loro attività in paesi esteri. I vantaggi che da un punto di vista fiscale godevano questi tipi di imprese furono soppressi quando, nel 1965, nel Regno Unito fu introdotto il sistema fiscale che prevedeva l'imposta sui redditi delle società. (v. anche *corporation tax*)

overseer: ***sorvegliante; capo squadra.*** Lavoratore addetto alla sorveglianza di altri lavoratori, affinché essi svolgano rapidamente e bene il loro lavoro.

to oversell: Vendere in quantità maggiore di quella di cui si dispone o di cui si prevede di poter effettuare la consegna.

over ship's rail: ***sopra la battagliola.*** Espressione a volte usata nelle polizze di carico per indicare che la responsabilità del vettore in relazione al carico inizia nel momento in cui le merci passano sopra la battagliola, o parapetto, della nave all'atto della caricazione e termina quando esse passano sopra la battagliola all'atto della discarica.

overshooting: ***superamento; eccesso di reazione; iperreazione.*** Nel linguaggio della economia monetaria, è l'improvvisa e considerevole variazione del tasso di cambio di una valuta. Gli economisti identificano tre casi specifici: a) il tasso di cambio, nel corso di un processo di aggiustamento, temporaneamente eccede il suo valore estremo di equilibrio, e in tal caso si parla più propriamente di *equilibrium overshooting*; b) si verifica una temporanea inversione di direzione del tasso di cambio, e in tal caso si parla di *reversal overshooting*; c) l'aumento del tasso di cambio lo fa discostare dal prezzo dei beni all'ingrosso ed esso di conseguenza eccede la parità dei poteri d'acquisto, e in tal caso si parla di *purchasing–power* *parity overshooting.*

overside delivery: ***consegna da bordo a bordo.*** Nel linguaggio dei trasporti marittimi, indica la discarica dalla nave su chiatte, che provvederanno a trasportare le merci a terra. La stessa espressione è a volte usata con lo stesso significato di *under ship's derrick* (v.).

overside port: ***porto a bassi fondali.*** Termine usato con lo stesso significato di *craft port* (v.).

oversold: Termine con valore aggettivale, usato in due accezioni: a) in relazione a titoli o merci, indica una situazione di vendite allo scoperto eccessive in rapporto alla disponibilità reale; b) in relazione ad operatori commerciali, indica la situazione di chi si è impegnato a fare o produrre più di quanto sia in suo potere. (v. anche *overbought*)

overspill: La deduzione concessa a società costituite e registrate nel Regno Unito, ma operanti all'estero. Corrisponde alla differenza tra l'imposta pagata nel paese estero e l'imposta sui redditi d'impresa cui la società è soggetta nel Regno Unito. Tale deduzione, ovviamente, non si applica sui redditi derivanti alla società da operazioni svolte in patria.

to overstate: ***sopravvalutare.*** Dare ad una o più attività o passività di un'impresa un valore, nei libri e nei documenti contabili, superiore a quello reale o a quello di mercato. Tale azione può portare alla creazione di una riserva occulta.

to overstock: Mantenere livelli di scorte al di sopra del massimo necessario al fabbisogno dell'impresa per l'alimentazione del ciclo produttivo o del massimo necessario ad un punto di vendita per far fronte alla normale domanda dei clienti.

to overstock a market: ***saturare un mercato.*** La presenza su un mercato di una quantità di uno o più beni in eccesso al fabbisogno o alla capacità di assorbimento da parte dei consumatori. Può essere una conseguenza della sovrapproduzione o dell'accumulazione di scorte che si verifica in una situazione di inflazione.

over–subscribed issue: ***emissione sottoscritta in eccesso.*** Un'emissione azionaria o obbligazionaria in relazione alla quale la società emittente ha ricevuto domande di sottoscrizione eccedenti il numero dei titoli da collocare. In tale caso la società può: a) assegnare una quantità di titoli proporzionale a quella richiesta e disponibile; b) soddisfare in pieno le richieste più modeste e assegnare una quantità di titoli proporzionale alle richieste che superano un certo limite.

over–subscription: ***sottoscrizione in eccesso; sottoscrizione superata.*** Una sottoscrizione di azioni o obbligazioni che eccede la disponibilità di titoli. Questo fenomeno deriva dal fatto che è difficile stabilire il valore al quale un'emissione sarà interamente sottoscritta, per cui a volte può capitare che il valore nominale stabilito per i titoli sia tanto interessante da indurre gli investitori e gli speculatori a sottoscrivere per grandi quantità. Una sottoscrizione risulta spesso eccedente a causa dell'azione dei cosiddetti *stags*, una particolare figura di rialzista, che cercano di assicurarsi una notevole quantità di titoli nella speranza che, a seguito di sottoscrizione in eccesso, essi vengano negoziati in borsa ad un prezzo superiore alla pari, così che risulti loro facile lucrare un utile. Se ciò si verifica, dopo l'inizio delle contrattazioni in borsa il corso dei titoli in questione scende al di sotto del prezzo di emissione, in quanto gli *stags* realizzano i profitti con pesanti vendite che fanno scendere il corso dei titoli. (v. anche *over–subscribed issue, stag*)

over–supply: ***eccedenza di offerta; eccesso di offerta; offerta eccessiva.*** Questo termine viene usato più o meno con lo stesso significato di *excess supply* (v.), ma in un significato più generale indica la situazione che si verifica quando la produzione di beni e servizi supera la corrispondente domanda. A seguito di ciò, si ha un aumento delle scorte con successivo calo dei prezzi di vendita e dell'occupazione.

over–taxation: ***imposizione eccessiva; tassazione eccessiva.*** L'imposizione fiscale portata a un livello insostenibile, o sostenibile soltanto con grandi sacrifici, da parte della maggioranza dei contribuenti. Secondo J. S. Mill, tale tipo di imposizione fiscale può facilmente rovinare la più industriosa delle comunità, specialmente quando essa è arbitraria e il contribuente non è mai certo di quanto dei suoi guadagni gli sarà consentito di tenere per i suoi bisogni o quando essa è tale da rendere l'industriosità e l'economia dei singoli un cattivo affare.

over–the–counter: ***fuori borsa.*** Espressione aggettivale, usata per indicare operazioni di compravendita di titoli non quotati in borsa o operazioni in titoli che hanno luogo al di fuori di una borsa valori. (v. anche *over–the–counter market, over–the–counter sale*)

over–the–counter market: ***mercato terziario; mercato dei titoli non quotati in borsa; mercato ristretto; mercatino.*** 1) Negli Stati Uniti, questo termine indica il complesso delle operazioni di compravendita di titoli che non figurano nei listini di borsa, effettuate tra mediatori e commissionari e il pubblico al di fuori dell'ambito di un mercato organizzato qual è la borsa valori. Fino al 1971, l'*OTC market* era un mercato informale le cui operazioni si svolgevano principalmente per telefono, ma da allora si è evoluto ed è diventato un mercato altamente automatizzato, con un insieme ben definito di procedure e obblighi, nel quale si trattano molti più titoli di quanti se ne trattino nelle borse valori ufficiali, il tutto mediante computer e telefono. I prezzi di questi titoli, riportati nelle pagine finanziarie dei giornali, vengono determinati in base al volume di contrattazioni e non seguendo il sistema usato nelle borse valori ufficiali. 2) Nel Regno Unito, il termine indica un mercato informale, sviluppatosi al di fuori della sfera di influenza della borsa valori, che opera grosso modo come quello americano, costituito da una quarantina di operatori che trattano, per mezzo del telefono, la compravendita di titoli di un paio di centinaia di società non quotate nella borsa maggiore. (v. anche *unlisted securities market*)

over–the–counter sale: ***vendita fuori borsa; vendita di titoli non quotati in borsa.*** Una qualsiasi operazione di compravendita di titoli che non compaiono nei listini ufficiali di una borsa valori e che, pertanto, possono essere negoziati soltanto al di fuori di tali mercati organizzati.

overtime: 1. ***straordinario; lavoro straordinario.*** Il tempo durante il quale un lavoratore presta la sua opera oltre le ore di lavoro che è tenuto a svolgere in base al contratto relativo al particolare settore industriale nel quale è impiegato. In quanto il lavoro straordinario va al di là di quello normale, anche la remunerazione è superiore a quella relativa alle ore di lavoro contrattuali corrispondendo, ad esempio, ad una volta e mezzo o ad una volta e un quarto il tasso di remunerazione normale. Ciò spiega perché in alcuni settori i lavoratori chiedono con insistenza una settimana lavorativa più breve: ciò li metterebbe in grado di svolgere un numero maggiore di ore di lavoro straordinario, con un guadagno più consistente, perché l'industria concedendo un orario settimanale più breve dovrebbe far ricorso a nuove assunzioni o al lavoro straordinario in modo più massiccio, al fine di mantenere inalterato il ritmo di produzione, in presenza di una domanda globale inalterata. (v. anche *ordinary working hours*) **2.** ***retribuzione di lavoro straordinario.*** Termine usato come sinonimo di *overtime pay* (v.).

overtime ban: ***bando dello straordinario.*** La proibizione di effettuare lavoro straordinario, diretta ai lavoratori ed emanata da un sindacato nel tentativo di convincere il datore di lavoro ad accettare determinate rivendicazioni sindacali.

overtime costs: ***costi di lavoro straordinario.*** Sono i costi aggiuntivi che deve sostenere un datore di lavoro quando i suoi dipendenti vengono chiamati a prestare lavoro straordinario. (v. anche *overtime pay, overtime 1*)

overtime earnings: ***guadagno per lavoro straordinario.*** L'ammontare in più che il lavoratore trova nella sua busta paga, quando ha prestato lavoro straordinario. (v. anche *overtime pay, overtime 1*)

overtime on overtime: ***straordinario festivo.*** Il lavoro straordinario prestato la domenica o in altre festività. Viene remunerato con la retribuzione di lavoro straordinario, a volte lievemente maggiorata. (v. anche *overtime 1*)

overtime pay: ***retribuzione di lavoro straordinario.*** È sempre superiore alla retribuzione relativa alle normali ore di lavoro ordinario, che il lavoratore è tenuto a prestare in base agli accordi contenuti nel contratto di lavoro. La remunerazione del lavoro straordinario generalmente varia da una volta e un quarto ad una volta e mezza il normale tasso di retribuzione. (v. anche *overtime 1, ordinary working hours*)

overtime rate: ***tasso di retribuzione di lavoro straordinario.*** È il tasso salariale in base al quale viene calcolata la retribuzione del lavoro straordinario. (v. anche *overtime pay*)

overtime request: ***richiesta di visita doganale fuori orario lavorativo.*** La richiesta, presentata agli uffici doganali, di effettuare visite durante le ore non lavorative da parte di funzionari della dogana a navi che sono arrivate o devono ripartire dopo l'orario normale lavorativo. In questo caso, l'armatore dovrà pagare un tanto in più a fronte dei maggiori costi per lavoro straordinario dei funzionari doganali.

overtime wage: ***retribuzione di lavoro straordinario.*** Lo stesso che *overtime pay* (v.).

overtime work: ***straordinario; lavoro straordinario.*** Termine usato con lo stesso significato di *overtime 1* (v.).

over–trading: ***attività eccedente i propri mezzi.*** Nel linguaggio commerciale e finanziario, indica il tentativo da parte di un'impresa, di uno speculatore, di un commerciante, ecc., di svolgere un'attività che va al di là dei mezzi finanziari di cui può disporre. Questo concetto andrebbe posto in relazione al capitale circolante di un'impresa, in quanto essa potrebbe avere risorse sufficienti per giustificare il volume di attività, ma buona parte di tali risorse potrebbe essere immobilizzata in scorte, merci in lavorazione, ecc., per cui il capitale circolante potrebbe risultare insufficiente a far fronte agli impegni correnti dell'impresa. È una situazione precaria per l'impresa o il commerciante, dal momento che non produce o non dispone a sufficienza del capitale circolante necessario a pagare stipendi, canoni di fitto, fornitori, ecc., e un creditore potrebbe anche arrivare a far fallire l'impresa o il commerciante.

to overvalue: ***sopravvalutare.*** Detto di valute, titoli, ecc., quando il loro valore nominale risulta superiore al loro valore di mercato o di parità.

overvalued currency: ***moneta sopravvalutata; valuta sopravvalutata.*** Una valuta si dice sopravvalutata quando il suo prezzo, o corso, in termini di valute estere è stabilito a un livello più alto di quello che verrebbe a determinarsi spontaneamente sul mercato libero dei cambi. Ciò normalmente ha l'effetto di rallentare le esportazioni del paese a valuta sopravvalutata, in quanto esse risultano più costose all'estero, mentre allo stesso tempo aumentano le importazioni del paese, nel quale i prodotti esteri risultano meno costosi. Un rimedio a questa situazione può essere quello di svalutare la moneta nazionale o, in un regime di cambi a corso libero, di pilotare la riduzione del tasso di cambio in modo che esso assuma una valutazione più realistica e meno dannosa per l'economia del paese.

overvalued dollar: ***dollaro sopravvalutato.*** Il dollaro statunitense valutato a tassi di cambio superiori al reale rapporto di valore relativo tra la moneta statunitense e le monete degli altri paesi del mondo. Una situazione di questo tipo si verificò a partire dal 1980 e continuò fino a quasi tutto il 1985. Gli esperti hanno tentato di spiegarla con gli alti tassi d'interesse praticati negli Stati Uniti e con l'alto grado di fiducia che l'economia statunitense ispira negli investitori stranieri a causa della stabilità politica ed economica di quel paese, dell'assenza di controlli sulle operazioni internazionali e dell'esistenza di un grande ed efficiente mercato dei capitali.

overvalued exchange rate: ***tasso di cambio sopravvalutato.*** Il tasso di cambio di una moneta sopravvalutata.

to owe: ***dovere; essere debitore.*** Essere soggetto all'obbligazione di pagare una somma di denaro o di corrispondere una prestazione a favore di un'altra persona in considerazione di un valore ricevuto.

owelty of exchange: ***conguaglio di scambio.*** In relazione a contratti di permuta di terreni di diverso valore, è la somma di denaro versata dal proprietario del fondo di minor valore allo scopo di compensare la differenza.

owelty of partition: ***conguaglio di divisione.*** In relazione alla divisione di beni immobili, è la somma di denaro versata da uno dei comproprietari all'altro o agli altri quando la parte a lui assegnata risulta essere di maggior valore, ma allo stesso tempo non ulteriormente divisibile.

Owenism: ***owenismo.*** Termine con il quale si indicano le idee di riforma sociale propugnate dall'industriale britannico Robert Owen (1771–1858). Tra le altre cose, tutte rivoluzionarie per l'epoca in cui venivano espresse, Owen sosteneva che la prosperità aziendale non era incompatibile con salari equi e condizioni di lavoro umane; che si doveva limitare l'orario di lavoro dei bambini e dei ragazzi; che l'orario di lavoro di un qualsiasi operaio non doveva superare le otto ore giornaliere; che lo stato doveva far rispettare le disposizioni di legge in materia di lavoro, attraverso un sistema di controlli e ispezioni nelle fabbriche. R. Owen non era soltanto un teorico: egli istituì in Scozia il primo villaggio industriale modello; introdusse la partecipazione operaia agli utili dell'impresa; favorì l'istituzione di cooperative; ecc. In breve, pur riconoscendo che gli individui sono diversi tra loro per operosità, intelligenza, capacità, ecc., R. Owen cercò di affermare il principio che ogni lavoratore ha gli stessi diritti e gli stessi doveri degli altri. (v. anche *labour exchange bank*)

own brand: ***marchio commerciale; marchio di commercio.*** Lo stesso che *dealer's brand* (v.).

owner: ***proprietario; titolare.*** Chi possiede un bene o un diritto. Il termine è a volte usato come abbreviazione di *shipowner* (v.).

owner-controlled firm: ***impresa controllata dai proprietari.*** Una società per azioni nella quale esiste un controllo di maggioranza, cioè un numero sufficiente di azioni ordinarie con diritto di voto, nelle mani di un singolo o di un gruppo di azionisti, che possono così controllare la politica aziendale.

owner-manager: ***proprietario-direttore.*** Il proprietario di un'impresa individuale, che provvede personalmente anche alla sua gestione. (v. anche *ownership and management*)

owner-occupier: Il termine inglese designa una persona che vive nella casa di sua proprietà.

owners' equity: ***capitale netto; patrimonio netto; capitale proprio.*** Termine usato con lo stesso significato di *net worth* (v.).

ownership: ***proprietà; diritto di proprietà.*** Il diritto di godimento esclusivo di un bene e dei benefici che derivano da un bene. Il concetto di proprietà differisce da quello di possesso, in quanto quest'ultimo indica semplicemente l'effettivo uso o la disponibilità di un bene, ma non ne presuppone la proprietà. Pertanto, un bene di proprietà di un individuo può essere in possesso di un altro soggetto, perché il primo concede al secondo l'uso del suo bene in considerazione di un corrispettivo, come ad esempio nel caso di una locazione, o a titolo gratuito, come ad esempio nel caso di usufrutto. (v. anche *possession*)

ownership and management: ***proprietà e direzione; proprietà e gestione.*** La proprietà di un'impresa può essere unita o disgiunta dalla gestione. È unita nel caso di un'impresa individuale o di una società in nome collettivo, nella quale il proprietario o i soci amministrano direttamente l'impresa. È disgiunta nel caso di una società per azioni, in cui i proprietari sono gli azionisti, ma gli amministratori sono persone nominate dai proprietari. Gli amministratori possono anche essere azionisti e, quindi, proprietari, ma la loro quota di proprietà è sempre limitata. C'è chi sostiene che l'unione delle due funzioni è migliore, perché i proprietari gestiscono l'impresa in maniera più congeniale ai loro interessi, mentre quando le due funzioni sono disgiunte, la politica aziendale può non essere in linea con gli interessi dei proprietari. C'è, invece, chi sostiene che è migliore la soluzione in cui le due funzioni sono disgiunte, perché ciò consente l'impiego di amministratori professionisti e specializzati nel tipo di lavoro che svolgono.

ownership in common: ***proprietà in comune; comunione pro indiviso.*** Termine usato con lo stesso significato di *tenancy in common* (v.).

ownership interest: ***capitale proprio.*** Lo stesso che *net worth* (v.).

ownership of wealth: ***proprietà della ricchezza.*** La proprietà dei mezzi di produzione, che sta alla base di un sistema economico. In un sistema capitalistico o di libera iniziativa, la proprietà dei mezzi di produzione è in gran parte nelle mani di imprenditori privati e in minima parte nelle mani dello stato. In un sistema socialista, la proprietà è in gran parte nelle mani dello stato, cioè della comunità, e in minima parte nelle mani di privati. Il sistema economico oggi prevalente nella maggior parte dei paesi è quello misto, nel quale una parte della proprietà è nelle mani dei privati cittadini e una parte è nelle mani dello stato. (v. anche *mixed economy*)

ownership utility: ***utilità della proprietà.*** L'utilità o la soddisfazione che deriva dall'effettiva proprietà di un bene o servizio. Quando si verifica uno scambio tra due persone sotto forma di operazione commerciale, vengono creati due diversi tipi di utilità derivante dalla proprietà, in quanto ciascuno dei due riceve una soddisfazione, o utilità, più grande da ciò che riceve che da ciò che dà alla sua controparte.

owners' interest: ***capitale proprio.*** Lo stesso che *net worth* (v.).

owner's liability: ***responsabilità dell'armatore.*** Termine usato con lo stesso significato di *shipowner's responsibility* (v.).

owner's option: ***a opzione dell'armatore; a giudizio dell'armatore.*** Nei contratti di trasporto marittimo, indica la facoltà riconosciuta all'armatore di accettare o rifiutare determinate condizioni o di decidere su particolari questioni connesse con la sicurezza della nave e dell'equipaggio.

owner's responsibility: ***responsabilità dell'armatore.*** Termine usato come sinonimo di *shipowner's responsibility* (v.).

owner's risk: ***rischio del mittente.*** Espressione con la quale si indica che le merci viaggiano a rischio del mittente e che, pertanto, il vettore non è responsabile di eventuali danni o perdita delle stesse. (v. anche *carrier's risk, owner's risk rate*)

owner's risk clause: ***clausola rischio dell'armatore.*** In alcune polizze di assicurazione marittima è la clausola che stabilisce che se l'armatore viene giudicato responsabile dei danni conseguenti ad una collisione, l'assicuratore sarà tenuto a pagare un tanto concordato per tonnellata di stazza di registro in luogo dell'intera somma assicurata.

owner's risk rate: ***tariffa ridotta; tariffa speciale.*** Nei trasporti per ferrovia, su strada, ecc., è la tariffa che viene praticata dal vettore quando le merci viaggiano a rischio del mittente, che provvede ad assicurarle per proprio conto. La tariffa ridotta è, ovviamente, inferiore alla tariffa ordinaria, in quanto non comprende le spese di assicurazione. (v. anche *carrier's risk rate, owner's risk*)

own label: ***etichetta depositata; etichetta registrata.*** Lo stesso che *dealer's brand* (v.).

own rate of interest: ***saggio d'interesse proprio.*** Nella teoria keynesiana, questo termine indica l'eccedenza percentuale dell'ammontare di una qualsiasi attività capitale contrattata per consegna futura, rispetto al prezzo a pronti della stessa attività capitale.

own shares: ***azioni proprie; azioni di tesoreria.*** Termine britannico, equivalente a *treasury stock 1* (v.).

***Oxford Economic Papers*:** Pubblicazione quadrimestrale di argomento economico, curata dalla Oxford University Press. Il periodico fu fondato nel 1938 per la pubblicazione di studi importanti nel campo dell'economia teorica e applicata.

oz.: ounce.

oz. T: ounce troy.

p, P

p.: 1) new penny; 2) pay; 3) pint.

p.a.: per annum.

P/A: 1) particular average; 2) power of attorney.

P.A.: 1) particular average; 2) power of attorney; 3) personal assistant; 4) public accountant.

pa'anga: Unità monetaria di Tonga, anche detta dollaro di Tonga, suddivisa in cento cent.

Paasche index: ***indice di Paasche.*** Numero indice usato per misurare le variazioni relative ad un qualche aspetto di un gruppo di elementi da un anno all'altro, tramite l'applicazione di pesi rappresentati da valori correnti, anziché da valori passati. Ad esempio, se si vuole mettere a confronto la variazione percentuale dei prezzi di un dato anno rispetto a quelli di un anno base, si divide il valore, ai prezzi correnti, degli acquisti fatti dai consumatori nell'anno in osservazione per il valore degli stessi acquisti fatti nell'anno base ai prezzi allora correnti. I pesi usati dall'indice di Paasche in questo caso sono rappresentati dalle quantità di beni e servizi acquistati e poiché essi, come tutti i pesi usati dall'indice Paasche, variano da un anno all'altro, è possibile fare raffronti soltanto tra un qualsiasi anno e l'anno base.

P.A.C.: 1) put and call; 2) Public Accounts Committee.

pace setter: ***battistrada.*** Nel linguaggio industriale, è un operaio particolarmente abile e rapido, sulla cui produzione si prendono i tempi che fungeranno da base per la determinazione delle remunerazioni del lavoro a cottimo.

to pack: ***imballare.*** Sistemare merci negli appositi contenitori o involucri, dopo averle opportunamente protette con carta, paglia o altro materiale atto ad assorbire eventuali urti e ad assicurare il trasporto o la spedizione senza danni. (v. anche *packing*)

pack: 1. ***pacco.*** Un qualsiasi contenitore usato per il trasporto di merci. **2.** ***balla.*** Misura di peso usata nel commercio della lana ed equivalente a 240 libbre o 108,86 chilogrammi.

package: 1. ***collo; pacco.*** Nel commercio e nei trasporti, è qualunque contenitore di merci, balla, cesta, cassa, ecc., che viene trasportato da un luogo ad un altro. **2.** ***spese d'imballaggio.*** Sono i costi relativi all'imballaggio delle merci, che il venditore recupera dal compratore. Se essi non sono inclusi nel prezzo di vendita, rappresentano una voce a parte nella fattura. **3.** ***pacchetto.*** Nel linguaggio della pubblicità, il termine viene usato con più significati e precisamente: a) il materiale pubblicitario fornito dal produttore al dettagliante; b) un contratto che assicura la pubblicità di un bene o servizio sui mezzi di trasporto pubblici di una grande città; c) la trasmissione a forfait di un messaggio pubblicitario alla radio o alla televisione.

package bargaining: ***contrattazione sul pacchetto salariale.*** Una contrattazione portata avanti dai sindacati dei lavoratori il cui obiettivo è quello di ottenere la migliore combinazione possibile di salario e benefici accessori. (v. anche *pay package, fringe benefits*)

package car: ***vagone collettame.*** Nei trasporti per ferrovia, è un vagone adibito al trasporto di piccoli carichi tra punti distanti, che viaggia con treni passeggeri. Un vagone collettame di solito non può essere interamente noleggiato da un singolo mittente.

packaged cargo: ***collettame.*** Nei trasporti, è il carico rappresentato da diversi tipi di contenitori, appartenente a più mittenti ma trasportato in un unico veicolo.

package deal: 1. ***pacchetto.*** a) Espressione usata nel Regno Unito per indicare il pacchetto di misure di politica monetaria costituito, oltre al tradizionale tasso di sconto, da tutte quelle misure più moderne che aiutano le autorità monetarie a raggiungere lo scopo che esse si prefiggono. Tra queste misure, entrate più recentemente in uso, vi sono il disavanzo o l'eccedenza del bilancio dello stato, le variazioni delle imposte sugli acquisti o di imposte ad esse corrispondenti, le variazioni delle disposizioni che regolano gli acquisti a rate, le direttive del ministero del tesoro e i depositi speciali (v. anche *monetary policy, bank rate, hire purchase, instruments of monetary policy, special deposits*). b) La stessa espressione viene usata in senso più generale per indicare un insieme di condizioni, che deve essere accettato o respinto in blocco. **2.** ***compravendita di blocco.*** Nel linguaggio commerciale, è un'operazione che implica l'acquisto di vari beni o servizi in un unico blocco ad un prezzo globale.

packaged goods: ***merci in confezioni.*** Articoli forniti in un qualche tipo di confezione, e pertanto non sciolti, pronti per essere venduti al consumatore senza bisogno di accertarne il peso o la quantità.

package insurance: ***assicurazione in abbonamento.*** Termine usato con lo stesso significato di *blanket coverage* (v.).

package mortgage: ***ipoteca globale.*** Tipo di ipoteca, usata per finanziare l'acquisto di un'abitazione, che prevede anche il finanziamento per l'acquisto di attrezzature ed arredi della casa, principalmente quelli di natura meno mobile. È una pratica ampiamente diffusa negli Stati Uniti, ma che non ha attecchito molto nel Regno Unito.

package pay: ***remunerazione globale.*** Negli Stati Uniti, indica il compenso percepito dagli amministratori di una società, che risulta in piccola parte costituito dallo stipendio e in maggior parte da altre componenti, quali opzioni sull'acquisto di azioni, pensioni e liquidazioni particolarmente alte, premi di varia natura, partecipazione agli utili e altri accorgimenti del genere.

packaging: ***confezione; presentazione del prodotto.*** Si indica con questo termine la presentazione al pubblico di prodotti che in passato venivano venduti a peso o in base ad altri criteri. La confezione, che consente l'etichettatura dei prodotti, è oggi di vitale importanza per la vendita di un prodotto, in quanto i consumatori, sotto l'influenza della pubblicità, acquisiscono delle abitudini o delle preferenze non sempre giustificate dal prodotto in confezioni. Infatti, l'etichettatura e le confezioni che la permettono si prestano quale piattaforma ideale per la pubblicità, che tenta di differenziare prodotti che, in effetti, sono omogenei. Ciò contribuisce a disorientare il consumatore e a favorire la concorrenza imperfetta. Il *packaging* si occupa di tre elementi determinanti: a) l'imballaggio, in cui vengono spedite le confezioni dei prodotti o in cui vengono tenute durante la conservazione nei depositi, proteggendole dagli agenti esterni. Si tratta di grossi scatoli di cartone o sacchi di plastica. b) La confezione vera e propria che contiene il prodotto e rappresenta l'elemento che ne consente il facile riconoscimento da parte del consumatore. La sua funzione principale è quella di stimolare la vendita, pur servendo da protezione al prodotto, trattandosi di lattine, bottiglie, scatole, ecc. A questo elemento le imprese dedicano la maggiore attenzione, spesso creando confezioni che, una volta usato il prodotto, possono essere utilizzate in casa come coppette, vasetti, bicchieri, scatole, ecc. c) Il condizionamento, cioè il complesso di mezzi che hanno lo scopo di migliorare l'offerta al pubblico dei prodotti. Consistono di espositori, contenitori, ecc., che permettono anche di fare pubblicità al prodotto all'interno del punto di vendita. (v. anche *primary packaging, secondary packaging*)

packer: 1. *imballatore.* Operaio del reparto imballo e spedizioni o alle dipendenze di un'impresa di trasporti e spedizioni, addetto all'imballaggio delle merci. **2. *impresa di confezionamento.*** Termine usato con lo stesso significato di *packing house* (v.).

packet: *pacco; pacchetto.* Termine usato come sinonimo di *pack 1* (v.).

packing: *imballaggio; imballo; imballatura.* Qualsiasi involucro usato per contenere e proteggere la merce da spedire o da trasportare. Può essere rappresentato da casse, ceste, scatole, cartoni, container, ecc., ciascuno dei quali è più indicato per un determinato tipo di merce o per il viaggio che essa deve compiere. Anche il mezzo di trasporto e l'eventuale trasbordo, oltre che la natura delle merci, contribuiscono a far preferire un imballaggio ad un altro. Lo stesso termine è usato per indicare l'atto di imballare le merci.

packing and despatch department: *reparto imballo e spedizioni.* In un'impresa che provvede direttamente all'invio di merci ai propri clienti, è il reparto presso il quale vengono confezionati i colli da spedire. (v. anche *package 1, packing list 2*)

packing case: *cassa da imballaggio.* Pesante contenitore di legno, idoneo a proteggere merci delicate durante il loro trasporto da un luogo all'altro.

packing charges: *spese d'imballaggio.* Sono le spese, sostenute dal venditore ma fatturate al compratore, per fornire le merci dell'imballaggio più idoneo alla loro spedizione. (v. anche *packing*)

packing excluded: *imballaggio escluso.* Espressione usata nel commercio per indicare che nel prezzo quotato non sono comprese le spese di imballaggio che, pertanto, saranno addebitate a parte nella fattura relativa alla fornitura.

packing expenses: *spese d'imballaggio.* Sono le spese sostenute per fornire alle merci un opportuno imballaggio e un'idonea protezione durante il trasporto. (v. anche *packing charges, packing*)

packing house: *impresa di confezionamento.* Impresa che provvede al confezionamento di merci, in particolare prodotti alimentari, da vendersi nei negozi o da spedirsi all'estero. Il termine può, pertanto, indicare anche un conservificio.

packing included: *imballaggio incluso.* Espressione usata nel commercio per indicare che nel prezzo quotato sono comprese anche le spese di imballaggio che, pertanto, non compariranno nella fattura relativa alla fornitura.

packing list: 1. *distinta di spedizione; bolla di accompagnamento merci.* Modulo nel quale vengono elencati i colli che costituiscono una partita di merci o una spedizione, onde consentirne il controllo da parte del ricevitore, dei funzionari doganali o del vettore. **2. *lista d'imballaggio; distinta d'imballaggio.*** Elenco o distinta degli articoli imballati in una cassa o altro contenitore, usato per facilitare il controllo all'arrivo a destinazione. **3. *lista di approntamento; distinta di approntamento.*** Termine usato con lo stesso significato di *picking list* (v.).

packing machine: *imballatrice.* Macchina usata per l'imballaggio di articoli in cartoni, casse o altri tipi di confezione.

packing material: *materiale da imballaggio.* Materiale, come ad esempio carta, paglia, lana di vetro, polistirolo, ecc., usato nella confezione di pacchi o altre forme di imballaggio.

packing note: *nota di accompagnamento.* Lo stesso che *packing list 2* (v.).

packing paper: *carta da imballaggio.* Carta pesante, idonea all'imballaggio di pacchi o di piccole confezioni.

packing sheet: *lista d'imballaggio; distinta d'imballaggio.* Termine usato con lo stesso significato di *packing list 2* (v.).

packing slip: *lista d'imballaggio; distinta d'imballaggio.* Termine usato con lo stesso significato di *packing list 2* (v.).

packing station: *stazione di confezionamento.* Termine usato con lo stesso significato di *packing house* (v.).

packman: Un venditore ambulante che porta le proprie merci in colli a dorso di cavallo o di mulo e si reca generalmente in piccole frazioni o paesetti lontani dai centri abitati. (v. anche *hawker, pedlar*)

pack shot: Espressione usata nel linguaggio della pubblicità per indicare un'immagine, fotografata o disegnata, della confezione di un prodotto in un manifesto o altro comunicato o annuncio pubblicitario.

pac-man defence: Tattica difensiva cui può ricorrere un'impresa che si scopre vittima di un'offerta di acquisto ostile. La società vittima, con l'aiuto di una banca, organizza un'offerta di acquisto ostile nei confronti dell'impresa che aveva lanciato l'offerta di acquisto contro di lei.

page rate: *tariffa per pagina.* Nel linguaggio della pubblicità, è la tariffa fatta pagare da un giornale, da una rivista o altra pubblicazione per un'intera pagina di pubblicità.

Page rule: *regola di Page.* Nelle assicurazioni, è la norma in base alla quale se un bene è assicurato da una polizza scudo e da una polizza specifica, al verificarsi di un sinistro che colpisce soltanto il bene coperto dalle due polizze, esse contribuiscono alla liquidazione del danno in misura proporzionale al loro valore nominale. (v. anche *blanket policy, Cromie rule, Kinne rule, Reading rule*)

paid bill: *cambiale pagata.* Una cambiale regolarmente pagata alla sua naturale data di scadenza.

paid cheque: *assegno pagato.* Un assegno pagato dalla banca trassata diventa proprietà del traente, ma la banca ha il diritto di trattenerlo come prova dell'avvenuto esborso di denaro di proprietà del cliente fino a quando non viene inviato ed approvato dal cliente il rendiconto relativo al periodo in cui l'assegno è stato pagato. In base all'articolo 3 del *Cheques Act* del 1957, un assegno pagato può essere usato come prova da parte del traente dell'avvenuto pagamento di un suo debito e da parte della banca dell'avvenuta restituzione al cliente della somma di denaro corrispondente all'importo dell'assegno.

paid circulation: ***tiratura pagata.*** Il numero complessivo di copie di un giornale, di una rivista o altra pubblicazione periodica effettivamente acquistate dal pubblico. Vi sono incluse le copie spedite in abbonamento, ma ovviamente ne restano escluse le copie omaggio e quelle rese dai rivenditori.

paid holiday: ***vacanza pagata.*** Termine usato con lo stesso significato di *paid leave* (v.).

paid-in capital: **1.** ***capitale conferito; capitale di apporto.*** La parte di capitale, sotto forma di moneta o di altri beni, che i soci o gli azionisti conferiscono alla società per metterla in grado di svolgere l'attività che essa si prefigge. Insieme al capitale di risparmio, costituisce il capitale netto o capitale proprio (v. anche *net worth, paid-up capital, subscribed capital, retained earnings*). **2.** ***sovrapprezzo azioni; premio di emissione.*** Espressione usata nei bilanci di società come sinonimo di *paid-in surplus* (v.).

paid-in surplus: ***sovrapprezzo azioni; premio di emissione.*** Quella parte del capitale di una società che deriva dalla vendita di azioni ad un valore superiore a quello nominale, come può verificarsi nel caso di un aumento di capitale, o dalla riacquisizione di azioni ad un prezzo inferiore al loro valore nominale o inferiore al prezzo al quale furono originariamente vendute dalla società.

paid leave: ***ferie pagate.*** I giorni di vacanza pagati, cui ha diritto un lavoratore in ciascun anno solare. Di solito corrispondono ad un mese, inclusi i sabati e le domeniche a cavallo dei giorni lavorativi prescelti per usufruire delle ferie, ma possono essere più o meno di trenta giorni a seconda dell'anzianità di servizio del dipendente e del sistema in base al quale l'azienda decide di scaglionare le ferie del personale.

paid-up additions: Nella terminologia statunitense relativa alle assicurazioni sulla vita, si indicano con questa espressione quelle somme aggiuntive, che vanno ad incrementare la somma assicurata, pagate dall'assicurato con rinuncia al versamento in moneta dei dividendi spettanti alla sua polizza. (v. anche *mutual life assurance company, mutual company*)

paid-up capital: ***capitale interamente versato; capitale versato.*** Ammontare complessivo in termini monetari effettivamente versato dagli azionisti alla società e corrispondente all'ammontare globale del valore nominale o dichiarato delle azioni vendute dalla società. (v. anche *par value, par-value capital stock*)

paid-up insurance: ***assicurazione interamente pagata.*** Nella terminologia relativa alle assicurazioni sulla vita, questa espressione viene usata per indicare una polizza in relazione alla quale l'assicurato non deve effettuare alcun altro pagamento di premi. Ciò può essere dovuto ad una delle seguenti situazioni: a) l'assicurato ha pagato tutti i premi previsti dalla polizza, ma essa non è ancora scaduta; b) l'assicurato ha interrotto il pagamento dei premi, ma invece di ricorrere all'estensione del termine assicurativo, ha preferito utilizzare il valore di riscatto per acquistare una polizza interamente pagata, che lo assicura per una somma, pagabile alla sua morte, inferiore a quella della polizza di cui ha interrotto il pagamento. (v. anche *extended term insurance*)

paid-up policy: ***polizza interamente pagata.*** Una polizza di assicurazione sulla vita i cui premi sono stati totalmente ed interamente pagati. (v. anche *paid-up insurance*)

paid-up share: ***azione interamente liberata; azione liberata.*** Termine usato con lo stesso significato di *fully-paid share* (v.).

paid-up stock: ***azione interamente liberata; azione liberata.*** Termine statunitense, corrispondente a quello britannico *fully-paid share* (v.).

paid-up value: ***valore interamente pagato.*** Nella terminologia relativa alle assicurazioni sulla vita, questa espressione indica la somma per la quale il contraente risulta assicurato nell'evento in cui, in qualsiasi momento, decida di interrompere il pagamento dei premi. Tale somma, ovviamente, risulterà inferiore a quella per la quale la polizza fu originariamente emessa. Qualora, all'atto dell'interruzione del pagamento dei premi, il contraente preferisca non restare assicurato, egli può chiedere che gli venga versato il valore di riscatto della polizza. (v. anche *cash surrender value*)

paired combination rating: ***valutazione a coppie.*** Nella gestione del personale, è un sistema di valutazione in base al quale su un cartellino vengono inserite coppie di nomi di tutte le persone da valutare e ciascun lavoratore, quindi, appare su ciascun cartellino in unione ad un'altra persona da valutare. Una volta preparati questi cartellini, coloro che sono preposti alla valutazione appongono un segno accanto al nome della persona che, tra le due, è da loro preferita e i totali così ottenuti vengono successivamente posti in relazione a punteggi di valutazione standard.

paired comparisons: ***confronti a coppie.*** Tecnica di ricerca di mercato in base alla quale a un campione di consumatori viene chiesto di indicare quale preferiscono di due marche poste a confronto. Il risultato indicherà quante volte ciascuna marca è stata preferita all'altra.

paisa: Moneta divisionale dell'India e del Pakistan, equivalente ad un centesimo di rupia.

palanga: Lo stesso che *pa'anga* (v.).

pallet: ***pallet; paletta di carico; paletta di caricamento.*** Termine entrato anche nell'uso italiano per indicare una piattaforma di legno sulla quale vengono posti i colli da spedire o da sollevare a mezzo di carrelli elevatori, di picchi di carico o di gru. La paletta è fornita di scanalature alla base, nelle quali possono essere inseriti i denti del carrello elevatore o i cavi per il suo sollevamento.

palletization: ***pallettizzazione; palettizzazione.*** Sistema di caricazione, trasporto e stivaggio che consiste nel sistemare su una paletta di carico una pila di colli che, insieme alla paletta, vengono movimentati a mezzo di carrelli elevatori o trasportati e stivati nei mezzi di trasporto. La palettizzazione consente di realizzare notevoli economie, dal momento che vengono movimentati o trasportati più colli come se fossero un unico collo. (v. anche *pallet*)

Palmer rule: ***regola di Palmer.*** Anche detta «regola del 1832», prende il nome da John H. Palmer, governatore della Banca d'Inghilterra dal 1830 al 1832 e precedentemente direttore della stessa Banca. Consiste nella prassi, adottata nel 1827 dalla banca centrale inglese, di mantenere ad un livello costante il portafoglio, costituito da sconti, prestiti e investimenti, in modo che le fluttuazioni della circolazione monetaria si conformassero all'aumento o alla diminuzione dell'oro esistente nel paese, cioè come se la valuta fosse puramente e solamente metallica.

palm-grease: ***bustarella.*** Termine usato con lo stesso significato di *grease* (v.).

palm-oil: ***bustarella.*** Termine usato con lo stesso significato di *grease* (v.).

pamphlet: ***opuscolo.*** Termine usato con lo stesso significato di *brochure* (v.).

Pan–American Union: ***Unione panamericana.*** È l'organo centrale e la segreteria generale permanente dell'Organizzazione degli Stati Americani, con sede a Washington. Funge da consulente del consiglio generale dell'Organizzazione, ne organizza le conferenze tecniche e speciali, prepara i programmi e pubblica i resoconti dei congressi, custodisce gli archivi e gli atti di ratifica degli accordi interamericani, controlla la realizzazione degli impegni assunti dai vari stati, cooperando anche alla loro ratifica.

panel: ***panel.*** Termine entrato anche nell'uso italiano per indicare un campione stabile per rilevazioni statistiche a carattere continuativo. Il panel viene usato nelle indagini di mercato o nelle previsioni circa l'andamento di un settore industriale o dell'intera economia di un paese. Nel primo caso, esso è costituito da un gruppo di famiglie di consumatori selezionate in base alla loro appartenenza a diverse fasce socio–economiche; nel secondo caso, si compone di uomini d'affari in grado di fornire precise e dettagliate informazioni sul settore specifico o sull'economia nazionale in generale. (v. anche *consumers panel*)

Panel on Take–overs and Mergers: Comitato istituito nel 1967 col compito di sovrintendere all'applicazione del codice di regolamentazione delle procedure di acquisizione e di fusione, volontariamente redatto e approvato da un comitato che rappresentava varie istituzioni della *City* di Londra, tra le quali l'Associazione delle case di emissione, il Comitato delle case di accettazione, l'Associazione degli assicuratori britannici e altre. Il Comitato opera in stretta collaborazione con la Commissione per l'ammissione alla quotazione della borsa valori e le sanzioni che può imporre sono la sospensione della quotazione in borsa o il ritiro della licenza da parte del Ministero del Commercio.

panel testing: ***indagine tramite un panel.*** Nelle ricerche di mercato, è l'indagine che si basa sulla tecnica di campionamento del panel, descritta sotto quest'ultimo lemma.

panic: ***panico.*** La situazione che viene a verificarsi quando, a causa di mancanza di fiducia nelle possibilità dell'economia nazionale, gli investitori ed i risparmiatori sono spinti a vendere al miglior prezzo realizzabile azioni, obbligazioni e altri titoli. Lo stesso termine indica la corsa agli sportelli per ritirare i depositi a seguito di voci che fanno temere ai clienti che la banca di cui si servono non sia o non sarà presto in grado di far fronte agli impegni assunti nei confronti dei depositanti.

paper: ***carta; effetto.*** Termine usato nel linguaggio bancario e commerciale per indicare cambiali o altri titoli di credito a breve termine. (v. anche *commercial paper, long–dated paper, short–dated paper*)

paper bid: ***offerta di «carta».*** Espressione usata in relazione alle acquisizioni di controllo, con la quale viene indicata l'offerta, da parte della società acquirente, di proprie azioni o obbligazioni più un eventuale conguaglio in denaro in cambio di azioni della società di cui intende acquisire il controllo. (v. anche *take–over, take–over bid*)

paper circulation: ***circolazione cartacea.*** L'insieme dei biglietti di banca e di stato emessi da un paese e circolanti al suo interno e all'estero.

paper credit: ***credito cartolare.*** Il credito incorporato o comunque documentato nei titoli di credito, siano essi negoziabili o non negoziabili. Il più comune e diffuso tipo di credito cartolare è il credito cambiario, quello cioè che viene documentato da cambiali.

paper currency: ***carta moneta; cartamoneta; valuta cartacea; moneta cartacea.*** Termine usato con lo stesso significato di *paper money* (v.).

paper flow: ***flusso dei moduli.*** Nell'organizzazione aziendale, è la procedura di trasmissione dei documenti e la linea che essi devono seguire da un reparto all'altro.

paper folding machine: ***macchina piegafogli.*** Particolarmente utile nelle imprese che hanno una grande mole di corrispondenza e inviano un gran numero di circolari, fatture, estratti conto e simili. La macchina piega il foglio, lo inserisce nella busta e, se le viene richiesto, provvede anche a chiuderla e sigillarla.

paper gold: ***oro carta.*** Espressione con la quale vengono colloquialmente indicati i diritti speciali di prelievo, la moneta convenzionale internazionale, o unità di conto, creata nell'ambito del Fondo Monetario Internazionale nel 1969. Il termine deriva dal fatto che in origine i diritti speciali di prelievo erano collegati all'oro e precisamente un diritto speciale di prelievo equivaleva al valore di 0,888671 grammi di oro fino. (v. anche *special drawing rights*)

paperless office: ***ufficio elettronico.*** Lo stesso che *electronic office* (v.).

paper loss: ***perdita nominale; perdita contabile.*** Una perdita non effettivamente sostenuta, che si è manifestata a seguito della diminuzione del valore monetario di un bene. Il proprietario del bene incorrerà effettivamente nella perdita solo se deciderà di vendere il bene.

paper money: ***carta moneta; cartamoneta; valuta cartacea; moneta cartacea.*** La moneta rappresentata da biglietti di banca o di stato, che vengono prontamente accettati da tutti a saldo di crediti o di operazioni commerciali. La carta moneta può essere convertibile, quando sia possibile scambiarla presso la banca emittente con una quantità di metallo prezioso pari al valore del biglietto, o inconvertibile, quando non sia possibile scambiarla con alcun metallo prezioso. Tra questi due estremi sono esistite in passato varie possibilità, rappresentate dalla moneta cartacea che poteva essere convertita soltanto in parte o soltanto in un metallo o soltanto da determinati soggetti o in determinate circostanze. Quando la moneta cartacea era liberamente convertibile in metallo prezioso, si diceva che essa era garantita dal metallo in cui poteva essere convertita. In questa situazione, le banche inizialmente emettevano banconote il cui valore complessivo era equivalente al valore dell'oro custodito nelle loro casse. Presto, però, esse si resero conto che non tutti i portatori di banconote richiedevano allo stesso momento di convertire i biglietti in metallo e decisero, di conseguenza, di emettere biglietti per un valore complessivo superiore a quello rappresentato dal metallo prezioso che esse custodivano. Ebbe così origine la moneta cartacea parzialmente garantita da metallo prezioso. Col passare del tempo, alle banche private fu gradualmente tolto il diritto di emettere banconote, che divenne prerogativa esclusiva delle banche centrali. A questo stadio, la valuta cartacea era ancora parzialmente garantita da metallo prezioso, ma tra la prima e la seconda guerra mondiale praticamente tutti i paesi abbandonarono il sistema aureo o il sistema a cambio aureo e, di conseguenza, la moneta cartacea divenne moneta a corso forzoso o inconvertibile. Oggi, il valore della carta moneta, che pure è in parte garantita da riserve auree e di altra natura, si basa esclusivamente sulla fiducia dei cittadini verso lo stato che la emette e sul fatto che essa viene accettata, per imposizione di legge, da tutti coloro che risiedono entro i confini dello stato, ma essa non può più essere convertita in alcun metallo prezioso. (v. anche *convertible paper money, inconvertible paper money, fractionally–backed paper money, fiat* *money, fiat standard, gold exchange standard, gold standard, gold bullion standard, fiduciary money, representative money, money*)

paper profit: 1. *profitto nominale; profitto contabile.* Un profitto non realizzato, ma che si è manifestato a seguito dell'incremento del valore monetario di un bene. Tale profitto verrà realizzato nel momento in cui il proprietario del bene deciderà di venderlo. Ad esempio, un appartamento viene acquistato per cento e dopo un certo periodo di tempo il suo valore di mercato è salito a centotrenta. Ciò indica un profitto contabile di trenta, che sarà realizzato solo se e quando il proprietario venderà l'appartamento (v. anche *paper value*). **2. *profitto sperato.*** Profitto non realizzato, ma che si conta di realizzare da una prossima futura operazione commerciale.

paper rate: *tariffa nominale.* Nei trasporti, è una tariffa che è stata regolarmente pubblicata, ma mai applicata, per cui non vi è alcun movimento di traffico a quella tariffa.

paper standard: *tipo monetario a carta moneta inconvertibile.* Varietà di sistema monetario, basato sulla carta moneta che non può essere convertita né in oro, né in argento. È il tipo monetario in uso al giorno d'oggi in tutti i paesi del mondo. (v. anche *inconvertible paper money, money, paper money*)

paper titles: *titoli di credito.* L'espressione inglese viene usata per indicare genericamente un qualsiasi titolo, incorporato o documentato su carta scritta, che dà al proprietario il diritto di ricevere moneta o altri beni. Ne sono esempi i certificati azionari, i titoli di stato, le cambiali, gli assegni e simili.

paper value: *valore cartaceo.* Altra espressione usata per indicare il valore monetario o nominale, in contrapposizione al valore reale, relativo al potere di acquisto di beni e servizi. L'espressione si riferisce al valore di una casa, di un titolo azionario, di un bene rifugio, ecc., che può aumentare in termini monetari, ma in effetti rimane uguale in termini reali se il processo inflattivo ha fatto aumentare anche il prezzo di altri beni e servizi più o meno della stessa percentuale.

par: 1. *parità; pari.* Termine borsistico, con il quale si indica il valore nominale di un titolo o l'esatto prezzo che è stato pagato per acquistarlo. Quando il corso del titolo è superiore al suo valore nominale o al prezzo al quale è stato pagato, si dice che il titolo è sopra la pari; quando il corso del titolo è inferiore al suo valore nominale o al prezzo al quale è stato pagato, si dice che il titolo è sotto la pari (v. anche *par value, at a discount, at a premium*). **2. *parità dei cambi.*** V. spiegazione sotto *par rate of exchange*.

para: Moneta divisionale della Turchia, equivalente ad un quarantesimo di kuru, il quale a sua volta è equivalente ad un centesimo della lira turca.

parabanking: *parabancario; attività parabancaria.* Neologismo inglese, usato con valore di aggettivo e sostantivo per indicare le attività che, pur non rientrando strettamente nell'ambito di quelle tradizionalmente svolte da una banca, vengono ugualmente intraprese dalle banche più spregiudicate o intraprendenti.

paradigm: *paradigma.* Termine spesso usato nel linguaggio economico per indicare un esempio o un modello.

paradox of thrift: *paradosso della parsimonia.* Proposizione che afferma che il desiderio dei singoli di aumentare il risparmio conduce alla riduzione del risparmio all'interno di un'economia. Questo paradosso può essere spiegato con l'aiuto dell'analisi dell'equilibrio. Quando gli individui desiderano risparmiare di più, essi decidono di consumare di meno, ma se nell'economia non si è raggiunto un livello di piena occupazione delle risorse e non c'è alcuno stimolo verso ulteriori investimenti, la riduzione dei consumi porta come risultato una riduzione del prodotto nazionale lordo che, a sua volta, porta ad una riduzione del risparmio. Al contrario, il tentativo di ridurre il risparmio e di aumentare i consumi porta ad un reddito più alto che, a sua volta, porta ad un incremento del risparmio. Tuttavia, quando un'economia funziona a piena capacità, cioè quando in essa si è raggiunto il livello della piena occupazione delle risorse, un maggiore sforzo a risparmiare può portare a maggiori investimenti e, di conseguenza, ad un più alto prodotto nazionale lordo. In tale caso, il paradosso del risparmio non si manifesta e i tentativi di far aumentare il risparmio contribuiscono anche a ridurre la pressione inflazionistica. Si può, pertanto, dire che, *ceteris paribus*, quanto più le famiglie sono frugali e parsimoniose, tanto più basso sarà il livello del reddito nazionale e dell'occupazione totale; quanto più prodighe esse sono, tanto più alto sarà il livello del reddito nazionale e dell'occupazione totale. (v. anche *full employment, gross national product, multiplier, accelerator 1*)

paradox of value: *paradosso del valore.* L'economista classico Adam Smith enunciò il cosiddetto paradosso del valore, col quale si poneva in risalto il fatto che molti beni di prima necessità o indispensabili alla sopravvivenza dell'uomo, come ad esempio l'acqua, hanno un valore di scambio estremamente basso in relazione alla loro importanza, mentre altri beni non indispensabili o addirittura inutili alla sopravvivenza dell'uomo, come ad esempio i diamanti, hanno un valore di scambio estremamente alto. Per spiegare tale paradosso bisogna tener conto non soltanto della domanda, ma anche dell'offerta e dell'utilità marginale dei due beni posti a confronto. A. Smith, che espose il paradosso del valore nel 1776, non fu in grado di risolverlo, nonostante che avesse ben chiara la differenza tra valore d'uso e valore di scambio, e passarono oltre settanta anni prima che esso venisse spiegato soddisfacentemente in termini di utilità marginale. Infatti, anche se è probabile che l'utilità totale dell'acqua sia superiore all'utilità totale dei diamanti, l'ultima, o marginale, unità d'acqua venduta sul mercato (che è, poi, quella che determina il prezzo dell'acqua) ha un'utilità molto minore, e pertanto costa meno, dell'ultima unità di diamanti venduta sul mercato. Ciò, ovviamente, non si verificherebbe, a prescindere dalla necessità dei due beni, se la quantità di diamanti offerta sul mercato fosse uguale alla quantità d'acqua offerta sullo stesso mercato. Poiché le quantità dei due beni offerte sul mercato non sono uguali, è ovvio che i diamanti debbano costare di più, ma è anche ovvio che nessun consumatore deciderebbe di acquistare un diamante se così facendo dovesse rinunciare a comprare acqua o altri beni di prima necessità. La scelta che egli è chiamato a fare non è quella di comprare un diamante invece di beni di prima necessità, bensì quella di comprare un diamante invece di comprare una maggiore quantità di altri beni, quali potrebbero essere il cibo o il vestiario. Pertanto, se egli ha già una quantità di questi beni tale da soddisfare le sue necessità, egli trarrà una maggiore utilità, o soddisfazione, dall'acquisto di un diamante di quella che potrebbe trarre dall'acquisto di altro cibo o altri abiti. (v. anche *value in use, value in exchange, marginal utility, total utility*)

parallel economy: *economia parallela.* Lo stesso che *black economy* (v.).

parallel import: *bene d'importazione parallela.* Un bene che viene importato in un paese attraverso un canale non approvato dall'esportatore.

parallel loan: ***prestito parallelo.*** Lo stesso che *back-to-back loan* (v.).

parallel market: ***mercato parallelo.*** Mercato monetario che tratta principalmente fondi a breve termine in sterline e altre valute e che si è costituito parallelamente al mercato monetario tradizionale, cioè il mercato dello sconto. Sul mercato parallelo vengono negoziati principalmente i depositi interbancari, i certificati di deposito, i prestiti interaziendali e i depositi presso le società finanziarie. Un altro mercato monetario parallelo è quello che tratta depositi in eurovalute o valute di paesi extra-europei, tra cui i certificati di deposito in dollari. Le attività dei mercati paralleli, o secondari, ricevettero notevole impulso negli anni cinquanta, quando il Regno Unito e altri paesi abrogarono le restrizioni ufficiali al libero flusso di fondi a breve termine. Le operazioni furono ulteriormente incoraggiate quando, nel dicembre del 1958, il Regno Unito concesse la convertibilità ai non residenti e da allora i saldi esteri in sterline sono stati liberi di entrare e uscire dai vari mercati monetari londinesi in risposta alle fluttuazioni dei tassi d'interesse praticati nei vari mercati monetari del mondo.

parallel money market: ***mercato monetario parallelo.*** Lo stesso che *parallel market* (v.).

parallel pricing: ***prezzatura parallela; determinazione parallela del prezzo.*** La tendenza delle imprese, che operano in una situazione di oligopolio, di seguire il leader del prezzo, così che sembra che tutti i prezzi di quel tipo di imprese si muovano in parallelo. La stessa tendenza è anche indicata col termine *price leadership* (v.).

parallel rate of exchange: ***cambio parallelo; cambio fuori mercato; tasso di cambio libero.*** Nel linguaggio finanziario, è il tasso di cambio non ufficiale che coesiste con quello ufficiale quando, accanto al mercato ufficiale delle valute, esiste un mercato libero. Nel caso di tale coesistenza, il mercato ufficiale è regolato da cambi fissi prestabiliti, mentre il mercato libero rispecchia la vera forza delle varie valute trattate, il cui tasso di cambio, o corso parallelo, viene determinato dal libero gioco delle forze della domanda e dell'offerta. (v. anche *fixed exchange rate, flexible exchange rate, exchange rate, official exchange rate*)

parallel standards: ***tipi monetari paralleli.*** Sistema monetario nel quale vengono coniati due o più metalli preziosi, ma nel quale l'unità monetaria non viene definita in termini di alcun metallo, cioè a dire le autorità monetarie non stabiliscono alcun rapporto del contenuto di fino tra i due metalli nell'unità monetaria del paese. Poiché non vi è un rapporto fisso tra il valore del metallo contenuto in ciascun tipo di monete coniate, prima di poter definire il valore di un tipo di monete in relazione all'altro tipo di monete (cioè, ad esempio, il valore delle monete d'oro in termini di quelle d'argento), è necessario determinare il contenuto di fino di ciascun tipo di moneta.

parameter: ***parametro.*** In econometria, vengono indicati con questo termine una costante o il coefficiente di una variabile in un modello o sistema di equazioni.

parastatal company: ***azienda parastatale; impresa parastatale.*** Un'impresa a capitale pubblico istituita dal governo di un paese in via di sviluppo per la produzione di beni che altrimenti dovrebbero essere importati da paesi esteri. In questo caso, l'impresa o l'intera industria sarebbe protetta da alti dazi doganali, secondo il principio dell'industria nascente, o sarebbe parzialmente o totalmente proibita l'importazione di quel particolare tipo di beni. Il termine inglese è spesso usato come sinonimo di *state-owned enterprise* (v.), pur se quest'ultimo ha una connotazione lievemente diversa.

parastatal sector: ***settore parastatale.*** Il settore economico costituito dalle imprese parastatali, descritte sotto *parastatal company* (v.).

par bond: ***obbligazione alla pari.*** Un'obbligazione il cui valore di mercato è uguale al suo valore nominale.

parcel: **1.** ***partita; lotto.*** Il termine inglese è alquanto generico e viene usato nel linguaggio dei trasporti per indicare una qualsiasi pila, lotto o spedizione di merci distinte e separate. **2.** ***carico parziale; parcel.*** Termine usato come sinonimo di *parcel cargo* (v.).

parcel cargo: ***carico parziale; parcel.*** Nei trasporti, il termine inglese, entrato anche nell'uso italiano, indica una qualsiasi quantità di merci, spedite alla rinfusa o in colli, tale da non riempire interamente una nave o altro mezzo di trasporto. Può pertanto riferirsi sia ad un singolo collo, sia ad un insieme di colli che costituiscono un'unica spedizione di entità relativamente limitata.

parcel of bills: ***pacchetto di cambiali.*** Un certo numero di cambiali messe insieme da un'istituzione finanziaria in base alla loro data di scadenza, in quanto risulterà più facile venderle sul mercato monetario.

parcel of goods: ***partita di merci; lotto di merci.*** Termine usato con lo stesso significato di *parcel 1* (v.).

parcel of shares: ***pacchetto azionario.*** Un numero apprezzabile di azioni della stessa società, possedute dalla stessa persona, impresa o istituzione finanziaria. Se il numero delle azioni è tale da consentire il controllo della società emittente, si indica col termine pacchetto di maggioranza.

parcel post: ***servizio pacchi postali.*** Servizio postale che provvede al trasporto e alla consegna a domicilio di pacchi di peso e dimensioni limitati.

parcel receipt: ***polizzino.*** Documento rilasciato dalle società di navigazione a fronte di piccole spedizioni ed in luogo della polizza di carico. La responsabilità di una società di navigazione che emette un polizzino si limita ad una somma abbastanza modesta, indipendentemente dal valore dichiarato dal proprietario della merce spedita.

parcels office: ***ufficio pacchi.*** Un ufficio, presso una stazione ferroviaria, dove vengono accettati e consegnati pacchi trasportati per ferrovia.

parcel tariff: ***tariffa per carico parziale; tariffa per piccoli colli.*** Nella terminologia dei trasporti, è la tariffa di nolo applicabile a singoli colli o ad un numero di colli tale da formare un'unica spedizione, ma non sufficiente a riempire una nave o altro mezzo di trasporto. (v. anche *parcel cargo, parcel*)

parcel ticket: ***polizzino.*** Termine usato con lo stesso significato di *parcel receipt* (v.).

parent company: ***società madre; casa madre; società di controllo; società capogruppo.*** Una società che controlla delle sussidiarie. Quando la società madre non svolge una propria attività produttiva o commerciale, può anche essere chiamata società finanziaria. (v. anche *holding company, operating holding company, pure holding company*)

Paretian optimality: ***optimum paretiano; optimum di Pareto; ottimo di Pareto.*** Espressione usata in economia per indicare la condizione in cui l'utilità totale di un qualsiasi individuo ha raggiunto l'optimum e non può essere migliorata o ampliata senza privare qualche altro individuo di una parte dell'utilità totale da quest'ultimo raggiunta. Con la stessa espressione viene indicata la migliore allocazione possibile delle risorse, tale che risulti impossibile riallocarle in maniera migliore senza arrecare danno o peggiorare la posizione di qualche individuo. (v. anche *indifference curve, contract curve, economic efficiency, allocative efficiency, Pareto improvement*)

Pareto analysis: *analisi paretiana.* Lo stesso che *ABC analysis* (v.).

Pareto criterion: *criterio di Pareto.* Espressione usata con lo stesso significato di *Paretian optimality* (v.).

Pareto curve: *curva di Pareto.* È così indicata la curva cui si fa riferimento sotto *Pareto distribution* (v.).

Pareto distribution: *distribuzione di Pareto.* È così chiamata la distribuzione dei redditi personali in un sistema economico, studiata da Pareto nel secolo diciannovesimo. Prendendo la distribuzione tra gli individui del reddito nazionale di vari paesi dell'epoca, Pareto trovò che se con X indichiamo un dato livello di reddito e con N il numero di percettori di reddito superiore al livello espresso con X e se tracciamo una curva con i logaritmi di X come ordinate e i logaritmi di N come ascisse, essa risulta essere una linea retta inclinata verso l'asse di X a cinquantasei gradi, con una variante di tre o quattro gradi. Poiché la tangente di cinquantasei gradi è uguale a 1,5, il numero di redditi maggiore di mX per qualsiasi valore di m è uguale a 1 fratto m elevato a 1,5 moltiplicato N. (v. anche *Pareto's measure of inequality of income distribution, Pareto's law*)

Pareto efficiency: *efficienza di Pareto; efficienza allocativa.* Termine usato con lo stesso significato di *allocative efficiency* (v.).

Pareto improvement: *miglioramento paretiano.* Espressione usata per indicare una variazione che apporterebbe un vantaggio almeno ad uno dei membri della comunità, senza arrecare alcuno svantaggio agli altri. (v. anche *Paretian optimality*)

Pareto–optimal: *optimum di Pareto; ottimo di Pareto.* Termine usato con lo stesso significato di *Paretian optimality* (v.).

Pareto optimality: *optimum di Pareto.* Termine usato con lo stesso significato di *Paretian optimality* (v.).

Pareto optimum: *optimum di Pareto.* Termine usato con lo stesso significato di *Paretian optimality* (v.).

Pareto's law: *legge di Pareto; legge dei redditi di Pareto.* Formulata sulla base di osservazioni statistiche relative principalmente alla Francia, all'Inghilterra e alla Prussia della seconda metà del secolo diciannovesimo, la legge di Pareto stabilisce che «la ripartizione del reddito non è effetto del caso» e, quindi, non può essere espressa mediante una distribuzione normale o di Gauss. Secondo Pareto, la distribuzione dei redditi non è simmetrica attorno alla media nel senso che la percentuale di coloro che hanno un reddito inferiore alla media è maggiore di quella di coloro che godono di redditi superiori alla media. Le cause di tale disuguaglianza possono essere di ordine naturale (differenze genetiche) e, con maggior peso, di ordine storico–istituzionale (strutture giuridico–economiche) e spesso hanno un carattere cumulativo.

Pareto's measure of inequality of income distribution: *indice di Pareto della disuguaglianza della distribuzione dei redditi.* Pareto elaborò un indice per misurare la disuguaglianza dei redditi, attraverso una valutazione del fenomeno inverso, ossia quello della concentrazione dei redditi attorno alla media. Tale indice è stato successivamente perfezionato da Gini e da Lorenz (indici di concentrazione di Gini e di Lorenz). Nella formulazione di Pareto, tale indice può essere espresso da α, che è il coefficiente angolare dell'equazione della retta interpolatrice della curva reale di distribuzione, espressa su doppia scala logaritmica: $\log N = \log A - \alpha \log X$, dove N è il numero dei contribuenti che hanno un reddito superiore a X ed A è una costante.

par exchange rate: *parità dei cambi; pari dei cambi; prezzo di equilibrio dei cambi; parità monetaria.* Espressione usata in alternativa a *par rate of exchange* (v.).

pari passu: *di pari passo; senza preferenze; in uguali proporzioni.* Espressione latina, usata in inglese: a) nel linguaggio giuridico, per indicare una parità di trattamento di coloro che vantano uguali diritti; b) nel linguaggio di borsa, in riferimento ad una nuova emissione azionaria, per indicare che essa avrà parità di trattamento, in relazione alla distribuzione di dividendi, con un'altra o altre emissioni precedenti.

Paris Club: *Club di Parigi.* Gruppo informale di paesi occidentali che si riuniscono, di solito a Parigi, per rinegoziare i prestiti da loro concessi ai paesi in via di sviluppo che non sono più in grado di far fronte ai loro impegni. I crediti rinegoziati dal Club di Parigi comprendono i prestiti tra paesi sovrani e i crediti all'esportazione garantiti dai governi dei paesi esportatori, ma non i prestiti concessi dalle banche commerciali, che vengono rinegoziati dal cosiddetto *London Club* (v.).

parity: 1. *parità.* La condizione di essere uguali; rapporto di uguaglianza o di equivalenza tra due o più cose. Il termine inglese è usato in molti nomi composti, sempre per esprimere il concetto di uguaglianza o equivalenza. **2. *pari.*** Nel linguaggio finanziario è di solito preferito il termine *par* (v.) e *parity* viene usato soltanto molto raramente ed in contesti di solito non finanziari. (v. anche *parity price, par rate of exchange, purchasing power parity*)

parity band: *banda di parità.* Lo stesso che *currency band* (v.).

parity grid: *griglia delle parità.* V. spiegazione sotto *exchange rate parity grid.*

parity price: *prezzo di parità.* In senso lato, questa espressione viene usata per indicare un livello di prezzo di un determinato bene o servizio che ha una relazione predeterminata con un altro prezzo o con una media di prezzi stabilita sulla base di un periodo storico ed espressa come numero indice 100. La variazione tra questi due gruppi di prezzi troverà un riscontro nella variazione del numero indice. Il sistema del prezzo di parità è ampiamente usato negli Stati Uniti per determinare il livello dei prezzi agricoli in termini dei prezzi di beni e servizi che gli agricoltori devono acquistare, ambedue rapportati a 100, cioè il numero indice relativo al periodo base equivalente al quinquennio agosto 1909 – luglio 1914, quando il rapporto di parità di questi prezzi fu abbastanza equilibrato. Oggi, il termine inglese viene usato quasi esclusivamente con riferimento al sistema di valutazione suddetto, di cui fa ampio uso il ministero dell'agricoltura statunitense nell'applicare la propria politica di sostegno ai prezzi agricoli. (v. anche *agricultural parity, agricultural parity ratio, price support*)

parity price system: *sistema del prezzo di parità.* Il sistema di sostegno dei prezzi agricoli adottato dagli Stati Uniti e descritto sotto *parity price* (v.).

parity ratio: *rapporto di parità.* Termine usato con lo stesso significato di *agricultural parity ratio* (v.).

Parkinson's Laws: *Leggi di Parkinson.* Leggi ironicamente promulgate dal prof. Northcote Parkinson in resoconti satirici di procedure amministrative aziendali e pubbliche. Esse stabiliscono: a) il lavoro si espande, in modo da occupare il tempo disponibile per il suo completamento; b) la spesa cresce per far fronte al reddito; c) espansione significa complessità e complessità decadenza.

parliamentary commissioner for administration: ***commissario parlamentare.*** Nel Regno Unito, è un funzionario nominato dal parlamento (il primo fu nominato nel 1966) perché indaghi sui reclami presentati dai cittadini contro il cattivo funzionamento degli organi o degli uffici amministrativi dello stato. I reclami vengono inoltrati al funzionario dai parlamentari, che a loro volta li ricevono dai loro elettori.

par–list bank: Espressione con la quale vengono indicate tutte quelle banche che, pur non essendo membri del *Federal Reserve System* (v.), compensano gli assegni al loro valore nominale. La distinzione sorge perché mentre tutte le banche statunitensi che fanno parte del *Federal Reserve System* sono obbligate a compensare gli assegni, tratti su altre banche e da loro pagati, al loro valore nominale, alcune banche che non fanno parte del Sistema addebitano un diritto d'incasso sugli assegni che passano attraverso la stanza di compensazione e, pertanto, essi non vengono compensati al loro valore facciale.

par of exchange: ***parità dei cambi; pari dei cambi; prezzo di equilibrio dei cambi; parità monetaria.*** Espressione usata come sinonimo di *par rate of exchange* (v.).

parol contract: ***contratto verbale.*** Lo stesso che *contract by parol* (v.).

par rate of exchange: ***parità dei cambi; pari dei cambi; prezzo di equilibrio dei cambi; parità monetaria.*** Quando le monete dei vari paesi erano basate sull'oro, con questa espressione si intendeva il tasso di cambio determinato dal rapporto tra il contenuto di metallo fino delle unità monetarie di due paesi. Dopo l'abbandono della parità aurea nel periodo tra le due guerre mondiali, l'espressione venne usata per indicare il rapporto tra l'unità monetaria di un paese e quella di un altro paese, definito come tasso ufficiale di cambio tra le valute dei due paesi. La parità monetaria tra i diversi stati era quella stabilita dal Fondo Monetario Internazionale, o meglio ad esso dichiarata dal paese all'atto della sua adesione al Fondo, e basata sul valore dell'unità monetaria espresso in relazione all'oro. Dai valori così espressi, si potevano ricavare le parità monetarie tra i diversi paesi aderenti al Fondo. Ad esempio, quando fu costituito il Fondo Monetario Internazionale il valore della sterlina inglese equivaleva a 2,48828 grammi di oro fino e quello del dollaro statunitense equivaleva a 0,888671 grammi di oro fino. Pertanto, la parità monetaria tra i due paesi era di una sterlina inglese per 2,80 dollari statunitensi. A differenza del caso del sistema monetario aureo, in questo caso l'oro è usato semplicemente come misura di valore, onde evitare la necessità di esprimere il valore di ciascuna valuta in termini di tutte le altre e il valore in termini di oro assegnato a ciascuna valuta, e quindi la sua parità monetaria nei confronti di tutte le altre valute, viene stabilito dal Fondo Monetario Internazionale di concerto con le autorità monetarie del paese interessato. La pratica seguita era quella di accettare la valutazione proposta dalle autorità monetarie del paese. In questo senso, per quei paesi che non facevano parte del Fondo Monetario Internazionale non vi era alcuna parità monetaria universalmente accettata. (v. anche *gold standard, rate of exchange, International Monetary Fund, mint par of exchange*)

parsimony: ***parsimonia.*** Gli economisti classici, primo fra tutti Adam Smith, consideravano la parsimonia come la base dell'accumulazione della ricchezza e del capitale sia per i singoli cittadini, sia per lo stato. Questo concetto ha continuato a far sentire la sua influenza, spesso negativa, fin dopo la grande depressione ed è stato alla base di periodi di recessione in vari paesi. Soltanto recentemente, e soltanto da parte degli economisti, si è compreso che la funzione della parsimonia, o del risparmio, deve essere ed è diversa a seconda della situazione dell'economia di un paese, per cui essa va incoraggiata quando l'economia ha raggiunto il livello di piena occupazione delle risorse, ma va scoraggiata nel caso contrario. (v. anche *paradox of thrift, saving*)

part cargo: ***carico parziale.*** Carico che non riempie l'intero spazio disponibile su un mezzo di trasporto. Lo spazio in più non viene pagato dal proprietario del carico parziale e resta, pertanto, a disposizione di altri caricatori.

part delivery: ***consegna parziale.*** Invio di una parte di articoli oggetto di un ordinativo. La restante parte o è già stata fornita, o sarà fornita in futuro o non sarà affatto fornita.

part–exchange: ***scambio parziale; permuta parziale.*** Il pagamento di un bene parte in moneta e parte in natura, mediante consegna di un altro bene il cui valore è stato preventivamente concordato. È un sistema molto usato nel commercio delle automobili.

partial acceptance: ***accettazione parziale; accettazione limitata.*** È una delle cinque possibilità di accettazione condizionata, previste dall'articolo 19 del *Bills of Exchange Act* del 1882. In caso di accettazione parziale o limitata, il trattario accetta di pagare soltanto una parte della somma per la quale è stata emessa la cambiale. (v. anche *qualified acceptance*)

partial analysis: ***analisi parziale; analisi particolare.*** Espressione a volte usata con lo stesso significato di *partial equilibrium analysis* (v.).

partial breach: ***inadempimento parziale.*** Si verifica l'inadempimento parziale quando una delle parti di un contratto non adempie, o dimostra di non avere intenzione di adempiere, ad una parte delle obbligazioni che le derivano dal contratto. L'azione cui può fare ricorso la parte danneggiata dipende dalla natura dell'inadempimento. Se esso riguarda un aspetto essenziale del contratto, la parte danneggiata può considerare sciolto il contratto e astenersi dall'assolvere la propria obbligazione. Se, invece, l'inadempimento riguarda un aspetto secondario del contratto, la parte danneggiata non avrà il diritto di considerare sciolto il contratto, ma potrà citare per danni la parte inadempiente.

partial correlation: ***correlazione parziale.*** La relazione netta tra una variabile dipendente e una o più variabili indipendenti, dopo che da un punto di vista statistico è stato mantenuto costante l'effetto di una o più altre variabili indipendenti o dopo che tale effetto, o influenza, è stato eliminato attraverso particolari procedure dalla misura della correlazione tra le variabili in questione.

partial correlation coefficient: ***coefficiente di correlazione parziale.*** È il coefficiente di correlazione che risulta dalla misura della correlazione descritta sotto *partial correlation* (v.).

partial disability: ***invalidità parziale.*** Si verifica quando, a seguito di un incidente di cui è rimasto vittima, un lavoratore non è più in grado di svolgere una parte delle mansioni del suo lavoro, benché tale invalidità non gli impedisca di procurarsi o mantenere un impiego ragionevolmente adatto alle sue condizioni fisiche e alla sua capacità di lavoro. Si verifica l'invalidità parziale anche quando il lavoratore suddetto è in grado di assumere soltanto un lavoro la cui remunerazione è inferiore a quella che percepiva prima del verificarsi dell'incidente.

partial endorsement: ***girata parziale.*** Una girata mediante la quale si intende trasferire soltanto una parte dell'importo di una cambiale o mediante la quale si intende trasferire una cambiale a due giratari separatamente non ha alcun valore nel Regno Unito ai fini della negoziazione del titolo di credito.

partial equilibrium: ***equilibrio parziale; equilibrio economico parziale; equilibrio particolare.*** Nel linguaggio economico, è la posizione di equilibrio relativa ad un singolo settore del sistema economico o ad una singola impresa o ad un singolo consumatore o ad un singolo mercato o piccolo gruppo di consumatori o di mercati. Si presuppone che mentre si osservano le condizioni relative all'equilibrio del singolo, tutti gli altri aspetti del sistema economico rimangano costanti. (v. anche *general equilibrium, partial equilibrium analysis*)

partial equilibrium analysis: ***analisi di equilibrio parziale.*** Il metodo usato per analizzare l'interdipendenza dei fenomeni economici in un settore relativamente piccolo o limitato del sistema economico. Tutti i tipi di analisi di equilibrio parziale sono basati sul presupposto che nell'esaminare la determinazione della posizione di equilibrio del particolare settore, mercato, impresa o singolo consumatore, tutti gli altri aspetti, che rappresentano delle variabili nel sistema economico ma che sono estranei al singolo settore in esame, rimangano costanti. Dal punto di vista di un'interpretazione rigorosamente stretta, questo presupposto significa anche che tutti gli altri aspetti del sistema economico non vengono influenzati da qualsiasi cambiamento che si verifichi nel settore preso in considerazione e ciò, fino ad un certo punto, non è quasi mai vero, perché un cambiamento in un settore deve necessariamente causare cambiamenti in qualche altro settore. Ciò che importa, tuttavia, è che i cambiamenti indotti in tutto il resto dell'economia sono tanto piccoli e diffusi che gli effetti che essi hanno a loro volta sul settore in considerazione possono essere ignorati. Non c'è alcuna regola pratica che ci dica quando si può utilizzare di preferenza l'analisi parziale e la controprova finale sta nell'avverarsi o meno delle previsioni formulate attraverso questo metodo di analisi. L'analisi di equilibrio parziale risulta utile perché ci si è resi conto che per molti tipi di decisioni, gli effetti sul resto del sistema economico sono relativamente piccoli e il loro effetto di ritorno trascurabile. In via approssimativa, si può dire che quanto più piccolo è il settore preso in esame, tanto più trascurabili saranno gli effetti sul resto del sistema economico e gli effetti di ritorno da questi generati. (v. anche *partial equilibrium, general equilibrium, general equilibrium analysis*)

partial equilibrium of firm: ***equilibrio parziale d'impresa.*** Termine usato con lo stesso significato di *equilibrium of firm* (v.).

partial equilibrium of industry: ***equilibrio parziale d'industria.*** Termine usato con lo stesso significato di *equilibrium of industry* (v.).

partial equilibrium theory: ***teoria dell'equilibrio parziale; teoria dell'equilibrio particolare.*** È la teoria che sta alla base dell'analisi di equilibrio parziale. Essa non tiene conto delle interdipendenze dei vari settori del sistema economico e, pertanto, non considera gli effetti che le variazioni in un settore possono avere su un altro settore e gli effetti di ritorno che da questo secondo settore si possono ripercuotere sul primo. (v. anche *partial equilibrium, partial equilibrium analysis, general equilibrium theory*)

partial incapacity: ***invalidità parziale.*** Lo stesso che *partial disability* (v.).

partial limitation clause: ***clausola della limitazione parziale.*** Nelle assicurazioni contro i danni, questa clausola ha l'effetto di escludere il risarcimento di piccole somme che non superino una cifra prestabilita. Se il danno, invece, supera tale cifra, esso sarà risarcito per intero.

partial loss: ***perdita parziale.*** Nel linguaggio delle assicurazioni marittime, questa espressione si oppone a perdita totale e viene usata per indicare il danno, subito soltanto da una parte del carico o dalla nave, conseguente al verificarsi di uno degli eventi contro i quali la nave è assicurata. La perdita parziale dà in genere luogo ad avaria particolare e i relativi danni vengono indennizzati dagli assicuratori. (v. anche *total loss, particular average*)

partial monopoly: ***monopolio parziale.*** Situazione di mercato caratterizzata dalla presenza, di fronte alla concorrenza perfetta tra compratori, di un numero molto limitato di venditori, dei quali uno o più di uno godono di una posizione di prevalenza, tanto da influire a proprio vantaggio sul prezzo di vendita del bene prodotto, mentre le imprese minori operanti nello stesso settore o ramo di attività sono costrette a seguire il prezzo stabilito dalle imprese maggiori e ad adeguare ad esso la loro offerta. È, questa, la situazione che si verifica più di frequente in presenza di un monopolio, dal momento che il monopolio puro è un'astrazione difficilmente realizzabile in pratica a causa della possibilità di sostituire un bene con un altro e a causa della concorrenza straniera, quando questa non sia impedita da forti dazi doganali o altre forme di barriere. (v. anche *monopoly, oligopoly, price leadership, partial oligopoly*)

partial oligopoly: ***oligopolio parziale.*** Situazione di mercato caratterizzata, di fronte alla concorrenza perfetta tra compratori, da un numero limitato di venditori che dominano il mercato di un bene o servizio, ma non agiscono in modo tale da massimizzare i profitti del gruppo, principalmente a causa dell'incertezza circa le reazioni degli altri grandi venditori ad un'azione, da parte di uno di loro, tendente ad influire a proprio vantaggio sul prezzo di vendita. La situazione è simile a quella del monopolio parziale, nei confronti del quale l'unica differenza è costituita dal numero dei venditori, oltre all'incertezza di cui si è detto. Anche in questa situazione sono presenti sul mercato un numero di imprese minori, che coesistono con le maggiori e soddisfano la domanda di una parte del mercato. La ragione per cui queste imprese minori non vengono assorbite dalle maggiori o eliminate dal mercato è che queste ultime hanno interesse a mantenerle in vita in primo luogo per mascherare, agli occhi delle autorità statali, la reale struttura del mercato, e in secondo luogo perché se le eliminassero sarebbero costrette ad aumentare la loro produzione. (v. anche *oligopoly, partial monopoly*)

partial payment: ***pagamento parziale; acconto.*** Termine usato come sinonimo di *part payment* (v.).

partial plan: ***piano parziale.*** In ragioneria, è un piano frazionato di svolgimento della contabilità industriale, dove i conti lavorazione sono addebitati e accreditati a costi standard.

partial regression coefficient: ***coefficiente di regressione parziale.*** Termine usato con lo stesso significato di *net regression coefficient* (v.).

participating bond: ***obbligazione a partecipazione.*** Tipo di obbligazione, usata negli Stati Uniti, che partecipa alla ripartizione degli utili dell'impresa emittente ma che, in ogni caso, ha diritto ad un minimo di interessi prestabilito, anche quando l'impresa non dovesse ripartire utili.

participating capital stock: ***azioni privilegiate di partecipazione.*** Termine statunitense, usato con lo stesso significato di *participating preference shares* (v.).

participating dividend: ***dividendo di partecipazione.*** È il dividendo variabile, che compete alle azioni privilegiate di partecipazione, dopo che le azioni ordinarie hanno ricevuto un dividendo che, per accordi prestabiliti, non può superare una somma concordata. Attraverso il versamento di questo dividendo, le azioni privilegiate partecipano alla distribuzione degli utili, oltre a ricevere il tasso di dividendo fisso stabilito all'atto della loro emissione, che altrimenti andrebbero totalmente agli azionisti ordinari. (v. anche *participating preference shares*)

participating forward: ***contratto di cambio a termine con partecipazione.*** Contratto dello stesso tipo esposto sotto *range forward* (v.), con la sola differenza che la *investment bank* non preclude totalmente al cliente di trarre vantaggio da un movimento dei cambi in suo favore. Nell'esempio dato sotto *range forward*, l'operatore con questo contratto pone ancora il limite minimo di 125 yen per un dollaro, ma trae vantaggio da qualsiasi tasso di cambio superiore ai 110 yen, in quanto la *investment bank* si limita a percepire il 30% di qualsiasi movimento a favore del cliente.

participating insurance: 1. ***assicurazione a partecipazione.*** È l'assicurazione che prevede la partecipazione agli utili da parte degli assicurati. Tale partecipazione si realizza attraverso la ripartizione proporzionale degli utili di esercizio tra tutti coloro che hanno sottoscritto una polizza e si concretizza o mediante uno sconto sul premio o con un aumento della somma assicurata, senza maggiorazione del premio. È una caratteristica delle assicuratrici mutue nel Regno Unito e negli Stati Uniti. **2.** ***assicurazione a contribuzione.*** Tipo di assicurazione che prevede che gli assicurati non paghino alcun premio, ma siano chiamati a contribuire al pagamento degli indennizzi totali versati dalla società di assicurazione. (v. anche *assessment insurance, mutual insurance*)

participating life policy: ***polizza vita a partecipazione.*** Tipo di polizza di assicurazione sulla vita, che prevede la partecipazione agli utili della società da parte dell'assicurato. Tale partecipazione avviene attraverso la distribuzione di un cosiddetto *bonus*, calcolato in genere su base quinquennale, che l'assicurato può incassare in moneta o usare per il pagamento di parte del premio, ovvero per aumentare la somma assicurata senza alcuna maggiorazione di premio. (v. anche *bonus 2, mutual insurance*)

participating loan: ***mutuo a partecipazione.*** Termine usato come sinonimo di *participation loan* (v.).

participating policy: ***polizza a partecipazione.*** È un tipo di polizza a fronte della quale l'assicurato paga un premio che di solito risulta superiore ai costi previsti in relazione al rischio, ma la cui eccedenza gli viene in seguito restituita sotto forma di dividendo o partecipazione agli utili. (v. anche *non–participating policy, participating insurance*)

participating preference capital: ***capitale privilegiato a partecipazione.*** Termine usato con lo stesso significato di *participating preference shares* (v.).

participating preference shares: ***azioni privilegiate a partecipazione.*** Sono così indicate quelle azioni privilegiate che, oltre ad aver diritto ad un tasso di dividendo fisso, partecipano alla distribuzione degli utili come le azioni ordinarie. A seconda di quanto stabilito all'atto dell'emissione di queste azioni privilegiate, l'utile corrisposto sotto forma di dividendo variabile può essere pagato contemporaneamente a quello versato alle azioni ordinarie, pur se in misura minore, o quando il dividendo spettante a queste ultime supera una somma prestabilita. (v. anche *preference shares, participating dividend*)

participating preferred stock: ***azioni privilegiate a partecipazione.*** Termine statunitense, usato con lo stesso significato di *participating preference shares* (v.).

participating shares: ***azioni a partecipazione.*** Termine a volte usato con lo stesso significato di *participating preference shares* (v.).

participation certificate: ***certificato di partecipazione.*** Un certificato dal quale risulta la quota di proprietà di un singolo investitore, che partecipa all'acquisto di un titolo obbligazionario o azionario di grosso taglio. Attraverso l'emissione di certificati di partecipazione è possibile suddividere titoli di grosso taglio, onde consentirne l'acquisto anche da parte di coloro che dispongono di somme relativamente limitate da investire e che risulterebbero insufficienti per acquistare un titolo nella sua interezza. Lo stesso termine indica un certificato emesso dalla società di gestione di un fondo comune d'investimento, comprovante la proprietà di un certo numero di quote.

participation fee: ***competenza di partecipazione.*** Il compenso che si fa pagare una banca per prendere parte ad un mutuo in partecipazione. (v. anche *participation loan*)

participation loan: ***mutuo in partecipazione.*** Un mutuo concesso da più banche, ciascuna delle quali partecipa con una quota. Lo stesso termine viene usato per indicare un mutuo al quale partecipano più mutuanti, anche se non sono banche.

participation mortgage: ***ipoteca in partecipazione.*** È un tipo di ipoteca alla quale partecipano due o più mutuanti, attraverso l'emissione di quote rappresentate da certificati ipotecari.

participation preferred stock: ***azioni privilegiate a partecipazione.*** Lo stesso che *participating preferred stock* (v.).

participation rate: ***tasso di partecipazione; tasso di attività.*** La quota di popolazione in età lavorativa che entra a costituire la forza lavoro di un paese, quella cioè che partecipa alla produzione di beni e servizi venduti all'interno del paese o esportati all'estero. Il tasso di partecipazione viene usato nell'analisi di problemi regionali, cioè i problemi connessi con l'occupazione in determinate regioni. Ad esempio, dallo studio dei tassi di partecipazione si è potuto rilevare che in alcune regioni mentre il tasso di partecipazione maschile è pressocché uniforme, quello di partecipazione femminile presenta notevoli squilibri, con ciò dimostrando che la struttura industriale di certe regioni non è in grado di assorbire la quantità di lavoro femminile disponibile.

participative management: ***gestione partecipativa.*** Lo stesso che *employee participation* (v.) e *worker participation* (v.).

participatory capitalism: ***capitalismo partecipativo.*** Espressione alquanto recente con la quale si indica la partecipazione dei lavoratori alla proprietà, parziale o totale, dei mezzi di produzione. Si concretizza mediante l'assegnazione di azioni di capitale ai dipendenti o mediante la loro acquisizione dell'intero pacchetto azionario dell'impresa per la quale lavorano.

participatory ownership: ***proprietà partecipativa; proprietà in partecipazione.*** Esprime lo stesso concetto di *participatory capitalism* (v.).

particular agency: ***mandato speciale; mandato parti-***

colare. Il mandato che, in base ad un contratto di agenzia, viene conferito dal preponente al mandatario e che dà a quest'ultimo la facoltà di agire soltanto in una particolare situazione o in relazione ad una singola operazione. (v. anche *general agency, agent, contract of agency*)

particular agent: ***agente particolare; mandatario particolare.*** L'agente autorizzato dal proprio principale a rappresentarlo ed agire in sua vece in relazione ad una particolare operazione o situazione. (v. anche *general agent*)

particular average: ***avaria particolare.*** Nelle assicurazioni marittime, viene indicato con questa espressione il danno subito da una parte del carico durante il viaggio per cause imprevedibili e di forza maggiore. Poiché il danno non è stato volontariamente causato per salvare il resto del carico o la nave, come avviene nel caso di avaria generale, esso dovrà essere sostenuto interamente dal proprietario delle merci o dal suo assicuratore, senza alcun contributo da parte degli altri caricatori o da parte dell'armatore. Se le merci sono coperte da una polizza che prevede l'avaria particolare, il danno sarà sostenuto dall'assicuratore; se esse, invece, sono assicurate con la clausola «franco di avaria particolare», il danno sarà sostenuto interamente dal loro proprietario. (v. anche *general average, partial loss, free of particular average*)

particular average loss: ***perdita per avaria particolare.*** Nelle assicurazioni marittime, è la perdita di beni causata da danni a singole parti del carico a seguito di eventi che non rientrano tra quelli che danno luogo ad avaria generale. Tale perdita è sostenuta interamente dal proprietario delle merci o dal suo assicuratore, a seconda che la polizza di assicurazione sia stata emessa franco di avaria particolare o con avaria particolare. (v. anche *particular average, general average, free of particular average*)

particular equilibrium: ***equilibrio parziale; equilibrio economico parziale; equilibrio particolare.*** Termine usato con lo stesso significato di *partial equilibrium* (v.).

particular equilibrium analysis: ***analisi di equilibrio parziale.*** Termine spesso usato con lo stesso significato di *partial equilibrium analysis* (v.).

particular estate: Termine usato in relazione a beni immobili concessi in usufrutto. Quando il proprietario di un bene ne concede l'uso a più di una persona in successione con lo stesso atto, il diritto del primo beneficiario è indicato col termine *particular estate*, mentre il diritto della persona destinata a succedergli alla sua morte è indicato col termine *remainder*.

particular international law: ***diritto internazionale particolare.*** Termine usato con lo stesso significato di *special international law* (v.).

particular lien: ***diritto di ritenzione particolare; privilegio particolare.*** Tipo di diritto di ritenzione che consente al creditore di conservare il possesso di beni del debitore, come garanzia del pagamento di un singolo debito particolare.

particular operating expenses: ***spese operative particolari; spese di esercizio particolari.*** Sono tutte quelle spese che variano direttamente con l'ampiezza di attività svolta. Ad esempio, sono tali le spese di carburante e di salario agli autisti che guidano un particolare autotreno, in quanto esse aumentano con l'aumentare delle ore durante le quali viene usato il mezzo di trasporto.

parties to bill of exchange: ***parti del contratto cambiario.*** Le parti che intervengono nel contratto cambiario sono essenzialmente tre: il traente, cioè colui che emette la cambiale; il trattario, cioè colui sul quale la cambiale è emessa; il beneficiario, cioè colui al quale dovrà essere pagata la somma specificata nella cambiale. Quest'ultimo può identificarsi col traente e viene anche chiamato prenditore, quando il titolo di credito prende la forma di un assegno. Il trattario viene anche chiamato accettante, quando la cambiale prevede l'accettazione, dopo che egli ha accettato l'ordine emesso dal traente. Una quarta parte contraente è il girante, che tuttavia non deve necessariamente essere presente in un contratto cambiario. Le parti vengono dette immediate se esse vengono a trovarsi in relazione diretta tra loro, come ad esempio il traente e l'accettante, il traente e il beneficiario o il girante e i giranti immediatamente precedente e successivo; vengono dette remote, quando non vengono a trovarsi in relazione diretta tra loro, come ad esempio l'accettante e il giratario. (v. anche *bill of exchange, drawer, drawee, payee, endorser, endorsee, immediate parties, remote parties*)

part load: ***carico parziale.*** Espressione usata nel linguaggio dei trasporti e in particolare dei trasporti su strada per indicare un carico di merci che non riempie completamente il mezzo adibito al trasporto. Chiunque deve spedire una piccola quantità di merci può, infatti, noleggiare una parte di spazio su un autotreno o altro mezzo di trasporto che si reca nel luogo in cui le merci devono essere trasportate e non dispone di un carico completo. Ciò torna vantaggioso al mittente, che può risparmiare in quanto non si trova costretto a noleggiare un intero mezzo di trasporto per un carico parziale, e al vettore, che tenta così di mettere insieme tanti carichi parziali da costituire un carico completo. (v. anche *parcel cargo*)

partly–finished goods: ***semilavorati.*** Beni che sono stati già sottoposti ad una parte o ad alcune operazioni del processo produttivo, ma non sono ancora pronti per essere immessi sul mercato come beni di consumo, in quanto devono ancora subire ulteriori trasformazioni o lavorazioni. I semilavorati possono, tuttavia, essere oggetto di compravendita, in quanto essi spesso rappresentano l'output di un'impresa e l'input di un'altra impresa.

partly–paid share: ***azione parzialmente liberata.*** Azione che non è stata ancora interamente pagata dall'azionista che l'ha acquistata. Le azioni del genere sono, pertanto, ancora soggette al richiamo di decimi. (v. anche *paid–up share*)

partner: ***socio.*** Chiunque apporti capitale ad un'azienda con l'intento di svolgere un'attività produttiva o commerciale congiuntamente ad altri. Il termine inglese, tuttavia, viene usato per qualsiasi tipo di società, fatta eccezione per la società per azioni, nel qual caso il termine da usarsi è solo e sempre *shareholder* (v.). Secondo il diritto societario inglese, i soci possono essere operanti, non operanti o di nome. Sono soci operanti quelli che, oltre ad aver apportato una parte del capitale sociale, partecipano alla gestione dell'impresa; sono soci non operanti coloro che hanno apportato una parte del capitale, ma non partecipano alla gestione dell'impresa; sono soci di nome coloro che consentono che il loro nome venga usato in relazione all'impresa, nella quale tuttavia non hanno alcun interesse personale. Il *Limited Partnership Act* del 1907 creò altri due tipi di soci, quelli cosiddetti accomandanti e quelli accomandatari. Il socio accomandante corrisponde praticamente al socio non operante o al socio di nome; mentre il socio accomandatario è l'equivalente del socio operante. Mentre quest'ultimo è responsabile verso i terzi per le obbligazioni della società anche con il suo patrimonio personale, il primo gode del privilegio della responsabilità limitata, cioè è responsabile delle obbligazioni della società soltanto per l'ammontare di capitale apportato alla società. (v. anche *limited partnership, general partnership, active partner, sleeping partner,* *nominal partner, general partner, limited partner, Partnership Acts*)

partnership: ***società; società semplice; società di persone; società in nome collettivo; impresa collettiva.*** Una qualsiasi associazione di due o più persone, chiamate soci, che con beni comuni intendono esercitare un'attività economica i cui utili o le cui perdite saranno ripartiti tra loro secondo quanto stabilito nel contratto che dà vita alla società, ma ove questo non sia previsto nel contratto, tutti i soci vengono considerati con uguali diritti e doveri per quanto attiene ai profitti e alle perdite. L'azione di uno dei soci, o la sua firma, è vincolante per tutti gli altri soci, purché egli abbia agito in nome e per conto della società, nell'espletamento della sua attività ordinaria. Tutti i soci di questo tipo di organizzazione aziendale sono illimitatamente responsabili delle obbligazioni societarie e rispondono dei debiti verso i terzi anche con il loro patrimonio personale. Il numero di soci che possono far parte di una società semplice nel Regno Unito è limitato a dieci nel caso che si tratti di un'attività bancaria e a venti nel caso in cui la società svolga una qualsiasi altra attività (la norma che limita il numero dei soci di una società semplice fu abolita dal *Companies Act* del 1967). La sempre maggiore diffusione delle società per azioni e delle società in accomandita ha enormemente ridotto il numero di questo tipo di società, alle quali generalmente oggi ricorrono soltanto professionisti, quando istituiscono, ad esempio, grandi gabinetti medici o studi legali, e piccoli commercianti. (v. anche *limited partnership, partner, Partnership Acts*)

partnership accounts: ***conti societari.*** I conti di una società semplice, che si differenziano da quelli di un'impresa individuale in quanto registrano capitale, prelevamenti e conto corrente di ciascun socio.

Partnership Acts: ***leggi sulle società semplici.*** Sono le due leggi che regolamentano la costituzione ed il funzionamento delle società in nome collettivo e delle società in accomandita. Il *Partnership Act* del 1890 regolamenta tutta la materia relativa alle società semplici e alle società in nome collettivo; il *Partnership Act* del 1907 regolamenta la materia relativa alle società in accomandita. Anche il *Companies Act* del 1948 contiene alcune norme che interessano questi tipi di società e precisamente esso impone un limite al numero dei soci, che possono essere non più di dieci per le imprese che svolgono l'attività bancaria e non più di venti per tutti gli altri tipi di attività. Qualsiasi associazione di persone più ampia, costituita allo scopo di svolgere una qualunque attività economica, deve essere registrata in ottemperanza alle disposizioni previste dal *Companies Act* del 1948. (v. anche *partnership, limited partnership, Companies Acts*)

partnership agreement: ***contratto di società.*** Termine a volte usato con lo stesso significato di *partnership contract* (v.).

partnership association: ***società in accomandita.*** Termine statunitense, usato con lo stesso significato di *limited partnership* (v.).

partnership at will: ***società senza determinazione di termine; società semplice.*** L'espressione è alquanto generica e viene usata per indicare una qualsiasi società semplice costituita senza contratto scritto. Nel caso in cui una società sia costituita con contratto scritto che prevede un termine, quando questo scade i soci possono continuare a svolgere l'attività, ma la società diventa una *partnership at will.* Nel Regno Unito, questo tipo di società è regolamentata dal *Partnership Act* del 1890.

partnership contract: ***contratto di società; atto costitutivo di società di persone.*** È il documento, redatto e sottoscritto da tutti coloro che costituiscono una società in nome collettivo o in accomandita, che governerà i rapporti tra i soci. Poiché può essere emendato soltanto con il consenso di tutti coloro che l'hanno sottoscritto, esso è di solito redatto in modo da contemplare tutte le eventualità, allo scopo di evitare future dispute. Esso deve, in particolare, contenere precise disposizioni in relazione alla partecipazione di ciascun socio alla ripartizione dei profitti e delle perdite. Infatti, in assenza di disposizioni specifiche, tutti i soci sono considerati come se avessero diritto ad un'uguale parte di utili e come obbligati in uguale misura nel caso in cui la società subisca perdite. Il contratto di società conterrà articoli relativi a: il nome dei soci e la ragione sociale che essi useranno; il tipo di attività che intendono svolgere; la durata della società; il capitale che ciascun socio si impegna ad apportare; la contabilità sociale e la revisione dei conti; le funzioni dei soci all'interno della società; la ripartizione degli utili; gli stipendi dei soci amministratori e i prelievi che ciascun socio potrà effettuare; interessi sul capitale, sulle anticipazioni e sui prelievi dei soci; morte, fallimento o dimissioni dei soci. (v. anche *partner, limited partnership, partnership*)

partnership deed: ***contratto di società.*** Termine spesso usato con lo stesso significato di *partnership contract* (v.).

partnership duration: ***durata di una società.*** Nell'atto costitutivo di una società in nome collettivo o in accomandita viene, di solito, stabilito il periodo di durata della società stessa. Allo scadere di tale periodo, tuttavia, i soci possono continuare a svolgere la loro attività come società semplice. (v. anche *partnership at will, partnership, limited partnership, partner*)

partnership policy: ***polizza di assicurazione sui soci.*** È un tipo particolare di polizza di assicurazione sulla vita, che ha lo scopo di consentire ai soci sopravviventi di superare le difficoltà derivanti dalla morte di uno o più dei membri della società semplice, quando e se gli eredi decidono di ritirare il capitale di proprietà del socio defunto.

partnership property: ***patrimonio sociale.*** L'insieme dei beni immobili e mobili di proprietà di una società. Il patrimonio sociale è costituito dai beni apportati dai soci all'atto della costituzione della società e dai beni successivamente acquistati con fondi sociali nel corso dell'attività economica svolta dalla società. (v. anche *partnership's capital*)

partnership's assets: ***attività sociali; attivo sociale.*** Crediti o beni di qualsiasi tipo di proprietà di una società di persone, distinti dalla proprietà dei singoli soci.

partnership's capital: ***capitale sociale; capitale di società di persone.*** Il capitale di cui dispone una società in nome collettivo o in accomandita. È costituito dall'apporto di ciascun socio e, nel corso dell'attività economica, dall'eventuale capitale di risparmio, cioè gli utili non distribuiti ai soci, ma accantonati o investiti in beni mobili o immobili. (v. anche *partnership property*)

partnership's debts: ***debiti sociali.*** Sono le obbligazioni per le quali è esposta una società in nome collettivo o in accomandita. In base alle disposizioni contenute nei *Partnership Acts* (v.) del 1890 e del 1907, i soci sono responsabili di tali debiti anche col loro patrimonio personale, ad eccezione dei soci accomandanti. (v. anche *partnership, partner, limited partnership*)

partnership share: ***carato; caratura; quota sociale.*** Quote o parti in cui è suddivisa una proprietà comune indivisibile o il capitale di una società semplice o per quote. In particolare, il termine inglese viene usato per indicare una delle sessantaquattro parti in cui è suddivisa, per tradizione internazionale, la proprietà di una nave mercantile. Ciò non vuol dire che non possano esserci parti di proprietà inferiori ad un sessantaquattresimo dell'intera nave. Infatti, il carato di una nave può essere a sua volta suddiviso in parti che saranno definite come frazioni di carato. (v. anche *part–owner, ship*)

partnership's liabilities: ***passività sociali; passivo sociale; obbligazioni sociali.*** Termine usato con lo stesso significato di *partnership's debts* (v.).

partnership term: ***termine di una società.*** Espressione usata con lo stesso significato di *partnership duration* (v.).

part order: ***ordinativo parzialmente evaso.*** Termine usato con lo stesso significato di *part delivery* (v.).

part–owner: ***caratista; comproprietario.*** Un comproprietario di una nave, cioè colui che, insieme ad altri, possiede un certo numero di carati o frazioni di carato in cui è suddiviso il capitale rappresentato da una nave mercantile. Lo stesso termine si usa per indicare chi partecipa ad una qualsiasi proprietà comune indivisibile o ad una società il cui capitale è suddiviso in quote. (v. anche *partnership share, ship*)

part–paid stock: ***azione parzialmente liberata.*** Espressione statunitense, corrispondente all'inglese *partly–paid share* (v.).

part payment: ***pagamento parziale; acconto.*** Il pagamento parziale di un debito ha la funzione giuridica di non farlo cadere in prescrizione, in quanto il pagamento di una parte di esso corrisponde ad una nuova promessa di pagamento dell'intera somma dovuta.

part performance: ***esecuzione parziale; adempimento parziale.*** Affinché una delle parti possa esigere l'esecuzione di un contratto ricorrendo alla magistratura, esso deve essere documentato in forma scritta a meno che una delle parti, mediante le sue azioni, abbia indicato che il contratto effettivamente esiste e lo ritiene valido. Queste azioni sono indicate genericamente come esecuzione parziale e devono essere provate dalla parte che esige l'adempimento di un'obbligazione specifica. Ad esempio, nel Regno Unito il *Law of Property Act* del 1925 all'articolo 40 stabilisce che in mancanza di un accordo scritto non è possibile chiedere l'esecuzione di un contratto di vendita di una proprietà immobiliare, ma se esso è già stato parzialmente eseguito da una delle parti, ad esempio mediante la presa di possesso della proprietà e l'esborso di moneta sotto forma di spese a ciò connesse, l'altra parte non può difendersi adducendo il pretesto che il contratto è privo di formalità. (v. anche *performance 2*)

parts list: ***distinta di base.*** Lo stesso che *bill of materials* (v.).

part–time: ***a tempo parziale; a orario parziale.*** Espressione aggettivale entrata anche nell'uso italiano per indicare un tempo o orario ridotto rispetto a quello considerato normale. (v. anche *part–time employment, part–time worker*)

part–time employment: ***occupazione a tempo parziale; lavoro a tempo parziale.*** Offre al lavoratore la possibilità di ridurre il tempo delle proprie prestazioni di lavoro, con corrispondente riduzione della retribuzione. Questo tipo di lavoro può essere particolarmente interessante per studenti, che desiderano lavorare mentre ancora frequentano la scuola o l'università, e per donne coniugate che, avendo figli in giovane età, non possono essere occupate per l'intera giornata. Il part–time in Italia ha finora trovato scarsa applicazione, pur essendo stato recentemente regolamentato da un'apposita legge.

part–time job: ***lavoro a tempo parziale.*** Termine usato con lo stesso significato di *part–time employment* (v.).

part–time personnel: ***personale a tempo parziale.*** L'insieme dei lavoratori che, in un'impresa, svolgono un lavoro secondo un orario ridotto rispetto a quello normale.

part–time worker: ***lavoratore a tempo parziale.*** È il lavoratore che non dedica ad un unico datore di lavoro l'intera sua giornata lavorativa. La durata giornaliera delle prestazioni del lavoratore è stabilita negli accordi intercorsi tra lui e il datore di lavoro o stipulati su scala nazionale per i diversi settori dell'economia.

part–worn: Espressione aggettivale, usata per indicare un articolo che ha assunto l'aspetto di essere usato a seguito di lunga esposizione nelle vetrine di un negozio o perché è stato spesso indossato per prove o maneggiato dai clienti. Articoli di questo tipo vengono di solito venduti ad un prezzo ridotto.

party: ***parte.*** Una delle persone, fisiche o giuridiche, che partecipa ad un'operazione commerciale o stipula con altre un qualunque tipo di contratto.

par value: ***valore nominale; valore di parità.*** a) Il valore facciale di un'azione o altro titolo, sia esso quotato o no presso una borsa valori. Generalmente si indica con questo termine il valore che viene assegnato alle azioni di una società al momento della sua costituzione, ma nei paesi in cui il diritto societario prevede che tale valore possa non venire assegnato, vengono emesse anche azioni senza valore nominale. Il valore di queste ultime azioni sarà quello che verrà a determinarsi sul mercato a seguito dell'incontro delle forze della domanda e dell'offerta. (v. anche *no–par value shares*) b) La stessa espressione inglese veniva usata per indicare il tasso ufficiale di cambio di una valuta in termini di oro o dollari statunitensi, secondo la dichiarazione fatta all'atto dell'adesione del paese in cui circola al Fondo Monetario Internazionale. (v. anche *rate of exchange, par rate of exchange, International Monetary Fund*)

par–value capital stock: ***azioni con valore nominale.*** Il diritto societario statunitense prevede la possibilità che vengano emesse azioni alle quali viene assegnato un valore nominale all'atto della costituzione della società o dell'emissione azionaria e azioni senza valore nominale, il cui valore sarà stabilito successivamente dall'incontro delle forze della domanda e dell'offerta sul mercato organizzato nel quale esse saranno negoziate. L'espressione «azione con valore nominale» sta, quindi, ad indicare il primo tipo di azioni suddette. Il valore nominale viene di solito assegnato alle azioni in cifra tonda, ad esempio cinque o dieci dollari, fino ad un massimo di cento dollari. Il diritto societario di vari stati facenti parte dell'Unione americana stabilisce limiti minimi e massimi entro i quali le società devono contenere il valore nominale assegnato alle loro azioni. Comunque, il valore nominale ha poco significato quando si parla di azioni, anche perché esso viene assegnato in modo alquanto arbitrario, e non deve essere confuso con il valore di mercato, che corrisponde al prezzo al quale l'azione viene effettivamente comprata o venduta sul mercato. L'emissione di azioni senza valore nominale è la prova dello scarso significato che possiede il valore nominale assegnato ad un'azione dalla società che la emette. (v. anche *par value, no–par value shares*)

par value of currency: ***parità dei cambi.*** Lo stesso che *par rate of exchange* (v.).

par–value stock: ***azioni con valore nominale.*** Termine usato come sinonimo di *par–value capital stock* (v.).

to pass a dividend: ***ritenere un dividendo.*** Espressione usata per indicare che una società non distribuisce alcun dividendo, all'epoca in cui dovrebbe distribuirlo, a seguito di decisione in tal senso presa dal consiglio di amministrazione e approvata da parte dell'assemblea ordinaria dei soci. L'espressione inglese non va confusa con quella simile *to pass a resolution to pay a dividend*, cioè approvare la decisione di distribuire un dividendo. In quest'ultima espressione, infatti, il verbo *to pass* è usato nel senso di approvare, mentre nell'altra è usato nel senso di superare, passare oltre.

passage broker: ***sensale di passeggeri.*** Una qualsiasi persona, fisica o giuridica, che si interessa della vendita di biglietti di viaggio su navi passeggeri. Nel Regno Unito, tale attività può essere svolta soltanto da chi è autorizzato con apposita licenza.

to pass a name: Espressione usata alla borsa valori di Londra per indicare la consegna del foglio contenente il nome dell'acquirente di titoli. Tale consegna viene effettuata dallo *stockbroker* (v.) allo *stockjobber* (v.) nel secondo dei giorni di compensazione, corrispondente a quello che nelle borse italiane viene chiamato, appunto per questo motivo, giorno della consegna fogli. (v. anche *name day, London Stock Exchange*)

pass book: **1.** ***libretto a risparmio.*** È il libretto che le casse di risparmio, le banche commerciali e altre istituzioni che accettano depositi dal pubblico, rilasciano a coloro che hanno un conto presso di loro. Il libretto serve ad annotarvi, a cura della banca, gli importi che il risparmiatore deposita o preleva e la relativa data. Nei paesi anglosassoni questo libretto non ha alcun valore dal punto di vista giuridico e serve soltanto a dare al cliente un'indicazione precisa della situazione del suo conto. **2.** ***libretto di conto corrente.*** Oggi non più in uso, in passato era un libretto che la banca rilasciava al titolare di un conto corrente e sul quale la banca stessa provvedeva ad annotare le singole operazioni di versamento e prelevamento. (v. anche *pass book statement*)

pass book savings account: ***conto a risparmio.*** Termine statunitense, usato con lo stesso significato di *savings deposit* (v.).

pass book statement: ***estratto conto.*** Ha sostituito il vecchio libretto di conto corrente, non più in uso nelle banche. Consiste di uno o più fogli contenenti le indicazioni dettagliate di tutte le operazioni che un titolare di conto corrente bancario ha svolto nel periodo cui si riferisce l'estratto conto. A seconda delle consuetudini e degli accordi intercorsi tra la banca e il cliente, esso viene inviato a scadenze prestabilite, ad esempio trimestrali o semestrali, e si intende approvato dal cliente se egli non segnala alla banca eventuali inesattezze entro un periodo di tempo prestabilito dall'invio o dalla ricezione dell'estratto conto. (v. anche *pass book 2*)

passed dividend: ***dividendo non dichiarato; dividendo ritenuto.*** Il dividendo non dichiarato su azioni ordinarie, alla data in cui generalmente si dichiarano i dividendi, a causa di mancata o insufficiente realizzazione di profitti. Se l'espressione viene usata in relazione ad azioni privilegiate, essa sta ad indicare un dividendo arretrato o accumulato. (v. anche *accumulated dividend*)

passenger density: ***densità di passeggeri.*** Nei trasporti, indica il numero di passeggeri trasportati per miglio di rete servita dall'impresa di trasporti in questione. La cifra si ottiene dividendo il numero totale di miglia percorse da tutti i passeggeri per il numero totale di miglia della rete servita da quell'impresa.

passenger list: ***elenco dei passeggeri; lista dei passeggeri.*** Elenco contenente i nomi di tutti i passeggeri trasportati a bordo di una nave o di un aereo.

passenger manifest: ***elenco dei passeggeri; lista dei passeggeri.*** Termine usato con lo stesso significato di *passenger list* (v.).

passenger mile cost: ***costo passeggero–miglio.*** La misura statistica del costo sostenuto dall'impresa per trasportare un passeggero sul percorso di un miglio. Si ricava dividendo i costi totali sostenuti in relazione al traffico passeggeri per il numero totale di miglia–passeggero percorse.

passenger miles: ***miglia–passeggero.*** È il numero totale di miglia percorse da tutti i passeggeri di un'impresa di trasporti.

Passenger Transport Authorities: ***Enti autonomi per il trasporto passeggeri.*** Quattro enti del genere furono costituiti nel Regno Unito a seguito dell'approvazione del *Transport Act* del 1968, affinché organizzassero e gestissero il trasporto passeggeri su brevi distanze in località densamente popolate. Le prime quattro località che ebbero l'ente autonomo furono Greater Manchester, il West Midlands, il Merseyside e il Tyneside. L'ente autonomo per la zona di Londra era stato costituito nel lontano 1933.

pass for transit: ***lasciapassare per merci in transito.*** Documento rilasciato dalle autorità doganali, col quale si autorizza il transito sul territorio nazionale di merci estere destinate ad un altro paese straniero.

passing dividend: ***dividendo non dichiarato; dividendo ritenuto.*** Termine usato con lo stesso significato di *passed dividend* (v.).

passing off: ***concorrenza sleale per confusione.*** La pratica seguita da alcune imprese di utilizzare un nome o un marchio di fabbrica molto simile a quello di un prodotto già affermato sul mercato, con l'intento di confondere il consumatore e fargli acquistare il proprio prodotto che, spesso, è posto in vendita ad un prezzo inferiore a quello del prodotto il cui marchio viene imitato.

passive: ***passivo; in passivo.*** Aggettivo usato in relazione a saldi, conti, ecc., per indicare una situazione in cui le uscite superano le entrate o i debiti superano i crediti. Lo stesso aggettivo viene usato per indicare un'attività, un investimento, ecc., che non frutta reddito.

passive balance of payments: ***bilancia dei pagamenti passiva; saldo negativo della bilancia dei pagamenti; deficit della bilancia dei pagamenti; saldo passivo della bilancia dei pagamenti.*** L'espressione inglese è oggi usata piuttosto raramente, preferendosi l'altra *balance of payments deficit on current account.* Ambedue le espressioni indicano un'eccedenza delle uscite rispetto alle entrate di un paese. La situazione di passività può derivare da uno squilibrio negativo nelle varie parti costituenti la bilancia dei pagamenti o soltanto in una di loro, quando le altre presentano un attivo non sufficiente a compensare lo squilibrio. (v. anche *balance of payments*)

passive balance of trade: ***bilancia commerciale passiva; saldo negativo della bilancia commerciale; deficit della bilancia commerciale.*** Termine usato in alternativa a *passive trade balance* (v.).

passive bond: ***obbligazione passiva.*** Un'obbligazione che non frutta alcun interesse, ma dà al portatore diritto ad un qualche beneficio futuro.

passive credit creation: ***creazione di credito passiva.*** La creazione di credito attraverso l'apertura di un deposito primario, detta passiva in quanto non ha alcun effetto sull'offerta di moneta.

passive debt: ***debito passivo.*** Il termine inglese viene usato con due significati: un debito che non frutta interessi; un debito passivo per il soggetto, cioè un credito di altre persone che egli deve soddisfare. (v. anche *debt*)

passive income: ***reddito passivo.*** Il reddito derivante da attività non lavorativa, come ad esempio da canoni di locazione, partecipazione in società, ecc. Il termine, pertanto, si usa più o meno con lo stesso significato di *unearned income 2* (v.).

passive trade balance: ***bilancia commerciale passiva; saldo negativo della bilancia commerciale; deficit della bilancia commerciale.*** È la situazione che viene a verificarsi negli scambi internazionali di un dato paese, quando il valore monetario dei beni importati supera il valore monetario di quelli esportati nell'arco di un determinato periodo di tempo. L'espressione ebbe origine nella teoria del mercantilismo, quando si riteneva che la ricchezza e la potenza di una nazione dipendessero esclusivamente dalla situazione della sua bilancia commerciale o, più in generale, della sua bilancia dei pagamenti. (v. anche *mercantilism*)

passive trust: ***sinecura.*** Termine usato con lo stesso significato di *dry trust* (v.).

to pass muster: Espressione usata nel commercio per indicare che un lotto di merci può senza dubbio superare qualsiasi esame o ispezione, in quanto perfettamente e totalmente identico al campione (*muster*) sottoposto in via preliminare dal venditore al compratore e da questi accettato.

pass sheets: ***estratto conto.*** Termine meno comune, usato con lo stesso significato di *pass book statement* (v.).

pass-through ratio: ***rapporto di passaggio.*** Lo stesso che *pass-through relationship* (v.).

pass-through relationship: ***relazione di passaggio.*** Nel linguaggio del commercio internazionale, la relazione tra variazioni nel tasso di cambio della moneta di un paese e variazioni nei prezzi delle importazioni e delle esportazioni. La relazione è detta «di passaggio» perché le variazioni dei tassi di cambi si ripercuotono, ossia «passano», sui prezzi dei beni scambiati. Tale relazione è di solito stabile, ma può variare ad esempio quando gli esportatori di uno o più dei paesi che intrattengono scambi commerciali rinunciano ad una parte del loro profitto allo scopo di conservare quote di mercato precedentemente conquistate.

past consideration: ***corrispettivo passato.*** Un'obbligazione eseguita prima della formale stesura di un contratto che ad essa si riferisce. Da un punto di vista giuridico essa non ha alcun valore ed anche il contratto relativo è privo di validità.

past due bills: ***cambiali in sofferenza; sofferenze; effetti insoluti.*** Termine usato con lo stesso significato di *overdue bills* (v.).

past due bills account: ***conto effetti insoluti.*** Termine usato con lo stesso significato di *overdue bills account* (v.).

pat.: 1) patent; 2) patented.

patent: 1. ***brevetto; privativa industriale; privativa.*** È il diritto esclusivo, concesso da uno stato ad un cittadino, di sfruttare una sua invenzione o scoperta per un certo periodo di tempo a decorrere dal momento della concessione. Affinché sia concesso il brevetto, il richiedente deve farne domanda all'apposito ufficio, sottoponendo tutte le necessarie informazioni al fine di provare che l'invenzione o la scoperta sono nuove o migliorano una precendente invenzione o scoperta. Non vengono concessi brevetti per invenzioni il cui uso è contrario alla legge o alla morale, né per cibi o medicine le cui proprietà non differiscono da quelle già note degli elementi di cui sono composti. Le opinioni sull'utilità di concedere brevetti sono discordanti e in molti paesi si ritiene che la legge conceda un periodo di protezione troppo lungo, specialmente nel settore chimico. Da un punto di vista economico, il brevetto ha ragione di esistere in alcuni casi, mentre non l'ha in altri. Ad esempio, se l'invenzione richiede una grande quantità di capitale per essere sfruttata, il brevetto è giustificato, perché diminuendo il rischio attraverso la concessione del monopolio legale, si invoglia l'imprenditore ad effettuare gli investimenti necessari che, altrimenti, potrebbero anche non venir fatti. Se, viceversa, l'invenzione è tale da richiedere piccoli capitali per lo sfruttamento, essa probabilmente sarà sottoutilizzata e forse verrebbe sfruttata meglio a vantaggio di tutti, se si consentisse lo sfruttamento generalizzato in condizioni concorrenziali (v. anche *patent right, legal monopoly*). **2.** ***lettera patente di assegnazione di terra.*** Termine usato con lo stesso significato di *land patent* (v.).

patent agent: Nel Regno Unito, è un professionista che si interessa, per conto di altri, dell'istruzione delle pratiche relative al rilascio di brevetti e della presentazione delle relative domande e documentazioni.

patent defect: ***vizio apparente; difetto apparente.*** Nel linguaggio commerciale, indica un difetto del bene chiaramente e facilmente visibile anche a una superficiale ispezione. Nel linguaggio giuridico, indica un errore in un atto o documento che non può essere corretto senza ricorrere a una nuova stesura completa.

patented: ***brevettato.*** Termine spesso impresso o stampato su prodotti industriali allo scopo di informare che il prodotto stesso o il procedimento di fabbricazione sono tutelati da brevetto debitamente rilasciato e registrato. A volte compare anche un numero, oppure il termine *patent* seguito da un numero, che è quello di registrazione del brevetto presso l'ufficio brevetti del paese che l'ha rilasciato. (v. anche *patent 1, patent pending, patent right*)

patented company: ***compagnia concessionaria.*** Tipo di società, ancor oggi esistente, costituita in base a lettere patenti che concedono un determinato privilegio o diritto. Questo tipo di società, che è simile alla compagnia «a carta», è soggetta a responsabilità illimitata, a meno che non sia disposto altrimenti nella lettera patente in base alla quale essa si costituisce. (v. anche *chartered companies*)

patentee: ***detentore di brevetto; detentore di privativa; titolare di brevetto.*** La persona alla quale è stato concesso il diritto esclusivo di sfruttare una sua invenzione o scoperta, ovvero la persona, fisica o giuridica, alla quale tale diritto è stato trasferito da chi lo aveva ricevuto dallo stato. (v. anche *patent 1, patent right*)

patent holder: ***detentore di brevetto; detentore di privativa; titolare di brevetto.*** Termine usato con lo stesso significato di *patentee* (v.).

patent infringement: ***contraffazione di brevetto; violazione di brevetto.*** L'uso, la vendita o la fabbricazione non autorizzati di un articolo protetto da brevetto. Poiché la legge concede un monopolio legale al titolare del brevetto, egli può adire le vie legali per la tutela dei propri interessi. (v. anche *patent 1, patent right*)

patent licence: ***licenza di sfruttamento di brevetto.*** L'autorizzazione, rilasciata dal titolare di un brevetto a un'impresa o altra persona, che consente a quest'ultima di produrre e commercializzare il bene tutelato da brevetto in una determinata area e per un tempo limitato, ovvero in tutto il mondo e per tutta la durata della privativa. In considerazione di tale autorizzazione, il detentore del brevetto riceve royalties sulle vendite o un compenso fisso in unica soluzione.

patent monopoly: ***monopolio legale.*** Termine usato con lo stesso significato di *legal monopoly* (v.), pur se indica un monopolio che viene a crearsi a seguito della concessione di un brevetto e quindi del diritto esclusivo di sfruttamento di un'invenzione o altra opera dell'ingegno.

patent office: ***ufficio brevetti.*** L'ufficio statale che, in ogni paese, è preposto all'esame delle domande di brevetto, alle decisioni sull'opportunità di concedere un brevetto e al suo rilascio e successiva registrazione. Generalmente si interessa anche della registrazione dei marchi di fabbrica e altre forme di privativa o monopolio legale. (v. anche *patent 1, legal monopoly, trade mark*)

patent pending: ***brevetto in corso di registrazione.*** Espressione spesso impressa o stampata su prodotti industriali, allo scopo di informare che il prodotto stesso o il procedimento di fabbricazione sono tutelati da un brevetto che è stato rilasciato ma non ancora registrato. Ciò giustifica l'assenza del numero assegnato al brevetto. (v. anche *patent 1, patented, patent right*)

patent pooling: È un accordo in base al quale un certo numero di imprese, detentrici di privative industriali, stabiliscono di scambiarsi tra loro i brevetti o le licenze che ciascuna di loro detiene o di consentire a che ciascuna di loro produca gli articoli tutelati da brevetto di proprietà di una qualsiasi delle imprese che aderiscono all'accordo.

patent protection: ***protezione di brevetto.*** La protezione, prevista dalla legge, che garantisce all'inventore il pacifico godimento di un brevetto per un periodo di tempo determinato.

patent register: ***registro dei brevetti.*** Il registro, tenuto presso l'ufficio brevetti, nel quale vengono annotati i dati relativi ad un brevetto e il nome del titolare.

patent right: ***diritto di brevetto; diritto di privativa.*** È il diritto, riconosciuto dallo stato, dell'inventore a sfruttare una sua invenzione o scoperta. Affinché tale diritto non venga a ledere l'interesse generale dello sviluppo dell'attività economica cui esso si riferisce, tutti i paesi applicano limiti temporali entro i quali l'inventore ha il monopolio legale sulla sua invenzione o scoperta. Tale periodo si aggira in tutti i paesi sui quindici anni, anno più anno meno, ma alcuni di essi prevedono la possibilità di un rinnovo del diritto per altri cinque o dieci anni. (v. anche *patent 1*)

patent royalty: ***canone di concessione.*** Il canone pagato dal licenziatario al titolare di un brevetto, in considerazione della concessione di sfruttamento del brevetto stesso.

patent tax: ***tassa di brevetto.*** La tassa che deve pagare chi fa domanda per il rilascio o la registrazione di un brevetto. È prevista anche una tassa annuale, di entità inferiore a quella di rilascio, che il titolare del brevetto dovrà pagare per tutta la durata del monopolio legale, e un'ulteriore tassa nel caso in cui sia previsto e sia richiesto il rinnovo del brevetto. (v. anche *patent 1, patent right*)

paternalism: ***paternalismo.*** Una linea di politica statale o aziendale che tende a trattare i cittadini o i dipendenti nella maniera in cui farebbe un padre, prendendo decisioni su base unilaterale, ma fornendo assistenza e protezione. In particolare, il termine indica l'atteggiamento autoritario e allo stesso tempo provvidenzialistico proprio dell'azienda familiare tradizionale o la politica statale propria dei sistemi totalitari, che tendono a dare lavoro ai disoccupati e a fornire servizi sociali quali l'assistenza contro le malattie o le pensioni di vecchiaia escludendo, però, la partecipazione dei lavoratori o dei loro rappresentanti alle scelte politiche ed economiche del paese. In questo senso, il termine è stato usato in riferimento alla politica, instaurata in Francia da Napoleone terzo dopo il 1860 e in Germania da Guglielmo secondo, che assisteva le industrie nazionali nel loro sviluppo e garantiva l'assistenza sociale, nel tentativo di neutralizzare le influenze che la propaganda repubblicana e liberale poteva avere sulle masse operaie.

Patinkin effect: ***effetto Patinkin.*** Lo stesso che *real balance effect* (v.).

Pat. Off.: patent office.

patrimony: ***patrimonio ereditario.*** Il termine inglese indica beni mobili e immobili, che si trasmettono di padre in figlio nell'ambito di più generazioni di una stessa famiglia.

patron: ***cliente; avventore.*** Termine generico, usato nel linguaggio di ogni giorno per indicare un cliente abituale di un negozio che vende generi di prima necessità, di un bar, di un locale di divertimento, ecc. Il termine presuppone che il cliente faccia tutti gli acquisti che può sempre, o principalmente, in quello stesso punto di vendita.

patronage dividend: ***dividendo di cooperativa.*** La distribuzione di utili fatta da una cooperativa tra i suoi soci o tra i suoi clienti. Nel caso di cooperative di produttori, il dividendo scaturisce da extraprofitti sulle vendite effettuate dalla cooperativa per conto dei soci e quando viene distribuito rappresenta un aumento del profitto lordo realizzato dal socio dalla vendita dei prodotti affidati alla cooperativa. Nel caso di cooperative di consumatori, il dividendo scaturisce dagli utili della cooperativa e quando viene distribuito ai clienti, in proporzione all'ammontare di acquisti da loro fatti durante un determinato periodo di tempo, rappresenta uno sconto sui prodotti da loro acquistati presso la cooperativa. (v. anche *dividend 2*)

pattern: ***campione.*** Pezzi o parti prelevati da un lotto di merci e inviati o mostrati dal venditore al compratore, o viceversa, affinché questi possa rendersi conto della natura, qualità, disegno, ecc. del lotto dal quale il campione è stato prelevato. Il termine inglese è particolarmente usato per tessuti, stoffe, tappeti e articoli del genere, ma in senso più lato può applicarsi anche ad articoli di altra natura.

pattern bargaining: ***contrattazione a modello.*** Espressione usata nel linguaggio delle relazioni industriali per indicare una tecnica seguita dai sindacati lavoratori. Essi sottoscrivono un contratto di lavoro con una delle principali imprese di un'industria e poi lo offrono a tutte le altre imprese del settore, minacciando scioperi se non verrà accettato nella sua completezza. Ciò può arrecare danni alle imprese più piccole, che non sono in grado di accettare le stesse condizioni sottoscritte dall'impresa leader del settore.

pattern book: ***campionario.*** Insieme di campioni esemplificativi dell'intera produzione o delle disponibilità di un'impresa. Il termine inglese indica in particolare un campionario a forma di libro, nel quale sono raccolti pezzi rappresentativi dell'intera produzione di un'industria tessile o simile. (v. anche *pattern*)

to pawn: ***impegnare; dare in pegno; pignorare.*** Depositare beni, o documenti rappresentativi di beni, presso il mutuante a garanzia di un prestito ricevuto. La proprietà dei beni dati in pegno resta al debitore, al quale viene consegnata una ricevuta a dimostrazione di ciò. (v. anche *pawn*)

pawn: ***pegno.*** Il bene che un mutuatario dà al mutuante a garanzia del prestito fatto dal secondo al primo. Il termine inglese è usato principalmente in relazione a piccoli prestiti, contratti presso agenzie di pegni e garantiti generalmente da oggetti personali o casalinghi.

pawn agency: ***agenzia di pegni; monte dei pegni; monte di pietà; monte di credito su pegno; agenzia di prestito su pegno.*** Un'agenzia autorizzata a concedere piccoli prestiti, nel Regno Unito fino a cinquanta sterline, su garanzia di gioielli, oggetti personali e simili. Per aprire un'agenzia di pegni è necessario farsi rilasciare un'apposita licenza.

pawnbroker: ***gestore di agenzia di pegni.*** Persona, debitamente autorizzata con apposita licenza, che presta denaro su pegno di beni personali, gioielli e simili. Nel Regno Unito, l'attività dei gestori di agenzie di pegni è regolamentata dai *Pawnbrokers Acts* del 1872 e 1960. Essi possono concedere prestiti fino ad un massimo di cinquanta sterline ad un basso tasso di interesse e per un periodo massimo di sei mesi, più sette giorni di grazia. Se dopo che è scaduto tale termine il debitore non restituisce il denaro preso in prestito, il gestore dell'agenzia, che è anche un commerciante in articoli di seconda mano, è autorizzato a vendere il bene pignorato, ma non può in nessun caso acquistarlo personalmente. Poiché la proprietà del bene dato in pegno resta al debitore, il creditore gli rilascia regolare ricevuta firmata da entrambi ed egli potrà riconsegnare l'oggetto menzionato su di essa soltanto al portatore della ricevuta. Ai fini del calcolo degli interessi, che vengono computati su base mensile, un periodo inferiore ai quindici giorni conta come se fosse mezzo mese, un periodo superiore ai quindici giorni conta come se fosse un mese intero. Allo scadere del periodo, i beni pignorati possono essere venduti all'asta, ma sono sempre riscattabili finché non vengono effettivamente venduti, e se il ricavato supera l'ammontare del prestito compresi gli interessi e le spese di vendita, la differenza dovrà essere tenuta a disposizione del debitore per un periodo di tre anni.

pawnee: ***creditore pignoratizio.*** È la persona che concede un prestito su garanzia di beni dati in pegno. (v. anche *pledgee*)

pawner: ***debitore pignoratizio.*** È la persona che prende denaro in prestito dando in garanzia propri oggetti personali, gioielli e simili. (v. anche *pledgor*)

pawn loan: ***prestito su pegno.*** È il piccolo prestito che si può ottenere ad un basso tasso di interesse mensile, fino ad un massimo di sei mesi più sette giorni di grazia, dando in pegno ad un'agenzia autorizzata oggetti personali, gioielli e simili. (v. anche *pawnbroker*)

pawnor: ***debitore pignoratizio.*** Termine usato con lo stesso significato di *pawner* (v.).

pawnshop: ***agenzia di pegni; monte dei pegni; monte di pietà; monte di credito su pegno; agenzia di prestito su pegno.*** Termine usato come sinonimo più comune di *pawn agency* (v.).

pawn ticket: ***polizza di pegno; cartella di pegno; ricevuta di pegno.*** Il documento, firmato dal debitore e dal gestore di un'agenzia di pegni, che attesta l'esistenza di un credito garantito da oggetti personali, gioielli e simili, che vengono consegnati al creditore, ma restano di proprietà del debitore fino alla scadenza del prestito e all'effettiva vendita all'asta. Il gestore di un'agenzia di pegni è autorizzato a restituire l'oggetto pignorato, previo pagamento della somma di denaro dovuta, soltanto dietro presentazione di questa ricevuta. Se essa andasse smarrita, il debitore può farsene rilasciare un duplicato da un magistrato e la ricevuta smarrita in tal caso perde ogni effetto e diventa nulla. (v. anche *pawnbroker*)

to pay: ***pagare; liquidare.*** Consegnare moneta in cambio di beni o servizi o a saldo di un debito.

pay: ***paga; retribuzione; remunerazione; indennità.*** Termine generico, usato per indicare indistintamente un salario, uno stipendio o altro tipo di remunerazione, anche saltuaria e occasionale. Lo stesso termine viene usato per indicare una remunerazione *una tantum* o una differenza di remunerazione derivante da situazioni o capacità del singolo e, pertanto, corrisponde al nostro termine indennità, come ad esempio nelle espressioni indennità di buonuscita e indennità di anzianità. (v. anche *dismissal pay, longevity pay, salary, wages*)

payable: **1.** ***pagabile; passivo.*** Aggettivo usato per indicare un conto, un titolo di credito, ecc., non ancora pagati, siano essi scaduti o no. Corrisponde al nostro aggettivo passivo nell'espressione cambiale passiva e simili. **2.** ***debito; passività.*** Il termine inglese può essere usato anche come sostantivo, specialmente nel linguaggio della ragioneria, ed in tale caso indica una passività, rappresentata ad esempio da una cambiale, da un conto e simili.

payable a certain time after date: ***pagabile a certo tempo data.*** Clausola usata in relazione a titoli di credito, per indicare che essi sono pagabili a scadenza predeterminata, corrispondente ad un certo numero di giorni stabilito, a partire dalla data di emissione del titolo. Così, ad esempio, una cambiale pagabile a trenta giorni data scade dopo trenta giorni a partire dalla data di emissione apposta sulla cambiale.

payable a certain time after sight: ***pagabile a certo tempo vista.*** Clausola usata in relazione a titoli di credito, per indicare che essi sono pagabili non a scadenza predeterminata, ma un certo numero di giorni stabilito, dopo la presentazione del titolo, da parte del portatore, per il pagamento. Così, ad esempio, una cambiale pagabile a otto giorni vista scade otto giorni dopo la presentazione per il pagamento.

payable after sight: ***pagabile a tempo vista; pagabile a giorni vista.*** V. spiegazione sotto *after sight*.

payable as per endorsement: ***pagabile al cambio della prima girata.*** Espressione usata con lo stesso significato di *exchange and stamp as per endorsement* (v.).

payable at sight: ***pagabile a vista.*** Clausola usata in relazione a titoli di credito, che li rende pagabili alla presentazione. La scadenza del titolo, pertanto, non è predeterminata, ma ha luogo nel momento in cui il portatore lo presenta per il pagamento.

payable on demand: ***pagabile a richiesta; pagabile a vista.*** Espressione usata con lo stesso significato di *payable at sight* (v.).

payable on presentation: ***pagabile alla presentazione; pagabile a vista.*** Espressione usata come sinonimo meno comune di *payable at sight* (v.).

payable to bearer: ***pagabile al portatore.*** Espressione con la quale si indica una cambiale, o altro titolo di credito, in cui non viene nominato un beneficiario particolare o che è stata girata in bianco. Un titolo di credito pagabile al portatore può, ove ciò sia previsto, essere trasformato in un titolo pagabile all'ordine mediante l'inserimento del nome di un beneficiario o di un giratario.

payable to order: ***pagabile all'ordine.*** Espressione usata per indicare una cambiale, o altro titolo di credito, in cui compare il nome del beneficiario e che non contiene alcuna preclusione relativa al suo trasferimento a terzi.

pay as you earn: ***pagamento d'imposta mediante ritenuta alla fonte; ritenuta alla fonte.*** Espressione che letteralmente significa «paga man mano che guadagni» e che sta ad indicare la pratica di ritenere l'imposta sul reddito, salvo conguaglio finale, direttamente alla fonte, cioè mediante trattenuta sullo stipendio da parte del datore di lavoro, che provvederà a versarla all'erario. Onde garantire al lavoratore un minimo di riservatezza sulle sue questioni private, il fisco del Regno Unito assegna a ciascun percettore di reddito un numero di codice che, in relazione a tabelle appositamente preparate e distribuite ai datori di lavoro, mette questi ultimi in grado di operare la ritenuta dell'imposta dovuta dal lavoratore dipendente. Il numero di codice assegnato tiene conto delle detrazioni varie cui ha diritto il contribuente in base alla sua composizione familiare e ad altri motivi di diversa natura. Questo sistema, suggerito da J.M. Keynes, fu introdotto nel Regno Unito nel 1943 e per due anni l'imposta trattenuta alla fonte fu calcolata in base al reddito percepito dal lavoratore nel corso dell'anno precedente e suddivisa in rate uguali, ma dal 1945 l'imposta si riferì all'anno finanziario in corso ed al livello effettivo del salario. Il motivo economico che sta alla base della ritenuta alla fonte è che questo sistema viene considerato un fattore di stabilizzazione dell'economia, dal momento che il gettito dell'imposta sul reddito varia automaticamente e contemporaneamente al variare del reddito e dell'occupazione.

pay as you go: Espressione di uso britannico con la quale si indica il sistema di finanziamento delle pensioni mediante i contributi versati dai lavoratori in servizio effettivo anziché mediante l'accumulazione dei contributi versati dai lavoratori, che ora percepiscono la pensione, nell'arco della loro vita lavorativa. Il risultato è che si verificano disparità di trattamento, in quanto è possibile che una generazione riceva sotto forma di pensione più di quanto ha versato sotto forma di contributi.

payback: ***recupero; reintegrazione del capitale investito.*** Il tempo necessario affinché il reddito monetario di un investimento eguagli il costo iniziale dell'investimento stesso. È uno dei metodi, abbastanza comune ma rozzo o approssimativo, per determinare la redditività presunta di un investimento di capitale.

payback method: ***metodo del recupero.*** La tecnica, usata nella valutazione di proposti investimenti di capitale, che cerca di determinare il periodo di recupero di ciascun investimento proposto. Questo è il metodo più semplice di valutazione di un investimento, ma non tiene conto della distribuzione di spese e di reddito in un arco di tempo, particolarmente dopo che è terminato il periodo di recupero. Lo svantaggio presentato da questo metodo può essere superato con le tecniche di attualizzazione.

payback period: ***periodo di recupero; periodo di reintegrazione del capitale investito.*** Nell'analisi di un piano di investimenti, si indica con questa espressione il periodo di tempo entro il quale il reddito monetario di un investimento eguaglierà il costo iniziale dell'investimento stesso. Il termine è spesso usato come sinonimo di *payback* (v.).

pay cash: ***pagate in contanti.*** Parole scritte dall'emittente su un proprio assegno precedentemente sbarrato, al fine di eliminare la sbarratura e consentire al prenditore di incassare l'importo in contanti.

pay ceiling: ***tetto di aumento salariale.*** Un livello massimo di aumenti salariali, oltre il quale non è consentito andare in occasione del rinnovo di un contratto di lavoro. È una pratica seguita in occasione dell'instaurazione di una politica dei redditi.

pay cheque: ***assegno paga.*** L'assegno con il quale viene pagata la retribuzione di un dipendente. Nel Regno Unito ciò si è reso possibile a seguito dell'approvazione del *Payment of Wages Act* (v.) del 1960. Prima di tale data, la retribuzione doveva essere pagata in moneta contante, perché i *Truck Acts* (v.) esplicitamente imponevano che le retribuzioni dovessero essere pagate in moneta e non in alcuna altra cosa che sostituisse la moneta.

pay clerk: ***impiegato addetto alle retribuzioni.*** Termine usato come sinonimo di *wages clerk* (v.).

pay day: **1.** ***giorno di paga.*** È il giorno in cui tutti i lavoratori di un'impresa ricevono la retribuzione relativa al lavoro svolto in un periodo di tempo, che varia a seconda delle usanze e dei paesi. La tendenza più recente è di far capitare un solo giorno di paga al mese, invece che ogni settimana o ogni quindicina come si era soliti fare in paesi quali il Regno Unito e gli Stati Uniti. Infatti, si calcola che pagare salari e stipendi una volta al mese abbia l'effetto di far risparmiare notevoli costi amministrativi. **2.** ***giorno dei compensi; giorno di liquidazione.*** Termine borsistico, con il quale si indica il giorno in cui i titoli, venduti per contanti nel corso del periodo tra due giorni di liquidazione, vengono effettivamente consegnati e pagati dall'acquirente tramite il suo *stockbroker* (v.) e si procede alla compensazione delle differenze tra altri tipi di operazioni di borsa. Alla borsa valori di Londra vi sono generalmente due giorni dei compensi al mese per la maggior parte dei titoli, che corrispondono all'ultimo dei giorni di liquidazione, cioè il martedì successivo alla chiusura di ciascun ciclo operativo. Per i *consols* (v.), vi è un solo giorno dei compensi al mese. In un anno solare, sono previsti ventiquattro giorni dei compensi e pertanto presso la borsa valori di Londra vi sono venti cicli operativi di due settimane ciascuno e quattro di tre settimane. (v. anche *settling days*)

pay differential: ***differenziale salariale.*** Lo stesso che *wage differential* (v.).

paydown: ***premio di rifinanziamento.*** Nel rifinanziamento di un prestito del ministero del tesoro statunitense, è l'ammontare di cui il valore nominale dei titoli in scadenza supera il prezzo di emissione dei titoli offerti in sostituzione.

P.A.Y.E.: pay as you earn.

payee: ***beneficiario; prenditore.*** La persona il cui nome compare su un titolo di credito come colui al quale, o all'ordine del quale, il titolo dovrà essere pagato. Nel caso di cambiali, il corrispondente italiano è beneficiario; nel caso di assegni, il corrispondente può essere tanto beneficiario quanto prenditore.

pay envelope: ***busta paga.*** È la busta che contiene la retribuzione dei dipendenti privati. Su di essa devono essere indicati gli elementi che compongono la retribuzione, le eventuali trattenute a fronte di anticipazioni, contributi o altro e le ritenute fiscali. Nel linguaggio comune, il termine viene generalmente usato per indicare la quantità di moneta che un lavoratore percepisce nella busta paga, al netto delle imposte e delle trattenute.

payer: ***pagatore.*** Termine generico, con il quale si indica colui che paga o che è tenuto a provvedere a un pagamento. Nel caso di una cambiale o di un assegno, il termine da usarsi è trattario. (v. anche *drawee*)

pay erosion: ***erosione salariale.*** La diminuzione del valore reale delle retribuzioni dei lavoratori dipendenti conseguente all'avanzamento del tasso d'inflazione nell'arco di un periodo di tempo in cui le retribuzioni non subiscono aumenti. Ciò porta a una riduzione del potere d'acquisto dei salari pari al tasso composto d'inflazione per l'arco di tempo suddetto.

pay freeze: ***blocco dei salari; congelamento dei salari.***

Il tentativo di mantenere fermo il livello dei salari per un determinato periodo di tempo, di solito nell'ambito di una politica dei prezzi e dei redditi. Nel Regno Unito si è spesso fatto ricorso a questo tentativo nel periodo post–bellico, con la speranza di frenare il sempre crescente ritmo di inflazione e al fine di riportare in equilibrio la bilancia dei pagamenti di quel paese. In particolare, si è fatto ricorso al blocco dei salari nel 1949–1950 dopo la svalutazione della sterlina, nel 1961–1962 in occasione di una serie di crisi della sterlina e nel 1965–1970 in occasione dell'adozione di una politica dei prezzi e dei redditi.

pay gap: ***divario di remunerazione.*** Il termine inglese viene usato principalmente per indicare il differenziale tra reddito realizzato da un lavoratore e reddito realizzato da una lavoratrice nell'arco di un determinato periodo di tempo. Secondo un'indagine attendibile, negli Stati Uniti nell'arco del 1985 i guadagni annui di una donna che aveva lavorato a tempo pieno per tutto l'anno erano nell'ordine del 64% di quelli degli uomini, con un divario del 36%. (v. anche *wage differential*)

pay increase: ***aumento di paga.*** L'aumento della retribuzione di un lavoratore dipendente che non derivi da automatismi, quali l'aumento della scala mobile, o da versamenti assistenziali, quali gli assegni familiari o altro. Indica, quindi, l'effettivo aumento del tasso salariale.

paying agent: ***ufficio di pagamento; domicilio di pagamento.*** Termine usato con lo stesso significato di *paying office* (v.).

paying banker: ***banca pagatrice; banca trassata.*** È la banca sulla quale viene emesso un assegno o presso la quale viene domiciliata una cambiale. Prima di procedere al pagamento, la banca trassata accerta l'autenticità della firma di traenza apposta sull'assegno, l'identità del prenditore e la disponibilità di fondi sul conto del traente. Nel caso di cambiale domiciliata presso la banca, quest'ultima non è obbligata al pagamento, che effettua soltanto a seguito di accordi intercorsi col cliente, in quanto essa non è parte del contratto cambiario. Nel caso di assegni, invece, la banca rappresenta il trattario ed è, quindi, parte del contratto. Ciò le impone l'esecuzione dell'obbligazione, sempre che sul conto del traente vi siano fondi sufficienti a pagare l'assegno in questione.

paying–in book: ***libretto movimento; libretto dei versamenti.*** Libretto nel quale il titolare di un conto corrente bancario registra gli estremi di versamenti da lui effettuati allo sportello della banca con la quale intrattiene il conto. Scopo di questo libretto, che non ha alcun valore da un punto di vista giuridico, è soltanto quello di consentire al cliente di avere in qualsiasi momento una visione chiara della sua situazione nei confronti della banca. In Italia questo tipo di libretto non è in uso, essendo egregiamente sostituito dalle matrici degli assegni staccati e dalle copertine dei carnet di assegni, la cui parte interna è opportunamente predisposta per la registrazione di tutti gli elementi relativi a prelievi e versamenti.

paying–in slip: ***modulo di versamento; distinta di versamento.*** È un modulo riempito e firmato dal cliente di una banca o dalla persona che effettua un versamento per conto del cliente. Sul modulo devono essere chiaramente indicati: il numero del conto sul quale si intende versare e il nome dell'intestatario; la data in cui si effettua il versamento; la composizione del versamento in contanti, cioè le quantità di ciascun taglio di biglietti di banca e di monete metalliche; la composizione del versamento in assegni, cioè tipo, numero, banca trassata, piazza e importo. La distinta di versamento può prevedere una copia che, debitamente firmata dal cassiere, viene consegnata al cliente come prova dell'avvenuto versamento, oppure in luogo della copia viene rilasciata una ricevuta per l'importo globale. Alcuni moduli di versamento recano stampata l'avvertenza che gli assegni vengono accreditati salvo buon fine, cioè il loro importo viene incluso nella ricevuta, ma sarà detratto dal conto del cliente, o meglio non sarà affatto accreditato, se l'assegno non verrà pagato dalla banca trassata, insieme all'avvertenza che l'importo sarà disponibile per traenza soltanto dopo un certo numero di giorni, che varia a seconda che si tratti di assegni su piazza o fuori piazza.

paying office: ***ufficio di pagamento; domicilio di pagamento.*** È la banca incaricata, dall'emittente di valori mobiliari, di eseguire tutte le operazioni relative al pagamento di dividendi e interessi e della sostituzione o del rimborso dei titoli alla scadenza.

pay–in period: ***periodo di recupero.*** Termine usato con lo stesso significato di *payback period* (v.).

pay load: ***carico remunerativo.*** Nelle imprese di pubblici servizi, viene indicata con questa espressione quella parte del carico totale che frutta un reddito per l'impresa.

payment: 1. ***pagamento.*** a) Versamento di moneta, o prestazione di servizi accettata come equivalente di moneta, con cui si estingue un'obbligazione pecuniaria. b) La somma di denaro versata come pagamento. In questa accezione, il termine è spesso usato come sinonimo di remunerazione. **2.** ***liberazione.*** Pagamento finale o totale relativo ad azioni o obbligazioni sottoscritte.

payment after delivery: ***pagamento dopo la consegna.*** Espressione usata per indicare che il pagamento di una fornitura avrà luogo un certo numero di giorni dopo la consegna. Quando il venditore offre uno sconto per pagamento in contanti, l'ammontare di questo sconto è posto in relazione al periodo di credito concesso e verrà indicato nel documento contabile che accompagna le merci con, ad esempio, *7 days 2%* per indicare che il compratore può detrarre il due per cento dalla somma dovuta, se provvede a rimetterla entro sette giorni.

payment against documents: ***pagamento contro documenti.*** È uno dei modi di pagamento. Prevede che il compratore paghi la tratta, emessa su di lui dal venditore, alla consegna dei documenti rappresentativi delle merci, senza aspettare che queste arrivino fisicamente al luogo di consegna. (v. anche *terms of payment*)

payment against invoice: ***pagamento contro fattura.*** Espressione usata come sinonimo di pagamento per contanti. Questo modo di pagamento prevede che il compratore paghi le merci acquistate entro alcuni giorni dal ricevimento della relativa fattura. (v. anche *payment by cash, terms of payment*)

payment bill: ***cambiale presentata per il pagamento.*** Una cambiale presentata per il pagamento e non per l'accettazione.

payment by bill: ***pagamento a mezzo cambiale.*** Modo di pagamento ampiamente usato nel commercio interno e internazionale. Il creditore viene autorizzato ad emettere una cambiale tratta, che sarà accettata dal debitore quando gli verranno consegnate le merci o i documenti rappresentativi delle merci. Il creditore può, così, negoziare il titolo di credito e ricevere subito la somma dovutagli, meno lo sconto, e il debitore può godere di un periodo di credito che, di solito, oscilla tra i sessanta e i novanta giorni. (v. anche *bill of exchange*)

payment by cash: ***pagamento per contanti; pagamento a contanti.*** È uno dei modi di pagamento. Prevede che il compratore paghi il prezzo delle merci acquistate alla consegna delle stesse. A seconda delle consuetudini locali, viene spesso lasciato al compratore un termine, variabile tra i quindici e i trenta giorni dalla data della fattura o dall'invio dei documenti, entro il quale egli dovrà saldare il suo debito. (v. anche *terms of payment*)

payment by cheque: ***pagamento a mezzo assegno.*** Pagamento effettuato mediante invio o consegna di un assegno, invece che mediante il versamento di un ammontare di moneta contante. È un modo di pagamento oggi molto diffuso, ma che non può essere usato nel commercio con l'estero, nel caso in cui gli assegni bancari possono circolare soltanto nel paese in cui vengono emessi. Poiché un assegno è considerato moneta a tutti gli effetti, il pagamento a mezzo assegno corrisponde al pagamento per contanti. (v. anche *payment by cash, terms of payment*)

payment by instalments: ***pagamento rateale; pagamento a rate.*** È uno dei modi di pagamento. Prevede che il compratore paghi il prezzo delle merci acquistate a scaglioni. Le rate possono essere di uguale ammontare e ad intervalli di tempo uguali. (v. anche *terms of payment*)

payment by results: ***retribuzione a rendimento; salario a rendimento.*** Espressione generica, usata per indicare un qualsiasi sistema di retribuzione, in base al quale l'entità del salario dipende dalla quantità e dalla qualità del lavoro effettivamente svolto. Il più diffuso tra questi sistemi è quello a cottimo. (v. anche *piecework*)

payment countermanded: ***pagamento fermato.*** Termine usato come sinonimo di *payment stopped* (v.).

payment for honour: ***pagamento per intervento; pagamento per occorrendo.*** Il pagamento di una cambiale da parte di una persona estranea al contratto cambiario, dopo che l'obbligato principale non l'ha pagata. Colui che paga la cambiale, probabilmente mosso dall'intenzione di salvaguardare l'onore di una delle parti, acquista tutti i diritti che derivano dal titolo di credito. Il pagamento per intervento è regolamentato dall'articolo 68 del *Bills of Exchange Act* del 1882. (v. anche *acceptance for honour, bill of exchange*)

payment guarantee bond: ***garanzia di pagamento.*** Garanzia, prestata da una banca o altra istituzione, del pagamento all'esportatore di beni venduti o servizi resi, pagabili in forma dilazionata.

payment guaranteed: ***pagamento garantito.*** Queste parole, o loro equivalenti, aggiunte su un titolo di credito dopo la firma indicano che la persona si impegna a pagare la somma in questione, senza bisogno di ricorso ad altre parti, qualora il titolo di credito non venga onorato alla scadenza.

payment in advance: ***pagamento anticipato.*** È il versamento di una somma di denaro in considerazione di beni o servizi non ancora ricevuti o ricevuti soltanto in parte. Se, come ad esempio per i canoni di locazione, il servizio cui si ha diritto a seguito del pagamento anticipato si estende oltre il termine dell'anno finanziario, ciò dà luogo ad un risconto attivo.

payment in due course: ***pagamento alla scadenza; pagamento a tempo debito.*** Pagamento di una cambiale o altro titolo di credito alla scadenza al legittimo portatore, in buona fede e senza cognizione di eventuali difetti nel suo titolo di proprietà.

payment in full: ***pagamento a saldo; pagamento a pareggio; saldo.*** Il pagamento che estingue un'obbligazione pecuniaria. Può essere l'ultimo di una serie di pagamenti parziali o il versamento in unica soluzione di una somma dovuta.

payment in kind: ***pagamento in natura; pagamento in beni.*** È un pagamento effettuato in beni e servizi, invece che in moneta, quando questi siano accettati da chi deve ricevere il pagamento. Nel Regno Unito il pagamento del salario in natura è stato dichiarato illegale da una serie di *Truck Acts* (v.), il primo dei quali fu approvato nel 1831. Tuttavia, anche nella moderna società si usano pagamenti in natura, pur se la maggior parte del salario viene corrisposta in moneta. Rientrano tra i pagamenti in natura i benefici sociali cui ha diritto il lavoratore o altri benefici, come ad esempio l'uso di un'automobile dell'azienda, concessi a dirigenti o impiegati. La differenza economica tra il pagamento in natura e quello in moneta è che mentre la moneta non è affatto vincolante, i pagamenti in natura lo sono, in quanto colui che ne beneficia non può disporne a suo piacimento. D'altro canto, essi garantiscono che la persona cui sono diretti ne benefici realmente e non li sopprima se, con l'alternativo pagamento in moneta, gli viene lasciata la scelta di acquistarli o farne a meno.

payment–in–lieu: ***indennità di licenziamento.*** È la somma di denaro che viene versata al lavoratore quando il suo rapporto di lavoro viene interrotto senza che gli venga dato il periodo di preavviso contemplato nel contratto di lavoro. L'indennità corrisponde grosso modo al salario relativo al periodo di preavviso non concessogli.

Payment of Wages Act: ***Legge sul pagamento dei salari.*** Legge approvata dal parlamento britannico nel 1960, con la quale si consentiva ai datori di lavoro di effettuare il pagamento dei salari a mezzo di assegno, vaglia postale o accreditamento su un conto bancario intestato al lavoratore. Per il governo inglese fu necessario approvare questa legge, in quanto i *Truck Acts* (v.) vietavano il pagamento del salario in qualsiasi forma che non fosse moneta, ovvero valuta a corso legale. Queste leggi costringevano i datori di lavoro a ritirare dalle banche grosse somme in contanti, con le quali pagare salari e stipendi ai lavoratori. A seguito dell'aumento della criminalità, si erano fatte sempre più frequenti le rapine ai cassieri o alle imprese quando erano in possesso di tanto denaro liquido. Le richieste provenienti da più parti affinché si facesse qualcosa per evitare la tentazione ai rapinatori portarono all'approvazione della legge che non abrogava i *Truck Acts*, ma consentiva il pagamento dei salari mediante titoli di credito.

payment on account: ***pagamento in conto; pagamento in acconto.*** Un pagamento parziale a fronte di un debito o un versamento in acconto del pagamento di beni o servizi che non sono ancora stati ricevuti. (v. anche *part payment*)

payment on delivery: ***pagamento alla consegna.*** È uno dei modi di pagamento. Prevede che il compratore paghi il prezzo delle merci acquistate nel momento in cui le riceve. (v. anche *terms of payment*)

payment on invoice: ***pagamento a ricezione della fattura.*** Espressione usata come sinonimo di *payment against invoice* (v.).

payment on receipt of goods: ***pagamento a ricezione delle merci.*** Espressione usata come sinonimo di *payment on delivery* (v.).

payment on statement: ***pagamento a ricezione dell'estratto conto.*** Espressione usata per indicare che il pagamento di beni e servizi precedentemente ricevuti dovrà essere fatto alla ricezione dell'estratto conto relativo ad un determinato periodo di tempo. Di solito, il debitore dispone di un paio di giorni entro i quali effettuare la rimessa pur se a volte le due parti sono d'accordo che il pagamento dovrà essere effettuato entro un certo numero di giorni dopo la ricezione dell'estratto conto.

payments agreements: ***accordi di pagamento.*** Sono gli accordi di pagamento bilaterali stipulati tra Regno Unito e Germania negli anni trenta, quando il sistema di controllo dei cambi in vigore in Germania rischiava di paralizzare il commercio tra quel paese e gli altri stati europei. Gli accordi di pagamento in questione erano in parte diversi dagli accordi di compensazione stipulati su base bilaterale tra Germania e altri stati europei, in quanto consentivano agli esportatori inglesi di usufruire delle normali facilitazioni di credito per finanziare le loro esportazioni. (v. anche *clearing agreement*)

payments deficit: ***deficit della bilancia dei pagamenti; saldo passivo della bilancia dei pagamenti.*** Lo stesso che *passive balance of payments* (v.).

payments imbalance: ***squilibrio nella bilancia dei pagamenti.*** Termine generico, usato per indicare tanto un'eccedenza attiva quanto un deficit nella bilancia dei pagamenti di uno o più paesi. (v. anche *passive balance of payments, favourable balance of payments*)

payment stopped: ***pagamento fermato.*** V. spiegazione sotto *orders not to pay.*

payment supra protest: ***pagamento sotto protesto.*** È il pagamento di una cambiale, dopo che essa è stata protestata, generalmente per intervento di un terzo il cui nome non figura sul titolo di credito. (v. anche *payment for honour*)

payment system: ***sistema salariale.*** V. spiegazione sotto *wage systems.*

payment terms: ***modi di pagamento.*** Termine usato in alternativa a *terms of payment* (v.).

payment under protest: ***pagamento sotto protesto.*** Espressione usata come sinonimo meno comune di *payment supra protest* (v.).

payment with order: ***pagamento alla ordinazione.*** Condizione di pagamento espressa da un venditore all'atto di una quotazione o di un'offerta di beni in vendita. Indica che il venditore è disposto a vendere al prezzo quotato se il compratore è disposto a pagare in anticipo, cioè all'atto dell'ordinazione dei beni, senza alcuna forma di dilazione o credito.

Payne–Aldrich Tariff: È la tariffa doganale adottata dagli Stati Uniti a seguito dell'approvazione del *Tariff Act* del 1909. In base a tale tariffa, furono ridotti i dazi di importazione su circa seicento articoli, ma furono alzati quelli di altri trecento articoli. Il principio alla base di questi cambiamenti era quello di imporre dazi che rendessero uguali i costi di produzione interni ed esteri ed i relativi utili degli imprenditori. Con l'applicazione di questa tariffa doganale, gli Stati Uniti abbandonarono il principio di reciprocità e adottarono il sistema della tariffa doganale doppia. (v. anche *reciprocity principle, maximum and minimum tariff*)

pay negotiations: ***contrattazione salariale.*** Lo stesso che *wage negotiation* (v.).

payoff: 1. ***frase di chiusura.*** Nel linguaggio della pubblicità, è la frase con la quale viene concluso un annuncio pubblicitario. **2.** ***recupero; reintegrazione del capitale investito.*** Lo stesso che *payback* (v.)

payoff matrix: ***matrice delle decisioni.*** È una matrice che presenta le varie situazioni che potrebbero verificarsi, disposte su file (o colonne), a fronte delle strategie (o alternative) che potrebbero adottarsi disposte su colonne (o file), allo scopo di analizzare le probabilità inerenti a ciascuna situazione.

payoff period: ***periodo di recupero; periodo di reintegrazione del capitale investito.*** Lo stesso che *payback period* (v.).

payoff table: ***tabella delle decisioni.*** Termine usato con lo stesso significato di *payoff matrix* (v.).

payola: ***sottomano.*** Termine di slang americano con il quale si indica una somma di denaro o un dono di beni o altre cose di valore offerti ad attori e presentatori televisivi, teatrali, ecc., affinché durante le loro trasmissioni o i loro spettacoli attirino l'attenzione del pubblico sui meriti di un prodotto o servizio, in modo da farne aumentare la domanda. Nel caso di trasmissioni radiofoniche o televisive, il riferimento al bene o servizio appare del tutto casuale, ma in effetti è voluto e programmato.

payor: ***pagatore.*** Variante grafica di *payer* (v.).

payout period: ***periodo di recupero.*** Nell'analisi di un piano di investimenti, è il periodo, calcolato in unità di anni, che si ricava dividendo il costo originario dell'investimento per le entrate medie annue in contanti al netto delle imposte sul reddito e maggiorate delle quote di ammortamento.

payout ratio: ***rapporto utili/dividendi.*** È il rapporto tra gli utili e i dividendi pagati da una società per azioni nell'arco di un determinato periodo di tempo.

payout time: ***tempo di recupero.*** Lo stesso che *payback period* (v.).

pay package: ***pacchetto salariale.*** Il complesso della remunerazione di un lavoratore, che consiste del salario contrattuale più tutta una serie di vantaggi e benefici riconosciutigli dal datore di lavoro, quali ad esempio il diritto alla pensione, la partecipazione azionaria nell'impresa e tanti altri benefici accessori.

pay packet: ***busta paga.*** Termine usato con lo stesso significato di *pay envelope* (v.).

pay pause: ***tregua salariale; pausa salariale.*** Espressione usata in relazione ad una politica dei redditi, per indicare un periodo durante il quale non dovrebbero verificarsi aumenti salariali o dovrebbero essere contenuti entro un tetto prestabilito. L'espressione ebbe origine nel 1961, in previsione della politica dei redditi che il governo britannico si accingeva ad attuare, dopo che si era accertato che nel periodo successivo al secondo conflitto mondiale i salari erano cresciuti ad un ritmo superiore a quello dell'aumento della produzione. (v. anche *incomes policy*)

pay plan: ***sistema salariale.*** V. spiegazione sotto *wage systems.*

pay rate: ***tasso di paga; tasso di retribuzione.*** Termine usato con lo stesso significato di *wage rate* (v.).

pay rise: ***aumento di paga.*** Termine usato come sinonimo di *pay increase* (v.).

pay roll: 1. ***ruolo paga; ruolo degli stipendi.*** Libro, foglio o elenco nel quale compaiono i nomi dei dipendenti di un'impresa, di un ente, ecc., con le relative indicazioni dei salari o degli stipendi che devono essere versati loro in considerazione di un periodo di lavoro prestato. Oltre alla somma lorda, il ruolo paga mostra le ritenute operate dal datore di lavoro a fronte di imposta sul reddito, contributi sociali e previdenziali di pertinenza del lavoratore, paga netta, ecc. **2.** ***coacervo delle retribuzioni.*** La somma globale che deve essere pagata da un'impresa, un ente, ecc., sotto forma di stipendi e salari ai dipendenti, in considerazione del lavoro che essi hanno prestato in un determinato periodo di tempo.

pay–roll account: ***conto retribuzioni.*** Il conto nel quale confluiscono tutte le registrazioni relative alle retribuzioni del personale, cioè stipendi, salari e oneri relativi.

pay–roll clerk: ***impiegato addetto al ruolo paga.*** Termine usato con lo stesso significato di *wages clerk* (v.).

pay–roll credit: ***accredito di stipendio.*** Il sistema mediante il quale si provvede all'accredito di salari e stipendi direttamente sul conto bancario degli interessati. Il datore di lavoro invia un elenco alla sua banca, che provvederà a smistare le competenze in maniera che esse vengano accreditate a tutti lo stesso giorno del mese o della settimana, anche se i conti sono tenuti presso banche diverse.

pay–roll deduction: ***deduzione dallo stipendio.*** Somma di denaro prelevata dal datore di lavoro sullo stipendio di un dipendente a fronte di prestiti concessi dall'impresa, di beni venduti al dipendente, di rimborsi di premi di assicurazione, di versamenti in programmi di risparmio e simili altre cause. Il termine viene usato grosso modo nello stesso significato di *deductions from pay* (v.).

pay–roll distribution: ***ventilazione dei costi del personale.*** È l'analisi del coacervo delle retribuzioni pagate, o maturate, sotto forma di salari e stipendi in un determinato periodo di tempo. Essa mostra le somme, componenti il totale, che devono essere imputate ai vari reparti, prodotti, operazioni o attività.

pay–roll giving schemes: ***piani di donazione mediante trattenute sullo stipendio.*** Piani, lanciati per la prima volta nel Regno Unito nel 1987, che hanno lo scopo di incrementare l'ammontare donato in beneficenza dai lavoratori dipendenti. Il singolo piano viene istituito dal datore di lavoro e ciascun dipendente può donare parte del suo reddito che, fino all'ammontare di venti sterline al mese (nel 1989), rientra nelle detrazioni ai fini della determinazione dell'imposta sul reddito. L'ammontare così raccolto viene trasmesso dal datore di lavoro alle varie istituzioni di beneficenza scelte dai singoli lavoratori.

pay–roll records: ***registrazioni dei costi del personale.*** Il complesso delle registrazioni contabili ed extracontabili relative alle retribuzioni pagate o maturate in un determinato periodo di tempo. Rientrano fra queste registrazioni tutti i documenti relativi al calcolo, all'approvazione, alla distribuzione e al pagamento delle retribuzioni, quali ruoli paga, cartellini di presenza, autorizzazioni di ritenute, ricevute di retribuzioni pagate, autorizzazioni di pagamento, ecc.

pay–roll tax: ***imposta sul ruolo paga.*** È un'imposta riscossa sul numero delle persone impiegate in un'impresa o sull'ammontare complessivo delle retribuzioni corrisposte dall'impresa. Molti economisti si sono espressi a favore di un'imposta del genere, che avrebbe la funzione di favorire l'uso intensivo di capitale e un impiego più efficiente della forza lavoro. Infatti, in periodi di iperoccupazione, un'imposta sui ruoli paga potrebbe indurre le imprese a non tenere una forza lavoro superiore a quella strettamente necessaria, solo in previsione di un aumento eventuale della produzione o di una diminuzione dell'offerta di lavoro. Un'imposta sui ruoli paga è, in effetti, quella riscossa dagli istituti di previdenza, in quanto i contributi che essi percepiscono corrispondono ad un tanto per cento dei salari e degli stipendi pagati dai datori di lavoro. Negli Stati Uniti, infatti, l'imposta sui ruoli paga è autorizzata dal *Social Security Act* del 1935 e il gettito di questa imposta viene utilizzato principalmente per il pagamento dell'assicurazione contro la disoccupazione. Nel Regno Unito, invece, non è mai stata applicata un'imposta del genere, sebbene essa sia stata autorizzata nel 1961. Nel 1966 fu, invece, introdotta un'imposta ad aliquota uniforme sull'occupazione, abrogata nel 1973.

pay settlement: ***accordo salariale.*** Lo stesso che *wage settlement* (v.).

pay slip: ***striscetta dello stipendio.*** È la striscetta di carta, inserita in una busta paga, che indica la distinta delle voci che hanno portato alla determinazione del salario o dello stipendio netto contenuto nella busta. (v. anche *pay statement*)

pay statement: ***distinta paga.*** Di solito riportata sulla busta paga o inserita in essa, indica l'esatta struttura della retribuzione percepita dal lavoratore e i calcoli in base ai quali essa è stata determinata. Comprende il salario lordo, le aggiunte di famiglia, di lavoro straordinario, ecc., e le ritenute fiscali o di altra natura praticate nel periodo cui si riferisce la retribuzione.

pay structure: ***struttura della retribuzione.*** Termine usato con lo stesso significato di *wage structure* (v.).

payt.: payment.

payup: Termine usato nel linguaggio finanziario per indicare la differenza di costo che sostiene chi vende un blocco di titoli per acquistare un uguale blocco di titoli più costosi.

P.B.: pass book.

PBC: political business cycle.

P.B.R.: payment by results.

P.B.X.: private branch exchange.

pc.: 1) piece; 2) price.

p.c.: 1) price current: 2) petty cash; 3) per cent; 4) part cargo.

p.c.b.: petty cash book.

P.C.C.: Production Credit Corporation.

pcl.: parcel.

pd.: paid.

P.D.: 1) personnel department; 2) port dues.

PDB: purchase day book.

pe.: price.

peaceful picketing: ***picchettaggio pacifico; picchettamento pacifico.*** È il diritto di un sindacato, che ha dichiarato uno sciopero, di tentare di convincere i lavoratori che non ne fanno parte a non recarsi in fabbrica a lavorare. Nel Regno Unito questo diritto fu sancito dal *Trade Union Act* del 1875 e riaffermato dal *Trade Disputes Act* del 1906. Anche i tribunali degli Stati Uniti hanno più volte dichiarato lecito il picchettamento pacifico. (v. anche *picketing*)

peak: **1.** ***punto di svolta superiore; punto d'inversione superiore.*** Lo stesso che *turning zone* (v.), ma specificamente riferito alla zona d'inversione superiore. **2.** ***punta.*** In statistica, è l'accentuazione di una curva che indica la massima intensità o frequenza di un fenomeno, soprattutto di quelli ad andamento periodico. Il termine è particolarmente usato nelle imprese di pubblici servizi. (v. anche *peak load, off–peak service, peak hours*)

peak demand: ***domanda di punta.*** La domanda di un bene o servizio che si manifesta in maniera massiccia in determinate ore del giorno o periodi dell'anno. È una caratteristica delle imprese di pubblici servizi e dell'industria del turismo.

peak demand capacity: ***capacità di domanda di punta.*** Nelle imprese di pubblici servizi, è la capacità di un'impresa atta a far fronte alla domanda delle ore di punta. (v. anche *peak hours, peak load, off–peak service*)

peak hours: ***ore di punta.*** Nelle imprese di pubblici servizi, sono le ore in cui la domanda di servizi da parte degli utenti è al massimo livello nell'arco dell'intera giornata. Le ore di punta differiscono da impresa a impresa a seconda che il servizio erogato sia rappresentato da trasporti o da elettricità, acqua o gas. (v. anche *off–peak service*)

peak load: ***carico di punta.*** Nelle imprese di pubblici servizi, è il periodo e la dimensione di massima domanda del servizio durante una data unità di tempo, generalmente rappresentata da un'ora. (v. anche *peak hours*)

peak–load pricing: ***fissazione del prezzo in base al carico di punta.*** Un problema che si presenta alle imprese di pubblici servizi, quando il loro prodotto non si presta ad essere conservato e la domanda degli utenti è soggetta ad ampie fluttuazioni nel corso della giornata. Il problema viene di solito risolto facendo ricorso a una tariffa a scaglioni di consumo. (v. anche *multi–part tariff*)

peak period: ***periodo di punta.*** Lo stesso che *peak hours* (v.).

peak price: ***corso massimo; corso record.*** Nel linguaggio delle borse valori, è il prezzo più alto mai raggiunto prima da un valore mobiliare.

peasant movement: ***movimento contadino.*** Espressione con la quale viene indicata la crescente coscienza di classe ed attività politica delle popolazioni rurali. Il movimento contadino si sviluppò maggiormente nei paesi dell'Europa orientale nel periodo che seguì la prima guerra mondiale. In tale epoca ebbero luogo varie riforme, che resero i contadini proprietari delle terre che lavoravano. Pur se gli obiettivi del movimento contadino hanno sempre presentato differenze da paese a paese, un punto comune qualificante è quello che si basa sull'affermazione della validità della piccola proprietà contadina.

peck: Unità di misura di capacità per liquidi, equivalente a due galloni imperiali, ovvero 554,5 pollici cubici, pari a 9,0919 litri. Negli Stati Uniti è una misura per aridi, equivalente a 8,8096 litri.

peculation: ***peculato.*** Appropriazione indebita di moneta o beni da parte di una persona alla quale essi erano stati affidati perché li custodisse o li amministrasse. L'espressione inglese è usata principalmente in relazione a denaro e beni pubblici. (v. anche *embezzlement*)

pecuniary benefit: ***beneficio pecuniario; ricavo.*** La parte di moneta, o beni e servizi equivalenti, che residua da un'operazione commerciale o da un gruppo di operazioni commerciali collegate, dopo che sono stati detratti i costi relativi.

pecuniary culture: ***cultura pecuniaria.*** L'espressione inglese indica un sistema sociale che incoraggia, approva e rispetta l'accumulazione della ricchezza da parte dei singoli.

pecuniary effects: ***effetti pecuniari.*** Gli effetti che scaturiscono da variazioni dei prezzi relativi, che portano ad una ridistribuzione di beni e servizi tra i cittadini, senza influenzare le possibilità di consumo o di produzione globali. Di conseguenza, si verificano miglioramenti della condizione economica di alcuni e peggioramenti in quella di altri.

pecuniary exchange: ***scambio pecuniario.*** Espressione a volte usata per indicare la cessione di beni e servizi in considerazione di un corrispettivo monetario. Generalmente viene usata come opposto di baratto. (v. anche *barter*)

pecuniary returns to cost: ***rendimenti pecuniari di costo.*** Termine usato con lo stesso significato di *returns to cost* (v.).

peddler: ***ambulante; venditore ambulante.*** Termine statunitense, corrispondente al britannico *pedlar* (v.).

peddler car: Espressione statunitense usata nei trasporti su ferrovia o su strada per indicare un mezzo che trasporta carichi parziali lungo una linea o un itinerario particolari, per consegne a vari destinatari lungo il tragitto.

pedlar: ***venditore ambulante; ambulante.*** Il termine inglese viene usato per indicare una persona che effettua la vendita porta a porta, per contanti, di merci che porta con sé su un qualsiasi mezzo di trasporto. Nel Regno Unito, per svolgere questa attività è necessaria una licenza rilasciata dal locale ufficio di polizia. Una volta ottenuta la licenza, il *pedlar* può vendere in qualsiasi zona. (v. anche *hawker*)

Peel's Act: ***Atto di Peel.*** Nome con il quale viene indicato il *Bank Charter Act* (v.) che Sir Robert Peel fece approvare dal parlamento britannico il 19 luglio del 1844. L'Atto di Peel incorporava il nucleo di teorie monetarie noto come principio metallico e riorganizzava il sistema bancario inglese.

Peel's Bank Charter Act: ***Atto di Peel.*** Lo stesso che *Peel's Act* (v.) e *Bank Charter Act* (v.).

PEG: production entitlement guarantee.

to peg: ***ancorare; sostenere.*** Verbo usato in relazione al corso di titoli, a prezzi o ai cambi, nel significato di mantenere invariato tramite intervento delle autorità monetarie o di gruppi di operatori interessati alla stabilità dei prezzi.

peg: ***sostegno.*** Il sostegno dato dalle autorità governative ai prezzi, ai cambi, al corso di titoli di stato, ecc. Il termine è usato principalmente nell'espressione *crawling peg* (v.).

pegged market: ***mercato sostenuto; mercato stabilizzato.*** In relazione al mercato azionario, questa espressione indica che esso viene sostenuto, cioè i corsi vengono mantenuti stabili entro limiti definiti, attraverso l'intervento degli operatori interessati. Se i corsi tendono a scendere, l'intervento assume la forma di acquisti; se essi tendono a salire oltre il limite, l'intervento assume la forma di vendite. In tal modo, il corso è mantenuto artificialmente stabile mediante un sostegno (*peg*) da parte degli interessati. L'espressione può essere usata anche per altri tipi di mercati, siano essi organizzati o no. (v. anche *peg*)

pegged rates of exchange: ***tassi di cambio sostenuti; tassi di cambio stabilizzati.*** Sono i tassi di cambio mantenuti relativamente stabili a seguito di interventi sui mercati valutari da parte delle banche centrali dei paesi interessati, che acquistano o vendono la loro valuta al fine di non esporla a fluttuazioni indesiderate derivanti dagli alti e bassi degli scambi commerciali, da pressioni speculative o da movimenti di capitali imprevedibili. (v. anche *crawling peg*)

pegging: ***sostegno; stabilizzazione.*** Il tentativo di mantenere stabili i prezzi di un certo mercato su valori prestabiliti o molto vicini a quelli prestabiliti, mediante interventi di acquisti e vendite a seconda che i prezzi tendano a scendere o a salire al di là dei limiti prefissati. (v. anche *peg, crawling peg, pegged market*)

«pegging» exchange rates: ***sostegno ai tassi di cambio; stabilizzazione dei tassi di cambio.*** Questa espressione ha lo stesso valore di *pegged rates of exchange* (v.), con la differenza che mentre questa ha valore attivo e indica il «sostenere i tassi di cambio», l'altra ha valore passivo e indica i «tassi di cambio sostenuti».

«pegging» prices: ***sostegno ai prezzi; stabilizzazione dei prezzi.*** La stessa distinzione fatta sotto *«pegging» exchange rates* (v.) vale per le espressioni *pegged prices* e *«pegging» prices.* Ambedue indicano il sostegno dato ai prezzi dal governo o da operatori interessati, mediante acquisti e vendite che hanno lo scopo di mantenere artificialmente i prezzi ad un livello prestabilito.

peg point: Espressione a volte usata per indicare un tasso di remunerazione assegnato ad un'operazione chiave, sul quale vengono poi calcolati i tassi di remunerazione per tutte le altre operazioni.

P. & I.: protection and indemnity.
P. & L.: profit and loss.
penal clause: ***clausola penale.*** Lo stesso che *penalty clause* (v.).
penal sum: ***penale; penalità.*** Lo stesso che *penalty* (v.).
penal terms: ***condizioni penalizzanti.*** Nel Regno Unito, questo termine indica condizioni particolarmente dure imposte dalla Banca d'Inghilterra sulle anticipazioni concesse alle case di sconto. La Banca non si rifiuta mai di svolgere la propria funzione di mutuante di ultima istanza, ma le condizioni imposte in relazione ai tassi e alla durata dei prestiti sono sempre penalizzanti, per cui tale attività è mantenuta a livelli minimi. Queste condizioni prevedono periodi minimi di sette giorni ad un tasso pari al tasso minimo di sconto, mentre sul mercato monetario è possibile reperire prestiti alla giornata ad un tasso variabile tra l'uno e l'uno e tre quarti per cento al di sotto del tasso praticato dalla Banca d'Inghilterra.
penalty: ***penale; penalità.*** Somma forfettaria, richiamata in una clausola penale, che le parti di un contratto stabiliscono che dovrà essere pagata dalla parte che non esegue la propria prestazione contrattuale. Secondo il diritto anglosassone, la penale non può essere imposta ad una delle parti per mancato o tardivo adempimento delle proprie obbligazioni, ma nel caso in cui ciò abbia come risultato danni reali e documentabili per una delle parti, se la penale stabilita è ragionevole e si avvicina al reale valore dei danni è probabile che essa venga accolta e sentenziata dalla corte. (v. anche *penalty clause*)
penalty clause: ***clausola penale.*** È la clausola, inserita in un contratto, che prevede il pagamento di una somma forfettaria prestabilita in caso di inadempimento o di tardiva esecuzione delle obbligazioni contrattuali. (v. anche *penalty*)
penalty rate: ***tasso di penalità; tasso penalizzatore.*** È il tasso addebitato dalla *Federal Reserve Bank* (v.) ad una banca membro del *Federal Reserve System* (v.) sulla somma di cui risultano deficitarie le riserve legali che la banca deve in qualsiasi momento tenere a fronte dei depositi dei clienti.
pence rates: ***tassi in pence.*** Sono i tassi di cambio delle valute estere espressi in termini di pence per ciascuna unità di valuta straniera. Se, ad esempio, il tasso di cambio tra sterlina e marco tedesco fosse di uno a quattro, venticinque sarebbe il tasso in pence di cambio del marco, cioè ogni marco tedesco verrebbe pagato venticinque nuovi pence.
pending: È il termine con il quale veniva indicato il *penny* (v.) prima dell'ottavo secolo.
penetration pricing: ***fissazione di prezzo di penetrazione.*** La fissazione del prezzo di un nuovo prodotto a un livello inferiore a quello di simili prodotti già presenti sul mercato, con l'obiettivo di attirare l'attenzione dei consumatori e guadagnare subito una certa quota di mercato.
penetration strategy: ***strategia di penetrazione.*** La strategia che prevede bassi prezzi e pressanti campagne pubblicitarie al fine di conquistare o aumentare una quota di mercato per il prodotto.
pengo: Unità monetaria dell'Ungheria prima dell'iperinflazione che si verificò dopo la fine del secondo conflitto mondiale. Il pengo, che fu istituito nel 1925, era diviso in cento filler, ma nel 1946, proprio a seguito della grande inflazione, divenne praticamente privo di valore e fu sostituito dal *forint* (v.).
pennia: Moneta divisionale della Finlandia, equivalente ad un centesimo di markka.
penny: Moneta divisionale del Regno Unito, equivalente oggi ad un centesimo di sterlina. Nel sistema monetario in uso prima dell'adozione del sistema decimale, il *penny* equivaleva alla dodicesima parte dello scellino il quale, a sua volta, equivaleva ad un ventesimo di sterlina. Il *penny* è una moneta molto antica, in quanto fu coniata per la prima volta nell'ottavo secolo da Offa, re di Mercia. Allora esso equivaleva ad 1/240 di libbra d'argento, metallo in cui era coniata la moneta. Nel 1257, durante il regno di Enrico terzo, fu coniato un *penny* d'oro, del valore di venti *penny* d'argento. Fu soltanto a partire dal regno di Edoardo primo che furono introdotte le frazioni di *penny*, cioè il mezzo *penny* e il *farthing*. Durante il regno di Carlo secondo, nel diciassettesimo secolo, cessò la coniazione del *penny* d'argento, che in seguito continuò soltanto per il cosiddetto *maundy money* (v.). La coniazione del *penny* fu ripresa in rame durante il regno di Giorgio terzo e precisamente nel 1797. Infine, nel 1860 ebbe inizio la coniazione del *penny* di bronzo, del valore di un dodicesimo di scellino. (v. anche *half-penny, farthing*)
penny banks: Nome che, in passato, veniva dato a molte casse di risparmio fondate nella seconda metà del diciannovesimo secolo. Il nome, che deriva dal fatto che queste banche accettavano depositi anche di un solo *penny*, è stato conservato fino al 1959 nella ragione sociale della *Yorkshire Penny Bank*, anche dopo che essa era diventata una banca commerciale.
penny stock: Espressione generica, con la quale negli Stati Uniti si indicano valori mobiliari che vengono venduti ad un prezzo inferiore ad un dollaro per azione.
pennyweight: Unità di misura di peso anglosassone del sistema troy, usata per le pietre e i metalli preziosi. Equivale a ventiquattro grani, cioè 1,555 grammi, e prende il nome dall'antico *penny* d'argento. Venti *pennyweight* corrispondono ad un'oncia troy. (v. anche *penny, grain, ounce, troy weight*)
pension: ***pensione.*** Somma di denaro versata ad intervalli regolari e per il resto della sua vita ad un lavoratore che si è ritirato dal servizio attivo a causa di inabilità al lavoro o del raggiungimento del limite di età. La pensione può essere pagata in base al sistema di previdenza sociale o in base ad un piano di pensionamento privato o di categoria. In base al sistema delle assicurazioni sociali, tutti i lavoratori che hanno effettuato un numero minimo di versamenti contributivi hanno diritto alla pensione al raggiungimento del sessantesimo anno di età per le donne e del sessantacinquesimo anno di età per gli uomini. In base ai piani privati, il versamento o meno dei contributi dipende dagli accordi intercorsi tra lavoratori e datori di lavoro. La tendenza moderna è quella di prelevare, sotto forma di contributo, una parte corrispondente al cinque o sei per cento del reddito del lavoratore, cui si aggiunge un contributo versato dal datore di lavoro.
pensionable age: ***età pensionabile.*** Lo stesso che *retirement age* (v.).
pensionable earnings: ***assegni pensionabili; quota pensionabile.*** Parte della remunerazione di un lavoratore che viene presa in considerazione ai fini della determinazione della pensione cui ha diritto al raggiungimento dell'età pensionabile.
pensionable service: ***servizio pensionabile.*** Il numero di anni di servizio prestato da un lavoratore, che viene calcolato nel determinare l'ammontare di pensione cui ha diritto al momento in cui lascia il servizio attivo.
pension contribution: ***contributo pensionistico; contributo al fondo pensioni.*** È il contributo, corrispondente

più o meno al sei per cento del salario, che il lavoratore è tenuto a versare al fine di assicurarsi una pensione al raggiungimento dei limiti di età pensionabile. Il contributo versato dal lavoratore è integrato da un contributo versato dal datore di lavoro. (v. anche *pension, pension fund*)

pensioner: ***pensionato.*** Persona che percepisce una pensione, a qualunque titolo essa venga corrisposta.

pension fund: ***cassa pensioni; fondo pensioni.*** Il fondo nel quale vengono versati i contributi di tutti i lavoratori e datori di lavoro che partecipano ad un piano di pensionamento e dal quale vengono pagate le pensioni agli aventi diritto. Questi fondi vengono affidati a compagnie di assicurazione, che li gestiscono garantendo determinati benefici per i partecipanti, o vengono gestiti direttamente dalle imprese o altri enti o istituzioni che li raccolgono e li investono principalmente sul mercato dei valori mobiliari. Infatti, recentemente i fondi pensioni sono diventati investitori istituzionali nelle borse valori e nei mercati dei capitali, insieme alle società di assicurazioni, alle banche e ai fondi comuni d'investimento. (v. anche *pension*)

pension fund contribution holiday: ***sospensione dei contributi pensionistici; fiscalizzazione dei contributi pensionistici.*** V. spiegazione sotto *contribution holidays.*

pension plan: ***programma di pensionamento; piano di pensionamento.*** Il metodo adottato da un'impresa o altra organizzazione, ivi incluso lo stato, per il pagamento delle pensioni ai lavoratori divenuti inabili e a quelli che hanno raggiunto il limite di età pensionabile. Nel mondo anglosassone ne esiste una certa varietà, pur se la tendenza è quella di unificare tutti i diversi programmi.

pension pool: ***piano di pensionamento unificato.*** Uno dei tanti piani di pensionamento adottati negli Stati Uniti da imprese o altre organizzazioni. Questo piano prevede il raggruppamento di un certo numero di datori di lavoro, al fine di creare un fondo pensioni unico, in modo che non si presentino problemi o difficoltà di trasferimento del diritto alla pensione per i lavoratori che nel corso della loro vita lavorativa hanno cambiato due o più datori e posti di lavoro. (v. anche *pension, pension plan, pension fund*)

pension reserve: ***riserva per fondo pensioni.*** Nei casi in cui un'impresa ha un proprio piano privato di pensionamento, questa espressione indica l'obbligazione riconosciuta per intero o in parte dall'impresa stessa a fronte della futura passività rappresentata dal pagamento di rendite o pensioni ai propri lavoratori. (v. anche *pension fund, pension plan*)

pension right: ***diritto alla pensione.*** Diritto acquisito da un lavoratore a percepire una pensione, a seguito del versamento di contributi per un periodo di tempo stabilito dalla legge.

pension scheme: ***programma di pensionamento; piano di pensionamento.*** Termine usato come sinonimo di *pension plan* (v.).

pension system: ***sistema pensionistico.*** Il sistema, più o meno simile in tutti i paesi, mediante il quale vengono gestiti i fondi pensioni, derivanti dal versamento di contributi a carico dei lavoratori e dei datori di lavoro.

peonage: ***peonaggio.*** Forma di servitù che si manifesta come lavoro forzato cui è costretto un individuo che si trova indebitato nei confronti del suo datore di lavoro. Il peonaggio deriva dalla consuetudine dei conquistatori spagnoli di anticipare denaro agli indigeni, esigendo in cambio prestazioni lavorative, di solito sotto forma di lavoro agricolo, fino alla completa estinzione del debito. Tale forma di servitù, virtualmente perpetua in quanto trasmissibile da padre in figlio, sopravvisse in molti stati americani anche dopo la fine della dominazione spagnola. Si sviluppò anche negli Stati Uniti, specialmente negli stati del sud e nei confronti dei cittadini di colore, dopo l'abolizione della schiavitù e continuò ad esistere sotto varie forme anche dopo che il Congresso l'ebbe dichiarata abolita nel 1867. Scomparve del tutto soltanto dopo che una decisione della Corte Suprema nel 1910 dichiarò incostituzionali le leggi che l'ammettevano anche indirettamente, permettendo l'arresto per debiti.

people's capitalism: ***capitalismo del popolo.*** Espressione usata negli Stati Uniti per indicare la situazione dell'America di questa seconda metà del secolo ventesimo, dove la proprietà delle industrie è nelle mani di un gran numero di azionisti, molti dei quali appartengono a classi sociali a reddito medio–basso. La situazione contrasta con quella dell'America del diciannovesimo secolo, in cui la proprietà delle industrie era nelle mani di poche famiglie molto ricche.

PEP: personal equity plan.

P.E.P.: political and economic planning.

peppercorn rent: ***canone di fitto simbolico; canone di locazione nominale.*** Un canone di fitto puramente nominale e simbolico, rappresentato da un grano di pepe o da una somma di denaro irrisoria per un determinato periodo di locazione, il cui solo scopo è quello di mantenere in essere un rapporto tra locatore e locatario. L'espressione ricorre in alcuni atti e a volte il grano di pepe è stato effettivamente consegnato e registrato come versato. (v. anche *possessory title*)

Per an.: per annum.

P/E ratio: ***rapporto prezzo/utili.*** V. spiegazione sotto *price/earnings ratio.*

per capita: ***pro capite.*** Espressione usata principalmente in relazione al debito pubblico, al reddito nazionale, ecc. Ad esempio, il debito pubblico pro capite è il debito pubblico totale diviso per il numero di cittadini del paese.

per capita debt: ***debito pro capite.*** Il debito totale di uno stato, o di una sua suddivisione amministrativa, diviso per il numero di cittadini dello stato o dell'area geografica della suddivisione amministrativa.

per capita expenditure: ***spesa pro capite.*** L'ammontare globale di spesa di un gruppo di persone, di solito la popolazione di uno stato, diviso per il numero di persone che costituiscono il gruppo.

per capita income: ***reddito pro capite.*** Il reddito complessivo di un gruppo di persone, diviso per il numero di persone che costituiscono il gruppo. L'espressione è usata particolarmente in relazione al reddito nazionale, al fine di mettere a confronto il tenore di vita di due o più differenti economie. Il reddito nazionale pro capite si ottiene dividendo il reddito nazionale per il numero di cittadini residenti nel paese.

percent: ***per cento.*** Una qualsiasi frazione decimale, moltiplicata per cento.

percentage: ***percentuale.*** Il numero di persone o cose che si prendono in considerazione su ogni cento di loro. Di solito, il termine è accompagnato dall'indicazione numerica di tale rapporto e può essere usato sia come aggettivo che come sostantivo.

percentage depletion: ***esaurimento percentuale.*** Espressione usata negli Stati Uniti per indicare una forma di detrazione dal reddito imponibile, a fronte di esaurimento di una risorsa naturale, calcolata come percentuale specifica del reddito lordo prodotto dalla risorsa naturale. (v. anche *depletion allowance, cost depletion*)

percentage discount: ***sconto percentuale.*** Sconto calcolato a un dato ammontare percentuale sulla somma globale.

percentage distribution: ***distribuzione a percentuali.*** È una distribuzione di frequenza che indica la percentuale, e non il numero effettivo, dei dati che rientrano in ciascuna determinata categoria. (v. anche *frequency distribution*)

percentage earnings: ***utili percentuali.*** Sono i profitti espressi come percentuale del capitale nominale investito.

percentage increase: ***aumento percentuale.*** Aumento calcolato in base a una data percentuale.

percentage lease: ***locazione a percentuale.*** Un contratto di locazione, di locali adibiti ad attività commerciali o industriali, che prevede che il canone di fitto deve corrispondere ad una data percentuale delle vendite o degli utili del locatario. Il canone di fitto in questo caso costituisce un costo variabile per l'impresa. (v. anche *lease*)

percentage method: ***metodo percentuale.*** Lo stesso che *percentage system* (v.).

percentage point: ***punto percentuale.*** Un centesimo di una qualsiasi unità di misura. Nella terminologia finanziaria, viene usato per indicare i tassi d'interesse, i rendimenti dei titoli a reddito fisso, ecc., e contiene cento punti base. (v. anche *basis point*)

percentage profit: ***profitto percentuale.*** È il profitto espresso come percentuale del fatturato.

percentage statement: ***conto economico a percentuali.*** Negli Stati Uniti, è così indicato un conto economico che contiene non soltanto i valori monetari, ma anche la loro relazione percentuale a una data base. In uno stato patrimoniale, la base è rappresentata dalle attività totali; in un conto profitti e perdite, la base è rappresentata dal totale delle entrate nette; e in un conto lavorazione, essa è costituita dal totale dei costi di fabbricazione.

percentage system: ***sistema percentuale.*** Ai tempi in cui era in vigore il regime aureo, era il sistema che imponeva che le riserve auree non scendessero al di sotto di una percentuale stabilita dell'emissione di biglietti, la quale percentuale si aggirava di regola tra il 30 e il 40 per cento. Il sistema percentuale si applicava a volte anche ai depositi della banca centrale, pur se in questo caso la percentuale non era necessariamente identica a quella relativa all'emissione di biglietti. Tale sistema fu criticato da Keynes nella sua opera *A Treatise on Money*, in quanto non possedeva, a suo giudizio, nessun solido fondamento né nella logica, né nel buon senso.

percentile: ***percentile.*** Uno qualsiasi dei valori che dividono una distribuzione di frequenza in cento parti, ciascuna contenente l'un per cento del numero totale di dati. (v. anche *decile, quartile*)

perceptual map: ***mappa delle percezioni.*** È uno strumento usato nel marketing allo scopo di comprendere meglio la struttura di un mercato. La mappa si basa sulle percezioni dei consumatori, in relazione a uno o più prodotti, che fanno loro costruire un'immagine del prodotto fondata sulle caratteristiche o sui benefici reali o immaginari ad esso relativi. Una volta identificate le percezioni, i prodotti vengono inseriti nella mappa o grafico e quanto più vicini si trovano due prodotti, tanto maggiore è la concorrenza tra loro. Se si sono identificate anche le caratteristiche del prodotto ideale, allora quanto più vicino a quest'ultimo si trova un prodotto, tanto più probabile è che esso venga preferito agli altri. Eventuali lacune tra i prodotti presenti sulla mappa costituiscono le potenziali opportunità di mercato.

perch: ***pertica.*** Unità di misura anglosassone lineare e di superficie. Come unità di misura lineare, la pertica corrisponde a cinque yarde e mezza, equivalenti a 5,0292 metri; come unità di misura di superficie, essa corrisponde al quadrato di cinque yarde e mezza, cioè trenta yarde quadrate e un quarto, equivalenti a 25,2928 metri quadrati, ma in questa seconda accezione è più comune il termine *square perch.*

«per contra»: Espressione avverbiale di origine latina, usata nei bilanci per indicare un conto che si autocompensa. Ad esempio, nel bilancio di una banca troviamo *Liabilities of Customers for Acceptances as «per contra».*

per contra entry: ***registrazione controbilanciante.*** In contabilità, è una registrazione che bilancia o pareggia un'altra registrazione, come ad esempio una registrazione in dare per controbilanciare una registrazione in avere o viceversa.

per diem: ***al giorno.*** Espressione latina, usata anche in inglese in relazione a pagamenti, interessi o canoni stabiliti su base giornaliera.

perf.: performance.

perfect competition: **1.** ***concorrenza perfetta.*** Si parla di concorrenza perfetta (a volte detta anche concorrenza pura, anche se i due termini non sono sempre usati come perfetti sinonimi) quando si verificano le seguenti condizioni di mercato: a) tutte le imprese o tutti i venditori di un mercato riescono a vendere tutto il prodotto di cui dispongono al prezzo di mercato, senza poter in alcun modo influenzare tale prezzo; b) tutti i compratori riescono ad acquistare qualsiasi quantità di prodotto desiderino al prezzo di mercato, senza influenzare in alcun modo tale prezzo. Queste condizioni, che sono del tutto teoriche in quanto la concorrenza perfetta è un modello teorico che non si verifica mai in pratica, presuppongono una serie di altre condizioni ugualmente importanti ed improbabili a verificarsi contemporaneamente sullo stesso mercato: a) la partecipazione di un numero sufficientemente grande di venditori e di compratori nel mercato, così che ciascuno di loro ha un ruolo così insignificante che le sue azioni non riescono ad incidere sul prezzo. Ciò porterebbe anche all'impossibilità di stipulare accordi collusivi sui prezzi da parte dei compratori o dei venditori. b) Il prodotto venduto e acquistato sul mercato deve essere omogeneo o identico, così che ai compratori non interessa acquistare da un venditore piuttosto che da un altro. c) Tutti i compratori e i venditori devono essere in possesso di informazioni complete e dettagliate sulle condizioni di prezzo prevalente sul mercato. d) Le nuove imprese devono poter entrare nel mercato, se lo reputano interessante. e) Vi è uguaglianza, per ciascuna impresa, dei costi di trasporto dei propri prodotti dalla produzione al consumo. f) Vi è completa mobilità dei fattori della produzione tra le industrie. Se una o più di queste condizioni non si verificano, diciamo che nel mercato non vi è concorrenza perfetta. Un'impresa tipica in una situazione di concorrenza perfetta tenta di massimizzare i profitti (o minimizzare le perdite) e poiché tale impresa non ha alcun controllo sui prezzi, i suoi utili sono direttamente proporzionali alle vendite. In tale situazione, il ricavo totale è uguale al prezzo moltiplicato per il numero di unità vendute; il ricavo medio è uguale al ricavo totale diviso per il numero di unità vendute (e corrisponde al prezzo); e il ricavo marginale è uguale al ricavo medio, in quanto ciascuna unità addizionale aggiunge al ricavo totale una somma uguale al prezzo del prodotto venduto. Così, le curve di ricavo medio e di ricavo marginale si possono rappresentare graficamente con la stessa linea orizzontale, che risulta essere la scheda di domanda cui l'impresa deve far fronte. Essa è perfettamente elastica e indica che l'impresa può vendere qualsiasi quantità desideri del prodotto al livello di prezzo prevalente sul mercato. (v. anche *imperfect competition, competition, organized market, imperfect market, perfect market*) **2. *concorrenza pura.*** Il termine inglese è spesso usato come sinonimo di concorrenza pura, in quanto le caratteristiche che contraddistinguono le due situazioni di mercato sono molto simili. (v. anche *pure competition*)

perfect elasticity: ***elasticità perfetta; elasticità infinita.*** Termine usato con lo stesso significato di *infinite elasticity* (v.).

perfect entry: ***bolla doganale perfezionata.*** Una bolla doganale regolarizzata mediante la procedura descritta sotto *perfecting the sight* (v.).

perfect information: ***informazione perfetta.*** Il possesso, da parte degli operatori di un mercato, della completa conoscenza relativa alla situazione attuale e futura dei prezzi e dell'ubicazione dei beni e servizi trattati sul mercato.

perfecting the sight: Espressione con la quale viene indicata la regolarizzazione di una bolla doganale, a seguito di visita preventiva da parte di un funzionario della dogana. In questa espressione, il termine *sight* sta per *bill of sight* (v.), cioè il documento col quale l'importatore richiede la visita doganale onde accertare la natura e il valore delle merci inviategli dall'esportatore, ma non sufficientemente e precisamente descritte nella polizza di carico. (v. anche *bill of entry*)

perfection standard cost: ***costo standard ottimale.*** Un costo standard basato sul miglior rendimento che si possa ottenere nelle condizioni di produzione più favorevoli.

perfectly competitive market: ***mercato perfettamente competitivo.*** Termine usato come sinonimo meno comune di *perfect market* (v.).

perfectly elastic demand: ***domanda perfettamente elastica; domanda infinitamente elastica.*** Termine usato con lo stesso significato di *infinitely elastic demand* (v.).

perfectly elastic supply: ***offerta perfettamente elastica; offerta infinitamente elastica.*** Termine usato con lo stesso significato di *infinitely elastic supply* (v.).

perfectly inelastic demand: ***domanda perfettamente anelastica.*** Termine usato con lo stesso significato di *infinitely inelastic demand* (v.).

perfectly inelastic supply: ***offerta perfettamente anelastica.*** Termine usato con lo stesso significato di *infinitely inelastic supply* (v.).

perfectly transparent market: ***mercato perfettamente trasparente.*** V. spiegazione sotto *perfect marketing transparency.*

perfect market: ***mercato perfetto.*** Situazione di mercato puramente teorica, caratterizzata da un insieme di condizioni che raramente, o meglio mai, si realizzano completamente e contemporaneamente. Tali condizioni sono: a) la presenza di un gran numero di compratori e venditori, così che nessuno è in grado di influire in maniera determinante sul prezzo o sulla quantità comprata e venduta; b) la perfetta omogeneità del prodotto, così che risulta indifferente ai compratori acquistare da uno o da un altro venditore; c) la perfetta conoscenza di tutti i venditori e dei loro prezzi da parte di tutti i compratori; d) la facilità di trasferimento del prodotto da una persona all'altra; e) l'assenza completa di trattamenti preferenziali o discriminatori nei confronti di uno o più compratori. Queste condizioni sono molto simili a quelle necessarie al realizzarsi della concorrenza perfetta e, come quest'ultima, anche il mercato perfetto è un'astrazione. Tuttavia, esistono alcuni mercati organizzati, quali la borsa valori, alcune borse merci e il mercato dei cambi (quando non sono in vigore controlli sui cambi da parte delle autorità monetarie) che si avvicinano più di altri alla condizione di mercato perfetto. (v. anche *perfect competition, imperfect market*)

perfect marketing transparency: ***trasparenza perfetta del mercato.*** È l'obiettivo principale degli accordi sullo scambio tra imprese di informazioni relative ai prezzi, che di solito paralizza la concorrenza basata sul prezzo. Un mercato risulta perfettamente trasparente per il venditore, quando tutti i venditori sono a conoscenza dei prezzi praticati e spuntati da tutti i loro concorrenti, nonché delle loro condizioni di vendita, della loro identità e della qualità dei loro prodotti.

perfect monopoly: ***monopolio puro; monopolio perfetto.*** Termine usato con lo stesso significato di *absolute monopoly* (v.).

perfect oligopoly: ***oligopolio puro; omeopolio circolare.*** Una forma di concorrenza imperfetta o situazione di mercato caratterizzata dalla presenza di pochi venditori o produttori che offrono prodotti omogenei ed economicamente identici. In questa situazione, infatti, è possibile vendere soltanto ad un prezzo uguale e la diminuzione del prezzo di vendita da parte di un produttore indurrà gli altri produttori ad adeguarsi al nuovo prezzo. La guida del gruppo dei produttori in fatto di determinazione del prezzo è spesso, ma non sempre, assunta dal produttore più importante. (v. anche *price leadership, oligopoly, imperfect oligopoly, imperfect competition*)

performance: **1. *rendimento; prestazione.*** Termine generico, spesso usato in relazione ad una parte o alla totalità della condotta delle attività di un'impresa o altra organizzazione nell'arco di un determinato periodo di tempo. In particolare, il termine viene usato in relazione a costi passati o preventivati, all'efficienza produttiva, alla responsabilità gestionale, e simili. **2. *adempimento; esecuzione.*** L'esecuzione di un contratto nel pieno rispetto dei termini e delle condizioni in esso stabiliti, così che risultino adempiute le obbligazioni delle parti. (v. anche *part performance*)

performance bond: ***fideiussione; garanzia di esecuzione.*** L'obbligazione assunta da un garante di indennizzare una delle parti contraenti in caso di mancata esecuzione delle proprie obbligazioni contrattuali da parte dell'altro contraente. I *performance bonds* si dividono in: *performance bonds on default*, che possono essere escussi solo dopo l'emissione di una sentenza definitiva o di un lodo arbitrale; e *performance bonds on demand*, in relazione ai quali il garante deve considerare la richiesta di pagamento come prova definitiva del diritto del beneficiario a incassare la somma garantita. Questo tipo di fideiussione è particolarmente usato nei contratti di appalto per la costruzione di opere pubbliche, sia in patria che all'estero.

performance budget: ***budget di programma; budget operativo.*** Termine usato con lo stesso significato di *program budget* (v.).

performance fee: ***onorario di rendimento.*** Compenso, di solito oscillante tra il 10 e il 30 per cento dei profitti, riconosciuto da molti fondi comuni d'investimento alla società di gestione, come remunerazione addizionale in considerazione del buon rendimento del fondo stesso.

performance fund: ***fondo comune di massima crescita.*** Lo stesso che *go–go fund* (v.).

performance guarantee: ***fideiussione; garanzia di esecuzione.*** Termine usato con lo stesso significato di *performance bond* (v.).

performance index: ***indice di rendimento.*** Nel linguaggio degli investimenti mobiliari, questo termine, di uso statunitense, indica il rendimento di un investimento in titoli che tiene conto non soltanto delle plusvalenze, ma di tutte le entrate che può fruttare un titolo, quali ad esempio i dividendi, gli aumenti gratuiti di capitale e l'esercizio o la vendita dei diritti di opzione.

performance revenue: ***reddito operativo.*** Lo stesso che *operating revenue* (v.).

performance stock: ***titolo di sviluppo; titolo di crescita.*** Lo stesso che *growth stock* (v.).

performing rights: ***diritti di rappresentazione; diritti di esecuzione.*** Sono i diritti riconosciuti dalla legge all'autore di un'opera musicale, teatrale, cinematografica e simili, che egli può cedere in considerazione del versamento di una somma forfettaria o di una percentuale sul ricavato dalla diffusione, pubblicazione, rappresentazione, riproduzione, ecc. dell'opera stessa.

Performing Rights Society: ***Società degli autori e degli editori.*** È l'associazione che nel Regno Unito svolge le stesse funzioni della nostra Società Italiana degli Autori e degli Editori, limitando però la propria attività al campo musicale. La società, che intrattiene rapporti di reciprocità con le simili associazioni di altri paesi, ha il compito di incassare i diritti, per conto degli autori e degli editori, derivanti dall'esecuzione in pubblico o destinate al pubblico di pezzi musicali.

peril point: ***punto di pericolo.*** È un limite ipotetico oltre il quale un'ulteriore riduzione dei dazi doganali statunitensi potrebbe pregiudicare la sopravvivenza di un'industria nazionale. Il termine entrò nella legislazione statunitense quando, nel 1949, fu esteso il *Trade Agreements Act* (v.), in base al quale la commissione preposta alla formulazione della tariffa doganale doveva stabilire il punto di pericolo per ciascun prodotto statunitense. Lo stesso emendamento, che fu tuttavia eliminato nel settembre dello stesso anno quando il *Trade Agreements Act* fu nuovamente esteso, prevedeva che il Presidente dovesse motivare ampiamente al Congresso qualsiasi riduzione che portasse i dazi di importazione ad un livello inferiore al punto di pericolo.

perils of the lakes: ***pericoli della navigazione lacuale.*** Espressione statunitense, formata sul modello di *perils of the sea* (v.) per indicare gli stessi rischi o pericoli, ma relativi alla navigazione sui Grandi Laghi.

perils of the sea: ***pericoli del mare; rischi e pericoli marittimi; rischi della navigazione; incidenti marittimi; rischi di mare.*** Espressione usata nelle assicurazioni marittime per indicare tutti i tipi di incidenti fortuiti, e non intenzionali, cui è esposta una nave. Rientrano tra i pericoli del mare l'affondamento della nave (ad eccezione dell'autoaffondamento), i danni prodotti ad essa o alle merci che essa trasporta dall'azione fortuita del mare e dei venti, l'arenamento non intenzionale, la collisione, l'incendio, gli atti di pirateria, gli atti di potenze belligeranti e, come recita il *Marine Insurance Act* del 1906, «tutti gli altri pericoli, perdite e incidenti che sono intervenuti o interverranno a detrimento o a danno del carico, della nave o loro parti». Poiché le polizze di carico eccettuano tali rischi, cioè l'armatore si esime da qualsiasi responsabilità diretta nei confronti dei proprietari delle merci trasportate, essi vengono assunti dagli assicuratori.

period: **1.** ***periodo contabile; esercizio; periodo di gestione contabile.*** Termine usato con lo stesso significato di *accounting period* (v.). **2.** ***periodo di borsa; ciclo operativo.*** Termine usato con lo stesso significato di *account 2* (v.).

period analysis: ***analisi periodale.*** Nella teoria monetaria, si indica con questa espressione il tentativo di analizzare gli effetti cumulativi sul reddito, sul livello dei prezzi, sull'occupazione, ecc., di variazioni negli investimenti, nella spesa, ecc., nell'arco del tempo, ripartendolo però in periodi entro i quali le variazioni hanno luogo in modo discontinuo tra un periodo e l'altro e non in modo continuo nell'intero arco di tempo. Ad esempio, il risparmio e l'investimento all'interno di un'economia risultano uguali soltanto se essi vengono considerati in due periodi differenti, il primo relativo alla creazione del risparmio e il secondo relativo all'investimento del risparmio creato nel periodo precedente.

period bill: ***cambiale a scadenza predeterminata.*** Una cambiale la cui data di scadenza è stabilita all'atto della sua emissione e non, come avviene per le cambiali a vista o a certo tempo vista, ad una data non determinabile in anticipo. Infatti, l'espressione viene usata come opposto di cambiale a vista. (v. anche *sight bill, payable at sight, payable a certain time after sight*)

period charge: ***costo di periodo.*** Termine usato con lo stesso significato di *period cost* (v.).

period cost: ***costo di periodo.*** In contabilità, è un qualsiasi costo calcolato su base temporale, invece che sulla base del servizio prestato o dell'attività svolta. In molti casi, tuttavia, i due metodi di calcolo coincidono, come avviene ad esempio per i canoni di locazione, per gli interessi passivi, per le imposte sul reddito, ecc. Anche l'ammortamento a quote costanti è spesso considerato un costo di periodo. L'espressione viene usata come opposto di costo di attività e indica, in definitiva, un costo fisso. (v. anche *product cost, fixed costs*)

period expense: ***costo di periodo.*** Termine usato con lo stesso significato di *period cost* (v.).

periodic audit: ***revisione ricorrente dei conti; revisione periodica dei conti.*** Una revisione dei conti relativa ad un periodo contabile intermedio, come ad esempio un trimestre o un mese. (v. anche *audit, accounting period*)

periodic average method: ***metodo del costo medio generale.*** Nella valutazione delle giacenze di magazzino, è il metodo che si basa su una media aritmetica dei costi delle materie prime caricate in entrata in un periodo prefissato, ad esempio un mese o un bimestre, ecc., e impiegata anche per valutare le uscite che hanno luogo nello stesso periodo. È un metodo scarsamente usato, a causa dei suoi palesi difetti.

periodic inventory: ***inventario periodico.*** L'inventario che viene eseguito soltanto in determinati periodi. Si riferisce a beni non oggetto di frequente ricambio, come ad esempio mobili e attrezzature d'ufficio.

periodic inventory-taking: ***ricognizione fisica periodica.*** Termine usato con lo stesso significato di *periodic inventory* (v.).

periodicity concept: ***concetto di periodicità.*** In contabilità, è il principio di riferibilità dell'attività economica a determinati periodi di tempo, in relazione ai quali essa può essere misurata e registrata contabilmente.

periodic ordering: ***riordino periodico.*** Il riordino, a intervalli di tempo regolari, dei materiali necessari a un'impresa. È alla base di qualsiasi tipo di controllo delle scorte e consente risparmi dei costi di magazzinaggio.

periodic payment accumulating to 1: ***rata posticipata di costituzione del capitale unitario.*** L'ammontare che è necessario depositare periodicamente, ad esempio in un fondo di ammortamento, affinché ad un interesse composto esso raggiunga il totale del capitale unitario in un momento futuro prestabilito.

periodic payment plan: ***piano di accumulazione di capitale.*** Lo stesso che *capital accumulation plan* (v.).

periodic payment with present value of 1: ***rata posticipata di ammortamento del debito unitario.*** L'ammontare di versamenti periodici uguali necessari per liquidare un debito unitario attuale sul cui saldo non ancora pagato vengono calcolati gli interessi dovuti.

periodic reordering system: ***sistema del riordino periodico.*** Il sistema che prevede un controllo ad intervalli prestabiliti delle scorte o giacenze di magazzino, al fine di accertare la quantità da riordinare per riportarle ai livelli prestabiliti.

periodic stock-taking: ***inventario periodico.*** Lo stesso che *periodic inventory* (v.).

periodic weighted average method: ***metodo del costo medio generale ponderato.*** Nella valutazione delle giacenze di magazzino, è il metodo che si basa su una media aritmetica ponderata dei costi delle materie prime caricate in entrata in un periodo prefissato, ad esempio un mese o un bimestre ecc., e impiegata anche per valutare le uscite che hanno luogo nello stesso periodo. I pesi usati nel fare la media sono in relazione alle quantità via via caricate.

period of account: ***giorni di liquidazione.*** Termine usato con lo stesso significato di *settling days* (v.).

period of grace: ***periodo di grazia.*** Lo stesso che *grace period* (v.).

period of production: ***periodo di produzione.*** Il naturale periodo di attesa inerente ai processi produttivi che richiedono un certo tempo dal momento in cui vengono avviati al momento in cui compare il prodotto finito.

perishable goods: ***beni deperibili.*** Sono tutti quei beni che si deteriorano se non vengono usati o consumati entro un certo periodo di tempo. Tra i beni deperibili rientrano le carni, il pesce, la frutta, la verdura, i fiori, il burro, ecc., quindi tutti i generi alimentari non sottoposti a procedimenti di conservazione che ne garantiscano l'utilizzazione in un tempo futuro più o meno prossimo. Da un punto di vista giuridico, il venditore di beni del genere, che non sia stato ancora pagato e non li abbia consegnati al compratore, può rivenderli se prevede che essi possano andare a male. Anche il vettore di beni deperibili è autorizzato a venderli se non riesce a mettersi in contatto col loro proprietario. Per quanto riguarda le operazioni doganali, questo tipo di beni ha la precedenza, ma il loro arrivo deve essere segnalato alle autorità affinché le operazioni di controllo e importazione possano essere accelerate.

perishables: ***beni deperibili.*** Lo stesso che *perishable goods* (v.).

perk: ***gratifica.*** Termine usato come variante di *perquisite* (v.).

permanent asset: 1. ***capitale fisso.*** Lo stesso che *capital assets* (v.). **2.** ***attività permanente.*** L'espressione inglese è a volte usata anche come sinonimo di *land* (v.).

permanent building society: ***società permanente di credito edilizio.*** Nel Regno Unito, è una società di credito edilizio il cui statuto non prevede che essa cessi la sua attività ad una data prestabilita o al raggiungimento di uno scopo determinato. (v. anche *building society, terminating building society*)

permanent capital: ***capitale permanente.*** Lo stesso che *long-term capital* (v.).

permanent consumption: ***consumo permanente.*** Il consumo che resta invariato in un determinato arco di tempo, di cui si parla sotto *permanent income hypothesis* (v.).

permanent consumption hypothesis: ***ipotesi del consumo permanente.*** V. spiegazione sotto *permanent income hypothesis.*

permanent debt: ***debito consolidato; debito fondato.*** Termine usato con lo stesso significato di *funded debt* (v.).

permanent disability: ***invalidità permanente.*** Grado di invalidità che rimane pressocché identico col passare del tempo o per tutta la restante vita del lavoratore che è rimasto vittima di un incidente. Tale invalidità genera una diminuzione della capacità di reddito dell'individuo e una diminuzione dell'uso normale di uno o più arti. Nel linguaggio delle assicurazioni, il termine non indica necessariamente un'invalidità che si protrae per tutta la vita, ma implica il concetto che essa durerà per un certo tempo e comunque più di un'invalidità temporanea.

permanent employment: ***impiego permanente.*** Un rapporto d'impiego che, per contratto, continuerà indefinitamente, fino a quando una delle parti non intende porvi termine.

permanent file: ***archivio permanente.*** Espressione usata nel linguaggio della revisione dei conti per indicare tutti quei documenti, conservati in una sezione separata dell'archivio, che dovranno o potranno essere consultati in successive revisioni dei conti. Tale archivio generalmente contiene l'atto costitutivo e lo statuto della società, i certificati di registrazione, i verbali delle sedute del consiglio di amministrazione, i contratti che si estendono su un arco di tempo pluriennale, documenti relativi a politiche aziendali e a controlli interni, e altri documenti del genere.

permanent financing: ***finanziamento permanente.*** Finanziamento o mutuo a lungo termine, oscillante tra i 15 e i 30 anni, basato sull'emissione di un qualche tipo di valore mobiliare.

permanent health policy: ***polizza continuativa di assicurazione contro le malattie.*** Tipo di polizza di assicurazione contro gli infortuni che prevede un'estensione di copertura anche contro le malattie, per un numero di anni concordato, di solito fino al raggiungimento di una data età da parte dell'assicurato. È detta continuativa, perché l'assicuratore si impegna a non disdire il contratto qualunque sia il numero di sinistri denunciati dall'assicurato, purché quest'ultimo continui a pagare i relativi premi durante tutto il periodo previsto dal contratto.

permanent holdings: ***partecipazioni permanenti.*** Partecipazioni finanziarie a lungo termine, che si concretizzano con l'acquisizione di una determinata quantità di azioni ordinarie di una società. Hanno lo scopo di esercitare una certa influenza sulla politica dell'impresa o di spingerla a perseguire obiettivi voluti. L'influenza sarà maggiore o minore a seconda del numero di azioni di cui consiste la partecipazione.

permanent income: ***reddito permanente.*** Il reddito che un consumatore prevede di guadagnare, in un arco di tempo relativamente lungo, dal suo lavoro e da suoi eventuali investimenti.

permanent income hypothesis: ***ipotesi del reddito permanente; teoria del reddito permanente.*** Sostiene che una famiglia o una persona regolano le loro spese su valori medi fra il reddito effettivamente percepito e quello previsto per un certo numero di periodi futuri o per l'intero arco di vita del percettore, anziché sul solo reddito corrente. Le due principali forme di questa teoria sono state esposte da Friedman e da Modigliani ed esse hanno stretta relazione con la propensione al consumo.

In particolare, l'ipotesi del reddito permanente è coerente con due importanti conclusioni empiriche: a) la propensione marginale al consumo di breve periodo è inferiore alla propensione marginale al consumo di lungo periodo; b) la propensione media al consumo di lungo periodo tende ad essere costante. Per spiegare queste conclusioni, possiamo rifarci alla teoria esposta da M. Friedman: prendiamo un lavoratore che sa che il proprio reddito varierà nelle settimane future e si aspetta di guadagnare trecentomila lire una settimana, duecentomila la successiva e centomila la settimana seguente, con un'alternanza ricorrente di queste cifre. Il reddito di questo ipotetico lavoratore potrebbe considerarsi composto di un reddito permanente di duecentomila lire la settimana, con una componente transitoria di più centomila, zero e meno centomila in ogni successiva settimana. Se supponiamo, ora, che il lavoratore spenda centottantamila lire alla settimana in consumi, la sua propensione media al consumo risulterebbe essere una percentuale stabile dello 0,9 del reddito permanente, ma sembrerebbe scendere, sulla base del reddito misurato e del consumo effettivo, dall'1,8 (per il reddito di centomila lire) allo 0,9 (per il reddito di duecentomila lire) e allo 0,6 (per il reddito di trecentomila lire). Un comportamento molto stabile ed anche molto sensato darebbe l'impressione di una propensione media al consumo decrescente e di una propensione marginale al consumo uguale a zero, in termini di reddito misurato. In questo esempio, tuttavia, si è considerato soltanto il reddito permanente, tralasciando le fluttuazioni transitorie che andrebbero, invece, prese in considerazione. Il professor Friedman ipotizzò che le persone prevedono un certo reddito permanente ma che, nel breve periodo, a causa di fattori quali il lavoro straordinario o un periodo di disoccupazione, il loro reddito effettivo potrebbe essere diverso dal reddito previsto di lungo periodo. Pertanto, queste persone potrebbero presentare diverse propensioni marginali al consumo, o propensioni medie al consumo, per le due componenti con propensioni al consumo più alte in relazione ad aumenti di reddito permanenti e più basse in relazione ad aumenti temporanei. Se le cose stanno effettivamente così, sui lunghi periodi, quando cioè le variazioni temporanee hanno la possibilità di essere mediate, ci si potrebbe aspettare di notare propensioni più alte al consumo (vicine a quelle relative al reddito permanente), mentre nel breve periodo si noterebbero influenze provenienti dalle variazioni transitorie. L'ipotesi esposta da Modigliani, invece, sostiene che il consumatore regola la propria spesa sul reddito previsto per l'intero arco della sua vita. (v. anche *absolute income hypothesis, relative income hypothesis*)

permanent investment: ***investimento permanente.*** Un investimento in beni immobili o in valori mobiliari, acquistati per essere tenuti come fonte di reddito e non per fini speculativi. Questo tipo di investimenti non rientra tra le attività correnti di un'impresa. Il termine viene usato in contrapposizione a investimento temporaneo. (v. anche *temporary investment*)

permanent life insurance: ***assicurazione permanente sulla vita.*** Lo stesso che *straight life insurance* (v.).

permanent saving: ***risparmio permanente.*** È il risparmio di un consumatore nell'arco di un lungo periodo di tempo. Tale risparmio risulta positivo o negativo in relazione alle fluttuazioni del reddito del consumatore in questione. Per questo concetto, v. spiegazione sotto *permanent income hypothesis.*

permission to deal: ***autorizzazione alla emissione.*** Le società del Regno Unito che intendono lanciare un'emissione di azioni devono, entro il terzo giorno dalla diffusione del relativo manifesto, fare domanda alle autorità competenti della borsa valori in cui esse saranno quotate per essere autorizzate a tale emissione. Soltanto dopo il rilascio di questa autorizzazione la società potrà procedere all'assegnazione dei titoli tra coloro che li hanno sottoscritti. Qualora l'autorizzazione venga rifiutata prima che siano trascorse tre settimane dalla chiusura della sottoscrizione, le azioni non potranno essere ripartite e il denaro eventualmente versato dai sottoscrittori dovrà essere restituito. (v. anche *allotment 1, prospectus*)

permissive wage-adjustment clause: ***clausola di adeguamento.*** Una clausola che, in un contratto collettivo di lavoro, prevede che si possano rinegoziare i tassi salariali in presenza di mutamenti nelle condizioni economiche generali. Il tipo di mutamenti che consentono la rinegoziazione, se si verificano nel periodo coperto dal contratto in questione, sono di solito espressi in questa stessa clausola e possono essere, ad esempio, variazioni rilevanti nell'indice del costo della vita.

permissive waste: ***deterioramento per omissione; degradazione per omissione.*** Danno permanente arrecato ad un immobile per incuria o colpa grave da parte del locatario. (v. anche *waste 4*)

permit: ***permesso; autorizzazione; licenza.*** Termine generico, con il quale viene indicato un formale permesso o una licenza, rilasciati dalle competenti autorità, con cui si autorizza una persona ad esercitare un qualche diritto o privilegio oppure a fare qualcosa o a recarsi in qualche luogo, come ad esempio il permesso di ritirare merci da un deposito doganale dopo che è stato pagato il dazio di importazione, oppure una licenza per importare o esportare beni, e simili. (v. anche *licence*)

permit card: ***tessera di autorizzazione.*** Espressione statunitense, con la quale viene indicata una tessera rilasciata da un sindacato, che autorizza l'assunzione di un lavoratore, non iscritto al sindacato, per un periodo temporaneo in un'impresa in cui sono in vigore accordi di *closed shop* (v.).

permutation: 1. ***permutazione.*** In matematica, è uno qualsiasi dei vari ordinamenti di cui sono suscettibili tutti o una parte dei numeri, simboli o altri elementi di un gruppo. **2.** ***permuta.*** Lo scambio di un bene per un altro. Il termine è usato grosso modo con lo stesso significato di *exchange 1* (v.) e *trade-in 1* (v.).

perpendicular spread: Strategia speculativa, che fa uso di contratti a premio con uguali date di scadenza, ma con differenti prezzi di esercizio.

perpetual annuity: ***rendita perpetua.*** Il diritto al versamento annuale, che si protrae indefinitamente nel tempo, di una determinata somma di denaro. Colui che ne ha diritto non può recuperare il capitale dal quale deriva la rendita, ma può vendere a qualcun altro il suo diritto a riscuotere la rata annuale. Un tipo di rendita perpetua è quella che deriva dalla proprietà di cartelle del debito consolidato. (v. anche *consols, perpetual debenture*)

perpetual audit: ***controllo perpetuo delle scorte.*** Lo stesso che *continuous inventory* (v.).

perpetual bond: ***obbligazione perpetua.*** Espressione usata negli Stati Uniti con lo stesso significato di *perpetual debenture* (v.).

perpetual budget: ***budget mobile.*** Termine usato con lo stesso significato di *continuous budget* (v.).

perpetual debenture: ***obbligazione perpetua.*** Un'obbligazione senza data di scadenza, che non prevede la restituzione della somma capitale, ma i cui interessi vengono pagati per un periodo teoricamente infinito. L'articolo 89 del *Companies Act* del 1948 autorizza l'emissione di obbligazioni industriali perpetue o irredimibili soltanto al verificarsi di un dato evento o di una specifica circostanza. L'effetto delle obbligazioni perpetue è quello di assicurare una rendita al loro portatore per tutta la durata della vita della società che le ha emesse. Infatti, anche se esse vengono dette irredimibili o perpetue, sono in effetti rimborsabili all'atto della liquidazione della società emittente. (v. anche *perpetual annuity*)

perpetual debt: ***debito perpetuo; debito irredimibile.*** Debito che non prevede alcuna data di rimborso ed il cui emittente si è impegnato soltanto a pagare gli interessi per tutta la sua durata. (v. anche *perpetual debenture*)

perpetual insurance: ***assicurazione perpetua.*** Tipo di assicurazione contro gli incendi, raramente usata, che non prevede alcuna data di scadenza, pur ammettendo la possibilità di disdetta da parte dell'assicurato o dell'assicuratore. I premi da pagarsi in considerazione di tale assicurazione sono periodici, di solito annuali.

perpetual inventory: ***inventario permanente.*** Sistema usato per determinare in un qualsiasi momento la quantità di materie prime, scorte o prodotti finiti disponibili in magazzino. Invece di procedere ad inventario fisico al termine di ciascun esercizio, questo sistema prevede un inventario fisico nel momento in cui esso viene adottato ed il successivo controllo, tramite documenti contabili, di tutti i movimenti che portano ad aumenti o a diminuzioni delle quantità disponibili. L'inventario permanente può anche essere un inventario a valore, quando vengano espressi in quantità monetarie i valori dei beni disponibili in magazzino. Base dell'inventario permanente è la scheda descritta sotto *stock record card* (v.).

perpetual inventory card: ***scheda d'inventario permanente.*** Lo stesso che *stock record card* (v.).

perpetual inventory system: ***sistema d'inventario permanente.*** È il sistema d'inventario descritto sotto *perpetual inventory* (v.).

perpetual lease: ***locazione perpetua.*** Locazione che si estende per un periodo di tempo superiore alla vita del locatario. (v. anche *lease*)

perpetual loan: ***prestito perpetuo; prestito irredimibile.*** Termine usato con lo stesso significato di *perpetual debt* (v.), ma visto dall'angolazione del mutuante. (v. anche *perpetual debenture*)

perpetual succession: ***successione perpetua.*** È la caratteristica di una società, o di qualsiasi altra persona giuridica, che le consente di continuare ad esistere malgrado la morte dei fondatori o dei membri che la costituiscono. Se si tratta di una società, coloro che la controllano o la dirigono sono responsabili delle obbligazioni contrattuali dei loro predecessori.

perpetual warrant: ***certificato di diritto d'opzione perpetuo.*** Un certificato di diritto d'opzione senza data di scadenza.

Perpetuities and Accumulations Act: Legge approvata dal parlamento britannico con la quale è stata regolamentata la questione del fedecommesso. Prima dell'approvazione di questa legge, la materia era regolamentata in modo simile a quello vigente in molti stati dell'Unione americana, cioè il testatore poteva protrarre l'inalienabilità dei beni per un arco di tempo non superiore ai ventun anni dopo la morte delle persone cui essi venivano lasciati. Con l'approvazione di questa legge, ferma restando la possibilità di scegliere il periodo rappresentato dalla vita di una qualsiasi persona esistente al momento della disposizione testamentaria cui vanno sommati i ventun anni suddetti (più, eventualmente, il periodo di gestazione se la persona prescelta non è ancora nata ma è stata concepita), il testatore può vincolare il trasferimento dei beni per un periodo complessivo non superiore agli ottanta anni.

perpetuity: 1. ***perpetuità.*** Il termine inglese indica uno speciale fedecommesso che prevede l'inalienabilità in perpetuo dei beni lasciati in eredità. Non è ben visto dalla legge, perché vincola la proprietà e ne impedisce il libero trasferimento. Infatti, negli Stati Uniti le leggi di molti stati vietano questa forma di fedecommesso se esso si estende su un arco di tempo che va oltre i ventuno anni dopo la morte delle persone alle quali vengono lasciati i beni. Nel Regno Unito, la materia è stata regolamentata dal *Perpetuities and Accumulations Act* (v.). **2.** ***rendita perpetua.*** Termine a volte usato nel linguaggio giuridico e finanziario come sinonimo di *perpetual annuity* (v.).

«per pro.»: ***per procura.*** Abbreviazione dell'espressione latina *per procurationem*, apposta prima della firma quando una persona sottoscrive una lettera o altro documento in nome e per conto di un'altra persona, che ha rilasciato regolare procura con cui autorizza altri a firmare in sua vece. L'articolo 25 del *Bills of Exchange Act* del 1882 stabilisce che la firma apposta per procura su una cambiale ha la funzione di informare gli interessati che il titolo sarà valido soltanto se chi ha firmato agiva entro i limiti consentiti dall'atto di procura rilasciatogli dalla persona in nome della quale egli ha firmato.

perquisite: ***gratifica.*** Il termine inglese indica un qualsiasi compenso o una remunerazione in aggiunta alla paga normale guadagnata da un lavoratore.

***Perry's Gazette*:** Settimanale, pubblicato nel Regno Unito, che contiene informazioni relative ad assemblee dei creditori, ipoteche e altri gravami registrati presso l'apposito ufficio da parte delle società interessate, fallimenti e liquidazioni di imprese, sentenze in materia economico-finanziaria e simili. Particolarmente importanti risultano essere le informazioni relative ai fallimenti e a tutte le procedure ad essi connesse, quali la presentazione e l'accoglimento di istanze di fallimento, la nomina dei curatori, ecc.

persistent inflation: ***inflazione persistente.*** Lo stesso che *creeping inflation* (v.).

person: ***persona.*** Nel linguaggio giuridico, e quindi nelle leggi dello stato, il termine indica una qualsiasi persona, sia fisica che giuridica. Una persona fisica è un qualsiasi essere umano, mentre una persona giuridica è un concetto legale col quale si indica, ad esempio, una società. (v. anche *legal person, natural person*)

personal accident insurance: ***assicurazione contro gli infortuni.*** Tipo di assicurazione intesa a garantire un reddito durante un periodo di invalidità temporanea conseguente ad incidente o il rimborso delle spese e dei danni conseguenti all'incidente stesso.

personal account: ***conto personale.*** Nella contabilità tenuta con il sistema della partita doppia, è un qualsiasi conto intestato ad una persona fisica o giuridica che risulta, pertanto, essere debitore o creditore dell'impresa. (v. anche *nominal account, real account*)

personal allowance: ***detrazione personale.*** In base al sistema tributario britannico, una parte del reddito personale è esente da imposta. L'entità della detrazione dipende, però, dallo stato civile del lavoratore, dal numero dei figli e dalla condizione di occupato o disoccupato del coniuge.

personal assets: ***attivo mobiliare; beni personali.*** L'espressione inglese indica beni che non possono essere utilizzati per il pagamento dei debiti di un defunto o di una persona che non è in grado di far fronte alle proprie obbligazioni pecuniarie.

personal assistant: ***assistente personale.*** Impiegato con compiti più ampi di quelli di un segretario, che presta la propria assistenza ad un direttore, o funzionario di pari grado, organizzando i suoi impegni, preparando i suoi discorsi o le sue relazioni e, a volte, anche subentrando in alcune delle mansioni del suo capo.

personal bank loan: ***prestito personale; prestito a privato.*** Termine usato come sinonimo di *personal loan* (v.).

personal bond: ***obbligazione personale.*** Un qualsiasi documento firmato da un soggetto, con il quale egli si impegna formalmente ad eseguire una specifica obbligazione, pecuniaria o di altra natura.

personal borrowing: ***indebitamento personale.*** La contrazione di debiti finanziari o di altra natura da parte dei privati, sotto forma di mutui edilizi, crediti consuntivi. ecc.

personal budgeting: ***calcolo economico.*** Il modo in cui un qualsiasi individuo distribuisce il proprio reddito allo scopo di far fronte alla proprie spese. Ciò implica sempre una scelta, in quanto le risorse a disposizione dell'individuo sono limitate e i bisogni da soddisfare molteplici, che dia al consumatore la massima utilità possibile, cioè una ripartizione della spesa tale che egli non troverebbe alcun vantaggio se operasse una differente ripartizione. Per giungere a questo risultato nel suo calcolo economico, il consumatore mette a confronto le utilità marginali dei differenti beni che gli sono necessari per soddisfare i propri bisogni. (v. anche *marginal utility, law of diminishing utility*)

personal chattels: ***beni mobili; beni personali.*** L'espressione inglese indica qualsiasi tipo di beni che possono essere trasferiti ad altri mediante semplice consegna. Vi rientrano, pertanto, tutti gli oggetti personali e di arredamento e quanto altro non sia soggetto a registrazione, mentre non vi rientrano assolutamente terreni, fabbricati e simili. (v. anche *property, real property*)

personal cheque: ***assegno personale; assegno bancario; assegno di conto corrente.*** L'assegno emesso da una persona fisica sulla banca presso la quale sono depositati fondi che possono prelevarsi a mezzo assegno. L'assegno bancario è un ordine, dato alla banca dalla persona che può disporre dei fondi, di pagare una determinata somma alla persona nominata sull'assegno o all'ordine. (v. anche *cheque*)

personal cheque service: ***conto corrente; servizio di conto corrente.*** Il servizio prestato da una banca a persone che fanno un uso limitato dei servizi offerti dal sistema bancario. Prevede soltanto il deposito di una somma di denaro, che può successivamente essere ritirata a mezzo dell'emissione di assegni intestati al titolare del conto o ad altre persone. Questo tipo di servizio, introdotto nel Regno Unito soltanto nel 1958, era già da parecchio tempo ampiamente diffuso negli Stati Uniti ed in altri paesi. Il servizio prevede il pagamento di un importo fisso, che include la tassa di bollo, per ogni assegno acquistato presso la banca e nessun'altra spesa. Per questo tipo di conto, le banche inglesi e statunitensi di regola non riconoscono al cliente alcun interesse sul saldo.

personal consumption: ***consumi personali.*** Beni o servizi acquistati dal settore personale per consumo diretto da parte degli individui o dei nuclei familiari.

personal consumption expenditure: ***spese in consumi personali.*** Quella parte del reddito disponibile di un individuo spesa in beni di consumo, con ciò intendendo beni di consumo durevoli, semidurevoli e fugaci. Insieme alla parte destinata al risparmio, o all'investimento, costituisce il reddito disponibile totale dell'individuo. (v. anche *personal income, disposable income, personal investment, personal savings*)

personal consumption expenditure deflator: ***deflatore delle spese in consumi personali.*** Il numero, corrispondente al rapporto tra spese in consumi personali misurati in termini monetari e le stesse spese espresse in termini reali, che serve a deflazionare la serie di spese in consumi verificatasi nell'arco di un determinato periodo di tempo. Secondo alcuni, questo indice, che fa uso di pesi correnti invece dei pesi fissi utilizzati per l'indice dei prezzi al consumo, presenta una situazione più realistica dei tassi d'inflazione misurati, e quindi del costo della vita, in quanto non tutti i prezzi cambiano nella stessa proporzione in un qualsiasi periodo di tempo. (v. anche *deflator*)

personal cost centre: ***centro di costi personale.*** Una singola persona o un gruppo di persone in un'impresa, cui si possono imputare dei costi.

personal credit: ***credito personale.*** La capacità di un individuo di ottenere moneta, beni o servizi a fronte di proprie promesse di pagamento futuro.

personal disposable income: ***reddito personale disponibile.*** Lo stesso che *disposable income* (v.).

personal distribution: ***distribuzione personale; ripartizione personale.*** È la ripartizione del reddito nazionale tra i vari soggetti che costituiscono la popolazione di un paese. In passato esistevano grosse sperequazioni, ma i moderni sistemi di imposizione fiscale e le conquiste dei lavoratori hanno notevolmente ridotto il divario.

personal effects: ***effetti personali.*** Beni mobili di proprietà privata di un individuo, come ad esempio articoli di abbigliamento, gioielli, libri e simili.

personal effects floater: Termine usato con lo stesso significato di *personal property floater* (v.).

personal equity plan: ***piano d'investimento azionario personale.*** Piano introdotto dal governo britannico nel 1987, che concede incentivi fiscali (esenzione dall'imposta cedolare e dall'imposta sugli utili di capitale) agli investitori privati che si rivolgono al mercato azionario con l'obiettivo di creare un investimento in grado di integrare la loro futura pensione.

personal equity plan mortgage: Nel Regno Unito, è un tipo di ipoteca che non si discosta molta da quella descritta sotto *endowment mortgage* (v.). Come avviene per quest'ultima, il soggetto prende a prestito da un'istituzione finanziaria il denaro necessario per acquistare la casa che vuole; il pagamento degli interessi procede anch'esso nella stessa maniera, ma, e qui sta la differenza, invece di sottoscrivere una polizza mista, il soggetto sottoscrive un *personal equity plan* (v.) della durata, ad esempio, di 25 anni, impegnandosi a risparmiare un tanto al mese a seconda dell'entità dell'ipoteca. Alla scadenza del piano, quei risparmi saranno usati per estinguere l'ipoteca, mentre la vita del soggetto e la somma da lui mutuata sono assicurati mediante una polizza puro rischio che, notoriamente, prevede costi molto contenuti. Questo tipo di ipoteca offre maggiori vantaggi fiscali rispetto alla *endowment mortgage* e anche la possibilità di estinzione anticipata dell'ipoteca se il piano di investimento dà risultati superiori alle previsioni, perché in tal caso il titolare può vendere l'investimento a prezzo di mercato e usare il ricavato per estinguere l'ipoteca. Tuttavia, è vero anche il contrario e cioè che se la scadenza del piano capita in un momento di pesante depressione dei mercati azionari, il titolare può trovarsi in brutte acque, in quanto il ricavato potrebbe non essere sufficiente a ripagare il mutuo. (v. anche *term insurance*)

personal estate: ***patrimonio mobiliare; beni mobiliari; proprietà mobiliare.*** Una qualsiasi forma di ricchezza che non abbia natura immobiliare e cioè denaro liquido, merci, titoli azionari e obbligazionari o altri titoli di credito, diritti il cui oggetto sia rappresentato da denaro o beni mobili, oltre a tutti quei beni che in inglese vengono indicati col termine *personal chattels* (v.).

personal exemption: ***esenzione personale.*** L'esclusione di parte del reddito di un lavoratore dalla base imponibile per la determinazione dell'imposta sul reddito. Pur essendo presente nella maggior parte dei sistemi di imposizione fiscale, essa assume differenti termini e differenti modalità d'applicazione.

personal finance company: ***società di credito al consumo.*** Termine usato con lo stesso significato di *consumer loan company* (v.).

personal goods: ***beni personali.*** Termine usato da A. Marshall con lo stesso significato di *material goods* (v.).

personal grade: ***livello personale.*** Un livello retributivo riconosciuto non al posto che occupa un lavoratore in relazione alle sue funzioni, bensì alla persona del lavoratore. Tale livello è sempre più alto di quello relativo al tipo di lavoro svolto e la differenza di salario viene pagata sotto forma di assegno *ad personam*.

personal holding company: ***società finanziaria personale.*** Negli Stati Uniti viene indicata con questa espressione una società che in base alle leggi federali sulle imposte sui redditi è caratterizzata dai seguenti elementi: a) il numero degli azionisti che collettivamente possiedono, direttamente o indirettamente, oltre il cinquanta per cento delle azioni in circolazione non supera le cinque unità in un qualsiasi momento dell'ultimo semestre imponibile; b) almeno il sessanta per cento degli utili lordi della società derivano dall'incasso di dividendi, interessi, rendite, royalties, canoni di locazione e dalla vendita di valori mobiliari. Ai fini dell'imposizione fiscale, una società di questo tipo è soggetta alla normale imposta e alla sovrimposta sui redditi delle persone giuridiche, oltre ad una speciale sovrimposta sul settanta per cento del reddito netto non distribuito.

personal identification number: ***numero d'identificazione personale.*** Il numero segreto che una banca assegna a ciascun cliente che intende fare uso di carte di prelievo, e simili altri strumenti, attraverso un terminale di computer.

personal income: ***reddito personale.*** In economia, questa espressione viene usata in due significati: a) il reddito percepito da un singolo individuo o da un nucleo familiare; b) il reddito percepito da tutti i cittadini attivi di un paese. Nel primo significato, esso corrisponde al reddito globale percepito dall'individuo, qualunque ne sia la fonte o la costituzione, cui vanno aggiunti i contributi sociali versati dal datore di lavoro e il fitto figurativo dell'abitazione occupata dal proprietario; nel secondo significato, il concetto corrente lo fa corrispondere ai salari e agli stipendi provenienti da qualsiasi fonte, incluso lo stato, meno le seguenti voci del reddito nazionale lordo: ammortamento, imposte sugli affari, utili non distribuiti, contributi di previdenza sociale a carico del datore di lavoro. Sempre nel secondo significato, esso include le seguenti voci, che rappresentano reddito per i percettori, non prese in considerazione nel reddito nazionale lordo: pagamento di interessi da parte dello stato (ad esempio, sui buoni del tesoro), pagamenti agli anziani in base al sistema di previdenza sociale. (v. anche *disposable income, gross national product, personal consumption expenditure*)

personal income before tax: ***reddito personale lordo.*** Espressione usata come sinonimo di *personal income* (v.) nel significato di reddito percepito da tutti i cittadini attivi di un paese in cui non è in vigore il sistema di prelievo dell'imposta alla fonte. (v. anche *pay as you earn*)

personal income distribution: ***distribuzione del reddito personale.*** Termine usato con lo stesso significato di *personal distribution* (v.).

personal income tax: ***imposta sul reddito delle persone fisiche.*** Lo stesso che *individual income tax* (v.).

personal investment: ***investimento personale.*** L'investimento effettuato da privati cittadini con una parte del loro reddito. Consiste nell'acquisto di diritti il cui oggetto sia rappresentato da moneta, o comunque ricchezza, e cioè obbligazioni, titoli di stato, ipoteche, azioni, ecc. Questo tipo di investimento, quindi, si riferisce soltanto al trasferimento di proprietà di diritti tra persone. (v. anche *personal income, disposable income, personal consumption expenditure, financial investment*)

personality: ***personalità; personalità giuridica.*** È l'identità, riconosciuta dalla legge, che dà il diritto di citare e di essere citati in giudizio. Le società possiedono personalità giuridica in quanto possono citare ed essere citate in giudizio in loro proprio nome.

personality test: ***prova della personalità.*** È la prova, tendente ad accertare la personalità ed il profilo caratteriale, cui vengono sottoposti i candidati ad un posto alle dipendenze di un'impresa o altra organizzazione. La prova consiste di solito nel rispondere a domande contenute in un questionario, approntato su basi scientifiche da uno psicologo o da agenzie specializzate.

personalization of cheques: ***personalizzazione di assegni.*** Da principio con questa espressione veniva indicato il sistema adottato per facilitare alle banche il riconoscimento degli assegni. Poiché poteva risultare difficile identificare le firme illegibili, prima di consegnare un carnet di assegni al cliente, la banca provvedeva a scrivere su ciascun assegno il numero del conto e il nome del titolare. Questo sistema, col passar del tempo, è diventato una consuetudine, per cui ora l'espressione viene usata per indicare gli assegni fatti stampare direttamente dal cliente, sui quali compare la ragione sociale dell'impresa, oltre a tutti gli altri elementi normalmente contenuti in un assegno.

personalized cheque: ***assegno personalizzato.*** È l'assegno descritto sotto *personalization of cheques* (v.).

personal ledger: ***mastro dei conti personali.*** Nel linguaggio della contabilità, è il mastro che contiene i conti personali. (v. anche *personal account*)

personal liability: ***obbligazione personale; responsabilità personale.*** Un'obbligazione, di solito rappresentata da una somma di denaro, di cui deve rispondere una persona fisica.

personal loan: ***prestito personale; prestito a privato; piccolo credito.*** È un servizio bancario di origine americana, introdotto nel Regno Unito nel settembre del 1958 a seguito dell'abolizione del controllo sui crediti bancari, decisa dalle autorità monetarie britanniche nell'agosto dello stesso anno. Chiunque si rivolgesse ad una banca poteva ottenere un prestito personale, senza alcuna forma di garanzia collaterale, e l'unica formalità consisteva in un'intervista col direttore della banca o dell'agenzia che concedeva il prestito. Poiché questa forma di accertamento della credibilità di un cliente era alquanto rischiosa, l'interesse richiesto era superiore a quello che le banche si facevano ordinariamente pagare su scoperti o altre forme di credito a clienti noti o che fornivano garanzie. Tuttavia, anche se l'interesse era più alto del solito, questo credito risultava più conveniente per il cliente dell'acquisto rateale con patto di riservato dominio e pertanto fu accolto molto favorevolmente nel Regno Unito. Il sistema prevedeva la concessione di un credito, sul quale venivano subito computati gli interessi che venivano aggiunti alla somma presa a prestito. Il totale doveva essere rimborsato dal cliente in un periodo oscillante tra i due e i tre anni, tramite versamenti mensili regolari. La banca si impegnava a non esigere il pagamento di rate insolute in caso di morte del cliente e rilasciava certificati in relazione all'interesse pagato, che poteva essere detratto dalle imposte sul reddito. Questo tipo di credito fu ampiamente utilizzato per l'acquisto di automobili, articoli di arredamento, beni di consumo durevoli di qualsiasi specie, riparazioni e ristrutturazioni di abitazioni e così via. Il vantaggio maggiore per le banche inglesi fu rappresentato dal fatto che esse potevano reclamizzare la loro disponibilità a concedere prestiti a chiunque li chiedesse, senza alcuna garanzia collaterale. Ciò portò, ovviamente, a perdite per le banche, ma fece loro acquisire anche buoni clienti, per cui l'esperimento fu ritenuto utile e vantaggioso. Esso fu sospeso quando, nel 1960, furono nuovamente imposte restrizioni sul credito, ma venne ripristinato appena le restrizioni furono abolite. (v. anche *hire purchase*)

personal loan company: ***società di prestiti personali.*** Lo stesso che *consumer loan company* (v.).

personal obligation: ***obbligazione personale.*** Termine usato come sinonimo meno comune di *personal liability* (v.).

personal outlays: ***spese personali.*** La spesa, effettuata da privati, di parte del loro reddito netto disponibile, cioè reddito di cui possono disporre dopo il pagamento delle imposte personali.

personal pension: ***pensione personale; pensione integrativa.*** Particolare forma di previdenza, che consiste nell'accantonare una data somma annua su un conto intestato al lavoratore e gestito da società d'intermediazione finanziaria o di assicurazione, fino alla data in cui il lavoratore sarà posto in pensione. Il versamento può essere effettuato dal datore di lavoro, ma più spesso è il lavoratore che provvede sia alla costituzione del conto che ai versamenti periodici, creandosi così un'integrazione della futura pensione.

personal pension plan: ***piano di pensione personale; piano di pensione integrativa.*** Piano mediante il quale si accantona la somma necessaria per il futuro pagamento della pensione di cui si parla sotto *personal pension* (v.).

personal property: ***beni mobili; ricchezza mobile; beni personali.*** Espressione usata come sinonimo di *personal chattels* (v.), *personal estate* (v.) e *personal effects* (v.).

personal property floater: Tipo di polizza di assicurazione che copre un bene personale contro il rischio di perdita mentre esso si trova in un luogo diverso dalla casa dell'assicurato. Lo stesso bene, quando si trova nell'abitazione dell'assicurato, è coperto dalla cosiddetta *contents policy* (v.).

personal property tax: ***imposta di ricchezza mobile; imposta sui redditi di ricchezza mobile; imposta residuale.*** Tipo di imposta diretta che colpisce i redditi derivanti da qualsiasi natura di bene mobile. Pertanto, può considerarsi alla stregua di un'imposta generale sul reddito, in quanto colpisce tutti i redditi, fatta eccezione per quelli di terreni e di fabbricati, oggetto delle imposte fondiarie. Sono soggetti a questa imposta, quando essa è usata in un sistema tributario, tutte le persone fisiche e giuridiche. (v. anche *property tax*)

personal rate of substitution: ***saggio personale di sostituzione; tasso personale di sostituzione.*** Lo stesso che *marginal rate of substitution* (v.).

personal relief: ***detrazione personale.*** Termine usato con lo stesso significato di *personal allowance* (v.).

personal representative: ***esecutore testamentario.*** La persona che provvede all'esecuzione delle disposizioni testamentarie del de cujus. Il *personal representative* inglese viene chiamato *executor* (v.) se il suo nome è stato indicato dal defunto nel suo testamento, viene chiamato *administrator* (v.) se il suo nome non è menzionato nel testamento o se non esiste alcun testamento, ovvero se prende il posto di un *executor* che non ha assunto il proprio ufficio o non ha completato il lavoro.

personal saving: ***risparmio personale.*** Quella parte del reddito disponibile non spesa in consumi personali e non versata come imposta sul reddito. Il risparmio personale, quindi, corrisponde al reddito personale disponibile (cioè, reddito personale al netto delle imposte sul reddito e altri versamenti quali i contributi sociali, ecc.) meno la parte spesa in consumi personali. (v. anche *personal income, disposable income, personal consumption expenditure, personal investment*)

personal sector: ***settore personale.*** In un'economia mista, è quella parte del sistema economico gestita e posseduta da privati, con ciò intendendosi non soltanto i singoli individui, ma anche le imprese che non siano costituite come società per azioni. A volte, il settore personale viene incluso nel più ampio settore privato. (v. anche *private sector*)

personal sector's saving: ***risparmio del settore personale.*** La somma del risparmio personale di tutti i cittadini di uno stato.

personal security: ***garanzia personale.*** La garanzia offerta da una persona che funge da mallevadore o garante nei confronti di un debito contratto da un'altra persona. L'espressione viene usata per distinguere questo tipo di garanzia dalla garanzia collaterale, anche detta impersonale in quanto rappresentata dal deposito di titoli o altri certificati rappresentativi di diritti il cui oggetto è costituito da denaro o beni mobili o immobili. L'espressione è anche usata per indicare la garanzia offerta da una persona, distinta dalla garanzia offerta da una società, generalmente una compagnia di assicurazione che emette una fideiussione nell'ambito dell'assicurazione crediti. (v. anche *impersonal security, collateral security*)

personal selling: ***vendita personale.*** La vendita che ha luogo mediante l'intervento personale di un addetto alle vendite, in contrapposizione alla vendita che si verifica quando il cliente si serve da solo, ad esempio nei supermercati o nei distributori automatici. Include non soltanto le vendite fatte in un negozio, ma anche quelle a domicilio del consumatore o nel punto di vendita del dettagliante a seguito di intervento di un commesso viaggiatore.

personal share: ***azione nominativa.*** È l'azione realmente intestata al suo legittimo proprietario. L'espressione viene a volte usata per distinguere queste azioni da quelle intestate a un prestanome. (v. anche *nominee, nominee companies, nominee name*)

personal surety: ***garante; mallevadore.*** La persona fisica che offre la propria garanzia a fronte di un debito contratto da un'altra persona. L'espressione viene usata per distinguere questo tipo di garanzia da quella prestata da una persona giuridica, di solito una società di assicurazioni o una banca. (v. anche *personal security, impersonal security*)

personal tax: ***imposta personale.*** Espressione a volte usata per fare una distinzione tra imposte che colpiscono le persone, come ad esempio l'imposta sul reddito delle persone fisiche, e imposte che colpiscono i beni, come ad esempio le imposte sugli acquisti o i dazi doganali. Una tale distinzione non ha ragione di esistere, in quanto le imposte, di qualunque natura esse siano, vengono sempre pagate da persone. La distinzione più importante è, invece, quella che divide le imposte in dirette e indirette. (v. anche *direct tax, indirect tax*)

personalty: ***patrimonio mobiliare; beni mobiliari; proprietà mobiliare.*** Termine usato con lo stesso significato di *personal estate* (v.).

personal wealth: ***patrimonio personale; ricchezza personale.*** L'insieme di beni personali che arrecano soddisfazione e utilità alla persona fisica che è il loro diretto proprietario, per distinguerli dai patrimoni sociali, di proprietà di persone giuridiche, o dal patrimonio nazionale, di proprietà della comunità che vive in una nazione. (v. anche *business wealth, social wealth*)

personnel: ***personale.*** L'insieme di persone che svolgono la loro attività in un qualsiasi livello della scala gerarchica di un'impresa o altra organizzazione.

personnel administration: ***gestione del personale; direzione del personale; amministrazione del personale.*** Termine usato come sinonimo meno comune di *personnel management* (v.).

personnel budget: ***budget del personale; budget delle posizioni di lavoro.*** Questo budget è strettamente collegato al budget della produzione e al budget dei costi di produzione, in quanto prevede i fabbisogni di personale per realizzare gli obiettivi di produzione, ma anche i costi del personale impiegato. La preparazione di questo budget ha bisogno di un'analisi dettagliata delle necessità di personale, suddiviso per categorie. Dopo aver determinato i tassi salariali appropriati per ciascuna categoria di lavoratori e dopo aver tenuto conto delle variazioni di questi tassi che si verificheranno nell'arco di tempo coperto dal budget, si potrà calcolare il costo totale del personale previsto. Oltre a fornire cifre relative al fabbisogno e al costo del personale, questo budget svolge l'altra utile funzione di assistere l'ufficio personale nella pianificazione delle assunzioni e dell'addestramento della forza di lavoro necessaria all'impresa. (v. anche *production budget, production cost budget*)

personnel ceiling: ***limite massimo di personale; plafond di personale.*** Il numero massimo di dipendenti che può occupare un'impresa in un qualsiasi determinato periodo. Tale numero varia col variare delle condizioni dell'economia nazionale, della domanda da parte dei consumatori, degli investimenti, ecc.

personnel consultant: ***intervistatore.*** La persona o l'agenzia che si interessa di sottoporre ad intervista o a selezione gli aspiranti dipendenti di un'impresa. Questa funzione può essere svolta dal direttore del personale, ma più spesso viene affidata a personale specializzato esterno all'impresa. (v. anche *personnel manager*)

personnel department: ***ufficio del personale.*** L'ufficio o il reparto di un'impresa o altra organizzazione cui è demandata la gestione del personale. Ne è a capo il direttore del personale e, pertanto, i compiti dell'ufficio del personale si identificano con quelli del suo direttore. La presenza di un ufficio del personale in un'impresa offre i seguenti principali vantaggi: a) specializzazione nel trattare le questioni relative al personale; b) delega delle funzioni relative alla gestione del personale a funzionari specializzati, sollevando da questi impegni l'alta dirigenza; c) può essere dedicato maggior tempo ai problemi del personale nel suo insieme o di singoli dipendenti; d) si crea un'unione tra direzione e personale; e) migliorano le comunicazioni interne dell'azienda; f) migliorano le relazioni industriali; g) migliorano la salute, il benessere e la sicurezza del personale. (v. anche *personnel manager, personnel management, personnel policy*)

personnel division: ***ufficio del personale.*** Termine usato come sinonimo di *personnel department* (v.).

personnel file: ***archivio dell'ufficio personale.*** L'archivio nel quale vengono conservate le pratiche relative ai singoli dipendenti di un'impresa o altra organizzazione. (v. anche *personnel records*)

personnel management: ***gestione del personale; direzione del personale.*** Quella parte della gestione di un'impresa che si interessa delle persone che prestano la loro opera alle dipendenze dell'impresa e delle relazioni all'interno dell'impresa stessa. Il suo obiettivo è quello di agevolare i contatti e far diventare un'organizzazione effettiva ed efficiente il gruppo di persone che costituiscono l'impresa e, tenendo presente il benessere del singolo e dei gruppi di lavoro, metterle in grado di apportare il miglior contributo possibile al successo dell'azienda. Tra le altre cose, la gestione del personale abbraccia la pianificazione della forza lavoro, il reclutamento e la selezione, l'addestramento, la preparazione dei contratti di lavoro, la determinazione dei tassi salariali, le condizioni di lavoro e tutte le altre questioni connesse col personale.

personnel manager: ***direttore del personale.*** È colui che ha la responsabilità funzionale di mantenere e migliorare le relazioni umane tra direzione e personale di un'impresa. Le sue funzioni e responsabilità variano da impresa a impresa, ma in genere egli è responsabile verso il consiglio di amministrazione, pur se in pratica tiene con esso i contatti attraverso il direttore generale. Tra i suoi doveri, primo fra tutti è quello di interpretare ed applicare la politica aziendale nei confronti del personale. Vengono poi i compiti più o meno routinari di predisporre e sovrintendere tutte le attività dirette al benessere del personale, organizzando la biblioteca aziendale, la rivista aziendale, ecc.; predisporre le interviste relative all'assunzione di nuovo personale; valutare i singoli dipendenti; preparare dati statistici sul personale; organizzare e sovrintendere la struttura medica aziendale e la prevenzione degli infortuni; organizzare comitati paritetici consultivi; seguire e dare i suoi suggerimenti nelle contrattazioni salariali; interessarsi dell'organizzazione del circolo aziendale e delle attività ricreative connesse; organizzare e sovrintendere la mensa aziendale.

personnel office: ***ufficio del personale.*** Termine usato come sinonimo di *personnel department* (v.).

personnel officer: ***direttore del personale.*** Termine usato come sinonimo di *personnel manager* (v.).

personnel planning: ***programmazione del personale.*** La programmazione relativa alle future necessità di personale da parte di un'impresa o altra organizzazione. È essenziale al fine di garantire il reclutamento di personale del calibro e nel numero necessari allo svolgimento dell'attività e deve tener conto non soltanto del naturale ricambio del personale per morte, pensionamento e dimissioni, ma anche di eventuali futuri sviluppi dell'impresa a seguito dell'aumento della domanda, dell'apertura di nuovi mercati, ecc. Pertanto, si tratta di una forma di programmazione di lungo periodo.

personnel policy: ***politica del personale.*** La parte della politica generale di un'impresa che si riferisce al personale. Gli scopi di una sana politica del personale possono essere riassunti in tre punti: a) mantenere una forza lavoro effettiva, soddisfatta e adeguata a tutti i livelli, capace di favorire la realizzazione degli altri obiettivi di politica aziendale; b) fornire un adeguato mezzo di comunicazione tra direzione e personale, in modo che i dipendenti vengano prontamente messi al corrente delle decisioni di politica aziendale generale; c) favorire condizioni di lavoro intese ad aumentare l'efficienza, incoraggiare verso il massimo sforzo e minimizzare gli attriti. Nel formulare una politica del personale, si devono tener presenti i seguenti punti: a) reclutamento; b) selezione e destinazione del personale assunto; c) addestramento; d) salari e stipendi; e) promozioni; f) benessere; g) salute e sicurezza sul posto di lavoro; h) ridondanza; i) comitati consultivi paritetici. Ciascuno di questi punti è, di solito, oggetto di una particolare politica che, prese tutte insieme, costituiscono la politica del personale all'interno di ciascuna singola impresa.

personnel ratio: Espressione usata per indicare il numero di lavoratori specializzati per ogni cento dipendenti di un'impresa.

personnel records: ***pratiche del personale.*** Sono le pratiche relative a ciascun singolo dipendente di un'impresa e i dati statistici relativi all'insieme dei dipendenti. Le notizie che riguardano ciascun dipendente sono di solito riportate su un'unica scheda, nella quale sono previsti spazi per tutti i dati che possono interessare il rapporto tra dipendente e datore di lavoro. Tale scheda è, però, integrata dai documenti o certificati prodotti dal dipendente, da lettere, autorizzazioni, ecc., in breve, tutta la documentazione che si viene a creare nel corso del rapporto di lavoro. Il tutto è contenuto in cartelle che vengono conservate nell'archivio dell'ufficio del personale, onde garantire il massimo di segretezza sulle questioni private di ciascun lavoratore e la massima rapidità di accesso alle informazioni da parte degli addetti all'ufficio del personale.

personnel requirements: ***fabbisogno di personale.*** Termine usato con lo stesso significato di *labour requirements* (v.).

personnel research: ***ricerca del personale.*** L'insieme delle procedure seguite da un'impresa per trovare ed assumere nuovo personale, in fasi di espansione o al fine di sostituire il personale che va in pensione o lascia l'azienda per altri motivi. A volte la ricerca è condotta direttamente dall'ufficio del personale, ma più spesso essa viene affidata ad agenzie o imprese specializzate, che si interessano anche della selezione preliminare e, talvolta, anche dell'addestramento.

personnel selection: ***selezione del personale.*** Lo stesso che *employee selection* (v.).

personnel severance fund: ***fondo liquidazione personale; fondo indennità di licenziamento.*** Il fondo dal quale vengono pagate le indennità di liquidazione nel momento in cui un dipendente lascia l'impresa per un qualsiasi motivo. Tale fondo dovrebbe essere costituito attraverso accantonamenti mensili da parte del datore di lavoro, che ne è responsabile. Esso, però, è quasi sempre puramente nominale, in quanto rappresentato soltanto da scritture contabili e non da fondi o titoli realmente esistenti.

personnel shortage: ***scarsità di personale.*** Termine usato con lo stesso significato di *staff shortage* (v.).

personnel training: ***addestramento del personale.*** L'insieme delle pratiche e dei metodi con cui si mettono in grado i dipendenti di un'impresa di prestare la loro opera nel modo più efficiente e remunerativo possibile. L'addestramento può essere fatto sul posto di lavoro o attraverso corsi tenuti, e frequentati dai lavoratori, prima che essi assumano i loro incarichi. L'addestramento del personale comprende anche i corsi di aggiornamento tenuti nella sede dell'impresa o presso scuole e istituti specializzati, e differisce a seconda delle mansioni che ciascun dipendente o gruppo di dipendenti sono chiamati a svolgere.

personnel turnover: ***rotazione del personale; avvicendamento del personale.*** Il naturale ricambio di personale, che ha luogo in una qualsiasi impresa a seguito di dimissioni, di collocamento a riposo, decessi o altri motivi che impongono l'assunzione di un nuovo dipendente al posto di quello che ha lasciato l'impresa.

persuasive advertising: ***pubblicità persuasiva.*** Il tipo di pubblicità che tende solamente a persuadere il consumatore ad acquistare un determinato bene, senza tener conto degli effettivi bisogni del consumatore stesso. La pubblicità persuasiva fa uso dei più svariati mezzi idonei a raggiungere l'obiettivo e di solito si manifesta attraverso una pubblicità martellante e ripetitiva, cui il consumatore si trova sempre e comunque esposto. (v. anche *informative advertising, competitive advertising*)

PERT: program evaluation and review technique.

P.E.S.C.: Public Expenditure Survey Committee.

peseta: Unità monetaria della Spagna, suddivisa in cento centimos.

pesewa: Moneta divisionale del Ghana, equivalente ad un centesimo di cedi.

peso: Unità monetaria di vari paesi e precisamente: Uruguay, dove il peso è suddiviso in cento centesimi; della Bolivia, della Colombia, di Cuba, della Repubblica Dominicana, del Messico e delle Filippine, tutti paesi in cui il peso è suddiviso in cento centavos.

pessimism criterion: ***criterio del pessimismo.*** Termine usato con lo stesso significato di *maximin* (v.).

PET: property enterprise trust.

pet banks: ***banche preferite.*** Espressione con la quale vennero indicate le banche prescelte per il deposito di fondi del governo federale degli Stati Uniti, dopo che nel 1832 il presidente Jackson si era opposto al rinnovo dell'autorizzazione al funzionamento della *Second Bank* degli Stati Uniti. Ciò portò alla liquidazione della *Second Bank* e al ritiro dei fondi federali, che furono depositati in banche prescelte più in vista di vantaggi personali che in base alla loro solvibilità finanziaria. Il termine di *pet banks* fu coniato dagli oppositori del presidente Jackson, che fu il principale artefice dello spostamento dei depositi.

petition: ***istanza.*** Dichiarazione scritta inoltrata ad una corte o ad un pubblico ufficiale, nella quale vengono esposti i fatti in base ai quali il ricorrente chiede l'intervento della corte o del pubblico ufficiale. Ne è un esempio l'istanza di fallimento. Secondo il diritto inglese, un qualsiasi suddito può inoltrare la propria istanza, con cui chiede la riparazione di un torto, alla Corona o al parlamento.

petition in bankruptcy: ***istanza di fallimento; istanza fallimentare.*** L'atto che, nel Regno Unito, dà inizio alla procedura fallimentare. L'istanza deve essere presentata alla *High Court* o dal debitore stesso o da una persona che vanta un credito superiore alle cinquanta sterline, il cosiddetto *petitioning creditor* (v.).

petitioning creditor: ***creditore ricorrente.*** È il creditore che inoltra alla *High Court* un'istanza di fallimento. Secondo il diritto britannico, affinché un creditore possa presentare un'istanza di fallimento deve vantare un credito di non meno di cinquanta sterline e l'atto, da parte del debitore, che lo spinge a presentare l'istanza deve essersi verificato non più di tre mesi prima della presentazione dell'istanza stessa. (v. anche *act of bankruptcy*)

petrocurrency: ***petrovaluta.*** Una valuta usata nel commercio dei prodotti petroliferi e prontamente accettata dai paesi produttori. In passato, era il dollaro a fungere da petrovaluta, ma a seguito dello spostamento del Regno Unito da paese importatore a paese produttore, anche la sterlina ha iniziato a svolgere questa funzione.

petrodollars: ***petrodollari.*** Termine di recente coniazione, usato per indicare fondi appartenenti a paesi membri dell'OPEC e da questi investiti presso istituzioni finanziarie dell'Occidente. Poiché il petrolio è pagato in dollari, la maggior parte dei fondi dei paesi produttori di petrolio sono nella valuta statunitense, da cui il nome usato per indicarli. A seguito del rapido e notevole aumento dei prezzi del petrolio greggio dopo il 1973, quasi tutti i paesi produttori si trovarono con dei forti saldi attivi delle loro bilance dei pagamenti che, in assenza di validi piani di sviluppo interno, non erano in grado di spendere. Questi fondi, investiti o depositati nei paesi occidentali, primi fra tutti gli Stati Uniti, la Germania Federale e il mercato finanziario di Londra, contribuirono notevolmente a finanziare il deficit petrolifero dei paesi industrializzati, attraverso il riciclaggio dei petrodollari soprattutto da parte del Fondo Monetario Internazionale, oltre che da altre istituzioni finanziarie.

petroleum revenue tax: ***imposta sulle entrate petrolifere.*** Imposta, in vigore nel Regno Unito, che colpisce ciascun giacimento petrolifero e che viene suddivisa tra i concessionari in ragione della loro quota di proventi derivanti dall'estrazione e dalla vendita di petrolio greggio. L'imposta colpisce con una determinata aliquota il reddito netto del giacimento, che è rappresentato dal reddito lordo meno le *royalties* (v.) e i costi operativi, esclusi gli interessi passivi, ma le compagnie concessionarie sono soggette all'imposta soltanto dopo che sono stati ammortizzati tutti i costi di esplorazione e sviluppo, oltre un 75% addizionale sulla maggior parte di tali costi in considerazione del fatto che non sono ammessi in detrazione gli interessi pagati dalle compagnie su prestiti contratti allo scopo di esplorare il Mare del Nord e di sviluppare i giacimenti.

petroleum taxation: ***imposizione fiscale sugli utili petroliferi; tassazione degli utili petroliferi.*** Sistema speciale di imposizione fiscale sui profitti derivanti dall'estrazione di petrolio e gas, su concessione del governo britannico, alle compagnie che operano nei giacimenti del Mare del Nord. Le principali leggi che hanno sanzionato tale tassazione sono il *Petroleum and Submarine Pipe--lines Act* del 1975 e l'*Oil Taxation Act* dello stesso anno. Il sistema prevede tre diverse forme di prelievo fiscale: *royalty* (v.), *petroleum revenue tax* (v.) e la più generica *corporation tax* (v.).

petties: Termine con il quale a volte viene indicato in una fattura, in un conto o in un altro documento contabile un insieme di piccole somme non elencate in dettaglio.

petty average: ***piccola avaria.*** In passato si indicava con questa espressione l'insieme di piccole spese relative al pilotaggio, ai diritti di faro, ecc., che oggi vengono incluse nel nolo.

petty cash: ***piccola cassa.*** Il piccolo fondo, costituito di denaro liquido, di cui dispone il cassiere o il segretario di un'impresa per poter far fronte a piccole spese che devono essere immediatamente pagate in contanti. Il fondo di piccola cassa è di solito tenuto col sistema contabile delle anticipazioni. (v. anche *imprest system*)

petty cash book: ***registro di piccola cassa.*** Libro contabile nel quale vengono registrate le spese pagate col fondo di piccola cassa, così che possano successivamente essere registrate a mastro come somma unica, anziché separatamente e in dettaglio.

petty cashier: La persona addetta ai piccoli pagamenti di un'impresa e responsabile della tenuta del registro di piccola cassa. Di solito è il cassiere oppure il segretario dell'impresa.

petty cash voucher: ***documento giustificativo di piccola cassa.*** Qualunque documento che giustifichi la spesa di piccole somme, per conto dell'impresa, che possono venir scaricate nel registro di piccola cassa. Può essere un biglietto di autobus o di treno, una ricevuta o scontrino di cassa rilasciati da un negoziante o un buono ad uso interno, appositamente riempito e firmato da chi ne ha l'autorità, quando non è possibile produrre altro documento, come nel caso di acquisto di francobolli o combustibile per le auto dell'impresa.

petty expenses: ***piccole spese.*** Sono le spese di lieve entità, che l'impresa sostiene e paga giorno per giorno usando il fondo di piccola cassa. (v. anche *petty cash*)

petty fund: ***fondo di piccola cassa.*** Termine usato come sinonimo meno comune di *petty cash* (v.).

Petty's law: ***legge di Petty.*** Espressione con la quale si indica l'idea, esposta da Sir William Petty nel diciassettesimo secolo, con cui egli affermava che via via che si sviluppava l'economia, aumentava il numero di persone impiegate nel terziario, cioè nella prestazione di servizi. Questa affermazione risultò essere molto lungimirante, dati i tempi in cui fu fatta.

pfd.: preferred.

pfennig: Moneta divisionale della Repubblica Federale di Germania e della Repubblica Democratica di Germania, corrispondente ad un centesimo di marco.

P.H.A.: Public Housing Administration.

phantom competition: ***concorrenza fantasma.*** È la concorrenza che appare da illazioni di consumatori o compratori ad altri livelli. Ad esempio, un consumatore che dice ad un dettagliante di aver visto gli stessi beni esposti ad un prezzo inferiore in un altro negozio, quando ciò non risponde a verità; oppure, la stessa situazione quando un dettagliante o un grossista sostengono col loro fornitore che un altro venditore è pronto a praticar loro un prezzo più conveniente.

phantom freight: ***nolo fantasma.*** Il nolo fatto pagare per un viaggio che le merci non hanno realmente fatto. L'espressione viene usata negli Stati Uniti in relazione al sistema di determinazione dei prezzi detto del punto base. (v. anche *basing point, basing-point rate, basing-point system, price system 2*)

phantom stock plan: Espressione statunitense, con la quale si indica un piano d'incentivazione in base al quale un dirigente di un'impresa riceve gratuitamente un certo numero di azioni della società, in relazione all'apprezzamento del prezzo di mercato delle stesse in un arco di tempo determinato. La quantità di azioni dipende dal livello salariale del dirigente.

Philadelphia plan: Espressione con la quale viene indicata sia una società finanziaria sia il sistema da essa usato, che prevede la locazione di attrezzature e impianti. Ad esempio, nel caso di una società ferroviaria il *Phila-*

delphia plan funziona in questo modo: viene stipulato un accordo che coinvolge una società finanziaria, la società che acquista l'attrezzatura, e la società che la vende. Il venditore consegna il materiale alla società ferroviaria e viene pagato dalla società finanziaria, che si riserva il diritto di proprietà sul materiale ed emette certificati che vengono venduti agli investitori. Nello stesso tempo, la società finanziaria e la società ferroviaria stipulano un contratto di locazione in base al quale la seconda può usare il materiale e si impegna a versare alla prima un canone che copre gli interessi e il rimborso del capitale rappresentato dai certificati emessi dalla finanziaria. Il contratto di leasing prevede anche che una volta terminati i pagamenti, il materiale diventerà proprietà della società ferroviaria. (v. anche *equipment leasing, equipment trust certificate, lease, leasing agreement, New York plan*)

Philadelphia stock right: ***diritto di opzione di Philadelphia.*** Espressione del linguaggio borsistico statunitense, usata per indicare il diritto di un azionista di acquistare nuove azioni emesse dalla società di cui egli già fa parte. Il valore del cosiddetto diritto di opzione di Philadelphia viene calcolato moltiplicando il valore del diritto di opzione di New York per il numero di tali diritti necessari per l'acquisto di una singola azione di nuova emissione. (v. anche *net option, New York stock right*)

Phillips Committee: ***Commissione Phillips.*** Nel 1954 questa Commissione rilevò che il numero dei pensionati nel Regno Unito cresceva notevolmente e con esso crescevano i costi delle pensioni pagate a chi ne aveva diritto. La Commissione, pertanto, raccomandò che l'età pensionabile venisse elevata dai sessantacinque ai sessantotto anni per gli uomini e dai sessanta ai sessantatrè per le donne.

Phillips curve: ***curva di Phillips.*** Espressione con cui è nota la teoria, esposta da A.W. Phillips in *Economica* del 1958, in base alla quale vi sarebbe una stretta relazione tra le variazioni dei salari monetari e della disoccupazione. Per diversi anni dopo la pubblicazione dell'affermazione di Phillips, che documentò empiricamente quanto sosteneva, fu diffusa l'opinione che quanto più basso fosse l'indice di disoccupazione, tanto più alto fosse l'indice di aumento dei salari monetari. Ciò portava alla conclusione che piena occupazione e basso indice di inflazione non potevano coesistere e pertanto se si voleva la stabilità dei prezzi era necessario che nell'economia vi fosse sempre un certo numero di disoccupati, al di sotto del quale aveva inizio il processo inflattivo. Verso la fine degli anni sessanta, l'ipotesi del professor Phillips fu messa in dubbio, quando si vide che l'aumento dei prezzi era accompagnato da un aumento della disoccupazione. La curva fu criticata dai monetaristi, primo fra tutti l'americano Milton Friedman, che sostenevano che la curva di Phillips doveva intendersi come verticale, dal momento che oltre un certo punto un qualsiasi aumento dell'inflazione non avrebbe portato ad alcun aumento dell'occupazione.

Phoenix Assurance Co. Ltd.: È una delle più antiche compagnie di assicurazioni operanti nel Regno Unito, essendo stata fondata nel 1782.

phone–box: ***cabina telefonica.*** Termine usato come sinonimo di *call–box* (v.).

phototelegraph service: ***servizio fototelegrafico.*** È un servizio offerto dall'operatore postale del Regno Unito, che consente la trasmissione per telegrafo di fotografie, documenti e disegni.

physical assets: ***attività materiali; attività tangibili.*** Qualsiasi tipo di attività fissa, in quanto essa ha un'esistenza fisica. Il termine viene usato come opposto di attività immateriali. (v. anche *intangible assets, intangible value*)

physical budget: ***budget delle quantità; piano operativo.*** È il budget di un'impresa espresso non in termini monetari, bensì in termini di quantità di materiali, numero di dipendenti, numero di ore–uomo e simili valori quantitativi.

physical capital: ***capitale fisico.*** Termine usato in contrapposizione a *human capital* (v.) per indicare beni capitali realmente esistenti e tangibili.

physical commodity: ***bene effettivo.*** Un bene effettivamente consegnato al compratore alla scadenza di un contratto a termine o alla stipula di un contratto a pronti.

physical concept of capital maintenance: ***concetto fisico di conservazione del capitale.*** V. spiegazione sotto *concept of capital maintenance.*

physical control: ***controllo fisico.*** Un qualsiasi controllo della produzione e del consumo, imposto dalle autorità centrali di un paese, che non prenda la forma di misure monetarie e fiscali. Vi rientrano, ad esempio, le licenze di importazione e di costruzione e il razionamento dei beni di consumo, come quello che ebbe luogo durante il secondo conflitto mondiale e, per alcuni beni, anche negli anni immediatamente successivi al conflitto.

physical depreciation: ***logorio fisico.*** La perdita di utilità di una macchina o di un impianto, derivante da cause puramente fisiche, quali l'usura, l'azione degli agenti atmosferici, e simili.

physical deterioration: ***deterioramento fisico.*** Deterioramento di un bene capitale causato dall'uso, dalla ruggine o dagli agenti atmosferici.

physical distribution: ***distribuzione fisica.*** Lo stesso che *commercial distribution* (v.).

physical distribution management: ***gestione della distribuzione fisica.*** Lo stesso che *marketing logistics* (v.).

physical inventory: ***inventario fisico.*** La rilevazione periodica, fatta di solito una o due volte all'anno, che consiste nel conto effettivo e in una precisa elencazione del numero di articoli e del peso o delle dimensioni di materie prime, prodotti in corso di lavorazione e prodotti finiti presenti nel magazzino. È consuetudine valutare tali scorte al prezzo più basso tra quello di costo e quello di mercato. (v. anche *continuous inventory, perpetual inventory*)

physical inventory tag: ***cartellino d'inventario fisico.*** Documento usato per codificare e classificare fisicamente in classi omogenee le giacenze di materie prime, semilavorati e prodotti finiti presenti in magazzino, in maniera da avere una chiara visione delle quantità disponibili, specialmente nei sistemi d'inventario a sole quantità fisiche.

physical life: ***vita fisica; vita operativa.*** Il periodo totale di esistenza fisica di una macchina o di un impianto. Il termine viene usato in contrapposizione a vita utile o vita economica di un bene capitale, che corrisponde al periodo durante il quale esso viene effettivamente utilizzato a vantaggio dell'impresa. La vita utile è di solito più breve della vita fisica di una macchina o di un impianto, a causa dell'obsolescenza o dell'inadeguatezza, se non di entrambe contemporaneamente, che costringono a ritirare la macchina o l'impianto prima della fine della loro vita fisica, per sostituirli con capitale fisso più idoneo e moderno. (v. anche *economic life*)

physical market: ***mercato del disponibile.*** Lo stesso che *spot market* (v.).

physical mobility: ***mobilità fisica.*** Lo stesso che *geographical mobility* (v.).

physicals: ***merci pronte.*** Merci effettivamente disponibili sulla piazza e pronte per essere consegnate a qualsiasi compratore.

physical service life: ***vita di esercizio fisica.*** Termine usato con lo stesso significato di *physical life* (v.).

physical stock check: ***controllo fisico delle scorte.*** Un controllo delle scorte effettuato non attraverso schede contabili o altro sistema, ma mediante misurazione diretta.

physical stocktaking: ***inventario fisico.*** Termine usato come sinonimo di *physical inventory* (v.).

physical value: ***valore fisico.*** Espressione a volte usata per indicare il valore, in termini monetari attuali, di un bene capitale da sostituirsi. Il termine, che è alquanto generico, è a volte usato in un significato molto vicino a quello di *replacement cost* (v.).

physical variance: ***varianza fisica; varianza di efficienza.*** Termine usato con lo stesso significato di *efficiency variance* (v.).

Physiocracy: ***fisiocrazia; sistema agricolo; dottrina dei filosofi economisti.*** Termine con il quale vennero etichettate le teorie espresse nel diciottesimo secolo da un gruppo di economisti francesi che, in seguito, divennero noti col termine di fisiocrati. Il nome fisiocrazia deriva dal fatto che tutti questi economisti credevano in un ordine o in una legge naturale, mentre i termini di sistema agricolo e dottrina dei filosofi economisti furono dati alle teorie fisiocratiche dallo stesso fondatore del gruppo, il francese F. Quesnay. (v. anche *Physiocrats*)

physiocratic: ***fisiocratico.*** Aggettivo usato per indicare le teorie proprie della fisiocrazia.

physiocratic doctrine: ***dottrina fisiocratica.*** Una qualsiasi, o l'insieme, delle dottrine esposte dai fisiocrati nei loro scritti. Le principali dottrine fisiocratiche furono quelle che sostenevano: a) che la terra è l'unica vera fonte di ricchezza reale; b) l'esistenza di un ordine naturale che regola le questioni economiche; c) la necessità della libera circolazione dei beni. (v. anche *Physiocracy, Physiocrats*)

physiocratic theory: ***teoria fisiocratica.*** Una qualsiasi delle teorie esposte dai fisiocrati nel secolo diciottesimo. (v. anche *physiocratic doctrine, Physiocrats, Physiocracy*)

Physiocrats: ***fisiocrati; fisiocratici.*** Gli appartenenti al gruppo di economisti francesi che per primi esposero le teorie proprie della fisiocrazia. I fisiocrati, che reagivano alle teorie del mercantilismo, sostenevano l'esistenza di un ordine o di una legge naturali e ritenevano che l'intervento dello stato nelle questioni economiche dovesse limitarsi al mantenimento di tale ordine e della prosperità del paese. Per i fisiocrati, l'unica fonte di ricchezza era la terra, un dono della natura, mentre l'industria era improduttiva, in quanto si limitava a combinare insieme cose già prodotte, e il commercio aveva il solo scopo di spostare i beni dal luogo di produzione a quello di consumo. Questo concetto portò i fisiocrati ad insistere, nei loro scritti, su misure capaci di incrementare la produttività della terra. Per quanto riguarda gli scambi, la fisiocrazia insistette sulla necessità della libera circolazione dei beni sia all'interno di un singolo paese, sia in campo internazionale e questa loro convinzione sembra che abbia avuto notevole influenza sulle teorie della scuola classica inglese in genere e in particolare sulle teorie esposte da Adam Smith nei suoi scritti. (v. anche *Physiocracy*)

physiocrat school: ***scuola fisiocratica.*** Termine con il quale a volte si indica il gruppo dei fisiocrati. (v. anche *Physiocrats, Physiocracy*)

P.I.: personal income.

piastre: ***piastra.*** Moneta divisionale della Turchia, suddivisa in quaranta para ed equivalente ad un centesimo della lira turca; del Libano, dell'Egitto, della Siria e del Sudan, ove è equivalente ad un centesimo della sterlina libanese, egiziana, siriana e sudanese.

P.I.B.: Prices and Incomes Board.

pice: Moneta divisionale dell'India e del Pakistan, equivalente ad un centesimo di rupia.

pick–a–back export schemes: ***piani di esportazione «a dorso».*** Termine usato come variante di *piggy–back export schemes* (v.).

picket: ***picchetto.*** Un gruppo di lavoratori in sciopero o di rappresentanti sindacali, che sostano in permanenza davanti agli ingressi di una fabbrica o di uffici allo scopo di impedire o scoraggiare l'accesso di crumiri.

picketing: ***picchettamento; picchettaggio.*** La pratica di far sorvegliare, da gruppi di lavoratori in sciopero o da rappresentanti sindacali, gli accessi alla fabbrica o altro posto di lavoro, onde scoraggiare o impedire l'ingresso ai lavoratori che non intendono aderire allo sciopero o a personale nuovo assunto dal datore di lavoro allo scopo di sostituire gli scioperanti. Il picchettamento può anche essere effettuato attraverso manifestazioni dei lavoratori in sciopero, che portano cartelli e striscioni in cui si invitano i lavoratori a non recarsi sul posto di lavoro e i clienti a non utilizzare i servizi o i beni prodotti dall'impresa contro la quale essi scioperano. A volte, il picchettamento si estende anche a porre sotto sorveglianza o a fare manifestazioni nei pressi dell'abitazione dei dirigenti dell'impresa impegnati nella contrattazione o responsabili dell'azione che ha portato allo sciopero. Nel Regno Unito e negli Stati Uniti, il picchettamento è ritenuto lecito se viene svolto con mezzi pacifici e al solo scopo di persuadere gli altri lavoratori ad essere solidali con gli scioperanti; viene, invece, ritenuto illecito quando fa uso di azioni di forza o di intimidazione nei confronti dei lavoratori dissenzienti. (v. anche *peaceful picketing, mass picketing, secondary picketing*)

picking: ***approntamento di un ordinativo.*** Termine usato con lo stesso significato di *order picking* (v.).

picking list: ***lista di approntamento; distinta di approntamento.*** Modulo, nel quale vengono elencati gli articoli da spedirsi, inviato dal reparto vendite al reparto imballaggio di un'impresa per l'approntamento di una spedizione o di una partita in più colli.

pickup: Termine con il quale si indica un miglioramento del rendimento, che si realizza quando si vende un blocco di valori mobiliari per acquistarne un altro più remunerativo.

pick–up and delivery: ***prelievo e consegna a domicilio; servizio porta a porta.*** Il servizio, offerto dalle ferrovie di molti paesi ed oggi anche da altri vettori, in base al quale i colli o la partita da trasportarsi vengono prelevati al deposito o all'abitazione del mittente e vengono consegnati al deposito o all'abitazione del destinatario.

pick–up point: ***punto di entrata.*** È il punto in cui gli input vengono immessi nel processo di lavorazione.

pictogram: ***pittogramma.*** Un disegno o simbolo usato per indicare un'unità statistica. Ad esempio, il disegno di un operaio per indicare un gruppo di mille operai, con ripetizione del simbolo per successivi gruppi della medesima dimensione.

piece goods: ***beni a pezzo.*** Un qualunque bene che venga venduto al pezzo o alla pezza, come ad esempio tela, cotone, fazzoletti, tappeti, ecc. Il termine viene usato principalmente nel linguaggio delle dogane, in cui l'espressione inglese è preceduta da un determinante che specifica la materia prima dalla quale si ricavano quei beni, come ad esempio *cotton piece goods* o *linen piece goods*.

piece market: ***mercato dei beni a pezzo.*** Un qualsiasi mercato nel quale vengono trattati beni a pezzo.

piecemeal planning: ***programmazione per settori.*** È la programmazione limitata a settori specifici, che non investe il complesso di un'economia o dell'attività di un'impresa.

piecemeal realization: Espressione usata per indicare la distribuzione ai soci del ricavato dalla vendita delle attività di un'impresa, in occasione della liquidazione della società.

piece rate: ***cottimo; retribuzione a cottimo; retribuzione a unità; retribuzione a misura; retribuzione a fattura; retribuzione a compito.*** Sistema di remunerazione in base al quale il lavoratore percepisce un salario calcolato sulla quantità di lavoro svolto, che viene accertato tramite il computo dei pezzi prodotti o la misurazione della quantità realizzata. Per questo motivo, la remunerazione a cottimo è applicabile principalmente quando il lavoro svolto può essere prontamente e facilmente misurato. Il sistema, che è il contrario del sistema di salario a tempo o ad economia, mira ad aumentare la produttività dei singoli lavoratori, mettendoli in grado di guadagnare in relazione al loro sforzo e alla loro produzione personale o di gruppo. Se il sistema di retribuzione a cottimo viene accoppiato al sistema di retribuzione a tempo, si ottiene un sistema misto, che prevede un tasso salariale per una data produzione in un tempo prestabilito e una remunerazione a cottimo per quella parte di produzione che supera il minimo richiesto. In questo tipo rientrano tutti i vari sistemi di retribuzione progressiva o ad incentivo. (v. anche *incentive, bonus system, incentive pay, incentive scheme, incentive wage*)

piece rate wage: ***salario a cottimo.*** Termine usato con lo stesso significato di *piece rate* (v.).

piece wage: ***salario a cottimo.*** Termine usato con lo stesso significato di *piece rate* (v.).

piecework: ***cottimo; retribuzione a cottimo; retribuzione a unità; retribuzione a misura; retribuzione a fattura; retribuzione a compito.*** Termine usato negli Stati Uniti con lo stesso significato di *piece rate* (v.).

piecework calculation: ***determinazione del cottimo.*** La procedura seguita allo scopo di determinare l'ammontare di salario che deve essere corrisposto ad un lavoratore a cottimo. (v. anche *piece rate*)

pieceworker: ***cottimista.*** Il lavoratore che riceve una retribuzione a cottimo, basata sul suo sforzo e sulla sua produttività. (v. anche *piece rate*)

piecework plan: ***piano di retribuzione a cottimo.*** Il piano che prevede la retribuzione a cottimo e stabilisce i parametri in base ai quali verrà computata o misurata la produzione di ciascun lavoratore o gruppo di lavoratori e in base ai quali verrà calcolato il salario. (v. anche *piece rate*)

pie chart: ***diagramma a settori.*** Lo stesso che *sector chart* (v.).

pie diagram: ***diagramma a settori.*** Termine usato come sinonimo di *pie chart* (v.).

Pie Powder Court: Nome col quale in passato veniva indicata una corte istituita in Inghilterra in occasione e nell'ambito di fiere e mercati, col compito di comporre le dispute tra compratori e venditori.

pier: ***banchina di ormeggio; molo secondario; pontile.*** Struttura portuale alla quale possono attraccare le navi per provvedere allo svolgimento delle operazioni di caricazione e discarica.

pierage: ***diritti di ormeggio al pontile.*** Termine usato come sinonimo di *pier dues* (v.).

pier dues: ***diritti di ormeggio al pontile.*** Sono i diritti che è tenuta a versare all'ente del porto qualunque nave attracchi ad un pontile per svolgere le operazioni di caricazione e discarica.

pigeon hole: ***casella.*** Ciascuna piccola divisione di un casellario, in passato usato per conservare lettere o altri documenti.

pigeon–hole case: ***casellario.*** Mobile, generalmente di legno e aperto, nel quale è possibile conservare lettere o altri documenti in caselle contraddistinte da numeri o lettere dell'alfabeto. Oggi è caduto in disuso e si trova ancora soltanto nelle portinerie degli alberghi e negli uffici postali.

pigeon–hole filing: ***archiviazione in casellario.*** Sistemazione di documenti in caselle, disposte verticalmente o orizzontalmente, oggi caduta in disuso e sopravvissuta soltanto per l'archiviazione di documenti in rotoli, come ad esempio piani di costruzione, mappe, disegni, carte geografiche e simili. (v. anche *pigeon–hole case*)

piggy–back: ***a spalla; a dorso.*** Espressione usata con due significati: a) nei trasporti, indica la pratica di caricare un veicolo su un altro. Ad esempio, alcuni tipi di autotreni sono costruiti in modo tale che la parte contenente il carico può essere separata dalla motrice o dallo chassis, sistemata su un vagone ferroviario aperto e trasportata per ferrovia su distanze lunghe o medie. Questo è il sistema che viene solitamente usato per il servizio porta a porta. b) In pubblicità e nella tecnica di distribuzione, indica la pratica di unire nella stessa confezione un prodotto nuovo o poco conosciuto che si intende lanciare facendolo portare «a dorso» dall'altro prodotto della confezione, più noto e più diffuso, il cui prezzo viene leggermente diminuito per invogliare il consumatore all'acquisto. (v. anche *pick–up and delivery*)

piggy–back export schemes: ***piani di esportazione «a dorso».*** Sono particolari piani di esportazione studiati ed assistiti dal governo britannico al fine di incoraggiare accordi di esportazioni congiunte da parte di imprenditori già presenti sui mercati esteri e imprenditori che su tali mercati desiderano espandere le loro vendite. Questi piani si basano essenzialmente sul concetto esposto sotto *piggy–back* (v.).

piggy–back financing: ***finanziamento congiunto.*** Un finanziamento erogato da due differenti mutuanti, di solito garantito da una singola ipoteca. Si tratta generalmente di un mutuante istituzionale che cede parte del mutuo a un mutuante privato, sia perché il primo non intende assumersi l'intero onere e sia perché può essere costretto ad agire così dall'esistenza di leggi o regolamenti che gli vietano di concedere mutui superiori a una determinata somma.

piggy–back selling: ***vendita «a dorso».*** Questa espressione indica gli accordi di vendita tra un'impresa produttrice di articoli affermati sul mercato e un'impresa più piccola che non dispone delle strutture di distribuzione della prima e si appoggia a questa per la diffusione e la vendita dei propri prodotti. Questa pratica, tra l'altro adottata anche da un'unica impresa per la vendita di prodotti meno affermati insieme ad altri suoi prodotti più richiesti, trova applicazione anche nel commercio di esportazione e si basa essenzialmente sul concetto esposto sotto *piggy–back* (v.).

piggy–back service: ***servizio «a dorso».*** È il servizio offerto dalle ferrovie, che consente il trasporto descritto sotto *piggy–back* (v.).

«pig on pork»: Espressione usata nel Regno Unito per indicare la pratica di emettere cambiali di comodo, ad esempio da parte di un'impresa su una propria filiale o viceversa, in cui il traente è, in definitiva, anche l'accettante. Infatti, se A emette una cambiale di comodo su B, quest'ultimo accetta la cambiale soltanto allo scopo di favorire A che, al momento opportuno, provvederà a pagarla. Pertanto, è come se A avesse emesso una cambiale su se stesso, pratica appunto indicata considerando la cambiale emessa da *pig on pork*, tenendo presente il significato simile ma diverso delle due parole inglesi corrispondenti alla nostra parola maiale o alle nostre parole maiale e porco.

Pigou effect: ***effetto Pigou; effetto ricchezza reale.*** È uno dei fattori diversi dal reddito, che esercitano la loro influenza sui consumi. L'espressione effetto Pigou deriva dal nome dell'economista britannico che per primo ne diede una formulazione compiuta. Partendo dal concetto che a parità di reddito un individuo che già possiede una certa ricchezza ha minor incentivo a risparmiare di un altro individuo che, avendo poca o nessuna ricchezza, desidera raggiungere un livello minimo di ricchezza, l'effetto Pigou implica che le variazioni del livello dei prezzi abbiano un'influenza sui consumi, che non ha niente a che vedere con l'illusione monetaria. Infatti, la ricchezza è costituita da beni reali e da grandezze monetarie: il valore monetario dei primi di norma subisce variazioni conseguenti al variare del livello dei prezzi (pur se ne resta invariato il valore reale), mentre il valore reale delle seconde varia in senso inverso al variare del livello dei prezzi. Pertanto, le variazioni del livello dei prezzi hanno un'influenza sul consumo, tramite le variazioni del valore reale delle componenti monetarie della ricchezza. Infatti, se il livello dei prezzi diminuisce, aumenta il valore reale delle componenti monetarie della ricchezza che, per quanto detto sopra, porterà ad un aumento dei consumi, dovuto ai prezzi più bassi, sufficiente ad impedire un calo dell'occupazione. L'effetto può anche esprimersi, in maniera più chiara e diretta, dicendo che un aumento del valore reale della ricchezza porta un aumento del livello dei consumi che, a sua volta, genera un aumento del reddito e dell'occupazione. (v. anche *money illusion*)

Pigou–effect theory: ***teoria dell'effetto Pigou.*** È la teoria che sostiene che una diminuzione del livello globale dei prezzi porta ad un incremento della spesa in beni e servizi. Per una spiegazione più dettagliata, v. *Pigou effect*.

«pig upon bacon»: Espressione usata come sinonimo di *«pig on pork»* (v.).

pilferage: ***perdita per piccolo furto; perdita per manomissione di colli.*** Termine usato nei documenti di carico per indicare la perdita derivante dai piccoli furti perpetrati da personale della nave o dei porti, mentre le merci sono in viaggio. (v. anche *pilfering*)

pilfering: ***manomissione; piccolo furto.*** Il furto, di solito prolungato o continuo, di piccole quantità di beni, quale si verifica ad esempio ai danni di merci in transito nei depositi o sulle navi. Il termine è anche usato per indicare i piccoli furti commessi da impiegati, che si portano a casa materiale di cancelleria o altri oggetti d'ufficio, o da operai che portano via piccole quantità di beni dal magazzino al quale hanno accesso.

Pilkington Report: ***Rapporto Pilkington.*** Nome dato al rapporto di due diverse commissioni, una del 1960 nominata per solgere un'indagine conoscitiva sulle remunerazioni di medici e dentisti; l'altra, del 1962, nominata per svolgere un'indagine conoscitiva sulle trasmissioni radiofoniche e televisive. Il rapporto della prima di queste commissioni dichiarava che medici e dentisti dovessero percepire remunerazioni uguali a quelle di altri lavoratori in differenti professioni, ma con le stesse qualificazioni.

pilotage: ***diritti di pilotaggio.*** Somma di denaro fatta pagare alle navi che si servono dell'opera di piloti per entrare o uscire da un porto o per navigare in acque particolarmente pericolose a causa di correnti, scogli e bassi fondali, la cui ubicazione non è nota a chi non ha fatto uno studio approfondito della configurazione di quei fondali.

piloting: ***fase pilota.*** La verifica della bontà di un questionario, da utilizzarsi in una ricerca di mercato, condotta attraverso una o più interviste campione che pongono in evidenza le difficoltà presenti nel questionario.

pilot plant: ***impianto pilota.*** Impianto di piccole proporzioni, che consente di studiare e valutare le condizioni di esercizio di un determinato processo industriale e di raccogliere indicazioni e dati tecnici ed economici che non possono rilevarsi mediante simulazioni o esperimenti di laboratorio.

pilot scheme: ***piano pilota.*** È il piano che sta a monte della realizzazione di un impianto pilota. (v. anche *pilot plant*)

p.i.n.: personal identification number.

pin: ***barilotto.*** Contenitore per liquidi, usato specialmente nel commercio del vino e della birra, della capacità di circa quattro galloni e mezzo inglesi, equivalenti a circa venti litri.

PINC: property investment certificate.

pink book: ***libro rosa.*** Nome informale con il quale viene indicata la pubblicazione *United Kingdom Balance of Payments*, edita ogni anno verso la fine dell'estate. Il libro rosa contiene dati statistici e cifre relativi alla bilancia dei pagamenti britannica per il periodo che va da una all'altra pubblicazione.

pink collar job: ***posto di lavoro subordinato; lavoro subordinato; lavoro esecutivo.*** Nell'industria dei servizi, questo termine viene usato in contrapposizione a *white collar job* (v.) e indica un posto di lavoro impiegatizio di solito ricoperto da donne e remunerato con un salario relativamente basso.

pink form: ***modello rosa.*** In occasione di una nuova emissione azionaria diretta al pubblico, una società inglese è autorizzata a riservare fino al dieci per cento dell'emissione a propri dipendenti. Quando l'emissione viene fatta da una società finanziaria in relazione ad una sua sussidiaria, la società madre ha il diritto di riservare lo stesso dieci per cento ai propri azionisti. I moduli con i quali i dipendenti o gli azionisti della società finanziaria faranno domanda di assegnazione di azioni sono stampati in colore diverso, cioè in rosa, da cui deriva questo loro nome. Ciò garantisce che in sede di riparto si tenga effettivamente conto della quota di riserva di azioni.

pink form issue: ***emissione con modello rosa.*** È la parte di un'emissione azionaria riservata ai destinatari dei modelli rosa, descritta sotto *pink form* (v.).

pink sheet: ***foglio rosa.*** Negli Stati Uniti, è un foglio stampato quotidianamente su carta rosa, nel quale compaiono i nomi dei *brokers* che trattano titoli nell'*over–the–counter market* e che trattano *American depository receipts* (v.).

pin money: ***dotazione per piccole spese; spillatico.*** Somma di denaro data regolarmente dal capo famiglia alla moglie e alle figlie per le loro piccole spese di articoli di profumeria, di vestiario e simili. La stessa espressione inglese indica il risparmio fatto da una casalinga sui fondi consegnatile dal capo famiglia per le spese domestiche.

pint: ***pinta.*** Misura di capacità usata per liquidi e aridi, sia nel Regno Unito che negli Stati Uniti. La pinta britannica equivale ad un ottavo di gallone e corrisponde a 0,568 litri. Negli Stati Uniti la misura varia a seconda dell'uso: quella per liquidi corrisponde a 0,551 litri, mentre quella per aridi corrisponde a 0,473 litri.

pipe: ***pipa.*** Lo stesso che *English pipe* (v.).

pipeline: ***oleodotto; gasdotto.*** Il termine inglese viene usato per indicare un sistema di tubazioni per il trasporto di liquidi o di gas, ma l'uso principale del termine viene fatto in relazione al trasporto di prodotti petroliferi.

piracy: ***pirateria.*** Il termine inglese viene usato sia nel suo significato principale di appropriazione di beni altrui in mare, sia nel significato figurato di plagio o violazione del diritto d'autore.

piscary: ***diritti di pesca.*** Il termine inglese è usato per indicare il diritto di pesca in acque altrui.

pit: ***sala delle contrattazioni.*** Nel linguaggio borsistico statunitense, questo termine indica il salone delle contrattazioni, generalmente di una borsa merci, o la parte di tale salone in cui sono disposte ampie gradinate circolari onde consentire agli operatori di vedersi e sentirsi meglio. Il termine è spesso usato insieme ad un determinante, che indica il tipo di contrattazioni che si svolgono in quella sala o parte di sala, come ad esempio il *grain pit* della *Board of Trade* di Chicago, in cui si svolgono le contrattazioni relative ai cereali in generale e ai grani in particolare. (v. anche *floor, Board of Trade*)

pitch: **1.** ***posteggio.*** Luogo, in una strada pubblica o in un mercato, in cui un commerciante o un ambulante monta la propria bancarella. **2.** ***parterre.*** Lo stesso termine inglese veniva usato nel linguaggio della borsa valori per indicare il punto esatto, sempre lo stesso, del salone delle contrattazioni nel quale era possibile trovare un determinato *stockjobber* (v.).

Pittsburgh plus: Espressione statunitense usata per molto tempo nell'industria dell'acciaio in relazione alla determinazione del prezzo di vendita di questo metallo. Era, infatti, consuetudine quotare un prezzo che comprendeva il costo del metallo a Pittsburgh, più il costo del trasporto da Pittsburgh al luogo di destinazione, senza tener conto del luogo dal quale realmente partiva il carico di acciaio. Questo tipo di quotazione impediva che il costo del trasporto sfavorisse i clienti più lontani dal luogo di produzione, ma consentiva anche notevoli guadagni all'industria dell'acciaio su partite il cui costo di trasporto era di gran lunga inferiore a quello caricato, quando il cliente si trovava più vicino al posto di produzione che a Pittsburgh. (v. anche *basing–point system, price system 2*)

pk.: 1) peck; 2) pack.

Pkg.: 1) package; 2) packing.

Pkge.: package.

pl.: plan.

p/l.: partial loss.

P.L.: partial loss.

P.L.A.: Port of London Authority.

placement: ***collocamento.*** Termine usato con lo stesso significato di *placing* (v.).

placement market: ***mercato dei collocamenti.*** Il mercato dei valori mobiliari nel quale i titoli sono trattati fra l'emittente e un sindacato di collocamento o altro intermediario finanziario, che provvederà successivamente a collocarli tra il pubblico, che resta pertanto escluso dalla trattativa diretta con l'emittente.

placement memorandum: ***manifesto di emissione di eurocrediti.*** Lo stesso che *prospectus* (v.), ma relativo all'emissione di eurocrediti e preparato dalla banca capofila.

place of jurisdiction: ***foro competente.*** È il luogo in cui un tribunale è competente per derimere una questione giudiziaria. Nei contratti, è di solito indicato il foro competente quando i contraenti risiedono in località diverse.

place of origin: ***luogo di origine.*** Il luogo in cui viene effettivamente prodotto un determinato bene. Alcuni paesi richiedono che il luogo di origine sia indicato sulla confezione del prodotto. (v. anche *certificate of origin*)

place of performance: ***luogo di esecuzione; piazza di pagamento.*** È il luogo in cui il debitore deve assolvere alla propria obbligazione. Per la cambiale, la piazza di pagamento è quella di emissione, a meno che sia differentemente specificato sul titolo di credito.

place utility: ***utilità locale; utilità relativa al luogo.*** Espressione a volte usata per indicare l'accessibilità a beni nel luogo in cui essi servono per soddisfare un bisogno umano. Si crea utilità locale quando si trasferiscono beni da una località in cui sono abbondanti ad un'altra località nella quale sono scarsi.

placing: ***collocamento.*** È uno dei metodi cui può ricorrere una società per emettere le proprie azioni. È di solito preferito dalle società private che desiderano espandersi consentendo l'inserimento di nuovi soci e diventando, così, pubbliche (nel senso dato nel Regno Unito a questi due aggettivi in relazione a società) o da piccole società che intendono emettere quantità relativamente limitate di titoli, senza incorrere nelle spese necessarie per un'emissione pubblica. Il collocamento privato, infatti, presuppone il completo assorbimento di un'emissione da parte di un sindacato di collocamento titoli o altro intermediario finanziario, che successivamente introdurrà i titoli presso il pubblico in maniera graduale, anche attraverso la borsa valori. Se le azioni sono già presenti sul mercato e quotate alla borsa valori, una parte della nuova emissione dovrà essere riservata al pubblico in generale. (v. anche *new issue, new issue market*)

placing broker: Tipo di broker di assicurazioni che agisce da intermediario tra il proprio cliente e un sindacato di assicuratori del Lloyd di Londra. Egli propone l'assicurazione a vari sindacati, ciascuno dei quali la sottoscrive per una certa quota, fin quando l'intero ammontare risulta coperto. (v. anche *lead 2, Lloyd's*)

placing on commission: ***collocamento su commissione.*** Forma di emissione di valori mobiliari. L'emittente incarica uno o più intermediari, di solito banche o altre istituzioni finanziarie, di raccogliere e inoltrargli le domande di sottoscrizione in considerazione di una commissione. Il lavoro e i rischi inerenti all'operazione gravano, in tal caso, completamente sull'emittente.

placing power: ***potere di collocamento.*** È la capacità di un'istituzione finanziaria di collocare presso il pubblico o presso gli investitori istituzionali una nuova emissione di valori mobiliari.

plain bond: ***obbligazione non garantita.*** Il termine statunitense indica generalmente un'obbligazione non garantita da beni reali, ma soltanto dalla fiducia di cui gode l'emittente, sia esso un governo, un ente locale o una società. Il termine è a volte usato anche per indicare un'obbligazione sul cui certificato non sono state stampate certe condizioni ad essa relative.

plan: ***piano.*** Termine usato con lo stesso significato di *economic plan* (v.).

plan board: ***comitato per la pianificazione; comitato***

per la programmazione. Il gruppo di persone che in un'impresa o in un governo sono preposte all'elaborazione di un piano di consumo, di produzione, di investimento, e simili. (v. anche *economic plan, planned economy*)

plan–driven economy: Un sistema economico, come ad esempio quello del Giappone, che riesce abilmente a fondere la forza dello stato e la flessibilità del mercato ed è diretto non solo da politici, ma anche da imprenditori che, in collaborazione, stabiliscono gli obiettivi economici e tutti perseguono lo scopo comune di migliorare la prosperità nazionale, attraverso l'avanzamento delle loro specifiche industrie. L'obiettivo economico prioritario della *plan–driven economy* è quello di esportare e il commercio del paese è dominato da gigantesche conglomerate. Questo tipo di economia si contrappone alla *rule–driven economy* (v.).

plane of living: ***livello di vita.*** Termine usato con lo stesso significato di *standard of living* (v.).

planholder: Neologismo usato per indicare un lavoratore che partecipa ad un piano di pensionamento, specialmente ad un piano che prevede l'erogazione di una pensione basata su unità di conto ancorate all'indice del costo della vita, in modo che una volta andato in pensione il lavoratore non risenta degli aumenti del carovita. Il termine è stato creato sul modello di *shareholder*, in quanto il lavoratore possiede quote, cioè unità di conto, del piano di pensionamento. (v. anche *pension plan, pension fund*)

planned economy: ***economia pianificata.*** Lo svolgimento della vita economica di un paese in base a piani preparati da un'organismo centrale, di solito parte o espressione del governo, che stabilisce la diversa allocazione delle risorse. In un'economia pianificata, le decisioni relative alla quantità di beni da produrre e ai settori economici da sviluppare non si basano, quindi, sulla domanda dei consumatori, bensì su esigenze stabilite dallo stato, che assegna quote di risorse e di produzione a ciascuna industria e provvede poi alla distribuzione dei beni prodotti. (v. anche *economic plan, planning*)

planned expenditure account: ***conto di spese programmate.*** Lo stesso che *budget account 2* (v.).

planned investment: ***investimento pianificato; investimento programmato.*** Un investimento basato su un piano elaborato nel momento attuale, ma in previsione di aspettative future.

planned location of industry: ***ubicazione pianificata dell'industria.*** Espressione usata per la prima volta da Lord Beveridge per indicare una politica che tendeva a favorire gli insediamenti industriali in base ad un piano ben preciso che tenesse conto delle necessità delle diverse aree di un paese e del pericolo rappresentato da un'eccessiva concentrazione di molte grosse industrie in una singola zona. Nel Regno Unito si è proceduto alla ubicazione pianificata attraverso l'approvazione di varie leggi, che consentirono l'individuazione di zone depresse, in cui furono favoriti i nuovi insediamenti industriali. Allo stesso tempo e nella stessa ottica si cercò di frenare la massiccia espansione industriale che si andava sempre più concentrando nell'area di Londra e del sud–est del paese. Il pericolo maggiore, rappresentato dalla concentrazione di grosse industrie in un'unica località, è quello di trovarsi di fronte a grosse sacche di disoccupazione se l'industria così concentrata entra in crisi e i lavoratori licenziati non trovano altre industrie pronte ad accoglierli. Si tenta, quindi, di ovviare a questo pericolo attraverso un'ampia diversificazione degli insediamenti industriali, così che anche se un'industria entra in crisi, non essendo la sola presente nella zona è probabile che i lavoratori da essa liberati possano trovare occupazione nelle altre industrie che non sono colpite dalla crisi. (v. anche *location of industry, localization of industry, location theory*)

planned maintenance: ***manutenzione programmata.*** Il controllo e la riparazione sistematici degli impianti, delle macchine, dei veicoli, ecc., al fine di evitare guasti, che porterebbero all'interruzione del processo produttivo o distributivo e che potrebbero verificarsi qualora si decidesse di fare a meno della manutenzione programmata e di riparare i guasti via via che essi si verificano.

planned obsolescence: ***obsolescenza programmata; obsolescenza pianificata.*** L'obsolescenza cui è soggetto un bene di consumo durevole a seguito della produzione di beni simili, ma con caratteristiche leggermente diverse. Il fenomeno è meglio osservabile nell'industria automobilistica che, specialmente negli Stati Uniti, produce un nuovo modello di ciascuna automobile ogni anno, così che il modello dell'anno precedente diventa obsoleto e il consumatore è spinto a cambiarlo con il nuovo. In questo caso, si parla di perdita soggettiva di utilità, in quanto il consumatore ricava dalla sua automobile una soddisfazione minore di quella che ricavava l'anno precedente e ciò non perché le prestazioni o l'aspetto si siano deteriorati, ma soltanto perché essa non è l'ultimo modello e ciò lo fa sentire in uno stato di inferiorità, che può anche spingerlo ad acquistare il nuovo modello malgrado la perfetta funzionalità dell'automobile da lui posseduta.

planned profit: ***profitto programmato.*** Il profitto che un'impresa programma di realizzare attraverso la vendita della propria produzione di beni o servizi.

planned shopping centre: ***centro commerciale pianificato.*** Un nuovo concetto di *shopping centre* (v.), che prevede l'aggregazione di diversi punti di vendita al dettaglio, generalmente anche con un *department store* (v.) di richiamo, in un unico edificio o in un complesso di edifici contigui e di solito sotto un'unica gestione centralizzata. Alcuni fra i più grandi, specialmente negli Stati Uniti, dispongono anche di ristoranti, fast food e cinema, oltre che zone di ricreazione per i bambini, piste di pattinaggio, giardini, ecc.

planning: ***pianificazione; programmazione; programmazione d'impresa; programmazione della produzione.*** La formulazione di un piano, in particolare di un piano economico, da parte di un'impresa, un comitato statale o altro organismo o soggetto. In un significato più ristretto, il termine è passato ad indicare la serie di interventi o di piani con cui uno stato tenta di dirigere lo svolgimento dell'attività economica del paese. Tuttavia, per chiarezza, è bene distinguere tra i due termini italiani: col termine programmazione si intende l'insieme di interventi, di carattere finanziario, creditizio, ecc., mediante i quali lo stato tende a controllare l'attività economica dei privati; col termine pianificazione si intende l'insieme di piani mediante i quali lo stato tende a regolamentare in modo rigido ogni settore dell'economia del paese. Il termine inglese è anche usato nel senso di programmazione d'impresa o programmazione della produzione, con ciò intendendosi lo studio particolareggiato degli ordini di produzione e la preparazione di piani dettagliati di fabbricazione, in base ai quali il personale degli stabilimenti riceve ordini analitici di esecuzione e compie lavori che portano alla realizzazione della quantità di prodotto programmata. La programmazione della produzione interessa: a) il servizio materiali, che ha il compito di ricevere, immagazzinare e fornire i materiali ai reparti produttivi; b) il servizio tempi e metodi, che ha il compito di analizzare il tipo di lavoro da svolgersi in relazione a ciascun ordine di produzione e di stabilire i tempi di esecuzione, i metodi operativi da seguire e gli impianti da utilizzare per ogni specifica produzione; c) il servizio ordinamento e lancio, che ha il compito di emettere gli ordini interni relativi all'avanzamento lavori; d) il servizio di contabilità industriale, che ha il compito di determinare i costi preventivi e consuntivi relativi alle varie produzioni e di esaminare gli eventuali scostamenti dalle previsioni e le loro cause. La programmazione della produzione, quindi, coinvolge la maggior parte dei settori e dell'attività di un'impresa e consiste nella pianificazione a breve, medio o lungo termine di tutte le operazioni relative all'approvvigionamento di materiali, mezzi finanziari, personale, ecc. e alla vendita del prodotto dell'impresa. (v. anche *state planning, economic planning, economic plan, planned economy, national plan*)

planning committee: ***comitato per la pianificazione; comitato per la programmazione.*** Termine usato con lo stesso significato di *plan board* (v.).

planning curve: ***curva di programmazione.*** La curva che viene tracciata unendo i punti più prossimi al minimo di una serie di curve dei costi. La curva di programmazione viene elaborata quando un'impresa considera la possibilità di entrare in un'industria o di espandere la propria attività. Non essendo vincolata ad un impianto già esistente o ad un impianto di una determinata capacità o ampiezza, si elabora la serie di curve dei costi relative a varie dimensioni possibili degli impianti e si ricava la curva di programmazione. (v. anche *cost curve*)

planning of production: ***programmazione della produzione; programmazione d'impresa.*** Termine di solito sostituito da *planning* (v.).

planning permission: ***licenza di costruzione; autorizzazione di pianificazione urbanistica.*** Nel Regno Unito, la legge vigente sulla pianificazione edilizia prevede che non si possa procedere ad alcuna opera di costruzione, di modifica o di ristrutturazione senza aver prima ottenuto un'apposita licenza dalle competenti autorità locali.

planning–programming–budgeting: ***pianificazione–programmazione–bilancio.*** Lo stesso che *Programme Planning Budgeting System* (v.).

plant: 1. *impianto.* In senso lato, il termine inglese indica le attività fisse, o impianti fissi, in generale. Comprende, pertanto, il complesso organico di terra, edifici, macchinari, arredi e qualsiasi altra forma di attrezzatura permanentemente impiegati dall'impresa nello svolgimento della sua attività produttiva o commerciale. **2. *stabilimento.*** In un senso più ristretto, indica soltanto l'edificio, o la terra e l'edificio, utilizzato dall'impresa nello svolgimento della sua attività.

plant and equipment: ***impianto e attrezzature; immobilizzazioni tecniche.*** Nella sua globalità, l'espressione inglese viene usata come sinonimo di *plant 1* (v.), mentre il solo termine *plant* è qui usato nel significato descritto sotto *plant 2* (v.). In ragioneria, l'espressione è usata come sinonimo di *property, plant, and equipment* (v.).

Plantation House: Nome con il quale è popolarmente nota la borsa merci di Londra, che ha parte della sua sede in un edificio così chiamato su Mincing Lane, nella *City* di Londra.

plantations: Nel linguaggio della borsa valori di Londra, questo termine indica i titoli di società che possiedono o gestiscono piantagioni di cotone, gomma, tabacco, caffè, ecc.

plantation system: ***sistema a piantagione.*** Il sistema agricolo, diffuso particolarmente in passato nelle regioni tropicali, che prevede la coltivazione di grandi distese di terra dedicate generalmente alle monocolture di alto valore economico, quali il caffè, il tè, la canna da zucchero, il cacao, il cotone, il tabacco, ecc. Questo sistema, che tende a rendere antieconomiche e ad assorbire le piccole fattorie, si sviluppò notevolmente tramite la cosiddetta colonia a piantagione, in cui la madrepatria inviava gli imprenditori agricoli e il personale specializzato, che provvedeva a far coltivare le piantagioni da manodopera locale o, più spesso, da schiavi negri importati. Questo sistema era predominante negli stati meridionali del Nord America.

plant bargaining: ***contrattazione a livello di stabilimento.*** Una contrattazione tra rappresentanti di un datore di lavoro e dei prestatori di lavoro che ha l'obiettivo di stabilire livelli salariali e condizioni normative per i lavoratori che prestano la loro opera in un singolo stabilimento.

plant capacity: ***capacità di un impianto; capacità produttiva.*** Il massimo potenziale di produzione di un qualsiasi impianto. La capacità produttiva può essere espressa in termini di unità di prodotto, di ore–uomo, o qualunque altro indice capace di consentire la valutazione della piena occupazione della potenzialità dell'impianto. Quando quest'ultimo non funziona al pieno della propria potenzialità vuoi a causa dell'impiego di un solo turno di lavoratori, vuoi perché si adotta la settimana corta, vuoi per altri fattori di diversa natura che impongono periodi d'ozio all'impianto, si è soliti parlare di capacità pratica. (v. anche *practical capacity*)

plant engineer: ***addetto ai servizi ausiliari.*** La persona che, in uno stabilimento, è responsabile dell'ispezione, manutenzione, riparazione e sostituzione degli impianti e delle attività fisse in genere. Tra i suoi compiti rientra anche la manutenzione delle reti di distribuzione dell'energia elettrica, del gas e dell'acqua all'interno dello stabilimento.

plant engineering: ***reparto servizi ausiliari.*** All'interno di uno stabilimento, è il reparto che cura l'ispezione, la manutenzione, la riparazione e la sostituzione degli impianti e delle attività fisse in generale.

plant expenditure: ***spese impiantistiche.*** Le spese cui va incontro un'impresa o altra organizzazione per l'acquisizione e la manutenzione di un impianto. (v. anche *plant utilization budget*)

plant factor: ***fattore d'impianto.*** Termine usato con lo stesso significato di *capacity factor* (v.).

plant fund: ***fondo impianti.*** Nella contabilità di stato, indica un fondo stanziato appositamente per l'acquisizione di un impianto, con ciò intendendosi terra, edifici, attrezzature o altro impianto fisso.

plant hire: ***locazione d'impianto; locazione di attrezzature.*** Lo stesso che *equipment leasing* (v.).

plant layout: ***disposizione degli impianti; sistema planimetrico di stabilimento.*** La disposizione dei posti di lavoro e delle macchine, all'interno di uno stabilimento, che forma oggetto di studio da parte di specialisti.

plant ledger: ***mastro delle attività fisse.*** Consiste di uno o più conti sussidiari, nei quali vengono registrati i dati contabili relativi alle attività fisse di un'impresa, a volte con dettagli relativi all'ammortamento maturato. (v. anche *plant register*)

plant machinery register: ***registro degli impianti.*** A volte usato in luogo di altri libri da imprese che hanno macchinari e altre attrezzature del genere. Consiste di schede, o pagine, ciascuna relativa ad una singola macchina o parte dell'impianto, sulla quale vengono indicati i dati relativi a quella macchina o parte dell'impianto, come ad esempio data e prezzo di acquisto, quota di ammortamento annuale e ammortamento maturato, data e prezzo di vendita o di smobilizzo, ecc.

plant manager: ***direttore degli impianti.*** Termine usato con lo stesso significato di *production manager* (v.).

plant purchase scheme: ***piano per l'acquisto di impianti.*** È il piano gestito dalla *Industrial and Commercial Finance Corporation* (v.), che consente alle imprese di acquistare a rate, in un periodo di tempo superiore ai cinque anni, impianti industriali, macchinari, veicoli commerciali e altri tipi di immobilizzazioni tecniche.

plant register: ***registro delle attività fisse.*** Il registro nel quale vengono inventariate tutte le attività fisse di proprietà di un'impresa o da essa prese a nolo. Nel registro vengono riportati i dettagli relativi a ciascun impianto e cioè il costo, la descrizione, il luogo in cui esso è sistemato e il nome del fornitore. Questo registro può anche essere usato in sostituzione del mastro delle attività fisse, nel qual caso contiene anche i dati relativi all'ammortamento, ai costi di manutenzione e ai ricavi derivanti dalla vendita delle attività fisse smobilitate. (v. anche *plant ledger*)

plant reorganization: ***ristrutturazione degli impianti.*** Una differente strutturazione degli impianti esistenti, a seguito di caduta della domanda dei beni prodotti, che spinge l'impresa ad orientarsi verso la produzione di beni simili o completamente diversi. A seconda della natura dei nuovi beni che l'impresa intende produrre, la ristrutturazione sarà più o meno ampia e richiederà risorse più o meno grandi.

plant requirements: ***esigenze di natura impiantistica.*** Il fabbisogno di macchine e attrezzature o altro tipo di impianti, necessari ad un'impresa per svolgere la propria attività produttiva o commerciale. (v. anche *plant utilization budget*)

plant turnover: ***indice di rotazione delle attività fisse.*** Termine usato con lo stesso significato di *fixed–asset turnover* (v.).

plant utilization: ***utilizzazione degli impianti.*** Il tempo durante il quale un impianto è effettivamente in funzione per la produzione di beni e servizi, in contrasto col tempo in cui esso non viene utilizzato.

plant utilization budget: ***budget di utilizzazione degli impianti.*** Si tratta di un budget, composto di due parti, nel quale vengono indicati i dati analitici relativi alle esigenze di natura impiantistica e alle spese impiantistiche. a) Le esigenze di natura impiantistica, basate sul budget della produzione, vengono esposte in forma dettagliata per indicare il numero necessario di ciascun tipo di macchina e le ore operative previste in totale e per ciascun reparto produttivo. b) Le spese impiantistiche, benché basate principalmente sulle esigenze dette sopra, devono essere considerate in relazione ad una serie di altri fattori. Infatti, può darsi che le spese per l'acquisizione di nuovi impianti siano limitate dalle risorse finanziarie dell'impresa, nel qual caso potrebbe rivelarsi necessario considerare metodi alternativi di acquisizione, quali la locazione, l'uso di più di un turno di lavoro, o altri accorgimenti del genere.

plastic cards: ***carte di plastica.*** Termine generico, con il quale si indicano complessivamente tutti i tipi di carte utilizzate in luogo della moneta e quindi carte di credito, carte di prelievo e simili.

plastic money: ***moneta di plastica.*** Termine a volte usato per indicare una *pre–paid magnetic card* (v.).

plastic payment system: Il sistema di pagamento basato sull'uso di una *plastic card* (v.), invece che sull'uso di assegni o altri tipi di moneta.

plat: ***mappa.*** Rappresentazione grafica di una zona di terreno, dalla quale può ricavarsi la dimensione e l'ubicazione delle diverse particelle, oltre che strade, vie, opere pubbliche, fognature, tubazioni, ecc. L'insieme di tutte le mappe relative alle diverse zone di una città forma la mappa particellare o catastale, cui si fa riferimento, per precisione e convenienza, in tutti gli atti di vendita di proprietà immobiliari.

plate glass insurance: ***assicurazione vetrine.*** Particolare tipo di assicurazione, che copre i rischi dei commercianti di rottura delle vetrine dei loro negozi. In relazione all'alto costo di una vetrina, il premio di questo tipo di assicurazione è piuttosto basso, in quanto la rottura di vetrine è un fatto alquanto raro.

platykurtic curve: ***curva platicurtica.*** Curva di una distribuzione di frequenza, che si presenta piuttosto arrotondata, o piatta, rispetto alla curva normale.

«playing the market»: Espressione colloquiale, con la quale viene indicata l'attività di uno speculatore di borsa, che gioca sul mercato tenendo presenti soltanto le possibilità di guadagno immediato e trascurando le potenzialità di lungo periodo del mercato.

Plaza agreement: Nel settembre 1985, i rappresentanti dei cinque paesi più industrializzati dell'occidente nel corso di una riunione, tenutasi in un albergo di New York, raggiunsero l'accordo su una strategia coordinata il cui obiettivo era la riduzione del valore del dollaro statunitense. A tale accordo fu colloquialmente dato il nome di *Plaza agreement* o *Plaza accord* dal nome dell'albergo in cui ebbe luogo l'incontro.

p.l.c.: public limited company.

to pledge: ***impegnare; dare in pegno; dare in garanzia.*** Trasferire il possesso, ma non la proprietà, di beni, documenti rappresentativi di beni o titoli di credito ad una persona fisica o giuridica, come garanzia collaterale di un prestito. (v. anche *pledge*)

pledge: ***pegno; costituzione in pegno.*** La consegna di beni mobili o personali, o di documenti rappresentativi di simili beni, da parte del debitore al creditore come garanzia collaterale di un prestito concesso dal secondo al primo. Il pegno è diverso dall'ipoteca, in quanto mentre nell'ipoteca su beni mobili la proprietà della cosa passa al creditore pur se il possesso rimane al debitore, nel pegno è esattamente l'opposto, perché il possesso passa al creditore, mentre la proprietà rimane al debitore. Il pegno dà al creditore il diritto di vendere l'oggetto datogli in garanzia dal debitore se quest'ultimo non paga il suo debito alla scadenza o, nel caso in cui non sia determinata la scadenza, entro un periodo di tempo ragionevole dopo la richiesta del creditore.

pledged asset: ***bene impegnato; bene dato in garanzia.*** È il bene dato dal debitore al creditore a garanzia della futura restituzione di un prestito concesso dal secondo al primo. Anche se il possesso del bene viene trasferito al creditore, la proprietà resta al debitore fino alla scadenza del contratto di pegno. (v. anche *pledge*)

pledgee: ***creditore pignoratizio.*** La persona fisica o giuridica che, avendo concesso un prestito, riceve a garanzia dello stesso il possesso di beni mobili o personali appartenenti al debitore, che ne conserva la proprietà fino alla scadenza del contratto. (v. anche *pledge, pledgor*)

pledger: ***debitore pignoratizio.*** Variante grafica di *pledgor* (v.).

pledgor: ***debitore pignoratizio.*** La persona fisica o giuridica che, avendo ricevuto un prestito, trasferisce al creditore, a garanzia dello stesso, il possesso di beni mobili o personali di cui conserva la proprietà fino alla scadenza del contratto. (v. anche *pledge, pledgee*)

Plimsoll line: ***linea di carico; linea di bordo libero; marca di bordo libero.*** Termine usato con lo stesso significato di *load line* (v.).

Plimsoll mark: ***linea di carico; linea di bordo libero; marca di bordo libero.*** Termine usato con lo stesso significato di *load line* (v.).

pliopoly: ***pliopolio.*** Situazione di mercato caratterizzata da un'alta probabilità che compaia un maggior numero di venditori di un determinato bene, quando l'industria che produce quel bene diventa particolarmente redditizia.

pliopsony: ***pliopsonio.*** Situazione di mercato caratterizzata da un'alta probabilità che compaia un maggior numero di compratori di un fattore della produzione, quando l'industria che utilizza quel fattore diventa particolarmente redditizia.

to plough back profits: ***reinvestire gli utili.*** È la pratica cui ricorrono le imprese per autofinanziarsi. Invece di distribuire alti dividendi, esse limitano questi ultimi ad un'equa remunerazione del capitale di rischio e fanno fronte alle loro necessità finanziarie attraverso l'impiego degli utili non distribuiti e dei fondi di ammortamento, con conseguente risparmio dei costi finanziari che dovrebbero sostenere se facessero ricorso al capitale di prestito che potrebbero reperire sul mercato tramite l'emissione di obbligazioni o rivolgendosi alle banche o altre istituzioni finanziarie. Generalmente la quota maggiore della spesa sostenuta da un'impresa per la creazione di nuovo capitale è finanziata con fondi provenienti da fonti interne, cioè il reinvestimento di utili non distribuiti. Questa pratica è stata criticata da alcuni economisti, i quali sostengono che gli utili dovrebbero essere interamente distribuiti agli azionisti, che liberamente sceglieranno se e dove reinvestirli. Alcuni paesi, nel tentativo di scoraggiare la pratica del reinvestimento degli utili, colpiscono gli utili non distribuiti con un'imposta superiore a quella che percuote gli utili distribuiti.

ploughed-back profits: ***utili non distribuiti; utili reinvestiti.*** Quella parte degli utili netti di un'impresa che invece di essere distribuiti agli azionisti vengono reinvestiti nell'impresa per la creazione, insieme ai fondi di ammortamento, di nuovo capitale. Così facendo, l'impresa risparmia i costi finanziari che dovrebbe sostenere se, per creare nuovi investimenti, si rivolgesse al mercato dei capitali o alle banche o altre istituzioni finanziarie. Se, infatti, essa emettesse nuove azioni, dovrebbe pagare dividendi in più, mentre se emettesse obbligazioni o ricorresse ad altro capitale di prestito dovrebbe pagare interessi, oltre ai costi da sostenersi per queste operazioni. Il reinvestimento di utili, che pur rappresenta di solito la maggior parte della spesa sostenuta dall'impresa per la creazione di nuovi investimenti, non esclude tuttavia il ricorso agli altri mezzi sopra citati.

to plummet: ***scendere a candela.*** Il termine inglese è usato principalmente nel linguaggio della borsa valori per indicare la caduta rapida e improvvisa dei corsi.

to plunge: **1.** ***speculare.*** Nel linguaggio della borsa valori, questo termine inglese viene usato per indicare la pratica molto rischiosa e spregiudicata di acquistare o vendere grosse quantità di titoli senza preoccuparsi delle conseguenze che ciò potrebbe avere sui corsi dei titoli stessi. **2.** ***scendere a candela.*** Verbo usato come sinonimo di *to plummet* (v.).

plunger: ***speculatore.*** Termine colloquiale formato dal verbo *to plunge* (v.) per indicare uno speculatore spregiudicato che si tuffa a capofitto in imprese estremamente rischiose, ricavandone un grande utile o sostenendo una perdita disastrosa.

pluperfect market: ***mercato più che perfetto.*** Un mercato nel quale il prezzo aumenta con l'aumentare della quantità di beni scambiata tra gli operatori. (v. anche *imperfect market, perfect market*)

plus accrued interest: ***con dietimi.*** Lo stesso che *cum coupon* (v.).

plus tick: Lo stesso che *up tick* (v.).

plutocracy: ***plutocrazia.*** La preponderanza della classe più ricca nella vita politica di un paese. Nell'accezione più comune, il termine indica il fenomeno, comune nei moderni sistemi capitalistici, del predominio politico di banchieri, grossi finanzieri e imprenditori, che determina il prevalere di interessi particolaristici su quelli generali.

pluvious insurance: ***assicurazione contro la pioggia.*** Particolare tipo di assicurazione, in base alla quale una parte, l'assicuratore, in considerazione del pagamento di un premio, si impegna a indennizzare un'altra parte, l'assicurato, nel caso in cui durante certi periodi stabiliti la pioggia caduta superi un determinato numero di millimetri.

pluvious policy: ***polizza di assicurazione contro la pioggia.*** È la polizza che incorpora il contratto di assicurazione contro la pioggia, descritto sotto *pluvious insurance* (v.).

pm.: premium.

P/M: put of more.

P.M.G.: Postmaster General.

P/N: promissory note.

P.O.: 1) Post Office; 2) postal order.

P.O.B.: Post Office Box.

p.o.c.: port of call.

pocket money: ***denaro per le piccole spese; paghetta.*** Piccola dotazione, di solito settimanale, che i genitori accordano ai figli per le loro piccole spese di ogni giorno.

pocket of depression: ***sacca di depressione.*** Zona o regione di un paese nella quale l'attività economica procede a rilento ed è a livelli notevolmente più bassi di quelli delle altre zone del paese.

P.O.D.: pay on delivery.

point: ***punto.*** Questo termine indica un ammontare specifico considerato come l'unità in base alla quale vengono enunciati gli aumenti o le diminuzioni di un dato prezzo. Il termine viene usato particolarmente in relazione ai corsi dei cambi o dei titoli quotati in borsa, ma può anche usarsi in relazione al saggio di interesse, al saggio di sconto e simili. In Italia, il punto corrisponde ad una lira, mentre negli Stati Uniti è necessario distinguere il mercato al quale ci si riferisce. Infatti, alla borsa valori un punto corrisponde ad un dollaro, mentre nel mercato delle valute estere un punto corrisponde al quarto ed ultimo numero decimale di un corso di cambio espresso in dollari, ossia un centesimo di un cent di dollaro. Così, se ad esempio la quotazione della sterlina in termini di dollari passa da 1,9110 a 1,9114 diciamo che essa ha guadagnato quattro punti. Nelle borse merci statunitensi, cioè quelle che trattano caffè, zucchero, cotone, ecc., un punto corrisponde a un centesimo di cent di dollaro per libbra, per cui un aumento di un quarto di cent per libbra verrebbe indicato come un aumento di venticinque punti. Nelle borse valori britanniche, il punto differisce a seconda della quotazione cui ci si riferisce. In linea generale, esso indica la somma di moneta che, per accordo tra gli operatori, indica l'unità più piccola usata nell'enunciare la variazione di una quotazione. Alla borsa valori di Londra, il punto corrisponde a 1/64 di sterlina, circa un penny e mezzo, quando si parla di titoli a reddito fisso. Quando, invece, si parla di valori azionari, il punto corrisponde ad una frazione di penny, ad esempio un quarto di penny, se il corso del titolo azionario in questione è inferiore alle dieci sterline; esso corrisponde ad una frazione di sterlina, ad esempio un sesto di sterlina, se il corso del titolo azionario in questione è di dieci sterline o superiore a tale cifra.

point elasticity: ***elasticità puntuale.*** L'elasticità di un punto su una curva. Differisce dall'elasticità dell'arco, in quanto quest'ultima è calcolata come grado medio di elasticità tra due punti. (v. anche *point elasticity of demand and supply*)

point elasticity of demand and supply: ***elasticità puntuale della domanda e dell'offerta.*** È l'elasticità puntuale della domanda in relazione a variazioni dell'offerta. Può essere definita come p/q · dq/dp, dove p è uguale al prezzo ad un punto; q è uguale alla quantità a quello stesso punto; dq è uguale al tasso di variazione della quantità; dp è uguale al tasso di variazione del prezzo. Il risultato mostra un segno meno per la curva della domanda e un segno più per la curva dell'offerta.

Point Four Plan: Espressione con la quale viene indicato un programma, esposto dal Presidente degli Stati Uniti Harry Truman nel suo discorso di insediamento del gennaio 1949, che prevedeva la circolazione di conoscenze tecnologiche e scientifiche e di *know–how* (v.) industriale tra gli Stati Uniti e i paesi in via di sviluppo. Il piano prevedeva anche investimenti produttivi in tali paesi con fondi provenienti dagli Stati Uniti, dalle Nazioni Unite e dai paesi interessati. Il programma prese questo nome perché fu enunciato come quarto punto nel discorso citato sopra del 20 gennaio 1949.

point of diminishing returns: ***punto dei rendimenti decrescenti.*** Nel linguaggio economico, viene indicato con questa espressione quel punto oltre il quale ogni aggiunta di successive dosi di uno o più fattori della produzione all'altro o agli altri fattori darà come risultato un aumento di produzione sempre più esiguo. (v. anche *diminishing returns, law of diminishing productivity*)

point of ideal proportions: ***punto delle proporzioni ideali.*** Lo stadio, nelle operazioni di un'impresa produttrice di beni, al quale essa ha realizzato la proporzione ottimale delle quantità relative di ogni fattore della produzione che essa impiega. Una volta raggiunto questo punto, l'impresa potrà realizzare rendimenti crescenti. (v. anche *increasing returns, law of proportions, law of increasing returns*)

point of indifference: ***punto d'indifferenza.*** Lo stadio, nelle operazioni di un'impresa produttrice di beni, al quale il costo di un'ulteriore dose di uno qualsiasi dei fattori della produzione impiegati sarà uguale al rendimento, in termini monetari, del prodotto creato a seguito dell'utilizzazione di quell'ulteriore dose del fattore della produzione.

point of modal interchange: ***punto di trasbordo.*** Lo stesso che *transhipment point* (v.).

point of no return: ***punto di non ritorno; punto d'inversione.*** Espressione usata nel linguaggio economico per indicare quel punto, nell'evoluzione di un periodo di congiuntura bassa o alta, oltre il quale probabilmente si verificherà un'inversione di tendenza.

point of order: ***mozione di ordine.*** Una questione, sollevata da un partecipante ad un'assemblea o altra simile riunione, relativa ad una irregolarità nella procedura seguita. Può riferirsi alla verifica del numero legale, ad osservazioni personali o non pertinenti di un oratore, ecc. e il presidente dell'assemblea è tenuto a considerare la mozione d'ordine con precedenza assoluta.

point of purchase: ***punto di acquisto.*** Lo stesso che *point of sale* (v.), pur se visto da un'altra angolazione.

point–of–purchase advertising: ***pubblicità nel punto di acquisto.*** Uno degli aspetti più importanti della promozione delle vendite, che consiste di qualsiasi accorgimento usato in un negozio al dettaglio allo scopo di attirare l'attenzione del consumatore su uno o più prodotti.

point–of–purchase display: ***esposizione nel punto di acquisto.*** L'esposizione, in apposite strutture mobili, di determinati prodotti in un punto di vendita.

point–of–purchase goods: ***beni da punto di acquisto.*** Espressione con la quale si indicano quei beni che il consumatore acquista non in base ad una propria esigenza pianificata, ma perché spinto dall'impulso di acquistarli appena li vede o perché spinto da motivazioni psicologiche che lo inducono a fare acquisti per compensare una delusione o una situazione personale spiacevole o altri motivi del genere.

point–of–purchase survey: ***indagine sul punto di acquisto.*** Indagine statistica che ha lo scopo di determinare di quali punti di vendita si servono i consumatori. Rappresenta la base scientifica per la raccolta di dati sui prezzi, quando si intende costruire un numero indice (del tipo dell'indice dei prezzi al consumo) che tenga conto di successive variazioni su archi di tempo determinati. Oltre ad agevolare il lavoro di coloro che sono preposti mensilmente alla raccolta dei dati, la determinazione dei punti di acquisto consente anche una continuità di rilevazione, che contribuisce a eliminare certi valori erratici.

point of sale: **1.** ***punto di vendita.*** Il punto esatto in cui si effettua una vendita, cioè il punto in cui il prodotto passa dall'ultimo anello della catena di distribuzione al consumatore finale. **2.** Lo stesso termine indica il punto nel quale vengono pagati gli acquisti fatti in un grande magazzino o supermercato. Il POS è in pratica un terminale informatico, che memorizza i prezzi di tutti gli articoli in vendita e rileva, mediante uno scanner a laser, i codici apposti sulle confezioni dei prodotti; emette scontrini di acquisto; aggiorna la situazione delle scorte e degli articoli venduti; e consente il pagamento mediante carta di addebito.

point–of–sale payment: ***pagamento al punto di vendita.*** Pagamento di beni e servizi effettuato mediante carta di addebito nel luogo in cui essi vengono acquistati. L'espressione prevede l'addebito del conto bancario del compratore e il contemporaneo accredito della somma sul conto bancario del venditore.

point of zero savings: ***punto di risparmio zero; punto di nessun risparmio.*** È il livello di reddito disponibile al quale il percettore spende tutto ciò che guadagna. Se il livello del reddito si sposta al di sopra di tale punto, di ciascuna unità addizionale di reddito una parte sarà destinata al consumo ed un'altra al risparmio. Se, viceversa, il livello del reddito si sposta al di sotto, si verificherà il cosiddetto risparmio negativo, cioè l'utilizzazione di risparmio realizzato in passato per far fronte a spese correnti o la contrazione di debiti.

points assessment: ***valutazione a punti.*** È uno dei sistemi di valutazione delle mansioni, basato sull'assegnazione di una scala di punti a ciascuna funzione relativa ad un posto di lavoro. La somma dei punti relativi a tutte le funzioni dà la valutazione complessiva di quel determinato tipo di lavoro.

points system: ***sistema di razionamento a punti.*** È uno dei sistemi di razionamento che furono usati durante il secondo conflitto mondiale. Veniva applicato ai generi alimentari ed altri beni necessari, quando la quantità disponibile non era sufficiente a garantire almeno un'unità di tali beni a ciascun cittadino. Ad ogni bene veniva assegnato un determinato punteggio, in gran parte basato sulle disponibilità, e ogni consumatore riceveva una tessera con un numero di punti limitato. Il consumatore doveva consegnare i punti corrispondenti a quelli assegnati dalle autorità ai vari beni oltre, ovviamente, a pagare il prezzo del bene acquistato. Poiché gusti ed esigenze dei consumatori erano diversi, imponendo loro una scelta alternativa il sistema di razionamento a punti si dimostrò uno dei più efficaci strumenti per limitare i consumi.

point system of wage–payments: ***sistema di remunerazione a punti.*** Lo stesso che *Bedaux system* (v.).

poisha: Moneta divisionale del Bangladesh, equivalente ad un centesimo di taka.

poison pills: ***pillole avvelenate.*** Sono gli espedienti cui fanno ricorso le imprese che temono di essere prese di mira quali vittime di offerte di acquisto ostili. Tali precauzioni diventano operative non appena si manifesta l'intenzione, da parte di un'altra società, di lanciare l'offerta di acquisto e hanno l'effetto di creare confusioni e incertezze sul reale valore dell'impresa, oltre a quello di far perdere denaro a chi si lancia nel tentativo di acquisizione.

polarization: ***polarizzazione.*** Termine del linguaggio finanziario britannico, con il quale si indica la divisione netta che separa gli intermediari indipendenti, che possono vendere qualsiasi prodotto finanziario di qualsiasi società, dagli agenti o rappresentanti di assicuratrici e altre imprese, che possono vendere soltanto le polizze e i prodotti finanziari della società cui sono legati. Lo stesso termine indica il concetto che le imprese di consulenza finanziaria e la banche che consigliano ai loro clienti quali prodotti finanziari acquistare, non debbano allo stesso tempo avere un loro prodotto da vendere. Ciò, infatti, garantirebbe l'investitore contro i consigli interessati.

pole: ***palo; pertica.*** Termine usato con lo stesso significato di *perch* (v.).

policing costs: ***costi di sorveglianza.*** Le risorse che devono essere sacrificate al fine di sorvegliare e tutelare diritti di uso o di noleggio di beni e servizi. Se tali costi superano il prezzo che si può far pagare agli utenti, è preferibile rendere i beni o servizi gratuiti, pur se ciò può significare il ricorso ad un qualche sistema di razionamento o di code d'attesa. Se, tuttavia, si riescono a produrre strumenti in grado di ridurre tali costi, il bene o servizio può essere fornito a titolo oneroso ma ad un prezzo accessibile per il consumatore, come è il caso dei parchimetri, il cui costo è certamente inferiore a quello di un gran numero di addetti ai parcheggi automobilistici.

policy: **1.** ***polizza.*** Il documento che rappresenta il contratto tra assicuratore ed assicurato, in base al quale il primo, in considerazione di un premio versatogli dal secondo, si impegna ad indennizzarlo al verificarsi di un determinato evento, specificato nella polizza, che arrechi un danno all'assicurato. In essa sono elencati tutti gli elementi relativi al rischio, tutte le condizioni che regolano il contratto e qualsiasi altro elemento che le parti desiderano porre in evidenza in deroga alle norme generali che regolano le assicurazioni. **2.** ***politica.*** Nel linguaggio aziendale, questo termine indica i principali obiettivi stabiliti dai dirigenti di una qualsiasi impresa industriale o commerciale e il corso di azione generale che deve perseguirsi al fine di realizzarli. La formulazione di una politica aziendale non è una decisione rigida presa una volta per tutte, anzi essa è flessibile e pertanto soggetta a revisioni e variazioni via via che viene applicata. Rappresenta, cioè, un processo continuo che si svolge a vari stadi o in diversi periodi della vita di un'impresa. L'obiettivo principale di una politica aziendale è di solito stabilito ancor prima che l'impresa venga formata ed è inserito nell'atto costitutivo della società; i metodi da seguire per realizzare l'obiettivo principale rappresentano la fase successiva di preparazione di una politica aziendale e sono basati su dati storici (se questi sono disponibili), su previsioni e sul tipo di organizzazione e controllo che verranno adottati. A seconda della bontà dei metodi stabiliti, potrà essere necessario apportare, di tanto in tanto, variazioni alla politica aziendale generale. Oltre ad indicare la politica generale dell'impresa, il termine viene usato per indicare la politica perseguita o da applicarsi nei particolari settori della vita aziendale e pertanto si parla di politica del personale, politica della produzione, politica finanziaria, politica di marketing, e così via. Ciascuna di queste politiche specifiche indicherà, a sua volta, obiettivi principali e metodi per realizzarli.

policy committee: ***comitato per la politica aziendale.*** Il comitato preposto all'elaborazione di proposte e consigli sulla politica aziendale, la cui formulazione definitiva è competenza del consiglio di amministrazione.

policy costs: ***costi di politica.*** Lo stesso che *fixed costs* (v.).

policy depreciation: ***ammortamento politico.*** Termine usato con lo stesso significato di *policy method of depreciation* (v.).

policy goals: ***obiettivi di politica.*** Gli obiettivi di politica economica o monetaria che un governo si prefigge di realizzare mediante la manipolazione degli strumenti a sua disposizione. Tra tali obiettivi rientrano, ad esempio, il livello di produzione e il tasso d'inflazione.

policy–holder: ***detentore di polizza; titolare di polizza; assicurato.*** Il termine inglese viene usato indifferentemente per indicare un soggetto che ha il possesso o che è titolare di una polizza di assicurazione. Esso, pertanto, indica sia colui che ha stipulato una polizza contro un rischio cui è esposto personalmente, come ad esempio chi si assicura sulla vita, sia chi ha stipulato una polizza contro un rischio cui è esposto un altro individuo, come ad esempio un esportatore che sottoscrive una polizza su merci acquistate da un importatore.

policy instruments: ***strumenti di politica.*** Espressione di recente formazione, con la quale si indicano delle variabili socio–economiche che un governo può manipolare allo scopo di influenzare variabili politiche. I quattro principali tipi di strumenti economici del genere sono la politica fiscale, la politica monetaria, la politica dei tassi di cambio e la politica dei redditi.

policy loan: ***prestito su polizza; mutuo su polizza.*** Il prestito concesso da una società di assicurazione ad un suo assicurato, su garanzia del valore di riscatto di una polizza di assicurazione sulla vita. (v. anche *cash surrender value*)

policy manual: ***manuale di politica aziendale.*** Manuale, a volte usato nelle imprese, nel quale vengono definite le linee generali della politica aziendale. È diretto principalmente ai funzionari e ai supervisori e, pertanto, può anche contenere indicazioni e linee generali delle politiche dipartimentali o sezionali.

policy method of depreciation: ***metodo di ammortamento politico.*** Metodo di ammortamento basato non sul servizio reso da un bene in un arco di tempo, ma su una politica sociale o finanziaria perseguita dall'organizzazione proprietaria del bene. Questo sistema viene adottato particolarmente dalle imprese pubbliche in relazione ad opere realizzate con il finanziamento ricavato da un'emissione di titoli obbligazionari, i quali vengono rimborsati in un arco di tempo inferiore a quello durante il quale l'opera pubblica realizzata, ad esempio un'autostrada, continuerà ad essere utilizzata e, quindi, a fornire il servizio per il quale fu costruita.

policy mix: ***combinazione di politiche; dosaggio di politiche.*** Un insieme costituito da elementi di politica fiscale, politica monetaria e altre politiche, inteso ad agevolare la realizzazione degli obiettivi economici di un governo.

policy–off: Espressione britannica, usata per indicare un periodo in cui non è in vigore una politica dei redditi e si può pertanto ricorrere alla contrattazione collettiva libera.

policy of insurance: ***polizza di assicurazione.*** È la polizza descritta sotto *policy 1* (v.).

policy of marine insurance: ***polizza di assicurazione marittima; polizza marittima; polizza di sicurtà.*** Termine usato in alternativa a *marine insurance policy* (v.).

policy of promotions: ***politica delle promozioni.*** La politica seguita da un'impresa o altra organizzazione per decidere sulle promozioni del personale. Può essere basata sull'anzianità, sul merito o su entrambi.

policy of protection and indemnity: ***polizza di protezione e indennità.*** È la polizza di assicurazione marittima emessa da un *protection and indemnity club* (v.).

policy–on: Espressione britannica, usata per indicare un periodo in cui vige una politica dei redditi e non è pertanto consentito il ricorso a contrattazioni collettive libere.

policy proof of interest: ***polizza di onore; polizza di buona fede.*** Termine usato con lo stesso significato di *honour policy* (v.).

policy reserve: ***riserva di polizza.*** È il valore, ad una qualsiasi data, maturato su una polizza di assicurazione sulla vita. Detraendo da tale valore l'ammontare relativo alle spese di riscatto, si ottiene il valore di riscatto della polizza. (v. anche *cash surrender value*)

policy rules: ***regole di politica.*** Lo stesso che *monetary rules* (v.).

policy targets: ***obiettivi di politica.*** Lo stesso che *policy goals* (v.).

policy year: ***anno di polizza.*** Il periodo di 365 giorni, durante i quali ha efficacia una polizza assicurativa, che inizia a decorrere dal giorno in cui viene sottoscritta o emessa la polizza, cioè dalla data apposta sulla stessa.

political and charitable contributions: ***contributi a associazioni caritatevoli e a partiti politici.*** Poiché questi contributi possono essere detratti dal reddito imponibile delle persone giuridiche, il *Companies Act* del 1967 stabilisce che le società forniscano dettagli di tali contributi se essi superano le cinquanta sterline. Per contributi superiori alle cinquanta sterline è anche prescritto che la società indichi il nome del partito politico cui essi sono stati versati.

Political and Economic Planning: Organizzazione culturale fondata nel Regno Unito nel 1931 col compito di svolgere ricerche su problemi economici ad uso delle forze sociali e politiche. L'organizzazione compie ricerche, principalmente condotte dal suo personale a tempo pieno coadiuvato da esperti esterni, su questioni di interesse generale, che poi vengono rese di dominio pubblico attraverso la stampa, così fornendo, ai politici che dovranno prendere le relative decisioni, materiale sul quale basare le loro scelte e al pubblico un metro di giudizio sulle scelte effettuate dai politici.

political arithmetic: ***aritmetica politica.*** Espressione usata da William Petty, in un suo libro del 1690, per indicare l'insieme di studi e conoscenze che, in seguito, divennero noti col termine di economia politica. L'espressione inglese fu usata anche per indicare la corrente di pensiero economico fondata appunto da W. Petty, della quale fecero parte anche G. King e C. Davenant.

political business cycle: ***ciclo economico politico.*** Espressione statunitense, con la quale si indica lo stesso concetto esposto sotto *electoral/political cycle* (v.). L'ipotesi su cui si basa questo concetto è che il presidente degli Stati Uniti adotti una politica tendente a stimolare l'economia in prossimità delle elezioni presidenziali, allo scopo di far svolgere le consultazioni in un momento di euforia economica. Dopo le elezioni, colui che viene eletto presidente provvede a rimediare al danno inflazionistico così prodotto, adottando politiche restrittive. L'ipotesi ha attirato critiche da più parti e i risultati di diversi studi sull'argomento si sono dimostrati contraddittori.

political economics: ***economia politica.*** Lo stesso che *economics* (v.). Il termine inglese ha sostituito l'ormai obsoleto *political economy.*

political economy: ***economia politica.*** Il termine inglese, oggi caduto in disuso, ha indicato, fino all'inizio di questo secolo, il corpo di studi e conoscenze che oggi va sotto il nome di *economics* (v.), cioè economia o scienza economica.

political market: ***mercato politico.*** La situazione istituzionale che presiede alla fornitura di beni pubblici. Il mercato politico decide la quantità e la qualità dei beni pubblici da fornire, il cui pagamento si effettua mediante l'impiego di parte del gettito fiscale, e le penalità da infliggere a coloro che tentano di evitare di contribuire alle spese relative.

political risk: ***rischio politico.*** Lo stesso che *country risk* (v.).

political risk insurance: ***assicurazione contro il rischio politico.*** L'assicurazione, di solito fornita da enti statali a imprese nazionali, contro il rischio derivante dal porre in essere investimenti in paesi politicamente instabili, che potrebbero risolversi nella nazionalizzazione del capitale fisso creato nel paese ospitante.

politician push: ***spinta politica.*** Espressione usata per indicare la causa di inflazione che trae origine dalla spinta dei politici ad ampliare l'offerta di moneta, al fine di evitare la disoccupazione che seguirebbe gli aumenti del costo del lavoro superiori alla produttività marginale del lavoro.

politician–push inflation: ***inflazione da spinta politica.*** Come l'inflazione da costi, trova origine nell'aumento dell'offerta di moneta, ma a differenza di quella ha la causa non nell'aumento dei costi, bensì nella spinta dei politici tendente a far aumentare l'offerta di moneta. (v. anche *politician push*)

poll: ***votazione per appello nominale.*** Alle assemblee generali degli azionisti, il metodo più seguito per prendere decisioni è per alzata di mano, ma qualunque azionista presente può chiedere che si proceda a votazione per appello nominale, se egli non è soddisfatto della procedura seguita e se tale forma di votazione non è espressamente esclusa per quel tipo di risoluzione. Se la richiesta di votazione per appello nominale viene accolta, l'assemblea può riconvocarsi, previa notifica a tutti i soci, o può procedere alla votazione, il risultato della quale sarà dichiarato dopo il computo dei voti espressi dai soci presenti e da quelli che hanno delegato altri soci a rappresentarli, tenendo presente che in caso di votazione per appello nominale ciascun socio ha diritto a tanti voti per quante sono le azioni ordinarie di sua proprietà.

poll tax: ***capitazione; imposta di capitazione.*** Termine usato con lo stesso significato di *capitation tax* (v.). Dal 1990, in tutto il Regno Unito la *poll tax* sostituisce le imposte locali (v. anche *rates*) che colpivano le proprietà immobiliari in ragione del valore del terreno e della loro ubicazione e ampiezza. La *poll tax*, invece, colpisce in ammontare uguale tutti i cittadini adulti.

pollutant: ***scarico inquinante; prodotto inquinante.*** Lo stesso che *polluting product* (v.).

polluter: ***inquinatore.*** Chi, attraverso scarichi nocivi o velenosi o eccessivo rumore, causa l'inquinamento dell'ambiente in cui si vive. (v. anche *pollution*)

«polluter pays» principle: ***principio del «paga chi inquina».*** È il principio in base al quale viene fatto pagare un prezzo a colui che inquina l'ambiente in cui opera. Può essere applicato mediante un'imposta a carico di chi produce inquinamento o mediante il pagamento di una somma per il rilascio di una licenza per svolgere un'attività che potrebbe risultare inquinante. Ciò porterebbe i privati e le imprese a limitare l'inquinamento o a scegliere processi di lavorazione o di consumo anti–inquinanti. La difficoltà, tuttavia, è quella di stabilire il valore monetario di un ambiente non inquinato.

polluting product: ***prodotto inquinante.*** Qualsiasi prodotto che arreca danno all'equilibrio naturale dell'ambiente, come ad esempio gli scarichi industriali e automobilistici.

pollution: ***inquinamento.*** È la distruzione dello stato di purezza di un ambiente e rappresenta un costo sociale che deriva dai fumi e vapori di scarico che contaminano l'atmosfera, dai liquami delle città e dagli scarichi industriali riversati nei fiumi, nei mari e nei laghi, e dall'eccessivo rumore che, in alcune città e industrie, raggiunge livelli intollerabili. Secondo l'economista britannico Pigou, questo costo sociale va detratto dal prodotto netto privato. (v. anche *private net product, social net product*)

pollution tax: ***tassa ecologica; tassa sull'inquinamento.*** Lo stesso che *effluent charge* (v.)

polymetallism: ***polimetallismo.*** Sistema monetario teorico che prevede la monetazione di più di due metalli, coniati in base ad un qualche rapporto di peso e di fino tra loro. (v. anche *monometallism, bimetallism*)

polyopsony: ***poliopsonio.*** Situazione di mercato caratterizzata dalla presenza di un numero di compratori limitato, le cui decisioni di conseguenza influenzano il prezzo di mercato, ma abbastanza grande perché nessuno di loro possa essere certo degli effetti che le proprie decisioni individuali produrranno sulla condotta degli altri compratori presenti nel mercato.

polypolist: ***polipolista.*** Il venditore che opera in una situazione di mercato definita col termine di polipolio. (v. anche *polypoly*)

polypoly: ***polipolio.*** Situazione di mercato caratterizzata dalla presenza di un numero di venditori limitato, le cui decisioni di conseguenza influenzano il prezzo di mercato, ma abbastanza grande perché nessuno di loro possa essere certo degli effetti che le proprie decisioni individuali produrranno sulla condotta degli altri venditori presenti nel mercato.

polypsonist: ***polipsonista.*** Il compratore che opera in una situazione di mercato definita col termine di polipsonio. (v. anche *polypsony*)

polypsony: ***polipsonio; polipolio della domanda.*** Situazione di mercato caratterizzata da un numero rilevante e imprecisato di compratori di uno stesso bene o servizio di fronte alla concorrenza perfetta tra venditori. In questa situazione, ciascun compratore ritiene che le proprie decisioni non produrranno alcuna reazione da parte degli altri compratori presenti nel mercato.

pool: 1. ***cartello; consorzio; sindacato.*** Termine generico, col quale si indica una qualsiasi coalizione di imprese, precedentemente in concorrenza tra loro, in vista di vantaggi che possono derivare ad ogni singola impresa dall'accordo di limitare la concorrenza e di mantenere un determinato livello di prezzi attraverso la divisione del mercato o degli utili, tra le imprese aderenti all'accordo, in base alla loro dimensione o a qualche altro parametro. L'accordo può anche portare alla creazione di un organo centrale cui viene dato l'incarico di vigilare sull'osservanza e sul rispetto dei patti e di dirigere l'attività delle imprese, acquistando tutte le materie prime ad esse necessarie e vendendone tutti i prodotti finiti. **2.** ***fondo comune; pool.*** Un qualsiasi fondo nel quale vengono versati contributi e dal quale vengono prelevate le somme necessarie a far fronte a impegni assunti nei confronti di coloro che hanno costituito il fondo stesso. Il termine può applicarsi ad un fondo pensioni, ad un fondo di garanzia e solidarietà o simili. Il cosiddetto pool dell'oro era basato su questo principio e il termine inglese viene anche usato per designare il conto sul quale vengono versate le riserve di valuta dei paesi membri e l'oro detenuti dal Fondo Monetario Internazionale. (v. anche *Gold Pool, International Monetary Fund*)

pool car: ***vagone per carico comune.*** Negli Stati Uniti, è un vagone adibito al trasporto di un rilevante numero di piccoli colli, ad un costo per l'utente inferiore a quello della tariffa per carichi parziali. I colli vengono inoltrati separatamente verso il loro punto di destinazione finale se esso è oltre la stazione in cui questo particolare vagone termina la corsa. (v. anche *less–than–carload rate*)

pooling of interests: ***cumulo di interessi.*** Espressione generica con la quale viene indicata una qualsiasi forma di fusione o unione di imprese, in cui ciascuna componente conserva intatti i propri interessi e la propria individualità, in relazione al proprio capitale, in un nuovo e diverso tipo di organizzazione. In una situazione del genere non si sostengono nuovi costi, in quanto non vi è alcuna vendita né alcun acquisto, cosa che invece si verifica nel caso in cui un'impresa viene assorbita da un'altra attraverso l'acquisizione da parte della seconda del pacchetto di maggioranza della prima.

pooling of risk: ***cumulo del rischio.*** È il principio che sta alla base delle assicurazioni. Un certo numero di individui esposti ad un determinato rischio costituiscono un fondo comune attraverso il versamento di contributi proporzionali alla probabilità del verificarsi dell'evento dannoso contro il quale si assicurano. Da tale fondo saranno prelevate le somme necessarie ad indennizzare coloro tra i contribuenti che sono rimasti vittime del rischio contro il quale si erano assicurati. (v. anche *pool 2, insurance*)

pool swap: È indicato con questo termine un particolare fondo, gestito dalla Banca dei Regolamenti Internazionali e costituito da valute da riserva, usato per far fronte ai movimenti di capitali vaganti a scopo speculativo. (v. anche *reserve currency, hot money 1*)

poor debtor's oath: ***giuramento di debitore povero.*** La pratica, accettata in alcuni degli Stati Uniti, in base alla quale un debitore, che ha perso tutti i suoi averi ed è di ventato povero, può convocare il proprio creditore davanti ad un giudice e lì giurare di non essere in grado di far fronte al proprio debito. Ciò è sufficiente ad assolverlo dall'obbligo del pagamento di quel particolare debito e per questo motivo tale pratica è stata popolarmente indicata come fallimento dei poveri.

poor man's goods: ***beni inferiori.*** Termine popolare, usato con lo stesso significato di *inferior goods* (v.).

pop.: population.

popular capitalism: ***capitalismo popolare.*** Questo termine è stato coniato per indicare il rapido diffondersi della proprietà di azioni tra i piccoli risparmiatori, principalmente a seguito dei grandi programmi di privatizzazione della seconda metà degli anni ottanta.

popular price: ***prezzo popolare.*** Prezzo sufficientemente basso e pertanto alla portata di tutti.

population: 1. ***popolazione.*** L'insieme delle persone che vivono in una determinata area geografica, sia essa un piccolo comune o il mondo intero. Lo studio statistico della popolazione umana, chiamato demografia, è un aspetto importante dell'economia e ha dato luogo a varie teorie, la più nota delle quali è forse quella formulata da Thomas R. Malthus e rielaborata dai suoi successori. Tutti i paesi del mondo tentano di avere sempre un quadro abbastanza preciso della popolazione che vive entro i confini dello stato e ciò si realizza attraverso censimenti periodici. (v. anche *Malthusianism, Malthusian theory of population*) **2. popolazione; universo.** In statistica, si indica con questo termine l'intera matrice o il gruppo di dati dai quali si possono estrarre campioni. I gruppi possono avere elementi comuni in permanenza o soltanto temporaneamente e possono essere reali, o fisicamente esistenti, come ad esempio la popolazione di un paese in un dato momento o l'intera produzione di un bene, oppure ipotetici, quali ad esempio i valori che possono ricavarsi da lanci successivi di un paio di dadi.

population census: ***censimento della popolazione.*** Rilevazione statistica che mira ad accertare lo stato della popolazione residente in un determinato paese, cioè la sua consistenza numerica, la sua distribuzione territoriale, la sua distribuzione per gruppi di uguale età, oltre ad altre caratteristiche biologiche e sociali, quali il sesso cui appartiene ogni individuo, il suo stato civile, la sua professione, e così via.

population explosion: ***esplosione demografica.*** L'improvviso e rapido aumento della popolazione che si è verificato dopo la seconda guerra mondiale. In particolare, l'espressione viene riferita all'incremento della popolazione verificatosi nell'America settentrionale e nell'Europa occidentale, ove le previsioni erano in favore di una diminuzione della popolazione. (v. anche *population problem*)

population forecast: ***previsione demografica.*** Calcolo che tenta di accertare o prevedere il numero di persone che vivranno in un determinato territorio (nazione, città, ecc.) in un dato periodo futuro.

population growth: ***sviluppo demografico; incremento della popolazione.*** Dipende dal tasso di natalità e dal tasso di mortalità. Se il primo è superiore al secondo, si verifica un aumento della popolazione; in caso contrario, si registra un declino della popolazione.

population multiplier: ***moltiplicatore della popolazione.*** È un moltiplicatore che pone in relazione le variazioni nella popolazione di un paese con le variazioni nell'occupazione primaria.

population problem: ***problema demografico.*** Il problema demografico è strettamente collegato al problema della produzione mondiale di generi alimentari. Il primo economista che studiò a fondo questo problema fu Thomas R. Malthus, che basando le proprie ricerche sull'incremento della popolazione inglese nel suo tempo (la prima edizione dell'opera di Malthus fu pubblicata nel 1798) giunse alla conclusione che la popolazione mondiale cresceva ad un ritmo superiore a quello di incremento della produzione di generi alimentari, per cui ci si doveva aspettare un periodo di povertà e fame se non si fosse posto rimedio a questo divario di crescita. Le previsioni di Malthus, fortunatamente, si dimostrarono infondate non tanto perché inesatte, quanto perché dopo la loro formulazione furono sviluppate nuove aree geografiche con una produzione di generi alimentari di molto superiore al fabbisogno delle loro popolazioni. Di conseguenza, oltre cento anni dopo la formulazione delle previsioni di Malthus la popolazione britannica godeva di un tenore di vita di molto superiore a quello dell'epoca di Malthus. Il problema demografico nei termini posti da Malthus si ripresentò nel periodo immediatamente successivo alla seconda guerra mondiale, quando l'esplosione demografica nuovamente fece temere che la popolazione tendesse a crescere ad un ritmo di molto superiore a quello di produzione delle risorse alimentari mondiali, ma un calo della natalità registratosi in anni più recenti insieme a nuove tecniche di produzione fanno pensare che il problema sia stato nuovamente rinviato, pur se non definitivamente risolto, a quando la produzione di cibo mondiale sarà decisamente superata dall'incremento della popolazione mondiale. Il problema demografico, ma in termini esattamente opposti, si presentò nel Regno Unito e in altri paesi del mondo occidentale nei primi decenni di questo secolo, quando il calo delle nascite fece prevedere una notevole diminuzione della popolazione, cosa che effettivamente si verificò in Francia alla fine degli anni trenta. Tuttavia, dopo il 1943 il tasso di natalità di questi paesi ricominciò a crescere, tanto che si è parlato di esplosione demografica che ha smentito tutte le previsioni. (v. anche *Malthusianism, Malthusian theory of population, population explosion, population projection*)

population projection: ***previsione di sviluppo demografico.*** La previsione sullo sviluppo della popolazione di un determinato paese o del mondo in generale, basata sulle tendenze che si verificano al momento in cui essa viene formulata. Se le tendenze subiscono una modifica, si dovrà procedere ad una nuova previsione, che darà risultati ovviamente diversi. Una tale inversione di tendenza si è registrata nella crescita della popolazione di alcuni paesi occidentali nel periodo successivo alla seconda guerra mondiale, per cui paesi che si riteneva dovessero subire un declino della popolazione, ebbero invece uno sviluppo demografico tanto consistente da far creare l'espressione «esplosione demografica». (v. anche *population explosion, population problem*)

population pyramid: ***piramide delle età.*** Rappresentazione grafica, di forma approssimativamente triangolare, usata per evidenziare la composizione di una popolazione in base all'età, al sesso e ad altri eventuali dati comuni. Il triangolo che rappresenta la piramide delle età è diviso al centro da una linea che indica le età attraverso tacche rappresentanti intervalli di cinque anni. Ponendo in cima a questa linea l'età più elevata, ad esempio cento anni, e sul fondo l'età più bassa, ad esempio un anno, si calcola per mezzo di una linea orizzontale il numero di persone appartenenti a ciascuna età indicata, ponendo di solito i maschi a sinistra e le femmine a destra. I lati del triangolo non sono, pertanto, uniformi, in quanto le linee orizzontali che li formano sono più o meno lunghe a seconda dell'aumento o della diminuzione del tasso di natalità e di quello di mortalità. Usando diversi colori è possibile indicare anche altri dati sulla piramide delle età, quali, ad esempio, il numero dei vedovi, il numero dei coniugati e quello dei non coniugati.

population trap: ***trappola demografica.*** La situazione in cui la popolazione di un paese cresce a un tasso superiore a quello di crescita del reddito, per cui si verifica una riduzione del reddito reale pro-capite.

p.o.r.: port of refuge.

porcupine provision: Lo stesso che *shark repellent* (v.).

pork barrel: Espressione usata negli Stati Uniti per indicare lo stanziamento di denaro pubblico per il finanziamento di opere demagogiche dalle quali i politici locali possono trarre notevoli vantaggi elettorali. Poiché tutto il mondo è paese, anche negli Stati Uniti, come da noi, i politici valutano la realizzazione di tali opere non tanto in base al beneficio che può derivare ai contribuenti, quanto in base all'impressione che esse possono fare sull'elettorato.

port: ***porto.*** Il termine inglese indica il luogo in cui sostano le navi per svolgere le operazioni di caricazione e di discarica. Esso implica la presenza nel luogo di opere appositamente costruite dall'uomo allo scopo di facilitare le suddette operazioni e garantire alle navi una sicura difesa contro la forza del mare. I porti soggetti ad alta onda di marea sono equipaggiati con speciali bacini, chiamati *docks*, dove le navi possono galleggiare qualunque sia il livello dell'acqua nel porto. Nei porti non soggetti ad alte onde di marea, tali strutture non sono necessarie e le navi attraccano a moli o banchine equipaggiati per le operazioni di caricazione e discarica.

portability: ***trasferibilità.*** Termine usato nel linguaggio delle assicurazioni sociali statunitense per indicare la possibilità di trasferire, da un datore di lavoro a un altro, i diritti e i benefici derivanti a un lavoratore da un piano di pensionamento privato.

Portal-to-Portal Act: Legge, approvata dal Congresso degli Stati Uniti nel 1947, che riduceva la responsabilità dei datori di lavoro in relazione alla remunerazione relativa al tempo impiegato dal lavoratore per recarsi dall'ingresso dello stabilimento al proprio posto di lavoro. In base a questa legge, il datore di lavoro doveva erogare tale remunerazione soltanto se essa era esplicitamente prevista nel contratto di lavoro.

portal-to-portal pay: Espressione usata per indicare la remunerazione, dovuta ad un lavoratore il cui salario è corrisposto in base ad una tariffa oraria, relativa non soltanto al tempo effettivamente dedicato allo svolgimento delle sue mansioni lavorative, ma anche al tempo che egli impiega per recarsi dall'ingresso della fabbrica al suo posto di lavoro e viceversa. L'espressione fu in origine applicata alle miniere di carbone, ma in quel caso l'ingresso al luogo di lavoro era facilmente identificabile con l'accesso alla miniera. Nelle moderne strutture industriali risulta un po' più complesso definire l'accesso alla fabbrica e, pertanto, si è fatto ricorso ad un altro elemento, considerando che l'accesso in fabbrica va identificato col punto in cui il lavoratore entra sotto il diretto controllo del datore di lavoro. Ad esempio, se il lavoratore deve marcare il cartellino, quello viene considerato l'accesso in fabbrica; oppure, se il lavoratore deve esibire un documento di riconoscimento o di libero accesso, quello è considerato il punto in cui egli entra sotto il diretto controllo del datore di lavoro. Dal momento in cui il lavoratore si presenta a tale punto comincia a decorrere il tempo per il quale deve essere remunerato.

port area: ***zona portuale.*** È la zona di terra e mare, con le necessarie infrastrutture, controllata da un ente del porto.

port authority: ***ente del porto; consorzio del porto.*** Ente, di solito creato con apposito provvedimento legislativo e dotato di personalità giuridica, preposto al coordinamento delle operazioni e del traffico marittimo e terrestre in un porto, alla gestione dei vari servizi, alla costruzione e manutenzione di infrastrutture entro l'area del porto e al mantenimento della navigabilità delle acque portuali. Negli Stati Uniti, la creazione di un ente del porto può chiamare in causa più di un organo legislativo, in quanto il controllo sulle acque navigabili è di pertinenza federale e se il porto in questione si estende su un territorio di più stati la legge che istituisce l'ente interessa il Congresso degli Stati Uniti e gli organi legislativi dei vari stati interessati. (v. anche *Port of New York Authority*)

port bill of lading: ***polizza di carico del porto; polizza del porto.*** È la polizza di carico rilasciata e firmata dal comandante o dall'agente dell'armatore, a ciò debitamente autorizzato, quando la nave è già in porto e le merci da spedire sono state prese in consegna dal comandante o dall'agente per essere imbarcate. L'imbarco dovrà avvenire entro dieci giorni dalla data di emissione della polizza del porto.

port charges: ***spese di porto; diritti di porto.*** L'insieme degli oneri che una nave deve pagare per l'approdo e la sosta in un porto. Tali oneri non includono le spese per la caricazione o la discarica delle merci.

port clearance: ***spedizione.*** Termine usato con lo stesso significato di *clearance 1* (v.).

port differential: ***tariffa differenziale.*** Espressione usata per indicare la differenza di nolo pagata sullo stesso carico da un punto di origine a due o più porti di destinazione in concorrenza tra loro. Il porto che riuscirà a far pagare la tariffa differenziale più bassa probabilmente si assicurerà un maggior volume di traffico.

port dues: ***spese di porto; diritti di porto.*** Termine usato con lo stesso significato di *port charges* (v.).

porterage: 1. ***facchinaggio.*** Il trasporto a braccia di colli da e a bordo di una nave. **2.** ***spese di facchinaggio.*** Le spese pagate per il trasporto a braccia di colli, da parte di scaricatori di un porto, da e a bordo di una nave.

port facilities: ***attrezzature e impianti portuali; arredamenti portuali.*** Sono le infrastrutture di cui è dotato un porto e comprendono linee ferroviarie, attrezzature per la movimentazione e il sollevamento del carico, strutture per la conservazione di merci, e simili. Quanto più sviluppati ed efficienti sono questi impianti, tanto più traffico attirerà il porto in condizioni normali di funzionamento.

portfolio: ***portafoglio.*** 1) Questo termine indica collettivamente tutti i titoli mobiliari posseduti da un singolo investitore e, quindi, anche un elenco dettagliato di tali investimenti. Affinché un portafoglio dia una certa sicurezza, deve presentare un'ampia diversificazione tra i vari titoli disponibili sul mercato. Nel linguaggio dei fondi comuni d'investimento, il termine indica l'insieme di titoli acquistati con il denaro investito dai sottoscrittori. Nel linguaggio bancario, infine, indica l'insieme di titoli amministrati da una banca. 2) In un significato più ampio, il termine indica un insieme di attività e passività caratterizzate da diversi rendimenti, diversi rischi e diverse date di scadenza.

portfolio adjustment: ***adeguamento di un portafoglio.*** La variazione delle proporzioni tra le diverse attività presenti in un portafoglio, che dà luogo a forme di investimento o disinvestimento allo scopo di ripristinare il giusto equilibrio che porta al bilanciamento del portafoglio.

portfolio balance: ***bilanciamento di un portafoglio.*** Un portafoglio, composto di una grande varietà di attività, può dirsi bilanciato quando i rendimenti marginali sono gli stessi per tutte le attività che vi compaiono, cioè quando l'ultima unità monetaria spesa in ciascuna attività frutta lo stesso rendimento. Ciò perché i rendimenti derivanti da ciascuna attività sono soggetti alla legge dei rendimenti decrescenti e quanto maggiore è la quantità di un'attività già presente nel portafoglio, tanto minore sarà il rendimento ottenuto da un'unità addizionale di quella attività. Poiché la domanda di una qualsiasi attività varia in maniera direttamente proporzionale al suo rendimento e in maniera inversamente proporzionale al rendimento di tutte le altre attività, la domanda di moneta come percentuale di un portafoglio aumenterà quando diminuisce il rendimento delle altre attività e diminuirà quando aumenta il rendimento delle altre attività.

portfolio balance theory: ***teoria del portafoglio bilanciato.*** Una delle due più importanti teorie che tentano di spiegare i movimenti dei tassi di cambio, ma mentre la teoria della parità dei poteri di acquisto si riferisce al conto corrente della bilancia dei pagamenti, questa si riferisce alla bilancia delle obbligazioni. Secondo questa teoria, infatti, i tassi di cambio sono in gran parte determinati dai differenziali dei tassi d'interesse nei diversi centri finanziari, che generano flussi di capitali speculativi e per investimenti, manovrati dai grandi investitori che cercano i migliori rendimenti e un'opportuna diversificazione dei loro portafogli. L'afflusso di questi fondi in un centro finanziario fa aumentare la domanda delle valute in esso trattate e ciò a sua volta fa aumentare il tasso di cambio di quelle valute. (v. anche *purchasing power parity theory*)

portfolio choice: ***scelta di portafoglio.*** Lo stesso che *portfolio diversification* (v.).

portfolio constraints: ***restrizioni di portafoglio.*** Restrizioni da parte delle autorità governative sul tipo di titoli che determinate istituzioni, quali ad esempio fondi pensione e società di assicurazione, possono tenere in portafoglio.

portfolio diversification: ***diversificazione di un portafoglio.*** Il concetto esposto sotto la terza definizione di *diversification* (v.).

portfolio imbalance: ***sbilanciamento di un portafoglio.*** L'opposto di *portfolio balance* (v.). Un portafoglio è sbilanciato quando i rendimenti marginali non sono gli stessi per tutte le attività, ovvero è presente nel portafoglio una quantità eccessiva di un'attività e/o una quantita insufficiente di una o più altre attività.

portfolio income: ***reddito di portafoglio.*** Lo stesso che *investment income* (v.).

portfolio institutions: ***istituzioni d'investimento in valori mobiliari.*** Termine generico, usato per indicare qualsiasi tipo di istituzione che investe in un portafoglio titoli, come ad esempio i fondi comuni d'investimento mobiliare.

portfolio insurance: ***assicurazione di portafoglio.*** Sistema che consente di proteggere un portafoglio titoli contro le eccessive fluttuazioni di mercato in ambedue le direzioni. Un portafoglio protetto con questo sistema manterrà il proprio valore complessivo in un mercato al ribasso, pur se in un mercato al rialzo l'aumento del suo valore sarà inferiore a quello del listino. Il sistema, ideato da due economisti statunitensi e diffuso a partire dal 1982, si basa su un determinato bilanciamento dei titoli in portafoglio, che varia a seconda dell'andamento del mercato, e su interventi sul mercato dei contratti a termine su strumenti finanziari. Purtroppo, durante la crisi dell'ottobre 1987, questo sistema non è riuscito a tutelare i portafogli titoli di coloro che non si erano mossi in tempo basandosi su vaghi segnali del mercato e anzi sembra che abbia notevolmente contribuito al crollo dei mercati azionari e dei mercati dei contratti a termine statunitensi. A questa conclusione, infatti, giunse la Commissione Brady a seguito dell'indagine sulle cause del crollo dei mercati finanziari statunitensi nell'ottobre del 1987.

portfolio investment: ***investimento di portafoglio; investimento finanziario.*** Investimento in valori mobiliari e in cambiali commerciali, nei quali le banche e altre istituzioni finanziarie impiegano le loro eccedenze di liquidità o, come avviene per le case di sconto, pressocché la totalità delle loro disponibilità liquide. Lo stesso termine indica l'investimento in valori mobiliari effettuato da privati o imprese non finanziarie. Da un punto di vista della partecipazione in singole società, si definisce investimento di portafoglio quello che non supera il dieci per cento delle azioni emesse da una singola società.

portfolio investor: ***investitore finanziario.*** Chi investe in valori mobiliari o altri strumenti finanziari di varia natura.

portfolio management: ***gestione di portafoglio.*** La gestione di un portafoglio titoli, di solito da parte di un'organizzazione specializzata in tale tipo di attività, a favore di piccoli investitori o di investitori istituzionali, quali i fondi pensione e le compagnie di assicurazione. Comprende non soltanto lo stacco e l'incasso di cedole, ma anche la sottoscrizione o la vendita di diritti, la scelta di nuovi titoli in cui investire e di titoli in portafoglio da liquidare, l'individuazione di un giusto equilibrio tra titoli a reddito fisso e titoli a reddito variabile e tutte le altre iniziative tendenti a portare al massimo il rendimento del portafoglio.

portfolio management theory: ***teoria della gestione di portafoglio.*** I concetti teorici che stanno alla base delle gestioni di portafogli titoli, quali ad esempio il concetto che sostiene la necessità di un opportuno bilanciamento tra rendimento e rischio; il concetto che stabilisce la durata di ogni singolo investimento; e il concetto che attribuisce la massima importanza alla diversificazione degli investimenti.

portfolio manager: ***gestore di portafoglio.*** Professionista responsabile della gestione di un portafoglio di investimenti, di proprietà di un privato o di un investitore istituzionale.

portfolio planning matrix: ***matrice di pianificazione di portafoglio.*** Lo stesso che *Boston matrix* (v.).

portfolio protection: ***protezione di portafoglio.*** Lo stesso che *portfolio insurance* (v.).

portfolio restructuring: ***ristrutturazione di portafoglio.*** Si verifica quando un fondo comune d'investimento vende il proprio portafoglio in unica soluzione e a un prezzo fisso, allo scopo di procedere a una diversa strutturazione basata su nuovi e diversi titoli e strumenti finanziari.

portfolio selection theory: ***teoria della scelta del portafoglio.*** La teoria esposta dal professor James Tobin, nell'ambito più vasto della teoria degli investimenti e per la quale gli fu assegnato il Premio Nobel per l'economia nel 1981, che afferma che gli investitori differiscono per la quantità di rischio che sono disposti ad accettare e tendono a costituire dei portafogli nei quali i rischi risultano bilanciati con un certo grado di sicurezza. Questa analisi è in contrasto con alcune altre teorie sulla scelta dei portafogli che avanzavano la tesi che gli investitori invariabilmente cercano di realizzare il più alto rendimento possibile senza tener conto dei rischi insiti nelle loro operazioni d'investimento.

portfolio theory: ***teoria del portafoglio.*** Lo stesso che *portfolio management theory* (v.).

port labour: ***personale portuale; portuali; lavoratori portuali.*** Termine usato per indicare collettivamente tutti coloro che prestano la loro opera in un porto, come ad esempio piloti e ormeggiatori per il naviglio, scaricatori e gruisti per le operazioni di caricazione e discarica delle merci, dei combustibili e delle provviste di bordo, personale addetto ai trasporti interni del porto, e così via.

port labourers: ***personale portuale; portuali; lavoratori portuali.*** Termine usato come sinonimo di *port labour* (v.).

port marks: ***marche di destinazione.*** Sono le marche impresse o scritte sui singoli colli, per indicare il porto in cui essi dovranno essere sbarcati. Le marche di destinazione sono molto importanti ed è necessario che esse siano ben visibili e chiare, onde evitare errori al personale addetto alla caricazione e alla discarica di una nave. All'atto della caricazione, infatti, le merci vengono sistemate nelle stive in base al loro porto di destino e risulteranno più accessibili quelle che dovranno essere sbarcate nel primo porto di scalo. Un errore che facesse sistemare i colli in una posizione errata porterebbe al mancato sbarco degli stessi al porto di destino o un'enorme perdita di tempo e di lavoro per il personale addetto alla discarica.

port of arrival: ***porto di scarico; porto di arrivo; porto di sbarco.*** Termine usato come sinonimo di *port of entry* (v.) e per indicare il porto in cui le merci saranno consegnate al destinatario. Il porto di arrivo è di solito esplicitamente indicato nei contratti di compravendita che prevedono il trasporto delle merci via mare.

port of call: ***porto di scalo; scalo.*** Porto nel quale una nave si ferma per procedere alla caricazione o alla discarica di merci. Se si tratta di una nave di linea, essa è tenuta a fare scalo nei porti contemplati lungo la sua rotta, anche se non deve caricare o scaricare. Se, invece, si tratta di una carretta o di una nave noleggiata, essa farà scalo soltanto se deve procedere alla caricazione o discarica di merci.

port of clearance: ***porto di spedizione; porto d'imbarco; porto di partenza.*** L'espressione è usata come sinonimo di *port of shipment* (v.), in relazione a merci la cui esportazione deve essere autorizzata da un ufficio doganale presente nel porto.

port of delivery: 1. ***porto di scarico; porto di arrivo; porto di destino; porto di sbarco.*** È il porto nel quale le merci saranno sbarcate e consegnate al destinatario. Un porto di destino è di solito un porto di indoganamento. (v. anche *port of entry, port of arrival*) **2.** ***porto di consegna.*** Nei contratti di noleggio, è il porto nel quale l'armatore consegnerà la nave al noleggiatore. (v. anche *port of redelivery*)

port of departure: ***porto di partenza.*** È il porto dal quale parte una nave mercantile. Il porto di partenza delle merci viene di solito specificato nei contratti di compravendita che prevedono il trasporto via mare.

port of destination: ***porto di destino; porto di destinazione.*** Il porto nel quale dovranno essere scaricate le merci. L'espressione è usata come sinonimo di *port of delivery 1* (v.).

port of discharge: ***porto di sbarco; porto di scarico.*** Lo stesso che *port of delivery 1* (v.).

port of entry: ***porto d'indoganamento; porto di entrata; porto di arrivo.*** Il porto in cui è presente un ufficio doganale autorizzato a rilasciare permessi di sbarco per merci importate soggette a dazio. Di solito lo stesso ufficio è autorizzato a riscuotere il dazio di importazione. (v. anche *port of exit*)

port of exit: ***porto di spedizione; porto d'imbarco; porto di partenza.*** Termine usato come sinonimo di *port of shipment* (v.), in relazione a merci la cui esportazione deve essere autorizzata da un ufficio doganale presente nel porto. (v. anche *port of entry*)

port of loading: ***porto di caricazione; porto d'imbarco.*** Il porto nel quale le merci vengono caricate a bordo della nave che le porterà a destinazione. A causa delle differenze di nolo o di spese portuali, il porto di caricazione viene di solito specificato in tutti i contratti di compravendita che prevedono il trasporto delle merci via mare.

Port of London Authority: ***Ente del porto di Londra.*** Fu fondato nel 1908 ed è, pertanto, uno dei più antichi del Regno Unito. È preposto al controllo di tutte le strutture che costituiscono il porto di Londra. (v. anche *port authority*)

Port of New York Authority: ***Ente del porto di New York.*** Rappresenta un caso particolare, in quanto si estende sul territorio di due degli Stati Uniti d'America, lo stato di New York e quello del New Jersey. Fra i due stati in passato vi fu una certa rivalità in relazione al porto, ma nel 1921 essi si accordarono per costituire l'Ente del porto di New York, con l'assenso del Congresso degli Stati Uniti. L'Ente è retto da un comitato di dodici persone, sei delle quali vengono nominate da ciascuno dei due stati. I compiti dell'Ente sono quelli di qualsiasi altro organismo del genere. (v. anche *port authority*)

port of origin: ***porto di origine; porto di provenienza.*** L'ultimo porto nel quale una nave ha fatto scalo durante l'attuale viaggio o il porto dal quale essa lo ha iniziato.

port of redelivery: ***porto di riconsegna.*** Nei contratti di noleggio, è il porto nel quale il noleggiatore dovrà riconsegnare la nave all'armatore al termine del periodo di noleggio. (v. anche *port of delivery 2*)

port of registry: ***porto d'immatricolazione; porto di registro.*** Fatta eccezione per alcuni tipi di imbarcazioni da piccolo cabotaggio di minima portata, tutte le navi da carico e passeggeri devono essere immatricolate in uno dei porti nazionali, che diventa il loro porto di registro o di origine. Alcune compagnie di navigazione, tuttavia, principalmente per motivi fiscali, trovano più conveniente immatricolare le loro navi in porti esteri e ciò spiega perché piccoli stati come la Liberia hanno flotte mercantili così numerose. Nel compartimento marittimo del porto di immatricolazione deve avere domicilio legale l'armatore della nave immatricolata in quel porto.

port of sailing: ***porto di partenza.*** Termine usato come sinonimo di *port of departure* (v.).

port of shipment: ***porto di spedizione; porto d'imbarco; porto di partenza.*** È il porto nel quale la nave fa scalo per svolgere le operazioni di caricazione delle merci in partenza da quella zona di un paese. Il porto di spedizione deve sempre essere menzionato sulle polizze di carico e sulle polizze di assicurazione ed è di solito esplicitamente indicato nei contratti di compravendita che prevedono il trasporto delle merci via mare.

port of transit: ***porto di transito.*** Lo stesso che *transit port* (v.).

port risk: ***rischio di sosta in porto.*** Nel linguaggio delle assicurazioni marittime, è il rischio cui è esposta una nave durante la sua permanenza in un porto e prima che prenda il mare per un successivo viaggio.

port risk insurance: ***assicurazione contro il rischio di sosta in porto.*** Assicurazione che copre i rischi cui è esposta una nave durante la sosta in porto per lavori o altri motivi, quando non è in vigore un'altra polizza di assicurazione.

POS: point-of-sale payment.

P.O.S.B.: Post Office Savings Bank.

position: **1.** ***posto; impiego.*** Una qualsiasi funzione di lavoro subordinato all'interno di un'impresa. **2.** ***posizione finanziaria; situazione finanziaria; condizione finanziaria.*** Questo termine viene spesso usato nel significato di *financial position* (v.). **3.** ***posizione.*** Nel linguaggio delle borse valori indica l'insieme di titoli acquistati o venduti allo scoperto da un operatore. Si distingue una cosiddetta posizione corta, che è quella di chi vende allo scoperto, e una posizione lunga, che è quella di chi compra più di quanto è in grado di ritirare. (v. anche *bear position, bull position*)

positional goods: ***beni di prestigio.*** Termine usato con lo stesso significato di *prestige good* (v.).

position analysis: ***analisi delle mansioni; analisi delle posizioni.*** Termine usato con lo stesso significato di *job analysis* (v.).

position bond: ***garanzia posizionale.*** Contratto stipulato a garanzia della fedeltà o dell'esecuzione delle mansioni relative ad un determinato posto di lavoro all'interno di un'impresa, qualunque sia la persona che lo ricopre. (v. anche *name bond*)

position book-keeping: ***contabilità di posizione.*** La contabilità relativa alla posizione di un operatore in valuta estera, in titoli o in merci, quando questi svolge un'attività basata su contratti a termine. Tale contabilità si articola su una sezione autobilanciantesi all'interno di un sistema a partita doppia. Su un lato di tale sezione vengono indicati gli acquisti o le vendite, per consegna futura, di ciascuna valuta, titolo o merce trattata e sull'altro le obbligazioni attive o passive in valuta nazionale.

positioning: ***posizionamento.*** Il tentativo, da parte degli addetti al marketing, di dare a un prodotto una certa immagine e così differenziarlo, agli occhi del consumatore, da prodotti simili o uguali offerti da imprese concorrenti.

position limit: ***limite di posizione.*** Nel linguaggio delle borse merci, indica la massima posizione, lunga o corta, che può essere mantenuta o controllata da un singolo operatore in relazione ad un solo contratto a termine o a tutti i contratti a termine relativi ad un singolo bene.

position of greatest density: ***posizione di massima densità.*** In statistica, è il valore o uno dei valori che ha la massima frequenza, ovvero compare il massimo numero di volte, in un gruppo di numeri.

position-risk capital: ***capitale per il rischio della posizione.*** Nelle imprese di intermediazione finanziaria, è il capitale che deve essere costituito a tutela del rischio di un improvviso calo del valore dei titoli in portafoglio.

position statement: ***bilancio patrimoniale.*** Termine a volte usato con lo stesso significato di *balance sheet* (v.).

positive adjustment policies: ***politiche di ristrutturazione positiva.*** Lo stesso che *adjustment assistance policies* (v.).

positive cash flow: ***flusso di cassa positivo.*** Un flusso di cassa che presenta un'eccedenza delle entrate sulle uscite.

positive confirmation: ***conferma positiva.*** V. spiegazione sotto *negative confirmation.*

positive covenant: ***clausola positiva.*** Nel linguaggio giuridico, indica una clausola contrattuale con la quale le parti si impegnano ad eseguire determinate prestazioni.

positive easement: ***servitù positiva.*** È il diritto del proprietario del fondo dominante di fare qualcosa sul fondo servente. (v. anche *negative easement*)

positive economic laws: ***leggi economiche positive; leggi di economia positiva.*** Sono quelle leggi economiche che descrivono ciò che effettivamente avviene e non ciò che sarebbe auspicabile che avvenisse. Un esempio di legge economica positiva è quella dell'utilità decrescente, che asserisce che, *ceteris paribus*, l'utilità marginale di un bene per un qualsiasi consumatore diminuisce via via che aumenta la quantità di quel bene a sua disposizione. (v. anche *economic law*)

positive economics: ***economia positiva.*** Quella parte dell'economia che si limita all'enunciazione, all'analisi e alla descrizione di proposizioni relative a ciò che è e non a ciò che dovrebbe essere. Essa, pertanto, si astiene dal tentativo di esprimere giudizi o di indicare suggerimenti o linee di condotta. (v. anche *normative economics*)

positive investment: ***investimento positivo.*** Espressione usata da J. M. Keynes per indicare la situazione in cui, dato il volume di investimenti deciso dagli imprenditori, il consumo è inferiore al volume della produzione, indipendentemente dal volume del risparmio.

positive prescription: ***usucapione; prescrizione acquisitiva.*** L'acquisizione della proprietà di un bene o di un altro diritto reale di godimento del bene, derivante dal possesso continuato per un periodo di tempo stabilito dalla legge. Il termine italiano prescrizione acquisitiva è oggi caduto in disuso, in quanto il codice vigente usa esclusivamente il termine usucapione. (v. anche *negative prescription*)

positive user cost: ***costo delle utilizzazioni positivo.*** Questo termine ha lo stesso significato di *user cost* (v.), ma viene usato in contrapposizione a *negative user cost* (v.) per indicare il caso in cui il costo delle utilizzazioni viene effettivamente sostenuto dall'imprenditore, in un'economia in cui l'industria non è integrata e i beni capitali utilizzati da un imprenditore vengono fabbricati e venduti da un altro imprenditore.

positive yield curve: ***curva di rendimento positiva.*** V. spiegazione sotto *yield curve.*

possession: ***possesso.*** Il possesso indica l'effettivo controllo fisico di una cosa e il diritto di usarla. Come tale, è distinto dalla proprietà, che indica il diritto legale di possedere una cosa. Il possesso può essere trasferito senza trasferire necessariamente anche la proprietà. (v. anche *ownership*)

possession utility: ***utilità del possesso; utilità derivante dal possesso.*** Quella parte dell'utilità, o della soddisfazione, che deriva dall'effettivo possesso, con o senza proprietà, di un bene o servizio. Quando si verifica uno scambio tra due persone sotto forma di operazione commerciale, vengono creati due diversi tipi di utilità derivante dal possesso, in quanto ciascuno dei due ricava una soddisfazione, o utilità, più grande da ciò che riceve che da ciò che dà alla sua controparte.

possessory lien: ***diritto di ritenzione; diritto di pegno.*** Termine usato con lo stesso significato di *lien* (v.).

possessory title: ***diritto di proprietà; titolo di proprietà; titolarità di un bene.*** È il diritto di godimento esclusivo di un bene e dei benefici che derivano da un bene, entro i limiti e con l'osservanza degli obblighi stabiliti dalla legge. Secondo il diritto inglese, chiunque abbia avuto il possesso indisturbato di un bene reale per un periodo di dodici anni, senza pagare canoni di fitto o senza riconoscere il diritto di proprietà su quel bene da parte di alcuna altra persona, acquisisce il diritto di proprietà di quel bene e ne diventa il legittimo proprietario.

possibility curve: ***linea delle possibilità di produzione; curva delle possibilità di produzione; curva delle possibilità produttive dell'economia.*** È la curva che ci consente di chiarire il concetto di allocazione delle risorse. Se in un sistema di coordinate cartesiane poniamo differenti quantità di un prodotto sull'asse x e differenti quantità di un altro prodotto sull'asse y, una serie di linee, rette ma non parallele, indicherà tutte le possibili combinazioni quantitative di produzione dei due beni indicati destinando una maggiore quantità di un dato fattore alla produzione di un bene e una minore quantità dello stesso fattore alla produzione dell'altro bene, o viceversa. La linea, poiché la serie di linee può essere anche espressa con una singola linea che unisce punti diversi su ciascuno dei due assi, indicherà cioè tutte le diverse combinazioni possibili dei due prodotti che si possono ottenere utilizzando le risorse disponibili. La linea delle possibilità di produzione viene anche detta linea di trasformazione, perché descrive le varie possibilità di trasformare un bene nell'altro bene, attraverso l'opportuno spostamento delle risorse dall'uno all'altro. La curva delle possibilità di produzione può essere applicata oltre che ad una singola impresa anche ad un'intera economia. Anche in tale caso essa indicherà la scelta tra due alternative produttive cui si possono allocare le risorse e le quantità che possono essere prodotte spostando da un bene all'altro una determinata quantità di un fattore della produzione. Un esempio di tale alternativa potrebbe ricavarsi mettendo a confronto la produzione di materiale bellico e quella di beni di consumo. In questo caso, la curva delle possibilità di produzione risulterà concava verso l'origine degli assi a causa dei rendimenti decrescenti.

to post: ***riportare a mastro.*** Trasferire su un mastro le registrazioni contabili derivanti da operazioni commerciali o di altra natura e indicate in un giornale o libro di prima nota.

post: 1. ***posta; registrazione.*** Una partita trasferita da un giornale o libro di prima nota ad uno dei conti del libro mastro. **2.** ***corbeille.*** Nel linguaggio delle borse statunitensi, è il recinto a forma di ferro di cavallo, situato nel salone delle contrattazioni, attorno al quale si svolgono le negoziazioni tra operatori in un certo tipo di titoli. **3.** ***posto.*** Lo stesso che *position 1* (v.).

postage: ***affrancatura; spese postali.*** È la somma di denaro pagata per il trasporto di una lettera al luogo di destinazione. L'affrancatura viene pagata mediante l'apposizione di francobolli, o timbri equivalenti, sulla lettera, cartolina, pacco, ecc., e varia a seconda della distanza, del mezzo di trasporto e del tipo di plico spedito. All'interno della Comunità Economica Europea le affrancature in uso nei vari paesi membri sono state unificate.

postage book: ***registro delle spese postali.*** Termine usato come sinonimo di *post book* (v.).

postage free: ***in franchigia postale.*** La corrispondenza inviata in franchigia postale è esente dal pagamento dell'affrancatura. Hanno diritto a tale trattamento i plichi inviati dall'amministrazione delle Poste e da qualche altro ministero o agenzia statale.

postage–meter machine: ***macchina affrancatrice; affrancatrice.*** Termine usato con lo stesso significato di *franking machine* (v.).

postage paid: ***porto affrancato.*** Espressione usata per indicare che su un plico è stata pagata l'affrancatura o a mezzo di francobolli applicati sul plico o con altro sistema, quali le macchine affrancatrici, il pagamento diretto all'ufficio postale, e simili.

postage stamp: ***francobollo.*** Rappresenta il mezzo più comune per il pagamento dell'affrancatura relativa ad un qualsiasi plico inviato per posta. Ve ne sono di differente valore, in modo da poter facilmente raggiungere la somma necessaria ad affrancare una lettera o altro plico. Oltre al loro valore facciale, i francobolli, ed in particolare quelli antichi, rari o di emissione limitata, possono avere un valore particolare per i collezionisti e raggiungere, in certi casi, quotazioni estremamente alte.

postage unpaid: ***tassa postale a carico.*** Espressione usata per indicare che non è stata pagata dal mittente l'affrancatura relativa ad un plico spedito e che essa dovrà essere, pertanto, pagata dal destinatario all'atto della consegna o del ritiro del plico stesso.

postal cheque: ***assegno postale.*** Titolo di credito, simile all'assegno bancario, emesso dal titolare di un conto corrente postale per disporre dei propri fondi. Deve essere presentato o inviato all'apposito ufficio dell'amministrazione delle poste, affinché vi venga apposto il visto che attesta l'esistenza dei fondi con cui pagare l'assegno. Una volta vistato, l'assegno postale viene inoltrato dallo stesso ufficio all'intestatario o beneficiario, all'indirizzo apposto sull'assegno dal traente. (v. anche *postal giro*)

postal franker: ***macchina affrancatrice; affrancatrice.*** Termine usato come sinonimo di *franking machine* (v.).

postal giro: ***postagiro.*** Servizio offerto dall'amministrazione delle Poste allo scopo di facilitare i pagamenti a favore di terzi, quando sia il debitore, sia il creditore sono titolari di un conto corrente postale. Nel Regno Unito il sistema del postagiro è gestito dal *Post Office* e consente il trasferimento di fondi da un conto all'altro, senza bisogno di spostare fisicamente né il denaro, né gli assegni. Infatti, il correntista postale che desideri fare un pagamento ad un altro correntista postale, invia un ordine al centro presso il quale sono tenuti i conti e la somma sarà addebitata al suo conto e accreditata sul conto dell'altro correntista, che verrà allo stesso tempo informato dell'avvenuto accreditamento. Nel Regno Unito il postagiro non frutta alcun interesse al correntista, ma i trasferimenti di denaro tra correntisti vengono, di regola, fatti senza alcun addebito, che è invece previsto per i pagamenti diretti a non correntisti in patria o all'estero.

postal giro account: ***conto di postagiro.*** È il conto corrente che consente il trasferimento diretto di fondi tra due conti intestati a due diverse persone. È il servizio di cui si parla sotto *postal giro* (v.).

postal order: ***vaglia postale a taglio fisso.*** Servizio offerto dall'amministrazione delle Poste britanniche per effettuare pagamenti a terzi di piccole somme di denaro. Questo tipo di vaglia, che può essere acquistato presso un qualsiasi ufficio postale, viene emesso in tagli fissi da un minimo di cinque pence ad un massimo di cinque sterline e può essere inviato, dopo avervi apposto il nome del destinatario e preferibilmente l'indirizzo dell'ufficio postale presso il quale si intende farlo incassare, a qualunque persona residente nel Regno Unito, nell'Isola di Man e nelle Isole Normanne, ma non all'estero, fatta eccezione per le forze armate di stanza in paesi stranieri e i paesi che fanno parte dell'area della sterlina. Se questo vaglia viene sbarrato, esso potrà essere incassato soltanto presso uno sportello bancario o postale, tramite versamento su un conto. All'inizio della prima guerra mondiale, ma soltanto per un breve periodo, questi vaglia ebbero corso legale. Il 1° settembre del 1939 furono di nuovo dichiarati a corso legale allo scopo di alleggerire la situazione valutaria allora in essere nel Regno Unito, ma cessarono di avere corso legale nel maggio del 1940. (v. anche *money order*)

postal savings: ***risparmio postale.*** Servizio, offerto dall'amministrazione delle Poste degli Stati Uniti, che consente ai cittadini di depositare presso un qualsiasi ufficio postale somme di denaro in multipli di un dollaro, che è la somma minima che viene accettata in deposito. Il deposito a risparmio postale non può superare un determinato ammontare complessivo e su di esso l'amministrazione delle Poste riconosce un interesse stabilito dalla legge.

postal savings bank: ***cassa di risparmio postale.*** Termine usato come sinonimo di *Post Office Savings Bank* (v.).

postal savings certificate: ***certificato di risparmio postale; buono postale fruttifero.*** Certificato emesso dall'amministrazione delle Poste degli Stati Uniti a fronte di depositi a risparmio. Tali certificati vengono emessi in tagli fissi e fruttano un interesse stabilito per legge.

postal savings deposit: ***deposito a risparmio postale.*** Il deposito di cui si parla sotto *postal savings* (v.).

postal survey: ***indagine per corrispondenza; sondaggio postale.*** Ricerca di mercato condotta attraverso l'invio per posta di questionari che l'intervistato dovrà poi rispedire. Ha il vantaggio di permettere all'intervistato di riflettere più a lungo sulle domande a lui rivolte, ma ha anche lo svantaggio che solo pochi effettivamente rispondono.

postal transfer: ***postagiro.*** Termine usato per indicare il servizio di trasferimento di fondi offerto dall'amministrazione delle Poste e descritto sotto *postal giro* (v.).

postal union: ***unione postale.*** Un accordo tra due o più stati, mirante a disciplinare la cooperazione in materia di servizi postali. Tali accordi non vengono più stipulati da quando, nel 1878, fu creata l'Unione Postale Universale. (v. anche *Universal Postal Union*)

postaudit: ***revisione a posteriori.*** La revisione delle registrazioni contabili relative ad operazioni o gruppi di operazioni commerciali, o di altra natura, che hanno già avuto luogo. Il termine si applica principalmente alla contabilità di stato, per indicare le revisioni periodiche e regolari svolte sui conti di un ministero allo scopo di accertare se gli esborsi di fondi sono stati fatti in aderenza alla legge che li istituì. Il termine è anche usato nella terminologia aziendale per indicare una revisione dei conti svolta da un revisore esterno o quella svolta da un revisore interno, ma in quest'ultimo caso il termine viene usato esclusivamente come opposto di revisione a priori. (v. anche *preaudit*)

post book: ***registro delle spese postali.*** Registro contabile, tenuto da un'impresa o altra organizzazione, nel quale vengono trascritte le spese di affrancatura su lettere, pacchi, raccomandate, ecc., via via che esse vengono sostenute.

postcheque: ***assegno postale.*** Termine usato come sinonimo di *postal cheque* (v.).

postclosing balance sheet: ***bilancio patrimoniale di chiusura.*** È il bilancio patrimoniale basato sui saldi dei conti al termine di un esercizio, dopo che sono state eseguite le eventuali scritture di rettifica e che sono stati chiusi i conti elementari. (v. anche *balance sheet*)

postclosing trial balance: ***secondo bilancio di verifica.*** In ragioneria, indica il bilancio di verifica di un mastro generale che viene redatto alla fine di un esercizio, dopo aver eliminato i conti elementari. (v. anche *trial balance, preclosing trial balance*)

postcode: ***codice di avviamento postale; codice postale.*** Insieme di cifre e lettere, o semplicemente di cifre, usato allo scopo di agevolare l'avviamento automatico o meccanico della corrispondenza. A seconda dei paesi, il codice postale precede l'indicazione della città di destinazione o segue l'indirizzo del destinatario.

to postdate: ***postdatare.*** Apporre su un documento, un atto, un titolo di credito, ecc., una data posteriore a quella in cui esso fu realmente scritto, firmato o emesso.

postdated cheque: ***assegno postdatato.*** È l'assegno sul quale è stata apposta una data posteriore a quella in cui esso fu realmente emesso. La postdatazione di assegni è trattata in maniera diversa nei vari paesi, ma come regola generale un assegno postdatato non può essere presentato per l'incasso né versato in conto prima della data scritta su di esso. Spesso un traente fa ricorso a questo espediente quando ritiene che potrà disporre dei fondi necessari per onorare l'assegno solo un certo periodo di tempo dopo che l'ha emesso.

posted price: ***prezzo registrato; prezzo di riferimento.*** Espressione con la quale in passato si indicava il prezzo fittizio, cioè non realmente praticato sul mercato, del petrolio greggio all'esportazione, sul quale venivano calcolate le royalties che le compagnie petrolifere riconoscevano ai governi degli stati in cui esse estraevano il petrolio. L'espressione è caduta in disuso quando, dopo la guerra del Kippur e l'embargo petrolifero, i paesi tolsero le concessioni alle società, le cosiddette sette sorelle. (v. anche *seven sisters*)

post entry: ***bolla di liquidazione.*** Quando vengono importate merci soggette a dazio e destinate al mercato interno, l'importatore provvede al pagamento del dazio all'atto del rilascio della bolla di entrata da parte del competente ufficio doganale. Se, tuttavia, dopo il rilascio di tale documento si accerta che il dazio pagato era in effetti inferiore a quello che si sarebbe dovuto pagare, ad esempio perché la quantità di merci è superiore a quella dichiarata, viene emesso un nuovo documento doganale, chiamato bolla di liquidazione. L'importatore sarà in regola con l'amministrazione delle dogane solo dopo aver pagato la somma specificata in questa bolla di liquidazione. (v. anche *entry for home use, prime entry, over entry certificate*)

poster: ***cartellone; manifesto.*** Termine usato con lo stesso significato di *bill 3* (v.).

poste restante: ***fermo posta.*** Servizio offerto dall'amministrazione delle Poste britanniche, come pure dalle poste di quasi tutti i paesi del mondo, a favore di viaggiatori o persone che non desiderano ricevere la corrispondenza al loro domicilio. Questa espressione, apposta su un plico spedito per posta, lo fa trattenere presso un apposito sportello, anch'esso chiamato *poste restante*, fino a quando il destinatario si reca a ritirarlo.

post free: ***affrancatura gratuita.*** Espressione usata nel linguaggio commerciale, particolarmente nelle vendite per corrispondenza, per indicare che il prezzo di un articolo include le spese di spedizione per posta, che sono pertanto a carico del venditore o mittente. L'espressione è a volte usata con lo stesso significato di *postage free* (v.).

post–industrial: ***postindustriale.*** Aggettivo usato in relazione a eventi industriali o più generalmente economici per indicare che essi fanno parte di un concetto o di una struttura che hanno superato l'era industriale tradizionalmente intesa e si proiettano sempre più verso un'industria o un'economia di servizi, lasciando ad altri paesi l'attività di produzione di beni industriali, ritenuti ormai «maturi».

post–industrial society: ***società postindustriale.*** È uno dei tanti termini con i quali si indica la moderna società, caratterizzata dal superamento dell'era industriale e dagli importantissimi cambiamenti socio–culturali generati dall'uso sempre più diffuso dei computer e dalla loro applicazione anche a numerosi aspetti della vita dell'uomo comune.

posting: 1. *registrazione a mastro.* Il procedimento contabile mediante il quale vengono trasferiti da un libro di prima nota ad un conto del mastro generale i valori monetari e le descrizioni relativi a operazioni commerciali o di altra natura. **2. *posta; partita.*** È la partita registrata in un qualsiasi conto di un mastro generale.

posting error: *errore di registrazione.* Errore materiale commesso nel registrare una posta in un conto.

posting medium: *prima nota.* L'espressione inglese viene usata per indicare un qualsiasi giornale, o altro documento, sul quale vengono registrati dati contabili, via via che essi si verificano, che saranno successivamente trasferiti nei relativi conti del mastro generale.

posting run: *successione di registrazioni.* È una serie di registrazioni, fatte da una macchina contabile nel corso di un'unica fase di registrazione, alla fine della quale i totali, memorizzati via via dalla macchina, vengono stampati a parte a scopo di controllo.

post–invoicing: *postfatturazione.* L'emissione e l'invio al cliente della fattura, relativa ai beni o servizi da lui acquistati, dopo che è già avvenuta la spedizione o la consegna degli stessi. (v. anche *invoice, invoicing, pre–invoicing*)

post–Keynesian economics: *economia post–keynesiana.* Espressione con la quale si indica il pensiero degli economisti appartenenti alla scuola keynesiana e alla scuola neo–keynesiana.

postmark advertising: *pubblicità a mezzo timbro postale.* Generalmente viene fatta dalle imprese che dispongono di una macchina affrancatrice. Si inserisce nella macchina l'apposito clichet ed essa stampa contemporaneamente l'affrancatura e il contenuto del clichet, che può essere uno slogan, un simbolo, una frase o altro breve messaggio pubblicitario. A volte vi ricorre anche l'amministrazione postale, ma soltanto per portare all'attenzione degli utenti questioni di interesse pubblico, come ad esempio una campagna di educazione sociale o simili.

Postmaster–General: *ministro delle poste; direttore generale delle poste.* È il capo politico dell'amministrazione delle poste. (v. anche *Post Office*)

Post Office: *Poste; Amministrazione delle Poste; ufficio postale.* Il termine inglese indica sia un singolo ufficio postale presso il quale si può usufruire di tutti i servizi offerti dall'amministrazione, sia la stessa amministrazione delle poste. In passato, l'amministrazione faceva capo ad un ministro, ma dal 1° ottobre del 1969 essa è un ente di diritto pubblico, o *public corporation*, con a capo non più un ministro, ma un direttore generale. Nel Regno Unito l'amministrazione delle poste gestiva anche il servizio telefonico, prima della privatizzazione di quest'ultimo, oltre a quei servizi comuni a quasi tutte le amministrazioni postali dei vari paesi del mondo.

post–office box: *casella postale.* Casella numerata, presso un ufficio postale, alla quale si può indirizzare corrispondenza diretta ad una persona o ad un'organizzazione. Consente al destinatario di conservare l'anonimato, ma è anche un mezzo più rapido per ricevere la corrispondenza, che viene trattenuta presso l'ufficio o immessa nella casella, per essere prelevata dal destinatario o un suo incaricato.

post office checking account: *conto corrente postale.* Termine in uso negli Stati Uniti per indicare il conto corrente descritto sotto *postal giro* (v.).

post office money order: *vaglia postale.* Termine usato con lo stesso significato di *money order* (v.).

Post Office register: *registro dei titoli del risparmio nazionale.* Termine usato con lo stesso significato di *national savings stock register* (v.).

Post Office Savings Bank: *cassa di risparmio postale.* Termine con il quale, fino al settembre del 1969, veniva indicata la cassa di risparmio postale del Regno Unito, dal 1° ottobre 1969 nota col nome di *National Savings Bank* (v.).

post paid: *affrancatura gratuita.* Espressione usata con lo stesso significato di *post free* (v.).

post room: *ufficio corrispondenza.* L'ufficio o la stanza, in un'impresa o altra organizzazione, ove confluisce tutta la corrispondenza in arrivo e in partenza. Quella in arrivo viene aperta, suddivisa per destinatario o reparto e successivamente smistata; quella in partenza viene confezionata, pesata, affrancata e portata all'ufficio postale. Molto di questo lavoro viene oggi svolto da apposite macchine.

post–tax: *al netto d'imposta.* Espressione aggettivale equivalente a *after–tax* e usata in relazione a redditi, rendimenti, ecc. quando essi vengono considerati dopo aver detratto le imposte cui sono soggetti.

post town: Una qualsiasi città nella quale ha sede un ufficio postale, che provvede allo smistamento e alla consegna della corrispondenza nell'ambito della stessa città e dei paesi o delle frazioni limitrofi che rientrano nello stesso distretto postale.

post–war credits: *crediti post–bellici.* Forma di prestito forzato cui fece ricorso il governo britannico durante il secondo conflitto mondiale. In quel periodo, il governo ridusse alcune delle detrazioni relative alle imposte sul reddito, con la promessa di rimborsare le somme così trattenute al termine del conflitto. La restituzione, però, fu scaglionata nel tempo a causa della tensione inflazionistica che avrebbe potuto causare il massiccio rimborso di tali somme. Fu, quindi, data la precedenza agli anziani per poi via via liquidare i restanti. Gli ultimi rimborsi hanno avuto luogo negli anni settanta.

post–war reserve: *riserva post–bellica.* Forma di riserva creata da molte imprese statunitensi durante il secondo conflitto mondiale, mediante accantonamento di utili non distribuiti agli azionisti. Il motivo apparente di tale riserva era quello della necessità di disponibilità liquide alla fine del conflitto per far fronte alla riconversione degli impianti, che avrebbe consentito il passaggio dalla produzione bellica a quella non bellica. Un altro motivo addotto a favore della creazione di tale riserva fu la previsione che le imprese avrebbero subito forti perdite di gestione durante il periodo di riconversione che avrebbe seguito la fine del conflitto.

pot: *quota istituzionale.* Lo stesso che *institutional pot* (v.).

Potato Famine: È indicata con questo termine la grave carestia che colpì l'Irlanda negli anni 1845–1847. La crisi fu causata dal disastroso raccolto delle patate che, insieme all'alto prezzo del pane, portò grandi sofferenze che sfociarono nella massiccia emigrazione degli irlandesi verso gli Stati Uniti e in un gran numero di morti. La popolazione, infatti, si ridusse da otto a cinque milioni di abitanti. La carestia fu uno dei motivi che spinsero il governo inglese dell'epoca, presieduto da Sir Robert Peel, ad abrogare nel 1846 le leggi note come *Corn Laws* (v.) al fine di rendere il pane meno caro sul mercato interno.

potato marketing board: È uno degli organismi paragovernativi, la cui istituzione fu resa possibile nel Regno

Unito a seguito dell'approvazione degli *Agricultural Marketing Acts* del 1931–1933. Questo organismo fu istituito nel 1936, ma fu presto lasciato decadere e dovette essere ricreato nel 1954. Le funzioni cui fu preposto erano le stesse che venivano assolte dagli altri comitati simili, istituiti allo scopo di regolare la produzione e la vendita delle varie derrate alimentari. (v. anche *marketing boards*)

potential: *potenziale.* Termine usato nella pianificazione delle risorse di un'impresa per indicare le capacità presenti in un lavoratore, o altra risorsa, non pienamente utilizzate nell'attuale destinazione dell'individuo o della risorsa.

potential competition: *concorrenza potenziale.* La concorrenza di un *potential entrant* (v.). La concorrenza già presente sul mercato induce le imprese a comportarsi in maniera corretta ed efficiente, ma la moderna teoria microeconomica sostiene che la minaccia della concorrenza potenziale proveniente da imprese pronte o in grado di entrare in un'industria sortisce lo stesso risultato.

potential demand: *domanda potenziale.* La domanda che ci si aspetta diventi effettiva in un prossimo futuro. Tra le cause che contribuiscono alla trasformazione della domanda potenziale in domanda effettiva vi sono l'aumentato potere di acquisto dei salari, la diminuzione dei prezzi, lo stimolo dei bisogni dei consumatori, e simili. (v. anche *demand, effective demand*)

potential entrant: *potenziale concorrente.* Un'impresa che, possedendo la necessaria tecnologia per la produzione di determinati beni al costo marginale di produzione prevalente in un'industria, potrebbe trovare conveniente entrare nell'industria stessa qualora si verificasse un pur lieve aumento dei prezzi di vendita o una riduzione delle barriere all'entrata. La presenza di questi potenziali concorrenti potrebbe contribuire al contenimento dei prezzi praticati da un produttore con potere monopolistico.

potential gross national product: *prodotto nazionale lordo potenziale.* Il livello massimo di produzione reale che può realizzare un sistema economico, mediante la piena utilizzazione di tutti i fattori esistenti.

potential market: *mercato potenziale.* Mercato che può essere sviluppato a vantaggio di un'impresa, in quanto presenta capacità di assorbimento non pienamente sfruttate.

potential national income: *reddito nazionale potenziale.* Lo stesso che *full-employment output* (v.).

potential output: *produzione potenziale.* La produzione massima possibile che potrebbe realizzare un'impresa, un'industria, un settore o un'economia, data la sua disponibilità dei fattori della produzione.

potential stock: *capitale potenziale.* Espressione statunitense, che indica la parte non ancora emessa del capitale nominale che una società per azioni è stata autorizzata ad emettere. (v. anche *authorized capital*)

potential utility: *utilità potenziale.* Termine usato da W. S. Jevons, nella sua teoria dell'utilità, per indicare che un bene potrebbe possedere utilità se fosse in possesso di una qualche persona che ne ha bisogno, come ad esempio il ferro contenuto nelle viscere della terra, che potrebbe possedere utilità se e quando venisse estratto.

pound: 1. *sterlina; lira sterlina.* L'unità monetaria del Regno Unito, suddivisa in cento nuovi pence. Prima dell'adozione del sistema decimale, avvenuta agli inizi degli anni settanta, la sterlina britannica era divisa in venti scellini, ciascuno a sua volta suddiviso in dodici pence. La sterlina, anche detta sovrana, corrispondeva in epoca antica ad una libbra d'argento, da cui il suo nome, ed era suddivisa in 240 pence, ciascuno equivalente ad un *pennyweight* (v.) d'argento. L'attuale sterlina fu emessa per la prima volta in oro nel 1817, quando fu detta ufficialmente sovrana, e da allora è l'unità monetaria del Regno Unito. Il nome di *pound* è stato dato all'unità monetaria di molti stati, particolarmente quelli che gravitavano nell'area della sterlina. Oggi, alcuni ancora ne conservano il nome, pur se i valori sono notevolmente differenti. Tra questi paesi vi sono la Repubblica d'Irlanda, Cipro, Gibilterra, l'Egitto, la Siria, il Libano, Malta e il Sudan. **2. *libbra.*** L'unità di misura di peso fondamentale, in uso nei paesi anglosassoni. La libbra avoirdupois equivale a 0,45359 chilogrammi e corrisponde a settemila grani o sedici once; la libbra troy, usata principalmente per medicinali e metalli preziosi, equivale a 0,3732 chilogrammi ed è suddivisa in dodici once, o 5760 grani, corrispondenti a 240 *pennyweights.*

poundage: Una qualsiasi percentuale su una sterlina. Il termine viene usato per indicare la tassa, di un tanto a sterlina, da pagarsi all'amministrazione delle poste in relazione all'emissione di vaglia postali. Lo stesso termine indica un tanto per sterlina di valore o per libbra di peso pagato o riscosso sotto forma di imposta o diritti su operazioni commerciali o di altra natura. In passato, il termine indicava un'imposta riscossa fin dal medio evo su qualsiasi articolo venisse importato in Inghilterra, fatta eccezione per il vino, che era colpito dall'imposta chiamata *tunnage* (v.). Divenne consuetudine che il gettito di questa imposta venisse assegnato al sovrano per tutta la durata della sua vita.

pound cost averaging: *media del costo in sterline.* Lo stesso che *dollar cost averaging* (v.), ma riferito all'unità monetaria britannica.

pound note: *biglietto da una sterlina.* Il biglietto da una sterlina fu emesso per la prima volta nel 1797, durante le guerre napoleoniche, ma fu ritirato dalla circolazione nel 1821 e sostituito con la sovrana d'oro. Dal 1821 al 1914 non vennero emessi biglietti da una sterlina, in quanto il taglio minimo dei biglietti di stato era di cinque sterline. L'emissione dei biglietti da una sterlina fu ripresa nel 1914 dal ministero del tesoro britannico, ma nel 1928 essi divennero banconote, o biglietti di banca, quando la Banca d'Inghilterra subentrò nell'emissione al ministero del tesoro. Da allora, i biglietti da una sterlina sono sempre stati regolarmente emessi, ma di recente essi sono stati sostituiti da una moneta in similoro.

pound sterling: *sterlina britannica; lira sterlina britannica.* Il termine inglese viene usato per distinguere la sterlina britannica da qualsiasi altra unità monetaria avente lo stesso nome e in uso in altri paesi. (v. anche *pound 1*)

poverty: *povertà.* In economia, questo termine indica un concetto relativo al tempo e al luogo. Infatti, ciò che oggi viene considerato povertà potrebbe corrispondere ad uno stato di modesto benessere del passato o ciò che viene considerato povertà in uno stato con alto reddito pro capite potrebbe corrispondere ad uno stato modesto, ma non di povertà, in un paese con basso reddito pro capite. Nel tentativo di indicare la stessa cosa in assoluto, si sono date varie definizioni del termine povertà ed una delle più rispondenti sembra essere quella che lo definisce come «la situazione in cui le privazioni rendono impossibile la conservazione dell'efficienza fisica di un individuo».

poverty line: *linea di povertà.* Neologismo usato per indicare un livello minimo di reddito, calcolato come standard necessario per la sopravvivenza o sussistenza di una famiglia o di un individuo. Se il reddito scende al di sotto di tale livello, si considera che la famiglia o la singola persona vive in povertà. Il termine fu introdotto negli Stati Uniti dal ministero del lavoro durante gli anni sessanta.

poverty trap: ***trappola della povertà.*** La condizione di una persona a basso reddito, che riceve un sussidio statale, la quale non ha possibilità di uscire da tale condizione, in quanto pur lavorando di più non riuscirebbe a migliorare il proprio reddito. Infatti, un guadagno extra non farebbe altro che ridurre dello stesso ammontare il sussidio percepito e ciò non dà alla persona l'incentivo di produrre o guadagnare di più. L'unica possibilità di sfuggire alla trappola sarebbe, quindi, quella di guadagnare tanto di più da annullare gli effetti negativi della sospensione del sussidio.

Powellism: ***powellismo.*** Termine coniato alla fine degli anni sessanta per indicare il movimento politico britannico guidato dal deputato conservatore John E. Powell. Il movimento propugnava principalmente l'adozione di una politica di libero scambio e del divieto di immigrazione ai neri nel Regno Unito.

Powellist: ***powellista.*** Aggettivo usato in relazione al movimento politico inglese noto come *Powellism* (v.).

Powellite: ***powellista.*** Sostantivo usato per indicare un seguace o un sostenitore di J.E. Powell o un aderente al movimento politico da lui capeggiato e noto come *Powellism* (v.).

power: ***facoltà; potere; capacità.*** La capacità, conferita ad un soggetto dalla legge vigente in uno stato, di determinare le proprie relazioni legali nei confronti degli altri individui della collettività. Differisce dal diritto, in quanto non prevede la contemporanea presenza di doveri.

power factor: ***fattore forza motrice.*** Nel procedimento di imputazione dei costi comuni basato sul metodo dei fattori di servizio, è il fattore relativo al servizio di energia elettrica usata dall'impresa, sia essa prodotta in proprio o acquistata dall'esterno.

power of alienation: ***potere di alienazione.*** Il diritto di vendere, trasferire, cedere o comunque alienare un bene.

power of attorney: ***procura; atto di procura.*** Negozio giuridico unilaterale mediante il quale una persona autorizza un'altra persona, detta procuratore, a rappresentarla o ad agire in sua vece. Una procura può essere generale o speciale: la prima autorizza il procuratore ad agire in qualsiasi questione; la seconda delimita il campo di azione del procuratore a questioni specifiche. L'espressione inglese viene usata anche per indicare l'atto formale scritto col quale viene conferita la procura.

power of sale: ***facoltà di vendita.*** La facoltà di un creditore di vendere beni appartenenti al suo debitore e, con il ricavato, recuperare il suo credito. Si verifica, ad esempio, nel caso di ipoteca o di prestito su pegno.

p.p.: 1) per procurationem; 2) post paid.

P.P.: parcel post.

P.P.B.: planning–programming–budgeting.

P.P.B.S.: programme, planning, budgeting system.

ppd.: prepaid.

p.p.i.: policy proof of interest.

p. pro.: per procurationem.

pr.: price.

PR: personal representative.

P.R.: public relations.

practical capacity: ***capacità pratica.*** La capacità di un impianto effettivamente utilizzata. Corrisponde al rapporto tra la produzione teorica massima dell'impianto, calcolata su una base di utilizzazione di ventiquattro ore al giorno per 365 giorni all'anno, e la produzione preventivata o effettiva. Tale rapporto, applicato ai costi di produzione fissi, dà la parte di spese generali imputabili alla produzione. La produzione di capacità pratica corrisponde alla produzione teorica massima suddetta dopo aver detratto: la mancata utilizzazione dell'impianto per la presenza di soltanto uno o due turni di lavoro; la mancata o ridotta utilizzazione in concomitanza con il periodo di ferie annuali e giorni festivi; la mancata utilizzazione in relazione ad altri fattori che fanno fermare la produzione, come ad esempio l'inventario, il periodo di avviamento degli impianti, le revisioni e la pulizia.

practice: ***libera professione di commercialista.*** Lo stesso che *public accounting* (v.).

pratique: ***pratica.*** È il permesso, concesso dalle autorità portuali ad una nave in porto, di comunicare liberamente con la terraferma, dopo che sono state eseguite le consuetudinarie ispezioni di polizia e delle autorità sanitarie. Il termine inglese indica anche la patente di sanità rilasciata dalle autorità sanitarie di un porto al capitano di una nave in partenza. Senza tale documento, la nave non riceverà la libera pratica in un altro porto. (v. anche *bill of health*)

pratique certificate: ***certificato di libera pratica.*** È il certificato con il quale le autorità di un porto accordano libera pratica ad una nave. Il termine inglese viene talvolta usato come sinonimo di *bill of health* (v.).

PRB: purchases returns book.

preacquisition profits: ***profitti precedenti l'acquisizione.*** Gli utili non distribuiti di una società relativi al periodo precedente all'instaurarsi di un controllo di maggioranza o di un'acquisizione da parte di un'altra società.

preaudit: ***revisione a priori; revisione preventiva.*** Lo stesso che *administrative audit 1* (v.).

pre–authorized payments: ***pagamenti autorizzati in anticipo.*** Servizio offerto da banche statunitensi, simile a quello offerto dalle banche britanniche descritto sotto *direct debiting* (v.).

precarious loan: ***credito dubbio.*** Lo stesso che *doubtful debt* (v.).

precautionary balances: ***saldi precauzionali; saldi cautelativi.*** L'ammontare di moneta che gli individui decidono di mantenere in forma liquida allo scopo di essere in grado di far fronte a contingenze impreviste.

precautionary demand for money: ***domanda di moneta per fini precauzionali; domanda precauzionale di moneta.*** V. spiegazione sotto *precautionary motive.*

precautionary motive: ***movente precauzionale; motivo cautelativo.*** È uno dei tre moventi, individuati da Lord Keynes, che spingono gli individui e le imprese a tenere i loro risparmi e le loro attività sotto forma di denaro liquido, dando luogo al fenomeno noto come preferenza per la liquidità. Gli altri due moventi sono quello speculatorio e quello delle operazioni commerciali. Il movente precauzionale è dettato dall'incertezza circa il futuro, in quanto un individuo non può con esattezza quantificare le proprie esigenze monetarie future, anche perché esse possono scaturire da cause impreviste, quali malattie, incidenti, ecc. Pertanto, al fine di non essere costretto a realizzare, in caso di necessità, investimenti che potrebbero implicare una perdita o a ricorrere a prestiti che implicherebbero il pagamento di interessi, un soggetto, spinto dal movente precauzionale, tende a mantenere in forma liquida una parte dei propri risparmi, che coloro addentro a questioni economiche e finanziarie consigliano di far corrispondere ad almeno tre volte il reddito mensile dell'individuo. (v. anche *speculative motive, transactions motive*)

precautionary unemployment: ***disoccupazione pre-***

cauzionale. Fenomeno che si verifica quando l'indennità di disoccupazione è relativamente alta e i lavoratori non sono liberi, a causa spesso di vincoli contrattuali, di spostarsi agevolmente e prontamente da un'occupazione a un'altra. Al verificarsi di queste circostanze, i lavoratori spesso rifiutano i posti che vengono loro offerti, preferendo aspettare nella speranza di trovare un lavoro più congeniale e meglio retribuito.

preceding-year basis: ***base dell'anno precedente.*** Metodo di accertamento del reddito, ai fini del pagamento della relativa imposta, in base al quale in circostanze normali si prende, come base per l'accertamento del reddito dell'esercizio in corso, il reddito dell'esercizio precedente.

precept: ***precetto; ingiunzione.*** È l'ordine, emanato da una persona che ne ha l'autorità, con il quale si impone ad un soggetto di adempiere all'obbligo di pagare una somma di denaro o di consegnare un bene determinato o effettuare un qualsiasi altro tipo di prestazione cui egli è tenuto.

precious-metal fund: ***fondo d'investimento in metalli preziosi.*** Negli Stati Uniti, è un tipo di fondo comune d'investimento aperto che impiega il denaro raccolto tra i sottoscrittori in operazioni di compravendita di metalli preziosi.

precious metals: ***metalli preziosi.*** Sono indicati con questa espressione l'oro e l'argento, che in passato furono usati come moneta. Si giunse all'uso dei metalli preziosi come intermediario degli scambi, perché essi erano i beni che più di qualsiasi altro assommavano le caratteristiche indispensabili delle varie funzioni svolte dalla moneta. Infatti, la loro offerta è relativamente scarsa; sono divisibili in piccole parti, fino ad un grano, per effettuare piccoli pagamenti; hanno un alto valore intrinseco in relazione al loro peso; sono virtualmente indistruttibili; hanno un valore relativamente stabile; sono omogenei per qualità e facilmente riconoscibili. (v. anche *functions of money*)

preclassical writers: ***autori preclassici.*** Tutti coloro che, pur non costituendo una scuola di pensiero, hanno scritto su argomenti economici in un'epoca precedente a quella dei cosiddetti economisti classici, cioè prima del 1750. Da notare che il termine con cui si designano questi autori fa uso della parola *writers* e non di *economists*, appunto perché essi non possono considerarsi economisti a tutti gli effetti.

preclosing trial balance: ***primo bilancio di verifica.*** Un bilancio di verifica redatto in un qualsiasi momento dell'esercizio o prima di dare effetto alle scritture di rettifica o di chiusura. (v. anche *trial balance, postclosing trial balance*)

preclusive buying: ***acquisto preclusivo.*** L'acquisto di beni o servizi con lo scopo di precluderne l'uso ad un concorrente. C'è chi sostiene che molti brevetti o invenzioni sono oggetto di acquisto preclusivo, fatto col solo scopo di tenere sul mercato prodotti già affermati, per i quali vi è una forte domanda, che verrebbero soppiantati se si sfruttassero tali brevetti o invenzioni. Lo stesso termine viene usato per indicare l'acquisto, in tempo di guerra, di beni e servizi da parte di una nazione belligerante allo scopo di impedire che i paesi neutrali possano venderli al nemico.

precompensation deals: ***operazioni di precompensazione.*** Operazioni di commercio bilaterale mediante le quali il paese importatore si accorda con quello esportatore per fornire a quest'ultimo beni di produzione nazionale in cambio di beni importati. Queste operazioni rientrano nel quadro dei recenti sviluppi del commercio internazionale citati sotto *countertrade* (v.).

to predate: ***antidatare; predatare.*** Termine usato come sinonimo di *to antedate* (v.).

predators: ***scalatori.*** Lo stesso che *corporate raiders* (v.).

predatory price-cutting: ***riduzione di prezzo sleale.*** È una delle pratiche di concorrenza sleale e consiste nel ridurre il prezzo di vendita di un bene ad un livello estremamente basso, con lo scopo di danneggiare o espellere dal mercato uno o più concorrenti.

predatory pricing: ***fissazione di prezzo sleale.*** Lo stesso che *predatory price-cutting* (v.).

predecessor company: ***società rilevata.*** Un ente economico che è stato rilevato o assorbito da uno o più enti economici diversi e, pertanto, non esiste più come impresa a sé. Ciò che succede alla società rilevata può essere uno o più enti economici o un singolo ente che scaturisce dalla fusione di altri.

predetermined cost: ***costo predeterminato.*** È il costo accertato prima che abbia luogo l'operazione cui esso si riferisce. Viene calcolato facendo riferimento a tutti i costi dei fattori che concorrono all'operazione e può diventare un costo standard. (v. anche *standard cost*)

predetermined standard times: ***tempi standard predeterminati.*** Sono i tempi standard di lavorazione prefissati per operazioni ripetitive.

predicted cost: ***costo previsto.*** Termine a volte usato con lo stesso significato di *standard cost* (v.).

pre-emption: ***prelazione.*** V. spiegazione sotto *right of pre-emption.*

pre-emption right: ***diritto di opzione.*** Lo stesso che *pre-emptive right* (v.). Normalmente, una società deve chiedere l'autorizzazione degli azionisti quando intende emettere nuovo capitale destinato al pubblico in generale, cioè non sotto forma di *rights issue* (v.), che superi per ciascun anno finanziario il 2½ per cento del capitale emesso.

pre-emptive right: ***diritto di opzione.*** Il diritto riconosciuto ad un azionista di partecipare ad una nuova emissione di capitale, in misura proporzionale alle azioni già in suo possesso. L'azionista, cioè, ha il diritto di conservare la sua percentuale di proprietà dell'azienda e poiché tale percentuale verrebbe alterata da una nuova emissione di azioni, la società è tenuta ad offrire ai vecchi azionisti una percentuale della nuova emissione corrispondente al preesistente rapporto tra capitale emesso e azioni di proprietà dei singoli azionisti. Se l'azionista rinuncia ad esercitare il proprio diritto, la società può vendere ad altri le azioni resesi così libere. Nella legislazione di molti degli Stati Uniti il diritto di opzione è stato enormemente limitato e può essere del tutto eliminato tramite l'inserimento di apposite clausole nell'atto costitutivo o nello statuto della società per azioni.

pref.: 1) preference; 2) preferred.

to prefabricate: ***prefabbricare.*** Produrre in serie parti standardizzate in una fabbrica, che rendono possibile la successiva costruzione di un prodotto finito in una qualsiasi altra parte, tramite la semplice operazione di montaggio o assemblaggio. La pratica della prefabbricazione è molto diffusa, specialmente negli Stati Uniti, per la costruzione di edifici. Le industrie producono pavimenti, soffitti, tetti, pareti divisorie, porte, finestre tutti standardizzati, che vengono poi spediti al luogo di costruzione e assemblati per formare un edificio. La tecnologia moderna permette di prefabbricare anche intere cucine o stanze da bagno, complete di tutti gli accessori e gli impianti idraulici.

preference agreement: ***accordo di preferenza.*** L'accordo tra paesi, che porta alla concessione di preferenze in relazione agli scambi internazionali. (v. anche *preferences*)

preference bond: ***obbligazione semplice; obbligazione non garantita.*** Termine usato negli Stati Uniti con lo stesso significato di *income bond* (v.).

preference capital: ***capitale privilegiato; azioni privilegiate.*** È la parte di capitale di una società, emessa sotto forma di azioni privilegiate, descritte sotto *preference shares* (v.).

preference check list: ***valutazione a scelta forzata.*** Termine usato con lo stesso significato di *forced choice rating* (v.).

preference dividend: ***dividendo di azione privilegiata.*** Il dividendo distribuito da una società ai portatori di azioni privilegiate. È espresso come tasso fisso di dividendo e può essere cumulativo e non cumulativo. Quello cumulativo si somma al dividendo degli anni successivi se in un qualsiasi esercizio la società non è in grado di distribuirlo a causa di mancata realizzazione di utili. Quello non cumulativo non dà questo diritto e, pertanto, è perso se non viene pagato in un qualsiasi esercizio. (v. anche *preference shares, cumulative preference shares, non–cumulative preference shares*)

preferences: ***preferenze.*** Nel commercio internazionale, sono le misure che concedono un accesso privilegiato ad un mercato alle importazioni provenienti da determinati paesi rispetto a quelle provenienti dal resto del mondo. Si concretizzano di solito attraverso la concessione di una tariffa doganale preferenziale, che prevede il pagamento di un dazio di importazione più basso da parte dei beni che si avvantaggiano della discriminazione. Le preferenze più note sono quelle concesse dal Regno Unito ai paesi del Commonwealth che tuttavia, a seguito della crescente liberalizzazione degli scambi internazionali, oggi non hanno più la portata e l'importanza che avevano in passato. Dopo la seconda guerra mondiale non è stato più possibile, ai paesi aderenti al G.A.T.T., concedere preferenze senza violare gli accordi da loro sottoscritti che, appunto, proibivano la concessione di tariffe doganali preferenziali, pur consentendo che continuassero quelle esistenti nel 1947. (v. anche *Commonwealth preference, imperial preference*)

preference shareholder: ***azionista privilegiato.*** Azionista portatore di azioni privilegiate.

preference shares: ***azioni privilegiate; azioni preferenziali; azioni di preferenza.*** Sono le azioni di capitale che danno diritto alla distribuzione di un dividendo, o al rimborso in caso di liquidazione della società, prima che vengano distribuiti utili alle azioni ordinarie, ma dopo che sono stati pagati gli interessi sulle obbligazioni. Le azioni privilegiate hanno diritto ad un tasso fisso di dividendo, che è diverso dal tasso di interesse sulle obbligazioni in quanto quest'ultimo deve essere pagato in qualsiasi caso, mentre il dividendo viene pagato soltanto se la società realizza profitti in ogni singolo esercizio. Nel Regno Unito e negli Stati Uniti sono previsti vari tipi di azioni privilegiate e precisamente: a) azioni privilegiate riscattabili, che l'impresa si riserva di riacquistare ad un prezzo stabilito sul certificato azionario; b) azioni privilegiate cumulative, che danno diritto al pagamento, in anni successivi, del dividendo non pagato durante un dato esercizio a causa di mancata realizzazione di utili; c) azioni privilegiate a partecipazione, che danno diritto al tasso fisso di dividendo, più una partecipazione addizionale agli utili dell'impresa. Le azioni privilegiate di solito non danno il diritto di votare nelle assemblee ordinarie dei soci, pur se a volte tale diritto è concesso quando i dividendi sulle azioni privilegiate sono in arretrato. Questo e gli altri diritti dei portatori di azioni privilegiate sono stabiliti in dettaglio nello statuto della società. Possono, infine, esservi anche azioni privilegiate suddivise in classi, e in tal caso le differenti classi hanno diritto al dividendo e al rimborso dopo che tale diritto è stato esercitato dalle classi che le precedono, che saranno identificate con un numerale ordinale. Così, le azioni privilegiate di prima classe esercitano il loro diritto prima di quelle di seconda classe, che a loro volta lo esercitano prima di quelle di terza classe e così via per tutte le eventuali classi successive. (v. anche *ordinary shares, debenture, cumulative preference shares, participating preference shares, redeemable preference shares, non–cumulative preference shares*)

preference stock: ***azioni privilegiate; azioni preferenziali.*** Termine statunitense, usato con lo stesso significato di *preference shares* (v.).

preferential credit: ***credito privilegiato.*** Il credito fornito di privilegio non soltanto nel senso stretto e giuridico del termine, che dà diritto al pagamento prima che vengano pagati altri tipi di crediti, ma anche per l'esistenza di una garanzia, quale l'ipoteca o il pegno, per il soddisfacimento del credito stesso. (v. anche *preferential debt, ordinary credit*)

preferential creditor: ***creditore privilegiato.*** La persona titolare di un credito privilegiato. In caso di fallimento o di liquidazione del debitore, il creditore privilegiato ha diritto al soddisfacimento del suo credito prima che vengano soddisfatti crediti di altro tipo. (v. anche *preferential debt, preferential credit, ordinary creditor*)

preferential debt: ***debito privilegiato; debito preferenziale.*** È così chiamato il debito che, in caso di fallimento o di liquidazione, viene pagato prima di qualsiasi altro debito. L'ordine in base al quale vanno liquidati i debiti preferenziali è stabilito dal diritto britannico e prevede la priorità assoluta per i creditori a favore dei quali è stata istituita una garanzia, come ad esempio gli obbligazionisti; in secondo luogo, privati o organizzazioni che vantano crediti privilegiati, come ad esempio imposte, stipendi, indennità di liquidazione; altri creditori, quali i fornitori; ed infine gli azionisti privilegiati per il rimborso del capitale e per ultimi gli azionisti ordinari. (v. anche *preferential credit, preferential creditor*)

preferential duty: ***dazio preferenziale.*** Dazio di importazione basato sull'applicazione di una tariffa doganale preferenziale sui beni provenienti dal paese o dai paesi ai quali sono state concesse le preferenze. (v. anche *preferences*)

preferential financing: ***finanziamento preferenziale.*** Finanziamento concesso da un governo, attraverso la banca centrale, a determinate industrie nazionali importanti per lo sviluppo economico del paese. Si tratta di una pratica che è stata ampiamente utilizzata in Giappone allo scopo di proteggere le industrie nazionali dalla concorrenza estera.

preferential form: ***modulo preferenziale.*** Lo stesso che *pink form* (v.).

preferential hiring: ***assunzione preferenziale.*** Pratica seguita da datori di lavoro, che privilegiano l'assunzione di lavoratori iscritti a un sindacato, anche se non hanno stipulato alcun accordo in tal senso con il sindacato interessato.

preferential payments: ***pagamenti privilegiati.*** Nella terminologia giuridica, sono i pagamenti che, in caso di fallimento o di liquidazione del debitore, vengono effettuati prima di soddisfare qualsiasi altro tipo di credito riconosciuto e insinuato in una procedura concorsuale.

preferential shop: Espressione usata negli Stati Uniti per indicare un'impresa che nelle assunzioni dà la preferenza a personale iscritto ad un sindacato a discapito di altri lavoratori non iscritti al sindacato o che concede particolari privilegi ai lavoratori membri di un sindacato, come ad esempio essere licenziati per ultimi in caso di contrazione o essere riassunti per primi in caso di nuova espansione.

preferential tariff: ***tariffa doganale preferenziale.*** Una tariffa doganale che concede dazi preferenziali a beni o servizi provenienti da certi paesi, privilegiati rispetto al resto del mondo. (v. anche *preferences, Commonwealth preference, imperial preference*)

preferential tax treatment: ***trattamento fiscale privilegiato; trattamento fiscale preferenziale.*** Trattamento, in materia di imposte sul reddito, riservato a determinate categorie di persone o di imprese, che vengono così poste in condizione di privilegio rispetto ad altre. Molti paesi stanno cercando di eliminare questi trattamenti privilegiati, pur se essi sono considerati equi se realmente circoscritti a cittadini bisognosi o a imprese che investono in zone depresse.

preferential transitional tariff: ***tariffa preferenziale di transizione.*** La tariffa doganale applicata dalla Comunità Economica Europea ai beni introdotti sul suo territorio e provenienti da un paese di nuova ammissione, per tutto il periodo di transizione, corrispondente a cinque anni dalla data di ammissione del nuovo paese. La tariffa subisce riduzioni ogni anno, fino ad azzerarsi al termine del periodo di transizione.

preferential union shop: Espressione usata negli Stati Uniti per indicare un'impresa che, nelle assunzioni, privilegia i lavoratori iscritti ad un determinato sindacato e procede all'assunzione di lavoratori indipendenti soltanto nel caso in cui il sindacato non sia in grado di fornire tutti i lavoratori di cui l'impresa ha bisogno. Tuttavia, i lavoratori indipendenti così assunti dovranno, entro un periodo di tempo concordato, iscriversi al sindacato.

preferred capital stock: ***azioni privilegiate; azioni preferenziali.*** Termine statunitense, usato con lo stesso significato di *preference shares* (v.).

preferred creditor: ***creditore privilegiato.*** Termine statunitense, usato con lo stesso significato di *preferential creditor* (v.).

preferred debt: ***debito privilegiato; debito preferenziale.*** Termine usato con lo stesso significato di *preferential debt* (v.).

preferred dividend: ***dividendo di azione privilegiata.*** Termine usato negli Stati Uniti con lo stesso significato di *preference dividend* (v.).

preferred operating rate: ***indice operativo preferenziale.*** È la percentuale di utilizzazione della propria capacità produttiva, che un'impresa reputa più remunerativa e di solito si aggira sul novanta per cento. Se tale indice viene superato, è probabile che l'impresa utilizzi impianti obsoleti incorrendo in costi eccessivi; se, invece, essa opera al di sotto dell'indice preferenziale, significa che una parte della capacità produttiva rimane inutilizzata.

preferred ordinary shares: ***azioni ordinarie preferenziali.*** È un particolare tipo di azione ordinaria, in verità poco usato, cui viene riconosciuto il diritto alla distribuzione di un tasso di dividendo fisso pagabile dopo che sono stati soddisfatti gli azionisti privilegiati, ma prima che venga distribuito un qualsiasi dividendo agli altri azionisti ordinari. Questo tipo di azione, pertanto, ai fini del dividendo viene a collocarsi tra le azioni privilegiate e le azioni ordinarie.

preferred position: ***posizione di preferenza.*** Nel linguaggio della pubblicità, è il punto in un giornale o in una rivista nel quale l'inserzionista vuole che appaia il proprio messaggio pubblicitario. Ciò, ovviamente, comporta il pagamento di un extra.

preferred shares: ***azioni ordinarie privilegiate.*** Termine usato con lo stesso significato di *preferred ordinary shares* (v.), ma da non confondersi con *preference shares* (v.).

preferred stock: ***azioni privilegiate; azioni preferenziali.*** Termine statunitense, usato con lo stesso significato di *preference shares* (v.).

preferred-stock dividend: ***dividendo di azione privilegiata.*** Termine usato negli Stati Uniti con lo stesso significato di *preference dividend* (v.).

preferred stock ratio: ***rapporto di azioni privilegiate.*** Il rapporto che si ottiene dividendo il valore nominale delle azioni privilegiate per il valore totale di obbligazioni, azioni privilegiate, azioni ordinarie, riserve e utili non distribuiti di una società.

pre-finance bill: ***cambiale di prefinanziamento.*** Cambiale emessa in relazione a un *pre-finance credit* (v.).

pre-finance credit: ***credito di prefinanziamento.*** Nel linguaggio del commercio estero, è un accordo che consente all'esportatore di disporre di un credito, purché siano rispettate determinate condizioni, prima che egli abbia effettivamente spedito le merci cui si riferisce il credito stesso.

prefs.: preference shares.

pre-invoicing: ***prefatturazione.*** L'emissione e l'invio al cliente della fattura, relativa ai beni o servizi da lui acquistati, prima che abbia avuto luogo la spedizione o la consegna degli stessi. (v. anche *invoice, invoicing, post-invoicing*)

prejudice: ***pregiudizio.*** Termine usato in senso generico per indicare un qualsiasi danno arrecato ad una persona dall'azione o dalla mancata azione di un'altra persona. In senso particolare, il termine viene usato negli Stati Uniti per indicare, nella terminologia dei trasporti, il danno arrecato ad un caricatore dal rifiuto di un vettore di concedergli lo stesso trattamento tariffario concesso, nelle medesime o in simili circostanze, ad un altro caricatore.

preliminary agreement: ***contratto preliminare; compromesso.*** Termine usato come sinonimo di *preliminary contract* (v.).

preliminary audit: ***revisione dei conti preliminare.*** Una parte della normale revisione annuale dei conti, che consiste nel lavoro preparatorio, prima della chiusura dell'esercizio cui essa si riferisce, di revisione dei controlli interni, delle registrazioni e delle singole operazioni commerciali o di altra natura. Lo scopo di questa revisione preliminare è quello di accelerare la stesura della relazione del revisore, dopo la chiusura dell'esercizio.

preliminary balance sheet: ***bilancio provvisorio; bilancio preliminare.*** Un bilancio non definitivo e, pertanto, soggetto ancora a discussione e emendamenti relativi alla forma, alla sostanza o ad ambedue. L'espressione viene anche usata per indicare un simile bilancio, relativo ad uno scopo limitato.

preliminary contract: ***contratto preliminare; compromesso.*** Qualsiasi impegno scritto preso dalle parti prima che venga effettivamente stipulato il contratto definitivo. In relazione ad un'impresa, con il termine contratti preliminari si intendono i contratti stipulati prima della costituzione dell'impresa da un punto di vista formale. La costituzione della società non li fa automaticamente diventare vincolanti, né essa li può ratificare. Può, però, stipulare un nuovo contratto dello stesso tenore e forma per rendere efficaci i contratti preliminari.

preliminary enquiries: ***visura; verifica catastale e ipotecaria.*** Termine usato con lo stesso significato di *enquiries before contract* (v.).

preliminary expenses: ***spese preliminari.*** Sono le spese sostenute in relazione alla fondazione e costituzione di una società. Includono spese notarili, spese di registrazione, spese varie di stampa, ecc., che di solito vengono capitalizzate e ammortizzate in un periodo di tempo che oscilla tra i tre e i cinque anni.

preliminary prospectus: ***manifesto di emissione preliminare.*** Lo stesso che *red–herring prospectus* (v.).

pre–list: ***formulario preliminare.*** Un elenco preliminare degli articoli da registrare nella contabilità meccanizzata. Viene usato come metodo di controllo dell'accuratezza degli articoli da registrare.

premarket dealings: ***preborsa.*** Sono le contrattazioni che si svolgono prima dell'orario di apertura ufficiale della riunione di borsa.

premium: **1.** ***premio.*** Termine spesso usato in luogo di *insurance premium* (v.). **2.** ***aggio; soprapprezzo; premio.*** Il termine inglese, di solito usato nell'espressione *at a premium*, indica l'eccedenza del corso dei cambi sulla parità legale di una valuta per cui il suo prezzo, in termini di un'altra valuta, è superiore a quello che risulterebbe se venisse rispettato il rapporto tra le due parità. Lo stesso termine corrisponde alla nostra espressione sopra la pari, quando questa viene usata nelle borse valori per indicare un corso superiore al valore nominale del titolo cui si riferisce. Nel linguaggio dei fondi comuni d'investimento, il significato del termine è pressocché simile a quello anzidetto. Esso si applica ai fondi comuni a capitale fisso, le cui azioni non vengono emesse e riscattate in via continuativa e quelle in circolazione possono essere negoziate soltanto in borsa, ove il loro prezzo può essere superiore al prezzo d'inventario, nel qual caso il prezzo viene definito con il termine *premium*, o inferiore al prezzo di inventario, nel qual caso viene definito con il termine *discount*. In un significato più generico, il termine inglese viene usato per indicare una somma pagata in più rispetto al valore nominale di qualcosa, quale riconoscimento di un qualche valore addizionale ricevuto insieme alla cosa. **3.** ***premio.*** Una somma di denaro pagata in relazione ad un mutuo, come addizionale all'interesse o in luogo del normale interesse sulla somma mutuata. **4.** ***premio; denaro chiave.*** In questo significato, il termine inglese viene usato come sinonimo di *key money* (v.). **5.** ***premio.*** Somma di denaro corrisposta dal datore di lavoro al lavoratore in considerazione di un evento particolare, nel qual caso non ha caratteristica ricorrente (ad esempio, un premio di operosità), o in considerazione di particolari doti o caratteristiche del lavoratore (ad esempio, alta specializzazione), nel qual caso ha caratteristica ricorrente e viene pagato in aggiunta allo stipendio normale. **6.** ***premio; omaggio.*** Nel marketing, è uno dei modi usati per indurre il consumatore ad acquistare un determinato articolo, col quale può concorrere ad un'estrazione o in aggiunta al quale riceve un omaggio, che può essere della natura più varia e diversa.

premium bond: **1.** ***titolo di stato a premio.*** Titolo di stato sul quale non viene pagato interesse o l'interesse riconosciuto è minimo, ma in compenso concorre all'estrazione annuale o mensile di un certo numero di premi esentasse in denaro, costituiti mettendo insieme gli interessi non pagati. In questo modo, i portatori di tali titoli possono ricevere premi che vanno molto al di là dell'ammontare degli interessi che riceverebbero normalmente (v. anche *Premium Savings Bond*). **2.** ***obbligazione sopra la pari.*** Un'obbligazione il cui valore di mercato è superiore al suo valore nominale.

premium bonus: ***premio; incentivo.*** È il premio, o incentivo, pagato in base ad un sistema di remunerazione che prevede un premio in relazione al tempo impiegato dal lavoratore per svolgere una determinata funzione. In base a tale sistema, ad ogni lavoro o funzione viene assegnato un tempo di esecuzione e il tempo che ogni lavoratore riesce a risparmiare viene remunerato con una somma aggiuntiva, detta appunto premio, sul tasso orario salariale. (v. anche *premium bonus system*)

premium bonus system: ***sistema di retribuzione a premio.*** Espressione generica con la quale si indica un qualsiasi sistema di retribuzione in base al quale il lavoratore riceve un salario minimo e una somma aggiuntiva, chiamata appunto premio, più che proporzionale rispetto alla maggiore produttività. (v. anche *premium bonus*)

premium discount plan: ***piano di sconto premi.*** Nelle assicurazioni, è un piano che prevede concessioni di sconto sui premi in relazione a polizze di notevole valore nominale. La concessione di uno sconto sul premio è giustificata dai minori costi amministrativi di tali tipi di polizze.

premium for risk: ***premio di rischio.*** Il rendimento effettivo di un investimento, dopo aver detratto il rendimento base prevalente all'epoca in cui viene effettuato l'investimento. Poiché il rendimento base rappresenta il rendimento annuo derivante da un investimento che non comporta alcun rischio, qualsiasi investimento che renda di più implica un premio di rischio, cioè una maggiore remunerazione del capitale investito, in considerazione del rischio che comporta il particolare tipo di investimento. (v. anche *basic yield*)

premium income: ***premi incassati.*** La somma totale incassata da un'impresa di assicurazioni sotto forma di premi in un determinato arco di tempo.

premium in the lump: ***premio forfettario; premio a forfait.*** Un premio di assicurazione, il cui ammontare è stato prefissato. (v. anche *premium to be arranged*)

premium loan: Nel linguaggio delle assicurazioni, è il prestito fatto da una società di assicurazione ad un assicurato, su garanzia del valore di riscatto della polizza, al fine di consentirgli di pagare i premi relativi alla stessa polizza di assicurazione sulla vita. (v. anche *policy loan*)

premium offer: ***offerta a premio.*** Nel linguaggio del marketing, indica l'offerta di un prodotto al quale viene associata la possibilità di partecipare all'estrazione di uno o più premi o un altro prodotto offerto gratuitamente. (v. anche *premium 6*)

premium on a lease: ***denaro chiave.*** Termine usato con lo stesso significato di *key money* (v.).

premium on capital stock: ***soprapprezzo azioni; premio di emissione.*** La somma percepita da una società, in relazione ad una emissione o nuova emissione di azioni, in eccedenza al valore nominale o al valore dichiarato delle proprie azioni di capitale.

premium on redemption: ***premio di rimborso.*** Lo stesso che *redemption premium* (v.).

premium pay: ***retribuzione a premio; salario a incentivo.*** Termine usato con lo stesso significato di *incentive pay* (v.).

premium promotion campaign: ***campagna promozionale a premi.*** È il tipo di campagna pubblicitaria che prevede l'estrazione a sorte di premi tra gli acquirenti di un determinato prodotto o l'aggiunta di un prodotto offerto gratuitamente a chi acquista quello per il quale viene fatta la campagna promozionale. (v. anche *promotion campaign*)

premium rate: ***tasso di premio.*** L'espressione inglese viene usata in due diverse accezioni: a) nel linguaggio delle assicurazioni, indica la percentuale in base alla quale viene determinato il premio. Ad esempio, se si dice che per un dato rischio il premio è del due per mille, ciò significa che per ogni mille unità monetarie assicurate se ne dovranno pagare due di premio. b) Nel linguaggio finanziario, indica il tasso pagato su titoli presi in prestito per far fronte ad una vendita allo scoperto. Infatti, nelle borse valori americane è invalsa la pratica che, quando si vende allo scoperto e si è costretti a prendere in prestito i titoli da consegnare, si deposita presso colui che dà a prestito i titoli una somma di denaro equivalente al valore di mercato dei titoli presi a prestito. Su questa somma di denaro viene riconosciuto un interesse, ma se i titoli presi in prestito sono scarsi sul mercato, colui che li presta non riconosce alcun interesse sul deposito. Se, poi, i titoli che un operatore è costretto a prendere in prestito sono particolarmente scarsi o rari sul mercato, oltre a non riconoscere alcun interesse sulla somma depositata presso di lui, colui che dà i titoli in prestito richiede anche un premio. Così, su un certo titolo sarà chiesto un premio di un tanto per cento, su un altro un premio maggiore o minore a seconda dell'entità della domanda e dell'offerta sul mercato.

premium sale: ***vendita a premio.*** La vendita di prodotti i cui acquirenti partecipano all'estrazione di uno o più premi oppure ricevono uno sconto o un altro prodotto in omaggio.

Premium Savings Bond: ***buono di risparmio a premio.*** I buoni di risparmio a premio rientrano tra i *premium bonds* (v.) e furono emessi per la prima volta nel Regno Unito nel 1956. Questi titoli del risparmio pubblico, allora emessi in tagli di una sterlina, non fruttano interessi, ma una somma uguale al totale degli interessi di ciascuna emissione viene suddivisa in premi, che variano dalle venticinque alle settantacinquemila sterline, la cui estrazione ha luogo ogni mese. I buoni sono riscattabili con breve preavviso, di solito sei giorni feriali, ma per partecipare alle estrazioni devono essere tenuti per un periodo minimo di tre mesi. Poiché non sono trasferibili, se vengono riscattati non hanno diritto al premio anche nel caso in cui venissero sorteggiati. Ad ogni risparmiatore è consentito di possedere un massimo di 2000 buoni, pari al valore di 2000 sterline, ed eventuali buoni in ecccsso a tale ammontare di proprietà di singoli risparmiatori non vengono ammessi alle estrazioni. I premi sono esentasse e non devono essere menzionati nelle dichiarazioni del reddito. I buoni appartenenti ad un defunto partecipano alle estrazioni per un periodo di dodici mesi dopo il decesso del titolare. Poiché, come si è detto, questi buoni non sono trasferibili, essi non rappresentano una buona garanzia in relazione a prestiti.

premium securities: ***titoli sopra la pari.*** Termine usato con lo stesso significato di *premium bond 2* (v.).

premium share: ***azione sopra la pari.*** Valore azionario il cui prezzo di mercato o di emissione risulta superiore al suo valore nominale.

premium stock: ***titoli a premio.*** Nel linguaggio finanziario, è quel valore mobiliare sul quale si deve pagare un premio se si vuole prenderlo in prestito per far fronte a vendite allo scoperto. L'entità del premio sarà determinata in base alla situazione della domanda e dell'offerta di quel titolo sul mercato mobiliare. (v. anche *premium rate*)

premium tax: ***imposta sui premi assicurativi.*** L'imposta che colpisce i premi di assicurazione, andandosi ad aggiungere al premio puro e al caricamento. Viene versata dall'assicuratore sul coacervo dei premi incassati nell'arco di un anno.

premium to be arranged: ***premio da convenirsi.*** Nelle assicurazioni, l'espressione indica un premio il cui ammontare non è stato prefissato e deve, pertanto, essere stabilito tramite accordo tra le parti. (v. anche *premium in the lump*)

premium wage system: ***sistema di retribuzione a premio.*** Termine usato come sinonimo di *premium bonus system* (v.).

prepaid assets: ***spese prepagate; costi prepagati.*** Termine usato come sinonimo meno comune di *prepaid expenses* (v.).

prepaid call: ***versamento anticipato in conto azioni.*** È il versamento fatto da un azionista in previsione di un richiamo di decimi, ma prima che questo abbia effettivamente luogo.

prepaid expense: ***spesa prepagata; costo prepagato.*** Le spese prepagate fanno parte dei risconti attivi, di cui rappresentano l'unico tipo che viene classificato come attività corrente. Si tratta di spese, spesso ricorrenti, sostenute in relazione a benefici futuri, come ad esempio canoni di locazione pagati anticipatamente, imposte, premi assicurativi in relazione ad una copertura che si estende in uno o più esercizi successivi, spese di cancelleria e fornitura per gli uffici, ecc. Tali spese costituiscono una parte del capitale circolante netto. (v. anche *deferred charge*)

prepaid expenses: ***spese prepagate; costi prepagati.*** Una delle voci di un bilancio e precisamente quella che rappresenta parte di spese sostenute in considerazione di benefici che saranno ricevuti in uno o più esercizi futuri.

prepaid freight: ***nolo anticipato; nolo prepagato.*** Il nolo pagato al porto di imbarco delle merci. Poiché di regola il nolo è dovuto soltanto sulle merci giunte a destinazione, in caso di mancato arrivo delle merci il nolo anticipato dovrà essere restituito.

prepaid income: ***risconto passivo.*** Termine usato con lo stesso significato di *deferred revenue* (v.).

prepaid interest: ***interesse anticipato; interesse prepagato.*** L'espressione inglese, fuorviante e inesatta in quanto relativa ad un pagamento che dovrà essere sostenuto in futuro, indica la differenza tra netto ricavo e valore di rimborso di un prestito, che è spesso fatta rientrare tra i costi prepagati.

prepaid magnetic card: ***carta magnetica prepagata.*** Tipo di carta magnetica, emessa da imprese private, che può essere utilizzata per varie piccole spese in appositi distributori automatici o per pagare telefonate, biglietti di trasporto urbano, pedaggi autostradali, ecc. Il valore iniziale della carta viene ridotto via via che il portatore la utilizza per i suoi pagamenti. Nei paesi in cui circolano carte del genere, tra i quali il Giappone, si sta studiando la possibilità di estenderne l'uso fino a comprendere l'acquisto di un'ampia gamma di beni.

preparation allowance: ***abbuono per avviamento; abbuono per preparazione.*** Nel determinare il tempo da concedere per l'esecuzione di un determinato lavoro, viene calcolato un abbuono corrispondente al tempo necessario per la preparazione dell'operazione o per l'avviamento delle macchine. Questo periodo di tempo può dover essere utilizzato per procurarsi i necessari attrezzi e per riconsegnarli ad operazione ultimata o per preparare una macchina per quella determinata operazione e, una volta che essa è terminata, riapprontarla per l'uso consueto.

preparation expense: ***spesa di avviamento; spesa di preparazione.*** Le spese sostenute in relazione ad una commessa, prima che venga iniziata la produzione dei beni ordinati.

preparation time: ***tempo di preparazione.*** Lo stesso che *makeready time* (v.).

to prepay: ***pagare in anticipo.*** Pagare prima della data di scadenza o prima di ricevere il corrispettivo in beni o servizi.

prepayment: 1. ***pagamento in anticipo; pagamento anticipato.*** Termine usato con lo stesso significato di *payment in advance* (v.). **2.** ***estinzione anticipata; rimborso anticipato.*** L'estinzione, prima della sua scadenza naturale, di un mutuo ipotecario o il pagamento di una cambiale a tempo prima della scadenza. Nel caso dell'ipoteca, l'estinzione anticipata è possibile soltanto nel caso in cui essa preveda il *prepayment privilege* (v.).

prepayment paid: ***spese prepagate; costi prepagati.*** Lo stesso che *prepaid expenses* (v.), ma visto da colui che paga in anticipo.

prepayment penalty: ***penale per estinzioni anticipata.*** Lo stesso che *repayment penalty* (v.).

prepayment privilege: ***privilegio dell'estinzione anticipata.*** In un contratto di mutuo, è la clausola che consente al mutuatario di rimborsare la somma presa in prestito ad una data anteriore a quella di scadenza, con la conseguente estinzione dell'ipoteca. Se questa clausola non è presente nel contratto, il mutuatario potrà sempre estinguere l'ipoteca prima della sua scadenza naturale, ma in tal caso sarà tenuto a rimborsare la somma capitale più tutti gli interessi concordati fino alla data della scadenza naturale del contratto.

prepayment received: ***spese prepagate; costi prepagati.*** Lo stesso che *prepaid expenses* (v.), ma visto da colui che riceve il pagamento anticipato.

pre-production cost: ***costo di avviamento di una serie.*** Le spese sostenute per iniziare la produzione di beni relativi ad una commessa e i costi relativi al tempo di preparazione degli impianti. (v. anche *makeready time*)

pre-production planning: ***programmazione di avviamento.*** È la prima parte della programmazione della produzione, che si limita a pianificare tutti gli aspetti che precedono l'avvio della produzione vera e propria. In particolare, tende a stabilire la natura e l'entità delle macchine e della forza lavoro necessarie per il tipo e il livello di produzione che si intende realizzare.

pre-refunding: ***prerifinanziamento; rifinanziamento anticipato.*** L'emissione di una tranche di titoli obbligazionari allo scopo di rastrellare fondi sufficienti per richiamare un precedente prestito obbligazionario alla più vicina data utile prevista dal contratto di emissione.

prescription: 1. ***prescrizione.*** L'estinzione di un diritto o l'acquisizione di un diritto, quando esso non venga esercitato per un periodo di tempo determinato dalla legge. Si distingue, pertanto, la prescrizione estintiva, in base alla quale un diritto si estingue se non viene esercitato dal titolare entro il periodo di tempo stabilito dalla legge, e la prescrizione acquisitiva o, più propriamente, usucapione, in base alla quale si acquisisce il diritto di proprietà o di godimento di un bene a seguito dell'esercizio continuato del possesso per un periodo di tempo stabilito dalla legge. (v. anche *negative prescription, positive prescription*) **2.** ***ricetta.*** Termine di recente entrato nel linguaggio economico per indicare un procedimento suggerito o seguito per risolvere un qualche grave problema di natura economica.

prescriptive right: ***diritto prescrittibile.*** Nel linguaggio giuridico, è un diritto che si acquisisce per decorrenza di un termine determinato dalla legge. (v. anche *prescription 1, negative prescription, positive prescription*)

present again: ***ripresentare.*** Espressione a volte scritta su un assegno restituito insoluto dalla banca trassata a causa di mancanza di fondi sul conto del traente. L'espressione non è precisa, in quanto non spiega il motivo per cui l'assegno viene restituito e, pertanto, è accompagnata da un'altra espressione, quale ad esempio *not sufficient*. Questa espressione viene usata più di altre, perché di per sé non è lesiva della credibilità del traente, ma alcune banche inglesi preferiscono quella più efficace di *refer to drawer*. (v. anche *not sufficient, refer to drawer*)

presentation: ***presentazione.*** Nel linguaggio finanziario, questo termine viene usato come sinonimo di *presentment* (v.), mentre nel linguaggio pubblicitario indica un aspetto della promozione delle vendite di un bene, un servizio, ecc., che si realizza mediante l'utilizzazione di differenti sussidi visivi, ad esempio filmini o diapositive, e altri mezzi di dimostrazione.

presenter: ***presentatore.*** Chi presenta un titolo di credito o bancario per il pagamento.

present goods: ***beni effettivi.*** Lo stesso che *actuals* (v.).

presenting bank: ***banca presentatrice.*** La banca che presenta titoli di credito o altri documenti per l'incasso.

presentment: ***presentazione.*** È la presentazione di un titolo di credito per l'accettazione o per il pagamento. La presentazione di un titolo di credito è il requisito indispensabile per vincolare il girante alle proprie obbligazioni. Se il titolo di credito non viene prontamente presentato al traente o all'emittente, non può ritenersi responsabile il girante per il mancato pagamento da parte dell'accettante o altro obbligato principale. (v. anche *presentment for acceptance, presentment for payment*)

presentment for acceptance: ***presentazione per l'accettazione.*** È la presentazione di una cambiale al trattario affinché egli l'accetti. Secondo l'articolo 39 del *Bills of Exchange Act* del 1882 è necessaria la presentazione in soli tre casi: a) quando la cambiale è pagabile a un certo tempo vista, in quanto la presentazione serve a determinare la scadenza del titolo di credito; b) quando è espressamente stabilito che la cambiale sarà presentata per l'accettazione; c) quando la cambiale è pagabile in un luogo diverso dalla residenza o dal domicilio legale del trattario. Gli articoli 40 e 41 della stessa legge stabiliscono rispettivamente i termini e le norme per la presentazione per l'accettazione. Di regola, una cambiale viene presentata per l'accettazione appena possibile, in quanto il trattario non ha nessun obbligo fin quando egli non ha accettato la cambiale. Particolare importanza assume la presentazione per l'accettazione in relazione a cambiali pagabili un certo numero di giorni «dopo vista», in quanto se la presentazione non avviene tempestivamente, il traente e l'eventuale girante non possono più essere ritenuti responsabili dell'obbligazione assunta nell'emettere o nel girare la cambiale. Nel caso in cui una cambiale sia inviata ad una banca perché provveda alla presentazione per l'accettazione, è consuetudine che se il trattario non l'accetta subito, gli venga lasciata per ventiquattro ore onde consentirgli di decidere se accettarla o meno. Qualora alla cambiale siano allegati i documenti d'imbarco delle merci per il pagamento delle quali è stata emessa la cambiale, questi verranno mostrati al trattario, ma non verranno lasciati insieme alla cambiale se egli chiede le ventiquattro ore di tempo per prendere la sua decisione. (v. anche *acceptance, presentment*)

presentment for payment: ***presentazione per il pagamento.*** È estremamente importante che una cambiale venga presentata per il pagamento lo stesso giorno in cui essa scade. L'articolo 45 del *Bills of Exchange Act* del 1882 stabilisce che se la cambiale non viene presentata per il pagamento, il traente e l'eventuale girante non potranno più essere ritenuti obbligati dalla cambiale. L'articolo in questione stabilisce che la cambiale deve essere presentata secondo certe norme e cioè: a) quando la cambiale non è pagabile a vista, deve essere presentata il giorno in cui scade; b) quando la cambiale è pagabile a vista, la presentazione deve essere fatta entro un tempo ragionevole dall'emissione al fine di obbligare il traente ed entro un tempo ragionevole dalla girata al fine di obbligare il girante; c) la presentazione deve essere fatta dal possessore della cambiale o da persona da lui autorizzata a incassarla, in un'ora ragionevole di un giorno feriale, all'indirizzo esatto, alla persona in essa indicata come trattario o altra persona autorizzata ad effettuare o rifiutare il pagamento. Sebbene la mancata o tardiva presentazione sollevi dalle loro responsabilità tanto il traente quanto il girante, l'articolo 46 della legge suddetta elenca i casi in cui la mancata o tardiva presentazione viene giustificata dalla legge. La presentazione per il pagamento di un pagherò cambiario è trattata negli articoli 86 e 87 del *Bills of Exchange Act.*

present price: ***prezzo attuale; prezzo odierno.*** Il prezzo corrente sul mercato al momento in cui viene quotato o viene concluso un accordo di compravendita. Lo stesso termine viene usato nel mettere a confronto prezzi odierni e prezzi del passato. (v. anche *prior price*)

present value: ***valore attuale.*** Il valore odierno di un beneficio che sarà ottenuto in futuro o di una somma di denaro disponibile in data futura. Tale valore si calcola scontando la somma disponibile in futuro al tasso di interesse che frutterebbe oggi se fosse disponibile per essere investita. Così, una somma di 110 unità monetarie tra un anno al tasso di interesse corrente del 10% corrisponde ad un valore attuale di cento unità monetarie.

present value method: ***metodo di attualizzazione.*** Nella pianificazione degli investimenti, è il metodo usato per determinare l'eccedenza netta dei flussi monetari resi da un investimento rispetto ai flussi monetari destinati ad un investimento, usando un dato tasso di interesse per attualizzare questi due flussi monetari.

present value of 1: ***valore attuale di una unità monetaria.*** È la somma attuale che, ad un dato tasso di interesse composto per un dato periodo di tempo, darà come risultato uno. Corrisponde, pertanto, al valore scontato o attualizzato di uno ed è il reciproco del montante di un'unità monetaria.

present value of 1 per period: ***valore attuale della rendita unitaria immediata.*** È il deposito di moneta necessario per rendere un'unità monetaria al termine di ciascuno di un dato numero di periodi successivi, il cui saldo decrescente rimane depositato ad un tasso di interesse composto concordato per periodo.

present worth: ***valore attuale.*** Termine usato come sinonimo meno comune di *present value* (v.).

present worth method: ***metodo di attualizzazione.*** Termine usato come sinonimo meno comune di *present value method* (v.).

preshipment credit: ***credito pre-spedizione.*** Termine usato con lo stesso significato di *preshipment finance* (v.).

preshipment finance: ***finanziamento pre-spedizione.*** Il finanziamento inteso a consentire ad un esportatore di coprire i propri costi prima della spedizione dei beni venduti all'estero e di tutelarlo contro eventuali fluttuazioni dei corsi di cambio.

president: ***presidente.*** Il dirigente esecutivo che ricopre la più alta carica di una società statunitense, corrispondente al *managing director* (v.) delle società britanniche.

presidential election cycle theory: ***teoria del ciclo delle elezioni presidenziali.*** La teoria esposta sotto *political business cycle* (v.).

press release: ***comunicato stampa.*** Nel linguaggio della pubblicità, è la diffusione di una singola notizia o foto da parte dell'ufficio stampa di un'impresa nell'ambito della pubblicità redazionale. (v. anche *publicity*)

pressure group: ***gruppo di pressione; gruppo di interesse.*** Insieme di persone che costituiscono un'associazione volontaria attorno a un interesse comune, per realizzare o difendere il quale il gruppo esercita pressione sul governo, sugli organi legislativi, sull'opinione pubblica e sui partiti politici del paese. Rientrano tra i gruppi di interesse anche le associazioni di categoria e i sindacati. (v. anche *lobby*)

pressure index: ***indice di pressione.*** Un indice che riflette l'ampiezza delle deviazioni di una data serie economica rispetto a un punto di riferimento, ipotizzando che l'ampiezza della deviazione in un senso, sia essa positiva o negativa, sarà seguita da una deviazione di uguale ampiezza nel senso opposto rispetto al punto di riferimento.

pressure in the money market: ***pressione sul mercato monetario.*** Espressione usata nel linguaggio finanziario per indicare che risulta alquanto difficile procurarsi denaro sul mercato monetario, sia attraverso lo sconto di cambiali, sia attraverso la concessione di prestiti su garanzia di titoli di stato o di altra natura, a causa di un alto tasso di sconto, un tasso di cambio sfavorevole ed altre influenze negative.

pressure of taxation: ***pressione fiscale; pressione tributaria.*** Il rapporto tra l'ammontare dei tributi pagati da tutti i contribuenti allo stato, agli enti locali e ad altri enti pubblici e l'ammontare del reddito nazionale. Tale rapporto dovrebbe corrispondere alla percentuale media di reddito che ciascun cittadino è tenuto a versare agli enti pubblici, incluso lo stato, del paese in cui vive o risiede.

prestige advertising: ***pubblicità di prestigio.*** Espressione usata in due significati: a) la pubblicità che mira alla diffusione di una certa immagine e del nome dell'impresa, piuttosto che alla promozione delle vendite di un suo prodotto specifico. Ne è un esempio frequente la diffusione di comunicati stampa relativi a contributi o partecipazione dell'impresa a ricerche scientifiche o ad applicazioni tecnologiche. b) La pubblicità che mira alla promozione delle vendite, facendo leva sulle aspirazioni del consumatore ad apparire una persona di alto prestigio.

prestige good: ***bene di prestigio.*** Un bene il cui consumo è dettato principalmente da ragioni di prestigio. Si tratta, pertanto, di beni ad elevato costo, ad esempio diamanti, pellicce, macchine di grossa cilindrata, ecc., che vengono acquistati con lo scopo principale di esibirli al fine di mantenere alto il proprio prestigio.

prestige symbol: ***simbolo di prestigio.*** Un oggetto o un bene posseduto o usato da una persona che, mediante la sua esibizione agli altri, intende dimostrare di essere ricco e importante.

presumed total loss: ***perdita totale presunta; perdita***

totale virtuale; perdita totale relativa. Termine usato con lo stesso significato di *constructive total loss* (v.).

presumption: *presunzione.* Nel linguaggio giuridico, indica un'argomentazione logica che consente di risalire da un evento noto ad un fatto ignorato. Vi sono due tipi fondamentali di presunzione legale: la presunzione assoluta e la presunzione relativa. (v. anche *irrefutable presumption, refutable presumption*)

presumptive tax: *imposta presuntiva.* Espressione generica, usata per indicare un'imposta basata su una qualche caratteristica del tenore di vita del soggetto percosso, che fa presumere che egli sia in grado di pagarla. Ne sono esempi l'imposta sul focolare, l'imposta sulle finestre e l'imposta sulle carrozze, in uso in epoche passate. (v. anche *hearth tax, window tax*)

pretax: *al lordo di imposte.* Termine usato con lo stesso significato di *before tax* (v.).

pretax accounting income: *reddito lordo contabile.* Il reddito calcolato per fini contabili prima delle detrazioni che lo renderanno reddito imponibile ai fini dell'imposta sul reddito.

pretax profits: *profitti al lordo di imposte.* I profitti di un'impresa prima che vengano detratte le imposte cui sono soggetti.

pretax rate of return: *tasso di rendimento lordo.* Il tasso di rendimento, su un qualsiasi investimento, calcolato o enunciato al lordo delle imposte cui è soggetto il percettore del reddito.

pre-test: *sondaggio preventivo.* Nel linguaggio della pubblicità, è il sondaggio di opinione che viene effettuato prima del lancio di una campagna pubblicitaria, onde prevederne e misurarne la validità e l'accettabilità da parte del pubblico.

pre-trading expenditure: *spese di avviamento.* Spese sostenute allo scopo di avviare un'attività economica, prima che l'attività abbia realmente inizio.

prevailing: *prevalente.* Molto diffuso o predominante in una determinata zona o area geografica.

prevailing price: *prezzo prevalente.* Il prezzo corrente sul mercato nel periodo di tempo in esame o al momento della conclusione di un'operazione di compravendita.

prevailing wage: *salario prevalente.* L'ammontare di salario, teoricamente uguale ma spesso differente, percepito dalla maggior parte dei lavoratori che svolgono identiche funzioni all'interno di una determinata area geografica.

Prevention of Fraud (Investments) Act: Nel diritto inglese esistono due leggi con questo nome: la prima, approvata dal parlamento britannico nel 1939, e la seconda approvata nel 1958. Ambedue hanno lo scopo di tutelare i risparmiatori contro le pratiche spregiudicate di operatori in titoli, costituzioni di società, ecc. In particolare, esse prevedono che chiunque tratti valori mobiliari deve essere membro di una borsa valori o deve essere in possesso di una licenza rilasciata appositamente dal *Board of Trade.* Ciò si rese necessario a seguito del diffondersi della pratica di vendere azioni, spesso da porta a porta, decantando pregi che i titoli non avevano e inducendo i risparmiatori ad acquistarli nel miraggio di notevoli futuri guadagni, che quasi sempre si dimostravano solo chiacchiere e all'atto pratico si traducevano in pesanti perdite per gli investitori. (v. anche *share hawking, share pushing*)

preventive maintenance: *manutenzione preventiva.* Si realizza mediante periodici controlli a impianti meccanici o di altra natura, allo scopo di prevenire il più possibile il verificarsi di guasti o rotture durante la loro utilizzazione.

preventive measures: *misure preventive.* Misure adottate in anticipo allo scopo di evitare il verificarsi di eventi indesiderati, come ad esempio incidenti sul lavoro, furti, guasti e simili.

to price: *determinare un prezzo; assegnare un prezzo; prezzare.* Il prezzo di vendita dei beni e servizi prodotti da un'impresa viene determinato in modo diverso a seconda che esistano accordi tra le imprese facenti parte dello stesso settore o della stessa industria o che, in assenza di accordi del genere, si tenga conto del comportamento della domanda e dell'offerta. Il termine inglese indica anche, nel commercio al dettaglio, l'esposizione di un determinato prezzo su un qualsiasi articolo offerto in vendita. (v. anche *price system 2, pricing policy, price theory, price agreement*)

price: *prezzo; corso.* Il valore di un bene o servizio in termini monetari, ovvero la quantità di moneta che viene chiesta o offerta in cambio di un'unità di un bene o servizio. Il termine viene usato in economia anche in un significato più ampio, per indicare il corrispettivo, sia esso monetario o in natura, chiesto o offerto in cambio di un'unità di un bene o servizio. Il prezzo non ha niente a che vedere col valore del bene o servizio al quale esso si riferisce. Il concetto di prezzo assume diversi termini a seconda del bene o servizio scambiato e verrà indicato con: salario, stipendio o onorario, quando lo scambio implica prestazioni lavorative o professionali; interesse, quando il bene è rappresentato da moneta; canone di fitto, quando esso è relativo alla locazione di terreni o edifici. Il prezzo di un bene o di un servizio è determinato dall'azione reciproca della domanda e dell'offerta, per cui un aumento della domanda dovrebbe causare un aumento del prezzo e viceversa; un aumento dell'offerta dovrebbe causare una diminuzione del prezzo e viceversa. Bisogna, però, tener presente che ciò non è vero in assoluto, perché l'ampiezza della variazione del prezzo sarà determinata nel primo caso dall'elasticità dell'offerta e nel secondo caso dall'elasticità della domanda. Se il prezzo di un bene o servizio viene mantenuto artificialmente basso tramite interventi dello stato, non sarà possibile stabilire l'entità della quantità realmente domandata dai consumatori: ciò porterà all'impossibilità di prevedere l'esatta quantità da produrre e, quasi sempre, ad una scarsità di quel bene o servizio, il cui prezzo è mantenuto artificialmente basso. Ad esempio, nelle recenti esperienze in vari paesi europei, i canoni di fitto sono stati mantenuti, per interventi statali, molto al di sotto del livello del mercato libero ed il risultato in tutti i paesi che hanno adottato prevvedimenti del genere è stato la scarsità di alloggi offerti in locazione e la crisi dell'edilizia abitativa.

price-adjusted: *deflazionato.* Espressione aggettivale usata in relazione a valori depurati da variazioni dovute a movimenti di inflazione dei prezzi. Il termine, pertanto, è spesso usato con lo stesso significato di *real 1* (v.).

price advantage: *vantaggio di prezzo.* Il vantaggio di un produttore, che è in grado di vendere a un prezzo più basso di quelli della concorrenza. Nel commercio internazionale, i produttori possono trovarsi in questa situazione di vantaggio quando il loro governo interviene con sussidi o simili accorgimenti, volti a ridurre i loro costi di produzione.

price after hours: *corso del dopoborsa; prezzo del dopoborsa.* Termine usato con lo stesso significato di *street price* (v.).

price agreement: *accordo sui prezzi; convenzione sui prezzi.* Accordo stipulato da più imprese, della stessa industria o dello stesso settore, con lo scopo di realizzare una comune politica dei prezzi. Accordi del genere tendono di solito a mantenere i prezzi di vendita stabili o in continuo aumento, evitando pratiche di concorrenza basate sul prezzo a favore di pratiche di concorrenza basate su altri elementi, quali la qualità, il servizio clienti e così via. La stessa espressione viene usata per indicare l'accordo tra produttori e distributori o dettaglianti, col quale questi ultimi si impegnano a non vendere determinati prodotti ad un prezzo inferiore a quello imposto o consigliato dal produttore. (v. anche *non–price competition, price system 2, price maintenance, price guarantee*)

price association: ***sindacato commerciale.*** Un accordo tra un gruppo di imprese, operanti nella stessa industria, allo scopo di adottare una comune politica dei prezzi. Esse spesso realizzano tale politica mediante l'incetta di un prodotto o di una materia prima con l'intento di speculare sul rialzo del prezzo, attraverso una rapida rarefazione dell'offerta che consentirà la successiva vendita del bene incettato, in quantità relativamente piccole, ad una nuova quotazione. La stessa espressione viene usata per indicare il gruppo di imprese aderenti a tale accordo.

price at origin: ***prezzo all'origine.*** È il prezzo di un prodotto o di una materia prima nel luogo in cui essi sono prodotti e resi disponibili al primo compratore. Il prezzo all'origine, pertanto, indica soltanto il costo del prodotto o della materia prima e differisce dal prezzo di consegna, in quanto quest'ultimo indica il prezzo all'origine più tutti gli altri costi che si devono sostenere per trasportare il bene dal punto in cui è prodotto al punto in cui viene consumato, quali costi di imballaggio, trasporto, assicurazione, oltre all'utile di eventuali intermediari, grossisti e dettaglianti.

price behaviour: ***comportamento dei prezzi.*** È il comportamento dei prezzi in risposta a variazioni della domanda o dell'offerta in un mercato libero da interferenze statali o di altra natura, che tendono a condizionare il movimento dei prezzi. (v. anche *price change, price decrease, price increase, price determination, price flexibility, price stability, price movements*)

price/book ratio: ***rapporto prezzo/valore contabile.*** Il rapporto tra prezzo di mercato del capitale azionario di una società e il complesso delle sue attività calcolate al valore contabile. È uno dei metodi usati (principalmente in Giappone) per calcolare il valore di una società.

price bulletin: ***listino dei prezzi correnti.*** Termine usato con lo stesso significato di *price current* (v.).

price cartel: ***cartello dei prezzi.*** Lo stesso che *cartel* (v.).

price/cash–flow ratio: ***rapporto prezzo/flusso di cassa.*** Rapporto simile al *price/earnings ratio* (v.), ma differente da questo in quanto il *cash–flow* è costituito dagli utili della società in questione più gli ammortamenti.

price ceiling: ***livello massimo di prezzo.*** È il prezzo massimo consentito dalla legge o che può spuntarsi sul mercato per un qualsiasi tipo di bene o servizio.

price change: ***variazione di prezzo.*** Quando non intervengono provvedimenti statali o accordi internazionali per mantenere stabile il prezzo di determinati beni e servizi, le variazioni di prezzo sono generalmente causate soltanto dall'azione reciproca delle forze della domanda e dell'offerta, per cui ad un aumento della domanda corrisponderà un aumento del prezzo e viceversa e all'aumento dell'offerta corrisponderà una diminuzione del prezzo e viceversa, pur se l'ampiezza di tali variazioni sarà determinata nel primo caso dall'elasticità dell'offerta e nel secondo caso dall'elasticità della domanda. A causa del minor numero di mercati e del maggior grado di perfezione presente in essi, i prezzi all'ingrosso in un paese tendono a variare in misura minore dei prezzi al dettaglio. Questi ultimi subiscono, invece, ampie variazioni tra le diverse parti del paese, ed anche all'interno di una sola città, in quanto i mercati al dettaglio sono molto imperfetti e molto numerosi. In campo internazionale, le variazioni di prezzo dei prodotti primari di alcuni paesi in via di sviluppo, come ad esempio il cacao, il caffè, lo zucchero, il caucciù, ecc., vengono contenuti entro limiti prestabiliti da accordi tra i paesi produttori e consumatori, quali ad esempio i piani delle scorte cuscinetto e gli accordi internazionali per i prodotti di base. Ciò perché questi paesi basano la loro economia principalmente sulla produzione di uno o due di questi prodotti primari e se il loro prezzo fosse lasciato libero di oscillare in base all'azione della domanda e dell'offerta, l'economia di questi paesi sarebbe esposta alle fluttuazioni derivanti dalla qualità ed entità dei raccolti e dalla domanda mondiale di quei prodotti. Ciò potrebbe spesso tradursi in notevoli variazioni di reddito per quei paesi e notevoli variazioni del tenore di vita dei loro abitanti. Gli accordi internazionali di questo genere, tuttavia, pur se efficaci nel breve periodo tendono a dimostrarsi inefficaci nel lungo periodo, a seguito dell'aumento della popolazione di questi paesi, dell'apertura di nuove fonti di approvvigionamento, della variazione delle tecniche industriali e dell'esaurimento di vecchie fonti di approvvigionamento.

price collapse: ***crollo dei prezzi.*** Repentina e drastica riduzione dei prezzi di vendita di alcuni o di tutti i beni trattati in un mercato.

Price Commission: Commissione indipendente, istituita dal governo britannico nel 1973 e soppressa nel 1980, che aveva il compito di far rispettare le politiche di controllo dei prezzi adottate dal governo.

price commitment: ***vincolo di prezzo.*** L'impegno, assunto da un venditore, di fornire un determinato bene o servizio ad un prezzo concordato e valido per un dato periodo di tempo.

price–compensation index: ***indice a carattere compensativo.*** Numero indice che tiene conto dell'aumento dei prezzi a seguito di un processo inflattivo e serve a deflazionare una serie temporale che implica tale aumento.

price competition: ***concorrenza basata sul prezzo.*** Una forma di concorrenza tra venditori, che consiste nel tentativo di accaparrarsi nuovi clienti offrendo loro prodotti a un prezzo inferiore a quello praticato dai concorrenti.

price competitiveness: ***competitività di prezzo.*** La competitività di un bene o servizio basata sul fatto che il suo prezzo è più conveniente rispetto a quelli di altri beni o servizi uguali o simili. Sui mercati esteri, la competitività del prezzo può essere notevolmente aumentata o ridotta dal tasso di cambio, per cui se una moneta risulta sopravvalutata il vantaggio di prezzo sui mercati esteri viene notevolmente o del tutto eroso, come è accaduto per molti prodotti statunitensi nel periodo di sopravvalutazione del dollaro tra il 1980 e il 1985.

price–consumption curve: ***curva prezzo–consumo.*** Termine usato con lo stesso significato di *price–consumption line* (v.).

price–consumption line: ***linea prezzo–consumo.*** La linea usata per porre in evidenza la variazione del consumo di uno di due beni da parte di un individuo o di un nucleo familiare, quando il prezzo di uno dei due beni cambia mentre il prezzo dell'altro e il reddito dell'individuo o del nucleo familiare restano invariati. Per far ciò, prendiamo un sistema di curve di indifferenza con quantità di un bene su di un asse e quantità di un altro bene sull'altro asse. In questo sistema, ciascuna curva di indifferenza mostra tutte le combinazioni dei due beni, che danno al consumatore un uguale grado di soddisfazione. Una serie di curve di indifferenza indica i diversi livelli di soddisfazione. Se tracciamo una serie di linee rette che partono da un qualsiasi punto di uno dei due assi, ciascuna di queste linee indica un diverso rapporto di prezzo tra i due beni in quel mercato. Unendo i punti di tangenza tra queste linee rette e le curve di indifferenza, otteniamo la linea prezzo–consumo, che mostra le reazioni di un individuo o di un nucleo familiare alla variazione del rapporto di prezzo tra i due beni. (v. anche *budget line 1, income consumption line*)

price contract: ***contratto di prezzo.*** Un contratto tra un venditore e un compratore, in base al quale il primo si impegna a fornire al secondo un bene specificato ad un prezzo concordato. Il contratto non prevede una quantità minima che il compratore è tenuto a ritirare, ma di solito contiene una clausola con la quale il compratore si impegna a ritirare, fino ad un massimo concordato, tutto il proprio fabbisogno di quel bene da quel venditore. Lo scopo di un contratto del genere è quello di garantire al compratore l'approvvigionamento del bene ad un prezzo che egli è disposto a pagare. La stessa espressione è passata ad indicare anche un qualsiasi contratto tra un venditore e un compratore, di cui il primo non imporrà l'esecuzione se il secondo non chiederà la consegna del bene oggetto della vendita prevista dal contratto nel periodo in cui esso sarà in vigore.

price control: ***controllo dei prezzi.*** La fissazione dei prezzi da parte del governo di un paese. Può manifestarsi in due forme: o la fissazione del prezzo massimo allo scopo di proteggere il consumatore contro indebiti e spropositati aumenti dei prezzi; o la fissazione di un prezzo minimo, allo scopo di proteggere il produttore contro il pericolo di un calo spropositato dei prezzi. L'espressione in pratica è usata quasi esclusivamente in relazione al primo caso, mentre per il secondo caso si preferisce l'espressione «sostegno dei prezzi». Al controllo dei prezzi, che può essere selettivo e cioè applicato soltanto ad alcuni beni o generale e cioè applicato a tutti i beni e servizi oggetto di scambio in un paese, si ricorre in periodi particolarmente difficili per un'economia e di solito in periodo di guerra, quando le difficoltà di approvvigionamento rischierebbero di far salire i prezzi di alcuni beni alle stelle. Durante il primo e il secondo conflitto mondiale, molti paesi fecero ricorso al controllo dei prezzi, integrato da un sistema di razionamento dei beni di prima necessità, che spesso diede vita al mercato nero, specialmente quando, come avvenne nel Regno Unito, il controllo fu protratto per parecchio tempo dopo la fine del conflitto.

price–control legislation: ***legislazione sul controllo dei prezzi.*** L'insieme delle leggi che, all'interno di un paese, regolano il livello dei prezzi, fissando generalmente dei massimi oltre i quali un bene o servizio non può essere lagalmente scambiato. Si ricorre all'emanazione di leggi sul controllo dei prezzi ogni volta che il governo di un paese ritiene di dover intervenire al fine di bloccare il meccanismo di mercato che tende a far salire i prezzi in maniera spropositata. Ciò si verifica particolarmente in periodi di guerra o di forte inflazione, ma tali provvedimenti di per sé non hanno il potere di curare l'inflazione. (v. anche *price control*)

price current: ***listino dei prezzi correnti.*** Lista o opuscolo inviati dai commercianti ai loro clienti allo scopo di informarli dei prezzi correnti di ciascuno dei vari articoli che essi trattano. Come metodo di quotazione di prezzi è ampiamente usato dai commercianti che trattano materie prime.

price cutting: ***riduzione di prezzo.*** Si indica con questa espressione una decurtazione di prezzo operata dal venditore su un prezzo precedentemente stabilito. Può verificarsi a seguito di un calo della domanda, e in tale caso corrisponde ad una diminuzione di prezzo, o a seguito di offerta promozionale, saldi o altri espedienti cui ricorre il venditore allo scopo di aumentare le vendite e sbarazzarsi di eccessive giacenze o di aumentare il proprio giro di affari fino a raggiungere il punto in cui si rende possibile l'acquisto di grosse quantità a prezzi più bassi, che portano ad un utile complessivo tale da coprire la diminuzione di guadagno su ogni singola unità venduta. Si ricorre alla riduzione del prezzo di vendita anche nel caso in cui si vuole constringere una o più imprese concorrenti a operare la medesima riduzione, nel tentativo di eliminarle dal mercato. In condizioni normali, le riduzioni di prezzo sono più frequenti e probabili su beni deperibili e su articoli di moda o comunque esposti a rapidi cambiamenti di gusti. (v. anche *price decrease*)

priced catalogue: ***catalogo con quotazioni.*** È, in pratica, l'unione di un catalogo e di un listino dei prezzi, in quanto riporta l'elenco illustrato degli articoli in vendita con i relativi prezzi in calce.

price decline: ***declino dei prezzi.*** Lo stesso che *price decrease* (v.).

price decrease: ***diminuzione dei prezzi; calo dei prezzi.*** In un'economia di mercato, nella quale le forze della domanda e dell'offerta non sono soggette ad interferenze statali o di altra natura e sono, invece, lasciate libere di interagire tra loro affinché si determini il prezzo di equilibrio, si verifica una diminuzione dei prezzi quando l'offerta eccede la domanda, cioè quando i venditori vogliono vendere più di quanto i compratori sono disposti ad acquistare a quel determinato prezzo. La diminuzione del prezzo induce i venditori a rivedere il proprio comportamento e a ridurre l'offerta, mentre i compratori, attratti dal prezzo più basso, rivedono anch'essi il loro comportamento con un conseguente aumento della domanda. La riduzione dell'offerta e l'aumento della domanda si incontreranno ad un determinato punto, al quale verrà fissato un nuovo e diverso prezzo di equilibrio, che risulterà di regola più basso di quello precedente. (v. anche *price cutting, price fall*)

price deflation: ***deflazione dei prezzi.*** Poiché il termine *deflation* (v.) può applicarsi a più aspetti della vita economica, questo termine più specifico si usa quando si vuole intendere soltanto la riduzione dei prezzi a seguito di scelte di politica economica.

price deflator: ***deflatore dei prezzi.*** Lo stesso che *deflator* (v.).

price determination: ***determinazione dei prezzi.*** La determinazione dei prezzi all'interno di un'economia può avvenire attraverso l'intervento dello stato o lasciando libero gioco al meccanismo dei prezzi, che ha la funzione di rendere uguali le quantità di beni offerte e domandate. Dal momento che l'offerta di qualsiasi bene è relativamente scarsa in relazione alla quantità domandata da tutti i consumatori, il meccanismo dei prezzi fa sì che si determini un prezzo di equilibrio o di mercato al quale tutta la quantità offerta, e non di più, viene acquistata e non si verificano né eccedenze né scarsità di beni e servizi, che si manifestano rispettivamente quando l'offerta supera la domanda e quando la domanda supera l'offerta. Se, una volta raggiunto l'equilibrio, il prezzo così determinato subisce variazioni conseguenti all'aumento della domanda o dell'offerta, il meccanismo dei prezzi tenderà a ristabilire un nuovo e differente equilibrio al quale la domanda e l'offerta risulteranno di nuovo uguali. Pertanto, al fine di comprendere il meccanismo della determinazione dei prezzi è necessario studiare la domanda e l'offerta prima alla luce delle condizioni teoriche della concorrenza perfetta o del monopolio e poi alla luce delle condizioni reali della concorrenza imperfetta. (v. anche *price change, price control, demand, supply, perfect competition, imperfect competition, monopoly*)

price differential: ***differenziale di prezzo.*** La differenza di prezzo tra beni simili, posti in vendita da produttori o dettaglianti diversi.

price differentiation: ***differenziazione dei prezzi.*** Si manifesta come conseguenza diretta della concorrenza imperfetta, che consente la differenziazione di prodotti omogenei attraverso l'uso di etichette, marche e massicce campagne pubblicitarie che hanno lo scopo di far credere al consumatore che prodotti simili siano in effetti diversi. Una volta che tale convinzione è entrata nella mente dei consumatori, la differenziazione dei prezzi si rende possibile e i consumatori sono spinti ad acquistare ad un prezzo più alto prodotti che non differiscono affatto da altri venduti ad un prezzo più basso.

price discrimination: ***discriminazione dei prezzi.*** La pratica in base alla quale un produttore vende lo stesso bene, in condizioni di mercato identiche, a due o più compratori a due o più prezzi che risultano diversi per motivi che non hanno niente a che vedere con differenti costi di produzione. Affinché un produttore riesca a praticare una discriminazione di prezzo è necessario che si verifichino due condizioni indispensabili: a) una certa dose di potere monopolistico, e cioè la capacità di controllare e influenzare l'offerta; b) la possibilità di tenere separati i vari mercati, ovvero di impedire che il bene venduto dal produttore sia successivamente rivenduto dal primo compratore. Per questo motivo, la discriminazione dei prezzi trova più ampia e facile applicazione nel campo della vendita di servizi personali, ad esempio cure mediche specialistiche; nel campo della vendita di pubblici servizi, quali ad esempio la fornitura di elettricità, gas, ecc., che avviene attraverso la misurazione della quantità fornita; o dei servizi di trasporto. La discriminazione di prezzo può essere sistematica, quando viene praticata come regola, ad esempio dalla società dei telefoni o dell'elettricità, che fanno pagare un prezzo unitario più alto oltre una certa quantità di prodotto consumato o a seconda del tipo o categoria del consumatore; oppure può essere non sistematica, quando un qualsiasi venditore pratica uno sconto ad un cliente per ragioni di amicizia, simpatia o altro. Uno degli effetti principali della discriminazione dei prezzi è quello di ridurre la cosiddetta rendita del consumatore e a questo proposito c'è chi, tra gli economisti, distingue tre stadi successivi nella discriminazione: un primo stadio è rappresentato dalla situazione in cui ogni compratore viene costretto a pagare il prezzo massimo che egli è disposto a pagare per ogni articolo acquistato; un secondo stadio è rappresentato dalla situazione in cui ogni compratore viene costretto a pagare un prezzo diverso che non è, però, il prezzo massimo che egli sarebbe disposto a pagare per ciascun articolo acquistato; un terzo stadio è rappresentato dalla situazione in cui i compratori vengono suddivisi in gruppi o fasce a seconda della elasticità della loro domanda del bene e a ciascun gruppo viene fatto pagare un prezzo diverso.

price disinflation: ***disinflazione dei prezzi.*** Poiché il termine *disinflation* (v.) può applicarsi a diversi aspetti della vita economica, questo termine più specifico si usa quando si vuole intendere soltanto la riduzione dei prezzi, a seguito di provvedimenti governativi o altre misure ed eventi che portano alla diminuzione dei prezzi all'ingrosso o al dettaglio.

price distortions: ***distorsioni di prezzo.*** Distorsioni dei meccanismi di mercato, che si verificano quando un governo interviene allo scopo di limitare artificialmente gli aumenti dei prezzi di alcuni beni e servizi di prima necessità, come ad esempio i generi alimentari e i canoni di affitto. Le opinioni sulle distorsioni di prezzo sono contrastanti, come pure gli effetti. Ad esempio, nella Repubblica Popolare della Cina, i prezzi agricoli sono stati mantenuti per lungo tempo artificialmente bassi, mediante un sistema di ammasso obbligatorio a prezzi fissi e di limitazione del commercio di prodotti agricoli tra privati, col risultato positivo di migliorare la nutrizione dei cittadini a basso reddito, ma con l'effetto negativo di deprezzare l'agricoltura, il che porta a livelli più bassi di produzione.

price/earnings ratio: ***rapporto prezzo/utili.*** Espressione usata nell'analisi della redditività di un investimento per indicare il rapporto tra il prezzo di mercato di un'azione ordinaria e gli utili per azione relativi all'anno più recente. Al fine di ricavare tale rapporto, si dividono gli utili, dopo aver detratto le imposte, per il numero teorico di azioni in circolazione e il quoziente indica gli utili per azione di quella determinata società. Questa cifra viene a sua volta divisa per il prezzo di mercato dell'azione, cioè il prezzo che risulta dal listino ufficiale della borsa valori presso la quale essa è quotata. Il risultato è il rapporto prezzo/utili, che corrisponde al reciproco del tasso di rendimento e rappresenta un'indicazione del valore corrente del titolo migliore della copertura dei dividendi. In altre parole, il rapporto prezzo/utili rappresenta una misura del prezzo che si dovrebbe pagare per ricavare un determinato reddito da un dato titolo azionario. Ad esempio, una società le cui azioni del valore nominale di 300 lire fossero quotate in borsa a 1200 lire e nell'anno più recente avesse registrato utili di 120 lire per azione, avrebbe un rapporto prezzo/utili di 10:1, ossia il prezzo di ogni lira aggiuntiva di utili corrisponderebbe a 10 lire. (v. anche *cover 2*)

price effect: ***effetto di prezzo.*** L'influenza combinata dell'effetto di reddito e dell'effetto di sostituzione sulla distribuzione della spesa di un consumatore, quando i prezzi subiscono variazioni mentre il suo reddito monetario rimane invariato. Questo effetto viene illustrato in un diagramma dalla curva prezzo–consumo. (v. anche *income effect, substitution effect, price–consumption line*)

price elasticity: ***elasticità dei prezzi.*** Lo stesso che *price flexibility* (v.).

price elasticity coefficients: ***coefficienti di elasticità del prezzo.*** Sono i numeri che si ricavano dai calcoli dell'elasticità della domanda e dell'offerta in rapporto al prezzo e che possono essere inferiori, uguali o maggiori dell'unità. (v. anche *price elasticity of demand, price elasticity of supply*)

price elasticity of demand: ***elasticità della domanda in rapporto al prezzo.*** Il grado di reazione della quantità domandata di un bene a variazioni del prezzo dello stesso bene. Se una variazione relativamente piccola del prezzo produce una variazione proporzionalmente più piccola, uguale o più grande della quantità domandata, si avrà un'elasticità rispettivamente inferiore, uguale o superiore all'unità.

price elasticity of supply: ***elasticità dell'offerta in rapporto al prezzo.*** Il grado di reazione della quantità offerta di un bene a variazioni del prezzo dello stesso bene. Se una variazione relativamente piccola del prezzo produce una variazione proporzionalmente più piccola, uguale o più grande della quantità offerta, si avrà un'elasticità rispettivamente inferiore, uguale o superiore all'unità.

price fall: ***caduta dei prezzi; discesa dei prezzi.*** Una rapida diminuzione dei prezzi di vendita, di solito dovuta ad un calo drastico della domanda. Spesso una caduta dei prezzi è conseguente ad un cambiamento dei gusti o della moda e, pertanto, colpisce soltanto determinati tipi di beni.

price fixing: ***fissazione dei prezzi.*** La determinazione dei prezzi di uno o più beni o servizi da parte di un governo, di un monopolista, di un sindacato commerciale, ecc. I beni sui cui prezzi spesso intervengono i governi sono quelli che di solito presentano una domanda relativamente anelastica, per cui piccole variazioni della quantità offerta o domandata produrrebbero variazioni sproporzionate del prezzo di vendita se non fossero in vigore leggi, disposizioni o accordi tendenti a moderare tali oscillazioni. L'espressione, pertanto, viene usata come sinonimo di controllo dei prezzi, determinazione dei prezzi e prezzo imposto a seconda che la fissazione dei prezzi avvenga per intervento statale, per accordi intercorsi tra produttori e venditori o per altre cause. (v. anche *price control, price determination, price maintenance, price change, international commodity agreements*)

price-fixing agreement: ***accordo di fissazione dei prezzi.*** Accordo mediante il quale un gruppo di imprese soffoca la concorrenza basata sul prezzo, decidendo di praticare tutte gli stessi prezzi per i propri prodotti o di apportare contemporaneamente variazioni in aumento o in diminuzione. Un accordo del genere, che può funzionare soltanto quando il numero delle imprese presenti sul mercato è limitato, si basa su consultazioni e scambi di informazioni e di solito è un accordo verbale. In molti paesi europei è ammesso o tollerato, ma negli Stati Uniti qualsiasi accordo del genere, anche se a vantaggio del consumatore, costituisce una violazione delle leggi antimonopolistiche.

price flexibility: ***flessibilità dei prezzi; elasticità dei prezzi.*** La caratteristica dei prezzi di variare col variare della domanda. In tal senso, rappresenta l'inverso dell'elasticità della domanda e corrisponde al rapporto tra variazione di prezzo e variazione della quantità domandata. La flessibilità di un prezzo viene detta positiva quando esso si riduce a seguito dell'eccesso dell'offerta e aumenta a seguito dell'eccesso della domanda; viene, invece, detta negativa quando si realizzano le ipotesi opposte. La flessibilità dei prezzi è una caratteristica della concorrenza perfetta o del mercato perfetto, ma oggi i prezzi tendono ad avere minore flessibilità a causa delle condizioni prevalenti di concorrenza imperfetta.

price floor: ***livello minimo di prezzo.*** In un regime di prezzi controllati, è il punto più basso al quale si consente che scenda il prezzo di un determinato bene o servizio.

price floor laws: ***leggi sui prezzi minimi.*** Sono tutte quelle leggi che stabiliscono un prezzo minimo per ciascun bene o per un gruppo di beni, al di sotto del quale i venditori non possono legalmente vendere i beni che trattano e che sono soggetti al prezzo minimo.

price fluctuations: ***fluttuazioni dei prezzi; oscillazioni dei prezzi.*** Termine usato in alternativa a *fluctuations in prices* (v.).

price follower: ***imitatore del prezzo.*** L'impresa o il venditore che adegua i propri prezzi di vendita a quelli fissati dall'impresa o dal venditore considerati leader del prezzo. (v. anche *price setter*)

price freeze: ***blocco dei prezzi; congelamento dei prezzi.*** Provvedimento, emanato da un governo, inteso a mantenere immutati i prezzi di alcuni o tutti i beni e servizi scambiati in un'economia o di consentire soltanto a leggeri incrementi in base a percentuali stabilite. Il blocco dei prezzi viene attuato in situazioni particolarmente gravi, quali ad esempio un periodo bellico, e di solito in concomitanza con un blocco dei salari. (v. anche *prices and incomes policy*)

price guarantee: ***garanzia del prezzo.*** Questa espressione viene usata in relazione al prezzo imposto dai produttori sui loro beni, per indicare la garanzia data dai dettaglianti o dai distributori a non vendere quel determinato prodotto ad un prezzo inferiore a quello imposto o consigliato dal produttore. Accordi di questo tipo sono considerati illegali sia negli Stati Uniti che nel Regno Unito. (v. anche *price maintenance, price agreement, price maintenance agreement*)

price hike: ***aumento dei prezzi; rialzo dei prezzi.*** Termine usato con lo stesso significato di *price increase* (v.).

price increase: ***aumento dei prezzi; rialzo dei prezzi.*** In un'economia di mercato, nella quale le forze della domanda e dell'offerta non sono soggette ad interferenze statali o di altra natura e sono, invece, lasciate libere di interagire tra loro affinché si determini il prezzo di equilibrio, si verifica un aumento dei prezzi quando la domanda eccede l'offerta, cioè quando i compratori vogliono acquistare più di quanto i venditori sono disposti o capaci di offrire a quel determinato prezzo. L'aumento dei prezzi induce i compratori a rivedere il proprio comportamento e a ridurre la domanda, mentre induce i produttori ad aumentare la quantità di beni e servizi offerti, attratti appunto dai prezzi più alti e dalle prospettive di maggiori utili. La riduzione della domanda e l'aumento dell'offerta si incontreranno ad un determinato punto, al quale verrà fissato un nuovo e diverso prezzo di equilibrio, che risulterà di regola più alto di quello precedente.

price index: ***indice dei prezzi.*** È uno strumento usato per rilevare le variazioni relative dei prezzi di uno o più beni in un arco di tempo o le variazioni relative di una media, ricavata prendendo in considerazione un certo numero di beni, in un arco di tempo. Al fine di rilevare queste variazioni, si prende un periodo base corrispondente ad un qualsiasi anno e si assegna il valore 100 al prezzo o alla media relativi a quell'anno. I prezzi relativi agli anni successivi vengono divisi per il prezzo dell'anno base e moltiplicati per cento. Il risultato corrisponderà all'indice dei prezzi dell'anno in esame. Esistono indici dei prezzi al dettaglio, dei prezzi all'ingrosso, dei corsi azionari e obbligazionari, dei salari, degli stipendi e così via. (v. anche *index number*)

price index number: ***numero indice dei prezzi.*** È usato per rilevare il prezzo di un dato bene nel periodo attuale, in relazione al prezzo dello stesso bene nel periodo base. (v. anche *index number, price index*)

price inflation: ***inflazione dei prezzi.*** Poiché il termine *inflation* (v.) può applicarsi a diversi aspetti della vita economica, questo termine più specifico si usa quando si vuole intendere soltanto l'aumento dei prezzi, generato da uno qualsiasi degli eventi economici individuati come cause dell'inflazione.

price inflexibility: ***rigidità dei prezzi; anelasticità dei prezzi.*** Lo stesso che *price rigidity* (v.).

price in the street: ***corso del dopoborsa; prezzo del dopoborsa.*** Termine usato in alternativa a *street price* (v.).

price label: ***etichetta segnaprezzo.*** Lo stesso che *price sticker* (v.) e *price tag* (v.).

price leader: 1. ***leader del prezzo.*** L'impresa che, a causa delle sue dimensioni, di economie di scala, della posizione acquisita sul mercato, ecc., è in grado di offrire un prodotto a prezzo competitivo, al quale spesso si adeguano gli altri produttori del settore. (v. anche *price setter, price leadership*) **2.** ***articolo con prezzo civetta.*** Un articolo quotato ad un prezzo insolitamente basso allo scopo di attirare l'attenzione della clientela. Questo espediente è praticato dai dettaglianti al fine di attirare i consumatori nel loro negozio e dai produttori al fine di attirare l'attenzione sulla loro marca o sui loro prodotti in generale.

price leadership: ***guida del gruppo oligopolista; guida del prezzo.*** La pratica, comune in un oligopolio, in base alla quale un'impresa, che non sempre è la più grande, fissa il prezzo del bene prodotto, al quale si adeguano le altre imprese del settore. La fissazione di un prezzo uniforme può essere una libera scelta delle imprese che fanno parte dell'industria e che preferiscono adottare il prezzo dell'impresa guida invece di determinare il proprio in base ad altre considerazioni, ma più spesso si tratta di una pratica collusiva tra imprese che mirano a spuntare un prezzo migliore per i loro prodotti. Il prezzo così stabilito deve essere abbastanza alto da permettere la sopravvivenza delle imprese a più alti costi. Pertanto, se l'impresa guida è una ad alti costi, il prezzo che essa stabilisce automaticamente diventa molto redditizio per le imprese che lo accettano; se, invece, l'impresa guida è una a bassi costi, il prezzo che essa stabilisce deve essere sufficientemente alto da consentire un buon margine di utile alle imprese a più alti costi. L'effetto di questa pratica è quello di relegare la concorrenza tra imprese ad aspetti che non riguardano il prezzo del prodotto venduto, di alterare la normale distribuzione del reddito nazionale e di scoraggiare l'espansione di altre imprese efficienti. (v. anche *follow-the-leader price policy, open pricing, oligopoly, non-price competition*)

price level: ***livello dei prezzi.*** L'ammontare, espresso in termini monetari, dei beni e servizi scambiati in un'economia nell'arco di un determinato periodo di tempo, di solito messo a confronto con lo stesso ammontare relativo ad un periodo di tempo precedente. L'espressione inglese abitualmente viene usata per indicare il livello generale dei prezzi di un periodo, confrontato con quello relativo ad un altro periodo. Se tutti i prezzi monetari si raddoppiano, si dice che il livello dei prezzi si è raddoppiato. Un aumento del livello dei prezzi dà luogo all'inflazione, mentre una diminuzione del livello dei prezzi viene indicato col termine deflazione. (v. anche *general price level, inflation, deflation*)

price-level-adjusted mortgage: ***ipoteca a adeguamento al livello dei prezzi.*** Tipo di ipoteca non tradizionale, che prevede un continuo adeguamento delle rate di mutuo e della somma capitale parallelamente all'avanzare del tasso di inflazione. Nei primi anni di esistenza del mutuo, la somma capitale potrebbe anche aumentare, se il tasso di inflazione supera il tasso al quale il capitale viene rimborsato.

price-level adjustment: ***adeguamento al livello dei prezzi.*** Adeguamento di una quantità contabile a un diverso livello dei prezzi, al fine di eliminare gli effetti di distorsione causati da un processo inflattivo. Di solito si effettua applicando un indice dei prezzi alle cifre originali.

price-level growth: ***crescita del livello dei prezzi.*** La lenta ma costante lievitazione dei prezzi generata da un processo inflattivo o dalla normale erosione del potere d'acquisto della moneta.

price-level stability: ***stabilità del livello dei prezzi.*** La situazione che si verifica quando il livello dei prezzi, calcolato in un determinato arco di tempo, presenta una minima o nessuna variazione rispetto al livello dei prezzi calcolato in uno o più precedenti simili archi di tempo.

price limit: 1. ***limite di corso.*** Nel linguaggio delle borse valori, indica l'aumento o la diminuzione massimi consentiti al corso di un titolo durante una singola riunione borsistica. **2.** ***limite di prezzo.*** È il prezzo massimo o minimo, precisato in un ordine con limite di prezzo, al quale uno *stockbroker* (v.) è autorizzato dal cliente rispettivamente ad acquistare o a vendere una determinata quantità di valori mobiliari.

price line: 1. ***linea di prezzo.*** Espressione usata nel marketing per indicare un singolo prezzo di vendita al dettaglio per articoli che altrimenti sarebbero quotati a prezzi diversi, contenuti entro limiti molto ravvicinati. Così, ad esempio, vengono quotati, a mille lire ciascuno, una serie di articoli il cui prezzo di vendita rientra tra le novecento e le mille e cento lire. **2.** ***curva dei prezzi; linea dei prezzi.*** Nella teoria economica, usando un sistema di curve di indifferenza con quantità di un bene sull'asse x e quantità di un altro bene sull'asse y, una linea retta che collega un qualsiasi punto sull'asse x con un qualsiasi punto sull'asse y è chiamato curva o linea dei prezzi. È così chiamata, perché un consumatore può spostarsi lungo questa linea, senza apportare alcuna variazione alla sua spesa totale, semplicemente sostituendo una quantità di un bene con una quantità dell'altro bene in base ad un rapporto evidenziato dalla inclinazione della curva, purché essa rispecchi il prezzo di mercato, cioè il rapporto tra i due beni sul mercato. I due beni possono essere sia beni di consumo che fattori della produzione.

price lining: ***allineamento dei prezzi.*** La pratica di offrire prodotti suddivisi in classi, o linee di prezzo, a ciascuna delle quali viene assegnato un prezzo che tiene conto delle differenze di lavorazione, dei materiali, dello stile o di altre caratteristiche che contraddistinguono i prodotti inseriti in ciascuna classe. (v. anche *price line 1*)

price list: 1. ***listino prezzi; prezzario.*** Elenco o catalogo degli articoli in vendita, con l'indicazione dei relativi prezzi. La stessa espressione viene usata per indicare l'elenco dei prezzi correnti sul mercato per una determinata categoria di merci, di prodotti, ecc. **2.** ***prontuario delle tariffe; tariffario.*** Lo stesso che *rate book* (v.).

price loco: ***prezzo franco magazzino del venditore.*** Termine usato in alternativa a *loco price* (v.).

price maintenance: ***mantenimento del prezzo; prezzo imposto.*** Espressione usata per indicare l'ingerenza del governo o dei produttori nel mercato al dettaglio, nel tentativo di mantenere i prezzi di vendita ad un determinato livello. L'espressione viene usata particolarmente per indicare la pratica di determinazione del prezzo minimo di vendita al dettaglio da parte dei produttori. Nei paesi in cui tale pratica è adottata, il produttore stabilisce il prezzo di vendita al dettaglio, che viene chiamato prezzo imposto, al quale devono adeguarsi grossisti e dettaglianti di prodotti etichettati o comunque protetti da marchio di fabbrica o altra caratteristica distintiva. Nei paesi in cui tale pratica è proibita, i produttori si limitano a «suggerire» un prezzo di vendita al dettaglio, che diventa oggetto di accordi tra loro e i dettaglianti o i grandi distributori. La pratica del prezzo imposto ha lo scopo di impedire la concorrenza tra dettaglianti basata sul prezzo di vendita, che potrebbe danneggiare il prodotto agli occhi del consumatore, ed ha l'effetto di spostare il processo di determinazione del prezzo di vendita dal mercato alla produzione. Nel Regno Unito, questa pratica ebbe inizio verso la fine del secolo diciannovesimo, a seguito della protesta dei piccoli dettaglianti contro le riduzioni di prezzo apportate dai rivenditori più grandi. I produttori all'inizio furono contrari all'imposizione di un prezzo minimo di rivendita al dettaglio, ma poi non solo lo accettarono, ma ne fecero una condizione per la fornitura dei loro prodotti. Una commissione governativa istituita nel 1949 condannò questa pratica e il *Restrictive Trade Practices Act* (v.) del 1956 dichiarò illegale l'azione concertata di più produttori di sospendere le forniture al dettagliante che avesse venduto i prodotti di uno di loro ad un prezzo inferiore a quello imposto, pur se riconobbe il diritto del singolo produttore ad agire in tal senso. Il *Resale Prices Act* (v.) del 1964 dichiarò illegale l'imposizione di un prezzo minimo da parte del produttore, a meno che egli riesca a dimostrare che ciò viene fatto nel pubblico interesse.

price maintenance agreement: ***accordo di mantenimento dei prezzi; accordo di prezzo imposto.*** Un qualsiasi accordo tra produttori e dettaglianti, in base al quale questi ultimi si impegnano a non mettere in vendita gli articoli oggetto dell'accordo ad un prezzo inferiore a quello dichiarato e imposto dal produttore. Accordi del genere sono stati dichiarati illegali nel Regno Unito dal *Resale Prices Act* (v.) del 1964, a meno che siano stati preventivamente sottoposti alla *Restrictive Practices Court* e da questa approvati nel pubblico interesse. (v. anche *price maintenance*)

price–maker: ***determinatore del prezzo.*** Un operatore che acquista o vende una quantità così alta di un bene o servizio che qualsiasi significativa variazione della quantità di output venduta o di input acquistata apporterà variazioni nel prezzo di mercato di quell'output o input. (v. anche *price–taker*)

price–making: ***determinazione dei prezzi.*** Termine usato con lo stesso significato di *price determination* (v.).

price margin: ***margine lordo.*** Termine usato con lo stesso significato di *gross margin 1* (v.).

price mechanism: ***meccanismo dei prezzi.*** Il sistema di determinazione dei prezzi lasciato al libero gioco delle forze della domanda e dell'offerta, che tendono a rendere uguali le quantità di beni offerte e domandate ad un qualsiasi prezzo in un mercato nel quale non si fanno sentire le interferenze statali o di altra natura e nel quale è possibile la libera concorrenza. Il meccanismo dei prezzi tende, pertanto, a limitare ad usi particolari l'utilizzazione delle risorse scarse e funge da mezzo di guida, di controllo e di «razionamento» della produzione e del consumo. Esso, però, funziona in maniera diversa in diversi paesi, a causa dell'intervento dell'uomo. In passato, il meccanismo dei prezzi era quello detto sopra, ma nel ventesimo secolo esso è stato snaturato, dove non è stato completamente soppresso, dagli interessi di gruppi di persone che si vedevano danneggiati dal funzionamento di questo meccanismo. Infatti, quando i lavoratori si resero conto che il meccanismo dei prezzi andava a loro discapito in un mercato libero, decisero di vendere il loro lavoro, attraverso contrattazioni collettive, ad un prezzo «equo» invece che ad un prezzo di mercato. Anche i produttori, quando si resero conto che i prezzi del mercato libero non volgevano a loro vantaggio, fecero ricorso a sistemi idonei a snaturare il meccanismo dei prezzi attraverso l'uso di brevetti, privative industriali e altre forme di restrizioni. I consumatori, dal canto loro, quando si accorsero che i prezzi non erano più determinati dall'incontro delle varie forze di mercato, fecero ricorso a pressioni affinché i prezzi venissero calmierati d'imperio dal governo. Tutto ciò ha portato a snaturare il meccanismo dei prezzi attraverso l'adozione di limitazioni di varia natura che, in definitiva, tendono a favorire alternativamente ciascuna delle categorie che costituiscono il mercato.

price movements: ***movimenti dei prezzi.*** Gli aumenti e le diminuzioni dei prezzi che si registrano in un luogo nel medio e nel breve periodo. Nel lungo periodo, diciamo nell'ultimo secolo, i prezzi hanno mostrato una tendenza al rialzo, che si è particolarmente accentuata nel ventesimo secolo, maggiormente nel periodo successivo al secondo conflitto mondiale. Nel diciannovesimo secolo, invece, si notarono movimenti di medio periodo strettamente collegati al tasso di espansione industriale e alle variazioni della massa circolante. Infatti, quando la produzione industriale si espandeva più rapidamente della massa circolante, i prezzi mostravano un movimento al ribasso, come avvenne nei periodi dal 1820 al 1849 e dal 1874 al 1896; viceversa, quando la massa circolante si espandeva più rapidamente della produzione industriale, i prezzi tendevano al rialzo, come avvenne nei periodi tra il 1849 e il 1874 e tra il 1896 e il 1914. È opportuno, però, tener presente che all'epoca l'espansione della massa circolante era condizionata dalla produzione dell'oro e infatti furono le scoperte di nuovi giacimenti che nel 1849 e nel 1896 diedero inizio a periodi di inversione del movimento dei prezzi. Nel breve periodo, si notano movimenti ascendenti e discendenti dei prezzi nell'arco di un ciclo economico, nel quale essi durano in media tre o quattro anni e ricorrono rispettivamente in occasione di una fase di espansione e di contrazione dell'attività economica.

price nursing: ***sostegno del corso.*** Espressione usata nel linguaggio delle borse valori per indicare la pratica seguita al fine di evitare notevoli fluttuazioni nel corso di un titolo. Consiste nel vendere titoli quando la loro domanda, e di conseguenza il corso, è in aumento e nel comprarne quando l'offerta di tali titoli tende ad aumentare.

price–offer curve: ***curva prezzo–offerta.*** Lo stesso che *income–offer line* (v.).

price–off promotion: ***promozione a mezzo sconti temporanei.*** È uno dei tanti espedienti cui ricorrono le imprese o i dettaglianti nel tentativo di assicurarsi la preferenza dei consumatori e di attirarne l'attenzione sui loro prodotti. Consiste nel concedere uno sconto, su certi o su tutti i prodotti in vendita, limitato nel tempo e ampiamente pubblicizzato.

price of issue: ***prezzo di emissione.*** È il prezzo al quale viene venduta una nuova emissione azionaria, obbligazionaria o di titoli di stato. A seconda del modo in cui ha luogo la nuova emissione, il prezzo corrisponderà a quello stabilito nel manifesto nel caso di emissioni azionarie in vendita diretta al pubblico; a quello negoziato tra l'intermediario di emissione e il compratore nel caso di collocamento privato di titoli; all'offerta più alta nel caso di vendita all'asta, come avviene per la maggior parte dei titoli pubblici.

price of money: ***prezzo del denaro.*** Lo stesso che *cost* *of money* (v.).

price out of market: ***prezzo fuori mercato.*** Espressione usata in relazione agli scambi internazionali per indicare il prezzo di un bene esportato su altri mercati, quando esso è tale da escludere il bene da quei mercati. Ciò può verificarsi a seguito di aumenti dei costi nel paese di produzione ad un ritmo superiore all'aumento degli stessi costi nei paesi stranieri verso i quali il bene viene esportato. In tal caso, le vendite di quel bene su quei mercati subiranno un calo anche drastico, se non si ricorre ad interventi a sostegno delle esportazioni.

price–output policy: ***politica prezzo–produzione.*** È la politica di produzione e di prezzi adottata da un'impresa, strettamente aderente ai canoni che prevedono la massimizzazione dei profitti a livelli di produzione e di prezzo di vendita tali che il costo marginale risulta uguale al ricavo marginale. (v. anche *marginal cost, marginal revenue, price policy*)

price parallelism: ***parallelismo di prezzo.*** La tendenza dei produttori a imporre prezzi identici in un mercato oligopolistico.

price performance: ***comportamento dei prezzi.*** Lo stesso che *price behaviour* (v.).

price per unit: ***prezzo unitario.*** È il prezzo di vendita di ogni singola unità di un bene o servizio.

price policy: ***politica dei prezzi.*** La politica di un'impresa relativa ai prezzi di vendita dei beni o servizi che essa produce. L'espressione si riferisce in particolare alla politica dei prezzi delle imprese di pubblici servizi. In quanto vengono gestite nel pubblico interesse, c'è chi sostiene che in certi casi esse possono essere gestite anche in perdita, pur se tale situazione non dà alcuna indicazione soddisfacente della loro efficienza. La maggior parte degli economisti, invece, sostengono che esse dovrebbero «uscire pari», cioè senza profitti ma anche senza perdite. (v. anche *price–output policy*)

price–purchase curve: ***curva prezzo–acquisti.*** Se in un sistema di curve di indifferenza relative ad un consumatore di un determinato bene poniamo quantità diverse di quel bene sull'asse x e diversi livelli di reddito del consumatore sull'asse y, un ventaglio di linee rette che uniscono un dato punto sull'asse x ai vari punti sull'asse y indicheranno i differenti prezzi del bene. Le curve di indifferenza del sistema indicheranno le varie combinazioni di reddito e del bene che danno al consumatore un uguale grado di soddisfazione e la curva che unisce i punti di tangenza delle curve di indifferenza con le linee dei prezzi darà la curva prezzo–acquisti, che indicherà le quantità di quel bene acquistate ai diversi prezzi.

price–push theory of inflation: ***teoria dell'inflazione da spinta dei prezzi.*** Teoria, con la quale si tenta di spiegare l'inflazione, molto vicina alla teoria della spinta dei costi, in quanto predice la stessa sequenza di eventi prevista da quest'ultima, con la sola eccezione che non i sindacati vengono ritenuti responsabili, bensì le imprese che amministrano i prezzi. La teoria, infatti, sostiene che i venditori hanno un potere monopolistico e vorrebbero alzare i prezzi, ma vengono in ciò frenati dalla contraria opinione pubblica e, nei paesi in cui esiste, dalla legislazione antimonopolistica. Durante le contrattazioni sindacali sulle questioni salariali, gli imprenditori concedono aumenti salariali e li usano come giustificazione di un aumento dei prezzi spesso superiore a quanto sarebbe sufficiente al fine di recuperare l'aumento di costi conseguente all'aumento dei salari.

price range: 1. ***gamma di prezzi.*** I differenti prezzi ai quali viene venduto un prodotto simile, ma commercializzato da produttori diversi. **2.** ***banda di prezzo.*** La banda, delimitata da un massimo e da un minimo, entro la quale ha oscillato il prezzo di un valore mobiliare in un dato arco di tempo.

price–ratio line: ***curva dei prezzi; linea dei prezzi; linea del rapporto dei prezzi.*** Termine usato con lo stesso significato di *price line 2* (v.).

price relative: ***indice semplice di un prezzo; prezzo relativo.*** È il rapporto tra due prezzi, di solito relativi a due differenti periodi. Se prendiamo il prezzo di un bene relativo ad un dato anno, lo dividiamo per il prezzo dello stesso bene rilevato nell'anno base e lo moltiplichiamo per cento, otteniamo il prezzo del bene in quel dato anno relativo al prezzo dello stesso bene nell'anno base, al quale è stato assegnato il valore convenzionale di cento. (v. anche *index number, price index*)

price revolution: ***rivoluzione dei prezzi.*** L'anomalo rialzo dei prezzi, che si quadruplicarono durante i secoli quindicesimo e sedicesimo a seguito del massiccio afflusso in Europa di oro e argento provenienti dal nuovo mondo.

price rigidity: ***rigidità dei prezzi; anelasticità dei prezzi.*** La tendenza dei prezzi di uno o più beni a non reagire a variazioni del costo di produzione o della quantità domandata. La rigidità dei prezzi che si verifica in tale situazione è di regola causata intenzionalmente e dà origine ai cosiddetti prezzi amministrati.

price ring: ***sindacato commerciale.*** Termine usato con lo stesso significato di *price association* (v.).

price rise: ***aumento dei prezzi; rialzo dei prezzi.*** Termine usato come sinonimo di *price increase* (v.).

price risk: ***rischio del prezzo.*** Il rischio, al quale è esposto un produttore o un commerciante, che consiste nella possibilità di variazioni a lui sfavorevoli nel prezzo dei fattori della produzione o nel prezzo di vendita dei prodotti che tratta. Contro questo rischio, il produttore può tutelarsi ricorrendo a operazioni di compravendita a termine.

Prices and Incomes Act: ***Legge sui prezzi e sui redditi.*** Legge approvata dal parlamento britannico nel 1965 allo scopo di sostenere la politica dei redditi e dei prezzi introdotta dal governo. L'obiettivo era quello di vincolare un qualsiasi aumento dei redditi ad un corrispondente aumento della produttività. Qualsiasi proposta di aumento dei prezzi e dei salari doveva essere inoltrata all'apposita commissione, che decideva se l'aumento poteva essere concesso e in quale misura. (v. anche *National Board for Prices and Incomes*)

Prices and Incomes Board: ***Commissione per i prezzi e i redditi.*** Lo stesso che *National Board for Prices and Incomes* (v.).

prices and incomes policy: ***politica dei prezzi e dei redditi.*** Espressione con la quale vengono indicate tutte quelle misure di politica economica che intendono subordinare l'aumento dei prezzi e soprattutto dei redditi all'espansione della produttività. L'ipotesi sulla quale si basa una tale politica è quella che presuppone che il reddito nazionale venga suddiviso tra salari e profitti e se esso cresce ad un certo ritmo, i salari e i prezzi non possono crescere ad un ritmo superiore, senza creare squilibri nell'economia del paese. Infatti, se i redditi dovessero crescere ad un ritmo superiore a quello del reddito nazionale, si verificherebbe una spinta inflazionistica da costi, in quanto le imprese, nel tentativo di recuperare i loro maggiori costi, non esiterebbero a traslare gli aumenti sui consumatori, influendo sui prezzi di vendita. In alternativa, si verificherebbe una recessione produttiva a seguito dell'applicazione di una politica monetaria restrittiva nell'intento di impedire o rallentare l'aumento dei prezzi. La politica dei prezzi e dei redditi, consigliata nel 1962 dall'Organizzazione per la cooperazione e lo sviluppo economico come strumento utile per frenare il costante aumento dei prezzi nel periodo successivo al secondo conflitto mondiale, fu effettivamente introdotta nel Regno Unito nel 1965 e fu perseguita fino al 1970. Durante tale periodo, furono vietati aumenti salariali che non fossero in stretta relazione con aumenti della produttività e fu creata un'apposita commissione col compito di esaminare tutte le richieste di aumenti dei prezzi e dei salari che, durante tale esame, restavano comunque bloccati e venivano in seguito concessi soltanto se la commissione esprimeva parere favorevole. (v. anche *National Board for Prices and Incomes, Prices and Incomes Act*)

prices bubble: ***gonfiatura dei prezzi; bolla dei prezzi.*** L'improvviso aumento dei prezzi che si verifica allo scadere di un blocco imposto dalle autorità, di solito nel tentativo di porre un freno all'inflazione. Questo è uno dei motivi per cui i sindacati sono, di solito, contrari a forme di congelamento di prezzi e salari.

prices current: ***listino dei prezzi correnti.*** Termine usato come sinonimo di *price current* (v.).

price–sensitive: ***sensibile al prezzo.*** Espressione aggettivale, usata per indicare un bene o servizio a domanda elastica, cioè la cui domanda varia col variare del prezzo di vendita.

price setter: ***leader del prezzo.*** L'impresa o il venditore che fissa il prezzo di vendita dei propri prodotti, indipendentemente dalle eventuali decisioni di altre imprese o venditori. Al prezzo di vendita così stabilito si adegueranno le altre imprese dell'industria o gli altri venditori del settore, che vengono pertanto detti imitatori del prezzo. (v. anche *price follower*)

price setting: ***fissazione dei prezzi.*** Lo stesso che *price fixing* (v.), ma usato più frequentemente di quest'ultimo quando i prezzi in questione vengono fissati da una o più imprese per la vendita dei beni di loro produzione.

prices–paid–by–farmers index: ***indice dei prezzi pagati dagli agricoltori.*** È un indice in uso negli Stati Uniti per misurare le variazioni mensili dei prezzi medi pagati dagli agricoltori per beni e servizi acquistati per uso familiare e produttivo. È basato su una serie di 235 prezzi di beni e servizi per uso familiare e 244 prezzi di beni e servizi usati per la produzione agricola e la base è rappresentata dal periodo 1910–1914.

price specie–flow mechanism: ***meccanismo del flusso dell'oro e dei prezzi.*** Espressione usata per indicare il funzionamento automatico di un sistema monetario aureo in relazione ai prezzi, descritto sotto *price specie–flow theory* (v.).

price specie–flow theory: ***teoria del flusso dell'oro e dei prezzi.*** È la teoria formulata da David Hume, filosofo ed economista inglese (1711–1776), che divenne il fondamento della teoria degli scambi internazionali della scuola classica. Secondo tale teoria, un saldo passivo della bilancia dei pagamenti viene coperto con vendita di oro, mentre un saldo attivo viene coperto con acquisizione di oro. Poiché nel sistema monetario aureo l'oro aveva la duplice funzione di: a) coprire passivi della bilancia dei pagamenti; e, b) dare garanzia all'emissione monetaria; la politica monetaria di un paese era influenzata dallo stato della sua bilancia dei pagamenti. Infatti, se si esportava oro per risanare un deficit, bisognava contemporaneamente adottare una politica deflazionistica allo scopo di ridurre la circolazione monetaria. Ciò portava a una diminuzione dei prezzi interni e dei redditi e quindi favoriva l'esportazione, a seguito della caduta della domanda interna e di importazioni, il che portava gradualmente ad un'inversione di tendenza e al pareggio della bilancia dei pagamenti. Al contrario, se affluiva oro nel paese a fronte di un saldo attivo della bilancia dei pagamenti, bisognava adottare una politica inflazionistica, con aumento dei prezzi interni e dei redditi, che portava ad un calo delle esportazioni e ad un aumento delle importazioni. Ciò gradualmente riportava in equilibrio la bilancia dei pagamenti. Non sembra, tuttavia, che il sistema monetario aureo abbia mai funzionato in modo così perfetto, anche perché l'automatismo descritto richiedeva la rigida applicazione delle due regole del sistema e cioè: inflazionare in presenza di un afflusso di oro; deflazionare nel caso opposto.

price spread: **1.** ***utile lordo; percentuale di utile lordo.*** La differenza tra il prezzo di vendita al consumo di un particolare bene e il costo totale sostenuto per produrlo. Tale differenza corrisponde al costo necessario per la distribuzione fisica del bene, cioè il costo sostenuto per portare il bene dal luogo in cui viene prodotto al luogo in cui il consumatore finale lo usa ed include, pertanto, non soltanto i costi di trasporto, imballaggio, assicurazione, ecc., ma anche l'utile del grossista, di eventuali intermediari e del rivenditore al dettaglio. **2.** ***scarto di prezzo.*** Nel linguaggio delle borse valori, lo stesso che *spread 5* (v.).

prices–received–by–farmers index: ***indice dei prezzi agricoli alla produzione.*** È un indice in uso negli Stati Uniti per misurare le variazioni mensili dei prezzi medi spuntati dagli agricoltori per i loro prodotti. Si basa sul prezzo di 55 prodotti agricoli più importanti e il prezzo preso in considerazione è quello spuntato alla prima vendita, quella cioè che ha luogo tra l'agricoltore e il suo primo acquirente, escludendo così i costi della distribuzione. Anche in questo caso il periodo base equivalente a cento è quello degli anni 1910–1914.

price stability: ***stabilità dei prezzi.*** È una situazione caratterizzata non da assoluta immobilità dei prezzi, bensì da loro lievi oscillazioni intorno ad un livello corrispondente al prezzo di equilibrio o di mercato.

price stabilization: ***stabilizzazione dei prezzi.*** Processo mediante il quale si tende a rendere stabili i prezzi all'interno di un sistema economico, attraverso interventi del governo o di suoi enti. (v. anche *price fixing*)

price sticker: ***adesivo segnaprezzo.*** Piccola etichetta autoadesiva, incollata su un prodotto o su una confezione, sulla quale è indicato il prezzo di vendita al pubblico.

price support: ***sostegno dei prezzi.*** Una qualsiasi politica governativa tendente ad impedire che il prezzo di mercato di uno o più beni scenda al di sotto di un dato livello minimo. Implica di solito una qualche forma di sussidio pubblico o di aiuto finanziario ai produttori o ai distributori. In particolare, l'espressione viene usata per indicare la politica del governo degli Stati Uniti in relazione ai prezzi agricoli, i quali vengono fissati al di sopra del prezzo di equilibrio e le eccedenze vengono acquistate e conservate da agenzie governative a ciò preposte. Il sistema di sostegno dei prezzi agricoli statunitense è alquanto complesso e oltre alla fissazione dei prezzi al di sopra di quelli di mercato implica sussidi diretti e prestiti statali agli agricoltori, con l'obiettivo di mantenere elevato il loro reddito. (v. anche *parity price, parity ratio, agricultural parity*)

price–support program: ***programma di sostegno dei prezzi.*** È il programma statunitense inteso a non far scendere al di sotto di un dato livello i prezzi di mercato dei prodotti agricoli. (v. anche *price support*)

price–support scheme: ***piano di sostegno dei prezzi.*** Un qualsiasi sistema inteso a mantenere artificialmente alti i prezzi di uno o più beni in un mercato. Poiché questi piani sono di solito lanciati e gestiti da enti statali o internazionali, questi ultimi spesso si trovano a dover acquistare e stoccare notevoli eccedenze in quanto il sostegno dei prezzi causa un'eccedenza dell'offerta sulla domanda.

prices–wages spiral: ***spirale prezzi–salari.*** Lo stesso che *inflationary spiral* (v.).

price system: 1. ***sistema dei prezzi.*** Termine usato nel linguaggio economico con lo stesso significato di *price mechanism* (v.). **2.** ***sistema di determinazione dei prezzi.*** Nel linguaggio industriale e contabile, indica il procedimento tramite il quale si arriva a determinare il prezzo di vendita dei vari beni e servizi prodotti in un'economia ed in particolare il prezzo guida, cioè quello adottato dalle imprese leader del prezzo e accettato dalle altre imprese produttrici. Nel diciannovesimo secolo negli Stati Uniti, prima dell'approvazione e applicazione rigida delle leggi antimonopolistiche, e ancor oggi in molti paesi le imprese che costituiscono un'industria stipulano accordi che hanno l'obiettivo di ridurre la concorrenza e mantenere il prezzo stabile o in continuo aumento. In particolare, i produttori statunitensi, non potendo più stipulare accordi del genere senza incorrere nelle sanzioni previste dalle leggi vigenti, fanno ricorso ad altri sistemi di determinazione dei prezzi, che sortiscono più o meno lo stesso effetto e cioè quello di far giungere sul mercato beni ad un prezzo al quale i diversi compratori sono disposti ad acquistare. Essi sono così giunti ad escogitare nuovi sistemi di determinazione dei prezzi, quali il sistema del punto base e il sistema della zona. In base a questi sistemi, il prezzo di vendita del prodotto è uguale per tutti i compratori, ma viene reso diverso dall'aggiunta dei costi di trasporto, così che si viene a creare una vera e propria discriminazione di prezzo difficilmente perseguibile dagli organi preposti all'applicazione delle leggi antimonopolistiche. Il sistema della zona prevede che tutti i venditori quotino lo stesso prezzo su merci consegnate al domicilio del compratore, dovunque egli si trovi all'interno di una data zona e senza tener conto della distanza tra il punto dal quale vengono spedite le merci ed il punto al quale vengono consegnate. Il numero di zone in cui viene suddiviso il paese risulta minore quando i beni sono di grande valore e possono essere trasportati ad un basso costo, risulta maggiore quando invece i costi del trasporto sono elevati e costituiscono una notevole percentuale del prezzo di consegna del bene. Il sistema del punto base prevede che tutti i venditori quotino lo stesso prezzo su merci consegnate in un determinato punto, senza tener conto del luogo dal quale esse vengono spedite. La differenza tra questo sistema e quello della zona consiste nel fatto che il prezzo complessivo che un compratore deve pagare dipende dalla distanza tra il punto base e la sua residenza. Infatti, il sistema del punto base prevede la determinazione del prezzo in base alla seguente formula: prezzo fob al punto base più nolo fino alla destinazione finale. Questo sistema in origine prevedeva soltanto pochi punti base, ma via via si è evoluto quando i produttori si sono resi conto che creando più punti base potevano meglio discriminare tra gli acquirenti e, quindi, ricavare maggiori utili. Così, dal sistema detto *Pittsburgh plus* (v.) si è passati a sistemi che prevedevano più punti base, fino a giungere a stabilire un punto base quasi ad ogni stabilimento produttivo. Ciò consente una più ampia discriminazione di prezzo, pur se in definitiva non influenza di molto la caratteristica essenziale del sistema. Sia il sistema della zona che quello del punto base consentono la pratica della discriminazione di prezzo geografica e i produttori sono giunti anche ad inventare il cosiddetto nolo fantasma, che viene applicato quando il punto di partenza delle merci è più prossimo al punto di consegna che non il punto base o quando vengono utilizzati per il trasporto mezzi più economici delle ferrovie. I sistemi di determinazione del prezzo di vendita adottati dalle industrie hanno l'effetto di mantenere livelli di prezzi più elevati di quelli che si verificherebbero se ciascuna impresa arrivasse a determinare individualmente il proprio prezzo di vendita sulla base del concetto della massimizzazione dei profitti conseguente alla piena utilizzazione degli impianti produttivi e all'espansione delle vendite, magari attraverso la concorrenza basata sul prezzo. Invece, l'effetto della determinazione di un unico prezzo valido per tutta l'industria relega la concorrenza a questioni non connesse al prezzo e tende a premiare le imprese inefficienti e ad alti costi e a soffocare l'espansione di quelle a bassi costi. (v. anche *phantom freight, non–price competition*)

price tag: ***cartellino segnaprezzo.*** Un'etichetta o un cartellino attaccati o posti su un articolo per indicarne al cliente il prezzo di vendita al pubblico.

price–taker: Termine usato per indicare un operatore che acquista o vende una quantità così limitata di input o output rispetto all'offerta o alla domanda globale, che è costretto ad accettare il prezzo di mercato e adeguare ad esso la propria politica di produzione o di vendita.

price theory: ***teoria del prezzo.*** La branca dell'economia che si interessa dello studio della determinazione del prezzo in un mercato concorrenziale e della funzione che i prezzi svolgono nell'allocazione delle risorse in un'economia di mercato. La teoria del prezzo ha, pertanto, come campo di studio tre elementi fondamentali: a) il comportamento dei compratori, che va sotto il nome di teoria della domanda; b) il comportamento dei venditori, che va sotto il nome di teoria dell'offerta; c) l'interazione su un mercato delle forze della domanda e dell'offerta nella determinazione dei prezzi, che va sotto il nome di teoria del comportamento del mercato. Tutte queste tre teorie possono considerarsi sub–teorie della più generale teoria del prezzo.

price ticket: ***cartellino segnaprezzo.*** Lo stesso che *price tag* (v.).

price trend: ***tendenza dei prezzi; andamento dei prezzi.*** È la tendenza al rialzo o al ribasso mostrata dai prezzi dei beni e servizi prodotti in un'economia o nel mondo intero. Si distinguono tre principali tendenze, quella di lungo periodo, quella di medio periodo e quella di breve periodo. Quella di lungo periodo è sempre una tendenza al rialzo; quella di medio periodo e quella di breve periodo possono essere al rialzo o al ribasso, in dipendenza di altri fattori economici che esercitano la loro influenza diretta o indiretta sui prezzi. (v. anche *price movements*)

price variance: ***variante prezzo.*** Una variante che ha ripercussione sul prezzo di vendita di un bene, facendolo aumentare o diminuire. Essa deriva principalmente da variazioni nel prezzo delle materie prime con le quali viene fabbricato il prodotto, ma può trovare origine anche in variazioni del costo del lavoro.

price variation: ***variazione di prezzo.*** Termine usato con lo stesso significato di *price change* (v.).

price war: ***guerra dei prezzi.*** Una forma di concorrenza spietata che prende l'avvio con una riduzione del prezzo di vendita da parte di un produttore, cui fa seguito la decisione da parte di altre imprese di operare una simile o una maggiore riduzione, e così via. Il beneficio che ricava l'impresa che per prima opera la riduzione di prezzo è di breve durata e generalmente il risultato per l'industria nel suo complesso è deleterio e può anche sfociare nella completa rovina finanziaria di alcune imprese. Per questo motivo, in anni recenti la guerra dei prezzi non è stata più attuata, preferendosi ad essa la guerra pubblicitaria, i cui costi sono in definitiva scaricati sul consumatore e non sostenuti dalle imprese. (v. anche *advertising war*)

price–weighted index: ***indice con ponderazione di prezzo.*** Un indice di borsa nel quale i titoli che lo compongono sono ponderati in base al loro prezzo di mercato, per cui i titoli con prezzo più alto contribuiscono maggiormente alle variazioni dell'indice di quanto non facciano i titoli a basso prezzo.

pricing: ***determinazione del prezzo; assegnazione del prezzo; prezzatura.*** Il processo contabile o di altra natura attraverso il quale un'impresa o un venditore giungono a stabilire il prezzo di vendita dei loro prodotti. Il termine inglese indica anche l'esposizione di un determinato prezzo su un qualsiasi articolo offerto in vendita. (v. anche *pricing policy, pricing process*)

pricing out of market: ***prezzatura fuori mercato.*** Espressione colloquiale con la quale si indica la determinazione di un prezzo di vendita così alto da escludere il prodotto dai mercati in cui esso era venduto ad un prezzo più basso. (v. anche *price out of market*)

pricing policy: ***politica di determinazione dei prezzi.*** L'insieme dei principi seguiti, nell'arco di un periodo di tempo, da un'impresa nella determinazione dei prezzi di vendita dei suoi prodotti. Tale politica è caratterizzata dalla continuità nel tempo, che spesso è assente nelle decisioni, riguardo ai prezzi di vendita, prese da singoli dettaglianti o commercianti. Nello stabilire una politica che successivamente porterà alla determinazione dei prezzi di vendita, le imprese, in assenza di accordi su un prezzo uniforme per l'intera industria, devono tenere in considerazione una serie di fattori che avranno un peso diverso sulle decisioni e che, pertanto, vengono spesso graduati e tenuti in maggior o minor conto a seconda del tipo di impresa, della situazione del mercato, delle leggi del paese, ecc. Tra tali fattori, ricordiamo: il mantenimento di un rapporto generale tra costi e prezzi; la continuità dell'impresa nell'industria; i piani di espansione; la percentuale di capacità produttiva effettivamente utilizzata; la considerazione dei prezzi praticati dalla concorrenza; la presenza di beni sostitutivi e la volontà o la possibilità dei consumatori di usarli in luogo del prodotto dell'impresa; l'osservanza delle leggi del paese, in cui opera l'impresa, in materia di prezzi; la creazione di un'immagine pubblica dell'impresa, e altri ancora. (v. anche *price determination, pricing process, price system 2*)

pricing process: ***procedimento di determinazione dei prezzi.*** Il meccanismo che, attraverso calcoli dei costi, delle spese e del profitto programmato, porta alla determinazione del prezzo di vendita di un bene o servizio da parte dell'impresa produttrice. (v. anche *price mechanism*)

pricing system: ***sistema di determinazione dei prezzi.*** Termine usato come sinonimo, più frequente nell'inglese britannico, di *price system 2* (v.).

Priestley Report: Relazione di una commissione istituita nel Regno Unito nel 1955 col compito di svolgere un'indagine conoscitiva sulle remunerazioni percepite dagli impiegati statali. La commissione si espresse a favore del principio di comparabilità, cioè di equiparare gli stipendi dei pubblici dipendenti a quelli dei dipendenti di altri settori economici che svolgono mansioni simili. (v. anche *principle of comparability*)

Priestman system: ***sistema Priestman.*** Un sistema di remunerazione applicabile a lavoratori che operano in squadre o gruppi. Il sistema prevede il pagamento di un premio, in aggiunta al tasso salariale orario e proporzionale al lavoro svolto, da dividersi equamente tra i lavoratori che costituiscono la squadra o il gruppo.

prima facie: ***a prima vista.*** Espressione latina, usata nel linguaggio economico per indicare le cause o le conseguenze apparenti, ma non necessariamente reali, di un determinato fenomeno oggetto di studio. L'espressione è usata anche nella terminologia giuridica per indicare l'apparenza di una questione, prima che si proceda ad un esame approfondito e più dettagliato dei fatti.

primage: ***cappa; diritto di cappa.*** In origine questo termine indicava un premio pagato dall'armatore al capitano o agli ufficiali della nave per la cura da questi posta nelle operazioni di caricazione, discarica e trasporto delle merci. Oggi, è uno degli accessori del nolo che, nella misura oscillante dal cinque al dieci per cento a seconda del porto in cui viene calcolato, va ad aumentare il nolo e torna, pertanto, a vantaggio dell'armatore. Quest'ultimo, tuttavia, spesso corrisponde un premio, chiamato regalia, in luogo della cappa al capitano o agli ufficiali della nave. (v. anche *gratuity 3*)

primage and average accustomed: ***cappa e avaria come d'uso.*** In questa espressione, che viene di solito inserita nelle polizze di carico, la parola *average* sta a significare che l'armatore farà pagare ai proprietari del carico trasportato una quota proporzionale al fine di far fronte ai costi derivanti dai diritti di pilotaggio, di faro, di attracco, ecc. Spesso, tuttavia, questa quota è inclusa nella cappa. (v. anche *primage*)

primary account: ***conto primario.*** In contabilità, è così indicato un qualsiasi conto transitorio nel quale vengono registrate le operazioni nei confronti di terzi che, spesso nella loro totalità o in parti, vengono trasferite ai conti secondari a seguito di una più precisa identificazione della natura dell'operazione o dell'attività aziendale che ne ha tratto vantaggio. Ne sono esempi il conto vendite, le cui registrazioni saranno successivamente trasferite a profitti e perdite; e il conto dividendi, trasferito a utili non distribuiti. (v. anche *secondary account, primary classification*)

primary balance: ***bilancio primario.*** Il bilancio dello stato dal quale è escluso il pagamento di interessi sul debito pubblico.

primary bank reserve: ***riserva primaria.*** Nel linguaggio bancario, indica la riserva monetaria, consistente di liquidi in cassa o presso altre banche, che un istituto di credito tiene a fronte dei depositi dei clienti, allo scopo di soddisfare le loro richieste di prelievo. Tale riserva corrisponde ad una percentuale dei depositi totali dei clienti ed include la riserva depositata presso la banca centrale, detta anche riserva obbligatoria. (v. anche *legal bank reserve, secondary reserve*)

primary banks: ***banche primarie.*** Altro termine con il quale vengono indicate le *clearing banks* (v.) britanniche, anche per il fatto che esse accettano depositi a vista, a differenza delle *secondary banks* (v.).

primary beneficiary: ***beneficiario primario; primo beneficiario.*** Nelle assicurazioni sulla vita, è la persona alla quale dovrà essere versata la somma assicurata al momento del decesso del titolare della polizza. Se il beneficiario primario muore prima dell'assicurato, gli subentra il beneficiario secondario menzionato nel contratto di assicurazione. (v. anche *contingent beneficiary*)

primary boycott: ***boicottaggio primario.*** Il boicottaggio diretto da parte di un gruppo di lavoratori, di stati, ecc., nei confronti di un datore di lavoro, di un altro stato, ecc., che si vuole spingere ad accettare certe condizioni o a fare certe concessioni. Il boicottaggio è considerato ancora primario quando il gruppo che esercita pressione tenta di convincere altri ad associarsi nell'azione, attraverso il picchettamento pacifico, la persuasione, ecc., senza ricorrere, quindi, a minacce, ritorsioni o costrizioni. (v. anche *boycott, secondary boycott*)

primary capital: ***capitale primario.*** Il capitale di una società rappresentato dalle azioni che essa ha emesso. Per una banca, è di solito rappresentato dalle azioni ordinarie e di altra categoria in possesso di azionisti, più le riserve per perdite su crediti. (v. anche *equity capital, secondary capital*)

primary classification: ***classificazione primaria.*** In contabilità, è la classificazione iniziale, nella quale vengono fatte rientrare le operazioni con i terzi riportate nei conti primari. (v. anche *primary account, secondary classification*)

primary commodities: ***materiali di base; materiali primari.*** Materie prime allo stato grezzo o semilavorato, usate per la produzione di altri beni, come ad esempio gomma, minerale di ferro, metalli e simili.

primary cost: ***costo primario; costo per oggetto.*** Termine usato con lo stesso significato di *object cost* (v.).

primary data: ***dati primari.*** Nel linguaggio del marketing, sono dati raccolti alla fonte, in relazione a una ricerca di mercato specifica, attraverso questionari o interviste dirette.

primary dealer: ***operatore primario.*** Nella terminologia finanziaria della *City* di Londra, dopo la riforma nota come *big bang* (v.), questa espressione indica ciascuna delle (in origine) 27 istituzioni, accettate dalla Banca d'Inghilterra, che hanno la responsabilità di fornire liquidità al mercato dei titoli di stato in cambio del privilegio di avere libero accesso alle strutture di mercato della stessa Banca d'Inghilterra. Nel linguaggio statunitense, il termine equivale a *market maker* (v.) nel significato che esso ha presso la borsa valori londinese, ma indica anche ciascuna delle circa 40 banche e società di investimento autorizzate a effettuare operazioni di compravendita diretta di titoli di stato con la *Federal Reserve Bank* di New York nel corso delle operazioni di mercato aperto.

primary deficit: ***deficit primario.*** Il deficit pubblico, cioè parte della spesa pubblica finanziata attraverso l'emissione di debiti dello stato, dal quale si escludono i pagamenti di interessi su debiti precedentemente contratti.

primary demand deposit: ***deposito a vista primario.*** È il deposito a vista creato nel modo descritto sotto *primary deposit* (v.).

primary deposit: ***deposito reale; deposito vero; deposito primario.*** È il deposito che viene a crearsi a seguito dell'effettiva consegna di moneta ad una banca da parte di un cliente, quando la somma non è controbilanciata da un corrispondente pagherò emesso dalla banca o non va a copertura di un mutuo precedentemente ottenuto dal cliente. L'espressione è usata come opposto di deposito fittizio. (v. anche *secondary deposit*)

primary distribution: ***distribuzione primaria.*** Espressione del linguaggio finanziario statunitense, corrispondente a quella britannica *public issue* (v.).

primary employment: ***occupazione primaria.*** È l'occupazione che deriva direttamente dall'investimento di una determinata somma di denaro. La stessa espressione viene usata per indicare l'occupazione nell'industria estrattiva, cioè quella che si interessa della produzione di generi alimentari e materie prime. (v. anche *multiplier, employment multiplier, secondary employment, tertiary employment*)

primary evidence: ***prova diretta; prova originale.*** Nel linguaggio giuridico, è la prova che di per sé indica che è la migliore e che deve essere prodotta se disponibile. Ne è un esempio un documento originale rispetto ad una sua copia. (v. anche *best evidence rule, secondary evidence*)

primary exports: ***esportazioni di materiali primari.*** L'esportazione di materie prime allo stato grezzo o semilavorato che, per molti dei paesi in via di sviluppo, ha rappresentato e rappresenta tuttora la sola o la principale fonte di entrate di valuta estera.

primary factors of production: ***fattori della produzione primari.*** Termine usato con lo stesso significato di *primary inputs* (v.).

primary fuels: ***combustibili primari.*** Nell'industria dell'energia, vengono indicati con questo termine tutti i combustibili ricavati direttamente da giacimenti, come ad esempio il petrolio, il carbone e i gas naturali.

primary industry: ***industria primaria; industria di occupazione; industria estrattiva; attività primaria.*** Termine usato con lo stesso significato di *extractive industry* (v.).

primary inputs: ***input primari.*** Sono così detti i tre fattori principali, terra, capitale e lavoro, che contribuiscono alla produzione di beni e servizi.

primary liability: ***obbligazione primaria; obbligazione principale.*** In relazione ai titoli di credito negoziabili, l'espressione viene usata per indicare l'obbligazione della persona sulla quale ricade il dovere assoluto di pagare il titolo di credito. L'emittente di un pagherò cambiario, il traente di una cambiale accettata, l'accettante di una cambiale sono soggetti di obbligazione primaria, cioè sono responsabili principali del pagamento del titolo sul quale compare la loro firma. Tutte le altre parti che compaiono nei detti titoli di credito sono soggetti di obbligazione secondaria. (v. anche *secondary liability*)

primary liquid assets: ***attività liquide primarie.*** Corrispondono al cinquanta per cento del fabbisogno di liquidi di una qualsiasi banca e sono rappresentate da: contanti; saldi presso la banca centrale; denaro a richiesta; buoni del tesoro; titoli di enti locali; effetti riscontabili presso la banca centrale; titoli di stato con scadenza inferiore ad un anno. (v. anche *secondary liquid assets*)

primary liquidity: ***liquidità primaria.*** Nel linguaggio bancario della CEE, sono le attività che possono convertirsi in moneta entro il periodo massimo di un mese.

primary market: ***mercato primario; mercato delle nuove emissioni.*** Termine usato con lo stesso significato di *new issue market* (v.). Lo stesso termine viene usato per indicare un mercato nel quale si trattano altri tipi di titoli di credito, ad esempio certificati di deposito, direttamente tra emittente e sottoscrittore.

primary money: ***moneta base; moneta perfetta; moneta tipo.*** Termine usato con lo stesso significato di *standard money* (v.).

primary mortgage market: ***mercato primario delle ipoteche.*** È il mercato nel quale vengono negoziati i contratti di mutuo ipotecario tra mutuante e mutuatario. Obiettivo di questo mercato è quello di far incontrare coloro che intendono dare in prestito e coloro che intendono usare denaro sotto forma di mutui garantiti da ipoteca di primo grado su immobili di proprietà del mutuatario. (v. anche *mortgage market, secondary mortgage market*)

primary needs: ***bisogni primari.*** Lo stesso che *basic needs* (v.).

primary occupation: ***attività primaria.*** È l'attività economica che si interessa della produzione di generi alimentari e di materie prime. Abbraccia, pertanto, qualsiasi campo relativo all'agricoltura, la silvicoltura, la pesca, la pastorizia, l'estrazione mineraria, ecc.

primary offering: ***emissione primaria; offerta primaria.*** Espressione di uso statunitense, corrispondente a quella britannica *public issue* (v.).

primary packaging: ***confezione primaria.*** La confezione che contiene la quantità di prodotto posto in vendita ad un determinato prezzo. Nel caso, ad esempio, di detersivi in polvere è la scatola o il fustino di cartone in cui essi sono contenuti. (v. anche *packaging, secondary packaging*)

primary power: ***forza primaria; energia primaria.*** Nelle imprese elettriche, è la quantità di energia disponibile per gli utenti in qualsiasi momento, tranne in periodi di interruzione dell'erogazione o di emergenza causati dalla necessità di provvedere alla riparazione di guasti meccanici all'impianto di distribuzione o di produzione. (v. anche *secondary power*)

primary price: ***prezzo primario.*** Lo stesso che *natural price* (v.).

primary production: ***produzione primaria.*** In economia, il termine viene usato per indicare il prodotto dell'attività primaria, in una qualunque delle sue componenti e cioè l'agricoltura, la silvicoltura, la pesca, l'attività mineraria, ecc., che corrisponde a generi alimentari e materie prime. In un uso più recente, l'espressione è passata ad indicare anche la produzione di beni di prima necessità, sia di consumo che strumentali. (v. anche *secondary production, tertiary production*)

primary products: ***prodotti di base; prodotti primari.*** Lo stesso che *primary commodities* (v.).

primary–products economy: ***economia dei prodotti primari.*** Un sistema economico basato essenzialmente sulla produzione di prodotti di base o di beni di prima necessità. (v. anche *primary commodities, primary production*)

primary reserve: ***riserva primaria.*** Termine usato con lo stesso significato di *primary bank reserve* (v.).

primary reserve ratio: ***rapporto della riserva primaria.*** Il rapporto tra: a) il totale dei depositi a vista presso una banca e b) le sue riserve presso la banca centrale e la riserva numeraria presso la sua sede. (v. anche *secondary reserve ratio*)

primary risks: ***rischi primari.*** Nel linguaggio bancario della CEE, sono gli investimenti ad alto rischio.

primary sector: ***settore primario.*** Con questo termine si indica tradizionalmente il settore di un sistema economico che si interessa della produzione agricola e di tutte le altre attività estrattive.

primary securities: ***titoli primari.*** Nella terminologia dell'economia monetaria, sono i titoli a reddito fisso emessi dai mutuatari finali a fronte di un prestito da loro contratto direttamente con i mutuanti attraverso la vendita degli stessi titoli.

primary security: ***garanzia propria; garanzia formale; garanzia primaria.*** Il titolo dato dal debitore al creditore a garanzia della restituzione della somma di denaro presa a prestito. Rientrano tra le garanzie proprie l'ipoteca e il pegno.

primary spot market: ***mercato primario del disponibile; mercato primario a pronti.*** È un mercato di beni disponibili immediatamente, che si sviluppa nelle zone di produzione e si accentra nelle città dalle quali i beni vengono spediti verso i grandi mercati centrali. (v. anche *spot market*)

primary wants: ***bisogni primari.*** Lo stesso che *basic needs* (v.).

primary workers: ***lavoratori primari.*** I lavoratori che continuano a far parte della forza lavoro, da occupati o da disoccupati, anche in presenza di variazioni dei salari e delle condizioni di mercato. Questi lavoratori sono per la maggior parte i capifamiglia.

prime: V. spiegazione sotto *unit share investment trust.*

prime bank bills: ***cambiali bancarie di primissimo ordine.*** Termine del mercato monetario londinese, con il quale si indicano cambiali tratte su e accettate da una banca britannica o da una casa di accettazione con ottima reputazione finanziaria.

prime bankers acceptance rate: Negli Stati Uniti, è il tasso di sconto delle accettazioni praticato dalle principali banche sulla piazza di New York.

prime bill: ***cambiale di primissimo ordine.*** È una cambiale che non presenta alcun rischio per il creditore.

prime borrower: ***mutuatario di prim'ordine.*** Qualsiasi impresa alla quale le banche applicano il *prime rate* (v.).

prime commercial paper: ***carta commerciale di prim'ordine.*** Cambiali a breve termine emesse da imprese di alta reputazione.

prime contractor: ***appaltatore diretto.*** Lo stesso che *original contractor* (v.).

prime corporate borrowers: ***mutuatari di prim'ordine.*** Il termine inglese viene usato per indicare le società produttrici di beni e servizi che sono considerate, dalle banche o altri mutuanti, tra i loro migliori clienti.

prime cost: 1. *costo variabile; costo di funzionamento.* Termine usato con lo stesso significato di *variable cost* (v.). **2. *costo primo.*** Sono i costi dei materiali e della manodopera diretti sostenuti nella fabbricazione di un prodotto. Corrispondono, pertanto, ai costi diretti, meno le spese generali dirette e indirette. (v. anche *direct cost, direct overhead*) **3. *costo primario; costo per oggetto.*** Termine usato con lo stesso significato di *object cost* (v.). **4. *costo originario.*** Nel linguaggio giuridico, lo stesso che *original cost* (v.).

prime cost method: ***metodo del costo primo; metodo di proporzionalità al valore delle materie prime e della manodopera diretta.*** Nei procedimenti di imputazione dei costi comuni, è il metodo che assume come base di riparto la somma del valore delle materie prime e della manodopera diretta, che viene divisa per la somma dei costi comuni del periodo al fine di individuare la percentuale da imputare ai vari prodotti.

prime entry: 1. *prima bolla; dichiarazione di introduzione all'interno.* Documento doganale, usato al porto di sbarco per merci soggette a dazio di importazione e destinate al mercato interno, che consente l'immediato pagamento del dazio e la discarica delle merci. La prima bolla viene riempita in base alle dichiarazioni, relative alle merci, contenute nella polizza di carico, nella fattura o altro documento commerciale e, pertanto, può non corrispondere all'esatta quantità di merci sbarcate. Per questo motivo, dopo lo sbarco si procede a pesatura, misurazione o quantificazione esatta delle merci e se ci si rende conto che l'importatore ha pagato un dazio superiore a quello dovuto, si emetterà una bolletta di liquidazione, che consente la restituzione del dazio pagato in più; se, viceversa, ci si rende conto che l'importatore ha pagato un dazio inferiore a quello dovuto, si emetterà una bolla di liquidazione in base alla quale l'importatore provvederà al pagamento della parte di dazio di importazione ancora dovuta. (v. anche *over entry certificate, post entry, entry for home use*) **2.** ***prima nota; libro di prima nota.*** In questo significato, il termine inglese viene usato come sinonimo di *book of original entry* (v.).

prime paper: ***carta di prim'ordine.*** Lo stesso che *prime commercial paper* (v.) e *first–class paper* (v.).

prime rate: ***tasso primario.*** Il tasso di interesse più favorevole, praticato dalle banche commerciali britanniche e statunitensi ai loro migliori clienti, su prestiti a breve termine. Negli Stati Uniti, il tasso primario è alla base di tutto il sistema dei tassi d'interesse e viene concesso soltanto ad un centinaio di società, che risultano essere le più grandi e solide di tutto il paese. La differenza tra il tasso primario e gli altri tassi di interesse praticati ad altri clienti rispecchia la maggiore o minore percentuale di rischio calcolata dalle banche sui prestiti concessi.

prime rate of interest: ***tasso d'interesse primario.*** Termine usato come sinonimo di *prime rate* (v.).

priming the pump: Espressione usata in alternativa a *pump priming* (v.).

principal: **1.** ***capitale; somma capitale.*** È la somma investita o mutuata, che nel tempo frutta interessi o utili. Il termine indica soltanto la somma investita, indipendentemente da ciò che essa frutta. **2.** ***mandante; preponente.*** Persona fisica o giuridica che, attraverso un contratto di mandato o un contratto di agenzia, autorizza un altro soggetto, chiamato mandatario o agente, a rappresentarla e ad agire per suo conto in una o più operazioni. **3.** ***obbligato principale; debitore principale.*** Il principale soggetto passivo di un'obbligazione pecuniaria, quale ad esempio l'emittente di un pagherò cambiario o l'accettante di una tratta, così chiamato per distinguerlo dagli altri obbligati, quali ad esempio il girante o il garante. **4.** ***principale; titolare di impresa.*** La persona a capo di un'impresa, pur se non necessariamente il proprietario, che ha il compito di gestirla, di intrattenere i rapporti con i terzi su questioni di particolare importanza e di supervisionare il lavoro svolto all'interno dell'impresa.

principal amount: ***somma capitale.*** Lo stesso che *principal 1* (v.), ma riferito al valore facciale di un titolo obbligazionario.

principal creditor: ***creditore principale.*** La persona i cui crediti in ammontare superano di gran lunga quelli di tutti gli altri creditori.

principal debtor: ***debitore principale; obbligato principale.*** Termine usato con lo stesso significato di *principal 3* (v.).

principal obligation: ***obbligazione primaria; obbligazione principale.*** Termine usato con lo stesso significato di *primary liability* (v.).

principal security: ***garanzia propria; garanzia formale; garanzia primaria.*** Termine usato con lo stesso significato di *primary security* (v.).

principle of comparability: ***principio di comparabilità.*** È così chiamato il principio che sta alla base della determinazione dei salari, particolarmente nella cosiddetta attività terziaria o di servizi. Tale principio è stato spesso invocato nel tentativo di adeguare il salario dei dipendenti statali, o altri impiegati e prestatori di servizi, al salario percepito da persone che svolgono analoghe funzioni in altri settori dell'economia. La difficoltà di applicazione di questo principio sta nel fatto che non esistono due occupazioni esattamente identiche in due diversi settori e pertanto risulta estremamente difficile metterle a confronto. Inoltre, si sostiene da più parti che l'applicazione di questo principio renderebbe difficile la ridistribuzione del lavoro da un'occupazione ad altre. Se un impiegato è pagato male, ciò potrebbe spingerlo a spostarsi dall'occupazione peggio remunerata ad occupazioni in un settore economico in espansione e, quindi, meglio remunerate.

principle of comparative advantage: ***principio del vantaggio relativo.*** È il principio che afferma che ciascun individuo tende a specializzarsi nell'occupazione per la quale ha, rispetto ad altri, il maggior vantaggio relativo. Ciò rappresenta un'estensione della divisione del lavoro, applicabile ai singoli e alle comunità e, quindi, anche alle nazioni. Infatti, se un paese può produrre due beni, A e B, più economicamente di altri paesi, ma il suo vantaggio relativo si dimostra maggiore nella produzione di A, esso si specializzerà in questa produzione e tenderà a lasciare ad altri la produzione di B. Da una tale estensione della divisione del lavoro trarranno vantaggio sia gli individui, sia le comunità di cui essi fanno parte.

principle of comparative costs: ***principio dei costi comparati; teoria dei costi comparati.*** Lo stesso che *law of comparative costs* (v.).

principle of equal advantage: ***principio dell'indifferenza; teoria dell'indifferenza.*** Termine usato con lo stesso significato di *equi–marginal principle* (v.).

principle of exception: ***principio della eccezione.*** Termine usato in alternativa a *exception principle* (v.).

principle of expected monetary value: ***principio del valore monetario presunto.*** Un principio utilizzabile nel prendere decisioni, tenendo conto delle probabilità derivanti da differenti possibili corsi di azione nella gestione industriale. Il principio si basa sul concetto di frazionare il problema nelle sue varie parti costituenti e di assegnare valori numerici ai fattori qualitativi, in modo da giungere a conclusioni abbastanza logiche che aiuteranno a prendere decisioni gestionali ragionevolmente buone allo scopo di massimizzare i rendimenti in condizioni di incertezza.

principle of substitution: ***principio di sostituzione.*** Lo stesso che *law of substitution* (v.).

principles of economics: ***teorie economiche; principi economici; principi di economia.*** Termine usato con lo stesso significato di *economic theory* (v.).

principles of organization: ***principi di organizzazione.*** Termine usato in alternativa a *organization principles* (v.).

principles of taxation: ***principi della tassazione; principi della imposizione fiscale.*** Il primo economista che trattò dei principi dell'imposizione fiscale fu Adam Smith. Egli sostenne che una «buona» imposta deve rispondere a certi principi o canoni, oggi universalmente riconosciuti. In primo luogo, essa deve essere equa, cioè a dire il sacrificio che essa richiede deve essere sostenuto in pari misura sia dal ricco, sia dal povero. Ciò non significa che tanto il ricco quanto il povero debbano pagare la stessa somma di denaro o la stessa percentuale d'imposta sul loro reddito. Un'imposta annua di centomila lire non significa niente per un ricco o per un benestante, ma potrebbe essere un enorme peso per un povero, così come un'imposta del dieci per cento sul reddito rappresenterebbe un peso maggiore per il povero che per il ricco. Un equo sistema di imposizione fiscale dovrebbe, quindi, prelevare in maniera meno proporzionale dal reddito del povero che da quello del ricco. Per questo motivo, oggi quasi tutti gli stati applicano il sistema delle aliquote progressive, che consente di tassare più pesantemente i redditi alti e meno pesantemente quelli bassi. Un altro importante attributo di una «buona» imposta è che essa deve essere certa, cioè a dire il contribuente deve sapere cosa è tenuto a pagare e lo stato deve sapere cosa incasserà. Sarebbe estremamente fastidioso e deleterio se una imposta fosse indefinita e non si potesse provvedere a pagarla al momento in cui viene richiesta, in quanto non si sapeva a quanto essa sarebbe ammontata. Le imposte devono anche potersi pagare in un momento conveniente, cioè esse devono essere incassate dallo stato nel momento in cui è più conveniente per il contribuente pagarle. Esse devono, inoltre, essere giustificate da un punto di vista economico, nel senso che devono produrre un gettito superiore alle spese necessarie per incassarle. Quanto minore è il costo sostenuto per incassare un'imposta da parte dello stato, tanto meglio è per lo stato stesso e per tutti i singoli contribuenti nella loro qualità di individui costituenti lo stato. Infine, un'imposta dovrebbe anche produrre un gettito sufficiente a giustificarne l'imposizione. Per cui, una sola imposta di equa entità che risulta produttiva è preferibile ad una miriade di piccole imposte o tasse che risultano fastidiose e scomode per il contribuente che deve pagarle e che implicano notevoli perdite di tempo e rilevanti costi per incassarle.

print price: Nel linguaggio delle borse valori, è il corso di un titolo quale compare sul nastro consolidato, che può variare da un momento all'altro a seguito di nuove operazioni di compravendita dello stesso titolo.

prior–charge capital: ***capitale con diritti prioritari.*** La parte del capitale di un'impresa che vanta diritti prioritari nei confronti del capitale ordinario. Si tratta di debiti dell'impresa, rappresentati da obbligazioni o altri titoli, e da azioni di risparmio o privilegiate, che hanno diritto prioritario rispettivamente al pagamento degli interessi e dei dividendi e che, in caso di liquidazione, devono essere soddisfatte prima che venga distribuita alcuna somma agli azionisti ordinari.

prior charges: ***oneri con diritto prioritario.*** Vengono spesso indicate con questo termine le obbligazioni di società per azioni, in quanto esse costituiscono un credito privilegiato nei confronti della società emittente e, pertanto, un diritto prioritario sulle attività e sul capitale sociale. In caso di liquidazione della società, questa dovrà provvedere a rimborsare per intero tutti i tipi di obbligazioni in circolazione, prima di poter distribuire anche una sola unità monetaria agli azionisti ordinari. Oltre alle obbligazioni, rientrano in questa categoria di titoli le azioni privilegiate per il rimborso. La stessa espressione si applica agli interessi sulle obbligazioni e ai dividendi sulle azioni privilegiate per il dividendo, che la società deve pagare prima di distribuire una sola unità monetaria sotto forma di dividendo agli azionisti ordinari. (v. anche *debenture, preference shares*)

prior endorser: ***girante precedente.*** L'ultimo girante di un titolo di credito al momento in cui interviene un nuovo girante. Lo stesso termine indica il girante immediatamente precedente a ciascun successivo girante.

prior import deposit: ***deposito anticipato a fronte di importazioni.*** È un deposito che l'importatore deve costituire prima che gli venga rilasciata la licenza di importazione e non all'atto del pagamento dei beni importati. Risulta più gravoso per gli operatori, che devono sostenere costi finanziari per periodi di tempo più lunghi. (v. anche *import deposit*)

priority: ***priorità; preferenza.*** La precedenza o la preferenza a stabilire o far valere un diritto. La priorità può derivare dalla data di redazione o di registrazione di un atto oppure dalla notifica di un fatto agli interessati. Secondo il diritto anglosassone, la priorità può essere assoluta o relativa. (v. anche *absolute priority, relative priority*)

priority credit: ***credito privilegiato.*** Termine usato con lo stesso significato di *preferential credit* (v.).

priority industries: ***industrie prioritarie.*** Le industrie che per un paese risultano più importanti e alle quali, pertanto, viene data la precedenza nella formulazione di una qualsiasi politica industriale.

priority percentage: ***percentuale prioritaria.*** Ripartizione di profitti, realizzati da un'impresa in un qualsiasi anno, destinata al pagamento di interessi e dividendi alle differenti classi di capitale, espressa, in base alla priorità, come percentuale dell'ammontare totale disponibile per tale scopo.

priority right: ***diritto di priorità.*** Nelle privative industriali, si indica con questa espressione il diritto di depositare, in ciascun paese aderente all'Unione di Parigi, domande di brevetto senza che la presentazione delle domande successive possa essere negata in considerazione dell'uso o della brevettazione della stessa invenzione avvenuta nel frattempo in altri paesi.

priority system: ***sistema di razionamento; sistema delle priorità.*** Termine usato con lo stesso significato di *rationing system* (v.).

prior–lien bond: ***obbligazione con diritto prioritario; obbligazione con garanzia privilegiata.*** Una qualsiasi obbligazione facente parte di un'emissione che gode di un diritto prioritario, rispetto a qualche altra emissione, sul bene offerto in garanzia del prestito contratto. Un'obbligazione con diritto prioritario tuttavia potrebbe, a sua volta, essere soggetta ad un'altra emissione che vanta, rispetto ad essa, un diritto prioritario derivante dalla data di registrazione dell'ipoteca sui beni offerti in garanzia.

prior preferred stock: ***azioni privilegiate prioritarie.*** Sono le azioni privilegiate che hanno un diritto di priorità, o in relazione alla distribuzione dei dividendi o in relazione al rimborso del capitale, su altre classi di azioni privilegiate. (v. anche *prior charges*)

prior price: ***prezzo precedente; prezzo passato.*** Il prezzo al quale veniva venduto un bene o servizio, prima che intervenisse una variazione in aumento o in diminuzione. (v. anche *present price*)

prior stock: ***azioni privilegiate.*** Termine usato negli Stati Uniti con lo stesso significato di *preference shares* (v.).

private account: ***conto personale.*** È un conto bancario, tenuto generalmente sotto forma di conto corrente, intestato ad una persona fisica.

private accountant: ***contabile privato; contabile interno.*** Termine usato in contrasto a *public accountant* (v.) per indicare un contabile stabilmente e continuativamente impiegato da una singola impresa e iscritto nei suoi ruoli paga.

private arrangement: ***concordato; concordato stragiudiziale.*** Termine usato con lo stesso significato di *deed of arrangement* (v.).

private auction: ***asta privata.*** Vendita all'asta cui non è ammesso il pubblico in generale, ma soltanto un ristretto numero di persone.

private bank: **1. *banca privata; banchiere privato.*** Un'impresa di credito di proprietà di una singola persona o di una società in nome collettivo o in accomandita di non più di 20 soci (nel Regno Unito), ciascuno dei quali è illimitatamente responsabile dei debiti della banca. Nel Regno Unito, prima dell'approvazione della legge che nel 1826 permise la costituzione di banche sotto forma di società per azioni al di fuori di un raggio di sessantacinque miglia da Londra, le banche private, di solito piccole ed accoppiate ad altre forme di attività commerciale, erano la maggioranza ed ammontavano ad oltre ottocento. Nel 1913, tale numero si era ridotto a sessanta, attraverso forme di fusione o di trasformazione che avevano fatto crescere il numero degli istituti di credito, e negli ultimi decenni anche queste poche banche private sono state assorbite dagli istituti di credito. **2.** ***banca privata; banca non pubblica.*** L'espressione inglese ha anche il significato, alquanto vago, di banca di proprietà privata o banca soggetto di diritto privato e pertanto potrebbe designarsi con tale nome qualsiasi banca, ad eccezione della banca centrale. Nel Regno Unito questa espressione viene di solito usata per indicare una qualsiasi banca che non è membro della stanza di compensazione.

private banking: Espressione di recente formazione, con la quale si indica un tipo di servizio bancario personalizzato, che consiste principalmente nell'amministrazione fiduciaria personalizzata di patrimoni e investimenti di singoli clienti e nella fornitura di prodotti e servizi «su misura».

private benefits: ***benefici privati; benefici individuali.*** Termine usato come opposto di *social benefits* (v.) per indicare i vantaggi che i privati, cioè persone fisiche o giuridiche, ricavano da decisioni economiche prese dal governo centrale o da enti locali.

private branch exchange: ***centralino privato.*** Centralino telefonico installato nella sede di un'impresa e fatto funzionare da un centralinista che dipende dall'impresa stessa.

private brand: ***marchio commerciale; marchio di commercio.*** Lo stesso che *dealer's brand* (v.).

private capital: ***capitale privato.*** Espressione generica, usata per indicare il capitale di proprietà di privati cittadini e anche, in senso collettivo, gli investimenti del settore privato di un'economia.

private capital market: ***mercato dei capitali privati.*** Il mercato nel quale affluiscono i risparmi dei privati cittadini e dal quale essi sono resi disponibili per l'investimento da parte di imprese private o pubbliche. Il termine viene anche usato per indicare il mercato privato sul quale è possibile contrarre prestiti a media e lunga scadenza, diverso da quello costituito da istituzioni creditizie pubbliche nazionali e internazionali, quali ad esempio alcuni tipi di banche d'affari, la Banca Mondiale, la *International Development Association* (v.) e altre istituzioni del genere.

private capital spending: ***spese di capitale privato.*** Spese volte a creare o incrementare il capitale fisso, effettuate dal settore privato di un'economia. (v. anche *capital expenditure*)

private carrier: ***vettore privato.*** Espressione usata in due significati per indicare: a) qualsiasi tipo di vettore, incluso quello a contratto, che non sia tenuto ad accettare di trasportare merci e persone per chiunque lo chieda; b) qualsiasi vettore, esclusi il vettore a contratto e quelli pubblici quali le ferrovie, che non offre i propri servizi al pubblico in generale e non è di solito disponibile per essere noleggiato. (v. anche *common carrier, contract carrier*)

private company: ***società privata.*** Forma di società per azioni, permessa dalla legge britannica e precisamente dai *Companies Acts* (v.) del 1900, 1907, 1908, 1913, 1929 e 1948, che differisce per alcune caratteristiche dalla *joint-stock company* (v.) o società per azioni propriamente detta. Le caratteristiche che la contraddistinguono sono le seguenti: a) il numero dei soci può andare da un minimo di due ad un massimo di cinquanta; b) non le è consentito di fare una pubblica offerta delle proprie azioni; c) i soci non possono vendere a terzi le azioni di loro proprietà, senza il consenso degli altri soci. Come le società per azioni, anche le società private godono del privilegio della responsabilità limitata e subiscono lo stesso trattamento in materia fiscale. Le più piccole tra queste società non sono neanche tenute a pubblicare i loro bilanci, come ad esempio quelle con un giro di affari annuo inferiore alle cinquantamila sterline. Nel Regno Unito questo tipo di società ebbe notevole successo, tanto che nel 1962 contro le poco più di diecimila società per azioni propriamente dette (per l'esattezza 10772) vi erano oltre quattrocentomila società private (per l'esattezza 417070). Di queste, circa l'ottanta per cento era rappresentato dalle cosiddette *exempt private companies*, che furono però abolite dal *Companies Act* del 1967. Ciò nonostante, pur se si è notato un minore interesse per questo tipo di società negli ultimi decenni, agli inizi degli anni settanta di tutte le società registrate nel Regno Unito ben 542858 erano società private, molte delle quali tuttavia inattive. (v. anche *limited liability, limited liability company, public company, exempt private company*)

private composition: ***concordato facoltativo.*** Tipo di concordato che vincola soltanto i creditori che lo sottoscrivono. (v. anche *deed of arrangement*)

private concern: ***azienda privata; impresa privata.*** È l'impresa, di qualsiasi dimensione e natura, controllata e diretta da privati cittadini. Il termine è usato come opposto di impresa o azienda pubblica, quella cioè il cui capitale è in tutto o in gran parte di proprietà dello stato.

private contract: ***scrittura privata.*** Documento che proviene direttamente dalla persona alla quale si riferiscono le dichiarazioni o gli impegni in esso contenuti e da questa persona sottoscritto. Elemento essenziale della scrittura privata è la firma, che in taluni casi si richiede che venga autenticata da un notaio o altro pubblico ufficiale.

private corporation: **1.** ***società privata.*** È l'equivalente statunitense della *private company* (v.) britannica. **2.** ***ente di diritto privato; ente privato; persona giuridica privata.*** L'espressione inglese è usata in senso generico per indicare una qualsiasi società o altra organizzazione che non ha come obiettivo quello di amministrare un programma statale o quello di gestire un'amministrazione locale. Vi rientrano, pertanto, tutti i tipi di società per azioni costituite a fini commerciali o industriali, fatta eccezione per quelle non dotate di personalità giuridica. (v. anche *public corporation*)

private costs: ***costi privati.*** Termine generico, usato per indicare i costi che dovrà necessariamente sostenere l'impresa o il singolo impegnati nella produzione di beni e servizi.

private debt: ***debito privato.*** Un qualsiasi debito contratto da una persona fisica o giuridica, così detto allo scopo di distinguerlo dal debito pubblico, contratto dallo stato o da enti pubblici. Il termine è usato principalmente nella contabilità del reddito nazionale per indicare il totale dei debiti contratti da un settore del sistema economico nei confronti di un altro settore. (v. anche *public debt*)

private drawing: ***prelievo per uso privato.*** Lo stesso che *drawing 2* (v.).

private easement: ***servitù privata.*** Una servitù della quale beneficiano soltanto poche persone.

private enterprise: ***iniziativa privata; iniziativa individuale; impresa privata.*** È l'attività economica svolta dai privati, come persone fisiche o come persone giuridiche, in contrapposizione all'attività economica svolta dallo stato sotto forma di partecipazione o di proprietà del capitale di una o più imprese. In senso più generale, l'espressione indica un sistema economico in cui ciascun individuo è libero di possedere i mezzi di produzione e utilizzarli nel modo che ritiene più opportuno, in vista di un profitto privato. Nella sua forma estrema, corrisponde a un sistema economico nel quale è del tutto assente l'intervento o il controllo dello stato nella produzione e nella distribuzione dei beni. (v. anche *public enterprise*)

Private Enterprises Investment Company: Società fondata nel Regno Unito nel 1953 allo scopo di fornire risorse di capitale a imprese che trovano difficoltà a procurarsi fondi attraverso emissioni pubbliche di titoli e allo scopo di anticipare fondi con i quali far fronte alle imposte di successione relative a grandi patrimoni.

privateer: ***nave corsara.*** Una nave privata armata per la guerra di corsa e autorizzata dal proprio governo ad assalire e saccheggiare navi nemiche o di determinate altre nazioni. Questo tipo di navi infestavano i mari particolarmente nei secoli diciassettesimo e diciottesimo. (v. anche *letter of marque*)

privateering: ***guerra di corsa.*** La pratica, invalsa soprattutto nei secoli diciassettesimo e diciottesimo, di usare navi private, debitamente autorizzate con lettera di marca dai propri governi ed opportunamente armate, per assalire e saccheggiare navi mercantili appartenenti a stati nemici o a determinati paesi. (v. anche *letter of marque*)

private estate: ***patrimonio privato.*** I beni di proprietà di un singolo individuo, spesso in contrapposizione ai beni di proprietà della società di cui egli fa parte.

private financial market: ***mercato finanziario privato.*** Il mercato sul quale è possibile contrarre prestiti a breve o medio termine, costituito da istituzioni creditizie private quali ad esempio le banche commerciali. Il termine è spesso usato in contrapposizione al mercato finanziario costituito dalle istituzioni creditizie pubbliche, quali il Fondo Monetario Internazionale, la Banca Mondiale, ecc.

private goods: ***beni privati.*** Termine usato come opposto di *public goods* (v.) per indicare beni il cui consumo, e il relativo beneficio che deriva da tale consumo, è riservato a un singolo individuo, come ad esempio un parco di proprietà privata o una riserva di caccia.

private health insurance: ***assicurazione sanitaria; assicurazione medica.*** Il tipo di assicurazione in relazione alla quale viene emessa la *private health policy* (v.).

private health policy: ***polizza di assicurazione sanitaria.*** Tipo particolare di polizza assicurativa emessa da compagnie e mutue assicuratrici, spesso sotto forma di polizza di gruppo. In considerazione del pagamento regolare di un premio, il titolare si assicura il diritto al rimborso di spese mediche e ospedaliere fino ad un ammontare preventivamente concordato.

private improvement rate: ***contributo di miglioria.*** Termine usato con lo stesso significato di *assessment 3* (v.).

private income: ***reddito personale.*** Termine usato con lo stesso significato di *personal income* (v.).

private income before tax: ***reddito personale lordo.*** Termine usato con lo stesso significato di *personal income before tax* (v.).

private individual: ***privato.*** Lo stesso che *individual* (v.).

private international law: ***diritto internazionale privato.*** La branca dell'ordinamento giuridico di qualsiasi stato cui si fa ricorso e che si applica ogni qual volta si presenti davanti ad una corte un fatto che contiene un elemento estraneo all'ordinamento giuridico locale, in quanto appartenente all'ordinamento giuridico di un altro stato. Esso indica le condizioni in base alle quali la corte può giudicare tale fatto e determina la particolare legge straniera applicabile al caso. Inoltre, specifica i casi in cui la sentenza di una corte straniera può essere delibata e quando possano essere imposti i diritti di un creditore sanciti da una sentenza straniera. (v. anche *public international law*)

private investment: ***investimento privato.*** Espressione usata nel linguaggio economico per indicare gli acquisti globali di beni capitali da parte di privati, società ed istituzioni, contrapposti agli investimenti pubblici, cioè quelli effettuati dallo stato, dalle aziende a capitale pubblico e dalle imprese produttrici di pubblici servizi. (v. anche *public investment*)

private investor: ***investitore privato.*** Lo stesso che *retail investor* (v.).

private issue: ***emissione con collocamento privato.*** V. spiegazione sotto *placing*.

private label: ***etichetta depositata; etichetta registrata.*** Lo stesso che *dealer's brand* (v.).

private law: ***diritto privato.*** È la branca del diritto che tratta dei rapporti tra privati cittadini.

private ledger: ***mastro privato.*** Mastro nel quale vengono tenuti conti confidenziali, cui non si vuol dare rilievo nei normali libri contabili dell'impresa. Oggi è raramente usato, ma quando esiste è collegato alla contabilità generale per mezzo di un conto di controllo.

private lender: ***mutuante privato.*** Nel linguaggio della finanza internazionale, è una qualsiasi banca, o un consorzio di banche commerciali, che concede prestiti ai paesi in via di sviluppo a tasso d'interesse di mercato.

private limited company: ***società privata a responsabilità limitata.*** È la società descritta sotto *private company* (v.).

private money: ***denaro privato.*** L'opposto di *public money* (v.). Indica denaro di proprietà di privati o proveniente dal settore privato dell'economia.

private net product: ***prodotto netto privato.*** Espressione usata per la prima volta da A.C. Pigou nel suo *Economics of Welfare* per distinguere il reddito nazionale netto, o prodotto netto, dal prodotto netto sociale. Alcune forme di produzione contribuiscono alla formazione del reddito nazionale, ma allo stesso tempo creano problemi e disservizi, quali ad esempio l'inquinamento atmosferico o dei corsi d'acqua. Il prodotto netto sociale potrebbe quindi essere definito, secondo Pigou, come il prodotto netto privato meno il valore di tutti i problemi e disservizi connessi alla sua produzione. (v. anche *social net product, pollution*)

private offering: ***offerta privata.*** Nel linguaggio finanziario statunitense, indica un'emissione di titoli fatta direttamente dalla società emittente, quindi senza l'intermediazione di un sindacato di collocamento titoli, e diretta a un gruppo limitato di sottoscrittori, che possono essere precedenti azionisti, funzionari e impiegati della società, creditori, clienti, amici degli amministratori, una società di assicurazioni e qualche altra istituzione. La differenza tra offerta pubblica e privata è essenzialmente quella che la privata è indirizzata ad un numero limitato di sottoscrittori, che si trovano nella condizione di conoscere a fondo la situazione dell'impresa emittente. (v. anche *public offering*)

private opinion poll: ***sondaggio di opinione privato.*** V. spiegazione sotto *opinion poll*.

private-owned enterprise: ***azienda privata; impresa privata.*** Termine usato con lo stesso significato di *private* *concern* (v.).

private partnership: ***società in nome collettivo; società semplice; società di persone.*** Lo stesso che *partnership* (v.).

private pension plan: ***programma di pensionamento privato; piano di pensionamento privato.*** Termine usato con lo stesso significato di *private pension scheme* (v.).

private pension scheme: ***programma di pensionamento privato; piano di pensionamento privato.*** È il programma di pensionamento organizzato e gestito da un'impresa, senza il concorso dello stato o di alcuna agenzia statale. Viene attuato attraverso la creazione di un fondo pensioni, la cui gestione viene di solito affidata ad una società assicuratrice o altra istituzione finanziaria. Alcune grosse imprese, tuttavia, lo gestiscono in proprio. (v. anche *pension, pension plan, pension fund*)

private placement: ***collocamento privato.*** Lo stesso che *placing* (v.).

private placing: ***collocamento privato.*** Lo stesso che *placing* (v.).

private power: ***procura per atti privati; procura privata.*** Procura rilasciata da un privato ad un altro, in relazione a scopi o atti privati e non pubblici.

private practice: ***libera professione di commercialista.*** Lo stesso che *public accounting* (v.).

private profitability: ***redditività privata.*** Nei casi di investimenti in infrastrutture e altre opere dalle quali trae vantaggio anche la collettività, la redditività privata misura la remunerazione che il progetto porterà all'impresa che sostiene l'investimento, mentre la redditività sociale aggiunge a tale remunerazione i vantaggi derivanti a tutti gli altri membri della collettività.

private property: **1.** ***proprietà privata.*** Il diritto esclusivo di una persona fisica o giuridica di controllare e godere un bene economico, secondo le garanzie e i limiti imposti dalla legge. La proprietà privata è una caratteristica essenziale della libera iniziativa. **2.** ***patrimonio privato; proprietà privata.*** Nel linguaggio popolare, l'espressione inglese indica i beni di proprietà di un privato.

private property rights: ***diritti di proprietà privata.*** I diritti che proteggono la libertà degli individui di disporre delle loro proprietà e del loro lavoro e che rientrano tra i diritti civili che vengono considerati essenziali per la libertà individuale. Nella forma di libertà di contrarre, tali diritti costituiscono il principio fondamentale su cui si basa un'economia di mercato libero.

private right of way: ***diritto privato di transito; diritto privato di passaggio.*** È il diritto di transitare su una proprietà privata, goduto da una sola persona o da un numero limitato di persone.

private sale: ***vendita per trattativa privata; vendita privata.*** La vendita fatta mediante trattativa privata e descritta sotto *private treaty* (v.).

private saving: ***risparmio privato.*** Il risparmio realizzato dal settore privato di un sistema economico.

private secretary: ***segretario privato.*** Il segretario che nell'ambito di un'impresa non si interessa di questioni generali, ma collabora con una sola persona, di solito un alto dirigente.

private sector: ***settore privato.*** Quella parte dell'economia che non ricade sotto il diretto controllo dello stato ed è lasciata all'iniziativa privata. In senso lato, il settore privato coincide con le attività economiche gestite direttamente da imprese private, con ciò intendendosi non di proprietà o a partecipazione statale. Tali imprese private comprendono una vasta gamma di organizzazioni costituite a scopo di lucro, che vanno dall'imprenditore singolo alle gigantesche multinazionali, purché esse siano controllate e gestite da privati. Il settore privato include anche le attività delle organizzazioni che non perseguono fini di lucro e quelle svolte da singoli cittadini, pur se queste ultime si fanno spesso rientrare nel cosiddetto settore personale. (v. anche *private enterprise, public sector, government sector, personal sector*)

private sector investment: ***investimento del settore privato.*** Lo stesso che *private investment* (v.).

private sector liquidity: ***liquidità del settore privato.*** V. spiegazione sotto PSL1 e PSL2.

private sector saving: ***risparmio del settore privato.*** Lo stesso che *private saving* (v.).

private transfer: ***trasferimento privato.*** Una qualsiasi donazione di reddito, come ad esempio il tanto al mese o alla settimana che i genitori assegnano ai figli per le loro piccole spese personali o lo spillatico assegnato dal marito alla moglie. In quanto tale reddito non deriva da lavoro produttivo e non può essere considerato reddito dei fattori della produzione, esso non rientra nei calcoli del reddito nazionale.

private treaty: ***trattativa privata; licitazione privata.*** Il sistema di vendita in base al quale il prezzo di un bene viene stabilito attraverso la contrattazione privata tra venditore e compratore. Nel commercio al dettaglio questo tipo di vendita è generalmente limitata ai beni immobili e a beni di seconda mano. Il sistema della trattativa privata è, invece, quello dominante nelle borse merci organizzate, in cui si trattano prodotti, quali il cotone e il frumento, che possono essere facilmente negoziati senza bisogno di sottoporre campioni.

private trust: Espressione con la quale si indica un tipo di funzioni fiduciarie, che si esplicano in favore di privati, o un fondo o una dotazione istituiti a beneficio di un privato.

private warehouse: ***magazzino privato; deposito privato.*** Qualsiasi deposito o magazzino che può essere preso in fitto in tutto o in parte dal pubblico. (v. anche *public warehouse*)

privatistic: ***privatistico.*** Aggettivo usato per definire chi si schiera a favore dell'iniziativa privata o ciò che si basa sull'iniziativa privata.

privatization: ***privatizzazione.*** Il trasferimento al settore privato di beni capitali, imprese o funzioni precedentemente gestiti dallo stato direttamente o tramite suoi enti. Il termine ha un significato più ampio di *denationalization* (v.), in quanto si applica anche a imprese nelle quali lo stato ha una semplice partecipazione e a imprese di servizi non necessariamente gestite dallo stato.

privilege: **1.** ***privilegio.*** Diritto o vantaggio eccezionale ovvero immunità o esenzione da determinati doveri o responsabilità imposti dalla legge. In particolare, sono considerati privilegi il diritto di parlare in determinati luoghi, come ad esempio in parlamento o in una corte di giustizia, l'immunità dall'arresto, come ad esempio per i parlamentari, l'esenzione dall'obbligo di partecipare a una giuria, ecc. Di solito tali privilegi vengono concessi a persone che occupano certe cariche o uffici, in modo che possano svolgere le loro mansioni senza impedimenti. **2.** ***contratto a premio.*** Termine usato negli Stati Uniti con lo stesso significato di *option 1* (v.).

privileged debt: ***debito privilegiato; debito preferenziale.*** Termine usato come sinonimo di *preferential debt* (v.).

privileged shares: ***azioni privilegiate.*** Termine del gergo giornalistico, usato per indicare le nostre azioni privilegiate, lievemente diverse dalle *preference shares* britanniche.

privilege leave: ***ferie annuali.*** Termine a volte usato con lo stesso significato di *annual leave* (v.).

privilege money: Nel mercato monetario londinese, questa espressione viene usata in relazione a prestiti cui una casa di sconto ha diritto, come privilegio a seguito di accordi con le varie banche commerciali londinesi, se alla fine della giornata lavorativa essa ha bisogno di un prestito addizionale per far quadrare i propri conti. Questi prestiti devono essere rimborsati il giorno successivo e su di essi viene fatto pagare un tasso di interesse dello 0,50 per cento superiore al tasso praticato dalle banche commerciali su prestiti a richiesta fatti al mercato delle accettazioni.

privilege of issue: ***privilegio di emissione.*** È il diritto esclusivo di emettere biglietti di banca, riconosciuto da uno stato alla banca di emissione operante sul territorio dello stesso stato.

privilege tax: ***imposta sulle professioni.*** Termine a volte usato con lo stesso significato di *occupation tax 2* (v.).

prize bond: ***titolo di stato a premio.*** Termine usato con lo stesso significato di *premium bond* (v.).

prize money: ***parte di preda.*** Quella parte del denaro ricavato dalla vendita di una preda, che viene distribuito tra i membri dell'equipaggio in ragione del contributo dato alla cattura della preda.

P.R.O.: public relations officer.

probabilistic sample: ***campione probabilistico.*** Termine usato con lo stesso significato di *probability sample* (v.).

probability: ***probabilità.*** La misurazione delle possibilità che un dato evento si verifichi. La probabilità che un evento si realizzi viene indicata con un numero contenuto tra zero e uno. Se essa è indicata con zero, non c'è alcuna probabilità che l'evento si realizzi; se, invece, è indicata con uno, l'evento si verificherà di certo.

probability curve: ***curva delle probabilità; curva normale; curva binomiale.*** Termine usato con lo stesso significato di *normal curve* (v.).

probability sample: ***campione probabilistico.*** È un campione casuale, che contiene un errore di campionatura computabile. L'errore calcolato indica il grado di rappresentatività o di assenza di rappresentatività che si dovrebbe prendere in considerazione nell'interpretare i risultati del campione.

probable life: ***vita probabile.*** Espressione usata in relazione alla durata di servizio di una macchina o di un impianto. La vita probabile, in questo senso, consiste del periodo di tempo in cui la macchina o l'impianto sono già stati in esercizio, più la vita presunta durante la quale essi continueranno a dare utilità al loro proprietario. (v. anche *expected life*)

probable-life curve: ***curva della vita probabile.*** Curva relativa alla vita utile di un bene capitale, dedotta dallo studio delle distribuzioni di frequenza, ed alla sua deteriorabilità.

probate duty: ***tassa di successione; imposta di successione.*** Un diritto fisso imposto dallo stato su ogni testamento di cui si richiede la verifica di autenticità o l'omologazione, ma in un senso più ampio il termine inglese indica anche un'imposta prelevata sul valore lordo del patrimonio del testatore.

probate price: ***prezzo di successione.*** È il prezzo assegnato a valori mobiliari ai fini di imposizione fiscale in caso di morte dell'azionista. L'imposta sul trasferimento di capitali viene calcolata non sul corso medio del titolo ricavato dalla media dei due prezzi che compaiono sul listino ufficiale della borsa valori di Londra, bensì dividendo per quattro la differenza tra i due prezzi e aggiungendo il risultato al prezzo più basso, cioè quello al quale i titoli potrebbero prontamente essere rivenduti. (v. anche *middle price*)

probation: ***periodo di prova.*** Lo stesso che *probationary period* (v.).

probationary period: ***periodo di prova.*** Lo stesso che *trial period* (v.).

problem child: Per l'uso di questo termine nel linguaggio del marketing, v. *Boston matrix.*

procedural audit: ***verifica delle procedure; revisione delle procedure.*** L'esame critico, da parte di un revisore esterno, dei controlli interni e delle altre procedure in uso in un'organizzazione, incluse le procedure non relative alla contabilità. Lo scopo di tale verifica è quello di individuare le possibilità di miglioramento delle procedure in uso.

procedural review: ***verifica delle procedure; revisione delle procedure.*** Termine usato con lo stesso significato di *procedural audit* (v.).

procedure: ***procedura.*** I passi successivi o il metodo da seguirsi nel compiere un determinato atto o serie di atti, come ad esempio un processo industriale, una seduta di un consiglio o di un comitato, lo svolgimento della contabilità e simili.

procedure flow chart: ***schema di flusso delle procedure.*** È uno schema applicato al flusso di documenti o di comunicazioni all'interno di un'organizzazione. (v. anche *flow chart*)

procedure manual: ***manuale delle procedure.*** Volume, generalmente a fogli mobili che ne consentono l'aggiornamento, contenente la descrizione minuziosa di tutte le procedure in uso in un'organizzazione.

proceeds: ***ricavo; proventi.*** L'ammontare di denaro contante, o altri beni e servizi, derivante dalla vendita di una proprietà, da un mutuo o dalla vendita o emissione di valori mobiliari. Lo stesso termine viene spesso usato per indicare il ricavo netto derivante dalla vendita di un titolo di credito, dopo aver detratto lo sconto trattenuto dall'istituzione finanziaria che lo acquista, o il gettito netto di un'imposta dopo aver detratto i costi relativi alla sua esazione. (v. anche *net proceeds*)

process: ***processo.*** Una serie ininterrotta di atti, passi o eventi e, pertanto, la sequenza di operazioni che costituiscono un piano di produzione lungo una catena di montaggio. In quanto il termine indica una catena ininterrotta di attività e implica una produzione più o meno costante, esso è usato principalmente in relazione al sistema di produzione opposto al sistema di produzione su commessa. (v. anche *job order*)

process chart: ***schema di processo operativo.*** Termine usato con lo stesso significato di *operational process chart* (v.).

process control: ***controllo del processo.*** È una delle due parti del controllo statistico della qualità ed è applicato ad universi infiniti di operazioni ripetitive, quali quelle che si verificano in un processo di produzione. Lo scopo di tale controllo è quello di analizzare le operazioni produttive come mezzo per eliminare, attraverso la previsione, eventuali problemi e inutili rallentamenti o interruzioni del processo derivanti ad esempio da eccessiva temperatura o eccessiva umidità o cause simili e diverse. (v. anche *statistical quality control*)

process cost: ***costo di processo.*** Il costo che si deve sostenere in relazione a un particolare processo di produzione.

process cost centre: ***centro di costi per processo.*** È un centro di costi che consiste essenzialmente di un processo specifico o di una sequenza continua di operazioni.

process costing: ***sistema di calcolo dei costi per processo; sistema di calcolo dei costi per serie.*** Sistema di calcolo dei costi seguito dalle imprese industriali che hanno produzione standardizzata, in serie, di prodotti omogenei e con caratteristiche uniformi, per le quali non sarebbe pensabile di calcolare i costi prodotto per prodotto come avviene per le imprese che, invece, hanno una produzione diversificata di beni costruiti su commessa. In base al sistema di calcolo per processo, i costi vengono rilevati facendo riferimento alla massa della produzione di un determinato periodo di tempo, che nella maggioranza dei casi coincide con un mese. Tutti i costi di competenza di un mese vengono, quindi, riportati su una scheda di processo e quando sono noti tutti i costi e la quantità di prodotti ottenuti nel mese in considerazione, si calcola il costo medio unitario dei prodotti ottenuti nel mese in esame. Il costo medio unitario, pertanto, sarà uguale al rapporto tra costi relativi al periodo considerato e quantità di prodotti ottenuta nello stesso periodo. Le registrazioni dei costi sulla scheda di processo si basano sui dati raccolti con i documenti elementari, quali le schede di lavoro macchina, le schede di lavorazione, i buoni di prelievo, ecc., e la procedura di determinazione dei costi si attua attraverso tre fasi successive: a) classificazione dei costi per gruppi omogenei; b) allocazione, o classificazione per centri di costo; c) imputazione, o classificazione per destinazione. (v. anche *job–order costing*)

process cost method: ***metodo di calcolo dei costi per processo.*** Termine usato con lo stesso significato di *process costing* (v.).

process cost system: ***sistema di calcolo dei costi per processo.*** Termine usato con lo stesso significato di *process costing* (v.).

process effect: ***effetto di processo.*** L'aumento della spesa in beni di consumo e degli investimenti privati, conseguenti direttamente dalla spesa sostenuta dallo stato nell'esecuzione di un progetto di lavori pubblici.

process flow chart: ***schema di flusso di processo; schema di flusso operativo.*** È un grafico che rappresenta la sequenza in cui si devono svolgere una serie di operazioni durante un processo. Contiene tutte le informazioni relative agli eventi che costituiscono il processo o alle attività che l'operatore deve svolgere.

process industry: ***industria di trasformazione.*** Gruppo di imprese che svolgono l'attività di trasformare materie prime o semilavorati in prodotti finiti.

processing: ***trasformazione.*** Tipo di lavorazione mediante la quale un materiale viene convertito in un altro, come ad esempio il processo di raffinazione dello zucchero o della benzina.

processing tax: ***imposta di fabbricazione.*** È l'imposta che colpisce la fabbricazione di un particolare prodotto. Ne sono esempi, in Italia, l'imposta di fabbricazione sui prodotti petroliferi o sugli alcoolici. Un'imposta del genere fu introdotta negli Stati Uniti nel 1933 dall'*Agricultural Adjustment Act* (v.). Essa colpiva tutti coloro che trasformavano prodotti agricoli e il gettito veniva utilizzato dal governo statunitense per versare agli agricoltori la differenza tra il prezzo di parità e il prezzo di vendita dei prodotti agricoli grezzi. Nel 1936, la Corte Suprema degli Stati Uniti dichiarò incostituzionale la legge che istituiva tale imposta, in quanto essa colpiva una classe di persone a vantaggio di un'altra classe e per questo motivo l'imposta non rientrava nella comune definizione di imposta. Il secondo *Agricultural Adjustment Act*, approvato nel 1938, abolì l'imposta di fabbricazione e il suo gettito non più esistente fu sostituito con fondi provenienti dalle entrate generali del governo federale, con i quali si continuò a sostenere i prezzi agricoli in base al sistema del prezzo di parità. (v. anche *parity price*)

process innovation: ***innovazione di processo.*** Innovazione che si concretizza con una modifica del modo in cui viene prodotto un bene o un servizio con conseguente riduzione dei costi di produzione. (v. anche *product innovation*)

process inspection: ***controllo per processo.*** È il controllo integrale e sistematico della qualità, svolto in ciascuna fase del processo produttivo.

process inwards relief: ***dazio doganale di ritorno.*** Termine a volte usato con lo stesso significato di *customs drawback* (v.).

process method of cost accounting: ***metodo di contabilità dei costi per processo.*** Termine usato con lo stesso significato di *process costing* (v.).

process patent: ***brevetto su un processo.*** Il diritto di sfruttamento concesso in relazione a un nuovo e originale processo produttivo.

process schedule: ***schema di flusso del processo tecnologico.*** Questo schema viene preparato al fine di determinare quanto spazio è necessario in fabbrica per l'ubicazione delle diverse macchine o impianti e allo scopo di garantire che lo spazio disponibile sarà utilizzato in modo da accoppiare l'efficienza all'economia.

procuration: ***procura.*** Termine usato con lo stesso significato di *power of attorney* (v.).

procuration fee: ***diritto d'intermediazione.*** Espressione usata nel linguaggio finanziario per indicare il compenso che spetta alla persona fisica o giuridica che procura o negozia un prestito.

procuration money: ***competenza d'intermediazione.*** Termine usato con lo stesso significato di *procuration fee* (v.).

procuration signature: ***firma per procura.*** La firma apposta per conto di un'altra persona che ha provveduto a rilasciare la propria autorizzazione mediante una procura.

procurator: ***procuratore.*** Chi agisce per conto di un altro, specialmente in questioni legali. (v. anche *attorney*)

procurement: ***approvvigionamento.*** Termine usato con lo stesso significato di *purchasing* (v.), pur se più frequente quando si tratta di forniture richieste dallo stato o da enti pubblici.

procurement contract: ***contratto di approvvigionamento; contratto di appalto.*** Il termine inglese, prevalentemente di uso statunitense, indica il contratto sottoscritto da una pubblica amministrazione, di solito lo stato, per la fornitura di beni e servizi al governo o a enti pubblici. Tali contratti sono soggetti a norme precise e forma standard stabilite dal governo.

procurement lead time: ***tempo di approvvigionamento.*** Il tempo che intercorre tra il momento in cui si riconosce la necessità di un bene o prodotto e il momento in cui tale bene o prodotto è effettivamente disponibile per l'uso.

procurement office: ***ufficio approvvigionamenti.*** Termine usato con lo stesso significato di *purchasing department* (v.).

procurement officer: ***direttore dell'ufficio approvvigionamenti.*** Termine usato con lo stesso significato di *purchasing officer* (v.).

procurement policy: ***politica degli approvvigionamen-***

ti. La politica perseguita da un'impresa in relazione al livello degli approvvigionamenti e delle scorte. È soggetta a variazioni in dipendenza delle oscillazioni della domanda e dell'offerta e, quindi, dei prezzi di mercato sia dei materiali che dei prodotti finiti dell'impresa, nonché del livello del costo del denaro.

procurement procedure: ***procedura di approvvigionamento.*** La procedura che devono seguire gli addetti, in relazione al riordino di materiali in dipendenza del livello delle scorte e della politica aziendale degli approvvigionamenti.

produce: ***prodotti; generi.*** Il termine inglese in senso stretto indica la produzione di una nazione, ma di solito viene usato in senso più lato per indicare la produzione agricola e, in particolare, la produzione di generi quali il tè, il caffè, lo zucchero, il cotone, le spezie e simili.

produce advances: ***anticipazioni su merci.*** Quando le merci sulle quali un commerciante chiede un'anticipazione sono in possesso di terzi, la banca può concedere l'anticipazione dietro consegna della polizza di carico o della fede di deposito trasferibile. Se, invece, le merci sono in possesso del commerciante, la banca richiederà che esse siano depositate in un magazzino e che venga rilasciata, dal commerciante alla banca, una lettera di ipoteca al fine di provare che le merci sono state date in pegno dell'anticipazione e che la banca ha il diritto di venderle, se ciò si rendesse necessario, per recuperare il credito. (v. anche *letter of hypothecation; goods loan*)

produce broker: ***operatore di borsa merci.*** Lo stesso che *commodity broker* (v.).

produce exchange: ***borsa merci.*** Termine usato con lo stesso significato di *commodity exchange* (v.).

produce loan: ***prestito su derrate.*** Lo stesso che *goods loan* (v.), quando i beni sono derrate agricole.

produce market: ***mercato delle derrate.*** L'espressione inglese indica un qualsiasi mercato dei prodotti, fatta eccezione per quelli che trattano metalli. (v. anche *commodity market*)

producer: ***produttore.*** Una persona fisica o giuridica che produce derrate, come ad esempio un agricoltore, o che fabbrica prodotti, come ad esempio un industriale. Il termine è usato principalmente in antitesi a commerciante, cioè colui che distribuisce i beni del produttore, e a consumatore, cioè la persona cui tali beni sono diretti.

producer durable equipment: ***beni strumentali.*** Termine usato con lo stesso significato di *capital goods* (v.).

producer goods: ***beni strumentali; beni indiretti.*** Lo stesso che *capital goods* (v.).

producer price index: ***indice dei prezzi alla produzione.*** Serie di tabulati, che indicano le oscillazioni mensili dei prezzi alla produzione. Si riferiscono a tutte le attività industriali e possono anche essere ordinati secondo le particolari categorie di prodotti. Gli indici dei prezzi alla produzione sono utili anche per fare previsioni circa le oscillazioni dei prezzi al minuto, che si verificano con un lieve sfasamento temporale rispetto a quelle relative ai prezzi alla produzione.

producer prices: ***prezzi alla produzione.*** I prezzi dei prodotti nel momento in cui essi vengono immessi sul mercato dal loro produttore, cui poi andranno aggiunti tutti i costi successivi per determinare il prezzo al consumo. I prezzi alla produzione rappresentano un indicatore della pressione inflazionistica che si verificherà nell'immediato futuro.

producers' capital: ***beni strumentali; beni indiretti.*** Termine usato con lo stesso significato di *capital goods* (v.).

producers' co-operative: ***cooperativa di produzione; società cooperativa tra produttori.*** Associazione di produttori, siano essi industriali o artigiani, che mettono insieme le loro risorse e i loro capitali allo scopo di vendere come gruppo i beni e servizi prodotti da ciascuno dei soci della cooperativa. Sia negli Stati Uniti che nel Regno Unito le cooperative di produzione non hanno avuto molto successo e, pertanto, quelle che ancora operano sono poche e piccole. Il motivo di questo insuccesso sta nel fatto che le cooperative tra produttori vengono formate allo scopo di mantenere alto il prezzo di vendita attraverso una limitazione della produzione nelle industrie concorrenziali al fine di far aumentare il reddito dei produttori, a patto che si riesca ad imporre limiti alla produzione di tutti i soci. Le cooperative, però, evidenziano tendenze di instabilità, poiché ogni singolo produttore avrà sempre interesse ad aumentare la produzione al di là dei limiti impostigli e se molti dei soci si comportano in tal modo, la cooperativa si sfascerà e i singoli produttori subiranno perdite anziché realizzare maggiori utili.

producers' co-operative society: ***cooperativa di produzione; società cooperativa tra produttori.*** Termine usato con lo stesso significato di *producers' co-operative* (v.).

producers' durable goods: ***beni strumentali; beni indiretti.*** Lo stesso che *capital goods* (v.).

producer services: ***servizi di produzione.*** Termine formato sul modello di *consumer services* (v.), con il quale si indicano tutti i servizi che contribuiscono alla produzione di beni. Tra questi servizi rientrano la pubblicità, la consulenza legale, la contabilità e anche i servizi di distribuzione che consentono l'incanalamento dei beni verso i consumatori finali.

producer's indifference curve: ***curva di indifferenza del produttore.*** Lo stesso che *iso-product curve* (v.).

producer's liability: ***responsabilità del produttore.*** Lo stesso che *product liability* (v.).

producers' profit: ***profitto industriale; utile industriale; profitto di produzione; utile di produzione.*** L'utile o profitto conseguito da una impresa industriale nel corso della sua normale attività di produzione e vendita. Secondo l'economista britannico R. G. Hawtrey, questi profitti non raggiungono il mercato degli investimenti se non in minima parte, in quanto per lo più non vengono distribuiti, ma sono reinvestiti nella stessa impresa industriale. (v. anche *trading profit 1*)

producer's risk: ***rischio del produttore.*** Nel controllo statistico della qualità, si indica con questa espressione la probabilità calcolata che il piano rigetti un qualsiasi lotto di una data qualità, che rientrerebbe tra quelli a livello di accettabilità.

producer's surplus: ***rendita del produttore.*** La differenza tra prezzo di mercato al quale i produttori vendono i loro beni ed i prezzi più bassi ai quali ciascun produttore sarebbe disposto a vendere quantità inferiori di un particolare bene. Poiché la rendita del produttore dipende in larga misura dall'utilizzazione, da parte di alcune imprese o di alcuni produttori, di input più efficienti e specializzati, nel lungo periodo è probabile che i proprietari di tali input riescano ad appropriarsi anche della cosiddetta rendita del produttore. (v. anche *consumer's surplus*)

producing class: ***classe produttrice; classe industriale.*** L'insieme delle persone che detengono i mezzi della produzione industriale di un paese. Il termine viene usato di solito in contrapposizione a classe lavoratrice e classe commerciale.

producing power: ***potere di produzione.*** La capacità di un sistema produttivo di creare beni e servizi con i quali soddisfare la domanda rappresentata dal potere d'acquisto della moneta in circolazione nello stesso sistema economico.

product: ***prodotto.*** Un bene o un servizio la cui utilità o il cui valore sono stati creati attraverso un'operazione o una serie di operazioni produttive. Può distinguersi in prodotto intermedio e prodotto finito. Il primo è un prodotto che deve subire ancora qualche fase lavorativa prima di poter essere avviato al consumo; il secondo è un prodotto che ha già subito tutte le operazioni di trasformazione necessarie per renderlo utilizzabile da un consumatore. (v. anche *products*)

product abandonment: ***abbandono di un prodotto.*** La rinuncia, da parte di un'impresa, alla produzione o alla distribuzione di un determinato bene. Di solito ciò avviene a seguito di caduta della domanda al di sotto di certi limiti prestabiliti, che non giustificherebbero più i costi di produzione.

product acceptance: ***accettazione del prodotto.*** Il modo in cui i consumatori accolgono un nuovo prodotto. Il termine ha in sé una connotazione positiva.

product advertising: ***pubblicità concorrenziale; pubblicità di concorrenza.*** Termine usato con lo stesso significato di *competitive advertising* (v.).

product analysis: ***analisi del prodotto.*** L'esame di ciascun singolo bene, prodotto da un'impresa, inteso a determinare il motivo per cui si vende, il tipo di consumatori che lo acquistano, ecc.

product category: ***categoria di prodotti.*** Lo stesso che *product class* (v.).

product centre: ***centro di prodotto.*** Un luogo fisico, una macchina o un processo attraverso il quale passa un prodotto e al quale possono essere imputati costi a scopo di controllo.

product class: ***classe di prodotti.*** Il più ampio raggruppamento di prodotti che presentano più o meno le stesse caratteristiche, come ad esempio automobili, sigarette, ecc.

product contour: ***isoquanto; curva di uguale produzione; curva d'indifferenza del produttore.*** Termine usato con lo stesso significato di *iso–product curve* (v.).

product cost: 1. ***costo di attività.*** Il costo delle materie prime e della manodopera relativi ad una produzione. In tale significato, l'espressione contrasta con costo di periodo. (v. anche *period cost*) **2.** ***costo di prodotto.*** Il costo globale di materie prime, manodopera e spese generali in relazione alla produzione di un qualsiasi bene.

product curve: ***isoquanto; curva di uguale produzione; curva d'indifferenza del produttore.*** Termine usato con lo stesso significato di *iso–product curve* (v.).

product cycle: ***ciclo dei prodotti.*** La traiettoria ideale percorsa dai vari prodotti nell'ambito della divisione internazionale del lavoro e in relazione alle possibilità che ha ciascun paese di fabbricarli in proprio. Il ciclo dei prodotti contempla tre diversi tipi di prodotti: a) quelli ad alto contenuto tecnologico, che vengono realizzati dai paesi più avanzati tecnologicamente e industrialmente; b) quelli cosiddetti maturi, che vengono realizzati su vasta scala dai paesi industrializzati, ma tecnologicamente meno avanzati; e, c) quelli tradizionali, che vengono realizzati dai paesi in via di sviluppo. Il ciclo dei prodotti configura il loro passaggio attraverso queste categorie, per cui un prodotto che oggi è considerato ad alto contenuto tecnologico diventerà, tra alcuni anni o anche prima, un prodotto maturo che potrà essere realizzato dai paesi industrializzati; allo stesso tempo, un prodotto maturo può, in un certo periodo di tempo, diventare un prodotto tradizionale e potrà essere fabbricato da un numero sempre maggiore di paesi.

product–cycle theory: ***teoria del ciclo dei prodotti.*** La teoria che sta alla base del ciclo dei prodotti e che prevede un temporaneo vantaggio comparato per i paesi tecnologicamente più avanzati ma, a un certo punto, il trasferimento della specializzazione a paesi tecnologicamente meno sofisticati.

product deletion: ***eliminazione di un prodotto.*** Lo stesso che *product elimination* (v.).

product design: ***design di un prodotto; disegno di un prodotto.*** Lo studio di progettazione che porta alla determinazione delle linee, delle dimensioni e dell'aspetto esteriore di un qualsiasi prodotto.

product development: ***sviluppo di un prodotto.*** L'insieme degli studi e delle operazioni che stanno a monte della produzione di un bene industriale. Lo sviluppo del prodotto va dalla fase di progettazione a quella di effettiva produzione e comprende lo studio e il design del prodotto, le specificazioni e la scelta dei materiali che lo compongono, lo studio delle dimensioni e confezioni e così via.

product development division: ***divisione sviluppo prodotti; ufficio sviluppo prodotti.*** Il reparto di un'impresa nel cui ambito ricadono tutte le operazioni relative allo sviluppo di nuovi prodotti.

product development section: ***sezione sviluppo prodotti.*** Termine usato con lo stesso significato di *product development division* (v.).

product differentiation: ***differenziazione dei prodotti.*** Qualsiasi differenza, sia essa reale o immaginaria, tra due o più beni o servizi molto simili, se non addirittura uguali, che porta alla preferenza di uno nei confronti degli altri, anche quando il loro prezzo sia identico o anche quando quello preferito costi più dell'altro o degli altri. La differenziazione dei prodotti si realizza attraverso l'uso di marchi di fabbrica, etichette, confezioni particolari, campagne pubblicitarie, ecc., allo scopo di attirare il consumatore e convincerlo ad acquistare sempre lo stesso prodotto. La differenziazione dei prodotti prevale soprattutto nei beni di consumo, quali i cosmetici, le bevande alcoliche e analcoliche, i detersivi, le sigarette, gli elettrodomestici, le automobili, ecc., ed è una delle cause della concorrenza imperfetta, poiché una volta che si è creato l'attaccamento di un consumatore a un bene venduto sotto una certa marca, esso non è, per quel consumatore, facilmente sostituibile con un bene similare prodotto da una diversa impresa. Convincendo il consumatore che un determinato bene è migliore o più conveniente degli altri in commercio, le imprese si conquistano un mercato, o parte di esso, che consente loro una più efficace programmazione della produzione a seguito di una maggiore stabilità delle vendite. Una delle critiche mosse alla differenziazione dei prodotti è quella che sostiene che essa spesso implica un'enorme spreco di spese di pubblicità, che ricadono sul consumatore.

product diversification: ***diversificazione del prodotto.*** La produzione di beni di un genere diverso da quello finora prodotto da un'impresa. La necessità di diversificazione del prodotto nasce dal bisogno di utilizzare o di espandere le risorse di un'azienda, durante un periodo di caduta della domanda del bene prodotto o in previsione di una riduzione di tale domanda.

product elimination: ***eliminazione di un prodotto.*** Il ritiro di un prodotto dal mercato, quando esso ha raggiunto la fine del suo ciclo vitale. (v. anche *harvesting strategy*)

product extension merger: ***conglomerato di prodotto.*** Un conglomerato di imprese che si occupano della produzione o distribuzione degli stessi tipi di prodotti.

product feature: ***caratteristica del prodotto.*** La caratteristica, presente in un prodotto, sulla quale viene impostata la pubblicità e che il produttore segnala al consumatore allo scopo di invogliarlo a comprare, ma anche allo scopo di differenziare il prodotto da altri simili o uguali.

product group: ***gruppo di prodotti.*** Due o più prodotti con una o più caratteristiche in comune, che rendono conveniente il loro raggruppamento a scopo di programmazione e controllo.

product guarantee insurance: ***assicurazione di garanzia del prodotto.*** Tipo di assicurazione che copre il produttore contro il rischio di richieste di rimborso o di riparazione da parte del consumatore, qualora il prodotto da quest'ultimo acquistato non funzioni a dovere o non risponda agli scopi per i quali fu acquistato.

product homogeneity: ***omogeneità dei prodotti.*** La situazione in cui, agli occhi del consumatore, un dato prodotto di un'impresa è considerato identico allo stesso tipo di prodotto di un'altra impresa. L'omogeneità dei prodotti è uno dei presupposti della concorrenza perfetta. (v. anche *perfect competition*)

product image: ***immagine del prodotto.*** È l'immagine che un prodotto assume agli occhi e nella mentalità di un consumatore.

product innovation: ***innovazione di prodotto.*** È uno dei due aspetti dell'innovazione (l'altro è rappresentato dall'innovazione di processo) e consiste nello sviluppo di un nuovo bene o servizio o in un sostanziale miglioramento di un prodotto già esistente. Mentre l'innovazione di prodotto e l'innovazione di processo sono in concetto chiaramente distinguibili, lo stesso non si può dire dei loro effetti. Un nuovo prodotto può portare alla creazione di un nuovo processo e nuove metodologie di produzione possono portare allo sviluppo di nuovi prodotti. Inoltre, l'innovazione di processo di un'industria rappresenta spesso l'innovazione di prodotto di un'altra industria e mentre alcune innovazioni di processo implicano soltanto cambiamenti organizzativi, la maggior parte richiede investimenti in nuovi capitali fissi. Ad esempio, un nuovo tipo di robot industriali costituisce una innovazione di prodotto per l'impresa che li fabbrica e una innovazione di processo per il cliente di quest'ultima che li usa per automatizzare una linea di produzione. (v. anche *process innovation*)

production: ***produzione.*** Il processo attraverso il quale si aumenta la capacità di un bene di soddisfare i bisogni umani o si rende un servizio disponibile per soddisfare un bisogno. La produzione è uno dei principali argomenti di studio dell'economia, che riconosce quasi universalmente che l'utilità di un bene, o la sua capacità di soddisfare i bisogni umani, può essere aumentata attraverso la creazione di: a) un'utilità in relazione al tempo; b) un'utilità in relazione al luogo; c) un'utilità in relazione alla forma; d) un'utilità in relazione al possesso. Pertanto, il termine non viene usato soltanto per indicare il procedimento attraverso il quale una materia prima o altro a seguito di una serie di operazioni viene resa tale da soddisfare un bisogno, ma anche il procedimento che la rende disponibile nel luogo in cui essa è richiesta al momento in cui viene domandata e nella forma in cui il consumatore è pronto ad acquistarla. Nel termine sono, quindi, incluse le funzioni dei servizi commerciali di distribuzione, e cioè il trasporto, la vendita all'ingrosso, quella al dettaglio, ecc., e ciò perché l'economista considera il processo di produzione completo soltanto quando il bene ha raggiunto la persona disposta a consumarlo. Poiché, quindi, oltre al semplice processo di fabbricare, o meglio trasformare, un bene il termine produzione implica anche l'esecuzione di servizi, esso acquista anche il significato di quantità totale di beni e servizi prodotti in un'economia nell'arco di un determinato periodo di tempo. In questa accezione, il volume della produzione dipende in gran parte dalla quantità e qualità delle materie prime, della manodopera e del capitale fisso a disposizione del sistema economico; dalla situazione delle conoscenze tecnologiche; dal tipo di governo politico del paese e dalle forme di organizzazione imprenditoriale. (v. anche *production method*)

production adjustment programme: ***programma di adeguamento della produzione.*** Lo stesso che *crop restriction* (v.).

production administration: ***amministrazione della produzione.*** L'amministrazione della produzione copre una vasta area di attività. In un organigramma essa di solito presenta tre suddivisioni, e cioè: programmazione; controllo; e studio del lavoro, ma spesso ne vengono aggiunte altre due: ingegneria della produzione e ingegneria della gestione. (v. anche *planning, production control, production control department, work study, production engineering, operational research*)

production allocation program: ***programma di allocazione della produzione.*** Negli Stati Uniti si indica con questa espressione l'assegnazione all'industria privata di piani di produzione di materiale bellico necessario alle forze armate statunitensi onde agevolare, in caso di emergenza, la rapida transizione dalla produzione di tempo di pace alla produzione bellica. Scopo del programma è quello di provvedere ad una distribuzione efficiente del carico produttivo, allo scopo di accertare eventuali punti deboli cui si deve porre rimedio.

production–basis method of depreciation: ***metodo di ammortamento basato sul volume della produzione.*** Espressione usata come sinonimo di *production method of depreciation* (v.).

production bonus: ***premio di produzione.*** Un premio, proporzionale al numero di articoli prodotti o alla quantità di lavoro svolto oltre un determinato livello base, pagato al lavoratore in aggiunta al suo salario giornaliero. (v. anche *productivity bonus*)

production budget: ***budget della produzione.*** È il bilancio preventivo o piano della produzione di un'impresa. Nella sua forma definitiva, questo budget deve ovviamente basarsi sulle previsioni di vendita e, pertanto, esso viene preparato dal direttore del reparto produzione in stretta collaborazione col direttore del reparto vendite. Infatti, sarebbe impensabile ipotizzare un volume di vendite di molto superiore alla capacità produttiva degli impianti e della forza lavoro di un'impresa o un volume di produzione che risultasse di gran lunga superiore alle previsioni di vendita. Il budget della produzione, quindi, prenderà in esame i seguenti elementi: a) la produzione prevista, in quantità e valore, del prodotto dell'impresa; b) l'acquisto di materie prime necessarie a realizzare tale livello di produzione; c) le scorte di materie prime, semilavorati e articoli vari; d) i costi di manodopera; e) le spese generali. (v. anche *production cost budget*)

production capacity: ***capacità di produzione.*** La quantità massima di unità di un bene o servizio che un'industria o un'impresa sono in grado di produrre nell'arco di un determinato periodo di tempo, quando funzionano a pieno ritmo e con la completa utilizzazione delle strutture e della forza lavoro di cui possono disporre.

production census: ***censimento della produzione.*** Termine usato in alternativa a *census of production* (v.).

production centre: ***centro di produzione.*** Un qualsiasi centro, come ad esempio una fabbrica, uno stabilimento o un'officina, presso il quale si svolge la produzione di beni o servizi.

production coefficient: ***coefficiente di produzione.*** La quantità di un determinato fattore della produzione necessaria per ottenere un'unità di prodotto. Si può ipotizzare che la quantità del fattore sia fissa oppure variabile e ciò darà luogo ad una relazione rispettivamente lineare o curvilinea.

production contour: ***isoquanto; curva di uguale produzione; curva d'indifferenza del produttore.*** Termine usato con lo stesso significato di *iso–product curve* (v.).

production control: ***controllo della produzione.*** Il complesso di pratiche, quali la pianificazione, l'instradamento, l'assegnazione di tempi operativi, ecc., che consentono il controllo delle operazioni di un reparto produttivo di beni o servizi, allo scopo di coordinare l'attività degli uomini e delle macchine onde si possano realizzare gli standard stabiliti di qualità, quantità e tempi di produzione al costo più basso possibile. (v. anche *production control department*)

production control department: ***reparto controllo produzione.*** Nell'ambito di un'impresa, è il reparto che si interessa del controllo della produzione attraverso i suoi principali aspetti, e cioè: a) avanzamento della produzione, ovvero i mezzi attraverso i quali si coordinano il programma di produzione e le divergenze dai piani o dai programmi; b) controllo della qualità, che viene effettuato a diversi stadi del processo produttivo attraverso la supervisione e l'ispezione; c) utilizzazione degli uomini e delle macchine, cioè il tipo di controllo che consente la massima utilizzazione degli impianti e della forza lavoro; d) controllo dei costi, ed in particolare controllo dei costi delle materie prime e del lavoro; e) controllo automatico, ovvero il controllo, per mezzo di sistemi di automazione, della produzione a flusso continuo.

production cost: ***costo di produzione.*** Questo termine viene usato in tre diversi significati. Esso indica: a) il costo di un qualsiasi fattore della produzione o parte di tale costo; b) il totale di tutti i costi suddetti, relativi ad uno stesso e medesimo tempo e luogo e, pertanto, in tale accezione diventa sinonimo di costo industriale; c) nell'industria petrolifera in particolare, il costo che si deve sostenere per portare il petrolio grezzo alla bocca del pozzo, tenuto conto anche dell'esaurimento del giacimento a seguito del suo sfruttamento. (v. anche *factory cost*)

production cost budget: ***budget dei costi di produzione.*** È il budget che traduce in valori monetari le cifre relative al programma di produzione contenute in un budget della produzione. In base ad esso, la manodopera e le materie prime necessarie per realizzare la produzione pianificata devono essere stimate in termini quantitativi e di costi. (v. anche *production budget*)

production cost centre: ***centro di costi di produzione.*** Un centro di costi nel quale si svolge l'attività di produzione.

production cost of sales: ***costo di produzione; costo di fabbricazione.*** Lo stesso che *factory cost* (v.).

production curve: ***isoquanto; curva di uguale produzione; curva d'indifferenza del produttore.*** Termine usato con lo stesso significato di *iso–product curve* (v.).

production cycle: ***ciclo di produzione.*** L'intera fase di un processo produttivo, che ha inizio con l'acquisto delle materie prime e termina con la commercializzazione del prodotto.

production department: ***reparto lavorazione; reparto produzione; reparto fabbricazione.*** Il reparto che si interessa della produzione fisica del bene che l'impresa vende. Il termine è usato per distinguere questo reparto da quelli che, nell'ambito della stessa impresa, forniscono i servizi relativi alla produzione e vendita, chiamati collettivamente servizi o reparto servizi. (v. anche *service department*)

production development: ***avanzamento della produzione.*** Il progredire delle operazioni di produzione secondo un programma e dei tempi prestabiliti.

production development department: ***ufficio avanzamento produzione.*** L'ufficio preposto alla formulazione e all'applicazione dei programmi di produzione, basati su determinati tempi di esecuzione.

production division: ***reparto produzione.*** Termine usato con lo stesso significato di *production department* (v.).

production engineer: ***ingegnere della produzione.*** È il funzionario di un'impresa preposto alla programmazione della produzione e al controllo dei processi attraverso i quali le materie prime vengono trasformate in prodotti finiti. Il suo compito è quello di garantire un rendimento il più possibile efficiente, attraverso il controllo della produzione. (v. anche *production control*)

production engineering: ***ingegneria della produzione.*** L'insieme delle pratiche e delle decisioni relative alla produzione di un'impresa e in particolare ai metodi, ai piani e al controllo della produzione.

production engineering department: ***reparto ingegneria della produzione; ufficio tecnico.*** È il reparto che decide come si deve svolgere la produzione, cioè quale metodo o processo deve essere seguito e quali utensili e macchine devono essere utilizzati. Esso, pertanto, prepara i dettagli dei processi di produzione, progetta gli utensili e gli altri strumenti che saranno successivamente approntati dall'apposito reparto se non potranno essere acquistati sul mercato, stabilisce gli standard di produzione e misura i risultati conseguiti.

production entitlement guarantee: ***garanzia di sussidio della produzione.*** Un progetto, scaturito nell'ambito della discussione sui sussidi all'agricoltura, che secondo gli ideatori potrebbe consentire di superare i problemi derivanti dalla politica agricola comunitaria. Il progetto prevede un limite prestabilito (garanzia) all'ammontare sotto forma di sostegno del prezzo che ogni singola impresa agricola avrebbe il diritto di ricevere. Per le grosse ed efficienti imprese, solo una parte della produzione totale riceverebbe contributi, mentre il resto sarebbe venduto al prezzo di mercato aperto. Al contrario, sarebbe sussidiata la maggior parte della produzione delle piccole imprese agricole. Fin tanto che la quantità totale prodotta avente diritto al sussidio è inferiore alla quantità correntemente offerta, i produttori agricoli, nel programmare quanto produrre, dovranno tener conto principalmente dei prezzi sul mercato mondiale aperto.

production factors: ***fattori di produzione; indici di produzione.*** I vari indici che misurano la produzione e i dati ad essa connessi. Ne sono esempi la produzione fisica, il numero dei salariati, l'ammontare di salari pagati, l'ammontare di ore lavorative in un dato periodo di tempo, la produttività per lavoratore, ecc. Il termine non deve essere confuso con agenti o fattori della produzione. (v. anche *factors of production*)

production factors method: ***metodo dei fattori della***

produzione. Nei procedimenti di imputazione dei costi comuni, è il metodo, ideato da A. Church nel 1901, di porre in relazione i costi comuni ai diversi fattori della produzione individuati come gruppi omogenei.

production forecast: ***previsione di produzione.*** Stima, eseguita da un'impresa o da un ufficio o ente statale, relativa ai livelli di produzione futura della singola impresa o dell'intero settore produttivo nazionale.

production for stock: ***produzione per scorta.*** Produzione di beni per la costituzione di scorte, che saranno successivamente immesse sul mercato.

production for use: ***produzione per uso.*** Un sistema di produzione nel quale non si tiene conto dei profitti e i beni e servizi vengono prodotti soltanto per essere usati. In questa accezione, il termine non è altro che un eufemismo per socialismo.

production frontier: ***frontiera di produzione.*** Lo stesso che *social production frontier* (v.).

production functions: ***funzioni della produzione; equazioni della tecnica; equazioni della fabbrica; equazioni della produttività.*** La relazione che intercorre tra la quantità di uno o più beni e servizi che si intende produrre o che sono stati prodotti e la quantità dei vari fattori della produzione che è necessario utilizzare o che è stata utilizzata per la produzione di quella quantità di beni e servizi. In una forma estremamente semplice e per scopi puramente esemplificativi, la funzione della produzione potrebbe essere espressa mediante la seguente equazione: $P = 3L + 4C$. Essa indica che una unità di prodotto risulta costituita dall'impiego di tre unità di lavoro combinate con quattro unità di capitale. Poiché la funzione della produzione esprime la relazione tra più fattori e più prodotti, esistono molte equazioni che possono usarsi per analizzare una qualsiasi situazione reale ed esse possono assumere forme estremamente complesse. Le funzioni della produzione possono applicarsi alle singole imprese allo scopo di determinare le curve di costo e le curve di domanda dei fattori della produzione e possono riferirsi ad un sistema economico nel suo complesso come strumenti della teoria della crescita, della distribuzione del reddito e della teoria del commercio internazionale. (v. anche *production ray*)

production goods: ***beni strumentali; beni indiretti.*** Termine usato con lo stesso significato di *capital goods* (v.).

production index: ***indice della produzione.*** V. spiegazione sotto *index of industrial production.*

production–indifference curve: ***isoquanto; curva di uguale produzione; curva d'indifferenza del produttore.*** Termine usato con lo stesso significato di *iso–product curve* (v.).

production job order: ***commessa di produzione.*** Ordine che autorizza la produzione di un dato numero di articoli, di solito limitata e non ripetitiva. È caratteristico delle piccole imprese meccaniche, i cui ordinativi sono del tipo a singola produzione e non consentono la pianificazione del lavoro ripetitivo. Pur se ciascuna commessa deve essere pianificata e controllata separatamente, si dovrebbe tentare la preparazione, per quanto complessa e difficile, di un programma di produzione.

production line: ***linea di lavorazione; linea di produzione.*** È la linea, attraverso macchine o reparti, lungo la quale vengono effettuate tutte le operazioni di lavorazione di un determinato prodotto.

production line diversification: ***diversificazione della linea di produzione.*** Sistema di produzione che prevede diramazioni da una linea principale di produzione, al fine di diversificare il prodotto finale sia dal punto di vista delle dimensioni, che da quello dei materiali impiegati e delle prestazioni. I prodotti finiti, così, saranno simili, ma non identici, come ad esempio due automobili dello stesso tipo, con uguale carrozzeria, ma con rifiniture o cilindrate differenti.

production loan: ***prestito produttivo; prestito a uso produttivo.*** È un qualsiasi prestito, il cui ricavato viene impiegato allo scopo di produrre beni o servizi.

production management: ***direzione della produzione; gestione della produzione.*** L'insieme delle procedure mediante le quali si effettua la programmazione e il controllo delle operazioni di quella parte dell'impresa che si interessa della effettiva trasformazione delle materie prime in prodotti finiti, che l'impresa successivamente immetterà sul mercato.

production manager: ***direttore della produzione.*** La persona responsabile del controllo di un'unità produttiva, di solito uno stabilimento. Il direttore della produzione risponde delle sue decisioni e del suo operato direttamente al direttore generale dell'impresa.

production method: ***metodo di produzione.*** Il metodo, o i metodi, di produzione che ciascuna singola impresa utilizzerà è in gran parte determinato da considerazioni di varia natura in relazione al bene che si intende produrre, ma è opportuno tener presente che i metodi di produzione riconosciuti non sono sempre nettamente distinti al punto che uno escluda gli altri. I metodi di produzione industriale sono tre e precisamente: a) produzione su commessa; b) produzione per lotti; c) produzione a flusso continuo. La produzione su commessa è di solito associata alla produzione su piccola scala, come avviene nelle piccole industrie meccaniche i cui ordinativi sono di solito limitati ad un singolo articolo, anche se esso può risultare complesso e di notevole mole quale ad esempio un impianto produttivo o parte di esso. In tali casi, il lavoro ripetitivo è impensabile e ciascuna commessa deve essere programmata e controllata individualmente. La produzione per lotti sta a mezza strada tra la produzione su commessa e la produzione a flusso continuo. È il tipo di produzione, ad esempio quella delle scarpe, nella quale l'unità di produzione è un insieme di articoli identici, che costituiscono il cosiddetto lotto di prodotti. Poiché tali articoli non vengono prodotti singolarmente, c'è una certa quantità di lavoro ripetitivo, ma la produzione non è sufficientemente continua da farla considerare simile a quella a flusso continuo. Quest'ultima costituisce la produzione su larga scala di un bene che segue un flusso attraverso una linea di macchine o di lavoratori, ciascuno dei quali modifica il bene in piccola parte, fino ad ottenere il prodotto finito. Presuppone un altissimo grado di divisione e organizzazione del lavoro al fine di garantire la continuità da un'operazione, o processo, alla successiva ed è caratteristica della produzione di massa di articoli identici o pressocché identici.

production method of depreciation: ***metodo di ammortamento basato sul volume della produzione; metodo del volume di produzione.*** Metodo di ammortamento delle attività fisse in base al quale la quota di ammortamento viene calcolata come un tasso fisso per unità di prodotto, tenuto conto della previsione del numero totale di unità che l'attività fissa sarà in grado di produrre durante la sua vita utile. Il tasso fisso si ricava prendendo il costo iniziale del bene capitale, sottraendo da questo il previsto valore di recupero derivante dalla vendita al momento in cui esso sarà smobilitato dal processo produttivo e dividendo questa differenza per il numero di unità che si prevede che il bene capitale riuscirà a produrre durante la sua vita utile. Il numero di unità per cui dividere la differenza può essere calcolato sul numero di unità effettivamente prodotte in un determinato periodo, considerando queste una percentuale del numero totale di unità.

production mix: ***mix di produzione; dosaggio di produzione; composizione di produzione.*** Nel linguaggio industriale, indica le proporzioni di beni differenti prodotti da una singola impresa.

production optimum: ***optimum di produzione.*** La situazione in cui le risorse economiche sono allocate in maniera tale che la produzione globale non potrebbe essere incrementata mediante la riallocazione delle risorse e la produzione di ciascun singolo bene o servizio non potrebbe essere variata senza una variazione uguale e contraria della produzione di un altro bene o servizio.

production order: ***ordine di produzione.*** Termine usato con lo stesso significato di *production job order* (v.).

production–oriented: ***orientato verso la produzione.*** Espressione aggettivale, usata principalmente in relazione a imprese che prestano maggiore attenzione alla loro gamma di produzione che ai reali bisogni del consumatore.

production overheads: ***costi generali di produzione; spese generali tecniche.*** In contabilità, sono tutti quei costi che non possono essere imputati direttamente ad un prodotto o ad un'attività, ma riguardano più oggetti o l'intera azienda considerata nel suo complesso. I costi generali di produzione sono costituiti da: a) spese di manodopera indiretta, cioè dei lavoratori che si dedicano ai servizi produttivi ausiliari o che svolgono funzioni di supervisione e controllo degli operai impegnati direttamente nel ciclo produttivo; b) spese per ricerche, studi, progetti, ecc.; c) ammortamento delle macchine, degli impianti, dei fabbricati industriali, ecc.; d) spese di manutenzione e riparazione; e) qualsiasi altra spesa generale di lavorazione.

production plan: ***piano di produzione.*** Un qualsiasi piano o programma di produzione, all'interno di un'impresa, che indica la quantità di prodotto che si conta di poter realizzare nell'arco di un determinato periodo di tempo.

production planning: ***programmazione della produzione; programmazione d'impresa.*** V. spiegazione sotto *planning*.

production planning department: ***reparto programmazione della produzione.*** È il reparto di un'impresa incaricato di programmare la produzione in base alle previsioni di vendita. Esso riceve il programma di vendita e con l'aiuto e le informazioni inviate da altri reparti lo scompone in sezioni, al fine di preparare il programma di produzione per l'intero periodo preso in considerazione. (v. anche *planning*)

production policy: ***politica della produzione.*** La programmazione della produzione è basata sui dati di fatto che emergono dalle ricerche di mercato e dalle cifre di cui si compone il bilancio delle vendite. Pertanto, la politica del reparto produzione deve essere quella di mantenersi al passo con i fabbisogni della struttura di vendita. Per far fronte a tali fabbisogni, è necessaria un'attenta e precisa programmazione della produzione, che in gran parte dipende dalle dimensioni dell'impresa, dai processi produttivi adottati e dal tipo di prodotto finale. Nel formulare una politica della produzione, tuttavia, si prendono in considerazione alcuni o tutti i seguenti punti: a) volume della produzione; b) confezione e disegno del prodotto; c) programmazione della produzione e precisamente del fabbisogno di materiali, lavoro e impianti e macchine; d) controllo della produzione. (v. anche *sales budget, planning, production control*)

production–possibility curve: ***linea delle possibilità di produzione; curva delle possibilità di produzione.*** Termine usato con lo stesso significato di *possibility curve* (v.).

production–possibility frontier: ***frontiera delle possibilità di produzione.*** Lo stesso che *possibility curve* (v.).

production potential: ***potenziale produttivo.*** Il tasso al quale potrebbe crescere il prodotto nazionale di un paese, tenuto conto delle limitazioni fisiche imposte dalla disponibilità di manodopera e di capitale e dalla questione della produttività, ma senza prendere in considerazione eventuali difficoltà della bilancia dei pagamenti.

production process: ***processo produttivo.*** L'insieme delle operazioni, caratteristiche di una data lavorazione, che sono state scelte o stabilite per la produzione di un bene o servizio.

production programme: ***programma di produzione.*** Termine usato con lo stesso significato di *production plan* (v.).

production progress: ***avanzamento produzione.*** Termine usato con lo stesso significato di *production development* (v.).

production progress department: ***reparto avanzamento produzione.*** Termine usato con lo stesso significato di *production development department* (v.).

production quota: ***quota di produzione; contingente di produzione.*** Negli accordi internazionali per i prodotti di base o nei cartelli, è la quota di produzione che viene assegnata a ciascun paese o a ciascuna impresa che partecipa all'accordo o al cartello. Ne è un esempio l'accordo per il caffè del 1962, in base al quale ad ogni paese produttore venne assegnata una quota di esportazione che esso si impegnava a non superare e ciò portò ad una stabilizzazione del prezzo del caffè sui mercati mondiali. L'assegnazione di quote di produzione può avvenire anche all'interno di un paese al fine di limitare le eccedenze, specialmente di prodotti agricoli, con l'obiettivo di mantenere elevato il prezzo di vendita e gli utili dei produttori. Un esempio di questo tipo si trova nella politica del *New Deal* del Presidente Roosevelt. In base a tale politica, agli agricoltori statunitensi produttori di determinate derrate venne assegnata una quota di produzione che essi non dovevano superare.

production ray: ***raggio della produzione; linea di produzione.*** Se in un diagramma cartesiano poniamo su un asse differenti quantità di un fattore della produzione e sull'altro asse differenti quantità di un altro fattore della produzione e se le proporzioni in cui i fattori devono essere utilizzati per dare un determinato prodotto non possono essere alterate, una linea retta che parta dall'origine dei due assi indicherà l'espansione della produzione e la sua inclinazione indicherà il rapporto secondo il quale vengono utilizzati i due fattori. Se è disponibile un altro processo produttivo per la fabbricazione dello stesso bene dagli stessi fattori e se anche questo processo utilizza i fattori della produzione secondo un rapporto fisso, si potrà tirare, dall'origine degli assi, un'altra linea retta ma con inclinazione diversa se il rapporto tra i fattori è diverso da quello su cui si basa il primo processo. Ciascuna di queste linee rappresenterà, quindi, la funzione della produzione relativa a quel processo produttivo. (v. anche *production functions*)

production recovery: ***ripresa produttiva.*** Situazione di un'economia, caratterizzata da un aumento della produzione, dopo un periodo di stasi o di recessione che aveva fatto scendere i precedenti livelli di produzione.

production revenue contour: ***curva di ricavo della produzione.*** Se su un diagramma cartesiano poniamo i costi di vendita su uno degli assi e i prezzi della produzione sull'altro asse, una curva di indifferenza indicherà tutte le combinazioni di costi di vendita e prezzi della produzione che daranno ad un venditore un dato ricavo della produzione. Vi sarà una curva differente, di forma circolare e concentrica, per ciascun ricavo della produzione totale ed un punto nel centro delle curve concentriche indicherà l'unica combinazione di prezzo e costo di vendita che darà il massimo ricavo della produzione.

production schedule: ***tabella di produzione; piano grafico di produzione.*** Disposizione, in forma tabulare, di dati che indicano il prodotto che si può ottenere dalle differenti combinazioni dei diversi fattori della produzione. Una volta che vengono stabiliti i prezzi unitari di ciascun fattore della produzione, la tabella consente la determinazione della migliore combinazione dei fattori per ciascuna quantità di prodotto.

production scheduling: ***pianificazione grafica della produzione.*** L'attività di studio e preparazione di tabelle o piani grafici di produzione.

production–sharing: ***partecipazione alla produzione; produzione in partecipazione.*** Moderno sistema di produzione, in base al quale i paesi industrializzati con maggiori costi del lavoro affidano la produzione di parti a uso intensivo di lavoro a paesi i cui costi della manodopera sono più bassi. I componenti, così prodotti a un costo più contenuto, possono essere assemblati nello stesso paese che li ha prodotti o inviati nel paese in cui ha sede l'impresa che li ha commissionati, la quale provvederà al loro assemblaggio e alla successiva commercializzazione. (v. anche *joint production 1*)

production–sharing agreement: ***accordo di divisione della produzione.*** Un tipo di accordo, spesso usato nell'industria petrolifera, che prevede la partecipazione del governo sul cui territorio si trovano i giacimenti alla ripartizione della produzione. In base a tale accordo, può verificarsi che i profitti netti derivanti dalle operazioni di produzione di petrolio vadano per l'85–90% al paese ospitante e per la restante parte alla compagnia petrolifera che gestisce i pozzi. Lo stesso tipo di accordo si ritrova, pur se in misura ridotta, in altre industrie minerarie.

production standard: ***indice dei prezzi della produzione.*** Numero indice dei prezzi della produzione, proposto da Edgeworth.

production statement: ***rendiconto di produzione.*** In ragioneria, è un sommario, ralativo ad un periodo di tempo determinato, degli elementi che includono le quantità e i costi di produzione di un'intera impresa o di un suo reparto, impianto o singolo prodotto.

production system: ***sistema di produzione.*** Il sistema in base al quale un'impresa produce i propri beni o servizi. Può essere la produzione in serie, la produzione su commessa e così via. (v. anche *production method*)

production targets: ***obiettivi di produzione.*** V. spiegazione sotto *target*.

production theory: ***teoria della produzione.*** La teoria della produzione analizza i vari modi in cui gli imprenditori possono combinare i differenti fattori della produzione nel tentativo di massimizzare i profitti e analizza anche perché è preferibile usare un metodo di produzione invece di un altro. La relazione tra quantità di fattori usata, o input, e quantità di prodotto ottenuta, o output, per una qualsiasi particolare situazione tecnologica è data dalla funzione della produzione. Un obiettivo dell'imprenditore che produce un bene o servizio è quello di trovare la combinazione di minor costo tra gli input. Questa combinazione dipende dalla produttività marginale delle unità addizionali di ciascuno degli input, mentre tutti gli altri fattori vengono mantenuti costanti. (v. anche *production method, production functions, least cost combination, marginal productivity*)

production transformation: ***trasformazione della produzione.*** Si realizza tramite l'uso di un'attività fissa nel processo produttivo, al fine di incrementare le altre attività fisse già possedute.

production transformation curve: ***curva di trasformazione della produzione.*** Lo stesso che *possibility curve* (v.).

production unit: ***unità di produzione.*** Ciascun singolo bene o ciascuna singola quantità misurabile di un servizio, che scaturiscono da un processo produttivo.

production–unit–basis method of depreciation: ***metodo di ammortamento per unità di prodotto.*** Termine usato con lo stesso significato di *production method of depreciation* (v.).

production unit method of depreciation: ***metodo di ammortamento basato sull'unità di produzione.*** Termine usato con lo stesso significato di *production method of depreciation* (v.).

production volume: ***volume di produzione.*** La quantità globale effettiva di unità di prodotto che un'impresa o un'industria riescono a realizzare in un determinato arco di tempo.

production volume ratio: ***indice del volume di produzione.*** Lo stesso che *activity ratio* (v.) nel significato 2).

production–weighted commodity price index: ***indice dei prezzi all'ingrosso ponderato su base produttiva.*** Un indice dei prezzi delle materie prime e dei prodotti industriali trattati sui mercati internazionali, a ciascuno dei quali viene assegnato un diverso peso a seconda della quantità prodotta nel mondo nel corso del periodo cui si riferisce l'indice. Differisce, ovviamente, dallo stesso indice ponderato su base commerciale, per il quale v. *trade–weighted commodity price index*.

production worker: ***addetto alla produzione.*** Termine generico, usato per indicare un lavoratore che opera in un qualsiasi livello nel processo produttivo o nei servizi connessi alla produzione. Può indicare tanto l'operaio di più bassa categoria, quanto il supervisore o caporeparto della produzione, ma non si applica a dirigenti di livello superiore.

productive activities: ***attività produttive.*** Tutte le attività che contribuiscono a rendere disponibili al consumatore e a trasformare in prodotto finito le varie forme di risorse naturali. Tutte queste attività, il cui scopo è quello di soddisfare i bisogni umani, costituiscono la produzione ed hanno il risultato di offrire sul mercato: a) beni di consumo, come ad esempio generi alimentari, e varie forme di servizi personali, quali ad esempio i servizi medici, che soddisfano direttamente i bisogni umani; b) beni strumentali, quali ad esempio macchine e utensili, e servizi commerciali, quali ad esempio le assicurazioni e il credito, che soddisfano indirettamente i bisogni umani. (v. anche *consumer good, producer goods, production*)

productive assets: ***attività produttive.*** Termine usato con lo stesso significato di *active assets* (v.).

productive capacity: ***capacità produttiva.*** Il tasso al quale potrebbe crescere un'economia in un dato arco di tempo, tenendo conto dell'aumento della propria forza lavoro, del capitale e dell'efficienza industriale.

productive capital: ***capitale produttivo.*** Un capitale impiegato nell'attività di produzione di beni e servizi, in contrasto ad un capitale lasciato ozioso. Il termine può riferirsi tanto a quantità di moneta, quanto a beni capitali.

productive consumption: ***consumo produttivo; consumo riproduttivo.*** Il consumo attraverso il quale beni o servizi economici vengono trasformati in altri beni o servizi che possiedono maggiore utilità dei primi. Keynes lo definisce come il consumo al quale il consumatore non potrebbe rinunciare senza che si verifichi una reazione sulla quantità del suo sforzo produttivo.

productive credit: ***credito produttivo.*** Termine usato con lo stesso significato di *productive loan* (v.).

productive debt: ***debito produttivo.*** Espressione usata nel Regno Unito per indicare la parte del debito pubblico destinata a finanziare l'attività economica corrente o a creare nuovo capitale sociale sotto forma di scuole, ospedali, abitazioni, strade e simili.

productive department: ***reparto lavorazione; reparto produzione; reparto fabbricazione.*** Termine usato come sinonimo di *production department* (v.).

productive efficiency: ***efficienza produttiva.*** La combinazione di minor costo, tra quelle possibili, delle varie quantità dei diversi fattori della produzione necessarie per ottenere una data quantità di prodotto.

productive enterprise: ***impresa produttiva; impresa industriale.*** Un'impresa che si interessa della trasformazione delle materie prime in prodotto finito, che sarà successivamente immesso sul mercato. Il termine è usato per distinguere questo tipo di impresa da un'impresa che produce servizi. A rigor di logica, tuttavia, ambedue i tipi di impresa sono produttivi.

productive expenditure: ***spesa produttiva.*** È la spesa pubblica destinata a far aumentare il benessere economico all'interno di un paese. Si considerano spese produttive quelle destinate alla costruzione di opere pubbliche, all'istruzione, al servizio sanitario e altri servizi sociali del genere.

productive imports of capital: ***importazioni produttive di capitale.*** Importazioni di capitale, sotto forma di concessioni di prestiti, finanziamenti e investimenti internazionali, destinati dal paese che li riceve alla realizzazione di infrastrutture o altri beni capitali produttivi che contribuiscono all'innalzamento del tenore di vita nazionale.

productive labour: ***manodopera produttiva.*** Espressione usata per indicare la manodopera, e i relativi costi, impiegata direttamente nella produzione fisica di un bene che l'impresa vende o nella esecuzione diretta di servizi venduti dall'impresa. (v. anche *direct labour*)

productive life: ***vita produttiva.*** Lo stesso che *service life* (v.).

productive loan: ***prestito produttivo; credito produttivo.*** Espressione usata in senso generale per indicare un qualsiasi prestito destinato a mettere capitale a disposizione del sistema produttivo di un paese. In un senso più ristretto, indica, dal punto di vista del mutuante, tutti quei prestiti che vengono comunque remunerati e dal punto di vista del produttore tutti quelli che consentono di svolgere attività che si concludono in maniera remunerativa. Da un punto di vista sociale, infine, sono considerati produttivi soltanto quei prestiti che consentono la riduzione dei costi unitari di produzione.

productive potential: ***potenzialità produttiva.*** Termine usato con lo stesso significato di *productive capacity* (v.).

productive power: ***capacità produttiva.*** Termine usato con lo stesso significato di *productive capacity* (v.).

productive process: ***processo produttivo.*** Termine usato come sinonimo di *production process* (v.).

productive resources: ***risorse produttive.*** Le risorse, costituite principalmente da capitale e lavoro, che possono essere destinate alla produzione di beni e servizi.

productive services: ***servizi produttivi.*** Nelle economie a pianificazione centralizzata, sono i servizi che contribuiscono direttamente alla produzione fisica di beni e che comprendono una certa dose di scambio di beni e i servizi di trasporto e di comunicazioni utilizzati nella produzione industriale. Il termine si usa in contrapposizione a *non-material services* (v.).

productive stock: ***scorte produttive.*** Lo stesso che *direct materials stores* (v.).

productive wages: ***salari della manodopera diretta; salari della manodopera produttiva.*** Si indica con questa espressione la quantità, calcolata in termini monetari, della manodopera impiegata direttamente nella produzione di beni o servizi venduti da un'impresa.

productivity: ***produttività.*** Il rapporto tra la quantità di prodotto ottenuta e la quantità di un fattore, generalmente lavoro, immessa nel processo produttivo, generalmente espressa con un numero indice, quello che appunto indica il suddetto rapporto tra input ed output. La produttività dipende non soltanto dallo sforzo della manodopera, ma anche dal grado di sviluppo tecnologico raggiunto dall'economia, dal capitale fisso disponibile, dalla forma di organizzazione imprenditoriale, dalla capacità manageriale, dalle condizioni di vita e di lavoro e da tanti altri fattori. Il termine produttività viene usato generalmente quando si prende in considerazione il rapporto tra prodotto e un singolo fattore della produzione; si preferisce, invece, il termine efficienza quando si prende in considerazione il rapporto tra prodotto e un gruppo di fattori della produzione. (v. anche *average productivity, productivity of labour, productive efficiency*)

productivity agreements: ***accordi sulla produttività.*** Accordi tra lavoratori e datori di lavoro, in base ai quali vengono concessi aumenti salariali in presenza di reali aumenti della produttività. Accordi del genere tendono a ridurre lo spreco di capitale e lavoro e prevedono nuovi standard di misurazione del lavoro e nuovi sistemi di controllo al fine di accertare che gli standard stabiliti vengano rispettati. Nei paesi in cui sono stati realizzati, tali accordi si sono dimostrati vantaggiosi sia per i lavoratori che per la proprietà.

productivity bargaining: ***contrattazione sulla produttività.*** È la contrattazione collettiva, tra imprenditori e lavoratori, nella quale rientra in qualche modo la produttività del lavoro. In epoca recente, infatti, in cambio di aumenti salariali, i datori di lavoro hanno insistito sulla introduzione di nuovi processi di produzione o di nuove macchine risparmiatrici di lavoro che, contribuendo ad aumentare la produttività, rendessero economicamente possibili gli aumenti salariali richiesti dai lavoratori. Durante lo svolgimento di queste contrattazioni, si è spesso notato che i sindacati lavoratori sono alquanto restii a far dipendere gli aumenti salariali dall'aumento della produttività, in quanto ciò porterebbe alla rinuncia di posizioni acquisite. (v. anche *productivity, productivity of labour*)

productivity bonus: ***premio di produttività.*** Il premio, di solito in moneta, pagato ai lavoratori di un'impresa a seguito di un aumento della produttività e allo scopo di stimolare successivi aumenti della stessa. (v. anche *productivity, productivity of labour*)

productivity clause: ***clausola della produttività.*** Una clausola, contenuta nei contratti collettivi di lavoro, che stabilisce aumenti salariali condizionati ad aumenti della produttività e indipendenti dagli aumenti derivanti da automatismi, qual è quello legato all'indice del costo della vita.

productivity crisis: ***crisi di produttività.*** Fenomeno che si manifesta con l'arresto dell'aumento della produttività e che può essere limitato a una sola impresa o a un singolo settore economico o diffuso in tutto il settore produttivo di un paese. Una forte crisi di produttività si è verificata negli Stati Uniti nel settore delle industrie produttrici di beni intorno alla metà degli anni ottanta.

productivity gains: ***miglioramenti di produttività; incrementi di produttività.*** Lo stesso che *productivity growth* (v.).

productivity growth: ***aumento della produttività.*** Un aumento del rapporto tra input e output di un processo produttivo, che può riferirsi tanto al lavoro quanto al capitale o a entrambi. (v. anche *productivity of labour, multi-factor productivity*)

productivity growth rate: ***saggio di aumento della produttività.*** Il ritmo, per unità di tempo, al quale procede l'aumento della produttività (del lavoro, dei fattori o di entrambi) all'interno di un sistema economico. Al fine di avere un armonico e continuo sviluppo dell'economia, il saggio di aumento della produttività dovrebbe essere costante nel tempo.

productivity leader: ***capofila della produttività.*** Un'impresa, un'industria o un paese che hanno realizzato un saggio di aumento della produttività superiore a quello realizzato dalle imprese, dalle industrie o dai paesi concorrenti. Di conseguenza, i risultati conseguiti dal capofila diventano il traguardo che i concorrenti si prefiggono di raggiungere.

productivity of capital stock: ***produttività del capitale.*** Lo stesso che *capital productivity* (v.).

productivity of labour: ***produttività del lavoro.*** Il rapporto tra quantità di prodotto ottenuta e quantità di lavoro immessa nel processo produttivo. La produttività del lavoro viene di solito espressa come prodotto per uomo per anno o come prodotto per uomo per turno o, ancora, come prodotto per uomo per ora lavorativa. Quest'ultimo, che è anche il più usato, indica la quantità media di prodotto ottenuta per ogni ora lavorativa di ciascun singolo lavoratore. Un fattore della produzione diventa più produttivo, cioè aumenta la propria produttività, quando aumenta la quantità di prodotto ottenuta per unità di input di quel fattore; in altre parole, con lo stesso numero di lavoratori si ottiene una maggiore quantità di prodotto, ovvero si ottiene la stessa quantità di prodotto con un minor numero di lavoratori. Con l'aumento della produttività se tutte le altre cose, inclusi i prezzi degli input, restano uguali, diminuirà il costo unitario del prodotto. Ovviamente, la produttività non dipende solamente dal lavoratore e dal suo impegno, pur se ha notevole importanza l'abilità o il grado di addestramento da lui raggiunto, ma anche dalla quantità e dal tipo di macchine usate, dalle materie prime disponibili e da altri fattori del genere. (v. anche *average productivity, productivity, productivity bargaining*)

productivity ratio: ***indice di produttività.*** La relazione tra risorse impiegate (cioè gli input forniti al processo produttivo) e produzione realizzata (cioè il livello di produzione raggiunto).

productivity theories of interest: ***teorie della produttività dell'interesse; teorie dell'interesse basate sulla produttività.*** Tutte quelle teorie che spiegano l'esistenza di un tasso di interesse con il rendimento ottenuto da un investimento. Tra queste teorie vi è quella di Böhm-Bawerk, che fu elaborata sulla teoria, esposta dallo stesso autore, dei metodi di produzione indiretti, in base alla quale i beni disponibili oggi sono sempre superiori a quelli disponibili in futuro e, pertanto, vi deve essere un tasso di interesse che renda uguali i beni attuali e quelli futuri.

product liability: ***responsabilità prodotto.*** La responsabilità diretta, nei confronti del consumatore, che la legge prevede a carico del produttore in relazione alla fabbricazione e alla vendita di beni che danno luogo a eventi dannosi. Il produttore può tutelarsi contro tale responsabilità, pur se limitatamente agli effetti civili, mediante la sottoscrizione di una polizza di assicurazione prodotto.

product liability insurance: ***assicurazione prodotto.*** Tipo di assicurazione che solleva il produttore di un determinato prodotto dalla responsabilità civile che la legge gli addossa in relazione ad eventuali danni causati al consumatore dal prodotto stesso. Ad esempio, nel caso in cui il costruttore di una scala a pioli garantisce che essa è fabbricata con materiali capaci di sostenere un peso di cento chilogrammi ma all'atto pratico essa si rompe, causando danni a colui che l'ha usata con un carico, ad esempio, di ottanta chilogrammi, il produttore sarebbe responsabile dei danni subiti da chi ha comprato la scala. Questo tipo di assicurazione, molto diffusa nei paesi anglosassoni e particolarmente negli Stati Uniti, sta prendendo sempre più piede anche in Italia. Essa è particolarmente utile ai produttori di generi alimentari deperibili, quali cibi in scatola, latte, surgelati, e simili.

product life analysis: ***analisi del ciclo di vita di un prodotto.*** Analisi che serve a stabilire lo stadio al quale è giunto un prodotto nel suo ciclo di vita, allo scopo di facilitare le decisioni relative alla sua sostituzione o al suo potenziamento.

product life cycle: ***ciclo di vita di un prodotto.*** Lo stesso che *life cycle of a product* (v.).

product line: ***linea di prodotti.*** Termine usato con lo stesso significato di *line 2* (v.).

product manager: ***direttore di prodotto.*** Espressione entrata anche nell'uso italiano per indicare il responsabile di marketing che ha la funzione di coordinare e sovrintendere la promozione e la vendita di un determinato prodotto o di una linea di prodotti. Il *product manager* segue il prodotto dal momento in cui esso entra nella fase di studio al momento in cui esso giunge nelle mani del consumatore finale, attraverso le varie fasi della produzione, della pubblicità, della distribuzione e della vendita.

product market: ***mercato di un prodotto.*** Nel linguaggio del marketing, è ciascuna delle differenti categorie di acquirenti cui può essere venduto un prodotto.

product/market strategy: ***strategia prodotti/mercati.*** Le decisioni di un'impresa relative ai suoi prodotti e ai mercati obiettivo, in termini di politica, di traguardi da raggiungere e di programmazione di lungo periodo.

product mix: ***mix dei prodotti; dosaggio dei prodotti; composizione dei prodotti.*** 1) I rapporti tra produzione totale e differenti prodotti ottenuti da un singolo processo o da un solo produttore. Se si apportano variazioni a questi rapporti, si dice che è stato variato il mix dei prodotti. 2) L'insieme dei prodotti offerti sul mercato da una singola impresa. L'ideale è costituito da un giusto equilibrio tra prodotti molto redditizi e prodotti che si ritiene diventino molto redditizi in un prossimo futuro.

product-moment correlation coefficient: ***coefficiente di correlazione; indice di correlazione; coefficiente di linearità; indice di linearità.*** Termine usato con lo stesso significato di *coefficient of correlation* (v.).

product name: ***nome del prodotto.*** Il nome di un prodotto assume particolare importanza nel caso di prodotti di marca, perché esso si presta meglio ad attirare l'attenzione del consumatore attraverso apposite campagne pubblicitarie. La scelta del nome di un prodotto è, quindi, sempre una fase delicata, che richiede una grande responsabilità. Molte imprese bandiscono concorsi a premio per farsi suggerire dalla clientela stessa il nome da assegnare ad un prodotto nuovo. Ciò sortisce il duplice effetto di consentire la scelta di un nome secondo l'ottica del consumatore e di attirare l'attenzione sul prodotto prima ancora che esso sia commercializzato.

product orientation: ***orientamento verso il prodotto.*** L'atteggiamento che le imprese erano solite avere in passato, ed alcune ancora hanno, di dare maggior importanza al prodotto che al tentativo di persuadere i consumatori ad acquistarlo. Tale orientamento spinge le imprese a produrre beni in quanto ritenuti buoni o necessari, ma senza prestare eccessiva attenzione a ciò che i consumatori effettivamente richiedono. (v. anche *market orientation*)

product planning: ***programmazione del prodotto.*** Le decisioni di un'imprenditore relative a: quali beni produrre per la vendita e in quale quantità; la progettazione di nuovi prodotti o la modifica di quelli esistenti; la determinazione degli standard di qualità dei beni prodotti; la determinazione dei prezzi di vendita.

product portfolio: ***portafoglio prodotti.*** Termine mutuato dal linguaggio finanziario e usato con lo stesso significato di *product mix 2* (v.).

product portfolio analysis: ***analisi del portafoglio prodotti.*** Nel linguaggio del marketing, è l'analisi del portafoglio prodotti di un'impresa tendente a determinare la più vantaggiosa allocazione delle risorse dell'impresa stessa, in modo da decidere su quali prodotti va convogliata la maggior parte dei fondi generati dall'attività di vendita. Per un esempio delle tecniche usate, v. *Boston matrix.*

product price cycle: ***ciclo del prezzo di un prodotto.*** Il prodotto industriale tipo, sia che si tratti dell'automobile negli anni venti, dell'apparecchio televisivo negli anni cinquanta o del computer negli anni settanta, dopo la sua invenzione e il lancio sul mercato va soggetto a un periodo iniziale di declino del prezzo, via via che i produttori ripartiscono il costo fisso del suo sviluppo su un numero sempre maggiore di unità vendute. Poi, mentre il prodotto diventa «maturo», si verificano meno opportunità di miglioramenti di efficienza in grado di annullare l'aumento di salari e altri costi, col risultato che i prezzi del prodotto cominciano ad aumentare in maniera irreversibile.

product proliferation: ***proliferazione di prodotti.*** Strategia adottata da imprese affermate sul mercato, con l'obiettivo di rendere difficile l'entrata di altre imprese. Consiste nel saturare il mercato con una così vasta gamma di marche diverse da rendere difficilmente remunerativa la commercializzazione di un'altra nuova marca da parte di una nuova impresa.

product range: ***gamma di prodotti; serie di prodotti.*** Lo stesso che *range of products* (v.).

product research: ***ricerche su un prodotto.*** Il complesso di operazioni di ricerca di mercato, tendente a determinare le aspettative e i giudizi dei consumatori in relazione ad un prodotto e alla sua presentazione o confezione.

products: ***numeri; prodotti.*** Nel calcolo degli interessi attivi o passivi di un conto corrente, vengono indicati con questo termine i prodotti ottenuti moltiplicando il saldo del conto corrente per il numero di giorni durante i quali esso non subisce variazioni. I diversi prodotti di queste moltiplicazioni, chiamati numeri in italiano, danno le somme in moneta su cui vanno computati gli interessi.

product specialization: ***specializzazione per prodotto.*** Specializzazione di un reparto o di un'intera impresa nella fabbricazione o distribuzione di un singolo prodotto.

product test: ***prova del prodotto.*** Il complesso di ricerche di mercato effettuate su un determinato prodotto allo scopo di determinarne l'accettabilità sul mercato. La prova del prodotto viene spesso fatta su un campione di consumatori, attraverso l'invio di un questionario o tramite interviste dirette.

product–unit depreciation: ***ammortamento per unità di prodotto.*** Termine usato con lo stesso significato di *production method of depreciation* (v.).

product variety: ***varietà di prodotto.*** I diversi tipi di un prodotto simile che possono trovarsi sul mercato. La varietà di prodotto è importante, perché i gusti dei diversi consumatori sono differenti, ma anche perché il consumatore tende ad imparare provando i diversi prodotti e la disponibilità di un'ampia scelta allarga il numero delle possibilità di sperimentare cose nuove. In realtà, uno dei principali argomenti a sostegno della presenza di molte imprese in concorrenza tra loro è proprio la varietà di prodotto che esse offrono. Pertanto, in linea generale, si ritiene che quanto maggiore sia il numero di concorrenti, tanto più grande sia il numero di opportunità offerte al singolo consumatore di effettuare una scelta tra diversi tipi e diverse qualità.

«produit net»: ***prodotto netto.*** V. spiegazione sotto *net product.*

pro–European: ***europeista.*** Termine usato come aggettivo e sostantivo per indicare: a) chi sostiene e propugna l'unificazione sociale, culturale, economica e politica dei paesi dell'Europa occidentale; b) chi, nel Regno Unito, era favorevole all'ingresso di quel paese nella Comunità Economica Europea ed è oggi favorevole alla sua permanenza in tale Comunità.

professional accountant: ***contabile libero professionista; dottore commercialista.*** Figura di libero professionista diffusa nei paesi anglosassoni e corrispondente a quella del nostro dottore commercialista.

professional class: ***professionisti; classe dei professionisti.*** Quella parte della popolazione di un paese impiegata in lavori che presuppongono un'attività indipendente e principalmente mentale, a differenza della classe operaia, impiegata in lavori che presuppongono un'attività dipendente e basata principalmente sul lavoro manuale.

professional indemnity insurance: ***assicurazione contro la responsabilità civile professionale.*** Lo stesso che *malpractice insurance* (v.).

professional indemnity policy: ***polizza di responsabilità civile professionale.*** Polizza di assicurazione che, in considerazione del pagamento di un premio, garantisce un professionista, come ad esempio un chirurgo o un avvocato, contro il rischio di responsabilità civile nell'adempimento delle sue funzioni. L'assicuratrice, cioè, si assume il rischio e indennizzerà coloro che eventualmente dovessero subire danni a seguito di negligenza o errore da parte del professionista.

professional investor: ***Investitore professionale.*** Termine usato nel linguaggio finanziario britannico per indicare un'impresa che si interessa esclusivamente della compravendita di servizi finanziari e cioè una *investment* *house* (v.).

professional man: *professionista.* Chiunque svolga una professione, quali quelle dell'avvocato, del consulente fiscale o finanziario, del medico e simili.

professional partnership: *società professionale; società non commerciale.* Termine a volte usato con lo stesso significato di *non–trading partnership* (v.).

professional services: *prestazioni professionali.* I servizi prestati dai professionisti specializzati, quali ad esempio revisori dei conti, avvocati, aziendalisti, dottori e simili.

professional speculator: *speculatore professionale.* Colui che dedica tutto il suo tempo lavorativo, o gran parte di esso, all'attività di compravendita di merci e/o titoli, allo scopo di trarre un utile dalle variazioni di prezzo dei beni da lui trattati. Uno speculatore professionale di solito non tratta per contanti e per consegna immediata, ma sfrutta l'elemento tempo insito nei contratti a premio e nei contratti per consegna futura.

professional valuation: *valutazione professionale.* Espressione spesso usata in relazione ai bilanci patrimoniali e ai programmi che accompagnano la costituzione di una nuova società o l'emissione di nuove azioni o obbligazioni. In tali documenti spesso si riferisce che al patrimonio sociale è stata data una valutazione professionale, con ciò intendendosi che esso è stato valutato da un esperto o da una persona la cui professione lo rende esperto in valutazioni del genere. La dichiarazione dell'esperto che assegna un valore ai vari elementi patrimoniali viene rilasciata per iscritto e deve essere regolarmente firmata.

profit: *profitto.* Questo termine assume differenza di significato, a seconda che venga usato nella terminologia economica o nella terminologia della ragioneria. a) In economia, indica ciò che resta all'imprenditore dopo che egli, con il ricavato della vendita del prodotto, ha pagato tutti i fattori della produzione che hanno contribuito alla realizzazione del prodotto. Secondo alcuni economisti, il profitto si compone di tre elementi: remunerazione della direzione; interesse sul capitale; profitto puro o premio che spetta all'imprenditore per l'assunzione del rischio implicito nella produzione. Secondo l'economia classica, il profitto rappresenta la differenza tra ricavi e costi e si spiega come ricompensa per l'assunzione del rischio. Anche secondo Alfred Marshall il profitto corrisponde alla ricompensa dell'imprenditore, ma in queste due teorie esso è pur sempre una remunerazione per un particolare tipo di lavoro. Secondo teorie più moderne, il profitto assomma due caratteristiche: esso rappresenta il premio per il rischio assunto dall'imprenditore, ma è anche il compenso della sua abilità. In economia dinamica, infine, il profitto indica un guadagno superiore al normale, derivante da eccezionale abilità dell'imprenditore o da circostanze particolari, ma in tale accezione il termine più usato è extra–profitto, specialmente se si continua a chiamare profitto o profitto normale il compenso dell'imprenditore in economia statica. b) In ragioneria, il termine ha un significato piuttosto generico e indica l'eccedenza dei ricavi sui costi relativi. In tale accezione, corrisponde ad un qualsiasi beneficio pecuniario derivante da un'operazione commerciale, dall'esercizio di una professione, da una o più operazioni finanziarie o dall'intera gestione di un'impresa. In contabilità, il profitto, anche detto utile, viene distinto in lordo e netto. (v. anche *normal profit, super–normal profit, gross profit, net profit*)

profitability: *redditività.* La capacità di un'impresa o di un investimento di produrre un reddito o guadagnare degli utili. Lo stesso termine implica spesso un determinato grado di redditività di un'impresa, messa a confronto con un'altra o altre imprese simili.

profitability index: *indice di redditività; tasso di redditività.* La redditività di un investimento, tenuto conto del rapporto tra flussi di cassa attualizzati e valore originario dell'investimento.

profitability index method: *metodo dell'indice di redditività.* È uno dei metodi di valutazione della redditività di un investimento e consiste nel determinare il rapporto tra flussi di cassa attualizzati e valore originario dell'investimento.

profitable: *remunerativo; profittevole; lucrativo; redditizio; redditivo.* Aggettivo usato nella terminologia finanziaria ed economica per indicare che un investimento o un'attività sono produttivi di reddito.

profit and loss: *profitti e perdite.* Denominazione data al conto al quale, nella contabilità di qualsiasi impresa, vengono periodicamente trasferiti gli elementi negativi e positivi del reddito d'esercizio, quali rendite, profitti, spese e oneri. Il suo saldo, che rappresenta il profitto netto o la perdita netta del periodo cui si riferisce, viene trasferito a «utili d'esercizio», a «perdite d'esercizio» oppure in conto capitale.

profit and loss account: *conto profitti e perdite; conto economico.* Documento contabile, usato in relazione al bilancio di un'impresa, che rappresenta il sommario dei redditi e delle spese dell'impresa durante un determinato periodo di tempo, di solito un anno, chiamato esercizio. Il conto economico contiene il profitto lordo e tutte le spese sostenute dall'impresa durante l'esercizio: il profitto lordo meno le spese dà il profitto netto; oppure, nel caso in cui le spese superino il profitto lordo, si ottengono le perdite nette. (v. anche *profit and loss, net profit, net loss, gross profit*)

profit and loss appropriation account: *conto di accantonamento; prospetto di riparto degli utili.* Termine usato con lo stesso significato di *appropriation account 1* (v.).

profit and loss on consignment account: *conto profitti e perdite su beni presso terzi.* È il conto al quale vengono trasferiti i profitti netti o le perdite nette derivanti dal sistema di vendita in conto beni presso terzi. (v. anche *consignment account*)

profit and loss statement: *conto profitti e perdite; conto economico.* Termine statunitense, usato con lo stesso significato di *profit and loss account* (v.).

profit–bearing: *remunerativo; redditizio; lucrativo; profittevole; redditivo.* Espressione aggettivale, usata con lo stesso significato di *profitable* (v.).

profit break–even point: *punto di equilibrio; punto di pareggio; punto di rottura; punto vivo; punto critico; punto morto.* Termine usato con lo stesso significato di *break–even point* (v.).

profit centre: *centro di profitti.* Un'entità contabile facente parte della stessa impresa, ma considerata autonoma per fini conoscitivi parziali.

profit constraint: *costrizione al profitto.* La coercizione cui sono moralmente esposti gli amministratori di una società, che devono necessariamente realizzare un determinato livello minimo di profitti se vogliono conservare l'adesione degli azionisti alle politiche perseguite dall'azienda.

profit contribution: *margine lordo di contribuzione.* Termine usato con lo stesso significato di *contribution margin* (v.).

profit control chart: *grafico di controllo dei profitti.* È il grafico, spesso sistemato su una parete alle spalle del presidente o dell'amministratore delegato di un'impresa, sul quale si riporta, mediante una linea che congiunge punti a diversa altezza, l'andamento dei profitti dell'impresa. Ciascun punto, al quale arriva e dal quale si diparte la linea, indica sia il livello dei profitti, a seconda della sua altezza dalla base del grafico, sia la data della rilevazione, a seconda della sua distanza dal lato sinistro del grafico.

profit decentralization: ***decentramento in centri di profitto; decentramento dei profitti.*** Il sistema, adottato per fini conoscitivi parziali, di suddividere un'impresa in un certo numero di centri di profitto contabilmente autonomi. (v. anche *profit centre*)

profit deflation: ***deflazione dei profitti.*** Nella terminologia keynesiana, è l'opposto di inflazione dei profitti e indica la diminuzione dei prezzi di vendita dei beni e servizi in relazione ai loro costi di produzione, conseguente a ineguaglianza tra risparmio e valore degli investimenti. (v. anche *profit inflation*)

profit disposition: ***ripartizione degli utili.*** È la ripartizione dei profitti di un'impresa tra interessi da pagarsi agli obbligazionisti; dividendi da pagarsi agli azionisti; e destinazione di parte dei profitti a fondi di riserva.

profit distribution: ***distribuzione dei profitti; distribuzione degli utili.*** Il versamento di parte degli utili, ad azionisti o proprietari di un'azienda, sotto forma di dividendi, di azioni, di contanti, ecc., e il pagamento di interessi agli obbligazionisti.

profiteer: ***profittatore; affarista.*** Termine dispregiativo con il quale viene indicato chiunque approfitti di condizioni particolari di scarsità di un bene, in concomitanza con periodi di emergenza nazionale quali possono essere il periodo bellico o il verificarsi di calamità naturali, per far pagare prezzi esorbitanti sulle quantità di beni di cui dispone. Nei periodi bellici, e in particolare durante i due conflitti mondiali, quasi tutti i paesi belligeranti adottarono sistemi di controllo dei prezzi e di razionamento, allo scopo di evitare o ridurre al minimo il verificarsi del fenomeno dell'affarismo. (v. anche *profiteering*)

profiteering: ***affarismo.*** La realizzazione di eccessivi profitti, ottenuti facendo pagare prezzi esorbitanti sui beni venduti, specialmente in periodi di scarsità di un bene o di emergenza. Lo stesso termine viene usato per indicare l'attività di operatori commerciali privi di scrupoli. (v. anche *profiteer*)

profit-equalization reserve: ***fondo stabilizzazione dividendi.*** Lo stesso che *dividend-equalization reserve* (v.).

profit forecast: ***previsione dei profitti.*** Previsione dei profitti che una società conta di realizzare nel corso dell'anno. Viene preparata su dati e ipotesi scelti dal consiglio d'amministrazione e verificata da revisori professionisti. Si sostiene che una buona previsione dei profitti rappresenta un'utile arma per resistere a un'offerta di acquisto ostile.

profitgraph: ***diagramma di redditività; diagramma del punto di equilibrio; profittogramma; grafico dei profitti.*** Termine usato con lo stesso significato di *break-even chart* (v.).

profit income: ***reddito di impresa.*** Questo termine viene usato con lo stesso significato di *business income* (v.), nel caso in cui si voglia indicare il reddito dell'imprenditore in contrapposizione al reddito di un lavoratore dipendente. (v. anche *wage income*)

profit inflation: ***inflazione dei profitti.*** Nella terminologia keynesiana, indica l'aumento dei profitti dovuto alla crescita dei prezzi di vendita dei beni e servizi in relazione ai loro costi di produzione, conseguente a ineguaglianza tra risparmio e valore degli investimenti ed è costituita da due parti componenti: l'inflazione delle merci e l'inflazione di capitale. (v. anche *capital inflation, commodity inflation*)

profit insurance: ***assicurazione dei profitti.*** L'assicurazione, da parte degli imprenditori, contro le perdite è possibile soltanto per i rischi derivanti da furto, incendio o alluvioni. L'assicurazione contro l'incendio o l'alluvione ha in sé un certo elemento di assicurazione dei profitti, in quanto consente all'imprenditore di far fronte a spese correnti anche in caso di assenza di profitti. Le imprese di assicurazione, invece, non forniscono alcuna forma di copertura contro il rischio di perdite dovute a sfavorevoli condizioni economiche o commerciali, cambiamenti di gusti da parte dei consumatori, disoccupazione, distruzione del raccolto, ecc., in quanto queste forme di assicurazione non sono favorevoli alle assicuratrici da un punto di vista attuariale. Ma se le compagnie di assicurazione non sono in grado di garantire un profitto, lo è il governo di un paese che può, in certe circostanze, impegnarsi ad assicurare rischi i cui costi non possono essere stimati con precisione. Vi sono anche casi in cui un governo garantisce il profitto di determinati produttori, come avviene oggi in generale per i produttori agricoli o come avvenne negli Stati Uniti in occasione della seconda guerra mondiale, quando il governo federale garantì un profitto ai produttori, al fine di accelerare l'espansione della produzione di determinati beni. (v. anche *business interruption insurance, parity price, cost-plus contract*)

profitless: ***privo di profitto; non remunerativo; non lucrativo.*** Aggettivo usato nella terminologia finanziaria ed economica per indicare un investimento che non è produttivo di reddito. (v. anche *profitable*)

profitless point: ***punto di equilibrio; punto di pareggio; punto di rottura; punto critico; punto morto.*** Espressione usata come sinonimo meno comune di *break-even point* (v.).

profit lost: ***lucro cessante.*** Termine usato con lo stesso significato di *lucrum cessans* (v.).

profit-making: ***in attivo.*** Espressione aggettivale, usata per qualificare un'impresa, un settore economico, un'industria, ecc., che realizza un profitto.

profit-making institution: ***istituzione con scopo di lucro.*** Una qualsiasi istituzione costituita alla scopo di ricavare un utile dal tipo di attività che svolge, come ad esempio una banca o un'impresa industriale.

profit margin: ***margine di profitto.*** L'ammontare di profitto netto che deriva ad un imprenditore dalla vendita del prodotto, dopo aver pagato tutti i fattori della produzione che hanno contribuito alla sua realizzazione. Può, pertanto, essere espresso come un indice, derivante dal rapporto tra utile netto di gestione diviso per le vendite nette, o come un ammontare di denaro che corrisponde all'utile lordo meno i costi sostenuti per produrlo. Il margine di profitto tende a crescere in periodi caratterizzati da aumenti di prezzo e a restringersi in periodi caratterizzati da caduta dei prezzi. Esso può restringersi anche nel caso in cui aumentino i costi di produzione e risulti impossibile traslarli sul consumatore. (v. anche *price movements*)

profit maximization: ***massimizzazione dei profitti.*** Una norma di buon senso comune stabilisce che un'impresa dovrebbe produrre beni o servizi soltanto nel caso in cui torna conveniente produrre piuttosto che non produrre. Un'impresa, infatti, ha sempre la possibilità di non produrre niente, nel qual caso subirà una perdita d'esercizio pari ai suoi costi fissi. Pertanto, a meno che l'effettiva produzione faccia crescere i ricavi in maniera uguale alla crescita dei costi, essa non farà altro che incrementare le perdite dell'impresa. Questa regola può esprimersi formalmente così: un'impresa non dovrebbe produrre niente se i ricavi totali derivanti dalla vendita dei suoi prodotti non risultano uguali o maggiori dei suoi costi variabili totali. Se, considerando questa regola, l'impresa decide che è conveniente produrre, essa deve chiedersi quanto dovrebbe produrre. Chiaramente, se tale considerazione viene fatta su base unitaria di prodotto, il buon senso ci offre un'altra regola, in base alla quale se una qualsiasi unità di prodotto fa salire il ricavo più di quanto non faccia salire i costi, allora quell'unità farà aumentare i profitti; ma se essa fa salire i costi più di quanto non faccia salire i ricavi, allora quell'unità farà diminuire i profitti. Così, se un'impresa si trova nella condizione in cui un'ulteriore unità di prodotto farà aumentare i profitti, essa dovrebbe espandere la produzione; se, viceversa, si trova nella condizione in cui l'ultima unità di prodotto fa diminuire i profitti, essa dovrebbe contrarre la produzione. La nozione di variazione di costo apportata da un'unità addizionale si riferisce, ovviamente, al costo marginale. Un concetto parallelo, quello del ricavo marginale, può definirsi come la variazione del ricavo totale derivante dalla vendita di un'unità addizionale di prodotto. La seconda regola può, quindi, essere espressa formalmente così: ammesso che sia conveniente per l'impresa produrre beni o servizi, sarà per lei remunerativo espandere la produzione ogni volta che il ricavo marginale risulta superiore al costo marginale e sarà per lei remunerativo astenersi dall'espandere la produzione fin tanto che il ricavo marginale non eguagli il costo marginale. (v. anche *marginal revenue, marginal cost, operating loss, fixed costs, revenue, variable cost, profit*)

profit motive: ***movente del profitto.*** Gli economisti presuppongono che un'impresa adotti decisioni capaci di rendere i profitti più alti che sia possibile, cioè che essa tenda sempre a massimizzare i propri profitti. Pur se ciò non è sempre vero, il presupposto della massimizzazione dei profitti è l'unico a fornire un principio in base al quale si possono fare previsioni sul comportamento dell'impresa. L'economista, infatti, predice il comportamento dell'impresa, in relazione alle varie scelte che essa può effettuare, attraverso lo studio degli effetti che ciascuna scelta avrà sui profitti dell'impresa e successivamente predice che, tra le scelte possibili, l'impresa propenderà per quella che produrrà i più alti profitti.

profit objective: ***obiettivo di profitto.*** È l'obiettivo esposto nel piano di programmazione dei profitti preparato da un'impresa. Tale obiettivo di solito condiziona le scelte dell'impresa relative ai prezzi, ai volumi di produzione, al tasso di remunerazione dei fattori della produzione, ecc. (v. anche *profit planning*)

profit on realization: ***profitto di liquidazione.*** All'inizio di una procedura di liquidazione, viene aperto un conto liquidazione per riassumere e rettificare il conto degli amministratori. Il conto liquidazione mostrerà il valore contabile delle attività, che vengono ad esso addebitate, e le somme realizzate dalla loro vendita e le passività, che vendono accreditate. La differenza a saldo viene detta profitto di liquidazione, se rappresenta un attivo, e verrà distribuita tra i proprietari o gli azionisti dell'impresa.

profit planning: ***programmazione dei profitti.*** Un modo di condurre le operazioni produttive o commerciali tale da consentire la realizzazione di un determinato obiettivo di profitti. Tale obiettivo viene di solito espresso in un piano e tutte le attività e le decisioni dell'impresa, relative ad esempio ai prezzi e al volume di vendita, alle remunerazioni dei fattori della produzione, ecc., vengono fatte dipendere dall'obiettivo di profitto esposto nel piano.

profit rate: ***tasso di profitto; saggio di profitto.*** Lo stesso che *rate of profit* (v.).

profit receiver: ***percettore di profitti; percettore di reddito variabile.*** Chi percepisce un reddito d'impresa o di lavoro autonomo. Il termine viene usato in contrapposizione a *fixed–income receiver* (v.).

profit–related pay: ***retribuzione a compartecipazione.*** La retribuzione di un lavoratore dipendente in parte agganciata ai profitti dell'impresa. Si sostiene che una retribuzione del genere ha un benefico effetto sul mercato del lavoro, in quanto: a) incentiva il dipendente a lavorare con maggior impegno; b) rende il salario più flessibile e quindi l'occupazione più stabile, perché in periodi di recessione anche il salario diminuisce e così viene sospeso un numero minore di lavoratori; c) contribuisce a incrementare l'occupazione, perché riduce il costo marginale di nuove assunzioni.

profit repatriation: ***rimpatrio di profitti.*** Lo stesso che *repatriation of profits* (v.).

profits available for distribution: ***profitti distribuibili.*** Lo stesso che *distributable profits* (v.).

profit seeking: ***ricerca del profitto.*** Termine usato con lo stesso significato di *profit motive* (v.).

profit sharer: ***compartecipe agli utili; cointeressato.*** È così definito il lavoratore che viene ammesso alla ripartizione degli utili in base ad un preciso piano stabilito dall'impresa alle cui dipendenze egli lavora. (v. anche *profit–sharing, profit–sharing scheme*)

profit–sharing: ***partecipazione agli utili; compartecipazione agli utili; interessenza.*** Un sistema in base al quale un'impresa distribuisce regolarmente ai propri dipendenti una parte dei propri utili, in aggiunta al salario. L'ammontare di utili percepiti da ciascun lavoratore può dipendere, a seconda del sistema, dall'entità del suo salario, dall'anzianità di servizio presso l'impresa o da altri fattori. A differenza dei premi di produttività, la distribuzione di utili ai dipendenti non dipende dalla produttività del lavoro, pur se è in parte ad essa collegata. Infatti, scopo dell'ammissione dei dipendenti alla ripartizione degli utili è quello di incentivarli ad aumentare la produzione, oltre che promuovere buone relazioni tra lavoratori e datore di lavoro. La compartecipazione agli utili fu introdotta nel Regno Unito agli inizi di questo secolo, ma fu in gran parte abbandonata nel periodo tra le due guerre mondiali. Fu, tuttavia, ripresa dopo la fine del secondo conflitto mondiale e un'indagine conoscitiva del ministero del lavoro britannico accertò che nel 1955 oltre trecento grosse aziende avevano un piano di partecipazione dei dipendenti agli utili dell'impresa.

profit–sharing bond: ***obbligazione a partecipazione.*** Termine usato con lo stesso significato di *participating bond* (v.).

profit–sharing scheme: ***piano di compartecipazione agli utili.*** È il piano, predisposto da un'impresa, che consente e regola la partecipazione dei dipendenti agli utili d'esercizio. Il piano di solito varia da impresa a impresa, ma in genere esso contempla la distribuzione di una parte degli utili ai dipendenti in rapporto alla loro anzianità di servizio, oppure in rapporto al loro salario o in base ad altre caratteristiche possedute da ciascun dipendente. In alcune imprese, la partecipazione agli utili ha luogo attraverso l'assegnazione ai dipendenti di un certo numero di azioni, sulle quali essi percepiranno il dividendo.

profits insurance: ***assicurazione contro l'interruzione di esercizio.*** Termine usato con lo stesso significato di *loss of profits insurance* (v.).

profits policy: ***polizza di assicurazione contro l'interruzione di esercizio.*** Termine usato con lo stesso significato di *loss of profits policy* (v.).

profits prior to incorporation: ***profitti precedenti la registrazione.*** Sono i profitti realizzati da una società prima che essa sia registrata presso l'apposito Registro delle Società e prima, quindi, che riceva l'autorizzazione ad iniziare la propria attività. Poiché una società non può realizzare profitti prima che essa inizi la propria esistenza, i profitti eventualmente conseguiti prima della registrazione vengono fatti rientrare tra le attività nette della società. (v. anche *net assets 1*)

profits-push inflation: ***inflazione da profitti; inflazione indotta da profitti.*** È una variante della teoria della *cost-push inflation* (v.), che sostiene che le tensioni inflazionistiche derivano dalla volontà dei capitalisti di assicurarsi un margine di profitto sempre più alto. Allo scopo di realizzare ciò, i produttori oligopolistici tendono a far salire i prezzi, approfittando del potere di mercato che consente loro notevole flessibilità nella fissazione dei prezzi dei beni che producono.

profit squeeze: ***compressione dei profitti.*** Espressione con la quale si indica l'assottigliarsi dei profitti di un'impresa a seguito di un aumento dei costi che non può essere traslato sui consumatori.

profits tax: ***imposta sui profitti.*** Le imposte di questo tipo sono, in linea generale, condannate dagli economisti, perché esse hanno l'effetto di scoraggiare la libera iniziativa in quanto rappresentano una penalizzazione per le imprese che producono utili, mentre non garantiscono alcun vantaggio alle imprese che sostengono perdite. Un'imposta del genere, che colpiva i profitti derivanti da operazioni produttive, commerciali e finanziarie, fu introdotta nel Regno Unito nel 1947 in sostituzione di simili imposte esistenti in precedenza e note come contributo alla difesa nazionale e imposta sui soprapprofitti. L'imposta sui profitti, pur se con aliquote diverse, continuò ad essere riscossa fino al 1965, quando fu sostituita dalla imposta sulle società. (v. anche *national defence contribution, excess profits tax, corporation tax*)

profit taking: ***realizzo dei profitti; realizzazione dei profitti; vendita di realizzo; realizzazione di plusvalenze.*** Nel linguaggio delle borse valori, si indica con questa espressione l'improvvisa e contemporanea vendita di notevoli quantità di titoli o valute estere, da parte di ampi gruppi di speculatori, al fine di realizzare i profitti che essi hanno maturato a seguito di aumento dei corsi dal giorno in cui acquistarono i valori che vendono. Quando si verificano queste vendite di realizzo, i corsi dei titoli o delle valute estere subiscono un ribasso, la cui entità di solito dipende dalla quantità offerta e da quella domandata.

profit/volume chart: ***profittogramma; diagramma di redditività; diagramma del punto di equilibrio.*** Termine usato con lo stesso significato di *break-even chart* (v.).

profit/volume ratio: ***rapporto profitti/volume.*** È un rapporto utile per la direzione di un'impresa, in quanto indica l'effetto sui profitti delle variazioni nel volume delle vendite.

Pro. for.: pro forma.

pro-forma: ***pro forma.*** Espressione di origine latina, usata in inglese per indicare documenti contabili, finanziari o commerciali basati su fatti previsti o supposti.

pro-forma account: ***rendiconto pro forma.*** È così indicato un rendiconto commerciale simulato, redatto come esempio o guida. Con la stessa espressione a volte si indica una fattura relativa a merci non ancora spedite, per le quali si richiede il pagamento anticipato.

pro-forma balance sheet: ***bilancio pro forma; bilancio simulato.*** È un bilancio che indica cifre ipotetiche, redatto allo scopo di rendersi conto delle condizioni finanziarie future in relazione ad iniziative da prendersi o da non prendersi al momento attuale. La stessa espressione viene usata per indicare un bilancio nel quale si tiene conto di operazioni decise, ma che non hanno ancora avuto esecuzione.

pro-forma bill: ***cambiale di comodo; cambiale di favore.*** Termine usato con lo stesso significato di *accommodation bill* (v.).

pro-forma budget: ***budget pro forma; budget di progetto.*** Un piano economico di larga massima, generalmente a medio termine, avulso dal budget generale dell'azienda ed avente per oggetto una nuova iniziativa, quale ad esempio l'avviamento di un nuovo prodotto.

pro-forma customer: ***cliente pro forma.*** Espressione con la quale si indica un cliente al quale non si concede credito e dal quale si richiede il pagamento dei beni acquistati prima che essi vengano consegnati. Tale espressione si applica a clienti che sono notoriamente cattivi pagatori o che hanno una dubbia reputazione creditizia.

pro-forma invoice: ***fattura pro forma; fattura simulata.*** Tipo di fattura preliminare che mostra il costo delle merci e le varie spese da sostenersi per farle giungere a destinazione. La fattura pro forma non rappresenta una richiesta di pagamento, ma è usata, specialmente nel commercio internazionale, per far sapere al potenziale compratore l'esatto prezzo unitario delle merci, dopo che al costo sono state aggiunte tutte le altre spese. Nel commercio interno, viene a volte usata quando si inviano merci in conto deposito o salvo verifica.

pro-forma statement: ***rendiconto pro forma; rendiconto simulato.*** Un rendiconto finanziario nel quale sono stati inseriti valori non reali, al fine di mostrare gli effetti di operazioni proposte, ma che non hanno ancora avuto esecuzione. La stessa espressione viene usata per indicare un rendiconto finanziario redatto al solo scopo di servire da guida o di mostrare come esporre determinate informazioni. (v. anche *projected financial statement*)

program: ***programma.*** Nella contabilità di stato americana, il termine indica una qualsiasi attività di maggior importanza di una o più agenzie governative, che copre uno o più esercizi finanziari. Il termine viene anche usato per indicare una qualsiasi spesa di un certo rilievo effettuata o programmata da un'agenzia governativa.

program budget: ***budget di programma; budget operativo.*** Nella contabilità di stato americana, è il budget di un'agenzia governativa, che corrisponde ad una proiezione dei conti dell'agenzia relativi al periodo coperto dal budget. Consiste essenzialmente dei totali delle operazioni programmate e di una narrazione giustificativa.

programmed cost: ***costo programmato.*** Sono le spese, sostenute in relazione alla gestione di un'impresa, che non hanno alcuna relazione chiaramente determinabile col livello di produzione. La loro entità, pertanto, può essere determinata soltanto in base a decisioni soggettive della direzione. Ne sono esempi le spese di pubblicità e quelle di ricerca.

programme evaluation and review technique: ***tecnica di revisione e valutazione dei programmi.*** Tecnica di programmazione ideata per scopi bellici negli Stati

Uniti alla fine degli anni cinquanta ed oggi ampiamente usata in vari settori industriali. Attraverso l'utilizzazione della teoria dei grafi e del calcolatore numerico, questa tecnica consente la programmazione ed il controllo, ad esempio, della produzione di uno stabilimento sulla base dei tempi sequenziali necessari per ogni fase dell'operazione produttiva. Tale forma di organizzazione e controllo permette di individuare eventuali strozzature e fasi che consentono un risparmio di tempo, il che contribuisce a massimizzare l'efficienza e a procedere ai necessari cambiamenti di programma appena se ne presenti l'occasione o la necessità.

Programme Planning Budgeting System: ***programmazione di bilancio; sistema di programmazione–pianificazione–bilancio; sistema di bilancio per la pianificazione e la programmazione.*** Un sistema di amministrazione dell'attività dello stato o di enti e agenzie statali, che ha l'obiettivo di rapportare la produzione di servizi da parte dello stato alle scarse risorse disponibili e che tenta di massimizzare l'efficienza che, in questo campo, non può essere sottoposta alla prova del mercato o dei profitti. Il sistema prevede: a) scomporre i programmi generali, sia per periodi che per entità, in sottoprogrammi più limitati e dettagliati; b) calcolare il livello produttivo di questi sottoprogrammi, anche in relazione alla loro durata, e la quantità di risorse necessarie per realizzarli; c) adeguare questi calcoli alle risorse disponibili nei vari esercizi finanziari e, quindi, ricercare i metodi meno costosi per fornire i servizi, specialmente in termini di costi di opportunità. Il sistema, che mira a razionalizzare la gestione della cosa pubblica, fu ideato negli Stati Uniti e adottato nel Regno Unito verso la fine degli anni sessanta, ove continuò ad essere usato anche quando gli Stati Uniti lo avevano già abbandonato a seguito dell'applicazione di tecniche più raffinate.

program trading: ***scambi tramite computer; operazioni mediante computer.*** Espressione del linguaggio borsistico con la quale si indica: a) nel Regno Unito, l'attività, svolta da alcuni grossi intermediari, che consiste nell'acquistare mediante licitazione grandi portafogli titoli istituzionali, che vengono successivamente rivenduti in piccole quantità, facendo anche uso di sofisticate tecniche di operazioni a termine e di contratti a premio, il tutto coadiuvato dall'uso di computer che consentono di individuare discrepanze tra diversi valori su diversi mercati. b) Negli Stati Uniti, il termine viene usato per indicare una specie di arbitraggio fra, ad esempio, un contratto a termine su indici di borsa trattato a Chicago e le azioni di un certo numero di società quotate alla borsa valori di New York, che costituiscono la base degli indici suddetti. c) Sempre negli Stati Uniti, il sistema mediante il quale alcuni operatori di borsa trattano titoli sul mercato, affidando le decisioni di acquisto e di vendita a un computer opportunamente programmato, che provvede a inviare ordini di acquisto o di vendita a seconda dei movimenti degli indici di borsa. C'è chi ha voluto dare la colpa del tracollo delle borse americane nell'ottobre del 1987 a questo sistema di compravendita. In quest'ultimo significato, tuttavia, è più appropriata l'espressione *computer trading* (v.).

progress: ***avanzamento.*** Termine usato per indicare il coordinamento della esecuzione dei piani di produzione e il controllo delle variazioni o degli scostamenti da tali piani.

progress chart: ***diagramma dei progressi.*** È un diagramma a colonne orizzontale sul quale vengono di solito tracciate due linee di colore o spessore differenti con cui si indicano le rilevazioni periodiche dei programmi previsti e di quelli realmente realizzati nell'arco di un determinato periodo di tempo.

progress chaser: ***ispettore avanzamento lavori.*** Nell'ambito di un'impresa, è la persona preposta a seguire l'avanzamento lavori attraverso le sue varie fasi, allo scopo di garantire il continuo e normale svolgimento delle operazioni produttive.

progress control: ***controllo dell'avanzamento produzione.*** Qualsiasi sistema usato per controllare che la produzione proceda secondo i programmi e i tempi stabiliti e per indicare dove può essere necessario intervenire al fine di evitare ritardi che potrebbero vanificare i programmi di produzione.

progression: ***progressione.*** È la disposizione ordinata di una data sequenza. Ad esempio, le aliquote di un'imposta progressiva che variano in ragione del reddito. (v. anche *arithmetic progression, geometric progression, harmonic progression*)

progressive account: ***conto progressivo.*** Un qualsiasi conto tenuto in forma scalare progressiva, nel quale le variazioni vanno registrate e lette dall'alto in basso.

progressive average: ***media progressiva.*** Una media di una serie di medie semplici, ciascuna delle quali rappresenta la media aritmetica di un gruppo di numeri costruito dagli stessi elementi del gruppo precedente, più un altro numero. Ad esempio, le tre serie di numeri: a) 4,7,5,3; b) 4,7,5,3,6; c) 4,7,5,3,6,8; presentano le medie progressive di: a) 4,75; b) 5; c) 5,50.

progressive income tax: ***imposta progressiva sul reddito.*** È l'imposta prevista dal sistema d'imposizione fiscale in vigore nella maggior parte dei paesi. Tale sistema, che si basa sulla teoria dell'utilità marginale decrescente, stabilisce differenti aliquote allo scopo di graduare il sacrificio sostenuto dal contribuente, rapportandolo direttamente al suo reddito. Così, il contribuente con reddito più basso verserà all'erario un'imposta più bassa di quella che sarà tenuto a versare un contribuente con reddito più alto.

progressive ledger: ***mastro progressivo.*** Termine usato con lo stesso significato di *Boston ledger* (v.).

progressive–method current account: ***conto corrente a metodo scalare.*** Un qualsiasi conto corrente dal quale risultino tutte le operazioni aumentative o diminutive in forma scalare progressiva, cioè dall'alto verso il basso.

progressive rate: ***aliquota progressiva.*** Nella terminologia finanziaria, indica un'aliquota di imposta che cresce col crescere del reddito imponibile del contribuente o del valore della proprietà che essa colpisce. Le aliquote progressive rappresentano un sistema in base al quale chi più ha, più paga. (v. anche *progressive tax system, proportional rate 2*)

progressive schedule: ***piano progressivo.*** Un piano comparativo di dati finanziari o operativi, al quale vengono aggiunti i nuovi dati via via che essi si rendono disponibili.

progressive tax: ***imposta progressiva.*** Un'imposta la cui aliquota aumenta via via che aumenta il reddito o il valore della proprietà che essa colpisce. Il termine viene usato come opposto di imposta regressiva. (v. anche *regressive tax*)

progressive taxation: ***imposizione progressiva; imposizione fiscale a aliquote progressive.*** Termine usato con lo stesso significato di *progressive tax system* (v.).

progressive tax system: ***imposizione progressiva; imposizione fiscale a aliquote progressive.*** Sistema di imposizione fiscale basato sull'aumento delle aliquote via via che aumenta la base imponibile del contribuente. Ne sono un esempio le aliquote fiscali in vigore nel nostro paese, negli Stati Uniti e anche nel Regno Unito, sul reddito delle persone fisiche. In base a tale sistema, chi più ha, più paga. Nel caso in cui in un'economia siano presenti notevoli sperequazioni nella distribuzione del reddito, questo sistema si dimostra più equo del sistema di imposizione proporzionale. (v. anche *proportional tax system*)

progress payment: ***pagamento su stato di avanzamento lavori.*** Espressione usata in relazione a contratti di costruzione di navi, abitazioni, opere pubbliche, ecc., in base ai quali è prevista una serie di pagamenti parziali della somma totale, ciascuno al completamento di un diverso e determinato stadio della costruzione.

progress report: ***rapporto di avanzamento.*** Termine generico, usato per indicare una qualsiasi relazione sullo stato di avanzamento della produzione o su quanto è stato fatto in un ufficio o reparto fino al momento in cui il rapporto viene redatto.

prohibited exports: ***esportazioni vietate; esportazioni proibite.*** Beni la cui esportazione è vietata dalle leggi vigenti nel paese in cui essi vengono prodotti. (v. anche *prohibition*)

prohibited goods: ***beni vietati; beni proibiti.*** Beni la cui importazione o esportazione è vietata dalle leggi vigenti in un determinato paese. (v. anche *prohibition*)

prohibited imports: ***importazioni vietate; importazioni proibite.*** Beni la cui importazione è vietata dalle leggi vigenti in un determinato paese. (v. anche *prohibition*)

prohibition: ***proibizione; divieto.*** Ogni stato, qualunque sia il suo sistema politico o economico, ha il potere di proibire la fabbricazione, la vendita, l'importazione o l'esportazione di beni ritenuti dannosi per la salute pubblica o per la morale comune. In base a tale potere, lo stato promulga leggi al fine di proibire, ad esempio, la fabbricazione di droghe, il loro uso o la loro diffusione. L'esempio più noto, al quale il termine generalmente si riferisce, è il proibizionismo, instaurato negli Stati Uniti nel 1933, che vietava la fabbricazione e la vendita di bevande ad alto contenuto alcolico, tranne che per uso medicinale.

prohibitions and restrictions: ***proibizioni e restrizioni.*** Nel linguaggio delle dogane, si indicano con questa espressione tutti quei beni la cui importazione o esportazione è vietata o soggetta a particolari restrizioni. (v. anche *prohibition, prohibited goods*)

prohibitive duty: ***dazio proibitivo.*** Espressione generica, con la quale si indica un dazio di importazione talmente elevato da impedire di fatto l'ingresso nel mercato nazionale di beni prodotti all'estero. Un dazio di tal genere ha sempre lo scopo di proteggere la produzione nazionale. (v. anche *protective duty*)

prohibitive price: ***prezzo proibitivo.*** Un prezzo talmente alto da rendere di fatto impossibile, o molto difficile, l'acquisto di un bene alla maggior parte dei potenziali consumatori.

prohibitive tariff: ***dazio proibitivo.*** Lo stesso che *prohibitive duty* (v.).

project: ***progetto.*** Un piano attentamente preparato e relativo, ad esempio, allo sviluppo di un nuovo prodotto o all'istituzione di una nuova attività commerciale. Può anche indicare un piano relativo alla costruzione o all'acquisizione di un bene capitale e nella terminologia della contabilità di stato viene usato per indicare un piano il cui costo viene contabilizzato a parte e il cui finanziamento viene effettuato attraverso l'utilizzazione di fondi speciali o attraverso l'emissione di titoli pubblici.

project analysis: ***analisi dei progetti.*** Procedimento che tende ad accertare la convenienza di impiegare fondi in un determinato progetto, attraverso l'analisi dei costi che esso implica, dei benefici che si prevede ne deriveranno da un punto di vista economico–finanziario e dei motivi di altra natura che giustificano il progetto.

project appraisal: ***valutazione dei progetti.*** Termine usato con lo stesso significato di *project analysis* (v.).

project budget: ***budget pro forma; budget di progetto.*** Termine usato con lo stesso significato di *pro–forma budget* (v.).

projected financial statement: ***rendiconto finanziario preventivo.*** Rendiconto finanziario relativo ad un periodo futuro, nel quale sono stati inseriti dati ricavati da stime o proiezioni di operazioni non ancora svolte. Un rendiconto di tal genere spesso accompagna un bilancio preventivo, o budget, per mostrare gli effetti delle operazioni suggerite in quest'ultimo e in tale caso non è altro che un rendiconto simulato. (v. anche *pro–forma statement*)

project evaluation: ***valutazione dei progetti.*** Termine usato con lo stesso significato di *project analysis* (v.).

project finance: ***finanza per lo sviluppo di un progetto.*** Lo stesso che *project loan* (v.).

project group: ***gruppo di lavoro.*** Un numero limitato di persone, che vengono costituite in gruppo allo scopo di svolgere un determinato lavoro che richiede capacità e specializzazioni diverse.

projection: ***proiezione.*** In statistica, è una stima di quantità future basata su esperienze passate e sull'estensione di rapporti effettivamente verificati al momento attuale. La proiezione può anche non essere precisa, in quanto essa contiene variazioni previste dei rapporti esistenti, che potrebbero anche non verificarsi.

projective technique: ***tecnica proiettiva.*** Nelle indagini di ricerca di mercato, si indica con questa espressione una tecnica di intervista che tende a rimuovere qualsiasi risposta imprecisa o dettata da preconcetti personali dell'intervistato, attraverso l'uso di una serie di elementi che contribuiscono a mascherare il vero obiettivo e la reale natura dell'intervista singola o dell'intera indagine.

project loan: ***mutuo per lo sviluppo di un progetto.*** Un mutuo, di solito concesso da istituzioni multinazionali, finalizzato alla realizzazione di un determinato progetto, come ad esempio la costruzione di un'autostrada o altro tipo di infrastruttura, e pertanto non utilizzabile per scopi differenti.

project management: ***gestione di un progetto.*** La gestione ottimizzata di un determinato progetto, che consiste nel coordinamento di più attività tra loro interconnesse e integrate, nel rispetto dei tempi prestabiliti, nel garantire la qualità delle prestazioni e dei prodotti richiesti, nel restare entro i preventivi di costo; in breve, cioè, nel massimizzare la redditività del progetto.

project manager: ***direttore di progetto; responsabile di progetto.*** La persona responsabile della gestione e dell'esecuzione di un determinato progetto o di una commessa.

project planning: ***pianificazione di un progetto; programmazione delle attività coordinate.*** L'insieme degli studi dettagliati e delle precedenze operative relativi alla preparazione e alla realizzazione di un progetto. (v. anche *project*)

proletarian: ***proletario.*** Un qualsiasi lavoratore, appartenente alla classe collettivamente chiamata proletariato. (v. anche *proletariat*)

proletariat: ***proletariato.*** Termine usato per indicare collettivamente tutti quei lavoratori che non disponendo di alcuna proprietà di beni capitali devono contare esclusivamente sulle proprie capacità di guadagno attraverso la vendita del loro lavoro. Il termine fu in origine usato da Marx, ma oggi esso è diffuso in tutto il mondo con un significato lievemente più ampio di quello datogli da Marx. Infatti, nel mondo occidentale i proletari hanno gradualmente acquisito una certa parte di proprietà attraverso l'acquisto di abitazioni, azioni e altre attività e attraverso il risparmio, sebbene la distribuzione della ricchezza sia ancora ampiamente a loro sfavore.

promisee: ***promissario.*** Nel linguaggio giuridico, è colui a favore del quale è stata fatta una promessa.

promiser: ***promittente.*** Nel linguaggio giuridico, è colui che fa o che ha fatto una promessa.

promise to pay: ***promessa di pagamento.*** Accordo tra venditore e compratore, o tra creditore e debitore, in base al quale il secondo si impegna a consegnare al primo una certa somma di denaro ad una data futura o entro un periodo di tempo determinato. L'accordo può essere esplicito, nel qual caso è previsto nel contratto di compravendita o in un pagherò cambiario; o implicito, quando si basa sulle consuetudini commerciali del luogo, sull'offerta di vendita fatta dal venditore o sulla fattura dello stesso, che prevede un periodo di credito. (v. anche *promissory note*)

promisor: ***promittente.*** Variante grafica di *promiser* (v.).

promissory note: ***pagherò; pagherò cambiario; cambiale propria; cambiale diretta; vaglia cambiario.*** È così chiamata la cambiale che consiste di una promessa di pagamento, a differenza della tratta o cambiale–tratta che consiste in un ordine di pagamento. La promessa incondizionata di pagare una certa somma di denaro a o all'ordine di una determinata persona in un luogo e ad una data stabiliti viene rilasciata dall'emittente a favore del beneficiario in modo formale e, quindi, per iscritto. I titoli di credito di questo tipo, che generalmente sono trasferibili, vengono ampiamente usati negli Stati Uniti, mentre sono poco diffusi nel Regno Unito. Le norme che regolano l'emissione e il pagamento dei pagherò cambiari sono contenute nella parte quarta del *Bills of Exchange Act* del 1882.

promissory note secured by mortgage: ***cambiale ipotecaria.*** È una cambiale propria, il cui pagamento è garantito da un'ipoteca, della quale si fa menzione sul retro del titolo di credito.

promissory representation: ***dichiarazione promissoria.*** Nel linguaggio delle assicurazioni, è una dichiarazione fatta dall'assicurato in relazione a ciò che accadrà durante il periodo di copertura, espressa sotto forma di aspettativa o anche di impegno e corrispondente a una promessa da eseguirsi dopo l'entrata in vigore del contratto di assicurazione.

promissory warranty: ***garanzia promissoria.*** Nel linguaggio delle assicurazioni, è un impegno assunto dall'assicurato, contenuto in polizza o in un altro documento cui si fa riferimento in polizza, tendente a garantire che determinati fatti o condizioni pertinenti al rischio assunto dall'assicuratore continueranno ad esistere o a non esistere.

promoter: ***socio fondatore; socio promotore; promotore.*** Termine usato con lo stesso significato di *company promoter* (v.).

promoters' shares: ***azioni di fondazione.*** Termine usato con lo stesso significato di *founders' shares* (v.).

promoting partner: ***socio promotore.*** È colui che si rende promotore della costituzione di una società semplice. (v. anche *company promoter*)

promotion: **1.** ***fondazione.*** La costituzione di una società per azioni e lo svolgimento di tutte le pratiche necessarie al fine di ottenere la sua registrazione presso l'apposito Registro delle Società e la documentazione necessaria perché essa possa iniziare l'attività contemplata nell'atto costitutivo. **2.** ***promozione delle vendite.*** Lo stesso che *sales promotion* (v.). **3.** ***promozione.*** Il passaggio di un lavoratore da un grado che comporta certe responsabilità ad un grado superiore che implica maggiori responsabilità e, quasi sempre, prevede una più alta remunerazione.

promotional activity: ***attività promozionale; attività di sviluppo.*** Una qualsiasi attività che tende allo sviluppo delle vendite di un prodotto. Può essere una campagna pubblicitaria, una campagna di vendite a prezzi scontati o simili.

promotional budget: ***budget promozionale.*** Il preventivo di spesa relativo alla realizzazione di una campagna pubblicitaria intesa a promuovere le vendite di un prodotto.

promotional elasticity: ***elasticità promozionale.*** Una misura delle variazioni relative nei consumi di un bene, a seguito di incrementi delle spese di pubblicità o di attività promozionali a favore di quel bene, mentre il prezzo e altri fattori che influiscono sui consumi restano invariati.

promotional mix: ***mix promozionale; composizione promozionale.*** L'insieme delle attività che hanno l'obiettivo di sviluppare le vendite di un prodotto.

promotion by merit: ***promozione per merito.*** Promozione concessa e ottenuta in base alla produttività o alla disponibilità del dipendente.

promotion by selection: ***promozione per selezione.*** Promozione concessa e ottenuta a seguito di selezione o concorso, quando le mansioni del grado superiore prevedono conoscenze e capacità più ampie e specialistiche e doti di comando o di supervisione da accertarsi in sede di colloquio.

promotion by seniority: ***promozione per anzianità.*** Promozione concessa e ottenuta esclusivamente in base all'anzianità di servizio del dipendente.

promotion campaign: ***campagna promozionale.*** Una qualsiasi campagna, pubblicitaria o di altra natura, il cui scopo è quello di far aumentare la domanda di un prodotto e le sue vendite sul mercato. Una campagna promozionale può servirsi di una qualsiasi delle tecniche descritte sotto *sales promotion* (v.) e, a volte, si serve di più di una di queste tecniche collegate tra loro. (v. anche *premium promotion campaign*)

promotion expense: **1.** ***spese di fondazione.*** Sono tutte le spese sostenute in considerazione della costituzione di una società e delle pratiche necessarie ad ottenere la documentazione che ne autorizza l'attività nel perseguimento del suo scopo sociale. **2.** ***spese promozionali.*** Tutte le spese sostenute in relazione ad una campagna promozionale, tendente a lanciare un nuovo prodotto o a far aumentare le vendite di un prodotto già in commercio. Esse, pertanto, comprendono le spese pubblicitarie e quelle necessarie a finanziare una qualsiasi delle tecniche elencate sotto *sales promotion* (v.).

promotion ladder: ***scala delle promozioni.*** La serie dei diversi gradi, raggiungibili a seguito di promozione, in cui si articola la carriera di un lavoratore dipendente.

promotion manager: ***direttore del reparto promozione.*** È il responsabile, nell'ambito di un'impresa, di tutte le attività di promozione delle vendite. (v. anche *sales promotion*)

promotion money: ***indennità di fondazione; compenso***

di fondazione. È il compenso corrisposto ai soci fondatori di una società per azioni o al primo consiglio di amministrazione nominato dai promotori in attesa della prima assemblea ordinaria degli azionisti. Tale compenso viene corrisposto in considerazione dell'impegno profuso dai promotori e viene prelevato dal capitale sottoscritto dagli azionisti.

promotion plan: ***programma di promozioni.*** Il programma in base al quale si procede, alle scadenze previste, alla promozione dei dipendenti che ne hanno maturato il diritto.

promotion planning: ***programmazione delle promozioni.*** Preparazione di uno o più programmi per la promozione dei dipendenti. Nel corso della programmazione si possono prendere in considerazione, a seconda della politica di promozioni perseguita dall'organizzazione, l'anzianità di servizio, il merito in termini di produttività o entrambi, in maniera da poter fissare limiti o scadenze per le promozioni.

promotion policy: ***politica delle promozioni.*** Termine usato in alternativa a *policy of promotions* (v.).

promotion procedure: ***procedura di promozione.*** L'insieme delle rilevazioni e degli atti necessari al fine di poter procedere alla effettiva promozione di un dipendente. La procedura può variare da un'organizzazione all'altra ed è di solito più burocratizzata nell'amministrazione pubblica che nelle imprese private.

promotion sale: ***vendita promozionale.*** Una qualsiasi delle vendite a prezzi ridotti o scontati, che vengono presentate al pubblico come occasioni favorevoli per acquistare determinati prodotti a prezzi d'affare. In molti paesi, come ad esempio l'Italia e il Regno Unito, le vendite promozionali sono soggette a norme di legge, alla cui applicazione sono preposti gli organi delle amministrazioni locali.

prompt: ***a pronti; a pronti contanti.*** Termine che nell'uso commerciale indica che il pagamento di merci acquistate deve essere fatto entro un determinato periodo di tempo dalla consegna, variabile a seconda delle consuetudini del luogo e del commercio. Così, se ad esempio il pagamento deve essere fatto in contanti entro venti giorni dalla consegna, ciò sarà indicato dall'espressione *twenty days' prompt.*

prompt cash: ***pronta cassa; a pronta cassa.*** Condizione inserita nei contratti di compravendita quando si vuole indicare che le merci acquistate devono essere pagate alla consegna, senza alcuna dilazione tranne, a volte, un paio di giorni necessari per effettuare il trasferimento di valuta o di fondi.

prompt cash payment: ***pagamento a pronta cassa.*** Espressione che, se inserita in una fattura, indica che il pagamento della stessa deve avvenire entro un periodo massimo di un paio di giorni dalla ricezione della fattura stessa o della fornitura cui essa si riferisce.

prompt day: ***giorno di liquidazione.*** Nelle vendite all'asta di pelli fini, tè, lana e merci del genere, è il giorno in cui le merci vendute vengono consegnate e pagate. Nelle borse merci specializzate di Londra, i periodi di asta durano generalmente due settimane e il giorno di liquidazione varia a seconda della merce trattata. Nelle aste della lana, ad esempio, esso corrisponde al quindicesimo giorno dopo il venerdì della settimana in cui ha avuto luogo la vendita, mentre nel commercio del tè può protrarsi fino a tre mesi dopo la vendita.

prompt delivery: ***pronta consegna.*** Condizione che si inserisce nei contratti di compravendita quando si vuole indicare che le merci oggetto di scambio sono pronte e possono essere consegnate appena il compratore ne fa richiesta.

prompt payment: ***pagamento a pronti; pagamento a pronti contanti.*** Espressione usata con lo stesso significato di *prompt* (v.).

prompt shipment: ***pronto imbarco.*** Condizione che se viene inserita nei contratti di compravendita di merci estere indica che esse sono pronte e saranno imbarcate appena il compratore farà conoscere il nome della nave che deve trasportarle o appena essa arriverà al porto di caricazione. Se il compratore non ha preferenze, la clausola autorizza l'esportatore ad imbarcare le merci sulla prima nave in partenza per il porto più vicino alla residenza dell'importatore.

proof in bankruptcy: ***insinuazione di crediti.*** Espressione usata come sinonimo meno comune di *proof of debts* (v.).

proof of debts: ***insinuazione di crediti; prova dei crediti; accertamento dei crediti.*** Documento redatto e firmato da un creditore, con il quale egli chiede di essere ammesso al passivo di un fallimento. In esso, il creditore deve indicare la natura e l'ammontare del credito da lui vantato. Nel Regno Unito, tale documento deve essere presentato al curatore fallimentare.

proof of loss: ***prova del danno; prova del sinistro.*** Nelle assicurazioni, è la dichiarazione giurata rilasciata dall'assicurato, nella quale egli espone in dettaglio le perdite subite, le circostanze che hanno portato alla perdita e l'assicurazione che copre i beni perduti o danneggiati.

proof of title: ***prova del diritto di proprietà.*** L'espressione inglese, usata nel linguaggio giuridico, indica la prova che il venditore di un bene immobile deve fornire e dalla quale risulti che egli è il vero e legittimo proprietario del bene che intende vendere. Tale prova è di solito costituita da un rogito notarile o da un certificato rilasciato dalla conservatoria dei registri immobiliari.

prop.: 1) proprietor; 2) property.

propensity to consume: ***propensione al consumo; inclinazione al consumo; propensione a consumare.*** È la relazione tra la spesa globale in consumi e il reddito totale dei consumatori in un'economia. L'espressione fu introdotta da J.M. Keynes, nella sua opera *General Theory of Employment, Interest and Money* del 1936, quando intese dimostrare che il consumo e il reddito erano strettamente collegati, tanto che un aumento del secondo portava naturalmente ad un aumento del primo il quale, tuttavia, ad eccezione dei paesi poveri, non raggiungeva mai l'ampiezza dell'aumento del reddito, a causa della cosiddetta propensione al risparmio. La relazione tra reddito e consumo è espressa dall'equazione $P = C/Y$, dove P = propensione al consumo; C = spesa in consumi; e Y = reddito. (v. anche *average propensity to save, marginal propensity to save, average propensity to consume, marginal propensity to consume, propensity to save*)

propensity–to–consume curve: ***curva della propensione al consumo.*** La curva che pone in relazione il livello dei consumi e il livello dei redditi. Spesso, il termine è usato come sinonimo di *propensity–to–consume schedule* (v.).

propensity–to–consume schedule: ***scheda della propensione al consumo.*** Scheda che pone in relazione, in una tabella o una curva, il livello dei consumi e il livello del reddito. Il termine, tecnicamente più preciso, è spesso sostituito dall'espressione più semplice *propensity to consume* (v.).

propensity to engage in risk–taking: ***propensione all'assunzione di rischio.*** La disponibilità di un'impresa ad assumere il rischio insito in qualsiasi tipo di nuova iniziativa. La propensione media all'assunzione di rischio determina il passo dell'assorbimento tecnologico e costituisce una funzione del grado di concorrenza che un'impresa incontra sul suo cammino. Il rischio relativo alle nuove tecnologie consiste non soltanto del pericolo di fallimento, ma anche delle conseguenze derivanti dall'incapacità di assorbire nuove tecnologie in presenza di concorrenza reale o temuta.

propensity to hoard: ***propensione al tesoreggiamento.*** Espressione usata da J. M. Keynes per indicare la disposizione del pubblico ad accantonare quantità di moneta sotto forma di depositi bancari o di risparmi tenuti in forma liquida nelle proprie abitazioni o in cassaforte e la conseguente minore disposizione a investire in valori mobiliari.

propensity to import: ***propensione a importare; inclinazione a importare; propensione alle importazioni.*** È usata per indicare il rapporto tra reddito e spesa nazionali da un lato e spesa in beni di importazione dall'altro. In linea generale, la domanda di beni prodotti in altri paesi cresce col crescere del reddito dei consumatori di un determinato paese così come cresce la domanda di materie prime provenienti dall'estero, da parte delle imprese produttrici di beni, col crescere del loro livello produttivo. La propensione alle importazioni viene distinta in propensione media e propensione marginale. (v. anche *average propensity to import, marginal propensity to import*)

propensity to invest: ***propensione all'investimento; inclinazione all'investimento; propensione a investire.*** Espressione usata da Lord Keynes per indicare la disponibilità degli imprenditori privati a investire in beni capitali. Tale disponibilità dipende principalmente, se non essenzialmente, dalla redditività dell'investimento, per cui è necessaria una valutazione preventiva che faccia individuare i costi presenti e i benefici futuri dell'investimento. Si è soliti distinguere la propensione marginale all'investimento dalla propensione media all'investimento. La prima corrisponde al rapporto tra un aumento di nuovo capitale formato a seguito di un piccolo aumento del reddito e questo piccolo aumento del reddito; la seconda corrisponde al rapporto tra la formazione di nuovo capitale e il reddito nazionale.

propensity to save: ***propensione al risparmio; inclinazione al risparmio; propensione a risparmiare.*** Espressione introdotta nella terminologia economica da Lord Keynes per indicare il variare del risparmio come conseguenza del variare del reddito. Si fa distinzione tra propensione media e propensione marginale al risparmio. La propensione al risparmio può essere espressa dall'equazione: $S = Y - C / Y$, dove S = propensione al risparmio; Y = reddito; e C = spesa in consumi. L'espressione viene talvolta usata per indicare la disponibilità al risparmio di un singolo individuo o gruppo di risparmiatori. (v. anche *average propensity to save, marginal propensity to save*)

propensity-to-save curve: ***curva della propensione al risparmio.*** La curva che pone in relazione risparmio e reddito. Spesso il termine è usato come sinonimo di *propensity-to-save schedule.*

propensity-to-save schedule: ***scheda della propensione al risparmio.*** La scheda che pone in relazione risparmio e reddito.

property: **1.** ***proprietà.*** Il diritto di godimento presente o futuro di un bene economico con l'esclusione di altre persone dal possesso, dall'uso o dal controllo del bene stesso. Il bene economico sul quale si vanta il diritto di proprietà può essere materiale e non materiale, o tangibile e intangibile, come ad esempio mezzi fisici della produzione, quali uno stabilimento, e beni personali o privative industriali. (v. anche *proprietary rights*) **2.** ***patrimonio; proprietà.*** Nel linguaggio comune, il termine inglese viene usato per indicare il bene di cui si gode la proprietà, piuttosto che il diritto di godere di quel bene. (v. anche *personal property, real property*)

property account: ***conto delle attività fisse; conto acceso a immobilizzazioni tecniche.*** Un qualsiasi conto acceso ad un bene capitale o attività fissa. Caratteristica di simili conti è quella che i loro saldi vengono riportati da un esercizio al successivo.

property administration: ***amministrazione di patrimoni.*** È uno dei servizi forniti dalle banche e consiste nella gestione di titoli o di proprietà immobiliari in genere. La gestione patrimoniale può essere curata anche da altri tipi di imprese o da privati cui è stato affidato tale mandato.

property and liability insurance: ***assicurazione contro gli incidenti.*** Termine usato con lo stesso significato di *casualty insurance* (v.).

property bond: ***quota-parte; quota di partecipazione.*** La quota-parte di un fondo comune di investimento immobiliare. Il valore della quota-parte è ancorato al valore degli immobili acquistati dal fondo con il denaro dei sottoscrittori, mentre i canoni di locazione, che rappresentano la rendita, vengono distribuiti ai sottoscrittori o reinvestiti allo scopo di far aumentare il valore delle quote-parti.

property capital: ***capitale investito.*** Espressione usata come opposto di capitale liquido per indicare quella parte del capitale di una persona fisica o giuridica investita in titoli di proprietà o valori mobiliari, quali possono essere le azioni, i titoli di stato, le obbligazioni industriali e le ipoteche. (v. anche *money capital*)

property company: ***società immobiliare.*** Società che svolge la propria attività nel ramo della compravendita e della locazione di immobili.

property currency: Espressione con la quale si soleva indicare la valuta estera originata dalla vendita, da parte di cittadini britannici, di loro proprietà situate in paesi stranieri. Fino al 1964, i cittadini del Regno Unito non potevano acquistare proprietà all'estero se non procurandosi la valuta necessaria attraverso lo smobilizzo di altre proprietà o investimenti all'estero. Si venne, così, a creare un mercato delle valute che avevano origine da tali operazioni di vendita, al quale potevano rivolgersi coloro che pur non avendo proprietà da vendere in paesi stranieri desideravano comprare valori mobiliari o beni immobili all'estero, ad esempio in località turistiche. Il corso delle valute estere vendute in questo particolare mercato era sempre superiore al corso ufficiale di cambio, a causa della scarsità, ma l'entità del «premio» o aggio da pagare, che a volte raggiungeva punte del sessanta per cento, dipendeva in gran parte dall'entità della domanda e dell'offerta. (v. anche *property dollars, investment dollars, investment dollar premium*)

property developer: ***costruttore edile; operatore di sviluppo edilizio.*** La persona fisica o giuridica che si interessa dello sviluppo di un'area edificabile costruendovi edifici con varia destinazione o che provvede a riedificare zone o fabbricati fatiscenti in vecchi quartieri di una città. (v. anche *developer*)

property development: ***sviluppo di proprietà immobiliari; sviluppo edilizio.*** Il termine inglese viene usato per indicare la costruzione, la ricostruzione o la ristrutturazione di negozi, uffici e abitazioni su un'area edificabile, la cui utilità viene notevolmente aumentata e il cui valore subisce un incremento.

property dividend: ***dividendo pagato in natura.*** Termine usato con lo stesso significato di *dividend in kind* (v.).

property dollars: Espressione usata in passato per indicare un tipo di *property currency* (v.) e cioè i dollari statunitensi resi disponibili sul mercato di Londra da parte di cittadini britannici che vendevano proprietà all'estero pagate in dollari statunitensi. Prima del 1964, qualunque cittadino britannico che desiderasse acquistare proprietà all'estero pagabili in dollari doveva, previa autorizzazione della Banca d'Inghilterra, rivolgersi al mercato di questi dollari, che si era formato sulla piazza di Londra, allo scopo di procurarsi la valuta necessaria all'operazione. Poiché ogni nuovo acquisto dipendeva dalla precedente realizzazione di una vendita che mettesse a disposizione i dollari ricavati, il corso di questa valuta era di molto superiore al tasso ufficiale di cambio. (v. anche *investment dollars, investment dollar premium*)

property enterprise trust: Tipo di fondo comune britannico che investe il denaro raccolto tra i risparmiatori in investimenti immobiliari in una delle cosiddette *enterprise zones* (v.), approfittando dei vantaggi fiscali concessi a chi investe in tali località.

property income: ***reddito di capitale.*** Lo stesso che *unearned income 2* (v.).

property income certificate: ***certificato di reddito da proprietà.*** Tipo di strumento finanziario, lanciato per la prima volta nel 1986, che dà all'investitore una quota di partecipazione nella società che gestisce un bene immobile e il diritto di partecipare alla ripartizione del reddito proveniente dai canoni di locazione di detto bene immobile.

property increment: ***incremento di valore degli immobili.*** L'aumento del valore commerciale, o prezzo di mercato, di un qualsiasi bene immobile. Di solito, tale incremento rispecchia la perdita del potere di acquisto della moneta a seguito di un processo inflattivo, ma per certi tipi di immobili ubicati in determinate zone, ad esempio il centro di una città, l'incremento di valore può essere anche in termini reali, oltre che monetari.

property–increment tax: ***imposta sull'incremento di valore degli immobili.*** È un'imposta che colpisce gli utili realizzati dalla compravendita di immobili e il loro incremento di valore nel tempo. Viene di solito riscossa al momento della vendita del bene immobile e la sua aliquota dipende in gran parte dal numero di anni durante i quali il proprietario ha tenuto l'immobile.

property insurance: ***assicurazione di proprietà.*** Termine generico, usato per indicare un qualsiasi tipo di assicurazione che garantisce il titolare contro il rischio di perdita di un bene mobile o immobile di sua proprietà. Comprende, pertanto, le assicurazioni contro l'incendio, quelle contro il furto, quelle contro la rottura di vetri o vetrine, quelle contro le malattie del bestiame, quelle contro il vandalismo, le sommosse e i tumulti popolari e così via.

property investment: ***investimento in beni immobili; investimento immobiliare.*** L'investimento che ha come oggetto la costruzione o l'acquisto di beni immobili, quali edifici per uso abitativo o commerciale, terreni e simili.

property investment banking: ***attività bancaria di investimento immobiliare.*** L'attività bancaria che si prefigge di fornire mezzi finanziari a progetti di sviluppo immobiliare di ampio respiro, mediante l'emissione di opportuni strumenti finanziari che riducano notevolmente i costi degli imprenditori.

property investment certificate: ***certificato di investimento immobiliare.*** Certificato che dà al portatore il diritto di proprietà su una parte di un bene immobile. Viene venduto a investitori che intendono partecipare all'acquisto e alla proprietà di grossi complessi edilizi, come forma di investimento abbastanza liquida.

property ledger: ***mastro delle attività fisse.*** Termine usato con lo stesso significato di *plant ledger* (v.).

property market: ***mercato immobiliare.*** Il mercato nel quale si trattano beni immobili e cioè abitazioni e altri fabbricati, fondi urbani e rustici.

property owners' associations: ***associazioni di proprietari.*** Tipo di associazioni diffuse nel Regno Unito e costituite da piccoli e medi proprietari a tutela dei loro interessi, in particolare rispetto all'introduzione di nuove imposte sulle proprietà.

property, plant, and equipment: ***immobilizzazioni tecniche.*** Espressione usata nel linguaggio della ragioneria per indicare le attività patrimoniali immobilizzate di un'azienda, ammortizzabili in un periodo medio–lungo. Come si evince dal termine inglese, fanno parte delle immobilizzazioni tecniche gli immobili, gli impianti e gli utensili o macchine mobili e altre attrezzature, usati nell'attività produttiva di un'impresa.

property register: ***registro immobiliare.*** È uno dei tre registri immobiliari esistenti nel Regno Unito in base al *Land Registration Act* del 1925. In esso viene annotato il numero del titolo di proprietà, accompagnato da una breve descrizione del bene immobile e dal riferimento alla mappa catastale. (v. anche *proprietorship register, charges register 2*)

property reserved: 1. ***fondo di ammortamento maturato.*** Termine usato con lo stesso significato di *accrued depreciation 1* (v.). **2.** ***ammortamento maturato.*** Termine usato con lo stesso significato di *accrued depreciation 2* (v.).

property rights: ***diritti di proprietà.*** Termine usato con lo stesso significato di *proprietary rights* (v.).

property tax: ***imposta sul patrimonio; imposta sulla proprietà.*** Lo stesso che *real–estate tax* (v.).

proportion: ***rapporto; proporzione.*** Un qualsiasi rapporto tra due numeri o due grandezze, oppure un rapporto che rappresenti la relazione esistente tra una grandezza e una sua parte. Nella terminologia della Banca d'Inghilterra, il termine viene usato per indicare il rapporto tra passività, rappresentate da depositi, e banconote e monete d'oro e d'argento (la riserva) tenute dal dipartimento bancario.

proportional income tax: ***imposta proporzionale sul reddito.*** È l'imposta prevista da un sistema impositivo articolato in maniera tale che il contribuente paga in ragione direttamente proporzionale al proprio reddito.

proportional rate: 1. ***tariffa proporzionale.*** Espressione usata nella terminologia statunitense dei trasporti ferroviari per indicare una speciale tariffa che si applica su merci che devono viaggiare su due diverse linee ferroviarie. Ad esempio, se la tariffa normale tra il punto A e il punto B, ubicati su una linea ferroviaria, è di due dollari la tonnellata e la tariffa normale tra il punto B, che rappresenta la stazione di raccordo, e il punto C sull'altra linea ferroviaria è di cinque dollari la tonnellata, la seconda ferrovia può decidere di applicare una tariffa proporzionale di quattro dollari la tonnellata tra il punto B e il punto C su merci che partono da A e sono destinate a C e viceversa. **2.** ***aliquota proporzionale.*** Nella terminologia tributaria, indica un'aliquota di imposta costante, cioè che non varia col variare del reddito o con il valore della proprietà colpita dall'imposta, così che l'ammontare dell'imposta cresce in misura proporzionale al crescere dell'imponibile. (v. anche *proportional tax system, progressive rate*)

proportional reinsurance: ***riassicurazione proporzionale.*** Lo stesso che *quota share reinsurance* (v.).

proportional representation: ***rappresentanza proporzionale.*** Metodo di votazione nelle assemblee societarie che dà maggior peso ai singoli azionisti i quali, altrimenti, sarebbero schiacciati dagli azionisti di maggioranza. Il più diffuso metodo di questo tipo è il *cumulative voting* (v.).

proportional tax: ***imposta proporzionale.*** Un'imposta la cui aliquota è uniforme, qualunque sia la base imponibile del contribuente o il valore della proprietà che essa colpisce. (v. anche *progressive tax, regressive tax*)

proportional taxation: ***imposizione proporzionale; imposizione fiscale a aliquota costante.*** Termine usato come sinonimo di *proportional tax system* (v.).

proportional tax system: ***imposizione proporzionale; imposizione fiscale a aliquota costante.*** Sistema di imposizione fiscale basato su un'aliquota costante, qualunque sia l'entità del reddito o il valore della proprietà che essa colpisce, così che l'ammontare dell'imposta cresce in misura proporzionale al crescere della base imponibile. Un sistema di imposizione fiscale basato sull'imposta proporzionale, che sta a mezza strada fra l'imposta progressiva e quella regressiva, fu raccomandato da Adam Smith, ma oggi è considerato meno equo di quello basato sulle aliquote progressive. (v. anche *progressive tax system, regressive tax system*)

proposal for insurance: ***proposta di assicurazione.*** Di regola, chiunque intenda sottoscrivere un contratto di assicurazione deve presentare una proposta ad una compagnia assicuratrice, che assume la forma di una vera e propria domanda che la società può accettare o respingere. In questa proposta, che di solito è un questionario, l'assicurando espone i dettagli relativi all'oggetto per il quale chiede la copertura e il tipo di assicurazione che desidera stipulare. La proposta diventa così la base del contratto tra assicurato e assicuratore, con l'intesa che le informazioni in essa riportate corrispondono a verità per quanto sia a conoscenza dell'assicurando. Se le dichiarazioni rilasciate nella proposta sono mendaci o se viene taciuto o occultato un fatto rilevante, l'assicuratore potrà considerare la polizza nulla e di nessun effetto.

proposed dividend: ***dividendo proposto.*** Il dividendo, che compare nei rendiconti annuali, corrispondente ad una proposta del consiglio di amministrazione. Tale dividendo non può considerarsi definitivo, in quanto dovrà essere ratificato dall'assemblea ordinaria degli azionisti in concomitanza con l'approvazione del bilancio. Solo dopo la ratifica da parte dell'assemblea si ha la dichiarazione del dividendo ed esso diventa pagabile.

proposer: ***proponente.*** Termine usato nel linguaggio giuridico per indicare chi, in un'assemblea, propone una mozione, una legge, ecc. Egli ha il diritto di parlare per primo sulla sua proposta e di riprendere la parola per ultimo, prima che abbia luogo la votazione relativa.

proprietary accounts: ***conti proprietari.*** Sono indicati con questa espressione inglese i conti, inclusi quelli nominali, nei quali viene dato rilievo al capitale netto, di proprietà dei soci, sotto forma di azioni.

proprietary article: ***articolo in esclusiva.*** Termine usato come sinonimo di *proprietary product* (v.).

proprietary capital: ***capitale proprio dell'imprenditore.*** In un'impresa individuale, è il capitale originariamente investito dall'imprenditore, cui sono stati aggiunti gli utili reinvestiti nell'impresa. Il termine inglese viene usato per indicare anche il conto nel quale tale capitale trova espressione. (v. anche *proprietary interest*)

proprietary company: **1.** ***società madre; società finanziaria di partecipazione.*** Termine statunitense, usato con lo stesso significato di *parent company* (v.). **2.** ***società proprietaria.*** Nell'industria mineraria, viene indicata con questa espressione inglese una società che possiede terreni nei quali sono presenti giacimenti minerari che la società non sfrutta in proprio, ma dà in concessione ad altre imprese. La società proprietaria, quindi, non svolge alcuna attività economica, ma si limita ad incassare le royalties pagate dalle concessionarie. Di solito, tale società non emette obbligazioni o azioni privilegiate e pertanto gli utili derivanti dalle royalties, o parte di essi, vengono equamente distribuiti tra i comproprietari o azionisti della società. **3.** In Australia e nella Repubblica del Sud Africa viene indicata con questo termine una *private company* (v.).

proprietary good: ***bene in esclusiva.*** Lo stesso che *proprietary product* (v.).

proprietary insurance: ***assicurazione presso società per azioni.*** Il termine inglese indica l'assicurazione stipulata con una società per azioni, in contrapposizione a quella stipulata con una mutua assicuratrice.

proprietary insurance company: ***società assicuratrice per azioni.*** Nel Regno Unito è una compagnia di assicurazioni costituita sotto forma di società per azioni ed il termine serve a distinguerla da una mutua assicuratrice. In tale società, gli azionisti partecipano ai profitti o alle perdite a differenza dei soci delle mutue assicuratrici, nelle quali profitti e perdite vengono ripartiti tra gli assicurati. (v. anche *mutual insurance, mutual insurance company*)

proprietary interest: ***capitale netto; capitale proprio.*** Questa espressione inglese indica il capitale netto, inteso come eccedenza delle attività sulle passività, ovvero le attività nette classificate come capitale versato, utili non distribuiti e riserve. Nel caso di un'impresa individuale, l'espressione inglese indica il capitale proprio dell'imprenditore.

proprietary lease: Questo termine, di uso statunitense, indica il diritto di un socio di una cooperativa di possedere un appartamento per un periodo di tempo stabilito, in considerazione dell'acquisto di un determinato numero di azioni della cooperativa e del pagamento di un canone mediante il quale la cooperativa fa fronte ai costi di finanziamento, al pagamento delle imposte e alle spese di manutenzione dell'immobile. (v. anche *co-operative apartment*)

proprietary product: ***prodotto in esclusiva.*** Articolo prodotto e venduto dal titolare di un diritto di privativa, come ad esempio un brevetto. Tale situazione esclude la concorrenza diretta, in quanto il diritto di cui gode il produttore fa divieto ad altri di produrre o vendere lo stesso articolo.

proprietary rights: ***diritti di proprietà.*** Sono i diritti di cui gode un proprietario, in virtù del fatto che un bene gli appartiene. Tali diritti, tra l'altro, prevedono il godimento presente e futuro del bene economico di sua proprietà, con l'esclusione di altre persone dal possesso, dall'uso o dal controllo del bene stesso.

proprietary trading: ***attività di compravendita titoli in proprio.*** L'attività speculativa perseguita da molte *investment banks* di Wall Street, che acquistano e vendono valori mobiliari per proprio conto, invece che in qualità di intermediari, nel tentativo di trarre un profitto dai movimenti dei corsi che si verificano nel breve termine e anche nella stessa giornata di contrattazione.

proprietor: ***proprietario; titolare.*** Termine generico, usato per indicare una qualsiasi persona titolare di un diritto di proprietà. Si può applicare al proprietario di un bene immobile, di un'impresa individuale o di beni mobili, quali valori mobiliari o beni personali in senso stretto.

proprietorship: 1. ***capitale netto; capitale proprio.*** Termine usato con lo stesso significato di *proprietary interest* (v.). **2.** ***impresa individuale; impresa in proprio.*** Termine usato con lo stesso significato di *individual proprietorship* (v.). **3.** ***proprietà.*** Il termine inglese indica la proprietà di un'impresa da parte di un solo individuo, cioè il concetto astratto di diritto, la cui manifestazione concreta è l'impresa individuale.

proprietorship account: ***conto capitale proprio.*** È il conto acceso al capitale proprio di un imprenditore che possiede un'impresa individuale. (v. anche *individual proprietorship, proprietary interest*)

proprietorship register: ***registro immobiliare.*** È uno dei tre registri immobiliari esistenti nel Regno Unito in base al *Land Registration Act* del 1925. In esso vengono annotati gli estremi relativi al proprietario del bene immobile iscritto al catasto e precisamente nome, cognome, indirizzo, data di registrazione e prezzo al quale la proprietà è stata acquistata. (v. anche *property register, charges register 2*)

propulsive industries: ***industrie propulsive.*** Un gruppo di industrie la cui espansione è in grado di imprimere uno stimolo verso la crescita all'intera economia di un paese. Si tratta, di solito, di industrie che fanno uso di alta tecnologia e i cui prodotti sono oggetto di forte domanda da parte dei consumatori.

pro rata: ***proporzionale.*** Aggettivo usato in relazione a pagamenti e distribuzioni di spese, di entrate, di fondi, di dividendi, ecc., effettuati secondo una certa proporzione, che tende ad essere equa per tutti gli interessati.

pro rata condition: ***clausola della proporzionale.*** È una delle condizioni presenti nelle polizze di assicurazione contro l'incendio e gli incidenti e stabilisce che in caso di sinistro l'indennizzo che l'assicuratore pagherà non potrà essere superiore alla proporzione tra somma assicurata e valore reale della proprietà danneggiata. Ciò al fine di garantire che il bene sia assicurato al suo valore reale ed il premio venga pagato in base a tale valore. In alcune polizze si fa espressa deroga a questa clausola. (v. anche *leeway clause*)

pro rata distribution clause: ***clausola di distribuzione proporzionale.*** Nelle assicurazioni contro gli incendi, è la clausola che stabilisce che l'ammontare assicurato a copertura di più edifici verrà applicato come limite massimo per ciascun edificio in proporzione uguale a quella esistente tra valore del singolo edificio e valore complessivo di tutti gli edifici coperti da quell'ammontare assicurato.

pro rata freight: ***nolo proporzionale.*** Il nolo da pagarsi quando le merci trasportate vengono scaricate, con il consenso del loro proprietario, in un porto che precede, sulla rotta della nave, quello di destinazione. Il nolo così pagato è proporzionale al nolo stabilito per il trasporto dal porto di origine a quello di destinazione.

pro rata liability clause: ***clausola della responsabilità proporzionale; clausola della proporzionale.*** Nella terminologia delle assicurazioni, è la clausola che stabilisce che nel caso in cui un danno subito dall'assicurato è coperto da più polizze, il limite di responsabilità di ciascun assicuratore corrisponderà al rapporto tra valore nominale, cioè somma assicurata, di ciascuna polizza e valore nominale complessivo di tutte le polizze che coprono il bene perduto.

pro rata rate: ***tariffa proporzionale.*** Nelle assicurazioni, questa espressione indica il metodo di liquidazione del premio, all'atto dell'annullamento di una polizza, basato su una precisa proporzione temporale e non sull'applicazione di una tariffa più elevata per il periodo di tempo più breve. Così, se ad esempio una polizza viene annullata al decimo mese di un determinato anno, il premio da restituirsi dovrà corrispondere a due dodicesimi del premio pagato.

to prorate: ***ripartire proporzionalmente.*** In contabilità, questo verbo significa imputare o ridistribuire una parte di un costo, quale ad esempio un costo congiunto, ad un reparto, un'operazione, un'attività o un prodotto secondo una qualche formula o altra procedura concordata, ma spesso arbitraria. (v. anche *joint costs*)

proration: ***ripartizione proporzionale.*** Sostantivo usato con lo stesso significato del corrispondente verbo, descritto sotto *to prorate* (v.).

pros and cons: ***pro e contro.*** I pro e contro sono gli argomenti a favore e contrari ad una determinata azione, decisione, ecc., che vanno considerati prima di prendere qualsiasi iniziativa.

prospective utility: ***utilità probabile; utilità eventuale.*** Termine usato da W. S. Jevons, nella sua teoria dell'utilità, per indicare che un bene, anche se non effettivamente utile al momento attuale, può diventarlo in un momento futuro. Ne sono esempi le scorte tenute nei depositi dai commercianti, che pur non essendo immediatamente utili, lo diventeranno in un tempo più o meno breve.

prospective yield: ***reddito probabile; rendimento atteso.*** Quando una persona acquista un investimento o un bene capitale, egli acquista il diritto a una serie di rendimenti sperati, che cioè prevede di ottenere dalla vendita del prodotto realizzato mediante l'uso di quel bene capitale o dall'investimento in quell'attività capitale, dopo aver detratto le spese correnti per realizzare quella produzione durante la vita utile dell'attività.

prospectus: ***prospetto; programma; manifesto di emissione.*** Nell'articolo 455 del *Companies Act* del 1948, viene definito come «qualsiasi prospetto, avviso, circolare, inserzione o altro invito che offra al pubblico la sottoscrizione o l'acquisto di azioni o obbligazioni di una società» e pressocché identica è la definizione che ne dà la legge statunitense *Securities Act* del 1933. Il manifesto di emissione, oltre a descrivere le caratteristiche del titolo mobiliare offerto, contiene tutte le informazioni richieste a norma della legge vigente nel paese in cui ha luogo l'emissione. Tra l'altro, esso conterrà i particolari relativi ad altre emissioni della stessa società, alla sua storia passata, alla sua situazione presente e ai suoi progetti e alle sue previsioni per il futuro, al fine di offrire all'investitore materiale sufficiente per metterlo in grado di decidere se sottoscrivere o meno parte dell'emissione. In un manifesto di emissione obbligazionaria si deve anche indicare il numero delle obbligazioni, l'ammontare complessivo del prestito, il tasso di interesse, le garanzie offerte, la durata del prestito e il piano di ammortamento.

prosperity: ***prosperità.*** È una delle fasi del ciclo economico e precisamente quella caratterizzata da alti livelli produttivi, tanto che sui mercati c'è abbondanza di beni e servizi, libera circolazione della moneta, piena occupazione dei fattori della produzione, alti salari e profitti e un senso prevalente di ottimismo e di benessere. (v. anche *trade cycle*)

prosperity phase: ***fase di prosperità.*** La fase del ciclo economico descritta sotto *prosperity* (v.).

protected bear: ***ribassista coperto.*** Termine usato con lo stesso significato di *covered bear* (v.).

protected imports: ***importazioni protette.*** Il termine inglese indica beni di importazione sui quali è previsto che gravi un forte dazio, che ha lo scopo di limitarne l'ingresso nel paese e così proteggere le industrie nazionali produttrici dello stesso bene o di beni succedanei. (v. anche *protective duty, protectionism*)

protected preferred shares: ***azioni privilegiate protette.*** Sono alcuni tipi di azioni privilegiate, che vantano un diritto prioritario al dividendo anche rispetto a quello delle normali azioni privilegiate. Vengono emesse da alcune società americane al fine di garantire un dividendo agli azionisti privilegiati anche quando i risultati dell'esercizio non lo giustificherebbero.

protected transaction: ***operazione protetta.*** Nella procedura fallimentare, in base alla legge britannica qualunque operazione effettuata dopo la dichiarazione di apertura del fallimento o dopo l'inizio della procedura di liquidazione di una società non ha valore e il curatore o il liquidatore possono rientrare in possesso di somme erogate in relazione a tali operazioni. Vengono escluse da questo trattamento le cosiddette operazioni protette, cioè quelle effettuate dal debitore in buona fede e in considerazione di un corrispettivo.

protecting club: ***club di protezione e indennità.*** Espressione a volte usata come sinonimo di *protection and indemnity club* (v.).

protection: 1. ***protezione.*** Con questo termine si indica la protezione offerta da un governo alle industrie del paese, attraverso l'applicazione di dazi protettivi e di una politica, detta appunto protezionismo, che ha l'effetto di limitare gli scambi commerciali tra quel paese e altri paesi. (v. anche *protectionism, protective duty*) **2.** ***protezionismo.*** Il termine inglese viene spesso usato come sinonimo di *protectionism* (v.).

protection and indemnity clause: ***clausola di protezione e indennità.*** Nelle assicurazioni marittime, è una clausola in polizza che prevede l'estensione della copertura del rischio previsto nella polizza stessa.

protection and indemnity club: ***club di protezione e indennità.*** È un'associazione, del tipo di mutua assistenza, costituita da armatori con l'obiettivo di tutelare i membri dalle responsabilità in materia di sinistri marittimi. La tutela si concretizza attraverso la costituzione di un fondo, da parte degli armatori associati, dal quale saranno prelevate le somme necessarie per indennizzare le perdite subite dai membri del club, per le quali non erano riusciti a trovare adeguata copertura sul mercato delle assicurazioni marittime.

protection and indemnity insurance: ***assicurazione di protezione e indennità.*** È l'assicurazione marittima che trova espressione in una polizza, il cui scopo è quello di estendere il tipo di rischio coperto da un'altra polizza che non contiene la clausola di protezione e indennità. (v. anche *protection and indemnity clause*)

protection club: ***club di protezione e indennità.*** Termine usato come sinonimo di *protection and indemnity club* (v.).

protectionism: ***protezionismo.*** Politica di restrizione degli scambi internazionali, attraverso il controllo delle importazioni e/o delle esportazioni con lo scopo di realizzare un determinato obiettivo. In particolare, il termine indica l'applicazione di dazi protettivi ai beni di importazione nel tentativo di offrire protezione alle industrie nazionali nascenti o ancora in via di espansione o a quelle industrie di cui si vuole promuovere l'espansione in quanto di importanza vitale per la difesa del paese. Il protezionismo si trovò nella sua fase più acuta durante il periodo del mercantilismo, ma anche in seguito, quando si tentò di sbarazzarsi di tale politica in favore del libero scambio, la maggior parte dei paesi si è sempre mostrata poco disposta ad adottare in pieno il criterio della libera circolazione di beni e lavoro. Gli argomenti addotti a sostegno del protezionismo sono molti, ma tutti, con la sola eccezione di quello delle industrie nascenti, sono stati confutati in epoche remote o recenti dai fautori del libero scambio, i quali hanno dimostrato che la produzione mondiale può raggiungere il massimo livello soltanto se si eliminano tutte le forme di restrizione o limitazione degli scambi internazionali. Nel periodo tra le due guerre mondiali vi fu una recrudescenza del protezionismo, dettata principalmente dalla pesante crisi economica, ma anche dal desiderio di molti paesi di raggiungere l'autarchia a causa dei rischi che essi avrebbero potuto correre in caso di guerra e conseguente blocco del flusso internazionale di beni e servizi. Nel periodo successivo alla seconda guerra mondiale si è fatto molto per ridurre le tariffe protettive, ma di tanto in tanto si riacutizza la spinta al protezionismo in qualche paese, che porta come reazione, da parte di altri paesi, l'applicazione di tariffe protettive nei confronti dei beni provenienti dal paese che per primo ha mostrato i sintomi e gli effetti del protezionismo. (v. anche *mercantilism, infant industry, free trade, international trade*)

protectionism of a currency: ***protezionismo valutario.*** Il sistema di interventi di una banca centrale, tesi a proteggere la valuta nazionale mediante restrizioni che spingono il tasso di cambio in una direzione coerente con la politica economica del governo.

protectionist: ***protezionista.*** Chiunque sostiene la politica del protezionismo e si oppone a quella del libero scambio. Gli argomenti che i protezionisti portano a giustificazione della loro scelta e che si trovano alla base del protezionismo sono vari e molteplici. Tra i più frequenti, ricordiamo: a) il desiderio di un paese di essere autosufficiente, per motivi politici; b) l'argomento delle industrie nascenti; c) il desiderio di proteggere il tenore di vita di un paese dalla concorrenza di un altro paese nel quale i costi di produzione risultano più bassi come conseguenza di un tenore di vita più basso; d) l'argomento delle misure di ritorsione contro paesi che adottano pratiche protezionistiche; e) la protezione dell'economia nazionale contro pratiche di *dumping* (v.); f) la protezione di industrie chiave, vitali per la difesa del paese.

protectionist barriers: ***barriere protezionistiche.*** Lo stesso che *protective barriers* (v.).

protectionist legislation: ***legge protezionistica; legislazione protezionistica.*** Una singola legge o un insieme di leggi che rendono operanti una serie di disposizioni tendenti a limitare le importazioni da paesi esteri o, comunque, ad accentuare il protezionismo commerciale.

protectionist measures: ***misure protezionistiche.*** Serie di misure tendenti a limitare di fatto il volume delle importazioni provenienti da paesi stranieri, anche se esse non sempre trovano fondamento in leggi dello stato.

Protection of Depositors Act: Legge, approvata dal parlamento britannico nel 1963, con la quale si intende proteggere i risparmiatori che rispondono agli inviti delle società finanziarie di depositare risparmi presso di loro. In base alle norme stabilite da questa legge, le società finanziarie che intendono invitare il pubblico a depositare risparmi nelle loro casse devono: a) non usare il termine banca e simili nei loro inviti; b) sottoporre tali inviti all'approvazione del *Board of Trade* (v.); c) sottoporre al *Board of Trade*, al *Registrar of Companies* (v.) e al pubblico copia dei loro bilanci. (v. anche *finance house*)

protective barriers: ***barriere protettive.*** Barriere doganali e non doganali alzate da un paese per limitare o escludere le importazioni di beni e servizi prodotti all'estero, con l'obiettivo di proteggere le industrie nazionali dalla concorrenza straniera.

protective committee: ***comitato di protezione.*** Negli Stati Uniti, è così detto un gruppo di portatori di obbligazioni o di azioni privilegiate nominato allo scopo di tutelare gli interessi di tutta la categoria in occasione di liquidazione o di riorganizzazione della società.

protective duty: ***dazio protettivo; dazio economico.*** Il dazio imposto sulla importazione di beni provenienti da paesi stranieri, al fine di proteggere le industrie o i produttori nazionali. Può assumere la forma di dazio industriale, quando i prodotti di importazione vengono sovvenzionati dai paesi esportatori con forme di premi agli esportatori e diventa, quindi, necessario ristabilire l'esatta proporzione tra costi e prezzi; oppure, può prendere la forma di un dazio proibitivo, quando si vuole rendere impossibile la vendita dei prodotti esteri sul mercato nazionale. (v. anche *prohibitive duty, countervailing duty*)

protective duty relief: ***esenzione dai dazi protettivi.*** L'esenzione dal pagamento o la riduzione dei dazi doganali che il Regno Unito concedeva ai beni provenienti da determinati paesi in base a trattati bilaterali del tipo di quelli noti come *imperial preference* (v.). Tale tipo di esenzione venne prima ridotta e successivamente del tutto abolito a seguito dell'ingresso del Regno Unito nella Comunità Economica Europea.

protective policy: ***politica protezionistica.*** La politica che tende a proteggere le industrie e i produttori nazionali dalla concorrenza di paesi esteri. (v. anche *protectionism, protectionist, protective duty*)

protective tariff: ***tariffa doganale protettiva.*** È una tariffa che consiste essenzialmente di dazi protettivi. Una tariffa del genere ha l'effetto di limitare gli scambi internazionali, con la conseguente diversificazione delle industrie del paese che l'adotta, ma anche con il conseguente aumento dei costi di produzione e del costo della vita.

protest: 1. ***protesto; protesto cambiario; protesto definitivo.*** È un certificato ufficiale rilasciato da un notaio, o altro pubblico ufficiale a ciò autorizzato, nel quale si attesta che è stato rifiutato il pagamento, o l'accettazione, di un titolo di credito. Quando una cambiale non viene pagata o accettata, il possessore la può consegnare ad un notaio affinché venga elevato il protesto. Il notaio provvede a ripresentarla al trattario o all'accettante e se questi rifiutano il pagamento o l'accettazione, il notaio dichiara tale fatto nel certificato di protesto. Scopo del protesto, secondo la legge britannica, è quello di fornire prova, al traente o altra parte interessata, del mancato pagamento o della mancata accettazione del titolo di credito, al fine di poter iniziare un'azione di regresso. **2.** ***dichiarazione di avaria; testimoniale di avaria; rapporto di avaria; relazione di avaria.*** La dichiarazione, rilasciata dal capitano di una nave davanti a un console o a un notaio, relativa alle circostanze che hanno portato al verificarsi di un danno alla nave o al carico da essa trasportato. A volte gli assicuratori richiedono la presentazione di tale documento prima di procedere alla liquidazione di un sinistro e deve essere, pertanto, cura dell'assicurato procurarselo ed esibirlo insieme alla sua richiesta di indennizzo.

protest charges: ***spese di protesto.*** Sono le spese relative al protesto di un titolo di credito, specificate da un notaio nel certificato di protesto.

protester: Il creditore che fa elevare un protesto cambiario, a seguito di mancata accettazione o mancato pagamento da parte dell'obbligato.

protest for non-acceptance: ***protesto per mancata accettazione.*** È il protesto, descritto sotto *protest 1* (v.), quando la sua causa è la mancata accettazione di una cambiale.

protest for non-payment: ***protesto per mancato pagamento.*** È il protesto, descritto sotto *protest 1* (v.), quando la sua causa è il mancato pagamento di una cambiale o altro titolo di credito.

protest of average: ***dichiarazione di avaria; testimoniale di avaria; rapporto di avaria; relazione di avaria.*** Lo stesso che *protest 2* (v.).

provable debts: ***debiti ammissibili; debiti documentabili.*** L'espressione inglese indica i debiti del fallito che il creditore è in grado di dimostrare e che possono, pertanto, essere ammessi al passivo di un fallimento. (v. anche *proof of debts*)

proved credits: ***crediti ammessi.*** Sono i crediti che, essendo stati dimostrati dal creditore, sono stati ammessi al passivo di un fallimento ed hanno pertanto diritto a partecipare al riparto dell'attivo fallimentare.

proved debt: ***credito ammesso al passivo.*** Lo stesso che *debt proved in bankruptcy* (v.).

provident fund: ***fondo di previdenza; fondo liquidazioni.*** È un fondo costituito dal datore di lavoro e, in alcuni paesi, dallo stato e amministrato in favore del lavoratore. Tale fondo, che può considerarsi simile ma non uguale al nostro fondo liquidazioni, è in alcuni paesi preferito al fondo pensioni. Esso viene costituito mediante il versamento di contributi da parte del lavoratore e del datore di lavoro e, pertanto, è fisicamente esistente, a differenza del nostro fondo liquidazioni che spesso è soltanto nominale. Il lavoratore ha il diritto di prendere in prestito somme da questo fondo, che dovrà successivamente rimborsare mediante trattenute sullo stipendio e, alla fine del suo rapporto di lavoro, avrà diritto a ricevere in unica soluzione la parte di questo fondo che gli compete.

provident societies: Lo stesso che *Industrial and Provident Societies* (v.).

provincial clearing: ***compensazione provinciale.*** La compensazione di titoli di credito che aveva luogo in una qualsiasi piazza all'infuori di Londra. Oggi, l'unica compensazione provinciale che sopravvive è quella pomeridiana a Liverpool (v. anche *provincial clearing house*)

provincial clearing house: ***stanza di compensazione provinciale.*** Una qualsiasi delle stanze di compensazione che avevano sede in città del Regno Unito diverse da Londra. La prima stanza di compensazione provinciale fu aperta a Manchester nel 1872 e ad essa fecero seguito quella di Liverpool, aperta nel 1886, e quella di Birmingham, aperta nel 1888. In passato, vi erano più di dieci stanze di compensazione che svolgevano la loro attività in provincia. Esse provvedevano alla compensazione di titoli di credito, emessi nella zona in cui operavano, sotto la supervisione della Banca d'Inghilterra quando esisteva una filiale della banca centrale nella città sede della stanza di compensazione. Altrimenti, le banche presenti si assumevano a turno il compito di agire da banca di compensazione dei saldi giornalieri, oppure essi venivano liquidati attraverso l'emissione di assegni circolari.

provision: 1. ***accantonamento; fondo.*** Un qualsiasi ammontare registrato sui libri contabili a copertura di passività future e previste. Viene definito nel *Companies Act* del 1948 come «qualsiasi somma stornata o accantonata al fine di provvedere ad ammortamento, rimpiazzo o diminuzione di valore di un'attività, o accantonata per far fronte a qualsivoglia passività nota, il cui ammontare non può essere determinato con precisione». **2.** ***clausola; disposizione.*** Una qualsiasi clausola contenuta in una dichiarazione o in un documento formale o legale, quali ad esempio un contratto o un testamento. **3.** ***provvista cambiaria.*** I fondi rimessi dal traente di una cambiale di comodo al trattario allo scopo di far fronte alla cambiale, o anche i beni che restano in possesso del trattario o da lui dovuti al traente, ma utilizzati per far fronte alla scadenza dell'effetto.

provisional allotment letter: ***lettera di assegnazione preliminare; avviso di riparto preliminare.*** L'avviso di riparto inviato da una società ai propri azionisti nel caso in cui abbia luogo un'emissione di azioni riservata ai vecchi azionisti. Questo documento fa parte dei cosiddetti *renounceable documents* (v.).

provisional budget: ***bilancio provvisorio.*** Un bilancio di previsione statale ancora soggetto a revisioni e adeguamenti per quanto si riferisce sia alle entrate che alle uscite.

provisional certificate: ***certificato provvisorio.*** È il certificato rilasciato ad un sottoscrittore di un prestito obbligazionario, che prevede il pagamento del prezzo delle obbligazioni attraverso versamenti rateali, all'atto del primo versamento. Il certificato provvisorio viene riconsegnato all'ente emittente all'atto del pagamento dell'ultima rata e viene sostituito con il certificato obbligazionario definitivo. Un simile certificato provvisorio può essere rilasciato da una società anche in relazione alla emissione di nuove azioni, che non sono state ancora stampate, e sarà sostituito con il certificato azionario definitivo appena questo sarà pronto per la consegna.

provisional invoice: ***fattura provvisoria.*** Fattura emessa temporaneamente e che dovrà presto essere seguita e sostituita dalla fattura definitiva.

provisional liquidator: ***liquidatore interinale.*** Nel momento in cui una corte emette un ordine di liquidazione, essa provvede anche a nominare un liquidatore interinale nella persona del curatore, in attesa di nominare il liquidatore vero e proprio.

provision for bad and doubtful debts: ***fondo svalutazione crediti; fondo perdite su crediti.*** È un fondo costituito a fronte di crediti inesigibili o dubbi. Appena un credito assume tale connotazione, si provvede ad accantonare, prelevandola dagli utili, una somma pari all'ammontare del credito inesigibile, o a quella parte del credito che si ritiene inesigibile, con la quale far fronte alla perdita subita. Tutti questi singoli accantonamenti costituiscono il fondo svalutazione crediti.

provision for depreciation: ***fondo svalutazione.*** Nel linguaggio della contabilità, indica una posta rettificativa del bilancio, precostituita al fine di tener conto della svalutazione dei beni patrimoniali dell'impresa.

provision for discounts allowable: ***fondo per sconti vendite.*** Fondo creato per gli sconti di cassa che si presume saranno richiesti dai debitori che salderanno i loro conti prima della scadenza stabilita.

provision for renewals: ***fondo sostituzioni; accantonamento per sostituzioni.*** Termine di contabilità, usato per indicare un fondo costituito allo scopo di far fronte a spese di sostituzione di piccola entità, relative agli impianti fissi. Invece di provvedere all'imputazione dei costi di rinnovamento o di sostituzione via via che essi si sostengono, un'impresa può optare per la costituzione di un fondo in base alla media annua di tali costi.

proviso: ***clausola condizionale.*** Qualsiasi clausola che in un contratto, in una legge o in un atto inizia con le parole *provided that...* . Essa ha la funzione di limitare o condizionare quanto precede o segue.

prox.: ***prossimo.*** Il termine inglese è l'abbreviazione della parola latina proximo che veniva usata, nella pratica e nella corrispondenza commerciale, per indicare il mese prossimo senza dover ricorrere al nome del mese. Tale pratica si è ormai quasi del tutto estinta, in quanto è più semplice usare il nome o l'abbreviazione del nome del mese, che risulta anche più preciso e comporta meno rischi di commettere errori.

proximate cause: ***causa prossima.*** Nel linguaggio giuridico e assicurativo, è la causa immediata di un evento o di una serie di eventi.

proximo: ***prossimo.*** V. spiegazione sotto *prox.*

proxy: **1.** ***delega.*** L'autorizzazione scritta con la quale un azionista designa un'altra persona a votare in suo nome e per suo conto ad un'assemblea degli azionisti. Vi sono due tipi di delega, quella speciale e quella generale. La prima autorizza il delegato a votare ad un'assemblea particolare; la seconda lo autorizza a votare in una qualsiasi assemblea. La delega speciale può, inoltre, lasciare libero il delegato di votare come egli ritiene opportuno; oppure, e in questo caso è indicata in inglese col termine *two–way proxy*, autorizza il delegato a votare a favore o contro una delibera a seconda delle indicazioni espresse dal delegante. **2.** ***delegato.*** La persona che viene delegata, a mezzo di apposito documento scritto, a votare in nome e per conto di un azionista ad un'assemblea dei soci.

proxy card: ***carta di delega; modulo per delega.*** È il modulo, fornito dalla società, con il quale un azionista può nominare un proprio delegato. È sinonimo di *proxy form* (v.), con la sola differenza che il *proxy card* è senz'altro rilasciato dalla società, mentre l'altro è un qualsiasi modulo o documento non necessariamente fornito dalla società. (v. anche *proxy 1*)

proxy form: ***modulo per delega.*** È il modulo, di solito fornito dalla società, con il quale un azionista può delegare un'altra persona a votare in suo nome e per suo conto ad un'assemblea degli azionisti. Lo stesso termine è passato ad indicare anche la delega così rilasciata. (v. anche *proxy 1*)

proxy statement: ***informazioni per delega.*** Il termine, di uso statunitense, indica un insieme di informazioni che vengono inviate a un piccolo azionista in occasione della richiesta di delega per rappresentarlo all'assemblea dei soci. È una pratica seguita da grossi azionisti o membri del consiglio di amministrazione, che intendono così aumentare il numero di voti a loro disposizione allo scopo di far approvare dall'assemblea le loro proposte o di garantirsi l'elezione nel consiglio di amministrazione.

proxy voting: ***votazione per delega.*** La votazione che un azionista effettua mediante l'intervento di un suo delegato all'assemblea degli azionisti.

PRT: petroleum revenue tax.

prudence concept: ***concetto della prudenza.*** È uno dei fondamentali concetti contabili, che prevede che le entrate e i profitti non vengano calcolati e registrati in via previsionale, ma soltanto quando essi si sono realmente materializzati. Lo stesso concetto prevede, invece, che le passività vengano incluse nei conti con cifre specifiche quando sono note con ragionevole certezza.

Prudential Assurance Co. Ltd.: Fondata nel 1848, è la

più grande compagnia di assicurazione operante nel Regno Unito. Si interessa di tutti i rami assicurativi, incluso quello della cosiddetta *industrial assurance* (v.).

prudent investment: ***cauto investimento.*** Un investimento, quale ad esempio quello effettuato da un amministratore fiduciario, caratterizzato dalla cura e dall'oculatezza che ci si aspetterebbe da un buon padre di famiglia o da un capace uomo d'affari. La stessa espressione viene usata nelle imprese di pubblici servizi per indicare il minimo costo al quale si può creare un'unità o un sistema operativo, ponendo l'interesse degli utenti davanti a quello degli azionisti. Tale costo spesso diventa il punto base per la determinazione delle tariffe alle quali viene erogato il servizio pubblico. (v. anche *prudent man rule*)

prudent-investment-cost standard: ***standard di costo di cauto investimento.*** Espressione usata in relazione alla valutazione delle attività fisse di una società per azioni, per indicare il costo originale dell'attività meno quella parte di tale costo che rappresenta un investimento incauto, disonesto o eccessivamente dispendioso.

prudent investment cost theory of rate making: ***determinazione delle tariffe basata sulla teoria del costo di cauto investimento.*** Nella determinazione delle tariffe ferroviarie e delle tariffe di pubblici servizi, il costo di cauto investimento indica l'ammontare che un buon padre di famiglia o un capace uomo d'affari avrebbero pagato per l'attività destinata al pubblico servizio al momento della sua acquisizione. L'ammontare, tuttavia, non può mai essere superiore a quello effettivamente pagato dall'attuale proprietario del bene. Sulla base di tale costo, vengono determinate le tariffe e il tasso di remunerazione del capitale investito dagli azionisti nell'impresa di pubblici servizi. Si tratta di una pratica di uso statunitense. (v. anche *cost of capital theory of rate making, fair return on fair value theory of rate making, investment cost theory of rate making, original cost theory of rate making, reproduction cost theory of rate making*)

prudent man rule: ***regola dell'uomo prudente.*** È una delle regole che consentono ad un amministratore fiduciario di effettuare investimenti di fondi, di cui ha l'amministrazione, in titoli che non rientrano nell'elenco degli investimenti legali, purché così facendo egli agisca con prudenza e cautela. Il principio dell'uomo prudente è noto negli ambienti finanziari da molto tempo e si basa sull'omonima regola enunciata nel 1930 da Putnam, giudice della Corte Suprema del Massachusetts, in questi termini: «Tutto quello che si può pretendere da un amministratore di beni altrui è che si comporti lealmente e agisca con saggia discrezione. Egli deve osservare in che modo gli uomini prudenti, assennati ed intelligenti conducono i propri affari, non per speculare, ma per l'impiego permanente dei loro capitali, in considerazione del reddito probabile e della possibile salvaguardia del capitale da investire». (v. anche *legal investments*)

P/S: public sale.

PSBR: public sector borrowing requirement.

PSDR: public sector debt repayment.

PSL1: È indicata con questa sigla una misura della liquidità del settore privato dell'economia composta da M1 più: depositi bancari a tempo del settore privato con scadenza entro due anni; certificati di deposito in sterline; altri titoli del mercato monetario; certificati di deposito fiscali. (v. anche *M1/5*)

PSL2: È indicata con questa sigla una misura della liquidità del settore privato dell'economia che consiste di *PSL1* (v.) più i depositi del settore privato presso le *building societies* e la *National Savings Bank*, esclusi i contratti *save as you earn* (v.); meno i depositi bancari e i portafogli di titoli del mercato monetario di proprietà delle *building societies*.

psychic income: ***reddito psicologico.*** Espressione generica, usata per indicare la soddisfazione che, a livello psichico, una persona trae dal bene economico o dal servizio che possiede o riceve. Può, ad esempio, essere considerato reddito psicologico la soddisfazione che trae un lavoratore da un particolare tipo, luogo o condizione di lavoro. Il reddito psicologico può anche trascendere la soddisfazione materiale derivante da un lavoro meglio remunerato, ma prestato in circostanze meno favorevoli o soddisfacenti.

psychological influences: ***influenze psicologiche.*** Espressione usata in relazione alle aspettative ottimistiche o pessimistiche degli operatori economici, che riescono ad influenzare l'andamento e le tendenze dell'attività economico-commerciale. Il risultato di tali influenze è facilmente percepibile nei mercati organizzati quali le borse valori, dove il diffondersi di notizie o opinioni svolge una notevole influenza sugli scambi e determina l'aumento o la diminuzione dei corsi. Le influenze psicologiche sono state da alcuni ipotizzate quale spiegazione del ciclo economico. (v. anche *psychological theory of the trade cycle*)

psychological theory of the trade cycle: ***teoria psicologica del ciclo economico.*** È la teoria che ascrive le variazioni che si manifestano nel ciclo economico a ondate di ottimismo e di pessimismo. Secondo questa teoria, una generale situazione di ottimismo, derivante da favorevoli condizioni economiche, stimola l'attività e il ciclo raggiunge la fase di prosperità. Quando, invece, si verificano anche lievi disturbi nell'attività economica, si comincia a sentire un certo pessimismo che fa invertire la rotta alla tendenza economica e si precipita nella recessione via via che il pessimismo si diffonde. Non ostante la possibilità di verifica di questa teoria, sembra improbabile poter ascrivere le fluttuazioni del ciclo economico semplicemente alle influenze psicologiche.

pt.: 1) payment; 2) pint; 3) part.

p.t.: part time.

P.T.: 1) preferential tariff; 2) purchase tax.

P.T.O.: please turn over.

pt. pf.: participating preferred.

pty: proprietary company.

public: ***pubblico.*** Termine usato come sostantivo, per indicare collettivamente tutti i membri di una comunità, e come aggettivo, per indicare tutto ciò che interessa e riguarda tale comunità e non il singolo individuo.

public account: ***conto pubblico.*** Nel linguaggio bancario, il termine inglese indica un conto costituito presso una banca e intestato ad un ente pubblico.

public accountancy: ***contabilità pubblica; contabilità di stato.*** L'insieme delle norme che regolano la gestione amministrativa dello stato e delle sue suddivisioni locali. Stabilisce il modo in cui devono essere tenuti i conti dello stato e degli enti locali, le forme di controllo e i principi alla base della formulazione dei bilanci.

public accountant: ***commercialista; dottore commercialista.*** Il termine inglese indica un professionista, esperto di questioni di contabilità aziendale, che offre i propri servizi di consulenza al pubblico. La stessa espressione può essere usata per indicare una ditta, o uno studio, di commercialisti. (v. anche *licensed public accountant, public accounting*)

public accounting: ***libera professione di commercialista.*** L'espressione inglese indica la libera professione o l'attività di un dottore commercialista. In particolare, la sua attività di mettere al servizio del pubblico le proprie capacità professionali, nel campo della contabilità aziendale, progettando e instaurando sistemi di contabilità finanziaria e dei costi, provvedendo alla revisione dei conti, preparando relazioni basate su tali revisioni, fornendo consigli alla gestione in relazione alle politiche finanziarie e aziendali in genere e prendendosi cura dell'aspetto fiscale. I servizi offerti da questa figura di professionista non sono mai basati sul tempo pieno, altrimenti egli diventerebbe un dipendente dell'azienda, e possono essere limitati ad una o due soltanto delle funzioni elencate sopra.

public accounts: ***conti pubblici.*** I conti delle entrate e delle uscite di uno stato.

Public Accounts Committee: Commissione della Camera dei Comuni britannica, preposta al controllo e alla verifica dei conti dello stato. La Commissione riceve ed esamina la relazione del *Comptroller and Auditor General* allo scopo di accertare che: a) la spesa pubblica è stata preventivamente approvata dal parlamento; b) l'oggetto della spesa pubblica è effettivamente quello indicato dal parlamento, per il quale fu approvato lo stanziamento.

public administration: ***amministrazione pubblica.*** L'attività tendente al conseguimento di scopi d'interesse pubblico o sociale e svolta dallo stato direttamente o attraverso l'opera di sue suddivisioni amministrative, dotate di personalità giuridica.

public administrator: ***amministratore pubblico.*** Chiunque sia preposto all'amministrazione di denaro pubblico e faccia parte del governo centrale di un paese o di una delle sue suddivisioni amministrative.

public affairs department: ***ufficio relazioni pubbliche; reparto relazioni pubbliche.*** Termine a volte usato con lo stesso significato di *public relations department* (v.).

public assistance: ***assistenza pubblica.*** L'assistenza, erogata dallo stato attraverso enti locali o associazioni abilitate e autorizzate a svolgere tale servizio, alle persone bisognose, ai disoccupati e a coloro che non hanno diritto ai benefici previsti dalle assicurazioni sociali. (v. anche *national insurance acts, Social Security Act*)

publication: ***pubblicazione; pubblicizzazione.*** Il termine inglese indica sia un qualsiasi tipo di prodotto dell'industria editoriale (libro, periodico, quotidiano, ecc.), sia l'atto di rendere una notizia di pubblico dominio.

publication advertising: ***pubblicità sulla stampa.*** È la pubblicità fatta per mezzo di inserzioni sulla stampa quotidiana, periodica e non periodica. È fra i tipi di pubblicità più costosi, ma anche tra i più efficaci soprattutto quando la pubblicazione prescelta ha una grande tiratura.

public auction: ***asta pubblica; vendita a asta pubblica; vendita all'incanto.*** Termine usato con lo stesso significato di *auction* (v.).

public auditor: ***revisore dei conti esterno.*** Lo stesso che *external auditor* (v.).

public bond: ***titolo pubblico.*** Negli Stati Uniti, questo termine viene usato per indicare titoli a reddito fisso emessi da un qualsiasi stato, ente locale, amministrazione pubblica, ecc. Il termine viene usato al fine di distinguere questo tipo di titoli da quelli, sempre a reddito fisso, emessi da società commerciali o industriali a capitale privato.

public borrowing: ***assunzione di debito pubblico.*** L'azione di contrarre un debito da parte di un governo. (v. anche *public debt*)

public capital: ***capitale pubblico.*** Espressione generica, usata per indicare il capitale di proprietà dello stato o sue suddivisioni amministrative e anche, in senso collettivo, gli investimenti del settore pubblico di un'economia.

public carrier: ***vettore pubblico.*** Termine usato con lo stesso significato di *contract carrier* (v.).

public choice: ***scelta pubblica.*** Questo termine indica uno sviluppo relativamente recente nell'applicazione della teoria e dell'analisi economiche alle decisioni politiche, basato sulla teoria degli incentivi e dei deterrenti nelle scelte politiche relative all'uso di risorse, a differenza del presupposto della teoria economica tradizionale che sosteneva il contrasto tra il comportamento di mercato dettato da interesse privato e il comportamento politico dettato dall'interesse pubblico.

public choice economics: ***economia delle scelte pubbliche; economia della politica.*** V. spiegazione sotto *public choice theory*.

public choice theory: ***teoria delle scelte pubbliche.*** Teoria che abbraccia il campo delle scienze economiche e delle scienze politiche. Questo approccio adotta la metodologia di base dell'economia, sottolineando il comportamento di individui razionali con interessi personali e la possibilità che derivino utili reciproci dalla produzione e dallo scambio economici. A differenza di molte applicazioni economiche, tuttavia, l'analisi delle scelte pubbliche sottolinea anche i conflitti distributivi presenti nel processo economico–politico e le difficoltà che si incontrano nella creazione di efficienti meccanismi decisionali collettivi. La teoria include sia l'analisi normativa dei possibili modi di migliorare il quadro istituzionale che influenza il processo decisorio economico e politico, sia l'analisi positiva dei modi in cui vari gruppi e individui dispongono di differenti gradi di potere effettivo di influenzare i risultati di una qualsiasi politica. Inoltre, dimostra come in molte circostanze il tentativo di soddisfare interessi razionali particolari da parte di tutti può portare a risultati irrazionali per la collettività. L'approccio spiega, ad esempio, perché la maggioranza del pubblico che trae vantaggi dal libero scambio è molto meno incentivata a influenzare le decisioni politiche di quanto lo siano le minoranze che traggono vantaggio dal protezionismo. Così, mentre condivide le ipotesi normative della scuola dell'interdipendenza che affermano che il commercio internazionale genera benefici netti per il pubblico, mostra come le minoranze possano tuttavia essere capaci di assicurarsi l'imposizione di misure protezionistiche. E mentre condivide il concetto marxista che interessi particolari possano dominare le decisioni governative, mostra che gli interessi delle classi lavoratrici e capitaliste non sono affatto monolitici. Così, contrariamente alle implicazioni della semplice teoria marxista, spesso vediamo che i lavoratori e il padronato di industrie specifiche si alleano per assicurarsi misure protezionistiche a spese di lavoratori e capitalisti che operano in altri settori. La base della teoria afferma che coloro che sono preposti alle decisioni del settore pubblico tendono a massimizzare gli interessi personali esattamente come fanno coloro che sono preposti alle decisioni del settore privato e traggono vantaggi, se non altro in termini di popolarità, approvando spese pubbliche che privilegiano particolari gruppi, senza imporre tasse per finanziare tali spese. Uno dei risultati ovvii di tale comportamento è l'aumento dei deficit pubblici che si è verificato in anni recenti in tutti i paesi industrializzati.

public company: ***società pubblica; società per azioni; società a capitale diffuso.*** Nel Regno Unito, è una qualsiasi società per azioni, costituita in base al *Companies Act*, il cui capitale viene sottoscritto dal pubblico attraverso l'acquisto di azioni, che possono essere liberamente vendute a terzi senza il preventivo consenso degli altri azionisti. Questo tipo di società deve conformarsi alle disposizioni di legge, tra le quali l'iscrizione al Registro delle Società. Nel 1970 esistevano nel Regno Unito 16639 società pubbliche, delle quali poco più di 5000 erano quotate alla borsa valori di Londra, ma soltanto poco più di 3000 erano attive. (v. anche *public corporation, private company, joint–stock company, limited liability company*)

public consumption monopoly: ***monopolio sociale; monopolio pubblico di consumo.*** È un monopolio di stato, o pubblico, che ha lo scopo di regolare il consumo di determinati beni reputati dannosi per la salute dei cittadini. Ne sono esempi il monopolio dei tabacchi e il monopolio delle bevande alcoliche, istituiti principalmente allo scopo di limitare il consumo di questi beni. Poiché, tuttavia, questo scopo si raggiunge soprattutto attraverso l'imposizione di un prezzo notevolmente più elevato di quello che verrebbe a formarsi in una situazione di concorrenza, questo tipo di monopolio ha anche lo scopo di garantire un'entrata nelle casse dello stato, nel qual caso è anche parzialmente un monopolio fiscale. (v. anche *public monopoly, monopoly, fiscal monopoly*)

public corporation: 1. ***società pubblica; società a capitale pubblico.*** Espressione usata negli Stati Uniti per indicare una società che offre i propri beni o servizi al pubblico e il cui capitale appartiene a persone che non sono dipendenti della società, né membri del suo consiglio di amministrazione. Il termine, quindi, può applicarsi tanto ad una società a partecipazione statale, quanto ad un'impresa il cui capitale è controllato dallo stato attraverso una propria agenzia. **2.** ***ente di diritto pubblico; ente pubblico; persona giuridica pubblica.*** Negli Stati Uniti, questo termine indica anche sia una suddivisione amministrativa dello stato, costituita allo scopo di svolgere le funzioni di governo locale, sia un'impresa a capitale pubblico, istituita allo scopo di agevolare la somministrazione di servizi pubblici ai cittadini. Come suddivisione amministrativa, essa non è rigidamente limitata alle città, ma può costituirsi per un'intera contea, una grande o piccola città, un paese o altra suddivisione territoriale dello stato. Da un punto di vista giuridico è simile ad un'impresa, costituita sotto forma di società per azioni, in quanto possiede personalità giuridica, ma è allo stesso tempo diversa in quanto non vi sono azionisti. **3.** ***società a capitale pubblico; azienda statale.*** Tipo di organizzazione aziendale sorta nel Regno Unito per la gestione di industrie o attività nazionalizzate, come ad esempio, in passato, le linee aeree, la produzione e distribuzione di gas ed elettricità, o di altri pubblici servizi, come le poste e le trasmissioni radio–televisive. Questo tipo di società è costituita con denaro pubblico e il suo solo azionista è lo stato.

public credit: ***credito pubblico.*** La capacità di un ente pubblico di procurarsi fondi in cambio della propria promessa di rimborso. Il termine si applica a qualsiasi tipo di ente pubblico, dallo stato alla sua più piccola suddivisione o agenzia.

public debt: ***debito pubblico.*** Il debito complessivo dello stato, delle sue suddivisioni amministrative e delle società a capitale pubblico controllate interamente dallo stato o da agenzie statali. Differisce dal debito nazionale, in quanto quest'ultimo rappresenta soltanto il debito contratto dal governo centrale di un paese, pur se a volte si tende ad usare i due termini come sinonimi. (v. anche *national debt, external debt, internal debt, floating debt, funded debt*)

public debt transaction: ***operazione di debito pubblico.*** Un provvedimento del Congresso degli Stati Uniti, che autorizza una spesa senza formale stanziamento, come ad esempio l'autorizzazione ad emettere titoli pubblici o a contrarre un debito col Tesoro, senza la preventiva autorizzazione delle commissioni preposte all'esame delle richieste di stanziamento.

Public Deposits: ***depositi pubblici.*** È l'intestazione di una delle passività che compaiono nei rendiconti settimanali del dipartimento bancario della Banca d'Inghilterra. I depositi pubblici rappresentano il saldo a credito del governo britannico, disponibile presso la banca centrale.

public domain: 1. ***dominio pubblico.*** Espressione usata in relazione alle privative industriali, ai diritti d'autore e tutte le altre forme di monopolio legale che consentono lo sfruttamento di un'idea, di un'invenzione o di un'opera d'arte al solo autore. Quando termina il periodo concesso dalla legge per l'esercizio di questo diritto, l'invenzione o l'opera diventano di dominio pubblico e possono, quindi, essere sfruttate da chiunque. **2.** ***demanio; demanio pubblico.*** Tutte le terre sulle quali lo stato può esercitare il diritto di proprietà e tutti i beni appartenenti allo stato o altri enti pubblici territoriali e destinati all'uso diretto o indiretto dei cittadini. Rientrano tra le proprietà demaniali, ad esempio, le spiagge, i monumenti nazionali, le acque pubbliche e i parchi nazionali.

public easement: ***servitù pubblica.*** Una servitù della quale può beneficiare il pubblico in generale o la comunità nella sua interezza.

public enterprise: ***impresa pubblica.*** 1) L'attività economica intrapresa dallo stato o da enti locali, in relazione a industrie nazionalizzate o imprese di pubblici servizi e monopoli di stato. L'attività economica degli enti locali nell'ambito dell'impresa pubblica è di solito limitata ai trasporti urbani, alla fornitura di acqua attraverso un acquedotto comunale, a qualche forma di divertimento, come ad esempio un teatro comunale o un parco di divertimenti, e all'erogazione del gas, quando questa non è nazionalizzata o gestita a livello nazionale da un'azienda statale. L'attività economica dello stato, invece, è molto più ampia e può andare dalla somministrazione di servizi in campo nazionale, come ad esempio i servizi postali, ferroviari, aerei, ecc., all'attività produttiva vera e propria o attraverso un monopolio di stato o attraverso società a partecipazione statale o a capitale interamente pubblico. 2) Lo stesso che *state–owned enterprise* (v.).

public examination: Un'udienza pubblica, cui è tenuto a partecipare il fallito, nel corso della quale sia i creditori, sia il curatore possono rivolgere domande al debitore al fine di accertare le cause del suo fallimento e la sua reale situazione patrimoniale.

public expenditure: ***spesa pubblica.*** La spesa complessiva del governo centrale, delle amministrazioni locali e delle aziende statali. La spesa del governo centrale è diretta principalmente a: a) spese di ordinaria amministrazione per lo svolgimento delle funzioni dello stato; b) difesa; c) istruzione; d) servizi sociali; e) interessi sul debito nazionale; f) investimenti, effettuati direttamente, come ad esempio in lavori pubblici, o indirettamente, tramite la aziende statali o a partecipazione statale.

Public Expenditure Survey Committee: ***Comitato di stima della spesa pubblica.*** Comitato interministeriale che, nel Regno Unito, è preposto al coordinamento e al controllo della crescita globale della spesa pubblica.

public expenditure survey committee system: ***siste-***

ma del comitato di stima della spesa pubblica. Sistema, adottato dal governo britannico, che prevede la stima preventiva, da parte di un comitato interministeriale, della spesa pubblica relativa ai quattro o cinque anni futuri, al fine di collazionare e analizzare le varie spese.

public finance: ***finanza pubblica; scienza delle finanze.*** Branca dell'economia, che si interessa dello studio dell'imposizione fiscale, degli effetti del debito pubblico, del prelievo e dell'esborso di fondi da parte dello stato per scopi pubblici, della spesa pubblica complessiva, del bilancio dello stato, ecc. Rientrano, pertanto, nel campo di studio della finanza pubblica anche le interrelazioni tra agenzie statali e tra stato ed enti locali e, secondo alcuni, anche lo studio delle imprese di pubblici servizi e delle industrie nazionalizzate pur se queste, riuscendo a volte ad autofinanziarsi, non rientrano nella finanza pubblica propriamente detta. Lo stesso termine inglese viene spesso usato per indicare le operazioni finanziarie dello stato a qualunque livello esse abbiano luogo.

public funds: ***fondi pubblici; titoli del debito consolidato; titoli del debito fondato.*** Il termine inglese viene usato per indicare i cosiddetti *consols* (v.) e altri titoli emessi dallo stato, collettivamente indicati col termine *government stocks* (v.).

public goods: ***beni pubblici.*** Sono così indicati quei beni economici o servizi che lo stato eroga gratuitamente a tutti i cittadini, finanziandoli attraverso parte del gettito derivante dall'imposizione fiscale. Si suole fare una distinzione tra beni pubblici puri, cioè quelli che può fornire soltanto lo stato, e beni pubblici non puri o beni quasi pubblici, cioè quelli che potrebbero essere forniti anche da privati, almeno in linea di principio. Il motivo per cui lo stato è il solo in grado di fornire certi beni pubblici dipende dal fatto che sarebbe impossibile escludere dalla loro utilizzazione coloro che non ne volessero sostenere i costi. Un privato non sarebbe disposto a fornire un bene indistintamente a chi per esso paga e a chi, invece, non vuole pagare e, pertanto, dovrebbe essere in grado di escludere dall'utilizzazione del bene colui che non intende pagare. Risulterebbe, però, difficile se non impossibile escludere alcuni cittadini dall'uso delle strade pubbliche, della pubblica sicurezza o della difesa nazionale. Soltanto lo stato, finanziando questi servizi attraverso la riscossione indiscriminata delle imposte, è in grado di ripartire, in maniera più o meno equa, il loro costo tra tutti i cittadini. (v. anche *pure public goods, quasi–public goods, public services*)

public housing: ***edilizia abitativa pubblica.*** Negli Stati Uniti, questa espressione viene usata per indicare la costruzione di abitazioni, che saranno successivamente date in locazione a bassi canoni di fitto, finanziata con fondi pubblici in base ad una legge che data dal 1937. Il programma viene gestito dagli enti locali mediante apposite agenzie, che sono autorizzate a costruire, possedere e amministrare gli immobili realizzati con i fondi federali.

Public Housing Administration: Sezione della *Housing and Home Finance Agency* (v.) degli Stati Uniti, preposta all'applicazione delle leggi che prevedono finanziamenti e mutui federali agli enti locali allo scopo di incoraggiare l'edilizia abitativa pubblica. (v. anche *public housing*)

public image: ***immagine pubblica.*** L'immagine che un'impresa, un uomo politico o una qualsiasi organizzazione assume agli occhi del pubblico. Le imprese in particolare sono sensibili a tale immagine, tanto che istituiscono un apposito ufficio, quello delle relazioni pubbliche, per cercare di offrire sempre un'immagine che risulti gradita al pubblico. (v. anche *public relations, public relations department*)

Public Information Office: È l'ufficio della *New York Stock Exchange* che fornisce, a richiesta, informazioni ai singoli investitori su vari aspetti del mercato e dell'investimento in valori mobiliari.

public interest: ***interesse pubblico.*** L'interesse della collettività, in contrasto con l'interesse privato, cioè di singoli cittadini o singole categorie di cittadini. Tale espressione ricorre spesso in leggi o decreti che stabiliscono l'espropriazione o la nazionalizzazione per pubblica utilità o per interesse pubblico. Anche le imprese di pubblici servizi e le aziende statali si dice che devono essere gestite nell'interesse pubblico, ma che cosa effettivamente si intenda con tale espressione in questo contesto non è del tutto chiaro o univoco.

public interest theory: ***teoria dell'interesse pubblico.*** La teoria che sostiene che la regolamentazione statale si verifica perché ritenuta necessaria dagli operatori al fine di combattere le inefficienze di mercato e per accrescere il benessere pubblico e difendere l'interesse pubblico.

public international law: ***diritto internazionale pubblico.*** Il complesso di norme giuridiche che per consuetudine o per trattati i paesi civili reputano vincolanti nelle relazioni tra loro. Soggetti di tali norme sono, quindi, gli stati e gli altri enti dotati di personalità internazionale. Le garanzie delle norme di diritto internazionale pubblico derivano dalla norma generale che consente, in determinate circostanze, di far ricorso all'autotutela e dal complesso di norme convenzionali che hanno dato e danno origine a procedimenti di varia natura. (v. anche *private international law*)

public investment: ***investimento pubblico.*** Questo termine copre una grande varietà di tipi di spesa pubblica. Vi rientrano tutte le spese propriamente dette di investimento, quali possono essere quelle intraprese per la costruzione di opere pubbliche, per l'edilizia abitativa pubblica e per le imprese di pubblici servizi, ma anche le spese che vengono considerate a mezza strada tra l'investimento e il consumo, quali possono essere quelle relative al servizio sanitario e all'istruzione. Queste ultime possono, tuttavia, considerarsi investimento in esseri umani e quindi essere viste alla stregua delle spese sostenute dallo stato per la costruzione di ospedali, scuole e altre forme di capitale. (v. anche *private investment*)

public issue: ***emissione pubblica; offerta al pubblico.*** V. spiegazione sotto *offer for sale* e *new issue.*

publicity: ***diffusione; pubblicità redazionale.*** Una qualsiasi forma di presentazione impersonale di beni e servizi. Di solito viene attuata tramite la diffusione di fotografie o notizie riguardanti un'impresa, la sua attività o i suoi prodotti agli organi di comunicazione di massa, e cioè giornali, riviste, radio, televisione, ecc. Questi ultimi pubblicano gratuitamente, ma a loro scelta, quelle notizie o foto che reputano più interessanti per il loro pubblico. Le singole notizie o foto vengono diffuse dall'ufficio stampa dell'impresa interessata e vengono chiamate comunicati stampa. (v. anche *press release*)

public lands: ***demanio terriero; terre pubbliche.*** Sono tutte le terre sulle quali lo stato può vantare il diritto di proprietà e che fanno parte del demanio pubblico. Vi rientrano, tra l'altro, i parchi pubblici, i parchi nazionali e le foreste.

public law: ***diritto pubblico.*** La branca del diritto che tratta dei rapporti tra i cittadini e lo stato.

public lending right: ***diritto sul prestito al pubblico.*** È un piano in base al quale autori ed editori ricevono un diritto quando i loro libri vengono dati in prestito al pubblico da parte di biblioteche.

public liability insurance: ***assicurazione contro la responsabilità civile.*** Termine usato con lo stesso significato di *liability insurance* (v.).

public liability policy: ***polizza di responsabilità civile.*** Espressione generica, con la quale si indica una qualsiasi polizza di assicurazione contro la responsabilità civile nei confronti di terzi.

public limited company: ***società pubblica; società per azioni.*** Termine usato con lo stesso significato di *public company* (v.).

public loan: ***prestito pubblico.*** Prestito sottoscritto dal pubblico in generale e non concesso da sole imprese bancarie o altre istituzioni finanziarie.

public market: ***mercato pubblico.*** Mercato nel quale vengono ammessi liberamente tutti coloro che intendono acquistare o vendere. L'espressione è usata in contrapposizione a mercato organizzato del tipo delle borse valori o merci, ove sono ammessi soltanto gli operatori autorizzati.

public money: ***denaro pubblico.*** Il denaro di pertinenza dello stato, nelle sue forme di entrate pubbliche e di spese pubbliche. (v. anche *public expenditure, public revenue*)

public monopoly: ***monopolio pubblico.*** È il privilegio riservato dalla legge allo stato di produrre e vendere un determinato bene o servizio direttamente o tramite un altro ente pubblico o un concessionario. Tale privilegio può essere riservato allo stato per ragioni di ordine pubblico, di sicurezza, di sviluppo socio–economico del paese, ecc., e in tal caso viene chiamato monopolio sociale. Se, invece, il privilegio viene riservato allo scopo di escludere dal mercato la concorrenza in settori che per la semplicità della loro organizzazione si prestano ad essere gestiti dallo stato, che in tal modo si assicura un guadagno netto derivante dalla vendita del bene o servizio a prezzi di monopolio, si ha il monopolio fiscale, anche detto privativa fiscale. (v. anche *monopoly, fiscal monopoly, public consumption monopoly*)

public offering: ***emissione pubblica; offerta al pubblico.*** Espressione statunitense, corrispondente a quella britannica *public issue* (v.).

public offering price: ***prezzo di offerta al pubblico.*** Lo stesso che *price of issue* (v.).

public official: ***pubblico ufficiale.*** Una persona che svolge una qualsiasi pubblica funzione legislativa, amministrativa o giudiziaria.

public opinion: ***opinione pubblica.*** L'opinione della maggior parte delle persone, che fanno parte di una comunità, su un determinato argomento.

public opinion poll: ***sondaggio di opinione pubblico.*** V. spiegazione sotto *opinion poll.*

public–opinion survey: ***sondaggio della opinione pubblica; sondaggio di opinione.*** Il metodo usato allo scopo di determinare l'opinione pubblica su un qualche argomento specifico, particolarmente di carattere politico, sociale o economico, consultando attraverso interviste un campione rappresentativo della popolazione. Può essere svolto su base nazionale, regionale, locale o all'interno di un gruppo di persone ben individuato. Si attua attraverso la preventiva preparazione di un campione, che si cerca di costituire in modo che esso rappresenti la totalità dell'universo attraverso rappresentanti di ciascuna categoria. Sc il campione è ben preparato, i risultati ottenuti possono avvicinarsi, pur se con lievissimo scarto, a quello che sarebbe il risultato effettivo se si sottoponesse l'intero universo alla stessa indagine. Questo sistema fu iniziato negli Stati Uniti ad opera di George Gallup e si è rapidamente diffuso in tutti gli altri paesi. (v. anche *quota sampling*)

public overhead capital: ***infrastrutture; capitale fisso sociale.*** Lo stesso che *infrastructure* (v.).

public ownership: ***proprietà pubblica; proprietà collettiva.*** La proprietà e la gestione, da parte dello stato, di un qualche servizio o di un'impresa produttiva, presumibilmente nell'interesse di tutti i cittadini. La proprietà pubblica può riferirsi a capitale sociale o a capitale industriale e in quest'ultimo caso è spesso rappresentata da industrie nazionalizzate o aziende di stato. La stessa espressione viene usata per indicare un qualsiasi bene immobile sul quale i cittadini vantano un qualche diritto di proprietà. (v. anche *public goods, infrastructure*)

public power: ***procura per atti pubblici; procura pubblica.*** Procura rilasciata ad un soggetto da uno stato o da un suo ente, affinché lo rappresenti o agisca in suo nome.

public practice: ***libera professione di commercialista.*** Lo stesso che *public accounting* (v.).

public–private partnership: ***società pubblico–privata.*** Espressione di recente formazione, usata per indicare la collaborazione tra enti pubblici e imprese private, principalmente nel settore dei servizi. Gli enti pubblici, di solito le municipalità, determinano gli standard di prestazione e danno in appalto i servizi (ad esempio la raccolta dei rifiuti solidi urbani e il trasporto urbano di passeggeri) a imprese del settore privato sulla base di offerte a un'asta competitiva.

public property: ***proprietà pubblica; proprietà collettiva.*** Termine usato come sinonimo di *public ownership* (v.).

public receipts: ***entrate pubbliche.*** Termine usato con lo stesso significato di *public revenue* (v.).

public relations: ***relazioni pubbliche.*** Le relazioni tra un soggetto, di solito un uomo politico, un'impresa o altra organizzazione, e il pubblico in generale. Le relazioni pubbliche sono spesso, come la promozione delle vendite, confuse con la pubblicità ed è, infatti, spesso difficile tracciare una linea netta che le divida. La pubblicità e la promozione delle vendite, possiamo dire, sono le forme più dirette e chiare di motivazione per i consumatori, mentre le relazioni pubbliche rappresentano un metodo più indiretto, una «pillola pubblicitaria ricoperta di psicologia», come tale metodo è stato definito. Ma la definizione più chiara che sia stata data delle relazioni pubbliche è quella dell'*Institute of Public Relations* britannico, che nel suo *Guide to the Practice of Public Relations* le definisce «Il tentativo deliberato, programmato e continuo di stabilire e mantenere reciproca comprensione tra un'organizzazione e il suo pubblico». Le imprese medie e grandi hanno di solito un loro ufficio di pubbliche relazioni, che prepara un programma dopo aver studiato e deciso l'immagine da presentare al pubblico. Tecniche analoghe sono studiate ed applicate da appositi uffici governativi, il cui compito è quello di «vendere», all'interno e all'estero, la linea politica del governo.

public relations consultant: ***consulente di relazioni pubbliche.*** Una persona, un'agenzia o altra organizzazione alla quale un'impresa può rivolgersi per far curare le proprie relazioni pubbliche.

public relations department: ***ufficio relazioni pubbliche; reparto relazioni pubbliche.*** L'ufficio istituito in seno ad un'impresa o altra organizzazione con il compito di provvedere alle relazioni tra l'organizzazione stessa e il pubblico. Quando un'impresa decide di non istituire il proprio ufficio relazioni pubbliche, può ricorrere a consulenti, che svolgono più o meno lo stesso lavoro che farebbe un ufficio interno.

public relations man: ***addetto alle pubbliche relazioni.*** Una qualsiasi persona impiegata nelle pubbliche relazioni di un'impresa o altra organizzazione. Il termine può applicarsi al direttore del reparto pubbliche relazioni, a un consulente o altra figura impegnata nella diffusione di notizie basate sulle tecniche delle relazioni pubbliche.

public relations manager: ***direttore ufficio relazioni pubbliche.*** Termine usato con lo stesso significato di *public relations officer* (v.).

public relations officer: ***direttore ufficio relazioni pubbliche.*** È la persona che sta a capo dell'ufficio relazioni pubbliche di un'impresa o altra organizzazione. Tra le sue responsabilità rientrano: a) l'amministrazione del suo reparto e la preparazione del relativo budget; b) l'interpretazione della politica del consiglio di amministrazione in relazione alle questioni di sua competenza; c) la scelta e l'addestramento del personale del suo reparto; d) il controllo delle spese, in modo che esse rientrino nelle previsioni; e) la scelta dei canali idonei alla diffusione delle notizie che vuole far giungere al pubblico e il collegamento con tali canali; f) la ricerca di nuovi canali; g) la verifica dei risultati della politica del suo reparto, e altri compiti del genere.

public relations programme: ***programma di relazioni pubbliche.*** Il programma elaborato dal direttore dell'ufficio relazioni pubbliche di un'impresa o altra organizzazione o il programma concordato tra rappresentanti dell'impresa e dell'agenzia che cura le relazioni pubbliche.

public revenue: ***entrate pubbliche.*** Le entrate statali complessive, derivanti dall'imposizione fiscale e da altre fonti, inclusa l'assunzione di debiti pubblici.

public right of way: ***diritto pubblico di transito; diritto pubblico di passaggio.*** È il diritto, goduto da tutti, di transitare o passare, con i mezzi di trasporto consentiti, su strade, ponti, ecc. In alcuni casi, tuttavia, il diritto di transito è limitato, come ad esempio nei parchi pubblici o nei sentieri pedonali, nel senso che si può esercitare soltanto se si rispettano determinate limitazioni.

public sale: ***vendita pubblica.*** Una vendita aperta a tutti coloro che intendono intervenirvi. Di solito, il termine implica una vendita all'asta. (v. anche *auction*)

public saving: ***risparmio pubblico.*** V. spiegazione sotto *government saving*.

public sector: ***settore pubblico.*** A seconda della distinzione adottata, è uno dei quattro settori in cui si divide l'economia di un paese o uno dei due settori, contrapposto a quello privato. Sotto tale denominazione rientra quella parte dell'economia nazionale gestita direttamente dallo stato, dagli enti locali, dalle industrie nazionalizzate e dalle aziende statali. Nel Regno Unito, la spesa statale complessiva in beni, servizi e trasferimenti dal 1914 è aumentata da meno di un quinto a più di due quinti del reddito nazionale lordo, di cui circa la metà viene destinata ai servizi sociali, tra i quali rientrano l'istruzione, il servizio sanitario nazionale, l'edilizia abitativa, le pensioni, ecc. Tranne per i servizi locali e le industrie nazionalizzate che cercano di autofinanziarsi mediante la vendita dei beni e servizi prodotti, il resto del settore pubblico viene finanziato mediante l'imposizione fiscale e il debito pubblico, ma spesso anche gli enti locali, le industrie nazionalizzate e le aziende di stato ricorrono a prestiti, mediante l'emissione di propri titoli a reddito fisso. (v. anche *government sector, private sector, income transfers*)

public sector accounting: ***contabilità pubblica.*** Lo stesso che *public accountancy* (v.).

public sector borrowing requirement: ***fabbisogno finanziario del settore pubblico.*** La differenza tra entrate del settore pubblico, provenienti dall'imposizione fiscale e da altre fonti, e spesa pubblica in beni e servizi. Tale differenza, che va ad aggiungersi ogni anno al debito pubblico, viene reperita dal settore pubblico attraverso l'emissione di propri titoli, che lo fanno indebitare con gli altri settori dell'economia, e contraendo prestiti all'estero. L'espressione inglese indica che il fabbisogno finanziario è relativo al governo e agli enti locali. Qualora questi ultimi vengano esclusi, si parla di fabbisogno finanziario del governo centrale. (v. anche *public sector, central government borrowing requirement*)

public–sector debt repayment: ***rimborso del debito del settore pubblico.*** Lo stesso che *budget surplus* (v.) quando quest'ultimo termine si applica al bilancio dello stato. Infatti, un avanzo di bilancio presuppone il rimborso di parte o di tutto il debito del settore pubblico.

public sector deficit: ***deficit del settore pubblico; deficit pubblico; disavanzo del settore pubblico.*** La differenza negativa tra le entrate e le uscite di uno stato, prendendo in considerazione tutte le sue suddivisioni amministrative. (v. anche *budget deficit, deficit financing, public sector borrowing requirement*)

public sector investment: ***investimento del settore pubblico.*** Lo stesso che *public investment* (v.).

public sector saving: ***risparmio del settore pubblico.*** V. spiegazione sotto *government saving*.

public sector surplus: ***avanzo del settore pubblico.*** La differenza positiva tra le entrate e le uscite di uno stato, prendendo in considerazione tutte le sue suddivisioni amministrative.

public securities: ***titoli pubblici; titoli del debito pubblico.*** Titoli di stato negoziabili o trasferibili, che rappresentano il debito interno di uno stato.

public–service commission: ***commissione dei servizi pubblici.*** È una commissione, esistente nella maggior parte degli stati che fanno parte della federazione statunitense, preposta alla regolamentazione e alla supervisione delle imprese di pubblici servizi. Essa ne approva le tariffe, i piani di erogazione del servizio e tutte le altre decisioni relative al funzionamento di queste imprese nella loro qualità di servizi pubblici.

public–service company: ***impresa di pubblici servizi.*** Termine usato con lo stesso significato di *public–service corporation* (v.).

public–service corporation: ***impresa di pubblici servizi; azienda autonoma statale.*** Ciascuna delle imprese che collettivamente vengono definite *public utilities* (v.).

public services: ***servizi pubblici.*** Sono le prestazioni tecniche, produttive, ecc., erogate dallo stato, dagli enti locali, dalle industrie nazionalizzate e dalle aziende autonome ai cittadini per il soddisfacimento dei loro bisogni collettivi. Pur se nella terminologia anglosassone si fa distinzione tra beni pubblici e servizi pubblici, con quest'ultimo termine si intendono principalmente i servizi prestati da enti locali e aziende statali, come ad esempio i trasporti, la fornitura e distribuzione di gas, acqua ed energia elettrica, ecc. Il motivo per cui lo stato decide di fornire tali servizi direttamente o tramite propri concessionari è che così facendo essi si prospettano meno costosi per la collettività di quel che risulterebbero se fossero forniti da privati ed anche perché così essi diventano accessibili alla maggioranza dei cittadini che, altrimenti, potrebbero venire esclusi dalla loro utilizzazione. (v. anche *public goods, public utilities*)

public spending: ***spesa pubblica.*** Termine a volte usato con lo stesso significato di *public expenditure* (v.).

public–spending target: ***obiettivo di spesa pubblica.*** L'obiettivo che si pone un governo in relazione alla spesa pubblica. Data la continua crescita di tale spesa nella maggioranza dei paesi, l'obiettivo, quasi mai raggiunto, è sempre quello di una riduzione del deficit pubblico.

public stock offering: ***emissione pubblica di azioni; offerta di azioni al pubblico.*** Termine statunitense, usato con lo stesso significato di *public issue* (v.) in relazione a emissioni azionarie.

public stocks: ***titoli del debito fondato.*** Termine statunitense equivalente al britannico *consols* (v.).

public store: ***magazzino generale.*** Termine statunitense, usato grosso modo con lo stesso significato di *public warehouse* (v.) pur se il suo uso è quasi esclusivamente riservato alle istituzioni governative per il deposito, ad esempio, di forniture militari, beni d'importazione sotto vincolo doganale e simili.

public subscription: ***sottoscrizione pubblica.*** È la sottoscrizione, da parte del pubblico in generale, di un'emissione azionaria, obbligazionaria o di titoli di stato, anche se essa avviene attraverso l'intermediazione di un sindacato di garanzia e collocamento titoli o altri intermediari, quali le banche e altre istituzioni finanziarie specialmente nell'emissione di buoni del tesoro.

public tax: ***imposta statale.*** Termine statunitense, con il quale non si indica un particolare tipo d'imposta, bensì tutte le imposte il cui gettito è destinato a finanziare il bilancio federale. Pertanto, il termine viene usato per distinguere queste imposte da quelle prelevate a livello locale da stati, municipalità o altre suddivisioni amministrative con potere impositivo.

public trust: Tipo di negozio fiduciario in base al quale viene creato un fondo da destinarsi ad opere di carità, all'avanzamento della cultura o della religione o, comunque, al bene pubblico. Questo tipo di persona giuridica gode di alcuni privilegi, specialmente fiscali. Infatti, è esonerata dal pagamento delle imposte sul reddito e delle imposte di successione, mentre nei suoi confronti non si applicano le norme previste dal *Perpetuities and Accumulations Act* (v.). Il *Charities Act* del 1960 stabilisce le norme per la concessione della personalità giuridica a queste associazioni e per la loro iscrizione in un apposito registro.

public trustee: ***amministratore fiduciario pubblico.*** Particolare figura di amministratore fiduciario, creata nel Regno Unito con il *Public Trustee Act* del 1906, entrato in vigore nel gennaio del 1908. Scopo della legge era quello di mettere in grado i cittadini di evitare i rischi connessi con l'impiego di un amministratore fiduciario privato. Dal gennaio 1908, chiunque ne abbia bisogno può ricorrere ai servizi dell'amministratore fiduciario pubblico, costituito come ufficio con personalità giuridica, la cui responsabilità è garantita dal Fondo Consolidato del Regno Unito. Essendo dotato di personalità giuridica come un qualsiasi ente pubblico, questo ufficio di amministratore fiduciario pubblico non cessa per morte del titolare né per qualsiasi altro motivo, è sempre presente e può citare ed essere citato in giudizio.

public utilities: ***imprese di pubblici servizi.*** Espressione con la quale viene collettivamente indicato il gruppo di imprese con potere monopolistico preposte all'erogazione di beni e servizi essenziali in base a norme che impongono loro una determinata linea di condotta nel pubblico interesse. Poiché l'interesse pubblico e l'essenzialità dei servizi sono questioni soggette ad opinioni personali e politiche, non si può fare una generalizzazione di tali imprese, tanto è vero che alcuni servizi da loro erogati in alcuni paesi, sono invece lasciati all'iniziativa privata in altri, come avviene ad esempio per il servizio ferroviario e telefonico. Ancora, in alcuni paesi esse sono gestite dallo stato, direttamente o tramite sue agenzie o concessionarie, mentre in altri sono gestite da privati, ma sottoposte a regolamentazione statale in materia di tariffe, entità del servizio, ampiezza di operazione territoriale, ecc. In senso lato, si possono dire imprese di pubblici servizi tutte quelle che erogano il loro prodotto attraverso filo, cavo, tubazioni e rotaie e cioè le imprese del gas, dell'elettricità, delle telecomunicazioni, dell'acqua e dei trasporti su strada ferrata. La loro caratteristica comune è quella di aver bisogno di una notevole quantità di capitale costoso e specialistico tanto che, per tenere i prezzi a livelli accettabili da un punto di vista sociale, esse devono servire il maggior numero possibile di utenti. Di qui, la necessità di limitare o eliminare la concorrenza che, in questo settore, potrebbe dimostrarsi disastrosa e portare ad accordi collusivi a svantaggio dell'interesse pubblico. Al fine di impedire ciò, lo stato arriva ad autorizzare un monopolio che, per le sue caratteristiche, viene denominato monopolio naturale. (v. anche *public services, natural monopoly*)

public–utility bonds: ***obbligazioni di pubblici servizi.*** Con questo termine vengono collettivamente indicate le obbligazioni emesse da imprese di pubblici servizi.

public–utility commission: ***commissione per le imprese dei pubblici servizi.*** Lo stesso che *public–service commission* (v.).

public–utility company: ***impresa di pubblici servizi.*** Termine usato come sinonimo di *public–service corporation* (v.).

Public Utility Holding Company Act: Legge approvata dal Congresso degli Stati Uniti nel 1935 con l'intento di regolamentare l'attività delle società di controllo nel settore dei pubblici servizi. La legge prevede, in particolare, che ogni holding operante in tale settore venga iscritta presso la *Securities and Exchange Commission* (v.) e vieta la creazione di complicati sistemi di controlli azionari tra società finanziarie e società operative, limitando alla holding la possibilità di controllare soltanto imprese operative e non altre società di controllo.

public utility services: ***imprese di pubblici servizi.*** Termine usato con lo stesso significato di *public utilities* (v.).

public venture financing: ***finanziamento pubblico di imprese di rischio.*** Gli Stati Uniti sono il paese in cui il *venture capital* (v.) ha avuto la maggiore diffusione, ma l'irregolare distribuzione di questa particolare forma d'investimento sul territorio nazionale e l'evidente legame tra capitale di rischio e sviluppo tecnologico hanno spinto alcuni stati dell'Unione a usare fondi pubblici per il finanziamento diretto di imprese di rischio. Il primo fu lo stato del New England, subito seguito dagli stati che si affacciano sui Grandi Laghi, i quali ultimi erano stati pesantemente colpiti dall'avversa congiuntura economica degli anni settanta.

public warehouse: ***magazzino pubblico; magazzino generale.*** È una delle imprese di pubblici servizi e come tale soggetta a regolamentazione statale in materia di tariffe. Per definizione, il magazzino generale è quello in cui chiunque lo desideri può prendere in fitto spazio per depositarvi propri beni. Il termine inglese è usato anche in contrapposizione a magazzino privato. (v. anche *private warehouse*)

public waters: ***acque pubbliche; demanio idrico.*** Sono tutte le acque sorgenti, fluenti e lacuali che abbiano o acquisiscano attitudine ad usi di pubblico generale interesse.

public welfare: ***benessere pubblico.*** Il benessere di tutti i cittadini di uno stato, in contrapposizione al benessere di singoli individui o particolari gruppi o categorie di cittadini.

public welfare payment: ***sussidio pubblico.*** Termine usato negli Stati Uniti per indicare genericamente qualsiasi indennità pagata dallo stato o suoi enti a cittadini bisognosi perché disoccupati, orfani, vedove, anziani, inabili al lavoro o portatori di handicap.

public welfare program: ***programma di assistenza pubblica.*** Negli Stati Uniti, è un programma sociale di ispirazione governativa, che tende a trasferire reddito da coloro che sono occupati a coloro che non lo sono, in quanto appartenenti ad una delle categorie menzionate sotto *public welfare payment* (v.).

public works: ***lavori pubblici; opere pubbliche.*** I lavori di costruzione intrapresi dallo stato per il benessere e la convenienza pubblici e finanziati con investimento di denaro pubblico. Ne sono esempi le reti stradali e autostradali, ponti, canali, parchi, edifici pubblici, porti, ecc. È importante notare che l'espressione indica la creazione di nuovo capitale e, pertanto, non include le attività di manutenzione ordinaria quali l'illuminazione o la pavimentazione di strade già esistenti e simili. Uno degli scopi delle opere pubbliche è quello di stimolare gli investimenti, quando quelli in essere si dimostrano insufficienti per mantenere la piena occupazione. A tale proposito è stato suggerito che ogni stato dovrebbe approntare un elenco di opere pubbliche da intraprendersi ogni volta che il livello dell'occupazione scende al di sotto di un limite prestabilito.

public works and ways system: Espressione con la quale si indica il sistema di impiegare, nelle opere pubbliche di costruzione di strade ed edifici, manodopera rappresentata da individui condannati alla reclusione in carceri dello stato.

Public Works Loan Board: Ente statale britannico preposto alla concessione di mutui a lungo termine agli enti locali, su garanzia del gettito delle imposte di loro competenza. Tra il 1945 e il 1950, tutti gli enti locali ricorrevano a questo ente per finanziare i loro progetti di creazione di nuovo capitale, ma a seguito delle restrizioni creditizie imposte nel Regno Unito nel 1950, che fecero salire i tassi di interesse praticati dall'ente, le richieste di finanziamento diminuirono notevolmente e, nello stesso tempo, gli enti locali più importanti furono spinti a cercare finanziamenti sul mercato aperto, come tentativo per porre un freno all'inflazione. Oggi, si servono del *Public Works Loan Board* quasi esclusivamente gli enti locali più piccoli, che trovano notevoli difficoltà a reperire fondi per i propri fabbisogni sul mercato libero.

published price: ***prezzo di copertina.*** È il prezzo stabilito da un editore per ciascuna sua pubblicazione, riprodotto sulla sua copertina. Tale prezzo è valido per le vendite entro i confini del paese, ma può essere diverso per le vendite in altri paesi. (v. anche *Net Book Agreement*)

published reserve: ***riserva palese.*** Termine usato con lo stesso significato di *declared reserve* (v.).

publishing agreement: ***contratto di edizione.*** È il contratto stipulato tra un editore ed uno o più autori per la pubblicazione di un'opera o una collana di opere. Contiene le clausole che regolano la cessione all'editore dei diritti di sfruttamento dell'opera da parte dell'autore e il corrispettivo che il primo dovrà versare al secondo in considerazione di tale cessione.

Pudding Lane Salesrooms: È uno dei mercati organizzati di Londra e precisamente la borsa merci nella quale si tratta frutta di importazione.

to puff: ***«gonfiare»; «pompare».*** Termine usato in un duplice significato: a) lodare esageratamente un prodotto, un servizio o i loro produttori a scopo pubblicitario; b) fare offerte ad una vendita all'asta pubblica, al solo scopo di far salire il prezzo dell'oggetto in vendita.

puffer: Termine colloquiale, usato per indicare chi, per conto del venditore, fa offerte ad una vendita all'asta pubblica allo scopo di far salire il prezzo dell'oggetto offerto in vendita.

puisne mortgage: Tipo di ipoteca legale, prevista dal diritto britannico, non garantita dal deposito dei relativi titoli di proprietà. Può essere, però, protetta tramite iscrizione nel *Land Charges Register* come vincolo di Classe C. La priorità di tale tipo di ipoteca dipende non dalla data in cui essa viene istituita, bensì dalla data della sua iscrizione nel *Land Charges Register.* (v. anche *Land Charges Act*)

pula: Unità monetaria del Botswana, ove ha sostituito il rand sud-africano, suddivisa in cento centesimi.

puli: Moneta divisionale dell'Afganistan, equivalente ad un centesimo di afghani.

pull strategy: Nel linguaggio della pubblicità e del marketing, questa espressione indica una politica che prevede un'intensa pubblicità di determinati prodotti, volta a stimolarne la domanda da parte del consumatore finale, che spinge la rete di distribuzione a fornire il prodotto sul mercato al dettaglio, con conseguente incremento della domanda al produttore. (v. anche *push and pull, push strategy*)

pump priming: Espressione con la quale viene indicato il tentativo di rimettere in moto un'economia depressa, mediante investimenti statali finanziati attraverso il deficit pubblico. Il concetto alla base dell'espressione è che, come avviene quando si adesca una pompa, la spesa iniziale effettuata dal governo in opere pubbliche servirà a stimolare gli investimenti privati e la domanda interna e farà rimettere in moto l'economia, che poi continuerà a «tirare» senza bisogno di ulteriore aiuto. Infatti, una volta che il meccanismo economico si è rimesso in moto, l'intervento statale viene gradualmente estinto. Affinché il tentativo abbia effetto, è necessario che si venga a creare un certo ottimismo nel sistema economico, in quanto che se le reazioni psicologiche dei cittadini a questa iniziativa sono dominate dalla paura, si corre il rischio di ottenere un risultato del tutto contrario e cioè una minore velocità di circolazione della moneta. (v. anche *deficit financing*)

puncheon: Un lungo barile di capienza oscillante tra i 72 e i 112 galloni, equivalenti a 327–509 litri. Lo stesso termine viene usato per indicare una misura per liquidi pari a 84 galloni, equivalenti a 381,8556 litri.

punitive damages: ***risarcimento esemplare.*** Termine usato con lo stesso significato di *exemplary damages* (v.).

punter: 1. ***piccolo speculatore.*** Uno speculatore di modeste possibilità, che acquista e tiene per poco tempo obbligazioni o azioni, cercando di trarre un utile dalle frequenti operazioni di compravendita, sfruttando le oscillazioni di breve periodo dei corsi dei titoli di sua proprietà. **2.** ***consumatore.*** In questo significato, il termine appartiene allo slang di marketing britannico.

to purchase: ***acquistare; comprare.*** Termine usato come sinonimo di *to buy* (v.).

purchase: ***acquisto; compera; approvvigionamento.*** L'azione di acquistare un bene o un servizio attraverso l'esborso di una somma di denaro o altro corrispettivo. Lo stesso termine è usato per indicare il bene o servizio così acquistato. (v. anche *purchases*)

purchase agreement: ***contratto di assunzione a fermo; contratto di garanzia e collocamento titoli.*** Lo stesso che *purchase contract* (v.).

purchase allowance: ***abbuono su merci acquistate; sconto su merci acquistate.*** Uno sconto indipendente da quello di fornitura normalmente praticato e relativo a merci difettose, inadatte o danneggiate.

purchase and leaseback: ***leasing immobiliare.*** Termine usato con lo stesso significato di *leaseback* (v.).

purchase bill: **1.** ***cambiale commerciale; cambiale di affari.*** Termine usato con lo stesso significato di *trade bill* (v.). **2.** ***fattura per fornitura; fattura per acquisti.*** Termine usato come sinonimo meno comune di *purchases invoice* (v.).

purchase budget: ***budget di approvvigionamento dei materiali.*** Lo stesso che *materials purchase budget* (v.).

purchase commitments: ***impegni di acquisto.*** Gli impegni, rappresentati da ordinativi di approvvigionamento già emessi, contabilizzati dall'apposito ufficio dopo che esso ha ricevuto la copia dei relaviti ordinativi emessa dall'ufficio acquisti a seguito di richiesta di approvvigionamento. (v. anche *purchase order, purchase requisition*)

purchase contract: ***contratto di assunzione a fermo; contratto di garanzia e collocamento titoli.*** È l'accordo tra l'emittente di azioni o obbligazioni e il consorzio di garanzia e collocamento titoli o altro intermediario, in base al quale il secondo si impegna nei confronti del primo a vendere sul mercato l'intera emissione ovvero ad acquistare in proprio quella parte dell'emissione non assorbita attraverso la pubblica sottoscrizione. A volte, l'accordo prevede soltanto che l'intermediario farà tutto quanto sia in suo potere allo scopo di vendere l'intera emissione al pubblico. In tal caso, non vi è alcun impegno in relazione alla quota eventualmente non sottoscritta dal pubblico.

purchase cutoff: ***separazione degli acquisti.*** È così indicato il momento di separazione o interruzione del flusso contabile relativo agli acquisti, di competenza di due diverse gestioni o di due diversi periodi contabili. (v. anche *cutoff*)

purchase day book: ***libro compere; libro giornale degli acquisti.*** In ragioneria, è il libro giornale nel quale vengono registrati tutti gli acquisti, via via che essi si verificano, che saranno successivamente trasferiti ai vari conti, secondo il sistema della partita doppia. Esso rappresenta anche un elenco di tutti gli articoli acquistati, con indicazioni relative al prezzo, alla data dell'operazione, all'entità degli sconti e così via.

purchase deed: ***contratto di compravendita.*** È il contratto che regola un'operazione tra venditore e compratore. Nelle normali operazioni commerciali, può essere rappresentato da un semplice ordinativo accettato o confermato dal fornitore. (v. anche *purchase order*)

purchase fund: ***fondo acquisti.*** Un fondo costituito da un mutuatario a fronte del suo impegno di riacquistare una certa quantità di un'emissione obbligazionaria entro un periodo di tempo determinato, se il corso di mercato dei titoli dovesse scendere al di sotto del loro valore nominale o del prezzo di emissione.

purchase group: ***consorzio di garanzia e collocamento titoli; sindacato di garanzia e collocamento titoli.*** Lo stesso che *purchase syndicate* (v.).

purchase group agreement: ***accordo tra sottoscrittori.*** Lo stesso che *agreement amongst underwriters* (v.).

purchase invoice: ***fattura di acquisto; fattura in entrata.*** La fattura commerciale considerata dal punto di vista dell'impresa che ha acquistato da un fornitore i beni o i servizi in essa dettagliati.

purchase journal: ***libro compere; libro giornale degli acquisti.*** Lo stesso che *purchase day book* (v.).

purchase money: **1.** ***prezzo di acquisto.*** È la quantità di moneta necessaria per l'acquisto di un particolare bene. L'espressione inglese viene usata principalmente in relazione all'acquisto di un bene immobile, di azioni di una società o altra attività che costa una somma di denaro relativamente alta. **2.** ***acconto.*** Negli Stati Uniti, il termine viene usato con lo stesso significato di *down payment* (v.).

purchase–money mortgage: È un'ipoteca costituita a favore del venditore di un bene mobile o immobile all'atto della vendita del medesimo, al fine di garantire il pagamento del saldo del prezzo di acquisto quando l'operazione non è regolata interamente per contanti.

purchase–money obligation: Espressione usata come sinonimo di *purchase–money mortgage* (v.) e per indicare anche qualsiasi altra forma di debito garantito da un diritto di pegno, esistente o creato al momento in cui ha luogo l'operazione di compravendita. Questo tipo di obbligazione o di ipoteca vanta un diritto di priorità su qualsiasi altra forma di obbligazione o di ipoteca costituita sullo stesso bene in epoca successiva.

purchase note: ***distinta di acquisto.*** Nota contenente la descrizione, il numero e il prezzo dei beni acquistati. Non è un documento ufficiale ed ha il solo scopo di fornire al compratore e al venditore i dettagli relativi all'operazione.

purchase on credit: ***acquisto a credito.*** Acquisto di beni o servizi non pagati interamente in contanti dal compratore, al quale il venditore concede un certo periodo di tempo per il saldo.

purchase order: ***ordinazione di acquisto; ordinativo di approvvigionamento.*** Modulo o documento inviato dal compratore al venditore, nel quale sono indicati i tipi e le quantità dei beni che si intende acquistare e il loro prezzo tratto da un catalogo o listino prezzi. All'atto dell'accettazione o della conferma da parte del venditore, l'ordinativo acquista le caratteristiche del contratto di compravendita. Di solito vengono emesse più copie dello stesso ordinativo, di cui una, l'originale, viene spedita al fornitore; tre vengono inviate all'ufficio ricezione merci, delle quali, dopo l'arrivo della fornitura, una viene inoltrata al reparto contabilità perché provveda al pagamento e l'altra viene inoltrata all'ufficio approvvigionamento; un'altra copia viene inviata all'ufficio contabilità all'atto dell'emissione dell'ordinativo, come base per l'impegno dei fondi; e due restano all'ufficio approvvigionamento, una per l'archivio acquisti e l'altra per lo scadenzario, in caso siano necessari solleciti al venditore per la consegna dei beni ordinati.

purchase order acknowledgment: ***conferma di ordinativo di approvvigionamento.*** La conferma inviata da un fornitore in risposta ad un ordinativo di approvvigionamento speditogli da un cliente. (v. anche *purchase order, acknowledgment 1*)

purchase order register: ***registro degli ordinativi di approvvigionamento.*** Il registro nel quale vengono trascritti, in ordine di emissione, i dettagli relativi agli ordinativi di approvvigionamento. (v. anche *purchase order*)

purchase price: ***prezzo di acquisto.*** Termine usato come sinonimo di *purchase money 1* (v.).

purchaser: **1.** ***acquirente; compratore.*** Nell'uso comune, questo termine viene usato per indicare chiunque acquisti beni o servizi da un'altra persona, ma nell'uso giuridico esso indica qualsiasi persona che acquisisca da un'altra un titolo di proprietà su beni mobili o immobili, sia in considerazione di un corrispettivo che a titolo gratuito. **2.** ***aggiudicatario.*** La persona che in un'asta pubblica si aggiudica il bene offerto in vendita, avendo fatto l'offerta più alta.

purchase records: ***archivio acquisti.*** L'espressione inglese indica il complesso delle scritture contabili e dei documenti relativi agli approvvigionamenti di un'impresa che, in definitiva, costituiscono l'archivio dell'ufficio acquisti. Ne sono esempi le fatture, le copie degli ordinativi, i contratti di acquisto e il giornale degli approvvigionamenti.

purchase requisition: ***richiesta di approvvigionamento.*** La richiesta, inviata da un qualsiasi reparto all'ufficio approvvigionamento di un'impresa, per l'acquisto di una certa quantità di beni specifici. Tale richiesta dà luogo all'emissione dell'ordinativo di approvvigionamento. (v. anche *purchase order*)

purchase returns: ***resi su acquisti.*** Articoli acquistati, ma successivamente restituiti al venditore, perché danneggiati, imprecisi o inadatti alla vendita o all'uso. (v. anche *returns 1*)

purchaser for value: ***acquirente a titolo oneroso.*** Una persona che ha acquistato un bene, pagando per esso un corrispettivo in moneta o in natura. (v. anche *purchase, purchaser 1*)

purchases: ***acquisti; compere.*** I beni acquistati da un'impresa commerciale non per proprio uso e consumo, ma allo scopo di rivenderli nel corso della propria attività.

purchases account: ***conto acquisti.*** È il conto del mastro nel quale periodicamente vengono trasferiti i totali delle registrazioni effettuate sul libro giornale degli acquisti via via che essi si verificano. (v. anche *purchase day book*)

purchases and sales ledger: ***partitario fornitori e clienti.*** È il mastro diviso in due parti, una in cui vengono registrati i conti relativi ai fornitori e l'altra in cui vengono registrati i conti relativi ai clienti di un'impresa.

purchases book: ***libro compere; libro giornale degli acquisti.*** Termine usato come sinonimo di *purchase day book* (v.).

purchases day book: ***libro compere; libro giornale degli acquisti.*** Termine usato come sinonimo di *purchase day book* (v.).

purchases invoice: ***fattura per fornitura; fattura per acquisti.*** Termine con il quale l'acquirente indica la fattura relativa alle merci da lui acquistate ed in essa descritte.

purchases journal: ***libro compere; libro giornale degli acquisti.*** Lo stesso che *purchase day book* (v.).

purchases ledger: ***partitario fornitori.*** È la parte di un mastro nella quale vengono registrati i conti relativi ai fornitori di un'impresa.

purchases returns: ***resi su acquisti.*** Lo stesso che *purchase returns* (v.).

purchases returns account: ***conto resi su acquisti.*** Conto nel quale vengono periodicamente accreditati i totali delle registrazioni addebitate al conto fornitori e riportate sul giornale resi via via che gli articoli vengono rispediti ai fornitori, perché inadatti o danneggiati. (v. anche *purchases returns book*)

purchases returns book: ***giornale resi su acquisti.*** Libro di prima nota, nel quale vengono elencati gli articoli resi ai fornitori, in quanto inadatti o danneggiati. Ciascuna registrazione viene addebitata al conto del fornitore e i totali vengono periodicamente accreditati al conto resi su acquisti. (v. anche *purchases returns account*)

purchase syndicate: ***consorzio di garanzia e collocamento titoli; consorzio di assunzione a fermo; sindacato di garanzia e collocamento titoli.*** Gruppo di intermediari che, in considerazione del pagamento di una commissione, si assume, in base ai termini di un contratto di garanzia e collocamento titoli, l'impegno di collocare sul mercato un'intera emissione di valori mobiliari di una società, garantendo l'assunzione in proprio dei titoli non sottoscritti dal pubblico. Il gruppo è formato da varie banche e società finanziarie, tra le quali ne viene scelta una che funge da capofila. A volte, l'impegno del consorzio è più ristretto, limitandosi a garantire il massimo sforzo in relazione al collocamento dei titoli sul mercato, senza assumere alcun obbligo in relazione alla quota eventualmente non sottoscritta dal pubblico. (v. anche *purchase contract*)

purchase tax: ***imposta sugli acquisti; imposta sugli scambi.*** Imposta indiretta ad valorem che colpiva il trasferimento di beni prodotti sul territorio nazionale o importati, ma non quelli venduti sotto forma di esportazioni. L'imposta sugli acquisti fu introdotta nel Regno Unito nel 1940 allo scopo di limitare il consumo di beni scarsi, ma fu conservata anche dopo la fine del conflitto come fonte di entrate per lo stato. Successivamente passò ad essere considerata uno strumento di politica monetaria e veniva ritoccata a seconda dello stato dell'economia. Quando si verificavano tendenze inflazionistiche, essa veniva aumentata; mentre veniva ridotta in periodi di disoccupazione al fine di stimolare la domanda interna. Secondo l'ordinamento britannico, tutti coloro che avevano un movimento annuo di beni soggetti all'imposta sugli acquisti superiore alle cinquecento sterline dovevano essere iscritti presso un apposito ufficio dell'amministrazione finanziaria e l'imposta colpiva, come percentuale del prezzo all'ingrosso, il trasferimento di beni tra persone iscritte e persone non iscritte al suddetto ufficio, mentre non colpiva i trasferimenti tra persone iscritte al registro. Poiché l'importo dell'imposta era ad valorem, essa colpiva in maniera diversa le differenti categorie di beni. Questo tipo di imposta e altre simili, quale l'imposta generale sull'entrata un tempo in vigore in Italia, sono state sostituite con l'imposta sul valore aggiunto in tutti i paesi che fanno parte della Comunità Economica Europea. (v. anche *value added tax*)

purchasing: ***approvvigionamento.*** Termine usato per indicare globalmente l'attività volta a procurare le materie prime, le attrezzature e i servizi necessari per il funzionamento di tutti i rami di attività di un'impresa.

purchasing agent: ***agente addetto agli acquisti.*** Figura di intermediario commerciale che opera nei maggiori centri di produzione, effettuando acquisti per conto di imprese importatrici residenti in altri paesi. Oltre a curare tutte le pratiche relative agli acquisti, questo tipo di agente spesso si occupa anche delle operazioni di imballo e spedizione delle merci all'estero. Differisce da un qualsiasi sensale, in quanto la prestazione della sua opera è a carattere continuativo.

purchasing contract: ***contratto di compravendita.*** Termine usato con lo stesso significato di *purchase deed* (v.).

purchasing co-operative: ***cooperativa d'acquisto; cooperativa di dettaglianti.*** Lo stesso che *retailers' co-operative* (v.).

purchasing department: ***reparto acquisti; reparto approvvigionamento.*** È l'ufficio istituito nelle maggiori imprese produttrici affinché provveda all'approvvigionamento delle materie prime e di tutti gli altri prodotti di cui può aver bisogno l'impresa. (v. anche *purchasing officer*)

purchasing division: ***reparto acquisti; reparto approvvigionamento.*** Termine usato con lo stesso significato di *purchasing department* (v.).

purchasing lead time: ***tempo di acquisto.*** Il tempo che intercorre tra il momento in cui si invia un ordinativo di fornitura e il momento in cui il bene o prodotto ordinato viene effettivamente consegnato al domicilio del compratore.

purchasing middleman: ***agente addetto agli acquisti.*** Termine usato con lo stesso significato di *purchasing agent* (v.).

purchasing office: ***ufficio acquisti; ufficio approvvigionamento.*** Lo stesso che *purchasing department* (v.).

purchasing officer: ***direttore del reparto approvvigionamento.*** In ogni grande impresa produttrice di beni viene di solito istituito un ufficio approvvigionamento, il cui direttore risponde al direttore della produzione della politica di acquisti e del controllo del reparto affidatogli. Egli ha il compito di interpretare e attuare la politica aziendale in materia di acquisti e tra le sue funzioni e responsabilità specifiche rientrano: a) la raccolta di tutte le richieste di approvvigionamento provenienti dai vari reparti; b) la richiesta di quotazioni ai fornitori; c) l'emanazione di ordinativi di approvvigionamento; d) la ricezione dei materiali ordinati; e) far rispettare le date di consegna; f) il controllo delle fatture.

purchasing order: ***ordinazione di acquisto; ordinativo di approvvigionamento.*** Termine usato come sinonimo di *purchase order* (v.).

purchasing power: ***potere di acquisto.*** La capacità di una moneta di acquistare beni e servizi e pertanto: a) la quantità di una determinata classe di beni o servizi che può essere acquistata con una data quantità di moneta; e, b) la relazione percentuale tra tale quantità di beni e servizi e la quantità acquistabile con la stessa dose di moneta in un qualche precedente momento nel tempo. Il potere di acquisto della moneta, infatti, è inversamente proporzionale al livello generale dei prezzi.

purchasing power parity: ***parità dei poteri di acquisto.*** È la parità tra i poteri di acquisto di due monete all'interno dei paesi nei quali esse circolano. Se un dato paniere di beni costa dieci sterline nel Regno Unito e venti dollari negli Stati Uniti, la parità tra le due valute sarà 1 sterlina = 2 dollari.

purchasing-power-parity overshooting: V. spiegazione sotto *overshooting.*

purchasing power parity theory: ***teoria della parità dei poteri di acquisto.*** Teoria formulata dall'economista svedese Gustav Cassel nel 1916, nel tentativo di spiegare il formarsi dei tassi di cambio tra le valute, quando essi sono liberi di fluttuare in relazione al potere d'acquisto relativo delle valute nei paesi in cui esse vengono usate. La teoria sostiene che mentre nel breve periodo il tasso di cambio tra due valute fluttua secondo la legge della domanda e dell'offerta, nel lungo periodo esso tenderà a rimanere ad un livello che riflette i relativi poteri di acquisto delle due valute in termini di beni e servizi. Per esempio, se un dato paniere di beni costa cento sterline nel Regno Unito e novantottomila franchi in Francia in un qualsiasi momento, la parità dei poteri di acquisto tra franchi e sterline in termini di quei beni sarà di una sterlina ogni novecentottanta franchi e il valore della sterlina tenderà a spostarsi verso tale livello. Se il tasso di cambio effettivo sui mercati valutari è, per esempio, di 987 franchi per una sterlina, gli operatori inglesi potranno trarre un utile dal cambiare sterline in franchi, acquistare quei beni in Francia e rivenderli nel Regno Unito. (Omettiamo, per semplicità e comodità, i costi di trasporto, eventuali restrizioni sull'importazione di quei beni ed altre variabili.) A seguito di queste operazioni, si verificherà un aumento della domanda di franchi sulla piazza di Londra e una diminuzione della domanda di sterline in Francia e il tasso di cambio tra le due valute tenderà a spostarsi verso la parità dei poteri di acquisto, cioè una sterlina per 980 franchi. Si verificherà una situazione inversa se il tasso di cambio effettivo sui mercati valutari sarà, ad esempio, di una sterlina per 973 franchi. Pur se si possono fare varie obiezioni alla teoria, essa ha un fondo di verità e rappresenta un'utile indicazione di come si comportano i tassi di cambio nel lungo periodo, quando essi si spostano seguendo i poteri d'acquisto delle monete interessate, cioè seguendo le variazioni dei livelli dei prezzi. Il funzionamento della teoria, comunque, è spesso ostacolato e mascherato da operazioni valutarie che non hanno niente a che fare con i livelli dei prezzi nei paesi interessati. Altri influssi sono rappresentati da speculazioni valutarie, il flusso di capitali tra paesi stranieri a scopo di investimento, gli interventi delle autorità monetarie tendenti a regolare il tasso di cambio delle loro rispettive valute, e così via. Inoltre, c'è da dire che dopo il secondo conflitto mondiale risulta difficile valutare con esattezza le parità dei poteri di acquisto, in quanto molti paesi adottano sistemi di sostegno di alcuni prezzi e di calmierazione di altri.

purchasing power risk: ***rischio del potere di acquisto.*** Il rischio, cui va incontro un investitore, che il livello dei prezzi si alteri, durante il periodo in cui è in essere il suo investimento, con un'equivalente variazione del potere di acquisto della moneta. Ciò avrà un effetto sul valore di mercato dei vari titoli, ad esempio cambierà il rapporto tra valore dei titoli obbligazionari e valore dei titoli azionari. L'espressione è usata in contrapposizione alle altre che riflettono simili rischi dell'investitore e cioè il rischio finanziario e il rischio del tasso di interesse. (v. anche *financial risk, interest rate risk*)

purchasing schedule: ***programma di approvvigionamento.*** Piano dettagliato degli approvvigionamenti di un'impresa, nel quale sono indicate le quantità da acquistare e le date in cui acquistarle o i livelli di scorte raggiunti i quali si deve procedere al riordino.

pure capital: ***capitale puro.*** In relazione al capitale di una qualsiasi impresa, questo termine indica il complesso costituito dall'*equity* (v.), cioè il capitale netto, più le riserve.

pure cash: ***contante; denaro liquido.*** Il denaro nella sua forma pura di monete metalliche e banconote con l'esclusione, quindi, di assegni o altri titoli di credito, che invece rientrano nella definizione più ampia di moneta.

pure command economy: ***dirigismo economico puro.*** In un articolo tratto da una sua conferenza, Milton Friedman nega la possibilità dell'esistenza di un'economia completamente regolata da direttive impartite da un'autorità centrale. Tale tipo di economia, egli afferma, dovrebbe essere costituita interamente di robot senza una benché minima volontà e senza alcun tipo di interessi personali.

pure competition: **1.** ***concorrenza pura.*** Situazione di mercato caratterizzata da: a) la presenza di un gran numero di venditori; b) l'omogeneità o l'identità del prodotto venduto; c) la possibilità per altri venditori di entrare nel mercato. La situazione indicata da questa espressione si presenta, quindi, meno perfetta di quella indicata dall'espressione «concorrenza perfetta», in quanto nella prima non sono necessariamente presenti alcune delle condizioni necessarie per la seconda. Tuttavia, anche in questa situazione nessun produttore o venditore singolo è in grado di influenzare in maniera determinante il prezzo o la quantità offerta del prodotto venduto e ciascun venditore deve, pertanto, vendere al prezzo che trova sul mercato. **2.** ***concorrenza perfetta.*** L'espressione inglese è spesso usata come sinonimo di *perfect competition* (v.), in quanto le caratteristiche che contraddistinguono le due situazioni di mercato sono molto simili.

pure economics: ***economia pura; economia teorica.*** Quella parte della scienza economica che esamina e spiega le leggi dei fenomeni economici e quindi il funzionamento di un sistema economico e le influenze che hanno su di esso il comportamento umano, le forze che agiscono a livello mondiale e le istituzioni create dagli uomini, quali i mercati, le leggi e i governi.

Pure Food and Drugs Act: Legge, approvata dal Congresso degli Stati Uniti nel 1906, che vieta il commercio tra stati di cibi e medicine adulterati o contrassegnati da false etichette. Dal 1906, questa legge ha subito vari emendamenti che hanno rafforzato il divieto di apporre dichiarazioni false o fraudolente su etichette di medicinali e che hanno stabilito il principio della dichiarazione sulle etichette del peso netto delle merci contenute nelle varie confezioni e della loro aderenza agli standard di qualità stabiliti.

pure gold: ***oro puro.*** È consuetudine misurare il titolo dell'oro in carati o in millesimi. All'oro puro, cioè quello non composto da leghe di oro e altri metalli, vengono assegnati ventiquattro carati o mille millesimi. Alle leghe, vengono assegnati un numero inferiore di carati o millesimi. Così, quando si parla di oro a diciotto carati si intende una lega composta per diciotto ventiquattresimi, o settecentocinquanta millesimi, di oro puro e per sei ventiquattresimi, o duecentocinquanta millesimi, di altri metalli che entrano in lega con l'oro.

pure holding company: ***società finanziaria pura.*** Una società finanziaria, o holding, la cui attività si limita al controllo e alla gestione delle società sussidiarie, astenendosi da qualsiasi attività produttiva di beni e servizi. (v. anche *operating holding company, parent company*)

pure interest: ***interesse puro.*** È il prezzo pagato per l'uso di un capitale, fatta esclusione di tutti gli altri addebiti relativi al rischio e a qualsiasi altro costo derivanti dal prestito. L'interesse puro rappresenta un concetto essenzialmente teorico, in quanto esso non è mai separato dagli altri elementi che costituiscono il prezzo per l'uso di un capitale altrui. (v. anche *interest, gross interest*)

pure market economy: ***economia di mercato pura.*** Tipo di economia che, secondo quanto afferma Milton Friedman in un suo articolo, è concepibile soltanto in teoria, poiché in pratica anche nella versione più estrema dell'ideale di economia di mercato esiste la famiglia, nel cui ambito si manifestano sempre elementi dirigistici.

pure monopoly: ***monopolio puro; monopolio perfetto.*** Lo stesso che *absolute monopoly* (v.).

pure polypsony: ***polipsonio puro; polipsonio perfetto; omeopsonio atomistico.*** Situazione di mercato caratterizzata dalla presenza di un numero rilevante ed impreciso di compratori (di fronte alla concorrenza perfetta tra venditori) i quali si trovano in condizioni economicamente identiche, per cui sono certi di poter acquistare ad un dato prezzo qualsiasi quantità desiderino di un bene o servizio. In una situazione del genere, i prezzi e le quantità sono determinabili in base alle curve dei costi e della domanda. (v. anche *polypsony*)

pure premium: ***premio puro; premio matematico.*** Nel linguaggio delle assicurazioni, è quella parte del premio complessivo strettamente necessaria a coprire il rischio dell'assicuratore, ma che non tiene conto delle spese amministrative e produttive né dell'utile dell'impresa assicuratrice, che vengono aggiunti al premio puro sotto forma di caricamento. (v. anche *loading 1*)

pure profit: ***profitto puro.*** È il rendimento normale che un imprenditore si aspetta di ricavare dagli investimenti che pone in essere. Esso viene calcolato in base ad un tasso di interesse standard, che deve essere tale da trattenere l'imprenditore in quella particolare attività. Se il rendimento fosse inferiore, l'imprenditore si rivolgerebbe verso attività diverse e pertanto il profitto puro coincide col costo–opportunità della permanenza dell'imprenditore nell'attività che egli svolge. Se, al contrario, il rendimento dell'industria in cui l'imprenditore opera fosse superiore, ciò attirerebbe altri imprenditori in quel settore.

pure public goods: ***beni pubblici puri.*** Espressione a volte usata per indicare quei beni pubblici che soltanto lo stato è in grado di fornire, ripartendone il costo tra tutti i cittadini che li finanziano attraverso il pagamento indiscriminato delle imposte. Rientrano tra i beni pubblici puri la difesa nazionale, la pubblica sicurezza, i parchi nazionali, il servizio di assistenza sociale e altri. (v. anche *public goods, quasi–public goods*)

pure rate of interest: ***tasso d'interesse puro.*** Il tasso dell'interesse descritto sotto *pure interest* (v.).

pure rent: ***rendita economica; sovrappiù.*** Lo stesso che *economic rent 2* (v.).

pure rent factors: ***fattori di pura rendita.*** Fattori della produzione irriproducibili o intrasferibili, il cui profitto equivale a una rendita pura in quanto non è possibile aumentarne l'offerta.

pure research: ***ricerca pura; ricerca di base.*** Lo stesso che *basic research* (v.).

purposive sample: ***campione ragionato.*** Un numero limitato di osservazioni, selezionato da un intero aggregato di fenomeni in base a un qualche attributo noto. Presupposto di tale scelta è che il campione, che mostra la stessa media relativa all'attributo noto, presenti la stessa rappresentatività e media relativa ad altri attributi ignoti dell'intero universo dal quale è tratto il campione. Ad esempio, supponiamo che è noto che esiste un'alta correlazione tra redditi imponibili e valutazioni delle proprietà dei contribuenti e che vogliamo ricavare una stima della valutazione delle proprietà dei contribuenti di una data regione o di un intero stato. Si potrebbe, a tal fine, scegliere come campione una città della regione o una regione dello stato in cui la media dei redditi imponibili è uguale alla media dell'intera regione o dell'intero stato. Si supporrebbe, quindi, che le valutazioni medie delle proprietà relative al campione siano applicabili alla regione o allo stato nel loro complesso.

purposive sampling: ***campionamento ragionato; campionamento a scelta giudiziosa.*** È il campionamento che si basa sul campione ragionato descritto sotto *purposive sample* (v.).

purser: 1. ***commissario di bordo.*** L'ufficiale che, a bordo di una nave, tiene i conti ed effettua i pagamenti in contanti. **2.** ***cassiere.*** In un'impresa mineraria, è la persona addetta ai pagamenti e al maneggio dei contanti, di cui è responsabile.

push and pull: ***spingi e tira.*** Nel linguaggio della pubblicità, questa espressione viene usata per indicare un'azione risultante dalla fusione della *push strategy* (v.) con la *pull strategy* (v.), ossia l'unione di mezzi promozionali, che tendono a spingere il prodotto verso il consumatore, e mezzi pubblicitari tradizionali, che tendono ad attirare il consumatore verso il prodotto.

push money: Espressione usata per indicare un compenso addizionale pagato da un produttore o da un distributore al personale di vendita di un negozio al dettaglio, quale remunerazione del loro interessamento nel promuovere le vendite di particolari beni.

push strategy: Nel linguaggio della pubblicità e del marketing, questa espressione viene usata per indicare una politica che utilizza i normali sforzi promozionali, pubblicitari, di vendita, ecc., allo scopo di invogliare la rete distributiva ad acquistare l'intera produzione di un'impresa per poi rivenderla, attraverso i suoi canali, ai consumatori finali. (v. anche *push and pull, pull strategy*)

put: ***contratto a premio put; contratto a premio pour livrer; contratto a premio del venditore; opzione di vendita.*** Nelle borse valori e merci, è il diritto che si riserva il venditore, in cambio del pagamento di un premio, di consegnare un determinato titolo o bene ad un prezzo prefissato entro un periodo di tempo concordato che, di solito, non supera i tre mesi. Con questo contratto, poco usato in Italia, il venditore tende a limitare la sua perdita all'ammontare del premio, in quanto ha la facoltà di recedere dal contratto se l'andamento dei corsi è a lui sfavorevole. In relazione al contratto a premio put, si possono verificare le seguenti situazioni: a) il prezzo a termine è inferiore al prezzo di vendita, cioè il prezzo ridotto del premio, e quindi l'operatore ha interesse ad eseguire il contratto, onde stipulare un'operazione di acquisto a prezzo inferiore; b) il prezzo a termine è uguale al prezzo di vendita, e quindi per l'operatore è indifferente eseguire o meno il contratto; c) il prezzo a termine è compreso tra il prezzo di vendita e quello che comprende il premio, e quindi per l'operatore è conveniente eseguire il contratto, in quanto la perdita che ne risulta è inferiore al premio; d) il prezzo a termine è superiore al prezzo pieno, e pertanto per l'operatore è conveniente recedere dal contratto pagando il premio, onde limitare la perdita all'ammontare del solo premio. (v. anche *call 1, put and call*)

put and call: ***opzione doppia; contratto a doppio premio; contratto a premio composto; stellage; stellaggio; contratto a doppia facoltà.*** Nelle borse valori e merci, è il diritto che si riserva il contraente che paga il premio di dichiararsi compratore o venditore di una certa quantità di un titolo o di un bene specificati, ad una data e ad un prezzo concordati all'atto della stipula del contratto a doppio premio. Il contraente che acquista l'opzione doppia: a) si dichiarerà compratore, se il prezzo a termine risulterà superiore al prezzo contrattuale; b) si dichiarerà venditore, se il prezzo a termine risulterà inferiore rispetto a quello contrattuale. L'operatore che paga il premio, infatti, spera in variazioni rilevanti nel corso dei titoli oggetto del contratto, perché solo se tali variazioni in aumento o in diminuzione supereranno l'ammontare del premio egli potrà trarre un guadagno dall'operazione. La base dello stellage, invece, rappresenta il limite al quale l'operatore può indifferentemente dichiararsi compratore o venditore.

put of more: ***contratto noch per consegnare; noch per consegnare; contratto di aggiunta; contratto a premio noch; contratto a premio di aggiunta.*** Tipo di contratto di borsa, facente parte dei cosiddetti contratti a premio, simile al contratto put dal quale si distingue perché il venditore, mediante il pagamento di un premio doppio o triplo, si riserva la facoltà di consegnare una quantità di titoli o merci doppia o tripla di quella fissata, allo stesso prezzo concordato all'atto della stipula del contratto. (v. anche *put, call of more*)

put option: ***contratto a premio put; contratto a premio pour livrer; contratto a premio del venditore; opzione di vendita.*** Lo stesso che *put* (v.).

put through: ***immesso; inoltrato.*** Alla borsa valori di Londra, indica una particolare procedura di negoziazione, di solito connessa ad ordini di notevole entità. In base a tale procedura, lo *stockbroker* (v.) reperisce sia il venditore che il compratore e lo *stockjobber* (v.) si limita a «immettere» i titoli sul mercato in considerazione di una minima plusvalenza professionale.

putting-out system: ***sistema di lavoro domiciliare; industria a domicilio.*** Lo stesso che *domestic system* (v.).

putty-clay: Espressione usata per indicare la situazione in cui un'impresa ha la possibilità di operare scelte relative ai metodi di produzione prima di effettuare l'investimento, ma una volta che esso è stato effettuato, l'impresa non ha più libertà d'azione. Essa, pertanto, dovrà scegliere in anticipo e una volta per tutte la combinazione di capitale e lavoro che intende utilizzare e sarà vincolata da tale decisione dal momento in cui pone in essere il necessario investimento. In questa espressione, il termine inglese *putty* sta a indicare la malleabilità del capitale e la possibilità di operare scelte alternative, mentre il termine *clay* sta a indicare la non malleabilità del capitale una volta che le scelte sono fatte e diventano irreversibili. Ciascuno dei due termini può trovarsi anche da solo e in tal caso *putty* indica la possibilità per l'imprenditore di operare scelte tra diverse alternative di combinazione capitale-lavoro per realizzare un dato livello di produzione; mentre *clay* indica il caso in cui l'imprenditore ha a disposizione un'unica possibilità di combinazione dei fattori.

P.W.A.: Public Works Administration.

pya: Moneta divisionale della Birmania, equivalente a un centesimo di kyat.

pyramid hierarchy: ***gerarchia piramidale.*** Il tipo di gerarchia presente in alcune organizzazioni, con una persona al vertice e dirigenti di diverso livello subordinati l'uno all'altro, fino a giungere alla base della piramide ove sono presenti i vari componenti la forza lavoro dell'impresa. È un tipo di gerarchia alquanto goffa, che richiede notevole dispendio di energia e tempo, nella quale le comunicazioni procedono a rilento tra coloro che prendono decisioni e coloro che devono porle in pratica.

pyramiding: **1.** ***sistema di partecipazione a piramide; partecipazione piramidale.*** Termine usato nel linguaggio finanziario in relazione alle società di controllo, per indicare un espediente che consente di controllare un capitale di molto superiore a quello sborsato inizialmente dalla società di controllo. Ad esempio, una società con un capitale di venti miliardi di lire, metà in azioni ordinarie e metà in azioni privilegiate, può essere controllata con un esborso di poco superiore ai cinque miliardi, corrispondente al 51% del suo capitale in azioni ordinarie, che può essere ulteriormente ridotto se la proprietà del restante 49% è distribuita tra vari azionisti che non hanno interesse a riunirsi per controllare la società. Il capitale di venti miliardi di questa società potrebbe essere utilizzato per acquisire il controllo di un'altra società, il cui capitale ammonta a quaranta miliardi anche in questo caso diviso per metà in azioni ordinarie e per metà in azioni privilegiate. Il capitale di quaranta miliardi di questa società potrebbe essere usato per acquisire il controllo di un'altra società con un capitale di ottanta miliardi, sempre diviso al 50% tra azioni ordinarie e azioni privilegiate, e così via. Usando questo stratagemma, i fratelli van Sweringen acquisirono, negli Stati Uniti, il controllo di società ferroviarie con un capitale di due miliardi di dollari sborsando un capitale iniziale di investimento inferiore ai venti milioni di dollari. **2.** ***imposizione piramidale; imposizione a piramide.*** Lo stesso che *tax pyramiding* (v.).

pyramid selling: ***vendita piramidale.*** L'attività illecita di vendita diretta al pubblico, attraverso un'organizzazione che prevede una vasta rete di agenti di vendita, ciascuno dei quali deve pagare una somma fissa per entrare a far parte dell'organizzazione. La somma che l'agente deve pagare è di solito mascherata nel prezzo della quantità di merce che l'organizzazione gli fornisce e che egli acquista per poi rivenderla al pubblico e di solito è molto più elevata della somma che l'agente potrà ricavare sotto forma di commissioni sulle vendite realizzate. In questo tipo di organizzazione, la vendita al pubblico assume un aspetto del tutto secondario, in quanto i maggiori introiti sono rappresentati appunto dai contributi che gli agenti sono tenuti a versare all'atto del loro ingresso nell'organizzazione.

pyx: È così chiamata la scatola che contiene un campione di ciascuna moneta d'oro e d'argento coniata dalla zecca britannica. A intervalli regolari di tempo si effettua un saggio tendente ad accertare che il peso e il contenuto di fino delle monete coniate corrispondano al peso e al contenuto di fino dei campioni conservati in tale scatola.

q, Q

q.: 1) quintal; 2) quart.
Qatar riyal: Unità monetaria del Qatar, suddivisa in cento dirham.
qintar: Moneta divisionale dell'Albania, equivalente a un centesimo di lek.
ql.: quintal.
qlty.: quality.
qn.: quotation.
qr.: quarter.
Q–ratio: ***rapporto Q.*** Misura la relazione tra il valore di mercato del capitale fisico e il suo costo di rimpiazzo. Il rapporto Q è molto usato nelle analisi di investitori e di coloro che sono preposti alla formulazione di politiche governative. Nel linguaggio finanziario, è un rapporto che ha al numeratore il corso delle azioni di un'impresa e al denominatore il valore delle attività nette per azione.
qt.: quart.
qu.: quarterly.
quadratic mean: ***media quadratica; media di precisione.*** Un valore ottenuto elevando al quadrato tutti i valori dei termini di una serie, sommando questi quadrati, dividendo il totale per il numero dei termini ed estraendo la radice quadrata di questo risultato. Corrisponde, in altre parole, alla radice quadrata della media aritmetica dei quadrati dei termini. La media quadratica è molto usata nel calcolo degli errori. (v. anche *mean, arithmetic mean, geometric mean, harmonic mean*)
qual.: quality.
qualification: ***riserva.*** Una qualsiasi affermazione, presente in una relazione del revisore o nella certificazione del bilancio, che limita o restringe il consenso dato dal revisore ai conti da lui verificati. La riserva può riferirsi ad una qualsiasi limitazione relativa alla revisione o ad uno qualsiasi dei conti sottopostigli per la revisione.
qualification for director: È rappresentata dalla proprietà del pacchetto azionario, di cui si parla sotto *director's shares* (v.).
qualification shares: ***pacchetto azionario di un amministratore.*** Lo stesso che *director's shares* (v.).
qualified acceptance: ***accettazione condizionata.*** Termine usato con lo stesso significato di *conditional acceptance* (v.).
qualified bill of lading: ***polizza di carico con riserva.*** Lo stesso che *foul bill of lading* (v.).
qualified certificate: ***certificato con riserva.*** Termine usato con lo stesso significato di *qualified report* (v.).
qualified indorsement: ***girata condizionata.*** Termine usato con lo stesso significato di *conditional indorsement* (v.).
qualified opinion: ***parere con riserva.*** Nel linguaggio della revisione dei conti, è il parere espresso dal revisore contabile esterno nel secondo paragrafo di una relazione di certificazione sintetica, che contiene riserve circa l'attendibilità del bilancio, secondo i principi contabili di riferimento. (v. anche *qualification, qualified report*)
qualified property: ***proprietà condizionata.*** Lo stesso che *special property* (v.).
qualified report: ***relazione di certificazione con riserva.*** Una relazione nella quale il revisore dei conti esterno ha espresso una propria riserva a proposito della tenuta dei conti o del modo in cui è stata presentata la situazione economico–finanziaria dell'impresa nei suoi rendiconti finanziari. Spesso, si giunge ad una relazione con riserva quando vengono infrante certe norme o convenzioni contabili invalse. (v. anche *qualification*)
qualified stock option: ***diritto di opzione condizionato.*** È così indicato il privilegio, concesso ai dipendenti di società per azioni statunitensi, di acquistare ad un determinato prezzo un numero limitato di azioni della società presso la quale lavorano, alle condizioni stabilite dall'articolo 422 della legge federale sulle imposte sul reddito (*Internal Revenue Code*). Tra le condizioni stabilite in tale articolo vi sono: a) gli azionisti devono approvare: il piano in base al quale viene concessa l'opzione; i beneficiari del piano; il prezzo di opzione, che non deve essere inferiore al prezzo di mercato al momento in cui l'opzione viene concessa; il periodo entro il quale l'opzione deve essere esercitata, che non può superare i cinque anni; b) l'opzione non è trasferibile; c) il beneficiario non può essere proprietario di più del cinque per cento del valore di tutte le azioni della società. Se queste condizioni vengono rispettate, il dipendente dell'impresa non dovrà pagare alcuna imposta sul reddito né al momento in cui gli viene concessa l'opzione, né al momento in cui l'esercita. Inoltre, se egli vende le azioni così acquistate entro tre anni, la differenza tra il prezzo da lui pagato e il prezzo di mercato al momento in cui esercitò l'opzione viene trattata, ai fini fiscali, come normale reddito di lavoro dipendente, mentre la differenza tra prezzo di mercato al momento in cui esercitò l'opzione e il prezzo di vendita dei titoli viene trattata, sempre ai fini fiscali, come reddito di capitale. Se, infine, le azioni vengono tenute per più di tre anni, l'intero utile al momento della vendita viene considerato reddito di capitale.
qualified stock option plan: ***piano di diritto di opzione condizionato.*** È il piano per l'emissione di diritti di opzione a dipendenti chiave di una società per azioni. I dipendenti hanno diritto a determinate agevolazioni fiscali, purché vengano rispettate certe condizioni stabilite nell'articolo 422 dell'*Internal Revenue Code* statunitense. (v. anche *qualified stock option*)
qualifying agreement: ***certificato di deposito; lettera di deposito.*** Lo stesso che *letter of deposit* (v.).
qualifying reserve: ***fondo svalutazione.*** Lo stesso che *valuation account* (v.).
qualifying shares: ***pacchetto azionario di un amministratore.*** Lo stesso che *director's shares* (v.).
qualitative analysis: ***analisi qualitativa.*** È l'analisi dei materiali, delle procedure, delle informazioni, ecc., tendente ad accertarne la natura dei contenuti.

qualitative credit restriction: ***restrizione qualitativa del credito; restrizione selettiva del credito.*** Termine usato con lo stesso significato di *qualitative monetary control* (v.).

qualitative directives: ***direttive qualitative.*** Direttive della Banca d'Inghilterra alle banche e altre istituzioni creditizie, relative alle categorie di clienti cui si può concedere credito. (v. anche *monetary control*)

qualitative interview: ***intervista qualitativa.*** Nelle ricerche di mercato, è un'intervista che si svolge senza schemi prestabiliti. L'intervistatore può fare qualsiasi domanda ritenga necessaria per capire a fondo il pensiero dell'intervistato su un prodotto o un qualsiasi altro fatto oggetto di ricerca.

qualitative monetary control: ***controllo monetario qualitativo; controllo monetario selettivo.*** V. spiegazione sotto *monetary control.*

qualitative research: ***ricerca qualitativa.*** Una ricerca di mercato che non tende a fornire dati misurabili statisticamente, bensì conoscenze relative agli atteggiamenti, alle motivazioni e alle percezioni dei consumatori. Viene usata di solito in relazione allo sviluppo di nuovi prodotti e le tecniche cui si fa ricorso sono principalmente la *depth interview* (v.) e la *group discussion* (v.).

quality certificate: ***certificato di qualità.*** Un certificato, emesso da un terzo a seguito di un'ispezione, nel quale si attesta che i beni in oggetto corrispondono a uno standard richiesto.

quality circle: ***circolo di qualità.*** Una struttura industriale, importata dal Giappone verso la fine degli anni settanta, che si è ampiamente diffusa sia negli Stati Uniti che in Canada. Si tratta di un gruppo di 10 o 12 membri, sempre volontari, che può comprendere anche rappresentanti della dirigenza e che si riunisce per un paio d'ore a intervalli settimanali o mensili allo scopo di esaminare problemi che riguardano l'impresa e presentare suggerimenti alla direzione. A seconda della importanza dell'impresa, vi possono essere fino a 30 o 40 gruppi del genere, ciascuno dei quali si interessa di un determinato livello di produzione o di una determinata area dell'impresa. Molti di questi circoli si danno il nome di «gruppi risolutori di problemi», ma i problemi che a loro discrezione decidono di risolvere sono sempre pragmatici: come migliorare un utensile, una macchina o un processo produttivo o qualche altro aspetto operativo che riguarda la qualità di un prodotto o di un servizio. Il circolo è diventato uno strumento sempre più diffuso di pragmatismo operativo partecipativo nelle industrie americane.

quality control: ***controllo della qualità.*** Una qualsiasi politica o procedura mirante a determinare e mantenere un soddisfacente livello qualitativo delle operazioni e dei prodotti di un'impresa. Per quanto concerne la produzione, i primi prodotti ad uscire dal processo produttivo vengono sottoposti a un severo e approfondito controllo al fine di accertare se il loro livello qualitativo è adeguato agli standard stabiliti. A questo controllo, ne seguono altri ad intervalli regolari, onde accertare che il livello di qualità sia sempre uguale a quello stabilito.

quality control chart: ***diagramma di controllo della qualità.*** Nel controllo statistico della qualità, è un grafico basato su dati di controllo sistematico e usato allo scopo di accertare le cause di differenze qualitative tra prodotti o produzioni. Il grafico rappresenta le oscillazioni di una variabile entro limiti stabiliti e quando tali limiti vengono superati, la variabile viene a trovarsi fuori controllo.

quality control circle: ***circolo di qualità.*** Lo stesso che *quality circle* (v.).

quality of bills of exchange: ***qualità delle cambiali.*** Nel mercato monetario londinese, le cambiali vengono distinte in diverse categorie a seconda della qualità di affidabilità che esse offrono. Vi sono, pertanto, tre classi principali di cambiali: a) le cambiali bancarie; b) le cambiali emesse da banche estere sulle loro filiali londinesi; e, c) le cambiali commerciali. (v. anche *agency bills, bank bill, trade bill*)

quality of output ratio: ***indice di qualità del prodotto.*** È uno dei rapporti di rendimento usati per determinare l'efficienza e la produttività di un'impresa e consiste del rapporto tra i prodotti che superano tutti i collaudi di qualità e il totale dei prodotti sottoposti a tali collaudi.

quality of work life: Espressione statunitense, con la quale si indica un tipo di partecipazione dei dipendenti al processo decisorio dell'impresa, adottato da molte grandi società industriali degli Stati Uniti. Si basa principalmente su una forma di cooperazione tra direziome, sindacati e singoli dipendenti col risultato che le decisioni adottate generano pochissima o nessuna conflittualità tra prestatori e datori di lavoro.

quality report: ***relazione sulla qualità.*** È la relazione sulle condizioni dei materiali ricevuti da un'impresa. Viene preparata da un addetto all'ispezione delle forniture, che di solito fa parte del reparto ricezione merci.

quantification: ***quantificazione.*** Una qualsiasi dichiarazione espressa in termini numerici o quantitativi.

to quantify: ***quantificare.*** Esprimere o valutare in termini numerici o quantitativi.

quantile: ***quantile.*** In statistica, è uno qualsiasi dei valori che dividono un insieme o una distribuzione di frequenza in numeri uguali di unità individuali.

quantitative credit restriction: ***restrizione quantitativa del credito.*** Termine usato con lo stesso significato di *quantitative monetary control* (v.).

quantitative directives: ***direttive quantitative.*** Direttive della Banca d'Inghilterra alle banche e altre istituzioni creditizie, relative all'ammontare totale di credito che esse possono concedere. (v. anche *monetary control*)

quantitative economics: ***economia quantitativa; macroeconomia.*** Termine usato con lo stesso significato di *macroeconomics* (v.).

quantitative interview: ***intervista quantitativa.*** Nel linguaggio delle ricerche di mercato, è l'intervista condotta seguendo una lista prestabilita di domande che l'intervistatore rivolge all'intervistato, le cui risposte possono successivamente essere tabulate e quantificate, al fine di ottenere indicazioni quantitative su ciò che il pubblico pensa di un prodotto o qualsiasi altro fatto oggetto della ricerca.

quantitative monetary control: ***controllo monetario quantitativo.*** V. spiegazione sotto *monetary control.*

quantitative research: ***ricerca quantitativa.*** Una ricerca di mercato che, attraverso l'uso di tecniche di campionatura, tende a fornire dati statisticamente misurabili.

quantitative restrictions: ***restrizioni quantitative.*** Sono le restrizioni delle importazioni, che si effettuano mediante l'imposizione di contingenti o quote. Lo scopo dei contingenti d'importazione è molteplice: può essere usato, insieme ai dazi d'importazione, per limitare l'ingresso di merci estere al fine di proteggere le industrie nazionali; può essere utilizzato al fine di limitare l'uscita di valuta dal paese; può essere usato come arma di pressione o come trattamento preferenziale nei confronti di determinati paesi esteri; può, infine, rappresentare un mezzo per limitare determinati tipi di consumi. Le restrizioni quantitative tra paesi industriali sono state quasi del tutto eliminate, fatta eccezione per quelle relative ai prodotti primari.

quantitative trade restrictions: ***restrizioni commerciali quantitative.*** Termine usato con lo stesso significato di *quantitative restrictions* (v.).

quantity discount: ***sconto di quantità.*** Lo sconto concesso da un venditore al compratore che in una singola operazione acquisti una rilevante quantità di un determinato bene. Tale sconto è giustificato dal risparmio di costi di vendita realizzato dal venditore e dal principio dell'utilità marginale. Per questo motivo, esso non viene considerato come una discriminazione di prezzo, purché vengano effettivamente realizzati i risparmi di costi di vendita. Il motivo per cui molti paesi impongono dei limiti e sorvegliano attentamente il diffondersi di questa pratica è che essa favorisce le imprese commerciali più forti e con maggior potere contrattuale a discapito delle imprese più piccole. Infatti, se le imprese più forti possono senza limitazioni utilizzare la pratica dello sconto di quantità quando si riforniscono di beni da rivendere al dettaglio, esse possono escludere dal mercato le imprese più piccole, traslando sul consumatore i risparmi realizzati, sotto forma di prezzi più bassi di quelli praticati dalle imprese più piccole. Pertanto, l'attenzione dei governi nel tentare di limitare tale pratica potrebbe sembrare che vada a discapito del consumatore, mentre essa contribuisce a rendere la concorrenza meno imperfetta, anche perché non è detto che una volta riuscite ad eliminare dal mercato le imprese più piccole, quelle più grandi continuino a far avvantaggiare il consumatore dei risparmi da loro realizzati.

quantity equation: ***equazione quantitativa; equazione degli scambi.*** Termine usato con lo stesso significato di *equation of exchange* (v.).

quantity equation of exchange: ***equazione quantitativa degli scambi.*** Lo stesso che *equation of exchange* (v.).

quantity index: ***numero indice di quantità.*** Termine usato con lo stesso significato di *volume index number* (v.).

quantity index number: ***numero indice di quantità.*** Termine usato con lo stesso significato di *volume index number* (v.).

quantity of employment: ***volume di occupazione.*** Nel linguaggio keynesiano, questa espressione indica il totale delle ore di occupazione, ponderate secondo le remunerazioni. In periodi brevi, se il volume di occupazione aumenta, i salari reali, *ceteris paribus*, diminuiscono. Il volume di occupazione è dato dal punto d'intersezione fra la funzione di domanda complessiva e la funzione di offerta complessiva, punto al quale è massima la previsione di profitti degli imprenditori.

quantity of money: ***quantità di moneta.*** Lo stesso che *money supply* (v.).

quantity rebate: ***sconto di quantità.*** Lo stesso che *quantity discount* (v.).

quantity surveyor: ***perito misuratore.*** Una particolare figura di geometra che, nel Regno Unito, è preposto ai calcoli e all'amministrazione dei quantitativi di materiali necessari per una costruzione. Egli lavora in stretto contatto con l'ingegnere o l'architetto che dirige i lavori e quando è pronto ed approvato il progetto di costruzione, egli prepara una distinta di costruzione nella quale vengono specificati materiali e quantità necessari per quella data costruzione. Tale distinta è inviata agli appaltatori e servirà loro come base per le loro offerte. Il perito misuratore, che è stato definito «l'economista dell'industria delle costruzioni», è spesso impiegato anche per effettuare valutazioni in relazione a pagamenti su stadio di avanzamento lavori e al pagamento a saldo. (v. anche *bill of quantities, progress payment*)

quantity theory of money: ***teoria quantitativa della moneta.*** È una delle più antiche teorie economiche, in quanto nella sua forma più elementare fu elaborata nel diciassettesimo secolo, quando il rapido aumento dei prezzi che si verificò in concomitanza con un forte aumento della quantità di moneta, a seguito dell'afflusso di oro e argento dal nuovo mondo, fece ipotizzare una stretta relazione tra offerta di moneta e livello dei prezzi. La teoria cadde successivamente in discredito quando ci si rese conto che la sua asserzione principale, cioè che un aumento dell'offerta di moneta porta come conseguenza un aumento proporzionale del livello dei prezzi, non era sempre vera. Ma negli anni venti di questo secolo Irving Fisher rielaborò la teoria, introducendo due nuove variabili: la velocità di circolazione della moneta; e il volume della produzione, e a seguito di ciò la teoria quantitativa della moneta risultò più precisa. Quattro sono gli elementi, quindi, presi in considerazione da questa teoria: l'offerta di moneta; il livello dei prezzi; il volume della produzione o degli scambi; e la velocità di circolazione della moneta; tutti elementi che ritroviamo nella cosiddetta equazione degli scambi o equazione quantitativa. L'offerta di moneta è costituita dall'effettiva quantità di moneta, nella sua definizione più ampia, usata per regolare gli scambi. Essa include tutte le forme di moneta e tutte le forme di credito che svolgono la funzione della moneta. Ma quando consideriamo l'offerta di moneta, non possiamo trascurare la velocità di circolazione della moneta, cioè il numero di operazioni separate per le quali viene usata ciascuna unità monetaria. Le mille lire che noi diamo al tabaccaio, egli le passa alla moglie che, a sua volta, le passa al lattaio per comprare il latte e così via. Le stesse mille lire usate in dieci operazioni svolgono la stessa funzione di dieci pezzi da mille lire ciascuno usato in una singola operazione. La velocità di circolazione, così, fa aumentare l'offerta di moneta usata per regolare gli scambi. In un qualsiasi momento, esiste una certa quantità di moneta che viene usata per pagare una certa quantità di beni e servizi ed è il rapporto tra offerta totale di beni e servizi e offerta totale di moneta che determina il valore della moneta. Se aumenta la quantità di beni e servizi, mentre resta invariata la quantità di moneta, ciascuna unità di moneta sarà scambiata per una maggiore quantità di beni, cioè il valore della moneta aumenterà ovvero i prezzi diminuiranno. Ogni pezzo da mille lire ora si scambia per una maggiore quantità di merci e un bene che prima costava ad esempio diecimila lire, ora ne costa soltanto ottomila. Se, viceversa, rimane invariata la quantità di beni e servizi prodotti mentre aumenta l'offerta di moneta, ad esempio a seguito di una nuova emissione di banconote, il valore di un'unità di moneta diminuirà, ovvero i prezzi aumenteranno. Mentre prima potevamo acquistare un bene pagandolo ottomila lire, ora ne dobbiamo pagare diecimila, cioè ogni unità di moneta si scambia per una quantità di beni minore. Ci rendiamo così conto che il valore della moneta e i prezzi in generale sono due aspetti della medesima cosa. Le variazioni della domanda o dell'offerta di moneta generano variazioni sia nel valore della moneta, sia nel livello dei prezzi, ma questi ultimi variano in direzione opposta alle prime. Supponiamo, ad esempio, che in una qualsiasi data, diciamo nel 1980, mille unità di un bene vengono scambiate per dicimila unità di moneta. Supponiamo che a seguito di progressi tecnologici l'offerta di beni in un'altra data, diciamo il 1984, viene raddoppiata mentre rimane invariata l'offerta di moneta. Nel 1984, quindi, duemila unità di un bene vengono scambiate per diecimila unità di moneta e un'unità del bene è uguale a cinque unità di moneta. Tra il 1980 e il 1984, quindi, il valore della moneta è aumentato in quanto nel 1984 siamo in grado di acquistare una maggiore quantità di beni con la stessa quantità di moneta: duemila unità invece di mille. Se osserviamo questa variazione da un altro punto di vista, vediamo che i prezzi sono diminuiti. Mentre nel 1980 erano necessarie dieci unità di moneta per acquistare una sola unità di un bene, nel 1984 ci servono soltanto cinque unità di moneta per acquistare la stessa quantità di quel bene. Vediamo, quindi, che il valore della moneta varia in ragione inversa al variare del livello generale dei prezzi. Cioè, se i prezzi aumentano, diminuisce il valore della moneta; se i prezzi diminuiscono, aumenta il valore della moneta. Inoltre, possiamo notare che se l'offerta di moneta rimane invariata mentre aumenta la domanda di moneta, si verifica un aumento del valore della moneta. Questa relazione tra offerta di moneta, domanda di moneta e valore della moneta viene espressa nella teoria quantitativa della moneta, che afferma che il valore della moneta dipende dalla relazione esistente tra la domanda e l'offerta di moneta. In altre parole, la teoria afferma che il valore della moneta dipende dalla funzione svolta come moneta dalla quantità di moneta disponibile in un'economia. Se durante un qualsiasi periodo di tempo non si verifica alcuna variazione dell'offerta di moneta mentre aumenta il numero delle operazioni di scambio, allora, secondo la teoria, il valore della moneta aumenterà in ragione proporzionale all'aumento della funzione di intermediario degli scambi che deve svolgere la moneta disponibile; in altre parole, i prezzi dei beni, misurati in termini monetari, diminuiranno. Se, invece, si verifica un aumento dell'offerta di moneta, ma resta invariato il volume di operazioni, si verificherà una diminuzione del valore della moneta, cioè un aumento del livello generale dei prezzi. Se la domanda di moneta aumenta più rapidamente della sua offerta, il valore della moneta aumenterà, cioè il livello generale dei prezzi subirà una diminuzione, mentre si verificherà una situazione inversa se l'offerta di moneta supera la domanda.

quantum change: ***variazione quantitativa.*** L'espressione inglese viene usata per indicare una qualsiasi variazione misurata in termini reali.

quantum meruit: ***quanto dovuto.*** Se una persona chiede ad un'altra persona, in maniera esplicita o implicita, di fornirgli una prestazione senza specificare alcuna precisa remunerazione ma le circostanze della richiesta implicano che la prestazione non si intende che debba essere a titolo gratuito, è implicita la promessa di pagare *quantum meruit*, cioè quanto compete alla parte che svolge la prestazione. Allo stesso modo, se in base ad un contratto una persona deve svolgere un determinato lavoro in considerazione di una somma forfettaria ed egli svolge soltanto una parte del lavoro concordato, la sua remunerazione sarà pari a quanto egli ha effettivamente guadagnato svolgendo la parte del lavoro totale per il quale si era impegnato.

quar.: quarterly.

quarantine: ***quarantena.*** È il periodo di tempo, una volta corrispondente a quaranta giorni, che deve trascorrere prima che venga concesso il permesso di sbarco alle persone che sono giunte in un porto con una nave proveniente da un altro porto nel quale si sono verificati casi di malattie infettive. La stessa norma viene applicata allo sbarco e alla vendita di bestiame vivo, anche se esso proviene da paesi nei quali non si è verificata alcuna malattia infettiva. Alcuni paesi pongono in quarantena, per un periodo anche di sei mesi, tutti i cani e i gatti importati da altri paesi.

quart: ***quarto.*** È la quarta parte di un gallone, pari a due pinte o 2,5 libbre avoirdupois di acqua a 62 gradi Farenheit, equivalente a 1,1365 litri.

quarter: **1.** ***quarto.*** Misura di peso, di capacità e di lunghezza in uso nel mondo anglosassone. Come misura di peso corrisponde alla quarta parte del *long hundredweight* (v.), ossia ventotto libbre, equivalenti a 12,700 chilogrammi. Come misura di capacità corrisponde a otto *bushel* (v.) di grano, pari a 17745,5 pollici cubici, e contiene 640 libbre o ottanta galloni d'acqua, equivalenti a 290,2976 chilogrammi o 363,672 litri. Come misura di lunghezza è uguale a un quarto di yarda, o nove pollici, pari a 22,85 centimetri. **2.** ***quarto.*** Negli Stati Uniti e in Canada, il termine indica una moneta da un quarto di dollaro, ossia venticinque centesimi. **3.** ***trimestre.*** Periodo di tempo corrispondente a tredici settimane o un quarto di anno solare.

quarterage: ***pagamento trimestrale.*** Qualsiasi pagamento che ha luogo ad intervalli regolari quattro volte all'anno.

quarter angel: Antica moneta inglese d'oro, del valore di un quarto di angelo, la moneta d'oro emessa dai re d'Inghilterra da Edoardo quarto a Carlo primo. (v. anche *angel, angelet*)

quarter coins: Espressione con la quale vengono collettivamente indicate le monete il cui valore equivale alla quarta parte del valore di monete d'oro o d'argento. In passato, le monete d'oro avevano un valore, in termini di beni e servizi, molto elevato ed era necessario emetterle in frazioni corrispondenti alla metà e ad un quarto del loro valore, al fine di consentirne l'uso in relazione a piccoli pagamenti.

quarter days: ***giorni di scadenza trimestrali.*** Sono così indicati i giorni dell'anno in cui, per tradizione, scadono i canoni di locazione trimestrali. In Inghilterra, questi giorni corrispondono al 25 marzo (*Lady Day*), 24 giugno (*Midsummer Day*), 29 settembre (*Michaelmas*) e 25 dicembre (*Christmas Day*). In Scozia, essi sono il 2 febbraio (*Candlemas*), il 15 maggio (*Whitsunday*), il 1° agosto (*Lammas*) e l'11 novembre (*Martinmas*).

quarter-eagle: Moneta statunitense d'oro, ancora in commercio ma non più a corso legale, del valore di 2,50 dollari oro. (v. anche *eagle*)

***Quarterly Bulletin*:** Pubblicazione periodica della Banca d'Inghilterra, che riporta statistiche economiche e finanziarie ed articoli di attualità economica.

***Quarterly Journal of Economics*:** Pubblicazione periodica del Dipartimento di Economia dell'Università di Harvard.

quarterly trade accounts: ***estratti conto trimestrali.*** Nel caso in cui due imprese intrattengano relazioni d'affari in conto corrente, gli estratti conto trimestrali, che vengono preparati ed inviati alla fine dei mesi di marzo, giugno, settembre e dicembre, servono a definire la situazione finanziaria delle loro relazioni e a richiedere il pagamento dell'eventuale saldo a favore di chi li invia.

quartern: Misura di capacità per liquidi, usata nei paesi anglosassoni. Corrisponde alla quarta parte di una pinta, equivalente ad un *gill* o 0,142 litri; e alla quarta parte di un *peck*, equivalente a 2,2729 litri. (v. anche *pint, gill, peck*)

quarter noble: Antica moneta inglese d'oro, il cui valore corrispondeva ad un quarto di nobile d'oro, fatto coniare per la prima volta da Edoardo terzo nel 1344. (v. anche *noble*)

quarter ryal: Antica moneta inglese d'oro del valore originario di un quarto di *royal* (v.), cioè due scellini e mezzo.

quarter stock: Espressione usata negli Stati Uniti per indicare titoli azionari il cui valore nominale è pari a venticinque dollari, ossia un quarto di cento dollari.

quarter up principle: È il principio seguito nel caso in cui si debba procedere a determinare il corso di un titolo ai fini dell'accertamento dell'imposta sul trasferimento di capitali a seguito di morte dell'azionista. L'imposta viene calcolata non sul costo medio del titolo ricavato dalla media dei due prezzi che compaiono sul listino ufficiale della borsa valori di Londra, bensì dividendo per quattro la differenza tra i due prezzi e aggiungendo il risultato al prezzo più basso, cioè quello al quale i titoli potrebbero prontamente essere venduti.

quartile: ***quartile.*** In statistica, è il valore di uno qualsiasi dei tre punti su una distribuzione di frequenza che la dividono in quattro parti, ciascuna delle quali contiene un numero di dati uguale a quello delle altre tre. I tre quartili sono denominati primo, secondo e terzo quartile. (v. anche *upper quartile, lower quartile, median 2*)

quartile deviation: ***deviazione quartile.*** È la misura statistica dell'ampiezza di dispersione, ottenuta sottraendo il valore del primo quartile da quello del terzo quartile, di una distribuzione di frequenza, e dividendo il risultato per due.

quasi–contract: ***quasi–contratto.*** Un fatto volontario e lecito dal quale deriva un'obbligazione verso un terzo o un'obbligazione reciproca tra le parti. Ad esempio, quando una persona ha tratto un vantaggio a discapito di un'altra persona in circostanze che implicano la restituzione del vantaggio così acquisito, l'obbligazione che prevede la restituzione è imposta in virtù di un quasi–contratto. La figura del quasi–contratto, esistente tanto nel Regno Unito quanto negli Stati Uniti, in Italia faceva parte del codice civile abrogato e non è stata accolta dal nuovo codice civile se non per la gestione e l'indebito, di cui si tratta separatamente nei titoli sesto e settimo.

quasi–corporation: ***quasi municipalità.*** Espressione a volte usata negli Stati Uniti per indicare una suddivisione politica di uno degli stati dell'Unione che non è stata eretta a persona giuridica. Tuttavia, le quasi municipalità godono di tutti i diritti e i privilegi delle municipalità che hanno personalità giuridica. (v. anche *corporation 2*)

quasi–loan: ***quasi prestito.*** Un accordo tra due persone in base al quale una di loro fa fronte a un'obbligazione finanziaria dell'altra a condizione che quest'ultima si impegni a rimborsarla.

quasi–money: ***quasi moneta.*** Lo stesso che *near money* (v.).

quasi–monopoly: ***quasi monopolio.*** Lo stesso che *near–monopoly* (v.).

quasi–negotiable instruments: ***titoli quasi negoziabili.*** Sono certi documenti commerciali che possiedono alcune, ma non tutte le caratteristiche dei titoli negoziabili. L'esempio tipico di titolo quasi negoziabile è la polizza di carico che, essendo trasferibile per girata e consegna, trasferisce a colui che la riceve il diritto di ritirare le merci che essa rappresenta e il diritto di iniziare un'azione legale in nome proprio. Fin qui, la polizza di carico è un titolo negoziabile a tutti gli effetti, ma essa di solito non possiede l'altra qualità, cioè quella di conferire un valido titolo di proprietà a colui che la riceve in buona fede e a titolo oneroso anche in assenza o in difetto di tale validità prima del trasferimento.

quasi–partner: ***quasi socio.*** Una persona che si comporta come se fosse uno dei soci di un'impresa diventa responsabile come uno dei soci, senza tuttavia esserlo mai stato.

quasi–public company: ***società quasi pubblica.*** Espressione usata negli Stati Uniti per indicare: a) una società le cui azioni sono di proprietà di singoli cittadini o di altre società a capitale privato, ma viene gestita da uomini pubblici, come ad esempio avviene per il *Federal Reserve System* (v.); b) una società a capitale privato e gestita da privati, che però svolge funzioni di natura pubblica, quale ad esempio l'erogazione di un pubblico servizio, e pertanto deve adeguarsi alle norme di legge in materia, in particolare servendo tutti coloro che richiedono la somministrazione del servizio che essa produce.

quasi–public corporation: ***società quasi pubblica.*** Termine usato come sinonimo di *quasi–public company* (v.).

quasi–public goods: ***beni quasi pubblici; beni pubblici non puri.*** Sono quei beni pubblici che, almeno in teoria, potrebbero essere forniti anche da privati, ma che vengono invece erogati dallo stato, perché sarebbe ingiusto escludere dal loro uso coloro che non sono in grado di pagare il prezzo che verrebbe imposto dai privati. Alcuni di questi beni, quali la casa, l'istruzione, il servizio sanitario e alcune forme di pubblica sicurezza, sono effettivamente forniti anche da privati e, spesso, a condizioni migliori, pur se a costi più elevati, dei corrispondenti servizi prestati dallo stato. (v. anche *public goods, pure public goods*)

quasi–rent: ***quasi rendita.*** Termine usato per la prima volta da Alfred Marshall per indicare la rendita goduta da un fattore della produzione diverso dalla terra, ma oggi non più usato in tale senso limitato. Con questo termine oggi si indicano gli utili realizzati da un fattore della produzione, durevole e specializzato, nel breve periodo di tempo durante il quale esso non può essere ampliato o ridotto. Ne sono esempi gli impianti fissi che non possono essere duplicati in breve tempo, quali un cantiere navale o una centrale nucleare, e i beni prodotti esclusivamente dal detentore di una privativa industriale. Pertanto, il termine indica una rendita temporanea, cioè la differenza tra prezzo e costo, goduta da chi offre un fattore della produzione la cui offerta non possa essere rapidamente adeguata alla domanda.

quasi–reorganization: ***quasi riorganizzazione.*** Viene indicata con questa espressione la ricapitalizzazione di un'impresa, la cui principale caratteristica sia stata quella di riassorbire un deficit. In particolare, l'espressione indica la procedura in base alla quale, senza creare una nuova società o senza l'intervento di una corte di giustizia, viene eliminata una pesante perdita di gestione e viene istituito un nuovo conto per l'accumulazione di capitale di risparmio successiva alla data in cui ha avuto luogo la quasi riorganizzazione.

quaternary employment: ***occupazione quaternaria.*** L'occupazione nei settori dell'istruzione, della ricerca e dello sviluppo e nella produzione di servizi specialistici e di consulenza, richiesti dai settori primario, secondario e terziario dell'economia.

quaternary services: ***servizi quaternari.*** Termine di recente coniazione, proposto da alcuni autori per indicare un settore più avanzato e specialistico di quello terziario, costituito dalla fornitura di particolari servizi di consumo, caratteristica essenziale di una società postindustriale.

quay: *banchina; molo; calata.* Punto di attracco, generalmente all'interno di un porto, dove le navi possono svolgere le operazioni di caricazione e discarica delle merci trasportate o da trasportare. Di solito dispone di gru, binari ferroviari e altri mezzi di trasporto e movimentazione di grossi pesi.

quayage: *diritti di banchina.* Termine usato con lo stesso significato di *quay dues* (v.).

quay dues: *diritti di banchina.* Sono così chiamate le spese che una nave deve sostenere per utilizzare un punto di attracco lungo una banchina.

quay rate: *tariffa di banchina.* Una tariffa di sbarco ridotta, applicabile su merci sdoganate celermente sulla banchina.

Queen's Award to Industry: Il premio che, dal 1966, viene assegnato ogni anno in aprile a imprese che si sono particolarmente distinte o nell'incrementare le esportazioni o per essere penetrate in difficili mercati esteri o, ancora, per aver realizzato innovazioni tecnologiche di notevole importanza. Le imprese cui viene assegnato il riconoscimento possono riprodurre, sui loro prodotti e dovunque compaia la loro ragione sociale, un emblema speciale per la durata di cinque anni.

queen's enemies: *nemici della regina.* Espressione usata nel linguaggio delle assicurazioni per indicare la causa di sinistri rappresentata da azioni di nemici della patria. Tale rischio non è coperto dalle polizze di assicurazione e neanche il vettore è responsabile di danni causati da azioni ostili di forze nemiche. L'espressione inglese si cambia in *king's enemies* quando a governare è un re invece che una regina.

Queen's warehouse: *magazzino reale.* Un deposito nel quale vengono conservate merci abbandonate o confiscate dalle autorità, a seguito del mancato pagamento di dazi di importazione o imposte di fabbricazione. I beni depositati in tale magazzino saranno, dopo un certo periodo di tempo, venduti all'asta pubblica.

questionnaire: *questionario.* Molto usato in vari tipi di indagini, come ad esempio ricerche di mercato o censimenti. Contiene una serie di domande formulate in maniera tale da sollecitare risposte che, opportunamente elaborate, daranno determinate indicazioni a coloro che conducono l'indagine.

quetzal: Unità monetaria del Guatemala, suddivisa in cento centavos.

queueing problem: *problema delle code di attesa.* La situazione che si determina quando la domanda supera le possibilità di produzione degli impianti o, nel breve periodo, quando il volume della domanda presenta caratteristiche casuali o non facilmente determinabili.

queueing theory: *teoria delle code di attesa.* Teoria che tratta matematicamente l'analisi e il comportamento delle code d'attesa. Nell'uso che si fa del termine in ricerca operativa, tuttavia, la coda di attesa può essere rappresentata tanto da una fila di veicoli, quanto da una serie di aerei, che girano su un aeroporto in attesa del permesso di atterraggio, o dal flusso dei componenti di una linea di produzione. In campo economico, la teoria tenta di spiegare il tasso o la proporzione ai quali si dovrebbero fornire i servizi o gli impianti produttivi al fine di minimizzare i costi e massimizzare l'efficienza, in quanto il problema delle code di attesa sorge appunto in relazione all'incertezza sull'utilizzazione di tali impianti e servizi. La teoria tenta, quindi, di indicare in che modo si possono ridurre le code di attesa dopo aver studiato il ritmo al quale esse si formano, il periodo medio di attesa, la frequenza con cui i servizi o gli impianti si rendono disponibili per gli utenti in coda e così via.

quick asset ratio: *rapporto secco di liquidità.* Termine usato con lo stesso significato di *acid–test ratio* (v.).

quick assets: *attività di pronto realizzo; attività di realizzo corrente.* Sono quelle attività correnti già sotto forma di denaro liquido o normalmente convertibili in denaro liquido entro un periodo di tempo relativamente breve, diciamo un mese. Ne sono esempi prestiti a richiesta, titoli di stato, titoli prontamente realizzabili sul mercato, e simili.

quickie strike: *sciopero selvaggio.* Un'astensione dal lavoro non autorizzata o proclamata dai sindacati o non approvata mediante votazione in base agli accordi sindacali o in base al contratto collettivo di lavoro firmato tra rappresentanti sindacali dei lavoratori e dei datori di lavoro.

quick money: *denaro a richiesta.* Lo stesso che *call money* (v.).

quick ratio: *rapporto secco di liquidità.* Lo stesso che *acid–test ratio* (v.).

quick succession relief: *detrazione per rapida successione.* La detrazione concessa, a norma dell'articolo 30 della legge finanziaria del 1958, ai fini del pagamento dell'imposta di successione, quando la proprietà era già stata sottoposta al pagamento di tale imposta in un periodo precedente inferiore ai cinque anni a causa della morte del precedente proprietario e il nuovo proprietario dal quale essa proveniva non l'aveva acquisita a titolo oneroso. La detrazione oscillava da un massimo del 75% dell'imposta, se il nuovo proprietario moriva entro soltanto tre mesi dalla morte del precedente proprietario, ad un minimo del 10% se la morte avveniva entro cinque anni. La legge finanziaria del 1975 abolì l'imposta di successione nel Regno Unito introducendo l'imposta sul trasferimento di capitali e pertanto anche la detrazione per rapida successione fu contestualmente abolita. (v. anche *capital transfer tax*)

quick test: *rapporto secco di liquidità.* Termine usato con lo stesso significato di *acid–test ratio* (v.).

quiet market: *mercato calmo; mercato tranquillo.* Mercato nel quale non si registrano forti oscillazioni di prezzo o dei livelli della domanda e dell'offerta.

quietus: *saldo; esecuzione.* Lo stesso che *quittance* (v.).

quintal: *quintale.* Il termine inglese indica: a) nell'uso che se ne fa a Liverpool e negli Stati Uniti, una misura di peso pari a cento libbre avoirdupois, equivalente a 45,359 chilogrammi; b) nell'uso che se ne fa in Francia ed altri paesi europei, il quintale di cento chilogrammi, equivalente a 220,46223 libbre avoirdupois; c) nell'uso che se ne fa nella restante parte del Regno Unito, corrisponde ad un *hundredweight* (v.), cioè 112 libbre avoirdupois, equivalenti a 50,8020 chilogrammi.

quintar: Variante grafica di *qintar* (v.).

quit rent: *canone enfiteutico.* Nel sistema feudale, quando la terra veniva concessa dal signore in cambio di prestazioni di servizi, il vassallo poteva liberarsi da tali prestazioni, dietro pagamento di una somma di denaro, chiamata *quit rent*, corrispondente ad un canone di fitto annuo. Il pagamento di tale canone si è perpetuato fino agli anni trenta di questo secolo, pur essendo stato abolito nel 1926 a seguito dell'entrata in vigore del *Law of Property Act* del 1922. Negli Stati Uniti il termine, che ugualmente deriva dall'uso che se ne faceva in Europa nel periodo feudale, indica un canone nominale perpetuo che, a volte, è posto come condizione per la cessione di una proprietà terriera. (v. anche *copyhold*)

quittance: ***saldo; esecuzione.*** Il pagamento a saldo di un debito o la completa esecuzione di un'obbligazione precedentemente assunta.

quorum: ***numero legale; quorum.*** Il numero minimo di persone, aventi diritto a partecipare ad un'assemblea, che devono essere presenti affinché le delibere, e la stessa assemblea, abbiano valore e siano vincolanti. In relazione alle riunioni del consiglio di amministrazione e alle assemblee ordinarie dei soci di una società per azioni, il numero legale viene stabilito nello statuto della società, anche in relazione al tipo di delibere da approvarsi. La regola generale in uso nei paesi anglosassoni stabilisce che per la prima convocazione se entro mezz'ora dall'inizio di una riunione del consiglio di amministrazione o di un'assemblea ordinaria degli azionisti non esiste il numero legale, la riunione o l'assemblea viene sciolta ed aggiornata alla stessa ora dello stesso giorno della settimana successiva. Se dopo mezz'ora dall'inizio della riunione o assemblea in seconda convocazione non esiste il numero legale stabilito nello statuto, il numero di persone presenti costituisce il numero legale per le decisioni da prendersi secondo l'ordine del giorno di quella riunione o assemblea.

quorum of shareholders: ***quorum degli azionisti.*** V. spiegazione sotto *quorum.*

quot.: quotation.

quota: ***quota; contingente.*** Termine usato con lo stesso significato di base, ma in più situazioni. Può indicare: a) una quota o contingente d'importazione, cioè la quantità massima di un bene di cui un paese consente l'importazione (v. anche *import quota*). b) Lo stesso che *production quota* (v.). c) All'atto della costituzione del Fondo Monetario Internazionale, a ciascun paese partecipante fu assegnata una quota, che stabiliva allo stesso tempo il contributo che il paese era tenuto a versare al Fondo e il diritto di prelievo di quel paese dal Fondo. La quota di contribuzione doveva essere versata al Fondo per il 75% in valuta del paese e per il 25% in oro oppure in oro e dollari statunitensi. In cambio, il paese aveva un diritto di prelievo che in ogni singolo anno poteva ammontare al 25% della sua quota. d) Nella politica di immigrazione perseguita dagli Stati Uniti, il termine indica il numero massimo di persone, provenienti da un determinato paese, cui viene concesso di entrare e lavorare negli Stati Uniti, in attesa di diventarne cittadini, in ciascun singolo anno.

quota agreement: ***accordo di contingente; accordo di quota.*** L'accordo in base al quale a ciascuna delle imprese che costituiscono un cartello viene assegnata una quota di produzione, che corrisponde ad una percentuale fissa della produzione globale realizzata dal cartello stesso.

quota buying: ***criterio del riordino per quote.*** È un criterio simile a quello detto del punto di riordino, ma che richiede una minore supervisione. Il criterio prevede la reintegrazione delle scorte sulla base delle vendite annue previste. Si procede determinando la quantità di riordino ottimale, che si divide per le vendite previste per l'anno, così ottenendo il numero di volte che, nell'arco di un anno, si deve procedere al riordino di un'uguale quantità di materie prime o altri beni. (v. anche *minimum inventory buying*)

quota country: ***paese soggetto a quota d'immigrazione.*** Secondo un piano di immigrazione per quote, gli Stati Uniti consentono l'ingresso sul loro territorio soltanto ad un certo numero di lavoratori provenienti da paesi esteri ai quali, di anno in anno, viene assegnata una quota di immigrazione che, tuttavia, non tiene conto di determinate categorie di lavoratori dette esenti che, pertanto, non rientrano nella quota. (v. anche *national origin plan*)

quota licence: ***licenza d'importazione specifica.*** Termine usato con lo stesso significato di *specific import licence* (v.).

quota sample: ***campione proporzionale; campione per quote.*** È il campione che, in statistica, si ottiene dividendo un intero universo in gruppi, sulla base di un qualche attributo comune, e scegliendo un certo numero di elementi dal gruppo, secondo il rapporto esistente tra l'intero universo e il gruppo. I campioni di questo tipo sono usati ampiamente nelle indagini di opinione. Ad esempio, la popolazione (intero universo) viene divisa in gruppi sulla base del sesso, del partito politico, del reddito, o qualche altro attributo noto e dal gruppo viene poi scelto un numero di elementi corrispondente al rapporto tra intero universo e singolo gruppo.

quota sampling: ***campionamento proporzionale; campionamento per quote.*** È il campionamento effettuato attraverso la divisione dell'intero universo in gruppi di elementi, descritta sotto *quota sample* (v.).

quota share reinsurance: ***riassicurazione proporzionale; riassicurazione per quote.*** Un accordo o contratto che prevede la riassicurazione di un numero proporzionale o di una percentuale di tutti i contratti di assicurazione, stipulati da un'assicuratrice, che rientrano nei termini dell'accordo.

quota system: ***sistema delle quote.*** Un sistema che prevede quantitativi massimi di importazioni, di forniture, di concessioni e simili.

quotation: 1. ***quotazione.*** Il prezzo corrente, quotato o reso pubblico, per l'acquisto o la vendita di un qualsiasi bene o servizio. In alcuni mercati, come ad esempio la borsa valori di Londra, vengono date due quotazioni, quella relativa al prezzo al quale un potenziale venditore è pronto a vendere, detta anche lettera o prezzo lettera, e quella relativa al prezzo al quale un potenziale compratore è pronto a comprare, detta anche denaro o prezzo di domanda. (v. anche *bid price 1, ask price 2*) **2.** ***quotazione in borsa; quotazione.*** I titoli di qualsiasi società non possono essere trattati alla borsa valori se essa non è precedentemente ammessa alla quotazione. Per ottenere tale ammissione, che corrisponde al privilegio di vedere i propri titoli azionari o obbligazionari inclusi nel listino ufficiale a seguito di reali contrattazioni autorizzate dalla borsa valori nel proprio ambito, una società deve farne domanda alla borsa valori presso la quale intende essere quotata. La domanda prevede l'assolvimento di determinati obblighi, che variano da paese a paese, e la pubblicizzazione di determinate informazioni relative alla società e alla sua situazione economico–finanziaria. Una volta che la società viene ammessa alla quotazione, i propri titoli possono essere negoziati in quella borsa valori o in altre nello stesso paese, ma l'ammissione alla quotazione può anche essere revocata se la società non si conforma alle norme emanate dalla borsa valori presso la quale è quotata e alle disposizioni di legge in materia.

Quotations Committee: ***Comitato per l'ammissione alla quotazione.*** Presso la borsa valori di Londra è la commissione appositamente costituita per prendere in esame le domande presentate dalle società che desiderano essere ammesse alla quotazione in quella borsa valori. Assieme alle domande, la commissione esamina tutti i documenti presentati dalla società e relativi alla propria costituzione, agli amministratori e alla situazione economico–finanziaria. Se la commissione è soddisfatta, la società viene ammessa alla quotazione, il che significa che i suoi titoli azionari e obbligazionari possono essere oggetto di contrattazione nell'ambito della borsa valori e possono essere inclusi nel suo listino ufficiale.

to quote: ***quotare.*** Indicare il prezzo al quale si è disposti a fornire un bene o un servizio, oppure il prezzo al quale si è disposti ad eseguire un lavoro, ad esempio la costruzione di una casa. (v. anche *quotation*)

quote: ***quotazione.*** Nel gergo borsistico è la quotazione del corso di un titolo espressa in due prezzi, e cioè quello al quale un investitore può acquistare (il più alto dei due) e quello al quale egli può vendere (il più basso dei due). Se si chiede a un operatore statunitense di quotare un titolo, egli può, ad esempio, dire: «da 45¼ a 45½», con ciò intendendo che 45 dollari e 25 cent è il prezzo più alto che qualsiasi operatore era pronto a pagare nel momento in cui la quotazione veniva fatta nel salone delle contrattazioni e che 45 dollari e 50 cent era il prezzo più basso al quale un qualsiasi operatore era pronto a vendere nello stesso momento.

quoted company: ***società quotata in borsa.*** Termine usato con lo stesso significato di *listed company* (v.).

quoted investment: ***investimento in valori mobiliari.*** Espressione usata nel linguaggio della ragioneria, per indicare un qualsiasi investimento in titoli azionari, obbligazionari o di stato quotati presso una borsa valori. Tali investimenti compaiono nei libri contabili di solito al valore corrispondente al prezzo di mercato dell'epoca in cui i titoli furono acquistati, ma la legge britannica prevede che venga registrato il loro valore di mercato, ed anche la quotazione del listino ufficiale di borsa, quando quest'ultimo è diverso dal valore al quale gli investimenti in valori mobiliari sono contabilizzati.

quoted price: ***prezzo quotato.*** Il termine può riferirsi al prezzo indicato da un potenziale venditore, al quale egli è effettivamente disposto a vendere, ma più spesso viene usato per indicare il prezzo di un valore mobiliare quale risulta dal listino ufficiale di una borsa valori.

quote-driven market: ***mercato basato sulle quotazioni.*** Nel linguaggio borsistico, è il tipo di mercato che fonda il proprio sistema di compravendita sulle quotazioni, denaro e lettera, proposte dai *market makers.* Un esempio di questo tipo di mercato è la International Stock Exchange di Londra, che si basa sul SEAQ, pur se attualmente (1990) cominciano a levarsi voci autorevoli che parlano a favore di un cambiamento di tale tipo di mercato nel più competitivo tipo indicato col termine *order-driven market* (v.).

quoted securities: ***valori mobiliari.*** Lo stesso che *listed securities* (v.).

quoted shares: ***azioni quotate in borsa.*** Sono così dette le azioni di società ammesse alla quotazione presso una borsa valori, allo scopo di distinguerle da quelle emesse da società non quotate in borsa e, pertanto, trattate sul mercato terziario.

r, R

R.: 1) registered; 2) rupee.

racism: ***razzismo.*** La credenza in supposte differenze razziali basate su elementi socio–economici, intellettuali o culturali. È di solito addotta come giustificazione di una politica di discriminazione nei confronti di un gruppo, di una categoria o di un intero popolo.

racket: ***attività illecita.*** Una qualsiasi delle attività illecite cui si fa cenno sotto *racketeering* (v.).

racketeering: ***attività illecite.*** Il termine inglese indica la pratica di attività illecite di vario tipo, finalizzate alla realizzazione di facili e notevole guadagni, quali ad esempio il contrabbando, l'estorsione e il traffico di droga.

racking: ***travaso; spillatura.*** Termine usato nel linguaggio delle dogane per indicare il trasferimento, a qualunque titolo, di vini o spiriti da un recipiente ad un altro. Può, pertanto, riferirsi al travaso da una botte danneggiata ad una integra, da più recipienti piccoli ad un solo recipiente grande o da un solo recipiente grande a più recipienti piccoli.

rack jobber: Termine statunitense, con il quale si indica un grossista specializzato nel rifornire drogherie e supermercati di articoli non alimentari, esposti in piccoli scaffali forniti dallo stesso grossista.

rack rent: ***canone di locazione esorbitante.*** Un canone di locazione che è stato portato al massimo e che, pertanto, equivale al reddito derivante da ciò che viene prodotto nella proprietà data in locazione. La stessa espressione è usata in relazione a immobili non destinati ad attività produttive, per indicare un canone di locazione corrispondente al loro valore locativo completo di mercato, cioè quel canone che scaturisce dall'incontro della domanda e dell'offerta di immobili. Il termine viene anche usato per indicare i canoni esosi che vengono a determinarsi, specialmente nelle grandi città, in periodi in cui la domanda di abitazioni è sensibilmente più alta dell'offerta, per cui si instaura un processo speculativo cui spesso le autorità pongono fine con provvedimenti di calmierazione del mercato.

Radcliffe Committee: ***Commissione Radcliffe.*** È la commissione di cui si parla sotto *Radcliffe Report* (v.), da non confondersi con la *Radcliffe Commission* che, nel 1955, presentò un rapporto sulla tassazione dei profitti e dei redditi.

Radcliffe Report: ***Rapporto Radcliffe.*** È il rapporto, pubblicato nel 1959, della commissione istituita dal Cancelliere dello Scacchiere britannico nel 1957, sotto la presidenza di Lord Radcliffe, perché svolgesse un'indagine conoscitiva sul funzionamento del sistema monetario britannico. La commissione espresse il proprio parere sulla finanza pubblica e privata, sul lavoro svolto dalla Banca d'Inghilterra, sulla gestione del debito pubblico, sugli aspetti internazionali del sistema monetario britannico e sugli obiettivi e strumenti della politica monetaria. Quest'ultima parte attirò maggiormente l'attenzione e la critica degli economisti, in quanto privilegiava l'adozione di un pacchetto di misure di politica monetaria e considerava la liquidità generale del sistema finanziario più importante della quantità di moneta in circolazione e, pertanto, non raccomandò alcuna forma di controllo sull'offerta di moneta. Per il resto, le principali raccomandazioni della commissione furono le seguenti: a) la politica monetaria doveva innanzi tutto mirare alla gestione del debito pubblico; b) le variazioni del tasso ufficiale di sconto dovevano essere fatte in nome e dietro autorizzazione del Cancelliere dello Scacchiere; c) si auspicava la costituzione di un comitato consultivo, con una rappresentanza minoritaria della Banca d'Inghilterra, la cui funzione doveva essere quella di consigliare il Cancelliere dello Scacchiere su decisioni di politica monetaria; d) i rapporti di liquidità bancaria dovevano essere espliciti e suscettibili di variazioni, però, se essi venivano aumentati, si dovevano imporre simili restrizioni all'attività di altre istituzioni finanziarie; e) si doveva porre fine alla pratica del mercato dello sconto di manipolare le aste di buoni del tesoro al fine di scoraggiare acquirenti estranei al mercato stesso; f) doveva essere data nuovamente la possibilità agli enti locali di ricorrere per mutui alla *Public Works Loan Board* (v.); g) si reputava utile istituire un'azienda di stato per il finanziamento delle esportazioni; h) il governo doveva considerare la possibilità di istituire un sistema di postagiro; i) si doveva porre fine al funzionamento della *Capital Issues Committee* (v.). Il Rapporto Radcliffe è stato giudicato uno dei più importanti documenti della letteratura bancaria britannica.

radical economics: ***economia radicale.*** Negli Stati Uniti, con questo termine si indica una scuola di pensiero economico che si oppone al capitalismo e all'economia contemporanei. È da più parti considerata esclusivamente polemica e ascientifica, pur se alcuni dei suoi concetti sono stati usati da economisti appartenenti alle moderne scuole economiche che vanno per la maggiore.

radius clause: Clausola a volte contenuta in un contratto di lavoro, con la quale il dipendente si impegna per un determinato periodo o per la durata di tutto il contratto a non lasciare il suo datore di lavoro per andare alle dipendenze di un'impresa concorrente, che operi nella stessa area geografica.

raiders: ***predatori finanziari; scalatori.*** Lo stesso che *corporate raiders* (v.).

to raid the market: Comportarsi in modo tale da far scendere i corsi o da creare incertezza sul mercato azionario. L'espressione è usata principalmente nel linguaggio finanziario delle borse valori.

railcar: **1.** ***automotrice.*** Nell'inglese britannico, il termine indica una carrozza ferroviaria per il trasporto di passeggeri, dotata di apparato motore di trazione autonomo e atta anche a rimorchiare vagoni. **2.** ***vagone ferroviario; carrozza ferroviaria.*** Nell'inglese americano, il termine è usato come sinonimo di *railroad car* (v.).

railex: Servizio offerto dall'operatore postale britannico, il *Post Office*, che prevede l'accettazione di una lettera, un pacco o altro tipo di plico non raccomandato e l'immediato invio, tramite speciale fattorino, ad una stazione ferroviaria da dove esso viene inoltrato a destinazione col primo treno in partenza per quella località. Alla stazione d'arrivo, un altro fattorino ritira il plico e lo consegna al più presto possibile al destinatario. Per questo tipo di servizio, l'ufficio postale applica speciali tariffe e impone limiti di peso per i pacchi.

rail filing unit: ***schedario mobile.*** Lo stesso che *mobile filing unit* (v.).

railroad bill of lading: ***lettera di vettura ferroviaria.*** Termine usato con lo stesso significato di *consignment note 1* (v.).

railroad bond: ***obbligazione ferroviaria.*** Una normale obbligazione industriale, emessa però da una società ferroviaria. Lo stesso termine, di esclusivo uso statunitense, indica un accordo in base al quale è possibile effettuare il trasporto di merci schiave di dazio da un magazzino doganale ad un altro, in speciali vagoni ferroviari.

railroad car: ***vagone ferroviario; carrozza ferroviaria.*** Termine usato nell'inglese statunitense per indicare indifferentemente un vagone adibito al trasporto di merci o una carrozza adibita al trasporto di passeggeri.

Railroad Retirement Act: Legge, approvata dal Congresso degli Stati Uniti nel 1935 e sottoposta a vari successivi emendamenti, con la quale si stabiliva la corresponsione di una pensione mensile ai dipendenti delle società ferroviarie invalidi o in età pensionabile. La pensione recava il diritto di reversibilità a favore della moglie e dei figli minorenni.

Railroad Retirement Board: Commissione preposta alla gestione di un sistema assistenziale che prevede l'erogazione di pensioni di vecchiaia e di invalidità e sussidi di disoccupazione ai dipendenti in età pensionabile, invalidi o disoccupati delle società ferroviarie statunitensi. La commissione fu istituita dal *Railroad Retirement Act* (v.) e consiste di tre membri, nominati dal Presidente degli Stati Uniti su proposta e dietro approvazione del Senato.

railroads class: ***classe ferroviaria.*** La classificazione adottata dalla *Interstate Commerce Commission* statunitense. Essa prevede due classi di ferrovie: la prima classe, nella quale rientrano tutte le società ferroviarie con entrate superiori al milione di dollari; la seconda classe, nella quale rientrano tutte le società ferroviarie con entrate inferiori al milione di dollari.

railroad subrogation waiver clause: Nel linguaggio statunitense delle assicurazioni, è una clausola in base alla quale se l'assicurato esonera la società ferroviaria dalla responsabilità relativa al trasporto di merci al fine di ottenere l'erogazione del servizio, ciò non invalida la polizza sulle merci e l'assicurato ha diritto al risarcimento, in caso di sinistro, da parte della società assicuratrice.

Railroad Unemployment Insurance Act: Legge, approvata dal Congresso degli Stati Uniti e successivamente emendata e integrata, con la quale si garantiscono i lavoratori specializzati dipendenti da società ferroviarie contro il rischio della disoccupazione a seguito di malattia o invalidità.

rails: ***azioni ferroviarie.*** Termine colloquiale con il quale, nel linguaggio delle borse valori, si indicano le azioni emesse da società ferroviarie. (v. anche *railway shares*)

rail–trailer service: ***servizio «a dorso».*** Lo stesso che *piggy–back service* (v.).

rail–trailer shipment: ***spedizione «a dorso».*** Nel linguaggio dei trasporti statunitense, è il tipo di spedizione descritto sotto *piggy–back* (v.).

railway advice: ***lettera di avviso.*** Documento che fa parte della lettera di vettura e che la stazione di destinazione delle merci trasportate invia al destinatario per informarlo che esse sono arrivate e in attesa di essere prelevate. La lettera di avviso contiene anche l'informazione relativa all'ammontare di diritto di sosta che il destinatario dovrà pagare per ogni giorno di giacenza successivo alla data entro la quale le merci devono essere rimosse dal deposito ferroviario.

railway carriage: ***carrozza ferroviaria.*** È una carrozza adibita esclusivamente al trasporto di persone su ferrovia.

railway charges: ***tariffe ferroviarie.*** Lo stesso che *railway rates* (v.).

railway clearing house: ***stanza di compensazione ferroviaria.*** Istituzione fondata nel 1842 allo scopo di compensare i biglietti ferroviari emessi per il trasporto di passeggeri e merci su linee servite da differenti società ferroviarie o che attraversano diversi stati.

railway company: ***società ferroviaria.*** È la società che gestisce una o più linee ferroviarie in un paese in cui il servizio non è nazionalizzato o prevede la gestione in concessione. Negli Stati Uniti, tali società sono considerate quasi pubbliche, in quanto pur essendo a capitale privato, esse gestiscono un servizio pubblico e devono, pertanto, assoggettarsi alle disposizioni di legge riguardanti l'erogazione e il prezzo di vendita del servizio da loro prodotto. (v. anche *quasi–public company*)

railway consignment note: ***lettera di vettura ferroviaria.*** Lo stesso che *consignment note 1* (v.).

railway debenture: ***obbligazione ferroviaria.*** Un'obbligazione industriale, emessa da una società ferroviaria o da un'azienda di stato che gestisce il servizio ferroviario di un paese.

Railway Labor Act: Legge, approvata dal Congresso degli Stati Uniti nel 1926 e successivamente emendata e integrata, che regola le relazioni tra società ferroviarie e loro dipendenti, garantendo il diritto alla contrattazione collettiva e al contratto di lavoro e indicando le procedure da seguirsi per derimere eventuali dispute tra lavoratori e datori di lavoro.

railway mania: ***mania ferroviaria.*** Espressione con la quale si indica il periodo (1843–47) durante il quale si sviluppò la grande speculazione che aveva come oggetto la costruzione di linee ferroviarie.

railway rates: ***tariffe ferroviarie.*** Sono i prezzi fatti pagare dalle ferrovie per il trasporto di passeggeri e merci. Nei paesi in cui le ferrovie sono gestite da imprese a capitale privato, le tariffe devono assoggettarsi alle disposizioni di legge relative ai prezzi dei pubblici servizi. Prima del 1953, nel Regno Unito le tariffe per il trasporto di merci su ferrovia erano basate sul principio detto del *charging what the traffic will bear*, cioè far pagare la tariffa più alta che il mittente è disposto a pagare. Secondo tale principio, le merci che le ferrovie erano disposte a trasportare erano state suddivise in ventuno categorie, con tariffe diverse per ciascuna categoria. Questo tipo di monopolio discriminante fu soppresso dal *Transport Act* del 1953, che adeguò le tariffe ferroviarie a quelle praticate da altri tipi di vettori.

railways: ***ferrovie.*** Nel secolo scorso, ed anche nella prima metà di questo secolo, le ferrovie sono state un fattore determinante dello sviluppo economico di un paese. Quanto più grande è il paese, tanto più necessarie si dimostravano le ferrovie, tanto che la colonizzazione e lo sfruttamento di zone dell'America e della Russia sono stati resi possibili soltanto a seguito della costruzione di linee ferroviarie. Nel Regno Unito, la prima linea ferroviaria fu aperta tra Stockton e Darlington nel 1825, seguita nel 1830 dalla linea Liverpool–Manchester. All'inizio, le linee ferroviarie erano relativamente brevi e venivano costruite per collegare due centri urbani importanti. Successivamente, esse si ampliarono, anche a seguito delle decisioni statali di incoraggiare la costruzione di linee non strettamente indispensabili, allo scopo di stimolare la concorrenza. Col diffondersi delle ferrovie, diminuì sempre di più il trasporto su strada e su idrovie, essendo le prime più rapide e più sicure. Nei primi anni di questo secolo esistevano nel Regno Unito oltre un centinaio di società ferroviarie, malgrado le numerose fusioni, finché una legge del 1921, che entrò in vigore nel 1923, impose la fusione di tutte le società ferroviarie in quattro gruppi, ciascuno dei quali operava in una regione assegnatagli. Negli anni trenta, le ferrovie cominciarono a declinare a seguito della diffusione del motore a scoppio che si assicurò una notevole quota di trasporto merci e passeggeri, privato e pubblico, su strada. Da allora, il trasporto su gomma si è sempre più ampliato e soltanto dopo il 1970 si è cominciata a notare una certa ripresa della domanda di trasporto su rotaia, specialmente per passeggeri su distanze medie. Tuttavia, la diffusione delle linee aeree non ha certo contribuito alla ripresa delle ferrovie. Durante le due guerre mondiali, il governo britannico requisì e gestì in proprio il sistema ferroviario del paese, che fu poi definitivamente nazionalizzato nel 1947, ma nuovamente privatizzato sul finire degli anni ottanta. Negli Stati Uniti, invece, le ferrovie continuano ad essere gestite da società a capitale privato.

Railways Act: Legge, approvata dal parlamento britannico nel 1921 e divenuta operante nel 1923, che imponeva la fusione coatta di tutte le società ferroviarie operanti nel Regno Unito in quattro gruppi che si divisero il territorio nazionale. La legge fu dettata dalla necessità di realizzare una maggiore efficienza nel servizio ferroviario e di porre ordine nelle oltre cento società che lo gestivano. I quattro gruppi scomparvero quando, nel 1947, le ferrovie britanniche furono nazionalizzate.

railway shares: ***azioni ferroviarie.*** Sono le azioni emesse da società ferroviarie. Anche nel periodo in cui le ferrovie britanniche erano nazionalizzate e non esistevano più le tante società che gestivano il servizio ferroviario all'inizio di questo secolo, alla borsa valori di Londra si trattavano notevoli quantità di azioni ferroviarie, ovviamente di società estere.

rain insurance: ***assicurazione contro la pioggia.*** Termine usato con lo stesso significato di *pluvious insurance* (v.).

raise: ***aumento.*** Il termine inglese, prevalentemente di uso statunitense, indica in particolare un aumento di salario o di stipendio.

raised cheque: È così chiamato l'assegno bancario il cui importo originale, scritto erroneamente, è stato aumentato dal traente. Pur se la legge britannica prevede e consente questa alterazione, a patto che sia confermata con apposita firma del traente, è preferibile evitarla e, nel caso di errore nell'indicare l'importo, emettere un nuovo assegno distruggendo quello sbagliato.

rally: ***recupero.*** La ripresa del corso di un'azione o altro valore mobiliare o la ripresa del prezzo di un bene su un particolare mercato.

ramifications: ***ramificazioni.*** Le filiali o altre strutture di vendita o di rappresentanza di un'organizzazione, specialmente se esse sono sparse in una vasta area geografica o se coprono un gran numero di differenti attività.

RAN: revenue anticipation note.

rand: Unità monetaria della Repubblica del Sud Africa, suddivisa in cento centesimi.

random: ***casuale.*** Espressione aggettivale, usata per indicare un evento basato esclusivamente sul caso. Qualsiasi evento casuale risponde a particolari leggi note di comportamento e, pertanto, si può prevedere il suo verificarsi, pur se risulta difficile accertare quando e come si verificherà.

random numbers: ***numeri aleatori; numeri casuali.*** Insieme di numeri costituito attraverso una scelta a caso e generalmente disposto in forma tabulare, quale strumento sussidiario nella formazione di un campione.

random sample: ***campione casuale; campione aleatorio.*** La scelta di un numero limitato di osservazioni, estratte a caso, o in base alle leggi che regolano il caso, da un universo ciascun elemento del quale ha, quindi, la probabilità di entrare a far parte del campione. La possibilità che ciascun elemento abbia la probabilità di essere scelto si ottiene o con una scelta del tutto casuale o con la scelta di un elemento ad intervalli prestabiliti o facendo uso di tavole di numeri casuali preparate per tale scopo.

random sampling: ***campionamento casuale; campionamento aleatorio.*** La procedura seguita per costruire un campione, di dimensione arbitraria, da un dato universo finito o infinito ciascun elemento del quale ha la stessa probabilità degli altri di essere estratto per entrare a far parte del campione. (v. anche *random numbers, random sample*)

random variable: ***variabile casuale; variabile stocastica.*** In statistica ed econometria, è una variabile che può assumere uno qualsiasi di una serie infinita di valori diversi.

random variation: ***variazione casuale.*** In statistica, è una variazione che dipende soltanto ed esclusivamente dal caso e non è, pertanto, attribuibile ad alcuna altra causa che possa essere individuata attraverso un'indagine sistematica.

random walk hypothesis: ***ipotesi dei movimenti casuali; teoria della passeggiata casuale.*** La teoria che sostiene che i corsi dei valori mobiliari si muovono da un giorno all'altro indipendentemente da quelli del giorno precedente e che, pertanto, sarebbe impossibile prevedere i corsi futuri basandosi sull'andamento di quelli passati.

range: **1.** ***differenza; campo di variazione.*** La differenza tra il più grande e il più piccolo elemento di un gruppo di dati numerici e, quindi, la dispersione totale di una distribuzione di frequenza. Viene usata frequentemente come metro di misura delle variazioni dei corsi di titoli quotati in borsa, ma è raramente usata nell'analisi economica. **2.** ***serie; gamma.*** Insieme, di solito ordinato e continuo, di cose o di persone. **3.** ***tratto.*** Nel linguaggio dei trasporti e del commercio internazionale, è un tratto di costa compresa tra due porti. Così, l'espressione *Hamburg–Antwerp range* indicherebbe il tratto di costa tra Amburgo e Anversa. **4.** ***gamma; banda.*** Lo stesso che *price range* (v.).

range forward: ***contratto a termine con scarto.*** Contratto a termine del tipo descritto sotto *interest–rate collar* (v.) e utilizzato per neutralizzare il rischio del tasso di cambio, in virtù del quale l'operatore si tutela contro l'eventualità che il tasso di cambio diventi a lui sfavorevole, ma nello stesso tempo rinuncia ad alcuni dei vantaggi che gli deriverebbero da un movimento del tasso di cambio a lui favorevole. Il contratto *range forward* funziona nel modo seguente: l'operatore vende a una istituzione finanziaria, di solito una *investment bank*, un contratto a termine e ne acquista un altro. I premi relativi si annullano a vicenda, ma i contratti hanno differenti prezzi base e lo scarto tra questi prezzi diventa il *range forward*. Ad esempio, il 4 gennaio 1988, quando il dollaro statunitense valeva 121 yen, una *investment bank* offre un *range* a un anno di 125–110 yen contro il dollaro. Un operatore che sapeva di dover ricevere un determinato ammontare in yen il 4 gennaio 1989 poteva così porre un limite minimo di 125 yen al tasso di cambio in dollari, ma rinunciava ai vantaggi di qualsiasi tasso di cambio migliore di quello previsto a 110 yen.

range of prices: ***gamma di prezzi.*** Un insieme di prezzi, contenuti tra un minimo e un massimo. Il termine viene anche usato in luogo di *price range* (v.), che in definitiva significa la stessa cosa.

range of products: ***gamma di prodotti; serie di prodotti.*** Insieme di articoli differenti, ma appartenenti alla stessa classe, tra i quali il consumatore può effettuare la propria scelta.

range of salary: ***fascia retributiva.*** Termine usato in alternativa a *salary range* (v.).

rank–and–file employee: ***impiegato di basso rango.*** Un impiegato del più basso livello, addetto a compiti esecutivi di scarsa o nessuna importanza.

rank–and–file personnel: ***personale di basso rango.*** Il personale operativo cui vengono demandate le funzioni esecutive che richiedono il minimo impegno e poca o nessuna preparazione specifica.

rank correlation: ***cograduazione.*** In statistica, è il grado di concordanza esistente tra i posti occupati dalle quantità di due graduatorie di uguale numero di elementi, ambedue crescenti o decrescenti.

ranking: ***graduatoria.*** La sistemazione in una successione ordinata dei posti di lavoro in un'industria, in un'economia, ecc., in base alla loro importanza o in base a qualche altro criterio di valutazione, quale ad esempio la classe retributiva.

ranking method: ***metodo della graduatoria.*** È il metodo in base al quale i posti di lavoro vengono sistemati in un determinato ordine di importanza, basato su criteri soggettivi. Costituisce un metodo rapido ma grezzo di valutazione delle mansioni.

rapid inflation: ***inflazione rapida.*** Un tipo di inflazione che procede ad un tasso annuo del sei per cento o più. Questo tipo di inflazione è decisamente dannosa e porta effetti indesiderati sui redditi, sugli scambi internazionali, sul risparmio e sui consumi.

rapidity of circulation: ***rapidità di circolazione.*** In passato questo termine veniva usato con lo stesso significato di *velocity of circulation* (v.).

RAROC: risk–adjusted return on capital.

ratable: ***imponibile; tassabile.*** Variante grafica, in uso soprattutto negli Stati Uniti, di *rateable* (v.).

ratchet effect: ***effetto a dente di arresto.*** Espressione usata nell'analisi del reddito, con evidente analogia all'effetto di un martinetto quando esso solleva un carico, per indicare lo stabilirsi di successivi piani o livelli stabili via via che il reddito aumenta con l'aspettativa che esso non sia soggetto a successive diminuzioni. In un uso particolare, è cioè in relazione alla funzione del consumo, l'espressione indica il concetto che una variazione del livello assoluto di reddito è collegata ad una variazione della propensione marginale al consumo.

ratchet–effect hypothesis: ***ipotesi dell'effetto a dente d'arresto.*** È una delle ipotesi che collegano la flessibilità dei tassi di cambio al problema dell'inflazione. Sostiene che in un mondo di rigidità dei prezzi al ribasso, i prezzi nel sistema economico in espansione non scendono altrettanto velocemente o nella stessa misura dei prezzi nel sistema economico in contrazione. L'effetto netto di ciò è rappresentato da un aumento del tasso d'inflazione mondiale. (v. anche *vicious circle hypothesis*)

ratchet–effect theory: ***teoria dell'effetto a dente d'arresto.*** È la teoria cui si fa cenno sotto *ratchet effect* (v.).

rate: **1.** ***tasso; saggio.*** Termine usato per esprimere un rapporto fisso tra due grandezze e come mezzo di misura dagli economisti, dagli statisti, ecc. Può rappresentare un prezzo per unità di servizio in una data unità di tempo o di spazio, come ad esempio un tasso salariale di cinque unità monetarie all'ora, usato come formula per calcolare il salario, o un prezzo di trasporto di due unità monetarie al chilometro, usato come punto base per la determinazione di una tariffa; oppure può rappresentare la base per la determinazione dell'interesse o dello sconto; oppure una misura del movimento in un arco di tempo determinato, come ad esempio il tasso mensile di produzione o il tasso annuo di incremento dei prezzi. **2.** ***aliquota.*** Percentuale del reddito o del patrimonio imponibile, che viene prelevata sotto forma di imposta. L'aliquota indica il rapporto tra imposta e base imponibile, cioè il tasso da applicare al valore imponibile al fine di determinare l'ammontare dell'imposta da pagarsi. Ai fini delle imposte sul reddito e certe imposte locali, le aliquote vengono stabilite di anno in anno e sono specificate nella legge finanziaria, ma ciò non significa che esse variano ogni anno, perché possono restare uguali anche per un periodo di tempo relativamente lungo o medio–lungo. In questo caso, esse danno luogo al fenomeno del drenaggio fiscale se nello stesso periodo di tempo il tasso di inflazione è costante. (v. anche *fiscal drag*) **3.** ***rata di nolo; tariffa di nolo.*** Il termine inglese viene spesso usato in luogo di *freight rate* (v.). **4.** ***imposta locale; tributo locale.*** V. spiegazione sotto *rates.* **5.** ***tariffa.*** Il prezzo per unità di servizio erogato da un'impresa di pubblici servizi. Il termine deriva dal significato di saggio o tasso del vocabolo inglese, in quanto rappresenta il tasso di remunerazione concesso dalle autorità sul capitale globale dell'impresa che produce il servizio. (v. anche *rate base*)

rateable: ***imponibile; tassabile.*** Aggettivo usato per definire la parte di proprietà o di reddito soggetta a imposizione fiscale da parte di enti locali.

rateable value: ***valore imponibile; imponibile.*** Il valore di una proprietà al quale si deve applicare l'aliquota per determinare l'entità dell'imposta locale che il contribuente è tenuto a pagare su quella proprietà. L'imponibile corrisponde, nel Regno Unito, al valore di locazione annuo lordo della proprietà, meno una percentuale o detrazione consentita a fronte di costi di riparazione, di assicurazione e altre spese documentabili sostenute allo scopo di conservare la proprietà nello stato idoneo a guadagnare il reddito dichiarato. Ai fini delle imposte locali, si determina il valore imponibile di qualunque tipo di proprietà, sia essa adibita ad uso domestico, ad uso commerciale o ad uso industriale.

rate base: ***base del tasso di remunerazione.*** In questa espressione, il termine *base* sta ad indicare l'investimento globale preso come base sulla quale viene calcolato il tasso di remunerazione consentito dalle autorità ad un'impresa di pubblici servizi. Il modo in cui, poi, viene determinato l'investimento globale dipende dalla teoria che le autorità decidono di adottare. (v. anche *cost of capital theory of rate making, fair return on fair value theory of* *rate making, investment cost theory of rate making, original cost theory of rate making, prudent investment cost theory of rate making, reproduction cost theory of rate making*)

rate basis: ***base tariffaria.*** La formula dei fattori specifici che contribuiscono alla determinazione di una tariffa applicata da un'impresa di pubblici servizi.

rate bill: ***cartella d'imposta locale.*** L'ordine formale con cui un contribuente viene invitato a pagare le imposte locali. Il termine indica quindi la stessa cosa, ma a livello locale, indicata da *tax levy 1* (v.).

rate book: ***tariffario; prontuario delle tariffe.*** L'elenco dei prezzi che collettivamente costituiscono una tariffa.

rate card: ***tariffario pubblicitario.*** Elenco dei prezzi praticati da uno dei mezzi pubblicitari. Un tariffario di un'emittente televisiva, ad esempio, indica i vari prezzi per uno spot di determinata durata nelle varie fasce orarie.

rate deficiency grant: ***contributo statale agli enti locali.*** Espressione con la quale nel Regno Unito dal 1959 si indicavano i contributi che il governo centrale versava agli enti locali il cui gettito fiscale era inferiore alla media nazionale, in relazione alla popolazione residente nell'ambito territoriale amministrato dall'ente locale. Questo tipo di contributo differiva dall'*exchequer equalization grant* (v.), in funzione dal 1948, in quanto quest'ultimo si basava sulla spesa dell'ente locale in ciascun esercizio finanziario, mentre il *rate deficiency grant* si basava sulla media di spesa degli ultimi tre anni di tutti gli enti locali appartenenti ad una determinata classe. Dal 1968, questa forma di contributo statale è stata sostituita dal *rate support grant* (v.).

rate deficiency payment: ***contributo statale agli enti locali.*** Termine usato come sinonimo di *rate deficiency grant* (v.).

rate discrimination: ***discriminazione delle tariffe.*** La pratica di far pagare differenti tariffe per lo stesso servizio fornito a due o più clienti o a due o più categorie di beni. La stessa espressione viene usata per indicare la pratica di far pagare differenti tariffe per differenti servizi, non giustificate da differenze di costi sostenuti per l'erogazione del servizio. Le situazioni e le conseguenze che si verificano corrispondono a quelle della discriminazione dei prezzi, con la differenza che esse possono risultare deleterie per certe imprese. Ciò si è verificato principalmente negli Stati Uniti in relazione alle tariffe ferroviarie. Ad esempio, un'impresa conclude un accordo con una società ferroviaria in base al quale l'impresa si impegna a spedire tutti i suoi prodotti con quella ferrovia, purché essa le conceda uno sconto segreto e si impegni a non concedere un uguale sconto a imprese concorrenti. L'impresa che conclude l'accordo si troverà a disposizione un vantaggio di costi che potrà usare per escludere dal mercato le imprese concorrenti o per costringerle ad una fusione a condizioni imposte. (v. anche *price discrimination*)

rate for advances against collateral: ***tasso lombard.*** Lo stesso che *Lombard rate* (v.).

rate for advances on securities: ***tasso lombard.*** Lo stesso che *Lombard rate* (v.).

rate for age scale: ***scala retributiva basata sull'anzianità.*** La scala retributiva il cui criterio discriminante è l'età del lavoratore o la sua permanenza alle dipendenze del medesimo datore di lavoro.

rate–making: ***determinazione delle tariffe; tariffazione.*** La determinazione del livello o dei livelli di prezzo che gli utenti sono tenuti a pagare per poter usufruire dell'erogazione di un servizio, quali ad esempio il trasporto pubblico o la fornitura di energia elettrica. (v. anche *rating 4*)

rate–making line: ***linea che determina le tariffe.*** Negli Stati Uniti, si indica con questa espressione una linea di trasporti che, a causa della posizione geografica, controlla la determinazione delle tariffe in base alle quali sarà erogato il servizio di trasporto.

rate of appreciation: ***saggio di apprezzamento; saggio di rivalutazione.*** Lo stesso che *appreciation rate* (v.).

rate of capitalization: ***tasso di capitalizzazione.*** Termine usato in alternativa a *capitalization rate* (v.).

rate of change: ***tasso di variazione.*** Le variazioni o differenze percentuali, riscontrate di mese in mese in una serie statistica.

rate of commodity substitution: ***tasso di sostituzione di un bene; saggio di sostituzione di un bene.*** Lo stesso che *marginal rate of substitution* (v.).

rate of consumption: ***saggio del consumo; ritmo del consumo.*** L'ammontare del consumo per unità di tempo. Secondo Keynes, esso diminuisce con l'aumento del tasso di interesse e viceversa.

rate of depreciation: ***tasso di ammortamento; saggio di svalutazione; saggio di deprezzamento.*** Lo stesso che *depreciation rate* (v.).

rate of discount: ***tasso di sconto; saggio di sconto.*** Lo stesso che *market discount rate* (v.).

rate of economic growth: ***tasso di crescita economica.*** Termine usato come sinonimo di *growth rate* (v.).

rate of efficiency earnings: ***saggio dei guadagni–efficienza.*** Nella terminologia keynesiana, è il saggio di remunerazione, basato sull'efficienza, che gli imprenditori riconoscono ai fattori della produzione.

rate of exchange: ***cambio; corso del cambio; tasso di cambio; prezzo del cambio.*** Lo stesso che *exchange rate* (v.).

rate of growth: ***tasso di crescita.*** Lo stesso che *growth rate* (v.).

rate of inflation: ***tasso d'inflazione.*** Lo stesso che *inflation rate* (v.).

rate of interest: ***tasso d'interesse; saggio d'interesse.*** Lo stesso che *interest rate* (v.).

rate of investment: ***saggio degli investimenti.*** Nella terminologia keynesiana, l'incremento netto, durante un dato periodo di tempo, del capitale di una comunità.

rate of lending: ***saggio dei prestiti.*** L'indice dei prestiti concessi dal sistema bancario che, secondo Keynes, opportunamente regolato fa sì che il valore degli investimenti sia uguale al risparmio.

rate of output: ***saggio della produzione; ritmo della produzione.*** L'ammontare globale della produzione per unità di tempo.

rate of production: ***saggio della produzione; ritmo della produzione.*** Lo stesso che *rate of output* (v.).

rate of productivity growth: ***saggio di aumento della produttività; ritmo di aumento della produttività.*** Lo stesso che *productivity growth rate* (v.).

rate of profit: ***tasso di profitto; saggio di profitto.*** È il rapporto tra capitale impiegato e profitto, che deve mantenersi al di sopra di un determinato livello al fine di invogliare la permanenza dell'investimento in quello specifico settore di attività.

rate of remuneration: ***saggio di remunerazione.*** Il saggio al quale vengono remunerati i fattori della produzione che, per il lavoro, è rappresentato dal saggio salariale. (v. anche *wage rate*)

rate of return: ***tasso di rendimento; tasso di remunerazione; indice di rendimento.*** Nell'analisi di un piano di investimento, è il tasso che rende uguali le entrate di cassa attualizzate e le uscite di cassa attualizzate, supponendo il capitale esente da qualsiasi costo. Nell'uso più comune, tuttavia, il termine indica il profitto netto, espresso come percentuale del capitale medio impiegato da un'impresa, dopo aver provveduto agli accantonamenti per deprezzamento. Mentre nel primo significato esso rappresenta un indice con cui misurare la redditività di un progetto di investimento, nel secondo significato è spesso usato come indice dell'efficienza globale di un'impresa. Pur se ciò non sempre risponde a verità, in quanto non è possibile separare il rendimento dai vari fattori della produzione, in condizioni normali si ritiene che l'impresa che ricavi un tasso di rendimento di lungo termine inferiore al costo del capitale che impiega stia facendo un uso inefficiente delle proprie risorse.

rate of return concept: ***concetto del tasso di rendimento.*** È il concetto economico–finanziario descritto sotto *rate of return* (v.).

rate of return on invested capital: ***tasso di rendimento sul capitale investito.*** È rappresentato dal rapporto tra profitti e capitale, o valore delle attività fisse, investito nell'impresa.

rate of return on new investment: ***tasso di rendimento su nuovi investimenti.*** È il tasso di remunerazione che ci si aspetta da un nuovo investimento e rappresenta un metodo di valutazione della redditività di un piano di investimento in beni capitali. A differenza del metodo basato sul recupero dell'investimento, di cui costituisce l'opposto, esso prevede che oltre al recupero del capitale l'investimento debba consentire un certo tasso di rendimento. (v. anche *payback method*)

rate of return over cost: ***tasso di rendimento oltre il costo; saggio di remunerazione oltre il costo.*** Espressione usata dall'economista statunitense Irving Fisher per indicare ciò che Keynes chiamava *marginal efficiency of capital* (v.).

rate–of–return pricing: ***determinazione del prezzo basata sul margine di utile.*** È il metodo di determinazione del prezzo di vendita di un prodotto, che si basa sull'aggiunta di un margine di utile lordo ai costi, che produrrà un tasso prestabilito di remunerazione dell'investimento. Nel caso in cui in un'industria a determinare il prezzo di vendita sia un'impresa leader del prezzo, nell'usare questo metodo essa terrà conto non soltanto dei suoi prodotti, ma anche di quelli delle imprese concorrenti e nel fissare il tasso di remunerazione del capitale terrà conto non soltanto delle opportunità che vengono a crearsi per nuovi investimenti, ma anche della possibilità di estromettere dal mercato imprese con più alti costi di produzione. (v. anche *price leader 1, price leadership*)

rate of saving: ***saggio del risparmio.*** Nella terminologia keynesiana, è il ritmo al quale il risparmio viene creato all'interno di una comunità, a seguito delle decisioni dei suoi membri circa la quantità del loro reddito da destinare ai consumi e la quantità da destinare al risparmio. Se il sistema bancario consente che il saggio degli investimenti sia maggiore o minore del saggio del risparmio, il livello dei prezzi rispettivamente aumenterà o diminuirà, supponendo che non si verifichi nel sistema alcuna variazione spontanea del saggio dei guadagni–efficienza.

rate of stock turn: ***indice di rotazione delle scorte.*** Lo stesso che *inventory turnover* (v.).

rate of technical substitution: ***tasso di sostituzione tecnica.*** Il tasso al quale un determinato fattore della produzione può essere sostituito con un altro input lungo un isoquanto. Poiché un isoquanto è analogo ad una curva di indifferenza, il tasso di sostituzione tecnica rappresenta lo stesso concetto di tasso marginale di sostituzione. (v. anche *iso–product curve, indifference curve, marginal rate of substitution*)

rate of time–discounting: ***saggio di attualizzazione.*** Il rapporto di scambio tra beni attuali e beni a termine. Non è proprio lo stesso di tasso di interesse, in quanto tiene conto di variazioni future del potere d'acquisto della moneta se esse sono previste, nonché di tutti i tipi di rischi che si corrono in qualsiasi tipo di operazione a termine o nel rinunciare al consumo odierno in vista di un maggior consumo futuro.

rate of time preference: ***tasso di preferenza temporale.*** È una specie di tasso di interesse soggettivo, che dà una misura della preferenza temporale dell'individuo a consumare oggi o ad astenersi dal consumo oggi per consumare in futuro. I motivi per cui un individuo preferisce consumare oggi e un altro preferisce consumare in futuro sono molteplici, ma in gran parte dipendono dai gusti e dalla personalità dell'individuo, dal suo livello di reddito attuale e previsto per il futuro e dalla sua condizione sociale. Prendendo, ad esempio, come misura il livello del reddito dell'individuo, egli mostrerà un alto tasso di preferenza temporale, cioè sarà più propenso a consumare oggi che a conservare per il futuro, se si aspetta che il suo reddito aumenti notevolmente in futuro; viceversa, mostrerà un basso tasso o anche un tasso negativo di preferenza temporale, cioè sarà più disposto ad astenersi dal consumare oggi per poter consumare in futuro, se egli si aspetta che il proprio reddito rimanga invariato o addirittura diminuisca in futuro. (v. anche *time preference*)

rate of turnover: ***indice di rotazione delle giacenze; indice di turnover.*** Il numero di volte che le giacenze di un'impresa vengono rimpiazzate durante un dato periodo di tempo, che di solito si identifica con l'anno solare o finanziario. Così, se un'impresa tiene giacenze medie del valore di cento milioni e le sue vendite annue ammontano in media al valore di ottocento milioni, le giacenze vengono sostituite otto volte all'anno, il che ci dà un indice di rotazione delle giacenze uguale a otto.

rate of unemployment: ***tasso di disoccupazione.*** V. spiegazione sotto *unemployment rate.*

rate of usury: ***saggio dell'usura.*** Termine usato in passato per indicare il tasso d'interesse.

rate of wages: ***saggio salariale; saggio del salario.*** Termine usato in alternativa a *wage rate* (v.).

rate–payer: ***contribuente.*** Il termine inglese indica specificamente il soggetto percosso da un'imposta locale, cioè quella sul valore di una proprietà immobiliare.

rate poundage: Espressione britannica, con la quale si indica la percentuale, espressa in *pence*, per ogni sterlina di valore di una proprietà immobiliare, che il contribuente è tenuto a pagare, sotto forma di imposta, all'ente locale nella cui giurisdizione si trova l'immobile percosso da imposta locale. Tale percentuale viene fissata di anno in anno dalle autorità locali.

rate regulation: ***regolazione delle tariffe.*** La determinazione, da parte di un comitato o altra autorità preposta alla sorveglianza delle tariffe dei pubblici servizi, di una tariffa massima che le aziende di stato o le imprese di pubblici servizi sono autorizzate a far pagare agli utenti. A volte, ma ciò accade raramente in questo caso, il comitato di sorveglianza è chiamato a stabilire una tariffa minima per il servizio erogato dalle aziende statali o dalle imprese dei pubblici servizi.

rates: ***imposte locali; tributi locali.*** Nel Regno Unito sono indicate con questo termine le imposte percepite dagli enti locali, sugli immobili ubicati nel territorio da loro amministrato, con cui essi finanziano parte dei servizi offerti alla comunità. Il principio alla base di queste imposte è che tutti coloro che possiedono un immobile di qualsiasi natura debbano contribuire al finanziamento dei servizi locali in rapporto al valore della proprietà che possiedono. Queste imposte, pertanto, colpiscono terreni, abitazioni e locali usati da imprese commerciali e industriali in ragione del loro valore locativo annuo, dopo aver calcolato una detrazione forfettaria per spese di riparazione e assicurazione degli immobili. Il valore locativo viene determinato dal governo centrale, e precisamente dal *Department of Inland Revenue*, ma le aliquote vengono fissate dagli enti locali che percepiscono l'imposta. L'incidenza di queste imposte è incerta, in quanto le attività commerciali possono traslarla sui consumatori mediante un aumento del prezzo di vendita dei beni che trattano e le imprese industriali sui fattori della produzione, mediante una diminuzione della loro remunerazione. Anche i proprietari di immobili concessi in locazione possono traslarle sui locatari, quando non sono in vigore misure calmieratrici dei canoni di fitto. In ogni caso, le imposte locali generalmente non si basano sulla capacità contributiva del soggetto percosso o sul suo reddito e pertanto tendono ad essere imposte regressive. Nel Regno Unito, il gettito di queste imposte è insufficiente a coprire le spese degli enti locali e viene, pertanto, integrato dal governo centrale mediante contributi che tengono conto di tre elementi fondamentali: a) le necessità dell'ente locale in relazione ai servizi che esso eroga ai cittadini; b) le risorse, rappresentate appunto dal gettito complessivo di tutte le imposte locali; c) il sussidio diretto erogato dal governo centrale ai proprietari di immobili, al fine di impedire che le imposte locali crescano ad un ritmo superiore a quello di crescita dei redditi. Questo tipo di imposta locale è sostituita, a partire dal 1990, dalla *poll tax* (v.) per le persone fisiche e dalla *uniform business rate* (v.) per le persone giuridiche.

rate scale: 1. *scala tariffaria.* Una tabella che mostra la gradazione delle tariffe dei trasporti in base alla distanza o alle zone servite. **2. *scala retributiva.*** L'insieme delle diverse retribuzioni del lavoro basate su un qualche criterio caratterizzante, quale può essere l'età o la specializzazione del lavoratore. Il termine è spesso usato come sinonimo di *salary scale* (v.) e *wages scale* (v.).

rate setting: *fissazione delle tariffe.* Lo stesso che *rate making* (v.).

rates of income tax: *aliquote della imposta sul reddito.* Ciascuna aliquota indica la percentuale di reddito imponibile che il contribuente è tenuto a versare al fisco. Le aliquote dell'imposta sul reddito vengono stabilite di anno in anno dalle autorità fiscali e vengono indicate nella legge finanziaria. Oggi, è invalso in quasi tutti i paesi il criterio delle aliquote progressive, cioè aliquote che crescono col crescere del reddito imponibile del contribuente o del valore della proprietà colpita dall'imposta.

rates rebate: *riduzione d'imposta; sgravio fiscale.* La riduzione concessa ad un contribuente a basso reddito sull'ammontare che egli deve pagare sotto forma di imposte locali. (v. anche *Rating Act*)

rates relief: *riduzione d'imposta; sgravio fiscale.* Termine usato con lo stesso significato di *rates rebate* (v.).

rate support grant: *contributo statale agli enti locali.* Questo tipo di contributo ha, dal 1968, sostituito il *rate deficiency grant* (v.) nel Regno Unito e rappresenta il principale canale attraverso il quale il governo centrale fornisce assistenza finanziaria agli enti locali. All'inizio di ciascun esercizio finanziario, gli enti locali approntano un bilancio di previsione di tutte le loro spese, fatta eccezione per quelle relative all'edilizia abitativa che vengono finanziate con differenti tipi di sussidi, e il governo centrale si impegna a contribuire con una data percentuale di tale spesa che viene determinata tenendo conto: a) delle necessità dell'ente locale in relazione ai servizi che esso eroga ai cittadini; b) delle risorse, rappresentate dalle imposte locali; c) del sussidio diretto erogato dal governo centrale ai proprietari di immobili, al fine di impedire che le imposte locali crescano ad un ritmo superiore a quello di crescita dei redditi. (v. anche *rates rebate, Rating Act*)

rate war: *guerra delle tariffe.* Espressione usata nel linguaggio dei trasporti con lo stesso significato dato all'espressione guerra dei prezzi nelle imprese industriali e commerciali. Indica una concorrenza spietata tra due o più vettori, svolta attraverso successive riduzioni tariffarie nel tentativo di accaparrarsi clienti. (v. anche *price war*)

ratification: *ratifica.* Un consenso, un'approvazione o una convalida formale. Può riferirsi all'approvazione di trattati internazionali, da parte dei parlamenti o di altri organi a ciò preposti, dopo di che essi diventano vincolanti, o può riferirsi alla conferma o approvazione, da parte di un preponente, degli atti compiuti da un suo agente al di fuori dell'autorità concessagli. Dopo la ratifica da parte del principale, questi diventa responsabile in relazione alle obbligazioni imposte dal contratto, mentre l'agente cessa di esserlo.

rating: 1. *valutazione.* Il termine inglese indica sia l'assegnazione di un valore ad un bene in termini monetari, come ad esempio ai fini della determinazione di un'imposta, sia la determinazione del valore di qualità o fatti che si devono tener presenti nell'emettere un giudizio, come ad esempio ai fini della formulazione del saggio salariale relativo ad un dato posto di lavoro. La determinazione dell'ammontare del salario, dell'imposta, ecc., viene di solito fatto mediante l'applicazione di un tasso o di un'aliquota alla valutazione ragguagliata in moneta. **2. *valutazione del rischio; stima; graduazione di affidabilità; reputazione finanziaria.*** Anche in questo caso, si tratta di una valutazione e precisamente quella fatta da un'agenzia di informazioni commerciali sulle capacità finanziarie di un individuo o di un'impresa e sull'entità del credito che si può loro accordare. Il termine, pertanto, può essere intercambiabile con *credit rating* (v.). **3. *valore relativo.*** Anche in questo significato, il termine inglese indica una valutazione e precisamente quella fatta da un esperto o da un consulente finanziario sul valore di un titolo in relazione a tutti gli altri titoli simili quotati in una borsa valori o trattati sul mercato terziario. **4. *tariffazione.*** La determinazione di una tariffa, come ad esempio una tariffa assicurativa.

Rating Act: Legge, approvata dal parlamento britannico nel 1966, con la quale si concedevano riduzioni sulle imposte locali a contribuenti a basso reddito, in rapporto al numero di persone a carico. La legge prevede che tali contribuenti paghino un tanto fisso, ad esempio l'equivalente di trentamila lire annue, e ricevano una riduzione dei due terzi, fino ad un massimo prestabilito, sulla quota di imposte locali che supera tale quota fissa. L'ammontare massimo prestabilito dipende dalla costituzione del nucleo familiare. L'ammontare di questi sgravi viene coperto dal governo centrale e di essi si tiene conto quando si stabilisce l'entità del contributo statale agli enti locali. (v. anche *rate support grant, rates rebate*)

Rating and Valuation Act: Legge, approvata dal parlamento britannico nel 1961, con la quale si poneva termine all'esenzione dalle imposte locali concessa a favore di beni immobili destinati ad attività industriali. La legge stabilì anche i criteri di rivalutazione di tali proprietà ai fini della determinazione delle imposte locali.

rating bureau: ***ufficio valutazione; ufficio tariffazione.*** Nel linguaggio delle assicurazioni, il termine indica un ufficio addetto a raccogliere dati statistici sui rischi coperti da assicurazione in una determinata area geografica e a stabilire le relative tariffe di premio.

rating system: ***sistema di determinazione delle imposte locali.*** In Inghilterra e nel Galles l'imposizione fiscale a livello locale deriva dal *Poor Relief Act* del 1601, che per la prima volta impose tributi locali con il cui gettito si potessero assistere i poveri. Successivamente, quando gli enti locali cominciarono a fornire una serie di servizi, essi furono autorizzati dal governo centrale a imporre tributi sulle proprietà ubicate entro la loro giurisdizione. Tutte le imposte precedentemente esistenti sono oggi state unificate in una sola imposta riscossa da un solo ente in ciascun distretto. La valutazione delle proprietà ai fini della determinazione dell'imposta locale è fatta dai *Valuation Officers* del *Board of Inland Revenue*, ma contro tali valutazioni è possibile presentare ricorso prima in commissioni tributarie locali e poi al *Lands Tribunal.* L'ammontare di imposta che ciascun contribuente è tenuto a pagare viene determinato moltiplicando il valore imponibile della proprietà per la percentuale stabilita dall'ente locale (v. *rate poundage*). Le imposte locali possono essere riscosse in unico versamento o in più rate di uguale ammontare. Tutto ciò, comunque, è stato superato dall'introduzione della nuova *poll tax* (v.) per le persone fisiche e della *uniform business rate* (v.) per le persone giuridiche.

ratio: 1. ***rapporto.*** La relazione che esiste tra un ammontare o una quantità e un altro ammontare o un'altra quantità dello stesso genere e che può essere espressa sotto forma di proporzione, ad esempio 4:8. **2.** ***rapporto; indice aziendale.*** Uno qualunque dei rapporti fra voci di bilancio, fra le quali sussiste un nesso logico, considerato rappresentativo di un particolare aspetto della gestione aziendale. (v. anche *standard ratios*)

ratio analysis: ***analisi degli indici aziendali.*** Procedimento volto a valutare i risultati conseguiti da un'impresa. Consiste nell'elaborare i relativi rapporti e nel notare come questi si discostino da quelli relativi ad altre imprese simili o da quelli della stessa impresa, ma relativi a differenti periodi di tempo.

ratio chart: ***diagramma dei rapporti.*** Rappresentazione grafica di dati statistici, usata per indicare variazioni relative. La forma più comune è il tipo di diagramma a semplice scala logaritmica, cioè con una scala logaritmica sull'asse Y e una scala aritmetica sull'asse X. In questo tipo di diagramma, distanze verticali uguali sull'asse Y indicano variazioni percentuali uguali. (v. anche *logarithmic chart*)

ratio-delay study: ***campionamento del lavoro.*** Lo stesso che *work sampling* (v.).

ration: ***razione.*** Quantità di determinati beni, prefissata dalle autorità, che ciascuna persona può acquistare quando è in vigore un razionamento, specialmente in periodo di guerra o di altra emergenza nazionale. (v. anche *rationing, rationing system*)

rational behaviour: ***comportamento razionale.*** È uno dei presupposti della teoria economica, che sostiene un comportamento rispondente a criteri razionali da parte del consumatore, del produttore, ecc.

rational expectations: ***aspettative razionali.*** Nel linguaggio economico, sono le aspettative basate su dati razionali o scientifici, quali ad esempio serie statistiche e informazioni complete di mercato, e non su stati psicologici quali l'ottimismo o il pessimismo. Il concetto delle aspettative razionali scaturisce dal pensiero economico che sostiene che l'essere umano segue un comportamento economico razionale. (v. anche *expectations*)

rational expectations hypothesis: ***ipotesi delle aspettative razionali.*** Lo stesso che *rational expectations theory* (v.).

rational expectations school: ***scuola delle aspettative razionali.*** È una delle due scuole in cui si è divisa la scuola monetarista. A differenza dei sostenitori della *gradualist school* (v.), i sostenitori di questa scuola affermano che, date le stesse condizioni di partenza, la riduzione del tasso di crescita dell'offerta di moneta dovrebbe essere realizzato rapidamente. Le autorità devono annunciare la loro linea di condotta e rendere chiaro che la loro politica è credibile e sarà rigidamente applicata. Gli operatori economici che formano le loro aspettative in maniera razionale inseriranno queste informazioni nel loro modello di previsione e, ammesso che i prezzi siano flessibili, causeranno immediatamente la realizzazione dell'effetto desiderato sui prezzi senza alcun effetto intermedio sulla produzione e sull'occupazione.

rational expectations theory: ***teoria delle aspettative razionali.*** La teoria, sviluppata negli anni '70 dagli economisti statunitensi R. Lucas e T. Sargent, che si pone a metà strada tra la teoria keynesiana e post–keynesiana e quelle monetarista e offertista. Tra queste, la prima sostiene la necessità dell'intervento statale per garantire la piena occupazione, mentre le seconde sostengono rispettivamente che il controllo dell'offerta di moneta e la riduzione delle imposte avranno il risultato di frenare l'inflazione e promuovere la crescita economica. I teorici delle aspettative razionali, invece, sostengono che il ruolo principale dello stato è quello di garantire uno scenario stabile per l'attività economica, principalmente mediante l'applicazione di politiche moderate, decise e di lungo termine sulle quali si possa contare, in modo da potersi svincolare dalla forte dipendenza dalle previsioni economiche, che spesso portano gli operatori, i lavoratori e i datori di lavoro a comportarsi irrazionalmente come quando, ad esempio, prevedendo che una politica monetaria restrittiva e antinflazionistica sarà presto seguita da una politica monetaria espansiva e di denaro a buon mercato, non riducono i tassi di aumento di prezzi e salari. Lo scenario stabile aiuterà le persone razionali, cioè tutti i soggetti economici, a fare previsioni più realistiche perché fondate sull'esperienza e sulle conoscenze passate, nonché su tutte le informazioni di mercato e le loro aspettative personali, in modo che le decisioni che ne scaturiranno saranno basate maggiormente su un comportamento effettivamente razionale, già ipotizzato dalla tradizione economica in epoche passate.

rationalization: ***razionalizzazione.*** Nel linguaggio economico, è lo sforzo sistematico tendente a ricavare il massimo che sia possibile dalle risorse impiegate nelle varie attività economiche, attraverso l'uso di metodi scientifici il cui scopo è quello di trovare il rapporto ottimale tra mezzi e fini. In particolare, il termine indica la riorganizzazione di un'unità economica, con lo scopo dichiarato di realizzare ampie economie, il che di solito si ottiene attraverso la concentrazione di un'attività economica in un minor numero di unità produttive. In linea generale, lo scopo della razionalizzazione è, quindi, quello di aumentare l'efficienza e diminuire i costi attraverso economie nell'uso delle risorse, cioè materiali e lavoro, eliminando la duplicazione degli sforzi e incoraggiando la standardizzazione dei metodi di produzione e dei prodotti.

rationalization of a firm: ***razionalizzazione di una impresa.*** L'ideazione e l'attuazione di particolari metodi di produzione e di gestione dell'impresa, che hanno lo scopo di migliorare l'efficienza e di ridurre i costi. Si può realizzare, ad esempio, attraverso la concentrazione in un solo stabilimento della produzione di parti o componenti precedentemente prodotti in più stabilimenti o attribuendo funzioni più o meno simili e coordinate a persone che, all'interno della struttura aziendale, svolgevano in precedenza attività estremamente varie e dissimili. (v. anche *rationalization*)

rationalization of an industry: ***razionalizzazione di un'industria.*** L'ideazione e l'attuazione di particolari metodi intesi a migliorare l'efficienza di un'industria nel suo complesso, a ridurne i costi e a instaurare una migliore utilizzazione delle risorse. Si può realizzare mediante la concentrazione della produzione in un numero minore di imprese, quelle a più bassi costi, o mediante fusioni o associazioni tra imprese e l'eliminazione dall'industria delle imprese inefficienti e antieconomiche per il livello troppo elevato dei loro costi di produzione. La razionalizzazione di un'industria è sempre vista con una certa ostilità dai sindacati e dai lavoratori, perché inevitabilmente porta alla ridondanza e alla soppressione di un certo numero di posti di lavoro. (v. anche *rationalization*)

rationalization of labour: ***razionalizzazione del lavoro.*** L'ideazione e l'attuazione di particolari metodi di produzione, intesi a migliorare il rendimento e l'efficienza del lavoro, con conseguenti economie di costi. (v. anche *rationalization*)

rationalization of production: ***razionalizzazione della produzione.*** L'ideazione e l'attuazione di particolari metodi intesi a rendere più economica la produzione di un dato bene o servizio, attraverso un uso più accorto delle risorse e la standardizzazione dei metodi di produzione e dei prodotti. (v. anche *rationalization*)

rational number: ***numero razionale.*** Qualsiasi numero intero e frazionario che esprime il rapporto tra grandezze commensurabili e che ammette una rappresentazione decimale mediante uno sviluppo decimale limitato o illimitato periodico.

rationing: ***razionamento.*** La ripartizione di beni e servizi scarsi, disponibili in un'economia, tra i consumatori che ne fanno domanda, in base ad un qualche sistema di razionamento che tende a sostituire o ad integrare la funzione di razionamento svolta dai prezzi monetari in un'economia di libero scambio. In una situazione di emergenza eccezionale, quale può essere quella che si verifica durante una guerra, i governi adottano il razionamento allo scopo di evitare che a seguito dell'improvvisa e persistente scarsità di determinati beni i loro prezzi aumentino sensibilmente fino a raggiungere livelli non sostenibili dalle categorie di lavoratori a basso reddito. L'imposizione di un calmiere non sortirebbe lo stesso effetto, perché ci sarebbe sempre chi, o perché giunge per primo ad un negozio o perché è favorito dal negoziante, può acquistare la quantità di beni che è in grado di pagare e chi, per i motivi opposti, non riuscirebbe neppure ad acquistare la quantità che gli è necessaria. Il razionamento, invece, affronta e risolve il problema alla radice, togliendo al denaro la funzione di fonte e misura della domanda e garantendo a tutti un minimo delle risorse disponibili. In periodo di guerra, il razionamento viene di solito imposto sui generi alimentari e su altri beni di prima necessità. Nel Regno Unito sono stati assoggettati a razionamento la maggior parte dei generi alimentari durante il primo conflitto mondiale, ma durante il secondo conflitto mondiale si fece ricorso ad un più vasto razionamento, che colpì i generi alimentari, gli articoli di abbigliamento, le fonti di energia e persino la mobilia. Durante la crisi di Suez, nel 1956–57, il governo britannico fece ricorso al razionamento della benzina. (v. anche *rationing system*)

rationing by price: ***razionamento basato sul prezzo.*** Il metodo consuetudinario di ripartizione, basato sul meccanismo del prezzo, di beni e servizi scarsi tra i molti possibili consumatori o utenti. Questo metodo è esattamente l'opposto di quello usato in periodi di emergenza, che prevede la distribuzione basata sulle necessità o i bisogni.

rationing by the purse: ***razionamento basato sul prezzo.*** Espressione colloquiale, usata con lo stesso significato di *rationing by price* (v.).

rationing of credit: ***restrizione creditizia; riduzione creditizia; discriminazione creditizia; razionamento del credito.*** Lo stesso che *credit rationing* (v.).

rationing of foreign exchange: ***razionamento valutario.*** Un sistema di controllo dei cambi, in base al quale tutti i possessori di valuta estera sono tenuti a cambiarla in valuta nazionale al tasso di cambio stabilito dalle autorità monetarie e tutti coloro che hanno bisogno di valuta estera ne devono fare richiesta alle autorità, che provvederanno ad assegnarla secondo un loro sistema di razionamento che tiene conto di determinate priorità. Attraverso tale sistema, un governo ha la possibilità di assegnare valuta estera, consegnata dagli esportatori, ad importatori la cui attività si intende incoraggiare e di negarla agli importatori la cui attività si vuole scoraggiare, perché essi importano beni non indispensabili o addirittura contrari ai piani statali miranti ad un equilibrio tra esportazioni ed importazioni.

rationing of goods: ***razionamento di beni.*** È la politica di distribuire beni in maniera uniforme tra i vari consumatori, quando la domanda e l'offerta a livelli di prezzo stabiliti non sono in equilibrio.

rationing system: ***sistema di razionamento.*** È il sistema che un paese adotta allo scopo di razionare beni e servizi durante un periodo di emergenza, ma con la stessa espressione può indicarsi anche un piano volontario su vasta scala tendente a ripartire equamente le risorse scarse tra i consumatori. Qualunque sia il sistema di razionamento usato, esso implica certe priorità in base alle quali i beni essenziali, in particolare le materie prime e determinati prodotti, vengono assegnati in quantità tali da servire gli interessi nazionali nel migliore dei modi. Allo stesso tempo, la disponibilità totale di beni di prima necessità, quali ad esempio i generi alimentari, viene ripartita equamente tra tutti i consumatori. Ciò si realizza o con un sistema a punti o con un sistema a buoni. Il sistema a buoni prevede la distribuzione a tutti i cittadini di un determinato numero di buoni con i quali si può acquistare una certa quantità del bene cui essi si riferiscono, di solito ad un prezzo fisso. Il totale dei buoni distribuiti corrisponde al totale della disponibilità di quel bene, così che tutti possono acquistarne una parte, pur se essa spesso è inferiore a quella che ciascun consumatore acquisterebbe in un regime libero. Questo sistema può avere una variante che lo rende più flessibile e cioè l'emissione di buoni per un insieme di beni, ad esempio vestiario, invece che per un singolo bene, così che si dà al consumatore maggiore libertà di usare i propri buoni in relazione alle sue preferenze. Il sistema di razionamento mediante buoni, o tessere, fu usato da quasi tutti i paesi durante il secondo conflitto mondiale ed è ancora in vigore in alcuni paesi comunisti. Anche il sistema di razionamento a punti fu adottato da molti paesi durante il secondo conflitto mondiale. Esso si è dimostrato alquanto più flessibile del sistema rigido a buoni e veniva applicato a generi alimentari ed altri beni necessari, quando la quantità disponibile non era sufficiente a garantire almeno un'unità di tali beni a ciascun cittadino. Ad ogni bene veniva assegnato un determinato numero di punti, in gran parte basato sulle disponibilità, e ogni consumatore riceveva una tessera con un numero di punti limitato. Il consumatore doveva consegnare i punti corrispondenti a quelli assegnati dalle autorità ai vari beni oltre, ovviamente, a pagare il prezzo del bene acquistato. Poiché gusti ed esigenze dei consumatori erano diversi, imponendo loro una scelta alternativa il sistema di razionamento a punti si dimostrò uno dei più efficaci strumenti per limitare i consumi.

ration tickets: ***buoni di razionamento; tessere di razionamento.*** I documenti che, in presenza di razionamento, consentono ai consumatori di acquistare i beni scarsi cui hanno diritto.

ratio of exchange: ***coefficiente di scambio; rapporto di scambio.*** Termine proposto da W. S. Jevons perché fosse usato invece di *value*, da lui giudicato equivoco. Lo stesso Jevons dice: «Il rapporto di scambio è in effetti un coefficiente differenziale. La quantità di un qualsiasi bene acquistato è una funzione del prezzo al quale il bene si acquista e il rapporto di scambio esprime il tasso al quale la quantità del bene aumenta a paragone di ciò che viene dato in cambio di essa». Jevons, tuttavia, riconosce che non è facile per molte persone dare alla parola «valore» il significato di un rapporto.

ratio scale graph: ***diagramma semi-logaritmico; diagramma a semplice scala logaritmica.*** Termine usato con lo stesso significato di *semilogarithmic chart* (v.).

raw goods: ***materie prime.*** Termine usato come sinonimo di *raw materials* (v.), ma con particolare riferimento a componenti o prodotti finiti che devono ancora essere sottoposti ad un processo di assemblaggio prima di poter essere avviati al consumo.

raw material inspection: ***ispezione delle materie prime.*** È il controllo dei materiali ricevuti da un'impresa, prima che essi vengano accettati e avviati al magazzino. Riguarda la composizione chimica, le dimensioni, il colore, la durabilità, il contenuto di umidità, la durezza, ecc.

raw material inventory: ***scorta di materie prime.*** La scorta media che ogni impresa produttrice tiene a propria disposizione allo scopo di alimentare il processo produttivo durante un determinato arco di tempo. Nello stabilire il livello di questa scorta, si tiene conto dei costi di magazzinaggio, dei costi di riordino e del tempo necessario per ricevere le nuove forniture dopo l'invio della relativa ordinazione.

raw material inventory control: ***controllo delle scorte di materie prime.*** Si attua allo scopo di consentire il tempestivo riordino delle materie prime, quando il livello delle scorte raggiunge un punto prestabilito. Nel determinare questo punto, chiamato punto di riordino, si tiene conto del tempo che intercorre normalmente tra l'invio dell'ordinativo e la ricezione delle materie prime ordinate. La scorta in magazzino, infatti, deve essere tale da garantire la normale alimentazione del processo produttivo per tutto questo periodo di tempo, più un certo numero di giorni di sicurezza, nel caso in cui la fornitura tardi per ragioni impreviste.

raw materials: ***materie prime.*** Tutti i prodotti primari, quali ad esempio i minerali allo stato grezzo, alcuni prodotti dell'agricoltura, il legname e, comunque, tutto ciò che costituisce la base della produzione industriale. In quest'ultimo significato, rientrano tra le materie prime sia tutti i prodotti che devono essere sottoposti ad un processo di trasformazione, sia i componenti o i prodotti finiti che pur non dovendo subire ulteriori trasformazioni devono tuttavia essere montati o assemblati al fine di dare il prodotto finito che sarà avviato al mercato. Nel termine, invece, non vengono incluse le forniture industriali che pur essendo usate nel processo produttivo non entrano a far parte del prodotto finito, come ad esempio energia, olî lubrificanti, macchine e simili.

raw-materials economy: ***economia dei prodotti di base.*** Lo stesso che *primary-products economy* (v.).

raw materials stock: ***scorta di materie prime.*** Lo stesso che *raw material inventory* (v.).

raw material storehouse: ***magazzino materie prime.*** Di solito situato nell'ambito dello stabilimento, è il locale nel quale vengono consevate le scorte di materie prime necessarie ad alimentare il processo produttivo per un determinato periodo di tempo.

raw material supply: ***fornitura di materie prime.*** Ciascuna singola partita di materie prime, ricevuta da un'impresa industriale. L'entità della fornitura dipende da molteplici fattori, tra cui il costo di magazzinaggio, l'utilizzazione giornaliera per alimetare il processo produttivo, l'entità delle scorte, la distanza dalla fonte di approvvigionamento, il costo di riordino e il tempo che normalmente intercorre tra l'invio di ciascun ordinativo e la consegna della relativa fornitura.

raw material turnover: ***indice di rotazione delle materie prime.*** Il numero di volte che, in un determinato periodo di tempo di solito corrispondente ad un anno, la scorta media di materie prime viene usata nel processo produttivo e sostituita in magazzino. Corrisponde, pertanto, alla quantità totale di materie prime usate per la produzione del periodo, divisa per la scorta media di materie prime.

rc.: receipt.

R/C: re-credited.

R.C.: Royal Commission.

r.d.: running days.

rd.: rod.

R/D: refer to drawer.

R.D.C.: running-down clause.

re.: reference.

Re: 1) in regard to; 2) relating to.

R.E.: real estate.

R.E.A.: Rural Electrification Administration.

re-acceptance: ***riaccettazione.*** La pratica, in verità assai rara, di riaccettare una cambiale alla scadenza o in prossimità della scadenza, con il consenso del traente, al fine di estendere il periodo di credito. Di solito, invece di riaccettare la stessa cambiale, essa viene sostituita con una nuova e diversa cambiale, con scadenza posticipata rispetto alla prima, che verrà regolarmente accettata dal trattario.

reach: ***copertura netta.*** La percentuale di una popolazione totale che un inserzionista desidera raggiungere una volta almeno in una campagna pubblicitaria nell'arco di un periodo di tempo.

reacquired stock: ***capitale riacquisito.*** Un insieme di azioni di capitale, il cui diritto di proprietà è stato riacquisito dalla società emittente a seguito di acquisto dei titoli sul mercato, di donazione o del pagamento di un debito contratto da un socio nei confronti della società. Se le azioni così riacquisite vengono tenute in essere, in attesa di rivenderle o di annullarle in eventuali o previste riduzioni di capitale, esse assumono in inglese il termine di *treasury shares*; se, invece, tali azioni sono state riacquisite in base ad un preciso piano di riscatto, come ad esempio il piano di rimborso di certe categorie di azioni privilegiate, esse vengono annullate all'atto della riacquisizione e le azioni così eliminate vengono dette azioni ritirate.

reaction: ***reazione.*** È la tendenza del prezzo di un bene o servizio a muoversi in direzione opposta, dopo che esso ha subito una variazione. Così, se il prezzo è sceso, tenderà a risalire e viceversa.

reaction curve: ***linea di reazione; curva di reazione.*** Nella teoria del duopolio, si ipotizza la possibilità per ciascuno dei due produttori di individuare la dimensione ottimale della sua impresa soltanto se conosce l'ampiezza dell'offerta del suo rivale. Così, ad ogni data quantità offerta da uno dei due duopolisti, corrisponderà una data quantità offerta dall'altro e l'offerta di ciascuno diventa, di conseguenza, funzione dell'offerta dell'altro. Se rappresentiamo graficamente questo legame funzionale ponendo sui due assi di un diagramma cartesiano le quantità di prodotto offerte dai due produttori, possiamo ricavare le condizioni di equilibrio di ciascuno di loro, che saranno rappresentate da due linee decrescenti, poiché quanto più cresce la quantità offerta da uno tanto più si abbassa il prezzo e quanto più si abbassa il prezzo tanto più diminuisce la quantità offerta dall'altro duopolista. In quanto queste linee rappresentano reazioni di un duopolista alle azioni dell'altro, esse vengono chiamate linee di reazione. Le due linee si intersecano al punto E, che rappresenta la condizione di equilibrio dei due produttori. Se essi si trovano in quella posizione, non avranno alcuna ragione per abbandonarla, in quanto ciascuno di loro si trova sulla propria curva di reazione, realizza la condizione di uguaglianza tra ricavo e costo marginale e massimizza il profitto. Ovviamente, anche la posizione di equilibrio è del tutto ipotetica e non è detto che esista realmente.

reaction function: ***funzione di reazione.*** Espressione usata come sinonimo di *reaction curve* (v.).

readership: ***lettori.*** Nel linguaggio delle ricerche di mercato, è il numero totale di lettori di un quotidiano o di un periodico e la loro struttura costitutiva. (v. anche *readership survey*)

readership analysis: ***analisi della composizione dei lettori.*** Termine usato con lo stesso significato di *readership survey* (v.).

readership circulation: ***circolazione tra i lettori.*** Nel linguaggio delle ricerche di mercato, è il numero di persone che si ritiene leggano ciascun numero di una particolare pubblicazione nell'arco di un determinato periodo di tempo.

readership survey: ***indagine sulla composizione dei lettori.*** Nel linguaggio delle ricerche di mercato e della pubblicità, indica un'indagine, condotta su un campione della popolazione di un paese, tendente ad accertare quali giornali e riviste sono più diffusi tra differenti gruppi di età, sesso, occupazione, condizione economica, ecc. Scopo di tale ricerca è quello di orientare la pubblicità, attraverso la valutazione delle relazioni esistenti tra certi messaggi pubblicitari, riportati nella stampa quotidiana e periodica, e certe consuetudini dei consumatori.

readiness-to-serve charge: ***tariffa basata sulla domanda.*** Termine usato con lo stesso significato di *demand rate* (v.).

readiness-to-serve costs: ***costi basati sulla domanda.*** Nelle imprese dei pubblici servizi, sono i costi necessari per tenere in essere gli impianti al fine di poter soddisfare la domanda del pubblico. Corrispondono ai costi generali di un qualsiasi altro tipo di impresa produttrice.

Reading rule: ***regola di Reading.*** Nelle assicurazioni, è la norma in base alla quale se una polizza scudo copre due beni assicurati anche da altre due polizze specifiche, una per ciascun bene, la somma assicurata dalla polizza scudo viene ripartita tra i due beni in rapporto al valore dei due beni che essa copre e successivamente si applica la solita regola della proporzionale tra polizza scudo e ciascuna delle altre due polizze, in rapporto al loro valore nominale. (v. anche *blanket policy, Cromie rule, Kinne rule, Page rule*)

readjustment: ***riorganizzazione; risanamento.*** Termine statunitense, usato con lo stesso significato di *reorganization* (v.) per indicare la riorganizzazione di una società senza l'intervento di alcun organo di controllo o di un tribunale.

ready cash: ***denaro contante; contanti.*** Termine usato come sinonimo di *ready money* (v.).

ready delivery: ***pronta consegna.*** Termine usato con lo stesso significato di *prompt delivery* (v.).

ready market: ***mercato pronto.*** Un mercato nel quale risulta molto rapido e facile vendere o acquistare beni.

ready money: ***moneta contante; contanti.*** Espressione con la quale si indicano monete metalliche e banconote, a differenza di assegni o altri titoli di credito, a disposizione per pagamenti immediati.

ready-money crop: ***raccolto per la vendita.*** Termine usato con lo stesso significato di *cash crop* (v.).

ready payment: ***pagamento in contanti.*** Il pagamento effettuato in monete metalliche e banconote, cioè non mediante l'uso di titoli di credito quali l'assegno o la cambiale.

ready reckoner: ***prontuario di calcoli.*** Libro contenente tabelle che facilitano calcoli aritmetici e matematici.

ready sale: ***vendita pronta.*** Una vendita di facile realizzazione, a causa della forte domanda del bene sul mercato.

Reaganomics: ***economia reaganiana.*** Questo termine è stato usato per indicare il programma economico dell'amministrazione del presidente degli Stati Uniti Ronald Reagan, basato sull'economia dell'offerta, sulla riduzione delle imposte dirette, sulla deregolamentazione di gran parte dell'attività economica, sulla riduzione delle spese federali e su una politica di denaro caro. Non tutti questi obiettivi, tuttavia, sono stati realizzati dall'Amministrazione negli otto anni in cui rimase in carica, e il risultato più criticato è stato quello della vertiginosa crescita del deficit federale.

real: **1.** ***reale.*** Aggettivo usato come opposto di nominale e di personale, come ad esempio nelle espressioni beni reali e salario reale, opposti a beni personali e a salario nominale. **2.** ***real.*** Nome di un'antica moneta spagnola, del valore di un quarto di peseta, usata anche in gran parte dell'America Latina nel diciannovesimo secolo. Lo stesso termine indica una moneta divisionale del Venezuela, equivalente a mezzo bolivar o cinquanta centesimi di bolivar.

real account: ***conto patrimoniale; conto numerario elementare.*** Uno qualsiasi dei conti di un mastro, il cui saldo viene riportato in un successivo esercizio finanziario, per cui il termine viene usato anche per indicare un qualsiasi elemento della situazione patrimoniale. (v. anche *nominal account, personal account*)

real assets: ***beni reali; attività reali.*** Un qualsiasi tipo di bene immobile, quali terreni, edifici e simili. Nel linguaggio della contabilità, indica anche qualsiasi tipo di proprietà diversa dalla moneta e, pertanto, oltre agli immobili include anche macchinari e altri tipi di beni mobili.

real balance effect: ***effetto saldi monetari reali.*** L'effetto sulla domanda di beni e servizi, e quindi sulla spesa, conseguente a variazioni dei saldi monetari reali (cioè i saldi monetari nominali deflazionati mediante un qualche indice del livello generale dei prezzi), quando tali saldi sono aumentati a causa di un aumento dell'offerta nominale di moneta. Un'interpretazione più ampia dell'effetto saldi monetari reali è quella di vedere l'effetto come una combinazione dell'effetto Pigou e dell'effetto Keynes.

real-balance-effect theory: ***teoria dell'effetto saldi monetari reali.*** La teoria economica che sostiene che ad una riduzione del livello globale dei prezzi corrisponde un aumento sia dei consumi che degli investimenti, un concetto ugualmente applicabile sia all'effetto Pigou che all'effetto Keynes.

real balances: ***saldi monetari reali.*** Disponibilità tenute da privati o imprese sotto forma di moneta liquida su un conto bancario o in cassaforte e misurate in termini di potere d'acquisto.

real balances quantity equation: ***equazione quantitativa delle disponibilità reali.*** Equazione formulata da J. M. Keynes in *A Tract on Monetary Reform* e resa più accurata in *A Treatise on Money*. Essa prende le mosse dal concetto che ciò che richiede chi possiede moneta è una quantità di disponibilità reali in relazione appropriata alla quantità di operazioni reali per le quali usa le sue disponibilità. Di conseguenza, se questa relazione appropriata rimane immutata, la quantità di disponibilità liquide di cui egli ha bisogno sarà uguale alla quantità di disponibilità reali determinata dalla suddetta relazione appropriata, moltiplicata per il livello dei prezzi corrispondente ai prezzi applicabili alle varie operazioni reali per le quali vengono tenute le disponibilità liquide. Esposta nella sua forma più semplice, questa equazione fondamentale è: $P = M/C$, dove M è il volume totale delle disponibilità liquide; C è il corrispondente volume delle disponibilità reali; e P è il livello dei prezzi. Questa equazione, dice Keynes, ha poca utilità per scopi quantitativi. Ma qualitativamente essa pone ben in luce un punto importante e precisamente che «il volume delle disponibilità liquide dipende dalle decisioni delle banche ed è creato da loro, mentre il volume della disponibilità reali dipende dalle decisioni dei depositanti ed è creato da loro. Il livello dei prezzi è la risultante delle due serie di decisioni ed è misurato dal rapporto tra il volume delle disponibilità liquide create e il volume delle disponibilità reali create». Nessuno decide direttamente quale deve essere il livello dei prezzi; tutte le decisioni importanti sono volte a determinare rispettivamente il volume delle disponibilità liquide e quello delle disponibilità reali e il livello dei prezzi è la loro risultante. Ogni decisione da parte di un individuo relativa al suo desiderio, ai livelli di prezzo esistenti, di acquistare, vendere o non fare né l'una né l'altra cosa è, in effetti, una decisione relativa al desiderio di ridurre, aumentare o lasciare immutate le proprie disponibilità reali.

real bill: ***cambiale commerciale; cambiale di affari.*** Termine usato con lo stesso significato di *trade bill* (v.).

real bills doctrine: ***dottrina delle cambiali commerciali.*** Si indica con questa espressione il principio che sostiene che se venissero scontate soltanto cambiali d'affari, cioè cambiali emesse in relazione ad una reale operazione commerciale di compravendita, l'espansione della moneta bancaria avverrebbe in proporzione alle necessità effettive del commercio e l'espansione e la contrazione di tale moneta sarebbero questioni automatiche.

real capital: ***capitale reale; capitale d'immobilizzo.*** Il capitale rappresentato da attività fisiche, come ad esempio gli impianti, le attrezzature e le scorte, per distinguerlo dall'altra forma di capitale, detto liquido in quanto rappresentato da moneta e attività di pronto realizzo. Nel linguaggio finanziario, il termine si usa per indicare i valori azionari, in contrapposizione al capitale di prestiti o obbligazionario. (v. anche *money capital, loan capital*)

real cash balances: ***saldi monetari reali.*** Il termine, di uso statunitense, ha lo stesso significato di *real balances* (v.).

real chattels: ***beni immobili; diritti reali.*** Lo stesso che *chattel real* (v.).

real common market: ***mercato comune reale.*** Lo stesso che *single European market* (v.).

real cost: **1.** ***costo effettivo; costo reale.*** Un costo espresso in termini di unità fisiche di misura, come ad esempio tonnellate di un bene, e pertanto un costo misurato in termini di potere d'acquisto costante o adeguato al potere d'acquisto attuale per mezzo di un qualche indice. **2.** ***costo di sostituzione; costo di opportunità; costo-opportunità.*** Termine usato con lo stesso significato di *opportunity cost* (v.).

real cost of production: ***costo reale di produzione.*** Gli sforzi di tutti i differenti tipi di lavoro direttamente o indirettamente implicati nella produzione, insieme al costo sostenuto per procurare il capitale necessario per realizzare la produzione.

real damages: ***risarcimento satisfattorio.*** La somma complessiva riconosciuta dalla legge e dovuta alla parte che ha subito un danno o alla quale è stato arrecato un pregiudizio mediante un atto illecito.

real-demand rule: ***norma della domanda reale.*** La norma, spesso imposta dalle autorità monetarie di un paese, che stabilisce che le operazioni di acquisto di valuta estera da parte di imprese non bancarie possano essere effettuate soltanto in presenza di sottostanti e reali operazioni commerciali con l'estero.

real-dollar values: ***valori in dollari reali.*** Termine usato con lo stesso significato di *constant-dollar values* (v.).

reale: Moneta divisionale della Repubblica Dominicana; otto reales equivalgono a cento centavos, i quali formano un peso.

real economy: ***economia reale.*** Si contrappone a *symbol economy* (v.) e indica un sistema economico che si fonda sul flusso di beni e servizi.

real effective exchange rate: ***tasso di cambio effettivo in termini reali.*** Un tasso di cambio effettivo adeguato per tener conto dei differenziali d'inflazione tra il paese di cui si calcola il tasso di cambio e gli altri paesi.

real effects: ***effetti reali.*** Effetti che alterano le possibilità totali di produzione o le opportunità totali di benessere per i consumatori all'interno di un'economia. Tali effetti si indicano con il termine economie quando sono positivi e con il termine diseconomie quando sono negativi.

real estate: ***beni immobili; proprietà immobiliare; patrimonio immobiliare.*** L'espressione inglese indica immobili di proprietà, posseduti come *freehold land* (v.), costituiti da terreni e qualsiasi tipo di edificio permanente costruito sul terreno con l'intenzione di non rimuoverlo. Pertanto, l'espressione indica in generale qualsiasi tipo di bene immobile.

real-estate agent: ***agente immobiliare.*** Termine statunitense, usato con lo stesso significato di *estate agent* (v.).

real-estate broker: ***agente immobiliare.*** Il termine inglese, di uso statunitense, indica grosso modo la stessa figura descritta sotto *estate agent* (v.), ma a differenza di quest'ultimo si interessa solo ed esclusivamente di operazioni di compravendita e permuta di beni immobili, ricevendo una commissione per la sua intermediazione solo quando e se la trattativa giunge a buon fine.

real-estate financing: ***finanziamento immobiliare.*** La concessione o il reperimento di fondi per l'acquisto o la costruzione di beni immobili. I principali fornitori di questo tipo di finanziamento nel Regno Unito sono le *building societies*, pur se anche le banche commerciali hanno cominciato a svolgere questa attività in maniera sempre più massiccia; negli Stati Uniti, buona parte dei finanziamenti sono concessi dal governo federale attraverso sue agenzie e dalle *savings and loan associations* (v.).

real-estate investment trust: ***fondo comune d'investimento immobiliare.*** Fondo comune che investe il denaro dei singoli sottoscrittori in immobili o attività ad essi connesse. Negli Stati Uniti questo tipo di fondi comuni fu autorizzato con legge federale nel 1960, allo scopo di agevolare il reperimento di fondi per finanziamenti ipotecari. Essi debbono ripartire tra i sottoscrittori il novanta per cento dei loro redditi e devono investire almeno il settantacinque per cento delle loro attività in beni immobili o mutui ipotecari. Tra i principali investimenti dei fondi immobiliari statunitensi vi sono quelli in acquisto di proprietà immobiliari; quelli in ipoteche a lungo termine; e quelli in finanziamenti a breve termine per programmi edilizi.

real-estate mortgage: ***ipoteca immobiliare.*** È l'ipoteca accesa su beni immobili e offerta a garanzia del rimborso di una somma di denaro ottenuta in prestito. Può essere accesa da un privato o da un'impresa a garanzia di un mutuo o di un prestito obbligazionario.

real-estate mortgage bonds: ***obbligazioni ipotecarie.*** Sono le obbligazioni descritte sotto *mortgage debenture* (v.).

real-estate tax: ***imposta reale; imposta sul patrimonio immobiliare.*** Nel Regno Unito, questa espressione indica genericamente un'imposta che colpisce il reddito dominicale e il reddito da fabbricati. Fino al 1964, nel Regno Unito gli immobili erano soggetti ad imposizione fiscale sia da parte del governo centrale che da parte degli enti locali. Nel 1964 fu abolita l'imposta del governo centrale, ma restò in vigore quella degli enti locali, che doveva essere pagata in ragione del valore locativo dell'immobile, sia che fosse dato in fitto o che fosse occupato dal proprietario. Negli Stati Uniti, l'espressione indica un'imposta che colpisce qualsiasi tipo di proprietà immobiliare, cioè tanto i terreni, siano essi incolti, coltivati, con o senza edifici, sottoposti o non ad opere di miglioramento, quanto gli edifici di qualsiasi tipo e natura. L'imposta reale ha la caratteristica di colpire la ricchezza in quanto tale e non in quanto appartenente ad un dato soggetto. Pertanto, essa non tiene conto delle condizioni economiche, sociali e familiari del soggetto percosso ed ammette soltanto aliquote costanti. (v. anche *land tax; poll tax*)

real exchange rate: ***tasso di cambio reale; cambio reale.*** Il tasso di cambio di mercato, tra due o più valute, corretto allo scopo di tener conto delle differenze nei livelli di prezzo esistenti nei paesi in cui circolano le valute. Il tasso di cambio reale è uno dei principali fattori determinanti della bilancia commerciale di un paese e riflette i prezzi delle esportazioni del paese in relazione ai prezzi delle sue importazioni, ossia ciò che gli economisti chiamano termini di scambio. Tra i fattori che maggiormente influiscono sui prezzi delle esportazioni è importante principalmente il costo del lavoro, che dipende strettamente dalla maggiore o minore flessibilità del mercato del lavoro. (v. anche *market rate of exchange, terms of trade*)

real exchange rate risk: ***rischio del tasso di cambio reale.*** Lo stesso che *real exchange risk* (v.).

real exchange risk: ***rischio del cambio reale.*** Si verifica quando i profitti derivanti dal commercio internazionale sono incerti a causa di variazioni impreviste nel tasso di cambio reale, cioè nel tasso di cambio nominale o di mercato adeguato allo scopo di tener conto delle variazioni di prezzo che si verificano nei paesi interessati.

real gross national product: ***prodotto nazionale lordo in termini reali.*** Termine usato con lo stesso significato di *real national income* (v.), con la sola differenza che qui si tratta di reddito nazionale lordo.

realignment: ***riallineamento.*** Lo stesso che *exchange rate realignment* (v.).

real income: ***reddito reale.*** È il reddito misurato in termini di beni e servizi che esso può acquistare, e cioè in termini di potere d'acquisto della moneta in cui esso è corrisposto o guadagnato, e non in termini di una moneta soggetta a deprezzamento. Al fine di calcolare il reddito reale, si può dividere il reddito monetario per un qualche indice appositamente preparato. La stessa espressione viene a volte usata per indicare i beni e servizi che un lavoratore riceve in pagamento parziale delle proprie prestazioni lavorative e ciò che può acquistare con la restante parte del suo reddito, corrisposto in forma monetaria. In epoca recente, a seguito della costante perdita di potere d'acquisto della moneta, i lavoratori dei paesi occidentali hanno cominciato a prestare maggiore attenzione al reddito reale che non al reddito monetario. Pertanto, mentre in un passato non molto remoto essi miravano principalmente ad assicurarsi aumenti salariali in termini monetari, trascurando di rapportarli al potere di acquisto della moneta in cui erano corrisposti i loro redditi, in ciò confortati anche da un basso tasso di inflazione, oggi essi dirigono la loro attenzione soprattutto al mantenimento del potere d'acquisto dei salari. A seguito dell'alto indice di inflazione, infatti, in molti paesi i redditi reali tendono a restare costanti, se non a diminuire, anche in presenza di notevoli aumenti in termini monetari, rappresentati dalle diverse forme di indicizzazione o adeguamento automatico dei salari (scala mobile) e dagli aumenti contrattati con i datori di lavoro in occasione della firma dei nuovi contratti. (v. anche *monetary income, money illusion, real wages*)

real interest rate: ***tasso d'interesse reale; tasso d'interesse indicizzato; saggio reale d'interesse.*** Un tasso d'interesse che deriva dal tasso nominale, cioè il tasso d'interesse effettivamente trovato sul mercato, adeguato alle variazioni del potere d'acquisto della moneta attraverso l'uso di un qualche indice. In periodi di forte inflazione, infatti, specialmente su mutui a medio e lungo termine si applica un tasso di interesse variabile, o indicizzato, che tiene conto del tasso di inflazione corrente.

real investment: ***investimento reale; investimento immobiliare.*** È l'investimento mediante il quale vengono creati nuovi capitali fissi e cioè l'investimento che ha come risultato la formazione di nuovo capitale. L'espressione viene usata come opposto di investimento mobiliare o finanziario e spesso si riferisce a investimenti dai quali trae giovamento la comunità, come nel caso della costruzione di scuole o ospedali. (v. anche *financial investment*)

realistic method: ***metodo realistico; metodo induttivo.*** Termine usato con lo stesso significato di *inductive method* (v.).

realizable: ***realizzabile.*** Aggettivo usato in relazione ad attività, investimenti, ecc., che possono facilmente e prontamente essere venduti per pagamento in moneta contante.

realizable assets: ***attività realizzabili.*** Le attività correnti normalmente convertibili in moneta contante entro un periodo di tempo relativamente breve, diciamo un mese. Ne sono esempi prestiti a richiesta, titoli di stato, titoli prontamente realizzabili sul mercato, e simili.

realizable profit: ***profitto realizzabile; plusvalenza realizzabile.*** Un profitto o una plusvalenza sono realizzabili, ma non realizzati, se i prezzi dei beni cui si riferiscono sono aumentati ed è pertanto possibile vendere questi ultimi a un prezzo più alto di quello che è stato pagato al momento dell'acquisto. Se effettivamente si procede alla vendita, il profitto o la plusvalenza diventano realizzati.

realization: ***realizzazione.*** Nell'uso finanziario e commerciale, questo termine indica la conversione in denaro contante di una qualche attività, che può essere tanto un bene mobile o immobile, quanto un credito. Lo stesso termine viene usato per indicare la vendita delle attività di un'impresa in occasione della sua liquidazione. (v. anche *liquidation*)

realization account: ***conto liquidazione; conto dei liquidatori.*** Conto che viene aperto all'inizio della liquidazione di un'impresa allo scopo di riassumere e rettificare il conto degli amministratori. Questo conto mostrerà il valore contabile delle attività, che vengono ad esso addebitate, e le somme realizzate dalla loro vendita e le passività, che vengono accreditate. La differenza a saldo viene detta profitto o perdita di liquidazione e verrà ripartita tra i proprietari o tra gli azionisti dell'impresa.

realization concept: ***concetto della realizzazione.*** È uno dei concetti basilari della ragioneria, che considera i profitti realizzati nel momento in cui ha luogo la vendita, cioè quando i beni passano dal venditore al compratore, e non quando viene ricevuto l'ordinativo o quando si firma il contratto o quando il compratore effettua il pagamento.

realization price: ***prezzo di riscatto.*** Lo stesso che *redemption price 2* (v.).

to realize: ***realizzare.*** Convertire un'attività in moneta contante, a seguito di una vendita, o in servizi, a seguito di uso, oppure scambiare un'attività con beni che possono essere classificati come attività correnti o che possono essere prontamente convertiti in attività correnti.

realized appreciation: ***plusvalenza realizzata.*** Una plusvalenza diventata reale, cioè convertita in attività correnti, a seguito di vendita o di inserimento nella produzione di beni o servizi.

realized depreciation: ***ammortamento realizzato.*** Quella parte di guadagno, intesa come prezzo di vendita meno il valore contabile, realizzata attraverso la vendita di un'attività soggetta ad ammortamento e corrispondente alle quote di ammortamento registrate sui documenti contabili durante il periodo in cui l'attività fissa è stata posseduta e usata da chi la vende. Tale guadagno viene di solito tassato come normale reddito nella maggior parte dei paesi.

realized investment: ***investimento realizzato.*** L'investimento globale derivante dall'investimento previsto e da quello non previsto. L'investimento realizzato sarà sempre uguale al risparmio ex post. (v. anche *ex-post saving, intended investment, unintended investment*)

realized loss: ***perdita realizzata.*** La perdita effettivamente sostenuta a seguito della vendita di un valore mobiliare o di un bene immobile che, nel corso del periodo di detenzione, ha subito un deprezzamento.

realized profit: ***profitto realizzato.*** Lo stesso che *realized appreciation* (v.).

realized revenue: ***utile realizzato; profitto conseguito.*** Un utile effettivamente realizzato a seguito della vendita di un bene che ha subito, nel corso del tempo, una rivalutazione dando luogo ad una plusvalenza. Fin quando il bene viene conservato dal proprietario, la plusvalenza, e quindi il profitto in cui essa può tramutarsi, restano puramente nominali o contabili. Lo stesso termine indica in contabilità il reddito che risulta dalla vendita di un bene o dalla somministrazione di un servizio da parte di un'impresa produttrice. In questo senso, esso indica il reddito preso in considerazione non nel momento in cui esso effettivamente viene percepito dall'impresa, bensì nel momento in cui è stata effettuata la prestazione che dà all'impresa il diritto di ricevere il reddito. Pertanto, il reddito effettivamente percepito prima o dopo il momento della prestazione non è considerato reddito realizzato o guadagnato, essendo tale termine applicato soltanto all'esecuzione della prestazione. (v. anche *paper profit 1*)

real money: ***moneta reale.*** Monete metalliche e banconote, con l'esclusione di qualsiasi altra forma di moneta e quasi moneta.

real money balances: ***saldi monetari reali.*** Lo stesso che *real balances* (v.).

real mortgage: ***ipoteca immobiliare.*** Lo stesso che *real-estate mortgage* (v.).

real national income: ***reddito nazionale in termini reali; reddito nazionale reale.*** Il reddito nazionale calcolato in termini di potere d'acquisto costante. Si giunge a tale determinazione dividendo il reddito nazionale, calcolato in termini monetari correnti, per un numero indice dei prezzi. Questo calcolo viene fatto allo scopo di accertare le modifiche subite dal reddito reale nel corso del tempo.

real national output: ***produzione nazionale in termini reali.*** Il valore della produzione globale di un paese, o reddito nazionale, misurato in termini di potere d'acquisto costante.

real number: ***numero reale.*** È un qualsiasi numero relativo razionale o irrazionale.

real obligation: ***obbligazione reale.*** Nel linguaggio giuridico, questa espressione indica una figura intermedia tra rapporto obbligatorio e rapporto reale, in quanto possiede congiuntamente caratteristiche dei due tipi di rapporto. Si tratta di un rapporto obbligatorio, con prestazioni di fare o dare, in cui il titolare passivo è tale in quanto investito di un diritto reale. Pertanto, il debitore è indicato dalla sua condizione di titolare di un diritto reale e l'obbligazione reale si trasferisce e si estingue con il diritto reale.

real output: ***prodotto reale.*** Il prodotto di un'economia valutato in termini reali, cioè depurato degli aumenti dovuti all'inflazione dei prezzi. È un indicatore della crescita economica di un paese.

real personal disposable income: ***reddito reale personale disponibile.*** Il reddito complessivo di cui può disporre un privato dopo aver detratto le imposte, i contributi sociali e di altro tipo e dopo l'opportuno adeguamento per l'aumento dei prezzi. Si tratta, cioè, del *disposable income* (v.) adeguato alle variazioni di prezzo dovute a tensioni inflazionistiche.

real price: ***prezzo reale.*** Un prezzo calcolato come se fosse costante, in differenti periodi di un arco di tempo, attraverso rettifiche in base ad un numero indice dei prezzi, che tendono ad eliminare le variazioni del potere d'acquisto, o valore, della moneta in cui viene indicato il prezzo.

real property: ***beni immobili; proprietà immobiliare; patrimonio immobiliare.*** Termine usato con lo stesso significato di *real estate* (v.).

real property tax: ***imposta reale; imposta sul patrimonio immobiliare.*** Termine usato con lo stesso significato di *real–estate tax* (v.).

real rate of return: ***tasso di rendimento reale.*** Il tasso di rendimento di un investimento calcolato in termini reali, cioè dopo aver depurato del tasso d'inflazione il tasso di rendimento effettivamente percepito sull'investimento.

real ratio of international interchange: ***rapporto reale di interscambio internazionale.*** A. C. Pigou indica con questa espressione il tasso al quale si effettua lo scambio di beni e servizi tra due paesi, indipendentemente dall'intermediazione della moneta. Secondo la sua stessa definizione, il rapporto reale di interscambio indica «la quantità di beni esteri che un paese può ottenere in cambio di una data quantità di suoi beni di esportazione, quando la vendita dei beni di esportazione e l'acquisto dei beni di importazione hanno luogo simultaneamente», così evitando l'influenza che può generare una qualsiasi fluttuazione dei poteri d'acquisto delle monete dei due paesi interessati. (v. anche *terms of trade*)

real rent: ***rendita reale.*** Termine usato con lo stesso significato di *rent 2* (v.), quando quest'ultimo si riferisce al pagamento per l'uso della terra.

real security: ***garanzia reale; garanzia immobiliare.*** È la garanzia, offerta a fronte di un debito, costituita da beni immobili, di solito accendendo un'ipoteca su di loro.

real terms: ***termini reali.*** Espressione usata in relazione allo studio di un fenomeno economico, dopo che sono stati eliminati tutti gli aspetti monetari. L'espressione, pertanto, è usata come opposto di termini monetari per indicare le caratteristiche fisiche e tangibili di un fenomeno, quali ad esempio il valore di un bene non in relazione alla moneta, bensì in relazione ad altri beni con i quali esso può essere scambiato. (v. anche *money terms*)

realtor: ***agente immobiliare.*** Termine usato negli Stati Uniti con lo stesso significato di *real–estate agent* (v.), ma riservato, in quanto registrato come marchio, soltanto agli agenti immobiliari che fanno parte della *National Association of Realtors.*

real trade balance: ***bilancia commerciale in termini reali.*** Il volume delle esportazioni di un paese diviso per il volume delle sue importazioni, in un dato arco di tempo.

realty: ***beni immobili; proprietà immobiliare.*** Qualsiasi tipo di interesse in beni immobili, escluso il *leasehold* (v.). Il termine inglese, pertanto, viene ad essere usato come sinonimo di *real estate* (v.).

real value: ***valore reale.*** Espressione con la quale si indica il valore di un prodotto della terra in termini del proprio potere d'acquisto di altri beni domandati dal suo produttore. La stessa espressione viene usata come sinonimo di *real price* (v.).

real–value index: ***indice del valore reale.*** È il numero indice che rileva il valore monetario di ciascuna voce di un insieme in un particolare momento del tempo, ne esprime il valore monetario attuale come percentuale del valore monetario della stessa voce nel periodo base e fa la media di tutte le percentuali relative alle varie voci e ai vari periodi presi in considerazione. Esso indica, pertanto, l'effetto netto delle variazioni di quantità e di prezzo. (v. anche *base period, index number, price index number, volume index number*)

real wage resistance: ***resistenza dei salari reali.*** Espressione usata da John Hicks per indicare la resistenza opposta dai lavoratori non soltanto alla riduzione dei loro salari monetari, ma anche alla riduzione di potere d'acquisto dei loro salari e persino alla riduzione della crescita di potere d'acquisto cui si erano abituati.

real wage rigidity: ***rigidità dei salari reali.*** Lo stesso che *real wage resistance* (v.).

real wages: ***salario reale.*** Il salario calcolato in base alla quantità di beni e servizi che esso può acquistare e non in base alla quantità di moneta in cui esso viene corrisposto. Il salario reale, infatti, può diminuire anche se il salario monetario resta invariato o cresce, quando il tasso di inflazione è superiore al tasso di incremento del salario monetario. Allo stesso modo, il salario reale può aumentare anche se quello monetario diminuisce, quando il tasso di diminuzione del salario monetario risulta inferiore al tasso di inflazione. Al fine di conoscere l'entità del salario reale partendo dal dato noto del salario monetario, bisogna procedere ad un aggiustamento, indicato tecnicamente col termine deflazione, che consiste nel dividere il salario monetario per un numero indice del livello complessivo dei prezzi. (v. anche *money illusion, money wages, real income*)

real wealth: ***ricchezza reale.*** La ricchezza di una comunità, rappresentata dalla quantità di beni reali di cui essa può disporre e che viene aumentata da un alto saggio degli investimenti.

to re–assure: ***riassicurare.*** Lo stesso che *to re–insure* (v.).

rebate: ***riduzione; ribasso; rimborso.*** Uno sconto o un abbuono sul prezzo di un bene o servizio ed anche un rimborso corrispondente a tale sconto o abbuono. Il termine viene particolarmente usato nella pratica bancaria per indicare un abbuono concesso alla parte che paga una cambiale prima della sua naturale scadenza. Viene anche usato per indicare un qualsiasi rimborso di parte dello sconto, concesso da una banca o da una casa di sconto alle parti che ritirano cambiali, precedentemente ammesse allo sconto, prima che esse giungano alla scadenza. Nel commercio marittimo, il termine viene usato per indicare lo sconto o l'abbuono, o la restituzione equivalente di nolo già pagato, concesso da un armatore ad un caricatore che si impegna a servirsi esclusivamente delle sue navi per qualsiasi spedizione egli debba effettuare.

rebated bill of exchange: ***cambiale ritirata prima della scadenza; cambiale ricomprata.*** Una cambiale scontata, ma successivamente ricomprata dalla persona che l'aveva venduta. L'istituzione che l'aveva acquistata riconoscerà, sull'importo di tale cambiale, il rimborso di una parte dello sconto pagato dallo scontatario. (v. anche *rebate*)

rec.: receipt.

recall test: ***test di ricordo.*** Nel linguaggio del marketing, un test mediante il quale si intende misurare quanto ricordano i consumatori di un'inserzione o di una serie di inserzioni.

recapitalization: ***ricapitalizzazione.*** Aumento del capitale di una società mediante nuovi conferimenti o l'accantonamento di utili non distribuiti o modifica della struttura del capitale sociale mediante sostituzione di un tipo di azioni o di obbligazioni con un diverso tipo di azioni o di obbligazioni. Una ricapitalizzazione non implica difficoltà finanziarie da parte della società che la esegue, ma può essere usata per riassorbire un deficit. (v. anche *reconstruction, reorganization*)

recapitalization surplus: ***plusvalenza di ricapitalizzazione.*** Espressione usata negli Stati Uniti per indicare l'eccedenza che deriva dalla variazione della struttura del capitale di una società quando, in occasione di una ricapitalizzazione, si riduce il valore nominale delle azioni e si sostituiscono obbligazioni di minor valore ad altri tipi di titoli. (v. anche *par value, recapitalization*)

recapture clause: ***clausola di recupero.*** Una qualsiasi clausola che, in un contratto, stabilisce la norma della rideterminazione delle tariffe o dei prezzi nel caso in cui l'esperienza dimostra che essi sono più favorevoli di quanto si ritenesse all'atto della sottoscrizione del contratto. Tale clausola di solito si applica negli Stati Uniti ai contratti di concessione alle imprese di pubblici servizi e l'espressione deriva da una condizione contenuta dell'*Esch–Cummins Act* (v.) del 1920. (v. anche *recapture of earnings*)

recapture of depreciation: ***recupero di ammortamento.*** Termine usato con lo stesso significato di *realized depreciation* (v.).

recapture of earnings: ***recupero di utili.*** Termine usato in relazione ad una condizione, contenuta nell'*Esch–Cummins Act* (v.) del 1920, in base alla quale le società ferroviarie statunitensi erano autorizzate a trasferire a riserve la metà degli utili realizzati in più di quelli che la legge stessa riteneva un'equa remunerazione in base alla valutazione del capitale fisso usato dalle società. L'altra metà doveva essere ceduta al governo, che quindi la «recuperava», per essere utilizzata sotto forma di sussidi alle società ferroviarie più deboli. L'espressione è stata successivamente generalizzata per indicare una qualsiasi politica che imponga ad un'impresa di pubblici servizi la cessione allo stato di una parte degli utili eccedenti quella che viene considerata un'equa remunerazione del capitale impiegato e stabilita da una legge o da un contratto di concessione. (v. anche *recapture clause*)

r. & c. c.: riot and civil commotion.

recd.: received.

to receipt: ***quietanzare.*** Firmare per quietanza, attestando così l'avvenuto pagamento o la ricezione di quanto specificato in una fattura, una ricevuta o altro documento del genere.

receipt: ***quietanza; ricevuta.*** Documento scritto e firmato con il quale si ammette di aver ricevuto moneta, beni o servizi in pagamento di un credito. In senso più lato, qualsiasi riconoscimento che attesti la ricezione di qualcosa. In base all'articolo 3 del *Cheque Act* del 1957, un assegno viene considerato anche ricevuta dell'avvenuto pagamento e, pertanto, quando un debito viene estinto a mezzo di un assegno, da un punto di vista giuridico non è necessaria alcuna ricevuta. Lo stesso termine viene usato per indicare un qualsiasi documento contabile dal quale risulti che sono stati ricevuti beni o moneta. In base al diritto britannico, le ricevute devono essere conservate per un periodo di sei anni. (v. anche *receipts*)

receipted invoice: ***fattura quietanzata.*** È la fattura sulla quale compare la firma dell'emittente quale attestazione dell'avvenuto pagamento dell'importo in essa specificato.

receipt note: ***scontrino di ricevuta.*** È il modello di ricevuta prestampata, sul quale è sufficiente apporre la firma per attestare l'avvenuta ricezione di qualcosa. (v. anche *receipt*)

receipt of payment: ***ricevuta di pagamento.*** È la quietanza che attesta l'avvenuto incasso di una somma di denaro in pagamento di un debito. (v. anche *receipt*)

receipts: ***entrate; incassi; introiti.*** Moneta contante o altre attività acquisite, provenienti da una qualsiasi fonte.

receipts and expenditure account: ***conto delle entrate e delle uscite; conto dei movimenti di cassa; rendiconto delle entrate e delle uscite.*** Termine usato con lo stesso significato di *receipts and payments account* (v.).

receipts and payments account: ***conto delle entrate e delle uscite; conto dei movimenti di cassa; rendiconto delle entrate e delle uscite.*** È un conto, o rendiconto, di solito preparato per imprese che non svolgono attività commerciali o produttive e che rappresenta un sommario delle operazioni svolte per contanti dall'impresa nell'arco di un determinato periodo di tempo.

receipts and payments basis accounting: ***contabilità per cassa.*** Lo stesso che *cash basis accounting* (v.).

receipts and payments statement: ***conto delle entrate e delle uscite; conto dei movimenti di cassa; rendiconto delle entrate e delle uscite.*** Termine usato come sinonimo di *receipts and payments account* (v.).

receivable: **1.** ***esigibile; incassabile.*** Il termine inglese, nel suo uso aggettivale, indica un qualcosa che può essere riscosso, sia esso scaduto o no. **2.** ***credito a breve termine.*** In questo significato il termine inglese viene usato come sinonimo di *account receivable 1* (v.).

receivables: ***debitori.*** Una delle voci di un bilancio e precisamente quella che compendia, come somma globale, tutti i crediti a breve termine dovuti dai clienti. Tale voce viene classificata come attività corrente. Se si ritiene necessaria la presenza di un fondo svalutazione crediti, la somma che comparirà sotto questa voce corrisponderà all'insieme dei crediti a breve termine, meno l'ammontare trasferito a riserva nel fondo suddetto.

receivables financing: ***finanziamento crediti a breve.*** Lo stesso che *factoring* (v.).

receivables turnover: ***indice di esigibilità; indice di dilazione dei pagamenti.*** Viene usato per indicare la relazione tra vendite a credito e incassi. Si ottiene dividendo il volume delle vendite a credito relative ad un determinato periodo di tempo per la somma media giornaliera dei crediti ancora da riscuotersi.

to receive: ***ricevere.*** Acquisire moneta o qualsiasi altro bene oppure servizi. Il termine non implica necessariamente che il bene o servizio è stato ricevuto in pagamento, pur se spesso viene usato in tal senso.

received bill of lading: ***polizza di carico «ricevuto per l'imbarco».*** Espressione usata come sinonimo di *received for shipment bill of lading* (v.).

received day book: ***giornale incassi.*** Libro giornale nel quale vengono registrati, giorno per giorno e via via che si verificano, i pagamenti ricevuti da un'impresa.

received for shipment: ***ricevuto per l'imbarco.*** Espressione usata con lo stesso significato di *received for shipment bill of lading* (v.).

received for shipment bill of lading: ***polizza di carico «ricevuto per l'imbarco»; polizza di ricevuta per l'imbarco; polizza ricevuto per caricare; polizza «imbarcato».*** È una polizza di carico emessa in relazione a merci che sono state ricevute per l'imbarco e il trasporto, ad esempio sulla banchina o nel deposito dell'armatore, ma che non sono ancora state effettivamente caricate a bordo della nave. Pur non essendo molto richiesta, una polizza del genere viene emessa perché consente al caricatore un più rapido inoltro di tutti i documenti d'imbarco, specialmente quando questi accompagnano una tratta che deve giungere all'importatore attraverso la banca locale e la sua corrispondente nel paese straniero.

received in full: ***ricevuto a saldo.*** Espressione, spesso ricorrente su ricevute, fatture o altri documenti del genere, che seguita dalla firma attesta l'avvenuto saldo di un debito o di una fornitura.

receiver: 1. ***curatore; amministratore giudiziale.*** È così chiamata la persona, di solito nominata da un tribunale, che ha il compito di esercitare il controllo su una proprietà o su un'impresa quando, nell'interesse della giustizia, il tribunale ritiene che tale incarico debba essere assunto da una persona imparziale e qualificata. Si nomina un curatore, ad esempio, quando una società non è più in grado di pagare i propri creditori o quando si rende necessario tutelare i diritti di determinati soggetti in relazione ad una proprietà, o ancora quando si debba procedere allo scioglimento o alla liquidazione di una società. Se, poi, l'impresa deve continuare a svolgere la propria attività, il curatore può essere nominato anche amministratore. Un curatore nominato dal tribunale diventa a tutti gli effetti pubblico ufficiale e prende possesso della proprietà in questione. Negli Stati Uniti, la figura del *receiver* è più vicina a quella del nostro amministratore giudiziale nell'amministrazione controllata. (v. anche *bankruptcy receiver, receiver for debenture holders, receiver for partnership, trustee in bankruptcy*) **2.** ***ricevitore; destinatario.*** Nella terminologia commerciale, è la persona alla quale sono destinate le merci spedite. Per prendere in consegna il carico, il ricevitore dovrà consegnare la polizza di carico, o altro documento equivalente se le merci viaggiano per ferrovia o per aereo, ovvero dovrà quietanzare l'apposita ricevuta se esse sono state spedite franco di ogni spesa a mezzo di autotreno o di corriere. **3.** ***cassiere.*** In un'impresa, è l'impiegato addetto agli incassi di moneta o assegni in pagamento di beni forniti dall'impresa stessa e, di solito, prelevati direttamente dalla persona che li paga. **4.** ***ricettatore.*** Chi acquista e rivende beni rubati.

receiver for debenture holders: ***curatore degli obbligazionisti.*** Un qualsiasi obbligazionista o altro creditore di una società che ritenga che le attività della medesima siano in pericolo può, a norma dell'articolo 368 del *Companies Act* del 1948, rivolgersi a un tribunale affinché venga nominato un curatore. La nomina di un curatore degli interessi degli obbligazionisti, comunque, di solito avviene quando, in conseguenza del mancato pagamento degli interessi o del mancato rimborso della somma capitale o di altro evento previsto dall'atto che regola il prestito obbligazionario, si riunisce il prescritto numero di obbligazionisti i quali decidono di nominare un loro delegato in qualità di curatore. La nomina del curatore deve essere comunicata al Registro delle Società entro sette giorni ed essa pone nelle sue mani tutti i beni che erano stati offerti in garanzia del prestito obbligazionario e, se necessario, egli potrà procedere alla loro vendita al fine di realizzare la somma necessaria a rimborsare gli obbligazionisti. A norma dell'articolo 369 del *Companies Act*, il curatore nominato dagli obbligazionisti è personalmente responsabile di qualsiasi contratto egli stipuli, ma può rivolgersi al tribunale per chiedere istruzioni in casi particolarmente difficili e complessi. (v. anche *receiver, bankruptcy receiver*)

receiver for partnership: ***curatore di società semplice.*** Nel caso in cui i soci di una società semplice non vadano più d'accordo, essi possono rivolgersi al tribunale perché provveda allo scioglimento della società e il tribunale provvederà alla nomina di un curatore cui viene affidato il compito di liquidare la società. La sua funzione consiste nel portare a buon fine i contratti in essere, incassare i crediti della ditta, realizzare le attività dei soci, pagare i debiti della ditta e distribuire i residui tra i soci in base a quanto stabilito nello statuto sociale. Nel momento in cui viene nominato il curatore, i soci non hanno più il potere di vincolare la società con atti individuali o collettivi.

receiver of rents: ***curatore di proprietà.*** Quando un creditore ipotecario, a seguito del mancato pagamento da parte del debitore, è autorizzato a vendere il bene ipotecato può, a sua discrezione, nominare un curatore col compito di percepire i canoni di locazione e gestire la proprietà o l'attività cui essa è destinata. Così facendo, il creditore evita il rischio cui si esporrebbe se assumesse in prima persona il possesso della proprietà, in quanto il curatore viene considerato a tutti gli effetti un agente del debitore ipotecario. La questione della nomina e dei poteri del curatore è definita nell'articolo 109 del *Law of Property Act* del 1925.

receiver's certificate: ***certificato dell'amministratore giudiziale.*** Espressione usata negli Stati Uniti per indicare un titolo di credito a breve termine emesso e venduto da un amministratore giudiziale, dietro approvazione del tribunale che lo ha nominato, allo scopo di poter procedere alla normale liquidazione o ristrutturazione di un'impresa. Questo tipo di titolo di credito ha la priorità assoluta sulle attività dell'impresa non soggette a precedente ipoteca. (v. anche *receiver's notes, receivership*)

receivership: ***amministrazione controllata.*** Procedura che implica la nomina da parte di un tribunale di una persona, con funzioni di curatore ed amministratore, che provveda alla gestione di un'impresa che si trova nell'impossibilità di far fronte alle proprie obbligazioni finanziarie via via che esse maturano. L'amministratore giudiziale subentra nella gestione dell'impresa fino a quando non viene presa la decisione di ristrutturarla o liquidarla. Nel caso in cui la decisione sia presa per la liquidazione, la stessa persona procede a svolgere le funzioni di curatore. (v. anche *official receiver, trustee in bankruptcy*)

receiver's notes: ***pagherò dell'amministratore giudiziale.*** Espressione cui viene spesso dato lo stesso significato di *receiver's certificate* (v.), ma particolarmente in relazione a imprese di pubblici servizi, quali ad esempio le società ferroviarie statunitensi. Quando la gestione di una ferrovia americana, o altra impresa di pubblici servizi, passa sotto amministrazione controllata, l'amministratore giudiziale può, con il consenso del tribunale che lo ha nominato, emettere e vendere questo tipo di titolo di credito al fine di procurare i fondi necessari a mantenere in funzione il servizio essenziale per il pubblico. Anche questo titolo di credito ha, come il *receiver's certificate*, la priorità assoluta sulle attività fisse non soggette a ipoteca o sugli utili dell'impresa sottoposta ad amministrazione controllata.

receiving department: ***reparto arrivi; ufficio arrivi.*** In un'impresa, è il reparto preposto all'accettazione delle merci in arrivo. Tra i suoi compiti rientrano il controllo della qualità delle merci ricevute e la trasmissione all'ufficio contabilità della relativa fattura o bolletta di accompagnamento, affinché quest'ultimo provveda al pagamento.

receiving note: ***ordine d'imbarco; buono d'imbarco.*** È il documento emesso dal caricatore, con il quale egli invita il primo ufficiale di una nave a ricevere a bordo le merci descritte nell'ordine stesso. Appena il buono di imbarco viene controfirmato dal primo ufficiale, esso prende il nome di *mate's receipt* (v.).

receiving order: ***provvedimento di nomina del curatore del fallimento.*** Secondo la legge fallimentare britannica, un creditore, o lo stesso debitore dopo che quest'ultimo ha commesso un *act of bankruptcy* (v.), può fare istanza al tribunale affinché esso provveda alla nomina di un curatore, allo scopo di realizzare le attività del debitore a beneficio dei creditori. L'atto con il quale il tribunale provvede a tale nomina è chiamato *receiving order* ed in base ad esso il patrimonio del debitore passa sotto l'amministrazione del curatore. Ciò non significa che il debitore viene dichiarato fallito, perché subito dopo l'emissione del provvedimento di nomina del curatore, quest'ultimo provvede a convocare l'assemblea dei creditori al fine di decidere se ricorrere ad un concordato preventivo, alla amministrazione controllata o alla dichiarazione di fallimento. Dopo che il tribunale ha nominato il curatore, il creditore non può intraprendere alcuna azione contro il debitore, se non dietro autorizzazione del tribunale.

receiving station: ***stazione di destinazione.*** È la stazione presso la quale si fermano le merci trasportate per ferrovia, ove vengono scaricate e immagazzinate in attesa che il destinatario provveda a ritirarle. Questa stazione procede all'emissione e all'invio della lettera di avviso, con la quale si informa il destinatario che le merci sono a sua disposizione. (v. anche *railway advice*)

recession: ***recessione.*** Nell'uso britannico e statunitense, questo termine indica una temporanea diminuzione dell'attività economica, con conseguente disoccupazione di breve periodo. La recessione, pertanto, essendo di breve durata non assume importanza tale da farla considerare una fase del ciclo economico. Il termine è stato usato frequentemente per indicare le brevi fasi di interruzione della piena occupazione, che si sono verificate nei paesi industrializzati dalla fine della seconda guerra mondiale in poi. (v. anche *trade cycle*)

recessionary: ***recessivo; recessionistico.*** Relativo ad una recessione economica. L'aggettivo inglese e il corrispondente italiano sono di recente coniazione. (v. anche *recession*)

recession phase: ***fase di recessione.*** È il breve periodo di rallentamento dell'attività economica descritto sotto *recession* (v.).

recession stage: ***fase di recessione.*** Termine usato come sinonimo di *recession phase* (v.).

recipient: 1. *destinatario; ricevitore; consegnatario.* Termine a volte usato con lo stesso significato di *consignee 1* (v.). **2. *depositario; agente consegnatario.*** Termine a volte usato con lo stesso significato di *consignee 2* (v.). **3. *beneficiario.*** Chi riceve qualcosa più o meno gratuitamente ed in particolare i beneficiari di sussidi, donazioni o altre forme di trasferimenti.

reciprocal: ***reciproco; inverso.*** In matematica, si dice inverso o reciproco di un numero razionale non nullo quel numero che moltiplicato per il primo darà come risultato 1. Ad esempio, il reciproco di 2 è 0,5; il reciproco di 3 è 0,3 periodico.

reciprocal buying: ***acquisto reciproco.*** È un accordo in base al quale il venditore di un bene o servizio acquista un altro bene o servizio da colui che ha acquistato il suo. (v. anche *reciprocity principle*)

reciprocal contract: ***contratto sinallagmatico.*** Lo stesso che *contract by consideration* (v.).

reciprocal demand: ***domanda reciproca.*** Espressione con la quale si indica che il punto di equilibrio degli scambi tra due paesi equivale al punto di incontro delle relative curve di domanda–offerta. Indica come i due paesi paghino le rispettive importazioni con le proprie esportazioni.

reciprocal demurrage: ***controstallie reciproche.*** Sistema in uso nelle ferrovie statunitensi, in base al quale si tiene conto del periodo di tempo durante il quale un caricatore trattiene un vagone per le operazioni di caricazione e discarica e del periodo di tempo di ritardo della ferrovia nel fornire il vagone richiesto. I tempi così calcolati vengono, poi, compensati.

reciprocal exchange: ***mutua assicuratrice.*** Termine a volte usato con lo stesso significato di *mutual insurance company* (v.).

reciprocal holdings: ***partecipazioni reciproche.*** Lo stesso che *cross shareholdings* (v.).

reciprocal insurance: ***assicurazione mutua.*** Termine usato con lo stesso significato di *mutual insurance* (v.).

reciprocal laws: ***leggi di reciprocità.*** Sono quelle leggi di uno stato che stabiliscono la concessione ed estensione a cittadini e imprese di un altro stato dei diritti da questo riconosciuti a cittadini ed imprese del primo. Di solito tali leggi riguardano l'imposizione fiscale, le assicurazioni e particolari agevolazioni commerciali.

reciprocal trade agreements: ***accordi commerciali di reciprocità.*** Accordi tra paesi, che stabiliscono la reciproca concessione di agevolazioni commerciali, soprattutto sotto forma di riduzioni delle rispettive tariffe doganali o su alcuni prodotti o su tutti i beni e servizi oggetto di interscambio.

Reciprocal Trade Agreements Act: Legge approvata dal Congresso degli Stati Uniti nel 1934 e da allora continuamente emendata e rinnovata. Essa emendava una legge del 1930 e portò ad una lenta ma graduale riduzione delle tariffe doganali statunitensi, azione particolarmente necessaria dal momento che gli Stati Uniti erano passati da nazione debitrice a nazione creditrice. La riduzione delle tariffe doganali consentiva l'ingresso nel paese di una maggiore quantità di beni e servizi esteri e ciò forniva ai paesi debitori degli Stati Uniti la valuta necessaria per saldare i loro debiti. La legge del 1934 in particolare autorizzava il Presidente degli Stati Uniti a ridurre le tariffe doganali fino al cinquanta per cento, sulla base della reciprocità. Nel 1945, il Congresso autorizzò un'ulteriore riduzione del cinquanta per cento delle tariffe allora in vigore, portandole ad un quarto del livello al quale erano nel 1930. Le concessioni fatte in base all'emendamento del 1945 dovevano essere applicate a tutti i paesi esteri che non perseguissero una politica discriminatoria nei confronti delle esportazioni statunitensi. Ulteriori riduzioni furono autorizzate negli anni cinquanta attraverso l'approvazione di altre leggi sul commercio estero. La politica di liberalizzazione degli scambi perseguita dagli Stati Uniti si basava sul cosiddetto «punto di pericolo» e sulla «clausola di recesso», che prevedevano che le tariffe doganali non potessero essere portate o mantenute a livelli talmente bassi da pregiudicare le industrie nazionali. Se ciò si verificava, il Presidente aveva il potere di elevare le tariffe e porre termine a particolari concessioni commerciali. La legge, inoltre, al fine di ridurre la pressione politica sul Congresso, esercitata da particolari gruppi industriali che chiedevano tariffe doganali più alte, autorizzò il Presidente ad aumentare o ridurre le tariffe doganali senza bisogno del consenso del Congresso, ma solo dopo aver consultato l'apposita commissione sulle tariffe. Un'altra importante legge approvata in questo ambito è il *Kennedy Trade Expansion Act* (v.) del 1962, che autorizzò il Presidente a ridurre del cinquanta per cento le tariffe esistenti nel 1962 ed eliminare completamente i dazi d'importazione su molti beni provenienti dalla Comunità Economica Europea. La tendenza statunitense, pur se con alti e bassi e temporanei rigurgiti di protezionismo, è per la libera circolazione di beni e servizi tra tutti i paesi del mondo. (v. anche *peril point, escape clause 2*)

reciprocal trade agreements program: ***programma di accordi commerciali di reciprocità.*** È il programma statunitense di riduzioni tariffarie reciproche, mediante accordi bilaterali o multilaterali con gli altri paesi del mondo. Il programma fu avviato all'inizio degli anni trenta, nella speranza che contribuisse a porre fine alla grande depressione, e trovò la prima formulazione giuridica nel *Reciprocal Trade Agreements Act* (v.) del 1934. Nella seconda metà degli anni quaranta, tuttavia, esso fu notevolmente indebolito dall'introduzione della cosiddetta clausola di recesso nel 1947 e del concetto del punto di pericolo nel 1948. (v. anche *peril point, escape clause 2*)

reciprocity: ***reciprocità.*** La pratica, perseguita dagli stati in materia di scambi internazionali, di concedere agevolazioni tariffarie o di altra natura agli stati disposti a fare le medesime concessioni. Il termine non va confuso con libero scambio (v. *free trade*) in quanto indica ciò che è stato, in altra maniera, chiamato *fair trade* (v.). Il concetto di reciprocità commerciale appare chiaro nella politica degli Stati Uniti fin dall'approvazione, nel 1934, del *Reciprocal Trade Agreements Act* (v.) ed è stato riconfermato non molto tempo addietro con l'approvazione del *Trade Expansion Act* (v.) nel 1962.

reciprocity clause: ***clausola della reciprocità.*** La clausola, contenuta in un trattato commerciale, che prevede il *reciprocity principle* (v.).

reciprocity principle: ***principio di reciprocità.*** Principio in base al quale vengono fatte concessioni in cambio di analoghe agevolazioni. L'espressione si usa particolarmente in relazione agli scambi internazionali, ma indica anche un tipo di politica aziendale in base alla quale un'impresa passa ordinativi ad un'altra in cambio di un uguale trattamento da parte di quest'ultima. (v. anche *reciprocal buying*)

reclamation: **1.** ***bonifica agricola.*** L'azione dell'uomo tendente a rendere coltivabili distese di terra inadatte a tale scopo. Può realizzarsi sotto forma di prosciugamento di terreni paludosi o coperti dal mare, come ad esempio la zona pontina in Italia e l'ex Zuiderzee in Olanda, o sotto forma di irrigazione di terreni aridi e desertici, come si è fatto in molti stati occidentali degli USA e come si sta tentando di fare in vaste zone dell'Africa. Attraverso la bonifica, la disponibilità di terra coltivabile a livello mondiale viene lievemente aumentata. **2.** ***correzione.*** Nella terminologia bancaria, è la correzione di un errore, fatto in sede di compensazione, nella registrazione del valore facciale di un assegno o altro titolo di credito.

to reclassify: ***riclassificare.*** Nel linguaggio della ragioneria, questo termine indica la scomposizione di un'operazione o di un gruppo di operazioni commerciali in classificazioni dei costi secondari, cui è spesso associato il trasferimento a conti di costi secondari. (v. anche *secondary account, secondary classification*)

recognition: ***riconoscimento.*** Definizione degli aspetti contabili di un fatto gestionale. Il sostantivo è usato nello stesso significato che ha il verbo *to recognize* (v.).

recognition lag: ***sfasamento di riconoscimento.*** Il periodo di tempo che intercorre tra l'insorgere di un fattore destabilizzante e la sua individuazione.

to recognize: ***riconoscere.*** Definire gli aspetti contabili di un fatto gestionale. In particolare, determinare l'ammontare, il periodo, la classificazione, ecc., prima di procedere alla registrazione contabile di un'operazione. Di conseguenza, il termine indica il concetto di dare espressione e riconoscimento ad un'operazione gestionale nei libri contabili.

recognized banks: ***banche riconosciute.*** Il *Banking Act* del 1979 definisce con tale termine uno dei due gruppi di istituzioni autorizzate dalla Banca d'Inghilterra ad accettare depositi dal pubblico. A differenza dei *licensed deposit–takers* (v.), che rappresentano l'altro gruppo, queste istituzioni possono usare la parola *bank* nella loro ragione sociale e si distinguono per l'ampia gamma di servizi bancari offerti al pubblico o per il servizio finanziario altamente specializzato che esse offrono. Tra le *recognized banks* rientrano le cosiddette *clearing banks* (v.), le *discount houses* (v.), le *accepting houses* (v.), alcune *finance houses* (v.) e altre istituzioni specializzate. Nel 1982 erano presenti sul territorio britannico ben 295 istituzioni di questo tipo. (v. anche *Banking Act 2*)

recognized investment exchange: ***borsa investimenti riconosciuta.*** Termine generico, con il quale si indica un mercato mobiliare riconosciuto dall'organo di controllo preposto a regolamentare il mercato degli investimenti. Nel Regno Unito, un mercato del genere deve essere riconosciuto e autorizzato dalla *Securities and Investments Board* (v.).

recognized marking names: Termine usato con lo stesso significato di *marking names* (v.).

recoinage: ***riconiazione; nuova coniazione.*** L'atto di emettere nuove monete, di diverso peso e contenuto di fino, di solito inferiore al precedente, a seguito di svilimento della moneta o perdita del suo valore, come conseguenza di un incremento del livello generale dei prezzi. La riconiazione è un fenomeno che non interessa più la moneta attualmente usata, ma in passato si verificavano frequenti riconiazioni a seguito dell'aumento del costo dei metalli usati per coniare le monete. In Inghilterra, ad esempio, tra il dodicesimo e il diciottesimo secolo si fece ricorso a questa pratica più o meno ogni quaranta anni, ma nel sedicesimo secolo si verificò un anomalo aumento dei prezzi, a seguito dell'afflusso di metalli preziosi in Europa provenienti dal nuovo mondo, che portò ad almeno quattro nuove coniazioni nel corso di un solo secolo.

recommended price: ***prezzo raccomandato; prezzo consigliato.*** Il prezzo di un qualsiasi articolo industriale che il produttore raccomanda al venditore di imporre al consumatore finale.

recommended retail price: ***prezzo raccomandato.*** Lo stesso che *recommended price* (v.).

to reconcile: ***riconciliare.*** Realizzare la concordanza tra due conti in contropartita.

reconciliation: **1.** ***concordanza; riconciliazione.*** È l'operazione intesa a realizzare la concordanza tra due conti in contropartita. Tale operazione consiste nel determinare e identificare gli elementi necessari a far concordare i saldi di due o più conti, o rendiconti, in contropartita. Ad esempio, in relazione ad un conto tenuto da un cliente presso una banca, il saldo che risulta al cliente e quello che risulta alla banca possono non concordare per vari motivi, tra i quali la mancata presentazione per l'incasso di assegni emessi dal cliente; versamenti non accreditati perché i titoli di credito versati non sono stati ancora compensati o non sono andati a buon fine; riduzioni di interessi attivi per il cliente o storno di interessi passivi, ecc. Una volta individuati tutti questi elementi, si può procedere a realizzare la concordanza o sottraendo il loro ammontare dal saldo che mostra la cifra più alta o sommandolo a quello che mostra la cifra più bassa. **2.** ***rendiconto di concordanza.*** Rendiconto dimostrativo delle discordanze tra due conti in contropartita. In questo significato, è più comune il termine inglese *reconciliation statement* (v.).

reconciliation statement: ***rendiconto di concordanza; rendiconto di riconciliazione.*** È un rendiconto che pone in evidenza gli elementi di discordanza tra due o più conti in contropartita, Con esso, si intende fornire gli elementi che porteranno a realizzare la concordanza tra i saldi dei conti discordanti. Quando il rendiconto in questione si riferisce alla discordanza tra saldo come risulta al cliente e saldo come risulta alla banca, esso viene indicato con l'espressione *bank reconciliation statement* (v.).

reconciling items: ***elementi in riconciliazione.*** Partite di un conto bancario registrate da una sola delle due parti e individuate nel corso di una riconciliazione bancaria. Si tratta di solito di assegni emessi dal titolare del conto e non ancora passati in banca per l'incasso o di bonifici, addebiti o altre operazioni registrate dalla banca, ma non ancora notificate al cliente.

reconsignment: Nel linguaggio dei trasporti, questo termine viene usato per indicare una qualsiasi variazione, diversa da una deviazione o da un cambiamento di rotta, fatta prima dell'arrivo del carico a destinazione, quando essa viene eseguita a seguito di situazioni previste e consentite dalle norme che regolano il trasporto.

reconstruction: ***ricostituzione.*** Si verifica la ricostituzione di una società quando essa decide di sciogliersi, attraverso la liquidazione volontaria, di formare una nuova società costituita dai vecchi azionisti e di subentrare alla precedente organizzazione con qualche modifica allo scopo sociale. I vecchi azionisti ricevono azioni della nuova società mentre la precedente, da un punto di vista giuridico, cessa di esistere e viene venduta ai membri di una nuova società. I motivi per cui si fa ricorso alla ricostituzione sono vari e molteplici, ma il più frequente è quello rappresentato dalla necessità di procurarsi capitale fresco. Se il capitale della società che decide la ricostituzione è stato interamente versato, le azioni della nuova società, che vengono date ai soci della precedente in cambio di quelle interamente liberate, sono azioni il cui ammontare risulta versato soltanto in parte ed è appunto attraverso il richiamo dei decimi non ancora versati che la nuova società si procura il capitale che le è necessario per continuare la propria attività. Tuttavia, l'articolo 287 del *Companies Act* del 1948 tutela gli interessi degli azionisti di minoranza che non volessero acquisire azioni della nuova società. Essi hanno, in base a tale articolo, la facoltà di far presenti le loro intenzioni alla società entro sette giorni dall'approvazione della delibera speciale con la quale si autorizza la ricostituzione e in tal caso il liquidatore non può procedere se non dopo aver acquistato le azioni dei soci dissenzienti. Si può ricorrere alla ricostituzione quando, a seguito di accordo con i creditori, si decide di cambiare la struttura del capitale della società emettendo un certo numero di obbligazioni, a favore dei creditori, con scadenza scaglionata nel tempo. In questo caso, più che di ricostituzione si parla di riorganizzazione, in quanto non si procede a liquidazione. (v. anche *reorganization 1, reorganization bond*)

reconstruction bank: ***banca per la ricostruzione.*** Tipo di istituto bancario fondato allo scopo di finanziare la ricostruzione di uno o più paesi dopo un conflitto o una catastrofica calamità naturale. A volte la ragione sociale della banca mantiene il termine *reconstruction* anche quando, avendo assolto il suo compito specifico, si dedica a altre attività.

Reconstruction Finance Corporation: Azienda pubblica del governo degli Stati Uniti, fondata nel 1932 allo scopo di fornire aiuti finanziari all'industria, all'agricoltura e al commercio, attraverso la concessione di finanziamenti diretti o attraverso l'acquisto di obbligazioni di altre istituzioni che si interessavano dei suddetti finanziamenti, quali ad esempio banche, società di assicurazioni, enti locali, le *building and loan associations* (v.), ecc. Fu sciolta nel 1957, quando le sue funzioni furono trasferite ad altre agenzie del governo federale statunitense.

reconversion: ***riconversione.*** Un cambiamento, totale o parziale, della struttura produttiva di un'impresa o di un'industria, conseguente ad un calo della domanda dei beni prodotti e reso necessario per far fronte alla domanda crescente di nuovi e diversi beni e servizi. Il termine deriva dall'uso che se ne faceva in passato per indicare il totale cambiamento della struttura e dei fini produttivi dell'economia di una nazione quando, essendo stata trasformata per far fronte alle esigenze di un'emergenza bellica, veniva riconvertita allo scopo di soddisfare i bisogni della comunità in tempo di pace. Lo stesso termine, con lo stesso significato, veniva usato per indicare tali variazioni limitate ad una sola industria o impresa ed è appunto da quest'ultimo uso che deriva direttamente il significato che oggi si dà a questa voce.

reconveyance: ***retrocessione.*** Nella terminologia giuridica, questo termine indica la restituzione di un bene, mobile o immobile, al soggetto che l'aveva precedentemente trasferito.

to record: ***registrare; allibrare.*** Dare espressione ad un fatto di gestione nei libri o altri documenti contabili.

record: ***registrazione; documentazione; trascrizione.*** In ragioneria ed in organizzazione aziendale, il termine viene usato per indicare un libro o altro documento che contiene o giustifica alcuni o tutti i fatti di gestione di un'impresa o che contiene o illustra un'operazione, una singola posta o registrazione o un conto. Ne sono esempi le fatture, i buoni di prelievo, le comunicazioni interne, i libri contabili, i contratti e simili.

record date: ***data d'iscrizione.*** Espressione usata nella terminologia delle società per azioni per indicare la data stabilita dal consiglio di amministrazione come termine ultimo per l'iscrizione o l'inserimento di nuovi azionisti nel registro dei soci, in relazione al pagamento di un dividendo, alla convocazione ad un'assemblea, all'acquisizione del diritto di voto in una determinata riunione, e simili.

recorded delivery: ***consegna registrata.*** Nel Regno Unito, è un servizio, offerto dall'operatore postale dal 1961, simile a quello della nostra cartolina di ritorno. Nel caso in cui il mittente di un plico desideri che resti traccia dell'avvenuta consegna al destinatario, egli riempie un modulo, fornitogli dall'ufficio postale, vi inserisce gli estremi del plico, stacca l'etichetta gommata e numerata e l'applica sul plico in alto a sinistra. Il modulo così riempito viene firmato dall'impiegato dell'ufficio postale e restituito al mittente. All'atto della consegna, il portalettere, che avrà preventivamente riportato su un suo registro il numero che compare sull'etichetta e gli estremi relativi al plico e alla consegna, rilascerà il plico soltanto dopo che il destinatario avrà apposto la propria firma sul registro. Se il mittente dovrà, in seguito, dimostrare l'avvenuta consegna del plico, potrà richiedere un certificato all'ufficio postale. Questo servizio ha lo stesso effetto delle lettere raccomandate, ma risulta più economico.

recording medium: ***nota contabile; documento contabile.*** Un qualsiasi documento usato per dare la prima espressione contabile ad un fatto di gestione e come base per il successivo trasferimento dell'importo in un conto. Può essere rappresentato da un buono, da una registrazione sulla prima nota o da altro documento che assolva tale scopo.

records: ***documentazione contabile.*** Il termine inglese viene usato per indicare il complesso di registrazioni contabili ed extracontabili eseguite in un'azienda. Include, pertanto, tutti i libri di prina nota, i mastri, le fatture, i buoni, i contratti, la corrispondenza, ecc., che derivano dal verificarsi di operazioni commerciali e dall'esistenza di un sistema di contabilità.

records centre: ***ufficio archivio.*** Termine usato con lo stesso significato di *filing department* (v.).

records management: ***gestione della documentazione.*** La conservazione dei documenti in un archivio centralizzato, secondo un piano appositamente studiato.

records management programme: ***piano di gestione della documentazione.*** È il piano che, in un'impresa, viene appositamente preparato allo scopo di consentire la rapida archiviazione dei documenti ed il loro immediato reperimento in caso di necessità.

records manager: ***direttore dell'archivio.*** È la persona che, in un'impresa con archivio centralizzato, è responsabile della gestione della documentazione, cioè della conservazione e del reperimento dei documenti derivanti dallo svolgimento dell'attività dell'impresa.

records office: ***ufficio archivio; archivio centralizzato.*** Lo stesso che *filing department* (v.).

to recoup: 1. ***ricuperare.*** Controbilanciare una spesa sostenuta attraverso una vendita, l'uso dell'oggetto acquistato o l'imputazione al conto profitti e perdite. Il termine è particolarmente usato per indicare il recupero di un esborso attraverso la sua traslazione su altri, come ad esempio avviene quando un aumento dei costi di produzione viene recuperato attraverso un aumento del prezzo di vendita. **2.** ***rimborsare; risarcire; indennizzare.*** Reintegrare una somma spesa da una persona o risarcirle un danno prodottole o una perdita da lei sostenuta in relazione al recupero di una somma da parte di un'altra persona o di terzi.

recoupment: 1. ***ricupero.*** Sostantivo usato con lo stesso significato del verbo *to recoup* (v.). **2.** ***rimborso; risarcimento; indennizzo.*** Anche in questo significato, il sostantivo viene usato con lo stesso valore del verbo. Tuttavia, con esso si indica anche uno dei modi attraverso i quali una amministrazione pubblica recupera le spese sostenute in occasione di opere di miglioramento sul territorio, quando procede all'acquisto, attraverso il pagamento di un indennizzo, e alla successiva rivendita di terreni adiacenti a quelli sui quali è stato eseguito un intervento di miglioria che ne ha fatto aumentare il valore.

recourse: ***regresso.*** È il diritto del portatore di un titolo di credito o del mutuante di esigere il pagamento da parte di coloro che prima di lui detenevano il titolo di credito o che hanno garantito il pagamento o il rimborso della somma di denaro, in caso di inadempienza dell'obbligato principale. Il portatore di una cambiale, tuttavia, non ha il diritto all'azione di regresso nei confronti del traente o del girante che hanno fatto precedere la loro firma dalle parole *without recourse* (v.). Nel caso di crediti acquistati da una società di factoring, l'azione di regresso è ammessa soltanto se espressamente menzionata nell'accordo in base al quale la società di factoring ha acquistato i crediti dell'altra impresa.

recourse agreement: ***accordo di regresso.*** Un accordo tra un'impresa per le vendite rateali e un proprio fornitore, in base al quale quest'ultimo si impegna a riprendere il bene fornito nel caso in cui l'acquirente non paghi le rate dovute.

recourse basis: ***base del regresso.*** Uno dei modi di acquistare crediti da parte delle società di factoring, in base al quale esse non si assumono il rischio di insolvenza del debitore e si riservano il diritto dell'azione di regresso nei confronti del creditore originario.

recourse factoring: ***factoring con regresso.*** Lo stesso che *maturity factoring* (v.), ma con la differenza che la società di factoring si riserva il diritto di procedere contro l'azienda che cede i crediti, in caso di insolvenza del debitore.

recourse loan: ***mutuo con regresso.*** Un mutuo in relazione al quale il mutuante può rivalersi su un garante in caso di inadempienza del mutuatario.

to recover: ***ricuperare; reintegrare.*** Convertire in contanti, o in altre attività correnti, una parte o la totalità del costo di un bene o servizio all'atto della vendita del bene alla cui produzione esso ha contribuito. Il termine è a volte usato come sinonimo di *to recoup 1* (v.).

recoverable: ***ricuperabile; reintegrabile.*** Aggettivo usato in relazione a costi, spese e simili che possono essere recuperati da chi li ha sostenuti.

recovery: 1. ***ricupero; reintegro; reintegrazione.*** Assorbimento di un costo attraverso una vendita, l'uso o l'ammortamento del bene o servizio acquistato o altro procedimento di imputazione. **2.** ***ripresa; periodo di ripresa.*** V. spiegazione sotto *economic recovery*. **3.** ***miglioramento; ripresa; ricupero.*** In un significato più ampio, il termine inglese viene usato per indicare un qualsiasi miglioramento relativo a una situazione economica particolare, come ad esempio il miglioramento, cioè il rialzo, dei corsi azionari o dei cambi.

recovery cost: 1. ***valore residuale; costo residuale.*** È il costo di un'attività fissa dal quale è stata detratta una qualsiasi parte di costo ammortizzato o comunque recuperato. Corrisponde al valore contabile dell'attività fissa in un qualsiasi momento della sua vita utile. **2.** ***costo ricuperabile.*** Nella contabilità di stato, si indica con questa espressione un qualsiasi costo, sostenuto dallo stato a vantaggio di una qualsiasi sua suddivisione amministrativa o a vantaggio di un privato o di un'impresa privata, che sarà successivamente recuperato sotto forma di moneta o suo equivalente.

recovery expenditure: 1. ***valore residuo; costo residuo.*** Termine usato come sinonimo di *recovery cost 1* (v.). **2.** ***costo ricuperabile.*** Termine usato come sinonimo di *recovery cost 2* (v.).

recovery phase: ***fase di ripresa.*** È la fase del ciclo economico descritta sotto *economic recovery* (v.).

recovery stage: ***fase di ripresa.*** Termine usato come sinonimo di *recovery phase* (v.).

recovery value: 1. ***valore di ricupero.*** È il valore che si prevede di poter ricuperare, sotto forma di moneta, dalla vendita di un'attività fissa all'epoca della sua smobilizzazione. L'attività potrà essere venduta o come rottame, se non è più in grado di svolgere la sua funzione, o come funzionante all'atto della sua sostituzione con una più moderna o più rispondente alle nuove esigenze dell'azienda. **2.** ***valore residuo.*** In questo significato, l'espressione viene usata come sinonimo di *recovery cost 1* (v.).

recpt.: receipt.

recr.: receiver.

Rect.: receipt.

rectification: ***rettificazione; rettifica.*** La correzione di un errore in un registro o in uno strumento o atto. Il termine implica che l'errore è puramente formale.

to recuperate: ***ricuperare; migliorare.*** Detto di corsi o prezzi di mercato, che tendono ad aumentare dopo un periodo di cedimento.

recurring cost: ***costo ricorrente.*** È il costo, sostenuto da un'impresa o altra organizzazione, che ha carattere ricorrente, come ad esempio il pagamento dei salari e dei canoni di locazione e gli acquisti di materie prime.

recurring expenditure: ***spese ricorrenti; spese ordinarie.*** Termine usato come sinonimo di *recurring expenses* (v.).

recurring expenses: ***spese ricorrenti; spese ordinarie.*** Tutte quelle spese che, all'interno di un'impresa o altra organizzazione, hanno un carattere ricorrente. Il termine può essere usato come sinonimo di *recurring cost* (v.).

recyclable: ***riciclabile.*** Questo aggettivo viene usato in relazione a prodotti o moneta che possono essere riciclati. (v. anche *to recycle*)

to recycle: ***riciclare.*** Questo verbo, di recente formazione in quanto cominciò ad essere usato nel corso degli anni settanta, fu dapprima applicato a materiali di scarto o rifiuti che, sottoposti ad un opportuno ciclo di purificazione, potevano essere convertiti in prodotti utili. Il termine entrò nel linguaggio finanziario all'epoca della crisi petrolifera, successiva alla guerra del Kippur, per indicare l'utilizzazione dei petrodollari allo scopo di finanziare i disavanzi delle bilance dei pagamenti dei paesi importatori di petrolio. Successivamente, è stato usato per indicare la conversione di denaro sporco in denaro pulito, cioè denaro proveniente da attività illegali, quali ad esempio rapimenti, in denaro che poteva essere utilizzato per svolgere attività legali.

recycling: ***riciclaggio.*** Questo termine, coniato poco dopo il relativo verbo, viene usato per indicare l'atto o l'effetto di riciclare prodotti o denaro. (v. anche *to recycle*)

red.: redeemable.

R. & D.: Research and Development.

red clause: ***clausola rossa.*** È la clausola che viene a volte inserita nei contratti di apertura di credito documentario, così detta perché scritta in rosso sui documenti, in base alla quale la banca che dispone l'apertura di credito autorizza la propria corrispondente estera a concedere anticipi ai beneficiari prima della presentazione dei documenti prescritti per l'utilizzo del credito. Scopo della clausola è quello di consentire all'esportatore di entrare in possesso dei mezzi finanziari che gli sono necessari per far fronte ai costi di spedizione o per approvvigionarsi delle merci che dovrà successivamente spedire al compratore estero. Esistono due tipi di clausola rossa, quella garantita e quella non garantita. (v. anche *clean red clause, documentary red clause*)

to redeem: ***riscattare; rimborsare; estinguere; ammortare.*** In relazione a emissioni di obbligazioni, titoli di stato e certe categorie di azioni privilegiate, questo verbo indica l'azione di riacquisto dei titoli stessi da parte dell'emittente ad un prezzo stabilito all'atto dell'emissione. In relazione ad ipoteche, il verbo indica l'azione di rimborsare il prestito che, contestualmente, estingue l'ipoteca. (v. anche *redemption*)

redeemable: ***redimibile; riscattabile.*** Aggettivo usato in relazione a valori mobiliari, di solito obbligazioni, titoli di stato e azioni privilegiate. Può indicare che detti titoli sono redimibili a discrezione dell'emittente, cioè senza nessun obbligo di rimborso da parte sua, o che essi devono essere rimborsati alla pari ad una certa data prestabilita. Prima di acquistare titoli redimibili, pertanto, è opportuno rendersi conto in quale di questi due significati viene usato il termine redimibile.

redeemable at par: ***redimibile alla pari.*** In relazione a titoli redimibili, questa espressione indica che essi saranno rimborsati, alla data prestabilita o quando l'emittente deciderà di riscattarli, al loro valore nominale. (v. anche *redeemable*)

redeemable bonds: ***obbligazioni redimibili; titoli redimibili.*** Sono titoli di stato, obbligazioni e alcune categorie di azioni privilegiate che l'emittente si impegna a rimborsare alla pari ad una certa data futura o in una qualsiasi data tra due date future. Certi titoli del debito pubblico britannico, ad esempio, sono redimibili tra il 1980 e il 1990, il che significa che l'intera emissione potrà essere rimborsata in un qualsiasi momento tra il 1980 e il 1990 a discrezione dell'emittente, oppure che l'intera emissione verrà suddivisa, tramite estrazione, in dieci quote annue uguali, ciascuna delle quali sarà rimborsata in un anno stabilito tra il 1980 e il 1990. La stessa espressione negli Stati Uniti è usata nel senso di obbligazione o titolo riscattabile, per il cui significato v. *callable bond.*

redeemable debentures: ***obbligazioni redimibili.*** Obbligazioni industriali redimibili nel senso che l'emittente si impegna a rimborsarle o si riserva il diritto di rimborsarle. In questo contesto, il termine redimibile viene usato in uno dei due significati spiegati sotto *redeemable* (v.).

redeemable goods: ***beni riscattabili.*** Beni impegnati presso un'agenzia di prestito su pegno, ma recuperabili all'atto del rimborso del prestito ottenuto offrendoli in garanzia.

redeemable loan stock: ***capitale di prestito redimibile.*** Lo stesso che *redeemable debentures* (v.).

redeemable ordinary shares: ***azioni ordinarie redimibili.*** Azioni ordinarie emesse alla condizione che, ad una qualche data futura, esse possono essere riscattate dalla società emittente. Nel Regno Unito il *Companies Act* del 1985 consente l'emissione di azioni ordinarie redimibili, ma quando ciò riguarda una *public company* (v.) il riscatto delle azioni può aver luogo solo a patto che non vi sia alcuna riduzione di capitale.

redeemable preference shares: ***azioni privilegiate redimibili.*** A norma dell'articolo 58 del *Companies Act* del 1948, una società per azioni può emettere azioni privilegiate, se ciò è previsto dal suo statuto, redimibili nel senso che essa si impegna a riscattarle o si riserva il diritto di riscattarle in futuro. In questo contesto, il termine redimibile è usato in uno dei due significati spiegati sotto *redeemable* (v.).

redeemable preferred stock: ***azioni privilegiate riscattabili.*** Termine usato con lo stesso significato di *callable preferred stock* (v.).

redeemable securities: ***valori mobiliari redimibili.*** Espressione generica, in quanto indica qualsiasi valore mobiliare, sia esso un'obbligazione, un titolo di stato o una particolare categoria di azioni privilegiate, che l'emittente si impegna o si riserva di riscattare alla pari in data futura. A questo proposito, vale la distinzione fatta sotto *redeemable* (v.).

redeemable stock: ***obbligazioni redimibili; titoli redimibili.*** Termine usato con lo stesso significato di *redeemable bonds* (v.).

redelivery: ***riconsegna.*** Nei contratti di noleggio a tempo, questo termine indica la restituzione della nave all'armatore da parte del noleggiatore. La clausola della riconsegna generalmente prevede che la nave dovrà essere riconsegnata, in un porto libero da ghiacci ad opzione del noleggiatore, nelle stesse condizioni in cui fu consegnata, fatta eccezione per la normale usura, allo scadere del contratto e comunque non oltre una data stabilita, tra le 9 e le 18 di un qualsiasi giorno lavorativo, ma mai di domenica o altra festività riconosciuta.

redelivery notice: ***avviso di riconsegna.*** Nei contratti di noleggio a tempo, la clausola della riconsegna prevede che il noleggiatore debba dare all'armatore un preavviso di almeno dieci giorni, specificando il porto e il giorno approssimativo della riconsegna della nave.

redemption: 1. ***riscatto; estinzione; purgazione.*** Il rimborso di un mutuo a garanzia del quale era stata accesa un'ipoteca su un bene mobile o immobile. Il rimborso della somma dovuta estingue l'ipoteca che, successivamente, dovrà essere cancellata dal registro nel quale era stata iscritta. Lo stesso termine viene usato per indicare il disinvestimento da un fondo comune, cioè la vendita delle quote–parti in possesso di un sottoscrittore. (v. anche *equity of redemption*) **2.** ***rimborso; estinzione; ammortamento finanziario; redenzione.*** In relazione a obbligazioni, titoli di stato e certe categorie di azioni privilegiate, il termine indica il ritiro dei titoli dalla circolazione mediante riacquisto degli stessi da parte dell'emittente ad un prezzo stabilito all'atto dell'emissione.

redemption agent: ***agente della stanza di compensazione.*** Termine usato nel linguaggio finanziario statunitense con lo stesso significato di *clearing–house agent* (v.).

redemption date: ***data di rimborso.*** La data in cui l'emittente rimborserà il prestito, rappresentato da obbligazioni o titoli di stato, ad un prezzo stabilito all'atto dell'emissione. Se vengono indicate due date, ad esempio «buoni del tesoro 1990–1995», ciò significa che l'emittente si riserva di rimborsare il prestito in un qualunque momento compreso tra le due date. (v. anche *redeemable bonds*)

redemption fund: ***cassa di ammortamento; cassa di redenzione.*** Termine usato con lo stesso significato di *sinking fund 1* (v.).

redemption money: ***valore di rimborso; valore di riscatto; prezzo di rimborso.*** Termine usato con lo stesso significato di *redemption price 1* (v.).

redemption of mortgage: ***riscatto d'ipoteca; estinzione d'ipoteca; purgazione d'ipoteca.*** Termine usato con lo stesso significato di *release of mortgage* (v.).

redemption of shares: ***riscatto di azioni; rimborso di azioni.*** V. spiegazione sotto *capital redemption.*

redemption period: ***durata.*** In relazione a titoli di credito quali, ad esempio, buoni del tesoro e obbligazioni, è il periodo che intercorre tra l'emissione e la data di rimborso.

redemption premium: ***premio di rimborso; premio di emissione.*** In relazione alle emissioni di obbligazioni e altri titoli a reddito fisso, l'espressione inglese indica la differenza tra prezzo pagato dal sottoscrittore dell'emissione e prezzo pagato dall'emittente al momento del rimborso, secondo i termini del contratto tra l'emittente e l'acquirente originario del titolo. Così, un'emissione venduta a 97 lire e rimborsata a 100 lire prevede un premio di rimborso di tre lire per ogni cento lire acquistate. Il termine inglese deriva dal fatto che il premio viene effettivamente pagato all'atto del rimborso, mentre in italiano si usa di preferenza il termine premio di emissione in quanto esso corrisponde ad uno sconto offerto all'acquirente all'atto della sottoscrizione.

redemption price: 1. ***prezzo di rimborso.*** In relazione a obbligazioni o altri titoli a reddito fisso, è il prezzo al quale l'emittente si impegna a rimborsare il titolo alla scadenza. Esso, di solito, corrisponde al valore nominale del titolo stesso. **2.** ***prezzo di riscatto.*** Nella terminologia dei fondi comuni d'investimento, è la somma che il sottoscrittore riceve in seguito alla vendita al fondo comune delle quote–parti da lui possedute. Per ogni quota–parte, il prezzo di riscatto è pari al valore contabile netto in vigore al momento della vendita. Nell'uso statunitense, il termine inglese indica il prezzo al quale una società può, a sua discrezione, riscattare un'obbligazione prima della scadenza, se ciò è previsto dalle clausole di emissione. (v. anche *callable bond*)

redemption yield: ***rendimento alla scadenza.*** Lo stesso che *yield to maturity* (v.).

redeployment: ***ridistribuzione.*** Lo spostamento di risorse da un settore o un'industria in declino ad un settore o un'industria in espansione.

redeployment of labour: ***ridistribuzione del lavoro.*** La migrazione di lavoratori da un'attività ad un'altra o da un settore ad un altro a seguito delle variazioni della domanda di lavoro nelle varie attività o nei vari settori. Ad esempio, negli anni cinquanta si verificò una ridistribuzione che interessò in particolare i settori dell'agricoltura e dell'industria, con un calo degli occupati nel primo e un aumento nel secondo.

redeposit ratio: ***rapporto di rideposito.*** Il rapporto tra i crediti concessi da una banca o da tutto il sistema bancario e la parte di tali crediti che viene ridepositata dai mutuatari nella stessa banca o in un'altra banca dello stesso sistema bancario. Tale rapporto risulta importante nella determinazione del moltiplicatore del credito.

redevelopment: ***ricostruzione; rinnovamento urbanistico; bonifica urbana.*** La ricostruzione o il rinnovamento di edifici gia precedentemente esistenti in una zona antica di una città.

red–herring prospectus: ***manifesto di emissione preliminare.*** Espressione usata nella terminologia finanziaria statunitense per indicare la copia, con la quale si annunzia e si descrive un'emissione di titoli, cui si dà diffusione limitata negli ambienti specializzati durante il periodo che intercorre tra l'invio del manifesto di emissione alla *Securities and Exchange Commission* (v.) e la data effettiva in cui l'emissione viene autorizzata. Il manifesto preliminare è simile a quello definitivo, ma in esso non compaiono il prezzo di emissione e tutti gli altri dati, quali commissioni, ecc., che dipendono da tale prezzo. Una scritta in rosso su ogni foglio avverte che non si tratta di un'offerta di vendita né di una richiesta di offerte di acquisto, ma semplicemente di una nota informativa. (v. anche *prospectus, registration of securities*)

redhibition: ***risoluzione per vizi redibitori.*** La risoluzione di un contratto di compravendita a causa di vizio o difetto presente nella cosa venduta che, pertanto, risulta inidonea all'uso per il quale era stata acquistata.

redhibitory action: ***azione redibitoria.*** Azione per la risoluzione di un contratto di compravendita, basata su vizi o difetti occulti presenti nella cosa venduta, che pertanto risulta non rispondente all'uso per il quale fu acquistata e imperfetta al punto che l'acquirente non l'avrebbe comprata se fosse stato a conoscenza del vizio.

redhibitory defect: ***vizio redibitorio.*** Vizio, presente in un bene oggetto di compravendita, tale da dar luogo a un'azione redibitoria.

red–ink entry: ***registrazione in rosso.*** Una qualsiasi registrazione in un libro contabile, che abbia l'effetto di sottrarre l'importo dal totale del conto cui si riferisce. Non deve necessariamente essere scritta in rosso, pur conservando lo stesso nome, perché può avere lo stesso effetto un segno di meno preposto alla cifra o un segno di parentesi, a seconda delle consuetudini seguite. La stessa espressione viene spesso usata come sinonimo di perdita. (v. anche *loss 1*)

red–ink interest: ***interesse sui numeri rossi.*** È l'interesse, attivo per la banca e passivo per il cliente, sugli scoperti di conto corrente o su altre forme di credito concesse dalle banche.

red interest: ***interesse sui numeri rossi.*** Termine usato con lo stesso significato di *red–ink interest* (v.).

to re–discount: ***riscontare.*** Scontare un titolo di credito già scontato da un'altra istituzione finanziaria. Il significato del verbo indica, pertanto, l'azione descritta sotto *re–discount* (v.).

re–discount: ***risconto.*** Un'istituzione finanziaria che ha scontato una cambiale può, a sua volta, scontarla presso un'altra simile istituzione. Il termine viene particolarmente usato per indicare una tale operazione relativa a carta commerciale effettuata da parte di una banca o di una casa di sconto presso la banca centrale, ad un tasso leggermente inferiore, che lasci un margine di utile alla banca o istituzione che per prima ha scontato la cambiale. Nel mercato monetario londinese, ricorrono al risconto presso la Banca d'Inghilterra le case di sconto che si trovano nell'impossibilità di contrarre prestiti dalle banche commerciali a seguito di una stretta creditizia o a seguito di scarsa liquidità temporanea. Negli Stati Uniti, il termine indica la vendita ad una banca della riserva federale di carta commerciale precedentemente acquistata da una qualsiasi altra banca o istituzione finanziaria. Affinché il titolo di credito possa essere ammesso al risconto, deve possedere determinate caratteristiche, e precisamente: a) deve essere una cambiale commerciale, cioè derivante da una reale operazione di compravendita; b) deve avere una durata massima di novanta giorni; c) deve essere garantita da una banca membro del sistema della riserva federale; e, d) se di importo superiore ad una certa somma deve essere accompagnata da una situazione patrimoniale del primo girante.

re–discount rate: ***tasso di risconto; saggio ufficiale di sconto.*** È il tasso al quale una banca centrale acquista carta commerciale da una banca o altra istituzione finanziaria che, a sua volta, l'aveva acquistata sul mercato monetario. Il saggio ufficiale di sconto è la base del saggio di sconto che le banche o le case di sconto praticano sul mercato. Quest'ultimo è sempre superiore al tasso di risconto, perché se le banche sono costrette a riscontare gli effetti acquistati, esse devono essere in grado di guadagnare dall'operazione. Pertanto, se il tasso ufficiale di sconto è, ad esempio, del tredici per cento, il tasso praticato sul mercato monetario per lo sconto di effetti bancabili sarà superiore al tredici per cento, il che lascerà un margine se si deve ricorrere al risconto.

redistributed cost: ***costo ridistribuito.*** È il costo imputato al prodotto o all'attività ritenuti competenti.

redistribution multiplier: ***moltiplicatore della ridistribuzione.*** Il principio del moltiplicatore applicato alla ridistribuzione del reddito operata da uno stato mediante la tassazione dei più ricchi e la somministrazione di benefici assistenziali ai più poveri.

redistribution of income: ***ridistribuzione del reddito.*** Termine usato in alternativa a *income redistribution* (v.).

redistribution of wealth: ***ridistribuzione della ricchezza.*** Termine usato come sinonimo di *income redistribution* (v.).

redlining: Questo termine, di uso statunitense, indica una pratica di discriminazione, adottata dalle banche e altre istituzioni creditizie, nei confronti di determinate classi sociali. Il termine trova origine nel fatto che si segna con una linea rossa, su una mappa, il confine di un determinato quartiere, di solito abitato da neri o minoranze etniche povere, e si rifiuta di concedere credito ai residenti di quella zona o lo si concede loro soltanto a tassi d'interesse notevolmente più alti di quelli richiesti ad altre classi sociali. La pratica fu posta fuori legge nel 1977 con l'approvazione del *Community Reinvestment Act* e tuttavia è ancora adottata su vasta scala.

redraft: ***rivalsa; cambiale di rivalsa.*** È la nuova cambiale che, in caso di protesto, può essere tratta, da uno dei soggetti aventi diritto ad esercitare l'azione di regresso, sul traente o su uno dei giranti allo scopo di recuperare l'importo della cambiale non pagata, più gli interessi e le spese. (v. anche *re–exchange*)

red tape: ***burocrazia.*** Espressione colloquiale, usata per indicare l'eccessiva formalità e mole di documenti e l'osservanza pignola dei regolamenti, caratteristica di certi uffici e organizzazioni. L'espressione deriva dal nastrino rosso o rosa che veniva usato in Inghilterra dagli impiegati statali per legare fasci di pratiche.

reduced annuity: ***rendita ridotta.*** È una rendita i cui interessi sono stati ridotti rispetto a quelli che venivano pagati in origine.

reduced form equation: ***equazione in forma ridotta.*** In econometria, è un'equazione della forma ridotta di un modello econometrico. Tipicamente, ciascuna equazione di tale forma esprime una variabile endogena del modello come funzione di tutte le variabili predeterminate e di tutti i termini di disturbo del sistema di equazioni costituenti il modello econometrico.

reduced price: ***prezzo ridotto.*** Nuovo prezzo, derivante da uno sconto o da una riduzione del prezzo precedentemente stabilito. Può essere giustificato da una riduzione della domanda, dall'ora o dal periodo in cui si effettua la vendita o dalla quantità che il compratore intende acquistare.

reducing balance: ***metodo di ammortamento basato sui saldi decrescenti.*** Termine usato con lo stesso significato di *declining–balance method of depreciation* (v.).

reducing–balance form: ***forma progressiva.*** Termine usato con lo stesso significato di *narrative form* (v.).

reducing–balance method of depreciation: ***metodo di ammortamento basato sui saldi decrescenti; metodo di ammortamento a quote proporzionali ai valori residui.*** Termine usato con lo stesso significato di *declining–balance method of depreciation* (v.).

reducing–instalment method of depreciation: ***metodo di ammortamento basato sui saldi decrescenti.*** Termine usato con lo stesso significato di *declining–balance method of depreciation* (v.).

reduction of capital: ***riduzione di capitale.*** Una società per azioni può, se previsto dallo statuto sociale, con delibera speciale decidere la riduzione del proprio capitale, che deve poi essere confermata da un tribunale. La riduzione si rende indispensabile quando la società ha subito perdite tali che il capitale azionario non corrisponde più al valore delle attività dell'azienda. I tre principali modi di realizzare una riduzione di capitale sono: a) estinguere il debito degli azionisti in relazione ad azioni non interamente liberate, rinunciando al richiamo dei decimi; b) la cancellazione di azioni interamente liberate, in quantità corrispondente al valore perduto o alla diminuzione di valore delle attività sociali; c) il rimborso del capitale azionario eccedente il fabbisogno della società. Quando una società ha effettuato una riduzione di capitale, la legge britannica prevede che venga apposta la parola *reduced* dopo la sua ragione sociale in qualunque caso essa compaia. (v. anche *Limited and Reduced*)

redundancy: ***esuberanza di personale.*** È l'eccedenza di personale in relazione ai reali fabbisogni di un'impresa o di un'industria. L'esuberanza di personale può verificarsi a seguito di un calo della domanda che porta alla contrazione dell'industria o dell'impresa, oppure a seguito dell'introduzione di innovazioni tecnologiche che riducono il fabbisogno di personale. Sia l'un tipo che l'altro sono problemi che affliggono il mondo del lavoro fin da quando si passò al moderno sistema di produzione in fabbrica, ma il rapidissimo progresso tecnologico degli ultimi anni ha reso il problema dell'esuberanza di personale ancora più drammatico. Nel tentativo di ridurre gli effetti negativi di questo fenomeno e di limitare la disoccupazione che esso produce, si ricorre alla riqualificazione della manodopera, in modo da utilizzarla in differenti settori o compiti. Quasi tutti i paesi industriali hanno leggi che tutelano i lavoratori divenuti ridondanti o esuberanti, garantendo loro un salario minimo.

redundancy fund: ***cassa integrazione guadagni.*** Fondo istituito nel Regno Unito in base al *Redundancy Payments Act* (v.) ed operante dal 1966, che prevede l'erogazione di un salario ridotto ai lavoratori che perdono il posto a causa di esuberanza di personale.

redundancy insurance: ***assicurazione contro la esuberanza di personale.*** Forma di assicurazione che prevede il pagamento di un salario minimo ai lavoratori che perdono il posto o vengono temporaneamente sospesi a causa di esuberanza del personale.

redundancy payment: È indicato con questa espressione il salario minimo che viene corrisposto al lavoratore divenuto esuberante, in base alla legge che istituì nel Regno Unito la cassa integrazione guadagni. (v. anche *Reduncancy Payments Act, redundancy fund*)

Redundancy Payments Act: Legge, approvata dal parlamento britannico nel 1965, con la quale si istituiva l'equivalente inglese della nostra cassa integrazione guadagni. La legge prevede che abbiano diritto ad un minimo salariale tutti quei lavoratori che hanno prestato servizio in un'impresa per un periodo non inferiore a tre settimane. L'entità del salario, tuttavia, dipende dall'età e dall'anzianità di servizio del lavoratore posto in cassa integrazione. I fondi necessari a far fronte a questa spesa vengono raccolti in parte attraverso versamenti settimanali dei datori di lavoro, ma lo stato sostiene oltre il settanta per cento delle uscite della cassa integrazione.

redundant stocks: ***scorte eccedenti; scorte in eccedenza.*** Scorte di un prodotto eccedenti la domanda, che possono essere assorbite soltanto a seguito di una riduzione della produzione, un improvviso e rapido aumento della domanda o una riduzione del prezzo di vendita.

re-entry visa: ***visto di reingresso.*** Visto di ingresso in un paese che consente al titolare di uscire temporaneamente da quel paese e poi rientrarvi senza bisogno di farsi rilasciare un nuovo visto.

re-exchange: ***ricambio.*** È indicato con questo termine l'addebito delle spese relative all'emissione di una cambiale di rivalsa estera, a seguito di mancato pagamento della prima cambiale. L'articolo 57 del *Bills of Exchange Act* del 1882, infatti, prevede che il possessore di una cambiale estera non pagata possa rivalersi dell'importo complessivo delle spese sul traente o su un girante e che il traente o il girante che sia stato costretto a pagare la cambiale possa rivalersi dell'ammontare del ricambio, più interessi fino al momento del pagamento, su qualsiasi parte sia obbligata nei suoi confronti. Quando una cambiale emessa o girata in un paese non viene pagata in un altro paese, il ricambio si calcola accertando la somma alla quale si può ottenere una cambiale a vista, al tasso di cambio esistente, al momento e sulla piazza del protesto, tratta sulla piazza in cui risiede il traente o il girante sul quale ci si rivale, in modo da fornire sulla piazza del mancato pagamento l'importo della cambiale non pagata più il costo del protesto, la commissione, le spese postali e tutte le altre spese comunque inerenti al mancato pagamento. (v. anche *redraft*)

re-exports: ***riesportazioni.*** Tutti i beni importati da un paese e da questo riesportati dopo averli assoggettati a qualche forma di trattamento o nella medesima forma in cui essi furono importati. Il trattamento cui essi vengonó sottoposti può essere rappresentato dalla semplice etichettatura o da imbottigliamento, ecc. Ad esempio, Londra importa grosse quantità di tè, che vengono miscelate, impacchettate e subito riesportate, senza che si aggiunga alcun processo lavorativo a quello già subito dal tè. In altri casi, la riesportazione è ancora più rapida, limitandosi al semplice smistamento di prodotti verso altri mercati esteri, ma ciò è possibile principalmente quando il paese in questione si trova in una posizione geografica tale da consentirgli di fungere da centro di distribuzione. Per il traffico delle riesportazioni, i paesi interessati generalmente istituiscono dei punti franchi, che evitano il lavoro relativo alle pratiche doganali di importazione e successiva riesportazione.

re-export trade: ***commercio di riesportazione.*** L'immissione di merci in esenzione doganale, in un punto franco, o in temporanea importazione, per la riesportazione dopo che esse sono state sottoposte a piccole fasi di lavorazione, come ad esempio miscelatura, imbottigliamento, scelta, impacchettamento, etichettatura, e simili.

Ref.: reference.

referee: 1. ***arbitro.*** La persona cui viene demandata la decisione su una questione controversa, ad esempio in un caso di arbitrato. Lo stesso termine viene usato negli Stati Uniti per indicare un perito giurato, nominato da un tribunale affinché esamini e presenti una sua relazione su una questione controversa che abbia a che fare con un procedimento legale. **2.** ***referenza.*** Persona alla quale ci si può rivolgere allo scopo di ottenere informazioni su un fatto o su un'altra persona. Ad esempio, nelle domande di impiego il candidato spesso indica alcune persone alle quali il datore di lavoro può rivolgersi per avere informazioni sul carattere, sulla personalità e sulle capacità dell'aspirante. **3.** ***curatore del fallimento.*** Negli Stati Uniti, era una figura corrispondente all'*official receiver* (v.) britannico, abolita dalla legge fallimentare del 1978.

referee in case of need: ***bisognatario.*** La persona, diversa dal trattario di una cambiale, alla quale il possessore del titolo di credito può rivolgersi nel caso che essa non venga accettata o pagata dall'obbligato principale. Il nome di un bisognatario può essere inserito nella cambiale dal traente o da un qualsiasi girante e viene di solito indicato sul lato sinistro in basso. L'articolo 15 del *Bills of Exchange Act* del 1882 recita: «Il traente di una cambiale e qualsiasi girante possono inserirvi il nome di una persona alla quale il possessore può rivolgersi in caso di bisogno, cioè a dire nel caso che la cambiale non venga accettata o pagata. Tale persona viene chiamata bisognatario. A propria discrezione, il possessore di una cambiale può o non rivolgersi al bisognatario». È ovvio che il bisognatario non ha alcun obbligo fin quando non accetta la cambiale per intervento.

reference: 1. *referenza.* Le informazioni sulle capacità e sulle qualità morali e caratteriali di un aspirante ad un posto di lavoro o sulla solidità di un'impresa con la quale si considera di avviare relazioni d'affari. Lo stesso termine viene a volte usato, meno propriamente, per indicare anche la persona che fornisce tali informazioni. Le referenze relative ad un'impresa possono essere bancarie e commerciali. Le prime vengono fornite da una banca ad un'altra banca che, a sua volta, provvederà ad inoltrarle al proprio cliente che ne ha fatto richiesta e vertono sulla situazione economica e finanziaria dell'impresa; le seconde vengono inviate direttamente da un'impresa ad un'altra, su richiesta di quest'ultima, e vertono sul comportamento commerciale di una terza impresa. (v. anche *referee 2*) **2. *riferimento; numero di protocollo.*** La sigla e, quasi sempre, il numero che compaiono in calce ad una lettera ufficiale e ai quali si deve fare riferimento nella risposta. Servono a identificare l'ufficio, ed al suo interno il funzionario, che ha scritto la lettera e consentono la rapida individuazione della pratica nell'archivio dell'ufficio stesso.

reference bank: *banca di riferimento.* È la banca, o il gruppo di banche, i cui tassi interbancari vengono presi a riferimento per la determinazione del tasso di interesse su mutui o titoli di credito a tasso variabile.

reference cycle: *ciclo di riferimento.* Termine a volte usato negli Stati Uniti come sinonimo di *trade cycle* (v.), per indicare la successione di periodi di espansione e contrazione dell'attività economica, determinata in base al comportamento di un insieme di indicatori economici, tra i quali l'occupazione, i redditi, i prezzi e la produzione.

reference groups: *gruppi di riferimento.* Gruppi sociali ai quali si riferiscono i consumatori modellando le loro scelte sul comportamento degli appartenenti a tali gruppi, che possono essere costituiti da vicini di casa, amici, colleghi di lavoro, ecc.

reference price: *prezzo di riferimento.* Nella Comunità Economica Europea, è il prezzo di importazione minimo di certi prodotti agricoli, basato di solito sulla media dei prezzi di produzione o di mercato di un determinato periodo. Si riferisce ad un bene di qualità specificata, che è soggetto a misure di intervento da parte degli organi comunitari. In un significato più ampio, il termine inglese indica un prezzo in relazione al quale si determina l'effettivo prezzo di vendita di un dato bene, tenendo conto di particolari situazioni di mercato. Il prezzo di riferimento viene usato, ad esempio, da cartelli quali l'OPEC e da associazioni di produttori che mirano a sostenere il prezzo dei loro prodotti.

referral selling: Espressione usata per indicare una tecnica di vendita in base alla quale vengono concessi sconti agli acquirenti che procurano altri clienti al venditore.

refer to drawer: *ritorno all'emittente.* Espressione apposta dalle banche trassate inglesi su assegni ricevuti tramite altre banche e ad esse restituiti insoluti. L'espressione, che in definitiva significa «non paghiamo; chiedete il perché all'emittente» oppure «rivolgetevi all'emittente per farvi pagare», è una formula diplomatica usata allo scopo di non rivelare il vero motivo per cui la banca trassata si rifiuta di pagare. Questo motivo, di solito, è rappresentato da mancanza di fondi sul conto del cliente che ha emesso l'assegno, ma a volte potrebbe anche essere un errore materiale commesso dal cliente nell'emettere l'assegno, come ad esempio discordanza tra l'importo scritto in cifre e quello scritto in lettere.

refinance credits: *crediti di rifinanziamento.* Sono crediti concessi ad acquirenti esteri che non possono o non intendono pagare in contanti, nel caso in cui il venditore non sia in grado di concedere credito direttamente. Il procedimento è il seguente: una banca estera apre un credito, presso la propria filiale o una corrispondente nel paese in cui risiede l'esportatore, a favore di quest'ultimo, che viene pagato in base ad una tratta a vista spiccata sul credito del compratore; la banca presso la quale è stato aperto il credito accetta una cambiale sul compratore, che viene scontata e il ricavato accreditato alla banca estera che aprì il credito, così controbilanciando la somma pagata all'esportatore. Il compratore, a sua volta, pagherà la cambiale emessa su di lui quando questa giungerà a scadenza.

refinancing: *rifinanziamento.* La sostituzione di una struttura finanziaria con una struttura analoga, ma diversa in quanto comporta minori oneri relativi al pagamento di interessi o dividendi. Ad esempio, una società, a ciò autorizzata dal contratto stipulato all'atto dell'emissione di un prestito obbligazionario, può riscattare il prestito se l'interesse pagato risulta superiore a quello di mercato e riemettere un uguale prestito per lo stesso ammontare, ma ad un tasso di interesse più basso. Lo stesso termine viene usato per indicare la sostituzione di un prestito obbligazionario, giunto alla sua scadenza naturale, con un altro prestito allo scopo di estendere il mutuo nel tempo. A seconda dell'andamento dei tassi di interesse sul mercato, la nuova emissione potrà avere un interesse maggiore, minore o uguale a quello della precedente.

refined birth rate: *indice specifico di natalità.* Un qualsiasi indice di natalità, che tenga conto di differenze nella composizione della popolazione. Ad esempio, è un indice specifico quello che si riferisce, eseguendo il rapporto tra nati vivi e popolazione, ad una particolare categoria, quale potrebbe essere quella delle donne in età feconda.

refined death rate: *indice specifico di mortalità.* Un qualsiasi indice di mortalità, che tenga conto di differenze nella composizione della popolazione. Ad esempio, sono indici specifici quelli che si riferiscono alla collettività dei maschi o alla collettività delle femmine, oppure a determinati gruppi di età.

to reflate: *reflazionare.* Adottare una politica di reflazione dell'economia. (v. anche *reflation*)

reflation: *reflazione.* Una manovra monetaria intesa a ristabilire un precedente livello dei prezzi. In senso più specifico, il termine si usa per indicare un allentamento delle restrizioni creditizie, inteso ad incoraggiare l'espansione dell'attività produttiva, che porta ad una moderata inflazione successiva alla deflazione e necessaria per realizzare la ripresa che, altrimenti, sarebbe frenata dalla scarsezza di medio circolante.

reflexivity: *proprietà riflessiva.* In matematica, si indica con questo termine una delle tre proprietà caratteristiche dell'uguaglianza. Ad esempio, nel caso di numeri reali se possiamo usare un segno di uguale tra due elementi qualsiasi, essi possiedono proprietà riflessiva.

reforestation: *rimboschimento.* È la ricostituzione di boschi o foreste distrutte e può essere naturale o artificiale. Il primo ha luogo attraverso l'inseminazione naturale in luoghi in cui già esiste un bosco o una foresta; il secondo ha luogo ad opera dell'uomo su terreni disboscati, da tempo privi del manto arboreo e pertanto degradati a seguito dell'azione erosiva degli agenti atmosferici e principalmente delle piogge.

reform liberalism: ***liberalismo riformista.*** Un pensiero economico che sostiene che l'intervento del privato in certi mercati contribuisce a migliorare il benessere economico, in quanto i mercati liberi consentono la cattiva distribuzione delle risorse e ingiusti profitti per molti operatori. Questo concetto è contrario a quello del liberalismo classico, che sosteneva che l'armonia naturale, insita nel sistema economico, porta benefici per tutta la comunità quando i singoli perseguono i loro interessi privati.

refrigerated warehouse: ***magazzino refrigerato; deposito refrigerato.*** Luogo in cui è possibile conservare a bassa temperatura cibo congelato o fresco, pellicce, o altri beni che possono essere danneggiati dall'esposizione a temperature elevate, anche se si tratta di temperature ambiente.

refugee capital: ***capitali vaganti.*** Termine usato con lo stesso significato di *hot money 1* (v.).

to refund: 1. ***rimborsare.*** L'azione di restituire una somma ricevuta in prestito. Nel caso di prestiti obbligazionari o simili, il termine indica l'azione di ritirare i titoli dalla circolazione e rimborsare il capitale usando risorse monetarie accumulate a tale scopo o emettendo un nuovo prestito obbligazionario col cui ricavato si finanzia il rimborso del vecchio prestito. Lo stesso termine viene usato per indicare l'azione di restituire una somma pagata ma non dovuta, almeno nella sua interezza. (v. anche *refund*) **2.** ***rifinanziare.*** È l'azione descritta sotto *refinancing* (v.).

refund: ***rimborso.*** Somma di denaro restituita o accreditata allo scopo di compensare il precedente pagamento di una somma superiore a quella dovuta. In questo senso, il termine inglese si avvicina al significato di *rebate* (v.). Il termine indica anche la somma versata a titolo di estinzione parziale o totale di un prestito.

refund annuity: ***rendita vitalizia con rimborso.*** Una polizza che prevede che alla morte del beneficiario la differenza tra prezzo di acquisto della rendita vitalizia e il totale delle rate dovute al beneficiario sarà versata in unica soluzione o in rate alla persona designata dal beneficiario.

refunding: 1. ***rifinanziamento.*** Termine usato con lo stesso significato di *refinancing* (v.). **2.** ***rimborso.*** Termine usato come sinonimo di *refund* (v.).

refunding bond: ***titolo di rifinanziamento.*** Un titolo obbligazionario, di stato o di altra natura, emesso in sostituzione di un altro titolo simile. L'emissione del nuovo titolo può aver luogo o allo scopo di sostituire un titolo scaduto al fine di estendere il periodo di credito o, quando ciò sia consentito dal contratto in base al quale fu emesso il vecchio titolo, allo scopo di sostituire un titolo che comporti un minore impegno finanziario dell'emittente ad un titolo preesistente più oneroso. In quest'ultimo caso, l'emissione del nuovo titolo può avvenire contestualmente al ritiro dalla circolazione del vecchio, prima che esso giunga alla sua scadenza naturale. (v. anche *refinancing*)

refunding mortgage bonds: ***obbligazioni ipotecarie di rifinanziamento.*** Un qualsiasi tipo di emissione di obbligazioni ipotecarie intese a sostituire altre obbligazioni simili già in circolazione. Anche in questo caso, i motivi che spingono alla nuova emissione sono quelli citati sotto *refunding bond* (v.). La stessa espressione viene usata a volte per dare un nome roboante ad un qualsiasi prestito a medio o breve termine.

refusal of goods: ***rifiuto di merci.*** L'acquirente può rifiutarsi di accettare le merci inviategli se esse non corrispondono al campione o alla descrizione in base ai quali esse furono acquistate. Un altro motivo di rifiuto può essere la tardiva consegna, specialmente in relazione a merci la cui vendita è legata ad un determinato periodo dell'anno, trascorso il quale esse non potranno più essere vendute o lo saranno soltanto con grande difficoltà e a prezzi molto più bassi. (v. anche *refused goods*)

refused goods: ***merci rifiutate; merci protestate.*** Sono le merci che il compratore si rifiuta di accettare o perché non corrispondono al campione o alla descrizione che portò alla definizione del contratto di compravendita o perché esse sono giunte danneggiate o perché sono state consegnate tardivamente. Qualora la rispedizione delle merci al fornitore implichi notevoli costi, il compratore che le ha rifiutate può offrirsi di acquistarle ad un prezzo ridotto o può adoperarsi per venderle per conto del fornitore, dietro compenso di una commissione.

refutable presumption: ***presunzione relativa.*** Nel linguaggio giuridico, è la presunzione che dispensa dalla prova colui a favore del quale essa è stabilita e pone sulla controparte l'onere di presentare prove al contrario, che consentano il dibattimento. (v. anche *presumption, irrefutable presumption*)

reg.: registered.

Regd.: registered.

regenerative venture capital cycle: ***ciclo rigenerativo del capitale di rischio.*** Se un'impresa ad alto rischio ha successo, il capitale con il quale essa era stata finanziata viene reintegrato rapidamente dagli utili realizzati e si rende disponibile per il finanziamento di un'altra impresa del genere e così di seguito. Affinché questo ciclo possa svilupparsi, tuttavia, sono necessarie determinate condizioni ambientali volte a stimolare l'investitore, non perdendo mai di vista il fatto che questo ciclo rappresenta il fattore chiave degli alti tassi di sviluppo tecnologico. Tra queste condizioni ambientali, la più importante è rappresentata da un clima fiscale favorevole agli investimenti, che funge da incentivo agli imprenditori e agli investitori e consente la formazione di ricchezza che in gran parte viene reinserita nel ciclo rigenerativo.

region: ***regione.*** Un'area della superficie terrestre caratterizzata da una certa qualità che la contraddistingue dalle altre. Può essere di dimensioni ridotte ed abbracciare una città e i suoi immediati dintorni o di dimensioni molto estese e coincidere con una o più nazioni.

regional: ***borsa valori locale.*** Sostantivo usato come abbreviazione di *regional stock exchange* (v.).

regional account: ***conto regionale.*** Espressione usata negli Stati Uniti per indicare il conto del reddito, della produzione e simili, compilato su base locale con l'obiettivo di offrire uno strumento di analisi agli operatori economici e alle autorità statali.

regional aid: ***assistenza regionale.*** L'assistenza fornita da un governo o da un organismo sovrannazionale alle regioni più depresse di un paese, allo scopo di favorirvi gli insediamenti industriali e stimolarne l'attività economica.

regional analysis: ***analisi regionale.*** Lo studio della crescita e dello sviluppo di determinate aree geografiche, poste a confronto tra loro, e del ruolo che esse possono svolgere nell'economia nazionale del o dei paesi cui appartengono.

regional bank: ***banca regionale.*** Negli Stati Uniti, è una banca che confina la sua attività entro un'area geografica relativamente limitata. Il termine è spesso usato in contrapposizione con *money–centre bank* (v.), anche perché i fondi che raccolgono queste banche provengono principalmente da depositi dei loro clienti.

regional brand: ***marca regionale.*** Una marca di un prodotto che viene commercializzato in una regione definita e che può essere una sottomarca di un prodotto commercializzato in una più vasta area.

regional centre: ***centro commerciale regionale.*** Nel linguaggio commerciale statunitense, è uno *shopping centre* (v.) che serve un'area del raggio di cinque o sei miglia nella quale è insediata una comunità che si aggira sulle centocinquantamila persone. (v. anche *neighbourhood centre, community centre*)

regional development: ***sviluppo regionale.*** Obiettivo cui mira la Comunità Economica Europea, in collaborazione con i singoli paesi nei cui territori si trovano regioni economicamente arretrate e poco sviluppate.

regional development banks: ***banche di sviluppo regionale.*** Sono banche preposte alla concessione di finanziamenti dei programmi di sviluppo nelle aree di loro competenza. Tra le più importanti ricordiamo la *Inter-American Development Bank*, la *African Development Bank* e l'*Asian Development Bank.*

regional development grant: ***contributo per lo sviluppo regionale.*** Contributo monetario versato dal governo britannico alle imprese che effettuano nuovi investimenti produttivi nelle regioni dichiarate zone di sviluppo o aree depresse. Tali contributi vengono elargiti per essere spesi nell'acquisto di impianti, macchinari ed edifici industriali.

regional division of labour: ***divisione regionale del lavoro.*** V. spiegazione sotto *localization of industry.*

regional economic planning: ***programmazione economica regionale.*** La programmazione economica su base regionale, perseguita in Gran Bretagna negli anni sessanta e settanta. A tale fine, l'isola venne divisa in dieci regioni, di cui otto relative all'Inghilterra e due rispettivamente al Galles e alla Scozia. Per circa quindici anni ciascuna di queste regioni ebbe una propria commissione e un proprio consiglio per la programmazione. (v. anche *Regional Economic Planning Boards, Regional Economic Planning Councils*)

Regional Economic Planning Boards: ***Commissioni per la programmazione economica regionale.*** Furono così chiamate le commissioni, istituite in base al piano nazionale britannico 1965–70, che avevano il compito di formulare bozze di piani economici a livello regionale, i quali dovevano successivamente venire esaminati e approvati dai rispettivi Consigli per la programmazione regionale. (v. anche *regional economic planning, Regional Economic Planning Councils*)

Regional Economic Planning Councils: ***Consigli per la programmazione economica regionale.*** Furono istituiti nel 1965, in base al piano nazionale britannico 1965–70, col compito di collaborare alla formulazione di piani di sviluppo economico a livello regionale; suggerire le iniziative necessarie a rendere operativi tali piani; e indicare le implicazioni a livello regionale della politica economica nazionale. Ciascun consiglio era composto da rappresentanti delle industrie, dei sindacati, degli enti locali e delle università. Quelli relativi alle otto regioni economiche inglesi furono sciolti nel 1979. (v. anche *regional economic planning, Regional Economic Planning Boards*)

regional economics: ***economia regionale.*** La branca della scienza economica che si interessa della distribuzione dell'attività economica nelle diverse regioni che costituiscono un paese e delle variazioni nei livelli di sviluppo delle diverse regioni.

regional employment premium: ***premio per la occupazione regionale.*** Nel 1967, in base al *Select Employment Payments Act*, fu introdotto nel Regno Unito questo tipo di sovvenzione, che corrispondeva ad un'integrazione al rimborso dell'imposta selettiva sull'occupazione, a favore delle imprese operanti nelle aree di sviluppo. Il premio consisteva in una sovvenzione settimanale pari a una sterlina e mezza per ogni uomo, sessantacinque nuovi pence per ogni donna e quarantasette pence e mezzo per ogni ragazza impiegati e doveva durare per almeno sette anni dalla sua istituzione. (v. anche *selective employment tax*)

Regional Fund: ***fondo regionale.*** Termine usato con lo stesso significato di *European Regional Development Fund* (v.).

regional multiplier: ***moltiplicatore regionale.*** Una versione del moltiplicatore degli investimenti, utilizzata nell'analisi di economie regionali nello stesso modo in cui si utilizza in analisi macroeconomiche. Esso predice le variazioni di reddito e occupazione totali in una regione, derivanti da un aumento della spesa autonoma. (v. anche *investment multiplier, autonomous expenditure*)

regional pension system: ***sistema pensionistico regionale.*** Un piano di pensionamento su base regionale, con ciò intendendosi una particolare area economica. Il sistema tende ad agevolare i lavoratori mediante il raggruppamento di un certo numero di datori di lavoro, al fine di creare un fondo pensioni unico, in modo che non si presentino problemi o difficoltà di trasferimento del diritto alla pensione per i lavoratori che nel corso della loro attività lavorativa hanno cambiato due o più datori e posti di lavoro.

regional planning: ***programmazione regionale.*** La programmazione, decisa da un governo centrale, relativa agli investimenti in una determinata regione del paese, generalmente un'area depressa. La programmazione regionale si pone come obiettivo la creazione di nuovi posti di lavoro, la costruzione di abitazioni e infrastrutture e l'innalzamento del livello di istruzione della popolazione locale.

regional policy: ***politica regionale.*** La politica adottata dal governo centrale britannico in relazione allo sviluppo di regioni arretrate o poco sviluppate. (v. anche *regional economic planning*)

regional stock exchange: ***borsa valori locale; borsa valori regionale.*** Termine usato negli Stati Uniti per indicare una qualsiasi delle borse valori operanti sul territorio nazionale, ad eccezione della *New York Stock Exchange* (v.) e della *American Stock Exchange* (v.). Le principali funzioni di queste borse regionali sono: servire da mercato secondario locale per titoli quotati e trattati nelle due borse di maggior importanza; offrire a piccole società locali, che non possono adempiere alle rigide condizioni imposte dalle borse maggiori, l'opportunità di avere i loro titoli quotati in un mercato mobiliare organizzato.

regional trade: ***commercio regionale.*** Lo scambio di beni e servizi tra paesi, di solito contigui, che fanno parte di un'unica regione economica e che stipulano accordi il cui scopo è quello di unificare la loro politica commerciale. Ne è un esempio il commercio entro i confini della Comunità Economica Europea o simili associazioni di stati.

regional wage differentials: ***differenziali salariali regionali.*** Le differenze tra le remunerazioni medie corrisposte a gruppi di lavoratori che svolgono la loro attività in differenti regioni. Tali differenziali possono derivare da differenze nel costo della vita o da fenomeni di squilibrio, quali l'eccedenza o la scarsità di lavoro nelle diverse regioni.

regional wage structure: ***struttura salariale regionale.*** La struttura salariale di differenti gruppi di lavoratori all'interno della regione nella quale svolgono la loro attività. La struttura salariale di una regione può risultare diversa da quella di un'altra regione per la stessa categoria di lavoratori.

register: ***registro.*** Termine generico, con il quale si indica un qualsiasi libro contabile, a una o più colonne a seconda dell'uso che se ne fa, o altro registro nel quale vengono trascritti dati ufficiali, quali ad esempio i nomi degli azionisti di una società e il numero di azioni da ciascuno possedute; il nome e altri dati delle navi immatricolate in un porto e i loro movimenti; le ipoteche accese in una determinata area o su certi beni, e così via.

registered bond: ***obbligazione nominativa; titolo nominativo.*** È l'obbligazione intestata ad una persona, il cui nome viene debitamente annotato sul registro della società o dello stato emittente. Il capitale e gli interessi relativi alle obbligazioni nominative saranno versati soltanto alla persona cui esse sono intestate, come risulta dall'apposito registro, mediante assegno, mentre la vendita dei titoli può aver luogo soltanto attraverso atto pubblico. Per questo motivo, le obbligazioni nominative non sono titoli di credito negoziabili. Alcune obbligazioni nominative prevedono il pagamento degli interessi dietro presentazione della relativa cedola annessa al certificato obbligazionario e pertanto l'obbligazione risulta nominativa soltanto in relazione al rimborso della somma capitale. (v. anche *registered coupon bond*)

registered business name: ***nome depositato.*** È la ragione sociale di un'impresa depositata presso la conservatoria del registro delle imprese. Nel Regno Unito, in base all'articolo 1 del *Registration of Business Names Act* (v.) del 1916, è obbligatorio registrare la ragione sociale di tutte le imprese che svolgono la loro attività usando un nome diverso da quello reale dei soci. Il conservatore del registro può rifiutare la registrazione di un nome che risulti fuorviante o che sia troppo simile ad un altro nome precedentemente depositato.

registered capital: ***capitale sociale nominale; capitale nominale.*** Termine usato con lo stesso significato di *authorized capital* (v.).

registered charge: ***ipoteca registrata.*** È indicata con questo termine l'ipoteca legale debitamente registrata. Se l'ipoteca riguarda un bene immobile, essa deve essere in forma di atto legale depositato presso l'apposito ufficio, la conservatoria dei registri immobiliari. (v. anche *Land Registry, registered lien*)

registered check: ***assegno circolare; credenziale.*** Termine usato negli Stati Uniti con lo stesso significato di *bank draft 1* (v.).

registered commodity representative: ***rappresentante autorizzato.*** È una persona autorizzata a frequentare una borsa merci statunitense, allo scopo di procurare affari all'impresa che rappresenta.

registered company: ***società iscritta al registro delle persone giuridiche.*** Lo stesso che *incorporated company* (v.).

registered competitive market maker: Membro della NYSE che acquista e vende titoli su quel mercato per conto proprio o della ditta di cui fa parte e che ha l'obbligo, quando gli viene richiesto da un funzionario della borsa, di influenzare una quotazione mediante la sua domanda o offerta del titolo o dei titoli in questione. Lo stesso termine indica un operatore con funzioni analoghe presso l'*over-the-counter market* (v.) statunitense.

registered coupon bond: ***obbligazione cuponata nominativa.*** Un'obbligazione la cui somma capitale sarà rimborsata soltanto alla persona cui essa è intestata, come risulta dagli appositi registri conservati presso la sede dell'emittente, ma il cui interesse può essere pagato a chiunque presenti la cedola, annessa al certificato azionario, da staccarsi ad ogni scadenza. (v. anche *registered bond*)

registered debenture: ***obbligazione nominativa.*** Termine usato con lo stesso significato di *registered bond* (v.).

registered design: ***disegno depositato; design depositato.*** Nel Regno Unito, è il design di un qualunque prodotto, il cui titolare ha provveduto a farlo registrare presso l'apposito reparto dell'ufficio brevetti. Tale registrazione garantisce il proprietario contro le imitazioni o lo sfruttamento del solo disegno dell'articolo, cioè forma e dimensioni, ma non contro il plagio o l'imitazione del suo eventuale funzionamento meccanico, che può essere protetto soltanto da un brevetto.

registered equity market maker: Lo stesso che *registered competitive market maker* (v.), ma operante presso la AMEX.

registered investment company: ***società d'investimento registrata.*** È una società che, conformemente alle disposizioni contenute nel supplemento Q dell'*Internal Revenue Act* promulgato nel 1942 dal governo degli Stati Uniti, distribuisce ogni anno agli azionisti almeno il novanta per cento degli utili realizzati sugli investimenti, al fine di ottenere l'esenzione parziale dall'imposta federale americana su tali utili. Al fine di ottenere l'esenzione completa, deve essere distribuita la totalità dei redditi e degli utili di capitale.

registered land: ***proprietà fondiaria iscritta nei registri immobiliari.*** In base al *Land Registration Act*, approvato dal parlamento britannico nel 1925, non tutte le proprietà fondiarie devono necessariamente essere iscritte nei registri immobiliari. Mentre l'iscrizione è obbligatoria in alcune contee, quali ad esempio quella di Londra e quella di Oxford, in altre il proprietario è lasciato libero di registrare o meno il suo titolo di proprietà. Il fatto che in certe contee l'iscrizione sia obbligatoria non significa che tutte le proprietà fondiarie esistenti in quella contea debbano automaticamente essere iscritte nei registri immobiliari, bensì che tale iscrizione è obbligatoria nel momento in cui esse vengono vendute o vengono date in locazione per un periodo di tempo superiore ai quaranta anni.

registered land certificate: ***estratto dei registri immobiliari; certificato dei registri immobiliari; certificato catastale.*** Il certificato che comprova l'esistenza di un titolo di proprietà su beni immobili iscritti nei registri immobiliari. Consiste di un estratto dal registro catastale accompagnato da una mappa in scala relativi alla proprietà in questione. Il certificato catastale, che viene rilasciato all'attuale proprietario del bene immobile e può essere usato allo scopo di facilitarne le operazioni di compravendita, contiene tutti i dati importanti relativi alla proprietà quali risultano dai tre diversi tipi di registri immobiliari esistenti nel Regno Unito e cioè il *property register*, nel quale sono annotati il numero del titolo di proprietà, una breve descrizione della stessa e il riferimento alla mappa catastale; il *proprietorship register*, nel quale sono annotati gli estremi relativi al proprietario e cioè generalità, indirizzo, data di registrazione, ecc.; e il *charges register*, nel quale vengono iscritte le ipoteche di primo e secondo grado e qualsiasi altro gravame sulla proprietà.

registered letter: ***lettera raccomandata; lettera assicurata.*** Il termine inglese viene usato per indicare tanto la nostra raccomandata quanto la nostra assicurata. Si riferisce, pertanto, ad una qualsiasi lettera o plico sui quali sia stata pagata una tassa al fine di garantirne la consegna e un indennizzo, proporzionale alla tassa pagata, in caso di smarrimento o distruzione mentre essi sono affidati alle poste. Il servizio viene usato ogni volta che si spediscono documenti o lettere di particolare valore o quando si intende avere la prova dell'avvenuta consegna di una lettera o di un plico. Infatti, la *registered letter* prevede che chiunque la porti e la riceva firmi prima che gli venga consegnata.

registered lien: ***diritto di pegno registrato.*** È l'ipoteca accesa su beni mobili, il cui possesso non viene trasferito al creditore. Invece del trasferimento, si procede all'iscrizione del diritto di pegno in un pubblico registro. Questa procedura è molto frequente in relazione ad automobili, natanti, aerei e simili.

registered mail: ***posta raccomandata; corrispondenza raccomandata.*** Lo stesso che *registered post* (v.).

registered name: ***nome registrato; ragione sociale registrata.*** Lo stesso che *registered business name* (v.).

registered office: ***sede legale; sede sociale.*** L'articolo 107 del *Companies Act* del 1948 stabilisce che ogni società regolarmente costituita in base alla detta legge dovrà avere una sede legale presso la quale possono essere inviate tutte le comunicazioni o le notifiche. Eventuali cambiamenti di indirizzo dovranno essere comunicati al Registro delle Società. La legge stabilisce anche che la ragione sociale deve essere apposta in «lettere facilmente leggibili» all'esterno della sede legale della società.

registered options trader: ***operatore del mercato dei premi.*** Nella AMEX è uno *specialist* (v.) responsabile della creazione del mercato in un particolare gruppo di contratti a premio.

registered post: ***posta raccomandata; corrispondenza raccomandata.*** Servizio offerto dall'operatore postale di un paese in relazione al trasporto e alla consegna di lettere e pacchi di valore o particolarmente importanti per il mittente o per il destinatario. Se la corrispondenza è anche assicurata, il mittente riceverà un indennizzo in caso di smarrimento da parte dell'operatore postale.

registered proprietor: ***proprietario registrato.*** Nel Regno Unito, è il proprietario di un bene immobile, il cui titolo di proprietà sia stato registrato nell'apposito registro presso l'ufficio del catasto. (v. anche *proprietorship register*)

registered provident society: Nel Regno Unito, viene indicata con questo termine una qualsiasi delle associazioni di mutuo soccorso di vario tipo che, in base a determinate leggi, possono venir iscritte presso un apposito registro nazionale.

registered representative: ***commesso di borsa.*** Termine usato con lo stesso significato di *customer's man* (v.).

registered reserve: ***riserva obbligatoria; riserva minima.*** Termine usato con lo stesso significato di *minimum reserve* (v.).

registered securities: ***titoli nominativi.*** Espressione generica, usata per indicare un qualsiasi titolo, azionario o obbligazionario, registrato a nome del suo proprietario negli appositi libri dell'emittente.

registered shares: ***azioni nominative.*** Sono le azioni la cui emissione o il cui trasferimento vengono registrati nell'apposito libro tenuto dalla società emittente. Le azioni o le obbligazioni nominative normalmente non vengono emesse con cedole per il pagamento dei dividendi o degli interessi, che viene fatto direttamente dalla società emittente tramite assegno intestato all'azionista o all'obbligazionista o tramite mandato di pagamento emesso su una banca corrispondente. (v. anche *dividend warrant*)

registered share with restricted transferability: ***azione nominativa vincolata.*** Tipo di azione nominativa, il cui trasferimento può aver luogo soltanto dopo che la società emittente ha dato il suo consenso, detto gradimento. Lo scopo è quello di controllare meglio la composizione dell'azionariato.

registered stock: ***capitale registrato.*** Lo stesso che *inscribed stock* (v.).

registered title: ***titolo di proprietà registrato.*** Nel Regno Unito, è il titolo di proprietà di un bene immobile che sia stato opportunamente registrato presso l'ufficio del catasto. Ciò fa sì che il diritto di godimento del bene immobile sia garantito dallo stato.

registered tonnage: ***tonnellaggio di registro; stazza di registro.*** Nei trasporti marittimi, l'espressione viene usata per indicare il volume interno di una nave mercantile misurato in piedi cubici e diviso per cento, in base al presupposto che cento piedi cubici corrispondano ad una tonnellata di stazza.

registered trade mark: ***marchio depositato; marchio registrato.*** È il marchio distintivo di un prodotto, opportunamente registrato secondo le forme stabilite dalla legislazione vigente nel paese. La registrazione ha l'effetto di far acquisire all'impresa il diritto pieno ed esclusivo all'utilizzazione del marchio.

registered trader: ***operatore di borsa.*** Nel linguaggio finanziario statunitense, lo stesso che *competitive trader* (v.).

registered unemployed: ***disoccupati iscritti al collocamento.*** Sono tutte le persone iscritte come disoccupati presso gli uffici di collocamento, sia che abbiano o no diritto all'indennità di disoccupazione. Il numero di tali disoccupati è sempre inferiore a quello delle persone che, in un sistema economico, sono alla ricerca di un'occupazione. Infatti, molte categorie di persone preferiscono non essere iscritte presso il collocamento o non vi si possono iscrivere perché ancora studenti o perché casalinghe o per altri motivi, pur se non esiterebbero a impiegarsi se gliene venisse offerta l'opportunità.

registered unsecured note: Tipo di diritto di sottoscrizione, emesso da alcune società britanniche, che rende un interesse fisso e dà al portatore la possibilità di acquistare un certo numero di azioni ordinarie della società ad una data futura prestabilita. Questo titolo è una via di mezzo tra l'obbligazione convertibile e il diritto di opzione.

registered warrant: ***mandato registrato.*** Nella contabilità degli enti locali, è un mandato iscritto per il pagamento futuro presso l'ufficio pagatore, a causa di attuale mancanza di fondi. Può essere registrato all'atto dell'emissione o all'atto della presentazione da parte del beneficiario e sarà pagato secondo il numero di iscrizione, dopo cioè che sono stati pagati tutti gli altri mandati registrati precedentemente.

register of charges: 1. ***libro delle ipoteche e degli oneri.*** È un registro, tenuto presso l'ufficio del Registro delle Società, nel quale a norma dell'articolo 95 del *Companies Act* del 1948 vanno registrate tutte le ipoteche e le altre obbligazioni fisse o fluttuanti di una società. I debiti o altri oneri non iscritti in tale registro non possono essere ammessi al passivo in caso di liquidazione della società.

Quest'ultima deve tenere, presso la propria sede legale, un uguale registro nel quale riportare i dettagli completi di qualsiasi gravame e cioè la proprietà gravata, i nomi e gli indirizzi delle persone interessate e l'importo. L'obbligo di tenere questo registro presso la sede legale della società è imposto dall'articolo 104 della stessa legge. I due registri differiscono nel contenuto, perché mentre quello tenuto presso la sede sociale deve riportare tutti i gravami di qualunque natura essi siano, quello tenuto presso il Registro delle Società riporta soltanto i gravami che rientrano nei nove tipi specificati dall'articolo 95 della legge suddetta. **2.** ***registro delle ipoteche.*** È uno dei tre registri immobiliari esistenti nel Regno Unito in base al *Land Registration Act* del 1925. In esso vengono iscritte le ipoteche di primo e secondo grado e qualsiasi altro gravame esistente su una proprietà immobiliare.

Register of Companies: ***Registro delle Società; registro delle persone giuridiche; registro delle imprese.*** È il registro nel quale sono iscritte tutte le società costituite ed operanti nel Regno Unito. L'iscrizione al registro avviene dopo che la società ha ottemperato alle disposizioni di legge, ma essa può essere cancellata dal registro se il conservatore ha motivo di sospettare che non sia più operante. A tal fine, la procedura prevista dalla legge è la seguente: l'ufficio invia una lettera alla società; se non ottiene risposta entro un mese, provvede a inviare una seconda lettera, ma questa volta raccomandata. Dopo che è trascorso un altro mese senza che la società risponda o se essa risponde dicendo che non è operante, il conservatore comunica alla società che essa sarà cancellata dal Registro delle Società, a meno che fornisca motivi validi perché non si proceda a tale atto. Se questi motivi non vengono forniti, la società sarà sciolta dopo tre mesi e il suo nome sarà cancellato dal registro. Di ciò sarà data notizia nella *London Gazette* o, se la società risiede in Irlanda del Nord o in Scozia, rispettivamente nella *Belfast Gazette* o nella *Edinburgh Gazette*.

register of debenture holders: ***libro degli obbligazionisti.*** È il registro nel quale vengono iscritti i nomi dei portatori di obbligazioni nominative. In base all'articolo 87 del *Companies Act* del 1948, qualunque azionista o obbligazionista ha il diritto di consultare tale libro.

register of debentures: ***libro delle ipoteche e degli oneri.*** È il libro che, in base a quanto disposto dall'articolo 104 del *Companies Act* del 1948, ogni società deve tenere presso la propria sede legale per iscrivervi qualsiasi tipo di onere che gravi sulle sue attività. (v. anche *register of charges 1*)

register of deeds: ***ufficio del registro immobiliare.*** Negli Stati Uniti, è l'ufficio presso il quale si possono registrare i documenti relativi al titolo di proprietà di beni immobili. Uno di questi uffici è presente in ogni contea di ciascuno stato ed esso è spesso preposto anche alla registrazione di ipoteche su beni mobili.

Register of Defunct Companies: Il registro nel quale sono iscritte le società che hanno cessato l'attività e sono state, di conseguenza, sciolte.

register of directors: ***libro degli amministratori.*** In base al *Companies Act*, ogni società ha l'obbligo di tenere un registro nel quale siano riportate le notizie stabilite per legge e relative ai suoi amministratori. Tali notizie riguardano: nome, cognome, nazionalità, data di nascita, indirizzo e occupazione di ogni amministratore con l'indicazione di altre eventuali simili cariche in altre società. Copia di queste informazioni deve essere inviata al Registro delle Società e deve essere aggiornata ogni volta che si verifichi in essa un qualsiasi cambiamento.

register of directors' shareholdings: ***libro delle partecipazioni azionarie degli amministratori.*** È uno dei libri sociali. In esso vengono indicate le partecipazioni azionarie e obbligazionarie degli amministratori nella società e in sue sussidiarie. Il libro deve essere a disposizione degli azionisti e degli obbligazionisti di quella società almeno per quattordici giorni prima e tre dopo ciascuna assemblea ordinaria dei soci. I *Companies Act* del 1948 e del 1967 prescrivono che tale libro sia tenuto presso la sede legale della società insieme al libro dei soci.

register office: ***ufficio di stato civile; ufficio anagrafe; anagrafe.*** Ufficio presso il quale vengono registrati i dati relativi a nascite, morti e matrimoni della popolazione residente in un determinato territorio.

register of interests in shares: ***registro delle partecipazioni azionarie.*** Registro, imposto dalla legge alle società britanniche, nel quale devono essere riportate le annotazioni relative a tutti i soci che detengono più del 5% del capitale sociale con diritto di voto.

register of members: ***libro dei soci.*** È uno dei libri obbligatori che ogni società per azioni deve tenere, in base all'articolo 110 del *Companies Act* del 1948, presso la propria sede legale. Esso deve contenere i nomi dei soci, che nel caso in cui superino il numero di cinquanta devono essere disposti in ordine alfabetico o elencati in un apposito indice; i loro indirizzi; l'entità della loro partecipazione azionaria; le somme pagate in considerazione delle azioni ricevute; la data in cui essi divennero, o cessarono di essere, soci. In base all'articolo 77 della stessa legge, nel registro devono essere annotati anche tutti i trasferimenti di azioni. L'articolo 113 stabilisce che il libro dei soci deve essere a disposizione di chiunque intenda consultarlo per almeno due ore al giorno ma, in base all'articolo 115, dandone preventiva comunicazione su un giornale pubblicato nella città in cui la società ha la propria sede legale, il libro dei soci può essere chiuso al pubblico, per un periodo massimo di trenta giorni all'anno, onde consentire all'amministratore a ciò preposto di apportarvi i necessari aggiornamenti.

register of mortgages: **1.** ***registro delle ipoteche e degli oneri.*** Termine usato come sinonimo di *register of charges 1* (v.). **2.** ***registro delle ipoteche.*** Termine usato in alternativa a *mortgage register* (v.).

register of patents: ***registro dei brevetti.*** Termine usato in alternativa a *patent register* (v.).

register of seals: ***registro dei sigilli.*** Termine usato con lo stesso significato di *seal book* (v.).

register of shareholders: ***registro dei soci; libro dei soci.*** Lo stesso che *register of members* (v.).

register of shipping: ***registro navale.*** Termine usato come sinonimo di *register of ships* (v.).

register of ships: ***registro navale.*** È il registro nel quale, in base al *Merchant Shipping Act* del 1894, devono essere iscritte tutte le navi battenti bandiera inglese. Sono esenti dall'iscrizione le navi con stazza lorda inferiore alle trenta tonnellate, impiegate esclusivamente nella navigazione fluviale e costiera. In questo registro vengono iscritti i nomi dei proprietari di ciascuna nave, con tutti i relativi dati, e le eventuali ipoteche accese sulla nave stessa.

register of title: ***registro immobiliare.*** Espressione generica, usata per indicare uno dei tre registri tenuti presso la conservatoria dei registri immobiliari e precisamente il *proprietorship register* (v.), nel quale vengono annotati gli estremi relativi al proprietario di un bene immobile. (v. anche *Land Registry*)

register of transfers: ***libro dei trapassi di azioni; registro delle cessioni.*** Termine usato in alternativa a *trans-*

fer register (v.).

register ton: ***tonnellata di stazza; tonnellata di registro.*** Nei trasporti marittimi, l'espressione indica un'unità di misura corrispondente a cento piedi cubici di spazio all'interno di una nave. Essa, pertanto, non ha alcuna relazione con il peso del carico, ma soltanto con il volume che esso sviluppa.

register tonnage: ***stazza di registro; tonnellaggio di registro.*** Lo stesso che *registered tonnage* (v.).

registrar: ***conservatore del registro; ricevitore del registro.*** Il termine inglese indica un qualsiasi funzionario preposto alla tenuta di un registro pubblico, quale può essere il registro delle società o un registro immobiliare. In un uso più specifico e più comune negli Stati Uniti, il termine indica un agente, di solito rappresentato da una banca o altra istituzione finanziaria, ufficialmente nominato da una società per azioni affinché provveda alle emissioni di capitale, all'annullamento dei certificati presentati per il trasferimento di azioni e alla loro riemissione. Egli è anche preposto alla tenuta dell'apposito libro nel quale vengono registrati i trasferimenti di azioni e spesso funge anche da *transfer agent* (v.).

Registrar of Companies: ***conservatore del registro delle società; conservatoria del registro delle società; registro delle società.*** L'articolo 424 del *Companies Act* del 1948 stabilisce che allo scopo di provvedere all'iscrizione delle società nell'apposito registro, sono istituite le conservatorie del Registro delle Società alla cui direzione viene nominato un conservatore. L'espressione, tuttavia, viene spesso usata, anche nel linguaggio ufficiale, per indicare il luogo in cui il conservatore opera e la sua funzione. Pertanto, è probabile che si trovi l'espressione inglese nel significato di conservatoria del registro delle società e nel significato di registro delle società. (v. anche *Register of Companies*)

Registrar of Friendly Societies: ***conservatore del registro delle società mutue; registro delle società mutue.*** Pubblico registro, simile a quello delle società per azioni, al quale possono iscriversi le associazioni mutue acquisendo così alcuni diritti e poteri, specialmente in relazione alla concessione di mutui e ad investimenti.

Registrar of Restrictive Trade Practices: ***conservatore del registro degli accordi interindustriali.*** In base al *Restrictive Trade Practices Act* (v.) del 1956, tutti gli accordi stipulati tra produttori e distributori devono essere registrati presso l'apposita conservatoria. Tali accordi saranno successivamente esaminati dalle *Restrictive Trade Practices Courts* (v.) al fine di accertare se essi sono stati stipulati nel pubblico interesse e in caso contrario saranno dichiarati nulli. Il conservatore del registro degli accordi interindustriali ha il compito di ricevere e registrare copia di tali accordi e di inoltrarli ai competenti tribunali.

registrars in bankruptcy: Espressione usata per indicare le speciali sezioni, annesse all'alta corte e alle corti di contea britanniche, istituite in base all'articolo 102 del *Bankruptcy Act* del 1914, che hanno competenza in questioni fallimentari.

registration: 1. ***iscrizione; registrazione.*** L'iscrizione in un qualsiasi registro pubblico, quale può essere quello delle società o quello immobiliare. Per espressioni specifiche, v. i termini che seguono. **2.** ***raccomandazione.*** Dietro pagamento di una tassa, qualunque lettera, plico o piccolo pacco possono essere registrati come raccomandata all'atto della consegna presso un qualsiasi ufficio postale. La raccomandazione ha l'effetto di accertare l'avvenuta consegna del plico e di farlo viaggiare in maniera tale che sia difficile che esso vada smarrito o distrutto. (v. anche *registered letter*)

registration fee: 1. ***tassa di registro; tassa di registrazione.*** Espressione generica, usata per indicare una somma di denaro fatta pagare in occasione della registrazione in un pubblico registro. Può riferirsi, pertanto, sia alla tassa che un proprietario è tenuto a pagare all'atto della registrazione del suo titolo di proprietà in un registro immobiliare, sia alla somma che una società fa pagare all'atto della registrazione nel libro dei soci di un avvenuto trasferimento di azioni. **2.** ***tassa di raccomandazione.*** È la somma che un qualsiasi ufficio postale fa pagare a chi intende inviare una lettera raccomandata. (v. anche *registration 2, registered letter*)

registration of banks: ***iscrizione delle banche.*** L'articolo 21 del *Bank Charter Act* del 1844 stabiliva che qualsiasi banca operante in Inghilterra e nel Galles dovesse essere iscritta presso l'apposito *Inland Revenue Office* e ciò in relazione alle disposizioni previste dalla stessa legge in materia di emissione di banconote. La banche costituite come società per azioni furono esonerate, in base al *Companies Act* del 1862, dall'obbligo della registrazione imposto dall'articolo succitato, ma l'articolo 124 del *Companies Act* del 1948 ripristinò tale obbligo pur se in maniera e con finalità diverse. In base all'articolo 407 del *Companies Act* del 1948, tutte le banche estere che devono iscriversi all'apposito registro giusta disposizione dell'articolo 21 del *Bank Charter Act* (che ancora si applica alle banche estere e a tutte le banche non costituite come società per azioni), devono anche far pervenire al *Board of Trade* copia del loro atto costitutivo e dello statuto, con notizie particolareggiate sugli amministratori e nome e indirizzo di chi, in Gran Bretagna, è autorizzato a ricevere notifiche per conto della banca stessa.

registration of business name: ***registrazione della ragione sociale; registrazione della ditta.*** L'articolo 1 del *Registration of Business Names Act* (v.) del 1916 stabilisce che debbano essere iscritte nell'apposito registro tutte le imprese che svolgono la loro attività nel Regno Unito sotto una ragione sociale che non corrisponde ai reali nomi dei soci o dei proprietari.

Registration of Business Names Act: ***Legge sulla registrazione delle ragioni sociali.*** Legge, approvata dal parlamento britannico nel 1916, che nel suo articolo 1 stabilisce che tutte le imprese operanti nel Regno Unito devono iscriversi presso l'apposito registro se intendono svolgere la loro attività sotto una ragione sociale diversa dal nome dei soci o dei proprietari. Se, invece, un imprenditore intende svolgere un'attività economica usando il proprio nome come ragione sociale, è autorizzato a farlo senza dover osservare alcuna formalità. Gli articoli successivi di questa legge stabiliscono le norme relative alla procedura della iscrizione, alle modifiche di ragione sociale, all'istituzione delle due conservatorie presso il Registro delle Società di Londra e di Edimburgo, ecc. Tra l'altro, la legge prevede che la ragione sociale compaia in ogni documento dell'impresa, ivi inclusa la carta da lettere, con l'indicazione della nazionalità dei soci, se essi non sono cittadini britannici, nel caso di società semplici.

registration of charges: ***iscrizione delle ipoteche e degli oneri.*** In base all'articolo 95 del *Companies Act* del 1948, tutte le ipoteche e le altre obbligazioni fisse o fluttuanti di una società devono essere iscritte nell'apposito registro tenuto presso la conservatoria del Registro delle Società e nel registro tenuto da ciascuna società a questo fine. Le ipoteche su beni immobili, a chiunque essi appartengano, vanno iscritte in uno dei registri immobiliari, tenuti presso l'apposita conservatoria, e precisamente nel registro delle ipoteche. Le ipoteche su navi vengono, invece, iscritte nel registro navale. (v. anche *register of charges 1, register of charges 2, register of ships*)

registration of debentures: ***iscrizione delle ipoteche e degli oneri.*** Termine usato con lo stesso significato di *registration of charges* (v.).

registration of securities: ***registrazione di valori mobiliari.*** Nell'uso statunitense, l'espressione indica la procedura necessaria affinché ad una società emittente sia concessa l'autorizzazione di vendere titoli al pubblico. La procedura prevede la presentazione all'apposita commissione, di solito la *Securities and Exchange Commission* (v.), di un manifesto di emissione contenente tutte le notizie relative al titolo e dei prescritti documenti relativi alla situazione dell'impresa. Se questi documenti vengono approvati dalla commissione, dopo venti giorni dalla loro presentazione il titolo viene registrato e può essere offerto al pubblico. Nel periodo intercorrente tra la presentazione della domanda di registrazione e l'effettiva registrazione, l'emittente può far circolare un manifesto di emissione preliminare. (v. anche *red–herring prospectus*)

registration of stock: ***registrazione degli azionisti.*** Nell'uso statunitense, questo termine indica la registrazione nel libro dei soci del nome e dell'indirizzo di ciascun azionista e i successivi trapassi di azioni con le relative date e tutti gli elementi necessari a identificare sia l'operazione di trapasso che il nuovo azionista.

registration of transfers: ***iscrizione dei trapassi di proprietà.*** È la registrazione, nel libro dei soci dell'emittente, del trasferimento di titoli azionari da una persona ad un'altra. (v. anche *transfer of shares*)

registration statement: ***dichiarazione per la registrazione.*** Dichiarazione formale, presentata da una società alla *Securities and Exchange Commission* (v.) statunitense o altro ente statale federale, contenente informazioni finanziarie e di altra natura che possono interessare i sottoscrittori di una prevista emissione di titoli azionari o obbligazionari. La presentazione di tale documentazione deve avvenire prima che la società sia autorizzata a porre in vendita il titolo. Se la documentazione è trovata soddisfacente dalla commissione, il periodo intercorrente tra la sua presentazione e il rilascio dell'autorizzazione a vendere è di circa venti giorni. Può, però, essere più lungo se la documentazione è trovata insufficiente o più breve se viene concessa la procedura di urgenza. (v. anche *waiting period, registration of securities, red–herring prospectus*)

registry: **1.** ***atto di nazionalità.*** Termine usato con lo stesso significato di *certificate of registry* (v.). **2.** ***pubblico registro.*** Un qualsiasi registro nel quale vengono iscritti dati relativi a questioni di interesse pubblico. Il termine può applicarsi indifferentemente al registro delle società o ad un registro immobiliare o di altro tipo.

registry office: ***ufficio di stato civile; ufficio anagrafe; anagrafe.*** Termine usato come sinonimo di *register office* (v.).

regrater: ***accaparratore; incettatore.*** Un operatore economico che pratica l'attività descritta sotto *engrossing* (v.).

regrating: ***accaparramento; incetta.*** Termine usato con lo stesso significato di *engrossing* (v.).

regression analysis: ***analisi della regressione.*** Un insieme di tecniche statistiche che consentono di individuare la relazione media tra due o più variabili. Tra le altre applicazioni, l'analisi della regressione viene usata al fine di prevedere il livello della domanda, particolarmente quando i soli dati relativi al passato non sono sufficienti per fare un'accurata previsione dei futuri livelli di attività. In tale caso, l'oggetto dell'indagine può essere messo in relazione al livello di qualche altro oggetto per il quale la previsione risulta più facile. Se, ad esempio, vogliamo prevedere la vendita di automobili o di altri beni di lusso, possiamo porla in relazione al reddito delle famiglie e al livello generale dei prezzi. L'analisi della regressione in tal caso ci consente di quantificare gli effetti, sia congiunti che separati, sulla vendita di automobili delle variazioni dei loro prezzi e del reddito delle famiglie. Essa ci consente anche di misurare la percentuale di variazione della vendita di automobili che può spiegarsi correlandola alle variazioni del prezzo e del reddito. Infine, ci consente anche di valutare il grado di probabilità che le relazioni trovate nel campione dipendano dal caso invece che da reali relazioni di base che interessano tutte le famiglie del paese. Il caso, infatti, entra in gioco perché potremmo, per sfortuna, aver scelto un campione di famiglie non rappresentativo della massa. Il termine che indica questa tecnica deriva dalle leggi della regressione filiale, enunciate dallo statista Sir Francis Galton nella seconda metà del secolo scorso.

regression coefficient: ***coefficiente di regressione.*** Termine usato in alternativa a *coefficient of regression* (v.).

regression equation: ***equazione di regressione.*** È l'equazione che nell'analisi della regressione esprime le relazioni medie tra due o più variabili. (v. anche *regression analysis*)

regression line: ***linea di regressione.*** Una qualsiasi linea che descriva una relazione media tra due o più variabili. Di solito, la linea di regressione viene costruita col metodo dei minimi quadrati o con la correlazione.

regression model: ***modello di regressione.*** È il modello che viene usato nel caso in cui si ricorra all'analisi della regressione allo scopo di quantificare la relazione tra due o più variabili. (v. anche *regression analysis*)

regressive supply: ***offerta regressiva.*** La situazione di mercato in cui la quantità offerta di un bene aumenta via via che il suo prezzo diminuisce. Il termine regressivo deriva dall'andamento della relativa curva. (v. anche *regressive supply curve*)

regressive supply curve: ***curva di offerta regressiva.*** La rappresentazione grafica delle condizioni che si verificano su un mercato quando un bene o servizio vengono offerti in quantità sempre maggiore via via che il loro prezzo di mercato diminuisce. Se in un sistema di coordinate cartesiane poniamo sull'asse X le quantità del bene o servizio e sull'asse Y il prezzo, la curva dell'offerta mostra un'inclinazione verso il basso da sinistra verso destra ed è pertanto detta regressiva. Una situazione di mercato di questo genere si verifica più facilmente in campo agricolo in quanto, essendo essi stessi i proprietari, gli agricoltori possono aumentare la produzione lavorando più a lungo, ma senza sostenere costi monetari addizionali. Questo aumento di produzione, e il conseguente aumento dell'offerta, può essere infatti l'unico modo col quale gli agricoltori riescono a far fronte a spese monetarie fisse relativamente alte, in presenza di prezzi di mercato decrescenti.

regressive tax: ***imposta regressiva.*** È così indicata un'imposta che, restando invariata o decrescendo, varia in maniera inversamente proporzionale al variare della dimensione o del valore della proprietà che essa colpisce o dell'ammontare del reddito sul quale essa è prelevata. Per questo motivo, l'imposta regressiva percuote più pesantemente i contribuenti a basso reddito che quelli ad alto reddito. Alcune imposte indirette, e in particolare quelle che colpiscono i generi alimentari, tendono ad essere regressive, in quanto il consumo di questi beni non dipende tanto dal reddito del consumatore quanto dal numero delle persone che compongono la famiglia. Allo stesso modo, un'imposta generale sulle vendite tende ad essere regressiva in quanto preleva una percentuale di reddito maggiore dalle famiglie a basso reddito, anche se le aliquote sono proporzionali. Il termine viene usato come opposto di imposta progressiva. (v. anche *progressive tax, proportional rate 2*)

regressive taxation: ***imposizione regressiva; imposizione fiscale a aliquote regressive.*** Termine usato come sinonimo di *regressive tax system* (v.).

regressive tax system: ***imposizione regressiva; imposizione fiscale a aliquote regressive; sistema di imposizione fiscale a aliquote regressive.*** È il sistema di imposizione fiscale le cui aliquote diminuiscono via via che aumenta la base imponibile del contribuente. Ad esempio, un'aliquota del dieci per cento applicata su una base imponibile di dieci milioni, dell'otto per cento su una base imponibile di venti milioni, del sei per cento su un imponibile di trenta milioni e così via. Poiché è considerato ingiusto che chi più ha, meno paghi in proporzione al suo reddito, l'imposizione regressiva non viene più adottata in alcun paese. Tuttavia, un'imposta può essere in effetti regressiva anche quando le aliquote sono proporzionali. (v. anche *regressive tax, progressive tax system, proportional tax system*)

regret criterion: ***minimax; mini-massimo; minimo--massimo.*** Termine usato con lo stesso significato di *minimax* (v.).

regular charge account: ***conto di credito regolare.*** Un conto di credito che consente al cliente di acquistare beni, che gli verranno fatturati entro un mese dall'acquisto. La fattura è di solito pagabile entro dieci giorni dalla data di emissione senza alcuna maggiorazione, ma certi grandi magazzini consentono che il pagamento venga effettuato entro i trenta giorni dalla data di emissione della fattura. (v. anche *charge account*)

regular customer: ***cliente abituale; cliente regolare.*** Il consumatore che, per abitudine o per convenienza, si serve sempre presso gli stessi punti di vendita. Nella terminologia commerciale, viene indicata con la stessa espressione l'impresa che si serve dagli stessi fornitori, passando loro ordini ripetitivi ogni volta che si devono ricostituire le scorte.

regular deposit: ***deposito regolare.*** Il normale tipo di deposito presso banche, magazzini generali, ecc. e quindi, a rigor di termini, un deposito specifico, in base al quale si è tenuti a restituire la cosa depositata. (v. anche *irregular deposit*)

regular dividend: ***dividendo regolare.*** Un dividendo dichiarato e pagato da una società per azioni a intervalli di tempo regolari che, nella pratica italiana, corrispondono a un anno contabile, ma in altri paesi possono essere più brevi e corrispondere a un mese o a un trimestre.

regular warehouse: ***magazzino regolare; deposito regolare.*** Termine usato con lo stesso significato di *licensed warehouse* (v.).

regular way delivery: ***consegna secondo il modo regolare.*** Espressione usata nel linguaggio delle borse valori per indicare la consegna e il pagamento dei titoli secondo le consuetudini del luogo. Alla borsa valori di Londra, la consegna e il pagamento hanno luogo al termine del ciclo operativo, nei giorni appositamente riservati per tali operazioni, tranne quando si trattano titoli di stato, i cosiddetti *gilts* (v.), che devono essere pagati e consegnati il giorno successivo a quello in cui ha avuto luogo l'operazione. Nelle borse valori statunitensi, la consegna e il pagamento hanno consuetudinariamente luogo il quarto giorno lavorativo dopo quello in cui si è effettuata la vendita, ma anche qui si fa eccezione per i titoli di stato, che devono essere pagati e consegnati il giorno lavorativo successivo a quello in cui ha avuto luogo l'operazione.

regulated commodities: ***merci regolamentate.*** Espressione usata negli Stati Uniti per indicare tutte quelle merci, trattate nei mercati a termine, che dal 1975 rientrano sotto il controllo della *Commodity Futures Trading Commission* (v.).

regulated company: ***società regolata.*** Tipo di società, non più esistente, che veniva costituita affinché provvedesse a regolare determinate attività artigianali, professionali o commerciali più o meno come oggi fanno le comuni associazioni professionali.

regulation: **1.** ***regolamento.*** Questo termine inglese viene usato nella terminologia economica per indicare una qualsiasi misura di controllo statale sull'iniziativa privata. **2.** ***direttiva.*** Nel linguaggio della Comunità Economica Europea, è una norma, emanata dal Consiglio dei Ministri o dalla Commissione, vincolante e direttamente applicabile in tutti i paesi che fanno parte della Comunità. **3.** ***regolamentazione.*** Insieme di norme e regolamenti emessi da un governo centrale o da suoi enti allo scopo di regolamentare un determinato aspetto della vita sociale del paese. Nel linguaggio economico, il termine indica principalmente l'insieme di norme statali che regolamentano lo svolgimento di qualsiasi attività economica, mediante il rilascio di licenze, permessi o autorizzazioni o mediante il rispetto di determinati canoni imposti dalle autorità.

regulation A: ***direttiva A.*** Una direttiva che consente alle società statunitensi di emettere valori mobiliari fino ad un ammontare massimo totale di 300.000 dollari evitando le lungaggini imposte dalla *Securities and Exchange Commission* (v.) e rendendo pubblica una circolare di offerta in luogo del manifesto di emissione.

regulation M: ***direttiva M.*** Dall'aprile del 1981, questa direttiva dà alla *Federal Reserve Board* (v.) statunitense il potere di regolamentare il credito al consumo offerto mediante le vendite a rate. Prima del 1981, la direttiva M riguardava le attività estere delle banche membri del Sistema della Riserva Federale, ma tale materia ora è regolamentata dall'*International Banking Act* del 1979 e dal *Monetary Control Act* del 1980.

regulation of business: ***regolamentazione dell'attività economica.*** Termine usato con lo stesso significato di *government regulation of business* (v.).

regulation Q: ***direttiva Q.*** Nel linguaggio bancario statunitense, indica un particolare strumento di politica monetaria usato dal *Federal Reserve System* (v.) allo scopo di controllare l'espansione del credito. Consiste nello stabilire il tasso di interesse massimo che le banche sono autorizzate a concedere sui certificati di deposito e sui depositi vincolati effettuati dai loro clienti. Quando questo tasso è particolarmente basso, i risparmiatori si rivolgono ad altre forme di investimento, così limitando la possibilità delle banche di concedere credito. La direttiva Q è stata abolita nel 1983.

regulation T: ***direttiva T.*** Direttiva emessa dal Sistema della Riserva Federale degli Stati Uniti, con la quale si impone un limite al credito che uno *stockbroker* (v.) o altro operatore di borsa può concedere ad un suo cliente in relazione all'acquisto di valori mobiliari.

regulation U: ***direttiva U.*** Direttiva emessa dal Sistema della Riserva Federale degli Stati Uniti, con la quale si impone un limite al credito che una banca può concedere ad un suo cliente in relazione all'acquisto di valori mobiliari.

regulation W: ***direttiva W.*** Durante la seconda guerra mondiale, il Sistema della Riserva Federale degli Stati Uniti aveva il potere, in base alla direttiva W, di regolamentare le vendite rateali mediante la determinazione dell'anticipo e del numero di rate in cui suddividere il pagamento. La direttiva W rimase in vigore fin dopo la guerra di Corea, ma nel 1953 non fu rinnovata dal Congresso.

regulator: 1. ***regolatore.*** Nel Regno Unito, è un moderno strumento di politica monetaria e precisamente la facoltà del Cancelliere dello Scacchiere di variare, fino ad un massimo del venti per cento, l'aliquota dell'imposta sugli acquisti, oggi d'altronde abolita, e l'imposta di fabbricazione sulla benzina e sui tabacchi, oggi ancora in essere, senza la preventiva autorizzazione del parlamento. La funzione del regolatore è quella di consentire il reperimento di maggiori fondi quando la situazione economica del paese richiede maggiori spese statali. Tale strumento, tuttavia, è stato raramente applicato di recente, anche perché l'entità del gettito risulterebbe poco consistente. **2.** ***regolamentatore.*** In questo significato il termine è di recente adozione e indica l'individuo o l'ufficio dal quale viene emessa una norma tendente a regolamentare una qualche attività economica.

regulator–induced financial innovation: ***innovazione finanziaria indotta da regolamentazioni.*** Il processo di introduzione di nuove attività, istituzioni o servizi finanziari avviato a seguito dell'emissione di nuove leggi o regolamenti.

regulatory arbitrage: ***arbitraggio di regolamentazione.*** La possibilità di migrazione di attività di compravendita titoli verso paesi in cui i mercati non sono rigidamente regolamentati.

regulatory commissions: ***commissioni regolamentatrici.*** Sono comitati preposti da un governo alla regolamentazione di uno qualsiasi degli aspetti dell'attività economica del paese. Vi sono commissioni preposte alla regolamentazione dei prezzi, a quella dell'attività delle borse valori e delle borse merci, e simili.

regulatory reform: ***riforma delle regolamentazioni.*** Espressione più formale, usata con lo stesso significato di *deregulation* (v.).

regulatory tax: ***imposta regolatrice.*** Imposta usata principalmente come strumento di controllo dell'attività economica di un determinato settore, come ad esempio un'alta imposta di consumo su un determinato bene allo scopo di limitarne l'uso da parte del pubblico.

regulatory taxation: ***imposizione fiscale regolatrice.*** L'imposizione fiscale usata non soltanto come mezzo di reperimento di fondi con cui finanziare le spese statali, ma anche come strumento volto a controllare un qualche settore dell'economia, agevolandone o limitandone lo sviluppo mediante la diminuzione o l'aumento delle imposte che colpiscono quel settore.

rehypothecation: Termine con il quale, nel linguaggio di borsa statunitense, viene indicata la costituzione in pegno di titoli da parte di uno *stockbroker* (v.) o altro operatore di borsa che, a sua volta, li ha ricevuti in pegno da un'altra persona a fronte di un prestito concesso in relazione ad un acquisto a margine. (v. anche *buying on margin, margin trading*)

reichsmark: Unità monetaria della Germania che sostituì, a partire dal 1924, la precedente unità monetaria a seguito di una drastica riforma resa necessaria dalla grande inflazione che aveva colpito la valuta tedesca. Il *reichsmark* aveva lo stesso contenuto aureo del marco in circolazione nel periodo precedente il primo conflitto mondiale ed era ugualmente diviso in cento pfennig. Il *reichsmark* fu sostituito ai vecchi marchi di carta nel rapporto di mille miliardi di marchi carta per un *reichsmark.* Dopo la seconda guerra mondiale, anche questa moneta si svalutò a tal punto che fu necessario sostituirla, nelle zone della Germania occidentale con il *Deutsche Mark,* e in quelle della Germania orientale con l'*Östmark.*

Reilly's law: ***legge di Reilly.*** Lo stesso che *retail gravitation law* (v.).

reimbursement credit: ***credito di rimborso.*** Il credito concesso quando una banca nel paese dell'importatore chiede a una banca corrispondente nel paese dell'esportatore di autorizzare quest'ultimo a emettere tratte sulla banca corrispondente, la prima a sua volta impegnandosi a rimborsare la corrispondente come e quando essa dovrà onorare le tratte.

to reimport: ***reimportare.*** Reintrodurre in un paese beni che erano stati precedentemente esportati, anche se su base temporanea.

reindustrialization: ***reindustrializzazione.*** Un processo che fa seguito a un processo di disindustrializzazione e che si basa sulla creazione di industrie nuove, ad alto contenuto tecnologico e diverse da quelle precedentemente esistenti nel paese o nell'area specifica. Il termine è stato usato principalmente in relazione alle nuove tendenze dell'economia degli Stati Uniti, volta verso la produzione di servizi e beni ad alto contenuto tecnologico da parte di imprese medio–piccole.

reinstatement: 1. ***reintegrazione; riadeguamento.*** Nella terminologia delle assicurazioni, il termine inglese indica: a) la reintegrazione dell'assicurato nella posizione in cui si trovava prima della sospensione o della cancellazione della polizza di cui era titolare; b) il riadeguamento del valore assicurato in polizza pari a quello esistente prima del pagamento di un indennizzo. Certi tipi di polizza, infatti, se non si procede al riadeguamento restano in vigore per un ammontare assicurato pari a quello iniziale, detratta la somma pagata a fronte del sinistro liquidato. (v. anche *automatic reinstatement clause, restoration premium*) **2.** ***reintegrazione.*** Nel linguaggio delle relazioni industriali, è la riassunzione di un lavoratore in un posto dal quale era stato precedentemente licenziato senza giusta causa.

re–insurance: ***riassicurazione.*** L'accordo tra due assicuratori, in base al quale uno di loro si assume, in toto o in parte, il rischio relativo ad una o più polizze emesse dall'altro assicuratore, quando questi si rende conto che il rischio da lui sottoscritto è troppo grande perché lo possa sostenere da solo. La riassicurazione è, in definitiva, un'estensione del principio dell'assicurazione, in quanto rappresenta una maggiore ripartizione del rischio tra più persone. (v. anche *re–insurance company*)

re–insurance company: ***società di riassicurazione; riassicuratrice.*** È un'impresa assicuratrice il cui unico o principale campo di attività è quello di sottoscrivere contratti di riassicurazione a favore di altre imprese assicuratrici. Uno dei principi fondamentali delle società di assicurazioni è quello di limitare la propria responsabilità ad una somma prestabilita in qualsiasi particolare contingenza. Pertanto, quando un'impresa assicuratrice sottoscrive polizze per un ammontare superiore alla somma prestabilita, si renderà necessario procedere alla riassicurazione della parte eccedente presso un'altra impresa assicuratrice, più propriamente chiamata impresa riassicuratrice.

re–insurance premium: ***premio di riassicurazione.*** È il premio che l'assicuratore paga al riassicuratore, in considerazione del rischio che quest'ultimo si assume in relazione a polizze emesse dall'assicuratore.

re–insurance treaty: ***contratto di riassicurazione; accordo di riassicurazione.*** È l'accordo che intercorre tra due assicuratori, in base al quale uno di loro si assume tutti o parte dei rischi sottoscritti dall'altro. Un accordo o un contratto di riassicurazione non crea alcun rapporto tra l'assicurato e il riassicuratore, né modifica i rapporti tra assicurato e assicuratore. (v. anche *re–insurance*)

to re–insure: ***riassicurare.*** Procedere alla stipula di un contratto di riassicurazione, in base al quale un'impresa riassicuratrice si assume parte del rischio sottoscritto da un'impresa assicuratrice. (v. anche *re–insurance*)

re–insured: ***riassicurato.*** La persona o la società assicuratrice che, in base ad un accordo di riassicurazione e in considerazione del pagamento di un premio, trasferisce ad un'altra persona o società tutti o parte dei rischi da essa assunti mediante l'emissione di polizze di assicurazione.

re–insurer: ***riassicuratore; impresa riassicuratrice.*** È la persona fisica o giuridica che, in base ad un accordo di riassicurazione e in considerazione del pagamento del relativo premio, si assume tutti o parte dei rischi di un'altra persona o società, l'assicuratore, relativi a polizze da questi emesse.

re–insuring company: ***società riassicuratrice.*** Lo stesso che *re–insurance company* (v.).

re–intermediation: ***reintermediazione.*** Il processo inverso a quello descritto sotto *disintermediation* (v.), per cui i fondi che prima passavano direttamente dai risparmiatori ai mutuatari o venivano trattati sui mercati non controllati dalle autorità monetarie, ora seguono la stessa via ma non direttamente, bensì attraverso l'intermediazione delle istituzioni finanziarie, prime tra queste le banche. La reintermediazione è un effetto diretto dell'abolizione dei controlli monetari quantitativi.

reinvested profits: ***utili reinvestiti; profitti reinvestiti.*** Lo stesso che *ploughed–back profits* (v.).

reinvestment: ***reinvestimento.*** L'impiego in nuovi investimenti dei proventi derivanti da un altro investimento. Nella terminologia dei fondi comuni, il termine indica l'acquisto di quote–parti addizionali del fondo usando l'ammontare di dividendi ricevuti dal sottoscrittore. Nel quadro di programmi sistematici di accumulazione di capitale, tutti i dividendi vengono automaticamente reinvestiti, al loro valore contabile netto, in quote–parti addizionali del fondo comune d'investimento.

reinvestment privilege: ***privilegio di reinvestimento.*** Negli Stati Uniti, è il diritto di un azionista o di un quotista di reinvestire i dividendi allo scopo di acquistare altre azioni della società o altre quote del fondo comune, in quest'ultimo caso di solito senza spese.

reinvestment rate: ***tasso di reinvestimento.*** L'ammontare di utili reinvestiti in un'impresa espresso come percentuale del capitale dell'impresa stessa.

reisemark: Era così indicato il marco «turistico», emesso dalle autorità monetarie tedesche, durante gli anni trenta, a condizioni di cambio particolarmente vantaggiose per i turisti stranieri. Scopo di tale emissione era quello di incoraggiare l'industria turistica germanica.

to re–issue: ***riemettere.*** Procedere alla nuova emissione di un titolo di credito, quale ad esempio una cambiale o un'obbligazione.

re–issue of bill of exchange: ***riemissione di cambiale.*** L'articolo 37 del *Bills of Exchange Act* del 1882 esplicitamente prevede la possibilità che una cambiale venga riemessa. Esso recita: «Nel caso in cui una cambiale sia ceduta al traente o a un precedente girante o all'accettante, tale parte può, in virtù delle norme stabilite in questa legge, riemetterla e nuovamente negoziarla...».

re–issue of debentures: ***riemissione di obbligazioni.*** Le obbligazioni che sono state rimborsate dalla società emittente possono essere riemesse, se ciò non è esplicitamente vietato dallo statuto della stessa società o se essa non si è impegnata formalmente ad estinguerle definitivamente.

REIT: real estate investment trust.

to reject: ***protestare; rifiutare; scartare.*** Nella terminologia commerciale, questo termine viene usato per indicare il rifiuto di accettare merci inadeguate o non conformi al campione o alla descrizione che portò all'invio dell'ordinativo. Lo stesso termine indica l'azione di scartare, al termine del processo produttivo o a qualsiasi stadio di controllo qualitativo, quegli articoli o lotti di articoli che non raggiungono il livello di accettabilità minimo prescritto. (v. anche *reject, rejectable quality level*)

reject: ***scarto di produzione.*** Il prodotto che reca in sé un difetto tale da farlo scartare al termine del processo produttivo o a qualsiasi stadio di controllo qualitativo. Gli scarti di produzione vengono di solito venduti ad un prezzo ridotto, quando il difetto è tale da essere notato, ma non da impedire l'utilizzazione del prodotto allo scopo cui era destinato.

rejectable quality level: ***livello di qualità non accettabile.*** Nel controllo statistico della qualità, questa espressione indica un grado di qualità espresso in termini di numero o percentuale di articoli difettosi in un lotto di prodotti tale da renderlo non accettabile.

reject note: ***nota di scarto.*** Il documento che accompagna un prodotto scartato al termine del processo produttivo e illustra le ragioni che hanno portato allo scarto.

related companies: ***società collegate; società affiliate.*** Termine usato con lo stesso significato di *affiliate* (v.).

related cost: 1. ***costo diretto; costo speciale.*** È il costo sostenuto in previsione di una vendita o della realizzazione di un utile e, pertanto, qualsiasi costo variabile o semivariabile. **2.** ***costo comune.*** Il termine inglese è spesso usato con lo stesso significato di *common cost* (v.). **3.** ***costo correlato.*** Un qualsiasi costo che sia la conseguenza di un altro costo o che porti come conseguenza un altro costo.

related products: ***prodotti collegati.*** Due o più prodotti che pur essendo diversi sono tra loro collegati o per la presenza di componenti di base comuni o, come avviene più frequentemente, a causa di una interrelazione della domanda dei due beni. Così, ad esempio, le piccole calcolatrici tascabili e le batterie che le alimentano possono essere prodotti della stessa impresa.

relating back: ***principio della retroattività.*** Espressione usata come sinonimo di *relation back* (v.).

relation: ***relazione.*** Termine usato nel Regno Unito per indicare il rapporto esistente tra un aumento netto dei consumi e l'investimento netto che ne deriva.

relation back: ***principio della retroattività.*** È così indicato un principio giuridico sancito dall'articolo 37 del *Bankruptcy Act* del 1914. Esso stabilisce che in caso di fallimento o di liquidazione, al fine di garantire un'equa distribuzione delle attività esistenti, si considera che il fallimento abbia avuto inizio non nel momento in cui è stata presentata l'istanza, bensì al verificarsi del primo *act of bankruptcy* (v.) da parte del fallito. Ciò comporta che il curatore può ignorare qualsiasi operazione che abbia avuto luogo tra il verificarsi di tale evento e la sua nomina e può recuperare le attività comunque alienate in tale periodo, fatta eccezione per certe operazioni fatte dal debitore in buona fede e in considerazione di un corrispettivo.

relative advantage: ***vantaggio relativo; vantaggio comparato.*** Lo stesso che *comparative advantage* (v.).

relative average deviation: ***deviazione media relativa.*** Viene così definita la deviazione media divisa per la mediana. (v. anche *average deviation, median*)

relative income hypothesis: ***ipotesi del reddito relativo.*** La teoria che sostiene che il rapporto del risparmio, cioè risparmio/reddito e quindi la propensione media al consumo, dipende non dal livello del reddito dell'individuo, bensì dalla sua posizione relativa nella scala del reddito, cioè il rapporto tra il suo reddito e il reddito medio di tutti gli individui. Questo comportamento è stato giustificato da un punto di vista psicologico con la tendenza del consumatore ad emulare i propri vicini, per cui la sua funzione di utilità si basa non soltanto sulla quantità dei vari beni da lui consumati, ma anche sul consumo di coloro con i quali egli ha rapporti sociali. (v. anche *absolute income hypothesis, permanent income hypothesis*)

relative marginal utility ratio: ***rapporto delle utilità marginali relative.*** Lo stesso che *marginal rate of substitution* (v.).

relative price: ***prezzo relativo.*** Prezzo di un bene o servizio considerato in relazione ai prezzi di altri beni o servizi. Il prezzo relativo ha importanza nella valutazione delle variazioni di prezzo.

relative price differences: ***differenze di prezzi relativi.*** Lo stesso che *comparative advantage* (v.).

relative priority: ***priorità relativa.*** Il principio, seguito nel caso di riorganizzazione di una società, in base al quale ciascun gruppo di creditori e azionisti sopravvive alla riorganizzazione, ma le perdite subite da ciascuno di loro sono inversamente proporzionali alla priorità dei crediti. Ad esempio, se vi sono attività per cinquemila sterline e obbligazioni per cinquemila sterline, azioni privilegiate per cinquemila sterline e azioni ordinarie per la stessa somma, a seguito di riorganizzazione gli obbligazionisti potrebbero ricevere il settantacinque per cento dei loro crediti, gli azionisti privilegiati il venti per cento e gli azionisti ordinari soltanto il cinque per cento delle attività. (v. anche *absolute priority, reorganization 1*)

relative quartile deviation: ***deviazione quartile relativa.*** È la deviazione quartile divisa per la mediana, ovvero la differenza tra il primo e il terzo quartile divisa per la somma dei due. (v. anche *quartile, quartile deviation, median*)

relatives index number: ***numero indice a valore relativo.*** Termine usato con lo stesso significato di *relative-value index number* (v.).

relative skewness: ***coefficiente di asimmetria; indice di asimmetria.*** La differenza tra la media e la norma, divisa per la deviazione standard. (v. anche *mean, mode, standard deviation*)

relative standard deviation: ***coefficiente di variazione; deviazione standard relativa.*** In statistica, è la misura della dispersione o variabilità relative in una distribuzione di frequenza e si ottiene dividendo la deviazione standard per la media aritmetica e moltiplicando il quoziente per cento. (v. anche *standard deviation, arithmetic mean*)

relative-value index number: ***numero indice a valore relativo.*** Un numero indice calcolato assegnando il numero indice cento a ciascun elemento di una serie di cifre che rappresentano un periodo di tempo indicato come periodo base, trovando per ciascun elemento in ciascuno degli altri periodi considerati un numero indice individuale o una cifra che abbia la stessa relazione a cento che l'elemento in questione ha col suo elemento corrispondente nel periodo base e calcolando la media geometrica dei numeri indici individuali per ciascun periodo. Questo metodo non dà un mezzo logico per assegnare un'importanza relativa ai vari elementi che costituiscono la serie di cifre. I numeri indice che ne risultano, pertanto, anche se validi da un punto di vista matematico, possono non svelare il pieno significato delle variazioni che possono essersi verificate tra un periodo e l'altro. Per questo motivo, si è soliti inserire una media ponderata in questo metodo di determinazione dei numeri indici.

relativities: ***relatività.*** Termine coniato negli anni settanta per indicare le differenze salariali tra persone che svolgono lo stesso tipo di lavoro impiegatizio, ma alle dipendenze di differenti datori di lavoro, ritenute eque o giuste dall'opinione pubblica, ma non giustificate dall'azione delle forze di mercato.

relaunch: ***rilancio.*** Il lancio sul mercato di una marca già esistente, dopo che sono state apportate modifiche al prodotto.

release: ***liberazione.*** Un documento scritto che pone fine all'esistenza di un debito o di un'obbligazione. Essendo un contratto, al fine di essere vincolante deve essere redatto in modo tale da conformarsi ai requisiti di un contratto.

release note: ***nota di rilascio.*** Il documento che asserisce che un prodotto è conforme alla qualità standard richiesta, avendo superato il controllo, e pertanto può essere avviato al mercato.

release of mortgage: ***liberazione d'ipoteca; estinzione d'ipoteca; purgazione d'ipoteca.*** Documento formale, firmato dal creditore ipotecario, col quale si attesta l'avvenuto pagamento del debito a garanzia del quale fu accesa l'ipoteca e la conseguente liberazione della proprietà su cui essa gravava. Come per l'ipoteca, anche questo documento deve essere registrato e la purgazione dall'ipoteca deve essere iscritta nel registro delle ipoteche.

relet: ***subnoleggio.*** Termine usato nel linguaggio dei trasporti marittimi per indicare che una nave, già noleggiata per un certo periodo di tempo, viene messa a disposizione di un altro noleggiatore per un singolo viaggio o per un periodo di tempo inferiore a quello del primo noleggio.

reliability: **1.** ***attendibilità.*** In statistica, è la capacità relativa di dare gli stessi risultati in una determinata serie di prove o esperimenti. **2.** ***solvibilità.*** Nella terminologia finanziaria, è la capacità di un individuo o di un'impresa di far fronte ai propri impegni finanziari. **3.** ***affidabilità.*** Usato in relazione a impianti o sistemi di gestione, il termine inglese indica la condizione di efficienza operativa nella quale si presume siano insiti la continuità ininterrotta della funzione e l'aderenza agli standard di rendimento ed efficienza attuali.

reliable: ***attendibile; solvibile; affidabile.*** Questo aggettivo viene usato con gli stessi significati del corrispondente sostantivo. (v. anche *reliability*)

reliction: ***incremento di alluvione; accrescimento fluviale.*** Termine usato con lo stesso significato di *accretion*

1 (v.).

relief: 1. ***detrazione.*** Termine usato con lo stesso significato di *allowance 2* (v.). **2.** ***assistenza; sussidio.*** L'aiuto dato dalla comunità, attraverso l'intervento dello stato o di suoi enti, alle persone bisognose.

relief work: ***opere assistenziali.*** Espressione usata per indicare le opere pubbliche intraprese dallo stato con l'obiettivo di ridurre la disoccupazione in periodi di crisi o di recessione. Era il principale, se non l'unico, sistema per prestare assistenza ai disoccupati prima dell'istituzione delle assicurazioni sociali o altri piani ad esse equivalenti.

relocation: ***trasferimento.*** Lo spostamento della sede e degli impianti produttivi di un'impresa da un luogo precedentemente congestionato a un'area meno sviluppata o depressa. Tali trasferimenti vengono stimolati mediante incentivi fiscali e di altra natura da parte di governi che si trovano a dover risolvere il problema delle aree depresse.

relocation aid: ***indennità di trasferimento.*** Lo stesso che *worker relocation subsidy* (v.).

rem.: remittance.

remainder: Termine usato in relazione a beni immobili concessi in usufrutto. Quando il proprietario di un bene ne concede l'uso a più di una persona in successione con lo stesso atto, il diritto del primo beneficiario è indicato col termine *particular estate*, mentre il diritto della persona destinata a succedergli alla sua morte è indicato con il termine *remainder*. Nel marketing, lo stesso termine indica la quantità di copie di un libro che resta invenduta quando le vendite del libro sono virtualmente terminate. Tale quantità di copie viene di solito ceduta in blocco dall'editore ad un prezzo notevolmente ridotto e posta successivamente in vendita ad un prezzo di gran lunga inferiore a quello di copertina.

remainderman: ***nudo proprietario.*** Si indica con questo termine il titolare del diritto chiamato *remainder* (v.).

remainder value: ***valore contabile residuo.*** Lo stesso che *net book amount* (v.).

remargining: ***integrazione del deposito di garanzia.*** Nel linguaggio delle borse valori americane, indica l'adeguamento del margine di deposito a seguito di variazione del corso dei titoli dati in garanzia a fronte di un acquisto a margine. Infatti, se il corso dei titoli dati in garanzia diminuisce, il rapporto tra valore dei titoli e deposito di garanzia viene ad essere alterato e colui che ha effettuato l'acquisto a margine è tenuto a ripristinarlo, pena la vendita dei titoli stessi. (v. anche *margin call, buying on margin, margin trading, margin 4*)

remedy: ***rimedio.*** In epoche passate, questo termine veniva usato per indicare la differenza in meno, di fino o di peso, consentita rispetto al valore legale di una moneta. Tale differenza corrispondeva, quindi, alla quantità di metallo prezioso che le zecche erano autorizzate a trattenere quale compenso dei costi di monetazione e per le esigenze tecniche connesse al processo di coniazione. Quando divenne invalso il concetto della monetazione gratuita, il termine passò ad indicare la tolleranza consentita nel titolo e nel peso di una moneta per difetto di fabbricazione. (v. anche *remedy allowance*)

remedy allowance: ***rimedio.*** Il termine inglese viene usato nel significato moderno del corrispondente termine italiano, cioè la tolleranza riconosciuta e consentita per legge nel titolo e nel peso di una moneta. Il *Coinage Act*, nelle sue diverse stesure, definisce il peso e il titolo di ciascuna moneta, ma poiché è impossibile produrre monete assolutamente uguali e conformi alle prescrizioni di legge, il *Coinage Act* del 1891 consentì la tolleranza nota come rimedio. Tale tolleranza per le monete auree era del due per mille di fino e per le monete d'argento del quattro per mille, ma il *Coinage Act* del 1920 aumentò il rimedio al cinque per mille.

reminder: ***sollecito; lettera di sollecito.*** Lettera o altra comunicazione ad un cliente, avente lo scopo di ricordargli che è scaduto il termine di pagamento di un debito relativo ad una precedente fornitura di beni o servizi.

remission: ***restituzione d'imposta; rimborso d'imposta.*** Rimborso da parte del fisco al contribuente che ha pagato un importo superiore a quello dovuto come imposta.

to remit: ***rimettere.*** Termine usato nei significati di: a) inviare una somma di denaro; e, b) astenersi dal chiedere il pagamento di un debito.

remittance: ***rimessa.*** Somma di denaro inviata da una persona ad un'altra con un qualsiasi mezzo di pagamento. Lo stesso termine viene usato nel linguaggio bancario per indicare una somma in monete metalliche, banconote, assegni o altri titoli di credito inviata da un ufficio ad un altro ufficio.

remittance advice: ***distinta di accompagnamento; bollettino di accompagnamento.*** Termine usato con lo stesso significato di *remittance slip* (v.).

remittance basis: ***base di rimessa.*** Nel linguaggio finanziario, indica la base su cui può essere determinata l'imposta su un reddito prodotto all'esterno del Regno Unito, ma introdotto in quel paese tramite una rimessa.

remittance in settlement: ***rimessa a saldo.*** La rimessa che estingue completamente e definitivamente un debito esistente.

remittance letter: ***lettera di rimessa.*** Inviata da una banca a una sua corrispondente o agenzia, contiene assegni e altri titoli negoziabili per l'incasso e le istruzioni su come comportarsi in caso di mancato pagamento dei titoli di credito allegati.

remittance slip: ***distinta di accompagnamento; bollettino di accompagnamento.*** Modulo stampato che accompagna una rimessa, indicando a quale debito o parte di debito essa si riferisce e quali eventuali variazioni sono state apportate al debito in relazione a detrazioni o abbuoni.

remitting bank: ***banca intermediaria; banca pagatrice.*** La banca mediante la quale viene fatta una rimessa e che provvede a versare la somma di denaro al beneficiario.

remonetization: ***rimonetazione.*** Il reinserimento di una moneta nel sistema monetario di un paese, dopo che essa era stata demonetizzata. Lo stesso termine viene usato per indicare la trasformazione di metallo prezioso in moneta, dopo che esso era stato prodotto attraverso la fusione di monete. Nel primo significato il termine può essere usato anche in relazione a forme di moneta non metallica.

to remonetize: ***rimonetizzare.*** Ripristinare l'uso di una moneta nel sistema monetario di un paese, dopo che essa era stata demonetizzata. Lo stesso termine viene usato, come per il corrispondente sostantivo, col significato di restituire valore monetario ad un metallo.

remote banking: ***servizi telebancari.*** Servizi bancari richiesti dal cliente e forniti dalla banca mediante collegamenti elettronici. Il cliente, attraverso il proprio computer, può collegarsi col computer della banca per ottenere tutti i servizi che quest'ultimo è abilitato a erogare.

remote cause: ***causa remota.*** Nel linguaggio giuridico e assicurativo, il termine inglese indica una causa lontana o indiretta di un evento o di una serie di eventi.

remote damage: ***danno indiretto.*** Il danno derivante da un atto commesso da una delle parti, ma del quale essa non ha alcuna responsabilità, come ad esempio quando la catena di causalità viene ad infrangersi e l'atto commesso da quella parte non è la causa reale ed effettiva del danno sofferto dall'altra parte.

remote parties: ***parti remote.*** In relazione ad una cambiale, vengono indicate con questa espressione le parti che non sono in relazione diretta l'una con l'altra, come ad esempio l'accettante e un giratario. (v. anche *immediate parties*)

remote retailing: ***vendita a distanza.*** Lo stesso che *home shopping* (v.).

remote shopping: ***acquisti a distanza.*** Lo stesso che *home shopping* (v.).

removal bond: ***deposito cauzionale di rimozione.*** Deposito cauzionale, effettuato presso l'amministrazione delle dogane, in considerazione di eventuale dazio da pagarsi su merci di importazione, rimosse dai magazzini doganali allo scopo di consentirne la lavorazione e la successiva riesportazione.

Remploy Ltd.: Ragione sociale di un'impresa costituita dal ministero del lavoro britannico allo scopo di gestire stabilimenti industriali che danno lavoro a persone portatrici di handicap.

remunerability: ***remunerabilità.*** Termine generico, usato per indicare la qualità di essere remunerativo. Viene, pertanto, applicato ad attività economiche, investimenti e simili.

to remunerate: ***remunerare.*** Termine usato nel linguaggio finanziario e delle relazioni industriali negli stessi significati descritti sotto il corrispondente sostantivo *remuneration* (v.).

remuneration: ***remunerazione.*** L'atto di remunerare e anche ciò con cui si remunera. In relazione ad un investimento, ad esempio, la remunerazione consiste degli interessi o dividendi percepiti dall'investitore, mentre nel caso di lavoro, la remunerazione corrisponde al salario o allo stipendio ricevuto dal prestatore di lavoro, più incentivi e gratifiche di qualsiasi tipo.

remuneration of suggestions: ***remunerazione dei suggerimenti.*** Un sistema, in uso in molte imprese, in base al quale i lavoratori sono sollecitati ad esprimere loro suggerimenti tendenti a incrementare la produttività, a rendere più spedito il lavoro o, comunque, a migliorare la produzione dell'impresa da un punto di vista dei costi e della qualità. I suggerimenti accolti vengono remunerati o con un compenso monetario o con altri vantaggi, quali ad esempio un periodo di ferie o un viaggio premio.

remuneration system: ***sistema di remunerazione.*** V. spiegazione sotto *wage systems*.

remunerative: ***remunerativo; lucrativo; fruttifero.*** Termine generico, usato per determinare una qualsiasi attività industriale, commerciale e simili o una qualsiasi forma di investimento che danno un buon profitto.

remunerative rates: ***contributi di miglioria.*** Termine usato con lo stesso significato di *beneficial rates* (v.).

rendu: ***franco.*** Termine a volte usato con lo stesso significato di *franco* (v.).

rendu price: ***prezzo franco.*** Lo stesso che *franco price* (v.).

renegotiation: ***rinegoziazione.*** Termine usato negli Stati Uniti per indicare la pratica, invalsa durante la seconda guerra mondiale, in base alla quale lo stato o un ente statale ha il potere di rivedere il prezzo di una fornitura precedentemente stabilito per contratto. Tale potere deriva da una clausola appositamente inserita in tutti i contratti di appalto e il prezzo finale viene ritoccato dopo che la fornitura è stata consegnata e dopo che sono stati accertati i profitti dell'impresa in relazione anche all'efficienza e al rischio implicati nell'esecuzione del contratto di appalto.

renegotiation reserve: ***riserva di rinegoziazione.*** Nella contabilità statunitense, questa espressione indica una passività corrente reputata pari alla somma che l'impresa potrebbe perdere, rispetto agli utili previsti, o potrebbe dover restituire a seguito di revisione del prezzo di una fornitura allo stato o ad un suo ente. (v. anche *renegotiation*)

to renew a bill: ***rinnovare una cambiale.*** A seguito di accordo tra le parti, una cambiale può essere rinnovata, cioè quella giunta a scadenza può essere sostituita con una nuova cambiale allo scopo di concedere al debitore un ulteriore periodo di credito se egli non è in grado di far fronte alla sua obbligazione. Se la seconda cambiale non viene pagata, le parti della prima cambiale vengono reintegrate nei loro diritti e nei loro doveri, tranne quelle parti che non assentirono al rinnovo della cambiale. Per questo motivo, in alcuni paesi una cambiale può essere rinnovata soltanto se sono d'accordo tutte le parti. (v. anche *renewal of bill*)

renewable contract: ***contratto rinnovabile.*** Contratto che può essere rinnovato alla scadenza, di solito automaticamente, a meno che intervenga disdetta da una delle parti secondo la procedura stabilita nello stesso contratto. Rientrano tra tali contratti le polizze di assicurazione e i contratti di locazione.

renewable energy: ***energia rinnovabile.*** Energia che viene ricavata da fonti rinnovabili e non da combustibili fossili.

renewable energy sources: ***fonti di energia rinnovabili.*** Le fonti di energia che non si esauriscono con l'uso, come fanno i combustibili fossili, ma che offrono continuità di approvvigionamento energetico o che possono essere rinnovate, anche se in periodi medio–lunghi. Ne sono esempi le fonti di energia solare, idroelettrica e geotermica; il carbone di legna; il riciclaggio di rifiuti solidi; lo sfruttamento dei venti e dei movimenti di marea ed altre ancora. La ricerca di fonti energetiche rinnovabili ebbe un forte impulso dopo il vertiginoso aumento dei prezzi del petrolio e fu giustificata dagli alti costi di approvvigionamento energetico che i paesi industrializzati dovevano sostenere in quel periodo, ma potrebbe rivelarsi antieconomica in presenza di una drastica riduzione dei prezzi dei combustibili fossili.

renewable resources: ***risorse rinnovabili.*** Le risorse energetiche che possono essere rinnovate, descritte sotto *renewable energy sources* (v.). Lo stesso termine indica risorse diverse, che possono essere rinnovate in parte o in toto dalle forze della natura, come ad esempio la fauna dei mari, il patrimonio boschivo e quello zootecnico.

renewable term life insurance: ***assicurazione sulla vita rinnovabile.*** È una forma di assicurazione sulla vita il cui premio rimane invariato per un periodo prestabilito, al termine del quale la polizza viene automaticamente rinnovata senza bisogno di visita medica, ma il premio viene adeguato in rapporto all'età maturata dall'assicurato.

renewal: **1.** ***rinnovo.*** Il complesso delle sostituzioni totali o parziali del capitale fisso di un'impresa, a seguito di loro perdita di produttività conseguente ad usura o obsolescenza. Il termine è di solito riferito a parti o impianti con vita media inferiore ad un anno. **2.** ***costo di rinnovo.*** Lo stesso termine inglese viene usato per indicare il costo sostenuto in relazione al rinnovo o alla sostituzione di un pezzo di una macchina o di un'altra parte di un impianto con vita media inferiore ad un anno o con un valore relativamente basso. Tale costo è di solito classificato come una riparazione ed è pertanto considerato un costo operativo. (v. anche *renewals*)

renewal bill: ***cambiale di rinnovo.*** Cambiale emessa allo scopo di scontarla e così procurarsi i fondi necessari a pagare un'altra cambiale in scadenza.

renewal coupon: ***cedola di affogliamento.*** Termine usato con lo stesso significato di *talon* (v.).

renewal fund: ***fondo rinnovo capitale fisso; fondo rinnovamento impianti.*** Un fondo costituito tramite l'accantonamento di contanti o titoli allo scopo di poter far fronte ai costi di rinnovo o sostituzione del capitale fisso a seguito di usura o di obsolescenza. Tale procedura è seguita a volte dalle imprese di pubblici servizi, ma raramente da imprese commerciali o industriali.

renewal notice: ***avviso di rinnovo.*** Nelle assicurazioni, è l'avviso di scadenza del premio inviato da una compagnia all'assicurato, quando non sia intervenuta disdetta entro i termini prescritti dal contratto di assicurazione. Tale avviso corrisponde ad una proposta o comunicazione di rinnovo, nel caso in cui la polizza non preveda il rinnovo automatico alla scadenza.

renewal of bill: ***rinnovo di cambiale.*** Accettazione di una nuova cambiale, al posto di quella giunta a scadenza e che il debitore non è in grado di pagare. (v. anche *to renew a bill*)

renewal premium: ***premio di rinnovo; premio successivo; rata successiva.*** Nel linguaggio delle assicurazioni, è il premio relativo alla continuazione di un contratto di assicurazione e copre l'assicurato di solito per il periodo di un anno.

renewals: ***costi di rinnovo; rinnovi.*** Sono i costi totali relativi ad un determinato periodo di tempo, di solito un anno, sostenuti allo scopo di rinnovare o sostituire parte del capitale fisso di un'impresa. Tali costi confluiscono, insieme ai costi di riparazione, nel conto riparazioni e rinnovi.

renewed bill: ***cambiale rinnovata.*** Nuova cambiale, che prende il posto di una scaduta o in scadenza, onde concedere al debitore un periodo di credito più lungo.

renounceable certificate: V. spiegazione sotto *renounceable documents.*

renounceable documents: Nel linguaggio finanziario e delle borse valori, sono documenti temporanei che evidenziano la proprietà di titoli azionari. Ve ne sono quattro tipi principali: a) il certificato di assegnazione, o avviso di riparto, quando una società fa un'offerta di azioni al pubblico; b) la *provisional allotment letter* (v.), nel caso di emissione riservata ai vecchi azionisti; c) il *renounceable certificate*, nel caso di un'emissione gratuita; e, d) la *split receipt*, che può sostituire i primi tre nel periodo iniziale di contrattazione del titolo cui si riferisce. Tutti questi documenti sono, in effetti, titoli al portatore e ciascuno riporta le istruzioni dettagliate cui si deve attenere l'azionista per far registrare le azioni a proprio nome ovvero per cederle a terzi, se così desidera. Questa facilitazione resta in vigore per un breve periodo di tempo, durante il quale i titoli sono negoziabili e non sono soggetti all'imposta di bollo. (v. anche *rights issue, capitalization issue*)

rent: **1.** ***affitto; canone di affitto; canone di locazione.*** Nel linguaggio di ogni giorno, il termine inglese viene usato per indicare la somma di denaro pagata per poter usare un qualsiasi bene di proprietà altrui. Il termine si applica, pertanto, sia al canone pagato per l'uso di un appartamento, sia alla somma pagata per il noleggio di un'automobile o di un televisiore. **2.** ***rendita.*** Nel linguaggio economico, il termine inglese viene usato per indicare il pagamento che deve farsi per l'uso di uno dei fattori della produzione la cui offerta è fissa. L'applicazione più frequente, tuttavia, è in relazione al pagamento per l'uso della terra. In questo significato, la rendita varia a seconda della natura della terra che si usa e precisamente in rapporto alla sua fertilità e alla sua ubicazione. Nel caso di terra destinata ad uso agricolo, il fattore principale che ne determina la rendita è la fertilità, in quanto un agricoltore sarà disposto a pagare una rendita più alta per un terreno fertile, ma una rendita più bassa per un terreno meno fertile e ciò perché si aspetta una remunerazione maggiore se applica il suo capitale e il suo lavoro ad un terreno più fertile. Un secondo fattore che l'agricoltore prenderà in considerazione è l'ubicazione del terreno. A parità di altre condizioni, egli preferirà il terreno più vicino ad una città che può rappresentare il mercato dei suoi prodotti e sarà disposto a pagare una rendita più alta per un terreno situato in prossimità di una città, di una stazione ferroviaria o di un'arteria stradale che per un terreno lontano da queste infrastrutture e di difficile accesso, in quanto è costoso e fastidioso portare le necessarie scorte di cibo e altri beni necessari a una fattoria, come è costoso e difficile spedire il prodotto della fattoria al mercato. Nelle città, dove la maggior parte della terra viene utilizzata per la costruzione di case, negozi, uffici, strade, parchi, ecc., l'ubicazione della terra è ancora più importante. Non è necessario che tale terra sia fertile, ma deve trovarsi in una posizione tale da soddisfare lo scopo per il quale serve, cioè deve essere accessibile e quanto più è accessibile, tanto più alta è la domanda e tanto più alta la rendita. Per questo motivo spesso troviamo che la rendita relativa alla terra situata al centro di una città è più alta della rendita relativa alla terra situata nei sobborghi o in una cittadina vicina. Poiché la terra è scarsa, vi è concorrenza tra gli usi che se ne possono fare proprio come avviene per tutti gli altri fattori della produzione, che possono essere usati per un dato scopo soltanto se non vengono usati per un altro scopo. Si deve, quindi, pagar loro una rendita che sia almeno uguale a quella che riceverebbero se venissero usati differentemente. In generale, questo principio si applica a tutti i fattori della produzione, inclusa la terra. Tuttavia, gli economisti classici consideravano la terra in maniera del tutto diversa, in quanto essi ipotizzavano che si potesse usare soltanto per uno scopo. Se, ad esempio, ipotizziamo che la terra possa usarsi soltanto per produrre grano, la sola alternativa ad usarla per questo scopo è quella di non usarla affatto. Ma dopo gli economisti classici ci si è resi conto che la loro opinione non era giusta, in quanto una terra non idonea alla coltivazione del grano può essere ottima come pascolo e come tale ricevere una rendita alta. Oppure, una terra che non è adatta né per la coltivazione del grano né come pascolo può essere utilizzata a fini industriali o abitativi e anch'essa può ricevere un'alta rendita. In pratica, la terra può essere, ed in effetti è, trasferita da un uso all'altro ogni volta che così facendo si può realizzare una rendita più alta e benché la disponibilità e l'offerta totale di terra siano fisse, in relazione ad un qualsiasi determinato uso esse possono essere ampliate trasferendo la terra da altri usi a quello nel quale vi è maggiore domanda. (v. anche *urban rent, implicit rent*) **3.** ***rata; termine.*** V. spiegazione sotto *rent of an annuity.*

Rent Acts: Sono le leggi che, nel Regno Unito, in epoche diverse hanno imposto limitazioni ai canoni di fitto, in modo che essi risultassero inferiori al livello che si sarebbe venuto a determinare sul mercato libero. Il controllo dei canoni di locazione fu introdotto all'epoca della prima guerra mondiale allo scopo di far fronte alla penuria di abitazioni che avrebbe portato i canoni a cifre difficilmente pagabili da tutti, ma fu in parte, anche se non del tutto, eliminato nel periodo tra le due guerre. Nel 1939, il controllo fu ripristinato sulla maggior parte delle proprietà residenziali e restò in vigore fino al 1957, quando un'altra legge lo abolì, fatta eccezione per le abitazioni più piccole. Ciò, tuttavia, non fece di molto aumentare l'offerta di case e di conseguenza si tornò al regime di controllo dei canoni con la legge del 1965 che, in particolare, prevedeva il controllo dei canoni di locazione per circa tre milioni di case e la regolazione del canone relativo ad un altro milione circa di abitazioni. Questa legge introdusse almeno due novità: istituì apposite commissioni incaricate di fissare un canone equo nel caso in cui locatore e locatario non riuscissero a mettersi d'accordo; e dichiarò illegale il tentativo da parte dei proprietari di intimidire gli inquilini al fine di farli andare via dalle case che avevano in fitto. Con la legge del 1974, le disposizioni relative all'equo canone furono estese anche alle case mobiliate e, a seguito di ciò, cominciò a diminuire anche la loro offerta. (v. anche *rent control, rent officer*)

rental: ***canone di affitto; canone di locazione; rendita; reddito dominicale.*** Questo termine inglese ha lo stesso significato di *rent 1* (v.), pur se a volte viene usato per indicare la somma totale ricevuta sotto forma di canoni di fitto su una proprietà, nel qual caso corrisponde al nostro termine rendita o reddito dominicale.

rental contract: ***contratto di leasing operativo.*** Lo stesso che *operating lease* (v.).

rental equivalence: ***equivalenza del valore locativo.*** Negli Stati Uniti, è così detto un nuovo metodo di valutazione del costo di proprietà dell'abitazione in cui vive una famiglia, nel contesto di rilevazione dei prezzi al fine di costruire un indice del costo della vita. Il nuovo metodo, ideato per determinare il vero costo di proprietà dell'abitazione, presuppone che tale costo si sposti in proporzione all'incremento dei canoni di locazione reali e pertanto tiene conto dei veri canoni di locazione di mercato e di stime relative al canone che si riceverebbe dando in locazione la casa occupata dal proprietario. Questo nuovo metodo dovrebbe quindi riflettere una serie di fattori, tra i quali rientrano i costi di assicurazione e di riparazione, le imposte locali sulle proprietà, la manutenzione ordinaria, i prezzi delle abitazioni e il tasso d'interesse ipotecario.

rental income: ***reddito da locazione; reddito dominicale; reddito da fabbricati.*** Si riferisce sia al reddito guadagnato da chi ha dato immobili in locazione, sia al fitto figurativo calcolato su abitazioni o altri immobili occupati dai loro proprietari.

rent allowances: ***contributi per canoni di affitto.*** Misura alternativa al controllo dei canoni di affitto, che prevede l'erogazione, da parte dello stato o degli enti locali, di un contributo alle famiglie bisognose con il quale integrare il canone di affitto precedentemente regolamentato per portarlo al livello del canone di mercato. Questo sistema, che è stato adottato in alcuni paesi anglosassoni, viene giudicato più equo in quanto non fa ricadere soltanto sui proprietari di immobili l'onere della assistenza alle famiglie più bisognose, mentre coloro che possono pagare il canone di mercato non ricevono un beneficio il cui onere ricadeva anche in questo caso soltanto sui proprietari di immobili, a volte meno abbienti dei loro inquilini. Inoltre, questo nuovo sistema ha il merito di non deprimere il mercato e l'industria delle costruzioni di abitazioni. (v. anche *rent control*)

rental rate: ***tariffa uniforme; tariffa forfettaria; canone di abbonamento.*** Termine usato con lo stesso significato di *flat rate 2* (v.).

rental value: ***valore locativo.*** Il valore locativo di un immobile corrisponde all'ammontare di moneta che il proprietario potrebbe ricavare se fosse disposto a dare l'immobile in locazione sul mercato libero. Il termine è alquanto generico, perché di solito ai fini fiscali vengono presi in considerazione il valore locativo annuo lordo e il valore locativo annuo netto. (v. anche *annual value, gross annual value, net annual value*)

Rent Assessment Committees: Sono delle commissioni, create nel Regno Unito dal *Rent Act* del 1965, il cui compito è quello di stabilire un equo canone di fitto per tutte le varie zone e tutti i vari tipi di immobili esistenti nel paese.

rentcharge: ***rendita.*** Il termine inglese indica una rendita, cioè il pagamento annuale di una determinata somma, derivante da una proprietà immobiliare sulla quale il proprietario ha imposto un vincolo in base al quale parte del reddito fondiario deve essere devoluto ad un terzo beneficiario sotto forma appunto di rendita.

rent control: ***controllo degli affitti; controllo dei canoni di affitto.*** Allo scopo di far fronte alla penuria di alloggi, i governi di molti paesi sono spesso intervenuti sul mercato dei fitti onde impedire che l'alta domanda e la scarsa offerta facessero lievitare i canoni richiesti fino a raggiungere livelli insostenibili dalle normali famiglie di lavoratori. Per questo motivo, però, sono stati di solito posti sotto controllo i canoni delle abitazioni piccole o di scarso valore, mentre sono state lasciate libere, tranne qualche eccezione, le contrattazioni relative ad alloggi mobiliati o case di grande valore. Il controllo dei canoni di fitto è giustificato da tutti quando si ricorre ad esso in periodi di emergenza, come avvenne durante la prima e la seconda guerra mondiale in quasi tutti gli stati, inclusi anche gli Stati Uniti che nel 1942, seguendo il precedente stabilito durante la prima guerra mondiale, emanarono una legge federale che regolava e controllava il mercato dei fitti. In tali periodi, il controllo si rese indispensabile in quanto lo sforzo bellico non consentiva la destinazione di risorse all'edilizia abitativa, per cui le case scarseggiavano non soltanto perché, almeno in certi paesi quali il Regno Unito e gli stati europei continentali belligeranti, esse venivano distrutte, ma anche perché non venivano costruite. Il perdurare di tali controlli dopo che è stato superato il periodo di emergenza viene, invece, visto in maniera diversa perché esso ha l'effetto di rendere ancora più difficile il reperimento di case al canone di fitto imposto. Infatti, il controllo ha lo scopo di tenere i canoni di fitto ad un livello inferiore a quello che verrebbe a crearsi sul mercato libero e ciò rende non remunerativo l'investimento in beni immobili da destinarsi ad abitazioni civili. Poiché, di solito, non si provvede contestualmente, ed in verità non si potrebbe, a regolare anche il mercato delle vendite di abitazioni, i proprietari preferiscono vendere e investire i loro capitali differentemente. Un'altra conseguenza negativa è che i proprietari di case non trovano remunerativo procedere a ristrutturazioni o manutenzioni costose, per cui si verifica l'assurdo che molte case diventano inabitabili e vengono vendute anch'esse. Una recente indagine ha accertato che oltre il settanta per cento delle case di Londra, ove vige il controllo dei fitti da parecchio tempo, sono in tale stato di degrado che fra alcuni decenni, se non prima, dovranno essere demolite e ricostruite, ma l'indagine non ha accertato chi sarà disposto ad investire in queste nuove costruzioni se non vengono abolite le leggi vigenti in materia di canoni di locazione. (v. anche *Rent Acts*)

renter: ***locatario.*** Chiunque disponga di una proprietà altrui, in considerazione del pagamento di un canone di locazione, pur se generalmente il termine viene usato per indicare chi prende in affito un'abitazione per vivervi.

rent factors: ***fattori di rendita.*** Fattori della produzione lentamente e difficilmente riproducibili e trasferibili, il cui profitto equivale a una rendita.

rent freeze: ***blocco degli affitti.*** Azione esercitata dal governo al fine di congelare i canoni di fitto, particolarmente quelli delle abitazioni, ai livelli attuali. Tale azione trova giustificazione nella penuria di alloggi e nell'aumento dei canoni di fitto, conseguente alla crescita della domanda, ma di solito ha l'effetto di congelare anche l'attività dell'industria delle costruzioni.

rentier: ***redditiere; reddituario.*** In origine questo termine veniva usato per indicare chi traeva tutto o la maggior parte del proprio reddito dalla terra o altre proprietà date in locazione. In un significato più moderno, esso indica chi trae il proprio reddito, o gran parte di esso, dall'investimento di ricchezza precedentemente acquisita. In un significato ancora più ristretto, indica chi consente ad altri l'uso di un proprio capitale, ricevendone una remunerazione sotto forma di interessi e dividendi.

rentier class: ***proprietari fondiari; redditieri.*** Espressione usata per indicare collettivamente la classe di coloro che vive di rendita, ovvero i redditieri. (v. anche *rentier*)

renting back: ***vendita con patto di locazione.*** Lo stesso che *leaseback* (v.).

rent of ability: ***rendita di abilità.*** Espressione usata per indicare un'eccedenza di reddito derivante ad un lavoratore dalla sua particolare specializzazione o abilità. Tale eccedenza di reddito, rispetto a quello di altri lavoratori, è giustificata dalla maggiore domanda di quel particolare tipo di lavoro e dalla difficoltà di ampliarne l'offerta, almeno nel breve periodo, a causa della sua unicità.

rent of an annuity: ***rata di rendita vitalizia; termine di rendita vitalizia.*** Ciascuno dei pagamenti periodici corrisposti a scadenze determinate secondo convenzioni prestabilite al beneficiario di una rendita vitalizia. (v. anche *annuity*)

rent officer: Nel Regno Unito, è un funzionario, creato dal *Rent Act* del 1965, il cui compito è quello di stabilire un equo canone di fitto quando il locatore e il locatario non riescono a mettersi d'accordo. (v. anche *Rent Acts*)

rent of mineral lands: ***rendita mineraria.*** Il maggior reddito percepito dal proprietario di una miniera ricca, rispetto a quello percepito dal proprietario di una miniera marginale o povera.

rent regulation: ***regolamentazione dei canoni di affitto.*** Nel Regno Unito è un sistema che demanda a terzi, precisamente ad un *rent officer* (v.), la determinazione di un canone di affitto equo per il locatore e per il locatario, quando questi non raggiungono l'accordo sul canone di un immobile non soggetto a controllo degli affitti. (v. anche *rent control*)

rent restriction: ***controllo degli affitti; controllo dei canoni di affitto.*** Termine usato con lo stesso significato di *rent control* (v.).

rent roll: ***ruolo degli affitti.*** Un elenco di tutti i canoni di fitto relativi ad una proprietà immobiliare appartenente ad una singola persona o ad un'organizzazione.

rent service: Un canone di affitto pagato sotto forma di servizi, prestati dal locatario al locatore, invece che sotto forma di moneta. Se si tratta di canone di locazione relativo ad un fondo agricolo, lo stesso termine può essere usato per indicare la corresponsione di una parte del raccolto al proprietario del fondo, in luogo del canone monetario.

rent strike: ***sciopero dei fitti; sciopero degli inquilini.*** Espressione usata per indicare il rifiuto, da parte degli inquilini di un edificio, di pagare il canone di fitto in segno di protesta contro la carenza di servizi nell'immobile, l'aumento degli affitti stessi deciso unilateralmente dal proprietario, la mancata manutenzione del palazzo o altri motivi che contribuiscono a far diminuire il valore della proprietà che essi tengono in locazione.

renunciation: ***rinunzia.*** Termine usato in relazione a emissioni azionarie e a cambiali. Nel caso di aumento del capitale di una società, i vecchi azionisti hanno un diritto di opzione sulle azioni di nuova emissione, ma essi possono rinunziare all'acquisto dei titoli cui hanno diritto e che vengono loro assegnati. In caso di rinunzia, essi dovranno firmare l'apposito modulo fornito dalla società. La rinunzia è anche un modo di estinzione dei rapporti giuridici. In relazione ad una cambiale, pertanto, il possessore può rinunziare, alla scadenza o prima, ai propri diritti nei confronti dell'accettante. La rinunzia deve, però, essere fatta per iscritto a meno che il possessore consegni l'effetto all'obbligato principale. (v. anche *letter of renunciation*)

re–offering: ***collocamento.*** La vendita, da parte di un sindacato di collocamento, di un'intera emissione obbligazionaria al pubblico, attraverso i canali di cui dispongono i singoli partecipanti al sindacato.

reopening clause: ***clausola di riapertura.*** Nelle relazioni industriali, è una clausola in base alla quale è consentito riaprire la negoziazione di determinate parti di un contratto di lavoro collettivo prima che esso giunga alla scadenza, se si verificano certi eventi precisati nel contratto stesso.

reorder: ***riordino; nuova ordinazione.*** È l'ordinativo di fornitura, con il quale si provvede alla ricostituzione delle scorte o dello stock di magazzino.

reorder interval: ***intervallo di riordino.*** Il periodo di tempo prestabilito tra due successivi riordini, in base a un sistema di riordino che non tiene conto del livello fisico delle scorte.

reorder–interval system: ***sistema dell'intervallo di riordino.*** Sistema di ricostituzione delle scorte, in base al quale il riordino ha luogo automaticamente al termine di un periodo di tempo prestabilito e chiamato intervallo di riordino.

reorder level: ***livello di riordino; dimensione di riordino.*** Termine usato con lo stesso significato di *reorder size* (v.).

reorder–level system: ***sistema del livello di riordino.*** Sistema di ricostituzione delle scorte, in base al quale il riordino ha luogo quando il livello delle scorte raggiunge un punto prestabilito chiamato livello di riordino.

reorder quantity: ***quantità di riordino.*** La quantità di materie prime, componenti, ecc., che risulta la più economica da riordinare e stoccare, tenendo conto di tutti i fattori rilevanti quali, ad esempio, sconti per grosse partite, costi finanziari di immobilizzo del capitale, costi di trasporto e simili.

reorder size: ***dimensione di riordino; livello di riordino.*** Il livello o la dimensione di una scorta, raggiunti i quali si deve procedere al riordino al fine di non correre il rischio di trovarsi nell'impossibilità di alimentare il processo produttivo o di far fronte alla domanda dei clienti.

(v. anche *reorder*)

reorganization: 1. ***riorganizzazione; risanamento.*** Una qualsiasi variazione di rilievo nella struttura del capitale di un'impresa o di un gruppo di imprese. La riorganizzazione spesso implica un imbarazzo finanziario e si concretizza attraverso un'alterazione, consentita dalla legge, dei diritti e degli interessi degli azionisti e degli obbligazionisti. La riorganizzazione di una società può aver luogo tramite la liquidazione e la ricostituzione della precedente, nel qual caso è più propriamente detta in inglese *reconstruction* (v.), oppure, a norma degli articoli 206–209 del *Companies Act* del 1948, senza che si ricorra alla liquidazione. Lo stesso termine viene usato anche per indicare un cambiamento di rilievo nella gestione di un'impresa o nella sua politica aziendale. (v. anche *relative priority*) **2.** ***ristrutturazione.*** Cambiamento radicale della produzione o dei metodi di produzione di un'impresa o di un'intera industria. Il cambiamento del metodo di produzione può essere dettato dalla necessità di tenersi al passo con altre imprese che hanno adottato sistemi più moderni che consentono maggiori economie, come ad esempio la robotizzazione di alcuni reparti di produzione o l'introduzione di nuova e più avanzata tecnologia. Il cambiamento della produzione può essere dettato dalla contrazione della domanda dei beni prodotti, per cui si rende necessario convertire le strutture e gli impianti per la produzione di un bene la cui domanda è, invece, in espansione.

reorganization bond: ***obbligazione di riorganizzazione; buono di ricapitalizzazione.*** Termine usato con lo stesso significato di *adjustment bond* (v.).

reorganization surplus: ***plusvalenza di riorganizzazione.*** È la differenza in più, a vantaggio di una società per azioni, derivante dalla riorganizzazione e dalla conseguente ristrutturazione del capitale sociale. (v. anche *reconstruction, reorganization, relative priority*)

R.E.P.: Regional Employment Premium.

repair: 1. ***riparazione.*** Il ripristino della piena capacità produttiva di un capitale fisso, dopo che esso aveva subito un danno o un guasto ed era rimasto inattivo per un certo tempo. La riparazione non implica un aumento della capacità produttiva o della vita media prevista del bene capitale. **2.** ***costo di riparazione.*** Lo stesso termine inglese viene usato per indicare l'imputazione corrispondente al costo sostenuto per la riparazione.

repairing lease: Espressione usata nel Regno Unito per indicare un contratto di locazione che prevede i costi di riparazione dell'immobile a carico del conduttore.

repair job order: ***commessa di riparazione.*** Ordine che autorizza l'esecuzione, e la relativa spesa, di un lavoro di riparazione. Serve anche come base per la contabilità dei costi relativi alla riparazione, quando si usa il sistema di determinazione dei costi per commessa. (v. anche *job costing*)

repairs: ***riparazioni; costi di riparazione.*** Sono i costi totali relativi ad un determinato periodo di tempo, di solito un anno, sostenuti per le riparazioni del capitale fisso di un'impresa. Tali costi confluiscono, insieme ai costi di rinnovo, nel conto riparazioni e rinnovi.

repairs and renewals: ***riparazioni e rinnovi.*** È così chiamato il conto del mastro nel quale confluiscono tutti i costi relativi alle riparazioni e ai rinnovi del capitale fisso di un'impresa. (v. anche *repair, renewal, repairs, renewals*)

reparable: ***riparabile; risarcibile.*** Espressione aggettivale usata per determinare qualcosa, come ad esempio un danno o un torto, che può essere riparata mediante opportuno indennizzo.

reparable loss: ***perdita riparabile; perdita risarcibile.*** Una qualsiasi perdita che può essere risarcita con opportuno indennizzo. È una perdita riparabile quella di un bene coperto da assicurazione, in quanto il danno provocato dal sinistro non è sostenuto dal proprietario del bene danneggiato.

reparations: ***riparazioni.*** Sono così dette le riparazioni di guerra, cioè moneta, beni o servizi ceduti dalla nazione sconfitta alla nazione vincitrice, come indennizzo per i danni subiti da quest'ultima nel corso del conflitto. Il termine fu usato per la prima volta nel Trattato di Versailles, che imponeva alla Germania di pagare alla Francia e ai suoi alleati i danni subiti, ma essi erano di entità così enorme che la Germania non fu in grado di rispettare il trattato. Infatti, i danni di guerra vengono di solito calcolati in base ad una stima del costo sostenuto dal paese vincitore in occasione e in conseguenza del conflitto. Anche dopo la seconda guerra mondiale si parlò di riparazioni, intendendosi con questo termine il prelievo di un indennizzo dalla produzione corrente della Germania occupata. Le complesse economie del ventesimo secolo, però, subirono tali forti squilibri dal pagamento delle riparazioni, sia che venissero pagate in moneta sia che venissero compensate con la cessione di beni, che molti economisti hanno affermato che sarebbe stato meglio non chiedere alcuna riparazione. E difatti molti paesi, tranne l'Unione Sovietica, dopo il secondo conflitto mondiale rinunziarono a chiedere le riparazioni di guerra.

repatriation: ***rimpatrio.*** Il termine è di origine giuridica, ma viene usato nel linguaggio economico–finanziario per indicare la liquidazione di un investimento estero e il successivo impiego in patria dei capitali così liberati. Lo stesso termine indica l'acquisto da parte di residenti di un paese di titoli azionari o obbligazionari di un'impresa nazionale, precedentemente di proprietà di investitori esteri.

repatriation of profits: ***rimpatrio dei profitti.*** L'invio nel paese in cui risiedono gli investitori dei profitti realizzati su un investimento o sulla vendita di servizi in un paese estero. Il rimpatrio dei profitti è uno dei problemi del commercio internazionale ed è spesso oggetto di restrizioni.

to repay: ***rimborsare.*** Estinguere un debito in unica soluzione o gradualmente, mediante quote periodiche.

repayment: ***rimborso.*** In relazione a titoli obbligazionari o di stato, è il riacquisto degli stessi da parte dell'emittente e il loro contestuale ritiro dalla circolazione. Il rimborso di titoli a reddito fisso avviene normalmente alla pari, cioè al loro valore nominale. In relazione a somme di denaro, il termine indica l'estinzione di un mutuo attraverso la restituzione della somma capitale.

repayment guarantee: ***garanzia di rimborso.*** Garanzia che prevede il rimborso dei pagamenti anticipati o parziali nel caso in cui il contratto in base al quale hanno luogo tali pagamenti non venga completamente rispettato.

repayment of capital: ***rimborso di capitale.*** Il rimborso della somma capitale di un prestito, indipendentemente dal pagamento degli interessi sulla stessa somma.

repayment penalty: ***penale per rimborso anticipato.*** È la penale imposta per contratto al mutuatario che intenda rimborsare la totalità o parte di un prestito contratto, prima che esso giunga alla sua naturale scadenza. La penale viene di solito espressa come percentuale della somma rimborsata in anticipo e potrebbe essere giustificata come un indennizzo per aver costretto il mutuante a rivedere il suo programma di investimento e per il periodo di attesa prima che egli possa proficuamente reinvestire la somma restituita e come compenso per il rischio che egli corre di perdita effettiva nel caso di un calo dei tassi di interesse nel periodo che intercorre tra la data dell'effettiva restituzione e la data in cui, per contratto, essa avrebbe dovuto verificarsi. In effetti, il calo dei tassi di interesse è spesso una delle ragioni del rimborso anticipato, perché il mutuatario può reperire la stessa somma restituita ad un tasso di interesse più basso. Per questo motivo, molte istituzioni finanziarie, al fine di evitare i rimborsi anticipati in previsione di future diminuzioni dei tassi di interesse, provvedono volontariamente a ridurre i loro tassi attivi sui crediti in essere.

repayment with penalty: ***rimborso con penale.*** È la clausola, presente in certi tipi di contratti di mutuo, che impone una penale al mutuatario nel caso in cui egli intenda estinguere il suo debito, o rimborsare parte di esso, prima della sua naturale scadenza. (v. anche *repayment penalty*)

repeal: ***abrogazione.*** Revoca di una disposizione di legge. Può essere esplicita, cioè contenuta in una nuova legge, o implicita in quanto una nuova legge si sostituisce ad un'altra, rendendo così la prima inefficace.

repeat: ***ordinazione ripetuta; ordine ripetitivo.*** Termine colloquialmente usato come sinonimo di *repeat order* (v.).

repeating audit: ***revisione ricorrente dei conti; revisione periodica dei conti.*** Termine usato con lo stesso significato di *periodic audit* (v.).

repeat order: ***ordinazione ripetuta; ordine ripetitivo.*** È un ordinativo, uguale o quasi uguale ad altri già passati in precedenza, per la fornitura di merci simili o uguali a quelle già acquistate.

repetend: ***periodo.*** In matematica, è ciascuno dei gruppi di cifre identici che si ripetono indefinitamente nel quoziente di un numero intero, quando questo viene diviso per un numero primo o un suo multiplo. Il periodo viene indicato ponendo un puntino o una lineetta sui numeri interessati.

replaceable goods: ***beni fungibili.*** Termine usato con lo stesso significato di *fungible goods* (v.).

replacement: **1. *sostituzione; rimpiazzo.*** Il rimpiazzo di un capitale fisso con un altro capitale fisso. Il termine generalmente viene usato per indicare la sostituzione di un bene capitale vecchio, logoro o obsoleto con un altro bene capitale, nuovo o più moderno, che svolge le stesse funzioni di quello smobilitato. Da un punto di vista contabile, il riconoscimento di un costo di sostituzione prevede l'eliminazione dai libri contabili del costo dell'attività fissa che viene smobilitata. **2. *rinnovo; costo di rinnovo.*** Il termine inglese può essere usato come sinonimo di *renewal* (v.).

replacement cost: ***costo di sostituzione; costo di rimpiazzo.*** È il costo che si deve sostenere, ai prezzi correnti di mercato, per sostituire un capitale fisso che è andato distrutto o che deve essere rimpiazzato perché vecchio, logoro o obsoleto. Secondo Keynes, è il minimo prezzo sufficiente ad indurre un produttore a produrre nuovamente un'unità aggiuntiva di attività capitale.

replacement–cost accounting: ***contabilità a costi di sostituzione.*** Metodo di contabilità che provvede ad adeguare le variazioni di prezzo considerando il profitto come differenza tra il prezzo di vendita di un qualsiasi bene e il suo costo di sostituzione alla data in cui viene venduto.

replacement–cost depreciation: ***ammortamento al costo di rimpiazzo.*** Termine usato come sinonimo di *replacement method of depreciation* (v.).

replacement–cost method: ***metodo del costo equivalente.*** Nel linguaggio della contabilità industriale, questo termine viene usato per indicare un metodo di valutazione dei sottoprodotti applicabile quando essi sono utilizzati direttamente dall'impresa che li produce la quale, altrimenti, dovrebbe rifornirsene sul mercato, in quanto essi sono essenziali al suo processo produttivo. Secondo tale metodo, quindi, i sottoprodotti sono valutati al loro prezzo di mercato, indipendentemente dal costo di produzione che è, ovviamente, più basso.

replacement–cost principle: ***principio del costo di sostituzione.*** È il principio in base al quale un capitale fisso viene valutato non al costo di acquisto al momento in cui esso fu acquisito, bensì al costo che si dovrebbe sostenere, ai prezzi correnti, per provvedere alla sua sostituzione con un bene capitale capace di svolgere le stesse funzioni. Questo principio è particolarmente valido in periodi di forte inflazione.

replacement–cost standard: ***principio del costo di sostituzione.*** Termine usato con lo stesso significato di *replacement–cost principle* (v.).

replacement demand: ***domanda di sostituzione.*** È la domanda che viene a crearsi a seguito della necessità di sostituire beni capitali o beni di consumo durevoli non più utilizzabili a causa di loro invecchiamento o obsolescenza.

replacement fund: ***fondo rinnovo capitale; fondo rinnovamento impianti.*** Termine usato con lo stesso significato di *renewal fund* (v.).

replacement insurance: ***assicurazione al costo di rimpiazzo.*** È l'assicurazione che, a prescindere dal valore dichiarato dei beni assicurati, garantisce il rimborso del costo che si deve sostenere per sostituirli. Pertanto, l'assicuratore sosterrà la differenza tra valore residuo del bene e valore a nuovo, ma soltanto nel caso in cui esso sia effettivamente sostituito dopo un sinistro.

replacement investment: ***investimento di sostituzione; investimento di rimpiazzo.*** L'ammontare di moneta che deve essere investito al fine di sostituire in parte o in toto il capitale fisso consumato nel corso del processo produttivo.

replacement method of depreciation: ***metodo di ammortamento al costo di rimpiazzo.*** Metodo di ammortamento basato sul costo di sostituzione, seguito particolarmente in periodi di forte inflazione. Consiste nel rivalutare periodicamente i capitali fissi, mediante l'applicazione di particolari indici del costo dei beni capitali ai prezzi correnti, e adeguando di conseguenza le quote di ammortamento.

replacement plan: ***piano di rinnovamento.*** È il piano, preparato da un'impresa, in base al quale, compatibilmente con le risorse, si prevede la sostituzione dei beni capitali, tenendo conto della loro vita e del progresso tecnologico.

replacement price: ***prezzo di sostituzione.*** Il prezzo, stabilito al momento della valutazione, al quale può essere acquistato un bene identico a quello che si dovrà sostituire.

replacement reserve: ***riserva per sostituzione.*** Il conto istituito allo scopo di far fronte all'effettiva sostituzione di macchine e impianti.

replacement theory: ***teoria del rinnovamento.*** È indicato con questa espressione un approccio matematico–statistico alla formulazione di una soddisfacente politica di rinnovamento, che metterà l'impresa in grado di decidere quando un capitale fisso potrà vantaggiosamente essere sostituito con un bene capitale nuovo dello stesso tipo, o di tipo più moderno, capace di svolgere le stesse funzioni di quello smobilitato.

replacement unit: ***unità di sostituzione.*** È l'unità o parte di capitale fisso che prende il posto di una simile unità o parte smobilitata a seguito di suo invecchiamento o obsolescenza. Da un punto di vista contabile, essa viene capitalizzata e rappresenta la controparte a debito di una unità di disinstallazione. (v. anche *retirement unit*)

replacement value: ***valore di sostituzione; valore di rimpiazzo.*** L'espressione è usata principalmente come sinonimo di *replacement cost* (v.), ma può anche indicare il valore di un capitale fisso al momento della sua smobilitazione.

replenishment: ***ricostituzione; ristabilimento.*** La ricostituzione delle scorte o delle giacenze, quando queste raggiungono un livello precedentemente determinato.

reply coupon: ***buono per risposta pagata.*** Termine usato con lo stesso significato di *international postal reply coupon* (v.).

repo: repurchase agreement.

report: **1.** ***rapporto; relazione.*** Conclusioni scritte dei lavori di una commissione o altro simile organismo. **2.** ***rendiconto finanziario.*** Termine a volte usato con lo stesso significato di *financial statement* (v.). **3.** ***relazione dei revisori dei conti.*** Termine a volte usato in luogo di *audit report* (v.).

to report a vessel: **1.** ***dichiarare una nave in dogana; spedire una nave in dogana.*** Entro ventiquattro ore dall'arrivo in porto, il comandante di una nave deve presentarsi agli uffici della dogana per rilasciare la dichiarazione di entrata, cioè fornire particolari relativi alla nave da lui comandata, all'equipaggio e al carico. Generalmente, la dichiarazione viene preparata in anticipo dal procuratore o dal sensale locale dell'armatore sulla base del manifesto pervenutogli per posta e tutto quello che il comandante deve fare è apporre la sua firma a tale dichiarazione. **2.** ***segnalare una nave.*** Espressione con la quale si indica la pratica seguita dai comandanti di navi mercantili di dare notizie, al loro arrivo in porto, ad un rappresentante o agente del Lloyd delle navi incontrate lungo la loro rotta. Tali informazioni riguardano il nome e il tipo di nave, il giorno e la posizione in cui fu vista e simili.

report form: ***forma progressiva.*** Espressione usata con lo stesso significato di *narrative form* (v.).

reporting: La tecnica aziendale di fornire informazioni interne o esterne sotto forma di relazioni. Caratteristiche comunemente riconosciute di questa tecnica sono: la semplicità di linguaggio, per quanto questa è possibile in relazione alla materia che si tratta; l'inclusione di tutti gli elementi essenziali a fornire un quadro esatto della questione su cui si relaziona; la comprensibilità del testo da parte del maggior numero possibile di utenti; la coerenza e la continuità con i precedenti rapporti.

reporting day: ***giorno di presentazione.*** Nei contratti di noleggio, è il giorno in cui la nave deve presentarsi nel porto stabilito per iniziare le operazioni di caricazione o di discarica.

reporting limit: ***limite di relazione.*** Il termine inglese indica il limite massimo, nella posizione di mercato di un operatore presso una borsa merci, raggiunto o superato il quale si devono presentare relazioni giornaliere per ciascuna merce, mese di consegna e tipo di operazione, cioè se trattasi di operazione di copertura o speculativa.

reporting pay: ***indennità di presenza.*** Indennità corrisposta al lavoratore che, non essendo stato tempestivamente avvertito, si presenta sul posto di lavoro quando non vi è per lui alcuna funzione da svolgere.

reporting policy: ***polizza a adeguamento.*** Lo stesso che *adjustable policy* (v.).

repositioning: ***riposizionamento.*** La creazione di una nuova immagine di un prodotto al quale sono state apportate modifiche di qualità, confezionamento o prezzo a causa di un precedente insoddisfacente andamento delle vendite. Di solito, il riposizionamento implica anche un cambiamento della classe di consumatori, o mercato, cui si indirizza il prodotto.

repossession: ***ripresa di possesso.*** Il rientrare in possesso, senza procedimento giudiziario da parte del venditore, di beni precedentemente venduti col sistema del pagamento rateale e del riservato dominio, quando il compratore non rispetta i termini del contratto e non paga le rate dovute.

re-present: ***ripresentare.*** Espressione usata con lo stesso significato di *present again* (v.).

representation: **1.** ***rappresentanza.*** È la funzione svolta da un esecutore testamentario. (v. anche *personal representative*) **2.** ***dichiarazione.*** In relazione a contratti, il termine inglese indica l'asserzione o la dichiarazione di una delle parti all'altra, prima che venga stipulato un contratto o all'atto in cui esso viene stipulato. Pur se la parte che rilascia le dichiarazioni non è tenuta a rivelare tutti i fatti materiali che potrebbero influenzare la decisione dell'altra parte di accettare o meno il contratto, essa deve astenersi dal rilasciare dichiarazioni false o tendenziose, pena la nullità del contratto. Nei contratti di assicurazione viene spesso inclusa una clausola in deroga alle sanzioni previste nel caso di dichiarazioni inesatte o di reticenze, che altrimenti potrebbero portare, anche se fatte senza dolo o colpa grave, al rifiuto da parte dell'assicuratore di pagare l'indennizzo in caso di sinistro.

representation controversy: ***controversia di rappresentanza.*** Nelle relazioni industriali, è una disputa tra due sindacati su quale dei due debba rappresentare un certo gruppo di lavoratori in una contrattazione collettiva.

representation letter: ***lettera di attestazione.*** È l'attestato di veridicità rilasciato ai revisori dei conti dagli amministratori, responsabili del settore, di una società revisionata.

representative: ***rappresentante.*** Termine generico, usato per indicare una persona che prende il posto o agisce per conto di un'altra. (v. anche *personal representative*)

representative firm: ***impresa rappresentativa.*** Astrazione suggerita da Alfred Marshall che la definì «un'impresa con vita abbastanza lunga e che ha avuto un normale successo, essendo gestita con normale abilità ed avendo accesso alla sua parte di economie interne ed esterne relative alla scala di produzione dell'industria alla quale essa appartiene».

representative good: ***bene rappresentativo.*** Espressione a volte usata per indicare un titolo rappresentativo della proprietà, o di parte o interessi nella proprietà, di un capitale fisso o di un bene immobile, come ad esempio un'azione, un'ipoteca, un'obbligazione e simili.

representative money: **1.** ***moneta rappresentativa.*** Una moneta interamente garantita da oro o argento o un qualsiasi tipo di moneta liberamente e pienamente convertibile in oro o argento. Monete di questo tipo hanno circolato fino a pochi decenni fa negli Stati Uniti sotto forma di certificati d'argento e certificati d'oro, questi ultimi emessi dal ministero del tesoro alle banche della riserva federale, ma da queste usati soltanto sotto forma di riserve. (v. anche *gold certificate, silver certificate*) **2. *moneta–segno; moneta fiduciaria.*** Lo stesso che *token money 2* (v.).

representative office: *ufficio di rappresentanza.* La più piccola forma di rappresentanza di una banca in un paese estero, nel quale essa non tratta alcuna attività se non quella di curare gli interessi locali di qualche suo cliente nazionale.

representative sample: *campione rappresentativo.* Un qualsiasi campione casuale scelto a scopo di osservazione, senza tener conto del fatto che contenga o meno un errore determinabile. (v. anche *random sample*)

repressed inflation: *inflazione repressa.* La situazione che viene a crearsi quando si tenta artificialmente di reprimere o soffocare l'inflazione, attraverso un controllo sui prezzi operato dalle autorità statali, a seguito del quale la domanda globale continua a crescere e ad eccedere l'offerta globale misurata ai prezzi correnti, ma questi ultimi vengono mantenuti artificialmente stabili. Mentre ciò ha generalmente successo in periodo di guerra, in periodo di pace l'eccedenza di potere di acquisto può portare: a) ad un'eccessiva riduzione delle scorte da parte dei produttori e dei distributori che tentano di soddisfare la domanda dei consumatori; b) all'utilizzazione sul mercato interno di quella parte della produzione normalmente destinata alle esportazioni; c) all'aumento delle importazioni, con conseguente squilibrio della bilancia dei pagamenti. Quando si verificano queste situazioni, si può facilmente sfociare in quella che viene chiamata un'economia vuota.

repressive tax: *imposta repressiva.* Espressione generica, con la quale si indica una qualsiasi imposta che ha l'effetto di scoraggiare la produzione di beni e servizi, così riducendo il gettito potenziale dell'imposta sui redditi.

reprisal: *rappresaglia.* Termine a volte usato con lo stesso significato di *letter of marque* (v.). Nel suo uso più moderno, tuttavia, indica un'azione di un paese tendente a danneggiare l'economia o la stabilità di un altro paese, in risposta ad azioni ostili da parte di quest'ultimo.

reprivatization: *riprivatizzazione.* Il ritrasferimento al settore privato di imprese che da quest'ultimo erano precedentemente passate al settore pubblico, attraverso un procedimento di nazionalizzazione. (v. anche *privatization*)

reproduction cost: *costo di riproduzione; costo di rimpiazzo.* Lo stesso che *replacement cost* (v.).

reproduction–cost principle: *principio del costo di riproduzione.* È il principio in base al quale il capitale fisso di un'impresa viene valutato non al costo di acquisto al momento in cui esso fu acquisito, bensì al costo che si dovrebbe sostenere, ai prezzi correnti, per riprodurre il capitale in questione, meno la quota di ammortamento relativa al periodo durante il quale esso è stato impiegato nell'attività produttiva.

reproduction–cost standard: *principio del costo di riproduzione.* Espressione usata come sinonimo di *reproduction–cost principle* (v.).

reproduction cost theory of rate making: *determinazione delle tariffe basata sulla teoria del costo di rimpiazzo.* È la determinazione delle tariffe di pubblici servizi, ivi inclusi i trasporti, basata su un'equa remunerazione dell'investimento in capitale fisso valutato al costo di riproduzione. (v. anche *cost of capital theory of rate making, fair return on fair value theory of rate making, investment cost theory of rate making, original cost theory of rate making, prudent investment cost theory of rate making, reproduction–cost principle*)

reproduction new cost theory of rate making: *determinazione delle tariffe basata sulla teoria del costo a nuovo.* Espressione usata con lo stesso significato di *reproduction cost theory of rate making* (v.).

reproduction rate: *saggio di riproduzione.* In demografia, è l'indice di fecondità delle donne in età di procreare. (v. anche *gross reproduction rate, net reproduction rate*)

reproductive debt: *debito riproduttivo.* La parte del debito pubblico destinata a finanziare l'attività economica corrente o a creare nuovo capitale sociale sotto forma di scuole, ospedali, abitazioni, strade e simili.

rept.: receipt.

to repudiate: *ripudiare.* Rifiutarsi di riconoscere un debito o di ritenersi vincolato da un contratto.

repudiation: *ripudio.* In relazione ad un'obbligazione contrattuale, questo termine viene usato per indicare l'intenzione di una delle parti di non ritenersi vincolata dal contratto sottoscritto. All'atto del ripudio, l'altra parte può accettarlo, nel qual caso il contratto si estingue, oppure può citare la parte inadempiente, senza bisogno di attendere le prescritte scadenze contrattuali.

repudiation of foreign debts: *ripudio di debiti con l'estero.* È l'esplicita dichiarazione di un governo di non voler riconoscere i debiti contratti con altri stati da un precedente governo. Si verifica spesso quando in un paese si cambia radicalmente la linea politica, seguita in precedenza, a seguito di una rivoluzione o di un cambiamento di regime, che comporta un uguale cambiamento delle alleanze internazionali. Dopo la prima guerra mondiale, molti paesi europei ripudiarono i debiti contratti durante il conflitto nei confronti degli Stati Uniti, loro alleati.

repudiation of the national debt: *ripudio del debito nazionale.* L'esplicita dichiarazione di un governo di non voler onorare il debito nazionale contratto da un precedente governo. Il ripudio può essere totale o parziale ed in quest'ultimo caso si può attuare mediante riduzione della somma capitale o degli interessi riconosciuti dal precedente governo.

repurchase: *riacquisto.* Il termine inglese indica sia l'azione di riacquistare, da parte di chi ha precedentemente venduto, sia il bene o servizio che viene riacquistato. Nella terminologia dei fondi comuni d'investimento, indica l'operazione effettuata da una società d'investimento per riscattare le proprie quote–parti, al loro valore contabile netto, quando il sottoscrittore ne richiede la liquidazione.

repurchase agreement: *pronti contro termine; vendita con patto di riacquisto; accordo di riacquisto.* Accordo che di solito interessa buoni del tesoro statunitensi o titoli di agenzie federali, generalmente trattati in tagli da cinque milioni di dollari. Sono sostanzialmente accordi di prestito a seguito dei quali il portatore vende i titoli, ad una banca o altra istituzione finanziaria, ad un determinato prezzo e con l'impegno di riacquistare gli stessi o simili titoli ad una data futura. L'accordo, ovviamente garantito dalla cessione in pegno dei titoli, è usato dagli operatori del mercato monetario di New York per finanziare le loro posizioni e dal Sistema della Riserva Federale per aumentare o diminuire le riserve bancarie.

repurchased stock: *capitale azionario riscattato.* Negli Stati Uniti, è l'insieme di azioni che una società ha riacquistato dai propri azionisti.

repurchase price: *prezzo di riscatto.* Il prezzo al quale un emittente si impegna a riacquistare i propri titoli. In particolare, è il prezzo al quale un fondo comune d'investimento è tenuto a riacquistare dal sottoscrittore le proprie quote–parti al momento in cui egli desidera smobilitare l'investimento. Si calcola sul valore d'inventario, detraendo una commissione.

reputation monopoly: ***monopolio di reputazione.*** Rientra tra i cosiddetti monopoli istituzionali ed è un monopolio parziale, che si basa sul nome di un prodotto o sulla reputazione del produttore e che viene creato attraverso efficaci campagne pubblicitarie.

reputed owner: ***proprietario presunto.*** Il soggetto che sembra essere il vero proprietario di determinati beni, anche se essi in effetti appartengono ad un'altra persona. Questo concetto assume particolare rilevanza nelle procedure concorsuali. Nel Regno Unito, infatti, l'articolo 38 del *Bankruptcy Act* del 1914 stabilisce che tra i beni divisibili fra i creditori di un fallito rientrano «tutti i beni che, all'inizio della procedura fallimentare, sono in possesso o a disposizione del fallito nella sua attività o commercio, per consenso e permesso del vero proprietario, in circostanze tali da far ritenere il fallito loro proprietario presunto».

reputed ownership: ***proprietà presunta.*** È il principio giuridico che stabilisce che se determinati beni sono in possesso e a disposizione di una persona, col consenso del vero proprietario, in circostanze tali che chiunque intrattenga rapporti di affari con tale persona non dubiti che detti beni gli appartengano, in caso di fallimento di questa persona essi entreranno a far parte dell'attivo del fallimento. (v. anche *reputed owner*)

req.: requisition.

request note: È uno speciale permesso, rilasciato dalle autorità doganali, con il quale si autorizza la discarica di merci deperibili prima che la nave sia spedita in dogana. (v. anche *to report a vessel 1*)

required bank reserve: ***riserva numeraria.*** È la quantità di moneta contante che una banca deve tenere presso la sua sede, in una determinata proporzione dei depositi dei suoi clienti, allo scopo di poter far fronte alle loro richieste di restituzione o prelievo. La percentuale varia da paese a paese e viene spesso cambiata in relazione ai diversi orientamenti di politica monetaria.

required earnings: ***utili necessari.*** È un livello stimato di utili che gli amministratori di una società considerano il rendimento minimo indispensabile delle attività utilizzate nell'impresa allo scopo di soddisfare gli azionisti o le altre parti interessate.

required reserve: ***riserva numeraria.*** Lo stesso che *required bank reserve* (v.).

requirements contract: ***convenzione di necessità; contratto per l'intero fabbisogno.*** Termine usato con lo stesso significato di *full requirements contract* (v.).

requisition: ***richiesta di approvvigionamento.*** Termine usato con lo stesso significato di *purchase requisition* (v.).

requisitioning: ***requisizione.*** Presa di possesso di un bene di proprietà privata da parte di un'autorità pubblica in periodo di emergenza, come ad esempio durante una guerra, un terremoto o altra calamità naturale, allo scopo di utilizzarlo a fini che tornano a vantaggio della comunità. Una volta superato il periodo di emergenza, il bene viene derequisito, cioè restituito al suo legittimo proprietario.

requisitions on title: Espressione usata per indicare la lista di domande che un potenziale acquirente o creditore ipotecario di un immobile pone per iscritto al venditore o debitore ipotecario, dopo la consultazione dei documenti comprovanti il titolo di proprietà, allo scopo di accertare se non vi siano gravami e di ottenere informazioni in relazione ai canoni di fitto ecc.

re-regulation: ***riregolamentazione.*** Termine usato come opposto di *deregulation* (v.) per indicare il ripristino di regolamenti da parte di un governo, dopo che essi erano stati abrogati da parte dello stesso o di un governo precedente.

to re-rummage: ***rivisitare una nave.*** Una nave può essere visitata dalle autorità doganali in occasione della discarica delle merci in arrivo e può essere rivisitata all'atto della caricazione delle merci dirette all'estero. (v. anche *to rummage*)

res.: residue.

resale: ***rivendita.*** Si verifica quando una persona che ha venduto beni a un acquirente vende gli stessi beni anche a un'altra persona. Ciò può essere perfettamente legale quando il venditore si è riservato il diritto di rivendita in caso di mancato pagamento da parte dell'acquirente, ma può verificarsi anche in mancanza di tale riserva, in casi stabiliti dalle leggi del paese. Lo stesso termine può anche indicare la vendita a un terzo di beni acquistati da un determinato soggetto, come ad esempio la vendita che effettua un dettagliante.

resale price: ***prezzo di rivendita; prezzo al dettaglio.*** È il prezzo al quale un prodotto viene venduto in un punto di vendita della grande o della piccola distribuzione. Nel Regno Unito, dal 1965 il prezzo al dettaglio viene stabilito, tranne che per pochi articoli, dal rivenditore sulla base dei propri costi e utili. (v. anche *Resale Prices Act*)

resale price agreement: ***accordo di mantenimento dei prezzi; accordo di prezzo imposto.*** Espressione usata con lo stesso significato di *price maintenance agreement* (v.).

resale price maintenance: ***mantenimento del prezzo al dettaglio; prezzo imposto; prezzo di rivendita imposto.*** Espressione usata con lo stesso significato di *price maintenance* (v.).

resale price maintenance agreement: ***accordo di mantenimento dei prezzi; accordo di prezzo imposto.*** Espressione usata con lo stesso significato di *price maintenance agreement* (v.).

Resale Prices Act: Legge, approvata dal parlamento britannico nel 1964, con la quale veniva abolita la pratica seguita dai produttori per oltre cinquanta anni di imporre un prezzo minimo di vendita al dettaglio. Dal 1965, pertanto, un produttore può imporre un prezzo soltanto se viene a ciò autorizzato da una *Restrictive Practices Court* (v.). All'entrata in vigore di questa legge nel 1965, la maggior parte dei produttori ricorse alle *Restrictive Practices Courts* nella speranza di poter continuare a determinare i prezzi di vendita al dettaglio, ma la maggior parte dei ricorsi fu respinta o ritirata e la pratica continuò a sussistere soltanto per un limitatissimo numero di prodotti, tra i quali i libri.

rescheduled debt: ***debito rinegoziato.*** Un debito che è stato oggetto di rinegoziazione tra mutuante e mutuatario ed è ora soggetto a condizioni diverse da quelle stabilite all'atto della concessione del credito.

rescheduling: ***rinegoziazione.*** Nel linguaggio finanziario, questo termine indica la rinegoziazione dei termini e delle condizioni di un prestito già in essere, allo scopo di ottenere condizioni più favorevoli. Si è molto parlato recentemente di operazioni del genere che hanno avuto luogo tra alcuni paesi in via di sviluppo e i grandi consorzi di banche o paesi esteri che avevano loro concesso crediti.

to rescind: ***rescindere.*** Nel linguaggio giuridico, significa annullare un'azione o un accordo. Ciò è possibile ogni volta che si verifica una convergenza di volontà di tutte le parti interessate, ma se alcune dissentono, l'accordo o il contratto può essere rescisso soltanto nei casi ammessi dalla legge.

rescission: ***rescissione.*** Annullamento o abolizione, specialmente di un contratto quando esso sia stato viziato, ad esempio da dichiarazioni false, da dolo, da condizioni inique e simili.
rescript: ***duplicato.*** È una seconda copia di un documento.
rescue operation: ***operazione di salvataggio.*** Operazione intesa a salvare dal fallimento un'impresa che versa in cattive acque, magari mediante contributi statali o altre forme di assistenza. Lo stesso termine è stato usato per indicare le operazioni di rinegoziazione di prestiti esteri volte a concedere condizioni più vantaggiose ai paesi debitori in via di sviluppo, allo scopo principale di allontanare la minaccia di ripudio dei prestiti contratti, che avrebbe creato serie difficoltà ai grandi consorzi di banche che avevano erogato i prestiti.
research: ***ricerca.*** L'insieme di studi ed esperimenti volti al progresso della scienza e della tecnica. La ricerca può essere svolta da un'università, da un centro statale o da singole imprese. In quest'ultimo caso si tratta quasi sempre di ricerca applicata, mentre nei primi si tratta solitamente di ricerca pura. (v. anche *basic research, applied research*)
research and development: ***ricerca e sviluppo.*** L'insieme delle attività svolte da un'impresa o altra organizzazione al fine di creare nuovi prodotti o nuovi processi produttivi. Il campo della ricerca è molto vasto e va dal miglioramento di un prodotto già in commercio all'invenzione o applicazione di nuova e più avanzata tecnologia. Si divide in ricerca di base, cioè quella che non implica uno specifico obiettivo commerciale; e ricerca applicata, cioè la ricerca che tende ad un determinato obiettivo commerciale o alla realizzazione di un'invenzione. Le imprese più grandi e i paesi più avanzati sono quelli che dedicano buona parte delle risorse alla ricerca e, una volta che questa ha dato i suoi risultati, allo sviluppo delle realizzazioni.
research and development budget: ***budget dei costi di ricerca e sviluppo.*** In molti casi, e specialmente nelle grosse imprese che dedicano notevoli risorse a questa attività, si giustifica la preparazione di un bilancio preventivo specifico relativo ai costi che saranno assorbiti dalla ricerca e dallo sviluppo. Pertanto, tale budget non deve necessariamente essere collegato agli altri budget preparati dall'impresa, ma sarà in gran parte basato sulla politica aziendale in relazione alle necessità di ricerca di metodi di produzione nuovi e più perfetti o di ricerca di mercato in nuove zone. Tuttavia, la principale questione riguarda la quantità di risorse che l'impresa è in grado o è disposta a dedicare a questa attività, tenendo conto che le spese sostenute non sempre conducono ad una sicura remunerazione. Con il termine sviluppo, in questo contesto si intende l'applicazione dei risultati della ricerca e quindi se, ad esempio, la ricerca porta all'individuazione di nuovi metodi di produzione, le spese di sviluppo previste nel budget sono quelle che si dovranno sostenere al fine di porre in funzione tali nuovi metodi, attraverso la riqualificazione o l'addestramento del personale, l'acquisto di nuovi impianti, macchine e utensili, la ristrutturazione degli immobili, se necessaria, e così via.
research and development department: ***reparto ricerca e sviluppo.*** In un'impresa, è l'ufficio o il reparto che organizza, coordina e porta avanti l'attività di ricerca e il successivo sviluppo delle eventuali realizzazioni. (v. anche *research and development*)
research brief: Nel linguaggio del marketing, è una dichiarazione scritta relativa agli obiettivi di una ricerca di mercato o parte di essa. Quando un'impresa commissiona una ricerca di mercato, essa informa l'agenzia prescelta su ciò che desidera accertare e sull'entità della spesa che è disposta a sostenere. Dopo l'opportuna valutazione da parte dell'agenzia, le due parti si accordano e sottoscrivono questo documento.
research budget: ***budget dei costi di ricerca.*** È il budget relativo agli stipendi e alle spese del personale addetto alla ricerca, impiegato direttamente dall'impresa, e agli eventuali costi di ricerche svolte da agenzie o persone estranee all'impresa. (v. anche *research and development budget*)
research department: ***ufficio ricerche; reparto ricerche.*** In un'impresa o altra organizzazione è l'ufficio o il reparto che organizza, coordina e porta avanti l'attività di ricerca.
research division: ***sezione ricerche.*** Termine usato con lo stesso significato di *research department* (v.).
research expenditure: ***spese di ricerca.*** Termine usato come sinonimo di *research expenses* (v.).
research expenses: ***spese di ricerca.*** Sono le spese che un'impresa dovrà sostenere per la ricerca nei settori che la interessano. Tali spese vengono dettagliate nel budget dei costi di ricerca e sviluppo. (v. anche *research and development budget*)
research greenhouse: ***serra di ricerca.*** Espressione statunitense, con la quale si indica un tipo di istituzione indipendente e senza scopo di lucro, che avrebbe dovuto assumere il compito di accelerare il processo di sviluppo commerciale di tecnologie già avanzate nella fase di ricerca di base. La creazione di queste istituzioni era parte integrante di un più ambizioso progetto, chiamato *Greenhouse Compact*, proposto nel 1982 dallo stato di Rhode Island, ma bocciato da un referendum speciale che ebbe luogo nel giugno del 1984.
Research Institute for Consumers' Affairs: È un organismo che, nel Regno Unito, svolge indagini ed effettua esperimenti ed esami a tutela e nell'interesse dei consumatori.
research-intensive industry: ***industria a ricerca intensiva.*** È una qualsiasi industria, come ad esempio quella aeronautica o elettronica, nella quale si verifica un alto rapporto tra spese destinate alla ricerca e valore netto della produzione.
research programme: ***programma di ricerca.*** È il programma ben definito della ricerca che un'impresa o altra organizzazione intende eseguire durante un determinato periodo di tempo. Il programma serve da base per la preparazione del budget dei costi di ricerca e sviluppo, pur se a volte può essere vero il contrario, cioè che il programma viene preparato in base alle risorse disponibili per la ricerca. (v. anche *research and development budget*)
reseller: ***rivenditore.*** Chi vende un bene dopo averlo acquistato da un altro venditore.
reservation demand: ***domanda di riserva.*** Espressione usata in teoria economica per indicare le quantità di un bene a offerta fissa i cui attuali proprietari desiderano conservare. I possessori di beni a offerta fissa, infatti, hanno due possibilità: o usare il bene personalmente o venderlo in un momento futuro. L'eventuale decisione di vendere il bene dipenderà in gran parte dal livello di prezzo che esso raggiunge via via che aumenta la domanda.
reservation of title: ***riserva del diritto di proprietà.*** Accordo in virtù del quale il venditore conserva il diritto di proprietà dei beni venduti, pur cedendone il possesso, fino a quando essi non saranno completamente pagati.
reservation price: ***prezzo di riserva.*** Lo stesso che *fall-*

–*back price* (v.).

reservation wage: ***salario di riserva.*** Coniato sul modello di *reservation price* (v.), questo termine indica il salario minimo che un lavoratore è disposto ad accettare in cambio delle sue prestazioni. A tale determinazione del salario il lavoratore arriva considerando le proprie capacità, il salario che percepiva in una eventuale precedente occupazione e le offerte che trova sul mercato del lavoro. (v. anche *job search theory*)

reserve: 1. ***riserva.*** Accantonamento o impegno di utili, non distribuiti sotto forma di dividendi, rappresentato dalla creazione di un apposito conto al quale andranno successivamente imputate le spese in previsione delle quali fu costituita la riserva. Le imprese creano riserve per scopi specifici, come ad esempio l'ampliamento della capacità produttiva o i programmi di ricerca, o semplicemente come protezione contro eventuali perdite future. Tali riserve non vengono mantenute sotto forma di denaro liquido, ma vengono investite o nella stessa attività dell'impresa o in titoli che fruttano interessi. **2.** ***fondo.*** L'ammontare totale, previsto o riconosciuto, di cui diminuirà un'attività di un'impresa in un determinato periodo di tempo. Ne sono esempi il fondo svalutazione crediti, il fondo ammortamento capitali fissi, il fondo di riserva per esaurimento e altri. **3.** ***rateo passivo.*** Accantonamento creato allo scopo di coprire una spesa incorsa in o prima di una certa data, ma pagabile in una data futura, come ad esempio una riserva per imposte sul reddito. **4.** ***riserva; riserva numeraria.*** Lo stesso che *required bank reserve* (v.).

reserve account: ***conto di riserva.*** Espressione a volte usata per indicare il conto relativo a riserve reinvestite nell'attività svolta dall'impresa. (v. anche *reserve fund*)

reserve adequacy: ***adeguatezza della riserva.*** La corrispondenza tra una riserva esistente, o da crearsi ad un tasso prestabilito, e il costo o la perdita per cui essa fu o viene costituita. Si dice, ad esempio, che una riserva appositamente costituita è adeguata, quando essa copre l'intero costo di sostituzione di un impianto all'atto della sua smobilitazione.

reserve aggregates: ***aggregati delle riserve.*** Negli Stati Uniti, sono così dette le varie misure delle riserve di cui dispongono le istituzioni di deposito.

reserve assets: ***attività di riserva.*** Le attività di una banca commerciale britannica tenute come riserva sotto forma liquida a fronte dei depositi effettuati dai clienti, corrispondenti alle passività della banca. Le attività di riserva sono generalmente rappresentate da: a) banconote, monete e disponibilità presso la Banca d'Inghilterra; b) denaro a richiesta e a breve preavviso; c) buoni del tesoro e cambiali riscontabili. Lo stesso termine viene usato nel linguaggio dell'economia monetaria per indicare l'insieme di riserve (auree, valutarie, ecc.) di cui può disporre un paese.

reserve assets ratio: ***rapporto delle attività di riserva.*** È un sistema di controllo del credito in base al quale la Banca d'Inghilterra imponeva, tra il 1971 e il 1981, che le attività di riserva di una banca qualsiasi non scendessero al di sotto del dodici e mezzo per cento delle passività. Il rapporto delle attività di riserva imponeva, quindi, un limite ben definito alla possibilità di espansione del credito concessa ad una banca.

reserve balances: ***disponibilità di riserva; saldi di riserva.*** La quantità complessiva di moneta in forma liquida e altre attività di immediato realizzo di cui dispone una banca e che costituisce la sua riserva. Negli Stati Uniti, il termine indica le riserve tenute da una banca sotto forma di depositi presso una delle dodici banche del sistema della riserva federale.

Reserve Bank: ***Banca della Riserva Federale.*** Lo stesso che *Federal Reserve Bank* (v.).

reserve bank credit: Espressione usata negli Stati Uniti per indicare il credito concesso da una qualunque delle *Federal Reserve Banks* alle altre banche membri del Sistema della Riserva Federale. Tale credito può venir concesso sotto forma di prestiti diretti su garanzia di titoli di stato; sotto forma di operazioni di risconto di effetti bancabili; e sotto forma di sconto di accettazioni emesse dalle banche.

Reserve Bank of Australia: È la banca centrale dell'Australia che, in passato, veniva chiamata *Commonwealth Bank of Australia.* Oggi questa banca si interessa esclusivamente delle attività proprie di una banca centrale.

Reserve Bank of New Zealand: È la banca centrale della Nuova Zelanda, fondata nel 1934.

reserve base: ***base della riserva bancaria.*** La quantità globale di attività che, per legge o per prassi, costituisce la riserva di un sistema bancario.

reserve capital: ***capitale di riserva.*** È il capitale che una società è autorizzata ad emettere ma che essa, a seguito di una delibera speciale dell'assemblea degli azionisti, decide di non emettere. Si tratta, in effetti, di decimi che rappresentano la differenza tra capitale sottoscritto e capitale versato, che la società decide di richiamare soltanto in caso di liquidazione. Se esso si renderà necessario per una qualsiasi altra grave contingenza, sarà possibile richiamarlo soltanto dopo che la società avrà ottenuto l'autorizzazione di una corte. Il capitale di riserva assume rilevanza particolare nelle imprese che svolgono l'attività bancaria e fu infatti in relazione a questo tipo di imprese che esso fu istituito da una legge britannica del 1879, a seguito e come contropartita della concessione della responsabilità limitata agli azionisti di un qualsiasi istituto di credito. La legge, che mirava a tutelare i titolari di depositi bancari, stabilì anche che le società per azioni, che godevano della responsabilità limitata dei soci, potevano aumentare il proprio capitale azionario, purché una particolare percentuale di tale aumento non venisse richiamata se non in caso di liquidazione della società. L'articolo 60 del *Companies Act* del 1948 stabilisce che «una società per azioni può, con *special resolution* (v.), deliberare che una qualsiasi parte del capitale non richiamato non potrà essere richiamata se non in caso di liquidazione della società».

reserve city: Negli Stati Uniti, è una delle città nelle quali vengono tenuti i saldi delle varie banche, al fine di facilitare le operazioni di compensazione degli assegni o altri titoli di credito. L'elenco di queste città varia di tanto in tanto ed esse non devono necessariamente essere città in cui ha sede una delle *Federal Reserve Banks.*

reserve city bank: Espressione con la quale, negli Stati Uniti, si indica una qualsiasi banca, membro del *Federal Reserve System* (v.), che ha la propria sede in una delle cosiddette *reserve cities.* Non vengono indicate con tale nome le banche con sede a New York e Chicago, che sono chiamate *central reserve city banks* (v.). Le *reserve city banks* costituiscono una delle due classi di banche in cui è diviso il sistema bancario statunitense, ai fini della determinazione dell'ammontare di riserve che ogni banca deve tenere. (v. anche *reserve city*)

reserve currency: ***valuta di riserva; valuta da riserva; valuta pregiata.*** Una valuta estera che un paese tiene come parte delle proprie riserve e allo scopo di effettuare pagamenti internazionali. Affinché una qualsiasi valuta possa essere usata come riserva, essa deve avere alcune caratteristiche, tra le quali quelle di avere un valore stabile nei confronti delle altre valute mondiali, di essere prontamente accettata nei pagamenti internazionali e, di conseguenza, di essere convertibile nelle valute di altri paesi. Di solito diventa valuta da riserva quella in circolazione in un paese che ha una considerevole quota del commercio mondiale. Per quest'ultima ragione, ma anche per le precedenti, la sterlina inglese prima e il dollaro statunitense poi sono state le valute da riserva preferite dalla maggioranza dei paesi mondiali durante questo secolo. Recentemente, a causa principalmente della loro stabilità, hanno guadagnato terreno come valute da riserva il franco svizzero e il marco tedesco, mentre sempre più terreno va guadagnando lo yen giapponese. (v. anche *reserves*)

reserved interest: ***interesse riservato; interesse sospeso.*** Nel linguaggio bancario, è l'interesse, attivo per la banca, su un credito il cui recupero non è certo al cento per cento in quanto esso non è garantito da beni che possono essere venduti per il recupero del credito stesso. Sono tali, ad esempio, gli interessi su crediti personali. È pratica delle banche inglesi non trasferire tali interessi direttamente al conto profitti e perdite, ma accantonarli temporaneamente trasferendoli ad un conto interessi riservati o sospesi.

reserved market: ***mercato vincolato; mercato regolato; mercato soggetto a riserva.*** L'espressione inglese viene usata per indicare un mercato sul quale uno o più produttori hanno deciso di limitare le proprie vendite al fine di evitare la concorrenza diretta tra loro, che porterebbe ad una riduzione del livello dei prezzi.

reserved shares: ***azioni riservate.*** Sono azioni non sottoscritte, cioè azioni che la società è autorizzata ad emettere, ma che essa ha preferito riservare in previsione di future emissioni.

reserved stock: ***scorte accantonate; scorte riservate.*** Lo stesso che *allocated stock* (v.).

reserved surplus: ***accantonamento; riserva straordinaria.*** Termine usato con lo stesso significato di *appropriated surplus* (v.).

reserve for accidents: ***fondo rischi.*** Utili non distribuiti e trasferiti ad un fondo di riserva, quale garanzia contro eventuali futuri incidenti o rischi.

reserve for amortization: ***fondo per rapido ammortamento.*** È così chiamata la riserva o il conto istituiti con lo scopo di ridurre l'investimento in una qualsiasi attività, in base ad un piano che prevede il completo ammortamento in un arco di tempo determinato, indipendentemente dalla condizione fisica in cui si trova il bene da ammortizzare. L'espressione viene usata in particolare con riferimento al rapido ammortamento di attività, quale ad esempio una privativa industriale, che hanno una vita fisica o giuridica più lunga della loro vita economica.

reserve for bad debts: ***fondo svalutazione crediti.*** Una riserva o un conto istituiti allo scopo di ridurre l'importo globale dei crediti a breve scadenza all'importo che si presume possa essere effettivamente realizzato. Al conto vengono periodicamente accreditate le somme riscosse, ma precedentemente considerate non più incassabili, e vengono addebitate le reali perdite per far fronte alle quali era stata costituita la riserva.

reserve for contingencies: ***fondo di riserva per sopravvenienze passive.*** Accantonamento di utili non distribuiti allo scopo di far fronte a sopravvenienze passive che potrebbero verificarsi in futuro, ma che potrebbero anche non verificarsi. Scopo della costituzione di questa riserva è quello di distribuire un minore dividendo agli azionisti, creando allo stesso tempo un fondo al quale si può ricorrere in caso di perdite o spese impreviste di una certa entità. Tra le sopravvenienze passive per le quali si istituisce il fondo rientrano, ad esempio, spese di riparazioni a prodotti venduti con lunga garanzia, probabili diminuzioni del prezzo di mercato di prodotti finiti in magazzino, perdite da contratti di approvvigionamento che potrebbero dimostrarsi sfavorevoli per prezzo o quantità, ecc. Secondo una pratica invalsa, se le sopravvenienze passive a fronte delle quali è costituito il fondo non si verificano nel corso dell'esercizio cui esso si riferisce, le somme così accantonate vengono ritrasferite alla loro fonte, cioè gli utili non distribuiti.

reserve for depletion: ***fondo di riserva per esaurimento; fondo di riserva per dissipazione.*** Fondo costituito da accantonamenti a fronte di dissipazione di un risorsa naturale, come ad esempio una miniera o un giacimento petrolifero, via via che essa viene trasformata in beni di consumo. La stessa espressione viene usata per indicare il conto nel quale vengono registrati tali accantonamenti.

reserve for depreciation: ***fondo di ammortamento.*** Fondo costituito da accantonamenti a fronte del deprezzamento di un'attività fissa, derivante da usura, invecchiamento, obsolescenza o inadeguatezza.

reserve for depreciation account: ***conto del fondo ammortamento.*** È il conto nella cui sezione avere vengono registrati i valori del fondo di ammortamento, in contrapposizione al conto nella cui sezione dare viene registrato il valore originario del bene da ammortizzare.

reserve for discounts: ***fondo di riserva per sconti.*** È costituito dagli accantonamenti a fronte di riduzione dei crediti dovuta alla concessione di sconti di cassa ai clienti al momento in cui essi liquidano le loro pendenze.

reserve for obsolescence: ***fondo di riserva per obsolescenza.*** Accantonamento di utili non distribuiti, effettuato da un'impresa allo scopo di tutelarsi contro il rischio di improvvisa obsolescenza di tutti o parte dei suoi capitali fissi. È bene tener presente che da un punto di vista contabile un capitale fisso diventa obsoleto appena viene costruito un nuovo modello o viene creato un nuovo metodo che rendono il precedente economicamente superato.

reserve for overhead: ***fondo di riserva per costi generali.*** È un fondo, costituito mediante l'accantonamento di utili non distribuiti, con il quale si può far fronte a costi generali imprevisti e di notevole entità.

reserve for renewals and replacements: ***fondo di riserva per rinnovi e sostituzioni.*** Non è altro che un conto rateizzazioni, quando le spese occasionali sono rappresentate da costi di rinnovo o sostituzione. A tale proposito è opportuno osservare che l'espressione inglese *renewals and replacements* è ridondante, in quanto ambedue i termini indicano la medesima cosa. (v. anche *renewal, replacement, reserve for overhead*)

reserve for repairs: ***fondo di riserva per riparazioni.*** È il fondo, costituito mediante l'accantonamento di utili non distribuiti, con il quale si può far fronte a costi di riparazioni impreviste e di notevole importanza.

reserve for retirement of preferred stock: ***fondo per ammortamento finanziario delle azioni privilegiate.*** Utili non distribuiti e accantonati allo scopo di riscattare una precedente emissione di azioni privilegiate. La costituzione di questo fondo è spesso prescritta dall'accordo intercorso tra la società e i sottoscrittori delle azioni privilegiate, ma anche in assenza di tale accordo può essere costituito su delibera del consiglio di amministrazione. Il motivo per cui il fondo viene costituito è spesso quello di prevenire la richiesta di più alti dividendi da parte degli azionisti. Difatti, quando un'emissione di azioni privilegiate prevede esplicitamente il riscatto da parte della società, quest'ultima riesce quasi sempre a rastrellarne gradualmente una buona parte sul mercato ad un valore inferiore a quello nominale, ma ciò non ostante il fondo viene ugualmente incrementato. Tuttavia, quando l'ammortamento finanziario è completato, le somme eventualmente residue di questo fondo tornano alla fonte, cioè agli utili non distribuiti.

reserve for wear, tear, obsolescence, or inadequacy: ***fondo di ammortamento.*** L'espressione inglese è raramente usata e ad essa si preferisce la più generica *reserve for depreciation* (v.). Tuttavia, a volte si trovano espressioni usate per indicare un fondo costituito a fronte di una soltanto delle cause che possono portare al deprezzamento di un'attività fissa, come ad esempio *reserve for obsolescence* (v.).

reserve fund: ***fondo di riserva.*** L'accantonamento periodico di una parte degli utili dell'impresa, sotto forma di contanti ma più spesso di titoli fruttiferi, esclusi dal capitale circolante allo scopo di poter far fronte a qualsiasi contingenza imprevista che si verifichi in futuro. Di solito, questo fondo è destinato ad una particolare eventuale contingenza o è accompagnato da una corrispondente passività.

reserve liability: ***capitale di riserva.*** Termine usato con lo stesso significato di *reserve capital* (v.).

reserve money: ***moneta di riserva.*** Moneta creata dalle banche mediante l'utilizzazione, per la concessione di crediti, di riserve eccedenti il rapporto della riserva stabilito da loro o dalla legge. (v. anche *reserve ratio*)

reserve price: ***prezzo di riserva.*** Termine usato con lo stesso significato di *fall–back price* (v.).

reserve ratio: ***percentuale di riserve; rapporto della riserva.*** La percentuale dei depositi totali, ossia la proporzione tra riserve e depositi, che una banca tiene in forma liquida allo scopo di poter far fronte alla domanda dei depositanti di prelevare i fondi disponibili sui loro conti. Tale percentuale può non essere uguale per tutte le banche e può essere variata di tanto in tanto, se non è stabilita per legge. Una volta fissata questa percentuale, le banche non vedono di buon occhio né un aumento delle riserve al di sopra della cifra stabilita, né una loro diminuzione e di conseguenza operano in modo tale da adeguare sempre le riserve alla percentuale stabilita, concedendo prestiti e facendo investimenti su scala maggiore o minore a seconda che l'entità delle riserve mostri la tendenza a salire o a scendere rispetto alla percentuale fissata. Nel linguaggio bancario statunitense, il termine indica anche il rapporto tra i depositi globali e la riserva che le banche sono tenute per legge a mantenere in deposito infruttifero presso la banca della riserva federale dalla quale dipende ciascuna di loro.

reserve requirements: ***prescrizioni di riserva; riserva obbligatoria.*** Il termine, di uso statunitense, indica la percentuale di depositi totali della loro clientela che le banche commerciali sono obbligate, per legge, a mantenere sotto forma di riserva. Il termine, pertanto, corrisponde al nostro «riserva obbligatoria». (v. anche *cash ratio 1*)

reserves: ***riserve.*** Ogni paese tiene riserve auree e valutarie allo scopo di regolare i pagamenti internazionali ad organismi particolari o ad altri paesi a seguito di saldi negativi della bilancia dei pagamenti. Affinché tali riserve possano svolgere la funzione per la quale furono create è necessario che esse siano in gran parte in una valuta pregiata, cioè una valuta prontamente accettata in pagamento da qualsiasi paese. Infatti, se è vero che la peseta spagnola può andare benissimo per regolare un saldo negativo tra, diciamo, Italia e Spagna, è altrettanto vero che essa non potrà essere utilizzata per regolare un pagamento tra, diciamo, Italia e Giappone. Prima della seconda guerra mondiale questa funzione era svolta dall'oro, ma dopo il 1945 i paesi si sono orientati verso altri tipi di riserve, privilegiando determinate valute, tra le quali il dollaro statunitense ha un ruolo principale. Inoltre, a differenza del passato, oggi non si tende più a spedire oro all'estero per pagare un saldo negativo della bilancia dei pagamenti, ma si preferisce ricorrere a prestiti a breve termine concessi da altri paesi o dal Fondo Monetario Internazionale. Infatti, una delle voci tra le riserve di un paese è quella relativa ai diritti speciali di prelievo. (v. anche *reserve currency, reserve 1*)

reserves position: ***situazione delle riserve.*** È una delle voci che compaiono nel bilancio di uno stato ed indica il livello delle varie riserve di cui esso dispone, di solito divise in riserve auree, riserve valutarie, con ciò intendendosi valute pregiate o comunque di altri paesi, e diritti speciali di prelievo presso il Fondo Monetario Internazionale. (v. anche *reserves, reserve currency*)

reserve stock: ***stock regolatore; stock stabilizzatore; scorta tampone; scorta–cuscinetto.*** Lo stesso che *buffer stock* (v.).

reserves transactions account: ***conto operazioni sulle riserve.*** È uno strumento di misura della bilancia dei pagamenti degli Stati Uniti, basato sui movimenti di dollari tra i conti ufficiali esteri e le riserve statunitensi.

reserve tranche: ***quota di riserva.*** Termine usato con lo stesso significato di *gold tranche* (v.) da quando, nel 1976, fu abolita la quota aurea, che fu sostituita da una quota di uguale ammontare (25% della quota globale) in diritti speciali di prelievo presso il Fondo Monetario Internazionale.

reserve value: ***valore di riserva.*** Lo stesso che *policy reserve* (v.).

reserving due payment: ***salvo buon fine.*** Si indica con questa espressione la condizione che sottopone ad annullamento la registrazione di una partita su un conto bancario, qualora i titoli di credito cui essa si riferiscono non vengano regolarmente pagati alla loro presentazione da parte della banca cui sono stati affidati per l'incasso.

Resettlement Transfer Scheme: Piano elaborato ed adottato dal ministero del lavoro britannico allo scopo di favorire la mobilità del lavoro da aree a forte indice di disoccupazione ad aree di espansione industriale. Il piano prevede una serie di provvedimenti a favore dei lavoratori disposti a spostarsi da un'area all'altra e tra questi vi sono il versamento di una indennità di alloggio fino a quando il lavoratore non ha trovato un'adeguata sistemazione, un contributo per le spese di trasloco, il rimborso delle spese di viaggio dei suoi familiari ed altri piccoli vantaggi.

re–shipments: ***riesportazioni.*** Termine usato con lo stesso significato di *re–exports* (v.).

residence: ***residenza.*** Ai fini fiscali, una persona giuridica è residente nel Regno Unito se la sua direzione centrale si trova in quel paese. La residenza delle persone fisiche, invece, è una questione molto più complessa. Infatti, una persona può essere contemporaneamente residente in più di un paese, ma ciò non significa che una persona residente in un altro paese non possa considerarsi anche residente nel Regno Unito. La questione della residenza nel Regno Unito è essenzialmente legata alla presenza fisica in quel paese, ma ai fini fiscali si tiene conto anche di altri fattori, quali ad esempio il tempo di permanenza nel paese nell'arco di un anno e l'esistenza di una dimora disponibile per l'uso. Se la persona è presente nel Regno Unito per un periodo di almeno sei mesi in un anno, è considerata residente a tutti gli effetti. Se, invece, è presente sul suolo britannico per meno di sei mesi, ma ha a sua disposizione una casa nel Regno Unito, viene considerata residente per l'intero anno ogni volta che si reca nel Regno Unito, indipendentemente dalla durata della permanenza. Infine, anche se non dispone di una dimora, è considerato residente il cittadino britannico che torna in patria regolarmente per sostanziali periodi di tempo. A tale fine, è considerato «sostanziale periodo di tempo» una media di tre mesi all'anno e si considera che la persona visiti «regolarmente» il paese se vi torna per almeno quattro anni.

residential investment: ***investimenti residenziali.*** Investimenti effettuati da privati o da istituzioni pubbliche a vantaggio dell'edilizia residenziale.

residents: ***residenti.*** Le persone fisiche e giuridiche trattate come cittadini di un paese in relazione alla legislazione sulle valute estere in vigore in quel paese.

residual asset: ***residuo attivo; residuo di bilancio attivo.*** Nel linguaggio finanziario, sono le entrate previste nel bilancio di un esercizio, ma non effettivamente incassate nell'arco dell'anno finanziario cui si riferiscono. (v. anche *residual liability*)

residual-claimant theory of wages: ***teoria del salario residuale.*** Termine usato con lo stesso significato di *residual theory of wages* (v.).

residual cost: ***costo residuale.*** Termine usato con lo stesso significato di *recovery cost 1* (v.).

residual error: ***errore residuo.*** Nel fare i calcoli relativi al reddito nazionale, è un fatto ormai riconosciuto che si verifichino errori ed omissioni quando si raccolgono dati statistici su larga scala. Si tiene perciò conto di quello che viene chiamato errore residuo, cioè un accorgimento contabile usato allo scopo di far pareggiare i conti relativi ai totali del reddito e della produzione con i conti relativi al totale delle spese.

residual income: ***reddito residuo.*** La parte del reddito di un segmento di un'impresa, ad esempio un reparto, che residua dopo che si è tenuto conto di tutti i costi, incluso il costo del capitale impiegato in quel segmento.

residual liability: ***residuo passivo; residuo di bilancio passivo.*** Nel linguaggio finanziario, sono le spese previste nel bilancio di un esercizio, ma non effettivamente pagate nell'arco dell'anno finanziario cui si riferiscono. Nel sistema dei bilanci di competenza, i residui attivi o passivi vengono tenuti distinti dalle entrate o uscite correnti che maturano in un qualsiasi esercizio. Se, invece, si adotta il sistema del bilancio di cassa, non si fa distinzione alcuna tra le entrate e le uscite che dovrebbero materialmente effettuarsi nell'esercizio, qualunque sia il momento al quale risale la loro ragione giuridica.

residual maturity: ***durata residua; vita residua.*** Il tempo che deve ancora decorrere prima della scadenza finale di un prestito, indipendentemente dalla durata complessiva originaria.

residual net income: ***reddito netto residuo; utile netto residuo.*** È l'utile netto di un'impresa disponibile per il pagamento di dividendi agli azionisti ordinari, dopo che sono stati soddisfatti i diritti degli obbligazionisti e degli azionisti privilegiati.

residual payment: ***remunerazione residua.*** È il reddito addizionale di competenza dell'imprenditore, quale ulteriore remunerazione dei servizi da lui resi alla produzione, che residua dopo che sono stati effettuati tutti i pagamenti dovuti per contratto agli altri fattori della produzione.

residual profit: ***reddito netto residuo; utile netto residuo.*** Termine usato con lo stesso significato di *residual net income* (v.).

residual theory of wages: ***teoria del salario residuale.*** Teoria che sostiene che al lavoro compete la parte residua del prodotto industriale, dopo che sono stati pagati tutti gli altri costi relativi alla produzione.

residual unemployment: ***disoccupazione residua.*** Espressione con la quale si indica l'insieme delle persone che, a causa di menomazioni fisiche o mentali, raggiungono un livello di efficienza così basso che anche in periodi di piena occupazione è probabile che non riescano a trovare un lavoro adatto alle loro capacità.

residual value: ***valore residuale.*** Termine usato con lo stesso significato di *recovery cost 1* (v.).

residuary bequest: ***lascito del residuo.*** È la donazione, stabilita in un testamento, del residuo dei beni mobili facenti parte di una massa ereditaria, dopo che sono stati soddisfatti gli altri lasciti.

residuary device: ***lascito del residuo.*** È il lascito, stabilito in un testamento, del residuo dei beni immobili facenti parte di una massa ereditaria, dopo che sono stati soddisfatti tutti gli altri lasciti.

residuary estate: ***patrimonio residuo; residuo; residuo attivo dell'eredità.*** È la parte che residua di una massa ereditaria, dopo che sono stati soddisfatti tutti i debiti e tutte le disposizioni esplicitamente stabilite dal defunto nel suo testamento.

residuary legacy: ***legato del residuo.*** Disposizione testamentaria che stabilisce che tutta la parte della massa ereditaria non altrimenti destinata va ad una persona, chiamata *residuary legatee* (v.), nominata nel testamento.

residuary legatee: ***legatario del residuo.*** La persona cui va tutto il residuo dei beni mobili di una massa ereditaria, dopo che sono stati soddisfatti gli altri legati.

residuary outlay: ***spesa residua.*** È la spesa che rimane da sostenersi ad una certa data, dopo aver detratto i versamenti finora fatti dalla somma iniziale della spesa globale.

residue: ***residuo.*** In relazione ad eredità, il termine indica ciò che residua dopo che sono stati pagati tutti i debiti del defunto, le spese funerarie e i costi di amministrazione del patrimonio.

residuum: Termine usato da Alfred Marshall ed altri economisti per indicare la categoria più povera all'interno di una comunità.

resistance barrier: ***barriera di resistenza.*** Il limite di prezzo massimo o minimo al di là del quale un mercato trova difficoltà a muoversi.

resistance point: ***punto di resistenza.*** Il punto immaginario che il tasso di cambio di una valuta nei confronti di un'altra troverebbe difficile superare, ma che una volta superato darebbe il via a un sicuro ulteriore apprezzamento della valuta in questione.

resolution: ***delibera; risoluzione; deliberazione.*** L'espressione dell'opinione o dell'intenzione di un'assemblea. Quando una mozione viene presentata ad un'assemblea e viene da questa approvata, essa diventa una delibera dell'assemblea. La delibera, o risoluzione, può essere ordinaria, se per la sua approvazione basta la maggioranza dei voti dei presenti; straordinaria, se per la sua approvazione è necessaria una maggioranza dei tre quarti dei voti dei presenti; e speciale, se per la sua approvazione sono necessari la maggioranza dei tre quarti e un preavviso di ventuno giorni lavorativi, in cui si specifica che si intende proporre tale risoluzione speciale. (v. anche *extraordinary resolution, ordinary resolution, special resolution*)

resource allocation: ***distribuzione delle risorse; allocazione delle risorse.*** Termine usato in alternativa a *allocation of resources* (v.).

resource-based economy: ***economia basata sulle risorse.*** Un sistema economico basato sulla presenza di risorse naturali sul territorio dello stato e non sulla presenza di grosse imprese produttrici di beni. È il tipo di economia che si basa sull'industria estrattiva o primaria, come ad esempio quella di molti dei paesi dell'Opec.

resource economics: ***economia delle risorse.*** La branca dell'economia che studia l'allocazione delle risorse e che include le teorie dei prezzi e dei tassi di sfruttamento delle risorse esauribili.

resource industries: ***industrie delle risorse.*** Le industrie che sfruttano le risorse naturali, come ad esempio l'industria mineraria e l'industria petrolifera.

resources: ***risorse.*** Termine dal significato molto ampio, in quanto comprende tutto ciò che viene usato nella produzione di beni e servizi. Quando si parla, ad esempio, delle risorse di una banca o altra istituzione del genere, si intendono le risorse finanziarie che consentono lo svolgimento dell'attività della banca. Quando si parla di un'impresa produttrice di beni, il termine include tutti i fattori della produzione, comprese le disponibilità finanziarie. In genere, il termine viene usato per indicare i fattori della produzione (terra, capitale e lavoro, ivi inclusa l'attività dell'imprenditore) la cui offerta è scarsa in relazione alla domanda. Tutte le risorse di cui dispone un'economia sono scarse, nel senso che esse sono insufficienti a produrre tutti i beni e i servizi necessari a soddisfare tutti i bisogni umani di una comunità. I limiti alle risorse disponibili sono quelli imposti dalla natura e dalle conoscenze dell'uomo, che pertanto si sforza di utilizzarle in combinazioni diverse, tendenti a dare il massimo prodotto attraverso la minima utilizzazione possibile delle risorse esistenti. Questo sforzo e le leggi che lo regolano costituiscono la materia essenziale di studio della scienza economica.

resource transfer: ***trasferimento di risorse.*** Lo spostamento di risorse dai paesi più ricchi ai paesi meno sviluppati, allo scopo di consentire lo sviluppo e la crescita economica di questi ultimi.

respectable bill: ***cambiale rispettabile; cambiale di buona firma.*** Termine usato con lo stesso significato di *fine bill* (v.).

respite: ***proroga; dilazione.*** Periodo di tempo concesso dal creditore al debitore per il pagamento di un debito. Il termine può indicare sia un rinvio della data in cui il debito doveva essere pagato secondo gli accordi intercorsi tra le parti, sia un normale periodo di credito concesso con o senza l'emissione di una cambiale o altro titolo di credito.

respondentia: ***prestito marittimo; prestito a cambio marittimo.*** Il termine inglese indica un prestito di moneta realizzato dal comandante di una nave, dando in garanzia il solo carico trasportato (e non la nave), nel caso in cui egli si trovi nell'impossibilità di contattare l'armatore e nella necessità di disporre del denaro, ad esempio per far effettuare riparazioni alla nave onde consentirle di riprendere il mare. La restituzione della somma così ottenuta è subordinata all'arrivo felice della nave al porto di destinazione. Infatti, qualora essa o il suo carico andassero perduti, il credito non sarebbe recuperabile. Queste forme di credito sono oggi cadute in disuso, a seguito dello sviluppo dei mezzi di comunicazione e delle possibilità di trasferimento di fondi. (v. anche *hypothecation, bottomry*)

respondentia bond: ***contratto di prestito a cambio marittimo.*** È il contratto stipulato tra il comandante di una nave mercantile e il mutuante, col quale quest'ultimo concede al primo un prestito, ricevendo in garanzia il carico della nave che, tuttavia, resta a bordo per essere trasportato al porto di destinazione. Il credito sarà restituito soltanto se la nave riesce a raggiungere il porto di destinazione. (v. anche *respondentia*)

respondentia loan: ***prestito marittimo; prestito a cambio marittimo.*** Termine usato con lo stesso significato di *respondentia* (v.).

responsibility: ***responsabilità.*** Nel significato che ci interessa, il termine inglese indica l'obbligo, che vincola un soggetto, di svolgere con la dovuta attenzione e prudenza i compiti che gli derivano come dovere dell'ufficio che ricopre o che gli vengono affidati da altri. In questo senso, si deve tener presente che: a) la responsabilità relativa ad un posto o ufficio dovrebbe essere sempre chiaramente indicata; b) quando si assegna una responsabilità, si deve contestualmente delegare l'autorità necessaria a mettere in grado il subordinato di svolgere il compito delegatogli; c) colui che assume una responsabilità dovrebbe rispondere ad un unico superiore, a meno che tale persona svolga più di una funzione o occupi più di un ufficio, nel qual caso dovrebbe essere responsabile verso un solo superiore in relazione a ciascuna funzione svolta o ufficio occupato; d) se un posto particolare implica più responsabilità, esse dovrebbero avere delle caratteristiche comuni; e) l'ampiezza della responsabilità dovrebbe essere limitata a ciò che appare ragionevole in relazione alle circostanze.

responsibility accounting: ***contabilità per responsabilità.*** È un sistema di contabilità che fa uso del metodo di determinazione dei costi per responsabilità. In base a tale sistema, i funzionari di un'impresa vengono considerati centri ai quali si possono associare i costi ed ogni funzionario è responsabile dei risultati finanziari di quel centro. Tale sistema prevede che vengano imputati ai rispettivi centri di costo soltanto i costi che i funzionari possono controllare. (v. anche *responsibility costing*)

responsibility costing: ***metodo di determinazione dei costi per responsabilità.*** Metodo di contabilità in base al quale i costi vengono identificati con le persone preposte al loro controllo, invece che con i prodotti o le funzioni.

responsiveness of demand: ***sensibilità della domanda.*** Termine usato da A. Marshall con lo stesso significato di *elasticity of demand* (v.).

rest: Termine che compare nella situazione settimanale della Banca d'Inghilterra, sul lato delle passività del dipartimento bancario, e che corrisponde alla voce «fondo di riserva» presente nel bilancio di una qualsiasi altra banca. L'unica differenza è che a questa voce vengono periodicamente aggiunti gli utili non distribuiti dalla Banca d'Inghilterra, ma vi vengono anche addebitati i dividendi pagati ai suoi proprietari, oggi lo stato. (v. anche *rests*)

restaur: ***recupero.*** Nelle assicurazioni marittime, il termine inglese viene usato per indicare il ricorso dell'assicuratore contro il capitano della nave, quando il sinistro si è verificato a seguito di negligenza di quest'ultimo.

resting order: ***ordine debordant.*** Nella terminologia borsistica, è l'ordine nel quale il cliente stabilisce una soglia di prezzo che deve essere raggiunta affinché lo *stockbroker* (v.) possa effettuare la vendita o l'acquisto specificati nell'ordine stesso. Condizione essenziale perché l'ordine possa essere eseguito, quindi, è che il prezzo abbia raggiunto almeno il livello indicato. Tra i vari motivi che possono essere alla base di un ordine debordant, il principale è quello di inserirsi in una tendenza consolidata. Cioè, lo speculatore prevede che, data la situazione del mercato, un certo titolo registrerà delle oscillazioni di prezzo, ma non riesce a prevedere in quale direzione. Egli è, allo stesso tempo, convinto che se si raggiungerà il prezzo da lui indicato, ciò significherà il manifestarsi di una tendenza che porterà ad altre variazioni di prezzo nella stessa direzione.

restitution: ***reintegrazione.*** L'insieme di norme giuridiche che regolano le situazioni in cui diritti e doveri scaturiscono dalla reinstaurazione di un soggetto nella sua situazione originaria.

restitutions: ***restituzioni.*** Termine usato con lo stesso significato di *export refunds* (v.).

restocking: ***ricostituzione delle scorte.*** L'intera procedura seguita al fine di riportare le scorte ad un livello prestabilito.

restocking costs: ***costi di ricostituzione delle scorte.*** Tutte le spese generali relative alla ricostituzione delle scorte, quali ad esempio le spese di cancelleria, corrispondenza, amministrative, e simili.

rest–of–the–world sector: ***settore «resto del mondo».*** È uno dei quattro settori in cui viene convenzionalmente suddivisa l'economia di un paese, allo scopo di esaminare i flussi tra i vari settori. Con questa espressione, si intendono i flussi di capitali e beni di importazione e di esportazione da e verso tutti i paesi esteri con i quali si intrattengono relazioni commerciali.

restoration premium: ***premio di riadeguamento.*** Nella terminologia delle assicurazioni, indica il premio che l'assicurato deve pagare affinché la polizza di cui è titolare venga riportata al valore assicurato esistente prima che si verificasse un sinistro. (v. anche *automatic reinstatement clause, reinstatement, retroactive restoration*)

to restore the standard: ***ripristinare il titolo.*** Ripristinare il rapporto tra il fino e la lega di una moneta coniata in metallo prezioso.

restraint of princes: Espressione usata nella terminologia delle assicurazioni e dei trasporti marittimi per indicare l'embargo posto sui movimenti di una nave da parte dei governanti di un qualsiasi paese estero.

restraint of trade: ***limitazione agli scambi; restrizione agli scambi.*** Una qualsiasi pratica tendente o che ha l'effetto di limitare gli scambi commerciali. Un contratto che contenga una clausola interpretabile come restrittiva del diritto di una persona a svolgere la propria attività o professione, in toto o in parte, è nullo in quanto contrario ai diritti del singolo, a meno che essa venga applicata nel pubblico interesse. Rientrano tra le restrizioni agli scambi la fissazione di un prezzo di rivendita al pubblico da parte del produttore, la creazione di un monopolio o pratiche di questo tipo, che hanno l'effetto di ridurre la concorrenza o di limitare la libera circolazione di beni e servizi. Una clausola restrittiva, applicabile perché ragionevole, potrebbe essere quella che impone, ad un lavoratore che ha lasciato un'impresa, di non rivelare i segreti dell'impresa stessa. Una clausola del genere è ragionevole, in quanto tende a tutelare i diritti della parte a vantaggio della quale essa è imposta.

restricted cash: ***contanti vincolati.*** Nella terminologia della ragioneria aziendale, questa espressione indica depositi in moneta che possono essere ritirati dalla banca soltanto al verificarsi di un determinato evento o per uno scopo specifico. I contanti vincolati sono di solito depositati su un conto bancario a parte, nettamente separato da quello generale dell'impresa.

restricted float: ***fluttuazione limitata.*** La fluttuazione consentita alle valute che fanno parte del sistema monetario europeo, così detta perché contenuta entro percentuali prestabilite.

restricted fund: ***fondo vincolato.*** Un fondo la cui somma capitale o i cui interessi vengono utilizzati a seguito di accordi o direttive del donatore o altra persona che non vanti alcun diritto sul fondo. Sono fondi vincolati, ad esempio, quelli relativi a una fondazione.

restricted–hours tariff: ***tariffa ridotta per ore normali.*** Termine usato con lo stesso significato di *off–peak tariff* (v.).

restricted market: ***mercato vincolato; mercato regolato.*** Termine usato con lo stesso significato di *reserved market* (v.).

restricted ownership: ***proprietà limitata.*** Espressione del linguaggio giuridico, usata per indicare una proprietà il cui godimento sia in qualche modo limitato, come ad esempio una proprietà concessa in usufrutto o una proprietà in comunione con altri.

restricted random sampling: ***campionamento aleatorio vincolato.*** Un campionamento aleatorio, che prevede la scelta dei campioni non da un intero universo, ma da certe categorie prestabilite. (v. anche *random sampling, stratified sampling, systematic sampling*)

restricted receipts: ***entrate vincolate.*** Sono così definite le entrate preventivamente impegnate per un qualsivoglia scopo specifico.

restricted retained earnings: ***utili vincolati.*** Gli utili di un'impresa che, da un punto di vista legale, non sono disponibili per la distribuzione sotto forma di dividendi agli azionisti ordinari. Ad esempio, quando le azioni privilegiate di una società prevedono l'accumulazione dei dividendi arretrati, cioè non pagati in un qualsiasi anno, una parte degli utili della società sono vincolati per legge e devono essere utilizzati soltanto allo scopo di pagare i dividendi arretrati. La stessa espressione viene usata per indicare utili vincolati per decisione del consiglio di amministrazione e, pertanto, non disponibili per la distribuzione sotto alcuna forma di dividendo.

restricted securities: Espressione usata nel linguaggio finanziario degli Stati Uniti per indicare titoli azionari o obbligazionari non registrati presso la *Securities and Exchange Commission* (v.).

restricted stock: ***azione vincolata.*** Termine statunitense, corrispondente al britannico *registered share with restricted transferability* (v.).

restricted stock option: ***diritto di opzione condizionato.*** Espressione usata con lo stesso significato di *qualified stock option* (v.).

restricted stock option plan: ***piano di diritto di opzione condizionato.*** Termine usato con lo stesso significato di *qualified stock option plan* (v.).

restricted surplus: ***utili vincolati.*** Termine usato con lo stesso significato di *restricted retained earnings* (v.).

restriction of imports: ***restrizione delle importazioni.*** Termine usato in alternativa a *import restrictions* (v.).

restriction of output: ***limitazione della produzione; restrizione alla produzione.*** Qualsiasi limitazione imposta alla produzione di beni o servizi da un cartello, da un piano di controllo nazionale o internazionale o da un monopolio. In quest'ultimo caso, la limitazione della produzione avviene quando il monopolista è costretto a praticare un singolo prezzo, cioè non è in grado di operare una discriminazione nei confronti dei diversi compratori. In tale situazione, il monopolista smette di produrre quando a un dato livello di produzione il prezzo è maggiore del costo marginale. Cioè, un monopolista che pratica il prezzo singolo produce una quantità di beni o servizi minore di quella che produrrebbe un'industria in una situazione di concorrenza perfetta, perché egli sa che se produce e vende di più farà diminuire il prezzo, contro i suoi stessi interessi. (v. anche *cartel, international commodity agreements*)

restriction schemes: ***piani per la limitazione della produzione.*** Sono i piani elaborati all'interno di un paese, o tra più paesi, allo scopo di limitare la produzione di un determinato bene, nel tentativo di non farne crollare il prezzo, quando la quantità disponibile supera la domanda. (v. anche *international commodity agreements, commodity control schemes*)

restrictive covenant: ***clausola vessatoria; clausola restrittiva.*** Una qualsiasi delle clausole che limitano la libertà di contrarre di una delle parti dopo che essa ha sottoscritto un contratto o durante il periodo in cui esso è in vigore. Clausole di questo tipo possono comparire nei contratti di lavoro, in cui un lavoratore si impegna a non svolgere la stessa attività o un'attività in concorrenza con quella del suo datore di lavoro entro una data area o entro un periodo di tempo dopo che ha lasciato l'impiego. Lo stesso tipo di clausola può comparire in un contratto di vendita di un'impresa, quando colui che vende si impegna a non svolgere la stessa attività in concorrenza con colui che compra, entro una certa area geografica o entro un determinato periodo di tempo dopo la conclusione della vendita. Un'altra clausola del genere è quella che compare in un contratto di edizione, con la quale l'autore si impegna a non pubblicare un'altra opera simile a quella cui si riferisce il contratto, se questa entra in concorrenza con la prima. Questi tipi di clausole non sono ben viste dal diritto e sono applicabili soltanto se esse vengono considerate necessarie al fine di tutelare i diritti di una delle parti o se vengono considerate utili nel pubblico interesse. (v. anche *restraint of trade*)

restrictive endorsement: ***girata restrittiva; girata non all'ordine.*** Una girata che impedisce la successiva negoziazione del titolo di credito cui essa è apposta. Così, una girata su un assegno che stabilisce «da versarsi soltanto sul conto di...» o una girata su una cambiale che impone di «pagare a... soltanto» è una girata restrittiva. In altre parole, il girante assume la responsabilità dell'accettazione e del pagamento soltanto nei confronti dell'immediato giratario.

restrictive labour practices: ***pratiche sindacali restrittive.*** Espressione con la quale si indicano tutte le pratiche adottate dai sindacati, o altre associazioni di lavoratori dipendenti o autonomi, al fine di conservare i privilegi acquisiti o difendere il livello occupazionale raggiunto. Vi rientrano, pertanto, le pratiche di sciopero bianco o di perdere deliberatamente tempo nello svolgimento delle proprie funzioni allo scopo di non consentire il licenziamento di parte della forza lavoro dopo l'introduzione di più moderni metodi di produzione o di macchine risparmiatrici di lavoro; le pratiche di associazioni professionali che impongono esami di abilitazione particolarmente difficili per l'iscrizione all'albo, onde limitare il numero di nuovi professionisti e conservare i privilegi di alto reddito acquisiti da coloro che già svolgono la professione, e altre pratiche del genere. I lavoratori si difendono dalle accuse sostenendo che le pratiche da loro adottate non sono restrittive, bensì necessarie allo scopo di mantenere alti livelli di professionalità, sicurezza sul lavoro e di impedire lo sfruttamento dei lavoratori.

restrictive practices: ***pratiche restrittive.*** Qualsiasi pratica adottata da imprenditori, lavoratori e professionisti con l'intento di limitare la produzione o conservare e proteggere livelli di profitto o reddito superiori a quelli che verrebbero a formarsi sul mercato libero. Si è soliti distinguere tra pratiche restrittive adottate dai lavoratori e pratiche restrittive adottate dagli imprenditori. (v. anche *restrictive labour practices, restrictive trade practices*)

Restrictive Practices Courts: Lo stesso che *Restrictive Trade Practices Courts* (v.).

restrictive theory: ***teoria della restrizione.*** La teoria che sostiene che in periodi di crisi economica la Banca d'Inghilterra dovrebbe restringere l'emissione di banconote. Tale teoria è contenuta nel *Bank Charter Act* (v.), che dovette essere sospeso durante le grandi crisi del 1847, del 1857 e del 1866, allo scopo di consentire alla Banca d'Inghilterra di emettere banconote al di là del limite fissato dalla legge, così salvando la situazione. (v. anche *expansive theory*)

restrictive trade agreement: ***accordo di restrizione agli scambi.*** È un qualsiasi accordo, scritto o verbale, mediante il quale due o più produttori o commercianti mirano a limitare la produzione, la distribuzione, le condizioni di vendita, ecc., di un determinato bene. Qualsiasi accordo del genere deve essere, in base al *Restrictive Trade Practices Act* (v.), registrato presso il *Registrar of Restrictive Trade Practices* (v.).

restrictive trade practices: ***pratiche di restrizione agli scambi; pratiche commerciali restrittive.*** Espressione con la quale si indicano tutti i tipi di pratiche che hanno l'effetto di limitare la concorrenza e la libertà di scambio. Tra questi, rientrano gli accordi tra produttori, o tra produttori e venditori, relativi al prezzo di rivendita al pubblico, alle condizioni di vendita o di distribuzione, alla quantità da produrre o da porre in vendita, alle aree geografiche in cui vendere certi prodotti, ecc. In base al *Restrictive Trade Practices Act* (v.) del 1956, al *Resale Prices Act* (v.) del 1964 e al secondo *Restrictive Trade Practices Act* del 1968, tutti gli accordi commerciali di una certa rilevanza devono essere registrati presso gli appositi uffici e su di loro si pronunzieranno le *Restrictive Trade Practices Courts* (v.) approvando quelli che vengono giudicati conformi alle leggi e annullando quelli che vengono giudicati negativamente e contrari al pubblico interesse.

Restrictive Trade Practices Act: Nome dato alle due leggi approvate dal parlamento britannico, una nel 1956 e l'altra nel 1968, con le quali si è tentato di impedire la conclusione di accordi tra produttori, o tra produttori e rivenditori, tendenti a limitare la concorrenza o la libera circolazione di beni e servizi. La legge del 1956 istituì dei tribunali, le *Restrictive Trade Practices Courts* (v.), col compito di pronunziarsi su tutti i tipi di accordi commerciali, e un registro ufficiale presso il quale dovevano essere registrati tutti gli accordi commerciali, sia quelli fatti per iscritto, sia quelli semplicemente verbali. La legge del 1968 stabilì che alcuni tipi di accordi potevano non essere sottoposti al giudizio dei tribunali, purché si conformassero a certe direttive dell'allora ministero del commercio.

Restrictive Trade Practices Courts: Sono i tribunali, istituiti dal *Restrictive Trade Practices Act* (v.) del 1956, che devono pronunziarsi su qualsiasi tipo di accordo commerciale che, in base alla legge suddetta, deve essere registrato presso l'apposito registro ufficiale. A seguito dell'approvazione del *Resale Prices Act* (v.) del 1964, a questi tribunali è demandato anche il compito di esaminare accordi di prezzo imposto e pronunziarsi sulla loro validità.

restructuring: ***ristrutturazione.*** Lo stesso che *reorganization 2* (v.) e *debt restructuring* (v.).

restructuring fees: ***commissioni di ristrutturazione.*** Commissione fatta pagare dalle banche commerciali in occasione della ristrutturazione di un debito, di solito compresa tra 1¼ e 1½ per cento della somma rinegoziata.

rests: Termine usato nel linguaggio bancario per indicare le scadenze, bimestrali, trimestrali, semestrali o annuali, alle quali una banca interrompe il conto corrente dei clienti al fine di addebitare gli interessi dovuti sul saldo del conto. Ciò fatto, il conto viene chiuso e il saldo così ottenuto viene riportato al successivo periodo.

resulting trust: È una specie di negozio fiduciario che viene ad instaurarsi quando il rapporto fiduciario scaturisce non dalla volontà delle parti, bensì per effetto della legge al fine di soddisfare una questione di giustizia ed equità. Un tale rapporto nasce, pertanto, in vari casi e può configurarsi, ad esempio, nel diritto di ritenzione e di pegno del venditore in relazione ad una parte del prezzo non ancora pagata dal compratore. Un altro esempio si verifica quando un creditore ipotecario vende il bene ipotecato, ricavandone una somma di denaro superiore a quella del proprio credito, nel qual caso viene ritenuto dalla legge amministratore fiduciario della differenza tra somma realizzata dalla vendita e ammontare complessivo del suo credito.

results from operation: ***risultati di gestione.*** Espressione a volte usata per indicare il reddito netto di un'impresa. (v. anche *net income*)

Resumption Act: Legge, approvata dal Congresso degli Stati Uniti nel 1875, con la quale si stabiliva il graduale ritiro dalla circolazione dei cosiddetti *greenbacks* (v.), che venivano rimborsati in monete di metallo prezioso.

ret.: 1) retired; 2) return.

to retail: ***esitare; vendere al dettaglio; vendere al minuto.*** Vendere beni al minuto, cioè in piccole quantità, ai consumatori finali.

retail: ***dettaglio; vendita al dettaglio; vendita al minuto.*** È la vendita di beni, in piccole quantità o in singoli pezzi, presso un negozio al dettaglio. Essa rappresenta l'ultima fase della distribuzione, quando cioè il prodotto raggiunge il consumatore finale.

retail accounting: ***contabilità di negozio.*** I metodi di contabilità adottati per la registrazione delle operazioni di un negozio al dettaglio.

retail advertising: ***pubblicità locale.*** La pubblicità su scala locale, ad esempio su una rete televisiva privata o in pagine di un giornale riservate a determinate zone del paese, relativa ad un prodotto reclamizzato su scala nazionale. La pubblicità locale viene di solito realizzata da un dettagliante, da un grossista o da un altro intermediario, con il contributo del produttore del bene reclamizzato.

retail audit: ***rilevazione su negozi campione; rilevazione delle vendite.*** Lo stesso che *store audit* (v.).

retail bank: ***banca al dettaglio.*** Una banca la cui attività principale è quella di accettare depositi da imprese e privati e curare i loro conti, cioè la cosiddetta trasmissione di moneta.

retail banking: ***attività bancaria al dettaglio.*** Espressione usata per indicare l'attività di accettazione di depositi monetari e di trasmissione di moneta tra privati e organizzazioni. Il termine è anche usato per indicare la normale attività di una banca commerciale, in contrapposizione all'attività svolta da una *investment bank* (v.), quest'ultima indicata col termine *investment banking* (v.).

retail branch: ***filiale vendite al minuto.*** Filiale di un'impresa, che si interessa esclusivamente della vendita diretta ai consumatori finali.

retail broker: ***intermediario di piccoli investitori.*** Il broker che presta la sua opera di consulenza e intermediazione a favore di piccoli investitori.

retail broking: ***intermediazione per piccoli investitori.*** L'attività svolta da un *retail broker* (v.) in contrapposizione a quella svolta da un *wholesale broker* (v.).

retail business: **1.** ***azienda per la vendita al dettaglio.*** Un'impresa che svolge l'attività di vendita descritta sotto *retailing* (v.). **2.** ***attività al dettaglio; attività commerciale al dettaglio; attività di vendita al dettaglio; commercio al dettaglio.*** Termine usato con lo stesso significato di *retailing* (v.) e di *retail trade* (v.).

retail co–operative: ***cooperativa di consumo.*** Termine usato con lo stesso significato di *consumer co–operative* (v.).

retail cost: ***costo al dettaglio.*** Espressione usata per indicare che un costo di vendita o di inventario è stato determinato in base al criterio di valutazione delle scorte al prezzo di dettaglio. (v. anche *retail method of inventory valuation*)

retail dealer: ***dettagliante; venditore al dettaglio; commerciante al minuto.*** Termine usato con lo stesso significato di *retailer* (v.).

retail department: ***reparto vendita al minuto.*** Reparto di un'impresa che si interessa esclusivamente della vendita diretta ai consumatori finali, a differenza di altri reparti che sono preposti alla vendita all'ingrosso.

retail deposits: ***piccoli depositi.*** Nella terminologia bancaria britannica, sono i depositi effettuati da privati o piccole istituzioni che, proprio a causa del tipo di depositanti, non raggiungono grosse consistenze. Il termine è usato come opposto di *wholesale deposits* (v.) e comprende: tutti i depositi infruttiferi in conto corrente; tutti gli altri depositi bancari, a prescindere dalla loro consistenza, prelevabili a mezzo di assegni e mediante ordini permanenti (v. *standing order 2*) o addebitamenti diretti (v. *direct debiting*); altri depositi di entità inferiore alle centomila sterline e scadenza inferiore ai trenta giorni; tutti i depositi presso *building societies* con scadenza inferiore a un anno; tutti i conti ordinari presso la *National Savings Bank.*

retail distributive society: ***cooperativa di consumo.*** Termine usato con lo stesso significato di *consumer co–operative* (v.).

retailer: ***dettagliante; venditore al dettaglio; commerciante al minuto; rivenditore.*** Chiunque venda beni direttamente al pubblico, in piccole quantità o a pezzi singoli. Il dettagliante rappresenta l'ultimo anello della catena di distribuzione, in quanto è colui che consegna i beni direttamente al consumatore finale. Il servizio principale che un dettagliante rende al consumatore è quello di garantire che il consumatore trovi quello che desidera, nella quantità necessaria a soddisfare i propri bisogni. Per questo motivo, il dettagliante dovrebbe mantenere una grande varietà di beni. Infatti, l'attività di un dettagliante risulta tanto più remunerativa quanto più vasta è la gamma di prodotti che egli è in grado di offrire alla propria clientela.

retailers' co–operative: ***cooperativa di dettaglianti;***

cooperativa di acquisto. Associazione di piccoli commercianti, avente lo scopo di ridurre i costi dei singoli imprenditori mediante l'acquisto di grosse partite di merci, di solito da un unico grossista o direttamente dal produttore, che saranno poi ripartite a seconda delle necessità di ciascun punto di vendita.

retail gravitation law: ***legge di gravità del commercio al dettaglio.*** La proposizione che sostiene che due città esercitano la loro influenza commerciale fino ad un punto intermedio, prossimo al cinquanta per cento della distanza tra loro, ove l'influenza delle due città è uguale, approssimativamente in ragione direttamente proporzionale alla loro popolazione e in ragione inversamente proporzionale al quadrato della distanza tra queste due città e la città sulla quale esse esercitano la loro influenza. Questa è un'affermazione empirica basata su una notevole mole di indagini e ricerche, ma non valida nel caso in cui vi sia notevole differenza tra il numero di abitanti residenti nelle due città.

retail house: Negli Stati Uniti, è un'istituzione di intermediazione finanziaria che si rivolge ai piccoli investitori, invece che agli investitori istituzionali.

retailing: ***attività di vendita al dettaglio; attività commerciale al dettaglio; commercio al dettaglio.*** Il termine inglese indica qualsiasi tipo di attività di vendita al minuto e, pertanto, include la vendita di beni, pronti per il consumo finale, attraverso i piccoli negozi al dettaglio, i grandi magazzini, le catene di negozi, i chioschi o altri punti di vendita simili e la vendita porta a porta. Oggi, la vendita al dettaglio va sempre più concentrandosi in grandi magazzini, supermercati, ipermercati e catene di negozi. Nel Regno Unito, oltre i due quinti di tutta l'attività di vendita al minuto è nelle mani di grossi dettaglianti.

retail investor: ***piccolo investitore.*** Il singolo risparmiatore che investe parte del suo reddito, di solito in valori mobiliari. Il termine viene usato in contrapposizione a *institutional investor* (v.).

retail life cycle: ***ciclo di vita del dettaglio.*** Lo stesso che *wheel of retailing* (v.).

retail market: ***mercato al dettaglio.*** È il mercato nel quale i prodotti finiti vengono messi a disposizione dei consumatori. La forma più semplice di mercato di questo tipo è rappresentata dal mercato che viene a formarsi nelle strade, o negli appositi spazi ad esso destinati dalle autorità cittadine, in certi piccoli centri in giorni prestabiliti della settimana o del mese. La forma di mercato al dettaglio permanente, invece, è rappresentata dai vari tipi di negozi esistenti in una comunità.

retail merchant: ***commerciante al minuto; dettagliante.*** Termine usato con lo stesso significato di *retailer* (v.).

retail method of inventory: ***criterio di valutazione delle scorte al prezzo di dettaglio.*** Espressione usata come sinonimo di *retail method of inventory valuation* (v.).

retail method of inventory valuation: ***criterio di valutazione delle scorte al prezzo di dettaglio.*** Un metodo per mantenere un inventario contabile in base al quale il costo delle vendite e delle scorte di un negozio al dettaglio viene determinato alla fine di periodi contabili intermedi, senza fare ricorso ad un inventario fisico. Di regola, il metodo consiste nell'accertare i rapporti tra costi di acquisto e prezzi di vendita degli articoli, incluse le giacenze iniziali, e applicare questa percentuale al fatturato netto al fine di ricavare il costo delle vendite, tenendo conto di aumenti, ribassi e revisioni dell'ammontare ricaricato dal venditore. Come per qualsiasi altro tipo di inventario contabile, anche per questo è previsto un inventario fisico periodico.

retail outlet: ***punto di vendita al dettaglio; sbocco di vendita al dettaglio.*** Un qualsiasi negozio o altro punto di vendita presso il quale il consumatore finale può procurarsi ciò che gli serve, e nella quantità che gli serve, per soddisfare i propri bisogni. (v. anche *retailer, retailing, retail store, retail trade*)

retail price: ***prezzo al dettaglio; prezzo al minuto.*** Il prezzo che un consumatore paga per l'acquisto di un bene in un punto di vendita al dettaglio. Il prezzo minimo di vendita al dettaglio in molti paesi viene imposto o consigliato dal produttore, ma in altri paesi, tra i quali il Regno Unito, il prezzo imposto è permesso soltanto per certe categorie di beni. Un commerciante al dettaglio determina il proprio prezzo di vendita sulla base del costo del prodotto, al quale ricarica una parte dei costi generali e un equo profitto per se stesso.

retail price index: ***indice dei prezzi al minuto.*** Termine usato in alternativa a *index of retail prices* (v.).

retail price maintenance: ***mantenimento del prezzo al dettaglio.*** Termine usato con lo stesso significato di *price maintenance* (v.).

retail sale: ***vendita al dettaglio; vendita al minuto.*** È la vendita di beni, in piccole quantità, al consumatore finale. L'espressione viene usata come opposto di vendita all'ingrosso. (v. anche *wholesale*)

retail sales tax: ***imposta sulle vendite al dettaglio.*** È un'imposta indiretta ad aliquota uniforme che colpisce la vendita di beni e servizi all'ultimo stadio del processo distributivo. Può essere prelevata quando il bene passa dal produttore al grossista, oppure quando passa dal grossista al dettagliante o, in alternativa, quando passa da quest'ultimo al consumatore finale.

retail society: ***cooperativa di consumo.*** Termine usato con lo stesso significato di *consumer co-operative* (v.).

retail standard: ***indice dei prezzi al minuto.*** Lo stesso che *index of retail prices* (v.).

retail store: ***negozio al dettaglio; negozio di vendita al minuto.*** Un qualsiasi punto di vendita che fornisce beni ai consumatori finali in piccole quantità o in singoli pezzi. Il termine viene usato negli Stati Uniti per qualsiasi tipo di negozio al dettaglio, indipendentemente dalla sua dimensione o dal suo giro d'affari.

retail trade: ***commercio al dettaglio; commercio al minuto.*** Lo stadio finale del processo di distribuzione dei beni, cioè la loro vendita diretta al consumatore finale. Il commercio al dettaglio, che è stato notevolmente incrementato a seguito della crescente divisione del lavoro e della sempre più vasta gamma di beni di consumo, viene esercitato nei più svariati punti di vendita, che vanno dal grande magazzino al piccolo venditore ambulante. Una recente innovazione nel commercio al dettaglio è stata l'introduzione di supermercati, ipermercati, negozi self-service e centri di vendita per corrispondenza.

Retail Trading-Standards Association: Associazione, fondata nel Regno Unito nel 1935, cui possono essere iscritti dettaglianti, associazioni commerciali, giornali e riviste, produttori e operatori pubblicitari. Scopo principale di questa associazione, descritto nell'articolo 3 del suo atto costitutivo, è quello di garantire standard accettabili nella descrizione di beni trattati dal commercio al dettaglio, cioè corrispondenza tra qualità, natura e valore di un bene e la sua descrizione sulle etichette o nei messaggi pubblicitari.

retained earnings: ***utili non distribuiti; capitale di risparmio.*** Reddito netto accumulato da un'impresa, meno l'importo versato agli azionisti sotto forma di dividendo. Il capitale di risparmio equivale alle riserve di un'impresa e rappresenta la parte di reddito non utilizzata nel corso dell'esercizio cui essa si riferisce, ma che potrà essere utilizzata durante esercizi futuri come fonte di autofinanziamento. (v. anche *reserve 1*)

retained earnings statement: ***prospetto degli utili non distribuiti.*** Rendiconto che indica, per ciascun anno finanziario, i saldi iniziale e finale del conto utili non distribuiti e tutte le variazioni che sono intervenute nel conto nel corso dell'anno.

retained income: ***reddito non distribuito; capitale di risparmio.*** Termine usato con lo stesso significato di *retained earnings* (v.).

retained profits: ***utili non distribuiti.*** Il termine inglese è simile a *retained earnings* (v.) ed i due sono spesso usati come sinonimi, pur se questo si riferisce più propriamente agli utili di pertinenza di coloro che detengono il capitale sociale sotto forma di azioni, ma che non vengono loro distribuiti sotto forma di dividendi.

retainer: 1. ***ritenzione.*** È il diritto, riconosciuto dalla legge in certi casi, del possessore di un bene di trattenere lo stesso bene fino a quando il proprietario non avrà provveduto a saldare spese o onorari dovuti al possessore del bene in relazione a servizi da lui prestati. **2.** ***anticipo.*** Somma di denaro versata ad un professionista, ad esempio un avvocato, allo scopo di garantirsene le prestazioni professionali. **3.** ***canone di abbonamento.*** Somma di denaro pagata su base regolare al fine di assicurarsi l'intervento di un'impresa o di un privato in caso di necessità, come ad esempio in relazione ad un contratto di manutenzione di un impianto.

retaining lien: ***privilegio dell'avvocato; diritto di ritenzione dell'avvocato.*** Lo stesso che *solicitor's lien* (v.).

retaliation: ***ritorsione; rappresaglia.*** Nel linguaggio economico e commerciale, è l'azione di un paese volta a limitare o escludere l'ingresso sul proprio territorio di beni e servizi provenienti da un altro paese che per primo ha adottato misure di restrizione degli scambi.

retaliatory duty: ***dazio di ritorsione; dazio di rappresaglia.*** Termine generico, con il quale si indica un qualsiasi dazio di importazione imposto come contromisura nei confronti di paesi che adottano pratiche commerciali discriminatorie o allo scopo di costringere un paese a fare concessioni commerciali.

retendering: ***riofferta in vendita.*** Nel linguaggio delle borse merci statunitensi, indica il diritto dei titolari di certi contratti a termine di offrire in vendita sul mercato libero l'avviso di consegna pervenuto loro tramite la stanza di compensazione. (v. anche *delivery notice*)

retention: ***ritenuta; trattenuta.*** Termine usato con lo stesso significato di *retention money* (v.).

retention money: ***ritenuta; trattenuta.*** Una somma di denaro, di solito corrispondente ad una percentuale della cifra totale, che un ente o un privato trattengono in relazione ad un contratto d'appalto, come garanzia della buona esecuzione dell'opera. La somma così trattenuta sarà consegnata all'appaltatore ad una data concordata, generalmente sei o dodici mesi dopo la consegna del lavoro appaltato.

retention money bond: ***garanzia per la ritenuta.*** Garanzia mediante la quale al beneficiario (committente o acquirente) viene assicurato il rimborso di una parte del prezzo dall'ordinante (appaltatore o venditore) qualora l'opera o il bene non rispondano alle caratteristiche concordate. A seguito della prestazione di tale garanzia, l'appaltatore o il venditore ricevono il pagamento integrale dell'opera o della fornitura, senza cioè la trattenuta descritta sotto *retention money* (v.).

retention of documents: ***conservazione dei documenti.*** Ogni azienda o altra organizzazione è tenuta a conservare i documenti relativi alla sua attività per un periodo di tempo che varia in dipendenza della legge del paese e degli usi o delle consuetudini del luogo. (v. anche *retention programme*)

retention of title: ***riserva del diritto di proprietà.*** Lo stesso che *title retention* (v.).

retention policy: ***polizza con sconto condizionato.*** È un tipo di contratto in base al quale l'assicurato si impegna a sostenere parte dell'eventuale perdita conseguente ad un sinistro e l'assicuratore si impegna a risarcire il resto. Questo tipo di polizza prevede il pagamento di un premio inferiore a quello praticato su polizze che coprono la totalità dell'eventuale perdita.

retention programme: ***piano di conservazione dei documenti.*** Ogni impresa o altra organizzazione ha un proprio piano per la conservazione dei documenti, basato su considerazioni relative allo spazio disponibile come archivio, alle disposizioni di legge in materia e all'esistenza di alternative alla distruzione dei documenti. Il periodo di tempo di conservazione varia a seconda dei documenti e delle disposizioni di legge. Alcuni documenti, quali ad esempio le scritture contabili, lo statuto sociale, l'atto costitutivo, ecc., vengono conservati per un periodo di tempo indefinito; altri, quali ad esempio inventari, programmi di investimento, documentazione relativa al pagamento di dividendi o interessi, ruoli paga, ecc., vengono conservati per un periodo oscillante tra i dieci e i dodici anni; altri ancora, quali ad esempio rendiconti bancari, corrispondenza, documenti relativi a importazioni ed esportazioni, ecc., per un periodo ancora più breve, oscillante tra i due e i sette anni.

retentions: ***utili non distribuiti; capitale di risparmio.*** Termine usato come sinonimo di *retained earnings* (v.) e *retained profits* (v.).

retention schedule: ***piano di conservazione dei documenti.*** Termine usato come sinonimo di *retention programme* (v.).

to retire: 1. ***ritirare.*** Togliere dalla circolazione. Il termine è usato nel linguaggio finanziario in relazione a cambiali, obbligazioni, azioni e simili. (v. anche *to retire a bill*) **2.** ***smobilitare; disinstallare.*** Togliere un'attività fissa dal processo produttivo per sostituirla o meno con un'altra attività simile o più moderna. (v. anche *retirement 1*) **3.** ***andare in pensione; pensionarsi.*** Ritirarsi dall'attività lavorativa a seguito del raggiungimento dell'età pensionabile stabilita dalla legge o dal piano di pensionamento dell'impresa presso la quale il lavoratore presta la propria opera.

to retire a bill: ***ritirare una cambiale; richiamare una cambiale.*** L'espressione inglese significa esattamente pagare una cambiale alla scadenza, ma in senso più lato viene usata nel significato di richiamare una cambiale, cioè pagarla prima che essa scada. Una cambiale può essere richiamata da uno qualsiasi degli obbligati, che la paga al possessore o la sostituisce con un'altra cambiale, di solito beneficiando di un abbuono sullo sconto. La pratica di richiamare cambiali non è ben vista dalle banche e dalle altre istituzioni finanziarie che si interessano dello sconto, in quanto si presta all'emissione di cambiali di comodo e di cambiali a firma falsa, allo scopo di procurarsi mezzi finanziari, da parte di operatori con pochi scrupoli. (v. anche *to renew a bill, rebate, rebated bill of exchange*)

to retire a bill under rebate: ***ritirare una cambiale con abbuono.*** L'espressione inglese significa pagare una cambiale prima che essa scada, beneficiando di un abbuono sullo sconto proporzionale al periodo di credito cui si rinuncia. Questa pratica è spesso adottata in relazione a cambiali documentate scontate, il cui accettante desidera ottenere i documenti rappresentativi delle merci, allegati alla cambiale, prima che essa scada. Se la cambiale, infatti, è stata emessa con la clausola «documenti contro pagamento», questa è l'unica via percorribile dall'accettante per entrare in possesso dei documenti prima della scadenza della cambiale. (v. anche *rebate, rebated bill of exchange*)

retired bill of exchange: ***cambiale ritirata; cambiale richiamata.*** Una cambiale ritirata dalla circolazione prima della scadenza da parte di uno degli obbligati. (v. anche *to retire a bill*)

retired shares: ***azioni ritirate.*** Lo stesso che *reacquired stock* (v.).

retired stock: ***azioni ritirate.*** Lo stesso che *reacquired stock* (v.).

retiree: ***lavoratore a riposo; pensionato.*** Ha un significato un po' più ampio di *pensioner* (v.), in quanto indica un lavoratore che si è ritirato dal servizio attivo, sia che goda o non di una pensione. Tuttavia, questo termine oggi è spesso usato come sinonimo di *pensioner*.

retirement: 1. ***smobilizzo; disinstallazione; smobilitazione.*** Il ritiro di un'attività fissa dal processo produttivo, derivante o dalla vendita della stessa o dalla raggiunta completa perdita di utilità o capacità produttiva. La smobilitazione presuppone che si proceda alla sostituzione dell'attività smobilitata e alle opportune registrazioni nei conti di ammortamento e delle attività fisse. Lo stesso termine viene usato per indicare l'attività così smobilitata e i costi ad essa relativi. (v. anche *retirements*) **2.** ***rimborso; ammortamento finanziario.*** È il rimborso di un valore mobiliare e il conseguente ritiro dalla circolazione. Il termine può essere usato in relazione al debito pubblico e ad azioni o obbligazioni di società. Il suo uso in questo significato è più frequente negli Stati Uniti, mentre nel Regno Unito si preferisce usare *repayment* (v.). **3.** ***pensionamento.*** Ritiro di un lavoratore dalla propria attività, per raggiunti limiti di età. Se ha partecipato a un piano di pensionamento con gli opportuni versamenti, avrà diritto al trattamento di quiescenza, altrimenti gli sarà corrisposta una pensione sociale, se il paese in cui vive e ha lavorato prevede tale beneficio.

retirement account: ***conto pensione.*** Lo stesso che *personal pension* (v.).

retirement age: ***età pensionabile.*** L'età alla quale un lavoratore è tenuto ad abbandonare l'attività lavorativa per essere collocato a riposo. Nella maggior parte dei paesi l'età pensionabile per i maschi è sessantacinque anni e per le femmine sessanta anni, fatta eccezione per alcune categorie di lavoratori che hanno un'età pensionabile minore o maggiore della norma. A seguito dell'allungamento della vita media e dei costi sempre crescenti che gli stati sono costretti a sostenere per il pagamento delle pensioni di vecchiaia o sociali, molti paesi stanno considerando la possibilità di elevare i limiti di età pensionabile. Ciò, tuttavia, avrebbe un effetto negativo sul ricambio del lavoro, in quanto i giovani avrebbero minori possibilità di impiego.

retirement allowance: ***indennità di buonuscita; indennità di liquidazione; indennità di fine rapporto; trattamento di fine rapporto.*** Il termine inglese è generico e indica una qualsiasi indennità riconosciuta al lavoratore che si ritira dall'attività per raggiunti limiti di età. Può indicare una somma di denaro versata al lavoratore in unica soluzione all'atto del suo ritiro, oppure una rendita vitalizia o una pensione, pagabili in rate periodiche. (v. anche *retirement pension*)

retirement annuity: ***rendita vitalizia differita.*** Un contratto di rendita vitalizia che prevede il pagamento della prima rata al beneficiario un certo tempo (corrispondente a k + 1 periodi) dopo la stipulazione del contratto. Differisce dall'altro tipo di rendita differita, indicata in inglese con il termine *deferred annuity* (v.), in quanto se la morte del beneficiario interviene nel periodo tra la sottoscrizione del contratto e il versamento della prima rata di rendita, gli eredi hanno diritto al rimborso di una parte concordata di versamenti già corrisposti dal beneficiario.

retirement bonus: ***indennità di buonuscita; indennità di liquidazione; indennità di fine rapporto; trattamento di fine rapporto.*** Termine usato come sinonimo di *retirement allowance* (v.).

retirement curve: ***curva di deteriorabilità.*** Termine usato con lo stesso significato di *mortality curve 2* (v.).

retirement fund: ***fondo di anzianità e di quiescenza; cassa pensioni.*** Termine usato con lo stesso significato di *pension fund* (v.).

retirement income insurance: ***assicurazione previdenziale; assicurazione reddito.*** Tipo di assicurazione sulla vita, a carattere esclusivamente previdenziale, che assomma in sé le caratteristiche proprie dell'assicurazione per il caso di morte e dell'assicurazione per il caso di sopravvivenza. In base a tale forma di assicurazione, l'assicuratore si impegna a pagare in caso di morte dell'assicurato una parte della somma garantita in caso di sua sopravvivenza.

retirement method of depreciation: ***metodo di ammortamento dei rinnovi e delle sostituzioni.*** Metodo, una volta ampiamente usato dalle imprese di pubblici servizi ma oggi caduto in disuso, che prevedeva l'ammortamento delle sole attività fisse prossime ad essere smobilitate.

retirement pay: ***pensione.*** Il termine inglese indica un pagamento effettuato a intervalli regolari di tempo a favore di un lavoratore che si è ritirato dal servizio attivo. Questo pagamento potrebbe essere rappresentato da un qualsiasi tipo di indennità, ma il termine viene usato pressocché come sinonimo di *pension* (v.).

retirement pension: ***pensione di vecchiaia.*** È uno dei benefici previsti dalle assicurazioni sociali nella maggior parte dei paesi. Al raggiungimento dell'età pensionabile, il lavoratore che ha versato la necessaria quantità di contributi ha diritto al pagamento di una pensione da parte dello stato o di un suo ente a ciò preposto. (v. anche *pension, retirement age*)

retirement plan: ***piano di pensionamento; programma di pensionamento.*** Termine usato con lo stesso significato di *pension plan* (v.).

retirements: ***costi di smobilizzo.*** In ragioneria, sono i costi complessivi di smobilizzo, relativi ad un determinato periodo di tempo, di solito coincidente con un esercizio finanziario.

retirement table: ***tavola di mortalità.*** Termine usato con lo stesso significato di *mortality chart* (v.).

retirement unit: ***unità di disinstallazione.*** È l'unità, o parte di capitale fisso, che viene smobilitata a seguito di suo invecchiamento o obsolescenza, per essere sostituita con un'unità simile o tecnologicamente più avanzata. Da un punto di vista contabile, rappresenta la controparte a credito di un'unità di sostituzione. (v. anche *replacement unit*)

retiring partner: ***socio uscente.*** È il socio di una società semplice che si ritira dall'attività, cedendo la sua quota agli altri soci o, se ciò è consentito dall'atto costitutivo, ad un terzo che prenderà il suo posto nella società.

retiring pension: ***pensione di quiescenza.*** Termine usato con lo stesso significato di *retirement pension* (v.).

retraining: ***riqualificazione.*** Termine usato con lo stesso significato di *labour retraining* (v.).

retroactive restoration: ***riadeguamento retroattivo.*** Nel linguaggio delle assicurazioni, questa espressione indica un riadeguamento del valore assicurato in polizza che tenga conto non soltanto dell'ultimo sinistro che ha portato al riadeguamento, ma anche di eventuali altre perdite, che saranno scoperte in seguito, relative allo stesso sinistro. Il riadeguamento del valore assicurato è previsto soltanto per determinati tipi di polizze. (v. anche *reinstatement, restoration premium*)

retrocession: 1. ***retrocessione di un rischio; seconda riassicurazione.*** La riassicurazione di un rischio da parte di un riassicuratore presso un'altra compagnia di assicurazioni. (v. anche *re-insurance, re-insurance company*) **2.** ***retrocessione.*** Il trasferimento ad un intermediario di parte delle commissioni incassate in relazione ad una o più operazioni da lui procurate o facilitate.

retrocessionaire: ***secondo riassicuratore.*** La compagnia di assicurazioni che accetta una retrocessione di rischio, cioè la riassicurazione di un rischio già riassicurato da un'altra compagnia di assicurazione che intende così tutelarsi ripartendo ulteriormente i rischi assunti. (v. anche *retrocession 1*)

retrospective rating: ***valutazione retrospettiva.*** Un metodo adottato al fine di adeguare il premio iniziale in base ai sinistri che si sono verificati durante il periodo di assicurazione, ma entro limiti minimi e massimi prestabiliti, al di là dei quali il nuovo premio non può andare.

return: 1. ***dichiarazione; prospetto; rendiconto.*** Una dichiarazione relativa a informazioni, cifre, ecc., presentata o rilasciata in base a precise disposizioni di legge. Ne è un esempio la dichiarazione dei redditi. (v. anche *income tax return*) **2.** ***utile; remunerazione; rendimento.*** Il termine inglese, che in questo significato è seguito dalla preposizione *on*, indica il reddito finanziario su un investimento, sia esso in un'attività produttiva che in valori mobiliari. **3.** ***restituzione; ritorno.*** Termine generico, usato come verbo e come sostantivo per indicare la restituzione di un qualsiasi oggetto, di un bene o di un titolo di credito a colui che lo possedeva prima della vendita o della negoziazione. (v. anche *returns*)

return charges: ***spese di ritorno.*** Sono le spese relative alla restituzione, da parte del compratore al venditore, di merci invendute o non idonee ad essere vendute. Di solito sono a carico del destinatario, a meno che siano intercorsi accordi differenti tra le due parti. (v. anche *returns 1*)

returned bill: ***cambiale restituita.*** È la cambiale restituita allo scontatario a seguito del mancato pagamento da parte dell'obbligato principale. Si tratta, generalmente, di cambiali contraddistinte dalla clausola «senza spese», in quanto per le altre cambiali si procede al protesto senza la preventiva restituzione allo scontatario. (v. anche *no protest*)

returned cheque: ***assegno restituito.*** Un assegno può essere restituito al prenditore, senza essere pagato dalla banca trassata, per una serie di motivi. Può darsi che l'emittente non abbia provveduto a depositare sul proprio conto corrente una quantità di denaro sufficiente per pagare l'assegno; o che egli sia fallito, morto o interdetto dall'emettere assegni; o che abbia dato istruzioni alla banca di non pagare quell'assegno; oppure che l'assegno non sia in ordine, in quanto manca la firma di traenza, o che l'indicazione dell'importo in lettere differisca da quella dell'importo in cifre. Di solito, la banca trassata che restituisce l'assegno appone sul lato superiore sinistro dello stesso un'indicazione che spiega il motivo della restituzione.

returned goods: ***resi; rese; ritorni.*** Termine usato come sinonimo di *returns 1* (v.).

return freight: ***nolo di ritorno.*** È il nolo guadagnato da una nave nel suo viaggio di ritorno al porto dal quale era partita, dopo aver consegnato le merci che aveva trasportato nel viaggio di andata o dopo che era stata riconsegnata dal noleggiatore all'armatore.

return load: ***carico di ritorno.*** Il carico che un mezzo di trasporto riesce a procurarsi per il viaggio di ritorno. Ad esempio, un autotreno noleggiato per trasportare merci in una determinata località cercherà di procurarsi un carico di ritorno allo scopo di non compiere un viaggio a vuoto. Di solito, tali carichi vengono trasportati ad una tariffa leggermente inferiore a quella ordinaria, in quanto il trasportatore ha già previsto, nell'applicare la tariffa relativa al viaggio di andata, la possibilità di dover fare il viaggio di ritorno senza carico ed anche perché nel prendere un carico di ritorno il vettore non deve preoccuparsi di un corrispondente viaggio a vuoto.

return of allotment: ***distinta di assegnazione; distinta di ripartizione azioni.*** Documento inviato al Registro delle Società, nel quale sono riportati i dettagli di una assegnazione di azioni ai sottoscrittori che ne hanno fatto richiesta.

return of premium: ***restituzione di premio.*** Il rimborso di parte del premio all'assicurato, nel caso in cui il premio pagato all'assicuratore sia superiore al valore reale dei beni a tutela dei quali è stata emessa la polizza. La restituzione di parte del premio è conseguenza di una soprassicurazione. (v. anche *overinsurance*)

return on assets: ***rendimento delle attività.*** Il rendimento finanziario di cui gode un'impresa in relazione alle attività di cui è proprietaria. Corrisponde al rapporto tra reddito al netto delle quote di ammortamento e valore effettivo delle attività.

return on capital employed: ***utile sul capitale impiegato; reddito sul capitale investito.*** L'utile che un'impresa o un investitore ricavano da un investimento, cioè gli utili guadagnati dal capitale investito. L'espressione è alquanto ambigua, poiché ci possono essere vari modi di definire il capitale e l'utile. Pertanto, si tende a interpretarla come sinonimo di rendimento effettivo, di tasso di rendimento azionario o semplicemente di tasso di rendimento o di remunerazione. (v. anche *dividend yield, earnings yield, rate of return*)

return on equity: ***rendimento del capitale netto.*** È il rendimento finanziario di un'impresa e corrisponde al rapporto tra reddito d'esercizio e capitale netto.

return on investment: ***utile sul capitale investito.*** Espressione usata come sinonimo di *return on capital employed* (v.), per la quale valgono le stesse riserve fatte a proposito di quest'ultima espressione.

return on investment methods: ***metodi dell'utile sul capitale investito.*** Uno qualunque dei vari metodi usati per determinare il grado relativo di redditività di progetti alternativi.

return on sales: ***utile sulle vendite.*** Utili netti al lordo delle imposte realizzati sul fatturato netto e di solito espressi come percentuale di quest'ultimo.

return premium: ***premio di ritorno; premio rimborsato.***

Una parte del premio pagato dall'assicurato e a questi restituita dall'assicuratore all'atto della cancellazione di una polizza o della riduzione della somma assicurata o a seguito di una riduzione delle tariffe.

return ratio: ***rapporto di remunerazione.*** Nella pianificazione degli investimenti, l'espressione inglese indica il rapporto tra: a) la differenza tra la remunerazione prevista da un investimento e il costo dell'investimento, e b) il costo dell'investimento preso in considerazione. Tutti questi valori dovranno essere espressi in termini monetari.

returns: 1. ***rese; resi; ritorni.*** Merci rese dal compratore al venditore o perché difettose e inadatte alla vendita o a seguito di accordi intercorsi che prevedono la restituzione degli articoli invenduti. In qualsiasi caso, da un punto di vista contabile il venditore procederà a sottrarre l'importo dei ritorni dal suo fatturato lordo. **2.** ***rendimenti.*** I rendimenti, crescenti o decrescenti, di un'impresa derivanti dalla combinazione dei fattori della produzione o dalla scala di produzione. (v. anche *law of diminishing returns, law of increasing returns, diminishing returns, increasing returns, diminishing returns to scale, increasing returns to scale, returns to scale*) **3.** ***titoli di credito restituiti.*** Il termine indica collettivamente assegni e cambiali restituiti da una banca ad un'altra o perché non pagati a seguito di mancanza di fondi o di rifiuto dell'obbligato, o perché recano un qualsiasi vizio di forma. (v. anche *returned bill, returned cheque*) **4.** ***prospetto; rendiconto; situazione.*** I rendiconti giornalieri, settimanali, mensili, semestrali o annuali inviati da una filiale alla sede principale della stessa banca.

returns inwards account: ***conto resi su vendite.*** Termine usato con lo stesso significato di *sales returns account* (v.).

returns inwards book: ***giornale resi su vendite.*** Termine usato con lo stesso significato di *sales returns book* (v.).

returns outwards account: ***conto resi su acquisti.*** Termine usato con lo stesso significato di *purchases returns account* (v.).

returns outwards book: ***giornale resi su acquisti.*** Termine usato con lo stesso significato di *purchases returns book* (v.).

returns to cost: ***rendimenti di costo.*** Via via che un'impresa o un'industria ampliano la produzione, esse aumenteranno anche la domanda dei fattori che usano come input e ciò implica un aumento della produzione delle imprese o industrie fornitrici di tali input. Ciò può portare a variazioni in diminuzione dei prezzi fatti pagare dalle imprese fornitrici o, dal punto di vista dell'impresa che acquista, a diminuzione del costo dei fattori. Pur essendo questa una possibilità plausibile avanzata dalla teoria economica, risulta difficile fornire la prova empirica che ciò realmente si verifichi nella pratica.

returns to scale: ***rendimenti di scala.*** La relazione esistente tra quantità di beni o servizi prodotti da un'impresa e quantità dei vari fattori della produzione impiegate per ottenere quel dato livello di produzione. Una volta che un'impresa ha raggiunto la combinazione ottimale dei fattori della produzione che essa impiega, può procedere ad incrementare la scala di produzione aumentando nella medesima proporzione la quantità dei fattori impiegati. In conseguenza di ciò, la produzione di solito aumenta ad un tasso superiore a quello di incremento delle quantità di fattori aggiunte al processo produttivo. In questo caso, si dice che l'impresa gode di rendimenti crescenti di scala di produzione. Man mano che le economie, derivanti dalla divisione del lavoro e altri metodi che contribuiscono a ridurre i costi, si esauriscono, subentra un periodo durante il quale la produzione aumenta più o meno allo stesso tasso di incremento dei fattori della produzione utilizzati. Via via che l'espansione dell'impresa continua, può verificarsi che ulteriori incrementi dei fattori impiegati corrispondano a un tasso sproporzionatamente basso di incremento della produzione, a causa di scarsa conoscenza, da parte della gestione, delle operazioni di produzione, di delega delle responsabilità, di inevitabili ritardi nel prendere decisioni e, in generale, della complicata procedura gestionale caratteristica di qualsiasi organizzazione di grosse dimensioni. In questo caso, si dice che l'impresa è soggetta a rendimenti decrescenti di scala di produzione. (v. anche *diminishing returns to scale, increasing returns to scale*)

returns to substitution: ***rendimenti di sostituzione.*** Sono i rendimenti che un'impresa può realizzare sostituendo una o più dosi di un fattore della produzione ad una o più dosi di un altro fattore. Le proporzioni dei fattori vengono variate nello stesso tempo in cui vengono variate le quantità di tutti i fattori. (v. anche *returns to scale*)

return without protest: ***senza spese.*** Espressione usata con lo stesso significato di *no protest* (v.).

Rev. A/C: revenue account.

revalorization: ***rivalutazione.*** Termine a volte usato come sinonimo di *revaluation* (v.).

revaluation: ***rivalutazione.*** Termine usato sia in finanza che in ragioneria. a) Nel linguaggio finanziario, il termine inglese indica l'aumento del corso di cambio di una valuta nei confronti di altre valute e di solito si applica a quelle valute che hanno un tasso di cambio fisso. Pertanto, mentre una *appreciation* (v.) si verifica attraverso il meccanismo delle forze di mercato, una *revaluation* è decisa e resa operante dalle autorità monetarie di un paese, d'accordo o non con le autorità monetarie di altri paesi. I principali metodi per rivalutare una moneta sono: ridurre la domanda di divise estere o aumentarne l'offerta; ridurre il livello dei prezzi interni mediante la restrizione del credito o altre misure deflazionistiche. b) Nel linguaggio della ragioneria, il termine genericamente indica l'allineamento del valore contabile di un'attività fissa con i valori di mercato. Ciò è reso necessario dall'incremento di valore delle attività fisse, dovuto principalmente alle tendenze inflazionistiche della moneta, per cui il valore di un'attività cresce in termini monetari col passare del tempo. L'eccedenza di rivalutazione sarà probabilmente trasferita ad un conto rivalutazione e inclusa tra le riserve generali o di capitale.

revaluation account: ***conto rivalutazione.*** Termine usato con lo stesso significato di *revaluation reserve* (v.).

revaluation excess: ***eccedenza di rivalutazione.*** Termine usato con lo stesso significato di *revaluation surplus* (v.).

revaluation of a currency: ***rivalutazione di una moneta.*** V. spiegazione sotto *revaluation.*

revaluation of assets: ***rivalutazione delle attività.*** V. spiegazione sotto *revaluation.*

revaluation reserve: ***fondo rivalutazione.*** È una delle espressioni usate per indicare il conto che viene creato quando si procede alla rivalutazione del valore contabile delle attività fisse di un'impresa. A tale conto viene trasferita l'eccedenza derivante dalla rivalutazione. (v. anche *revaluation, revaluation surplus*)

revaluation surplus: ***eccedenza di rivalutazione.*** La differenza tra il nuovo valore contabile di un'attività fissa, dopo che si è proceduto alla sua rivalutazione, e il precedente valore contabile. Tale eccedenza entrerà a far parte delle riserve generali o di capitale di un'impresa e sarà trasferita ad un apposito conto rivalutazione. (v. anche *revaluation, revaluation reserve*)

revealed preference: ***preferenza rivelata.*** Espressione con la quale si indica un metodo di osservazione del comportamento del consumatore, elaborato da P. A. Samuelson. Il metodo si basa sull'analisi delle informazioni relative alle scelte effettivamente fatte dal consumatore, in situazioni di differenti livelli di prezzi e di redditi. Il vantaggio di questo metodo rispetto a quelli tradizionalmente usati è che esso consente di trascurare la misurazione dell'utilità e la preparazione di curve di indifferenza. In sintesi, il metodo, che ipotizza la coerenza delle scelte effettuate dal consumatore nelle varie possibili situazioni di diversi livelli di prezzi e di reddito, si basa sul presupposto che ad un dato livello prezzi–reddito il consumatore può effettuare una scelta tra un dato insieme di pacchetti di beni. Quello che egli effettivamente sceglierà tra i vari possibili, sarà quello preferito in modo palese, cioè rivelato, mentre una diversa situazione prezzi–reddito potrebbe portarlo a rivelare come preferito un altro diverso pacchetto di beni.

revealed–preference theory: ***teoria della preferenza rivelata.*** È la teoria elaborata da P. A. Samuelson ed esposta sotto *revealed preference* (v.). In poche parole, la teoria presuppone che le famiglie operino le loro scelte in fatto di consumi in maniera coerente.

revenue: ***entrate; ricavi.*** Genericamente il termine inglese indica gli utili derivanti dall'attività svolta da un'impresa o le entrate di una qualsiasi organizzazione, incluso lo stato. Volendo sottilizzare, il termine indica le entrate in moneta effettivamente ricevute in un determinato arco di tempo e in tale significato il termine inglese differisce da reddito (*income*), che indica oltre alle entrate in moneta anche utili non monetari e utili ricevuti in un periodo di tempo precedente o guadagnati nel periodo in esame ma non ancora incassati. Il termine, tuttavia, è più frequentemente usato nella finanza pubblica per indicare le entrate di uno stato derivanti dall'imposizione fiscale di qualsiasi tipo e da altre fonti. In tale significato, si è soliti aggiungere l'aggettivo «pubblico». (v. anche *public revenue, inland revenue*)

revenue account: ***conto profitti e perdite; conto economico.*** Termine a volte usato con lo stesso significato di *profit and loss account* (v.).

revenue anticipation note: Lo stesso che *revenue bond* (v.).

revenue arrears: ***residui attivi.*** Nel linguaggio della contabilità di stato e degli enti locali, sono somme accertate come entrate ma non riscosse nel corso dell'esercizio finanziario che, pertanto, possono essere riportate all'esercizio successivo.

revenue base: ***base di prelievo.*** La base globale di redditi e altre forme di ricchezza in un'economia, su cui il fisco opera il prelievo.

revenue bill: Termine usato con lo stesso significato di *revenue bond* (v.) nel Regno Unito, ove indica un tipo di obbligazioni emesso da enti locali per scopi analoghi a quelli descritti sotto *revenue bond.*

revenue bills: ***progetti di legge fiscale; disegni di legge fiscale.*** Disegni di legge aventi per oggetto l'imposizione fiscale.

revenue bond: Particolare tipo di obbligazione in uso negli Stati Uniti, il cui rimborso e il pagamento dei relativi interessi vengono fatti dipendere dalle entrate che deriveranno dal progetto per il cui finanziamento viene emessa l'obbligazione. Queste obbligazioni vengono emesse da tre tipi di organizzazioni: uno stato, un ente locale o un'agenzia governativa preposta all'esecuzione di un determinato progetto, e i progetti per il cui finanziamento vengono emesse vanno dalla costruzione di un ponte o di un'autostrada alla costruzione di centrali elettriche, acquedotti, strutture di trasporti pubblici, aereoporti, ecc. Dal punto di vista della garanzia, il tipo di organizzazione emittente ha poca importanza, in quanto nessuna delle tre menzionate può utilizzare le proprie entrate per garantire il rimborso o il pagamento degli interessi, che dipendono quindi soltanto dalla redditività e dalla buona gestione del capitale finanziato. Di conseguenza, questo tipo di obbligazioni implicano un alto rischio per l'investitore, che è in parte compensato da un tasso di interesse superiore a quello delle normali obbligazioni garantite da ipoteca o dallo stato e dall'esenzione di questi interessi dalle imposte federali sul reddito. A tutela dell'investitore, tuttavia, nel contratto di emissione viene sempre inclusa la clausola che stabilisce che l'ente preposto alla gestione del progetto dovrà far pagare ai fruitori dell'infrastruttura una tariffa sufficientemente alta da consentire il pagamento degli interessi, l'ammortamento finanziario del prestito e le spese di manutenzione e gestione. Sono, inoltre, previste altre forme di garanzia giuridica, come ad esempio un'ipoteca sull'opera da costruirsi, la costituzione in pegno delle future entrate dell'infrastruttura esclusivamente per il rimborso e per il pagamento degli interessi, l'obbligo imposto all'ente che la gestisce di non fare determinate spese che potrebbero danneggiare gli interessi degli investitori e altre ancora.

revenue deduction: ***deduzione di entrate.*** Nella terminologia della finanza degli enti locali, questa espressione indica un'entrata prevista ma non realizzata dall'ente o una sua spesa, che vanno a decurtare le entrate che lo stesso ente aveva previsto nel proprio bilancio.

revenue duties: ***dazi fiscali.*** Dazi sulla importazione o sulla produzione di determinati beni, imposti con l'obiettivo di realizzare un gettito a vantaggio dello stato e non con l'intenzione di proteggere le industrie nazionali.

revenue enhancement: ***aumento del gettito.*** Il termine inglese indica specificamente l'aumento delle entrate dello stato realizzato mediante accorgimenti diversi dall'aumento delle imposte.

revenue expenditure: ***spese di esercizio.*** Sono le spese sostenute in relazione al funzionamento di un'impresa, i cui benefici si esauriscono nel breve periodo, generalmente durante l'esercizio finanziario nel quale esse vengono fatte. Il termine viene usato in contrasto con spese in conto capitale, cioè quelle spese sostenute in relazione all'acquisizione di attività fisse che contribuiscono ad aumentare il capitale di un'impresa o altra organizzazione. (v. anche *capital expenditure*)

revenue law: ***legge fiscale; legge tributaria.*** Lo stesso che *tax act* (v.).

revenue maximization: ***massimizzazione del gettito fiscale.*** L'obiettivo legittimo di qualsiasi politica fiscale, pur se spesso non si realizza per la poca lungimiranza o la scarsa preparazione economica dei ministri delle finanze, che ritengono che l'unico sistema per massimizzare il gettito sia quello di fissare aliquote sempre più alte. Così facendo, essi non tengono conto degli effetti disincentivanti di un'alta imposizione fiscale, che fa diminuire il gettito globale anziché farlo aumentare. (v. anche *Laffer curve, arithmetic effect, economic effects of taxation*)

revenue office: ***ufficio delle imposte.*** Lo stesso che *tax office* (v.).

revenue officer: ***funzionario dell'ufficio imposte.*** Un qualsiasi funzionario preposto alla riscossione delle imposte.

revenue realization: ***realizzo di entrate.*** Il riconoscimento di entrate da parte del venditore di un bene o servizio, la cui registrazione nei libri contabili avviene all'atto dell'esecuzione, cioè quando viene trasferito il titolo di proprietà nel caso di beni o quando si verifica la somministrazione nel caso di servizi. La somma relativa è il prezzo che il compratore paga o promette di pagare, detratti gli eventuali sconti o abbuoni.

revenue receipts: ***entrate; entrate fiscali.*** L'effettivo incasso di moneta da parte di un'impresa o altra organizzazione durante un determinato arco di tempo. In questo significato, l'espressione inglese è ridondante, in quanto corrisponde al semplice termine *revenue* (v.), ma probabilmente necessaria per rendere più specifico il termine che altrimenti risulta generico. Quando è riferito alle entrate di uno stato, il termine è sinonimo di *tax revenue* (v.).

revenue reserves: ***riserve disponibili; riserve di utili.*** Riserve create tramite il trasferimento ad un fondo di riserva di parte del capitale circolante o di utili non distribuiti di un'impresa. Queste riserve sono disponibili per il pagamento di dividendi agli azionisti in un qualsiasi anno futuro in cui l'impresa subisca una perdita invece di realizzare un profitto. Il termine viene usato in contrapposizione a riserve di capitale, che non sono di solito disponibili per tale utilizzazione. (v. anche *capital reserves*)

revenue sharing: ***ripartizione del gettito fiscale; compartecipazione alle entrate tributarie.*** Termine d'uso statunitense, con il quale si indica la ripartizione tra i governi di ciascuno stato di parte del gettito delle imposte federali.

revenue stamp: ***marca da bollo.*** Le marche, simili a francobolli, vendute dallo stato affinché vengano applicate su particolari tipi di documenti a dimostrazione che è stata corrisposta la prescritta imposta di bollo. Di solito, tali marche vengono utilizzate per pagare le imposte relative alle concessioni governative. Lo stesso termine viene usato per indicare il bollo, impresso ad esempio sulla nostra carta bollata, che ha la stessa funzione della marca o il simbolo stampato, ad esempio sugli assegni bancari britannici, quando l'imposta di bollo è corrisposta in abbonamento.

revenue tariff: ***tariffa doganale fiscale.*** Insieme di dazi doganali, che costituiscono una tariffa, imposti su beni d'importazione allo scopo di realizzare un'entrata per lo stato e non al fine di proteggere le industrie nazionali.

revenue tax: ***imposta fiscale.*** Espressione generica, usata per indicare una qualsiasi imposta il cui obiettivo sia quello di procurare entrate allo stato e non di regolamentare o controllare l'economia né di sanare sperequazioni esistenti nella distribuzione del reddito nazionale.

revenue tribunal: ***commissione tributaria.*** Nel Regno Unito, ciascuno degli organi preposti a derimere questioni di contenzioso tributario. Il termine inglese non è perfettamente equivalente al traducente dato, in quanto sono diverse le funzioni che i due organi svolgono nei due diversi ordinamenti.

reversal: ***scrittura di storno.*** In contabilità, è una scrittura redatta allo scopo di rettificare parzialmente o totalmente un'altra scrittura di segno opposto erroneamente riportata in un conto.

reversal method: ***metodo inverso.*** Nel linguaggio della contabilità industriale, questo termine viene usato per indicare un metodo che considera il ricavo della vendita di sottoprodotti come detrazione dal costo totale di produzione, sulla base non dell'effettivo ricavo derivante dalla vendita dei sottoprodotti, ma su un ricavo stimato secondo le condizioni di mercato all'epoca in cui viene effettuato il calcolo.

reversal of entries: ***inversione di registrazioni.*** In contabilità, questo termine indica un errore che non viene rilevato da un bilancio di verificazione, in quanto consiste nell'inversione di due registrazioni che si controbilanciano, cioè una registrazione a credito è stata addebitata e la corrispondente registrazione a debito è stata accreditata.

reversal overshooting: V. spiegazione sotto *overshooting.*

reverse bid: ***acquisizione di controllo verso l'alto; acquisizione di controllo ascendente.*** Lo stesso che *reverse takeover* (v.).

reverse cost method: ***metodo del prezzo di vendita.*** Termine statunitense, usato con lo stesso significato di *working–backward method* (v.).

reverse dumping: La pratica di vendere beni sui mercati esteri a prezzi più alti di quelli praticati sui mercati interni. È una pratica resa possibile da una buona dose di potere monopolistico.

reverse engineering: La pratica di ricavare la metodologia e la tecnologia necessarie per la produzione di un bene industriale attraverso la sua scomposizione e l'accurata analisi dei materiali e dei metodi usati per costruirlo. È una pratica predatoria, che serve ad aggirare le leggi sui brevetti con l'intento di non pagare i diritti di riproduzione a chi per primo ha fabbricato il prodotto. Per questo motivo, c'è chi sostiene che l'espressione non è altro che un eufemismo per «furto».

reverse income tax: ***imposta sul reddito inversa.*** Espressione con la quale si indica un accorgimento proposto per eliminare la povertà mediante l'integrazione diretta, da parte dello stato, dei redditi più bassi, al fine di mettere in grado le famiglie più povere di acquistare ciò di cui hanno bisogno. Secondo questo suggerimento, l'integrazione dovrebbe consistere principalmente di detrazioni ed esenzioni fiscali concesse soltanto alle famiglie bisognose.

reverse lend–lease: Espressione usata per indicare i beni e servizi forniti agli Stati Uniti da alcuni dei paesi assistiti in base alla legge nota come affitti e prestiti, nello stesso arco di tempo in cui gli Stati Uniti fornivano aiuti ai paesi belligeranti. (v. anche *Lend–Lease Act*)

reverse method: ***metodo inverso.*** Termine usato come sinonimo di *reversal method* (v.).

reverse oil shock: ***shock petrolifero inverso.*** Espressione di recente coniazione, con la quale si indica una situazione inversa a quelle che si verificarono nel 1973 e nel 1979, e cioè il drastico calo dei prezzi del petrolio. (v. anche *oil shock*)

reverse repurchase agreement: ***accordo di riacquisto inverso.*** È un accordo di riacquisto voluto e sottoscritto dal mutuante, di solito il Sistema della Riserva Federale statunitense, che lo usa come strumento per la temporanea riduzione delle riserve del sistema bancario mediante vendita di titoli che saranno riacquistati, con conseguente ampliamento delle riserve, in una data futura. (v. anche *repurchase agreement*)

reverse split: ***raggruppamento di azioni.*** Termine usato come sinonimo di *reverse splitup* (v.).

reverse splitup: ***raggruppamento di azioni.*** La procedura inversa di un frazionamento e cioè l'emissione di una singola azione di capitale in cambio di più azioni di capitale ritirate dalla circolazione dalla stessa società emittente. Come conseguenza, il corso del titolo della società subirà un aumento derivante dal raggruppamento.

reverse stock cheque: Espressione con la quale si indica una tratta usata per pagare titoli azionari o obbligazionari acquistati su una piazza estera. Ad esempio, un investitore americano, che intenda acquistare titoli alla borsa valori di Londra il cui pagamento deve essere regolato per contanti su quella piazza, farà in modo che la banca corrispondente della sua paghi in sterline contro presentazione dei titoli allegati ad una tratta in dollari emessa dal venditore sul compratore. La banca americana, pertanto, vende al suo cliente sterline per pagamento immediato a Londra, ma sarà rimborsata dal cliente soltanto quando la tratta in dollari arriverà in America e sarà a lui presentata per il pagamento. La banca americana provvederà a far rientrare nel tasso di cambio gli interessi e le spese relative alla trasmissione delle azioni da Londra agli Stati Uniti.

reverse takeover: ***acquisizione di controllo ascendente; acquisizione di controllo verso l'alto.*** L'acquisizione di una società da parte di un'altra, a seguito della quale la società acquisita passa a controllare il gruppo che ne deriva o per accordo tra le società interessate o a causa delle sue maggiori dimensioni. Questa forma di acquisizione di controllo viene detta ascendente in quanto rappresenta esattamente l'opposto di ciò che abitualmente si verifica in occasione di una normale acquisizione di controllo, in cui la società acquirente passa a controllare il gruppo. La stessa espressione viene a volte usata per indicare l'acquisizione di una società pubblica da parte di una società privata. (v. anche *private company, public company*)

reverse yield gap: ***scarto inverso di rendimento.*** Lo scarto di rendimento indica la differenza positiva tra rendimento delle azioni ordinarie e rendimento dei titoli a reddito fisso. Se il rendimento dei titoli a reddito fisso è superiore al rendimento dei titoli azionari, la differenza tra i due viene chiamata scarto inverso di rendimento. Una situazione di questo tipo si verificò per la prima volta nel Regno Unito nel 1959, a seguito della diminuzione del rischio insito negli investimenti azionari e dell'andamento del tasso di inflazione. (v. anche *yield gap*)

reversible lay days: ***stallie reversibili; stallie promiscue; stallie cumulative.*** Con questa espressione si indicano i giorni di stallia che possono essere usati tanto durante la fase di caricazione, quanto durante le operazioni di discarica. Se, infatti, l'armatore e il noleggiatore stabiliscono che le stallie sono reversibili, il secondo potrà usare il tempo risparmiato durante la caricazione aggiungendolo al tempo concessogli per la discarica, e viceversa.

reversing entry: ***articolo di storno; registrazione di pareggio; registrazione a poste invertite; articolo di giro.*** Una registrazione contabile i cui debiti sono identici, per ammontare e conto in cui compaiono, a tutti i crediti di una precedente registrazione e tutti i crediti sono identici, per ammontare e conto in cui compaiono, a tutti i debiti della stessa registrazione precedente. Una registrazione di questo tipo viene generalmente usata allo scopo di annullare un'errata registrazione precedente, accreditando il conto che si addebitò e addebitando il conto che si accreditò.

reversion: ***riversione.*** Nel linguaggio giuridico, indica l'interesse che una parte conserva in un bene immobile quando lo dà in concessione ad un'altra parte. La riversione, che può essere implicita o esplicita, esiste in quanto il proprietario del bene non ha disposto dell'intero uso futuro della proprietà.

reversionary annuity: ***rendita vitalizia reversibile.*** Lo stesso che *last survivor annuity* (v.).

reversionary bonus: È un'aggiunta alla somma assicurata in una polizza vita, derivante dalla distribuzione di utili, o della porzione non utilizzata di caricamento, tra le polizze che hanno diritto a tale distribuzione, che viene fatta ogni anno o ogni tre anni sulla base dei profitti, della compagnia o della mutua assicuratrice, realizzati nel periodo precedente. (v. anche *bonus 2*)

reversionary interest: ***reversibilità.*** Nel linguaggio giuridico, l'espressione inglese indica la possibilità che un bene, o il diritto di godimento del bene, torni in futuro alla persona che lo aveva trasferito o ai suoi aventi causa. (v. anche *remainder, reversion*)

reversioner: Un soggetto titolare di un diritto di reversibilità o il soggetto al quale ritornerà in futuro un bene precedentemente trasferito.

to review: ***revisionare; riesaminare.*** Termine generico, usato nel significato di esaminare criticamente una qualsiasi operazione, procedura o evento o una serie di operazioni, procedure o eventi.

***Review of Economics and Statistics*:** Pubblicazione trimestrale dell'Università di Harvard, che tratta argomenti di economia e statistica.

***Review of Economic Studies*:** Pubblicazione quadrimestrale della *Anglo-American Economic Study Society.*

revision of a budget: ***revisione di un bilancio preventivo.*** È l'esame critico di un budget, effettuato con l'intenzione di individuare eventuali inesattezze o discrepanze.

revision of procedures: ***revisione delle procedure.*** All'interno di un'impresa o altro tipo di organizzazione, si procede periodicamente all'esame critico delle procedure, al fine di accertare se esse siano tuttora valide e rispondano alle esigenze dell'organizzazione. Qualora esse dovessero, in toto o in parte, rivelarsi non più valide, si procederà alla loro modifica o sostituzione con procedure più nuove e appropriate.

revision variance: ***varianza di revisione.*** La valutazione della differenza tra il costo standard originario e il costo standard revisionato. (v. anche *standard cost*)

revival: ***ripresa.*** Termine usato con lo stesso significato di *economic recovery* (v.).

revocable credit: ***credito revocabile.*** Un credito, usato nel commercio internazionale, in base al quale la banca accreditante si dichiara disposta ad accettare o pagare le tratte emesse su di lei dal fornitore, ma si riserva il diritto di rifiutare il suo intervento in qualsiasi momento e a sua discrezione.

revocable letter of credit: ***lettera di credito revocabile.*** Una lettera di credito che può essere revocata o annullata in qualsiasi momento prima della sua scadenza.

revocable order: ***ordine revocabile; ordine valido a revoca.*** Nella terminologia delle borse valori, è un ordine valido fino alla revoca da parte del committente.

revocable trust: ***negozio fiduciario revocabile.*** È un negozio fiduciario che il fiduciante può revocare a propria discrezione o al verificarsi di un determinato evento.

revocation: ***revoca.*** Termine generico, con il quale si indica l'azione che annulla o pone fine ad un precedente impegno, nel rispetto delle disposizioni di legge in materia.

revolving charge account: ***conto di credito rotativo.*** Lo stesso che *revolving credit fund* (v.).

revolving credit: ***credito rotativo; credito a tempo indeterminato; prestito a tempo indeterminato; credito***

permanente rotativo. Nel linguaggio bancario e commerciale, è il credito aperto da una banca o da un'impresa a favore di un loro cliente, che consente a quest'ultimo di effettuare nuovi prelievi o nuovi acquisti dopo che sono stati saldati quelli precedenti. Nel caso di una banca, ad esempio, essa apre un credito a favore di un esportatore a fronte di successive forniture. L'importo del credito può essere utilizzato con un solo prelievo o con più prelievi ed in quest'ultimo caso esso viene ricostituito fino al suo limite massimo ogni volta che la banca corrispondente riceve il regolare benestare per i pagamenti parziali fatti in precedenza. Esistono diversi tipi di crediti rotativi: a) il credito rotativo in bianco, che consente il prelievo di una somma illimitata ad ogni operazione, una varietà in verità molto rara; b) il credito per un ammontare complessivo illimitato, ma i cui singoli prelievi sono soggetti ad un limite; c) un altro tipo prevede che una somma limitata venga prelevata entro un periodo di tempo prestabilito e una volta che è stato raggiunto quel limite non possono effettuarsi altri prelievi prima dell'inizio del periodo successivo. In questo tipo di credito rotativo, se la somma posta come limite in un periodo non viene prelevata nella sua totalità, il saldo andrà ad aggiungersi alla somma posta come limite per il periodo successivo. (v. anche *revolving credit fund*)

revolving credit account: ***conto di credito rotativo.*** Lo stesso che *budget account 2* (v.).

revolving credit fund: ***fondo di credito rotativo; credito rotativo.*** Questa espressione è più comune nel linguaggio commerciale, ove viene usata per indicare l'ammontare massimo di credito concesso da un'impresa o da un negozio ad un cliente. Nel caso di un negozio, l'accordo prevede che il consumatore possa acquistare beni fino ad un ammontare prestabilito, che egli potrà pagare in un periodo di tempo concordato durante il quale potrà effettuare altri acquisti il cui importo complessivo non potrà, tuttavia, superare la cifra da lui rimborsata fino a quel momento. In questo modo, il credito rotativo diventa una forma di vendita a rate.

revolving–credit plan: ***piano di credito rotativo.*** È il metodo di concessione di credito al consumo descritto sotto *revolving credit fund* (v.).

revolving fund: ***fondo rotativo; fondo rotante.*** In contabilità, è un fondo in moneta che si rinnova costantemente, via via che viene utilizzato, o attraverso ulteriori accreditamenti o attraverso le entrate della attività che esso finanzia.

revolving index: ***indice rotante.*** È un contenitore di schede, rotante su un asse orizzontale o verticale a trazione elettrica, utilizzato negli archivi. Uno dei tipi in uso può contenere oltre seimila schede, che vengono presentate ad alta velocità regolabile a mezzo di un pulsante o di un comando a pedale.

revolving letter of credit: ***lettera di credito rotativa.*** Una lettera di credito il cui ammontare si rinnova via via che esso viene utilizzato dal suo beneficiario.

revolving line of credit: ***linea di credito permanente.*** Lo stesso che *revolving credit* (v.).

revolving underwriting facility: ***facilitazione rotativa di garanzia e collocamento.*** Assomma in sé le caratteristiche di un credito consortile tradizionale e di un titolo obbligazionario. L'operazione tipica prevede l'emissione di un titolo commerciabile a 3–6 mesi, per esempio un'eurobbligazione a breve termine o un certificato di deposito, per garantire i fondi prelevati da un sindacato di garanzia e collocamento titoli che si impegna a fornire al mutuatario un prestito a scadenza pluriennale. Via via che vengono prelevati i fondi, il sindacato vende i titoli o li tiene in portafoglio. Il mutuatario ha accesso garantito a fondi di lungo termine e il sindacato detiene un titolo liquido e commerciabile, potenzialmente appetibile per una vasta gamma di investitori, che sarà via via rinnovato alla scadenza fino all'estinzione del credito. Questo strumento ha anche il pregio per il mutuatario di essere sostanzialmente meno costoso di un tipico eurocredito.

R.F.C.: Reconstruction Finance Corporation.

R.I.: reinsurance.

rial: Unità monetaria dell'Iran, suddivisa in cento dinar.

rial Omani: Unità monetaria del Sultanato di Oman, suddivisa in mille baiza.

R.I.C.A.: Research Institute for Consumers' Affairs.

Ricardian equivalence theorem: ***teorema dell'equivalenza ricardiana.*** Lo stesso che *Ricardo–equivalence proposition* (v.).

Ricardian rent: ***rendita fondiaria; rendita ricardiana; rendita differenziale.*** L'economista inglese David Ricardo, annoverato tra gli appartenenti alla scuola classica, diede della rendita questa definizione: «Quella parte del prodotto della terra che viene pagato al proprietario per l'uso delle forze originali e indistruttibili del suolo». Egli, come gli altri autori della scuola classica, limitava la rendita alla terra ed anche di essa i classici avevano una concezione molto diversa da quella che si affermò nell'economia posteriore, in quanto ipotizzavano che la terra si potesse usare soltanto per uno scopo. (v. anche *rent 2*)

Ricardian theory of rent: ***teoria ricardiana della rendita.*** È la teoria sulla rendita formulata dall'economista inglese David Ricardo e condivisa da altri autori della scuola classica. (v. anche *Ricardian rent, rent 2*)

Ricardo effect: ***effetto Ricardo.*** Secondo un'argomentazione di Ricardo, un aumento dei salari reali spinge l'imprenditore a meccanizzare i processi produttivi, utilizzando meno manodopera, mentre una diminuzione dei salari reali tende a far sostituire il lavoro alle macchine. Per analogia con questo concetto, l'espressione «effetto Ricardo» è stata anche usata per indicare la teoria, formulata dall'economista austriaco F.A. Hayek, secondo la quale in una fase di espansione, che comporta un aumento dei prezzi più rapido dell'aumento dei salari, le imprese non sono disposte ad investire nelle industrie che producono beni capitali, in quanto il loro periodo di rotazione del capitale è più lungo di quello delle industrie che producono beni di consumo e, pertanto, la remunerazione del capitale è più bassa nel primo tipo di industria che nel secondo. Ciò perché il periodo produttivo dell'industria di beni capitali è più lungo di quello dell'industria che produce beni di consumo. Infatti, supponiamo che quest'ultima produca e venda tutta la produzione nel giro di un anno, mentre alla prima sono necessari due anni. Supponiamo ancora che le due industrie usino la stessa quantità di capitale, diciamo cento e che il tasso di remunerazione annuo sia del dieci per cento. A parità di condizioni, e senza tener conto dell'interesse composto, il capitale usato dalle due industrie produrrà 110 in un anno e 120 in due anni. Se, però, i prezzi della produzione aumentano, diciamo, del tre per cento, la remunerazione del capitale passa a 13 in un anno e a 23 in due anni, per cui il tasso di profitto passa al tredici per cento annuo per l'industria che ha un periodo di rotazione del capitale di un anno e all'undici e cinquanta per cento annuo per l'industria con un periodo di rotazione del capitale di due anni.

Ricardo–equivalence proposition: ***proposizione del-***

l'equivalenza di Ricardo. Con questa espressione si indica la possibilità, discussa da D. Ricardo all'inizio del diciannovesimo secolo e da lui ritenuta improbabile, che se il governo di un paese sottrae, mediante la contrazione di debiti in luogo di un aumento della imposizione fiscale, una certa somma al risparmio nazionale, la stessa somma sarà reintegrata dai risparmiatori, il che lascerà invariata la quantità globale di fondi disponibili per investimenti in beni capitali e per altri usi. La ragione per cui si suppone che le famiglie e le imprese si comportino in questo modo sta nel fatto che esse ritengono che le imposte dovranno essere aumentate in futuro, onde poter far fronte al pagamento degli interessi sul debito suddetto e forse alla sua estinzione. Supponiamo, per semplicità, che un aumento del debito pubblico sia dovuto a una riduzione delle imposte. Il pubblico, secondo la proposizione dell'equivalenza di Ricardo, crede che la riduzione d'imposta di oggi sarà bilanciata da un aumento d'imposta in futuro e neutralizza l'impatto di queste variazioni d'imposta sui suoi consumi risparmiando i benefici derivanti dalla riduzione d'imposta corrente e usandoli per sostenere i consumi in futuro, quando si verificherà l'aumento d'imposta. Si ritiene, quindi, che ciascun cittadino abbia un piano di consumo che si estende per tutta la durata della sua vita e che egli si attenga a tale piano malgrado le variazioni d'imposta nell'arco dello stesso periodo di tempo.

Ricardo's theory of rent: ***teoria ricardiana della rendita.*** Lo stesso che *Ricardian theory of rent* (v.).

Richardson Committee: Commissione istituita nel Regno Unito nel 1964 col compito di valutare la possibilità di introdurre in quel paese un'imposta sul valore aggiunto. Le conclusioni della commissione furono contrarie all'adozione di tale imposta, ma il Regno Unito dovette ugualmente introdurla all'atto del suo ingresso nella Comunità Economica Europea, in quanto questo è il tipo di imposizione indiretta usato nell'intera Comunità. Parte di tale imposta, infatti, viene prelevata allo scopo di finanziare le attività comunitarie.

rider: 1. ***appendice.*** Nel linguaggio delle assicurazioni, indica un modulo allegato ad una polizza, di solito emesso in epoca successiva a quella del perfezionamento del contratto, con il quale si apportano modifiche alle condizioni stabilite in polizza. Un'appendice può essere necessaria nel caso in cui l'assicurato cambi ragione sociale o struttura aziendale, quando si vuole modificare o aggiungere una clausola o in altri casi del genere. **2.** ***codicillo; postilla; integrazione.*** L'aggiunta di una clausola ad un atto, già redatto e perfezionato. Nella terminologia legislativa, la stessa voce inglese indica un'aggiunta, o integrazione, ad una legge già approvata dagli organi legislativi. **3.** ***allungo; foglio di allungamento.*** Nel linguaggio finanziario, il termine viene usato con lo stesso significato di *allonge* (v.).

RIE: recognized investment exchange.

riel: Unità monetaria della Cambogia, suddivisa in cento sen.

rigged market: ***mercato manipolato.*** La situazione che viene a crearsi in un mercato, quando gli acquisti e le vendite vengono artatamente manipolati in modo e ampiezza tali da sconvolgere il meccanismo di determinazione del prezzo basato sulle forze della domanda e dell'offerta. (v. anche *rigging the market*)

rigging the market: ***manipolazione del mercato.*** Espressione, usata principalmente nel linguaggio delle borse valori, con la quale si indica l'artata manipolazione speculativa attraverso grossi acquisti reali o mediante contratti a premio, che tende a far salire i corsi e indurre il pubblico ad acquistare a prezzi falsamente gonfiati, il che consente agli speculatori di realizzare un utile sulle quantità di titoli precedentemente acquistati.

right: ***diritto.*** In senso lato, il termine inglese indica una qualsiasi rivendicazione che trovi una giustificazione morale, naturale o giuridica. In un significato più particolare, indica il diritto di un azionista a sottoscrivere una nuova emissione azionaria in proporzione al numero di azioni che già possiede. Questa norma, che trova applicazione tanto nel diritto societario italiano quanto in quello britannico e statunitense, tende a tutelare i diritti di qualsiasi azionista a conservare lo stesso peso nelle decisioni dell'assemblea dei soci e il diritto alla stessa porzione di utili non distribuiti, anche dopo che la società abbia proceduto ad un aumento del capitale. (v. anche *rights issue*)

right of action: ***diritto di agire in giudizio.*** È il diritto di portare in giudizio chi ha commesso un torto o non ha rispettato i termini di un contratto.

right of blockade: ***diritto di blocco.*** È il diritto di un paese di imporre un blocco navale ad un altro paese, quando quest'ultimo minacci l'economia o la sicurezza del primo. (v. anche *blockade*)

right of first refusal: ***diritto di opzione.*** Il diritto riconosciuto a una persona fisica o giuridica di accettare o rifiutare un appalto, un lavoro, un acquisto o una vendita, ecc., prima che si possano interpellare altri soggetti. Il termine inglese è generico e non propriamente giuridico.

right of option: ***diritto di opzione.*** Lo stesso che *option 2* (v.).

right of pre-emption: ***diritto di prelazione.*** Il termine inglese viene usato principalmente nei seguenti significati: a) nel commercio internazionale, il diritto di uno stato di confiscare e vendere merci appartenenti ad un importatore al valore da questi dichiarato, quando esiste un fondato sospetto che il valore dichiarato sia troppo basso. b) Il diritto, a volte riconosciuto al venditore, di riacquistare il terreno da lui venduto, sancito dal *Law of Property Act* del 1925. Ad esempio, una persona può essere costretta a vendere, allo stato o ad un ente statale, una sua proprietà per pubblica utilità. Tale proprietà o parte di essa non può essere rivenduta a terzi se prima non viene data la possibilità al venditore originale di esercitare il proprio diritto di prelazione. Tale diritto, tuttavia, può essere ceduto dal venditore all'atto della vendita della sua proprietà. c) Negli Stati Uniti, indicava il diritto di acquisto di terreni pubblici riconosciuto a colui che per primo ne prendeva possesso e registrava il proprio diritto su quei terreni versando una somma simbolica o nominale. Questo diritto non esiste più negli Stati Uniti dal 1891, a seguito dell'approvazione dei vari *Homestead Acts* (v.). d) Il diritto di acquisto concesso ad una persona fisica o giuridica per un certo periodo di tempo prima che il bene venga offerto in vendita al pubblico in generale.

right of recourse: ***diritto di rivalsa; diritto di regresso.*** È il diritto di colui che ha pagato un debito altrui di rivalersi sul debitore mediante un'azione di regresso. (v. anche *recourse*)

right of redemption: ***diritto di riscatto.*** Termine usato con lo stesso significato di *equity of redemption* (v.).

right of resale: ***diritto di rivendita; diritto di nuova vendita.*** Il diritto britannico prevede che il venditore possa procedere alla rivendita degli stessi beni quando essi sono soggetti a pegno o quando, in caso di mancato pagamento da parte del compratore, c'è la probabilità che essi deperiscano prima che il compratore effettui il pagamento dovuto. Nessuno di questi due casi, tuttavia, rescinde il contratto e il compratore ha sempre diritto ai beni, per cui, se il venditore realizza un prezzo superiore a quello che avrebbe pagato il compratore, a quest'ultimo compete la differenza, dopo aver detratto le spese sostenute dal venditore. Il contratto, invece, viene rescisso nei casi suddetti se in esso il venditore si era riservato il diritto di rivendita. In quest'ultimo caso, nulla compete al compratore se il venditore riesce a spuntare un prezzo superiore in occasione della nuova vendita.

right of search: ***diritto di visita; diritto di perquisizione.*** Il diritto di un paese di perquisire le navi che entrano nelle sue acque territoriali. Si fa ricorso a questo diritto, riconosciuto dalle leggi internazionali, quando si sospetta che le navi trasportino beni di contrabbando o proibiti.

right of survivorship: ***diritto di accrescimento per sopravvivenza.*** Il diritto di uno qualsiasi dei comproprietari di un bene mobile o immobile di continuare a godere della proprietà del bene anche in caso di morte di uno o più altri comproprietari, con l'esclusione degli eredi o aventi causa. Ad esempio, se due soggetti sono comproprietari di una casa con diritto di accrescimento per sopravvivenza, i due insieme costituiscono il proprietario della casa ed alla morte di uno di loro, l'altro continua ad esserne il proprietario legittimo. (v. anche *joint tenant, tenant in common*)

right of voting: ***diritto di voto.*** Termine usato in alternativa a *voting rights* (v.).

right of way: 1. ***servitù di passaggio; diritto di passaggio; diritto di transito.*** Il diritto di cui gode il proprietario di un fondo intercluso, o di difficile e dispendioso accesso, di passare sul fondo confinante che costituisce il tragitto più breve tra la strada e il fondo dominante. La stessa espressione viene usata in relazione al diritto delle imprese produttrici di pubblici servizi di far passare rotaie, tubazioni, strade, ecc. su fondi di proprietà privata. Anche la striscia di terra sulla quale o sotto la quale passano queste strutture viene indicata con la stessa espressione inglese. (v. anche *easement*) **2.** ***diritto di precedenza.*** È il diritto di procedere, quale quello concesso dal codice della strada ad uno dei veicoli che si incontrano ad un crocevia.

rights: ***diritti di sottoscrizione; diritti di opzione.*** Lo stesso che *stock rights* (v.).

rights and obligations: ***diritti e doveri.*** L'espressione si definisce da sola e il concetto sul quale si fonda costituisce il presupposto irrinunciabile di qualsiasi convivenza civile in un sistema democratico nazionale o supernazionale.

rights issue: ***emissione riservata agli azionisti; sottoscrizione riservata agli azionisti.*** L'emissione di nuove azioni, a seguito di aumento del capitale sociale, a fronte di diritti di sottoscrizione e di opzione dei precedenti azionisti. Le nuove azioni vengono a volte emesse a condizioni favorevoli, cioè ad un prezzo lievemente inferiore a quello del titolo in circolazione sul mercato, e ogni azionista può esercitare il diritto di sottoscrizione entro un certo termine stabilito. Se il socio non intende avvalersi di questo suo diritto, potrà cederlo ad un altro socio o a terzi, attraverso il cosiddetto mercato dei diritti di sottoscrizione. Il rapporto tra vecchie e nuove azioni, in relazione alla quantità che ciascun azionista ha il diritto di acquistare, viene stabilito dalla società che, tramite queste emissioni, può procurarsi capitale fresco per le proprie necessità di investimento ad un costo inferiore a quello che dovrebbe sostenere per un'emissione di nuove azioni sul mercato. (v. anche *right, rights, New York stock right, Philadelphia stock right, stock rights*)

rights letter: ***lettera di opzione.*** È la lettera, indirizzata dalla società all'azionista, con la quale la prima comunica al secondo il numero di nuove azioni che egli è autorizzato a sottoscrivere in rapporto al numero di vecchie azioni da lui possedute. Pertanto, costituisce un'offerta della società al vecchio azionista, che dovrà far valere i suoi diritti di sottoscrizione entro una data stabilita nella lettera. Poiché queste nuove azioni sono spesso offerte ad un prezzo inferiore a quello di mercato, onde garantirne il completo assorbimento da parte degli azionisti, i diritti di sottoscrizione hanno un valore di mercato e l'azionista che non intende avvalersene può rivenderli ricavandone un utile. (v. anche *rights market*)

rights market: ***mercato dei diritti di sottoscrizione.*** È il mercato che viene a crearsi in occasione di un'emissione azionaria riservata ai vecchi azionisti. Se l'azionista non intende avvalersi del diritto di sottoscrizione derivantegli dalle azioni di sua proprietà, egli potrà venderlo su questo mercato. Il motivo per cui si crea un mercato dei diritti di sottoscrizione è che le nuove azioni vengono spesso offerte ad un prezzo inferiore al loro valore di mercato, il che consente un utile sia all'azionista che rinuncia al proprio diritto rivendendolo a terzi, sia all'investitore che l'acquista, che pagherà sempre un prezzo inferiore a quello che dovrebbe pagare se volesse acquistare quegli stessi titoli sul mercato libero. La società, dal canto suo, ha tutto l'interesse a che l'emissione venga assorbita nella sua interezza, in quanto questo sistema per procurarsi capitale fresco è meno dispendioso di un'emissione sul mercato primario, poiché vengono risparmiate le spese di pubblicità, di intermediazione e legali. Chi, invece, potrebbe rimetterci è proprio l'azionista che vende i propri diritti su questo mercato, in quanto egli non soltanto rinunzia alle azioni offerte a un prezzo vantaggioso, ma vede diminuire il proprio peso nelle decisioni societarie e la propria quota di utili non distribuiti. (v. anche *right, rights, rights issue, New York stock right, Philadelphia stock right*)

rights offer: ***emissione riservata agli azionisti; offerta di azioni riservata agli azionisti.*** Lo stesso che *rights issue* (v.).

right to act: ***diritto di agire in giudizio.*** Espressione usata con lo stesso significato di *right of action* (v.).

right to strike: ***diritto di sciopero.*** Il diritto dei lavoratori di sospendere le loro prestazioni, senza correre il rischio di essere licenziati, se esistono buoni motivi per usare questo tipo di azione al fine di persuadere il datore di lavoro ad accettare rivendicazioni normative o salariali.

right to work: ***diritto al lavoro.*** Il diritto di ogni cittadino di poter lavorare e di poter guadagnare un'equa remunerazione del suo lavoro, con cui far fronte ai propri bisogni.

right-to-work laws: ***leggi sul diritto al lavoro.*** Espressione generica con la quale si indica la legislazione statunitense che, in molti stati dell'Unione, mette fuori legge la cosiddetta *closed shop clause*, contenuta in molti contratti di lavoro, secondo la quale un lavoratore deve iscriversi ad un sindacato prima di essere assunto in un posto di lavoro. L'espressione include anche le leggi che hanno reso illegale la cosiddetta *union shop* (v.).

rigid budget: ***budget rigido; budget fisso.*** Lo stesso che *fixed budget* (v.).

rigidity: ***rigidità.*** L'incapacità di un sistema economico di modificarsi prontamente al verificarsi di variazioni della domanda o nuove applicazioni tecnologiche. Il termine implica la scarsa flessibilità non soltanto di una parte o di tutto il sistema produttivo, ma anche dei fattori sociali e istituzionali che possono ridurre la flessibilità di un'economia in un sistema di libera concorrenza.

rigid price: ***prezzo rigido.*** Il prezzo di vendita di un bene che non cambia, anche in presenza di costi decrescenti. Ciò può essere spiegato dal fatto che piuttosto che diminuire il prezzo di vendita, le imprese sono propense a limitare la quantità di beni prodotti, ma può anche essere dovuto al fatto che, a causa della discontinuità del ricavo marginale, si verifica un intervallo di tempo durante il quale il prezzo di vendita di un'impresa rimane immutato malgrado le mutate condizioni economiche.

rigid wage: ***salario rigido.*** Salario che non si presta a frequenti variazioni e che in particolare mostra una notevole rigidità al ribasso.

rigid wage policy: ***politica del salario rigido.*** Una politica che non consente frequenti variazioni del salario e in particolare variazioni al ribasso del salario monetario. Secondo Keynes, in presenza di una tale politica, la stabilità dei prezzi è collegata, nel breve periodo, all'assenza di fluttuazioni nel livello di occupazione.

to rig the market: ***manipolare il mercato.*** V. spiegazione sotto *rigging the market*.

ring: **1.** ***sindacato commerciale.*** Termine usato con lo stesso significato di *price association* (v.). **2.** ***recinto alle grida; sala delle contrattazioni.*** Il termine inglese viene usato per indicare la sala delle contrattazioni della borsa dei metalli londinese, ma indica anche il recinto alle grida di borse estere, come ad esempio quella di Zurigo.

ring fence: ***barriera di protezione.*** Nel linguaggio fiscale britannico, è la barriera eretta dall'*Oil Taxation Act* allo scopo di proteggere il gettito dell'imposta sugli utili petroliferi. Questa barriera impedisce alle società di portare in detrazione dei profitti realizzati dall'attività di estrazione del petrolio nel Mare del Nord le perdite e gli ammortamenti di capitale derivanti da altre attività, incluse quelle di loro consociate.

ringgit: Unità monetaria, anche detta dollaro della Malaysia, suddivisa in cento cent.

ringing out: ***compensazione diretta tra operatori.*** Espressione usata nel linguaggio delle borse merci per indicare la pratica di liquidare periodicamente contratti a termine, spesso attraverso l'intervento di un terzo, prima che essi giungano alla scadenza. (v. anche *ring trading*)

ringing up: ***compensazione diretta tra operatori.*** Lo stesso che *ringing out* (v.).

ring trading: Espressione del linguaggio delle borse merci, usata in relazione ai contratti a termine per indicare la pratica di far salire i prezzi attraverso le successive e sempre più alte offerte fatte dai membri di un sindacato commerciale. Quando il prezzo ha raggiunto il livello voluto dal sindacato, i suoi membri si astengono dal fare offerte e lasciano le partite di merci ad altri offerenti. In alternativa, le merci vengono acquistate da uno dei membri a vantaggio di tutti e verranno successivamente rivendute ad un prezzo più alto, quando la scarsità che viene a crearsi nella borsa merci giustifica il prezzo superiore.

riot and civil commotion: ***tumulti e sommosse popolari.*** Nel linguaggio delle assicurazioni, questa espressione indica il rischio di danni derivanti da tumulti o sommosse popolari. Questo rischio di solito non è incluso nelle normali polizze del ramo danni, ma può essere assicurato mediante una speciale estensione di copertura. (v. anche *extended coverage*)

riot risk: ***rischio di sommosse e tumulti popolari.*** V. spiegazione sotto *riot and civil commotion*.

riparian rights: ***diritti rivieraschi.*** Il diritto di un qualsiasi proprietario, la cui terra confina con un fiume, un lago o il mare, sulle acque e su parte della terra sotto di esse. I diritti rivieraschi differiscono da stato a stato e anche in considerazione della natura della massa d'acqua cui si riferiscono, se trattasi, cioè, di fiume, lago o mare.

rise: ***aumento.*** In genere è un qualsiasi movimento al rialzo, ma usato in senso assoluto e senza alcun determinante il termine inglese indica generalmente un aumento di salario o di stipendio.

rising–cost firm: ***impresa a costi crescenti.*** Un'impresa i cui costi medi per unità di prodotto aumentano con l'aumentare della produzione globale, anche dopo che è trascorso un periodo di tempo sufficientemente lungo per effettuare i necessari adeguamenti. Se, in tale impresa, i costi per unità di input sono costanti, l'aumento dei costi deve derivare da un'espansione della produzione di proporzione inferiore all'espansione degli input e si dice che quella è un'impresa a rendimenti decrescenti. (v. anche *increasing costs, diminishing returns*)

rising market: ***mercato al rialzo.*** Lo stesso che *bull market* (v.).

risk: ***rischio.*** Nel linguaggio economico, si usa questo termine per indicare l'eventualità che un fatto si verifichi o non si verifichi, in base a delle probabilità che possono o non possono essere misurate. Se le probabilità possono essere calcolate matematicamente, il rischio può essere evitato dall'imprenditore ricorrendo alle assicurazioni. Altri tipi di rischi, comunque impliciti nell'attività economica quali il rischio di una variazione dei gusti, di un calo della domanda, ecc., non possono essere assicurati, ma devono essere corsi dall'imprenditore. Nel complesso sistema economico moderno, in cui la produzione è avviata prima e in previsione della domanda, il rischio è inevitabile. Ad esempio, un costruttore di automobili deve preparare i suoi piani molto tempo prima di poter vendere anche una sola macchina. Una volta che ha deciso il tipo di modello e che ha preparato la catena di montaggio, il personale e tutto il resto, deve decidere la dimensione della produzione, perché se il modello che intende produrre incontra il favore del pubblico, deve essere in grado di far fronte alla domanda, o i suoi concorrenti gli toglieranno gran parte delle vendite. Se, invece, il suo nuovo modello non è ben accolto, egli deve essere pronto a fare le opportune modifiche o a smobilitare l'impianto per passare alla produzione di un altro modello. Qualunque sia l'evento che si verificherà, l'imprenditore deve decidere con notevole anticipo assumendosi tutto il rischio dell'impresa. Infatti, mentre le funzioni gestionali possono essere delegate a collaboratori stipendiati, il rischio deve essere sostenuto solo e interamente dall'imprenditore. Per questo motivo, l'opera dell'imprenditore è considerata un quarto fattore della produzione che merita una remunerazione specifica: il profitto. Lo stesso termine viene usato nel linguaggio finanziario per indicare il rischio cui si espone l'investitore nel prestare il proprio capitale ad altri. In questa accezione, si distinguono tre tipi di rischio: a) il rischio finanziario; b) il rischio del tasso di interesse; e, c) il rischio del potere di acquisto. (v. anche *financial risk, interest rate risk, purchasing power risk, factors of production*)

risk–adjusted return on capital: ***utile sul capitale adeguato al rischio.*** Metodo seguito dalle banche internazionali allo scopo di rafforzare i controlli del rischio. A ciascuna operazione (inclusi mutui, swap, ecc.) viene assegnato un numero da uno a nove di ponderazione del rischio e una formula in verità molto complicata misura le variazioni attese del valore del mutuo o dello swap. Successivamente, il livello di rischio viene posto in relazione alla quantità di capitale impiegata nella singola operazione per trovare l'utile sul capitale adeguato al rischio.

risk analysis: ***analisi dei rischi.*** Tecnica mediante la quale si procede a valutare i probabili risultati positivi o negativi di una o più decisioni, con particolare riferimento al danno che potrebbe derivare all'impresa dall'adozione di tali decisioni.

risk arbitrage: ***arbitraggio di rischio.*** La pratica di speculare su titoli azionari di società esposte a probabili offerte di acquisto ostili, descritto sotto *arbitrageur 2* (v.).

risk arbitrageur: ***arbitraggista di rischio.*** Lo stesso che *arbitrageur* (v.) nel significato 2.

risk assets: ***attività di rischio.*** Nel linguaggio bancario, sono tutte le attività (investimenti e anticipazioni) che compaiono nei libri di una banca, meno i contanti (inclusi i crediti concessi ad altre banche) e i titoli di stato di proprietà della banca. Queste attività sono dette di rischio perché non è certo che possano vendersi sul mercato prima della loro scadenza se si tratta di investimenti e non è certo che saranno restituite dai clienti se si tratta di anticipazioni. (v. anche *risk ratio*)

risk aversion: ***riluttanza al rischio.*** Espressione usata nel linguaggio finanziario per indicare che un investitore non è disposto ad assumersi un rischio.

risk bearer: Il termine inglese indica la persona che effettivamente sostiene un rischio, anche se alle conseguenze del rischio è esposta un'altra persona. Ad esempio, se in relazione ad un rischio, quale potrebbe essere l'incendio, il proprietario del bene esposto al rischio stipula un contratto di assicurazione, il rischio viene assunto dall'assicuratore, che sarà pertanto il *risk bearer.* Se, invece, il proprietario non si assicura, egli viene definito assicuratore di se stesso ed è il *risk bearer.* Il termine inglese viene usato anche nel linguaggio finanziario per indicare l'investitore che espone il proprio capitale al rischio finanziario, al rischio del tasso di interesse e al rischio del potere di acquisto. (v. anche *financial risk, interest rate risk, purchasing power risk*)

risk bearing: ***assunzione di rischio.*** È una delle funzioni dell'imprenditore, che si assume il rischio della buona riuscita delle sue decisioni e dell'impresa. La stessa espressione indica l'assunzione del rischio di terzi da parte di un assicuratore o del rischio di un investimento da parte dell'investitore.

risk capital: ***capitale di rischio; capitale azionario.*** L'espressione inglese si riferisce ai mezzi finanziari a lungo termine forniti dagli investitori ad un'impresa esposta a particolari rischi. Pur se l'espressione viene a volte usata come sinonimo di capitale azionario, più spesso viene riferita al capitale fornito ad iniziative pionieristiche, il cui successo è esposto a notevole rischio. A rigor di termini, tuttavia, qualsiasi forma di capitale può essere detta di rischio, tranne quello garantito da attività fisse e anche in questo caso non è detto che il rischio sia assente al cento per cento.

risk–capital pooling: Un qualsiasi piano tendente a costituire un fondo di capitale di rischio con apporti di privati o istituzioni, particolarmente banche, al quale possono attingere le imprese impegnate in iniziative pionieristiche. Piani di questo genere sono stati lanciati negli Stati Uniti, allo scopo di andare incontro alle esigenze finanziarie di piccole imprese, dove molti preferiscono questa forma di investimento che può essere rischiosa ma, appunto per questo, può anche portare a notevoli guadagni se l'iniziativa pionieristica si dimostra di successo. (v. anche *venture capital*)

risk cost: ***costo del rischio.*** Termine usato da J. M. Keynes per indicare un costo ipotetico che avrebbe la funzione di tutela contro la possibilità che un rendimento effettivo differisca da un rendimento previsto.

risk–free rate: ***tasso di rendimento di un investimento privo di rischio.*** Il tasso d'interesse o di rendimento che frutta un investimento esente da rischi, come ad esempio l'investimento in titoli di stato. A rigor di termini non esiste un investimento completamente esente da rischi e quindi questa espressione si riferisce a investimenti esposti a rischio minimo, quale potrebbe essere quello di ripudio del debito pubblico da parte di un governo democratico.

risk management: ***gestione del rischio.*** È il settore delle grandi imprese responsabile della gestione di tutte le esigenze assicurative dell'impresa stessa, dall'antinfortunistica all'assicurazione prodotto, e di tutte le modifiche strutturali e ambientali necessarie a ridurre i tassi richiesti dalle società di assicurazione o a garantire la prevenzione di sinistri. Nel linguaggio finanziario, il termine indica la variazione della esposizione al rischio di un investimento mediante l'uso di moderni strumenti finanziari quali gli swaps, i contratti a termine e a premio su titoli e su indici di borsa e altri ancora.

risk manager: ***direttore della gestione del rischio.*** È il responsabile del settore gestione del rischio di una grande impresa. (v. anche *risk management*)

risk of default: ***rischio dell'inadempienza.*** Il rischio che corre il mutuante di non ricevere il rimborso del prestito concesso alla sua scadenza naturale. Quanto più alto è tale rischio, tanto più alto sarà il tasso d'interesse chiesto dal mutuante.

risk premium: ***premio di rischio.*** Nel linguaggio finanziario, indica la remunerazione extra necessaria per attirare un investimento in un'impresa di esito incerto o ad alto rischio.

risk ratio: ***rapporto di rischio.*** Nel linguaggio bancario, è il rapporto tra il totale dei conti di capitale e il totale delle attività di rischio. (v. anche *capital account 1, risk assets*)

risk–return ratio: ***rapporto rischio–remunerazione.*** Nel linguaggio finanziario, è il rapporto tra il rischio insito in un investimento e la remunerazione dell'investimento stesso. Tale rapporto risulta tanto più basso quanto minore è la remunerazione. (v. anche *credit risk, market risk*)

risk–reward ratio: ***rapporto rischio–remunerazione.*** Lo stesso che *risk–return ratio* (v.).

risk spreading: ***ripartizione del rischio; frazionamento del rischio.*** È il concetto che sta alla base delle assicurazioni e delle riassicurazioni. Colui che è esposto ad un rischio lo ripartisce, tramite l'assicurazione, tra tutti coloro che sono ugualmente esposti allo stesso rischio, con la certezza che soltanto una parte di loro possono effettivamente essere colpiti dal sinistro. Lo stesso concetto informa il principio della riassicurazione, per cui un assicuratore ripartisce i rischi da lui assunti tra un certo numero di altri assicuratori così che, al verificarsi di un sinistro, i costi che gli assicuratori saranno chiamati a sostenere risulteranno di minore entità, essendo mediati tra un numero rilevante di contratti assunti e di assicuratori.

risk taking: ***assunzione di rischio.*** Lo stesso che *risk bearing* (v.).

risk yield: ***rendimento di rischio.*** Rendimento addizionale di un investimento, giustificato dall'alto rischio che esso comporta. (v. anche *risk capital*)

rival bid: ***offerta di acquisto in concorrenza.*** Una *take-*

–*over bid* (v.) fatta da una società quando sul mercato è già in essere un'altra offerta del genere per la stessa impresa, avanzata da un'altra società. In questa situazione, si verifica una cosiddetta *take–over battle*, cioè una lotta tra le due società che aspirano all'acquisizione della terza.

rival brand: ***marca concorrente.*** Un prodotto industriale che, su un mercato, è in diretta concorrenza con un altro prodotto simile, anch'esso etichettato o contraddistinto da un marchio commerciale.

rival commodities: ***beni rivali; beni alternativi.*** Espressione usata per la prima volta dall'economista britannico Alfred Marshall per indicare beni intercambiabili, cioè quei beni che sono succedanei l'uno dell'altro.

rival demand: ***domanda alternativa; domanda concorrenziale; domanda competitiva.*** Termine usato con lo stesso significato di *competitive demand* (v.).

rival goods: ***beni rivali; beni alternativi; beni sostitutivi.*** Lo stesso che *rival commodities* (v.).

rival supply: ***offerta alternativa; offerta concorrenziale; offerta competitiva.*** Termine usato con lo stesso significato di *competitive supply* (v.).

river bill of lading: ***polizza di carico fluviale.*** Polizza di carico emessa in relazione al trasporto di merci lungo un fiume navigabile. (v. anche *bill of lading*)

river dues: ***diritti di navigazione fluviale.*** Somma di denaro che le navi, o le imbarcazioni più piccole come ad esempio chiatte e simili, sono tenute a pagare alle competenti autorità al fine di essere autorizzate alla navigazione sui fiumi navigabili.

riyal: Unità monetaria del Qatar e del Dubai, ove è suddivisa in cento dirhams; dell'Arabia Saudita, ove è suddivisa in cento halalah; e dello Yemen, ove è suddivisa in quaranta buqshah.

R.M.: Royal Mail.

Road and Rail Act: Legge, approvata dal parlamento britannico nel 1933, che regolamentava il trasporto su strada. La legge prevedeva tre tipi di licenza: a) la licenza di gruppo A, per i vettori generali; b) quella di gruppo B, per il trasporto di beni propri e di terzi; c) quella di gruppo C, per il solo trasporto di beni propri.

road charges: ***contributi stradali.*** Il termine inglese indica un contributo che sono tenuti a pagare alle autorità locali i proprietari di case che si affacciano su strade che vengono costruite o asfaltate per la prima volta. Il contributo è stabilito in proporzione al fronte strada della casa e l'insieme di tutti i contributi dovrebbe coprire il costo di costruzione della strada e dei marciapiedi e il costo di installazione dei collettori di scarico, delle tubazioni di acqua e gas e dell'illuminazione.

Road Fund: Era così chiamato, nel Regno Unito, il fondo costituito in base al *Development and Road Improvements Fund Act* del 1900 e finanziato con i proventi delle tasse di circolazione degli autoveicoli e delle imposte sulla benzina. Questo fondo doveva servire esclusivamente a finanziare la costruzione di nuove strade e la manutenzione di quelle già esistenti. Nel 1915, tuttavia, in occasione della prima guerra mondiale, parte di questo fondo fu utilizzata differentemente e poiché tale pratica continuò anche dopo la guerra, il fondo fu soppresso come tale con la legge finanziaria del 1936. Dal 1937, pertanto, i proventi delle tasse di circolazione e delle imposte sulla benzina sono considerati alla stregua degli introiti di tutte le altre imposte e la costruzione e la manutenzione delle strade vengono finanziate con denaro pubblico. Il fondo fu formalmente abolito soltanto nel 1955.

road haulage: ***trasporto su strada.*** È quella branca del sistema dei trasporti di un paese che usa la rete stradale per lo spostamento di merci e passeggeri. A seguito dell'affermarsi delle ferrovie nella seconda metà del secolo scorso, il trasporto su strada declinò fin quasi a sparire, ma con l'avvento del motore a scoppio, a partire dal 1920, esso ha ripreso vigore ed oggi compete con successo con altre forme di trasporto, specialmente su lunghe distanze. Il principale vantaggio del trasporto su strada è rappresentato dal fatto che le merci non hanno bisogno di essere trasbordate da un veicolo all'altro e possono quindi essere prelevate al magazzino del mittente e consegnate al magazzino del destinatario dallo stesso mezzo di trasporto. La competitività di questo servizio, tuttavia, dipende dallo sviluppo della rete stradale e autostradale di ciascun paese.

Road Haulage Association: Associazione britannica di vettori stradali, costituita da possessori di licenze di gruppo A e B. Conta oltre 17000 soci e si prefigge lo scopo di tutelare i loro interessi e offrire al pubblico un servizio di trasporto su strada affidabile, rapido e sicuro. (v. anche *Road and Rail Act*)

road haulage contract hire: ***leasing di veicoli industriali.*** È un servizio offerto da molte imprese che si interessano del noleggio di autoveicoli e, nel Regno Unito, in particolare dalla *National Freight Corporation* (v.). Il contratto di leasing può essere stipulato per un solo veicolo industriale o per una flotta di autoveicoli, che vengono consegnati, con o senza autista, al cliente in considerazione del pagamento di un canone generalmente mensile. La manutenzione e, a richiesta, anche il rimessaggio sono a carico della società di leasing. Il principale vantaggio per l'impresa che fruisce di questa forma di leasing è rappresentato dal fatto che essa evita l'esborso di capitale che sarebbe necessario per l'acquisto dei veicoli industriali, oltre ad una serie di vantaggi minori tra i quali va ricordato quello fiscale.

road haulier: ***vettore stradale.*** Il singolo o l'impresa che offrono i propri servizi di trasporto su strada. Può essere un vettore comune o un vettore privato. (v. anche *common carrier, private carrier*)

road tax: ***tassa di circolazione.*** La tassa che è tenuto a pagare chi possiede un'automobile e la mette in circolazione sulle strade pubbliche.

Road Traffic Act: Legge, approvata dal parlamento britannico nel 1930, in base alla quale il paese veniva diviso, ai fini del traffico stradale, in tredici compartimenti, successivamente ridotti a undici, ciascuno sotto il controllo di una commissione di *Traffic Commissioners* (v.). Tutti i servizi di trasporto passeggeri operanti in ciascun compartimento devono ottenere l'apposita licenza e l'approvazione degli orari e delle tariffe da parte dei *Traffic Commissioners*.

road transport: ***trasporto su strada.*** Termine usato come sinonimo di *road haulage* (v.).

robber economy: ***economia distruttrice.*** Il termine inglese implica che l'attività economica agisce come un rapinatore nei confronti della natura, prendendo e usando tutto ciò che trova, senza preoccuparsi di rimpiazzarlo una volta che è stato usato.

Robinson–Patman Act: Legge approvata dal Congresso degli Stati Uniti nel 1936 come integrazione del *Clayton Antitrust Act* (v.). Questa legge vieta, a chiunque svolga un'attività di commercio tra stati dell'Unione, di ricevere o concedere prezzi o condizioni speciali, quando ciò sostanzialmente contribuisce a ridurre la libera concorrenza. In pratica, è una legge contro la discriminazione di prezzo, che viene giustificata soltanto se causata da effettive e reali differenze di costi di produzione o di vendita, con l'onere della prova sul venditore, o dal tentativo di far fronte a qualche nuova forma di concorrenza. La legge demandava anche alla *Federal Trade Commission* (v.) il potere di determinare i limiti massimi di sconto che potevano praticarsi su vendite di blocco o in grandi quantità.

robotic revolution: ***rivoluzione robotica.*** La rivoluzione nei processi di lavorazione che, col passar del tempo, dovrebbe portare alla completa automazione di molte catene di montaggio e linee di produzione. Tuttavia, vi è molta discordanza sulle conseguenze finali della rivoluzione robotica. La tecnologia che ne costituisce la base può in tempi relativamente brevi essere perfezionata al punto che la maggior parte del lavoro di fabbrica potrà essere svolto da robot e macchine automatizzate. Uno studio condotto presso la Carnegie–Mellon University asserisce che l'attuale generazione di robot possiede le capacità tecniche per svolgere quasi sette milioni delle funzioni di produzione oggi esistenti (cioè un terzo di tutta l'occupazione nelle industrie manifatturiere) e che dopo il 1990 sarà tecnicamente possibile sostituire con robot tutti gli addetti delle industrie automobilistica, elettromeccanica, metallurgica e delle macchine utensili. Tuttavia, queste previsioni teoriche del potenziale dell'automazione, che raggiunge il 65–75 per cento della forza lavoro industriale, non indicano l'effettivo tasso d'introduzione in fabbrica della nuova tecnologia, che dipenderà dai costi relativi del lavoro e delle tecnologie computerizzate, come pure dai livelli di offerta e domanda di beni e servizi.

robotics: ***robotica.*** La scienza e la tecnologia che si interessano dello studio, della progettazione e dell'utilizzazione dei robot, particolarmente nelle industrie che consentono l'automazione di alcuni o di tutti i processi produttivi.

ROCE: return on capital employed.

Rochdale pioneers: ***pionieri di Rochdale.*** Sono stati chiamati con questo nome i ventotto tessitori che nel 1844 aprirono la prima cooperativa nella cittadina inglese di Rochdale nel Lancashire, da allora considerata la culla del movimento cooperativo inglese. (v. anche *Rochdale plan*)

Rochdale plan: ***piano di Rochdale.*** È il piano di gestione della prima cooperativa di consumo, quella fondata a Rochdale da Charles Howarth e un gruppo di suoi colleghi, con capitale fornito dai soci. Tale piano prevedeva: a) l'attribuzione di un solo voto a ciascun socio, indipendentemente dal proprio apporto di capitale; b) la vendita di beni per contanti e ai prezzi correnti sul mercato; c) la remunerazione del capitale investito limitata al tasso legale; d) la ripartizione degli utili in misura proporzionale agli acquisti fatti dai soci presso la cooperativa e l'accantonamento degli utili in eccesso sotto forma di riserve; e) la libertà di associazione per tutti i cittadini; f) la creazione di un fondo di riserva da utilizzarsi a scopo di istruzione dei soci e figli dei soci.

Rochdale principles: ***principi di Rochdale.*** Sono i principi ai quali si ispirava il piano di gestione della cooperativa di consumo di Rochdale, descritto sotto *Rochdale plan* (v.).

Rochdale Report: ***Rapporto Rochdale.*** Il rapporto della Commissione Rochdale, pubblicato nel 1963, che raccomandava uno sviluppo coordinato e uniforme dei porti del Regno Unito.

rock–bottom price: ***prezzo minimo; prezzo bassissimo; prezzo stracciato.*** Espressione colloquiale, usata per indicare il prezzo più basso al quale il venditore è disposto a cedere i beni in vendita.

rod: ***palo; pertica.*** Lo stesso che *perch* (v.).

R.O.G.: receipt of goods.

ROI: return on investment.

roll–back: ***riduzione di prezzo.*** Espressione colloquiale di uso statunitense con la quale si indica l'azione governativa che impone l'adozione di un prezzo inferiore, precedentemente esistente sul mercato, come prezzo massimo consentito per la vendita di un bene. Questo intervento statale è reso possibile da sovvenzioni pubbliche ai produttori o ai distributori per compensarli della differenza tra prezzo di mercato e prezzo legale o politico.

roll–back policy: ***politica di riduzione dei prezzi.*** È la politica statale cui si fa cenno sotto *roll–back* (v.).

rolling account: ***ciclo operativo continuo.*** Nel linguaggio delle borse valori, è un ciclo operativo non limitato a due, tre o quattro settimane tra due successivi giorni di liquidazione, bensì un ciclo che non ha termini di inizio e fine e durante il quale le operazioni di compravendita vengono liquidate via via che hanno luogo, o lo stesso giorno o entro un limitato periodo di tempo di solito non superiore ai tre giorni.

rolling adjustment: Termine a volte usato nel Regno Unito, da quando lo stato si assume la responsabilità della piena occupazione, per indicare una temporanea caduta dell'attività economica, caratteristica di una situazione meno grave della depressione o della recessione. (v. anche *depression, recession*)

rolling budget: ***budget rinnovabile; budget scorrevole.*** Un budget, finanziario o quantitativo, che viene costantemente revisionato e rinnovato per coprire il periodo successivo a quello attualmente coperto dal budget in vigore, via via che ciascun periodo scade. In questo modo, il budget si riferisce ad un periodo di tempo sempre uguale, pur se varia il suo contenuto.

rolling launch: ***lancio progressivo.*** Il lancio di un nuovo prodotto dapprima su una limitata area geografica attraverso una prova di mercato e, se questa si dimostra soddisfacente, successivamente su altre aree sempre più vaste fino a raggiungere la copertura di tutto il mercato. (v. anche *market test*)

rolling plan: ***piano progressivo.*** Un piano che copre un determinato periodo di attività e che viene revisionato e aggiornato a intervalli di tempo regolari. (v. anche *rolling budget*)

rolling stock: ***materiale rotabile.*** Espressione generica, con la quale si indicano collettivamente vagoni merci, carrozze passeggeri, motrici, carrelli, ecc., di proprietà di una società ferroviaria.

rolling target: ***obiettivo progressivo.*** Un obiettivo di politica economica o monetaria che viene revisionato e adeguato a intervalli di tempo regolari. Ne è un esempio l'obiettivo del tasso di crescita dell'offerta di moneta.

roll–over: **1.** ***differimento.*** Il differimento del pagamento dell'imposta sui redditi di capitale derivanti dalla vendita, da parte di un'impresa, di un'attività fissa quando il ricavato di tale vendita viene impiegato per l'acquisto di un nuovo bene capitale dello stesso tipo di quello venduto. Lo stesso termine indica la possibilità di ripartire su più anni fiscali le entrate, eccezionali e non continuative, ai fini del pagamento dell'imposta sul reddito, come ad esempio avviene per le entrate derivanti in un dato anno a un autore dal successo di una sua opera. **2.** ***rinnovo.*** Nel linguaggio finanziario, il termine viene usato per indicare l'estensione della data di scadenza di un credito, di solito realizzata attraverso l'emissione di nuove obbligazioni o titoli di stato offerti in cambio dei titoli scaduti o in scadenza.

roll-over credit: ***credito rinnovabile.*** Un credito concesso per un certo periodo di tempo e rinnovabile automaticamente alla sua scadenza, a meno che sia intervenuta la disdetta di una delle parti.
roll-over loans: ***mutui a tasso d'interesse variabile.*** Termine usato con lo stesso significato di *floating rate loans* (v.).
roll-over relief: ***differimento.*** Lo stesso che *roll-over 1* (v.).
rood: Antica unità di misura inglese di superficie, corrispondente a 1210 yarde quadrate ed equivalente alla quarta parte di un acro.
«room»: Termine con il quale viene indicato il salone, nell'edificio dei Lloyd di Londra, dove i broker di assicurazioni si incontrano con gli assicuratori.
root-mean-square average: ***scarto quadratico medio.*** Termine usato con lo stesso significato di *standard deviation* (v.).
root-mean-square deviation: ***scarto quadratico medio.*** Termine usato con lo stesso significato di *standard deviation* (v.).
root of title: È uno dei documenti che dimostrano il diritto di proprietà su un bene immobile, mediante il quale il venditore può dimostrare di essere il legittimo proprietario del bene, elencando i diversi passaggi di proprietà a partire almeno da trenta anni prima del giorno in cui ha luogo la vendita. Tale documento non è necessario nel Regno Unito in relazione a beni iscritti presso il *Land Registry* (v.).
Roskill Commission: Commissione istituita nel Regno Unito nel 1968 con il compito di svolgere un'indagine conoscitiva e relazionare sulla migliore ubicazione del terzo aeroporto di Londra. Il rapporto della Commissione, che fu reso noto nel 1971, è stato considerato estremamente interessante, soprattutto per la precisa e sottile analisi dei costi e dei benefici condotta dalla Commissione.
Rostow model: ***modello di Rostow.*** Il modello di crescita economica descritto dal professor W. W. Rostow nella sua opera *Stages of Economic Growth*, cui si fa cenno sotto *mature economy* (v.).
rotary card index: ***indice rotante.*** Termine usato con lo stesso significato di *revolving index* (v.).
rotating shifts: ***turni rotatori; turni a rotazione.*** In imprese che hanno un ciclo di lavorazione continuo per tutte le ventiquattro ore del giorno, si fa generalmente in modo che i tre turni di lavoratori ruotino in modo che non siano sempre le stesse persone a lavorare nello stesso turno.
rotation of crops: ***rotazione colturale; avvicendamento colturale.*** La pratica di coltivare diversi raccolti sullo stesso appezzamento di terreno, in periodi successivi e in base ad una sequenza prestabilita. Ciò al fine di non produrre il fenomeno della stanchezza della terra e di sfruttarne meglio i diversi strati.
rotation of directors: ***avvicendamento degli amministratori.*** In quasi tutte le società per azioni, un certo numero di amministratori si presentano dimissionari all'assemblea ordinaria degli azionisti e si ricandidano per essere rieletti, in modo da lasciare anche ad altri azionisti la possibilità di essere nominati membri del consiglio di amministrazione. Ciò consente la sostituzione di alcuni amministratori, senza dover ricorrere alla procedura necessaria per destituirli. Lo statuto sociale di solito stabilisce il numero di amministratori che devono presentarsi dimissionari ogni anno.
rouble: ***rublo.*** Unità monetaria dell'Unione Sovietica, suddivisa in cento copeck o kopeck.
rough: ***grezzo.*** Nel linguaggio della pubblicità, questo termine viene usato per indicare la prima bozza, o primo schizzo, di un progetto pubblicitario.
to round: ***arrotondare.*** Semplificare la presentazione di una cifra, eliminando o aggiungendo una quantità insignificante al fine di agevolare i calcoli.
round: ***negoziato per la riduzione dei dazi doganali.*** Lo stesso che *tariff-reduction conference* (v.) in espressioni quali *Kennedy Round* e *Tokyo Round.*
round-about filing cabinet: ***schedario rotativo.*** Uno schedario per archivio che ruota su un perno centrale. Presenta alcuni innegabili vantaggi rispetto ai tradizionali schedari, in quanto si presta a far risparmiare spazio e i documenti sono facilmente accessibili.
round-about foreign trade of consumption: ***commercio estero indiretto di consumo.*** Termine usato da A. Smith per indicare il commercio estero che ha luogo non attraverso lo scambio diretto di beni prodotti nei due diversi paesi, bensì attraverso lo scambio di beni prodotti in tre o più differenti paesi. Ad esempio, la Gran Bretagna importa vini dalla Francia, pagandoli con tabacco importato dalla Virginia il quale, a sua volta, è stato pagato con beni prodotti in Gran Bretagna.
round-about production: ***produzione indiretta; produzione capitalistica.*** Lo stesso che *indirect production 1* (v.).
round charter: ***noleggio di andata e ritorno.*** È un contratto in base al quale una nave, o altro mezzo di trasporto aereo o di superficie, viene noleggiata allo scopo di effettuare un viaggio dal luogo in cui gli armatori la consegnano ai noleggiatori ad un altro luogo e viceversa. Essa, pertanto, sarà riconsegnata agli armatori esattamente nello stesso porto in cui essi la consegnarono ai noleggiatori.
rounding: ***arrotondamento.*** L'aggiunta o l'eliminazione di una quantità insignificante di una cifra, al fine di presentarla in maniera più semplice e di agevolare i calcoli.
rounding down: ***arrotondamento per difetto.*** Lo stesso che *rounding off* (v.).
rounding off: ***arrotondamento per difetto.*** Procedimento inteso a semplificare la presentazione di una cifra mediante la sottrazione di una quantità insignificante, ad esempio 16.845.010 arrotondato a 16.845.000.
rounding up: ***arrotondamento per eccesso.*** Procedimento inteso a semplificare la presentazione di una cifra mediante l'aggiunta di una quantità insignificante, ad esempio 16.849.980 arrotondato a 16.850.000.
round lot: ***lotto; lotto di titoli; unità di contrattazione.*** Termine usato con lo stesso significato di *trading lot* (v.).
round of wage increases: Espressione colloquiale, derivante dal linguaggio del pugilato, con la quale negli Stati Uniti si indica un periodo di notevole incremento salariale. Un «primo round» si verificò tra la fine della seconda guerra mondiale e l'autunno del 1946. Un secondo, un terzo e quarto round si ebbero nel 1947, 1948 e 1949. In ciascuna di queste «riprese» l'entità degli aumenti salariali differì notevolmente da un'occupazione all'altra, da un'industria all'altra ed anche all'interno della stessa industria da un'impresa all'altra. Furono appunto queste sperequazioni che provocarono i successivi «round».
round policy: ***polizza per viaggio di andata e ritorno.*** Nelle assicurazioni marittime, è la polizza che copre una nave, o altro mezzo di trasporto, per il viaggio dal suo porto di registro, o porto in cui si trova, ad un qualsiasi altro porto e viceversa.
round sum: ***somma arrotondata; cifra arrotondata.*** È la

cifra i cui ultimi numeri sono stati arrotondati. (v. anche *to round*)

round-the-clock market: ***mercato continuo.*** Il mercato azionario internazionale che è nato dopo la riforma finanziaria della *City*, nota come *big bang* (v.). È così chiamato, perché l'ubicazione dei suoi tre poli principali, New York, Tokyo e Londra, consente la continuità degli scambi nell'arco di un'intera giornata, passando da un centro all'altro. Infatti, la chiusura del mercato di New York coincide quasi con l'apertura di quello di Tokyo; la chiusura del mercato di Tokyo coincide quasi con l'apertura del mercato di Londra e così via.

round-the-world market: ***mercato mondiale.*** Lo stesso che *global financial market* (v.).

round transaction: Lo stesso che *round trip* (v.).

round trip: ***«viaggio circolare».*** Espressione del gergo borsistico statunitense, con la quale si indica l'acquisto di un lotto di titoli o merci e la sua pronta successiva rivendita.

round tripping: Espressione colloquiale del linguaggio finanziario britannico, con la quale si indica il particolare tipo di arbitraggio di interessi che si verifica in presenza di un controllo diretto del tasso di interesse. Se tale controllo non vincola indistintamente tutte le istituzioni finanziarie del sistema economico e il tasso di interesse non controllato è superiore a quello controllato, il pubblico può contrarre prestiti dalle istituzioni controllate e depositare le somme mutuate presso istituzioni non controllate, realizzando così un profitto. Nel linguaggio finanziario internazionale, il termine indica una pratica cui hanno recentemente fatto ricorso cittadini di qualche paese pesantemente indebitato verso l'estero. La pratica consiste nel far rientrare in patria capitali in fuga per cambiarli in valuta locale a un tasso di cambio vantaggioso, per poi cambiare nuovamente la valuta locale in valuta estera sul mercato nero. (v. anche *interest arbitrage, direct interest rate control, flight capital, debt-equity swap*)

round turn: Espressione usata come sinonimo di *round trip* (v.).

route card: ***scheda di percorso; scheda di lavorazione.*** Lo stesso che *route sheet* (v.).

route sheet: ***scheda di percorso; scheda di lavorazione.*** È una scheda che accompagna un articolo durante la produzione, al fine di consentire la registrazione del tempo che è stato necessario per eseguire le varie operazioni nei diversi reparti di produzione.

routine: 1. ***routine.*** Un lavoro operativo ripetitivo, per il quale è necessario soltanto un minimo di supervisione. **2.** ***routinario.*** Lo stesso termine viene usato con valore di aggettivo per indicare un lavoro, un'attività o una procedura ripetitivi o che restano invariati per molto tempo.

routine diagram: ***diagramma di routine.*** Rappresentazione, sotto forma di diagramma, delle varie operazioni di un processo o del movimento di un documento attraverso i vari reparti. Viene preparato al fine di esaminare e migliorare le procedure.

to routinize: ***routinizzare; rendere routinario.*** Rendere una procedura, un processo operativo o produttivo, ecc., ripetitivo e consuetudinario, in modo che richieda un minimo di supervisione o controllo. Ciò è possibile per operazioni che ricorrono in grande volume ed è fatto per risparmiare costi.

Rowan premium plan: Piano di remunerazione ad incentivo, in base al quale il lavoratore riceve un salario minimo concordato per il lavoro svolto fino ad un livello di produzione standard e se supera tale livello riceve il salario suddetto più un incentivo, in misura proporzionale al salario, determinato dal rapporto tra tempo concesso e tempo risparmiato per compiere una data operazione.

Rowan system: Espressione usata con lo stesso significato di *Rowan premium plan* (v.).

royal: Nome di un'antica moneta inglese d'oro, emessa nel 1465 col valore di dieci scellini. Nel 1544, il suo valore era passato a dodici scellini. (v. anche *double ryal*)

royal charter: ***patente regia.*** Questo termine in origine indicava la concessione, direttamente da parte del sovrano, di speciali diritti o privilegi a istituzioni, società pubbliche o private, che imponevano allo stesso tempo dei doveri, tra i quali era comune quello di prestare ubbidienza al sovrano e versargli una certa somma di denaro annua. Oggi, questa procedura è caduta in disuso e quando il termine compare sta ad indicare un provvedimento governativo che si concretizza con il rilascio di un documento, che concede particolari diritti e poteri alla persona o all'organizzazione cui viene rilasciato.

Royal Commission: Titolo con il quale si indica una qualsiasi commissione istituita dal governo britannico col compito di svolgere un'indagine conoscitiva e riferire su questioni di interesse sociale, economico o politico. Di solito, tali commissioni diventano note col cognome del loro presidente.

Royal Commission on Taxation: Questa commissione fu incaricata, negli anni 1953–55, di studiare l'imposizione fiscale sui profitti e sui redditi, ma in particolare ebbe l'incarico di accertare quali effetti disincentivanti potessero avere alte aliquote marginali di imposizione fiscale.

Royal Economic Society: Associazione culturale britannica, che si prefigge l'obiettivo di stimolare e diffondere gli studi di scienze economiche.

Royal Exchange Assurance Co. Ltd.: È una delle due più antiche compagnie di assicurazioni ancora operanti nel Regno Unito, essendo stata fondata nel 1720. Intraprende assicurazioni nei rami vita, incendio e danni.

royal mint: ***zecca reale.*** È il dipartimento del governo britannico responsabile della coniazione, il cui capo politico è il Cancelliere dello Scacchiere. La zecca britannica gode del monopolio della coniazione nel Regno Unito, ma intraprende lavoro anche per altri paesi. Un'attività molto redditizia della zecca britannica è quella di coniare sterline oro, le cosiddette sovrane, oggetto di forte domanda su tutti i mercati mondiali dove vengono generalmente utilizzate come bene rifugio o mezzo di tesaurizzazione, pur se non mancano paesi, principalmente nel medio oriente, dove sono usate anche come intermediario degli scambi. Nel solo anno 1958, la zecca britannica coniò circa nove milioni di sterline oro e la persistente domanda le ha consentito di coniarne oltre sette milioni nel 1959 e nel 1960 e oltre otto milioni nel 1961, anni in cui si verificò una vera e propria corsa alla sterlina oro. Infatti, oltre la metà della produzione di quegli anni prese la via dei mercati esteri.

royalties: ***diritti di concessione; diritti di licenza.*** Termine, entrato anche nell'uso italiano quasi esclusivamente al plurale, con il quale si indica genericamente un pagamento fatto al titolare di un diritto da parte di chi sfrutta tale diritto a fini economici. In particolare, il termine indica: a) il canone pagato al proprietario di un giacimento minerario, quale ad esempio un giacimento petrolifero, a fronte della concessione di sfruttamento dello stesso; b) la somma versata da un editore ad un autore in considerazione della concessione da parte di quest'ultimo del diritto di stampare e vendere una sua opera; c) la somma pagata dal licenziatario al titolare di un brevetto, in considerazione della concessione del diritto di sfruttamento della sua invenzione. La *royalty* generalmente corrisponde ad una percentuale del ricavo derivante dall'attività economica intrapresa a seguito della concessione del diritto di sfruttamento. Così, nel caso di un giacimento essa corrisponderà ad un tanto per unità di prodotto estratto e nel caso di un'opera pubblicata a stampa consisterà di un tanto per cento sul prezzo di vendita al pubblico.

royalty interest: ***diritto di royalty.*** Nell'industria petrolifera, si indica con questa espressione la parte di produzione che compete al proprietario del giacimento, o del terreno sotto il quale si trova il giacimento, di petrolio o di gas naturale. Il diritto di royalty più frequentemente usato corrisponde ad un ottavo della produzione. I restanti sette ottavi della produzione competono a colui che ha in concessione il giacimento. (v. anche *working interest*)

royalty rent: ***canone di concessione.*** Il diritto pagato al proprietario di un giacimento minerario dall'impresa che si è assicurata la concessione di sfruttamento. Può essere rappresentato da una percentuale sugli utili o da un tanto per unità di prodotto estratto dal giacimento.

R.P.: return premium.

RPC: Restrictive Practices Court.

RPDI: real personal disposable income.

R.P.I.: retail price index.

R.P.M.: resale price maintenance.

rpt.: report.

R.R.B.: Railroad Retirement Board.

R.T.: rye terms.

rubber check: ***assegno di gomma.*** Espressione colloquiale statunitense con la quale si indica un assegno a vuoto, in quanto esso «rimbalza» verso colui che lo gira o lo versa in banca.

Rubber Exchange: ***borsa della gomma.*** Mercato specializzato per le operazioni di compravendita della gomma, con sede a Londra. La borsa funziona dalle dieci del mattino alle cinque del pomeriggio e durante queste ore le contrattazioni hanno luogo per trattativa privata tra il venditore e il *broker* (v.), che acquista per conto di clienti dei quali non rivela il nome, garantendo egli stesso il pagamento delle partite acquistate. La maggior parte delle operazioni di compravendita vengono regolate per contanti ogni due settimane, ma in questo mercato si effettuano anche vendite mediante contratti a termine.

rubbers: Nel linguaggio della borsa valori, questo termine indica le azioni di società produttrici di gomma.

Rubber Trade Association: Associazione degli operatori del commercio della gomma, con sede in Londra. Come qualsiasi altra associazione commerciale, si prefigge l'obiettivo di tutelare gli interessi dei propri soci. (v. anche *trade association*)

ruble: ***rublo.*** Variante grafica di *rouble* (v.).

RUF: revolving underwriting facility.

rule: ***regola; norma.*** Nel linguaggio aziendale, è un ordine, una direttiva o un'istruzione, emanata dall'ufficio che ne ha l'autorità, con la quale si danno particolari dettagli su ciò che si deve fare o sull'operazione cui la norma si applica. I dettagli riguardano solitamente la procedura da seguirsi o il modo di interpretare la politica aziendale. Nel linguaggio giuridico, il termine indica una norma emanata attraverso una legge del parlamento o un principio stabilito dalla giurisprudenza.

rule against perpetuities: È la norma giuridica che vieta la creazione di perpetuità, cioè lo speciale fedecommesso che prevede l'inalienabilità in perpetuo dei beni lasciati in eredità. Negli Stati Uniti, le leggi di molti stati vietano questa forma di fedecommesso se esso si estende su un arco di tempo che supera i ventun anni dopo la morte delle persone alle quali vengono lasciati i beni. Nel Regno Unito, la materia è regolata dal *Perpetuities and Accumulations Act* (v.).

rule against suspension of the power of alienation: Come integrazione o alternativa alla cosiddetta *rule against perpetuities* (v.), molti degli Stati Uniti hanno per legge stabilito un limite al periodo per il quale un testatore può imporre l'inalienabilità dei beni da lui lasciati in eredità. Ciò si è reso necessario al fine di evitare i problemi sociali che si sarebbero venuti a creare a causa dell'uso invalso tra i proprietari terrieri di disporre dei loro fondi imponendone l'inalienabilità per il periodo consentito dalla legge.

rule–driven economy: Un sistema economico, come ad esempio quello statunitense e quello canadese, nel quale lo stato stabilisce lo sfondo economico generale, ma non prende alcuna posizione diretta in relazione al tipo di industrie da stimolare o far crescere. Questo tipo di economia si contrappone alla *plan–driven economy* (v.).

rule of capture: Norma del diritto statunitense in base alla quale il proprietario di un pozzo petrolifero ha diritto a tutto il petrolio portato in superficie attraverso il suo pozzo, anche se il giacimento si estende sotto un fondo confinante col suo e di proprietà di altra persona.

to rule off: Sottolineare l'ultima registrazione fatta su un libro giornale o su un conto, allo scopo di indicare che si intende tirare il totale e, pertanto, non si devono fare ulteriori registrazioni.

rule of origin: ***regola dell'origine.*** Una regola che si rende necessaria ogni volta che sia presente, in una unione doganale quale è il MEC, una qualche forma di prefrenza commerciale o una qualche barriera non doganale. Ad esempio, se è in vigore un contingentamento o un dazio antidumping sulle importazioni di auto giapponesi, alcune delle quali sono però assemblate in Europa, è necessario stabilire una regola che preveda esattamente i casi in cui un'auto del genere può dirsi giapponese.

rule of rate–making: ***norma di determinazione delle tariffe.*** Nei trasporti, si indica con questa espressione la norma stabilita dal Congresso degli Stati Uniti in base alla quale una tariffa dei servizi di trasporto deve tenere presenti tre punti: a) il costo del servizio; b) le possibilità economiche degli utenti; c) le necessità del vettore per il mantenimento degli impianti e della gestione.

rule of reason: Norma interpretativa dello *Sherman Antitrust Act* (v.) enunciata dalla Corte Suprema degli Stati Uniti nel 1911 in relazione ai casi della Standard Oil e della American Tobacco. Secondo questa norma, la semplice dimensione di un'impresa non poteva considerarsi un'infrazione allo *Sherman Act* e per colpire società gigantesche era necessario che fossero chiari anche l'intenzione di limitare la libera concorrenza o il tentativo di creare un monopolio. Secondo questa norma, quindi, la Corte Suprema si espresse a favore di «ragionevoli» forme di coalizione di imprese.

rule of seventy–two: ***regola del settantadue.*** In economia, è una regola pratica usata per calcolare il numero di anni entro i quali il tenore di vita di una nazione si raddoppia, dato un certo tasso di crescita. Si divide il numero 72 per il tasso di crescita e il risultato è approssimativamente il numero cercato.

rules and regulations: ***norme e regolamenti.*** Espressione ridondante, con la quale si indicano le norme o le procedure da seguirsi in relazione ad una questione specifica.

rules of arbitration: ***norme di arbitrato; procedura di un tribunale arbitrale.*** Sono le norme procedurali che regolano i lavori di un tribunale arbitrale. Di solito ricalcano le norme procedurali di un qualsiasi altro tribunale, con i patrocinatori che illustrano i punti di vista delle parti in disputa. Coerentemente con ciò, di solito gli arbitri sono scelti tra personalità rappresentative del mondo giuridico.

rules of the gold standard: ***regole del sistema monetario aureo.*** Le due principali norme che dovevano essere applicate dai vari paesi nei quali vigeva un sistema monetario aureo, affinché esso funzionasse senza creare problemi in relazione ai pagamenti internazionali. Le due regole erano: a) adottare una politica deflazionistica quando si verificava un efflusso di oro dal paese; b) adottare una politica inflazionistica, si intende di inflazione controllata, quando si verificava un afflusso di oro verso il paese. (v. anche *gold standard*)

ruling price: ***prezzo corrente; prezzo del giorno.*** Termine usato con lo stesso significato di *current price* (v.).

to rummage: ***visitare una nave; perquisire una nave.*** Le autorità doganali di un paese possono procedere alla perquisizione di qualsiasi nave che si trovi entro le acque territoriali del paese, al fine di accertare la presenza a bordo di merci di contrabbando, soggette a dazio o di cui è vietata l'importazione o l'esportazione.

rummager: ***ispettore di dogana.*** Termine usato come sinonimo di *rummaging officer* (v.).

rummage sale: ***vendita di roba usata.*** Termine usato con lo stesso significato di *jumble sale* (v.).

rummaging: ***visita doganale; perquisizione doganale.*** La perquisizione, effettuata dai doganieri, di una nave che si trovi nelle acque territoriali di un paese, al fine di accertare se essa trasporti merci di contrabbando o la cui importazione o esportazione è vietata. Le perquisizioni doganali vengono di solito effettuate in porto all'arrivo e alla partenza di una nave e possono essere fatte anche senza preavviso.

rummaging officer: ***ispettore di dogana.*** Il funzionario preposto ad eseguire e dirigere le perquisizioni, di navi in arrivo e in partenza, allo scopo di reprimere il contrabbando.

run: ***assalto agli sportelli.*** V. spiegazione sotto *run on a bank.*

to run a business: ***commerciare; gestire una impresa commerciale.*** Espressione generica, derivante dall'uso transitivo del verbo *to run* nel significato di dirigere o gestire.

runaway industry: Un'industria che trasferisce tutta o parte della sua attività produttiva in altri paesi o altre regioni dello stesso paese, allo scopo di trarre benefici dai più bassi costi della manodopera, da una legislazione fiscale più mite, da sussidi di incentivazione o altri tipi di vantaggi che comunque si traducono in minori costi di produzione. Il termine è di uso principalmente statunitense.

runaway inflation: ***iperinflazione.*** Termine usato con lo stesso significato di *hyperinflation* (v.).

runaway shop: Espressione colloquiale, di uso statunitense, con la quale si indica un'impresa che trasloca da una località ad un'altra allo scopo di evitare la sindacalizzazione dei propri dipendenti e l'applicazione delle leggi in materia di lavoro.

to run in the red: ***andare allo scoperto; andare in rosso.*** Espressione del linguaggio bancario e contabile, con la quale si indica che un conto ha superato il limite ed è passato a numeri negativi, cioè il cliente ha prelevato più di quanto aveva depositato sul proprio conto. L'espressione deriva dal fatto che i numeri, relativi alle operazioni allo scoperto, vengono scritti in rosso.

to run into debt: ***indebitarsi; contrarre debiti.*** Espressione generica, usata anche nel linguaggio non precisamente tecnico per indicare che una persona vive al di sopra delle sue possibilità ed è costretta a fare debiti per mantenere gli impegni assunti.

running account: ***conto corrente.*** Termine a volte usato nel linguaggio commerciale con lo stesso significato di *current account* (v.).

running–account credit: ***credito in conto corrente.*** Nel linguaggio commerciale, indica il credito concesso ad un cliente sotto forma di conto corrente, che prevede un limite massimo all'ammontare complessivo delle forniture oltre il quale egli non può andare in ciascun periodo coperto da un estratto conto. (v. anche *current account*)

running broker: ***intermediario di sconto.*** In passato, il termine inglese indicava un intermediario che si guadagnava da vivere portando cambiali dalla loro fonte primaria, la *City* di Londra, alle case di sconto o alle banche, che gli riconoscevano una commissione. Negli ultimi cinquanta anni questa figura è andata scomparendo, ma il termine è rimasto per indicare una ditta che opera sul mercato monetario londinese non scontando titoli direttamente, bensì operando nella qualità di agente intermediario di una casa di sconto o altra istituzione finanziaria.

running costs: ***costi correnti.*** Spese operative o costi che variano direttamente, e a volte proporzionalmente, col variare del volume di attività o di produzione di un'impresa. Ne sono esempi i costi delle materie prime consumate nel processo produttivo, i costi di manodopera diretta, i costi di energia elettrica e simili.

running days: ***giorni correnti; giorni consecutivi.*** Espressione, di solito usata nei contratti di noleggio, con la quale si indicano giorni consecutivi, senza tener conto se si tratti di domeniche o di altre festività civili o religiose. L'espressione, quindi, viene usata come contrario di giorni lavorativi. (v. anche *working days, weather working days*)

running down clause: ***clausola di collisione.*** Termine usato con lo stesso significato di *collision clause* (v.).

running expenses: ***spese correnti.*** Termine usato con lo stesso significato di *running costs* (v.).

running form: ***forma corrente.*** Espressione usata con lo stesso significato di *narrative form* (v.).

running lay days: ***stallie correnti; stallie consecutive.*** Sono le stallie che non tengono conto delle domeniche o altre festività civili o religiose del paese in cui si trova la nave, che vengono pertanto considerate come giorni lavorativi. (v. anche *running days*)

running margin: ***margine corrente.*** Quando uno speculatore prende in prestito denaro per investirlo a un certo tasso d'interesse, il margine corrente è la differenza tra il suo tasso passivo e il suo tasso attivo.

running policy: ***polizza flottante; polizza in quovis.*** Termine usato con gli stessi significati di *floating policy 1* e *2* (v.).

running test: ***prova di funzionamento.*** Prove che vengono eseguite, ad esempio, su automobili, motori elettrici e simili. Possono essere su strada, per auto o altri mezzi di trasporto, o su banchi di prova, ma in ambedue i casi vengono riprodotte le condizioni in cui la macchina dovrà operare.

running with the land: Espressione usata per indicare un diritto o un dovere che passa al nuovo proprietario insieme al titolo di proprietà del fondo cui esso si riferisce. Ne è un esempio la servitù di passaggio, che si trasferisce al nuovo proprietario del fondo dominante o del fondo servente all'atto della loro alienazione.

running yield: ***rendimento immediato; rendimento corrente.*** Termine usato con lo stesso significato di *current yield* (v.).

run of buyers: ***affluenza di acquirenti.*** Anomala e improvvisa affluenza di clienti in uno o più punti di vendita, generalmente a seguito di una campagna promozionale o in occasione di saldi oppure in previsione di uno sciopero o altro motivo che farà restare chiusi i negozi di beni di prima necessità per un periodo di tempo superiore al normale.

run–off contract: Tipo di contratto di riassicurazione che copre le richieste di indennizzo non ancora pervenute (e quelle non ancora avanzate) a una compagnia di assicurazioni a partire da una certa data, di solito quella della chiusura dei cicli operativi triennali. Il riassicuratore, di conseguenza, si assume la responsabilità di soddisfare tali richieste in considerazione del pagamento di un premio, da parte del riassicurato, basato sulla frequenza delle richieste di indennizzo prima della data di chisura del ciclo suddetto.

run–of–paper advertisement: ***inserzione non privilegiata.*** Un messaggio pubblicitario che può essere inserito in una parte qualsiasi di una pubblicazione, in quanto l'inserzionista non ha espresso alcuna preferenza in merito. Un tale tipo di messaggio dovrebbe costare meno di uno per il quale viene richiesto un particolare posto nella pubblicazione. (v. anche *preferred position*)

run on a bank: ***assalto agli sportelli.*** Espressione con la quale si indica un'anomala e improvvisa richiesta di ritiro dei depositi da parte dei clienti di una banca, a seguito di voci che hanno fatto loro perdere la fiducia nella solvibilità della banca stessa. Nessuna banca, per quanto possa essere prudente e oculata la sua gestione, può sopravvivere ad un tale fenomeno, contro il quale l'unica difesa è quella di chiudere gli sportelli e sospendere i pagamenti. In passato, quando non esisteva un sistema bancario integrato e specialmente negli Stati Uniti all'epoca della conquista dell'ovest, molte banche fallirono a seguito di assalti agli sportelli da parte dei loro clienti.

to run short: ***esaurire; esaurirsi.*** L'assottigliarsi delle scorte o delle disponibilità. La cosa che si esaurisce può essere usata sia come soggetto del verbo, sia come complemento dopo *short* facendola precedere dalla preposizione *of.*

rupee: ***rupia.*** L'unità monetaria dell'India, delle Maldive, del Nepal e del Pakistan, suddivisa in cento paisa in ognuna di queste nazioni; e delle Mauritius, delle Seychelles e di Sri Lanka, dove è suddivisa in cento centesimi (cent).

rupiah: ***rupia.*** Unità monetaria dell'Indonesia, suddivisa in cento sen.

rural credit bank: ***banca di credito agrario.*** È un'istituzione finanziaria che si specializza nella concessione di crediti agli agricoltori o agli allevatori.

Rural Electrification Administration: Sezione del ministero dell'agricoltura statunitense preposta alla concessione di mutui a enti pubblici, cooperative e imprese di pubblici servizi, per la costruzione di linee elettriche e impianti per la produzione di energia elettrica in zone nelle quali non sono in funzione centrali per la produzione di elettricità con cui soddisfare la domanda degli abitanti delle zone rurali.

Rural Industries Bureau: Ufficio che offriva assistenza tecnica e di consulenza a piccole imprese che occupano fino a venti operai specializzati e che operano in zone rurali o in cittadine con una popolazione inferiore alle diecimila persone. L'ufficio è stato assorbito dal *Council for Small Industries in Rural Areas* (v.).

Rural Industries Loan Fund Ltd.: Ente oggi assorbito dal *Council for Small Industries in Rural Areas* (v.).

rural sector: ***settore rurale; settore agricolo.*** Il settore economico nel quale rientrano le attività dell'agricoltura, della silvicoltura, dell'allevamento del bestiame e le altre attività a queste collegate.

rush order: ***ordinativo urgente; commessa urgente.*** È un ordinativo, o una commessa, che riveste carattere di urgenza per l'impresa che lo inoltra e che dovrebbe ricevere la precedenza da parte dell'impresa che lo esegue.

Rust Belt: ***Cintura della ruggine.*** Espressione statunitense, con la quale si indicano collettivamente tutte le industrie a bassa tecnologia. (v. anche *low–technology industries*)

R.V.: ratable value; rateable value.

ryal: Variante grafica di *royal* (v.).

rye terms: ***condizioni della segale.*** È una clausola, contenuta in alcuni contratti per la compravendita di cereali, in base alla quale il venditore garantisce la qualità della merce nel luogo di destino, ma il compratore è obbligato a ritirare la merce anche se giunge avariata, tollerando una percentuale di chicchi danneggiati fin dall'origine pari a quella contenuta nel campione tipo corrispondente presso la *London Corn Trade Association.* In considerazione di ciò, il compratore ha il diritto di ricevere abbuoni da parte del venditore sul prezzo di quella quantità che giunga avariata per acqua di mare o per qualsiasi altra causa, in quanto la clausola stabilisce che i rischi di deterioramento sono a carico del venditore. Gli abbuoni eventuali sono fissati nel contratto o, in mancanza, vengono stabiliti a mezzo di giudizio arbitrale, se le parti non riescono a raggiungere un accordo.

s, S

S.: silver.
s.: shilling.
s.a.: safe arrival.
s/a: 1) subject to approval; 2) safe arrival.
sabbatical leave: ***congedo sabbatico.*** Lo stesso che *sabbatical year* (v.).
sabbatical year: ***anno sabbatico.*** Periodo di congedo pagato, concesso a professori universitari per studio, ricerca o viaggi presso altre istituzioni universitarie.
sabotage: ***sabotaggio; rappresaglia economica.*** Nelle dispute industriali, è la pratica di rallentare artatamente la produzione, o renderla comunque antieconomica, adottata dai lavoratori che ritengono di non essere trattati come dovrebbero dal loro datore di lavoro. Il sabotaggio può assumere la semplice forma di rallentamento della produzione, ma può anche essere spinto fino al danneggiamento degli impianti o delle macchine, allo scopo di renderli temporaneamente inutilizzabili o meno efficienti, alla distruzione delle materie prime o alla deliberata produzione di articoli difettosi.
sack: ***sacco.*** Contenitore di carta pesante, juta, plastica o altro materiale, usato per spedire merci che hanno bisogno di poca protezione, come ad esempio farina, grano, cemento e simili. Lo stesso termine inglese indica una misura di capacità, variabile in quanto basata sulla quantità che può contenere un sacco, usata per aridi nel Regno Unito. Convenzionalmente si fa corrispondere a tre bushel imperiali, equivalenti a 1,09 ettolitri. Riferita al commercio della farina, essa corrisponde a 280 libbre, ovvero 127 chilogrammi; nel commercio della lana, invece, corrisponde a 364 libbre, ovvero 165 chilogrammi. Sempre nel commercio della lana, 12 *sack* corrispondono ad un *last* (v.) o 4368 libbre, pari a circa 1981 chilogrammi. In senso generale, invece, 12 *sack* corrispondono ad un *chaldron* (v.).
sacrifice: ***sacrificio.*** Nella terminologia economica, indica principalmente la perdita di benessere sostenuta nel pagare le imposte. Secondo il principio dell'equità, tale sacrificio dovrebbe essere uguale per tutti i contribuenti ed è appunto questo concetto che sta alla base dell'imposizione fiscale ad aliquote progressive.
sacrifice tax theory: ***teoria del sacrificio.*** È genericamente così detta la teoria che sostiene che le imposte dovrebbero essere distribuite in maniera tale da richiedere un uguale sacrificio a tutti i contribuenti. (v. anche *equal sacrifice tax theory, minimum sacrifice tax theory, ability–to–pay principle of taxation*)
s.a.e.: stamped addressed envelope.
safe: ***cassaforte.*** Di dimensioni variabili, è un armadio con spesse pareti e serrature di acciaio, usato per conservare denaro e altri oggetti preziosi o importanti.
safe arrival: ***arrivo felice.*** Nel linguaggio dei trasporti e delle assicurazioni marittime, questa espressione si riferisce all'arrivo senza incidenti della nave al suo porto di destinazione.
safe custody: ***custodia in cassette di sicurezza; custodia di sicurezza.*** Servizio fornito dalle banche a loro clienti che desiderano conservare oggetti di valore o documenti nella cassaforte della banca. In alcuni paesi il servizio viene prestato attraverso il noleggio di cassette di sicurezza, sistemate nel sottosuolo o nei locali corazzati della banca, di cui il cliente ha una delle chiavi e l'altra resta in possesso della banca. In altri paesi, le banche accettano valori e documenti da tenere in deposito nella loro cassaforte o camera blindata e rilasciano una regolare ricevuta per gli oggetti accettati in deposito.
safe custody register: ***registro di custodia di sicurezza.*** Alcune banche inglesi tengono un apposito libro nel quale vengono registrati gli oggetti di valore o i documenti che i clienti affidano alla banca perché li custodisca nella sua cassaforte o nella stanza blindata. In questo libro vengono registrati il nome e l'indirizzo del cliente, una descrizione dell'oggetto depositato e la data in cui fu depositato. Quando il cliente ritira l'oggetto o il documento, è tenuto a firmare il registro o a rilasciare una ricevuta alla banca.
safe deposit: ***deposito in cassette di sicurezza.*** Il termine inglese indica precisamente il servizio offerto dalle banche mediante il noleggio di cassette di sicurezza. (v. anche *safe custody*)
safe deposit box: ***cassetta di sicurezza.*** Contenitore metallico dotato di chiusura di sicurezza e collocato in armadi corazzati nel caveaux di una banca. Le cassette di sicurezza vengono date in locazione, regolata da apposito contratto, e la banca risponde degli oggetti depositativi secondo quanto stabilito dalle disposizioni di legge del paese.
safe–deposit company: ***società di custodia di sicurezza.*** È un'impresa che dispone di una o più camere blindate in cui sono sistemate cassette di sicurezza o altri contenitori del genere, che i clienti possono noleggiare per custodirvi preziosi, documenti, ecc. L'accesso ai locali blindati è consentito durante determinate ore del giorno.
safe–deposit privilege: ***privilegio di custodia di sicurezza.*** È il servizio aggiuntivo che certe banche offrono ai loro clienti, consentendo loro di conservare oggetti preziosi o documenti nei locali corazzati della banca. (v. anche *safe custody, safe deposit*)
safeguard: ***protezione; difesa.*** Un'azione temporanea, intesa a difendere l'economia nazionale da una massiccia ondata di importazioni. Al plurale, il termine indica la normativa che regolamenta le misure protezionistiche d'emergenza contro le importazioni.
Safeguard Industrial Investments Ltd.: Società fondata nel Regno Unito nel 1953 allo scopo di anticipare fondi ai proprietari di piccole imprese per il pagamento di imposte di successione. Il capitale della società fu in gran parte sottoscritto da compagnie di assicurazione.
safeguarding interests: ***curando.*** Clausola che può essere aggiunta ad un ordine di borsa al meglio, che implica

l'acquisto o la vendita di un rilevante numero di titoli. Essa autorizza l'operatore di borsa a rinviare l'operazione se egli reputa che, visto l'andamento del mercato, l'esecuzione immediata dell'ordine possa influire sul corso del titolo e ripercuotersi negativamente sugli interessi del cliente.

Safeguarding of Industries Acts: Leggi approvate dal parlamento britannico tra il 1921 e il 1926 e intese a proteggere ed incoraggiare, mediante l'imposizione di dazi di importazione, industrie nazionali di per sé poco importanti, ma che fornivano di prodotti chiave le industrie più importanti del Regno Unito.

safeguarding of industry: ***protezionismo.*** L'espressione inglese è a volte usata come sinonimo di *protectionism* (v.).

safe investment: ***investimento sicuro.*** Investimento che non presenta rischi né in relazione al rimborso della somma capitale, né in relazione al pagamento degli interessi o dei dividendi. Riferito a beni reali, il termine indica che l'investimento non presenta rischio di svalutazione o deprezzamento.

safe-keeping: ***custodia in cassette di sicurezza; custodia di sicurezza.*** Termine usato con lo stesso significato di *safe custody* (v.).

safe-keeping book: ***libro di custodia di sicurezza; registro cassaforte.*** Termine usato con lo stesso significato di *safe custody register* (v.).

safe port: ***porto sicuro; porto accessibile e sicuro.*** Nel linguaggio delle assicurazioni e dei trasporti marittimi, è un porto nel quale una nave può entrare senza correre rischi e dove può sostare al sicuro dai pericoli del mare o da interferenze politiche.

safe room: ***camera blindata.*** Lo stesso che *vault* (v.).

safety factor: ***fattore di sicurezza.*** Nel linguaggio finanziario statunitense, indica il rapporto tra reddito netto e interessi sul debito fondato, prima del pagamento delle imposte, ma dopo che è stato detratto l'interesse suddetto.

safety-fund bank system: ***sistema bancario del fondo di sicurezza.*** Un sistema di assicurazione delle attività bancarie, instaurato per la prima volta nello stato di New York nel 1829. Il sistema prevedeva che tutte le banche operanti nello stato versassero un contributo ad un fondo di sicurezza istituito a protezione dei depositi bancari e a garanzia del rimborso alla pari dei biglietti emessi dalle singole banche. Ciascuna banca doveva effettuare un versamento annuo pari allo 0,50 del proprio capitale, fino a quando il fondo non raggiungesse il tre per cento di tutto il capitale usato dalle varie banche operanti nello stato. Raggiunto tale livello, le banche erano tenute a versare contributi proporzionali al loro capitale, allo scopo di consentire di mantenere il fondo al livello precedentemente raggiunto, cioè del tre per cento del totale del capitale usato dalle imprese bancarie dello stato.

safety inventory: ***scorta di sicurezza.*** La scorta di materie prime, semilavorati, componenti, ecc., che un'impresa produttrice di beni tenta di non intaccare mai, se non in casi di emergenza. Per questo motivo, le imprese stabiliscono un livello di riordino, raggiunto il quale le scorte devono essere ricostituite. (v. anche *reorder size*)

safety level: ***livello di sicurezza.*** È il livello al di sotto del quale non si consente che scendano le scorte di un'impresa, se non in casi di eccezionale emergenza. (v. anche *safety inventory, reorder size*)

safety regulations: ***norme di sicurezza.*** L'insieme di disposizioni e accorgimenti tendenti a rendere un posto di lavoro il più possibile sicuro contro il verificarsi di incidenti.

safety stock: ***scorta di sicurezza.*** Nel linguaggio del commercio internazionale, il termine viene usato con lo stesso significato di *buffer stock* (v.). Nel controllo delle scorte, è lo stesso che *safety inventory* (v.).

safe vault: ***camera blindata.*** Termine usato con lo stesso significato di *vault* v.).

sagging: ***cedimento; tendenza al ribasso.*** Una diffusa diminuzione del prezzo dei beni offerti in un mercato.

sagging market: ***mercato tendente al ribasso; mercato cedente.*** La situazione che si verifica su un mercato nel quale predomina l'offerta, con conseguente erosione o calo dei prezzi di vendita. Il termine è particolarmente usato in riferimento al mercato dei valori mobiliari.

sailing card: ***manifesto di arrivo e partenza delle navi; manifesto del movimento delle navi.*** Termine usato con lo stesso significato di *shipping card* (v.).

sailings list: ***elenco delle partenze.*** Elenco reso pubblico da una compagnia di navigazione, nel quale vengono indicate le date future di arrivo e di partenza delle proprie navi per e dai porti nei quali esse fanno scalo.

salable: ***vendibile.*** Variante grafica di *saleable* (v.), di uso statunitense.

salaried employees: ***impiegati stipendiati.*** Lo stesso che *salaried staff* (v.).

salaried staff: ***personale stipendiato.*** Dipendenti cui viene corrisposto uno stipendio, anziché un salario. Si tratta, di solito, di personale amministrativo.

salaried workers: ***lavoratori stipendiati.*** Lo stesso che *salaried staff* (v.).

salary: ***stipendio.*** Il termine inglese indica la remunerazione corrisposta in cambio dei servizi prestati da un amministratore, un direttore o un impiegato amministrativo. A differenza di salario, il termine stipendio indica una paga calcolata non sul numero di ore lavorative o sulla produzione, bensì generalmente su base annua, pur se poi viene corrisposta ad intervalli mensili o quindicinali. Pertanto, nel linguaggio di ogni giorno il lavoratore manuale riceve il salario, mentre il lavoratore amministrativo riceve lo stipendio, per cui l'insieme dei salari corrisponde ad un costo variabile per l'impresa, mentre l'insieme degli stipendi corrisponde ad un costo fisso. Nel linguaggio economico, invece, il termine salario indica qualsiasi forma di retribuzione, incluso lo stipendio.

salary adjustment: ***adeguamento di stipendio.*** In un regime di blocco dei salari, è l'aumento in denaro degli stipendi al fine di ovviare alla perdita di potere d'acquisto, conseguente al mutato valore della moneta in presenza di un processo inflattivo.

salary curve: ***curva delle retribuzioni.*** È un grafico che mostra i diversi livelli retributivi in relazione all'età dei lavoratori. L'inclinazione della curva indica gli aumenti del tasso salariale corrispondenti ai diversi livelli di età.

salary deductions: ***trattenute sullo stipendio.*** Lo stesso che *deductions from pay* (v.).

salary-earner: ***stipendiato.*** Termine usato correntemente per indicare il prestatore di lavoro subordinato, in particolare l'impiegato amministrativo, che viene retribuito con uno stipendio fisso invece che con un salario.

salary expense: ***spesa per stipendi.*** Per un'impresa, costituisce un costo fisso e corrisponde al totale degli stipendi pagati in un anno.

salary grades: ***classi di stipendio.*** Sono i vari livelli retributivi all'interno di un'organizzazione, basati sulla responsabilità, sulle capacità e sull'anzianità di servizio dei dipendenti.

salary income: ***reddito di lavoro dipendente.*** Lo stesso che *wage income* (v.).

salary increase: ***aumento di stipendio.*** Il passaggio da una classe di stipendio ad una classe superiore o da un livello retributivo a quello superiore nell'ambito della stessa classe di stipendio. Un aumento di stipendio può essere concesso per merito o per anzianità di servizio.

salary level: ***livello retributivo; livello di stipendio.*** È il livello di stipendio, corrispondente alle varie classi nelle quali rientrano le retribuzioni corrisposte agli impiegati amministrativi di un'impresa o altra organizzazione. (v. anche *salary grades*)

salary progression curve: ***curva di progressione delle retribuzioni.*** È una forma di rappresentazione grafica degli stipendi, che può essere usata per vedere se i dipendenti con capacità e responsabilità simili o appartenenti alla stessa classe di anzianità vengono remunerati in maniera simile.

salary range: ***fascia retributiva.*** È l'insieme delle varie classi e dei vari livelli di stipendio cui hanno diritto i lavoratori di un'organizzazione. La fascia retributiva va da un minimo ad un massimo per ciascun tipo di lavoro e di norma il lavoratore appena assunto ha diritto allo stipendio minimo, ma può progredire fino allo stipendio massimo se presta la sua opera continuativamente per un determinato periodo di tempo alle dipendenze dello stesso datore di lavoro.

salary reduction plan: ***piano di riduzione del salario.*** Nel linguaggio economico statunitense, è un qualsiasi programma in base al quale un lavoratore destina parte del suo salario a un piano di risparmio o di investimento in titoli dell'impresa per la quale lavora. Su tale parte di salario, il lavoratore non paga imposte federali sul reddito e quando andrà in pensione e preleverà i fondi che si sono accumulati a suo nome, l'ammontare che andrà a pagare in imposte è generalmente inferiore a quello che avrebbe pagato se avesse percepito l'intero salario mese per mese. Questa forma di previdenza, quindi, offre al lavoratore anche un vantaggio fiscale.

salary review: ***revisione degli stipendi.*** Indagine conoscitiva, condotta all'interno di un'impresa o di un'industria, in previsione della scadenza del contratto di lavoro e del necessario adeguamento degli stipendi.

salary review committee: ***comitato per la revisione degli stipendi.*** Comitato, di solito formato da rappresentanti dei lavoratori e dei datori di lavoro, che ha il compito di avanzare proposte per l'adeguamento degli stipendi.

salary roll: ***ruolo stipendi.*** È il ruolo paga o elenco dei dipendenti stipendiati. (v. anche *pay roll 1*)

salary scale: ***scala retributiva; scala degli stipendi; tabella retributiva.*** Termine che ha lo stesso significato di *wages scale* (v.), ma preferito a quest'ultimo quando ci si riferisce a stipendi del personale impiegatizio.

salary structure: ***struttura dello stipendio.*** V. spiegazione sotto *wage structure.*

salary structuring: ***strutturazione delle retribuzioni.*** Il principio che mira a garantire l'uniformità delle retribuzioni all'interno di un'impresa o altra organizzazione e la loro competitività con le retribuzioni pagate in altre imprese della stessa industria o della stessa area geografica.

salary workers: ***lavoratori a stipendio; lavoratori stipendiati.*** Lo stesso che *salaried staff* (v.).

sale: **1.** ***vendita; compravendita.*** Il trasferimento del titolo di proprietà di un bene mobile o immobile, seguito dal trasferimento del diritto di proprietà, che può avvenire contestualmente o in epoca successiva, in considerazione del pagamento di una somma di denaro, o prezzo, o di una promessa di pagamento in futuro. In contabilità, una vendita viene registrata in termini di ammontare pagato dal compratore. (v. anche *sales*) **2.** ***esito; smercio; saldo.*** Vendita a condizioni particolarmente vantaggiose per il compratore, cui un negoziante fa ricorso o allo scopo di realizzare l'equivalente monetario delle scorte di cui dispone o, in particolari periodi e in particolari tipi di commercio, allo scopo di esitare le rimanenze di magazzino. I saldi sono particolarmente diffusi nel commercio degli articoli di abbigliamento e sono resi necessari dal cambiare della moda da un anno all'altro, per cui il negoziante è costretto a liberarsi delle giacenze che difficilmente potrebbe vendere nella stagione successiva. In questa accezione, il termine inglese è di solito preceduto da un determinante che indica i beni o il periodo cui si riferiscono i saldi, come ad esempio nell'espressione *winter sales* (saldi invernali).

saleable: ***vendibile.*** Aggettivo usato per determinare beni che possono essere facilmente venduti.

saleage: ***quantità vendibile; quota vendibile.*** Il termine inglese viene usato per indicare la parte della produzione globale di un'impresa o di un'industria che, essendo di buona qualità, può essere avviata ai mercati.

sale and lease back: ***vendita con patto di locazione.*** Termine usato con lo stesso significato di *leaseback* (v.).

Sale and Purchase of Bank Shares Act: Legge approvata dal parlamento britannico nel 1867 con lo scopo di impedire la speculazione su azioni di banche. La legge stabilisce che tutti i contratti per l'acquisto e per la vendita di azioni bancarie devono riportare il numero di serie delle azioni o, in caso esse non abbiano numero, il nome del proprietario. Questa legge è tuttora in vigore, ma le sue disposizioni non vengono più rispettate alla borsa valori di Londra e sui contratti di acquisto e vendita di azioni bancarie non compare mai il numero delle azioni, pur se compare il nome dell'acquirente.

sale and repurchase agreement: ***pronti contro termine.*** Lo stesso che *repurchase agreement* (v.).

sale and return: ***vendita in conto deposito; conto deposito.*** Lo stesso che *sale or return* (v.).

sale as is: ***vendita «così com'è».*** Lo stesso che *sale with all faults* (v.).

sale as seen: Espressione usata per indicare una vendita in relazione alla quale il venditore non offre al compratore alcuna garanzia circa la qualità delle merci e la loro idoneità all'uso per cui vengono acquistate. Il compratore, che ha il diritto di ispezionarle e vagliarle, dovrà accertare di persona la loro idoneità e, una volta conclusa la vendita, non potrà pretendere alcun rimborso o abbuono.

sale at best: ***vendita al meglio.*** È così detta la vendita, effettuata da un agente o da un mediatore per conto del suo principale o mandatario, al miglior prezzo spuntabile sul mercato al momento in cui la vendita viene fatta o si ordina che venga fatta.

sale below cost: ***vendita sotto costo.*** Una vendita effettuata ad un prezzo che risulta inferiore a quello precedentemente pagato dall'attuale venditore.

sale by auction: ***vendita all'asta; vendita all'incanto.*** Termine usato con lo stesso significato di *auction* (v.).

sale by candle: ***vendita a candele vergini.*** Lo stesso che *auction by inch of candle* (v.).

sale by description: ***vendita su descrizione.*** Vendita effettuata con l'intesa che le merci dovranno corrispondere alla descrizione resa dal venditore o dal compratore.

sale by instalments: ***vendita a rate.*** È la vendita il cui corrispettivo sarà versato dal compratore mediante successivi pagamenti di importo più o meno uguale, nel numero necessario a coprire il prezzo di vendita, ad intervalli di tempo più o meno uguali.

sale by lots: ***vendita a lotti.*** È la vendita la cui unità minima di contrattazione è rappresentata da un lotto ben determinato, come avviene ad esempio nelle borse valori. (v. anche *trading lot*)

sale by number: ***vendita a pezzo; vendita a numero.*** È la vendita che si effettua per singoli pezzi. Alcuni prodotti industriali si vendono soltanto a pezzo, come ad esempio gli elettrodomestici, le automobili, ecc., mentre altri si prestano ad essere venduti a peso. (v. anche *sale by weight*)

sale by retail: ***vendita al dettaglio; vendita al minuto.*** Termine usato con lo stesso significato di *retail* (v.).

sale by sample: ***vendita su campione.*** Vendita effettuata con l'intesa che le merci dovranno corrispondere, per tipo e qualità, al campione sottoposto dal venditore o dal compratore.

sale by weight: ***vendita a peso.*** È la vendita che riguarda una data quantità di merci, stabilita dal loro peso. Ad esempio, la frutta può vendersi a peso o a pezzo, tranne per certi tipi, come ad esempio le ciliegie, l'uva o le fragole, che possono vendersi soltanto a peso. Viceversa, le banane, i meloni ed anche le mele o le arance possono vendersi tanto a peso quanto a pezzo. Altri tipi di beni o derrate, come ad esempio la farina, il caffè, ecc., possono vendersi soltanto a peso.

sale cash on delivery: ***vendita contro assegno; vendita con pagamento alla consegna.*** È la vendita effettuata con l'accordo che il compratore pagherà al momento in cui gli vengono consegnate le merci. È il sistema adottato principalmente dalle imprese di vendita per corrispondenza, che si servono del relativo servizio offerto dall'operatore postale. (v. anche *mail order firm, cash on delivery*)

sale charges: ***spese di vendita.*** Espressione usata nel linguaggio delle assicurazioni per indicare i costi che sono stati sostenuti, e che saranno addebitati al proprietario o al titolare della polizza che successivamente si rivarrà sull'assicuratore, in relazione alla vendita di beni giunti danneggiati al destinatario.

sale contract: ***contratto di vendita; contratto di compravendita.*** Termine usato in alternativa a *contract of sale* (v.).

sale delivered ex–ship: ***vendita allo sbarco.*** È la vendita in relazione alla quale l'esecuzione del contratto da parte del venditore si esaurisce al porto di discarica, quando le merci vengono messe a terra dalla nave che le ha trasportate. In tale punto e in tale momento si compie il trasferimento dal venditore al compratore della proprietà dei beni e del rischio e delle spese ad essi inerenti.

sale excepted: ***salvo vendita; salvo il venduto.*** Clausola spesso inserita nelle offerte di vendita, quando la quantità di cui dispone il venditore è limitata. Con questa clausola, egli si riserva di evadere gli ordinativi che gli arriveranno per primi, fino ad esaurimento della quantità disponibile.

sale fees: ***spese di vendita.*** Termine usato con lo stesso significato di *sale charges* (v.).

sale for cash: ***vendita a contanti.*** È il trasferimento della proprietà di un bene in considerazione del contestuale pagamento in moneta del prezzo di vendita.

sale for future delivery: ***vendita per consegna futura.*** La vendita che ha per oggetto beni che dovranno essere consegnati in futuro. Può essere una vendita con fini speculativi, come avviene nelle borse merci e nelle borse valori, o può essere dettata dall'impossibilità di consegnare immediatamente i beni oggetto della vendita, come avviene ad esempio quando si vendono prodotti agricoli prima che essi siano giunti a maturazione o siano disponibili sul mercato.

sale for the account: ***vendita a termine.*** Nel linguaggio delle borse valori, indica una vendita che sarà regolata al termine del ciclo operativo nel quale ha avuto luogo. Tutti i contratti a premio hanno per oggetto una vendita a termine, cioè una vendita in relazione alla quale la consegna e il pagamento dei titoli avranno luogo in data futura, alla fine del corrente o del successivo periodo di borsa. Vendite di questo tipo sono possibili, nelle borse britanniche e statunitensi, per tutti i tipi di valori mobiliari, fatta eccezione per i titoli di stato.

sale free overside: ***vendita allo sbarco.*** Espressione usata con lo stesso significato di *sale delivered ex–ship* (v.).

sale–leaseback–buy back: ***leasing immobiliare con diritto di riscatto.*** Una forma più sofisticata del *leaseback* (v.), che prevede la possibilità per il venditore di riacquistare la sua proprietà immobiliare dopo averla utilizzata in qualità di locatario per un determinato numero di anni.

sale note: ***distinta.*** Termine generico, usato negli Stati Uniti per indicare tanto una distinta di acquisto quanto una distinta di vendita, ovvero un documento che riassume in sé i due tipi di distinta. (v. anche *bought note 2, sold note 2*)

sale of goods: ***vendita di beni mobili; compravendita di merci; compravendita commerciale.*** Nel Regno Unito, la vendita di beni mobili è regolata dal *Sale of Goods Act* (v.), che stabilisce una serie di condizioni e garanzie cui le parti di un contratto di compravendita devono conformarsi. Tra le condizioni implicite, la legge prevede: a) che il proprietario abbia un legittimo titolo di proprietà e sia in grado di trasferirlo al compratore; b) che nel caso di vendita su descrizione, le merci effettivamente corrispondano alla descrizione fornita dal venditore o dal compratore; c) che nel caso di vendita su campione, le merci effettivamente corrispondano al campione sottoposto dal venditore o dal compratore e che quest'ultimo abbia il tempo sufficiente per accertarsi di ciò; d) che, nel caso in cui il compratore si fidi del giudizio e delle capacità commerciali del venditore e le merci siano del tipo che il venditore abitualmente tratta, esse siano effettivamente idonee allo scopo per il quale vengono vendute e comprate; e) che le merci siano di qualità buona e mercantile. Tra le garanzie implicite, la legge prevede: a) che il venditore garantisca al compratore il pacifico godimento dei beni acquistati; b) che le merci siano esenti da qualsiasi forma di pegno o ipoteca a favore di terzi. (v. anche *merchantable quality, contract of sale, contract to sell, agreement to sell*)

Sale of Goods Act: Legge approvata dal parlamento britannico nel 1893 allo scopo di regolamentare la materia delle compravendite commerciali. L'articolo 25 di questa legge stabilisce che se una persona ha venduto beni di cui conserva il possesso o di cui conserva i documenti rappresentativi e li rivende ad un terzo che, ignaro della precedente vendita, li acquista in buona fede, la consegna dei beni o dei documenti rappresentativi avrà lo stesso effetto che avrebbe se fosse autorizzata dal reale proprietario dei beni. Gli articoli 44, 46 e 47 autorizzano il venditore che non ha ricevuto il pagamento di beni già consegnati a riprenderne possesso anche se essi sono in viaggio, informandone il vettore o il gestore del magazzino presso il quale sono depositati. Il venditore conserverà il possesso dei beni fino a quando riceverà il pagamento della somma dovutagli. Questa legge, considerata un esempio eccellente di formulazione, è rimasta inalterata per circa ottanta anni e soltanto nel 1979 è stata emendata e consolidata in un nuovo *Sale of Goods Act*, mentre il *Consumer Credit Act* (v.) ha raccolto le disposizioni relative alle vendite rateali. (v. anche *sale of goods, right of resale, stoppage in transitu*)

sale on approval: ***vendita salvo vista e verifica.*** Particolare tipo di contratto di compravendita, che stabilisce che il compratore ha il diritto di restituire il bene se non ne è soddisfatto. Di solito, il contratto prevede un termine entro il quale il compratore può far valere questo suo diritto, ma in assenza di termine preciso, si intende che il compratore dovrà dichiarare la sua intenzione entro un periodo di tempo ragionevole. In mancanza, si deve ritenere che egli abbia accettato il bene acquistato. In base a tale contratto, il titolo di proprietà del bene non viene trasferito fino a quando il compratore non si dichiara soddisfatto o fino allo scadere del periodo entro il quale egli può rifiutare le merci. Non venendo trasmesso il titolo di proprietà, anche il rischio di perdita dei beni, a meno che sia specificato differentemente, rimane al venditore fino al perfezionamento del contratto.

sale on commission: ***vendita in commissione; vendita per conto terzi.*** È la vendita effettuata da un agente o da un mediatore per conto del mandatario, che riconosce al primo una commissione sull'importo della vendita.

sale on credit: ***vendita a credito.*** È il trasferimento della proprietà di un bene in considerazione della promessa di pagamento futuro, rilasciata dal compratore al venditore. Tale promessa può prendere la forma di un titolo di credito, generalmente un pagherò cambiario o una cambiale, o di un semplice impegno scritto, rilasciato dal compratore al venditore, di pagare la somma di denaro dovuta secondo le modalità stabilite nell'impegno stesso.

sale on landed terms: ***vendita franco di tutte le spese allo sbarco.*** Espressione usata nel commercio internazionale per indicare una vendita il cui prezzo include il costo delle merci e tutte le spese inerenti al trasporto e alla discarica delle stesse al porto di destinazione.

sale or return: ***vendita in conto deposito; conto deposito.*** Particolare tipo di contratto, in base al quale si effettua una vendita e il titolo di proprietà viene immediatamente trasferito al compratore il quale, tuttavia, ha il diritto di vendere e pagare le merci acquistate o di restituirle al venditore entro un ragionevole periodo di tempo. Il rischio di perdita passa, insieme al titolo di proprietà, al compratore, che risponde delle merci fin quando esse sono in suo possesso. (v. anche *consignment 2, conditional sale, sale on approval*)

sale price: **1.** ***prezzo di vendita; corrispettivo.*** È il prezzo al quale il venditore è disposto a cedere un determinato bene al compratore. **2.** ***prezzo di saldo.*** È il prezzo praticato da un negoziante in occasione dei saldi stagionali. Il prezzo di saldo è notevolmente inferiore al prezzo al quale l'articolo veniva offerto in vendita prima dell'inizio della campagna di saldi. (v. anche *sale 2*)

sale proceeds: ***ricavo di una vendita.*** L'ammontare di moneta, o altri beni e servizi, derivante dalla vendita di un bene.

sale room: **1.** ***sala di vendita.*** La sala in cui si effettuano le vendite all'asta, generalmente in un mercato organizzato detto borsa merci. **2.** ***sala di esposizione.*** A volte il termine inglese viene usato con lo stesso significato di *stock rooms* (v.).

sales: **1.** ***vendite; fatturato.*** L'insieme delle vendite di un'impresa, nell'arco di un determinato periodo di tempo, come appare dalle singole registrazioni nei libri contabili. **2.** ***saldi.*** V. spiegazione sotto *sale 2.*

sales account: ***conto vendite.*** In relazione a vendite in conto deposito, è il documento inviato dall'agente, o commissionario, al venditore. Nel conto vendite sono riportati tutti i dati relativi alle merci ricevute in conto deposito, alle merci vendute, a quelle rese, ai prezzi di vendita, alle commissioni trattenute, alle spese di vendita, sostenute dall'agente ma addebitabili al venditore, e all'utile netto. Il conto vendite di solito accompagna la rimessa della somma di denaro di competenza del venditore.

sales agent: ***agente di vendita.*** Termine generico, che nel linguaggio commerciale indica una persona che sovrintende o controlla la vendita dei prodotti di un'impresa in una particolare area geografica. In senso stretto, il termine dovrebbe indicare una persona che stipula contratti di compravendita tra il produttore e l'acquirente ed in tal caso l'agente non sarebbe egli stesso una parte contraente, ma il termine viene usato maggiormente in senso lato, per indicare la persona che vende i prodotti di una particolare impresa, senza tener conto se funge da agente alle dipendenze del produttore o da principale, acquistando i prodotti in proprio e rivendendoli facendoci un guadagno.

sales agreement: ***accordo di vendita.*** Termine statunitense, equivalente a *agreement to sell* (v.).

sales aid material: ***materiale per lo sviluppo delle vendite.*** Tutto il materiale fornito dal produttore ai venditori e che dovrebbe aiutare questi ultimi nei loro sforzi di vendita. Include, anche, il materiale messo a disposizione dei negozianti, come ad esempio espositori, distributori, materiale propagandistico, locandine da affiggere nei punti di vendita, ecc.

sales aids: ***ausili di vendita.*** Espressione generica, con la quale si indica qualsiasi cosa possa servire ad incrementare le vendite. Vi rientra, pertanto, qualsiasi tipo di materiale pubblicitario, come pure qualsiasi programma attuato nell'intento di stimolare la domanda e promuovere le vendite.

sales allowance: ***abbuono sulle vendite.*** Termine usato con lo stesso significato di *allowance 1* (v.).

sales analysis: ***analisi delle vendite.*** L'esame critico dei documenti contabili ed extracontabili relativi alle vendite, allo scopo di determinare la corrispondenza tra vendite previste e vendite realizzate e adottare le opportune misure nel caso in cui si verifichi una variante negativa del volume delle vendite. (v. anche *sales volume variance*)

sales and marketing budget: ***budget delle vendite e della distribuzione.*** È un preventivo che copre: a) quantità di vendite previste; b) prezzo realizzabile di vendita previsto; c) volume di affari previsto, come prodotto di a) moltiplicato b); d) spese di vendita e di distribuzione; e) spese di pubblicità; f) valore e quantità delle scorte di prodotti finiti.

sales apathy: ***apatia alle vendite.*** Un generalizzato disinteresse, da parte del consumatore, ad acquistare un determinato prodotto, malgrado le sollecitazioni pubblicitarie cui è sottoposto. Il termine viene usato come sinonimo di *sales resistance* (v.), ma soltanto in questo significato.

sales area: ***zona di vendita.*** Lo stesso che *sales territory* (v.).

sales assistant: ***assistente di vendita; commesso; commessa; venditore.*** Il termine inglese è alquanto generico e viene usato per indicare una qualsiasi persona assunta perché collabori nell'attività di vendita. Se si tratta di un negozio, il termine indicherà un commesso o una commessa; se si tratta di un'impresa produttrice, il termine indicherà un viaggiatore o un venditore esterno, e così via.

sales board: ***consiglio delle vendite.*** Nell'organizzazione aziendale a direzioni multiple, è uno dei quattro consigli elettivi preposti alla gestione e alle relazioni tra direzione e dipendenti. Il consiglio si compone di membri interni dell'impresa e di membri eletti tra gli agenti di vendita e si riunisce per discutere questioni relative alle vendite, alla pubblicità, allo sviluppo dei mercati e simili.

sales book: ***giornale delle vendite.*** Termine usato come sinonimo di *sales journal* (v.).

sales boundary: ***delimitazione territoriale delle vendite.*** È il confine dell'area entro la quale può essere venduto un prodotto. Il termine viene usato in relazione agli accordi in base ai quali i produttori di certi beni si dividono il mercato, assegnando a ciascuno di loro una data area geografica entro la quale egli gode di un monopolio virtuale di vendita di quel prodotto, oppure in relazione a determinate politiche di vendita che stabiliscono a priori la zona territoriale entro la quale si intende spingere la penetrazione.

sales budget: ***budget delle vendite; preventivo delle vendite.*** Per un'impresa, questo è un budget molto importante, se non il più importante, in quanto tutti gli altri si basano su di esso. Il direttore commerciale ha la responsabilità funzionale del reparto vendite ed è, pertanto, direttamente preposto alla preparazione di questo budget. Nel prepararlo, egli deve naturalmente farsi guidare dalle direttive emanate dal consiglio di amministrazione in relazione alla politica delle vendite, ma si deve anche basare sulle seguenti informazioni: a) informazioni interne, quali, ad esempio, statistica delle vendite degli anni precedenti che può servire da guida per le potenziali vendite future; relazioni e previsioni dei venditori e dei viaggiatori; ordinativi in essere, distinti in ripetitivi e nuovi; capacità produttiva degli impianti e prevista utilizzazione degli stessi; b) prospettive commerciali, come ad esempio previsti sviluppi delle esportazioni o creazione di nuovi mercati; potenziale del mercato, tenendo conto della concorrenza, ecc.; nuove campagne pubblicitarie che l'impresa intende lanciare; ecc.; c) variazioni previste, quali ad esempio l'abbandono di vecchie linee di prodotti e il lancio di nuove linee; migliore qualità dei prodotti; aumenti dei prezzi; variazioni stagionali della domanda; d) risorse finanziarie, in quanto il preventivo non deve essere troppo ambizioso, bensì rapportato alle effettive capacità finanziarie dell'impresa.

sales campaign: ***campagna di vendita.*** Espressione generica, con la quale si indica una qualsiasi campagna pubblicitaria o promozionale, il cui obiettivo finale è quello di incrementare le vendite di un determinato prodotto.

sales channels: ***canali di vendita.*** Lo stesso che *distribution channels* (v.).

sales charges: ***spese di vendita.*** Nel linguaggio dei fondi comuni d'investimento, è la somma di denaro addebitata direttamente al sottoscrittore in considerazione delle funzioni espletate dal garante o dal distributore. Lo stesso termine viene spesso usato per indicare l'addebito iniziale fatto al sottoscrittore e corrispondente alla provvigione pagata al venditore del programma di investimento e alle spese necessarie per aprire il conto intestato al nuovo sottoscrittore. (v. anche *acquisition costs*)

salesclerk: ***assistente di vendita; commesso; commessa; venditore.*** Termine statunitense, usato con lo stesso significato di *sales assistant* (v.).

sales commission: ***provvigione sulle vendite.*** La parte del prezzo di vendita che compete al venditore e al suo o ai suoi superiori, a seconda del piano di remunerazione dei venditori adottato da un'impresa. (v. anche *sales compensation, sales compensation plan*)

sales compensation: ***retribuzione dei venditori.*** I venditori dipendenti da un'impresa sono solitamente remunerati con una provvigione che corrisponde ad una certa percentuale del volume di vendite da loro realizzato, misurato in termini monetari. La percentuale del prezzo di vendita che un'impresa riserva alla retribuzione dei venditori viene utilizzata per remunerare sia i venditori, sia i loro supervisori. Se, ad esempio, la percentuale globale è del quindici per cento, essa potrà essere così suddivisa: un massimo del dieci per cento al venditore e un minimo del cinque per cento alla struttura di supervisione. Se il venditore appartiene ad una classe bassa, la sua percentuale sarà, diciamo, del sei per cento e quella riservata alla struttura di supervisione del nove per cento. Via via che il venditore passa alle classi successive, aumenta la percentuale di sua competenza e diminuisce quella spettante alla struttura di supervisione. Quest'ultima, a sua volta, è anche suddivisa in classi, per cui la percentuale ad essa spettante sarà ripartita tra le diverse classi di supervisori, secondo lo stesso principio adottato per remunerare la struttura di vendita. Il passaggio da una classe alla successiva della struttura di vendita e di quella di supervisione avviene esclusivamente in base al volume di vendite realizzato dal singolo venditore o dal gruppo di venditori posti sotto il controllo di un supervisore.

sales compensation plan: ***piano di retribuzione dei venditori.*** È il piano in base al quale vengono pagati i venditori di una struttura di vendita. Di solito si basa su una percentuale sulle vendite, ma allo scopo di stimolare e motivare i singoli venditori a fare sempre meglio spesso si basa su commissioni diverse a seconda del volume di vendite raggiunto dai singoli. Così, ad esempio, fino ad un certo volume, calcolato in termini monetari o quantitativi, la commissione riconosciuta sarà del dieci per cento, ma passerà a percentuali via via superiori per volumi di vendita maggiori. Un altro sistema è quello che prevede la suddivisione dei venditori in classi, nelle quali vengono inseriti al raggiungimento di un dato volume globale di vendite, cui corrispondono diverse percentuali per lo stesso volume di vendite. Tale piano viene applicato anche per la retribuzione dei supervisori, allo scopo di spingerli a stimolare e motivare continuamente i venditori posti sotto il loro controllo.

sales contour: ***curva delle vendite.*** V. spiegazione sotto *sales line*.

sales coverage: ***copertura di vendita.*** Espressione usata per indicare l'ampiezza della disponibilità di un bene o servizio in termini di mercato, consumatori, area geografica e altri simili elementi.

sales credit note: ***nota di accredito.*** Lo stesso che *credit note* (v.).

sales curve: ***curva di vendita.*** Lo stesso che *demand curve* (v.).

sales cutoff: ***separazione delle vendite.*** È il momento di interruzione o di separazione del flusso contabile relativo alle vendite, di competenza di due diverse gestioni o di due diversi periodi contabili.

sales day book: ***giornale delle vendite.*** Termine usato con lo stesso significato di *sales journal* (v.).

sales department: ***ufficio vendite; reparto vendite.*** È il reparto che in un'impresa produttrice di beni o commerciale è preposto alle vendite del prodotto. Se le dimensioni dell'impresa ne giustificano la presenza, tale reparto è posto sotto la diretta supervisione di un direttore commerciale, che avrà il controllo dell'ufficio interno, nel quale lavorano gli impiegati amministrativi, e del personale esterno, costituito da venditori e viaggiatori.

sales director: ***capo dell'ufficio vendite.*** È il membro del consiglio di amministrazione preposto alla supervisione dell'ufficio vendite in una grande impresa. Sotto la sua diretta supervisione si trova il direttore dell'ufficio vendite.

sales discount: ***sconto sulle vendite.*** Termine generico, con il quale si indica un qualsiasi sconto concesso dal venditore al compratore. Di solito, tuttavia, si riferisce allo sconto concesso per pagamento entro un certo periodo di tempo dalla consegna delle merci.

sales district: ***distretto di vendita.*** È un'area geografica o territoriale all'interno della quale opera una determinata struttura di vendita, quale ad esempio un gruppo di venditori e il loro o i loro supervisori.

sales division: ***sezione vendite.*** Termine usato come sinonimo di *sales department* (v.), pur se spesso si applica ad una struttura piuttosto limitata, che non raggiunge le dimensioni di un vero e proprio reparto vendite, in un'impresa di dimensioni medio–piccole.

sales dollar: ***dollaro di fatturato.*** Nel linguaggio della contabilità aziendale statunitense, il concetto di dollaro di fatturato viene usato per dimostrare come ciascun dollaro ricavato dalla vendita di beni o servizi viene ripartito tra costi, spese e profitti.

sales drive: ***campagna di vendita.*** Termine usato con lo stesso significato di *sales campaign* (v.).

sales efforts: ***sforzi di vendita.*** Termine generico, con il quale si indica qualsiasi iniziativa intrapresa dall'azienda con l'obiettivo di incrementare le vendite.

sales executive: ***direttore commerciale; direttore delle vendite.*** Termine usato con lo stesso significato di *sales manager* (v.).

sales expenses: ***spese di vendita.*** Termine usato con lo stesso significato di *selling expenses* (v.).

sales feature: ***caratteristica di vendita.*** Lo stesso che *product feature* (v.).

sales finance company: ***società di credito commerciale.*** Termine usato con lo stesso significato di *commercial credit company* (v.).

sales force: ***personale addetto alle vendite; personale di vendita; forza di vendita.*** Termine usato con lo stesso significato di *sales personnel* (v.).

sales–force–composite method: ***metodo del complesso della forza di vendita.*** È uno dei metodi usati nell'elaborazione di una previsione di vendita e consiste nel mettere insieme ed analizzare le previsioni di tutti gli addetti alle vendite. A questo fine, si raccolgono le opinioni di tutti i responsabili locali sul volume di vendita che prevedono di realizzare nei loro rispettivi territori e la massa di informazioni viene passata al vaglio dai responsabili centrali, che ne controllano la realistica attendibilità.

sales forecast: ***previsione delle vendite.*** È il resoconto, più o meno dettagliato, delle vendite che un'impresa prevede di poter realizzare in un determinato arco di tempo futuro. Si basa sui risultati delle vendite relativi a periodi precedenti e sulle condizioni del mercato previste per il periodo di tempo cui esso si riferisce, tenendo conto dell'orientamento dei consumatori e delle potenzialità della concorrenza.

sales forecasting: ***elaborazione di una previsione delle vendite.*** Il processo di realizzazione di una previsione delle vendite. I metodi seguiti per costruire una previsione delle vendite sono vari ed uno di questi consiste nel chiedere a ciascun venditore quale quantità di prodotto prevede di poter vendere nell'ambito del territorio a lui affidato. Questo metodo può essere rischioso, perché i venditori possono tendere a sopravvalutare le stime se sono ottimisti o a sottovalutarle per essere certi di realizzare le loro quote di vendita. Per questo motivo, molte imprese usano altri metodi, nei quali si tiene conto di indicatori economici quali il prodotto nazionale lordo, l'indice della produzione industriale, i redditi personali, i livelli dei prezzi all'ingrosso e al minuto e simili.

sales forecasting method: ***metodo di elaborazione di una previsione delle vendite.*** È il metodo, seguito da un'impresa o da un'organizzazione specializzata, per eseguire ricerche di mercato e formulare previsioni di vendita. Non esiste un metodo unico o ottimale e i metodi con cui vengono condotte queste ricerche sono assai diversi. Uno dei più semplici e rapidi consiste nel reperire ed analizzare tutte le informazioni interne relative al passato, quali ad esempio dati di contabilità e statistiche aziendali, che possono aiutare nella formulazione di una previsione di vendite future. Tali dati, tuttavia, dovranno essere integrati da informazioni esterne, cioè non disponibili all'interno dell'impresa e non diffuse da fonti pubbliche o private. Tali informazioni dovranno, pertanto, essere attinte direttamente alla fonte, cioè sul mercato, presso i consumatori finali del prodotto. Nel formulare una previsione di vendita, pertanto, esiste un metodo, pur se esso varia da impresa a impresa e da periodo a periodo.

salesgirl: ***venditrice; commessa.*** Termine usato con lo stesso significato di *saleswoman* (v.), pur se a volte implica l'idea che la persona sia di età alquanto giovane.

sales incentives: ***incentivi di vendita.*** Espressione generica, con la quale si indicano i vari incentivi offerti ai venditori di un'impresa o ai consumatori, con l'intento di incrementare il volume di vendita di un singolo prodotto o dell'intera gamma di prodotti di un'impresa. Possono assumere la forma di premi, di sconti, di offerte speciali, di concorsi e simili. (v. anche *sales prize, sales promotion, sales promotion department, sales compensation*)

sales increase: ***incremento delle vendite; aumento delle vendite.*** L'aumento delle vendite globali di un prodotto o di tutta la gamma dei prodotti di una impresa, conseguente all'aumento della domanda. L'incremento può essere causato dall'uscita dal mercato di uno o più concorrenti, da un miglioramento apportato al prodotto, da una politica di vendite indovinata o da un aumento generalizzato della domanda, conseguente a misure di politica economica tendenti a reflazionare la domanda in previsione di una ripresa dell'attività economica dopo un periodo di recessione.

sales inventory ratio: ***indice scorte–vendite; rapporto scorte–vendite.*** Lo stesso che *inventory–sales ratio* (v.).

sales invoice: ***fattura in uscita; fattura di vendita.*** È la fattura commerciale considerata dal punto di vista dell'impresa che ha venduto i beni o i servizi in essa dettagliati. (v. anche *invoice*)

sales invoicing: ***fatturazione del venduto.*** La procedura relativa all'emissione delle fatture da inviarsi ai compratori di beni o servizi prodotti da un'impresa.

sales journal: ***giornale delle vendite.*** Registro, che fa parte dei libri di prima nota, sul quale vengono riportate le vendite per gruppi o individualmente via via che si verificano. Di solito è dotato anche di colonne supplementari, che vengono utilizzate per classificare le vendite in base al reparto, al prodotto, al tipo di pagamento, e così via.

saleslady: ***venditrice; commessa.*** Termine usato come sinonimo di *saleswoman* (v.).

sales ledger: ***partitario vendite.*** L'insieme dei conti intestati ai clienti di un'impresa. Il totale dei conti, che generalmente presenta un saldo attivo, ha corrispondenza con un saldo attivo di uguale ammontare in un conto di controllo nel libro mastro generale.

sales letter: ***lettera di vendita.*** Nel linguaggio della pubblicità, indica una lettera inviata ad un potenziale compratore con l'intento di informarlo della presenza sul mercato e delle caratteristiche di un determinato prodotto o per ricordargliene l'esistenza e la disponibilità o per sollecitare un incontro personale con un incaricato allo scopo di discutere la possibilità di acquisto del prodotto. L'argomento trattato nella lettera dipende in gran parte dalla natura del prodotto e dalla struttura di vendita dell'impresa che lo produce.

sales level: ***livello delle vendite.*** È il livello, in termini monetari o quantitativi, raggiunto dalle vendite di un singolo prodotto o dalle vendite globali di un'impresa.

sales line: ***linea delle vendite.*** Se in un sistema di coordinate cartesiane si pongono i costi di vendita su un asse e i prezzi alla produzione sull'altro asse, una curva di indifferenza indicherà tutte le possibili combinazioni di costi di vendita e prezzi alla produzione, che metteranno il venditore in grado di disporre di una data quantità di prodotti. Questa curva è chiamata curva delle vendite e nel sistema ci sarà una diversa curva per ciascuna quantità di prodotto. Nello stesso sistema, un'altra curva di indifferenza, detta curva di ricavo della produzione, indicherà tutte le combinazioni di prezzo e costo di vendita che daranno al venditore un dato ricavo dalla produzione. La linea delle vendite nello stesso sistema unirà i punti di tangenza delle curve delle vendite e delle curve di ricavo della produzione. Quindi, un punto su questa linea indicherà la migliore combinazione di prezzo e costo di vendita da usarsi nel vendere un dato prodotto e la linea stessa indica la strada per aumentare o ridurre la produzione nella maniera più efficiente possibile.

sales literature: ***materiale pubblicitario.*** Il termine inglese indica qualsiasi tipo di materiale a stampa, preparato da un produttore o da un importatore con l'obiettivo di incrementare le vendite. Fanno parte di tale materiale i cataloghi, gli opuscoli illustrativi, i pieghevoli e simili.

sales load: ***spese di vendita; spese di sottoscrizione.*** Lo stesso che *sales charges* (v.).

sales loss: ***perdita nel volume delle vendite.*** La diminuzione delle vendite globali di un prodotto o dell'intera gamma di prodotti di un'impresa, conseguente al calo della domanda. La perdita può essere causata dall'aumentata aggressività della concorrenza, dall'immissione sul mercato di prodotti nuovi o più moderni da parte delle imprese concorrenti, da una politica di vendite sbagliata o da un calo generalizzato della domanda conseguente a misure di politica deflazionistica.

salesman: ***venditore.*** Termine generico con il quale si indica un lavoratore assunto appositamente per essere addetto alla vendita di beni. Il termine può applicarsi tanto al commesso di un negozio quanto al venditore che si reca di casa in casa.

sales management: ***direzione vendite.*** L'attività cui è preposto un *sales manager* (v.).

sales manager: ***direttore commerciale; direttore delle vendite.*** È il funzionario preposto alla supervisione dell'ufficio vendite di un'impresa produttrice di beni o commerciale. Egli ha il controllo dell'ufficio interno, nel quale lavorano gli impiegati amministrativi, e del personale esterno, costituito da venditori e viaggiatori. Tra gli altri compiti del direttore commerciale, relativi alla gestione delle vendite, rientra anche quello di preparare il preventivo delle vendite. Il direttore commerciale di una grande impresa è sotto il controllo diretto del capo dell'ufficio vendite. (v. anche *sales budget, sales director*)

salesman's daily report: ***relazione sulle vendite giornaliere; relazione sull'attività giornaliera.*** Il rapporto redatto e inoltrato giornalmente da un venditore esterno al suo supervisore o all'ufficio dal quale dipende. (v. anche *sales report*)

salesmanship: ***arte di vendere; capacità di vendere; tecnica delle vendite.*** È la capacità o l'arte, innata in certe persone, di convincere altri ad acquistare un determinato bene.

sales manual: ***manuale di vendita.*** Un manuale preparato per i venditori di un'impresa. In esso vengono brevemente illustrate le varie tecniche di vendita applicabili ai diversi prodotti dell'impresa e i punti principali sui quali far leva nel corso di una trattativa di vendita.

sales method: ***metodo di vendita.*** Uno qualsiasi dei tanti metodi ai quali può fare ricorso un'impresa per la vendita dei propri prodotti. L'adozione di un metodo invece di un altro dipende dagli obiettivi che l'impresa si propone nella propria politica di vendita e dalla natura del prodotto. (v. anche *sales policy*)

sales mix: ***composizione delle vendite; mix delle vendite.*** In un'impresa che produce due o più beni o servizi, è il rapporto esistente tra il volume di vendite di ciascuno dei prodotti venduti e il volume totale delle vendite dell'impresa. Esso consente di confrontare la redditività dei diversi prodotti, analizzando il tasso di utile lordo relativo a ciascuno di loro.

sales mix variance: ***variante di composizione delle vendite; variante di mix delle vendite.*** La differenza tra la composizione delle vendite prevista e quella effettiva.

sales office: ***ufficio vendite.*** Termine usato con lo stesso significato di *sales department* (v.).

sales officer: ***funzionario dell'ufficio vendite; funzionario addetto alle vendite.*** Termine generico, con il quale si indica un qualsiasi funzionario che faccia parte di una struttura di vendita. Può applicarsi ad un supervisore, ad un impiegato con determinate responsabilità ed anche al direttore dell'ufficio vendite.

sales office staff: ***personale dell'ufficio vendite.*** Tutti coloro che fanno parte dell'ufficio vendite di un'impresa, cioè gli impiegati amministrativi che vi lavorano e il personale esterno, costituito dai venditori ai vari livelli e dai loro supervisori.

sales opposition: ***opposizione alle vendite.*** Il rifiuto, da parte del consumatore, di lasciarsi persuadere ad acquistare un prodotto di cui non sente il bisogno. Il termine è usato come sinonimo di *sales resistance* (v.), ma soltanto in questo significato.

sales order: ***ordinazione di vendita.*** La richiesta di fornitura di merci, sia che provenga direttamente dal cliente, sia che venga inoltrata tramite un agente o altro intermediario.

sales organization: ***organizzazione di vendita; struttura di vendita.*** Espressione generica, con la quale si indica una qualsiasi struttura di vendita. Può riferirsi, pertanto, all'organizzazione prevista all'interno di un'impresa, incluso il personale di vendita esterno, o alla struttura che si interessa della distribuzione del prodotto, costituita da più imprese che acquistano e rivendono fino a quando il prodotto raggiunge il consumatore finale.

sales outlet: ***sbocco di vendita.*** Un qualsiasi punto di vendita, sia della grande che della piccola distribuzione. (v. anche *outlet*)

sales personnel: ***personale addetto alle vendite; personale di vendita.*** Il termine indica collettivamente tutti i dipendenti di un'impresa che siano comunque impegnati nell'attività di vendita dei beni o servizi prodotti.

sales planning: ***programmazione delle vendite.*** Procedura attraverso la quale si fissano gli obiettivi di vendita che un'impresa si prefigge di realizzare e le relative politiche di vendita che verosimilmente renderanno possibile tale realizzazione.

sales policy: ***politica delle vendite; politica di vendita.*** La politica da adottarsi in relazione alle vendite dipende dalle risposte ad una serie di domande, quali: a) cosa vendere; b) a chi vendere; c) dove vendere; d) quando vendere; e) come vendere; f) attraverso chi vendere; g) quali azioni promozionali adottare; h) quali prezzi praticare. Pertanto, le politiche di vendita riguardano: a) la scelta della gamma dei prodotti da vendere; b) la scelta della clientela alla quale vendere i propri prodotti, che implica la scelta preventiva tra la vendita selettiva e la vendita estensiva; c) la scelta delle zone territoriali di vendita, tenendo conto delle capacità produttive dell'impresa e delle sue risorse finanziarie; d) la scelta dei tempi più propizi per collocare il prodotto, tenendo conto che alcuni prodotti sono soggetti ad assorbimento costante, mentre altri sono soggetti a punte massime di domanda e a periodi di ristagno della domanda; e) la scelta dei metodi di vendita più opportuni, in relazione alle condizioni di pagamento, al modo di offrire il prodotto al pubblico, cioè confezionato o sfuso, ecc.; f) la scelta dei canali di vendita, cioè se servirsi di punti di vendita propri o se affidarsi a grossisti ovvero direttamente ai dettaglianti; g) la scelta dei metodi più idonei a promuovere e ad incrementare le vendite, quali la pubblicità attraverso i canali di comunicazione di massa, la pubblicità redazionale, la propaganda, l'attività del personale di vendita, ecc.; h) la scelta dei prezzi di vendita, cioè se applicare il prezzo imposto o se lasciare liberi i grossisti e/o i dettaglianti di adeguarsi alle forze di mercato, tenendo presenti i prezzi e le politiche di vendita delle imprese concorrenti.

sales potential: ***potenziale di vendita.*** Le probabili vendite di un determinato bene o servizio in una data zona o un certo mercato, nell'arco di un periodo di tempo specificato.

sales price variance: ***variante di prezzo delle vendite.*** La differenza tra il prezzo di vendita standard e il prezzo effettivo di vendita di uno o più prodotti.

sales prize: ***premio di produzione.*** È il premio che l'impresa pone in palio tra i suoi venditori, allo scopo di stimolarli e motivarli ad un più intenso sforzo di vendita. Di solito, prevede un tetto minimo di vendite, raggiunto il quale il venditore ha diritto al premio, ma più spesso prevede un premio per il tetto minimo e un successivo e più cospicuo premio per chi, fra tutti i venditori che hanno raggiunto il tetto minimo, realizza il volume di vendite maggiore in assoluto.

sales programme: ***programma di vendite.*** Il programma che un'impresa si prefigge di realizzare nel settore delle vendite dei propri prodotti, che trova espressione dettagliata nel preventivo delle vendite. (v. anche *sales budget*)

sales progress chart: ***grafico di progressione delle vendite; grafico dell'andamento delle vendite.*** È un grafico che indica il livello delle vendite relativo a determinati periodi prestabiliti e alla totalità di questi periodi, in modo che si possa osservare e valutare l'andamento e la tendenza delle vendite.

sales promotion: ***sviluppo delle vendite; promozione delle vendite.*** L'insieme di tutte le attività intraprese da un'azienda allo scopo di ampliare la domanda dei propri prodotti e la loro vendita sul mercato. Comprende la pubblicità più o meno massiccia; la persuasione diretta dei clienti tramite visite personali, telefonate o lettere; mostre e dimostrazioni; esposizione degli articoli nei punti di vendita e altrove; concorsi a premi; omaggi o campioni gratuiti; buoni sconto; temporanee riduzioni di prezzo; facilitazioni di pagamento; periodi di garanzia; offerte speciali; vendite a premio, ecc. Si può affermare che in molti casi il successo di un prodotto dipende molto di più dall'efficacia delle tecniche di sviluppo delle vendite che dalle effettive qualità intrinseche del prodotto.

sales promotional plan: ***piano di sviluppo delle vendite.*** Termine usato con lo stesso significato di *sales promotion programme* (v.).

sales promotion campaign: ***campagna di sviluppo delle vendite.*** La campagna di promozione delle vendite di un determinato prodotto, realizzata con mezzi pubblicitari, sconti, premi per i compratori e altri incentivi che contribuiscono alla diffusione sul mercato e alla conoscenza del prodotto in questione.

sales promotion department: ***ufficio sviluppo vendite.*** Nelle grandi imprese, è il reparto preposto alla promozione delle vendite. Tra i compiti di questo reparto rientra l'applicazione di tutte le tecniche che portano all'incremento di breve periodo delle vendite di un singolo prodotto o di tutta la gamma dei prodotti di un'impresa, tra le quali si annoverano: a) le offerte speciali, cioè confezioni convenienti per il consumatore, la cui vendita è limitata ad un determinato periodo di tempo; b) speciali esposizioni nei punti di vendita; c) doni inseriti nelle confezioni o da ritirarsi dal fornitore al raggiungimento di un certo numero di buoni o figurine da ritagliarsi o inclusi nelle confezioni; d) premi estratti a sorte tra gli acquirenti di un prodotto in un determinato arco di tempo; e altri piani accuratamente studiati con l'obiettivo di realizzare l'incremento voluto delle vendite.

sales promotion director: ***capo dell'ufficio sviluppo vendite.*** È il membro del consiglio di amministrazione preposto alla supervisione dell'ufficio sviluppo vendite di una grande impresa. Sotto la sua diretta supervisione si trova il direttore dell'ufficio sviluppo vendite.

sales promotion manager: ***direttore dell'ufficio sviluppo vendite.*** È il funzionario preposto al controllo dell'ufficio sviluppo vendite che, in una grande impresa, è sotto la supervisione diretta del capo dell'ufficio sviluppo vendite. Tra le sue reponsabilità rientrano: a) interpretazione della politica del consiglio di amministrazione relativa all'ufficio da lui diretto; b) amministrazione dell'ufficio, che include l'organizzazione, la programmazione e il controllo delle attività dell'ufficio; c) selezione, addestramento e destinazione del personale alle sue dipendenze; d) preparazione del budget relativo al suo ufficio; e) controllo delle spese, onde mantenerle nei limiti fissati nel bilancio preventivo; f) organizzazione di piani speciali di pubblicità redazionale; g) mantenere i contatti con i clienti, siano essi grossisti o dettaglianti, e rifornirli di materiale pubblicitario; h) collaborare con gli altri reparti dell'impresa. (v. anche *sales promotion director*)

sales promotion programme: ***programma di sviluppo***

delle vendite. Un qualsiasi programma, ideato ed attuato dal reparto sviluppo vendite, con l'obiettivo di incrementare nel breve periodo le vendite di un determinato prodotto o di tutta la gamma dei prodotti di un'impresa. (v. anche *sales promotion department*)

sales promotion unit: ***sezione sviluppo vendite.*** In un'impresa di dimensioni medio–piccole, è l'equivalente dell'ufficio sviluppo vendite esistente in una grande impresa. (v. anche *sales promotion department*)

sales–purchase curve: ***curva degli acquisti e delle vendite.*** Se in un sistema di coordinate cartesiane poniamo il prezzo sull'asse delle Y, la quantità acquistata sul lato positivo dell'asse delle X e la quantità venduta sul lato negativo dell'asse delle X, la curva degli acquisti e delle vendite indicherà la quantità che un individuo è in grado di comprare o di vendere ai vari prezzi. Sul lato negativo dell'asse delle X, l'area sotto la curva rappresenta un insieme di tutte le posizioni raggiungibili, ma i punti al di sopra della curva non sono raggiungibili. Sul lato positivo dell'asse delle X, l'area sotto la curva è un insieme di posizioni irraggiungibili, ma i punti al di sopra della curva sono, invece, raggiungibili. La curva degli acquisti e delle vendite risulta orizzontale in un mercato perfetto, ascendente in un mercato imperfetto e discendente in un mercato più che perfetto.

sales quota: ***quota di vendite.*** È la cifra, espressa in termini monetari o quantitativi, relativa alle vendite di un determinato prodotto. Può riferirsi ad un singolo mercato o prodotto o a tutti i mercati e i prodotti ed è di solito usata a scopo di controllo delle attività di vendita.

sales records: ***documentazione delle vendite.*** Il complesso dei documenti contabili ed extracontabili relativi alle vendite realizzate da un'impresa. Includono ordinativi, fatture, il partitario clienti, i libri giornali e altri documenti del genere.

sales report: ***rapporto sulle vendite; relazione sulle vendite.*** Il rapporto redatto e inoltrato giornalmente o settimanalmente da ciascun venditore al suo supervisore o all'ufficio dal quale dipende. Tutti i rapporti pervenuti vengono analizzati dall'ufficio vendite, al fine di intraprendere le azioni necessarie per incrementare o mantenere il livello di vendite previsto o programmato.

sales representative: ***rappresentante commerciale; rappresentante di vendita.*** Nel linguaggio commerciale, questo termine indica una persona che lavora alle dipendenze di un'organizzazione e che è preposta alla vendita di beni e alla stipula di contratti relativi alla vendita di beni da parte dell'impresa che la impiega.

sales resistance: ***resistenza alle vendite.*** Espressione usata per indicare: a) l'apatia del consumatore alle sollecitazioni impostegli dalla pubblicità o altre forme di promozione delle vendite; b) il rifiuto da parte del consumatore di lasciarsi persuadere ad acquistare un prodotto di cui non sente il bisogno. La resistenza alla vendita è uno dei problemi più grossi che l'ufficio sviluppo vendite si trova a dover risolvere.

sales response function: ***funzione risposta vendite.*** La relazione esistente tra il volume di vendite probabile in un dato arco di tempo e i diversi livelli di supporto di marketing. Quanto maggiore è il livello di supporto di marketing, tanto più è probabile che il prodotto si venda.

sales returns: ***rese su vendite; resi su vendite; ritorni su vendite.*** Tutti i beni restituiti dagli acquirenti perché inadatti all'uso o danneggiati. (v. anche *returns 1*)

sales returns account: ***conto resi su vendite.*** È il conto nel quale vengono periodicamente registrati i totali dei resi all'impresa relativi ad un determinato periodo. (v. anche *sales returns, sales returns book*)

sales returns book: ***giornale resi su vendite.*** Registro di prima nota nel quale vengono riportati i dati relativi ai prodotti resi all'impresa, via via che i clienti li restituiscono. I totali vengono periodicamente riportati sul conto resi e sul partitario clienti, nel conto del cliente che ha effettuato la resa. (v. anche *sales returns*)

sales revenue: ***fatturato.*** L'insieme delle vendite realizzate da un'impresa in un determinato arco di tempo.

sales revenue maximization: ***massimizzazione del fatturato.*** Politica alternativa a quella della massimizzazione dei profitti, in base alla quale gli amministratori di un'impresa tentano di massimizzare la quantità di prodotto venduto invece dei profitti. Ciò perché risulta più facile massimizzare il fatturato (il che non è disgiunto dal livello dei profitti) ma anche perchè tale politica spesso riscuote maggiore approvazione da parte degli azionisti.

salesroom: ***sala di vendita; sala di esposizione.*** Variante grafica di *sale room* (v.).

sales schedule: ***scheda di domanda; schedula di domanda; lista di domanda.*** Termine usato con lo stesso significato di *demand schedule* (v.).

sales slip: ***talloncino di vendita.*** È il cartellino o il talloncino, presente sulle confezioni o sugli articoli posti in vendita in un negozio, nel quale sono riportati il prezzo e il numero di codice dell'articolo.

sales stagnation: ***ristagno delle vendite; stagnazione delle vendite.*** Situazione di mercato che viene a determinarsi a seguito del calo della domanda, conseguente a misure di politica deflazionistica, alla variazione del gusto dei consumatori o alla immissione sul mercato di prodotti più moderni o di migliore qualità. Il ristagno delle vendite può, pertanto, interessare un solo prodotto o una sola impresa, oppure essere diffuso e indifferenziato a seconda delle cause che lo hanno generato.

sales statistics: ***statistica delle vendite.*** Informazioni statistiche relative ad un particolare periodo di tempo, raccolte e conservate da un'impresa. Queste informazioni, che non si limitano alle sole vendite dell'impresa interessata ma tengono conto anche del mercato e della concorrenza, vengono utilizzate per la formulazione del preventivo delle vendite, dei metodi di previsione delle vendite e dei piani o programmi di sviluppo vendite. (v. anche *sales budget, sales forecasting method*)

sales strategy: ***strategia di vendita.*** Il coordinamento delle varie operazioni di vendita svolte da un'impresa. Consiste principalmente nel collegare tra loro tutte le strutture di vendita e tutti i piani, le iniziative e le campagne promozionali allo scopo di realizzare l'obiettivo di incrementare le vendite di uno o di tutti i prodotti dell'impresa.

sales supervisor: ***supervisore delle vendite; ispettore delle vendite.*** È la persona alla quale viene affidato il controllo e il coordinamento di un gruppo di venditori. Egli opera alle dipendenze del direttore commerciale e in stretto contatto con tutti gli altri supervisori di suo pari grado.

sales targets: ***obiettivi di vendita.*** V. spiegazione sotto *target.*

sales tax: ***imposta sulle vendite; imposta di consumo.*** Imposta indiretta ad aliquota uniforme che colpisce la vendita di tutti i beni e servizi ad uno o più stadi del processo distributivo. Ad esempio, può colpire la vendita di un bene ogni volta che esso passa da un proprietario ad un altro, nel qual caso diventa simile ad un'imposta sugli affari, oppure può colpire la vendita di un bene soltanto ad uno dei vari passaggi di proprietà che esso subisce dal produttore al consumatore. In quest'ultimo caso, l'imposta può essere prelevata quando il bene passa dal produttore al grossista, oppure quando passa dal grossista al dettagliante o, in alternativa, quando passa da quest'ultimo al consumatore finale. (v. anche *turnover tax*)

sales technique: ***tecnica di vendita.*** Ogni tipo di prodotto prevede una diversa tecnica di vendita, che comprende il modo in cui esso viene presentato al pubblico, il tipo di pubblicità che più gli si adatta, l'atteggiamento del venditore, ecc. Con questo termine, pertanto, si intende tutto l'insieme di pratiche ed accorgimenti che il venditore deve tener presenti e seguire se vuole avere successo nei suoi sforzi di vendita.

sales territory: ***zona di vendita; territorio di vendita.*** Termine usato con lo stesso significato di *sales district* (v.), pur se spesso viene riferito ad un'area alquanto più vasta di quella che costituisce un distretto di vendita.

sales training: ***addestramento alle vendite.*** Consiste di brevi corsi tenuti per insegnare ai nuovi assunti le principali tecniche di vendita che si adattano ai beni prodotti dall'impresa. L'addestramento può essere ripetuto per tutto il personale di vendita ogni volta che si lancia un nuovo prodotto, quando si mettono a punto nuove tecniche di vendita o allo scopo di tener aggiornati i venditori sulle condizioni del mercato e sulle iniziative della concorrenza.

sales volume: ***volume delle vendite.*** Termine usato in alternativa a *volume of sales* (v.).

sales volume variance: ***variante di volume delle vendite.*** La differenza tra il volume delle vendite previsto e quello effettivamente realizzato.

saleswoman: ***venditrice; commessa.*** Termine generico, con il quale si indica una donna impiegata appositamente per la vendita di beni al pubblico, di solito in un negozio. Può, tuttavia, essere usato anche per indicare una venditrice esterna.

sale under cost: ***vendita sotto costo.*** Espressione usata con lo stesso significato di *sale below cost* (v.).

sale under execution: ***vendita forzata; vendita giudiziale.*** Il trasferimento della proprietà di beni contro corrispettivo, per autorità di un organo giudiziario, senza o contro la volontà del proprietario. (v. anche *sheriff's sale*)

sale value: ***valore netto di vendita.*** Il prezzo al quale può essere venduto un qualsiasi bene o una qualsiasi attività, anche se si tratta di un bene immobile, al netto degli eventuali costi che gravano ancora sul venditore.

sale warrant: Documento rappresentativo di merci emesso a fronte di una vendita, il cui pagamento avviene in parte attraverso la costituzione di un deposito da effettuarsi al momento in cui ha luogo la vendita e in parte in contanti, da versarsi all'atto della consegna del documento stesso.

sale with all faults: ***vendita «cosi com'è».*** Se una vendita viene perfezionata con questa clausola, il compratore accetta i beni con tutti i vizi ad essi inerenti, a meno che il venditore abbia agito con fraudolenza, ovvero abbia tentato di occultare i vizi in questione.

sale with right of redemption: ***vendita con patto di riscatto.*** Operazione di vendita in cui il venditore si riserva il diritto di riacquistare il bene, allo stesso prezzo o a un prezzo prestabilito.

salutation: ***saluto.*** Termine usato con lo stesso significato di *greeting* (v.).

salvage: 1. ***salvataggio; soccorso; compenso di salvataggio.*** Il termine inglese viene usato per indicare sia l'azione di salvataggio di una nave e del suo carico, totale o parziale, dal pericolo di naufragio o altri pericoli del mare, sia il compenso spettante a chi riesce a salvare beni in mare, sia le cose così salvate. Al fine di aver diritto al compenso di salvataggio, che sarà pagato dagli armatori e dai proprietari del carico salvato, è necessario che chi ha proceduto alle operazioni relative possa dimostrare che l'ha fatto volontariamente; che la sua azione comportava un pericolo per se stesso; che la nave aveva bisogno di soccorso; e che ne è derivato un vantaggio per la nave e per i proprietari del carico. Il compenso di salvataggio non può essere versato a coloro ai quali la nave era affidata, cioè l'equipaggio e gli ufficiali. Nell'ordinamento anglosassone, sia la disciplina del salvataggio, sia il termine che l'indica sono unitari e, pertanto, non vi è la distinzione che si fa in Italia tra assistenza e salvataggio. **2.** ***ricupero; materiale di ricupero.*** Tutto ciò che può essere recuperato dopo che una proprietà è stata colpita da un incendio o da un altro sinistro. Lo stesso termine viene usato per indicare ciò che può essere recuperato, al fine di essere riutilizzato o venduto, dopo lo smantellamento o la smobilitazione di un'attività fissa. **3.** ***valore di ricupero.*** In questo significato, è più comune il termine *salvage value* (v.).

salvage agreement: ***contratto di salvataggio.*** Termine usato con lo stesso significato di *salvage bond* (v.).

salvage association: ***società di salvataggio.*** In tutte le nazioni esistono servizi organizzati, che dispongono di rimorchiatori e navi appositamente attrezzate, che entrano in funzione quando una nave si trova in difficoltà. Tali servizi possono essere affidati a enti pubblici, come ad esempio la *Coast Guard* degli Stati Uniti, o a società private, che vengono chiamate società di salvataggio.

salvage award: ***compenso di salvataggio.*** Il compenso che compete a chi salva o contribuisce a salvare vite umane e beni minacciati da un pericolo del mare. (v. anche *salvage 1*)

salvage bond: ***contratto di salvataggio.*** Il contratto, stipulato e sottoscritto dal capitano della nave in pericolo e dal ricuperatore, prima che questi inizi le operazioni di salvataggio. In mancanza del tempo necessario per sottoscrivere il contratto, il ricuperatore darà ugualmente inizio alle operazioni e il relativo contratto potrà essere stipulato successivamente.

salvage charges: ***diritti di salvataggio.*** Termine usato con lo stesso significato di *salvage dues* (v.).

salvage club: Termine con il quale si indica un'associazione di mutua assicurazione per la tutela dei membri dalle responsabilità in materia di sinistri marittimi.

salvage dues: ***diritti di salvataggio.*** Il compenso che gli armatori e i proprietari del carico salvato da un pericolo del mare sono tenuti a corrispondere a coloro che hanno compiuto il salvataggio.

salvage expenses: ***spese di salvataggio.*** Sono le spese per le indennità e i compensi spettanti ai soccorritori che hanno portato a termine un'operazione di salvataggio. (v. anche *salvage award, salvage dues*)

salvage lien: ***privilegio per diritti di salvataggio.*** Il diritto di ritenzione riconosciuto a chi ha compiuto un salvataggio in mare, a tutela del compenso dovutogli dai proprietari dei beni salvati. Il ricuperatore non sarà tenuto a riconsegnare i beni salvati fin quando non gli saranno stati corrisposti i diritti che gli competono.

salvage loss: ***perdita con ricupero.*** Espressione usata nel linguaggio delle assicurazioni per indicare la perdita, conseguente ad un sinistro, al netto del valore dei beni ricuperati. Pertanto, la somma che gli assicuratori liquideranno corrisponderà alla somma per la quale i beni erano assicurati, meno il valore dei beni che sono stati salvati o ricuperati.

salvage money: ***compenso di salvataggio.*** Termine usato con lo stesso significato di *salvage award* (v.).

salvage office: ***ufficio salvataggio; ufficio recuperi marittimi.*** L'ufficio che provvede ad organizzare e inviare i soccorsi alle navi che li richiedono.

salvage service: ***servizio di salvataggio.*** Servizio reso volontariamente a una nave in difficoltà e inteso a toglierla dalla situazione di pericolo in cui si trova. Il diritto marittimo prevede una ricompensa a chi presta tale tipo di servizio.

salvage value: ***valore di ricupero.*** Il prezzo reale o stimato al quale può essere venduta, come materiale di seconda mano, un'attività fissa smantellata o smobilitata o una partita di merci che risulti invendibile attraverso i normali canali. Da un punto di vista contabile, il valore di ricupero corrisponde al prezzo di vendita suddetto, meno le spese che si dovranno sostenere per vendere il materiale di ricupero. (v. anche *salvage 2*)

salvor: ***ricuperatore; soccorritore.*** Chi organizza, è addetto o partecipa al salvataggio di vite e beni minacciati da un pericolo del mare.

salvor's lien: ***privilegio per diritti di salvataggio.*** Termine usato con lo stesso significato di *salvage lien* (v.).

same day funds: ***fondi disponibili in giornata.*** Fondi che vengono accreditati dalla banca nello stesso giorno in cui vengono ricevuti o depositati.

to sample: ***campionare.*** Estrarre un campione da una massa di merce o da un universo uniformi.

sample: ***campione.*** Nel linguaggio commerciale, il termine indica: a) una piccola parte, tratta dalla massa di una merce che si intende vendere, di cui essa è rappresentativa. Un campione viene di solito inviato dal venditore al compratore per dimostrare il tipo e la qualità delle merci offerte in vendita, ma può anche essere inviato dal compratore per indicare il tipo e la qualità di merci che intende acquistare. b) Un pezzo o una piccola parte di un prodotto, offerta gratuitamente o ad un prezzo di molto inferiore a quello di mercato, allo scopo di indurre un potenziale acquirente a provare il prodotto o ad esaminarlo al fine di accertarne la qualità. In statistica, il termine indica un numero limitato di elementi, scelti da un universo o da una popolazione ed esaminati statisticamente al fine di determinare proprietà e caratteristiche dell'intero universo.

sampled offer: ***offerta campionata.*** Un'offerta accompagnata da un campione dei beni che si offrono in vendita.

sample fair: ***fiera campionaria.*** Una grande esposizione di prodotti industriali, in occasione della quale gli operatori del settore hanno l'opportunità di incontrarsi allo scopo di stringere relazioni d'affari. I prodotti esposti in una fiera campionaria di solito non sono in vendita, ma gli interessati possono prenderne visione per rendersi conto delle loro caratteristiche e successivamente o immediatamente ordinarli all'impresa che li produce. Esistono fiere campionarie dell'artigianato e di altri settori specializzati.

sample from the bulk: ***campione estratto in monte.*** È il campione estratto da una massa uniforme di merci.

sample grade: ***grado di campione.*** Nel linguaggio delle borse merci, questa espressione di solito indica la qualità più bassa di una merce, accettabile per consegna futura in base ad un contratto a termine.

sample post: ***campione senza valore.*** Espressione usata per indicare un campione che viaggia per posta ordinaria al quale, pertanto, non si annette alcun valore in caso di suo smarrimento.

sampler: ***campionatore.*** Persona addetta al prelievo e all'esame di campioni, di solito materie prime o prodotti primari per l'industria.

sample reliability: ***attendibilità del campione.*** Il grado di corrispondenza tra un campione e un universo dal quale il primo è stato estratto. Ad esempio, l'attendibilità della media aritmetica di un campione si può ricavare dividendo la deviazione standard stimata degli elementi dell'universo per la radice quadrata del numero di casi contenuti nel campione.

sample room: ***sala dei campioni.*** In alcune borse merci, specializzate in certi prodotti che non si prestano ad una precisa e accurata gradazione, vi è una sala nella quale i potenziali compratori possono esaminare i campioni delle partite che verranno poste in vendita col sistema dell'asta nei giorni successivi.

sample size: ***ampiezza del campione; dimensione del campione.*** Il numero complessivo di elementi contenuti in un campione, in relazione all'universo dal quale esso è stato estratto.

sample survey: ***inchiesta per campione; indagine campionaria.*** L'inchiesta condotta attraverso l'intervista dei singoli elementi che costituiscono il campione estratto da un universo.

sampling: **1.** ***campionamento; campionatura.*** In statistica, è il processo di ragionamento matematico induttivo tramite il quale si ricavano, da un numero di osservazioni relativamente limitato, delle generalizzazioni quantitative qualificate in relazione ad un intero universo di fenomeni. Vi sono vari metodi di campionamento e varie tecniche matematiche con le quali si possono ricavare le generalizzazioni suddette. **2.** ***distribuzione di campioni.*** In campo pubblicitario, il termine inglese indica la distribuzione gratuita di un campione di un prodotto a potenziali consumatori, affinché lo provino e ne accertino la qualità e le caratteristiche.

sampling distribution: ***distribuzione di una costante campionaria.*** La forma grafica o matematica della distribuzione assunta dal valore di qualsiasi insieme di dati statistici calcolati in base al campione di una data ampiezza.

sampling error: ***errore di campionatura.*** È l'errore standard, o errore quadratico medio (della media), nella distribuzione di una costante campionaria. Rappresenta quella parte della differenza tra il valore di una popolazione e la stima di tale valore (quando si ricorre ad un campione casuale) che deriva dal fatto di aver effettuato una campionatura.

sampling inspection: ***ispezione di campionamento; collaudo per campione.*** Lo stesso che *acceptance sampling* (v.).

sampling order: ***ordine di campionamento.*** È un ordine, emesso da un commerciante che possiede merci depositate in un magazzino pubblico e diretto al custode o al gestore del magazzino, con il quale si autorizza la persona che lo riceve a consentire che il latore prelevi e porti via dei campioni delle merci ivi depositate.

sampling theory: ***teoria del campionamento.*** Espressione usata per indicare la determinazione dell'errore statistico di stime basate su campioni, la determinazione della validità dei risultati ottenuti attraverso un'osservazione per campioni e la loro applicazione alla popolazione oggetto di studio.

Samuelson–Stolper effect: ***effetto Samuelson–Stolper.*** Partendo dal concetto che l'aumento del prezzo di un bene può far aumentare il reddito del fattore usato più intensivamente nella produzione di quel bene, P.A. Samuelson giunse alla formulazione di un teorema che sostiene che il libero scambio, riducendo le differenze di prezzo dei beni nei diversi paesi, porta anche ad un allineamento dei prezzi dei fattori della produzione, che tendono a pareggiarsi nei vari paesi, in quanto i beni possono fungere da sostituti parziali dell'immigrazione di lavoro verso un'economia in cui esso scarseggia. Ciò potrebbe portare ad una diminuzione dei salari reali in un sistema di libero scambio, ma perché ciò si realizzi sarebbe necessario un grande mercato unico dei fattori, cosa cui hanno pensato anche altri economisti.

Samuelson substitution theorem: ***teorema della sostituzione di Samuelson.*** Nell'analisi delle interdipendenze strutturali, si indica con questa espressione la proposizione che sostiene che anche quando sia possibile una variazione delle proporzioni degli input, non sarà mai vantaggioso variarla se sono presenti costanti rendimenti di scala, soltanto un input scarso e nessun prodotto congiunto.

samurai bond: Espressione colloquiale del linguaggio finanziario con la quale si indica un'emissione obbligazionaria sul mercato giapponese da parte di un mutuatario straniero. L'emissione è denominata in yen, cioè valuta giapponese, e può essere acquistata anche da non residenti.

Sanborn map: Termine usato nel linguaggio assicurativo statunitense per indicare una mappa sulla quale vengono riportate le zone di una città in cui è presente il maggior rischio di incendio. Serve, tra l'altro, a calcolare i tassi da applicarsi alle polizze incendio sui beni immobili ubicati nelle varie parti di una città.

sanction: 1. ***sanzione.*** Nel linguaggio giuridico, indica la punizione o l'ammenda inflitta a chi trasgredisce ad una legge. Per le sanzioni economiche, v. *economic sanctions.* **2.** ***approvazione; autorizzazione.*** All'interno di un'impresa o altra organizzazione, indica l'approvazione di una linea di condotta o di un provvedimento, data da chi ne ha l'autorità.

sanction clerk: L'impiegato di un'impresa addetto all'esame e all'approvazione delle richieste di fornitura a credito o in conto corrente.

sandwich courses: ***corsi sandwich.*** Espressione colloquiale con la quale si indicano corsi tenuti presso i politecnici a favore di studenti lavoratori. Una volta stabilito che è necessario, o almeno utile, acquisire contemporaneamente sia la conoscenza teorica che l'esperienza pratica e una volta accertato che i corsi a tempo parziale o serali non costituiscono un metodo di istruzione soddisfacente, nel Regno Unito si è fatto ricorso a questo particolare tipo di corsi, che prevedono la permanenza dello studente presso il politecnico per un periodo di tre o sei mesi e la sua permanenza in fabbrica per la restante parte dell'anno. I corsi sono strutturati in maniera tale che gli studenti possano sostenere gli esami durante il periodo di loro permanenza nel *college.* L'impresa presso la quale lavorano questi studenti corrisponde loro l'intero salario anche durante i mesi che essi trascorrono all'università, ma come contropartita gli studenti lavoratori si impegnano a restare alle dipendenze dell'impresa per un certo periodo minimo di tempo dopo aver conseguito il titolo di studio cui aspirano.

sandwich lease: ***locazione sandwich.*** Quando un bene immobile, terreno o fabbricato, viene dato in locazione ad un locatario che, a sua volta, lo dà in locazione ad un sublocatario, la prima di queste due locazioni è indicata con questo termine inglese.

sandwich man: ***uomo sandwich.*** Una persona incaricata di passeggiare per le strade di una città portando sul davanti e sul di dietro della sua persona delle tavole, di legno o altro materiale leggero, sulle quali sono incollati manifesti pubblicitari. Molto diffusa in passato, questa figura è oggi quasi del tutto scomparsa, sostituita da più moderni ed efficaci mezzi di pubblicità.

sans frais: ***senza spese.*** Espressione di origine francese, a volte usata nel significato della corrispondente espressione inglese *incur no expense* (v.).

sans recourse: ***senza azione di regresso.*** Espressione di origine francese, a volte usata con lo stesso significato della corrispondente espressione inglese *without recourse* (v.).

satang: Moneta divisionale della Tailandia, equivalente ad un centesimo di baht.

satellite office: ***ufficio satellite.*** Un ufficio, o piccola filiale, ubicato in zona diversa da quella in cui si trova l'ufficio principale, che tuttavia lo controlla e lo gestisce.

satellite town: ***città satellite.*** Termine di recente formazione, usato per indicare un agglomerato urbano sviluppatosi, a seguito di pianificazione statale, nei dintorni di una grande città e costruito in modo da essere autosufficiente, contenendo abitazioni, servizi, industrie e tutto ciò che è necessario alla vita di una città. Le città satellite, tuttavia, gravitano sempre nel raggio di influenza delle più grandi città presso le quali sorgono.

satiation: ***sazietà.*** La situazione del consumatore che ha pienamente soddisfatto il suo bisogno di un determinato bene. Di conseguenza, l'utilità di un'ulteriore dose di quello stesso bene al di là del livello di sazietà è uguale a zero o addirittura negativa. Quando in un'economia si raggiunge questa situazione, la domanda di beni scende al livello di rimpiazzo con conseguente riduzione degli investimenti e dell'occupazione.

satisfaction: ***soddisfazione; tacitamento; estinzione.*** L'estinzione di una obbligazione attraverso l'esecuzione della medesima, come ad esempio il pagamento di un debito, o una qualsiasi azione equivalente all'esecuzione.

satisfaction of mortgage: ***estinzione d'ipoteca.*** Termine usato con lo stesso significato di *release of mortgage* (v.).

satisfactory control: ***controllo soddisfacente.*** Espressione usata nel controllo statistico della qualità per indicare che il controllo raggiunge un livello tale da rappresentare un saldo attivo tra il costo della qualità e il valore della qualità, cioè a dire quando un qualsiasi ulteriore miglioramento della qualità costerebbe più di quanto si possa recuperare attraverso tale miglioramento.

satisfactory goods: ***merci soddisfacenti.*** Merci di qualità accettabile e idonee allo scopo per il quale vengono acquistate.

satisficing: Termine coniato nel 1957 dall'economista statunitense Herbert A. Simon per indicare una teoria del comportamento economico di individui e imprese alternativa rispetto a quella della massimizzazione dei profitti sostenuta dall'economia tradizionale. Secondo il Simon, le imprese e gli individui non mirano sempre a realizzare i migliori risultati possibili, bensì a mantenere o a raggiungere certe situazioni soddisfacenti. In altre parole, finché i risultati sono al di sopra di un determinato livello, di qualunque entità essi siano, andranno bene e non ci sarà alcun bisogno di intervenire allo scopo di renderli migliori. L'intervento sarà, invece, necessario quando, e soltanto quando, i risultati scendono al di sotto del livello di soddisfazione.

saturation: ***saturazione.*** La saturazione economica di un mercato, cioè la situazione in cui è stato raggiunto il punto di saturazione e la capacità di assorbimento del mercato è determinata soltanto dalla crescita della popolazione e dalla sostituzione dei beni di consumo durevoli vecchi o distrutti. Il prezzo di mercato, le mode, il livello di reddito e le innovazioni tecnologiche sono elementi che contribuiscono ad ampliare la capacità di assorbimento del mercato e a rinviare la saturazione anche permanentemente, mediante l'abbreviazione della vita media dei beni interessati e l'aumento del loro tasso di sostituzione. (v. anche *saturation point*)

saturation point: ***punto di saturazione.*** In economia, è il livello oltre il quale si prevede che non si accresca l'assorbimento relativo di un bene o di un servizio. Il punto di saturazione viene generalmente indicato mediante un rapporto, ad esempio tra cento persone e il numero di televisori posseduti. Se, in questo caso, l'indice di saturazione è, diciamo, dell'1,6, ciò significa che esiste più di un televisore per ogni due persone. In questa situazione, la domanda tenderà a rallentare raggiungendo il livello determinato dall'aumento della popolazione e dalla sostituzione di vecchi apparecchi.

Saudi riyal: Unità monetaria dell'Arabia Saudita, suddivisa in cento halalah.

s.a.v.: stock at valuation.

Savage criterion: ***criterio di Savage.*** Lo stesso che *minimax* (v.).

«save as you earn»: ***risparmio ritenuto alla fonte.*** Espressione con la quale si indica un piano di piccolo risparmio individuale, introdotto in occasione della presentazione del bilancio del Regno Unito nel 1969. Il piano prevede la stipula di un contratto da parte dell'ufficio statale preposto alla gestione del piano e un qualsiasi risparmiatore disposto ad accantonare una somma fissa ogni mese. Tale somma può essere trattenuta dallo stipendio o dal salario, oppure può essere versata dal risparmiatore presso un ufficio postale. Dopo cinque anni, il risparmiatore riceve dallo stato un premio esentasse e se non preleva la somma accumulata per un periodo di altri due anni, riceverà un altro premio esentasse uguale al precedente.

saver: ***risparmiatore.*** Colui che, astenendosi dal consumo immediato, crea un risparmio o, essendosi in passato astenuto dal consumo, dispone di un risparmio di cui può godere i frutti. (v. anche *investor*)

saver's surplus: ***rendita del risparmiatore.*** La differenza positiva tra il tasso di interesse al quale un risparmiatore sarebbe pronto a dare in prestito i propri risparmi in un mercato a bassa domanda di denaro e il tasso di interesse che effettivamente riceve, determinato da una richiesta di denaro relativamente alta.

saving: 1. ***risparmio.*** Nel linguaggio popolare, questo termine viene usato per indicare la quota di reddito che un privato cittadino impiega in investimenti di un qualche tipo. Nel linguaggio economico, invece, il termine indica la quota di reddito che un privato o un'impresa sottraggono al consumo corrente (Keynes) o il reddito disponibile oggi, di cui fa parte anche il reddito o parte del reddito percepito in passato, meno la spesa corrente in consumi (Robertson). Mentre secondo Keynes il risparmio deve sempre essere uguale all'investimento, secondo la definizione data dal Robertson l'investimento può essere maggiore del risparmio, in quanto esso può derivare anche dal risparmio accumulato in passato. Da un punto di vista economico, tuttavia, il termine risparmio indica la somma sottratta al consumo, ma non necessariamente investita. Anche il denaro conservato in casa o in una cassetta di sicurezza costituisce risparmio nel senso che esso viene sottratto alla spesa in consumi. (v. anche *saving/investment theory*) **2.** ***economia.*** L'uso oculato ed economico di un bene capace di soddisfare un bisogno.

saving class: ***classe dei risparmiatori.*** Termine usato da J. M. Keynes con lo stesso significato di *investing class* (v.).

saving/investment approach: ***metodo risparmio/investimenti.*** È uno dei metodi usati per la determinazione del reddito nazionale, descritto sotto *saving/investment theory* (v.).

saving/investment theory: ***teoria sulle relazioni tra risparmio e investimento.*** Nel linguaggio economico, il termine investimento sta ad indicare l'effettiva creazione di beni capitali, mentre il termine risparmio indica la parte di reddito percepito ma non speso in consumi, sia essa devoluta all'investimento o no. Secondo una vecchia teoria, il risparmio e l'investimento difficilmente sono uguali, in quanto il primo è intrapreso da una categoria di persone in un dato periodo di tempo e il secondo è intrapreso da una diversa categoria di persone solitamente in un diverso periodo di tempo. Affinché in un'economia permanga una situazione di equilibrio, il risparmio deve essere uguale all'investimento in un qualsiasi periodo. Infatti, se il risparmio supera l'investimento verranno tolte dalla circolazione notevoli quantità di moneta e ciò porterà al ridimensionamento della produzione di beni e servizi e ad un calo dell'occupazione; se, invece, l'investimento supera il risparmio, si avrà come risultato una situazione inflazionistica. Keynes sostenne che il risparmio e l'investimento devono sempre essere uguali, perché la quantità di reddito prodotta dall'investimento produrrà un ammontare equivalente di risparmio. Keynes dimostrò questo suo concetto in un modo che potremmo semplificare così: considerando che il reddito nazionale è uguale alla somma di ogni reddito derivante da un'attività economica, il reddito personale sarà o speso in beni di consumo o risparmiato. Di conseguenza, il reddito nazionale è uguale all'ammontare speso in beni di consumo più l'ammontare risparmiato, cioè il reddito è uguale a consumo più risparmio. Pertanto, il risparmio è uguale al reddito meno il consumo. Quindi, considerando il reddito nazionale in termini reali come il volume totale della produzione, ne deriva che il reddito nazionale è uguale all'ammontare dei beni di consumo prodotti più l'ammontare dei beni capitali prodotti, ovvero il reddito è uguale al consumo più l'investimento e quindi l'investimento è uguale al reddito meno il consumo. Poiché, dunque, sia il risparmio che l'investimento sono ciascuno uguali al reddito meno il consumo, ne discende che essi devono necessariamente essere uguali tra loro. Questa dimostrazione di Keynes sollevò una polemica che durò per molto tempo, ma in seguito Robertson e Ohlin dimostrarono, per mezzo dell'analisi periodale, che essa non doveva essere necessariamente incompatibile con la teoria precedente. (v. anche *period analysis, theory of income determination*)

saving of raw materials: ***economia di materie prime.*** L'uso economico di materie prime da parte di un'impresa o di un'economia.

saving rate: ***saggio del risparmio.*** Lo stesso che *rate of saving* (v.).

saving ratio: ***rapporto di risparmio.*** Il rapporto tra produzione e risparmio all'interno di un'economia.

savings: ***risparmi.*** Il termine inglese viene usato in un significato lievemente diverso da quello di *saving* (v.). Infatti, mentre quest'ultimo è considerato un flusso o la differenza tra reddito e consumo durante un dato periodo di tempo, col termine *savings* di solito si indica una quantità di reddito accumulato e non consumato ad un dato momento nel tempo.

savings account: ***conto di risparmio.*** Nel Regno Unito è possibile aprire un conto di risparmio presso gli istituti di credito, che differisce dal *deposit account* (v.). Su questo tipo di conto vengono versati piccoli risparmi personali, sui cui saldi di entità inferiore ad un limite specificato viene riconosciuto un interesse che può essere diverso da quello riconosciuto sui conti di deposito, mentre se il saldo supera quel limite, il tasso d'interesse è uguale a quello riconosciuto sui conti di deposito. Anche le società di credito edilizio offrono la possibilità di aprire un conto di risparmio, che consente al titolare di depositare regolarmente ogni settimana o ogni mese una certa quantità dei suoi risparmi, sul cui saldo viene riconosciuto un interesse più alto di quello pagato sugli altri tipi di depositi accettati da queste società. (v. anche *deposit account, building society*)

savings and loan association: ***associazione mutua di risparmi e prestiti; cooperativa di credito edilizio.*** Istituzione di risparmio privata che, negli Stati Uniti, concede mutui garantiti da ipoteca di primo grado su immobili ubicati entro un raggio di cinquanta miglia dalla propria sede, con i fondi che si procura attraverso la vendita di certificati azionari di investimento.

savings and thrift plan: ***piano di risparmio.*** Negli Stati Uniti, è un piano predisposto e gestito dalle imprese, cui possono partecipare i lavoratori che desiderano costituire un proprio fondo mediante accantonamenti settimanali o mensili di parte dei loro guadagni.

savings bank: ***banca di risparmio; cassa di risparmio.*** Nei paesi anglosassoni, si indica con questo termine una banca che accetta piccoli depositi a lungo termine dai risparmiatori, sui quali viene riconosciuto un tasso di interesse. I depositi possono essere ritirati dai titolari come e quando vogliono, ma di regola non attraverso l'emissione di assegni bancari. Le casse di risparmio possono essere costituite sotto forma di società mutue o società per azioni. Molte delle banche commerciali del Regno Unito e degli Stati Uniti si interessano anche di questo tipo di attività, demandato ad un apposito dipartimento della banca. Dal 1965, anche le casse di risparmio concedono ai loro clienti la possibilità di emettere assegni bancari.

savings bonds: ***buoni di risparmio.*** Termine con il quale vengono indicate alcune emissioni di particolari titoli di stato sia nel Regno Unito che negli Stati Uniti. In questi ultimi, le diverse emissioni vengono differenziate con lettere dell'alfabeto, come i *savings bonds E* e *H* emessi negli anni sessanta, mentre nel Regno Unito le successive emissioni vengono differenziate dall'indicazione del tasso di interesse e delle date di emissione e di rimborso, come ad esempio *3% Savings Bonds 1965–75.*

savings cash: ***risparmi liquidi.*** Il denaro liquido risparmiato e tesaurizzato, cioè tolto dalla circolazione e conservato in casa da coloro che non sono titolari di alcun conto bancario.

savings certificates: ***certificati di risparmio.*** Termine usato con lo stesso significato di *national savings certificates* (v.).

saving schedule: ***scheda del risparmio.*** Lo stesso che *propensity–to–save schedule* (v.).

savings deposit: ***deposito a risparmio.*** Lo stesso che *time deposit* (v.).

savings depositor: ***depositante a risparmio.*** Il risparmiatore titolare di un deposito a risparmio.

savings equal investment: ***i risparmi uguagliano l'investimento.*** Massima di J.M. Keynes, la cui logica è spiegata sotto *saving/investment theory* (v.).

savings gap: ***divario del risparmio.*** Nella teoria keynesiana della determinazione del reddito, questa espressione indica la differenza che nasce, via via che crescono la produzione e il reddito in un'economia, tra la spesa totale necessaria per sostenere il livello dell'occupazione, della produzione e del reddito e la spesa totale in consumi relativa a quel dato livello di reddito. Si verifica questo divario perché la propensione marginale al consumo, sempre secondo Keynes, aumenta in maniera lievemente inferiore all'aumento del reddito.

savings institutions: ***istituzioni di risparmio.*** Istituzioni di deposito che fondano le loro operazioni di raccolta su depositi diversi da quelli a richiesta. Negli Stati Uniti vi rientrano *savings and loan association* (v.), *mutual savings bank* (v.) e *credit union* (v.).

savings market: ***mercato del risparmio.*** Nel Regno Unito è costituito dalle varie associazioni o istituzioni finanziarie che accettano depositi dai risparmiatori e li investono nel credito ipotecario, nel credito al consumo e simili forme di investimento. Tra le istituzioni più importanti che operano su questo mercato vi sono le *building societies* (v.), le *finance houses* (v.) e i vari tipi di fondi comuni d'investimento.

savings passbook: ***libretto di risparmio; libretto di deposito a risparmio.*** È il libretto, rilasciato dalla banca al titolare di un deposito a risparmio, sul quale vengono annotate le operazioni di versamento e di prelevamento. Le scritture su questo libretto devono corrispondere a quelle sulla scheda del cliente che, in caso di discordanza, è l'unica ad aver valore per la banca.

savings programme: ***piano di risparmio.*** Un qualsiasi programma che prevede versamenti o accantonamenti periodici da parte di un individuo, allo scopo di creare un piccolo capitale per un qualsiasi scopo che egli si prefigge, come ad esempio l'integrazione della propria pensione. Il termine di solito si applica ai tipi di prodotti finanziari offerti da compagnie di assicurazione e dalle società di distribuzione dei fondi comuni d'investimento, ma può essere usato anche in relazione a un programma di accantonamenti voluto e gestito dallo stesso risparmiatore.

savings ratio: ***indice di risparmio.*** Esprime in percentuale la parte di reddito personale disponibile che viene destinata al risparmio o al pagamento di debiti contratti in passato.

savings–related share option schemes: Introdotti nel Regno Unito nel 1980, sono piani che consentono a impiegati e dirigenti di acquisire azioni delle società per cui lavorano, pagandole con i contributi a piani di risparmio e con gli interessi che maturano su tali contributi dalla data in cui essi iniziano i versamenti alla data in cui matura il loro diritto a sottoscrivere i titoli.

savings share: ***azione di risparmio.*** Pur non esistendo nel mondo anglosassone questo tipo di titoli, il termine è stato creato e trova applicazione per indicare le nostre azioni di risparmio, le cui principali caratteristiche sono quelle di essere al portatore, di rendere un dividendo leggermente superiore a quello pagato sulle azioni ordinarie e di avere un trattamente fiscale privilegiato rispetto a queste ultime.

savings turnover ratio: ***indice di rotazione del risparmio.*** È una misura dell'andamento del risparmio, usata da istituzioni, quali le banche, che operano sul mercato del risparmio. Il rapporto è dato dal risparmio ricevuto dall'istituzione durante l'arco di un determinato periodo di tempo diviso per il risparmio totale presente all'inizio di quel periodo di tempo.

savings withdrawal ratio: ***indice di prelievo del risparmio.*** È un indice usato per mettere a confronto l'afflusso e l'efflusso di risparmio. Il rapporto che lo indica si ottiene dividendo il risparmio ricevuto da un'istituzione durante l'arco di un determinato periodo di tempo per il risparmio prelevato durante lo stesso arco di tempo.

S.A.Y.E.: save as you earn.

Say's law of markets: ***legge dei mercati di Say; legge di Say.*** Termine usato con lo stesso significato di *law of markets* (v.).

S.B.: 1) savings bank; 2) sales book; 3) short bill; 4) sub branch.

SBA: Small Business Administration.

SBIC: small–business investment company.

SBU: strategic business unit.

s.c.: 1) sharp (prompt) cash; 2) salvage charges; 3) safe custody.

S/C: salvage charges.

scab: ***crumiro.*** Termine di slang statunitense, con il quale si indica una persona che lavora a condizioni diverse da quelle stabilite da un sindacato o che accetta di lavorare in uno stabilimento i cui lavoratori sono in sciopero.

scalar principle: ***principio scalare.*** Il principio che sostiene la necessità di una linea chiaramente definita di autorità formale, che va dal vertice alla base di un'organizzazione.

scalar quantity: ***grandezza scalare; scalare.*** È una grandezza completamente determinata da un numero relativo, al contrario di grandezza vettoriale, che è caratterizzata, oltre che da un valore numerico, anche da una direzione e da un verso.

to scale down: ***ridurre progressivamente.*** Termine usato per indicare acquisti eseguiti ad intervalli regolari di prezzo in un mercato al ribasso.

scale economies: ***economie di scala.*** Lo stesso che *economies of scale* (v.).

scale effect: ***effetto di scala.*** È l'effetto che si verifica sulla dimensione della produzione di ciascuna impresa della stessa industria a seguito di una variazione del prezzo di uno degli input o del prodotto, ovvero di una variazione della domanda. L'aumento della domanda, che può anche derivare da una diminuzione del prezzo del prodotto, potrebbe portare all'espansione dell'impresa tale da metterla in grado di realizzare economie di scala che porterebbero ad una diminuzione del costo di produzione medio con una conseguente diminuzione del prezzo di vendita, contrariamente a quanto previsto dalla legge della domanda e dell'offerta e a quanto si verificherebbe se l'aumento della domanda non fosse accompagnato dalla realizzazione di economie di scala. Viceversa, una diminuzione della domanda porterebbe ad un aumento del prezzo di vendita, anche in questo caso contrariamente a quanto previsto dalla legge della domanda e dell'offerta, se tale diminuzione implica seri tagli alla produzione, tali da far perdere all'impresa le economie di scala precedentemente realizzate.

scale line: ***linea di scala; linea delle combinazioni di minor costo.*** Termine usato con lo stesso significato di *least cost combination curve* (v.).

scale of depreciation: ***tabella di ammortamento.*** In ragioneria, è la tabella nella quale figurano le aliquote da applicarsi per i vari periodi alle attività da ammortizzare.

scale of preferences: ***scala di preferenze.*** Nella teoria economica, si indica con questa espressione l'insieme di beni che un consumatore vorrebbe possedere, o essere in grado di acquistare, disposti in ordine di quantità di soddisfazione che ciascuno di tali beni può dare al consumatore. In cima alla scala si trova il bene che darebbe al consumatore la massima soddisfazione e in fondo quello che gli darebbe la minima soddisfazione. La teoria economica deve ipotizzare questa situazione, che differisce da individuo a individuo, anche se talune persone non hanno, o non sanno coscientemente di avere, una scala di preferenze.

scale order: ***ordine scalando; ordine migliorando.*** Lo stesso che *split order* (v.).

scale rate: ***tariffa scalare; tariffa a scala.*** Lo stesso che *block meter rate* (v.).

to scale up: ***aumentare progressivamente.*** Espressione usata per indicare vendite eseguite ad intervalli regolari di prezzo in un mercato al rialzo.

scalp: Termine del gergo borsistico statunitense, usato per indicare un'operazione allo scoperto fatta in previsione di realizzare un utile.

scalpers: Termine del gergo borsistico statunitense, con il quale si indicano operatori che nell'arco della stessa giornata di contrattazioni acquistano e vendono, realizzando un utile, gli stessi contratti a termine.

Scandinavian Monetary Union: ***Unione monetaria scandinava.*** È l'accordo, stipulato nel 1873 tra Danimarca, Norvegia e Svezia, in base al quale le monete d'oro e d'argento di ciascuno di questi tre paesi avevano corso legale anche negli altri due e le banconote emesse da ciascuno di loro venivano accettate alla pari negli altri due stati. Tutti e tre i paesi usavano la corona come unità monetaria. Durante la prima guerra mondiale sorsero difficoltà, che portarono la Svezia a ritirarsi dall'Unione nel 1924, il che ebbe come risultato la fine dell'accordo che, tuttavia, era già virtualmente inefficace dal 1914.

Scanlon plan: ***piano Scanlon.*** È un sistema di partecipazione dei lavoratori alla programmazione aziendale, inteso ad incrementare l'efficienza produttiva. Prende il nome da J.N. Scanlon, presidente di un sindacato dei metalmeccanici statunitensi, e non prevede alcuna formula rigida, ma la semplice disponibilità della direzione ad accettare critiche e suggerimenti, secondo il presupposto che la soluzione dei problemi aziendali può essere trovata più facilmente da coloro che lavorano nell'impresa e conoscono a fondo le situazioni che da esperti o consulenti esterni.

scarce: ***scarso.*** Aggettivo usato nel linguaggio comune per indicare qualcosa la cui disponibilità è limitata o insufficiente a soddisfare tutte le richieste. Nel linguaggio economico, il termine indica un qualsiasi bene o servizio non gratuito, che deve cioè essere pagato da chi lo acquista o lo utilizza.

scarce currency: ***valuta scarsa.*** Nel linguaggio finanziario internazionale, questa espressione viene usata per indicare una valuta la cui offerta sui mercati internazionali è bassa in relazione alla domanda ai tassi di cambio usuali. Nell'ambito del Fondo Monetario Internazionale, quando la valuta di un paese diventa scarsa i membri del Fondo sono autorizzati ad applicare restrizioni valutarie nei confronti di quella valuta. Questa espressione è stata, in passato, spesso usata in relazione al dollaro statunitense che, particolarmente dopo la seconda guerra mondiale, era estremamente scarso in Europa a causa della preponderanza dell'economia americana e dell'impossibilità dell'Europa di produrre ed esportare beni verso gli Stati Uniti. (v. anche *dollar gap 1*)

scarce goods: ***beni scarsi.*** Nel linguaggio dell'economia, sono tutti quei beni la cui offerta è insufficiente a far fronte alla domanda e che, pertanto, hanno un prezzo a differenza dei beni liberi, che la natura fornisce in grande quantità e che, pertanto, non hanno prezzo né valore di scambio.

scarcity: ***scarsità; rarità.*** Questo termine viene usato nel linguaggio economico per indicare una situazione in cui l'offerta è insufficiente per soddisfare tutti i livelli di domanda di un bene o servizio. Pertanto, il termine non si applica soltanto a beni il cui numero è limitato, ma soprattutto ai beni che possono essere acquisiti soltanto dietro pagamento di un prezzo. Infatti, l'economista fa distinzione tra beni liberi e beni economici: i primi sono quelli offerti dalla natura in tale abbondanza, quali l'acqua e l'aria, da non avere prezzo; i secondi sono quelli scarsi, in relazione alla domanda, e che pertanto hanno un prezzo. La produzione di beni e servizi assorbe risorse, dette fattori della produzione, costituite da componenti umane e non umane. I fattori non umani sono: a) la terra, col quale termine si indica il suolo e certe risorse riproducibili, quali il legno, la fauna, l'acqua, ed altre non riproducibili, quali i minerali; e, b) il capitale, prodotto dall'uomo sotto forma di fabbriche, infrastrutture e macchinari utilizzabili per il processo di produzione di altri beni o servizi. I fattori umani consistono: a) del lavoro, rappresentato dalle energie fisiche e mentali degli uomini dedicate al processo produttivo; e, b) della imprenditorialità, rappresentata dalle attività di coloro che si dedicano a combinare gli altri tre fattori allo scopo di realizzare la produzione, assumendosene il rischio finanziario. Nessuno di questi quattro fattori della produzione è disponibile in quantità illimitate e ciascuno di loro può essere usato in modi alternativi. Ciò significa che ciascuno di loro è scarso e sarà il tipo di sistema economico a determinarne l'utilizzazione stabilendo cosa produrre, come produrlo e per chi produrlo; in altre parole, il sistema economico determina come devono essere allocate le risorse scarse nella produzione di beni e servizi economici. La scelta avviene a diversi livelli dell'attività economica: l'imprenditore deve scegliere uno dei tanti possibili modi di combinare i fattori della produzione; il lavoratore deve scegliere quanto tempo dedicare al lavoro e quanto al riposo; il consumatore deve scegliere come utilizzare la sua quantità scarsa di potere di acquisto; e così via. La necessità di operare queste e tante altre scelte è sempre dettata dalla scarsità delle risorse.

scarcity of currency: ***scarsità di moneta.*** Quando in passato la quantità di moneta in circolazione era basata sulla quantità di metallo prezioso di cui disponevano gli istituti di emissione, questo termine indicava un flusso di moneta verso l'estero a un ritmo superiore a quello della diminuzione dei prezzi interni, consentita dall'organizzazione sociale.

scarcity rent: ***rendita di scarsità.*** Espressione usata in relazione alla rendita pagata al fattore della produzione terra. Indica la rendita marginale che deve essere pagata, oltre quella normale, quando la terra è scarsa. (v. anche *rent 2*)

scarcity value: ***valore di rarità.*** Il valore determinato dalla domanda di un bene la cui offerta non può essere aumentata, come avviene ad esempio per i mobili antichi.

scatter chart: ***diagramma a punti; diagramma a punti sparsi; diagramma a punti dispersi; diagramma «sparso»; diagramma a ordinate; diagramma a dispersione; diagramma a nube di punti.*** In statistica, è un diagramma che consiste di assi coordinati e punti inseriti nel diagramma per indicare le relazioni esistenti tra due o più variabili. Lo scopo del diagramma è quello di evidenziare simultaneamente tendenze centrali, come ad esempio la regressione, e tendenze verso la dispersione. I punti inseriti nel diagramma tendono a formare una linea diagonale se esistono relazioni tra le variabili prese in considerazione.

scatter diagram: ***diagramma a punti.*** Termine usato con lo stesso significato di *scatter chart* (v.). Gli equivalenti italiani dati sotto quest'ultimo termine valgono anche per questo lemma e per quelli che seguono.

scattered chart: ***diagramma a punti.*** Termine usato con lo stesso significato di *scatter chart* (v.).

scattered diagram: ***diagramma a punti.*** Termine usato con lo stesso significato di *scatter chart* (v.).

scattergram: ***diagramma a punti.*** Termine usato con lo stesso significato di *scatter chart* (v.).

scattersite housing: Espressione di recente formazione, usata negli Stati Uniti per indicare un piano statale di edilizia popolare, inteso a disperdere i cittadini a basso reddito in diversi quartieri della città, togliendoli dal ghetto o dai bassifondi che spesso si trovano nel centro di vecchi agglomerati urbani.

scedasticity: ***schedasticità.*** Variante grafica di *skedasticity* (v.).

schedule: **1.** ***scheda; schedula; lista.*** Nella terminologia dell'analisi economica, questa voce indica una disposizione in forma tabulare o di grafico di dati o quantità che dipendono da due variabili. Ad esempio, la scheda della preferenza per la liquidità indica le varie quantità di moneta che vengono domandate ai vari tassi di interesse; la scheda della propensione al consumo indica le spese in consumi ai vari livelli di reddito dei consumatori. Di solito, queste schede vengono rappresentate su un sistema di coordinate cartesiane ponendo la variabile indipendente, cioè la quantità che aumenta a seguito di incrementi determinati deliberatamente, sull'asse delle X e la variabile dipendente sull'asse delle Y. **2.** ***allegato.*** Nel linguaggio della ragioneria, il termine inglese indica un'analisi supplementare o chiarificatrice che accompagna un bilancio, un conto profitti e perdite o altro documento contabile del genere. **3.** ***programma; piano.*** Nel linguaggio industriale, il termine inglese indica un programma relativo a operazioni o procedure future, come ad esempio un programma di produzione che indica le quantità di prodotto che si conta di realizzare nell'arco di un determinato periodo di tempo. **4.** ***tabella; prospetto; schema; specchietto.*** Un'elencazione scritta, o lista dettagliata, in forma ordinata e relativa ad un dato insieme di informazioni o dati. **5.** ***appendice; annesso.*** Un'appendice che stabilisce i dettagli o i particolari in relazione ad un documento principale, quale può essere una legge approvata dal parlamento, un documento legale o un documento finanziario. **6.** ***categoria d'imposta.*** V. spiegazione sotto *taxation schedules.*

schedule bond: ***assicurazione di fedeltà nominativa.*** Una particolare forma di assicurazione contro l'infedeltà dei collaboratori e precisamente quella che prevede l'indicazione precisa dei nomi delle persone preposte allo svolgimento dei compiti coperti da questa assicurazione.

scheduled cost: ***costo standard.*** Termine a volte usato con lo stesso significato di *standard cost* (v.).

scheduled demand: ***domanda programmata.*** La quantità totale di un bene o servizio che i consumatori, nella loro globalità, sono pronti ad acquistare a un determinato livello di prezzo. Tale quantità aumenterà se il livello di prezzo diminuisce e diminuirà se il livello di prezzo aumenta.

schedule demand: ***domanda di scheda; domanda totale.*** Nel linguaggio dell'analisi economica, è la quantità di un bene economico che sarà acquistata a tutti i possibili prezzi in un particolare momento nel tempo.

scheduled property: ***proprietà elencata.*** Nel linguaggio delle assicurazioni, il termine inglese indica la proprietà coperta da una polizza valutata, che compare nell'elenco dei beni coperti da assicurazione con il valore indicato a fianco di ciascun articolo presente nell'elenco allegato alla polizza o riportato in essa. (v. anche *valued policy*)

scheduled supply: ***offerta programmata.*** La quantità totale di un bene o servizio che i produttori, nella loro globalità, sono pronti a vendere a un determinato livello di prezzo. Tale quantità aumenterà se il livello di prezzo aumenta e diminuirà nel caso opposto.

scheduled territories: ***territori elencati.*** Questo termine, contenuto nell'*Exchange Control Act* del 1947, viene usato come nome ufficiale per indicare collettivamente tutti i paesi che facevano parte dell'area della sterlina. Da quella data, infatti, questa espressione ha sostituito quella di «area della sterlina». Oggi, a fini fiscali, gli *scheduled territories* sono il Regno Unito, le Isole Normanne (*Channel Islands*), l'Isola di Man, la Repubblica d'Irlanda e Gibilterra. (v. anche *sterling area*)

schedule of production: ***tabella di produzione; piano grafico di produzione.*** Termine usato in alternativa a *production schedule* (v.).

schedule policy: Nel linguaggio delle assicurazioni, questo termine indica una polizza che da sola copre vari rischi, di norma assicurati con polizze diverse.

schedule rating: ***tariffazione speciale.*** Nel linguaggio delle assicurazioni, questa espressione indica la variazione rispetto ad una tariffa tipo a seguito di correzioni apportate a quest'ultima in considerazione di fatti dichiarati, e riportati in polizza, che aumentano o diminuiscono il rischio assunto dall'assicuratore, ma che non tengono conto di elementi individuali relativi al singolo assicurato. Così, ad esempio, la polizza incendio di una compagnia assicuratrice può prevedere una riduzione di un tanto per cento del premio stabilito in base alla tariffa tipo se nel locale assicurato esiste un impianto antincendio a pioggia, indipendentemente da chi usufruisce di tale sconto.

schedule slippage: ***slittamento di un piano.*** Il verificarsi di eventi imprevisti, o il non verificarsi di eventi previsti, durante lo svolgimento di un piano di investimento che, di conseguenza, resta modificato rispetto alle valutazioni iniziali.

schedule supply: ***offerta di scheda; offerta totale.*** Nel linguaggio dell'analisi economica, è la quantità di un bene economico che sarà offerta a tutti i possibili prezzi in un particolare momento nel tempo.

scheduling theory: ***teoria della pianificazione grafica della produzione.*** È la branca della ricerca operativa che si interessa della determinazione dell'ordine più efficiente per la lavorazione di una gamma di prodotti, attraverso una complessa combinazione di macchine o processi.

scheme of arrangement: ***proposta di concordato.*** L'articolo 16 del *Bankruptcy Act* del 1914 stabilisce che il debitore può sottoporre ai creditori una proposta scritta e firmata contenente i termini dell'accordo che intende stipulare con loro. Tale proposta deve riscuotere l'approvazione della maggioranza dei creditori e dei tre quarti del valore dei crediti, oltre a dover essere approvata dal tribunale. L'approvazione del tribunale non verrà data, a meno che il debitore si impegni a pagare almeno il venticinque per cento dei suoi debiti totali. La proposta di concordato non va confusa col concordato preventivo, inteso ad evitare la procedura fallimentare. (v. anche *deed of arrangement*)

scheme of composition: ***proposta di concordato.*** Termine usato con lo stesso significato di *scheme of arrangement* (v.).

schilling: Unità monetaria dell'Austria, suddivisa in cento groschen.

scholasticism: ***scolastica.*** Termine con il quale si indica la filosofia e la teologia del medioevo. La scolastica interessa l'economia in quanto due suoi rappresentanti principali, S. Tommaso d'Aquino e Duns Scotus, tentarono di adattare le dottrine della Chiesa allo sviluppo economico dell'epoca medievale. Tra i concetti da loro sostenuti vi erano l'opposizione all'usura, termine col quale intendevano il pagamento di qualsiasi forma di interesse, e la credenza in un giusto o equo prezzo che doveva pagarsi per qualsiasi bene che venisse ceduto da una persona ad un'altra. Questi due concetti influenzarono notevolmente lo sviluppo delle pratiche commerciali nel medioevo e il loro declino può essere considerato come l'accettazione da parte della Chiesa del funzionamento della legge della domanda e dell'offerta.

Schoolmen: ***scolastici.*** I filosofi medievali, che scrissero dal nono agli inizi del quindicesimo secolo, influenzando con le loro teorie lo sviluppo dell'attività economica di quell'epoca. (v. anche *scholasticism*)

school of economic thought: ***scuola economica; scuola di pensiero economico.*** Un insieme più o meno sistematico di dottrine, relative agli aspetti fondamentali del comportamento economico, esposte da certi economisti che fondarono una scuola intorno al loro pensiero e approfondite o ampliate dai loro discepoli. Tra queste scuole rientrano la scuola classica, la scuola di Cambridge, la scuola austriaca e tante altre.

Schuman Plan: ***Piano Schuman.*** Nome dato al piano, proposto dallo statista francese Schuman, dal quale nel 1951 sorse la Comunità Europea del Carbone e dell'Acciaio.

scientific management: ***gestione scientifica; direzione scientifica.*** Il complesso di principi, elaborati ed applicati per la prima volta da F.W. Taylor, basati sullo studio sistematico delle operazioni produttive e tendenti alla razionalizzazione del lavoro umano e al conseguente incremento della produzione. L'espressione fu usata dal Taylor nel titolo di un suo libro, *The Principles of Scientific Management*, pubblicato nel 1911.

scientific socialism: ***socialismo scientifico.*** La dottrina marxista che sostiene l'inevitabile movimento del sistema capitalistico verso la sua autodistruzione. Il termine «scientifico» fu usato proprio da Marx, che intendeva così distinguere le sue teorie da quelle del socialismo utopistico.

scientific tariff: ***tariffa doganale scientifica.*** Espressione con la quale si indica una tariffa doganale i cui dazi hanno lo scopo di rendere i costi di produzione interni prefettamente uguali a quelli esteri. I sostenitori di tale tipo di tariffa la giustificano dicendo che molti produttori nazionali non possono competere, a causa degli alti costi, con i prodotti di paesi nei quali i costi di produzione sono più bassi, ma la fallacia di questa asserzione sta nel fatto che il commercio internazionale si basa appunto sulla differenza dei costi di produzione nei vari paesi e l'adozione di una tariffa scientifica non farebbe altro che paralizzare totalmente gli scambi internazionali.

scissors simile: ***similitudine delle forbici.*** Una similitudine, esposta da Alfred Marshall nel suo libro *The Principles of Economics* pubblicato nel 1890, secondo la quale la domanda e l'offerta erano considerate come le lame di un paio di forbici, ciascuna delle quali non taglia senza il concorso dell'altra. Con ciò, Marshall intendeva che la domanda e l'offerta contribuivano simultaneamente alla determinazione del prezzo di un bene, concetto che successivamente fu considerato fuorviante, in quanto sia la domanda che l'offerta hanno origine dall'unico principio dell'utilità.

S.C.I.T.: Special Commissioners of Income Tax.

Scitovsky double criterion: ***doppio criterio di Scitovsky.*** Nell'economia del benessere, si indicano con questa espressione il criterio di Kaldor e il suo inverso, uniti in un unico concetto. Il criterio di Kaldor, così chiamato dal nome dell'economista che lo enunciò, asserisce che nell'economia del benessere una variazione nelle condizioni economiche implica un miglioramento se coloro che traggono beneficio dal cambiamento attribuiscono a quest'ultimo un valore superiore a quello attribuito allo svantaggio da parte di coloro che lo subiscono. L'inverso di questo criterio asserisce che il movimento di ritorno dalla nuova alla vecchia posizione non sarà evidente in coloro che ne traggono un beneficio attribuendogli un valore superiore a quello attribuito allo svantaggio da coloro che lo subiscono. L'unione di questi due concetti allo stesso tempo costituisce il cosiddetto doppio criterio di Scitovsky.

scope economies: ***economie di campo d'attività.*** Le economie che può realizzare un'impresa, in termini principalmente di efficienza, via via che aumenta la gamma delle proprie attività, che tuttavia generalmente restano correlate.

scorched-earth: ***terra bruciata.*** Espressione aggettivale usata per indicare una tattica usata da una società vittima in una battaglia relativa a un'offerta di acquisto ostile. La tattica consiste principalmente nel vendere attività o partecipazioni che fanno gola alla società che ha lanciato l'offerta o nel programmare la scadenza di tutti i debiti in essere subito dopo la sua acquisizione o fusione.

score: 1. ***ventina.*** Un insieme di venti unità o un peso di venti o ventuno libbre. Il termine è usato principalmente in agricoltura, con riferimento ai capi di bestiame e al loro peso. **2.** V. spiegazione sotto *unit share investment trust.*

Scottish Agricultural Securities Corporation: Azienda pubblica, il cui capitale azionario è stato sottoscritto da banche scozzesi, che svolge in Scozia funzioni simili a quelle svolte in Inghilterra e nel Galles dalla *Agricultural Mortgage Corporation* (v.).

Scottish Industrial Finance Ltd.: Società istituita in Scozia nel 1964 allo scopo di fornire in loco tutti i servizi di una *merchant bank* agli operatori economici scozzesi. I servizi prestati da questa società includono la gestione di emissioni di valori mobiliari, di fusioni, di ristrutturazioni di capitale e simili.

Scottish Trades Union Congress: Organizzazione dei sindacati lavoratori che in Scozia svolge funzioni simili a quelle svolte in Inghilterra dal *Trades Union Congress* (v.), col quale collabora strettamente.

scrambled merchandising: Espressione statunitense, con la quale si indica la tendenza di molti dettaglianti ad abbandonare la vendita specializzata di singole linee o aree di prodotti e di trattare qualsiasi prodotto che si dimostri redditizio, come avviene ad esempio nei *drug stores* e nei supermercati.

scrap: ***scarto; rottame; residuato.*** Ciò che resta di un'attività che ha esaurito la propria vita utile. Lo stesso termine viene usato in un senso più ampio per indicare un qualsiasi materiale non più utilizzabile per lo scopo originario e, quindi, il residuo o il sottoprodotto dell'articolo che viene fabbricato.

scrap value: ***valore di rottame.*** Il valore stimato che si assegna ad una macchina o a un impianto quando essi non sono più utilizzabili nel processo produttivo e devono, pertanto, essere venduti come rottami. Il loro valore è, in tal caso, il valore dei materiali che li compongono.

screening: 1. ***selezione preliminare.*** La prima selezione cui sono sottoposti gli aspiranti ad un posto di lavoro. Da questa selezione sarà individuato un numero più ristretto di candidati, che sarà sottoposto ad una successiva selezione e ad un'intervista personale. **2.** ***selezione; collaudo selezionatore.*** Nel controllo statistico della qualità, è l'operazione di selezione intesa a svolgere un'ispezione completa di tutti gli articoli di un dato segmento della produzione, come ad esempio l'intera produzione di una giornata o un particolare lotto di prodotti ad un determinato stadio del processo produttivo, con lo scopo di individuare ed eliminare tutti gli articoli difettosi presenti nel lotto in esame. **3.** ***selezione delle idee.*** Nel campo del marketing, è il vaglio e la selezione delle idee scaturite a seguito di un *brain storming* (v.).

screening inspection: ***selezione; collaudo selezionatore.*** Termine usato con lo stesso significato di *screening 2* (v.).

screen trading: Si indica con questo termine un nuovo sistema, basato sull'uso di computer, che consente la contrattazione automatizzata per 24 ore al giorno. Lo schermo è quello del terminale sul quale compaiono le quotazioni dei prodotti che si intende trattare e che possono essere valute, beni reali, titoli, beni a termine, ecc. Per concludere un'operazione, è sufficiente impostarla sulla tastiera e immetterla nel computer, che provvederà immediatamente a inoltrare l'ordine, confrontarlo con altri in arrivo e compensarlo. Ciò evita l'uso di carta, telefono, intermediazione di qualsiasi tipo, ecc.

screwdriver operations: ***operazioni di assemblaggio; operazioni cacciavite.*** La pratica di importare componenti in un paese, per poi assemblarli in un prodotto finito, invece di importare direttamente il prodotto finito, soggetto a dazi d'importazione o forme di restrizioni non doganali.

scrip: 1. ***buono frazionario.*** Questo termine, che è una contrazione di *subscription*, nell'inglese britannico indica principalmente un buono rilasciato a chi si è impegnato ad acquistare titoli di stato in relazione ad un prestito pubblico ed ha pagato la prima rata. Nel Regno Unito, quindi, il termine viene usato quasi esclusivamente in relazione a emissioni obbligazionarie o di titoli di stato. Una persona che desideri acquistare titoli di una nuova emissione statale, fa domanda alla banca che gestisce l'emissione affinché gli venga assegnata una data quantità di titoli e versa un tanto per cento come anticipo. Nella domanda, egli si impegna ad acquistare la quantità menzionata, o una quantità inferiore che gli venisse assegnata, e di pagare il saldo relativo secondo le condizioni stabilite nel manifesto di emissione. Se la sua domanda viene accolta, egli riceve una lettera di assegnazione, con la quale gli viene comunicata la quantità di titoli che gli è stata riservata. Successivamente, questa lettera viene sostituita con un buono frazionario, cioè il documento che indica l'ammontare già pagato dal sottoscrittore e le restanti somme dovute a scadenze prestabilite e indicate nel buono. Il buono frazionario sarà sostituito dal titolo vero e proprio quando il sottoscrittore avrà effettuato il versamento dell'ultima rata in pagamento dei titoli sottoscritti. Quando si prevede che i certificati obbligazionari non saranno pronti prima della scadenza del buono frazionario, ad esso viene aggiunta una cedola che dà diritto al pagamento degli interessi. I buoni frazionari sono titoli all'ordine, perfettamente negoziabili, il cui trasferimento può avvenire mediante semplice consegna. Nel linguaggio finanziario statunitense, il termine viene usato con un significato alquanto più ampio, in quanto indica un buono frazionario o temporaneo, relativo ad azioni o ad obbligazioni, che sarà successivamente sostituito con i certificati azionari o obbligazionari appena questi saranno pronti. Sempre nel linguaggio finanziario statunitense, il termine indica un'obbligazione, sotto forma di pagherò, emessa da una società in pagamento di un dividendo, detto *scrip dividend* (v.). **2. *buono.*** È una specie di «moneta», rilasciata da un'impresa ai propri dipendenti in luogo del salario monetario e convertibile in beni presso i negozi della società emittente. (v. anche *truck system, truck shop*) **3. *cartamoneta temporanea.*** Valuta cartacea emessa allo scopo di far fronte alla necessità di fornire un intermediario degli scambi, ma che sarà ritirata entro breve tempo o al verificarsi di un determinato evento. Ne sono esempi le varie emissioni di moneta d'occupazione. (v. anche *occupation money*)

scrip certificate: *buono frazionario.* Termine usato con lo stesso significato di *scrip 1* (v.).

scrip dividend: Espressione del linguaggio finanziario statunitense, con la quale si indica un dividendo pagato in promesse di pagamento futuro, chiamate *scrip.* Questi pagherò possono essere negoziabili, possono fruttare o no un interesse, hanno date di scadenza scaglionate nel tempo e promettono il pagamento della somma per cui sono emessi in contanti, ovvero in azioni o obbligazioni della società o in natura. Questo modo di pagare i dividendi è piuttosto raro e quando fu usato trovò fondamento in una particolare situazione aziendale di estrema scarsità di liquidi. Lo stesso termine, sempre nel linguaggio finanziario statunitense, indica quella parte di dividendo che rappresenta una frazione di azione e che è rappresentata da un apposito certificato o buono, che può essere cambiato in moneta contante o, insieme a tanti altri buoni del genere quanti ne occorrono per raggiungere il valore di un'azione, in azioni della società emittente, pari al valore dell'insieme dei buoni.

scripholder: *portatore di buono frazionario.* Chi, avendo sottoscritto un'emissione, ha ricevuto un buono frazionario. (v. anche *scrip 1*)

scrip issue: *emissione gratuita; emissione di azioni gratuite; assegnazione gratuita.* Lo stesso che *bonus issue* (v.).

scripophily: *scripofilia.* Neologismo del gergo borsistico statunitense, coniato verso la metà degli anni settanta, con il quale si indica l'hobby di collezionare obbligazioni, azioni e altri titoli di credito antichi. Il valore di tali titoli è influenzato dall'aspetto artistico del certificato e dal ruolo dell'emittente nella finanza mondiale e nello sviluppo economico. Hanno un discreto valore alcuni famosi certificati con autografo e delle obbligazioni ferroviarie europee e americane stampate artisticamente. Alcuni certificati obbligazionari cinesi sono stati venduti in questo strano mercato a un prezzo superiore ai diecimila dollari.

script: 1. *manoscritto; documento manoscritto; originale.* Nella terminologia giuridica, indica un documento originale o principale. **2. *buono frazionario.*** Il termine inglese è anche una variante grafica di *scrip* (v.) e suoi derivati.

scrivener: *intermediario di credito.* In origine, questo termine designava una persona che svolgeva il mestiere di scrivano o che stilava contratti per conto di terzi. Oggi, è passato ad indicare una persona che funge da intermediario tra un'istituzione finanziaria e i propri clienti che hanno bisogno di prestiti, ricevendo una commissione quale remunerazione dei suoi servizi. (v. anche *money broker 2*)

scruple: *scrupolo.* Unità di misura di peso, usata in farmacia ed equivalente ad un ventiquattresimo di oncia troy o venti grani, corrispondenti a 1,296 grammi.

scrutineer: *scrutatore.* Persona nominata per contare i voti al termine di una votazione. Le norme che regolano le assemblee, e quindi anche quelle delle società per azioni, di solito prevedono la nomina di uno o più scrutatori, incaricati di contare i voti dei soci nel caso in cui si giunga ad una votazione. In mancanza di tale norma, il presidente può nominare gli scrutatori o fungere egli stesso da scrutatore con il consenso dell'assemblea.

scrutiny: *scrutinio.* L'esame delle schede tramite le quali gli azionisti esprimono il loro voto durante un'assemblea.

S.C.S.: Soil Conservation Service.

scuttling: *autoaffondamento.* Il volontario affondamento di una nave, con l'intento di intascare il denaro dell'assicurazione o di non farla cadere in mani nemiche.

s.d.: short delivery.

S/D: sight draft.

S.D.: send direct.

SDR: special drawing right.

S.E.: stock exchange.

sea insurance: *assicurazione marittima.* Termine usato con lo stesso significato di *marine insurance* (v.).

seal: *sigillo.* In base all'articolo 108 del *Companies Act* del 1948, ogni società per azioni deve avere il proprio sigillo, sul quale deve essere inciso in caratteri leggibili il nome della società. Il sigillo viene affisso ai documenti ufficiali in presenza di due amministratori che sottoscrivono il documento sul quale, successivamente, apporrà la firma anche il segretario della società. Il sigillo, rappresentato di solito da un timbro a secco, viene conservato in una scatola o altro contenitore chiuso con due serrature, le cui chiavi sono tenute da persone diverse. Gli articoli 34 e 35 della stessa legge prevedono che una società possa affidare ad un proprio rappresentante legale all'estero un altro sigillo da apporre su documenti redatti in quel paese. L'articolo 36, infine, stabilisce che i documenti che devono essere autenticati dalla società non hanno bisogno del sigillo, essendo sufficienti le firme di un amministratore e del segretario o altra persona autorizzata.

seal book: *libro del sigillo.* Ogni società per azioni, ente pubblico, ecc., del Regno Unito deve avere un sigillo, al quale si annette molta importanza e il cui uso è riservato a determinate persone a ciò autorizzate. Per questo motivo, ogni società tiene un registro sul quale vengono annotati i giorni in cui il sigillo è stato usato, il nome di chi lo ha usato e gli estremi del documento sul quale esso è stato apposto. Le registrazioni così effettuate in questo registro saranno siglate da almeno una delle persone che hanno assistito all'apposizione del sigillo sul documento. Ogni registrazione avrà un numero progressivo, che sarà riportato sul documento cui essa si riferisce.

sealed bid: *offerta segreta; offerta sigillata.* L'offerta contenuta in busta sigillata e presentata, insieme ad altre simili, in occasione di una gara per l'appalto di lavori o forniture. La persona o l'ente statale che invita a presentare queste offerte apre le buste nello stesso giorno e aggiudica l'appalto a quello tra i concorrenti che ha quotato il prezzo più conveniente, in relazione al capitolato inviatogli insieme all'invito di partecipazione alla gara. Il vantaggio di questo sistema sta nel fatto che se tutti i concorrenti ignorano il prezzo quotato dagli altri, è probabile che l'ente o il privato possano aggiudicare il lavoro o la fornitura al prezzo per loro più vantaggioso. (v. anche *collusive tendering*)

sealed bid tender: ***gara a offerta segreta.*** Gara di appalto che prevede la presentazione, da parte dei concorrenti, di offerte in busta chiusa e sigillata. (v. anche *sealed bid*)

sealed tender: ***offerta segreta; offerta sigillata.*** Termine usato con lo stesso significato di *sealed bid* (v.).

sea letter: ***patente di navigazione; permesso di navigazione.*** Termine usato con lo stesso significato di *ship's passport* (v.).

seaman's allotment note: Delega, firmata da un marinaio, che autorizza il capitano della nave sulla quale è imbarcato a versare tutto o parte del suo stipendio, mentre egli è in navigazione, alla moglie, alla famiglia o ad una banca.

seaman's lien: ***privilegio su nave e carico.*** È il diritto, riconosciuto all'equipaggio di una nave, di trattenere il carico e la nave stessa in caso di mancata corresponsione della paga loro spettante.

seaman's note: ***buono acconto equipaggio.*** Termine usato con lo stesso significato di *advance note* (v.).

sea protest: ***dichiarazione di avaria; testimoniale di avaria; relazione di avaria; rapporto di avaria.*** Termine usato con lo stesso significato di *protest 2* (v.).

SEAQ–Automated Execution Facility: Alla nuova borsa valori londinese, dopo la riforma nota come *big bang* (v.), è un sistema computerizzato che consente l'esecuzione rapida e a basso costo di ordini di acquisto e vendita di piccola entità. (v. anche *Stock Exchange automated quotation system*)

SEAQ International: Sistema simile allo *Stock Exchange automated quotation system* (v.), ma riservato ai *market makers* che trattano titoli internazionali, cioè titoli di società estere quotati nelle borse dei paesi di origine, ma trattati anche a Londra e in altri mercati. Il *SEAQ International* fu instaurato alla borsa valori londinese prima del *big bang* (v.) e quindi prima dello *Stock Exchange automated quotation system.*

search costs: ***costi di ricerca fornitori.*** I costi che un'impresa sostiene, in termini di tempo, sforzi e relative spese, per ricercare le migliori condizioni di approvvigionamento di beni e servizi sul mercato. Nel caso in cui i prezzi, le qualità, ecc., sono stabili, i costi di ricerca sono bassi; risultano, invece, alti nel caso contrario. È chiaro, tuttavia, che quando tali costi salgono oltre un certo limite, sarà conveniente per l'impresa abbandonare la ricerca e rivolgersi verso beni e servizi i cui prezzi e le cui qualità sono noti, anche se ciò comporta il dover pagare un prezzo lievemente più alto di quanto si potrebbe spuntare proseguendo la ricerca.

searcher: ***verificatore di dogana.*** Termine usato con lo stesso significato di *landing officer* (v.).

searches: ***ricerche; verifiche; consultazioni.*** Il termine inglese indica specificamente l'esame di un qualsiasi pubblico registro, dal quale ricavare le notizie che interessano. Si possono fare ricerche nel registro navale, nel pubblico registro automobilistico, nel registro delle società o nei registri tenuti dagli enti locali allo scopo di accertare l'eventuale ipoteca su beni immobili o, qualora si tratti di terreni debitamente registrati, nel *Land Registry* (v.).

searching the register: Espressione con la quale si indica la procedura seguita allo scopo di ottenere informazioni contenute in un pubblico registro. L'interessato deve compilare un apposito modulo, sul quale dovrà riportare le notizie a sua conoscenza e l'indicazione delle informazioni che intende acquisire in relazione al nome o alla proprietà contenuti nel registro.

search theory of unemployment: È una teoria della disoccupazione formulata dalla scuola monetarista. Sostiene che la disoccupazione aumenta in un periodo di rallentamento dell'inflazione e dell'aumento dei salari, in quanto i disoccupati aspettano e cercano più a lungo un lavoro che soddisfi le loro aspettative salariali.

seasonal activity: ***attività stagionale.*** Termine spesso usato come sinonimo di *seasonal trade* (v.).

seasonal adjustment: ***aggiustamento stagionale; adattamento stagionale; adeguamento stagionale.*** La modificazione dei dati di una serie temporale, apportata al fine di depurarli delle influenze specifiche del periodo cui si riferiscono ed individuare in essi le reali tendenze di fondo.

seasonal demand: ***domanda stagionale.*** La domanda che si verifica o che raggiunge particolari punte soltanto in determinati periodi dell'anno. Mentre alcuni beni vengono venduti soltanto in certi periodi, altri hanno una domanda molto bassa per l'intero arco dell'anno, fatta eccezione per uno o due periodi di alta domanda. Un esempio di quest'ultimo tipo di beni è la frutta secca, la cui domanda cresce notevolmente nel periodo natalizio. Esempi dei primi possono essere le catene o i pneumatici da neve, i costumi da bagno e i testi scolastici. (v. anche *selling season*)

seasonal demand for cash: ***domanda stagionale di moneta; domanda stagionale di liquido.*** Si indicano con questa espressione i notevoli prelievi che vengono effettuati dai depositi bancari in occasione di particolari spese stagionali. I due periodi dell'anno in cui si verifica la massima punta di domanda stagionale di liquido sono il periodo natalizio e il periodo delle vacanze estive. All'avvicinarsi di questi periodi, le banche sono solite incrementare le disponibilità di liquido presso i loro sportelli.

seasonal discount: ***sconto stagionale.*** Uno sconto particolare concesso dal produttore o dal grossista ai dettaglianti in periodi di scarsa attività commerciale, come ad esempio dopo le feste natalizie o quando si avvicina la fine di una stagione. Ciò mette i dettaglianti in grado di fare offerte interessanti ai consumatori.

seasonal employment: ***impiego stagionale; occupazione stagionale.*** Riferito al lavoro, questo termine indica l'occupazione di lavoratori soltanto in determinati periodi dell'anno. Sono soggetti a impiego stagionale, ad esempio, i braccianti agricoli e altri lavoratori la cui attività dipende da particolari condizioni climatiche e metereologiche o da variazioni stagionali della domanda.

seasonal fluctuation: ***fluttuazione stagionale; oscillazione stagionale.*** Una caratteristica che spesso si nota in una serie temporale nella quale, nell'arco di un numero di anni, ciascun gruppo di dodici mesi presenta variazioni più o meno regolari rispetto alla tendenza o onda secolare. Lo stesso termine può essere usato per indicare fluttuazioni che si verificano in particolari periodi dell'anno in determinate serie che, per la maggior parte dell'anno, hanno una tendenza stabile e uniforme. Così, ad esempio, una fluttuazione stagionale in questo ultimo senso potrebbe essere la maggiore domanda di moneta che si verifica nei periodi di Natale, Pasqua e delle ferie annuali.

seasonal hands: ***lavoratori stagionali.*** Sono quelli che possono svolgere la loro attività soltanto in determinati periodi dell'anno, a causa della dipendenza del loro lavoro da particolari condizioni climatiche o metereologiche. Ad esempio, i maestri di sci o i bagnini sono lavoratori stagionali, come pure lo sono i braccianti agricoli e, pur se in minor misura, le maestranze impiegate nell'industria delle costruzioni edili.

seasonal index: ***indice stagionale.*** È l'andamento stagionale di un'impresa. Se l'indice si applica a cifre mensili, esistono vari sistemi per ricavare la cifra media relativa a ciascun anno. Ad esempio, si prende la cifra media mensile, diciamo quella relativa alle vendite, per ciascuno dei dodici mesi, si somma e si divide per dodici al fine di ottenere la media dell'anno. La media di ciascun mese è poi divisa per questa media dell'anno e il risultato costituisce l'indice stagionale.

seasonality: ***stagionalità.*** Le variazioni nel volume di vendita di un prodotto, che si verificano sempre nello stesso periodo dell'anno.

seasonal labour: ***manodopera stagionale.*** Termine usato con lo stesso significato di *seasonal hands* (v.).

seasonal loan: ***credito stagionale; mutuo stagionale.*** Nel linguaggio bancario, indica un credito concesso ad un'impresa che svolge un'attività che assume punte particolari in una determinata stagione. Il credito stagionale ha lo scopo di assecondarla nelle sue esigenze finanziarie temporanee e non differisce da altri tipi di credito di esercizio se non per il fatto di essere periodico e prevedibile.

seasonally-adjusted figures: ***cifre ad aggiustamento stagionale.*** Sono cifre, relative ad attività economiche, che non risentono di normali influenze stagionali in quanto gli scarti mensili o trimestrali sono stati già presi in considerazione nell'elaborazione dei dati grezzi della serie temporale cui si riferiscono.

seasonally-compensated figures: ***cifre a compensazione stagionale.*** Termine usato con lo stesso significato di *seasonally-adjusted figures* (v.).

seasonal stock: ***scorte stagionali.*** Scorte che vengono ricostituite soltanto in determinati periodi dell'anno, per essere poi vendute nel corso dei mesi. Le più comuni scorte stagionali sono rappresentate dai prodotti agricoli soggetti a un ciclo di produzione stagionale e relativamente lungo, come ad esempio le olive, le arance e il grano.

seasonal supply: ***offerta stagionale.*** L'offerta di determinati beni o servizi che, a causa delle condizioni climatiche o produttive, può verificarsi soltanto in determinati periodi dell'anno. Ne sono esempi l'offerta di servizi turistici in zone balneari e l'offerta di determinati prodotti agricoli.

seasonal tariff: ***tariffa stagionale.*** Nelle imprese di pubblici servizi, è una tariffa che tiene conto delle stagioni di maggior domanda, come ad esempio, nella fornitura di energia elettrica, una tariffa che prevede prezzi più alti per le forniture durante i mesi invernali e prezzi più bassi per i mesi estivi.

seasonal tolerance clause: ***clausola di tolleranza stagionale.*** Nei contratti di lavoro, è una clausola che consente l'utilizzazione dei lavoratori per lavoro straordinario allo stesso tasso salariale pagato loro per l'orario di lavoro normale, cioè senza l'applicazione del tasso salariale dello straordinario. La clausola, tuttavia, prevede un limite di lavoro straordinario e trova applicazione soltanto in presenza di una reale necessità, dettata da un forte aumento della domanda stagionale.

seasonal trade: ***commercio stagionale; attività stagionale.*** Il tipo di commercio o di attività economica che subisce una grande espansione in determinati periodi dell'anno, di solito collegati a festività, come il Natale, o a condizioni metereologiche. Questo tipo di attività è esposta a gravi difficoltà di produzione e distribuzione.

seasonal unemployment: ***disoccupazione stagionale.*** La disoccupazione causata da variazioni stagionali del volume di produzione di certe industrie, dovute di solito a condizioni climatiche che non consentono lo svolgimento dell'attività lavorativa. Ad esempio, l'industria delle costruzioni edili mantiene la piena occupazione soltanto in determinate stagioni dell'anno e subisce un notevole calo di produzione durante altre. Di regola, pertanto, le risorse, compreso il lavoro, impegnate in queste industrie sono soggette a disoccupazione stagionale.

seasonal variation: ***variazione stagionale.*** La fluttuazione, nell'arco di un anno, che tende a seguire lo stesso andamento da un anno all'altro. Il termine si riferisce tanto alla domanda, quanto alla produzione e alle vendite. Un esempio caratteristico è quello relativo alle vendite al minuto, che crescono prima di Pasqua, calano durante i mesi estivi e raggiungono l'apice a dicembre.

seasonal variations of demand: ***variazioni stagionali della domanda.*** Le fluttuazioni della domanda di determinati beni, in dipendenza di condizioni climatiche o di abitudini di acquisto. Ad esempio, i combustibili per riscaldamento sono soggetti a variazioni stagionali della domanda e così pure alcuni tipi di lavoro.

seasonal work: ***lavoro stagionale.*** È il lavoro che, in dipendenza delle condizioni climatiche e metereologiche, può svolgersi soltanto in determinati periodi dell'anno.

seasoned issue: ***emissione stagionata.*** Nel linguaggio finanziario statunitense, indica un'emissione di titoli già in circolazione e trattata sul mercato secondario, quando un'altra parte della stessa emissione viene offerta sul mercato primario.

seasoned security: ***titolo stagionato.*** Termine usato nel linguaggio borsistico statunitense per indicare un valore mobiliare che si trova sul mercato da un certo periodo di tempo, ha raggiunto un corso ragionevolmente stabile e ha sempre fruttato buoni dividendi o interessi. È implicita nel termine l'idea che il titolo è garantito da attività fisse e da capacità di guadagno dell'emittente tali da offrire un'adeguata protezione all'investitore.

seasoning: ***stagionamento; periodo di stabilizzazione.*** Nelle borse valori statunitensi, questo termine indica il periodo di tempo necessario perché un titolo di nuova emissione si affermi o si stabilizzi sul mercato mobiliare. Trascorso tale periodo, ci si aspetta che il titolo subisca soltanto le lievi oscillazioni di corso cui va soggetto tutto il mercato mobiliare.

season ticket: ***abbonamento.*** Biglietto ferroviario che consente all'utente di viaggiare liberamente su un determinato percorso per tutta la durata dell'abbonamento. Può essere settimanale, mensile, trimestrale, semestrale o annuale.

sea stores: ***provviste di bordo; dotazioni di bordo.*** Termine usato con lo stesso significato di *ship's stores* (v.).

seat: Nel linguaggio borsistico statunitense, questo termine indica la appartenenza, in qualità di membro effettivo, ad una borsa valori.

seaway: ***via di navigazione.*** È un'idrovia interna di dimensioni tali da consentire la navigazione a navi oceaniche o di altura, come ad esempio la St. Lawrence Seaway.

seaworthiness: ***navigabilità; idoneità alla navigazione; qualità nautiche.*** L'idoneità di una nave, in relazione alla sua struttura, alle condizioni, all'equipaggiamento e al personale di bordo, ad affrontare i normali pericoli di un viaggio per mare. La navigabilità di una nave è una delle tre condizioni in relazione al trasporto di merci per mare ed è una condizione implicita nei contratti di assicurazione marittima, fatta eccezione per la polizza a tempo. (v. anche *deviation, dispatch*)

seaworthy: ***atto a tenere il mare; idoneo alla navigazione; in buono stato di navigabilità.*** È la caratteristica richiesta ad un natante adibito al trasporto di merci o passeggeri. Con questo termine, si intende che la nave è in buon ordine, che è dotata di un equipaggio e di un capitano efficienti e che dispone di un equipaggiamento idoneo. Tutte queste condizioni la mettono in grado di compiere il viaggio previsto e di affrontare i normali pericoli del mare che una nave di quel tipo e caricata in quel modo può trovarsi a dover affrontare.

SEC: Securities and Exchange Commission.

sec.: secretary.

second: ***di seconda scelta; di seconda qualità.*** V. spiegazione sotto *seconds.*

second and third class paper: ***carta di seconda e terza classe; carta di second'ordine e di terz'ordine.*** Grado di reputazione commerciale di cui godono, su un mercato delle accettazioni, gli accettanti o i giranti di una cambiale o altri simili titoli di credito. Il grado in cui tali cambiali commerciali differiscono in materia di credito dalla carta di prim'ordine, quella cioè su cui compare la firma di una banca o altra istituzione finanziaria, determina la situazione o posizione finanziaria degli accettanti o dei giranti. (v. anche *first–class paper*)

secondary account: ***conto secondario.*** In ragioneria, è un conto alimentato da operazioni interne che implicano il trasferimento da conti primari o da altri conti secondari, a seguito di una più precisa identificazione della natura dell'operazione che ha dato luogo alla registrazione su un conto primario. Ne sono esempi un conto prodotti finiti, un conto utili non distribuiti o un conto svalutazione crediti. (v. anche *primary account, secondary classification*)

secondary banking crisis: ***crisi delle banche secondarie.*** La crisi che, nella prima metà degli anni settanta, colpì e travolse gran parte delle cosiddette *secondary banks* (v.).

secondary bank reserve: ***riserva secondaria.*** In una banca, è la riserva che non consiste di liquidi, bensì di prestiti a chiamata e del portafoglio di effetti bancabili e titoli di stato o altri titoli di primissimo ordine prontamente convertibili in denaro liquido. (v. anche *primary reserve*)

secondary banks: ***banche secondarie.*** Espressione con la quale vengono designate delle istituzioni finanziarie che sorsero in Inghilterra nella seconda metà degli anni sessanta. Si interessavano della concessione di finanziamenti all'industria edilizia e al mercato immobiliare, rastrellando fondi dai risparmiatori ai quali veniva riconosciuto un interesse superiore a quello che potevano offrire gli istituti di credito. Parte di queste istituzioni restarono pesantemente coinvolte nella crisi del 1974 e dovettero cessare la loro attività. In un altro significato, e usato come opposto di *primary banks* (v.), il termine inglese indica tutte quelle banche che accettano depositi a tempo, ma non a vista.

secondary boycott: ***boicottaggio secondario.*** Un qualsiasi tipo di boicottaggio, cioè contro un datore di lavoro o contro uno stato, diventa secondario quando coloro che lo applicano tentano di costringere un terzo ad aderire alla loro azione, onde esercitare una maggiore pressione sul datore di lavoro o sullo stato nei cui confronti è applicato il boicottaggio. Così, sarebbe considerato boicottaggio secondario il tentativo di un sindacato di costringere un'impresa, attraverso lo sciopero dei suoi dipendenti che non hanno alcuna rivendicazione nei confronti del loro datore di lavoro, a sospendere le relazioni commerciali con l'impresa contro la quale viene condotto il boicottaggio primario. Un'altra forma di boicottaggio secondario si verifica quando un sindacato dà ordine ai propri membri non in sciopero di rifiutarsi di trattare i prodotti di un'altra impresa i cui lavoratori sono in sciopero. Queste forme di boicottaggio secondario sono state dichiarate illegali negli Stati Uniti dal *Taft–Hartley Act* (v.).

secondary capital: ***capitale secondario.*** Il capitale di una società rappresentato da titoli diversi dalle azioni che essa ha emesso e cioè da obbligazioni o altri titoli. (v. anche *primary capital*)

secondary classification: ***classificazione secondaria.*** In contabilità, è la riclassificazione di un'operazione o di un gruppo di operazioni inizialmente registrate nei conti primari. (v. anche *secondary account, primary classification*)

secondary data: ***dati secondari.*** Nel linguaggio del marketing, sono dati non raccolti direttamente alla fonte dai ricercatori, ma pubblicati da altre organizzazioni, come ad esempio l'istituto centrale di statistica. Il termine può anche includere dati raccolti dagli stessi ricercatori, ma in un periodo precedente e non specificamente in relazione alla ricerca per la quale vengono utilizzati.

secondary deposit: ***deposito fittizio; deposito secondario.*** Termine usato con lo stesso significato di *derivative deposit* (v.).

secondary distribution: ***distribuzione secondaria.*** Espressione del linguaggio finanziario e borsistico statunitense, con la quale si indica la vendita di un blocco di titoli che un operatore di borsa ha acquistato da un investitore, e non dall'emittente, e che egli intende piazzare in lotti più piccoli sul mercato mobiliare nel quale il titolo è quotato. La fonte del blocco di titoli è di solito un investitore istituzionale, la cui politica di investimenti esige la vendita in unica soluzione dei titoli in questione. Il motivo per cui l'investitore preferisce vendere ad un operatore e non direttamente deriva dal fatto che la grande quantità di titoli potrebbe farne scendere il corso se venisse offerta in unica soluzione sul mercato libero. L'operatore, invece, dispone dei canali idonei per offrire i titoli a propri clienti o per immetterli sul mercato in piccoli lotti, così che, durante il processo di vendita, il corso può rimanere stabile. All'operatore viene, in questo caso, riconosciuta una commissione superiore a quella ordinaria.

secondary employment: ***occupazione secondaria.*** L'occupazione che viene a crearsi a seguito dell'accresciuta spesa proveniente dai lavoratori che sono stati interessati dall'occupazione primaria. La stessa espressione viene usata per indicare l'occupazione nell'industria manifatturiera, principalmente quella che si interessa della produzione di beni di consumo durevoli e di alta qualità. (v. anche *primary employment, tertiary employment*)

secondary evidence: ***prova indiretta; prova non originale; prova secondaria.*** Nel linguaggio giuridico, è la prova che di per sé indica l'esistenza di una prova migliore e che viene respinta se è disponibile la prova diretta. Ad esempio, la copia di un documento non può essere addotta come prova se esiste ed è disponibile il documento originale. (v. anche *secondary evidence rule, primary evidence*)

secondary evidence rule: *norma della prova indiretta.* In diritto, è la norma in base alla quale si può presentare come prova la copia di un documento, o altra prova indiretta, quando chi la propone è in grado di spiegare in maniera esauriente il motivo per cui non è disponibile il documento originale o altra prova diretta. (v. anche *secondary evidence, primary evidence, best evidence rule*)

secondary fuels: *combustibili secondari.* Nell'industria dell'energia, sono tutti i combustibili non ricavati da giacimenti, bensì prodotti mediante l'utilizzazione di combustibili primari, come ad esempio il gas di città, il carbon coke e l'elettricità, benché quest'ultima non sia, a rigor di termini, un combustibile.

secondary industry: *industria secondaria; attività secondaria.* La branca dell'industria che si interessa della fabbricazione di prodotti finiti attraverso l'utilizzazione del capitale e l'applicazione del lavoro alle materie prime fornite dall'industria estrattiva o di occupazione.

secondary liability: *obbligazione indiretta; obbligazione secondaria.* In relazione ai titoli di credito negoziabili, è l'obbligazione cui diventa soggetta una persona a seguito di mancato adempimento da parte dell'obbligato principale. Il girante di un assegno, il traente di una cambiale e l'avallante di un pagherò sono soggetti di obbligazione secondaria. (v. anche *primary liability*)

secondary liquid assets: *attività liquide secondarie.* Corrispondono al sessanta per cento del fabbisogno di liquidi di una qualsiasi banca. Sono rappresentate da attività che sono quasi moneta o che possono prontamente convertirsi in moneta più o meno al loro valore di bilancio e comprendono: prestiti interbancari fino ad un mese; anticipazioni ad operatori di borsa; mutui ad enti locali della durata massima di un mese; effetti non riscontabili, ma con scadenza non superiore ai tre mesi; certificati di deposito e altri titoli con durata massima di tre mesi; altri titoli di stato o di enti locali di durata tra uno e cinque anni. (v. anche *primary liquid assets*)

secondary liquidity: *liquidità secondaria.* Nel linguaggio bancario della CEE, sono le attività che possono convertirsi in moneta entro un periodo che va da un mese a due anni.

secondary market: *mercato secondario.* È il mercato mobiliare nel quale vengono giornalmente trattate notevoli quantità di titoli, il cui corso viene così regolato dalla legge della domanda e dell'offerta. Il mercato secondario è quello che si svolge normalmente in una qualsiasi borsa valori ed è così chiamato perché in esso i valori mobiliari vengono trattati dopo che sono stati venduti sul mercato primario o mercato delle nuove emissioni. Lo stesso termine viene usato per indicare un qualsiasi mercato sul quale si trattano titoli di credito, diversi dai valori mobiliari, tra chi li ha acquistati in emissione e desidera venderli e chi intende acquistarli. Tra questi tipi di titoli rientrano, ad esempio, i certificati di deposito, le ipoteche, i prestiti interaziendali e simili. (v. anche *primary market*)

secondary money market: *mercato monetario secondario.* Lo stesso che *parallel market* (v.).

secondary mortgage market: *mercato secondario delle ipoteche.* È il mercato nel quale vengono trattati tra investitori i titoli di credito derivanti dalla concessione di mutui ipotecari. Obiettivo di tale mercato è quello di consentire a coloro che detengono tali titoli di realizzarli prima della scadenza se hanno bisogno di rientrare rapidamente in possesso dei loro investimenti. (v. anche *mortgage market, primary mortgage market*)

secondary needs: *bisogni secondari.* Lo stesso che *secondary wants* (v.).

secondary occupation: *attività secondaria.* L'attività economica che si interessa della produzione di beni di consumo durevoli e di alta qualità.

secondary offering: *offerta secondaria.* Termine usato con lo stesso significato di *secondary distribution* (v.).

secondary packaging: *confezione secondaria; imballaggio.* Espressione con la quale si indica il contenitore, di solito una grossa scatola di cartone, nel quale vengono sistemate un certo numero di confezioni primarie allo scopo di proteggerle durante il viaggio dal produttore al dettagliante o durante la conservazione nei depositi. (v. anche *packaging, primary packaging*)

secondary parties: *parti secondarie.* In relazione a titoli di credito, sono così detti il traente e il girante.

secondary picketing: *picchettamento secondario; picchettaggio secondario.* La forma di picchettaggio che prevede il presidio dei cancelli di uno stabilimento o di un'impresa non direttamente coinvolti nella rivendicazione sindacale che ha dato origine all'azione dei lavoratori, ma che intrattengono relazioni di qualche tipo con l'impresa contro la quale è direttamente rivolto il picchettaggio. I lavoratori ricorrono a questa azione nel tentativo di imporre una maggiore pressione sul datore di lavoro contro il quale essi stanno conducendo la loro azione sindacale. (v. anche *picketing, mass picketing, peaceful picketing*)

secondary power: *forza secondaria; energia secondaria.* Nelle imprese elettriche, è l'energia la cui erogazione può essere interrotta a discrezione dell'impresa, secondo i termini stabiliti nel contratto di fornitura stipulato con gli utenti. (v. anche *primary power*)

secondary production: *produzione secondaria.* In economia, questo termine indica il prodotto dell'attività secondaria, cioè delle industrie di trasformazione. In un uso più recente, l'espressione è passata ad indicare la produzione di beni di consumo durevoli e di alta qualità. (v. anche *primary production, tertiary production*)

secondary products: *prodotti secondari.* Sono i beni che derivano dalla *secondary production* (v.), per la maggior parte considerati beni di prima necessità.

secondary reserve: *riserva secondaria.* Termine usato con lo stesso significato di *secondary bank reserve* (v.).

secondary reserve ratio: *rapporto della riserva secondaria.* Il rapporto tra il totale dei depositi a vista presso una banca e i titoli di stato che essa possiede. (v. anche *primary reserve ratio*)

secondary risks: *rischi secondari.* Nel linguaggio bancario della CEE, sono gli investimenti a medio rischio.

secondary sector: *settore secondario.* Con questo termine si indica tradizionalmente il settore di un sistema economico che si interessa della trasformazione delle materie prime in prodotti finiti e cioè il settore delle industrie di trasformazione. (v. anche *goods–producing sector, secondary production*)

secondary securities: *titoli secondari.* Lo stesso che *indirect securities* (v.).

secondary security: *garanzia secondaria; garanzia impropria.* Nel linguaggio giuridico, è l'obbligo al risarcimento del danno cui è tenuto un soggetto che non adempie ad un'obbligazione assunta nei confronti del suo creditore il quale, a sua volta, è debitore, verso un altro soggetto, della stessa prestazione. Ad esempio, un venditore che non ha consegnato un bene venduto può chiamare in giudizio colui dal quale l'aveva acquistato e che non glielo ha consegnato, costringendolo così ad essere inadempiente nei confronti di colui al quale il primo lo aveva rivenduto.

secondary strike: ***sciopero secondario.*** Lo sciopero che si diffonde nelle imprese che intrattengono relazioni commerciali con l'impresa in cui si è sviluppato lo sciopero principale. Questo tipo di sciopero presuppone che i lavoratori dipendenti delle imprese in cui si verifica lo sciopero secondario abbiano anch'essi delle rivendicazioni da far valere nei confronti dei loro datori di lavoro. In assenza di tali rivendicazioni, questo tipo di sciopero è più propriamente chiamato sciopero di solidarietà. (v. anche *sympathetic strike*)

secondary wants: ***bisogni secondari.*** I bisogni più complessi che non rientrano nella categoria dei beni di prima necessità e che insorgono una volta che l'individuo ha soddisfatto i propri bisogni primari. L'osservazione dell'insorgere di questi bisogni ha suggerito l'enunciazione della cosiddetta legge della varietà. (v. anche *basic needs, law of variety*)

secondary workers: ***lavoratori secondari.*** I lavoratori che non mostrano lo stesso attaccamento alla forza lavoro di quello mostrato dai *primary workers* (v.) e reagiscono a variazioni del livello salariale o delle condizioni di mercato accettando alternative all'esterno della forza lavoro. Si tratta, di solito, di donne coniugate, che accettano l'alternativa di svolgere l'attività di casalinghe; di giovani, che preferiscono l'alternativa di continuare gli studi; e di anziani, che accettano l'alternativa del prepensionamento.

second ballot: ***votazione di ballottaggio; ballottaggio.*** È la seconda votazione, cui si ricorre quando nella prima nessuno dei candidati ha raggiunto la maggioranza richiesta. Il ballottaggio è riservato ai due o più candidati, a seconda di quanto stabilito nello statuto della società, che più si sono avvicinati a tale maggioranza.

Second Bank of the United States: Nome dato ad una banca privata statunitense che, nel 1816, ottenne una patente della validità di venti anni dal Congresso degli Stati Uniti, molto simile a quella rilasciata nel 1791, e non rinnovata nel 1811, alla *First Bank of the United States* (v.). Questa banca svolse le funzioni di agente fiscale per il governo federale, ma ebbe una storia tormentata e fu da più parti accusata quale responsabile della depressione del 1818–20. Quando, nel 1836, la patente giunse a scadenza, il Congresso non giudicò opportuno rinnovarla.

second-best theory: ***teoria del secondo ottimo.*** Termine usato in alternativa a *theory of second best* (v.).

second bill of exchange: ***seconda di cambio.*** Termine usato come sinonimo di *second of exchange* (v.).

second call: 1. ***seconda convocazione.*** In relazione alle riunioni del consiglio di amministrazione e alle assemblee degli azionisti di una società, la regola generale in uso nei paesi anglosassoni stabilisce che se entro mezz'ora dall'inizio di una riunione o di un'assemblea in prima convocazione non esiste il numero legale, la riunione o l'assemblea vengono sciolte e aggiornate in seconda convocazione alla stessa ora dello stesso giorno della settimana successiva. Se dopo mezz'ora dall'inizio della riunione o assemblea in seconda convocazione non esiste il numero legale stabilito dallo statuto, il numero di persone presenti costituisce il numero legale per le decisioni da prendersi secondo l'ordine del giorno di quella riunione o assemblea. **2.** ***secondo richiamo.*** Se una società ha deciso che il versamento dei decimi dovuti dagli azionisti proprietari di azioni non interamente liberate venga effettuato in più momenti successivi, il secondo richiamo indica la richiesta di pagamento della seconda quota stabilita all'atto dell'emissione delle azioni.

second-class mail: ***posta di seconda classe.*** Corrispondenza soggetta ad un'affrancatura inferiore a quella della posta di prima classe ma che, in periodi di pesante traffico postale, deve dare la precedenza a quest'ultima.

second-class paper: ***carta di seconda classe.*** La carta di prima classe è quella che reca la firma di banche o altre istituzioni finanziarie di alta reputazione. Quando la situazione finanziaria degli obbligati principali non è altrettanto buona, i titoli di credito da loro emessi vengono considerati di seconda classe, di terza classe o anche di classe inferiore a seconda delle circostanze.

second-half: ***del secondo semestre.*** Nel linguaggio borsistico e finanziario, questa espressione determina eventi che si sono verificati o che si verificheranno nel corso del secondo semestre dell'anno.

second-hand: ***di seconda mano; usato.*** Espressione aggettivale con la quale si indica un oggetto non più nuovo, rivenduto o ceduto dal suo primo compratore.

second-hand market: ***mercato dell'usato.*** Il mercato nel quale è possibile acquistare beni durevoli di seconda mano, cioè venduti da coloro che li avevano precedentemente acquistati e usati e che intendono disfarsene o se ne sono già disfatti rivendendoli a un commerciante che opera in questo mercato.

second-line equities: ***azioni secondarie; azioni di secondo piano.*** Nella terminologia finanziaria britannica, sono tutte le azioni di società di media grandezza, non rappresentate nel *Financial Times Industrial Ordinary Share Index* (v.), che prende in considerazione soltanto i trenta titoli industriali principali, cioè quelli che danno il tono al mercato azionario e che trascinano a rimorchio le azioni secondarie.

second-line liquidity: ***attività liquide secondarie.*** Lo stesso che *secondary liquid assets* (v.).

second-line reserves: ***riserve di seconda linea.*** Le riserve di una banca centrale o delle altre banche, costituite da titoli di pronto realizzo, quali buoni del tesoro, cambiali riscontabili, ecc.

second mortgage: ***ipoteca di secondo grado.*** Se un debitore ha già acceso un'ipoteca su una sua proprietà a garanzia di un debito precedentemente contratto, egli può accendere una seconda ipoteca sulla stessa proprietà, con scadenza successiva alla prima, a garanzia di un altro debito contratto successivamente. L'ipoteca di primo grado, tuttavia, conserva un diritto di priorità su quella di secondo grado, in quanto essa fu iscritta per prima.

second of exchange: ***seconda di cambio.*** Espressione usata nel commercio internazionale per indicare la seconda copia di una cambiale estera. Questa seconda copia sarà inviata alla banca incaricata della presentazione o dell'incasso con un mezzo di trasporto distinto da quello con il quale viene mandata la prima di cambio, al fine di risparmiare tempo se la prima copia non dovesse giungere a destinazione. (v. anche *foreign bill of exchange*)

second quartile: ***secondo quartile.*** Termine usato con lo stesso significato di *median 2* (v.).

second-rate: ***di second'ordine.*** Espressione aggettivale, usata per indicare beni di qualità relativamente inferiore.

seconds: ***beni di seconda qualità; prodotti di seconda scelta.*** Beni scartati dal controllo della qualità e classificati di second'ordine, a causa di lievi difetti di fabbricazione. Trattandosi di difetti che non pregiudicano l'uso cui i prodotti sono destinati, essi vengono venduti ad un prezzo leggermente inferiore a quello dei prodotti di prima qualità.

second shift: ***secondo turno.*** In uno stabilimento che funziona ventiquattro ore al giorno, il secondo turno è quello che monta alle sedici e smonta a mezzanotte.

second via: ***seconda di cambio.*** Termine usato con lo stesso significato di *second of exchange* (v.).

secretary: 1. ***segretario; segretaria.*** La persona preposta all'amministrazione generale di un ufficio, di una società o di un'altra organizzazione. Il suo è un lavoro essenzialmente esecutivo e consiste nel trattare la corrispondenza in arrivo e in partenza, redigere i verbali di sedute, archiviare documenti, ecc. (v. anche *company secretary*) **2.** ***ministro.*** Il capo politico di un ministero.

secretary's office: ***segreteria.*** L'ufficio nel quale svolge le proprie mansioni un segretario o una segretaria.

secret commission: ***commissione segreta.*** La commissione, lo sconto o il profitto di cui si avvantaggia un agente ad insaputa del suo principale. Qualora l'agente abbia percepito una commissione segreta e il principale ne venga a conoscenza, quest'ultimo può: a) risolvere il contratto di agenzia; b) ripudiare il contratto in relazione al quale fu versata all'agente la commissione segreta; c) rifiutarsi di pagare la commissione spettante all'agente o ricuperarla se essa è stata già versata; d) ricuperare la commissione segreta percepita dall'agente.

secret partner: ***socio occulto.*** Membro che non figura nei libri o negli altri documenti di una società, ma partecipa alla ripartizione degli utili. Il termine viene spesso usato con significato figurato per indicare un costo improduttivo dell'impresa.

secret profits: ***profitti segreti.*** I profitti realizzati da una persona che intrattiene un rapporto fiduciario con una o più altre persone dal quale rapporto gli derivano i profitti che egli non svela alle altre persone. Rientrano in questo tipo di profitti, ad esempio, la commissione segreta percepita da un agente all'insaputa del suo principale o i guadagni realizzati dall'amministratore di una società in relazione a contratti stipulati con un'altra società nella quale ha un interesse, e simili.

secret rebate: ***sconto occulto.*** Sconto praticato da un produttore o da un grossista a un dettagliante sia per premiarlo della sua continuità d'acquisto, sia per indurlo ad acquistare beni di cui il grossista o il produttore desiderano disfarsi. Tale sconto è detto segreto perché viene praticato solo ad alcuni dettaglianti e sia gli altri dettaglianti che i consumatori ne sono tenuti all'oscuro.

secret reserve: ***riserva occulta.*** Termine usato con lo stesso significato di *hidden reserve* (v.).

section: 1. ***articolo di legge.*** Ciascuno dei vari articoli in cui si divide una legge, che vengono contraddistinti da un numero progressivo. Se dopo il numero compare un altro numero in parentesi, questo si riferisce ad uno dei commi di quell'articolo. **2.** ***sezione.*** Ciascuna delle ripartizioni interne in cui è suddiviso un ufficio, un reparto o un dipartimento.

sectional ledger: ***mastro a sezioni.*** Tipo di mastro, usato quasi esclusivamente nel Regno Unito, che consiste di varie sezioni in ciascuna delle quali vengono iscritti gli elementi relativi ad una data operazione. Questo mastro, inoltre, reca un quadro di controllo, inserito in alto della colonna maestra di ogni pagina, nel quale si realizza un bilancio di verificazione esplicito raffrontando l'uno sotto l'altro i totali del dare e dell'avere di ciascun conto.

sectional tariff: ***tariffa a sezioni.*** Nei trasporti, è una tariffa suddivisa in sezioni, ciascuna delle quali contiene prezzi diversi per il trasporto tra gli stessi punti e indicazioni per l'applicazione alternativa di questi prezzi.

section manager: ***direttore di sezione.*** La persona a capo di una delle ripartizioni interne in cui è suddiviso un ufficio, un reparto o un dipartimento.

sector: ***settore.*** Ciascuna delle parti in cui può essere suddiviso un insieme, come ad esempio un'economia o un'industria.

sector chart: ***diagramma a settori.*** Diagramma circolare diviso in settori da raggi che partono dal centro e si irradiano verso la circonferenza. L'ampiezza di ciascun settore è proporzionata ad un dato valore e tutti i settori insieme costituiscono il totale di un determinato gruppo di valori, corrispondente all'intero circolo del diagramma.

sector fund: ***fondo comune d'investimento settoriale.*** Negli Stati Uniti, è un tipo di fondo comune d'investimento aperto che confina le proprie operazioni di compravendita titoli in un singolo settore, come ad esempio il bancario o il chimico. A differenza degli altri fondi che diversificano ampiamente il loro portafogli, esso presenta una più alta dose di rischio, ma anche un maggior potenziale di risultati ottimali.

sector of an industry: ***settore industriale.*** Ciascuna delle parti in cui può essere suddivisa un'industria. Ad esempio, l'industria chimica può essere suddivisa nel settore della chimica generale, nel settore farmaceutico, nel settore della plastica e così via.

sector of the economy: ***settore economico; settore della economia.*** Ciascuna delle parti in cui viene convenzionalmente suddivisa un'economia. Le due principali suddivisioni sono il settore pubblico e il settore privato, ma questi possono essere a loro volta suddivisi in altri settori, come ad esempio il settore delle persone fisiche e quello delle persone giuridiche. La suddivisione in settori viene fatta allo scopo di poter meglio osservare il flusso tra ciascun settore e gli altri ed a questo fine un'economia risulta generalmente divisa in quattro settori, che comprendono: a) le imprese; b) lo stato; c) i privati; d) il resto del mondo. In quest'ultimo settore rientrano importazioni, esportazioni e flussi di capitali da e verso i paesi esteri.

secular: ***secolare.*** Aggettivo usato per indicare un fenomeno che si estende su un lungo arco di tempo.

secular price: ***prezzo secolare.*** Il prezzo di un bene o servizio che scaturisce dall'azione delle forze di mercato nell'arco di un lungo periodo di tempo.

secular stagnation: ***ristagno secolare; stagnazione secolare.*** Un basso livello di attività economica, che si estende su un arco di tempo notevolmente lungo.

secular stagnation theory: ***teoria del ristagno secolare.*** Teoria relativa non al ciclo economico, bensì al grado di maturità raggiunto da un'economia, quando il tasso di crescita di una popolazione mostra una costante tendenza verso la diminuzione, non vengono realizzate nuove e importanti scoperte scientifiche, non esiste più una frontiera da allargare e le aspettative sono per lunghi periodi di depressione interrotti da brevi e sporadici periodi di prosperità.

secular trend: ***tendenza secolare; onda secolare; movimento secolare; ciclo secolare.*** Espressione iperbolica, usata per indicare una qualsiasi tendenza dei valori di una serie temporale a crescere o a diminuire nell'arco di un certo numero di anni. L'espressione può riferirsi ai prezzi, al tasso di aumento o di diminuzione della popolazione, all'attività economica, ai consumi, ecc. L'espressione viene usata per contraddistinguere una tendenza dalle fluttuazioni cicliche di breve periodo, derivanti da variazioni della domanda stagionale, cambiamenti di gusto o della moda e simili.

secured account: ***conto garantito.*** Un qualsiasi conto, a fronte del quale esiste una garanzia reale o di altra natura.

secured bonds: ***obbligazioni garantite.*** Lo stesso che *secured debentures* (v.).

secured credit: ***credito privilegiato; credito garantito.*** È il credito in relazione al quale il creditore è garantito da un bene reale costituito in pegno e sul quale è stata accesa un'ipoteca.

secured creditor: ***creditore privilegiato; creditore ipotecario; creditore pignoratizio.*** Un soggetto il cui credito è garantito da un'ipoteca, da un pegno o altra garanzia collaterale. (v. anche *unsecured creditor*)

secured debentures: ***obbligazioni garantite.*** Titoli a reddito fisso emessi da un'impresa o altra organizzazione industriale o mercantile, che ha acceso un'ipoteca su propri beni reali a garanzia del rimborso del prestito obbligazionario.

secured debt: ***debito garantito.*** Pur se visto da un'altra angolazione, è lo stesso che *secured credit* (v.).

secured liability: ***obbligazione garantita.*** L'obbligo assunto da un soggetto di fare o non fare o di dare o non dare qualcosa, a fronte del quale impegno il soggetto ha offerto una specifica garanzia, come ad esempio un'ipoteca su un bene di sua proprietà.

secured loan: ***mutuo garantito; prestito garantito.*** La promessa fatta da una persona, un'impresa, un governo, ecc., di rimborsare una certa somma di denaro presa a prestito, dando a garanzia del rimborso uno specifico bene sul quale viene di solito accesa un'ipoteca. È il sistema più usato per i prestiti obbligazionari.

secured loan stock: ***capitale di prestito garantito.*** Lo stesso che *secured debentures* (v.).

secured notes: ***effetti garantiti.*** Sono effetti garantiti da un bene reale di proprietà del debitore. Il termine inglese, pertanto, ha più o meno lo stesso significato di *secured loan* (v.).

secured red clause: ***clausola rossa garantita; clausola rossa documentaria.*** Termine usato con lo stesso significato di *documentary red clause* (v.).

securities: ***titoli; valori mobiliari; valori.*** Termine generico, usato per indicare collettivamente qualsiasi tipo di valori mobiliari, a reddito fisso o a reddito variabile, ipoteche, fedi di deposito e qualsiasi altro documento che dia al suo portatore il diritto di proprietà su beni non in suo possesso. Pur avendo un significato molto ampio, questo termine viene solitamente usato per indicare qualsiasi titolo oggetto di negoziazione in una borsa valori. (v. anche *security*)

securities account: ***conto titoli.*** È il conto acceso ai titoli di proprietà di un'impresa. Funzionando a costi, ricavi e rimanenze, alla fine dell'esercizio dà espressione ad un utile o ad una perdita di gestione. I costi e i ricavi sono rappresentati dal corso secco dei titoli che l'impresa acquista e vende durante l'esercizio. Lo stesso termine indica il conto titoli di un cliente presso una banca o altro depositario o presso un intermediario di borsa, nel quale vengono accreditati e addebitati rispettivamente gli acquisti e le vendite che la banca o l'intermediario eseguono per conto del cliente.

Securities Act: Legge approvata dal Congresso degli Stati Uniti nel 1933 a protezione di coloro che investono in nuove emissioni di valori mobiliari. La legge prescrive che l'emittente fornisca, all'apposito organo a ciò preposto, informazioni specifiche su circa trentadue punti prima che l'emissione possa essere offerta in vendita al pubblico. Della completezza ed esattezza delle informazioni così fornite risponde l'emittente e l'organo federale che le riceve ha il potere di bloccare l'emissione, se non è pienamente soddisfatto, fino a quando non vengono fornite tutte le informazioni richieste e indispensabili alla salvaguardia degli interessi dei risparmiatori.

securities analysis: ***analisi finanziaria.*** Lo studio analitico dei valori e del mercato mobiliare, inteso ad elaborare una strategia degli investimenti. Si basa sull'analisi dei bilanci, dei conti economici e delle notizie relative alle società quotate in borsa e sull'elaborazione dei dati relativi all'andamento del mercato e al comportamento su di esso di determinati valori mobiliari.

Securities and Exchange Commission: Agenzia federale degli Stati Uniti creata nel 1934 e preposta all'amministrazione del *Securities Act* (v.), del *Securities Exchange Act* (v.) e di altre leggi in materia di valori mobiliari e borse valori. Scopo principale dell'agenzia è quello di proteggere gli interessi del pubblico e dei risparmiatori contro le pratiche spregiudicate e speculative dei mercati mobiliari.

Securities and Investments Board: Organo di supervisione preposto a regolamentare tutto il settore del mercato mobiliare britannico dopo la liberalizzazione del 1986, nota come *big bang* (v.). In particolare, il SIB ha il compito di controllare il mercato azionario, il mercato dei contratti a termine e le gestioni e i fondi di investimento. Lo scopo che esso si prefigge è quello di proteggere gli investitori e gli utenti del mercato azionario, attraverso un controllo che garantisca la chiarezza dei prezzi e la corretta registrazione delle operazioni. L'aspetto più interessante di questo organo è che si tratta di una società privata, non costituita in base a una legge formale, ma il cui consiglio di amministrazione viene nominato e può essere sciolto dal governo della banca centrale.

Securities Association: Organismo autoregolamentato della *City* di Londra, costituito a seguito del *big bang* (v.) mediante la fusione della *London Stock Exchange* e dell'*International Securities Regulatory Organization*, al quale è stata delegata la supervisione delle banche e degli intermediari che operano sugli euromercati.

securities broker: ***intermediario di borsa.*** Termine statunitense, usato con lo stesso significato di *floor broker* (v.).

securities company: ***società di negoziazione titoli.*** Un'istituzione finanziaria, diversa dalle banche, che opera in proprio nel settore della compravendita di valori mobiliari e nella vendita e distribuzione di intere nuove emissioni. Il termine viene spesso usato con lo stesso significato di *merchant bank* (v.).

securities control: ***controllo dei titoli.*** Procedura volta ad accertare la reale consistenza qualitativa e quantitativa dei titoli in portafoglio.

securities department: ***reparto amministrazione titoli.*** In una banca, è il reparto, o l'insieme degli uffici, preposto alla gestione di portafogli finanziari per conto dei loro titolari.

securities exchange: ***borsa valori.*** Lo stesso che *stock exchange* (v.).

Securities Exchange Act: Legge approvata dal Congresso degli Stati Uniti nel 1934 ad integrazione del *Securities Act* (v.) del 1933. Questa legge in particolare stabilisce che: tutte le borse valori del paese, fatta eccezione per alcune che ne sono esenti, devono essere iscritte presso la *Securities and Exchange Commission* (v.); che il Consiglio dei Governatori del *Federal Reserve System* (v.) è responsabile del controllo del credito usato per finanziare le operazioni di compravendita in borsa; che sono vietate tutte le forme di manipolazione dei prezzi; che le operazioni sul mercato terziario sono soggette al controllo della *Securities and Exchange Commission*; che le imprese i cui titoli sono quotati in una qualsiasi borsa valori devono fornire determinate e specifiche informazioni sulle loro situazioni economiche e patrimoniali. In breve, la legge regola tutte le questioni relative alla compravendita di valori mobiliari, alle quotazioni dei titoli ufficiali, agli agenti di cambio, ai commissionari di borsa e alle loro associazioni.

securities firm: ***ditta di negoziazione titoli.*** Lo stesso che *securities company* (v.).

securities holding: ***portafoglio titoli.*** Tutti i valori mobiliari posseduti da un singolo investitore. Affinché un portafoglio titoli dia una certa sicurezza, deve presentare un'ampia diversificazione tra i vari tipi di titoli disponibili sul mercato.

securities house: ***casa di negoziazione titoli.*** Lo stesso che *securities company* (v.).

Securities Industry Automation Corporation: Organizzazione indipendente istituita dalla *American Stock Exchange* (v.) e dalla *New York Stock Exchange* (v.), che ne detengono ciascuna il cinquanta per cento del pacchetto azionario, per fornire loro servizi di elaborazione dati, di compensazione e di comunicazione.

securities investment trust: ***fondo comune d'investimento mobiliare.*** Termine generico, con il quale si indica un fondo comune che colloca il proprio patrimonio per la maggior parte in valori mobiliari.

Securities Investor Protection Corporation: Istituzione statunitense senza scopo di lucro creata nel 1970 per la protezione dei diritti dei clienti di intermediari di borsa costretti a liquidare la propria attività.

securities listed on the stock exchange: ***titoli ufficiali; titoli quotati in borsa; valori mobiliari.*** Termine usato con lo stesso significato di *listed securities* (v.).

securities loan: 1. ***prestito di titoli.*** Un prestito di titoli può aver luogo fra operatori della borsa valori, quando uno di loro ne ha bisogno per coprire una sua posizione di vendita. **2.** ***prestito su titoli; anticipazione su titoli.*** Lo stesso che *advance against stock exchange securities* (v.).

Securities Management Trust: Istituzione finanziaria, sussidiaria della Banca d'Inghilterra, creata negli anni trenta per offrire assistenza all'industria durante la grande depressione che colpì il mondo intero nel periodo tra le due guerre mondiali.

securities market: ***mercato mobiliare; mercato dei titoli.*** Il luogo nel quale vengono negoziati i valori mobiliari. Può riferirsi tanto ad un mercato organizzato qual è la borsa valori, quanto ad un mercato non organizzato qual è il mercato ristretto o terziario. (v. anche *stock exchange, over-the-counter market*)

securities on hand: ***titoli in portafoglio.*** Questa espressione viene usata per indicare collettivamente tutti i titoli di proprietà di un investitore privato, di una banca o di una qualsiasi altra istituzione finanziaria.

securities portfolio: ***portafoglio titoli.*** Termine usato con lo stesso significato di *securities holding* (v.).

securities profits: ***profitti sugli investimenti mobiliari.*** Guadagno realizzato mediante la vendita di titoli ad un prezzo superiore al loro costo. Si parla di utili di capitale realizzati nel lungo termine qualora essi provengano da titoli venduti dopo sei mesi dalla data del loro acquisto, e di utili di capitale realizzati nel breve termine qualora i titoli vengano negoziati entro sei mesi dalla data del loro acquisto.

Securities Protection Investor Corporation: Ente istituito con legge del Congresso degli Stati Uniti nel 1970 allo scopo di assicurare gli investitori contro perdite, fino ad un massimo di cinquantamila dollari, conseguenti al fallimento di operatori di borsa. È, in altri termini, l'equivalente per gli investitori in valori mobiliari di ciò che rappresenta la *Federal Deposit Insurance Corporation* (v.) per coloro che depositano i loro fondi presso le banche statunitensi.

securitization: ***mobiliarizzazione; conversione di debiti in titoli negoziabili.*** Neologismo con il quale si indica la recente tendenza ad avere, a fronte di prestiti concessi a privati, imprese o governi, garanzie di carattere indiscutibile costituite principalmente da titoli negoziabili, che possono successivamente essere rivenduti a investitori privati. Nel linguaggio bancario, il termine indica anche la tendenza moderna in base alla quale le banche preferiscono procurare capitali ai loro più grandi clienti, anziché concedere loro prestiti direttamente, mediante la vendita di valori mobiliari emessi da questi ultimi o dalle stesse banche. Infatti, quando una banca mobiliarizza un credito, esso può essere eliminato dal bilancio e ciò libera capitale che può essere utilizzato per garantire altre operazioni. Lo stesso termine, infine, indica la pratica seguita da molte conglomerate finanziarie di rivendere sul mercato i loro crediti, sotto forma di obbligazioni.

securitized debt: ***debito mobiliarizzato.*** Un debito costituito e rappresentato da titoli facilmente negoziabili sui mercati finanziari o monetari. Questo tipo di debito si contrappone a quello tradizionale, rappresentato da mutui concessi da banche o consorzi di banche.

securitized paper: ***carta garantita.*** Neologismo usato in relazione a qualsiasi titolo di credito, il cui pagamento alla scadenza è garantito da beni reali o di altra natura indiscutibile, come ad esempio le cambiali ipotecarie o le emissioni di obbligazioni garantite da beni capitali di proprietà dell'emittente.

security: 1. ***garanzia.*** Il termine inglese viene usato in senso generico per indicare una qualsiasi forma di proprietà su beni in possesso di altre persone, di solito a tutela di un prestito. Può, pertanto, applicarsi a certificati di ipoteca, titoli di credito di qualsiasi tipo e natura, fedi di deposito, ecc. Al plurale, è generalmente usato per indicare collettivamente i valori mobiliari. In senso ancora più generico, il termine inglese indica un qualcosa che rende più sicuro e certo il godimento o la rivendicazione di un diritto. Può, inoltre, essere usato per indicare la proprietà offerta a garanzia di un debito, nonché l'assicurazione contro un qualsiasi rischio. (v. anche *securities*) **2.** ***sicurezza.*** Certezza del lavoratore di non perdere il proprio posto di lavoro senza giusta causa e senza una qualche forma di assistenza sociale. (v. anche *security of employment*)

security bill of sale: ***atto di cessione.*** Lo stesso che *bill of sale 1* (v.).

security capital: ***capitale di sicurezza.*** Questo termine inglese viene spesso usato in contrapposizione a capitale di rischio, per indicare un qualsiasi tipo di capitale che è esposto ad un rischio minimo. Un esempio potrebbe essere un prestito a fronte del quale viene costituita in pegno la proprietà di un bene immobile. Il termine, pertanto, si applica spesso a un capitale garantito da ipoteca o rappresentato da obbligazioni ipotecarie. (v. anche *risk capital*)

Security Council: ***Consiglio di sicurezza.*** È uno dei due principali organi delle Nazioni Unite. La sua funzione principale è quella di mantenere la pace nel mondo e a questo fine la Carta delle Nazioni Unite gli consente di prendere iniziative sotto forma di sanzioni diplomatiche, economiche e militari se è a ciò autorizzato da almeno sette degli undici membri che ne fanno parte, inclusi tutti e cinque i membri permanenti.

security deposit: ***deposito a garanzia del pagamento della pigione.*** Somma di denaro depositata dal locatario come garanzia dell'esecuzione delle condizioni del contratto di locazione, prima fra tutte il puntuale pagamento del canone. Il deposito viene restituito al termine della locazione, a meno che il locatario abbia causato danni alla proprietà o non abbia rispettato le condizioni del contratto.

security dollars: ***dollari per investimento.*** Lo stesso che *investment dollars* (v.).

security exchange: ***borsa valori; mercato mobiliare; mercato dei titoli.*** Termine usato con lo stesso significato di *securities market* (v.) e *stock exchange* (v.).

security guard: ***guardia giurata.*** Persona impiegata da banche e altre istituzioni col compito di sorvegliare i locali in cui vengono custoditi valori e di scortare questi ultimi quando essi vengono trasportati da un luogo all'altro.

security holding company: ***società finanziaria; società di partecipazione; società di sostituzione titoli; omnium.*** Termine usato con lo stesso significato di *holding company* (v.).

security income and expense: ***profitti e perdite su titoli.*** Espressione usata in ragioneria e spesso presente nei conti economici per indicare i profitti derivanti da interessi e dividendi su valori mobiliari e i profitti e le perdite derivanti dall'acquisto e dalla vendita di titoli tenuti come investimenti a breve o a lungo termine. (v. anche *securities profits*)

security issue: ***emissione di titoli.*** Espressione generica, usata per indicare una nuova emissione di un qualsiasi tipo di valori mobiliari.

security issue tax: ***imposta sulle emissioni di titoli.*** Negli Stati Uniti, è un'imposta riscossa sia a livello statale che a livello federale sulle nuove emissioni di titoli da parte di una qualsiasi impresa industriale o mercantile.

security market: ***mercato mobiliare; mercato dei titoli.*** Termine usato come sinonimo di *securities market* (v.).

security of employment: ***sicurezza dell'impiego.*** È uno dei vantaggi non monetari offerti da certe occupazioni, quali ad esempio l'impiego statale, non soggette a fluttuazioni cicliche dovute a variazioni del livello della domanda o simili fenomeni. Ciò, però, contribuisce a mantenere relativamente bassi i salari pagati in queste occupazioni. La sicurezza dell'impiego ha notevole importanza per il lavoratore in periodi di bassa occupazione, ma assume minor rilievo nei periodi di piena occupazione.

security on property: ***garanzia reale; garanzia immobiliare.*** Termine usato con lo stesso significato di *real security* (v.).

security sterling: ***sterline in titoli.*** In base all'*Exchange Control Order* del 1948 furono imposte forme di controllo valutario sulle vendite di titoli in sterline e altre attività di proprietà di persone non residenti in paesi che facevano parte dell'area della sterlina. Queste restrizioni prevedevano che il ricavo di queste vendite venisse accreditato su un conto bloccato, anche detto *security sterling* in quanto poteva essere utilizzato soltanto per l'acquisto di titoli in sterline. Le sterline bloccate in questo conto erano trasferibili fra non residenti ed erano di regola quotate lievemente al di sotto del tasso ufficiale di cambio della sterlina. L'*Exchange Control Order* fu abrogato nel 1967.

seed capital: ***capitale di avviamento.*** Rientra nella più ampia categoria di *venture capital* (v.) e rappresenta l'investimento sotto forma di fondi iniziali forniti a un imprenditore che intende tramutare un'idea in un nuovo prodotto.

seed money: ***sovvenzione.*** Espressione di recente formazione, usata per indicare un'assegnazione di fondi con cui dare l'avvio ad un'impresa, ad una ricerca e simili.

see–safe: ***vendita in conto deposito.*** Il termine inglese indica un particolare tipo di vendita in conto deposito, che prevede il pagamento immediato delle merci fornite, ma il diritto del rivenditore di restituire, entro un periodo di tempo concordato, la quantità che non sia riuscito a vendere, il cui importo gli viene accreditato in conto di altre forniture successive.

S. & F. A.: shipping and forwarding agent.

segment: ***segmento.*** V. spiegazione sotto *market segment.*

segmentation: ***segmentazione.*** V. spiegazione sotto *market segmentation.*

segregated account: ***conto separato.*** Un conto tenuto separato da quello principale di un'impresa o di un intermediario, sul quale dovrebbero confluire fondi dei quali l'impresa o l'intermediario non hanno la disponibilità. Ad esempio, a un operatore della borsa valori può essere imposto l'obbligo di tenere conti separati che accolgono i fondi di ciascuno dei suoi clienti e sui quali è possibile fare operazioni di prelievo soltanto a seguito di specifiche istruzioni del cliente.

segregated appropriation: ***stanziamento separato; stanziamento speciale.*** Termine usato con lo stesso significato di *itemized appropriation* (v.).

seigniorage: ***signoraggio.*** In passato, questo termine indicava la parte del reddito di un sovrano o di un signore proveniente dalla coniazione di metallo prezioso in monete, sotto forma di una tassa fatta pagare dalla zecca. Il signoraggio sulla coniazione di monete d'oro in Inghilterra fu abolito nel 1666. In epoca più recente, il termine, che viene usato in relazione a monete di metallo non prezioso, è passato ad indicare il profitto realizzato da uno stato sulla coniazione di monete metalliche, derivante dall'assegnazione a tali monete di un potere d'acquisto superiore al valore del metallo in esse contenuto. Il termine inglese viene a volte impropriamente usato come sinonimo di monetaggio. (v. anche *brassage*)

seisin: ***proprietà assoluta; possesso incondizionato.*** Questo termine inglese indica l'occupazione o il possesso di *freehold land* (v.).

seizure note: ***nota di sequestro.*** Documento usato in relazione a merci di contrabbando o prodotti posti in circolazione sotto un marchio di fabbrica contraffatto sequestrati dalle autorità doganali. Le note di sequestro vengono compilate dall'ufficiale doganale che effettua il sequestro e vengono lasciate, insieme ai beni sequestrati, in un magazzino statale.

Select Committee on the Nationalized Industries: Commissione della Camera dei Comuni istituita nel 1956 e formata di rappresentanti di tutti i partiti politici presenti in parlamento. Ha il compito di relazionare sull'andamento delle industrie nazionalizzate e di fare da tramite tra queste ultime ed il parlamento, quando sorgono problemi che le industrie non possono risolvere senza l'intervento parlamentare.

selection: **1.** ***selezione.*** La scelta dei candidati più qualificati tra quelli che si presentano per ricoprire un posto vacante. La selezione ha luogo attraverso procedure, basate su metodi più o meno scientifici, stabilite dall'impresa e può essere condotta dall'ufficio del personale dell'impresa stessa, da una commissione esterna appositamente nominata o da una società di consulenza e di ricerca del personale. **2.** ***assortimento.*** La varietà di uno stesso bene, disponibile presso un negozio o altro punto di vendita.

selection board: ***commissione selezionatrice.*** Lo stesso che *selection panel* (v.).

selection consultant: ***selezionatore; intervistatore.*** Il singolo o la società di consulenza impiegati da un'impresa perché eseguano per suo conto la selezione dei candidati che si presentano per ricoprire un posto. In questi ultimi tempi, è diventata pratica ordinaria di molte grandi imprese affidarsi a consulenti specializzati per la selezione del proprio personale. A giudicare dall'aumento di impiego di questa forma di servizio di consulenza, sembrerebbe che le imprese lo giudichino in maniera positiva, malgrado i costi relativamente alti che esso comporta.

selection panel: ***commissione selezionatrice.*** È la commissione appositamente nominata perché proceda alla selezione dei candidati ad un posto di lavoro.

selection procedure: ***procedura di selezione.*** La procedura, stabilita da un'impresa o altra organizzazione, per l'assunzione del proprio personale. La procedura può prevedere un semplice colloquio, una selezione a mezzo di test psico–attitudinali, un concorso con prove scritte e orali, oppure più di uno di questi metodi di selezione usati insieme o in fasi successive.

selective control: ***controllo selettivo.*** Termine usato con lo stesso significato di *qualitative monetary control* (v.).

selective credit control: ***controllo selettivo del credito.*** Termine usato con lo stesso significato di *qualitative monetary control* (v.).

selective discrimination: ***discriminazione selettiva.*** Nel linguaggio del commercio internazionale, quando uno o più stati applicano misure che limitano la libera circolazione di beni e servizi con uno o più altri stati particolari, e non con il resto del mondo in generale, si dice che praticano una discriminazione selettiva. Ciò può portare alla creazione di un gran numero di mercati internazionali liberi per coloro che ne fanno parte, ma chiusi per coloro contro i quali si applicano le misure discriminanti.

selective employment tax: ***imposta selettiva sulla occupazione.*** Imposta introdotta nel bilancio statale del Regno Unito del maggio 1966, come variante dell'imposta sui ruoli paga, mai adottata nel Regno Unito. L'imposta, secondo la disposizione che l'istituiva, doveva «incoraggiare economie nell'impiego di manodopera nel settore terziario, rendendola così disponibile per l'espansione dell'industria manifatturiera». Ciò perché si ipotizzava una differenza tra i prezzi al consumo dei servizi e dei prodotti industriali, essendo questi ultimi gravati da un'imposta sugli acquisti più pesante di quella che colpiva i servizi. L'imposta doveva essere pagata da tutte le imprese, qualunque fosse il settore nel quale operavano, ma veniva successivamente rimborsata per intero a tutte le aziende statali e ai settori esclusi dall'imposizione, come ad esempio il settore agricolo; veniva rimborsata per intero con l'aggiunta di un sussidio alle industrie manifatturiere, pur se dal 1967 il sussidio fu conservato soltanto per le imprese che avevano la propria sede di attività nelle aree depresse; mentre i settori delle costruzioni e dei servizi non ricevevano alcun rimborso. L'aliquota dell'imposta era diversa a seconda del sesso e dell'età dei lavoratori e colpiva più pesantemente i maschi adulti e via via meno pesantemente gli altri lavoratori, e cioè le femmine adulte, i ragazzi sotto i diciotto anni e le ragazze sotto i diciotto anni. Da quando fu istituita, le aliquote furono più volte variate e nel 1973, in occasione dell'introduzione dell'imposta sul valore aggiunto a seguito dell'ingresso del Regno Unito nella Comunità Economica Europea, l'imposta selettiva sull'occupazione fu abolita.

selective grant: ***contributo selettivo.*** Lo stesso che *specific grant* (v.).

selective hedging: ***copertura selettiva.*** Nel linguaggio finanziario, indica la pratica, introdotta di recente, di effettuare operazioni di copertura contro il rischio del cambio soltanto in relazione a determinati mercati e valute estere e quando si prevede un movimento sfavorevole dei cambi. Questo tipo di copertura consente, a chi la pratica, di realizzare un vantaggio di prezzo sui diretti concorrenti che operano sugli stessi mercati e che fanno ricorso alla copertura completa. (v. anche *hedge, full hedging, currency option*)

selective interview: ***colloquio di selezione.*** Lo stesso che *employment interview* (v.).

selective inventory control: ***controllo selettivo delle scorte.*** Il metodo di inventario delle scorte di magazzino descritto sotto *A.B.C. method* (v.).

selective marketing: ***collocamento.*** Neologismo ormai entrato nel linguaggio finanziario londinese, ove viene usato con lo stesso significato di *placing* (v.).

selective price control: ***controllo selettivo dei prezzi.*** Un controllo dei prezzi limitato soltanto ad alcuni dei beni e servizi oggetto di scambio all'interno di un'economia. (v. anche *price control, universal price control*)

selective selling: ***vendita selettiva.*** Una politica di vendita che prevede che si debba raggiungere una ristretta e qualificata clientela, con alti prezzi di vendita e grande cura nella presentazione dei propri prodotti. (v. anche *sales policy, extensive selling*)

select wage increase: ***aumento salariale particolare.*** Un aumento della remunerazione di un lavoratore basato non su accordi applicabili alla totalità dei dipendenti, bensì sul merito o altra caratteristica peculiare del lavoratore al quale esso viene concesso. (v. anche *across–the–board*)

self: ***me medesimo; me stesso.*** Termine usato in relazione ad assegni bancari per indicare alla banca che il pagamento deve essere fatto allo stesso emittente dell'assegno. Se il titolare del conto corrente è un'impresa, o comunque non un singolo individuo, si userà il plurale *selves.*

self–assessment: ***autotassazione.*** Sistema in uso in alcuni paesi, tra i quali il nostro, che prevede che ogni contribuente compili la propria dichiarazione delle imposte e proceda anche al calcolo dell'imposta netta che deve pagare, seguendo le istruzioni allegate agli appositi moduli. L'alternativa, in uso in altri paesi, è quella che prevede che la determinazione dell'imposta che il contribuente è tenuto a pagare venga fatta da un funzionario dell'ufficio delle imposte, in base alle dichiarazioni fornite dal contribuente nell'apposito modulo di denuncia dei redditi.

self–balancing ledger: ***mastro autobilanciantesi.*** Termine usato con lo stesso significato di *sectional ledger* (v.).

self–build society: ***cooperativa edilizia.*** Lo stesso che *co–operative housing association* (v.).

self–contained economy: ***economia autonoma; economia isolata.*** Lo stesso che *closed economy* (v.).

self–correlation: ***autocorrelazione.*** Lo stesso che *autocorrelation* (v.).

self-dependent nation: ***nazione autosufficiente.*** Termine usato con lo stesso significato di *self-sufficient nation* (v.).

self-employed: ***lavoratore indipendente; lavoratore autonomo.*** Una qualsiasi persona che lavora in proprio, cioè che non è alle dipendenze di altri verso i quali è responsabile del proprio operato e della propria attività. I lavoratori autonomi fanno parte di una categoria a sé per quanto concerne l'imposizione fiscale, i contributi sociali e i benefici cui hanno diritto in base al piano delle assicurazioni sociali.

self-employed person: ***lavoratore indipendente; lavoratore autonomo.*** Lo stesso che *self-employed* (v.).

self-employment: ***lavoro autonomo; occupazione in proprio.*** Termine generico, con il quale si indica qualsiasi attività economica svolta da un soggetto che non dipende da altri per le decisioni relative al proprio lavoro e che non è responsabile verso altri del proprio operato in relazione alla attività lavorativa che svolge.

self-employment income: ***reddito da lavoro autonomo; reddito da lavoro indipendente.*** È il reddito di un lavoratore autonomo. È trattato come categoria a sé nei paesi in cui è in vigore il sistema della ritenuta alla fonte dell'imposta sul reddito.

self-employment tax: ***contributi sociali del lavoratore autonomo.*** I contributi sociali imposti ai lavoratori autonomi e che essi devono versare direttamente all'ente incaricato dell'esazione.

self-financing: ***autofinanziamento.*** Una delle pratiche cui ricorrono le imprese allo scopo di far fronte al loro fabbisogno finanziario. Invece di distribuire alti dividendi, li limitano ad un'equa remunerazione del capitale di rischio e fanno fronte alle loro necessità finanziarie attraverso l'impiego degli utili non distribuiti e dei fondi di ammortamento, con conseguente risparmio dei costi finanziari che dovrebbero sostenere se ricorressero al capitale di prestito che potrebbero reperire sul mercato mediante l'emissione di obbligazioni o rivolgendosi alle banche o ad altre istituzioni finanziarie. Generalmente, la quota maggiore della spesa sostenuta da un'impresa per la creazione di nuovo capitale è finanziata con fondi provenienti da fonti interne, cioè il reinvestimento di utili non distribuiti. Questa pratica è stata criticata da alcuni economisti, i quali sostengono che gli utili dovrebbero essere interamente distribuiti agli azionisti, i quali liberamente sceglieranno se e dove reinvestirli. Alcuni paesi, nel tentativo di scoraggiare la pratica dell'autofinanziamento, colpiscono gli utili non distribuiti con un'imposta superiore a quella che percuote gli utili distribuiti.

self-financing ratio: ***rapporto di autofinanziamento.*** Il rapporto tra capitale complessivamente investito da un'impresa in un qualsiasi periodo contabile e capitale, investito dalla stessa impresa nello stesso periodo, proveniente da riserve e utili non distribuiti.

self-generating theory of the cycle: ***teoria endogena del ciclo economico.*** Termine usato con lo stesso significato di *endogenous theory of the trade cycle* (v.).

self-insurance: ***autoassicurazione.*** L'assicurazione diretta, da parte del proprietario, del rischio di perdita connesso alla proprietà di un qualsiasi bene o del rischio derivante da una qualsiasi altra causa. Nel linguaggio aziendale, di solito si indica con questo termine la pratica di accantonare una determinata somma mensile o annua, con la quale creare un fondo di riserva per far fronte ad eventuali perdite, invece di usare gli stessi fondi per stipulare contratti di assicurazione a garanzia di un qualsiasi rischio.

self-interest: ***tornaconto.*** Secondo gli economisti classici, nella propria vita economica l'individuo è motivato dal tornaconto, cioè da una maggiore considerazione del benessere personale rispetto a quello degli altri suoi simili, pur se in definitiva il tornaconto coincide con l'interesse della comunità nel suo complesso. L'importanza del benessere personale, che forma la base del principio del tornaconto, era la forza motrice delle azioni umane che diede origine al concetto dell'uomo economico, ampiamente usato dalla scuola classica. (v. anche *law of self-interest*)

self-investment: ***autoinvestimento.*** L'investimento di una parte o di tutte le attività di un fondo pensioni nell'attività economica dell'impresa che lo costituisce a favore dei dipendenti.

self-liquidating: ***autoliquidantesi.*** È la caratteristica di un investimento o di un debito contratto per uno scopo che darà utili sufficienti per reintegrare il capitale e pagare gli interessi. Ad esempio, è una caratteristica di una cambiale commerciale, accettata da un produttore o da un commerciante allo scopo di procurarsi rispettivamente materie prime o prodotti finiti, in quanto attraverso la vendita dei beni così procurati l'accettante della cambiale ricaverà i fondi per pagarla quando essa giungerà a scadenza.

self-liquidating advance: ***anticipazione autoliquidantesi.*** Il termine inglese viene usato per indicare: a) un mutuo concesso da una banca o altra istituzione per finanziare un progetto che darà reddito sufficiente ad estinguere il mutuo; b) un qualsiasi mutuo concesso per far fronte ad un temporaneo imbarazzo finanziario, in previsione di un futuro flusso di entrate sufficiente ad estinguere il mutuo.

self-liquidating asset: ***attività autoliquidantesi.*** Una qualsiasi attività fissa, che darà utili sufficienti per pagare il suo costo iniziale.

self-liquidating offer: ***offerta autoliquidantesi.*** Tipo di offerta promozionale i cui costi sono interamente coperti dalle vendite. Ad esempio, un produttore offre a coloro che comprano un suo articolo (A) un forte sconto, almeno un terzo, sul prezzo di un altro articolo (B), che il produttore ha acquistato o come resti di magazzino o a un forte sconto di quantità, così che il prezzo di B pagato dal cliente anche se ridotto copre interamente il costo sostenuto.

self-made man: ***uomo che si è fatto da sé.*** Una persona che ha avuto successo negli affari mediante i soli sforzi personali, essendo partito senza alcun vantaggio offertogli dalla situazione familiare, dalla disponibilità di forti capitali o da conoscenze particolari.

self-mailer: Termine usato nel linguaggio pubblicitario per indicare una circolare o un avviso che reca una parte da staccarsi e rispedirsi al mittente, con affrancatura a carico di quest'ultimo.

self-management: ***autogestione.*** Lo stesso che *autogestion* (v.).

self-processed pay checks: Espressione statunitense, con la quale si indica un sistema di accreditamento delle retribuzioni in conti correnti, presso un istituto di credito, da parte di un'impresa a favore dei suoi dipendenti.

self-realizing expectations: ***aspettative autorealizzantisi.*** Nel linguaggio economico, si indicano con questa espressione quelle aspettative che, se sostenute da opportuna azione, ricevono una grande probabilità di realizzazione. Ad esempio, se si diffonde l'aspettativa che il mercato azionario debba decollare e gli investitori cominciano a comprare valori mobiliari in previsione di tale decollo, gli acquisti di per sé faranno salire i corsi ed è molto probabile che il decollo effettivamente si realizzi.

self-regulated organizations: ***organismi autoregolamentati.*** Nel linguaggio finanziario, sono così detti quegli organismi che si governano e regolamentano autonomamente, di solito dietro autorizzazione di un organo di controllo superiore o del governo.

self-regulation: ***autoregolamentazione.*** La regolamentazione di una istituzione mediante l'emanazione di proprie norme di condotta, non sancite in leggi dello stato.

self-regulatory organizations: ***organismi autoregolamentati.*** Lo stesso che *self-regulated organizations* (v.).

self-service: 1. ***autoservizio; libero servizio; self-service.*** Espressione entrata anche nell'uso italiano, con la quale si indica una tecnica di vendita che, nata negli Stati Uniti intorno al 1912, ha avuto un notevole sviluppo dopo la seconda guerra mondiale, e in particolare a partire dagli anni sessanta, a seguito del continuo aumento dei costi di manodopera nei punti di vendita. La tecnica di vendita dell'autoservizio consiste in una forma di servizio libero, che consente al cliente di scegliere da solo i beni esposti in un punto di vendita e che egli intende acquistare e di pagarli al momento in cui esce dal punto di vendita. Il vantaggio di questa tecnica consiste nel rendere possibili sensibili riduzioni dei costi di personale, ma allo stesso tempo essa contribuisce a far aumentare il giro di affari. Il consumatore, infatti, preferisce servirsi da solo perché prova soddisfazione nell'effettuare le proprie scelte, libero dal condizionamento che potrebbe venirgli imposto dal rapporto personale con l'addetto alle vendite. Pertanto, facendo leva su fattori di gratificazione psicologica, l'autoservizio provoca nel consumatore un maggior numero di decisioni d'acquisto ed ha come risultato un aumento globale del volume delle vendite. **2.** ***negozio self-service; negozio a libero servizio.*** In questo significato, il termine inglese è la contrazione di *self-service store* (v.).

self-service economy: ***economia dell'autoservizio.*** Uno stadio di sviluppo postindustriale, che dovrebbe realizzarsi quando un paese passa da una economia industriale a una economia dei servizi.

self-service store: ***negozio self-service; negozio a libero servizio.*** Un punto di vendita che applica la tecnica descritta sotto *self-service 1* (v.), come ad esempio un grande magazzino, un supermercato o altri tipi di negozi del genere. (v. anche *supermarket*)

self-sufficiency: ***autosufficienza.*** La produzione, all'interno di un'impresa, di un'industria o di un'area geografica, di tutto ciò che serve all'organizzazione o viene consumato nella stessa area. (v. anche *economic independence*)

self-sufficient nation: ***nazione autosufficiente.*** Un paese che produce tutti i beni oggetto di domanda e di consumo da parte dei suoi abitanti. Il tentativo di realizzare questo obiettivo è una politica di autarchia confortata da divieti di importare da altri paesi, concretizzati con alti dazi doganali, contingentamenti, restrizioni valutarie, ecc. Una politica del genere fu perseguita nel periodo tra le due guerre mondiali da un gran numero di paesi, di qualunque tendenza politica, con varie finalità che andavano dal tentativo di proteggere l'occupazione a quello di stimolare l'espansione delle industrie nazionali. Dopo la seconda guerra mondiale è stata abbandonata da quasi tutti i paesi non comunisti, ove è stata sostituita da una forma più o meno ampia di liberalismo economico. Ciò perché i bisogni moderni sono tanto numerosi che nessun paese può in via assoluta soddisfarli senza una certa misura di interscambio, se vuole mantenere un alto livello di vita per i propri abitanti. Inoltre, l'autosufficienza è contraria al principio del vantaggio comparato e, pertanto, richiede sempre la produzione antieconomica di determinati beni e servizi. (v. anche *comparative advantage*)

self-supporting: ***indipendente.*** Forma aggettivale, usata in relazione ad imprese, attività o organizzazioni che provvedono direttamente alle loro necessità finanziarie e, pertanto, non dipendono da fonti esterne né da loro influenze sulle proprie linee di politica.

self-supporting debt: ***debito autosostenentesi.*** Un debito contratto allo scopo di finanziare un progetto, i cui proventi saranno sufficienti per pagare gli interessi e per estinguere il debito.

self-sustaining growth: ***crescita autosostenentesi.*** Crescita che può essere finanziata e sostenuta dallo stesso sistema economico, senza il bisogno di ricorrere a prestiti o finanziamenti da parte di altri paesi o di organismi internazionali. È una delle condizioni perché un paese possa dirsi sviluppato e non in via di sviluppo.

to sell: ***vendere; collocare.*** Fornire beni o servizi in considerazione del pagamento di un prezzo in moneta o in differenti beni e servizi.

sell-and-leaseback agreement: ***accordo di vendita con patto di locazione.*** È l'accordo descritto sotto *leaseback* (v.).

sell-by date: ***data di scadenza.*** La data entro la quale devono essere venduti o ritirati dal commercio determinati prodotti soggetti a deperimento, quali ad esempio medicinali e generi alimentari.

sell down: Nel linguaggio finanziario, questa espressione indica una parte di una nuova emissione di titoli offerta a probabili sottoscrittori al di fuori del sindacato di garanzia e collocamento.

seller: ***venditore.*** Colui che, in considerazione di un corrispettivo in moneta, è disposto a cedere ad altri beni o servizi di sua proprietà. Può essere una persona fisica o un'impresa che vende regolarmente agli stessi compratori, nel qual caso è più propriamente chiamato fornitore, o una persona che non svolge un'attività commerciale, ma occasionalmente cede un bene di sua proprietà.

seller's lien: ***privilegio del venditore; diritto di ritenzione del venditore.*** Il diritto del venditore di conservare il possesso dei beni venduti fino al momento in cui il compratore versa il corrispettivo, a meno che l'accordo tra le parti contempli il trasferimento del possesso in epoca anteriore a quella del relativo pagamento.

sellers' market: ***mercato al rialzo; mercato del venditore.*** Una situazione di mercato caratterizzata dall'eccedenza della domanda sull'offerta, cioè dalla disponibilità dei compratori ad acquistare quantità di beni e servizi maggiori di quelle che i produttori sono disposti a produrre o i venditori sono disposti a vendere ai prezzi esistenti sul mercato. Una situazione del genere può verificarsi a seguito di un rapido incremento della domanda di beni durevoli, la cui produzione può aumentare solo lentamente, o di beni che possono essere prodotti soltanto attraverso l'uso di beni strumentali la cui produzione richiede tempo o, ancora, a causa di un'errata programmazione della produzione. Quando essa si verifica, le scorte si assottigliano rapidamente, i prezzi salgono e i venditori sono in grado di realizzare profitti anormali fin quando la domanda non cala o la produzione non cresce. La durata di un mercato del venditore dipende in gran parte dalla mobilità dei fattori della produzione, dal loro grado di specializzazione e dal tempo necessario per costruire nuovi impianti produttivi. Un qualsiasi mercato può diventare un mercato del venditore a seguito di un aumento generalizzato della domanda, conseguente ad una situazione di inflazione monetaria. In tale caso, può verificarsi un'anomala accumulazione di scorte superiore alle necessità correnti, ma dettata dalla necessità di coprirsi contro il continuo aumento dei prezzi. Il risultato di ciò sarà un ulteriore rafforzamento del mercato del venditore.

sellers' monopoly: ***monopolio di vendita; monopolio del venditore.*** Una situazione di mercato caratterizzata, di fronte alla concorrenza perfetta tra compratori, dalla presenza di un solo venditore, o gruppo di venditori, che è in grado di dettare o influenzare il prezzo di vendita del bene o servizio in questione. È una situazione che è stata più propriamente definita col termine monopolio o oligopolio. (v. anche *monopoly, oligopoly, buyers' market*)

seller's option to double: ***contratto noch per consegnare; noch per consegnare; contratto di aggiunta; contratto a premio di aggiunta.*** Termine usato con lo stesso significato di *put of more* (v.).

sellers over: ***più offerta che domanda; più venditori che compratori.*** Espressione del linguaggio delle borse valori, con la quale si indica che ci sono sul mercato venditori ma non c'è alcun compratore o che il numero dei venditori è superiore a quello dei compratori. In altre parole, indica l'eccedenza dell'offerta sulla domanda in un mercato mobiliare. (v. anche *buyers over*)

sellers' panic: ***panico dei venditori.*** La situazione opposta a quella descritta sotto *buyers' panic* (v.), caratterizzata dalla presenza sul mercato di un eccessivo numero di venditori.

sellers seven sale: Espressione usata nel gergo borsistico statunitense per indicare una vendita effettuata nell'ambito di una borsa valori con l'intesa che la consegna e il relativo pagamento saranno differiti fino a sette giorni o più, a seconda degli accordi intercorsi tra venditore e compratore. Accordi del genere, che rientrano comunque tra i cosiddetti contratti a termine, sono possibili per qualsiasi tipo di titoli, fatta eccezione per i titoli di stato.

seller's surplus: ***rendita del venditore.*** La differenza, ipotetica o reale, fra il prezzo che un venditore ha realizzato da una vendita su un mercato e qualsiasi prezzo più basso al quale egli sarebbe stato disposto a vendere. (v. anche *producer's surplus, buyer's surplus*)

selling: ***vendita.*** Il termine inglese indica l'azione di trovare un compratore, di persuadere qualcuno ad acquistare qualcosa o di offrire beni in vendita.

selling activity: ***attività di vendita.*** Una qualsiasi attività, comunque connessa alla vendita di beni o servizi.

selling against the box: Espressione del gergo borsistico statunitense, usata per indicare la pratica, seguita principalmente da grossi azionisti, di vendere allo scoperto e consegnare certificati azionari presi a prestito piuttosto che le azioni conservate in cassaforte. (v. anche *selling short*)

selling agency: ***agenzia di vendita.*** Impresa commerciale che svolge, in tutto o in parte, le funzioni di distribuzione di uno o più prodotti per conto di un'impresa produttrice.

selling agent: ***agente di vendita.*** È colui che agisce continuativamente per il committente, vendendo i suoi beni in proprio nome e al prezzo che ritiene più opportuno. Può anche assumersi la funzione di concedere credito e di riscuotere il pagamento.

selling and administrative expense: ***spese generali amministrative e di vendita.*** Nel linguaggio della ragioneria, questa espressione indica una classe composita di spese che, in un conto economico, sta tra i costi di vendita e le detrazioni dagli utili.

selling and distribution cost budget: ***preventivo dei costi di vendita e di distribuzione; budget dei costi di vendita e di distribuzione.*** Questo preventivo è di solito basato sulle previsioni di vendita che compaiono nel preventivo delle vendite, ma i costi di vendita non sono sempre in diretta relazione con il volume delle vendite. Il preventivo dei costi di vendita e di distribuzione può essere preparato in collaborazione dal direttore dell'ufficio vendite, dal direttore dell'ufficio pubblicità e dal direttore dell'ufficio relazioni pubbliche, a meno che ciascuno di loro sia tenuto a presentare un suo preventivo individuale. I principali costi di vendita sono rappresentati dagli stipendi del personale dell'ufficio vendite, dalle commissioni e spese di agenzia, dagli stipendi e dalle spese dei viaggiatori e dalle spese di pubblicità e relazioni pubbliche, a meno che queste siano contenute in un diverso preventivo. Le spese di distribuzione sono rappresentate da stipendi e salari del personale dei reparti imballaggio, spedizione e trasporti, dai materiali da imballaggio e da qualsiasi altra spesa sostenuta allo scopo di consegnare il prodotto ai clienti.

selling concession: ***sconto di collocamento.*** Lo sconto praticato dall'emittente come incentivo a un sindacato che colloca un'emissione obbligazionaria.

selling costs: ***costi di vendita.*** Termine usato con lo stesso significato di *selling expenses* (v.).

selling establishment: ***punto di vendita.*** Un qualsiasi sbocco di vendita, sia della grande che della piccola distribuzione.

selling expense budget: ***preventivo dei costi di vendita; budget dei costi di vendita.*** Può essere conglobato in un unico preventivo col budget dei costi di distribuzione, ma può anche essere elaborato in forma autonoma. (v. anche *selling and distribution cost budget*)

selling expenses: ***spese di vendita.*** I principali costi di vendita sono rappresentati dagli stipendi del personale dell'ufficio vendite, dalle commissioni e dalle spese di agenzia, dagli stipendi e dalle spese dei commessi viaggiatori e dalle spese di pubblicità e relazioni pubbliche.

selling group: ***sindacato di collocamento titoli; sindacato di vendita.*** Termine usato con lo stesso significato di *selling syndicate* (v.).

selling group members: ***membri di un sindacato di collocamento titoli.*** Sono tutti i membri di un *selling syndicate* (v.) invitati dalla banca capofila a partecipare al collocamento di un'emissione di titoli. Dopo un periodo prestabilito loro concesso, essi devono riferire al capofila i risultati della loro campagna di sottoscrizione e in quel momento ricevono una quota dell'emissione, che dipende sia dai risultati suddetti, sia dalla loro reputazione come collocatori di titoli. A differenza dei membri di un sindacato di garanzia e collocamento titoli, questi membri non si assumono alcuna responsabilità o rischio in relazione all'esito della collocazione. (v. anche *selling period*)

selling hedge: ***copertura di vendita.*** Termine usato con lo stesso significato di *short hedge* (v.).

selling in: Espressione del linguaggio del marketing, con la quale si indica l'insieme delle tecniche e delle iniziative adottate da un produttore o da un venditore al fine di convincere un dettagliante ad acquistare un prodotto.

selling off: ***svendita; liquidazione.*** Termine usato nel linguaggio commerciale con lo stesso significato di *sale 2* (v.).

selling organization: ***organizzazione di vendita.*** Lo stesso che *sales organization* (v.).

selling out: 1. ***svendita; liquidazione; vendita coattiva.*** Il termine inglese rientra nel gergo della borsa valori di Londra. Se un compratore di titoli non è in grado di ritirarli nel giorno stabilito, il venditore può liquidarli, cioè venderli al meglio, e il compratore che non ha soddisfatto il proprio impegno dovrà rispondere di tutte le spese ed eventuali perdite sostenute dal venditore in conseguenza della sua inadempienza contrattuale. **2.** ***esaurimento delle scorte.*** Si verifica quando un negozio vende tutti gli esemplari di un determinato articolo, prima che gli giungano nuove forniture.

selling overhead: 1. ***costo generale di distribuzione.*** Lo stesso che *marketing cost* (v.). **2.** ***costo di vendita.*** Lo stesso che *selling expenses* (v.).

selling period: ***periodo di vendita.*** Nel linguaggio finanziario statunitense, è il periodo di tempo entro il quale i membri di un sindacato di collocamento devono riferire alla banca capofila sui risultati della loro campagna di sottoscrizione di una nuova emissione. (v. anche *selling group members*)

selling price: ***prezzo di vendita; prezzo–lettera; cambio–lettera.*** Il termine inglese indica genericamente il prezzo pagato da un compratore. In senso più specifico, e nell'uso che se ne fa nelle borse valori e nei mercati valutari, il termine indica il prezzo chiesto da un venditore di titoli (prezzo–lettera) o il prezzo chiesto da un offerente di divise o valute estere (cambio–lettera). In quest'ultimo significato, pertanto, esso è sinonimo di *offer price 1* (v.).

selling rate: ***cambio di vendita; corso di vendita.*** Il tasso di cambio al quale un operatore, o il principale venditore di un mercato, è disposto a vendere valuta estera.

selling season: ***epoca delle vendite; periodo delle vendite.*** In senso lato, questo termine indica un periodo di grande attività di vendita, quale ad esempio il periodo pasquale o il periodo natalizio. In un senso più limitato e specifico, indica il periodo in cui si realizzano le vendite di un bene oggetto di domanda stagionale. (v. anche *seasonal demand*)

selling short: ***vendita allo scoperto.*** Nelle borse statunitensi, è la pratica di vendere, per consegna ad una data futura, titoli o merci che il venditore non possiede, ma che temporaneamente prende, depositando fino al 15% del loro valore, da un operatore della borsa in cui opera. Il fatto di prendere a prestito i titoli prima dell'operazione differenzia questo tipo di speculazione da quella descritta sotto *bear transaction* (v.). Le vendite allo scoperto vengono fatte in previsione di un calo dei prezzi di mercato, che può consentire al venditore di realizzare un utile pari alla differenza, detratte le spese, tra il prezzo al quale erano quotati i valori quando li ha presi in prestito e il prezzo al quale sono quotati quando li restituisce. Se, viceversa, i prezzi di mercato aumentano, lo speculatore sarà costretto a riacquistare ad un prezzo superiore a quello per il quale ha venduto ed in tal caso registrerà una perdita sull'operazione, oltre al costo sostenuto per prendere a prestito i beni da consegnare. (v. anche *stop–loss order*)

selling syndicate: ***sindacato di collocamento titoli; sindacato di vendita.*** Nel linguaggio delle borse valori statunitensi, questo termine indica un gruppo di istituzioni o di individui, di solito banche o operatori o commissionari di borsa, ciascuno dei quali si impegna a collocare una parte di una nuova emissione. I partecipanti al sindacato sono di solito scelti dal leader o dalla banca capofila del consorzio. (v. anche *purchase syndicate*)

selling value: ***valore netto di vendita.*** Termine usato con lo stesso significato di *sale value* (v.).

to sell off: ***svendere; liquidare.*** Vendere tutte le scorte di un determinato prodotto a prezzi ridotti.

sell–off: ***cessione di impresa.*** La cessione di un'impresa consociata o sussidiaria da parte di una holding, di solito attraverso il meccanismo descritto sotto *management buy–out* (v.) o, in alternativa, mediante uno *spin–off* (v.).

sell order: ***ordine di vendita.*** Un ordine per la vendita di una determinata quantità di titoli, passato da un investitore al proprio intermediario o a un *market maker.*

to sell out: 1. ***svendere; liquidare.*** Espressione verbale corrispondente al sostantivo *selling out 1* (v.). **2.** ***esaurire le scorte.*** Vendere un determinato articolo fino all'ultimo esemplare disponibile in magazzino.

to sell short: ***vendere allo scoperto.*** Vendere beni o titoli che non si possiedono. Il verbo viene usato nel significato descritto sotto il corrispondente sostantivo *selling short* (v.).

sell stop order: ***ordine di vendita con limite di prezzo.*** Lo stesso che *stop sell order* (v.).

semidurable goods: ***beni di consumo semidurevoli.*** Lo stesso che *consumer semidurable goods* (v.).

semi–finished products: ***prodotti semilavorati; semilavorati.*** Lo stesso che *partly–finished goods* (v.).

semi–fixed costs: ***costi semi–fissi.*** Costi che risultano in parte fissi e in parte variabili col variare del volume della produzione.

semi–industrial countries: ***paesi semi–industrializzati.*** Tra i paesi meno sviluppati, ve ne sono circa una dozzina che nel loro insieme raggiungono i quattro quinti del totale delle esportazioni di beni manifatturati. Questi paesi, fatta eccezione per l'India, godono di alti redditi pro capite in relazione ai paesi meno sviluppati e tendono a incrementare i loro indici di modernizzazione. In ciascuno di loro, l'industrializzazione è andata avanti a un passo impressionante, considerando che alcuni decenni or sono ciascuno di loro dipendeva dalle importazioni di quasi tutti i beni industriali che consumava e produceva per l'esportazione quasi esclusivamente prodotti agricoli e materie prime. In poco tempo, ciascuno di questi paesi ha edificato una propria base industriale, ha conquistato una grande parte del suo mercato interno di beni industriali ed è penetrato nei mercati internazionali.

semi–industrial economies: ***economie semi–industrializzate.*** Altro termine usato per indicare i *semi–industrial countries* (v.).

semi–interquartile range: ***deviazione quartile; differenza semi–interquartile.*** Termine usato con lo stesso significato di *quartile deviation* (v.).

semilogarithmic chart: ***diagramma semi–logaritmico; diagramma a semplice scala logaritmica.*** È una rappresentazione grafica di dati, mediante un sistema di assi di riferimento nel quale si usa una scala logaritmica su un asse e una scala aritmetica sull'altro asse.

semi–negotiable instruments: ***titoli semi–negoziabili.*** Termine usato con lo stesso significato di *quasi–negotiable instruments* (v.).

semiprocessed: ***semilavorato.*** Aggettivo col quale si indica un prodotto che ha subito una fase di trasformazione, ma prima di venire immesso sul mercato deve ancora essere sottoposto ad una o più fasi di lavorazione.

semiskilled labour: ***manodopera semispecializzata.*** La manodopera che richiede un periodo di addestramento inferiore ad un anno. Se il periodo di addestramento necessario è superiore ad un anno, si parla di manodopera specializzata.

semiskilled worker: ***operaio semispecializzato.*** Un lavoratore che rientra nella classificazione di *semiskilled labour* (v.).

semi–structured interview: ***intervista semistrutturata.*** Tipo di intervista che si colloca tra l'intervista strutturata e quella di gruppo. All'intervistato vengono poste le domande contenute nel questionario, come per l'intervista strutturata, ma esse sono di tipo aperto (v. *open–ended question*). Il risultato è una gamma più vasta di informazioni, che però risultano più complesse a tabularsi e analizzarsi.

semitontine system: Nelle assicurazioni sulla vita, è un sistema che prevede un valore di riscatto per le polizze che decadono prima della distribuzione di un dividendo.

semi–variable costs: ***costi semivariabili.*** Sono costi operativi in parte fissi e in parte variabili, che variano col variare dei costi delle quantità prodotte, pur se non necessariamente allo stesso tasso.

Sen.: senior.

sen: Moneta divisionale del Giappone, equivalente ad un centesimo di yen; della Cambogia, equivalente ad un centesimo di riel; e dell'Indonesia, equivalente ad un centesimo di rupia.

sender: ***mittente.*** La persona che spedisce merci, corrispondenza o altre cose. Si tratta di un termine alquanto generico, pur se a volte si usa nel linguaggio commerciale e dei trasporti.

senghi: Moneta divisionale della Repubblica dello Zaire, corrispondente ad un centesimo di likuta.

senior: 1. ***di grado anteriore; di primo grado.*** Aggettivo usato in relazione a classi di azioni, di obbligazioni o altri titoli di credito per indicarne la priorità, in caso di liquidazione, sulle altre classi. **2.** ***superiore; più anziano; di grado superiore.*** Riferito a personale, questo aggettivo viene usato per indicare una maggiore anzianità di servizio.

senior accountant: Un contabile che, avendo terminato il periodo di addestramento, ha acquistato sufficiente pratica per poter condurre una revisione dei conti sotto la supervisione del suo principale.

senior auditor: ***revisore anziano.*** Uno qualsiasi dei dipendenti più esperti di una società di revisione dei conti e certificazione dei bilanci, che svolge la propria attività direttamente presso il cliente.

senior board: ***consiglio degli anziani.*** Nell'organizzazione aziendale a direzioni multiple, è uno dei quattro consigli elettivi preposti alla gestione e alle relazioni tra la direzione e i dipendenti. Il consiglio degli anziani, che è paragonabile al consiglio di amministrazione di una società per azioni, viene eletto dagli azionisti ed ha il compito di indirizzare la gestione aziendale e di decidere in merito alle proposte degli altri consigli. In genere, ciascun membro di questo consiglio si assume il compito di seguire una determinata branca dell'amministrazione.

senior bonds: ***obbligazioni di primo grado; obbligazioni di grado anteriore.*** Lo stesso che *first–lien bonds* (v.).

senior clerk: ***impiegato più anziano.*** Uno qualsiasi degli impiegati che hanno maturato una discreta anzianità in un posto di lavoro e si sono impossessati delle procedure al punto di poter svolgere compiti esecutivi più complessi e di maggiore responsabilità. Uno o più di questi impiegati collaborano col direttore nell'amministrazione generale del reparto o dell'ufficio nel quale prestano servizio.

senior creditor: ***creditore di primo grado; creditore di grado anteriore.*** V. spiegazione sotto *junior creditor.*

senior debt: ***debito di prima; debito di grado anteriore; credito di grado anteriore.*** Un debito, o un credito se visto dall'altra angolazione, che vanta un diritto di priorità su altri debiti della stessa persona fisica o giuridica.

senior executive: ***dirigente superiore.*** In un'impresa o altra organizzazione, è uno dei dirigenti che ricoprono un alto grado e che svolgono mansioni di notevole responsabilità.

senior issue: ***emissione di grado anteriore; emissione di primo grado.*** È un'emissione di titoli a reddito fisso garantita da ipoteca di primo grado, che dà ai portatori il diritto di rimborso prioritario rispetto ad altre classi di creditori, in caso di liquidazione della società emittente. (v. anche *senior security 2*)

seniority: ***anzianità di servizio.*** L'anzianità in relazione al servizio prestato da un lavoratore alle dipendenze dello stesso datore di lavoro. A volte si distingue un'anzianità nell'ambito del reparto o dell'ufficio in cui la persona svolge la sua attività e un'anzianità nell'ambito dell'intera organizzazione cui appartiene. Ciò perché l'anzianità è spesso l'elemento unico o principale sul quale si basano le promozioni, i periodi di ferie e i licenziamenti, in caso di ridondanza del personale, o perché ciò è più conveniente per l'impresa o perché è così stabilito da un contratto di lavoro.

seniority rule: ***norma dell'anzianità di servizio.*** Una clausola, contenuta nei contratti di lavoro, che stabilisce un trattamento preferenziale per i lavoratori con maggiore anzianità di servizio. Tra i privilegi riconosciuti da tale clausola rientrano il diritto di essere licenziati per ultimi in caso di recessione e di essere riassunti per primi in caso di ripresa produttiva; il diritto di essere considerati primi in caso di promozione o di trasferimento in una sede più ambita, e simili altri privilegi.

senior manager: ***dirigente superiore.*** Lo stesso che *senior executive* (v.).

senior market: ***mercato maggiore.*** Termine usato in contrapposizione a *junior markets* (v.) per indicare la borsa valori londinese.

senior mortgage: ***ipoteca precedente; ipoteca di grado anteriore.*** Termine generico, usato per indicare un'ipoteca accesa prima di altre successive ipoteche. Così, ad esempio, se sullo stesso bene vengono accese due ipoteche, la prima, o ipoteca di primo grado, viene detta *senior*, mentre la seconda viene detta *junior mortgage* (v.).

senior partner: ***socio dirigente; socio più anziano.*** In una società semplice, è uno dei soci che ricoprono il grado più elevato e che hanno maggior peso nelle decisioni della ditta.

senior security: 1. ***garanzia di grado anteriore; garanzia di primo grado.*** È, ad esempio, la garanzia ipotecaria che vanta la precedenza in relazione ad altre successive ipoteche accese sullo stesso bene. **2.** ***titolo di grado anteriore; titolo primo grado.*** Obbligazioni o azioni che, in caso di liquidazione della società emittente, vantano la precedenza nel rimborso delle somme di denaro che esse rappresentano. Sono, ad esempio, le azioni privilegiate nei confronti delle azioni ordinarie o le obbligazioni garantite da ipoteca di primo grado nei confronti di quelle garantite da ipoteca di secondo grado.

sensitive market: ***mercato sensibile.*** Nel linguaggio delle borse valori, si indica con questa espressione la situazione esistente quando i prezzi di mercato fluttuano ampiamente in risposta a buone o cattive notizie.

sensitivity analysis: ***analisi di sensibilità.*** È la prova di una posizione di equilibrio, effettuata mediante variazioni dei parametri del sistema. Se la posizione di equilibrio subisce un cambiamento ampio a seguito di una piccola variazione dei parametri, il sistema può definirsi sensibile.

SEP: simplified employee plan.

separability clause: ***clausola di divisibilità.*** La clausola che stabilisce la validità della restante parte del contratto, qualora una o più prestazioni risultino impossibili e vengano pertanto dichiarate nulle.

separable cost: ***costo separabile.*** Un costo facilmente imputabile ad un particolare prodotto, distinguendolo così da un costo comune relativo a più prodotti congiunti.

separate custody: ***custodia individuale.*** Nel linguaggio bancario, indica la custodia di valori mobiliari separati da altri titoli di proprietà della banca o di terzi.

separate entity concept: ***concetto dell'entità separata.*** Lo stesso che *business entity concept* (v.), ma con un significato un po' più ampio e non necessariamente limitato a un'entità aziendale.

separate estate: ***patrimonio personale.*** Lo stesso che *personal wealth* (v.), ma riferito ai beni personali di un socio di una *partnership*, in contrapposizione a *partnership property* (v.).

separation: ***licenziamento; cessazione del rapporto d'impiego.*** Questo termine, prevalentemente di uso statunitense, è generico e indica la fine di un rapporto di lavoro dipendente a seguito di dimissioni del lavoratore o di suo allontanamento deciso dal datore di lavoro.

separation of ownership and control: ***separazione della proprietà e del controllo.*** La situazione che si verifica nelle moderne imprese costituite sotto forma di società per azioni, nelle quali il controllo è in mani diverse da quelle nelle quali si trova la proprietà.

separation point: ***punto di separazione.*** Termine britannico, corrispondente allo statunitense *split-off point* (v.).

separation rate: ***indice di interruzione.*** Nella gestione del personale, si indica con questa espressione il rapporto tra la forza lavoro impiegata in un dato mese e il numero di lavoratori che, nel corso dello stesso periodo di tempo, interrompono il loro rapporto di lavoro con l'impresa. Poiché l'interruzione del rapporto può avvenire per tre distinte ragioni, e cioè dimissioni o raggiungimento del limite di età pensionabile, licenziamento e sospensione, si calcolano tre distinti indici di interruzione del rapporto di lavoro.

Sepon Ltd.: È la società intestataria della borsa valori di Londra, alla quale vengono temporaneamente intestati tutti i titoli oggetto di trasferimento, mentre essi vengono compensati dal *Talisman* (v.).

sequence analysis: ***analisi di sequenza.*** Lo studio delle connessioni di causa ed effetto mediante il quale determinati eventi economici, caratteristici di un dato periodo, possono essere spiegati con altri eventi economici, caratteristici di uno o più periodi precedenti o successivi.

sequential analysis: ***analisi sequenziale.*** In statistica, è il metodo di campionatura che non determina a priori l'ampiezza del campione, che si fa dipendere dai risultati ottenuti dalle successive osservazioni. Ad ogni momento dell'osservazione, si decide se continuarla o sospenderla alla luce dei risultati ottenuti fino a quel momento, che vengono continuamente messi a confronto con una gamma di valori precalcolati. Questo metodo viene particolarmente usato quando si deve decidere se accettare o rifiutare una partita di merci, quando è stabilito per contratto che le unità difettose o con caratteristiche differenti da quelle fissate non debbano superare una certa percentuale delle unità totali che costituiscono la partita.

sequential sampling: ***campionatura sequenziale.*** Termine usato con lo stesso significato di *sequential analysis* (v.).

sequestration: ***sequestro.*** Nel linguaggio giuridico, indica il deposito presso terzi di un bene mobile o immobile contestato, fino a quando non sia chiarita la questione che ha dato origine alla contestazione.

sequestrator: ***depositario; sequestratario.*** Nel linguaggio giuridico, è il terzo presso il quale viene depositato un bene mobile o immobile contestato, in attesa che si chiarisca la questione che ha fatto insorgere la contestazione.

serfdom: ***servitù della gleba.*** Istituto giuridico in base al quale il lavoratore aveva diritto ad un piccolo appezzamento di terreno che lavorava in proprio, ma era tenuto a pagarne l'uso mediante prestazioni lavorative per un certo numero di giorni all'anno nel terreno di proprietà del signore. Questo sistema terminò in Inghilterra verso la fine del quattordicesimo secolo, quando i contadini cominciarono ad essere in grado di pagare tributi in moneta al signore, in luogo delle prestazioni lavorative, ma in altri paesi europei durò molto più a lungo e in Russia non fu abolito che nella seconda metà del diciannovesimo secolo.

serial bonds: ***obbligazioni con scadenza a serie successive.*** Un'emissione di obbligazioni che ha luogo allo stesso tempo, ma la cui scadenza è scaglionata in una serie di anni successivi. Le condizioni di emissione possono essere le stesse per tutte le obbligazioni o possono variare a seconda della loro data di scadenza. Di solito, l'unica condizione che varia è il tasso di interesse.

serial correlation: ***correlazione seriale.*** In statistica, è la correlazione tra due diverse serie temporali.

serial funding loans: Titoli di stato britannici emessi per brevi periodi, da uno a tre anni.

serial number: ***numero di serie.*** Il numero successivo dato a ciascuna unità di una serie allo scopo di distinguerla dalle altre. Viene usato per banconote, obbligazioni, azioni e simili.

series: ***serie.*** Una classe (v. anche *class*) di contratti a premio, tutti con lo stesso prezzo di esercizio e la stessa data di scadenza.

series bonds: ***obbligazioni in serie.*** Gruppi di obbligazioni, emessi in serie ad intervalli regolari nell'arco di un determinato periodo di anni, dalla stessa emittente e garantiti dalla medesima proprietà. Le condizioni di emissione possono essere diverse a seconda dell'anno in cui vengono emessi i titoli.

servant: ***dipendente.*** Nel linguaggio giuridico, questo termine viene usato per indicare un qualsiasi dipendente tenuto, in base ad un contratto, a prestare la propria opera al suo datore di lavoro, in considerazione del pagamento di un salario o di uno stipendio. In senso più lato, il termine indica un dipendente statale, mentre nel linguaggio di ogni giorno esso viene usato per indicare genericamente una persona che lavora per un'altra e in particolare un lavoratore domestico alle dipendenze di una famiglia, di un albergo o di una pensione.

service: ***servizio.*** Lavoro utile reso da un individuo o da una macchina, per l'esecuzione del quale egli o essa sono impiegati. (v. anche *services, debt service*)

service agreement: ***contratto di servizi.*** Termine usato con lo stesso significato di *service contract* (v.).

service capacity: ***capacità di servizio; capacità produttiva.*** Il massimo numero di unità di servizio che una macchina, un'operazione o un impianto possono fornire nell'arco di un determinato periodo di tempo.

service-capacity method of depreciation: ***metodo di***

ammortamento basato sulla capacità di servizio. Metodo di ammortamento di un'attività fissa, in base al quale le quote vengono calcolate come tasso fisso per unità di servizio prodotta, basandosi su una previsione del numero totale di unità di servizio che l'attività fissa potrà produrre durante l'intero arco della sua vita di servizio. (v. anche *service unit, useful life*)

service centre: ***centro di servizi.*** È un centro, di solito all'interno di un'impresa o di uno stabile adibito ad uffici, del quale possono servirsi tutti gli altri reparti o tutti gli uffici presenti nello stabile. Un centro del genere comprende servizi di dattilografia, ciclostile, segreteria telefonica, elaborazione dati e simili.

service charge: 1. ***servizio.*** In un conto di albergo, di ristorante e simili, è la voce aggiunta come percentuale del costo totale che il cliente paga, quale suo contributo ai costi del personale di servizio dell'albergo o del ristorante. **2.** ***spese condominiali.*** Le spese ripartite dall'amministrazione condominiale tra tutti i condomini e gli inquilini di un edificio quale loro quota del costo generale dei servizi comuni. Tali spese possono includere, a seconda degli accordi intercorsi e del sistema di servizi presente nell'edificio, i costi relativi al solo servizio di pulizia e manutenzione dei locali comuni, oltre naturalmente alla remunerazione dell'amministratore, oppure i costi di tutti quei servizi che possono essere centralizzati. Ad esempio, in certi edifici adibiti ad uffici l'erogazione dell'acqua, dell'energia elettrica, del riscaldamento, ecc., è centralizzata e gli uffici possono anche usare servizi centralizzati di segreteria telefonica, elaborazione dati, dattilografia e simili. **3.** ***spese di gestione.*** Le spese addebitate ad un fondo comune d'investimento dalla società di gestione, quale compenso per i propri servizi. Tali spese vengono di solito prelevate dal reddito prodotto dai titoli presenti nel portafoglio del fondo comune e, pertanto, ripartite tra tutti i sottoscrittori del fondo. **4.** ***spese bancarie; spese.*** L'addebito fatto da una banca a copertura delle spese sostenute in relazione al conto intrattenuto da un cliente. Le spese vengono calcolate basandosi sul numero delle operazioni fatte dal cliente oppure vengono addebitate in misura forfettaria.

service contract: ***contratto di servizi.*** Mentre il rapporto tra un lavoratore e un datore di lavoro è regolato da un contratto di lavoro, il rapporto tra un'impresa e i membri del consiglio di amministrazione è regolato da un contratto di servizi. Ciò perché si presume che gli amministratori non siano prestatori di lavoro nel senso comune del termine, bensì prestatori di servizi.

service cost: ***costo di servizio.*** Questa espressione viene usata con diverse sfumature di significato. Può indicare: a) il costo ammortizzabile relativo al servizio prestato da una qualsiasi attività fissa. Esso corrisponde al costo iniziale dell'attività, meno il valore di recupero che si ritiene di poter realizzare dalla sua vendita come capitale fisso di seconda mano o come semplice rottame. Il costo di servizio di un bene capitale è, pertanto, la somma che si deve ammortizzare nell'arco della sua vita utile o di servizio. b) In un senso più generico, il termine indica il costo di un qualsiasi servizio reso da un lavoratore, da un impianto, da una macchina, ecc. c) Lo stesso termine viene usato per indicare il costo operativo complessivo di un *service department* (v.).

service department: 1. ***servizi; reparto servizi generali.*** In un'impresa, è il reparto, o i reparti, che rende un qualsiasi tipo di servizio ad altri reparti operativi o produttivi. **2.** ***servizio tecnico assistenza clienti.*** Il reparto di un'impresa che si interessa della manutenzione e riparazione degli articoli portati o resi dai clienti a tale scopo.

service division: ***servizi; sezione servizi generali.*** Termine usato con lo stesso significato di *service department* (v.).

service employment: ***occupazione nei servizi; occupazione nell'industria produttrice di servizi; occupazione terziaria.*** L'insieme delle persone occupate nel settore della produzione di servizi o all'interno di una singola impresa o nel complesso di tutto il settore terziario. Nel primo caso si tratta dei cosiddetti colletti bianchi, il cui numero ha subito un forte incremento a seguito dell'introduzione della tecnologia informatica, la quale ha messo le imprese industriali in grado di provvedere da sole alla fornitura dei servizi intra-aziendali, quali ad esempio la contabilità, l'elaborazione dei dati e la gestione finanziaria. Nel secondo caso, l'incremento è stato ancor più sostanziale. Si pensi che negli Stati Uniti l'occupazione nell'industria privata produttrice di servizi si è pressocché raddoppiata nel periodo 1965–1985, passando da poco meno di 29 milioni di addetti nel 1965 a quasi 57 milioni nel 1985. In termini percentuali, si è passati dal 57% nel 1965 al 70% nel 1985.

service enterprise: ***impresa di servizi.*** Una qualsiasi impresa che si interessa della produzione e vendita di servizi.

service establishment: ***esercizio per la fornitura di servizi.*** Un esercizio che presenta le medesime caratteristiche di un negozio al dettaglio, tranne che in esso non si vendono beni, ma si forniscono servizi al pubblico in generale, come ad esempio i saloni di bellezza e di parrucchieri, le lavanderie, le officine meccaniche per la riparazione di automobili e simili.

service factors method: ***metodo dei fattori di servizio.*** Nei procedimenti di imputazione dei costi comuni, è il metodo, ideato da A. Church come perfezionamento del metodo dei fattori di produzione, che si ispira al concetto di fattore di servizio, inteso come classe distinta di costi sostenuti in vista della disponibilità di uno dei servizi che, in unione con gli altri, contribuisce al processo produttivo.

service industry: ***industria dei servizi; industria terziaria; industria di prestazione.*** È l'industria non impegnata nella produzione o nel trasferimento di beni, bensì nella somministrazione di servizi, quali ad esempio le assicurazioni, le banche, i trasporti, ecc. Il termine include, pertanto, ogni tipo di servizi, compresi quelli professionali e personali.

service job order: ***commessa di servizi.*** Ordine che autorizza l'erogazione di determinati servizi. Serve come base per la contabilità dei costi relativi ai servizi in essa specificati, quando si usa il sistema di determinazione dei costi per commessa.

service letter: ***benservito.*** Attestato che si rilascia sotto forma di lettera a chi ha prestato lodevole servizio. Il benservito può essere usato dall'interessato come referenza, al momento in cui si presenta ad un altro datore di lavoro.

service life: ***vita di servizio; vita utile.*** Lo stesso che *useful life* (v.).

service mark: ***marchio d'identificazione di servizi.*** Un marchio usato nella vendita o nella pubblicità di servizi, allo scopo di distinguerli da servizi similari offerti dalla concorrenza. Può essere costituito dal nome del titolare dell'impresa, da una sigla o altra caratteristica distintiva, che consente al consumatore di operare una scelta.

Servicemen's Readjustment Act: Legge approvata dal Congresso degli Stati Uniti nel 1944 che, con i successivi emendamenti, stabiliva benefici e sussidi per i veterani della seconda guerra mondiale durante eventuali periodi di loro disoccupazione o durante la loro frequenza di corsi scolastici o universitari. Garantiva, inoltre, la concessione di mutui per l'acquisto di case, fattorie o locali in cui i veterani potessero svolgere la loro attività lavorativa.

service module: ***modulo di servizi.*** Settore o reparto quasi indipendente di un'agenzia di pubblicità, che ha il compito di fornire ai clienti non l'intero pacchetto pubblicitario, bensì soltanto alcuni tipi di servizi. Un'agenzia può organizzare più moduli, ciascuno dei quali si specializza in un solo servizio. (v. anche *modular advertising*)

service occupations: ***occupazioni terziarie.*** Le attività lavorative di coloro che forniscono servizi personali di natura specializzata o semi–specializzata. Tra questi prestatori di servizi rientrano i professionisti, quali avvocati e medici, e gli artigiani, quali parrucchieri e sarti.

service order: ***commessa di servizi.*** Termine usato con lo stesso significato di *service job order* (v.).

service–oriented economy: ***economia orientata verso i servizi.*** Un'economia basata principalmente sulla creazione di servizi, invece che sulla produzione di beni industriali. (v. anche *services economy*)

service–output method of depreciation: ***metodo di ammortamento basato sul volume della produzione.*** Termine usato con lo stesso significato di *production method of depreciation* (v.).

service–producing employment: ***occupazione nell'industria produttrice di servizi.*** Lo stesso che *service employment* (v.).

service–producing industry: ***industria dei servizi; industria terziaria; industria di prestazione.*** Lo stesso che *service industry* (v.).

service–producing sector: ***settore produttore di servizi; settore terziario.*** Il settore economico che si interessa della produzione di servizi di qualsiasi tipo e a qualsiasi livello. Il termine viene usato in contrapposizione a *goods–producing sector* (v.) e negli Stati Uniti il *Bureau of Labor Statistics* divide il sistema economico in due grandi settori: quello produttore di beni e quello produttore di servizi, nel quale ultimo rientra tutto quanto non viene prodotto dal primo.

services: ***servizi; attività terziarie.*** Beni di consumo e strumentali, la cui caratteristica è quella di essere immateriali o solo parzialmente tangibili, nel senso che essi contribuiscono a soddisfare bisogni dell'individuo o della collettività, senza che sia necessario trasferire la proprietà di un bene materiale. La più importante categoria di servizi è quella che viene prestata dallo stato a vantaggio di tutti i cittadini, motivo per cui vengono detti servizi pubblici. (v. anche *public services*)

services economy: ***economia dei servizi.*** Un sistema economico caratterizzato dalla presenza di un grande numero di imprese medio–piccole che si interessano della produzione di servizi da vendersi sia in patria che all'estero. È il tipo di economia che va delineandosi negli Stati Uniti d'America dall'inizio degli anni ottanta e che si presume avrà il sopravvento sulla più matura economia dei beni industriali. Il concetto di economia dei servizi è alquanto amorfo, in quanto include varie attività che non si accordano perfettamente tra loro se non per il fatto che non danno luogo alla produzione di beni industriali o di materie prime. Da molte parti i servizi vengono considerati una categoria residuale che comprende tutto il prodotto che non trae origine dai settori primario e secondario. L'identificazione di una categoria è anche difficile perché molte attività produttrici di beni costituiscono una grande e crescente componente dei servizi. Inoltre, alcuni servizi, come ad esempio l'ingegneria, hanno stretti rapporti con la produzione di beni e di servizi. Secondo alcuni, un dato inconfutabile per l'identificazione di un'economia dei servizi è rappresentato dal numero di addetti e se tale numero supera il 50% della forza lavoro del paese, quella può chiamarsi un'economia dei servizi. Secondo altri, che si basano sulla legge di Ernst Engel, il dato da tener presente è la spesa in servizi: questa teoria afferma che via via che il reddito aumenta, si dedica una spesa marginale decrescente ai beni di prima necessità, con conseguente incremento della spesa in servizi, il cui consumo presenta una più alta elasticità in rapporto al reddito. Quando questa spesa supera un determinato livello, l'economia del paese si è trasformata in economia dei servizi.

service–sector exports: ***esportazioni del settore terziario.*** A differenza delle esportazioni di beni industriali e di materie prime, che sono state notevolmente liberalizzate nel periodo postbellico, le esportazioni di servizi sono ancor oggi ostacolate da molti paesi, alcuni dei quali proibiscono anche la presenza sul loro territorio di imprese di servizi estere. Ad esempio, le attività bancaria e assicurativa sono quasi dovunque soggette a regolamentazione statale e le importazioni di questi servizi sono virtualmente impossibili. Il Perù proibisce la presenza di compagnie di assicurazione estere, mentre Algeria, Australia, Canada, Tanzania, Turchia e alcuni degli Stati Uniti vietano la presenza di banche straniere. Molte altre industrie dei servizi operano in aree gestite più o meno direttamente dal governo di molti paesi, come ad esempio i trasporti, l'istruzione e la sanità, con la conseguenza che risulta loro impossibile esportare il loro prodotto. Per queste ragioni, le esportazioni del settore terziario restano modeste a confronto di quelle dei settori primario e secondario e pertanto sono ancora necessari notevoli sforzi al fine di abbattere le barriere che limitano lo scambio di servizi.

services sector: ***settore dei servizi; settore terziario.*** Lo stesso che *service–producing sector* (v.).

services to trade: ***attività ausiliarie del commercio.*** Tutte quelle attività, quali i servizi bancari, assicurativi e di trasporto, che agevolano il commercio e riducono i rischi che esso comporta.

services trade: ***commercio di servizi; scambio di servizi.*** Si ritiene che il commercio di servizi non arrivi a coprire un quarto del volume di tutti gli scambi tra i paesi del mondo, principalmente a causa delle barriere che limitano o impediscono questo tipo di scambio. Tra i principali servizi oggetto di scambio internazionale ricordiamo i trasporti marittimi e aerei; le telecomunicazioni e l'elaborazione di dati; i servizi bancari, assicurativi e turistici.

service–trade barriers: ***barriere allo scambio di servizi; barriere al commercio di servizi.*** Le barriere imposte da molti paesi all'importazione di servizi prodotti all'estero. Possono assumere la forma di aperta proibizione di tali importazioni o di intervento del governo nel settore dei servizi, con conseguente creazione di un potere monopolistico che esclude di fatto i concorrenti stranieri.

service unit: ***unità di servizio.*** Ciascuna singola unità di lavoro prodotta da una macchina o da un impianto. Il costo di una macchina, o di una qualsiasi altra attività fissa, trova giustificazione nel costo di ciascuna unità di servizio da essa prodotta. Tale costo si ricava dividendo il costo ammortizzabile dell'attività fissa per il numero di unità di servizio che si prevede che essa possa produrre nel corso della sua vita fisica utile.

service units: ***servizi; reparto servizi generali.*** Termine usato con lo stesso significato di *service department* (v.).

service utility: ***utilità di un servizio.*** L'utilità, intesa in senso economico, che deriva dall'utilizzazione di un servizio personale, professionale o di altra natura. Tale utilità, come del resto quella di un qualsiasi altro bene, varia da persona a persona, da momento a momento e in ragione del numero di unità di cui si può disporre. (v. anche *utility, marginal utility*)

service workers: ***addetti ai servizi; lavoratori del terziario.*** Tutti coloro che sono occupati nella creazione e somministrazione di servizi, siano essi industriali, professionali o personali.

service yield basis of depreciation: ***metodo di ammortamento basato sul volume della produzione.*** Termine usato con lo stesso significato di *production method of depreciation* (v.).

servicing: ***servizio.*** Nel linguaggio finanziario, è il servizio di un prestito, cioè il pagamento degli interessi e il rimborso delle quote di capitale maturate in base al piano di ammortamento stabilito. Il servizio del prestito pubblico, ad esempio, rientra tra le spese ordinarie dello stato, gravando pesantemente sul suo bilancio.

servicing industry: ***industria dei servizi; industria terziaria.*** Termine usato con lo stesso significato di *service industry* (v.).

servicing of external debt: ***servizio di debito estero.*** Il servizio, descritto sotto *servicing* (v.), relativo ad un prestito contratto all'estero da un'impresa o da uno stato.

servient tenement: ***fondo servente.*** È così detto il fondo sul quale grava una servitù, esercitata dal proprietario di un fondo intercluso dominante. (v. anche *easement, right of way 1*)

servitude: ***servitù.*** Termine usato con lo stesso significato di *easement* (v.).

session: ***seduta.*** Nel linguaggio delle borse, è una qualsiasi giornata di contrattazioni.

S.E.T.: selective employment tax.

setback: **1.** ***ribasso.*** Nel linguaggio delle borse valori, è un ribasso dei corsi, o del corso di un singolo titolo, che li riporta al livello in cui si trovavano prima che si verificasse un aumento. **2.** ***riduzione.*** Un arretramento dell'attività economica, successivo ad un periodo di incremento, che riporta più o meno ai precedenti livelli di attività.

set of accounts: ***serie di conti; impianto contabile.*** Espressione con la quale si indicano collettivamente tutti i giornali, i mastri, la classificazione dei conti, i documenti contabili e tutti gli altri documenti relativi ad un sistema di contabilità.

set of bills: ***serie di cambiali; serie di polizze.*** L'insieme costituito dall'originale di una cambiale o di una polizza di carico e le copie. Una serie di tali documenti è di solito costituita da tre esemplari.

set of books: ***serie di libri contabili.*** L'insieme di libri necessari per lo svolgimento della contabilità di un'impresa o altra organizzazione.

set–off: ***compensazione.*** L'azione o il risultato di bilanciare un debito con un credito o una perdita con un profitto, o viceversa. Nella tecnica bancaria, è la procedura mediante la quale il saldo passivo di un conto viene compensato con il saldo attivo di un altro conto, intestato alla stessa persona fisica o giuridica. Secondo la prassi britannica, ove non sussistano accordi che esplicitamente lo vietano, una banca può procedere autonomamente ad operare tale compensazione; tuttavia, quando la banca prevede che vi sia necessità di ricorrere a questa pratica, provvede a farsi rilasciare dal cliente la cosiddetta *letter of set–off* (v.).

set of samples: ***campionario.*** Insieme di campioni dei prodotti venduti da un rappresentante o da un'impresa.

setting–up cost: ***costo di avviamento.*** Il costo che si deve sostenere, principalmente in termini di inattività del personale e degli impianti, quando si devono preparare le macchine per un cambio di produzione. (v. anche *set–up time*)

to settle: ***saldare; estinguere; liquidare.*** Pagare per intero un conto, una fattura, un debito e simili, in modo che il creditore non abbia più nulla a pretendere.

settled account: **1.** ***conto saldato; conto liquidato.*** Un qualsiasi conto estinto a seguito dell'azzeramento del dare e dell'avere o dell'esecuzione della prestazione dovuta dal debitore al creditore. **2.** ***conto approvato.*** Conto, o rendiconto, di operazioni commerciali o finanziarie che le parti hanno dichiarato di ritenere corretto. Una volta approvato il conto, nessuna delle due parti potrà in futuro mettere in dubbio l'esattezza delle registrazioni e del saldo.

settled land: ***terra in assegnazione.*** Proprietà immobiliare amministrata da uno o più fiduciari in nome e per conto del beneficiario di un'assegnazione.

settlement: **1.** ***saldo; liquidazione.*** Pagamento di un debito o di un conto sospeso, mediante il versamento di moneta o l'esecuzione di una prestazione cui è tenuto il debitore nei confronti del creditore. **2.** ***liquidazione.*** Nel linguaggio delle borse valori, è il periodo entro il quale si devono regolare, mediante consegna dei certificati e pagamento del corrispettivo, le operazioni di compravendita concluse nel precedente ciclo operativo. Alla borsa valori di Londra, le operazioni di liquidazione hanno inizio il giorno successivo a quello della fine del ciclo operativo e durano fino al primo giorno del successivo ciclo operativo, per un totale di cinque giorni. (v. anche *settling days*) **3.** ***accomodamento; transazione.*** Forma di accordo concluso tra le parti di un rapporto giuridico sul quale è sorta o sta per sorgere una disputa. Tale accordo, che di solito avviene mediante un compromesso che implica reciproche concessioni, è inteso ad evitare una lite davanti alle competenti autorità giudiziarie. **4.** ***assegnazione.*** Documento mediante il quale una persona assegna una sua proprietà ad un terzo, incaricando uno o più fiduciari di amministrarla in nome e per conto del beneficiario.

settlement day: ***giorno dei compensi; giorno di liquidazione.*** Termine usato con lo stesso significato di *pay day 2* (v.).

settlement discount: ***sconto di cassa.*** Termine usato con lo stesso significato di *cash discount* (v.).

settlement in cash: ***pagamento in contanti; saldo in contanti.*** Lo stesso che *cash settlement* (v.).

settlement in full: ***saldo completo; liquidazione a saldo.*** V. spiegazione sotto *settlement 1.*

settlement of account: ***saldo di un conto; liquidazione di un conto.*** V. spiegazione sotto *settlement 1* e *settled account.*

settlement options: ***opzioni di liquidazione.*** Nel linguaggio delle assicurazioni, si indica con questa espressione il diritto del beneficiario di una polizza di scegliere, al momento della morte dell'assicurato se trattasi di assicurazione per il caso di morte o alla scadenza se trattasi di assicurazione mista, tra varie alternative che prevedono: a) il pagamento della somma assicurata in un unico versamento; b) il pagamento di interessi sulla somma assicurata, che viene lasciata presso l'assicuratore; c) il pagamento di rate successive nell'arco di un periodo di tempo concordato; d) il pagamento di rate successive per tutta la durata della vita del beneficiario; e) il pagamento di rate successive per tutta la durata della vita del beneficiario, con un numero minimo di rate garantito.

settlement out of court: ***accomodamento stragiudiziale; transazione stragiudiziale.*** V. spiegazione sotto *settlement 3.*

settlement price: ***prezzo di liquidazione.*** Nel linguaggio delle borse merci, è il prezzo medio alla chiusura di una giornata di contrattazioni, che di solito viene usato per stabilire i limiti di fluttuazione del giorno successivo e per determinare il margine di garanzia sui contratti a termine.

settlements: ***liquidazioni.*** Pagamenti tra banche centrali a fronte di deficit delle bilance dei pagamenti e di debiti conseguenti a interventi sui mercati valutari.

settlement terms: ***condizioni di liquidazione.*** Espressione usata nel linguaggio commerciale per indicare i diversi sconti concessi dal venditore per pagamento entro un periodo di tempo determinato. Il compratore potrà detrarre l'ammontare dello sconto, direttamente dalla sua rimessa a fronte della fattura, nella proporzione indicata dal venditore, ad esempio 30 giorni 4%, 60 giorni 2%, 60–90 giorni netto.

settlement warrant: ***mandato di liquidazione.*** Nel linguaggio della contabilità di stato statunitense, è il documento con cui si autorizzava la tesoreria a liquidare una somma di denaro dovuta ad un cittadino per un qualsiasi motivo. Questo tipo di documento non è più in uso, essendo stato sostituito dalla rimessa diretta all'interessato.

settler: ***fiduciante.*** Variante grafica di *settlor* (v.).

settling day: ***giorno dei compensi; giorno di liquidazione.*** Termine usato con lo stesso significato di *pay day 2* (v.).

settling days: ***giorni di liquidazione.*** Alla borsa valori di Londra sono previsti due cicli operativi al mese, ciascuno generalmente di due settimane, ed un periodo di liquidazione, relativo a ciascun ciclo operativo, della durata di cinque giorni. Il primo dei giorni di liquidazione, che cade di mercoledì, è il giorno dei riporti. In tale giorno si provvede agli accordi relativi al rinvio delle liquidazioni di operazioni di compravendita a premio fino al giorno di liquidazione del successivo ciclo operativo. Il secondo dei giorni di liquidazione è chiamato giorno della consegna fogli e cade di giovedì. In tale giorno gli *stockbroker* (v.) passano agli *stockjobber* (v.) i nomi degli acquirenti e la descrizione dei titoli da loro comprati. Il terzo e il quarto dei giorni di liquidazione, rispettivamente venerdì e lunedì, sono detti giorni intermedi e vengono utilizzati per completare il lavoro iniziato nel giorno della consegna fogli. Il quinto ed ultimo giorno, che cade di martedì, è chiamato giorno dei compensi o giorno di liquidazione ed è il giorno in cui si compensano o si liquidano, mediante consegna e pagamento, le operazioni di compravendita effettuate durante tutto il precedente ciclo operativo e quelle rinviate o «riportate» da precedenti cicli operativi. Tra il 1939 e il 1945 alla borsa valori di Londra furono aboliti i giorni di liquidazione e tutte le operazioni venivano regolate per contanti entro un paio di giorni dalla loro conclusione. Questa procedura è ancor oggi in uso, ma limitatamente ai titoli di stato britannici. Nell'ottobre del 1946, infatti, il *Council* della borsa valori londinese annunciò il ripristino dei giorni di liquidazione a partire dal 10 gennaio 1947. In tale occasione, i giorni intermedi furono portati a due, mentre prima della guerra ve ne era soltanto uno, il che fece slittare al martedì il giorno di liquidazione, che in precedenza cadeva di lunedì. I titoli al portatore oggetto di compravendita durante un ciclo operativo vengono consegnati nel giorno di liquidazione. Quelli nominativi, invece, devono essere consegnati entro dieci giorni dal giorno di liquidazione e ciò per consentirne il trasferimento al nuovo proprietario e la regolare registrazione. Se, però, essi non vengono consegnati entro tale periodo, il compratore può fare ricorso alla pratica detta *buying in* (v.).

settlor: ***fiduciante.*** La persona che costituisce un fedecommesso o un'assegnazione a favore di un terzo. (v. anche *trust 1*)

set–up cost: ***costo di avviamento.*** Lo stesso che *starting–load cost 1* (v.).

set–up time: ***tempo di avviamento.*** Il tempo necessario per preparare le macchine a produrre un determinato articolo, dopo che esse erano state usate per produrne uno differente, o per passare da un metodo di produzione ad un altro. Lo stesso termine viene usato in ragioneria per indicare i costi relativi a tale cambiamento.

seven–day deposit account: ***deposito a sette giorni.*** Altro termine con il quale nel Regno Unito si indica il *deposit account* (v.), in quanto il periodo minimo perché sia riconosciuto un interesse su questo tipo di deposito è appunto di sette giorni. Il deposito a sette giorni possiede un alto grado di liquidità e convenienza, poiché anche se il depositante non può prelevare denaro mediante l'emissione di assegni, in pratica le banche raramente sollevano obiezioni a un trasferimento automatico di fondi dal conto di deposito al conto corrente allo scopo di onorare un assegno quando il cliente ha dato la sua autorizzazione a tale tipo di operazione. Ovviamente, il depositante perde sette giorni di interesse su qualsiasi somma così trasferita da un conto all'altro.

seven–day rate: ***tasso d'interesse su depositi a sette giorni.*** Il tasso d'interesse riconosciuto dalle banche britanniche a coloro che depositano fondi su un deposito a tempo per un periodo minimo di sette giorni. In assenza di disposizioni precise delle autorità monetarie, questo tasso di interesse varia in rapporto all'entità del saggio base stabilito da ciascuna banca e si aggira tra lo 0,75 e il 2 per cento al di sotto del saggio base.

seven–point plan: ***piano in sette punti.*** È un piano, proposto dal *National Institute of Industrial Psychology*, per valutare i candidati ad un posto di lavoro durante un'intervista. I sette punti previsti sono i seguenti: a) costituzione fisica: il candidato ha difetti fisici o malattie che potrebbero condizionarne le prestazioni di lavoro?; b) Preparazione: la sua istruzione, l'addestramento e la precedente esperienza sono soddisfacenti per il lavoro in questione? Quali risultati ha ottenuto a scuola o nel precedente lavoro?; c) Intelligenza generale: quale grado di intelligenza dimostra di possedere?; d) Attitudini: ha attitudini particolari, ad esempio propensione per il lavoro meccanico, destrezza manuale, facilità d'uso di cifre o parole?; e) Interessi: fino a che punto arrivano i suoi interessi sociali, intellettuali, artistici, sportivi, ecc.?; f) Carattere: va d'accordo con gli altri? Influenza gli altri? Ha fiducia in se stesso? È affidabile?; g) Condizioni: quali sono le sue condizioni familiari? Sono compatibili col successo e la soddisfazione nel lavoro in questione? Questo piano può adattarsi alla selezione tanto di lavoratori manuali quanto di lavoratori non manuali. Le domande elencate sotto i vari punti non vengono rivolte al candidato, ma è l'intervistatore a porsele, tenendo presente il tipo di lavoro al quale aspira il candidato e ciò che è emerso nel corso dell'intervista.

seven sisters: ***sette sorelle.*** Espressione usata per indicare le sette maggiori compagnie petrolifere del mondo. Esse sono: British Petroleum (BP), Exxon (chiamata anche Esso), Gulf, Mobil, Shell, SoCal (chiamata anche Chevron) e Texaco.

severable contract: ***contratto divisibile.*** Un contratto la cui esecuzione può essere suddivisa in parti. Sono tali i contratti di compravendita che prevedono la consegna delle merci in diverse successive spedizioni, ciascuna delle quali può essere considerata come un contratto a sé, specialmente per quanto concerne il prezzo. Se un contratto del genere è considerato divisibile, l'inadempienza di una delle parti in relazione alla consegna o al pagamento non invalida tutto il contratto, bensì la singola prestazione e la disputa che dovesse derivarne verrà regolata indipendentemente dalle altre prestazioni.

several liability: ***responsabilità separata; responsabilità individuale.*** Si verifica quando ciascuna delle parti interessate è separatamente e individualmente responsabile per l'intero ammontare o per l'intera prestazione prevista dall'obbligazione assunta da più persone.

severalty: ***possesso individuale; proprietà individuale; possesso esclusivo.*** Il termine inglese indica il diritto individuale di ciascun proprietario di un bene o di una sua parte ben individuata, tanto da poter escludere da essa qualsiasi altra persona. (v. anche *joint ownership, ownership in common*)

severance pay: ***indennità di licenziamento; liquidazione.*** Termine usato con lo stesso significato di *lay–off pay* e *golden handshake* (v.).

severance tax: ***imposta di concessione.*** L'imposta che è tenuto a pagare chiunque riceva l'autorizzazione o il privilegio di utilizzare risorse naturali prelevate dalla terra o dalle acque.

severance wage: ***indennità di licenziamento.*** Termine usato con lo stesso significato di *lay–off pay* (v.).

S.F.: sinking fund.

sg.: signature.

sgd.: signed.

sh.: share.

shading: ***sfumatura.*** Il termine inglese indica una graduale riduzione del prezzo di uno o più beni o servizi, conseguente ad una diminuzione della domanda, ad un aumento della presenza di concorrenti sul mercato e altre cause simili.

shadow director: ***amministratore ombra.*** Dal *Companies Act* del 1982, viene definito come una persona le cui istruzioni o i cui ordini sono eseguiti dagli amministratori di un'impresa, anche se tale persona non fa parte del consiglio di amministrazione. L'espressione non si applica a consulenti o altri professionisti i cui consigli costituiscono la base delle azioni degli amministratori.

shadow economy: ***economia ombra.*** Lo stesso che *black economy* (v.).

shadow price: ***prezzo ombra.*** Corrisponde al costo–opportunità relativo ad una qualsiasi allocazione di risorse. Nel valutare un progetto di investimento, il prezzo ombra rappresenta il contributo di un fattore della produzione all'economia, che si perde nel momento in cui il fattore viene trasferito dall'uso che se ne fa all'uso che se ne intende fare nel nuovo progetto. Il termine inglese viene anche usato nel linguaggio della programmazione lineare per indicare il valore economico unitario di una risorsa scarsa in una particolare situazione di produzione. (v. anche *opportunity cost*)

shadow wage rate: ***saggio salariale ombra.*** Nel linguaggio economico, è il prezzo ombra del lavoro. (v. anche *shadow price*)

shake–out: ***ridimensionamento.*** Il procedimento attraverso il quale un'impresa riduce i propri costi, mediante una riduzione degli addetti.

shake–up: ***ristrutturazione.*** Il termine inglese è generico ed indica la riorganizzazione della struttura di un'impresa, principalmente della struttura gestionale o composizione del consiglio di amministrazione, o della struttura del capitale. (v. anche *reorganization, reconstruction*)

shaky: ***traballante.*** Aggettivo usato per determinare un'impresa o un operatore che non offrono garanzie soddisfacenti da un punto di vista finanziario.

shallow organization: ***organizzazione piatta.*** Lo stesso che *flat organization* (v.).

sham: ***fittizio; simulato; falso.*** Il termine inglese, usato come sostantivo e aggettivo, indica qualcosa di inesistente, che viene artatamente fatto apparire sicuro e redditizio.

sham contract: ***contratto simulato.*** Un contratto che non rappresenta una reale operazione commerciale, ma viene usato da un imbroglione allo scopo di convincere un ingenuo ad affidargli denaro.

sham corporation: ***società fittizia.*** Una società che non svolge alcuna attività economica e che è stata costituita unicamente allo scopo di evitare o evadere una certa porzione di imposte.

share: **1.** ***azione; azione di capitale; titolo azionario; valore azionario.*** Ciascuna delle parti uguali in cui è suddiviso il capitale nominale di una società per azioni, che dà al suo proprietario il diritto di partecipare alla ripartizione degli utili della società e di ricevere una parte proporzionale del valore residuo in caso di liquidazione. Vi sono vari tipi di azioni, ma tutte rappresentano una variante dei due tipi principali: le azioni ordinarie e le azioni privilegiate. I diritti che ciascuna classe di azioni conferisce all'azionista dipendono da quanto stabilito nell'atto costitutivo e nello statuto della società. Pertanto, i diritti riconosciuti ad una determinata classe di azioni di una società non sono necessariamente uguali a quelli conferiti alla stessa classe di azioni di un'altra società. (v. anche *ordinary shares, preference shares*) **2.** ***carato; caratura.*** Ciascuna delle parti in cui è divisa la proprietà di una nave. Il carato può, a sua volta, essere suddiviso in frazioni di carato, allo scopo di rendere possibile la partecipazione alla proprietà di un numero maggiore di persone, dato l'alto costo di ciascun carato. (v. anche *ship*) **3.** ***quota; quota–parte; parte.*** In un senso più generico, il termine indica una parte o quota di un qualsiasi tipo di proprietà indivisibile comune, ivi incluse le società per quote. Pertanto, il termine inglese indica anche i titoli emessi da un fondo comune d'investimento chiuso.

share allocation: ***riparto azionario; assegnazione di azioni.*** V. spiegazione sotto *allotment 1.*

share allotment: ***riparto azionario; assegnazione di azioni.*** V. spiegazione sotto *allotment 1.*

share allotment form: ***lettera di assegnazione di azioni; avviso di riparto azionario.*** Lo stesso che *allotment letter* (v.).

share–broker: ***mediatore di borsa.*** Lo stesso che *stockbroker* (v.). Nelle borse statunitensi, il termine indica un intermediario che viene remunerato dal cliente con una commissione rapportata al numero di titoli trattati e al loro prezzo.

share buy–back: ***riacquisto di azioni.*** Il riacquisto di azioni proprie sul mercato da parte di una società, preferibilmente in un momento favorevole corrispondente a una tendenza al ribasso del mercato azionario.

share capital: ***capitale azionario.*** Il numero complessivo di azioni che una società ha emesso o è autorizzata ad emettere. Nell'atto costitutivo viene stabilito l'ammontare di capitale nominale che la società può emettere, ma essa può decidere di emetterlo in un'unica soluzione o di emetterne una certa parte e riservarsi di emettere il resto successivamente, quando avrà bisogno di capitale fresco per svolgere la propria attività. La quantità di capitale effettivamente emesso ad un qualsiasi momento della vita della società è chiamata capitale azionario, in quanto è rappresentato dalle azioni in circolazione. Se la società intende in un qualsiasi momento emettere una quantità di capitale superiore a quella contemplata nell'atto costitutivo, sarà necessaria un'apposita delibera dell'assemblea generale dei soci.

share certificate: ***certificato azionario; manto.*** È il documento sul quale compare il sigillo della società e che viene da quest'ultima rilasciato al socio proprietario di azioni nominative. Il certificato azionario attesta il numero di azioni possedute dall'azionista, ma non è un titolo negoziabile né, a rigor di termini, un titolo rappresentativo della proprietà di una parte del capitale sociale. Infatti, il diritto di proprietà è determinato soltanto dalla registrazione del nome dell'azionista nel registro dei soci. Quando il certificato azionario è privo del foglio cedole e di tagliando di affogliamento, esso viene detto manto.

share coupon: ***cedola di azione.*** Ciascuna delle cedole annesse ad un certificato azionario al portatore, che l'azionista dovrà presentare presso la sede della società, o presso una banca a ciò incaricata, per ricevere il pagamento dei dividendi di competenza dell'azione cui la cedola si riferisce. La cedola si rende necessaria in relazione ai certificati azionari al portatore in quanto, essendo essi trasferibili mediante semplice consegna, la società non ha nei propri registri il nome e l'indirizzo dell'attuale proprietario delle azioni al portatore e non può, pertanto, inviare al suo domicilio l'assegno relativo al pagamento dei dividendi.

sharecropper: ***mezzadro.*** Il contadino che oltre alla terra che lavora e alla casa in cui abita riceve dal proprietario della terra il materiale per la semina, gli animali e gli attrezzi di lavoro. Il mezzadro è associato al padrone nella divisione del raccolto o dei proventi del raccolto.

sharecropping: ***mezzadria.*** Sistema di conduzione e tipo di contratto agrario in base al quale il proprietario fornisce la terra e le attrezzature necessarie al mezzadro per lavorarla e quest'ultimo versa al padrone una parte del raccolto sotto forma di prodotti o di canone di fitto. Questo sistema è ancora diffuso negli stati meridionali dell'Unione nord–americana.

shared–appreciation mortgage: ***ipoteca a partecipazione all'incremento.*** Tipo di ipoteca non tradizionale che prevede la partecipazione del mutuante all'incremento di valore dell'immobile, conseguente al processo inflattivo, in considerazione di un più basso tasso di interesse rispetto a quello praticato su altri tipi di ipoteche non tradizionali. La partecipazione del mutuante si concretizza con il versamento di una somma forfettaria da parte del mutuatario dopo un certo numero di anni o all'atto della vendita dell'immobile.

shared equity loan: ***prestito con partecipazione azionaria.*** In questo tipo di prestito, i mutuanti accettano un tasso d'interesse inferiore a quello di mercato in cambio di una partecipazione azionaria nel progetto da finanziare e il mutuatario ha il vantaggio di dividere con il mutuante il rischio implicito nel progetto. Tuttavia, poiché la redditività di un progetto dipende dal prezzo al quale sarà venduto il prodotto, l'accordo di prestito dovrebbe contenere una qualche clausola relativa alla fissazione del prezzo di vendita suddetto. Ciò darebbe ai mutuanti una certa influenza sulla gestione del progetto, ma farebbe anche crescere i loro costi amministrativi.

share distribution scheme: ***piano di distribuzione di azioni.*** Un qualsiasi piano in base al quale una società provvede a distribuire sue azioni ai propri dipendenti.

share drafts: Negli Stati Uniti si indicano con questo termine titoli di credito, emessi dalle *credit unions*, equivalenti agli assegni emessi dalle banche commerciali. Quando questi titoli vengono presentati per il pagamento, vengono trattati e compensati seguendo i normali canali per cui si compensano gli assegni.

share exchange: ***sottoscrizione reciproca di azioni; scambio di azioni.*** Termine usato in alternativa a *exchange of shares* (v.).

share–farming agreement: ***contratto di mezzadria.*** Il contratto relativo al sistema di conduzione agraria descritto sotto *sharecropping* (v.).

share hawking: ***vendita di azioni porta a porta; vendita a domicilio di valori mobiliari.*** Espressione con la quale in passato si indicava la pratica di andare di casa in casa offrendo azioni ai privati. A seguito dell'approvazione del *Prevention of Fraud (Investments) Act* (v.) del 1958, ciò non è più consentito, in quanto questa legge permette la vendita di valori mobiliari all'esterno della borsa valori soltanto alle persone a ciò autorizzate dal *Board of Trade* (v.).

shareholder: **1.** ***azionista; socio.*** La persona, fisica o giuridica, che possiede azioni di una società e che è iscritta nel suo registro dei soci. L'azionista può essere definito ordinario, privilegiato, ecc., a seconda del tipo di azioni che possiede. A differenza dell'obbligazionista, che è un creditore della società, l'azionista ne è il proprietario assieme a tutti gli altri soci. Per questo motivo, egli partecipa alla distribuzione degli utili dell'impresa, se questa ne realizza, e alle sue perdite che, tuttavia, a seguito dell'affermazione del principio della responsabilità limitata sono, di solito, limitate all'ammontare di capitale conferito alla società. Comunque, mentre l'obbligazionista, in quanto creditore, ha diritto alla remunerazione del capitale da lui prestato all'impresa sotto forma di interesse fisso anche nel caso in cui la società non realizzi utili, l'azionista, in quanto proprietario, riceverà una remunerazione del capitale soltanto se l'impresa guadagna e parteciperà alle perdite o ricevendo un dividendo minore o non ricevendo alcun dividendo. **2.** ***caratista; comproprietario; socio.*** In questo significato, il termine inglese viene usato come sinonimo di *part–owner* (v.).

shareholders' equity: ***capitale netto; patrimonio netto.*** Termine usato con lo stesso significato di *equity 1* (v.).

shareholders' interest: ***interesse degli azionisti; interesse dei soci.*** L'interesse collettivo dei soci in una qualsiasi società, che corrisponde al capitale o patrimonio netto della società, vale a dire il capitale di rischio al suo valore contabile, cioè calcolato in base alla situazione patrimoniale dell'azienda. Corrisponde, pertanto, al capitale conferito dai soci, da cui il termine inglese, più gli utili non distribuiti e gli accantonamenti, o capitale di risparmio. In una società per quote, l'espressione inglese indica il valore netto dell'azienda per i suoi proprietari, rappresentato dal capitale di apporto, inizialmente investito nell'impresa, più gli utili accumulati e reinvestiti.

shareholders' ledger: ***mastro dei soci.*** È un libro che contiene praticamente le stesse informazioni contenute nel libro dei soci. In questo mastro, si apre un conto separato per ciascun azionista e su ogni pagina di solito compaiono due conti che mostrano su un lato il numero di azioni possedute, la data di acquisizione, il loro numero distintivo, l'ammontare pagato per ogni azione, l'ammontare totale di capitale versato e il riferimento al conto dell'azionista dal quale le azioni furono trasferite al nuovo azionista. Sull'altro lato, compare la data di eventuali trasferimenti ad altri azionisti, il riferimento al conto del nuovo azionista, il numero di azioni trasferite e l'ammontare complessivo di capitale trasferito. Possono anche comparire altre colonne, sulle quali viene registrato il saldo delle azioni e del capitale di proprietà dell'azionista cui è intestato il conto.

shareholders' meeting: ***assemblea degli azionisti.*** Termine usato con lo stesso significato di *annual general meeting* (v.).

shareholders' register: ***libro dei soci; registro dei soci.*** Termine usato con lo stesso significato di *register of members* (v.).

shareholding: ***azionariato; partecipazione azionaria.*** L'interesse di ogni singolo portatore di azioni, o socio, in una società. Lo stesso termine viene usato per indicare la quantità di capitale posseduta da ciascun socio o azionista e, di conseguenza, la sua interessenza nell'azienda.

share incentive schemes: ***piani d'incentivo azionario.*** Sono piani che prevedono la cointeressenza degli amministratori, mediante la loro acquisizione di azioni della società. L'elemento incentivante è di solito rappresentato dalla necessità di mantenere alto il corso dei titoli, mediante buoni risultati gestionali. È una pratica molto in uso negli Stati Uniti, ma che ha trovato scarsa applicazione nel Regno Unito.

share index: ***indice azionario.*** V. spiegazione sotto *stock exchange indices.*

share investment: ***investimento azionario; investimento in azioni.*** L'acquisto di titoli azionari fatto con l'intenzione non di speculare, bensì di conservarli per goderne i dividendi e gli eventuali utili di capitale, rappresentati dall'aumento del valore di mercato dei titoli stessi in rapporto al loro valore di mercato al momento in cui furono acquistati. L'investimento azionario rappresenta anche una buona difesa dei risparmi contro l'erosione dell'inflazione.

share issue: ***emissione azionaria; emissione di azioni.*** L'offerta al pubblico di titoli azionari di una società già presente sul mercato mobiliare o di una società di nuova costituzione. Le nuove emissioni azionarie possono essere fatte direttamente dall'impresa interessata, che invita il pubblico a sottoscriverle pubblicando un programma contenente tutte le informazioni relative all'emissione e all'impresa stessa, o da un sindacato di garanzia e collocamento titoli, che si impegna contrattualmente con la società emittente a collocare i titoli sul mercato e a sottoscrivere la parte eventualmente non sottoscritta dal pubblico. In ambedue i casi, il potenziale sottoscrittore dovrà inviare una domanda, che costituisce l'offerta di acquisto dei titoli, che l'impresa o la società di emissione possono accettare o declinare. Oggi, si verifica raramente il caso che una nuova impresa offra la propria emissione azionaria alla pari sul mercato finanziario, come invece si verificava in passato. La consuetudine è quella di raccogliere i fondi attraverso sottoscrizione o da parte dei soci fondatori o da parte di altre società già in funzione, onde finanziare la nuova impresa fin quando diventerà nota sul mercato. Pertanto, le nuove emissioni sono solitamente offerte da imprese già presenti ed affermate sul mercato e ciò consente di fare una previsione abbastanza accurata su quella che sarà la remunerazione del capitale fornito dai risparmiatori all'impresa emittente. Il prezzo di emissione delle azioni non deve necessariamente essere uguale al loro valore nominale e in effetti è generalmente basato sul prezzo di mercato delle azioni già in circolazione di quella società o di azioni di società simili, meno un premio di emissione offerto allo scopo di incentivare i sottoscrittori.

share ledger: ***mastro delle azioni di capitale.*** Termine usato con lo stesso significato di *shareholders' ledger* (v.).

share list: ***listino valori.*** È il listino, o elenco, pubblicato da una borsa valori al termine della giornata di contrattazioni. In esso vengono riportati i corsi di tutti i titoli azionari quotati presso quella borsa valori, sia che essi siano stati oggetto di contrattazioni, sia che essi non siano stati affatto trattati durante la giornata.

share market: ***mercato azionario; mercato finanziario; mercato dei titoli.*** Lo stesso che *equity market* (v.).

share of stock: ***azione di capitale.*** Termine usato con lo stesso significato di *share 1* (v.).

share of the market: ***quota di mercato.*** Termine usato in alternativa a *market share* (v.).

share option: **1.** ***contratto a premio su titoli.*** Termine usato con lo stesso significato di *option 1* (v.), quando oggetto del contratto in questione sono i titoli azionari. **2.** ***diritto di opzione; diritto di sottoscrizione.*** Lo stesso che *stock option 1* (v.).

share option schemes: ***piani di diritti d'opzione.*** V. spiegazione sotto *savings–related share option schemes.*

share–owner: ***proprietario di azioni; azionista.*** Lo stesso che *shareholder 1* (v.).

share parcel: ***pacchetto azionario.*** Termine usato in alternativa a *parcel of shares* (v.).

share portfolio: ***portafoglio azionario.*** Termine usato con lo stesso significato di *portfolio* (v.), quando il portafoglio è composto esclusivamente di titoli azionari.

share premium: ***soprapprezzo azioni; premio di emissione.*** L'eccedenza sul valore nominale raggiunta dal prezzo di mercato di un titolo azionario. Tale eccedenza finisce generalmente per consolidarsi in un aumento di capitale. La stessa espressione viene usata più frequentemente per indicare il premio di emissione, cioè l'eccedenza fatta pagare da una società, rispetto al valore nominale delle proprie azioni, su titoli di nuova emissione con i quali si procede ad un aumento di capitale. Ciò è possibile quando il prezzo di mercato è superiore al valore nominale dei titoli azionari in questione o quando la loro redditività indica che il loro valore reale è superiore al valore nominale.

share premium account: ***conto premio di emissione; conto soprapprezzo azioni.*** Il conto al quale viene trasferito qualsiasi premio di emissione realizzato da una società. L'ammontare contenuto in questo conto rappresenta una riserva di capitale, che non può essere distribuita ai soci pur se può essere capitalizzata e può costituire la base indispensabile per un'emissione di azioni gratuite. (v. anche *share premium, bonus issue*)

share price: ***corso azionario; prezzo di azione.*** Il valore assegnato ad un'azione di capitale all'atto della sua emissione da parte di una società o il prezzo che viene a determinarsi su un mercato mobiliare come risultato dell'azione delle forze della domanda e dell'offerta o di azioni speculative tendenti a far variare il valore di mercato del titolo. Il corso azionario può essere superiore o inferiore al valore nominale dell'azione, ma esistono anche, specialmente negli Stati Uniti, azioni senza valore nominale, il cui valore corrisponde quindi al prezzo di mercato.

share price index: ***indice azionario.*** V. spiegazione sotto *stock exchange indices.*

share pushing: Espressione colloquiale, usata per indicare la pratica di vendere titoli al di fuori di una borsa valori esercitando forte pressione e metodi spregiudicati di vendita, lodando e magnificando il tipo e il valore delle azioni offerte al pubblico col solo scopo di farle pagare ad un prezzo molto superiore al loro reale ed effettivo valore. La pubblicazione di tali affermazioni è considerata reato nel Regno Unito, se si riesce a provare che esse sono false e che sono state pubblicate con la deliberata intenzione di frodare i risparmiatori. Di questa pratica, come pure di quella indicata col termine *share hawking* (v.) ad essa simile, si interessarono le competenti autorità britanniche già nel 1936, quando fu nominata una commissione governativa incaricata di svolgere un'indagine conoscitiva nel sottobosco del mercato azionario. Il rapporto di questa commissione fu reso pubblico nel 1937 e portò all'approvazione del primo *Prevention of Fraud (Investments) Act* nel 1939, ma la legge che definitivamente vietò queste pratiche, il *Prevention of Fraud (Investments) Act* (v.), fu approvata dal parlamento britannico nel 1958.

share raid: ***scalata.*** Espressione del linguaggio finanziario, con la quale si indica un'offerta pubblica di acquisto o altro metodo per acquisire il controllo di maggioranza di una società. (v. anche *take–over bid, take–over*)

share register: ***libro dei soci; registro dei soci; registro delle azioni.*** Termine usato con lo stesso significato di *register of members* (v.).

share reinsurance: ***riassicurazione per quote.*** Tipo di riassicurazione, in base alla quale il riassicurato partecipa a qualsiasi perdita insieme al riassicuratore.

share repurchase plan: ***piano di acquisto azioni proprie.*** Un programma che prevede il progressivo riacquisto sul mercato, quando le leggi del paese lo consentono, di azioni precedentemente emesse dalla stessa società. Tale operazione viene eseguita quando i corsi sono depressi e il titolo è sottovalutato. La conseguenza del riacquisto è che riducendo il numero di azioni in circolazione, aumenta il rendimento previsto sulle restanti azioni e il loro prezzo di mercato probabilmente subirà un miglioramento.

share script: ***certificato azionario provvisorio.*** Nel linguaggio finanziario statunitense, è un buono temporaneo che verrà sostituito con il certificato azionario definitivo appena questo sarà pronto. (v. anche *script 1, share certificate*)

shares held by subsidiaries: ***azioni detenute da società sussidiarie.*** Il *Companies Act* del 1948 proibisce la partecipazione azionaria di una società sussidiaria alla società finanziaria che la controlla. Ciò perché una società non può essere socio di se stessa. A tale norma vi è, tuttavia, un'eccezione rappresentata dalla società sussidiaria che deteneva azioni della società finanziaria prima che quest'ultima acquisisse il controllo della prima. Solo in tale caso la società sussidiaria può tenere azioni della società di controllo, ma esse vengono private del diritto di voto. L'entità di tale partecipazione deve, comunque, comparire nel rapporto annuale della società finanziaria.

shares issued at a discount: ***azioni emesse sotto la pari.*** Nel Regno Unito, una società non può emettere azioni ad un prezzo inferiore al loro valore nominale, a meno che sia a ciò autorizzata da un tribunale o da una delibera dell'assemblea dei soci nella quale si stabilisce l'entità massima dello scarto tra valore nominale e prezzo di emissione sotto la pari. Tale emissione può aver luogo soltanto se la società ha cominciato ad operare da almeno un anno.

shares of no par value: ***azioni senza valore nominale.*** Termine usato in alternativa a *no par value shares* (v.).

share splitting: ***frazionamento azionario.*** Lo stesso che *split* (v.).

share subscription: ***sottoscrizione azionaria.*** L'impegno assunto da un investitore di acquistare azioni o partecipazioni direttamente dalla società emittente.

share swap: ***incrocio azionario; scambio azionario; scambio azionario incrociato.*** Operazione mediante la quale due imprese acquistano partecipazioni di capitale reciproche attraverso lo scambio di azioni proprie, in un rapporto determinato con eventuale conguaglio in moneta.

share system of wage payment: ***sistema di remunerazione a compartecipazione.*** Sistema di remunerazione salariale proposto da Martin L. Weitzman e da lui ritenuto capace di combattere la stagflazione. Il sistema prevede che ciascun dipendente abbia diritto non a un tasso salariale orario fisso, bensì a un salario base più una partecipazione agli utili dell'impresa, così che via via che l'impresa espande la produzione, l'occupazione aumenta e la remunerazione oraria diminuisce, in quanto la manodopera rappresenterebbe praticamente un costo fisso per l'impresa. Secondo Weitzman, se un numero sufficiente di imprese in un'economia adottano questo sistema di remunerazione, ne deriva automaticamente una situazione di piena occupazione.

share–the–work plan: ***piano di ripartizione del lavoro; accordo di solidarietà.*** È il tentativo di evitare il licenziamento di un certo numero di lavoratori di un'azienda in crisi, mediante la riduzione dell'orario di lavoro e l'impiego di tutte le maestranze sulla base di un orario ridotto con corrispondente riduzione del salario.

share to bearer: ***azione al portatore.*** Termine usato in alternativa a *bearer share* (v.).

share transfer: ***trasferimento di azioni; trapasso di azioni; traslazione di un titolo azionario; trapasso di proprietà.*** Il cambio di intestazione di azioni nominative, conseguente ad un'operazione di compravendita. Si effettua tramite lo *stockbroker* (v.) che ha curato l'operazione di acquisto o tramite una banca. La procedura è la seguente: si riempie un modulo di trasferimento di azioni, debitamente firmato dal venditore, e lo si invia assieme al certificato azionario alla sede legale della società. Quest'ultima provvede alle opportune variazioni nel mastro dei soci e nel libro dei soci, distrugge il vecchio certificato azionario e ne emette uno nuovo intestato al nuovo azionista. Il compratore dovrà pagare il diritto di registrazione e tutte le imposte relative al trasferimento.

share transfer audit: ***revisione dei trasferimenti azionari.*** Un tipo di revisione particolare, che si interessa del controllo e della verifica dei trasferimenti delle azioni all'interno di una società.

share transfer form: ***modulo di trasferimento di azioni.*** È il modulo che il venditore di azioni nominative deve riempire e firmare affinché i titoli da lui ceduti possano essere intestati al nuovo azionista. Questo modulo, insieme al certificato azionario, viene inviato alla società tramite lo *stockbroker* (v.) che ha curato l'operazione di compravendita o tramite una banca e la società provvede alle opportune annotazioni nei propri libri e alla emissione di un nuovo certificato azionario intestato al compratore. (v. anche *stock transfer form*)

share warehousing: ***rastrellamento di azioni; imma-***

gazzinamento di azioni. La pratica di rastrellare sul mercato consistenti quantitativi di un determinato titolo azionario, mediante acquisti continui ma di piccola entità, in previsione di una futura acquisizione della società emittente, e «immagazzinarli» a nome di diversi intestatari, così mantenendo l'anonimato, fino a quando non è stato costituito un pacchetto che consente di lanciare l'offerta pubblica di acquisto.

share warrant: 1. ***certificato azionario al portatore.*** Certificato azionario che non contiene il nome del proprietario dei titoli in esso specificati, il che rende le azioni trasferibili senza che sia allo stesso tempo necessario effettuare alcuna registrazione nel libro dei soci. Una società per azioni è autorizzata ad emettere certificati azionari al portatore, ma soltanto in relazione ad azioni completamente liberate e all'atto di tale emissione il nome del socio viene cancellato dal libro dei soci. Poiché le azioni rappresentate dal certificato al portatore possono essere trasferite mediante la semplice consegna del certificato, la società non sa chi sia il proprietario e non può inviargli i dividendi a mezzo assegno. Per tale motivo, i certificati azionari al portatore sono dotati di cedole da presentarsi alla sede della società, o presso una banca autorizzata, al fine di ottenere il pagamento dei dividendi. Per quanto concerne le assemblee, lo statuto della società di solito prevede che i soci detentori di azioni al portatore possano esercitare il loro diritto di voto previa presentazione del certificato azionario al portatore. **2.** ***certificato di diritto di opzione; certificato di diritto di sottoscrizione.*** Il termine inglese viene a volte usato con lo stesso significato di *warrant 3* (v.).

share warrant to bearer: ***certificato azionario al portatore.*** Termine usato con lo stesso significato di *share warrant 1* (v.).

sharing: 1. ***partecipazione; compartecipazione; interessenza.*** Termine a volte usato come contrazione e con lo stesso significato di *profit-sharing* (v.). **2.** ***divisione; ripartizione.*** La divisione, in parti più o meno uguali, di un qualcosa di unitario, come potrebbero essere gli utili di un'impresa, un mercato, un rischio e simili.

sharing the market: ***divisione del mercato.*** L'espressione inglese indica un qualsiasi accordo tra produttori o venditori, in base al quale ciascuno di loro provvederà alla vendita del bene o servizio prodotto soltanto nell'area a lui assegnata. La divisione del mercato viene di solito fatta su base geografica.

shark repellent: Espressione del gergo finanziario statunitense, con la quale si indica una qualsiasi azione tendente a scoraggiare il lancio o il prosieguo di un'offerta di acquisto ostile.

shark watcher: Nel gergo finanziario statunitense, è un'impresa che si specializza nel monitoraggio dello scambio di titoli di società particolarmente esposte a offerte di acquisto ostili, allo scopo di individuarle prontamente e dare alla società vittima la possibilità di difendersi.

sharp practice: ***pratica spregiudicata.*** Comportamento in affari abile, ma privo di scrupoli e spesso disonesto pur se non illegale.

shaving: Termine colloquiale, usato nel linguaggio finanziario degli Stati Uniti col significato di pagare un premio extra al fine di ottenere una dilazione per la consegna o il pagamento di titoli oggetto di un contratto a premio. Lo stesso termine è, a volte, usato col significato di scontare una cambiale ad un tasso superiore a quello legale.

S/H. E.: sundays and holidays excepted.

shekel: 1. Unità monetaria dello stato di Israele, suddivisa in cento agorot. **2.** ***siclo.*** Antica moneta d'argento usata dagli ebrei e introdotta probabilmente nel secondo secolo a.C.

shelf items: ***articoli da banco; prodotti da scaffale.*** Sono così detti i prodotti industriali che possono essere venduti anche nei piccoli negozi al dettaglio. L'espressione deriva dal fatto che essi possono essere conservati o esposti su scaffali disposti lungo le pareti o nello spazio destinato alla vendita.

shelf life: ***vita di articoli da banco.*** Il periodo durante il quale un qualsiasi prodotto può essere tenuto presso un punto di vendita al dettaglio senza che vengano alterate le sue qualità e senza dover ricorrere a particolari accorgimenti che ne prolunghino la conservazione. L'espressione è particolarmente usata in relazione a prodotti alimentari e medicinali, che sono i più soggetti a deterioramento.

shelf registration: ***registrazione anticipata.*** Una delle procedure che possono seguirsi negli Stati Uniti per l'emissione di valori mobiliari o diritti di opzione. Poiché per legge è necessaria la registrazione preventiva presso la *Securities and Exchange Commission* (v.), le società interessate possono inoltrare la loro domanda corredata di tutta la documentazione richiesta e la SEC, dopo l'approvazione, autorizza l'emissione, che non avrà tuttavia luogo immediatamente. La società, infatti, può decidere autonomamente quando procedere al lancio, purché esso avvenga entro due anni dal benestare della SEC. (v. anche *registration of securities*)

shell company: Questa espressione viene usata per indicare una società che ha cessato l'attività per la quale era stata costituita e che ha quasi completamente realizzato e distribuito il suo attivo, ma conserva il nome e l'esistenza formale, e spesso anche la quotazione in borsa, in previsione di un'eventuale riapertura o di una futura cessione per lo svolgimento di una diversa attività. L'acquisizione di una società del genere, infatti, potrebbe far risparmiare ingenti somme che altrimenti dovrebbero essere sborsate per far fronte a spese di costituzione, di registrazione, di quotazione in borsa, ecc. Lo stesso termine viene usato colloquialmente per indicare una *holding company* (v.).

sheriff's sale: ***vendita coatta; vendita forzata; vendita giudiziale.*** Questo termine, di uso statunitense, indica una vendita pubblica di un bene mobile o immobile conseguente ad una disposizione di un tribunale. La vendita è condotta dallo sceriffo del luogo, o suo incaricato, secondo il sistema dell'asta e il bene viene aggiudicato a colui che ha fatto l'offerta più alta, salvo approvazione da parte del tribunale. (v. anche *sale under execution*)

Sherman Antitrust Act: Legge, approvata dal Congresso degli Stati Uniti nel 1890, che vieta qualsiasi tipo di azione e di contatti tendenti a limitare la concorrenza o a creare forme di monopolio. Qualsiasi persona che venga danneggiata da altri in violazione di questa legge può ricorrere alla magistratura e se il fatto che denuncia viene provato in giudizio può ricuperare fino a tre volte l'ammontare del danno subito. La legge fu emendata dal *Clayton Act*, dal *Robinson–Patman Act*, dal *Miller–Tydings Act* e dal *Webb–Pomerene Act.*

Sherman notes: Un tipo di moneta cartacea, emessa negli Stati Uniti nel 1890 ma oggi non più in circolazione.

Sherman Silver Purchase Act: Legge, approvata dal Congresso degli Stati Uniti nel 1890, che stabiliva l'acquisto da parte del ministero del tesoro di quattro milioni e mezzo di once di argento al mese, da pagarsi con obbligazioni del Tesoro rimborsabili in oro e argento. La legge fu abrogata nel 1893, ma nel frattempo il Tesoro statunitense aveva acquistato argento per un valore di circa cinquanta milioni di dollari all'anno.

shift: 1. *turno.* Ciascuno dei periodi di tempo lavorativi in cui è divisa una giornata in un'impresa che funziona per più di otto ore al giorno. Possono esserci due turni, quello di giorno, che ha inizio alle otto del mattino e termina alle cinque del pomeriggio, e quello di notte, che ha inizio alle nove della sera e termina alle sei del mattino. Può anche darsi che delle imprese operino su tre turni, il primo dalle otto del mattino alle sedici, il secondo dalle sedici alla mezzanotte e il terzo dalla mezzanotte alle otto. Lo scopo è quello di suddividere i costi fissi dell'impresa in un maggior volume di produzione. Lo stesso termine viene usato per indicare ciascun gruppo di lavoratori che costituisce un turno di lavoro. **2. *traslazione d'imposta.*** Contrazione dell'espressione *shifting of taxation* (v.).

shift and share analysis: *analisi di quota e spostamento.* Una tecnica empirica, usata negli studi dello sviluppo regionale, che tiene conto sia della quota relativa delle industrie a rapido sviluppo e delle industrie stagnanti di una regione in relazione ad un qualche aggregato importante più ampio, quale può essere quello relativo all'intera nazione, sia degli spostamenti delle industrie verso quella regione.

shift differential: *indennità di turno.* Termine usato con lo stesso significato di *shift premium* (v.).

shifting equilibrium: *equilibrio mobile.* Situazione opposta di quella descritta sotto *static equilibrium* (v.), nella quale si tiene conto delle variabili che cambiano nel tempo e nella quale le opinioni e le aspettative mutevoli circa il futuro sono capaci di influenzare la situazione attuale.

shifting of taxation: *traslazione delle imposte.* Il trasferimento dell'incidenza di un'imposta dalla persona che ne è percossa, detta contribuente di diritto, ad un'altra persona, detta contribuente di fatto, come di solito avviene nel corso ordinario delle operazioni commerciali. Alcune imposte indirette, come ad esempio l'IVA o altra imposta ad essa equivalente, possono facilmente essere traslate dal venditore al compratore, mentre non si prestano alla traslazione quasi tutte le imposte dirette, come ad esempio l'imposta sul reddito.

shifting risk: *rischio variabile.* Nel linguaggio delle assicurazioni, è il rischio assunto dall'assicuratore in relazione a scorte o giacenze di magazzino, il cui valore globale varia continuamente in conseguenza di successivi acquisti e vendite, ma resta tuttavia sempre coperto da assicurazione, qualunque sia il suo ammontare.

shifting stock: *giacenze variabili.* Scorte o giacenze di magazzino, il cui valore complessivo varia periodicamente a seguito di continui acquisti e vendite.

shift premium: *indennità di turno.* È una remunerazione extra riconosciuta ai lavoratori che operano in ore diverse da quelle consuetudinarie di lavoro diurno. Non si tratta di un'indennità di lavoro straordinario, perché è dovuta qualunque sia il numero di ore di lavoro prestate dal lavoratore, mentre il compenso per lavoro straordinario viene corrisposto soltanto in relazione ad ore lavorative oltre quelle concordate.

shift system: *sistema a turni continui.* Il sistema operativo di un'impresa che funziona in successivi turni di lavoro, ciascuno più o meno di otto ore. (v. anche *shift 1*)

shift worker: *turnista.* Uno qualunque dei lavoratori che fanno parte di un turno in un'impresa che adotta il sistema dei turni continui. (v. anche *shift 1*)

shift working: *lavoro a turni.* L'organizzazione del lavoro in uno stabilimento attraverso l'utilizzazione di più turni di lavoratori che subentrano l'uno all'altro. Tale tipo di organizzazione prevede che lo stabilimento funzioni ventiquattro ore al giorno.

shilling: *scellino.* a) Unità monetaria del Kenya, della Tanzania, della Somalia e dell'Uganda, suddivisa in cento centesimi. b) Moneta divisionale del Regno Unito e della Repubblica d'Irlanda, in uso fino alla riforma del sistema monetario inglese del 1971. Corrispondeva ad un ventesimo della sterlina e conteneva dodici *pence*.

shinplaster: Termine colloquiale, usato negli Stati Uniti per indicare una moneta altamente svalutata o un pagherò cambiario di nessun valore. Il termine fu usato all'epoca della rivoluzione delle colonie americane per indicare la moneta europea in generale e di nuovo intorno al 1840 per indicare le banconote emesse negli Stati Uniti da alcune banche private. Con lo stesso termine fu anche indicata, all'epoca della guerra civile americana, la moneta emessa dai confederati.

ship: *nave.* Nel Regno Unito qualsiasi nave, in base al *Merchant Shipping Act* del 1894, deve essere iscritta al registro navale. Sono esenti dall'iscrizione le navi che non superano le trenta tonnellate di portata lorda e che vengono impiegate soltanto nel trasporto su idrovie interne e nella navigazione costiera o di piccolo cabotaggio. Una volta iscritta, la nave riceve un certificato di registro, o atto di nazionalità, che autorizza l'uso della nave per scopi legali di trasporto marittimo. La maggior parte delle navi, sia inglesi che di altra nazionalità, possono essere iscritte anche al registro navale dei Lloyd, al fine di agevolare le pratiche relative all'emissione di polizze di assicurazione. Nel registro dei Lloyd vengono riportati i dati salienti relativi alla nave e cioè anno e luogo di costruzione, stazza di registro, classe cui la nave appartiene, data e risultati delle visite peritali, nome dei costruttori e degli armatori, porto di registro, condizioni dell'apparato motori e delle attrezzature, ecc. La proprietà di una nave inglese è divisa in sessantaquattro carati o parti, che a loro volta possono essere suddivisi in frazioni di carato. Un singolo individuo non può essere iscritto come proprietario di una singola frazione di carato, ma la legge prevede che un numero qualsiasi di individui, non superiore a cinque, possano essere iscritti come proprietari di una nave o di un suo carato.

ship bill of sale: *atto di vendita.* Termine usato con lo stesso significato di *bill of sale 2* (v.).

shipbroker: *sensale marittimo.* Agente nominato da un armatore quale intermediario tra una compagnia di navigazione e le persone che si servono delle sue navi. Il sensale marittimo procura carico e passeggeri per le navi che rappresenta, emette polizze di assicurazione sul carico, stabilisce le date di spedizione e l'ammontare del nolo, emette polizze di carico e contratti di noleggio e svolge anche le funzioni di intermediario nella compravendita di navi. (v. anche *shipping agent*)

shipbuilders' policy: *polizza dei costruttori.* Termine usato con lo stesso significato di *builders' policy* (v.).

ship canal: *canale marittimo; canale navigabile.* Qualsiasi canale, costruito dall'uomo, abbastanza largo e profondo da poter essere percorso da navi d'altura, come ad esempio il Canale di Suez e il canale che collega Manchester al mare aperto.

ship chandler: *fornitore navale; fornitore di bordo; provveditore navale.* Una persona o un'impresa che trattano provviste e attrezzature navali.

ship chandlery: *forniture navali.* L'attività economica che si interessa della fornitura di provviste di bordo e attrezzature navali.

ship-load: ***capacità di carico.*** Il carico massimo che una nave può imbarcare sotto forma di merci e/o passeggeri, senza immergersi oltre la linea di carico.

shipment: 1. ***spedizione; carico; spedizione marittima.*** Questo termine viene usato con significati lievemente diversi nel Regno Unito e negli Stati Uniti. Nell'inglese britannico esso indica esclusivamente l'invio di merci via mare ed anche l'insieme delle merci così inviate, mentre nell'inglese americano esso viene usato per indicare una qualsiasi spedizione, sia via mare che via terra o con qualsiasi altro mezzo di trasporto. **2.** ***imbarco.*** L'azione di mettere a bordo le merci che una nave dovrà trasportare alla loro destinazione.

shipment policy: ***polizza di spedizione.*** Nel Regno Unito, è una polizza di assicurazione a medio termine emessa in favore degli esportatori dall'*Export Credits Guarantee Department* (v.) allo scopo di tutelarli contro il rischio di inadempienza da parte del compratore estero.

Ship Mortgage Finance Co. Ltd.: Società creata nel Regno Unito nel 1951 con il compito di fornire finanziamenti all'industria delle costruzioni marittime. Il capitale di questa società fu sottoscritto dalla stessa industria cantieristica, da compagnie di assicurazioni e da altre istituzioni finanziarie. La società contribuì notevolmente alla ristrutturazione e all'ammodernamento dei cantieri esistenti, che attraversavano una pesante crisi a seguito della concorrenza straniera proveniente specialmente dal Giappone.

shipowner: ***armatore; proprietario di nave.*** Chi possiede una o più navi e se ne assume l'esercizio. Può essere una singola persona, un'impresa o un gruppo di proprietari o caratisti.

shipowner's liability: ***responsabilità dell'armatore.*** Termine usato con lo stesso significato di *shipowner's responsibility* (v.).

shipowner's lien: ***diritto di ritenzione dell'armatore; privilegio dell'armatore.*** Il diritto di ritenzione e di pegno che l'armatore è autorizzato ad esercitare, su merci trasportate dalla sua nave, a tutela del pagamento del nolo a lui spettante o di altre spese, ivi compresa la contribuzione ad avaria generale, inerenti al trasporto delle merci sulle quali viene esercitato il diritto. (v. anche *general average contribution*)

shipowner's responsibility: ***responsabilità dell'armatore.*** Nei contratti di noleggio e nelle polizze di carico, questa espressione indica la responsabilità dell'armatore in relazione alle merci a lui affidate per il trasporto. Di regola, l'armatore è ritenuto responsabile della perdita o del danno subito dalle merci o della tardiva consegna delle stesse soltanto se ciò deriva da colpe, quali ad esempio lo stivaggio improprio, addebitabili direttamente all'armatore o ai suoi dipendenti. Tra le colpe addebitabili all'armatore vi è quella di non aver provveduto all'adeguato armamento della nave, cioè di non averla dotata delle necessarie attrezzature e di un equipaggio all'altezza della situazione. Il danno o la perdita derivanti da una qualsiasi altra causa o da colpe non addebitabili all'armatore non rientrano tra le responsabilità di quest'ultimo.

shipped bill of lading: ***polizza di carico ordinaria; polizza di carico per merce imbarcata.*** È la normale polizza di carico, che attesta che le merci sono state già imbarcate sulla nave, ma non esprime alcuna opinione sulla natura loro o dell'imballaggio. Infatti, inizia con le parole: «imbarcate in apparente buon ordine...».

shipped on deck at shipper's risk: ***caricato sul ponte a rischio del caricatore.*** Clausola, che può essere contenuta in una polizza di carico, con la quale il vettore si esime dalla responsabilità di eventuali danni o perdite che dovessero interessare merci caricate in coperta, e non in un più idoneo spazio di carico chiuso, che viaggiano pertanto a rischio di chi le spedisce.

shipped weight: ***peso imbarcato.*** Il peso delle merci imbarcate su una nave, quale risulta dalla ricevuta d'imbarco e dalla polizza di carico.

shipper: ***caricatore; speditore; mittente.*** La persona che invia merci a mezzo di una nave o, negli Stati Uniti, con qualsiasi altro mezzo di trasporto. Infatti, la differenza di significato tra inglese britannico e inglese americano descritta sotto *shipment 1* (v.) vale anche per questo termine.

shipper's papers: ***documenti d'imbarco; carte d'imbarco.*** Termine usato con lo stesso significato di *export documents* (v.).

shipping: 1. ***spedizione marittima; spedizione.*** Termine usato con lo stesso significato di *shipment 1* (v.). **2.** ***trasporti marittimi.*** L'attività economica dei trasporti via mare. In passato, le entrate provenienti dai trasporti marittimi costituivano una voce importante della bilancia dei pagamenti britannica, ma oggi esse sono notevolmente diminuite a causa della sempre maggiore diffusione del trasporto aereo e stradale e del potenziamento delle flotte mercantili di altri paesi. **3.** ***naviglio; tonnellaggio.*** In questo significato, il termine inglese indica collettivamente le navi, di una singola nazione o di tutte le nazioni del mondo, impiegate nell'attività dei trasporti marittimi.

shipping advice note: ***nota d'imbarco; buono d'imbarco.*** Termine usato con lo stesso significato di *shipping note* (v.).

shipping agency: ***agenzia marittima.*** Un'agenzia che si interessa del disbrigo di tutte le pratiche relative all'esportazione, all'importazione e alla spedizione di merci via mare.

shipping agent: ***spedizioniere marittimo; agente di trasporti marittimi.*** Agente specializzato in spedizioni marittime relative all'esportazione e all'importazione di merci. Provvede a disbrigare tutte le pratiche relative alle procedure di importazione, esportazione o trasporto via mare, inclusa la preparazione dei documenti d'imbarco, delle polizze di assicurazione, dei documenti doganali e il reperimento di spazio di carico sulle navi in partenza. Alcuni spedizionieri marittimi sono collegati a particolari compagnie di navigazione, nel qual caso svolgono anche le funzioni di sensali marittimi. Nell'inglese americano, il termine viene usato con un significato più ampio per indicare un qualsiasi tipo di spedizioniere. (v. anche *shipbroker*)

shipping and forwarding agent: ***spedizioniere; agente di trasporti marittimi e terrestri.*** Agente che svolge le stesse funzioni di uno spedizioniere marittimo, ma che è in grado di provvedere anche a spedizioni mediante altri mezzi di trasporto e al trasporto di merci dal porto al magazzino del destinatario o dal magazzino del mittente al porto d'imbarco.

shipping articles: ***clausole d'ingaggio; contratto di arruolamento.*** Termine usato con lo stesso significato di *ship's articles* (v.).

shipping bill: ***bolla di sortita; certificato doganale d'imbarco; lasciapassare.*** Con questo termine inglese si indica un qualsiasi documento, usato principalmente a fini statistici, contenente i dettagli relativi a merci di esportazione, come pure il documento generale usato in relazione alla rimozione da un deposito doganale di merci di importazione soggette a dazio sulle quali, però, si intende chiedere la restituzione del dazio, in quanto destinate alla riesportazione o all'uso a bordo di navi in acque internazionali.

shipping business: ***industria dei trasporti marittimi; commercio marittimo.*** L'attività economica relativa al trasporto di passeggeri e merci per mare.

shipping card: ***manifesto di arrivo e partenza delle navi; manifesto del movimento delle navi.*** È il manifesto che il sensale marittimo invia ai suoi clienti allo scopo di far loro sapere il nome e gli altri particolari delle navi sulle quali potranno essere caricate merci, il molo presso il quale esse dovranno essere portate per l'imbarco, le date d'arrivo e di partenza previste, i porti in cui le navi faranno scalo, il tipo di carico che ciascuna nave accetterà e altre notizie del genere.

shipping charges: ***diritti d'imbarco; spese d'imbarco.*** I costi relativi alle operazioni necessarie per mettere a bordo i colli che costituiscono una spedizione.

shipping commissioner: ***mediatore d'ingaggi.*** Nell'inglese statunitense, questo termine indica un mediatore che si interessa di procurare marittimi alle navi che ne fanno richiesta.

shipping company: ***società di navigazione; compagnia di navigazione.*** Qualsiasi società che svolge l'attività economica dei trasporti marittimi, utilizzando navi di sua proprietà.

Shipping Conference: ***conferenza di società di navigazione.*** Termine usato con lo stesso significato di *conference 1* (v.).

shipping costs: ***costi di spedizione.*** Tutti i costi, incluso il nolo e i diritti d'imbarco, relativi ad una spedizione di merci via mare. Nell'inglese americano, il termine si applica a qualsiasi tipo di spedizione.

shipping crate: ***gabbia da imballaggio.*** Termine usato con lo stesso significato di *crate* (v.).

shipping cubage: ***cubaggio di spedizione.*** Il volume sviluppato da uno o più colli e il corrispondente spazio necessario per lo stivaggio a bordo di una nave. Il tasso di nolo dipende dal cubaggio sviluppato da una qualsiasi spedizione, oltre che dal suo peso. (v. anche *ship's favour*)

shipping department: ***reparto spedizioni; ufficio spedizioni.*** È il reparto che, all'interno di un'impresa, si interessa delle spedizioni via mare e di tutte le procedure ad esse relative. Nell'inglese statunitense il termine trova applicazione più vasta, riferendosi a qualsiasi tipo di spedizione.

shipping documents: ***documenti d'imbarco; carte d'imbarco.*** Lo stesso che *export documents* (v.).

shipping exchange: ***borsa dei noli.*** Lo stesso che *charter market* (v.).

shipping expenses: ***spese di spedizione.*** Termine usato con lo stesso significato di *shipping costs* (v.).

Shipping Federation: ***Federazione degli armatori.*** Associazione di armatori costituita nel Regno Unito allo scopo di addestrare e occupare marittimi per la flotta mercantile britannica. L'associazione è anche preposta alla determinazione degli stipendi da corrispondere ai marittimi e al controllo delle condizioni in cui essi svolgono la loro attività lavorativa.

shipping instructions: ***istruzioni per la spedizione.*** Sono le istruzioni relative alla spedizione, inviate dal compratore al venditore. Esse si riferiscono al tipo di imballaggio da usarsi, ai marchi di identificazione che si devono apporre sugli imballaggi, al mezzo di trasporto da usarsi e a tutti gli altri dettagli relativi all'invio delle merci.

shipping intelligence: ***informazioni marittime.*** Il termine inglese indica collettivamente tutte le notizie, ricevute dagli appositi settori dei Lloyd di Londra, inviate dagli agenti dei Lloyd, dagli armatori, da altre navi e da stazioni di osservazione costiere. Queste notizie vengono collazionate e successivamente trasmesse alla stampa e pubblicate nella *Lloyd's List and Shipping Gazette* (v.).

shipping invoice: ***fattura di spedizione.*** È la fattura relativa ai costi di spedizione di una partita di merci.

shipping law: ***diritto marittimo.*** Termine usato con lo stesso significato di *admiralty* (v.).

shipping line: ***linea di navigazione.*** Una linea ideale, percorsa da navi dette in servizio di linea, che collega due porti terminali, passando per un certo numero di porti intermedi nei quali le navi fanno scalo per caricare e scaricare merci che devono essere spostate lungo quella linea di navigazione.

shipping market: ***mercato dei noli.*** Termine usato con lo stesso significato di *charter market* (v.).

shipping master: Nell'inglese britannico, è un funzionario della capitaneria di porto che provvede a stipulare i contratti di arruolamento dei marittimi e che funge da mediatore nelle vertenze sindacali e per questioni disciplinari tra marittimi.

shipping note: ***buono d'imbarco; nota d'imbarco; ordine d'imbarco.*** Termine generico, con il quale si indicano sia il documento emesso dal caricatore con il quale egli invita il primo ufficiale di una nave a ricevere a bordo le merci descritte nell'ordine stesso, sia la ricevuta d'imbarco, che non è altro che il precedente documento sottoscritto dal primo ufficiale quale ricevuta per le merci caricate. Lo stesso termine inglese viene usato per indicare un qualsiasi documento doganale preparato o rilasciato in relazione a merci di esportazione. Il tipo e il numero di tali documenti, come pure la procedura da seguirsi in relazione ad essi, dipendono dal tipo di merci esportate. (v. anche *receiving note, mate's receipt*)

shipping notice: ***avviso di spedizione.*** Comunicazione con la quale il venditore avverte il compratore dell'avvenuta spedizione delle merci ordinate dal secondo.

shipping order: **1.** ***buono d'imbarco; nota d'imbarco; ordine d'imbarco.*** Termine usato con lo stesso significato di *shipping note* (v.). **2.** ***ordinativo di spedizione.*** Termine colloquiale, usato per indicare un qualsiasi grosso ordinativo di merci.

shipping papers: ***documenti d'imbarco; carte d'imbarco.*** Termine usato con lo stesso significato di *export documents* (v.).

shipping regulations: ***norme per la spedizione.*** Sono le norme, stabilite dalle compagnie di navigazione, cui devono conformarsi tutti coloro che intendono spedire merci via mare.

shipping ring: ***conferenza di società di navigazione.*** Termine usato con lo stesso significato di *conference 1* (v.).

shipping space: ***spazio adibito al carico.*** Tutti gli spazi permanentemente chiusi che, a bordo di una nave, possono essere destinati allo stivaggio e al trasporto del carico.

shipping specification: ***distinta di spedizione.*** Modulo opportunamente riempito dal caricatore e inviato al competente ufficio doganale allo scopo di fornire notizie precise sulle merci spedite all'estero.

shipping ton: ***tonnellata d'ingombro; tonnellata di cubaggio; coefficiente d'ingombro.*** Termine usato con lo stesso significato di *measurement ton* (v.).

shipping value: ***valore di spedizione.*** Il valore delle merci, dichiarato al momento in cui esse vengono caricate a bordo della nave che dovrà trasportarle a destinazione.

shipping weight: ***peso di spedizione.*** Il peso delle merci dichiarato al momento in cui esse vengono spedite e caricate a bordo della nave.

ship's agency: ***agenzia di raccomandazione marittima.*** È l'agenzia tenuta da uno *ship's agent* (v.).

ship's agent: ***raccomandatario; agente marittimo.*** L'agente di un armatore in un porto estero, che ha il compito di prendersi cura di una o più navi dell'armatore quando esse fanno scalo in quel porto. Tra i compiti di un raccomandatario rientrano il rifornimento della nave, le eventuali necessarie riparazioni e lo svolgimento di tutte le pratiche inerenti alla gestione della nave, quali la caricazione e la discarica, l'arruolamento di membri dell'equipaggio, il rilascio di certificati necessari alla navigazione, e simili.

ship's articles: ***clausole d'ingaggio; contratto di arruolamento.*** L'espressione inglese indica i termini e le condizioni che i marittimi sottoscrivono e si impegnano a rispettare per tutto il tempo della durata del loro ingaggio a bordo di una nave. In altre parole, è il contratto di lavoro stipulato tra l'armatore e i membri dell'equipaggio di una sua nave.

ship's certificate of registry: ***atto di nazionalità.*** Termine usato con lo stesso significato di *certificate of registry* (v.).

ship's chandler: ***fornitore navale; fornitore di bordo; provveditore navale.*** Lo stesso che *ship chandler* (v.).

ship's clearance inwards: ***spedizione di una nave in dogana; permesso di entrata in porto.*** Lo stesso che *clearance inwards* (v.).

ship's clearance outwards: ***permesso doganale di uscita; permesso di partenza; biglietto di partenza.*** Lo stesso che *clearance 1* (v.).

ship's company: ***effettivi di bordo; equipaggio.*** Espressione usata per indicare collettivamente tutto il personale di una nave, cioè tutti i membri dell'equipaggio, inclusi gli ufficiali, impiegati a bordo di una nave per provvedere alla navigazione e alla gestione quotidiana della nave stessa.

ship's favour: Espressione usata nella terminologia dei trasporti marittimi per indicare il diritto concesso alla nave di applicare la forma di misurazione del carico che ritiene più opportuna ai fini della determinazione della rata di nolo da applicarsi su una spedizione. La scelta che la nave deve effettuare è tra la tonnellata di peso e la tonnellata di cubaggio. (v. anche *shipping cubage, measurement ton, freight ton*)

ship's husband: ***procuratore dell'armatore.*** L'agente nominato dall'armatore affinché provveda a prendersi cura di una o più navi di sua proprietà quando esse sono in porto. Tra i compiti del procuratore dell'armatore rientrano il rifornimento della nave, le eventuali necessarie riparazioni e lo svolgimento di tutte le pratiche inerenti alla gestione della nave.

ship's inventory: ***inventario di bordo.*** L'elenco completo di tutti i beni mobili in dotazione permanente ad una nave, quali ad esempio mobili e arredi.

ship's log-book: ***giornale nautico; giornale di bordo.*** Termine usato con lo stesso significato di *log 1* (v.).

ship's manifest: ***manifesto di carico.*** Documento doganale di cui deve essere provvista qualsiasi nave adibita al trasporto di merci. Il manifesto deve indicare marchi, numeri e descrizione delle merci trasportate, generalità del mittente e del destinatario, porti di provenienza e di destinazione delle merci e qualsiasi altro elemento atto a individuare e distinguere le merci presenti a bordo. Il manifesto di carico viene inviato o consegnato al porto di arrivo della nave allo scopo di ottenere le necessarie autorizzazioni all'ingresso in porto e alla discarica delle merci trasportate.

ship's mortgage: ***ipoteca navale.*** Lo stesso che *mortgage of ship* (v.).

ship's option: ***opzione del vettore.*** Lo stesso che *weight or measurement* (v.).

ship's papers: ***carte di bordo; recapiti marittimi; documenti di bordo.*** Sono tutti i documenti relativi ad una nave e precisamente l'atto di nazionalità, il manifesto di carico, la patente di sanità, il giornale di bordo, le polizze di carico, il contratto di arruolamento, il ruolo di bordo e l'eventuale contratto di noleggio.

ship's part: ***carato; caratura.*** Termine usato con lo stesso significato di *share 2* (v.).

ship's passport: ***patente di navigazione; permesso di navigazione.*** Documento rilasciato al capitano di una nave mercantile neutrale in tempo di guerra, con il quale si autorizza la nave a procedere ad un dato viaggio e se ne attesta la nazionalità. Il permesso di navigazione contiene una descrizione completa della nave, del carico e dell'equipaggio, i nomi del capitano e degli armatori e l'indicazione del porto di immatricolazione, del porto di caricazione e di quello di discarica.

ship's protest: ***dichiarazione di avaria; testimoniale di avaria; relazione di avaria; rapporto di avaria.*** Termine usato con lo stesso significato di *protest 2* (v.).

ship's rail: ***battagliola.*** Termine usato nel linguaggio commerciale per indicare impropriamente il lato, o la murata, della nave in clausole relative al prezzo, al rischio, alla consegna e simili.

ship's register: ***atto di nazionalità.*** Termine usato con lo stesso significato di *certificate of registry* (v.).

ship's report: ***dichiarazione di entrata.*** Entro ventiquattro ore dall'arrivo in porto, il comandante di una nave deve presentarsi agli uffici della dogana per rilasciare la dichiarazione di entrata, cioè fornire particolari relativi alla nave da lui comandata, all'equipaggio e al carico trasportato. Generalmente la dichiarazione viene preparata in anticipo dal procuratore o dal sensale locale dell'armatore sulla base del manifesto di carico pervenutogli per posta e delle informazioni in suo possesso e tutto quello che il comandante deve fare è apporre la sua firma a tale dichiarazione.

ship's store bond: Espressione usata per indicare la garanzia, data dal capitano di una nave o dall'armatore, che certi beni soggetti a dazio vengono imbarcati come provviste di bordo, e quindi in esenzione doganale, per uso al di fuori delle acque territoriali del paese.

ship's stores: ***provviste di bordo; dotazioni di bordo.*** Sono tutti i beni, caricati a bordo di una nave, che saranno usati dall'equipaggio e dai passeggeri durante il viaggio. Nel linguaggio doganale, il termine indica gli articoli soggetti a dazio, quali ad esempio tabacchi e liquori, che vengono imbarcati in esenzione doganale a patto che siano usati esclusivamente dalle persone a bordo della nave, durante la traversata e al di fuori delle acque territoriali di qualsiasi paese. Per questo motivo, il bar e le rivendite di liquori e tabacchi a bordo delle navi che percorrono rotte internazionali vengono aperti qualche tempo dopo la partenza da un porto e vengono chiusi quando la nave entra nelle acque territoriali di un altro paese.

ship surveyor: ***perito marittimo; perito navale.*** È uno dei periti dei Lloyd, il cui compito specifico è quello di controllare le condizioni dello scafo, del sistema di governo e delle apparecchiature di sicurezza delle navi che visita. (v. anche *Lloyd's surveyor, marine surveyor*)

ship's warrant: ***passaporto commerciale.*** Un documento introdotto nel Regno Unito nel 1940 ad integrazione del *navicert* (v.).

Shipt.: shipment.

shock and error model: ***schema con variabili e funzioni affette da errori accidentali.*** In econometria, è un modello o sistema di equazioni contenente perturbazioni casuali di variabili specifiche ed errori nelle equazioni specifiche.

shock model: ***schema con funzioni affette da errori accidentali.*** In econometria, è un sistema di equazioni che contiene perturbazioni casuali delle variabili, al contrario di un sistema in cui le variabili sono affette da errori di osservazione.

shop: 1. ***negozio; bottega; esercizio.*** Un qualsiasi punto di vendita della piccola distribuzione, di solito gestito direttamente dal proprietario che vi lavora con la collaborazione di qualche commesso o dei suoi familiari. **2.** ***officina; stabilimento.*** In origine, questo termine veniva usato per indicare la bottega di un artigiano, ma oggi è più frequente nel significato di piccolo laboratorio nel quale si svolge un lavoro di tipo particolare, come ad esempio un'officina meccanica o di autocarrozzeria o una falegnameria. Nel linguaggio delle relazioni industriali, il termine può essere usato per indicare tanto un singolo stabilimento quanto un'intera impresa.

shop assistant: ***commesso; commessa.*** Una persona addetta alle vendite in un negozio al dettaglio, ove opera in collaborazione con il proprietario o autonomamente come agente del suo principale.

shop book: ***libro di prima nota.*** Termine statunitense, usato impropriamente con lo stesso significato di libro contabile, mentre in effetti indica qualsiasi libro tenuto da un commerciante al dettaglio per la registrazione degli incassi relativi alla vendita di beni o servizi.

shop book rule: Nel linguaggio giuridico, questa espressione indica la norma in base alla quale i libri contabili di una qualsiasi impresa possono essere usati come prova in giudizio, anche senza la testimonianza di colui che materialmente fece le registrazioni in essi contenute.

shop committee: ***commissione interna; commissione di fabbrica.*** Organo eletto dai lavoratori di un'impresa quale loro rappresentante presso il datore di lavoro. La commissione interna tutela gli interessi dei lavoratori all'interno dell'impresa, controlla le assunzioni e i licenziamenti, vigila sull'applicazione dei contratti di lavoro e tenta la conciliazione delle controversie. Di solito, collabora anche alla formulazione ed all'applicazione dei regolamenti interni e promuove le attività a carattere sociale.

shop conference committee: ***comitato della conferenza di officina.*** Nell'organizzazione aziendale per comitati, è uno dei comitati che si riuniscono più di frequente. È composto da alcuni capi operai, da un rappresentante del reparto ordini di produzione e dal soprintendente alla lavorazione.

shop floor: ***base operaia.*** Il termine indica lo spazio nel quale si svolge il lavoro all'interno di uno stabilimento, ma viene usato in relazione ai lavoratori di una fabbrica o di un'officina o a persone che hanno fatto esperienze di lavoro di questo tipo.

shop foreman: ***capo officina.*** È la persona preposta alla supervisione del lavoro svolto in un'officina o in un piccolo reparto specializzato di uno stabilimento.

shopkeeper: ***negoziante; bottegaio; esercente.*** Piccolo commerciante, che possiede e gestisce un negozio per la vendita al dettaglio di beni di consumo.

shoplifter: ***taccheggiatore; taccheggiatrice.*** Chi si rende colpevole del furto di merci esposte per la vendita in un negozio.

shoplifting: ***taccheggio.*** Il reato di furto di merci esposte per la vendita in un negozio o in un grande magazzino.

shop management: ***direzione di stabilimento.*** L'insieme delle persone preposte alla gestione di uno stabilimento, che comprende un direttore di stabilimento e i vari capi reparto.

shop order: ***ordine di fabbricazione.*** L'ordine interno inviato ad un reparto dello stabilimento, affinché provveda alla fabbricazione di quanto specificato nell'ordine.

shopper: ***acquirente.*** Termine generico, con il quale si indica una persona che fa i propri acquisti presso un negozio.

shopping basket: ***paniere di mercato; paniere di acquisti.*** Lo stesso che *fixed market basket* (v.).

shopping centre: ***centro di acquisti; centro commerciale.*** Un ampio raggruppamento di negozi al dettaglio concentrato in una zona appositamente progettata e costruita o in strutture urbane già esistenti. Dapprima questi centri si formavano alla periferia delle grandi città statunitensi, ove i clienti potevano accedere più facilmente e dove era possibile creare strutture di parcheggio e altri servizi. I commercianti del centro cittadino reagirono, sollecitando la creazione di isole pedonali e facendo sì che le zone in cui essi operavano venissero dotate di servizi più rispondenti alle necessità di una grossa affluenza di persone. Oggi, questi centri commerciali sono caratterizzati dalla presenza di un elevato numero di negozi e grandi magazzini, anche in concorrenza tra loro, e di tutti i servizi necessari ad attirare la folla dei compratori, come ad esempio banche, ristoranti, buoni collegamenti stradali e di mezzi pubblici, ecc. I commercianti che operano in questi centri spesso organizzano, in collaborazione tra loro, attività promozionali, quali ad esempio l'estrazione di premi tra gli acquirenti, che mirano a reclamizzare il centro commerciale nel suo insieme. I clienti, dal canto loro, preferiscono recarsi in un luogo nel quale possono trovare tutto ciò di cui hanno bisogno e lo possono confrontare nei vari negozi che lo trattano, in tal modo gratificando anche la loro capacità di effettuare scelte. I centri di acquisti realizzano così quella che è stata definita la legge dell'attrazione cumulativa, che asserisce che un raggruppamento di negozi suscita un forte interesse nei consumatori, li attira e contribuisce all'aumento complessivo delle vendite.

shopping cheques: ***buoni di acquisto; buoni spesa.*** Lo stesso che *club cheques* (v.).

shopping goods: ***beni di consumo di acquisto saltuario; prodotti di saltuario acquisto.*** Espressione colloquiale, con la quale si indicano beni di consumo che l'acquirente, prima di comprarli, mette a confronto tra loro in relazione alla qualità, al prezzo, allo stile, ecc., passando da un negozio all'altro. Questo procedimento è facilitato quando il consumatore può disporre di un centro di acquisti nella propria città o nel proprio quartiere. (v. anche *shopping centre*)

shopping hinterland: ***retroterra commerciale; entroterra commerciale.*** La zona o area geografica dalla quale il commercio al dettaglio di una città, con importanti centri di acquisti, attira la propria clientela. L'ampiezza e l'estensione del retroterra commerciale dipende in gran parte dall'esistenza di altre grandi città nella stessa area geografica, secondo la legge di gravità del commercio al dettaglio, ma contribuiscono notevolmente ad un eventuale allargamento del retroterra l'efficienza dei mezzi di trasporto e la disponibilità di servizi quali ad esempio il baby–parking, ampie zone di parcheggio, ecc. La diffusione delle vendite per corrispondenza ha contribuito notevolmente ad ampliare il retroterra commerciale di alcune città. (v. anche *retail gravitation law*)

shopping mall: ***centro di acquisti; centro commerciale.*** Termine usato con lo stesso significato di *shopping centre* (v.).

shop premises: ***negozio; locale adibito a negozio; edificio adibito a negozio; locali ad uso commerciale.*** Il termine inglese indica un qualsiasi locale in cui ha sede un negozio o un grande magazzino. In particolare, si riferisce ad un intero stabile, o parte di esso, destinato ad un'attività commerciale al dettaglio o all'ingrosso. Può anche essere usato per indicare un locale adibito a officina per il servizio assistenza ai clienti, ove questi ultimi portano prodotti di una certa marca affinché siano riparati da personale specializzato.

shop right rule: Espressione del linguaggio giuridico statunitense, con la quale si indica la dottrina in base alla quale il datore di lavoro ha il diritto di sfruttamento di un'invenzione, e conseguente brevetto, realizzata da un suo dipendente nel corso della sua attività di prestazione di lavoro, nella quale utilizza gli impianti e i materiali forniti dall'impresa. Su tale invenzione, il datore di lavoro non dovrà pagare al dipendente alcuna royalty, ma il suo diritto di sfruttamento non sarà esclusivo e l'inventore conserva il diritto di cedere a altri il brevetto, cosa che non può invece fare il datore di lavoro.

Shops and Offices Act: Legge approvata dal parlamento britannico nel 1963 con l'intento di migliorare le condizioni di lavoro delle persone impiegate in negozi o uffici, garantendo loro una minima quantità di spazio e certe basilari condizioni igieniche.

Shops (Early Closing) Act: Nome con il quale si indicano due leggi approvate dal parlamento britannico nel 1920–21 e nel 1950 al fine di regolamentare l'orario di apertura degli esercizi commerciali. In generale, i negozi non possono restare aperti oltre le otto pomeridiane, tranne un giorno alla settimana in cui possono restare aperti fino alle ventuno. In un altro giorno della settimana i negozi devono chiudere entro le tredici, onde consentire il riposo degli addetti alle vendite. Le autorità locali, tuttavia, possono stabilire deroghe a queste norme, tenendo presenti i desideri dei commercianti e il tipo di attività di vendita. Per certi esercizi, quali ad esempio ristoranti e farmacie, si applicano norme più elastiche.

shop–soiled: ***stinto; logoro; sciupato.*** Espressione aggettivale, usata per indicare un articolo che ha assunto l'aspetto di un oggetto usato a seguito di lunga esposizione nelle vetrine di un negozio o perché è stato spesso indossato o maneggiato dai clienti. Articoli di questo tipo vengono di solito venduti ad un prezzo ridotto.

shop steward: ***fiduciario sindacale; delegato di fabbrica; rappresentante sindacale; membro della commissione interna.*** Un rappresentante sindacale eletto dai lavoratori di una fabbrica o di un reparto di uno stabilimento. Il fiduciario di fabbrica ha assunto notevole importanza, da un punto di vista sindacale, nei paesi in cui si tende a sostituire la contrattazione, tra imprenditori e lavoratori, su base locale a quella su base nazionale. Nelle imprese più piccole, il delegato di fabbrica svolge le funzioni della commissione interna. (v. anche *shop committee*)

shop superintendent: ***capo reparto di officina.*** Nelle grandi imprese, è la persona che sovrintende al lavoro svolto in uno dei tanti reparti in cui è suddiviso lo stabilimento.

shop–walker: ***sorvegliante; vigilante.*** È un dipendente di un grande magazzino che ha il compito di sorvegliare i clienti, onde evitare il taccheggio, o di indirizzarli ai reparti in cui possono trovare gli articoli che cercano.

shop window: ***vetrina.*** Mobile o impianto fisso di un negozio, che di solito affaccia su una strada, nel quale vengono messi in mostra articoli venduti nel negozio del quale la vetrina fa parte, allo scopo di farli vedere al pubblico ed invogliarlo ad entrare per acquistarli. Certi negozi, specialmente quelli che vendono articoli esclusivi o di alto prezzo quali ad esempio gioielli, tengono vetrine in locali pubblici quali teatri, alberghi, ecc., nelle quali compare l'indirizzo del punto di vendita più vicino nel quale si possono acquistare gli articoli esposti.

shop–worn: ***stinto; logoro; sciupato.*** Termine usato con lo stesso significato di *shop–soiled* (v.).

shore gang: ***lavoratori portuali a terra.*** È il gruppo di lavoratori che provvede a svolgere le operazioni di caricazione e discarica di una nave quando essa giunge in porto. L'uso di apposite macchine ha reso oggi meno faticoso questo tipo di lavoro, pur se esistono ancora porti non dotati di moderne attrezzature di carico e scarico, nei quali il lavoro viene svolto quasi esclusivamente dagli uomini.

short: 1. ***allo scoperto.*** Espressione aggettivale, usata in relazione ad operazioni di borsa non garantite dall'effettiva disponibilità dei titoli o dei beni trattati. (v. anche *selling short, long of stock*) **2. *ammanco.*** In questo significato, il termine viene usato come sinonimo di *shortage 2* (v.). **3.** Nel linguaggio pubblicitario, il termine, entrato anche nell'uso italiano, indica un breve messaggio registrato e diffuso per televisione o in una sala cinematografica. **4. *ribassista.*** Usato come opposto di *long* (v.), questo termine indica uno speculatore di borsa che vende contratti a termine, o valori presi a prestito, nella speranza di poterli in seguito ricomprare a un prezzo inferiore, lucrando la differenza.

to short: ***vendere allo scoperto.*** Lo stesso che *to sell short* (v.).

short account: ***conto di scoperto.*** Nel linguaggio delle borse statunitensi, questo termine indica il conto, tenuto da un *broker* (v.), dal quale compare la posizione corta di uno speculatore che ha proceduto a vendite allo scoperto. (v. anche *selling short*)

shortage: 1. ***carenza; scarsità; penuria.*** Termine generico, usato per indicare la mancanza o la penuria di un bene o servizio. **2. *ammanco.*** Nel linguaggio commerciale, il termine indica che da una quantità nota manca una parte che è andata perduta o non è stata spedita. Il termine può riferirsi tanto al peso, quanto al numero di casse o altri contenitori mancanti alla consegna. Nel linguaggio contabile, il termine indica genericamente una discrepanza tra giacenza fisica e corrispondente giacenza contabile. Può, pertanto, riferirsi sia ad un ammanco di cassa che ad una differenza inventariale.

short bill of exchange: 1. ***carta breve; cambiale a breve.*** Una cambiale la cui scadenza è contenuta entro dieci giorni o che è pagabile a vista. **2. *cambiale per l'incasso.*** Nel linguaggio bancario, questo termine indica anche una cambiale lasciata presso una banca perché provveda all'incasso, cioè senza procedere allo sconto. In questo significato, la durata della cambiale non ha alcuna rilevanza. Infatti, sarebbe indicata con questa espressione anche una cambiale con scadenza a dieci mesi data o ad un anno. Pertanto, il termine inglese *short* non si riferisce al periodo di credito, ma sembra che abbia avuto origine dal fatto che queste cambiali venivano registrate nel libro della banca in una colonna interna del conto del cliente, cioè una colonna che era più a sinistra, e pertanto detta *short*, rispetto a quella in cui si registravano gli effetti accreditati sul conto del cliente.

short bond: ***titolo di stato a breve termine.*** Un qualsiasi titolo del debito pubblico, la cui durata non supera i cinque anni. Sono titoli molto richiesti, soprattutto in periodi di inflazione, perché consentono il rapido rientro del capitale, che può essere proficuamente indirizzato verso forme di investimento alternative.

short coupon: ***cedola a breve.*** Cedola di obbligazione che dà diritto al pagamento degli interessi relativi a un periodo di tempo inferiore a quello convenzionale di almeno sei mesi. Lo stesso termine viene a volte usato con lo stesso significato di *short bond* (v.).

short covering: ***copertura di posizione corta; copertura di vendita allo scoperto.*** Nel linguaggio borsistico, è l'acquisto di titoli o merci da parte di un operatore che aveva precedentemente effettuato una vendita allo scoperto. In questo senso, la copertura serve a realizzare un utile, se l'andamento del mercato è stato come lo speculatore aveva previsto, o a limitare la perdita, se l'andamento del mercato è stato contrario alle previsioni che avevano portato alla vendita allo scoperto.

short credit: ***credito a breve termine.*** Lo stesso che *short–term credit* (v.).

short–cycle manufacturing: ***fabbricazione a ciclo breve.*** Lo stesso che *just–in–time manufacturing* (v.).

short–dated: ***a breve data; da breve data.*** Espressione aggettivale, usata in relazione a cambiali, titoli a reddito fisso, ecc., che vengono emessi per un periodo di tempo relativamente breve. Se si tratta di cambiali, il periodo di tempo è contenuto entro i dieci giorni, mentre se si tratta di obbligazioni o titoli di stato il periodo è contenuto entro i cinque anni.

short–dated bill: ***effetto a breve scadenza; cambiale breve; carta breve.*** Termine usato con lo stesso significato di *short–dated paper* (v.).

short–dated paper: ***effetto a breve scadenza; cambiale breve; carta breve.*** Nel mercato monetario, è così chiamata una cambiale emessa per un periodo relativamente breve, che non supera i tre mesi vista o data.

short–dated securities: ***titoli a breve scadenza.*** Nel linguaggio delle borse valori, sono i titoli a reddito fisso la cui scadenza è piuttosto vicina. (v. anche *short bond*)

short dates: ***periodi brevi.*** Sono i periodi standard degli eurodepositi, che vanno dalla singola giornata fino alle tre settimane.

short delivery: ***consegna in meno; resa in meno.*** Nella terminologia commerciale e dei trasporti, è una consegna dalla quale manca una certa quantità di merci rispetto a quelle ordinate. (v. anche *shortage 2, short shipment*)

shorter: ***venditore allo scoperto.*** Lo stesso che *short–seller* (v.).

short exchange: ***divisa a breve; cambiale estera a breve.*** Questa espressione inglese viene usata soltanto in relazione alle cambiali estere ed indica quelle la cui scadenza rientra entro gli otto o i dieci giorni.

shortfall: ***utile di capitale a breve termine.*** Nel linguaggio finanziario, è un utile derivante dalla vendita di un qualsiasi investimento tenuto in essere per un breve periodo di tempo, ad esempio tra i sei mesi e un anno.

shortfall assessment: Espressione usata nel linguaggio tributario per indicare l'imposizione fiscale riservata a distribuzioni di dividendi non corrispondenti a quanto prescritto in materia dalla legislazione vigente. Le norme vigenti nel Regno Unito stabiliscono, ad esempio, che le società a carattere familiare debbano distribuire almeno il sessanta per cento dei profitti, a meno che possano dimostrare che ai fini dello sviluppo dell'azienda è necessario trattenere una quota maggiore dei profitti realizzati. La stessa dispozione di legge prevede che i fondi comuni di investimento mobiliare distribuiscano il cento per cento dei profitti. I soci delle società che non rispettano queste norme sono assoggettati allo *shortfall assessment*, cioè ad un'imposizione fiscale sulla differenza tra l'ammontare di utili effettivamente distribuiti e l'ammontare che, per legge, avrebbe dovuto essere distribuito. Questo trattamento prevede l'applicazione di una sovrimposta sul reddito dei soci o dei sottoscrittori dei due tipi di società suddette, al fine di scoraggiare l'evasione fiscale e spingere le società a distribuire i loro profitti.

short–form report: ***relazione sintetica dei revisori dei conti; relazione sintetica di certificazione.*** È la relazione preparata sotto forma di breve lettera dai revisori, dopo che essi hanno terminato il loro lavoro di revisione. Può essere indirizzata agli azionisti, ai membri del consiglio di amministrazione o alla direzione della società revisionata e contiene soltanto l'opinione dei revisori sull'esattezza dei rendiconti annuali. (v. anche *long–form report*)

short gilts: ***titoli a breve scadenza.*** Nel linguaggio della borsa valori di Londra, sono i titoli del debito pubblico la cui data di scadenza cade entro i successivi cinque anni.

shorthand: ***stenografia.*** Uno qualsiasi dei vari sistemi di scrittura abbreviata. La stenografia viene usata nel lavoro di ufficio, nei tribunali, in parlamento, ecc., per trascrivere rapidamente ciò che viene dettato o detto.

shorthand typist: ***stenodattilografo.*** Il termine inglese è di genere comune e indica una persona addestrata a scrivere sotto dettatura, usando un sistema stenografico, e ad usare anche una macchina da scrivere per la trascrizione in chiaro di quanto ha stenografato.

shorthand writer: ***stenografo.*** Il termine inglese è di genere comune e indica una persona la cui attività consiste nello scrivere in stenografia ciò che viene detto durante una riunione, ecc. Può essere impiegato a tempo pieno presso un tribunale, un parlamento o un qualsiasi altro organismo o può prestare la propria opera ogni volta che se ne presenti la necessità.

short hedge: ***copertura corta; copertura in vendita.*** Nel linguaggio borsistico, è un'operazione di copertura che consiste nella stipula di un contratto di vendita a termine in previsione di vendite per contanti sul mercato dei prodotti effettivi, al fine di proteggersi contro un'eventuale futura diminuzione dei prezzi.

short hours: ***orario ridotto.*** Termine usato con lo stesso significato di *short time* (v.).

short hundredweight: Misura di peso in uso negli Stati Uniti e in Canada. Equivale a 100 libbre avoirdupois, corrispondenti a 45,359 chilogrammi. (v. anche *long hundredweight*)

shorting: ***vendita allo scoperto.*** Lo stesso che *selling short* (v.).

short interest: 1. ***eccedenza di premio.*** Nelle assicurazioni marittime, questo termine viene usato in relazione a polizze a sostanziare per indicare l'eccedenza di premio pagato dall'assicurato rispetto al valore dei beni coperti da assicurazione. Ciò si verifica quando il valore dell'oggetto assicurato viene precisato in un momento successivo a quello del rilascio della polizza, il cui premio verrà pertanto calcolato su un valore approssimativo. Quando ci si rende conto che il valore del bene è inferiore alla somma assicurata, l'assicurato può recuperare l'eccedenza di premio mediante l'invio di una sua tempestiva dichiarazione all'assicuratore. (v. anche *open policy 1*) **2.** ***posizione corta.*** Nel linguaggio borsistico statunitense, il termine viene usato con lo stesso significato di *short position* (v.).

short-landed goods: ***merci scaricate in meno.*** L'espressione inglese viene usata per indicare un calo allo sbarco, cioè la consegna di una quantità di merci inferiore a quella ordinata o a quella dichiarata all'imbarco.

short lease: ***locazione breve.*** Un contratto di locazione che scade entro i successivi cinquanta anni.

short line: ***linea ridotta.*** Una campionatura o scelta dell'intera linea di prodotti di un'impresa, realizzata allo scopo di far risparmiare tempo ai grossisti che intendono prenderne visione per eventuali acquisti.

short loan: ***prestito a breve scadenza; mutuo a breve termine.*** Lo stesso che *short-term loan* (v.).

short money: ***prestito a breve scadenza; denaro a breve scadenza.*** Termine usato con lo stesso significato di *short-term loan* (v.).

short money market: ***mercato dei prestiti a breve scadenza.*** Nel linguaggio finanziario britannico, viene indicato con questo termine il complesso delle istituzioni che provvedono all'acquisto e alla vendita di titoli a breve termine, di valute estere, di cambiali, ecc. I crediti negoziati su questo mercato sono sempre a breve termine o a richiesta, mentre i prestiti a medio e lungo termine vengono trattati sul mercato finanziario.

short of stock: ***allo scoperto; in posizione corta.*** Espressione del linguaggio borsistico statunitense, con la quale si indica la situazione in cui viene a trovarsi un ribassista che ha venduto titoli che non possedeva. (v. anche *short 1, long of stock*)

short paper: ***carta breve.*** Termine usato come sinonimo di *short-dated paper* (v.).

short period: ***periodo breve.*** Nel linguaggio economico, questa espressione viene usata in relazione a fenomeni che si svolgono o esauriscono il loro effetto in un periodo di tempo relativamente breve, al contrario di altri fenomeni che svolgono il loro effetto o si esauriscono in un arco di tempo relativamente lungo. La distinzione tra lungo e breve periodo assume particolare rilevanza nella teoria dell'impresa e in quella della domanda. Tuttavia, questa espressione indica sempre un concetto relativo, perché il tempo necessario affinché si verifichi o si esaurisca un medesimo fenomeno varia da industria a industria. (v. anche *long period and short period*)

short-period asset: ***attività di breve periodo.*** Un'attività che cambia forma, ad esempio può tramutarsi in moneta contante, in un arco di tempo breve. La durata di tale arco di tempo dipende dal tipo di attività. (v. anche *short period*)

short-period budget: ***preventivo di breve periodo.*** Un budget che copre un periodo di tempo relativamente breve e comunque inferiore al periodo normale in relazione al quale si è soliti preparare un budget.

short-period supply price: ***prezzo di offerta di breve periodo.*** Nella teoria keynesiana, il prezzo di offerta di breve periodo viene definito come la somma del costo marginale dei fattori e del costo marginale delle utilizzazioni, cioè esso è uguale al costo primo marginale.

short position: ***posizione corta.*** La posizione in cui viene a trovarsi un operatore di borsa, che non possiede i titoli o le merci che deve consegnare in base agli accordi precedentemente presi. (v. anche *short of stock, selling short*)

short rate: **1.** ***tasso di conversione.*** Termine usato con lo stesso significato di *cheque rate* (v.). **2.** ***tariffa di assicurazione temporanea.*** La tariffa presa a base per la determinazione del premio relativo ad una polizza di assicurazione stipulata per un periodo di tempo inferiore a quello per il quale viene normalmente emesso quel tipo di polizza. Ad esempio, nelle assicurazioni contro la responsabilità civile auto il periodo usuale di copertura corrisponde ad un anno, ma se il cliente lo chiede, gli può essere emessa una polizza di durata inferiore all'anno, ma ad un tasso di premio superiore a quello normalmente praticato per quel tipo di rischio.

short run: **1.** ***breve termine; breve periodo.*** Espressione alquanto generica, usata in teoria economica per indicare il periodo di tempo, relativamente breve, in cui si esauriscono o svolgono il loro influsso determinati fenomeni economici. L'espressione è spesso usata come sinonimo di *short period* (v.) in contrasto con *long period* (v.). **2.** ***di breve termine; di breve periodo.*** Espressione aggettivale, con la quale si indicano fenomeni che svolgono o esauriscono il loro effetto in un periodo di tempo relativamente breve.

short-run average cost: ***costo medio di breve periodo.*** Il costo medio osservato durante un breve periodo di tempo e ad esso relativo. (v. anche *average cost, short-run cost curve*)

short-run cost curve: ***curva di costo di breve periodo.*** La curva di costo di breve periodo pone in relazione variazioni di costo e variazioni di produzione, mentre uno o più fattori sono mantenuti costanti. In un sistema di coordinate cartesiane, essa assume la forma di una U e al livello di produzione al quale i fattori fissi di un'impresa sono tecnologicamente combinati in modo tale da produrre al costo più basso possibile, la curva di costo medio di breve periodo risulta tangente alla curva di costo medio di lungo periodo. Ciò significa che il costo medio di breve periodo dell'impresa relativo a qualsiasi altro livello di produzione potrebbe essere più basso se si provvedesse ad effettuare un'appropriata variazione tecnologica. In nessun caso, tuttavia, la curva di costo di breve periodo potrà scendere al di sotto di quella di lungo periodo. (v. anche *long-run cost curve*)

short-run equilibrium: ***equilibrio di breve periodo.*** L'espressione è usata in relazione all'equilibrio parziale di breve periodo di un'impresa o di un'industria. Si realizza quando per l'impresa singola il ricavo marginale è uguale al costo marginale e il costo variabile unitario medio di prodotto è uguale o inferiore al prezzo, ma non c'è abbastanza tempo perché nuove imprese entrino nell'industria. Nel caso particolare della concorrenza pura, l'equilibrio di breve periodo si realizza quando il costo marginale dell'impresa è uguale al ricavo marginale e il costo variabile unitario medio di prodotto è uguale o inferiore al ricavo medio. (v. anche *long-run equilibrium*)

short-run marginal cost: ***costo marginale di breve periodo.*** Corrisponde all'aumento dei costi totali derivante da un aumento della quantità dei beni prodotti, quando non è possibile variare tutti gli input utilizzati dall'impresa. (v. anche *marginal cost, long-run marginal cost*)

short-run profits: ***profitti di breve termine.*** Espressione usata come sinonimo di *short-term profits* (v.).

shorts: ***titoli a breve scadenza.*** Termine colloquiale, usato nel linguaggio delle borse valori con lo stesso significato di *short gilts* (v.).

short sale: ***vendita allo scoperto.*** Termine usato con lo stesso significato di *selling short* (v.).
short-seller: ***venditore allo scoperto.*** Speculatore che prende a prestito valori mobiliari per venderli, giocando sulla possibilità di ricomprarli dopo breve tempo a un prezzo più basso. (v. anche *selling short*)
short selling: ***vendita allo scoperto.*** Termine usato con lo stesso significato di *selling short* (v.).
short shipment: ***spedizione incompleta.*** È la spedizione di merci che, all'arrivo, risulta inferiore a quella ordinata. Si può verificare perché parte delle merci sono state escluse all'atto della caricazione o per errore o per mancanza di spazio di carico a bordo della nave o di qualsiasi altro mezzo usato per il trasporto.
short-shipped goods: ***merci caricate in meno.*** La spedizione o la caricazione a bordo del mezzo di trasporto di una quantità di merci inferiore a quella ordinata. (v. anche *short shipment*)
short squeeze: ***stretta del ribassista.*** Lo stesso che *bear squeeze* (v.).
short-term: ***a breve termine; di breve termine.*** Espressione aggettivale, usata in relazione ad operazioni la cui durata è relativamente breve, di solito inferiore ai diciotto mesi.
short-term bill: ***effetto a breve scadenza; cambiale a breve; carta breve.*** Termine usato con lo stesso significato di *short-dated paper* (v.).
short-term borrowing: ***indebitamento a breve termine.*** L'insieme dei debiti contratti per far fronte a passività correnti. (v. anche *short-term capital*)
short-term borrowing rate of interest: ***tasso d'interesse passivo a breve termine.*** Espressione usata come sinonimo di *short-term rate of interest* (v.).
short-term capital: ***capitale a breve termine.*** Il capitale di cui può disporre un'impresa per il proprio fabbisogno commerciale, cioè per finanziare le proprie passività correnti. Può provenire da fonti interne, come ad esempio utili non distribuiti compresi i ratei passivi e particolari tipi di riserve, o da fonti esterne, come ad esempio prestiti a breve termine, factoring, cambiali e crediti di fornitori. (v. anche *long-term capital, medium-term capital*)
short-term capital account: ***conto capitali a breve termine.*** Nel linguaggio della bilancia dei pagamenti, è un conto che registra movimenti di capitali a breve termine.
short-term capital gains: ***redditi di capitale di breve periodo.*** Nel linguaggio finanziario, sono utili derivanti dalla vendita di un investimento entro un periodo di tempo relativamente breve dalla data di acquisizione. Nel Regno Unito, la legge finanziaria del 1962 fissò in sei mesi il termine entro il quale si facevano rientrare, ai fini fiscali, le vendite i cui utili erano considerati di breve periodo, ma la legge finanziaria del 1965 elevò tale limite ad un anno. (v. anche *short-term gains tax*)
short-term credit: ***credito a breve termine.*** È il credito con scadenza entro dodici mesi, concesso da banche o altre istituzioni finanziarie. Le imprese ricorrono a questa forma di credito per far fronte a passività correnti. (v. anche *short-term capital, long-term credit, medium-term credit*)
short-term creditor: ***creditore a breve.*** Persona o impresa alla quale è stato concesso un finanziamento a breve termine. (v. anche *short-term financing, short-term credit*)
short-term debt: ***debito a breve termine.*** Debito evidenziato da cambiali o altri titoli di credito pagabili a vista o entro un periodo massimo di un anno dall'emissione. È lo stesso che *short-term credit* (v.), ma visto dall'altra angolazione.
short-term deposits: ***depositi a breve termine.*** Nel linguaggio bancario e finanziario, sono depositi il cui prelievo è consentito con breve preavviso. In linea generale, quanto più breve è la durata del deposito, tanto più basso è il tasso di interesse corrisposto.
short-term expectation: ***aspettativa di breve termine.*** Nella terminologia keynesiana, è così indicato il prezzo che il produttore prevede di poter ottenere, dalla vendita del suo prodotto finito, nel momento in cui egli inizia la produzione. (v. anche *long-term expectation*)
short-term finance: ***finanza a breve termine.*** Espressione usata con lo stesso significato di *short-term capital* (v.).
short-term financing: ***finanziamento a breve termine.*** La concessione di uno o più prestiti che si estendono su un breve periodo di tempo. L'espressione indica un concetto relativo, che assume un diverso valore temporale a seconda del tipo di finanziamento, del settore industriale cui è concesso e dell'istituzione finanziaria che lo concede.
short-term fluctuations: ***fluttuazioni di breve periodo.*** Le oscillazioni di prezzo, del tasso di interesse, della domanda, ecc., che si verificano ad intervalli brevi o che si esauriscono in un periodo di tempo relativamente breve.
short-term forecast: ***previsione di breve periodo; previsione a breve termine.*** Una previsione che di solito si estende per un periodo massimo di diciotto mesi a partire dal momento in cui viene formulata. Sono le previsioni preferite dagli aziendalisti, perché si sono dimostrate le più rispondenti alla realtà dei fatti.
short-term funds: ***fondi a breve termine.*** I capitali che vengono trattati nei mercati monetari tradizionali e nei mercati monetari paralleli, sorti in epoca relativamente recente.
short-term gains: ***redditi di breve periodo.*** Termine usato con lo stesso significato di *short-term capital gains* (v.).
short-term gains tax: ***imposta sui redditi di breve periodo.*** Era così chiamata l'imposta che nel Regno Unito colpiva i redditi provenienti dalla vendita di un investimento, se ciò avveniva entro un dato periodo di tempo a partire dalla data in cui esso era stato effettuato. La legge finanziaria del 1962 stabilì questo periodo di tempo in sei mesi, ma la legge finanziaria del 1965 lo elevò a dodici mesi, introducendo allo stesso tempo un'imposta sui redditi di lungo periodo. L'aliquota sui redditi di breve periodo era uguale all'aliquota massima pagata dal contribuente sugli altri tipi di reddito personale, mentre l'aliquota sui redditi di lungo periodo era la stessa che veniva applicata su qualsiasi tipo di reddito da capitale. Oggi, nel Regno Unito esiste un'unica imposta sui redditi di capitale, che non tiene conto del periodo di tempo durante il quale l'investimento è rimasto in essere. (v. anche *capital gains tax*)
short-term investment: ***investimento di breve termine.*** È l'investimento fatto con l'intenzione di realizzarlo in un arco di tempo oscillante tra i sei e i dodici mesi.
short-term lease: ***locazione a breve termine.*** Lo stesso che *short lease* (v.).
short-term liability: ***passività a breve termine; passività corrente.*** Qualsiasi debito corrente, ivi incluso quello derivante dalla scadenza di una delle rate di una passività a lungo termine, cioè con scadenza entro il periodo massimo di un anno.

short–term life policy: ***polizza di assicurazione sulla vita a breve termine; polizza di assicurazione puro rischio.*** Una polizza che prevede il pagamento della somma assicurata soltanto nel caso in cui il decesso si verifichi entro un periodo di tempo specificato, di solito relativamente breve, e che non ammette il riscatto né il pagamento della somma assicurata in caso di sopravvivenza.

short–term loan: ***prestito a breve scadenza; mutuo a breve termine.*** Mutuo o anticipazione concessi per brevi periodi di tempo ad un tasso fisso d'interesse, di solito più alto di quello praticato su prestiti a più lunga scadenza.

short–term loss: ***perdita di breve periodo.*** L'opposto di *short–term capital gains* (v.), quando cioè si verifica una perdita a seguito della vendita di un investimento detenuto per un periodo inferiore ai sei mesi o a un anno, a seconda delle leggi fiscali dei diversi paesi.

short–term money market: ***mercato monetario a breve termine.*** Un segmento del mercato monetario londinese, nel quale si trattano depositi e prestiti istantanei per periodi che vanno dalle dodici ore ai dodici mesi.

short–term note–issuance facility: Lo stesso che *note–issuance facility* (v.), ma relativo al breve periodo.

short–term objectives: ***obiettivi di breve periodo.*** Obiettivi la cui realizzazione è possibile nell'arco di pochi mesi.

short–term obligations: ***obbligazioni di breve termine.*** Lo stesso che *current liabilities* (v.).

short–term paper: ***carta a breve scadenza.*** Termine statunitense, usato con lo stesso significato di *short–dated paper* (v.), con la differenza che il titolo cui si riferisce è pagabile a vista o entro un termine massimo di nove mesi.

short–term profits: ***profitti di breve termine.*** Profitti che vengono realizzati nell'arco di un periodo di tempo breve e non si ripetono o non si estendono nel lungo periodo.

short–term rate of interest: ***tasso d'interesse a breve termine.*** È il tasso di interesse che viene pagato in relazione a prestiti a breve termine, cioè per un periodo di tempo inferiore a tre mesi o che comunque non supera i dodici mesi. In generale, questo tasso è minore di quello praticato su prestiti a lungo termine, perché il rischio implicito nell'operazione cresce quanto più lungo è il periodo di credito concesso. Tuttavia, se il tasso di sconto è elevato, il tasso di interesse a breve termine può risultare più alto di quello a lungo termine.

short–term securities: ***titoli a breve scadenza.*** Lo stesso che *short–dated securities* (v.).

short time: ***orario ridotto.*** Un orario lavorativo più breve del normale, che può essere applicato o perché il lavoratore non è disposto ad essere occupato per l'intera giornata lavorativa o perché l'impresa non ha sufficiente lavoro per tutti i suoi dipendenti occupati per l'intera giornata. Di solito, in periodi di crisi si ricorre a questo accorgimento per evitare il licenziamento di una parte dei dipendenti.

short–time working: ***lavoro a orario ridotto.*** V. spiegazione sotto *short time.*

short ton: ***tonnellata americana.*** Termine usato con lo stesso significato di *American ton* (v.).

short weight: ***calo; peso mancante; peso scarso.*** Nel linguaggio commerciale, indica che il peso della partita di merci ricevuta è inferiore al peso dichiarato al momento della spedizione o dell'imbarco.

short workings: Espressione usata per indicare la differenza tra royalties minime, stabilite dal contratto di concessione di sfruttamento di un giacimento minerario, e royalties pagabili sulla base dell'effettiva produzione.

to shove: ***lanciare.*** Termine usato con lo stesso significato di *to boost 2* (v.).

showcard: Termine usato nel linguaggio pubblicitario per indicare materiale di propaganda di un determinato prodotto, da mettersi in mostra all'interno di un punto di vendita. Di solito consiste di un cartellino più o meno grande, da sistemarsi su un bancone di vendita.

show–case: ***bacheca.*** In un negozio, è un mobile con lati e parte superiore in vetro, nel quale vengono messi in mostra articoli che al cliente non è consentito di maneggiare. Viene usato particolarmente nelle gioiellerie e nei negozi che trattano articoli fragili.

show of hands: ***alzata di mano.*** Sistema di votazione, usato nelle assemblee degli azionisti. Quando la votazione è per alzata di mano, tutti i soci hanno diritto ad un solo voto, independentemente dal numero di azioni che possiedono. Quando, invece, la votazione è segreta, gli azionisti hanno tanti voti per quante sono le azioni di loro proprietà. Lo statuto di una società generalmente stabilisce i casi in cui si procede a votazione per alzata di mano, ma in esso sono anche stabilite le norme per richiedere la votazione segreta, quando un numero minimo di soci ritiene che la decisione da prendersi non possa essere votata per alzata di mano.

showroom: ***salone da esposizione.*** Il salone in cui vengono esposte merci offerte in vendita. Di solito sono i grossisti ad avere saloni del genere, ma anche alcuni dettaglianti chiamano salone il locale nel quale svolgono la loro attività, come ad esempio i rivenditori di automobili.

show window: ***vetrina.*** Termine usato con lo stesso significato di *shop window* (v.).

Shr.: share.

shredding machine: ***macchina per distruggere documenti.*** Macchina dotata di lame o altro dispositivo in grado di tagliare in sottilissime strisce e rendere irriconoscibili documenti confidenziali o di altra natura che si intende distruggere.

shrinkage: **1.** ***calo.*** La perdita di peso o di volume di una merce, dovuta a evaporazione dell'umidità o altre cause del genere. **2.** ***contrazione; diminuzione.*** Riduzione di un qualche valore, quale ad esempio il volume delle vendite o della domanda di un bene. **3.** Nel linguaggio del commercio al dettaglio, il termine indica beni che vengono detratti dalle scorte, ma non producono alcun ricavo in quanto si tratta di articoli rubati, rotti o, nel caso di beni deperibili, invenduti e andati a male.

shrink–wrap: Termine di recente formazione, usato per indicare la sottile pellicola di plastica con la quale si prepara la confezione descritta sotto *shrink wrapping* (v.).

shrink wrapping: Espressione di recente formazione, con la quale si indica la confezione di un prodotto in una sottile pellicola di plastica, che si restringe aderendo al prodotto e prendendone la forma quando viene esposta ad una fonte di calore.

sh. tn.: short ton.

shunter: Termine colloquiale del linguaggio borsistico, con il quale si indica un operatore di una borsa valori di provincia, che accoppia una operazione alla borsa valori nella quale opera con una simile operazione alla borsa valori di Londra.

shutdown: ***fermata.*** Un periodo di tempo durante il quale uno stabilimento rimane temporaneamente chiuso, generalmente per lavori di manutenzione, sostituzione macchine e simili.

shut–down cost: ***costo variabile; costo di funzionamento.*** Termine usato con lo stesso significato di *variable cost* (v.).

shut–down point: ***punto di sospensione; punto di cessazione dell'attività.*** Il punto in cui il produttore, non essendo in grado di coprire i propri costi di funzionamento a causa di prezzi e livelli di produzione troppo bassi, si vede costretto a cessare l'attività.

shut for dividend: ***chiuso per dividendo.*** Espressione usata in relazione ai libri dei soci, quando essi non possono essere consultati dal pubblico e non vi si possono registrare nuovi trasferimenti di azioni, perché impegnati per l'emissione dei mandati di pagamento dei dividendi. Il libro dei soci, in base all'articolo 115 del *Companies Act* del 1948, può essere chiuso per un periodo massimo di trenta giorni all'anno.

shutout: ***serrata.*** Lo stesso che *lock–out* (v.).

S.I.: short interest.

SIAC: Securities Industry Automation Corporation.

SIB: Securities and Investments Board.

S.I.C.: Standard Industrial Classification.

sick benefit: ***sussidio di malattia.*** La paga che viene corrisposta al lavoratore malato in base ad una qualche forma di assicurazione sociale o privata. Il sussidio di malattia subentra quando il lavoratore ha esaurito i giorni di licenza per malattia a paga piena e a paga ridotta.

sick leave: ***licenza per malattia; congedo per malattia.*** I giorni durante i quali un lavoratore non presta servizio a causa di malattia che non gli consente di lasciare la sua abitazione. In quasi tutti i paesi, i lavoratori hanno diritto, per legge o in base al contratto di lavoro, a trenta giorni all'anno di licenza ordinaria per malattia a paga piena, ad altri trenta giorni di licenza straordinaria a paga ridotta e, dopo di questi, ad un periodo di licenza senza paga o con paga estremamente ridotta o corrisposta in base a una qualche forma di assicurazione sociale o privata.

sickness benefit: ***sussidio di malattia.*** Termine usato come sinonimo di *sick benefit* (v.).

sick–out: ***assenteismo di protesta.*** Termine di recente formazione, con il quale si indica l'assenza di un lavoratore dal posto di lavoro, in concomitanza con uno sciopero, con la pretesa di essere malato, ma in effetti perché non è d'accordo con le ragioni dello sciopero e intende così evitare le sanzioni cui sono esposti gli scioperanti, principalmente la trattenuta sullo stipendio delle competenze relative ai giorni di sciopero.

sick pay: ***paga ridotta.*** La paga corrisposta ad un lavoratore durante un periodo di licenza straordinaria per malattia. (v. anche *sick leave*)

side: ***sezione.*** Ciascuna delle parti in cui è diviso un conto, cioè la sezione dare e la sezione avere.

side business: ***attività collaterale.*** È un'attività economica che integra o si affianca ad un'altra attività che viene considerata principale. Ad esempio, un rivenditore di automobili può avere un'attività collaterale sotto forma di vendita di pezzi di ricambio delle auto che tratta.

side deals: Sono così dette le operazioni concluse a detrimento della società per cui lavorano e a proprio vantaggio personale da amministratori con pochi scrupoli, che sfruttano in tal modo la loro posizione e la loro conoscenza di informazioni riservate cui hanno accesso nell'esercizio delle loro funzioni. Si ritiene che questo tipo di operazioni sia più dannoso dell'*insider dealing* (v.), in quanto implica più cospicui movimenti di moneta.

sidehead: ***intestazione.*** Il termine inglese indica la dicitura che, sotto forma di titolo, specifica la natura di un gruppo di voci contenute in una sezione di un rendiconto finanziario. Sotto l'intestazione, che deve per definizione essere chiara e sintetica, saranno elencate le varie parti in cui è stato suddiviso l'elemento sul quale si intende riferire.

side line: **1.** ***attività collaterale.*** Lo stesso che *side business* (v.). **2.** ***linea secondaria; linea collaterale.*** Linea di prodotti che un negozio tratta collateralmente a quella principale.

sideways market: ***mercato con movimento di prezzi orizzontale.*** Un mercato nel quale prevalgono i prezzi statici cui si fa cenno sotto *horizontal price movement* (v.).

sideways price movement: ***movimento di prezzo orizzontale.*** Lo stesso che *horizontal price movement* (v.).

to sight a bill: ***presentare una cambiale per l'accettazione.*** Quando una cambiale viene emessa per il pagamento ad un certo tempo vista, essa viene inviata al trattario affinché vi apponga la sua accettazione, cioè scriva sulla cambiale *sighetd* o *accepted* con l'indicazione della data in cui egli ha «visto» o «accettato» la cambiale, seguita dalla sua firma. Il periodo di tempo di credito decorrerà da quella data. Pertanto, una cambiale a trenta giorni vista sarà pagabile trenta giorni dopo che il trattario l'ha accettata.

sight bill: ***effetto a vista; cambiale a vista.*** Lo stesso che *demand bill* (v.).

sight clause: ***clausola valuta.*** Termine usato con lo stesso significato di *exchange clause* (v.).

sight credit: ***credito a vista.*** Credito in relazione al quale il beneficiario entra immediatamente in possesso di moneta o a fronte di una cambiale a vista accompagnata dai documenti rappresentativi o a fronte dei soli titoli rappresentativi.

sight deposit: ***deposito a vista; deposito libero.*** Deposito di fondi presso un conto bancario, prelevabili in qualsiasi momento a richiesta del depositante.

sight draft: ***tratta a vista.*** Termine usato con lo stesso significato di *demand bill* (v.).

sight entry: ***bolletta con richiesta di visita preventiva; richiesta di visita preventiva; permesso provvisorio per l'entrata delle merci in dogana.*** Termine usato con lo stesso significato di *bill of sight* (v.).

sight funds: ***fondi a vista.*** Termine usato con lo stesso significato di *sight deposit* (v.).

sight note: ***cambiale diretta a vista; pagherò a vista; cambiale propria a vista.*** Lo stesso che *demand note* (v.).

sight rate: ***tasso di conversione.*** Termine usato con lo stesso significato di *cheque rate* (v.).

sign: ***insegna.*** Termine usato come sinonimo di *sign board* (v.), di cui è una contrazione.

signatories: ***firmatari.*** Coloro che sottoscrivono un patto o un accordo. Si applica principalmente ai paesi firmatari di un accordo internazionale o ai fondatori di una società, che sottoscrivono l'atto costitutivo diventandone i primi soci.

signatory countries: ***paesi firmatari.*** Lo stesso che *signatories* (v.), quando quest'ultimo termine viene riferito a paesi che sottoscrivono un accordo internazionale.

signature: ***firma.*** Il nome e cognome di una persona, scritti di proprio pugno al termine di una lettera, su un titolo di credito, su un documento, ecc., che rendono il contenuto vincolante per la persona che ha apposto la firma o per l'organizzazione per conto della quale essa è stata apposta.

signature book: ***libro delle firme.*** Nelle banche inglesi, è un libro nel quale si conserva la firma tipo di ciascun correntista e depositante, con a fianco l'indicazione dell'indirizzo e del numero e tipo di conto a lui intestato. A ciascuna firma contenuta nel libro viene assegnato un numero, che compare anche sul mastro relativo al cliente. In molte banche questo libro è stato eliminato e sostituito da schede tenute in ordine alfabetico o numerico nei locali della filiale o agenzia presso la quale il cliente tiene il proprio conto.

signature card: ***cartoncino delle firme; scheda delle firme.*** Termine usato con lo stesso significato di *specimen 1* (v.).

signature stamp: ***timbro per firmare.*** È un timbro che riproduce la firma di una persona. Può essere usato per alcuni tipi di documenti, ma non è ammesso per gli assegni bancari, per le dichiarazioni delle imposte e simili documenti ufficiali.

signature-type time recorder: ***orologio marcatempo a firma.*** Tipo di orologio, installato negli uffici e nelle fabbriche, nel quale invece di un cartellino si timbra l'ora di entrata e di uscita accanto alla firma apposta di volta in volta dal dipendente. È un sistema di controllo più fiscale dell'orologio marcatempo a schede e, pertanto, preferito da alcuni datori di lavoro, ma fa perdere molto più tempo ai lavoratori, specialmente all'uscita dal posto di lavoro, quando una grande quantità di persone deve apporre la firma una dopo l'altra.

sign board: ***insegna.*** È una targa, una tabella, una scritta o simili, posta all'esterno di un negozio, di uno stabilimento, di un locale pubblico, ecc, per indicare il genere di esercizio o il tipo di prodotti che vi si vendono. L'insegna spesso contiene il nome del proprietario o dei simboli allusivi all'attività svolta nel locale, sul quale essa intende attirare l'attenzione dei passanti.

significance: ***importanza.*** Il termine inglese fu usato da P. Wicksteed con il significato di utilità.

significant amount: ***numero significativo.*** È il numero arrotondato che dà al lettore la stessa impressione che gli darebbe il numero espresso nella sua interezza. Ad esempio, nel numero 49.565.823.578 il numero significativo sarebbe quello arrotondato a 49.5 miliardi.

silent partner: **1.** ***socio non amministratore; socio non operante.*** Termine generico, con il quale si indica un qualunque socio che apporti capitale ad un'azienda, ma non ad una società per azioni, senza però prendere parte attiva alla gestione dell'impresa. **2.** ***accomandante; socio accomandante.*** Uno dei due tipi di soci creati dal *Limited Partnership Act* del 1907. In pratica, la figura del socio accomandante è uguale a quella del socio non operante e gode del privilegio della responsabilità limitata, cioè è responsabile delle obbligazioni della società soltanto per l'ammontare di capitale da lui apportato all'impresa.

silver: **1.** ***argento.*** Metallo prezioso, in passato ampiamente usato per la coniazione di monete. **2.** ***moneta di argento.*** Termine usato con lo stesso significato di *silver money* (v.), di cui è una contrazione.

silver bezant: ***bisante d'argento.*** Nome di una moneta d'argento, del valore da uno a due scellini, che circolò in Inghilterra nei secoli tredicesimo e quattordicesimo.

silver bullion market: ***mercato dell'argento.*** Mercato londinese costituito da tre delle imprese che formano anche il mercato dell'oro. Su questo mercato è possibile acquistare argento per contanti o a termine.

silver certificate: ***certificato di argento.*** Biglietto di banca rappresentativo di un corrispondente valore d'argento depositato presso la banca emittente, che si impegna a convertirlo a vista e al portatore nel metallo prezioso. I certificati d'argento costituirono un tipo di valuta cartacea degli Stati Uniti, emessa ed in circolazione dal 1878, interamente convertibile in monete d'argento. Questo tipo di moneta è ancora usata dal ministero del tesoro statunitense, ma non ha corso legale e viene detenuta dalle banche americane come riserva. (v. anche *gold certificate, representative money*)

silver coin: ***moneta di argento.*** In un sistema monetario basato sul bimetallismo, le monete d'argento venivano di solito usate come moneta divisionale, dato il minor valore del metallo rispetto a quello dell'oro. Nel Regno Unito, a seguito dell'aumento del prezzo dell'argento, il *Coinage Act* del 1920 ridusse il contenuto di fino in tali monete, che all'epoca venivano coniate con una perdita netta da parte della zecca. Le nuove monete d'argento continuarono ad essere emesse fino al 1946, quando il *Coinage Act* di quell'anno ne stabilì la soppressione e la sostituzione con monete di silveroide, cioè una lega di rame e nickel.

silver dollar: ***dollaro di argento.*** Moneta degli Stati Uniti, la cui coniazione fu iniziata nel 1878, quando pesava 412 grani e mezzo, di cui 371 e un quarto erano di argento e 41 e un quarto di lega.

silver money: ***argento; moneta di argento.*** Espressione usata per indicare monete di argento, di lega di argento, di silveroide o di altro metallo che ha l'apparenza dell'argento. In passato, quando l'argento era usato per coniare monete divisionali, il termine era usato esclusivamente in relazione a monete fatte di una lega d'argento, ma oggi nel Regno Unito indica qualsiasi moneta che non sia quella cartacea o quella di rame.

Silver Purchase Act: Legge, approvata dal Congresso degli Stati Uniti nel 1934, con la quale si autorizzava il ministero del tesoro ad acquistare argento sul mercato nazionale ed estero e ad emettere certificati d'argento garantiti dal metallo così acquistato. Scopo della legge era quello di portare le riserve di argento del paese alla proporzione di un quarto dell'intero valore delle riserve auree e argentee totali del paese. La legge autorizzava anche il Presidente a ordinare la consegna allo stato di tutto l'argento disponibile negli Stati Uniti, da aggiungersi alle loro riserve di metallo prezioso. Tale ordine fu, in seguito, effettivamente dato dal Presidente.

silver standard: ***sistema monetario argenteo; monometallismo argenteo.*** Sistema di monometallismo, in cui la valuta cartacea è liberamente convertibile in monete d'argento e viceversa, ambedue in circolazione, e vige la piena libertà di coniazione, fusione, importazione ed esportazione dell'argento.

sily: Unità monetaria della Guinea, suddivisa in cento cauris.

simo chart: ***diagramma del ciclo di moto simultaneo.*** Rappresentazione particolareggiata del metodo di lavoro eseguito con le mani o altre parti del corpo, i cui dati vengono di solito ricavati mediante lo studio dei micromovimenti.

simple arbitrage: ***arbitraggio semplice; arbitraggio diretto.*** Termine usato con lo stesso significato di *direct arbitrage* (v.).

simple average: **1.** ***media semplice.*** È una media che considera tutti i termini alla stessa stregua. Si ottiene dividendo la somma dei diversi termini di una serie o di un gruppo per il numero di termini contenuti nella serie o nel gruppo, senza tener conto della frequenza o importanza di alcuno di loro. **2.** ***avaria particolare.*** Termine usato con lo stesso significato di *particular average* (v.).

simple bonus: Nel linguaggio delle assicurazioni, è un

utile, distribuito ai titolari di polizze vita, calcolato come percentuale semplice della somma assicurata. (v. anche *bonus 2*)

simple contract: ***scrittura privata; contratto per scrittura privata; contratto non sigillato; contratto semplice.*** Nel linguaggio giuridico, questa espressione indica un accordo verbale o scritto, stipulato direttamente tra le parti interessate, ma non mediante atto pubblico. Rappresenta, pertanto, un atto non registrato pubblicamente né sigillato, che rientra nel sistema del *common law*, ma è sconosciuto nel sistema del *civil law*.

simple correlation: ***correlazione semplice.*** In statistica, è la correlazione esistente tra due sole variabili.

simple debentures: ***obbligazioni non garantite.*** Sono i titoli a reddito fisso emessi da un'impresa o altra organizzazione industriale o mercantile, senza un'adeguata garanzia sotto forma di ipoteca su beni reali. La garanzia su cui si basa l'emissione, pertanto, è rappresentata soltanto dal prestigio e dalla credibilità dell'emittente sul mercato in cui ha luogo l'emissione.

simple discount: ***sconto semplice.*** Lo stesso che *banker's discount* (v.).

simple interest: ***interesse semplice.*** È l'interesse, calcolato ad un dato tasso sulla sola somma capitale, che non tiene conto di altri interessi dovuti sul capitale in periodi di tempo pregressi. L'espressione viene usata in contrasto a interesse composto. (v. anche *compound interest*)

simple journal: ***giornale semplice.*** Nel linguaggio della ragioneria, è un giornale di prima nota che contiene soltanto due colonne per la registrazione di valori monetari in entrata e in uscita, ovvero in dare e avere.

simple random sample: ***campione casuale semplice.*** Il campione casuale nel quale ciascun elemento della popolazione, dalla quale esso si forma, ha le stesse probabilità di essere incluso. Il metodo tramite il quale si appronta il campione non ha alcuna rilevanza, purché sia rispettato il principio che tutti gli elementi abbiano lo stesso numero di probabilità di essere inclusi nel campione stesso.

simplified employee plan: Negli Stati Uniti, è un piano previdenziale che rientra tra i cosiddetti *individual retirement accounts* (v.) al quale versano contributi tanto il datore quanto il prestatore di lavoro. I contributi versati sono esenti da imposta sul reddito fino al momento in cui la somma viene prelevata dal beneficiario.

simulated contract: ***contratto simulato.*** Lo stesso che *sham contract* (v.).

simulated sale: ***vendita simulata.*** Lo stesso che *fictitious sale* (v.).

simulation: ***simulazione.*** Metodo usato per lo studio di problemi operativi che non possono essere risolti con le tecniche ordinarie e che, pertanto, prevedono la costruzione di un modello, che può essere fisico o matematico. Un esempio di simulazione con modello fisico è quello realizzato nel tunnel del vento, diciamo per determinare la sagoma da dare ad un nuovo modello di automobile. Più spesso, tuttavia, si costruisce un modello matematico e si fa uso di un computer per sottoporlo ad una serie di ipotesi e manipolazioni tendenti a trovare una o più soluzioni accettabili.

simulation games for business: ***simulazione di gestione.*** Lo stesso che *management game* (v.).

simulation model: ***modello di simulazione.*** È il modello, fisico o matematico, usato nel metodo della simulazione. Quando si tratta di un modello matematico, esso implica una qualche dimensione temporale, in modo che i risultati di un periodo precedente possano essere inglobati nel nuovo periodo. (v. anche *simulation*)

simultaneous equations: ***equazioni simultanee.*** È un sistema di equazioni tale che lo stesso valore per ciascuna variabile soddisfa ciascuna equazione.

simultaneous maximum demand: ***domanda massima simultanea.*** La domanda massima di due o più consumatori, che si manifesta nello stesso momento.

sinecure: ***sinecura.*** Ufficio di un certo prestigio, che implica poche o nessuna responsabilità e richiede poco o nessun lavoro.

single bond: ***obbligazione semplice.*** Nel linguaggio finanziario, è un titolo a reddito fisso che non contiene alcuna condizione particolare in relazione al pagamento degli interessi.

single capacity: ***funzione singola.*** La funzione che singolarmente svolgeva uno *stockbroker* (v.) per conto del proprio cliente e uno *stockjobber* (v.) per proprio conto. Le due funzioni singole sono state unificate, a seguito del *big bang* (v.), con la creazione del *market maker* (v.), pur se è ancora possibile servirsi di intermediari che svolgono la funzione singola di curare gli interessi dell'investitore.

single cost: ***costo unitario.*** Termine a volte usato con lo stesso significato di *unit cost* (v.).

single-digit inflation: ***inflazione a una cifra.*** Il tasso annuo di aumento dei prezzi inferiore al dieci per cento.

single entry: ***partita semplice.*** Espressione usata per indicare un qualsiasi metodo di contabilità che non sia quello della partita doppia. Di solito, si usa come contrazione del termine *single-entry book-keeping* (v.) o per indicare un metodo di contabilità contenente soltanto conti personali, cioè intestati a persone fisiche o giuridiche.

single-entry book-keeping: ***contabilità in partita semplice.*** Metodo di contabilità in base al quale, a differenza del metodo della partita doppia, i fatti di gestione vengono registrati in conti che non sono tra loro legati da contrapposizioni di scritture e, quindi, non danno luogo a due serie di registrazioni complete e antitetiche, bensì alla singola registrazione di un'operazione nella colonna del dare o in quella dell'avere. Questo metodo non prevede la registrazione dettagliata dei profitti e delle perdite e il rendiconto finale viene preparato basandolo sui dati disponibili o sull'ispezione fisica, mentre i profitti o le perdite nette di un esercizio vengono accertati mediante un confronto tra la situazione finanziaria alla chiusura dell'esercizio e quella relativa all'inizio dello stesso esercizio. Questo metodo può considerarsi adeguato nel caso in cui le operazioni sono relativamente poco frequenti e le attività diverse dai contanti sono in numero limitato.

single-entry journal: ***giornale per partita semplice.*** Il giornale di prima nota contenente due sole colonne, nelle quali vengono registrate le singole operazioni come valori monetari in dare o avere.

single European market: ***mercato unico europeo.*** Il mercato europeo creato dalla soppressione delle ultime barriere alla libera circolazione di beni, servizi, capitali e lavoro nell'ambito della CEE. La scadenza per tale soppressione porta la data del 31 dicembre 1992.

single-figure inflation: ***inflazione a una cifra.*** Lo stesso che *single-digit inflation* (v.).

single internal market: ***mercato unico interno.*** Lo stesso che *single European market* (v.).

single liability: ***responsabilità limitata; responsabilità singola.*** Espressione di uso statunitense, con la quale si indica la situazione in cui un azionista risponde delle perdite della società di cui fa parte soltanto fino alla concorrenza del suo investimento in azioni della società. (v. anche *limited liability*)

single life pension: ***pensione non reversibile.*** Pensione corrisposta al beneficiario per tutta la durata della sua vita, ma di cui non può beneficiare il coniuge sopravvissuto.

single–line store: ***negozio specializzato in una linea.*** Nella terminologia commerciale statunitense, è un negozio che si specializza in una singola linea di articoli, come ad esempio un negozio che vende soltanto lampadari.

single–minded proposition: Lo stesso che *unique selling proposition* (v.).

single option: ***contratto a premio semplice.*** Un contratto a premio che dà all'operatore il diritto di acquistare o il diritto di vendere, ma non tutti e due insieme, come avviene nel caso di un contratto a doppio premio. (v. anche *option 1, double option*)

single output costing: ***contabilità dei costi per prodotto singolo.*** Il metodo di accertamento dei costi, quando l'impresa è impegnata nella produzione di un solo bene o servizio.

single passport: ***passaporto unico.*** Espressione del linguaggio finanziario europeo, con la quale si indica il principio che stabilisce che quando un'impresa finanziaria è stata autorizzata a svolgere la propria attività dalle autorità di controllo del paese europeo in cui ha la propria sede legale, essa è libera di aprire filiali, o di vendere i propri servizi, in qualsiasi altro paese della CEE.

single plan: ***piano unitario; piano singolo.*** Un piano di svolgimento della contabilità industriale, nel quale i conti lavorazione sono addebitati a costi effettivi e accreditati a costi standard.

single–premium deferred annuity: ***rendita differita a premio unico.*** Una *deferred annuity* (v.) i cui versamenti vengono effettuati dal sottoscrittore in unica soluzione, il cui ammontare potrà essere portato in detrazione dalla dichiarazione dei redditi.

single–premium life insurance: ***assicurazione sulla vita a premio unico.*** È l'assicurazione sulla vita che prevede il pagamento del relativo premio in un'unica soluzione. È raramente usata, in quanto il premio consisterebbe di una somma abbastanza ragguardevole.

single–premium life policy: ***polizza di assicurazione sulla vita a premio unico.*** È la polizza di assicurazione sulla vita che prevede il pagamento del premio relativo in un unico versamento, di solito abbastanza rilevante.

single–product firm: ***impresa a prodotto singolo; impresa monoprodotto.*** Un'impresa impegnata nella produzione di un singolo bene o servizio.

single proprietorship: ***impresa individuale; ditta personale; azienda in proprio.*** Termine usato con lo stesso significato di *individual proprietorship* (v.).

single–purpose real estate investment trust: ***fondo immobiliare a singolo scopo.*** Un fondo comune d'investimento che opera esclusivamente nel campo del leasing immobiliare.

single–schedule tariff: ***tariffa doganale unica; tariffa doganale generale.*** Termine usato con lo stesso significato di *general tariff* (v.).

single standard: ***tipo monetario singolo; tipo monometallico.*** Lo stesso che *monometallic standard* (v.) e *monometallism* (v.).

single–step income statement: ***conto economico in forma scalare semplice.*** È un conto profitti e perdite nel quale tutti gli elementi di spesa compaiono nella stessa sezione.

single tax: ***imposta unica.*** Una qualsiasi imposta che costituisca l'unica fonte di gettito fiscale per uno stato. In varie epoche, si sono avute varie proposte per instaurare un governo che fosse in grado di mantenersi su un'imposta unica che venisse prelevata sulle spese, sulle case, sul reddito o sul capitale. Il termine, tuttavia, è stato usato particolarmente in relazione all'idea di Henry George, economista e uomo politico statunitense, che sosteneva l'adozione di un'imposta unica sul valore della terra come sola fonte di gettito fiscale.

single taxation: ***tassazione singola; imposizione singola.*** La situazione in cui un soggetto è colpito da una singola imposta. In particolare, l'espressione viene usata in relazione al reddito prodotto dal cittadino di uno stato in uno stato straniero che, in mancanza di accordi bilaterali, sarebbe soggetto a doppia tassazione, mentre l'esistenza di accordi tra i due stati fa sì che il reddito sia soggetto a tassazione singola. (v. anche *double taxation, double taxation relief*)

single–tax system: ***sistema fiscale a imposta unica.*** Il sistema fiscale, da più parti auspicato in varie epoche, che dovrebbe far fronte a tutte le esigenze finanziarie dello stato attraverso l'adozione di un'imposta unica. Molti hanno suggerito che tale imposta venisse prelevata sui redditi, perché ciò avrebbe portato ad una più equa distribuzione dell'onere contributivo. Oggi, tuttavia, viste le cifre dei bilanci dei vari stati moderni, tale imposta dovrebbe essere ad aliquote estremamente alte e ciò potrebbe fungere da disincentivo sul desiderio di lavorare e di conseguenza avere un effetto avverso sull'entità del reddito nazionale.

single–use goods: ***beni di consumo fugaci; beni di consumo deperibili; beni di consumo a uso singolo.*** Espressione a volte usata per indicare quei beni di consumo che non sono in grado di offrire un servizio ripetitivo e che vengono consumati in una sola utilizzazione. Ne sono esempi il tabacco, le bevande, il cibo e tanti altri beni non durevoli. (v. anche *non–durable consumers' goods*)

sinking fund: **1.** ***cassa di ammortamento; cassa di redenzione.*** Un fondo di ammortamento istituito con l'intento di rimborsare una determinata categoria di titoli del debito pubblico alla loro scadenza. La cassa di ammortamento veniva creata accantonando ogni anno una parte delle entrate dello stato, calcolate in modo da corrispondere al valore complessivo del debito che si intendeva rimborsare dopo un certo numero di anni. Tale concetto era diffuso nel secolo scorso, ma il vertiginoso aumento del debito pubblico verificatosi prima, durante e dopo le due guerre mondiali ha fatto desistere i governi dal perseguire una tale politica finanziaria, col risultato che oggi una qualsiasi tranche del debito pubblico viene rimborsata alla sua scadenza mediante l'emissione di una nuova tranche, che va a sostituirsi a quella precedente. **2.** ***fondo di ammortamento.*** Nella contabilità aziendale, è un fondo costituito mediante l'accantonamento di moneta, o altre attività, che opportunamente investita sarà disponibile in una data futura per pagare un debito, per rimborsare un'emissione obbligazionaria o per sostituire un'attività fissa soggetta a deterioramento.

sinking fund account: ***conto fondo di ammortamento.*** Il conto nel quale vengono registrate le quote annualmente calcolate a fronte del valore dell'attività da ammortizzarsi o dell'emissione obbligazionaria da rimborsarsi.

sinking–fund bond: ***obbligazione garantita da fondo di ammortamento.*** Una qualsiasi emissione obbligazionaria, il cui contratto impone all'emittente l'accantonamento periodico di una parte dei profitti che, opportunamente investiti ad un interesse composto, al termine del periodo corrispondente alla vita dell'obbligazione daranno all'emittente la disponibilità per rimborsare tutto il prestito o una parte di esso, se è previsto che un'altra parte venga rimborsata attraverso l'emissione di un altro prestito obbligazionario.

sinking fund investment: ***investimento del fondo di ammortamento.*** L'impiego, di solito ad interessi composti, delle quote annualmente trasferite al fondo di ammortamento. (v. anche *sinking fund 2*)

sinking fund investment account: ***conto investimento del fondo di ammortamento.*** Il conto nel quale vengono registrate le quote accantonate annualmente e i relativi interessi, a fronte dell'emissione obbligazionaria da rimborsarsi.

sinking fund method of depreciation: ***metodo di ammortamento a interessi composti; metodo di ammortamento delle annualità di capitalizzazione.*** Metodo di ammortamento che consiste nel prendere il costo iniziale dell'attività da ammortizzarsi, sottrarne il valore di recupero che si ritiene di poter realizzare quando essa sarà smobilitata e suddividere la restante parte in tante quote annuali uguali al numero di anni di vita utile prevista, tenendo conto dell'interesse composto al quale esse saranno investite via via che vengono accantonate traendole dai profitti dell'impresa.

sinking fund policy: ***polizza a riscatto.*** Termine usato con lo stesso significato di *capital redemption policy* (v.).

sinking fund reserve: ***fondo di ammortamento finanziario.*** Lo stanziamento o la destinazione di utili non distribuiti, di solito sotto forma di trasferimenti periodici costanti, allo scopo di creare una contropartita a fronte di attività soggette a deterioramento. A volte tali stanziamenti prendono la forma di effettivi accantonamenti in un fondo di ammortamento, specialmente quando essi sono previsti per la creazione di una disponibilità con cui far fronte al rimborso di un'emissione obbligazionaria. (v. anche *sinking fund 2*)

sinking fund tax: Espressione generica, con la quale si indica un'imposta di scopo il cui gettito viene utilizzato per far fronte al pagamento degli interessi e all'ammortamento di un debito pubblico. Il termine è caduto in disuso da quando i governi hanno rinunciato alla politica di ammortamento del debito pubblico così come era intesa nel secolo scorso.

sinking plan: ***piano di ammortamento.*** È il piano in base al quale l'emittente intende rimborsare un prestito contratto mediante un'emissione obbligazionaria. Il piano può prevedere il rimborso della totalità delle obbligazioni alla loro scadenza, oppure il rimborso di una parte e la sostituzione di un'altra parte con una nuova emissione, o ancora il rimborso graduale a quote annuali costanti. In questo ultimo caso, il rimborso ha inizio un certo numero di anni dopo l'emissione e si procede tramite estrazione a sorte delle serie di obbligazioni che dovranno essere rimborsate ogni anno, alla data prevista dal piano. Il piano di ammortamento può anche prevedere l'istituzione di un apposito fondo di ammortamento. (v. anche *sinking fund 2*)

sinners' taxes: Espressione colloquiale, usata per indicare le imposte indirette su alcol, tabacco e scommesse.

sin taxes: Lo stesso che *sinners' taxes* (v.).

SIPC: Securities Investor Protection Corporation.

sister company: ***consorella.*** Ciascuna società rispetto alle altre che fanno parte di uno stesso gruppo o che sono controllate dalla stessa holding.

sister ship clause: Nelle assicurazioni marittime, è la clausola che regola la collisione tra due navi appartenenti al medesimo armatore. Se essa non venisse inclusa nelle polizze di assicurazione, l'assicuratore non si assumerebbe alcuna responsabilità al verificarsi di un tale sinistro, anche perché l'armatore non potrebbe citare se stesso per danni. Quando, invece, la clausola è inserita in polizza, ai fini assicurativi le due navi vengono considerate come appartenenti a due diversi armatori.

SITC: Standard International Trade Classification.

sit–down strike: ***occupazione; sciopero con occupazione.*** Uno sciopero durante il quale i lavoratori non solo si rifiutano di prestare la loro opera, ma non intendono neanche abbandonare il luogo di lavoro, che risulta pertanto «occupato» dagli scioperanti.

site value rating: ***imposizione locale sul valore del sito.*** La determinazione e l'applicazione dell'imposta locale descritta sotto *site value tax* (v.), non usata nel Regno Unito ma diffusa in altri paesi.

site value tax: ***imposta sul valore del sito.*** Un'imposta locale per la cui determinazione si tiene conto del sito nel quale si trova la terra o l'immobile da tassarsi. Risulta, pertanto, più elevata per i siti nei quali la rendita è più alta e più bassa per gli altri siti, tra i quali rientrano i terreni agricoli e i terreni marginali.

sit–in strike: 1. ***sciopero con occupazione.*** Lo stesso che *sit–down strike* (v.). **2.** ***sit–in.*** Una forma di protesta usata nel corso di dimostrazioni, che prevede l'occupazione pacifica di suolo pubblico o di strutture private o pubbliche.

situation: 1. ***posizione; sito.*** Luogo in cui si trova un edificio, un terreno, ecc., in relazione agli altri che si trovano nei suoi dintorni. **2.** ***posto; impiego.*** Uno qualsiasi dei posti di lavoro in un'impresa o altra organizzazione.

situation rent: ***rendita di posizione.*** La rendita in più, oltre quella che naturalmente gli compete, che spetta ad un immobile, o altra proprietà, in quanto situato in una posizione più conveniente per lo scopo o l'attività economica cui è destinato. (v. anche *rent 2*)

situation report: ***rapporto sulla situazione.*** Termine generico, con il quale si indica una relazione sulla situazione attuale di una particolare iniziativa o di un problema che l'impresa si trova a dover risolvere.

situations vacant: ***offerte d'impiego.*** Nella piccola pubblicità sui quotidiani, è l'intestazione sotto la quale sono elencate le offerte di posti di lavoro disponibili. Le inserzioni in questa rubrica vengono fatte dai datori di lavoro che sono alla ricerca di personale.

situations wanted: ***domande d'impiego.*** Nella piccola pubblicità sui quotidiani, è l'intestazione sotto la quale sono elencate le richieste di lavoro. Le inserzioni in questa rubrica vengono fatte da coloro che offrono i propri servizi come personale dipendente.

sixteen to one: ***sedici a uno.*** Espressione usata per indicare il rapporto tra contenuto di fino del dollaro d'argento e contenuto di fino del dollaro d'oro, stabilito dal Congresso degli Stati Uniti nel 1834. A quell'epoca, il contenuto di fino del dollaro d'argento era fissato in 371,25 grani e quello del dollaro d'oro in 23,2 grani. Questa espressione divenne lo slogan del partito democratico e del suo candidato, William B. Bryan, nella campagna per le elezioni presidenziali del 1896, durante la quale si propagandò la rimonetazione dell'argento nel suo vecchio rapporto con l'oro e la restaurazione del tipo monetario bimetallico.

size distribution of firms: ***distribuzione delle imprese per dimensione.*** È la descrizione della distribuzione delle imprese, in un settore industriale o nell'intera economia, in base alla loro ampiezza. Allo scopo di realizzare tale descrizione è necessario stabilire, in via preliminare, una qualche misura della dimensione applicabile a tutte le imprese presenti nell'economia. Tale misura di solito è rappresentata dal fatturato, dal numero degli addetti o dal valore del patrimonio, ecc., e su di essa si costruiscono le varie classi entro le quali si suddividono le imprese.

size of the market: ***dimensione del mercato.*** Il grado di capacità di assorbimento di un bene o servizio da parte di un mercato o il suo ammontare di scambio in termini percentuali.

Sk.: sack.

skedasticity: ***schedasticità.*** Termine di origine greca, usato con lo stesso significato di *variance 2* (v.).

skeleton bill: ***cambiale in bianco.*** Termine statunitense, equivalente grosso modo a *blank bill* (v.), con il quale si indica una cambiale emessa, girata o accettata in bianco, cioè senza l'indicazione dell'importo o del beneficiario.

skewness: ***dissimmetria.*** È il grado di mancanza di simmetria in una curva di frequenza.

skill differentials: ***differenziali di specializzazione.*** Differenziali salariali tra gruppi di lavoratori dovuti a differenti livelli di specializzazione raggiunti a seguito di investimento in capitale umano.

skilled labour: ***manodopera specializzata.*** La manodopera che richiede un periodo di addestramento o di apprendistato di almeno un anno. Se il periodo di addestramento è inferiore ad un anno, si parla di manodopera semispecializzata.

skilled tradesman: ***artigiano finito.*** L'artigiano che ha terminato il periodo di apprendistato ed è in grado di aprire una bottega in proprio.

skilled worker: ***operaio specializzato; operaio qualificato.*** L'operaio che ha terminato il periodo di addestramento minimo di un anno ed è in grado di essere destinato a lavori che richiedono particolare impegno e responsabilità, propri della manodopera specializzata.

skimming: Termine pittoresco, usato per indicare una strategia di fissazione del prezzo di vendita il cui obiettivo è quello di «scremare» il mercato. Viene usata principalmente per i nuovi articoli e prevede l'imposizione di un prezzo molto alto che i consumatori sono disposti a pagare sia perché la novità li attira, sia perché identificano l'alto prezzo con l'alta qualità. Via via che il prodotto si diffonde e diventa maturo, però, il produttore riduce sempre di più il prezzo allo scopo di raggiungere un numero sempre maggiore di consumatori. Si tratta, in definitiva, di una forma di discriminazione di prezzo resa possibile dal potere monopolistico conferito dalla novità del prodotto.

skimming price: ***prezzo esclusivo.*** Il prezzo di un bene fissato a un livello così elevato da escludere dal consumo tutti coloro che non dispongono di un reddito elevato.

skip day settlement: ***liquidazione ritardata.*** Nel linguaggio borsistico statunitense, è la liquidazione che ha luogo un giorno dopo quello ufficialmente stabilito per tale operazione.

skipping: ***travaso temporaneo.*** Nel linguaggio delle dogane, indica lo spostamento di merci da un contenitore ad un altro al fine di pesarle, stabilirne la tara e simili.

sky–writing: Termine con il quale si indica la pubblicità fatta attraverso scritte su striscioni trainati da aerei che volano a bassa quota su spiagge, stadi o altri luoghi nei quali vi sia un notevole assembramento di persone.

S.L.: sue and labour clause.

slack: ***languente; inattivo.*** Aggettivo usato in relazione ad un mercato, alle contrattazioni di un determinato bene, ecc., per indicare che l'attività degli scambi e delle negoziazioni è estremamente bassa.

slackness in business: ***ristagno negli affari; inattività economica.*** Un calo anomalo del livello degli scambi in un qualsiasi mercato.

slack period: ***periodo morto.*** Un periodo in cui le contrattazioni, gli scambi o l'attività commerciale in genere sono ai livelli più bassi. Periodi del genere si verificano nelle grandi città in coincidenza con i periodi di ferie delle grandi industrie o subito dopo i periodi di grande attività commerciale, come quello che coincide con le feste natalizie.

slate club: ***associazione di credito.*** Termine usato con lo stesso significato di *loan society* (v.).

sleeper: Termine di slang statunitense, con il quale si indica un bene che diventa inaspettatamente oggetto di forte domanda o un valore mobiliare il cui corso si apprezza notevolmente al di là di ogni previsione, dopo essere rimasto fermo per un lungo periodo di tempo.

sleeping partner: 1. ***socio non amministratore; socio non operante.*** Termine usato con lo stesso significato di *silent partner 1* (v.). **2.** ***accomandante; socio accomandante.*** Termine usato con lo stesso significato di *silent partner 2* (v.).

slide error: ***errore di decimale.*** Una cifra registrata in una errata colonna dei decimali, ad esempio 1,00 registrato come 100 o come 10,0.

sliding parity: ***parità scorrevole; parità slittante; sostegno slittante.*** Termine usato con lo stesso significato di *crawling peg* (v.).

sliding peg: ***parità scorrevole; parità slittante; sostegno slittante.*** Termine usato con lo stesso significato di *crawling peg* (v.).

sliding scale: ***scala mobile.*** Espressione usata in relazione a pagamenti o redditi, che variano in aumento o in diminuzione col variare di determinati numeri indici, di solito quello dei prezzi o quello del costo della vita.

sliding–scale duty: ***dazio a scala mobile.*** Il dazio che varia in ragione inversa al variare del valore del bene colpito, in maniera da dare stabilità al mercato.

sliding–scale system: ***sistema della scala mobile.*** È così detto un sistema che prevede variazioni di un elemento in proporzione alle variazioni di un altro elemento. Ad esempio, il sistema delle tariffe doganali a scala mobile o il sistema del salario a scala mobile. In base a quest'ultimo, il salario dei lavoratori varia, entro limiti predeterminati, col variare del costo della vita o col variare dei profitti del datore di lavoro. (v. anche *sliding–scale tariff*)

sliding–scale tariff: ***tariffa doganale a scàla mobile.*** Un sistema di dazi doganali in base al quale i dazi, siano essi specifici o ad valorem, variano col variare del prezzo corrente dei beni o servizi importati. La pratica usuale è quella di ridurre i dazi quando i prezzi aumentano e di alzarli quando i prezzi scendono, in modo da dare stabilità al mercato.

slinging: ***spese d'imbracatura.*** Nella terminologia dei trasporti marittimi, il termine inglese indica le spese, sostenute dal caricatore, per passare catene o reti attorno ai colli quando essi si trovano lungo il bordo della nave, in modo che essi possano essere issati a bordo mediante i picchi di carico della stessa nave.

slip: ***polizzetta; contratto provvisorio.*** Nella terminologia delle assicurazioni marittime, è l'accordo preliminare tra assicurato e assicuratore, contenente i termini in base ai quali sarà successivamente emessa la polizza definitiva e vincolante per le parti. In particolare, il termine inglese, nella pratica seguita presso i Lloyd di Londra, indica il foglio, sottoposto dal *broker* (v.) ai vari assicuratori, sul quale compaiono i termini dell'assicurazione proposta e nel quale ciascun assicuratore specifica, accanto alla propria firma, l'ammontare di rischio che intende assumersi, fino a quando l'intera somma assicurata viene sottoscritta.

slip book–keeping: ***contabilità a fogli mobili.*** Sistema di contabilità nel quale si fa uso dei documenti reali, o copie di essi, come mezzi di registrazione, evitando così la necessità di tenere libri sussidiari o di prima nota.

slogan: ***motto pubblicitario.*** Una breve frase, arguta e facile da ricordarsi, ripetuta in tutti i messaggi pubblicitari di un'impresa, allo scopo di rendere sempre più noto al pubblico il prodotto che essa reclamizza.

slope: 1. ***inclinazione.*** In un sistema di coordinate cartesiane, l'inclinazione di una curva ad un punto corrisponde al cambiamento della variabile dipendente (asse delle Y) diviso per il cambiamento della variabile indipendente (asse delle X). **2.** ***recessione.*** Il termine inglese viene a volte usato con lo stesso significato di *recession* (v.).

slot machine: ***distributore automatico.*** Macchina, generalmente situata in locali pubblici, mediante la quale è possibile acquistare generi di largo consumo e di basso valore, quali ad esempio sigarette, bevande, dolciumi, ecc. La macchina funziona mediante l'inserimento di monete metalliche e l'uso di uno o più pulsanti per selezionare il tipo di articolo che si intende acquistare. Macchine di questo tipo sono state installate anche in ristoranti, ma esse funzionano in maniera lievemente diversa. Consistono di una serie di scomparti, chiusi sulla parte anteriore da uno sportello a vetri, dietro il quale si trova una porzione di cibo. Il cliente sceglie ciò che desidera mangiare, inserisce le monete richieste nell'apposita scanalatura e ciò libera lo sportello, che il cliente può aprire per prelevare il piatto scelto. Lo stesso termine viene usato per indicare una macchina da gioco d'azzardo dotata di una leva e di un meccanismo che fa apparire, in corrispondenza di una finestrella, tre figure montate su tamburi rotanti indipendenti azionati dalla leva. Il giocatore inserisce l'apposita moneta o il gettone nella feritoia, tira le leva e ai tamburi viene dato un impulso differenziale che li mette in movimento. La vincita o la perdita è determinata dall'accoppiamento delle tre diverse figure che compaiono nella finestrella, quando tutti e tre i tamburi si fermano. In caso di vincita, la macchina farà uscire da un'apposita apertura il numero di monete o gettoni corrispondente al tipo di accoppiamento delle figure realizzato dal giocatore.

slow asset: ***attività di lento realizzo.*** Una qualsiasi attività che può essere convertita in denaro contante, più o meno al suo valore contabile, soltanto dopo un periodo di tempo relativamente lungo.

slow–down: 1. ***sciopero di non collaborazione.*** Espressione usata come sinonimo di *slow–down strike* (v.), di cui è una contrazione. **2.** ***rallentamento.*** La riduzione di un precedente livello di attività economica o produttiva. Se non viene prontamente fronteggiato, può facilmente tramutarsi in recessione.

slow–down strike: ***sciopero di non collaborazione; non collaborazione.*** Forma di protesta dei lavoratori che si concretizza non con l'astensione dalle prestazioni lavorative, bensì con il rallentamento deliberato dell'attività produttiva, attraverso la meticolosa e pignola applicazione delle procedure e del regolamento di fabbrica o di ufficio.

slow payer: ***pagatore lento; pagatore ritardatario.*** Termine col quale si indica chi non è puntuale nei pagamenti, come ad esempio un'amministrazione estremamente burocratizzata.

slow sale: ***vendita lenta.*** Vendita che si realizza nell'arco di un periodo di tempo abbastanza lungo.

slow train: ***treno merci.*** Lo stesso che *goods train* (v.).

slow train goods: ***merci a piccola velocità.*** Sono così dette le merci trasportate su treni merci, notoriamente e dovunque lenti a confronto di altri mezzi di trasporto.

sluggish market: ***mercato fiacco.*** Mercato caratterizzato da pochi scambi e da prezzi in diminuzione.

sluggish year: ***anno fiacco.*** Un anno durante il quale la disoccupazione supera il sei per cento, il reddito monetario netto dei consumatori cresce meno del sei per cento e l'aumento del volume fisico di beni e servizi prodotti è inferiore al due per cento. Tali tassi percentuali sono riferiti all'economia statunitense.

sluicegate prices: ***prezzi saracinesca.*** Termine con il quale si indica il prezzo di importazione teorico minimo di certi prodotti agricoli nel territorio della Comunità Economica Europea, sul quale si calcolano i dazi supplementari se essi vengono importati ad un prezzo inferiore a quello minimo. I prodotti soggetti a tale dazio compensativo sono le uova, il pollame e la carne di maiale.

slum clearance: ***bonifica urbana.*** La demolizione di interi quartieri di edifici fatiscenti e la costruzione, al loro posto, di opere pubbliche ed edifici residenziali a basso prezzo, con la conseguente bonifica dell'intera area. Operazioni di questo tipo sono spesso incoraggiate dalle autorità attraverso riduzioni o esenzioni fiscali o altre facilitazioni che invogliano l'iniziativa privata ad intervenire su tali aree malsane.

slumdweller: ***abitante dei bassifondi.*** È colui che abita all'estrema periferia di una metropoli, cinta da bassifondi.

slumism: Termine di recente formazione, usato negli Stati Uniti per indicare l'esistenza o la proliferazione di bassifondi alla periferia di una metropoli.

slumlord: Termine di recente formazione, usato negli Stati Uniti per indicare il proprietario di un edificio mal ridotto o abbandonato, che si erge nei bassifondi di una metropoli.

slump: ***congiuntura bassa.*** Termine entrato anche nell'uso italiano per indicare il periodo che, nel ciclo economico, segue la crisi ed è caratterizzato da un declino dell'attività, diffusa disoccupazione, prezzi e profitti a livelli minimi e un forte calo della produzione. A volte è anche indicato con il termine depressione e, quando presenta caratteristiche meno acute, col termine recessione. Si ritiene che la causa principale di uno slump vada ricercata nel calo della spesa globale che, se non viene controllato attraverso opportune misure di espansione, tende a diffondersi nell'intero sistema economico producendo effetti cumulativi estremamente dannosi. Il meccanismo attraverso il quale si diffonde lo slump è il seguente: una diminuzione della spesa in consumi porta ad un calo della domanda, che costringe le imprese produttrici a licenziare parte dei loro dipendenti o ad impiegarli soltanto ad orario ridotto. Ciò si traduce in minori redditi e, successivamente, in un'ulteriore diminuzione della spesa in consumi che, a sua volta, porta ad un ulteriore taglio della produzione e dell'occupazione, e così via. I prezzi e i profitti cominceranno a scendere nel tentativo di esitare le scorte invendute e gli operatori economici verranno presi da previsioni pessimistiche che li porteranno a rimandare gli investimenti, dando così un'ulteriore spinta alla depressione che va diffondendosi. La caduta della domanda che porta ad uno slump si verifica di solito nel settore dei beni capitali e dei beni di consumo durevoli, che più si prestano a decisioni di rinvio di spesa.

slumpflation: ***recessione inflazionistica.*** Termine di recente formazione, composto dalle parole *slump* (v.) e *inflation* (v.). Viene usato per indicare una situazione in cui l'economia è depressa e produzione e investimenti diminuiscono, ma allo stesso tempo è presente un alto tasso di inflazione. È la fase successiva e più grave della situazione chiamata *stagflation* (v.).

slurb: ***zona popolare; quartiere popolare.*** Termine di recente formazione, composto dall'unione dei sostantivi *slum* e *suburb* ed usato principalmente negli Stati Uniti. Indica una zona, alla periferia di una grande città, che si è sviluppata senza un piano edilizio organico, con edifici scadenti e di brutto aspetto, costruiti in mezzo a depositi, stazioni di servizio, piccoli insediamenti industriali e simili.

slush funds: ***fondi neri; fondi segreti.*** Fondi accantonati per fini diversi da quelli perseguiti da un'impresa o altra organizzazione e, pertanto, non riportati nei bilanci. Tali fondi sono di solito utilizzati per acquistare influenza o favoritismi, al fine di ottenere contratti o voti per scopi politici. A volte, vengono distribuiti a partiti o singoli uomini politici di un certo livello e molto influenti.

slush money: ***denaro nero; fondi neri; fondi segreti.*** Termine usato come sinonimo di *slush funds* (v.).

Slutsky theorem: ***teorema di Slutsky.*** La proposizione che sostiene che una diminuzione del prezzo di un bene dà luogo alla diminuzione della domanda del suo più prossimo sostituto, in quanto il consumatore sostituisce una parte di quest'ultimo con il bene il cui prezzo è diminuito.

S.M.: stock market.

small ads: ***piccola pubblicità.*** L'insieme dei piccoli annunci pubblicati in un giornale o altro periodico da chi desidera vendere o acquistare oggetti, prendere o dare in affitto immobili, offrire o chiedere lavoro e simili.

small-amount note: ***biglietto di piccolo taglio.*** È la banconota che rappresenta le unità più piccole della moneta di un paese. Ad esempio, nel Regno Unito le banconote da cinque sterline e negli Stati Uniti quelle da un dollaro.

small bankruptcy: ***piccolo fallimento.*** Nel linguaggio giuridico anglosassone, questo termine indica un fallimento che implica una piccola somma di denaro. Infatti, se il tribunale riesce ad accertare che le attività del debitore non superano un certo limite, il suo patrimonio viene amministrato in modo sommario e semplificato, con il curatore che funge anche da liquidatore.

small business: ***piccola impresa; piccola azienda.*** In quasi tutte le economie esiste una distinzione tra piccole, medie e grandi imprese, ma il criterio in base al quale un'impresa rientra in una o in un'altra delle tre categorie non è uniforme. A volte, nell'ambito della stessa economia si seguono criteri diversi a seconda del settore interessato e mentre per alcune imprese si prende a base il numero dei dipendenti, per altre si prende il fatturato, il tipo di gestione, il sistema di finanziamento o l'ampiezza dell'area nella quale operano. Non mancano casi in cui il criterio scaturisce dalla combinazione di due o più degli elementi sopra citati.

Small Business Administration: Agenzia governativa creata dal Congresso degli Stati Uniti col compito di consigliare ed assistere le piccole imprese che, in quel paese, sono circa il 98% di tutte le imprese operanti sul territorio nazionale.

small business financing: ***finanziamento alle piccole imprese.*** Attività di fornitura di fondi alle piccole imprese, svolta da banche, da enti pubblici o da altre istituzioni finanziarie private.

small-business investment company: ***società d'investimento nelle piccole imprese.*** Negli Stati Uniti è una società privata, che fornisce mutui a lungo termine e capitale alle piccole imprese, mediante acquisto delle loro azioni. In considerazione dell'importanza che hanno le piccole imprese nell'economia degli Stati Uniti, il governo assiste queste società di investimento con agevolazioni fiscali e consentendo loro di vendere obbligazioni alla *Small Business Administration* (v.) o contrarre mutui diretti con essa.

small change: ***spiccioli; moneta spicciola.*** Banconote di piccolo taglio o monete divisionali, usate per i piccoli pagamenti di ogni giorno, come ad esempio per comprare il giornale o per pagare un biglietto su un mezzo di trasporto pubblico urbano.

small firm: ***piccola impresa; piccola azienda.*** Termine usato come sinonimo di *small business* (v.).

small investor: ***piccolo investitore.*** Lo stesso che *retail investor* (v.).

small loan: ***piccolo prestito.*** Un prestito di modesta entità, concesso da istituzioni finanziarie a lavoratori dipendenti. Il prestito viene di solito rimborsato ad un tanto al mese o alla settimana, insieme al pagamento degli interessi che vengono generalmente computati su base mensile.

small loan acts: ***leggi sui piccoli prestiti.*** Sono le leggi che disciplinano la concessione di piccoli prestiti e il tasso di interesse che possono praticare le istituzioni finanziarie che operano in tale attività. La maggior parte degli stati dell'Unione nord-americana hanno leggi del genere, che fissano ad un massimo del tre per cento mensile il tasso di interesse praticabile su piccoli prestiti inferiori ai mille dollari.

small-loan company: ***società di piccolo prestito.*** Società finanziaria che concede piccoli prestiti personali per l'acquisto di beni di consumo. I prestiti sono di solito garantiti da cessioni sullo stipendio o da beni personali.

small order automatic execution facility: Il sistema elettronico introdotto alla borsa valori londinese dopo il *big bang* (v.), mediante il quale è possibile eseguire piccoli ordini provenienti da investitori privati. Nel sistema vengono immessi gli ordini di acquisto e di vendita e si conclude un'operazione quando due ordini di segno inverso si incontrano.

small parcels rate: ***tariffa per piccoli colli.*** La tariffa praticata da un qualsiasi vettore per il trasporto di piccoli pacchi o plichi. In proporzione, risulta essere più elevata della tariffa relativa a grandi colli.

small-scale enterprise: ***piccola impresa.*** Termine a volte usato con lo stesso significato di *microenterprise* (v.).

small-scale production: ***produzione su piccola scala.*** La produzione di beni e servizi in piccole fabbriche, che possono far parte di una grande impresa, o la stessa produzione da parte di piccole imprese con piccole fabbriche. Il concetto di «piccolo» è piuttosto ambiguo, come è stato detto sotto *small business* (v.), e varia da paese a paese, ma il punto più importante è il modo in cui la produzione totale di un bene o servizio è suddivisa tra le imprese che costituiscono un'industria. In questo senso, il termine produzione su piccola scala può riferirsi: a) ad una situazione in cui la produzione globale di un bene o servizio, o di un gruppo di beni o servizi, è svolta da un grande numero di imprese, nessuna delle quali produce una quantità significativamente grande del bene o servizio in questione; b) ad una situazione in cui la produzione globale proviene da un numero limitato di piccole imprese; c) ad una situazione che vede il coesistere di piccole e grandi imprese, che producono beni o servizi uguali o simili.

small-size enterprise: ***piccola impresa.*** Termine usato con lo stesso significato di *small business* (v.).

small tools: ***piccoli utensili.*** Utensili portatili e relativamente semplici, usati per la lavorazione a mano nel processo produttivo. Ne sono esempi i martelli, i trapani, le seghe, ecc., anche se azionati ad energia elettrica.

smart card: ***carta intelligente.*** Piccola carta di plastica del tipo delle carte di credito, nella quale sono incorporati chips di microprocessore che consentono una vasta serie di operazioni, oltre a quelle delle tradizionali carte di credito.

smash: ***tracollo; rovina.*** Termine usato con lo stesso significato di *crash 2* (v.).

Smith-Connally Act: Legge, approvata dal Congresso degli Stati Uniti nel 1943, che autorizzava il governo federale a confiscare, come misura dettata dallo stato di belligeranza, gli stabilimenti in cui fosse in atto una protesta sindacale sotto forma di sciopero e che vietava gli scioperi a meno che venisse dato un preavviso di trenta giorni. Questi provvedimenti, assieme a quelli relativi al controllo dei prezzi e dei salari, erano parte di un programma integrato che mirava ad un alto livello di produzione e a prevenire spinte inflazionistiche nell'economia bellica americana.

Smithsonian Agreement: ***Accordo di Washington.*** L'accordo temporaneo sul riallineamento delle valute, raggiunto dal Gruppo dei Dieci il 18 dicembre del 1971, a seguito della decisione degli Stati Uniti di aumentare il prezzo dell'oro dai 35 ai 38 dollari l'oncia e di rendere il dollaro inconvertibile in oro. Oltre al riallineamento generale delle parità di cambio, fu anche deciso un allargamento dei limiti di oscillazione consentiti, portandoli al due e un quarto per cento al di sopra e al di sotto delle nuove parità. La prima infrazione dell'accordo si verificò nel giugno del 1972, quando si consentì la libera fluttuazione della sterlina britannica.

Smithsonian rates: Sono indicati con questa espressione i tassi di cambio fissati dal Gruppo dei Dieci più la Svizzera nell'Accordo di Washington del 1971, cui successivamente si adeguarono anche i paesi che non parteciparono all'accordo.

smokestack America stocks: Nel linguaggio borsistico americano, sono così chiamati i più importanti titoli industriali degli Stati Uniti. Il termine viene usato per distinguere questo tipo di valori mobiliari da quelli detti *glamour stocks* (v.), più richiesti dagli speculatori, ma generalmente meno sicuri e di vita breve.

smokestack industries: Negli Stati Uniti, questo termine indica le industrie pesanti o le gigantesche imprese produttrici di beni, quali ad esempio la General Motors, la Ford, le imprese che producono aeroplani e simili.

smuggled goods: ***merci di contrabbando.*** Merci introdotte in un paese o esportate da esso illegalmente, cioè in violazione delle disposizioni della legge doganale che regolano l'entrata, l'uscita o la circolazione delle stesse. (v. anche *smuggling*)

smuggler: ***contrabbandiere.*** Persona che si rende colpevole del reato di contrabbando, introducendo in un paese beni sui quali non intende pagare il dazio di importazione o l'imposta di fabbricazione equivalente, oppure commerciando clandestinamente in articoli vietati.

smuggling: ***contrabbando.*** È l'introduzione, entro i confini di uno stato, di beni soggetti a dazio senza farli passare attraverso la dogana, con l'intenzione di evitare il pagamento del relativo dazio d'importazione. Lo stesso termine indica il commercio clandestino di articoli di cui è vietata la produzione, la vendita o l'introduzione in un paese, oppure il commercio di beni sui quali è stata evasa l'imposta di fabbricazione o un'altra imposta ad essa equivalente.

S/N: shipping note.

snake: ***serpente.*** Termine usato con lo stesso significato di *monetary snake* (v.).

snake in the tunnel: ***serpente nel tunnel.*** Espressione entrata nel linguaggio finanziario a seguito dell'Accordo di Washington del 1971, che allargò i limiti di oscillazione consentiti alle valute e riallineò le parità di cambio. Con il termine *tunnel* si indicò la banda totale consentita di oscillazioni delle altre valute nei confronti del dollaro, stabilita nel quattro e mezzo per cento, mentre con il termine *snake* si indicò la banda del due e un quarto per cento entro la quale potevano fluttuare le valute degli altri paesi partecipanti all'accordo. Le fluttuazioni, quindi, avvenivano comunque entro limiti molto contenuti, paragonati nell'immagine ai movimenti di un serpente in un tunnel molto stretto.

SNIF: short-term note-issuance facility.

snip: ***affare vantaggioso.*** Termine usato nello slang britannico come sinonimo di *bargain* (v.).

snob effect: ***effetto snobistico.*** Una deviazione dal normale funzionamento della legge della domanda, dovuta al consumo di ostentazione, per cui alcuni consumatori acquistano una maggiore quantità di determinati beni quando il loro prezzo aumenta o ne acquistano di meno quando il prezzo diminuisce, dando in quest'ultimo caso luogo al cosiddetto *Veblen effect* (v.).

SNOW account: V. spiegazione sotto *super negotiable order of withdrawal account.*

s.o.: seller's option.

S.O.: 1) seller's option; 2) sub office.

S/O: shipowner.

Soc.: society.

social account: ***conto sociale.*** Sistemazione organizzata di tutte le operazioni, effettive o figurative, che hanno luogo in un sistema economico in un determinato arco di tempo.

social accounting: ***contabilità sociale.*** Il sistema dei conti del reddito nazionale e della spesa sociale, che illustrano le operazioni tra i diversi settori dell'economia di una nazione, durante un periodo di tempo determinato. I settori economici presi come base della contabilità sociale sono essenzialmente quattro: a) il settore personale, che riguarda i dati relativi ai redditi e ai consumi dei cittadini; b) il settore produttivo, che riguarda i dati relativi alla produzione di beni e servizi da parte delle industrie pubbliche e private; c) il settore pubblico, che riguarda i dati relativi alla spesa pubblica del governo centrale e degli enti locali; e, d) il settore internazionale, che riguarda i dati relativi alle operazioni tra cittadini residenti in paesi diversi, riportati successivamente nella bilancia dei pagamenti. Alcuni economisti sostengono l'opportunità di prendere in considerazione un quinto settore: quello relativo al capitale, cioè risparmio e investimento lordi.

social accounting matrix: ***matrice della contabilità sociale.*** Un modello, elaborato dagli economisti della Scuola di Cambridge, che evidenzia il processo di crescita economica, basato sull'analisi delle interdipendenze strutturali e sull'analisi della regressione. Scopo del modello è quello di accertare la capacità di un'economia di realizzare determinati obiettivi di crescita e di individuare eventuali strozzature e carenze, che potrebbero influenzare negativamente la realizzazione del tasso di crescita previsto o ipotizzato.

***Social and Economic Studies*:** Pubblicazione trimestrale dell'*Institute of Social and Economic Research*, dell'Università della Giamaica, che si interessa di ricerca nel campo dello sviluppo economico e sociale e dell'azione politica nei paesi in via di sviluppo.

social balance: ***equilibrio sociale.*** Espressione usata da John K. Galbraith per indicare la situazione in cui la quantità di servizi prodotti dalle imprese pubbliche si è mantenuta al passo con la quantità di beni prodotti dall'impresa privata.

social benefits: ***benefici sociali; prestazioni sociali.*** I vantaggi, in termini di benessere sociale, di cui può godere una comunità in conseguenza di decisioni economiche prese dal governo centrale o da enti locali e relative, ad esempio, all'apertura di uno stabilimento in un'area ad alto indice di disoccupazione, anche se la decisione è stata presa non in previsione dei benefici sociali che è in grado di produrre. I benefici sociali possono essere rappresentati da maggiori opportunità di lavoro, da maggiore sicurezza di mantenimento del posto di lavoro, da infrustrutture più rispondenti alle esigenze di una comunità moderna, dalla bonifica di zone malsane e così via.

social capital: ***capitale sociale; capitale nazionale; ricchezza sociale; patrimonio nazionale.*** Termine usato con lo stesso significato di *national capital* (v.).

social choice: ***scelta sociale.*** Lo stesso che *public choice* (v.).

social choice theory: ***teoria delle scelte sociali.*** V. spiegazione sotto *public choice.*

social class: ***classe sociale; ceto.*** Ciascuna delle classi in cui può essere divisa una società. La distinzione dei cittadini in classi sociali è un concetto che va scomparendo, ma in passato esso ha avuto notevole peso e influenza sulle decisioni politiche e sulla situazione interna di ogni paese.

social conscience fund: ***fondo di investimento in imprese «pulite».*** Negli Stati Uniti, è un tipo di fondo comune d'investimento aperto che impiega le proprie disponibilità in valori mobiliari di imprese che si dimostrano socialmente responsabili, ad esempio non investendo in o trattando affari con paesi nei quali vengono violati i diritti civili, oppure cercando di tutelare l'ambiente naturale, ecc.

social contract: ***contratto sociale.*** Termine usato nel Regno Unito per indicare la politica dei redditi concordata tra i sindacati e il governo laburista britannico nel 1973. Da parte sua, il governo si impegnò al varo di una politica sociale e industriale favorevole ai lavoratori, mentre questi ultimi si impegnarono a moderare le loro richieste di aumenti salariali entro limiti concordati. Purtroppo, durante il periodo del contratto sociale i salari crebbero del 32%, superando ogni precedente e l'accordo così difficilmente raggiunto naufragò miseramente.

social cost: ***costo sociale; costo pubblico.*** I costi sostenuti dalla comunità in termini di inquinamento atmosferico o delle acque, di rumori, congestione del traffico, spese di manutenzione e costruzione di infrastrutture, il tutto con denaro pubblico, ma per scopi privati. Tali costi possono anche essere calcolati in termini di svantaggi derivanti alla collettività dalla presenza, ad esempio, di un'industria inquinante o dalla congestione del traffico come conseguenza dell'eccessiva espansione di un agglomerato urbano. La stessa espressione viene usata per indicare il costo–opportunità delle risorse impiegate in una data impresa economica, unito agli svantaggi e agli aumenti di costo derivanti alla comunità da quella particolare impresa economica. In questo senso, il costo sociale corrisponde al costo totale che la collettività deve sostenere in relazione ad una qualsiasi forma di attività economica.

social credit: ***credito sociale.*** Espressione con la quale si indica la teoria economica elaborata e proposta dal maggiore C.H. Douglas, un ingegnere scozzese, negli anni venti. La teoria sostiene che nel sistema economico è sempre presente un insufficiente potere d'acquisto, che dovrebbe essere integrato mediante un credito concesso dallo stato a tutti i cittadini. L'asserzione della scarsità di potere d'acquisto si basa, secondo il Douglas, su quello che egli chiamò «teorema A + B», dove A e B rappresentano due tipi di costi. I costi A corrispondono ai pagamenti effettuati da un'impresa qualsiasi sotto forma di stipendi, salari e dividendi; i costi B corrispondono ai pagamenti effettuati dalla stessa impresa ad altre imprese per l'acquisto, ad esempio, di materie prime o impianti. Soltanto i costi A sono in grado di creare potere d'acquisto, in quanto essi soltanto raggiungono i consumatori, ma il potere di acquisto così creato non può far fronte da solo ai costi totali rappresentati da A + B. Di conseguenza, gli imprenditori sono costretti ad alzare i prezzi dei beni di consumo, allo scopo di poter sostenere i costi A e i costi B. Il rimedio proposto da Douglas consiste in un sistema di prezzi al dettaglio controllati tramite sconti sui prezzi base. I dettaglianti potrebbero vendere ai prezzi scontati ricevendo la differenza dallo stato che, così, provvederebbe ad adeguare il potere di acquisto che il produttore non è stato in grado di trasferire al consumatore a causa dei costi B. Inoltre, la teoria del Douglas prevede un sistema di dividendi sociali da pagarsi in contanti ad ogni cittadino come remunerazione di quello che egli reputava un nuovo fattore della produzione, costituito dall'eredità lasciate dalle generazioni precedenti, intese in senso negativo. Questo sistema fu esaminato a fondo, dopo la seconda guerra mondiale, da un gruppo di economisti inglesi, ma fu respinto perché considerato fallace.

social credit movement: ***movimento del credito sociale.*** È il movimento che sosteneva la teoria economica proposta dal maggiore C.H. Douglas e descritta sotto *social credit* (v.).

social dividend: ***dividendo sociale.*** Nel suo uso più moderno, questa espressione indica il reddito garantito minimo che chiunque dovrebbe percepire, come diritto di cittadinanza, indipendentemente dall'età, dal sesso, dallo stato civile o da occupazione retribuita presente o passata. Per coloro che svolgono un lavoro remunerato, esso verrebbe corrisposto sotto forma di credito d'imposta; mentre per i disoccupati e gli occupati a basso reddito sarebbe rappresentato da moneta. Tutto il reddito superiore al minimo garantito sarebbe soggetto a imposizione fiscale, mentre verrebbero aboliti i contributi sociali separati. Tale sistema è stato suggerito per tentare di eliminare la cosiddetta trappola della povertà.

social economics: ***economia sociale.*** La branca dell'economia applicata che si interessa dei problemi sociali relativi alla popolazione, alla disoccupazione, alla povertà, ai salari, al tenore di vita, all'edilizia popolare, alla previdenza a favore dei vecchi e dei malati e alle assicurazioni sociali.

social engineering: ***ingegneria sociale.*** Espressione usata per la prima volta dal filosofo americano Roscoe Pound per indicare la manipolazione di una comunità sociale, o parte di essa, tramite un'azione centralizzata o coordinata che porti a determinati risultati economico–sociali prestabiliti. Il concetto fu ripreso e divulgato dal professor Karl Popper nella sua opera *The Open Society and Its Enemies.*

social expenditure: ***spesa sociale.*** La spesa pubblica destinata a migliorare le condizioni di vita dei cittadini più bisognosi e a fornire alla collettività alcuni servizi ritenuti essenziali per il progresso e il benessere del paese. Vi rientrano tutte le forme di assicurazioni sociali e di garanzia di reddito per i cittadini; il servizio sanitario più o meno gratuito; l'istruzione e altri vari servizi finanziati dallo stato. L'enorme aumento della spesa sociale che si è verificato in tutti i paesi democratici dell'Europa occidentale e del Nord America nel periodo postbellico è stato reso possibile dalla crescita economica senza precedenti che ha avuto luogo nello stesso periodo.

social goods: ***beni sociali.*** Lo stesso che *public goods* (v.).

social imbalance: ***squilibrio sociale.*** Espressione usata dal professor John K. Galbraith per indicare la mancanza di equilibrio tra la quantità di beni prodotti dall'impresa privata e la quantità di servizi prodotti dalle imprese pubbliche. Galbraith sentenziò che negli Stati Uniti l'effetto di tale squilibrio era «il benessere privato tra la miseria pubblica».

social income: ***reddito sociale; dividendo sociale.*** Termine a volte usato con lo stesso significato di *national income* (v.).

social indicator: ***indicatore sociale.*** Indice mediante il quale si tenta di misurare il grado di benessere o il tenore di vita in una data regione geografica, visto che il prodotto nazionale lordo non è molto indicativo allo scopo di determinare il benessere umano, specialmente nelle regioni dove l'attività economica è al di sotto della media nazionale. L'indicatore sociale, che tiene conto di fattori quali il reddito reale; l'occupazione; le strutture abitative, scolastiche e culturali; i servizi di trasporto; i servizi sociali, e simili, può essere utilizzato anche su base comparativa, risultando così un utile strumento nella determinazione delle priorità di intervento nell'ambito di una politica di sviluppo urbano e regionale.

social insurance: ***assicurazioni sociali.*** Termine usato con lo stesso significato di *national insurance* (v.).

social insurance contribution: ***contributo di assicurazioni sociali.*** È il contributo, settimanale o mensile, versato in misura diversa dal datore e dal prestatore di lavoro allo scopo di garantire a quest'ultimo i benefici forniti dalle assicurazioni sociali. Di regola sono responsabili del versamento di questi contributi i datori di lavoro, che provvedono a trattenere sui salari la quota del contributo a carico del lavoratore.

socialism: ***socialismo.*** Sistema economico che sostiene che i mezzi della produzione devono essere gestiti dallo stato o da associazioni di lavoratori e l'iniziativa privata deve essere limitata se non completamente eliminata.

socialist economics: ***economia socialista.*** Espressione usata da G. D. H. Cole per indicare una forma di economia pratica che si interessa soltanto dell'analisi e della descrizione di ciò che avviene date certe circostanze di base, ma anche di ciò che dovrebbe verificarsi o che si dovrebbe tentare di fare nell'interesse del benessere della società e dei singoli.

socialist economy: ***economia socialista.*** L'economia di uno qualsiasi dei paesi dell'est europeo, che fino a poco tempo fa non si basava sul meccanismo di mercato per l'allocazione delle risorse e per le altre decisioni economiche, ma le faceva dipendere da una rigida pianificazione centralizzata.

socialization of investment: ***socializzazione degli investimenti.*** Il controllo, da parte di un'autorità pubblica che fa uso di fondi statali, dell'investimento di capitali nei diversi settori industriali. Una certa forma di socializzazione degli investimenti era ritenuta da Keynes il solo mezzo atto a garantire l'avvicinamento alla piena occupazione.

socialized medicine: ***medicina sociale.*** Lo stesso che *state medicine* (v.).

social legislation: ***legislazione sociale.*** L'insieme delle leggi il cui scopo è quello di migliorare le condizioni di vita della società nella sua interezza e di fornire al cittadino una certa sicurezza contro determinati rischi, quali quelli della disoccupazione, delle malattie, degli incidenti sul lavoro e simili.

social marginal product: ***prodotto marginale sociale.*** Il contributo netto apportato al prodotto nazionale da un'unità o da un progetto marginali.

social marketing: ***marketing sociale.*** La pratica di utilizzare le tecniche di marketing in relazione a idee o cause sociali, come ad esempio campagne contro il tabacco, l'alcol, la droga o la guida spericolata, e la diffusione delle idee sostenute da gruppi ambientalisti.

social monopoly: ***monopolio sociale.*** È un tipo di monopolio pubblico, che si verifica quando lo stato riserva per propri organi o per enti pubblici il privilegio di produrre e vendere un determinato bene o servizio per ragioni di sicurezza, di ordine pubblico o allo scopo di realizzare un maggiore sviluppo economico e sociale del paese. I monopoli sociali più frequenti sono quelli relativi alla fornitura di acqua, gas ed elettricità e alla fornitura del servizio postale e telefonico, resi necessari dalle condizioni tecniche dell'offerta in quanto sarebbe impraticabile, se non impossibile, la coesistenza di più di un'impresa in queste industrie in una data area geografica, senza creare grandi inconvenienti pubblici e senza dar luogo ad un notevole spreco di risorse.

social net product: ***prodotto netto sociale.*** Termine usato dal professor A.C. Pigou per indicare il reddito nazionale netto dopo che sono stati sottratti i costi relativi ai disservizi e agli svantaggi per la comunità, derivanti dal processo della produzione di beni e servizi, quali le condizioni insalubri e di inquinamento ambientale delle aree fortemente industrializzate, gli sprechi derivanti dalla concorrenza imperfetta, la fabbricazione e la vendita di sostanze tossiche e simili.

social opportunity cost of capital: ***costo di opportunità sociale del capitale.*** Il costo di opportunità per una comunità che si deve tener presente nel momento in cui, attraverso scelte pubbliche, si sottraggono risorse al settore privato per finanziare progetti del settore pubblico. (v. anche *social time preference rate*)

social overhead capital: ***capitale fisso sociale.*** Termine usato con lo stesso significato di *infrastructure* (v.).

social ownership: ***proprietà sociale.*** La proprietà e la gestione, da parte dello stato, di un qualche servizio o di una o più imprese produttive, presumibilmente nell'interesse di tutti i cittadini. La stessa espressione viene usata per indicare un qualsiasi bene immobile sul quale i cittadini vantano un qualche diritto di proprietà.

social production frontier: ***frontiera di produzione sociale.*** Rappresenta la quantità di un qualsiasi dato output che può essere realizzato, tenuto conto di tutti gli altri tipi di output e considerando gli input come negativi. Una comunità che abbia raggiunto la propria frontiera di produzione sta realizzando il proprio potenziale effettivo di produzione, cioè realizza la massimizzazione della produzione. Ciò, tuttavia, non significa che non si possa elevare il benessere dei consumatori mediante tecniche diverse quali, ad esempio, la ridistribuzione della produzione.

social profitability: ***redditività sociale.*** V. spiegazione sotto *private profitability.*

social report: ***rapporto sociale; bilancio sociale.*** Usato nei paesi in cui le imprese si interessano anche del finanziamento di attività sociali, è il rapporto nel quale esse indicano gli oneri e le prestazioni in campo sociale.

social rights: ***diritti sociali.*** I diritti del singolo individuo di godere di una parte del prodotto sociale per il semplice fatto che appartiene a una comunità e non come conseguenza del lavoro da lui svolto o della sua proprietà di beni. In un'economia capitalistica, i diritti sociali rappresentano un'inevitabile riduzione dei diritti di proprietà e, per estensione logica, della libertà individuale. Il conflitto tra diritti sociali e diritti di proprietà è alla base delle critiche che vengono sempre più frequentemente rivolte allo stato sociale da chi, seguendo gli economisti classici, sostiene che la violazione dei diritti di proprietà tende a ridurre lo sforzo economico, l'iniziativa, l'efficienza, la disponibilità ad assumere rischi e, in definitiva, la prosperità nazionale. (v. anche *private property rights*)

social sciences: ***scienze sociali.*** Sono le varie discipline che studiano la società, cioè gli esseri umani nelle loro relazioni come membri di un gruppo. Tra queste, rivestono maggiore importanza l'economia politica, le scienze politiche, la sociologia, la storia, il diritto, ecc. Altre scienze, poi, hanno implicazioni di carattere sociale, come ad esempio l'antropologia e l'etnologia.

social security: ***previdenza sociale; sicurezza sociale.*** L'assistenza prestata dallo stato ai cittadini che ne hanno bisogno a seguito di perdita del posto di lavoro, malattia, vecchiaia, ecc. Se tale assistenza è finanziata interamente con denaro pubblico, viene detta previdenza sociale; se, invece, essa è finanziata anche attraverso il versamento di contributi da parte dei lavoratori, corrisponde ad un sistema di assicurazioni sociali. Generalmente, il sistema di previdenza sociale in essere nei paesi occidentali corrisponde ad una qualche forma di compromesso tra i due concetti sopra esposti.

Social Security Act: Legge, approvata dal Congresso degli Stati Uniti nel 1935 e successivamente emendata e modificata, che garantisce certi lavoratori contro la perdita di reddito derivante da disoccupazione, inabilità e vecchiaia, e le loro famiglie in caso di morte del lavoratore assicurato. La legge prevede il versamento di contributi da parte dei lavoratori e dei datori di lavoro operanti in determinati settori stabiliti dalla medesima legge, ma la somministrazione dell'assistenza non è rigidamente vincolata al pregresso pagamento di tali contributi. La legge è amministrata dal governo federale, in collaborazione con i singoli stati.

Social Security Administration: Divisione ministeriale del governo federale degli Stati Uniti preposta all'amministrazione, in collaborazione con i corrispondenti uffici dei singoli stati, della legge sulla previdenza sociale.

social security benefits: ***benefici della previdenza sociale; benefici previdenziali.*** Tutti i tipi di pagamenti e trasferimenti previsti da un piano di previdenza sociale e in particolare il pagamento di sussidi di disoccupazione, o indennità equivalenti, e di pensioni erogate a qualunque titolo.

social security contributions: ***contributi sociali; oneri sociali.*** V. spiegazione sotto *social insurance contribution.*

social security earnings test: ***accertamento dei redditi a fini previdenziali.*** Negli Stati Uniti, gli anziani che sono andati in pensione ma hanno conservato un'attività lavorativa, pur se a tempo limitato e a paga ridotta, sono soggetti a questo accertamento ai fini della corresponsione della pensione. Se essi guadagnano un reddito che supera un determinato limite, la pensione viene ridotta del cinquanta per cento, ma il limite aumenta con l'aumentare dell'età del pensionato, per scomparire del tutto dopo il compimento del settantesimo anno di età.

Social Security Pensions Act: Legge, approvata dal parlamento britannico nel 1975, con la quale si istituiva un programma di pensionamento nazionale in base al quale, col tempo, i lavoratori avrebbero maturato il diritto ad uno dei due tipi di pensioni previsti e cioè quella base, equivalente alla pensione statale già esistente e finanziata con il versamento di contributi da parte del lavoratore e del datore di lavoro; e quella basata sul reddito del lavoratore, gestita dallo stato o da un altro ente; entrambe con adeguamenti in relazione all'aumento del costo della vita. Entro il 1978 i lavoratori britannici in attività di servizio dovettero optare per l'uno o l'altro tipo di pensione.

social security plan: ***sistema previdenziale.*** Il piano di previdenza sociale adottato da un qualsiasi paese. Può prevedere che i costi siano sostenuti interamente dallo stato o, come avviene nella quasi totalità dei casi, che siano sostenuti in parte dallo stato e in parte dai lavoratori e dai datori di lavoro, attraverso il pagamento di contributi stabiliti per legge.

social security program: ***programma di previdenza sociale; sistema previdenziale.*** Termine usato negli Stati Uniti con lo stesso significato di *social security plan* (v.).

social security system: ***sistema di previdenza sociale.*** Lo stesso che *social security plan* (v.).

social–security tax: ***contributo di previdenza sociale.*** Espressione usata negli Stati Uniti per indicare il contributo versato dai lavoratori e dai datori di lavoro per finanziare, insieme ai fondi federali a ciò destinati, la previdenza sociale prevista dal *Social Security Act* (v.).

social services: ***servizi sociali.*** Tutti i servizi che contribuiscono a che il cittadino conduca una vita più sicura e dignitosa. In origine erano forniti da associazioni volontarie filantropiche, ma oggi è lo stato a sostenere i maggiori costi dei servizi sociali, che includono l'istruzione, la sanità, l'edilizia popolare, le assicurazioni e la previdenza sociale, ecc.

social status: ***condizione sociale.*** La condizione economica, culturale, lavorativa, ecc. di ciascun singolo individuo nell'ambito della società di cui fa parte. Poiché si suole distinguere la società in classi, il termine indica anche l'appartenenza ad una qualsiasi di queste classi.

social surveys: ***indagini sociali.*** Sono le indagini, condotte per conto dello stato, che mirano ad accertare le condizioni di vita di certe categorie di cittadini o in determinate aree geografiche.

social time preference rate: ***indice di preferenza temporale sociale.*** Il valore relativo che la comunità sociale nel suo complesso, attraverso decisioni prese dal governo, assegna al consumo marginale odierno rispetto a quello futuro, o viceversa. (v. anche *time preference*)

social transformation function: ***funzione di trasformazione sociale.*** Termine usato con lo stesso significato di *social production frontier* (v.).

social wage: ***salario sociale.*** Termine usato con lo stesso significato di *social benefits* (v.).

social wealth: ***patrimonio sociale; patrimonio pubblico.*** I beni di proprietà di una collettività, cioè tutti i beni posseduti dallo stato e dagli enti locali, come ad esempio edifici pubblici, biblioteche, scuole, industrie nazionalizzate, ecc. Lo stesso termine fu usato da Leon Walras per indicare la somma totale di tutti i beni, materiali e immateriali, ai quali può essere assegnato un prezzo in quanto scarsi, cioè utili e in disponibilità limitata. Nel significato più ampio, il termine include il genio inventivo di un popolo, la conoscenza acquisita nel corso delle generazioni, il clima particolare e il paesaggio di un paese, ecc. Tuttavia, a questo termine è stato anche dato il significato economico più ristretto di ricchezza, mentre altri lo usano come sinonimo di patrimonio o ricchezza nazionale. (v. anche *wealth, national wealth*)

social welfare: ***benessere sociale; assistenza sociale.*** Espressione usata per indicare il grado in cui i servizi sociali sono disponibili per tutti i cittadini o il benessere complessivo di una collettività. Alcuni sostengono che anche in presenza di un alto livello di benessere economico, lo stato deve rendersi responsabile del benessere sociale, onde garantire che tutti i cittadini indistintamente partecipino al benessere economico. Il concetto di benessere sociale è, tuttavia, alquanto vago, poiché esso non è facilmente misurabile.

social welfare function: ***funzione del benessere sociale.*** Nel linguaggio dell'economia del benessere, questa espressione indica un sistema di curve di indifferenza che mostra la graduazione dei valori assegnati da una collettività a due o più situazioni economiche alternative.

social welfare principle of taxation: ***principio della imposizione fiscale basata sul benessere sociale.*** Il principio che sostiene che le imposte dovrebbero essere prelevate in modo da correggere un'ingiusta o iniqua distribuzione del reddito in seno alla comunità sociale.

social worker: ***assistente sociale; lavoratore sociale.*** Figura di professionista, di recente istituzione, che rappresenta il collegamento sociale tra l'ente di assistenza e l'assistito. Il campo di attività di questo professionista è pressocché illimitato e la sua opera risulta preziosa ovunque vi siano cittadini in crisi di adattamento, che hanno bisogno di una guida per inserirsi o reinserirsi nella società.

social workshop: ***officina sociale; stabilimento sociale.*** Il luogo di lavoro di un'associazione di lavoratori che operano nella stessa attività e che socializzano i loro strumenti e le loro capacità, cioè le loro risorse, con l'intento di ripartire tra loro i guadagni. L'idea madre di queste officine sociali fu suggerita da Louis Blanc, storico ed economista francese, tra il 1848 e il 1850. Ciascuna officina, secondo il concetto di Blanc, doveva essere autosufficiente e rappresentare un'unità che, insieme a tante altre, avrebbe gravitato attorno ad uno stabilimento principale. Una serie di tali stabilimenti, sparsi sull'intero territorio nazionale, si sarebbero sostenuti l'un l'altro, prestandosi assistenza reciproca quando fosse necessario, e ciò avrebbe condotto ad un'economia priva degli effetti dirompenti e negativi della concorrenza. L'idea del Blanc rientrava nella grande massa di utopie esposte in tutte le epoche e in tutti i paesi come unico mezzo per salvare la società umana, ma ebbe anche effetti pratici non trascurabili in quanto fu in seguito sfruttata per la costituzione di molte cooperative di produzione.

society: ***associazione; lega; società.*** Un'associazione di persone che non viene eretta in ente giuridico come lo è una *company* (v.), ma che è soggetta a determinate disposizioni di legge quando si interessa di una qualsiasi attività pubblica finanziaria o commerciale. Nel Regno Unito assumono questo tipo di costituzione le associazioni culturali, i circoli ricreativi, le cooperative e simili. (v. anche *building society, co–operative society, friendly society*)

socio–economic groupings: ***raggruppamenti socio–economici.*** Sono le categorie in cui può essere suddivisa una società, in base al tipo di occupazione o al livello di reddito dei cittadini.

sociology: ***sociologia.*** Termine usato con due significati: a) la più generale di tutte le scienze sociali, che ha come campo di studio l'origine, lo sviluppo, la struttura e le funzioni di tutte le forme di associazione umana; b) in senso più ristretto, la scienza che tratta le relazioni sociali più antiche, quali le scienze economiche e le scienze politiche, ed in particolare i problemi relativi ai nuclei e alle relazioni familiari, alla povertà, alla criminalità, ecc.

s.o.d.: seller's option to double.

soft arbitrage: Un tipo di arbitraggio di interessi praticato dai grossi clienti delle banche, che prendono a prestito fondi dai mercati monetari per rientrare dalle loro posizioni di scoperto nei confronti delle banche, quando il tasso d'interesse sui mercati monetari è inferiore a quello praticato dalle banche. Ciò è reso possibile dal fatto che i tassi d'interesse sui mercati monetari sono molto più volatili del saggio base praticato dalle banche. (v. anche *hard arbitrage*)

soft commission: Gli incentivi, sotto forma di servizi vari gratuiti, offerti da una casa d'intermediazione ai gestori di grossi portafogli al fine di indurli a svolgere parte della loro attività di compravendita attraverso quella casa d'intermediazione in uno qualsiasi dei paesi in cui essa opera. I servizi, ovviamente, vengono in definitiva pagati dai clienti dei gestori di portafogli.

soft currency: 1. ***moneta debole; valuta debole.*** Una valuta il cui corso di cambio è soggetto a notevoli fluttuazioni sui mercati valutari, a seguito di persistenti squilibri nei saldi della bilancia dei pagamenti o di forti pressioni speculative dettate dall'aspettativa di una variazione del suo tasso di cambio. La valuta debole è caratterizzata da una grande offerta sui mercati dei cambi, cui non corrisponde un'eguale domanda, sia perché gli altri paesi non sono propensi ad usarla come riserva, sia perché il paese in cui essa circola registra un'eccedenza di importazioni sulle esportazioni. La stessa espressione viene a volte usata per indicare una moneta il cui potere di acquisto, all'interno del paese in cui circola, è soggetto a forte instabilità. **2.** ***moneta cartacea; valuta cartacea.*** Banconote o altre forme di moneta, che non siano rappresentate da monete metalliche.

soft–dollar commission: Negli Stati Uniti, lo stesso che *soft commission* (v.).

soft–dollar deals: Nel linguaggio finanziario statunitense, le operazioni di compravendita basate sulla pratica descritta sotto *soft commission* (v.).

soft financing: ***finanziamento a tasso agevolato.*** Il finanziamento realizzato mediante la concessione di prestiti a un tasso d'interesse inferiore a quello di mercato.

soft goods: 1. ***beni di consumo deperibili; beni di consumo fugaci.*** Termine usato con lo stesso significato di *consumer non–durable goods* (v.). **2.** ***tessili; prodotti tessili.*** Qualsiasi tipo di prodotto dell'industria tessile.

soft landing: ***atterraggio morbido.*** Il graduale ridimensionamento di un boom economico o la graduale riduzione della sopravvalutazione di una moneta che portano a una situazione più normale dell'attività economica, con bassa inflazione e bassa crescita ma senza che si manifesti una recessione, o a una parità più realistica dei tassi di cambio, senza che ciò influenzi negativamente l'economia nazionale.

soft lending: ***prestiti a tasso agevolato.*** Termine usato come opposto di *hard lending* (v.) per indicare la pratica di concedere prestiti a un tasso d'interesse inferiore a quello di mercato.

soft-lending window: ***sportello prestiti agevolati.*** Una qualsiasi istituzione creditizia internazionale che concede prestiti ai paesi in via di sviluppo a un tasso d'interesse inferiore a quello di mercato. Lo stesso termine spesso indica collettivamente tutte le istituzioni creditizie dalle quali è possibile ottenere prestiti a tasso di interesse agevolato.

soft loan: **1.** ***prestito agevolato; mutuo agevolato.*** Un qualsiasi prestito concesso a condizioni non convenzionali. Il termine può applicarsi ad un mutuo concesso senza alcun tasso di interesse o con un tasso di interesse inferiore a quello normalmente o convenzionalmente praticato dalle istituzioni finanziarie ordinarie. Il prestito agevolato, infatti, è concesso da banche nazionali o internazionali al fine di favorire un determinato settore produttivo o un paese in via di sviluppo, in linea con gli scopi che si prefigge la particolare istituzione finanziaria. **2.** ***prestito in valuta debole.*** A volte questo termine inglese viene usato per indicare un prestito estero restituibile in valuta del paese che lo riceve, considerando tale valuta come una *soft currency* (v.). In tale significato, il termine è il contrario di *hard loan* (v.).

soft loan window: ***sportello prestiti agevolati.*** Lo stesso che *soft-lending window* (v.).

soft market: ***mercato debole.*** Una situazione di mercato caratterizzata da cedimenti dei prezzi e rarefazione della domanda.

soft money: **1.** ***moneta imperfetta; moneta debole.*** In passato si indicava con questa espressione una moneta il cui valore intrinseco era inferiore al suo valore nominale. A seguito dell'abbandono del sistema monetario basato sui metalli preziosi, l'espressione inglese è passata ad essere usata come sinonimo di *soft currency 1* (v.). **2.** ***moneta cartacea; valuta cartacea.*** Termine usato come sinonimo di *soft currency 2* (v.).

soft selling: Espressione con la quale si indica una politica di vendita basata su un appello pubblicitario sommesso e persuasivo e non su una pubblicità aggressiva che decanta fino alla noia le speciali caratteristiche di un prodotto. L'espressione è usata come opposto di *hard selling* (v.).

soft technology: L'insieme di abilità necessarie alla gestione efficiente e remunerativa di un'impresa, che vengono trasferite da una qualsiasi multinazionale che effettua investimenti diretti in paesi in via di sviluppo.

soil bank program: Negli Stati Uniti, è un programma che prevede la non utilizzazione di terreni agricoli per raccolti ritenuti non necessari all'economia del paese e la destinazione degli stessi ad usi che ne conservano la produttività nel lungo periodo. Gli agricoltori che partecipano a questo programma ricevono un canone di fitto dal governo e assistenza tecnica sulla destinazione dei terreni.

soil conservation: ***preservazione del suolo.*** L'insieme delle tecniche usate allo scopo di evitare l'impoverimento dei terreni agricoli e di restituire loro l'originale produttività. Esistono vari sistemi per raggiungere questi risultati, alcuni basati sull'uso di sostanze chimiche e sulla rotazione dei raccolti, altri su accorgimenti che intervengono sulla struttura del terreno ed altri ancora che mirano a limitare l'erosione del suolo mediante opportune opere di contenimento.

Soil Conservation Service: Sezione del ministero dell'agricoltura degli Stati Uniti preposta all'amministrazione dei vari piani di preservazione dei terreni agricoli.

soil erosion: ***erosione del suolo.*** Qualsiasi azione abrasiva esercitata sulla parte superficiale dei terreni agricoli dagli agenti atmosferici, quali il vento, la pioggia, le alluvioni e simili.

S.O.L.: shipowner's liability.

sol: Unità monetaria del Perù, suddivisa in cento centavos.

sola bill: ***sola di cambio.*** Una cambiale emessa in un unico esemplare, a differenza di quelle emesse in tre o più esemplari.

sold day book: ***giornale delle vendite.*** Termine usato con lo stesso significato di *sales journal* (v.).

sold ledger: ***partitario vendite; mastro vendite.*** Lo stesso che *sales ledger* (v.).

sold note: **1.** ***fissato bollato; foglietto bollato; fissatino.*** Termine usato con lo stesso significato di *contract note* (v.). **2.** ***distinta di vendita; nota di vendita; conto di vendita.*** Documento commerciale inviato da un venditore o da un intermediario al compratore, appena l'operazione commerciale di compravendita è stata stipulata. In esso vengono indicati i dettagli relativi alla quantità oggetto della compravendita, al prezzo, ai termini di pagamento, al luogo e alla data di consegna, ecc.

sold out: ***esaurito.*** Detto di un prodotto non più disponibile presso un punto di vendita o presso il produttore.

sole agency: ***agenzia esclusiva.*** Diritto concesso da un produttore ad un agente o commerciante di essere l'unico e il solo venditore dei suoi prodotti in una determinata zona o area geografica.

sole agent: ***agente esclusivo.*** È l'agente che, per accordi intercorsi col suo principale, è il solo ed unico suo rappresentante in una data zona o area geografica.

sole bill: ***sola di cambio.*** Termine usato come sinonimo meno comune di *sola bill* (v.).

sole corporation: ***azienda individuale.*** Espressione usata negli Stati Uniti per indicare un'impresa, eretta ad ente giuridico, di proprietà di una sola persona. La stessa espressione viene a volte usata per indicare una società le cui azioni sono per la grande maggioranza di proprietà di una sola persona. (v. anche *individual proprietorship*)

sole director: ***amministratore unico.*** L'imprenditore in proprio o il socio più importante che, in una società semplice, è il solo ad essere autorizzato a rappresentare l'impresa. Nelle società per azioni, è la persona che, su nomina dell'assemblea degli azionisti, amministra la società.

sole distributor: ***distributore esclusivo.*** Commerciante al dettaglio che ha l'esclusiva per la vendita di un determinato bene in una data area geografica.

sole licensee: ***concessionario esclusivo; licenziatario esclusivo.*** Il termine inglese indica chiunque sia detentore esclusivo di un permesso, o di un'autorizzazione, che gli consenta di svolgere un'attività che altrimenti sarebbe considerata illecita o lesiva degli interessi di colui che ha concesso la licenza. Il concessionario esclusivo gode, pertanto, di un potere di monopolio in relazione alla produzione o alla vendita del bene o servizio oggetto della con-

cessione o licenza.
sole merchant: ***commerciante in proprio.*** È indicato con questo termine l'imprenditore individuale che svolge un'attività commerciale. (v. anche *individual proprietorship*)
sole of exchange: ***sola di cambio.*** Termine usato con lo stesso significato di *sola bill* (v.).
sole owner: ***proprietario unico.*** Termine a volte usato con lo stesso significato di *sole proprietor* (v.).
sole proprietor: ***imprenditore in proprio.*** Il titolare di un'impresa individuale, anche se a volte il termine è usato per indicare la stessa impresa individuale invece del suo proprietario. (v. anche *individual proprietorship*)
sole proprietorship: ***impresa individuale; ditta personale; azienda in proprio; ditta individuale.*** Termine usato con lo stesso significato di *individual proprietorship* (v.).
sole representative: ***rappresentante esclusivo.*** Termine usato con lo stesso significato di *sole agent* (v.).
sole selling rights: ***esclusività di vendita.*** È il diritto, concesso da un produttore ad un suo agente o ad un commerciante, di essere l'unico venditore dei beni da lui prodotti in una determinata area geografica. (v. anche *sole agency*)
sole trader: ***imprenditore in proprio; imprenditore individuale.*** Termine usato con lo stesso significato di *sole proprietor* (v.).
solicitor: ***procuratore legale; avvocato.*** Professionista che svolge la propria attività in qualità di intermediario tra il pubblico e gli organi preposti all'amministrazione della giustizia. Nel Regno Unito i procuratori legali svolgono molte delle funzioni da noi riservate ai notai. Oltre ad offrire consulenza legale ai propri clienti, essi sono autorizzati a ricevere testamenti, amministrare patrimoni, redigere atti di vendita di terreni e immobili, preparare gli atti relativi alla costituzione di società per azioni, redigere contratti e altri documenti legali.
solicitor's letter: ***lettera dell'avvocato.*** Espressione colloquiale, usata per indicare una lettera scritta da un *solicitor* (v.), di solito dietro pagamento di un onorario fisso prestabilito, ad un debitore che non ha provveduto a onorare la sua obbligazione entro il tempo che gli era stato concesso. Rappresenta l'ultimo passo in direzione di una soluzione bonaria di una controversia, prima che la cosa sia portata davanti all'autorità giudiziaria competente.
solicitor's lien: ***privilegio dell'avvocato; diritto di ritenzione dell'avvocato.*** È il diritto, riconosciuto ad un avvocato, di non riconsegnare documenti di proprietà del cliente fino a quando non sia stata liquidata la sua parcella.
solidarism: ***solidarismo.*** Una dottrina che propugna la reciproca dipendenza di tutti gli individui, per cui coloro che sono riusciti a crearsi una posizione nella vita sono in debito verso coloro che, direttamente o indirettamente, hanno contribuito al loro successo, mentre coloro che non sono stati altrettanto fortunati hanno un diritto, giustificabile da un punto di vista morale ma anche economico, su ciò che possiedono i più fortunati. Da questo concetto deriva l'obbligo dei cittadini a contribuire alle spese dello stato destinate ai servizi sociali che, ridistribuendo parte del reddito, contribuiscono alla solidarietà e all'equità sociale.
solid goods: ***merci solide.*** Qualsiasi tipo di merci che non siano liquide o gassose.
solid measures: ***unità di misura di volume.*** Sono tutte le unità di misura che si prestano a determinare la capacità di un qualsiasi solido, come ad esempio il metro cubo o il piede cubo.
solo: ***sola di cambio.*** Lo stesso che *sola bill* (v.).
solus: Termine del linguaggio commerciale, con il quale si indica un sistema di vendita al dettaglio, in base al quale viene concesso a determinati punti di vendita di trattare beni di un solo produttore.
solus site: Un punto di vendita che tratta articoli prodotti da una sola impresa, come ad esempio le stazioni di rifornimento di carburante.
solus user: Un consumatore che usa solo e sempre un'unica marca di determinati prodotti, come ad esempio un fumatore che fuma sempre lo stesso tipo di sigarette o un bevitore che beve sempre la stessa marca di whisky.
solvency: ***solvibilità.*** La situazione in cui si trova chi è in grado di far fronte agli impegni economici assunti o l'impresa le cui attività totali sono superiori alle passività totali.
solvency crisis: ***crisi di solvibilità.*** Situazione in cui vengono a trovarsi un'impresa o un governo che non sono più in grado di far fronte al pagamento di interessi e alla restituzione della somma capitale in relazione a prestiti precedentemente contratti.
solvency margin: ***margine di solvibilità.*** A tutte le società assicuratrici britanniche viene imposto un margine di solvibilità minimo, con il quale esse devono poter far fronte alle richieste di indennizzo dagli assicurati a seguito del verificarsi di sinistri il cui rischio è stato assunto dall'assicuratrice. Il diverso rapporto tra capitale e riserve da un lato e premi incassati dall'altro, che dà il margine di solvibilità, è esposto sotto *free assets* (v.).
solvency ratio: ***indice di solvibilità.*** Nella terminologia bancaria, è il rapporto tra le proprie risorse di capitale e il totale delle passività di una banca.
solvent: ***solvibile.*** Aggettivo con il quale si indica l'individuo o l'impresa che sono in grado di far fronte alle obbligazioni assunte. Di solito, viene usato in relazione a debitori per indicare che essi sono in grado di pagare i propri debiti via via che essi giungono a scadenza.
Somali shilling: ***scellino somalo.*** Unità monetaria della Somalia, suddivisa in cento centesimi.
S. o. R.: sale or return.
sound delivered: ***sano alla consegna.*** Clausola relativa all'accertamento della qualità, usata nel commercio internazionale particolarmente in relazione a merci che devono essere trasportate via mare e che sono, pertanto, esposte al rischio di deterioramento. Quando questa clausola viene inserita in un contratto di compravendita, la qualità della merce viene accertata a destino e il compratore ha la facoltà di rifiutarsi di ritirarla se essa si è deteriorata durante il viaggio, in quanto il venditore garantisce la merce sana alla consegna e si assume quindi tutti i rischi di deterioramento fino al suo arrivo. Il compratore, tuttavia, è tenuto a provvedere allo sbarco delle merci e a depositarle in un magazzino per conto e a spese del venditore. Poiché i rischi che il venditore si assume con questa clausola sono molto elevati, anche il prezzo dei beni venduti sarà più elevato rispetto a quello dello stesso bene venduto con altre clausole di accertamento della qualità, quali sono le «condizioni della segale» o quella detta «tale e quale».
sound value: ***valore giusto; valore equo.*** Espressione usata principalmente in relazione a valutazioni di attività fisse per indicare il valore reale e attuale di un bene. Da un punto di vista contabile corrisponde al costo di sostituzione, meno l'ammortamento maturato e i costi di manutenzione differita.
source–and–application of funds statement: ***bilan-***

cio delle risorse e delle utilizzazioni; rendiconto finanziario. Termine usato in alternativa a *statement of sources and application of funds* (v.).

source-and-disposition statement: ***bilancio delle risorse e delle utilizzazioni; rendiconto finanziario.*** Termine usato con lo stesso significato di *statement of sources and application of funds* (v.).

source of supply: ***fonte di approvvigionamento; fonte di rifornimento.*** Termine usato in alternativa a *supply source* (v.).

sources-and-uses statement: ***bilancio delle risorse e delle utilizzazioni; rendiconto finanziario.*** Termine usato con lo stesso significato di *statement of sources and application of funds* (v.).

sources of capital: ***fonti di capitale.*** Per un'impresa, sono fonti di capitale gli utili che essa ricava dalla propria attività produttiva o commerciale e che non distribuisce agli azionisti, le procedure di ammortamento delle attività fisse, la vendita di attività fisse e le operazioni finanziarie, che comprendono sia il contrarre prestiti, sia l'emettere nuove azioni.

sources of credit information: ***fonti di informazioni creditizie.*** Organizzazioni dalle quali si possono ottenere informazioni sulla situazione di un'impresa o di un individuo in relazione al credito di cui gode nel luogo in cui opera o presso i suoi abituali fornitori. Fonti di tali informazioni sono di solito le banche e le agenzie specializzate.

sources of income: ***fonti di reddito.*** Qualsiasi fonte da cui ha origine il reddito di un individuo o di un'impresa. Il reddito può derivare da due fonti: a) la prestazione di servizi, cioè un qualsiasi tipo di lavoro; e, b) la proprietà dei fattori della produzione, cioè terra o capitale. Dalla prima fonte si trae reddito sotto forma di salario o stipendio; dalla seconda sotto forma di interessi, dividendi e rendita, profitti e canoni di locazione.

South African Reserve Bank: La banca centrale della Repubblica del Sud Africa, con sede a Pretoria.

South Sea Bubble: Espressione con la quale si indica un'avventura altamente speculativa che ebbe luogo in Inghilterra agli inizi del diciottesimo secolo. Ne fu protagonista principale una società formata nel 1711 che, in cambio di certi privilegi concessi alla *South Sea Company* per l'esplorazione e lo sfruttamento del commercio nei mari del sud, promise di assumersi l'onere del debito pubblico inglese. A quell'epoca non vi era alcuna forma di controllo sulle società e non esisteva la responsabilità limitata, il che consentì a questa società di emettere azioni il cui valore veniva fatto aumentare attraverso la creazione di un mercato fittizio. Infatti, per molto tempo essa non fece altro che prestare denaro con il quale venivano acquistate sue azioni, che così aumentavano di valore. Tra il 1711 e il 1720, quando la società fallì, si fecero e si persero grandi fortune giocando sulle azioni della *South Sea Company* e né il re, né il parlamento poterono intervenire, perché essi stessi erano coinvolti nella speculazione. Questa società fu la più grande mai costituita in Inghilterra, ma fu anche quella che creò la maggiore quantità di caos finanziario e di miseria quando i suoi dirigenti scomparvero nel nulla con tutto ciò che restava delle attività dell'impresa. Dopo questa triste esperienza, dovettero passare più di cento anni prima che il parlamento tornasse a concedere l'autorizzazione per la costituzione di società per azioni e ciò soltanto a condizioni estremamente rigide e severe.

Sov.: sovereign.

sovereign: ***sovrana; sterlina oro.*** Moneta inglese d'oro coniata per la prima volta nel 1489 durante il regno di Enrico settimo, col valore di venti scellini. Continuò ad essere coniata dai suoi successori e dopo l'unione dei regni di Scozia e d'Inghilterra prese il nome di *unite*, a significare appunto tale unione. Nel 1663 la sovrana fu sostituita dalla ghinea, il cui valore era di ventuno scellini, ma dopo le guerre napoleoniche, e precisamente nel 1816, si riprese a coniare la sovrana, che fu preferita alla ghinea. Essa venne presa come unità monetaria del nuovo sistema a base aurea e fu comunemente chiamata sterlina. Nel 1915 la coniazione della sovrana fu nuovamente interrotta e da allora essa non ha più avuto corso legale nel Regno Unito, pur se continua ad essere coniata per l'esportazione, principalmente verso il medio oriente ove è sempre stata molto richiesta. Dal 1966 è illegale per i cittadini del Regno Unito possedere anche una sola sterlina oro, a meno che siano autorizzati dalla Banca d'Inghilterra come collezionisti di monete.

sovereign borrower: ***mutuatario sovrano.*** Questo termine viene usato nel linguaggio finanziario in contrapposizione a *corporate borrower* (v.) per indicare che il mutuatario è un governo e non un privato o un'impresa.

sovereign debt: ***debito di stato sovrano.*** Il debito contratto da uno stato sovrano con un'istituzione finanziaria di un altro paese, di solito una delle grandi banche commerciali.

sovereign loan: ***prestito a stato sovrano.*** Un prestito concesso generalmente dalle grandi banche commerciali a un paese sovrano.

sovereign risk: ***rischio del governo.*** Espressione usata nel linguaggio finanziario per indicare il rischio di ripudio di un prestito da parte di un governo estero. Al fine di minimizzare tale rischio, le banche di regola osservano limiti nell'ammontare mutuato a singoli governi o ad organizzazioni i cui mutui sono garantiti dal governo. Tale rischio, tuttavia, è sempre inferiore a quello di un prestito concesso all'estero senza garanzia statale.

sovereignty of the consumer: ***sovranità del consumatore.*** È il concetto che, in definitiva, è il consumatore a decidere quali beni e in quale quantità dovranno essere prodotti dall'industria. Se, infatti, si lascia libero gioco al meccanismo dei prezzi, cioè se lo stato non interviene con controlli, la domanda del consumatore determinerà il livello dei prezzi e la conseguente disponibilità degli imprenditori a produrre o non produrre un determinato bene o servizio. Se la domanda dei consumatori aumenta, il prezzo del bene o servizio sale e gli imprenditori si dimostrano propensi a produrlo in quantità sufficiente per far fronte alla domanda, se essa invece scende, anche il prezzo scende e gli imprenditori si adeguano producendone una quantità minore o non producendolo affatto se i prezzi non sono tali da giustificare gli investimenti. Anche il monopolista è soggetto alla sovranità del consumatore, in quanto egli potrà decidere o la quantità da produrre o il prezzo, ma non ambedue, dal momento che uno di questi due elementi dipende dalla curva della domanda.

sp.: speculation.

S.P.: 1) supra protest; 2) sample post.

S.P.A.: 1) subject to particular average; 2) sundry persons' account.

space factor: ***fattore spazio.*** Nel procedimento di imputazione dei costi comuni basato sul metodo dei fattori di servizio, è il fattore relativo al servizio di tutte le aree coperte e scoperte dell'impresa e comprende, pertanto, tutti i costi relativi all'acquisizione e alla conservazione in buono stato di tali aree.

space salesperson: ***venditore di spazio pubblicitario.*** Una persona la cui attività consiste nel vendere spazio o tempo pubblicitario nei diversi media, quali reti radiotelevisive, giornali, riviste, ecc.

span of control: ***ampiezza del controllo direttivo.*** Nella gestione aziendale, questa espressione indica il numero massimo di subordinati o di funzioni che un dirigente può effettivamente supervisionare. I subordinati possono a loro volta essere supervisori di altri sottogruppi, con la loro relativa ampiezza di controllo direttivo. Il concetto si basa sul cosiddetto «teorema di Graicunas». Nel suo libro *Relationship in Organization*, V. A. Graicunas sostiene che «nessun dirigente può supervisionare efficacemente le interazioni e le relazioni di più di sei immediati subordinati al massimo, le cui attività egli deve integrare e ai quali egli deve delegare le opportune responsabilità». Questo concetto si sviluppò agli inizi degli anni trenta, ma non deve essere inteso come principio generale, in quanto è suscettibile di variazioni e dipenderà principalmente dal tipo di lavoro svolto, dal tipo di organizzazione e da molti altri fattori.

span of responsibility: ***ampiezza di responsabilità.*** Termine usato con lo stesso significato di *span of control* (v.).

span of supervision: ***ampiezza della supervisione; estensione del controllo direttivo.*** Termine usato con lo stesso significato di *span of control* (v.).

spare capacity: ***capacità di riserva.*** Il margine di capacità produttiva inutilizzata in un'impresa o in un'economia.

spatial economics: ***economia regionale.*** Lo stesso che *regional economics* (v.).

SPDA: single–premium deferred annuity.

spearhead money: Tipo di moneta di occupazione usata dalle forze armate degli Stati Uniti durante la loro permanenza nel nord Africa, nel corso della seconda guerra mondiale. In quanto emessa in dollari, e non in valuta locale, questa moneta rappresentava un'obbligazione diretta assunta dal ministero del tesoro statunitense. (v. anche *occupation money*)

Spec.: speculation.

special acceptance: ***accettazione condizionata.*** Termine usato con lo stesso significato di *conditional acceptance 1* (v.).

special accounting: ***contabilità speciale.*** Comprende la contabilità di magazzino, la contabilità del personale e la contabilità clienti e fornitori.

special agency: ***mandato speciale.*** È il mandato concesso da un preponente ad un agente speciale. (v. anche *special agent*)

special agent: ***agente speciale; mandatario speciale.*** Agente dotato di poteri limitati ed impiegato dal preponente di solito in relazione ad una singola operazione, come nel caso in cui un acquirente ha bisogno di un esperto per effettuare un acquisto importante in una borsa merci e si serve di un agente che conosce a fondo sia le procedure della borsa merci, sia le derrate che in essa si trattano.

special agreement: ***transazione; accomodamento; compromesso.*** Termine usato con lo stesso significato di *settlement 3* (v.).

special areas: ***aree speciali.*** Termine usato in alcune leggi del 1934 e del 1937 per indicare zone del Regno Unito con un indice di disoccupazione particolarmente alto. Questo termine sostituì quello precedentemente usato, aree depresse, e fu a sua volta sostituito da quello più moderno e tuttora in uso, aree di sviluppo. (v. anche *depressed areas, areas for development*)

special assessment: ***contributo di miglioria.*** Termine usato con lo stesso significato di *assessment 3* (v.).

special–assessment bond: ***obbligazione garantita da contributi di miglioria.*** Un'emissione obbligazionaria, da parte di un ente locale, i cui interessi e il cui rimborso sono garantiti dal potere dell'ente locale di imporre contributi di miglioria nei confronti dei cittadini le cui proprietà subiscono un incremento di valore in seguito all'esecuzione di determinate opere pubbliche, finanziate tramite l'emissione obbligazionaria.

special assessment fund: ***fondo contributi di miglioria.*** Termine usato con lo stesso significato di *local–improvement fund* (v.).

special audit: ***revisione parziale dei conti.*** Una revisione dei conti svolta con uno scopo speciale e pertanto limitata.

special authority: ***procura speciale.*** Termine usato con lo stesso significato di *special power of attorney* (v.).

special bid: ***offerta speciale di acquisto.*** Nel linguaggio della borsa valori di New York questa espressione indica un metodo di portare a buon fine un ordine di acquisto di un considerevole blocco di azioni. L'offerta speciale viene resa nota nel salone delle contrattazioni della borsa e può essere eseguita ad un prezzo fisso che non deve essere inferiore a quello dell'ultima contrattazione di quel titolo o al suo valore corrente, quale dei due risulti più alto. L'acquirente paga allo *stockbroker* (v.) che lo rappresenta una commissione speciale, mentre il venditore non è tenuto al pagamento di alcuna commissione.

special bonus: ***dividendo pagato in azioni.*** Termine usato con lo stesso significato di *stock dividend* (v.).

special buyer: ***acquirente speciale.*** È un agente che opera per conto della Banca d'Inghilterra in relazione alle operazioni di mercato aperto su buoni del tesoro. In tale mercato, la Banca d'Inghilterra non agisce in prima persona, ma si affida ad una casa di sconto alla quale viene appunto dato il nome di acquirente speciale.

special category company: ***società di categoria speciale.*** Il *Companies Act* del 1985 prevede questo tipo di società, nel quale rientrano gli istituti bancari, le società di assicurazioni e le società di navigazione marittima.

Special Commissioners of Income Tax: ***commissione delle imposte sul reddito.*** La commissione formata da dipendenti statali e appositamente nominata dal ministero del tesoro britannico, con funzioni principalmente giudicanti, per vagliare la fondatezza dei ricorsi contro l'accertamento ai fini della determinazione delle imposte sul reddito.

Special Committee on Agriculture: ***Commissione speciale per l'agricoltura.*** Commissione della Comunità Economica Europea formata dagli esperti di agricoltura di ciascuna delle delegazioni permanenti dei paesi membri, da rappresentanti dei governi nazionali e da rappresentanti della Commissione europea. Ha il compito di stabilire le iniziative politicamente applicabili al settore agricolo comunitario.

special contingency reserve: ***fondo di riserva per sopravvenienze passive di carattere speciale.*** È un fondo di riserva vincolato ad una o più possibili spese specifiche future. Il termine si contrappone a *general contingency reserve* (v.).

special contract: ***contratto sigillato.*** Il termine inglese viene usato allo scopo di distinguere un contratto scritto e sigillato da uno semplicemente verbale oppure scritto ma non sigillato. Nell'uso comune, tuttavia, questo termine indica un contratto espresso o esplicito, che stabilisce diritti e doveri delle parti, a differenza di un contratto che deve inferirsi dalla natura e dalle circostanze dell'operazione cui si riferisce. In questo senso, il contratto può anche essere verbale, purché esso contempli condizioni particolari. Si tratta, comunque, di un concetto ignoto al *civil law* che, pertanto, non trova equivalente nel nostro ordinamento.

special contribution: ***contributo speciale.*** Termine con il quale venne indicata un'imposta speciale una tantum prelevata dal governo britannico sulle imprese industriali nel 1948. Fu una specie di imposta straordinaria sul patrimonio, pur se il patrimonio percosso era soltanto quello delle aziende.

special crossing: ***sbarratura speciale; incrociatura speciale.*** È costituita da due linee parallele trasversali tirate sulla parte anteriore di un assegno, tra le quali viene scritto il nome di una banca o il nome del titolare di un conto corrente e della banca presso la quale esso è tenuto. È una forma di sbarratura che rende più sicura la non trasferibilità dell'assegno, in quanto il prenditore non solo non può cambiarlo in denaro contante, ma è tenuto a versarlo in un conto presso la banca menzionata tra le due linee o sul conto specificamente indicato. (v. anche *general crossing*)

special damages: ***danni speciali.*** Nel linguaggio giuridico, sono i danni che rappresentano il risultato effettivo, ma non necessario, di un torto che l'attore sostiene di aver subito e che in effetti derivano in modo naturale e diretto dal caso particolare. Tali danni devono essere provati in giudizio. (v. anche *general damages*)

special deficiency: ***mancanza speciale.*** L'abbuono su vini ed alcolici calcolato tenendo conto della *ordinary deficiency* (v.) e di ulteriori perdite dovute, ad esempio, a legno poroso, doghe difettose, buchi nelle botti e simili.

special delivery: ***consegna per espresso.*** Servizio, offerto dalle poste britanniche, che consiste nella consegna di corrispondenza tramite uno speciale fattorino, con priorità sulla corrispondenza ordinaria. Il servizio è svolto nei giorni feriali, ma in alcune grandi città anche nelle domeniche, ma mai in altre festività civili. La consegna per espresso prevede un'affrancatura supplementare.

special deposit: ***deposito specifico; deposito speciale.*** Un deposito che prevede la restituzione, da parte del depositario, dei medesimi oggetti consegnatigli dal depositante. Nel diritto bancario anglosassone, il termine si contrappone a *general deposit* (v.), mentre nel diritto civile si contrappone a *irregular deposit* (v.).

special depositary: ***depositario speciale.*** Nel linguaggio bancario statunitense, è una banca autorizzata, in base a condizioni particolari, a tenere in deposito, per conto del ministero del tesoro, fondi provenienti dalla vendita di titoli di stato. Questa banca viene chiamata depositario speciale in quanto può essere una qualsiasi banca, anche non membro del Sistema della Riserva Federale.

special deposits: ***depositi speciali.*** È uno strumento di politica monetaria cui la Banca d'Inghilterra fece ricorso per la prima volta nel 1958. Consiste nella richiesta, indirizzata dalla banca centrale alle banche commerciali, di costituire un deposito, corrispondente ad una data percentuale dei depositi totali dei loro clienti, allo scopo di limitare la liquidità e la capacità delle banche di creare credito. A differenza dei normali depositi, i depositi speciali restano congelati presso la banca centrale e vengono sbloccati dalle autorità monetarie soltanto quando esse reputano opportuno incoraggiare un'espansione del credito. Un sistema del genere era già in adozione negli Stati Uniti da parecchi anni, quando fu scoperto anche dalla Banca d'Inghilterra. In base al sistema statunitense, a ciascuna banca membro del Sistema della Riserva Federale veniva ordinato di tenere una minima percentuale dei propri depositi totali presso la *Reserve Bank* da cui dipendeva. La percentuale era superiore per i depositi a vista, ma minore per i depositi vincolati ed ambedue venivano di tanto in tanto variate dalle autorità monetarie, che le aumentavano quando intendevano limitare l'espansione del credito e le diminuivano quando la situazione generale dell'economia richiedeva che si incoraggiasse l'espansione creditizia. Nel Regno Unito, il sistema dei depositi speciali sostituì quello delle restrizioni quantitative alla capacità delle banche commerciali di creare credito. La prima richiesta della Banca d'Inghilterra fu di creare depositi speciali, da versarsi entro il 15 giugno 1960, corrispondenti all'uno per cento dei depositi totali delle banche commerciali inglesi, ma tale percentuale fu quasi subito raddoppiata, con l'obbligo per le banche di effettuare il deposito supplementare in due versamenti, uno entro la metà di luglio e l'altro entro la metà di agosto dello stesso anno. Un anno dopo, quando l'economia britannica fu di nuovo sotto pressione, la Banca d'Inghilterra elevò il tasso di sconto al sette per cento e chiese alle banche commerciali di effettuare un altro deposito speciale pari all'uno per cento dei loro depositi totali. Nel 1962, quando le cose cominciarono ad andare un po' meglio, la banca centrale sbloccò i depositi speciali nella percentuale dell'uno per cento dei depositi totali delle banche commerciali. Ciò lasciò i depositi speciali al due per cento, ma anche questi furono sbloccati, metà in ottobre e metà in novembre dello stesso anno. La critica principale mossa a questo strumento di politica monetaria è che esso penalizza le grosse banche commerciali, mentre non tocca affatto altri tipi di banche o altre istituzioni finanziarie.

special development areas: ***aree di sviluppo speciali.*** Nel Regno Unito furono indicate con questo termine, fino al 1984, particolari regioni del paese nelle quali le imprese che creavano posti di lavoro potevano ricevere il massimo dei contributi statali, stabiliti dalla politica regionale britannica. Si trattava di zone con alti tassi di disoccupazione, individuate nel 1967 principalmente nelle aree carbonifere del Galles, della Scozia e dell'Inghilterra settentrionale.

special dividend: ***dividendo speciale; riparto straordinario di utili.*** Un dividendo in aggiunta a quello ordinario o più alto del solito.

special drawing rights: ***diritti speciali di prelievo.*** È uno speciale strumento adottato dal Gruppo dei Dieci e dal Fondo Monetario Internazionale allo scopo di aumentare la liquidità internazionale e favorire così l'espansione del commercio mondiale. I diritti speciali di prelievo non rappresentano prestiti del Fondo Monetario Internazionale, bensì registrazioni nei conti che ciascun paese membro tiene con il F.M.I. e costituiscono pertanto riserve di cui può disporre ciascun paese membro. I diritti speciali di prelievo possono, quindi, essere utilizzati dai paesi come mezzo di liquidazione di debiti derivanti dagli scambi internazionali, fatte salve alcune limitazioni circa il loro uso. Ciascun paese è tenuto a effettuare rimborsi parziali delle somme utilizzate, in misura del trenta per cento dell'assegnazione iniziale, e nessun paese può ricevere ulteriori assegnazioni se le sue disponibilità di diritti speciali di prelievo superano di due volte l'assegnazione iniziale. La distribuzione dei diritti speciali di prelievo da parte del Fondo Monetario Internazionale ebbe inizio nel 1970 e gli importi vengono assegnati in proporzione alla quota di ciascun paese membro del F.M.I.

special endorsement: ***girata nominativa; girata piena.*** La girata, apposta ad una cambiale o altro titolo di credito, nella quale compare il nome della persona alla quale viene trasferito il titolo di credito. (v. anche *endorsement, blank endorsement*)

special franchise: ***concessione particolare.*** Nel linguaggio giuridico statunitense, è una concessione che consiste in qualsiasi diritto, concesso dall'autorità pubblica, a utilizzare beni per uso pubblico ma con profitto privato.

special fund: ***stanziamento specifico.*** Nella finanza degli enti locali, è un fondo che deve essere utilizzato in ottemperanza di certe restrizioni amministrative o giuridiche. Indica, pertanto, un qualsiasi stanziamento diverso da quello generale, ed in particolare qualsiasi stanziamento riferito a scopi di carattere specifico o particolare.

special incentive contract: ***contratto a incentivo speciale.*** Un particolare tipo di *incentive contract* (v.) che stimola il venditore a fornire migliori prestazioni, in quanto prevede un pagamento addizionale se il bene o servizio fornito supera i requisiti stabiliti nel capitolato.

special insurance: ***assicurazione specifica.*** Nelle assicurazioni marittime, è il tipo di assicurazione la cui polizza indica specificamente i rischi contro i quali essa è valida.

special interest theory: ***teoria dell'interesse privato.*** La teoria che, in opposizione alla *public interest theory* (v.), sostiene che la regolamentazione dell'attività economica da parte del governo si verifica essenzialmente allo scopo di tutelare un interesse privato o specifico.

special international law: ***diritto internazionale speciale.*** L'insieme delle norme di diritto internazionale, di origine prevalentemente convenzionale, i cui destinatari sono un numero limitato di membri della comunità internazionale.

special investment department: ***reparto investimenti speciali.*** Lo stesso che *investment department* (v.).

specialist: ***specialista; operatore specializzato.*** Nelle borse valori e merci statunitensi è un operatore che si specializza in un tipo di titoli o merci ed esegue gli ordini di un *broker* (v.), spesso acquistando e vendendo in proprio. Ciascuno specialista ha un suo posto particolare nella sala delle contrattazioni, dove può essere facilmente e prontamente raggiunto dai *brokers.* Questa figura delle borse statunitensi corrisponde a quella del *market maker* (v.) nella borsa valori londinese e nell'*over–the–counter market* statunitense, con la sola differenza che ogni specialista «crea» il mercato soltanto per un singolo titolo presente nel listino.

specialist broker: ***specialista; operatore specializzato.*** Termine usato con lo stesso significato di *specialist* (v.).

specialist relationship: ***relazione specialistica.*** La relazione esistente, nell'ambito dell'organizzazione aziendale, tra coloro che occupano posti funzionali o di specialisti e coloro che hanno responsabilità dirette operative, come ad esempio tra il direttore del personale e il direttore di un reparto.

specialist responsibility: ***responsabilità specialistica.*** Qualsiasi responsabilità specialistica che contribuisce a fornire informazioni o collaborazione alla dirigenza di un'impresa.

specialist shop: ***negozio specializzato.*** Lo stesso che *limited–line store* (v.).

speciality contract: ***contratto sigillato.*** Lo stesso che *special contract* (v.).

speciality debt: ***debito creato per atto pubblico.*** L'obbligazione assunta per atto pubblico che, nel Regno Unito, cade in prescrizione dodici anni dopo che è stata creata.

speciality fund: ***fondo comune d'investimento specializzato.*** Una società, o fondo comune, d'investimento il cui portafoglio è composto esclusivamente di un determinato tipo di azioni o obbligazioni.

speciality goods: ***beni di specialità; beni di consumo di acquisto raro; prodotti di eccezionale acquisto.*** Si tratta di beni il cui acquisto non viene frequentemente ripetuto dal consumatore, che pertanto è disposto a percorrere anche notevoli distanze pur di trovare ciò che vuole e il prezzo che è disposto a pagare. Sono beni di specialità, ad esempio, le pellicce, i gioielli e i mobili di antiquariato.

specialization: ***specializzazione.*** Suddivisione di un processo produttivo o di un'attività economica in varie funzioni, così che tutti coloro che vi sono impiegati possano dedicarsi soltanto ad una di esse, specializzandosi in quel particolare lavoro e diventando così più efficienti. Inoltre, le differenti capacità ed attitudini di ciascuno vengono utilizzate al meglio in una data direzione. Il lavoratore che si specializza in una singola operazione ha meno da imparare e diventa pertanto più efficiente di quanto sarebbe se dovesse apprendere tutti i processi relativi alla fabbricazione di un articolo. Egli risparmia tempo non soltanto nell'apprendere il lavoro, ma anche nel farlo, perché non deve continuamente passare da una macchina all'altra o da una serie di utensili a un'altra. Allo stesso tempo, egli giunge a conoscere il proprio lavoro in maniera più approfondita di un lavoratore che fosse costretto a svolgere più funzioni e tutto ciò porta ad una maggiore produzione a costi unitari inferiori e ad una migliore qualità del prodotto. Via via che la specializzazione suddivide il processo produttivo in un numero sempre maggiore di funzioni routinarie, rende possibile l'invenzione di nuove macchine risparmiatrici di lavoro e ciò può essere vantaggioso per i lavoratori, che vengono esonerati da compiti faticosi e ripetitivi per essere destinati al semplice controllo delle macchine. La specializzazione presenta, però, anche degli svantaggi. Primo fra tutti: l'efficienza si ottiene a spese della personalità del lavoratore, che si trova a dover compiere funzioni monotone e non stimolanti, nelle quali non trova possibilità di dare sfogo al proprio estro creativo, con la conseguente perdita di interesse sia nel suo lavoro che nel prodotto finito. In secondo luogo, la manodopera altamente specializzata è relativamente immobile: un lavoratore che ha svolto la stessa funzione per molti anni non trova facile svolgerne un'altra e potrebbe avere difficoltà a spostarsi in un'altra industria se quella in cui lavora entrasse in crisi. (v. anche *division of labour*)

specialization of labour: ***specializzazione del lavoro; specializzazione della manodopera.*** V. spiegazione sotto *specialization.*

specialization ratio: ***indice di specializzazione; rapporto di specializzazione.*** Espressione usata in relazione alla specializzazione delle varie imprese. Indica la percentuale di prodotto di ciascuna delle imprese che costituiscono un'industria, che limita la propria attività ad un'area di prodotto specifica.

specialized assistance: ***assistenza specializzata.*** L'assistenza prestata dal produttore a color che acquistano i suoi prodotti. Il termine viene usato per distinguere questo tipo di assistenza da quella fornita da laboratori o officine non gestite direttamente dal produttore. L'assistenza specializzata è caratteristica delle industrie meccaniche, elettriche, elettroniche, ecc., come ad esempio le case automobilistiche e i produttori di computer.

specialized capital good: ***bene capitale specializzato.*** Un bene capitale che può essere utilizzato per una sola funzione o per un numero limitato di funzioni. Il termine viene usato in contrapposizione a *free capital good* (v.).

specialized industries: ***industrie specializzate.*** Espressione a volte usata nel Regno Unito per indicare le industrie gestite dallo stato.

specialized job: ***lavoro specializzato.*** Il lavoro che può essere svolto soltanto da personale specializzato. Per questo motivo, il tasso salariale relativo a questo tipo di lavoro è generalmente superiore al tasso salariale relativo al lavoro ordinario o non specializzato.

specialized management trust: ***fondo comune d'investimento specializzato.*** Termine usato con lo stesso significato di *speciality fund* (v.).

specialized mutual fund: ***fondo comune d'investimento specializzato.*** Lo stesso che *speciality fund* (v.).

specialized worker: ***operaio specializzato.*** Il lavoratore che, a seguito della introduzione della divisione del lavoro, ha acquistato una particolare abilità nello svolgimento di una funzione singola del processo produttivo. (v. anche *specialization, skilled worker*)

special maintenance work: ***lavoro speciale di manutenzione.*** Qualsiasi opera di manutenzione ad un impianto o altra attività fissa, che non rientri nei normali lavori di manutenzione routinari e già programmati. Può essere richiesto a seguito di un guasto, della necessità di sostituire un pezzo di una macchina difettoso o rotto o da altri motivi del genere.

special management: ***amministrazione straordinaria.*** Le funzioni e i compiti svolti da uno *special manager* (v.).

special manager: ***amministratore straordinario; amministratore speciale.*** In relazione alla liquidazione di una società, quando il curatore assume anche il compito di liquidatore, dietro approvazione del tribunale egli può nominare un amministratore straordinario se la natura dell'impresa richiede una conoscenza specialistica o se appare necessario proteggere i creditori. I compiti e i poteri dell'amministratore straordinario vengono fissati dal tribunale che ne approva la nomina.

special meeting: ***assemblea straordinaria.*** Termine usato con lo stesso significato di *extraordinary general meeting* (v.).

special mercantile agency: ***mandato commerciale speciale.*** È il mandato che viene conferito da un preponente ad un agente speciale, impegnato in un'operazione commerciale di compravendita. (v. anche *special agent*)

special notice: ***comunicazione speciale.*** È la comunicazione con la quale si rende nota l'intenzione di proporre una risoluzione speciale a una assemblea degli azionisti. Deve essere inviata alla società almeno quattro settimane prima e ai soci almeno tre settimane prima che abbia luogo l'assemblea.

special offer: ***offerta speciale.*** Nel linguaggio del marketing, è un particolare allettamento a comprare uno o più articoli che vengono offerti ad un prezzo particolare o in unione a omaggi o concorsi, in concomitanza con particolari campagne promozionali. Lo stesso termine viene usato per indicare il prodotto oggetto di offerta speciale.

special offering: ***offerta speciale di titoli.*** Nel linguaggio finanziario statunitense, è un'offerta di valori mobiliari riservata agli operatori della NYSE e fatta in base a un piano ben definito e registrato presso la *Securities and Exchange Commission* (v.) nel quale sono specificati il prezzo di emissione, le commissioni e tutte le altre caratteristiche dei titoli offerti in vendita.

special order: ***commessa.*** Termine usato con lo stesso significato di *job order* (v.).

special partner: ***socio speciale.*** Espressione generica, con la quale si indica un socio che, in determinate circostanze, può essere chiamato a versare un contributo di cui è responsabile in una società semplice.

special partnership: ***società speciale.*** Termine di uso statunitense, con il quale si indica una *partnership* (v.) creata al solo scopo di portare a buon fine una singola operazione, come ad esempio la produzione di un film o la compravendita di un immobile. Questo termine non ha niente a che vedere con *special partner* (v.) descritto sopra, pur se i partecipanti a questo tipo di società possono anche essere indicati con quel termine.

special policy: ***polizza speciale.*** Termine usato con lo stesso significato di *named policy* (v.).

special power of attorney: ***procura speciale.*** La procura mediante la quale una persona autorizza un'altra persona, detta procuratore, a rappresentarla e ad agire in sua vece in relazione a questioni specifiche.

special–privilege monopoly: ***monopolio improprio.*** È così chiamato il monopolio che deriva dall'applicazione di particolari leggi o da speciali privilegi concessi da un'impresa ad un'altra. Ad esempio, l'applicazione di un dazio doganale particolarmente alto potrebbe rendere antieconomica l'importazione di un determinato bene, dando così potere monopolistico ad un produttore nazionale che sia in grado di controllare l'offerta interna di quel bene specifico. Un altro esempio potrebbe essere rappresentato dalla pratica, seguita in passato dalle società ferroviarie statunitensi, di praticare sconti segreti a certi loro clienti, che approfittavano di questo privilegio speciale per escludere dal mercato i loro concorrenti o costringerli a fusioni a condizioni particolarmente pesanti. Questa pratica fu seguita da John D. Rockefeller per formare la *Standard Oil Trust.*

special programme: ***programma speciale.*** È un programma relativo ad una qualsiasi attività speciale, che non rientra nelle attività consuetudinarie o routinarie di un'impresa o di un'altra organizzazione.

special property: ***proprietà speciale.*** Nel linguaggio giuridico anglosassone, è un diritto limitato su beni che non possono essere di proprietà assoluta della persona che ne ha il possesso e dei quali si può fare soltanto un uso particolare.

special proxy: ***delega speciale.*** La delega, rilasciata su apposito modulo, mediante la quale l'azionista di una società autorizza un'altra persona a votare in suo nome e per suo conto ad una particolare assemblea dei soci. Una delega speciale può lasciare libero il delegato di votare come egli ritiene opportuno oppure, ed in questo caso è indicata con il termine inglese *two–way proxy*, autorizza il delegato a votare a favore o contro una deliberazione, a seconda delle indicazioni espresse dal delegante. (v. anche *general proxy*)

special–purpose financial statement: ***rendiconto finanziario per scopi specifici.*** Un qualsiasi rendiconto finanziario elaborato per un uso o per un'applicazione limitati. Vengono usati in relazione a moduli richiesti dalle autorità a fini statistici o fiscali o in relazione a richieste di fideiussioni o mutui.

special rate: ***tariffa speciale.*** Qualsiasi tariffa che si discosti da quella generalmente applicata. Di solito, il termine viene usato per indicare una tariffa riservata a determinati utenti, ai quali viene riconosciuto uno sconto sul prezzo pagato dalla maggioranza.

special referee: ***superarbitro.*** Nel linguaggio giuridico, si indica con questo termine il terzo arbitro, nominato generalmente dai due arbitri a loro volta nominati dalle parti in disputa. I poteri del superarbitro non differiscono da quelli degli altri arbitri, ma poiché egli rappresenta il numero dispari del collegio arbitrale, la sua decisione può essere determinante in caso di disaccordo tra gli altri arbitri.

special resolution: ***deliberazione speciale; risoluzione speciale.*** È il tipo di deliberazione prevista e regolamentata dagli articoli 141 e 143 del *Companies Act* del 1948. Le deliberazioni speciali riguardano, tra l'altro, la variazione dello scopo di una società, del suo statuto o della sua ragione sociale e le riduzioni di capitale. Secondo la legge citata, ai soci deve essere inviata notifica dell'intenzione di proporre una deliberazione speciale almeno ventun giorni prima dell'assemblea ed essa deve essere approvata da una maggioranza dei tre quarti dei votanti al fine di essere valida. Se la deliberazione speciale viene approvata, la società dovrà provvedere ad inviarne copia al registro delle società entro quindici giorni dalla data di approvazione (v. anche *extraordinary resolution, ordinary resolution*)

special–revenue fund: ***stanziamento speciale.*** Nella terminologia della finanza degli enti locali, è un fondo, o stanziamento, creato col gettito di una speciale imposta e destinato al finanziamento di qualche progetto o attività speciali.

special services: ***servizi speciali.*** Il reparto o l'ufficio che, in un'impresa o altra organizzazione, provvede alla somministrazione o all'approvvigionamento di servizi speciali, quelli cioè che non rientrano tra i servizi di cui generalmente fruisce l'impresa e che, pertanto, non vengono prodotti al suo interno.

special services factor: ***fattore di servizi speciali.*** Nel procedimento di imputazione dei costi comuni basato sul metodo dei fattori di servizio, è il fattore relativo a servizi speciali e diversi, ritenuti sufficientemente importanti da costituire un autonomo aggruppamento di costi.

special stock: ***azioni speciali.*** Espressione generica del linguaggio finanziario statunitense, con la quale si indica una certa quantità di azioni emesse per un qualche scopo speciale, come ad esempio il pagamento di un dividendo su azioni già in circolazione.

special survey: ***visita speciale.*** Nel linguaggio delle assicurazioni marittime è l'ispezione particolareggiata e completa cui viene sottoposta una nave al fine di accertare le sue reali condizioni di navigabilità. Le navi inglesi sono soggette ad una tale visita peritale da parte degli ispettori dei Lloyd ogni quattro anni e dal risultato di questa visita dipende l'inserimento della nave in una delle classi assicurative previste. Poiché col variare della classe assicurativa varia anche il tasso di premio, gli armatori hanno tutto l'interesse a far apparire le loro navi nelle migliori condizioni possibili ogni volta che esse vengono sottoposte a visita speciale.

specialty: 1. ***specialità.*** Settore di una qualsiasi attività nel quale un individuo o un'impresa si specializzano, raggiungendo una particolare competenza o un particolare livello di produzione. Il termine è anche usato nel linguaggio delle borse valori e merci statunitensi per indicare il titolo o la merce in cui si specializza uno *specialist* (v.). **2.** ***contratto sigillato; contratto in atto pubblico; debito creato per atto pubblico.*** Lo stesso che *special contract* (v.) e *speciality debt* (v.).

specialty contract: ***contratto sigillato.*** Lo stesso che *special contract* (v.).

specialty debt: ***debito creato per atto pubblico.*** Variante grafica di *speciality debt* (v.).

specialty goods: ***specialità.*** Sono indicati con questo termine quei particolari beni di consumo sui quali insistono in maniera particolare la maggior parte dei consumatori, che sono anche disposti a pagarli ad un prezzo superiore a quello di prodotti simili.

specialty stock: Nelle borse valori di New York, è così chiamato ciascuno dei titoli assegnati a uno *specialist* (v.) affinché provveda a creare un mercato per lo scambio regolare del titolo stesso.

specialty store: ***negozio di specialità.*** Un punto di vendita al dettaglio che si specializza nella vendita di una particolare e limitata classe di prodotti, che il consumatore è disposto a pagare anche ad un prezzo superiore a quello di altri prodotti simili. Ne sono un esempio le sofisticate boutique per donna o i negozi di abbigliamento maschile di alta classe.

Special United Nations Fund for Economic Development: Fondo speciale delle Nazioni Unite, destinato al finanziamento di progetti di sviluppo economico nei paesi meno avanzati.

specie: ***moneta metallica.*** La moneta coniata in metallo prezioso, oro o argento, o sotto forma di barre di metallo prezioso, per distinguerla dalla moneta cartacea. Il termine è a volte usato per indicare soltanto le monete metalliche e non il metallo prezioso in verghe o lingotti.

specie–flow mechanism: ***meccanismo del flusso dell'oro.*** V. spiegazione sotto *price specie–flow mechanism.*

specie money: ***moneta metallica.*** Termine usato con lo stesso significato di *specie* (v.).

specie payment: ***pagamento in moneta metallica.*** Pagamento effettuato in moneta metallica e non in moneta cartacea. In passato, alcuni tipi di pagamenti dovevano necessariamente essere fatti in metallo. Ad esempio, la *specie circular*, emanata dal presidente Jackson nel 1836, stabiliva che il pagamento di terreni di proprietà dello stato dovesse essere fatta in moneta metallica o in metallo prezioso.

specie points: ***punti dell'oro; punti metallici.*** Lo stesso che *gold points* (v.).

specification: 1. ***specifica.*** Una nota o una distinta particolareggiata relativa a merci spedite, spese effettuate e simili. **2.** ***capitolato; capitolato d'oneri.*** Elenco dettagliato, preparato di solito dall'acquirente, nel quale vengono stabiliti la qualità dei materiali, i processi e i metodi di produzione o di costruzione, le dimensioni e le tolleranze e i collaudi relativi al prodotto che il venditore deve fabbricare o costruire. Il capitolato è di solito accompagnato da un progetto dettagliato, preparato da un ingegnere. **3.** ***dichiarazione doganale; bolla di sortita; bolletta doganale di uscita.*** Termine a volte usato con lo stesso significato di *entry outwards* (v.).

specification cost: ***costo standard.*** Termine a volte usato con lo stesso significato di *standard cost* (v.).

specification of materials: ***specifica dei materiali.*** Elenco dettagliato delle materie prime o dei semilavorati necessari per una unità di produzione.

specific bequest: ***legato di specie.*** Termine usato con lo stesso significato di *specific legacy* (v.).

specific capital: ***capitale specifico.*** Un bene capitale che può essere destinato soltanto ad uno scopo specifico, come ad esempio un immobile soggetto a vincolo alberghiero.

specific charge: ***garanzia specifica.*** Termine usato con lo stesso significato di *fixed charge* (v.).

specific commodity sales tax: ***imposta di consumo su beni specifici.*** È un'imposta indiretta che colpisce un particolare bene nel momento in cui esso viene prodotto o nel momento in cui esso viene acquistato dal consumatore finale. Ne sono esempi le imposte sulla benzina, sui liquori e simili.

specific cost: ***costo specifico.*** Il costo che può essere prontamente e facilmente imputato ad un particolare bene o servizio.

specific cost method: ***metodo del costo specifico.*** Nel procedimento di valutazione delle giacenze, è il metodo che si ispira al concetto secondo il quale le varie partite caricate in magazzino dovrebbero essere contraddistinte da un cartellino sul quale figuri il valore di carico, in maniera da rendere possibile, ad ogni uscita, l'individuazione della partita di provenienza e la conseguente valutazione al costo di carico della partita.

specific cycle: ***ciclo specifico.*** È il ciclo economico riferito ad un settore specifico, le cui alternanze ricorrenti di fasi di espansione e contrazione vengono calcolate mediante l'uso di indicatori individuali. Il ciclo specifico può, a volte, non coincidere con il ciclo economico generale.

specific damages: ***danni specifici.*** Nel linguaggio giuridico, sono i danni specificamente quantificabili, come ad esempio spese mediche sostenute a seguito di un incidente, ammessi da un tribunale quale risarcimento di una perdita subita dall'attore per colpa del convenuto.

specific deposit: ***deposito specifico.*** Nel linguaggio giuridico e bancario, è un deposito fatto per uno scopo specifico, come ad esempio il deposito di titoli per lo stacco delle cedole e per custodia. Non trattandosi di un deposito generico, la banca diventa un agente o il depositario del cliente e non un suo debitore. La distinzione assume rilevanza in caso di fallimento o se la banca non esegue puntualmente gli ordini del cliente.

specific device: ***legato di specie.*** Disposizione testamentaria in base alla quale il testatore lascia, ad un soggetto diverso dall'erede e chiamato legatario, un suo specifico bene reale, quale ad esempio «la mia casa di villeggiatura sulla spiaggia di...». Se, però, tale bene viene alienato dal testatore prima della sua morte, il legatario non avrà diritto ad alcuna parte dell'eredità. È opportuno precisare che il termine inglese viene usato soltanto in relazione a beni immobili. (v. anche *specific legacy*)

specific duty: ***dazio specifico.*** Un dazio di importazione basato sull'unità di misura di un bene, come ad esempio il peso, la lunghezza, la capacità, il volume, il numero, ecc., e non sul suo valore. Il termine, infatti, è usato in contrapposizione a dazio ad valorem. (v. anche *ad valorem duty*)

specific factors of production: ***fattori della produzione specifici; fattori produttivi specifici.*** Fattori idonei a lavori altamente specializzati, per i quali non sarebbe possibile usarne altri. Quanto più è specifico un fattore della produzione, tanto più difficile risulta poterlo sostituire con un altro o poterne ampliare l'offerta, particolarmente nel breve periodo. Tra i fattori produttivi specifici rientrano alcuni tipi di lavoro e di capitale. Un esempio dei primi è la manodopera altamente specializzata, mentre per i secondi si può citare un tipo di capitale destinato ad un particolare uso e non utilizzabile per altri scopi.

specific goods: ***beni specifici; merci specifiche.*** Sono i beni che vengono individuati e identificati al momento in cui viene concluso un contratto di compravendita. Il termine indica, pertanto, tutti i beni venduti non su campione o su descrizione.

specific grant: ***contributo specifico.*** Contributo stanziato annualmente dal governo centrale a favore di un ente locale e destinabile soltanto ed esclusivamente al finanziamento di un servizio specifico somministrato dall'ente a favore dei cittadini, come ad esempio i costi di mantenimento di un corpo di polizia urbana nel Regno Unito.

specific import licence: ***licenza d'importazione specifica.*** Licenza d'importazione di merci soggette a contingentamento, nella quale vengono specificati il valore o la quantità di beni che l'importatore è autorizzato ad introdurre nel paese e il paese dal quale essi possono essere importati.

specificity: ***specificità.*** Termine usato in relazione ai fattori della produzione, per indicare la loro utilizzazione in un processo o in un lavoro particolare e l'impossibilità di sostituirli con altri o di destinarli ad altri tipi di utilizzazione. (v. anche *specific factors of production*)

specific legacy: ***legato di specie.*** Disposizione testamentaria in base alla quale il testatore lascia, ad un soggetto diverso dall'erede e chiamato legatario, un suo specifico bene personale, quale ad esempio la sua automobile o «il quadro di Guttuso che si trova nella biblioteca». Se, però, il testatore vende o regala l'oggetto in questione prima della sua morte, il legatario non avrà diritto ad alcuna parte dell'eredità. È opportuno precisare che il termine inglese si usa soltanto in relazione a beni mobili. (v. anche *specific device*)

specific licence: ***licenza d'importazione specifica.*** Termine usato con lo stesso significato di *specific import licence* (v.).

specific order: ***commessa.*** Termine usato con lo stesso significato di *job order* (v.).

specific–order cost system: ***sistema di calcolo dei costi per commessa.*** Termine usato con lo stesso significato di *job costing* (v.).

specific performance: ***esecuzione forzata del contratto in forma specifica.*** L'esecuzione di una obbligazione, assunta da una delle parti contraenti, ordinata da un tribunale, quando il risarcimento dei danni da parte dell'inadempiente non rappresenterebbe un rimedio adeguato, come ad esempio in un contratto di vendita di beni immobili. L'ordine di esecuzione forzata non viene mai emesso da un tribunale in relazione a contratti di fornitura di servizi personali, né quando il contratto non è equo.

specific tariff: ***tariffa di dazi specifici.*** È una tariffa doganale, costituita da dazi specifici. A volte il termine inglese viene anche usato come sinonimo di *specific duty* (v.).

specific tax: ***imposta specifica.*** È un'imposta indiretta che colpisce un bene in ragione della quantità che se ne acquista e non in ragione del suo valore. Infatti, il termine viene usato in contrapposizione ad imposta ad valorem. (v. anche *ad valorem tax*)

specified currency: ***valuta indicata; valuta stabilita.*** Ciascuna delle valute approvate, in base alle norme sul controllo dei cambi, allo scopo di effettuare pagamenti di esportazioni britanniche verso paesi al di fuori dell'area della sterlina. Invece delle valute stabilite si possono anche usare altre valute, purché esse siano convertibili in sterline britanniche. Il termine è caduto in disuso dopo l'abolizione del controllo sui cambi.

specified price: ***prezzo imposto.*** È il prezzo di vendita al dettaglio stabilito dal produttore del bene e specificato sulla sua confezione.

specimen: 1. ***cartoncino delle firme; cartellino delle firme.*** Nella terminologia bancaria, è un cartoncino o una scheda ove il cliente appone l'originale della sua firma, al quale la banca potrà riferirsi ogni volta che intenda controllare la regolarità della firma apposta sugli assegni, sugli ordini di pagamento, sulle richieste di restituzione di titoli o valori depositati e così via. **2.** ***facsimile; modello; campione.*** Esemplare incompleto di un qualsiasi modulo, per uso esemplificativo o come modello di un titolo o altro documento ufficiale.

specimen chart: ***diagramma campione; diagramma modello.*** Insieme di moduli raccolti nell'ordine sequenziale in cui vengono usati, allo scopo di mostrare il flusso dei documenti necessario per conseguire un determinato obiettivo.

to speculate: ***speculare.*** Investire denaro in un'impresa più o meno rischiosa, nell'aspettativa di trarne un grosso utile. In particolare, nel linguaggio delle borse, acquistare o vendere titoli o merci con l'intenzione di rivenderli o riacquistarli nel corso del ciclo operativo, lucrando la differenza di prezzo tra le due operazioni successive. (v. anche *speculation*)

speculation: ***speculazione.*** La pratica di acquistare o vendere valori mobiliari con l'intenzione di rivenderli o ricomprarli appena se ne presenti l'occasione nel corso dello stesso ciclo operativo della borsa valori o nel corso del successivo, se le aspettative dello speculatore non si realizzano nell'immediato futuro, lucrando un profitto derivante dalla differenza dei prezzi ai quali si chiudono le due operazioni uguali e contrarie. Quando un titolo, invece, viene acquistato per tenerlo e goderne i frutti sotto forma di dividendi o interessi, l'operazione viene definita investimento. La pratica della speculazione può applicarsi anche alle borse merci, ma a partire dagli anni trenta essa si è notevolmente ridotta a seguito del sempre crescente intervento dei governi che mirano alla stabilizzazione dei prezzi e delle misure studiate e applicate dalle commissioni di controllo delle borse valori al fine di evitare eccessive fluttuazioni dei corsi azionari ed obbligazionari. Il motivo principale che una volta rendeva interessante la speculazione deve essere ricercato nel fatto che in passato gli utili di capitale non erano soggetti ad imposizione fiscale, ma anche questa agevolazione è stata oggi eliminata con l'adozione in tutti i paesi di un'imposta su tale tipo di profitti.

speculation for a fall: ***speculazione al ribasso.*** La forma di speculazione che gioca sull'aspettativa del ribasso dei prezzi di un titolo o di una merce. In tale caso, lo speculatore vende, a termine o per consegna futura, un dato titolo o una data merce nella speranza che il suo prezzo scenda ed egli possa quindi acquistarlo ad un prezzo inferiore a quello al quale l'ha venduto, prima ancora di doverlo consegnare, lucrando la differenza tra i due prezzi.

speculation for a rise: ***speculazione al rialzo.*** La forma di speculazione che gioca sull'aspettativa del rialzo dei prezzi di un titolo o di una merce. In tale caso, lo speculatore acquista, a termine o per consegna futura, un dato titolo o una data merce nella speranza che il suo prezzo salga ed egli possa venderlo ad un prezzo superiore a quello che deve pagare, prima ancora di riceverlo, lucrando la differenza tra i due prezzi.

speculative: ***speculatorio; speculativo.*** Aggettivo usato in riferimento ad azioni che hanno la caratteristica della speculazione finanziaria o che, comunque, siano fatte con lo scopo del guadagno.

speculative balances: ***saldi speculatori.*** L'ammontare di moneta che gli individui decidono di mantenere in forma liquida allo scopo di essere in grado di trarre vantaggio da particolari condizioni di compravendita di attività finanziarie e realizzare così redditi di capitale. (v. anche *speculative motive*)

speculative borrowers: ***mutuatari per speculazione.*** Termine usato da J. M. Keynes per indicare la categoria di mutuatari che contraggono prestiti non allo scopo di realizzare investimenti in attività produttive, bensì per partecipare a particolari movimenti al rialzo di una o più borse valori o semplicemente per praticare un'attività speculatoria nelle borse valori e/o merci o per lucrare la differenza tra profitti realizzati sotto forma di plusvalenze su titoli e interessi che devono pagare per il periodo in cui hanno utilizzato il credito che ha consentito loro di acquistare e tenere i valori mobiliari per il tempo necessario a realizzare la plusvalenza.

speculative demand for money: ***domanda speculatoria di moneta.*** La domanda di moneta che trae origine dalla convinzione che i prezzi scenderanno o che i tassi di interesse saliranno nel prossimo futuro, il che giustifica il rinvio di acquisti o di investimenti. (v. anche *speculative motive*)

speculative investment: ***investimento speculativo; investimento speculatorio.*** Espressione impropria, in quanto il concetto di speculazione esclude quello dell'investimento. In effetti, significa un impiego di moneta a fini speculativi.

speculative investor: ***investitore per speculazione.*** Chi investe moneta in titoli o beni, con fini esclusivamente speculatori.

speculative market: ***mercato speculatorio.*** Una borsa valori nella quale hanno regolarmente luogo operazioni speculatorie.

speculative motive: ***movente speculatorio; motivo speculatorio.*** È il più importante dei tre moventi, individuati da Lord Keynes, che spingono gli individui e le imprese a tenere i loro risparmi e le loro attività sotto forma di denaro liquido, dando luogo al fenomeno noto come preferenza per la liquidità. Gli altri due moventi sono quello precauzionale e quello delle operazioni commerciali. Il movente speculatorio dipende in gran parte dal livello dei tassi di interesse, per cui in periodi di alti tassi la preferenza per la liquidità sarà minore, ma in periodi di bassi tassi essa sarà maggiore. Altro elemento che influenza il movente speculatorio è il costo ed il rendimento dei titoli a reddito fisso e le aspettative circa l'andamento dei loro prezzi sul mercato. Infatti, se ci si aspetta una diminuzione dei prezzi e un conseguente aumento dei rendimenti, sarà opportuno e preferibile tenere disponibile moneta liquida per investirla quando ciò si verificherà; se, viceversa, ci si aspetta che i prezzi salgano, e di conseguenza il rendimento diminuisca, sarà opportuno e preferibile investire subito il denaro liquido. (v. anche *precautionary motive, transactions motive*)

speculative securities: ***titoli speculatori.*** Valori mobiliari trattati dagli operatori allo scopo di realizzare rapidamente un profitto o mediante la pronta rivendita dopo un movimento al rialzo dei corsi o mediante un'operazione inversa, di acquisto o di vendita, a seguito del verificarsi delle loro previsioni. Si tratta generalmente di titoli ad alto rischio che per la natura dell'attività svolta dalla società emittente sono soggetti a frequenti e notevoli fluttuazioni di prezzo.

speculative transactions: ***operazioni di speculazione.*** Operazioni che hanno come obiettivo un guadagno abbastanza prossimo, derivante dalla differenza tra due diversi prezzi dello stesso bene. Differiscono dalle comuni operazioni commerciali, in quanto vengono svolte in maniera non continuativa, bensì soltanto quando, nelle aspettative dell'operatore, si presenta l'opportunità di ricavare un utile da due o più operazioni uguali e contrarie.

speculative underemployment: ***sottoccupazione speculatoria.*** La pratica, seguita da molti lavoratori, di ridurre le loro ore di lavoro in presenza di un calo del tasso di remunerazione oraria considerato soltanto temporaneo. Gli stessi lavoratori saranno disposti a dedicare una maggiore parte del loro tempo all'attività lavorativa quando i tassi di remunerazione oraria raggiungeranno livelli più alti.

speculative unemployment: ***disoccupazione speculatoria.*** Termine improprio, a volte usato in luogo di *speculative underemployment* (v.).

speculator: ***speculatore.*** Termine, spesso usato in senso dispregiativo, con il quale si indica chi investe denaro in avventure rischiose, con l'aspettativa di realizzare alti profitti o alti redditi di capitale. In particolare, il termine si applica a chi, in una borsa valori o merci, acquista e vende nella speranza di ricavare un utile dalla differenza dei prezzi nel momento in cui compie un'operazione e nel momento in cui compirà l'operazione inversa. (v. anche *speculation, speculation for a fall, speculation for a rise*)

speed–up: Termine usato nel linguaggio industriale per indicare un aumento della produttività senza un corrispondente aumento delle retribuzioni dei lavoratori. Il termine deriva dal modo in cui, in un processo produttivo interamente meccanizzato, si realizza l'aumento della produttività accelerando la velocità di funzionamento delle macchine.

Speenhamland system: ***sistema di Speenhamland.*** Espressione con la quale si indica la pratica di incrementare i salari dei lavoratori agricoli, diffuso in Gran Bretagna nel tardo diciottesimo secolo, mediante l'uso di denaro pubblico appositamente stanziato in base alla *Poor Law* del 1782. Il sistema prese questo nome dal villaggio di Speenhamland, nel Berkshire, dove fu usato per la prima volta nel 1795.

spendable average weekly earnings: ***entrate settimanali medie spendibili.*** Espressione usata negli Stati Uniti per indicare la paga settimanale lorda dei lavoratori dell'industria manifatturiera statunitense, da cui vanno detratti i contributi sociali e le imposte federali sul reddito. Si tratta di una serie statistica che si avvicina più di altre alla determinazione della cosiddetta *take–home pay* (v.), pur se non tiene conto dei contributi sindacali e dei premi assicurativi che parte dei lavoratori deve pagare.

spendable money: ***moneta spendibile.*** Lo stesso che *spending money 2* (v.).

to spend credit: ***utilizzare il credito.*** Espressione che si spiega da sé, usata principalmente in relazione ad anticipazioni e mutui bancari.

spending money: 1. ***denaro per le piccole spese; paghetta.*** Termine usato con lo stesso significato di *pocket money* (v.). **2.** ***moneta disponibile; moneta spendibile.*** Questo termine indica la moneta, sotto forma di banconote, monete metalliche e depositi bancari a vista, di cui può disporre il pubblico (privati e imprese non bancarie) per effettuare spese di qualsiasi genere. Il termine, pertanto, corrisponde alla definizione ristretta di offerta di moneta.

spending power: ***capacità di spesa; potere di spesa.*** Disponibilità di moneta con la quale fare acquisti di qualsiasi genere. Il termine si applica a individui singoli o famiglie, cioè a unità di spesa.

spending unit: ***unità di spesa.*** Nel linguaggio statistico–economico, è una famiglia o altro gruppo che spende il reddito dei suoi componenti come se fosse una singola unità. Il termine, tuttavia, può essere usato anche per indicare singole persone, quando queste vivono da sole e costituiscono pertanto un'unità familiare.

spending variance: ***variante di spesa.*** La differenza tra spese preventivate e spese reali relative ad un determinato arco di tempo e a voci che non variano direttamente col variare del livello di produzione.

spendthrift: ***spendaccione; scialacquatore.*** Chi spende denaro a profusione e con estrema facilità.

spendthrift trust: Espressione con la quale si indica un particolare tipo di fedecommesso, i cui termini impediscono ai creditori di appropriarsi della rendita o della somma capitale spettanti al beneficiario e al beneficiario stesso di appropriarsi dell'intero fondo devoluto a suo beneficio.

sphere organization chart: ***organigramma circolare.*** Termine usato con lo stesso significato di *circular organization chart* (v.).

Spiethoff cycle: ***ciclo di Spiethoff.*** Nome dato ad un tipo di ciclo economico, la cui durata oscilla dai venti ai trenta anni. (v. anche *trade cycle*)

spiffs: Termine statunitense, usato con lo stesso significato di *push money* (v.).

spillover effects: ***traboccamento; effetti di ricaduta; effetti diffusivi.*** Gli effetti benefici che derivano ad una comunità nel suo complesso da decisioni economiche prese dal governo centrale o da enti locali, che da tali decisioni non conseguono alcun beneficio.

spillovers: ***traboccamento; effetti diffusivi.*** Termine usato con lo stesso significato di *spillover effects* (v.).

spin–off: Termine con il quale si indica il trasferimento di parte delle attività di una società ad un'altra società di nuova costituzione, in cambio di capitale azionario di quest'ultima, che viene distribuito agli azionisti della prima sotto forma di dividendo pagato in azioni. Lo stesso termine viene usato per indicare la distribuzione, effettuata da una holding, del capitale di controllo di una sussidiaria tra gli azionisti della holding.

spin–out: È indicata con questo termine un'impresa costituita mediante investimenti, sotto forma di venture capital, forniti da un'altra impresa di solito a suoi dipendenti che intendono mettersi in proprio o nello stesso settore o in settori affini a quelli in cui opera l'impresa finanziatrice. Così facendo, le grosse imprese possono trarre vantaggio dalla creatività di loro ex dipendenti che, altrimenti, potrebbero diventare pericolosi concorrenti.

spiral of wages and prices: ***spirale salari–prezzi.*** Lo stesso che *inflationary spiral* (v.).

spit: ***stilo.*** È una specie di spiedo, usato dai doganieri inglesi per sondare merci in rotoli, in balle, in cataste, ecc., allo scopo di accertarsi che non vi siano nascosti articoli di contrabbando. Alcuni di questi strumenti somigliano a tagliacarte e sono fatti di legno, altri sono lunghi ed appuntiti pezzi di metallo sottile, fatti in modo cioè da poter facilmente essere infilati nelle merci da esaminare.

spite effect: ***effetto di ripicca.*** Il sentimento di ira e la relativa reazione di un soggetto percosso da una nuova imposta. Ad esempio, un incremento delle aliquote di imposta sul reddito delle persone fisiche può generare un effetto di ripicca che si manifesta con il desiderio del soggetto di colpire il governo e infliggergli perdite. Non volendo ricorrere all'evasione, il soggetto ricorre contemporaneamente all'elisione fiscale e alla riduzione del suo impegno che genera reddito, con il risultato che la base imponibile diminuisce e le nuove aliquote hanno l'effetto di ridurre anziché aumentare il gettito fiscale se la maggior parte dei contribuenti si lascia prendere dallo stesso sentimento. Con il suo atteggiamento, il contribuente spera anche di intimidire il governo e spingerlo a rivedere la sua politica fiscale.

split: ***frazionamento azionario.*** Nel linguaggio finanziario, questo termine indica l'operazione di suddividere le azioni esistenti di una società, o le quote–parti in circolazione di un fondo comune d'investimento, in un maggior numero di azioni, o quote–parti, di minor valore, al fine di agevolarne la commerciabilità. Così, se un'azione di una società è quotata cinquanta sterline, attraverso il frazionamento vengono emesse, diciamo, cinque azioni da dieci sterline ciascuna al posto di quell'unica da cinquanta sterline. Il frazionamento azionario avviene di solito quando un titolo si è notevolmente apprezzato sul mercato.

splitback: ***raggruppamento azionario.*** Termine usato con lo stesso significato di *reverse splitup* (v.).

split capital: ***capitale diversificato.*** Espressione generica, usata per indicare il capitale di una società o di un fondo comune d'investimento, diversificato in vari tipi di azioni o di quote–parti, ciascuna delle quali conferisce ai sottoscrittori differenti diritti e doveri.

split–capital trust: ***fondo d'investimento a capitale misto.*** Un fondo comune d'investimento chiuso che emette due o più diversi tipi di azioni. Se le azioni sono di due soli tipi, il fondo è generalmente chiamato *dual fund* (v.).

split depreciation: ***ammortamento frazionato.*** Accorgimento mediante il quale, nella contabilità a costi correnti, l'ammortamento viene frazionato in una parte attribuibile al costo originale dell'attività, che viene riportata nel conto profitti e perdite, e in un'altra parte attribuibile all'aumento di valutazione, che viene riportata nel fondo rivalutazione.

split dollar insurance: ***assicurazione mista.*** Termine statunitense, usato con lo stesso significato di *endowment insurance* (v.). È così detta perché ciascun dollaro di premio pagato dall'assicurato va in parte a copertura del premio assicurativo e in parte in investimento a vantaggio del beneficiario.

splitdown: ***raggruppamento azionario.*** Termine usato con lo stesso significato di *reverse splitup* (v.).

split financing: ***finanziamento separato.*** Un metodo spesso seguito negli Stati Uniti per ottenere un finanziamento ad alto rapporto su un bene immobile. Consiste nel dividere il bene in più forme di proprietà separate ed ottenere il massimo finanziamento possibile su ciascuna di esse. (v. anche *high–ratio financing*)

split income: ***reddito separato.*** Negli Stati Uniti, una coppia, cioè marito e moglie, può chiedere che il loro reddito complessivo venga considerato come se fosse prodotto al cinquanta per cento da ciascuno di loro. A tal fine, essi presentano una dichiarazione dei redditi congiunta, in base alla quale viene calcolata l'imposta sulla metà del reddito, che viene poi moltiplicata per due. Ciò ha l'effetto di ridurre l'imposta totale, tranne che per coloro che si trovano nelle fasce di aliquota più bassa. Pertanto, chi va a guadagnare da questa norma è sempre chi si trova nelle fasce di reddito più elevato, ma essa trovava giustificazione nelle aliquote estremamente alte cui erano assoggettati i redditi alti in quel paese.

split–inventory method: ***metodo ABC.*** Termine usato con lo stesso significato di *A.B.C. method* (v.).

split ledger account: ***sottoconto unifase.*** Un sottoconto che funziona in una sola sezione accogliendo esclusivamente operazioni di un solo segno e che confluirà, a fine esercizio, nel relativo conto di mastro.

split–off: **1.** Termine usato per indicare la distribuzione agli azionisti di una holding delle azioni di una società sussidiaria, in cambio di azioni della holding cedute alla stessa dai suoi azionisti. **2.** ***punto di separazione.*** Termine usato con lo stesso significato di *split–off point* (v.).

split–off point: ***punto di separazione.*** In un'operazione produttiva di due o più beni, è il punto in cui terminano i costi congiunti e iniziano i costi imputabili a ciascuno dei beni prodotti, in quanto i beni finali cominciano ad essere identificati e individuati.

split order: ***ordine scalando; ordine migliorando.*** Nel linguaggio delle borse valori, è un ordine dato dal cliente al suo intermediario per acquisti o vendite frazionati rispetto al corso o al tempo di esecuzione. Lo scopo è quello di mediare costi o ricavi, in modo che essi risultino il più possibile vantaggiosi. Questi ordini vengono dati quando si ha sentore di un cambiamento di tendenza, ma l'operatore non è sicuro di quale sia il momento o il prezzo più propizio per effettuare l'operazione. Se il cambiamento di tendenza è lento a manifestarsi, frazionando l'operazione si riesce a spuntare un prezzo medio senz'altro migliore di quello che si sarebbe ottenuto vendendo o comprando tutto il quantitativo in una sola volta.

split prices: ***prezzi differenziali.*** Termine usato con lo stesso significato di *differential prices* (v.).

split receipt: È uno dei cosiddetti *renounceable documents* (v.).

split run: Espressione del gergo pubblicitario, con la quale si indica sia la pubblicazione sulla stessa testata di due o più inserzioni rivolte a diverse zone geografiche di diffusione, sia la pubblicazione di due inserzioni sulla stessa testata nello stesso periodo, ma in diversi numeri della pubblicazione, cui fa seguito una verifica tendente ad accertare quale delle due abbia avuto maggiore influenza presso i consumatori.

split share: ***azione frazionata.*** L'azione di capitale che è stata oggetto di frazionamento, cioè è stata ritirata dall'emittente per essere sostituita con altre azioni di valore nominale inferiore, ma senza alcuna variazione dell'ammontare del capitale sociale. Così, ad esempio, in cambio di un'azione del valore nominale di cinquanta sterline, l'emittente ha consegnato cinque azioni del valore nominale di dieci sterline ciascuna.

split shift: ***turno a orario spezzato.*** Il turno di lavoro il cui orario è diviso in due parti, con un intervallo di riposo superiore ad un'ora. Ad esempio, un turno di lavoro che monta alle otto e stacca alle dodici, per riprendere alle sedici e terminare alle venti.

split spread: ***scarto frazionato.*** Nel linguaggio finanziario, indica un eurocredito con differenti scarti di interesse, rispetto al tasso interbancario di Londra, per i differenti periodi di tempo in cui il credito è suddiviso in base ad una clausola di adeguamento periodico.

splitting: **1.** ***frazionamento azionario.*** Termine usato come sinonimo di *split* (v.). **2.** ***ripartizione; suddivisione.*** In relazione ad un'emissione riservata ai vecchi azionisti, il termine viene usato quando un azionista decide di dividere con un'altra persona la quantità di azioni che la società gli ha offerto. **3.** ***ripartizione del reddito.*** Procedimento mediante il quale i partecipanti ad un'impresa a conduzione familiare si ripartiscono il reddito, al fine di ridurre le aliquote fiscali e di conseguenza l'importo da pagare in imposte. Se essi non adottassero tale accorgimento, il reddito complessivo della famiglia sarebbe tassato con aliquote più alte ed essi complessivamente andrebbero a pagare una maggiore imposta.

split–up: ***1. frazionamento azionario.*** Termine a volte usato con lo stesso significato di *split* (v.). ***2. divisione.*** Nel linguaggio finanziario statunitense, indica una forma di ristrutturazione di una società, che prevede la creazione di due o più nuove aziende che sostituiscono quella pre–esistente dividendosene le attività. Gli azionisti della vecchia società riceveranno azioni delle nuove. Lo stesso termine viene usato per indicare la distribuzione, in sede di liquidazione di una società madre, del capitale sociale di quest'ultima tra due o più sue società sussidiarie già esistenti.

spoilage: ***deterioramento.*** Diminuzione del valore di un'attività a seguito di decadimento fisico. Il termine può applicarsi a beni immobili, a materiali usati nel processo produttivo, a beni deperibili e simili.

to spoil the market: ***rovinare il mercato.*** Espressione del linguaggio borsistico, usata per indicare la vendita o l'acquisto in unica soluzione di un notevole quantitativo di un determinato titolo, tale da farne improvvisamente scendere o salire il prezzo in percentuale notevole. Al fine di evitare tali movimenti, che turbano il sereno andamento del mercato, si può ricorrere a vendite o acquisti frazionati nel tempo, che hanno effetti meno drastici sul mercato.

sponsor: Termine usato nel linguaggio pubblicitario, ed entrato anche nella lingua italiana, per indicare la persona fisica o l'impresa che paga affinché il proprio messaggio pubblicitario venga diffuso attraverso i mezzi di comunicazione di massa, in particolare i network radiotelevisivi. Questo termine viene spesso usato come sinonimo di *advertiser* (v.), ma può anche indicare l'impresa di cui si parla sotto *sponsorship* (v.).

sponsored American depositary receipt: ***ricevuta di depositario americano garantita.*** Una *American depositary receipt* (v.) approvata dall'emittente del titolo cui si riferisce e di solito registrata presso la *Securities and Exchange Commission* (v.).

sponsorship: ***sponsorizzazione.*** Il sovvenzionamento, a scopo pubblicitario, di un evento sportivo, artistico, sociale, ecc. da parte di un'impresa. Il fatto che l'evento sia trasmesso in televisione e che sia riferito dai giornali fa sì che il nome o il prodotto dell'impresa sia portato all'attenzione di vari milioni di persone.

spot: ***1. pronto; merci pronte.*** Termine usato con lo stesso significato di *cash commodity* (v.). **2.** Nel linguaggio della pubblicità, il termine indica un qualsiasi tipo di messaggio diffuso attraverso reti radiotelevisive su base nazionale o locale. Uno spot può essere rappresentato da un semplice annuncio o da un intero programma sponsorizzato dall'*advertiser* (v.).

spot against forward: ***pronti contro termine.*** V. spiegazione sotto *swap 1.*

spot carbon: Espressione con la quale si indica il sistema di ricalco che prevede la posizionatura di carta carbone, o altro accorgimento idoneo al ricalco, soltanto in punti specifici di un modulo, così che vengano riprodotte sui fogli sottostanti soltanto alcune parti specificamente richieste e necessarie sulle copie.

spot cash: ***pronti; pronti contanti.*** Moneta effettivamente pronta e disponibile per qualsiasi utilizzazione.

spot commodity: ***pronto; merce pronta.*** Termine usato come sinonimo di *cash commoditity* (v.).

spot contracts: ***contratti a pronti.*** Contratti che prevedono la consegna di beni immediatamente dopo che è stato concluso l'accordo di compravendita e il pagamento immediato o entro alcuni giorni dalla data di consegna.

spot currency market: ***mercato delle valute a pronti.*** Lo stesso che *spot exchange market* (v.).

spot dealings: ***operazioni a pronti.*** Termine usato con lo stesso significato di *spot transactions* (v.).

spot delivery: ***consegna immediata; consegna pronta.*** Consegna che può aver luogo immediatamente dopo la conclusione di un contratto di compravendita. Il termine inglese viene usato come opposto di *future delivery* (v.).

spot exchange: ***cambio a pronti; cambio a contanti; cambio a vista.*** Acquisto o vendita di valuta straniera, per consegna e pagamento immediati.

spot exchange market: ***mercato delle valute a pronti.*** Quella parte del mercato valutario che tratta operazioni di cambio per pagamento e consegna immediati.

spot exchange rate: ***tasso di cambio a pronti; tasso di cambio a contanti; tasso di cambio a vista.*** Il tasso di cambio tra due valute che vengono effettivamente scambiate nel momento in cui ha luogo l'operazione di compravendita. Questo tasso di cambio era soggetto alle limitazioni di fluttuazione concordate con il Fondo Monetario Internazionale e pertanto non poteva oscillare oltre certi limiti prestabiliti, in relazione al valore del dollaro statunitense.

spot goods: ***pronto; merci pronte.*** Lo stesso che *cash commodity* (v.).

spot market: ***mercato a pronti; mercato pronto; mercato per contanti.*** Nelle borse merci, il termine indica le vendite di derrate che vengono concluse per pagamento immediato o, al più tardi, al momento in cui il compratore entra in possesso dei documenti rappresentativi delle merci. Anche la consegna si intende che deve essere immediata. Nel mercato delle valute, il termine indica quella parte delle contrattazioni relative a consegna e pagamento immediati di valute estere. In senso più lato, il termine indica un mercato, nel quale vengono trattati i prodotti primari disponibili, costituito da venditori in possesso dei beni che intendono vendere e compratori disposti ad acquistarli per pagamento e consegna immediati. (v. anche *foreign exchange market, spot exchange rate*)

spot payment: ***pagamento immediato.*** Pagamento di beni o servizi in contanti e al momento dell'acquisto.

spot price: ***prezzo a pronti; prezzo per contanti; corso a contanti.*** Nel linguaggio delle borse, indica il corso dei valori mobiliari trattati per pagamento a pronta cassa, cioè entro un massimo di tre giorni dopo che è stata conclusa la negoziazione di trasferimento. Nelle borse merci, è il prezzo relativo a operazioni per pagamento e consegna immediati.

spot purchase: ***acquisto per consegna immediata.*** L'acquisto di merci per pronta consegna, di solito pagate in moneta contante.

spot quotation: ***quotazione a contanti; quotazione a pronti.*** Nel mercato dei cambi, è la quotazione di una divisa o valuta per consegna e pagamento all'atto della stipula del contratto di compravendita.

spot rate: ***tasso di cambio a pronti; tasso di cambio a contanti; tasso di cambio a vista.*** Termine usato come sinonimo di *spot exchange rate* (v.).

spot sale: ***vendita per consegna immediata.*** La vendita di merci per pronta consegna, di solito pagate in moneta contante.

spot ship: ***nave pronta; nave spot.*** Nel linguaggio dei trasporti marittimi e, in particolare, dei contratti di noleggio, il termine indica una nave che sarà pronta ad iniziare le operazioni di caricazione entro quarantotto ore dalla definizione dell'impegno contrattuale.

spot sterling: ***sterlina a pronti.*** Nel linguaggio finanziario, indica il costo di una sterlina, per consegna e pagamento immediati, in termini di una qualsiasi altra valuta. (v. anche *spot exchange rate*)
spot stock: ***partita pronta.*** Nel linguaggio commerciale, è una partita di merci inviata da un produttore ad un magazzino pubblico, con l'intenzione di venderla in un altro mercato.
spot terms: ***termini a pronti.*** Termini che, se inseriti in un contratto di compravendita, impongono al venditore la consegna immediata e al compratore il pagamento immediato in moneta contante.
spot trading: ***operazioni commerciali a pronti.*** Operazioni di compravendita di titoli, divise o merci per consegna e pagamento immediati. Il termine viene usato in contrapposizione a *future trading* (v.).
spot transactions: ***operazioni a pronti; operazioni a contanti.*** Espressione usata principalmente nel linguaggio delle borse valori con lo stesso significato di *spot trading* (v.).
spread: **1.** ***registrazione analitica.*** Nel linguaggio della contabilità, il termine inglese indica la registrazione, in un giornale o in un mastro, di una singola operazione o di un gruppo di operazioni riportando tutti i dettagli ad essa o ad esse relativi. **2.** ***utile lordo; percentuale di utile lordo.*** Termine usato con lo stesso significato di *price spread* (v.). **3.** ***diversificazione.*** In relazione ad un investimento mobiliare, è la ripartizione della somma investita o da investirsi nella gamma più ampia possibile di titoli diversi, allo scopo di minimizzare il rischio e aumentare il rendimento medio dell'investimento. Per il piccolo investitore, ciò è possibile soltanto attraverso la sottoscrizione di quote–parti di un fondo comune di investimento mobiliare. **4.** ***opzione doppia; contratto a doppio premio; contratto a doppia facoltà; stellaggio; stellage.*** Nel linguaggio delle borse valori statunitensi, indica il diritto che si riserva il contraente che paga il premio di dichiararsi compratore o venditore di una certa quantità di un titolo o di un bene specificati, ad una data e ad un prezzo concordati all'atto della stipula del contratto a doppio premio. Il contratto indicato con questo termine nelle borse statunitensi prevede un prezzo per l'acquisto diverso da quello per la vendita. Se, invece, i due prezzi sono uguali, il contratto viene indicato col termine *straddle* (v.). **5.** ***scarto.*** Nella terminologia delle borse valori, è la differenza tra denaro e lettera e anche la differenza tra prezzo a pronti e prezzo a termine. **6.** ***tasso d'interesse addizionale; scarto d'interesse; margine d'interesse.*** Nel mercato degli eurocrediti, è il tasso di interesse che viene fatto pagare al contraente di un prestito pluriennale in aggiunta al tasso interbancario. **7.** ***doppia pagina.*** Nel linguaggio della pubblicità, è un annuncio disposto su due pagine di un giornale o di un periodico. **8.** ***plusvalenza di sottoscrizione.*** La differenza tra il prezzo al quale un sindacato di garanzia e collocamento titoli acquista un'intera emissione e il prezzo al quale i titoli così acquistati vengono rivenduti al pubblico.
spread city: Negli Stati Uniti, è una città che si espande in maniera incontrollata, inglobando e superando i suoi sobborghi.
spread effect: ***effetto di propagazione.*** Effetto stimolante che deriva dagli scambi internazionali principalmente sotto forma di un aumento della domanda interna a seguito dell'incremento generato sul reddito pro capite dall'effetto che il moltiplicatore delle esportazioni ha sugli altri settori dell'economia. Quanto più alto è il livello di sviluppo economico raggiunto da un paese, tanto più forte sarà l'effetto di propagazione, dal momento che in tale tipo di economia il settore delle esportazioni è legato molto strettamente agli altri settori dell'attività economica.
spread sheet: ***documento di analisi contabile.*** Foglio illustrativo di operazioni riferite a gruppi omogenei di valori che può avere tanto la funzione di base per la successiva registrazione sull'apposito giornale, quanto quella di costituire esso stesso un foglio di giornale ed essere, in tal caso, soggetto alla necessaria conservazione di rito.
to spread the risk: ***ripartire il rischio.*** V. spiegazione sotto *risk spreading*.
spurt: ***improvviso recupero.*** Nel linguaggio delle borse valori, è un subitaneo aumento dei corsi di un tipo o di tutti i titoli trattati sul mercato.
Sq.: square.
S.Q.C.: statistical quality control.
Sq. ft.: square foot.
Sq. in.: square inch.
Sq. m.: square metre.
squalor: ***squallore; miseria.*** Termine usato dal professor J. K. Galbraith per indicare i servizi sociali, principalmente negli Stati Uniti. Parlando dello squilibrio sociale, egli mise a confronto il benessere derivante dalla produzione privata di beni e servizi e lo squallore, o la miseria, relativa ai servizi sociali e pubblici nella frase *private affluence amid public squalor.* Lo stesso termine fu usato nel Regno Unito da Lord Beveridge per indicare uno dei quattro grandi mali che una giusta politica sociale deve fare di tutto per debellare. Gli altri tre mali sociali individuati da Lord Beveridge sono il bisogno, le malattie e l'ignoranza.
square: ***posizione bilanciata; posizione pareggiata.*** Termine usato nel linguaggio delle borse per indicare che gli acquisti e le vendite si equivalgono e che, pertanto, la posizione dell'operatore non è né lunga, né corta.
square deal: ***trattamento equo.*** È lo slogan usato nel 1938 dalle quattro ferrovie, che svolgevano il servizio di trasporto pubblico in Gran Bretagna, nella loro campagna di sensibilizzazione dell'opinione pubblica, mirante ad ottenere l'annullamento delle restrizioni imposte dal governo alle loro necessità di adeguare le tariffe per poter competere con il trasporto su strada.
square measures: ***unità di misura di superficie.*** Sono tutte le unità di misura che si prestano a determinare una superficie, come ad esempio il metro o il piede quadrato.
Square Mile, the: ***il miglio quadrato.*** Espressione a volte usata per indicare la *City* di Londra.
square perch: ***pertica quadrata.*** Misura di superficie britannica, corrispondente al quadrato di cinque yarde e mezza, ovvero sedici piedi e mezzo, ed equivalente a 25,2928 metri quadrati.
square pole: ***pertica quadrata.*** Termine usato come sinonimo di *square perch* (v.).
square position: ***posizione bilanciata; posizione pareggiata.*** Lo stesso che *square* (v.).
squatter's right: ***usucapione.*** Termine usato negli Stati Uniti per indicare il diritto descritto sotto *squatter's title* (v.), con la differenza che il periodo di possesso indisturbato del bene previsto dalle leggi della maggior parte degli Stati Uniti è di venti anni.
squatter's title: ***usucapione.*** Nel Regno Unito si indica con questa espressione il diritto di proprietà di un bene immobile, che viene acquisito da una persona dopo che essa ha conservato il possesso indisturbato del bene, senza il riconoscimento di un uguale diritto altrui, per un

periodo non inferiore ai dodici anni.

squeeze: ***stretta; restrizione.*** Termine di origine popolare, usato principalmente nell'espressione *credit squeeze* (v.).

squeezed bear: ***ribassista stretto.*** V. spiegazione sotto *bear squeeze.*

Sq. yd.: square yard.

S.S.: 1) same size; 2) steamship; 3) special settlement.

S/S: steamship.

S.S.A.: Social Security Administration.

st.: 1) stone (weight); 2) stet.

s.t.: short ton.

stability: ***stabilità.*** Situazione non di immobilità assoluta, bensì di lievi e continue oscillazioni intorno ad un dato livello, chiamato equilibrio stabile. Si parla, pertanto, di stabilità dei prezzi, stabilità dell'occupazione, stabilità dei cambi e simili altre situazioni. (v. anche *stable equilibrium*)

stability of employment: ***stabilità dell'occupazione.*** È la situazione che si verifica in un paese quando l'indice di disoccupazione rimane sostanzialmente lo stesso, pur se è soggetto a lievi e frequenti oscillazioni in aumento e in diminuzione.

stability of exchange rates: ***stabilità dei cambi; stabilità dei tassi di cambio.*** La situazione che si verifica sui mercati valutari, quando i tassi di cambio delle varie valute sono soggetti soltanto a lievi e continue oscillazioni trascurabili al di sopra e al di sotto di un tasso considerato di equilibrio.

stability of prices: ***stabilità dei prezzi.*** Termine usato in alternativa a *price stability* (v.).

stabilization: ***stabilizzazione.*** Qualsiasi intervento tendente a prevenire o limitare le fluttuazioni. Quando il termine inglese è usato da solo, tuttavia, si riferisce principalmente alla stabilizzazione del livello generale dei prezzi. Nella terminologia delle borse valori statunitensi, esso viene usato per indicare la pratica di fissare il prezzo di mercato di un titolo da parte dell'emittente, ovviamente in relazione a titoli cui non viene assegnato un valore nominale, con l'obiettivo di impedire o ritardare la diminuzione di valore durante il periodo che inizia con l'offerta del titolo al pubblico e termina con l'assorbimento dell'intera emissione da parte dei sottoscrittori. (v. anche *stabilization policy*)

stabilization function: ***funzione di stabilizzazione.*** La funzione di un governo che, attraverso la propria politica fiscale e monetaria, tenta di mantenere un livello uniforme di attività economica.

stabilization fund: ***fondo di stabilizzazione.*** Termine usato con lo stesso significato di *exchange equalization fund* (v.).

stabilization of exchange rates: ***stabilizzazione dei cambi.*** Termine usato con lo stesso significato di *exchange stabilization* (v.).

stabilization of prices: ***stabilizzazione dei prezzi.*** Termine usato in alternativa a *price stabilization* (v.).

stabilization policy: ***politica di stabilizzazione.*** L'uso di misure monetarie, fiscali o di altra natura intese ad evitare o ridurre la deflazione o l'inflazione nei paesi industrializzati del mondo occidentale. Dopo la fine della seconda guerra mondiale, molti paesi occidentali si sono proposti l'obiettivo di mantenere livelli alti e stabili dell'occupazione e della produzione e molti di loro hanno anche operato nel tentativo di stabilizzare il valore delle loro monete nazionali. La politica di stabilizzazione è strettamente collegata alle fluttuazioni che si verificano nel cosiddetto ciclo economico, per cui essa tenta di frenare l'esuberanza dell'economia quando essa si avvicina al culmine del ciclo, rappresentato dal boom, e di stimolarla quando essa, una volta superato il boom, si avvia in una fase discendente. Ciò, però, non è semplice come potrebbe sembrare, a causa principalmente dell'inesattezza delle informazioni a disposizione di coloro che sono preposti alla formulazione di una politica di stabilità economica ed anche a causa degli immancabili sfasamenti temporali tra il verificarsi di un dato fenomeno economico che impone l'intervento stabilizzatore e gli effetti sul fenomeno degli interventi decisi. Può, infatti, verificarsi che un'azione frenante, iniziata quando l'economia si avvicinava al boom, manifesti i suoi effetti quando il boom si è esaurito e l'economia si trova nella fase discendente verso la crisi. L'azione intrapresa, in tal caso, porterà ad un'accelerazione del processo recessivo, con danni ancora maggiori di quelli che si sarebbero verificati se non fosse stata intrapresa alcuna azione. Per questo e per tanti altri motivi, alcuni economisti sostengono che la politica di stabilizzazione è più un'arte che una scienza.

stabilized bond: ***obbligazione stabilizzata; obbligazione indicizzata.*** V. spiegazione sotto *index-linked securities.*

stabilized dollar: ***dollaro stabilizzato; dollaro compensato; dollaro indicizzato.*** Lo stesso che *compensated dollar* (v.).

stabilizer: ***stabilizzatore.*** Nel linguaggio economico, indica un qualsiasi provvedimento o meccanismo automatico che abbia l'effetto di stabilizzare, anche se in parte, un fenomeno economico che comincia a mostrare tendenze anomale rispetto alla politica perseguita da un governo. Ne sono un esempio gli stabilizzatori automatici, che si innescano quando il ciclo economico tende a spostarsi verso fasi diverse. (v. anche *automatic stabilizer*)

stabilizing intervention: ***intervento stabilizzante.*** L'intervento di una banca centrale sui mercati valutari avente lo scopo di stabilizzare il tasso di cambio della valuta nazionale. Si realizza, a seconda dei casi, mediante acquisti o vendite di valuta nazionale. (v. anche *exchange intervention, exchange stabilization*)

stable: ***stabile.*** Aggettivo usato in relazione a prezzi, corsi, cambi, livelli di crescita o di produzione, ecc., per indicare che essi non sono soggetti a repentine e ampie fluttuazioni.

stable economy: ***economia stabile.*** Un sistema economico nel cui interno si manifesta un livello stabile di consumi, investimenti e produzione.

stable employment: ***occupazione stabile.*** Occupazione dei fattori della produzione che, nell'ambito di un sistema economico, si mantiene su valori stabili, cioè suscettibili di lievi variazioni intorno ad un dato livello.

stable equilibrium: ***equilibrio stabile.*** In economia, questa espressione indica una situazione che una volta raggiunta continuerà indefinitamente, a meno che si verifichi una variazione di natura non economica che apporterà cambiamenti nel mercato, nel sistema, ecc., i quali, tuttavia, tenderanno automaticamente a tornare alla situazione di equilibrio stabile dalla quale si erano allontanati.

stable market: ***mercato sostenuto.*** Nel linguaggio delle borse valori, è un mercato con corsi uguali o di poco superiori ai livelli precedenti.

stable money: ***moneta stabile.*** Moneta che mantiene un valore relativamente costante in termini di potere d'acquisto, cioè di beni e servizi che possono acquistarsi con una sua data quantità.

staff: **1.** ***corpo consultivo; gruppo di specialisti; servizi***

specializzati; funzioni ausiliarie; staff. Nell'organizzazione aziendale, si indicano con questo termine gli uffici studio, istituiti a fianco degli organi direttivi preposti all'adozione di scelte e decisioni, che hanno il compito di studiare i problemi e cercarne le possibili soluzioni. Tali uffici sono affidati a personale altamente qualificato e specializzato. **2.** ***personale.*** Lo stesso termine inglese viene usato per indicare collettivamente tutti coloro che sono impiegati da una qualsiasi organizzazione. Il termine inglese si riferisce principalmente a impiegati che svolgono mansioni esecutive o di concetto, in contrapposizione ai lavoratori che sono addetti all'effettiva produzione dei beni o servizi.

staff advisor: ***consulente di staff.*** Un qualsiasi membro del corpo consultivo descritto sotto *staff 1* (v.).

staff and line organization: ***organizzazione a linee e direzioni; organizzazione lineare a direzioni; organizzazione lineare con stato maggiore.*** Termine usato in alternativa a *line and staff organization* (v.).

staff assistant: ***assistente di staff; assistente personale.*** La persona che fornisce consulenza tecnica, specialistica o professionale direttamente ad un dirigente, di un'impresa o altra organizzazione, col quale lavora in stretto contatto.

staff auditor: ***auditore di staff.*** Un membro dell'ufficio contabilità di un'impresa o altra organizzazione, cui viene demandata la funzione di ispezionare i conti come parte della procedura di controllo interno.

staff department: ***reparto servizi specializzati.*** È l'ufficio studio cui si fa cenno sotto *staff 1* (v.).

staff division: ***reparto servizi specializzati.*** Termine usato con lo stesso significato di *staff department* (v.).

staff employee: ***impiegato di concetto.*** Un impiegato che svolge il proprio lavoro in un ufficio e al quale vengono demandate funzioni che implicano una certa dose di responsabilità, di autonomia e di capacità organizzativa.

staff guarantee fund: ***fondo di garanzia fedeltà dei dipendenti.*** Il fondo costituito in certe banche inglesi allo scopo di garantire la banca contro eventuali perdite derivanti da condotta disonesta di qualcuno dei dipendenti. Ciascun funzionario versa un contributo in questo fondo, sotto forma di percentuale annua della somma che la banca intende garantire in relazione all'ufficio ricoperto dal funzionario. Oggi, la maggior parte delle banche ricorrono a polizze di assicurazione contro l'infedeltà dei dipendenti, invece che alla costituzione di questo fondo.

staff inspection: ***rassegna del personale.*** Termine usato con lo stesso significato di *staff survey* (v.).

staff man: ***assistente di staff.*** Termine usato con lo stesso significato di *staff assistant* (v.).

staff personnel: ***personale di staff.*** Termine con il quale vengono indicati collettivamente tutti coloro che fanno parte del corpo consultivo impiegato da un'impresa. (v. anche *staff 1*)

staff position: ***posto di staff.*** Un qualsiasi posto in uno dei corpi consultivi, cioè il personale non operativo che ha il compito di fornire consulenza tecnica, specialistica o professionale ai dirigenti di un'impresa o altra organizzazione. (v. anche *staff 1, line position*)

staff relationship: ***relazione di staff.*** È la relazione personale esistente principalmente ai vertici di un'organizzazione aziendale, ad esempio tra l'amministratore delegato ed il suo assistente personale. In tale relazione, l'assistente personale appare come un'estensione della personalità dell'amministratore delegato, in quanto egli non ha rapporti formali con alcun altro personaggio dell'organizzazione, né possiede alcuna autorità personale. Qualsiasi istruzione egli dia o qualsiasi autorità egli eserciti derivano soltanto dalle responsabilità del suo capo. (v. anche *direct relationship, functional relationship, lateral relationship*)

staff restaurant: ***mensa aziendale.*** Termine usato con lo stesso significato di *canteen* (v.).

staff retirement reserve: ***fondo liquidazione personale.*** Lo stesso che *personnel severance fund* (v.).

staff severance fund: ***fondo indennità di licenziamento; fondo liquidazioni personale.*** Lo stesso che *personnel severance fund* (v.).

staff shortage: ***scarsità di personale.*** Situazione che viene a crearsi all'interno di un'organizzazione quando il lavoro aumenta o il numero di impiegati in organico diminuisce. Lo stesso termine può essere usato in relazione alla situazione che viene a crearsi in un determinato settore o in tutto un sistema economico come conseguenza di una condizione di piena occupazione o di iperoccupazione.

staff survey: ***rassegna del personale.*** Valutazione del carico di lavoro di un reparto o di un'impresa, al fine di determinare il numero e la specializzazione del personale necessario.

staff training: ***addestramento del personale.*** Termine usato con lo stesso significato di *personnel training* (v.).

staff turnover: ***avvicendamento del personale; rotazione del personale.*** Termine usato con lo stesso significato di *personnel turnover* (v.).

stag: ***aumentista; premista.*** Nel linguaggio della borsa valori di Londra, è uno speculatore che tenta di garantirsi un considerevole numero di azioni o obbligazioni di nuova emissione, con l'intenzione di rivenderle appena esse cominciano a diventare oggetto di scambio nel mercato secondario. La speranza dell'aumentista è che la domanda di tali titoli superi l'offerta ed il loro prezzo di contrattazione salga subito al di sopra del prezzo di emissione, il che gli consente di lucrare la differenza oltre all'eventuale premio di emissione. Poiché all'atto della sottoscrizione egli è tenuto a versare soltanto un anticipo, questa operazione non richiede un capitale eccessivamente alto, ma essa ha probabilità di successo soltanto se il mercato è molto attivo o se l'emittente è una società che gode di buona considerazione tra gli investitori. Se, però, le aspettative dell'aumentista non si realizzano, egli dovrà pagare per intero e tenere i titoli che non intendeva conservare.

stages-of-growth theory: ***teoria degli stadi di crescita.*** Lo stesso che *stages theory of economic development* (v.).

stages theory of economic development: ***teoria dello sviluppo economico per stadi.*** È la teoria che sostiene che lo sviluppo economico passa attraverso stadi successivi, ciascuno dei quali si estende su un arco di tempo abbastanza lungo. K. Bucher, il primo ad esporre questa teoria, distinse tre stadi e cioè: a) l'economia familiare chiusa; b) l'economia cittadina o comunale; c) l'economia nazionale. W. Rostow, invece, in una sua opera dal titolo *Stages of Economic Growth* individuò cinque stadi, e cioè: a) quello tradizionale; b) quello delle condizioni che precedono il decollo; c) quello del decollo; d) lo stadio che conduce alla maturità; e) quello dei consumi di massa.

stagflation: ***stagflazione; ristagno inflazionistico.*** Termine di recente formazione, composto dalle parole *stagnation* (v.) e *inflation* (v.). Viene usato per indicare una situazione caratterizzata da ristagno economico, cioè alta disoccupazione e crescita lenta o pressocché negativa, cui si associa anche un alto tasso di inflazione. Se questa situazione economica continua a deteriorarsi, sfocia in quella che viene chiamata *slumpflation* (v.).

stagflationary: ***stagflazionistico.*** È l'aggettivo relativo al sostantivo *stagflation* (v.).

stagflation index: ***indice di stagflazione.*** Numero indice che evidenzia il grado di stagflazione presente in un sistema economico. È definito come la somma del tasso di disoccupazione e del tasso di inflazione.

to stagger: ***scaglionare nel tempo.*** Termine usato nel linguaggio delle relazioni industriali con due significati simili: a) distribuire in un certo arco di tempo le ferie annuali, in maniera che l'impresa resti aperta e sia assente soltanto una parte del personale in un qualsiasi periodo; b) scaglionare in più turni l'intervallo per i pasti, in maniera che non si formino code alla mensa aziendale e siano sempre presenti un certo numero di persone negli uffici e nelle strutture produttive.

staggered board of directors: ***consiglio di amministrazione a elezione scaglionata.*** Un consiglio di amministrazione i cui membri vengono eletti in differenti anni, durante l'assemblea degli azionisti, invece di essere eletti tutti nello stesso anno come è pratica più comune e diffusa.

staggering maturities: ***scadenze scaglionate.*** Tecnica cui ricorrono gli investitori in titoli a reddito fisso allo scopo di tutelarsi contro il rischio del tasso d'interesse. Prevede l'acquisto di titoli a breve, media e lunga scadenza, così che se i tassi d'interesse scendono, i titoli a lungo termine aumenteranno di valore più di quelli a breve termine, mentre nella situazione opposta saranno i titoli a breve e medio termine a tutelare l'investitore.

stagging: ***maggiorazione.*** La pratica seguita da certi investitori che, in occasione di una nuova emissione, prevedendo che la sottoscrizione venga superata si premuniscono prenotando un quantitativo di titoli superiore a quello che effettivamente intendono acquistare, così che in caso di riparto riusciranno ad ottenere più o meno l'assegnazione del numero di titoli che si erano prefissi di acquistare. Lo stesso termine inglese viene usato per indicare l'attività di un aumentista. (v. anche *stag*)

stagnancy: ***ristagno; stagnazione.*** Termine usato come sinonimo meno comune di *stagnation* (v.).

stagnant industries: ***industrie stagnanti.*** Le industrie che non riescono più a realizzare incrementi di produttività o ad espandersi sui mercati nazionali ed esteri. In queste industrie, l'occupazione è stazionaria o in diminuzione e gli investimenti sono ridotti a tal punto da poter far fronte soltanto alle necessità di sostituzione di capitale fisso del tutto obsoleto o non più in grado di funzionare. Quando si tratta di industrie ritenute importanti per il paese o per non far scendere il livello di occupazione, lo stato generalmente interviene in loro aiuto con massicci finanziamenti, che hanno il solo risultato di disperdere denaro pubblico e prolungare, spesso inutilmente, l'agonia di queste industrie.

stagnant market: ***mercato stagnante.*** Mercato languido e inattivo, nel quale si concludono soltanto pochissimi scambi esigui.

stagnation: ***ristagno; stagnazione.*** V. spiegazione sotto *economic stagnation.*

stagnation thesis: ***tesi del ristagno economico.*** La credenza che in un'economia avanzata il risparmio può giungere a livelli così elevati da impedire il mantenimento della piena occupazione.

staircase chart: ***diagramma a scala.*** Tipo di diagramma cartesiano costituito da una serie di colonne o linee spesse, che si elevano dall'asse orizzontale per un'altezza proporzionale ciascuna ad un dato valore globale relativo a successivi intervalli della variabile, rendendo possibile la comparazione dei diversi valori.

stake: ***quota di partecipazione; interesse.*** La quota di capitale sociale di un'impresa, detenuta da un singolo o da un'altra impresa, sotto forma di partecipazione che può essere di minoranza o di maggioranza.

stakeholder: ***partecipante; compartecipante.*** Chi detiene una partecipazione in una società o in una qualsiasi impresa o attività economica. Il termine inglese è a volte usato con lo stesso significato di *shareholder* (v.).

stale bull: Espressione del gergo della borsa valori londinese, con la quale si indica un rialzista che ha fatto un acquisto speculativo di titoli con la convinzione che il loro corso salisse rapidamente, il che, invece, non si è realizzato ed egli si trova a conservare titoli di cui intendeva disfarsi rapidamente.

stale cheque: ***assegno scaduto; assegno prescritto.*** In base all'articolo 36 del *Bills of Exchange Act* del 1882, il termine inglese indica un assegno che è in circolazione da un tempo eccessivo. La legge, tuttavia, non stabilisce la durata di tale tempo, limitandosi a raccomandare, nell'articolo 45, che una cambiale a vista «deve essere presentata entro un periodo di tempo ragionevole dopo la sua emissione al fine di rendere il traente responsabile della somma ed entro un periodo di tempo ragionevole dopo la sua girata al fine di rendere il girante responsabile». Non si fa, tuttavia, menzione specifica dell'assegno, il cui emittente è, per legge, responsabile per un periodo di sei anni. In assenza di precise disposizioni, alcune banche considerano prescritto un assegno in circolazione da sei mesi, altre quelli in circolazione da dodici mesi e prima di pagare assegni del genere pretendono la conferma da parte dell'emittente.

stall: ***banco; banco pubblico.*** È il banco, coperto o meno con un tetto di legno, di tela, ecc., sul quale si espone la merce in vendita in un mercato pubblico o su suolo pubblico appositamente destinato a tale funzione. Nel gergo della borsa valori di Londra, il termine inglese indicava il punto della sala delle contrattazioni nel quale abitualmente sostava uno *stockjobber* (v.).

stallage: ***plateatico; bancaggio; terratico.*** Tributo che si deve versare agli enti locali per avere il diritto di esporre merci per la vendita in un mercato, in una fiera o su suolo pubblico.

stamp: **1.** ***bollo; marca da bollo; francobollo.*** Qualsiasi marca usata per dimostrare l'avvenuto pagamento dell'imposta o della tassa di bollo. I documenti che sono soggetti a tale tassa o imposta diventano validi soltanto se muniti della prescritta marca. **2.** ***tipo monetario.*** La figura incisa sul conio e riprodotta sul dritto e sul rovescio di una moneta metallica.

stamp act: ***legge sul bollo.*** La legge che regolamenta l'imposta e la tassa di bollo. Nel Regno Unito è lo *Stamp Act* del 1891, con successivi emendamenti e integrazioni.

stamp-affixing machine: ***macchina per applicare francobolli.*** Macchina che provvede all'applicazione meccanica di francobolli sulla corrispondenza. Vi si inseriscono rotoli di francobolli, nel Regno Unito venduti dall'ufficio postale e composti di 480 francobolli, e la macchina provvede ad inumidirne la parte gommata, applicarli sulla corrispondenza e staccarli dal rotolo. La macchina è anche fornita di un contatore che registra il numero di francobolli utilizzati.

stamp duty: ***tassa di bollo; imposta di bollo; imposta***

di registro. Imposta o tassa cui sono soggetti determinati documenti, quali ad esempio atti di trasferimento di proprietà, ricevute, contratti, deleghe, cambiali, assegni, ecc. Può essere riscossa a mezzo di un bollo da apporre o prestampato sul documento o può essere un'imposta ad valorem, riscossa dall'apposito ufficio. Nel Regno Unito le imposte e le tasse di bollo sono regolate dallo *Stamp Act* del 1891 e sono gestite dall'*Inland Revenue* (v.). Per le imposte di bollo sulla compravendita di valori mobiliari, v. *contract stamp duty* e *transfer stamp duty*.

stamped bond: Termine del linguaggio finanziario statunitense, con il quale si indica un'obbligazione sulla quale sono state riportate, a mezzo stampa o con l'apposizione di un timbro, particolari condizioni relative all'emissione, al pagamento degli interessi o al rimborso.

stamped money: *moneta bollata; moneta stampigliata.* Tipo di moneta, la cui adozione fu proposta da Silvio Gesell, che doveva, al fine di conservare il suo valore nominale, essere bollata ogni mese mediante l'apposizione di marche da acquistarsi presso gli uffici postali. L'argomento sul quale si basava tale proposta era che poiché i titoli e qualsiasi altro bene implicavano un costo per coloro che li possedevano, anche la moneta doveva essere soggetta ad una tassa di bollo.

stamp note: *nota d'imbarco.* Nel linguaggio delle dogane, è un certificato, munito del prescritto bollo, con il quale gli uffici doganali autorizzano la caricazione di merci a bordo di una nave.

stamp tax: *tassa di bollo; imposta di bollo; imposta di registro.* Termine statunitense, usato come sinonimo di *stamp duty* (v.).

stand: *banco; chiosco; padiglione.* Termine a volte usato come sinonimo di *stall* (v.), ma più spesso per indicare un piccolo edificio, a carattere provvisorio, per l'esposizione e la vendita di beni di consumo in un luogo pubblico o in una fiera.

standard: 1. *tipo; modello; norma; standard.* Punto fisso di valore, quantità o qualità, concordato o specificato preventivamente, al quale ci si deve attenere o in base al quale vengono calibrate o regolate determinate cose o azioni. **2. *moneta tipo.*** È così detta la moneta singola o l'unità monetaria su cui si basa il sistema monetario di un paese. (v. anche *standard money*) **3. *titolo; titolo legale; titolo di una moneta.*** Il rapporto, fissato per legge, tra il peso di metallo fino contenuto in una moneta e il peso complessivo della moneta stessa. Per le monete d'oro si esprime generalmente in millesimi, pur se per la sovrana si esprime in carati, e quello adottato è generalmente di 900 millesimi. Per le monete d'argento, invece, il titolo varia notevolmente da paese a paese.

standard agreement: *contratto tipo.* È il modulo prestampato, che riproduce il contratto tipo, cioè quello usato da un operatore in tutte le operazioni svolte con i suoi clienti.

standard allowance: *assegnazione standard.* La quantità di tempo accettata che, nell'ambito di una particolare industria o fabbrica, viene aggiunta al tempo normalmente concesso per svolgere un'operazione, onde tener conto della fatica, delle necessità personali del lavoratore e simili.

Standard and Poor's stock index: *indice azionario Standard e Poor.* Uno dei vari indici usati per rispecchiare la tendenza generale del mercato azionario e obbligazionario. L'indice Standard e Poor è più moderno del Dow Jones e, nel caso del mercato azionario, si basa su un numero di titoli oscillante tra i quattrocento e i cinquecento. Questo indice viene ampiamente usato nelle borse valori statunitensi.

standard clause: *clausola standard; clausola della perdita dell'ipoteca.* Termine usato con lo stesso significato di *mortgage loss clause* (v.).

standard coin: 1. *moneta base; moneta perfetta; moneta tipo.* Termine usato con lo stesso significato di *standard money* (v.). **2. *moneta buona; moneta perfetta; moneta di peso.*** Una moneta metallica il cui valore intrinseco è pari al suo valore nominale.

standard coinage: *coniatura perfetta; coniatura in titolo legale.* Il sistema di coniatura in uso quando le monete erano di metallo prezioso e ciascun tipo di moneta aveva un suo preciso valore intrinseco, dato dal rapporto tra il peso di metallo fino in essa contenuto e il peso complessivo della moneta stessa.

standard contract: *contratto tipo.* Lo stesso che *standard agreement* (v.).

standard cost: *costo standard; costo ideale preventivo; costo guida; costo traguardo; costo modello.* Costo previsto o predeterminato dei prodotti tipo, fabbricati in quantità e in condizioni tipo. I costi standard, pertanto, sono previsioni relative ai costi effettivi in condizioni di produzione programmate, che servono da base per il controllo dei costi e fungono da metro dell'efficienza produttiva di un'impresa attraverso la loro comparazione con i costi reali.

standard cost accounting: *contabilità a costi standard.* Espressione usata con lo stesso significato di *standard costing* (v.). A volte, tuttavia, viene anche usata per indicare un sistema scientifico di contabilità dei costi, basato su procedure contabili continue e formali, in contrapposizione al sistema noto come *cost approximations* (v.).

standard costing: *sistema a costi standard.* Sistema di contabilità dei costi che ha lo scopo di analizzare le deviazioni di costo e le loro cause. Per ciascun prodotto, viene determinato uno standard di produzione e di costo che serve da base per la determinazione del prezzo di vendita e per il controllo delle operazioni produttive. In altre parole, prima di iniziare la produzione si determina un costo standard per ciascun prodotto sulla base della quantità di materiale e di lavoro necessari a produrlo, cui si aggiunge una quota fissa di spese generali. Quando la produzione ha inizio, si registrano tutte le informazioni necessarie a stabilire lo scostamento tra costi reali e costi standard, in maniera da potere esercitare un controllo sui costi nel tentativo di farli coincidere con i costi standard o di portarli il più vicino possibile a questi ultimi. Nonostante il controllo, tuttavia, i costi reali raramente coincidono con i costi standard e la differenza tra i due viene portata ai conti delle varianti.

standard cost method of inventory valuation: *criterio di valutazione delle scorte a costo standard.* Criterio in base al quale le scorte di magazzino vengono valutate seguendo standard predeterminati dei costi di materiale, di manodopera diretta e di spese generali di fabbricazione, sostenuti per la loro produzione. (v. anche *inventory valuation methods, standard cost*)

standard cost per unit: *costo standard unitario.* È il costo standard determinato per unità di prodotto o di servizio. (v. anche *standard cost*)

standard costs for inventory valuation: *costi standard per la valutazione delle scorte.* Sono i costi standard sui quali si basa la valutazione delle scorte di magazzino, nel criterio di valutazione a costi standard. (v. anche *standard cost, standard cost method of inventory valuation*)

standard-cost system: ***sistema a costi standard.*** Termine usato come sinonimo di *standard costing* (v.).

standard currency: ***moneta base; moneta perfetta; moneta tipo.*** Termine usato con lo stesso significato di *standard money* (v.).

standard currency unit: ***unità monetaria; modulo monetario.*** Termine usato con lo stesso significato di *currency unit* (v.).

standard deduction: ***detrazione standard; detrazione tipo; detrazione forfettaria.*** È la detrazione per la quale può optare un qualsiasi contribuente, invece della detrazione risultante dalla elencazione specifica di tutte le spese ammesse in detrazione. Il termine viene usato negli Stati Uniti, le cui leggi fiscali prevedono questo tipo di detrazione.

standard deviation: ***scarto tipo; scarto quadratico medio; deviazione tipica; deviazione standard.*** In statistica, è lo scarto medio dei numeri di una serie dalla media aritmetica. Si ottiene elevando al quadrato e sommando le differenze tra i numeri e la media, dividendo questo totale per il totale dei numeri ed estraendo la radice quadrata del quoziente così ottenuto. Corrisponde, pertanto, alla radice quadrata della media dei quadrati delle differenze tra il gruppo di numeri e la loro media aritmetica. Lo scarto quadratico medio è di solito indicato con una sigma minuscola.

standard deviation of universe: ***scarto quadratico medio dell'universo.*** La stima dello scarto quadratico medio dell'universo è il prodotto dello scarto quadratico medio del campione moltiplicato per l'espressione $\sqrt{n/(n-1)}$, dove n è uguale al numero di casi presenti nel campione.

standard error: ***errore standard; errore quadratico medio della media.*** È l'errore standard di una distribuzione di campionatura. Rappresenta quella parte della differenza tra il valore di una popolazione e la stima di tale valore (quando si ricorre ad un campione casuale) che deriva dal fatto di aver effettuato una campionatura.

standard error of estimate: ***errore quadratico medio della stima.*** In statistica, è lo scarto quadratico medio dei valori di una linea di regressione. Pertanto, rappresenta lo scarto quadratico medio dalla linea di regressione invece che dalla media aritmetica.

standard error of regression coefficient: ***errore standard del coefficiente di regressione.*** L'errore standard della regressione di un campione è rappresentato da $Sy/Sx\sqrt{n}$, dove Sy è l'errore quadratico medio della stima del campione, Sx è lo scarto tipo della variabile il cui coefficiente di regressione è preso in considerazione e n è il numero degli elementi del campione.

standard error of the mean: ***errore standard; errore quadratico medio della media.*** Termine usato con lo stesso significato di *standard error* (v.).

standard fire policy: ***polizza incendio tipo.*** Nel linguaggio delle assicurazioni statunitensi, si indica con questa espressione il modello tipo di polizza incendio stabilito per legge in molti degli Stati Uniti. Se un assicuratore non si attiene a questo modello, l'assicurato ha il diritto di rifarsi al modello tipo o alla polizza emessa dall'assicuratore, a seconda di quale dei due sia per lui più vantaggioso. Nel Regno Unito, il termine è usato per indicare la polizza incendio sanzionata dalla consuetudine. Essa garantisce l'assicurato contro il rischio di incendio anche se prodotto dal fulmine o da esplosione di apparecchi domestici, quali l'impianto di riscaldamento centrale e lo scaldabagno. Altri rischi, quali i danni derivanti dalla rottura di tubazioni, da inondazioni, da sommosse e rivolte popolari, ecc., possono essere anche inclusi in questo tipo di polizza se si applica l'estensione di copertura. (v. anche *extended coverage*)

standard form: ***modulo standard; modulo tipo.*** È il modello prestampato, prescritto ed usato nella creazione di documenti ad uso interno o ufficiali in un'impresa o in un gruppo di imprese. Può essere un contratto, una polizza di assicurazione, un modulo di ordinativo o qualsiasi altro documento del genere, che si presta ad essere utilizzato senza variazioni della quantità di informazioni contenute, pur se variano gli elementi di tali informazioni.

standard gold: ***oro standard.*** Il termine viene usato come opposto di oro fino per indicare oro il cui titolo è considerato normale per il tipo di operazione cui è destinato. Il titolo dell'oro standard può variare da un paese all'altro, a seconda delle consuetudini e degli usi locali.

standard grade: ***grado tipo; qualità tipo.*** È così detto il grado di qualità di un bene, stabilito per legge o per consuetudine. (v. anche *grade*)

standard hour: ***ora teorica standard di lavorazione; ora teorica standard di utilizzazione di un impianto.*** È un'ora ipotetica che rappresenta la quantità di lavoro che, in condizioni operative normali, dovrebbe svolgersi in un'ora di tempo. Dal momento che è una misura di lavoro e non di tempo, si presta per esprimere, con un comune denominatore, quantità di lavoro o attività diverse.

Standard Industrial Classification: ***Classificazione industriale standard.*** È il metodo usato nel Regno Unito per suddividere l'attività economica in categorie, a fini statistici. Il metodo fu introdotto per la prima volta nel 1948 e fu revisionato nel 1958 e nel 1968. Si basa sugli stessi principi della classificazione industriale standard internazionale emanata dalle Nazioni Unite.

Standard International Trade Classification: È una classificazione delle Nazioni Unite, simile a quella della nomenclatura tariffaria di Bruxelles, usata nel commercio internazionale. In essa, i beni vengono classificati in base a ciò che effettivamente sono e non in base alle loro possibili utilizzazioni finali. (v. anche *Brussels Tariff Nomenclature*)

standardization: ***standardizzazione.*** Si indica con questo termine qualsiasi forma di livellamento di tipo o di qualità. Nel linguaggio del marketing, il termine indica l'individuazione di un determinato grado, qualità o dimensione di un prodotto tramite un particolare termine o simbolo. In questa procedura, vengono prima determinati i tipi di qualità, grado, ecc. cui si danno i termini o simboli distintivi e successivamente il prodotto così standardizzato viene ispezionato al fine di assegnargli il marchio distintivo che gli compete. Nel linguaggio industriale, il termine indica l'unificazione dei mezzi e dei metodi di lavorazione, che porta alla produzione di articoli unificati dal punto di vista della qualità, del peso, della dimensione, ecc., in modo da poterli produrre in serie e trarre vantaggio dalle economie di scala di produzione.

standardization of products: ***standardizzazione dei prodotti.*** Il processo di riduzione del numero e della varietà dei diversi articoli prodotti da un'impresa, che ha come risultato un numero limitato di confezioni, colori, modelli, qualità o dimensioni. Questo processo viene adottato allo scopo di semplificare la produzione e trarre vantaggio dalle economie di scala che si possono realizzare quando i metodi e i mezzi di produzione risultano unificati.

to standardize: ***standardizzare.*** Nel linguaggio economico e industriale, ridurre i prodotti di un'impresa ad un tipo unico, ovvero unificare più prodotti, livellandone il tipo, la qualità, ecc., allo scopo di consentirne la produzione in serie e a un più basso costo unitario.

standardized interview: ***colloquio standardizzato; intervista standardizzata.*** È il colloquio tipo cui vengono sottoposti indistintamente tutti coloro che aspirano ad occupare un posto di lavoro in un'impresa o altra organizzazione. Nel linguaggio del marketing, indica l'intervista tipo che prevede le stesse domande per tutti coloro che fanno parte del campione sul quale è condotta la ricerca.

standardized products: ***prodotti standardizzati.*** Nel linguaggio industriale, i prodotti che sono stati sottoposti ad un processo di riduzione del numero e della varietà, attraverso un livellamento della qualità, delle dimensioni, dei modelli, ecc., al fine di consentirne la produzione in serie e ad un più basso costo unitario.

standardized work: ***lavoro standardizzato.*** Il lavoro che prevede procedure unificate o semplificate, allo scopo di consentire una produzione più vasta e a costi unitari minori.

standard labour rate: ***incidenza standard del costo della manodopera.*** È calcolata come paga base più gli incentivi e i premi che è probabile debbano essere corrisposti alle maestranze in condizioni di lavoro efficienti.

standard labour time: ***tempo di lavorazione standard.*** Il periodo di tempo necessario per compiere una determinata lavorazione, espresso in ore–uomo di qualità specificata e determinato attraverso uno studio di tutte le operazioni necessarie per la produzione di una determinata quantità di beni o servizi o per l'esecuzione di un dato lavoro.

standard loss clause: ***clausola della perdita dell'ipoteca.*** Termine usato con lo stesso significato di *mortgage loss clause* (v.).

standard machine time: ***tempo macchina standard.*** Il periodo di tempo necessario perché una macchina, o un gruppo di macchine, esegua la produzione di una data quantità di beni. È espresso in ore–macchina e può includere, oltre il tempo di lavorazione, anche il tempo di preparazione e di avviamento. (v. anche *makeready time, set–up time*)

standard mark: ***marchio tipo; marchio standard.*** Il termine inglese indica uno dei quattro marchi di identificazione dei metalli preziosi usati nel Regno Unito e precisamente quello che indica il titolo in carati dell'oggetto sul quale esso viene impresso. Il marchio tipo è rappresentato da un leone passante per l'Inghilterra; da un cardo per Edimburgo; e da un leone rampante per Glasgow. L'oro a diciotto carati è contrassegnato da un marchio costituito da una corona e dalla cifra 18. (v. anche *hall–mark*)

standard material: ***materiale standard.*** Espressione usata per indicare i materiali, cioè materie prime o componenti, conformi alle specifiche tecniche relative alla qualità e talvolta anche alla quantità. (v. anche *non–standard material*)

standard method: ***metodo standard.*** Un insieme di operazioni o pratiche operative appositamente studiate e adottate da un'impresa per la fabbricazione dei propri prodotti o per lo svolgimento di una qualsiasi altra funzione lavorativa. (v. anche *non–standard method*)

standard methods and procedures: ***metodi e procedure standard.*** Espressione usata per indicare collettivamente tutte le funzioni standardizzate nell'ambito di un'impresa o altra organizzazione. Il termine metodi si riferisce più propriamente all'insieme di operazioni produttive, mentre il termine procedure si usa più spesso in riferimento a lavoro di ufficio. (v. anche *standard method, standard procedure*)

standard metropolitan area: ***area metropolitana standard.*** Negli Stati Uniti, si indica con questa espressione un'unità socio–economica integrata, con un grande volume di spostamenti quotidiani di persone tra la città, che ne costituisce il centro e che ha una popolazione non inferiore ai cinquantamila abitanti residenti, e le parti più periferiche dell'area, che solitamente coincide con una o più contee.

standard monetary unit: ***unità monetaria; modulo monetario.*** Termine usato con lo stesso significato di *currency unit* (v.).

standard money: ***moneta base; moneta perfetta; moneta tipo.*** È così detta la moneta che consiste di un bene, generalmente un metallo prezioso, di peso e purità specificati, il cui valore come merce è uguale al suo valore come moneta. In altre parole, è la moneta o l'unità monetaria su cui si basa il sistema monetario di un paese, alla quale vengono riferite tutte le altre monete del sistema stesso. In un sistema monetario metallico, se l'unità monetaria viene effettivamente coniata, e non usata soltanto come moneta di conto o ideale, essa deve essere una moneta perfetta e così anche i suoi multipli, mentre i sottomultipli sono di solito monete imperfette, coniate in leghe di metalli non preziosi.

standard of a coin: ***titolo di una moneta.*** V. spiegazione sotto *standard 3.*

standard of comparison: ***standard comparativo; modello di confronto.*** Un qualsiasi modello che possa essere usato come punto di riferimento per effettuare un confronto e formarsi un'opinione o emettere un giudizio.

standard of deferred payments: ***mezzo di pagamento differito.*** È così indicata una delle funzioni della moneta. Poiché la moneta, a differenza di molti altri beni e derrate, si presta ad essere conservata, essa può essere accumulata nel tempo e venire poi usata per effettuare pagamenti ad una data futura. Condizione indispensabile perché la moneta svolga in maniera soddisfacente questa sua funzione è che il suo valore sia stabile nel tempo, altrimenti quanto più lungo risulta il periodo di differimento del pagamento, tanto più valore perderà la moneta.

standard of life: ***tenore di vita.*** Termine usato come sinonimo di *standard of living* (v.).

standard–of–life curve: ***curva del tenore di vita; curva reddito–consumo.*** Termine usato con lo stesso significato di *income–consumption line* (v.).

standard–of–life line: ***linea del tenore di vita; linea reddito–consumo.*** Termine usato con lo stesso significato di *income–consumption line* (v.).

standard of living: ***tenore di vita.*** La possibilità di una persona, di una famiglia o di un gruppo di persone di soddisfare i propri bisogni economici. Quanto maggiore è il numero e il tipo di bisogni che si riescono a soddisfare, tanto più alto risulta il tenore di vita di cui gode quella determinata unità economica. Il tenore di vita di un popolo dipende in primo luogo dall'entità del reddito nazionale e in secondo luogo dal modo in cui tale reddito è distribuito tra i cittadini del paese. In linea di massima, ad un alto reddito corrisponde un alto tenore di vita e viceversa, ma bisogna sempre tener presente il livello generale dei prezzi e il potere di acquisto della moneta. Lo stesso termine viene usato con differenti sfumature di significato per indicare il livello minimo di beni necessari e di lusso cui è abituato o aspira un individuo, oppure lo stile di vita considerato appropriato per una data occupazione o per un dato livello sociale.

standard of measurement: ***standard di valore; unità di misura.*** Lo stesso che *unit of account* (v.), quando si parla della moneta.

standard of performance: ***standard di rendimento.*** Una proiezione operativa in relazione a obiettivi noti o stimati, evidenziati in un bilancio preventivo, in una quantità o qualità di produzione programmata, in un calcolo di costi standard o altre condizioni imposte.

standard of value: ***misura di valore.*** È così detta una delle funzioni della moneta e precisamente quella di servire da unità di conto o moneta ideale. La maggior parte degli economisti sostiene che il valore non è misurabile e tuttavia, malgrado le variazioni dello stesso valore di una moneta, è pratica popolare considerare la moneta, o meglio il prezzo monetario, come un valido metro per misurare il valore di beni e servizi. La moneta è considerata più generalmente un'utile unità di conto per misurare, ad esempio, il volume della produzione globale di un'economia o per mettere a confronto i costi relativi a diversi metodi di produzione. Nei principali paesi del mondo, tuttavia, l'oro rappresenta la sola vera misura di valore.

standard operating procedure: ***procedura operativa standard.*** La procedura di lavorazione che è stata standardizzata a seguito di uno studio tecnico tendente ad assegnare tempi e metodi uniformi alle varie operazioni di cui si compone un processo di lavorazione.

standard operation: ***operazione standard.*** Termine usato con lo stesso significato di *standard operating procedure* (v.).

standard output: ***produzione standard.*** La produzione stimata o programmata per un dato reparto, stabilimento o settore industriale.

standard output time: ***tempo di produzione standard.*** Il tempo che si calcola sarà necessario per realizzare la produzione standard. (v. anche *standard output*)

standard parts: ***pezzi standard; parti standard.*** Sono le parti che possono essere usate indifferentemente nella fabbricazione di due o più prodotti. Affinché ciò sia possibile, esse devono essere standardizzate e anche il prodotto finito deve essere progettato in modo che possa essere costruito sfruttando queste parti standard. La progettazione e fabbricazione di parti standard consente di ridurre gli investimenti in scorte di magazzino e in impianti fissi necessari per produrle.

standard performance: ***prestazione standard; rendimento tipo.*** Il ritmo di attività tenuto presente in sede di determinazione del tempo di lavorazione standard. (v. anche *standard labour time*)

standard policy: ***polizza tipo.*** Nel linguaggio delle assicurazioni, è la polizza prestampata contenente tutte le clausole in base alle quali viene stipulato il contratto di assicurazione tra assicuratore e assicurato. Non si potrà usare la polizza tipo, ma si dovrà fare ricorso ad una polizza dattiloscritta, quando il contratto prevede l'aggiunta di clausole non contenute nella polizza tipo o la soppressione e la modifica di quelle in essa presenti.

standard preparation hours: ***ore standard di preparazione.*** È un valore standard di tempo di avviamento o di tempo di preparazione, determinato attraverso uno studio tecnico che tenga conto delle operazioni necessarie prima che le macchine possano essere avviate per procedere alla produzione di un determinato bene. (v. anche *makeready time, set-up time*)

standard price: ***prezzo standard.*** Il prezzo delle materie prime che si ritiene di poter spuntare mediante l'adozione di pratiche prudenti di approvvigionamento.

standard procedure: ***procedura standard.*** La procedura stabilita e seguita nello svolgimento di una determinata funzione. Ad esempio, è una procedura standard quella di registrare i vari fenomeni di gestione di un'impresa o quella di convocare un'assemblea dei soci di una società per azioni.

standard profit: ***profitto standard.*** Il ricavo netto che si dovrebbe realizzare per unità di prodotto o di servizio, quando essi vengono fabbricati o erogati seguendo un metodo standard, utilizzando materiali standard e rispettando tempi di lavorazione standard. (v. anche *standard method, standard material, standard labour time*)

standard purchase price: ***prezzo di acquisto standard.*** Termine usato come sinonimo di *standard price* (v.).

standard rate: 1. ***aliquota standard; aliquota tipo.*** Nel Regno Unito, è l'aliquota che grava su tutto il reddito del contribuente al di sopra di un minimo, che è esente da imposta, e al di sotto di un massimo, che è soggetto ad un'imposta sul reddito addizionale che va ad aggiungersi a quella calcolata in base all'aliquota standard. L'aliquota standard viene stabilita ogni anno per mezzo della legge finanziaria, ma poiché ciascun contribuente ha diritto a determinate deduzioni e detrazioni, l'aliquota effettiva in base alla quale viene determinata l'imposta che egli deve pagare risulta quasi sempre inferiore all'aliquota standard. **2.** ***tariffa standard; tariffa tipo.*** Nei trasporti, è la tariffa stabilita per itinerari diretti da un luogo ad un altro, che serve da base per la formulazione delle tariffe relative a differenti itinerari tra le stesse località.

standard ratios: ***indici standard; rapporti standard.*** Nella terminologia bancaria e assicurativa, sono indicati con questo termine dei rapporti tra voci di bilancio che presentano un nesso logico tra loro. I rapporti sono considerati esemplificativi di un particolare aspetto della gestione di un'impresa, ma presi a sé non hanno alcun valore. Assumono, invece, significato nel momento in cui vengono posti in relazione con valori che sono ritenuti medi. Al fine di costruire questi rapporti, le banche o le società di assicurazione effettuano un'accurata revisione del bilancio o della situazione patrimoniale presentata da un'impresa e una successiva riclassificazione dei valori in gruppi omogenei e tra loro confrontabili. Tra i vari rapporti che rientrano in questa categoria vi sono il rapporto secco di liquidità, il rapporto di liquidità, il rapporto operativo, ecc.

standard-run quantity: ***ampiezza della serie economica; ampiezza del lotto economico.*** Termine usato con lo stesso significato di *economic lot size* (v.).

standards: ***pesi e misure tipo.*** I pesi e le misure tipo, quali la yarda, la libbra e il chilogrammo, sono descritti nell'annesso 2 del *Weights and Measures Act* del 1963.

standard selling price: ***prezzo di vendita standard.*** Il prezzo stimato al quale si dovrebbe vendere un determinato prodotto.

standard time: ***tempo di lavorazione standard.*** Termine usato come sinonimo di *standard labour time* (v.).

standard-time system: ***sistema a tempo di lavorazione standard.*** Nella terminologia industriale, questa espressione indica un sistema in base al quale un lavoratore viene remunerato in ragione delle unità di lavoro che egli esegue, ciascuna unità essendo espressa in termini di tempo di lavorazione standard. Se il lavoratore impiega un tempo minore di quello standard, sarà in grado di eseguire più unità di lavoro e sarà, di conseguenza, remunerato con un salario più elevato; se, invece, impiega un tempo superiore a quello standard, sarà in grado di eseguire un minor numero di unità di lavoro e il suo salario risulterà più basso. (v. anche *standard labour time*)

standard underwriting fee: ***commissione standard di garanzia e collocamento.*** La commissione riconosciuta a ciascun membro, uguale per tutti, di un sindacato di garanzia e collocamento titoli in considerazione del grosso pacchetto di titoli che ogni singolo partecipante si impegna a collocare sul mercato o ad assumere in proprio. La commissione standard è ovviamente inferiore a quella riconosciuta al capofila del sindacato.

standard values: ***valori standard.*** Sono i valori presi come metro di accettabilità nel controllo statistico della qualità.

standard volume: ***volume standard.*** Il volume di produzione previsto, sul quale si basa la quota di imputazione dei costi generali nella determinazione di un costo standard.

standard wage rate: ***saggio salariale standard.*** Un qualsiasi saggio del salario uniforme per tutti i lavoratori di un'impresa, di un'industria o di un'economia, stabilito mediante contrattazione collettiva tra rappresentanti dei datori e dei prestatori di lavoro.

standard weekly hours: ***orario settimanale standard.*** L'orario di lavoro settimanale stabilito in un contratto collettivo di lavoro. Le ore lavorative oltre l'orario settimanale standard saranno remunerate come lavoro straordinario.

standard working week: ***settimana lavorativa standard.*** Il numero minimo di ore lavorative che il prestatore si impegna a dedicare al datore di lavoro ogni settimana, specificato nel contratto di lavoro.

stand–by agreement: ***accordo di massima; accordo di conferma; accordo di stand–by.*** Accordo in base al quale i paesi membri possono negoziare con il Fondo Monetario Internazionale prestiti in diritti di prelievo da tenersi a loro disposizione per l'eventualità che essi ne dovessero avere bisogno. Tali disponibilità restano bloccate presso il Fondo Monetario Internazionale, che non può disporne in altra maniera se non col consenso del paese che ha stipulato l'accordo.

stand–by arrangement: ***accordo di massima; accordo di conferma; accordo di stand–by.*** Termine usato come sinonimo di *stand–by agreement* (v.).

stand–by commitment: Lo stesso che *stand–by underwriting* (v.).

stand–by controls: ***controlli di massima.*** Espressione con la quale vengono indicati dei controlli statali sul credito, su certi tipi di prodotti o su altra attività economica, che vengono autorizzati per legge, ma non vengono immediatamente applicati, in attesa del verificarsi di determinati eventi che ne richiedano l'attivazione.

stand–by costs: ***costi fissi; costi costanti.*** Termine usato con lo stesso significato di *fixed costs* (v.).

stand–by credit: ***credito stand–by.*** Espressione con la quale si indica un credito, concesso da una banca o altra istituzione finanziaria, che può essere prelevato quando l'impresa o il paese ai quali viene concesso ne hanno la necessità.

stand–by equipment: ***attrezzatura in stato di ozio.*** Macchine o altre attività fisse necessarie alla produzione, ma inutilizzate durante periodi normali di attività e attivate soltanto in periodi di punta o di grande produzione. Un investimento notevole in attrezzature che vengono tenute disponibili soltanto per i periodi di punta può avere come risultato costi di produzione più elevati.

stand–by letter of credit: ***fideiussione bancaria.*** È la garanzia, prestata da una banca, del pagamento di una fornitura futura o dell'esecuzione di un lavoro che non è stato ancora completato ovvero del pagamento a scadenza di un'emissione di carta commerciale. Questo strumento, che differisce da una comune lettera di credito, viene utilizzato negli Stati Uniti e in Canada allo scopo di aggirare la legge che vieta alle banche di concedere garanzie del genere suddetto.

stand–by tax: ***imposta di riserva.*** Espressione statunitense, con la quale si indica un'imposta già ideata e di cui si sono previsti gli effetti, ma che non è ancora stata applicata e viene tenuta pronta per essere usata in caso di necessità o qualora si verifichino determinati eventi economici che l'imposta potrebbe correggere o controbilanciare.

stand–by underwriting: Espressione del linguaggio finanziario statunitense con la quale si indica un accordo in base al quale un sindacato di garanzia e collocamento titoli si impegna a sottoscrivere la parte invenduta di un'emissione, offerta direttamente da una società ai propri azionisti o a qualche altro ristretto gruppo di persone.

standing charges: ***oneri fissi; spese fisse.*** Termine usato con lo stesso significato di *fixed charges* (v.).

standing committee: ***comitato permanente.*** Un qualsiasi comitato costituito per scopi specifici, il cui ruolo è quello di trattare le questioni routinarie ad esso delegate, in riunioni settimanali o mensili.

standing costs: ***costi fissi; costi costanti.*** Termine usato con lo stesso significato di *fixed costs* (v.).

standing credit: ***credito permanente.*** Nel linguaggio bancario inglese, indica un credito aperto a favore di un cliente da una banca presso una sua filiale o presso un'altra banca, le quali vengono così autorizzate a pagare assegni emessi dal cliente fino ad una data somma al giorno. A volte, il cliente riceve dalla sua banca un carnet di assegni diverso dal normale, da essere usato soltanto per prelevamenti dalla filiale o dalla banca presso la quale viene aperto il credito permanente.

standing expense: ***spese fisse.*** Termine usato con lo stesso significato di *fixed charges* (v.).

standing order: 1. ***commessa permanente.*** Commessa che autorizza lavori di manutenzione di carattere ricorrente o la produzione di un dato articolo fino a quando non vengono raggiunti determinati livelli di scorta. **2.** ***ordine permanente.*** Nel linguaggio bancario, è un ordine passato da un cliente ad una banca affinché questa esegua per suo conto pagamenti ricorrenti, quali canoni di locazione, bollette di servizi e simili.

standing orders: ***regolamento procedurale; regolamento di assemblea.*** Un qualsiasi regolamento che stabilisca le norme procedurali di un'assemblea, da quella parlamentare a quella di una società per azioni.

standstill agreements: ***accordi di arresto; accordi di standstill; accordi di proroga.*** Nel linguaggio economico internazionale, sono gli impegni assunti da vari stati di non apportare mutamenti in una situazione esistente ad una certa data. L'espressione si applica a questioni economiche, doganali, commerciali, ecc., ma in particolare si riferisce a pagamenti di debiti internazionali per indicare l'accordo in base al quale i paesi creditori consentono il temporaneo congelamento dei loro crediti.

staple: ***prodotto principale.*** In passato, il termine inglese indicava un particolare mercato nel quale i commercianti, chiamati *staplers*, erano tenuti a portare gli articoli che trattavano, per la vendita all'ingrosso, e lo stesso termine era usato per indicare il prodotto che essi vendevano. Nel significato moderno, il termine indica il prodotto principale di un paese o di una città, ma anche il prodotto principale trattato in un determinato mercato o una materia prima disponibile in un mercato, in un paese o in un'industria. In un significato più specifico, il termine inglese indica una fibra naturale, quali il cotone o la lana, o artificiale, quali il rayon o il nylon, e anche la lunghezza o la quantità di una tale fibra.

staple commodity: ***prodotto principale.*** È il prodotto descritto sotto *staple* (v.). In questo significato, i due termini sono usati come sinonimi.

staple industry: ***industria di base; industria fondamentale.*** L'industria che, in un paese o in una regione o città, è impegnata nella produzione del prodotto principale di quel luogo.

staple trade: ***attività di punta; attività principale.*** È l'attività connessa alla produzione o fabbricazione dei principali prodotti di un paese, di una regione o di una città. (v. anche *staple*)

star: ***stella.*** Per l'uso che si fa di questo termine nel linguaggio del marketing, v. *Boston matrix*.

Star Chamber: Nel linguaggio burocratico e giornalistico, questo termine indica un piccolo gruppo di ministri presieduto da un membro anziano del Gabinetto, cui è demandato il compito di derimere tutti i casi di disaccordo tra il Ministero del Tesoro britannico e i singoli ministeri in questioni di previsioni di spesa e assegnazioni di fondi nel bilancio statale, quando sono falliti tutti i tentativi di accordo tra le due parti interessate e cioè il singolo ministero e il Tesoro.

star lot: ***lotto speciale; articolo speciale.*** È così detto un articolo o un lotto speciale contraddistinto in un catalogo da una stella o da un asterisco che ne segue o precede il numero di riferimento, in quanto aggiunto all'ultimo momento, quando la numerazione degli articoli in catalogo era già stata completata.

starting capital: ***capitale iniziale.*** È il capitale con il quale un'impresa inizia la propria attività. Generalmente è costituito dal capitale di apporto dei soci, ma nell'impresa individuale è costituito dal capitale proprio dell'imprenditore e di quella parte che egli riesce ad ottenere in prestito.

starting–load cost: **1.** ***costo di avviamento.*** Il costo che si deve sostenere prima di poter iniziare a funzionare e che comprende tutte le spese di avviamento. Ad esempio, in un'impresa produttrice di beni comprende il costo di progettazione, di acquisto delle attività fisse, di reclutamento e addestramento del personale, ecc., prima che abbia effettivamente inizio la produzione. Il termine, pertanto, si usa in relazione all'apertura di un nuovo stabilimento, alla riapertura di un reparto o di uno stabilimento precedentemente chiusi o all'inizio del lavoro in base ad un nuovo metodo di produzione o in relazione ad un nuovo prodotto. **2.** ***spese di lancio.*** Tutte le spese che devono necessariamente essere sostenute prima che abbiano inizio le vendite di un prodotto o di una serie di prodotti. Comprendono tutte le spese relative alla costituzione di una struttura di vendita e alla pubblicità e diffusione del prodotto.

starting salary: ***stipendio iniziale.*** La retribuzione che compete a un lavoratore quando inizia il suo rapporto di lavoro.

start of dividend entitlement: ***godimento dei dividendi.*** Il momento da cui decorre, per un azionista, il diritto al dividendo su un'azione da lui acquistata o sottoscritta. Se, ad esempio, una società emette un'azione nel mese di aprile e indica che il godimento di tale azione è dal 1° gennaio, l'azionista avrà diritto a parte degli eventuali utili realizzati a partire da questa data e non dalla data in cui è stata emessa l'azione.

start of interest entitlement: ***godimento degli interessi.*** Il momento in cui matura, per un investitore, il diritto di ricevere l'interesse su titoli a reddito fisso o su un prestito.

start–up: ***avvio.*** L'inizio di una qualsiasi attività imprenditoriale, reso possibile dalla disponibilità del capitale necessario, dalle condizioni generali dell'economia e incentivato da appropriati provvedimenti statali.

start–up cost: ***costo di avvio; costo di avviamento.*** Lo stesso che *starting–load cost* (v.), ma usato in senso più generico e riferito ai costi da sostenersi prima che una qualsiasi impresa possa iniziare la propria attività.

starvation wage: ***salario da fame.*** Espressione di uso popolare, con la quale si indica un salario talmente basso che consente a mala pena la sopravvivenza.

state: **1.** ***stato.*** Una comunità organizzata o il governo centrale con poteri sovrani. Nel diritto internazionale, il termine indica un popolo che occupa permenentemente un dato territorio, unito in un unico corpo politico da una qualche autorità centrale e che esercita, tramite un governo organizzato, il controllo su tutte le persone e le cose che si trovano nell'ambito del suo territorio, in grado di mantenere relazioni con gli altri stati e libero dal controllo politico esterno. **2.** ***rendiconto; prospetto.*** Contrazione di *statement* (v.). A volte questo termine viene usato da alcuni uffici periferici per indicare il prospetto, o rendiconto, inviato settimanalmente all'ufficio centrale dal quale dipendono, nel quale risultano i dettagli di tutte le operazioni svolte dall'ufficio periferico nel corso della settimana.

state bank: ***banca statale; banca di stato.*** Negli Stati Uniti sono così chiamate le banche costituite in base a leggi dei singoli stati dell'Unione, a differenza delle banche nazionali, costituite in base a leggi federali e dietro autorizzazione del governo federale. Le banche statali non devono, a differenza di quelle nazionali, far necessariamente parte del sistema della riserva federale e possono essere banche commerciali, banche private o casse di risparmio. Lo stesso termine viene a volta usato per indicare la banca centrale di un paese. (v. anche *national bank*)

state bond: ***titolo di stato.*** Espressione di uso statunitense, con la quale si indica un titolo a reddito fisso emesso da uno qualsiasi degli stati membri dell'Unione.

state capitalism: ***capitalismo di stato.*** Termine generico e vago, a volte usato per indicare una qualche forma di proprietà o controllo di capitale da parte dello stato. In questo significato, può essere usato come sinonimo di socialismo o socialismo di stato.

state–chartered bank: ***banca statale.*** Negli Stati Uniti, lo stesso che *state bank* (v.).

state–controlled enterprise: ***azienda a partecipazione statale; impresa a partecipazione statale.*** Un'impresa il cui capitale azionario è in parte di proprietà dello stato e in parte di proprietà di privati cittadini.

stated capital: **1.** ***capitale sociale conferito.*** L'ammontare complessivo di capitale conferito ad una società attraverso l'acquisto delle azioni da essa emesse. Negli Stati Uniti, il termine viene usato anche per indicare quella parte del capitale, conferito dai sottoscrittori di azioni senza valore nominale, che viene accreditata sul conto capitale. **2.** ***valore legale.*** In questo significato, il termine inglese viene usato come sinonimo di *legal value* (v.).

State Department: ***Dipartimento di Stato.*** È l'equivalente statunitense del nostro ministero degli esteri.

stated liabilities: ***passività dichiarate.*** Espressione usata per indicare delle passività che compaiono nei documenti contabili o nei rendiconti finanziari di un'impresa, ma che non sono state verificate mediante una revisione del rendiconto e che, pertanto, possono contenere errori, essere incomplete o essere soggette a successive revisioni o compensazioni.

stated value: ***valore dichiarato.*** Il valore legale assegnato a ciascuna azione, quando queste sono emesse senza valore nominale. Si ricava dividendo il valore legale assegnato alla nuova emissione per il numero di azioni emesse. (v. anche *legal value*)

state enterprise: ***impresa di stato; impresa statale.*** La gestione diretta da parte dello stato di imprese commerciali o produttive. In passato era limitata a pochi servizi di interesse pubblico, quale ad esempio il servizio postale, ma dopo il secondo conflitto mondiale si è andata espandendo attraverso nazionalizzazioni e statizzazioni ed oggi copre un'ampia parte dell'economia nazionale di molti paesi occidentali. In particolare, essa è presente in maniera determinante nei settori dell'energia, dei servizi di telecomunicazioni, dei trasporti e in alcune industrie che richiedono forti investimenti, quali la siderurgia, la chimica, la cantieristica e simili.

state farms: ***fattorie statali.*** Nei paesi comunisti, sono fattorie di proprietà dello stato e da esso gestite, nelle quali lavora personale salariato, la cui remunerazione è strettamente legata alla produttività. (v. anche *collective farms*)

state finance: ***finanza statale.*** Lo stesso che *public finance* (v.).

state government: ***governo statale.*** Negli Stati Uniti, è l'organo preposto alla formulazione dell'indirizzo politico interno di ciascuno degli Stati. Il governo statale ha ampi poteri su tutto ciò che non è di pertinenza del governo federale.

state-guaranteed bond: ***obbligazione garantita dallo stato.*** Sono garantiti dallo stato tutti i titoli emessi dallo stato stesso e da alcuni enti locali o pubbliche amministrazioni. Il termine viene usato per distinguere questo tipo di titoli da quelli non garantiti dallo stato, cioè tutti i titoli emessi da imprese private o da enti locali e pubbliche amministrazioni che non godono della garanzia dello stato o che non sono stati da questo autorizzati all'emissione di titoli.

state income tax: ***imposta erariale sul reddito.*** Negli Stati Uniti, è l'imposta prelevata dalla maggior parte dei singoli Stati, oltre a quella prelevata dal governo federale, sul reddito delle persone fisiche e giuridiche.

state industry: ***industria di stato.*** Un'industria prevalentemente o totalmente controllata dallo stato, come ad esempio l'industria dell'energia in Italia.

state intervention: ***intervento statale.*** L'azione positiva dei governi, mirante a influenzare l'attività economica del paese. Può verificarsi attraverso la proprietà e la gestione diretta, da parte dello stato, di alcuni tipi di industrie, ma più spesso si limita alla partecipazione azionaria, al controllo e alla regolamentazione delle industrie di base.

state lottery: ***lotteria di stato.*** Lotteria organizzata e gestita dallo stato, con cui, in alcuni paesi, esso si procura un gettito con il quale finanziare particolari servizi sociali o la costruzione di opere pubbliche. Ad esempio, nella Repubblica d'Irlanda una lotteria di stato fornisce fondi per la costruzione di ospedali. In Inghilterra, le lotterie di stato, che esistevano dal 1567, furono abolite nel 1826, quando furono dichiarate illegali tutte le forme di lotterie, ma una legge del 1954 le rese di nuovo possibili, ma soltanto se esse venivano organizzate senza scopo di lucro e per assegnare premi di piccolo valore.

state medicine: ***medicina di stato.*** Il sistema sanitario finanziato con denaro pubblico e di cui possono usufruire tutti i cittadini. In senso più particolare, il termine indica l'insieme dei provvedimenti tendenti a garantire la salute pubblica attraverso una capillare opera di medicina preventiva e la costituzione di istituzioni pubbliche in grado di garantire l'assistenza sanitaria e la difesa della società contro il diffondersi di malattie.

statement: **1.** ***rendiconto.*** Documento contabile, che costituisce una rappresentazione formale delle intestazioni e dei saldi dei conti di un'impresa o di altra organizzazione, di solito disposti in un ordine convenzionale, redatto al fine di rappresentare i risultati conseguiti in merito ad alcune o a tutte le operazioni di gestione o la situazione finanziaria dell'impresa, in relazione ad un determinato periodo di tempo. **2.** ***estratto conto.*** Documento che rappresenta un sommario delle operazioni che hanno avuto luogo tra un creditore e il suo debitore nell'arco di un determinato periodo di tempo. L'estratto conto viene inviato dal creditore al debitore appena si chiude il periodo contabile cui esso si riferisce e rappresenta un invito a saldare l'eventuale importo a credito di chi lo invia. Spesso viene concesso uno sconto su tale importo, se il saldo viene effettuato entro un numero di giorni specificato. **3.** ***rendiconto bancario.*** In questo significato, il termine inglese viene spesso usato in luogo di *bank statement* (v.). È opportuno segnalare che a differenza di quanto detto sopra, in questo caso il rendiconto viene preparato dal debitore, cioè la banca, e non dal creditore.

statement analysis: ***analisi di un rendiconto.*** L'analisi della situazione emergente da un bilancio, da un conto economico o altri tipi di rendiconto di un'impresa. I rendiconti possono essere analizzati in relazione tra loro o messi a confronto con altri relativi a periodi precedenti o ad altre imprese. Tale analisi costituisce un ausilio per la direzione nella preparazione delle politiche di gestione e una base per misurare gli eventuali rischi inerenti alla concessione di credito all'impresa in questione.

statement diary: ***distinta degli estratti conto.*** Nel linguaggio bancario, è un elenco, di solito compilato mediante schede mobili, contenente i nomi dei clienti e le date in cui vengono loro spediti gli estratti conto.

statement form: ***forma progressiva.*** Espressione usata con lo stesso significato di *narrative form* (v.).

statement heading: ***intestazione di un rendiconto.*** È così indicato quello che potrebbe chiamarsi il titolo di un bilancio o altro rendiconto. Consiste almeno di tre elementi essenziali: a) la ragione sociale dell'impresa o il nome dell'organizzazione; b) il tipo di rendiconto, se cioè trattasi di un conto patrimoniale, di un conto economico, ecc.; c) la data in cui è stato redatto o il periodo al quale si riferisce.

statement in lieu of prospectus: ***dichiarazione in luogo del manifesto.*** In base all'articolo 48 del *Companies Act* del 1948, una società per azioni che non prepara un manifesto di emissione in occasione della sua formazione o avendolo preparato non ha proceduto all'assegnazione di alcuna delle azioni offerte in sottoscrizione pubblica, è tenuta a inviare al registro delle società un'apposita dichiarazione, che tiene luogo del manifesto di emissione, prima di poter procedere all'assegnazione di azioni o obbligazioni. Questa dichiarazione deve essere resa pubblica e inviata al registro delle società almeno tre giorni pri-

ma della ripartizione delle azioni o delle obbligazioni.
statement of account: ***estratto conto.*** Termine usato con lo stesso significato di *statement 2* (v.).
statement of affairs: 1. ***rendiconto.*** Il termine inglese in questo significato è generico e indica un qualsiasi documento contabile che mostra le attività, le passività e il capitale netto di un'impresa. (v. anche *statement 1*) **2.** ***bilancio del fallimento; rendiconto dell'attivo e del passivo.*** È un sommario in forma tabulare delle attività e delle passività, previsto per legge nel caso di fallimento o di liquidazione coatta di una società. Può essere preparato in relazione ad un'effettiva procedura di fallimento o di liquidazione, oppure nel caso in cui un creditore voglia rendersi conto degli effetti che porterebbe la sua decisione di proporre istanza di fallimento.
statement of assets and liabilities: ***prospetto dell'attivo e del passivo.*** Espressione usata occasionalmente per indicare il bilancio patrimoniale di un'impresa o un rendiconto delle attività e passività di un'organizzazione che non tiene la contabilità in partita doppia o che non tiene alcuna forma di contabilità.
statement of condition: ***prospetto dell'attivo e del passivo.*** Termine usato con lo stesso significato di *statement of assets and liabilities* (v.).
statement of financial condition: ***prospetto dell'attivo e del passivo.*** Termine usato con lo stesso significato di *statement of assets and liabilities* (v.).
statement of financial position: ***prospetto dell'attivo e del passivo.*** Termine usato con lo stesso significato di *statement of assets and liabilities* (v.).
statement of investment: ***prospetto delle variazioni del capitale netto.*** Termine usato con lo stesso significato di *statement of net worth* (v.).
statement of loss and gain: ***conto profitti e perdite; conto economico.*** Termine statunitense, usato con lo stesso significato di *profit and loss account* (v.).
statement of net worth: ***prospetto delle variazioni del capitale netto.*** È un rendiconto finanziario spesso allegato alla relazione annuale agli azionisti o alla relazione dei revisori dei conti. Mostra le cifre relative al capitale conferito e al capitale di risparmio e le variazioni intervenute dalla data del precedente rendiconto.
statement of policy: ***dichiarazione di politica.*** Documento emesso congiuntamente nel 1950 dalla *Securities and Exchange Commission* (v.) e dalla *National Association of Securities Dealers* (v.), nel quale viene specificato ciò che deve figurare nelle pubblicazioni e nel materiale pubblicitario dei fondi comuni d'investimento, nonché quello che deve esserne escluso.
statement of profit and loss: ***conto profitti e perdite; conto economico.*** Termine statunitense, usato con lo stesso significato di *profit and loss account* (v.).
statement of realization and liquidation: ***bilancio di liquidazione.*** È così detto un bilancio, redatto in forma tabulare, che riporta i risultati della liquidazione di una società per cessazione di esercizio. Contiene le indicazioni relative alle somme realizzate dalla vendita delle varie classi di attività, alle somme pagate a saldo delle varie classi di passività e un prospetto che riassume il ricavo, le spese e le perdite di gestione relative al periodo in cui il liquidatore ha svolto le proprie funzioni.
statement of receipts and disbursements: ***bilancio delle entrate e delle uscite.*** È un prospetto relativo alle entrate e alle uscite di cassa nell'arco di un qualsiasi periodo di tempo stabilito.
statement of resources and their application: ***bilancio delle risorse e delle utilizzazioni.*** Espressione usata come sinonimo di *statement of sources and application of funds* (v.).
statement of retained earnings: ***conto del capitale di risparmio; conto degli utili non distribuiti.*** È un prospetto che mostra il saldo iniziale, le variazioni intervenute nel periodo cui esso si riferisce e il saldo finale del capitale di risparmio, quello cioè costituito da utili non distribuiti dalla società. Insieme al conto capitale sociale, fa parte della documentazione necessaria per un'esatta interpretazione del bilancio di una società.
statement of revenues and expenditures: ***bilancio dei costi e dei ricavi.*** È un prospetto identico ad un conto profitti e perdite, al quale sono stati aggiunti i costi relativi alle attività acquistate nel corso dell'esercizio cui si riferisce. Nella contabilità degli enti locali, lo stesso termine inglese indica un rendiconto delle entrate e delle uscite, che mostra anche l'eccedenza o il deficit di bilancio.
statement of sources and application of funds: ***bilancio delle risorse e delle utilizzazioni; rendiconto finanziario.*** Un prospetto che rende conto del flusso dei fondi di cui può disporre un'impresa o altra organizzazione, durante un dato periodo di tempo. Le fonti di fondi rappresentate in questo prospetto sono: a) aumenti delle passività; b) aumenti del capitale netto; e, c) diminuzioni delle attività; mentre l'utilizzazione dei fondi è costituita da: a) diminuzioni delle passività; b) diminuzioni del capitale netto; e, c) aumenti delle attività.
statement of stockholders' equity: ***prospetto delle variazioni del capitale netto.*** Espressione usata con lo stesso significato di *statement of net worth* (v.).
state money: ***moneta di stato.*** Lo stesso che *chartalist money* (v.).
state monopoly: ***monopolio di stato.*** Lo stesso che *public monopoly* (v.).
state-monopoly capitalism: ***capitalismo dei monopoli di stato.*** Un tipo di organizzazione economica postindustriale, basata principalmente sui monopoli di stato nel campo dell'erogazione di servizi ai cittadini, come avviene ad esempio nel cosiddetto stato sociale.
state of emergency: ***stato di emergenza.*** Fu proclamato dal governo britannico dalla mezzanotte del 13 novembre 1973 fino a metà febbraio del 1974, in relazione al problema dell'assottigliarsi delle scorte petrolifere del paese e della riduzione di disponibilità di carbone a seguito di una decisione dei sindacati dei minatori di bandire il lavoro straordinario nelle miniere. L'effetto principale fu l'adozione della settimana lavorativa di tre giorni per la maggior parte dei settori industriale e commerciale, mentre gli effetti secondari furono la proibizione di utilizzare l'energia elettrica per il riscaldamento di uffici, negozi, ritrovi, bar e simili locali pubblici, e per l'illuminazione di insegne pubblicitarie e monumenti di interesse turistico. Contemporaneamente si procedette all'applicazione di un piano di conservazione energetica e si studiò, come anche in Italia, un piano di razionamento dei prodotti petroliferi di più largo consumo che, tuttavia, non fu mai necessario porre in essere.
state of long-term expectation: ***stato dell'aspettativa di lungo termine.*** Secondo quanto esposto da Keynes nella sua opera *The General Theory of Employment, Interest and Money*, lo stato dell'aspettativa di lungo termine dipende dalle variazioni future della consistenza dei capitali, dei gusti dei consumatori, dell'intensità della domanda effettiva e dell'unità di salario nel corso della vita dell'investimento. (v. anche *long-term expectation*)
State of the Union message: ***messaggio sullo stato***

dell'Unione. Uno dei più importanti eventi nella vita politica statunitense, il messaggio sullo stato dell'Unione viene indirizzato all'inizio di ciascun anno dal Presidente alle due camere del Congresso riunite in sessione congiunta. In esso, vengono indicate per sommi capi le scelte che l'amministrazione si prefigge di rendere operative nel corso dell'anno. Il messaggio sullo stato dell'Unione viene seguito in televisione da milioni di cittadini americani, i quali così sanno in anticipo su quali linee si muoverà l'esecutivo e quali obiettivi esso si prefigge.

state of true inflation: ***stato di inflazione vera.*** Secondo Keynes, è la situazione che si determina quando, in condizioni di piena occupazione, un tentativo di accrescere l'investimento genera una tendenza all'aumento illimitato dei prezzi.

state-owned enterprise: ***azienda statale; azienda pubblica.*** Un'impresa il cui capitale azionario è interamente nelle mani dello stato, che la gestisce direttamente o tramite un ente di diritto pubblico. Si tratta, di solito, di aziende delle industrie di base o di aziende che necessitano di ingenti quantità di capitale. (v. anche *state enterprise, public enterprise*)

state ownership: ***proprietà statale.*** Lo stesso che *public ownership* (v.).

state pension scheme: ***programma di pensionamento statale; piano di pensionamento statale.*** È il piano o metodo adottato da uno stato per il pagamento delle pensioni ai lavoratori divenuti inabili e a quelli che hanno raggiunto i limiti di età pensionabile. In tutti gli stati implica il pagamento di contributi da parte dei lavoratori e dei datori di lavoro per un periodo di tempo minimo onde maturare il diritto alla pensione statale.

state-planned economy: ***economia pianificata.*** Termine usato con lo stesso significato di *planned economy* (v.).

state planning: ***pianificazione statale.*** L'attività di pianificazione economica delle autorità a ciò preposte nei paesi in cui i fattori della produzione sono completamente nelle mani dello stato. In altri paesi, quelli cosiddetti ad economie miste, gli interventi del governo centrale possono andare dal semplice tentativo di dirigere l'economia del paese attraverso la politica finanziaria ed economica, alla rigida regolamentazione della maggior parte dei settori dell'economia. Chi più, chi meno, oggi tutti gli stati svolgono un ruolo molto importante di pianificazione, se non altro attraverso le loro decisioni sulla localizzazione delle industrie, le loro politiche di sostegno in favore di certe produzioni e simili altre iniziative.

state revenue: ***entrate statali; entrate erariali.*** Lo stesso che *public revenue* (v.).

state socialism: ***socialismo di stato.*** Espressione usata in maniera alquanto vaga per indicare un grado limitato di socialismo, che può andare dalla nazionalizzazione di certe industrie di base alla regolamentazione statale dell'attività industriale, allo scopo di prevenire tendenze monopolistiche e di stabilizzare la vita economica del paese.

state tax: ***imposta statale; imposta erariale.*** Negli Stati Uniti, è una qualsiasi imposta che il contribuente deve pagare allo stato in cui risiede, a differenza delle imposte federali e di quelle locali. In altri paesi, il termine viene usato per indicare qualsiasi imposta, tranne quelle di competenza degli enti locali.

state tax court: ***tribunale tributario statale.*** Negli Stati Uniti, è un organo con giurisdizione su questioni di contenzioso tributario a livello statale e non federale, esistente in taluni stati dell'Unione.

state trading: ***commercio statale.*** È così indicato il sistema di esercitare tutto o parte del commercio estero di un paese attraverso l'intervento diretto di uno o più enti o agenzie statali. Nei paesi comunisti, tutto il commercio internazionale ha luogo mediante questo sistema, mentre nei paesi occidentali tale tipo di scambio si verifica solo su piccola scala.

state undertaking: ***impresa di stato.*** Espressione generica, usata nel Regno Unito per indicare un'impresa gestita dallo stato, come ad esempio le industrie nazionalizzate.

state use system: Espressione usata negli Stati Uniti per indicare l'utilizzazione di detenuti per la produzione di materiali non destinati alla vendita al pubblico, bensì all'uso esclusivo da parte delle istituzioni statali.

static analysis: ***analisi statica.*** È così detta la branca del metodo economico che studia le relazioni tra i singoli fenomeni, che determinano una posizione di equilibrio, prescindendo dal fattore temporale.

static budget: ***budget rigido; budget fisso.*** Termine usato con lo stesso significato di *fixed budget* (v.).

static economics: ***economia statica.*** Lo studio di una particolare relazione economica in certe condizioni prestabilite, che vengono supposte costanti. La stessa espressione potrebbe spiegarsi come l'economia riferita ad un determinato momento invece che ad un processo che ha luogo nel corso del tempo.

static economy: ***economia statica.*** Lo stesso che *stationary economy* (v.).

static equilibrium: ***equilibrio statico.*** Una situazione in cui la quantità della moneta, i prezzi, il consumo e la sua composizione, la popolazione e la sua composizione, il capitale e la sua composizione e altre variabili economiche sono tutte costanti. La stessa espressione può, tuttavia, riferirsi ad una condizione economica esaminata indipendentemente dal fattore temporale.

statics: ***statica economica.*** In teoria economica, si indica con questo termine lo studio di una situazione che esclude qualsiasi considerazione del fattore temporale. In questo senso, il termine viene usato come sinonimo di *static analysis* (v.).

static state: ***situazione statica; condizioni statiche.*** Espressione usata con lo stesso significato di *stationary state* (v.).

station: ***stazione merci.*** Nel linguaggio doganale, il termine inglese viene usato per indicare uno o più magazzini in cui le merci in arrivo possono essere depositate prima di venire smistate all'interno del paese o caricate su mezzi di trasporto per l'esportazione.

stationary economy: ***economia statica; economia stazionaria.*** Un sistema economico nel quale sono prevalenti tassi di interesse talmente bassi che il risparmio e l'investimento si riducono al punto da non rendere possibili aumenti della produzione o dell'occupazione.

stationary equilibrium: ***equilibrio stazionario.*** Lo stesso che *static equilibrium* (v.).

stationary state: ***situazione stazionaria; stato stazionario.*** La situazione in cui i fenomeni economici sono collegati da relazioni che non cambiano. In questo senso, l'espressione è usata più o meno con lo stesso significato di *static analysis* (v.) e *static equilibrium* (v.).

station of arrival: ***stazione di arrivo.*** Termine usato in alternativa a *arrival station* (v.).

station of entry: ***stazione di svincolo.*** È la stazione, intesa nel senso detto sotto *station* (v.), nella quale arrivano merci provenienti da paesi esteri.

station-order car: Nel linguaggio dei trasporti, questa

espressione di uso statunitense indica un vagone, o altro mezzo di trasporto via terra, caricato con piccoli colli nell'ordine in cui essi dovranno essere scaricati lungo l'itinerario percorso dal mezzo di trasporto. Ciò evita la necessità di movimentare il carico nei vari terminali di arrivo.

statism: ***statalismo.*** La concezione politica che sostiene la necessità e l'utilità dell'intervento statale nel controllo e nella regolamentazione della vita economica e sociale di un paese. Il termine si applica principalmente alla condizione in cui lo stato acquista un'influenza predominante nel dirigere la vita economica di un paese, attraverso la pianificazione economica e la nazionalizzazione delle industrie chiave. (v. anche *planned economy*)

statist: ***statistico.*** Termine usato come sinonimo di *statistician* (v.).

statistic: ***statistica.*** Una qualsiasi raccolta di dati o un qualsiasi valore, come ad esempio una media aritmetica o uno scarto quadratico medio, calcolati ai fini e secondo i metodi della statistica su un campione e non su un universo completo. In un significato più generico, il termine indica una qualsiasi misura numerica di una condizione o attività economica o fisica.

statistical analysis: ***analisi statistica.*** L'utilizzazione di un insieme di tecniche per ricavare e organizzare statistiche e per determinarne il significato essenziale.

statistical control: ***controllo statistico.*** Si dice che un insieme di dati mostra una situazione di controllo statistico quando si può giungere alla conclusione che tutte le variabili presenti nell'insieme dei dati sono state generate da fattori casuali coerenti con un qualche modello implicito di distribuzione statistica.

statistical discrepancy: ***discrepanza statistica.*** Nel linguaggio della bilancia dei pagamenti, è una voce di quadratura che serve a portare in pareggio il dare e l'avere. Vi rientrano tutte le operazioni non registrate e gli eventuali errori che impediscono la perfetta quadratura dei due lati dei conti con l'estero.

statistical distribution: ***distribuzione statistica.*** Una funzione matematica che specifica la probabilità che si verifichi un qualsiasi evento casuale in un sistema stabilito di eventi casuali.

statistical inference: ***inferenza statistica.*** Il procedimento che fa uso di una rilevazione parziale per campioni come base per effettuare una generalizzazione delle caratteristiche di un universo più grande e ignoto, sulla scorta di determinate ipotesi plausibili.

statistical method: ***metodo statistico.*** Le tecniche statistiche relative all'analisi di dati attraverso l'uso di processi razionali basati sulla teoria matematica delle probabilità.

statistical quality control: ***controllo statistico della qualità.*** L'applicazione delle tecniche statistiche al controllo della qualità. Indica, in termini generici, qualsiasi metodo, basato sulla statistica in unione ad altre discipline, mediante il quale è possibile controllare la qualità e l'affidabilità delle materie prime ed eseguire un controllo tecnico delle attività produttive, allo scopo di garantire che la qualità del prodotto finito sia all'altezza di determinati standard prestabiliti. Esiste una notevole varietà di metodi usati a tale scopo. (v. anche *acceptance sampling, process control*)

statistical sample: ***campione statistico.*** V. spiegazione sotto *sample*.

statistical sampling: ***campionatura statistica; campionamento statistico.*** V. spiegazione sotto *sampling 1.*

statistical series: ***serie statistica.*** Una successione di dati statistici, disposti secondo le modalità di un certo carattere qualitativo sistematico.

statistical stock control: ***controllo statistico delle scorte.*** L'applicazione dell'analisi e delle tecniche statistiche alla determinazione dei livelli delle scorte e del riordino. È una forma di controllo molto importante per le imprese produttrici, in quanto le scorte devono essere mantenute entro livelli massimi e minimi prestabiliti, onde evitare l'inutile immobilizzo di capitali relativo a scorte eccessive e il pericolo di non poter far fronte alla domanda se le scorte scendono al di sotto del necessario. Altri fattori considerati in questo contesto sono il costo di riordino, il costo di mantenimento e gestione delle scorte e il costo derivante dalla perdita di clienti a seguito dell'impossibilità di soddisfare la loro domanda, come conseguenza di una scarsità di scorte.

statistical survey: ***indagine statistica.*** L'indagine che fa uso di metodi statistici, in particolare di campioni attraverso l'esame dei quali si può esprimere una generalizzazione sul comportamento o sulle caratteristiche di un universo.

statistician: ***statistico.*** Studioso o professionista, la cui attività consiste nella raccolta, presentazione ed interpretazione di dati statistici.

statistics: ***statistica.*** La disciplina che tratta lo studio di universi, attraverso il mezzo dei campioni e delle relazioni che intercorrono tra di loro, cioè l'analisi e l'interpretazione di dati con l'uso dei processi di inferenza e di ragionamento, basati sulla teoria matematica delle probabilità e sulle relazioni che intercorrono tra campioni e universi.

Statistics of Trade Act: Legge, approvata dal parlamento britannico nel 1947, con la quale si stabiliva di svolgere un censimento annuale della produzione e un censimento della distribuzione in un qualsiasi anno stabilito dal *Board of Trade* (v.).

Statist Index: ***indice statistico.*** Un indice, usato nel Regno Unito, del movimento dei prezzi di quarantacinque beni, tra i quali rientrano generi alimentari e materie prime.

status: ***posizione; situazione; condizione.*** La condizione di un individuo o di un'organizzazione. In relazione ad un individuo, può riferirsi alla sua condizione sociale, al suo stato civile, ai suoi diritti e doveri ed anche alla sua situazione economica e finanziaria. In relazione ad un'impresa, si riferisce soprattutto alla sua situazione economica e finanziaria, oltre che alla sua situazione giuridica.

status inquiry: ***richiesta di informazioni commerciali.*** Una richiesta di informazioni, di solito rivolta ad una banca, sulla situazione economica e finanziaria di un individuo o di un'impresa con i quali il richiedente sta considerando la possibilità di intraprendere relazioni d'affari.

status inquiry agency: ***agenzia di informazioni commerciali.*** Agenzia specializzata che, in considerazione del pagamento di un onorario, è disposta a fornire informazioni sulle condizioni economiche e finanziarie di un individuo o di un'impresa al richiedente che sta considerando l'eventualità di intraprendere relazioni di affari con persone con le quali non ha mai trattato prima. L'agenzia in questione è in grado di fornire tali informazioni in quanto tiene schedari aggiornati di tutti gli operatori commerciali che svolgono la loro attività nell'area geografica in cui essa stessa opera.

status symbol: ***simbolo di successo; simbolo di condizione sociale.*** Il termine inglese viene usato anche nella nostra lingua per indicare un qualsiasi bene in base al quale la società giudica il livello socio–economico raggiunto da colui che lo possiede.

statute: ***statuto; legge; legge formale.*** Una qualsiasi legge singola, particolarmente quelle di diritto privato, emanata dal potere legislativo di un paese.

statute–barred: ***prescritto.*** Espressione aggettivale, usata in relazione ad un qualsiasi diritto che non può più essere esercitato in base alla legge di prescrizione, che prevede periodi variabili entro i quali si devono far valere i propri diritti, pena la decadenza. Nel Regno Unito, il periodo usuale relativo a obbligazioni contrattuali, ad esempio un debito, è di sei anni. Pertanto, non è necessario conservare ricevute di pagamento per un periodo superiore ai sei anni.

statute law: ***legge scritta; diritto scritto.*** Legislazione che deriva dal potere legislativo di un paese ed è vincolante per tutte le corti di giustizia. Il termine viene anche usato per differenziare le leggi di emanazione parlamentare da quelle che costituiscono il diritto consuetudinario, cioè derivanti dalle consuetudini comuni del paese. (v. anche *common law*)

statute of frauds: ***legge contro le frodi.*** È questa una legge che fu in origine emanata in Inghilterra nel 1677, allo scopo di impedire le frodi imponendo che determinate operazioni commerciali venissero evidenziate in forma scritta. In particolare, ricadevano entro tale categoria tutte le operazioni relative alla compravendita di beni immobili e alla compravendita di beni mobili il cui valore superava le dieci sterline. Le norme relative alla compravendita di beni immobili furono abrogate dal *Law of Property Act* del 1925 e quelle relative alla compravendita di beni mobili dal *Sale of Goods Act* (v.) del 1893. Questa legge fu, nella sostanza, adottata anche in tutti gli stati dell'Unione americana, ove è prescritto che determinate operazioni commerciali siano evidenziate mediante un contratto scritto. Tra queste, rientrano la compravendita di beni immobili, la compravendita di beni mobili il cui valore supera una determinata quantità di moneta, le obbligazioni la cui esecuzione richiede un periodo di tempo superiore ad un anno, le operazioni di fideiussione ed altri tipi di contratto.

Statute of Labourers: ***statuto dei lavoratori.*** L'epidemia di peste nera (*Black Death*), diffusasi nel 1349 in Inghilterra, produsse una scarsità di manodopera che spinse i lavoratori a richiedere notevoli aumenti salariali. Il parlamento inglese approvò, nel 1351, la legge detta statuto dei lavoratori con la quale stabiliva che tutti i lavoratori dovevano ricevere lo stesso salario che percepivano prima dell'epidemia. Ciò fu fatto nel tentativo di evitare un aumento dei prezzi oltre che dei salari.

statute of limitations: ***legge sulla prescrizione e sulla decadenza.*** Qualsiasi legge, emanata dal potere legislativo, con la quale si intende regolamentare la prescrizione e la decadenza di determinati diritti del cittadino. In particolare, il termine viene usato in relazione alla legge, approvata dal parlamento britannico nel 1939 ed entrata in vigore nel 1940, con la quale si consolidavano e si emendavano le varie disposizioni in materia di prescrizione e decadenza di diritti in relazione a contratti commerciali. Prima di tale data, le varie disposizioni erano contenute in diverse leggi, tra le quali il *Limitation of Actions Act* del 1623, il *Civil Procedure Act* del 1835, il *Mercantile Law Amendment Act* del 1856 e il *Real Property Limitation Act* del 1874. La legge approvata nel 1939 consolida ed emenda, oltre a queste leggi, almeno un'altra mezza dozzina di disposizioni contenute in diverse altre leggi. Tra l'altro, essa stabilisce in sei anni il limite entro il quale si devono far valere i propri diritti per il recupero di crediti derivanti da operazioni commerciali, mentre per crediti derivanti da atti pubblici il termine è di dodici anni. Trascorso tale periodo, il creditore decade dal diritto di citare il debitore per il recupero del suo credito. La legge del 1939 fu emendata da altre due successive leggi, quelle del 1954 e del 1963, con le quali furono elevati i termini entro i quali si possono far valere certi diritti.

statutory: ***obbligatorio; legale.*** Previsto, imposto o stabilito da uno *statute* (v.).

statutory allowance: ***detrazione ammessa.*** Termine generico, usato per indicare una qualsiasi detrazione, in materia tributaria, consentita dalla legge finanziaria.

statutory books: ***libri obbligatori.*** Sono i libri che una società per azioni deve tenere per disposizione di legge. Nel Regno Unito, i libri obbligatori per le società regolarmente costituite e iscritte al registro delle società in base al *Companies Act* del 1948 sono: a) il libro dei soci (articolo 110 della legge suddetta); b) il libro dei verbali (articolo 145); c) il libro degli amministratori (articolo 200); e, d) il libro delle ipoteche (articolo 104). Oltre a questi libri, la società deve tenere i libri contabili necessari per la preparazione del bilancio, del conto profitti e perdite e qualsiasi altro tipo di rendiconto. (v. anche *register of members, minute book, register of directors, register of charges 1*)

statutory company: Espressione usata nel Regno Unito per indicare una società costituita in base ad una speciale legge parlamentare. Di solito si tratta di società cui viene affidata la gestione di servizi pubblici, come ad esempio il trasporto su ferrovia, la distribuzione dell'acqua, ecc. Accanto a questo tipo di società, si è recentemente sviluppata l'azienda statale nota nel Regno Unito col termine di *public corporation* (v.).

statutory declaration: ***dichiarazione legale.*** Termine con il quale nel Regno Unito si indica una dichiarazione scritta, ma non giurata, resa secondo lo *Statutory Declaration Act* del 1835, con la quale una persona solennemente dichiara, alla presenza di un giudice di pace, di un notaio o altro pubblico ufficiale, che i fatti in essa esposti rispondono a verità al meglio della sua conoscenza. Questo tipo di dichiarazione, a differenza dell'*affidavit* (v.), può essere usata soltanto in questioni stragiudiziali.

statutory income: ***reddito presunto.*** Il reddito che si presume sia stato prodotto nell'arco di un anno finanziario di accertamento e sul quale si calcola l'ammontare dell'imposta.

statutory instruments: ***leggi delegate.*** Espressione generica, usata nel linguaggio giuridico britannico per indicare un qualsiasi atto tramite il quale si esprime il potere legislativo delegato a Sua Maestà o ad uno o più ministri. Tra questi rientrano gli strumenti noti in Italia come Decreto del Presidente della Repubblica e decreto legge. (v. anche *delegated legislation*)

statutory investments: ***investimenti legali.*** Lo stesso che *legal investments* (v.).

statutory law: ***legge scritta; diritto scritto.*** Termine usato con lo stesso significato di *statute law* (v.).

statutory lien: ***privilegio legale.*** Espressione generica, con la quale si indica il diritto di ritenzione e di pegno sancito da una legge scritta invece che dal diritto consuetudinario.

statutory meeting: ***prima assemblea generale degli azionisti.*** L'articolo 130 del *Companies Act* del 1948 stabilisce che ogni società per azioni pubblica e ogni società a responsabilità limitata da garanzia che abbia un capitale sociale sotto forma di azioni deve tenere una prima assemblea generale degli azionisti non prima di un mese e non oltre i tre mesi dalla data in cui essa è stata autorizzata ad iniziare la propria attività. Lo scopo di questa prima assemblea è quello di dare ai soci l'opportunità di prendere visione del libro dei soci dal quale risultano le partecipazioni azionarie di ciascun socio, di ascoltare una relazione sull'andamento della sottoscrizione pubblica del capitale sociale, di prendere visione della relazione relativa alla situazione finanziaria della società e dell'ammontare di capitale fino ad allora sottoscritto, di discutere il contenuto della relazione finanziaria preventivamente inviata a ciascun socio e di prendere eventuali decisioni che influenzino la società nei suoi primi mesi di vita. (v. anche *statutory report*)

statutory mortgage: ***ipoteca legale.*** Termine usato con lo stesso significato di *legal mortgage* (v.).

statutory prospectus: ***manifesto di emissione.*** Negli Stati Uniti, lo stesso che *prospectus* (v.).

statutory provisions: ***disposizioni di legge.*** Sono le disposizioni stabilite da una qualsiasi legge emanata dal potere legislativo di un paese.

statutory receipt: ***ricevuta legale.*** Nel linguaggio giuridico inglese, indica una ricevuta rilasciata dal creditore ipotecario, con la quale si attesta che il credito a garanzia del quale era stata costituita l'ipoteca è stato estinto dal debitore.

statutory regulations: ***leggi delegate.*** Termine usato con lo stesso significato di *statutory instruments* (v.).

statutory report: ***rapporto finanziario; relazione finanziaria.*** In base all'articolo 130 del *Companies Act* del 1948, e precisamente del secondo comma, gli amministratori di una società per azioni pubblica o di una società a responsabilità limitata da garanzia che abbia un capitale sociale sotto forma di azioni sono tenuti ad inviare, almeno quattordici giorni prima della data in cui si terrà la prima assemblea generale degli azionisti, ad ogni singolo socio una copia della relazione finanziaria. Tale relazione sarà sottoscritta da non meno di due amministratori e dovrà indicare: a) il numero totale di azioni ripartite, facendo una distinzione tra azioni interamente e parzialmente liberate e specificando la quantità di capitale effettivamente versato in relazione a tali azioni; b) l'ammontare totale di contanti ricevuti dalla società in considerazione delle azioni sottoscritte; c) l'ammontare delle entrate e delle uscite della società, sotto qualsiasi forma si siano verificate; d) il nome e l'indirizzo degli amministratori, dei revisori dei conti e del segretario della società; e) i particolari di eventuali contratti da sottoporre a modifica durante l'assemblea e le modifiche proposte, che dovranno essere approvate dai soci. (v. anche *statutory meeting*)

statutory reserve: 1. ***riserva obbligatoria; fondo di riserva legale.*** Termine usato con lo stesso significato di *legal bank reserve* (v.). **2.** ***riserva legale.*** Termine usato con lo stesso significato di *legal reserve 3* (v.).

statutory returns: ***relazioni obbligatorie.*** Le dichiarazioni relative alla situazione di una società, che questa è per legge tenuta ad inoltrare al registro delle società ogni anno, dopo che si è tenuta l'assemblea ordinaria degli azionisti. Queste relazioni contengono informazioni relative al capitale azionario, alle obbligazioni in circolazione, alle ipoteche in essere, agli amministratori e al segretario della società.

statutory rights: ***diritti legali.*** Nel linguaggio giuridico-commerciale, sono i diritti del compratore, stabiliti dalla legge del paese in cui egli risiede. Uno dei diritti del compratore è quello di restituire le merci di qualità scadente o non idonee allo scopo per il quale furono comprate, purché esse non siano state vendute con la clausola «senza garanzia». (v. anche *without warranty*)

statutory rules and orders: Espressione generica, usata nel linguaggio giuridico britannico per indicare norme, regolamenti, ordinanze o ordini emessi in virtù di una legge parlamentare tra il 1890 e il 1947. Oggi sono stati sostituiti dagli *statutory instruments* (v.).

statutory tenant: Espressione con la quale nel Regno Unito si indica un conduttore che ha il diritto di continuare ad occupare l'immobile, in virtù di uno qualsiasi dei *Rent Acts* (v.), anche se il contratto di locazione è scaduto.

statutory undertakers: ***imprenditori autorizzati.*** Nel Regno Unito, sono le imprese autorizzate da una legge di emanazione parlamentare a intraprendere opere pubbliche o a gestire servizi pubblici, quali la distribuzione dell'acqua, dell'elettricità e del gas. (v. anche *statutory company*)

statutory voting: ***votazione ordinaria.*** Lo stesso che *ordinary voting* (v.).

std.: standard.

steady price: ***prezzo stabile.*** È un prezzo non soggetto a frequenti o notevoli oscillazioni.

steady state growth: ***crescita a tasso costante.*** Una situazione teorica, difficilmente riscontrabile nella pratica, in cui un sistema economico cresce in base a tassi costanti in un arco di tempo. Se, ad esempio, un'economia presenta in un determinato anno un tasso di crescita del tre per cento e se tale tasso si verifica di nuovo negli anni successivi, quell'economia gode di una crescita a tasso costante. Ciò non significa che tutte le variabili crescano del tre per cento all'anno, ma per poter parlare di crescita a tasso costante è necessario che il tasso di crescita di ciascuna variabile sia lo stesso in ciascuno dei vari anni presi in considerazione.

steel–collar worker: ***lavoratore dal colletto d'acciaio; colletto d'acciaio.*** Neologismo con il quale vengono spesso indicate le macchine robotizzate, che sostituiscono i colletti blu nel reale lavoro di produzione di beni industriali.

steep price: ***prezzo salato; prezzo esorbitante.*** Un prezzo estremamente alto, indipendentemente dal valore del bene cui si riferisce.

steering committee: ***comitato direttivo.*** Il gruppo di persone preposto alla guida o alla direzione di una particolare attività commerciale o di un'impresa.

stenographer: ***stenografo.*** Termine usato con lo stesso significato di *shorthand writer* (v.).

stenotyping machine: ***macchina per stenotipia.*** Macchina che consente di registrare, mediante tasti che riproducono segni stenografici su un rullo di carta, quanto viene detto nel corso di una riunione, di un processo e simili. Una volta terminata la seduta, lo stenotipista potrà interpretare i segni registrati sul rullo e trascrivere gli interventi in chiaro mediante una normale macchina per scrivere.

steno–typist: ***stenotipista.*** È l'operatore di una macchina per stenotipia.

step budget: ***budget flessibile; budget variabile.*** Termine usato con lo stesso significato di *variable budget* (v.).

step meter rate: ***tariffa graduale.*** Nei servizi pubblici, è così chiamata una tariffa che cresce o decresce per gruppi di unità, ossia per gradi. Essa prevede, pertanto, un pagamento costante per tutte le unità contenute in ciascun gruppo, ma la tariffa varia da un gruppo di unità al successivo. (v. anche *block meter rate, step rate schedule*)

stepped cost: ***costo scalare; costo con andamento «a gradino»; costo graduale.*** È un costo che aumenta per gradi, in conseguenza di successivi aumenti del volume di attività.

stepped interest: ***interesse scalare; interesse con andamento a gradino.*** Tipo di interesse recentemente utilizzato in relazione a operazioni finanziarie connesse con rilevazioni di imprese. Si applica a parte del debito mediante il quale si finanzia la rilevazione e prevede un tasso attivo per il mutuante inferiore a quello di mercato per un determinato periodo di tempo, seguito da un tasso d'interesse uguale a quello di mercato e successivamente da un tasso superiore a quello di mercato. Ciò allo scopo di scaglionare gli oneri finanziari del mutuatario, rendendoli meno gravosi nel primo periodo di vita della nuova impresa. (v. anche *mezzanine finance*)

stepped–rate bond: ***obbligazione con interesse scalare.*** Un'obbligazione le cui cedole rispondono al concetto esposto sotto *stepped interest* (v.).

step–rate premium insurance: ***assicurazione a premio graduale; assicurazione a premio scalare.*** Assicurazione sulla vita, il cui premio può aumentare o diminuire nel corso della durata della polizza.

step rate schedule: ***tariffa graduale.*** Nei servizi pubblici, il termine inglese indica un particolare tipo di tariffa graduale e precisamente quello che prevede un prezzo uniforme per ciascuna unità di servizio, che decresce col crescere della quantità complessiva consumata dall'utente. Se prendiamo ad esempio le tariffe elettriche, questo tipo di tariffa prevederebbe, diciamo, cinquecento lire a kilowattore per il gruppo da 0 a 100; quattrocentocinquanta lire a kilowattore per il gruppo da 0 a 200; quattrocento lire a kilowattore per il gruppo da 0 a 300 e così via. (v. anche *block meter rate, step meter rate*)

ster.: sterling.

stere: ***stero.*** Unità di misura di volume, usata per la legna da ardere, corrispondente ad un metro cubo, pari a 1,307954 yarde cubiche o 35,3147 piedi cubi.

sterilization: ***sterilizzazione.*** Tipo di azione che tende a controbilanciare l'effetto di un intervento sul mercato dei cambi sulla offerta di moneta interna. Ad esempio, se il governo statunitense tentasse di far salire il corso delle valute estere e di indebolire il dollaro mediante l'acquisto di titoli esteri, il Sistema della Riserva Federale emetterebbe dollari per pagare i titoli esteri. Al fine di impedire che questi dollari facciano aumentare l'offerta di moneta interna, tuttavia, il Sistema della Riserva Federale dovrebbe ritirare un'uguale quantità di dollari dal mercato vendendo buoni del tesoro.

sterilization of gold: ***sterilizzazione dell'oro.*** Una delle regole sulle quali si basava un qualsiasi sistema monetario aureo era quella che prevedeva l'aumento dell'offerta di moneta ogni qualvolta si verificasse un aumento della quantità d'oro posseduta da un paese. Ciò avrebbe portato ad un aumento dei prezzi interni, ad un conseguente calo delle esportazioni e all'esportazione di oro per pagare le maggiori importazioni, ristabilendo così un equilibrio nelle quantità d'oro possedute dalle varie nazioni. Nel periodo tra le due guerre mondiali, e precisamente tra il 1925 e il 1931, quando molti paesi ripristinarono il sistema monetario aureo dopo l'interruzione causata dalla prima guerra mondiale, alcuni paesi non si attennero a questa norma e si rifiutarono di aumentare la massa circolante a seguito di un aumento delle quantità di oro possedute. Questa pratica fu chiamata sterilizzazione dell'oro, in quanto il metallo veniva reso inattivo e depositato in un conto a sé stante. Nella pratica statunitense, l'espressione indica l'acquisizione di oro da parte del ministero del tesoro, che lo pone in un fondo inattivo, non emettendo certificati aurei corrispondenti all'ammontare dell'oro acquistato. Ad esempio, l'oro proveniente dalle miniere statunitensi viene venduto all'ente del governo federale preposto all'acquisto, che lo paga emettendo un assegno sul ministero del tesoro. Quando l'assegno giunge al Tesoro, attraverso una delle banche della riserva federale, quest'ultimo può pagarlo o con l'emissione di certificati aurei che la banca utilizzerà come riserva o in dollari prelevati da uno dei conti che il ministero del tesoro tiene presso le varie banche. In questo ultimo caso, l'oro diventerà inattivo, cioè non potrà essere utilizzato come base per creare credito, il che invece avverrebbe se il Tesoro emettesse certificati aurei per lo stesso ammontare dell'oro ricevuto, e si dice quindi che quella quantità di oro è stata sterilizzata. (v. anche *gold certificate*)

sterilization of money: ***sterilizzazione di moneta.*** È il concetto esposto sotto *sterilization of gold* (v.) ma, oggi che l'oro non ha più importanza in relazione all'offerta di moneta, applicato a saldi monetari eccedentari, derivanti da fattori esogeni. Lo scopo dell'operazione è pur sempre quello di assorbire la liquidità eccessiva che potrebbe manifestarsi nel sistema economico nazionale.

sterilization prescriptions: ***prescrizioni di sterilizzazione.*** Espressione usata nel linguaggio finanziario internazionale per indicare i titoli a breve e medio termine emessi dalla Banca Nazionale Svizzera al fine di assorbire e controllare la liquidità del mercato monetario.

sterilized gold: ***oro sterilizzato.*** In un sistema monetario a base aurea, è l'oro acquisito dal ministero del tesoro di un paese e trasferito a un fondo inattivo, senza cioè che venga emessa una quantità di moneta corrispondente al valore dell'oro acquisito. (v. anche *sterilization of gold*)

sterilized intervention: ***intervento sterilizzato.*** L'intervento di sostegno sul mercato delle valute che implica l'aumento dell'offerta di moneta nazionale, subito ritirata mediante un'emissione di buoni del tesoro, o altri titoli di stato, che ha lo scopo di assorbire l'eccesso di liquidità creato dall'intervento sul mercato dei cambi.

sterling: **1.** ***sterlina; lira sterlina.*** Questo termine viene usato nel linguaggio finanziario per indicare la valuta britannica, ed anche la sua unità monetaria, onde distinguerla da altre valute indicate con lo stesso nome. Pertanto è spesso usato come sinonimo di *pound* (v.) e di *pound sterling* (v.). **2.** ***pagabile in valuta britannica; relativo alla valuta britannica.*** Usato con valore aggettivale, il termine indica la relazione del sostantivo che lo segue con la valuta del Regno Unito. **3.** Riferito all'oro e all'argento, indica uno di questi metalli, il cui titolo corrisponde agli standard prescritti.

sterling area: ***area della sterlina.*** Espressione con la quale in passato si indicava un gruppo di paesi che usavano la sterlina britannica, o avevano collegato le loro valute nazionali alla sterlina britannica, dopo che il Regno Unito ebbe abbandonato il sistema monetario aureo. Prima del 1914, la supremazia commerciale e finanziaria della Gran Bretagna, iniziata nel diciannovesimo secolo quando l'impero britannico abbracciava gran parte del mondo, fece della sterlina la valuta chiave nel commercio mondiale. Per questo motivo, e anche perché il Regno Unito era il paese più importante con un sistema monetario a base aurea, molti dei paesi che intrattenevano relazioni commerciali con la Gran Bretagna trovarono utile e conveniente collegare le loro valute a quella inglese e tenere le loro riserve di valuta straniera a Londra sotto forma di saldi in sterline. Dopo la prima guerra mondiale, la sterlina britannica perse la supremazia, e quando nel 1931 il Regno Unito abbandonò definitivamente il sistema monetario aureo, i paesi che costituivano l'area della sterlina si trovarono a dover prendere la decisione di collegare le loro valute o al dollaro o a un sistema monetario aureo oppure di creare un proprio sistema autonomo. La maggior parte dei paesi decisero di seguire l'esempio del Regno Unito e collegarono le loro valute a quella britannica. Nel settembre del 1939, allo scoppio della seconda guerra mondiale, avevano adottato questo sistema non soltanto tutti i paesi dell'impero britannico, ad eccezione del Canada che gravitava nella sfera d'influenza del dollaro, ma anche la Norvegia, la Svezia, la Danimarca, la Finlandia, la Grecia, il Portogallo, l'Argentina ed anche il Giappone. Fu in quel periodo, e precisamente nel 1940, che il termine «area della sterlina» fu usato per la prima volta per indicare tutti quei paesi. Durante la guerra, tuttavia, l'area della sterlina si restrinse, per espandersi nuovamente dopo il 1945, periodo in cui essa comprendeva tutti i paesi del Commonwealth britannico, esclusi il Canada e Terranova, e l'Egitto, l'Irak, il Sudan, l'Islanda, la Francia, il Belgio, l'Olanda e le loro rispettive colonie. Questi paesi tenevano le loro riserve, principalmente di dollari statunitensi che allora erano considerati valuta scarsa, in un fondo comune a Londra sotto forma di saldi in sterline. Fu in quel periodo, e precisamente nel 1947 quando fu approvato l'*Exchange Control Act*, che al termine «area della sterlina» fu sostituito quello di *scheduled territories* (v.) ai fini del controllo dei cambi. Ciò perché la sterlina era convertibile nell'ambito di questo gruppo di paesi, ma era soggetta a pesanti restrizioni e pressocché inconvertibile in altre valute. Negli anni sessanta ebbe inizio l'ultimo e più drammatico indebolimento dell'area della sterlina, che culminò nella svalutazione del 1967. Pochi paesi, in questo caso, seguirono la sterlina nella sua svalutazione, mentre i più preferirono diversificare le loro riserve, in ciò confortati dalle pesanti perdite subite in occasione della svalutazione inglese. Nel 1968, il Regno Unito ottenne dal Gruppo dei Dieci un credito stand–by di due miliardi di dollari con cui far fronte a eventuali pesanti ritiri di saldi in sterline. (v. anche *sterling balances*)

sterling area countries: ***paesi dell'area della sterlina.*** Sono i paesi che, in un'epoca o in un'altra, hanno fatto parte dell'area della sterlina e hanno usato la moneta britannica come valuta commerciale e da riserva. Dopo l'approvazione dell'*Exchange Control Act* del 1947 vennero collettivamente indicati come *scheduled territories* (v.).

sterling balances: ***saldi in sterline.*** Sono indicate con questo termine le passività a breve termine o liquide, sotto forma di depositi bancari, buoni del tesoro e obbligazioni a breve termine, del Regno Unito verso privati, istituzioni e paesi stranieri. In particolare, il termine indica le riserve di valute estere versate in un fondo comune a Londra da paesi membri dell'area della sterlina e accreditati sotto forma di sterline ai conti che questi paesi tengono presso la Banca d'Inghilterra. In questo senso, i saldi in sterline nel 1938 ammontavano a 760 milioni di sterline ed erano pressocché uguali alle attività liquide, sotto forma di oro e dollari statunitensi, possedute dal Regno Unito. A seguito delle pesanti spese sostenute dalla Gran Bretagna in relazione allo sforzo bellico, i saldi in sterline raggiunsero nel 1945 i 3.700 milioni di sterline ed erano pressocché identici (3.500 milioni di sterline) agli inizi degli anni sessanta, quando l'area della sterlina cominciò la sua fase discendente. (v. anche *sterling area*)

sterling bloc: ***blocco della sterlina.*** Espressione usata per indicare i paesi che, nel periodo tra il 1931 e il 1939, avevano strette relazioni commerciali con il Regno Unito e mantenevano le loro riserve di valute estere a Londra sotto forma di saldi in sterline. Il termine fu sostituito, nel 1940, da «area della sterlina» e pertanto essi sono spesso usati come sinonimi, con la differenza che il secondo è anche un termine ufficiale, mentre il primo non lo è. Facevano parte del blocco della sterlina tutti i paesi dell'impero britannico, tranne il Canada, più i paesi scandinavi, l'Argentina, il Giappone, l'Uruguay, la Bolivia, il Portogallo e la Grecia. (v. anche *sterling area, scheduled territories*)

sterling bonds: ***obbligazioni pagabili in sterline.*** Titoli a reddito fisso emessi da governi stranieri e redimibili nella valuta britannica.

sterling certificates of deposit: ***certificati di deposito pagabili in sterline.*** Emessi per la prima volta nel 1968, sono certificati che attestano un versamento, presso la sede di Londra della banca che li emette, che sarà rimborsato in sterline alla data specificata sul certificato stesso. Qualora il portatore abbia bisogno di liquidi prima della scadenza del certificato, potrà negoziarlo sul mercato dello sconto londinese.

sterling convertibility: ***convertibilità della sterlina.*** V. spiegazione sotto *convertibility* e *convertibility crisis.*

sterling crises: ***crisi della sterlina.*** Sono le varie crisi cui fu soggetta la moneta britannica a seguito di saldi sfavorevoli della bilancia dei pagamenti, causati o aggravati da pesanti ritiri di saldi in sterline. Le crisi della sterlina si verificarono negli anni 1949, 1952, 1955, 1957, 1961, 1964–65, 1967 e 1968.

sterling exchange rate index: ***indice del tasso di cambio della sterlina.*** Numero indice che misura la variazione complessiva del valore della sterlina in termini di tutte le altre valute, considerate complessivamente. Viene calcolato facendo la media ponderata del tasso di cambio della sterlina contro altre diciassette valute, incluso il dollaro statunitense, e i pesi usati riflettono l'importanza delle singole valute per il commercio britannico. Allo scopo di poter seguire da vicino i movimenti della sterlina, l'indice viene calcolato e diffuso ogni ora nei giorni di apertura dei mercati valutari.

sterling interbank market: ***mercato interbancario dei fondi in sterline.*** Il mercato nel quale le banche che operano sulla piazza di Londra compiono operazioni di prestiti di fondi in sterline. Questo mercato si sviluppò perché forniva un modo conveniente e semplice mediante il quale le banche potevano impiegare le loro disponibilità liquide, particolarmente in periodi di controlli quantitativi sui prestiti al settore privato. I tassi di interesse su questi fondi erano generalmente più alti di quelli che venivano riconosciuti sul denaro mutuato al mercato dello sconto, in quanto questi ultimi erano soggetti a limiti convenzionali collegati ai rendimenti che si potevano ricavare dalle attività nelle quali i fondi venivano impiegati. Questo mercato opera in stretto collegamento con il mercato valutario, i mercati delle eurovalute e gli altri mercati di fondi in sterline. I prestiti possono avere luogo immediatamente, per qualsiasi periodo non superiore ai cinque anni, ma la maggior parte delle operazioni è per brevi periodi. I crediti di regola non sono garantiti, ma liquidità e sicurezza vengono realizzate mediante l'accorta gestione di attività e passività in relazione al tempo di scadenza e da limiti imposti dai mutuanti sull'ammontare prestato a ciascuna singola banca.

sterling metals: ***metalli fini; metalli puri.*** Espressione usata per indicare l'oro e l'argento il cui titolo è corrispondente agli standard prescritti.

sterling M 3: Nell'ambito della politica economica, questa sigla definisce l'offerta di moneta, come banconote e monete metalliche in circolazione, più i depositi bancari, sotto qualsiasi forma essi siano tenuti, appartenenti al settore privato e al settore pubblico dell'economia. Differisce dalla sigla M 3, in quanto quest'ultima include anche i depositi bancari dei non residenti, che non vengono invece tenuti in considerazione nel caso della sigla *sterling M 3.* (v. anche *money supply, M 1/5*)

sterling securities: ***titoli in sterline.*** Qualsiasi tipo di valore mobiliare, il cui capitale e i cui interessi o dividendi siano pagabili in sterline britanniche.

stet: ***vive.*** Quando una registrazione contabile, o una qualsiasi altra cifra, è stata annullata con un segno di croce o con un tratto a penna, questo termine apposto a fianco della cifra cancellata indica che essa è stata sbarrata per errore e che deve, invece, considerarsi valida.

stevedore: ***stivatore.*** Esperto che sovrintende alle operazioni di disposizione del carico nelle stive delle navi. La presenza e l'opera di un esperto sono necessarie quando il carico è di natura eterogenea e richiede particolare esperienza per essere stivato in modo da sfruttare al meglio lo spazio disponibile, provvedendo allo stesso tempo a che esso non si sposti e quindi non vada soggetto a danni durante il viaggio per mare.

stevedore ton: ***tonnellata di nolo; tonnellata di noleggio.*** Termine usato con lo stesso significato di *freight ton* (v.).

steward: 1. ***fiduciario sindacale; rappresentante sindacale; delegato di fabbrica; membro della commissione interna.*** Termine spesso usato in luogo di *shop steward* (v.). **2.** ***dispensiere di bordo.*** È la persona che, in una nave mercantile, ha in custodia le provviste di bordo e provvede all'approvvigionamento e alla somministrazione delle stesse. **3.** ***amministratore.*** Chi amministra un edificio o altro bene immobile per conto del proprietario.

stewardship: ***amministrazione.*** La gestione di una proprietà o di un'impresa per conto del proprietario. Implica la responsabilità della corretta utilizzazione dei fondi amministrati.

St. Ex.: stock exchange.

St. Exch.: stock exchange.

Stg.: sterling.

stge.: storage.

stick: Termine del gergo finanziario, con il quale si indica la situazione in cui viene a trovarsi un sindacato di garanzia e collocamento titoli quando non riesce a rivendere le azioni o le obbligazioni sottoscritte a fermo.

sticker: 1. ***adesivo.*** Nel linguaggio della pubblicità, è un piccolo annuncio o un marchio riprodotti su un'etichetta autoadesiva. **2.** ***etichetta adesiva.*** Pezzetto di carta sul cui retro si trova una sostanza adesiva, come ad esempio le etichette segnaprezzo apposte alle confezioni di prodotti esposte per la vendita.

sticky price: ***prezzo stabile.*** Termine usato con lo stesso significato di *steady price* (v.).

stiffening endorsement: ***girata di garanzia; avallo.*** Nell'ordinamento inglese non esiste l'avallo vero e proprio e quindi questa espressione sta ad indicare la girata di una cambiale, da parte di una persona che non è né il beneficiario né il trattario, allo scopo di fornire garanzia per il traente, il beneficiario o un'altra persona. Tale girata renderà la persona responsabile del pagamento, anche se essa non era necessaria al fine di negoziare il titolo di credito.

stiffening order: ***permesso d'inzavorramento.*** Permesso rilasciato dalla dogana per prendere a bordo materiali pesanti allo scopo di inzavorrare una nave, ai fini della stabilità, prima di iniziare le operazioni di carico.

stiff price: ***prezzo salato; prezzo esorbitante.*** Termine usato con lo stesso significato di *steep price* (v.).

stinker: ***lavoro gramo.*** Nel linguaggio colloquiale, indica un'attività lavorativa nella quale si guadagna poco. Il termine viene usato come opposto di *gravy job* (v.).

stipend: ***stipendio.*** Questo termine inglese è, in effetti, un sinonimo di *salary* (v.), ma nell'uso comune si applica soltanto allo stipendio percepito da un ecclesiastico, da un magistrato o da un insegnante.

Stk.: stock.

stn.: stone.

stochastic: ***stocastico.*** Aggettivo usato con lo stesso significato di probabilistico. Si riferisce, pertanto, a qualcosa che si basa sul caso.

stochastic model: ***modello stocastico.*** È un modello che fa uso di variabili stocastiche o casuali.

stochastic process: ***processo stocastico.*** Un processo che implica un certo grado di sicurezza, ma non la certezza, di ciò che sarà il suo risultato.

stochastic variable: ***variabile casuale; variabile stocastica.*** Termine usato con lo stesso significato di *random variable* (v.).

to stock: 1. ***stoccare.*** Immagazzinare o conservare, di solito per un breve periodo di tempo, materie prime, prodotti intermedi o merci per l'immissione nel processo produttivo o nel circuito di vendita al dettaglio. **2.** ***disporre; avere in magazzino.*** Detto di negozi al dettaglio o all'ingrosso, avere un prodotto disponibile e poterlo fornire da magazzino, senza doverlo ordinare appositamente al produttore o al grossista.

stock: 1. ***capitale sociale; quota sociale; partecipazione.*** Il capitale di una società è costituito dalla moneta apportata dai soci e rappresenta ciò che in inglese viene indicato col termine *stock.* In origine, questo termine indicava il fondo comune di proprietà di una società, che le consentiva di svolgere la propria attività, chiamato spesso *joint stock* appunto perché fornito da più persone. Da qui venne il termine *joint–stock company* (v.) con il quale ancor oggi si indica una società per azioni. Ma in un senso finanziario specializzato, il termine inglese indica un modo di tenere il capitale, cioè non sotto forma di azioni. Pur se è vero che i termini *stock* e *shares* vengono usati come sinonimi in quanto rappresentano in definitiva la stessa cosa, esiste tra loro una sostanziale differenza: le azioni vengono emesse per somme prestabilite, tutte uguali fra loro, e vengono numerate; lo *stock* viene, invece, venduto per un qualsiasi ammontare. Ciò comporta una serie di differenze che discendono appunto da quella appena detta. Ad esempio, ciascuna azione può essere venduta dal proprietario, ma non in frazioni. Se essa vale cento sterline, l'azionista non può dividerla in due da cinquanta e venderne la metà. Invece, il proprietario di *stock* per cento sterline ne può vendere la metà o qualsiasi altra frazione. Un'altra differenza riguarda il trasferimento, perché lo *stock* è sempre e soltanto nominativo ed è necessaria la presenza del proprietario per trasferirlo, senza alcuna altra formalità tranne la registrazione nell'apposito registro tenuto presso la sede della società. Una società non può fare un'emissione di *stock*, ma può convertire in *stock* le azioni interamente liberate. A causa del fatto che i due termini vengono così spesso usati come sinonimi, la differenza di significato tende a diventare sempre più vaga e il termine *stock* viene sempre più usato nel significato riportato qui di seguito. **2.** ***prestito; debito.*** Il termine inglese è spesso usato per indicare complessivamente un prestito obbligazionario, in particolar modo quello contratto dallo stato tramite l'emissione di propri titoli o quello contratto da enti pubblici, enti locali, aziende di stato, ecc. Di conseguenza, è anche passato ad indicare il debito pubblico nella espressione *government stock*, che viene tuttavia usata con particolare riferimento ad una porzione specifica del debito pubblico, rappresentata da un'emissione quale, ad esempio, il *war loan* (v.). **3.** ***azione; certificato azionario.*** Nel linguaggio finanziario statunitense, il termine viene usato per indicare sia il capitale sociale diviso in azioni, sia le singole azioni e i relativi certificati. (v. anche *share, share certificate*) **4.** ***scorte; giacenze; merci in magazzino; giacenza di magazzino; giacenza d'inventario.*** Termine britannico, usato con lo stesso significato di *inventory 1* (v.), più comune nell'inglese americano. **5.** ***fondo.*** Nel linguaggio economico, il termine inglese indica un insieme di beni, sotto l'aspetto della loro consistenza, disponibili in un'economia in un determinato momento nel tempo. In questo senso, il termine si contrappone a flusso. (v. anche *flow*) **6.** ***partita; blocco; disponibilità; stock.*** In questo significato, il termine inglese è entrato anche nell'uso italiano per indicare una quantità di merci disponibili per la vendita, nel corso della normale attività mercantile, o una partita costituita di rimanenze, vendute in blocco ad un prezzo di convenienza.

stock account: ***conto capitale.*** Lo stesso che *capital account 1* (v.).

stock accounting: ***contabilità di magazzino.*** In un'impresa industriale, è la contabilità intesa a controllare tutti i movimenti di entrata e di uscita delle materie prime, dei prodotti intermedi e dei prodotti finiti, allo scopo di verificare il livello delle scorte e fornire alla contabilità industriale tutti i dati, relativi al magazzino, necessari a determinare i costi dei materiali consumati.

stock ahead: A volte un investitore che ha inoltrato un ordine di acquisto o di vendita di un titolo a un certo prezzo vede, sul nastro della teleborsa, che si sono svolte operazioni di compravendita a quel prezzo, mentre il suo ordine non è stato eseguito. La ragione è che il suo ordine stava in coda ad altri ordini giunti in precedenza all'operatore specializzato, i quali avevano priorità di esecuzione, e quando è arrivato il turno del suo ordine, i prezzi erano cambiati e pertanto esso non poteva più essere eseguito. Questa situazione viene indicata nelle borse statunitensi con l'espressione *stock ahead*.

stock analysis: ***analisi delle scorte.*** Termine usato con lo stesso significato di *inventory analysis* (v.).

stock appreciation: ***apprezzamento delle scorte; plusvalenza delle scorte.*** L'aumento di valore delle scorte di materie prime, semilavorati e prodotti finiti, di cui dispone un'impresa, a seguito dell'aumento dei loro prezzi sul mercato.

stock association: ***società per azioni a responsabilità illimitata.*** Lo stesso che *joint-stock association* (v.).

stock book: ***libro di carico e scarico di magazzino; libro di magazzino; libro giacenze di magazzino.*** È il libro sul quale si registrano i movimenti delle giacenze o scorte di magazzino. Nella contabilità di negozi al dettaglio, è il libro nel quale si registrano gli acquisti e le vendite di merci.

stockbroker: ***mediatore di borsa.*** L'intermediario che acquista e vende titoli in una borsa valori per conto di suoi clienti. Nella borsa valori di Londra è la figura, unica e caratteristica di quel mercato finanziario, che fa da controparte ad uno *stockjobber* (v.) e non può operare per proprio conto, se non sotto gli auspici della borsa valori di cui è membro. Ogni operazione di compravendita realizzata alla borsa valori di Londra deve passare attraverso uno *stockbroker*, che viene remunerato con una commissione, versatagli dal cliente, sotto forma di percentuale sull'ammontare complessivo dell'operazione. Per una descrizione più completa delle funzioni dello *stockbroker* e del modo in cui egli tratta con la sua controparte, v. *London Stock Exchange* e *stockjobber*. Tuttavia, quanto detto sopra costituisce ormai una curiosità storica, in quanto, a seguito della riforma nota come *big bang* (v.), la tradizionale figura dello *stockbroker* scompare e viene sostituita da quella del *market maker* (v.) e dell'*agency broker* (v.), pur se spesso il termine viene usato per indicare appunto quest'ultima figura.

stockbroker's clerk: ***procuratore autorizzato.*** Termine usato con lo stesso significato di *authorized clerk* (v.).

stockbrokers' loans: ***prestiti a mediatori di borsa.*** Sono le anticipazioni che le banche britanniche o statunitensi fanno ai mediatori di borsa, su garanzia di titoli da questi depositati presso la banca. Questi titoli sono stati, a loro volta, depositati presso lo *stockbroker* a garanzia di prestiti da lui concessi a suoi clienti per l'acquisto degli stessi o di altri titoli.

stockbroking: ***intermediazione in titoli.*** L'attività svolta da uno *stockbroker* (v.).

stockbroking transactions: ***operazioni in titoli.*** Sono le operazioni di compravendita titoli che un cliente chiede alla sua banca di eseguire per suo conto. La banca dovrà, a sua volta, trasmettere le istruzioni del cliente ad uno *stockbroker* (v.). Ogni banca è, generalmente, cliente di uno o più di tali mediatori di borsa ed è per questo motivo che molti investitori preferiscono rivolgersi alla propria banca, nei confronti della quale nutrono fiducia, piuttosto che ad un mediatore a loro sconosciuto, quando intendono effettuare un'operazione di investimento in titoli.

stockbuilding: ***accumulazione di scorte; formazione di scorte.*** Aumento delle scorte di un'impresa o di un intero sistema produttivo, spesso causata dall'incapacità del mercato di assorbire l'intera quantità prodotta. Si verifica, pertanto, principalmente a seguito di una caduta della domanda, ma può anche aver luogo in previsione di una forte ripresa dei consumi.

stock capital: ***capitale azionario.*** Termine usato con lo stesso significato di *share capital* (v.).

stock card: ***scheda di magazzino.*** Qualsiasi tipo di scheda usata nella contabilità di magazzino. (v. anche *stock record card*)

stock certificate: ***certificato azionario; certificato di partecipazione.*** Termine di uso prevalentemente statunitense, corrispondente al termine britannico *share certificate* (v.). Nell'uso britannico, questo termine indica il certificato che attesta la proprietà di una certa partecipazione di capitale da parte della persona in esso nominata o di una certa quantità di titoli a reddito fisso che rientrano tra quelli descritti sotto *stock*. (v. anche *stock 1* e *2*)

stock certificate book: ***registro dei certificati azionari; registro delle partecipazioni.*** Il libro nel quale vengono registrati i particolari relativi ai certificati azionari o di partecipazione emessi da una società.

stock certificate to bearer: ***certificato azionario al***

portatore. Nel linguaggio finanziario statunitense, questo termine indica il certificato azionario descritto sotto *share certificate* (v.), con la sola differenza che in esso non compare il nome dell'azionista e può, pertanto, essere ceduto mediante semplice consegna. Questo termine, ovviamente, non si applica ai certificati che rappresentano una quota di capitale sociale sotto forma di *stock*, che è sempre e solo nominativo. (v. anche *stock 1, stock certificate*)

stock cheque: Termine usato con lo stesso significato di *reverse stock cheque* (v.).

Stock Clearing Corporation: Consociata della NYSE, che provvede alla compensazione e liquidazione delle operazioni di compravendita che hanno luogo presso quella borsa valori.

stock company: ***società per azioni; società azionaria.*** Termine a volte usato con lo stesso significato di *joint-stock company 1* (v.).

stock control: ***controllo del livello delle scorte.*** Termine usato con lo stesso significato di *inventory control* (v.).

stock corporation: ***società per azioni; società azionaria.*** Termine usato negli Stati Uniti con lo stesso significato di *joint–stock company 1* (v.).

stock coupon: ***cedola di azione.*** Termine statunitense, usato con lo stesso significato di *share coupon* (v.).

stock cover: ***copertura di scorte.*** Il periodo di tempo durante il quale un'impresa può continuare a produrre e a vendere ai ritmi consueti, senza provvedere a rifornirsi di materie prime o semilavorati.

stock declaration policy: ***polizza a sostanziare.*** Termine usato con lo stesso significato di *declaration policy* (v.).

stock depreciation: ***deprezzamento delle scorte; minusvalenza delle scorte.*** Diminuzione di valore delle scorte di materie prime, semilavorati e prodotti finiti, di cui dispone un'impresa, a seguito di riduzione dei loro prezzi sul mercato.

stock discount: ***sconto di emissione.*** Termine usato con lo stesso significato di *discount 2* (v.).

stock dividend: ***dividendo in azioni.*** Lo stesso che *capital bonus* (v.).

stock draft: Termine usato con lo stesso significato di *reverse stock cheque* (v.).

stock exchange: ***borsa valori; borsa finanziaria.*** Mercato altamente organizzato nel quale si svolgono operazioni di compravendita di valori mobiliari, divise e valute estere. Senza altra determinazione e scritto con le iniziali maiuscole, questo termine indica la borsa valori di Londra. Ogni borsa valori è caratterizzata dal fatto che in essa sono ammessi alle contrattazioni soltanto i membri della borsa stessa, ai quali si deve pertanto rivolgere l'investitore che desideri acquistare o vendere valori mobiliari. Ciò è giustificato dal fatto che le operazioni all'interno di ciascuna borsa vengono condotte seguendo norme e consuetudini proprie di quel mercato, di cui i profani ignorano il significato e la portata. Una borsa valori è anche indicata col termine mercato secondario, in quanto in essa si svolgono le operazioni di compravendita di titoli dopo che questi sono stati precedentemente venduti sul mercato primario, cioè quello delle nuove emissioni. La prima borsa valori inglese fu aperta a Londra nel 1773 ed oggi essa è una delle più importanti del mondo, preceduta soltanto da quelle di New York e Tokyo. Nel Regno Unito esistono altre borse valori nelle principali città commerciali, quali Birmingham, Glasgow, Belfast, ecc., ma nel 1973 tutte le borse del Regno Unito e quella della Repubblica d'Irlanda si amalgamarono per formare quella che è stata chiamata *The Stock Exchange*, il cui nuovo edificio, che sorge nello stesso punto della *City* occupato dalla borsa valori fin dal 1801, fu inaugurato nel 1972. Per informazioni sul funzionamento di questa particolare borsa prima della riforma del 1986, v. *London Stock Exchange*, mentre per le innovazioni introdotte nell'ottobre 1986, v. *big bang*.

stock exchange account: ***ciclo operativo di borsa.*** Termine usato con lo stesso significato di *account 2* (v.).

Stock Exchange automated quotation system: Il nuovo sistema di quotazioni della borsa valori londinese, inaugurato il 27 ottobre 1986 in occasione della grande rivoluzione del mercato finanziario nota come *big bang* (v.). Il sistema è completamente computerizzato e consente, attraverso l'uso di appositi terminali, l'accesso immediato a tutte le informazioni conservate in memoria e l'introduzione di nuove informazioni. Attraverso questo sistema, gli operatori fissano i prezzi di domanda e di offerta dei vari titoli, che possono essere richiamati sugli schermi dei terminali, determinano gli ordini in base alla migliore offerta e quindi procedono all'esecuzione degli stessi, sempre via terminale, pur se quest'ultima fase può anche essere affrontata con il tradizionale sistema del telefono.

stock exchange bargain: ***operazione di compravendita in borsa.*** Il termine inglese, in questo significato, indica una qualsiasi operazione di borsa e non ha implicito il concetto di affare vantaggioso. Il modo in cui si svolgono queste operazioni alla borsa valori di Londra è caratteristico e particolare di quel mercato e per una descrizione delle consuetudini che guidavano gli operatori prima della riforma del 1986, v. *London Stock Exchange* e *stockjobber*.

stock exchange capitalization: ***capitalizzazione di borsa.*** Lo stesso che *market capitalization* (v.).

stock exchange clearings: ***compensazioni di borsa.*** Le operazioni mediante le quali vengono compensati gli scambi di titoli tra operatori per ciascun ciclo operativo di borsa. Tali operazioni vengono svolte dalla stanza di compensazione della borsa valori o da una società appositamente costituita.

stock exchange compensation fund: ***fondo comune di garanzia.*** Termine usato con lo stesso significato di *compensation fund* (v.).

Stock Exchange daily official list: ***listino ufficiale della borsa valori di Londra.*** Lo stesso che *Daily List* (v.).

***Stock Exchange Gazette*:** Titolo di un settimanale britannico, che tratta questioni relative agli investimenti in valori mobiliari. Non è l'organo ufficiale della borsa valori di Londra.

Stock Exchange holidays: Questa espressione indica i giorni in cui non si tengono contrattazioni alla borsa valori di Londra. Oltre al sabato e alla domenica, i giorni di chiusura della borsa sono il 1° gennaio, il lunedì in albis, il 1° maggio, il lunedì di Pentecoste, il primo lunedì d'agosto, il 1° novembre e il 26 dicembre. Se il 1° gennaio, il 1° maggio, il 1° novembre e il 26 dicembre cadono di domenica, la borsa valori di Londra resterà chiusa il giorno successivo a queste date.

stock exchange indices: ***indici di borsa.*** Sono dei numeri indici basati sui prezzi di un paniere di titoli, azionari o obbligazionari, ritenuti rappresentativi di un dato settore o dell'intero mercato, con i quali si intende evidenziare le variazioni percentuali del prezzo di tutti i titoli del settore o dell'intero mercato rispetto ad un anno base. Questi indici possono servire anche allo scopo di valutare le variazioni percentuali del valore di mercato di un portafoglio di titoli rispetto al valore che esso aveva nell'anno base. Vi sono molti indici di borsa sia nel Regno Unito che negli Stati Uniti, ma i più importanti sembrano essere quelli del *Financial Times* nel Regno Unito; il *Dow Jones* e lo *Standard and Poor* negli Stati Uniti. (v. anche *Financial Times Actuaries Share Indices, Financial Times Index, Dow Jones index, Standard and Poor's stock index*)

stock exchange introduction: ***presentazione in borsa; introduzione in borsa.*** Nel linguaggio di borsa britannico, questa espressione indica la presentazione al pubblico o l'introduzione sul mercato di nuove azioni di una società. La procedura può seguire due strade: o la richiesta di quotazione in borsa con la presentazione della relativa documentazione necessaria e la successiva vendita al pubblico, nel qual caso gli *stockjobbers* ottengono opzioni sulle azioni della società, potendo così creare un mercato con relative quotazioni; oppure un intermediario, di solito una casa di emissione, si impegna a introdurre gradualmente le azioni sul mercato, dopo averne ottenuto la quotazione in borsa.

stock exchange list: ***listino di borsa.*** Lo stesso che *Daily list* (v.), ma non necessariamente relativo alla borsa valori di Londra.

stock exchange placing: ***collocamento in borsa.*** Termine usato con lo stesso significato di *placing* (v.), quando la vendita di un'emissione di nuove azioni ha luogo attraverso il canale della borsa valori. (v. anche *stock exchange introduction*)

stock exchange quotations: ***quotazioni di borsa.*** Sono le quotazioni che compaiono nel listino ufficiale di una borsa valori, redatto al termine di una giornata di contrattazioni. (v. anche *Daily List*)

stock exchange securities: ***valori mobiliari; titoli.*** Termine generico, usato per indicare collettivamente tutti i tipi di valori mobiliari, a reddito fisso e a reddito variabile, oggetto di negoziazione presso una borsa valori.

stock exchange settlement: ***liquidazione di borsa.*** L'espressione inglese indica la regolazione dei conti tra uno *stockbroker* (v.) e il suo cliente, quando quest'ultimo paga all'intermediario i titoli acquistati o riceve il ricavato dei titoli venduti. L'operazione ha luogo in occasione dei giorni di liquidazione. (v. anche *settling days*)

stock exhaust: ***esaurimento delle scorte.*** L'utilizzazione completa delle scorte presenti nel magazzino di un'impresa produttrice di beni o di un punto di vendita.

stock fluctuations: ***fluttuazione delle scorte.*** Lo stesso che *fluctuations in stocks* (v.).

stock gambler: ***speculatore di borsa.*** Termine a volte usato con lo stesso significato di *speculator* (v.).

stock gambling: ***speculazione in borsa.*** Termine a volte usato con lo stesso significato di *speculation* (v.).

stockholder: ***azionista; socio; quotista.*** Termine usato negli Stati Uniti con lo stesso significato di *shareholder* (v.). Nell'inglese britannico, il termine può essere usato per indicare il proprietario di una partecipazione al capitale di una società, tenuta nel modo descritto sotto *stock 1* (v.).

stockholder of record: ***azionista registrato; azionista iscritto.*** Questo termine indica l'azionista il cui nome è iscritto nel libro sul quale si registrano i trasferimenti di azioni di una società. Il termine spesso compare nelle delibere di distribuzione di dividendi preceduto o seguito da una data, che di solito divide in due il periodo intercorrente tra la delibera e l'effettivo pagamento dei dividendi. Ciò significa che i dividendi saranno pagati agli azionisti che a quella data si trovano iscritti nel libro dei soci, e ciò al fine di consentire la verifica del libro stesso e la preparazione degli assegni o dei mandati di pagamento. Se le azioni vengono trasferite dopo la data suddetta, i dividendi saranno inviati al vecchio azionista e non a quello che ha acquistato le azioni, il quale non sarà ancora un azionista registrato.

stockholder's derivative action: Azione di tipo surrogatorio prevista nell'ordinamento giuridico statunitense, ma ora adottata anche nell'ordinamento britannico. Si tratta di un'azione, intentata dal socio a suo nome, che ha lo scopo di sostenere un diritto della società ed è basata su due punti distinti: l'atto a seguito del quale la società ha subito un danno; e l'atto della società stessa nel rifiutarsi di procedere in giudizio al fine di recuperare il danno.

stockholders' equity: ***capitale netto; patrimonio netto.*** Termine statunitense, usato con lo stesso significato di *equity 1* (v.).

stockholders' ledger: ***mastro dei soci.*** Termine usato negli Stati Uniti con lo stesso significato di *shareholders' ledger* (v.).

stockholder's liability: ***responsabilità dell'azionista.*** Questo termine viene usato in due significati: a) per indicare la responsabilità dell'azionista nei confronti dei terzi, che di regola è limitata al capitale versato per l'acquisto di azioni (v. *limited liability*); e, b) per indicare la responsabilità dell'azionista nei confronti della società in relazione a quote di capitale non ancora versate, come nel caso in cui le azioni di sua proprietà non siano state del tutto liberate, il che comporta che egli è responsabile dei decimi non ancora richiamati (v. anche *call 2*)

stockholder's representative action: Un'azione giudiziaria intentata da un azionista in nome e per conto proprio o di tutti gli altri soggetti che si trovano nella medesima situazione. Si tratta di un'azione a tutela degli interessi di gruppo e particolarmente dei diritti degli azionisti di minoranza.

stockholding: ***azionariato; partecipazione azionaria.*** Lo stesso che *shareholding* (v.).

stockholding cost: ***costo di conservazione.*** Lo stesso che *carrying cost* (v.).

Stockholm Convention: ***Convenzione di Stoccolma.*** Lo stesso che *Convention of Stockholm* (v.).

Stockholm School: ***Scuola di Stoccolma.*** Termine con il quale a volte si indicano gli economisti svedesi Wicksell, Cassel e Myrdal e i loro discepoli e seguaci.

stock index: ***indice azionario.*** V. spiegazione sotto *stock exchange indices.*

stock index arbitrage: ***arbitraggio di indice azionario.*** Operazione speculativa, che prevede un utile per l'arbitraggista quando egli ha la possibilità di acquistare un contratto a termine su un indice azionario a un prezzo scontato rispetto alle quotazioni dei titoli che esso rappresenta e allo stesso tempo è in grado di vendere allo scoperto i titoli che compongono l'indice stesso. Questa operazione rientra nel cosiddetto *program trading* (v.).

stock index derivative: ***strumento derivativo.*** Lo stesso che *derivative instrument* (v.).

stock index futures: ***contratti a termine su indici azionari.*** Contratti a termine i cui prezzi sono basati su indici azionari invece che sui prezzi di singoli titoli. Tali indici possono includere tutti i titoli quotati sul mercato, tutti i titoli di un singolo settore o un numero limitato di titoli selezionati. Questo tipo di contratti viene usato sia con fini speculativi che allo scopo di coprirsi contro le fluttuazioni del mercato.

stock index option: ***contratto a premio su indici azio-***

nari. Lo stesso che *index option* (v.).

stock index substitution: ***sostituzione di indice azionario.*** Rientra tra le operazioni del cosiddetto *program trading* (v.). Quando i contratti a termine su indici azionari vengono trattati a prezzi sostanzialmente inferiori a quelli dei titoli che compongono gli indici, si acquistano i contratti a termine e si vendono per contanti i relativi titoli in portafoglio, nella speranza di rimpiazzarli a un prezzo più basso quando i corsi dei titoli si sposteranno al ribasso per adeguarsi ai corsi a termine.

stock index warrant: ***contratto a premio su indici azionari.*** Lo stesso che *index option* (v.).

stock insurance company: ***società assicuratrice per azioni.*** Termine usato negli Stati Uniti con lo stesso significato di *proprietary insurance company* (v.).

stock-in-trade: 1. ***scorte mercantili; giacenze di magazzino.*** Una quantità di merce tenuta disponibile per la vendita, nel corso della regolare attività mercantile. **2.** ***rimanenze; rimanenze di magazzino.*** Nell'uso contabile, il termine inglese indica le quantità di materie prime e prodotti finiti disponibili in un qualsiasi momento, dopo che si sono svolte una serie di operazioni di carico e scarico. Di solito, in questo contesto il termine è unito a *work in progress* (v.).

stock inventory: ***inventario delle giacenze.*** Termine usato con lo stesso significato di *physical inventory* (v.).

stock issue: ***emissione azionaria; emissione di azioni.*** Termine statunitense, usato con lo stesso significato di *share issue* (v.).

stockist: ***blocchista.*** Un operatore commerciale che acquista merci in blocco, spesso rimanenze, a condizioni particolarmente vantaggiose, che gli consentono di rivendere il blocco al dettaglio a prezzi inferiori a quelli della concorrenza.

stockjobber: ***operatore di borsa valori.*** Operatore ufficiale, autorizzato a trattare titoli presso una borsa valori. Caratteristico della borsa valori di Londra, lo *stockjobber* non tratta con il pubblico se non attraverso uno *stockbroker* che gli fa da controparte. Questo operatore, che si specializza in un determinato tipo di valori mobiliari, è in grado di far fronte alla domanda dello *stockbroker* o perché possiede i titoli che quest'ultimo vuole acquistare per conto di un suo cliente, o perché sa dove e come procurarseli. Gli *stockjobbers* sono praticamente coloro che fissano i prezzi di mercato, pur se in ciò sono influenzati dal livello della domanda e dell'offerta. Quando uno *stockbroker* riceve da un suo cliente un ordine di acquisto o di vendita di un determinato titolo, egli si reca, o generalmente manda un suo incaricato, alla borsa valori e prende contatto con uno *stockjobber* che, a seconda dei titoli che tratta, si troverà in un punto abbastanza preciso del salone delle contrattazioni. Lo *stockbroker* chiede allo *stockjobber* di quotargli il titolo e questi, non sapendo se la sua controparte è compratore o venditore, quota due prezzi: il più alto è il prezzo al quale è disposto a vendere e il più basso è il prezzo al quale è disposto ad acquistare. La differenza tra i due prezzi rappresenta l'utile dello *stockjobber*. Se lo *stockbroker* è soddisfatto, l'affare viene concluso oralmente, altrimenti egli tenta di indurre lo *stockjobber* a ridurre la differenza tra i due prezzi, aumentando il più basso e diminuendo il più alto. Se il tentativo non riesce e lo *stockbroker* è insoddisfatto, egli si rivolge ad un altro operatore e così via. Lo *stockbroker* spera di spuntare un prezzo migliore da altri operatori in quanto nel fissare i due prezzi ciascun *stockjobber* tiene anche conto della quantità da lui posseduta del titolo richiesto dallo *stockbroker*. Tuttavia, quanto esposto sopra rappresenta ormai una curiosità storica. Infatti, dopo il *big bang* (v.), la figura dello *stockjobber*, intesa nel senso tradizionale, è scomparsa, sostituita dalla nuova figura del *market maker* (v.). Pertanto, è bene tener presente che ogni qualvolta si incontra il termine *stockjobber* in questo dizionario, esso va inteso nel senso descritto sotto *market maker*, a meno che ci si riferisca a fenomeni o eventi precedenti l'ottobre 1986.

stock-jobbing: Termine con il quale si indica l'attività di compravendita di valori mobiliari svolta da uno *stockjobber* (v.).

stock ledger: ***mastro dei soci.*** Termine usato con lo stesso significato di *shareholders' ledger* (v.).

stock level: ***livello delle scorte; livello delle giacenze.*** La quantità disponibile, presso un'impresa produttrice o un punto di vendita, di materie prime, semilavorati e prodotti finiti o di merci acquistate per essere rivendute nel corso della normale attività mercantile.

stock list: ***elenco delle scorte.*** È l'elenco che si redige nel corso di una rilevazione fisica delle giacenze. (v. anche *physical inventory*)

stockman: ***magazziniere.*** Termine usato negli Stati Uniti con lo stesso significato di *storeman* (v.).

stock management: ***gestione delle scorte.*** Lo stesso che *inventory management* (v.).

stock market: ***mercato azionario; mercato finanziario; mercato dei titoli.*** Lo stesso che *equity market* (v.).

stock market boom: ***boom della borsa.*** Periodo di notevole aumento dell'attività in una borsa valori, caratterizzato da scambi attivi, alti livelli della domanda e dell'offerta, consistenti miglioramenti dei corsi e generale euforia degli operatori. Condizioni essenziali perché ciò si verifichi sono la stabilità politica del paese, l'assenza di forti tensioni internazionali, un buon andamento dell'economia nazionale e internazionale e un efficiente funzionamento delle strutture della borsa valori stessa.

stock market fluctuations: ***fluttuazioni del mercato azionario.*** L'alternarsi di aumenti e diminuzioni del corso dei singoli titoli trattati in una borsa valori e, di conseguenza, dell'indice generale della stessa. Il termine può riferirsi tanto alle oscillazioni che si verificano da un giorno all'altro, quanto a quelle di più lungo periodo che si registrano a intervalli di mesi o di anni.

stock market order: ***ordine di borsa.*** Ordine di acquisto o di vendita di valori mobiliari, passato da un cliente ad una banca o ad un intermediario di borsa.

stockmaster: È l'apparecchiatura installata in una borsa valori, che consente la conoscenza in tempo reale delle quotazioni sulle più importanti borse valori del mondo.

stock of money: ***offerta di moneta; massa monetaria.*** Lo stesso che *money supply* (v.).

stock on hand: ***scorte disponibili.*** Termine usato con lo stesso significato di *free stock* (v.).

stock option: 1. ***diritto di opzione; diritto di sottoscrizione.*** È il diritto, concesso da una società a propri funzionari o ai soci promotori, di acquistare azioni a condizioni di prezzo e quantità prestabilite, in un momento futuro, ma di solito entro una certa data stabilita. Spesso il prezzo al quale si possono esercitare questi diritti di opzione è inferiore al prezzo di mercato dei titoli, in modo da garantire alle persone cui vengono concessi almeno un potenziale utile al momento in cui essi vengono esercitati. Proprio per questo motivo, tuttavia, e al fine di evitare speculazioni, gli accordi generalmente prevedono che colui che esercita questo tipo di diritto di opzione si impegni a non rivendere i titoli se non dopo che sia trascorso un periodo di tempo prestabilito. (v. anche *qualified stock option, stock rights*) **2. *contratto a premio su titoli.*** Lo stesso che *option 1* (v.).

stock order: *ordine di produzione per scorte; commessa di produzione per scorte.* Un ordine in base al quale viene prodotta una determinata quantità di beni con lo scopo di ricostituire le scorte.

stockout: *esaurimento delle scorte.* Lo stesso che *stock exhaust* (v.).

stock–output ratio: *rapporto scorte–produzione.* La dimensione delle scorte in relazione alla produzione di una data impresa, industria o economia.

stock ownership plan: *piano di partecipazione azionaria.* Piano predisposto e gestito dalle imprese, che prevede la vendita di azioni di capitale ai propri dipendenti, che così diventano comproprietari dell'impresa, pur se in misura molto limitata, e compartecipi alla distribuzione dei profitti.

stockpile: *stoccaggio.* Lo stesso che *stockpiling* (v.).

stockpiling: *stoccaggio.* Creazione o accumulazione di scorte o di riserve, generalmente di derrate alimentari, materie prime e materiale bellico o strategico. Il termine implica di solito che l'accumulazione è voluta e intenzionale, non derivante da eccedenze che il mercato non riesce ad assorbire, in previsione di un qualche evento futuro, come ad esempio una guerra, che potrebbe rendere difficile l'approvvigionamento. In particolare, il termine è stato usato per indicare la politica di acquisti di materie prime strategiche perseguita dagli Stati Uniti nel secondo dopoguerra, con l'intenzione di premunirsi contro eventuali interruzioni dei rifornimenti da paesi lontani. Lo stoccaggio può contribuire a sostenere i prezzi dei beni che vengono accumulati e, in effetti, a volte è stato usato a tale scopo. Tuttavia, se ciò avviene in concomitanza di un'emergenza, quando questa è superata la massiccia immissione sul mercato delle scorte precedentemente accumulate può deprimere drasticamente i prezzi e portare a notevoli riduzioni della produzione corrente.

stock policy: *polizza a sostanziare.* Lo stesso che *declaration policy* (v.).

stock purchase: *acquisto di titoli; acquisto di azioni.* Espressione generica, con la quale si indica l'acquisto di titoli azionari o a reddito fisso in un mercato secondario o terziario.

stock purchase plan: *piano di partecipazione azionaria.* Lo stesso che *stock ownership plan* (v.).

stock–purchase warrant: *buono di diritto di opzione; certificato di diritto di opzione.* È il privilegio, sotto forma di cedola attaccata a un titolo o di certificato allegato al titolo, che consente al portatore l'acquisto di un numero stabilito degli stessi titoli ad un prezzo fissato ed entro una data prestabilita. È il documento usato in relazione ai cosiddetti *stock rights* (v.), ma non ad uno *stock option* (v.), e può essere allegato ad azioni ordinarie o privilegiate e a titoli a reddito fisso.

stock receipt: *ricevuta di trasferimento di partecipazione.* La ricevuta che viene rilasciata dal venditore al compratore di quote di partecipazione al capitale di una società. Di per sé non ha alcun valore, in quanto il trasferimento ha effetto dal momento in cui il nome del nuovo socio viene iscritto nell'apposito registro. (v. anche *stock 1*)

stock record card: *scheda d'inventario permanente.* Documento di controllo dei materiali, usato nella contabilità di magazzino, contenente una descrizione dell'articolo cui si riferisce, le quantità in entrata e in uscita e le effettive giacenze in un qualsiasi momento. Ciascun articolo presente in magazzino è rappresentato da una di queste schede, che vengono aggiornate sulla scorta delle bolle di consegna e delle bolle di prelievo dei materiali. La scheda può, inoltre, contenere indicazioni relative alla commessa cui sono stati destinati i materiali prelevati. Con l'avvento del computer e la sua utilizzazione anche nella contabilità di magazzino, questo tipo di documento tende a scomparire, almeno nelle imprese più grandi.

stock records: *registrazioni di magazzino.* Lo stesso che *inventory records* (v.).

stock reduction: *riduzione delle scorte; riduzione delle giacenze.* La riduzione delle scorte da parte degli operatori commerciali è considerata, da alcuni economisti, una delle cause che contribuiscono alle fluttuazioni del ciclo economico. Quando i prezzi scendono, i commercianti riducono le loro scorte o giacenze passando ai produttori ordinativi di minore entità, così contribuendo al calo generalizzato della produzione e della occupazione. Una delle principali cause della riduzione delle scorte è anche il costo del denaro. Quando i tassi di interesse sono alti, anche i costi di gestione delle scorte sono rilevanti e gli operatori preferiscono lasciare che esse si assottiglino.

stock register: *registro dei soci; libro dei soci.* Termine usato con lo stesso significato di *register of members* (v.).

stock repurchase agreement: *accordo di cessione di azioni.* Nella terminologia finanziaria statunitense, è un accordo in base al quale una società vende le sue azioni, ma l'acquirente si impegna a rivenderle alla sua società a richiesta di quest'ultima. Viene usato principalmente nelle imprese di pubblici servizi e come incentivo in altri tipi di imprese, che consentono ai loro dipendenti di possedere azioni e così partecipare agli utili della società fino a quando essi restano alle dipendenze dell'impresa, ma sono tenuti a cedere le azioni di loro proprietà al momento in cui si licenziano o vanno in pensione.

stock rights: *diritti di opzione; diritti di sottoscrizione.* Con questo termine si indicano collettivamente i diritti che ciascuna azione porta all'azionista in relazione alla sottoscrizione di un aumento di capitale. Ciascuna azione posseduta, cioè, può dar diritto a sottoscrivere una o più di una nuova azione, ovvero una frazione di azione, nel qual caso più vecchie azioni danno diritto a sottoscrivere una nuova azione. Il termine inglese viene usato per indicare il diritto di opzione concesso a tutti gli azionisti di una società, in proporzione al numero di azioni possedute da ciascuno di loro allo scopo di mantenere invariato il rapporto di partecipazione alla proprietà, e non a singoli azionisti o dipendenti. (v. anche *rights issue, New York stock right, Philadelphia stock right, stock option*)

stock rooms: *sale di esposizione.* Sale prese in affitto, in alberghi o altri locali adibiti a tale uso, da viaggiatori di commercio per esporre e mostrare i prodotti da loro rappresentati ai dettaglianti locali interessati all'acquisto.

stocks: *rimanenze; rimanenze di magazzino.* Termine a volte usato nei bilanci con lo stesso significato di *stock–in–trade 2* (v.).

stock–sales ratio: *rapporto scorte–vendite.* Lo stesso che *inventory–sales ratio* (v.).

stocks and shares: *valori mobiliari.* Nel linguaggio finanziario, si tende ad usare i due termini inglesi come sinonimi e, fatto salvo quanto detto sotto *stock 1* (v.), specialmente per influsso dell'inglese statunitense essi in effetti possono usarsi come sinonimi. In un significato più tecnico, tuttavia, si tende ad usare il termine *stocks* per indicare l'insieme delle obbligazioni o dei titoli che rappresentano un prestito, in particolare un prestito contratto dallo stato (v. anche *stock 2*), e il termine *shares* per indicare le azioni di capitale di qualsiasi tipo e di qualsiasi società.

stocks and work in progress: ***rimanenze.*** Voce che, nel bilancio di un'impresa, raggruppa le materie prime, i prodotti in corso di lavorazione, i prodotti finiti e le scorte presenti in magazzino nel momento in cui si compila l'inventario, indicando anche l'opportuno valore attribuito loro secondo le disposizioni di legge.

stock savings bank: ***istituto di risparmio.*** Negli Stati Uniti, si indica con questo termine un istituto bancario costituito in base a leggi dei singoli stati, e non federali, come società per azioni con fini di lucro. La clientela di questo tipo di banca è costituita principalmente da persone che depositano i loro fondi sotto forma di depositi vincolati a scopo di risparmio. Si tratta di istituti generalmente piccoli, più diffusi nella zona medio–occidentale del paese, che da qualche tempo accettano anche depositi a vista e concedono mutui, rassomigliando così sempre di più alle banche commerciali. (v. anche *state bank*)

stock split: ***frazionamento azionario.*** Termine usato con lo stesso significato di *split* (v.).

stock split–down: ***raggruppamento di azioni.*** Termine usato con lo stesso significato di *reverse splitup* (v.).

stock splitup: ***frazionamento azionario.*** Termine usato con lo stesso significato di *split* (v.).

stock subscription: ***sottoscrizione azionaria.*** Termine statunitense usato con lo stesso significato di *share subscription* (v.).

stocktaking: ***ricognizione fisica delle scorte.*** Lo stesso che *physical inventory* (v.).

stocktaking sale: ***saldo a prezzo d'inventario.*** È la vendita promozionale, o di fine stagione, fatta ai prezzi registrati in sede di ricognizione fisica delle scorte o giacenze di magazzino. Poiché in tale occasione le giacenze vengono valutate al prezzo più basso tra quello di costo e quello di mercato, questo tipo di saldo dovrebbe essere particolarmente vantaggioso per l'acquirente.

stock ticker symbols: ***simboli di teleborsa.*** A ciascuna società i cui titoli sono trattati alla NYSE o all'AMEX è stato assegnato un simbolo di identificazione composto di un massimo di quattro lettere. Questi simboli sono in effetti abbreviazioni della ragione sociale completa delle imprese e facilitano le contrattazioni e le trasmissioni della teleborsa. Alcuni dei simboli più noti sono: T per la American Telephone & Telegraph (AT&T); GM per la General Motors; XON per la Exxon (Esso); IBM per la International Business Machines; S per Sears Roebuck, la grande impresa di vendita per corrispondenza; X per la US Steel; e XRX per la Rank Xerox.

Stockton and Darlington railway: Fu la prima linea ferroviaria aperta in Inghilterra nel 1825.

stock transfer: ***trasferimento di titoli; cessione di titoli; trapasso di titoli.*** Termine usato con lo stesso significato di *share transfer* (v.), con la sola differenza che esso può applicarsi anche ad altri tipi di valori mobiliari e non soltanto alle azioni.

Stock Transfer Act: Legge sul trasferimento di titoli, approvata dal parlamento britannico nel 1963. Al fine di rendere più spediti e semplici i trasferimenti, la legge stabilisce che non è più necessario che la firma del venditore sia legalizzata, né che sul modulo di trasferimento venga apposta anche la firma del compratore. La legge si applica soltanto ad azioni nominative interamente liberate e a obbligazioni nominative.

stock transfer agent: ***agente per i trasferimenti azionari.*** Lo stesso che *transfer agent* (v.).

stock transfer book: ***libro dei trasferimenti azionari.*** Libro, sotto forma di giornale, tenuto dalle società per azioni per la registrazione dei trasferimenti azionari via via che essi giungono a conoscenza della società. Da questo libro, i dati relativi ai singoli trasferimenti saranno successivamente riportati nel mastro dei soci e precisamente nel conto relativo al socio o ai soci interessati al trasferimento.

stock transfer form: ***modulo di trasferimento di titoli.*** È il nuovo modulo semplificato, introdotto dallo *Stock Transfer Act* (v.) del 1963. Esso deve contenere: a) l'ammontare del trasferimento in termini monetari; b) la descrizione completa dei titoli; c) il numero di titoli o l'ammontare della partecipazione trasferiti; d) generalità e indirizzo del venditore, se egli è l'unico proprietario dei titoli in questione; e) dichiarazione del proprietario, debitamente firmata, con la quale esprime la sua volontà di trasferire i titoli; f) timbro dello *stockbroker* (v.) o della società, se il venditore è una persona giuridica; g) generalità, indirizzo e nazione di residenza del compratore; h) dichiarazione del venditore, necessaria per la nuova registrazione nel libro dei soci; i) generalità e indirizzo di chi presenta il modulo.

stock transfer tax: ***imposta sul trasferimento di titoli.*** Imposta ad valorem che deve essere pagata in relazione al trasferimento o alla cessione di azioni, obbligazioni e altri titoli del genere. L'imposta viene determinata in base al valore di mercato dei titoli trasferiti o ceduti.

stock trust certificate: Il certificato azionario emesso da certe società ferroviarie statunitensi.

stockturn: ***indice di avvicendamento delle scorte; rinnovo delle scorte.*** Contrazione del termine *stock turnover* (v.).

stock turnover: ***indice di avvicendamento delle scorte; indice di rotazione delle scorte; rinnovo delle scorte; ricambio delle scorte.*** Termine usato con lo stesso significato di *inventory turnover* (v.).

stock valuation: ***valutazione delle scorte.*** Termine usato con lo stesso significato di *inventory valuation* (v.).

stock warrant: 1. ***buono di diritto di opzione; certificato di diritto di opzione.*** Termine usato come sinonimo di *stock–purchase warrant* (v.). **2.** ***certificato di partecipazione.*** Nel linguaggio finanziario britannico, questo termine indica il certificato emesso in relazione alla proprietà di una certa partecipazione al capitale sociale non sotto forma di azioni, bensì di *stock*, o il certificato emesso in relazione a titoli di un prestito pubblico. (v. anche *stock 1* e *2*, *stock certificate*)

stock watering: ***annacquamento del capitale.*** Lo stesso che *over–capitalization* (v.).

stock withdrawal order: ***bolla di prelievo.*** Documento ad uso interno, emesso da un reparto e diretto al magazzino affinché quest'ultimo consegni al reparto il quantitativo di materie prime, semilavorati o prodotti finiti specificati nella bolla.

stocky: Termine usato nel gergo del mercato valutario per indicare la corona svedese.

stone: Unità di misura di peso del sistema avoirdupois, usata nel Regno Unito, il cui valore varia a seconda del luogo in cui viene usata e della cosa che si pesa. In genere, oscilla tra le otto e le ventiquattro libbre: in relazione al peso di animali, una *stone* corrisponde a quattordici libbre, pari a 6,3503 chilogrammi; in relazione a carni macellate, zucchero, spezie, ecc., corrisponde a otto libbre, pari a 3,6287 chilogrammi. Il termine inglese rimane invariato al plurale.

stop: ***fermo.*** Termine usato in relazione a assegni e altri titoli di credito che siano stati smarriti o rubati. Il fermo consiste in un ordine, inviato alla banca che dovrebbe pagare il titolo, di non procedere al pagamento senza prima mettersi in contatto con colui che pone il fermo sul titolo di credito.

to stop a cheque: ***fermare un assegno; mettere il fermo a un assegno.*** Fermare un assegno, che sia stato smarrito o rubato, significa dare alla banca sulla quale è emesso istruzioni di non pagarlo quando viene presentato per l'incasso. L'assegno sarà, di conseguenza, restituito con la dicitura *orders not to pay*, il che significa che il prenditore dovrà definire la questione con l'emittente.

stop buy order: ***ordine di acquisto con limite di prezzo.*** Nel linguaggio finanziario statunitense, è uno *stop order* (v.) relativo soltanto all'acquisto e non alla vendita di titoli.

stop for freight: ***fermo sulla merce.*** È l'ordine dato da un armatore o dal suo agente alle autorità portuali, o al proprietario o gestore di una banchina o di un deposito, di non consentire il prelievo di un carico fino a quando non sarà stato pagato il relativo nolo. È uno dei modi in cui l'armatore può esercitare il proprio diritto di ritenzione e di pegno sulle merci, per il nolo dovutogli dal caricatore o dal ricevitore.

stop-go: ***freno e spinta; frena e accelera.*** Lo stesso che *go-stop* (v.).

stop limit order: ***ordine debordant limitato.*** Nelle borse valori statunitensi, è uno *stop-loss order* (v.) che diventa un ordine limitato appena è stato raggiunto il prezzo specificato.

stop list: ***lista nera.*** Il termine inglese indica un elenco di negozianti o altro tipo di venditori che non hanno rispettato le norme stabilite dalle associazioni commercianti sui prezzi di rivendita al pubblico. Le persone incluse in questa lista trovano estremamente difficile, se non impossibile, riuscire a rifornirsi dei beni che hanno venduto ad un prezzo diverso da quello imposto o raccomandato.

stop-loss order: ***ordine debordant.*** Termine usato nelle borse valori americane in relazione alle vendite allo scoperto e agli acquisti a margine, che si praticano in quei mercati mobiliari. Questo ordine autorizza lo *stockbroker* (v.) a comprare o a vendere quando il prezzo del titolo ha raggiunto una quotazione specificata nell'ordine e chiamata prezzo limite. Condizione essenziale perché l'ordine venga eseguito è, pertanto, che il titolo abbia raggiunto almeno il livello di prezzo indicato dal cliente. (v. anche *stop price*)

stop-loss policy: Tipo di polizza di riassicurazione in base alla quale il riassicuratore si impegna, in considerazione del versamento di un premio, a indennizzare tutte le perdite subite dal riassicurato che eccedano una somma concordata.

stop-loss reinsurance: Espressione con la quale si indica la riassicurazione che copre tutti i sinistri di cui deve rispondere un assicuratore, dopo che il totale dei sinistri di cui egli è responsabile in prima persona ha raggiunto un tetto prestabilito.

stop order: 1. ***ordine limitato; ordine con limite di prezzo.*** Nel linguaggio delle borse valori, è l'ordine dato dal cliente al suo *stockbroker* (v.) di vendere o di comprare al meglio una determinata quantità di titoli se il loro prezzo dovesse scendere o salire fino a raggiungere un livello specificato nell'ordine. Il prezzo indicato dal cliente non è quello al quale i titoli devono essere venduti o comprati, bensì quello che consente allo *stockbroker* di iniziare le trattative. Pertanto, il prezzo spuntato potrebbe anche essere alquanto diverso da quello indicato. Gli ordini di acquisto con limite di prezzo vengono generalmente usati allo scopo di limitare le perdite o proteggere i profitti non realizzati, in relazione a una vendita allo scoperto; mentre gli ordini di vendita con limite di prezzo vengono generalmente usati allo scopo di proteggere i profitti non realizzati o limitare le perdite in relazione a titoli in portafoglio. **2.** ***ordine di sospensione.*** Nel linguaggio delle borse valori statunitensi, è l'ordine proveniente dalla *Securities and Exchange Commission* (v.), o altro organo statale che ha l'autorità di emetterlo, di sospendere la vendita di una data emissione di titoli fino a quando non saranno eseguite determinate procedure, quali ad esempio la presentazione della dichiarazione per la registrazione. (v. anche *registration statement*) **3.** ***ordine di fermo.*** L'ordine inviato ad una banca con il quale si chiede che essa non proceda al pagamento di un assegno, o altro titolo di credito, che si ritiene smarrito o rubato. (v. anche *stop, to stop a cheque*) **4.** ***ordine debordant.*** Lo stesso di *stop-loss order* (v.).

stop-out price: ***prezzo minimo di aggiudicazione.*** Nelle aste di buoni del tesoro, è il prezzo minimo accettato dall'emittente a ciascuna delle aste.

stopover: ***sosta.*** È l'interruzione di un viaggio, precedentemente concordata con il vettore.

stoppage: 1. ***trattenuta.*** Somma detratta dallo stipendio o dal salario di un lavoratore dipendente, di solito come quota di rimborso di un prestito o di un anticipo concesso dal datore di lavoro. **2.** ***fermata.*** Interruzione dell'attività lavorativa in uno stabilimento, una fabbrica, ecc., in occasione di uno sciopero o altra azione sindacale. **3.** ***giacenza; sosta.*** Permanenza di merci, pacchi, ecc. presso un deposito, una stazione e simili, oltre il tempo consentito per le operazioni di prelievo o di ritiro.

stoppage dues: ***diritti di giacenza; diritti di sosta.*** Somma che il proprietario è tenuto a pagare quando le sue merci restano giacenti in un deposito, una stazione, ecc., oltre il periodo di tempo concessogli per la loro rimozione.

stoppage in transit right: ***diritto di sequestro delle merci in viaggio.*** In base agli articoli 44, 46 e 47 del *Sale of Goods Act* del 1893, il venditore che non sia stato pagato ha il diritto di sequestrare le merci mentre esse si trovano ancora in viaggio, se il compratore non è solvibile, e mantenerne il possesso fino al pagamento del prezzo concordato. È uno dei modi in cui il venditore può esercitare il suo diritto di ritenzione e può farlo valere dandone semplicemente comunicazione al vettore o al proprietario o gestore del magazzino presso il quale le merci sono depositate. In particolare, l'articolo 47 della legge suddetta prevede che il diritto del venditore di rientrare in possesso delle merci non pagate non viene in alcun modo condizionato dalla vendita o altra disposizione delle merci già effettuata dal compratore, a meno che il venditore abbia dato il suo consenso.

stoppage in transitu: ***sequestro delle merci in viaggio.*** È uno dei modi in cui il venditore, che non ha ricevuto il pagamento delle merci, può esercitare il suo diritto di ritenzione. Per ulteriori dettagli, v. *stoppage in transit right.*

stoppage of payment: 1. ***fermo.*** Termine usato con lo stesso significato di *stop* (v.). **2.** ***sospensione dei pagamenti.*** È la sospensione descritta sotto *to stop payments* (v.).

stop payment order: ***ordine di fermo.*** Termine usato con lo stesso significato di *stop order 3* (v.).

to stop payments: ***sospendere i pagamenti.*** La cessazione, da parte di una banca o altra istituzione finanziaria, di effettuare i pagamenti dovuti o scaduti, a seguito di un qualche fenomeno che turba il normale svolgimento della sua attività.

stopped bond: ***obbligazione fermata.*** Un titolo a reddito fisso sul quale il proprietario ha posto il fermo, perché si presume che sia stato smarrito o rubato.

stopped cheque: ***assegno fermato.*** L'assegno in relazione al quale l'emittente ha inviato alla banca trassata un ordine di fermo. Se, nonostante l'ordine, la banca paga un assegno fermato, essa dovrà sostenerne la perdita rimborsando l'ammontare al cliente che aveva inviato l'ordine di fermo. (v. anche *stop, to stop a cheque*)

stopped note: ***banconota fermata.*** Espressione usata per indicare una banconota il cui pagamento viene fermato perché è stata rubata, smarrita o ottenuta con mezzi illeciti. Il fermo delle banconote è reso teoricamente possibile dal loro numero di serie, ma in pratica è difficile che colui che la possiede non riesca a cambiarla.

stop price: ***prezzo limite.*** È il prezzo al quale uno *stockbroker* (v.) è tenuto a vendere o comprare determinati titoli, secondo le istruzioni dategli dal cliente con un ordine debordant. (v. anche *stop-loss order*)

stop sell order: ***ordine di vendita con limite di prezzo.*** Nel linguaggio finanziario statunitense, è uno *stop order* (v.) relativo soltanto alla vendita, e non all'acquisto, di titoli.

stor.: storage.

storage: 1. ***magazzinaggio; immagazzinaggio.*** Il deposito e la permanenza di merci in un magazzino. **2.** ***diritti di magazzinaggio; spese di magazzinaggio.*** Contrazione di *storage charges* (v.).

storage charges: ***diritti di magazzinaggio; spese di magazzinaggio.*** Sono i diritti che colpiscono le merci immagazzinate in un deposito di temporanea custodia o in un magazzino doganale. Vengono addebitati in misura fissa per unità di merce e per ogni giorno di giacenza.

storage costs: ***costi di magazzinaggio.*** Le spese di magazzinaggio sostenute dal proprietario di merci collocate in un deposito. (v. anche *storage charges*)

storage-transport factor: ***fattore magazzinaggio e trasporto.*** Nel procedimento di imputazione dei costi comuni basato sul metodo dei fattori di servizio, è il fattore relativo al servizio di movimentazione interna e conservazione dei materiali.

store: 1. ***magazzino; negozio; negozio all'ingrosso.*** Il termine inglese viene usato per indicare: a) un negozio all'ingrosso che tratta soltanto con i dettaglianti; b) una grande magazzino, ove si vendono al dettaglio una notevole varietà di articoli; c) un negozio che mantiene ampie scorte per la vendita al minuto ai consumatori. Nell'inglese statunitense, il termine viene usato come sinonimo di *shop 1* (v.). **2.** ***magazzino; deposito.*** Sinonimo di *store-room* (v.), di cui questo termine è la contrazione.

store audit: ***rilevazione su negozi campione; rilevazione delle vendite.*** La rilevazione di ciò che i consumatori acquistano in determinati negozi scelti e tenuti sotto osservazione da imprese di marketing, le quali poi vendono i risultati derivanti da tali indagini. Il termine, tuttavia, indica anche le sistematiche rilevazioni eseguite dai gestori di negozi al dettaglio, allo scopo di comprendere le preferenze dei consumatori e agire di conseguenza.

store credit: ***credito di banco.*** È il credito concesso da un dettagliante ai propri clienti. Tale forma di credito è praticata soprattutto dai negozi di generi alimentari e prevede il pagamento ogni fine mese o ogni quindici giorni, a seconda di quando vengono pagati i salari e gli stipendi. In origine, però, e precisamente nei secoli diciassettesimo e diciottesimo, veniva usato ampiamente sulla costa nord-orientale dell'America per finanziare i coloni dell'epoca, che saldavano i loro conti in occasione della vendita dei raccolti. Cadde in disuso quando cominciarono a diffondersi metodi più formali di credito a medio termine. (v. anche *book credit*)

store-door delivery: ***consegna a domicilio.*** Espressione usata in relazione ai trasporti, quando il vettore preleva le merci nel luogo in cui vengono vendute e le consegna al magazzino o al domicilio del compratore. In passato, questo servizio veniva offerto soltanto dai vettori stradali, ma oggi può ottenersi anche dalle ferrovie.

storehouse: ***magazzino; deposito.*** Lo stesso che *warehouse* (v.).

storekeeper: 1. ***negoziante.*** Proprietario o gestore di un negozio o magazzino. Il termine, di uso statunitense, si riferisce principalmente a piccoli commercianti che possiedono o gestiscono un punto di vendita della piccola distribuzione. **2.** ***capo magazziniere.*** La persona responsabile del reparto magazzino, di cui è a capo.

storekeeping: ***gestione del magazzino.*** La branca del controllo delle scorte che si interessa della ricezione fisica dei materiali acquistati o prodotti, della loro sistematica conservazione e della loro successiva distribuzione, dietro presentazione dei relativi ordini di prelievo.

store loyalty: ***fedeltà al negozio.*** La consuetudine di un consumatore di acquistare i beni di cui ha bisogno sempre presso lo stesso fornitore.

storeman: ***magazziniere.*** La persona preposta alla ricezione, sistemazione e somministrazione di scorte e provviste in un magazzino.

store manager: ***direttore di negozio.*** Il direttore di un grande magazzino o di un negozio all'ingrosso. Tra i suoi compiti rientrano il coordinamento della politica degli acquisti dei vari reparti e l'organizzazione interna del punto di vendita.

store of value: ***mezzo di tesaurizzazione; accumulatore del potere di acquisto.*** È una delle funzioni della moneta, descritta sotto *store of wealth* (v.) di cui questo termine è sinonimo.

store of wealth: ***mezzo di tesaurizzazione; accumulatore del potere di acquisto.*** Una delle funzioni della moneta e precisamente quella che consente di vendere beni e servizi oggi, conservare la moneta così ricavata e usarla in futuro, quando se ne presenti la necessità. Al fine di svolgere questa funzione in maniera soddisfacente, la moneta deve avere un valore stabile nel tempo, in modo che la quantità di beni e servizi che si acquisterà in futuro corrisponda alla quantità degli stessi beni e servizi dal cui consumo ci si astiene oggi. Se, viceversa, la moneta cambia rapidamente di valore, colui che la usa come mezzo di tesaurizzazione è esposto a sicure perdite. È chiaro, pertanto, che l'utilità di questa funzione della moneta viene notevolmente ridotta quando il livello generale dei prezzi è soggetto a rapide fluttuazioni. Infatti, dal 1913 in poi il valore della moneta è stato tanto instabile da non consentirne l'uso come valido mezzo di tesaurizzazione.

store price: ***prezzo di magazzino; prezzo all'ingrosso.*** È il prezzo di un bene di consumo praticato in un negozio che fornisce soltanto dettaglianti. (v. anche *wholesale price*)

store-room: ***magazzino; deposito.*** All'interno di uno stabilimento o di un grande magazzino, è il locale in cui vengono conservate le scorte di materie prime o le scorte di merci per la vendita.

stores: 1. ***provviste.*** Termine generico, usato per indicare le dotazioni di bordo di una nave o di un aereo, con le quali si fa fronte ai bisogni dei passeggeri e dell'equipaggio durante il viaggio. (v. anche *ship's stores*) **2. *scorte.*** Il termine inglese indica principalmente le scorte di materie prime, usate nel processo di produzione di beni e servizi, e di forniture di varia natura necessarie al funzionamento di uno stabilimento o di un ufficio. In quest'ultimo senso possono includere, ad esempio, gli olî lubrificanti e altri articoli del genere per uno stabilimento e il materiale di cancelleria per un ufficio.

store salesperson: ***addetto alle vendite.*** Persona impiegata per servire i clienti di un grande magazzino o di un negozio all'ingrosso.

stores check: ***controllo delle scorte.*** Per un'impresa, sia grande che piccola, è essenziale che il controllo delle scorte venga effettuato sistematicamente. In una grande impresa, esso ricade tra le responsabilità dei revisori della società e del reparto controllo interno. Si possono seguire vari metodi di controllo e protezione delle scorte, quali il sistema dell'inventario permanente, dei controlli improvvisi sul posto, del doppio controllo all'entrata e all'uscita, dei controlli alle uscite per impedire che operai e magazzinieri portino via articoli che fanno parte delle scorte, e altri sistemi del genere.

stores classification: ***classificazione delle scorte.*** Nelle imprese con notevoli quantitativi di scorte, generalmente si procede ad una loro classificazione e all'assegnazione, se necessario, di un magazzino separato per ciascuna classe di scorte. Una prima classificazione divide le scorte in due gruppi: materiali diretti e materiali indiretti. Le scorte di materiali diretti sono, a loro volta, suddivise in: a) scorte di materie prime; b) scorte di prodotti intermedi; c) scorte di componenti; d) scorte di prodotti finiti. Le scorte di materiali indiretti sono suddivise in: a) materiali indiretti propriamente detti; b) attrezzi e utensili; c) materiali di manutenzione.

stores control: ***controllo del livello delle scorte.*** Termine usato con lo stesso significato di *inventory control* (v.).

stores department: ***reparto magazzino.*** Il reparto preposto alla conservazione e somministrazione delle scorte. È diretto dal capo magazziniere e può essere suddiviso in diversi magazzini, ad esempio uno per le materie prime, uno per i prodotti intermedi, uno per i prodotti finiti e così via.

store sign: ***insegna di negozio.*** L'insegna che indica un grade magazzino o, negli Stati Uniti, un qualsiasi negozio. (v. anche *sign board*)

stores issue: ***consegna di materiali di scorta.*** Le scorte vengono di solito consegnate dietro presentazione del relativo buono di prelievo, che indica la quantità e il tipo di materiali e il numero di commessa cui essi sono destinati. Il buono deve recare la firma di una delle persone autorizzate al prelievo, ad esempio il capo reparto o il capo officina. Dopo che i materiali sono stati consegnati, si registra sull'apposita scheda di magazzino la quantità uscita e il saldo disponibile.

stores ledger: ***mastro di carico e scarico di magazzino; mastro di magazzino; mastro giacenze di magazzino.*** È il mastro nel quale si registrano i movimenti delle giacenze o scorte di magazzino.

stores ledger card: ***scheda di magazzino.*** Termine usato con lo stesso significato di *stock card* (v.).

stores ledger sheet: ***scheda d'inventario permanente.*** Termine usato con lo stesso significato di *stock record card* (v.).

stores list: ***manifesto delle provviste di bordo.*** Poiché le provviste di bordo vengono imbarcate in esenzione doganale, in quanto saranno consumate fuori del territorio dello stato e in acque internazionali, è previsto che di esse si faccia un elenco da presentarsi alle autorità doganali al fine di ricevere il permesso di imbarcarle.

stores order: ***ordine di produzione per scorte.*** Lo stesso che *stock order* (v.).

stores records: ***registrazioni di magazzino.*** All'atto del ricevimento di materiali, il capo magazziniere ne esamina la quantità e la qualità, se ciò non è già stato fatto al reparto arrivi, e invia un suo rapporto all'ufficio acquisti affinché quest'ultimo possa effettuare i suoi controlli confrontando il rapporto con l'ordinativo di fornitura e successivamente con la fattura. Questo controllo non è necessario per tutti gli articoli ricevuti dal magazzino, in quanto non si applica a quegli articoli provenienti dall'interno dello stabilimento. Se i materiali ricevuti sono soddisfacenti per qualità e quantità, il capo magazziniere li caricherà sulle relative schede di magazzino e provvederà a che essi siano collocati nel posto a loro riservato.

stores requisition: ***prelievo materiali.*** Termine usato con lo stesso significato di *materials requisition* (v.).

stores requisition form: ***buono di prelievo materiali; modulo di prelievo materiali.*** Termine usato con lo stesso significato di *materials requisition form* (v.).

store window: ***vetrina.*** Il termine è sinonimo di *shop-window* (v.) nell'inglese statunitense, mentre nell'inglese britannico viene usato con lo stesso significato ma principalmente in relazione ad un grande magazzino.

storyboard: Nel linguaggio della pubblicità, è un tabellone sul quale vengono riportati, in schizzi, gli sviluppi di un'idea pubblicitaria che si dovrà poi tradurre in un breve filmato, generalmente da passare in televisione.

stotinka: Moneta divisionale della Bulgaria, equivalente ad un centesimo di lev.

stowage: 1. *stivaggio.* L'operazione di sistemazione del carico nelle stive di una nave. Lo stivaggio richiede particolare esperienza, soprattutto quando il carico è di natura eterogenea, al fine di sfruttare al meglio lo spazio disponibile provvedendo allo stesso tempo a che il carico non si sposti e non vada così soggetto a danni durante il viaggio per mare. **2. *spese di stivaggio.*** Sono tutte le spese sostenute in relazione alle operazioni di stivaggio.

straddle: ***opzione doppia; contratto a doppio premio; contratto a doppia facoltà; stellaggio; stellage.*** Termine statunitense, usato con lo stesso significato del corrispondente termine britannico *put and call* (v.), ma con la differenza, rispetto all'altro tipo di contratto simile usato nelle borse americane e detto *spread*, che prevede un prezzo uguale, sia per l'acquisto che per la vendita, che si avvicina al prezzo di mercato. Lo stesso termine può indicare un contratto a doppio premio per l'acquisto di una merce o di un titolo e per la vendita di una differente merce o di un differente titolo. (v. anche *spread 4*)

straddle option: ***opzione doppia; contratto a doppio premio; contratto a doppia facoltà; stellaggio; stellage.*** Lo stesso che *straddle* (v.).

straight bill of lading: ***polizza di carico nominativa; polizza di carico diretta.*** Termine di uso statunitense, con il quale si indica una polizza di carico non negoziabile, nella quale è specificato che le merci devono essere consegnate alla persona il cui nome compare sulla polizza stessa.

straight bond: ***obbligazione ordinaria.*** Negli Stati Uniti, questo termine indica una comune obbligazione, per distinguerla dai vari tipi di obbligazioni particolari emesse da enti locali, dallo stato o da altre organizzazioni, di solito per scopi specifici, nonché dalle obbligazioni convertibili e a opzione. (v. anche *debenture*)

straight lease: ***locazione a canone fisso.*** Un contratto di locazione che prevede il pagamento di un ammontare fisso di canone per l'intera durata della sua esistenza.

straight letter of credit: ***lettera di credito nominativa; lettera di credito diretta.*** Termine d'uso statunitense con il quale si indica una lettera di credito intestata ad una persona che è la sola autorizzata ad emettere tratte per prelevare l'ammontare messo a sua disposizione con la stessa lettera di credito. A volte questo termine viene usato per indicare una lettera di credito confermata e irrevocabile.

straight life annuity: ***rendita vitalizia; vitalizio.*** Termine usato con lo stesso significato di *life annuity* (v.).

straight life insurance: ***assicurazione ordinaria sulla vita; assicurazione per il caso di morte.*** Espressione di uso statunitense, con la quale si indica un tipo di assicurazione che prevede il pagamento di un premio uniforme per tutta la durata della vita dell'assicurato, ma non oltre il novantaseiesimo anno di età, quando essa diventa in effetti un'assicurazione mista. (v. anche *life assurance*)

straight-life plan of life insurance: ***piano di assicurazione per il caso di morte.*** Il piano in base al quale viene stipulato un contratto di *straight life insurance* (v.). La compagnia di assicurazione si impegna a pagare una somma stabilita alla morte dell'assicurato il quale, a sua volta, si impegna a versare un premio annuo uniforme per tutta la durata della sua vita, ma non oltre i 96 anni di età.

straight line method: ***metodo di rateizzazione a quote costanti.*** È un metodo che consente la ripartizione di costi in quote annue fisse, il cui procedimento di calcolo è descritto sotto *straight-line method of depreciation* (v.). Viene usato in relazione all'ammortamento non soltanto di attività fisse, ma anche di emissioni obbligazionarie e di spese prepagate.

straight-line method of depreciation: ***metodo di ammortamento a quote costanti; metodo di ammortamento a quote fisse.*** Consiste nel prendere il valore iniziale, o costo di acquisizione, di un'attività fissa, sottrarre il valore di recupero, cioè quello che si prevede di poter realizzare al momento in cui l'attività sarà smobilitata, e suddividere il valore restante per il numero di anni in cui si prevede che l'attività sarà utilizzata dal proprietario. La cifra risultante rappresenta la quota fissa di ammortamento annua.

straight-line rate: ***tariffa fissa; tariffa costante.*** È una tariffa, applicata all'erogazione di pubblici servizi, che: a) rimane costante per ciascuna unità di servizio erogata; o, b) è direttamente proporzionale alla quantità di servizio somministrata.

straight mortgage: È un tipo di ipoteca in base alla quale il debitore è tenuto a pagare l'ammontare degli interessi a scadenze prestabilite, durante il periodo in cui il mutuo resta in essere, e la somma capitale alla scadenza dell'ipoteca.

straight rebuy: ***riapprovvigionamento diretto.*** V. spiegazione sotto *buygrid.*

straight time: ***ore lavorative normali; orario lavorativo normale.*** Termine usato con lo stesso significato di *ordinary working hours* (v.).

stranded: ***arenato; incagliato.*** Termine usato con lo stesso significato di *aground* (v.).

stranding: ***arenamento; incaglio.*** Nel linguaggio delle assicurazioni marittime, indica l'incagliarsi di una nave su un basso fondale, dovuto o al corso naturale della navigazione o a cause accidentali, quali una tempesta, un guasto della strumentazione di bordo e simili. (v. anche *Suez Canal clause*)

stranger: ***terzo; estraneo.*** Una persona che non è parte di un contratto o di un'operazione commerciale.

strap: ***contratto a premio strap.*** Tipo di contratto a premio che consente la doppia facoltà di vendere la quantità stabilita nel contratto oppure di ritirarne il doppio. Si tratta, in effetti, dell'unione di uno stellage e di un contratto a premio put, ambedue per lo stesso oggetto, con lo stesso prezzo di esercizio e la stessa scadenza.

strategic business unit: ***unità strategica.*** All'interno di un'impresa a produzione multipla, è una sezione autonoma preposta alla programmazione della commercializzazione di una delle principali marche dell'impresa stessa. (v. anche *multi-product firm*)

strategic decisions: ***decisioni strategiche.*** Attività volte a stabilire politica e obiettivi di un'impresa o altra organizzazione, dandole così una struttura e una direzione di azione.

strategic fund: ***fondo d'investimento strategico.*** Negli Stati Uniti, è un tipo di fondo comune d'investimento aperto che trae i propri profitti da operazioni di arbitraggio di cambio.

strategic gap: ***divario strategico.*** La differenza tra i risultati di un'impresa previsti per il futuro e le realizzazioni probabili, basate sulle operazioni programmate prima dell'applicazione dei principi della pianificazione strategica. (v. anche *strategic plan*)

strategic materials: ***materiali strategici.*** Materie prime e altri beni essenziali per la difesa di un paese, la cui disponibilità potrebbe diminuire in periodi di emergenza o di crisi e che per questo motivo vengono accumulati dai vari paesi in previsione di guerre o altre emergenze. Lo *Strategic and Critical Materials Stockpiling Act* del 1946 autorizza uno speciale ente del governo federale statunitense a determinare di tanto in tanto i tipi di materiali strategici e critici e di stabilire le quantità che devono essere stoccate. Di tali materiali strategici esiste un elenco internazionale, accettato dai paesi che fanno parte del Patto Atlantico. (v. anche *stockpiling*)

strategic plan: ***piano strategico.*** È uno dei piani aziendali e precisamente quello che risponde alla domanda: «In quale attività siamo effettivamente?». Tale piano stabilisce obiettivi qualitativi e quantitativi per il periodo cui si riferisce e indica le strategie da adottare per trarre vantaggio dalle opportunità che si presentano e per evitare i pericoli che insorgono. Esso tiene anche conto delle ricerche di mercato e delle informazioni che provengono dall'esterno, al fine di individuare sia le opportunità che i potenziali pericoli. Infine, indica le aree aziendali che dovrebbero essere rinforzate.

strategic planning: ***pianificazione strategica.*** Il processo, all'interno della pianificazione aziendale, volto alla formulazione della politica di lungo periodo e degli obiettivi di un reparto, nonché dei piani strategici necessari per realizzarli. (v. anche *strategic plan*)

strategic stockpiles: ***scorte strategiche.*** Sono le scorte di materie prime e altri beni che i paesi, in particolare gli Stati Uniti, accumulano in previsione di un'emergenza o di un conflitto, che ne renderebbero difficile l'approvvigionamento dai mercati esteri. (v. anche *stockpiling, strategic materials*)

strategy: ***strategia.*** Nella teoria dei giochi, è l'insieme delle mosse e delle decisioni alternative che può seguire un giocatore in ogni insieme di circostanze.

stratified sample: ***campione stratificato.*** In statistica, è un campione ottenuto suddividendo l'universo in gruppi o strati, ciascuno dei quali contiene le unità che presentano caratteri comuni. Il campione può essere costituito da percentuali uguali di unità tratte dai vari strati o di percentuali diverse da strato a strato, che verranno ponderate a seconda del rapporto tra strato e universo.

stratified sampling: ***campionatura stratificata; campionatura mediante campioni stratificati.*** Termine spesso usato come sinonimo di *stratified sample* (v.), ma che più propriamente indica il processo di determinazione di un campione stratificato.

straw man: ***uomo di paglia; prestanome.*** Lo stesso che *man of straw* (v.).

stream days: ***giorni lavorativi.*** I giorni effettivamente operativi per un'impresa, un'industria, ecc., durante un determinato arco di tempo.

Street, the: ***la strada.*** Nell'uso popolare, questo termine indica Wall Street, il principale centro finanziario degli Stati Uniti.

street certificate: ***certificato azionario al portatore.*** Termine usato nel linguaggio borsistico per indicare un certificato azionario al portatore girato in bianco dal proprietario dei titoli, così che essi possano venir trasferiti senza la necessità di apportare modifiche nel libro dei soci della società emittente.

street dealings: ***contrattazioni del dopoborsa.*** Le operazioni di compravendita che hanno luogo tra i membri dopo che la borsa è ufficialmente chiusa per la giornata. Presso la borsa valori di Londra, l'orario di chiusura ufficiale è fissato alle 15,30 e dopo tale ora possono svolgersi soltanto operazioni di dopoborsa.

street market: ***dopoborsa.*** Il mercato che ha luogo dopo che la borsa è stata ufficialmente chiusa per la giornata. L'espressione ha origine dal fatto che queste contrattazioni possono svolgersi per strada o, comunque, al di fuori dei locali della borsa adibiti alle contrattazioni di compravendita di valori mobiliari.

street–name stocks: Espressione del gergo borsistico statunitense, usata in relazione a titoli intestati a un intermediario di borsa invece che al suo cliente. Quando ciò si verifica, si dice che i titoli sono intestati a uno *street name.* Si ricorre a questa pratica quando i titoli sono stati acquistati a margine o quando il cliente desidera che essi siano conservati dall'intermediario. (v. anche *on margin*)

street price: ***corso del dopoborsa; prezzo del dopoborsa.*** Il corso di un titolo che viene a determinarsi in relazione alle contrattazioni del dopoborsa. In un senso più ampio, il termine indica il corso di un titolo trattato al di fuori di una borsa valori e, quindi, anche il prezzo di un titolo non quotato in borsa.

street trader: ***ambulante; commerciante ambulante.*** Termine generico, usato per indicare un commerciante che vende articoli per la strada, esponendoli in una valigia aperta in modo da essere pronto a spostarsi in un'altra zona se ciò gli viene imposto dai vigili o altra autorità. A seconda delle disposizioni del luogo, un commerciante del genere può aver bisogno di una licenza per svolgere la propria attività.

stretch–out: Nel linguaggio industriale, indica un aumento della produttività senza un corrispondente aumento della retribuzione dei lavoratori ai quali si richiede una maggiore quantità di lavoro.

strict liability: ***responsabilità incondizionata.*** In materia di tutela del consumatore, il principio della responsabilità incondizionata stabilisce che chiunque partecipi alla diffusione di un prodotto (sia come produttore che come distributore, dettagliante, ecc.) è responsabile dei danni che esso può provocare al pubblico in generale, a seguito di vizi, rischi o difetti inerenti al prodotto stesso.

strike: ***sciopero.*** Astensione dal lavoro concertata e programmata dai lavoratori di un'industria, di una fabbrica o di un intero settore economico, con lo scopo di indurre i datori di lavoro ad accettare le loro richieste relative al trattamento economico o normativo. Lo sciopero è diventato l'arma di ultima istanza di un sindacato, quando le trattative tra rappresentanti sindacali dei lavoratori e dei datori di lavoro giungono ad un punto morto e vengono interrotte. Poiché i lavoratori in sciopero non vengono pagati, molti sindacati raccolgono fondi con i quali pagare, all'occorrenza, sussidi agli scioperanti.

strike action: ***azione di sciopero.*** Lo stesso che *strike* (v.). Il termine viene usato per indicare questa forma di azione sindacale, in contrapposizione ad altre azioni di lotta, quali lo sciopero bianco, il bando dello straordinario e simili.

strike adjustment: ***aggiustamento per scioperi; adeguamento per scioperi.*** La tecnica che consente di calcolare ed eliminare da una serie statistica gli effetti derivanti da uno sciopero prolungato. Se ciò non avvenisse, gli effetti dello sciopero potrebbero falsare il modello stagionale relativo al periodo in cui si verificò lo sciopero.

strike–breaker: ***crumiro.*** Il termine inglese indica principalmente un lavoratore impiegato da un'impresa allo scopo di sostituire un altro lavoratore in sciopero, per il periodo in cui quest'ultimo si astiene dal lavoro. Lo stesso termine viene usato per indicare un lavoratore che non partecipa ad uno sciopero dichiarato dai sindacati.

strike–breaking: ***crumiraggio.*** L'atto e il comportamento dei lavoratori crumiri durante uno sciopero. Lo stesso termine inglese indica la pratica seguita da alcune imprese o industrie di assumere lavoratori con i quali sostituire gli scioperanti per tutta la durata della loro agitazione.

strike fund: ***fondo sussidio agli scioperanti.*** Fondo costituito attraverso versamenti volontari degli iscritti a un sindacato e utilizzato da quest'ultimo allo scopo di erogare sussidi ai lavoratori impegnati in un lungo sciopero.

strike insurance: ***assicurazione contro lo sciopero.*** Forma di assicurazione diffusa soprattutto nei paesi in cui la contrattazione collettiva ha luogo a livello aziendale e non a livello nazionale. L'assicurazione entra in funzione quando i lavoratori di una o più imprese ma non di tutta l'industria scendono in sciopero, arrecando un danno ai loro datori di lavoro.

strike pay: ***sussidio agli scioperanti.*** È il sussidio che i sindacati corrispondono, da un fondo appositamente raccolto, ai lavoratori impegnati in uno sciopero a sostegno di rivendicazioni sindacali.

strike price: ***prezzo di esercizio; prezzo base; corso del premio.*** Lo stesso che *striking price 2* (v.).

striker: ***scioperante.*** Lavoratore che, insieme agli altri di un'impresa o un'industria, si astiene dal fornire le proprie prestazioni, a sostegno di una rivendicazione portata avanti dai sindacati lavoratori.

strike suit: ***azione di attacco.*** Termine usato nel linguaggio societario per indicare un'azione legale portata da una minoranza degli azionisti, o da un azionista minoritario, con lo scopo principale di spingere la direzione della società ad acquistare le loro azioni o partecipazioni ad un prezzo superiore a quello di mercato, onde liberarsi della fonte di opposizione.

strike–threat system: ***sistema della minaccia di sciopero.*** Espressione, che è anche il titolo di un'opera di William H. Hutt, con la quale si indica un sistema economico nel quale la minaccia e la paura di scioperi da parte dei sindacati dei lavoratori causa più danni degli scioperi stessi.

strike to the last: ***sciopero a oltranza; sciopero a tempo indeterminato.*** È così detto lo sciopero che, nelle intenzioni dei lavoratori, terminerà soltanto a seguito dell'accoglimento delle loro richieste da parte del datore di lavoro.

striking price: **1.** ***prezzo di assegnazione.*** In un'offerta di vendita all'asta di valori mobiliari, è il prezzo al quale vengono assegnati i titoli, che tiene conto della domanda e dell'offerta, nonché del desiderio di realizzare l'obiettivo dell'azionariato diffuso. Tutte le offerte che toccano o superano il prezzo di assegnazione vengono soddisfatte, magari attraverso il meccanismo del riparto; le altre offerte, invece, resteranno lettera morta. **2.** ***prezzo di esercizio; corso del premio; prezzo base.*** Il prezzo, concordato all'atto della stipula, al quale il titolare di un contratto a premio ha diritto di acquistare o vendere una quantità prefissata del titolo o del bene cui si riferisce l'opzione.

striking worker: ***scioperante.*** Lo stesso che *striker* (v.).

string: ***sindacato commerciale.*** Termine usato con lo stesso significato di *price association* (v.).

strip: **1.** ***contratto a premio strip.*** Tipo di contratto a premio che consente la doppia facoltà di ritirare la quantità stabilita nel contratto, oppure di venderne il doppio. Si tratta, in effetti, dell'unione di uno stellage e di un contratto a premio dont, ambedue per lo stesso oggetto, con lo stesso prezzo di esercizio e la stessa scadenza. **2.** ***scorporo delle cedole.*** Lo stesso che *stripping* (v.).

strip city: Termine usato negli Stati Uniti per indicare un lungo e stretto agglomerato urbano, di solito sui due lati di una grande via di comunicazione, che si estende tra due centri o città relativamente lontani l'uno dall'altro.

strip mall: Nel linguaggio commerciale statunitense, questo termine indica una fila di negozi al dettaglio, spesso situati in una strada della periferia.

stripped security: ***titolo strippato.*** Un titolo che prevede la negoziabilità separata degli interessi o cedole e del valore capitale, cioè gli interessi e la somma capitale costituiscono due diversi titoli della medesima emissione.

stripping: ***scorporo delle cedole.*** La trattazione separata del foglio cedole e del valore capitale (mantello) di un titolo.

strong currency: ***valuta forte.*** Lo stesso che *hard currency 1* (v.) nel suo significato moderno.

strong dollar: ***dollaro forte.*** Lo stesso che *overvalued dollar* (v.).

strong market: ***mercato fermo; mercato forte.*** Una situazione di mercato caratterizzata da un'eccedenza della domanda sull'offerta, che spinge gli operatori ad insistere sui prezzi richiesti.

strong room: ***camera blindata.*** Termine usato con lo stesso significato di *vault* (v.).

structural adjustment: ***adeguamento strutturale; correzione strutturale; ristrutturazione industriale.*** La ristrutturazione che si rende necessaria quando le industrie di un paese non riescono più a espandersi sui mercati esteri o a mantenere le posizioni precedentemente acquisite sui mercati nazionale e internazionale, a seguito di innovazioni tecnologiche, spostamento del vantaggio comparato di alcune industrie verso altri paesi che si affacciano come concorrenti sui mercati mondiali e declino di industrie mirate da altri paesi. Affinché la ristrutturazione contribuisca effettivamente a far riguadagnare le posizioni perdute e a far diminuire il tasso di disoccupazione strutturale, è necessario che essa non si limiti a uno spostamento tra industrie, ma arrivi ad essere una vera e reale ristrutturazione all'interno di ciascuna singola industria.

Structural Adjustment Facility: ***facilitazione di adeguamento strutturale.*** Struttura creditizia, creata dal Fondo Monetario Internazionale nel 1986 e finanziata dai paesi ricchi, che consente ai paesi più poveri di contrarre prestiti a un tasso d'interesse più basso e per periodi di tempo più lunghi di quelli previsti dalle altre forme di assistenza del FMI.

structural balances: ***saldi strutturali.*** Nel linguaggio fiscale, l'espressione indica cifre rettificate ciclicamente che stimano le conseguenze sul bilancio dello stato delle disposizioni fiscali e di spesa in vigore, come se l'economia funzionasse al suo pieno regime potenziale.

structural budget deficit: ***disavanzo strutturale; deficit di bilancio strutturale.*** Eccedenza delle uscite rispetto alle entrate nel bilancio di uno stato, quando l'economia del paese procede alla sua piena produzione potenziale.

structural equation: ***equazione strutturale.*** Lo stesso che *structural form equation* (v.).

structural form equation: ***equazione in forma strutturale; equazione strutturale.*** Un'equazione di un modello econometrico caratterizzata dal possedere un suo significato indipendente dalle altre equazioni del modello. Essa riflette una relazione di comportamento (funzione di domanda, funzione di consumo, ecc.), una relazione tecnica (funzione di produzione) o qualche altra specifica relazione suggerita dalla teoria in questione. L'equazione è detta strutturale, in quanto rappresenta un aspetto della struttura del sistema. L'insieme delle equazioni strutturali costituisce la cosiddetta forma strutturale del modello econometrico.

structural funds: ***fondi strutturali.*** Nel linguaggio della CEE, sono così chiamati i fondi destinati alle aree più povere della Comunità quale contributo al loro sviluppo.

structural growth policy: ***politica di crescita strutturale.*** Lo stesso che *industrial policy* (v.).

structural inflation: ***inflazione strutturale.*** Un aumento dei prezzi causato da un eccesso di domanda dei beni o servizi di particolari industrie in periodi in cui la domanda globale non supera i livelli normali. Tale tipo di inflazione si manifesta inizialmente con un aumento dei prezzi e dei salari a seguito di pressioni in settori specifici dell'economia, che successivamente si trasferisce anche ai settori nei quali la domanda non ha subito alcun aumento sensibile.

structuralism: ***strutturalismo.*** Nel linguaggio economico, questo termine indica un fenomeno derivante dalla bassa elasticità della domanda e dell'offerta, accoppiata a bassi livelli di scorte di beni, che nei paesi poveri fa sì che eventi di mercato portino rapide e ampie variazioni di prezzo e soltanto lente reazioni di quantità.

structural unemployment: ***disoccupazione strutturale.*** È la disoccupazione derivante dalla struttura del sistema economico e, pertanto, ineliminabile fin tanto che non si trasforma la struttura stessa. In particolare, l'espressione si riferisce alla manodopera che resta disoccupata a seguito della contrazione di un'industria e che non può essere assorbita da altre industrie a causa della sua scarsa mobilità geografica o occupazionale.

structure: ***struttura.*** L'ossatura principale di un'economia, costituita dalle preferenze e dai comportamenti dei consumatori, dalla crescita della popolazione, dalle politiche perseguite dal governo e dalle innovazioni tecnologiche. Qualsiasi variazione di uno di questi elementi strutturali porta con sé variazioni fondamentali di lungo periodo in tutta la struttura economica.

structured interview: ***intervista strutturata.*** Tipo di intervista di marketing che prevede soltanto domande chiuse, cioè con risposte: sì, no o non so, da parte dell'intervistato, previste da un questionario al quale non viene aggiunto alcun commento o alcuna spiegazione da parte dell'intervistatore. Viene utilizzata principalmente quando l'aspetto quantitativo della ricerca è ciò che interessa l'intervistatore e pertanto essa produce dati che possono facilmente e rapidamente essere tabulati.

structured manager: Lo stesso che *indexer* (v.).

structure of industry: ***struttura dell'industria.*** La composizione di un'industria in termini di numero e dimensioni delle imprese che la costituiscono e del loro grado di integrazione o indipendenza. La struttura di un'industria dipende da una serie di questioni, tra le quali rientrano la scala di produzione possibile, il costo necessario per impiantare una nuova impresa, la necessità o meno di tecnologia avanzata, la necessità o meno di manodopera specializzata, ecc. In alcuni tipi di industrie, anche la natura della domanda può essere un fattore che ne influenza la struttura.

structure of interest rates: ***struttura dei tassi d'interesse.*** V. spiegazione sotto *term structure of interest rates.*

structure of taxes: ***struttura fiscale.*** Lo stesso che *system of taxation* (v.).

stub: ***matrice; madre.*** Termine usato con lo stesso significato di *counterfoil* (v.).

stub book: ***libretto di matrici.*** È il carnet dal quale sono stati staccati tutti gli assegni e che, pertanto, contiene soltanto matrici. Viene conservato come documento ad uso interno per sapere in qualsiasi momento a favore di chi è stato emesso ciascun assegno che in origine faceva parte di quel libretto.

***Stubb's Gazette*:** Settimanale, pubblicato nel Regno Unito, che contiene informazioni relative ad assemblee dei creditori, ipoteche e altri gravami registrati presso l'apposito ufficio da parte delle società interessate, fallimenti e liquidazioni di imprese, sentenze in materia economico–finanziaria e simili. Particolarmente importanti risultano essere le informazioni relative ai fallimenti e a tutte le procedure ad essi connesse, quali la presentazione e l'accoglimento di istanze di fallimento, la nomina dei curatori e simili.

stub tag: ***cartellino a madre e figlia.*** Cartellino, destinato a qualsiasi uso, costituito da due parti staccabili sulle quali sono riportate le stesse informazioni. La parte chiamata madre, o matrice, è quella che viene conservata per riferimento mentre l'altra, chiamata figlia, è quella che viene posta in circolazione.

stuffer: ***foglietto pubblicitario.*** Il termine inglese, di uso statunitense, indica un messaggio pubblicitario stampato su un foglietto che si allega ad altro materiale spedito a un cliente, come ad esempio una fattura.

stumpage: Termine d'uso statunitense, con il quale si indica il diritto che si deve pagare all'erario per abbattere alberi su terreni demaniali.

style: ***ragione sociale; denominazione sociale.*** Termine usato con lo stesso significato di *firm name* (v.).

S.U.B.: supplemental unemployment benefit.

sub–agent: ***sub–agente.*** La persona impiegata da un agente per assisterlo nello svolgimento del lavoro delegato a quest'ultimo dal principale. Secondo il principio del *delegatus non potest delegare*, non può esistere un rapporto giuridico tra agente e sub–agente, a meno che il primo sia espressamente autorizzato ad impiegare altre persone o le consuetudini ammettano che l'agente possa delegare ad altri alcune delle funzioni necessarie per la buona esecuzione del mandato di agenzia.

subber: ***subappaltatore.*** Termine usato con lo stesso significato di *subcontractor* (v.).

sub–branch: ***sottofiliale; agenzia; sportello.*** Nel linguaggio bancario, è uno sportello che opera sotto il controllo e alle dipendenze di una filiale. Nel Regno Unito, può essere aperto soltanto alcuni giorni alla settimana o tutti i giorni lavorativi, a seconda della mole di lavoro che svolge. Di conseguenza, può avere un personale stabile proprio o può essere gestito da uno o più dipendenti inviati in loco dalla filiale nei giorni in cui lo sportello è aperto.

sub–charge: ***gravame di secondo grado.*** È un qualsiasi gravame, come ad esempio un'ipoteca, acceso in via subordinata ad un altro.

sub–charter: ***subnoleggio; contratto di subnoleggio.*** Nella terminologia commerciale marittima, questo termine veniva usato in passato per indicare la sublocazione di una nave, cioè il noleggio di una nave da parte di un noleggiatore che l'aveva, a sua volta, avuta in locazione dall'armatore. Più recentemente, il termine è passato ad indicare sia la sublocazione di una nave, sia il contratto di trasporto di cose determinate, stipulato tra il noleggiatore e un caricatore, cioè un operatore per conto del quale il noleggiatore trasporta beni che occupano soltanto una parte dello spazio di carico della nave.

subcommittee: ***sottocommissione.*** Ciascuno dei gruppi in cui si suddivide una commissione, allo scopo di svolgere il lavoro con maggiore rapidità o di affidare particolari aspetti del lavoro a persone specializzate, chiamate a far parte della commissione.

subcontract: ***subappalto.*** Forma di contratto di appalto, in base al quale una parte si impegna a fornire materiali e lavoro ad un'altra parte, che a sua volta ha ricevuto l'appalto dal committente originario. Di solito, il subappalto non è consentito senza il permesso del committente e comunque il rapporto resta sempre tra committente e appaltatore, nel senso che il primo riterrà sempre responsabile il secondo sia del lavoro svolto che dei materiali utilizzati. L'appaltatore, a sua volta, intratterrà un rapporto giuridico autonomo con il subappaltatore.

subcontractor: ***subappaltatore.*** La persona che assume un subappalto direttamente da colui che l'ha, a sua volta, ricevuto da un committente. (v. anche *subcontract*)

subcontract work: ***lavoro in subappalto.*** Il lavoro svolto da un subappaltatore.

subdivision: ***svolgimento.*** Nel linguaggio della ragioneria, si indica con questo termine un registro a fogli mobili o un insieme di schede che contengono i conti analitici relativi a un conto sintetico.

subject filing: ***archiviazione per oggetto.*** Sistema di conservazione di documenti basato sulla classificazione per oggetto. (v. anche *subject–matter classification*)

subjective utility: ***utilità soggettiva.*** L'utilità che un determinato bene o servizio possiede per una persona o per un gruppo di persone, indipendentemente dalla sua utilità intrinseca o assoluta. Poiché l'utilità varia a seconda del tempo, del luogo e dell'uso che si intende fare del bene, è normale che una certa categoria di beni possiedano utilità soggettiva. Ad esempio, in inverno e in un paese freddo la legna e il carbone non possiedono utilità per coloro che hanno impianti di riscaldamento a combustibile liquido o gassoso, ma possono possedere utilità soggettiva per quel singolo o per quel piccolo gruppo di persone che usano stufe, caminetti o impianti di riscaldamento a combustibile solido.

subjective value: ***valore arbitrario; valore soggettivo.*** Espressione usata con due significati: a) il valore assegnato ad un'attività fissa, senza tener conto del suo valore di mercato; b) il valore assegnato ad un bene o ad una attività per i quali non esiste un metro di paragone.

subject-matter: ***oggetto.*** Il termine inglese viene usato per indicare l'oggetto di un contratto, di una polizza di assicurazione e simili. Ad esempio, in un contratto di assicurazione marittima l'oggetto può essere la nave o il carico o ambedue.

subject-matter classification: ***classificazione per oggetto.*** Classificazione o archiviazione basata sull'argomento trattato nei documenti da archiviare, invece che sul nome della persona o del luogo dai quali provengono o ai quali sono diretti. Prevede che tutti i documenti relativi ad un unico oggetto o argomento vengano raccolti insieme in un'unica pratica e che le pratiche siano successivamente classificate seguendo l'ordine alfabetico dell'oggetto.

subject to approval: ***salvo benestare.*** Clausola che può essere inclusa in un contratto di vendita per indicare che l'accettazione delle merci è soggetta all'approvazione del compratore o che la fornitura, se il contratto è firmato da un agente, è soggetta al benestare del principale.

subject to average: ***soggetto alla proporzionale.*** Clausola usata nelle assicurazioni per indicare che, in relazione alla polizza che la contiene, vige la norma per cui se il bene è assicurato per una somma inferiore al suo valore reale, l'assicurato risponde della differenza tra valore reale e valore assicurato.

subject to collection: ***salvo incasso.*** Clausola che prevede che in caso di mancato pagamento di un titolo di credito, ammesso allo sconto o accreditato sul conto del cliente, la banca ha la facoltà o di agire per la riscossione del credito o di eliminare la partita dal conto del cliente. Può ricorrere a questa seconda soluzione anche dopo aver infruttuosamente esercitato le azioni contro il debitore.

subject to contract: ***soggetto a contratto.*** Espressione che indica un'offerta non vincolante fino a quando non è stato sottoscritto un contratto. L'espressione viene particolarmente usata in relazione a offerte di vendita di terreni e abitazioni. Se l'offerta è soggetta a contratto, significa che il venditore può ritirarla fino al momento in cui si appresta a firmare il contratto di vendita e non potrà essere ritenuto responsabile dei danni che dovessero derivare al potenziale acquirente dalla sua rinuncia a vendere.

subject to final payment: ***salvo buon fine.*** Espressione usata con lo stesso significato di *subject to collection* (v.).

sublease: ***subaffitto; sublocazione.*** La locazione da parte del conduttore, di un bene immobile, o parte di esso, che egli a sua volta ha avuto in locazione dal proprietario.

sub-lessee: ***sublocatario; subaffittuario.*** La persona che prende in subaffitto un bene immobile, o parte di esso, da un sublocatore, il quale a sua volta l'ha ricevuto in fitto dal proprietario.

sub-lessor: ***sublocatore.*** La persona che dà in subaffitto un bene immobile, o parte di esso, che a sua volta ha ricevuto in locazione dal proprietario.

to sub-let: ***subaffittare; sublocare.*** Dare in subaffitto un bene ricevuto in locazione dal proprietario.

subliminal advertising: ***pubblicità subliminale.*** Particolare sistema di pubblicità, fatta in modo tale che colui che vi è esposto non si rende conto, a livello conscio, di aver ricevuto un messaggio pubblicitario. Ad esempio, può prendere la forma di un'immagine proiettata su uno schermo televisivo o cinematografico per una frazione di tempo sufficiente perché la mente percepisca e ritenga il messaggio, ma insufficiente perché ci si renda conto di averla vista. La stessa tecnica può usarsi in trasmissioni radiofoniche, ecc. Questo tipo di pubblicità è stata vietata negli Stati Uniti.

submarginal land: ***terra submarginale.*** Un terreno tanto improduttivo da non ripagare neanche il lavoro e le spese necessari per coltivarlo.

sub-mortgage: ***subipoteca.*** Il termine inglese viene usato per indicare l'ipoteca di un'ipoteca. Ad esempio, il creditore ipotecario potrebbe procurarsi fondi, da una banca o altra istituzione finanziaria o anche da un privato, offrendo l'ipoteca che garantisce il proprio credito come garanzia del proprio debito.

subordinated debt: ***debito subordinato; debito postergato.*** Un debito che viene subordinato ad altri debiti di carattere generale, cioè non privilegiati. Ciò può verificarsi quando, ad esempio, un creditore ha grande fiducia nelle possibilità future del suo debitore.

sub-participation: ***sub-partecipazione.*** Tecnica usata dai grandi istituti bancari, in base alla quale essi vendono a banche più piccole o ad altre istituzioni finanziarie frazioni di un grosso prestito, in tal modo ripartendo i rischi connessi con l'operazione.

subrogation: ***surrogazione.*** È il principio giuridico che consente la sostituzione di una delle parti di un contratto con un terzo. Il termine inglese viene usato principalmente nel linguaggio delle assicurazioni, per indicare il diritto dell'assicuratore di sostituirsi all'assicurato, dopo che il primo ha liquidato i danni subiti dal secondo, non solo entrando in possesso di ciò che resta del bene che ha subito il sinistro, ma anche citando un terzo in giudizio per danni. In particolare, se un assicuratore ha pagato una perdita totale, può subentrare all'assicurato nella proprietà e nei diritti di rivalsa; se, invece, ha liquidato una perdita parziale, può subentrare soltanto nei diritti di rivalsa, mentre il diritto di proprietà di ciò che rimane del bene sinistrato resta all'assicurato. In base all'articolo 319 del *Companies Act* del 1948, una banca o altra istituzione finanziaria che ha prestato denaro ad una società per il pagamento degli stipendi ai dipendenti, in caso di liquidazione della società può essere inserita come creditore privilegiato in virtù del principio della surrogazione. Essa, infatti, prenderà il posto dei lavoratori dipendenti che, se non fossero stati pagati con il denaro anticipato dalla banca, sarebbero stati considerati creditori privilegiati della società. Ciò, tuttavia, è valido entro certi limiti di tempo e ammontare precisati nella legge suddetta.

subs. cap.: subscribed capital.

to subscribe: ***sottoscrivere.*** Il termine inglese viene usato in tre diversi significati: a) dare il proprio consenso; firmare o attestare un atto; b) fare domanda di assegnazione di titoli in occasione di una nuova emissione; c) dare un contributo ad un'iniziativa, generalmente un contributo in moneta ad un'iniziativa caritatevole o assistenziale.

subscribed capital: ***capitale sottoscritto.*** Lo stesso che *issued capital* (v.).

subscribed capital stock: ***capitale sottoscritto.*** Lo stesso che *issued capital* (v.).

subscribed-demand tariff: ***tariffa di domanda fissa di fornitura.*** La tariffa per la fornitura di energia elettrica che si basa su un prezzo unitario per kilowatt di potenza installata a seguito di esplicita richiesta dell'utente, che così si impegna a non superare mai la propria domanda massima di fornitura.

subscriber: ***sottoscrittore.*** Termine usato con gli stessi significati del verbo (v. *to subscribe*). In particolare, nel linguaggio societario indica i soci che sottoscrivono l'atto costitutivo. Essi sono tenuti: a sottoscrivere almeno un'azione, che devono acquistare dalla società e non da un altro sottoscrittore; a nominare il primo consiglio di amministrazione e ad agire in luogo del consiglio di amministrazione fino a quando esso non viene nominato. Il sottoscrittore dell'atto costitutivo diventa automaticamente socio ed è anche chiamato socio promotore.

subscriber capital: ***capitale sottoscritto.*** Termine a volte usato con lo stesso significato di *subscribed capital* (v.).

subscription: ***sottoscrizione.*** Sostantivo usato con gli stessi significati del verbo (v. *to subscribe*). In particolare, indica l'impegno assunto da un investitore di acquistare azioni o altri valori mobiliari direttamente dall'emittente.

subscription book: ***libro sottoscrizioni; registro sottoscrizioni.*** È il libro nel quale vengono registrate le richieste di sottoscrizione di un'emissione azionaria o obbligazionaria di una società.

subscription contract: 1. ***contratto di sottoscrizione.*** È il contratto in base al quale un investitore si impegna ad acquistare azioni o altri valori mobiliari direttamente dall'emittente. **2.** ***contratto di compravendita.*** Nell'uso colloquiale statunitense, il termine indica anche un qualsiasi contratto di compravendita, non necessariamente relativo a valori mobiliari.

subscription form: ***modulo di sottoscrizione; bollettino di sottoscrizione.*** È il modulo, di solito allegato al manifesto di emissione, che gli investitori devono completare e inviare alla società di cui intendono sottoscrivere un'emissione azionaria o obbligazionaria. (v. anche *prospectus*)

subscription period: ***periodo di sottoscrizione.*** In relazione ad un'emissione di valori mobiliari, è il periodo di tempo durante il quale gli uffici a ciò preposti, di solito una o più banche, accettano le domande di sottoscrizione.

subscription price: ***prezzo di sottoscrizione.*** Il prezzo al quale un investitore può acquistare azioni o altri valori mobiliari direttamente dall'emittente. Il prezzo di sottoscrizione è generalmente diverso dal prezzo di mercato, cioè il prezzo di quel particolare valore mobiliare quale esso si manifesterà sul mercato dopo l'emissione o il prezzo di una precedente emissione dello stesso titolo già presente sul mercato.

subscription privilege: ***privilegio di sottoscrizione.*** Lo stesso che *stock rights* (v.).

subscription ratio: ***rapporto di diritti di sottoscrizione.*** Il rapporto tra la nuova azione da sottoscriversi da parte dell'azionista e i diritti di sottoscrizione riconosciuti a ciascuna vecchia azione posseduta. Ogni azione vecchia porta un diritto di sottoscrizione, ma per sottoscrivere un'azione nuova di solito sono richiesti più di un diritto. Il rapporto tra vecchie e nuove azioni può essere, ad esempio, 3:1, il che vuol dire che verrà assegnata una nuova azione per ogni tre vecchie azioni possedute.

subscription rights: ***diritti di sottoscrizione.*** Termine usato con lo stesso significato di *stock rights* (v.).

subscription shares: ***azioni di sottoscrizione.*** Una forma di investimento resa possibile dalle società di credito edilizio inglesi. I risparmiatori possono acquistare azioni di queste società a rate, purché si impegnino formalmente ad investire regolarmente una somma annua concordata.

subscription warrant: ***buono di diritto di sottoscrizione; certificato di diritto di sottoscrizione.*** È il privilegio, sotto forma di cedola attaccata ad un titolo o di certificato allegato al titolo, che consente al portatore di acquistare un numero stabilito degli stessi valori mobiliari ad un prezzo prefissato ed entro una certa data prestabilita.

subsection: ***comma; alinea.*** Ciascuna delle suddivisioni di un articolo di legge, corrispondente a ciascun capoverso. Il primo comma corrisponde all'inizio dell'articolo, il secondo comma al primo capoverso, il terzo comma al secondo capoverso e così via. Lo stesso termine inglese viene usato per indicare ciascun comma di un articolo di un contratto, di una polizza di assicurazione e simili.

subsector: ***sottosettore.*** Ciascuna parte in cui può suddividersi un settore economico, come ad esempio il settore terziario suddiviso in un sottosettore bancario, in uno delle telecomunicazioni, in un altro delle assicurazioni e così via.

subsequent endorser: ***girante successivo.*** Ciascun girante di un titolo di credito, che appone la propria firma dopo quella del primo girante.

subsidiary: ***società controllata; società affiliata.*** Termine usato come sinonimo di *subsidiary company* (v.), di cui è una contrazione.

subsidiary account: ***conto sussidiario; conto ausiliare.*** Ciascuno di un gruppo di conti simili, accesi alla stessa attività o allo stesso soggetto, che contengono dettagli relativi a un conto del mastro.

subsidiary books of account: ***libri contabili sussidiari; libri sussidiari.*** Termine con il quale si indicano collettivamente tutti i libri di prima nota usati nel tenere la contabilità di un'impresa. (v. anche *book of original entry*)

subsidiary budget: ***budget sussidiario.*** Ciascuno dei budget, detti budget funzionali o per funzioni, che confluiscono nel budget generale. (v. anche *functional budget, master budget*)

subsidiary coin: ***moneta sussidiaria.*** Lo stesso che *fractional money* (v.).

subsidiary company: ***società controllata; società affiliata; consociata.*** Una qualsiasi società il cui capitale azionario è posseduto da un'altra società nella misura che va dal cinquantuno al cento per cento. Secondo il primo comma dell'articolo 154 del *Companies Act* del 1948, una società è considerata controllata da un'altra: a) se quest'altra società è socio della prima e ne controlla la composizione del consiglio di amministrazione; b) se detiene più della metà del valore del capitale sociale della prima; c) se la prima società è controllata da un'altra che a sua volta è controllata dalla seconda. I successivi quattro commi del predetto articolo 154 chiariscono nei dettagli quanto esposto nel primo comma.

subsidiary–company accounting: ***contabilità di società controllata.*** Il metodo contabile seguito da una controllata per registrare le operazioni che essa intrattiene con la società madre o di controllo.

subsidiary ledger: ***mastro sussidiario.*** Un mastro che comprende conti contenenti le descrizioni dettagliate delle operazioni registrate sinteticamente in un conto di controllo del mastro generale. Per esempio, un mastro sussidiario debitori può contenere i dettagli delle operazioni relative a ciascun debitore, riportati dall'apposito libro di prima nota nel conto appropriato, mentre un conto di controllo debitori nel mastro generale contiene le stesse informazioni, ma in forma sintetica in quanto esse vengono trasferite dal giornale soltanto sotto forma di totali. In una qualsiasi data, i saldi dei conti del mastro sussidiario dovrebbero essere identici per ammontare al saldo del corrispondente conto di controllo.

subsidiary ledger account: ***conto sussidiario; conto ausiliario.*** Termine usato con lo stesso significato di *subsidiary account* (v.).
subsidization: ***sovvenzionamento.*** L'erogazione, da parte di un governo, di denaro pubblico alle imprese private o a partecipazione statale con l'intento di sostenerle nel loro sforzo produttivo e di rendere i loro prodotti più competitivi sui mercati interno e internazionale, anche allo scopo di mantenere inalterati i livelli occupazionali esistenti.
subsidized credit: ***credito agevolato; credito a tasso agevolato.*** Un credito concesso a un tasso d'interesse inferiore a quello di mercato. (v. anche *subsidized loan, soft loan 1*)
subsidized industries: ***industrie sovvenzionate.*** Le industrie che usufruiscono dei finanziamenti statali citati sotto *subsidization* (v.).
subsidized loan: ***mutuo agevolato; prestito agevolato.*** Termine usato con lo stesso significato di *soft loan 1* (v.), soprattutto quando il prestito è diretto a industrie mirate, che di solito sono industrie vecchie e mature, come l'industria siderurgica, o industrie nuove e ad alta tecnologia, come ad esempio l'industria delle informazioni.
subsidized ship: ***nave sussidiata; nave sovvenzionata.*** Nave che riceve sussidi o sovvenzioni dallo stato, in quanto appartiene ad una società di navigazione gestita o controllata da un ente statale.
subsidy: 1. ***sovvenzione.*** Somma di denaro concessa da uno stato per assistere il finanziamento di un'impresa o di un programma che, pur se antieconomico da un punto di vista dei profitti, è ritenuto essenziale per il benessere dei cittadini. Lo stesso termine indica lo stanziamento fatto da un governo centrale a favore di suoi enti, quale contributo al mantenimento di un certo servizio pubblico. **2.** ***premio; sussidio.*** Somma di denaro versata dallo stato ai produttori di determinati beni, al fine di limitarne o impedirne l'aumento di prezzo. Le prime forme di sussidio furono i premi alle esportazioni, che tendevano a rendere più competitivi all'estero i prodotti del paese. Tali premi potevano essere corrisposti sotto forma di esenzioni fiscali, di sovvenzioni dirette o di esenzioni totali o parziali dal pagamento di determinati servizi, ad esempio le spese di trasporto, riservate ai beni destinati all'esportazione. Durante la seconda guerra mondiale, molti paesi ricorsero al pagamento di sussidi ai produttori o ai distributori di beni, generalmente quelli di prima necessità, con l'obiettivo di mantenerne bassi i prezzi e così evitare richieste di aumenti salariali da parte dei lavoratori. Tale pratica è stata mantenuta anche dopo la fine della guerra, particolarmente per i prezzi agricoli e alcuni altri beni di prima necessità, che differiscono da paese a paese. I sussidi, di qualunque natura essi siano, vengono considerati alla stessa stregua dei dazi di importazione e in quanto interferiscono col libero funzionamento del principio dei costi comparati non sono giudicati utili per il commercio mondiale.
subsistence: ***sussistenza.*** Nel linguaggio economico, si indica con questo termine una quantità di beni e servizi di prima necessità appena sufficiente a garantire la semplice sopravvivenza di un individuo.
subsistence agriculture: ***agricoltura di sussistenza.*** Attività agricola che dà al contadino soltanto lo stretto necessario per vivere, lasciando poco o niente da vendere a terzi.
subsistence allowance: ***indennità di trasferta; indennità di missione.*** Indennità riconosciuta, di solito sotto forma di un tanto fisso al giorno, a chi viene mandato in missione in una città o in un paese diverso da quello in cui risiede, con la quale far fronte alle spese di albergo, pasti, trasporti e simili.
subsistence crop: ***raccolto per uso proprio.*** Raccolto che l'agricoltore destina ad uso della propria famiglia, a differenza di quello che viene avviato al mercato. (v. anche *cash crop*)
subsistence economy: ***economia di sussistenza.*** Un'economia basata essenzialmente sull'attività primaria, capace di fornire soltanto i mezzi necessari alla semplice sopravvivenza degli individui.
subsistence expenditure: ***spesa di sussistenza.*** Livello di spesa indispensabile a garantire la semplice sussistenza di un individuo.
subsistence farming: ***agricoltura di sussistenza.*** Termine usato con lo stesso significato di *subsistence agriculture* (v.).
subsistence level: ***livello di sussistenza.*** Lo stesso che *subsistence* (v.).
subsistence money: ***indennità di trasferta; indennità di missione.*** Termine usato con lo stesso significato di *subsistence allowance* (v.).
subsistence theory of wages: ***teoria dei salari di sussistenza.*** Lo stesso che *brazen law of wages* (v.).
subsistence wage: ***salario di sussistenza.*** Lo stesso che *living wage* (v.).
substandard risk: ***rischio differenziato.*** Lo stesso che *classified risk* (v.).
substantial damages: ***danni sostanziali.*** Espressione del linguaggio giuridico, con la quale si indicano i danni ammessi da un tribunale come risarcimento di una perdita subita dall'attore per colpa del convenuto. Si possono dividere in *general damages* (v.) e *specific damages* (v.).
substantial labour surplus market: ***mercato a eccedenza sostanziale di forza lavoro.*** Termine usato con lo stesso significato di *substantial unemployment area* (v.).
substantial unemployment area: ***area a disoccupazione sostanziale.*** Negli Stati Uniti si indica con questa espressione un'area del mercato del lavoro nella quale la disoccupazione di solito raggiunge o supera il sei per cento della forza lavoro. Le industrie localizzate in queste aree vengono privilegiate nelle gare per l'assegnazione di contratti di fornitura allo stato federale.
substitutability: ***sostituibilità; sostituzionalità; surrogabilità; succedaneità.*** La possibilità di usare un'unità di un bene invece di un'altra, traendone la medesima soddisfazione. Se le unità di un bene sono perfettamente sostituibili tra loro, si verifica il principio di indifferenza e il prezzo delle varie unità nello stesso mercato e nello stesso momento risulta unico. Ciò, tuttavia, trova raramente riscontro nella pratica, in quanto le diverse unità di un bene non sono esattamente omogenee o almeno appaiono differenziate agli occhi del consumatore come conseguenza della pubblicità o di altri fattori che lo spingono a preferire il bene di un produttore a quello di un altro, anche se essi non sono diversi tra loro.
substitutability area: ***area di sostituibilità; area di sostituzione.*** L'area entro la quale è possibile la sostituzione di un bene con un altro.
substitutability zone: ***zona di sostituibilità; zona di sostituzione.*** Termine usato con lo stesso significato di *substitutability area* (v.).
substitute: 1. ***succedaneo; surrogato; bene succedaneo.*** Un bene o un fattore che può sostituirsi ad un altro nel consumo o nella produzione, dando un grado di sod-

difazione o un risultato uguale o simile a quello dato dal bene così sostituito. **2.** ***sostituto.*** Termine con il quale viene indicato un assicuratore che lavora presso i Lloyd di Londra non essendone membro.

substitute demand: ***domanda concorrenziale; domanda competitiva; domanda alternativa.*** Termine usato con lo stesso significato di *competitive demand* (v.).

substitute good: ***succedaneo; surrogato; bene succedaneo.*** Termine usato con lo stesso significato di *substitute 1* (v.).

substitute method for reducing balance: ***metodo di ammortamento della somma degli anni di prevista durata; metodo di ammortamento «americano».*** Espressione usata con lo stesso significato di *sum–of–the–years–digits method of depreciation* (v.).

substitute money: ***moneta scritturale; moneta creditizia; moneta bancaria.*** Moneta rappresentata da titoli di credito, che non sono vera e propria moneta, ma vengono generalmente accettati come tale almeno nell'ambito di certi circoli commerciali.

substitution: ***sostituzione.*** Un processo che consente di soddisfare bisogni che altrimenti resterebbero insoddisfatti, a causa della scarsità delle risorse. Consiste nel sostituire un bene ad un altro, o un fattore della produzione ad un altro, quando la soddisfazione che se ne ricava o il risultato che si realizza sono simili, se non proprio uguali. Il grado al quale un bene o un fattore possono essere sostituiti con un altro senza che ciò comporti una diminuzione di soddisfazione o di produzione indica il grado di sostituibilità dei due beni o fattori. Se tale grado è alto, cioè se i due beni o fattori sono perfettamente sostituibili l'uno all'altro, il loro prezzo di mercato, nello stesso momento e luogo, tenderà ad essere uguale; se, invece, i due beni non sono perfettamente sostituibili l'uno all'altro, i loro prezzi di mercato saranno diversi.

substitutional good: ***bene succedaneo; succedaneo; surrogato.*** Termine usato con lo stesso significato di *substitute 1* (v.).

substitution effect: ***effetto di sostituzione.*** Espressione con la quale, nel linguaggio economico, si indica l'effetto che ha, sulla domanda di un bene o di un fattore della produzione, la variazione di prezzo di un altro bene o fattore. Ad esempio, se il prezzo di un qualsiasi bene diminuisce mentre i prezzi degli altri beni e il reddito del consumatore restano invariati, quest'ultimo può aumentare la sua soddisfazione acquistando una maggiore quantità del bene il cui prezzo è diminuito e una minore quantità dei beni il cui prezzo è rimasto invariato. Il consumatore, quindi, sostituisce a ciò che è più caro ciò che è diventato meno caro, dando luogo ad un aumento della domanda globale del bene il cui prezzo è diminuito. Ma l'effetto di sostituzione si combina anche con l'effetto di reddito, a sua volta provocato dalla stessa variazione del prezzo. Nell'esempio di sopra, il prezzo più basso consente al consumatore di acquistare la stessa quantità di beni che acquistava prima, usando una minore quantità del suo reddito. Il conseguente aumento di reddito reale sarà da lui usato per aumentare la quantità totale di beni acquistati. Se, viceversa, si verifica un aumento del prezzo di un bene, ciò avrà come risultato una diminuzione della quantità domandata, perché un altro bene può, in un determinato grado, essere usato come succedaneo del bene il cui prezzo è aumentato. Quanto detto vale sia per i beni in generale, sia per i fattori della produzione. Quindi, sia l'effetto di sostituzione, sia l'effetto di reddito portano ad una relazione inversa o negativa tra prezzo e quantità domandata.

substitution effect of taxation: ***effetto di sostituzione dell'imposizione fiscale.*** La proposizione, sostenuta da alcuni economisti, che afferma che in presenza di una più alta imposizione fiscale i lavoratori tendono a ridurre la loro attività, preferendo una maggiore quantità di tempo libero e consumi. Questo effetto, secondo alcuni, viene in gran parte neutralizzato dall'effetto di reddito dell'imposizione fiscale, ma secondo la maggioranza degli addetti ai lavori, ciò non si verifica mai e una più alta pressione tributaria non fa altro che spingere i lavoratori verso attività di sussistenza e verso l'economia sommersa, due settori che notoriamente sfuggono a qualsiasi imposizione fiscale, mentre si verificano anche una riduzione del risparmio e degli investimenti e un aumento dei consumi e della fuga di capitali. (v. anche *income effect of taxation*)

substitution investment: ***investimento di sostituzione.*** Lo stesso che *replacement investment* (v.).

substitution of equivalents: ***sostituzione di equivalenti; sostituzione equivalente.*** Lo stesso che *equivalent substitution* (v.).

substitution rate: ***tasso di sostituzione; saggio di sostituzione.*** V. spiegazione sotto *marginal rate of substitution.*

substitution ratio: ***rapporto di sostituzione.*** Lo stesso che *marginal rate of substitution* (v.).

sub–tenancy: ***subaffitto; sublocazione.*** Termine usato come sinonimo di *sublease* (v.).

sub–tenant: ***sublocatario; subaffittuario.*** Termine usato come sinonimo di *sub–lessee* (v.).

subterranean economy: ***economia sotterranea.*** Lo stesso che *black economy* (v.).

sub–underwriter: ***secondo sottoscrittore.*** Nel linguaggio finanziario, indica un sottoscrittore che acquista da un altro sottoscrittore una parte di una nuova emissione di titoli. In questo caso, il primo sottoscrittore può essere un sindacato di garanzia e collocamento titoli che acquista un'intera emissione azionaria o obbligazionaria e il secondo sottoscrittore può essere rappresentato da una banca o altra istituzione finanziaria, che acquista una parte dell'emissione dal sindacato suddetto.

sub–underwriting commission: ***commissione di seconda sottoscrizione.*** La commissione riconosciuta al secondo sottoscrittore in relazione a una nuova emissione di valori mobiliari.

suburbanization: ***suburbanizzazione.*** Massiccio spostamento della popolazione residente, e spesso anche di centri direzionali e imprese, verso la periferia di una grande metropoli. È un fenomeno che si manifesta in maniera sempre più macroscopica, via via che aumenta il numero delle persone che vivono in aree metropolitane che non sono in grado di accoglierle e nelle quali gli standard di vivibilità diventano sempre più bassi come conseguenza dell'alto grado di congestione.

suburban population: ***popolazione suburbana.*** La popolazione che abita nelle zone periferiche di grandi città, quali Londra, New York, Tokyo, ecc., e che giornalmente si sposta per lavoro da casa alla città e viceversa. Il fenomeno della popolazione suburbana, che pure era presente nel secolo scorso e nei primi decenni di questo secolo, ha avuto uno sviluppo drammatico particolarmente dagli anni trenta in poi.

subvention: ***sovvenzione; sussidio.*** Termine a volte usato come sinonimo di *subsidy 1* e *2* (v.).

subvention payment: ***sovvenzione.*** Questo termine differisce da *subsidy* (v.) in quanto viene usato per indicare trasferimenti di moneta da una società ad un'altra società sua consociata o facente parte dello stesso gruppo di imprese. Una volta, tali trasferimenti trovavano la loro giustificazione nella minore quantità di imposte che il gruppo nel complesso era tenuto a pagare se una delle società aveva utili rilevanti e un'altra, o più di un'altra, denunciava invece delle perdite. Oggi ciò non ha più rilevanza e tali trasferimenti possono trovare giustificazione soltanto nel desiderio di creare una buona immagine, dal punto di vista degli utili, di una qualsiasi delle società del gruppo.

succession: ***successione.*** Il subentrare nei diritti di proprietà, o di altro genere, che facevano capo ad una persona ora non più esistente.

succession duty: ***imposta di successione; imposta successoria.*** L'imposta che è tenuto a pagare chi subentra nei diritti di proprietà di una persona deceduta. Generalmente, l'imposta di successione è tanto più alta quanto più remoto è il grado di parentela tra erede e defunto. Questo tipo di imposta fu adottata per la prima volta nel Regno Unito nel 1853, in modo da colpire qualsiasi tipo di eredità non soggetta alla cosiddetta *legacy duty* (v.). Ambedue le imposte, la *succession duty* e la *legacy duty*, furono abolite con la legge finanziaria del 1949 e sostituite con la cosiddetta *estate duty* (v.) che, a sua volta, fu abrogata nel 1975 per essere accorpata all'imposta sui trasferimenti di capitale.

succession tax: ***imposta di successione; imposta successoria.*** Termine generico che, negli Stati Uniti, indica qualsiasi tipo di imposta che colpisce il trasferimento di beni mobili e immobili tra un defunto e coloro che gli succedono nei diritti di proprietà.

successor: ***successore.*** Chi subentra nei diritti di proprietà, o di altra natura, di un defunto o di un'altra persona che aliena tali diritti. In particolare, il termine viene usato nel linguaggio commerciale per indicare colui che rileva un esercizio o un'impresa.

successor company: ***società rilevante.*** La società che subentra ad un'altra nella gestione di un'impresa o di una qualsiasi altra attività.

sucker list: Termine del gergo finanziario statunitense, con il quale si indica un elenco di persone che già possiedono valori mobiliari ed alle quali viene inviato materiale propagandistico da parte di una *boiler room* (v.).

sucre: Unità monetaria dell'Ecuador, suddivisa in cento centavos.

to sue: ***citare in giudizio.*** Chiamare qualcuno in giudizio dinanzi ad un tribunale civile per il recupero di un credito, il risarcimento di danni, l'esecuzione di un'obbligazione assunta e simili.

sue and labour clause: ***clausola della tutela legale e materiale.*** Nelle polizze di assicurazione marittima, è la clausola che autorizza l'assicurato a prendere tutte le iniziative necessarie allo scopo di contenere i danni derivanti dal verificarsi di un sinistro. In base ad essa, l'assicuratore sarà responsabile, nei confronti dell'assicurato, di qualsiasi spesa o perdita prudentemente sostenuta da quest'ultimo nel tentativo di salvare, proteggere o ricuperare l'oggetto assicurato nell'imminenza di un pericolo.

Suez Canal clause: ***clausola del Canale di Suez.*** Nelle assicurazioni marittime, è la clausola che stabilisce che se una nave tocca il fondo del Canale di Suez, ciò non deve essere considerato alla stessa stregua dell'arenamento. Tuttavia, l'assicuratore sarà responsabile degli eventuali danni che ne dovessero derivare. (v. anche *stranding*)

sufferance: ***bolletta di merce in franchigia doganale.*** La bolletta doganale che accompagna merci esenti da dazio, purché esse vengano caricate o scaricate in un *sufferance wharf* (v.).

sufferance goods: ***merci in franchigia doganale.*** Sono le merci che possono essere caricate o scaricate da o su un *sufferance wharf* (v.).

sufferance wharf: ***banchina franca.*** Nel linguaggio doganale, è una banchina specificamente autorizzata dall'amministrazione delle dogane, ove si possono caricare o sbarcare merci in esenzione doganale in base a determinate condizioni.

sufficient condition: ***condizione sufficiente.*** È così indicata la proprietà di una proposizione che si trova in relazione tale con un'altra che la seconda discende logicamente o è deducibile dalla prima. Tutti gli enti che possiedono la condizione sufficiente sono atti a verificare la proposizione in questione e la verità della prima è negata se la seconda non è ammessa.

Suffolk bank system: ***sistema bancario Suffolk.*** Espressione con la quale si indica un piano messo in atto nel 1837 nel Massachusetts, subito dopo la crisi economica che ebbe luogo nello stesso anno. In base a tale piano, la banca Suffolk ed altre sette banche di Boston si impegnarono ad accettare e onorare soltanto le banconote emesse dalle banche di provincia che tenevano un conto, sufficiente per il rimborso di tali banconote, presso la banca Suffolk o una qualsiasi delle altre sette banche. Il piano ebbe l'effetto di mantenere stabile l'intera circolazione di banconote dello stato del Massachusetts.

Sugar Board: Ente istituito dal governo britannico nel 1956. In base al *Commonwealth Sugar Agreement*, esso acquista la produzione di zucchero dei paesi del Commonwealth a prezzi concordati di anno in anno e lo rivende ai paesi consumatori al prezzo di mercato. Lo scopo per cui fu istituito questo ente è quello di stabilizzare il prezzo dello zucchero, dal quale dipende l'economia di molti paesi produttori.

suggestion: ***suggerimento; proposta.*** All'interno di un'impresa o altre organizzazioni, i dipendenti sono spesso stimolati a fare proposte o suggerimenti che possano migliorare la produttività, rendere più spedito il lavoro o, comunque, contribuire a risolvere determinati problemi. I suggerimenti, che vengono depositati dai dipendenti in un'apposita cassetta, sono poi oggetto di valutazione da parte di un comitato e quelli tra i suggerimenti esaminati che vengono ritenuti interessanti, sono fatti oggetto di studio più approfondito. Se, poi, vengono effettivamente applicati, i dipendenti che li hanno proposti vengono remunerati con un premio, che può assumere la forma di una somma di denaro, di una vacanza, di un viaggio pagato e simili. (v. anche *remuneration of suggestions*)

suggestion box: ***cassetta dei suggerimenti; cassetta delle idee.*** È la cassetta nella quale i dipendenti di un'impresa o altra organizzazione possono depositare le loro idee o i loro suggerimenti. (v. anche *suggestion*)

suggestion case: ***cassetta dei suggerimenti; cassetta delle idee.*** Termine usato come sinonimo di *suggestion box* (v.).

suggestion committee: ***comitato per la valutazione dei suggerimenti.*** Il comitato che, all'interno di un'impresa o altra organizzazione, valuta i suggerimenti dei dipendenti al fine di accertare l'utilità e la fattibilità di quanto proposto.

suggestion scheme: ***sistema dei suggerimenti.*** Procedura in base alla quale i dipendenti di un'impresa o altra organizzazione vengono spinti a proporre idee originali che possono contribuire a migliorare i metodi di lavorazione con un conseguente risparmio di costi per l'impresa.

suing and labouring clause: ***clausola della tutela le-***

gale e materiale. Termine usato come sinonimo di *sue and labour clause* (v.).

suli: Unità monetaria della Guinea, suddivisa in cento cauris.

sum insured: ***somma assicurata.*** È la somma garantita da una polizza di assicurazione in caso di sinistro e costituisce il massimo che l'assicuratore è tenuto a versare all'assicurato. Nelle polizze di assicurazione sulla vita, è la somma che l'assicuratrice si impegna a versare alla scadenza della polizza o alla morte dell'assicurato.

summarizing entry: ***registrazione riassuntiva.*** È la registrazione che, in un giornale, viene fatta nella parte inferiore delle colonne, per indicare che il dare e l'avere coincidono.

summary account: ***conto sommario; conto sintetico.*** Termine usato con lo stesso significato di *closing account* (v.).

summary administration: ***amministrazione sommaria.*** Procedura ammessa dal *Bankruptcy Act* del 1914. Prevede che nel caso in cui il patrimonio del fallito non superi le trecento sterline, esso può essere amministrato in maniera più semplice che nel caso di un'ordinaria procedura fallimentare. L'articolo 129 della suddetta legge stabilisce il caso in cui tale procedura è applicabile e in che cosa essa differisce dalla procedura ordinaria.

summary book: ***libro sommario.*** Il libro contabile tenuto da circoli, associazioni di mutua assistenza e altre organizzazioni che non perseguono scopo di lucro. Vi si registrano i contributi versati dai soci e le spese sostenute dall'associazione.

summary dismissal: ***licenziamento in tronco.*** Il licenziamento che ha effetto immediato e che non prevede un periodo di preavviso né il pagamento di un'indennità in luogo del preavviso. Un tale provvedimento deve essere giustificato ampiamente e di solito si prende quando il dipendente si rende colpevole di furto, assenteismo, disobbedienza grave o recidiva o altre mancanze altrettanto gravi.

summary index: ***indice sommario; indice sintetico.*** Numero indice che riassume vari indici particolari relativi a determinate categorie omogenee di beni e servizi e ne misura le variazioni di prezzo nell'arco di tempo preso in esame. (v. anche *item index*)

summer time: ***ora legale.*** Termine usato con lo stesso significato di *daylight saving time* (v.).

sum–of–digits method of depreciation: ***metodo di ammortamento «americano».*** Lo stesso che *sum–of–the–years–digits method of depreciation* (v.).

sum–of–expected–life–periods method of depreciation: ***metodo di ammortamento della somma degli anni di prevista durata; metodo di ammortamento «americano».*** Espressione usata come sinonimo di *sum–of–the–years–digits method of depreciation* (v.).

sum–of–the–years–digits method of depreciation: ***metodo di ammortamento della somma degli anni di prevista durata; metodo di ammortamento «americano».*** È uno dei metodi di ammortamento a quote proporzionali ai valori residui, una volta diffuso sia nel Regno Unito che negli Stati Uniti, ma oggi caduto in disuso in quanto la suddivisione del costo mediante questo metodo risultava interamente arbitraria. Il metodo implica la determinazione di una quota di ammortamento annua mediante l'applicazione, al costo iniziale di un'attività, di una frazione al cui numeratore si trova il numero degli anni di vita restanti, incluso quello corrente, e al denominatore la somma di tutti i numeri che, di anno in anno, rappresenteranno il numeratore. Ad esempio, per un'attività che si prevede offra servizio utile per altri cinque anni, si applicherebbe al costo iniziale una frazione costituita da 5 al numeratore e 5+4+3+2+1 al denominatore, il che corrisponderebbe grosso modo ad un 33 per cento per l'anno in corso. Nell'anno successivo, la frazione sarebbe costituita da 4 al numeratore e 15 al denominatore, il che corrisponderebbe al 27 per cento; e così via. Questo metodo di ammortamento veniva giustificato adducendo l'argomento che nei primi anni di vita l'ammortamento deve essere più consistente che negli ultimi anni, durante i quali sono maggiori i costi di manutenzione e riparazioni.

sumptuary laws: ***leggi suntuarie.*** Leggi che mirano ad impedire il consumo di determinati beni, ritenuti dannosi per la salute del cittadino o per il benessere della comunità. In passato, lo stesso termine veniva usato per indicare quelle leggi che miravano a limitare gli eccessi nel consumo di beni di lusso o nelle spese ritenute di lusso.

sumptuary tax: ***imposta suntuaria.*** Una qualsiasi delle imposte indirette che colpiscono gli articoli non ritenuti essenziali per un normale tenore di vita e, pertanto, molto più alte di quelle che colpiscono gli articoli ritenuti necessari. Poiché, tuttavia, la domanda di beni di lusso è più elastica di quella di beni di prima necessità, il gettito delle imposte indirette su questi ultimi risulta generalmente più alto di quello derivante dalle imposte sui beni di lusso.

sun belt: ***fascia del sole; zona del sole.*** Nel linguaggio economico statunitense, questo termine viene usato per indicare le regioni a rapida crescita industriale ed economica del sud e del sud–ovest degli Stati Uniti.

sund.: sundries.

sundries: ***diversi.*** In contabilità, il termine inglese indica vari piccoli articoli o spese raggruppati insieme.

sundries account: ***conto creditori e debitori diversi.*** Termine usato come sinonimo di *sundry account* (v.).

sundries file: ***fascicolo diversi.*** Fascicolo nel quale vengono raccolti e custoditi documenti e lettere relativi a vari argomenti o clienti, specialmente quando i rapporti non sono tali da richiedere un singolo fascicolo per ciascuno di loro.

sundry account: ***conto creditori diversi; conto debitori diversi; conto debitori e creditori diversi.*** È il conto che compare nel mastro degli acquisti o nel mastro delle vendite, o in entrambi, nel quale vengono registrate le operazioni con persone che non sono né clienti né fornitori abituali. Se si tratta di un conto unico, esso raccoglie sia i crediti sia i debiti sorti occasionalmente nei confronti di «diversi», quali potrebbero essere acquirenti di attività fisse smobilitate, istituti di previdenza, il fisco, ecc. Al fine, però, di avere una più esatta visione della situazione patrimoniale, è opportuno, a fine esercizio, scindere il conto in due conti analitici, il conto creditori diversi e il conto debitori diversi, che vanno poi chiusi nell'articolo finale «diversi a diversi».

sundry creditors: ***creditori diversi.*** V. spiegazione sotto *sundry account.*

sundry creditors account: ***conto creditori diversi.*** Nel linguaggio bancario, questo termine indica un conto al quale possono venire imputate operazioni con individui che non sono clienti della banca o che non intrattengono con essa un rapporto di conto corrente. Lo stesso conto può essere, inoltre, usato per varie altre operazioni che non rientrano in alcun conto particolare. Per una spiegazione del termine nell'uso che se ne fa in contabilità ordinaria, v. *sundry account.*

sundry debtors: ***debitori diversi.*** V. spiegazione sotto *sundry account.*

sundry debtors account: ***conto debitori diversi.*** V. spiegazione sotto *sundry account.*

sundry persons account: ***conto persone diverse.*** Termine usato con lo stesso significato di *sundry creditors account* (v.).

Sun Insurance Co. Ltd.: È la più antica società di assicurazione che operi nel Regno Unito, essendo stata fondata nel 1710.

sunk cost: ***costo sommerso; costo pregresso.*** Un costo passato e non ricorrente, relativo a decisioni che non possono essere modificate e di solito connesso ad impianti specialistici o altre attività fisse non sempre né facilmente adattabili alle esigenze presenti o future. Indica, pertanto, un costo relativo all'acquisizione di attività fisse ormai completamente ammortizzate, che possono essere ancora utilizzabili o che sono state eliminate, ma non vendute, perché superate da nuovi modelli o dal progresso tecnologico. Comunque, è un costo che, essendo ormai inalterabile, non ha alcuna rilevanza in rapporto a decisioni correnti relative ad un corso di azione alternativo. Il termine è usato come opposto di costo vivo corrente. (v. anche *current-outlay cost*)

sunken cost: ***costo sommerso; costo pregresso.*** Variante di *sunk cost* (v.).

sunrise industries: ***industrie emergenti; industrie in espansione.*** Le industrie che operano in settori di forte crescita come, ad esempio, oggigiorno le industrie dell'elettronica, dei servizi, delle telecomunicazioni, della robotica e simili, nelle quali la produzione pro capite aumenta in termini reali nel tempo e che vengono considerate come i pionieri tecnologici del futuro. Questo tipo di industrie è caratterizzato dalla produzione per lotti di beni non standardizzati, che può facilmente essere cambiata a seconda della richiesta del mercato.

sunset industries: ***industrie in declino; industrie in contrazione.*** Le industrie che operano in settori più deboli e meno competitivi e nelle quali la produzione pro capite diminuisce in termini reali nel tempo. Questo tipo di industrie è caratterizzato dalla produzione di massa di beni standardizzati.

sun-spot theory: ***teoria delle macchie solari.*** La teoria che tenta di porre in relazione le fluttuazioni ricorrenti del ciclo economico con le periodiche apparizioni delle macchie solari. La teoria sostiene che la diversa intensità dei raggi solari porta buoni o cattivi raccolti che, a loro volta, influiscono sulla vita economica. Fu proposta dall'economista inglese Stanley Jevons, che si basò sull'apparente regolarità degli intervalli decennali tra crisi economiche nel diciannovesimo secolo.

to superannuate: ***giubilare.*** Collocare a riposo da un impiego, con diritto alla pensione, dopo che è stato raggiunto il limite di età pensionabile.

superannuation: **1.** ***pensione di vecchiaia.*** Termine usato con lo stesso significato di *old age pension* (v.). **2.** ***giubilazione.*** Collocamento a riposo da un impiego, con diritto alla pensione, dopo che è stato raggiunto il limite di età pensionabile.

superannuation annuity: ***pensione di vecchiaia.*** Termine usato con lo stesso significato di *old age pension* (v.).

superannuation fund: ***fondo pensioni.*** Termine usato con lo stesso significato di *pension fund* (v.).

superannuation payment: ***trattenuta per il fondo pensioni; contributo pensionistico; contributo al fondo pensioni.*** Termine usato con lo stesso significato di *pension contribution* (v.).

superannuation scheme: ***piano di giubilazione; programma di giubilazione.*** Termine usato con lo stesso significato di *pension plan* (v.).

supercargo: ***sopraccarico.*** Nel linguaggio dei trasporti marittimi è l'ufficiale di bordo che sovrintende alle operazioni di carico ed ha la custodia delle merci imbarcate. Lo stesso termine viene usato per indicare una persona di fiducia dell'armatore o del caricatore, che si imbarca su una nave da carico col compito specifico di custodire un bene di particolare importanza.

supercity: ***supercittà.*** Una grande area urbana, formata dall'espansione e graduale fusione di due o più città in origine relativamente distanti l'una dall'altra. Lo stesso termine viene usato come sinonimo di megalopoli, nel significato comunemente dato a quest'ultimo. (v. anche *megalopolis*)

supercycle: ***superciclo.*** Lo stesso che *Kondratieff cycle* (v.).

supercycle theory: ***teoria del superciclo.*** La teoria esposta sotto *Kondratieff cycle* (v.).

superfluities: ***superfluità; beni superflui.*** Beni non strettamente necessari, generalmente in eccesso dei propri bisogni.

super gold tranche: ***superquota aurea.*** Credito disponibile per alcuni paesi membri del Fondo Monetario Internazionale, che può essere prelevato automaticamente e senza condizioni, pur andando al di là della quota aurea del paese. La superquota aurea viene a costituirsi a favore di un paese quando viene prelevata dal Fondo valuta di quel paese e l'entità di tale superquota corrisponde alla differenza tra la disponibilità di valuta di quel paese presso il Fondo e la quantità di quella stessa valuta versata dal paese al Fondo e corrispondente al 75 per cento della sua quota di contribuzione. Ad esempio, se un paese ha contribuito al Fondo Monetario Internazionale con 100, di cui 25 in oro e 75 in valuta e se successivamente il Fondo concede prestiti in quella valuta per, diciamo, 30, la superquota aurea a disposizione di quel paese ammonterà a 30 fino a quando non interverranno restituzioni o depositi di quella valuta.

superhighway: ***autostrada.*** Termine usato con lo stesso significato di *expressway* (v.).

super income tax: ***imposta sul reddito addizionale.*** Termine usato nel linguaggio comune per indicare la *surtax 1* (v.).

superintendence factor: ***fattore sorveglianza.*** Nel procedimento di imputazione dei costi comuni basato sul metodo dei fattori di servizio, è il fattore relativo al servizio di sorveglianza dei reparti produttivi.

superintendent: ***sorvegliante; sovrintendente; capo reparto; responsabile di un settore.*** È la persona preposta al controllo di un gruppo di operai o di impiegati o di un intero reparto.

superior goods: ***beni di qualità superiore.*** Beni il cui prezzo li rende inaccessibili ad una larga fascia sociale. È possibile, tuttavia, che a seguito dell'effetto di dimostrazione, il consumatore si rivolga verso questi beni pur non potendoseli permettere e viva, così, al di sopra delle proprie possibilità. (v. anche *demonstration effect*)

supermarket: ***supermercato.*** Negozio della grande distribuzione, che effettua la vendita di un assortimento pressocché completo di prodotti alimentari, mentre una percentuale del dieci o venti per cento dello spazio è destinata alla vendita di alcuni prodotti non alimentari di uso domestico, generalmente preconfezionati e di peso e prezzo prefissati. Questi negozi applicano il sistema delle vendite a self-service per la totalità o per la maggior parte dei prodotti che trattano, il che permette al consumatore di scegliere e prelevare liberamente i beni che intende acquistare, pagandoli all'uscita del negozio, dove sono collocati gli appositi registratori di cassa. L'Associazione dei supermarket britannica definisce supermercati i negozi che dedicano all'esposizione e alla vendita uno spazio inferiore agli 8.000 metri quadrati. Caratteristiche gestionali dei supermercati sono: contenimento dei prezzi di vendita, grazie alla notevole massa di prodotti esitati, alla grande rotazione delle scorte e al risparmio di costi generali; disponibilità di prodotti di varie marche, il che offre al cliente ampia possibilità di scelta; uso di particolari attrezzature, ad esempio banchi frigoriferi, per la conservazione di merci deperibili; ubicazione in zone di facile accesso con opportune strutture di parcheggio auto. (v. anche *superstore, hypermarket*)

super money: *supermoneta.* Lo stesso che *world currency* (v.).

super negotiable order of withdrawal account: *superconto a ordini di prelievo negoziabili.* Conto bancario, usato negli Stati Uniti, simile al *negotiable order of withdrawal account* (v.) dal quale differisce per il fatto che il tasso d'interesse riconoscibile al suo titolare non è soggetto a limiti imposti per legge, come invece si verifica per i *NOW accounts.* Si tratta di un conto che prevede un saldo attivo minimo di discreta entità, il che giustifica il trattamento, che può tenere solo chi è già titolare di un *NOW account.*

superneutral: *superneutrale.* Aggettivo usato in relazione alla moneta che possiede la caratteristica descritta sotto *superneutrality* (v.).

superneutrality: *superneutralità.* 1) La caratteristica posseduta dalla moneta quando le variazioni del tasso di crescita dell'offerta di moneta non hanno alcun effetto sul tasso di crescita del prodotto reale nel lungo periodo. 2) Stranamente, perché così si presta a generare confusione, lo stesso termine viene usato nel contesto di discussioni sulla politica di stabilizzazione e si dice che la moneta possiede superneutralità quando le variazioni sistematiche dell'offerta di moneta, indotte dalla politica monetaria, non hanno effetto alcuno sulle variabili reali, neppure nel breve termine.

super-normal profit: *superprofitto; profitto supernormale.* Il profitto che va al di là di quello normale e che è considerato un fenomeno di squilibrio di breve periodo.

supernumerary income: *reddito discrezionale.* Termine usato con lo stesso significato di *discretionary income* (v.).

super profit: *superprofitto.* Termine usato come sinonimo di *super-normal profit* (v.).

superscription: *intestazione.* In una lettera commerciale, è il nome e l'indirizzo della persona o dell'organizzazione cui la lettera è diretta.

superseniority: *superanzianità.* Termine, di uso statunitense, con il quale si indica una posizione di privilegio concessa a determinati lavoratori, ad esempio reduci di guerra o dirigenti sindacali. Il privilegio consiste nell'essere messi in testa alla lista di anzianità, con tutti i diritti che ciò comporta nei confronti degli altri lavoratori. Ad esempio, in caso di riduzione di personale, i primi ad essere licenziati sono coloro che vantano una minore anzianità di servizio. Se si segue tale prassi, coloro che si trovano in testa alla lista di anzianità sono pressocché certi di non venire licenziati, perché ciò corrisponderebbe alla chiusura dell'impresa per la quale lavorano.

supersession: *superamento.* Insieme all'inadeguatezza è considerato, da alcune concezioni contabili, uno dei due elementi che determinano l'obsolescenza di un'attività fissa. Deriva dal progresso tecnologico applicato alla costruzione di macchine più moderne ed efficienti e dai progressi realizzati nella progettazione di nuovi metodi di produzione. (v. anche *inadequacy*)

supersmart card: *carta superintelligente.* Generazione di carta magnetica più avanzata della *smart card* (v.) che, inserita in un'apposita rete, consente di effettuare investimenti in borsa, trasferire fondi o semplicemente acquistare beni e servizi vari.

superstore: *grande supermercato.* Punto di vendita che per dimensioni e articoli trattati si pone tra il supermercato e l'ipermercato. Tecnicamente può definirsi come una struttura a unico piano, con un'area tra gli 8000 e i 14000 metri quadrati e un parcheggio capace di ospitare almeno 250 automobili. Questi negozi vendono per lo più derrate alimentari, ma circa il 30% degli articoli trattati può essere di generi diversi, quali accessori per automobili, articoli per la casa e prodotti per il «fai da te».

super tare: *sopratara.* È la tara calcolata in più del normale, allo scopo di tener conto di variazioni di peso dell'imballaggio o del contenitore a seguito di bagnatura, riparazioni e simili.

supertax: *imposta sul reddito addizionale.* Nel Regno Unito, prima del 1927, si indicava con questo termine l'imposta introdotta nel 1909 e successivamente chiamata *surtax* (v.).

to supervise: *supervisionare.* Avere la responsabilità del controllo direttivo sul lavoro svolto da altri.

supervision: 1. *supervisione.* Controllo sul lavoro svolto da operai o impiegati da parte di supervisori. **2. *vigilanza.*** V. spiegazione sotto *bank supervision.*

supervisor: *supervisore.* Persona preposta al controllo direttivo di un certo numero di lavoratori o di funzioni. Può essere un capo ufficio, un capo officina o il capo di un gruppo di agenti, il cui lavoro egli organizza e controlla.

supervisory responsibility: *responsabilità di supervisione.* La responsabilità, generalmente accompagnata da un certo grado di autorità, relativa alle funzioni di un supervisore.

supplemental appropriation: *stanziamento supplementare.* Nella contabilità di stato, è uno stanziamento, approvato dal parlamento, che va ad aggiungersi ad un altro stanziamento precedentemente deciso. Lo stanziamento supplementare si rende necessario quando diventa palese l'insufficienza di quello che esso va ad integrare o perché quest'ultimo era troppo limitato o perché al progetto originale che esso finanzia si sono aggiunte nuove funzioni e responsabilità che non erano state considerate all'epoca del primo stanziamento e per le quali, pertanto, non esiste copertura finanziaria.

supplemental benefits: *emolumenti accessori.* Termine usato con lo stesso significato di *supplemental wage payments* (v.).

supplemental list: *listino supplementare.* Un listino preparato dalla borsa valori di Londra in relazione ad operazioni sul mercato ristretto, cioè operazioni di compravendita titoli di società non ufficialmente quotate in borsa.

Supplemental Security Income: Nome con il quale è oggi conosciuto negli Stati Uniti il programma di assistenza federale agli anziani, agli inabili al lavoro e ai non vedenti bisognosi, precedentemente prestata dai singoli stati e nota come *public assistance.*

supplemental unemployment benefit: *sussidio inte-*

grativo di disoccupazione; indennità supplementare di disoccupazione. Qualsiasi indennità, ricevuta da un lavoratore disoccupato e proveniente da piani privati di assicurazione contro la disoccupazione, oltre l'indennità versatagli dallo stato e proveniente dalle assicurazioni sociali. È un sistema di integrazione molto diffuso negli Stati Uniti e di solito finanziato dalle imprese, a seguito di pressioni sindacali. Tali indennità supplementari fanno salire i guadagni dei lavoratori disoccupati dal 40–45% versato dallo stato al 60–65% dello stipendio di cui essi godevano quando erano in attività di servizio.

supplemental wage payments: ***emolumenti accessori.*** Emolumenti che non fanno parte del salario vero e proprio, quali ad esempio l'indennità di mensa, l'indennità di viaggio e simili. (v. anche *fringe benefits*)

supplementary allowance: ***indennità integrativa; indennità supplementare.*** Nel Regno Unito, questo termine indica il pagamento, da parte dello stato, di un ammontare di denaro extra che va ad aggiungersi al salario o all'indennità di disoccupazione, con lo scopo di adeguare questi ultimi al livello del costo della vita.

supplementary benefit: ***indennità integrativa; indennità supplementare.*** Il pagamento, da parte dello stato, di una indennità in moneta in base al *Supplementary Benefits Act* del 1966. Per i lavoratori disoccupati o in attività di servizio l'indennità integrativa viene chiamata *supplementary allowance* (v.), mentre quella pagata ai pensionati viene chiamata *supplementary pension* (v.).

supplementary cost: ***costo supplementare.*** Termine una volta usato come sinonimo di costo fisso, ma oggi caduto in disuso (v. anche *fixed costs*). Nella teoria keynesiana, viene indicato con questo termine il deprezzamento degli impianti (a seguito di variazione dei valori di mercato, obsolescenza, ecc.) involontario ma non imprevisto; ossia, l'eccedenza del deprezzamento previsto sul costo delle utilizzazioni. Keynes, tuttavia, fa presente che questo concetto è applicabile tanto al capitale fisso quanto al capitale d'esercizio e al capitale liquido.

supplementary deposits: ***depositi supplementari.*** Lo stesso che *supplementary special deposits* (v.).

Supplementary Deposits Scheme: ***Piano dei depositi supplementari.*** Il piano descritto sotto *supplementary special deposits* (v.).

supplementary estimate: ***previsione di spesa supplementare.*** Nella contabilità di stato, si indica con questo termine una richiesta formale presentata dal governo al parlamento per lo stanziamento di fondi supplementari, da aggiungersi a quelli già stanziati per il corrente anno finanziario o per un particolare capitolo di spesa. Tale richiesta porta all'approvazione di uno stanziamento supplementare da parte del parlamento. (v. anche *supplemental appropriation*)

supplementary financing: ***finanziamento supplementare; prestito supplementare.*** Facilitazione introdotta dal Fondo Monetario Internazionale nel 1979 allo scopo di prestare assistenza ai paesi in via di sviluppo che si trovavano a dover fronteggiare gravi squilibri della bilancia dei pagamenti derivanti dai forti aumenti del prezzo del petrolio. Questo finanziamento andava a integrare le quote di credito, così che il paese interessato era in grado di prelevare maggiori fondi per periodi più lunghi, ma a condizioni imposte dal FMI, che stabiliva col paese mutuatario obiettivi di politica economica che, una volta realizzati, davano luogo alla fornitura di ulteriore credito da parte del FMI. (v. anche *compensatory financing, credit tranche*)

supplementary invoice: ***fattura supplementare.*** Fattura emessa in un secondo momento, ad integrazione di quella precedentemente inviata. Può essere necessaria quando, oltre al costo delle merci, si devono fatturare a parte le spese di spedizione e assicurazione.

supplementary levy: ***dazio supplementare.*** È un'imposizione supplementare sull'importazione di determinati prodotti agricoli, in base alla politica agricola comunitaria.

supplementary pension: ***indennità integrativa; pensione supplementare.*** Non si tratta esattamente di una pensione addizionale, bensì di un'indennità integrativa che viene pagata nel Regno Unito ai titolari di pensioni, allo scopo di adeguarle al livello del costo della vita. L'entità di questa indennità integrativa non è uguale per tutti, ma dipende dal reddito complessivo di ciascun pensionato e dalle spese fisse che egli deve sostenere, quali ad esempio canone di fitto, imposte e simili.

supplementary special deposits: ***depositi speciali supplementari.*** Allo scopo di controllare più da vicino il tasso di espansione monetaria, nel dicembre del 1973 la Banca d'Inghilterra introdusse un piano supplementare per il controllo del credito. Esso prevedeva che si penalizzasse qualsiasi aumento dei depositi fruttiferi delle banche oltre un determinato livello, imponendo loro di trasferire alla Banca d'Inghilterra, sotto forma di depositi supplementari infruttiferi, l'ammontare eccedente il livello stabilito. Tali depositi speciali supplementari venivano calcolati secondo una scala progressivamente crescente e ciò limitò la capacità delle banche di ampliare il credito senza, peraltro, far salire i tassi d'interesse a breve termine e quelli dei prestiti bancari. I depositi supplementari furono aboliti nel 1980. (v. anche *special deposits*)

supplier: ***fornitore.*** Questo termine è spesso usato come sinonimo di venditore per indicare una persona o un'impresa che fornisce beni o servizi con regolarità e dietro pagamento del relativo prezzo. (v. anche *seller*)

supplier credit: ***credito di fornitura; credito mercantile.*** Termine usato con lo stesso significato di *trade credit 1* (v.). Nella terminologia relativa al finanziamento del commercio internazionale, il termine inglese indica un tipo di credito in base al quale l'esportatore ottiene un finanziamento da una banca, che copre il periodo che va dalla spedizione delle merci al relativo pagamento da parte dell'importatore straniero.

supplier's monopoly: ***monopolio di vendita; monopolio del venditore.*** Termine usato con lo stesso significato di *sellers' monopoly* (v.).

supplies: ***scorte; forniture.*** In ragioneria, questo termine è spesso usato come sinonimo di *stores 2* (v.).

supplies inventory: ***scorta forniture.*** La scorta di forniture di varia natura, necessarie al funzionamento di uno stabilimento o di un ufficio. (v. anche *stores 2*)

supply: 1. ***offerta.*** Nel linguaggio economico, questo termine indica la quantità di un bene o servizio effettivamente offerta in vendita in un particolare momento e ad un particolare prezzo, da un singolo venditore o da tutti i venditori di quel determinato bene o servizio in un mercato. Insieme alla domanda, l'offerta costituisce le forze che influenzano il prezzo di mercato di un bene o servizio e quanto più alta è l'offerta, generalmente tanto più basso è il prezzo di mercato, mentre quanto più alto è il prezzo che il consumatore è disposto a pagare, tanto più alta tende ad essere l'offerta. Vi sono casi, tuttavia, in cui l'offerta di un bene è fissa, cioè non può cambiare nel breve o medio periodo anche in presenza di una grande domanda e, di conseguenza, di un alto prezzo che il consumatore è disposto a pagare, come avviene ad esempio per l'offerta di abitazioni o di terreni nelle grandi città. Nel breve termine, può considerarsi fissa l'offerta di qualsiasi tipo di bene o servizio, ma poiché l'offerta ad un dato prezzo dipende dal costo di produzione del bene o servizio, o per meglio dire dal suo costo marginale, se il prezzo di mercato è basso l'offerta resterà bassa, perché continueranno a produrre soltanto le imprese con bassi costi di produzione; se, invece, il prezzo di mercato è alto, saranno invogliate a produrre anche le imprese ad alto costo di produzione, mentre quelle a bassi costi saranno stimolate ad ampliare la produzione. **2.** ***scheda di offerta; lista di offerta; schedula di offerta.*** Il termine inglese è a volte usato nel significato più ampio di *supply schedule* (v.). **3.** ***fornitura; approvvigionamento; somministrazione.*** In un significato più limitato, il termine inglese è usato per indicare una singola quantità di un bene o servizio venduta in unica soluzione da un fornitore ad un compratore. Lo stesso termine indica la somministrazione di servizi da parte delle imprese di pubblici servizi.

supply and demand curves: ***curve della domanda e dell'offerta.*** La presentazione grafica delle funzioni della domanda e dell'offerta, che mostra la quantità di un determinato bene che sarà offerta per unità di tempo ad ogni dato prezzo e la quantità dello stesso bene che sarà acquistata per unità di tempo ad ogni dato prezzo. Il prezzo di equilibrio, dato dalla intersezione delle due curve, è quello al quale verrà assorbita tutta la quantità di quel bene offerta sul mercato. Se interviene una variazione delle condizioni e ad un qualsiasi dato prezzo l'offerta del bene aumenta, il prezzo di equilibrio sarà più basso. Viceversa, se la quantità offerta diminuisce ad un qualsiasi dato prezzo, il prezzo d'equilibrio sarà più alto. Le stesse variazioni del prezzo di equilibrio interverranno in presenza di corrispondenti variazioni in aumento o in diminuzione della quantità domandata sul mercato.

supply conditions: ***condizioni dell'offerta.*** Termine usato in alternativa a *conditions of supply* (v.).

supply contract: ***contratto di fornitura; contratto di somministrazione.*** Contratto in base al quale un venditore si impegna a fornire determinate quantità di beni o servizi ad un compratore, in un arco di tempo definito o indeterminato, in modo continuativo o mediante partite inviate ad intervalli più o meno regolari.

supply curve: ***curva dell'offerta.*** Presentazione grafica dell'offerta di un bene o servizio, con i prezzi sull'asse verticale e le quantità di prodotto sull'asse orizzontale; la curva che unisce i punti indica le differenti quantità di prodotto che i venditori sono disposti a vendere a ciascun differente prezzo. È, in altre parole, la rappresentazione grafica della scheda di offerta. La curva dell'offerta è generalmente orientata verso l'alto da sinistra a destra, il che indica un aumento dell'offerta se i prezzi di altri beni diminuiscono, se diminuiscono i costi di produzione del bene o servizio in questione o se i produttori, per un motivo o per l'altro, decidono di produrre di più. Quando, invece, si verificano condizioni inverse, la curva dell'offerta si orienta verso sinistra ad indicare una diminuzione dell'offerta. Nel caso di beni soggetti ad offerta fissa, ad esempio case e terreni nelle grandi città, la curva dell'offerta è rappresentata da una linea verticale, ad angolo retto con l'asse orizzontale.

supply function: ***funzione di offerta.*** Indica la relazione tra quantità di un bene o servizio offerto da un venditore e le variabili che determinano tale offerta. Tra le variabili rientrano gli obiettivi delle imprese produttrici, la tecnologia, i prezzi dei beni e i prezzi dei fattori della produzione.

supply of labour: ***disponibilità di manodopera; offerta di manodopera.*** Termine usato in alternativa a *labour supply* (v.).

supply of money: ***offerta di moneta.*** Lo stesso che *money supply* (v.).

supply-oriented economics: ***economia orientata verso l'offerta.*** Lo stesso che *supply-side economics* (v.).

supply price: **1.** ***prezzo di offerta.*** Il prezzo al quale un venditore è disposto a vendere una data quantità di un bene o servizio in un dato momento. **2.** ***prezzo di fornitura.*** Il prezzo che si deve pagare in cambio di una determinata quantità di un bene da consegnarsi in un dato luogo nell'arco di un periodo di tempo determinato.

supply price of a capital asset: ***prezzo di offerta di un'attività capitale.*** Secondo Keynes, è il minimo prezzo sufficiente a indurre un produttore a produrre nuovamente un'unità aggiuntiva di un'attività capitale.

supply schedule: ***scheda di offerta; lista di offerta; schedula di offerta; piani di offerta.*** Indica, in forma tabulare, le diverse quantità di un bene o servizio che un singolo venditore in un mercato è disposto a vendere ai vari prezzi possibili in un particolare momento. La somma di tutte le schede individuali di offerta costituisce la scheda dell'offerta di mercato. La scheda di offerta serve da base per la costruzione della curva di offerta. (v. anche *market supply schedule*)

supply services: ***servizi di somministrazione; servizi di fornitura.*** Sono quelli prestati dalle imprese di pubblici servizi per far giungere nelle case dei singoli utenti, nelle fabbriche, negli uffici, ecc., la somministrazione di acqua, luce, gas, ecc. Lo stesso termine inglese viene usato per indicare una voce nel bilancio preventivo dello stato, sotto la quale rientrano le spese, previste per l'anno cui si riferisce il bilancio, da parte di ministeri, quali quello della difesa, dell'agricoltura, della sanità, ecc., che gestiscono particolari tipi di servizi pubblici.

supply-side economics: ***economia dell'offerta; offertismo.*** Con questo termine si indica una corrente di pensiero economico che reagisce alla teoria e alla pratica dell'economia keynesiana, rifacendosi alla tradizione classica di A. Smith e J. B. Say. Sebbene essi non chiedano un ritorno al laissez faire, gli economisti di questa corrente sostengono la necessità di una maggiore attenzione del governo al lato dell'offerta invece della grande attenzione che oggi si presta alla manovra sul lato della domanda. Secondo i sostenitori di questa corrente, infatti, la responsabilità dell'instabilità economica dell'epoca attuale ricade sui governi che hanno tentato di controbilanciare temporanee debolezze della domanda privata con massicci aumenti della spesa pubblica e, di conseguenza, del debito pubblico.

supply-side economist: ***offertista.*** Lo stesso che *supply-sider* (v.), ma applicato più strettamente a studiosi ed economisti professionisti.

supply-sider: ***offertista.*** Chi sostiene e propugna le teorie basate sull'economia dell'offerta. (v. anche *supply-side economics*)

supply source: ***fonte di approvvigionamento.*** È il luogo o il produttore dal quale un compratore può procurarsi i beni che gli sono necessari per lo svolgimento della propria attività. Di solito, il termine è usato in relazione all'approvvigionamento di materie prime.

support: ***sostegno.*** Azione volta a mantenere il livello di un corso azionario, di un prezzo o del tasso di cambio di una valuta. Si concretizza mediante acquisti da parte di un gruppo di operatori o mediante interventi sul mercato valutario da parte di una o più banche centrali.

support-buying operation: ***operazione di sostegno.*** Lo stesso che *support* (v.).
supported price: ***prezzo sostenuto.*** Lo stesso che *support price* (v.).
supporting record: ***registrazione di supporto.*** Un insieme di schede contabili o fogli mobili di un mastro, che servono da supporto per tenere accuratamente un conto del mastro generale.
supporting voucher: ***documento giustificativo; pezza d'appoggio.*** Termine generico con il quale si indica un qualsiasi documento contabile, quali ad esempio ricevute o fatture, usato per giustificare un esborso di cassa o una registrazione contabile.
support point: ***punto di sostegno; punto di intervento.*** Termine usato con due significati simili: a) il punto al quale una banca centrale decide di intervenire a sostegno di una valuta, di solito quella nazionale; b) il livello al quale le forze di mercato possono decidere di unire i loro sforzi allo scopo di impedire ulteriori riduzioni del prezzo di uno o più valori mobiliari o di una valuta.
support price: ***prezzo sostenuto; prezzo di sostegno.*** Prezzo sostanzialmente influenzato dall'intervento statale di controllo dell'offerta mediante limiti imposti alla produzione e mediante speciali politiche creditizie e commerciali, nel tentativo di mantenere livelli minimi di prezzo, allo scopo di operare una ridistribuzione del reddito all'interno del sistema economico. Lo stesso termine inglese ha assunto recentemente il significato di prezzo al quale le autorità diventano acquirenti di prodotti agricoli, nell'ambito della politica agricola comunitaria, nel tentativo di non far scendere i prezzi di prodotti eccedenti il fabbisogno al di sotto di un determinato livello.
support purchase: ***acquisto di sostegno.*** Acquisto di titoli o di valuta, allo scopo di sostenerne il corso ed evitarne la caduta.
suppressed inflation: ***inflazione repressa; inflazione soffocata; inflazione latente.*** Termine usato con lo stesso significato di *repressed inflation* (v.).
supra protest: ***per intervento; per occorrendo.*** Espressione usata nella terminologia finanziaria e bancaria in relazione all'accettazione o al pagamento di cambiali protestate. All'atto del protesto preliminare per mancata accettazione, un terzo può intervenire accettando la cambiale, allo scopo di tutelare il buon nome della parte inadempiente. Allo stesso modo, un terzo il cui nome non compare sul titolo di credito può, a seguito di mancato pagamento da parte dell'obbligato principale, pagare la cambiale per intervento, sempre allo scopo di tutelare la reputazione della parte inadempiente. (v. anche *acceptance for honour, payment supra protest*)
Supreme Court: ***Corte Suprema.*** Termine con il quale si indica l'Alta Corte di Giustizia (*High Court of Justice*) e la Corte di Appello (*Court of Appeal*).
surcharge: 1. ***sovrimposta.*** Termine usato con lo stesso significato di *extra tax* (v.). **2.** ***soprattassa.*** Termine generico usato per indicare una tassa imposta o riscossa in aggiunta alla tassa normale. In un uso più particolare, indica la tariffa supplementare da corrispondersi, in aggiunta all'affrancatura ordinaria, in relazione ad un particolare servizio offerto dall'operatore postale. **3.** ***sopraddazio; dazio addizionale.*** Lo stesso che *import surcharge* (v.). **4.** ***soprappremio; supplemento di premio; premio addizionale.*** Termine usato con lo stesso significato di *additional premium* (v.). **5.** ***soprapprezzo; supplemento; maggiorazione.*** È un prezzo che viene aggiunto al prezzo normale di un bene o servizio. A volte, si applica su unità di servizio eccedenti un certo limite allo scopo di scoraggiare gli utenti e limitare i consumi; a volte si applica sul prezzo di determinati servizi o prodotti per periodi temporanei, allo scopo di rastrellare una certa somma di denaro necessaria allo stato.
surety: ***garante; mallevadore; fideiussore.*** Termine usato con lo stesso significato di *guarantor* (v.).
surety and fidelity insurance: ***assicurazione di fedeltà; assicurazione contro l'infedeltà dei collaboratori.*** Lo stesso che *fidelity insurance* (v.).
surety bond: ***contratto di fideiussione; contratto fideiussorio.*** Termine usato con lo stesso significato di *guaranty bond* (v.).
surety company: ***società di assicurazione di fedeltà.*** Lo stesso che *guarantee society* (v.), con la sola differenza che questo termine indica una società per azioni che si interessa di tale attività.
suretyship: ***garanzia; malleveria; fideiussione.*** Termine usato con lo stesso significato di *guaranty 1* (v.).
suretyship insurance: ***assicurazione di fedeltà; assicurazione contro l'infedeltà dei collaboratori.*** Termine usato con lo stesso significato di *fidelity insurance* (v.).
surface mail: ***posta ordinaria.*** Corrispondenza e pacchi che viaggiano per treno, nave e altri simili mezzi di trasporto, ma non per aereo. Il termine, infatti, è usato in contrapposizione a *air mail* (v.).
surf port: ***porto a bassi fondali.*** Termine usato con lo stesso significato di *craft port* (v.).
surplus: 1. ***avanzo; eccedenza; residuo; surplus.*** Nel linguaggio della contabilità aziendale, il termine inglese viene usato con due significati principali: a) un'eccedenza di capitale, chiamata riserva di capitale, rappresentata dalla differenza tra attività totali da un lato e passività e capitale versato dall'altro lato. Questa eccedenza viene a volte suddivisa in due categorie: sovrapprezzo azioni ed eccedenza di rivalutazione. b) La differenza tra entrate e uscite di un'impresa, nell'arco di un periodo di tempo determinato, nel qual caso viene di solito indicata col termine utili non distribuiti. Quando il termine *surplus* viene usato in un bilancio, esso deve essere definito da un determinante, che ne identifichi la natura o la provenienza. (v. anche *capital surplus, revaluation surplus, paid-in surplus, earned surplus*) **2.** ***rendita; sovrappiù.*** Lo stesso che *conomic rent 2* (v.). Lo stesso termine viene usato in espressioni quali rendita del consumatore, rendita del produttore e simili. (v. anche *consumer's surplus, producer's surplus*) **3.** ***eccedenza; surplus.*** Sempre nel linguaggio economico, il termine inglese indica un'eccedenza della produzione corrente sul consumo corrente o, in senso più ampio, un eccesso di offerta sulla domanda. **4.** ***saldo attivo; eccedenza.*** Nel linguaggio degli scambi internazionali, indica l'eccesso dei crediti sui debiti di un paese registrati nella sua bilancia dei pagamenti. **5.** ***plusvalore.*** In questo significato, il termine inglese viene usato come sinonimo meno comune di *surplus value 1* (v.).
surplus analysis: ***analisi delle eccedenze.*** Un tabulato o altro supporto, mediante il quale si evidenziano le fonti e le disposizioni dei vari tipi di eccedenze o le loro modificazioni nel corso di un periodo di tempo. Lo stesso termine indica il processo tramite il quale si giunge all'identificazione delle fonti e delle disposizioni delle eccedenze di capitale di un'impresa.
surplus assets: ***attività residue.*** Ciò che resta delle attività di un'impresa, dopo il pagamento dei debiti e il rimborso di tutto il capitale azionario.
surplus at date of acquisition: 1. ***valore di avviamento.*** Termine usato con lo stesso significato di *acquired*

surplus 1 (v.). **2. *plusvalenza di acquisizione.*** Termine usato con lo stesso significato di *acquired surplus 2* (v.).
surplus balance of trade: *bilancia commerciale attiva.* Lo stesso che *favourable balance of trade* (v.).
surplus capacity: *capacità eccedente.* Termine usato con lo stesso significato di *excess capacity* (v.).
surplus charge: *imputazione diretta a utili non distribuiti.* Espressione usata nel linguaggio della contabilità per indicare una qualsiasi spesa o perdita imputata a utili non distribuiti direttamente invece che mediante il conto economico.
surplus from consolidation: *plusvalenza di unione.* Termine usato in alternativa a *consolidation surplus* (v.).
surplus–fund warrant: Nel linguaggio della contabilità di stato statunitense, indica un documento che autorizza la cancellazione di un residuo passivo, o residuo di stanziamento, cioè la parte non spesa dello stanziamento.
surplus labour and value theory: *teoria del plusvalore.* È la teoria, formulata da K. Marx e altri autori socialisti, che sostiene che il valore di un bene è costituito dalla quantità di lavoro umano necessaria a produrlo. Partendo da questa premessa, la teoria sostiene ancora che il lavoratore ha il diritto di ricevere tutto il valore del lavoro da lui prodotto, mentre in effetti ne riceve soltanto una parte, quella cioè indispensabile al suo mantenimento, mentre il resto viene preso dal capitalista come profitto o plusvalore. (v. anche *surplus value 1*)
surplus–labour market: *mercato con eccedenza di lavoro; mercato con scarsità di forza lavoro.* Negli Stati Uniti, si indica con questa espressione un mercato del lavoro nel quale l'indice di disoccupazione è inferiore al sei per cento della forza lavoro residente in quell'area e, pertanto, si verifica una situazione di eccedenza di posti di lavoro, o scarsità di manodopera, rispetto ad altre aree dello stesso paese.
surplus output: *produzione eccedentaria.* Produzione, di solito agricola, che supera la domanda di mercato e che porterebbe a un calo dei prezzi se non intervenissero provvedimenti governativi o di organismi supernazionali, che di solito si concretizzano con l'acquisto delle eccedenze, che vengono poi conservate, se ciò è possibile, o inviate a paesi che ne hanno bisogno o distrutte se la loro conservazione si dimostra impossibile o antieconomica.
surplus produce: *produzione in eccedenza; eccedenza.* Termine usato da A. Smith con lo stesso significato di *surplus 3* (v.).
surplus profit: *superprofitto.* Termine usato con lo stesso significato di *super–normal profit* (v.).
surplus property: *residuato; surplus.* Espressione usata per indicare principalmente i materiali rimasti disponibili dopo la cessazione di un conflitto.
Surplus Property Act: Legge, approvata dal Congresso degli Stati Uniti nel 1944, che regolava la vendita dei beni di proprietà del governo degli Stati Uniti, dichiarati residuati alla fine della seconda guerra mondiale.
surplus reinsurance: *riassicurazione di eccedenze di rischio.* Lo stesso che *excess reinsurance* (v.).
surplus reserve: *riserva straordinaria; accantonamento.* Termine usato con lo stesso significato di *appropriated surplus* (v.).
surplus spenders: Espressione a volte usata per indicare gli *ultimate lenders* (v.).
surplus stocks: *scorte eccedenti; scorte in eccedenza.* Lo stesso che *redundant stocks* (v.).
surplus unit: *unità mutuante.* Un'unità economica (governo, impresa o nucleo familiare) le cui entrate totali non finanziarie superano le spese totali. Queste unità sono creditori netti nel sistema finanziario, in quanto la loro offerta di fondi eccede la loro domanda.
surplus value: 1. *plusvalore.* Nella teoria marxista, indica quella parte di reddito di un'impresa non destinata al pagamento di salari ai lavoratori. **2. *rendita; sovrappiù.*** Termine a volte usato con lo stesso significato di *economic rent 2* (v.).
surrender: *riscatto.* Nel linguaggio delle assicurazioni, indica l'abbandono dei diritti dell'assicurato in relazione ad una polizza di assicurazione vita, in considerazione del pagamento, da parte dell'assicuratore, di una somma di denaro chiamata valore di riscatto. (v. anche *cash surrender value*)
surrender charge: *costo di riscatto; spese di riscatto.* Questo termine viene usato principalmente in relazione al riscatto di polizze di assicurazione sulla vita, ma anche nella terminologia finanziaria, per indicare le spese fatte pagare all'assicurato o al mutuatario per il riscatto di una polizza o di un mutuo.
surrender value: *valore di riscatto.* Termine usato con lo stesso significato di *cash surrender value* (v.).
surrogate: 1. *surrogato; sostituto.* Una qualsiasi cosa che possa essere usata in luogo di un'altra. Il termine inglese è generico e può essere usato come sinonimo di bene succedaneo, pur se ha un significato alquanto più ampio. **2. *sostituto.*** Una persona autorizzata, in determinate circostanze, a fare le veci di un'altra persona in caso di sua assenza o di suo impedimento.
surtax: 1. *imposta sul reddito addizionale.* Questa imposta fu introdotta nel Regno Unito nel 1909 col nome di *supertax*, cambiato in *surtax* nel 1927. Si tratta di un'imposta altamente progressiva sui redditi che eccedono la fascia entro la quale è applicabile l'aliquota tipo e colpisce, pertanto, i redditi più elevati, sia che si tratti di redditi di lavoro, sia che si tratti di redditi di capitale o di redditi misti. (v. anche *standard rate 1*) **2. *imposta addizionale.*** Negli Stati Uniti, il termine indica un'imposta che va ad aggiungersi ad un'altra imposta per colpire lo stesso soggetto. L'imposta addizionale è di solito progressiva, mentre quella normale che colpisce lo stesso soggetto è proporzionale. Oggi, il termine viene usato quasi esclusivamente per indicare un'imposta addizionale sui redditi di impresa che superano un tetto stabilito.
surtax direction: *direttiva d'imposta addizionale.* Una direttiva delle autorità fiscali britanniche, in base alla quale tutti gli utili di una società dovevano essere considerati come reddito degli azionisti per un particolare periodo di tempo, col risultato che gli azionisti diventavano soggetti ad imposta sul reddito addizionale su quel reddito, mentre la società restava soggetta all'imposta normale sul reddito di impresa.
survey: *perizia.* Ispezione eseguita da un terzo, che non ha interessi diretti nel contratto di compravendita, su merci oggetto di contestazione o che hanno subito danni durante il viaggio.
survey agent: *produttore.* Termine usato con lo stesso significato di *application agent* (v.).
survey costs: *costi di perizia.* Sono i costi relativi ad una perizia su merci danneggiate o contestate. Vengono sostenuti dalla parte che dispone la perizia, ma possono essere recuperati in giudizio.
surveyor of customs: *ispettore capo di dogana.* L'ufficiale che sovrintende o dirige una stazione o un deposito doganale.
surveyor of the port: *ispettore capo di dogana.* Termine usato negli Stati Uniti con lo stesso significato di *surveyor of customs* (v.).

surviving company: ***società sopravvivente.*** Una società che, a seguito di unione o fusione di aziende, ha acquisito le attività di una o più società preesistenti di cui continua le operazioni produttive o commerciali. Può essere una società costituita a seguito della fusione o una delle società che esistevano precedentemente.

surviving partner: ***socio superstite.*** Il socio di una *partnership* (v.) che sopravvive alla morte del consocio e assume la funzione di curatore per la sua liquidazione.

survivor–life curve: ***curva di sopravvivenza.*** Curva simile alle curve di mortalità e di deteriorabilità, dalle quali differisce soltanto nel metodo di presentazione dei dati. Mentre la curva di mortalità indica il numero di persone che muoiono e la curva di deteriorabilità il numero di macchine o impianti smobilitati in un determinato arco di tempo, la curva di sopravvivenza mostra il numero di persone che restano vive o gli impianti che restano in servizio in un dato arco di tempo.

survivor policy: ***polizza di sopravvivenza.*** Termine usato come sinonimo di *survivorship policy* (v.).

survivorship: ***sopravvivenza.*** La condizione di chi sopravvive a un'altra persona, acquisendo così il diritto di accrescimento per sopravvivenza, cioè il diritto di subentrare a quest'ultima nella proprietà o in un beneficio, precedentemente goduti in comune.

survivorship annuity: ***rendita di sopravvivenza.*** Lo stesso che *last survivor annuity* (v.).

survivorship policy: ***polizza di sopravvivenza.*** Tipo di polizza di assicurazione sulla vita che prevede il pagamento della somma assicurata soltanto nel caso in cui si verifichi il decesso dell'assicurato e la sopravvivenza di un'altra persona espressamente nominata in polizza.

survivors' insurance: Altro nome con il quale viene popolarmente indicato il sistema noto come *Old Age and Survivors' Insurance* (v.).

suspected bill of health: ***patente di sanità sospetta.*** È la patente di sanità, rilasciata da un console o altra autorità a ciò preposta, nella quale si esprime il sospetto, non ancora accertato, dell'esistenza di una malattia infettiva nel porto in cui essa viene emessa. Di solito implica l'applicazione della procedura di quarantena, prima che alla nave venga concessa l'autorizzazione di entrare nel suo prossimo porto di scalo. (v. anche *bill of health*)

suspended market order: ***ordine in sospeso.*** Lo stesso che *stop buy order* (v.).

suspense account: ***conto sospeso.*** Conto, usato da imprese mercantili, banche, ecc., nel quale vengono accreditate o addebitate partite che, a causa di sviste, disfunzioni del servizio postale o altre ragioni, mancano dei dettagli necessari di identificazione per essere portate ai conti cui competono. Si tratta di un conto ad uso interno e a carattere temporaneo, che consente il raggruppamento di operazioni eterogenee in uno stesso conto.

suspension: ***sospensione.*** In relazione alle emissioni di titoli, v. spiegazione sotto *stop order 2.*

suspension of business: ***sospensione dell'attività; interruzione di esercizio.*** Interruzione temporanea dell'attività di un'impresa, causata da qualche evento oggettivo che non consente lo svolgimento della normale attività, come ad esempio a seguito di un incendio che ha danneggiato i locali dell'impresa. Il termine non implica che l'impresa versi in difficoltà economiche o finanziarie.

suspension of dealings: ***sospensione delle contrattazioni.*** La sospensione delle quotazioni e delle contrattazioni di un titolo azionario presso la borsa valori, a seguito di irregolarità nella gestione della società o altri motivi che consigliano una pausa nelle operazioni di compravendita di quel titolo.

suspension of payments: ***sospensione dei pagamenti.*** Espressione usata per indicare che una banca, un'impresa, ecc., smettono di pagare qualsiasi loro debito a seguito del verificarsi di una situazione di insolvenza e della conseguente impossibilità di far fronte a tutte le loro obbligazioni. Costituisce ciò che viene definito un *act of bankruptcy* (v.).

suspension of the Bank Act: La legge cui si fa riferimento in questa espressione è il *Bank Charter Act* (v.), approvato dal parlamento britannico il 19 luglio 1844. Questa legge imponeva determinate restrizioni alla emissione di banconote da parte della Banca d'Inghilterra, ma esse furono temporaneamente sospese dal governo britannico, che autorizzò la Banca ad emettere più banconote di quante ne potesse emettere in base alla legge, in ben tre occasioni coincidenti con le crisi monetarie del 1847, del 1857 e del 1866. Una quarta sospensione fu demandata alla Banca nel 1914, allo scoppio della prima guerra mondiale, ma essa non reputò opportuno attuarla.

to sustain: ***sostenere; subire.*** Il verbo inglese viene usato in relazione a costi, spese e perdite.

sustainable development: ***sviluppo sostenibile.*** Lo sviluppo economico tendente a soddisfare i bisogni odierni senza compromettere la possibilità per le generazioni future di soddisfare i loro bisogni.

sustainable economic growth: ***crescita economica sostenibile.*** Lo stesso che *sustainable growth* (v.).

sustainable growth: ***crescita sostenibile.*** Aumento pro capite del reddito reale e del prodotto nazionale lordo in termini reali, che può continuare per un periodo di tempo relativamente lungo senza che venga a prodursi un'impennata dell'inflazione o un deficit nella bilancia dei pagamenti in conto corrente o entrambi. Tale condizione esclude la probabilità che si verifichi un periodo di stagnazione e offre possibilità di occupazione della popolazione in aumento e di miglioramento del benessere individuale.

suttle weight: ***peso netto.*** Termine oggi raramente usato, con il quale si indica il peso di un bene depurato della tara. (v. anche *net weight*)

s.v.: surrender value.

S.W.: shipper's weight.

swap: 1. ***riporto in valute; riporto valutario; operazione «pronti contro termine».*** Nel linguaggio finanziario, indica una combinazione di operazioni a pronti e a termine, molto simile al riporto, usata dalle banche per procurarsi una determinata valuta contro un'altra a pronti, compensando questo scambio con un'operazione di segno opposto a termine. In pratica, se una banca dispone, ad esempio, di dollari statunitensi e ha bisogno di procurarsi sterline britanniche, può vendere a pronti i dollari contro le sterline, acquistando a termine sterline contro dollari. **2.** ***scambio; permuta.*** Il termine inglese viene usato anche per indicare un nuovo strumento finanziario che consente alle banche di rettificare la loro esposizione in relazione a variazioni del tasso d'interesse o dei tassi di cambio, senza alterare le loro attività e passività che stanno alla base di tali operazioni. In uno scambio del genere, che funziona soltanto quando e se è presente una qualche possibilità di arbitraggio tra due piazze, le due parti si scambiano i flussi di pagamento di interessi o di valute estere su due prestiti distinti. Poiché tali operazioni non compaiono sui bilanci delle banche, esse non sono costrette a procurarsi la base di capitale per sostenerle e pertanto risultano meno costose dei prestiti sul mercato interbancario.

swap agreements: ***accordi di swap.*** Sono gli accordi tendenti ad aumentare la liquidità, cui si cominciò a fare ricorso negli anni sessanta, in base ai quali due banche centrali si accreditano a vicenda un ammontare equivalente di valuta propria, in modo da aumentare le proprie riserve di valuta estera e utilizzarle in caso di bisogno. Questi accordi restano in essere per un determinato periodo di tempo, trascorso il quale si procede all'operazione inversa, al tasso di cambio del momento in cui si fece l'operazione di accreditamento reciproco.

swap arrangements: ***accordi di swap.*** Termine usato come sinonimo di *swap agreements* (v.).

swap facilities: ***facilitazioni di swap.*** Il servizio prestato dalla Banca dei Regolamenti Internazionali di Basilea alle banche membri. Quando la banca centrale di un paese debitore chiede appoggio e sostegno ad un'altra banca centrale, generalmente quella del paese creditore, la Banca dei Regolamenti Internazionali funge da intermediario in operazioni di swap relative a oro, titoli, dollari statunitensi e qualche altra valuta. Si tratta, in definitiva, di una specie di prestito a breve termine, generalmente a tre mesi ma rinnovabile fino ad un anno, contro pagamento di interessi. (v. anche *currency swap, Bank for International Settlements*)

swap operations: ***operazioni «pronti contro termine»; operazioni di permuta; operazioni di riporto valutario.*** Sono le operazioni descritte sotto *swap 1* (v.).

swap order: Lo stesso che *switch order* (v.).

swapper: Ciascuna delle parti che aderisce a un'operazione di *swap* (v.).

swapping: Termine del gergo borsistico statunitense, con il quale si indica la vendita di un tipo di titoli e il quasi contemporaneo acquisto di un tipo simile di titoli con l'intento di realizzare una perdita, di solito a fini fiscali. Infatti, la legge fiscale statunitense prevede la detrazione delle perdite subite in operazioni di compravendita titoli. (v. anche *bed and breakfast*)

swaps market: ***mercato degli swap.*** Il mercato sul quale si trattano operazioni di permuta di tassi d'interesse o di valute. Non si tratta di un mercato accentrato o ben localizzato, perché esso è presente dovunque sia possibile e conveniente effettuare operazioni di permuta. (v. anche *interest-rate swap; currency swap 2*)

swaption: Neologismo creato per indicare uno strumento finanziario che assomma le caratteristiche di uno *swap* (v.) e di una *option* (v.), come ad esempio l'*interest-rate option* (v.).

sweated coin: ***moneta calante.*** È la moneta metallica di peso inferiore a quello che dovrebbe avere, essendo stata sottoposta alla pratica nota come *sweating* (v.).

sweated industries: ***industrie sfruttatrici.*** Espressione colloquiale usata per indicare industrie nelle quali il lavoro è faticoso, gli orari sono lunghi e i salari sono bassi o, comunque, non commisurati al lavoro richiesto ai dipendenti.

sweated labour: ***manodopera sfruttata.*** Espressione colloquiale, con la quale si indicano lavoratori mal pagati e sottoposti ad orari di lavoro più lunghi del normale.

sweating: 1. Pratica usata nel periodo in cui la moneta in circolazione era coniata in metalli preziosi. Consisteva nel porre una certa quantità di monete in un contenitore, di solito un sacchetto, e scuoterle con violenza in modo che urtando e sfregandosi tra loro perdevano una certa quantità di polvere d'oro, che era il compenso spettante a chi ricorreva a questa pratica disonesta. Insieme alla tosatura, era uno dei sistemi che contribuivano allo svilimento della moneta, ma sembra che essa non abbia provocato le stesse conseguenze seriamente dannose provocate dalla tosatura. (v. anche *clipping*) **2.** ***sfruttamento.*** V. spiegazione sotto *sweating system* (v.).

sweating system: ***sistema di sfruttamento.*** Espressione colloquiale, usata per indicare un sistema di trattare i lavoratori ai quali, approfittando delle loro necessità, viene imposto di lavorare al limite delle loro possibilità fisiche, in situazioni di solito insalubri, in cambio di un salario estremamente basso.

sweatshop: ***fabbrica sfruttatrice.*** Ciascuna delle imprese che fa parte delle *sweated industries* (v.).

Swedish budget: ***bilancio pluriennale.*** Termine con il quale si indica il bilancio dello stato relativo a più anni, invece che ad un singolo anno finanziario.

sweetener: Lo stesso che *kicker* (v.).

sweetheart agreements: Espressione colloquiale del linguaggio statunitense delle relazioni industriali, con la quale si indicano accordi relativi a contratti di lavoro negoziati e sottoscritti da uno o più rappresentanti sindacali disonesti che, in cambio di denaro o benefici personali, accettano condizioni contrarie agli interessi dei lavoratori.

sweetheart contracts: Sono i contratti di lavoro menzionati sotto *sweetheart agreements* (v.).

swing credits: ***crediti oscillanti.*** Nell'attività commerciale in conto corrente, sono i deficit temporanei che le parti non sono tenute a saldare immediatamente e che possono essere riassorbiti mediante successive forniture.

swing loan: ***prestito ponte.*** Lo stesso che *bridge financing* (v.).

swing producer: Un produttore che calibra il proprio livello di produzione, aumentandolo e riducendolo allo scopo di mantenere invariato il prezzo di vendita del bene prodotto.

swing service: Espressione usata nel linguaggio dei trasporti ferroviari per indicare l'aggancio ad un locomotore, in particolari stazioni di raccolta, di carri da convogliarsi verso determinate destinazioni di concentrazione.

swing shift: 1. ***secondo turno.*** Termine usato con lo stesso significato di *second shift* (v.). **2.** ***turno rotante.*** In un'impresa che funziona continuativamente per sette giorni alla settimana, è il sistema in base al quale tutti gli operai, in cicli di tre settimane ciascuno, cambiano turno. Allo scopo di consentire ciò, un terzo della forza lavoro viene destinata per una settimana al primo turno, per la successiva settimana al secondo e per la terza al terzo turno, alternandosi con gli altri due terzi dei lavoratori.

Swiss franc: ***franco svizzero.*** Unità monetaria della Confederazione Elvetica, suddivisa in cento centesimi.

switch: ***cambiamento di posizione.*** Nelle borse merci, è la vendita di un contratto a termine posseduto dall'operatore e l'immediato riacquisto di un contratto uguale per importo e beni, ma con scadenza più lontana. Nelle borse valori, è il cambiamento di una posizione in titoli o valute con un'altra posizione di uguale ammontare ma di segno o durata diversi.

switch dealer: Un operatore commerciale che piazza in altri paesi beni che un compratore non vuole accettare da un venditore in base ad un accordo commerciale bilaterale. L'attività di questi operatori contribuisce a dare una certa flessibilità al commercio bilaterale, che costringe i paesi contraenti a mantenere più o meno in equilibrio i loro scambi commerciali.

switching: ***trasferimento; spostamento; cambiamento.*** Termine usato specificamente per indicare l'operazione effettuata da un investitore che intende modificare la composizione del proprio portafoglio titoli. Se il capitale del risparmiatore è impiegato in un fondo comune d'investimento, il sottoscrittore può chiedere la liquidazione delle quote–parti di sua proprietà e investire il ricavato netto in un altro fondo. Tuttavia, poiché tale operazione implica il pagamento di nuove spese di sottoscrizione e di acquisto, essa si risolve raramente a vantaggio del risparmiatore.

switch order: ***ordine di cambiamento di posizione.*** Nelle borse valori statunitensi, è un ordine di vendere (o acquistare) un titolo e di acquistare (o vendere) un altro titolo a una determinata differenza tra i prezzi dei due titoli.

switch selling: ***vendita mediante articoli civetta.*** Lo stesso che *bait–and–switch selling* (v.).

switch trade: Nel linguaggio delle borse merci statunitensi, indica un ordine eseguito in un periodo diverso da quello indicato. Se un *broker* (v.) non è in grado di eseguire l'ordine del suo cliente nel mese che gli viene indicato, ma lo esegue in un altro mese e successivamente riferisce al cliente di aver eseguito l'ordine come indicato, questa operazione viene chiamata *switch trade.* Il *broker* dovrà rispondere al cliente di eventuali utili da lui realizzati a seguito dello spostamento dell'esecuzione dell'ordine da un mese ad un altro.

switch trader: Lo stesso che *switch dealer* (v.), in relazione alle operazioni di scambio citate sotto *countertrade* (v.) e *switch trading* (v.).

switch trading: ***scambio pluriangolare.*** Una delle nuove pratiche di commercio internazionale, che rientra nella più ampia e generica categoria del *countertrade* (v.). In effetti, lo *switch trading* non è altro che una forma molto sofisticata di baratto, che prevede l'accordo tra un certo numero di paesi, il che rende lo scambio di beni più agevole di quanto non sarebbe in un rapporto bilaterale.

SWOT analysis: Tipo di analisi condotta dall'ufficio marketing nella fase di programmazione, prima di definire le strategie e gli obiettivi di marketing. Il termine deriva dalle iniziali dei termini Strengths, Weaknesses, Opportunities e Threats, cioè i punti forti e deboli dell'impresa, le sue opportunità e minacce, di cui i primi due sono fattori interni e gli altri fattori esterni all'impresa. Tale analisi contribuisce a stabilire obiettivi e strategie realistici ed effettivamente realizzabili.

Sy. Crs.: sundry creditors.

Sy. Drs.: sundry debtors.

syli: Unità monetaria della Guinea, suddivisa in cento cauris.

symbiosis: ***simbiosi.*** Nel linguaggio economico, questo termine viene usato per indicare un gruppo di persone organizzate come singola struttura produttiva. In tale gruppo può essere presente un alto grado di divisione del lavoro o essa può essere quasi del tutto assente e ogni singolo individuo produce da solo tutto quello che è in grado di produrre.

symbol: Nel linguaggio commerciale britannico, questo termine indica ciascuna delle imprese che fanno parte di una catena volontaria.

symbol economy: ***economia finanziaria; economia di carta.*** Termine usato in contrapposizione a *real economy* (v.) per indicare il moderno sistema economico basato essenzialmente sui movimenti di capitali, i flussi di credito e i tassi di cambio e che funge da volano dell'economia mondiale.

symbolic logic: ***logica simbolica.*** Qualsiasi processo deduttivo che prende le mosse da un postulato, da una definizione o da un'ipotesi e fa uso di simboli che rappresentano classi, sistemi o proposizioni.

symbolization: ***simboleggiamento.*** L'assegnazione di simboli grafici, alfabetici o numerici come intestazione o come integrazione alla intestazione dei conti di un mastro. Lo stesso termine viene usato per indicare l'assegnazione di un simbolo, quale ad esempio una parola chiave o un segno tipografico, a questioni che costituiscono l'oggetto di una ricerca o di un'indagine, onde facilitare la discussione, il riferimento o la manipolazione di tali questioni.

symmetallism: ***simmetallismo.*** Un tipo di sistema monetario, suggerito dall'economista britannico Alfred Marshall ma mai adottato, che prevedeva la circolazione soltanto di biglietti convertibili in verghe di un amalgama costituito di oro e argento in una proporzione costante. Come il bimetallismo, anche il simmetallismo mirava a stabilizzare il valore della moneta ancorandola a due metalli preziosi invece che ad uno soltanto, ma allo stesso tempo cercava di superare i difetti del bimetallismo attraverso la non coniazione dell'oro e dell'argento e facendo variare il valore dei biglietti in relazione al variare della media dei valori dei due metalli. Lo stesso termine fu anche usato per indicare un amalgama di oro e argento che si sarebbe dovuto utilizzare per l'effettiva coniazione di monete metalliche.

sympathetic strike: ***sciopero di solidarietà.*** Astensione dal lavoro di lavoratori che non hanno proprie rivendicazioni da sostenere, ma che scioperano allo scopo di appoggiare le rivendicazioni di un'altra categoria di lavoratori, di solito iscritti allo stesso sindacato o facenti parte della stessa confederazione sindacale. Ad esempio, se scioperano i ferrovieri a sostegno di loro rivendicazioni portate avanti dai sindacati e i dipendenti delle ferrovie in concessione o delle imprese di trasporto pubblico su strada non hanno proprie rivendicazioni, ma scioperano per appoggiare l'azione dei ferrovieri, questo sciopero è chiamato sciopero di solidarietà.

sympathy strike: ***sciopero di solidarietà.*** Termine usato come sinonimo di *sympathetic strike* (v.).

synd.: syndicate.

syndic: ***sindaco.*** Il termine inglese in passato indicava la persona scelta da una banca o il funzionario di una banca che veniva nominato esecutore testamentario quando il defunto aveva, nel suo testamento, espresso il desiderio che fosse quella banca ad eseguire le sue ultime volontà. In base all'articolo 14 dell'*Administration of Estates Act* del 1925, non è più necessario nominare un sindaco e la banca può fungere da esecutore in prima persona, in virtù della propria personalità giuridica.

syndicalism: ***sindacalismo.*** Il termine inglese viene usato esclusivamente per indicare un sistema economico nel quale la proprietà e il controllo dei mezzi di produzione sono nelle mani dei lavoratori delle singole imprese o industrie. In un sistema del genere, ciascuna industria sarebbe organizzata come entità autonoma gestita dai lavoratori e confluente in una federazione, preposta all'emanazione di provvedimenti di interesse pubblico. Questa dottrina si sviluppò in Francia verso la fine del diciannovesimo secolo e si diffuse anche in altri paesi, ma in epoca più recente si è manifestata l'opinione di una grande parte di economisti che la vede impraticabile, in quanto ritiene l'organizzazione, l'assunzione del rischio e la gestione di un'industria al di là delle possibilità e dell'esperienza di un sindacato operaio.

syndicate: **1.** ***sindacato industriale; consorzio industriale; sindacato commerciale; coalizione d'imprese; coalizione economica.*** Il termine inglese ha un significato piuttosto ampio, in quanto viene usato per indicare un qualsiasi tipo di unione di individui, di imprese, di banche, ecc., allo scopo di raggiungere un obiettivo comune commerciale o di altra natura. Può, pertanto, indicare un'associazione costituita per svolgere una specifica attività o un'impresa che ha bisogno di una notevole quantità di capitale o, ancora, una qualsiasi associazione di imprese, nazionali o internazionali, costituita allo scopo di esercitare una certa influenza sul mercato. **2.** ***sindacato di assicuratori.*** Ciascuno dei gruppi di assicuratori che operano presso i Lloyd di Londra. **3.** ***sindacato d'investimento; consorzio di garanzia e collocamento titoli; sindacato di garanzia e collocamento titoli.*** Termine usato con lo stesso significato di *purchase syndicate* (v.). **4.** ***sindacato di banche.*** V. spiegazione sotto *bank syndicate.*

syndicate bid: ***offerta consortile; offerta consorziale.*** Prima del 1971, anno in cui furono introdotte le nuove disposizioni sulle aste di buoni del tesoro, le case di sconto londinesi si riunivano allo scopo di fissare un prezzo unico di offerta, al quale erano pronte ad assorbire l'intera emissione settimanale offerta all'asta. L'intero gruppo di case di sconto che partecipavano a questa operazione era chiamato *syndicate.* (v. anche *treasury bill tender*)

syndicated issue: ***emissione consorziale; emissione sindacata.*** Un'emissione di eurobbligazioni organizzata da un consorzio di banche di vari paesi e denominata in dollari statunitensi, in marchi tedeschi o altra valuta, venduta in uno o più paesi europei. Lo stesso termine può applicarsi a qualsiasi altro tipo di emissione di titoli a reddito fisso effettuata da un consorzio di banche.

syndicated loan: ***credito consorziale; mutuo consorziale; prestito sindacato.*** È il mutuo o credito concesso da più banche, consorziate a tal fine, di cui una assume la funzione e i compiti di capofila.

syndicated price: ***prezzo consortile; prezzo consorziale.*** Lo stesso che *syndicate bid* (v.).

syndicated research: ***ricerca consortile.*** Tipo di ricerca di mercato su vasta scala condotta da imprese specializzate e poi offerta in vendita ai produttori cui essa può interessare. Tale ricerca, pertanto, non è commissionata da un singolo cliente e ciò rende possibile la costituzione di un consorzio tra le imprese che si interessano di ricerche di mercato.

syndicated variable-interest loan: ***prestito sindacato a tasso variabile.*** Il tipo comune di mutuo a medio termine trattato sul mercato delle eurovalute. Esso prevede una revisione periodica del tasso di interesse sul mutuo concesso da un consorzio di banche, che possono raggiungere il numero di trenta o quaranta, di diversi paesi, che prestano somme fino a un miliardo di dollari per periodi di tre, sette o anche dieci anni.

syndicate manager: ***banca capofila; capofila.*** Lo stesso che *lead manager* (v.).

syndicate operation: ***operazione consorziale.*** Nel linguaggio finanziario e bancario, indica un'operazione di vasta portata, quale l'emissione di un prestito obbligazionario, effettuata da più banche che hanno costituito un consorzio al fine di frazionare il rischio insito nell'operazione.

syndication fee: ***commissione consorziale; onorario consorziale.*** Lo stesso che *standard underwriting fee* (v.), ma più spesso usato nel caso della concessione di un prestito sindacato piuttosto che della garanzia di collocamento.

synergy: ***sinergia.*** Nel linguaggio dell'organizzazione aziendale, è la combinazione di più risorse allo scopo di ottenere un risultato migliore di quello che potrebbero realizzare le varie componenti individualmente.

synthetic option: ***contratto a premio sintetico.*** Un contratto a premio non stipulato e trattato in una borsa ufficiale, ma creato e negoziato al di fuori di essa.

system: ***sistema.*** Raccolta di eventi o oggetti in base ad un piano preciso. Lo stesso termine è usato per indicare il piano in base al quale si procede a tale raccolta.

systematic error: ***errore sistematico; errore costante.*** In statistica, indica un errore causato, ad esempio, da strumenti di rilevazione difettosi o imprecisi, che si ripete sistematicamente e influisce sempre nello stesso senso sul valore misurato. L'espressione viene usata in contrapposizione a errore casuale.

systematic risk: ***rischio sistematico.*** Il rischio cui sono più o meno esposti tutti i tipi di investimenti e che non può essere evitato neanche con un'opportuna diversificazione. Ne è un esempio il rischio che tutti i corsi azionari crollino in occasione di un crollo del mercato.

systematic sample: ***campione sistematico.*** È un campione costruito secondo le norme previste da una campionatura sistematica.

systematic sampling: ***campionatura sistematica.*** Metodo seguito nella costruzione di un campione. Consiste nel disporre una popolazione secondo un ordine oggettivo e poi estrarre una unità ogni tante prestabilite, ad esempio ogni cinque o dieci nella serie precedentemente ordinata.

systematic soldiering: ***rallentamento sistematico della produzione.*** L'espressione inglese fu usata per la prima volta da F. W. Taylor per indicare il rallentamento intenzionale della produzione voluto da un gruppo di lavoratori.

system design: ***piano di organizzazione contabile.*** È il piano dettagliato, relativo ad una particolare organizzazione, per la classificazione dei conti, il tipo e l'utilizzazione dei libri, delle registrazioni e dei documenti contabili, i metodi di controllo interno, ecc.

system of accounts: ***sistema dei conti.*** Lo stesso che *account classification* (v.).

system of functional foremanship: ***organizzazione funzionale; organizzazione per funzioni.*** Termine usato con lo stesso significato di *functional organization* (v.).

system of promotion: ***sistema di promozione.*** È il sistema in base al quale si effettuano le promozioni del personale in una qualsiasi organizzazione. Può basarsi sul merito, sull'anzianità, su entrambi o su qualche altro principio o sistema di graduazione.

system of taxation: ***sistema tributario; sistema d'imposizione fiscale.*** Il sistema in base al quale i cittadini di uno stato contribuiscono alle spese pubbliche. In tutti i paesi consiste di due categorie principali di imposte, quelle dirette e quelle indirette. All'interno di ciascuna di queste due categorie, il sistema varia da paese a paese, sia nel tipo e nella natura delle imposte, sia nelle aliquote relative a ciascun tipo di imposta.

systems analysis: ***analisi dei sistemi.*** Si tratta di una versione più ampia e meno quantitativa della ricerca operativa e consiste nello studio analitico di un problema molto ampio e complesso, che richiede la scelta di decisioni operative tra le molte alternative possibili.

systemwide: ***macroeconomico.*** Espressione aggettivale, usata come sinonimo di *macroeconomic* per indicare il campo di studio o di applicazione della macroeconomia. (v. anche *macroeconomics*)

t, T

t.: 1) ton; 2) tare.
T.: 1) ton; 2) tare; 3) town.
T.A.B.: tax anticipation bill.
Table A: ***Tabella A.*** È un'appendice del *Companies Act* del 1948, che riproduce un modello di statuto sociale. Le società per azioni costituite dopo l'entrata in vigore di tale legge, cioè dopo il 1° luglio 1948, possono adottare tale statuto con o senza modifiche, ma se la società non presenta un proprio statuto all'atto della registrazione, si intende che adotterà quello tipo contenuto nella Tabella A. Le società per azioni registrate tra il 1862 e il 30 settembre 1906 sono governate dalla Tabella A annessa al *Companies Act* del 1862, mentre quelle registrate tra il 1° ottobre 1906 e il 31 marzo 1909 sono governate dalla Tabella A della stessa legge, emendata nel 1906.
table of organization: ***organigramma.*** Termine usato con lo stesso significato di *organization chart* (v.).
tablet: ***lingottino.*** Era così chiamato un lingotto della metà del peso di quello normale, cioè soltanto duecento once di oro fino, in cui in passato si potevano convertire i biglietti di banca nel Regno Unito, quando vigeva il sistema monetario a cambio in verghe auree.
tabular book-keeping: ***contabilità tabulare.*** È un tipo di contabilità basato su registrazioni riferite a valori globali di ciascuna operazione di gestione, che trova il suo naturale supporto in uno sviluppo analitico su separati libri di scritture elementari. Questo tipo di contabilità è particolarmente usato nelle imprese alberghiere.
tabular form: ***forma tabellare.*** È la forma data ad un budget o altro documento contabile, nel quale i valori appaiono disposti come su una tabella, e non in colonne multiple, ciascuna dedicata ad una serie di valori omogenei.
tabular standard: ***modulo tabulare del valore.*** Il regime del modulo tabulare fu proposto dai vari economisti nel diciannovesimo secolo ed effettivamente applicato nel Massachusetts nel diciottesimo secolo. Esso tendeva a neutralizzare gli effetti delle variazioni del potere d'acquisto dell'oro sulle obbligazioni a lungo termine, mediante la loro revisione in base a un modulo tabulare del valore, cioè una misura di valore convenzionale corrispondente a un indice dei prezzi basato su un paniere di beni e servizi, che si sarebbe in effetti sostituito alla moneta nel calcolo del valore di pagamenti futuri. In altre parole, venivano variati i termini monetari di un'obbligazione contrattuale, secondo le variazioni intervenute nel potere di acquisto della moneta nel momento in cui scadeva il pagamento. Il piano prevedeva la scelta di un numero specifico di beni e la misura di valore corrispondeva al loro prezzo medio o alla somma dei loro prezzi. Se al momento del pagamento questa somma, o media, era diminuita o aumentata, si sottraeva o si aggiungeva una somma di moneta, proporzionale alla diminuzione o all'aumento, alla somma stabilita per il saldo dell'obbligazione contrattuale.
tabular standard of value: ***modulo tabulare del valore.*** Lo stesso che *tabular standard* (v.).
tabulating machine: ***tabulatrice.*** Macchina elettrocontabile in grado di elaborare dati, che le vengono forniti mediante schede perforate o altro sistema, e di stamparli in forma tabulare, in modo da fornire un prospetto completo delle informazioni. Questo tipo di macchina viene sempre più sostituita dal computer.
tabulation: ***tabulazione.*** Presentazione ordinata e sistematica di dati numerici, secondo disposizioni relative agli scopi che si vogliono realizzare e all'uso cui sono destinate le tavole.
t-account: ***mastrino.*** Il termine inglese deriva dalla forma che assume un conto, usato allo scopo di evidenziare gli effetti di una o più operazioni o al fine di risolvere piccoli problemi di contabilità. Lo spazio sopra la linea orizzontale viene usato per l'intestazione del conto e lo spazio sotto tale linea viene usato per gli addebiti, a sinistra della linea verticale, e per gli accrediti, a destra della linea verticale.
tachistoscope: ***tachistoscopio.*** Viene utilizzato nelle ricerche di mercato per accertare quanta parte delle informazioni presenti su una confezione viene registrata nella memoria e ricordata da un consumatore. In tal modo, gli interessati hanno la possibilità di provare l'efficacia, ad esempio, di un'etichetta, di un colore, di una marca, ecc., prima che la confezione di un prodotto venga immessa sul mercato.
tachograph: ***tachigrafo.*** Strumento montato su veicoli stradali o ferroviari allo scopo di registrare, su un rullo di carta con scala temporale, le partenze, le soste, le velocità tenute e le distanze percorse durante un giorno, una settimana o un particolare viaggio.
tactical asset allocation: ***allocazione tattica delle attività.*** Espressione del gergo finanziario, con la quale si indica una tecnica di gestione di fondi che fa allo stesso tempo uso di computer e di decisioni gestionali tradizionali. Funziona più o meno così: un gestore accetta di dirigere un fondo costituito di contanti e valori mobiliari. Il computer viene utilizzato per proiettare i rendimenti e gli utili di capitale dei valori azionari, che sono poi messi a confronto con i rendimenti attesi dei titoli obbligazionari. Se i rendimenti azionari si restringono troppo rispetto a quelli obbligazionari, il computer suggerisce di vendere le azioni e viceversa se si prevede il contrario.
tactical decisions: ***decisioni tattiche.*** Attività volte a risolvere problemi a livello operativo all'interno di un'impresa o altra organizzazione.
tactics: ***tattica.*** Nel linguaggio della pubblicità, rappresenta il modo in cui si devono attuare le strategie.
Taft-Hartley Act: Legge, approvata dal Congresso degli Stati Uniti nel 1947, con la quale si emendava il *National Labor Relations Act* del 1935. Apportava innovazioni importanti rispetto alla precedente legge del 1935 e tra l'altro: a) la regolamentazione degli scioperi, vietandone

qualsiasi forma da parte dei lavoratori statali; b) la possibilità per qualsiasi lavoratore di ricorrere alle autorità se fosse fatto oggetto di pratiche discriminatorie o sleali da parte di sindacalisti o di dirigenti aziendali; c) misure anticomuniste; d) illegittimità dei sindacati dei quadri intermedi; e) illegittimità della pratica della *closed shop*; f) procedure per la soluzione di dispute sindacali dannose per la salute e la sicurezza dello stato. (v. anche *National Labor Relations Act, closed shop*)

tag: ***segnaprezzo.*** Lo stesso che *price tag* (v.).

taka: Unità monetaria del Bangladesh, suddivisa in cento poisha.

to take a bath: ***prendere un bagno.*** Nel gergo borsistico statunitense, sostenere una pesante perdita in relazione a un investimento o una speculazione.

take-home pay: ***retribuzione netta.*** Lo stipendio o il salario netto percepito dal lavoratore dipendente, dopo che sono state detratte tutte le trattenute e le imposte sul reddito.

take-home sale: Espressione con la quale si indica la vendita di bevande alcoliche o liquori per il consumo al di fuori dei locali del negozio.

take-off: ***decollo.*** È la fase, nella crescita economica, durante la quale si superano ostacoli antichi e resistenze alla crescita, che diventa la condizione normale dell'economia, in grado di autoalimentarsi.

take out: Termine usato nel linguaggio finanziario statunitense per indicare un'eccedenza in moneta derivante dalla vendita di un blocco di titoli e dal successivo acquisto di un altro blocco di titoli ad un prezzo più basso.

take-over: ***acquisizione di controllo.*** L'acquisizione di un'azienda funzionante da parte di un'altra, mediante l'acquisto diretto del pacchetto azionario di maggioranza oppure attraverso lo scambio di capitale azionario o qualche altro espediente. Il termine inglese implica che l'acquisizione viene realizzata su iniziativa dell'impresa promotrice e senza il pieno consenso dell'impresa così acquisita.

take-over arbitrage: ***arbitraggio di acquisizione.*** Lo stesso che *risk arbitrage* (v.).

take-over bid: ***offerta pubblica di acquisizione; offerta pubblica di acquisto.*** Particolare forma di acquisizione di titoli, ormai diffusa nei mercati mobiliari di molti paesi occidentali, mediante la quale si tende ad acquisire o rafforzare il controllo su una società senza ricorrere ad acquisti in borsa. Consiste in un'offerta, da parte di una società promotrice, indirizzata agli azionisti della società il cui controllo si intende acquisire, di acquistare, ad un prezzo predeterminato e generalmente superiore a quello di mercato, tutte le azioni che essi presenteranno entro un termine stabilito. L'offerta può impegnare il gruppo promotore per un qualsiasi numero di titoli presentati o può essere limitata al raggiungimento di un quantitativo minimo prestabilito, necessario per realizzare gli obiettivi che si prefigge il gruppo di acquisto. L'offerta può essere di due tipi: a) di acquisto, nel qual caso gli azionisti che presentano i titoli ricevono in cambio l'equivalente monetario stabilito; b) di scambio, nel qual caso gli azionisti ricevono o titoli della società promotrice o azioni di una terza società tenuti in portafoglio dalla promotrice o obbligazioni convertibili o ordinarie. Può anche verificarsi il caso di una fusione dei due tipi di offerta, per cui gli azionisti ricevono, in cambio delle azioni cedute, una certa parte in titoli e il resto in moneta. Le offerte pubbliche di acquisto consentono il rapido acquisto di pacchetti di maggioranza e favoriscono pertanto concentrazioni e raggruppamenti industriali, che possono trarre vantaggio dalla produzione su vasta scala e dalle economie di scala che ne conseguono.

take-over group: ***gruppo di acquisto; gruppo promotore.*** Il gruppo di imprese o di azionisti che lancia un'offerta pubblica di acquisto. (v. anche *take-over bid*)

Take-over Panel: V. spiegazione sotto *Panel on Take-overs and Mergers.*

take-over target: ***bersaglio di acquisizione.*** Espressione usata con lo stesso significato di *victim company* (v.).

take-over time: ***tempo di subentro.*** Nella terminologia del marketing, è il tempo che impiega un prodotto a nuova tecnologia a passare da una quota di mercato del dieci per cento a una del novanta per cento, cioè a subentrare quasi totalmente a un prodotto a vecchia tecnologia.

taker: Termine usato nel gergo delle borse per indicare il compratore in un contratto a premio.

taker-in: ***riportatore; riportante.*** Nel linguaggio delle borse valori, è colui che prende titoli a riporto, cioè lo *stockbroker* (v.) che presta denaro contro titoli ad un altro *stockbroker*, che ne ha bisogno per far fronte ad un acquisto che non vuole o non può pagare al momento della liquidazione. (v. anche *giver-on*)

to take stock: ***fare l'inventario.*** Effettuare la ricognizione fisica delle scorte in magazzino o ricavare, dai relativi documenti contabili, la consistenza effettiva di tali giacenze. L'espressione può essere usata anche in senso figurato in ambedue le lingue.

to take up a bill: ***ritirare una cambiale; richiamare una cambiale.*** Espressione usata con lo stesso significato di *to retire a bill* (v.).

takings: ***incasso; incassi.*** La moneta contante ricevuta in un determinato periodo di tempo da un negozio, un ufficio postale, un albergo e simili.

tala: Unità monetaria delle Samoa Occidentali, anche chiamata dollaro delle Samoa Occidentali, suddivisa in cento cent.

tale: ***numero.*** Nel linguaggio commerciale, il termine inglese indica un totale di merci espresso in numero o quantità, come ad esempio un certo numero di caschi o di balle, invece che in peso o volume.

talent: ***talento.*** Nome di un'antica moneta di conto usata in grecia, ove corrispondeva a seimila dramme, e di una moneta usata in Palestina.

tale quale: ***tale quale.*** Nel linguaggio commerciale, questa formula indica la condizione tipica del contratto di vendita c.i.f. nel commercio del grano e altri cereali che, in linea di massima, fissa il principio che: a) le merci spedite sono uguali al campione sottoposto e qualunque avaria, a carico o non degli assicuratori, sarà sopportata dal compratore; b) l'accertamento del peso dovrà aver luogo allo sbarco, per cui ogni mancanza che non derivi da accidenti di mare resterà a carico del venditore, se non viene assunta dagli assicuratori; c) non devono considerarsi accidenti di mare né il caldo naturale, né il pompaggio del grano; d) il venditore non ha diritto a rettifiche a suo favore della quantità imbarcata se questa acquista peso come conseguenza di bagnamento dei cereali durante il viaggio.

Talisman: Termine con il quale, alla borsa valori di Londra, si indica il sistema computerizzato di liquidazione in funzione in quel mercato mobiliare. Il nome è l'acronimo di *Transfer Accounting, Lodging for Investors and Stock Management for Jobbers.* Dopo che ha avuto luogo un'operazione di compravendita di azioni (i titoli di stato, i cosiddetti *gilt-edged*, vengono regolati per contanti e pertanto non passano attraverso il Talisman), la maggior parte del lavoro burocratico di trasferimento viene svolto da questo sistema elettronico, nella cui memoria vengono immessi i dati relativi a tutte le azioni oggetto di liquidazione al termine di ciascun ciclo operativo. Tutte le azioni che vengono liquidate attraverso il Talisman vengono temporaneamente intestate alla società intestataria della borsa valori, la *Sepon Ltd.* (v.), che poi le suddivide tra i loro acquirenti, dopo di che la società interessata effettua le necessarie iscrizioni nel libro dei soci ed emette il nuovo certificato azionario. Se la società ha dichiarato un dividendo al quale il nuovo azionista ha diritto, ma che a causa di ritardi nella registrazione delle azioni a suo nome è stato pagato al vecchio azionista, lo *stockbroker* (v.) che ha curato l'operazione provvederà a recuperarlo. Allo scopo di evitare ciò, tuttavia, molte azioni vengono vendute *ex-dividend* (v.) nelle settimane che precedono il pagamento dei dividendi e il loro prezzo viene adeguato, tenendo conto che l'acquirente non avrà diritto a percepire il dividendo, il cui ammontare viene sottratto dal prezzo di vendita del titolo. Tuttavia, ci sono casi in cui le azioni vendute *cum dividend* (v.) non vengono registrate in tempo e in tali casi il sistema Talisman ha enormemente semplificato il problema, in quanto automaticamente chiede che qualsiasi beneficio inerente alle azioni trattate sul mercato venga accreditato all'azionista che ne ha diritto. Dal 1989, a seguito della riforma del mercato finanziario londinese nota come *big bang* (v.), il *Talisman* avrebbe dovuto essere destinato ad altre funzioni e il suo posto avrebbe dovuto essere preso dal *Taurus* (v.).

tally: 1. ***riscontro; verifica; spunta.*** L'atto di verificare e spuntare i colli, via via che essi vengono scaricati da una nave, facendo riferimento ad un elenco appositamente preparato e chiamato tavoletta di riscontro. **2.** ***taglia.*** Ciascuno dei due pezzetti di legno, conservati uno dal debitore e l'altro dal creditore, sui quali si incidevano tacche per indicare l'ammontare dovuto o pagato. In passato, nel Regno Unito la taglia rappresentava una ricevuta formale di denaro dato in prestito allo Scacchiere o ad un sovrano. **3.** ***marchio distintivo.*** Un qualsiasi marchio su una balla o altra forma di imballaggio, usato per identificare o distinguere i vari colli.

tally clerk: ***spuntatore; verificatore.*** Termine usato come sinonimo di *tallyman 2* (v.).

tallying: ***riscontro; verifica; spunta.*** Termine usato con lo stesso significato di *tally 1* (v.).

tallyman: 1. ***venditore ambulante.*** Tipo di venditore ambulante, che si reca di casa in casa con un campionario o dei cataloghi, prende gli ordinativi e consegna le merci così ordinate in un secondo momento. Di solito vende articoli di abbigliamento o di biancheria per la casa a condizioni di pagamento dilazionato. **2.** ***spuntatore; verificatore.*** Persona che sovrintende alle operazioni di discarica di una nave, controllando e spuntando su una sua lista gli articoli o i colli via via che essi vengono sbarcati.

tally sheet: ***tavoletta di riscontro; foglio di riscontro.*** Elenco di tutti i colli caricati su una nave, usato a scopo di controllo al porto di destinazione durante le operazioni di discarica.

tally system: ***sistema di vendita a credito.*** È il sistema di vendita descritto sotto *tally trade* (v.).

tally trade: ***vendita a credito.*** Sistema in base al quale un compratore riceve da un venditore una certa quantità di merce, di solito stoffe, che si impegna a pagare in un numero stabilito di rate.

talon: ***cedola di affogliamento.*** In relazione a titoli al portatore, è l'ultima parte di un foglio di cedole che il proprietario del titolo deve presentare all'emittente per ricevere un nuovo foglio, quando quello allegato al titolo è terminato, essendo state staccate tutte le cedole che esso prevedeva. (v. anche *coupon sheet*)

tambala: Moneta divisionale del Malawi, equivalente ad un centesimo di kwacha.

TAN: tax anticipation note.

tangible assets: ***attività tangibili; attività materiali.*** Termine usato con due varianti di significato: a) ai fini fiscali, indica qualsiasi tipo di attività fissa, in quanto ha un'esistenza fisica ed è pertanto tangibile; b) nel linguaggio finanziario e contabile, viene usato con un significato più ampio per indicare valori mobiliari, titoli di credito, quali le cambiali, ed altre attività, ma non l'avviamento, i brevetti, i marchi di fabbrica ed altre attività del genere, che sono considerate immateriali.

tangible assets turnover: ***indice di rotazione delle attività materiali.*** Si ottiene dividendo il fatturato netto per il valore delle attività materiali di un'impresa.

tangible capital: ***capitale tangibile.*** Termine usato in contrapposizione a *knowledge capital* (v.) per indicare beni capitali fisicamente esistenti e visibili.

tangible net worth: ***capitale netto tangibile.*** Il capitale netto di un'impresa, calcolato escludendo il valore dell'avviamento, dei brevetti, dei marchi di fabbrica e di tutte le altre attività considerate immateriali.

tangible personal property: ***beni mobili tangibili.*** Tutti i beni personali che hanno una reale esistenza fisica, come ad esempio mobilia di casa, automobili, gioielli, quadri e simili.

tangible property: ***proprietà tangibile.*** È il diritto o l'interesse in beni che hanno una reale esistenza fisica, in contrapposizione al diritto su brevetti, marchi di fabbrica, diritti di autore o altre attività immateriali.

tangible value: ***valore materiale; valore delle attività tangibili.*** Termine usato con due significati: a) il valore delle attività tangibili, quali ad esempio le macchine e gli impianti, e le attività correnti di un'impresa; b) quella parte del valore di un'impresa che è rappresentato dalle attività tangibili che essa possiede.

tape price: ***prezzo telegrafico; corso telegrafico.*** Si indica con questa espressione il corso di un qualsiasi titolo quotato alla borsa valori di Londra e trasmesso per telegrafo ai vari agenti che operano in luoghi remoti. Il termine inglese trae origine dal fatto che questi prezzi venivano registrati su lunghe bande di carta, via via che essi erano ricevuti dalle apparecchiature telegrafiche.

tap issue: ***emissione a richiesta; emissione aperta; emissione «a rubinetto».*** Nel linguaggio finanziario, indica un'emissione di titoli che proviene da una fonte pressocché inesauribile. Si dice che certi titoli sono *on tap* quando vengono offerti in quantità illimitata e possono essere acquistati in qualsiasi momento, rivolgendosi direttamente all'emittente. Rientrano in questo tipo di emissione tutti i titoli di stato non negoziabili, destinati ai piccoli risparmiatori. Tra quelli negoziabili, rientrano in questa categoria alcuni titoli del debito fondato, che possono essere comprati o venduti in borsa dopo che sono stati emessi, e alcuni tipi di buoni del tesoro, emessi a prezzo fisso e non mediante il sistema dell'asta, destinati ad alcuni ministeri o enti statali che hanno un'eccedenza di liquidi da investire. Il tasso di sconto pagato su quest'ultimo tipo di buoni del tesoro non viene reso pubblico. Rientrano ancora sotto questa intestazione le quote–parti di un fondo comune d'investimento aperto, la cui emissione è praticata in via continuativa e senza limiti dalla società di gestione del fondo comune.

tap line: ***linea privata; diramazione privata.*** Nel linguaggio dei trasporti, è una breve linea ferroviaria che collega uno stabilimento alla linea ferroviaria principale. Queste linee sono generalmente di proprietà dell'impresa che se ne serve.

tap stocks: ***titoli di stato a richiesta; titoli di stato «a rubinetto».*** Nel linguaggio delle borse valori, sono tutti quei titoli di stato che possono essere acquistati in qualsiasi quantità, ad un dato prezzo, in quanto l'emissione non è limitata ad un determinato ammontare. Il prezzo di tali titoli, determinato dall'emittente d'accordo con la Banca d'Inghilterra, costituisce uno strumento mediante il quale si può intervenire sul livello generale dei tassi di interesse. (v. anche *tap issue*)

tare: ***tara.*** È il peso, incluso nel peso lordo di una partita di merci, del contenitore, dell'imballaggio o del mezzo in cui esse vengono spedite. Se, ad esempio, si tratta di una cassa, la tara è il peso della cassa senza le merci che essa contiene; se si tratta di un autotremo o di un vagone ferroviario che trasportano merci alla rinfusa, la tara è il peso dell'autotreno o del vagone ferroviario. Il peso lordo meno la tara dà il peso netto delle merci.

tare weight: ***tara.*** Termine usato con lo stesso significato di *tare* (v.).

target: ***obiettivo.*** Un risultato che ci si prefigge di realizzare in un determinato periodo di tempo. Si può parlare, in relazione a un'impresa, di obiettivo di produzione, intendendo la quantità di beni o servizi che essa prevede di produrre in o entro un certo periodo di tempo; di obiettivo di vendita, intendendo il fatturato totale che si pensa o si prevede di realizzare; e così via.

target company: ***società mirata; società vittima.*** Lo stesso che *victim company* (v.).

target cost: ***costo guida; costo traguardo; costo modello; costo obiettivo.*** Termine usato con lo stesso significato di *standard cost* (v.).

targeted industry: ***industria mirata.*** Quando un paese compie sforzi per la promozione di esportazioni intensive dei prodotti di una determinata industria verso un altro paese, si dice che quell'industria di questo ultimo paese è stata presa di mira, ossia è stata mirata, dal primo paese. Ad esempio, se il Giappone compie sforzi per promuovere le esportazioni di automobili negli Stati Uniti, si dice che l'industria automobilistica statunitense è un'industria mirata.

targeted product: ***prodotto mirato.*** Il concetto è uguale a quello esporto sotto *targeted industry* (v.), ma in questo caso è implicato un singolo prodotto e non un'intera industria.

target group: ***gruppo obiettivo.*** Nel linguaggio delle ricerche di mercato, è l'universo dei potenziali consumatori di un determinato prodotto.

targeting: Nel linguaggio finanziario internazionale, questo termine indica la pratica di stabilire quote di prestiti per i paesi che ne fanno domanda e il tentativo di rispettare queste quote senza tener conto delle necessità reali. Questa pratica è stata criticata da più parti, anche perché al fine di rispettare le quote al termine di ciascun periodo si rischia di distribuire denaro a palate anche dove non serve, spesso privando di risorse altri paesi più bisognosi.

target market: ***mercato obiettivo.*** Il mercato al quale o nel quale un'impresa produttrice di beni intende vendere i suoi prodotti.

target marketing: ***commercializzazione per obiettivi.*** La scelta, da parte di un'impresa, di uno o più specifici segmenti di mercato ai quali indirizzare i propri prodotti. Infatti, a causa della maggiore ricchezza dei consumatori e del loro più acuto discernimento, risulta sempre più difficile creare prodotti in grado di soddisfare tutte le fasce di consumatori.

target price: **1.** ***prezzo traguardo; prezzo obiettivo.*** Termine usato in relazione alla politica agricola della Comunità Economica Europea per indicare i prezzi che si spera che gli agricoltori riescano a spuntare per determinati prodotti sul mercato libero. Ciascuno stato è autorizzato a imporre dazi sulle importazioni di quei prodotti, al fine di portare i prezzi esteri al livello dei prezzi traguardo nazionali. Ad un prezzo specificato e prestabilito, lievemente al di sotto del prezzo traguardo e chiamato prezzo di intervento, scatta l'azione degli organi a ciò preposti, che si concretizza con acquisti istituzionali allo scopo di impedire un'ulteriore diminuzione del prezzo di vendita di quei prodotti. Al fine di incoraggiare la produzione di particolari derrate o in particolari aree, vengono a volte stabiliti prezzi traguardo e di intervento regionali più elevati. Lo stesso termine inglese viene usato negli Stati Uniti per indicare i prezzi garantiti agli agricoltori, in base ai meccanismi di sostegno dei prezzi agricoli operanti in quel paese. **2.** ***prezzo base.*** È il prezzo, concordato e stabilito in un contratto di compravendita, di fornitura o di un appalto, suscettibile di variazioni per premi o penali relative alla qualità e alla quantità delle merci o del lavoro svolto o della rapidità di consegna.

target pricing: ***determinazione di prezzi traguardo.*** La politica di fissare i prezzi dei prodotti in maniera tale da realizzare un ricavo prestabilito, corrispondente ad una remunerazione tipo del capitale investito nella produzione e nella vendita di quei prodotti.

target return pricing: ***prezzatura con remunerazione traguardo.*** La determinazione di prezzi di vendita a un livello che garantirà un'adeguata remunerazione degli investimenti dell'impresa.

targets: ***obiettivi.*** Lo stesso che *policy goals* (v.).

target zoner: ***sostenitore delle zone obiettivo.*** Chi sostiene il concetto esposto sotto *target zones* (v.).

target zones: ***zone traguardo; zone obiettivo.*** Termine di recente formazione, usato per indicare zone accuratamente controllate entro le quali dovrebbero essere contenute le oscillazioni dei tassi di cambio tra le valute di paesi che intrattengono durature e importanti relazioni commerciali. Tali zone dovrebbero riflettere accuratamente le relative posizioni di competitività e consentire fluttuazioni massime concordate rispetto alle parità centrali precedentemente fissate mediante accordo tra i paesi interessati. Il Sistema Monetario Europeo è, in definitiva, un sistema che adotta le zone obiettivo.

tariff: **1.** ***tariffa doganale; tariffa daziaria.*** L'insieme dei dazi doganali in vigore in un paese. La tariffa elenca, suddivisi in gruppi, tutti gli articoli soggetti a dazio di importazione, specificandone l'ammontare o la percentuale del valore che devono essere versati nelle casse dello stato. La tariffa doganale riporta anche elenchi di beni esenti da dazio di importazione, di beni la cui importazione o esportazione è proibita e di beni sui quali si può chiedere la restituzione del dazio. Lo stesso termine inglese viene usato nel significato di dazio doganale d'importazione (v. anche *import duties*). **2.** ***tariffa.*** In senso generale, il termine inglese indica una serie di prezzi differenziati tra loro. In particolare, esistono tariffe dei servizi pubblici, cioè tabelle che elencano i vari prezzi fatti pagare per l'erogazione di un determinato servizio, ad esempio il trasporto di merci e passeggeri, ed anche tariffe dei premi di assicurazione. Queste ultime vengono approntate da un ufficio tariffazione e vengono applicate da tutte quelle compagnie di assicurazione che si sono tra loro impegnate a rispettarle. Vi può essere, pertanto, una tariffa relativa alle assicurazioni contro la responsabilità civile auto, una tariffa che copre i vari tipi di rischi di incendio o di assicurazione marittima, e così via.

tariff act: Una qualsiasi legge che approva una tariffa doganale approntata dalle competenti autorità.

tariff advantages: ***vantaggi tariffari.*** I vantaggi, reciproci o unilaterali, concessi da certi paesi a seguito di accordi commerciali bilaterali o multilaterali. Tra i più importanti vantaggi tariffari si possono menzionare quelli che regolano lo scambio di beni e servizi all'interno della Comunità Economica Europea, quelli noti come preferenze ai paesi del Commonwealth (oggi non più in vigore) e quelli derivanti dalle riduzioni tariffarie apportate dal cosiddetto *Kennedy Round.* (v. anche *Commonwealth preference, European Economic Community, Kennedy Round*)

tariff barrier: ***barriera daziaria; barriera doganale.*** Il punto, al confine di un paese o in una stazione di svincolo, dove si deve pagare il dazio di importazione sui beni provenienti da paesi esteri. Lo stesso termine viene usato in senso figurato per indicare le barriere alla libera circolazione di beni e servizi rappresentate dai dazi doganali.

tariff company: Una società di assicurazioni che aderisce ad un accordo di praticare per lo stesso rischio lo stesso premio specificato in una tariffa concordata tra tutte le società aderenti.

tariff factory: Uno stabilimento aperto in un paese straniero allo scopo di eludere la barriera tariffaria che praticamente rende impossibili le vendite di un prodotto in quel paese. Una volta che è stata impiantata la fabbrica, il prodotto non è più soggetto agli alti dazi di importazione che prima lo colpivano.

tariff for revenue: ***tariffa doganale fiscale.*** Termine usato in alternativa a *revenue tariff* (v.).

tariff–free: ***esente da dazio; in esenzione doganale.*** Lo stesso che *duty–free* (v.).

Tariff Information Catalogue: Pubblicazione, curata dalla Commissione statunitense per le tariffe doganali, che dà tutte le informazioni necessarie in relazione ai beni soggetti a dazio di importazione.

Tariff of Abominations: Termine dispregiativo, con il quale viene indicata la tariffa doganale degli Stati Uniti, approvata con apposita legge del 1828. Rappresentò la tariffa più estremistica da un punto di vista protettivo e fu aspramente criticata non soltanto all'estero, ma anche all'interno degli Stati Uniti, ove si formarono movimenti che miravano all'abrogazione della legge che l'aveva istituita.

tariff office: Termine generico, usato per indicare uffici o società di assicurazione che praticano la tariffa ufficiale, emanata dall'organizzazione cui essi appartengono.

tariff quota: ***contingente tariffario d'importazione; quota tariffaria d'importazione.*** Controllo delle importazioni, in base al quale si consente l'ingresso nel paese di una determinata quantità di beni ad una tariffa doganale speciale, mentre quantità addizionali di importazione dello stesso bene saranno assoggettate al pagamento di un dazio molto più elevato.

tariff rate: ***tariffa assicurativa.*** Una tariffa preparata da un ufficio tariffazione, cui si uniformeranno tutte le società assicuratrici che hanno concordato di praticare ai loro clienti premi uguali, indicati nella tariffa, per uguali tipi di rischio.

tariff reduction: ***riduzione tariffaria.*** Qualsiasi riduzione alla tariffa doganale in vigore in un dato paese. Può essere unilaterale, ma più spesso è frutto di accordi bilaterali o multilaterali, tendenti a liberalizzare gli scambi tra paesi appartenenti o no ad una particolare regione geografica.

tariff–reduction conference: ***conferenza per la riduzione delle tariffe doganali.*** Ciascuna delle diverse conferenze, quasi tutte svoltesi sotto l'egida del GATT, che nel periodo successivo alla seconda guerra mondiale hanno portato alla parziale liberalizzazione del commercio mediante la riduzione dei dazi doganali e la conseguente apertura dei mercati nazionali ai beni provenienti da altri paesi.

tariff reform: ***riforma tariffaria.*** In senso generico, questo termine indica una qualsiasi variazione apportata alla tariffa doganale in vigore in un dato paese. In senso specifico, tuttavia, il termine venne usato per indicare la politica liberista auspicata da Joseph Chamberlain tra il 1903 e il 1906, che sosteneva l'inserimento, nella tariffa protettiva britannica, di particolari concessioni doganali a territori britannici d'oltremare. Tale politica fu adottata dal Regno Unito soltanto nel 1932, alla Conferenza di Ottawa. (v. anche *Ottawa Agreements, imperial preference*)

tariff structure: ***tariffa doganale; tariffa daziaria.*** Termine usato con lo stesso significato di *tariff 1* (v.).

tariff union: ***unione doganale.*** Termine usato con lo stesso significato di *customs union* (v.).

tariff wall: ***barriera tariffaria; barriera protettiva.*** Una tariffa doganale che consiste essenzialmente di dazi protettivi. Una tariffa del genere ha l'effetto di limitare gli scambi internazionali, con la conseguente diversificazione delle industrie del paese che l'adotta, ma anche con il conseguente aumento dei costi di produzione e del costo della vita.

tariff war: ***guerra delle tariffe.*** Espressione con la quale si indica l'uso di tariffe doganali allo scopo di mantenere la posizione di predominio competitivo dei prodotti di un paese, di solito in risposta a simili misure adottate da altri paesi.

tariff warfare: ***guerra delle tariffe.*** Termine usato come sinonimo di *tariff war* (v.).

task: ***compito; attribuzioni; funzioni.*** In relazione ad un sistema salariale, questo termine indica la quantità di lavoro che si deve svolgere entro un dato periodo di tempo per aver diritto al minimo salariale previsto per un qualsiasi tipo di lavoro particolare. Il termine viene di solito usato nel caso in cui è previsto un premio per la produzione eccedente un minimo stabilito.

task bonus: ***premio.*** È il premio pagato ai lavoratori che, nel tempo stabilito, riescono a svolgere la quantità di lavoro loro attribuita. Tale quantità varia da sistema a sistema, per cui possono esservi sistemi di remunerazione a incentivo in base ai quali è facile realizzare la quantità di lavoro attribuito per assicurarsi il premio, mentre in altri tale quantità non viene quasi mai raggiunta in condizioni normali. (v. anche *bonus system*)

task management: ***direzione per funzioni.*** È un sistema di organizzazione aziendale che si basa sull'attribuzione di specifiche funzioni ben definite ai vari dirigenti.

task wage: ***salario a cottimo.*** Termine usato con lo stesso significato di *piece rate* (v.).

task work: ***lavoro a cottimo.*** È il lavoro eseguito da un cottimista e retribuito in base ad un salario a cottimo. (v. anche *piece rate*)

task worker: ***cottimista; lavoratore a cottimo.*** Termine usato con lo stesso significato di *pieceworker* (v.).

tasting order: ***ordine di assaggio.*** Usato principalmente nel commercio dei vini e degli spiriti, è un ordine indirizzato alla direzione di un magazzino con il quale si autorizza il latore ad assaggiare i vini o gli spiriti specificati nell'ordine e depositati presso il magazzino. L'ordine di assaggio viene emesso dal proprietario o dal rivenditore dei prodotti custoditi nel magazzino.

Taurus: Acronimo di Transfer and Automated Registration of Uncertified Stocks, il nome dato al sistema elettronico di compensazione e liquidazione delle operazioni di compravendita titoli eseguite presso la borsa valori londinese, che avrebbe dovuto funzionare a pieno regime dal 1989. Il sistema, che avrebbe provveduto mediante registrazioni elettroniche al trasferimento di titoli dal venditore al compratore con la conseguente abolizione dei certificati azionari e di tutto il lavoro d'ufficio che essi implicavano non è stato ancora accettato dalle banche e dalle altre istituzioni che curano la tenuta dei libri dei soci delle imprese britanniche.

to tax: ***tassare; imporre tributi.*** Prelevare parte del reddito delle persone fisiche e giuridiche sotto forma di imposte o tributi stabiliti dalle leggi fiscali.

tax: ***imposta; tributo.*** Pagamento obbligatorio riscosso da uno stato sul reddito o sulla ricchezza dei singoli cittadini, delle imprese e di altre organizzazioni, quale loro contributo alle spese generali sostenute dallo stato in relazione all'erogazione di servizi pubblici di utilizzazione comune. Qualsiasi imposta presenta tre caratteristiche fondamentali: a) l'obbligatorietà; b) la ripartizione tra i contribuenti senza una correlazione esatta tra somma pagata e valore del servizio pubblico di cui beneficia direttamente il contribuente; c) utilizzazione del gettito dell'imposta per il benessere sociale. Il termine inglese, pertanto, non include tasse o contributi specifici che colpiscono particolari persone o proprietà in relazione a benefici e privilegi correnti o permanenti di cui si avvantaggiano soltanto coloro che pagano tali tasse o contributi specifici, quali ad esempio le concessioni governative, i contributi di miglioria e simili.

tax abatement: ***riduzione d'imposta.*** La riduzione di una qualsiasi imposta a seguito di direttive legislative in tal senso o in quanto era stato commesso un errore di accertamento o di calcolo, che aveva portato alla riscossione di un'imposta superiore al dovuto.

taxability: ***imponibilità; tassabilità.*** È la legittimità della imposizione fiscale ai termini delle leggi vigenti in un paese, che implica la corretta interpretazione e applicazione delle leggi fiscali stesse.

taxable: ***imponibile; tassabile; soggetto a imposta.*** Espressione aggettivale, usata per qualificare un reddito, una proprietà, ecc., che possono essere gravati di imposta.

taxable ability: ***capacità contributiva.*** Termine usato come sinonimo di *taxable capacity* (v.).

taxable base: ***base imponibile; base di prelievo; base impositiva; imponibile.*** È l'oggetto che viene colpito da un'imposta. Può essere rappresentato da una porzione del reddito di un individuo o di un'organizzazione, dal valore di un patrimonio, dal prezzo di un bene o da tutte le operazioni economiche soggette a imposta che si svolgono in un paese.

taxable capacity: ***capacità contributiva.*** È la capacità che ha una singola persona, fisica o giuridica, o l'intera popolazione di uno stato di pagare le imposte stabilite dal governo. La capacità contributiva di un popolo è molto difficile da stabilirsi e dipende in gran parte dall'uso che lo stato farà del gettito fiscale. In linea teorica, il limite della capacità contributiva si fa coincidere con il punto oltre il quale un inasprimento fiscale produrrebbe risultati dannosi per l'economia, quale ad esempio un calo del reddito nazionale, che non giustificano il servizio fornito dallo stato con il ricavato dell'inasprimento fiscale. Se lo stato utilizza il gettito fiscale effettivamente per finanziare servizi diretti alla comunità, ciò che esso preleva dalle tasche dei cittadini viene loro restituito appunto sotto forma di servizi, pur se il valore delle imposte pagate e quello dei servizi ricevuti varia da cittadino a cittadino.

taxable expenditures: ***spese soggette a imposta; spese tassabili.*** Questo termine viene usato in contrapposizione a *tax–deductible expenditures* (v.) per indicare spese che non possono essere portate in detrazione dal reddito imponibile.

taxable faculty: ***capacità contributiva.*** Termine usato con lo stesso significato di *taxable capacity* (v.).

taxable gains: ***utile imponibile.*** Lo stesso che *taxable profit* (v.).

taxable income: ***reddito imponibile; imponibile.*** È il reddito, di una persona fisica o giuridica, sul quale viene calcolato l'ammontare di imposta dovuta all'erario. Il reddito imponibile equivale al reddito lordo meno le detrazioni e deduzioni cui il lavoratore o l'impresa hanno diritto per legge.

taxable person: ***soggetto d'imposta.*** La persona fisica o giuridica tenuta al pagamento dell'imposta sul valore aggiunto e all'adempimento degli obblighi relativi.

taxable profit: ***utile imponibile; reddito imponibile d'impresa.*** Espressione a volte usata per distinguere il reddito imponibile di un'impresa dal reddito imponibile di una persona fisica. È l'ammontare di utili su cui si deve calcolare l'imposta dovuta all'erario, in base alle disposizioni contenute nella legge finanziaria o in una legge che stabilisce particolari tipi di imposte per i redditi d'impresa. Come per i privati, anche per le imprese sono previste determinate detrazioni e deduzioni.

taxable supply: ***fornitura tassabile.*** Ciascuna fornitura di beni e servizi soggetta al pagamento dell'imposta sul valore aggiunto.

taxable value: ***valore imponibile.*** È il valore, di un bene o di un patrimonio, sul quale si calcola l'imposta dovuta all'erario, nel caso di imposte ad valorem. (v. anche *ad valorem tax*)

taxable year: ***anno imponibile; anno fiscale.*** L'anno in relazione al quale viene calcolata o pagata un'imposta e quindi l'anno di produzione del reddito da parte del contribuente. Può riferirsi tanto a un anno civile quanto a un anno contabile o finanziario.

tax accounting: ***contabilità fiscale; contabilità tributaria.*** Negli Stati Uniti viene indicata con questo termine la branca della contabilità che registra i dati relativi all'imposizione fiscale cui è soggetta un'impresa o altra organizzazione o i singoli contribuenti.

tax act: ***legge tributaria; legge fiscale.*** Qualsiasi legge che decreta un'imposizione fiscale o che regola l'applicazione di un'imposta.

tax adjustment: ***adeguamento di un'imposta.*** Ritocco in aumento o in diminuzione apportato a un'imposta già in vigore.

tax advantage: ***vantaggio fiscale; vantaggio tributario.*** L'espressione inglese indica la riduzione di un'imposta pagata o dovuta derivante da un'attenta lettura e applicazione delle disposizioni di legge relative alle detrazioni e deduzioni, all'incidenza di reddito e spese e ad accorgimenti quali il frazionamento di una proprietà e simili. Di solito il termine è usato con un significato peggiorativo, che implica interpretazioni estensive e ingiustificate o riduzioni o aliquote speciali concesse a gruppi limitati di contribuenti, in grado di esercitare pressione sugli organi dello stato preposti alla determinazione delle aliquote e alla formulazione delle leggi tributarie.

tax adviser: ***consulente fiscale; fiscalista; tributarista.*** Lo stesso che *tax consultant* (v.).

tax allowance: ***sgravio d'imposta; deduzione fiscale; detrazione d'imposta.*** Termine usato con lo stesso significato di *allowance 2* (v.).

tax amnesty: ***condono fiscale.*** Provvedimento spesso adottato da un governo che intenda ampliare la base imponibile mediante il recupero dell'evasione fiscale. Il governo rinuncia a tutta o parte dell'imposta evasa dal contribuente, purché quest'ultimo si autodenunci ponendosi così in regola per il futuro. Il condono può riferirsi anche a diversi tipi di irregolarità, come ad esempio abusi edilizi, esportazione clandestina di capitali e simili, nel qual caso il provvedimento ha lo scopo di sanare le situazioni createsi, di far rimpatriare i capitali fuggiti all'estero, ecc.

tax amortization: ***ammortamento di un'imposta.*** Lo stesso che *capitalization of a tax* (v.).

tax and price index: ***indice dei prezzi e delle imposte.*** Numero indice, elaborato per la prima volta nel 1979, con il quale si tenta di individuare come le variazioni dei prezzi e delle imposte dirette influiscono sul potere d'acquisto dei redditi monetari. Nel Regno Unito si sostiene che questo indice è più attendibile dell'*index of retail prices* (v.) ai fini della determinazione del potere d'acquisto dei privati.

tax anticipation bill: Espressione di uso statunitense, con la quale si indica un tipo di *tax anticipation certificate* (v.) che viene venduto al di sotto del suo valore nominale ma che, appunto per questo, non frutta interessi.

tax anticipation bond: ***buono d'imposta.*** Tipo di titolo a reddito fisso emesso negli Stati Uniti da enti statali o locali, al fine di poter disporre subito di una somma liquida in previsione di una futura imposta che l'ente dovrà incassare. Il titolo così acquistato dai risparmiatori potrà essere usato per il pagamento dell'imposta, quando essa maturerà.

tax anticipation certificate: Negli Stati Uniti, è un certificato fruttifero emesso dal governo federale ed acquistato dai risparmiatori, con lo scopo di tenerlo fino alla scadenza ed usare capitale e interessi per il pagamento di una determinata imposta cui essi sono soggetti.

tax anticipation note: Negli Stati Uniti, è un documento rappresentativo di un prestito contratto da un ente locale in previsione di una futura imposta. I contribuenti potranno usare tale documento a saldo dell'imposta da loro dovuta, oppure l'ente utilizzerà i proventi dell'imposta per riscattare i titoli precedentemente emessi.

tax anticipation warrant: Termine usato con lo stesso significato di *tax anticipation note* (v.).

tax assessment: ***accertamento tributario; rilevamento fiscale; accertamento d'imposta.*** Termine usato con lo stesso significato di *assessment 1* (v.).

tax assessor: ***agente del fisco.*** Termine usato con lo stesso significato di *assessor 2* (v.).

taxation: ***tassazione; imposizione.*** L'insieme dei pagamenti obbligatori che le persone fisiche e giuridiche residenti in uno stato sono tenute a fare, sotto forma di imposte, al fine di contribuire alle spese dello stato. Una parte dell'imposizione fiscale, tuttavia, ha lo scopo non soltanto di procurare entrate allo stato, ma anche di ridistribuire il reddito interno, colpendo con aliquote più elevate o con imposte addizionali i redditi più alti. L'imposizione si compone di imposte dirette e imposte indirette: le prime sono quelle che colpiscono direttamente gli individui, come ad esempio l'imposta sul reddito; le seconde vengono imposte su persone diverse da quelle che, in ultima analisi, ne saranno effettivamente percosse, come avviene nel caso di imposte pagate da importatori o produttori, ma poi da questi traslate sul consumatore finale dei beni colpiti dalle imposte.

taxation canons: ***canoni della tassazione; canoni della imposizione fiscale.*** Termine usato in alternativa a *canons of taxation* (v.).

taxation commissioners: Termine usato come sinonimo di *tax commissioners* (v.).

taxation law: ***diritto tributario.*** Il ramo del diritto amministrativo che tratta dell'imposizione e della riscossione dei tributi e che regola i rapporti giuridici tra fisco e contribuenti.

taxation of houses: ***tassazione delle case.*** Le case sono sempre state un tipo di proprietà facilmente tassabile. Nel diciassettesimo secolo le case inglesi erano colpite dall'imposta sul focolare, cioè un'imposta che prevedeva il pagamento di un tanto per ogni focolare presente nella casa. Questo tipo di imposta fu sostituita dall'imposta sulle finestre, cioè un'imposta che prevedeva il pagamento di un tanto per ogni finestra di cui disponeva la casa. L'imposta sulle finestre fu giudicata non equa, perché una casa di grande valore al centro di una città poteva avere meno finestre di una casa di campagna di valore palesemente inferiore. In epoca più recente, le case inglesi sono state assoggettate ad imposte locali, basate sulla rendita annua che esse producono, sia che vengano date in locazione, sia che vengano occupate dal proprietario. Fino al 1963, i proprietari di case dovevano pagare al governo centrale anche un'imposta sul reddito figurativo delle loro proprietà. (v. anche *hearth tax, window tax, rates, notional income*)

taxation of profits: ***tassazione dei profitti.*** Nel Regno Unito, chiunque percepisca profitti da una qualsiasi forma di attività economica è soggetto ad imposizione fiscale, sia che si tratti di redditi di capitale, sia che si tratti di redditi diretti derivanti dall'attività stessa.

taxation principles: ***principi della tassazione; principi della imposizione fiscale.*** Termine usato in alternativa a *principles of taxation* (v.).

taxation privilege: ***privilegio fiscale.*** Il privilegio di cui gode un contribuente, o una categoria di contribuenti, nei confronti di altri contribuenti o categorie di contribuenti, in virtù di leggi speciali o ordinarie o di situazioni di fatto. Ad esempio, prima della tassazione dei titoli di stato, i risparmiatori italiani che investivano in tali titoli godevano di un privilegio fiscale nei confronti di coloro che investivano in obbligazioni industriali. Una legge che stabilisca crediti d'imposta o addirittura esenzioni dal pagamento di una determinata imposta per le imprese che effettuano investimenti in aree particolarmente depresse crea un privilegio fiscale a favore di tali imprese.

taxation reform: ***riforma tributaria.*** Una riforma del sistema tributario in vigore in un paese, con la sostituzione di una o più imposte nuove a quelle precedentemente esistenti. Spesso una riforma tributaria è accompagnata da un condono fiscale, allo scopo di consentire ai cittadini di mettersi in regola col fisco e indurli ad adeguarsi al nuovo sistema tributario.

taxation schedules: ***categorie d'imposta.*** Termine usato per indicare le varie classi in cui sono suddivisi i redditi, secondo la legge britannica relativa alle imposte sul reddito. Si tratta di sei classi o categorie contraddistinte da altrettante lettere. La classe A si applica al reddito derivante da beni immobili diversi dagli appartamenti mobiliati; la classe B tratta dei redditi da boschi e foreste usati commercialmente; la classe C tratta dei redditi percepiti sotto forma di interessi su titoli di stato e su titoli di qualche debito estero; la classe D è suddivisa in sei sottoclassi, che trattano dei redditi da: 1) attività commerciali; 2) attività professionali; 3) interessi non soggetti a ritenuta d'imposta alla fonte; 4) titoli esteri; 5) proprietà all'estero; 6) profitti non inclusi in altre classi o sottoclassi; la classe E tratta dei redditi da lavoro dipendente, assoggettati a ritenuta alla fonte; la classe F tratta dei redditi da dividendi e altre distribuzioni di utili fatte da società per azioni.

taxation system: ***sistema tributario; sistema fiscale.*** Termine usato in alternativa a *system of taxation* (v.).

tax at source: ***imposta alla fonte.*** Imposta che colpisce un reddito direttamente all'origine e viene trattenuta da colui che è preposto al pagamento del reddito, che successivamente ne risponderà al fisco.

tax audit: ***esame fiscale; verifica fiscale.*** L'ispezione dei documenti contabili di un contribuente eseguita da funzionari dell'ufficio delle imposte.

tax authorities: ***autorità fiscali.*** Termine generico, con il quale si indica l'amministrazione finanziaria dello stato, preposta all'imposizione fiscale e all'esazione delle imposte previste dalle leggi vigenti nel paese.

tax avoidance: ***minimizzazione dell'onere fiscale; evasione legale; elusione fiscale; elisione d'imposta; rimozione attiva.*** Metodo perfettamente legale mediante il quale un contribuente cerca di pagare il minimo possibile di imposte. Consiste nel sistemare le proprie questioni finanziarie in maniera tale da evitare certe forme di imposizione fiscale, come ad esempio acquistare titoli non soggetti ad imposizione invece che titoli sui quali è previsto il pagamento di un'imposta; sottoscrivere polizze di assicurazione o di rendita che possono essere portate in detrazione; effettuare spese che contribuiscono a ridurre la base imponibile, ecc. Questo sistema non ha niente a che vedere con l'evasione fiscale, cioè un metodo illegale di evitare il pagamento delle imposte. (v. anche *tax evasion*)

tax band: ***scaglione d'imposta.*** Lo stesso che *tax bracket* (v.).

tax base: ***base impositiva; base di prelievo; base imponibile; imponibile.*** Termine usato come sinonimo di *taxable base* (v.), ma anche per indicare l'insieme di imprese, persone fisiche e beni ai quali si applica una imposta.

tax benefit rule: ***norma del beneficio fiscale.*** È la disposizione, contenuta nella legge statunitense sull'imposizione fiscale delle persone giuridiche, che consente l'omissione dal reddito lordo di entrate quali ad esempio il recupero di un credito inesigibile qualora la relativa detrazione in anni precedenti non sortì l'effetto di ridurre l'imposta sul reddito pagata nell'anno in cui essa fu denunziata.

tax benefits: ***benefici fiscali; benefici tributari.*** Sono determinati benefici che certi gruppi di contribuenti sono riusciti ad assicurarsi nel tempo, mediante pressione sugli organi legislativi del paese. Si tratta generalmente di crediti d'imposta, detrazioni, esenzioni e altre misure che creano un vantaggio fiscale, non concesso a tutti i contribuenti, sotto forma di riduzione del reddito imponibile al quale va applicata l'aliquota d'imposta.

tax bond: Termine usato con lo stesso significato di *tax anticipation bond* (v.).

tax bracket: ***scaglione d'imposta.*** Ciascuna delle quote successive in cui viene scaglionato il reddito ai fini dell'applicazione delle aliquote progressive d'imposta sul reddito. (v. anche *income bracket*)

tax break: ***agevolazione fiscale.*** Termine generico, usato per indicare una qualsiasi concessione, in relazione a obblighi fiscali, accordata a determinate categorie di individui o a settori dell'economia o anche a chi si trova nelle condizioni previste da una legge speciale, come ad esempio la possibilità di detrarre interessi passivi, di usufruire di crediti d'imposta, ecc.

tax burden: ***onere fiscale; carico fiscale.*** La somma globale di denaro che un contribuente deve pagare sotto forma di imposte. Dovrebbe includere tutti i costi che il contribuente sostiene in relazione a tale pagamento tra i quali, ad esempio, l'onorario corrisposto al proprio fiscalista.

tax capitalization: ***capitalizzazione di un'imposta.*** Termine usato in alternativa a *capitalization of a tax* (v.).

tax carryback: ***ripartizione di profitti e perdite su esercizi precedenti.*** Le disposizioni di legge statunitensi in materia fiscale consentono di ripartire su esercizi precedenti i profitti o le perdite di un dato esercizio, allo scopo di livellare negli anni il reddito d'impresa soggetto a imposizione fiscale.

tax carryover: ***ripartizione di profitti e perdite su esercizi successivi.*** La possibilità, offerta dalle disposizioni di legge statunitensi in materia fiscale, di ripartire su esercizi successivi i profitti o le perdite di un qualsiasi dato esercizio, allo scopo di livellare negli anni il reddito d'impresa soggetto a imposizione fiscale. (v. anche *tax carryback*)

tax code: ***codice tributario.*** L'insieme di leggi e regolamenti su cui si basa il prelievo fiscale da parte di uno stato. A volte il termine inglese viene usato con lo stesso significato di *tax number* (v.).

tax collection: ***esazione delle imposte.*** Termine usato in alternativa a *collection of taxes* (v.).

tax collector: ***esattore delle imposte.*** Termine usato in alternativa a *collector of taxes* (v.).

tax commission: ***commissione delle imposte; commissione dei tributi.*** Negli Stati Uniti, è una commissione eletta o nominata che ha il compito di amministrare una o più imposte nell'ambito di ciascuno degli stati dell'Unione, di accertare determinate imposte sui redditi delle persone giuridiche, di supervisionare l'accertamento se questo viene condotto da funzionari di enti locali, di garantire che gli accertamenti siano svolti in modo uniforme su tutto il territorio dello stato e di supervisionare l'imposizione dei tributi locali.

tax commissioners: Nel Regno Unito, sono i funzionari del *Board of Inland Revenue* (v.), che hanno il compito principale di incassare per lo stato le imposte sul reddito, le imposte sugli utili di capitale e le imposte di bollo.

tax concession: ***agevolazione fiscale.*** Lo stesso che *tax break* (v.).

tax consciousness: ***consapevolezza tributaria.*** La consapevolezza del contribuente del livello delle imposte che paga e dell'onere che esse costituiscono.

tax consultant: ***consulente fiscale; fiscalista; tributarista.*** Professionista esperto in questioni fiscali e tributarie, che presta i propri servizi di consulenza a imprese o privati cittadini, per assisterli nei loro rapporti con l'amministrazione finanziaria dello stato.

tax consumer: ***consumatore fiscale.*** Espressione statunitense, usata per indicare chi trae beneficio dalle spese statali finanziate mediante prelievo fiscale.

tax court: ***tribunale tributario.*** Termine generico, usato negli Stati Uniti per indicare un organo di giustizia competente in questioni di contenzioso tributario sia a livello statale che a livello federale.

Tax Court of the United States: Speciale tribunale federale di sedici membri, creato nel 1924 con il nome di *United States Board of Tax Appeals* cambiato nel nome attuale nel 1942. Ha il compito di esaminare e giudicare i ricorsi e le controversie in materia fiscale relativa a quasi tutti i tipi di imposte federali, fatta eccezione per i dazi doganali. Le sue sentenze sono per lo più definitive, ma in certe circostanze è ammesso il ricorso alla Corte d'Appello degli Stati Uniti ed in certi casi anche alla Corte Suprema degli Stati Uniti.

tax credit: ***credito d'imposta.*** È il credito riconosciuto ad un azionista quale sua parte dell'imposta sul reddito delle persone giuridiche, pagata dalla società che distribuisce un dividendo. All'atto del pagamento del dividendo, l'azionista riceve anche un certificato, rilasciato dalla società, dal quale si rileva l'ammontare di credito d'imposta a lui spettante, che verrà detratto dalle imposte che egli dovrà pagare sul dividendo da lui ricevuto. Se il reddito dell'azionista è talmente basso da non renderlo soggetto all'imposta sul reddito, egli potrà chiedere alle autorità tributarie il rimborso del credito d'imposta a lui spettante. Se, invece, il suo reddito è soggetto ad imposta, il credito contribuirà a ridurre la quota d'imposta che egli dovrà pagare. Il credito d'imposta viene usato allo scopo di evitare la doppia tassazione dei redditi percepiti sotto forma di dividendi. In Italia, ad esempio, prima che esso venisse introdotto nel 1977, il reddito da dividendi azionari veniva tassato con l'IRPEG e successivamente con l'IRPEF, in proporzione al reddito di ciascun contribuente. Lo stesso termine inglese viene usato per indicare un'imposta accertata ma rimessa in tutto o in parte al contribuente, in relazione di solito ad un'altra imposta da lui pagata.

tax credit scheme: ***piano di credito d'imposta.*** Un piano per il mantenimento di un certo livello di reddito, proposto nel Regno Unito dal governo conservatore nella prima metà degli anni settanta. In sostanza è simile al piano statunitense noto come *negative income tax* (v.), pur se differisce nella forma, in quanto prevede una totale esenzione dal pagamento delle imposte per una determinata fascia di reddito, in modo da garantire a tutti un reddito minimo, al di sopra della quale il cittadino paga un'imposta che equivale esattamente al reddito minimo garantito.

tax cut: ***riduzione delle imposte; diminuzione delle imposte; sgravio fiscale.*** Taglio apportato mediante un provvedimento legislativo alle aliquote d'imposta sul reddito cui sono soggetti i contribuenti. Avrà l'effetto di ridurre il prelievo su gran parte o tutti i contribuenti, ma non necessariamente quello di ridurre il gettito fiscale. (v. anche *Laffer curve*)

tax declaration: ***dichiarazione delle imposte.*** Lo stesso che *income tax return* (v.).

tax-deductible: ***detraibile.*** Espressione aggetivale usata in relazione a spese e oneri che possono essere portati in detrazione della dichiarazione delle imposte sul reddito. Sono, ad esempio, premi di assicurazione sulla vita, spese mediche specialistiche, donazioni a scopo di beneficenza e simili.

tax-deductible expenditures: ***spese detraibili.*** Termine usato con lo stesso significato di *allowable expense* (v.).

tax deduction: ***detrazione d'imposta; oneri deducibili.*** Termine usato con lo stesso significato di *allowance 2* (v.).

tax deduction card: Nel Regno Unito, è una scheda, simile al nostro modello 101, sulla quale il datore di lavoro riporta tutti i dettagli relativi alle ritenute d'acconto praticate sul salario o sullo stipendio dei lavoratori dipendenti. In particolare, la scheda indica la remunerazione lorda, l'ammontare delle ritenute d'acconto, la remunerazione netta e i contributi sociali a carico del lavoratore. Le schede così riempite vengono poi inviate agli uffici finanziari per gli opportuni controlli alla fine dell'anno finanziario.

tax deed: Nel caso in cui un contribuente non sia in grado di pagare le imposte da lui dovute su beni immobili di sua proprietà, gli uffici statunitensi preposti all'esazione di tali imposte possono vendere all'asta un cosiddetto *tax warrant* (v.), che copre il diritto all'esazione di quelle imposte. Dopo un periodo di tempo stabilito, il proprietario del *tax warrant* può richiedere un *tax deed*, che viene rilasciato dallo stesso ufficio dietro riconsegna del *tax warrant* e che dà a colui che lo riceve il diritto di proprietà del bene immobile sul quale egli aveva pagato le imposte mediante l'acquisto del *tax warrant*.

tax deferral: ***differimento di imposte.*** Lo stesso che *deferral of taxes* (v.).

tax diffusion: ***diffusione dell'imposta.*** V. spiegazione sotto *diffusion theory of taxation*.

tax disc: ***contrassegno; bollo di circolazione.*** Termine usato come sinonimo di *tax token* (v.).

tax discrimination: ***discriminazione fiscale; discriminazione tributaria.*** Situazione di ingiustizia fiscale che viene a determinarsi in un paese quando il governo crea privilegi fiscali o quando esso, per inerzia o incapacità di perseguire gli evasori, consente che si cristallizzino situazioni di privilegio di fatto. (v. anche *taxation privilege*)

tax disincentive: ***disincentivo fiscale.*** Le alte aliquote fiscali sul reddito possono avere un effetto disincentivante, così che il lavoratore preferisce godere di più tempo libero invece di dedicarsi all'attività lavorativa, quando si trova nella situazione di dover versare al fisco gran parte dei propri guadagni marginali. Questo effetto disincentivante, tuttavia, non sembra essere uguale per tutte le categorie di lavoratori.

tax dodger: ***evasore fiscale.*** Il termine inglese indica chi, legalmente o illegalmente, tenta di evitare il pagamento di un'imposta o di un tributo. (v. anche *tax avoidance, tax evasion*)

tax dodging: ***minimizzazione dell'onere fiscale; evasione legale; elusione fiscale; elisione d'imposta; rimozione attiva; evasione fiscale.*** Termine a volte usato negli Stati Uniti come sinonimo sia di *tax avoidance* (v.) che di *tax evasion* (v.).

tax effect: ***effetto d'imposta.*** Da un punto di vista strettamente tecnico, l'effetto d'imposta indica la variazione del volume di produzione causata da una variazione delle imposte. Infatti, la variazione di prezzo causata da una variazione delle imposte è più propriamente indicata col termine incidenza. (v. anche *tax incidence*)

tax efficiency: ***efficienza tributaria.*** La capacità di un contribuente di investire le proprie risorse in maniera tale da minimizzare l'imposta che è tenuto a pagare sul reddito prodotto da tali investimenti.

tax equalization: ***perequazione fiscale; perequazione delle imposte.*** Eliminazione di differenze ingiustificate tra le varie categorie di contribuenti, in relazione a imposte patrimoniali. Quando gli enti locali sono autorizzati dal governo centrale a prelevare un'imposta sulle proprietà immobiliari, essi tendono a comportarsi in maniera diversa, applicando aliquote spesso differenti da regione a regione o da città a città. Scopo della perequazione è che tutti i cittadini dello stato siano trattati nella stessa maniera, indipendentemente dalla località in cui essi risiedono.

tax equalization account: ***conto perequazione imposte.*** Conto usato da una impresa allo scopo di adeguare la propria esposizione fiscale prevista, ed in relazione alla quale sono stati effettuati i necessari accantonamenti, all'effettiva esposizione finale accertata dalle autorità tributarie.

tax equity: ***giustizia fiscale.*** La giustizia che dovrebbe regolare l'imposizione fiscale. Il condizionale è d'obbligo, perché in passato le imposte venivano palesemente fatte pagare alle classi più povere per finanziare privilegi riservati alle classi più ricche ed oggi, pur se la situazione non è la stessa in quanto lo stato utilizza il gettito fiscale principalmente per il finanziamento dei servizi sociali, il pagamento delle imposte è molto più oneroso per le classi meno abbienti che non per le classi più ricche, senza tener conto che i maggiori evasori fiscali non possono trovarsi che nelle classi più ricche.

tax equivalent: ***equivalente fiscale.*** La fornitura di servizi da parte di un'impresa pubblica, o altre divisioni amministrative dello stato, in luogo del pagamento di imposte da cui è esente in quanto di proprietà dello stato o di un suo ente.

taxers: ***verificatori dei pesi e delle misure.*** Con questo termine vengono indicati due funzionari, scelti ogni anno a Cambridge, che hanno il compito di verificare il rispetto delle norme relative agli strumenti di peso e misura.

taxes on capital: ***imposte sul capitale.*** Termine usato in alternativa a *capital tax* (v.). Le più comuni imposte sul capitale sono la *capital transfer tax* (v.), la *capital gains tax* (v.) e la *development land tax* (v.).

taxes on expenditure: ***imposte sulle spese.*** Termine usato in alternativa a *expenditure taxes* (v.). Oggi, le più comuni imposte sulle spese nel Regno Unito sono rappresentate dalla *value-added tax* (v.), dai *customs and excise duties* (v.), dalla *stamp duty* (v.) e dalla *car tax* (v.).

taxes on food: ***imposte sui generi alimentari.*** Sono tutte le imposte indirette che colpiscono qualsiasi tipo di derrata alimentare. Esse tendono ad essere regressive, in quanto percuotono più pesantemente le famiglie numerose.

taxes on income: ***imposte sul reddito.*** Termine usato in alternativa a *income tax* (v.). Oggi, nel Regno Unito le imposte sul reddito sono rappresentate dalla *income tax* (v.), dalla *corporation tax* (v.) e dalla *petroleum revenue tax* (v.).

taxes receivable: ***imposte da riscuotere.*** Il termine inglese, usato nella contabilità degli enti locali, indica un conto il cui saldo rappresenta l'ammontare di imposte, correnti o già scadute, accertate ma non ancora incassate.

tax-evader: ***evasore fiscale.*** Persona fisica o giuridica che pratica la *tax evasion* (v.).

tax evasion: ***evasione fiscale.*** Metodo illegale con il quale il contribuente cerca di evitare il pagamento di imposte cui è soggetto. Consiste principalmente nell'omettere certe fonti di reddito dalla denuncia presentata alle competenti autorità o nel dichiarare redditi inferiori a quelli effettivamente percepiti. L'evasione fiscale va distinta dall'elisione fiscale, che è il metodo legale mediante il quale un contribuente cerca di ridurre il proprio carico fiscale. (v. anche *tax avoidance*)

tax exclusion: ***esclusione a fini impositivi.*** Esclusione di determinate fonti di reddito ai fini della determinazione dell'imposta sul reddito delle persone fisiche, come ad esempio gli interessi su titoli di stato e certi tipi di pensioni o di sussidi sociali.

tax-exempt bonds: ***titoli esenti da imposte.*** Lo stesso che *tax-exempt securities* (v.).

tax exemption: ***esenzione fiscale; esenzione da imposta.*** Con questo termine si indica sia la completa esenzione dal pagamento delle imposte, quale quella concessa ad esempio ad organizzazioni caritatevoli, educative, religiose o senza scopo di lucro, sia la parziale esenzione dal pagamento di un'imposta, quale ad esempio quella concessa ai lavoratori in considerazione del numero di persone a carico.

tax-exempt securities: ***titoli esenti da imposte.*** Sono titoli a reddito fisso, i cui interessi non vengono assoggettati ad imposta. Di solito, tale trattamento è riservato ad alcuni tipi di titoli di stato e a quelli emessi da enti locali o altri enti statali, pur se il trattamento differisce da paese a paese.

tax exile: Termine di recente formazione, usato per indicare una persona che abbandona il proprio paese per sottrarsi al fisco ed evitare di dover pagare le imposte.

tax expatriate: Termine usato con lo stesso significato di *tax exile* (v.).

tax expenditure: ***spese deducibili; oneri deducibili.*** Termine usato con lo stesso significato di *allowable expense* (v.).

tax farming: ***concessione del diritto di esazione delle imposte; appalto d'imposta.*** Termine usato in alternativa a *farming of taxes* (v.).

tax fraud: ***frode fiscale; frode tributaria.*** Nell'ambito dei reati fiscali, è un fatto di notevole rilevanza, che viene punito con maggiore severità, in quanto manifesta la pericolosità dell'evasore e la sua spiccata tendenza a delinquere.

tax-free: ***esentasse; esente da imposte.*** Espressione aggettivale usata in relazione a trasferimenti di moneta o altri beni non assoggettati al pagamento di imposte. A volte viene usata anche per indicare un trasferimento, quale il pagamento di un dividendo, al netto delle imposte, che vengono pagate da persona diversa dal percettore. Ad esempio, un dividendo dichiarato esentasse, che deve però essere ricalcolato dalla società aggiungendovi l'ammontare dell'imposta che essa si assume di pagare in luogo dell'azionista.

tax-free allowance: ***detrazione fiscale; detrazione d'imposta.*** Termine usato con lo stesso significato di *allowance 2* (v.).

tax-free exchange: ***scambio esentasse.*** È lo scambio di un bene per un altro bene, che la legge statunitense sull'imposta sul reddito riconosce esente ai fini fiscali, in quanto il nuovo bene assume la base imponibile del vecchio bene. Tuttavia, questo tipo di scambio diventa almeno parzialmente soggetto a imposizione fiscale quando esso implica anche il trasferimento di una benché minima quantità di moneta.

tax-free fund: ***fondo d'investimento esentasse.*** Negli Stati Uniti, è un tipo di fondo comune d'investimento aperto che si rivolge a persone soggette ad elevate aliquote di imposta sul reddito. Il reddito che esso riesce a realizzare per gli investitori è esente da imposte in quanto deriva dalla sottoscrizione di titoli esentasse, come ad esempio le obbligazioni municipali emesse nello stato in cui vive il sottoscrittore.

tax-free income: ***reddito esentasse; reddito esente da imposte.*** La parte del reddito totale di un individuo che non è soggetta all'imposta sul reddito. Coincide con l'ammontare di detrazioni e deduzioni concesse all'individuo in base alla sua composizione familiare, alle spese ammesse in detrazione e così via.

tax-free pay: ***retribuzione esentasse; retribuzione esente da imposte.*** Termine usato come sinonimo di *tax-free income* (v.).

tax-gathering season: ***periodo di riscossione delle imposte.*** Sono i mesi dell'anno in cui vengono pagate certe imposte di maggior rilevanza. Nel Regno Unito questo periodo corrisponde con i mesi di dicembre, gennaio e febbraio, quando viene pagata l'imposta sul reddito delle persone giuridiche.

tax harmonization: ***armonizzazione fiscale.*** Lo stesso che *fiscal harmonization* (v.).

tax haven: ***paradiso fiscale; rifugio fiscale.*** Espressione con la quale si indica un paese che non assoggetta i cespiti ad imposta o li percuote in misura molto lieve in relazione all'imposizione fiscale di altri paesi. Tra i più noti paradisi fiscali, ove si rifugiano molti cittadini stranieri ad alto reddito, vi sono il Principato di Monaco, il Lussemburgo e il Liechtenstein in Europa, Nassau e Panama in America.

tax hike: ***aumento delle imposte; inasprimento tributario; inasprimento fiscale.*** Incremento, apportato mediante un provvedimento legislativo, delle aliquote d'imposta sul reddito cui sono soggetti i contribuenti. Avrà l'effetto di far aumentare il prelievo su gran parte o tutti i contribuenti, ma non necessariamente quello di far crescere il gettito fiscale. (v. anche *Laffer curve*)

tax holiday: ***periodo di esenzione fiscale.*** In un programma di industrializzazione di una regione o di particolari investimenti in un paese, di solito si concede un certo numero di anni di esenzione dal pagamento di tutta o parte dell'imposta sul reddito a quegli imprenditori che fanno investimenti secondo le direttive del programma suddetto. Si tratta di un incentivo fiscale, che mira ad attirare capitali in una determinata regione o a favorire l'espansione degli investimenti produttivi.

tax impact: ***impatto fiscale; percussione di una imposta.*** Il termine inglese viene usato per indicare l'obbligazione o l'effetto immediati di un'imposta sul contribuente che è tenuto a pagarla, in quanto si trova nelle condizioni previste dalla legge, anche se poi sarà in grado, attraverso la traslazione, di farne rimbalzare l'onere su altri.

tax incentive: ***incentivo fiscale.*** Accorgimento usato da uno stato al fine di incoraggiare gli investimenti, da parte di imprese o privati, e la creazione di rendite future integrative delle pensioni. Tra gli incentivi fiscali rientrano gli sgravi per investimenti in macchine e impianti e la possibilità di detrarre dalla dichiarazione dei redditi i premi di assicurazione sulla vita o i contributi volontari versati dal lavoratore. Il termine a volte viene usato anche con il significato di *tax relief* (v.).

tax incidence: ***incidenza fiscale; incidenza tributaria.*** Da un punto di vista strettamente tecnico, il termine incidenza indica l'effetto di variazione del prezzo di un bene conseguente alla variazione di un'imposta, ma in senso più ampio l'espressione indica il pagamento dell'imposta da parte della persona sulla quale essa effettivamente ricade, senza tener conto se si tratti di contribuente di diritto o di fatto. A seconda del tipo di imposta, infatti, sarà possibile o impossibile per il contribuente di diritto traslarla su un altro soggetto. Per le imposte dirette la traslazione risulta pressocché impossibile e ne è un esempio l'imposta sui redditi, che colpisce colui che produce il reddito. Se si tratta di imposte indirette, invece, il contribuente di diritto riesce nella maggioranza dei casi a traslarle su altri. Ne è un esempio una qualsiasi imposta di fabbricazione, che generalmente viene pagata dal consumatore finale. Si dice generalmente, perché in effetti la traslazione dipende in gran parte dall'elasticità della domanda del bene che l'imposta colpisce. Infatti, se la domanda del bene è inelastica, l'imposta ricadrà completamente sul consumatore a seguito di un aumento del prezzo di vendita corrispondente all'entità dell'imposta, ma se la domanda del bene è alquanto inelastica, il venditore non caricherà sul prezzo l'intero ammontare dell'imposta, pur caricandone una buona percentuale, e così essa sarà divisa tra venditore e compratore, ma è chiaro che sarà quest'ultimo a pagarne la maggior parte. Se, infine, la domanda del bene è perfettamente elastica, il venditore non riuscirà a traslare l'imposta e dovrà sostenerne in pieno l'incidenza.

tax increase: ***aumento delle imposte; inasprimento tributario; inasprimento fiscale.*** Lo stesso che *tax hike* (v.).

taxing officer: ***agente del fisco.*** Termine usato con lo stesso significato di *assessor 2* (v.).

taxing power: ***autorità impositiva.*** È l'autorità di uno stato o di una sua suddivisione di imporre tributi, tasse o imposte che i cittadini sono tenuti a pagare. L'autorità impositiva deriva allo stato dalle leggi fiscali vigenti nel paese.

tax inspector: ***agente del fisco.*** Termine usato con lo stesso significato di *assessor 2* (v.).

tax invoice: ***fattura con IVA.*** Una fattura nella quale compare l'ammontare dell'imposta sul valore aggiunto pagato in relazione a quella specifica operazione.

tax law: ***diritto tributario.*** Termine usato con lo stesso significato di *taxation law* (v.).

tax levy: **1.** ***cartella d'imposta.*** Nel linguaggio giuridico, è l'ordine formale con il quale si invita il contribuente a pagare un'imposta accertata. **2.** ***gettito di una imposta.*** Nel linguaggio strettamente fiscale e in relazione ad imposte patrimoniali, il termine inglese indica la determinazione della quantità di denaro che entrerà nelle casse dello stato come frutto di un'imposta.

tax liability: ***soggettività tributaria.*** La situazione in cui si trova un contribuente nei confronti del fisco quando egli è soggetto a un tributo.

tax lien: ***diritto di pegno per imposte; privilegio tributario.*** È il diritto, vantato dall'ufficio delle imposte, su un bene mobile o immobile a garanzia del pagamento di un'imposta, accertata dall'ufficio stesso, a carico del bene in questione o di altri beni appartenenti allo stesso proprietario.

tax limit: ***limite d'imponibilità.*** Il limite, stabilito dalla costituzione o da una legge parlamentare, al tipo di imposte o all'aliquota massima che una suddivisione dello stato può imporre ai cittadini.

tax load: ***carico tributario; carico fiscale.*** Lo stesso che *burden 3* (v.).

tax loophole: ***scappatoia fiscale.*** Espressione generica, con la quale si indica un qualsiasi espediente mediante il quale un contribuente può evitare il pagamento di un'imposta. Lo stesso termine viene usato nel linguaggio popolare per indicare un'ovvia discriminazione o esenzione fiscale a favore di determinate categorie di contribuenti.

tax loss: ***perdita a fini fiscali.*** Qualsiasi perdita che possa portarsi in detrazione, in sede di determinazione dell'imposta sugli utili di capitale.

tax loss carryback: ***ripartizione di perdite su esercizi precedenti.*** La possibilità, consentita dalle disposizioni di legge statunitensi in materia di imposte sul reddito delle persone giuridiche, di detrarre le perdite di gestione relative ad un dato esercizio dai profitti di uno o più esercizi precedenti.

tax loss carryforward: ***ripartizione di perdite su esercizi successivi.*** La possibilità, consentita dalle disposizioni di legge statunitensi in materia di imposte sul reddito delle persone giuridiche, di detrarre le perdite di gestione relative ad un esercizio passato dai profitti di uno o più esercizi successivi.

tax mitigation: ***minimizzazione dell'onere fiscale.*** Termine usato con lo stesso significato di *tax avoidance* (v.).

tax number: ***codice fiscale.*** Il numero, o l'insieme di lettere e numeri a seconda del sistema usato nei diversi paesi, che serve a identificare il contribuente al quale viene rilasciato. In alcuni paesi, come nel Regno Unito, il codice fiscale indica la posizione del contribuente nei confronti del fisco in relazione a detrazioni, aliquota d'imposta e simili altre informazioni.

tax offence: ***reato fiscale; reato tributario.*** Un qualsiasi fatto che viola le leggi fiscali del paese.

tax office: ***ufficio delle imposte.*** Termine generico, usato per indicare un qualsiasi ufficio locale dell'amministrazione finanziaria di uno stato, preposto all'accertamento e all'esazione delle imposte previste dalle leggi fiscali.

tax offset: ***credito d'imposta.*** Termine usato negli Stati Uniti con lo stesso significato di *tax credit* (v.).

tax on capital, business and wages: ***imposta sui redditi di ricchezza mobile; imposta di ricchezza mobile; imposta residuale.*** Tipo di imposta che colpisce tutti i redditi, fatta eccezione soltanto per quelli dominicali di terreni e fabbricati, colpiti da imposta patrimoniale.

tax on capital gains: ***imposta sui redditi di capitale.*** Lo stesso che *capital gains tax* (v.).

tax on consumption: ***imposta sui consumi.*** Termine usato in alternativa a *consumption tax* (v.).

tax on luxuries: ***imposta sui beni di lusso.*** Termine usato in alternativa a *luxury tax* (v.).

tax on pollution: ***tassa ecologica; tassa sull'inquinamento.*** Lo stesso che *effluent charge* (v.).

tax on property: ***imposta sul patrimonio; imposta patrimoniale.*** Termine usato in alternativa a *property tax* (v.).

tax on shares and bonds: ***imposta sui valori mobiliari.*** L'imposta che colpisce il reddito dei valori mobiliari, cioè dividendi e interessi. Il sistema di tassazione dei valori mobiliari differisce da paese a paese e mentre alcuni paesi rendono esenti da tale imposta i titoli emessi dallo stato e da enti statali, altri non fanno alcuna distinzione o tutt'al più esonerano soltanto determinati tipi di titoli, la cui funzione è quella di incoraggiare il risparmio. In quasi tutti i paesi, tuttavia, vige il principio di non assoggettare i redditi da valori mobiliari a doppia tassazione. (v. anche *tax credit*)

tax on transactions: ***imposta sugli affari.*** Un'imposta che colpisce la vendita di un bene ogni volta che esso passa da un proprietario all'altro. Se il bene viene colpito nei suoi vari stadi di fabbricazione, l'imposta sugli affari dà luogo al fenomeno noto come imposizione piramidale. (v. anche *tax pyramiding*)

tax package: ***pacchetto fiscale.*** Insieme di provvedimenti fiscali decisi da un governo, che vanno ad inserirsi nel sistema tributario vigente o che lo modificano dando luogo a una riforma tributaria.

taxpayer: ***contribuente.*** La persona, fisica o giuridica, che paga un'imposta o un qualsiasi altro tipo di tributo. Si è soliti fare una distinzione teorica tra contribuente di fatto e contribuente di diritto. Il primo è colui che, a seguito di un'eventuale traslazione, sopporta effettivamente l'onere dell'imposta; il secondo è colui che è tenuto a pagare l'imposta al fisco, anche se poi riesce a farla rimbalzare sul contribuente di fatto. Lo stesso termine inglese viene a volte usato per indicare un bene immobile il cui reddito è sufficiente a pagare le spese operative, le quote di ammortamento e le imposte sulla proprietà.

taxpayer revolt: ***rivolta dei contribuenti.*** Lo stesso che *tax revolt* (v.).

taxpayer's list: ***dichiarazione del contribuente.*** Negli Stati Uniti, è indicato con questo termine un elenco di tutti i beni di proprietà soggetti a imposizione fiscale, che il contribuente residente in un distretto è tenuto a presentare, ai fini del rilevamento fiscale, all'ufficio locale delle imposte, a scadenze specificate o a intervalli di tempo regolari. Non si tratta, tuttavia, della dichiarazione dei redditi, detta *income tax return* (v.).

tax-paying capacity: ***capacità contributiva.*** Lo stesso che *taxable capacity* (v.) e *ability to pay 2* (v.).

tax planning: ***minimizzazione dell'onere fiscale; programmazione delle imposte.*** Termine usato con lo stesso significato di *tax avoidance* (v.).

tax policy: ***politica tributaria.*** Le decisioni di un governo in relazione al sistema di imposizione fiscale interno, alle differenti aliquote e agli scaglioni di imposta, al differente trattamento delle persone fisiche e delle persone giuridiche, ecc. In breve, la politica governativa che stabilisce la pressione tributaria all'interno di un sistema economico.

tax preferences: ***privilegi tributari; privilegi fiscali.*** Lo stesso che *tax benefits* (v.).

tax price: ***prezzo fiscale; prezzo in termini d'imposta.*** È il costo, in termini di imposte o tasse, che il cittadino è chiamato a pagare per un servizio fornito dallo stato.

tax privileges: ***privilegi fiscali; privilegi tributari.*** Lo stesso che *tax benefits* (v.).

tax purchaser: Negli Stati Uniti, è indicato con questo termine chi acquista un *tax warrant* (v.).

tax-push inflation: ***inflazione da spinta fiscale.*** Ipotesi controversa, che sostiene che il tasso d'inflazione può essere mantenuto a un alto livello dalle aliquote fiscali non indicizzate. Infatti, se i lavoratori tentano di conservare lo stesso livello di reddito netto, essi sono spinti a chiedere continui aumenti salariali via via che l'inflazione li spinge verso aliquote fiscali più elevate. La soluzione semplice di questo problema sarebbe l'indicizzazione delle aliquote in base al tasso di inflazione e la conseguente eliminazione del drenaggio fiscale.

tax pyramiding: ***imposizione piramidale; imposizione a piramide.*** L'imposizione di un'imposta indiretta ad uno dei primi stadi della fabbricazione di un prodotto, con il risultato che essa entra a far parte della base imponibile sulla quale viene calcolata l'imposta che colpisce lo stesso prodotto ad uno stadio di fabbricazione successivo, che a sua volta entra a far parte della successiva base imponibile e così via fino a quando il prodotto giunge al consumatore finale, che dovrà sostenere l'intero onere dell'imposta. Un tale tipo di imposizione contribuisce anche a far aumentare i prezzi al consumo, in quanto il dettagliante applica il suo ricarico sul prezzo da lui pagato e, pertanto, anche sulla percentuale d'imposta giunta fino a lui.

tax rate: ***aliquota di una imposta.*** Termine usato con lo stesso significato di *rate 2* (v.).

tax rebate: ***riduzione d'imposta.*** Termine statunitense, usato con lo stesso significato di *tax abatement* (v.).

tax receipts: ***gettito fiscale; gettito delle imposte; gettito di una imposta; entrate fiscali.*** Lo stesso che *tax revenue* (v.).

tax records: ***documenti fiscali.*** Sono tutti i documenti relativi alle varie imposte cui è soggetto un contribuente e da lui conservati nei propri archivi.

tax reduction: ***riduzione delle imposte; riduzione del carico tributario.*** Lo stesso che *tax cut* (v.).

tax reform: ***riforma fiscale; riforma tributaria.*** Lo stesso che *taxation reform* (v.).

Tax Reform Act: Legge, approvata dal Congresso degli Stati Uniti nel 1986, con la quale si completava la manovra fiscale dell'amministrazione Reagan, iniziata nel 1981 con l'approvazione dell'*Economic Recovery Tax Act* (v.). La legge prevede l'esistenza di soltanto due scaglioni d'imposta, in luogo dei precedenti quattordici e fissa l'imposta massima sul reddito delle persone fisiche al 28% in luogo del precedente 50%. Allo stesso tempo, sono state abolite tutte le preferenze e le scappatoie che consentivano ai più ricchi di praticare l'elisione fiscale, realizzando così una maggiore equità e una certa riduzione della povertà. È stato allo stesso tempo abolito il trattamento preferenziale dei redditi di capitale, mentre l'imposta massima sul reddito delle persone giuridiche è stata ridotta dal 46 al 34% e sono stati contestualmente aboliti alcuni incentivi all'investimento. L'effetto complessivo netto è quello di traslare oltre cento miliardi di dollari d'imposta dalle famiglie alle imprese. A seguito di questa riforma, gli Stati Uniti vantano le più basse aliquote di imposta sul reddito e secondo alcuni ciò non mancherà di avere conseguenze sul piano internazionale.

tax regime: ***regime fiscale.*** L'insieme di norme che disciplinano l'imposizione fiscale in relazione a un particolare aspetto dell'attività economica, nell'ambito più vasto di un sistema fiscale.

tax register: ***anagrafe tributaria.*** Struttura centralizzata dell'amministrazione finanziaria dello stato, ove confluiscono tutti i dati relativi alla posizione fiscale di ciascun contribuente.

tax regulations: ***regolamento fiscale.*** Il regolamento in base al quale si svolgono tutte le operazioni relative al prelievo fiscale da parte dello stato e ai ricorsi del contribuente avverso accertamenti da lui ritenuti inesatti.

tax relief: ***detrazione d'imposta; detrazione fiscale; sgravio fiscale.*** Termine usato con lo stesso significato di *allowance 2* (v.).

tax reserve certificates: Nel Regno Unito, sono certificati emessi dalla Banca d'Inghilterra su autorizzazione del ministero del tesoro e acquistati dai risparmiatori, che potranno usare sia la somma capitale rappresentata dal certificato sia gli interessi che esso frutta per il pagamento di imposte cui essi sono soggetti. Se i certificati non vengono utilizzati per il pagamento di imposte, se ne può chiedere il rimborso, ma in tal caso essi non fruttano alcun interesse. Questi certificati non vengono più emessi nel Regno Unito dall'epoca della crisi petrolifera del 1973.

tax reserves: ***riserve per il pagamento di imposte; fondo imposte e tasse.*** Poiché nel Regno Unito le imposte sul reddito delle persone fisiche non vengono pagate mensilmente, come avviene invece per il reddito dei lavoratori dipendenti soggetto a ritenute di acconto, è pratica comune accantonare mensilmente i fondi necessari al pagamento delle imposte ed investirli in titoli a breve termine o, quando essi venivano emessi, in *tax reserve certificates* (v.).

tax return: ***dichiarazione dei redditi; denuncia dei redditi.*** Termine usato con lo stesso significato di *income tax return* (v.).

tax revenue: ***gettito fiscale; gettito di una imposta; entrate fiscali.*** Termine usato per indicare l'insieme delle entrate fiscali di uno stato oppure le entrate derivanti da una specifica imposta.

tax revolt: ***rivolta fiscale.*** Atteggiamento critico e di contestazione del contribuente nei confronti del fisco, quando il carico tributario raggiunge livelli ritenuti eccessivi e il forte prelievo viene utilizzato dallo stato in maniera inefficiente per finanziare deficit sempre crescenti, mentre i servizi forniti alla collettività diventano sempre più scadenti e gli investimenti produttivi insufficienti a mantenere i livelli occupazionali raggiunti. La rivolta fiscale mira a ottenere riduzioni delle imposte, una più giusta distribuzione del carico tributario, la lotta ad oltranza agli evasori e una più efficace utilizzazione delle risorse. L'effetto della rivolta si manifesta innanzi tutto in una stasi o una riduzione del gettito fiscale a causa del sempre crescente numero di contribuenti che ricorrono all'elisione e all'evasione fiscale e in secondo luogo nell'insorgere di un'economia sommersa. (v. anche *tax avoidance, tax evasion, black economy*)

tax roll: ***ruolo delle imposte.*** Un elenco dei contribuenti, a fianco del cui nome compare il reddito accertato o dichiarato e l'ammontare di imposta che ciascuno di loro è tenuto a pagare.

tax sale: ***vendita giudiziale per il recupero di imposte.*** Il termine inglese viene usato per indicare specificamente la vendita giudiziale di beni mobili o immobili il cui ricavato sarà devoluto al pagamento di imposte arretrate dovute al fisco dal proprietario dei beni così venduti.

tax schedules: ***categorie d'imposta.*** Termine usato con lo stesso significato di *taxation schedules* (v.).

tax selling: ***vendita a fini fiscali.*** Espressione usata nel linguaggio delle borse valori per indicare la vendita di titoli, che sono stati tenuti dal proprietario per sei mesi o più, ad un corso inferiore al prezzo di acquisto allo scopo di controbilanciare con questa perdita utili di capitale realizzati su altri titoli e così ridurre la somma complessiva che l'investitore è tenuto a pagare in base all'imposta sui redditi di capitale. Condizione indispensabile per realizzare questa forma di elisione fiscale è che il corso di alcuni titoli tenuti in portafoglio scenda al di sotto del prezzo di acquisto pagato dall'investitore. Lo stesso termine viene a volte usato per indicare la vendita di un bene immobile al fine di evitare il pagamento di imposte accertate, ma non ancora dovute. (v. anche *tax avoidance*)

tax sharing: ***ripartizione di imposte.*** Espressione usata negli Stati Uniti, con la quale si indica la procedura in base alla quale un'unità politica, di solito uno degli stati dell'Unione, accerta e incassa un'imposta il cui gettito viene successivamente ripartito tra altre unità politiche, quali ad esempio le contee e le municipalità, in base ad una formula stabilita da una legge dello stato.

tax shelter: ***riparo fiscale.*** Termine usato con lo stesso significato di *tax shield* (v.).

tax shield: ***scudo fiscale.*** Espressione usata nella pianificazione degli investimenti per indicare tutte quelle spese, quali ad esempio i costi di avviamento di un nuovo impianto o le quote di ammortamento, che possono essere portate in detrazione ai fini della determinazione delle imposte sul reddito e che, pertanto, contribuiscono a ridurre l'onere fiscale. Lo stesso termine viene usato per indicare varie forme di elisione d'imposta cui ricorrono i contribuenti e che danno luogo a investimenti che non verrebbero presi in considerazione, perché per definizione antieconomici, se non portassero con sé un vantaggio fiscale, come ad esempio le polizze di assicurazione per la costituzione di una rendita, il cui premio può essere portato in detrazione fino a un determinato importo.

tax shifting: ***traslazione d'imposta.*** Termine usato con lo stesso significato di *shifting of taxation* (v.).

tax sovereignty: ***sovranità impositiva.*** Il potere di ciascuno stato sovrano di stabilire l'entità e il tipo di imposizione fiscale cui devono essere soggetti i suoi cittadini. Tale sovranità viene in parte perduta quando lo stato entra a far parte di una federazione o di una comunità economica.

tax structure: ***struttura tributaria; struttura fiscale.*** Termine usato con lo stesso significato di *system of taxation* (v.).

tax system: ***sistema tributario; sistema d'imposizione fiscale.*** Termine usato in alternativa a *system of taxation* (v.).

tax table: ***tabella delle imposte; prontuario delle imposte.*** Qualsiasi tabella, preparata e diffusa dall'amministrazione finanziaria di uno stato, dalla quale il contribuente può ricavare le aliquote applicabili alle varie fasce di reddito, i coefficienti di rivalutazione di terreni e fabbricati e altre notizie, informazioni e disposizioni comunque relative al calcolo e al pagamento di imposte e tributi.

tax theory: ***teoria delle imposte.*** Ciascuna delle varie teorie, proposte da diversi economisti in diverse epoche, sulla quale dovrebbe basarsi l'imposizione fiscale. Tra le tante teorie più note, ricordiamo quella della capacità contributiva, la teoria delle prestazioni e controprestazioni, la teoria della diffusione dell'imposta, la teoria del sacrificio e la teoria dell'uguaglianza del sacrificio. (v. anche *ability–to–pay theory of taxation, benefits–received theory of taxation, diffusion theory of taxation, equal sacrifice tax theory, sacrifice tax theory*)

tax threshold: ***soglia tributaria.*** Il livello di reddito che divide i cittadini in due categorie: coloro che sono soggetti a imposizione fiscale, in quanto il loro reddito supera la soglia; e coloro che ne sono esenti, in quanto il loro reddito è al di sotto della soglia. Lo stesso termine indica il limite al quale il reddito di un contribuente passa da un'aliquota fiscale a quella immediatamente più alta.

tax title: Espressione statunitense, con la quale si indica il titolo di proprietà di un bene ricevuto mediante acquisto da uno stato che, a sua volta, l'aveva acquisito a seguito di esproprio per il mancato pagamento di imposte arretrate da parte del proprietario originario del bene.

tax token: ***bollo di circolazione.*** Nel Regno Unito, è la ricevuta che attesta l'avvenuto pagamento della tassa di circolazione per gli autoveicoli. È rappresentata da un dischetto, che deve essere esposto in modo visibile a bordo del veicolo, come prova che il proprietario ha effettivamente pagato la tassa di circolazione.

tax treatment: ***trattamento fiscale.*** Il modo in cui viene trattata, ai fini fiscali, una qualsiasi operazione soggetta a imposizione.

tax umbrella: ***ombrello fiscale.*** Espressione statunitense, con la quale si indica la ripartizione di perdite a fini fiscali descritta sotto *tax–loss carryforward* (v.), che protegge dall'imposizione fiscale i profitti realizzati in anni successivi.

tax value: ***valore fiscale; valore imponibile.*** Lo stesso che *taxable value* (v.).

tax voucher: ***certificato di credito d'imposta; certificato di ritenuta d'imposta; modello RAD.*** Un documento inviato da una società per azioni ai propri azionisti, nel quale vengono specificati il numero delle azioni di proprietà dell'azionista, l'ammontare netto dei dividendi pagati e l'ammontare dell'imposta pagata dalla società a credito dell'azionista, ovvero come acconto dell'imposta da questi dovuta in relazione al dividendo percepito. Tale documento viene allegato al mandato di pagamento dei dividendi spettanti all'azionista. (v. anche *tax credit*)

tax warrant: Nel caso in cui un contribuente non sia in grado di pagare le imposte da lui dovute su beni immobili di sua proprietà, gli uffici statunitensi preposti all'esazione di tali imposte possono mettere in vendita, attraverso il procedimento dell'asta pubblica, un *tax warrant* che dà diritto alla riscossione dell'imposta dovuta dal contribuente moroso. Colui che acquista questo documento ha diritto al rimborso da parte del contribuente e se ciò non avviene, trascorso un determinato periodo di tempo egli può rivolgersi allo stesso ufficio dal quale ha acquistato il *tax warrant* per farlo convertire in un *tax deed* (v.).

tax wedge: ***cuneo fiscale.*** La differenza tra il salario lordo pagato da un datore di lavoro e il salario netto che riceve il lavoratore. Se, a seguito di incrementi delle aliquote e del drenaggio fiscale, questo cuneo si amplia molto rapidamente, il costo del lavoro diventa esorbitante a causa delle continue rivendicazioni salariali dei lavoratori che cercano di difendere il potere d'acquisto dei loro salari netti.

tax write–off period: ***periodo di ammortamento a fini fiscali.*** È il periodo, di solito cinque anni, durante il quale un'impresa può portare in detrazione dagli utili, a fini fiscali, le spese sostenute per l'acquisizione di capitale fisso.

tax year: ***anno fiscale; anno finanziario; esercizio finanziario.*** Nel linguaggio della contabilità di stato, questo termine viene usato come sinonimo di *financial year* (v.).

tax yield: ***gettito di una imposta.*** La quantità di moneta che verrà rastrellata e che entrerà nelle casse dello stato come frutto di un'imposta, dopo che saranno stati detratti i costi relativi alla sua esazione.

Taylor differential piece rate plan: ***sistema salariale di Taylor.*** È un sistema di remunerazione ad incentivi, che prevede una retribuzione unitaria più bassa per il lavoro compiuto al di sotto di uno standard prestabilito e una retribuzione unitaria più alta per quella parte di lavoro che eccede lo standard.

Taylorism: ***taylorismo.*** V. spiegazione sotto *scientific management.*

Taylor system: ***sistema salariale di Taylor.*** Espressione usata con lo stesso significato di *Taylor differential piece rate plan* (v.).

Taylor system of functional foremanship: ***organizzazione di Taylor.*** Un tipo di organizzazione aziendale in cui esiste una certa relazione funzionale tra i vari reparti, cioè a dire tra gli specialisti, o direttori di funzioni, nelle loro rispettive sfere di attività e coloro che hanno la diretta responsabilità dell'esecuzione delle principali operazioni. Così, può verificarsi il caso che una funzione specifica, comune a tutti o molti reparti, sia affidata ad un'unica persona. Ne è un esempio il capo dell'ufficio contabilità, che ha la responsabilità funzionale in relazione a tutto il lavoro di contabilità svolto nei vari reparti.

T.B.: trial balance.

TB: treasury bill.

T.C.: travellers' cheque.

T.D.C.: Technical Development Capital Ltd.

T.D.R.: treasury deposit receipt.

tea auction: ***asta del tè.*** Le aste del tè vengono tenute tre volte la settimana a Londra, il lunedì e mercoledì per il tè indiano e il martedì per il tè di Ceylon. Le vendite avvengono su campione, liberamente ispezionato dai compratori, tra *brokers* che operano nel settore come intermediari sia per i venditori che per i compratori. Una volta che si è conclusa la vendita, il *broker* deve rivelare entro ventiquattro ore il nome del compratore, che deve essere approvato dal venditore perché il contratto stipulato sia valido. All'atto della vendita, il compratore versa un acconto e il saldo sarà liquidato entro tre mesi dopo la vendita, nel cosiddetto *prompt day* (v.).

team track: Espressione del linguaggio dei trasporti ferroviari, con la quale si indica un binario sul quale vengono posti i vagoni, a disposizione dei clienti che devono caricarvi loro partite di merci, quando essi non dispongono di una linea di raccordo privata.

teaser advertising: Nel linguaggio pubblicitario, è un annuncio dal quale non si ricava né il nome del prodotto che si intende reclamizzare, né il nome dell'impresa che lo produce. Viene usato allo scopo di stimolare la curiosità del pubblico, prima del vero e proprio lancio di una campagna pubblicitaria.

technical aid: ***assistenza tecnica.*** È uno degli aspetti degli aiuti all'estero e consiste dell'assistenza volta a migliorare le conoscenze scientifiche e tecnologiche del paese assistito. Di solito si realizza mediante l'assunzione di tecnici nel paese che concede l'aiuto e il loro impiego nel paese aiutato, a spese del primo, ma può anche essere fornito mediante la preparazione di tecnici del paese assistito, in apposite scuole o istituti del paese che presta l'assistenza.

technical analysis: ***analisi tecnica.*** Nel linguaggio delle borse valori statunitensi, è l'analisi del mercato e dei titoli basata sulla domanda e sull'offerta. Il tecnico studia i movimenti di prezzo, il volume di scambi, le tendenze e i modelli che si evincono dal porre su un grafico questi fattori e tenta di valutare il possibile effetto dell'azione corrente di mercato sul futuro andamento della domanda e dell'offerta dei valori e di singole emissioni. (v. anche *fundamental analysis*)

technical assistance: ***assistenza tecnica.*** Nel linguaggio industriale e commerciale, è l'assistenza prestata agli acquirenti o agli utenti da parte del produttore o del venditore di una macchina, di un impianto e simili.

technical correction: ***assestamento tecnico.*** Aumento o diminuzione del corso di un titolo o di una valuta dovuti a questioni tecniche del mercato, cioè una precedente sottovalutazione o sopravvalutazione.

technical decline: ***perdita tecnica; ribasso tecnico.*** Diminuzione dei prezzi dovuta a questioni tecniche interne al mercato, quali ad esempio date di consegna di contratti a termine o speculazioni al ribasso e simili, che non hanno niente a che vedere con le reali forze di mercato.

Technical Development Capital Ltd.: Società costituita nel Regno Unito nel 1962 allo scopo di fornire finanziamenti per lo sfruttamento commerciale di innovazioni tecnologiche. Il capitale della società fu sottoscritto dalle principali compagnie di assicurazione, banche e fondi comuni d'investimento. L'obiettivo principale della società era quello di finanziare progetti ad alto rischio, intrapresi da aziende medio–piccole.

technical efficiency: ***efficienza tecnica.*** Espressione che indica l'unione delle tecniche di produzione migliori e più moderne con una gestione efficiente e una forza lavoro altamente specializzata.

technical elasticity of substitution: ***elasticità di sostituzione tecnica.*** La facilità o la difficoltà per un produttore di sostituire un fattore della produzione ad un altro, con poca o nessuna variazione della sua relativa produttività marginale. Si misura dividendo la variazione proporzionale del rapporto in cui i due fattori sono combinati per la variazione proporzionale del rapporto delle loro produttività fisiche marginali. Se il quoziente dà un numero abbastanza elevato, significa che c'è un alto grado di sostituibilità tecnica tra i due fattori considerati; se, invece, il quoziente dà un numero basso, significa che anche il grado di sostituibilità è basso.

technical entrepreneurship: ***imprenditorialità tecnica.*** La formazione di nuove imprese che operano in un campo tecnologicamente avanzato, vista come fonte di continua vitalità tecnica ed economica. Molti paesi tentano di sollecitare l'imprenditorialità tecnica con mezzi di vario genere che vanno dai centri industriali agli incentivi fiscali, dai programmi di sovvenzionamenti o prestiti statali a facilitazioni per l'ammissione delle nuove imprese alla quotazione nelle borse valori del paese.

technical position: ***posizione tecnica.*** Nel linguaggio delle borse valori, indica la tendenza corrente di un mercato relativa ad un determinato titolo.

technical progress: ***progresso tecnologico; progresso tecnico.*** Lo stesso che *technological progress* (v.).

technical rally: ***ricupero tecnico.*** Aumento dei prezzi dovuto a questioni tecniche interne al mercato, quali ad esempio speculazioni al rialzo, che non hanno niente a che vedere con le reali forze di mercato, o assestamento dei prezzi di valori e titoli che risultavano in precedenza sottovalutati.

technical research: ***ricerca tecnica.*** Lo stesso che *technical analysis* (v.).

technical staff: ***personale tecnico.*** L'insieme dei tecnici alle dipendenze di un'impresa o altra organizzazione.

technocracy: ***tecnocrazia.*** Il governo dei tecnici, ovvero il prevalere di esperti e specialisti nella vita politica, sociale ed economica di un paese. Lo stesso termine, con significato ormai storico, fu usato da H. Scott per indicare un gruppo di studio, da lui fondato negli Stati Uniti nel 1931, e il corpo di dottrina che esso propugnò negli anni tra il 1931 e il 1933. Tra i principi sostenuti dai tecnocratici vi era quello che asseriva che i risparmi derivanti dall'uso di macchine risparmiatrici di lavoro non venivano estesi ai consumatori, ma erano assorbiti dai creditori o dagli investitori. Ciò privava il popolo di una gran parte di potere d'acquisto, il cui risultato era l'accumularsi di scorte di beni necessari alle masse, ma non vendibili ai prezzi richiesti.

technocrat: ***tecnocrate.*** Un seguace o un assertore della tecnocrazia nel senso storico o generico, come pure un tecnico o specialista che occupa un posto in un governo tecnocratico.

technological advance: ***progresso tecnologico.*** Lo stesso che *technological progress* (v.).

technological change: ***cambiamento tecnologico.*** Lo stesso che *innovation* (v.).

technological development: ***sviluppo tecnologico.*** Lo stesso che *technological progress* (v.).

technological diffusion: ***diffusione tecnologica.*** La propagazione di una nuova tecnologia all'interno di una determinata industria.

technological dualism: ***dualismo tecnologico.*** Il processo che unisce l'industria pesante a uso intensivo di capitale e le altre attività economiche a uso intensivo di lavoro, che utilizzano la manodopera resa disponibile dai processi di ammodernamento tecnologico della prima.

technological effects: ***effetti tecnologici.*** Effetti che alterano le possibilità totali di produzione o le opportunità totali di benessere per i consumatori all'interno di un'economia. Tali effetti si indicano con il termine «economie» quando sono positivi e con il termine «diseconomie» quando essi sono negativi.

technological gap: ***divario tecnologico.*** Il divario esistente tra due paesi in materia di conoscenze e applicazioni scientifiche e tecniche.

technological innovation: ***innovazione tecnologica.*** Lo stesso che *innovation* (v.).

technological progress: ***progresso tecnologico.*** È il progresso delle applicazioni scientifiche all'attività industriale e in particolare alla sostituzione di macchine moderne alla manodopera specializzata. Il progresso tecnologico rappresenta una delle principali influenze sul tenore di vita di un popolo, rendendolo più elevato ed ampliando i limiti allo sviluppo imposti dalle risorse naturali scarse.

technological revolution: ***rivoluzione tecnologica.*** I cambiamenti che si verificano in una industria a seguito dell'introduzione di nuove tecnologie.

technological substitution: ***sostituzione tecnologica.*** La sostituzione di una tecnologia o di un prodotto con un'altra tecnologia o un altro prodotto più nuovi e migliori.

technological unemployment: ***disoccupazione tecnologica.*** È la disoccupazione derivante dall'introduzione nei processi produttivi di una o più innovazioni tecnologiche, rappresentate per lo più da macchine risparmiatrici di lavoro. Se l'introduzione di tali macchine ha l'effetto di ridurre i costi di produzione e se tali risparmi raggiungono il mercato, la concorrenza farà diminuire i prezzi di vendita con un conseguente aumento della domanda e un probabile reimpiego di quella manodopera che è stata riqualificata in previsione dei nuovi compiti che sarà chiamata a svolgere. Tuttavia, ciò ed anche il fatto che la manodopera non è perfettamente mobile condurrà pur sempre ad una certa quantità di disoccupazione strutturale, che potrebbe diventare endemica o permanente specialmente se non si verificano le condizioni sopra dette, cioè se l'introduzione delle nuove tecnologie non ha come risultato una riduzione dei costi di produzione o se tale riduzione, che quasi invariabilmente si verifica, non riesce a raggiungere il mercato al dettaglio.

technology: ***tecnologia.*** La scienza che studia i metodi e i mezzi usati nell'attività industriale e in particolare l'applicazione di tale scienza alla sostituzione della manodopera specializzata con moderne macchine risparmiatrici di lavoro. Nell'uso che se ne fa nella letteratura economica, il termine indica l'insieme delle tecniche che sono o possono essere usate per realizzare un dato prodotto o un dato livello di produzione. (v. anche *industrial technology*)

technology gap: ***divario tecnologico.*** Lo stesso che *technological gap* (v.).

technology-intensive economy: ***economia a uso intensivo di tecnologia.*** Una economia, del tipo di quella giapponese o statunitense, che fa largo uso di nuove tecnologie e destina grandi risorse alla ricerca tecnologica. È un tipo di economia che richiede grandi quantità di risorse umane e finanziarie.

technology transfer: ***trasferimento di tecnologia.*** La cessione di nuova tecnologia, effettivamente applicata a usi produttivi, ai paesi in via di sviluppo da parte dei paesi più sviluppati. Alcuni autori sostengono che questo è il sistema più rapido, invece di quello che prevede il trasferimento di risorse o mezzi finanziari, per portare i paesi meno sviluppati a livelli accettabili di sviluppo.

technology transfer agreement: ***accordo di trasferimento di tecnologia.*** V. spiegazione sotto *licensing agreement*.

technostructure: ***tecnostruttura.*** Termine usato per la prima volta dall'economista statunitense J.K. Galbraith per indicare la struttura burocratica che gestisce ma non possiede ciascuna delle gigantesche imprese che dominano il settore privato dell'economia statunitense.

telautograph: ***teleautografo.*** Apparecchio mediante il quale è possibile l'invio istantaneo a distanza, attraverso circuiti telegrafici, di messaggi manoscritti su una lastra di metallo, di disegni e di immagini fisse.

telecheque: ***teleassegno.*** Un particolare apparecchio che consente di trasmettere l'immagine di un assegno, presentato per l'incasso ad uno sportello bancario, all'impiegato addetto al centro schede di conto corrente, che è così in grado di controllare rapidamente la disponibilità di fondi sul conto cui si deve addebitare l'assegno. L'uso di tale congegno consente di abbreviare i tempi di verifica e di addebito degli assegni, riducendo contestualmente il tempo di attesa agli sportelli. Oggi, tuttavia, questo sistema è stato ampiamente soppiantato da terminali di elaboratori elettronici, che svolgono la stessa funzione in tempo ancor più ridotto.

telegraphic address: ***indirizzo telegrafico.*** Lo stesso che *cable address* (v.).

telegraphic code: ***codice telegrafico.*** Lo stesso che *cable code* (v.).

telegraphic money order: ***vaglia telegrafico.*** È un mezzo usato per effettuare rapidamente rimesse di denaro da un posto ad un altro. L'ufficio postale invia un telegramma con il quale autorizza un altro ufficio postale a pagare una determinata somma di denaro ad una persona, che dovrà farsi identificare prima di ricevere il pagamento. Il mittente dovrà pagare la normale tassa sul vaglia e in più il costo del telegramma.

telegraphic transfer: ***bonifico telegrafico; versamento per telegrafo; rimessa telegrafica; cambio telegrafico.*** Il termine inglese indica tanto il tasso di cambio quotato ogni giorno lavorativo in un mercato valutario per trasferimenti di moneta per telegrafo da un paese ad un altro, generalmente allo scopo di effettuare pagamenti nel commercio internazionale, quanto la vera e propria rimessa telegrafica. Se, ad esempio, un operatore commerciale londinese deve pagare una partita ad un esportatore milanese, egli darà istruzioni alla sua banca di effettuare una rimessa telegrafica. La banca, a sua volta, invierà un telegramma ad una banca corrispondente sulla piazza di Milano, indicando la somma da pagare e il nome e l'indirizzo della persona alla quale pagarla. Il costo dell'operazione viene di solito addebitato al mittente, ma può a volte essere a carico del destinatario.

telephone answering service: ***servizio di segreteria telefonica.*** È il servizio fornito da agenzie specializzate nei periodi di assenza di un abbonato. La linea telefonica dell'abbonato viene smistata su quella dell'agenzia, che riceve o trasmette messaggi. Lo stesso servizio può essere richiesto senza smistamento della linea telefonica ed in tal caso l'agenzia si limita a fungere da recapito telefonico presso il quale possono essere lasciati messaggi, che saranno successivamente trasmessi o letti all'utente.

telephone bill: ***bolletta del telefono.*** È la fattura inviata all'utente dalla società dei telefoni, che copre il canone di abbonamento e l'addebito relativo alle telefonate registrate dal contatore dell'utente.

telephone interviewing: ***intervista telefonica.*** Tecnica di ricerca di mercato, che si basa sull'uso del telefono come mezzo per comunicare con gli intervistati al fine di ricevere risposte relative a un questionario. Presenta il vantaggio di essere più economica dell'intervista personale, ma non può essere usata in molti casi, quali ad esempio quelli in cui è necessario presentare un campione del prodotto o discutere dettagli tecnici con l'intervistato. (v. anche *telephone research*)

telephone order: ***ordine telefonico.*** È un ordinativo trasmesso per telefono. Per l'archivio del compratore e del venditore, si fa sempre seguire da una conferma scritta.

telephone research: ***indagine telefonica.*** Nel marketing, indica una ricerca di mercato o altra indagine condotta per mezzo del telefono. Le persone da intervistare vengono chiamate al telefono e se si dimostrano disponibili vengono loro sottoposte le domande previste dall'indagine. (v. anche *telephone interviewing*)

telephone selling: ***vendita telefonica; vendita per telefono.*** Molto diffusa negli Stati Uniti, è una forma di vendita e di presentazione di articoli di varia natura. Di solito, la telefonata serve soltanto a individuare probabili compratori e sarà poi seguita da una visita per appuntamento. Essa presenta il vantaggio di evitare visite a vuoto, così frequenti nella vendita da porta a porta.

teleprinter: ***telescrivente.*** Lo stesso che *teletypewriter* (v.).

tele–selling: ***vendita televisiva; televendita.*** Lo stesso che *home shopping* (v.).

teletypewriter: ***telescrivente.*** Apparecchio mediante il quale è possibile inviare istantaneamente messaggi a distanza, che vengono dattiloscritti sull'apparecchio trasmittente, simile ad una comune macchina per scrivere, e vengono riprodotti su quello ricevente. Di solito, lo stesso apparecchio può essere usato sia come trasmittente che come ricevente. (v. anche *telex*)

television advertising: ***pubblicità televisiva.*** Pubblicità diffusa per mezzo di reti televisive, idonea soprattutto per i prodotti diretti a tutto il territorio nazionale. Per i prodotti di minor diffusione territoriale è possibile fare ricorso a stazioni televisive commerciali locali, ove esistono. La pubblicità televisiva è molto costosa per il produttore, ma trattandosi di un mezzo molto potente, perché seguito da milioni di persone, il costo è compensato dalla grande efficacia.

television commercials: ***messaggi pubblicitari televisivi; spot televisivi; comunicati pubblicitari televisivi.*** I brevi filmati pubblicitari diffusi per televisione, da alcuni definiti come utili intervalli in un programma per fare una telefonata o preparare il caffé, da altri come programmi migliori dei programmi televisivi.

television ratings: ***indici di ascolto televisivi.*** La preferenza dei telespettatori in determinate fasce orarie viene quantificata mediante strumenti sofisticati montati sui televisori di famiglie campione (dette gruppi di ascolto), i quali hanno lo scopo di registrare su quale canale è sintonizzato l'apparecchio in una qualsiasi ora del giorno. Gli indici che così si ricavano misurano la percentuale di spettatori che ha seguito ciascun programma rispetto alla totalità di persone in grado di ricevere i programmi televisivi.

telex: Nome commerciale di una macchina e di un servizio offerto dalle poste e telegrafi dei vari stati. Il servizio fa uso di telescriventi abilitate a trasmettere e ricevere messaggi a e da tutte le altre macchine simili collegate tra loro. Ogni utente è contraddistinto da una cifra, che si deve comporre sulla tastiera per essere messi in comunicazione. Quando la macchina dell'utente richiesto è libera, colui che chiama riceve la risposta e può iniziare a trasmettere il messaggio. Oltre alla rapidità di comunicazione, il telex offre il vantaggio di poter trasmettere anche se un ufficio è chiuso, purché la telescrivente sia lasciata in funzione. Il termine inglese viene anche usato come verbo transitivo nel significato di inviare messaggi a mezzo telex. (v. anche *teletypewriter*)

teller: ***cassiere.*** Nel linguaggio bancario, è l'addetto ad uno sportello di cassa, cioè colui che materialmente riceve i depositi e paga assegni o altri ordini di pagamento ai clienti della banca.

tel–quel price: ***corso tel quel.*** Nel linguaggio delle borse valori, questa espressione viene usata per indicare il prezzo di un titolo con godimento regolare, cioè comprendente il valore del titolo e il reddito maturato dal giorno dell'ultimo stacco cedola o dell'ultimo godimento.

tel–quel rate: ***tasso tel quel.*** È un aggiustamento del tasso quotato sulle divise estere, in considerazione del periodo di credito concesso dalla cambiale estera.

temporal distribution: ***distribuzione temporale.*** Una rappresentazione grafica di dati statistici in cui la variabile indipendente, disposta lungo l'asse orizzontale del sistema di coordinate cartesiane, è rappresentata dal tempo e i valori della variabile dipendente, disposti lungo l'asse verticale, sono indicati a vari intervalli di tempo e collegati da linee che formano una curva continua, la quale si estende su tutto l'arco di tempo coperto dal diagramma.

temporary admission: ***importazione temporanea; ammissione temporanea.*** Lo stesso che *admission temporaire* (v.).

temporary annuity: ***rendita temporanea.*** Il pagamento di rate di una rendita, che ha inizio subito dopo la stipula del contratto, ma cessa dopo un periodo di tempo concordato.

temporary assurance: ***assicurazione temporanea; assicurazione a termine; assicurazione puro rischio.*** Lo stesso che *term insurance* (v.).

temporary balance sheet: ***bilancio provvisorio.*** Lo stesso che *preliminary balance sheet* (v.).

temporary borrowing: ***prestiti temporanei.*** I prestiti contratti dagli enti locali britannici e menzionati sotto *temporary debt* (v.).

temporary capital: ***capitale temporaneo.*** Lo stesso che *short–term capital* (v.), specialmente quando il capitale fluttuante è fornito dalle banche.

temporary debt: ***debito temporaneo.*** Il debito contratto dagli enti locali britannici mediante i cosiddetti prestiti temporanei, ossia mutui concessi dalle banche (sotto forma di scoperti o di prestiti negoziati sul mercato interbancario), altre istituzioni finanziarie e società industriali e commerciali. Questo debito è detto temporaneo, perché deve essere estinto entro un periodo massimo di dodici mesi.

temporary disability: ***invalidità temporanea.*** L'incapacità totale o parziale di svolgere la propria attività lavorativa durante il periodo di convalescenza a seguito di infortunio o malattia.

temporary disability insurance: ***assicurazione contro l'invalidità temporanea.*** Rientra tra le assicurazioni sociali ed è fornita in alcuni paesi a favore dei lavoratori che, per un periodo di tempo relativamente breve, non sono in grado di svolgere il proprio lavoro per cause non derivanti direttamente dalla loro attività, cioè per temporanea inabilità o malattie non contratte in relazione al loro lavoro.

temporary employment: ***occupazione temporanea; occupazione a termine.*** Occupazione in un posto di lavoro, la cui durata non supera alcuni mesi.

temporary employment subsidy: ***contributo di temporanea occupazione.*** È un contributo statale che, nel Regno Unito, viene corrisposto ai datori di lavoro disposti a sospendere il licenziamento cui vanno incontro dieci o più lavoratori. L'ammontare del contributo è di circa venti sterline la settimana per ogni lavoratore mantenuto nel ruolo paga che, se non fosse per questo accordo, dovrebbe essere licenziato per ridondanza di personale. Il contributo può essere versato fino al periodo massimo di un anno.

temporary exports: ***esportazioni temporanee.*** Qualsiasi bene portato fuori da un paese per un periodo di tempo limitato e definito e che sarà successivamente reintrodotto nel paese stesso. Vi rientrano campioni usati per mostrare la qualità dei beni che rappresentano o per essere esibiti ad una fiera, beni personali di diplomatici o altri impiegati dello stato o lavoratori trasferiti all'estero, ecc. Questi beni possono essere trasferiti in uscita e in entrata in esenzione doganale, purché vengano rispettate determinate procedure.

temporary investment: ***investimento temporaneo.*** La somma di denaro spesa per l'acquisto di titoli o altre attività a breve termine, in cui si investe una temporanea eccedenza di cassa. Il termine viene usato in contrapposizione a investimento permanente. (v. anche *permanent investment*)

temporary investments: ***investimenti temporanei.*** È una voce dello stato patrimoniale, classificata tra le attività correnti di un'impresa. Il criterio di valutazione si basa sul costo o sul valore di mercato, se quest'ultimo è più basso.

temporary lay-offs: ***cassaintegrati.*** Lavoratori temporaneamente allontanati dal loro posto di lavoro a seguito di caduta della domanda o riduzione di personale, ma sicuri di ritornarvi in un prossimo futuro.

temporary loans: ***prestiti temporanei; mutui temporanei.*** Lo stesso che *temporary borrowing* (v.), pur se considerato da un'altra angolazione.

temporary money: ***moneta temporanea.*** Cambiali commerciali e buoni del tesoro, che possono essere scontati o venduti e trasferiti ad altri prima della loro scadenza.

Temporary National Economic Committee: Nome con il quale si indicò una commissione, nominata con delibera del Congresso degli Stati Uniti nel 1938, che aveva il compito di svolgere un'approfondita indagine sui monopoli e sulla concentrazione del potere economico nel territorio degli Stati Uniti d'America.

temporary policy: ***polizza temporanea; polizza di assicurazione temporanea.*** Polizza di assicurazione che copre un rischio soltanto per un breve periodo di tempo, inferiore alla durata consuetudinaria per la quale vengono emesse polizze a copertura di quel rischio specifico.

temporary staff: ***personale occasionale; personale temporaneo.*** Personale utilizzato per brevi periodi di tempo, ad esempio per sostituire dipendenti in ferie o in congedo per malattia.

tenancy: ***affitto; locazione.*** È il diritto di un locatario ad occupare un immobile, in considerazione del pagamento di un canone di locazione al proprietario del bene.

tenancy agreement: ***contratto di locazione.*** Lo stesso che *lease* (v.).

tenancy at sufferance: ***locazione in sofferenza.*** Espressione che indica una locazione che si protrae oltre i termini del relativo contratto.

tenancy at will: ***locazione a volontà; locazione a tempo indeterminato.*** Una locazione che può essere interrotta in qualsiasi momento, a discrezione del proprietario del bene dato in affitto o del locatario o a seguito della morte di quest'ultimo.

tenancy for life: ***locazione a vita.*** Una locazione che per contratto durerà quanto la vita del locatario, ma giungerà a termine con la sua morte.

tenancy for years: ***locazione a tempo determinato.*** Una locazione per un periodo di tempo determinato, stabilito nel relativo contratto.

tenancy in common: ***proprietà in comune; comunione pro indiviso.*** Il diritto di possedere un bene immobile in quote indivise da parte di due o più proprietari. A differenza della comunione con diritto di accrescimento, alla morte di uno dei proprietari i suoi diritti passano agli eredi o aventi causa, che gli subentrano nella proprietà. (v. anche *joint tenancy*)

tenant: **1.** ***locatario; conduttore; inquilino.*** Nell'uso più comune, il termine inglese indica colui che occupa una proprietà, una casa o un terreno altrui, in considerazione del pagamento di un canone di fitto. **2.** ***proprietario.*** Nel linguaggio giuridico, il termine inglese indica colui che è in possesso di un bene immobile in base ad un qualsiasi tipo di diritto o di titolo.

tenant at sufferance: ***locatario in sofferenza.*** Espressione con la quale si indica un locatario che conserva il possesso di un bene immobile dopo la scadenza del relativo contratto di locazione e contro la volontà del locatore. (v. anche *tenancy at sufferance*)

tenant at will: ***locatario a tempo indeterminato.*** Locatario che tiene in affitto un bene immobile in virtù di un contratto che dà alle due parti, conduttore e locatore, il diritto di interrompere la locazione in un qualsiasi momento, previo preavviso di disdetta.

tenant farming: ***mezzadria.*** Questo termine indica lo stesso sistema descritto sotto *sharecropping* (v.), con la sola differenza che il mezzadro versa al proprietario della terra un canone in moneta invece di corrispondergli una parte del prodotto.

tenant for life: ***locatario a vita.*** Il locatario che, in virtù di un contratto, ha diritto al possesso di un immobile per tutta la durata della sua vita.

tenant for years: ***locatario a tempo determinato.*** Il locatario che ha il diritto di possesso su un bene immobile per un numero di anni stabilito dal relativo contratto di locazione.

tenant from year to year: ***locatario con contratto annuale.*** Il locatario che ha il diritto di possesso di un bene che può essere interrotto in qualsiasi anno dalla disdetta del locatore. In caso di disdetta, che secondo le consuetudini britanniche deve essere data sei mesi prima della scadenza del contratto, la locazione termina lo stesso giorno dell'anno in cui essa ebbe inizio. Nel caso di contratti di locazione che non specifichino il periodo di validità e il canone di fitto sia annuale, anche se pagato mensilmente o trimestralmente, la locazione deve intendersi annuale e pertanto soggetta a disdetta in un qualsiasi anno.

tenant in common: ***proprietario in comune; proprietario partecipante alla comunione pro indiviso.*** È uno dei proprietari che partecipano alla comunione di un bene immobile in quote indivise. Il suo diritto può essere trasmesso agli eredi o aventi causa, che così gli subentrano nella proprietà. (v. anche *joint tenant*)

tendency: ***tendenza.*** Nel linguaggio delle borse valori, indica l'orientamento del mercato, desunto dall'andamento dei corsi, relativo a un particolare titolo o al complesso dei titoli quotati in quel mercato mobiliare.

tendency to decline: ***tendenza al ribasso.*** La tendenza di un titolo o dell'intero mercato mobiliare ad assestarsi su corsi più contenuti.

tendency to rise: ***tendenza al rialzo.*** La tendenza di un titolo o dell'intero mercato mobiliare ad assestarsi su corsi più sostenuti.

tender: 1. *offerta reale; offerta di pagamento.* L'offerta di denaro o di un altro bene da parte del debitore al creditore, in pagamento di un debito o in adempimento di un'obbligazione assunta dal primo. Se l'offerta viene rifiutata senza giustificazione, nel caso in cui si tratti di un mutuo gli interessi cessano di decorrere dal giorno in cui è stata fatta l'offerta. L'offerta di pagamento deve essere fatta, però, in valuta a corso legale. (v. anche *legal tender*) **2. *offerta di fornitura; offerta di appalto.*** L'offerta scritta, fatta da un fornitore o da un appaltatore, di fornire determinati beni o servizi o di compiere determinati lavori ad un prezzo stabilito, di solito in concorrenza con altri offerenti. Se l'offerta viene rifiutata, l'offerente è libero da qualsiasi ulteriore obbligazione. **3. *offerta in gara; offerta all'asta.*** Lo stesso che *offer by tender* (v.).

tenderable grades: *standard contrattuali; gradi contrattuali.* Lo stesso che *contract grades* (v.).

tender bond: *garanzia di fornitura; garanzia di appalto.* Lo stesso che *tender guarantee* (v.).

tenderer: *offerente.* Una delle persone o delle organizzazioni che partecipano ad una gara di fornitura o di appalto.

tender guarantee: *garanzia di fornitura; garanzia di appalto.* Quando un operatore partecipa ad una gara di appalto di opere pubbliche, particolarmente in uno stato estero, gli viene chiesto di fornire, insieme alla sua offerta, una garanzia sotto forma di fideiussione bancaria o polizza di assicurazione ammontante ad un valore oscillante tra il due e il cinque per cento del valore dell'intera fornitura. Scopo di questa garanzia è quello di tutelare l'autorità che indice la gara contro il rischio che una volta aggiudicati i lavori, l'impresa si rifiuti di eseguirli per una qualsiasi ragione quale, ad esempio, un aumento dei prezzi dei materiali. La garanzia ha inoltre la funzione di dimostrare che l'impresa è considerata solida dal punto di vista finanziario dalla banca o dalla società assicuratrice che rilasciano la fideiussione.

tendering: *licitazione.* Lo stesso che *bid 1* (v.).

tender issue: *emissione all'asta.* È una forma di emissione di buoni del tesoro adottata da molti paesi. Nel Regno Unito è la Banca d'Inghilterra che provvede a svolgere l'asta settimanale di buoni del tesoro, aperta a tutte le istituzioni finanziarie ma dalla quale si astengono le banche commerciali o *clearing banks* (v.), che acquisteranno successivamente sul mercato i buoni del tesoro così emessi. Attraverso variazioni della quantità di titoli offerta ogni settimana, la Banca d'Inghilterra può controllare il livello del credito bancario.

tender of amends: *offerta d'indennizzo; offerta di risarcimento.* L'offerta di pagare una somma di denaro in soddisfazione di un torto commesso dall'offerente.

tender offer: *offerta all'asta; offerta in gara.* Lo stesso che *offer by tender* (v.), ma più frequentemente usato in relazione a titoli di stato. A volte, specialmente negli Stati Uniti, il termine viene usato come sinonimo di *take–over bid* (v.).

tender of payment: *offerta reale; offerta di pagamento.* Lo stesso che *tender 1* (v.).

tenement: 1. *bene immobile.* Il termine inglese indica un qualsiasi bene immobile, terreno o fabbricato, che può essere oggetto di un contratto di locazione o di un diritto di proprietà. **2. *casamento; fabbricato per abitazioni civili.*** Il termine inglese indica anche un intero edificio i cui appartamenti vengono dati in locazione dai proprietari.

ten–forty bond: Espressione statunitense usata per indicare determinate emissioni di titoli di stato redimibili ad opzione dello stato dopo dieci anni e rimborsabili dopo quaranta anni.

Ten Hours bill: Termine popolare con il quale si indica il *Fielden's Factory Act*, approvato dal parlamento britannico nel 1847, che limitava a dieci ore la giornata lavorativa delle donne. In seguito a tale legge, anche la giornata lavorativa degli uomini fu portata ad un massimo di dieci ore.

tenor: *tenore.* Nel linguaggio giuridico, il termine inglese indica le prescrizioni stabilite in una legge o in un articolo di legge.

tenor of a bill: *termine di una cambiale.* È il periodo di tempo che intercorre tra l'emissione e la scadenza di una cambiale.

tentative balance sheet: *bilancio provvisorio.* Lo stesso che *preliminary balance sheet* (v.).

tenth: *decima.* Un'imposta in uso nel periodo medievale, corrispondente ad un decimo del valore della proprietà o dei frutti annui di una proprietà. La decima veniva pagata come tributo al proprietario della terra, al signore feudale, allo stato o alla chiesa.

tenure: *possesso; occupazione; diritto di possesso.* Il termine inglese indica il modo in cui può essere tenuta una proprietà. In linea generale, tutta la terra del Regno Unito è di proprietà del sovrano e il suddito può avere soltanto un diritto di possesso. Dopo l'approvazione del *Law of Property Act* del 1925, gli unici due modi di possedere terra sono il *freehold* (v.) e il *leasehold* (v.).

term: 1. *durata.* In relazione a titoli di credito, polizze di assicurazione, ecc., è il periodo di tempo durante il quale essi sono in vigore. **2. *condizione; clausola.*** Parte di un accordo o contratto, che si riferisce a una questione particolare.

term assurance: *assicurazione temporanea; assicurazione a termine; assicurazione puro rischio.* Lo stesso che *term insurance* (v.).

term bill: *cambiale a tempo vista.* Lo stesso che *term sight bill* (v.).

term bond: *obbligazione a termine.* Ciascuna obbligazione di un'emissione con scadenza fissa, alla cui data sono rimborsabili tutte le obbligazioni che costituiscono l'emissione.

term certificate of deposit: *certificato di deposito a termine.* Un certificato di deposito con vita tra uno e dieci anni e pertanto di durata superiore a certificati di deposito ordinari, la cui vita normalmente va da uno a due anni.

term credit: *credito di accettazione.* Lo stesso che *acceptance credit* (v.).

term days: *giorni di scadenza.* Sono i giorni in cui, per tradizione, scadono i pagamenti dei canoni di locazione. (v. anche *quarter days*)

term debt: *debito a termine.* Un debito che giunge a maturazione a una data prestabilita, fissata di comune accordo dal creditore e dal debitore. Il termine è spesso usato in relazione ai debiti esteri dei paesi in via di sviluppo nei confronti delle banche commerciali o dei consorzi di banche dei paesi sviluppati.

term deposit: *deposito vincolato; deposito a termine.* Deposito fatto da risparmiatori presso le casse di risparmio e le banche commerciali e soggetto ad un periodo di preavviso per il ritiro relativamente lungo. In compenso, su questi depositi viene riconosciuto il più alto tasso di interesse. Il reddito derivante da questo tipo di depositi bancari è soggetto all'imposta sul reddito.

terminable annuity: *rendita a termine.* È una rendita le cui rate vengono pagate per un numero di anni concordato e non oltre, per cui essa giunge a termine al verificarsi di un dato evento, quale ad esempio la morte del beneficiario, o allo scadere di una data prestabilita. È questa una forma di indebitamento cui ricorre uno stato quando intende rimborsare il prestito gradualmente, mediante parte delle sue entrate. Il titolare della rendita, pertanto, riceve ogni anno gli interessi e parte della somma capitale e al termine del periodo per il quale fu emesso il prestito egli riceverà il saldo definitivo e la rendita terminerà.

terminable association: ***associazione a termine.*** Associazione di produttori, ciascuno dei quali si riserva il diritto di uscirne in qualsiasi momento.

terminal account: ***conto finale.*** Un qualsiasi conto del mastro generale, che diventa una voce nello stato patrimoniale o nel conto profitti e perdite. Può essere un conto primario o un conto secondario o, ancora, un conto le cui poste non sono soggette ad ulteriore riclassificazione.

terminal bond: Negli Stati Uniti, questo termine indica un'obbligazione emessa allo scopo di finanziare la costruzione di un terminale, quale ad esempio una stazione ferroviaria o un aereoporto. Lo stesso termine fu usato per indicare un tipo di titolo emesso dal governo degli Stati Uniti per procurarsi i fondi con cui pagare l'indennità di buonuscita a privati che avevano prestato servizio nelle forze armate durante la seconda guerra mondiale. Questo tipo di obbligazione fu nel 1947 reso redimibile in contanti prima della scadenza.

terminal bonus: ***prestazione aggiuntiva.*** Nel linguaggio delle assicurazioni, è la ripartizione di utili che ha luogo soltanto nell'ultimo anno di vita della polizza. (v. anche *bonus 2*)

terminal costing: ***determinazione dei costi terminali.*** Espressione della contabilità dei costi, con la quale si indica il procedimento di determinazione del costo complessivo di un contratto di appalto relativo alla costruzione di un edificio, di uno stabilimento, di una nave o altra costruzione di un certo rilievo.

terminal costs: ***costi terminali.*** Sono i costi di una particolare e specifica commessa o di un contratto di appalto per la costruzione di un edificio, di una nave o altra costruzione di una certa importanza.

terminal job: Espressione con la quale viene indicato un posto di lavoro che non offre alcuna prospettiva di carriera o di miglioramento.

terminal loss: ***perdita finale.*** La perdita di esercizio, calcolata a fini fiscali, relativa ad un periodo contabile che termina nei dodici mesi finali di operazione dell'impresa. Tale perdita può essere dedotta, sempre ai fini fiscali, dai profitti degli anni precedenti.

terminal loss relief: ***detrazione per perdita finale.*** La detrazione d'imposta che un'impresa può chiedere, in relazione a pregressa soggezione, a fronte di una perdita finale. (v. anche *terminal loss*)

terminal market: ***mercato a termine.*** Lo stesso che *futures market* (v.).

terminal port: ***porto terminale; porto capolinea.*** Il porto in cui una nave di linea termina il suo viaggio e dal quale inizierà il viaggio di ritorno verso l'altro porto terminale.

terminal reserve: ***riserva premi finale.*** Nelle imprese di assicurazioni, è la riserva relativa alle polizze in essere alla fine dell'anno cui esse si riferiscono. (v. anche *initial reserve, legal reserve 2, mean reserve*)

terminal station: ***stazione capolinea.*** La stazione nella quale un treno termina la sua corsa, ma il termine inglese può anche usarsi per indicare la stazione di destinazione di un carico trasportato per ferrovia.

terminal utility: ***utilità terminale.*** Espressione usata da W. S. Jevons con lo stesso significato di *marginal utility* (v.). Quest'ultimo termine, infatti, non fu mai usato da Jevons nei suoi scritti.

terminal wage: ***indennità di licenziamento.*** Lo stesso che *lay-off pay* (v.).

terminating building society: ***società a termine di credito edilizio.*** Tipo di *building society* (v.) che, in base al proprio statuto e atto costitutivo, terminerà la propria attività ad una data prestabilita o alla realizzazione di uno scopo specifico, di solito l'assegnazione di una casa a tutti i suoi soci.

termination: **1.** ***licenziamento; cessazione del rapporto d'impiego.*** Lo stesso che *separation* (v.). **2.** ***estinzione.*** Nel linguaggio giuridico, lo stesso che *discharge of contract* (v.).

termination clause: ***clausola dell'estinzione.*** Clausola, contenuta in un contratto, che stabilisce come e quando esso giungerà a termine o potrà essere estinto da una delle parti.

termination of an offer: ***estinzione di una offerta.*** Un'offerta può estinguersi a seguito di accettazione, di contro offerta, di scadenza dei termini di validità, di non accettazione, di revoca da parte dell'offerente, di morte o demenza dell'offerente o della persona cui l'offerta è diretta.

termination of employment: ***licenziamento; cessazione del rapporto d'impiego.*** Lo stesso che *separation* (v.).

termination pay: ***indennità di licenziamento.*** Lo stesso che *lay-off pay* (v.).

term insurance: ***assicurazione temporanea; assicurazione a termine; assicurazione puro rischio.*** È un contratto di assicurazione valido per un periodo di tempo prestabilito. Il termine è usato principalmente per indicare un qualsiasi tipo di assicurazione sulla vita, la cui durata è limitata nel tempo e non copre l'intero arco restante di vita dell'assicurato. Tale tipo di assicurazione non ha valore di riscatto, in quanto non è prevista alcuna forma di riscatto. La società assicuratrice si impegna, infatti, soltanto a pagare la somma assicurata se il titolare della polizza muore nel periodo di tempo coperto dal contratto, che di solito va dai cinque ai dieci anni. In considerazione di ciò, l'assicurato si impegna a pagare un premio annuo fisso e prestabilito. Al termine del contratto, se l'assicurato è ancora in vita non avrà diritto ad alcun rimborso da parte dell'assicuratore.

term life insurance: ***assicurazione puro rischio.*** Lo stesso che *term insurance* (v.).

term loan: ***mutuo a termine; prestito a termine.*** Nel linguaggio finanziario, è un mutuo a rimborso graduale, la cui durata oscilla da uno a dieci anni. Negli Stati Uniti, questa forma di finanziamento esiste da molti anni e viene concessa dalle banche alle imprese principalmente per l'acquisto di beni di capitale. In quel paese, la durata media va dai cinque ai dieci anni e le banche impongono limitazioni e restrizioni al potere dell'impresa di contrarre altri prestiti, imponendo anche uno specifico livello di capitale circolante e di ripartizione di dividendi. Nel Regno Unito, questo servizio bancario fu iniziato nel 1959 a favore di piccole industrie che intendessero acquistare o rinnovare parte del loro capitale fisso. La durata di un mutuo a termine nel Regno Unito va dai tre ai cinque anni se esso viene concesso per l'acquisto di impianti e può giungere fino ai dieci anni e più se esso viene utilizzato per l'acquisto di locali o comunque beni immobili. Il rimborso è previsto in quote uguali durante il periodo del mutuo, ma non è possibile estinguerlo prima delle date di scadenza stabilite. Il tasso di interesse praticato sui mutui a termine è di solito di un punto superiore al tasso praticato su anticipazioni a mezzo di scoperto di conto corrente ed è, pertanto, di due punti superiore al tasso ufficiale di sconto.

term of a bill: ***termine di una cambiale.*** Il periodo per cui viene emessa una cambiale, cioè il tempo che deve trascorrere tra la data di emissione e la data di scadenza. Ad esempio, per una cambiale ad un mese vista, il termine è di un mese dalla data di presentazione per l'accettazione.

term of acceptance: 1. ***condizione di accettazione.*** È la condizione posta dall'accettante di una cambiale, come ad esempio che essa dovrà essere domiciliata presso una determinata filiale di una banca. **2.** ***termine di accettazione.*** Il tempo intercorrente tra l'accettazione e la scadenza di una cambiale.

term plan of life insurance: ***assicurazione puro rischio; piano a termine di assicurazione sulla vita.*** È il piano in base al quale è possibile sottoscrivere una polizza di assicurazione puro rischio, descritta sotto *term insurance* (v.).

term policy: ***polizza a termine; polizza di assicurazione puro rischio.*** Termine usato con lo stesso significato di *short-term life policy* (v.) per indicare il contratto relativo al tipo di assicurazione descritto sotto *term insurance* (v.).

term shares: ***azioni vincolate.*** Azioni il cui trasferimento non può aver luogo se non dopo che sia trascorso un determinato periodo di tempo dal momento in cui sono state acquistate, ma che di solito hanno diritto a un dividendo più alto di quello riconosciuto alle azioni ordinarie. Vengono emesse dalle *building societies* (v.) e altre istituzioni che, con questo strumento, riducono la dimensione del mercato secondario e possono facilmente reperire denaro fresco su quello primario.

term sight bill: ***cambiale a tempo vista.*** La cambiale pagabile ad un certo tempo stabilito dopo la presentazione. Se il tempo è concordato, ad esempio, in dieci giorni, si chiamerà cambiale a dieci giorni vista.

terms of accession: ***condizioni di adesione.*** Le condizioni cui deve sottostare un paese nel momento in cui ottiene l'ammissione a un organismo supernazionale, quali ad esempio la Comunità Economica Europea o il GATT.

terms of delivery: ***condizioni di consegna.*** Le condizioni che stabiliscono chi, tra il venditore e il compratore, dovrà sostenere le spese relative alla consegna di una partita di merci o se esse dovranno essere ripartite tra loro. Le condizioni di consegna più usate sono: porto assegnato; porto franco o franco di porto; franco magazzino; franco fabbrica; franco vagone; franco a bordo; costo, assicurazione e nolo; costo e nolo; franco a bordo dell'aereo; franco banchina, ecc. Per le relative spiegazioni, v. i singoli termini.

terms of employment: ***condizioni di impiego.*** Lo stesso che *conditions of employment* (v.).

terms of lending: ***condizioni di prestito.*** Le condizioni imposte da una banca o altra istituzione di credito per la concessione di prestiti. Riguardano il tasso d'interesse, le garanzie da fornire, il momento e le modalità del rimborso e, spesso, anche l'utilizzazione dei fondi mutuati.

terms of payment: ***modi di pagamento.*** Sono i modi in cui è possibile trasmettere una somma di denaro in pagamento di una partita di merci o le condizioni concordate tra venditore e compratore per il pagamento delle merci. Di solito è il venditore che propone il modo di pagamento, ma se questo non viene accettato dal compratore si concorda un modo che risponda alle esigenze di ambedue le parti. I modi di pagamento differiscono a seconda che la fornitura di merci abbia luogo entro i confini dello stesso stato o tra operatori che risiedono in due diversi stati. Tra i modi di pagamento più usati ricordiamo: contanti all'ordinazione; contro assegno; pagamento rateale; contanti contro documenti; documenti contro accettazione; lettera di credito; credito di accettazione; cambiale; conto corrente; pronta cassa, ecc. Per le relative spiegazioni, v. i singoli termini.

terms of sale: ***condizioni di vendita.*** Le condizioni che regolano un rapporto di compravendita e che, di solito, sono descritte a stampa nel relativo contratto. In assenza di ciò, la vendita è regolata dalle disposizioni di legge vigenti nel paese in cui essa ha luogo.

terms of trade: ***termini di scambio; equilibrio dello scambio; ragione di scambio; ragione di scambio internazionale.*** L'espressione inglese, entrata anche nell'uso italiano accanto all'equivalente «equilibrio dello scambio» proposto da V. Pareto, fu usata per la prima volta dall'economista britannico Alfred Marshall per indicare la relazione tra i prezzi medi di importazione e i prezzi medi di esportazione, ovvero il tasso al quale i beni prodotti da un paese si scambiano con quelli prodotti in un altro paese. Se i termini di scambio si volgono a favore di una nazione, essa può acquistare maggiori quantitativi di beni stranieri in cambio di una data quantità di beni prodotti in quella nazione. Ciò significa che i prezzi delle importazioni sono diminuiti rispetto a quelli delle esportazioni; ovvero che la valuta del paese importatore si è rafforzata nei confronti delle valute dei paesi esportatori, il che fa costare di meno i beni importati, ma fa salire i prezzi dei beni esportati. L'equilibrio dello scambio viene di solito espresso come un numero indice ricavato dividendo l'indice dei prezzi delle esportazioni per l'indice dei prezzi delle importazioni. Se il rapporto così ricavato è maggiore dell'unità, ciò significa che l'andamento è favorevole, perché il prezzo delle importazioni è più basso di quello delle esportazioni; se, invece, il rapporto è minore dell'unità, ciò significa che l'andamento è sfavorevole, perché i prezzi delle importazioni sono saliti rispetto a quelli delle esportazioni. Tra i fattori che determinano l'equilibrio dello scambio di un paese vi sono: la natura della sua economia, con particolare riferimento al grado di dipendenza del paese dagli scambi internazionali; la presenza o l'assenza di certi vantaggi nella produzione di beni destinati all'esportazione; e il livello mondiale dei prezzi. Ad esempio, in un periodo di inflazione, un paese che importa gran parte dei generi alimentari di cui ha bisogno e gran parte delle materie prime necessarie per le sue industrie probabilmente troverà che il differenziale tra beni importati e beni esportati è inferiore a quello che si manifesta in un periodo in cui i prezzi tendono al ribasso sui mercati mondiali. Pertanto, i termini di scambio di un paese del genere probabilmente saranno a lui più favorevoli quando il livello mondiale dei prezzi scende di quanto non lo siano quando tale livello tende a salire.

terms of trade index: ***indice dei termini di scambio.*** Si costruisce secondo la seguente formula: prezzo medio delle esportazioni/prezzo medio delle importazioni x 100 (dove 100 si riferisce a un qualche determinato anno base) e serve a indicare le variazioni intervenute nei termini di scambio tra l'anno scelto come base e quello in cui si effettua la rilevazione.

terms to the trade: ***condizioni di vendita all'ingrosso.*** Sono le condizioni, in particolare gli sconti e le dilazioni di pagamento, che il grossista concede al dettagliante. Tali condizioni sono diverse nei diversi settori dell'attività commerciale.

term structure of interest rates: ***struttura dei tassi d'interesse a termine.*** La struttura o relazione tra i tassi d'interesse, o più propriamente il rendimento alla scadenza, dei titoli a reddito fisso con differenti date di scadenza; in altre parole, la relazione tra tassi d'interesse su tali titoli e le loro date di scadenza. La struttura è tale che i titoli a più breve termine offrono un rendimento inferiore a quello dei titoli a più lungo termine ed è spiegata da due differenti teorie: quella classica delle aspettative; e quella keynesiana del premio per la liquidità. (v. anche *expectations theory, liquidity premium theory*)

territorial bond: Espressione di uso statunitense, con la quale si indica un'obbligazione emessa da un territorio controllato dal governo degli Stati Uniti.

territorial division of labour: ***divisione territoriale del lavoro; divisione regionale del lavoro.*** Lo stesso che *localization of industry* (v.).

territorial waters: ***acque territoriali.*** Sono le acque prospicienti le coste di un paese sulle quali, secondo il diritto internazionale, il paese ha giurisdizione e sovranità. Ciò significa che i natanti appartenenti ad altri paesi non possono entrare in queste acque senza l'autorizzazione implicita o esplicita del paese sovrano, che si riserva di esercitare su quelle acque il diritto di pesca, di ricerche petrolifere, di estrazione di minerali, ecc. In passato, il limite delle acque territoriali era per consuetudine fissato in tre miglia dalla costa, ma per prima l'Islanda estese le proprie acque territoriali a dodici miglia. Anche il Regno Unito, a seguito dell'approvazione nel 1964 del *Fishing Limits Act*, ha stabilito in dodici miglia il limite delle proprie acque territoriali e non mancano paesi che recentemente hanno ulteriormente esteso questo limite. A volte, un paese pone limiti diversi per differenti scopi, ad esempio dodici miglia per il diritto di pesca e sei miglia per altri scopi.

tertiary economy: ***economia terziaria.*** Lo stesso che *services economy* (v.).

tertiary employment: ***occupazione terziaria.*** L'occupazione, o forza lavoro, impegnata nella produzione di servizi per l'industria o per l'uso diretto da parte dei consumatori. (v. anche *primary employment, secondary employment*)

tertiary industry: ***industria terziaria; attività terziaria.*** Lo stesso che *service industry* (v.).

tertiary liquidity: ***liquidità terziaria.*** Nel linguaggio bancario della CEE, sono così dette le attività che possono convertirsi in moneta in un periodo che va dai due ai quattro anni.

tertiary market: ***mercato terziario.*** Lo stesso che *over-the-counter market* (v.).

tertiary occupations: ***occupazioni terziarie.*** Lo stesso che *service occupations* (v.).

tertiary production: ***produzione terziaria.*** Nel linguaggio economico, coerentemente con la recente distinzione proposta da C. Clark, indica tutte le attività che, pur non rientrando nella produzione primaria o secondaria, assorbono capitali e manodopera. Tra queste vi sono le attività ricreative e quelle connesse al turismo, allo spettacolo, ai trasporti, ai servizi personali e domestici, alle arti, alla letteratura, alle scienze, alle professioni e alla pubblica amministrazione. (v. anche *primary production, secondary production*)

tertiary products: ***prodotti terziari.*** Sono i prodotti della *tertiary production* (v.), classificati come beni di lusso o di semi-lusso.

tertiary risks: ***rischi terziari.*** Nel linguaggio bancario della CEE, sono così detti gli investimenti a basso rischio.

tertiary sector: ***settore terziario; terziario.*** Lo stesso che *service-producing sector* (v.).

test: 1. ***prova.*** Una procedura o un insieme di procedure che hanno come risultato l'accettazione o il rigetto di un'ipotesi. Nel linguaggio del marketing, il termine indica l'immissione, in determinate aree campione, di uno o più prodotti allo scopo di accertare la reazione dei consumatori prima del lancio su tutto il territorio nazionale. **2.** ***saggio.*** Operazione mediante la quale si accerta il titolo di un metallo prezioso, cioè il suo contenuto di fino. **3.** ***test.*** Lo stesso che *capacity test* (v.).

testament: ***testamento.*** In passato questo termine veniva usato per indicare la disposizione di beni personali da parte di un testatore, in contrapposizione alla disposizione dei suoi beni reali. Oggi, viene usato come sinonimo di *will* (v.).

testamentary capacity: ***capacità di testare.*** Nel linguaggio giuridico, il termine indica la capacità di una persona a fare testamento. Tale capacità richiede un'età minima, pieno possesso delle proprie facoltà mentali e assenza di coercizione.

testamentary expenses: ***spese testamentarie.*** Le spese che si devono sostenere per la verifica, da parte di un tribunale, dell'autenticità di un testamento. In alcuni casi, il termine viene usato con significato più ampio ed include anche le imposte di successione che l'erede deve pagare per poter entrare in possesso dell'eredità.

testamentary trust: ***fedecommesso testamentario.*** È un fedecommesso creato per disposizioni espresse in un testamento.

test area: ***area campione.*** Area geografica di una determinata dimensione o con determinate caratteristiche, usata come marketing di prova di un bene o servizio. (v. anche *test marketing*)

testate: ***testatore; de cuius.*** Il termine inglese può essere usato sia come aggettivo che come sostantivo per indicare una persona che, alla sua morte, ha lasciato un testamento valido.

testator: ***testatore; de cuius.*** Il termine inglese ha più o meno lo stesso significato di *testate* (v.), ma non può fungere da aggettivo ed è usato principalmente per indicare chi fa e sottoscrive un testamento.

test battery: ***batteria di test.*** Insieme di più test, di solito di difficoltà progressivamente maggiore, cui vengono sottoposti gli aspiranti ad un posto di lavoro durante una selezione preliminare.

test campaign: ***campagna di prova.*** È la campagna con la quale si lancia un prodotto. Può essere circoscritta ad un'area limitata o può interessare l'intero territorio nazionale. Generalmente prevede offerte speciali, dimostrazioni in determinati luoghi opportunamente pubblicizzati, l'invio o la distribuzione di campioni gratuiti ed altre iniziative del genere.

to testcheck: ***controllare un conto a campione.*** Nel linguaggio della contabilità, questo termine indica la procedura in base alla quale si procede al controllo di poste selezionate di un conto, al fine di formarsi un'opinione sull'esattezza di tutte le poste contenute in quel conto. Se la scelta sulla quale si basa il controllo è sufficientemente rappresentativa, l'assenza di errori o la presenza di una minima percentuale di errori nelle poste campione vengono considerate prova sufficiente dell'esattezza anche delle poste non sottoposte a controllo.

test discount rate: ***tasso di sconto di prova.*** È uno degli elementi essenziali del metodo dell'attualizzazione dei flussi di cassa nella valutazione della redditività di un investimento. Il governo britannico ha imposto alle industrie nazionalizzate un tasso di sconto di prova comune, stabilito nell'otto per cento, per i nuovi progetti di investimento. In altre parole, i nuovi investimenti dovranno dimostrare che la remunerazione sarà superiore al costo, ammontando ad un tasso di sconto dell'otto per cento annuo, a meno che siano presenti speciali considerazioni sociali o economiche, che giustifichino l'investimento su basi diverse da quelle della redditività. (v. anche *discounted cash flow*)

testimonial: ***benservito.*** Lo stesso che *service letter* (v.).

test market: ***mercato di prova.*** È il mercato limitato sul quale viene immesso un prodotto, al fine di accertare le reazioni del consumatore prima del lancio su tutto il territorio nazionale.

test marketing: ***marketing di prova.*** Una ricerca di mercato tendente ad accertare se ciò che l'impresa ha prodotto e immesso sul mercato è il risultato dell'esatta interpretazione dei desideri e dei bisogni dei consumatori, individuati in una precedente indagine di mercato.

test of arm-and-hand dexterity: ***test di destrezza avambraccio-mano.*** Speciale test pratico al quale vengono sottoposti gli operai i cui compiti futuri prevedono una particolare destrezza di movimenti coordinati dell'avambraccio e della mano.

test of clerical aptitude: ***test di attitudine al lavoro di ufficio.*** È il test, in parte scritto e in parte pratico, al quale vengono sottoposti gli aspiranti ad un posto amministrativo. A seconda del tipo di lavoro cui dovranno essere destinati, può prevedere una batteria di test scritti con particolare orientamento e uno o più test pratici relativi all'uso di macchine d'ufficio.

test of finger dexterity: ***test di destrezza digitale.*** Speciale test pratico al quale vengono sottoposti gli operai i cui compiti futuri prevedono una particolare destrezza nell'uso delle dita.

test of manual dexterity: ***test di destrezza manuale.*** È forse il più semplice dei test pratici, al quale vengono sottoposti gli operai i cui compiti futuri richiedono soltanto particolare destrezza nell'uso delle mani.

test of wrist-and-finger dexterity: ***test di destrezza polso-dita.*** Speciale test pratico al quale vengono sottoposti gli operai i cui compiti futuri prevedono una particolare destrezza di movimenti coordinati del polso e delle dita.

text: ***testo.*** In contabilità, è la parte narrativa e interpretativa che accompagna un rendiconto finanziario.

textiles: 1. ***tessili; prodotti tessili.*** Termine col quale si indicano collettivamente tutti i tipi di prodotti dell'industria tessile, come ad esempio filati, tessuti, feltri, fibre, ecc. (v. anche *consumer textiles, industrial textiles*) **2.** ***tessili.*** Alla borsa valori di Londra, questo termine indica collettivamente le azioni di società che operano nel campo dei prodotti tessili.

t.f.: till forbid.

tfr.: transfer.

T-group: ***gruppo di addestramento.*** Abbreviazione di *training group* (v.).

T.G.W.U.: Transport and General Workers' Union.

thaler: ***tallero.*** Grossa moneta d'argento, in circolazione in alcuni stati della Germania fin dal secolo quindicesimo. Divenne l'unità monetaria dell'Unione Monetaria germanica tra il 1857 e il 1873.

theft and pilferage: ***furto totale e parziale.*** Espressione del linguaggio assicurativo, in particolare delle polizze contro il furto, con la quale si indica che l'assicurato è coperto sia contro il furto di notevoli proporzioni che contro il piccolo furto, o il taccheggio se trattasi di negozio.

theft insurance: ***assicurazione contro il furto.*** Assicurazione che copre la perdita di beni mobili e personali a seguito di furto.

theft policy: ***polizza contro il furto.*** Polizza che garantisce l'assicurato contro il furto di beni mobili di sua proprietà. Può essere emessa in relazione al contenuto di un appartamento privato, di un negozio, di un ufficio e simili.

Thelusson Act: V. spiegazione sotto *Accumulations Act.*

theoretical economics: ***economia teorica.*** Lo stesso che *pure economics* (v.).

theoretical model: ***modello teorico.*** V. spiegazione sotto *economic model.*

theoretical value of a right: ***valore teorico di un diritto di sottoscrizione.*** Il valore di mercato di un diritto di sottoscrizione determinato mediante la seguente formula matematica: valore di mercato dell'azione in circolazione meno prezzo di sottoscrizione diviso per il numero di diritti necessari per l'acquisto di una azione più uno.

theories of interest: ***teorie dell'interesse.*** Sono le varie teorie, formulate e sostenute in epoche diverse, con le quali si è tentato di spiegare l'interesse. (v. anche *abstinence theory of interest, agio theory of interest, classical theory of interest, liquidity preference theory of interest, loanable funds theory of interest, marginal productivity theory of interest, time preference theory of interest*)

theories of rate making: ***teorie di determinazione delle tariffe.*** Esistono varie teorie su cui può basarsi la determinazione di una tariffa per l'erogazione di determinati servizi pubblici. Le più importanti, citate in questo dizionario, sono: *cost of capital theory of rate making, fair return on fair value theory of rate making, investment cost theory of rate making, original cost theory of rate making, prudent investment cost theory of rate making, reproduction cost theory of rate making.* Per la spiegazione, v. le singole voci.

theories of value: ***teorie del valore.*** Sono le varie teorie, proposte in epoche e da economisti diversi, con le quali si è tentato di studiare e definire il valore. (v. anche *theory of value*)

theories of wages: ***teorie del salario.*** Le teorie con le quali si è tentato di spiegare il salario, cioè il prezzo pagato per l'uso del lavoro. (v. anche *bargaining theory of wages, lump of labour theory of wages, marginal productivity theory of wages, residual theory of wages, subsistence theory of wages, wage fund theory of wages*)

theory: ***teoria.*** Insieme di proposizioni che espongono una relazione apparente tra eventi osservati, tentando di darne una spiegazione dopo che tale relazione è stata ripetutamente verificata da diversi ricercatori.

theory of absolute advantage: ***teoria del vantaggio assoluto.*** Nel commercio internazionale, è la teoria che sostiene che i paesi tendono a specializzarsi nella produzione di quei beni e servizi che sono in grado di fornire a condizioni più vantaggiose. (v. anche *absolute advantage*)

theory of comparative costs: ***teoria dei costi comparati; principio dei costi comparati.*** Termine usato con lo stesso significato di *law of comparative costs* (v.).

theory of consumer preference: ***teoria della preferenza del consumatore.*** Nell'economia moderna, è la teoria che indaga la preferenza o l'indifferenza di un consumatore nei confronti di due panieri di beni, ma che non si interessa del grado di preferenza mostrato dal consumatore.

theory of creative destruction: ***teoria della distruzione creativa.*** Teoria sostenuta da Schumpeter, che afferma che imprese e prodotti vecchi vengono spinti fuori dal mercato da produttori più efficienti e innovativi. In altre parole, la nascita, la maturazione, la contrazione e la morte di industrie e imprese è un processo inevitabile e salutare che costituisce il cuore del sistema di mercato. La teoria della distruzione creativa e le più ampie teorie del ciclo dei prodotti fanno pensare a un'economia aperta, e non a un'economia chiusa, caratterizzata da incessanti cambiamenti strutturali.

theory of decisions: ***teoria delle decisioni.*** V. *decision theory.*

theory of decreasing returns: ***teoria dei rendimenti decrescenti.*** È la teoria relativa ai rendimenti decrescenti di scala, spiegati sotto *decreasing returns to scale* (v.).

theory of demand: ***teoria della domanda.*** La branca della teoria economica che si interessa dell'analisi dei fattori che portano un consumatore ad effettuare determinate scelte di acquisto tra le tante che si protrebbero effettuare. Nel suo campo d'indagine rientrano, pertanto, i gusti del consumatore, il suo reddito, i prezzi dei beni (non soltanto dei beni che egli acquista, ma anche di quelli che potrebbe acquistare ma non acquista) e la quantità di beni offerti sul mercato. Questa analisi consente di prevedere quali saranno le reazioni del consumatore ad una qualsiasi variazione di gusti, di reddito, di prezzi e di quantità offerta e consente anche di costruire la curva della domanda e di determinarne il grado di elasticità. (v. anche *time and elasticity*)

theory of distribution: ***teoria della distribuzione.*** In senso tradizionale, la teoria della distribuzione è stata usata per analizzare la proporzione di reddito nazionale che viene guadagnata da ciascun fattore della produzione. Essa, cioè, ha tentato di spiegare come vengano determinati i prezzi dei fattori della produzione e, di conseguenza, i redditi che essi ricevono. Questa analisi si dimostrò utile nei secoli diciottesimo e diciannovesimo per descrivere la distribuzione personale del reddito, in quanto durante quel periodo il reddito per l'uso della terra, del lavoro e del capitale veniva percepito da classi socio–politiche ben individuate, quali i proprietari terrieri, la classe operaia e i capitalisti. Ma la diffusione della proprietà dei fattori della produzione tra il popolo e il concetto più complesso di capitale nel secolo ventesimo hanno notevolmente ridotto l'utilità della distribuzione del reddito dei fattori come misura della distribuzione personale del reddito. Questo è il motivo per cui nel tempo ci sono state varie revisioni della teoria della distribuzione, sollecitate anche dall'esistenza o dall'affermarsi di particolari situazioni di mercato, quali il monopolio e il monopsonio di specifici fattori della produzione, che hanno in parte reso inconsistente la teoria della distribuzione tradizionale, basata principalmente sull'analisi del mercato dei fattori della produzione.

theory of employment: ***teoria della occupazione.*** V. *employment theory.*

theory of equilibrium: ***teoria dell'equilibrio.*** V. *equilibrium theory.*

theory of games: ***teoria dei giochi.*** In economia, si indica con questo termine lo studio delle strategie razionali in situazioni nelle quali sono coinvolti piccoli gruppi. La teoria tenta di spiegare il comportamento dei singoli individui con preferenze diverse e viene usata per formulare principi che servano da guida all'azione intelligente. I concetti dai quali parte la teoria dei giochi, che fa uso di modelli e tecniche matematici, sono rappresentati da problemi non fisici, quali ad esempio il comportamento delle imprese e degli individui in determinate situazioni di mercato.

theory of grants: ***teoria delle donazioni.*** La teoria che, in analisi economica, studia non lo scambio bilaterale rappresentato da acquisti e vendite, bensì lo scambio unilaterale di trasferimento di servizi o risorse per i quali non vi è alcuna contropartita. In questo studio, vengono applicate alle donazioni le stesse tecniche di indagine applicate alle vendite, in quanto, si sostiene, le risorse che vengono donate sono scarse come quelle che vengono vendute e pertanto devono essere economizzate, cioè a dire possono produrre maggiore utilità se date ad uno invece che ad un altro o se date in un determinato momento invece che in un altro o in una forma invece che in un'altra.

theory of imputation: ***teoria della imputazione.*** Teoria economica, delineata da K. Menger ed elaborata in forma sistematica da F. von Wieser, in base alla quale il valore dei fattori della produzione è in tutti i casi determinato dal valore dei prodotti finali alla cui produzione essi hanno contribuito, mentre quest'ultimo va imputato ai singoli fattori della produzione in proporzione al contributo dato da ciascuno di loro alla realizzazione dei beni. In base alla teoria, pertanto, dal momento che è possibile variare la proporzione in cui si possono combinare i fattori per ottenere un prodotto, il contributo marginale relativo a ciascun fattore può essere isolato e valutato.

theory of income determination: ***teoria della determinazione del reddito.*** Questa teoria fu postulata da J. M. Keynes nella prima metà del ventesimo secolo ed è stata usata come strumento basilare nella formulazione della politica economica. Essa ricevette particolare attenzione, in quanto poteva spiegare meglio i problemi degli anni della grande depressione di quanto non facessero le teorie esistenti a quell'epoca. La teoria, in gran parte modificata ed ampliata da quando Keynes la propose nel 1936 in *The General Theory of Employment, Interest and Money*, implica una stretta relazione tra reddito, consumo, risparmio, investimento e occupazione. Le idee che stanno alla base della teoria sono quelle che sostengono che il reddito nazionale è generato dalla spesa delle famiglie per i consumi, dalla spesa delle imprese per gli investimenti e dalla spesa pubblica per beni e servizi e che la quantità totale di questa spesa non è necessariamente tanto ampia da assicurare un volume di produzione sufficientemente alto da garantire la piena occupazione, per cui diventa compito dello stato elevare il livello di spesa in modo da raggiungere la quantità globale necessaria a mantenere la piena occupazione. (v. anche *saving/investment theory*)

theory of increasing misery: ***teoria della miseria crescente.*** Generalizzazione, formulata da K. Marx e alcuni suoi discepoli, in base alla quale si sostiene che via via che si sviluppa il capitalismo, i beni capitali aumentano di quantità e produttività, la proprietà viene sempre più accentrata e i lavoratori sono sempre più soggetti allo sfruttamento e alla disoccupazione. Ciò si verifica fin dai primi stadi dello sviluppo del capitalismo, quando il plusvalore viene investito in altri beni capitali piuttosto che essere speso in consumi, e cresce col crescere della produzione, sotto la spinta della concorrenza, mentre le imprese più piccole vengono escluse dal mercato a vantaggio di quelle più grandi, il che fa aumentare il numero dei lavoratori e diminuire quello dei datori di lavoro. L'aumento della quantità e della concentrazione dei beni capitali implica la spesa di una percentuale sempre maggiore di disponibilità monetarie per l'acquisto di materie prime e per far fronte alle spese di impianti e macchinari, mentre l'aumento della produttività fa diminuire la domanda di manodopera sul mercato del lavoro. Da ciò deriva un aumento della disoccupazione e una diminuzione dei salari, con conseguente accumulazione di povertà e beni capitali.

theory of increasing returns: ***teoria dei rendimenti crescenti.*** V. *increasing returns theory.*

theory of interest: ***teoria dell'interesse.*** V. *interest theory.*

theory of international trade: ***teoria del commercio internazionale; teoria degli scambi internazionali.*** La teoria del commercio internazionale postula la supremazia del libero scambio in quanto esso consente la specializzazione della produzione, la massima utilizzazione dei fattori della produzione abbondanti, la realizzazione di economie di scala e l'importazione dei beni che ciascun singolo paese può produrre soltanto con svantaggio. In altre parole, massimizzando il commercio internazionale, si massimizza anche il benessere econonomico e si promuove la crescita economica. Queste conclusioni si basano sul presupposto dell'esistenza di mercati perfetti, sia all'interno dei singoli paesi che in campo internazionale e pertanto la teoria è stata spesso attaccata sulla base dell'imperfezione dei mercati, anche se essa ammette l'eccezione delle industrie nascenti dal suo presupposto fondamentale.

theory of investment: ***teoria dell'investimento.*** Lo stesso che *saving/investment theory* (v.).

theory of market behaviour: ***teoria del comportamento del mercato.*** È la teoria che esamina la formazione di un prezzo di mercato attraverso l'incontro delle forze che operano in esso, cioè la domanda e l'offerta, e l'eventuale ingerenza di altre forze non propriamente di mercato, quali ad esempio le azioni calmieratrici o di altra natura delle autorità statali. Secondo questa teoria, quanto più alto è il prezzo, tanto più bassa sarà la quantità domandata ma tanto più alta la quantità offerta; quanto più basso è il prezzo, tanto più alta sarà la quantità domandata ma tanto più bassa la quantità offerta; mentre una situazione di equilibrio si raggiungerà ad un prezzo che renda uguale tanto la quantità domandata quanto quella offerta.

theory of price: ***teoria del prezzo.*** V. *price theory.*

theory of production: ***teoria della produzione.*** V. *production theory.*

theory of purchasing power parity: ***teoria della parità dei poteri di acquisto.*** Termine usato in alternativa a *purchasing power parity theory* (v.).

theory of rational expectations: ***teoria delle aspettative razionali.*** V. *rational–expectations theory.*

theory of rent: ***teoria della rendita.*** In economia, è una qualsiasi delle teorie con le quali si tenta di dare una spiegazione della differente rendita dei terreni in epoche e luoghi diversi a seconda della loro destinazione.

theory of second best: ***teoria del secondo ottimo.*** Teoria, formulata per la prima volta da R. G. Lipsey e K. Lancaster, che si può sintetizzare così: è possibile che noi siamo in grado di individuare il migliore di tutti i mondi possibili, ma è probabile che non abbiamo le idee chiare su come sistemare in un ordine crescente o decrescente due o più stati del mondo imperfetto in cui viviamo. Ad esempio, se in un mondo di strutture di mercato miste sciogliamo un monopolio e lo trasformiamo in un'industria concorrenziale, non possediamo alcun presupposto generale circa la probabilità che questa azione ci porti più vicino o più lontano da una posizione ottimale.

theory of shifting equilibrium: ***teoria dell'equilibrio mobile.*** La teoria relativa a un sistema economico nel quale prevale la situazione descritta sotto *shifting equilibrium* (v.).

theory of stationary equilibrium: ***teoria dell'equilibrio stazionario.*** La teoria relativa a un sistema economico nel quale prevale la situazione descritta sotto *static equilibrium* (v.).

theory of supply: ***teoria dell'offerta.*** La branca della teoria economica che si interessa dell'analisi del comportamento dei venditori nelle varie situazioni di mercato. In questa teoria, un ruolo principale è svolto dall'impresa e, quindi, dagli obiettivi che essa si prefigge e che la spingono ad offrire quantità maggiori o minori di uno o più beni in relazione allo stato della tecnologia e al prezzo del bene o dei beni in questione paragonato al prezzo di altri beni. Questa analisi consente di prevedere quali saranno le reazioni dell'impresa ad una qualsiasi variazione dei gusti del consumatore, dei prezzi e della quantità domandata e consente anche di costruire la curva dell'offerta e di determinarne il grado di elasticità. (v. anche *time and elasticity*)

theory of surplus value: ***teoria del plusvalore.*** Termine usato con lo stesso significato di *surplus labour and value theory* (v.).

theory of taxation: ***teoria dell'imposizione fiscale.*** Lo stesso che *tax theory* (v.).

theory of the firm: ***teoria dell'impresa.*** La branca della microeconomia che studia, spiega e predice le decisioni dell'impresa con particolare riferimento alle forze che determinano i prezzi pagati per l'uso dei fattori della produzione, alle forze che portano all'allocazione delle risorse nella produzione di beni e servizi diversi e alle forze che determinano le entrate prodotte dalla vendita di tali beni e servizi. La teoria dell'impresa si basa su concetti estremamente astratti, che spesso sono in netto conflitto con la realtà di ogni giorno, ma ciò non è quello che interessa l'economista. Egli, infatti, tende a stabilire se le astrazioni su cui si basa la teoria spiegano un comportamento osservato o se quest'ultimo le contraddice. In molti casi, se una particolare implicazione viene contraddetta, basterà apportare una lieve modifica alla teoria generale perché essa sia una volta ancora coerente con i fatti.

theory of unemployment: ***teoria della disoccupazione.*** In economia, è una qualsiasi delle teorie con le quali si tenta di spiegare il fenomeno della disoccupazione dei fattori della produzione e principalmente del lavoro.

theory of value: ***teoria del valore.*** La teoria del valore ha sempre avuto una posizione chiave nella teoria economica e gli economisti classici, tra i quali Adam Smith, ritenevano che il valore di un bene dipendesse dal lavoro necessario per produrlo, pur se facevano distinzione tra valore d'uso e valore di scambio. Successivamente, questa teoria del valore–lavoro fu sostituita da quella che basava il valore di un bene sul costo necessario per produrlo, ma anche essa fu successivamente sostituita dalla teoria che sostiene che il valore dei beni oggetto di scambio è determinata dall'utilità del piccolo incremento finale nella domanda e nell'offerta. Ma anche questa teoria non tarda ad entrare in crisi, soprattutto a causa della fragilità della sua costruzione, fondata su una base non misurabile e non comparabile qual è l'utilità. A ciò tentò di reagire il Pareto, impostando il problema in termini di curve di indifferenza, invece che di confronto tra utilità marginali.

Col passare del tempo e col progresso compiuto dalla scienza economica, si tende ad abbandonare ogni tipo di indagine psicologica connessa al valore e ci si orienta verso l'analisi delle funzioni della domanda e dell'offerta e del processo di formazione del prezzo nelle varie situazioni di mercato. A questo punto, la teoria del valore perde la sua individualità e autonomia e rientra nel più generale e ampio studio del mercato.

theory of variation: ***teoria della variazione.*** Lo stesso che *equilibrium theory* (v.).

therblig: Termine coniato da F. B. Gilbreth, anagrammando il proprio cognome, per indicare ciascuno dei diciassette (numero successivamente aumentato) movimenti di base o gruppi di movimenti in cui egli divise tutti i tipi di attività umana, riducendoli ad una serie di simboli e colori.

therblig chart: Termine con il quale si indica un'analisi dettagliata dei *therblig* (v.) compiuti da un qualsiasi operatore nell'adempimento di una data funzione, ciascuno dei quali viene identificato con un determinato simbolo therblig standard.

thin corporation: ***società debole.*** Espressione statunitense, con la quale si indica una società che ha una grande quantità di debiti in relazione all'ammontare del suo capitale azionario.

thing in action: Lo stesso che *chose in action* (v.).

thing in possession: Lo stesso che *chose in possession* (v.).

think tank: ***commissione di esperti; serbatoio di cervelli.*** Gruppo di persone preposte alla formulazione di piani o a lavori di consulenza specialistica o di ricerca.

thin market: ***mercato languido; mercato fiacco; mercato morto; mercato limitato.*** Lo stesso che *narrow market* (v.).

third account: ***terzo.*** Nel linguaggio bancario e finanziario, indica una persona per conto della quale viene emessa una cambiale.

third-class paper: ***carta di terza classe.*** È consuetudine delle case di sconto londinesi e di altre istituzioni finanziarie suddividere in classi le cambiali commerciali. Secondo tale suddivisione, la carta di prima classe è quella che reca la firma di banche o altre istituzioni di alta reputazione. Quando la situazione finanziaria degli obbligati principali non è altrettanto buona, i titoli di credito da loro accettati vengono considerati di seconda classe, di terza classe o anche di classe inferiore, a seconda delle circostanze.

third-country trade: ***commercio con paesi terzi.*** Lo stesso che *merchanting* (v.).

third market: ***terzo mercato.*** 1) Negli Stati Uniti, il termine indica il complesso delle operazioni di compravendita di titoli quotati presso la *New York Stock Exchange* da parte di intermediari che non sono membri della borsa valori e da parte di tutti i tipi di investitori. 2) Nel Regno Unito, è uno dei cosiddetti *junior markets* (v.), avviato nel 1987, nel quale vengono trattai titoli di società troppo piccole e troppo giovani per essere quotate nell'*unlisted securities market* (v.). Si tratta di una versione altamente regolamentata dell'*over-the-counter market* (v.) britannico, che opera sotto gli auspici e il controllo della Stock Exchange e nel quale le giovani società possono svilupparsi e trovano una fonte di *venture capital* (v.), prima di passare a uno dei mercati superiori, di solito l'*unlisted securities market*.

third mortgage: ***ipoteca di terzo grado.*** Se su una proprietà sono state già accese un'ipoteca di primo grado e una di secondo grado, il proprietario può accenderne una di terzo grado, a garanzia di un debito contratto successivamente, con scadenza successiva alle due precedenti ipoteche, le quali conservano un diritto di priorità su quella iscritta successivamente.

third of exchange: ***terza di cambio.*** Nel commercio internazionale, è la terza copia di una cambiale estera, pur se oggi è ormai raro che una cambiale venga emessa in tre copie.

third party: ***terzo.*** Nel linguaggio giuridico, questo termine indica una qualsiasi persona diversa da quella che agisce, ma in un significato più ampio e comune designa qualunque soggetto estraneo ad un dato rapporto giuridico. Un esempio di questo uso si ha nel significato che viene dato al termine nel linguaggio assicurativo, nel quale esso designa una qualsiasi persona che non sia né l'assicurato né l'assicuratore.

third-party beneficiary: ***terzo beneficiario.*** Nel contratti di assicurazione, si indica con questo termine la persona designata a riscuotere la somma assicurata in caso di morte del titolare della polizza o assicurato.

third-party insurance: ***assicurazione sulla responsabilità civile.*** Lo stesso che *liability insurance* (v.).

third-party risk insurance: ***assicurazione sulla responsabilità civile.*** Lo stesso che *liability insurance* (v.).

third-party security: ***garanzia impersonale; garanzia collaterale.*** Lo stesso che *collateral security* (v.).

third person: ***terzo.*** Lo stesso che *third party* (v.).

third quartile: ***terzo quartile.*** Lo stesso che *lower quartile* (v.).

third sector: ***terzo settore.*** Termine usato con lo stesso significato di *service-producing sector* (v.), pur se a volte viene riferito a un settore terziario senza scopo di lucro, preposto alla somministrazione di servizi sanitari, educativi a tutti i livelli e simili altri servizi.

third shift: ***terzo turno; turno notturno.*** In uno stabilimento che funziona ventiquattro ore al giorno, il terzo turno è quello che monta a mezzanotte e smonta alle otto del mattino.

third via: ***terza di cambio.*** Lo stesso che *third of exchange* (v.).

third wave: ***terza onda.*** Termine usato da A. Toffler per indicare lo stadio postindustriale da altri chiamato *self-service economy* (v.) o *state-monopoly capitalism* (v.).

third window loans: ***prestiti di terzo sportello.*** Prestiti a basso tasso di interesse concessi dalla Banca Mondiale a paesi in via di sviluppo. La riduzione di interessi viene finanziata mediante un apposito fondo, le cui risorse sono fornite da alcuni dei paesi che fanno parte della Banca Mondiale.

Third World: ***terzo mondo.*** Termine usato per indicare collettivamente tutti i paesi in via di sviluppo, specialmente quelli dell'Africa e dell'Asia che, ricevendo aiuto sia dal mondo comunista che da quello non comunista, non possono schierarsi né con l'uno né con l'altro.

Third World country: ***paese del terzo mondo.*** Lo stesso che *developing nation* (v.).

Third Worlder: ***terzomondista.*** Chi appartiene al terzo mondo, particolarmente un africano o un asiatico.

Third Worldism: ***terzomondismo.*** Movimento che appoggia i paesi del terzo mondo, sostenendone le aspirazioni.

thirty-share index: ***indice delle trenta azioni.*** Espressione usata nel linguaggio della borsa valori di Londra per indicare l'indice azionario del *Financial Times*, basato appunto su trenta titoli delle principali società commerciali e industriali.

three-column account: ***conto a tre sezioni; conto a***

tre colonne. È il tipo di conto generalmente usato nella contabilità meccanizzata. Esso presenta tre colonne, o sezioni, intestate rispettivamente a dare, avere e saldo.

three–D policy: Termine del linguaggio popolare con il quale si indica una polizza di assicurazione contro l'infedeltà dei collaboratori. Il nome deriva dal fatto che essa copre il rischio di perdite derivanti da *dishonesty, disappearance* e *destruction*, cioè disonestà, scomparsa e distruzione.

three–field system: ***sistema dei tre campi.*** Sistema in uso in Inghilterra durante il periodo medievale. A parte la proprietà riservata al signore e il terreno comune destinato al pascolo, il resto della terra del feudo veniva diviso in tre campi, due dei quali erano suddivisi in piccole strisce di terra coltivate dai servi della gleba ed erano destinati di solito alla coltivazione uno del frumento e l'altro dell'orzo o dell'avena, mentre il terzo veniva lasciato in maggese. Ciò consentiva la rotazione delle colture e ciascun campo restava incolto per il periodo di un anno su tre.

three–position promotion plan: ***piano di promozione a tre livelli.*** Piano usato in alcune imprese, in base al quale un lavoratore impara il lavoro di un livello superiore, mentre svolge quello del livello intermedio in cui si trova ed insegna ad un altro il lavoro del livello più basso dal quale egli è stato promosso a quello in cui si trova.

three–shift system: ***sistema a tre turni.*** Il sistema di lavorazione, articolato su tre turni di otto ore ciascuno, che consente di tenere in funzione uno stabilimento per ventiquattro ore al giorno.

threshold: ***soglia.*** Termine usato nel Regno Unito per indicare il dispositivo, equivalente alla nostra scala mobile, mediante il quale i salari venivano automaticamente aumentati quando l'indice ufficiale del costo della vita subiva un incremento percentuale prestabilito.

threshold agreement: ***accordo di soglia; accordo di indicizzazione dei salari.*** Un particolare accordo per la determinazione del salario, in base al quale al lavoratore viene corrisposta una remunerazione base indipendente dal tasso di inflazione. Se, però, l'inflazione supera una certa percentuale, il lavoratore riceve un aumento precedentemente concordato per ogni aumento dell'uno per cento del tasso di inflazione al di sopra della soglia stabilita. Ciascuno di tali aumenti corrisponde, in pratica, al nostro punto di scala mobile.

threshold effect: ***effetto di soglia.*** È il limite al quale lo sforzo pubblicitario di un'impresa comincia a dare i suoi frutti. È importante stabilire quale può essere l'effetto di soglia in una qualsiasi campagna pubblicitaria, perché ciò consente di stabilire anche il limite minimo del relativo budget pubblicitario.

threshold policy: Polizza di dotazione, emessa in vari tipi, che prevede un'assicurazione sulla vita dei genitori, valida fino al raggiungimento della maggiore età del loro o dei loro figli, e il versamento ai figli di una somma stabilita, alla scadenza della polizza.

threshold price: ***prezzo di soglia; prezzo di entrata.*** È uno dei metodi cui fa ricorso la CEE, nell'ambito della politica agricola comunitaria, allo scopo di sostenere i prezzi dei prodotti agricoli. La Comunità, infatti, fissa un prezzo di soglia per ciascun prodotto agricolo proveniente da paesi terzi che, pur essendo inferiore al prezzo traguardo, dopo l'aggiunta dei costi di trasporto e di altra natura porta il prezzo estero allo stesso livello del prezzo traguardo.

threshold worker: ***lavoratore inesperto.*** Termine generico, usato per designare un lavoratore agli inizi della sua attività e, pertanto, privo di qualsiasi esperienza del lavoro specifico che dovrà svolgere nell'ambito dell'organizzazione che lo occupa.

thrift: **1.** ***parsimonia; frugalità.*** La predisposizione ad essere economo, a trarre il massimo dalle risorse disponibili, ad evitare gli sprechi e a rimandare i consumi mediante il risparmio. **2.** Negli Stati Uniti, il termine indica una *savings and loan association* (v.).

thrift campaign: ***campagna per il risparmio.*** Campagna di sensibilizzazione del pubblico in generale, tendente a far abbandonare le abitudini imprevidenti di destinare tutto o gran parte del proprio reddito ai consumi, in favore di un maggiore saggio di risparmio nazionale.

thriftiness: ***parsimonia; frugalità.*** Lo stesso che *thrift 1* (v.).

thrift institutions: ***istituzioni di risparmio.*** Negli Stati Uniti, sono tutte quelle istituzioni che hanno lo scopo primario di attrarre o rastrellare il risparmio, per incanalarlo verso investimenti produttivi, principalmente sotto forma di finanziamenti ipotecari. I due principali tipi di istituzioni di risparmio statunitensi sono le *savings and loan associations* (v.) e le *mutual savings banks* (v.).

thriving business: ***azienda florida; azienda prospera.*** Termine generico, con il quale si indica un'azienda nella quale le entrate superano le uscite e i cui azionisti o proprietari ricevono una soddisfacente remunerazione del capitale investito.

Thro' B/L: through bill of lading.

through bill of lading: ***polizza di carico diretta; polizza di carico cumulativa; polizza di carico a percorso totale; polizza di carico dall'interno; polizza di carico con rispedizione.*** È la polizza di carico usata in relazione a merci che devono essere trasportate da più vettori, terrestri e marittimi, prima che esse giungano alla loro destinazione finale. Viene emessa dal primo vettore ed evita ai successivi vettori la necessità di emettere altre polizze di carico. Per il caricatore, essa è oltremodo utile, in quanto gli consente di venire in possesso di un titolo rappresentativo definitivo, che egli può negoziare o utilizzare per ottenere finanziamenti, appena le merci vengono consegnate al primo vettore.

through conveyance: ***trasporto in servizio cumulativo; trasporto in servizio diretto.*** È il trasporto eseguito da più vettori, considerati come un unico vettore ai fini della determinazione del nolo o delle tariffe e dell'emissione della polizza di carico o della lettera di vettura.

through freight: ***nolo cumulativo; nolo a forfait.*** È il nolo pagato su una partita di merci che dovrà essere, o è stata, trasportata da più vettori diversi.

throughput: ***volume.*** Il termine inglese viene usato per indicare il volume di produzione o di altra attività che passa attraverso un determinato reparto, ufficio, stabilimento e simili.

throughput accounting: ***contabilità per grandezze originarie.*** Sistema di contabilità ideato in modo tale che gli oggetti di spesa originali, registrati nei conti primari, possono venire identificati anche nei conti secondari e nei rendiconti finanziari, particolarmente nel conto profitti e perdite. Ciò si realizza mediante una contabilità ispirata prevalentemente alla tenuta di conti di mastro.

through rate: ***tariffa cumulativa; tariffa per trasporto in servizio cumulativo.*** Una tariffa applicabile ad una partita di merci dal punto di origine al punto di destinazione, anche se nel trasporto intervengono più vettori diversi. Può essere rappresentata da una tariffa cumulativa unificata o dall'unione di due o più tariffe. (v. anche *joint through rate*)

throwaway: 1. *a perdere.* Espressione aggettivale usata per indicare contenitori o altro di cui non è prevista la restituzione dopo l'uso. Il termine si usa in particolare per bottiglie, scatole, lattine e simili. **2. *volantino.*** Nel linguaggio della pubblicità, il termine viene usato con lo stesso significato di *handbill* (v.).

tick: *variazione.* Termine generico con il quale si indica una variazione di prezzo in aumento o in diminuzione.

ticker: *teleborsa.* Apparecchio per la trasmissione in tempo reale delle quotazioni o di altre informazioni di borsa, durante lo svolgimento di una seduta.

ticker symbols: *simboli di teleborsa.* Lo stesso che *stock ticker symbols* (v.).

ticker tape: *teleborsa.* Lo stesso che *ticker* (v.).

ticket: 1. *biglietto.* Il termine inglese indica il recapito di viaggio o il biglietto di ingresso in un locale, quale ad esempio un teatro, uno stadio, ecc. Esso rappresenta una parte essenziale del contratto in base al quale viene fornito il servizio e contiene le condizioni dell'offerta o si riferisce a tali condizioni indicando il luogo in cui esse possono essere consultate. Il contratto non è concluso fino a quando l'utente non accetta il biglietto, dando in cambio l'equivalente in moneta. **2. *scontrino.*** È il biglietto che il compratore riceve dalla cassa di un negozio dopo che ha pagato il prodotto da lui acquistato. Lo scontrino documenta l'acquisto fatto e giustifica il possesso del bene da parte del compratore. **3. *foglio.*** Nel linguaggio della borsa valori, indica un foglio passato da uno *stockbroker* (v.) ad uno *stockjobber* (v.), con il quale il primo comunica al secondo gli estremi di un'operazione compiuta durante il ciclo operativo appena terminato. Ciascun foglio indica il numero complessivo dei titoli acquistati o venduti, il corso, il nome e l'indirizzo del compratore e dello *stockbroker* che ha curato l'operazione. I fogli relativi al ciclo operativo vengono consegnati nel cosiddetto giorno della consegna fogli.

ticket day: *giorno della consegna fogli.* Lo stesso che *name day* (v.).

ticket scalper: *bagarino.* Termine colloquiale, con il quale si indica un individuo che specula su biglietti posti in vendita in occasione di importanti rappresentazioni teatrali o incontri sportivi. Questo speculatore gioca sulla domanda di biglietti e acquistandone un discreto numero con notevole anticipo è poi in grado di rivenderli a prezzi spesso elevatissimi.

tickler: *scadenzario.* Un qualsiasi accorgimento inteso a ricordare le date di scadenza di pagamenti, riscossioni o altre questioni di una certa importanza. Di solito è costituito da un registro o da schede, ordinati in modo tale da non consentire che la questione che si vuole ricordare sfugga all'attenzione della persona interessata.

tickler system: *sistema dello scadenzario.* È il sistema, di solito sotto forma di schede o registri a fogli mobili, usato per rinfrescare la memoria e non far passare inosservate date di scadenza di pagamenti o altre questioni rilevanti.

tie: *vincolo.* Accordo che vincola, per un periodo di tempo definito, compratori e venditori o altri tipi di operatori indipendenti. Il più comune nel Regno Unito è quello che vincola il proprietario di un *pub* ad un produttore di birra. Il primo si impegna ad acquistare il prodotto del secondo, in cambio di assistenza finanziaria. Lo stesso accordo è stato anche adottato dall'industria petrolifera nei confronti di garage e stazioni di rifornimento.

tied agents: *agenti vincolati.* Gli agenti di compagnie di assicurazione di cui si parla sotto *polarization* (v.). Limitano la loro attività alla vendita delle polizze emesse dalla compagnia alla quale sono legati, in base a quanto stabilito dal *Financial Services Act* (v.).

tied aid: *assistenza vincolata.* Il termine inglese indica aiuti in moneta concessi a paesi in via di sviluppo, con l'obbligo di spenderli per l'acquisto di beni prodotti nel paese che concede l'aiuto.

tied cottage: Un'abitazione di proprietà di un datore di lavoro, che consente di darla in locazione soltanto a suoi dipendenti. In passato, costituiva un beneficio concesso a lavoratori a basso reddito, ma nel Regno Unito è diventata pratica comune tra le maggiori imprese, al fine di attirare manodopera specializzata o dirigenti in luoghi in cui questi scarseggiano. La pratica è giustificata anche dalla penuria di abitazioni disponibili, ma dimostra di avere lo svantaggio di ridurre la mobilità della manodopera.

tied deposits: *depositi non disponibili.* Lo stesso che *non–operational balances* (v.).

tied grant: *stanziamento vincolato.* Assegnazione di fondi ad un ente locale, da parte del governo centrale, vincolati all'esecuzione di un determinato progetto.

tied house: *casa vincolata.* Lo stesso che *tied shop* (v.).

tied–in advertising: *pubblicità abbinata.* La pubblicità realizzata mediante uno stesso annuncio da due imprese diverse, produttrici di beni a domanda complementare, come ad esempio macchine lavatrici e detersivo in polvere.

tied–in cost system: *sistema integrato di contabilità.* Sistema di contabilità dei costi integrato con il sistema di contabilità finanziaria.

tied lending: *finanziamento vincolato.* Lo stesso che *tied aid* (v.).

tied loan: *prestito legato; prestito vincolato.* Espressione a volte usata nel linguaggio finanziario internazionale per indicare un prestito concesso da un paese ad un altro, a patto che quest'ultimo acquisti nel paese che concede il prestito i materiali o i prodotti per il cui acquisto viene contratto il prestito.

tied outlet: *sbocco vincolato; punto di vendita vincolato.* Lo stesso che *tied shop* (v.).

tied shop: *negozio vincolato.* Un negozio di proprietà di un produttore e usato da quest'ultimo come sbocco esclusivo dei suoi prodotti. La stessa espressione viene usata per indicare un locale di proprietà di un produttore, che egli è disposto a dare in locazione a scopo commerciale soltanto se chi lo prende in fitto si impegna a vendere i suoi prodotti. Questo sistema è molto diffuso nel Regno Unito principalmente nell'industria della birra.

tie–in clause: *clausola vincolante.* È così detta una qualsiasi clausola che preveda una *tie–in sale* (v.).

tie–in sale: *vendita abbinata; vendita vincolante.* Nel linguaggio commerciale, indica la vendita di un prodotto, da parte di un produttore ad un rivenditore, a patto che quest'ultimo si impegni ad acquistare anche altri articoli dello stesso produttore. È una pratica molto invalsa sia nell'industria cinematografica che in industrie produttrici di beni di consumo ad alta domanda. In questa situazione, l'articolo più richiesto, detto bene locomotiva, si tira dietro una serie di articoli che il dettagliante dovrà necessariamente acquistare, anche se poi gli costerà non poca fatica riuscire a esitarli, se vuole approvvigionarsi del bene che gli consentirà di attirare compratori nel suo negozio. Nel linguaggio commerciale internazionale, lo stesso termine indica la vendita di *know–how*, condizionata all'accettazione, da parte dell'acquirente, delle attrezzature e del personale direttivo e specializzato necessari per poterlo utilizzare.

tierce: Antica misura di capacità, equivalente ad un terzo di pipa, di solito 42 galloni di vino, ma usata anche per altri liquidi e derrate.

tier–one capital: ***capitale di primo livello.*** Nelle norme sull'adeguatezza del capitale di banche e imprese finanziarie, concordate presso la Banca dei Regolamenti Internazionali, si indica con questo termine il capitale costituito da riserve, azioni ordinarie (*equities*) e loro immediati equivalenti.

tier–two capital: ***capitale di secondo livello.*** Nelle norme sull'adeguatezza del capitale di banche e imprese finanziarie, concordate presso la Banca dei Regolamenti Internazionali, è il tipo di capitale diverso dal *tier–one capital* (v.). Si divide in due parti: quello inferiore, costituito per la gran parte di debiti a lunga scadenza; e quello superiore, costituito da beni, come ad esempio immobili, che sono stati rivalutati ma che non sono ancora stati inseriti nel capitale azionario mediante l'emissione di azioni gratuite.

tiger: Termine colloquiale, con il quale si indica un *Treasury Investment Growth Receipt* (v.).

tight market: **1.** ***mercato stretto; mercato attivo.*** Nel linguaggio borsistico, è un mercato attivo e competitivo nel quale si realizza un ampio volume di scambi con piccole differenze tra i prezzi denaro e lettera. **2.** ***mercato rigido.*** Nel linguaggio commerciale e delle relazioni industriali, è un mercato nel quale la domanda è uguale o superiore all'offerta. In tale situazione, le operazioni si svolgono a prezzi crescenti o, comunque, stabili su posizioni sostenute.

tight money: ***denaro caro; moneta cara.*** Lo stesso che *dear money* (v.).

tight money policy: ***politica del denaro caro.*** Lo stesso che *dear money policy.*

tight time: ***tempo ristretto; tempo limitato.*** Il tempo, stabilito mediante lo studio dei tempi e metodi, che non tiene nel debito conto l'affaticamento, il cambio dell'operatore e altri fattori che, se considerati, allungano i tempi di esecuzione complessivi.

tikchung: Moneta divisionale del Bhutan, equivalente a mezzo ngultrum o cinquanta paise.

till float: ***fondo di cassa; fondo di piccola cassa.*** Lo stesso che *float 4* (v.).

till–forbid: ***fino a disdetta.*** Nel linguaggio della pubblicità, si indica con questa espressione, di solito abbreviata in t.f., l'istruzione dell'inserzionista di pubblicare il suo messaggio in ogni numero di una pubblicazione quotidiana o periodica fino a quando non viene inviata una istruzione contraria.

till money: ***denaro in cassa.*** Nel linguaggio bancario, indica una riserva di moneta contante relativamente piccola tenuta nelle casse di una banca allo scopo di soddisfare le richieste di prelievi in contanti dei clienti. Nel Regno Unito, questa riserva è esclusa dal computo delle riserve che la legge impone alle banche.

tilted fund: Espressione del gergo finanziario, con la quale si indica un fondo comune d'investimento che dopo aver costruito un portafoglio basato su un indice di borsa, cerca di battere, di una percentuale prederminata, la performance dell'indice stesso.

timber exchange: ***borsa del legno.*** È uno dei mercati altamente organizzati di Londra, nel quale si trattano tutti i tipi di legname.

time affreightment: ***noleggio a tempo; contratto di noleggio a tempo.*** Lo stesso che *time charter* (v.).

time and elasticity: ***tempo e elasticità.*** I concetti di tempo ed elasticità hanno notevole importanza nella teoria della domanda e in quella dell'offerta. In relazione alla domanda, una variazione del prezzo di un bene si ripercuoterà sulla quantità domandata soltanto dopo un certo periodo di tempo, anche se la domanda è caratterizzata da un alto grado di elasticità. Infatti, ci vorrà tempo affinché tutti i consumatori si rendano conto della variazione di prezzo ed anche quando se ne saranno resi conto nel caso di variazioni in diminuzione essi possono procrastinare gli acquisti nella speranza che il prezzo diminuisca ulteriormente, mentre nel caso di variazioni in aumento ci vorrà tempo prima che i consumatori si decidano ad abbandonare abitudini ormai inveterate. Nel caso di beni di consumo durevoli, infine, anche una notevole diminuzione di prezzo può non generare un corrispondente aumento della quantità domandata, se i beni durevoli di cui i consumatori sono già in possesso sono per lo più nuovi o non in condizioni tali da essere necessariamente sostituiti. In relazione all'offerta, il fattore tempo ha un'importanza ancora maggiore di quanta ne abbia in relazione alla domanda. L'offerta di un bene nel breve periodo è spesso perfettamente anelastica, cioè è fissa, in quanto le imprese non sono in grado di aumentare rapidamente la produzione senza aver prima provveduto ad ampliare le proprie strutture. Nel caso di alcuni beni è necessario aspettare un prossimo raccolto, il che implica un'attesa abbastanza prolungata, mentre per altri ancora, quali ad esempio il vino o i liquori a lungo invecchiamento, il tempo necessario per modificare la quantità offerta è ancora più lungo.

time and motion study: ***studio dei tempi e dei movimenti.*** È lo studio delle operazioni eseguite in relazione ad un dato lavoro e la misurazione del tempo necessario per svolgere ciascuna operazione. Lo studio dei tempi e dei movimenti viene fatto con due scopi precisi: a) accertare se il lavoro può essere semplificato o migliorato, in modo da impiegare minor tempo per ogni operazione, aumentando così l'efficienza; b) stabilire una quantità minima standard di lavoro per unità di tempo, di solito un'ora, in relazione ad un sistema di salario a cottimo.

time bargain: ***operazione a termine; operazione allo scoperto.*** Nel linguaggio delle borse valori, è un contratto in base al quale un operatore si impegna a consegnare titoli, che non possiede al momento della stipula, ad un certo prezzo e ad una data stabilita, oppure si impegna ad acquistare titoli, che al momento non è in grado di pagare, ad un certo prezzo e a una data stabilita. Poiché non si tratta di contratti a premio, alla scadenza l'operatore dovrà tener fede ai propri impegni o, come alternativa, dovrà farsi riportare ad un prossimo periodo di liquidazione. Ciò che l'operatore spera è che il prezzo dei titoli che si è impegnato a vendere o a comprare subisca una variazione a suo vantaggio nel periodo di tempo intercorrente tra la stipula del contratto e il giorno di liquidazione. Ciò gli consentirebbe di eseguire un'operazione inversa a quella per la quale si è impegnato, ricavando un profitto dalle due operazioni.

time basis: ***base tempo.*** Nei processi di imputazione dei costi comuni, è una base temporale, ad esempio l'ora–salario, che viene messa in rapporto con il totale dei costi comuni di un determinato periodo contabile.

time bill: ***cambiale a tempo.*** Espressione generica che, nel linguaggio finanziario, indica una cambiale pagabile ad una certa data futura, di solito trenta, sessanta o novanta giorni, invece che alla presentazione. Il termine è usato in contrapposizione a cambiale a vista. (v. anche *sight bill*)

time card: ***cartolina marcatempo.*** La scheda sulla quale si registrano le ore di lavoro di un lavoratore pagato in base ad un sistema salariale che tiene conto della sua presenza in fabbrica o in ufficio.

time certificate of deposit: ***certificato di deposito vincolato; certificato di deposito a tempo.*** Viene emesso da una banca, quando riceve da un risparmiatore fondi in deposito per un periodo di tempo definito, come ad esempio un anno. Trattandosi di *time deposit* (v.) e non di *demand deposit* (v.), la banca è autorizzata a riconoscere al cliente un interesse sulla somma depositata.

time charter: ***contratto di noleggio a tempo; noleggio a tempo; noleggio a tempo–trasporto.*** Contratto in base al quale un armatore concede al noleggiatore l'uso di una sua nave per un periodo di tempo stabilito entro il quale quest'ultimo, in considerazione del pagamento di una somma chiamata nolo, potrà compiere tutti i viaggi che riterrà opportuno, alle condizioni stabilite dall'accordo e dalle consuetudini. Il contratto di noleggio a tempo deve essere provato per iscritto e l'armatore si impegna a consegnare la nave in condizioni di navigabilità, armata, equipaggiata e dotata di tutti i documenti necessari affinché il noleggiatore possa compiere i viaggi desiderati nell'arco di tempo convenuto. Nel contratto possono essere previste particolari limitazioni all'uso della nave, come ad esempio il divieto di caricare merci particolarmente pericolose o quello di navigare in certi mari in cui sono in atto conflitti tra stati, ecc. Nel contratto dovranno inoltre essere specificati: le generalità dei contraenti; il nome e il tipo della nave; la durata del contratto; i porti di consegna e di riconsegna della nave; il nolo e le modalità di pagamento. In un contratto a tempo sono a carico dell'armatore: le spese per armare ed equipaggiare la nave; le paghe e le spese relative al mantenimento dell'equipaggio; le spese di manutenzione, riparazione, assicurazione, ecc., relative alla nave. Sono, invece, a carico del noleggiatore: le spese relative all'esercizio della nave, cioè spese di combustibile, lubrificanti, ecc.; i diritti di porto, di ancoraggio, di pilotaggio, ecc.; gli oneri relativi alla caricazione, alla discarica e alla movimentazione del carico; le retribuzioni dovute all'equipaggio per eventuale lavoro straordinario.

time charter party: ***noleggio a tempo; contratto di noleggio a tempo.*** Termine usato come sinonimo di *time charter* (v.).

time clerk: ***controllore delle ore di lavoro.*** Un impiegato addetto alla registrazione e ai calcoli relativi alle ore di servizio prestato dagli operai, pagati in base ad un qualsiasi sistema salariale che tenga conto del tempo effettivo di lavoro svolto al servizio dell'impresa che li impiega.

time clock: ***orologio marcatempo.*** Lo stesso che *card time recorder* (v.).

time cost: ***costo di periodo.*** Termine usato con lo stesso significato di *period cost* (v.).

time deposit: ***deposito a tempo; deposito a risparmio; deposito vincolato; deposito a termine.*** Deposito tenuto presso una banca, dal quale non si possono effettuare prelievi di moneta tramite l'emissione di assegni, se non trasferendo una somma da questo tipo di deposito ad un altro, tenuto dallo stesso cliente sotto forma di deposito a vista in conto corrente. Questo termine è di uso statunitense e corrisponde al *deposit account* britannico. Nel Regno Unito, il prelievo da questo tipo di deposito è soggetto ad un preavviso, solitamente di sette giorni, mentre negli Stati Uniti il tempo di preavviso è normalmente di trenta giorni. Tuttavia, le banche non si attengono rigidamente a questa norma ed è spesso possibile prelevare denaro da un deposito a tempo senza alcun preavviso. Per questo motivo, molti economisti tendono a considerare moneta anche i depositi a tempo.

time deposit/reserve ratio: ***rapporto riserva/depositi a tempo.*** Espressione usata nel linguaggio bancario per indicare il rapporto tra: a) il totale dei depositi a tempo presso una banca e b) il saldo delle riserve della banca presso la banca centrale e della riserva numeraria.

time discounting: ***attualizzazione.*** Lo stesso che *discounting back* (v.).

time draft: ***tratta a tempo.*** Termine usato con lo stesso significato di *time bill* (v.).

time efficiency: ***efficienza temporale.*** La parte del tempo totale disponibile in cui un impianto è in funzione produttiva.

time freight: ***nolo a tempo.*** Il nolo che un noleggiatore si impegna a versare ad un armatore, in considerazione di un contratto di noleggio a tempo. (v. anche *time charter*)

time indifference curve: ***curva d'indifferenza temporale.*** Se in un sistema di coordinate cartesiane poniamo sull'asse delle X la spesa in consumi di una famiglia o di un singolo individuo relativa ad un anno e sull'asse delle Y la spesa in consumi della stessa famiglia o dello stesso individuo relativa ad un anno successivo, la curva d'indifferenza temporale indica tutte le combinazioni di spese in consumi nei due anni, che danno al consumatore uguale soddisfazione. La pendenza della curva d'indifferenza temporale indica il tasso di sostituzione temporale.

time insurance: ***assicurazione a tempo.*** Forma di assicurazione, in uso nel ramo marittimo, che prevede la copertura contro il verificarsi di un evento rischioso per un determinato periodo di tempo indipendente dal numero di viaggi che la nave può compiere. (v. anche *voyage insurance*)

time lag: ***scarto temporale; sfasamento temporale.*** Nel linguaggio economico, è il periodo di tempo intercorrente tra un fenomeno e gli effetti causati dal medesimo. Ad esempio, un aumento della domanda, cui corrisponde un aumento di prezzo, può causare un aumento dell'offerta soltanto dopo un certo periodo di tempo. In questo caso, lo scarto temporale è rappresentato dall'intervallo di tempo tra il verificarsi dell'aumento della domanda e il verificarsi dell'aumento dell'offerta.

time liabilities: ***impegni a tempo; passività a tempo.*** Nel linguaggio bancario statunitense, sono le passività delle singole banche relative ai depositi a tempo dei loro clienti. (v. anche *time deposit*)

time limit: ***limite di tempo; limite temporale.*** Nel linguaggio borsistico, è il limite, posto dal cliente, entro il quale l'ordine passato a un intermediario deve essere eseguito.

time loan: ***prestito a tempo.*** Termine generico, usato nel linguaggio finanziario per indicare un prestito concesso per un periodo di tempo stabilito. Di solito, un prestito a tempo non può essere estinto prima della scadenza naturale. L'espressione è usata in contrapposizione a prestito a richiesta. (v. anche *call loan*)

time note: ***pagherò a tempo.*** Pagherò avente le stesse caratteristiche di scadenza di una *time bill* (v.).

time–of–day tariff: Una tariffa per la fornitura di energia elettrica che, nella sua forma più semplice, prevede un prezzo unitario più alto per le ore diurne che per le ore notturne.

time of delivery: ***tempo di consegna.*** termine usato in alternativa a *delivery time* (v.).

time office: ***ufficio tempi.*** L'ufficio che, in un'impresa o altra organizzazione, è addetto alla registrazione e ai calcoli relativi alle ore di servizio prestato dagli operai, pagati in base ad un qualsiasi sistema salariale che tenga conto del tempo effettivo di lavoro svolto.

time of innovation: ***momento di innovazione.*** Il periodo in cui un'innovazione tecnologica viene per la prima volta commercializzata.

time of invention: ***momento di invenzione.*** Il momento in cui un'invenzione diviene nota a seguito della circolazione di una pubblicazione, di un comunicato stampa, della divulgazione della concessione di brevetto, ecc.

time of payment: ***data di pagamento; scadenza.*** La scadenza delle cambiali è regolata, nel Regno Unito, dagli articoli 10 e 11 del *Bills of Exchange Act* del 1882. L'articolo 10 tratta delle cambiali pagabili a vista, cioè alla presentazione; l'articolo 11 tratta delle cambiali a tempo, cioè quelle pagabili ad una data fissa e stabilita dopo la loro presentazione o dopo la loro data di emissione e quelle pagabili a o un certo tempo dopo il verificarsi di un determinato evento. Infine, l'articolo 14 stabilisce come calcolare il giorno di scadenza delle cambiali a tempo: al termine della cambiale vanno aggiunti tre giorni, detti comporto, e la cambiale è pagabile entro l'ultimo di questi giorni, a meno che esso cada a) di domenica, il giorno di Natale, il venerdì santo o altra festa nazionale, nel qual caso deve essere pagata il giorno lavorativo che precede tali giorni; b) in una *bank holiday* (v.), che non sia il giorno di Natale o il venerdì santo, o in una domenica preceduta da una *bank holiday*, nel qual caso essa è pagabile il giorno lavorativo immediatamente successivo a tali giorni. Lo stesso articolo stabilisce che dal computo del termine della cambiale va escluso il giorno dal quale esso comincia a decorrere, mentre deve essere incluso il giorno di scadenza.

time order: ***ordine con indicazione di validità.*** Nel linguaggio delle borse, è un ordine di acquisto o di vendita che deve essere eseguito in un giorno o in un momento specificati dal cliente. Può essere un ordine in chiusura o in apertura oppure un ordine con indicazione del giorno di validità.

time payment: ***remunerazione a tempo.*** Termine usato con lo stesso significato di *time wages* (v.).

time–payment plan: ***piano di pagamento rateale.*** È il piano in base al quale un compratore si impegna a pagare, in un arco di tempo e con versamenti parziali concordati, il prezzo di acquisto di un bene.

time–period concept: ***concetto di periodicità.*** Lo stesso che *periodicity concept* (v.).

time–period principle: ***principio di periodicità.*** Lo stesso che *periodicity concept* (v.).

time policy: ***polizza a tempo; polizza a termine.*** Nel linguaggio delle assicurazioni marittime, è una polizza che copre un rischio per un determinato periodo di tempo e non per uno o più viaggi.

time preference: ***preferenza temporale.*** Espressione con la quale, nel linguaggio economico, si indica la preferenza di un individuo a consumare oggi invece che in futuro o ad astenersi dal consumo oggi per poter consumare in futuro. In base a tale preferenza, gli individui sono disposti a prendere denaro in prestito, per consumi o investimento, pagando un tasso di interesse che consente loro di avere oggi a disposizione ciò che potrebbero acquistare domani soltanto dopo un periodo di risparmio. Questo atteggiamento è a volte chiamato impazienza, ma in realtà è più spesso una necessità. Una giovane coppia che volesse acquistare una casa attraverso il risparmio, probabilmente non avrebbe la somma necessaria prima di giungere all'età della pensione, mentre altri prevedono un aumento del loro reddito futuro e, pertanto, sono pronti ad acquistare e consumare oggi che sono più poveri e pagare in futuro quando saranno più ricchi. Esiste, pertanto, una preferenza temporale per il consumo attuale in quanto gli individui sono disposti a spendere parte del loro reddito per usare oggi denaro che rimborseranno in futuro. (v. anche *rate of time preference*)

time preference theory of interest: ***teoria dell'interesse in termini di preferenza temporale.*** È una teoria che spiega l'interesse come il prezzo che un individuo è disposto a pagare per consumare oggi un bene che potrebbe permettersi soltanto in futuro, dopo un periodo più o meno lungo di risparmio. Si tratta, in realtà, di una teoria fondata sulla osservazione dell'atteggiamento psicologico degli individui ed è basata su due concetti fondamentali: a) alcuni individui sono coscienti della possibilità che essi muoiano prima di essere in grado di godere i frutti di un lungo periodo di risparmio; b) alcuni individui tendono a sottovalutare i vantaggi futuri e preferiscono consumare oggi, secondo il vecchio adagio «meglio un uovo oggi, che una gallina domani». (v. anche *abstinence theory of interest, classical theory of interest, agio theory of interest, liquidity preference theory of interest, loanable funds theory of interest, marginal productivity theory of interest*)

time progression scale: ***scala retributiva basata sull'anzianità.*** Termine usato con lo stesso significato di *rate for age scale* (v.).

time rate: ***tasso salariale orario; tasso salariale a tempo.*** Un tasso salariale relativo a ciascuna ora di lavoro effettivamente svolto da un lavoratore durante una settimana tipo di un certo numero di ore. Le ore di lavoro che superano quelle stabilite vengono remunerate ad un tasso salariale diverso, generalmente più alto di quello normale. In base a questo sistema, ciascun lavoratore deve marcare su una cartolina personale l'ora di entrata e l'ora di uscita dal luogo in cui lavora e da questa cartolina l'apposito ufficio ricaverà il numero totale di ore di servizio prestato da ciascun lavoratore. Il principale sistema alternativo è quello che fa dipendere la remunerazione dai risultati ottenuti dal lavoratore. (v. anche *piece rate*)

time recorder: ***orologio marcatempo.*** Termine usato con lo stesso significato di *card time recorder* (v.).

time reversal test: ***prova della reversibilità temporale.*** Nel linguaggio della statistica, è un sistema mediante il quale si può determinare la validità matematica dei numeri indici. Il metodo consiste nell'invertire i periodi, trattando il periodo base come un dato periodo successivo e quest'ultimo come periodo base. Si calcola un numero indice per il periodo successivo e lo si moltiplica per il numero indice precedentemente assegnato al periodo base originario. Se il risultato è uguale a uno, la prova ha avuto esito positivo e il numero indice in origine assegnato al periodo base è valido da un punto di vista matematico.

time–saving bonus: ***premio per risparmio di tempo.*** È il premio, o incentivo, pagato in base ad un sistema di remunerazione che prevede un premio in relazione al tempo impiegato dal lavoratore per svolgere una determinata funzione. In base a tale sistema, ad ogni lavoro o funzione viene assegnato un tempo di esecuzione e il tempo che ogni lavoratore riesce a risparmiare viene remunerato con una somma aggiuntiva sul tasso salariale orario.

times covered: ***copertura dei dividendi.*** Nel linguaggio finanziario, questa espressione indica il numero di volte che un dividendo risulta coperto dai profitti di una società. Si ottiene dividendo l'ammontare in denaro disponibile per la distribuzione di dividendi per l'ammontare effettivamente pagato in dividendi. Se il risultato è uguale o maggiore dell'unità, il dividendo è coperto quel dato numero di volte; se il risultato è inferiore all'unità, il dividendo risulta scoperto.

time series: ***serie temporale; serie storica; serie ciclica.*** È un insieme di misure qualitative o quantitative, relative ad un numero di periodi successivi o intermittenti. L'espressione è usata nel linguaggio economico per indicare una successione di dati statistici relativi alla produzione, ai prezzi, alle vendite, alle esportazioni, ecc., nell'arco di una serie di periodi di giorni, settimane, mesi o anni. Le serie temporali vengono solitamente usate in economia nel tentativo di scoprire eventuali relazioni tra categorie differenti di dati.

time–series analysis: ***analisi della serie temporale.*** La classificazione e lo studio di movimenti economici o di altra natura. Di solito, con questo termine si intende la scomposizione di una serie di dati in modo da ottenere delle tendenze o dei movimenti ciclici, stagionali, ecc., mediante i quali è possibile prevedere le tendenze future. Ad esempio, l'analisi della serie temporale viene usata per prevedere la domanda futura, sulla base dell'analisi dei dati relativi a periodi passati.

time–series chart: ***diagramma di serie temporale.*** Una rappresentazione grafica di dati statistici in cui la variabile indipendente, disposta lungo l'asse orizzontale del sistema di coordinate cartesiane, è rappresentata dal tempo e i valori della variabile dipendente, disposti lungo l'asse verticale, sono indicati a vari intervalli di tempo e collegati da linee che formano una curva continua, la quale si estende su tutto l'arco di tempo coperto dal diagramma.

time–series data: ***dati di una serie temporale.*** Sono le osservazioni dei valori di variabili economiche in una serie di intervalli temporali successivi.

time–series decomposition: ***scomposizione della serie temporale.*** Termine usato con lo stesso significato di *time–series analysis* (v.).

times fixed charges: ***copertura degli oneri fissi.*** Lo stesso che *fixed–charge coverage* (v.).

time–sharing: ***multiproprietà.*** Il diritto di occupare una unità immobiliare per un determinato periodo di tempo ogni anno. Molto diffuso in relazione ad abitazioni per villeggiatura o vacanze, questo tipo di proprietà può prevedere: a) il diritto di occupare, per un determinato numero di settimane ogni anno, parte di una struttura, ad esempio un albergo, che viene regolarmente data in fitto dal proprietario della struttura stessa nei periodi per i quali essa non è stata «venduta»; b) il diritto di occupare, sempre per un determinato periodo di tempo, una struttura immobiliare più piccola, ad esempio un villino o un appartamento, e in tal caso colui che l'ha «acquistata» ne è il proprietario a tutti gli effetti per il periodo di tempo concordato e come tale può anche darla in affitto a terzi, venderla e lasciarla ai propri eredi.

time sheet: ***tavola del tempo passato in porto.*** In relazione ai contratti di noleggio, è un prospetto mediante il quale si può determinare il tempo impiegato, in più o in meno rispetto a quello concesso o stabilito, in relazione allo svolgimento delle operazioni di caricazione e di discarica. In base a tale prospetto, si stabiliranno le controstallie o il premio di acceleramento.

times interest and preferred dividend earned: ***copertura degli interessi e dei dividendi privilegiati.*** Nel linguaggio finanziario e contabile, questa espressione indica una misura comune della protezione del reddito delle azioni privilegiate. La cifra che indica tale protezione si calcola dividendo il reddito annuo netto, cioè depurato delle imposte, di un'impresa per la somma del fabbisogno monetario per far fronte al pagamento di interessi e dividendi privilegiati.

times interest earned: ***copertura degli interessi.*** Termine usato con lo stesso significato di *interest cover* (v.).

times preferred dividend earned: ***copertura del dividendo privilegiato.*** Una misura della protezione di cui gode un'azione privilegiata in relazione al pagamento dei dividendi. La cifra che indica tale protezione si ottiene dividendo il reddito annuo netto, cioè depurato delle imposte e di qualsiasi altro pagamento che vanti un diritto di priorità, per il fabbisogno monetario con cui far fronte al pagamento dei dividendi relativi a una determinata emissione di azioni privilegiate per l'anno in esame.

Times* share index:** ***indice azionario del «Times». È il numero indice relativo ai corsi azionari presso la borsa valori di Londra, pubblicato dal quotidiano londinese *The Times*.

time study: ***studio dei tempi.*** Termine usato con lo stesso significato di *time and motion study* (v.).

time ticket: ***cartolina marcatempo.*** Termine usato con lo stesso significato di *time card* (v.).

time utility: ***utilità temporale; utilità in termini di tempo; utilità relativa al tempo.*** Quella parte dell'utilità derivante dal fatto che un bene o servizio è disponibile nel momento in cui esso serve per soddisfare un bisogno. Si crea utilità temporale quando un bene viene conservato per essere usato in futuro, come avviene, ad esempio, per alcuni prodotti agricoli raccolti in una stagione, ma usati in un'altra.

time wage rate: ***tasso salariale orario; tasso salariale a tempo.*** Termine usato con lo stesso significato di *time rate* (v.).

time wages: ***salario a tempo.*** Il salario pagato in base al tempo dedicato da un lavoratore al proprio datore di lavoro. La base del salario a tempo può essere l'ora, il giorno, la settimana, il mese o l'anno. (v. anche *time rate*)

time–work: ***salario a tempo.*** Termine usato con lo stesso significato di *time wages* (v.).

time work plan: ***sistema di retribuzione a tempo.*** È il sistema di retribuzione descritto sotto *time rate* (v.).

time work rate: ***tasso salariale a tempo.*** Termine usato con lo stesso significato di *time rate* (v.).

timing: ***misurazione dei tempi.*** Il processo di misurazione dei tempi necessari allo svolgimento delle varie funzioni, necessarie per compiere una determinata operazione del ciclo produttivo.

tip: 1. ***mancia.*** Termine usato con lo stesso significato di *gratuity 1* (v.). **2.** ***informazione riservata; soffiata.*** Termine dello slang britannico, con il quale si indica un'informazione riservata mediante la quale un individuo può realizzare un profitto finanziario personale.

tipster: ***informatore.*** Nello slang britannico, è una persona che fornisce un'informazione riservata, come ad esempio un segreto industriale. (v. anche *tip 2*)

TIR carnet: ***carnet TIR.*** Documento che consente a un contenitore sigillato di attraversare più barriere daziarie senza che si debbano pagare dazi doganali, fino a quando esso non raggiunge il paese di destinazione finale.

tithe: ***decima.*** In origine, questo termine indicava la decima parte del raccolto o dei frutti di una proprietà, donata volontariamente quale contributo a sostegno della Chiesa. Nel 1836, le decime furono trasformate in versamenti monetari annui, pagabili dal proprietario della terra. Il *Tithe Act* del 1936 stabilì la soppressione di tali pagamenti, che vennero sostituiti da una rendita della durata di sessanta anni.

title: ***titolo.*** Un diritto di proprietà o il mezzo in base al quale tale diritto si stabilisce. Il termine si riferisce alla proprietà di qualsiasi cosa di valore, ma per la proprietà di beni immobili il titolo deve essere rappresentato da un atto scritto. (v. anche *title of gold*)

title deed: ***titolo di proprietà; istrumento; rogito.*** L'atto, cioè il documento o l'istrumento, che stabilisce il diritto di un individuo alla proprietà di un bene immobile. Tale documento indica il soggetto attualmente proprietario del bene e come, attraverso gli anni, il bene immobile cui si riferisce è passato da una persona ad un'altra, a seguito di vendita o di disposizione testamentaria fino a pervenire all'attuale proprietario, che può averlo ricevuto in uno dei seguenti modi: mediante acquisto; per eredità; per disposizione testamentaria; per donazione; per mancato pagamento di un credito ipotecario.

title insurance: ***assicurazione per titolo imperfetto.*** L'assicurazione di cui si parla sotto *defective–title policy* (v.).

title of gold: ***titolo dell'oro; titolo in carati.*** L'espressione in carati del grado di purezza dell'oro. Secondo recenti disposizioni, tale grado non viene più espresso in carati, bensì in millesimi.

title policy: ***polizza per titolo imperfetto.*** Termine usato con lo stesso significato di *defective–title policy* (v.).

title retention: ***patto di riservato dominio.*** Forma di privilegio, usato nelle vendite rateali, che consente al venditore di conservare la proprietà del bene venduto fino al pagamento dell'ultima rata, mentre impone al compratore la responsabilità dei rischi relativi allo stesso bene, di cui gli viene trasferito il possesso.

title search: ***visura; verifica catastale e ipotecaria; ricerca della titolarità dei diritti immobiliari.*** Termine statunitense, usato con lo stesso significato di *enquiries before contract* (v.).

T.L.: total loss.

t.l.o.: total loss only.

T.L.O.: total loss only.

T.M.: ton–mile.

T.M.O.: telegraphic money order.

T/o: turnover.

to arrive: ***all'arrivo; al salvo arrivo.*** Clausola inserita in contratti di compravendita o di trasporto, che indica che la merce sarà consegnata all'arrivo della nave sulla quale è imbarcata o che essa sarà messa a bordo della nave indicata appena questa si presenterà al porto di caricazione stabilito.

to arrive price: ***prezzo all'arrivo.*** Nel commercio internazionale, questa espressione indica un prezzo quotato dal venditore su merci che già si trovano in viaggio verso il luogo di destinazione.

tobaccos: Termine usato nel linguaggio della borsa valori di Londra per indicare collettivamente tutti i titoli delle società produttrici o distributrici di tabacco.

Tobin tax: ***imposta Tobin.*** Imposta che ha preso il nome dal suo inventore, il Premio Nobel per l'economia James Tobin. Si tratta di un'imposta che dovrebbe colpire, ad un'aliquota uniforme, tutte le operazioni in valuta straniera, al fine di ridurre gli incentivi che portano a flussi di capitale di breve periodo, i cosiddetti capitali vaganti, penalizzando i quali si ridurrebbe il loro impatto sui tassi di cambio.

tod: Misura di peso anglosassone, usata principalmente nel commercio della lana ed equivalente a due *stone* (v.) o ventotto libbre, pari a 12,700 chilogrammi.

token: **1.** ***gettone.*** Pezzo di metallo, di plastica o altro materiale, venduto per essere usato in un distributore automatico o altra macchina del genere. **2.** ***contromarca; buono di acquisto.*** Gettone, scontrino o altro che può essere usato in luogo del denaro in un particolare punto di vendita convenzionato. Può essere acquistato per farne un regalo con il quale la persona che lo riceve potrà comprare ciò che preferisce o può essere usato in certe organizzazioni in luogo, ad esempio, di un'indennità di mensa. In quest'ultimo caso, la persona che lo riceve potrà usarlo per pagare un pasto presso uno dei ristoranti convenzionati. **3.** ***contrassegno.*** Un qualsiasi marchio, usato per indicare l'avvenuta esecuzione di un dovere o il godimento di un determinato diritto. Il termine indica, ad esempio, il bollo di circolazione che attesta l'avvenuto pagamento della relativa tassa o un contrassegno che consente l'accesso in un determinato luogo. (v. anche *tax token*)

token coin: ***moneta debole; moneta imperfetta.*** Una qualsiasi singola moneta metallica, il cui valore nominale è superiore al suo valore intrinseco. Di solito, il termine si usa in relazione a monete divisionali, alle quali viene riconosciuto un potere liberatorio limitato.

token money: **1.** ***moneta debole; moneta imperfetta.*** Termine usato per indicare collettivamente l'insieme delle monete metalliche, in circolazione in un paese, il cui valore nominale è superiore a quello intrinseco. (v. anche *token coin*) **2.** ***moneta–segno; moneta fiduciaria.*** Moneta considerata soltanto un segno convenzionale, il cui valore legale può essere fissato dallo stato a suo arbitrio. Tale tipo di moneta oggi è fatta di carta, tranne nel caso di monete metalliche divisionali; viene creata ed emessa dallo stato; non è convertibile per legge in alcun bene e non ha alcun valore fisso in termini di metalli preziosi o altri beni.

token payment: **1.** ***anticipo.*** Il pagamento di una piccola parte di un debito, con il quale il debitore riconosce la propria obbligazione e si impegna a soddisfarla. **2.** ***caparra.*** In questo significato, il termine inglese è usato come sinonimo di *bargain money* (v.).

token strike: ***sciopero dimostrativo.*** Una sciopero di brevissima durata, di solito non più di qualche ora, con il quale i lavoratori intendono avvisare il datore di lavoro che sono disposti a ricorrere a forme di lotta ben più dure e gravi se non vengono accettate le loro richieste.

Tokyo Round: La conferenza per la riduzione dei dazi doganali iniziata sotto l'egida del GATT nel 1973 e protrattasi per oltre sei anni. Gli accordi che ne scaturirono, entrati in vigore il 1° gennaio 1980, furono sottoscritti dai rappresentanti di 41 paesi e stabilirono riduzioni tariffarie medie del 30 per cento e l'adozione di sei principali codici di comportamento nel commercio internazionale. Per la prima volta nella storia del GATT, la conferenza si soffermò sui danni arrecati al commercio dalle barriere non doganali e sui possibili mezzi per controllarle e ridurle e stabilì i suddetti codici di comportamento in relazione a: sussidi e dazi compensativi; approvvigionamenti governativi; standard di qualità come barriere tecniche; valutazioni a fini doganali; sistemi di licenze d'importazione.

tolerance: ***tolleranza.*** Il limite entro il quale possono oscillare le dimensioni o la qualità di un determinato prodotto o di una merce. Ad esempio, nella costruzione di parti intercambiabili o accoppiabili, la tolleranza indica il limite, in più o in meno rispetto alle dimensioni stabilite, che non può essere superato. Se tale limite non viene rispettato, risulterà impossibile usare le parti che eccedono la tolleranza, in quanto esse non si adatteranno alla macchina o altro congegno in cui vanno inserite.

toll: ***pedaggio; tassa di transito; tariffa di transito.*** Un qualsiasi tributo fatto pagare a chi usa una strada, un ponte, una galleria o un canale soggetti a pedaggio. Il pedaggio viene di solito riscosso per far fronte alle spese di manutenzione dell'infrastruttura se essa è di proprietà pubblica o come fonte di reddito se essa è di proprietà privata. A volte, le autorità impongono un pedaggio fino a quando non vengono ammortizzati i costi di costruzione dell'infrastruttura, che successivamente potrà essere usata gratuitamente. Certi stati, tra i quali l'Italia e gli Stati Uniti, fanno pagare un pedaggio su quasi tutta la rete autostradale mentre in altri paesi, tra i quali il Regno Unito, l'uso delle autostrade è gratuito.

Tolpuddle Martyrs: Termine con il quale vennero indicati sei braccianti agricoli del Dorset, Inghilterra, condannati alla deportazione nel 1834 per essersi resi colpevoli del reato di associazione in una forma di sindacato che prevedeva un giuramento. Dopo aver scontato quattro dei sette anni di pena comminati loro, furono perdonati e rimessi in libertà.

tombstone: Termine con il quale si indica un annuncio pubblicato nei giornali o nelle riviste finanziarie al solo scopo di informare il pubblico di una prossima emissione obbligazionaria o azionaria. L'annuncio non contiene indicazioni di prezzo, ma dà informazioni sul tipo di emissione e sulla composizione del sindacato di garanzia e collocamento.

tommy shop: ***spaccio.*** Termine colloquiale, con il quale viene indicato un *truck shop* (v.).

ton: ***tonnellata.*** Termine generico, con il quale viene indicata sia la tonnellata inglese di 2240 libbre, sia la tonnellata americana di 2000 libbre. (v. anche *long ton, short ton, tonne*)

ton by ton delivered: Clausola, usata nei contratti di trasporto, che prevede il pagamento del nolo man mano che la merce viene scaricata e consegnata.

tone: ***tono.*** V. spiegazione sotto *market tone.*

Tongan dollar: ***dollaro di Tonga.*** Unità monetaria di Tonga, suddivisa in cento cent.

ton mile: ***tonnellata-miglio.*** Nel linguaggio dei trasporti, è un'unità di misura corrispondente ad una tonnellata trasportata su un percorso di un miglio.

Tonn.: tonnage.

tonnage: **1.** ***tonnellaggio; stazza.*** La capacità cubica di una nave, in base a tonnellate considerate ciascuna uguale a cento piedi cubici di spazio permanentemente coperto. È la base per la determinazione dei diritti di tonnellaggio o di stazza. È bene tener presente che il termine non indica la portata di una nave in peso, ma soltanto la quantità di spazio disponibile su di essa. (v. anche *tons burden*) **2.** ***diritti di tonnellaggio; diritti di stazza.*** Il termine inglese è a volte usato anche come sinonimo di *tonnage dues* (v.).

tonnage booking: ***prenotazione di stiva; prenotazione di tonnellaggio.*** Prenotazione fatta da uno spedizioniere o da un caricatore al fine di riservarsi una parte dello spazio di carico di una nave, in previsione della spedizione di una partita di merci.

tonnage dues: ***diritti di tonnellaggio; diritti di stazza.*** Tassa fatta pagare alle navi che usano un porto, in ragione di un tanto per tonnellata di registro o di stazza, come contributo alle spese di manutenzione delle infrastrutture portuali di uso comune.

tonnage scale: ***scala di nolo.*** A causa del diverso peso specifico delle varie merci, gli armatori possono stabilire di tener conto, al fine della determinazione della rata di nolo, sia del peso che del volume delle merci. In tal caso, il nolo viene determinato in base ad una unità convenzionale, cioè la tonnellata di nolo, considerata equivalente a quaranta piedi cubici. Successivamente, invece di stabilire tanti tassi di nolo per quante sono le merci con peso specifico differente, si fissa un unico tasso o rata di nolo riferito alla tonnellata di quaranta piedi cubici e si prepara una scala di nolo, cioè una tabella nella quale sono elencati i pesi delle diverse merci corrispondenti alla quotazione di nolo base, oppure i coefficienti di variazione del nolo di una determinata quantità di una data merce, presa come base, in relazione ad un'identica quantità di altri tipi di merci. Ciò rende più agevoli le contrattazioni perché, in pratica, qualunque sia il tipo di merce, il tasso di nolo è sempre lo stesso, riferito ad una tonnellata di quaranta piedi cubici.

tonnage slip: ***distinta dei diritti di stazza.*** È il documento che indica i dettagli relativi ai diritti di stazza che una nave deve pagare, prima di essere autorizzata dalle autorità doganali a lasciare un porto.

tonne: ***tonnellata metrica.*** È la tonnellata di mille chilogrammi, equivalente a 2204,6223 libbre avoirdupois o a 0,984 tonnellate inglesi. (v. anche *long ton, short ton*)

tonneau: ***tonnellata metrica.*** Variante ortografica, oggi non più in uso, di *tonne* (v.).

tonne-kilometre: ***tonnellata-chilometro.*** Nel linguaggio dei trasporti, è un'unità di misura corrispondente ad una tonnellata metrica trasportata su un percorso di un chilometro.

tons burden: ***tonnellate di portata.*** Il peso in tonnellate che una nave può trasportare. A tal fine, la tonnellata è considerata equivalente a quaranta piedi cubici, invece dei cento della tonnellata di stazza. (v. anche *tonnage, tonnage scale*)

tontine: ***tontina.*** È un'operazione finanziaria, ideata dal banchiere napoletano Lorenzo Tonti, dalla quale sono poi derivate le assicurazioni sulla vita. Il piano prevede che un certo numero di persone versi una determinata somma di denaro, in considerazione della quale viene concessa a ciascuno una rendita vitalizia. Quando uno dei sottoscrittori del piano muore, la sua quota viene suddivisa in parti uguali tra i sopravvissuti, finché l'ultimo sopravvissuto eredita l'intera somma. Questa operazione fu sperimentata più volte in Francia e in Inghilterra per la contrazione di debiti pubblici, con lo stato che fungeva da erede finale dell'intera somma capitale.

tontine period: ***periodo tontinario.*** V. spiegazione sotto *tontine policy.*

tontine policy: ***polizza tontinaria.*** Tipo di polizza di assicurazione sulla vita che prevede il pagamento di un dividendo da aggiungersi alla somma assicurata soltanto nel caso in cui l'assicurato sopravviva per un determinato numero di anni, di solito quindici o venti, chiamato periodo tontinario. Se egli muore prima che sia trascorso tale periodo, non avrà diritto ad alcun dividendo e la polizza non avrà alcun valore di riscatto per tutto il periodo tontinario. Nel caso si tratti di un'assicurazione mista, il dividendo sarà pagabile alla morte dell'assicurato, anche se questa si verifica prima dello scadere del periodo tontinario. (v. anche *bonus 2*)

tool: **1.** ***utensile; attrezzo.*** Qualsiasi strumento manuale che funga da ausilio nelle operazioni meccaniche, come ad esempio una sega, un martello e simili. **2.** ***macchina utensile.*** Qualsiasi tipo di macchina, generalmente leggera, mobile o situata in una posizione fissa, automatica o semiautomatica ed azionata ad energia elettrica, usata per operazioni diverse nel processo produttivo. Ne sono esempio la trapanatrice, la levigatrice, il tornio e simili.

Lo stesso termine viene a volte usato per indicare la lama, la punta o altro strumento tagliente che fa parte di una macchina utensile.

tool cost: ***costo degli utensili.*** Il costo relativo agli utensili generici sostenuto da un'impresa nell'arco di un determinato periodo di tempo. Può riferirsi al costo di acquisto di tali utensili o al costo sostenuto per la loro progettazione e fabbricazione all'interno dello stabilimento.

tooling: ***utensileria.*** L'insieme di utensili specialistici, o di qualsiasi altro attrezzo specifico, necessario in uno stabilimento per eseguire una particolare sequenza di operazioni relative alla fabbricazione di un prodotto.

tooling costs: ***costi di utensileria.*** I costi relativi all'approntamento dell'utensileria necessaria per la fabbricazione di un nuovo prodotto.

tool maker: ***utensilista.*** Operaio specializzato addetto alla fabbricazione o al montaggio degli utensili o attrezzi necessari in un'officina o in uno stabilimento.

tool of management: ***strumento di gestione.*** In questa espressione il termine *tool* è usato con significato figurato, per indicare genericamente una qualsiasi procedura o norma che contribuisce alla realizzazione di una particolare politica di gestione.

tool room: ***sala attrezzi; utensileria.*** In uno stabilimento o in una fabbrica è la sala nella quale vengono conservati gli attrezzi, che saranno consegnati a richiesta dei capi reparto.

top administration: ***alta dirigenza; alta direzione.*** Termine usato con lo stesso significato di *top management* (v.).

top administrator: ***alto dirigente.*** Termine usato con lo stesso significato di *top manager* (v.).

top executive: ***alto dirigente.*** Termine usato con lo stesso significato di *top manager* (v.).

top–flight executive: ***dirigente a alto livello; alto dirigente.*** Termine usato con lo stesso significato di *top manager* (v.).

top–grade stocks: ***azioni di primo grado.*** Nel linguaggio della borsa valori londinese, lo stesso che *alpha stocks* (v.).

top–hat pension: ***pensione di alta dirigenza.*** La pensione cui hanno diritto gli alti dirigenti di un'impresa. Sono particolari, in quanto i contributi, o i premi se si tratta di un programma basato su polizze di assicurazione, vengono pagati interamente dalla società che impiega i dirigenti.

top–hat policy: ***polizza di alta dirigenza.*** Polizza di assicurazione mista stipulata e pagata da una società a favore di un suo alto dirigente, allo scopo di garantirgli una pensione addizionale al momento in cui egli abbandonerà il servizio attivo.

Topic: Il sistema elettronico di comunicazione dei prezzi di mercato e altre informazioni, in funzione alla borsa valori londinese prima del *big bang* (v.). A seguito dell'installazione del nuovo sistema, il Topic è stato destinato a funzioni meno impegnative, ma altrettanto utili, quali ad esempio la comunicazione al mercato degli scambi effettuati in determinati titoli. (v. anche *Stock Exchange automated quotation system*)

top level: ***livello dirigenziale.*** Nel linguaggio dell'organizzazione aziendale, indica il livello di mansioni e responsabilità riservato ai dirigenti di un'impresa o altra organizzazione. Il termine viene usato in contrapposizione a *desk level* (v.).

top–level executive: ***alto dirigente; dirigente a alto livello.*** Termine usato con lo stesso significato di *top manager* (v.).

top man: ***dirigente.*** Una qualsiasi persona a capo di un ufficio, di un reparto o di una struttura che fa parte di una più complessa organizzazione.

top management: ***alta dirigenza; alta direzione.*** Il gruppo di persone che costituiscono il livello direzionale più alto all'interno di un'impresa o altra organizzazione. Sono di solito i capi dei vari reparti dell'impresa, coordinati da quello fra loro che svolge le funzioni di presidente del gruppo e tiene il collegamento con il consiglio di amministrazione.

top manager: ***alto dirigente.*** Qualsiasi dirigente che faccia parte dell'alta direzione. (v. anche *top management*)

top marginal rate: ***aliquota marginale massima.*** L'aliquota d'imposta sul reddito più alta prevista in un sistema tributario. Può differire dalla *marginal rate* (v.), in quanto quest'ultima è quella cui è soggetto un singolo contribuente in base al suo reddito, mentre la *top marginal rate* potrebbe anche non essere applicata ad alcun contribuente, se nessuno raggiunge il reddito soggetto a tale aliquota.

top official: ***alto funzionario.*** Termine usato con lo stesso significato di *top manager* (v.).

top position: ***posizione dirigenziale.*** La posizione di vertice all'interno di una qualsiasi organizzazione o di una delle strutture che costituiscono un'organizzazione.

top price: ***prezzo di aggiudicazione.*** Il prezzo più alto offerto a una vendita all'asta, che diventa automaticamente il prezzo di aggiudicazione.

top–quality product: ***prodotto di altissima qualità.*** Il termine si definisce da solo e viene usato soltanto per quei prodotti che effettivamente raggiungono un altissimo livello qualitativo.

top rate: ***tasso d'interesse massimo; tasso attivo massimo.*** Il più alto tasso di interesse attivo che le banche praticano a clienti normali, quelli cioè non sufficientemente importanti da avere diritto al tasso primario. (v. anche *prime rate*)

Torrens Act: Legge, approvata dal parlamento britannico nel 1869, che diede agli enti locali l'autorità di procedere alla demolizione dei bassifondi alla periferia e nei centri delle grandi città.

total account: ***conto di assestamento; conto di riepilogo.*** Termine usato con lo stesso significato di *adjustment account* (v.).

total amount: ***totale; somma totale.*** È il risultato dell'operazione di addizione e, come tale, è sinonimo di somma.

total assets: ***attività totali.*** Il complesso delle attività impiegate da una qualsiasi impresa.

total asset turnover: ***indice delle attività totali; tasso delle attività totali.*** Il rapporto che si ricava dividendo il valore delle attività totali per il valore del fatturato di un'impresa. Più propriamente, il termine inglese indica il rapporto che si ricava dividendo il valore delle attività operative totali per il valore del fatturato, in quanto le attività destinate a investimenti non operativi non influiscono sul volume del fatturato, bensì producono un reddito indipendente.

total benefit: ***beneficio totale; beneficio complessivo.*** Termine usato da A. Marshall nella sua Teoria dei monopoli per indicare la somma dei benefici derivanti al consumatore e al monopolista, sotto forma di rendita del consumatore e di utili di monopolio, dalla vendita del bene di monopolio.

total breach: ***inadempimento totale.*** Si verifica l'inadempimento totale quando una delle parti di un contratto non adempie, o dimostra di non avere intenzione di adempiere, neanche in minima parte alle obbligazioni che le derivano dal contratto. In tale caso, la parte danneggiata ha il diritto di considerare sciolto il contratto ed astenersi dall'adempiere alla propria obbligazione o può, in alternativa, citare per danni la parte inadempiente.

total capital: ***capitale totale.*** Per una banca, è rappresentato dal *primary capital* (v.), più tutti i crediti non in sofferenza.

total capitalization: ***capitalizzazione totale.*** La struttura del capitale di una società, inclusi i debiti a lunga scadenza e tutti i tipi di azioni emesse.

total cost: ***costo totale; costo complessivo.*** La somma totale dei costi fissi e variabili di un'impresa, sostenuti per ottenere un particolare livello di produzione. Poiché i costi variabili crescono col crescere della quantità di un bene o servizio prodotta da un'impresa, anche il costo totale deve aumentare se l'impresa realizza un maggior volume di produzione.

total cost curve: ***curva del costo complessivo.*** Se in un sistema di coordinate cartesiane poniamo i costi complessivi sull'asse delle Y e il volume di produzione sull'asse delle X, la curva del costo complessivo parte dall'origine degli assi e indica i costi totali necessari per realizzare diversi volumi di produzione. La curva avrà inizio sull'asse delle Y in un punto al di sopra dell'origine dei due assi corrispondente all'ammontare dei costi fissi e procederà come linea retta volta verso l'alto se i costi unitari variabili sono costanti, per aumentare l'inclinazione quando si supera il volume di massima efficienza di un qualsiasi dato stabilimento.

total currency flow: ***flusso totale di valuta.*** Termine usato con lo stesso significato di *balance of payments* (v.).

total demand: ***domanda totale; domanda di scheda.*** Termine usato con lo stesso significato di *schedule demand* (v.).

total disability: ***invalidità totale.*** Termine usato con lo stesso significato di *total inability* (v.).

total domestic expenditure: ***spesa interna totale.*** La spesa complessiva destinata all'acquisto di prodotti finiti e servizi da parte dei residenti di un paese.

total equity: ***capitale netto; patrimonio netto; capitale proprio.*** Termine usato con lo stesso significato di *net worth* (v.).

total expense: ***spesa totale.*** È una spesa che include tutto.

total factor productivity: ***produttività totale dei fattori.*** La produttività, complessivamente intesa, di tutti i fattori della produzione e non di uno soltanto di loro, qual è ad esempio la produttività del lavoro. Il termine viene spesso usato per indicare la media ponderata della produttività del lavoro e del capitale. (v. anche *multifactor productivity, productivity of capital stock, productivity of labour*)

total inability: ***inabilità totale.*** Nel linguaggio delle assicurazioni, è l'inabilità assoluta a compiere un qualsiasi tipo di lavoro.

total income: ***reddito totale.*** Nella terminologia keynesiana, indica il reddito derivante dal volume di occupazione fornito dall'imprenditore ed è costituito dalla somma del costo dei fattori e del profitto dell'imprenditore.

total invalidity: ***invalidità totale.*** Nel linguaggio delle assicurazioni, è la completa impossibilità di un individuo a conseguire un guadagno mediante lo svolgimento di un qualsiasi tipo di attività lavorativa.

total investment: ***investimenti complessivi; investimento totale.*** Nel linguaggio keynesiano, questo termine indica la somma degli investimenti realizzati all'interno di un paese e dei prestiti all'estero, i quali ultimi danno luogo a incrementi di capitale nazionale situato all'estero.

totalitarian state: ***stato totalitario.*** Termine generico, con il quale si indica un paese nel quale l'attività economica, oltre alle altre attività politiche e sociali, è controllata completamente dallo stato. Il termine può usarsi in relazione sia ad uno stato comunista che ad uno stato fascista.

total loss: ***perdita totale.*** Nelle assicurazioni marittime, la perdita totale del bene assicurato può essere assoluta o relativa. Si verifica la perdita totale assoluta quando la nave o il carico sono completamente distrutti ovvero sono danneggiati a tal punto da non poter raggiungere la propria destinazione. Si verifica la perdita totale relativa o presunta quando l'oggetto assicurato viene abbandonato in quanto appare inevitabile la perdita totale assoluta o perché non potrebbe essere salvato senza sostenere una spesa superiore al valore della cosa assicurata. (v. anche *actual total loss, constructive total loss*)

total outlay curve: ***linea del bilancio; linea di trasformazione; linea delle possibilità di consumo; linea di consumo; linea delle possibilità di produzione.*** Termine usato con lo stesso significato di *budget line* (v.).

total output: ***produzione totale.*** L'insieme costituito dalla produzione disponibile e dalla produzione non disponibile, cioè la produzione corrente di una comunità. (v. anche *available output, non–available output*)

total output curve: ***curva di produzione totale.*** Se in una qualsiasi combinazione dei fattori della produzione se ne tengono alcuni fissi e si consente che la quantità fisica di uno o più di tali fattori vari, la curva di produzione totale indicherà i volumi di produzione in unità fisiche quale risultato delle variazioni di quantità del o dei fattori variabili. Con le unità di produzione sull'asse delle Y e le dosi del fattore variabile sull'asse delle X, la curva di produzione totale salirà ad un ritmo più rapido, raggiungerà un apice e poi declinerà, a causa dell'uso meno efficiente prima, dell'uso efficiente poi e infine dell'uso inefficiente del fattore fisso della produzione.

total personal income: ***reddito personale complessivo.*** Reddito complessivo percepito dai lavoratori di una regione o di un paese. Corrisponde alla somma dei pagamenti sotto forma di stipendi e salari, altri redditi di lavoro, redditi degli imprenditori (queste tre sono dette componenti industriali), redditi costituiti da interessi e dividendi percepiti da persone fisiche, redditi costituiti da canoni di locazione percepiti da persone fisiche, e trasferimenti. Da questo totale vanno sottratti i contributi personali alle assicurazioni sociali.

total print tolerance: ***tolleranza totale.*** Espressione usata con lo stesso significato di *total tolerance* (v.).

total product: ***prodotto totale.*** Significa esattamente ciò che dicono le due parole: la quantità totale prodotta durante un dato periodo di tempo da tutti i fattori della produzione impiegati in quel dato periodo. La funzione della produzione riassume la relazione tra input e output. Se gli input di tutti i fattori tranne uno vengono mantenuti costanti, il prodotto totale varierà in base alla quantità usata del fattore variabile.

total remuneration: ***remunerazione complessiva.*** Questo termine in senso lato indica l'insieme del salario e di tutti i benefici accessori che riceve un lavoratore, mentre in un senso più limitato indica soltanto la remunerazione monetaria complessiva che egli riceve.

total return: ***rendimento totale; rendimento globale; rendimento complessivo.*** In relazione a un valore azionario, è costituito dall'incremento di valore dell'azione (plusvalenza) più i dividendi percepiti nell'arco di tempo durante il quale si tiene in essere l'investimento.

total revenue: ***ricavo totale.*** Le entrate totali di un'impresa, derivanti dalla vendita completa di una particolare quantità di prodotto.

total revenue curve: ***curva del ricavo totale.*** Se in un sistema di coordinate cartesiane poniamo il ricavo totale sull'asse delle Y e le quantità del bene venduto sull'asse delle X, la curva del ricavo totale ha inizio dal punto di origine degli assi e indica le entrate totali derivanti dalle diverse quantità di prodotto vendute. Se il prezzo di vendita unitario è costante, la curva del ricavo totale corrisponderà ad una linea retta che punta verso l'alto formando un angolo, ma se il prezzo di vendita per quantità sempre più grandi è più basso, la curva si allontanerà dall'asse delle Y.

total sales: ***fatturato globale.*** È il fatturato di un'impresa, relativo alla vendita di tutti i beni o servizi da essa prodotti.

total supply: ***offerta totale; offerta di scheda.*** Termine usato con lo stesso significato di *schedule supply* (v.).

total tolerance: ***tolleranza totale.*** Nel controllo statistico della qualità, indica la differenza tra limite superiore e limite inferiore indicati in un capitolato o altro documento o procedura equivalenti.

total unit cost: ***costo unitario totale; costo totale di produzione medio.*** Lo stesso che *average cost* (v.).

total utility: ***utilità totale; utilità assoluta.*** Si indica con questa espressione la somma dell'utilità derivante da tutte le singole unità che costituiscono la quantità complessiva di un bene o servizio a disposizione di un consumatore. Poiché tale quantità complessiva è soggetta alla legge dell'utilità decrescente, secondo la quale ogni successiva unità di un dato bene possiede per il consumatore un grado di utilità inferiore a quello posseduto dall'unità precedente, se supponiamo che la quantità totale di un bene a disposizione di un consumatore consista di sei unità ed assegnamo a ciascuna di loro un numero decrescente da sei a uno, l'utilità totale che il consumatore trae da quel bene sarà costituita da 6 + 5 + 4 + 3 + 2 + 1 = 21. A volte, tuttavia, il termine viene definito come l'utilità marginale moltiplicata per il numero di unità che costituiscono la quantità totale a disposizione del consumatore. Seguendo questa seconda definizione, l'utilità totale dell'esempio sopra riportato sarebbe sei (numero delle unità) moltiplicato per uno (utilità marginale) e cioè sei.

total weight: ***peso totale; peso complessivo.*** Il peso globale di più partite che costituiscono un'unica fornitura, o il peso globale costituito da peso netto e tara e, quindi, il peso lordo di un unico collo o di un'unica partita di merci.

tote bin: ***bidone da trasporto.*** Tipo di bidone, in alluminio pesante, usato dalle ferrovie britanniche per il trasporto di merci liquide o granulari. Il bidone è stagno all'aria, all'acqua e alla polvere e si presenta in tre dimensioni standardizzate tali da alloggiare perfettamente in batteria sui vagoni merci. I beni da essere trasportati vengono posti nei bidoni al domicilio del mittente, prelevati a mezzo di veicoli delle ferrovie e portati alle stazioni di partenza. Alle stazioni di arrivo essi compiono il tragitto inverso e si realizza così il servizio da porta a porta. I bidoni possono essere acquistati o noleggiati dall'utente e il loro peso non viene calcolato ai fini della determinazione della tariffa di trasporto.

tote system: È il sistema di trasporto merci usato dalle ferrovie britanniche e basato sul *tote bin* (v.).

Totten trust: Tipo di fedecommesso, che consiste di un conto bancario a risparmio, creato senza alcuna formalità mediante il deposito di denaro a favore di un terzo. Prende il nome da una sentenza della corte di New York, che ritenne tale azione sufficiente a costituire un regolare fedecommesso.

touch: Termine del gergo borsistico londinese, usato per indicare la differenza tra le migliori quotazioni (denaro e lettera) pubblicate da un *market maker* (v.).

touch and stay: Espressione statunitense usata in contratti di assicurazione marittima per indicare che l'assicurato è autorizzato a fermarsi e trattenersi in certi punti determinati lungo l'itinerario del viaggio, ma non a svolgere altri atti non espressamente indicati. Così, una nave può essere autorizzata a fare scalo e trattenersi in un porto, ma non a effettuare operazioni di caricazione e discarica che, se effettuate senza l'esplicita autorizzazione, corrispondono a una specie di *deviation* (v.).

touched bill of health: ***patente di sanità sospetta.*** Termine usato con lo stesso significato di *suspected bill of health* (v.).

tourism: ***turismo.*** È una delle partite invisibili della bilancia dei pagamenti, che in questi ultimi tempi è andata assumendo un'importanza sempre maggiore. Per alcuni paesi rappresenta una grossa partita debitrice, ma per altri, tra i quali l'Italia, rappresenta una notevole fonte di valuta estera.

tourist expenditures: ***spese turistiche.*** È il termine con il quale si indicano le spese di turisti, attive o passive, in una bilancia dei pagamenti. Oltre alle spese propriamente turistiche, includono anche le spese sostenute dai cittadini di un paese per viaggi d'affari o di studio in altre nazioni.

tourist receipts: ***entrate turistiche.*** Le spese di turisti stranieri in un qualsiasi paese che, nella bilancia dei pagamenti, sono considerate come esportazioni.

tourist visa: ***visto turistico.*** Permesso d'ingresso in un paese a scopi essenzialmente turistici e non per lunghi soggiorni o per lavoro.

towage: ***diritti di rimorchio; spese di rimorchio; rimorchio.*** Il termine inglese indica sia l'azione di rimorchiare una nave, sia le spese che deve pagare la nave che viene rimorchiata. In alcuni tipi di canali, specialmente in passato, le navi venivano rimorchiate da terra, mediante una locomotiva o altro mezzo che correva parallelamente al canale.

towage dues: ***diritti di rimorchio; spese di rimorchio.*** Termine usato più propriamente, con lo stesso significato di *towage* (v.).

Town and Country Planning Act: Una qualsiasi delle varie leggi approvate dal parlamento britannico allo scopo di pianificare lo sviluppo urbano e industriale, preservando le caratteristiche paesaggistiche e ambientali del territorio. Tra queste leggi, fu particolarmente importante quella approvata nel 1947, basata su un'altra legge parlamentare del 1932. Essa autorizzava gli enti locali a procedere alla pianificazione degli insediamenti sul territorio, ma limitò gli insediamenti industriali, che furono assoggettati al rilascio di un'apposita autorizzazione, e creò le cosiddette «cinture verdi» allo scopo di separare gli agglomerati industriali.

town bill: ***cambiale su piazza.*** Termine usato con lo stesso significato di *local bill* (v.).

town clearing: ***compensazione londinese.*** La compensazione di assegni e altri titoli di credito emessi o pagabili sulla piazza di Londra. Si tiene una compensazione antimeridiana e una pomeridiana: la prima riguarda i titoli di credito per un importo inferiore alle cinquecento sterline ricevuti dalle banche il giorno precedente; la seconda tratta i titoli di credito di importo superiore alle cinquecento sterline, ricevuti dalle banche nel corso della stessa giornata. Tutti gli assegni o altri titoli di credito, emessi su piazze diverse da quella di Londra, vengono compensati nella cosiddetta compensazione generale. (v. anche *general clearing*)

town duty: ***dazio comunale.*** Tipo di dazio, ormai abolito quasi dovunque, che colpiva i beni nel momento in cui essi entravano nella cinta daziaria di una città o di un comune.

town market: ***mercato urbano.*** Mercato situato all'interno di una città, nel quale si trattano al dettaglio principalmente generi alimentari e altri beni di consumo non durevoli.

Townsend plan: ***piano Townsend.*** Piano che prese il nome dal dottor Francis E. Townsend, che lo propose durante gli anni della grande depressione. Prevedeva il pagamento di una pensione, a carico dello stato, di duecento dollari al mese a tutti i cittadini di età superiore ai sessanta anni. Ciò avrebbe contribuito, secondo i sostenitori del piano, a stimolare la domanda interna di beni e servizi e ad accelerare una generale ripresa dell'economia statunitense.

town tax: ***imposta comunale.*** Il termine inglese, di uso statunitense, indica un qualsiasi tributo che può essere imposto da una suddivisione amministrativa di una contea, chiamata appunto *town*, per far fronte alle proprie spese particolari. Il termine viene usato per distinguere questo tipo di imposta da quelle di contea o di stato.

t.q.: tel quel.

T.Q.: tel quel.

T.R.: tons registered.

traceable cost: ***costo diretto.*** Termine usato con lo stesso significato di *direct cost* (v.).

tracer: ***cartellino di archivio.*** Termine usato con lo stesso significato di *out–guide* (v.).

trackage right: Nel linguaggio statunitense dei trasporti, è il diritto concesso ad una società ferroviaria di far viaggiare i propri treni sulla linea ferrata di proprietà di un'altra società ferroviaria.

tradable commodities: ***beni scambiabili.*** Lo stesso che *tradables* (v.) nel significato più ristretto di quest'ultimo termine.

tradables: ***beni e servizi scambiabili.*** Beni e/o servizi che possono essere scambiati tra paesi, in base ad accordi di commercio internazionale. In un significato più ristretto, il termine inglese, contrapposto a *non–tradables*, indica i beni oggetto di scambio, con l'esclusione dei servizi.

to trade: ***commerciare; scambiare; barattare.*** L'azione tramite la quale una determinata quantità di beni viene data in cambio di una determinata quantità di uno o più altri beni. Il bene dato in cambio può essere moneta, nel qual caso il termine italiano corrispondente può essere sia commerciare che scambiare, oppure può essere un altro bene diverso dalla moneta, nel qual caso il termine italiano più proprio è barattare o anche scambiare.

trade: 1. ***commercio; scambio; traffico.*** Il termine inglese indica quasi sempre la compravendita di beni o servizi, pur se talvolta può usarsi anche con riferimento a operazioni di scambio di merce per merce, ovvero al baratto. È implicito nel termine che le operazioni di compravendita o di scambio vengano fatte con l'intenzione di trarre da esse un utile. Il termine viene anche usato per indicare una delle due principali suddivisioni del commercio (*commerce*), cioè quella appunto che si occupa degli scambi, per distinguerla dalle attività ancillari del commercio, quali i trasporti, le assicurazioni, il credito, ecc. Lo scambio viene di solito suddiviso in commercio interno e internazionale, che a loro volta possono essere rispettivamente suddivisi in commercio al dettaglio e all'ingrosso e in commercio di importazione e di esportazione. Lo stesso termine viene anche usato per indicare l'insieme delle persone o delle organizzazioni che svolgono una determinata attività commerciale relativa allo stesso tipo di beni o servizi. **2.** ***mestiere; occupazione; attività.*** Un qualsiasi mestiere che richiede una notevole dose di specializzazione o di abilità e che pertanto deve essere appreso attraverso un periodo di apprendistato. In senso più ampio e generico, indica una qualsiasi attività commerciale o professionale svolta da un individuo ed anche tutte le persone che svolgono la stessa particolare attività economica.

tradeable amount: ***quantità trattabile.*** La quantità minima di un bene, che può essere oggetto di contrattazione in un qualsiasi mercato.

trade acceptance: ***accettazione commerciale.*** Una cambiale a tempo sottoscritta, cioè accettata, dal compratore di una partita di merci, che così si impegna a pagare, in una data futura stabilita, l'importo della cambiale corrispondente al prezzo di vendita della partita da lui acquistata. Scopo dell'accettazione commerciale è quello di mettere in forma negoziabile un conto aperto di breve durata, ma per essere ammesso allo sconto questo tipo di titolo di credito deve, in alcuni paesi, contenere l'esplicita dichiarazione dell'accettante che la sua obbligazione deriva dall'acquisto di merci vendutegli dal traente.

trade acceptances payable: ***accettazioni commerciali passive.*** Nel linguaggio della contabilità, sono le accettazioni commerciali che rappresentano, per l'impresa in questione, un debito a favore di un fornitore, pagabile in data futura.

trade acceptances receivable: ***accettazioni commerciali attive.*** Nel linguaggio della contabilità, sono le accettazioni commerciali che rappresentano, per l'impresa in questione, un credito concesso ad un cliente ed esigibile in data futura, a meno che si proceda allo sconto.

trade–account deficit: ***deficit commerciale.*** Termine usato con lo stesso significato di *passive trade balance* (v.).

trade account payable: ***conto passivo di credito mercantile; conto passivo di fornitura.*** Nel linguaggio della contabilità, è una passività in conto corrente derivante dall'acquisto di beni o servizi nel corso del normale svolgimento di un'attività commerciale.

trade account receivable: ***conto attivo di credito mercantile; conto attivo di fornitura.*** Nel linguaggio della contabilità, è una somma di denaro di cui un cliente è debitore a seguito di un acquisto di beni o servizi da lui eseguito nel corso del normale svolgimento di un'attività commerciale.

trade accounts: ***conti commerciali.*** Lo stesso che *balance of trade* (v.).

trade–account surplus: ***eccedenza commerciale.*** Termine usato con lo stesso significato di *favourable balance of trade* (v.).

Trade Adjustment Assistance program: Programma di assistenza sociale in uso negli Stati Uniti, che prevede il pagamento di indennità ai lavoratori che perdono il posto di lavoro quando le importazioni da paesi esteri riducono i mercati dei vari prodotti americani, causando la chiusura di impianti produttivi e il licenziamento degli addetti. Lo scopo del programma è quello di aiutare i lavoratori a trovare occupazione nei settori in espansione dell'economia americana, ma poiché queste indennità vengono corrisposte in aggiunta alla normale indennità di disoccupazione, si verifica l'assurdo che ricevono sussidi più alti coloro che perdono il posto a causa della concorrenza estera e sussidi più bassi coloro che perdono il posto a causa della concorrenza interna.

trade advertising: ***pubblicità di categoria.*** La pubblicità rivolta essenzialmente o principalmente ai rivenditori di determinati beni, che pertanto compare per lo più nelle pubblicazioni di categoria.

trade agreement: 1. ***accordo commerciale.*** Termine usato con lo stesso significato di *commercial treaty* (v.). **2.** ***contratto di lavoro.*** Termine a volte usato con lo stesso significato di *labour contract* (v.).

Trade Agreements Act: Legge sugli accordi commerciali, approvata dal Congresso degli Stati Uniti nel 1934. È importante in quanto, emendando il *Hawley–Smoot Tariff Act* del 1930, dava al Presidente l'autorità di negoziare accordi commerciali con paesi stranieri riducendo fino al cinquanta per cento i dazi di importazione statunitensi in cambio di appropriate concessioni commerciali da parte dell'altro o degli altri paesi. (v. anche *peril point, Trade Expansion Act*)

trade allowance: ***sconto mercantile; sconto commerciale.*** Termine usato con lo stesso significato di *trade discount* (v.).

trade and commerce: Usate insieme, queste parole acquistano un significato tanto ampio da includere praticamente qualsiasi forma di attività da cui un individuo ricava le risorse per la propria esistenza.

trade area: ***zona commerciale.*** Area geografica entro la quale si svolge un determinato commercio.

trade association: ***associazione commerciale; associazione professionale; associazione di categoria.*** Una qualsiasi associazione senza fini di lucro, costituita allo scopo di tutelare gli interessi comuni dei partecipanti, di solito commercianti o imprenditori industriali, che operano nello stesso tipo di attività. Una tale associazione può essere a carattere locale o su scala nazionale e i suoi scopi fondamentali sono: raccogliere dati statistici che interessano la particolare attività; formulare schemi di controllo tipo; provvedere alla circolazione di informazioni tra i membri; studiare e risolvere i problemi del settore, segnalando agli appositi organi governativi le iniziative atte a sostenere il settore e prendendo parte a commissioni pubbliche che possono interessare il settore; tenere gli albi professionali; accertare, su richiesta degli interessati, la qualità di merci contrattate, rilasciando i regolari certificati. Si tratta, quindi, di organismi che tendono a favorire l'attività commerciale, anche se a volte e in certi paesi si dimostrano alquanto settoriali e parziali.

trade balance: 1. ***bilancia commerciale.*** Termine usato in alternativa a *balance of trade* (v.). **2.** ***saldo commerciale; saldo dell'interscambio commerciale.*** La differenza, positiva o negativa, tra esportazioni e importazioni di un paese. Se la differenza risulta negativa (cioè, il valore delle esportazioni è inferiore a quello delle importazioni) si parla di deficit o disavanzo commerciale (v. *passive trade balance*); se, invece, la differenza risulta positiva, si parla di eccedenza o avanzo commerciale (v. *favourable balance of trade*).

trade bargain: ***accordo commerciale.*** Lo stesso che *commercial treaty* (v.).

trade barrier: ***barriera commerciale; barriera al libero scambio.*** Un qualsiasi regolamento o una qualsiasi disposizione che interferisca col libero scambio di beni e servizi tra paesi esteri e impedisca il libero funzionamento del principio dei costi comparati. Le più comuni barriere commerciali sono rappresentate dai dazi e dai contingentamenti di importazione, ma spesso si usano allo stesso fine il controllo internazionale dei cambi, i regolamenti sanitari, le licenze di importazione e i depositi infruttiferi a fronte di importazioni.

trade bill: ***cambiale commerciale.*** Una cambiale emessa in relazione ad un'effettiva operazione commerciale di compravendita. Nel Regno Unito, le cambiali commerciali vengono di solito scontate presso le banche, invece che presso le case di sconto, a tassi di sconto che variano a seconda del nome del trattario. Quando una cambiale commerciale viene accettata dal trattario, essa diventa un'accettazione commerciale. Il termine inglese è usato per distinguere questo tipo di cambiale dalle cambiali di comodo o dalle cambiali bancarie. (v. anche *accommodation bill, bank bill, trade acceptance*)

trade bloc: ***blocco commerciale.*** È costituito da due o più paesi che adottano una politica comune in materia di tariffe doganali e altri regolamenti commerciali nei confronti di paesi terzi. A volte il blocco commerciale si costituisce su basi informali, altre volte nasce a seguito di un particolare trattato. L'area della sterlina è un esempio del primo tipo, mentre un esempio del secondo tipo di blocco commerciale è rappresentato dalla Comunità Economica Europea.

Trade Boards Act: Legge, approvata dal parlamento britannico nel 1909, che stabiliva dei minimi salariali per i lavoratori di certi settori commerciali, industriali e artigianali nei quali i salari si trovavano a livelli estremamente bassi.

trade capital: ***capitale di esercizio; capitale fisso e circolante.*** Espressione generica con la quale si indica il capitale usato da un'impresa, comprendente le attività fisse e il capitale circolante.

trade centre: ***centro commerciale.*** Un qualsiasi punto, sia esso una città o una sua parte, in cui è possibile concludere operazioni di compravendita. (v. anche *shopping centre*)

trade commissioner: ***sovrintendente commerciale.*** Funzionario preposto dal governo britannico ad agevolare gli scambi commerciali tra operatori britannici e operatori del paese nel quale egli risiede. Tra i suoi compiti rientrano quello di preparare e diffondere relazioni sulle condizioni commerciali del paese estero, sulle leggi valutarie e fiscali, sulle norme che regolano le importazioni, sulle opportunità di investimento e simili.

trade counter: ***reparto piccole forniture.*** Nel deposito o stabilimento di un grossista, è il reparto presso il quale i rivenditori al dettaglio possono acquistare piccole forniture per consegna immediata.

trade creation: ***creazione di traffici.*** È una delle conseguenze positive di un qualsiasi accordo commerciale internazionale o di un'unione doganale.

trade credit: 1. ***credito di fornitura; credito mercantile.*** È il credito concesso da un commerciante ad un altro commerciante. Può essere concesso dal fornitore di materie prime ad un industriale, da un produttore ad un grossista o da quest'ultimo ad un dettagliante. Il credito mercantile può essere basato sull'emissione di cambiali o altri titoli di credito negoziabili o può basarsi sulla dilazione nel tempo del pagamento dovuto per la fornitura. Il commerciante che concede un credito di fornitura rinuncia all'uso della relativa moneta per il periodo del credito e pertanto esso, a differenza del credito bancario, non contribuisce a far aumentare il potere di acquisto. Tuttavia, rappresenta un'importante fonte di finanziamento a breve termine ed assume particolare rilevanza in periodi di strette creditizie in quanto, a differenza del credito bancario, non rientra sotto il controllo diretto delle autorità monetarie. Lo stesso termine inglese viene usato per indicare il credito al commercio internazionale, che viene concesso o come *buyer credit* (v.) o come *supplier credit* (v.). **2. *credito di banco.*** In questo significato, il termine inglese è usato come sinonimo di *book credit* (v.).

trade creditor: *creditore per fornitura; creditore per merci fornite.* Nel linguaggio della contabilità, è il commerciante che ha concesso un credito di fornitura che non ha ancora incassato. (v. anche *trade credit*)

trade customs: *prassi commerciale; consuetudini commerciali.* Un qualsiasi uso seguito da molto tempo diventa una prassi o consuetudine e, se è valida, essa assume la forza di una legge. Col termine prassi commerciale, pertanto, si indica una serie di consuetudini di un particolare commercio o mercato oppure le consuetudini generali che regolano la condotta degli operatori di un qualsiasi commercio o mercato. Infatti, le consuetudini possono essere generali, nel qual caso sono accettate e praticate in tutto il paese; particolari, quando si applicano a determinati settori di attività; e locali, quando esse sono valide e rispettate soltanto in determinate località.

trade cycle: *ciclo economico.* Nel linguaggio dell'economia, si indicano con questo termine i cambiamenti ciclici che hanno luogo, nel corso degli anni, nel livello di attività e nelle condizioni economiche di un singolo paese o del mondo in generale. Un tipico ciclo economico si fa consistere di quattro fasi principali, chiamate prosperità o boom, crisi, depressione e ripresa, ma ciascuna di queste fasi può a sua volta essere suddivisa in sottofasi, più o meno accettate dagli economisti. I cicli economici cominciarono ad essere osservati verso la fine del diciottesimo secolo, ma possono farsi risalire ancora più indietro nel tempo. Da un punto di vista teorico, gli economisti non sembrano essere d'accordo sulla natura e sulle cause del ciclo economico, tanto è vero che esistono molte teorie che tentano di spiegarlo in diversa maniera. Anche sulla durata non si è d'accordo: c'è chi sostiene che il ciclo economico abbia una durata normale tra i cinque e gli undici anni e c'è chi, invece, ha ipotizzato periodi più brevi o più lunghi, come quelli del cosiddetto ciclo di Kondratieff, oscillante tra i cinquanta e i sessanta anni, del ciclo di Kitchin, della durata di circa quaranta mesi, e del ciclo di Spiethoff, della durata oscillante tra i venti e i trenta anni. (v. anche *prosperity, crisis, depression, economic recovery, causes of the trade cycle*)

trade cycle theory: *teoria del ciclo economico.* Una qualsiasi delle teorie che tentano di spiegare il ciclo economico. (v. anche *astronomical theory of the trade cycle, credit theory of the trade cycle, endogenous theory of the trade cycle, exogenous theory of the trade cycle, innovation theory of the trade cycle, monetary theory of the trade cycle, over-investment theory of the trade cycle, psychological theory of the trade cycle, weather theory of the trade cycle*)

trade date: *data di contrattazione.* Il giorno in cui viene concluso un accordo di compravendita. Il giorno in cui esso viene liquidato può essere lo stesso, ma generalmente è un altro giorno successivo.

trade debt: *debito commerciale.* Il debito derivante dall'accordo che concede al consumatore dilazioni di pagamento dei beni o servizi ricevuti.

trade debtor: *debitore per fornitura; debitore per merci fornite.* Nel linguaggio della contabilità, è il commerciante che ha ricevuto un credito di fornitura che non ha ancora saldato. (v. anche *trade credit*)

trade deficit: *deficit commerciale; disavanzo commerciale; deficit della bilancia commerciale.* Termine usato con lo stesso significato di *passive trade balance* (v.).

trade depression: *depressione commerciale.* Fase di pesante calo delle esportazioni di un paese e di scarsa attività commerciale sui mercati interni.

trade description: *descrizione commerciale.* Il termine inglese viene usato per indicare una qualsiasi descrizione, dichiarazione, indicazione, cifra, parola, marchio, ecc., riferiti a: a) numero, quantità, dimensioni, misura o peso di un qualsiasi bene; b) standard di qualità di una qualsiasi merce; c) utilizzazione, resistenza, affidabilità o rendimento di un qualsiasi prodotto; d) nazione o luogo in cui il bene fu prodotto; e) metodo di fabbricazione o di produzione di un bene o di una merce; f) materiali di cui un prodotto è costituito; g) brevetti o altri diritti di privativa di cui può essere oggetto il prodotto. Fino al 1968, le descrizioni commerciali erano regolate nel Regno Unito dai *Merchandise Marks Acts* (v.) del 1887 e del 1953.

Trade Descriptions Act: Legge, approvata dal parlamento britannico nel 1968, che sostituì i *Merchandise Marks Acts* (v.) del 1887 e del 1953, con l'intento di proteggere i consumatori contro descrizioni false o fraudolente. Tra l'altro, la legge vietava le descrizioni false relative a beni, servizi e prezzi, stabilendo pene amministrative e detentive per i trasgressori.

trade directory: *guida commerciale.* Guida nella quale i nomi e le indicazioni relativi alle varie imprese vengono ordinati e raggruppati secondo l'attività che esse svolgono e le stesse attività vengono ordinate e raggruppate secondo l'industria cui esse fanno capo.

trade discount: *sconto mercantile; sconto commerciale.* Lo sconto concesso da un produttore ad un grossista o da quest'ultimo ad un dettagliante sul prezzo di listino di un prodotto, cioè il prezzo che il consumatore finale dovrà pagare per quel prodotto. Lo sconto mercantile è indipendente dallo sconto per pagamento in contanti, tanto è vero che viene spesso definito come lo sconto superiore al due per cento, senza riferimento alla data di pagamento. La pratica dello sconto mercantile sui prezzi di listino è utile soprattutto nei settori commerciali nei quali i prezzi sono soggetti a frequenti fluttuazioni, in quanto i produttori invece di stampare e diffondere un nuovo listino prezzi, si limitano a comunicare ai propri clienti la variazione del tasso di sconto mercantile. Spesso lo sconto mercantile rappresenta la semplice differenza tra prezzo di acquisto e prezzo di vendita del grossista o del dettagliante, corrispondendo in tal caso al suo ricarico.

trade discrimination: *discriminazione commerciale.* Una qualsiasi politica commerciale che tende a spostare o ridurre gli scambi internazionali con conseguente spostamento della produzione tra diversi paesi, in maniera tale che i compratori non possono più approvvigionarsi sui mercati più economici. La discriminazione commerciale può essere praticata da un paese espressamente allo scopo di influenzare il livello dei prezzi mondiali, in modo tale che i vantaggi commerciali vengano ridistribuiti in suo favore, ma più spesso è praticata nel tentativo di correggere temporanei saldi negativi della bilancia dei pagamenti di un paese con il minimo di interferenza sull'occupazione, sul reddito e sui prezzi interni. Tra le pratiche commerciali discriminanti rientrano le tariffe doganali, i controlli dei cambi, i contingentamenti e le licenze di importazione e gli accordi bilaterali.

trade dispute: 1. *vertenza sindacale; controversia di lavoro.* Qualsiasi vertenza o divergenza tra lavoratori e datori di lavoro, in relazione a salari, orari e condizioni di lavoro, livelli di occupazione o altro. **2. *disputa commerciale; controversia commerciale.*** Contesa tra due paesi in materia di scambi commerciali. Il termine si usa principalmente in relazione a screzi derivanti dall'adozione di misure restrittive delle importazioni da parte di un paese, cui fanno seguito le rimostranze del paese o dei paesi interessati, accompagnate da minacce di ritorsione. Se non risolta in tempo, una disputa commerciale può facilmente sfociare in una guerra commerciale. (v. anche *trade war*)

Trade Disputes Act: Termine con il quale si indicano due leggi approvate dal parlamento britannico nel 1906 e nel 1927, quest'ultima abrogata nel 1946. La prima stabiliva la non perseguibilità dei sindacati, da parte dei datori di lavoro, in caso di rottura di contratto conseguente alla impossibilità di consegnare i prodotti a seguito di uno sciopero, ma fu posta in discussione da una decisione che la Camera dei Lords prese nel 1964. La seconda dichiarò illegale: a) lo sciopero generale, stabilendo pene per chi incitava i lavoratori a partecipare a un tale sciopero; e, b) porre come condizione per l'assunzione di un lavoratore la sua appartenenza o non appartenenza ad un sindacato.

trade–distorting measures: *misure che distorcono il commercio.* Tutte le misure che contribuiscono ad alterare la struttura del commercio mondiale, che pertanto non si basa più sul concetto del vantaggio comparato. Si possono dividere in due grandi categorie: misure che prendono la forma di protezione contro le importazioni e misure che tendono a promuovere le esportazioni.

trade–distorting practices: *pratiche che distorcono il commercio.* Lo stesso che *trade–distorting measures* (v.).

trade diversion: *diversione di traffici.* Un allontanamento dall'allocazione ottimale delle risorse, ritenuta una delle conseguenze negative di un qualsiasi accordo commerciale internazionale o di un'unione doganale.

trade dollar: *dollaro commerciale.* Negli Stati Uniti, si indica con questa espressione una moneta forte, rappresentata da uno speciale dollaro d'argento, il cui contenuto in metallo prezioso eccedeva il contenuto standard del dollaro d'argento. Questa moneta fu coniata dal 1873 al 1885, allo scopo di usarla nel commercio con l'oriente, particolarmente con la Cina e il Giappone.

traded options: *contratti a premio autorizzati.* Lo stesso che *exchange–traded options* (v.).

traded options market: 1. *mercato delle opzioni.* Lo stesso che *options exchange 1* (v.). **2. *mercato dei premi.*** Lo stesso che *options exchange 2* (v.).

traded products: *prodotti scambiati; prodotti oggetto di scambio.* Sono i beni che entrano a far parte del commercio internazionale e che vengono effettivamente scambiati tra i paesi che intrattengono rapporti commerciali. Alcuni paesi vietano l'esportazione di determinati prodotti, che pertanto non rientrano tra quelli oggetto di scambio. (v. anche *non–traded products*)

trade exhibition: *fiera commerciale.* Lo stesso che *fair* (v.).

Trade Expansion Act: Legge, approvata dal Congresso degli Stati Uniti nel 1962, che estende notevolmente il potere discrezionale del Presidente, concedendogli l'autorità di negoziare o abolire completamente alcuni dazi doganali, nel caso in cui gli Stati Uniti e il paese o i paesi con i quali essi negoziano tali accordi risultano produttori di una quota del bene in questione pari o superiore all'ottanta per cento del commercio mondiale. La stessa legge autorizza negoziazioni su concessioni tariffarie su tutti gli altri prodotti e, al fine di proteggere le industrie americane, autorizza l'imposizione di dazi di ritorsione in caso di discriminazione contro le importazioni provenienti dagli Stati Uniti. Inoltre, la legge autorizza il governo federale a fornire aiuto e assistenza alle industrie nazionali che maggiormente risentono delle conseguenze della concorrenza estera.

trade fair: *fiera commerciale.* Termine usato con lo stesso significato di *fair* (v.).

trade figures: *statistiche commerciali.* Le cifre, rilasciate dalle autorità governative, riferite ai cambiamenti mensili, semestrali o annuali nel volume degli scambi con l'estero. Indicano globalmente l'aumento o la diminuzione delle importazioni e delle esportazioni e di conseguenza l'aumento o la diminuzione di deficit o eccedenze commerciali del paese interessato.

trade fixtures: *attrezzature commerciali; pertinenze commerciali.* Lo stesso che *fixtures and fittings* (v.).

trade fluctuations: *fluttuazioni dell'attività economica.* Termine usato con lo stesso significato di *economic fluctuations* (v.).

trade fraud: *frode in commercio.* Una qualsiasi forma di disonestà nei rapporti commerciali. Si concretizza, ad esempio, quando il venditore consegna al compratore un bene mobile invece di un altro, oppure quando consegna un bene per qualità, quantità, provenienza o origine diverso da quello dichiarato o concordato.

trade gap: *disavanzo commerciale.* Lo stesso che *passive trade balance* (v.).

trade house: *casa commerciale.* Termine generico, con il quale si indica un'impresa mercantile che opera sia per conto proprio sia in qualità di agente per conto di propri clienti.

trade imbalance: *squilibrio commerciale.* L'eccedenza delle importazioni sulle esportazioni (o viceversa) di un paese rispetto a uno o più dei suoi partner commerciali. Poiché ad ogni eccedenza corrisponde un deficit sull'altro versante, il termine può usarsi in senso generico per indicare ambedue i fenomeni.

trade–in: 1. *permuta.* Scambio di beni o di un bene usato in pagamento parziale di nuovi o diversi beni. **2. *bene offerto in permuta.*** Lo stesso termine inglese viene usato per indicare il bene che il compratore intende dare, e il venditore è disposto ad accettare, in pagamento parziale di nuovi o diversi beni.

trade–in allowance: *sconto per permuta; abbuono per permuta.* È lo sconto sul prezzo di acquisto di un nuovo bene, corrispondente al valore di permuta assegnato al bene usato che il compratore dà in pagamento parziale al venditore.

trade–in price: *prezzo di permuta.* Lo stesso che *trade–in value* (v.).

trade in services: *commercio di servizi; scambio di servizi.* Lo stesso che *services trade* (v.).

trade integration: *integrazione commerciale.* La costituzione di un'area di libero scambio tra più paesi, con l'obiettivo di garantire a ciascuno di loro i benefici derivanti dalla specializzazione internazionale.

trade–in value: *valore di permuta.* Il valore monetario al quale un venditore è disposto ad accettare un bene usato in pagamento parziale di un nuovo bene uguale o diverso. Ad esempio, nel commercio delle automobili è pratica invalsa dare la vecchia autovettura in permuta, ad un valore di mercato o stabilito dal venditore della nuova vettura.

trade investments: ***investimenti commerciali.*** Investimenti mobiliari di una impresa in un'altra impresa, di solito sotto forma di partecipazione di minoranza permanente, usualmente inferiore al 20% del capitale sociale, tendenti ad assicurarsi determinati vantaggi, ad esempio di fornitura di materie prime o di sbocco dei propri prodotti.

trade journal: ***rivista commerciale; rivista di categoria.*** Pubblicazione periodica, dedicata ad un determinato settore commerciale o produttivo, che contiene pubblicità e articoli di interesse per gli operatori del settore.

trade label: ***etichetta commerciale.*** Lo stesso che *label* (v.).

trade liability: ***passività commerciale.*** Nel linguaggio della contabilità, questo termine viene usato per indicare genericamente una qualsiasi passività corrente diversa da quelle rappresentate da salari o imposte. In senso più particolare, indica un conto corrente, un pagherò, una cambiale o una ricevuta bancaria a fronte di beni o servizi ricevuti nel corso dello svolgimento della normale attività commerciale e non ancora pagati.

trade liberalization: ***liberalizzazione del commercio; liberalizzazione degli scambi.*** L'abolizione di tuttte o parte delle barriere di varia natura che impediscono la libera circolazione di beni e servizi tra i paesi del mondo.

trade licence: ***licenza di commercio.*** Il permesso, rilasciato dall'apposità autorità, che consente a un imprenditore di svolgere l'attività commerciale per la quale la licenza viene concessa.

trade magazine: ***rivista commerciale; rivista di categoria.*** Termine usato con lo stesso significato di *trade journal* (v.).

trade mark: ***marca di fabbrica; marchio di fabbrica; marchio di commercio; marca industriale.*** Un qualsiasi segno o marchio, emblematico o nominativo, con il quale un produttore distingue i propri prodotti allo scopo di differenziarli da quelli di altri produttori che operano nello stesso settore e nelle stesse linee di prodotti. Il marchio può essere anche distintivo del luogo di origine del prodotto o dell'impresa che lo commercializza, ed in quest'ultimo caso è più propriamente indicato col termine marchio di commercio. Secondo il diritto statunitense, il marchio di fabbrica può essere registrato presso gli appositi uffici, ma colui che usa un marchio per primo in una determinata area, di regola ha il diritto esclusivo su quel marchio, indipendentemente dalla data di registrazione. In altri paesi, invece, il diritto esclusivo sul marchio compete a chi l'ha registrato per primo. Secondo il diritto britannico, il marchio di fabbrica può essere registrato nelle cosiddette *Part A* e *Part B.* I marchi registrati nella classe A diventano proprietà esclusiva di colui che li registra; la registrazione nella classe B serve da prova che colui che lo registra ha il diritto esclusivo di uso di quel determinato marchio. La legge che regola i marchi di fabbrica nel Regno Unito è il *Trade Marks Act* del 1938.

trade marketing: ***commercializzazione per canali.*** L'espressione inglese indica la pratica, seguita da molte imprese, di concentrare i loro sforzi di marketing sui canali di distribuzione e principalmente sulle grandi catene di negozi, al fine di garantirsi un'ampia distribuzione dei loro prodotti.

trade mark licence: ***licenza di utilizzazione di marchio di fabbrica.*** Il permesso di usare un marchio di fabbrica in una determinata area, concesso dal titolare a un'altra impresa.

Trade Marks Act: È la legge sui marchi di fabbrica, approvata dal parlamento britannico nel 1938, che protegge il diritto di uso o di proprietà di un qualsiasi marchio registrato presso l'apposito ufficio.

Trade Marks Registry: ***Registro dei marchi di fabbrica.*** Nel Regno Unito, è il reparto dell'ufficio brevetti preposto alla registrazione dei marchi di fabbrica e dei marchi commerciali.

trade minister: ***ministro per il commercio.*** Il capo politico del ministero del commercio, responsabile della formulazione e dell'applicazione della politica commerciale di un paese.

trade mission: ***missione commerciale.*** Gruppo di alti funzionari statali e uomini d'affari che si recano in un paese straniero per discutere e stipulare accordi commerciali, con l'obiettivo d'incrementare gli scambi tra i due paesi.

trade monopoly: ***monopolio commerciale.*** Forma di monopolio con il quale un'autorità pubblica concede un privilegio speciale ad un'impresa privata, consentendole di monopolizzare il commercio tra il paese che concede il privilegio e altri paesi o intere aree geografiche. Tale tipo di monopolio fu molto diffuso, particolarmente nei secoli diciassettesimo e diciottesimo, e ne trassero vantaggio certe compagnie che monopolizzarono i traffici tra alcuni paesi europei e le loro colonie. Tra queste compagnie, la più nota è la *British East India Company,* che oltre a monopolizzare il commercio tra l'Inghilterra e l'India, ricevette anche l'autorizzazione a governare in India. Compagnie simili, pur se non altrettanto potenti, esistevano nello stesso periodo in Francia, in Olanda e altri paesi europei.

trade name: **1.** ***marchio di commercio; nome commerciale.*** È il nome tramite il quale un prodotto è noto sul mercato. Il termine inglese è spesso usato come sinonimo di *trade mark* (v.). **2.** ***denominazione commerciale; nome commerciale.*** Termine alquanto generico, usato per indicare che un'attività commerciale, produttiva, professionale o artigianale è svolta da una particolare persona, la cui reputazione è garantita da tale nome.

trade negotiations: ***negoziazioni commerciali.*** Colloqui tra i rappresentanti di due o più paesi, aventi lo scopo di raggiungere un accordo commerciale bilaterale o multilaterale.

trade negotiator: ***negoziatore commerciale.*** Il rappresentante di ciascuno dei paesi partecipanti a un negoziato commerciale. (v. anche *round, tariff-reduction conference*)

trade, not aid: ***commercio, non assistenza.*** Espressione usata per indicare la politica economica dei paesi in via di sviluppo, che chiedono ai paesi più avanzati la possibilità di inserirsi negli scambi mondiali con i loro prodotti, ponendo termine ad una politica puramente assistenziale da parte dei paesi industrializzati e dando inizio ad una differente politica in campo di tariffe doganali.

trade note payable: ***pagherò commerciale passivo.*** Lo stesso che *trade note receivable* (v.), ma visto dall'angolazione di chi ha emesso il pagherò ed è, pertanto, tenuto a pagarlo alla scadenza.

trade note receivable: ***pagherò commerciale attivo.*** Il termine inglese, a differenza di *trade bill* (v.) o di *trade acceptance* (v.), indica una cambiale propria, o pagherò cambiario, ricevuta in pagamento di beni o servizi forniti.

trade-off: ***scambio.*** Termine con il quale si indica un compromesso o uno scambio di concessioni, specialmente in senso figurato o, comunque, non concreto.

trade organization: ***organizzazione commerciale; organizzazione professionale; organizzazione di categoria.*** Termine usato con lo stesso significato di *trade association* (v.).

trade paper: ***giornale commerciale; giornale di categoria.*** Lo stesso che *trade journal* (v.), ma riferito ad una pubblicazione quotidiana.

trade-paper advertising: ***pubblicità su giornali di categoria.*** È la pubblicità che grossisti o produttori fanno su pubblicazioni dirette alle categorie o al settore economico o commerciale nel quale essi operano.

trade peace: ***pace commerciale.*** La situazione inversa a quella descritta sotto *trade war* (v.). Il termine può riferirsi sia ad una situazione duratura nella quale prevalgono gli ideali del libero scambio, sia alla situazione che pone fine a una guerra commerciale.

trade policy: ***politica commerciale.*** Lo stesso che *commercial policy* (v.).

trade port: ***porto commerciale; porto mercantile.*** Lo stesso che *commercial port* (v.).

trade practice: ***pratica commerciale.*** Lo stesso che *trade usage* (v.).

trade price: ***prezzo commerciale; prezzo al rivenditore.*** Il prezzo al quale un prodotto viene venduto ad un dettagliante o altro distributore, che l'acquista in quantità relativamente grandi o in maniera continuativa, per rivenderlo successivamente ad altri. Generalmente corrisponde al prezzo di listino meno lo sconto mercantile.

trade promotion: ***promozione commerciale.*** L'attività di promozione indirizzata ai grossisti e ai dettaglianti, onde convincerli a stoccare un determinato prodotto o una linea di prodotti.

trade protection: ***protezione commerciale; protezionismo commerciale.*** Lo stesso che *protection* (v.).

trade protection society: ***agenzia di informazioni commerciali.*** Termine usato con lo stesso significato di *status inquiry agency* (v.).

trade publication: ***pubblicazione di categoria.*** Termine generico, usato con lo stesso significato di *trade journal* (v.) o *trade paper* (v.), ma senza alcun riferimento alla periodicità della pubblicazione.

trade quota: ***quota commerciale; contingente commerciale.*** La parte percentuale di un determinato commercio detenuta da un singolo paese o da un singolo produttore o rivenditore.

trader: 1. ***commerciante.*** Un operatore che, con propri fondi, acquista beni di qualsiasi genere allo scopo di rivenderli, traendone un profitto nel breve periodo. **2.** ***nave mercantile.*** Una qualsiasi nave adibita al trasporto di merci. Spesso il termine viene usato per indicare una carretta, più che una nave di linea. (v. anche *tramp ship*) **3.** ***operatore indipendente.*** Nel linguaggio borsistico statunitense, il termine indica un individuo che acquista e vende valori mobiliari per proprio conto, con l'aspettativa di un profitto nel breve periodo. Lo stesso termine indica anche un impiegato di un'agenzia d'intermediazione, o di un'istituzione finanziaria, che si specializza nel trattare acquisti e vendite di valori mobiliari per conto dell'impresa che lo impiega e/o dei clienti di quest'ultima. Il termine è entrato anche nel linguaggio finanziario londinese per indicare la figura del *market maker* (v.), nata dalla riforma della borsa valori nota come *big bang* (v.).

trade ratio: ***indice di scambio; rapporto di scambio.*** Nel linguaggio del commercio internazionale è il rapporto tra valore globale delle esportazioni e delle importazioni diviso per il prodotto nazionale lordo. Questo rapporto, che potremmo definire lordo, può essere raffinato eliminando dal valore globale delle importazioni e delle esportazioni il valore degli input importati per essere usati nelle attività di esportazione. L'indice di scambio viene utilizzato per misurare il grado di apertura di un paese ad effettuare scambi commerciali con altri paesi.

trade recovery: ***ripresa dell'attività commerciale.*** Lo stesso che *economic recovery* (v.).

trade reference: ***referenza commerciale.*** Il nome di un operatore che possa fornire referenze su un altro commerciante. Quando un'impresa o un piccolo commerciante desiderano acquistare beni con pagamento dilazionato o in conto corrente, il fornitore probabilmente richiederà delle referenze commerciali, al fine di accertare la serietà del richiedente, il suo giro di affari e tutte le altre informazioni che altre imprese o commercianti sono in grado di fornire per avere precedentemente trattato affari con quell'operatore.

trade relations: ***relazioni commerciali.*** Le relazioni di compravendita intrattenute da due o più operatori commerciali o paesi.

trade report: ***bollettino commerciale; notiziario commerciale.*** Serie di informazioni relative ad un particolare commercio o al commercio di una particolare area, di solito riprodotte a cura di un'associazione di categoria o di una camera di commercio.

trade representative: ***rappresentante commerciale.*** Termine col quale si indica un commesso viaggiatore o altra persona che rappresenta un'impresa o un grossista in una determinata area geografica.

trade restrictions: ***restrizioni commerciali.*** Le varie limitazioni imposte all'attività commerciale sia in campo internazionale, mediante il divieto di importazione di determinati beni e l'imposizione di contingentamenti o alti dazi protettivi, sia in campo nazionale mediante disposizioni di legge tendenti a limitare il credito o i consumi.

trade rights: ***diritti commerciali.*** Tutti quei diritti, a parte i marchi di fabbrica e i brevetti, che appartengono esclusivamente ad un commerciante o ad un'impresa, che abbia fondato e consolidato un giro di affari o una qualsiasi altra attività commerciale o artigianale. Ne sono un esempio il nome commerciale o il nome del luogo in cui la persona o l'impresa svolgono la loro attività e che, se assunti da altri, potrebbero far diminuire il volume di affari del proprietario del diritto.

trade risk: ***rischio professionale.*** Termine usato con lo stesso significato di *occupational hazard* (v.).

trade route: ***rotta commerciale.*** Itinerario marittimo o terrestre lungo il quale viene trasportata una grande quantità di merce in un commercio particolare o generale. Un esempio è la rotta che dai porti sul Golfo Persico, attraverso gli stretti di Ormuz, fa giungere il petrolio ai paesi importatori.

traders: Alla borsa valori di New York, si indica con questo termine una piccola categoria di operatori che acquistano e vendono titoli per conto proprio, con l'obiettivo di realizzare un profitto speculativo.

traders' credits: È uno speciale servizio offerto dalle banche britanniche fin dal 1930, in base al quale ciascun cliente può saldare vari debiti commerciali senza essere costretto ad emettere ed inviare tanti assegni per quanti sono i suoi creditori. Il cliente, invece, invia alla banca un unico assegno per l'intero ammontare, insieme ad una distinta sulla quale sono specificati i nomi dei creditori, l'importo dovuto a ciascuno di loro e la filiale o la banca presso la quale essi tengono il loro conto corrente. La banca provvederà ai relativi bonifici, con grande risparmio di tempo e lavoro sia per il cliente che per la stessa banca.

trade sale: ***vendita di fornitura.*** Una vendita tra due operatori dello stesso ramo, ma non tra un commerciante e un consumatore.

Trades and Labour Council: ***Federazione sindacale.*** Termine usato con lo stesso significato di *Trades Council* (v.).

trade school: ***scuola professionale.*** Lo stesso che *vocational school* (v.).

Trades Council: ***Federazione sindacale.*** Nelle maggiori città industriali del Regno Unito esistono federazioni costituite dai rappresentanti delle varie organizzazioni sindacali locali.

trade secret: ***segreto industriale.*** Un segreto sul quale si basa il procedimento di lavorazione di un determinato prodotto industriale, noto soltanto all'impresa che ne è in possesso. (v. anche *industrial espionage*)

trade secretary: ***ministro del commercio.*** Lo stesso che *trade minister* (v.).

tradesfolk: ***commercianti; esercenti; ceto commerciale; classe commerciale.*** Termine usato con lo stesso significato di *tradespeople* (v.).

trade show: ***mostra commerciale; esposizione commerciale.*** Una qualsiasi mostra o fiera, il cui scopo principale è quello di stimolare il commercio dei beni esposti.

tradesman: 1. ***commerciante; esercente.*** Qualsiasi persona che svolge un'attività commerciale, ma più spesso il termine inglese viene usato per designare il proprietario di un punto di vendita al dettaglio. **2.** ***artigiano.*** Lavoratore specializzato in un'attività manuale, che di solito lavora in proprio in una sua bottega o in un suo laboratorio, ma che può anche essere alle dipendenze di un'impresa o di un'altra organizzazione. Il termine inglese, ad esempio, è spesso usato per indicare una persona con particolari abilità manuali, che presta servizio nell'esercito, nella marina o nell'aviazione.

tradespeople: ***commercianti; esercenti; ceto commerciale; classe commerciale.*** Il termine inglese viene usato per designare collettivamente tutti i negozianti e gli operatori commerciali di una città, di un paese, ecc., incluse le loro famiglie.

trade stock: ***scorte mercantili; giacenze di magazzino.*** Lo stesso che *stock–in–trade 1* (v.).

Trades Union Congress: ***confederazione sindacale.*** È la confederazione dei sindacati britannici, fondata nel 1868, della quale oggi fanno parte la maggioranza dei sindacati dei lavoratori operanti in Inghilterra. Questa confederazione sindacale è l'organo centrale che coordina tutto il movimento e rappresenta gli interessi dei lavoratori in contrapposizione alla *Confederation of British Industry* (v.), che rappresenta gli interessi dei datori di lavoro. La confederazione sindacale britannica tiene un congresso ogni anno per discutere proposte e stabilire la linea di politica da adottarsi in relazione a questioni che interessano il sindacato. La confederazione è presieduta da un organo elettivo, il *general council*, nel quale confluiscono rappresentanti dei sindacati maggiori. Le opinioni espresse da questo organo, pertanto, riflettono le decisioni prese dalla maggior parte dei lavoratori britannici.

trade surplus: ***eccedenza commerciale; avanzo commerciale.*** Termine usato con lo stesso significato di *favourable balance of trade* (v.).

trade talks: ***negoziati commerciali.*** Lo stesso che *trade nogotiations* (v.).

trade tax: ***imposta sugli scambi.*** Termine generico, con il quale si indica una qualsiasi imposta che colpisce gli scambi commerciali. Ne sono esempi i dazi doganali sulle importazioni e quelli sulle esportazioni, questi ultimi di solito impliciti e rappresentati da prezzi inferiori a quelli dei mercati esteri, pagati ai produttori nazionali da un ente governativo che ne acquista la produzione.

trade terms: ***condizioni di vendita all'ingrosso.*** Espressione usata in alternativa a *terms to the trade* (v.).

trade test: ***prova attitudinale.*** Termine usato con lo stesso significato di *capacity test* (v.).

trade tokens: ***gettoni commerciali.*** Nel diciassettesimo secolo, i commercianti e gli albergatori inglesi ricorsero all'emissione di gettoni commerciali, generalmente del valore di mezzo *penny* e di un *farthing* (v.), a causa della penuria di moneta spicciola. L'emissione di tali gettoni fu dichiarata illegale nel 1823.

trade union: ***sindacato; organizzazione sindacale; sindacato operaio.*** Organizzazione di lavoratori, salariati o stipendiati, appartenenti ad una singola categoria o industria oppure a più categorie o industrie. La funzione principale di un sindacato è quella di costituire un'unione dei lavoratori, che possono così agire come se fossero una sola persona nelle contrattazioni con i datori di lavoro su questioni relative ai salari, alle condizioni di lavoro, ai livelli di occupazione, ecc. L'arma del sindacato è lo sciopero, al quale esso ricorre quando qualsiasi altra forma di lotta si dimostra inefficace per fare accettare le richieste dei lavoratori, pur se spesso alcuni sindacati vi ricorrono a scopo dimostrativo prima ancora di iniziare la contrattazione o durante il suo svolgimento. Il sindacalismo trovò la sua culla in Inghilterra, il primo paese a prendere la via dell'industrializzazione, in quanto le tristi condizioni di lavoro nelle prime fabbriche resero necessaria un'azione comune dei lavoratori, che individualmente avevano poco o nessun potere contrattuale. Ma i *Combination Acts* del 1799 e del 1801 proibirono l'associazione di lavoratori avente lo scopo di fare aumentare i salari e pur se queste leggi furono abrogate nel 1824, fino al 1871 gli appartenenti ad un sindacato continuarono ad essere esposti all'accusa di cospirazione. Fu soltanto nel 1871–76, con l'approvazione dei *Trade Union Acts*, che i sindacati divennero completamente legittimi e tutelati dalla legge. I primi sindacati, tuttavia, erano piccole associazioni di categoria, ma verso la fine del diciannovesimo secolo il *new unionism* (v.) contribuì ad ampliare il numero degli iscritti, togliendo al sindacato quanto ancora restava delle antiche corporazioni. Prima che venisse introdotto nel Regno Unito il sistema di previdenza sociale, il sindacato provvedeva ad erogare ai propri soci sussidi in caso di malattia e, a volte, anche in caso di disoccupazione. All'inizio degli anni sessanta, nel Regno Unito vi erano più di seicentocinquanta sindacati, molti dei quali estremamente piccoli, alcuni estremamente numerosi. Il quadro sindacale inglese, infatti, è composto di vari tipi di sindacati, da quelli di categoria, i cui membri operano in settori che richiedono almeno un minimo di specializzazione, a quelli che raccolgono i lavoratori di una determinata industria o occupazione, quali ad esempio il *National Union of Railwaymen* o il *National Union of Teachers*. Le due più grandi organizzazioni sindacali inglesi, che raccolgono lavoratori semi–specializzati e non specializzati di vari settori industriali, sono il *Transport and General Workers' Union* e il *National Union of General and Municipal Workers*.

Trade Union Acts: Nome delle leggi, approvate dal parlamento britannico tra il 1871 e il 1876, con le quali si riconosceva ai lavoratori il diritto di costituirsi in sindacati, si dava protezione alle proprietà dei sindacati, si regolamentava la costituzione e la registrazione delle organizzazioni sindacali e si escludeva la possibilità di accusare i loro iscritti di cospirazione.

Trade Union and Labour Relations Act: Legge, approvata dal parlamento britannico nel 1974, con la quale si abrogava l'*Industrial Relations Act* del 1970 e si ripristinava l'immunità dei singoli e dei sindacati in relazione a vertenze sindacali. Tale immunità, tuttavia, fu notevolmente limitata dagli *Employment Acts* (v.) del 1980 e 1982.

trade union contributions: ***contributi sindacali.*** Contributi mensili che i lavoratori versano al sindacato cui aderiscono. Di solito vengono trattenuti dal datore di lavoro, che provvede successivamente a versarli al sindacato cui è iscritto il lavoratore.

trade union dues: ***contributi sindacali.*** Lo stesso che *trade union contributions* (v.).

trade unionism: ***sindacalismo; unionismo.*** Termine con il quale si indica la dottrina o la prassi politico–economica della necessità di organizzare i sindacati dei lavoratori e le loro azioni a sostegno e a tutela degli interessi economici e sociali di tutti coloro che svolgono un'attività lavorativa dipendente.

trade unionist: ***sindacalista; iscritto al sindacato.*** Il termine inglese indica un lavoratore che fa parte di un sindacato, sia che vi rivesta una carica e svolga funzioni attive, sia che vi partecipi come semplice iscritto.

trade usage: ***uso commerciale.*** Termine con il quale si indica l'uniformità di condotta delle persone interessate, in relazione allo stesso atto o alla stessa questione che abbia riferimento al commercio. Un uso può consolidarsi in consuetudine o prassi. Affinché un uso di un particolare commercio, mercato o occupazione sia valido ed applicabile, è necessario che esso sia: a) noto, cioè generalmente conosciuto tra coloro che operano in quel particolare settore; b) certo; c) ragionevole; e, d) legittimo, cioè non contrario alle leggi del paese.

trade war: ***guerra commerciale.*** Serie di misure di ritorsione reciproche adottate da due o più paesi in materia di scambi commerciali. Di solito ha inizio con l'adozione, da parte di un paese, di provvedimenti che mirano a limitare o proibire l'importazione di uno o più prodotti provenienti da un altro paese, il quale risponde con analoghe misure fino a quando l'escalation delle ritorsioni sfocia in un blocco completo dei rapporti commerciali tra quei paesi, con pesanti conseguenze sulle economie dei paesi in questione e su tutto il sistema commerciale mondiale.

trade–weighted basket of currencies: ***paniere di valute ponderato su base commerciale.*** Un paniere di valute ciascuna delle quali ha un diverso peso basato sul volume di commercio mondiale svolto dal paese in cui essa circola.

trade–weighted commodity price index: ***indice dei prezzi all'ingrosso ponderato su base commerciale.*** Un indice dei prezzi delle materie prime e dei prodotti industriali trattati sui mercati internazionali a ciascuno dei quali viene assegnato un diverso peso a seconda dell'importanza del prodotto o della materia prima nel commercio mondiale. Differisce, ovviamente, dallo stesso indice ponderato su base produttiva, per il quale v. *production–weighted commodity price index.*

trade–weighted exchange rate: ***tasso di cambio ponderato su base commerciale.*** Il tasso di cambio di una valuta aggiustato sulla base di pesi che tengano conto della situazione reale della bilancia commerciale del paese in cui circola la valuta.

trading: 1. ***speculazione a breve scadenza.*** Nel linguaggio delle borse valori statunitensi, indica una o più operazioni di compravendita di titoli azionari a breve scadenza, fatta con l'obiettivo di conseguire un rapido profitto. **2.** ***attività di compravendita.*** L'attività svolta su un mercato da un operatore in proprio o da un intermediario. Il termine è usato specialmente in relazione all'attività sui mercati mobiliari.

trading account: ***conto merci; conto esercizio commerciale.*** È uno dei conti finali di un'impresa mercantile o industriale, che mostra come si è giunti alla determinazione dell'utile o della perdita lordi mercantili relativi ad un determinato periodo di tempo. Ad esempio, potrebbe contenere sul lato avere il valore monetario del fatturato e delle giacenze alla fine del periodo e sul lato dare le giacenze all'inizio del periodo e gli acquisti effettuati nel corso di quell'arco di tempo. Il saldo, cioè l'utile lordo o la perdita lorda, sarà poi trasferito al conto profitti e perdite.

trading area: ***area commerciale.*** L'area geografica entro la quale esercita la propria influenza commerciale un negozio al dettaglio, un centro di acquisti, un grossista o un centro di vendita all'ingrosso.

trading association: ***associazione commerciale; associazione professionale; associazione di categoria.*** Termine usato come sinonimo di *trade association* (v.).

trading bank: ***banca di credito ordinario; banca commerciale.*** Termine con il quale in Australia si indica una *commercial bank* (v.).

trading bloc: ***blocco commerciale.*** Lo stesso che *trade bloc* (v.).

trading business: ***impresa mercantile; impresa commerciale.*** Termine usato con lo stesso significato di *trading firm* (v.).

trading capital: ***capitale di esercizio; capitale fisso e circolante.*** Termine usato come sinonimo di *trade capital* (v.).

trading centre: ***centro commerciale.*** Termine usato come sinonimo di *trade centre* (v.).

trading certificate: ***decreto di autorizzazione a iniziare l'attività commerciale.*** Termine usato con lo stesso significato di *certificate to commence business* (v.).

trading cheques: ***buoni di acquisto; buoni spesa.*** Termine usato con lo stesso significato di *shopping cheques* (v.).

trading class: ***classe commerciale.*** Lo stesso che *tradespeople* (v.).

trading company: 1. ***compagnia mercantile.*** In Gran Bretagna si indicavano con questo termine le compagnie, fondate intorno al tredicesimo secolo, che si interessarono per vari secoli del commercio internazionale e principalmente di quello dei tessuti di lana, uno dei pochi beni esportati dall'Inghilterra nei secoli che vanno dal tredicesimo al diciassettesimo. Le più note tra queste compagnie furono quelle di Londra, di York e di Bristol, che istituirono depositi commerciali nell'Europa del nord. Nel 1689 queste compagnie persero il loro monopolio commerciale, ma riuscirono ugualmente a sopravvivere fino agli inizi del diciannovesimo secolo. Lo stesso termine viene spesso usato per indicare certe compagnie che monopolizzarono i traffici tra alcuni paesi europei e le loro colonie nei secoli diciassettesimo e diciottesimo. Tra tali compagnie, la più nota fu la *British East India Company*, che oltre al monopolio del commercio tra l'Inghilterra e l'India ricevette anche l'autorizzazione a governare quel paese orientale. Compagnie simili, pur se non altrettanto potenti, esistevano nello stesso periodo in Francia, in Olanda e in altri paesi europei. **2. *società commerciale; impresa commerciale.*** Oggi, il termine viene usato prevalentemente per indicare una società, sussidiaria di una multinazionale, alla quale viene affidato il compito di accettare e vendere i prodotti offerti da un paese in pagamento di beni d'importazione nella pratica commerciale che va sotto il nome di *countertrade* (v.). Lo stesso termine, tuttavia, viene usato genericamente per designare una società che svolge un'attività commerciale, a differenza di una società che svolge un'attività industriale o di altra natura. **3. *società avente scopo di lucro.*** Una qualsiasi *company* (v.) che persegue fini di lucro e pertanto distinta da quelle che hanno fini caritatevoli, di promozione della cultura o delle scienze e simili.

trading corporation: *società commerciale; impresa commerciale.* Termine statunitense, usato con un significato più limitato di *business corporation* (v.). A differenza di quest'ultima, infatti, la *trading corporation* si interessa esclusivamente della commercializzazione di uno o più prodotti e non della loro produzione. Pertanto, una *trading corporation* rientra tra le *business corporations*, ma una *business corporation* può non essere una *trading corporation.*

trading currency: *valuta libera; valuta di scambio.* Termine generico, con il quale si indica una valuta usata nel commercio internazionale per regolare debiti e crediti tra importatori ed esportatori. Oggi, la principale valuta di scambio è il dollaro statunitense, come in passato fu la sterlina britannica, ma non mancano valute che, in aree limitate, svolgono la stessa funzione.

trading desk: *ufficio vendite e acquisti; borsino.* Nella terminologia finanziaria statunitense, è l'ufficio con sede a New York che esegue le istruzioni della *Federal Open Market Committee* (v.) in relazione agli acquisti e alle vendite di titoli di stato sul mercato aperto e che corrisponde al *government broker* (v.) britannico. Lo stesso termine, usato anche nell'inglese britannico, indica l'ufficio di una banca o altro operatore finanziario nel quale, in collegamento con la borsa valori, si compiono operazioni di compravendita titoli. Esso viene inoltre usato per indicare la struttura operativa di un *market maker* (v.).

trading difference: *differenza di negoziazione.* Nel linguaggio delle borse valori statunitensi, questo termine viene usato per indicare la frazione di punto aggiunta al prezzo di titoli venduti o comprati in spezzatura. (v. anche *odd lot*)

trading down: Espressione del linguaggio commerciale statunitense, che indica la pratica seguita da un commerciante che acquista e vende merci di basso costo nel tentativo di incrementare il suo volume d'affari complessivo.

trading estates: *terreni industriali.* Termine usato con lo stesso significato di *industrial estates* (v.).

trading firm: *impresa mercantile; impresa commerciale.* Termine generico che indica una qualsiasi impresa la cui attività consiste nell'acquisto e nella vendita di beni.

trading floor: *sala delle contrattazioni; parquet.* Lo stesso che *floor 1* (v.).

trading house: *casa commerciale.* Lo stesso che *commercial house* (v.).

trading limit: *limite di contrattazione.* Nelle borse merci statunitensi, questo termine indica: a) il prezzo al di sopra o al di sotto del quale non è consentito concludere operazioni in un qualsiasi giorno di contrattazioni; b) la quantità massima di beni a termine che può essere acquistata o venduta da un qualsiasi operatore o in un qualsiasi giorno di contrattazioni. Ambedue i limiti sono fissati dalla commissione di vigilanza della borsa merci interessata.

trading loss: *perdita mercantile.* Termine usato con lo stesso significato di *operating loss* (v.).

trading lot: *lotto; lotto di titoli; unità di contrattazione; spezzone.* Nel linguaggio delle borse valori, è il quantitativo minimo di contrattazione dei titoli, che varia da borsa a borsa e può variare da titolo a titolo. Ad esempio, in una borsa l'unità minima potrebbe essere di cento azioni oppure, per i titoli a reddito fisso, di un numero di obbligazioni equivalenti ad una somma minima. Alla borsa valori di New York, l'unità di contrattazione minima è di cento titoli nel caso di azioni e del valore nominale di mille dollari nel caso di obbligazioni o altri titoli a reddito fisso, tranne per alcuni titoli particolari, come ad esempio titoli inattivi, che possono essere negoziati in quantità minori. (v. anche *odd lot*)

trading on margin: *operazioni a margine.* Lo stesso che *margin dealing* (v.).

trading on the equity: *operare con capitale di prestito.* Lo stesso che *equity trading* (v.).

trading partner: *partner commerciale.* Una qualsiasi delle due o più nazioni che intrattengono tra loro consistenti e duraturi rapporti commerciali.

trading partnership: *società commerciale.* È una *partnership* (v.), che si interessa della compravendita di beni, a differenza di una *non–trading partnership* (v.), che di solito si interessa della vendita di servizi professionali o personali.

trading port: *porto commerciale; porto mercantile.* Termine usato come sinonimo di *commercial port* (v.).

trading post: *posto di contrattazione.* Nella borsa valori di New York, è una delle ventitrè postazioni nella sala delle contrattazioni, che trattano circa settantacinque titoli assegnati a ciascuna di loro.

trading profit: 1. *utile mercantile; profitto mercantile.* L'utile o profitto conseguito da un operatore commerciale nel corso della sua normale attività di compravendita e distribuzione. Secondo l'economista britannico R.G. Hawtrey, questi profitti costituiscono la principale fonte del risparmio che trova sbocco nel mercato degli investimenti. (v. anche *producers' profit*) **2. *profitto di speculazione.*** L'utile ricavato da un operatore che specula, ad esempio attraverso l'acquisto e la vendita di valori mobiliari o beni a termine.

trading prospects: *prospettive commerciali.* Termine generico, che indica le future possibilità e aspettative commerciali, di solito basate su una tendenza o un andamento generale dell'attività commerciale.

trading ring: *recinto per la negoziazione.* Nelle borse statunitensi, generalmente nelle borse merci, è la parte del salone delle contrattazioni nella quale sono disposte ampie gradinate circolari che consentono agli operatori di vedersi e sentirsi meglio.

trading stamp: *buono premio; tagliando premio.* Sono buoni dati da dettaglianti a loro clienti in proporzione al valore dei loro acquisti. I buoni vengono forniti al dettagliante da imprese che gestiscono appositi programmi e coloro che li ricevono li conservano fino a quando raggiungono il numero necessario per richiedere il premio che desiderano. Si tratta, quindi, di uno strumento promozionale che ha lo scopo di attirare e conservare i clienti e che, specialmente negli Stati Uniti, ha trovato sempre maggior diffusione da quando fu usato per la prima volta nell'ultima decade del secolo diciannovesimo. Nel 1956, la vendita di buoni premio ai dettaglianti era un affare che si aggirava sui seicento milioni di dollari. La società che vende questi buoni ai dettaglianti ricava un profitto in quanto il prezzo che essa fa pagare è superiore al valore reale dei buoni ed anche perché non tutti i buoni distribuiti dai rivenditori vengono successivamente usati dai consumatori per richiedere i premi; anche il dettagliante ricava un utile da questa iniziativa, perché se non la adottasse, probabilmente perderebbe clienti a vantaggio di quei commercianti che l'adottano; il consumatore, invece, ricava pochi vantaggi, a meno che abbia la passione di raccogliere questi buoni. Tuttavia, resta sempre un metodo alquanto farraginoso di assicurarsi uno sconto sui beni che acquista. Nel Regno Unito, a seguito del notevole incremento della diffusione dei buoni premio, nel 1964 fu approvato il *Trading Stamps Act* (v.), che vietava la distribuzione di buoni premio che non avessero un valore monetario. Così, ora è possibile utilizzare questi buoni anche in cambio di moneta o, in alternativa, per sconti su altri beni di cui il consumatore ha necessità.

Trading Stamps Act: Legge approvata dal parlamento britannico nel 1964 a seguito della notevole diffusione dei buoni premio. Oltre a regolamentarne l'emissione e la distribuzione, essa stabilì che non si potevano mettere in circolazione buoni privi di un valore monetario. Dal 1965, pertanto, questi buoni possono essere scambiati per moneta, di solito al cinquanta per cento del valore che viene riconosciuto loro se usati per richiedere i premi offerti dall'impresa emittente.

trading state: ***stato commerciale; paese commerciale.*** Uno stato la cui economia è basata sulla produzione di beni da scambiare sui mercati internazionali. Nel linguaggio economico–politico, il termine indica uno stato che non si è mai posto o ha rinunciato all'ambizione di diventare una potenza militare, optando per la più dispendiosa, ma anche più vantaggiosa, scelta di fondare la propria potenza sul commercio.

trading stock: ***scorte mercantili; giacenze di magazzino.*** Termine usato con lo stesso significato di *stock–in–trade 1* (v.).

trading system: 1. ***sistema commerciale.*** Il sistema, costituito dai vari operatori e mercati, che provvede alla distribuzione di beni e servizi all'interno di un'economia e tra diversi paesi esteri. **2.** ***sistema di contrattazioni.*** In un mercato organizzato, qual è ad esempio la borsa valori, è il sistema che regola i rapporti tra gli operatori e in base al quale essi concludono operazioni di compravendita.

trading town: ***città commerciale.*** Termine generico, con il quale si indica una città i cui abitanti si dedicano in preponderanza all'attività commerciale. Di solito, il termine è usato in contrapposizione a città industriale.

trading unit: ***unità di contrattazione.*** Lo stesso che *unit of trading* (v.).

trading up: Espressione del linguaggio commerciale statunitense, con la quale si indica la pratica seguita da un commerciante che acquista e vende beni di alto costo e qualità superiore, nel tentativo di aumentare il proprio margine di guadagno rivolgendosi al segmento più abbiente del mercato in cui opera.

trading value: ***valore degli scambi.*** Nel linguaggio delle borse valori, è l'ammontare di affari trattati in un qualsiasi arco di tempo dato (di solito una singola giornata) espresso in termini monetari.

trading volume: ***volume delle contrattazioni; volume degli scambi.*** Termine più proprio, ma non frequentemente usato nel linguaggio finanziario in luogo del semplice *volume* (v.).

trading year: ***anno commerciale; anno di gestione; anno di esercizio.*** Un periodo di dodici mesi, di solito coincidente con l'anno solare, cui si fanno corrispondere i conti tenuti da un'impresa mercantile o da un punto di vendita.

traditional money market: ***mercato monetario tradizionale.*** Termine usato nel linguaggio finanziario britannico per indicare il più antico dei mercati monetari londinesi, cioè il mercato dello sconto, e distinguerlo così dagli altri più recenti mercati monetari, sorti negli anni sessanta e indicati collettivamente col termine *parallel market* (v.).

tradition–directed economy: ***economia a direzione tradizionale.*** Un sistema economico nel cui ambito la produzione e la distribuzione hanno luogo secondo criteri stabiliti nel lontano passato e resi rigidi dalla tradizione.

traffic: ***traffico.*** Il termine inglese viene usato per indicare: a) il trasporto di passeggeri e merci per ferrovia, per via aerea, per via mare o su strada; b) in un senso più limitato, il movimento di aerei, navi, veicoli, treni, ecc., in una determinata area o tra due o più centri; c) l'attività di compravendita di beni e, in particolare, di beni il cui commercio è illegale.

traffic commissioners: Nel Regno Unito, si indicano con questo termine gli organi, creati dal *Road Traffic Act* del 1930, preposti al rilascio di licenze per l'esercizio del trasporto passeggeri. Tali organi erano istituiti uno per ciascuna delle undici zone in cui fu diviso il paese, ma il *Transport Act* del 1968 ha disposto la creazione dei *Passenger Transport Authorities* che, nelle zone in cui vengono istituiti, prendono il posto dei *traffic commissioners*, svolgendo più o meno gli stessi compiti.

traffic department: ***reparto consegne.*** Nei grandi magazzini, è il reparto che si interessa della consegna a domicilio dei beni voluminosi o pesanti acquistati dai clienti.

trailing P/E: *Price/earnings ratio* (v.) basato sugli utili realizzati da una società nel precedente anno finanziario.

trainee: ***apprendista.*** Termine usato con lo stesso significato di *apprentice* (v.).

training: ***addestramento; formazione professionale.*** L'atto o l'azione di addestrare o di essere addestrati. Il termine viene usato particolarmente in relazione alla formazione professionale dei lavoratori all'interno o all'esterno di un'industria, di un'impresa o altra organizzazione. Di solito viene svolto attraverso corsi organizzati all'interno dell'impresa, ma può anche essere fatto prima dell'assunzione dei lavoratori, specialmente quando il lavoro cui essi saranno destinati richiede una certa specializzazione o preparazione specifica.

training allowance: ***assegno di formazione.*** Lo stesso che *training wage* (v.).

training board: ***comitato per la formazione professionale.*** Organizzazione di ispirazione governativa, istituita nel Regno Unito in ciascun settore industriale importante, col compito di gestire e sovrintendere l'addestramento del personale esecutivo e direttivo destinato a quell'industria. I corsi di addestramento vengono organizzati direttamente dal comitato o assegnati in appalto a istituti specializzati. Ciascun comitato consiste di rappresentanti degli industriali, dei sindacati lavoratori e di operatori nel campo dell'istruzione.

training contract: ***contratto di formazione.*** Contratto tra un professionista, ad esempio un dottore commercialista, e uno studente o giovane laureato, in base al quale il primo si impegna a formare il secondo allo svolgimento della professione.

training costs: ***costi di addestramento.*** Sono tutti i costi cui va incontro un'industria, un'impresa o un'altra qualsiasi organizzazione per addestrare il nuovo personale precedentemente selezionato e reclutato e metterlo in grado di entrare a far parte dell'attività svolta dall'organizzazione.

training course: ***corso di addestramento.*** Un corso strutturato appositamente per la formazione professionale di un gruppo di dipendenti di un'industria o di un'impresa o una qualsiasi altra organizzazione. Ogni corso di addestramento deve essere studiato ed organizzato ad hoc, tenendo conto del tipo di industria o impresa, della preparazione di base dei frequentanti e degli obiettivi che si intendono realizzare con il corso.

training group: ***gruppo di addestramento.*** Il termine inglese indica una particolare tecnica di addestramento degli uomini da porre ai livelli direzionali, effettuato mediante l'uso di seminari di studio. Di solito viene contratto in *T–group.*

training programme: ***programma di addestramento.*** Qualsiasi programma sul quale si basa un'impresa o altra organizzazione per l'addestramento del proprio personale. La parte più impegnativa di un programma di addestramento è la sua preparazione, durante la quale è necessario tener ben presenti: a) gli obiettivi che si intendono realizzare; b) la durata e l'ampiezza del corso; c) i metodi di insegnamento da seguire; d) i metodi di valutazione e classificazione finale dei partecipanti ai corsi di addestramento, se ciò è previsto.

training session: ***sessione di addestramento.*** Ciascuna seduta di un corso di addestramento o singole sessioni tenute più allo scopo di aggiornare il personale che di formarlo da un punto di vista professionale.

training wage: ***salario di formazione.*** Un salario, corrisposto ai lavoratori durante il loro periodo di apprendistato o di formazione, che risulta di solito più basso del salario minimo corrisposto ai lavoratori assunti in via definitiva.

training within industry: ***addestramento nell'ambito dell'industria.*** È l'addestramento di personale, precedentemente selezionato e reclutato, all'interno dell'industria o dell'impresa che lo occupa. Può essere svolto da un apposito ufficio con la collaborazione di personale docente o di istruttori esterni o può essere completamente affidato a strutture esterne, che provvederanno a tenere i relativi corsi nell'ambito dell'industria o impresa.

training–within–industry scheme: ***piano di addestramento nell'ambito dell'industria.*** È un piano che prevede l'addestramento del personale, una volta che questo è stato selezionato e assunto, all'interno dell'industria o dell'impresa che lo occupa.

train mile: ***miglio–treno.*** Nel linguaggio dei trasporti, è lo spostamento sulla distanza di un miglio di un treno carico di merci ed è usato come indice di misurazione del volume di traffico svolto da una società ferroviaria.

tramp: ***nave da carico libera; nave volandiera; carretta.*** Termine usato come sinonimo di *tramp ship* (v.), di cui è una contrazione.

tramp corporation: Negli Stati Uniti, è una società istituita secondo le leggi di uno stato e da questo autorizzata a svolgere la propria attività entro i suoi confini, ma che in pratica svolge la propria attività completamente in un altro o in altri stati.

tramp ship: ***nave da carico libera; nave volandiera; carretta.*** Una nave da carico che, a differenza di quelle di linea, non svolge un servizio regolare tra due porti capolinea con scali intermedi, ma accetta carichi per e da qualsiasi porto. Queste navi possono girare il mondo per mesi e mesi, prima di riuscire ad ottenere un carico che consenta loro di rientrare al loro porto di immatricolazione.

tramp steamer: ***nave da carico libera; nave volandiera; carretta.*** Termine usato come sinonimo di *tramp ship* (v.).

tranche: **1.** ***quota.*** Termine di origine francese, a volte usato per indicare una parte di una somma globale quale un mutuo o un pagamento. **2.** ***rata.*** Uno dei vari versamenti in cui si divide il pagamento di un bene o servizio.

trans.: 1) transaction; 2) transfer.

transaction: ***operazione commerciale; transazione.*** Una qualsiasi operazione commerciale, il cui riconoscimento in contabilità dà origine ad una registrazione nei libri contabili. Sul modello del termine inglese, è entrato recentemente nell'uso italiano il termine transazione con lo stesso significato di quello inglese.

transaction account: ***conto corrente di corrispondenza.*** Conto corrente tra una banca e un cliente, di solito un'impresa, così chiamato perché alimentato anche mediante operazioni disposte con scambio di corrispondenza tra le due parti.

transaction balances: ***saldi transazionali; saldi operativi.*** Saldi monetari detenuti dal pubblico sotto forma di moneta liquida o di depositi a vista, utilizzabili per lo svolgimento di operazioni commerciali o speculative. Lo stesso termine indica i saldi operativi mantenuti dalle banche, membri della stanza di compensazione, presso la banca centrale allo scopo di compensare crediti e debiti tra loro.

transaction costs: ***costi di operazione.*** I costi, in termini di tempo, sforzo, ecc., sostenuti nel condurre a buon fine un'operazione commerciale. Tali costi sono facilmente identificabili, ad esempio, in una compravendita immobiliare, ma alquanto più difficili da valutarsi in altri tipi di scambi.

transaction deposits: ***depositi a fini di operazioni commerciali.*** Negli Stati Uniti questo tipo di depositi costituisce una delle parti principali dell'offerta di moneta ed è definito dalla Fed come «tutti i depositi dai quali il titolare può fare prelevamenti mediante l'emissione di titoli negoziabili o trasferibili, di ordini di prelievo e trasferimenti telefonici preautorizzati (in numero superiore a tre al mese) allo scopo di effettuare pagamenti a terzi». Il termine è sinonimo di *checkable account* (v.) e quindi si applica agli stessi tipi di conto pur se essi prevedono il prelevamento mediante titoli diversi dall'assegno bancario propriamente detto.

transactions demand for money: ***domanda di moneta per fini di transazioni; domanda transazionale di moneta.*** V. spiegazione sotto *transactions motive.*

transactions equation: ***equazione delle transazioni.*** Termine usato con lo stesso significato di *Fisher equation* (v.).

transactions motive: ***movente delle transazioni; movente delle operazioni commerciali; motivo delle transazioni.*** È uno dei tre moventi, individuati da Lord Keynes, che spingono gli individui e le imprese a tenere i loro risparmi e le loro attività sotto forma di denaro liquido, dando luogo al fenomeno noto come preferenza per la liquidità. Gli altri due moventi sono quello precauzionale e quello speculatorio. Il movente delle operazioni commerciali è alla base della domanda di moneta per finanziare le operazioni correnti di privati e di istituzioni e questa domanda sarà tanto più alta quanto più alto è il reddito nazionale, poiché in una situazione di alto reddito nazionale il valore globale delle operazioni commerciali sarà più alto e, quindi, richiederà più moneta di quanto non avvenga in una situazione di basso reddito nazionale.

transactions tax: ***imposta sugli affari.*** Termine usato in alternativa a *tax on transactions* (v.).

transactions–velocity model: ***modello della velocità di circolazione.*** Termine usato con lo stesso significato di *equation of exchange* (v.).

transactions velocity of circulation: ***velocità di circolazione in termini di operazioni commerciali.*** Il rapporto tra la quantità di moneta in circolazione e il totale di tutte le operazioni commerciali in moneta durante un determinato periodo di tempo.

transfer: 1. ***trasferimento; cessione; trapasso.*** Il passaggio del titolo di proprietà di un bene mobile o immobile da una persona ad un'altra. Il passaggio di proprietà può aver luogo a seguito di vendita e con la stesura di un relativo atto o può essere coattivo, a seguito di una disposizione di legge, come nel caso di fallimento, di mancato pagamento di un debito ipotecario e simili altri casi. **2.** ***bonifico; trasferimento di fondi.*** Lo stesso che *bank transfer* (v.).

transferability: ***trasferibilità.*** Il termine inglese indica la capacità di trasferire la proprietà o il titolo di un bene mobile o immobile. Nel linguaggio finanziario, il termine indica la qualità o la condizione di ciò che può essere trasferito, cioè la condizione che consente la cessione di un titolo di credito o del semplice credito da un beneficiario ad un altro. La trasferibilità di un titolo di credito può essere limitata apponendovi le parole «non trasferibile». In relazione ad una valuta, il termine inglese indica la possibilità di convertirla in una qualsiasi altra valuta estera e servirsene allo scopo di soddisfare obbligazioni anche verso residenti in paesi terzi e non soltanto verso residenti nel paese di origine delle valute stesse.

transferable: ***trasferibile; cedibile.*** Aggettivo usato negli stessi significati del corrispondente sostantivo *transferability* (v.).

transferable account: ***conto trasferibile.*** Termine con il quale si indicava uno dei tre gruppi di paesi, all'interno dei quali la sterlina era limitatamente trasferibile, o convertibile, malgrado la sospensione della convertibilità decretata nel 1947 e successivamente ripristinata per gradi. Gli altri due gruppi erano l'area della sterlina e il cosiddetto conto americano. Pur essendo convertibile entro ciascun gruppo di paesi, la sterlina era soggetta a limitazioni di convertibilità tra i gruppi, meno rigide per la convertibilità tra i paesi facenti parte dell'area della sterlina e del conto trasferibile, ma più rigide per la convertibilità tra i paesi appartenenti a quest'ultimo gruppo e al conto americano. Col passar del tempo, entrarono a far parte del conto trasferibile quasi tutti i paesi del mondo, tranne quelli che rientravano nel conto americano e nell'area della sterlina. Nel 1959, la convertibilità della sterlina fu ripristinata per tutti i non residenti nel Regno Unito. (v. anche *American account, sterling area*)

transferable bond: ***obbligazione trasferibile.*** Titolo al portatore, la cui proprietà può essere trasferita mediante semplice consegna, senza cioè alcuna girata né iscrizione nei registri dell'emittente.

transferable by delivery: ***trasferibile mediante consegna.*** È la caratteristica dei titoli di credito al portatore, che possono essere ceduti, o trasferiti, mediante la semplice consegna e nessun'altra formalità.

transferable credit: ***credito trasferibile.*** Una linea di credito concessa da una banca ad un privato e da questi trasferibile ad un terzo, dietro autorizzazione della banca stessa.

transferable goods: ***beni trasferibili.*** Con questo termine, usato in contrapposizione a *non–transferable goods* (v.), A. Marshall voleva intendere tutti i beni che un individuo può trasferire a un altro individuo, a qualunque titolo.

transferable sterling: ***sterlina trasferibile; sterlina convertibile.*** La valuta inglese convertibile in valute di altri paesi, per distinguerla dalla sterlina non convertibile in base alle disposizioni sulla convertibilità emanate dal governo britannico nel 1947. (v. anche *American account, sterling area, sterling convertibility, transferable account*)

transfer agent: ***agente per i trasferimenti.*** Quando una società per azioni non cura in prima persona il registro dei trasferimenti di azioni, viene incaricato di questo compito un istituto bancario, una società fiduciaria o un altro agente, che provvede alla registrazione di qualsiasi cambiamento di proprietà del capitale azionario. Nel linguaggio dei fondi comuni d'investimento, il termine inglese indica la banca che effettua le registrazioni dei sottoscrittori del fondo, nonché i passaggi di proprietà delle quote–parti fra i vari sottoscrittori.

transfer book: ***libro dei trapassi di azioni; registro delle cessioni.*** Termine usato con lo stesso significato di *transfer register* (v.).

transfer by operation of law: ***trasferimento coattivo.*** È il trasferimento di un bene, che prescinde dalla volontà dell'attuale proprietario ed ha luogo mediante l'esercizio di un potere o di un diritto attribuito dalla legge. Il diritto inglese prevede il trasferimento coattivo in caso di fallimento, di mancato pagamento di un debito ipotecario e simili altri casi.

transfer certificate: ***certificato di trapasso di azioni; certificato di cessione di azioni.*** È il certificato emesso da alcune società che non rilasciano nuovi certificati azionari in relazione alla vendita e al conseguente trapasso di azioni. Questo certificato sarà conservato dal nuovo azionista insieme al vecchio certificato intestato al precedente proprietario di quelle azioni.

transfer costs: ***costi di trasferimento; costi di trasporto.*** Sono i costi che si devono sostenere per trasferire materie prime o prodotti finiti dalla loro fonte di produzione al luogo in cui vengono utilizzati o consumati. Oltre al costo del nolo, includono tutte le altre spese, ad esempio quelle di movimentazione, di carico e scarico e di trasbordo.

transfer days: ***giorni di trapasso.*** Sono i giorni in cui è possibile registrare i trapassi di proprietà di azioni nominative.

transfer deed: ***atto di cessione; atto di trapasso.*** Lo strumento mediante il quale si realizza il trapasso di proprietà di valori mobiliari da una persona ad un'altra. Generalmente è rappresentato da un modulo prestampato, nel quale vanno inserite le informazioni richieste. (v. anche *stock transfer form, transfer form*)

transfer duty: ***imposta di bollo sui trasferimenti di titoli azionari.*** Termine usato come sinonimo di *transfer stamp duty* (v.).

transfer earnings: ***guadagni di trasferimento; guadagni alternativi.*** Si indica con questo termine la remunerazione percepita da un fattore della produzione, che rappresenta il minimo necessario a mantenerlo nel suo attuale uso. Qualsiasi eccedenza dei guadagni effettivi rispetto ai guadagni di trasferimento è considerata una rendita economica. (v. anche *economic rent 2*)

transferee: ***cessionario.*** La persona alla quale viene trasferito un bene, come ad esempio azioni o altri valori mobiliari. Il termine, infatti, è usato principalmente in relazione al trapasso di azioni nominative.

transferee company: ***società cessionaria.*** La società alla quale vengono ceduti beni o azioni da parte di un privato o di un'altra società. (v. anche *transferee*)

transfer expenditure: ***trasferimenti.*** Termine usato con lo stesso significato di *transfer payments* (v.).

transfer fee: ***diritto di trapasso; diritto di cessione.*** È la somma di denaro che viene generalmente pagata ad una società all'atto della richiesta di registrazione di un trapasso di azioni. Questo diritto è rappresentato da una somma fissa, qualunque sia il valore dell'operazione di trasferimento dei titoli.

transfer form: ***modulo di trapasso di azioni.*** Il modulo che il venditore di azioni nominative deve riempire e firmare affinché i titoli da lui ceduti possano essere intestati al nuovo azionista. (v. anche *transfer deed, stock transfer form*)

transfer in blank: ***trapasso in bianco; cessione in bianco.*** Termine usato in alternativa a *blank transfer* (v.).

transfer incomes: ***trasferimenti.*** Termine usato con lo stesso significato di *transfer payments* (v.), pur se visti dalla diversa angolazione di chi li riceve.

transfer items: ***trasferimenti.*** Termine usato come sinonimo di *transfer payments* (v.).

transfer journal: ***giornale dei trapassi di azioni.*** È un libro tenuto da alcune società, nel quale vengono registrati i certificati azionari emessi, trasferiti e annullati.

transfer ledger: ***raccoglitore di mastro.*** È un raccoglitore nel quale vengono inseriti i fogli completati di un mastro a fogli mobili o i conti chiusi.

transfer of a bill: ***cessione di una cambiale.*** Il trasferimento, da parte del titolare, dei diritti rappresentati da una cambiale. (v. anche *transferor by delivery*)

transfer of funds: ***trasferimento di fondi.*** Termine usato con lo stesso significato di *bank transfer* (v.).

transfer of mortgage: ***trasferimento d'ipoteca.*** In base all'articolo 95 del *Law of Property Act* del 1925, quando un debitore ipotecario ha il diritto di riscattare l'ipoteca, può chiedere al creditore che invece di restituirgli il titolo di proprietà trasferisca il credito e la proprietà ad un terzo ed il creditore è tenuto ad accogliere questa richiesta. D'altra parte, il creditore ipotecario ha a sua volta il diritto di trasferire l'ipoteca ad un terzo.

transfer of property: ***trapasso di proprietà.*** La vendita, da parte del titolare, di un qualsiasi diritto di proprietà. Il termine è usato principalmente in relazione al trapasso di azioni o al trasferimento di altri valori mobiliari.

transfer of real estate: ***trapasso di proprietà immobiliare; cessione di immobili.*** La vendita, da parte del proprietario, di un qualsiasi bene immobile.

transfer of shares: ***trasferimento di azioni; trapasso di azioni; trapasso di proprietà; traslazione di titoli.*** Termine usato in alternativa a *share transfer* (v.).

transfer of technology: ***trasferimento di tecnologia.*** Termine usato in alternativa a *technology transfer* (v.).

transferor: ***cedente.*** La persona che cede o trasferisce un bene. Il termine è usato principalmente in relazione al trapasso di azioni nominative, per indicare la persona che le vende ad un'altra, chiamata cessionario.

transferor by delivery: ***cedente mediante consegna.*** In relazione a titoli di credito, l'articolo 58 del *Bills of Exchange Act* del 1882 definisce così il cedente mediante consegna: «Quando il titolare di una cambiale al portatore la cede mediante consegna senza girarla, è chiamato cedente mediante consegna». Egli non garantisce che la cambiale verrà pagata alla scadenza ed infatti non è responsabile nei confronti del cessionario in caso di mancato pagamento, a meno che si riesca a dimostrare che la cambiale è stata falsificata.

transferor company: ***società cedente.*** La società che vende o trasferisce beni o azioni ad un privato o ad un'altra società. (v. anche *transferor*)

transfer order: ***ordine di trasferimento.*** Se una banca detiene una fede di deposito a proprio nome, può farla trasferire a nome di un suo cliente inviando un ordine di trasferimento debitamente firmato al magazzino presso il quale le merci sono depositate. L'ordine di trasferimento non autorizza la consegna delle merci depositate, che può avvenire soltanto dietro emissione di un ordine di consegna. (v. anche *delivery order*)

transfer payment disincentives: ***disincentivi ai trasferimenti.*** Quando in una zona ad alto tasso di disoccupazione si insediano nuove attività economiche, i costi di ricerca di lavoro e di trasporto da e per la sede di lavoro vengono ridotti, rendendo più convenienti gli impieghi che prima erano marginali. Ciò crea incentivi alla ricerca e all'accettazione di posti di lavoro da parte di coloro che ricevono indennità e sussidi di disoccupazione e allo stesso tempo costituisce un disincentivo ai trasferimenti.

transfer payments: ***trasferimenti.*** Nella terminologia economica, sono pagamenti diversi da quelli relativi a servizi produttivi e in particolare sono costituiti dall'insieme di fondi monetari che lo stato trasferisce alle famiglie, alle imprese o ad altri enti sotto forma, ad esempio, di sussidi a cittadini meno abbienti, di pensioni sociali o di altra natura, di interessi sul debito pubblico, ecc. Tali pagamenti vengono indicati col termine trasferimenti perché, in effetti, trasferiscono reddito dai settori più abbienti a quelli meno abbienti. Ed infatti, data la loro natura non c'è dubbio che siano i ceti sociali a reddito più basso a ricevere una proporzione maggiore dei trasferimenti. Alcuni stati, come ad esempio l'Italia, ricorrono a queste forme di sussidi invece di attivare tutta una serie di servizi sociali a vantaggio della collettività. Oltre alle conseguenze negative sulla crescita economica, questa pratica influisce negativamente anche in campo sociale, perché alimenta la corsa ai sussidi da parte dei singoli o di gruppi o categorie di cittadini. In quanto i trasferimenti non traggono origine dalla produzione di nuovi beni e servizi, essi sono esclusi dal calcolo del reddito nazionale. Lo stesso termine inglese è spesso usato, principalmente negli Stati Uniti, per indicare pagamenti rilevanti di carattere non ricorrente fatti da uno stato ad un altro, come ad esempio il pagamento di danni di guerra, ai quali non corrisponde alcun aumento di produzione o trasferimento di beni e servizi.

transfer price: ***prezzo di trasferimento.*** È il prezzo al quale un reparto di un'impresa fornisce beni o servizi ad un altro reparto della stessa impresa o un'azienda di un gruppo fornisce beni o servizi ad un'altra azienda dello stesso gruppo.

transfer pricing: ***prezzatura di trasferimento.*** L'assegnazione di un prezzo a beni o servizi che passano da un reparto ad un altro della stessa impresa o da un'impresa ad un'altra dello stesso gruppo. Lo scopo è quello di paragonare il costo di produzione interna con quello dei beni o servizi provenienti da una fonte esterna, o di trasferire beni a società affiliate in paesi esteri a prezzi speciali, onde eludere parte dell'imposizione fiscale.

transfer receipt: ***ricevuta di trapasso.*** La ricevuta rilasciata dal segretario di una società alla persona che ha presentato una domanda di registrazione, opportunamente documentata, di un trapasso di azioni.

transferred charge call: ***telefonata a carico del destinatario.*** Servizio offerto dall'operatore telefonico, che prevede che il costo della telefonata sia addebitato al destinatario se questi accetta di riceverla.

transfer register: ***registro delle cessioni; registro dei trapassi di azioni.*** È il registro che contiene tutti i dettagli relativi ai trapassi di azioni approvati dal consiglio di amministrazione di una società. In esso compaiono: la data di registrazione; le generalità e l'indirizzo del cedente; il numero complessivo di azioni cedute; il numero distintivo delle azioni cedute; il numero del vecchio certificato azionario; il riferimento al foglio del libro dei soci in cui compare il nome del cedente. Le stesse informazioni vengono registrate in relazione al cessionario o nuovo socio. È consuetudine chiudere il registro dei trapassi di azioni un certo numero di giorni prima dell'assemblea generale degli azionisti, al fine di evitare confusione su chi abbia diritto a votare e chi non abbia più tale diritto, avendo ceduto le azioni di sua proprietà.

transfer registration: ***registrazione di trapasso.*** La registrazione dell'avvenuto trasferimento di azioni, effettuata sull'apposito libro della società emittente.

transferring party: ***cedente.*** Termine usato con lo stesso significato di *transferor* (v.).

transfer risk: ***rischio del trasferimento.*** Lo stesso che *exchange risk* (v.).

transfer stamp: ***imposta di bollo sui trasferimenti di titoli azionari.*** Termine usato come sinonimo di *transfer stamp duty* (v.).

transfer stamp duty: ***imposta di bollo sui trasferimenti di titoli azionari.*** L'imposta che lo stato riscuote in relazione al trasferimento o trapasso di valori mobiliari. Ne sono esenti le nuove emissioni, i titoli di stato e le obbligazioni. L'imposta di bollo è dovuta dall'acquirente oltre all'imposta sui fissati bollati e deve essere pagata, nel Regno Unito, entro trenta giorni dalla data del trapasso delle azioni cui si riferisce. All'atto del pagamento, l'apposito ufficio del registro appone un bollo sul documento che comprova l'avvenuto trapasso.

transfer tax: ***imposta sul trasferimento di titoli.*** È l'equivalente statunitense della *transfer stamp duty* (v.) britannica.

transfer ticket: 1. ***assegno di compensazione.*** Il documento mediante il quale vengono liquidati i crediti reciproci tra banche presso la stanza di compensazione. **2.** ***biglietto cumulativo.*** Recapito di viaggio che consente al titolare di interrompere e riprendere il viaggio ad un punto prestabilito.

transformation curve: ***curva di trasformazione; curva delle possibilità produttive dell'economia; linea di trasformazione.*** Lo stesso che *possibility curve* (v.).

transformation functions: ***funzioni di trasformazione.*** Nel linguaggio economico, sono le funzioni che definiscono le posizioni, relative alla struttura delle attività, passività e altre variabili, verso le quali può spostarsi un'impresa. Vi sono due tipi di funzioni di trasformazione: le funzioni di mercato e le funzioni di produzione. (v. anche *market functions, production functions*)

transhipment: ***trasbordo.*** Trasferimento di merci da un vettore ad un altro o da un mezzo di trasporto ad un altro per la continuazione di un viaggio. Le merci possono essere trasbordate direttamente e immediatamente o tramite l'ausilio di altri mezzi di trasporto più piccoli o dopo essere state sbarcate e immagazzinate per un certo periodo di tempo. Il trasbordo di merci è soggetto ad un apposito regolamento doganale.

transhipment bond note: ***bolletta doganale di trasbordo in transito.*** È in pratica una bolletta di importazione per merci schiave di dazio, che devono essere trasbordate subito o dopo un periodo di magazzinaggio in attesa dell'arrivo della nave che dovrà caricarle. Essa contiene la dichiarazione che la persona nominata nella bolletta risponderà del trasbordo e della riesportazione delle merci ivi descritte e deve essere consegnata alle autorità doganali.

transhipment delivery order: ***ordine di consegna per il trasbordo; buono di consegna per il trasbordo.*** Documento doganale usato in relazione a merci che devono essere trasbordate. È emesso dall'amministrazione delle dogane ed è indirizzato all'ufficiale che supervisiona le operazioni di caricazione. Le merci descritte su questo ordine di consegna possono così essere prelevate dal luogo in cui si trovano e caricate a bordo della nave che le porterà fuori del paese.

transhipment expenses: ***spese di trasbordo.*** Le spese che si devono sostenere in relazione al trasbordo di merci. Sono più limitate quando il trasbordo è diretto e immediato tra due mezzi di trasporto presenti sul luogo in cui esso deve aver luogo; sono di maggiore entità quando sono implicati altri mezzi necessari per il trasporto delle merci da uno all'altro dei mezzi di trasporto o quando le merci devono essere scaricate, immagazzinate e successivamente ricaricate sul mezzo che le porterà alla loro destinazione finale.

transhipment free entry: ***bolletta di entrata esente di dogana per il trasbordo.*** È il documento che si usa in relazione a merci di transito descritte in una polizza di carico cumulativa, quando non viene usata la bolletta doganale di trasbordo in transito, che viene così sostituita a tutti gli effetti da questo documento.

transhipment note: ***buono di prelievo; nota di trasbordo.*** Lo stesso che *customs warrant* (v.).

transhipment point: ***punto di trasbordo.*** La località in cui avviene il trasbordo.

transhipment port: ***porto di trasbordo.*** Termine usato con lo stesso significato di *port of transit* (v.).

transhipment shipping bill: ***bolletta di trasbordo; bolletta di uscita per il trasbordo.*** Il documento doganale che autorizza l'uscita di merci immagazzinate in esenzione doganale in attesa di essere trasbordate. È indirizzata all'ufficiale che supervisiona le operazioni di caricazione e che riceverà un'apposita ricevuta dal comandante in seconda della nave che provvederà a portare le merci fuori del paese.

transire: ***lasciapassare.*** Un documento doganale usato nella navigazione costiera o di piccolo cabotaggio. Viene emesso in duplice copia su appositi moduli e firmato dal capitano della nave, dopo che in esso sono state elencate le merci trasportate dalla sua nave. Il capitano dovrà consegnare una copia di questo documento all'atto di lasciare il porto di caricazione e l'altra copia al porto di discarica per dimostrare che le merci non provengono dall'estero e non sono, pertanto, soggette a dazio doganale.

transit cargo: ***carico di transito.*** Termine a volte usato con lo stesso significato di *transit goods* (v.).

transit duties: ***diritti di transito; dazi doganali su merci in transito; dazi di transito.*** Sono dazi che colpivano le merci di passaggio sul territorio di un paese, ma oggi sono stati aboliti quasi dovunque, al fine di incoraggiare il commercio internazionale.

transit entry: ***bolletta doganale di trasbordo in transito.*** Termine usato con lo stesso significato di *transhipment bond note* (v.).

transit goods: ***merci di transito; merci in transito.*** Merci, provenienti da un paese estero e dirette verso un altro paese estero, che passano attraverso il territorio nazionale o vengono temporaneamente depositate nei magazzini generali in attesa dell'arrivo del mezzo di trasporto che dovrà portarle alla loro destinazione finale. Generalmente, tali merci sono esenti da qualsiasi tipo di dazio.

transitional period: ***periodo di transizione.*** Il periodo che intercorre tra il momento in cui un paese viene ammesso a far parte della Comunità Economica Europea e il momento in cui deve adeguare tutti i suoi precedenti dazi doganali a quelli comunitari. Questo periodo ha la durata di cinque anni, durante i quali i dazi doganali del nuovo ammesso vengono ridotti per scaglioni.

transitional unemployment: ***disoccupazione temporanea.*** Lo stesso che *frictional unemployment* (v.).

transit items: ***articoli di transito; titoli fuori piazza.*** Nel linguaggio bancario statunitense, si indicano con questo termine assegni o altri titoli di credito, pagabili in contanti in città diverse da quella in cui la banca li riceve dal suo cliente.

transit number: Espressione del linguaggio bancario statunitense, con la quale si indica il sistema usato per identificare una banca in base al codice numerico riportato sui suoi assegni. Il numero è costituito di tre parti: la prima parte indica il luogo in cui ha sede la banca; la seconda indica il nome della banca; e la terza il distretto della riserva federale e la zona all'interno del distretto. Questo numero è utile in quanto facilita l'inoltro degli assegni fuori piazza.

transitory consumption: ***consumo transitorio; consumo temporaneo.*** Un livello di consumo che l'individuo o la famiglia non si aspettavano o non erano certi di poter raggiungere e non si aspettano di poter realizzare sistematicamente nel futuro. (v. anche *permanent consumption, permanent income hypothesis*)

transitory income: ***reddito transitorio; reddito temporaneo.*** Questo termine viene usato come opposto di reddito permanente e indica le entrate che il percettore non era certo o non si aspettava di realizzare e non si aspetta di ripetere sistematicamente in futuro. Ne sono esempi le entrate derivanti da diritti d'autore o da compensi percepiti da attori per loro partecipazioni a spettacoli. (v. anche *permanent income hypothesis*)

transit port: ***porto di transito.*** Lo stesso che *port of transit* (v.).

transit privilege: ***privilegio di transito.*** Nel linguaggio dei trasporti statunitense, è il privilegio concesso dalle società ferroviarie ai loro clienti, in base al quale essi possono fermare le merci durante il viaggio per immagazzinarle, lavorarle o sottoporle all'ultima fase di rifinitura, pagando ugualmente la tariffa cumulativa.

transit rate: ***tariffa di transito.*** Nel linguaggio dei trasporti statunitense, questo termine indica una tariffa applicata alle merci che sono state o saranno lavorate in un qualsiasi punto tra quello di origine e quello di destinazione.

transit station: ***stazione di transito.*** Nel linguaggio dei trasporti ferroviari, indica una stazione nella quale le merci vengono scaricate per essere poi trasbordate su un altro treno che le porterà alla loro destinazione finale. Quando le merci da trasbordare riempiono un intero vagone, esso sarà staccato dal treno e sistemato su un binario morto in attesa di essere agganciato al treno che lo porterà alla destinazione finale.

transit trade: ***commercio di transito.*** Traffico di merci provenienti da paesi esteri e dirette verso altri paesi esteri, che si limitano a passare per il territorio nazionale o a restarvi immagazzinate per breve tempo in depositi doganali. Tali merci generalmente non sono soggette a dazio, anche se durante la loro sosta nel paese sono sottoposte ad operazioni di selezione, confezionamento, ecc., purché vengano successivamente riesportate. In passato, molti paesi imponevano un dazio doganale di transito sulle merci che attraversavano o comunque toccavano il territorio nazionale, ma oggi tali dazi sono stati aboliti quasi dovunque, allo scopo di incoraggiare il commercio internazionale.

transit visa: ***visto di transito.*** Visto che consente a un viaggiatore di entrare e compiere una breve sosta nel paese, durante un suo viaggio verso un'altra destinazione finale.

to translate: ***tradurre.*** Determinare l'equivalente in termini di valuta locale di una somma espressa in termini di una valuta di un altro paese, applicando a quest'ultima il tasso di cambio del giorno.

translation: ***traduzione.*** L'espressione di dati contabili in termini di una valuta diversa da quella in cui essi sono originariamente esposti, applicando alla seconda esposizione il tasso di cambio del giorno in cui viene redatta. Differisce dalla conversione, in quanto quest'ultima implica il cambio fisico di moneta da una valuta a un'altra.

translation risk: ***rischio di traduzione.*** L'impatto delle fluttuazioni valutarie sui valori delle attività e passività estere di una multinazionale, quando tali valori vengono espressi in termini della valuta in cui è esposto il bilancio patrimoniale.

transloading: ***trasbordo.*** Termine statunitense, usato con lo stesso significato di *transhipment* (v.), ma soltanto in relazione al trasporto merci su rotaia. Implica l'uso di un treno che porta le merci in un punto il più vicino possibile al luogo di destinazione, da dove esse vengono poi inoltrate, su altri mezzi di trasporto, verso le loro rispettive destinazioni finali.

transmission: ***trasmissione; devoluzione.*** Il passaggio del titolo di proprietà di un bene per cause diverse dal trasferimento tra le parti e, pertanto, per effetto di una legge, di una disposizione testamentaria e simili.

transmission of shares: ***devoluzione di azioni.*** Il passaggio automatico del diritto di proprietà di titoli azionari a seguito non di vendita o accordo tra le parti, bensì per effetto di una legge, di una disposizione testamentaria, di un fallimento, ecc., come avviene ad esempio quando, alla morte del titolare, le azioni da lui possedute passano automaticamente ai suoi eredi o aventi causa.

transnational firm: ***impresa transnazionale.*** Un'impresa la cui proprietà è su base internazionale, in ciò rassomigliando ad una multinazionale pur se con attività più ridotta o limitata. Tuttavia, oggi il termine viene sempre più spesso usato per indicare le imprese multinazionali.

transparency: ***trasparenza.*** La caratteristica di chiarezza e univocità che dovrebbe avere qualsiasi norma emanata per regolamentare i rapporti tra partner commerciali.

transparent market: ***mercato trasparente.*** Un mercato nel quale ciascun operatore può vedere e sapere ciò che sta facendo qualsiasi altro operatore.

transplacement: ***spostamento.*** Un errore derivante dallo spostamento di tutte le cifre di un numero verso la destra o verso la sinistra, rispetto alle colonne in cui dovrebbero essere inserite, senza però che vi sia trasposizione.

transplant: ***fabbrica trapiantata.*** Uno stabilimento per la produzione di beni istituito in un paese, da un'impresa straniera, allo scopo di aggirare le disposizioni sulle importazioni e sui dazi doganali. Ne sono esempi le fabbriche impiantate da imprese giapponesi sul territorio degli Stati Uniti e del Regno Unito.

transport: ***trasporto.*** È una delle attività ausiliarie del commercio. Il progresso che si è verificato nei mezzi di trasporto negli ultimi due secoli ha avuto un'influenza enorme sullo sviluppo economico mondiale. Dapprima le ferrovie e poi i mezzi di trasporto su strada hanno aperto allo sfruttamento economico ampie zone dei continenti americano, europeo e asiatico, mentre lo sviluppo dei mezzi di trasporto urbani e suburbani ha contribuito ad allargare sempre di più le aree industriali.

Transport Act: È il nome con il quale vengono indicate le varie leggi sui trasporti approvate dal parlamento britannico. Il *Transport Act* del 1953 denazionalizzò il trasporto su strada e abolì le restrizioni imposte nel 1845 sulle tariffe ferroviarie, col risultato che le ferrovie britanniche potevano entrare in concorrenza con altre forme di trasporto. Il *Transport Act* del 1962 apportò soltanto modifiche di carattere burocratico e amministrativo, sostituendo certi enti ad altri, pur se ciò si tramutò in una maggiore efficienza delle attività svolte dalle ferrovie e altre forme di trasporto. Il *Transport Act* del 1968 fu approvato allo scopo di riorganizzare i trasporti pubblici e integrare i trasporti su strada e quelli su ferrovia.

transportation: ***trasporto.*** È l'equivalente statunitense del termine britannico *transport* (v.).

Transportation Act: Legge, approvata dal Congresso degli Stati Uniti, con la quale si autorizzò la *Interstate Commerce Commission* (v.) ad assumere la giurisdizione sulle idrovie interne e sul traffico costiero, in modo da facilitare la creazione di un sistema nazionale unificato di trasporto su strada, su ferrovia e su idrovie.

transportation advertising: ***pubblicità su mezzi di trasporto.*** È la pubblicità fatta su treni, autobus o altri mezzi di trasporto pubblici e nelle relative stazioni, sotto forma di cartelloni, manifesti o altri dispositivi, che possono essere sistemati all'interno o sulle fiancate dei mezzi di trasporto.

transportation costs: ***costi di trasporto; costi di trasferimento.*** Termine statunitense, usato con lo stesso significato di *transfer costs* (v.).

transportation ratio: ***rapporto di trasporto.*** Nella terminologia dei trasporti statunitense, è il rapporto tra i ricavi operativi e le spese di trasporto. Queste ultime rappresentano i costi sostenuti per far viaggiare i treni, ma non includono i costi di ammortamento, di riparazione e di manutenzione.

Transport Co-ordinating Council: Ente istituito nel Regno Unito nel 1966 col compito di affrontare e risolvere i gravi problemi connessi ai trasporti nell'area di Londra.

Transport Holding Company: Società finanziaria pubblica istituita nel Regno Unito in base al *Transport Act* del 1962, allo scopo di controllare alcune imprese di trasporti su strada, società di navigazione e agenzie di viaggi.

Transport Users' Consultative Committee: Comitato consultivo degli utenti dei trasporti pubblici, istituito nel Regno Unito allo scopo di portare all'attenzione delle autorità qualsiasi disfunzione di grossa portata che si verifichi nel servizio di trasporto pubblico o problemi che rischiano di far chiudere linee o stazioni ferroviarie secondarie o periferiche.

transposition: ***trasposizione.*** Nel linguaggio della contabilità, è un errore causato dall'inversione di cifre in un numero, come ad esempio 2473 invece di 2743.

transshipment: ***trasbordo.*** Per la spiegazione di questo termine e dei derivati, v. *transhipment* e derivati.

trap car: Nel linguaggio dei trasporti ferroviari statunitense, è un carro adibito al trasporto di colli, che non riempiono un intero vagone, dal domicilio del mittente alla stazione terminale di origine, ove essi vengono caricati su altri vagoni che li trasporteranno a destinazione.

travel account: ***bilancia turistica.*** È la voce della bilancia dei pagamenti che registra le entrate e le uscite derivanti da viaggi di stranieri nel paese o da viaggi di residenti in paesi esteri.

travel cheque: ***assegno turistico.*** Lo stesso che *travellers' cheque* (v.).

traveller: ***viaggiatore; commesso viaggiatore.*** Persona impiegata da grossisti o produttori affinché rappresenti i loro interessi in una determinata area geografica, visitando clienti allo scopo di procurare ordinativi, riscuotere pagamenti e presentare nuovi prodotti ai rivenditori al dettaglio.

travellers' cheque: ***assegno turistico; assegno per viaggiatori.*** Tipo di assegno a copertura garantita che ha sostituito le lettere di credito o altri mezzi di trasferimento di valuta di cui in passato si servivano i viaggiatori. L'assegno turistico è un titolo emesso da una banca nazionale su se stessa o su una banca corrispondente estera, che il viaggiatore può acquistare con moneta nazionale e cambiare durante i suoi viaggi in altri paesi. Esso ha la caratteristica delle due firme, cioè colui che lo acquista deve firmarlo alla presenza dell'impiegato della banca che lo vende e dovrà poi rifirmarlo al momento in cui lo cambierà all'estero. Con il controllo delle due firme ed eventualmente anche dei documenti di chi lo spende, viene resa quasi impossibile la riscossione da parte di persone che non ne siano i legittimi proprietari.

traveller's letter of credit: ***lettera credenziale.*** Termine usato con lo stesso significato di *letter of credit 2* (v.).

travelling auditor: ***revisore periferico dei conti; ispettore contabile viaggiante.*** Un revisore che si reca a controllare i conti di una filiale, di un'agenzia o di altri uffici distaccati della stessa impresa.

travelling clerk: ***commesso viaggiatore.*** Termine usato con lo stesso significato di *traveller* (v.).

travelling exhibit: ***mostra viaggiante; mostra itinerante.*** Una particolare mostra, di prodotti tipici o generici, che non ha una propria sede fissa, ma si sposta nei vari centri commerciali in cui si ritiene che possa interessare gli abitanti e gli operatori del settore.

travelling expense allowance: ***indennità di viaggio.*** Compenso spettante ad un funzionario, o altro dirigente o dipendente di un'impresa, in considerazione delle spese da lui sostenute durante una missione ordinatagli dall'impresa stessa. L'indennità di missione è applicata quando non si usa il rimborso spese a piè di lista.

travelling expenses: ***spese di missione; spese di trasferta; spese di viaggio.*** Sono le spese che deve sostenere chi si allontana dalla propria residenza abituale. Se il viaggio è fatto per conto del datore di lavoro, le spese vengono rimborsate o a piè di lista o con una somma forfettaria di un tanto al giorno.

travelling goods: ***merci viaggianti; merci in viaggio.*** Merci che si trovano su un mezzo di trasporto per venir trasferite dal luogo di produzione a quello di consumo. Possono essere vendute mediante la consegna della polizza di carico o altro documento rappresentativo.

travelling requisition: ***richiesta di approvvigionamento viaggiante.*** Un documento di controllo delle scorte, che contiene una descrizione degli articoli, le notizie relative al fornitore e i particolari relativi al costo, alla consegna e al tasso di utilizzazione. Viene indicato con questo termine, perché il documento viene stilato al momento del riordino, viene inviato all'addetto agli acquisti che stabilisce i particolari dell'approvvigionamento, da questi viene inviato all'impiegato addetto agli ordinativi il quale provvede al suo invio e infine viene inoltrato, in copia, al magazzino, che provvede ad aggiornarlo inserendovi i dati relativi alla fornitura quando essa viene ricevuta.

travelling salesman: ***venditore viaggiante; commesso viaggiatore.*** Termine usato principalmente negli Stati Uniti con lo stesso significato di *traveller* (v.).

travel pay: ***indennità di viaggio.*** Termine usato con lo stesso significato di *travelling expense allowance* (v.).

T.R.C.: tax reserve certificate.

Treas. Bds.: treasury bonds.

treasurer: ***tesoriere; capo della contabilità finanziaria.*** La persona che, in un circolo o altra associazione, ha il compito di riscuotere ed effettuare pagamenti, registrando opportunamente le somme in entrata e in uscita. A volte, il termine inglese viene usato per indicare il capo dell'ufficio contabilità finanziaria di un'impresa.

Treasurer of the United States: Termine con il quale si indica la sezione del dipartimento del tesoro degli Stati Uniti preposta alla amministrazione delle entrate e delle uscite di denaro pubblico, alla emissione e al ritiro dalla circolazione di monete metalliche e valuta cartacea, al pagamento di interessi e al rimborso di titoli del debito pubblico e alla custodia di titoli depositati in garanzia presso il governo federale.

Treasuries: ***titoli di stato.*** Lo stesso che *treasury bonds 1* (v.).

Treasury: ***Tesoro; ministero del tesoro.*** Questo termine viene usato per indicare il ministero del tesoro sia nel Regno Unito che negli Stati Uniti. A capo del ministero del tesoro britannico c'è il Cancelliere dello Scacchiere, ma il primo ministro ne è il cosiddetto *First Lord*. Tra i compiti principali di tale ministero rientrano la finanza pubblica e la politica economica e monetaria.

treasury bill: ***buono del tesoro.*** I buoni del tesoro furono emessi nel Regno Unito per la prima volta nel 1877. Sono titoli di indebitamento a breve termine, tra uno e dodici mesi, con i quali il governo fa fronte a proprie necessità, in previsione di entrate successive che, per il governo inglese, sono generalmente concentrate nell'ultimo trimestre dell'anno finanziario. I buoni del tesoro britannici vengono emessi in tagli da cinquemila sterline e multipli e oggi costituiscono la maggior parte del debito fluttuante del governo inglese. Essi vengono venduti in due modi: a) a richiesta, in emissione riservata a ministeri o enti statali che dispongono di eccedenze di fondi, ad un tasso di sconto che non viene reso noto al pubblico; e, b) mediante il sistema dell'asta, cui partecipano banche estere, mediatori e case di sconto. Gli istituti di credito non partecipano a queste aste, ma acquistano i buoni del tesoro successivamente, sul mercato monetario, il che consente loro di scegliere ed acquistare i buoni con la scadenza che essi desiderano. Infatti, le aste si tengono ogni settimana per somme oscillanti tra i cento e i duecento milioni di sterline, rimborsabili novantuno giorni dopo la data di emissione. Alcuni economisti britannici hanno criticato la politica governativa post–bellica di usare i buoni del tesoro per costituire il debito fluttuante, in quanto ciò contribuisce a tenere in essere una pressione inflazionistica, aumentando la liquidità generale del sistema economico. Negli Stati Uniti, lo stesso termine indica simili obbligazioni del ministero del tesoro, con data di scadenza inferiore ad un anno dalla data di emissione. Anche negli Stati Uniti, come nel Regno Unito ed in Italia, i buoni del tesoro non fruttano interessi, ma vengono venduti ad un dato tasso di sconto, che dipende dall'andamento dei tassi di interesse e dalla politica monetaria del governo.

treasury bill tender: ***asta di buoni del tesoro.*** È l'asta settimanale alla quale la Banca d'Inghilterra vende al miglior offerente partite variabili di buoni del tesoro. Ciascuna emissione, il cui ammontare differisce da settimana a settimana, viene sempre assorbita completamente dai membri dell'Associazione del Mercato dello Sconto Londinese. Prima del 1971, anno in cui furono introdotte le nuove disposizioni, le case di sconto si accordavano per offrire un singolo prezzo consortile alle aste, ma da quell'anno in poi ciascuna di loro fa un'offerta relativa a una determinata quota dell'intera emissione, basata sul suo capitale e sulle sue risorse. Pur se ancor oggi la somma di tutte le richieste delle case di sconto copre interamente l'emissione settimanale di buoni del tesoro, il prezzo che esse offrono per questi buoni non è più concordato in anticipo tra loro.

treasury bonds: 1. ***titoli di stato; buoni del tesoro poliennali.*** Titoli di stato di durata superiore a quella dei buoni del tesoro ordinari, che può andare dai due–tre anni a dieci anni e più. Vengono emessi ad un determinato tasso di interesse, che varia a seconda dell'andamento del livello generale dei tassi di interesse e della politica monetaria del governo. **2.** ***titoli in tesoreria.*** Espressione generica del linguaggio finanziario statunitense. Può indicare: a) obbligazioni emesse da una società e successivamente da essa ricomprate sul mercato o direttamente dagli obbligazionisti; oppure, b) obbligazioni la cui emissione è stata autorizzata, ma non ancora eseguita e pertanto i titoli si trovano ancora nella «tesoreria» della società emittente.

treasury certificate: ***certificato del tesoro; certificato di credito del tesoro.*** Nel linguaggio finanziario statunitense, indica un'obbligazione del ministero del tesoro, della durata generalmente di un anno, che frutta interessi pagabili dietro presentazione delle cedole annesse ai certificati.

Treasury Department: ***ministero del tesoro.*** È il termine con il quale negli Stati Uniti si indica più propriamente il ministero del tesoro, spesso abbreviato in *Treasury* (v.).

treasury deposit receipt: ***ricevuta di deposito del tesoro.*** Con questo termine si indicò un titolo di credito coattivo, imposto dal governo britannico alle banche inglesi durante il secondo conflitto mondiale. Le ricevute di deposito del tesoro furono introdotte nel 1940 e consentivano allo stato di contrarre prestiti direttamente con le banche, dietro consegna di questi titoli che fruttavano un interesse di poco superiore all'uno per cento. Queste ricevute in effetti presero il posto dei buoni del tesoro nel periodo bellico ed ogni settimana il governo faceva sapere alle banche l'ammontare in ricevute che ciascuna di loro doveva assorbire. In caso di vera e comprovata emergenza, le banche erano autorizzate a chiedere il rimborso delle ricevute di deposito, che altrimenti non erano negoziabili e servivano al governo britannico anche come strumento di controllo del credito bancario. Durante l'intero arco del periodo bellico, le ricevute di deposito del tesoro emesse dal governo britannico raggiunsero la somma ragguardevole di un miliardo e ottocento milioni di sterline. Dopo la fine del conflitto, esse furono gradualmente sostituite con buoni del tesoro e ridotte praticamente a zero nel 1952, quando esse scomparvero definitivamente dai bilanci delle banche britanniche.

treasury directive: ***direttiva del Tesoro.*** È uno strumento di politica monetaria usato dal governo britannico in varie occasioni dopo il 1951, con l'intento di ridurre il credito bancario. Dapprima furono emesse direttive qualitative, tendenti cioè a limitare il credito privilegiando i settori che venivano considerati di maggior interesse per l'economia nazionale, ma successivamente furono emesse direttive quantitative, il cui obiettivo era quello di ridurre indiscriminatamente il volume del credito bancario. Quando, nel 1960, la Banca d'Inghilterra fece per la prima volta ricorso ai depositi speciali, si pensò che le direttive del Tesoro non sarebbero più state applicate, ma nel 1965–66 esse furono nuovamente usate insieme ai depositi speciali.

Treasury Investment Growth Receipt: Negli Stati Uniti, è il diritto a un *treasury bond* (v.) che maturerà ad una certa data futura. Questo tipo di ricevuta viene venduta da intermediari di borsa che hanno effettivamente acquistato il titolo di stato a un prezzo inferiore a quello che essi fanno pagare per il TIGR, che pertanto non è altro che un certificato rappresentativo del titolo di stato venduto sotto la pari e che quindi non prevede il pagamento di interessi, bensì il rimborso al valore facciale alla scadenza.

treasury notes: Termine usato con due significati: **a)** indica biglietti da una sterlina e da dieci scellini emessi dal ministero del tesoro britannico, all'inizio della prima guerra mondiale, in base al *Currency and Bank Notes Act* del 1914. La stessa legge li rendeva biglietti a corso legale, convertibili in monete d'oro, a richiesta, presso la Banca d'Inghilterra. Successivamente, il *Gold Standard Act* del 1925 li rese convertibili soltanto ad opzione della Banca d'Inghilterra, dopo che un'ordinanza del ministero del tesoro li aveva privati del corso legale dall'11 giugno 1920. Infine, il *Currency and Bank Notes Act* del 1928 trasferì l'emissione dei *treasury notes* alla Banca d'Inghilterra a partire dal 22 novembre 1928. A partire dalla stessa data, la Banca d'Inghilterra divenne, per effetto della stessa legge, responsabile di tutti i *treasury notes* in circolazione ed essi divennero, pertanto, equiparati alle banconote della Banca d'Inghilterra. **b)** Nel linguaggio finanziario statunitense, il termine indica un'obbligazione del ministero del tesoro, con data di scadenza oscillante tra uno e cinque anni dalla data di emissione.

Treasury Notes of 1890: Nel linguaggio finanziario degli Stati Uniti, si indica con questa espressione un'emissione di obbligazioni del Tesoro fatta allo scopo di pagare gli acquisti mensili di quattro milioni e mezzo di once d'argento autorizzati dal Congresso. I titoli erano redimibili alla scadenza in oro o argento. Nel 1893, tuttavia, la legge che autorizzava l'emissione fu abrogata e i titoli, secondo quanto stabilito dal *Gold Standard Act* del 1900, furono sostituiti con certificati d'argento.

treasury shares: ***azioni di tesoreria.*** Termine usato con lo stesso significato di *treasury stock 1* (v.).

treasury special account: ***conto speciale del Tesoro.*** Il conto sul quale venivano accreditati gli aiuti concessi in base al Piano Marshall dagli Stati Uniti al Regno Unito.

treasury stock: 1. ***azioni di tesoreria.*** Nel linguaggio finanziario degli Stati Uniti, questo termine indica azioni interamente liberate che sono state riacquisite dalla società emittente attraverso donazioni, acquisto sul mercato o direttamente dagli azionisti o in altra maniera e sono, pertanto, disponibili per l'annullamento o la rivendita. Vengono così chiamate perché esse sono in giacenza presso la «tesoreria» della società emittente. Più raramente, il termine viene usato per indicare azioni la cui emissione è stata autorizzata, ma non ancora effettuata. **2.** ***titoli di stato.*** Nel linguaggio finanziario statunitense e britannico, il termine viene usato anche come sinonimo di *treasury bonds 1* (v.).

treasury tax and loan accounts: Conti di deposito, presso le banche commerciali, di proprietà del governo federale degli Stati Uniti. Le banche sulle quali si creano questi fondi, a seguito di versamenti da parte dei cittadini, hanno due possibilità: o investirli per conto del governo, o rimetterli subito alla *Federal Reserve Bank* da cui ciascuna di loro dipende.

treasury warrant: ***mandato di pagamento del Tesoro.*** È un ordine di pagamento emesso dal ministero del tesoro statunitense sotto forma di assegno bancario. È lo strumento mediante il quale vengono effettuati tutti i pagamenti del Tesoro degli Stati Uniti ed è usato anche allo stesso scopo dal ministero del tesoro britannico.

Treaty of Accession: ***Trattato di adesione.*** Il trattato che sanzionò l'adesione del Regno Unito, della Repubblica d'Irlanda e della Danimarca alla Comunità Economica Europea a decorrere dal 1° gennaio 1973.

Treaty of Rome: ***Trattato di Roma.*** È il trattato, firmato a Roma nel 1957, in base al quale fu costituita la Comunità Economica Europea. (v. anche *European Economic Community*)

Treaty of Stockholm: ***Trattato di Stoccolma.*** È il trattato, firmato a Stoccolma nel 1960, in base al quale fu costituita l'Associazione Europea di Libero Scambio. (v. anche *European Free Trade Association*)

trend: 1. ***tendenza; andamento.*** Una qualsiasi tendenza dei valori di una serie temporale a crescere o a diminuire nell'arco di un certo periodo di tempo. Il termine può riferirsi ai prezzi, al tasso di aumento o diminuzione della popolazione, all'attività economica, ai consumi e simili altre variabili. **2.** ***linea di regressione.*** A volte il termine inglese viene usato con lo stesso significato di *regression line* (v.).

trend analysis: ***analisi di tendenza.*** L'operazione mediante la quale viene fatta una media dei dati relativi ad una serie temporale, allo scopo di ottenere una curva uniforme dello sviluppo o del declino di una qualsiasi attività o di un qualsiasi livello relativi ad un periodo di tempo passato. La curva che si ricava in tal modo non è altro che una media, alla quale contribuiscono fattori causali vecchi e nuovi e non può, pertanto, considerarsi una base affidabile sulla quale costruire previsioni per il futuro, a meno che si sia certi che gli eventi futuri saranno influenzati in uguale misura dagli stessi fattori che hanno influenzato gli eventi del passato.

tret: ***abbuono; calo.*** Il termine inglese indica un abbuono di quattro libbre su ogni centoquattro libbre di determinati beni, in considerazione di polvere, corpi estranei, sciupio o logorio.

trial balance: ***bilancio di verifica; bilancio di verificazione.*** Nella contabilità in partita doppia, il bilancio di verifica rappresenta un mezzo per controllare l'esattezza dei riporti a mastro. Nell'effettuare tali riporti, infatti, può capitare di commettere degli errori, quali ad esempio trascrizioni sbagliate, omissioni di registrazioni, registrazioni in sezioni opposte e simili. Allo scopo di individuare e correggere tali errori è necessario effettuare dei controlli ad intervalli più o meno regolari e ciò si realizza mediante un prospetto, chiamato bilancio di verifica, nel quale si trascrivono i conti del mastro e per ogni conto si indicano i totali degli importi registrati in dare e il totale degli importi registrati in avere. Poiché la regola fondamentale della partita doppia stabilisce che il totale degli addebitamenti deve essere uguale al totale degli accreditamenti effettuati in tutti i conti, questi due totali devono coincidere con quelli del bilancio di verifica. Sfuggono, però, al controllo mediante il bilancio di verifica tutti gli errori che si compensano l'uno con l'altro e le registrazioni effettuate scambiando i conti, cioè usando un conto invece di un altro. Pertanto, se il bilancio non quadra, cioè se il totale del dare non è uguale al totale dell'avere, senz'altro c'è un errore; se, invece, esso quadra si può sperare che tutto sia in ordine ed esatto, ma non se ne può avere la certezza matematica.

trial of the pyx: Espressione con la quale si indica il saggio effettuato ogni anno allo scopo di accertare che il peso e il contenuto di fino delle monete coniate dalla zecca britannica è conforme al peso legale e al contenuto di fino dei campioni delle monete conservati in una speciale scatola detta *pyx*. Per effettuare tale saggio, il Cancelliere dello Scacchiere convoca una giuria presso la *Royal Mint* (v.) composta di membri della *Goldsmiths' Company*. Il primo saggio del genere fu fatto durante il regno di Enrico terzo e, successivamente, ad intervalli irregolari, ma ora esso viene ripetuto ogni anno.

trial order: ***ordinativo di prova.*** Nel linguaggio commerciale, è un ordinativo di una piccola quantità di un bene, inoltrato da un rivenditore allo scopo di provare la qualità del prodotto o di accertare come esso viene accolto dai suoi clienti.

trial period: ***periodo di prova.*** È il periodo durante il quale un nuovo dipendente di una qualsiasi organizzazione viene sottoposto alla prova del lavoro, prima di essere assunto in pianta stabile, onde accertare se egli è in grado di svolgere i compiti che gli verranno affidati e se essi si confanno alle sue capacità e aspettative.

trial sample: ***campione di prova.*** Piccola quantità di un prodotto, inviata a un probabile acquirente affinché ne possa verificare la qualità.

triangular trade: ***scambio triangolare; commercio triangolare.*** Uno schema di scambi internazionali o una situazione del commercio internazionale in cui si mantiene l'equilibrio, cioè il pareggio tra beni importati e beni esportati, nell'arco di un qualsiasi periodo di tempo, mediante scambi che coinvolgono tre paesi invece di due. Laddove esiste un tale schema, il paese A esporta verso il paese B, che a sua volta esporta verso il paese C. Il paese C poi completa il ciclo esportando verso il paese A, così bilanciando, o pareggiando, il flusso di beni dal paese A al paese B. L'esempio classico dello scambio triangolare si trova in una parte del commercio delle colonie americane nel diciottesimo secolo. Le colonie americane esportavano rum verso l'Africa in cambio di schiavi, che venivano portati nelle Indie Occidentali, ove erano venduti in cambio di zucchero, che veniva importato nelle colonie americane per fabbricare il rum da esportare in Africa, così completando il ciclo.

trickle-down: Espressione aggettivale, usata per indicare un qualcosa relativo o basato sulla teoria economica che sostiene che la moneta che si diffonde entro il sistema economico, in particolare la moneta proveniente dalle casse dello stato, avrà l'effetto di stimolare lo sviluppo più se la distribuzione avviene attraverso le grandi imprese industriali che se essa avviene tramite benefici diretti, quali servizi sociali o opere pubbliche.

Triffin plan: ***piano Triffin.*** Piano suggerito dal professor R. Triffin dell'Università di Yale per convertire il Fondo Monetario Internazionale in una banca centrale mondiale. Caratteristiche della proposta sono: a) le riserve di ciascun paese membro dovrebbero comprendere depositi presso questa banca centrale mondiale in termini di una nuova unità di conto; b) ciascun paese dovrebbe tenere in questa forma il venti per cento delle proprie riserve; c) le liquidazioni internazionali sarebbero regolate mediante addebiti e accrediti in queste riserve; d) questi depositi dovrebbero potersi incrementare per far fronte alle crescenti esigenze del commercio mondiale, ma l'ammontare di questi aumenti dovrebbe ottenere la precedente approvazione dei paesi membri.

trigger price: ***prezzo d'intervento.*** Termine usato con lo stesso significato di *intervention price* (v.), ma più specificamente adottato negli Stati Uniti per indicare il costo di produzione sostenuto dal produttore mondiale più efficiente in campo siderurgico. Quando il prezzo dei prodotti siderurgici importati negli Stati Uniti risulta più basso del *trigger price* è possibile avviare una rapida procedura antidumping nei confronti del fornitore straniero. Il *trigger price* fu adottato dagli Stati Uniti nel 1977 allo scopo di proteggere la siderurgia nazionale in un momento di crisi e come sostegno al processo di ridimensionamento e ammodernamento della stessa. Nel 1982 il meccanismo fu sospeso nei confronti della Comunità Europea a seguito di accordi di autolimitazione sottoscritti da quest'ultima, ma esso resta in vigore per i paesi che non hanno sottoscritto accordi di questo tipo.

trilateral trade: ***scambio trilaterale; commercio trilaterale.*** Termine usato come sinonimo di *triangular trade* (v.).

trimetallism: ***trimetallismo.*** Sistema monetario nel cui ambito le unità valutarie vengono espresse in termini di tre metalli, ad esempio oro, argento e rame. (v. anche *monometallism, bimetallism*)

Trinity House: Nome dell'organizzazione che sovrintende la navigazione nelle acque britanniche. È preposta alla costruzione di fari o mede, alla nomina dei piloti, agli esami di coloro che saranno successivamente abilitati alla navigazione e alla tutela di tutti gli interessi marittimi del paese. La *Trinity House* è finanziata con parte dei diritti pagati dalle navi per l'uso dei porti e altre strutture marittime.

Tripartite Agreement: ***Accordo tripartito.*** Termine usato come sinonimo di *Tripartite Currency Agreement* (v.).

Tripartite Currency Agreement: ***Accordo valutario tripartito.*** Dopo l'abbandono del sistema monetario aureo, il Regno Unito creò il Fondo per la stabilizzazione dei cambi nel 1932. Poco dopo anche la Francia e gli Stati Uniti crearono fondi simili per l'intervento sui mercati dei cambi in caso di pressione sulle loro valute. Nel 1936, i tre paesi raggiunsero un accordo, chiamato appunto Accordo valutario tripartito, in base al quale ciascuno di loro si impegnava a ricomprare, pagandola in oro a tassi prestabiliti, qualsiasi quantità di propria valuta che gli altri paesi volessero vendere. L'accordo prevedeva anche che i tassi di cambio non sarebbero stati variati se non dopo consultazioni tra i tre paesi. Successivamente, simili dichiarazioni furono fatte dalla Svizzera, dal Belgio e dai Paesi Bassi, ma l'accordo giunse a termine quando la Germania invase la Francia, il Belgio e altri paesi europei.

trip charter: ***noleggio a viaggio; contratto di noleggio a viaggio.*** Termine a volte usato con lo stesso significato di *voyage charter* (v.).

triple A: Indica la classificazione più alta di un titolo a reddito fisso e significa che esso implica il minor rischio possibile. È il modo di pronunciare la sigla *AAA* (v.).

triple option: ***contratto a premio triplo.*** Lo stesso che *strap* (v.).

triple witching hour: ***ora delle tre streghe.*** Espressione del gergo borsistico statunitense con la quale si indica l'ultima ora di contrattazione del terzo venerdì dei mesi di marzo, giugno, settembre e dicembre in cui scadono contemporaneamente i contratti a termine e a premio su indici di borsa e i contratti a premio su titoli azionari. Ciò porta a un anomalo livello di attività, che crea uno scompiglio nei corsi azionari.

triptique: ***trittico.*** È il documento necessario per la temporanea uscita di automobili dal territorio doganale di un paese. Viene rilasciato dall'Automobil Club del paese, ma varia da nazione a nazione in quanto non è legato ad accordi internazionali. Il nome deriva dal fatto che esso è composto di tre fogli: uno per l'espatrio; uno per il rimpatrio temporaneo; e un terzo per il rimpatrio definitivo.

troubled industry: ***industria in difficoltà.*** Industria ormai matura, che non riesce ad attirare investimenti anche a seguito del forte calo della domanda dei suoi prodotti. In questi ultimi anni si sono trovate in questa situazione l'industria dell'acciaio, l'industria dei macchinari pesanti e, in parte, quella automobilistica.

trouble-shooter: ***spicciaimbrogli.*** Termine colloquiale, usato per indicare una persona particolarmente abile nell'individuare ed eliminare le cause di un qualsiasi problema in un'operazione, in un reparto, in un'impresa o altra organizzazione.

trough: ***punto di svolta inferiore; punto d'inversione inferiore.*** Lo stesso che *turning zone* (v.), ma specificamente riferito alla zona d'inversione inferiore.

troy grain: ***grano.*** V. spiegazione sotto *troy weight.*

troy ounce: ***oncia troy.*** V. spiegazione sotto *troy weight.*

troy pound: ***libbra troy.*** V. spiegazione sotto *troy weight.*

troy weight: ***sistema troy.*** È il nome dato al sistema di misure di peso usato nel Regno Unito soltanto in relazione a pietre e metalli preziosi. In questo sistema, l'unità principale è rappresentata dalla libbra troy, equivalente a grammi 373,242, dalla quale derivano tutte le altre unità di misura e precisamente l'oncia troy, corrispondente alla dodicesima parte della libbra ed equivalente a grammi 31,1035; il *pennyweight*, corrispondente alla ventesima parte dell'oncia troy ed equivalente a grammi 1,5552 o sei carati; il grano, corripondente alla ventiquattresima parte del *pennyweight* ed equivalente a milligrammi 64,798182, per cui quattro grani corrispondono ad un carato di oro o argento. Altre misure usate nel sistema troy sono il *quarter*, corrispondente a venticinque libbre troy ed equivalente a 9,331 chilogrammi; il *hundredweight*, corrispondente a cento libbre troy ed equivalente a 37,324 chilogrammi; la tonnellata troy, corrispondente a duemila libbre o venti *hundredweight* ed equivalente a 746,48 chilogrammi. Il grano del sistema troy è uguale al grano del sistema avoirdupois, ma mentre la libbra troy contiene 5760 grani, quella avoirdupois ne contiene 7000. (v. anche *avoirdupois weight*)

truck: Termine usato con lo stesso significato di *truck system* (v.).

Truck Acts: Nome dato alle leggi approvate dal parlamento britannico nel 1831, 1887 e 1896 con le quali si vietava il pagamento in natura o in altra forma che non fosse quella monetaria del salario spettante ai lavoratori impiegati nell'industria. Al fine di consentire il pagamento dei salari a mezzo di assegno, vaglia postale o accreditamento su un conto bancario fu necessario emendare i *Truck Acts* con il *Payment of Wages Act* (v.).

truckage: ***diritto di vagone.*** Il diritto fatto pagare dalle ferrovie per l'uso di un vagone ferroviario oltre, naturalmente, alla normale tariffa di trasporto.

truck farm: ***orto.*** Termine usato negli Stati Uniti con lo stesso significato di *market garden* (v.).

truck shop: ***spaccio.*** Il termine inglese indica il negozio, di proprietà del datore di lavoro, presso il quale gli operai potevano e dovevano spendere i buoni acquisto mediante i quali veniva pagato il loro salario, all'epoca in cui vigeva il *truck system* (v.), successivamente abolito dai *Truck Acts* (v.).

truck store: ***spaccio.*** Termine usato come sinonimo di *truck shop* (v.).

truck system: ***sistema di remunerazione in natura.*** Espressione con la quale si indica il sistema, diffuso agli inizi dell'industrializzazione, in base al quale gli operai venivano obbligati ad accettare la loro retribuzione in natura, invece che in moneta. Il sistema prevedeva il pagamento del salario in buoni d'acquisto spendibili presso spacci, gestiti dallo stesso proprietario della fabbrica, ove di solito venivano venduti generi alimentari di qualità scadente a prezzi superiori a quelli di mercato, con un evidente vantaggio per il proprietario.

truck wholesaler: ***grossista camionista.*** Termine usato negli Stati Uniti per indicare un grossista che non acquista e tiene in deposito beni, ma agisce da intermediario tra il produttore e il dettagliante, acquistando e consegnando soltanto dopo aver ricevuto ordinativi da quest'ultimo.

true discount: ***sconto razionale; sconto all'indietro.*** È lo sconto calcolato come l'interesse nel tempo di una data somma. Corrisponde alla differenza tra la somma dovuta in futuro ed il valore attuale della stessa somma. Per trovare il valore attuale, si dovrà dividere la somma dovuta per l'ammontare di una unità monetaria per il tempo e il tasso dati.

true interest: ***interesse puro.*** Termine usato con lo stesso significato di *pure interest* (v.).

true investment: ***investimento reale.*** L'impiego di una quantità di moneta allo scopo di procurarsi un reddito regolare di un certo ammontare, sotto forma di interessi o dividendi. Il termine inglese viene usato come opposto di *speculative investment* (v.).

true rent: ***rendita fondiaria; rendita ricardiana; rendita differenziale.*** Termine usato con lo stesso significato di *Ricardian rent* (v.).

true reserve: ***riserva reale.*** Nel linguaggio della contabilità, indica un effettivo accantonamento di utili non distribuiti.

true value: ***valore congruo.*** Ai fini di un accertamento fiscale, questo termine indica l'effettivo valore di mercato della proprietà, cioè il corrispettivo monetario che se ne può ricavare a seguito di vendita sul mercato libero.

true value rule: ***regola del valore congruo.*** Regola statunitense, in base alla quale chi sottoscrive e rivece azioni di capitale deve pagarne l'intero valore di parità in moneta o beni, in modo da non variare la situazione patrimoniale dell'impresa. Se a causa di errore o per qualsiasi altro motivo la somma versata da uno o più azionisti non è uguale al valore di parità delle azioni ricevute, le azioni si ritengono non interamente liberate e gli azionisti in questione sono responsabili della differenza nei confronti dei creditori della società.

true yield: ***rendimento reale.*** Nel linguaggio finanziario, è il rendimento annuo di un titolo a reddito fisso espresso in percentuale del suo prezzo di mercato. Si calcola dividendo il valore nominale per il prezzo di mercato e moltiplicando il quoziente per il tasso di interesse annuo.

Truman Plan: ***Piano Truman.*** Un programma, esposto dal Presidente degli Stati Uniti Harry S. Truman nel suo discorso di insediamento del gennaio 1949, che prevedeva la circolazione di conoscenze tecnologiche e scientifiche e di *know-how* (v.) industriale tra gli Stati Uniti e i paesi in via di sviluppo. Il piano prevedeva anche investimenti produttivi in tali paesi con fondi provenienti dagli Stati Uniti, dalle Nazioni Unite e dai paesi interessati.

truncation: ***troncamento.*** Nel gergo bancario britannico, è così detta la semplificazione della procedura di incasso degli assegni tratti su altre banche. Consiste, di solito, nel trasmettere alla banca trassata soltanto gli estremi dell'assegno e non l'assegno stesso.

trunk lines: Nel linguaggio dei trasporti statunitense, si indicano con questo termine le ferrovie che operano nel territorio tra Chicago o St. Louis e la costa atlantica degli Stati Uniti.

trunk roads: ***strade nazionali.*** Nel Regno Unito, sono tutte quelle strade la cui manutenzione, in base ad una legge del 1936, è affidata allo stato in quanto esse sono usate principalmente da traffico a lunga percorrenza e non da traffico locale.

truss: Unità di misura di peso, usata per il fieno e per la paglia. Un *truss* corrisponde a 56 libbre di fieno vecchio e 60 di fieno nuovo o di paglia. (v. anche *load 2*)

trust: **1.** ***negozio fiduciario; fedecommesso; amministrazione fiduciaria.*** Il termine inglese indica un negozio tra due o più soggetti, in virtù del quale una persona fisica o giuridica, chiamata fiduciario, detiene un diritto di proprietà a beneficio di un'altra o di altre persone, chiamate beneficiari. Per quanto riguarda i rapporti con i terzi, il fiduciario è il proprietario legale della proprietà oggetto del negozio. Si tratta di un istituto caratteristico del mondo anglosassone, non espressamente disciplinato nel nostro paese, al quale si ricorre allo scopo di continuare talune attività secondo la volontà e le istruzioni di colui che ha dato loro origine con la costituzione del fedecommesso, o quando si rende necessaria una particolare tutela contro le frodi, come avviene nel caso di fondi comuni d'investimento. **2.** ***sindacato industriale; concentrazione; gruppo; coalizione d'imprese; trust.*** Termine, di uso principalmente statunitense, con il quale si indicava in passato una coalizione monopolistica nella quale il capitale azionario, e i relativi diritti di voto, venivano affidati ad un consiglio di amministratori fiduciari, chiamato *board of trustees*, che provvedevano a gestire le varie imprese come un unico complesso economico al fine di assicurarsi il controllo del mercato e vincere la concorrenza di altri gruppi nazionali o esteri. Il trust, pertanto, non era una società, ma un insieme di società a direzione unitaria, come ad esempio la *Standard Oil Trust* creata nel 1882. Lo *Sherman Act* del 1890 dichiarò illegali queste coalizioni, che furono quindi sostituite da altre forme di vincoli finanziari, tra i quali la holding e la fusione di imprese. Il termine è rimasto nella lingua inglese per indicare, con una connotazione dispregiativa, un grosso gruppo di imprese che esercita una certa dose di potere monopolistico e in tale significato esso si è diffuso in molte altre lingue. (v. anche *business trust*) **3.** ***società d'investimento.*** Il termine inglese indica genericamente sia un fondo comune d'investimento a capitale fisso, sia un fondo comune d'investimento a capitale variabile. (v. anche *investment company, open–end fund*)

trust agreement: ***negozio fiduciario.*** Termine usato con lo stesso significato di *trust 1* (v.).

trust–and–agency fund: Termine usato nella contabilità di stato e degli enti locali statunitense per indicare un fondo, che consiste di moneta e altre proprietà, ricevuto dallo stato o da una municipalità o altra istituzione pubblica che deve fungere da fiduciario o agente del fondo stesso.

trust busting: ***smantellamento di monopoli.*** Espressione con la quale si indica la politica statunitense, adottata a seguito dell'approvazione dello *Sherman Anti–trust Act* (v.) del 1890, di disciogliere le coalizioni di imprese tendenti verso o esercitanti un reale potere monopolistico. Nel 1911, ad esempio, la Corte Suprema degli Stati Uniti decretò lo scioglimento della *Standard Oil Company* del New Jersey che, in maniera in parte illegale e in parte almeno discutibile, aveva acquistato il pacchetto di maggioranza di oltre settanta società petrolifere, allo scopo di dominare il mercato.

trust certificate: ***fede d'investimento.*** Lo stesso che *equipment trust certificate* (v.).

trust company: ***società fiduciaria; società revisionale.*** È un tipo di società, molto diffuso nei paesi anglosassoni e oggi ammessa anche dall'ordinamento giuridico italiano, alla quale possono essere conferite, da privati cittadini o dall'autorità giudiziaria, funzioni di amministrazione di patrimoni, di tutori di minori e di proprietari di beni tenuti a beneficio di altre persone. Le società fiduciarie inglesi e americane svolgono di solito anche le consuete funzioni commerciali di una banca, accettando depositi e concedendo mutui.

trust corporation: ***società fiduciaria; società revisionale.*** Termine usato con lo stesso significato di *trust company* (v.).

trust deed: ***atto di negozio fiduciario.*** È il documento mediante il quale si crea un negozio fiduciario. Esso contiene i termini e le condizioni che vincolano il fiduciario e la sua condotta ed è sottoscritto dal fiduciante e dal fiduciario.

trust deposit: ***deposito regolare; deposito a custodia.*** Lo stesso che *special deposit* (v.).

trustee: **1.** ***fiduciario; amministratore fiduciario.*** È la persona che detiene un diritto di proprietà, in virtù di un fedecommesso o di un negozio fiduciario, a beneficio di un'altra persona, che è il reale proprietario del bene di cui il fiduciario è, in realtà, nient'altro che l'amministratore. Il primo dovere di un fiduciario è quello di rispettare i termini stabiliti dall'atto con il quale è stato creato il negozio fiduciario o il fedecommesso e di preservare intatta la proprietà affidatagli. Poiché il fiduciario è detentore del titolo di proprietà, egli potrebbe disporre del bene anche vendendolo, senza il consenso del vero proprietario. Per questo motivo, il fiduciario deve essere persona di integrità indiscutibile che usa, nel trattare le questioni relative al fedecommesso o al negozio fiduciario, la stessa diligenza che userebbe un prudente padre di famiglia nel trattare i suoi affari. Del resto, se necessario, il beneficiario può incardinare un procedimento tendente a fare amministrare dalla corte il fedecommesso o il negozio fiduciario. **2.** ***banca fiduciaria.*** Istituto bancario che custodisce il portafoglio di un fondo comune d'investimento ed effettua le registrazioni delle quote a nome dei sottoscrittori, nonché i passaggi di proprietà delle quote–parti tra i vari sottoscrittori.

trustee business: ***attività in qualità di fiduciaria.*** Le operazioni svolte da una banca o altra istituzione finanziaria a vantaggio di clienti in base a un mandato fiduciario. Tali operazioni vengono svolte a rischio del fiduciante e, poiché costituiscono una prestazione di servizi, non compaiono nei bilanci delle banche.

trustee company: ***società fiduciaria; società depositaria.*** La persona giuridica, di solito una banca, presso la quale sono depositate le attività di un fondo comune d'investimento, rappresentate per lo più da azioni, obbligazioni e titoli di stato.

trustee in bankruptcy: ***curatore del fallimento; liquidatore.*** Lo stesso che *bankruptcy trustee* (v.).

trustee investments: ***investimenti di amministratori fiduciari.*** Il modo in cui un fiduciario può investire i fondi che fanno parte del fedecommesso o del negozio fiduciario è limitato principalmente dall'atto che li crea. In mancanza di istruzioni precise, tuttavia, bisogna rifarsi al *Trustee Act* del 1925 e al *Trustee Investments Act* del 1961. La prima di queste leggi, nell'articolo 1 elencava una serie di investimenti tra i quali il fiduciario era autorizzato a scegliere, ma il *Trustee Investments Act* ha abrogato questo articolo, insieme ad altri, mentre ne ha emendato altri ancora, per cui oggi è necessario rifarsi ad ambedue le leggi.

Trustee Investments Act: Legge, approvata dal parlamento britannico nel 1961, con la quale si autorizzano i fiduciari ad investire il cinquanta per cento dei fondi da loro amministrati in azioni ordinarie di società inglesi. Prima dell'approvazione di questa legge vigeva il *Trustee Act* del 1925 che limitava gli investimenti ai titoli di stato o altri titoli a reddito fisso. Anche il *Trustee Investments Act* fa riferimento agli investimenti a reddito fisso, che sono da preferirsi, tra i quali rientrano tutti i titoli di stato, i titoli emessi da enti locali, le obbligazioni di società inglesi, le azioni privilegiate, i conti speciali presso le casse di risparmio, i depositi presso società di credito fondiario e le ipoteche.

trustee savings bank: ***banca di risparmio; cassa di risparmio.*** Termine usato con lo stesso significato di *savings bank* (v.).

Trustee Savings Banks Act: Legge, approvata dal parlamento britannico nel 1976, con la quale si codificava quanto già era in pratica avvenuto negli anni precedenti, autorizzando le casse di risparmio a fornire ai loro clienti tutti i servizi di un qualsiasi altro istituto di credito, inclusi prestiti personali, carte di credito, crediti allo scoperto e simili. La legge istituì anche la *Trustee Savings Bank Central Board* col compito di organizzare e regolamentare le nuove attività delle casse di risparmio.

trustee securities: Il termine inglese indica i valori mobiliari in cui, per disposizione di legge, i fiduciari sono autorizzati a investire i fondi da loro amministrati in virtù di un fedecommesso o di un negozio fiduciario. Fino al 1960, questi valori mobiliari erano rappresentati esclusivamente da titoli di stato e pochi altri titoli che avevano più o meno le stesse caratteristiche, ma a seguito dell'approvazione del *Trustee Investments Act* (v.) del 1961 sono stati autorizzati investimenti in altri tipi di titoli, tra i quali i fondi comuni d'investimento e le azioni ordinarie di società che soddisfano determinate condizioni stabilite dalla legge del 1961.

trustee status: Nel linguaggio giuridico e finanziario, indica la situazione in cui si trovano le società nei cui titoli azionari il *Trustee Investments Act* (v.) del 1961 autorizza i fiduciari ad investire fino al cinquanta per cento dei fondi da loro amministrati. In breve, questo *status* prevede che si tratti di società britanniche o registrate nel Regno Unito; che esse abbiano un capitale interamente versato di almeno un milione di sterline; e che abbiano distribuito un dividendo almeno in ciascuno degli ultimi cinque anni.

trustee stock: Termine statunitense, usato con lo stesso significato di *trustee securities* (v.).

trust fund: ***fondo fiduciario.*** Un qualsiasi fondo tenuto da un fiduciario a beneficio di un altro soggetto, in virtù di un fedecommesso o di un negozio fiduciario. L'investimento della somma capitale di tale fondo è soggetto alle disposizioni di legge vigenti in materia. (v. anche *Trustee Investments Act, trustee securities*)

trust indenture: ***atto di negozio fiduciario.*** Termine usato con lo stesso significato di *trust deed* (v.).

Trust Indenture Act: Legge approvata dal Congresso degli Stati Uniti, con la quale si regolamentano alcuni dei termini e delle condizioni delle amministrazioni fiduciarie.

trust instrument: ***atto di negozio fiduciario.*** Termine usato con lo stesso significato di *trust deed* (v.).

trust letter: ***lettera di negozio fiduciario.*** Termine usato con lo stesso significato di *trust receipt* (v.).

trust property: ***bene oggetto di negozio fiduciario.*** È il bene o la proprietà trasferiti dal fiduciante al fiduciario, in un negozio fiduciario. (v. anche *trust 1*)

trust receipt: ***ricevuta di negozio fiduciario.*** Documento finanziario di origine relativamente recente, con il quale si riconosce la responsabilità del pagamento dei beni in esso elencati e tenuti in deposito fiduciario per conto di un terzo, anch'egli indicato nel documento. Una ricevuta del genere viene a volte emessa in relazione ad una tratta, allegata ad una polizza di carico all'ordine, cui l'acquirente non è in grado di far fronte. La banca attraverso la quale è stata inoltrata la tratta può emettere una ricevuta del genere, che viene sottoscritta dall'acquirente, che diventa così fiduciario dei beni in essa elencati. In tal modo, la banca conserva il diritto di proprietà dei beni fino a quando il venditore non paga la tratta con i proventi che gli derivano dalla vendita dei beni stessi.

T.S.B.: trustee savings bank.

T.T.: telegraphic transfer.

T.U.: trade union.

T.U.C.: Trades Union Congress.

T.U.C.C.: Transport Users' Consultative Committee.

tugrik: Unità monetaria della Repubblica della Mongolia, suddivisa in cento mongo.

tun: ***botte.*** Unità variabile di misura di capacità per liquidi. Corrisponde a quattro *hogshead* o due pipe e, pertanto, quando viene usata nel commercio dei vini equivale a 252 galloni, pari a 1145,5668 litri; quando viene usata nel commercio della birra equivale a 216 galloni, pari a 981,9144 litri.

tunnage: 1. ***tonnellaggio; stazza.*** Variante grafica meno usata di *tonnage 1* (v.). **2.** ***imposta sui vini.*** Imposta, usata per la prima volta nel medio evo, che colpiva le importazioni di vino in Inghilterra. Divenne consuetudine che il suo gettito venisse assegnato al sovrano per tutta la durata della sua vita.

turn: Questo termine viene spesso usato come contrazione di *turnover* (v.) o come abbreviazione di *turn of the market* (v.).

turnaround time: ***tempo di sviluppo.*** Il tempo che intercorre tra la progettazione di un nuovo prodotto e la sua distribuzione nei punti di vendita al dettaglio.

turning point: ***punto di svolta; punto d'inversione.*** Termine usato con lo stesso significato di *turning zone* (v.).

turning zone: ***zona di svolta; zona d'inversione.*** Il punto o il periodo di un ciclo economico nel quale la direzione dell'attività subisce un'inversione. In ciascun ciclo economico si verificano due distinte zone d'inversione: quella superiore, durante la quale termina la fase di espansione e ha inizio quella di recessione; e quella inferiore, durante la quale la contrazione ha termine ed inizia la fase di ripresa o di espansione.

turn key contract: ***appalto «chiavi in mano».*** Termine usato come sinonimo di *turn key job* (v.).

turn key job: ***appalto «chiavi in mano».*** Un appalto di costruzione di impianti industriali o altri edifici, in base al quale l'impresa costruttrice si impegna a consegnare al committente l'impianto già in grado di funzionare.

turn of the market: ***plusvalenza professionale di titoli.*** Termine usato con lo stesso significato di *jobber's turn* (v.).

turnover: 1. ***rotazione; indice di rotazione.*** In senso generale, il termine inglese indica il numero di volte che un ciclo si ripete in una data unità di tempo. Se, ad esempio, l'indice di rotazione delle scorte è di cinque in un anno, ciò significa che le scorte, ad un valore stabile, sono state vendute e ricostituite cinque volte in un anno. (v. anche *stock turnover, personnel turnover*) **2. *giro di affari.*** In un significato più specifico, il termine inglese indica l'ammontare, in valore o quantità, delle vendite globali di un'impresa durante un periodo di tempo determinato, di solito un anno.

turnover rate: 1. *indice di rotazione delle giacenze.* Termine usato in alternativa a *rate of turnover* (v.). **2. *indice di rotazione dei titoli.*** Nel linguaggio delle borse valori statunitensi, è il volume di titoli trattati in un anno espresso come percentuale di tutte le singole azioni quotate presso la specifica borsa valori, tenendo conto del numero totale di azioni di cui è composta ciascuna singola emissione.

turnover rate of money: *indice di rotazione della moneta.* Termine a volte usato con lo stesso significato di *velocity of circulation* (v.).

turnover ratio: *indice di rotazione.* È uno qualsiasi dei rapporti fra voci di bilancio, fra le quali sussiste un nesso logico, considerato rappresentativo di un particolare aspetto della gestione aziendale.

turnover tax: *imposta sugli affari.* Termine usato con lo stesso significato di *tax on transactions* (v.).

turn–round: *rotazione; inversione.* Nel linguaggio dei trasporti, indica tutte le operazioni che un mezzo, ad esempio una nave o un aereo, deve compiere prima di essere in grado di iniziare il viaggio successivo. Tali operazioni comprendono: il disbrigo delle eventuali pratiche doganali in entrata; la discarica; la pulizia del mezzo; il rifornimento; la caricazione; e il disbrigo delle eventuali pratiche doganali in uscita.

turn–round time: *tempo di rotazione.* Il tempo necessario ad una nave, un aereo o un veicolo stradale per sbrigare tutte le pratiche relative alla discarica o allo sbarco di merci e passeggeri e alla caricazione o all'imbarco di merci e passeggeri diversi, da trasportare nel successivo viaggio.

T.V.A.: Tennessee Valley Authority.

twelve–month rule: *regola dei dodici mesi.* Espressione britannica, usata in relazione alla politica dei redditi per indicare la norma che stabiliva che ciascun gruppo di lavoratori potesse rinegoziare il proprio contratto di lavoro, con riferimento all'aspetto salariale, soltanto una volta all'anno.

twentieth–century liberalism: *liberalismo del ventesimo secolo.* Pensiero economico che sostiene che l'intervento del privato in certi mercati contribuisce a migliorare il benessere economico, in quanto i mercati liberi consentono la cattiva distribuzione delle risorse e ingiusti profitti per molti operatori. Questo concetto è contrario a quello del liberalismo classico, che sosteneva che l'armonia naturale, insita nel sistema economico, porta benefici per tutta la comunità quando i singoli perseguono i loro interessi privati.

T.W.I.: training within industry.

twin–berth clause: Clausola, a volte presente nei contratti di noleggio, che stabilisce che il periodo per il quale decorre il nolo ha inizio dal momento in cui la nave è ormeggiata e pronta a caricare. Ciò al fine di evitare il pagamento del nolo per i giorni trascorsi dalla nave in attesa che si renda libero un posto di ormeggio nel porto di caricazione.

twist: *operazione twist.* Nel linguaggio della politica monetaria statunitense, indica interventi mediante i quali si modificano i tassi di interesse a breve e lungo termine, in relazione all'andamento del movimento di capitali da e verso l'estero.

twisting: Termine usato nel gergo delle assicurazioni per indicare la pratica di convincere un assicurato a rinunciare ad una polizza in essere per sostituirla con un'altra polizza di maggior valore.

two–bin system: *sistema a due contenitori.* È un metodo di controllo delle scorte in base al quale si tengono due contenitori per ciascun articolo, il secondo dei quali contiene esattamente le scorte uguali al livello di riordino. Quando il primo contenitore è vuoto, si passa al secondo e contemporaneamente si procede al riordino.

two–dollar broker: Espressione delle borse valori americane, con la quale si indica uno *stockbroker* (v.) che compra e vende titoli per conto dei propri clienti. Il nome deriva dal fatto che fino al 1919 la remunerazione delle sue prestazioni era di due dollari per ogni cento azioni trattate.

two–income households: *famiglie con due redditi.* Famiglie nelle quali convivono due membri, ad esempio marito e moglie o marito e un figlio, che svolgono un'attività lavorativa e percepiscono un reddito ciascuno.

two–name paper: *carta a due nomi.* Termine del linguaggio finanziario statunitense, con il quale si indica un qualsiasi titolo di credito, come ad esempio un assegno girato o una cambiale accettata, del cui pagamento sono responsabili due persone, l'obbligato principale e l'obbligato secondario, che subentra in caso di inadempienza da parte del primo.

two–part tariff: *tariffa a due scaglioni.* Tariffa, nel significato di gruppo di prezzi, che prevede un prezzo base, generalmente fisso sotto forma di canone, e un prezzo variabile, in rapporto alla quantità domandata o consumata. Questo tipo di tariffa viene usato principalmente da quelle imprese di servizi che hanno bisogno di impianti costosi e di grosse dimensioni con alti costi di installazione e gestione, il cui prodotto (tranne quello dell'industria del gas) non può essere conservato. La domanda del servizio di imprese quali la società dei telefoni o dell'energia elettrica, è soggetta ad ampie fluttuazioni nel corso della giornata, della settimana o della stagione e tende a concentrarsi in ore di punta. Allo scopo di far fronte a questo eccesso di domanda, l'impresa deve disporre di impianti che spesso funzionano al di sotto della loro capacità, così che i costi per produrre il servizio addizionale delle ore di punta risultano molto alti. In tale situazione, i costi fissi dell'impresa sono correlati ai costi del servizio fornito nelle ore di punta e l'impresa ripartisce questi costi fra gli utenti sotto forma di canone fisso. I costi primi, invece, vengono coperti facendo pagare agli utenti un tanto per unità di servizio erogata.

two–sided account: *conto a due sezioni; conto a due colonne.* È un conto della forma tradizionalmente usata nella contabilità manuale. Si compone di due sezioni intestate rispettivamente a dare e avere.

two–tier exchange market: *doppio mercato dei cambi.* Un mercato valutario nel quale vengono praticate due diverse quotazioni per ogni valuta estera trattata: una relativa alle operazioni commerciali e un'altra relativa alle operazioni finanziarie. Un mercato del genere fu costituito negli anni '70 allo scopo di limitare la svalutazione delle monete nazionali, consentendo agli operatori commerciali di acquistare valute estere a prezzi controllati, mentre il lato finanziario del mercato era libero di fluttuare, in quanto i suoi influssi sulle tensioni inflazionistiche interne risultavano meno rilevanti.

two–tier exchange rates: *tassi di cambio sul doppio*

mercato. I tassi di cambio praticati in un *two–tier exchange market* (v.).

two–tier gold market: ***mercato dell'oro a due livelli; doppio mercato dell'oro.*** Il mercato dell'oro che scaturì a seguito dell'adozione del sistema dei due prezzi dell'oro descritto sotto *two–tier system* (v.).

two–tier gold system: ***sistema dell'oro a due livelli; sistema del doppio mercato dell'oro.*** Il sistema dei due prezzi dell'oro concordato in una riunione a Washington e descritto sotto *two–tier system* (v.).

two–tier market: ***mercato a due livelli; doppio mercato.*** Nel linguaggio borsistico statunitense, indica un mercato mobiliare diviso in due livelli: uno superiore, corrispondente ai titoli di sviluppo, i cosiddetti *growth stock* (v.); e uno inferiore, nel quale rientrano tutti gli altri tipi di azioni.

two–tier price: ***prezzo a due livelli.*** Un prezzo a due livelli non può manifestarsi in un mercato libero ed è pertanto caratteristica della discriminazione di prezzo o del controllo statale sulla vendita di un determinato bene o servizio. In quest'ultimo caso, esiste un prezzo per le contrattazioni ufficiali ed un prezzo diverso per il mercato libero. (v. anche *two–tier system*)

two–tier society: ***società bipolarizzata; società a due livelli di reddito.*** Termine con il quale si indica la società che alcuni hanno ipotizzato che si stia formando negli Stati Uniti a seguito di una presunta bipolarizzazione dei redditi, dovuta alla progressiva scomparsa del ceto medio costituito dai lavoratori delle industrie manifatturiere. L'emergente economia dei servizi tenderebbe a creare posti di lavoro molto ben pagati per un numero relativamente piccolo di professionisti e funzionari e molti posti di lavoro a basso reddito per la grande massa di lavoratori. La scomparsa del ceto medio, tuttavia, sembra che sia stata ipotizzata soltanto su un'erronea interpretazione di dati raccolti dal Census Bureau e volti a effettuare una migliore misurazione della distribuzione del reddito delle famiglie americane.

two–tier system: ***sistema a due livelli.*** Termine alquanto generico, usato per indicare un qualsiasi sistema articolato su due livelli. Il termine è stato usato per indicare: a) il sistema, introdotto nel marzo del 1968 a seguito della crisi del mercato dell'oro, che prevedeva la coesistenza di un mercato ufficiale tradizionale, riservato alle operazioni tra banche centrali, nel quale le quotazioni erano stabilite da accordi internazionali; e di un mercato libero aperto a tutti, nel quale il prezzo dell'oro era determinato dalla legge della domanda e dell'offerta. Questo sistema dei due prezzi fu abolito nel 1973 e da allora si ha un'unica quotazione dell'oro, quella stabilita dall'incontro delle forze della domanda e dell'offerta. b) Il sistema, introdotto dall'ufficio postale britannico nel settembre del 1968, in base al quale la corrispondenza era soggetta a diversa affrancatura, a seconda che si trattasse di *first–class mail* (v.) o di *second–class mail* (v.). c) Il sistema, suggerito ma mai adottato, di non consentire che il tasso di sconto ufficiale influenzi tutti gli altri tassi di interesse, stabilendo due categorie: quella che dovrebbe oscillare col tasso di sconto ufficiale e quella indipendente da esso.

two–way market: ***mercato a due direzioni.*** Un mercato nel quale gli operatori quotano sia i prezzi di vendita che i prezzi di acquisto, come ad esempio la borsa valori di Londra.

two–way price: ***doppio prezzo.*** Il doppio prezzo (denaro e lettera) quotato da un operatore delle borse valori per ciascun titolo da lui trattato. Il prezzo più basso è quello al quale è pronto ad acquistare; il prezzo più alto è quello al quale è disposto a vendere.

two–way proxy: V. spiegazione sotto *special proxy*.

tycoon: ***magnate.*** Termine di slang britannico, con il quale si indica una persona che ha accumulato una notevole fortuna esercitando un'attività industriale o commerciale.

tying contracts: ***contratti vincolanti.*** Termine statunitense usato in relazione a contratti di vendita o di locazione, per indicare determinate clausole in base alle quali l'acquirente o il locatario si impegnano a non acquistare beni o a non prendere in locazione proprietà di un concorrente di colui che ha fornito loro i beni o la proprietà in locazione, oppure si impegnano ad acquistare prodotti o a prendere in locazione proprietà di altro genere dallo stesso fornitore. Alcune pratiche di questo tipo sono state dichiarate illegali dal *Clayton Antitrust Act* (v.).

type: ***tipo.*** Con questo termine si indica un campione standard, rappresentativo di una certa qualità o di un certo raccolto, usato quando determinati prodotti, quali ad esempio grano, riso, zucchero, ecc., vengono venduti con la clausola *to arrive* (v.). Il tipo viene prelevato dal raccolto durante la prima parte della stagione e si garantisce che il raccolto dell'anno sarà uguale per qualità. Se, alla consegna, si accerta che il prodotto non corrisponde al tipo, nella maggioranza dei casi viene concesso un abbuono.

type I error: ***errore di primo tipo.*** Lo stesso che *error of first kind* (v.).

type I risk: ***rischio di primo tipo.*** In statistica, è la probabilità di commettere un errore di primo tipo.

type II error: ***errore di secondo tipo.*** Lo stesso che *error of second kind* (v.).

type II risk: ***rischio di secondo tipo.*** In statistica, è la probabilità di commettere un errore di secondo tipo.

types of incomes: ***tipi di reddito.*** Il reddito ricade in quattro grandi tipi: rendita; salario; interesse; e profitto, ma sarebbe una generalizzazione eccessiva considerare la rendita come il reddito derivante al fattore della produzione terra; il salario come reddito del fattore della produzione lavoro; l'interesse come reddito del fattore della produzione capitale; e il profitto come reddito del quarto fattore della produzione: la capacità organizzativa dell'imprenditore. Infatti, vi sono spesso elementi della rendita nel salario e nel profitto e non è sempre facile distinguere tra interessi e profitti.

types of occupation: ***tipi di occupazione.*** Le occupazioni retribuite rientrano in quattro tipi o categorie: a) l'occupazione primaria, come la caccia, la pesca, l'agricoltura, l'attività mineraria, ecc., i cui prodotti sono le materie prime; b) l'occupazione secondaria o di trasformazione, che provvede a trasformare le materie prime in prodotti finiti; c) i servizi commerciali, che si interessano del movimento e della distribuzione dei prodotti da quando essi escono dalla fabbrica del produttore a quando arrivano al consumatore finale, ivi comprese le attività bancarie, assicurative, ecc.; e, d) i servizi personali di qualsiasi genere, esclusi quelli menzionati sotto c). Tra questi ultimi rientrano tutte le attività professionali, artigianali e di prestazione e, quindi, anche i servizi ricreativi, turistici, militari o paramilitari, ecc. Secondo un'altra classificazione, le occupazioni sub c) e d) vengono indicate globalmente come attività o industria terziaria o di prestazione.

typist: ***dattilografo.*** Impiegato esecutivo, addetto a dattiloscrivere lettere o altri documenti.

u, U

U/a: underwriting account.
U.A.B.: Unemployment Assistance Board.
UBR: uniform business rate.
u/c: undercharge.
UDC: urban development corporation.
U.K.: United Kingdom.
ullage: 1. *calo; colaggio.* La differenza tra la quantità di un liquido effettivamente contenuta in un contenitore e la capacità di quest'ultimo, intendendosi che tale quantità mancante è andata perduta per cattiva tenuta del contenitore, per evaporazione o per altra causa. Da un punto di vista assicurativo, il calo di solito non viene considerato una perdita e non è coperto dalla polizza di assicurazione. **2. *contenuto.*** Nel linguaggio delle dogane britanniche, il termine viene usato con un significato più limitato, indicando semplicemente il contenuto effettivo di un contenitore per liquidi.
U.L.S.: unsecured loan stock.
ultimate balance: *saldo finale.* Termine solitamente usato in relazione a garanzie e fideiussioni. Indica l'ammontare totale garantito, ricavato sommando tutti i conti o le partite che rientrano in tale garanzia.
ultimate borrowers: *mutuatari finali.* Individui o istituzioni che intendono spendere in risorse reali più di quanto è consentito dal loro reddito o dalle loro entrate e desiderano finanziare la spesa addizionale facendo ricorso a prestiti di altri individui o istituzioni.
ultimate consumer: *consumatore finale.* Lo stesso che *end–consumer* (v.).
ultimate lenders: *mutuanti finali.* Individui o istituzioni che non spendono tutto il loro reddito e sono disposti a dare in prestito tutta o parte della loro eccedenza.
ultra–cheap money policy: *politica del denaro ultra–economico.* Questo termine indica la politica che il Cancelliere dello Scacchiere H. Dalton perseguì negli anni immediatamente successivi alla fine del secondo conflitto mondiale, mantenendo il tasso di interesse prevalente ad un livello estremamente basso, allo scopo di incoraggiare e favorire la ricostruzione. Malgrado la pesante spinta inflazionistica, nel periodo 1945–48 il tasso di interesse britannico fu mantenuto intorno al due e mezzo per cento, ma tale politica fu bruscamente interrotta a seguito del fallimento di un'emissione di titoli di stato al due e mezzo per cento, redimibili dopo il 1975.
umbrella fund: Tipo di fondo comune che investe le proprie disponibilità, cioè il denaro dei sottoscrittori, non in titoli azionari o obbligazionari, bensì in quote parti di altri fondi comuni che esso controlla, ciascuno dei quali è specializzato in un determinato settore. Uno dei principali vantaggi è che gli investitori possono spostare i loro soldi da uno all'altro di questi «sottofondi» senza spese e rapidamente. Quando poi il fondo opera all'estero, come fanno quelli britannici, il sottoscrittore trae anche un vantaggio fiscale, nella fattispecie l'elusione della *capital gains tax* (v.) e della *stamp duty* (v.).
umbrella policy: Termine statunitense, usato per indicare un tipo di polizza supplementare che in considerazione di una maggiorazione del premio relativamente piccola eleva a un massimale notevole (un milione di dollari o più) il limite di responsabilità civile assunto dall'assicuratore in relazione a rischi derivanti dalla circolazione di autoveicoli.
umpirage: *arbitrato; lodo arbitrale.* Il termine inglese indica la funzione e il lodo del superarbitro, che determina il risultato di un arbitrato quando gli altri due arbitri sono in disaccordo tra loro. (v. anche *special referee*)
umpire: *superarbitro.* Termine usato con lo stesso significato di *special referee* (v.).
U.N.: United Nations.
unabsorbed cost: *costo non assorbito.* Termine usato con lo stesso significato di *unabsorbed expense* (v.).
unabsorbed expense: *spese fisse non assorbite.* Nella contabilità dei costi, quando le spese fisse vengono ripartite in base ad un volume di produzione preventivato, ciascuna unità di prodotto riceve una quota fissa di tali spese, di solito corrispondente ad una data percentuale del suo costo. Se, però, il livello di produzione preventivato non viene realizzato, una parte delle spese fisse non viene assorbita e viene definita con questo termine.
unaccrued: *non maturato.* Espressione aggettivale con la quale si indica un reddito risultante da pagamenti ricevuti ma non ancora maturati e, pertanto, di competenza del periodo o dell'esercizio successivo, come ad esempio quando si riceve il pagamento di un canone di locazione non ancora scaduto.
unallotted appropriation: *stanziamento non impegnato.* Nella contabilità di stato, è la parte restante di uno stanziamento, tuttora disponibile per essere impegnata per gli scopi autorizzati nell'ambito della legge che ha creato lo stanziamento.
unamortized bond discount: *scarto non ammortizzato; sconto non ammortizzato.* È la parte dello scarto, o sconto, che resta da ripartire tra i futuri esercizi o periodi entro i quali il debito deve essere rimborsato. (v. anche *debt discount, bond discount*)
unamortized debt discount: *scarto non ammortizzato; sconto non ammortizzato.* Termine usato con lo stesso significato di *unamortized bond discount* (v.).
unanticipated inflation: *inflazione imprevista; inflazione inattesa.* Lo stesso che *unexpected inflation* (v.).
unapplied cash: *contanti non impegnati.* Nella contabilità degli enti locali, è una somma in contanti non destinata ad un uso specifico e, pertanto, disponibile per qualsiasi utilizzazione nell'ambito del capitolo di cui essa fa parte.
unappropriated budget surplus: *residui non impegnati.* Nella contabilità degli enti locali, è l'eccedenza delle entrate previste, in un determinato capitolo e relative ad un dato periodo, sugli impegni preventivati.
unappropriated earned surplus: *capitale di risparmio*

non impegnato. Lo stesso che *available earned surplus* (v.).

unappropriated income: ***entrate non impegnate.*** Il termine inglese indica un conto istituito per il controllo budgetario, al quale vengono trasferite le entrate che, in base al bilancio preventivo approvato, verranno realizzate in eccedenza delle uscite preventivate.

unappropriated profits: ***profitti non impegnati.*** Quella parte dei profitti di un'impresa che non vengono distribuiti sotto forma di dividendi né vengono impegnati per un qualche uso specifico.

unappropriated retained income: ***capitale di risparmio non impegnato.*** Termine usato con lo stesso significato di *unappropriated earned surplus* (v.).

unauthorized clerk: ***procuratore non autorizzato.*** Commesso di uno *stockbroker* (v.), autorizzato ad accedere nei locali della borsa valori, ma non ad operare per conto del suo principale. I suoi compiti si limitano a raccogliere o distribuire quotazioni di titoli, trasmettere corrispondenza e simili.

unavoidable costs: ***costi rigidi; costi insopprimibili.*** Termine usato in contrapposizione a *avoidable costs* (v.) per indicare tutti quei costi che non possono essere soppressi nel corso dell'applicazione di un piano di contrazione dell'attività dell'impresa.

unbalanced budget: ***budget non bilanciato.*** È un bilancio preventivo nel quale i costi superano i ricavi e che, pertanto, presenta una situazione di deficit.

unbalanced growth: ***crescita non bilanciata.*** È la crescita, a tassi differenti, dell'investimento in beni capitali in diversi settori di un'economia in via di sviluppo. Alcuni economisti sostengono che questo è l'unico sistema che può adottarsi in un paese in via di sviluppo, in quanto la crescita bilanciata di tutti i settori richiederebbe disponibilità di enormi risorse, fuori della portata del paese.

to unbundle: ***ripartire; frazionare; scorporare; disaggregare.*** Separare i costi di differenti beni, servizi, ecc., in base ad operazioni distinte.

unbundled stock units: Nuovo prodotto finanziario ideato da una *investment bank* statunitense allo scopo di consentire l'elusione fiscale su parte dei profitti di una società. Il prodotto prevede il riacquisto di una porzione del capitale azionario da parte di una società, che lo paga con tre tipi di titoli: azioni privilegiate, certificati di diritti di opzione e obbligazioni trentennali. Queste ultime fruttano un interesse fisso uguale al dividendo delle azioni, mentre le azioni privilegiate inizialmente non fruttano dividendi, ma riceveranno la differenza tra il dividendo all'atto dell'emissione e il dividendo maggiore che verrà pagato alle azioni ordinarie nei successivi trenta anni; infine, il certificato, che in effetti è un buono d'acquisto della durata trentennale, non frutta dividendi o interessi, ma dà al portatore il diritto di acquistare azioni ordinarie a date stabilite e a prezzi predeterminati. Poiché la legge tributaria statunitense impone il pagamento dell'imposta sul reddito sui profitti distribuiti in dividendi, ma consente la detrazione degli interessi pagati agli obbligazionisti, questo prodotto è visto con simpatia dalle imprese, che possono con esso ridurre la loro soggezione tributaria.

unbundler: Termine di recente formazione, usato per indicare chi acquisisce una conglomerata per scorporarla in singole e agili imprese, che vengono successivamente vendute come aziende singole.

uncalled capital: ***capitale non richiamato; capitale non versato.*** Il capitale sottoscritto di una società per azioni può essere interamente versato o soltanto parzialmente versato, quando il consiglio di amministrazione non ha ancora richiesto il versamento dei decimi non conferiti dagli azionisti che hanno acquistato azioni il cui pagamento era previsto in forma frazionata. Questa parte di decimi non ancora richiamati costituisce il capitale non versato che, a seconda del tipo di società e delle disposizioni di legge, può essere richiamato in qualsiasi momento dal consiglio di amministrazione, che inviterà i soci a versare i decimi non ancora pagati, oppure può costituire una passività di riserva e non potrà essere richiamato se non al verificarsi di determinati eventi quale, ad esempio, la liquidazione della società. Quando una società contrae un prestito obbligazionario, esso viene di solito in parte garantito anche dal capitale non versato, sul quale verrà istituita una forma di ipoteca o garanzia generale prevista dall'articolo 95 del *Companies Act* del 1948.

uncertainty: ***incertezza.*** In economia, questo termine indica un evento non prevedibile o una previsione imperfetta. L'incertezza è una delle due categorie di rischio e precisamente quella non assicurabile, che deve pertanto essere sostenuta direttamente dall'imprenditore. Nel complesso sistema economico moderno, in cui la produzione è avviata prima e in previsione della domanda, l'incertezza è inevitabile. Ad esempio, un costruttore di automobili deve preparare i suoi piani molto tempo prima di poter vendere anche una sola vettura. Una volta che egli ha deciso il tipo di modello e che ha preparato la catena di montaggio, il personale e tutto il resto, deve decidere la dimensione della produzione, perché se il modello che intende produrre incontra il favore del pubblico, egli deve essere in grado di far fronte alla domanda, o i suoi concorrenti gli toglieranno gran parte delle vendite. Se, invece, il suo modello non viene ben accolto, egli deve essere pronto a fare le opportune modifiche o a smobilitare l'impianto per passare alla produzione di un diverso modello. Qualunque sia l'evento che si verificherà, l'imprenditore deve decidere con notevole anticipo assumendosi tutto il rischio dell'impresa. Infatti, mentre le funzioni gestionali possono essere delegate a collaboratori stipendiati, il rischio derivante dall'incertezza deve essere sostenuto solo e interamente dall'imprenditore. (v. anche *non-insurable risk*)

unclaimed balances: ***saldi non richiesti.*** Saldi di conti bancari in relazione ai quali non sono state fatte operazioni da molto tempo e che non sono stati ancora richiesti dai titolari. Tra questi saldi rientrano quelli di persone morte e senza eredi, di cui nessuno ha mai richiesto il rimborso.

unclaimed cheque: ***assegno non riscosso.*** Un qualsiasi assegno non ancora presentato per l'incasso. Il termine di solito si riferisce ad assegni relativi a *unclaimed dividends* (v.) o a *unclaimed wages* (v.).

unclaimed dividends: ***dividendi non richiesti; dividendi non riscossi.*** L'ammontare di dividendi non riscossi da azionisti ai quali è stato inviato un assegno in pagamento delle loro spettanze. Questa somma complessiva spesso non compare sui libri contabili della società e viene accertata soltanto dopo che la banca ha inviato l'estratto conto relativo al periodo in cui furono emessi gli assegni in pagamento dei dividendi. Il termine viene usato anche per indicare la somma complessiva dei dividendi giacenti presso una banca o uno *stockbroker* (v.) che agiscono in qualità di azionisti registrati. (v. anche *stockholder of record*)

unclaimed wages: ***salari non incassati; retribuzioni non riscosse.*** Nel linguaggio della contabilità, questo termine indica complessivamente una somma di denaro disponibile per il pagamento di retribuzioni non incassate o non richieste dai lavoratori. Si tratta, ad esempio, di assegni in pagamento di salari, che non sono ancora stati presentati per l'incasso o di arretrati non ancora richiesti da lavoratori che nel frattempo hanno lasciato il loro posto di lavoro in un'impresa per trasferirsi in un'altra impresa o in un'altra località. Questa somma costituisce una passività dell'impresa nei confronti dei suoi dipendenti o ex dipendenti.

unclean bill of lading: ***polizza di carico sporca; polizza di carico con riserva.*** Termine usato con lo stesso significato di *foul bill of lading* (v.).

unclosed system: ***sistema economico aperto; sistema di economia aperta.*** Lo stesso che *open system* (v.).

uncollectable account: ***conto inesigibile.*** È una somma di denaro dovuta ad un'impresa, ma che questa non può incassare a causa di insolvenza del debitore.

uncollectable credit: ***credito inesigibile; credito irrecuperabile.*** Un credito che per un qualsiasi motivo non può più essere recuperato dal creditore.

uncollected funds: ***fondi non prelevati.*** Nel linguaggio bancario, sono fondi relativi ad assegni emessi ma non ancora addebitati dalla banca trassata.

uncompetitive industries: ***industrie non competitive.*** Industrie che non riescono più a sostenere la concorrenza estera e che pertanto rischiano di essere spinte fuori dai mercati. Molti stati, nel tentativo di conservare il livello occupazionale, destinano notevoli risorse in aiuti a queste industrie.

unconditional bill of sale: ***atto di vendita di beni immobili.*** Termine usato con lo stesso significato di *absolute bill of sale* (v.).

unconditional most-favoured-nation clause: ***clausola semplice della nazione più favorita.*** V. spiegazione sotto *most-favoured-nation clause.*

unconditional offer: ***offerta incondizionata.*** È l'offerta di contratto inviata da un soggetto, detto proponente, ad un altro soggetto, detto destinatario, con la quale il primo porta a conoscenza del secondo gli elementi essenziali di un contratto che si intende stipulare e che non è soggetto al verificarsi o al non verificarsi di alcuna determinata circostanza o condizione. (v. anche *offer 1*)

unconfirmed letter of credit: ***lettera di credito non confermata.*** È una lettera di credito in base alla quale viene istituito un credito, di cui però la banca emittente la lettera non garantisce il pagamento. (v. anche *letter of credit, confirmed letter of credit*)

unconstitutional strike: ***sciopero incostituzionale.*** Uno sciopero condotto o dichiarato in modo contrario a quanto previsto in un qualche accordo o in una procedura stabilita, come ad esempio una legge dello stato o un codice di autoregolamentazione.

uncontrollable cost: ***costo incontrollabile.*** Un articolo di spesa al di là delle possibilità di controllo di uno specifico funzionario di un'impresa.

uncontrollable inflation: ***inflazione incontrollabile.*** Processo inflazionistico autosostenentesi, che sfugge a qualsiasi possibilità di controllo.

unconvertible currency: ***valuta inconvertibile.*** Termine usato come sinonimo di *inconvertible currency* (v.).

unconvertible loan stock: ***capitale di prestito inconvertibile.*** Obbligazioni industriali che non prevedono la conversione in alcun tipo di azioni della società emittente. A rigor di termini, l'espressione inglese e l'equivalente italiano sono ridondanti, in quanto il capitale di prestito è sempre inconvertibile, a meno che sia esplicitamente detto il contrario. (v. anche *loan capital, convertible debentures*)

uncovered interest arbitrage: ***arbitraggio d'interessi non coperto.*** La situazione in cui si effettua un investimento in attività denominate in una valuta estera senza contemporaneamente coprirsi, nel mercato a termine, contro il rischio del cambio.

uncovered option: ***contratto a premio allo scoperto.*** Un contratto a premio su titoli o beni non fisicamente in possesso dell'operatore che ha venduto il contratto.

uncovered position: ***scoperto; posizione scoperta.*** Espressione del linguaggio borsistico, con la quale si indica la vendita di titoli non posseduti dall'operatore. È una situazione in cui di solito si vengono a trovare i ribassisti, che vendono nella previsione di poter riacquistare i titoli ad un prezzo più basso entro breve tempo.

uncrossed cheque: ***assegno aperto; assegno non sbarrato.*** Termine usato con lo stesso significato di *open cheque* (v.).

U.N.C.T.A.D.: United Nations Conference on Trade and Development.

uncustomed goods: **1.** ***beni esenti da dazio.*** Beni di importazione che, per disposizione di legge, sono esenti dal pagamento di qualsiasi dazio doganale. **2.** ***beni non sdoganati.*** Beni di importazione sui quali non è stato ancora pagato il dazio doganale cui sono soggetti.

undateds: ***titoli non datati.*** Termine usato come abbreviazione di *undated securities* (v.).

undated securities: ***titoli non datati.*** Sono tutti quei titoli a reddito fisso che non recano una data di rimborso e possono pertanto considerarsi irredimibili. Titoli del genere prevedono soltanto il pagamento degli interessi annui e possono essere convertiti in moneta soltanto attraverso la vendita al loro prezzo di mercato.

undated stocks: ***titoli di stato non datati.*** Sono i titoli di stato che non recano alcuna data di rimborso e che pertanto vengono chiamati rendite e fanno parte del debito fondato. Le loro caratteristiche sono uguali a quelle descritte sotto *undated securities* (v.).

under bond: ***sotto vincolo doganale; in deposito doganale.*** Espressione usata in relazione ad articoli di importazione depositati in un magazzino generale, in attesa che venga pagato il dazio di importazione o in attesa di essere riesportati.

underbooked issue: ***emissione non interamente prenotata.*** Lo stesso che *undersubscribed issue* (v.).

under budget: ***inferiore al previsto.*** Espressione usata per qualificare un fenomeno che si rivela inferiore alle previsioni.

undercapitalization: ***sottocapitalizzazione.*** La mancanza di capitale sufficiente per la gestione redditizia di un'impresa.

under-capitalized company: ***società sottocapitalizzata.*** Una società che dispone di un capitale insufficiente per condurre il livello di attività economica in cui è impegnata.

to undercharge: ***addebitare in meno.*** In conseguenza di un errore materiale, può verificarsi il caso che ad un cliente venga addebitato o fatto pagare meno di quanto corrisponde al prezzo dei beni o servizi fornitigli. In molti casi del genere si rimedia all'errore inviando al cliente una nota di addebitamento o una fattura integrativa. (v. anche *debit note*)

undercharge: ***ammontare pagato in meno.*** La somma che per errore è stata fatta pagare in meno, rispetto al prezzo normale o concordato. (v. anche *to undercharge*)

underclass: ***classe inferiore.*** Una classe di persone che non si eleva al di sopra del più basso livello economico.

underconsumption: ***sottoconsumo.*** Il consumo complessivo di una comunità che risulta inferiore a quello che sarebbe necessario allo scopo di assorbire tutti i beni e servizi prodotti o di dare alla produzione un impulso tale da consentire la piena occupazione dei fattori produttivi disponibili nell'economia.

underconsumption theories: ***teorie del sottoconsumo.*** Termine usato per indicare: a) le teorie economiche dei riformatori monetari del diciottesimo secolo, che sostenevano la necessità di far ricorso all'inflazione allo scopo di realizzare la piena occupazione delle risorse produttive; b) le teorie dei cosiddetti illusionisti monetari, che miravano a creare potere d'acquisto facendo ricorso all'inflazione; e, c) le teorie che fanno risalire le fluttuazioni del ciclo economico al sottoconsumo e all'ineguale distribuzione del reddito. Tutte queste teorie si trovarono di fronte per circa un secolo l'ostacolo insormontabile della legge degli sbocchi di J. B. Say, fino a quando J. M. Keynes confutò la validità generale del principio che l'offerta crea la domanda.

underconsumption theory of the trade cycle: ***teoria del ciclo economico basata sul sottoconsumo.*** Le teorie che sostengono che le fluttuazioni del ciclo economico dipendono dal sottoconsumo sono numerose, ma tutte hanno in comune il concetto che vi sia un tasso di interesse naturale o di equilibrio che riesce ad equilibrare il risparmio volontario e gli investimenti in beni capitali, così evitando fluttuazioni di produzione ed occupazione. Se, *ceteris paribus*, cresce il livello del risparmio perché le famiglie consumano di meno, ne deriverà una diminuzione del tasso di interesse di equilibrio con la conseguenza che il più basso costo del denaro favorirà un aumento degli investimenti fino a far loro raggiungere il nuovo livello del risparmio. Pertanto, le risorse rese disponibili dalla diminuzione dei consumi, cioè dal risparmio, vengono riutilizzate in un aumento degli investimenti, reso interessante a causa del più basso tasso di interesse. Ma questo aumento degli investimenti può essere eccessivo ed avere il risultato di creare una capacità produttiva che supera le possibilità di consumo da parte della massa, per cui i prezzi scendono a livelli di non redditività, la disoccupazione aumenta e si diffondono condizioni di depressione economica che permarranno fin quando non verrà gradualmente riassorbito l'eccesso di produzione attraverso un aumento dei consumi.

to underdevelop: ***sottosviluppare; sottosvilupparsi.*** Avere un tasso di sviluppo inferiore al normale e non riuscire a restare autosufficienti da un punto di vista economico, a causa di perdita o spreco di capitali, risorse, ecc. Il termine viene usato principalmente nella forma del participio passato con valore aggettivale.

underdeveloped area: ***area arretrata; area sottosviluppata.*** Termine generico, usato nel linguaggio popolare per indicare un'area o una regione geografica che, a confronto con i livelli standard occidentali, mostra un livello di vita poco sviluppato, derivante da industrializzazione carente o inesistente e da un uso improprio delle risorse naturali.

underdeveloped country: ***paese arretrato; paese sottosviluppato.*** Termine usato in passato, ma oggi sostituito da *developing nation* (v.).

underdeveloped economy: ***economia sottosviluppata; economia in via di sviluppo.*** È così chiamata l'economia di un *underdeveloped country* (v.), caratterizzata da bassa produttività del lavoro, crescita non bilanciata dei vari settori economici, grande quantità di forza lavoro occupata nella produzione primaria e conseguente prodotto marginale bassissimo o uguale a zero. Infatti, la maggior parte del prodotto agricolo di questa economia fornisce mezzi di sostentamento soltanto per coloro che lavorano nel settore e per le loro famiglie, mentre i beni di esportazione sono prodotti in quantità molto limitate e quasi sempre insufficienti per pagare le importazioni del paese. Questo tipo di economia risente notevolmente delle variazioni della domanda estera, dalla quale spesso dipende per procurarsi le entrate necessarie a finanziare, ma spesso non a pagare per intero, le proprie importazioni.

underdeveloped nation: ***nazione arretrata; nazione sottosviluppata.*** Termine una volta usato come sinonimo di *underdeveloped country* (v.).

underdevelopment: ***sottosviluppo.*** Nel linguaggio economico, è una situazione in cui il reddito netto pro capite degli abitanti di un paese non cresce o cresce meno di quel che potrebbe, secondo i canoni occidentali, considerate le risorse del paese. Ciò di solito dipende da una cattiva distribuzione del reddito nazionale e da una bassa capacità di importazione, due fenomeni che ostacolano lo sviluppo economico.

underemployed: ***sottoccupato.*** Un lavoratore occupato per un tempo inferiore al normale o perché lavora in maniera intermittente o con orario giornaliero ridotto, o perché ha un certa quantità di lavoro da svolgere, ma non tale da tenerlo occupato per l'intera giornata lavorativa, con la conseguenza che il suo reddito è inferiore al normale ed egli viene, pertanto, definito povero.

underemployment: **1.** ***sottoccupazione.*** L'impiego di un numero di lavoratori inferiore a quello che sarebbe possibile impiegare a seguito della piena utilizzazione degli impianti o delle altre risorse esistenti in un'economia. Lo stesso termine indica l'occupazione di lavoratori in posti che non consentono la piena utilizzazione e valorizzazione delle loro capacità o delle conoscenze acquisite in corsi di studio o precedenti occupazioni. Ciò si verifica in periodi di diffusa disoccupazione o in presenza di mercati del lavoro rigidi, che precludono l'accesso ai posti migliori. **2.** ***disoccupazione parziale.*** Situazione caratterizzata dall'esistenza di una certa quantità di disoccupazione della forza di lavoro di un paese, cioè dall'assenza di piena occupazione.

underemployment equilibrium: ***equilibrio di sottoccupazione.*** È una situazione in cui la somma degli investimenti e delle spese in consumi del prodotto nazionale lordo si bilancia con un reddito nazionale insufficiente per assorbire l'intera forza lavoro di un paese. Alcuni economisti sostengono che questa è una tendenza presente in un'economia altamente industrializzata e la ascrivono a: a) un declino della propensione al consumo; b) un declino dell'efficienza marginale del capitale; e, c) un rafforzamento della preferenza per la liquidità, causata da bassi tassi di interesse che, a loro volta, hanno come risultato una bassa propensione per gli investimenti e un reddito nazionale insufficiente ad assorbire l'intera forza lavoro del paese, come detto sopra.

underfunding: ***sottofinanziamento; finanziamento insufficiente.*** L'opposto di *overfunding* (v.), che si verifica quando il totale del finanziamento statale è inferiore all'ammontare necessario in base alla *full fund(ing) rule* (v.).

underground economy: ***economia sommersa; economia sotterranea.*** Lo stesso che *black economy* (v.).

underground sector: ***settore sommerso; settore sotterraneo.*** Lo stesso che *unobserved sector* (v.).

underidentification: ***sottoidentificazione.*** In statistica, è la situazione che si verifica quando non è possibile stimare tutti i parametri mediante le informazioni fornite da un sistema di equazioni stocastiche.

underinsurance: ***sottoassicurazione.*** L'assicurazione per una somma inferiore al valore dei beni assicurati o all'ammontare del rischio coperto dalla polizza. Ad esempio, un edificio del valore di due miliardi assicurato per una somma inferiore ai due miliardi.

underinvestment: ***sottoinvestimento.*** Investimento il cui ammontare complessivo è insufficiente per realizzare lo scopo prefisso o per dare all'economia l'impulso necessario per assorbire l'intera forza lavoro di un paese.

underlease: ***subaffitto; sublocazione.*** Termine usato con lo stesso significato di *sublease* (v.).

under-lessee: ***sublocatario; subaffittuario.*** Termine usato con lo stesso significato di *sub-lessee* (v.).

under-lessor: ***sublocatore.*** Termine usato con lo stesso significato di *sub-lessor* (v.).

to underlet: ***subaffittare; sublocare.*** Termine usato con lo stesso significato di *to sub-let* (v.).

underlying: ***sottostante.*** Aggettivo che, nel linguaggio economico, indica fenomeni dai quali dipende il livello di un determinato indice, di un'attività e simili; come ad esempio, in un quadro economico, il tasso d'inflazione sottostante.

underlying bonds: ***obbligazioni privilegiate; obbligazioni garantite da ipoteca di primo grado.*** Lo stesso che *first-lien bonds* (v.).

underlying company: ***società consociata.*** Termine specifico, di uso principalmente statunitense, con il quale si designa una società consociata proprietaria di certi diritti non trasferibili e indispensabili per il funzionamento del gruppo economico di cui fa parte, a causa dei quali essa è mantenuta in esistenza invece di essere assorbita dalla società madre.

underlying inflation: ***inflazione di fondo; inflazione sottostante.*** In senso lato, l'inflazione dei prezzi connessa a fenomeni strutturali di lungo periodo propri del particolare sistema economico in cui essa si manifesta. In senso più ristretto, l'inflazione presente in un sistema depurata da qualsiasi influenza proveniente da cause estranee al sistema stesso.

underlying mortgage: ***ipoteca di primo grado; ipoteca di priorità.*** Lo stesso che *senior mortgage* (v.).

underlying policy: ***polizza generale.*** Termine usato con lo stesso significato di *master policy* (v.).

underlying rate of inflation: ***tasso d'inflazione di fondo; tasso d'inflazione sottostante.*** V. spiegazione sotto *underlying* e *underlying inflation.*

underlying securities: ***titoli garantiti.*** Nel linguaggio finanziario statunitense, sono valori mobiliari emessi da una società consociata, ma garantiti dalla società madre per quanto attiene al pagamento degli interessi o dei dividendi.

under-manager: ***vice direttore.*** Dirigente posto al livello immediatamente inferiore a quello di direttore. Di solito svolge le funzioni di assistente del direttore immediatamente sopra di lui nella scala gerarchica.

underoccupied: ***sottoccupato.*** Termine usato come sinonimo di *underemployed* (v.).

underpopulation: ***sottopopolazione.*** Una popolazione insufficiente per fare un uso ottimale delle altre risorse di terra e capitale presenti in un paese. In tale caso, si dice che il paese è sottopopolato. (v. anche *optimum population, overpopulation*)

underpricing: ***sottoprezzatura.*** Nel linguaggio finanziario, il termine inglese indica la politica seguita nelle offerte di valori mobiliari al pubblico. Al fine di incentivare i potenziali sottoscrittori o acquirenti, l'emittente o il sindacato di garanzia e collocamento titoli deliberatamente quotano il titolo al di sotto della pari o, comunque, ad un prezzo inferiore al suo valore reale.

to underproduce: ***sottoprodurre.*** Produrre in quantità inferiore a quella normale o solita.

underproduction: ***sottoproduzione.*** Un livello di produzione inferiore alle possibilità di un'industria o di un'economia o insufficiente a far fronte alla domanda globale.

underproductivity: ***sottoproduttività.*** Termine di recente formazione, usato per indicare una produttività insufficiente o inadeguata.

underproletariat: ***sottoproletariato.*** Termine di uso pubblicistico, con il quale a volte si indicano le categorie più povere e disagiate del proletariato. (v. anche *proletariat*)

under protest: ***sotto protesto.*** Espressione usata in relazione al pagamento di un titolo di credito, dopo che esso è stato protestato, generalmente per intervento di un terzo il cui nome non figura sul titolo stesso.

to undersell: ***svendere.*** Vendere beni ad un prezzo inferiore a quello praticato dalla concorrenza.

underselling: ***svendita.*** Vendita di beni ad un prezzo inferiore a quello praticato dalla concorrenza.

under ship's derrick: ***sotto paranco.*** Espressione usata con lo stesso significato di *at ship's rail* (v.).

to understate: ***sottovalutare.*** Dare ad una o più attività o passività di un'impresa un valore, nei libri e nei documenti contabili, inferiore a quello reale o a quello di mercato. Tale azione può portare alla creazione di una riserva occulta.

to understock: ***sottostoccare.*** Mantenere scorte al di sotto del livello minimo necessario alle esigenze di un'impresa o di un punto di vendita.

undersubscribed issue: ***emissione non completamente sottoscritta.*** È una emissione azionaria o obbligazionaria in relazione alla quale la società emittente ha ricevuto domande di sottoscrizione che non coprono il numero totale di titoli da collocare.

undersubscription: ***sottoscrizione non esaurita; sottoscrizione non interamente collocata.*** Si verifica quando le richieste dei sottoscrittori non coprono interamente il numero di azioni o obbligazioni offerte in sottoscrizione. Se è coinvolto un sindacato di garanzia e collocamento, la quota non sottoscritta dal pubblico verrà assorbita da quest'ultimo.

under-supply: ***scarsità di offerta; offerta insufficiente.*** Termine usato da J. S. Mill come opposto di *over-supply* (v.) per indicare la situazione che si verifica quando l'offerta di un bene è inferiore alla domanda dello stesso bene, con conseguente aumento del suo prezzo di mercato. La situazione, in effetti, è identica a quella descritta sotto *excess demand* (v.).

undertaker: 1. ***imprenditore.*** Questo termine è stato usato dall'economista britannico Alfred Marshall come sinonimo di *entrepreneur* (v.). **2.** ***impresa.*** Sinonimo, meno usato, di *undertaking 1* (v.).

undertaking: 1. ***impresa.*** Nel linguaggio commerciale e comune, questo termine inglese viene spesso usato per designare una qualsiasi impresa che si interessa di un'attività produttiva o commerciale e in particolare per indicare un'impresa di pubblici servizi. I termini inglesi più tecnici e specifici per questi due significati sono *firm* (v.) e *public-service corporation* (v.). **2.** ***impegno; promessa.*** Nel linguaggio giuridico, il termine inglese indica una promessa formale e solenne fatta da una delle parti, o da un suo avvocato, durante un procedimento in una corte di giustizia.

to undertax: ***sottotassare.*** Tassare, nel senso di imporre tributi, in maniera insufficiente o inadeguata.

undertaxation: ***sottotassazione.*** Imposizione fiscale inferiore al necessario o alla normale capacità contributiva dei cittadini.

under the counter: ***sottobanco.*** Espressione con la quale vengono indicati beni in offerta limitata, venduti dai negozianti ai loro clienti migliori all'insaputa di altri clienti. Il termine si riferisce principalmente a beni non ufficialmente razionati durante un periodo bellico o immediatamente post–bellico, ma dei quali non vi è disponibilità sufficiente per far fronte a tutte le richieste. Pertanto, i negozianti procedono ad una specie di razionamento autonomo, tenendoli lontano dalla vista dei clienti e vendendoli di «sottobanco».

under the rule: Espressione delle borse valori statunitensi, con la quale si indica una vendita o un acquisto eseguiti da un funzionario della borsa stessa allo scopo di portare a compimento un'operazione iniziata, ma non completata, da un operatore.

undertone: ***tendenza di base; tendenza di fondo.*** Nel linguaggio delle borse valori, è la tendenza generale del mercato, che fa sentire la sua influenza sul comportamento dei venditori e dei compratori.

under usual reserve: ***salvo buon fine.*** Espressione usata con lo stesso significato di *subject to collection* (v.).

underutilization: ***sottoutilizzazione.*** L'utilizzazione di uno stabilimento o di un impianto non al massimo delle sue capacità produttive. La sottoutilizzazione è un fenomeno abbastanza diffuso ed è giustificata dal fatto che l'economista ritiene più importante non il modo più efficiente di utilizzare un dato impianto, bensì il modo più efficiente di produrre la quantità di prodotto richiesta. Pertanto, se gli impianti più grandi sono in grado di realizzare costi unitari minori, sarà conveniente costruire un impianto più grande, anche se esso dovrà essere sottoutilizzato, fin tanto che le economie derivanti dalla dimensione dell'impianto sono tali da controbilanciare i costi della sottoutilizzazione.

undervaluation: ***sottovalutazione.*** Valutazione di un bene o di un'attività al di sotto del suo reale valore di mercato. L'effetto di una sottovalutazione può essere quello di distorcere la normale domanda del bene o l'uso dell'attività. (v. anche *undervalued currency*)

to undervalue: ***sottovalutare.*** Valutare un bene o un'attività al di sotto del suo reale valore.

undervalued currency: ***moneta sottovalutata; valuta sottovalutata.*** Una valuta si dice sottovalutata quando il suo prezzo, o corso, in termini di valute estere è stabilito a un livello più basso di quello che verrebbe a determinarsi spontaneamente sul mercato libero dei cambi. Ciò normalmente porta a un incremento delle esportazioni dal paese a valuta sottovalutata, visto che esse costano di meno sui mercati esteri, e a una riduzione delle importazioni da parte dello stesso paese. Spesso, un paese la cui valuta si trova in tale situazione viene spinto a una rivalutazione ufficiale da suoi partner commerciali.

Underwood Tariff: Fu così chiamata la tariffa doganale statunitense, approvata con il *Tariff Act* del 1913. In linea generale, essa tentò di ridurre i dazi di importazione, con l'obiettivo di portare la concorrenza straniera ad avere un'influenza negativa sui monopoli che si erano costituiti nel paese. La tariffa ampliò la lista dei beni esenti da dazi di importazione, aumentandone solo alcuni al fine di correggere precedenti errori. Inoltre, furono aboliti alcuni dazi di compensazione, mentre molti dazi specifici furono sostituiti con dazi ad valorem.

underwriter: **1.** ***sottoscrittore.*** Chiunque sottoscriva parte di una nuova emissione di azioni, obbligazioni o titoli di stato. Il sottoscrittore può essere un privato o un consorzio di garanzia e collocamento titoli. (v. anche *purchase syndicate*) **2.** ***consorzio di garanzia e collocamento titoli; consorzio di assunzione a fermo; sindacato di garanzia e collocamento titoli.*** In questo significato, il termine inglese è usato come sinonimo di *purchase syndicate* (v.). **3.** ***assicuratore.*** Il termine inglese, usato principalmente in relazione alle assicurazioni marittime, indica ciascuna delle persone che si assumono parte di un rischio. Esso poi si è esteso per indicare un qualsiasi assicuratore che si assuma un rischio in toto o in parte ed in quest'ultimo significato il termine viene usato principalmente negli Stati Uniti. (v. anche *Lloyd's underwriter*) **4.** ***società distributrice; società garante.*** Nella terminologia dei fondi comuni d'investimento, indica un organismo indipendente che si interessa della vendita dei titoli della società emittente o che ne garantisce l'emissione.

underwriting: **1.** ***sottoscrizione.*** L'atto o l'azione di un sottoscrittore, in relazione all'acquisto di parte di un'emissione di titoli. (v. anche *underwriter 1*) **2.** ***impegno di garanzia e collocamento titoli; assunzione di una emissione.*** L'impegno assunto da un consorzio di garanzia e collocamento titoli in relazione alla vendita di una nuova emissione. (v. anche *purchase syndicate*) **3.** ***assunzione di un rischio.*** L'attività di fornire copertura assicurativa contro un rischio, in considerazione del pagamento di un premio. In un uso specifico, il termine è limitato all'attività svolta dagli assicuratori che costituiscono il Lloyd di Londra, ma in un senso più generico, e specialmente negli Stati Uniti, viene spesso usato per indicare l'assunzione di un qualsiasi rischio mediante la sottoscrizione di una polizza di assicurazione. (v. anche *underwriter 3*) **4.** ***conferimento.*** Contributo in moneta o in beni che ciascun socio apporta alla costituzione di una società. Nel caso di società di capitali, il conferimento deve necessariamente essere in moneta.

underwriting agent: ***assicuratore.*** Termine a volte usato con lo stesso significato di *underwriter 3* (v.).

underwriting agreement: ***contratto di assunzione a fermo; contratto di garanzia e collocamento titoli.*** Lo stesso che *purchase contract* (v.).

underwriting commission: ***commissione di sottoscrizione; commissione di assunzione a fermo.*** È la commissione che compete ad un sindacato di garanzia e collocamento titoli, in considerazione dell'impegno che esso si assume di assorbire la quantità di titoli eventualmente non sottoscritta dal pubblico. (v. anche *purchase syndicate*)

underwriting contract: ***contratto di garanzia e collocamento titoli.*** Termine usato con lo stesso significato di *purchase contract* (v.).

underwriting expenses: ***spese di collocamento; spese di garanzia e collocamento.*** I costi sostenuti da una società che incarica una istituzione finanziaria di collocare una nuova emissione di azioni, con l'accordo che l'istituzione acquisterà a un prezzo prestabilito tutte le azioni non sottoscritte dal pubblico.

underwriting fee: ***commissione di garanzia e collocamento; commissione di assunzione a fermo.*** Lo stesso che *underwriting commission* (v.).

underwriting group: ***consorzio di garanzia e collocamento titoli.*** Lo stesso che *purchase syndicate* (v.).

underwriting member: ***membro assicuratore.*** Uno

qualsiasi dei membri che operano all'interno del Lloyd di Londra.

underwriting profit: ***profitto di assicurazione.*** Termine di uso principalmente statunitense, con il quale si indica la parte di profitto di un assicuratore rappresentata dai premi guadagnati meno le spese e le perdite liquidate. Esclude, quindi, i profitti o gli utili su investimenti posti in essere dall'assicuratore.

underwriting spread: ***plusvalenza di sottoscrizione.*** V. spiegazione sotto *spread 8.*

underwriting syndicate: ***consorzio di garanzia e collocamento titoli; sindacato di garanzia e collocamento titoli.*** Termine usato con lo stesso significato di *purchase syndicate* (v.).

undifferentiated marketing: ***commercializzazione non differenziata.*** Si verifica quando un'impresa pone in vendita un prodotto che ha lo scopo di soddisfare un bisogno presente nella grande maggioranza dei consumatori. Questo concetto, oggi in gran parte superato, ha ceduto il posto a quello della commercializzazione differenziata o segmentazione del mercato.

undigested securities: ***titoli non sottoscritti.*** La parte di una nuova emissione azionaria o obbligazionaria non collocata tra il pubblico a causa di insufficiente domanda da parte degli investitori.

undischarged bankrupt: ***fallito non riabilitato.*** È il fallito nei cui confronti non è ancora stata emessa una sentenza di riabilitazione. In base al *Bankruptcy Act* del 1914, il fallito non riabilitato non può ottenere credito per più di dieci sterline senza rivelare la propria situazione di fallito, né può intraprendere alcuna attività commerciale sotto alcun nome, falso o di fantasia.

undisclosed agency: ***rappresentanza occulta.*** Si verifica quando un agente tratta con un terzo senza divulgare il nome del suo mandante o senza rivelare la sua condizione di agente.

undisclosed factoring: ***factoring occulto; factoring segreto.*** Tipo di factoring usato da commercianti che preferiscono non far sapere ai loro clienti che essi si avvalgono di tale facilitazione. Da un punto di vista tecnico, la differenza consiste nel fatto che l'impresa di factoring invece di acquistare i crediti del suo cliente, ne acquista i beni e lo nomina venditore degli stessi con l'incarico non soltanto di venderli, ma anche di incassarne il relativo pagamento. In questo modo, il commerciante diventa un agente e l'impresa di factoring il suo principale occulto, che resta responsabile dei crediti inesigibili.

undisclosed principal: ***principale occulto; principale non nominato.*** Se un agente opera senza rivelare la sua condizione di agente, qualora un terzo ne venga a conoscenza può scegliere di considerare l'agente o il suo principale come parte contraente nell'accordo intercorso tra l'agente e il terzo, cioè egli ha il diritto di trattare l'agente come se fosse il principale. Se, d'altra parte, la persona e l'identità del principale rivestono una particolare importanza per il terzo, egli può annullare il contratto stipulato quando non era a conoscenza dell'identità del reale principale.

undisclosed reserve: ***riserva occulta.*** Termine usato con lo stesso significato di *hidden reserve* (v.).

undistributable reserves: ***riserve non distribuibili.*** Sono le riserve di una società create tramite apporti dei soci in misura superiore al valore nominale delle quote o azioni sottoscritte, ovvero quando vengono emesse nuove azioni al di sopra della pari o quando il valore contabile del capitale fisso viene rivalutato per adeguarlo al costo di rimpiazzo, ovvero quando si realizzano redditi di capitale. In tutti questi casi, le somme realizzate vengono trasferite al conto riserve di capitale e non possono essere usate per distribuire dividendi agli azionisti.

undistributed profits: ***profitti non distribuiti.*** Il termine, di uso principalmente statunitense, è alquanto generico e indica gli utili di una società di persone, di un trust o di una speculazione in partecipazione, prima che essi vengano ripartiti tra gli interessati. A volte, lo stesso termine viene usato per indicare la parte di utili di una società non distribuiti sotto forma di dividendi.

undistributed-profits tax: ***imposta sugli utili non distribuiti.*** Negli Stati Uniti, è un'imposta che colpisce gli utili di una società non distribuiti sotto forma di dividendi. La ragione di questa imposta è che trattenendo gli utili all'interno della società senza pagare dividendi, gli azionisti possono evitare o rinviare il pagamento dell'imposta sul reddito che sarebbe dovuta se gli utili venissero distribuiti come dividendi. Inoltre, lasciando accumulare tali utili, gli azionisti possono appropriarsene vendendo parte delle loro azioni, che nel frattempo si sono apprezzate, e pagando soltanto un'imposta sugli utili di capitale. Per questo motivo, il sistema tributario statunitense prevede una forte imposta sugli utili trattenuti dalla società senza un motivo economicamente valido.

undivided profit: ***utili indivisi.*** Nel linguaggio della contabilità, indica la parte non distribuita del reddito netto di una società, non ancora trasferita al conto utili non distribuiti.

undivided right: ***diritto indiviso.*** Il diritto di proprietà che una persona detiene congiuntamente con una o più altre persone. Ciascuno di loro ha diritto ad una quota stabilita della proprietà complessiva, ma nessuno di loro vanta un diritto esclusivo su alcuna particolare parte di essa.

undue influence: ***captazione.*** L'influenza esercitata su una persona allo scopo di portarla a testare in modo diverso da quello che era nelle sue intenzioni.

unearned charges: ***costi non coperti da ricavi.*** Il termine inglese indica una qualsiasi obbligazione sostenuta senza una corrispondente copertura proveniente da ricavi, come ad esempio il pagamento di interessi su un prestito obbligazionario in un esercizio in cui si è sostenuta una perdita invece di realizzare un profitto.

unearned discount: ***sconto non maturato.*** In contabilità, questo termine indica interessi sotto forma di sconto già incassati ma non ancora maturati o guadagnati, in quanto di competenza di un arco di tempo non ancora del tutto trascorso.

unearned income: **1.** ***risconto passivo.*** In contabilità, questo termine indica un reddito, un provento o un beneficio riscosso ma non ancora maturato, come ad esempio un canone di locazione o degli interessi incassati prima della data in cui effettivamente scadono. I risconti passivi vengono trattati come passività fino alla data in cui essi effettivamente maturano o scadono. **2.** ***reddito da investimenti; reddito di capitale.*** Un reddito non guadagnato direttamente con la propria attività lavorativa o professionale. Si applica, pertanto, a qualsiasi forma di reddito diversa dal salario, dallo stipendio, dall'onorario e dal profitto ed in particolare a canoni di locazione, interessi e dividendi. Ai fini fiscali, questo tipo di reddito è trattato in maniera meno favorevole, in quanto non vengono riconosciute le stesse detrazioni ammesse per i redditi da lavoro. **3.** ***rendita.*** Nel linguaggio economico, il termine inglese indica la pura rendita economica e la rendita monopolistica.

unearned increment: ***incremento di valore capitale; in-***

cremento di valore patrimoniale. Un incremento del valore di una proprietà derivante non da investimenti effettuati dal proprietario, ma da altri fattori che non rientrano nel suo diretto controllo. In particolare, il termine indica l'incremento di valore della terra dovuto ad un aumento della domanda a seguito della crescita di una città o della sua popolazione, della costruzione di ferrovie, strade e altre infrastrutture o della realizzazione di opere di bonifica o miglioria eseguite dai proprietari di fondi confinanti con quello in questione.

unearned interest: ***interessi non maturati.*** Lo stesso che *unearned discount* (v.), pur se in questo caso il termine *interest* è usato impropriamente.

unearned premium: ***premio non guadagnato.*** Nel linguaggio delle assicurazioni, è la parte di premio relativa al periodo di copertura non ancora trascorso, cioè il periodo di tempo che va dal momento preso in considerazione al momento in cui scade la polizza. Se, ad esempio, una polizza annuale è stata emessa il 10 giugno e oggi è il 30 novembre, il premio guadagnato è la parte di premio corrispondente al periodo dal 10 giugno al 30 novembre, mentre il premio non guadagnato, ma già incassato dall'assicuratore, è quello relativo al periodo dal 1° dicembre al 9 giugno dell'anno successivo.

unearned premium reserve: ***riserva di premi non guadagnati.*** La riserva che trova espressione nei libri contabili dell'assicuratore nell'ammontare di premi non guadagnati.

unearned revenue: 1. ***risconto passivo.*** Termine usato con lo stesso significato di *unearned income 1* (v.). **2.** ***reddito da investimenti; reddito di capitale.*** Termine usato con lo stesso significato di *unearned income 2* (v.).

uneconomic: ***antieconomico.*** Aggettivo usato per designare una qualsiasi azione o un qualsiasi processo che non contribuiscono alla formazione di nuovi beni o servizi utilizzabili dal singolo o dalla comunità. In un significato più ristretto, indica un qualsiasi processo che produce beni o servizi ad un costo superiore a quello normale, cioè a quello imposto dalla tecnologia esistente.

unemployables: ***inabili al lavoro.*** Questo termine indica collettivamente tutte quelle persone che, a causa delle loro condizioni di inabilità fisica o mentale, non possono essere impiegate nelle normali attività lavorative. Queste persone di regola non vengono incluse nel numero dei disoccupati.

unemployed: ***disoccupato.*** Aggettivo usato anche come sostantivo con lo stesso significato di *unemployed worker* (v.).

unemployed allowance: ***indennità di disoccupazione.*** Lo stesso che *unemployment benefit* (v.).

unemployed benefit: ***sussidio di disoccupazione.*** Lo stesso che *unemployment benefit* (v.).

unemployed pay: ***paga dei disoccupati.*** Eufemismo usato con lo stesso significato di *unemployment benefit* (v.).

unemployed worker: ***disoccupato; lavoratore disoccupato.*** Lavoratore temporaneamente non impiegato in alcuna attività remunerata.

Unemployed Workmen Act: Legge, approvata dal parlamento britannico nel 1905, con la quale si autorizzavano gli enti locali ad organizzare piani di opere pubbliche in cui impiegare i disoccupati e ad istituire uffici di collocamento.

unemployment: ***disoccupazione.*** È la condizione in cui i lavoratori sono disposti e in grado di assumere un lavoro al tasso salariale corrente, ma non riescono a trovare un impiego. Per analogia, lo stesso termine viene usato per indicare la mancata utilizzazione di altre risorse presenti in un'economia, quali il capitale, il risparmio, la terra, ecc. In un qualsiasi sistema economico sviluppato è sempre presente una certa dose di disoccupazione dovuta allo spostamento di lavoratori da un'occupazione ad un'altra o da una zona del paese ad un'altra ed altre circostanze del genere, ma la maggior parte dei paesi tende a mantenere la disoccupazione al livello più basso possibile, stimolando la domanda e fornendo possibilità di riqualificazione per quei lavoratori che perdono il loro posto di lavoro a seguito dell'introduzione di nuova tecnologia. Tra le principali cause della disoccupazione, tuttavia, c'è da annoverare la potenziale insufficienza del livello della domanda globale. In tale contesto, una importante variabile attraverso la quale si può efficacemente controllare il livello di disoccupazione è il livello della spesa globale. Se esso è basso, anche la produzione delle imprese sarà bassa e di conseguenza il livello di occupazione sarà basso. Se la spesa globale è alta, il livello di produzione sarà alto ed anche il livello di occupazione sarà alto. Quando il livello di occupazione è basso, cioè è presente nell'economia un alto tasso di disoccupazione, l'unico modo in cui le autorità centrali possono intervenire è quello di far crescere la spesa globale. Pertanto, se le autorità centrali intendono tentare di raggiungere la piena occupazione, non potranno fare altro che intraprendere una politica tendente a variare il volume della spesa globale. Tale variazione può essere realizzata tramite una serie di provvedimenti tendenti ad incrementare direttamente la spesa globale, ad esempio mediante un aumento della spesa pubblica, o ad indurre un aumento della spesa del settore privato, ad esempio variando i tassi di interesse o concedendo particolari sgravi fiscali.

Unemployment Assistance Board: Ente istituito nel Regno Unito nel 1934 con il compito di amministrare il piano di assistenza ai lavoratori disoccupati, attraverso i vari uffici dislocati su tutto il territorio nazionale. Nel 1940, il nome di questo ente fu cambiato in *Assistance Board* (v.), ma nel 1966 esso fu soppresso e i suoi compiti furono trasferiti al *Ministry of Social Security* (v.).

unemployment benefit: ***sussidio di disoccupazione; indennità di disoccupazione.*** È il sussidio al quale, nel Regno Unito, hanno diritto i lavoratori disoccupati, in base al sistema di assicurazioni sociali. Prima che venisse introdotto in quel paese tale sistema nel 1911, alcuni sindacati, principalmente i piccoli sindacati di categoria, provvedevano direttamente a distribuire un sussidio ai loro membri disoccupati.

unemployment compensation: ***sussidio di disoccupazione.*** È il termine statunitense corrispondente al britannico *unemployment benefit* (v.). In base alla legge vigente in tutti gli stati dell'Unione dal 1° luglio 1937, tutti i lavoratori disoccupati in possesso di determinati requisiti hanno diritto al sussidio di disoccupazione. Tali requisiti di solito prevedono: a) che il lavoratore sia involontariamente disoccupato; b) che egli sia disoccupato da un certo periodo di tempo; c) che egli sia in grado e sia disposto ad accettare qualsiasi lavoro gli venga offerto, nell'ambito della sua qualificazione; e, d) che egli abbia precedentemente lavorato in occupazioni previste dalla legge.

unemployment fund: ***fondo di previdenza contro la disoccupazione.*** È il fondo che viene alimentato con i contributi versati dai lavoratori e dai datori di lavoro, come forma di assicurazione contro la disoccupazione. Il fondo corrisponde grosso modo alla nostra cassa integrazione guadagni.

unemployment insurance: ***assicurazione contro la disoccupazione.*** Forma di assicurazione sociale intesa a proteggere i lavoratori contro il rischio di disoccupazione. In tutti gli Stati Uniti vige, per la maggior parte delle categorie di lavoratori dipendenti, un sistema di assicurazione obbligatoria autorizzata dal *Social Security Act* (v.) del 1935, che prevede il versamento di contributi mediante i quali viene alimentato il fondo dal quale vengono pagati i sussidi di disoccupazione. Da un punto di vista tecnico, questi contributi corrispondono ad un'imposta. Nel Regno Unito, l'assicurazione contro la disoccupazione fu introdotta nel 1911, ma a quell'epoca interessava meno di un quarto della forza lavoro maschile. Dopo la fine della prima guerra mondiale, e precisamente tra il 1918 e il 1920, essa fu estesa a quasi tutte le categorie di lavoratori, ma le condizioni economiche dell'epoca e quelle che si verificarono con la grande depressione costrinsero il Regno Unito a porre un limite all'espansione post–bellica dei diritti sociali.

unemployment insurance benefit: ***sussidio di disoccupazione; indennità di disoccupazione.*** Negli Stati Uniti, questo termine corrisponde al britannico *unemployment benefit* (v.) ed è, pertanto, sinonimo di *unemployment compensation* (v.). In quel paese, sta prendendo sempre più piede la critica negativa nei confronti di questo tipo di assistenza, in quanto si sostiene da più parti che con i mercati del lavoro che hanno prevalso negli anni sessanta e settanta, le alte indennità di disoccupazione non hanno fatto altro che incrementare la disoccupazione totale, incoraggiando i disoccupati a ritardare il loro ritorno al lavoro e inducendo datori e prestatori di lavoro a organizzare la produzione in maniera da far aumentare i licenziamenti e quindi la disoccupazione.

unemployment insurance system: ***sistema di assicurazione contro la disoccupazione.*** Il sistema che, negli Stati Uniti, svolge la stessa funzione della nostra cassa integrazione guadagni. È finanziato attraverso il gettito di una speciale imposta sul ruolo paga cui sono soggetti tutti i lavoratori e garantisce l'erogazione di un salario ridotto durante i periodi di disoccupazione involontaria. (v. anche *payroll tax, redundancy fund*)

unemployment pay: ***sussidio di disoccupazione.*** Lo stesso che *unemployment benefit* (v.) e *unemployment compensation* (v.).

unemployment–population ratio: ***rapporto popolazione–disoccupazione.*** Il rapporto che si ottiene dividendo il numero degli abitanti di un paese per il numero dei disoccupati in età lavorativa.

unemployment rate: ***indice di disoccupazione; tasso di disoccupazione.*** La percentuale della forza lavoro di un paese che si trova nella condizione di essere disoccupata in un qualsiasi particolare momento. Nel Regno Unito viene calcolata in base alle tessere di iscrizione alla previdenza sociale consegnate dai lavoratori agli uffici di collocamento statali, ma il sistema di rilevazione varia da paese a paese. Il tasso di disoccupazione locale o regionale può essere diverso dal tasso di disoccupazione nazionale a causa di differenze nella concentrazione industriale in determinate aree o regioni. Ad esempio, nel Regno Unito il tasso di disoccupazione dell'Irlanda del Nord, della Scozia e dell'Inghilterra nord–orientale è stato quasi sempre il doppio o il triplo del tasso di disoccupazione nazionale.

unemployment relief: ***sussidio di disoccupazione.*** Lo stesso che *unemployment benefit* (v.) e *unemployment compensation* (v.).

unemployment trap: ***trappola della disoccupazione.*** Il fenomeno in base al quale a volte i sussidi percepiti sotto varie forme da un disoccupato assommano a una cifra superiore a quella che gli deriverebbe dai suoi guadagni netti se accettasse un'occupazione retribuita. In tale situazione, il disoccupato ha tutto l'interesse a non uscire da tale sua condizione.

unencumbered allotment: ***assegnazione non impegnata; dotazione non impegnata.*** Nella terminologia della contabilità di stato, è quella parte di un'assegnazione di fondi non ancora spesa né impegnata. (v. anche *allotment 4*)

unencumbered appropriation: ***stanziamento non impegnato.*** Nella terminologia della contabilità di stato, è quella parte di uno stanziamento che risulta non ancora spesa né impegnata. (v. anche *appropriation 1*)

unencumbered balance: ***saldo non impegnato; residuo non impegnato.*** Nella terminologia della contabilità di stato, è la parte residua di un'assegnazione di fondi o di uno stanziamento che risulta ancora non spesa né impegnata.

unencumbered property: ***proprietà non gravata.*** Una proprietà libera da ipoteche o qualsiasi altro tipo di gravame.

unenforceable contract: ***contratto non tutelabile in giudizio.*** Il termine inglese indica un accordo che, da un punto di vista strettamente tecnico, non può essere considerato un contratto, in quanto non sono state osservate le prescritte formalità giuridiche o manca la corrispettività delle prestazioni. Tuttavia, viene spesso usato per indicare un contratto che per un qualsiasi vizio formale o sostanziale non può essere imposto o fatto valere in giudizio.

U.N.E.S.C.O.: United Nations Educational, Scientific and Cultural Organization.

uneven lives: ***vite diverse.*** Termine usato per indicare due differenti attività fisse, che hanno periodi diversi di capacità produttiva o vita economica diversa. (v. anche *useful life*)

unexecuted order: ***ordinativo inevaso.*** Ordinativo per la fornitura di beni che non sono stati ancora spediti al destinatario.

unexpected inflation: ***inflazione inattesa; inflazione imprevista.*** L'inflazione che si verifica in un'economia e che non era stata prevista dagli addetti ai lavori. La conseguenza principale dell'inflazione inattesa è una ridistribuzione dei redditi che favorisce i debitori e coloro che percepiscono un reddito variabile o che godono di un reddito d'impresa, a discapito dei creditori e di coloro che percepiscono un reddito fisso.

unexpended appropriation: ***stanziamento non speso.*** Nella terminologia della contabilità di stato, è quella parte di uno stanziamento non ancora effettivamente spesa, pur se già impegnata.

unexpended balance: ***saldo non speso; residuo non speso.*** Nella terminologia della contabilità di stato, è quella parte residua di un'assegnazione o di uno stanziamento di fondi non ancora effettivamente spesa, pur se già impegnata.

unexpired cost: ***costo non spirato.*** Nel linguaggio della contabilità, questo termine indica una qualsiasi spesa i cui benefici si estendono nel periodo futuro. Può, pertanto, applicarsi a qualsiasi attività, inclusi i costi prepagati, che compare in un bilancio.

unfair competition: ***concorrenza sleale.*** Viene considerata concorrenza sleale l'adozione di pratiche, da parte di un venditore, che direttamente o indirettamente tendono a danneggiare e violare i diritti di altri venditori. Vi rientrano, pertanto, la diffusione di notizie o pubblicità false o tendenziose; l'uso o l'imitazione di marchi di fabbrica altrui; la discriminazione dei prezzi; la vendita sottocosto; l'incetta di materie prime; l'imposizione ai dettaglianti di contratti di esclusività di vendita; gli accordi con i fornitori di materie prime o servizi, tendenti ad ottenere sconti non concessi o concedibili ad altri venditori; e simili. Negli Stati Uniti, la concorrenza sleale è perseguibile a norma del *Clayton Act* e dello *Sherman Act*.

unfair dismissal: ***licenziamento illecito; licenziamento senza giusta causa; licenziamento ingiustificato.*** Lo stesso che *wrongful dismissal* (v.).

unfair labor practice: ***pratica industriale sleale; pratica sindacale sleale.*** Termine usato negli Stati Uniti per indicare pratiche giudicate sleali nell'ambito delle relazioni industriali. Tali pratiche sleali possono essere ascritte tanto ai datori di lavoro quanto alle organizzazioni sindacali dei lavoratori. Tra le prime, rientrano le interferenze dei datori di lavoro nei tentativi dei lavoratori di organizzarsi in sindacati, la discriminazione nei confronti di lavoratori o aspiranti impegnati in attività sindacali, il rifiuto dei datori di lavoro di procedere a contrattazioni collettive, ecc. Tutte le questioni relative alle pratiche sleali da parte dei datori di lavoro furono regolamentate con il *Wagner–Connery Act* (v.) del 1935. Tra le pratiche sleali da parte dei sindacati rientrano la coercizione nei confronti dei lavoratori affinché si iscrivano al sindacato, il rifiuto di procedere a contrattazioni collettive, la dichiarazione di scioperi di solidarietà, alcune forme di boicottaggio secondario, ecc. Tali pratiche furono dichiarate illegali e regolamentate dal *Taft–Hartley Act* (v.) del 1947.

unfair labor practice strike: ***sciopero contro le pratiche industriali sleali.*** Tipo di sciopero inteso ad attirare l'attenzione su una o più pratiche sleali perseguite dal datore di lavoro nei confronti dei lavoratori ed a porvi rimedio.

unfair list: Termine di uso statunitense, con il quale si indica un elenco di datori di lavoro il cui comportamento nei confronti dei lavoratori è ritenuto sleale dai sindacati, che usano tale lista come un'arma, pubblicandola nelle loro riviste e nei loro giornali.

unfair methods of competition: ***metodi sleali di concorrenza.*** Termine usato con lo stesso significato di *unfair competition* (v.), al quale fu sostituito quando quest'ultimo veniva inteso in un senso restrittivo. Con ambedue i termini si vuole indicare qualsiasi metodo mediante il quale si limita l'attività commerciale e si incoraggia la costituzione di monopoli.

unfair trade practice: ***concorrenza sleale; pratica commerciale scorretta.*** Termine usato come sinonimo di *unfair competition* (v.) e di *unfair methods of competition* (v.).

unfair trade practices acts: Termine generico, con il quale negli Stati Uniti si indicano tutte quelle leggi, approvate dai singoli stati o dal Congresso, che tendono a limitare la concorrenza sleale. In particolare, il termine indica le leggi che vietano ai dettaglianti e ai grossisti di rivendere beni ad un prezzo inferiore a quello di costo o ad un prezzo inferiore a quello di costo più una determinata percentuale di ricarico.

unfavourable balance of payments: ***bilancia dei pagamenti passiva.*** Termine usato con lo stesso significato di *passive balance of payments* (v.).

unfavourable balance of trade: ***bilancia commerciale passiva.*** Termine usato con lo stesso significato di *passive trade balance* (v.).

unfavourable difference: ***variante sfavorevole.*** È la variante sfavorevole di costo o efficienza, che si concretizza in costi reali superiori a quelli preventivati o in reddito reale inferiore a quello preventivato.

unfavourable variance: ***variante sfavorevole.*** Termine usato come sinonimo di *unfavourable difference* (v.).

unfilled order: ***ordinativo inevaso.*** Questo termine ha lo stesso significato di *unexecuted order* (v.), ma è usato più frequentemente di quest'ultimo nel linguaggio economico. L'accumularsi di ordinativi inevasi presso i produttori indica un buono stato di salute dell'economia (e pertanto è da molti considerato un affidabile indicatore economico) e spesso induce gli industriali ad ampliare i loro impianti produttivi.

unfinished goods: ***materie semi–lavorate; beni non finiti.*** Termine usato con significato affine a *goods in process* (v.).

unfirm price: ***prezzo non fermo.*** Nel linguaggio finanziario, è l'opposto di *firm price* (v.) e un sinonimo di *indicative price* (v.) e *flexible price* (v.).

unfranked investment income: ***reddito esentasse di investimento.*** Il termine inglese indica un reddito di investimento percepito al netto delle imposte, trattenute alla fonte dall'ente pagatore e imputabili all'imposta sul reddito delle persone giuridiche.

unfriendly bid: ***offerta di acquisto ostile.*** Lo stesso che *hostile take–over bid* (v.).

unfunded debt: ***debito non consolidato; debito non fondato.*** La parte del debito pubblico che consiste di prestiti a breve termine, come i buoni del tesoro, i certificati di credito del tesoro, ecc. Il termine, in senso più lato, indica un debito non ancora fondato, cioè non evidenziato da un'emissione obbligazionaria. In ambedue i casi, la caratteristica principale del debito è che esso prevede il rimborso della somma capitale ad una determinata data di scadenza.

unfunding rule: ***regola del rimborso.*** Lo stesso principio esposto sotto *full fund(ing) rule* (v.), ma applicato all'inverso, quando si verifica un avanzo di bilancio.

unhedged position: ***posizione non coperta.*** Lo stesso che *naked position* (v.).

unified bonds: ***titoli consolidati.*** Termine usato con lo stesso significato di *consolidated bonds* (v.).

unified budget: ***bilancio unitario.*** Tipo di bilancio dello stato, qual è quello usato in Italia, che prende in considerazione indistintamente tutte le entrate e tutte le uscite statali, in modo da determinare la situazione generale della finanza pubblica. Il termine viene usato in contrapposizione a *divided budget* (v.).

unified stock: ***titoli del debito consolidato; titoli del debito fondato.*** Termine usato con lo stesso significato di *consolidated stock* (v.).

unified transfer tax: ***imposta unificata sui trasferimenti a titolo gratuito.*** Imposta federale statunitense, applicabile ai trasferimenti per donazione o per successione eseguiti dopo il 1976.

uniform accounting system: ***sistema di contabilità uniforme.*** Un sistema di contabilità uniforme e comune ad organizzazioni simili o uguali, come ad esempio le imprese di pubblici servizi. Molte associazioni di categoria hanno messo a punto un sistema uniforme di contabilità, la cui adozione è stata poi raccomandata a tutti i membri dell'associazione, mediante la pubblicazione di un apposito manuale.

uniform business rate: ***imposta locale uniforme sull'attività economica.*** Imposta che colpisce le imprese e che va a sostituire le imposte locali sugli affari le cui aliquote venivano precedentemente fissate dalle autorità locali in maniera ed ammontare diversi da un'amministrazione all'altra. Questa nuova imposta in vigore su tutto il territorio del Regno Unito dal 1990, invece, prevede che si mantengano differenti aliquote per le diverse regioni, ma esse sono indicizzate (legate, cioè, al costo della vita) e vengono stabilite dal governo centrale per tutto il territorio nazionale. Il gettito, dopo essere stato sommato, viene ripartito secondo criteri specifici tra tutti gli enti locali del paese.

uniform commercial code: ***codice commerciale uniforme.*** Negli Stati Uniti, è un codice di leggi riguardante il commercio e adottato da tutti gli stati dell'Unione. (v. anche *uniform laws*)

uniform cost accounting method: ***metodo uniforme di contabilità dei costi.*** Termine usato come sinonimo di *uniform costing* (v.).

uniform costing: ***sistema uniforme di contabilità dei costi.*** Un sistema di contabilità dei costi basato su un insieme di principi e di pratiche comuni, usati dalle diverse filiali di una medesima impresa o dalle diverse imprese che costituiscono un'industria.

uniform cost system: ***sistema uniforme di contabilità dei costi.*** Termine usato come sinonimo di *uniform costing* (v.).

Uniform Customs and Practice for Documentary Credits: ***Norme e usi uniformi relativi ai crediti documentari.*** È un insieme di norme e usi, codificati nel 1933 dal settimo congresso della Camera di Commercio Internazionale ed emendati dal tredicesimo congresso nel 1951, che hanno lo scopo di semplificare il credito documentario commerciale. Sebbene fossero formalmente accettati da molti paesi, la pratica del credito documentario ha subito un tale sviluppo che è stato necessario provvedere ad un'ulteriore revisione del testo esistente, nella speranza che venisse adottato anche da quei paesi che non l'avevano ancora accettato. Questo nuovo testo è stato approvato anche dall'Associazione delle banche britanniche ed è stato adottato dal Regno Unito a partire dal 1963, in sostituzione della cosiddetta *London Practice*.

uniform delivered price: ***prezzo reso unificato.*** Il prezzo di un prodotto che viene quotato in maniera uniforme all'interno di una data area geografica, cioè senza spese addizionali di trasporto per consegna in qualsiasi punto che rientri in quell'area.

uniform laws: ***leggi uniformi.*** Al fine di incoraggiare l'uniformità delle leggi in vigore nei diversi stati dell'Unione, e in particolare delle leggi in materia di scambi commerciali tra i singoli stati, tempo addietro fu istituita una commissione nazionale col compito di redigere un codice che incontrasse l'approvazione di tutti gli stati. Le leggi uniformi di maggior importanza riguardano le vendite, i titoli di credito, le polizze di carico, le fedi di deposito, ecc., ma di queste soltanto alcune, tra cui quella relativa ai titoli di credito, sono state accettate da tutti gli stati. In campo commerciale, del resto, il codice commerciale uniforme ha recentemente consolidato un certo numero di leggi uniformi già esistenti, tra cui quelle relative alle vendite.

unilateral agreement: ***accordo unilaterale.*** Termine usato come sinonimo di *unilateral contract* (v.).

unilateral contract: ***contratto unilaterale.*** È un accordo in base al quale una delle parti si assume una o più obbligazioni specifiche, in cambio di una promessa dell'altra parte. A rigor di termini, non si tratta esattamente di un contratto, in quanto manca la corrispettività delle prestazioni, essendo una sola delle parti obbligata a fornire la prestazione.

unilateral flow: ***flusso unilaterale.*** Il flusso di moneta dal settore privato alle casse dello stato, sotto forma di imposte, o dalle casse dello stato verso il settore privato, sotto forma di pensioni, considerato privo di contropartita. Il termine è usato in contrapposizione all'espressione flusso bilaterale, che indica lo scambio tra settore privato e stato, quando il primo vende beni e servizi al secondo e questo paga il primo.

unilateral import quota: ***contingente d'importazione unilaterale; quota d'importazione unilaterale.*** È un contingente, stabilito unilateralmente da un paese, che costituisce un limite assoluto all'importazione di un determinato bene nell'arco di un qualsiasi dato periodo di tempo. (v. anche *import quota*)

unilateral mistake: ***errore unilaterale.*** Nel linguaggio giuridico, è un errore commesso da una sola delle parti di un contratto.

unilateral relief: ***sgravio unilaterale.*** Laddove non esistono accordi bilaterali sulla doppia imposizione fiscale, il Regno Unito concede sgravi unilaterali ai residenti percettori di reddito prodotto all'estero e già tassato nel paese in cui viene prodotto. Questo sgravio avviene mediante la concessione di un credito corrispondente all'imposta pagata all'estero e può essere applicato ai redditi delle persone fisiche, ai profitti d'impresa e agli utili di capitale.

unilateral transfers: ***trasferimenti unilaterali.*** Nel linguaggio della bilancia dei pagamenti, questo termine indica trasferimenti di fondi da un paese a un altro, senza alcuna contropartita. Si tratta generalmente di aiuti economici ai paesi in via di sviluppo o di donazioni di privati.

unilinear tariff: ***tariffa doganale unica.*** Termine usato con lo stesso significato di *general tariff* (v.).

unimodal: ***unimodale.*** In statistica, questo termine indica una distribuzione di frequenza che ha un solo massimo o un solo valore modale o valore di massima frequenza.

unincorporated association: ***società non registrata; associazione non registrata.*** È un'associazione cui la legge non impone l'iscrizione nel registro delle società. Essa manca di personalità giuridica e se viene costituita per svolgere un'attività economica può avere un numero di soci limitato per legge. Tale tipo di società è la *partnership* (v.) inglese. Se, invece, la società viene costituita per perseguire fini non di lucro, come ad esempio un circolo ricreativo o una società mutua, la legge non impone limite al numero di soci che ne possono fare parte.

unincorporated joint-stock company: ***società irregolare.*** Termine usato con lo stesso significato di *de facto corporation* (v.).

uninsurable risk: ***rischio non assicurabile.*** Lo stesso che *non-insurable risk* (v.).

unintended disinvestment: ***disinvestimento non previsto.*** L'assottigliamento delle scorte non contemplato da un'impresa, ma ugualmente realizzato a seguito di inatteso aumento delle vendite o di calo della produzione.

unintended inventory disinvestment: ***disinvestimento in scorte non previsto.*** Lo stesso che *unintended disinvestment* (v.).

unintended inventory investment: ***investimento in scorte non previsto.*** Lo stesso che *unintended investment* (v.).

unintended investment: ***investimento non previsto.*** L'investimento in scorte non contemplato da un'impresa ma ugualmente realizzato, in aggiunta a quello previsto, in vista di un volume di vendite maggiore di quello che si è effettivamente realizzato.

union: ***unione sindacale; sindacato; sindacato operaio.*** Termine usato con lo stesso significato di *trade union* (v.).

union agreement: ***accordo sindacale.*** Termine usato con lo stesso significato di *collective agreement* (v.).

Union Assurance Company Ltd.: È una delle più antiche società di assicurazione inglesi che si interessano del ramo incendio, essendo stata fondata nel 1714.

union certification: ***certificazione di rappresentanza sindacale; accreditamento di un sindacato.*** Il rilascio di un certificato, da parte della *National Labor Relations Board* (v.) statunitense, nel quale si attesta che un'organizzazione sindacale è autorizzata a rappresentare i lavoratori. Il requisito principale per il rilascio di tale certificato è che il sindacato sia stato scelto a maggioranza dai lavoratori di un'impresa o di un'industria per rappresentarli in sede di contrattazione collettiva.

union collective bargaining: ***contrattazione sindacale collettiva.*** Termine usato con lo stesso significato di *collective bargaining* (v.).

union contract: ***contratto sindacale.*** Lo stesso che *collective agreement* (v.).

union contract negotiation: ***trattativa contrattuale sindacale.*** Trattativa tra i rappresentanti sindacali dei prestatori e dei datori di lavoro, intesa a trovare un accordo sul rinnovo di un contratto di lavoro collettivo.

union dues: ***contributi sindacali.*** Termine usato con lo stesso significato di *trade union contributions* (v.).

unionism: ***unionismo; sindacalismo.*** Termine usato con lo stesso significato di *trade unionism* (v.).

unionization: ***sindacalizzazione.*** L'organizzazione dei lavoratori in sindacati, il cui compito principale è quello di difendere i diritti dei lavoratori dipendenti. In alcuni degli Stati Uniti si è notato che la sindacalizzazione è pressocché assente nelle industrie ad alta tecnologia.

union label: ***etichetta sindacale.*** Negli Stati Uniti, è un'etichetta posta sulle confezioni di un prodotto per indicare che esso è stato lavorato in una *union shop* (v.) o che alla sua produzione hanno partecipato i lavoratori appartenenti ad un sindacato.

union loss clause: ***clausola della perdita della ipoteca.*** Termine usato con lo stesso significato di *mortgage loss clause* (v.).

union-management co-operation: ***cooperazione tra sindacati e direzione.*** La cooperazione, da più parti auspicata, tra sindacati dei lavoratori e direzione aziendale può verificarsi su tre diversi livelli: al livello iniziale o prettamente operativo, che coinvolge indistintamente tutti i dipendenti dell'impresa; al livello della contrattazione collettiva; e al livello strategico, ossia nella scelta delle decisioni di politica aziendale.

union member: ***membro di un sindacato.*** Un qualsiasi lavoratore iscritto ad un sindacato.

union mortgage clause: ***clausola della perdita dell'ipoteca.*** Lo stesso che *mortgage loss clause* (v.).

union negotiation: ***trattativa sindacale.*** Trattativa tra rappresentanti dei sindacati dei lavoratori e dei datori di lavoro, intesa a risolvere una vertenza o a rinnovare un contratto di lavoro.

union officer: ***sindacalista.*** Lavoratore impegnato attivamente nel direttivo o nei quadri di un sindacato lavoratori.

union official: ***sindacalista.*** Termine usato come sinonimo di *union officer* (v.).

union rate: ***tasso salariale sindacale.*** Il saggio salariale, contrattato tra rappresentanti dei datori e dei prestatori di lavoro, che determina l'entità del salario sindacale cui ha diritto ogni lavoratore cui si applica il contratto collettivo.

union relations: ***relazioni sindacali.*** Relazioni tra proprietà e lavoratori, attraverso l'intermediazione dei rappresentanti delle rispettive organizzazioni sindacali.

union security clause: ***clausola di tutela del sindacato.*** Una qualsiasi clausola di un contratto di lavoro, o altro accordo sindacale, che tuteli il sindacato contro la perdita di iscritti. Tra le più comuni clausole del genere vi sono quella che prevede l'obbligatorietà della continuità di appartenenza al sindacato; quella che prevede la *closed shop* (v.); e quella che prevede la *union shop* (v.).

union shop: ***stabilimento sindacalizzato.*** Termine del linguaggio delle ralazioni industriali statunitense, con il quale si indica uno stabilimento o un'impresa i cui dipendenti devono tutti essere iscritti al sindacato. È consentita l'assunzione di personale non iscritto al sindacato, a patto che esso si impegni ad iscriversi entro un periodo di tempo stabilito.

union steward: ***fiduciario di fabbrica; fiduciario sindacale; rappresentante sindacale; delegato di fabbrica; membro della commissione interna.*** Termine usato con lo stesso significato di *shop steward* (v.).

union wages: ***salari sindacali.*** I salari cui hanno diritto i lavoratori dipendenti a seguito di precisi accordi intercorsi tra rappresentanti dei datori e dei prestatori di lavoro. Laddove esistono tali accordi, il datore di lavoro è obbligato a corrispondere al lavoratore una remunerazione non inferiore a quella sindacale.

union work rules: ***norme di lavoro sindacali.*** Norme per lo svolgimento di un'attività di lavoro subordinato, concordate tra rappresentanti sindacali dei datori e dei prestatori di lavoro.

uniphase account: ***conto unifase; conto monofase; conto unisezionale; conto unilaterale.*** È un conto a due sezioni nel quale, per la particolare metodologia seguita nelle registrazioni, si raccolgono annotazioni soltanto in una delle sezioni, mentre l'altra è riservata a ricevere il saldo, che in questo caso è uguale al totale della sezione operante.

unique selling proposition: ***proposta di vendita unica.*** Si indica con questa espressione il concetto che un prodotto dovrebbe avere una caratteristica particolare o unica, che lo differenzia da tutti gli altri prodotti consimili agli occhi del consumatore a seguito di un'efficace campagna pubblicitaria.

unissued capital stock: ***capitale non emesso.*** Quella parte del capitale azionario che una società è stata autorizzata ad emettere, ma che non è ancora stata emessa. Tale parte può e può non essere già sottoscritta.

unissued stock: ***capitale non emesso.*** Termine usato come sinonimo di *unissued capital stock* (v.).

unit: 1. ***unità.*** Nel linguaggio della contabilità, è una voce o gruppo di voci cui è dato riconoscimento nelle procedure contabili relative alle attività fisse di una singola impresa. **2.** ***quota-parte; quota di partecipazione; parte.*** Ciascuna delle parti in cui viene contabilmente suddiviso il patrimonio di un fondo comune d'investimento aperto. Differiscono dalle quote di un fondo chiuso (v. anche *share 3*) in quanto vengono emesse e riscattate in via continuativa, man mano che il fondo riceve richieste di sottoscrizione o domande di riscatto. Il valore di ogni quota-parte viene calcolato ogni giorno lavorativo dividendo il valore del patrimonio del fondo, ai corsi del giorno, per il numero complessivo di quote in circolazione.

unitary demand: ***domanda unitaria.*** La situazione che si verifica quando la quantità globale domandata varia col variare del prezzo, ma in misura tale che le entrate globali dell'impresa restano invariate.

unitary elasticity: ***elasticità unitaria.*** Termine a volte usato come sinonimo di *unit elasticity* (v.).

unitary tax: ***imposta unitaria.*** Adottata da alcuni degli Stati Uniti allo scopo di incrementare il loro magro gettito fiscale, ma successivamente abolita tranne che dalla California e dall'Alaska, ove tuttavia si presume una rapida abolizione, questa imposta colpiva una percentuale dei profitti delle società statunitensi, ovunque essi venissero realizzati, cioè sia in patria che all'estero. (v. anche *domestic unitary tax*)

unitary wage rate: ***saggio salariale unitario.*** È il saggio salariale orario medio pagato a tutti i colletti blu nell'industria manifatturiera statunitense. (v. anche *blue collar workers*)

unitas: Termine suggerito dagli americani, prima della Conferenza di Bretton Woods del 1944, per indicare una valuta o un'unità di conto internazionale. Il termine, come quello proposto da Lord Keynes, non fu adottato.

unit assurance: È una forma di collegamento tra un'assicurazione sulla vita e un fondo comune d'investimento mobiliare. In base a tale accorgimento, l'ammontare pagato dall'assicurato sotto forma di premi viene per la maggior parte utilizzato per l'acquisto di quote del fondo comune d'investimento, il cui valore in termini monetari salirà in caso di perdita di valore della moneta, offrendo così una certa difesa contro i pericoli dell'inflazione.

unit bank: ***banca senza filiali; banca monocellulare.*** È una banca che opera mediante un'unica sede, senza filiali o altri sportelli in altre parti del paese.

unit banking: ***sistema bancario a sportello unico.*** Un sistema bancario, qual è quello in uso nella maggior parte degli Stati Uniti, che non consente alle banche di operare attraverso filiali disseminate su tutto il territorio nazionale. Il sistema americano prevede che le banche possano aprire più di uno sportello, purché essi si trovino nell'ambito della città in cui la banca ha la sua sede centrale. Lo stato della California non segue questo sistema, consentendo alle banche di aprire il numero di sportelli che esse ritengono opportuno in qualsiasi località dello stato. Tuttavia, il concetto dello sportello unico va lentamente erodendosi anche negli Stati Uniti, malgrado le severe leggi che regolamentano il sistema bancario di quel paese.

unit banking system: ***sistema bancario a sportello unico.*** Termine usato come sinonimo di *unit banking* (v.).

unit billing: Un sistema usato da alcune società ferroviarie statunitensi, in base al quale i documenti relativi al traffico locale di merci vengono emessi alla stazione di origine invece che alla stazione di destinazione.

unit cost: ***costo unitario.*** È il costo totale di produzione di una singola unità di un bene o di un'unità di servizio. È costituito dal costo variabile, più una parte proporzionale dei costi fissi.

unit costing: ***sistema dei costi unitari.*** È il metodo di determinazione dei costi basato su una unità di prodotto o servizio, quando la produzione è continua e tutte le unità prodotte sono identiche tra loro.

unit-cost method of depreciation: ***metodo di ammortamento basato sul costo unitario.*** Termine usato con lo stesso significato di *production method of depreciation* (v.).

unite: Nome dato alla sovrana di Giacomo primo e a quella di Carlo primo, per significare l'unione dei due regni di Inghilterra e Scozia. La *unite*, che fu coniata nel secolo diciassettesimo e precisamente nel 1604, aveva lo stesso valore della sovrana, essendo equivalente a venti scellini. (v. anche *sovereign*)

United Federal Workers of America: È uno dei sindacati, fondato nel 1937, degli impiegati del governo federale degli Stati Uniti.

United Nations: ***Nazioni Unite.*** È l'associazione delle nazioni, costituita allo scopo di mantenere la pace e la sicurezza e di promuovere lo sviluppo economico e sociale del mondo. Le fondamenta di tale organizzazione furono poste durante la conferenza tenutasi a Washington, D.C., che portò alla conferenza di San Francisco del 1945, ove fu redatta e sottoscritta dalle cinquanta nazioni partecipanti la carta che istituì le Nazioni Unite.

United Nations Capital Development Fund: ***Fondo delle Nazioni Unite per lo sviluppo.*** Fondo speciale, creato nel 1966 dalle Nazioni Unite allo scopo di agevolare la crescita economica nei paesi in via di sviluppo mediante l'integrazione, con donazioni e prestiti, delle risorse di capitale esistenti in quei paesi. L'intervento è di solito diretto verso la realizzazione di progetti di sviluppo agricolo di piccola scala.

United Nations Conference on Trade and Development: ***Conferenza delle Nazioni Unite per il commercio e lo sviluppo.*** Conferenza organizzata nel 1964, di cui si tennero successivamente altre riunioni plenarie, per studiare e tentare di risolvere i problemi che incontrano i paesi in via di sviluppo nei loro tentativi di colmare il divario tra il loro tenore di vita e quello dei paesi industrializzati. Il problema fu compendiato da R. D. Prebisch, allora direttore generale della Conferenza, nel suo rapporto *Towards a New Trade Policy for Development.*

United Nations Development Programme: ***Programma delle Nazioni Unite per lo sviluppo.*** Programma, gestito da una speciale agenzia delle Nazioni Unite, che ha lo scopo di amministrare e coordinare i progetti di sviluppo e l'assistenza tecnica forniti ai paesi meno sviluppati sotto gli auspici delle Nazioni Unite.

United Nations Industrial Development Organization: ***Organizzazione delle Nazioni Unite per lo sviluppo industriale.*** Agenzia speciale delle Nazioni Unite, fondata nel 1966, con il compito di fornire assistenza tecnica allo scopo di accelerare l'industrializzazione dei paesi in via di sviluppo.

United Nations Relief and Rehabilitation Administration: Organizzazione, meglio nota sotto la sigla U.N.R.R.A., costituita nel 1943 per portare aiuti alle popolazioni dei paesi maggiormente colpiti dal secondo conflitto mondiale. L'U.N.R.R.A., che svolse la sua funzione fino al 1947, fu finanziata con contributi dei paesi che non avevano subito invasioni nemiche.

United States Atomic Energy Commission: Commissione costituita da cinque membri e preposta allo sviluppo di politiche intese a promuovere la ricerca pubblica e privata sull'utilizzazione dell'energia atomica per scopi pacifici.

United States Board of Tax Appeals: Nome con il quale, prima del 1942, era nota la *Tax Court of the United States* (v.).

United States Chamber of Commerce: È una federazione di camere di commercio locali, associazioni di categoria e professionali e simili organizzazioni, che rappresenta gli interessi commerciali degli Stati Uniti nel loro complesso.

United States Court of Customs and Patent Appeals: È una corte d'appello federale, specializzata in controversie derivanti dall'applicazione delle leggi sui brevetti, sui marchi di fabbrica e sulle tariffe doganali.

United States customary units: ***unità di misura statunitensi.*** Il termine indica il sistema di misure in uso negli Stati Uniti. Esso è, in linea di massima, uguale a quello britannico, pur se sono presenti alcune differenze. Tra le principali, ricordiamo: il gallone statunitense equivale a 0,8327 galloni imperiali; la tonnellata americana è di 2000 libbre, mentre quella britannica è di 2240 libbre; il *hundredweight* (v.) americano consiste di 100 libbre, mentre quello britannico contiene 112 libbre.

United States Customs Court: Corte federale preposta a trattare casi di controversie derivanti dall'applicazione delle leggi doganali.

United States Employment Service: Sezione del ministero del lavoro, che supervisiona un sistema nazionale di uffici di collocamento, gestiti dai singoli stati e finanziati con fondi federali.

United States Mutual Security Agency: Prima della istituzione della *Agency for International Development*, era l'agenzia del governo federale che amministrava gli aiuti statunitensi ai paesi stranieri.

United States notes: Termine con il quale vengono indicati i *greenbacks* (v.) e i *treasury notes 2* (v.).

United States rule: Norma, stabilita per la prima volta dalla Corte Suprema degli Stati Uniti, in base alla quale i versamenti parziali in conto di debiti arretrati che fruttano interessi vanno considerati prima come pagamento degli interessi arretrati e poi, una volta saldati gli interessi, come rimborso della somma capitale. (v. anche *merchant's rule*)

United States Tariff Commission: Agenzia amministrativa indipendente del governo federale degli Stati Uniti, composta di sei membri, nominati dal Presidente e dal Senato, con l'incarico di studiare gli effetti delle tariffe doganali e della relativa legislazione sulla vita economica del paese, di condurre ricerche relative alla politica commerciale internazionale degli Stati Uniti e di consigliare il Presidente sulle negoziazioni di accordi commerciali reciproci con paesi esteri.

United States Tax Court: ***Tribunale tributario degli Stati Uniti.*** È l'organo che, negli Stati Uniti, ha giurisdizione su questioni di contenzioso tributario a livello federale ed è il solo tribunale che consente di non applicare il principio del *solve et repete*.

United States Warehouse Act: Legge approvata dal Congresso degli Stati Uniti nel 1916 al fine di fornire migliori strutture di immagazzinaggio dei prodotti agricoli e credito più economico agli agricoltori, dietro garanzia costituita da fedi di deposito.

unit elasticity: ***elasticità unitaria.*** Nel linguaggio economico, indica che l'elasticità della domanda è uguale a uno, cioè una variazione di prezzo ha come conseguenza un'uguale variazione proporzionale della quantità domandata del bene il cui prezzo è variato. Se il prezzo dei televisori a colori diminuisce del dieci per cento e ciò ha come conseguenza un aumento del dieci per cento della domanda di televisori a colori, la loro domanda possiede elasticità unitaria.

unitholder: ***sottoscrittore; fondista.*** Il termine inglese, formato sul modello di *shareholder* (v.), indica un investitore che possiede quote–parti di un fondo comune d'investimento.

unit investment trust: ***società d'investimento a capitale variabile; fondo comune d'investimento a capitale variabile; fondo aperto.*** Termine usato con lo stesso significato di *open–end fund* (v.).

unitization: **1.** ***unitizzazione; unificazione dei carichi.*** Nel linguaggio dei trasporti, indica l'idea di inserire in una singola unità di carico, ad esempio un container, una varietà o una quantità di merci, al fine di facilitare le operazioni di trasporto e di movimentazione del carico. **2.** Nel linguaggio finanziario, la conversione di un fondo comune d'investimento chiuso in un fondo comune aperto.

unit–linked plan: ***piano di assicurazioni indicizzate.*** Simile all'*equity–linked plan* (v.), ma diverso da esso in quanto le polizze di assicurazione sono collegate al valore di quote–parti emesse da determinati fondi comuni d'investimento.

unit–linked policy: ***polizza indicizzata.*** Tipo di polizza di assicurazione sulla vita simile alla *equity–linked policy* (v.), ma da essa differente in quanto la polizza è legata al valore non di azioni, bensì di quote–parti di uno o più fondi comuni di investimento.

unit of account: ***unità di conto; moneta ideale.*** Lo stesso che *money of account* (v.).

unit of currency: ***unità monetaria; modulo monetario.*** Termine usato in alternativa a *currency unit* (v.).

unit of production: ***unità di produzione.*** Lo stesso che *production unit* (v.).

unit–of–production method of depreciation: ***metodo di ammortamento basato sul volume della produzione.*** Termine usato con lo stesso significato di *production method of depreciation* (v.).

unit–of–product method of depreciation: ***metodo di ammortamento basato sul volume della produzione.*** Termine usato con lo stesso significato di *production method of depreciation* (v.).

unit of sampling: ***unità di campionamento.*** Un elemento caratteristico di una popolazione soggetta a campionamento casuale. Nelle operazioni di campionamento, l'unità può essere determinata in base a caratteristiche fisiche, a considerazioni di costo o altre condizioni.

unit of trading: ***unità di contrattazione.*** La quantità minima di un bene o di un valore mobiliare, che può essere oggetto di contrattazione in un qualsiasi mercato. (v. anche *trading lot*)

unit of value: ***unità di valore.*** Termine usato con lo stesso significato di *money of account* (v.).

unit price: ***prezzo unitario.*** È il prezzo di una singola unità di prodotto o servizio. Il termine è solitamente usato nelle fatture o altri documenti commerciali, in cui compare il prezzo globale della fornitura e il prezzo pagato per ciascun articolo o unità di servizio.

unit pricing: ***indicazione del prezzo unitario.*** È la pratica di indicare il prezzo di un articolo in vendita in base ad un'unità di misura, generalmente il peso, insieme al prezzo totale dell'articolo. Questa pratica è seguita nei supermercati o altri punti di vendita al dettaglio, dove i beni, principalmente i generi alimentari, vengono posti in vendita in confezioni sulle quali è indicato il prezzo al chilo o all'etto o alla libbra e il prezzo complessivo della confezione. Ciò consente ai consumatori di fare un rapido confronto tra le diverse marche e confezioni.

unit rule: ***regola del prezzo unitario.*** Termine statunitense, con il quale si indica un metodo di valutazione di valori mobiliari, che consiste nel moltiplicare il numero complessivo di azioni in portafoglio per il prezzo unitario al quale le azioni vengono quotate in una borsa ufficiale, senza tener conto di alcuna altra considerazione relativa al loro valore.

unit share investment trust: Particolare tipo di fondo comune d'investimento chiuso, che emette due diversi tipi di quote o azioni: *prime* e *score*. La quota detta *score* dà diritto a tutta la parte di apprezzamento dei titoli in portafoglio al di sopra di un certo prezzo prestabilito, ma non alla ripartizione di utili provenienti da detti titoli; la quota detta *prime* dà diritto a tutto il reddito derivante dai dividendi o interessi sui titoli in portafoglio e alla parte di apprezzamento fino al prezzo dal quale inizia il diritto della quota *score* suddetto.

units of measurement: ***unità di misura.*** Le definizioni delle unità di misura in uso nel Regno Unito sono contenute nella prima appendice al *Weights and Measures Act* del 1963. La Parte Prima riguarda le misure di lunghezza; la Parte Seconda, le misure di superficie; la Parte Terza, le misure di volume; la Parte Quarta, le misure di capacità; la Parte Quinta, le misure di peso; e la Parte Sesta, le misure elettriche. Tra le unità di misura più importanti sono la yarda e il metro per la lunghezza e la libbra e il chilogrammo per il peso. Una yarda è uguale a 0,9144 metri; una libbra è uguale a 0,45359237 chilogrammi.

unit store: Negli Stati Uniti, questo termine indica: a) un'impresa mercantile costituita da un unico punto di vendita; b) uno qualsiasi dei punti di vendita che costituiscono una catena di negozi.

unit tax: ***imposta specifica.*** Lo stesso che *specific tax* (v.).

unit train: ***treno unitario.*** Un treno merci che funziona come una singola unità di trasporto, senza che i carri vengano sganciati e riagganciati, e che presta servizio su una determinata linea tra due stazioni capolinea o punti prestabiliti. Ciò consente la riduzione di costi e la conseguente riduzione delle tariffe di trasporto.

unit trust: ***società d'investimento a capitale variabile; fondo comune d'investimento a capitale variabile; fondo aperto.*** Termine usato con lo stesso significato di *open-end fund* (v.).

universal agency: ***mandato universale; rappresentanza universale.*** Un mandato che consente a un agente di svolgere le sue funzioni in relazione a qualsiasi operazione legalmente delegabile da parte del mandante.

universal agent: ***agente universale.*** Un agente autorizzato senza limiti a contrarre in nome e per conto del suo principale, cioè un agente in possesso di una procura generale.

universal bank: ***banca universale.*** Una banca a livello internazionale che, disponendo di un'ampia base di depositi nel paese in cui svolge la propria attività principale, si inserisce sempre di più nell'attività bancaria internazionale, offrendo ogni genere di servizio specializzato in ogni tipo di mercato finanziario. Tra questi servizi rientrano la sottoscrizione di emissioni obbligazionarie, le operazioni in valuta estera, l'emissione di lettere di credito, il finanziamento del commercio internazionale, la vendita ai propri clienti di eurobbligazioni, il lancio di prestiti internazionali e simili.

universal banking: ***attività bancaria universale.*** L'attività cui oggi si dedica sempre di più una qualsiasi *universal bank* (v.).

universal bond: ***obbligazione universale.*** Un'obbligazione emessa simultaneamente sul mercato statunitense e sugli euromercati. Ciò è reso possibile dalla procedura descritta sotto *shelf registration* (v.).

Universal Copyright Convention: ***Convenzione universale per la protezione delle opere letterarie e artistiche.*** Conferenza internazionale convocata nel 1958 per formulare una politica comune, che vincolasse tutti gli stati in relazione ai diritti di privativa degli autori di opere letterarie e artistiche.

universal life insurance: ***assicurazione universale sulla vita.*** Tipo di assicurazione del ramo vita, introdotta negli Stati Uniti sul finire degli anni settanta, che prevede il pagamento di una somma in caso di morte e allo stesso tempo un programma di risparmio previdenziale che rende un interesse superiore a quello riconosciuto su altri tipi di polizza. Infatti, una parte del premio viene trattenuta dall'assicuratore a fronte dell'assicurazione sulla vita e il resto viene investito in titoli a breve termine, il cui rendimento gode dell'esenzione fiscale.

universal partnership: ***società universale.*** Espressione statunitense, usata per indicare una società di persone al cui fondo comune tutti i soci si impegnano di apportare tutti i loro beni, presenti e futuri, di qualsiasi tipo e natura.

Universal Postal Union: ***Unione postale universale.*** È l'organizzazione creata fra gli stati, al fine di disciplinare la cooperazione in materia di servizi postali. Fu originariamente istituita in base alla Convenzione di Berna del 1874, quando fu chiamata Unione postale generale, ma assunse la denominazione attuale in base alla Convenzione di Parigi del 1878. Quasi tutti i paesi del mondo sono membri di questa organizzazione, che prevede un unico territorio, costituito dai territori di tutti i paesi aderenti, allo scopo dello scambio e della distribuzione di lettere, plichi ed altri oggetti trasportati per mezzo della posta.

universal price control: ***controllo generale dei prezzi.*** Un controllo dei prezzi esteso a tutti i beni e servizi oggetto di scambio all'interno di un'economia. (v. anche *price control, selective price control*)

universal product code: ***codice di prodotto universale.*** Termine con il quale si indica il *bar code* (v.) negli Stati Uniti, basato su un sistema lievemente diverso da quello usato in Europa.

universal variable life insurance: ***assicurazione universale variabile sulla vita.*** Nuovo tipo di assicurazione che assomma in sé i vantaggi della *universal life insurance* (v.) e della *variable life insurance* (v.).

universe: ***universo.*** Termine usato con lo stesso significato di *population 2* (v.).

unlawful: ***illecito; illegittimo; illegale.*** Qualsiasi atto o contratto che la legge non riconosce come valido e sul quale non si può basare alcuna azione è indicato con questo aggettivo.

unlawful picketing: ***picchettaggio illegale; picchettamento illegale.*** Negli Stati Uniti è illegale il picchettaggio che fa uso di forza o violenza per impedire ai lavoratori di svolgere la loro attività. Lo stesso termine indica un picchettaggio durante il quale vengono diffuse notizie false o vengono distorti i fatti alla base dell'azione dei lavoratori.

unless commenced earlier: Espressione usata per indicare una clausola dei trasporti internazionali che prevede che il tempo concesso per le operazioni di caricazione o di discarica venga conteggiato a partire dall'effettivo inizio delle operazioni, qualora esse siano state avviate prima del momento stabilito e cioè mentre era ancora in corso l'espletamento delle formalità doganali.

unlimited company: ***società a responsabilità illimitata.*** Meno frequente della società per azioni a responsabilità limitata, questa è una società i cui membri sono illimitatamente responsabili dei debiti contratti, fin tanto che fanno parte della società. Pochissime società oggi sono registrate come società a responsabilità illimitata e quelle che in passato dovevano esserlo per legge, come ad esempio alcune banche, hanno chiesto ed ottenuto di poter essere registrate come società a responsabilità limitata da azioni. Recentemente, parecchie società di *stockbrokers*, invece, sono diventate società a responsabilità illimitata. Questo tipo di società può non avere capitale azionario, ma deve avere uno statuto, nel quale deve essere riportato il numero originario dei soci e la loro quota di partecipazione. Infatti, in caso di liquidazione essi partecipano alle eventuali perdite in rapporto alla loro partecipazione alla costituzione del capitale sociale, mentre i soci che si fossero ritirati non sono responsabili di alcuna quota, purché il loro ritiro sia avvenuto almeno un anno prima della liquidazione. In base all'articolo 16 del *Companies Act* del 1948, una società a responsabilità illimitata può essere registrata di nuovo come società a responsabilità limitata, ma ciò non influisce sulle passività relative al periodo antecedente la nuova registrazione. In particolare, l'articolo 431 della stessa legge stabilisce che una banca di emissione registrata come società a responsabilità limitata non potrà godere dei benefici della responsabilità limitata in relazione all'emissione di banconote. A questo fine, i soci vengono considerati illimitatamente responsabili. L'articolo 63 del *Companies Act* del 1967 stabilisce una procedura rapida per la trasformazione di una società a responsabilità illimitata in una a responsabilità limitata, senza che sia necessario liquidare la prima e costituire la seconda ex novo. Ciò comporta evidenti vantaggi, principalmente in relazione a contratti in essere.

unlimited joint-stock company: ***società a responsabilità illimitata.*** Termine usato come sinonimo di *unlimited company* (v.).

unlimited legal tender: ***moneta a corso legale con potere liberatorio illimitato.*** Le banconote di medio e grosso taglio hanno potere liberatorio illimitato, dovendosi accettare per legge in pagamento di debiti di qualsiasi ammontare. (v. anche *limited legal tender*)

unlimited liability: ***responsabilità illimitata.*** È la responsabilità senza limiti in relazione a debiti o obbligazioni contratti nel corso di un'attività commerciale o industriale. La responsabilità illimitata è caratteristica di alcune forme di impresa, tra cui l'imprenditore in proprio e le società semplici.

unlimited partner: ***socio accomandatario; accomandatario.*** Termine usato con lo stesso significato di *general partner* (v.).

unlimited partnership: ***società in nome collettivo.*** Termine usato con lo stesso siginificato di *partnership* (v.).

unlimited securities: ***titoli non quotati in borsa.*** Termine usato con lo stesso significato di *unlisted securities* (v.).

unlimited tax bond: Nel linguaggio finanziario degli Stati Uniti, è un'obbligazione emessa da un ente locale e garantita da future imposte, in relazione alle quali non viene posto alcun limite di aliquota e di ammontare complessivo.

unliquidated damages: ***danni non determinati; danni non accertati.*** Sono i danni non previsti da un accordo o da un contratto, che dovranno essere stabiliti da un tribunale. (v. anche *liquidated damages*)

unliquidated encumbrance: ***impegno non liquidato.*** Nella terminologia della contabilità di stato, è un qualsiasi impegno non ancora pagato o il cui pagamento non è ancora stato approvato.

unlisted company: ***società non quotata in borsa.*** È la società le cui azioni non sono quotate in borsa o perché non ne ha fatto richiesta o perché non ha ottemperato a determinate disposizioni imposte dalla legge o dagli organi di controllo della borsa valori.

unlisted market: ***mercato terziario; mercato dei titoli non quotati in borsa; mercato ristretto; mercatino.*** Termine usato con lo stesso significato di *unlisted securities market* (v.).

unlisted securities: ***titoli non quotati in borsa.*** Sono i titoli non inclusi nel listino ufficiale di una borsa valori e, pertanto, non trattati dai suoi membri nel corso delle normali operazioni di borsa, pur se possono essere oggetto di contrattazione nel cosiddetto mercato ristretto o terziario. (v. anche *unlisted securities market*)

unlisted securities market: ***mercato terziario; mercato dei titoli non quotati in borsa; mercato ristretto; mercatino.*** Nel Regno Unito, questo termine indica un mercato dei titoli non quotati, che si è sviluppato, a partire dalla fine degli anni quaranta, sotto l'egida della borsa valori. I titoli trattati in questo mercato sono quelli di società piccole, che aspirano a una rapida crescita e che probabilmente intendono poi farsi quotare nel mercato maggiore, cioè alla *Stock Exchange.* Il principale problema di questo mercato è sempre stato quello della illiquidità dei titoli in esso trattati e si teme che tale problema tenderà ad acuirsi dopo il *big bang* (v.).

unlisted shares: ***azioni non quotate in borsa.*** Sono le azioni che non compaiono sul listino ufficiale di una borsa valori o perché non è stata chiesta l'ammissione alla quotazione o perché la società non ha ottemperato a determinate disposizioni. Tali azioni non vengono trattate dai membri della borsa valori nel corso delle normali operazioni, ma possono essere oggetto di contrattazioni sul mercato dei titoli non quotati o mercato terziario.

unlisted stock: ***azioni non quotate in borsa.*** Termine usato nel linguaggio finanziario statunitense con lo stesso significato di *unlisted shares* (v.).

unlisted trading: ***operazioni in titoli non quotati; operazioni di mercato ristretto.*** Sono le operazioni che si svolgono in un mercato terziario, cioè il mercato in cui si trattano titoli non ufficialmente quotati in una o in nessuna borsa valori del paese. Lo stesso termine viene usato negli Stati Uniti per indicare le operazioni svolte in una borsa locale su titoli quotati soltanto in quella borsa valori.

to unload: ***scaricare.*** Termine di slang commerciale britannico, usato per indicare l'immissione sul mercato di una grande quantità di un bene a un prezzo estremamente basso, allo scopo di effettuare una rapida vendita di tutto il lotto. Il venditore è disposto a ricavare un margine minimo e ciò gli dà un vantaggio sulla concorrenza.

unloading charges: ***spese di discarica; spese di sbarco.*** Spese che deve sostenere il destinatario o ricevitore in relazione alla discarica delle merci giunte a destinazione, quando esse non sono incluse nel prezzo di vendita.

unloading expenses: ***spese di discarica; spese di sbarco.*** Termine usato con lo stesso significato di *unloading charges* (v.).

unmarketable: ***invendibile.*** Detto di un bene la cui qualità o il cui stato non ne consentono l'immissione sul mercato o la vendita.

unmeasured sector: ***settore non misurato.*** Lo stesso che *unobserved sector* (v.).

unmerchantable good: ***bene non mercantile; bene non commerciabile.*** Un bene il cui livello di qualità è al di sotto dello standard o per difetto di fabbricazione o per deterioramento successivo alla fabbricazione.

U.N.O.: United Nations Organization.

unobserved economy: ***economia non osservata.*** Lo stesso che *black economy* (v.).

unobserved sector: ***settore non osservato.*** Il settore dell'economia di un paese, anche detto settore occulto, che include tutta l'attività economica che a causa di convenzioni contabili e di parziali o totali evasioni sfugge all'apparato di misurazione sociale e principalmente al sistema di contabilità del prodotto nazionale lordo. Questo settore consiste di due parti componenti: un settore di mercato, che fa uso della moneta come mezzo di scambio nella produzione di beni e servizi; e un settore non monetario, nel quale vengono prodotti beni e servizi reali che o sono direttamente consumati dall'unità produttrice (ad esempio la fattoria o la famiglia) o sono scambiati in maniera informale mediante il sistema del baratto. La parte non monetaria del settore non osservato include la produzione di beni e servizi illegali che sono, per convenzioni contabili, spesso esclusi dai conti standard. Ma molto più significativamente, questo settore comprende anche un'ampia gamma di attività produttrici di reddito legittime che, per una varietà di ragioni, sfuggono al meccanismo dei conti sociali. Tali attività includono tutti i redditi guadagnati ma o non dichiarati o parzialmente occultati per ragioni che vanno dall'evasione fiscale alla non osservanza di regolamenti, dal mancato versamento di tasse amministrative a semplice sfiducia nei confronti dello stato. La componente non monetaria del settore occulto consiste di quelle attività economiche vitali delle famiglie, delle imprese e delle istituzioni volontaristiche che producono beni e servizi reali oggetto di baratto e che per questo motivo non vengono completamente riflessi nei conti convenzionali del reddito nazionale. Esempi di tale attività sono i lavori domestici, le attività del «fai da te» e i servizi di consumo prodotti e utilizzati dalle stesse imprese.

unofficial exchange rate: ***cambio parallelo; cambio fuori mercato; tasso di cambio libero; tasso di cambio non ufficiale.*** Termine usato con lo stesso significato di *parallel rate of exchange* (v.).

unofficial secondary market: ***mercato secondario non ufficiale.*** Lo stesso che *grey market* (v.).

unofficial sector: ***settore non ufficiale.*** Lo stesso che *unobserved sector* (v.).

unofficial strike: ***sciopero spontaneo.*** È lo sciopero non dichiarato da un sindacato, ma organizzato direttamente e autonomamente dai lavoratori interessati.

unpaid bills: ***cambiali in sofferenza; sofferenze; effetti insoluti.*** Termine usato con lo stesso significato di *overdue bills* (v.).

unpaid cheque: ***assegno non onorato.*** Termine usato con lo stesso significato di *dishonoured cheque* (v.).

unpaid dividend: 1. ***dividendo non pagato.*** Un dividendo dichiarato dalla società, ma non ancora distribuito agli azionisti. **2.** ***dividendo in arretrato.*** Un dividendo su azioni privilegiate cumulative, che non è stato ancora distribuito dalla società. **3.** ***dividendo non riscosso.*** V. spiegazione sotto *unclaimed dividends.*

unpaid services: ***servizi non remunerati.*** Sono tutte quelle prestazioni di lavoro che non vengono remunerate con moneta o beni, come ad esempio il lavoro prestato dalle casalinghe, il lavoro volontario di qualsiasi tipo e tutti i servizi che le persone forniscono a se stesse o si scambiano l'un l'altro. Questi servizi non possono, ovviamente, rientrare nel calcolo del reddito nazionale.

unparted bullion: ***metallo prezioso grezzo.*** Un metallo prezioso, di solito oro o argento, che non è stato ancora raffinato e diviso dal metallo non prezioso che esso contiene.

unplanned market economy: ***economia di mercato non pianificata.*** Termine ridondante, usato con lo stesso significato di *market economy* (v.). Il motivo per cui esso è stato creato (fu utilizzato da Lord W. H. Beveridge) probabilmente va ricercato nel fatto che molte economie cosiddette di mercato sono in effetti economie miste, nelle quali entra una componente di pianificazione governativa. In questo caso, il termine vorrebbe indicare una economia di mercato pura, senza alcuna interferenza governativa.

unproductive: ***improduttivo.*** Aggettivo usato in relazione a un qualcosa che non fornisce utilità o che fornisce utilità ad un costo sproporzionato. Il criterio non è oggettivo, bensì soggettivo. Così, ad esempio, si chiama improduttivo il lavoro destinato alla produzione di beni di scarso valore se esso può essere utilizzato allo stesso costo per produrre beni di maggior valore.

unproductive capital: ***capitale improduttivo.*** Capitale utilizzato per scopi diversi da quello di produrre beni o servizi da immettere sul mercato.

unproductive consumer: ***consumatore improduttivo.*** L'individuo che consuma e non produce, come ad esempio il nobile di altri tempi che faceva fronte ai propri bisogni con le rendite provenienti dalla sua proprietà e, quando le spese da lui sostenute superavano le entrate, ricorreva a prestiti, per rimborsare i quali spesso era costretto a vendere parte di ciò che possedeva.

unproductive consumption: ***consumo distruttivo; consumo improduttivo; consumo di godimento.*** È uno dei tre tipi di consumo e precisamente quello che non contribuisce alla creazione di nuovi beni da immettere sul mercato, come ad esempio i redditi percepiti da collaboratori familiari, che contribuiscono ad incrementare la domanda di beni e servizi senza a loro volta produrne. Alcuni dei primi economisti sostenevano che questo tipo di consumo serve a portare un'economia fuori dalla fase di depressione, in quanto crea maggiore spesa, senza allo stesso tempo contribuire all'accumulazione di beni. Il consumo improduttivo viene definito da Keynes come il consumo al quale il consumatore potrebbe rinunciare senza che si verifichi una reazione sulla quantità del suo sforzo produttivo.

unproductive credit: ***credito improduttivo.*** È il credito concesso per attività che non contribuiscono alla creazione di nuovi beni o servizi.

unproductive expenditure: ***spesa improduttiva.*** Termine con il quale a volte si indica la spesa pubblica che non contribuisce alla produzione di beni o servizi, come ad esempio le somme pagate dallo stato sotto forma di pensioni o sussidi. I primi economisti, tra i quali Adam Smith, ritenevano produttiva la spesa privata e improduttiva la spesa pubblica.

unproductive labour: ***lavoro improduttivo.*** Termine usato con diverse sfumature di significato per indicare: a) l'utilizzazione di energie umane per la produzione di qualcosa che non possiede alcun valore economico; b) in senso comparativo, le risorse lavorative usate in maniera inefficiente o sprecate; c) il lavoro umano che non porta alla produzione di un articolo fisico.

unproductive production: ***produzione improduttiva.*** Nella sua opera *The Wealth of Nations*, A. Smith definì con questa espressione la produzione dei servizi allora in uso nella società. Egli sostenne, e altri economisti classici lo seguirono in questo suo concetto, che soltanto la produzione di beni poteva considerarsi produttiva, mentre quella di servizi era da ritenersi improduttiva in quanto non aggiungeva niente al capitale di un paese. I servizi, infatti, assorbivano buona parte della produzione produttiva e perivano nel momento preciso in cui venivano somministrati.

unproductive wages: ***salari improduttivi.*** Termine a volte usato per indicare i salari corrisposti alla manodopera indiretta. (v. anche *indirect labour*)

unprofitability: ***improduttività.*** L'opposto di *profitability* (v.) e, quindi, l'assenza di redditività in un'impresa, in un investimento e simili.

unprofitable product: ***prodotto non remunerativo.*** È un prodotto la cui vendita non si dimostra vantaggiosa per chi lo produce, o in senso assoluto o in senso relativo, cioè a paragone di altri prodotti più remunerativi.

unqualified opinion: ***parere senza riserva.*** Nel linguaggio della revisione dei conti, questo termine viene usato per indicare il parere, espresso dal revisore contabile esterno nel secondo paragrafo di una relazione di certificazione sintetica, che non contiene alcuna riserva circa l'attendibilità del bilancio da lui esaminato.

unquoted company: ***società non quotata in borsa.*** Lo stesso che *unlisted company* (v.).

unquoted investments: ***investimenti in titoli non quotati.*** Nel linguaggio della contabilità, sono gli investimenti in azioni o obbligazioni non quotate in una borsa valori ufficiale. Il valore al quale vengono riportati nei bilanci è di solito quello corrispondente al costo di acquisto, ma nel Regno Unito esistono anche disposizioni legali che prevedono una qualche indicazione del valore corrente di mercato di questo tipo di titoli.

unquoted securities: ***titoli non quotati in borsa.*** Termine usato come sinonimo di *unlisted securities* (v.).

unquoted shares: ***azioni non quotate in borsa.*** Termine usato come sinonimo di *unlisted shares* (v.).

unrealized profit: ***profitto non realizzato.*** Un profitto del quale non si notano ancora i vantaggi. Ad esempio, è un profitto non realizzato quello derivante da una vendita rateale, in relazione alle rate non ancora pagate.

unrealized revenue: ***entrate non realizzate.*** Le entrate relative ad un'operazione commerciale completata, ma in relazione alla quale non è ancora stato percepito alcun tipo di attività correnti. Ad esempio, sono entrate non realizzate quelle relative ad un vendita rateale, le cui rate non siano ancora state pagate. Il termine inglese è a volte confuso con *deferred revenue* (v.).

unrecorded transactions: ***operazioni non registrate.*** Nel linguaggio della bilancia dei pagamenti, lo stesso che *statistical discrepancy* (v.).

unrecoverable: ***irrecuperabile.*** Detto di perdite, spese o crediti che non possono in alcun modo essere recuperati.

unrecovered cost: ***costo non assorbito; costo non ammortizzato.*** La parte di un investimento che non è stata assorbita mediante un processo di ammortamento. Lo stesso termine inglese viene usato per indicare perdite derivanti da obsolescenza prematura, da fluttuazioni di mercato o da furti, incendi o altri incidenti a copertura dei quali non era stata stipulata alcuna polizza di assicurazione.

unredeemable: ***irredimibile.*** Aggettivo a volte usato come sinonimo di *irredeemable* (v.).

unregistered company: ***società non registrata.*** Nel Regno Unito, questo termine viene usato per indicare una società, semplice o per azioni, che consiste di più di sette soci e qualsiasi società estera, ma non le società registrate in base ai *Companies Act* del 1862, *Companies (Consolidation) Act* del 1908, *Companies Act* del 1929 e *Companies Act* del 1948.

unregistered stock: ***titoli non registrati.*** Lo stesso che *letter stock* (v.).

unrequited exports: ***esportazioni senza contropartita.*** Beni o servizi esportati, ma in relazione ai quali non si verifica un flusso di altri beni o servizi o di moneta dai paesi che li ricevono. Si tratta di esportazioni inviate in pagamento di interessi su prestiti o in rimborso di prestiti o, ancora, in saldo di beni e servizi precedentemente importati a credito. Ad esempio, durante il secondo conflitto mondiale, il Regno Unito non era in grado di produrre beni di esportazione con i quali pagare le proprie importazioni, che venivano pertanto acquistate a credito. L'equivalente monetario di tali importazioni veniva accreditato su fondi bloccati, che i paesi esportatori poterono utilizzare per acquistare beni e servizi di produzione britannica dopo la fine del conflitto. Il termine è stato anche usato per indicare i prelievi dall'estero di denaro tenuto nel Regno Unito sotto forma di saldi in sterline.

unrestricted surplus: ***riserve disponibili; riserve di utili.*** Termine più moderno, usato con lo stesso significato di *revenue reserves* (v.).

U.N.R.R.A.: United Nations Relief and Rehabilitation Administration.

unsatisfied judgment fund: Un fondo, costituito in molti degli Stati Uniti dal gettito delle imposte, con il quale si fa fronte ai danni subiti da persone coinvolte in incidenti automobilistici, che non riescono a farsi pagare le somme stabilite dal tribunale, a causa di massimali assicurativi insufficienti o di mancata copertura assicurativa del proprietario del veicolo che si è reso responsabile dell'incidente.

unseaworthy: ***non idoneo alla navigazione.*** Detto di nave o altro natante che non è in grado di tenere il mare o di compiere un determinato viaggio. Il termine è usato come contrario di *seaworthy* (v.).

unsecured account: ***conto allo scoperto; conto non garantito.*** È un conto personale, garantito soltanto dalla fiducia che ispira il debitore, che non ha fornito alcuna garanzia reale.

unsecured consumer credit: ***credito al consumo non garantito.*** Credito concesso sotto forma di prestito personale o di finanziamento per acquisti rateali, in relazione al quale il consumatore non è tenuto a fornire alcuna garanzia reale. (v. anche *consumer credit*)

unsecured credit: ***credito non garantito; credito in bianco; credito chirografario.*** È un credito concesso senza che venga fornito alcun tipo di garanzia reale da parte del debitore.

unsecured creditor: ***creditore chirografario.*** Termine usato con lo stesso significato di *ordinary creditor* (v.).

unsecured debentures: ***obbligazioni non garantite.*** Lo stesso che *simple debentures* (v.).

unsecured debt: ***debito allo scoperto; debito non garantito.*** Un debito a fronte del quale non è stata fornita alcuna garanzia reale. Si basa, pertanto, solo sul buon nome del debitore e sulla fiducia di cui egli gode.

unsecured liability: ***debito non garantito; passività non garantita.*** Un qualsiasi debito, in relazione al quale il creditore non ha ricevuto alcun tipo di garanzia reale.

unsecured loan: ***prestito non garantito; mutuo non garantito; mutuo allo scoperto; prestito allo scoperto.*** È un prestito in relazione al quale il debitore non ha fornito alcun tipo di garanzia reale.

unsecured loan stock: ***capitale di prestito non garantito.*** Nel linguaggio della contabilità, indica capitale di prestito ottenuto da una società senza fornire alcun tipo di garanzia reale. Ne sono un esempio le obbligazioni non garantite e, in epoca più recente, i cosiddetti *junk bonds* (v.).

unsecured note: ***pagherò non garantito.*** Un pagherò che evidenzia un debito a fronte del quale non è stata fornita alcuna garanzia collaterale di carattere reale.

unsecured red clause: ***clausola rossa non garantita; clausola rossa non documentaria.*** Termine usato con lo stesso significato di *clean red clause* (v.).

unsettled market: ***mercato incerto; mercato agitato.*** Nel linguaggio delle borse valori, indica un mercato caratterizzato da una condizione di incertezza degli operatori e da conseguenti frequenti fluttuazioni dei corsi.

unsheltered price level: ***livello dei prezzi non protetti.*** Termine usato con lo stesso significato di *international index* (v.).

unskilled labour: ***manodopera non specializzata; manodopera generica.*** Manodopera che non richiede un'eccessiva specializzazione, in quanto dovrà eseguire lavori che richiedono pochissimo addestramento. In genere, il termine indica manodopera che può essere avviata al lavoro dopo un periodo di addestramento inferiore ad un anno. (v. anche *skilled labour*)

unskilled worker: ***operaio non qualificato; operaio non specializzato.*** Lavoratore che costituisce la manodopera non specializzata. (v. anche *unskilled labour*)

unsolds: ***invenduti.*** Prodotti forniti ad un rivenditore ma non assorbiti dal mercato e, pertanto, restituiti al produttore in base a precisi accordi contrattuali o a consuetudini commerciali invalse, come ad esempio nel campo della distribuzione di giornali e riviste.

unsponsored American depositary receipt: ***ricevuta di depositario americano non garantita.*** Una *American depositary receipt* (v.) creata da una banca in base a titoli già esistenti, senza il consenso dell'emittente dei titoli cui si riferisce.

unstable equilibrium: ***equilibrio instabile.*** Nel linguaggio dell'economia, è una condizione che, una volta raggiunta, continuerà indefinitamente a meno che si verifichi una variazione, di natura economica o non economica, che apporterà cambiamenti nel sistema, il quale non ritornerà alla situazione precedente se non si verifica un ulteriore cambiamento in una delle variabili.

unstrikable: Aggettivo di recente formazione, usato per definire un servizio o un'occupazione che la legge non consente che vengano interrotti per sciopero degli addetti.

unstructured interview: ***intervista libera; intervista non strutturata.*** È un'intervista che non prevede un questionario o un programma formali, durante la quale l'intervistatore adegua le domande alla situazione che si presenta via via che l'intervista procede.

unsystematic risk: ***rischio non sistematico.*** Un rischio cui è esposto un singolo investitore e che può essere ridotto o eliminato mediante una opportuna diversificazione.

untaxed sector: ***settore non tassato.*** Termine usato con lo stesso significato di *unobserved sector* (v.).

untested prices: ***prezzi non verificati.*** Nel linguaggio delle borse valori, questo termine indica i prezzi assegnati dagli *stockjobbers* ad azioni, obbligazioni e titoli di stato, quando il volume di affari trattati non è tale da influenzare i corsi dei titoli.

unused capacity: ***capacità inutilizzata.*** Nel linguaggio dell'economia, sono le risorse non utilizzate o sprecate. Può darsi che una parte delle risorse del paese siano lasciate inutilizzate, in quanto gli altri fattori della produzione necessari per sfruttarle sono più utili e produttivi altrove; può darsi che il progresso tecnologico renda obsolete alcune risorse, che pertanto vengono lasciate inutilizzate; oppure, può darsi ancora che una parte delle risorse non sia utilizzata, in quanto tenuta di riserva per il caso di un notevole e subitaneo incremento della domanda o per far fronte a fluttuazioni della domanda. Esempi di questi tre casi sono i deserti, le giungle, le paludi e altri tratti di terra non coltivati; canali, ferrovie secondarie o altre infrastrutture, la cui utilizzazione è diventata non remunerativa; parti di uno stabilimento, lasciate inutilizzate per lungo tempo o per quelle ore del giorno in cui la domanda non raggiunge i livelli di punta.

unvalidated inflation: ***inflazione non legittimata.*** Espressione usata come opposto di *validated inflation* (v.) per indicare un tasso di inflazione cui non fa riscontro un uguale tasso di crescita dell'offerta di moneta.

unvalued policy: ***polizza non valutata.*** Termine usato con lo stesso significato di *non–valued policy* (v.).

unvalued stock: ***azioni senza valore nominale.*** Termine usato con lo stesso significato di *no–par value shares* (v.).

upkeep: ***manutenzione.*** Termine usato con lo stesso significato di *maintenance* (v.).

uplift: ***innalzamento.*** Nel gergo commerciale e doganale, questo termine inglese indica l'adeguamento verso l'alto dei valori espressi in una fattura ai fini della determinazione del valore sul quale deve essere calcolato il dazio d'importazione. Molti paesi si sono espressi contro queste procedure di innalzamento dei valori che, facendo aumentare l'importo del dazio, elevano il prezzo del prodotto da loro esportato sul mercato cui esso è diretto.

up–market: ***esclusivo; selettivo.*** Espressione aggettivale usata in relazione ad un negozio o altro punto di vendita, che tende a trattare soltanto gli articoli richiesti dai consumatori più ricchi.

upper gold point: ***punto metallico superiore; punto dell'oro superiore.*** Termine usato con lo stesso significato di *gold export point* (v.).

upper management: ***alta dirigenza; alta direzione.*** Termine usato con lo stesso significato di *top management* (v.).

upper quartile: ***primo quartile.*** In statistica, si indica con questo termine il primo dei tre punti su una distribuzione di frequenza che la dividono in quattro parti, ciascuna delle quali contiene un numero di dati esattamente uguale a quello delle altre tre.

upper tier–two capital: ***capitale di secondo livello superiore.*** V. spiegazione sotto *tier–two capital.*

uprating: ***aumento del tasso.*** Il termine inglese indica l'adeguamento al rialzo di un qualsiasi *rate*, cioè un tasso, ma più spesso è riferito al tasso d'interesse attivo e/o passivo per le banche o altre istituzioni che accettano depositi.

upscale: ***esclusivo; selettivo.*** Lo stesso che *up–market* (v.).

upset price: ***prezzo base; prezzo di apertura; prezzo minimo di offerta.*** Il prezzo minimo al quale un venditore è disposto a cedere un bene durante una vendita all'asta. Il prezzo base è enunciato dal banditore ed è quello al quale sarà venduto il bene se, essendo stato accettato da un partecipante all'asta, non viene fatta alcuna offerta superiore. Nel caso di esecuzione forzata sui beni del debitore, il prezzo base viene stabilito dall'autorità giudiziaria, al fine di prevenire azioni di collusione, tra il debitore e suoi complici, miranti a defraudare i creditori. Se, tuttavia, i beni così messi all'incanto non vengono venduti, il magistrato provvederà a stabilire un nuovo e più basso prezzo base.

upside: Termine usato nel linguaggio finanziario come sostantivo e aggettivo per indicare la probabilità di un movimento al rialzo del corso di un valore azionario, indipendentemente dall'andamento dell'intero mercato.

upstream linkage: ***collegamento a monte.*** Lo stesso che *backward linkage* (v.).

upstream loan: ***prestito contro corrente.*** Nel linguaggio finanziario statunitense, è un prestito concesso da una sussidiaria alla sua società di controllo, quando quest'ultima non gode di molto credito sul mercato monetario o dei capitali.

upstream subsidies: ***sussidi «a monte».*** Sono così chiamati i sussidi erogati direttamente o indirettamente da un governo a sostegno della produzione industriale del paese, prima che i beni vengano realmente prodotti. Hanno lo scopo di concedere un vantaggio di costo alle industrie nazionali e renderle così competitive sui mercati interni ed esteri. Ne sono esempi la fiscalizzazione degli oneri sociali e la fissazione dei prezzi energetici o di altre materie prime a un livello inferiore al costo reale. (v. anche *downstream subsidies*)

upsurge: ***rialzo.*** Termine generico, con il quale si indica un rialzo generale dei prezzi o il rialzo del prezzo di un particolare bene.

upsurge of activity: ***risveglio dell'attività.*** Termine generico, con il quale si indica l'inizio di una ripresa dell'attività economica, dopo un periodo di stasi o di depressione.

upswing: ***prosperità; periodo di prosperità.*** Termine usato con lo stesso significato di *prosperity* (v.).

up tick: Espressione del gergo borsistico statunitense, con la quale si indica un'operazione di compravendita effettuata a un prezzo più alto di quello della precedente operazione. Quando si verifica questo evento, accanto all'ultimo prezzo del titolo viene indicato, al posto di contrattazione nella sala della borsa, il segno più (+) per tutta la giornata.

uptown warehouse: Un magazzino lontano dall'area del porto, autorizzato dalle autorità doganali ad accettare in deposito merci in temporanea importazione o merci sulle quali non è ancora stato pagato il dazio di importazione.

uptrend: ***recupero.*** Lo stesso che *rally* (v.).

upturn: ***ripresa; periodo di ripresa.*** Termine usato con lo stesso significato di *recovery 2* (v.).

U.P.U.: Universal Postal Union.

upvaluation: ***rivalutazione; apprezzamento.*** Lo stesso che *appreciation 2* (v.) e *currency appreciation* (v.).

upward-mobile: ***a mobilità verso l'alto.*** Aggettivo usato per indicare persone che tendono a spostarsi da una classe sociale o economica inferiore ad una superiore.

upward mobility: ***mobilità verso l'alto.*** Espressione di recente formazione, usata per indicare la capacità o la tendenza che consente ad un lavoratore di passare da una classe sociale o economica più bassa ad una più alta.

upward phase: ***fase ascendente; periodo di ripresa.*** Termine a volte usato con lo stesso significato di *recovery 2* (v.).

upward pressure: ***pressione al rialzo.*** Detto di prezzi che tendono a salire a seguito di rarefazione dell'offerta o di eccessiva domanda.

upward-sloping: ***inclinato positivamente; al rialzo.*** Espressione aggettivale, usata in relazione a una tendenza o all'andamento di una curva su un grafico, con la quale si indica che la tendenza o l'andamento della curva si spostano verso l'alto, assumendo un valore positivo.

upward swing: ***fase ascendente; periodo di ripresa.*** Termine a volte usato con lo stesso significato di *recovery 2* (v.).

urban concentration: ***concentrazione urbana.*** Lo stesso che *urbanization* (v.).

urban development corporation: ***società per lo sviluppo urbano.*** È così chiamato un nuovo tipo di impresa sorta nel Regno Unito in anni recenti, costituita dal governo e interamente finanziata con denaro pubblico. L'obiettivo che si impongono questo tipo di imprese è lo sviluppo e il risanamento di centri urbani in avanzato stato di decadimento. Tra le iniziative, ricordiamo il risanamento e lo sviluppo della zona dei dock di Londra.

urban economics: ***economia urbana.*** Branca dell'economia che si interessa dello studio degli insediamenti familiari e imprenditoriali in aree densamente sviluppate e popolate.

urbanization: ***urbanesimo.*** Il movimento delle popolazioni rurali da piccole comunità, dedite principalmente o semplicemente all'agricoltura, verso comunità più grandi, quali ad esempio le metropoli, le cui attività sono di carattere più vario e centrate principalmente sul commercio e sull'industria.

urbanization economies: ***economie di urbanizzazione.*** Il risparmio di costi derivante dal concentramento delle attività economiche in aree urbane densamente popolate.

urban renewal: ***bonifica urbana.*** Termine usato con lo stesso significato di *slum clearance* (v.).

urban rent: ***rendita urbana.*** Il pagamento fatto al fattore della produzione terra, quando questa è situata in posizioni più vantaggiose, ad esempio in relazione ad un mercato, ad una stazione ferroviaria o al centro di una città, o quando per una qualsiasi ragione essa è più richiesta. In tale caso, la rendita pagata alla terra è superiore alla rendita pagata ad altri tipi di terra. La rendita nei sobborghi di una grande città è molto più alta di quella pagata nei dintorni di una zona agricola ed essa aumenta sempre via via che ci si avvicina al centro della città. L'offerta di terra nei centri degli acquisti più esclusivi di Londra, quali ad esempio Piccadilly e Bond Street, è limitata e i siti in altre parti di Londra non sono in grado di soddisfare la stessa domanda. Infatti, la domanda delle parti più centrali e più alla moda di qualsiasi città è molto alta ed anche le rendite sono alte, benché i prezzi alti praticati in quelle zone non siano l'effetto, ma piuttosto la causa della rendita alta. Un commerciante del West End di Londra è disposto a pagare un'alta rendita, perché i suoi clienti sono disposti a pagare prezzi alti per il privilegio di fare i loro acquisti in un centro esclusivo, o anche perché pur non praticando prezzi alti, il suo volume d'affari sarà più consistente in quella zona. D'altra parte, i prezzi alti possono essere praticati a prescindere dalla rendita pagata per l'uso della terra. Lo sanno tanto i proprietari quanto coloro che prendono in fitto le loro proprietà e la concorrenza tra commercianti allo scopo di assicurarsi un negozio nella zona contribuisce a far aumentare la rendita. Il pagamento effettuato per l'uso di un immobile non costituisce rendita pura, in quanto consiste in gran parte di interessi sul capitale speso per edificare l'immobile e in parte di costi sostenuti per riparazioni e deprezzamento. Mentre, quindi, la terra usata a scopi edilizi renderà al suo proprietario almeno la corrente rendita differenziale dei terreni agricoli, il pagamento per l'uso di un edificio non costituisce rendita nel senso economico del termine. Nel senso economico, infatti, la rendita rappresenta soltanto il pagamento per l'uso della terra o di un altro fattore della produzione o agente naturale e non include alcuna remunerazione del capitale investito.

urban sprawl: ***espansione urbana incontrollata.*** La crescita incontrollata e spesso disordinata di una città, che si estende sui terreni agricoli che la circondano.

urgent rate: ***tassa di urgenza; tariffa di urgenza.*** Tassa fatta pagare in più dall'operatore postale, oltre la normale tariffa, in considerazione dell'invio di vaglia telegrafici urgenti.

urtel: Abbreviazione di *your telegram*, intendendosi: con riferimento al vostro telegramma.

Uruguay Round: È così detta la serie di negoziazioni multilaterali sulla liberalizzazione degli scambi iniziata a Ginevra nella seconda metà degli anni ottanta sotto l'egida del GATT. Tra gli obiettivi prioritari delle negoziazioni vi è la modifica delle politiche agricole di sostegno dei prezzi, che mobilitano considerevoli risorse sia nella CEE che negli USA e in Giappone.

U.S.: United States.

U.S.A.: United States of America.

usage: ***uso.*** Termine usato con lo stesso significato di *trade usage* (v.).

usance: ***scadenza; termine.*** Il periodo di tempo di credito concesso, secondo le usanze dei vari luoghi, mediante cambiali con le quali si regolano pagamenti internazionali. Così, per esempio, la scadenza di cambiali emesse a New York su piazze europee è di sessanta giorni vista; quella per cambiali emesse a Londra su piazze indiane è di trenta giorni vista; quella per cambiali emesse a Londra sulla piazza di Lisbona è di novanta giorni vista, e così via, sempre in base agli usi e alle consuetudini dei vari luoghi di pagamento.

usance bill: ***cambiale a tempo vista.*** Termine usato con lo stesso significato di *term sight bill* (v.).

use: ***uso.*** Termine con il quale in passato si indicava l'interesse.

use and occupancy insurance: ***assicurazione contro la interruzione di esercizio.*** Termine usato con lo stesso significato di *loss of profits insurance* (v.).

use and occupancy policy: ***polizza di assicurazione contro la interruzione di esercizio.*** Termine usato con lo stesso significato di *loss of profits policy* (v.).

use for trade: ***per uso commerciale.*** Espressione usata in relazione a pesi e misure destinati ad essere utilizzati nelle attività commerciali. I pesi e le misure per uso commerciale sono indicati nel *Weights and Measures Act* del 1963 e precisamente nelle seguenti appendici: Appendice Terza, misure lineari, di superficie, di volume, di capacità e di peso; Appendice Quarta, generi alimentari, inclusi i liquori; Appendice Quinta, sabbia e altri materiali da zavorra; Appendice Sesta, combustibili solidi; Appendice Settima, beni di vario genere; Appendice Ottava, beni compositi.

useful: ***utile.*** Detto di qualsiasi cosa che offra un vantaggio o un'utilità al suo proprietario o utente.

useful life: ***vita economica; durata utile di esercizio.*** Il periodo durante il quale una macchina o un impianto sono in grado di fornire utilità al loro proprietario. Tale periodo coincide con quello durante il quale matura l'ammortamento totale del bene capitale. La vita economica può essere diversa da quella fisica, in quanto il bene capitale può non essere più economico a causa di obsolescenza o inadeguatezza, pur continuando ad essere fisicamente in perfette condizioni. Pertanto, la vita fisica di un bene capitale può essere più lunga della sua vita economica, mentre non si verifica mai il contrario.

usefulness: ***capacità di servizio.*** Il termine inglese viene usato in un significato ben diverso da quello di *utility* (v.). Esso implica che un bene sia in grado di offrire un vantaggio o un beneficio a colui che lo possiede o lo usa. In contabilità, ad esempio, indica la capacità di una spesa di avere un valore, per colui che la effettua, continuo in un certo arco di tempo. In questo contesto, il termine veniva in origine usato in relazione a spese per l'acquisto di attività fisse, ma poi è stato esteso fino ad includere altri tipi di spesa, il cui beneficio non si esaurisce nell'arco dell'esercizio in cui essa viene effettuata.

use plan: ***piano di uso.*** Un piano per la determinazione del prezzo di un prodotto, quando esso si presta ad usi diversi ciascuno con un suo prezzo specifico, mediante il quale il produttore ricava un prezzo medio per tutta la sua produzione, derivante dalla media dei prezzi fatti pagare dal distributore quando egli, a sua volta, rivende il prodotto. Ne è un esempio il latte, che può essere venduto per il consumo al suo stato naturale o per farne burro, formaggio, gelati o altri prodotti.

user: ***utente.*** Chi utilizza un servizio pubblico o privato. L'utente equivale al consumatore, quando il prodotto acquistato e usato è un servizio e non un bene.

user charge: ***prezzo di utenza.*** È il pagamento, di un servizio fornito dallo stato, direttamente attraverso l'imposizione di un prezzo invece che indirettamente mediante l'imposizione fiscale generalizzata. Ne sono esempi i pedaggi autostradali, i diritti di licenza o di concessioni governative e simili.

user cost: ***costo di uso; costo di utilizzazione.*** Termine usato con tre significati: a) il costo relativo all'uso di un bene capitale, in termini di deprezzamento e manutenzione, in alternativa alla sua vendita o alla sua inutilizzazione. Se, ad esempio, un bene capitale, diciamo una macchina, può oggi essere venduta al prezzo di un milione, ma invece di venderla viene usata per la produzione di un determinato bene e in conseguenza di ciò essa può successivamente essere venduta a novecentomila lire, il costo di utilizzazione assomma a centomila lire. b) Nell'analisi dei costi e dei benefici, indica il complesso dei costi sostenuti dagli utenti o fornitori di uno specifico bene capitale o servizio. c) Nella terminologia keynesiana, indica l'importo che, per un dato volume di occupazione, l'imprenditore paga ad altri imprenditori per ciò che egli deve acquistare da loro, più il sacrificio che sostiene per utilizzare i suoi impianti anziché lasciarli in ozio.

U.S.E.S.: United States Employment Service.

use tax: ***imposta di uso.*** Negli Stati Uniti, è un'imposta che colpisce l'uso di determinati beni, quando questi sono soggetti ad un'imposta sulle vendite che viene in qualche modo evitata dal compratore. Ad esempio, uno stato che prevede un'imposta sulle vendite di automobili o imbarcazioni porrà anche un'imposta di uso sugli stessi beni, onde evitare che i suoi cittadini si rechino ad acquistarli in altri stati nei quali tali beni non sono soggetti all'imposta sulle vendite.

use value: ***valore di uso.*** Lo stesso che *value in use* (v.).

USIT: unit share investment trust.

U.S.M.: unlisted securities market.

USP: unique selling proposition.

U.S.T.C.: United States Tariff Commission.

U.S. ton: ***tonnellata americana.*** Termine usato con lo stesso significato di *American ton* (v.).

usufruct: ***usufrutto.*** Lo stesso che *life interest* (v.).

usufructuary: ***usufruttuario.*** Lo stesso che *life tenant* (v.).

usurer: ***usuraio.*** Chi presta denaro ad un tasso di interesse esorbitante o, comunque, superiore al massimo consentito dalla legge.

usurious rate of interest: ***tasso d'interesse usurario.*** Nel linguaggio finanziario, questo termine indica il massimo tasso d'interesse consentito dalla legge, mentre nel linguaggio popolare indica un tasso d'interesse ritenuto iniquo o eccessivo.

usury: ***usura.*** In origine, questo termine veniva usato per indicare l'attività di dare denaro in prestito, facendosi pagare un tasso di interesse. Nell'uso moderno, invece, indica la pratica di far pagare un tasso di interesse esorbitante o comunque superiore a quello consentito dalla legge, mentre nel linguaggio popolare viene spesso usato in relazione a un tasso di interesse ritenuto iniquo o troppo alto. Nel periodo medievale, sia la chiesa cattolica che molti stati condannavano l'usura e in Inghilterra le leggi contro l'usura furono abrogate soltanto nel 1854. Le ragioni di questo atteggiamento diverso tra il passato e il presente vanno ricercate nella situazione sociale delle due diverse epoche. In passato, quando non esistevano le assicurazioni, coloro che prendevano denaro in prestito erano persone povere o che avevano subito un rovescio di fortuna, magari a seguito di un incidente, mentre coloro che davano denaro in prestito erano necessariamente persone ricche o benestanti. Da qui, la condanna nei confronti di chi approfittava delle sventure o della povertà altrui per aumentare i propri guadagni. Lentamente, tuttavia, si fece strada il concetto che l'interesse non era altro che il pagamento di un servizio e dall'epoca di Enrico ottavo in poi furono approvate una serie di leggi tendenti a regolare il tasso di interesse. Tuttavia, fu soltanto dopo il 1854, quando come si è detto furono abrogate le leggi contro l'usura, che in Inghilterra si potè fare ricorso all'uso del tasso di sconto come strumento di politica monetaria. Nell'epoca presente, la situazione sociale è cambiata e coloro che danno in prestito denaro non sono necessariamente o soltanto i ricchi, bensì le banche o altre istituzioni finanziarie, mentre coloro che prendono denaro in prestito non sono sempre e necessariamente i poveri, bensì più spesso coloro che godono di una solida posizione finanziaria.

usury laws: ***leggi contro l'usura.*** Con questo termine si indicano tutte le leggi, approvate dal parlamento britannico, tendenti a regolamentare l'attività di dare denaro in prestito, particolarmente fissando il tasso massimo di interesse consentito. In Inghilterra, questo tasso rimase fisso per vari secoli nella misura massima del cinque per cento e fu soltanto nel 1854 che le leggi contro l'usura furono abrogate, principalmente allo scopo di consentire alla Banca d'Inghilterra di fare ricorso allo strumento del tasso di sconto in politica monetaria.

util: ***unità di utilità.*** Benché l'utilità di un bene o servizio non sia misurabile, a volte si usa questo termine inglese per indicare una singola unità di utilità, particolarmente a scopo teorico al fine di illustrare la legge dell'utilità marginale decrescente.

utilitarian: 1. ***utilitario; utilitaristico.*** Aggettivo con il quale si indica ciò che è relativo all'utilitarismo o che mira esclusivamente all'utilità. **2.** ***utilitarista.*** Sostantivo con il quale si indica un seguace o un sostenitore della teoria dell'utilità marginale.

utilitarianism: ***utilitarismo.*** È una concezione filosofica ed economica, teorizzata nel settecento da Jeremy Bentham e poi svolta nel secolo successivo da J. Stuart Mill ed altri, che sosteneva la necessità che lo stato provvedesse ad assicurare «la più grande felicità per il più grande numero» di persone. L'utilitarismo ebbe molti seguaci tra gli economisti e i filosofi.

utilities budget: ***budget dei servizi; budget dei servomezzi.*** È il preventivo relativo ai costi di utilizzazione o produzione di energia elettrica, gas, vapore, acqua e simili all'interno di un'impresa.

utility: 1. ***utilità; ofelimità; desiderabilità.*** La capacità di un bene o servizio di soddisfare il bisogno di un consumatore, indipendentemente dal fatto di essere più o meno giovevole o vantaggioso per l'umanità nel suo complesso. Pertanto, l'utilità di un bene in senso economico non dipende da una qualità intrinseca del bene stesso, bensì dall'importanza che gli viene conferita dal singolo soggetto o consumatore. Per questo motivo, l'utilità economica è essenzialmente soggettiva e può mutare da soggetto a soggetto in relazione all'importanza che egli annette ai suoi bisogni, che sono anch'essi mutevoli. Proprio per distinguere il significato di utilità economica da quello dato al termine nel linguaggio comune, in cui si contrappone a dannosità, il Pareto suggerì di usare ofelimità, mentre J. Fisher e C. Gide proposero il termine desiderabilità, ma ambedue non ebbero grande successo, pur se sono ancor oggi talvolta usati. L'utilità ha grande importanza in relazione alla teoria della domanda, ma in questo caso bisogna distinguere attentamente tra utilità totale e utilità marginale di un qualsiasi bene. (v. anche *marginal utility, total utility*) **2.** ***impresa di pubblici servizi.*** Il termine inglese è a volte usato come sinonimo di *public utility.* (v. anche *public utilities*) **3.** Durante il secondo conflitto mondiale, questo termine venne usato nel Regno Unito per indicare un qualsiasi bene prodotto in un numero limitato di linee, al fine di rendere possibile la standardizzazione e la semplificazione della produzione.

utility company: ***impresa di pubblici servizi.*** Termine a volte usato come sinonimo di *utility 2* (v.).

utility fund: ***fondo di impresa di pubblici servizi.*** Nel linguaggio della contabilità, indica un fondo relativo ai servizi resi da una municipalità al pubblico, dietro pagamento di una tariffa. Può riferirsi, per esempio, alla produzione o all'acquisto e distribuzione di energia elettrica, di gas o acqua o alla fornitura di servizi di trasporto urbano ed extraurbano.

utility goods: ***beni utilitari; beni autarchici.*** Questo termine veniva usato durante la seconda guerra mondiale e negli anni immediatamente seguenti per indicare beni prodotti a basso costo per il mercato interno e in un numero limitato di tipi e modelli.

utility maximization: ***massimizzazione dell'utilità.*** L'assunto fondamentale in teoria economica che sostiene che quando un consumatore è chiamato a fare una scelta tra differenti combinazioni di beni e servizi, egli sceglierà sempre l'alternativa che gli consentirà di massimizzare la propria utilità.

utility optimum: ***optimum di utilità.*** La condizione in cui l'utilità totale in un qualsiasi individuo ha raggiunto l'optimum e non può essere migliorata o ampliata senza privare qualche altro individuo di una parte dell'utilità totale da quest'ultimo raggiunta.

utility theory of value: ***teoria del valore basata sulla utilità.*** La teoria che spiega il valore di un bene o servizio in termini relativi alla misura in cui esso contribuisce a soddisfare i bisogni più immediati e urgenti di un consumatore. (v. anche *final utility theory of value, marginal utility, paradox of value, total utility*)

utilization factor: ***fattore di utilizzazione.*** Nelle imprese di pubblici servizi, è il rapporto tra carico di punta e capacità produttiva di un impianto o di un sistema.

utilized capacity: ***capacità utilizzata.*** È la capacità produttiva di un'impresa effettivamente utilizzata ai fini produttivi. Se non corrisponde alla capacità massima, vuol dire che una parte degli impianti viene lasciata in stato d'ozio.

utmost good faith: ***massima buona fede.*** È il principio che vige nel campo delle assicurazioni, in base al quale tutte le parti contraenti sono tenute a dichiarare qualsiasi particolare rilevante ai fini della stipula del contratto di assicurazione. Lo stesso principio si applica, tuttavia, anche ad altri tipi di contratti.

utopian socialism: ***socialismo utopistico.*** Termine con il quale si indicano le idee di alcuni riformatori sociali della fine del diciottesimo e inizi del diciannovesimo secolo, i quali ritenevano che i mali della società potessero essere risolti con un qualche piano di associazione volontaria. Tra questi riformatori rientrano Robert Owen, un ricco industriale inglese; Charles Fourier, figlio di un ricco commerciante francese; e Louis Blanc, storico francese.

to utter: ***spacciare.*** Mettere in circolazione o tentare di mettere in circolazione moneta falsa come buona e genuina.

utterer: ***spacciatore.*** Chi mette o tenta di mettere in circolazione moneta contraffatta.

U/w: underwriter.

v, V

V/A: voucher attached.
vacancy: 1. *vacanza; posto vacante; impiego disponibile.* Un qualsiasi posto di lavoro rimasto scoperto a seguito di dimissioni o raggiunti limiti di età da parte di colui che lo occupava. **2. *abitazione sfitta; locale sfitto.*** Un qualsiasi locale, adibito ad abitazione, uffici, negozio, ecc., attualmente non occupato e disponibile per essere dato in locazione.
vacancy list: *elenco degli impieghi disponibili.* Viene preparato a cura dell'ufficio del personale di un'impresa e indica tutti i posti disponibili, che devono essere coperti con personale di nuova assunzione.
vacancy rate: *indice delle disponibilità abitative.* Termine usato con lo stesso significato di *vacancy ratio* (v.).
vacancy ratio: *indice delle disponibilità abitative.* La percentuale di unità abitative disponibili per essere date in locazione e attualmente non occupate da alcun locatario.
vacant possession: *libero.* L'espressione inglese viene usata in relazione ad immobili in vendita, che possono essere occupati dall'acquirente immediatamente o ad una data da concordarsi, in quanto attualmente non occupati da alcun locatario.
vacation: *vacanze; ferie.* Periodo di tempo durante il quale un lavoratore non ha l'obbligo di prestare la propria opera. Il periodo varia da paese a paese e all'interno dello stesso paese può variare da industria a industria e da persona a persona, spesso in relazione al numero di anni di servizio prestato. Il periodo di ferie è da molti paesi riconosciuto quale diritto del lavoratore.
vacation pay: Il termine viene usato con due diversi significati: a) la paga corrisposta ad un lavoratore durante il suo periodo di ferie annuali; b) la paga in più corrisposta ad un lavoratore che rinuncia al suo periodo di ferie annuali.
vacuity: *calo; colaggio.* Termine usato con lo stesso significato di *ullage 1* (v.).
val.: value.
valid: *valido.* Aggettivo usato in relazione a rapporti, documenti contabili, ecc., che risultano precisi e affidabili o a contratti e altri atti che hanno efficacia giuridica.
to validate: 1. *convalidare.* Provare e attestare l'accuratezza e l'affidabilità di una relazione, di un documento contabile e simili. **2. *omologare.*** Dare effetto legale ad un negozio giuridico, dopo aver accertato che esso risponde alle condizioni stabilite dalla legge.
validated inflation: *inflazione legittimata.* Un tipo di inflazione che continua a persistere in quanto le autorità monetarie del paese interessato consentono che l'offerta di moneta si espanda allo stesso tasso dell'inflazione.
validation: 1. *convalida.* L'atto o il processo di convalidare. In particolare, il termine viene usato in statistica per indicare la determinazione dell'accuratezza e dell'attendibilità di una qualsiasi indagine. **2. *omologazione.*** L'atto o il processo di omologare.
valid contract: *contratto valido.* È un contratto tutelabile in giudizio, in quanto conforme alle disposizioni di legge.
valid for one day: *valido un giorno.* Espressione usata in relazione ad ordini di borsa, per indicare che essi sono validi soltanto per il giorno specificato e che, di conseguenza, scadono automaticamente se non possono essere eseguiti nel corso di quella seduta.
validity: *validità.* Efficacia logica di un ragionamento che non presenta incoerenze. Il termine è anche usato nel linguaggio giuridico per indicare l'efficacia di un qualsiasi negozio e nel linguaggio della statistica per indicare il grado di precisione e affidabilità di un'indagine.
valid until cancelled: *a revoca; valido revoca.* Lo stesso che *good till cancelled* (v.).
valorization: *valorizzazione.* Il conferimento di un prezzo o di un valore arbitrari ad un bene, di solito mediante intervento statale tendente a fissare il prezzo del bene ad un livello superiore o inferiore al prezzo di mercato prevalente.
valorization of a commodity: *valorizzazione di una merce.* Nel linguaggio commerciale, questa espressione indica l'attribuzione di un valore o di un prezzo arbitrari ad una merce per disposizioni legislative, per esigenze amministrative o a seguito di variazione del prezzo corrente di mercato.
valorization scheme: *piano di valorizzazione.* Intervento diretto di un governo o di un cartello al fine di mantenere stabile il prezzo di un bene sui mercati mondiali, particolarmente quando il paese o il cartello interessati comandano una grande parte dell'offerta di quel bene. Il piano può realizzarsi in diversi modi, a seconda del potere di chi lo adotta. Se, ad esempio, si tratta di un cartello costituito dai pochi produttori di una materia prima, come ad esempio lo stagno o la gomma, costoro potrebbero accordarsi per limitare l'offerta sui mercati mondiali. Se, invece, si tratta di uno stato che produce la maggior parte di quel bene, come ad esempio il caffè brasiliano, esso può istituire un monopolio di stato che provvede all'immissione sul mercato di una parte soltanto della produzione totale, distruggendo la parte eccedente o utilizzandola per scopi diversi. Infine, un governo può sussidiare i produttori allo scopo di indurli a ridurre la produzione del bene il cui prezzo si intende mantenere stabile.
to valorize: *valorizzare.* Assegnare ad un bene, per disposizione di legge, regolamento o altra forma di intervento statale, un valore diverso dal suo valore economico o di mercato.
valuable: 1. *prezioso; di valore.* Detto di beni che hanno valore in termini monetari o valore d'uso indipendentemente dal loro prezzo. **2. *valutabile.*** Detto di beni ai quali si può assegnare un valore, specialmente in termini monetari.
valuable consideration: *controprestazione; prestazione corrispettiva; corrispettivo.* La prestazione corrispet-

tiva è stata definita «un qualche diritto, interesse, profitto o beneficio a favore di una delle parti». Un contratto per scrittura privata deve prevedere una prestazione corrispettiva al fine di avere efficacia giuridica, mentre in un contratto per atto pubblico essa non è indispensabile, essendo considerato un buon corrispettivo anche l'amore paterno o di altro genere, come avviene ad esempio in relazione ad un atto di donazione tra padre e figlio. In un contratto commerciale, la prestazione corrispettiva è rappresentata dal pagamento del prezzo di acquisto.

valuables: ***oggetti di valore.*** Il termine inglese indica in particolare beni personali che hanno un valore in termini monetari.

valuation: ***valutazione; stima.*** È il processo di determinazione del valore di un bene, calcolato in base a criteri riconosciuti e generalmente accettati. Nel tentativo di giungere alla giusta valutazione di un bene, ad esempio di un edificio o altro immobile ai fini della concessione di un mutuo, si tiene conto principalmente del suo attuale prezzo di mercato, non potendosi prendere in considerazione l'eventuale e probabile incremento di valore futuro. Se sul mercato non vi è domanda del bene da valutare, si può ricorrere al suo costo di rimpiazzo o al suo valore di demolizione. (v. anche *market value, reproduction cost, break-up value*)

valuation account: ***fondo svalutazione.*** Conto che si riferisce ad uno o più altri conti, che vengono da esso in parte o in toto controbilanciati. Ne sono esempi un fondo svalutazione crediti e un fondo di riserva.

valuation ratio: ***rapporto di valutazione.*** Il rapporto tra la valutazione di un'impresa espressa dal valore delle sue azioni di capitale sul mercato mobiliare e la valutazione della stessa impresa espressa dal valore contabile delle sue attività.

valuation reserve: ***riserva per svalutazione.*** Termine usato con lo stesso significato di *valuation account* (v.).

value: ***valore.*** Nel linguaggio economico, questo termine indica l'utilità di un bene misurata in base al suo prezzo o alla quantità di un altro bene che un consumatore è disposto a dare in cambio di una quantità del bene che egli desidera avere. Se, ad esempio, un chilo di carne viene normalmente scambiato per dieci chili di pane, il valore della carne rispetto al pane è dieci e il valore del pane in termini della carne è uguale a un decimo. Il valore di un qualsiasi bene corrisponde, quindi, alla misura del sacrificio che il venditore compie nel separarsi dal bene e del sacrificio che compie il compratore per procurarselo. Il valore, così, esprime una relazione tra un bene e un altro, relazione che varia da momento a momento, da luogo a luogo e da persona a persona. Infatti, il valore di un bene in un qualsiasi momento particolare dipende dalla scarsità di quel bene in quel momento ed in quel luogo e dalla quantità domandata, cioè il valore dipende dalla domanda e dall'offerta. In generale, si può dire che se l'offerta è bassa in relazione alla domanda, il valore è alto, mentre se l'offerta è alta in relazione alla domanda, il valore è basso. Nelle comunità moderne in cui i beni e i servizi non vengono scambiati direttamente l'uno per l'altro, il loro valore è di solito espresso in termini del comune mezzo di scambio, cioè la moneta. Pertanto, il valore di un bene corrisponde alla quantità di moneta per la quale esso viene scambiato in un qualsiasi momento o luogo ed il valore in termini di moneta è chiamato prezzo. In altre parole, il prezzo è la misura del valore in termini di moneta, ma mentre esso può considerarsi un fenomeno oggettivo, il valore è da considerarsi un fenomeno soggettivo.

value accounting: ***contabilità a valori correnti.*** Sistema di contabilità che prevede una continua e generalizzata rivalutazione delle poste di bilancio, in base ai valori di sostituzione o di rimpiazzo. In base a tale sistema, i valori storici dei singoli beni e servizi vengono abbandonati e sostituiti con i nuovi valori reali correnti, senza prestare più alcuna attenzione all'indice di svalutazione della moneta, se non per quanto concerne la porzione di plusvalenza dovuta all'inflazione monetaria.

value added: ***valore aggiunto.*** Uno qualsiasi dei segmenti che vanno a costituire il prezzo di vendita al dettaglio di un bene o di un servizio, la cui origine è attribuibile all'attuale o a un precedente stadio. Così, il prezzo, ad esempio cento lire, pagato dal consumatore di un dato bene può ipotizzarsi come originato dai rispettivi prezzi di vendita di: a) il produttore della materia prima, ad esempio il minerale, lire venti; b) colui che lavora la materia prima e vende il suo prodotto ad un prezzo, ad esempio lire sessanta, che comprende il costo di lavorazione e l'utile; c) il distributore che vende il prodotto all'ingrosso, ad esempio lire settanta; e, d) il dettagliante che lo rivende al minuto, lire cento, al consumatore finale. Quindi, omettendo i costi successivi dei materiali e servizi che rendono completo il prodotto e che sono stati già calcolati nei successivi prezzi di vendita, si può dire che questi quattro stadi hanno fornito un valore aggiunto rispettivamente di lire venti, quaranta, dieci e trenta. Il valore aggiunto può distinguersi in netto e lordo: nel valore aggiunto lordo sono inclusi il pagamento di imposte, interessi, rendita, profitti, quote di ammortamento e i compensi pagati ai dirigenti e agli altri impiegati, inclusi i contributi di assicurazioni sociali; nel valore aggiunto netto sono incluse tutte le voci di sopra, ma restano escluse le quote di ammortamento. Il valore lordo totale aggiunto da tutte le imprese produttive dell'economia costituisce il prodotto nazionale lordo.

value-added communication network: ***rete di comunicazioni a valore aggiunto.*** Le applicazioni della tecnologia informatica e l'enorme crescita del commercio di servizi hanno dato origine a nuovi sistemi che vanno sotto questo nome e che uniscono gli utenti e i fornitori di informazioni. Mediante un sistema costituito da computer, circuiti di comunicazione e terminali dotati di tastiere, i singoli utenti, ubicati in località anche molto distanti tra loro, possono prelevare e immettere informazioni nella rete. Questi nuovi sistemi di comunicazioni, che costituiscono l'aspetto più rilevante della rivoluzione postindustriale, hanno notevolmente influito sul modo in cui funziona l'economia statunitense e, per estensione, sul modo in cui funzionerà l'economia internazionale in futuro.

value added statement: ***dichiarazione IVA.*** Rendiconto preparato da un'impresa e relativo al valore aggiunto durante il periodo contabile cui esso si riferisce. La dichiarazione IVA britannica indica l'ammontare del valore aggiunto dall'impresa e mostra come esso è stato ripartito tra coloro che lo hanno percepito sotto forma di imposte (lo stato), di salari e stipendi (i lavoratori), di interessi e dividendi (azionisti, soci e istituzioni finanziarie).

value-added tax: ***imposta sul valore aggiunto.*** È un'imposta generale che colpisce ciascun successivo passaggio di beni e servizi dal produttore primario al consumatore finale. Essa viene calcolata sull'ammontare del valore aggiunto da ciascun operatore che contribuisce alla produzione del bene o servizio finale, detraendo dal prezzo di vendita il prezzo di acquisto degli input usati nella produzione da parte delle singole persone o imprese. Pertanto, ogni operatore vende il suo prodotto ad un prezzo che comprende l'imposta sul valore da lui aggiunto al prodotto, di cui dovrà rispondere al fisco, ma può chiedere il rimborso dell'imposta da lui pagata al precedente operatore. Coloro ai quali egli vende procedono nella stessa maniera, fin quando il bene giunge al consumatore finale che, non essendo in grado di traslarla, dovrà sostenere l'onere dell'imposta sul totale del valore aggiunto dai vari operatori. Questi ultimi, infatti, non vengono colpiti dall'imposta, ma fungono esclusivamente da enti di riscossione per conto dello stato. L'imposta sul valore aggiunto ha sostituito varie altre imposte nei paesi che fanno parte della Comunità Economica Europea ed una sua percentuale viene devoluta da ogni paese membro alla Comunità, quale contributo del paese al bilancio comunitario.

value analysis: ***analisi del valore.*** Tecnica mediante la quale si svolge un esame critico di un prodotto e dei suoi vari componenti, in relazione alle sue funzioni essenziali, nel tentativo di scoprire in che modo lo si possa alterare, semplificare o migliorare in maniera da ridurre il costo di produzione, lasciando inalterata la qualità e la vendibilità del prodotto. Tale studio è di importanza vitale, quando si intende aprire nuovi sbocchi al prodotto.

value analyst: ***analista del valore.*** Tecnico che fa parte del gruppo di persone che procede ad effettuare una analisi del valore. (v. anche *value analysis*)

value-based company: Una società le cui attività sono quasi tutte sotto forma di moneta contante o suoi equivalenti. Ne sono esempi le banche e le società di assicurazione.

value broker: Nelle borse statunitensi, è un intermediario che viene remunerato dal cliente con una commissione percentuale sul valore complessivo dell'operazione da lui svolta.

value date: ***valuta; data di valuta.*** Nel linguaggio bancario, questo termine indica la data di effettivo accreditamento di un versamento, dalla quale decorre la maturazione degli interessi, e di disponibilità della somma versata. La valuta è diversa dalla data di versamento, in quanto tiene conto del periodo di tempo necessario per effettuare le registrazioni sul conto interessato e per incassare gli assegni o altri titoli di credito contenuti nel versamento. Pertanto, la valuta relativa ad assegni su piazza è più prossima alla data di versamento di quanto non lo sia quella su assegni fuori piazza, mentre la valuta di versamenti in moneta contante è la più prossima fra tutte, pur se neanche essa si identifica con la data di versamento, in quanto la banca tiene conto del fatto che tale somma non potrà essere da lei utilizzata che il giorno successivo a quello del versamento.

value declared: ***valore dichiarato.*** È il valore di un bene o di una proprietà, dichiarato dal suo proprietario all'atto della stipula di un contratto di assicurazione, di una spedizione, di un'imposizione fiscale e simili.

valued policy: ***polizza valutata.*** Nelle assicurazioni marittime ed aeree, è una polizza nella quale viene indicato il valore esatto della cosa assicurata, che l'assicuratore sarà tenuto a versare nel caso si verifichi la perdita totale del bene coperto da assicurazione. Tale tipo di polizza è illegale in molti degli Stati Uniti.

valued policy law: ***legge sulle polizze valutate.*** Una qualsiasi legge che impone alle compagnie di assicurazione di pagare il valore nominale della polizza, in caso di perdita totale del bene assicurato, a meno che entri in funzione la clausola della proporzionale che prevede un abbattimento del valore nominale quando il bene è assicurato per una somma inferiore al suo effettivo valore.

value engineering: ***ingegneria del valore.*** Termine usato per indicare la tecnica nota come analisi del valore, quando questa è intrapresa allo stadio di progettazione di un prodotto. (v. anche *value analysis*)

value in account: ***valuta in conto.*** Espressione con la quale spesso termina una cambiale estera, quando essa viene emessa in considerazione di servizi resi o quando, a seguito di operazioni incrociate, residua un saldo a favore del traente. Tali parole rappresentano semplicemente una comunicazione fra il traente e l'accettante e, pertanto, non influiscono in alcun modo sulla cambiale.

value index: ***indice di valore.*** Termine usato con lo stesso significato di *value index number* (v.).

value index number: ***numero indice di valore.*** È il numero indice che rileva il valore monetario di ciascuna voce di un insieme in un particolare momento del tempo, ne esprime il valore monetario corrente come percentuale del valore monetario della stessa voce nel periodo base e fa la media di tutte le percentuali relative alle varie voci e ai vari periodi presi in considerazione. Esso indica, pertanto, l'effetto netto delle variazioni di quantità e di prezzo. (v. anche *base period, index number, price index number, volume index number*)

value in exchange: ***valore di scambio.*** Termine originariamente usato da Adam Smith per indicare il valore di un qualsiasi bene o servizio considerato in termini del suo potere di acquisto di un altro bene con il quale viene scambiato, inclusa la moneta.

value in use: ***valore di uso.*** Termine usato in teoria economica, originariamente da Adam Smith, per indicare il valore di un bene o servizio considerato esclusivamente in termini di utilità per colui che lo utilizza e non tenendo conto del suo prezzo di vendita o valore di scambio. Ad esempio, un'attività fissa potrebbe non avere alcun valore di scambio, magari a causa dell'impossibilità di smantellarla e venderla, ma potrebbe avere un alto valore per colui che la utilizza allo scopo di produrre beni, che gli consentono di realizzare un utile attraverso la vendita.

value judgement: ***giudizio di valore.*** È una questione di etica, più che di economia, in quanto rappresenta un'opinione, a volte soggettiva, a volte addirittura eccentrica o capricciosa, su una scelta, una preferenza o un corso di azione da seguirsi.

value of goodwill: ***valore di avviamento.*** È il valore derivante dall'insieme di conoscenze, favore dei clienti, rinomanza sul mercato, relazioni commerciali, ecc., di cui si deve tener conto nel caso in cui si consideri la possibilità di vendere un'impresa. (v. anche *enterprise value*)

value of investment: ***valore degli investimenti.*** Nella terminologia keynesiana, indica il valore dell'incremento di capitale durante un qualsiasi periodo e non l'incremento di valore totale del capitale.

value of money: ***valore della moneta.*** Il valore di qualsiasi bene, cioè il suo potere di acquisto di altri beni, è determinato dall'azione reciproca delle forze della domanda e dell'offerta. La moneta non si comporta diversamente dagli altri beni e il suo valore, cioè il suo potere di acquisto di altri beni, dipende anch'esso dalla domanda e dall'offerta. Con il termine «domanda di moneta» si intende la quantità di moneta necessaria per compiere un'operazione commerciale, cioè per effettuare il trasferimento o lo scambio dei beni e servizi disponibili sul mercato. I venditori vogliono moneta in cambio di questi beni e servizi, cioè danno luogo ad una domanda di moneta e quanto maggiore è la quantità di beni e servizi che vengono scambiati, tanto maggiore è la domanda di moneta. E poiché lo stesso bene può dar luogo a domanda di moneta da parte di più persone via via che passa dal produttore al grossista, da questi al dettagliante e da quest'ultimo al consumatore finale, la domanda di moneta è determinata non soltanto dal volume degli scambi, ma anche dalla frequenza con cui essi hanno luogo. Pertanto, quanto maggiore è l'attività commerciale, cioè la velocità di circolazione dei beni, tanto maggiore è la domanda di moneta. L'offerta di moneta è l'effettiva quantità di moneta usata per effettuare gli scambi e comprende qualsiasi forma di moneta, dalle banconote agli assegni. Ma nel considerare l'offerta di moneta, si deve tener conto non soltanto della quantità totale di moneta in circolazione, o massa circolante, ma anche della velocità di circolazione della moneta, cioè il numero di diverse operazioni per cui viene usata ciascuna singola unità di moneta. Infatti, la stessa unità usata in dieci diverse operazioni di scambio svolge la stessa funzione di dieci diverse unità di moneta usate ciascuna per una singola operazione. La velocità di circolazione, quindi, fa aumentare l'offerta di moneta. In un qualsiasi momento del tempo, viene usata una certa quantità di moneta per pagare una certa quantità di beni e servizi ed è la relazione tra l'offerta globale di beni e servizi e l'offerta globale di moneta che stabilisce il valore di quest'ultima. Se l'offerta di beni aumenta mentre l'offerta di moneta resta invariata, ciascuna unità di moneta acquisterà più beni, cioè il suo valore aumenta o i prezzi diminuiscono. Un bene che prima costava mille, oggi può essere acquistato con ottocento. Se, viceversa, l'offerta di beni rimane invariata mentre aumenta l'offerta di moneta, ad esempio mediante la immissione in circolazione di nuove banconote, il valore di una unità di moneta diminuisce, cioè i prezzi aumentano e ciò che prima si poteva comprare con mille, oggi costa mille e duecento. Così, il valore della moneta e i prezzi sono due diversi aspetti della medesima cosa e le variazioni o della domanda o dell'offerta di moneta apportano variazioni anche nel suo valore e nei prezzi, i quali ultimi, però, variano in direzioni opposte. Supponiamo che, ad una certa data A, duemila unità di un bene siano equivalenti a ventimila unità di moneta, cioè una unità del bene equivale a dieci unità di moneta. Supponiamo ancora che, a seguito di nuove tecnologie, l'offerta di beni ad un'altra certa data B si raddoppi, mentre rimane invariata la quantità di moneta disponibile per gli scambi. In tale caso, quattromila unità di un bene sono equivalenti a ventimila unità di moneta, cioè una unità del bene equivale a cinque unità di moneta. Tra le due date A e B, quindi, il valore della moneta è aumentato, perché alla data B possiamo acquistare la stessa quantità di beni pagando la metà del prezzo pagato alla data A. Se osserviamo questo cambiamento da un altro punto di vista, diciamo che i prezzi sono diminuiti. Mentre alla data A erano necessarie dieci unità di moneta per acquistare una unità del bene, alla data B ne bastano cinque per comprare la stessa quantità di beni. Vediamo, quindi, che il valore della moneta varia in misura inversamente proporzionale al livello generale dei prezzi. Se questi aumentano, diminuisce il valore della moneta; se i prezzi diminuiscono, aumenta il valore della moneta. Inoltre, possiamo vedere che se l'offerta di moneta resta invariata mentre aumenta la sua domanda, si verifica un aumento del valore della moneta. Questa relazione tra offerta di moneta, domanda di moneta e valore della moneta viene espressa dalla teoria quantitativa della moneta che, nella sua forma più moderna, afferma che il valore della moneta dipende dalla relazione tra la sua domanda e la sua offerta.

value of service principle: ***principio del valore del servizio.*** Nella determinazione delle tariffe ferroviarie e dei pubblici servizi, questa espressione indica il principio detto *charging what the traffic will bear*, cioè quello di stabilire la tariffa al limite massimo che si ritiene la maggior parte degli utenti sia disposta a pagare.

value of the marginal product: ***valore del prodotto marginale.*** In un mercato competitivo, il valore del prodotto marginale è identico al ricavo del prodotto marginale. In un mercato non competitivo, il valore del prodotto marginale, cioè il prodotto marginale moltiplicato per il precedente prezzo di mercato, è maggiore del ricavo del prodotto marginale dell'ammontare di cui il prezzo deve essere ridotto per spostare il prodotto marginale, calcolando la perdita sul prezzo di tutte le precedenti unità come detrazione dal valore del prodotto marginale. (v. anche *marginal revenue product*)

valuer: ***stimatore; perito stimatore.*** Qualsiasi persona la cui professione o attività consiste nel valutare o determinare il prezzo di un bene di qualsiasi genere, di solito in previsione di una vendita o a seguito di una contestazione.

value received: ***valore ricevuto.*** Le parole con cui termina una cambiale sono di solito «per valore ricevuto», con ciò intendendosi che il trattario ha ricevuto dal traente o moneta o altri beni o servizi. Tali parole non sono necessarie affinché una cambiale inglese sia valida, in quanto è sempre implicito nella cambiale che sia stato ricevuto un valore. Infatti, l'articolo 30 del *Bills of Exchange Act* del 1882 recita: «Si considera che ogni parte la cui firma compare su una cambiale, ne sia divenuta parte in considerazione di un valore ricevuto».

value spot: ***operazione a pronti.*** Nel linguaggio delle borse, il termine inglese indica un'operazione che deve essere liquidata entro due giorni lavorativi.

value theory: ***teoria del valore.*** Termine usato in alternativa a *theory of value* (v.).

value variance: ***variante prezzo.*** Termine usato con lo stesso significato di *price variance* (v.).

variable: ***variabile.*** Nel linguaggio matematico–statistico, è una grandezza che può assumere valori diversi, che saranno arbitrari se si tratta di una variabile indipendente o dipendenti dai valori di un'altra grandezza se si tratta di una variabile dipendente.

variable annuity: ***rendita variabile.*** Rendita derivante da un contratto tra un investitore ed una società di assicurazione o di investimento, che prevede il versamento di premi con i quali la società provvederà ad acquistare valori mobiliari, in modo da offrire al beneficiario una certa garanzia contro l'erosione del potere di acquisto della moneta generata dall'inflazione. Ciò implica che le rate di rendita pagate al beneficiario varieranno da un'epoca ad un'altra, come conseguenza delle variazioni di valore dei titoli sui quali è basata la rendita.

variable budget: ***budget variabile; bilancio variabile.*** Espressione usata con due significati: a) preventivo che contempla dotazioni alternative basate su variazioni dei tassi di produzione o del lavoro svolto. In pratica, esso fa riferimento a differenti livelli di produzione e gradi di utilizzazione degli impianti e delle macchine. b) Preventivo soggetto a revisioni e variazioni col procedere dell'attività.

variable cost: ***costo variabile; costo di funzionamento; costo di dimensione.*** Spese operative o costi che variano direttamente, e a volte proporzionalmente, col variare del volume di attività o di produzione di un'impresa. Ne sono esempi i costi delle materie prime consumate nel processo produttivo, i costi di manodopera diretta, i costi di energia elettrica e così via.

variable–cost ratio: ***indice di copertura dei costi variabili.*** È il rapporto tra ricavi delle vendite e costi variabili.

variable expenses: ***spese variabili; spese di funzionamento; spese di dimensione.*** Termine usato con lo stesso significato di *variable cost* (v.).

variable input: ***input a dosi variabili; input variabile.*** Un fattore della produzione o una risorsa produttiva usati da un'impresa in dosi variabili. Di solito, il termine si riferisce ad un fattore della produzione la cui quantità è variabile nel breve periodo, come ad esempio il capitale e il lavoro. Quanto più lungo è il periodo di tempo considerato, tanto meno chiara diventa la linea che separa gli input fissi e quelli variabili.

variable interest rate: ***tasso d'interesse variabile.*** Il tasso di interesse su mutui o prestiti obbligazionari che viene adeguato a scadenze prestabilite ed è pertanto suscettibile di aumenti e diminuzioni in carattere con l'andamento dei tassi di interesse sul mercato.

variable labour cost: ***costo del lavoro variabile.*** Il costo del lavoro che varia in ragione del numero di ore di servizio prestate dal lavoratore. Ad esempio, il costo del lavoro straordinario è superiore al costo del lavoro in orario ordinario e pertanto il costo complessivo del lavoro presenta una componente variabile, oltre a quella fissa, quando si prevedono prestazioni in orario straordinario.

variable levy: ***dazio d'importazione variabile; prelievo.*** Dazio di importazione la cui aliquota varia in base ad un qualche criterio di prezzo interno. Nella Comunità Europea, tale dazio è uguale alla differenza tra prezzo obiettivo di un bene e prezzo corrente dello stesso bene sul mercato mondiale.

variable life insurance: ***assicurazione variabile sulla vita.*** Tipo nuovo e più sofisticato di assicurazione, che prevede la possibilità di utili di capitale per i sottoscrittori, in quanto il valore di riscatto della polizza viene investito, dalla compagnia d'assicurazione, in valori mobiliari di vario genere a beneficio dell'assicurato.

variable margin call: ***margine di garanzia variabile.*** Deposito supplementare che un operatore di borsa è chiamato a versare durante una operazione di compensazione, quando il movimento dei corsi ha notevolmente ridotto il deposito di garanzia da lui precedentemente versato a fronte di operazioni a margine. Tale deposito supplementare deve essere versato entro un'ora dalla comunicazione. (v. anche *margin call*)

variable markup pricing: ***fissazione variabile del prezzo di vendita.*** Sistema che collega la fissazione dei prezzi di vendita con le mutevoli condizioni economiche, come ad esempio le diverse fasi di un ciclo economico.

variable overhead: ***spese generali variabili.*** Lo stesso che *variable overhead expenses* (v.).

variable overhead expenses: ***spese generali variabili.*** Spese generali che variano, nell'arco di un determinato periodo di tempo, in maniera direttamente proporzionale al volume delle vendite o della produzione.

variable rate: ***tasso variabile.*** Lo stesso che *variable interest rate* (v.).

variable rate mortgage: ***ipoteca indicizzata; ipoteca a tasso variabile.*** A seguito dell'alto tasso di inflazione registrato negli anni settanta, sono state studiate forme di ipoteca differenti da quella tradizionale a tasso fisso, in uso da vari decenni. Tra queste, una è l'ipoteca indicizzata, che prevede un adeguamento periodico del tasso in relazione all'andamento dei tassi di interesse sul mercato monetario. Tali adeguamenti vengono fatti ad intervalli semestrali o annuali e di solito vengono contenuti entro limiti prestabiliti.

variable rate securities: ***titoli indicizzati.*** Termine usato con lo stesso significato di *index–linked securities* (v.).

variable–ratio plan: ***piano d'investimento a rapporto variabile.*** Piano di investimento che prevede, al momento opportuno, la divisione in due parti perfettamente uguali dei fondi da destinarsi all'investimento: a) un fondo titoli per l'acquisto diversificato di azioni ordinarie; e, b) un fondo contanti da investirsi a richiesta, cioè nella forma più liquida possibile. Quando i corsi salgono, si disinveste parte del fondo titoli al fine di mantenere invariato il rapporto tra il valore dei due fondi; quando i corsi scendono, si preleva dal fondo contanti per acquistare titoli. Questo procedimento presuppone fluttuazioni rispetto ad un valore normale, che può essere periodicamente variato per tener conto di una tendenza di lungo periodo nell'andamento dei corsi azionari.

variance: 1. ***variante; scostamento.*** In contabilità, è la differenza tra costo standard e costo effettivo. Le principali varianti hanno origine dalla differenza tra prezzo standard e prezzo effettivo o da differenze tra quantità e tempi standard ed effettivi. In contabilità, si considerano varianti di prezzo, uso e tempo in relazione a materiali, lavoro e spese generali. **2.** ***varianza.*** Nel linguaggio della statistica, indica il quadrato dello scarto tipo di una serie di valori, quindi la somma dei quadrati degli scarti dei valori osservati rispetto alla media aritmetica dei valori osservati, divisa per il numero dei valori.

variance account: ***conto delle varianti; conto delle variazioni.*** Nel criterio di valutazione delle scorte a costo standard, la differenza tra costo effettivo di produzione e costo standard di produzione viene riportata in un conto separato nel quale si devono appunto registrare tali varianti. Di solito, il costo standard di un prodotto viene determinato tenendo conto separatamente del costo dei materiali, del costo della manodopera diretta e delle spese generali di fabbricazione. Il conto può essere ulteriormente frazionato per tener conto delle differenti cause che hanno dato luogo alla variante, come ad esempio il prezzo, la quantità, il tipo, ecc., nel caso delle materie prime e così via. (v. anche *standard costing, standard cost method of inventory valuation*)

variance analysis: ***analisi della varianza.*** Nel linguaggio della statistica, indica il procedimento mediante il quale si determinano le diverse componenti di una varianza, in base alle loro differenti cause.

variate: ***variante.*** In statistica, il termine indica un valore assegnato o relativo ad una variabile.

variation: ***variazione.*** Nel linguaggio contabile, economico e giuridico, è un qualsiasi mutamento, il cui effetto è quello di modificare l'aspetto, l'ordine o l'andamento di un qualcosa precedentemente espresso o accertato. Nel linguaggio della statistica, il termine inglese indica la varianza moltiplicata per il numero di valori e quindi la somma dei quadrati degli scarti dei valori osservati dalla media aritmetica.

variation in demand: ***variazione della domanda.*** Qualsiasi modificazione in più o in meno della quantità globale di un bene o servizio domandata in un mercato.

variation in price: ***variazione di prezzo.*** Termine usato con lo stesso significato di *price change* (v.).

variation in supply: ***variazione dell'offerta.*** Qualsiasi modificazione in più o in meno della quantità globale di un bene o servizio che giunge sul mercato.

variation in the rate of exchange: ***variazione del cor-***

so del cambio. Qualsiasi oscillazione, al di sopra o al di sotto, della parità di cambio tra due valute o qualsiasi variazione dei precedenti tassi di cambio tra due valute.

variation margin: ***deposito di garanzia addizionale; margine di variazione.*** L'aumento del deposito di garanzia iniziale richiesto agli operatori che stipulano contratti a termine finanziari, quando il corso dei titoli cui si riferisce il contratto subisce una variazione in diminuzione. (v. anche *margin 4, margin call, initial margin*)

variety reduction: ***riduzione di varietà.*** La riduzione o l'eliminazione totale di certi prodotti, linee di prodotti, componenti o materiali che si sono dimostrati antieconomici per l'impresa o la cui eliminazione si tradurrà in riduzioni di costi.

variety shop: ***magazzino popolare; magazzino a prezzo unico.*** Termine usato come sinonimo di *variety store* (v.).

variety store: ***magazzino popolare; magazzino a prezzo unico.*** Termine usato negli Stati Uniti per indicare un punto di vendita, che fa parte di una catena della grande distribuzione, non specializzato in una determinata linea e che pertanto tratta un vasto assortimento di articoli a basso prezzo unitario.

VAT: value added tax.

VAT declaration: ***dichiarazione IVA.*** Lo stesso che *value added statement* (v.).

vatman: Termine colloquiale, usato nel Regno Unito per indicare un funzionario dell'ufficio delle imposte preposto alla riscossione dell'imposta sul valore aggiunto. Il termine deriva dall'acronimo della *value added tax* (v.), detta appunto V.A.T. in quel paese.

VAT registration number: ***partita IVA.*** Il numero d'iscrizione di un'impresa presso l'Ufficio IVA, mediante il quale essa è nota a tale ufficio. La partita IVA deve essere indicata su tutte le fatture emesse dall'impresa e deve comparire nella sua carta intestata.

VAT statement: ***dichiarazione IVA.*** V. *value added statement.*

vatting: Nel linguaggio doganale, questo termine indica la miscelazione di vini o spiriti dello stesso tipo, marca, colore o aliquota di dazio d'importazione.

vault: ***caveau.*** Lo stesso che *coffer 2* (v.).

vault cash: ***denaro in cassa.*** Termine usato con lo stesso significato di *till money* (v.).

Veblen effect: ***effetto Veblen.*** Il fenomeno in base al quale se il prezzo di un bene diminuisce, un certo numero di consumatori smettono di comprarlo, interpretando la riduzione di prezzo come una riduzione della qualità del bene. Questo fenomeno è in netto contrasto con la legge della domanda.

Veblenian school: ***scuola vebleniana.*** È una delle scuole di economia istituzionale e precisamente quella che fa capo all'opera dell'economista americano di origine norvegese Thorstein Veblen, che insistette sulla influenza dell'ambiente sociale e dei fattori istituzionali sul comportamento economico dell'uomo. (v. anche *institutional economics*)

vector: ***vettore.*** Nel linguaggio matematico, è una serie di numeri disposti per riga o per colonna.

vector quantity: ***grandezza vettoriale; vettoriale.*** È una grandezza caratterizzata, oltre che da un valore numerico, anche da una direzione e da un verso, a differenza di una grandezza scalare, che è caratterizzata soltanto da un numero relativo.

vehicle currency: ***valuta veicolo.*** Una qualsiasi valuta che viene ampiamente utilizzata per svolgere operazioni nei più importanti mercati valutari internazionali. Prima di effettuare qualsiasi operazione su tali mercati, coloro che detengono valute diverse provvedono a cambiarle in una di queste valute veicolo, tra le quali la più importante rimane ancora il dollaro statunitense.

vehicle excise duty: ***imposta sui veicoli a motore.*** Lo stesso che *car tax* (v.).

veil of money: ***velo monetario.*** Espressione usata da A. C. Pigou e altri economisti per indicare che pensare in termini monetari oscura, come un velo, il valore reale e i processi economici reali.

veil-of-money concept: ***concetto del velo monetario.*** Nel linguaggio dell'economia, si indica con questa espressione il concetto che sostiene che la moneta è neutra, ossia agisce come un velo che nasconde i reali processi economici, in quanto lo scambio di un bene è sempre fatto in termini di un altro bene, anche se con l'intermediazione della moneta. Pertanto, quando non si riesce a vedere attraverso il velo monetario e si considera la moneta come se possedesse un valore assoluto proprio, ci si crea la cosiddetta illusione monetaria.

velocity: ***velocità.*** Nel linguaggio della borsa valori londinese, questo termine indica la frequenza con cui un valore mobiliare viene scambiato sul mercato, che può essere intesa come un indice del volume d'affari svolto nell'ambito della borsa stessa. Se, ad esempio, la velocità media di un titolo è del 35%, ciò significa che quel titolo passa da un proprietario a un altro una volta ogni tre anni.

velocity of cash deposits: ***velocità dei depositi–moneta.*** Nella terminologia keynesiana, viene così indicata la relazione tra il flusso totale di operazioni per qualsiasi scopo e la quantità media di moneta tenuta disponibile per qualsiasi scopo. Equivale, pertanto, al rapporto tra i depositi bancari a vista e le compensazioni interbancarie.

velocity of circulation: ***velocità di circolazione.*** Il numero medio di volte che una unità di moneta viene usata durante un dato periodo di tempo, cioè la quantità totale di moneta, spesa durante un periodo, divisa per la quantità di moneta in circolazione. La velocità di circolazione è uno degli elementi che influenzano il valore della moneta. Essa può essere divisa in due tipi: velocità di circolazione in termini di operazioni commerciali; e velocità di circolazione in termini di reddito. Poiché la velocità è diversa da individuo a individuo e non essendo possibile conoscere tali differenze, quando si parla di velocità di circolazione della moneta si intende sempre la velocità media. (v. anche *value of money, income velocity of circulation, transactions velocity of circulation*)

velocity of circulation of money: ***velocità di circolazione della moneta.*** Espressione usata come sinonimo di *velocity of circulation* (v.).

velocity of income deposits: ***velocità dei depositi di reddito.*** Nella terminologia keynesiana, viene così indicata la relazione tra gli incassi annui totali dei percettori di reddito e la quantità media di moneta tenuta nei depositi di reddito.

velocity of money: ***velocità della moneta.*** Lo stesso che *velocity of circulation* (v.).

to vend: ***vendere.*** Il termine inglese viene raramente usato, tranne che nei derivati *vendee* (v.), *vendor* (v.) e *vending machine* (v.).

vendee: ***compratore; acquirente.*** Questo termine inglese indica specificamente la persona alla quale viene fatta una vendita o per conto della quale viene eseguita un'operazione di acquisto.

vender: ***venditore; fornitore.*** Variante grafica di *vendor 1* (v.).

vendible: ***vendibile.*** Lo stesso che *saleable* (v.).
vending machine: ***distributore automatico.*** La macchina per la vendita automatica descritta sotto *slot machine* (v.).
vendor: 1. ***venditore; fornitore.*** Il termine inglese indica specificamente la persona che effettua una vendita o per conto della quale viene eseguita un'operazione di vendita. **2.** ***distributore automatico.*** Termine usato con lo stesso significato di *vending machine* (v.).
vendor credit: ***credito del venditore.*** Espressione usata in contrapposizione a *lender credit* (v.) per indicare il tipo di credito concesso da banche britanniche, o società finanziarie per la vendita rateale, legato all'acquisto di particolari beni presso determinati operatori commerciali, i quali fungono da intermediari tra il mutuante e il mutuatario.
vendor's lien: ***privilegio del venditore; diritto di ritenzione del venditore.*** Termine usato con lo stesso significato di *seller's lien* (v.).
vendor's shares: ***azioni di proprietà.*** È un particolare tipo di azioni rilasciate, invece di moneta contante, a chi vende un'impresa individuale, o comunque privata, che sarà successivamente trasformata in società per azioni. Le azioni di proprietà possono, a seconda degli accordi, venire equiparate alle azioni ordinarie o costituire oggetto di un accordo speciale per quanto concerne la distribuzione di dividendi. A volte, la distribuzione di dividendi su questo tipo di azioni è subordinato al pagamento del dividendo sulle azioni ordinarie, ma corrisponde al cinquanta per cento di ciò che residua dopo aver soddisfatto gli altri tipi di azioni.
vendue: ***asta pubblica.*** Termine di origine straniera, talvolta usato come sinonimo di *auction* (v.).
venture: ***speculazione; operazione rischiosa.*** Termine usato con lo stesso significato di *adventure* (v.).
venture capital: ***capitale di rischio.*** Termine entrato anche nell'uso italiano, con il quale si indica una forma di finanziamento di nuove imprese pionieristiche, di solito ad alto contenuto tecnologico e non quotate in borsa, con notevoli probabilità di rapido e consistente sviluppo, ma anche di alto rischio. Il *venture capital* può essere fornito da singoli investitori, riuniti per costituire una specie di fondo chiuso, o da società costituite appositamente per finanziare imprese economiche del tipo suddetto ed ha la peculiare caratteristica dell'alta redditività sotto forma di *capital gains.* (v. anche *angel 2, informal venture capital, formal venture capital*)
venture capital firm: ***società d'investimento in capitale di rischio; società di venture capital.*** Tipo di impresa sorta di recente negli Stati Uniti, nel Regno Unito e anche in Giappone e altri paesi industrializzati. L'attività di questa impresa consiste nel finanziare iniziative ad alto rischio che, se avranno successo, produrranno un utile di gran lunga superiore a quello che si può ottenere da investimenti più tradizionali e tranquilli. Molte di queste imprese preferiscono investire in aziende già affermate e remunerative, ma non mancano quelle che sono pronte a fornire tutto o parte del capitale necessario ad avviare nuove imprese reputate almeno promettenti.
venture capital industry: ***industria del capitale di rischio.*** L'industria, di recente costituzione, che fornisce capitale di rischio alle imprese che ne hanno bisogno e che sono ritenute almeno promettenti. Questa industria oggi risulta divisa in tre categorie di imprese: 1) le società private di investimento in capitale di rischio, gestite da un piccolo gruppo di professionisti e finanziate da un gran numero di soci, tra i quali compaiono fondi pensione, società di assicurazione, ricchi industriali, società estere e, in misura crescente, anche enti locali e pubblici; 2) società di investimento in piccole imprese, che forniscono capitale ad aziende di proprietà di minoranze o di persone non economicamente opulente; 3) società sussidiarie, costituite con capitale fornito da banche, società di assicurazioni e grosse multinazionali. Questo tipo di imprese di investimento gestiscono alcuni dei più consistenti fondi di capitale di rischio negli Stati Uniti. Un'altra categoria meno potente è quella rappresentata da ricchi industriali, di solito imprenditori di successo, conosciuti con il nome di «angeli». (v. anche *angel 2, small-business investment company*)
venture capitalist: Chiunque fornisca *venture capital* (v.) a imprese in via di formazione o in fase di ristrutturazione.
verbal agreement: ***accordo verbale.*** Termine a volte usato con lo stesso significato di *contract by parol* (v.).
verification: ***verifica.*** La procedura mediante la quale si accerta la validità di un ragionamento o la precisione e l'affidabilità di un'indagine. Nel linguaggio della contabilità, il termine indica la procedura mediante la quale si giunge a determinare l'accuratezza e l'attendibilità di una registrazione, di un conto o di un documento contabile, mediante le pratiche di cui dispone un revisore dei conti.
verification of assets: ***verifica delle attività.*** Il lavoro di un revisore, volto a controllare l'esistenza e il valore delle attività di un'impresa.
to verify: ***verificare.*** Confermare la verità, la validità, l'accuratezza o la probabilità di una dichiarazione, di un ragionamento, di un'indagine o di un qualsiasi documento contabile, mediante l'intervento di una persona competente.
vertical amalgamation: ***fusione verticale.*** È la fusione di imprese che si occupano di fasi diverse e successive della lavorazione dello stesso prodotto.
vertical axis: ***asse verticale.*** Lo stesso che *ordinate* (v.).
vertical channel conflict: ***conflitto di distribuzione verticale.*** V. spiegazione sotto *channel conflict.*
vertical combination: ***concentrazione verticale.*** Termine usato in relazione a concentrazioni industriali, quando le imprese che la realizzano si occupano ciascuna di una differente e successiva fase della lavorazione di un articolo, dalla materia prima al prodotto finito.
vertical disintegration: ***disintegrazione verticale.*** La pratica di passare dalla produzione in proprio all'acquisto da fornitori esterni di determinati componenti o semilavorati, a seguito di circostanze in cui la produzione ottimale richiede risorse superiori a quelle che possono essere fornite direttamente dall'impresa. Ciò porta alla costituzione di imprese produttrici specializzate, che fanno fronte al fabbisogno di tutte le imprese operanti in una particolare industria.
vertical equity: ***equità verticale.*** Espressione usata nel linguaggio tributario per indicare il concetto in base al quale a un contribuente con maggiore capacità contributiva viene fatto pagare un equo ammontare in più di imposte rispetto a un altro contribuente con minore capacità contributiva. (v. anche *horizontal equity*)
vertical expansion: ***espansione verticale.*** Espansione di un'impresa, che si realizza attraverso l'acquisizione del controllo di altre o la costruzione di nuovi impianti, al fine di far fronte direttamente a tutte le fasi di lavorazione di un articolo, dall'acquisto delle materie prime necessarie alla commercializzazione del prodotto finito.
vertical filing: ***classificazione verticale; archiviazione verticale.*** Sistema di archiviazione in base al quale i do-

cumenti vengono inseriti in cartelle tenute in posizione verticale, col lato aperto nella parte superiore, in cassetti di appositi schedari. È il metodo di archiviazione più comune, che presenta i vantaggi di: a) rapidità di localizzazione dei documenti; b) facilità di rimozione; c) flessibilità del sistema, che può essere ampliato secondo le esigenze; d) alta adattabilità, che consente di utilizzare diversi tipi di schedari; e) risparmio di spazio, in quanto gli schedari possono venire sovrapposti e possono essere sistemati in spazi morti dell'ufficio.

vertical filing cabinet: ***schedario per archiviazione verticale.*** Sono i singoli mobili di legno o acciaio, con cassetti estraibili nei quali vengono collocate, in posizione verticale, le cartelle contenenti i documenti che costituiscono l'archivio.

vertical filing system: ***sistema di archiviazione verticale.*** È il sistema di archiviazione descritto sotto *vertical filing* (v.).

vertical firm: ***impresa verticale.*** Un'impresa che intraprende due o più attività tra loro integrate verticalmente, come ad esempio l'estrazione, la raffinazione e la commercializzazione di prodotti petroliferi.

vertical integration: ***integrazione verticale.*** Termine usato in relazione alla struttura di un'industria per indicare il coordinamento, e a volte anche la fusione, tra imprese operanti a diversi e successivi stadi di un processo produttivo, come avviene ad esempio nell'industria petrolifera o nell'industria della lana nello Yorkshire. Uno dei motivi della integrazione verticale è quello di assicurarsi punti di approvvigionamento delle materie prime o sbocchi per i prodotti finiti.

vertical labour mobility: ***mobilità verticale del lavoro.*** Termine usato con lo stesso significato di *upward mobility* (v.)

vertical labour union: ***sindacato a organizzazione verticale.*** Lo stesso che *industrial union* (v.).

vertical linkage: ***collegamento verticale.*** Questo termine viene usato più o meno con lo stesso significato di *linkage* (v.) in quanto può applicarsi tanto al collegamento ascendente che a quello discendente. (v. anche *backward linkage, forward linkage*)

vertical market: ***mercato verticale.*** Una situazione economica in cui la proprietà delle risorse naturali, la produzione e il consumo finale di un prodotto finito sono contenuti nell'ambito di una singola organizzazione.

vertical merger: ***incorporazione verticale.*** Tipo di fusione tra imprese che producono prodotti appartenenti a differenti stadi del medesimo processo produttivo. Si tratta di un aspetto particolare di integrazione verticale. (v. anche *merger, vertical integration*)

vertical mobility: ***mobilità verticale.*** Termine usato con lo stesso significato di *upward mobility* (v.).

vertical organization: ***organizzazione verticale.*** Questo termine è a volte usato con lo stesso significato di *vertical integration* (v.), ma indica anche il tipo di organizzazione aziendale cui si fa cenno sotto *vertical organization chart* (v.).

vertical organization chart: ***organigramma verticale.*** È un tipo di organigramma che mostra la struttura organizzativa di un'impresa sotto forma di piramide, nella quale le linee di comando procedono dall'alto verso il basso in linee verticali, tranne nel caso di un'organizzazione per funzioni, nella quale le linee possono procedere diagonalmente, ma sempre dall'alto verso il basso. (v. anche *organization chart, circular organization chart, horizontal organization chart, functional organization, functional relationship, line organization, line relationship*)

vertical price-fixing agreement: ***accordo verticale di fissazione dei prezzi.*** Un accordo sulla fissazione dei prezzi di vendita stipulato in linea verticale, cioè tra produttori e grossisti o distributori, tra produttori e dettaglianti o tra grossisti o distributori e dettaglianti, e non all'interno di ciascuna categoria, cioè tra produttori, tra grossisti, ecc. (v. anche *price-fixing agreement*)

vertical spread: Espressione delle borse valori statunitensi, con la quale si indica una varietà di *bull spread* (v.) che implica un acquisto e una vendita simultanei di contratti a premio della stessa classe a differenti prezzi base e con la stessa data di scadenza.

vertical structure: ***struttura verticale.*** È la struttura di un'industria descritta sotto *vertical integration* (v.) o la struttura di una concentrazione industriale descritta sotto *vertical combination* (v.).

vertical trust: ***concentrazione verticale.*** Termine usato con lo stesso significato di *vertical combination* (v.).

vertical union: ***sindacato a organizzazione verticale.*** Lo stesso che *industrial union* (v.).

vessel ton: ***tonnellata di stazza; tonnellata di registro.*** Termine usato con lo stesso significato di *register ton* (v.).

vested interests: ***interessi acquisiti.*** Interessi radicati in beni mobili o immobili. Il termine inglese è a volte usato per indicare le classi sociali proprietarie della terra o del capitale.

vested rights: ***diritti quesiti.*** Nel linguaggio giuridico, indica diritti di immediato o futuro godimento di un bene, che non possono essere alterati senza il consenso del titolare.

vestibule training: ***addestramento preliminare.*** L'addestramento di un dipendente da parte del datore di lavoro, in una sua propria struttura, prima dell'effettivo impiego in fabbrica o in ufficio.

vesting deed: ***atto di assegnazione di proprietà.*** Termine usato con lo stesso significato di *vesting instrument* (v.).

vesting instrument: ***strumento di assegnazione di proprietà.*** Atto mediante il quale un bene immobile viene assegnato ad un usufruttuario o ad un legittimo proprietario.

vesting order: ***decreto di assegnazione di proprietà.*** Decreto dell'autorità giudiziaria, in base al quale la proprietà di un bene immobile viene assegnata ad una persona con la stessa efficacia giuridica che avrebbe un atto di cessione o di trasferimento.

«V» form: Termine con il quale nel Regno Unito si indica un documento usato in relazione ad assegnazioni di valuta straniera. Quando il viaggiatore prenota tramite un'agenzia di viaggio, l'importo che essa spende per conto del cliente viene indicato su questo modulo e sarà successivamente detratto dall'ammontare massimo che il viaggiatore è autorizzato a cambiare in valuta straniera o assegni turistici.

via: 1. ***copia di cambiale.*** Termine usato per indicare ciascuna delle copie di una cambiale estera, in quanto esse vengono inoltrate per diverse vie o per successive spedizioni. (v. anche *first of exchange, second of exchange, third of exchange*) **2.** ***via.*** La rotta o l'itinerario seguiti, come ad esempio nella frase Londra-Parigi via Calais.

viability: ***vitalità.*** In relazione ad un'industria, un'economia, un paese, ecc., indica la capacità o il potere di vivere, di sopravvivere o di operare e svilupparsi in maniera soddisfacente.

vicarious liability: ***responsabilità vicaria; responsabilità indiretta.*** Responsabilità incorsa senza colpa del soggetto, per conto di un'altra persona. Si verifica quando l'azione che porta ad un danno nei confronti di un terzo viene fatta da una persona su autorizzazione e per conto di un'altra persona.

vicarious performance: ***esecuzione vicaria.*** Termine giuridico, con il quale si indica l'esecuzione di un'obbligazione contrattuale da parte di una persona diversa dal contraente. In certi tipi di contratti, è normale procedura delegare ad altri l'esecuzione di un'obbligazione. Ciò si verifica molto spesso, per esempio, nei contratti di appalto per la costruzione di immobili o opere pubbliche, ove l'appaltatore dà in sub–appalto ad altre imprese i lavori di costruzione di parti del complesso. In casi di inadempienza contrattuale, tuttavia, la responsabilità ricade sempre sulla parte contraente originaria.

vicious circle hypothesis: ***ipotesi del circolo vizioso.*** È una delle ipotesi che collegano la flessibilità dei tassi di cambio al problema dell'inflazione. In questa accezione, il circolo vizioso è rappresentato da un processo cumulativo di inflazione dei prezzi e deprezzamento dei tassi di cambio. Il deprezzamento di una valuta viene rapidamente a tradursi in più alti costi e prezzi all'interno del sistema economico interessato che, a loro volta, portano a un ulteriore deprezzamento della valuta. Si presume che questa instabilità dinamica perpetui e rafforzi una spirale di deprezzamento dei tassi di cambio. Da notare che tale spirale potrebbe presumibilmente essere messa in moto da shock reali o monetari esogeni, da una supervalutazione iniziale dei tassi di cambio o da variazioni nelle aspettative del pubblico in relazione a future politiche monetarie e fiscali. (v. anche *ratchet effect hypothesis*)

victim company: ***società vittima.*** Una società nei confronti della quale viene promossa, da un'altra società, un'offerta pubblica di acquisto. (v. anche *take–over bid*)

victimization: ***vittimizzazione.*** Nel linguaggio delle relazioni industriali, indica l'atto di un datore di lavoro che slealmente sceglie uno o più suoi dipendenti, ai quali poi riserva un trattamento iniquo perché gli sono antipatici o perché gli creano fastidi sul posto di lavoro, ad esempio organizzando proteste o fomentando scioperi.

Victory Bonds: Buoni emessi dal governo britannico nel 1919, al prezzo di emissione di ottantacinque sterline su cento di valore nominale e al tasso di interesse del quattro per cento. Il nome deriva dal fatto che furono emessi subito dopo la vittoria della prima guerra mondiale.

victualler: ***approvvigionatore.*** Il termine inglese viene quasi esclusivamente usato per indicare un commerciante che fornisce provviste di bordo alle navi e principalmente generi alimentari e bevande.

victualling bill: ***elenco delle provviste di bordo; permesso doganale di provvigione di bordo.*** Documento, presentato dal capitano di una nave alle autorità doganali, contenente la distinta delle provviste, soggette a dazio o a rimborso di dazio, da usarsi a bordo durante il viaggio che la nave si appresta a intraprendere. Debitamente vidimato dalle autorità doganali, diventa una delle spedizioni, cioè i documenti di cui la nave deve essere fornita prima che venga autorizzata a lasciare il porto.

video master: Tipo di *stockmaster* (v.) più avanzato, che consiste di un'apparecchiatura elettronica, composta da tastiera e visore, mediante la quale si possono ricevere in tempo reale i corsi di quasi tutte le borse valori del mondo.

videotext: Negli Stati Uniti, è un sistema di televisione via cavo interattivo che consente all'utente di accedere a informazioni immagazzinate nella memoria di un computer o di trasmettere dati allo stesso computer. Può anche essere utilizzato per ricerche di mercato, sondaggi di opinione e per vendite televisive del tipo descritto sotto *tele–selling* (v.).

village store: ***negozio di paese.*** Espressione colorita, con la quale si indica tutto ciò che nel commercio al dettaglio è considerato buono, umano, ma anche inefficiente. Il termine, pertanto, non indica un negozio effettivamente esistente, bensì ciò che caratterizzava i piccoli negozi del passato in un ambiente sociale in cui tutti conoscevano tutti.

villein: ***servo della gleba.*** Nel periodo medievale, era un lavoratore al quale veniva concesso l'uso di una certa area delle terre del signore, in cambio di una sua prestazione d'opera durante determinati giorni della settimana e nel periodo dei raccolti.

villeinage: ***servitù della gleba.*** Termine usato con lo stesso significato di *serfdom* (v.).

vindictive damages: ***risarcimento esemplare.*** Termine usato con lo stesso significato di *exemplary damages* (v.).

vintage capital models: ***modelli di capitale di annata.*** Espressione con la quale si indicano modelli di crescita economica nei quali il capitale non viene considerato come entità omogenea, ma come una serie di strati di successivi investimenti del passato, ciascuno con le sue proprie caratteristiche e ciascuno ad un livello tecnologico diverso dal precedente.

vintage growth models: ***modelli di crescita di annata.*** Termine usato con lo stesso significato di *vintage capital models* (v.).

vintner: ***vinaio.*** Commerciante di vini al minuto o all'ingrosso. Il termine inglese viene usato in senso più ampio per indicare un commerciante di alcolici in genere.

virement: 1. ***ventilazione.*** La procedura di ripartire o imputare costi e/o ricavi a due o più oggetti temporali o spaziali, a seconda delle responsabilità di costo, dei vantaggi ricevuti, ecc. **2.** ***trasferimento; storno.*** Qualsiasi tipo di movimento di una posta da un conto ad un altro. Il vocabolo inglese viene usato principalmente nella terminologia della contabilità di stato quando ci si riferisce alla riallocazione di spese tra diversi capitoli o organismi statali, effettuata stornando fondi da un capitolo che non è stato completamente utilizzato ad un altro che ha esaurito gli stanziamenti e deve ancora sostenere spese.

visa: ***visto.*** Atto, che si concretizza con l'apposizione di un timbro e della firma del funzionario addetto, con il quale uno stato attribuisce una determinata validità, nell'ambito del proprio territorio, al passaporto di un cittadino straniero, autorizzandolo così ad entrare, uscire o attraversare il territorio dello stato.

visible balance: ***bilancia delle partite visibili.*** Parte della bilancia dei pagamenti che registra i movimenti delle cosiddette partite visibili tra paesi stranieri. Un deficit di questa bilancia può essere compensato da una eccedenza presente nella bilancia delle partite invisibili e viceversa.

visible earnings: ***entrate visibili.*** Uno degli elementi che costituiscono la bilancia dei pagamenti di un paese e precisamente quello che rappresenta le entrate derivanti dalla vendita di beni fisici.

visible exports: ***esportazioni visibili.*** Si indicano con questo termine le esportazioni di beni fisici, al fine di distinguerle dalle esportazioni di servizi.

visible exports and imports: ***esportazioni e importazioni visibili; partite visibili.*** Nella bilancia internazionale dei pagamenti vengono indicate con questa espressione le entrate e le uscite di beni che costituiscono il commercio estero di un paese. Queste partite entrano nella costituzione della bilancia commerciale e danno luogo a corrispondenti uscite o entrate di valuta. (v. anche *balance* *of trade, balance of payments, invisible balance*)

visible filing: ***archiviazione visibile; classificazione visibile.*** Un qualsiasi sistema di archiviazione che, mediante la sovrapposizione dei successivi contenitori di documenti, consente la rapida localizzazione dei documenti tramite la lettura diretta di indici, che fanno parte, ad esempio sotto forma di linguetta, dello stesso contenitore in cui sono archiviati i documenti.

visible goods: ***beni visibili; partite visibili.*** Termine usato con lo stesso significato di *visible exports and imports* (v.).

visible imports: ***importazioni visibili.*** Si indicano con questo termine le importazioni di beni fisici, al fine di distinguerle dalle importazioni di servizi.

visible indexing: ***archiviazione visibile; classificazione visibile.*** Termine usato con lo stesso significato di *visible filing* (v.).

visible items: ***partite visibili.*** Termine usato con lo stesso significato di *visible exports and imports* (v.).

visible reserve: ***riserva palese.*** Lo stesso che *declared reserve* (v.).

visibles: ***partite visibili.*** Termine usato con lo stesso significato di *visible exports and imports* (v.).

visible supply: ***scorta visibile; scorta disponibile.*** La riserva nota di beni, presente nei principali centri di produzione o di conservazione. Lo stesso termine viene usato nel linguaggio finanziario statunitense per indicare nuove emissioni di titoli municipali, che giungeranno sul mercato entro un periodo massimo di trenta giorni.

visible trade: ***scambio visibile.*** È lo scambio internazionale di beni fisici e, pertanto, il termine corrisponde a *visible exports and imports* (v.).

visual control board: ***quadro di controllo visivo.*** Un qualsiasi quadro, costituito da una lavagna o da una parete, sul quale vengono riportati, per mezzo di indicatori mobili, gli eventi più importanti relativi all'avanzamento lavori di un appalto, alla produzione, al movimento e alla situazione delle scorte e simili.

visualizer: ***visualizzatore.*** Nel linguaggio della pubblicità, è la persona addetta alla preparazione degli schizzi relativi ad un messaggio pubblicitario visivo.

vital statistics: ***statistiche demografiche.*** In senso stretto, sono le statistiche relative alla natalità, mortalità, matrimoni, ecc., dei cittadini di un paese. In senso più lato, il termine inglese comprende i principali numeri indici di un'economia, quali ad esempio quelli relativi alla produzione, al reddito, alla spesa, ai prezzi, agli scambi internazionali e simili.

vocational groups: ***gruppi vocazionali.*** Con questo termine si indica un sistema di organizzazione economica che implica l'autogoverno entro gruppi di lavoratori e datori di lavoro appartenenti a industrie simili.

vocational guidance: ***guida vocazionale; orientamento professionale.*** Servizio che mira a indirizzare i giovani verso le occupazioni per le quali dimostrano di avere particolare attitudine. La guida vocazionale si basa principalmente sui test vocazionali o attitudinali e rientra nel più vasto campo della psicologia del lavoro.

vocational school: ***scuola vocazionale; scuola professionale.*** La scuola che impartisce l'istruzione tecnica cui si fa cenno sotto *vocational training* (v.). Il tipo di istruzione impartito da queste scuole è estremamente vario, in quanto esse mirano a dare agli studenti le conoscenze tecniche necessarie allo svolgimento di una attività specifica, quale quella del meccanico, dell'elettricista, della segretaria, dell'odontotecnico e così via.

vocational selection: ***selezione vocazionale.*** Qualsiasi metodo o criterio seguito nella determinazione dei tipi di occupazione più idonei per un individuo.

vocational test: ***prova vocazionale.*** È la prova che mira ad accertare l'occupazione nei confronti della quale il candidato dimostra di avere particolare predisposizione.

vocational training: ***addestramento vocazionale.*** Quella parte dell'istruzione tecnica che mira a preparare gli studenti allo svolgimento dei compiti inerenti alle occupazioni per le quali dimostrano di possedere particolare predisposizione.

void: ***inefficace; nullo.*** Privo di efficacia giuridica. Il termine è usato principalmente in relazione ad accordi e contratti.

voidable: ***invalidabile; annullabile.*** Aggettivo usato in relazione a un contratto o altro tipo di accordo che una delle parti può invalidare ma che, fino a quando ciò non si verifica, ha piena efficacia giuridica.

voidable contract: ***contratto annullabile.*** Un contratto o una promessa tra due parti, in cui una di loro ha il diritto di decidere se eseguirlo o ritenerlo nullo. Se la parte che ha tale diritto decide di eseguirlo o se non esercita il suo diritto entro un ragionevole periodo di tempo o ancora se trae un vantaggio dal contratto o se un terzo acquisisce un diritto derivantegli da tale contratto, quella parte sarà vincolata dal contratto stesso.

void contract: ***contratto nullo.*** Un contratto o una promessa che siano contrari alle disposizioni di legge. In tale situazione, il contratto non esiste e il tribunale che lo dichiarasse nullo non farebbe altro che attestare tale inesistenza.

volatile investment: ***investimento volubile.*** Investimento che dipende non soltanto dal reddito del risparmiatore, ma anche da vari fattori indipendenti dal reddito, quali ad esempio la crescita dinamica, le innovazioni tecnologiche, i tassi d'interesse, l'offerta di moneta, ecc.

volatile market: ***mercato variabile; mercato mutevole; mercato fluido.*** Un mercato molto sensibile ai vari influssi interni ed esterni, sul quale i prezzi sono soggetti a variazioni rapide e imprevedibili.

volatility: ***fluidità; volatilità; erraticità; instabilità.*** Nel linguaggio finanziario internazionale, questo termine viene usato principalmente in relazione ai tassi di cambio per indicare le repentine e ampie fluttuazioni che si verificano nel valore relativo delle diverse valute nazionali. Nel linguaggio di borsa, il termine si usa in relazione al corso di un titolo, che risente notevolmente delle fluttuazioni dell'indice generale del mercato. (v. anche *exchange rate volatility*)

volume: ***volume di scambi; quantità trattata.*** Il numero complessivo di titoli trattati per ciascun valore mobiliare o nell'intero mercato durante un determinato periodo di tempo. La quantità trattata di solito si riferisce a ciascuna singola giornata di contrattazione, mentre in relazione a periodi più lunghi si computa una media giornaliera.

volume business: ***attività all'ingrosso.*** Attività commerciale limitata allo scambio di grossi quantitativi di beni.

volume cost: ***costo di volume.*** Termine generico, usato per indicare un costo più basso o un costo comunque influenzato dal volume.

volume discount: ***sconto per volume.*** Sconto concesso dal venditore al compratore, in relazione ad acquisti globali di forte entità effettuati mediante una serie di operazioni durante l'arco di un determinato periodo di tempo.

volume index: ***numero indice di volume.*** Termine usato come sinonimo di *volume index number* (v.).

volume index number: ***numero indice di volume.*** Numero indice mediante il quale si evidenziano le variazioni percentuali medie del volume fisico di una o più variabili prese in considerazione, come ad esempio la produzione industriale, gli scambi con l'estero, la spesa in consumi e simili.

volume of business: ***volume di affari.*** La quantità o l'ammontare globale di operazioni commerciali condotte a buon fine da un singolo operatore, da un'impresa o da un'industria nell'arco di un determinato periodo di tempo.

volume of money: ***volume di moneta.*** Termine a volte usato con lo stesso significato di *money supply* (v.).

volume of production: ***volume della produzione.*** Il totale della produzione di beni e servizi all'interno di un'economia o il totale della produzione di un singolo stabilimento o di un'industria nell'arco di un determinato periodo di tempo. Nel primo significato, il termine è usato pressocché nello stesso significato di reddito nazionale.

volume of sales: ***volume delle vendite.*** La quantità globale di beni o servizi venduti da un'impresa o da un'industria nell'arco di un determinato periodo di tempo, di solito coincidente con l'esercizio finanziario.

volume of trade: ***volume degli scambi.*** La quantità totale di beni acquistati e venduti durante un determinato periodo di tempo, di solito un anno, nell'ambito di un'economia.

volume ratio: ***rapporto di volume.*** Le ore di effettivo lavoro durante un dato periodo di tempo, espresse come percentuale rispetto alle ore di lavoro preventivate per quello stesso determinato periodo.

volumetric ton: ***tonnellata di stazza; tonnellata di registro.*** Termine usato con lo stesso significato di *register ton* (v.).

volume variance: ***variante di volume.*** Quella parte della variante dei costi comuni che rappresenta la differenza tra il costo standard di spese generali assorbite dalla produzione effettiva e l'assegnazione standard per quel livello di produzione.

voluntary absentee: ***assenteista volontario.*** Persona che non si reca al suo posto di lavoro, senza avere per la sua assenza un giustificato motivo o una valida ragione.

voluntary arbitration: ***arbitrato volontario.*** Un arbitrato concordato e voluto dalle parti allo scopo di derimere una controversia. (v. anche *arbitration, compulsory arbitration*)

voluntary bankruptcy: ***fallimento volontario.*** La procedura concorsuale che si avvia a seguito di istanza del debitore, che desidera liquidare la propria attività. Il termine inglese si usa per distinguere questa procedura da quella che si avvia a seguito di istanza di uno o più creditori.

voluntary chain: ***catena volontaria; unione volontaria grossisti dettaglianti.*** Un'associazione spontanea cui fanno ricorso i piccoli dettaglianti, nel tentativo di aumentare la loro competitività a seguito dell'assistenza prestata loro, in questioni pubblicitarie, contabili, di addestramento del personale, ecc., dall'unico grossista presso il quale essi si impegnano a rifornirsi. Quest'ultimo, dal canto suo, può concedere tale assistenza in quanto la sicurezza degli sbocchi gli consente di ridurre i suoi costi di vendita.

voluntary chain store: ***negozio di catena volontaria.*** Ciascuno degli esercizi che partecipano alla costituzione di una catena volontaria. (v. anche *voluntary chain*)

voluntary check-off: ***trattenuta sindacale volontaria; quota sindacale volontaria.*** Il prelievo dalla busta paga, da parte del datore di lavoro che successivamente lo versa al sindacato, del contributo sindacale dovuto dal lavoratore, che ha autorizzato volontariamente tale prelievo.

voluntary contributions: ***contributi volontari.*** Contributi assicurativi versati volontariamente da una persona, senza esservi costretta dalla legge sulle assicurazioni sociali. Molti liberi professionisti o lavoratori autonomi ricorrono a questo sistema allo scopo di garantirsi una pensione di vecchiaia.

voluntary contributor: ***contribuente volontario.*** Persona che versa contributi, specialmente assistenziali, senza esservi costretta dalla legge o da altre cause.

voluntary controls: ***autodisciplina; autoregolamentazione.*** Serie di norme concordate all'interno di un'organizzazione, che servono a regolamentare la condotta dei suoi membri, rendendo così non necessario l'intervento dello stato.

voluntary conveyance: ***trasferimento a titolo gratuito.*** Il trasferimento del diritto di proprietà di un bene immobile, in relazione al quale colui che lo riceve non versa alcun corrispettivo. Un atto di donazione rientra nel trasferimento a titolo gratuito.

voluntary export constraints: ***limitazioni volontarie delle esportazioni.*** Lo stesso che *voluntary export restrictions* (v.).

voluntary export quota: ***contingente volontario di esportazione; quota volontaria di esportazione.*** L'ammontare massimo di un determinato bene destinato all'esportazione, stabilito dallo stesso stato esportatore nell'ambito di accordi internazionali o allo scopo di realizzare l'obiettivo citato sotto *voluntary export restrictions* (v.).

voluntary export restraints: ***limitazioni volontarie delle esportazioni.*** Lo stesso che *voluntary export restrictions* (v.).

voluntary export restrictions: ***restrizioni volontarie delle esportazioni.*** Limitazioni imposte dagli stessi paesi produttori alla quantità di un determinato prodotto, che viene avviato sui mercati internazionali, allo scopo di mantenere alto il prezzo di vendita mediante un'artificiale rarefazione dell'offerta. Le restrizioni volontarie possono anche aver luogo a seguito di accordi con i paesi importatori, allo scopo di evitare azioni di protezionismo da parte di questi ultimi.

voluntary group: ***cooperativa di dettaglianti; cooperativa di acquisto.*** Lo stesso che *retailers' co-operative* (v.).

voluntary health insurance: ***assicurazione volontaria contro le malattie; assicurazione sanitaria volontaria.*** Tipo di assicurazione che, in considerazione del pagamento di un premio variabile a seconda delle coperture, offre protezione contro l'eventualità di dover incorrere in spese per cure mediche private e degenza in ospedale o case di cura private.

voluntary liquidation: ***liquidazione volontaria.*** Termine usato come sinonimo di *voluntary winding-up* (v.).

voluntary reserve: ***riserva facoltativa.*** Una qualsiasi riserva, la cui creazione non è imposta da disposizioni di legge particolari, ma viene deliberata dai soci.

voluntary restraint arrangements: ***accordi di restrizioni volontarie.*** Gli accordi tra paesi esportatori e importatori cui si fa cenno sotto *voluntary export restrictions* (v.).

voluntary sale: ***vendita volontaria.*** Una vendita effettuata con il consenso del proprietario del bene che si vende. Il termine viene usato in contrapposizione a vendita coatta o forzata.

voluntary saving: ***risparmio volontario.*** È il risparmio costituito da somme di denaro messe da parte volontariamente dai singoli risparmiatori e, nell'ambito dell'economia, aggiunto al risparmio realizzato dalle imprese. Il termine viene usato anche in contrapposizione a risparmio forzoso o coattivo.

voluntary settlement: ***assegnazione volontaria; disposizione a titolo gratuito.*** Assegnazione di proprietà che non porta alcun vantaggio o beneficio a colui che la crea, il quale la fa soltanto per amore o affetto nei confronti del beneficiario.

voluntary unemployed: ***disoccupati volontari.*** Tutti coloro che preferiscono non far niente invece di lavorare in considerazione della corresponsione di una remunerazione. Si tratta, generalmente, di persone che per loro scelta sono fisicamente, ma non economicamente, disoccupate in quanto potrebbero, se lo volessero, trovare un'occupazione ai tassi di remunerazione correnti.

voluntary unemployment: ***disoccupazione volontaria.*** Forma di disoccupazione che si verifica perché un certo numero di persone sono troppo pigre, troppo giovani o troppo vecchie per volere un lavoro o per essere in grado di svolgerlo. Rientra in questo tipo anche la disoccupazione che si verifica a seguito dell'impiego di persone in attività non remunerate, ad esempio le casalinghe, o a seguito dell'impossibilità, da parte di alcune categorie, di trovare un lavoro che sia sufficientemente ben remunerato. Questo tipo di disoccupazione non è un problema e di essa non si tiene conto nella preparazione di una politica tendente alla piena occupazione.

voluntary winding-up: ***liquidazione volontaria.*** È una delle due forme di liquidazione previste dal diritto britannico ed è regolata anch'essa dal *Companies Act* del 1948 che, nell'articolo 278, cita i casi in cui una società a responsabilità limitata può essere posta in liquidazione volontaria. I casi sono: a) quando la durata, stabilita nell'atto costitutivo, è terminata o quando lo scopo, anch'esso stabilito nell'atto costitutivo, è stato raggiunto o si è verificato l'evento che, al momento della costituzione, era stato indicato come motivo di liquidazione. In questi casi, l'assemblea dei soci dovrà deliberare lo scioglimento e la liquidazione volontaria della società. b) Quando, con delibera speciale, i soci decidono di porre la società in liquidazione volontaria. c) Quando i soci decidono, con delibera straordinaria, che a causa delle passività esistenti la società non è più in grado di svolgere la sua attività. Vi sono due tipi di liquidazione volontaria: a) quella su delibera dei soci, quando la società è ancora solvibile; b) quella su delibera dei creditori, quando la società non è più solvibile. Ambedue hanno inizio con una delibera dei soci, la cui data di approvazione segna l'inizio e la decorrenza della procedura di liquidazione. Dopo tale data, la società deve astenersi da qualsiasi azione che non sia svolta in funzione della sua liquidazione. La decisione di liquidare la società deve essere pubblicizzata tramite inserzione sulla *London Gazette* entro sette giorni dalla data di approvazione della delibera di scioglimento e liquidazione. (v. anche *compulsory winding-up, winding-up, creditors' voluntary winding-up, members' voluntary winding-up*)

vostro account: ***vostre linee.*** Nel linguaggio bancario britannico si trovano tre espressioni con i possessivi italiani: *nostro account, vostro account* e *loro account*, corrispondenti a nostre linee, vostre linee e loro linee. Per le relative spiegazioni, v. sotto *loro account.*

vote: **1.** ***stanziamento; fondo.*** Nel linguaggio della contabilità di stato, questo termine, di esclusivo uso britannico, indica un gruppo di conti autobilanciantesi (attività, passività, entrate e uscite) relativo a specifiche fonti e utilizzazioni di capitali e di entrate. **2.** ***voto.*** L'atto o il modo di esprimere una propria preferenza o un proprio desiderio. Nelle votazioni in seno alle assemblee dei soci, il voto può essere espresso in modo palese, ad esempio per alzata di mano o per appello nominale, o in segreto. (v. anche *voting rights*) **3.** ***votazione.*** In questo significato, è più comune il termine *voting* (v.).

voteless shares: ***azioni senza diritto di voto.*** Termine usato con lo stesso significato di *non-voting shares* (v.).

vote on account: ***stanziamento; fondo.*** Termine usato con lo stesso significato di *vote 1* (v.).

vote trading: ***scambio di voti.*** Termine usato con lo stesso significato di *logrolling* (v.).

voting: ***votazione.*** Procedura mediante la quale coloro che ne hanno diritto esprimono la propria preferenza o la propria volontà in merito ad una questione oggetto di votazione.

voting by ballot: ***votazione a scrutinio segreto.*** Lo stesso che *ballot 1* (v.).

voting by show of hands: ***votazione per alzata di mano.*** Lo stesso che *show of hands* (v.).

voting on a poll: ***votazione per appello nominale.*** Termine usato con lo stesso significato di *poll* (v.).

voting rights: ***diritti di voto.*** In una società per azioni, ciascun azionista ha il diritto di voto, cioè il diritto di esprimere il proprio parere o la propria preferenza su questioni di interesse comune a tutti i soci. Il diritto di voto dei soci è regolato dalla legge del paese e dallo statuto della società e di solito differisce da tipo a tipo di azioni o da tipo a tipo di votazione. In caso di votazione per alzata di mano, ogni socio ha diritto ad un solo voto, qualunque sia il numero di azioni che egli possiede; mentre in una votazione per appello nominale ciascun socio ha diritto ad esprimere un voto per ciascuna azione ordinaria di capitale posseduta. Questo secondo tipo di votazione è di solito usato per l'elezione del consiglio di amministrazione. I diritti di voto nelle assemblee delle società per azioni britanniche sono regolati dal *Companies Act.*

voting shares: ***azioni con diritto di voto.*** Sono tutte le azioni che danno all'azionista il diritto di votare nelle assemblee dei soci o per l'elezione del consiglio di amministrazione o per altre questioni di interesse generale. Le azioni privilegiate di solito non danno all'azionista il diritto di voto, che è riservato alle azioni ordinarie, ma può anche darsi che una società britannica o statunitense emetta azioni ordinarie senza diritto di voto, quando gli amministratori o i soci intendono procurarsi capitale di rischio senza però esporsi alla possibilità di perdere il controllo della società.

voting stock: ***azioni con diritto di voto.*** Termine statunitense, usato come sinonimo di *voting shares* (v.).

voting trust: ***sindacato di blocco; sindacato di maggioranza; sindacato di voto.*** Espediente giuridico mediante il quale il controllo di una società viene concentrato, per un periodo di tempo limitato, nelle mani di un ristretto numero di azionisti, mediante trasferimento a loro nome delle azioni ordinarie, con diritto di voto, di proprietà di un più ampio gruppo di soci. In origine, il termine fu usato per indicare un sindacato al quale un gruppo di società aveva trasferito il proprio capitale azionario, così creando una singola organizzazione monopolistica.

voting-trust certificate: ***certificato di partecipazione a un sindacato di blocco.*** Certificato comprovante l'interesse di beneficiario, rilasciato da o in nome di azionisti partecipanti ad un sindacato di blocco a quegli azionisti che hanno trasferito a loro nome le azioni che essi possiedono, allo scopo di concentrare, per un determinato periodo di tempo, il controllo della società nelle mani di un gruppo limitato di azionisti o amministratori. Questo certificato conferisce agli azionisti ordinari gli stessi diritti di un comune certificato azionario, con l'esclusione del diritto di voto che, per il periodo di tempo concordato, viene delegato al sindacato di blocco.

voting trustee: ***azionista partecipante a un sindacato di blocco.*** Ciascuno degli azionisti o amministratori a nome dei quali vengono trasferite le azioni con diritto di voto da parte di un certo numero di altri azionisti, allo scopo di concentrare, per un determinato periodo di tempo, il controllo della società nelle mani di poche persone. (v. anche *voting trust*)

vou.: voucher.

to vouch: 1. ***verificare.*** Nel linguaggio della contabilità, questo termine indica la procedura attraverso la quale si accerta la natura, l'esattezza e l'ammontare di voci relative ad entrate, uscite, attività o passività mediante l'esame attento e minuzioso dei dati o dei documenti che giustificano tali voci. **2.** ***attestare.*** Nel linguaggio della contabilità, affermare la giustezza di una spesa, ad esempio approvandone il pagamento.

voucher: 1. ***documento giustificativo; pezza di appoggio; documento interno giustificativo.*** Termine usato con lo stesso significato di *supporting voucher* (v.). **2.** ***buono; autorizzazione di pagamento.*** Una qualsiasi ricevuta rilasciata a riprova di un avvenuto pagamento o un qualsiasi documento che serve da autorizzazione per il pagamento di una somma di denaro. Il termine può, tuttavia, essere usato per indicare un buono che attesta l'avvenuto pagamento di un bene o servizio che non è stato ancora ricevuto o consumato e al quale, pertanto, il portatore ha diritto. In questo significato, il termine viene principalmente usato nel linguaggio dell'industria turistica per indicare un buono che il turista può spendere presso uno qualsiasi o uno specifico fornitore cui il buono è indirizzato, ottenendone in cambio i beni o servizi in esso descritti. Nella terminologia dell'amministrazione statale statunitense, il vocabolo è passato a indicare un buono rilasciato dallo stato o da un suo ente al cittadino assistito, in luogo di un servizio precedentemente erogato direttamente dallo stato o da un suo ente. Tale buono è utilizzabile, da parte del cittadino, per acquistare il servizio sul mercato aperto.

voucher audit: ***revisione dei documenti giustificativi.*** Questo termine inglese viene usato in due significati: a) l'esame e l'approvazione dei documenti giustificativi di una spesa proposta, da parte della competente autorità amministrativa. In tale significato, il termine equivale a revisione preventiva o a priori. b) L'esame dei documenti che giustificano una spesa già effettuata, svolto da un organo di controllo simile alla nostra Corte dei Conti. In tale significato, il termine equivale a revisione a posteriori. (v. anche *preaudit, postaudit*)

voucher check: Termine di uso statunitense, con il quale si indica un tipo di assegno sul quale possono venir riportate le informazioni relative al pagamento che si effettua, come ad esempio data, importo e numero della fattura cui si riferisce il pagamento, eventuali sconti e altre detrazioni e simili.

voucher index: ***indice dei documenti giustificativi.*** Elenco alfabetico contenente i nomi delle persone che hanno percepito le somme di denaro cui si fa riferimento nei relativi documenti giustificativi. Può prendere la forma di un insieme di schede sulle quali sono riportati il numero e l'importo delle autorizzazioni di pagamento o può essere rappresentato da una seconda copia dei documenti giustificativi dell'esborso, disposti in ordine alfabetico in base al nome del beneficiario.

voucher journal: ***registro dei documenti giustificativi.*** Termine usato con lo stesso significato di *voucher register* (v.).

voucher record: ***registro dei documenti giustificativi.*** Termine usato con lo stesso significato di *voucher register* (v.).

voucher register: ***registro dei documenti giustificativi.*** Libro nel quale vengono registrati i documenti giustificativi. Di solito contiene colonne che consentono la somma degli importi delle varie registrazioni, che saranno poi trasferiti ai relativi conti singolarmente o complessivamente. Può, pertanto, essere anche usato come giornale di prima nota.

voucher system: ***sistema dei documenti giustificativi.*** È uno dei più importanti aspetti di un qualsiasi sistema di controllo interno. In base ad esso, le fatture, le ricevute o qualsiasi altro documento interno giustificativo vengono raccolti, controllati, registrati e successivamente liquidati.

vouching: 1. ***documentazione.*** La preparazione, in base ad un sistema di documenti giustificativi, delle fatture o altri documenti rappresentativi di una passività che verranno poi registrati e liquidati. **2.** ***verifica.*** L'atto o il processo di verificare i documenti interni giustificativi.

voyage affreightment: ***noleggio a viaggio; contratto di noleggio a viaggio.*** Termine usato con lo stesso significato di *voyage charter* (v.).

voyage book: ***libro di viaggio.*** È un libro nel quale l'armatore o il capitano di una nave registrano le voci relative alle spese sostenute dalla nave durante un viaggio.

voyage charter: ***noleggio a viaggio; contratto di noleggio a viaggio.*** Contratto in base al quale un armatore concede a un noleggiatore l'uso di una nave, o parte di essa, per un determinato viaggio, invece che per un periodo di tempo. Questo tipo di contratto contiene clausole comuni al contratto di noleggio a tempo e clausole particolari e proprie del noleggio a viaggio. In esso devono essere chiaramente indicati: le generalità delle parti contraenti, l'armatore e il noleggiatore, e del sensale se l'accordo è concluso mediante l'intervento di quest'ultimo; il nome e le caratteristiche della nave; la natura, qualità e quantità del carico, con l'indicazione se trattasi di merci imballate o alla rinfusa; l'ammontare e il metodo di determinazione del nolo; la data di consegna della nave e i porti di caricazione e discarica; le modalità relative alla consegna e alla riconsegna del carico; il tempo concesso per le operazioni di caricazione e di discarica, cioè le stallie, e l'indicazione relativa alle controstallie, qualora il noleggiatore abbia bisogno di più tempo per lo svolgimento delle operazioni di caricazione e discarica; le eventuali extrastallie; il compenso di controstallie e di extrastallie e il premio di acceleramento.

voyage charter party: ***noleggio a viaggio; contratto di noleggio a viaggio.*** Termine usato con lo stesso significato di *voyage charter* (v.).

voyage insurance: ***assicurazione a viaggio.*** Forma di assicurazione, in uso nel ramo marittimo, che prevede la copertura contro il verificarsi di un evento rischioso durante un singolo viaggio della nave e indipendentemente dalla durata del viaggio stesso. (v. anche *time insurance*)

voyage policy: ***polizza a viaggio.*** Nelle assicurazioni marittime, è la polizza che copre i rischi cui sono esposte le merci e/o la nave, durante un particolare viaggio.

VRA: voluntary restraint agreement.

VRM: variable rate mortgage.

w, W

W–2 form: Negli Stati Uniti è l'equivalente del nostro modello 101, che deve essere rilasciato ad ogni lavoratore dipendente e da questi allegato alla dichiarazione dei redditi.

W.A.: with average.

wage: ***salario.*** Il termine inglese, più frequentemente usato nella sua forma plurale, indica il pagamento al lavoro, inteso come fattore della produzione. (v. anche *wages*)

wage accounting: ***contabilità delle retribuzioni.*** Tutto il lavoro contabile relativo al pagamento delle retribuzioni ai dipendenti di un'impresa o altra organizzazione. Oltre all'effettivo calcolo del salario spettante a ciascun lavoratore, include anche la preparazione del ruolo paga settimanale, quindicinale o mensile, l'emissione delle buste paga, e probabilmente anche dei relativi assegni, e la registrazione sugli appositi conti di tutte le somme implicate nella retribuzione dei dipendenti.

wage adjustment: ***adeguamento salariale.*** Modifica apportata al salario percepito da un lavoratore a seguito di aumento del costo della vita o di progressione della carriera.

Wage and Hour Act: Legge, approvata dal Congresso degli Stati Uniti nel 1938, che stabiliva una remunerazione minima di trenta centesimi di dollaro all'ora e una remunerazione pari ad una volta e mezza quella normale per ogni ora lavorativa eccedente le quaranta ore settimanali prescritte, per tutti i lavoratori impiegati nella produzione di beni oggetto di scambio tra gli stati dell'Unione. La legge vietava anche l'impiego dei ragazzi al di sotto dei sedici anni di età, tranne qualche eccezione. Fu emendata nel 1950, portando la paga oraria minima a settantacinque centesimi di dollaro. Successivi emendamenti hanno ulteriormente elevato il minimo di retribuzione oraria.

wage and salary control: ***controllo dei salari e degli stipendi.*** Il tentativo di fissare il livello dei salari in un'economia mediante disposizioni di legge o amministrative. Si tratta di una situazione che generalmente si verifica in concomitanza con un grave stato di emergenza, quale ad esempio una guerra, che sconvolge ogni normale relazione economica.

wage–and–salary workers: ***lavoratori dipendenti.*** Termine usato grosso modo con lo stesso significato di *employee* (v.) per indicare chi svolge un lavoro alle dipendenze di terzi, remunerato con un salario o uno stipendio. Il termine viene più spesso usato come opposto di *self–employed* (v.).

wage assignment: ***cessione di stipendio; cessione di salario.*** La cessione di parte del salario, di solito a vantaggio del datore di lavoro, allo scopo di rimborsare un prestito concesso al lavoratore. Questo tipo di cessioni sono di solito regolamentate da leggi o disposizioni amministrative.

wage bargain: ***contratto collettivo di salario.*** Un contratto, sottoscritto dai rappresentanti dei lavoratori e degli imprenditori, nel quale vengono stabiliti i livelli salariali per un determinato periodo di tempo e per una determinata categoria di lavoratori.

wage bargaining: ***contrattazione salariale; contrattazione dei salari.*** Lo stesso che *wage negotiation* (v.).

wage calculation: ***calcolo delle retribuzioni.*** In un'impresa, è svolto dall'apposito ufficio sulla base delle ore di servizio prestate e/o della quantità di prodotto realizzata dal prestatore di lavoro, tenendo conto di tutte le altre voci che costituiscono la struttura del salario.

wage ceiling: ***tetto salariale; salario massimo.*** È la massima remunerazione che la legge consente ad un datore di lavoro di pagare ad una determinata categoria di lavoratori, quando sono in vigore disposizioni di legge tendenti a controllare il livello dei redditi.

wage cheque: ***assegno paga.*** Assegno mediante il quale al lavoratore viene pagato il proprio salario. Il fatto che un assegno non è una banconota ha creato problemi nel Regno Unito in relazione al pagamento dei salari in quanto, secondo i *Truck Acts* (v.), era vietato pagare salari in forma che non fosse quella monetaria. Onde consentire l'uso di assegni anche per il pagamento dei salari, si è dovuto procedere ad emendare i *Truck Acts* con il *Payment of Wages Act* (v.).

wage claim: ***rivendicazione salariale.*** Richiesta di miglioramenti salariali avanzata durante una contrattazione collettiva o posta a base di azioni sindacali.

wage contract: ***contratto di salario.*** Un contratto che ha per oggetto il tasso di salario da corrispondersi a un lavoratore e la quantità e il tipo di lavoro che quest'ultimo è tenuto a prestare. Può essere un contratto sottoscritto dai rappresentanti dei datori e dei prestatori di lavoro, nel qual caso viene detto *wage bargain* (v.), o un contratto sottoscritto direttamente dal datore e dal prestatore di lavoro.

wage control: ***controllo dei salari.*** Lo stesso che *wage and salary control* (v.).

wage costs: ***costi salariali; costi delle retribuzioni.*** Questo termine viene generalmente usato per indicare la percentuale dei costi totali di un prodotto rappresentata dai costi di manodopera. In alcune industrie, i costi salariali costituiscono il quaranta per cento dei costi totali; in altre industrie, il costo del lavoro può essere soltanto del cinque per cento o anche meno. A causa di tali differenze, un aumento salariale generalizzato, diciamo del dieci per cento, avrà effetti completamente differenti sulle differenti industrie. In un'industria in cui il costo delle retribuzioni è soltanto del cinque per cento, un tale aumento farà salire i costi totali dello 0,5 per cento; ma un aumento del dieci per cento in un'industria in cui il costo del lavoro incide per il quaranta per cento farà salire i costi totali di un quattro per cento. In questa seconda industria, dunque, l'effetto è otto volte più grande che nella prima. E l'effetto è ancora maggiore se si considera che anche altre componenti del salario possono essere calcolate in percentuale. Ad esempio, se il tasso orario di salario fosse dieci, la retribuzione del lavoro straordinario ad una volta e mezza il tasso base salariale risulterebbe di quindici. Se il tasso salariale fosse aumentato del dieci per cento, esso giungerebbe a undici e la remunerazione del lavoro straordinario passerebbe a sedici e mezzo.

wage cut: ***riduzione del salario.*** Diminuzione del salario percepito da un lavoratore. Di regola, i lavoratori non sono disposti ad accettare una riduzione del salario, ma vi si possono assoggettare in condizioni particolarmente gravi, quando la rigidità del salario porterebbe a una drastica riduzione dell'occupazione. Ciò si riferisce ai salari reali, poiché i salari monetari in effetti subiscono riduzioni causate dall'inflazione, quando manchi un adeguato meccanismo di indicizzazione capace di neutralizzare appieno gli effetti dell'inflazione sui salari monetari.

wage determination: ***determinazione dei salari.*** Secondo una teoria economica, i salari reali tendono a diminuire fino al punto in cui la domanda assorbirà tutta l'offerta di lavoro. Nei settori che si presentano sovraffollati, come ad esempio quello del lavoro non specializzato, il lavoratore tende a ricevere un salario basso in quanto la produttività marginale, misurata dalla relazione tra domanda e offerta di lavoro, tende ad essere bassa. In quelle industrie nelle quali l'offerta di lavoro è scarsa in rapporto alla domanda, i salari sono alti in quanto la produttività marginale è alta. Ciò spiega perché i lavoratori specializzati percepiscono un salario superiore a quello dei lavoratori non specializzati. La ragione alla base di ciò è che l'intensità della domanda di lavoro specializzato in relazione all'offerta disponibile è maggiore dell'intensità della domanda di lavoro non specializzato in relazione all'offerta. In altre parole, la produttività marginale dei lavoratori specializzati è di solito maggiore di quella dei lavoratori non specializzati e ciò influisce sulla determinazione del salario che i datori di lavoro sono disposti a pagare.

wage differential: ***differenziale salariale.*** La differenza tra salari di diversi lavoratori, che svolgono lo stesso tipo di lavoro. Molte delle differenze della struttura del salario possono spiegarsi abbastanza facilmente. Lavori diversi vengono remunerati con diversi saggi di salario a causa delle caratteristiche relative al lavoro, che Adam Smith elencò come gradevolezza del lavoro, addestramento e abilità richieste al lavoratore, sicurezza d'impiego, responsabilità delegata al lavoratore, prospettive di avanzamento, ecc. Ma esistono anche fattori esterni che influenzano il saggio del salario e che spesso portano a differenti saggi per prestatori che svolgono lo stesso tipo di lavoro. Tra questi, vanno enumerati l'area geografica in cui il lavoratore presta la sua opera, il costo della vita, la capacità del datore di lavoro di pagare, i salari pagati dalle imprese concorrenti, il potere dei sindacati, l'ignoranza del mercato del lavoro in coloro che cercano un'occupazione, e così via. Un'altra distinzione da farsi è quella tra differenziali equalizzanti e non equalizzanti. I differenziali equalizzanti possono essere di due tipi: a) quelli pagati per compensare gli svantaggi non pecuniari di una occupazione, come ad esempio la dimensionc c l'ubicazione di un'impresa, la personalità del datore di lavoro e dei compagni di lavoro, la natura e il tipo di occupazione, ecc.; b) quelli derivanti da determinate caratteristiche del lavoratore non relazionate alla sua capacità o abilità, come ad esempio il suo aspetto esteriore, la disponibilità a collaborare col datore di lavoro, la sua istruzione di base, ecc. I differenziali salariali equalizzanti spesso spingono un lavoratore ad accettare un posto in un ambiente di lavoro poco piacevole o portano alla disponibilità di possibilità di lavoro per lavoratori scadenti. I differenziali salariali non equalizzanti sorgono a causa di differenze di capacità, abilità o preparazione specifica richiesta al lavoratore per svolgere le funzioni inerenti al suo lavoro. I cosiddetti gruppi non competitivi sul mercato del lavoro non possono facilmente essere sostituiti l'uno con l'altro a causa dell'istruzione o dell'addestramento necessario per professioni o lavori notevolmente differenti o a causa dello speciale o insolito talento di cui è dotato un individuo. I gruppi non competitivi sono, ad esempio, quelli costituiti dai chirurghi, dagli avvocati, dai minatori; mentre il talento insolito o speciale caratterizza un giornalista o un campione sportivo, capace di guadagnare somme di denaro esorbitanti in brevi periodi di tempo. I differenziali salariali sono destinati a sparire col tempo, ma soltanto in relazione a quelle occupazioni che ammettono la mobilità dei lavoratori.

wage dispute: ***controversia salariale.*** Controversia tra datori e prestatori di lavoro che ha per oggetto soltanto rivendicazioni salariali e non rivendicazioni normative o di altro genere.

wage dividend: Termine usato negli Stati Uniti per indicare una specie di premio di operosità, pagato ai dipendenti di una società in aggiunta alla loro normale retribuzione annua, che si basa su una stretta relazione con l'ammontare pagato in dividendi agli azionisti.

wage drift: ***slittamento salariale.*** La differenza tra i guadagni salariali, di un lavoratore o di una categoria, e i tassi salariali correnti o di mercato. Lo slittamento salariale viene determinato in una singola industria o impresa, cioè non è contrattato a livello nazionale, e può consistere di premi speciali o di operosità, di pagamenti di lavoro straordinario o di remunerazioni al di sopra del tasso salariale, che i datori di lavoro sono disposti a pagare al fine di assicurarsi un tipo di manodopera scarsa, quale ad esempio quella specializzata. Alcuni economisti sostengono che poiché viene determinato in sede locale e in un modo che sfugge al controllo del governo, lo slittamento salariale è il vero responsabile dell'aumento del tasso di inflazione in quanto incide sia sul potere d'acquisto dei lavoratori, sia sui prezzi dei prodotti che essi contribuiscono a fabbricare e pertanto risulta inutile l'intervento governativo che tende a bloccare i salari o a non farli crescere oltre un tasso programmato.

wage dynamics: ***dinamica salariale.*** L'evoluzione dei livelli salariali, in gran parte dipendente da altre componenti di natura socio–economica, quali il livello di occupazione, il tasso di inflazione, il livello dei profitti aziendali e simili. Quando i livelli salariali tendono a crescere molto lentamente o a restare in uno stato di equilibrio, si dice che vi è moderazione nella dinamica salariale.

wage earner: ***salariato.*** Questo termine indica correntemente il prestatore di lavoro subordinato, in particolare l'operaio, che viene retribuito con un salario invece che con uno stipendio.

wage–earning employee: ***dipendente salariato.*** Lo stesso che *wage earner* (v.).

wage flexibility: ***flessibilità dei salari.*** La capacità dei salari di adeguarsi, con frequenti variazioni in entrambe le direzioni, alle diverse situazioni economiche generali.

wage floor: ***minimo salariale.*** Lo stesso che *wages floor* (v.).

wage freeze: ***blocco dei salari; congelamento dei salari.*** Lo stesso che *pay freeze* (v.).

wage fund: ***fondo salari.*** La quantità di capitale o di moneta destinata al pagamento dei salari. Il concetto dell'esistenza di un fondo salari risale agli economisti classici, che ne ipotizzavano l'ammontare fisso e predeterminato dal risparmio e dalla struttura dell'industria. Di conseguenza, il salario non poteva discostarsi dal rapporto tra fondo salari e numero di lavoratori se non a vantaggio di alcuni e a svantaggio di altri. La teoria del fondo salari si basava sul presupposto che l'imprenditore anticipa col salario una parte del prodotto al lavoratore, ma quando è stato dimostrato che il flusso permanente della produzione continuamente rifornisce le casse degli imprenditori quando, attraverso la vendita, essa è mutata in moneta, la teoria è stata abbandonata, essendo stato riconosciuto che anche i salari sono parte del reddito che si forma in un determinato periodo e non parte del capitale esistente in un determinato momento. Ci sono, tuttavia, economisti che ammettono l'esistenza di una parte di verità nella teoria del fondo salari, in quanto il reddito complessivo che si va a formare in un sistema economico, e quindi anche la parte di reddito costituita dai salari, dipende dalla quantità di capitale accumulato in passato. (v. anche *wage fund theory of wages*)

wage fund theory of wages: ***teoria del fondo salari.*** È una teoria dei salari che risale agli economisti classici. Secondo tale teoria, i salari vengono pagati da un fondo preventivamente stabilito dall'imprenditore nella sua programmazione della produzione o vengono determinati dalla quantità di capitale esistente in un qualsiasi periodo di tempo e dal numero di lavoratori che con tale capitale o fondo devono essere remunerati. Sempre secondo la teoria, i salari possono aumentare soltanto se diminuisce il numero di lavoratori o se aumenta la quantità di capitale destinata al pagamento dei salari. Tale visione è stata però smentita dalla realtà economica e i salari sono notevolmente aumentati, specie nel periodo post–bellico e indipendentemente dalle cause monetarie, a seguito di progressi tecnologici e conseguenti riduzioni di costi, del sorgere e del rafforzarsi delle organizzazioni sindacali, dell'uso dello strumento della contrattazione collettiva e infine della legislazione sociale. (v. anche *bargaining theory of wages, lump of labour theory of wages, marginal productivity theory of wages, residual theory of wages, subsistence theory of wages*)

wage gap: ***divario salariale.*** Lo stesso che *pay gap* (v.), pur se in un significato più generico e ampio.

wage–goods: ***beni salariali; merci salario; beni attivi.*** Termine usato per la prima volta dal professor A. C. Pigou per indicare una certa categoria di beni i cui prezzi determinano il valore dei salari reali, ovvero l'utilità dei salari monetari.

wage hike: ***aumento dei salari.*** Aumento proporzionale di tutte le retribuzioni pagate in una singola impresa, in un'industria o in un'economia. Il termine inglese è spesso usato anche come sinonimo di *wage increase* (v.).

wage incentives: ***incentivi salariali.*** Qualsiasi forma di premio o gratifica concessa ai lavoratori in aggiunta al tasso salariale base, con l'intento di stimolarli ad un maggiore impegno e ad una maggiore produttività. Esistono incentivi sotto forma di premi di produzione, di premi di operosità, ecc., che costituiscono il cosiddetto slittamento salariale, mentre ne esistono altri che sono in diretta relazione con la quantità di prodotto realizzata dal singolo lavoratore o da gruppi o squadre di lavoratori.

wage income: ***reddito di lavoro dipendente.*** È il reddito percepito da un lavoratore dipendente sotto forma di salario, quest'ultimo termine inteso nel puro senso economico. Si contrappone a *profit income* (v.) quando si intende differenziare i due tipi di reddito: quello dell'imprenditore e quello del lavoratore dipendente, e a *capital income* (v.) quando si intende differenziarlo dal reddito percepito sotto forma di dividendi o altri pagamenti che remunerano l'investimento di capitale.

wage increase: ***aumento salariale.*** Lo stesso che *pay increase* (v.).

wage indexation: ***indicizzazione salariale.*** L'adeguamento automatico dei salari alle variazioni percentuali del costo della vita, in maniera da mantenere invariato il valore reale dei salari in un periodo di inflazione.

wage inflation: ***inflazione da salari.*** Termine a volte usato per indicare che l'inflazione presente in un sistema economico trae origine principalmente dall'aumento dei costi e del potere di acquisto conseguente ad aumenti salariali. (v. anche *cost–push inflation*)

wage leadership: ***guida del salario.*** L'influenza esercitata sul livello salariale di un'intera industria o di un mercato del lavoro da parte di un accordo sindacale concluso in uno dei grandi stabilimenti o in un gruppo di stabilimenti industriali.

wage–led inflation: ***inflazione da salari.*** Lo stesso che *wage inflation* (v.).

wage level: ***livello salariale.*** Questo termine indica, di solito comparativamente, il livello delle diverse retribuzioni corrisposte al lavoro in un sistema economico, in un'industria o in un'impresa.

wage negotiation: ***trattativa salariale.*** Una qualsiasi trattativa tra rappresentanti sindacali dei lavoratori e degli imprenditori, il cui oggetto è una rivendicazione salariale.

wage packet: ***busta paga.*** Termine usato con lo stesso significato di *pay envelope* (v.).

wage pause: ***tregua salariale; pausa salariale.*** Termine usato con lo stesso significato di *pay pause* (v.).

wage policy: ***politica salariale.*** La linea di condotta che un'impresa, un'industria o un governo decidono di seguire in materia di salari.

wage–push inflation: ***inflazione da spinta dei salari.*** Termine usato con lo stesso significato di *wage inflation* (v.), ma con in più il concetto che all'origine del processo inflattivo c'è il potere dei sindacati di imporre aumenti salariali.

wager: ***contratto aleatorio.*** Termine usato con lo stesso significato di *wagering contract* (v.).

wage rate: ***saggio del salario; tasso salariale.*** La retribuzione per ora o settimana lavorativa cui ha diritto un prestatore di lavoro. Al saggio del salario, che viene determinato solitamente su scala nazionale e a mezzo di contrattazione collettiva, va aggiunto il cosiddetto slittamento salariale al fine di determinare il reale guadagno salariale di un lavoratore. Come qualsiasi altro prezzo, anche il tasso del salario, cioè il prezzo del lavoro, è determinato dalla legge della domanda e dell'offerta in gran parte dei mercati del lavoro che, tuttavia, si comportano in maniera diversa dai mercati di altri beni.

wage restraint: ***tregua salariale; pausa salariale.*** Termine usato con lo stesso significato di *pay pause* (v.).

wagering contract: ***contratto aleatorio.*** Il termine inglese indica qualsiasi tipo di contratto tra due parti, in base al quale una di loro può vincere o perdere una somma di denaro o altro bene di valore, in dipendenza del verificarsi o meno di un determinato evento futuro, nel quale nessuna delle due parti ha un interesse personale se non quello di vincere o perdere la somma posta in palio. Questo tipo di contratto fu dichiarato nullo dal *Gaming Act* del 1845, ma non è considerato illegale.

wagering policy: ***polizza scommessa.*** Termine usato come sinonimo di *wager policy* (v.).

wager policy: ***polizza scommessa.*** È un tipo di polizza di assicurazione marittima che veniva stipulata da chi non aveva alcun interesse nella cosa assicurata e in base alla quale l'assicuratore si impegnava, nell'eventualità che si verificasse il sinistro, a pagare la somma assicurata senza richiedere la solita documentazione che comprovasse la reale perdita subita dall'assicurato. In passato, questo tipo di polizze erano piuttosto frequenti, ma trattandosi di pure e semplici scommesse sono state dichiarate assolutamente illegali dal *Marine Insurance (Gambling Policies) Act* del 1909. (v. anche *honour policy*)

wages: ***salario.*** Nel linguaggio economico, usato in senso lato questo termine indica la remunerazione pagata ad uno dei fattori della produzione, il lavoro, sotto forma di stipendio, di salario, di reddito da lavoro autonomo, ecc. In un senso più ristretto, il termine indica soltanto il reddito da lavoro dipendente, cioè la remunerazione pagata a operai, impiegati, dirigenti, ecc. Nel linguaggio comune, invece, il termine viene usato per indicare la remunerazione pagata ai soli operai, a differenza dello stipendio che è la remunerazione pagata a impiegati, dirigenti e altre categorie di lavoratori. Nella teoria economica il salario, in senso lato, rappresenta il prezzo del lavoro e come tutti gli altri prezzi è soggetto, nel lungo periodo, all'azione delle forze della domanda e dell'offerta nel mercato del lavoro, che tuttavia si comporta in maniera diversa da qualsiasi altro tipo di mercato, in quanto il lavoro non è assimilabile ad una merce qualsiasi. La domanda di lavoro è, innanzi tutto, un tipo di domanda derivata, in quanto essa deriva dalla domanda di beni e servizi che il lavoro contribuisce a produrre, così che qualsiasi cosa stimoli la domanda di beni e servizi stimola indirettamente anche la domanda di lavoro. In secondo luogo, c'è da tener presente che il lavoro può, in una certa misura, essere sostituito da altri fattori della produzione e, pertanto, la sua domanda ed anche il salario che gli viene pagato dipendono dalla sua produttività o efficienza. Infine, la domanda di lavoro è influenzata anche dal suo prezzo, visto che la quantità di lavoratori che un imprenditore è disposto ad assumere è influenzata dal salario che egli dovrà pagar loro. Inoltre, a differenza di altri mercati, non esiste un solo mercato del lavoro, bensì tanti mercati per quante sono le occupazioni, ciascuno con le proprie condizioni di domanda e offerta che dipendono dall'abilità, dall'addestramento, dall'attitudine, dalla qualificazione, dall'istruzione, ecc., del lavoratore. La presenza di tanti mercati spiega perché vi sono tali differenze nel prezzo del lavoro, pur se una certa interrelazione tra i vari mercati tende ad equilibrare la domanda e l'offerta, attirando un tipo di lavoratori da un'occupazione peggio remunerata ad una nella quale è possibile percepire un più alto salario. Ciò, tuttavia, raramente si verifica nel breve periodo, perché la mobilità da un'occupazione all'altra è quasi sempre soggetta ad un periodo più o meno lungo di addestramento, il che rende il mercato del lavoro nel suo complesso un mercato imperfetto.

Wages and Hours Act: Lo stesso che *Wage and Hour Act* (v.).

wages and salaries account: ***conto salari e stipendi.*** Un conto speciale aperto da una società, in periodo di liquidazione, su richiesta delle banche mutuanti che così vincolano su tale conto la quantità di moneta prestata alla società per il pagamento di salari e stipendi e acquisiscono un diritto privilegiato in caso di liquidazione. Infatti, in tale caso la banca può sostituirsi al lavoratore nel far valere il proprio diritto, in quanto quest'ultimo non avrebbe ricevuto le proprie spettanze, che costituiscono un credito privilegiato, se non fosse stato per l'anticipazione concessa dalle banche.

wages boards: Sono dei comitati istituiti in alcune industrie britanniche col compito di determinare i saggi salariali minimi per il tipo di industria nel quale operano. (v. anche *wages councils*)

wages book: ***libro paga.*** Libro nel quale compaiono i nomi dei dipendenti di un'impresa o altra organizzazione, con le relative indicazioni dei salari o degli stipendi che competono loro in considerazione del lavoro prestato.

wages clerk: ***impiegato addetto alle retribuzioni.*** In un'impresa, è la persona preposta alla preparazione delle buste paga e al pagamento di salari e stipendi, nonché allo svolgimento di tutto il lavoro contabile relativo a tale funzione.

wages councils: Termine con il quale vengono indicati dei comitati istituiti dal ministero del lavoro britannico dopo il 1945 nelle industrie in cui non era possibile far ricorso alla contrattazione collettiva. Questi comitati, che sostituirono i *trade boards* ed erano costituiti da rappresentanti dei lavoratori e dei datori di lavoro più alcuni membri indipendenti, erano tra l'altro preposti alla determinazione del tasso salariale. La loro istituzione e il loro funzionamento furono regolamentati dal *Wages Councils Act* del 1959.

wages department: ***ufficio paghe; ufficio retribuzioni.*** È l'ufficio di un'impresa o altra organizzazione, che si interessa del calcolo e del pagamento delle retribuzioni dei dipendenti, svolgendo anche tutto il lavoro relativo alle registrazioni contabili.

wage settlement: ***accordo salariale.*** La risoluzione di una vertenza tra sindacati lavoratori e imprese, quando materia del contendere è un aumento del livello dei salari.

wages floor: ***minimo salariale.*** È il minimo, stabilito per legge o per contratto, che un datore di lavoro può e deve pagare ad un lavoratore in un qualsiasi settore economico, in una particolare industria o occupazione. Il minimo salariale viene stabilito per legge quando il governo ritiene troppo debole il potere contrattuale dei lavoratori che, attraverso lotte che si sono protratte per vari decenni, sono riusciti a garantirsi un salario minimo. Queste lotte sono state necessarie a causa delle oscillazioni cui erano soggetti i salari a seguito delle variazioni della domanda e dell'offerta nel mercato del lavoro. Infatti, pur se alcune categorie riescono a minimizzare queste oscillazioni attraverso la limitazione dell'offerta di lavoro conseguente alla specializzazione dei lavoratori appartenenti a quella categoria, i lavoratori non specializzati devono necessariamente affidarsi alle loro organizzazioni sindacali al fine di garantirsi il salario minimo. Tuttavia, il riconoscimento di un livello salariale minimo non sempre ha effetti positivi per i lavoratori e per l'occupazione, perché il datore di lavoro non è obbligato a mantenere l'occupazione a livelli prestabiliti e può sostituire la manodopera con macchine risparmiatrici di lavoro. In altri casi, i maggiori costi per l'imprenditore derivanti dal minimo salariale vengono traslati sui consumatori e, quindi, in definitiva sui lavoratori stessi.

wages fund theory: ***teoria del fondo salari.*** Termine usato come sinonimo di *wage fund theory of wages* (v.).

wages of management: ***salario di direzione.*** La parte del prodotto che va attribuita al proprietario o all'imprenditore, in considerazione del lavoro da lui svolto nell'impresa. Il salario di direzione corrisponde alla somma che l'imprenditore potrebbe guadagnare se vendesse i suoi servizi di dirigente ad un'altra impresa di uguali dimensioni e tipo.

wages policy: ***politica dei salari.*** È una politica governativa tendente a frenare gli aumenti salariali o limitandoli a un tetto massimo programmato o sospendendoli totalmente per un certo periodo di tempo. Scopo di una tale politica è quello di combattere l'inflazione, ponendo in stretta relazione gli aumenti salariali e l'aumento del reddito nazionale reale e accompagnandola ad una politica di restrizione degli aumenti di prezzo. La politica dei salari è stata criticata da più parti e soprattutto dai sindacati, nei paesi in cui è stata adottata, in quanto essa disturberebbe il funzionamento del sistema di mercato e i salari tenderebbero ad aumentare in maniera anomala al termine del periodo di applicazione di tale politica, il che porterebbe a perdere qualsiasi risultato positivo realizzato a prezzo di notevoli sacrifici.

wages–prices spiral: ***spirale salari–prezzi.*** Termine usato in alternativa a *inflationary spiral* (v.).

wage squeeze: ***stretta salariale.*** Lo stesso che *wage freeze* (v.), ma per periodi o di carattere più limitati.

wages review: ***revisione dei salari.*** In caso di blocco dei salari o di tregua salariale in un più ampio contesto di una politica dei prezzi e dei redditi, i salari sono periodicamente sottoposti a revisione, al fine di determinare l'entità delle variazioni che dovranno essere apportate.

wages scale: ***scala retributiva; scala dei salari.*** È la scala che prevede i diversi tassi di salario o di stipendio di competenza di un prestatore di lavoro. Oltre allo stipendio o al salario base, dipendente dall'anzianità e dalle capacità specifiche delle varie categorie di lavoratori, indica anche i premi o incentivi per i diversi livelli di produzione raggiunti o i vari scatti e aumenti nell'ambito delle varie classi di stipendio.

wages sheet: ***foglio paga.*** Il foglio o elenco nel quale compaiono i nomi dei dipendenti di un'impresa, di un ente, ecc., con le relative indicazioni dei salari o degli stipendi di loro competenza in relazione ad un determinato periodo di lavoro.

wages spiral: ***spirale salariale.*** Termine usato con lo stesso significato di *inflationary spiral* (v.).

wages survey: ***indagine sui salari.*** Indagine conoscitiva tendente ad accertare la situazione dei salari in un sistema economico, al fine anche di sanare eventuali pesanti sperequazioni.

wage stability: ***stabilità salariale.*** Situazione che si determina in un'economia quando il potere d'acquisto dei salari è costante ed essi non sono soggetti a frequenti revisioni.

wage stabilization: ***stabilizzazione dei salari.*** Un qualsiasi programma o tipo di politica intesi a contenere i salari entro un livello massimo predeterminato.

wage stop: Espressione usata nel Regno Unito per indicare il principio o la politica di non consentire che un lavoratore disoccupato riceva un sussidio, o altro pagamento proveniente da denaro pubblico, che sia superiore al reddito che guadagnerebbe se fosse regolarmente occupato. Il termine viene usato anche come verbo.

wage structure: ***struttura del salario.*** È la composizione del salario monetario percepito da un lavoratore. A seconda del sistema adottato, può consistere di uno stipendio o saggio salariale base, al quale vanno aggiunte varie altre voci tra le quali rientrano, senza fare qui una distinzione tra salario e stipendio, una qualche forma di indennità di contingenza (la cosiddetta scala mobile dei salari), eventuali assegni ad personam o indennità perequative, le aggiunte di famiglia, i premi e gli incentivi e così via. La struttura del salario, tuttavia, varia da paese a paese e all'interno dello stesso paese varia da industria a industria e da impresa a impresa, il che dà luogo ai differenziali salariali e allo slittamento salariale. (v. anche *wage differential, wage drift*)

wage subsidy: ***integrazione salariale.*** Indennità, di solito pagata con denaro pubblico, mirante a portare la retribuzione di una categoria di dipendenti al livello del salario percepito da altri lavoratori. Di solito viene corrisposta durante periodi di riqualificazione; quando il governo si prefigge di aumentare l'occupazione mediante agevolazioni a coloro che compiono nuove assunzioni; o quando lo stato intende contribuire all'occupazione dei giovani inesperti, i costi della cui formazione professionale non ricadono così interamente sul datore di lavoro.

wage systems: ***sistemi salariali.*** Sono i vari sistemi sui quali si basa la struttura del salario e in base ai quali vengono pagate le retribuzioni. I due principali sistemi salariali sono: a) retribuzione a tempo, nel qual caso il salario viene pagato in relazione al tempo dedicato da un lavoratore al proprio datore di lavoro, in base ad un saggio generalmente orario. Tale sistema salariale prescinde dai risultati, purché il lavoratore raggiunga uno standard minimo soddisfacente, ed è pertanto adatto per quelle occupazioni che prevedono una certa abilità e nelle quali la qualità del lavoro svolto è più importante della quantità. Gli stipendi rientrano in questo sistema salariale e l'unità di tempo in base alla quale essi vengono calcolati è generalmente il mese. b) Retribuzione a rendimento, nel qual caso l'entità del salario dipende in gran parte dalla quantità e qualità del lavoro svolto, calcolato di solito in unità di prodotto. Questo sistema è più adatto per quelle occupazioni che richiedono poca abilità, ma notevole impegno da parte del lavoratore, che può così raggiungere alti livelli di salario commisurati alla sua capacità di produzione.

wage theories: ***teorie del salario.*** Termine usato in alternativa a *theories of wages* (v.).

wage unit: ***unità di salario.*** Nella terminologia keynesiana, è il salario monetario di un'unità di lavoro.

wage–wage spiral: ***spirale salari–salari; rincorsa salariale.*** Nelle teorie dell'inflazione da costi, è così detta la tendenza di un aumento salariale, concesso a un settore dell'economia, a diffondersi in altri settori, a seguito di rivendicazioni salariali, anche se in questi ultimi non si verificano le stesse condizioni di aumento della domanda o della produttività osservate nel settore che per primo registrò l'aumento salariale. A questa diffusione, fa subito seguito il ristabilimento, mediante un altro aumento salariale, dei differenziali salariali preesistenti, dovuti alla maggiore specializzazione o al tipo di lavoro svolto da un determinato settore o gruppo di lavoratori, ma anche quest'altro aumento tende ad estendersi ad altri settori, creando la spirale che fa continuamente aumentare i costi del lavoro.

wage–worker: ***salariato.*** Termine usato con lo stesso significato di *wage earner* (v.).

waggon jobber: ***grossista camionista.*** Termine usato con lo stesso significato di *truck wholesaler* (v.).

waggon wholesaler: ***grossista camionista.*** Termine usato con lo stesso significato di *truck wholesaler* (v.).

Wagner Act: Altro nome con il quale si indica il *National Labor Relations Act* (v.).

Wagner–Connery Act: Lo stesso di *National Labor Relations Act* (v.).

wait and see: ***aspetta e guarda; attendismo.*** Espressione con la quale si indica l'atteggiamento di attesa che assumono gli imprenditori di un paese quando la situazione politica, economica e sociale nazionale o internazionale è tale da scoraggiare gli investimenti. Ciò porta ad un ristagno dell'attività economica, che può anche scivolare nella depressione.

waiter: ***commesso.*** Il termine inglese indica una specie di usciere, che si occupa di portare messaggi, fare commissioni, ecc., e viene usato sia alla borsa valori di Londra, sia presso la sede dei Lloyd. In origine, quando l'attività di queste due istituzioni londinesi si svolgeva nei caffè, tali mansioni venivano svolte dai camerieri e questo è il motivo per cui i commessi vengono ancora indicati con tale nome.

waiting: ***attesa.*** È una delle caratteristiche inerenti alla formazione del capitale. Durante il periodo di attesa, nel corso del quale si costituisce il capitale, è necessario il sacrificio di una parte del consumo, che sarà in seguito ricompensato con la maggior produzione resa possibile dall'utilizzazione del nuovo capitale.

waiting line theory: ***teoria delle code di attesa.*** Termine usato con lo stesso significato di *queueing theory* (v.).

waiting period: ***periodo di attesa.*** Questo termine viene usato nel linguaggio finanziario per indicare il periodo, in base ai regolamenti della *Securities and Exchange Commission* (v.) degli Stati Uniti, di venti giorni che intercorre tra la data di presentazione di una dichiarazione per la registrazione di un'emissione di titoli e la data in cui la società sarà autorizzata a porre in vendita i titoli. Tale periodo può essere più lungo se la documentazione è trovata insufficiente o più breve se viene concessa la procedura di urgenza.

waiting time: ***tempo di ozio; tempo di attesa; tempo d'inattività.*** Termine usato con lo stesso significato di *idle time* (v.).

wait unemployment: ***disoccupazione d'attesa.*** Lo stesso che *precautionary unemployment* (v.).

waiver: ***abbandono; rinuncia.*** Nel linguaggio giuridico, questo termine indica la rinuncia o l'abbandono volontari di un proprio diritto. Tale rinuncia può essere tacita o implicita nel comportamento del soggetto che, ad esempio, non si perita di far valere un suo diritto.

waiver clause: ***clausola di non pregiudizio.*** Nelle assicurazioni marittime, è la clausola che autorizza, in caso di sinistro, sia l'assicurato che l'assicuratore a far ciò che si reputa opportuno al fine di minimizzare le perdite, senza che ciò arrechi alcun pregiudizio ai diritti contemplati nella polizza di assicurazione.

waiver of premium clause: ***clausola di rinuncia all'esazione dei premi.*** Clausola in un contratto di assicurazione sulla vita che stabilisce che in caso di invalidità dell'assicurato, egli non sarà obbligato a corrispondere i premi per tutta la durata dell'invalidità, purché essa sia superiore ad un periodo stabilito, di solito sei mesi.

waiver of protest: ***rinuncia al protesto.*** Si verifica quando il girante di un pagherò o di una cambiale si impegna a onorare il titolo di credito nella sua qualità di girante, senza che si debba ricorrere alla formalità del protesto per mancato pagamento in caso di inadempimento da parte dell'obbligato principale.

Walker Tariff: È il nome con il quale è noto il *Tariff Act* statunitense del 1846, ricordato perché applicò il principio della tariffa doganale a solo scopo fiscale, con dazi di importazione più elevati sui beni di lusso.

walk–out: ***abbandono del lavoro.*** Termine spesso usato come sinonimo di *strike* (v.), pur se propriamente esiste una certa differenza tra i due, in quanto il *walk–out* indica uno sciopero che inizia dopo che i lavoratori hanno cominciato il lavoro, che viene poi abbandonato.

walks: Nel gergo bancario britannico, questo termine indica assegni pagabili presso la sede o le filiali di Londra di banche che non fanno parte della stanza di compensazione londinese.

walks clerks: ***addetti alle compensazioni dirette.*** In passato questo termine veniva usato per indicare i commessi delle banche londinesi che si recavano in un posto prestabilito per procedere alla compensazione degli assegni, prima che entrasse in funzione la stanza di compensazione nel 1770. Lo stesso termine indica oggi i commessi che svolgono la stessa funzione, in relazione ad assegni tratti su banche che non fanno parte della stanza di compensazione.

walks collections: ***compensazioni dirette.*** Termine del linguaggio bancario londinese, con il quale vengono indicati assegni, cambiali e altri titoli di credito emessi su banche londinesi che non fanno parte della stanza di compensazione. Tali titoli vengono presentati per il pagamento dai *walks clerks* (v.) direttamente alla banca trassata. Qualora tale banca abbia la propria sede fuori di Londra, di solito la banca che ha ricevuto il titolo di credito dispone affinché esso sia presentato per il pagamento dalla sua filiale più vicina alla sede della banca trassata.

Wall Street: È una piccola e stretta strada nella parte bassa della città di New York. Poiché rappresenta il principale centro finanziario degli Stati Uniti, ove hanno la loro sede oltre alla borsa valori molte banche, società di assicurazioni e altre istituzioni finanziarie, il suo nome è diventato sinonimo di mercato monetario o interessi finanziari e, in particolare, viene usato per indicare una delle due borse valori di quella città, la *New York Stock Exchange* (v.). Questo termine viene usato a New York e altrove come a Londra e in altre parti del Regno Unito viene usato il termine *The City*, per indicare il centro degli affari.

Wall Street crash: ***crollo di Wall Street.*** Espressione con la quale si indica il tracollo dei corsi che si verificò, a seguito di eccessiva speculazione, alla borsa valori di New York nel 1929, anno in cui ebbe inizio la grande depressione mondiale.

Walrasian model: ***modello di Walras.*** Un sistema nel quale tutte le variabili economiche sono considerate endogene e tutte quelle non incluse vengono considerate non economiche, come ad esempio fattori psicologici che influenzano la domanda e condizioni tecnologiche.

Walras' law: ***legge di Walras.*** Legge che prende il nome dall'economista M. E. Leon Walras, in quanto fu il primo ad enunciarla in relazione alla posizione di equilibrio generale. In una posizione di equilibrio, dovrà esserci uguaglianza tra domanda globale e offerta globale di qualsiasi bene o servizio. Le condizioni di equilibrio, pertanto, saranno espresse da tante equazioni, che determinano il prezzo di ciascun bene e servizio, per quanti sono i beni e servizi. Ma una di tutte queste equazioni risulta dipendente dalle altre e va eliminata, in virtù della legge di Walras che sostiene che in un sistema di equilibrio economico generale, se la domanda è uguale all'offerta in tutti i mercati tranne uno e nello stesso tempo i bilanci singoli di ciascun soggetto sono in pareggio, anche l'ultimo mercato deve presentare una situazione di equilibrio, il che vale a dire che una delle equazioni di uguaglianza della domanda e dell'offerta è superflua.

Walsh–Healey Public Contracts Act: Legge in materia di lavoro approvata dal Congresso degli Stati Uniti nel 1936 e successivamente emendata. Prevede che, in relazione ad appalti pubblici per un importo superiore ai diecimila dollari, ai lavoratori impiegati venga pagato il minimo salariale stabilito per legge; il lavoro straordinario venga remunerato ad una volta e mezzo il saggio salariale; la giornata lavorativa ordinaria non superi le otto ore o la settimana ordinaria non superi le quaranta ore; siano rispettate le norme relative alla sicurezza sul lavoro; non vengano impiegati lavoratori di età inferiore ai sedici anni se maschi e ai diciotto anni se femmine.

wampum: Era una forma di moneta usata dagli indiani nord–americani prima dell'arrivo dei colonizzatori. Consisteva di oggetti fatti con conchiglie marine di diverso colore e valore e veniva usata dagli indiani nei loro scambi con i colonizzatori. Fino al 1690 il *wampum* equivaleva a moneta a corso legale e continuò a circolare per molto tempo anche dopo che fu privato di tale status.

want: ***bisogno.*** Nel linguaggio economico, questo termine viene usato per indicare qualsiasi desiderio o necessità di uno o più beni e servizi. Il desiderio o la necessità possono essere in relazione alla soddisfazione di uno stimolo fisiologico primario, come la fame e la sete, o di un qualsiasi altro stimolo che ci porta a volere un bene di lusso o una vacanza, una cura medica, ecc. Se al desiderio si accoppia anche la capacità di pagare ciò che vogliamo, ciò che ne deriva è detto domanda e la domanda viene soddisfatta dalla produzione realizzata dal sistema economico. Tuttavia, quasi nessuno è in grado di soddisfare tutti i propri bisogni, in quanto le risorse a disposizione di ciascuno sono limitate e si dovrà pertanto operare una scelta sul come utilizzarle.

want ad: ***annuncio economico.*** Lo stesso che *classified advertisement* (v.).

wantage: ***calo; colaggio.*** Nel linguaggio delle assicurazioni marittime, lo stesso che *ullage 1* (v.).

want creation: ***creazione dei bisogni.*** Lo stimolo della domanda per mezzo di determinati tipi di politica fiscale e monetaria, con l'obiettivo di mantenere l'occupazione ad un livello elevato. Nella società del benessere, i produttori tentano di creare nuovi bisogni nei consumatori, mediante l'uso di massicce campagne di pubblicità attraverso i mezzi di comunicazione di massa, con l'intento di mantenere o ampliare i loro livelli di produzione.

want slips: ***cartellini di prodotti mancanti.*** Un sistema in base al quale si conserva traccia, su appositi cartellini, di richieste di informazioni pervenute all'impresa e relative a prodotti non disponibili per la vendita.

war.: warrant.

War Agricultural Committees: ***Comitati agricoli di guerra.*** Comitati istituiti nel Regno Unito, durante la seconda guerra mondiale, allo scopo di garantire l'efficienza dell'industria agricola, che rivestiva particolare importanza in un periodo di difficoltà di approvvigionamento di derrate alimentari provenienti dai mercati esteri. Dopo la fine del conflitto, questi comitati rimasero in essere assumendo il nome di *County Agricultural Committees* (v.).

war bonus: ***indennità di guerra.*** Un temporaneo aumento dei salari, sotto forma di indennità limitata al periodo bellico, con cui far fronte all'aumento generalizzato dei prezzi. Questa pratica fu adottata nel Regno Unito durante il primo conflitto mondiale.

war clause: ***clausola per stato di guerra.*** Nei contratti di noleggio a tempo e a viaggio, è la clausola che vieta al noleggiatore di portare la nave in zone di mare in cui sia in corso un conflitto o di usarla per il trasporto di contrabbando di guerra, cioè materiali destinati ad uno dei paesi belligeranti. La stessa clausola dà al noleggiatore e all'armatore la facoltà di rescindere il contratto qualora il paese di appartenenza della nave venisse coinvolto in una guerra e la navigazione della nave noleggiata non fosse più sicura.

war damage compensation: ***risarcimento dei danni di guerra.*** È il risarcimento che lo stato concede ai suoi cittadini che hanno sofferto la perdita di beni mobili o immobili, in conseguenza di un conflitto cui il paese ha partecipato.

war damages: ***danni di guerra.*** Sono i danni subiti dai privati cittadini a seguito di partecipazione del paese ad una guerra. Riguardano principalmente la distruzione di case o altri beni capitali, a fronte dei quali lo stato provvede di solito ad un risarcimento.

war debt: ***debito bellico.*** Debito assunto da un governo durante una guerra, allo scopo di finanziare lo sforzo bellico.

ware: ***merce; merci.*** Questo termine viene usato in inglese soltanto in composti o preceduto da un determinante, come ad esempio in *gift–ware, iron–ware* e simili altri termini.

war economy: ***economia di guerra; economia bellica.*** La condizione che si verifica quando nella vita economica di un paese, mediante un aumento dell'intervento dello stato, le risorse scarse vengono sottratte alla produzione interna per consumi e vengono allocate ai settori produttivi più necessari allo sforzo bellico che il paese belligerante è chiamato a produrre. Insieme al razionamento e altre misure del genere, ciò contribuisce a ridurre la produzione di beni e servizi per il consumo privato, abbassando il tenore di vita generale dei cittadini, mentre le correnti di scambio con l'estero vengono alterate nella loro composizione, direzione e provenienza, se non del tutto interrotte.

warehouse: ***magazzino; deposito.*** Usato in senso lato, questo termine indica un qualsiasi luogo in cui si conservano merci prima di procedere alla loro vendita o al loro consumo. In un senso più ristretto, però, viene usato nella terminologia dei trasporti marittimi per indicare un deposito pubblico nel quale si immagazzinano merci scaricate dalle navi in arrivo, onde procedere ad operazioni di scelta, miscelatura, controllo, ecc., prima di inoltrarle ai mercati. Alcuni di questi magazzini sono autorizzati dalle autorità doganali ad accettare in deposito merci di importazione sulle quali non è ancora stato pagato il relativo dazio di importazione o perché esse sono destinate alla riesportazione o perché il proprietario intende prelevarle in piccoli lotti al fine di evitare l'immobilizzo di capitale o perché non intende pagare il dazio su merci che dovrà rivendere immediatamente. Da tali magazzini, il prelievo delle merci è possibile soltanto dietro presentazione della prescritta documentazione doganale. (v. anche *bonded warehouse*)

warehouse book: ***libro di magazzino.*** Lo stesso che *stock book* (v.).

warehouse certificate: ***fede di deposito; fede di deposito doganale.*** Termine usato con lo stesso significato di *warehouse receipt* (v.).

warehouse charges: ***diritti di magazzinaggio.*** Termine usato con lo stesso significato di *warehouse dues* (v.).

warehouse company: ***impresa di deposito.*** Un'impresa che possiede o gestisce un deposito pubblico, nel quale è possibile conservare beni in considerazione del pagamento di un diritto di magazzinaggio. (v. anche *warehouse*)

warehouse department: ***magazzino; reparto magazzino.*** Lo stesso che *stores department* (v.).

warehouse dues: ***diritti di magazzinaggio.*** Il termine indica principalmente i diritti fatti pagare da un magazzino generale o altro deposito per il magazzinaggio di merci, ma in senso più lato indica tutte le spese a ciò relative, incluse quindi anche quelle di facchinaggio e di altra natura.

warehouse expense: ***spese di magazzino.*** Le spese relative alla gestione di un reparto magazzino o quelle relative al magazzinaggio di merci in un deposito pubblico. In quest'ultima accezione, il termine è sinonimo di *warehouse dues* (v.).

warehouse-keeper: ***magazziniere; gestore di deposito.*** La persona preposta al controllo di un magazzino o alla gestione di un deposito. Se si tratta di un deposito doganale, il gestore dovrà fornire un'adeguata cauzione a fronte del dazio di importazione di cui potrebbe diventare responsabile in relazione a merci soggette a dazio immagazzinate nel suo deposito.

warehouse-keeper's certificate: ***bollettino di entrata.*** Termine usato con lo stesso significato di *warehouse-keeper's receipt* (v.).

warehouse-keeper's order: ***permesso di uscita da magazzino doganale.*** È il documento, rilasciato dalle competenti autorità doganali e indirizzato al gestore di un deposito doganale, con il quale si autorizza quest'ultimo a consentire il prelievo delle merci in esso specificate, essendo stato pagato il relativo dazio di importazione o essendo stata presentata la documentazione che attesta la loro riesportazione.

warehouse-keeper's receipt: ***bollettino di entrata.*** Nel Regno Unito, questo termine indica un documento, emesso dal gestore di un deposito, nel quale si attesta che le merci descritte sono depositate presso quel magazzino a disposizione della persona alla quale la ricevuta è intestata. Tale documento non è trasferibile, né può essere usato per prelevare le merci, essendo soltanto una dichiarazione dell'esistenza fisica di tali merci. Quando il proprietario vorrà ritirare i beni depositati, dovrà firmare un ordine di consegna o dovrà farsi rilasciare una fede di deposito negoziabile, nella quale cioè sia detto che le merci saranno consegnate alla persona nominata o a colui al quale la fede di deposito sarà trasferita mediante girata. (v. anche *delivery order, warehouse warrant*)

warehouse-keeper's warrant: ***fede di deposito; fede di deposito doganale; nota di pegno.*** Termine usato come sinonimo di *warehouse warrant* (v.).

warehouseman: ***magazziniere; gestore di deposito.*** Termine usato con lo stesso significato di *warehouse-keeper* (v.).

warehouseman's order: ***permesso di uscita da magazzino doganale.*** Termine usato con lo stesso significato di *warehouse-keeper's order* (v.).

warehouse officer: Un ufficiale delle dogane che, insieme al gestore, è preposto al controllo di un magazzino generale. Tra i suoi compiti rientrano quello di ispezionare le merci al loro arrivo e alla loro partenza e quello di consentire il prelievo soltanto delle merci descritte nel permesso di uscita rilasciato dalle autorità doganali.

warehouse price: ***prezzo da magazzino; prezzo franco magazzino.*** Prezzo che il compratore paga se provvede direttamente a ritirare le merci presso il deposito del produttore o venditore. Tutte le spese per il trasporto, l'assicurazione, ecc., sono, quindi, a carico del compratore ed escluse dal prezzo delle merci.

warehouse receipt: ***fede di deposito; fede di deposito doganale; ricevuta di deposito.*** Nel Regno Unito questo termine è un sinonimo meno usato di *warehouse warrant* (v.), mentre negli Stati Uniti viene usato con lo stesso significato che gli inglesi danno a *warehouse warrant.* La fede di deposito americana può essere emessa al portatore, nel qual caso può essere negoziata mediante semplice consegna; o può essere emessa in nome di una persona in essa specificata o all'ordine, nel qual caso può essere negoziata soltanto mediante girata.

warehouse system: ***sistema dei magazzini doganali.*** Il sistema di deposito in magazzini fiduciari, che consente all'importatore di scaricare beni in arrivo senza introdurli nel paese e così evitare di pagare il dazio d'importazione fino al momento in cui i beni vengono prelevati per il consumo interno. (v. anche *bonded warehouse*)

warehouse to warehouse: ***da magazzino a magazzino.*** Espressione usata in relazione ad un'assicurazione che copre i rischi cui sono esposte le merci dal momento in cui esse lasciano il magazzino del venditore al momento in cui esse vengono consegnate al magazzino del ricevitore. È la forma più ampia di assicurazione su merci viaggianti.

warehouse to warehouse clause: ***clausola da magazzino a magazzino.*** In un contratto di assicurazione, è la clausola che estende la copertura contro i rischi cui sono esposte le merci viaggianti dal momento in cui lasciano il deposito del venditore al momento in cui giungono al deposito del ricevitore.

warehouse warrant: ***fede di deposito; fede di deposito doganale; nota di pegno.*** È un documento rilasciato dal gestore di un deposito o di un magazzino generale, nel quale si attesta che le merci descritte giacciono presso il suo deposito, a disposizione della persona nominata o all'ordine. La fede di deposito è un titolo negoziabile rappresentativo delle merci, di cui contiene la descrizione oltre a tutte le notizie necessarie alla loro identificazione, la data di arrivo, la data da cui cominciano a decorrere le spese di magazzinaggio, ecc. La fede di deposito consente la vendita delle merci di cui è titolo rappresentativo, senza l'effettivo trasferimento del possesso delle merci stesse e può anche essere usata dal titolare come garanzia a fronte di anticipazioni bancarie.

warehousing: **1.** ***immagazzinamento.*** L'atto di mettere merci e prodotti vari in magazzino, in attesa che essi vengano venduti o utilizzati. **2.** ***magazzinaggio; deposito doganale.*** Il termine inglese indica il sistema che prevede l'immagazzinamento di merci di importazione in depositi pubblici al momento del loro arrivo nel paese, in attesa che vengano immesse sul mercato o riesportate. La maggior parte di questi depositi sono attrezzati per pesare, esaminare, scegliere, miscelare e movimentare le merci ed alcuni sono autorizzati ad accettare beni sui quali non è stato ancora pagato il dazio di importazione, con notevole vantaggio per i commercianti, che possono rinviare il pagamento fino al momento in cui le merci sono realmente necessarie. **3.** Nel linguaggio finanziario, il termine inglese indica la pratica di mascherare l'acquisto di titoli di una società, ricorrendo ad azionisti prestanome.

warehousing charges: ***diritti di magazzinaggio.*** Termine usato con lo stesso significato di *warehouse dues* (v.).

warehousing entry: ***dichiarazione d'introduzione in magazzino doganale; dichiarazione di accompagnamento in deposito franco.*** Lo stesso che *entry for warehousing* (v.).

warehousing loan: ***anticipazione su merci.*** Lo stesso che *goods loan* (v.).

war exclusion clause: ***clausola di esclusione dei rischi di guerra.*** Clausola, spesso presente nelle polizze di assicurazione inglesi, con la quale l'assicuratore esclude il risarcimento di danni derivanti dalla presenza dell'assicurato in un teatro di guerra.

war inflation: ***inflazione bellica.*** L'inflazione che si verifica in un paese durante una guerra e che è causata dalla necessità di far aumentare i prezzi dei beni scarsi, così che si realizzi anche una forma di razionamento basato sul prezzo. I più alti profitti ricavati dai produttori a seguito di questi aumenti dei prezzi vengono controbilanciati dall'applicazione di imposte sui sopraprofitti di guerra.

war loan: ***prestito di guerra.*** Un qualsiasi prestito contratto da uno stato belligerante per far fronte alle necessità finanziarie del periodo bellico. In particolare, il termine si riferisce ad un prestito contratto dal governo britannico sul suo territorio nazionale mediante l'emissione di titoli ad un tasso di interesse del tre e mezzo per cento, redimibili dopo il 1952, ma ormai considerati irredimibili, visto l'andamento dei tassi di interesse.

warm nose deposits: Espressione colloquiale del linguaggio bancario statunitense, con la quale si indicano depositi di modesta entità ma stabili, sui quali la banca può contare nel tempo per finanziare le sue operazioni attive.

warning letter: ***lettera di ammonizione.*** Lettera inviata ad un dipendente che si è reso responsabile di una qualche mancanza di un certo rilievo nei confronti del suo datore di lavoro. È il primo passo verso provvedimenti disciplinari che, per i recidivi, potrebbero portare fino al licenziamento.

war profits: ***profitti di guerra.*** Sono i profitti realizzati dai privati, in eccesso al reddito ordinario, e derivanti dall'anomala domanda che viene a crearsi in uno stato belligerante come conseguenza dello sforzo bellico.

war–profits tax: ***imposta sui profitti di guerra.*** È un'imposta che colpisce i profitti derivanti dallo stato di belligeranza e dallo sforzo bellico del paese. Con essa si intende recuperare parte dei redditi, che eccedono il reddito ordinario, dei privati dovuti ad anomala domanda e in particolare i sopraprofitti dovuti alla grande domanda di beni e servizi da parte dello stato in tempo di guerra.

warrant: 1. ***fede di deposito; fede di deposito doganale; nota di pegno.*** In questo significato, il termine inglese è sinonimo di *warehouse warrant* (v.). **2.** ***mandato; mandato di pagamento.*** Nel linguaggio della contabilità di stato statunitense, il termine indica un titolo di un ente o altro organismo statale, emesso in pagamento di debiti e pagabile a vista dalla tesoreria dell'ente emittente. Lo stesso termine viene usato per indicare un'obbligazione fruttifera a breve termine, emessa da un ente o organismo statale a saldo di debiti, pagabile dopo la riscossione di determinate imposte. **3.** ***certificato di diritto di opzione; certificato di diritto di sottoscrizione; buono acquisto.*** È il certificato, separato o annesso ad un titolo mobiliare, che comprova il diritto del possessore a sottoscrivere altri titoli in relazione ad un aumento di capitale o a convertire il buono in azioni ad un prezzo prestabilito. Questi certificati possono essere negoziati anche separatamente dal titolo cui si riferiscono, purché ciò sia previsto dal regolamento dell'emissione. Se i buoni sono emessi indipendentemente da alcun titolo esistente, essi non fruttano né interessi né dividendi e la loro sola convenienza consiste nella possibilità di realizzare un utile di capitale se il corso delle azioni sale e supera il prezzo di conversione stabilito. (v. anche *rights*)

warrant bonds: ***obbligazioni con warrant.*** Obbligazioni cui è annesso un *warrant* (v.) per l'acquisto di un determinato valore azionario a un prezzo prestabilito ed entro una data prefissata. Il warrant, subito dopo l'emissione del prestito obbligazionario, può essere trattato sul mercato indipendentemente dal titolo obbligazionario cui è annesso e il suo valore varia col variare del corso dell'azione cui si riferisce.

warrant–check: ***mandato; mandato di pagamento.*** Termine usato con lo stesso significato di *warrant 2* (v.).

warranted rate of growth: ***tasso di crescita garantito.*** È il tasso di crescita di un'economia, che risulta uguale alla domanda e all'offerta di beni, quando si considera una data propensione al risparmio. In altre parole, è il tasso di crescita al quale l'investimento programmato e il risparmio programmato si equivalgono.

warranted rate of unemployment: ***tasso di disoccupazione normale.*** Lo stesso che *natural rate of unemployment* (v.).

warrantee: ***garantito.*** La persona alla quale viene data una garanzia.

warranter: ***garante.*** Variante grafica di *warrantor* (v.).

warrant for goods: ***fede di deposito; fede di deposito doganale; nota di pegno.*** Termine usato con lo stesso significato di *warehouse warrant* (v.).

warrant of attorney: ***mandato di procura; procura alle liti.*** Atto mediante il quale un cliente dà ad un avvocato o ad un procuratore legale l'autorizzazione a rappresentarlo in giudizio.

warrant on equity warrant: Lo stesso che *covered warrant* (v.).

warrantor: ***garante.*** La persona che dà una garanzia o in relazione a proprie azioni o in relazione ad azioni di terzi.

warrants payable: ***mandati passivi.*** Nella contabilità di stato, il termine indica collettivamente tutti i mandati emessi e non ancora pagati. (v. anche *warrant 2*)

warranty: 1. ***garanzia.*** Termine statunitense, usato con lo stesso significato del britannico *guarantee 2* (v.). **2.** ***garanzia.*** a) Nel linguaggio delle assicurazioni marittime, il termine indica le condizioni, implicite o esplicite, accettate dall'assicurato e che, se non rispettate, possono invalidare il contratto di assicurazione. Nelle assicurazioni sulla vita, il termine viene usato per indicare che le dichiarazioni sottoscritte dall'assicurato formano parte integrante della polizza, che sarà priva di efficacia e di qualsiasi effetto se esse non vengono osservate o non rispondono a verità. b) Nel linguaggio giuridico, il termine inglese indica una condizione non essenziale di un contratto. Se tale garanzia non viene rispettata da una delle parti, il contratto sarà ancora valido, ma l'altra parte può citare per danni la parte che non ha rispettato le garanzie date. La differenza tra *warranty* e *condition* (v.) consiste, pertanto, nel fatto che mentre la seconda è essenziale per la validità del contratto, la prima non lo è.

warranty deed: ***atto di garanzia.*** Documento mediante il quale un venditore garantisce al compratore determinati diritti, relativi al bene acquistato da quest'ultimo, come ad esempio il diritto di pacifico godimento del bene. (v. anche *warranty*)

warranty of fitness: ***garanzia di idoneità.*** Garanzia, data dal venditore al compratore, attestante che i beni venduti sono idonei all'uso che quest'ultimo intende farne.

war reparations: ***riparazioni di guerra.*** V. spiegazione sotto *reparations.*

war risks insurance: ***assicurazione contro i rischi di guerra.*** Assicurazione che copre i rischi cui sono esposti aerei e navi che si recano in zone in cui sono in essere ostilità belliche.

war savings certificates: Nome con il quale fu indicata la prima emissione dei *National Savings Certificates* (v.) britannici, che ebbe luogo nel febbraio del 1916. Ad ogni cittadino era consentito l'acquisto massimo di cinquecento unità, al prezzo unitario di quindici scellini e mezzo.

war taxes: ***imposte di guerra.*** Imposte che vengono decise e riscosse da uno stato allo scopo di finanziare lo sforzo bellico del paese. Il brutto di queste imposte è che spesso continueranno ad essere riscosse anche quando la guerra che dovevano finanziare è terminata da lungo tempo. In Inghilterra, dopo la fine delle guerre napoleoniche il governo votò l'abolizione di un'imposta sul reddito, in vigore dal 1802 e universalmente odiata pur se vista come necessaria, e ordinò che tutti i documenti relativi ai ruoli di tale imposta venissero bruciati in pubblico.

war widows' pension: ***pensione di guerra.*** Pensione corrisposta alla vedova di un militare deceduto in guerra o comunque mentre prestava servizio militare. Ha la caratteristica di essere esente dal pagamento dell'imposta sul reddito.

Washington Agreement: ***Accordo di Washington.*** Lo stesso che *Washington Loan Agreement* (v.).

Washington Loan Agreement: ***Accordo di Washington.*** Accordo firmato nel dicembre del 1945 a Washington tra gli Stati Uniti e il Regno Unito. In base ad esso, al Regno Unito veniva concesso un credito a lungo termine per tre miliardi e settecentocinquantamila dollari a condizioni abbastanza vantaggiose, cioè interesse del due per cento e inizio del rimborso a gennaio del 1952, con la clausola che prevedeva il rinvio del pagamento degli interessi nel caso in cui il Regno Unito, a seguito di deficit commerciali, non fosse in grado di pagarli in un qualsiasi anno di durata del prestito. L'accordo, che fu approvato dal Congresso statunitense nel 1946, conteneva alcune clausole che il Regno Unito non fu in grado di rispettare. Tra queste, la condizione che la sterlina dovesse ridiventare liberamente convertibile entro il luglio del 1947, cosa che fu tentata dal Regno Unito, ma con risultati negativi. Inoltre, il Regno Unito si impegnò ad abolire qualsiasi forma di discriminazione commerciale e a porre fine, entro un anno dall'entrata in vigore dell'accordo, al controllo sui cambi per le operazioni correnti.

wash sale: ***vendita fittizia.*** V. spiegazione sotto *wash transaction.*

wash transaction: ***operazione di compravendita fittizia.*** Nel linguaggio finanziario statunitense, questa espressione indica un'operazione di compravendita eseguita allo scopo di controbilanciare o annullare una precedente operazione inversa. Operazioni del genere, in cui il venditore era compratore di ciò che vendeva, erano un tempo frequenti nelle borse americane. Il loro scopo era quello di creare un mercato, onde far salire il corso di un titolo, che veniva poi venduto ad un prezzo di molto superiore al suo valore effettivo. Un altro scopo era quello di evitare il pagamento dell'imposta sugli utili di capitale, facendo risultare una perdita dalle due operazioni di vendita e di riacquisto. Oggi, le operazioni di compravendita fittizia allo scopo di far salire il prezzo di mercato di un valore mobiliare sono illegali e severamente proibite anche dai regolamenti interni delle borse valori, mentre ai fini fiscali una perdita derivante da una vendita e un successivo riacquisto non è considerata tale, se le due operazioni inverse hanno luogo entro un periodo di trenta giorni. Non sono, tuttavia, soggetti a tale norma fiscale gli operatori in titoli membri di una borsa valori.

wastage: ***riduzione.*** Lo stesso che *natural wastage* (v.).

waste: 1. ***sperpero; sciupio.*** Nel linguaggio economico, questo termine indica risorse di capitale o lavoro usate nella produzione di beni o servizi che soddisfano bisogni meno importanti di quelli che si sarebbero potuti soddisfare utilizzando le stesse risorse per produrre diversi o più numerosi beni o servizi. Il criterio in base al quale si giudica lo sperpero non è di carattere tecnico, bensì relativo al costo, al valore e al prezzo dei beni e servizi prodotti. **2.** ***spreco.*** Nella contabilità dei costi, il termine indica risorse di manodopera o materiali consumate o prodotte in una data operazione senza che venga creato un beneficio economico. Lo spreco si può suddividere in due tipi: a) quello inevitabile, in quanto parte del processo produttivo, che dà come risultato un sottoprodotto che può e può non avere un valore di mercato; e, b) quello evitabile, in quanto dovuto a metodi di lavorazione difettosi o imprecisi oppure a cattiva tenuta dei libri contabili. Questo secondo tipo di spreco può essere suddiviso in : a) spreco di materiali, cioè spreco dovuto a erronei approvvigionamenti, eccessiva somministrazione di materie prime ai reparti lavorazione, mancanza di supervisione del processo produttivo o sciupio dovuto a cattiva lavorazione; b) spreco di manodopera, dovuto a imperizia o inefficienza dei lavoratori, che impiegano un tempo superiore al necessario nello svolgimento di una qualsiasi operazione del processo produttivo; e, c) spreco di spese, dovuto a mancanza di opportuno controllo sulle spese effettuate o ad un aumento delle spese che non può essere traslato sul compratore del prodotto. **3.** ***sfrido; scarto; scoria.*** Spreco inevitabile, in quanto inerente al processo produttivo. Può avere come risultato un sottoprodotto, quando esso può essere venduto per un qualsiasi uso; o un prodotto di scarto, quando non può essere venduto per alcun uso. **4.** ***deterioramento.*** Nel linguaggio giuridico, è un qualsiasi danno permanente arrecato ad un bene immobile, che ha l'effetto di alterare la natura della proprietà, come ad esempio demolire tutto o parte di un edificio o lasciarlo andare in rovina per mancanza di opportuna manutenzione.

waste book: ***sfogliazzo; brogliaccio; scartafaccio.*** Termine una volta usato per indicare un sistema di analisi delle operazioni giornaliere che avevano luogo presso gli uffici di una banca o di una sua filiale o agenzia. Fu rimpiazzato dal sistema di contabilità meccanizzata che, a sua volta, è stato o viene sostituito dal sistema di contabilità computerizzata.

wasted capacity: ***capacità sprecata.*** Nel linguaggio economico, si indicano con questo termine risorse sprecate o inutilizzate. Può darsi che una parte delle risorse del paese siano lasciate inutilizzate, in quanto gli altri fattori della produzione necessari per sfruttarle sono più utili e produttivi altrove; può darsi che il processo tecnologico renda obsolete alcune risorse, che pertanto restano inutilizzate; oppure, può darsi ancora che una parte delle risorse non sia utilizzata, in quanto tenuta di riserva per il caso di notevole e subitaneo incremento della domanda. In ciascuno di questo casi, da un punto di vista economico le risorse risultano sprecate, in quanto non vengono utilizzate per la produzione di beni e servizi con i quali si potrebbero soddisfare bisogni della collettività. (v. anche *waste 1*)

wasted investment: ***investimento infruttuoso; investimento sprecato.*** Lo stesso che *misdirected investment* (v.).

waste-maker: ***produttore di scorie.*** Termine con il quale si indica una persona, un'impresa, un'industria, ecc., che produce una quantità eccessiva di scarti o scorie a seguito di un uso troppo prodigo di prodotti o risorse.

waste product: ***prodotto di scarto.*** Qualsiasi processo produttivo genera scarti, che si suddividono in sottoprodotti, se essi hanno un uso e pertanto un valore di mercato, e in prodotti di scarto se non possono essere usati in alcun modo e non hanno, pertanto, alcun valore.

waste sheets: ***sfogliazzo; brogliaccio; scartafaccio.*** Termine usato con lo stesso significato di *waste book* (v.).

wasting asset: ***risorsa soggetta a esaurimento.*** Una qualsiasi risorsa con vita economica limitata e non suscettibile di essere rimpiazzata. Ne sono esempi una miniera, un giacimento petrolifero, una foresta, ecc., che si esauriscono via via che si estrae o si utilizza il prodotto. In senso più lato, il termine inglese indica una qualsiasi attività fissa soggetta a deprezzamento e con vita utile limitata e perciò qualsiasi bene, fatta eccezione per la terra.

waterage: 1. ***trasporto su idrovie.*** Il trasporto di merci su chiatte, barconi o altre imbarcazioni, principalmente lungo canali o fiumi navigabili. **2.** ***spese di trasporto su idrovie.*** Il costo sostenuto per trasportare merci su chiatte o altre imbarcazioni lungo canali o fiumi navigabili.

water bailage: Termine con il quale viene indicata una tassa imposta su tutte le merci in entrata e in uscita dal porto di Londra.

waterborne agreement: Nel linguaggio delle assicurazioni marittime, è un accordo tra gli assicuratori londinesi, entrato in vigore il 1° febbraio del 1938, in base al quale la copertura assicurativa per rischi bellici era operante soltanto durante il periodo in cui il bene assicurato si trovava a bordo di navi battenti bandiera estera, con la sola eccezione che in caso di trasbordo venivano concessi quindici giorni di copertura durante i quali si doveva effettuare il trasbordo sulla nave battente bandiera estera.

watered capital: ***capitale annacquato.*** Capitale sopravvalutato a seguito dell'emissione di un numero di azioni eccessivo in relazione alla presumibile redditività dell'impresa. Ad esempio, una società con mille azioni in circolazione paga solitamente un dividendo pari al dieci per cento del valore delle azioni, ma a seguito di una successiva emissione di altre mille azioni, è in grado di pagare un dividendo pari soltanto al cinque per cento del valore delle azioni in circolazione. In tale caso, il capitale azionario emesso supera il valore delle attività dell'impresa ed il capitale è detto «annacquato».

watered stock: ***capitale azionario annacquato.*** Termine usato con lo stesso significato di *watered capital* (v.).

watering of stock: ***annacquamento del capitale.*** Termine usato in alternativa a *stock watering* (v.).

water pollution: ***inquinamento delle acque.*** È uno dei cosiddetti costi sociali e precisamente quello derivante dagli scarichi in acque pubbliche, fiumi, laghi o mari, di rifiuti solidi o liquidi da parte di varie industrie. (v. anche *social cost*)

water power: ***energia idrica.*** L'energia prodotta da masse d'acqua in movimento o in caduta e utilizzata per azionare macchine ad energia idrica o per produrre energia elettrica.

water resources: ***risorse idriche.*** Le riserve di acqua di una qualsiasi area di un paese o dell'intero paese.

water rights: ***diritti di uso di acque.*** Nel linguaggio giuridico, sono i diritti dei proprietari di terreni adiacenti a masse d'acque, o del pubblico in generale, di usare fiumi, laghi e mari.

waterways: ***idrovie.*** Termine usato con lo stesso significato di *inland waterways* (v.).

way–bill: ***bollettino di spedizione; titolo di trasporto.*** Documento emesso da un vettore, al punto di origine, in cui sono indicati il punto di origine e di destinazione, il nome del mittente e del ricevitore, il percorso, la descrizione delle merci e le spese di trasporto. Si tratta semplicemente di una ricevuta e non costituisce, pertanto, un titolo rappresentativo delle merci in viaggio.

way–leave: 1. ***diritti di passaggio.*** È il diritto di attraversare una proprietà appartenente a terzi. **2.** ***permesso di passaggio.*** Il permesso, concesso dal proprietario di un fondo, di far passare sopra o sotto la sua proprietà una condotta idrica o di spurgo, cavi elettrici e telefonici e simili. **3.** ***servitù mineraria.*** Il diritto, concesso a chi sfrutta una miniera o una cava, di far passare i prodotti della miniera o della cava su proprietà altrui.

ways and means: ***modi e mezzi.*** Il termine inglese viene usato per indicare i mezzi finanziari e la struttura organizzativa necessari per realizzare un determinato obiettivo. La stessa espressione indica i metodi e le disposizioni di legge che consentono il reperimento di fondi con i quali finanziare l'attività dello stato.

Ways and Means Advances: ***anticipazioni di tesoreria.*** Nel Regno Unito, sono i debiti contratti direttamente dal ministero del tesoro nei confronti della Banca d'Inghilterra, sotto forma di anticipazioni. Costituiscono soltanto una minima parte del debito pubblico.

Ways and Means Resolutions: ***deliberazioni di modi e mezzi.*** Espressione usata con lo stesso significato di *budget resolutions* (v.).

w/b: way–bill.

W.B.: 1) warehouse book; 2) way–bill.

WDA: writing down allowance.

weak currency: ***moneta debole; valuta debole.*** Termine usato con lo stesso significato di *soft currency 1* (v.).

weak dollar: ***dollaro debole.*** Il dollaro statunitense valutato a tassi di cambio inferiori al reale rapporto di valore relativo tra la moneta statunitense e le monete degli altri paesi del mondo.

weak market: ***mercato debole.*** Situazione di mercato caratterizzata da cedimento dei prezzi, a causa di un'eccedenza dell'offerta sulla domanda.

weakness letter: È un documento, preparato da un revisore contabile, nel quale si evidenziano carenze dei sistemi o imperfezioni nei controlli finanziari dell'impresa.

weak substitute: ***succedaneo debole.*** È un bene che può sostituirne un altro, ma che non dà al consumatore lo stesso grado di soddisfazione del bene sostituito. (v. anche *close substitute*)

wealth: ***ricchezza; patrimonio.*** Termine usato con lo stesso significato di *economic wealth* (v.).

wealth effect: ***effetto ricchezza.*** Espressione con la quale si indica un aumento della domanda globale conseguente a una diminuzione del livello dei prezzi e dei tassi d'interesse.

wealth tax: ***imposta sul patrimonio.*** Imposta, generalmente a carattere non ricorrente, prelevata sul patrimonio complessivo del contribuente. Il termine può riferirsi anche ad un'imposta prelevata sull'intero patrimonio nazionale, nel qual caso è simile a una *property tax* (v.) generale a carattere non ricorrente. Nel Regno Unito si è fatto ricorso a questo tipo di imposta soltanto un paio di volte, nel 1948 e nel 1958. La prima volta si trattò di un'imposta patrimoniale *una tantum*; la seconda volta si trattò di un'imposta sui redditi di investimento di un intero anno.

wear and tear: ***logorio; logorio tecnico; deperimento materiale.*** Quella parte del deprezzamento di un'attività fissa dovuta all'uso normale e all'azione degli agenti atmosferici, piuttosto che a obsolescenza o al passare del tempo.

wear and tear allowances: ***deduzioni per logorio.*** Ciascuna delle quote annuali, calcolate a tassi specifici, che le imprese britanniche sono autorizzate a portare in detrazione come spese di deprezzamento per logorio tecnico o deperimento materiale delle attività fisse, esclusi i fabbricati industriali.

weather insurance: ***assicurazione contro l'inclemenza del tempo.*** È un particolare tipo di assicurazione, che garantisce contro il rischio di cancellazione di determinati eventi, quali ad esempio un incontro sportivo all'aperto, a causa di tempo eccessivamente inclemente.

weather permitting clause: ***clausola del tempo permettendo.*** In relazione ai contratti di noleggio a viaggio, è la clausola che stabilisce che le stallie decorrono soltanto se le condizioni meteorologiche consentono il regolare svolgimento delle operazioni di caricazione, discarica e movimentazione del carico.

weather theory of the trade cycle: ***teoria meteorologica del ciclo economico.*** È la teoria che sostiene che le fluttuazioni del ciclo economico sono dovute, in un'economia in cui l'agricoltura è predominante, all'andamento delle condizioni meteorologiche. Queste influenzano il volume della produzione agricola, che a sua volta si ripercuote sugli altri settori dell'economia.

weather working days: ***giorni lavorativi tempo permettendo.*** Espressione usata particolarmente nel linguaggio dei trasporti marittimi per indicare i giorni in cui il tempo atmosferico consente lo svolgimento delle operazioni di caricazione, discarica e movimentazione del carico.

Webb–Pomerene Act: Lo stesso che *Export Trade Act* (v.).

weekly half–holiday: ***mezza giornata festiva settimanale.*** Una legge britannica del 1850 concesse mezza giornata settimanale di riposo il sabato pomeriggio, oltre la domenica, a tutte le donne e i ragazzi che lavoravano nelle industrie. Il beneficio fu presto esteso anche ai maschi adulti e successivamente alle altre categorie di lavoratori.

weekly return: ***situazione settimanale.*** Termine usato con lo stesso significato di *Bank return* (v.).

week order: ***ordine a revoca; ordine valido revoca.*** Lo stesso di *month order* (v.), ma con la differenza che il periodo di validità dell'ordine di acquisto o di vendita è limitato ad una settimana.

weighbridge docket: ***certificato di peso.*** È il certificato, rilasciato dal proprietario o dal gestore di un ponte a bilico, nel quale si attesta il peso lordo, la tara e il peso netto di qualsiasi cosa pesata sul ponte a bilico.

weight delivered: ***peso allo sbarco.*** È il peso delle merci al momento in cui esse vengono sbarcate dalla nave che le ha trasportate. (v. anche *weight inwards*)

weighted arithmetic mean: ***media aritmetica ponderata.*** Lo stesso che *weighted average* (v.).

weighted average: ***media ponderata.*** In statistica, è una media nella quale viene assegnata una diversa importanza ai vari termini, dando loro determinati valori chiamati pesi. Così, ad esempio, un valore al quale viene assegnato un peso doppio viene moltiplicato per due. Nel fare la media, la somma dei valori ponderati viene divisa per la somma dei pesi, invece che per il numero dei valori come avviene in una media non ponderata. In economia, la media ponderata viene frequentemente usata nella costruzione di numeri indici.

weighted hedge: ***copertura ponderata.*** Si verifica quando un operatore trova disponibili sul mercato a termine soltanto contratti di entità o durata superiori a quello della posizione che intende coprire. In tal caso, l'operatore sarà costretto a rivendere sul mercato a termine una parte dell'eccedenza di copertura.

weighted index: ***indice ponderato.*** Numero indice nel calcolare il quale è stato assegnato un valore maggiore a determinati elementi, ritenuti più importanti di altri.

weighted mean: ***media ponderata.*** Lo stesso che *weighted average* (v.).

weighting: ***ponderazione.*** In matematica e in statistica, si indica con questo termine l'attribuzione di pesi o valori diversi ai singoli termini di una serie, usati nella costruzione di un numero indice, in relazione alla loro importanza o frequenza. Così, nel preparare l'indice dei prezzi al consumo, si dà spesso maggior enfasi ad una voce di spesa, ad esempio quella relativa ai generi alimentari.

weight inwards: ***peso a destino.*** È il peso della merce al momento in cui essa giunge nel magazzino del compratore. A seconda dei tipi di merce, il peso a destino può essere uguale, maggiore o minore del peso all'origine. Sarà maggiore se la merce è di un tipo che si presta ad assorbire umidità durante il trasporto; sarà inferiore se la merce, invece, perde umidità a seguito di evaporazione durante il viaggio. Il peso a destino può differire da quello di origine anche per altri motivi.

weight note: ***distinta dei pesi; bolletta dei pesi.*** Termine usato con lo stesso significato di *dock weight note* (v.).

weight of money: ***peso della moneta.*** Espressione di recente formazione, con la quale si indica l'impatto, generalmente sul prezzo di uno o più beni o prodotti finanziari, prodotto dalla grande liquidità esistente sul mercato e derivante dalla crescente quantità di risparmi privati e aziendali che giungono sul mercato stesso.

weight–of–money theory: ***teoria del peso della moneta.*** La teoria che sostiene che la moneta contante investita dalle imprese nazionali e l'eccedenza finanziaria prodotta dai risparmiatori resteranno fedeli ai mercati nazionali invece di dirigersi verso altri paesi. Questa teoria è stata formulata principalmente in relazione all'economia giapponese.

weight on delivery: ***peso alla consegna.*** Termine usato con lo stesso significato di *weight inwards* (v.).

weight or measurement: ***peso o volume.*** Espressione del linguaggio dei trasporti marittimi, con la quale si indica che il nolo relativo al trasporto di una determinata partita di merci sarà calcolato sul loro peso o sul volume che esse sviluppano, a seconda di quale dei due risulti più conveniente per il vettore. (v. anche *tonnage scale*)

weight outwards: ***peso di origine.*** È il peso delle merci nel luogo in cui esse si trovano al momento in cui viene conclusa una vendita o all'epoca della spedizione al compratore. (v. anche *weight inwards*)

weights: ***pesi.*** In statistica, sono i coefficienti che si attribuiscono ai termini di una serie, in relazione alla loro frequenza o importanza. (v. anche *weighted average, weighted index, weighting*)

weights and measures: ***pesi e misure.*** Nel Regno Unito, sono regolati dal *Weights and Measures Act* (v.).

Weights and Measures Act: Legge, approvata dal parlamento britannico nel 1963, con la quale si consolidavano sia la legge del 1873 che i successivi emendamenti e modificazioni. Nelle sue sei parti, la legge tratta esaurientemente dei pesi e delle misure da usarsi in qualsiasi tipo di attività. Tra l'altro, stabilisce che determinati beni devono essere messi in commercio in quantità particolari prestabilite, onde evitare di confondere il consumatore. Il tè, ad esempio, deve essere venduto in confezioni di due, quattro o otto once e non in confezioni di peso diverso.

weight slip: ***distinta dei pesi; bolletta dei pesi.*** Termine usato con lo stesso significato di *dock weight note* (v.).

weight ton: ***tonnellata inglese.*** Lo stesso che *long ton* (v.).

Weir system: ***sistema Weir.*** Nome dato ad un sistema di remunerazione a premio. Prevede un tempo standard per ciascuna operazione in base al quale viene retribuito il lavoratore, con un premio pari alla metà del saggio orario per il tempo risparmiato rispetto a quello previsto.

welfare: ***benessere; prosperità.*** Nel linguaggio economico, è una condizione di felicità e benessere generale causata da buona salute, buone condizioni di vita, un lavoro sicuro, ben remunerato e di soddisfazione, libertà personale, assenza di preoccupazioni per il futuro e simili. È uno stato che si è tentato di raggiungere, ma che non è mai stato realizzato in pratica. Negli Stati Uniti, il termine viene usato per indicare il programma di assistenza chiamato *Aid to Families with Dependent Children* (v.).

welfare assistance: ***assistenza pubblica.*** Termine statunitense, usato con lo stesso significato di *public assistance* (v.).

welfare benefits: ***programmi di assistenza.*** Termine britannico, usato con lo stesso significato dell'equivalente statunitense *welfare programs* (v.).

welfare capitalism: ***capitalismo sociale; capitalismo del benessere.*** La tendenza, prevalente negli anni venti negli Stati Uniti, rappresentata da un'espansione degli sforzi volontari privati, principalmente da parte dei grossi datori di lavoro, volti a fornire garanzie di reddito e altri benefici ai loro dipendenti, in assenza di un sistema nazionale di assicurazioni sociali.

welfare economics: ***economia del benessere.*** Il ramo della teoria economica che studia in quale misura un sistema economico realizza effettivamente determinati obiettivi intesi a massimizzare il benessere sociale e quali politiche si possano adottare al fine di causare cambiamenti economici tendenti verso la realizzazione di tali obiettivi. Il termine viene usato in relazione all'opera dell'economista inglese Arthur C. Pigou, che considerava i costi di produzione comprensivi di certi costi sociali, quali ad esempio l'inquinamento atmosferico e delle acque, e che riconosceva gli utili sociali che possono derivare dalla produzione indipendentemente dal profitto dell'imprenditore. L'espressione viene anche usata correntemente per indicare la politica economica di un governo, che mira al miglioramento delle condizioni sociali prevalenti nel paese. (v. anche *social cost*)

welfare frontier: ***frontiera del benessere.*** Il massimo benessere di cui un qualsiasi individuo può godere, considerato il livello di benessere di cui godono tutti gli altri membri della stessa comunità.

welfare payments: ***sussidi statali; assegni assistenziali.*** Versamenti di moneta che lo stato fa ai cittadini bisognosi, a qualunque titolo. Fanno parte dei trasferimenti e non rientrano nel computo del prodotto nazionale lordo.

welfare programs: ***programmi di assistenza.*** Termine generico con il quale, negli Stati Uniti, si indica l'insieme dei programmi del governo federale o dei singoli stati intesi a prestare assistenza agli anziani, ai bisognosi, ai portatori di handicap, ai non vedenti, ecc. Recentemente si sono mosse critiche all'insieme dei programmi di assistenza in quanto, secondo alcuni, i loro costi sono cresciuti eccessivamente e i risultati che si ottengono non giustificano l'enorme impiego di risorse. (v. anche *public welfare program*)

welfare state: ***stato del benessere; stato sociale; stato assistenziale.*** Uno stato che assicura programmi di benessere sociale, quali ad esempio l'edilizia abitativa pubblica, i sussidi all'agricoltura, il servizio sanitario gratuito, l'assicurazione contro la disoccupazione, il sistema di pensioni di vecchiaia, ecc. Il termine è spesso usato in senso alquanto derisivo e peggiorativo.

welfare theory of taxation: ***teoria del massimo benessere.*** È la teoria che sostiene che l'imposizione fiscale dovrebbe basarsi sulla massimizzazione del benessere della comunità mediante la minimizzazione della perdita totale di soddisfazione che deriva al contribuente dal pagamento delle imposte. La perdita di soddisfazione per un lavoratore a basso reddito derivante dal pagamento di una determinata somma di denaro sarà maggiore della perdita di soddisfazione per un ricco tenuto a pagare la stessa somma. Pertanto, al fine di assicurare l'uguaglianza del sacrificio, i ricchi devono pagare imposte progressivamente più alte.

welfarist: ***sostenitore dello stato sociale.*** Termine di recente formazione, usato per indicare un sostenitore dei programmi caratteristici dello stato sociale, quali ad esempio assistenza pubblica ai poveri, sussidi di disoccupazione, pensioni sociali e così via.

Werner Plan: ***Piano Werner.*** Piano proposto da un comitato di specialisti, presieduto da M. Werner, per la completa integrazione economica e monetaria della Comunità Europea, che avrebbe dovuto realizzarsi entro il 1978–80. Condizione indispensabile per tale integrazione era la creazione di una valuta comune a tutti i paesi membri o l'accordo che le parità esistenti tra le singole valute diventassero irrevocabilmente fisse.

western economy: ***economia di tipo occidentale.*** Un sistema economico basato sul capitalismo, del tipo dominante nel mondo occidentale, per distinguerlo dal sistema economico basato sulle teorie comuniste, prevalente nel mondo orientale.

western hemisphere trade corporation: Termine usato negli Stati Uniti per indicare una società commerciale che svolge tutta la sua attività nell'ambito del continente americano, incluse le Indie Occidentali e Terranova, il cui reddito deriva almeno per il novantacinque per cento da fonti al di fuori degli Stati Uniti. Questo tipo di impresa gode di alcuni vantaggi fiscali, concessi allo scopo di incoraggiare il commercio statunitense con i paesi del continente americano e lo sviluppo economico di tali paesi.

Western Samoan dollar: ***dollaro delle Samoa Occidentali.*** Unità monetaria delle Samoa Occidentali, anche chiamata tala, suddivisa in cento cent.

Westminster Bank Ltd.: Uno dei principali istituti di credito operanti nel Regno Unito e fondato nel 1833. Nel 1968 si fuse con la *Provincial Bank* per costituire la *National Westminster Bank* (v.).

Westminster Insurance Company Ltd.: È una delle più antiche compagnie di assicurazioni del Regno Unito, essendo stata fondata nel 1717.

wet dock: ***bacino a chiuse; bacino di galleggiamento.*** Attrezzatura caratteristica del porto di Londra e di tutti gli altri porti soggetti a forti onde di marea. Durante l'alta marea, le navi vengono fatte entrare in questi bacini e ormeggiate lungo la banchina, dopo di che vengono chiuse le saracinesche e la nave conserva una linea di galleggiamento costante, indipendentemente dal montare e dal calare della marea. Quando la nave ha terminato le operazioni di caricazione o di discarica e intende lasciare l'ormeggio, si dovrà aspettare la prossima alta marea, onde poter aprire le saracinesche e consentire alla nave di lasciare il bacino.

wet goods: ***merci liquide; liquidi.*** Nel linguaggio commerciale, questo termine indica qualsiasi tipo di liquido, contenuto in bottiglie, botti o fusti.

wey: Unità di misura di peso, usata principalmente nei commerci del granturco e della lana. Per il cereale, il *wey* corrisponde a 40 *bushel* o 320 galloni, equivalenti nel Regno Unito a 1454,721 chilogrammi e negli Stati Uniti a 1409,521 chilogrammi. Nel commercio della lana, il *wey* corrisponde a 182 libbre, equivalenti a 82,554 chilogrammi.

W.F.T.U.: World Federation of Trade Unions.

wgt.: weight.

wharf: ***banchina; scalo; pontile.*** Luogo, sul bordo di un bacino o di un fiume, adibito alle operazioni di caricazione e discarica di navi o altre imbarcazioni.

wharfage: ***diritti di banchina.*** Termine usato con lo stesso significato di *wharf dues* (v.).

wharfage and porterage: ***diritti di banchina e facchinaggio.*** Diritti fatti pagare all'armatore di una nave, che successivamente si rivale sul proprietario delle merci, in relazione all'uso di una banchina e di una carovana di scaricatori per le operazioni di caricazione o discarica di una nave.

wharfage charges: ***diritti di banchina.*** Termine usato con lo stesso significato di *wharf dues* (v.).

wharf demurrage: ***tassa di sosta sulla banchina.*** Diritto fatto pagare, in aggiunta ai diritti di banchina, nel caso in cui le merci rimangano sulla banchina per un periodo di tempo superiore alle ventiquattro ore dopo la discarica.

wharf dues: ***diritti di banchina.*** Diritti fatti pagare per l'uso di una banchina, in relazione alle operazioni sia di caricazione che di discarica.

wharfinger: ***proprietario di banchina; esercente di banchina; sorvegliante di banchina.*** Il termine inglese indica indifferentemente il proprietario, il gestore o un impiegato che sovrintendono alle operazioni di caricazione e discarica lungo una banchina.

wharfinger's certificate: ***certificato di banchina; ricevuta di banchina.*** Termine usato con lo stesso significato di *wharfinger's receipt* (v.).

wharfinger's receipt: ***certificato di banchina; ricevuta di banchina.*** Documento rilasciato dal proprietario o dall'esercente di una banchina, con il quale egli attesta di aver ricevuto le merci ivi descritte in custodia, in attesa che esse vengano caricate a bordo di una nave in partenza o vengano consegnate al destinatario. Di solito, tale ricevuta non costituisce un titolo rappresentativo delle merci, né può essere usata per il prelievo delle stesse, che è soggetto all'emissione di un ordine di consegna da parte del loro proprietario.

wharfinger's warrant: ***fede di deposito di banchina.*** Documento rilasciato dal proprietario o dall'esercente di una banchina, con il quale egli attesta che le merci ivi descritte saranno consegnate alla persona cui la fede di deposito è intestata o alla persona cui essa venisse girata. Tale documento è un titolo rappresentativo delle merci e ne consente il trasferimento di proprietà senza che ne venga contestualmente trasferito il possesso.

Wheeler–Lea Act: Legge, approvata dal Congresso degli Stati Uniti nel 1938, con la quale si emendava il *Federal Trade Commission Act* del 1914. Questa legge vieta non soltanto i metodi di concorrenza sleale, ma anche pratiche e atti commerciali menzogneri e sleali, quali ad esempio descrizioni di prodotti non corrispondenti al reale contenuto delle confezioni, con particolare riferimento a generi alimentari, medicinali e cosmetici.

wheel of retailing: ***ruota del dettaglio.*** La teoria, esposta per la prima volta da M. P. McNair, che sostiene che l'attività di commercio al dettaglio tende a rinnovarsi ciclicamente, come si può vedere in qualsiasi arteria cittadina, dove alcuni negozi chiudono e altri aprono. Secondo la teoria, la maggior parte dei dettaglianti inizia l'attività con negozi a basso prezzo e a basso margine di guadagno, ma via via che prosperano, essi si rivolgono a un segmento di mercato sempre più selezionato, lasciando spazio alla costituzione di nuovi negozi al dettaglio. La teoria sarebbe dimostrata dal sorgere (e dal successivo declino) dei department stores (fino al 1914); dei magazzini a prezzo unico (1910–20); dei supermercati alimentari, negozi a libero servizio e catene volontarie (1930–40); delle discount houses (1940–50); degli shopping centres e case di vendita per corrispondenza (1950–60); degli ipermercati e nuovi tipi di discount houses (1960–70); delle conglomerate commerciali, a partire dall'inizio degli anni ottanta.

when, as and if issued: ***quando, come e se emessi.*** Espressione più precisa, usata con lo stesso significato di *when issued* (v.).

when issued: ***all'emissione.*** Espressione con la quale, nel linguaggio delle borse valori statunitensi, si indica la pratica di trattare titoli su una base nuova, come ad esempio in occasione di un frazionamento azionario, appena tale base viene autorizzata e quindi prima che abbia luogo l'effettiva emissione delle nuove azioni.

wherewithal: ***mezzi necessari.*** Moneta o altri mezzi occorrenti per fare qualcosa o realizzare un progetto.

whge: wharfage.

«whisky money»: Espressione un tempo usata nel Regno Unito per indicare il gettito dell'imposta di fabbricazione sul whisky che, in base al *Local Taxation Act* del 1890, era devoluto al finanziamento delle strutture di istruzione tecnica e secondaria del paese.

white coal: ***carbone bianco.*** Espressione con la quale si indica l'acqua di un fiume, di un torrente o di una cascata, che possa essere utilizzata per produrre energia idroelettrica o per azionare direttamente una macchina.

white collar job: ***posto di lavoro direttivo; lavoro direttivo.*** Nella industria dei servizi, questo termine viene usato in contrapposizione a *pink collar job* e indica un posto di lavoro tecnico o direttivo di solito ricoperto da personale maschile e remunerato con un salario relativamente alto.

white collars: ***colletti bianchi.*** Termine usato come sinonimo di *white collar workers* (v.).

white collar workers: ***colletti bianchi.*** Questo termine indica collettivamente tutti coloro che svolgono mansioni impiegatizie, professionali o manageriali in un'industria, per distinguerli da coloro che svolgono mansioni di tecnici o di operai. Il recente sviluppo tecnologico ha fatto sì che il numero di colletti bianchi sia diventato molto più grande di quello dei colletti blu, specialmente in paesi produttori di tecnologia avanzata.

white goods: ***beni di consumo durevoli; beni di consumo non deperibili.*** Questo termine, di uso principalmente statunitense, indica biancheria per uso domestico, come ad esempio tovaglie e lenzuola, e beni di consumo durevoli tradizionalmente dipinti di bianco, come frigoriferi, lavatrici, scaldabagni, cucine a gas e simili.

white knights: ***cavalieri bianchi; difensori.*** Espressione del linguaggio finanziario, con la quale si indicano coloro che vanno in soccorso di un'impresa, vittima di un'offerta di acquisto ostile, o lanciando un'offerta concordata, oppure acquistando o non cedendo parte del capitale con diritto di voto, allo scopo di evitare che si realizzi il controllo di maggioranza da parte di chi ha lanciato l'offerta di acquisto ostile.

white list: ***lista bianca.*** Nel linguaggio statunitense delle relazioni industriali, è un elenco di lavoratori considerati soddisfacenti dai datori di lavoro, in quanto non danno luogo ad agitazioni in relazione a questioni di lavoro.

white market: ***mercato bianco.*** Termine usato in contrapposizione a *black market* (v.) per indicare il normale canale attraverso il quale ha luogo l'attività di compravendita, nel rispetto delle leggi o delle disposizioni che regolamentano tale attività.

white paper: ***carta di buona firma.*** Termine usato con lo stesso significato di *fine paper* (v.).

White Paper: ***libro bianco.*** È una pubblicazione ufficiale a cura del governo, nella quale vengono esposte considerazioni relative ad una questione particolare di interesse economico o sociale.

White Paper on Employment Policy: ***Libro bianco sulla politica occupazionale.*** È uno dei più importanti libri bianchi, pubblicato dal governo britannico nel 1944, nel quale veniva esposta la politica governativa relativa all'occupazione. La caratteristica importante di questa pubblicazione consiste nel fatto che, per la prima volta nella storia, il governo britannico si assumeva la responsabilità del mantenimento della piena occupazione, asserendo che quando l'investimento privato non riesce a provvedere alla piena occupazione, l'investimento pubblico deve assumersi la responsabilità di colmare la lacuna venutasi a creare.

White Plan: ***piano White.*** Altro nome usato per indicare l'*American plan* (v.).

white sale: ***fiera del bianco.*** Il termine inglese indica una vendita promozionale o di liquidazione di articoli di biancheria per la casa.

white squires: ***cavalieri bianchi.*** Lo stesso che *white knights* (v.).

Whitley councils: Nel Regno Unito, venivano indicati con questo termine dei comitati paritetici di rappresentanti della direzione e dei lavoratori di una fabbrica o di un'industria, costituiti dietro raccomandazione della *Whitley Committee* del 1917 allo scopo di consentire il dialogo costruttivo su questioni aziendali, onde prevenire azioni sindacali o derimere dispute.

whlse.: wholesale.

W.H.O.: World Health Organization.

whole coverage: ***copertura totale.*** Termine usato con lo stesso significato di *full coverage* (v.).

whole life assurance: ***assicurazione per il caso di morte.*** Un contratto di assicurazione sulla vita, in relazione al quale l'evento preso in considerazione per il pagamento della somma assicurata è la morte del titolare della polizza. Il pagamento dei premi, pertanto, continua fin tanto che l'assicurato resta in vita, senza considerare se sia stato o no raggiunto l'ammontare assicurato. (v. anche *life assurance*)

whole life policy: ***polizza di assicurazione per il caso di morte.*** È la polizza che rappresenta il contratto di assicurazione descritto sotto *whole life assurance* (v.).

wholesale: **1.** ***vendita all'ingrosso.*** La vendita di beni in grandi quantità da parte di un produttore o di un commerciante all'ingrosso ad un dettagliante che, a sua volta, li rivenderà in piccole quantità al consumatore finale. **2.** ***all'ingrosso; dell'ingrosso.*** Il termine inglese viene usato anche come aggettivo e avverbio nel significato dato sopra.

wholesale bank: ***banca all'ingrosso.*** Una banca che pratica l'attività descritta sotto *wholesale banking* (v.).

wholesale banking: ***attività bancaria all'ingrosso.*** Espressione con la quale si indica l'accettazione, da parte delle banche, di depositi di notevole entità, la concessione di mutui a imprese e al governo e il guadagno di profitti da operazioni in valuta e di investimento. Pressocché tutte le banche intraprendono questo tipo di attività, ma le banche commerciali inglesi ne fanno il loro principale campo di attività. In un significato più moderno e ampio, il termine indica l'attività su vasta scala svolta nei mercati monetari che si sono sviluppati notevolmente a partire dalla seconda metà degli anni sessanta.

wholesale broker: ***intermediario di investitori istituzionali.*** Il broker che presta la sua opera di intermediazione, e a volte anche di consulenza, a favore di grossi investitori, quali le società di assicurazione, i fondi pensione e simili. Di solito si tratta di una *merchant bank.*

wholesale broking: ***intermediazione per investitori istituzionali.*** L'attività svolta da un *wholesale broker* (v.).

wholesale business: **1.** ***azienda per la vendita all'ingrosso.*** Termine usato con lo stesso significato di *wholesaling company* (v.). **2.** ***attività di vendita all'ingrosso; attività commerciale all'ingrosso; attività all'ingrosso; commercio all'ingrosso.*** Termine usato con lo stesso significato di *wholesale trade* (v.).

wholesale co-operative: ***cooperativa di vendita all'ingrosso; cooperativa all'ingrosso.*** Associazione costituita dalle cooperative di consumo, allo scopo di poter disporre di maggiore facilità di approvvigionamento, alle quali essa rivende prodotti acquistati in grandi quantità direttamente dalle fonti di produzione. L'associazione si interessa anche della produzione e importazione di certi articoli e alla fine dell'esercizio distribuisce utili alle cooperative di consumo che ne fanno parte, sulla base degli acquisti effettuati da queste ultime.

wholesale dealer: ***grossista; commerciante all'ingrosso.*** Termine usato con lo stesso significato di *wholesaler* (v.).

wholesale deposits: ***grossi depositi.*** Nella terminologia bancaria britannica, sono così chiamati i depositi interbancari, i certificati di deposito e altri depositi di notevole consistenza, sia in sterline che in altre valute. Il termine viene usato come opposto di *retail deposits* (v.).

wholesale discount: ***sconto per vendita all'ingrosso.*** Lo stesso che *trade discount* (v.).

wholesale house: ***casa per la vendita all'ingrosso.*** Termine usato con lo stesso significato di *wholesaling company* (v.).

wholesale index: ***indice dei prezzi all'ingrosso.*** Lo stesso che *wholesale price index* (v.).

wholesale index number: ***numero indice dei prezzi all'ingrosso.*** Lo stesso che *wholesale price index* (v.).

wholesale interest rate: ***tasso d'interesse interbancario.*** Lo stesso che *London interbank offered rate* (v.).

wholesale market: **1.** ***mercato all'ingrosso.*** Un mercato nel quale si trattano soltanto grosse partite di merci. Sono tali principalmente i mercati di generi alimentari e di materie prime. **2.** ***mercato tra operatori.*** Lo stesso che *inside market* (v.).

wholesale merchant: ***grossista; commerciante all'ingrosso.*** Termine usato con lo stesso significato di *wholesaler* (v.).

wholesale price: ***prezzo all'ingrosso; prezzo dell'ingrosso.*** Il prezzo al quale un prodotto viene venduto ad un dettagliante o altro distributore, che l'acquista in quantità relativamente grandi o in maniera continuativa allo scopo di rivenderlo successivamente ad altri. Generalmente corrisponde al prezzo di listino meno lo sconto mercantile.

wholesale price index: ***indice dei prezzi all'ingrosso.*** Termine sostituito dal più recente *producer price index* (v.).

wholesale purchase: ***acquisto all'ingrosso.*** È l'acquisto di grosse partite di prodotti o merci, fatto da un grossista, che li rivende ad un dettagliante, o da un dettagliante che, a sua volta, li rivende al consumatore finale.

wholesaler: ***grossista; commerciante all'ingrosso; venditore all'ingrosso.*** Commerciante che funge da intermediario tra il produttore e il dettagliante. Le sue funzioni possono riassumersi in quattro punti principali: a) egli acquista in grosse quantità dal produttore e rivende al dettagliante in quantità più piccole; b) mantiene scorte in deposito, al fine di far fronte alle fluttuazioni della domanda; c) contribuisce a finanziare la distribuzione dei prodotti che tratta, concedendo al dettagliante dilazioni di pagamento mentre egli, di solito, paga il produttore all'atto dell'acquisto; d) a volte si assume anche la funzione di confezionare il prodotto per la vendita, preparando confezioni appropriate, etichettandolo o miscelandolo. Il grossista trae il proprio utile o dalla differenza tra il prezzo al quale compra dal produttore e il prezzo che pratica al dettagliante oppure, quando il prezzo di rivendita è stabilito dal produttore, dalla differenza tra lo sconto che quest'ultimo gli pratica e quello che egli, a sua volta, praticherà al dettagliante. La funzione del grossista è essenziale nella rete di distribuzione dei prodotti, ma da più parti si è spesso sostenuto che sarebbe opportuno eliminarlo al fine di contenere i costi di distribuzione. Se si eliminasse il grossista, le sue funzioni dovrebbero essere assunte o dal produttore o dal dettagliante, con un conseguente aumento dei loro costi, che si ripercuoterebbe ugualmente sui prezzi al consumo. Del resto, alcuni tipi di produttori fanno a meno dei grossisti, provvedendo essi stessi alla distribuzione del loro prodotto e assumendosi le altre funzioni proprie del grossista, mentre alcuni dettaglianti, ad esempio i grandi supermercati alimentari o i grandi magazzini che costituiscono la cosiddetta grande distribuzione, fanno anch'essi a meno dell'intermediazione del grossista, ma ciò non sembra che contribuisca in maniera determinante a mantenere più bassi i prezzi al dettaglio.

wholesale sale: ***vendita all'ingrosso.*** È la vendita di grosse partite di prodotti o merci, fatta dal produttore ad un commerciante all'ingrosso o da quest'ultimo ad un rivenditore al dettaglio.

wholesale sales: ***fatturato dell'ingrosso.*** Il termine inglese indica l'aggregato delle vendite di tutte le imprese che forniscono i rivenditori, gli agenti o altri operatori commerciali, esclusi i consumatori finali.

wholesale shop: ***negozio per la vendita all'ingrosso.*** In base allo *Shops Act* del 1950, è un negozio gestito da un grossista, nel quale vengono tenute merci per la vendita esclusiva a dettaglianti e non a consumatori finali.

wholesale society: ***cooperativa di vendita all'ingrosso; cooperativa all'ingrosso.*** Termine usato con lo stesso significato di *wholesale co-operative* (v.).

wholesale standard: ***indice dei prezzi all'ingrosso.*** Lo stesso che *producer price index* (v.).

wholesale trade: ***commercio all'ingrosso.*** È il commercio che ha per oggetto la compravendita di grosse partite di prodotti e che, pertanto, ha luogo tra produttore e grossista, tra due grossisti o tra un grossista e un dettagliante, ma mai tra un grossista e un consumatore finale.

wholesale trader: ***grossista; commerciante all'ingrosso.*** Termine usato con lo stesso significato di *wholesaler* (v.).

wholesaling: ***attività commerciale all'ingrosso; attività di vendita all'ingrosso; attività all'ingrosso; commercio all'ingrosso.*** Termine usato con lo stesso significato di *wholesale trade* (v.).

wholesaling company: ***società per la vendita all'ingrosso.*** È un'impresa commerciale che acquista in grosse partite e rivende in partite più piccole ad altri grossisti o a dettaglianti. Le funzioni sono uguali a quelle descritte sotto *wholesaler* (v.), di cui questo termine è spesso sinonimo.

whole-time service directors: ***amministratori a tempo pieno.*** Sono gli amministratori di una società a carattere familiare. Essi possiedono almeno il venti per cento del capitale azionario della società, dalla quale percepiscono un regolare stipendio in considerazione dei servizi che essi rendono all'impresa.

wholly-owned subsidiary: ***consociata interamente controllata.*** Una *subsidiary company* (v.) il cui capitale è al cento per cento posseduto da un'altra società.

whs.: warehouse.

whse.: warehouse.

whs. rec.: warehouse receipt.

w.i.: when issued.

Wicksell effect: ***effetto Wicksell.*** Dal nome dell'economista svedese Knut Wicksell, il termine viene usato per indicare l'assorbimento improduttivo di un aumento del capitale o la deviazione del tasso di interesse dal prodotto netto marginale del capitale monetario. In altre parole, con questa espressione si indica la proposizione che sostiene che il tasso di interesse è inferiore al valore del prodotto netto marginale del capitale monetario, in quanto il capitale monetario viene usato per acquistare sia beni capitali che lavoro. Il trasferimento del lavoro da un uso diretto ad un uso indiretto genera un aumento dei salari che assorbe parte del capitale monetario e fa sì che il risparmio reale sia inferiore al risparmio monetario. Questo effetto viene controbilanciato dalla diminuzione del tasso di interesse, che libera una parte delle risorse monetarie fino ad allora utilizzate per il pagamento di interessi ed ora disponibile per l'acquisto di beni capitali.

wide base money: ***moneta di base ampia.*** Questo termine indica lo stesso che *base money* (v.), più banconote e monete in circolazione e nelle casse delle banche. È un altro modo di esprimere l'aggregato monetario tecnicamente indicato con la sigla *M0* (v.).

widening investment: ***investimento di ampliamento.*** Una forma di investimento che tende a far aumentare la produzione mediante l'utilizzazione di tecniche già esistenti, di rapporti convenzionali capitale/lavoro e di modelli di produzione già consolidati. Si tratta, cioè, di un investimento che fa aumentare la produzione, ma non la produttività. (v. anche *deepening investment*)

widening of capital: ***ampliamento di capitale.*** L'aumento della quantità di capitale impiegato attraverso l'aumento del volume di beni prodotti, ma senza variare il rapporto tra l'ammontare di capitale impiegato e una data quantità di beni. (v. anche *deepening of capital*)

widening of margins: ***ampliamento dei margini.*** Tecnica usata per consentire la fluttuazione dei tassi di cambio entro una banda ristretta, dal due al tre per cento, o entro una banda più ampia, dal quattro al cinque per cento al di sopra e al di sotto della parità stabilita. Secondo gli ideatori, dovrebbe porre un freno alle manovre speculative e dare alle banche centrali maggiore agilità di manovra nel far fronte a squilibri di breve periodo.

wide price: ***margine ampio; corso a margine ampio.*** Nel linguaggio della borsa valori di Londra, questa espressione indica un corso che presenta una differenza molto ampia tra denaro e lettera, cioè i due prezzi, quello di domanda e quello di offerta, quotati da un *market maker* (v.).

wider–range investments: ***investimenti a più ampio raggio.*** Termine usato in relazione al *Trustee Investments Act* (v.) del 1961, per indicare la possibilità data ai fiduciari di investire i fondi da loro amministrati per il cinquanta per cento in determinati tipi di azioni ordinarie, mentre prima dell'approvazione di tale legge essi potevano investire soltanto in un raggio limitato di titoli a reddito fisso, primi tra i quali erano i titoli di stato e quelli garantiti dallo stato.

Widows', Orphans' and Old Age Contributory Pensions Act: Legge, approvata dal parlamento britannico nel 1925, con la quale si stabiliva il principio della reversibilità delle pensioni a favore delle vedove e degli orfani di lavoratori che avevano regolarmente versato i contributi di assicurazione sociale. La stessa legge stabiliva la possibilità di partecipare ad un piano di pensionamento mediante il versamento di contributi volontari.

widow's pension: ***pensione di reversibilità; pensione indiretta.*** Pensione pagata ad una vedova dal momento della morte del marito, per tutto il resto della sua vita. È sempre più bassa di quella che avrebbe percepito il marito se fosse rimasto in vita.

Wieser's law of costs: ***legge dei costi di Wieser.*** Legge economica, formulata dall'austriaco Friederich von Wieser, che sostiene che il costo di un bene corrisponde all'alternativa cui si rinuncia per la sua produzione.

wife's earned income allowance: ***detrazione sul reddito del coniuge.*** Nel Regno Unito, se una coppia presenta una dichiarazione delle imposte congiunta, viene riconosciuta una detrazione sia sul reddito del marito, sia su quello della moglie.

wildcat bank: Termine una volta usato negli Stati Uniti per indicare una banca ubicata in luoghi desertici o inacessibili, appositamente scelti dai suoi fondatori allo scopo di rendere estremamente difficile la presentazione per l'incasso di banconote emesse dalla banca stessa. Il termine fu successivamente esteso a qualsiasi banca che non presentasse garanzia di solidità e stabilità. (v. anche *wildcat banking era*)

wildcat banking era: Espressione usata negli Stati Uniti per indicare il periodo posteriore al 1836, cioè successivo allo scioglimento della seconda Banca degli Stati Uniti. Poiché le leggi dei singoli stati relative all'attività bancaria non tutelavano il cliente della banca e differivano notevolmente da stato a stato, le banche dell'epoca ispiravano poca fiducia e la struttura monetaria e creditizia del paese si presentava estremamente instabile, specialmente quando a seguito dell'istituzione del *free banking system* (v.) nello stato di New York, anche gli altri stati cominciarono a concedere più facilmente autorizzazioni per la costituzione di banche senza prestare troppa attenzione alle garanzie che esse offrivano a favore della clientela.

wildcat money: Termine una volta usato negli Stati Uniti per indicare banconote emesse dalle cosiddette *wildcat banks* (v.).

wildcat strike: ***sciopero selvaggio.*** Termine usato con lo stesso significato di *quickie strike* (v.).

will: ***testamento.*** Documento preparato e firmato da una persona, chiamato testatore, con il quale egli dispone della distribuzione o amministrazione del proprio patrimonio dopo la morte. Un testamento non richiede alcuna forma particolare per essere valido, purché sia chiara l'intenzione del testatore. Deve essere per iscritto e firmato dal testatore o da altra persona da lui delegata, che deve tuttavia approrre la propria firma in presenza del testatore. La firma così apposta deve essere attestata da due o più testimoni presenti contemporaneamente, i quali firmeranno anch'essi in presenza del testatore.

Wilshire Index: ***indice Wilshire.*** Uno degli indici azionari in uso nelle borse valori statunitensi, che si basa sulle quotazioni dei titoli di circa cinquemila società.

Winchester bushel: ***bushel di Winchester.*** È il *bushel* (v.) in uso negli Stati Uniti, uguale a 2150,42 pollici cubici, corrispondenti a 35,2383 litri, ed equivalente a 0,96985 bushel imperiali.

Winchester gallon: ***gallone di Winchester.*** È il gallone usato nel Regno Unito come unità di misura nel commercio dei vini e negli Stati Uniti come misura base per liquidi. È pari al volume di 8,33 libbre avoirdupois d'acqua, o 23,09 pollici cubici, equivalenti a 3,7854 litri.

windbill: ***cambiale di comodo; cambiale di favore.*** Termine usato con lo stesso significato di *accommodation bill* (v.).

windfall: ***colpo di fortuna; guadagno inaspettato.*** La cosiddetta manna dal cielo, cioè un'eredità, una vincita al gioco o altro guadagno che il soggetto non si aspettava di realizzare.

windfall effect: ***effetto congiunturale.*** Lo stesso che *interest–induced effect* (v.).

windfall gain: ***guadagno fortuito; sopravvenienza attiva.*** Termine usato con lo stesso significato di *windfall profit 1* (v.).

windfall loss: 1. ***sopravvenienza passiva.*** Perdita d'esercizio inattesa e imprevista, derivante ad esempio da variazione dei prezzi o delle aliquote delle imposte, che modifica in diminuzione il patrimonio aziendale. **2.** ***perdita di congiuntura.*** Nella terminologia keynesiana, la differenza negativa tra i guadagni dei fattori della produzione e l'effettivo ricavo delle vendite.

windfall profit: 1. ***sopravvenienza attiva; profitto fortuito.*** Utile d'esercizio inatteso e imprevisto, derivante da cause al di là del controllo di chi lo riceve, che modifica in aumento il patrimonio aziendale. Ad esempio, una modifica delle aliquote fiscali può portare utili imprevisti ad un'impresa che aveva già pagato l'imposta più bassa sulle scorte di cui dispone. Trattandosi di utili eccezionali, essi compaiono separatamente nei rendiconti dell'impresa. **2.** ***profitto di congiuntura.*** Nella terminologia keynesiana, la differenza positiva tra i guadagni dei fattori della produzione e l'effettivo ricavo delle vendite.

windfall profits tax: ***imposta sui profitti fortuiti.*** Lo stesso che *windfall tax* (v.).

windfall tax: ***imposta sui profitti fortuiti.*** Un'imposta che colpisce con una determinata aliquota la parte di reddito di un'impresa ascrivibile a profitti fortuiti.

winding–up: ***liquidazione.*** È la procedura mediante la quale si procede all'estinzione di una società a responsabilità limitata, di solito a causa di sua incapacità di far fronte alle proprie obbligazioni, ma a volte anche in vista di una ristrutturazione. La liquidazione di una società avviene attraverso il realizzo di tutte le sue attività ed il pagamento di tutti i crediti accertati. Se dopo aver fatto fronte a tutte le obbligazioni, incluse le spese di liquidazione, residuano fondi, questi vengono ripartiti proporzionalmente tra gli azionisti o i proprietari dell'impresa. (v. anche *compulsory winding–up, voluntary winding–up, creditors' voluntary winding–up, members' voluntary winding–up*)

winding-up by the Court: ***liquidazione coatta.*** Termine usato con lo stesso significato di *compulsory winding-up* (v.).

winding-up of unregistered companies: ***liquidazione di società non registrate.*** Gli articoli 398 e 399 del *Companies Act* del 1948 prevedono la liquidazione delle società non registrate, in relazione alla quale si applicano tutte le disposizioni della legge suddetta, con alcune eccezioni e aggiunte, tra cui: a) al fine di determinare quale tribunale ha giurisdizione in materia, la società viene considerata come se fosse registrata nel luogo in cui svolge la sua principale attività; b) non è ammessa la liquidazione volontaria o giudiziaria secondo quanto previsto dal *Companies Act* del 1948 per gli altri tipi di società; c) la società non registrata viene liquidata se ha cessato di svolgere la propria attività; se non è in grado di pagare i suoi debiti; se la Corte ritiene che sia giusto porla in liquidazione. (v. anche *unregistered company*)

winding-up order: ***decreto di liquidazione.*** Ordine emesso da un tribunale, con il quale si decreta la liquidazione coatta di una società.

winding-up sale: ***saldo di liquidazione; svendita per liquidazione; vendita di liquidazione.*** Vendita di tutte le scorte di un'impresa, generalmente a prezzi ridotti, in previsione o a seguito di liquidazione o ritiro dagli affari del o dei titolari.

winding-up subject to supervision of the Court: ***liquidazione giudiziaria.*** Quando una società a responsabilità limitata ha deciso la propria liquidazione volontaria, la legge inglese (*Companies Act* del 1948, articoli 311–315) prevede che essa possa, ad istanza della società stessa, aver luogo sotto il controllo del tribunale. A tale scopo, il giudice nominerà un altro liquidatore, oltre quello già nominato dall'assemblea dei soci. La liquidazione ha inizio e decorre dalla data di approvazione della delibera da parte dei soci. (v. anche *winding-up, compulsory winding-up, voluntary winding-up, creditors' voluntary winding-up, members' voluntary winding-up*)

windmill: ***cambiale di comodo; cambiale di favore.*** Termine usato con lo stesso significato di *accommodation bill* (v.).

window: **1.** ***vetrina.*** Termine usato con lo stesso significato di *shop window* (v.). **2.** ***sportello.*** Ciascuno degli sportelli all'interno di una banca, ove si recano i clienti per svolgere operazioni di deposito, prelievo o di altra natura.

window bill: ***locandina da vetrina.*** Nel linguaggio della pubblicità, è un piccolo manifesto posto su una vetrina allo scopo di attirare l'attenzione di coloro che passano per la strada.

window dresser: ***vetrinista.*** Persona addetta all'allestimento di vetrine.

window dressing: **1.** ***allestimento delle vetrine; addobbo delle vetrine.*** Nel linguaggio commerciale, il termine inglese indica la preparazione di una esposizione di prodotti in una vetrina, con l'intento di attirare l'attenzione di potenziali compratori. **2.** ***cosmesi di bilancio.*** Nel linguaggio contabile e finanziario, il termine in origine indicava la pratica, seguita dalle banche commerciali inglesi prima del 1946, di richiamare prestiti in occasione della preparazione dei loro rendiconti, in modo da presentare una situazione più che buona, mostrando di poter disporre di notevoli risorse liquide in relazione alle loro passività. Pertanto, nel giorno in cui la banca doveva preparare i rendiconti settimanali, sui quali si basava quello mensile, essa aumentava le disponibilità liquide richiamando prestiti a giornata concessi alle case di sconto, facendo in modo che molte delle cambiali attive scadessero in quel determinato giorno della settimana e posponendo l'acquisto di cambiali e titoli. In tal modo, faceva apparire il rapporto della riserva bancaria al dieci per cento, invece che all'otto per cento, che era quello mantenuto durante tutti gli altri giorni. Questa pratica, condannata da più parti ed anche dal *Macmillan Report* (v.) del 1931, giunse a termine soltanto alla fine del 1946, quando fu stabilito che il rapporto della riserva bancaria fosse portato all'otto per cento per tutte le banche. Successivamente, il termine è passato ad indicare la pratica di manipolare, mantenendosi entro i limiti della legalità, i conti di un'impresa al fine di mostrare, nel bilancio patrimoniale, una situazione più favorevole che inducesse i risparmiatori ad investire nelle azioni dell'impresa stessa.

window envelope: ***busta a finestra.*** Tipo di busta con una parte trasparente, attraverso la quale si può leggere il nome e l'indirizzo del destinatario scritto sul foglio interno, in modo che non sia necessario riportarlo anche sulla busta.

window shopping: Espressione usata per indicare l'abitudine di passeggiare per le strade allo scopo di guardare ciò che è esposto nelle vetrine dei negozi, senza però entrare in questi ultimi e senza acquistare niente.

window tax: ***imposta sulle finestre.*** Antica imposta che nel Regno Unito colpiva le abitazioni in base al numero di finestre che esse avevano, in quanto tale numero corrispondeva più o meno all'ampiezza della casa e al numero dei vani utili. Non era, quindi, una vera e propria imposta sulle finestre, bensì un'imposta sulle abitazioni. Adam Smith condannò tale tipo di imposta, pur approvando il principio di tassare le abitazioni, perché la riteneva ingiusta in quanto una casa di alto valore a Londra poteva avere meno finestre di una casa poco costosa in campagna o in un piccolo paese. E infatti, molti proprietari di case non esitarono a murare varie finestre delle loro abitazioni, allo scopo di ridurre l'ammontare dell'imposta cui erano soggetti.

to wind up: ***liquidare; mettere in liquidazione.*** Portare una società allo scioglimento e alla cessazione dell'attività o per decisione dei soci o per disposizioni dell'autorità giudiziaria. (v. anche *winding-up*)

W.I.P.: work in progress.

«wire fate»: Richiesta inviata da una banca ad un'altra banca sulla quale è tratto un assegno, allo scopo di sapere se esso è regolarmente coperto. La richiesta così espressa riveste carattere di urgenza, in quanto si domanda di rispondere a mezzo di un telegramma, ma il banchiere cui è indirizzata non ha il dovere di rispondere, pur se per prassi lo fa immancabilmente. La banca cui è indirizzata la richiesta non è autorizzata a stornare la somma per cui è emesso l'assegno fino a quando esso non le perviene fisicamente.

wire transfer: ***trasferimento telegrafico; bonifico telegrafico.*** È un ordine di pagare una determinata somma in moneta, trasmesso per telegrafo al fine di garantire il trasferimento immediato.

witching hour: ***ora delle streghe.*** V. spiegazione sotto *triple witching hour*.

with all faults: ***con qualunque difetto.*** Clausola che, se contenuta in un contratto di compravendita, impegna l'acquirente ad accettare le merci con qualsiasi difetto, purché esso non distrugga l'identità delle merci stesse.

with average: ***compresa avaria particolare; con avaria particolare.*** Espressione usata come equivalente di *with particular average* (v.).

to withdraw: ***prelevare.*** Nel linguaggio bancario, ritirare tutti o parte dei fondi precedentemente versati in un deposito o in un conto corrente.

withdrawal: 1. *prelievo; prelevamento.* Ritiro parziale o totale di fondi precedentemente depositati o accreditati presso una banca o altra istituzione finanziaria. Nel caso di privati o di imprese, se i fondi sono stati depositati su un conto corrente, il prelievo può avvenire mediante semplice emissione di assegni, ma se essi sono stati depositati su un conto vincolato o a risparmio, la legge prevede un certo periodo di preavviso, pur se oggi molte banche non applicano tale disposizione in maniera rigida. **2. *ritiro; dispersione.*** Il termine inglese è a volte usato con lo stesso significato di *leakage 3* (v.).

with exchange: *con cambio.* Nella terminologia bancaria, l'espressione inglese indica che le spese di incasso relative ad una cambiale saranno a carico di colui che paga la cambiale e saranno addebitate oltre il valore facciale del titolo di credito.

withholding: *trattenuta fiscale; trattenuta alla fonte; ritenuta di acconto.* Termine usato come sinonimo meno preciso di *withholding tax 2* (v.).

withholding tax: 1. *imposta cedolare d'acconto; cedolare d' acconto.* Nell'uso britannico, il termine indica la trattenuta su interessi e dividendi effettuata direttamente dall'ente pagatore, che ne risponde al fisco. Coloro che non sono soggetti al pagamento di tale imposta sul reddito potranno successivamente chiederne il rimborso. **2. *trattenuta fiscale; trattenuta alla fonte; ritenuta di acconto; ritenuta alla fonte.*** Nell'uso statunitense, questo termine indica la detrazione, dal salario o dallo stipendio di un lavoratore dipendente, di un ammontare specificato dalla legge, che rappresenta la percentuale presumibilmente dovuta dal lavoratore come imposta sul reddito e che il datore di lavoro provvederà a versare direttamente al fisco. Lo stesso termine viene usato per indicare la ritenuta d'acconto effettuata dall'ente pagatore su interessi, dividendi e altri pagamenti periodici.

without charges: *senza spese.* Espressione usata con lo stesso significato di *incur no expense* (v.).

without compensation: *a titolo gratuito; senza corrispettivo.* Espressione usata con lo stesso significato di *without consideration* (v.).

without consideration: *a titolo gratuito; senza corrispettivo.* Espressione usata nel linguaggio giuridico per indicare che un determinato atto, come ad esempio una donazione o un lascito, viene fatto da un soggetto senza che le altre persone implicate siano tenute ad alcuna prestazione corrispettiva.

without days of grace: *senza comporto.* Espressione con la quale si indica che un titolo di credito non ha diritto ai tre giorni di grazia previsti dall'articolo 14 del *Bills of Exchange Act* del 1882. In generale, soltanto alcuni titoli di credito non hanno diritto al comporto e tra questi rientrano: le cambiali pagabili a vista o a domanda; le cambiali tratte dalla Banca d'Inghilterra su se stessa; gli assegni; le cambiali pagabili un certo tempo dopo l'arrivo di una nave; e le cambiali tratte nel Regno Unito ma pagabili all'estero, che vengono assoggettate alle disposizioni di legge vigenti nel paese in cui esse sono pagabili.

without engagement: *senza impegno.* Espressione a volte usata in relazione a quotazioni di certi articoli il cui prezzo è soggetto a frequenti e repentine fluttuazioni. Sta ad indicare che il prezzo quotato è quello del giorno in cui si fornisce la quotazione, ma colui che la sottopone non si impegna ad accettare un ordinativo futuro a quel determinato prezzo.

without expense: *senza spese.* Espressione usata con lo stesso significato di *incur no expense* (v.).

without our guarantee: *senza garanzia; senza regresso; senza obbligo.* Espressione usata con lo stesso significato di *without recourse* (v.).

without our liability: *senza impegno; senza responsabilità da parte nostra.* Frase usata in relazione alla comunicazione di informazioni da parte di una banca o di un'impresa. Indica che lo scrivente non si assume alcuna responsabilità in relazione alle informazioni fornite su richiesta del destinatario della comunicazione.

without prejudice: *senza pregiudizio.* Se durante una controversia una delle parti fa un'offerta «senza pregiudizio», ciò significa che se l'offerta non viene accettata, nessuna delle parti potrà avvantaggiarsi di ciò a detrimento dell'altra. L'espressione è spesso usata nella corrispondenza che intercorre tra due o più legali, nel tentativo di derimere una controversia senza fare ricorso all'autorità giudiziaria. Una lettera nella quale compaia questa espressione non potrà essere usata in giudizio a detrimento di una delle parti e la norma si applica anche alla risposta a tale lettera.

without profits: *senza utili.* Nel linguaggio delle assicurazioni, questa espressione sta ad indicare che la polizza sottoscritta dall'assicurato non ha diritto alla ripartizione degli utili della società assicuratrice. I premi pagati in relazione ad una polizza senza utili sono più bassi di quelli pagati in relazione ad una polizza con diritto alla ripartizione degli utili. (v. anche *bonus 2*)

without–profits policy: *polizza senza utili.* È la polizza di assicurazione sulla vita, cui si fa riferimento sotto *without profits* (v.).

without protest: *senza protesto.* Clausola che se apposta su un titolo di credito all'ordine dal traente, o da un girante o avallante, solleva il portatore dall'obbligo di procedere ad elevare il protesto in caso di mancata accettazione o mancato pagamento.

without recourse: *senza regresso; senza azione di regresso; senza rivalsa.* Se il traente o il girante di una cambiale aggiunge questa espressione alla sua firma, egli automaticamente limita la propria responsabilità, in quanto i successivi portatori del titolo non potranno rivalersi su di lui in caso di mancato pagamento da parte di uno o più degli obbligati. Questa disposizione è contenuta nell'articolo 16 del *Bills of Exchange Act* del 1882.

without recourse to me: *senza regresso nei miei confronti.* Espressione usata come sinonimo di *without recourse* (v.).

without reserve: *senza riserva.* Nel linguaggio delle vendite all'asta, questa espressione sta a significare che la vendita non è soggetta al raggiungimento di un determinato prezzo base o minimo e che i beni offerti saranno aggiudicati al miglior offerente. La stessa espressione può indicare che il venditore non si riserva il diritto di fare offerte personalmente o mediante terzi.

without warranty: *senza garanzia.* Clausola che stabilisce che il venditore non dà alcuna garanzia né si assume alcuna responsabilità in relazione alla qualità o ad eventuali imperfezioni dei beni che fornisce. Se questa clausola viene inserita in un contratto di compravendita, il compratore non avrà il diritto di restituire le merci che non lo soddisfino o che non siano idonee allo scopo per il quale furono acquistate.

with particular average: *compresa avaria particolare; con avaria particolare.* Nel linguaggio delle assicurazioni marittime, questa espressione viene usata per indicare la clausola che estende l'assicurazione a tutti i rischi normali del trasporto marittimo, con la sola esclusione dei rischi non assicurabili. L'assicurazione, quindi, copre la perdita totale delle merci, il contributo di avaria comune e i danni di avaria particolare.

with profits: ***con utili.*** Nel linguaggio delle assicurazioni, questa espressione indica che la polizza sottoscritta dall'assicurato ha diritto alla ripartizione degli utili della società assicuratrice, che vanno ad aumentarne il valore. Ovviamente, i premi pagati in relazione a tale tipo di polizza sono più alti di quelli pagati in relazione ad una polizza senza diritto a ripartizione degli utili.

with-profits policy: ***polizza con utili.*** È la polizza di assicurazione sulla vita, cui si fa riferimento sotto *with profits* (v.).

with recourse: ***con regresso; con azione di regresso; con rivalsa.*** Una cambiale o altro titolo di credito che non rechi, dopo la firma del traente o del girante, l'espressione *without recourse*, si intende negoziata con diritto all'azione di regresso. Pertanto, la banca che la sconta o qualsiasi altro portatore può rivalersi sui giranti precedenti o sul traente in caso di mancato pagamento da parte dell'accettante o del trattario. (v. anche *without recourse*)

with right of transfer: ***con diritto di trapasso.*** Espressione usata nel linguaggio della borsa valori per indicare che l'acquirente di un titolo ha il diritto di rivenderlo in qualsiasi momento. In effetti, tutti i titoli trattati nelle borse valori recano tale diritto, mentre soltanto i titoli di società private sono soggetti a diritto di trapasso limitato. (v. anche *private company*)

with rights: ***con opzione.*** Espressione usata con lo stesso significato di *cum new* (v.).

witness assembly: ***prova preliminare.*** Termine usato con lo stesso significato di *field test* (v.).

wk.: week.

W/M: weight or measurement.

W/o: 1) write off; 2) written off.

womanpower: ***manodopera femminile.*** Il termine inglese, costruito sullo stesso modello di *manpower* (v.), indica esclusivamente l'insieme delle donne che, in un paese, svolgono un lavoro retribuito o sono idonee a svolgere un tale lavoro.

women's wages: ***salari di dipendenti di sesso femminile.*** I salari pagati a dipendenti di sesso femminile erano, fino a pochi decenni or sono, inferiori a quelli pagati a dipendenti di sesso maschile e la differenza veniva giustificata adducendo la pretesa che la produttività delle donne è inferiore a quella degli uomini. D'altra parte, c'è anche da dire che le donne sposate, non dovendo vivere necessariamente o completamente con i proventi del loro lavoro, erano spesso disposte ad accettare salari più bassi. La *Royal Commission on Equal Pay* del 1946 pubblicò due rapporti, uno di maggioranza e uno di minoranza: quello di maggioranza si dichiarava favorevole ai differenziali salariali tra dipendenti maschi e femmine. Malgrado ciò, oggi i salari sono stati portati allo stesso livello, almeno sotto il profilo giuridico.

won: Unità monetaria della Corea, suddivisa in cento chon nella Corea del Sud e in cento jeon o jon nella Corea del Nord.

wool auctions: ***aste della lana.*** Aste organizzate alla *London Fruit and Wool Exchange* da un gruppo di *brokers* londinesi. In ciascuna stagione si tengono otto serie di vendite, ciascuna delle quali dura mediamente quindici giorni, con la partecipazione di compratori provenienti da tutte le parti del mondo. Le operazioni concluse vengono liquidate entro quindici giorni a partire dal venerdì della settimana in cui ha avuto luogo la vendita.

Wool Exchange: ***borsa della lana.*** È un mercato organizzato, con sede in Londra, nel quale si effettuano operazioni di compravendita di lana grezza col sistema dell'asta. Non essendo facile formare lotti di questa materia prima uniformi per qualità, l'importatore pubblica un catalogo nel quale sono elencati tutti i lotti in vendita e i compratori ispezionano i lotti in deposito prima di partecipare all'asta. L'ispezione li mette in grado di assegnare, dal loro punto di vista soggettivo, un valore a ciascun lotto, sul quale baseranno le loro offerte durante l'asta.

wool futures market: ***mercato a termine della lana.*** È il mercato nel quale si possono concludere operazioni di compravendita di lana grezza per consegna in data futura. La sede londinese di questo mercato è a *Plantation House* ed esso iniziò la sua attività nel 1953, a seguito delle notevoli fluttuazioni del prezzo della lana grezza verificatesi negli anni tra il 1950 e il 1953. Altri importanti mercati a termine della lana si trovano a New York e ad Anversa.

wool market: ***mercato della lana.*** È un qualsiasi mercato nel quale si tratti lana grezza. A Londra è costituito dalla *Wool Exchange* (v.), dal *wool futures market* (v.) e dalle *wool auctions* (v.).

word-of-mouth advertising: ***«passaparola».*** Il tipo di pubblicità che ogni produttore vorrebbe realizzare, cioè la raccomandazione del suo prodotto da parte di consumatori soddisfatti ai loro amici e conoscenti.

words and figures do not agree: ***discordanza tra cifre e lettere.*** L'espressione inglese viene scritta su un assegno o altro titolo di credito restituito insoluto da una banca, in quanto presenta una discordanza tra la somma espressa in cifre e quella espressa in lettere. Alcune banche pagano la più bassa delle due, altre pagano quella scritta in lettere, altre, e sono la maggioranza, si rifiutano di pagare e rimandano indietro l'assegno.

workable competition: ***concorrenza operativa.*** Nel linguaggio economico, si indica con questo termine una situazione in cui in ciascuna area di mercato sono presenti più imprese indipendenti, nessuna delle quali domina una gran parte del mercato, nel quale possono entrare nuove imprese a condizioni più o meno uguali a quelle in cui operano le imprese già esistenti.

work classification: ***classificazione del lavoro.*** È così indicata la suddivisione in gruppi di attività lavorative simili, come ad esempio manutenzione, produzione, personale, ecc.

work-day: **1.** ***giornata lavorativa.*** È costituita dalle ore durante le quali, nell'arco di una giornata, si svolge l'attività lavorativa in una fabbrica, un ufficio e simili. Generalmente, la giornata lavorativa consiste di otto ore. **2.** ***giorno feriale; giorno lavorativo.*** Un qualsiasi giorno infrasettimanale in cui uffici, negozi, banche, fabbriche, ecc., sono aperti e in attività. Il termine viene usato in contrapposizione a giorno festivo.

work-day usage: ***assorbimento giornaliero.*** La quantità di una materia prima o altra scorta assorbita dal processo produttivo nell'arco di una giornata lavorativa.

work distribution: ***distribuzione del lavoro.*** È la ripartizione del carico di lavoro tra i reparti o gli uffici di un'impresa, o altra organizzazione, o tra coloro che costituiscono l'organico di un ufficio o di un reparto.

worker: ***lavoratore.*** Termine generico, usato per indicare un qualsiasi prestatore di lavoro e in particolare un operaio.

worker control: ***controllo dei lavoratori.*** Lo stesso che *employee ownership* (v.).

worker effectiveness: ***efficienza della manodopera.*** È il parametro di rendimento, applicato ad uno o a tutti i lavoratori di un'impresa o di un'industria.

worker ownership: ***proprietà dei lavoratori.*** Lo stesso che *employee ownership* (v.).

worker participation: ***partecipazione operaia.*** Lo stesso che *profit-sharing* (v.).

worker relocation subsidy: ***indennità di trasferimento.*** Somma in denaro versata al lavoratore che è disposto a trasferirsi da una località che non offre possibilità di impiego a un'altra località nella quale le sue capacità gli consentono di essere occupato. L'indennità consente al lavoratore di sostenere le spese di trasferimento.

workers' compensation: ***indennizzo per infortunio sul lavoro; indennizzo per malattia professionale.*** Lo stesso che *workmen's compensation* (v.).

workers' compensation insurance: ***assicurazione contro la responsabilità civile operai.*** Lo stesso che *workmen's compensation insurance* (v.).

workers' co-operative: ***cooperativa di lavoratori.*** Un'impresa di proprietà delle persone che vi prestano la loro attività lavorativa. Può essere costituita sotto forma di cooperativa vera e propria o sotto forma di società per azioni il cui capitale sociale è di proprietà dei dipendenti. (v. anche *employee ownership*)

worker's surplus: ***rendita del lavoratore.*** Deriva dal fatto che un lavoratore riceve per tutte le dosi di lavoro prestato un saggio uguale a quello che sarebbe disposto ad accettare per l'ultima dose di lavoro disposto a prestare.

Work Experience Programme: ***programma di esperienza di lavoro.*** Introdotto nel Regno Unito nel 1976, prevedeva l'impiego di giovani tra i sedici e i diciotto anni di età che non riuscivano a trovare lavoro, al fine di dar loro la possibilità di procurarsi una qualche esperienza diretta di lavoro in fabbrica o in ufficio.

workfare: Termine coniato di recente sul modello di *welfare* per indicare l'interessamento dello stato per i problemi dei disoccupati volto principalmente a creare non una forma di assistenza, bensì una serie di validi programmi di qualificazione e riqualificazione che consentano ai lavoratori che hanno perso il posto di lavoro di reinserirsi, con differenti e più interessanti capacità, nel nuovo mercato del lavoro che si presenta necessariamente diverso a seguito della continua innovazione tecnologica.

work flow: ***flusso del lavoro.*** Di solito rappresentato in diagrammi di flusso, indica la progressione del lavoro attraverso le varie successive fasi operative del ciclo di produzione di un bene all'interno di uno stabilimento.

work-flow synchronization: ***sincronizzazione del flusso di lavoro.*** Coordinamento del flusso del lavoro, in modo tale che un pezzo giunga al lavoratore addetto alla catena di montaggio nello stesso istante in cui egli ha terminato la propria operazione sul pezzo precedente. Mira soprattutto ad evitare tempi d'ozio o l'accavallarsi dei pezzi lungo una linea di lavorazione.

work force: ***forza lavoro.*** Termine usato con lo stesso significato di *labour force* (v.).

work force mobility: ***mobilità della forza lavoro.*** Lo stesso che *mobility of labour* (v.).

work group: ***gruppo di lavoro.*** Termine usato con lo stesso significato di *working party* (v.).

work habits: ***abitudini di lavoro.*** Sono le abitudini contratte dai lavoratori al loro posto di lavoro. Possono essere in relazione alle funzioni che essi svolgono, nel qual caso contribuiscono alla rapidità di esecuzione di un'operazione, o possono essere indotte da tali funzioni, nel qual caso sono dannose per l'equilibrio psico-fisico del lavoratore. Tra queste ultime, le più nocive risultano quelle generate da operazioni ripetitive di breve durata, che il lavoratore compie centinaia e forse migliaia di volte al giorno.

work hour: ***ora lavorativa.*** Ora di sessanta minuti, di solito presa come base del tasso salariale per quei lavoratori che vengono remunerati in rapporto al tempo dedicato allo svolgimento della propria attività al servizio del datore di lavoro. L'ora lavorativa è anche l'unità di misura della quantità di lavoro che un lavoratore è tenuto a svolgere durante una giornata o una settimana lavorativa.

workhouse: ***ricovero; ospizio.*** Termine di interesse storico con il quale, nel Regno Unito, si indicava una specie di ricovero di mendicità o ospizio per vecchi costituito in base al *Poor Law Act* del 1601, confermato dal *Workhouse Act* del 1722 e dal *Poor Law Amendment Act* del 1834. Erano luoghi in cui dovevano recarsi i poveri che intendessero fruire dell'assistenza predisposta dallo stato, ove essi potevano lavorare se in condizioni fisiche idonee al lavoro. La legge che istituiva questi istituti prevedeva anche che coloro i quali ne entravano a far parte non potevano godere di un tenore di vita superiore a quello del lavoratore peggio pagato sul mercato del lavoro.

work hygiene: ***igiene del lavoro.*** Branca della medicina che studia le cause di malattie, invalidità, diminuzione della capacità produttiva dei lavoratori indotte dall'esercizio di una data attività e che possono esser fatte risalire tanto all'ambiente o al tipo di lavoro, quanto al rapporto tra condizioni psico-fisiche del lavoratore e prestazioni che gli vengono richieste.

work-in: ***assemblea permanente.*** Tipo di dimostrazione di protesta, in base alla quale lavoratori o studenti si presentano rispettivamente al posto di lavoro o a scuola, ma si rifiutano di svolgere le attività che normalmente svolgono, dedicandosi invece ad un'assemblea nella quale dibattono i loro problemi.

working account: ***conto di esercizio.*** È uno dei conti finali di un'impresa mercantile o industriale, che mostra come si è giunti alla determinazione dell'utile o della perdita lordi mercantili relativi ad un determinato periodo. Ad esempio, potrebbe contenere sul lato avere il valore monetario del fatturato e delle giacenze alla fine del periodo; e sul lato dare le giacenze all'inizio del periodo e gli acquisti effettuati nello stesso arco di tempo. Il saldo, cioè l'utile lordo o la perdita lorda, sarà successivamente trasferito al conto profitti e perdite.

working asset: ***bene strumentale; bene indiretto.*** Il termine inglese è generico ed indica un qualsiasi bene che non rientri tra i beni capitali.

working-backward method: ***metodo del prezzo di vendita.*** Nel linguaggio della contabilità industriale, questo termine viene usato per indicare un metodo che considera il ricavo della vendita di sottoprodotti come detrazione dal costo totale di produzione, sulla base non dell'effettivo ricavo derivante dalla vendita dei sottoprodotti, ma su un ricavo stimato secondo le condizioni di mercato all'epoca in cui viene effettuato il calcolo.

working balance: 1. ***saldo di funzionamento; saldo operativo; disponibilità operativa.*** Componente valutaria discrezionale delle riserve monetarie complessive di una banca centrale. Lo stesso termine inglese viene usato per indicare un ammontare di moneta di cui viene dotata un'istituzione pubblica per il suo funzionamento. **2.** ***scorta di esercizio.*** La scorta di beni tenuta da un commerciante allo scopo di poter soddisfare senza indugio le diverse richieste e necessità della sua clientela.

working capital: 1. ***capitale netto di esercizio; capitale circolante netto.*** Nel linguaggio della contabilità, questo termine viene usato in maniera alquanto generica per indicare il capitale d'uso corrente nelle operazioni di una qualsiasi impresa. Viene calcolato sottraendo le passività correnti (costituite da debiti verso banche e fornitori, ratei, risconti, ecc.) dalle attività correnti (costituite da cassa, crediti a breve termine, giacenze di magazzino, ecc.) e rappresenta un indice della capacità di un'impresa di far fronte alle proprie obbligazioni a breve e, quindi, un indice su cui basare la concessione di credito all'impresa stessa. Se la cifra che scaturisce dalla sottrazione suddetta è negativa, ciò indica che l'impresa si trova in una situazione di ristrettezza finanziaria, in quanto dispone di moneta o attività liquide insufficienti per far fronte alle sue passività correnti. **2.** ***capitale d'esercizio.*** Nella terminologia keynesiana, indica l'aggregato di beni in corso di produzione o fabbricazione, in viaggio e in deposito presso i rivenditori, incluse le scorte minime, sia di materie prime che di prodotti finiti, necessarie allo scopo di evitare il rischio di interruzione del processo o di livellare irregolarità stagionali, ma escluse le scorte eccedenti, che costituiscono il capitale liquido.

working capital credit: ***credito di esercizio.*** Credito concesso da una banca ad un'impresa per il temporaneo rafforzamento del capitale circolante di quest'ultima.

working capital fund: ***fondo di capitale circolante.*** Termine usato nel linguaggio della contabilità di stato e degli enti locali per indicare un fondo istituito per finanziare attività di servizi o produttive, gestite direttamente da un ente statale o locale, come ad esempio uno spaccio, un garage, una fabbrica di asfalto e simili.

working capital ratio: ***rapporto di liquidità.*** Lo stesso che *current ratio* (v.).

working capital turnover: ***indice di rotazione del capitale circolante.*** È uno degli indici di funzionalità di un'impresa e corrisponde al rapporto tra fatturato e attività correnti.

working class: ***classe lavoratrice; classe operaia.*** La parte della popolazione di un paese impiegata in lavori che presuppongono un'attività manuale, a differenza del ceto medio o dei professionisti che sono impegnati in lavori che presuppongono principalmente un'attività mentale.

working-class cost-of-living index: ***indice del costo della vita delle classi operaie.*** Numero indice calcolato sul costo della vita delle classi operaie, prendendo a base del calcolo un insieme di beni e servizi che costituiscono le loro abitudini di acquisto.

working conditions: ***condizioni di lavoro.*** La situazione ambientale, sociale, sanitaria, di sicurezza, ecc., in cui un lavoratore presta la sua opera. Via via che aumenta il tenore di vita della classe lavoratrice, aumentano anche le richieste di migliori condizioni di lavoro. Durante gli ultimi cento anni, si è verificato un enorme miglioramento di tali condizioni, a seguito dell'introduzione di orari di lavoro sempre più limitati, di macchine che hanno alleviato la fatica degli operai, della concessione di un periodo sempre più lungo di tempo libero e di ferie pagate, della legislazione che ha imposto nelle fabbriche condizioni di lavoro più salutari e di maggiore sicurezza, dell'approvazione di leggi sulla sicurezza sociale, sull'assicurazione contro la disoccupazione e così via.

working control: ***controllo di maggioranza.*** Lo stesso che *majority shareholding* (v.).

working costs account: ***conto costi di gestione.*** Conto nel quale vengono registrati i costi relativi alla gestione di un'impresa.

working days: ***giorni lavorativi.*** Termine usato nel linguaggio dei trasporti marittimi in relazione ai contratti di noleggio e più precisamente al computo delle stallie. Quando viene stabilito che le stallie saranno giorni lavorativi, dal loro computo vengono esclusi i giorni festivi, i giorni di sciopero e i giorni in cui le condizioni meteorologiche non consentono che si proceda alle operazioni di caricazione e discarica. Lo stesso termine, ma al singolare, viene usato come sinonimo di *work-day* (v.).

working director: ***amministratore attivo.*** Si indica con questo termine un amministratore che effettivamente svolge una funzione lavorativa all'interno di un'impresa. Può essere occupato a tempo pieno o a tempo parziale, ma tale distinzione è importante semplicemente ai fini fiscali.

working expenses: ***spese di esercizio; spese di gestione.*** Sono le spese necessariamente sostenute nel corso della gestione di un'impresa, quali ad esempio canoni di fitto, salari e stipendi, imposte, ecc. Tali spese vengono riportate nel conto profitti e perdite e vengono detratte dagli utili lordi al fine di determinare gli utili netti.

working fund: ***fondo di funzionamento.*** Termine generico, usato per indicare un qualsiasi fondo istituito per far fronte a spese correnti e periodicamente ricostituito secondo le necessità.

working hours: ***ore lavorative; ore di lavoro.*** Le ore giornaliere o settimanali durante le quali un lavoratore presta la propria opera al servizio del suo datore di lavoro. L'ammontare di ore lavorative settimanali differisce da settore a settore e dipende dal tipo di attività svolta dal lavoratore. In un'attività particolarmente faticosa o nello svolgimento della quale il lavoratore è esposto a condizioni di lavoro o di stress particolarmente dure, le ore lavorative settimanali sono di solito in numero inferiore a quelle relative ad attività meno impegnative.

working-hours method of depreciation: ***metodo di ammortamento basato sulle ore-lavoro; metodo delle ore lavoro.*** Termine usato con lo stesso significato di *labour-hour method of depreciation* (v.).

working interest: ***interesse di gestione.*** Termine usato nell'industria del petrolio per indicare l'interesse di chi ha in concessione un giacimento o un terreno sotto il quale si trova il giacimento nella produzione di petrolio grezzo o gas naturale. L'interesse di gestione più frequentemente usato corrisponde ai sette ottavi della produzione. La restante ottava parte della produzione va al proprietario, sotto forma di diritto di royalty. (v. anche *royalty interest*)

working lay days: ***giorni lavorativi di stallia.*** Termine usato per indicare che nel computo delle stallie si deve tener conto soltanto dei giorni lavorativi, con l'esclusione delle domeniche e altre festività. (v. anche *working days*)

working method: ***metodo di lavoro.*** Termine usato come sinonimo di *work method* (v.).

working papers: ***fogli di lavoro.*** In relazione alla revisione dei conti, questo termine indica qualsiasi prospetto, analisi, sommario, ecc., preparato o raccolto da un revisore durante lo svolgimento del suo lavoro, da usarsi successivamente come base e documentazione della sua relazione. Lo stesso termine indica anche i prospetti analitici e sintetici usati da un contabile nella preparazione di un bilancio patrimoniale, di un conto profitti e perdite o qualsiasi altro rendiconto finanziario.

working partner: ***socio attivo; socio operante.*** Termine usato con lo stesso significato di *active partner 1* (v.).

working party: ***gruppo di lavoro.*** Questo termine indica una commissione nominata per svolgere un'indagine conoscitiva in un settore o su un argomento specifico. A volte il termine può anche indicare i vari gruppi o le sottocommissioni in cui si divide una commissione al fine di svolgere più rapidamente e in maniera più approfondita il lavoro assegnatole. In questo caso, ogni gruppo di lavoro si interessa di un argomento particolare, che successivamente confluirà nel rapporto della commissione, dopo opportuna discussione e approvazione da parte dei membri che hanno partecipato agli altri gruppi di lavoro.

working population: ***popolazione attiva.*** È il numero complessivo dei cittadini di uno stato impiegati in lavori remunerati in un qualsiasi dato momento o comunque disponibili per assumere un lavoro retribuito. Il termine include, pertanto, i lavoratori iscritti nelle liste di collocamento, ma esclude i giovani al di sotto dei sedici anni di età, gli studenti che proseguono gli studi a tempo pieno dopo il sedicesimo anno di età, o comunque dopo la fine della scuola dell'obbligo, le casalinghe che non vanno a lavorare fuori di casa, le persone che non vogliono lavorare in quanto dispongono di rendite o redditi non di lavoro, i pensionati e coloro che non sono occupati a causa di inabilità di qualsiasi natura. Il rapporto tra popolazione totale e popolazione attiva di un paese dipende da una serie di fattori, tra i quali rientrano l'andamento dell'economia, l'età in cui i giovani lasciano la scuola, l'età di pensionamento, la disponibilità delle donne sposate ad accettare un lavoro remunerato e così via.

working reserve: Nella terminologia finanziaria e bancaria degli Stati Uniti, questo termine indica la parte della riserva primaria di una banca costituita da titoli in scadenza e, pertanto, in corso di incasso e da depositi a richiesta presso altre banche, ma non da depositi presso il sistema della riserva federale, che costituiscono la riserva obbligatoria. Questi ultimi, tuttavia, costituiscono parte della riserva primaria.

working time: ***orario di lavoro.*** Numero complessivo di ore lavorative cui è tenuto un lavoratore, in base ad un contratto di lavoro. L'orario di lavoro può essere continuato, cioè senza interruzione ma con una pausa per la colazione o altro, o può essere spezzato, cioè con un intervallo, fra due periodi lavorativi di solito di quattro ore ciascuno, della durata superiore alle due ore. L'orario di lavoro è generalmente uguale per tutte le categorie di lavoratori, pur se possono esserci lievi differenze tra un settore e l'altro o tra un'industria e un'altra. Attività particolarmente faticose o pericolose, però, di solito implicano un orario di lavoro più breve.

working tool: ***strumento di lavoro.*** In senso concreto, il termine indica un qualsiasi attrezzo o utensile usato nel corso di un processo produttivo. In senso figurato, esso indica un qualsiasi mezzo che aiuta a svolgere un'attività. Ad esempio, per un viaggiatore può considerarsi strumento di lavoro il mezzo di trasporto che usa; per uno scrittore, lo strumento di lavoro potrebbe essere la macchina per scrivere; per un pianista il pianoforte e così via.

working to rule: ***sciopero bianco.*** Come alternativa a scendere in sciopero, i lavoratori possono decidere di attuare lo sciopero bianco, onde fare pressione sul datore di lavoro allo scopo di ottenere l'accoglimento delle loro rivendicazioni. Ciò consiste nell'applicazione meticolosa e scrupolosa dei regolamenti e delle procedure, col risultato che il volume di lavoro prodotto risulta notevolmente più basso del normale. In attività che non prevedono particolari procedure o regolamenti, i lavoratori adottano la medesima tattica, rallentando il ritmo di lavoro con risultati simili a quelli derivanti dallo sciopero bianco.

working trial balance: ***bilancio di verifica di lavoro.*** È un bilancio di verifica con rettifiche in colonne supplementari, di solito usato dai revisori contabili come indice dei loro fogli di lavoro. (v. anche *working papers*)

working week: ***settimana lavorativa.*** È la settimana composta di cinque o sei giorni lavorativi, a seconda dei settori o delle industrie. Nell'industria dei servizi si applica generalmente la cosiddetta settimana corta, cioè quella di cinque giorni lavorativi; nelle altre industrie, tranne casi o paesi particolari, si applica la settimana di sei giorni lavorativi. Comunque, la settimana lavorativa consiste generalmente dello stesso numero di ore per tutti i settori e per tutte le industrie. (v. anche *working time*)

work in process: ***monte lavori in corso; merci in lavorazione; semilavorati.*** Termine usato con lo stesso significato di *goods in process 1* (v.).

work-in-process account: ***conto monte lavori in corso; conto merci in lavorazione; conto semilavorati.*** Termine usato con lo stesso significato di *goods in process 2* (v.).

work-in-process inventory: ***scorta semilavorati.*** L'insieme di prodotti semilavorati di cui dispone un'impresa o un complesso industriale.

work in process, labour: Espressione usata nella pratica contabile statunitense per indicare un conto monte lavori in corso distinto dagli altri, nel quale confluiscono i costi relativi alla manodopera.

work in process, manufacturing expenses: Espressione usata nella pratica contabile statunitense per indicare un conto monte lavori in corso distinto dagli altri, nel quale confluiscono i costi relativi alle spese generali.

work in process, materials: Espressione usata nella pratica contabile statunitense per indicare un conto monte lavori in corso distinto dagli altri, nel quale confluiscono i costi relativi alle materie prime.

work-in-process turnover: ***indice di rotazione dei semilavorati.*** È l'ammontare di semilavorati trasferito a prodotti finiti, durante un determinato periodo di tempo, diviso per la scorta media di semilavorati di quello stesso periodo.

work in progress: ***monte lavori in corso; merci in lavorazione; semilavorati.*** Termine usato con lo stesso significato di *goods in process 1* (v.).

work load: ***carico di lavoro.*** La quantità di lavoro che deve svolgere una persona, un ufficio o un'organizzazione o della cui esecuzione essi sono responsabili.

workman: 1. ***operaio; lavoratore.*** Il termine inglese indica un qualsiasi prestatore di lavoro, ma in particolare uno impegnato in lavori manuali. **2.** ***artigiano.*** Un qualsiasi lavoratore specializzato in un settore dell'artigianato. Può, pertanto, essere un idraulico, un falegname, un fabbro e simili.

workmanship: 1. ***lavorazione; esecuzione; fattura.*** Termine con il quale si indica la qualità del lavoro svolto nel produrre qualcosa, come ad esempio nella frase «mobili di ottima lavorazione». **2.** ***abilità tecnica.*** È l'abilità posseduta da un artigiano o altro lavoratore specializzato.

work measurement: ***misurazione del lavoro.*** La determinazione del giusto tempo da concedersi per l'esecuzione di un determinato compito, in base a misurazioni che tengono conto della complessità dell'operazione e dell'abilità di un lavoratore medio. Gli obiettivi della misurazione del lavoro sono: a) realizzare l'impiego più economico e produttivo possibile della manodopera; b) migliorare la pianificazione e il controllo della produzione; c) ricavare dati statistici attendibili sulla esecuzione del lavoro; d) approntare una base razionale per i piani di incentivazione; e) fornire una base attendibile e realistica per il controllo del costo del lavoro.

workmen: ***maestranze.*** Termine usato sempre al plurale per indicare collettivamente l'insieme degli operai che la vorano alle dipendenze di un grosso complesso industriale.

workmen's compensation: ***indennizzo per infortunio sul lavoro; indennizzo per malattia professionale.*** È il diritto, sancito dalla legge, di un prestatore di lavoro a venire indennizzato dal suo datore di lavoro nel caso in cui riporti lesioni causate da un incidente che si verifica nel corso dello svolgimento dell'attività lavorativa o qualora egli contragga una malattia causata dal tipo di attività che svolge. (v. anche *Workmen's Compensation Act*)

Workmen's Compensation Act: Termine con il quale si indicano due leggi, approvate dal parlamento britannico nel 1897 e nel 1906, che regolamentavano la questione della responsabilità degli infortuni sul lavoro. Tali leggi sancivano la responsabilità del datore di lavoro, anche nel caso in cui l'incidente si fosse verificato a causa di negligenza da parte del lavoratore nell'applicare le misure di sicurezza previste per la sua particolare attività. Queste leggi sono state sostituite dal *National Insurance (Industrial Injuries) Act* (v.) del 1946.

workmen's compensation insurance: ***assicurazione contro la responsabilità civile operai.*** Tipo di assicurazione, obbligatoria in molti degli Stati Uniti e facoltativa in altri, che solleva il datore di lavoro dalla responsabilità civile, sancita per legge, che lo porterebbe a dover indennizzare il lavoratore qualora egli restasse vittima di un incidente sul lavoro. I massimali di tale tipo di assicurazione vengono stabiliti in base alle disposizioni di legge che, a seconda dello stato, prevedono differenti entità di indennizzo per le varie categorie di lavoratori.

workmen's compensation laws: ***legislazione sulla responsabilità civile operai.*** Termine statunitense, usato con lo stesso significato di *employers' liability laws* (v.).

workmen's tickets: ***biglietti operai.*** In passato, sia nel Regno Unito che in Italia e in altri paesi, le ferrovie, le aziende tranviarie e altre società di trasporto rilasciavano recapiti di viaggio di sola andata, ma più spesso di andata e ritorno, a tariffe estremamente ridotte. Tali biglietti venivano emessi in relazione a viaggi entro determinate fasce orarie, di solito prima delle otto del mattino e dopo le cinque del pomeriggio, ed avevano lo scopo di ridurre le spese di trasporto cui andavano incontro gli operai nel recarsi al loro posto di lavoro.

work method: ***metodo di lavoro.*** È il metodo seguito nello svolgimento di una o più operazioni del processo produttivo. Viene studiato e determinato dall'ufficio tempi e metodi a seguito di uno studio particolarmente dettagliato. (v. anche *methods study*)

work order: ***commessa; ordine di lavorazione.*** Termine usato con lo stesso significato di *job order* (v.).

workout loan: ***mutuo di salvataggio.*** Nel linguaggio finanziario statunitense, indica un mutuo concesso ad un'impresa in gravi difficoltà finanziarie, in previsione di un piano che mira a risanare l'impresa e a conservare i posti di lavoro esistenti. Tale tipo di mutuo prevede una serie di rigide direttive, imposte allo scopo di garantire la realizzazione dell'operazione di salvataggio.

work permit: ***permesso di lavoro.*** Permesso ufficiale concesso da un governo ad un cittadino straniero, di solito per un periodo di tempo limitato, con il quale egli viene autorizzato a soggiornare e a svolgere un lavoro dipendente nel territorio dello stato che concede il permesso. Negli Stati Uniti, il termine indica un permesso rilasciato da un sindacato, con il quale si autorizza un lavoratore a svolgere la propria attività di lavoro dipendente in uno stabilimento industriale il cui personale è tenuto, per accordi intercorsi tra la direzione e il sindacato, ad essere membro del sindacato o, comunque, a versare ad esso i contributi sindacali anche senza esservi iscritto.

work program: ***piano di lavoro; programma di lavoro.*** Nel linguaggio statunitense degli enti locali, questo termine indica un programma che contempla un certo lavoro da svolgersi ed i relativi costi stimati. Il termine è passato anche ad indicare la ripartizione di uno stanziamento globale tra i vari assessorati o settori che provvedono a servizi pubblici, in modo che ciascuno di loro riceva una parte dello stanziamento globale proporzionata alle spese che si presume esso debba sostenere.

work psychologist: ***psicologo del lavoro.*** Psicologo che si interessa principalmente di psicologia del lavoro. Può essere impiegato stabilmente da un'impresa, col compito non soltanto di seguire le operazioni di selezione del personale, ma anche di assistere i lavoratori in campo psicologico.

work psychology: ***psicotecnica.*** L'insieme delle tecniche di psicologia applicata, mediante le quali si procede alla selezione del personale e all'orientamento professionale dei giovani, preferibilmente di quelli tra i quattordici e i diciotto anni di età. Nel caso della psicologia applicata alla selezione del personale, si procede secondo il seguente schema. Innanzi tutto si compie un'approfondita analisi delle mansioni di ciascun posto di lavoro che si intende coprire. Ciò consente di individuare e descrivere analiticamente le operazioni che il lavoratore dovrà compiere e le caratteristiche psicologiche che egli dovrà possedere al fine di essere in grado di svolgere il lavoro col miglior adattamento e rendimento possibili. Sulla base delle conoscenze così acquisite, cioè quelle relative al lavoro e quelle relative all'individuo–tipo idoneo a svolgerlo, si preparano dei test, o reattivi psicologici, cui vengono sottoposti gli aspiranti a quei determinati posti di lavoro. Ad ogni test svolto dal candidato corrisponde un punteggio che, opportunamente valutato e ponderato, consente di individuare le persone più qualificate, da un punto di vista psico–attitudinale, a svolgere il lavoro. (v. anche *industrial psychology*)

work relief: ***sostegno alla occupazione.*** Il termine inglese viene usato per indicare i posti di lavoro creati da un governo o da agenzie sociali, con lo scopo di alleviare la disoccupazione e stimolare la ripresa dopo una fase di depressione mediante un incremento del potere di acquisto.

work rules: ***norme di lavoro.*** Qualsiasi norma, dovere e diritto contenuti esplicitamente in un contratto di lavoro o osservati per tradizione, pur non essendo contenuti in alcun contratto in forma scritta. In senso più ristretto, il termine indica una qualsiasi condizione di impiego che riguarda sia la sicurezza del lavoro, sia l'efficienza della produzione e, pertanto, coinvolge sia il prestatore che il datore di lavoro.

works: ***stabilimento; fabbrica; complesso industriale.*** Termine usato sempre al plurale, con il quale si indica un luogo, debitamente attrezzato con macchine, nel quale si recano i lavoratori per svolgere la propria funzione di prestatori di lavoro. Il termine inglese è spesso preceduto da un determinante, che indica il tipo di produzione o di lavoro che vi si svolge, come ad esempio nei termini *iron–works*, ferriera, e *steel–works*, acciaieria.

work sampling: ***campionamento del lavoro.*** Si basa di solito su metodi statistici, che prevedono l'osservazione a campione del ciclo di lavorazione.

works committee: ***consiglio di fabbrica; consiglio di azienda.*** Lo stesso che *shop committee* (v.).

works cost: ***costo di fabbricazione; costo industriale;***

costo di produzione; costo contabile. Lo stesso che *factory cost* (v.).

works council: ***consiglio di gestione.*** Comitato composto da rappresentanti della proprietà e dei prestatori di lavoro di un complesso industriale, che ha il compito di discutere e risolvere questioni relative alla natura e alla qualità di quelle condizioni di lavoro non previste da un accordo sindacale su base nazionale o industriale.

works department: ***reparto produzione.*** Lo stesso che *production department* (v.).

work–sharing: ***ripartizione del lavoro; suddivisione del lavoro.*** Lo stesso che *share–the–work plan* (v.).

work sheet: ***foglio di marcia.*** Modulo sul quale vengono registrati dati relativi allo svolgimento del lavoro in un determinato reparto o in relazione ad una singola macchina o catena di montaggio. Nel linguaggio della contabilità, il termine inglese indica un documento di prima nota, ad uso generalmente amministrativo.

workshop: ***officina; stabilimento.*** Termine usato più o meno nello stesso significato di *works* (v.), pur se di solito indica un complesso di dimensioni più limitate o un settore di un più grande complesso.

workshop costs: ***costi di officina; spese di officina.*** In questo composto, il termine *workshop* viene usato nel significato di reparto meccanico specializzato all'interno di un'azienda o di uno stabilimento. Il termine completo, pertanto, indica i costi direttamente imputabili a tale reparto.

workshop of the world: ***officina del mondo.*** Espressione usata per indicare la Gran Bretagna agli inizi del diciannovesimo secolo, quando la rivoluzione industriale, cominciata in quel paese prima che in altri, la rese la nazione all'avanguardia nella produzione industriale.

work simplification: ***semplificazione del lavoro; snellimento del lavoro.*** L'introduzione di una qualsiasi miglioria tecnologica o operativa, diretta a semplificare il ciclo di lavorazione. Con questo termine può anche intendersi un qualsiasi accorgimento che consente di eliminare movimenti non necessari o che possono essere svolti da una sola persona per tutti gli interessati. Ad esempio, un operaio che lavora ad una pressa avrà un determinato numero di pezzi da trasformare. Quando questi pezzi terminano, egli dovrebbe recarsi al magazzino, compilare un modulo di prelievo, prelevare i pezzi e recarsi nuovamente al suo posto di lavoro. Ciò può essere semplificato, utilizzando una persona che provvede a rifornire dei pezzi necessari tutti coloro che svolgono funzioni analoghe via via che la loro dotazione di pezzi da trasformare si assottiglia.

works manager: ***direttore di stabilimento.*** Lo stesso che *production manager* (v.).

works of maintenance: ***lavori di manutenzione.*** Lo stesso che *maintenance* (v.).

works oncost: ***costi generali di produzione; spese generali tecniche.*** Termine usato con lo stesso significato di *production overheads* (v.).

works order: ***ordine di fabbricazione.*** Lo stesso che *shop order* (v.).

work station: ***postazione di lavoro.*** Punto in cui un operaio svolge la propria attività. Il termine si riferisce alla posizione esatta del lavoratore lungo una catena di montaggio o presso una macchina che egli deve sorvegliare e manovrare durante il suo turno di lavoro.

work stoppage: ***sospensione del lavoro; interruzione del lavoro.*** Termine usato con lo stesso significato di *stoppage 2* (v.).

work study: ***studio del lavoro.*** Lo studio e l'analisi di un lavoro specifico o di un'operazione, non soltanto allo scopo di ridurre i costi, ma anche con l'obiettivo di migliorare i metodi di lavorazione, eliminare il lavoro non necessario e incrementare la produttività. Lo studio del lavoro comprende due principali tecniche: lo studio dei metodi e la misurazione del lavoro. Il primo costituisce l'analisi dettagliata di metodi esistenti o proposti, come base per il miglioramento delle procedure, dei processi, della progettazione, della disposizione delle macchine, ecc.; la seconda consiste nel determinare il giusto tempo da assegnare all'effettiva esecuzione di un compito specifico, allo scopo, tra l'altro, di fornire una base attendibile per il controllo del costo del lavoro. (v. anche *methods study, work measurement*)

work ticket: ***cartellino operativo; scheda operativa.*** Lo stesso che *job card* (v.).

work to rule: ***sciopero bianco.*** È il rallentamento del lavoro, descritto sotto *working to rule* (v.).

work unit: ***unità di lavoro.*** Questo termine indica un'unità di misura del lavoro, di solito largamente accettata, in base alla quale è possibile determinare i costi medi, il tempo o l'efficienza, in maniera da rendere possibile il confronto tra due diverse operazioni o tra le esecuzioni della stessa operazione in periodi di tempo diversi e previsioni attendibili riguardo ai tempi e ai costi di future operazioni.

work week: ***settimana lavorativa.*** Termine usato come sinonimo meno frequente di *working week* (v.).

World Bank: ***Banca Mondiale.*** Termine spesso usato per indicare la *International Bank for Reconstruction and Development* (v.).

world currency: ***valuta mondiale.*** 1) Il termine trova origine in una proposta, avanzata dall'economista Richard N. Cooper nel 1984, di creare una valuta a circolazione mondiale sotto il controllo di un organismo supernazionale. Non è chiaro dalla proposta se tale valuta debba sostituire quella dei paesi più avanzati anche nella circolazione interna o se essa debba circolare solo come valuta da usarsi negli scambi internazionali. L'obiettivo che si prefigge la proposta, tuttavia, sembra essere quello di risolvere i problemi dei tassi di cambio eliminando questi ultimi. 2) Il termine inglese viene a volte usato con lo stesso significato di *international currency* (v.) con riferimento al dollaro statunitense.

World Economic Conference: ***Conferenza economica mondiale.*** Lo stesso che *London Economic Conference* (v.).

world economy: ***economia mondiale.*** L'economia complessiva di tutti i paesi del mondo, che secondo alcuni autori non può più essere considerata come la semplice intersezione delle economie nazionali, bensì va vista come un'economia internazionale che ha assorbito le economie nazionali, le quali ultime si devono considerare come l'estensione di un sistema globale o integrato con una sua propria logica.

worldeconomy: ***economia mondiale.*** Lo stesso che *world economy* (v.).

World Federation of Trade Unions: ***Federazione Sindacale Mondiale.*** Federazione internazionale di sindacati operai, fondata a Parigi nel 1945 allo scopo di sostenere gli interessi sindacali del mondo. Alla conferenza costitutiva parteciparono sessanta paesi e entro la fine del 1945 la federazione contava settantuno milioni di iscritti. L'unica grande organizzazione sindacale che non partecipò a questa federazione fu la *American Federation of Labor.* Nel 1949, molte rappresentanze furono ritirate, a seguito di dissensi e del sempre crescente controllo della federazione da parte della sua componente comunista. I sindacati che si ritirarono fondarono, nello stesso anno, la *International Confederation of Free Trade Unions* insieme alla *American Federation of Labor.*

World Health Organization: ***Organizzazione mondiale della sanità.*** Organismo internazionale, con sede a Ginevra, istituito nell'ambito delle Nazioni Unite con il compito di interessarsi della salute dei popoli, considerata condizione fondamentale per la pace e la sicurezza del mondo.

world inflation: ***inflazione mondiale.*** Lo stesso che *world–wide inflation* (v.).

World Intellectual Property Organization: ***Organizzazione mondiale della proprietà intellettuale.*** Organizzazione che sorveglia e sovrintende un complesso di convenzioni e trattati relativi alla proprietà industriale e ai diritti che ne derivano, sia nel settore dei beni che in quello dei servizi.

world liquidity: ***liquidità mondiale.*** Lo stesso che *international liquidity* (v.).

world money: ***moneta mondiale.*** Lo stesso che *international currency* (v.).

World Population Conference: ***Conferenza sulla popolazione mondiale.*** Conferenza convocata nel 1954 per studiare il problema dell'aumento della popolazione mondiale. I paesi occidentali si pronunziarono a favore di una qualche forma di controllo delle nascite nei paesi ad alto tasso di natalità, particolarmente quelli dell'area del sud–est asiatico e dell'America Latina, ma questo punto di vista non sembrò essere condiviso dai paesi direttamente interessati.

world trade: ***commercio mondiale; scambio mondiale.*** Termine usato con lo stesso significato di *international trade* (v.), specialmente quando gli scambi si svolgono su base multilaterale, con la partecipazione di più o meno tutti i paesi del mondo.

World Trade Center: È un centro di servizi, che presta assistenza agli operatori che si interessano di scambi internazionali.

World Trade Center Association: Associazione, con sede a New York e uffici in oltre cento paesi, che si interessa della promozione del commercio internazionale, offrendo i propri servizi agli operatori del settore.

world–wide competition: ***concorrenza su scala mondiale.*** Tipo di concorrenza tra produttori, che si realizza soltanto in alcuni particolari settori della produzione industriale, come ad esempio quello automobilistico.

world–wide distributor: ***distributore su scala mondiale.*** Funzione svolta essenzialmente da alcune grosse multinazionali, che hanno strutture e capitali tali da consentir loro di raggiungere pressocché tutti i mercati mondiali, fatta eccezione soltanto per alcuni paesi, principalmente quelli del blocco comunista.

world–wide inflation: ***inflazione mondiale.*** Il termine inglese è stato usato principalmente per indicare il fenomeno di inflazione generale, a tassi più o meno alti, che si è verificata in tutti i paesi del mondo negli anni settanta a seguito dei successivi e pesanti aumenti del prezzo del petrolio.

world–wide principle: ***principio mondiale.*** Il principio, così detto perché adottato in tutto il mondo civilizzato, di tassare tutti i redditi, comunque e ovunque prodotti, delle persone fisiche e giuridiche residenti sul territorio di uno stato.

worse: ***peggiore.*** Oggi il titolo dell'oro viene indicato in millesimi anche nel Regno Unito, ma in passato esso veniva indicato in ventiquattresimi, detti carati. A quell'epoca, il titolo standard o legale dell'oro corrispondeva a ventidue carati, intendendosi con ciò che su ventiquattro parti di metallo ve ne erano ventidue di oro fino. Il titolo di un qualsiasi oggetto d'oro veniva pertanto espresso con riferimento al titolo standard, indicando di quanto esso era migliore o peggiore. Tenendo presente che un carato è diviso in quattro grani, la differenza rispetto al titolo standard poteva essere espressa in carati e grani e se il titolo superava i ventidue carati, veniva espresso dalla lettera B, che stava ad indicare *better*, mentre se era inferiore, dalla lettera W, che stava ad indicare *worse*, seguita dal numero che indicava lo scostamento dal titolo standard di ventidue carati. Così, se due barre d'oro venivano marcate, ad esempio, una con B 0.3 e l'altra con W 0.3, si intendeva che la prima superava di tre grani il titolo standard ed era, pertanto, di 22.3 carati di fino su ventiquattro carati di metallo; e che la seconda era inferiore di tre grani al titolo standard, cioè su ventiquattro carati di metallo ne conteneva 21.1 di fino. Il titolo dell'argento, invece, veniva espresso in once troy ed il titolo standard o legale consisteva di 11.2, il che significava che su dodici once di metallo ve ne erano 11.2 di fino (si tenga presente che l'oncia troy si divide in venti *pennyweight*). Così, se una verga d'argento conteneva, ad esempio, 10.14 once troy di fino su dodici di metallo, veniva marcata con la lettera W e il numero 0.8. Infatti, 10.14 + 0.8 equivalgono al titolo standard di 11.2.

worth: ***valore.*** Il termine inglese viene usato per indicare il valore di un bene o di un capitale in termini di un qualche standard di equivalenza o di scambio, come ad esempio il costo in moneta di un bene, il suo valore di mercato e simili.

worthless cheque: ***assegno scoperto; assegno a vuoto; assegno senza valore.*** Lo stesso che *bounce* (v.).

w.p.: 1) without prejudice; 2) weather permitting.

W.P.A.: with particular average.

WPI: wholesale price index.

w.r.: warehouse receipt.

W.R.: warehouse receipt.

wrapping: ***materiale da imballo.*** Un qualsiasi materiale usato per avvolgere e imballare merci, come ad esempio carta o cartone, tela di juta, sacchi, plastica e simili.

Wright demand rate: Espressione usata nel linguaggio delle imprese di pubblici servizi per indicare una tariffa basata principalmente sul fattore di carico, cioè il rapporto tra domanda delle ore di punta e domanda media. Su questa base, sono state sviluppate varie forme specifiche di tariffe per il pagamento di pubblici servizi. (v. anche *load factor*)

to write back: ***reinserire.*** Nel linguaggio della contabilità, questo verbo indica la procedura inversa a quella esposta sotto *to write down* (v.) e *to write off* (v.), cioè reintegrare un valore precedentemente stornato o ridotto, essendosi accorti che il bene relativo non è del tutto privo di valore o che il credito è stato pagato, contrariamente a quanto si pensava.

to write down: ***svalutare; ridurre.*** Nel linguaggio della contabilità, ridurre sui libri contabili il valore di un'attività, come ad esempio un credito inesigibile o un bene capitale, a seguito di ammortamento o dell'andamento del mercato.

write–down: ***riduzione contabile.*** L'azione di ridurre il valore contabile di un'attività, registrando sui libri contabili l'avvenuta variazione.

to write off: ***stornare.*** Nel linguaggio della contabilità, rettificare parzialmente o totalmente una scrittura di un conto patrimoniale, relativa ad un'attività che ha perso valore o che è diventata priva di qualsiasi valore, trasferendola dal conto patrimoniale ad un conto di reddito.

write–off: ***storno; storno patrimoniale.*** L'azione di trasferire il valore di un'attività da un conto patrimoniale ad un conto di reddito.

write–off period: ***periodo di ammortamento.*** Il periodo nel quale un'impresa è autorizzata, dalle leggi vigenti, ad ammortizzare il costo di acquisto di capitali fissi, mediante quote annuali uguali. Questo periodo varia dai cinque ai dieci anni a seconda del paese e a seconda del settore in cui opera l'impresa.

writer: 1. ***premista.*** Lo stesso che *option writer* (v.). **2.** ***traente.*** Lo stesso che *drawer* (v.), quando il titolo di credito è rappresentato da un assegno.

to write up: ***rivalutare.*** Nel linguaggio della contabilità, registrare in un conto patrimoniale l'incremento del valore contabile di un'attività, cui non fa riscontro un esborso di moneta o l'alienazione di altra proprietà oppure un'entrata di capitale.

write–up: ***rivalutazione; rivalutazione patrimoniale.*** L'azione di registrare, nell'apposito conto patrimoniale, l'incremento di valore di un'attività a seguito dell'andamento dei prezzi di mercato o di qualsiasi altra ragione.

writing–down allowance: ***quota di ammortamento.*** Il termine inglese indica l'ammontare che può ritenersi il costo imputabile dell'uso di un bene capitale nella determinazione dei profitti ai fini dell'imposizione fiscale cui è soggetta un'impresa.

writing–down period: ***periodo di ammortamento.*** Lo stesso che *write–off period* (v.).

written contract: ***contratto scritto.*** Termine con il quale si indica un accordo in forma scritta, in contrapposizione ad un accordo verbale.

written–down value: ***valore contabile.*** Lo stesso che *book value* (v.).

wrongful dismissal: ***licenziamento illecito; licenziamento senza giusta causa.*** Licenziamento di un lavoratore senza il prescritto periodo di preavviso o senza un giustificato motivo. Il lavoratore illecitamente licenziato può ricorrere al tribunale del lavoro per chiedere la sua riassunzione in servizio o può citare per danni il proprio datore di lavoro.

wrong post: ***posta errata.*** Una posta registrata in un conto diverso da quello in cui doveva venir registrata. Per correggerla, è necessario inserire una posta di correzione.

wrought gold: ***oro lavorato.*** È l'oro di cui è costituito un qualsiasi articolo di gioielleria o una qualsiasi moneta. In passato veniva usato il titolo in carati e di solito le monete venivano coniate in oro a ventidue carati, mentre gli articoli di gioielleria venivano fatti in oro a diciotto carati.

wt.: 1) weight; 2) warrant.

WTC: World Trade Center.

W.W.: 1) warehouse warrant; 2) warehouse to warehouse.

W/W: warehouse warrant.

W.W.D.: weather working days.

x, X

X: 1) ex dividend; 2) ex interest.
XC: ex coupon.
X. cp.: 1) ex capitalization; 2) ex coupon.
XD: ex dividend.
X–efficiency: ***efficienza non allocativa; efficienza X.*** Termine con il quale si indica l'efficienza tecnologica e manageriale in genere di un'impresa, cioè a dire l'efficienza con cui l'impresa affronta e risolve i problemi di gestione e acquista ed utilizza gli input. La maggior parte delle imprese non operano al massimo dell'efficienza X.
xeno credits: ***xenocrediti.*** Termine di recente formazione, con il quale si indicano i crediti internazionali che consentono di soddisfare la crescente domanda di moneta, sostanzialmente al di fuori del controllo effettivo delle singole nazioni. La crescita degli xenocrediti ha avuto un ruolo determinante nell'innescare e tenere in essere le spirali inflazionistiche.
x.i.: ex interest.
x. in.: ex interest.
X–inefficiency: ***inefficienza X.*** Questo termine indica l'incapacità di estendere i profitti di un'impresa, sfruttando le condizioni di mercato già esistenti.
x. new: ex new.
XR: ex rights.
x–theory: Termine usato per indicare la teoria tradizionale della motivazione umana basata sull'innata avversione che gli uomini avrebbero nei confronti del lavoro e della responsabilità, per cui preferiscono essere comandati, costretti e indotti, da un punto di vista finanziario, a far parte di una struttura organizzativa rigidamente controllata. Questa teoria spiega perché certi individui preferiscono lavori subordinati e riescono meglio in mansioni esecutive, ma si sentono persi quando si affidano loro compiti che presuppongono iniziativa e capacità di comando o di direzione. (v. anche *y–theory*)
xu: Moneta divisionale del Vietnam, equivalente ad un centesimo di dong o a un decimo di hao.
XW: ex–warrant.

y, Y

Y/A: York–Antwerp Rules.

yankee bond: Espressione usata nel gergo borsistico statunitense per indicare un'obbligazione emessa in dollari negli Stati Uniti da un emittente straniero e debitamente registrata presso la *Securities and Exchange Commission* (v.).

Yankees: Termine usato alla borsa valori di Londra per indicare valori mobiliari statunitensi.

Y.A.R.: York–Antwerp Rules.

yard: ***iarda.*** Unità di misura di lunghezza in uso nel Regno Unito, negli Stati Uniti ed in altri paesi anglosassoni. Una iarda equivale a 0,9144 metri e consiste di tre piedi, ciascuno dei quali contiene dodici pollici. Pertanto, la iarda consiste di trentasei pollici. (v. anche *inch, foot*)

yard goods: ***beni a misura.*** Beni che vengono venduti ad un tanto alla iarda, o al metro, a differenza di quelli che vengono venduti al pezzo o alla pezza. In particolare, il termine inglese viene usato per stoffe, vendute nella misura richiesta dal cliente. (v. anche *piece goods*)

yardstick: Questo termine viene usato con due significati: a) in senso concreto, indica una stecca della lunghezza di una iarda, suddivisa in trentasei parti, ciascuna delle quali equivale ad un pollice. Viene usata per eseguire misurazioni e in particolare per misurare stoffe. b) In senso figurato, corrisponde al nostro metro di valutazione, o parametro, nel significato di modello o esempio nei confronti del quale si possono paragonare o misurare altre cose.

yardstick rates: ***tariffe campione; tariffe tipo.*** Il termine, di uso statunitense, indica le tariffe praticate da un'impresa, che fungono da punto di riferimento per la determinazione delle tariffe formulate da altre imprese nella stessa industria. Il termine fu usato per la prima volta in relazione alle tariffe elettriche praticate dalla *Tennessee Valley Authority* nel 1933. Si trattava di un esperimento, che prevedeva tariffe basse onde consentire di scoprire se la domanda aumentava a seguito del basso costo e se ciò influiva sull'entità dei profitti.

yd.: yard.

year: ***anno.*** Un anno consiste di 365 giorni (366 negli anni bisestili), con 52 settimane e 12 mesi. Fino alla fine del tredicesimo secolo, l'anno civile, ecclesiastico e legale aveva inizio a Natale, ma dal quattordicesimo secolo e fino al 1752 l'anno aveva inizio il 25 di marzo. L'anno regale, invece, ha inizio il giorno dell'ascesa al trono del regnante. L'anno agrario si fa generalmente decorrere dall'11 novembre al dieci novembre dell'anno successivo. Infine, l'anno finanziario inizia il 1° aprile e termina il 31 marzo, mentre l'anno relativo all'imposta sul reddito, sempre nel Regno Unito, ha inizio il 6 aprile e termina il 5 aprile dell'anno successivo.

yearbook: ***annuario.*** Libro pubblicato una volta all'anno, nel quale vengono riportate informazioni su un evento o gruppo di eventi verificatisi nel lasso di tempo intercorrente fra la pubblicazione di due successivi annuari.

year–end adjustment: ***rettifica di fine anno.*** Una rettifica eseguita mediante apposite registrazioni in sede di chiusura dei conti al termine dell'esercizio finanziario. Può rendersi necessaria a causa di ratei, pagamenti anticipati, inventario fisico, rettifiche in sede di revisione, ecc., e di solito non implica necessariamente il concetto di correzione di un errore formale.

year–end bonus: ***premio di fine anno; gratifica di fine anno.*** Premio concesso da un'impresa ai suoi dipendenti al termine dell'esercizio finanziario, quando sono stati accertati i profitti realizzati nel corso dell'anno. La concessione di tale premio è, ovviamente, condizionata alla realizzazione di un certo ammontare di utili.

year–end dividend: ***dividendo di fine anno; dividendo definitivo.*** Termine usato con lo stesso significato di *final dividend 1* (v.).

year–end inventory: ***inventario di fine anno.*** Inventario fisico eseguito in concomitanza della fine dell'esercizio finanziario, onde accertare il valore reale delle attività e delle scorte di un'impresa.

year–end inventory value: ***valore d'inventario a fine anno.*** Il valore di un bene capitale, di una scorta, ecc., che scaturisce da un inventario fisico effettuato al termine dell'esercizio finanziario.

yearling: Termine usato nel gergo finanziario britannico per indicare un titolo a reddito fisso, emesso da una municipalità, della durata di un anno.

yearling bond: Lo stesso che *yearling* (v.).

yearly income: ***reddito annuo.*** Lo stesso che *annual income* (v.).

yearly interest: ***interesse annuo; annualità d'interesse.*** La somma complessiva di interessi, percepita su un investimento che è rimasto in essere per il periodo di un anno.

yearly report: ***relazione annuale.*** Relazione che riferisce sull'andamento di un fenomeno nell'arco di un periodo di tempo uguale ad un anno. (v. anche *annual return*)

yearly tenancy: ***locazione annua.*** Locazione che dura un anno e che si rinnova automaticamente per un uguale periodo, se non interviene una disdetta, che nel Regno Unito deve essere inviata sei mesi prima della scadenza. Così, ad esempio, se la locazione ha avuto inizio il 1° di giugno, essa terminerà e si rinnoverà in tale data se non è stata inviata disdetta entro il 1° di dicembre.

year–on–year rate of inflation: ***tasso annuo d'inflazione.*** Il tasso di inflazione registrato nell'arco di un intero anno, ad esempio dal 1° gennaio al 31 dicembre dello stesso anno.

years' purchase: Espressione usata quando si calcola il valore di una proprietà immobiliare, di un'impresa, di un esercizio, ecc., il cui prezzo viene rapportato al profitto o al canone di locazione annuo. Per esempio, un'abitazione il cui canone di fitto è di mille sterline all'anno a venti *years' purchase* assume un valore di ventimila sterline. Se si pagano, per il suo acquisto, ventimila sterline, l'investimento darà un rendimento del cinque per cento annuo. La percentuale di rendimento si ottiene dividendo il numero cento per il numero di *years' purchase* chiesto dal venditore.

Y-efficiency: ***efficienza Y.*** Il termine viene usato per indicare l'efficienza con la quale vengono massimizzati i profitti, sfruttando opportunità di mercato già esistenti.

yellow-dog contract: Negli Stati Uniti, questa espressione indica un accordo in base al quale l'aspirante ad un posto di lavoro si impegna a non iscriversi ad alcun sindacato. In base al *National Labor Relations Act* (v.) del 1935, tale tipo di contratto è illegale negli Stati Uniti.

Yellow Pages: ***Pagine Gialle.*** È una particolare guida telefonica, che elenca le imprese secondo i beni e servizi che esse offrono.

yellow seal dollar: Tipo di moneta di occupazione usata dalle forze armate degli Stati Uniti durante la loro permanenza nel nord Africa, nel corso della seconda guerra mondiale. In quanto emessa in dollari, e non in valuta locale, questa moneta rappresentava un'obbligazione diretta assunta dal ministero del tesoro statunitense.

Yemeni riyal: Unità monetaria dello Yemen, suddivisa in quaranta buqshah.

yen: Unità monetaria del Giappone, suddivisa in cento sen.

yenbond: ***obbligazione in yen.*** Titolo a reddito fisso emesso in valuta giapponese. Il termine si applica a titoli di stato o ad obbligazioni industriali giapponesi ed è di solito usato con valore di attributo.

yield: 1. ***rendimento.*** È l'utile che deriva ad un investitore dall'investimento da lui effettuato. In relazione a valori mobiliari, è l'utile che deriva all'investitore sotto forma di interessi o dividendi ed è di solito espresso come percentuale del prezzo di acquisto o del valore di mercato del titolo in questione. Tale percentuale si ricava dividendo il prezzo di acquisto o il valore di mercato del titolo per la somma percepita sotto forma di dividendo per i titoli azionari e di interesse per i titoli a reddito fisso in un qualsiasi anno. **2.** ***resa.*** Il prodotto di un processo di una qualsiasi industria.

yield at issue: ***rendimento all'emissione.*** Il rendimento di un titolo a reddito fisso calcolato in base al rapporto tra prezzo d'emissione e interesse nominale.

yield curve: ***curva di rendimento.*** Un grafico che mostra la struttura dei tassi d'interesse a termine, prendendo in considerazione i rendimenti di tutti i titoli dello stesso tipo e le loro scadenze, dalla più prossima alla più remota. La curva che ne risulta indica se i tassi di interesse a breve termine sono più alti o più bassi di quelli a lungo termine. Se i tassi a breve sono più bassi, la curva è detta positiva; mentre se i tassi a breve sono più alti, la curva è detta negativa. Infine, se la differenza tra i tassi a breve e a lungo termine è minima, la curva è detta piatta.

yield differential: ***differenziale di rendimento.*** Lo scarto esistente tra il rendimento di due titoli a reddito fisso ritenuti simili o comunque comparabili tra loro.

yield gap: ***scarto di rendimento.*** Espressione usata nel linguaggio finanziario per indicare la differenza tra il rendimento di un titolo azionario e il rendimento di un titolo a reddito fisso. In passato, a causa dell'alto rischio inerente alla proprietà di azioni, il rendimento di queste era sempre superiore a quello dei titoli di stato o delle obbligazioni. Oggi, la differenza rappresenta la valutazione generale del mercato dell'effetto relativo di fattori quali la potenziale futura crescita di reddito, l'inflazione e il rischio relativo al possesso di diversi tipi di valori mobiliari.

yield margin: ***margine di rendimento.*** L'ammontare di rendimento di un titolo stabilito al di sopra di un determinato indicatore del mercato monetario o dei capitali.

yield method: ***metodo del rendimento.*** Nella pianificazione degli investimenti, questo termine indica la determinazione di quel tasso che renderà uguali i flussi di cassa ricavati da un investimento e i flussi di cassa sborsati per un investimento.

yield of taxation: ***gettito.*** È la quantità di moneta che entrerà nelle casse dello stato come frutto dell'imposizione fiscale, dopo che saranno stati detratti i costi relativi all'esazione.

yield ratio: ***indice di rendimento; rapporto di rendimento.*** Rapporto ricavato dividendo il rendimento dei titoli di stato a lungo termine per il rendimento dei valori azionari e usato per indicare la convenienza relativa di questi strumenti finanziari per gli investitori.

yield spread: ***scarto di rendimento.*** La differenza di rendimento tra differenti emissioni di titoli a reddito fisso. Il termine a volte è anche usato con lo stesso significato di *yield gap* (v.).

yield to call: ***rendimento al riscatto.*** Il tasso di rendimento previsto su un titolo che, a discrezione dell'emittente, può essere riscattato prima della sua scadenza naturale. Tiene conto del fatto che il titolo può essere riscattato in anticipo, ma anche del fatto che così facendo l'emittente dovrà pagare un premio al portatore delle obbligazioni.

yield to maturity: ***rendimento alla scadenza; rendimento medio effettivo.*** È il rendimento effettivo alla scadenza di un titolo a reddito fisso, che tiene conto di: a) l'ammontare ricevuto sotto forma di interessi annuali; b) la differenza tra prezzo di acquisto e valore di rimborso; c) la vita del titolo. Una formula per calcolare tale rendimento potrebbe essere: $R = 100 - P/V + I/P$, dove R è uguale al rendimento effettivo; P è il prezzo pagato o prezzo corrente; V è la vita residua del titolo e I è il tasso nominale di interesse annuo.

yield to redemption: ***rendimento al rimborso; rendimento medio effettivo.*** Termine usato con lo stesso significato di *yield to maturity* (v.).

yield variance: ***variante di resa.*** È quella parte di variante di assorbimento materiali dovuta alla differenza tra resa standard specificata e resa effettiva realizzata.

Y-inefficiency: ***inefficienza Y.*** Termine con il quale si indica l'incapacità di massimizzare i profitti di un'impresa, sfruttando le opportunità di mercato già esistenti.

York-Antwerp Rules: ***Regole di York e Anversa.*** È un insieme di regole per la liquidazione di avarie generali, redatte alle conferenze della *International Law Association*, la prima delle quali fu tenuta a York nel 1864 e la seconda ad Anversa nel 1877. Da allora, queste regole hanno subito varie revisioni e precisamente nel 1890, nel 1924 e nel 1950. L'applicazione delle Regole di York e Anversa non è obbligatoria e se si intende usarle, ciò deve essere espressamente indicato nel contratto, cioè nella polizza di carico, nel contratto di noleggio e nella polizza di assicurazione.

young economy: ***economia giovane.*** Termine usato per indicare l'economia di un paese emergente.

Young Plan: ***Piano Young.*** Piano per il pagamento dei danni di guerra dovuti dalla Germania alle forze alleate in base al Trattato di Versailles. Il piano fu avanzato nel 1929 dalla commissione presieduta da Owen D. Young, da cui il nome col quale viene ricordato, per sostituire il Piano Dawes e prevedeva la riduzione dell'ammontare complessivo dei danni di guerra, scadenze di pagamento prestabilite in un dato arco di tempo e l'eliminazione della maggior parte dei controlli imposti all'economia tedesca.

youth employment subsidy: ***contributo di occupazione giovanile.*** In base ad un piano introdotto nel Regno Unito nel 1926, era un contributo che il governo versava alle imprese che occupavano giovani di età inferiore ai venti anni, disoccupati da almeno sei mesi. Il contributo ammontava a dieci sterline la settimana e poteva essere erogato per un periodo massimo di ventisei settimane.

yr.: year.

Yr.: 1) your; 2) year.

y–theory: È indicata con questo termine la teoria della motivazione umana basata sul presupposto che gli uomini sono interessati al lavoro, vogliono assumersi responsabilità e preferiscono compiere scelte personali piuttosto che venire costretti a compiere azioni da altri uomini che li dirigono. Questa teoria spiega perché certi individui non riescono a svolgere mansioni esecutive e danno il meglio di sé soltanto quando e se operano in posizioni direttive. (v. anche *x–theory*)

YTM: yield to maturity.

yuan: Unità monetaria della Repubblica Popolare della Cina, suddivisa in dieci chiao o cento fen.

z, Z

zaïre: Unità monetaria dello Zaire, suddivisa in cento makuta.

Z certificates: ***certificati Z.*** Certificati emessi dalla Banca d'Inghilterra in luogo di certificati di titoli di stato, allo scopo di consentire operazioni più agili alle case di sconto che trattano titoli di stato a breve termine. I certificati vengono emessi a seguito della presentazione alla Banca dell'atto di trapasso dei titoli in questione e, se richiesto, possono essere frazionati in piccoli tagli. Questi certificati vengono prontamente accettati a garanzia di anticipazioni bancarie.

«Z» chart: ***diagramma a Z.*** Termine con il quale viene indicato un diagramma relativo alla produzione di un'impresa. Allo scopo di consentire rapidi raffronti, vi sono riportati grafici relativi ai totali mensili, al totale cumulativo dei vari mesi e al totale in ciascun mese dei dodici mesi precedenti. L'insieme di questi tre grafici assume la forma di una zeta, da cui il nome dato al diagramma.

zeal strike: ***sciopero bianco.*** Termine usato con lo stesso significato di *working to rule* (v.).

zero–base budgeting: ***impostazione di bilancio a base zero.*** L'impostazione di un bilancio statale o aziendale che prescinde dalle voci di spesa presenti nel precedente bilancio e che impone la giustificazione di ogni spesa prevista per il periodo cui si riferisce. Fu per la prima volta adottato negli Stati Uniti per le imprese esposte a rapidi cambiamenti tecnologici e di volume delle vendite.

zero coupon: Espressione usata per indicare un titolo di credito con interesse anticipato, emesso cioè calcolando l'interesse figurativo sul prezzo pagato dall'acquirente e sul valore nominale al quale sarà rimborsato alla scadenza.

zero coupon bond: ***obbligazione senza cedola; obbligazione scuponata; obbligazione a capitalizzazione integrale.*** Titolo a reddito fisso in relazione al quale non è previsto lo stacco di cedole fino alla sua scadenza. Viene rimborsato a un valore stabilito in anticipo, mentre il prezzo iniziale di vendita viene scontato in base al tasso d'interesse prevalente sul mercato all'atto dell'emissione. In questo tipo di titoli rientrano anche i certificati di deposito a taglio fisso.

zero coupon convertible security: ***titolo convertibile a capitalizzazione integrale.*** Tipo di *zero coupon bond* (v.) che può essere convertito in azioni ordinarie della società emittente quando queste ultime raggiungono un prezzo predeterminato. Lo stesso termine viene usato per indicare uno *zero coupon bond* convertibile in un altro titolo a reddito fisso che frutta un interesse annuo o semestrale.

zero coupon security: ***titolo a capitalizzazione integrale.*** Può essere una obbligazione o un certificato di credito o una cartella ipotecaria a capitalizzazione integrale. La caratteristica di ciascuno di questi titoli è quella descritta sotto *zero coupon bond* (v.).

zero downtick: Lo stesso che *zero–minus tick* (v.).

zero economic growth: ***sviluppo economico zero.*** Espressione usata per indicare il tasso di crescita che il sistema economico mondiale dovrebbe assumere nel lungo periodo. L'ipotesi di bloccare la crescita assoluta della produzione economica mondiale deriva dal fatto che il continuo sviluppo della popolazione, della produzione di beni e dei consumi di materie prime in un mondo finito porterà, a lungo andare, al collasso dei sistemi socio–economico ed ecologico. Coloro che non approvano questa ipotesi sostengono che nel formularla i suoi sostenitori non hanno considerato appieno le capacità di adattamento del sistema economico e la potenza del progresso tecnologico.

zero growth: ***crescita zero.*** V. spiegazione sotto *zero economic growth.*

zero inflation: ***inflazione zero; inflazione a tasso zero; nonflazione.*** La situazione economica in cui i prezzi non subiscono aumenti o subiscono aumenti estremamente contenuti e pertanto prossimi a un tasso di inflazione vicino allo zero.

zero marginal utility: ***utilità marginale zero.*** La situazione in cui il consumo di un bene o servizio da parte di un individuo ha raggiunto il punto al quale l'aggiunta di un'ulteriore dose di tale bene o servizio non gli procurerebbe alcun incremento di utilità.

zero–minus tick: Espressione del gergo borsistico statunitense, con la quale si indica un'operazione di compravendita di un valore mobiliare effettuata a un prezzo uguale a quello della precedente operazione, ma più basso del differente prezzo di un'operazione ancora precedente. (v. anche *down tick, up tick*)

zero opportunity cost: ***costo–opportunità zero.*** Una situazione che può verificarsi in condizioni di sostanziale disoccupazione delle risorse di un'economia. Tali risorse possono essere indirizzate verso progetti pubblici senza che ciò comporti alcuna riduzione di produzione in altri settori dell'economia, cioè senza alcun costo–opportunità. (v. anche *opportunity cost*)

zero–plus tick: Espressione del gergo borsistico statunitense, con la quale si indica un'operazione di compravendita di un valore mobiliare effettuata a un prezzo uguale a quello della precedente operazione, ma più alto del differente prezzo di un'operazione ancora precedente. (v. anche *down tick, up tick*)

zero population growth: ***sviluppo zero della popolazione.*** Una situazione in cui la popolazione, mondiale o di un singolo paese, cessa di crescere e si raggiunge una posizione di equilibrio tra numero delle nascite e numero dei decessi. Coloro che sono a favore dello sviluppo zero della popolazione sostengono che si deve raggiungere nel breve periodo e che esso deve riguardare non soltanto i paesi meno sviluppati e a basso reddito, ma anche quelli ricchi. Infatti, essi affermano, la continua crescita della popolazione rende sempre più difficile raggiungere e mantenere un basso livello di inquinamento ambientale, oltre ad accelerare il ritmo di consumo delle risorse naturali soggette ad esaurimento.

zero price: ***prezzo zero.*** L'assenza di qualsivoglia considerazione in cambio di un bene o servizio. L'espressione si usa principalmente in relazione a donazioni tra privati e ad alcuni servizi offerti dallo stato, quali la difesa, l'istruzione e, in alcuni paesi, il servizio sanitario.

zero–rated goods: ***beni esenti da IVA; beni a aliquota zero.*** Sono i beni sui quali non si applica alcuna aliquota di imposta sul valore aggiunto, come ad esempio i beni destinati all'esportazione, alcuni beni di primissima necessità e alcuni tipi di servizi. Nel Regno Unito sono esenti da IVA i generi alimentari, i libri, il carbone, il gas, l'elettricità, la costruzione di edifici e le medicine distribuite su prescrizione medica, oltre ai servizi finanziari, sanitari e culturali.

zero–rating: ***imposizione zero; esenzione completa.*** Termine usato principalmente in relazione alle imposte indirette e ai dazi doganali, quando su un bene non grava alcuna aliquota di una determinata imposta, ad esempio l'imposta sul valore aggiunto, o di un dazio d'importazione.

zero sum: ***somma zero.*** Situazione che si verifica quando il guadagno di una delle parti è fatto completamente a spese dell'altra parte, così che la somma delle vincite e delle perdite è uguale a zero. Nell'uso che ne fa lo statunitense Lester C. Thurow, il termine indica una produzione economica insufficiente a far fronte a tutti i problemi di un paese.

zero–sum game: ***gioco a somma zero.*** Espressione usata nella teoria dei giochi per indicare una situazione in cui qualunque sia la scelta delle strategie il vincitore o i vincitori prendono tutte le poste del perdente o dei perdenti, così che la somma algebrica delle vincite e delle perdite è uguale a zero.

zero uptick: Lo stesso che *zero–plus tick* (v.).

zip code: ***codice di avviamento postale.*** Termine statunitense, con il quale si indica il codice a cinque cifre usato per identificare la zona di destinazione della corrispondenza all'interno degli Stati Uniti. Il termine è usato anche come verbo, col significato di indicare, sulla corrispondenza, il codice di avviamento postale.

zloty: Unità monetaria della Polonia, suddivisa in cento groszy.

zollverein: ***unione doganale.*** Termine di origine tedesca, con il quale viene indicata un'unione doganale tra stati sovrani indipendenti, che si impegnano ad adottare una comune politica fiscale o con l'abolizione dei dazi d'importazione negli scambi tra loro o con l'applicazione di una comune tariffa doganale nei confronti dei paesi terzi o con ambedue i provvedimenti. L'origine del termine risale alla creazione, nel 1833, dell'unione doganale con la quale la Prussia riuscì ad unificare politicamente la Germania.

zone: ***zona.*** Una qualsiasi regione o area geografica, con limiti stabiliti in relazione allo scopo particolare per cui essa viene istituita.

zone freight rate: ***tariffa zonale di trasporto.*** Una tariffa per il trasporto di merci applicabile a spedizioni da un qualsiasi punto di una zona ad un qualsiasi punto di un'altra zona.

zone pricing: ***sistema di discriminazione zonale del prezzo di vendita.*** È il sistema di determinazione del prezzo di vendita basato sulla zona e descritto sotto *zone system* (v.).

zone rate: ***tariffa zonale.*** Nelle imprese dei pubblici servizi, questo termine indica un sistema tariffario in base al quale il territorio nel quale viene erogato il servizio è suddiviso in zone, di solito in base a differenze di costo per la fornitura del servizio nelle varie aree, e le tariffe vengono rese uniformi all'interno di ciascuna zona, ma differenti tra una zona e l'altra.

zone system: ***sistema della zona; sistema di discriminazione zonale del prezzo di vendita.*** Sistema di determinazione del prezzo di vendita di un prodotto che prevede che tutti i venditori quotino lo stesso prezzo su merci consegnate al domicilio del compratore, dovunque egli si trovi all'interno di una data zona e senza tener conto della distanza tra il punto dal quale vengono spedite le merci ed il punto al quale vengono consegnate. Il numero di zone in cui viene suddiviso il paese risulta minore quando i beni sono di grande valore e possono essere trasportati ad un basso costo, risulta maggiore quando, invece, i costi del trasporto sono elevati e costituiscono una notevole percentuale del prezzo di consegna del bene.

zoning: ***zonizzazione; suddivisione in zone.*** Termine usato negli Stati Uniti per indicare la pratica di pianificare lo sviluppo di un centro urbano, o di un'area più ampia, in modo tale che anche con l'aumento della popolazione, i cittadini avranno sempre la massima disponibilità di spazio, di verde, di utilità e di bellezza paesaggistica. Ciò si realizza mediante un piano regolatore che stabilisce le zone abitative, quelle industriali, quelle commerciali e così via.

zoning laws: ***leggi sulla zonizzazione; leggi sulla suddivisione in zone.*** Ordinanze comunali o leggi che stabiliscono i piani regolatori di un insediamento urbano, secondo i canoni descritti sotto *zoning* (v.).

ZPG: zero population growth.

italiano • inglese

a, A

a alto prezzo: at a high price; at a dear price.
a basso prezzo: at a low price; at a cheap price.
abbandonare: to abandon.
abbandonatario: abandonee.
abbandono: 1. abandon; abandonment. **2.** waiver.
abbandono del carico: abandonment of cargo.
abbandono del lavoro: walk–out.
abbandono di cosa assicurata: abandonment of insured property.
abbandono di nave: abandonment of ship.
abbandono di un prodotto: product abandonment.
abbattimento: abatement.
abbonamento: season ticket.
abbondanza: abundance.
abbuoni e sconti attivi e passivi: over and short.
abbuono: abatement; allowance; tret.
abbuono di debito: debt relief.
abbuono per avviamento: preparation allowance.
abbuono per colaggio: leakage.
abbuono per dispersione: leakage.
abbuono per permuta: trade–in allowance.
abbuono per preparazione: preparation allowance.
abbuono per rottura: breakage.
abbuono sulle vendite: sales allowance.
abbuono sul prezzo di acquisto: abatement of purchase money.
abbuono su merci acquistate: purchase allowance.
abilità tecnica: workmanship.
abitante dei bassifondi: slumdweller.
abitazione sfitta: vacancy.
abitudine: habit.
abitudine di acquisto: buying habit.
abitudini di lavoro: work habits.
abrasione: abrasion.
a breve data: 1. at a short date. **2.** short–dated.
a breve scadenza: at a short date; at short maturity.
a breve termine: short–term.
abrogazione: repeal.
a buon mercato: at a cheap price; at a low price; cheap.
abusivi: illegal traders.
abuso di fiducia: breach of trust.
a caro prezzo: at a dear price; at a high price.
accantonamenti finanziari: financial provision.
accantonamento: 1. appropriated surplus; appropriation; fund; provision; reserved surplus; surplus reserve. **2.** earmarking.
accantonamento di entrate: hypothecated revenue.
accantonamento di merci: appropriation of goods.
accantonamento per sostituzioni: provision for renewals.
accantonare: 1. to appropriate. **2.** to earmark.
accaparramento: 1. buying–up; engrossing; forestalling; regrating. **2.** corner.
accaparrare: to buy up.
accaparratore: hoarder; regrater.
accatastamento dei terreni: land registration.
accelera e frena: go–stop.
acceleratore: accelerator.
accelerazione: acceleration.
accentramento: centralism; centralization.
accertamento: assessment.
accertamento dei costi: cost ascertainment.
accertamento dei crediti: proof of debts.
accertamento dei redditi a fini previdenziali: social security earnings test.
accertamento dell'imposta sul reddito: income tax assessment.
accertamento d'imposta: tax assessment; assessment of taxation.
accertamento di nullatenenza: means test.
accertamento di valore: assessment.
accertamento fiscale: tax assessment; assessment of taxation.
accertamento fiscale d'urgenza: jeopardy assessment.
accertamento tributario: assessment of taxation; tax assessment.
accessibilità: accessibility.
accessione: accession.
accesso a un mercato: access to a market; market access.
accessori: accessories.
accettabile: acceptable.
accettabilità: acceptability.
accettante: acceptor.
accettante per intervento: acceptor for honour; acceptor supra protest.
accettare: to accept.
accettazione: 1. acceptance. **2.** acceptance bill.
accettazione bancaria: bank acceptance; banker's acceptance.
accettazione bancaria stanziabile: eligible banker's acceptance.
accettazione commerciale: trade acceptance.
accettazione condizionata: conditional acceptance; qualified acceptance; special acceptance.
accettazione contro documenti: acceptance against documents.
accettazione del consumatore: consumer acceptance.
accettazione della marca: brand acceptance.
accettazione del prodotto: product acceptance.
accettazione di comodo: accommodation acceptance.
accettazione di merci: acceptance of goods.
accettazione di offerta: acceptance of offer.
accettazione di proposta: acceptance of proposal.
accettazione esplicita: express acceptance.
accettazione generale: general acceptance.
accettazione in bianco: blank acceptance.
accettazione incondizionata: general acceptance.
accettazione limitata: partial acceptance.
accettazione locale: local acceptance.

accettazione parziale: partial acceptance.
accettazione per intervento: acceptance by intervention; acceptance for honour; acceptance supra protest.
accettazione senza riserve: general acceptance.
accettazione su piazza: local acceptance.
accettazioni bancarie di buona firma: fine bank bills.
accettazioni commerciali attive: trade acceptances receivable.
accettazioni commerciali passive: trade acceptances payable.
accettilazione: acceptilation.
accomandante: limited partner.
accomandatario: general partner; full partner; unlimited partner.
accomodamento: special agreement; settlement.
accomodamento amichevole: friendly arrangement; friendly settlement.
accomodamento stragiudiziale: settlement out of court.
acconto: down payment; partial payment; part payment; purchase money.
acconto dell'imposta sulle società: advance corporation tax.
acconto di conferimento in denaro: application money.
acconto di riparto in denaro: allotment money.
acconto dividendo: interim dividend.
acconto sul nolo: advance freight.
accordi commerciali di reciprocità: reciprocal trade agreements.
accordi di arresto: standstill agreements.
Accordi di Basilea: Basle Arrangements.
Accordi di Bretton Woods: Bretton Woods Agreement.
accordi di libero scambio: free trade agreements.
accordi d'intervento: intervention arrangements.
Accordi di Ottawa: Ottawa Agreements.
accordi di pagamento: payments agreements.
accordi di proroga: standstill agreements.
accordi di restrizioni volontarie: voluntary restraint agreements.
accordi di standstill: standstill agreements.
accordi di swap: swap arrangements; swap agreements.
accordi generali di prestito: general arrangements to borrow; general agreements to borrow.
accordi internazionali per i prodotti di base: international commodity agreements.
accordi monopolistici: monopoly agreements.
accordi multilaterali: multilateral agreements.
accordi sulla produttività: productivity agreements.
accordo: 1. agreement. **2.** association agreement. **3.** bargain.
accordo a livello aziendale: company agreement.
accordo a livello di stabilimento: factory agreement.
accordo bilaterale: bilateral agreement.
accordo commerciale: trade bargain; trade agreement.
accordo commerciale bilaterale: bilateral trade agreement.
accordo commerciale multilaterale: multilateral trade agreement.
Accordo di Basilea: Basle Agreement.
accordo di cessione di azioni: stock repurchase agreement.
accordo di clearing: compensation agreement; clearing agreement.
accordo di compensazione: compensation agreement; clearing agreement.
accordo di compensazione di cambio: exchange clearing agreement.
accordo di complementazione: complementation agreement.
accordo di concessione di licenza: licensing agreement.
accordo di conferma: stand–by arrangement; stand–by agreement.
accordo di contingente: quota agreement.
accordo di divisione della produzione: production–sharing agreement.
accordo di divisione del mercato: market–sharing agreement.
accordo di dotazione di personale: manning agreement.
accordo di fissazione dei prezzi: price–fixing agreement.
accordo di indennizzo: indemnity agreement.
accordo di indicizzazione dei salari: threshold agreement.
accordo di leasing: leasing agreement.
accordo di leasing con riscatto: lease–purchase agreement.
accordo di libero scambio: free trade deal.
accordo di locazione–vendita: leasing agreement.
accordo di mantenimento dei prezzi: resale price agreement; price maintenance agreement; resale price maintenance agreement.
accordo di marketing: marketing agreement.
accordo di marketing disciplinato: orderly marketing agreement.
accordo di massima: stand–by arrangement; stand–by agreement.
accordo di non importazione: non–importation agreement.
accordo di pagamenti bilaterale: bilateral payments arrangement.
accordo di preferenza: preference agreement.
accordo di prezzo imposto: resale price maintenance agreement; resale price agreement; price maintenance agreement.
accordo di quota: quota agreement.
accordo di quotazione in borsa: listing agreement.
accordo di regresso: recourse agreement.
accordo di restrizione agli scambi: restrictive trade agreement.
accordo di riacquisto: repurchase agreement.
accordo di riacquisto di azioni di lavoro: employee stock repurchase agreement.
accordo di riacquisto inverso: reverse repurchase agreement.
accordo di riassicurazione: re–insurance treaty.
accordo di scambio: barter arrangement; barter agreement; barter deal.
accordo di scambio d'informazioni: information agreement.
accordo di soglia: threshold agreement.
accordo di solidarietà: share–the–work plan.
accordo di stabilimento: factory agreement.
accordo di stabilizzazione dei prodotti: commodity stabilization agreement.
accordo di stand–by: stand–by agreement; stand–by arrangement.
accordo di trasferimento di tecnologia: technology transfer agreement.
accordo di vendita: agreement to sell; sales agreement.
accordo di vendita con pagamento differito: deferred

payment agreement.
accordo di vendita con patto di locazione: sell–and–leaseback agreement.
accordo di vendita esclusiva: exclusive dealing agreement.
accordo di vendita rateale: deferred payment agreement.
Accordo di Washington: 1. Smithsonian Agreement. **2.** Washington Loan Agreement.
Accordo generale sulle tariffe e il commercio: General Agreement on Tariffs and Trade.
accordo industriale: industrial agreement.
accordo intergovernativo per i prodotti di base: commodity agreement.
accordo internazionale: international agreement.
Accordo internazionale per lo stagno: International Tin Agreement.
accordo intersindacale: joint agreement.
Accordo intraeuropeo dei pagamenti: Intra–European Payments Agreement.
accordo monetario europeo: European Monetary Agreement.
accordo multifibre: Multifiber Arrangement.
accordo per la formazione del prezzo dichiarato: open price agreement.
accordo per la limitazione delle esportazioni: export restraint agreement.
accordo per scambio futuro di tassi d'interesse: forward rate agreement.
accordo preliminare di assicurazione: agreement for insurance.
accordo pronti contro termine: matched sale–purchase agreement.
accordo regionale: area agreement.
accordo salariale: wage settlement; pay settlement.
accordo salariale collettivo: wage bargain; collective wage agreement.
accordo sindacale: 1. industrial agreement; union agreement. **2.** labour agreement.
accordo sindacale plurilaterale: multi–employer agreement.
accordo sui prezzi: price agreement.
accordo sulla esenzione dalla doppia imposizione: double taxation agreement.
accordo sul prezzo netto di copertina: Net Book Agreement.
accordo su prezzi comuni: common price agreement.
accordo tra gentiluomini: gentlemen's agreement.
accordo tra sottoscrittori: agreement amongst underwriters; purchase group agreement.
Accordo tripartito: Tripartite Agreement.
accordo unilaterale: unilateral agreement.
accordo valutario: currency accord; currency agreement.
Accordo valutario tripartito: Tripartite Currency Agreement.
accordo verbale: verbal agreement; oral agreement.
accordo verticale di fissazione dei prezzi: vertical price–fixing agreement.
accreditamento: credit.
accreditamento di un sindacato: union certification.
accreditare: to credit.
accredito: credit.
accredito di stipendio: pay–roll credit.
accrescimento: 1. accretion. **2.** accrual.
accrescimento fluviale: accretion; reliction.
accumularsi: to accrue.
accumulatore del potere di acquisto: store of wealth; store of value.
accumulazione: 1. accumulation. **2.** accrual.
accumulazione capitalistica: capitalist accumulation.
accumulazione di arretrati: arrears accumulation.
accumulazione di capitale: capital development; capital accumulation.
accumulazione di interesse: accrual of interest.
accumulazione di scorte: stockbuilding; inventory build–up.
a chiamata: at call.
a condizioni concorrenziali: at arm's length.
a consegna libera: free of delivery.
a contante: for cash.
a cottimo: by the job.
acque doganali: customs waters.
acque pubbliche: public waters.
acque territoriali: territorial waters.
acquirente: 1. buyer; purchaser; demander. **2.** shopper.
acquirente artistico: art buyer.
acquirente a titolo oneroso: purchaser for value.
acquirente istituzionale: institutional buyer.
acquirente marginale: marginal purchaser.
acquirente per impulso: impulse buyer.
acquirente speciale: special buyer.
acquisire: to acquire.
acquisizione: acquisition.
acquisizione con capitale di prestito: leveraged take–over; debt–financed take–over.
acquisizione dall'esterno: management buy–in.
acquisizione dall'interno: management buy–out.
acquisizione di controllo: take–over.
acquisizione di controllo ascendente: inverted take–over; reverse take–over; reverse bid.
acquisizione di controllo verso l'alto: inverted take–over; reverse take–over; reverse bid.
acquisizione fortunata: fortunate acquisition.
acquisizione in borsa: exchange acquisition.
acquistare: 1. to purchase; to buy. **2.** to acquire.
acquistare al meglio: to buy at best.
acquisti: purchases.
acquisti a distanza: remote shopping.
acquisti da casa: home shopping.
acquisti per consegna differita: forward purchases.
acquisti su catalogo: catalogue buying.
acquisti sul mercato aperto: open–market purchases.
acquisto: purchase.
acquisto a credito: 1. purchase on credit. **2.** buying on margin; marginal trading.
acquisto a forfait: lump–sum purchase.
acquisto all'ingrosso: wholesale purchase; bulk buying; bulk purchase.
acquisto a margine: buying on margin; marginal trading.
acquisto a premio: giving for the call.
acquisto a pronti: cash purchase.
acquisto a rate: instalment payment purchase; instalment buying; buying on time.
acquisto coattivo: buying in.
acquisto con pagamento rateale: instalment payment purchase; instalment buying; buying on time.
acquisto con prezzo a forfait: basket purchase.
acquisto di azioni: stock purchase.
acquisto di compensazione: 1. counter purchase. **2.** closing purchase.
acquisto di copertura: covering purchase.
acquisto diretto: buying round.
acquisto di sostegno: support purchase.

acquisto di titoli: stock purchase.
acquisto di titoli a credito: margin trading.
acquisto di titoli a margine: margin trading.
acquisto fittizio: fictitious purchase.
acquisto fuori mercato: off–market purchase.
acquisto in blocco: 1. bulk buying; bulk purchase. **2.** buy–out. **3.** bargain purchasing.
acquisto marginale: marginal purchase.
acquisto minimo: hand–to–mouth buying.
acquisto negoziato: negotiated purchase.
acquisto per consegna immediata: spot purchase.
acquisto per contanti: cash purchase.
acquisto per impulso: impulse buying.
acquisto preclusivo: preclusive buying.
acquisto reciproco: reciprocal buying.
acquisto simulato: fictitious purchase.
acquisto su ordinativo: order buying.
a credito: 1. on credit. **2.** on margin.
acro: acre.
adattamento stagionale: seasonal adjustment.
addebitamento: debit.
addebitamento diretto: direct debiting.
addebitare: to debit.
addebitare in meno: to undercharge.
addebitare in più: to overcharge.
addebito: debit.
addebito per dilazione: charge for credit; finance charge.
addebito per rottura: breakage.
addestramento: training.
addestramento alla direzione: management training.
addestramento al lavoro: job training.
addestramento alle vendite: sales training.
addestramento del personale: staff training; personnel training; employee training.
addestramento esterno: off–the–job training.
addestramento fuori sede: off–the–job training.
addestramento industriale: industrial training.
addestramento istituzionale: institutional training.
addestramento nell'ambito dell'industria: training within industry.
addestramento preliminare: vestibule training.
addestramento sul lavoro: on–the–job training.
addestramento vocazionale: vocational training.
addetti ai servizi: service workers.
addetti alle compensazioni dirette: walks clerks.
addetto agli acquisti: buyer.
addetto agli ordinativi: order clerk.
addetto ai servizi ausiliari: plant engineer.
addetto alla manutenzione: maintenance man.
addetto alla produzione: production worker.
addetto alle consegne: delivery man.
addetto alle pubbliche relazioni: public relations man.
addetto alle relazioni umane: human relationist.
addetto alle vendite: store salesperson.
addetto al marketing: marketing man.
addetto al servizio bagagli: baggage master.
addetto commerciale: commercial attaché.
addizionare: to cast.
addobbo delle vetrine: window dressing.
adeguamento: adjustment.
adeguamento al livello dei prezzi: price–level adjustment.
adeguamento dei dazi: border tax adjustment.
adeguamento di stipendio: salary adjustment.
adeguamento di un'imposta: tax adjustment.
adeguamento di un portafoglio: portfolio adjustment.
adeguamento monetario automatico: monetary correction.
adeguamento per costo della vita: cost–of–living adjustment.
adeguamento per scioperi: strike adjustment.
adeguamento salariale: wage adjustment.
adeguamento salariale automatico: automatic wage adjustment.
adeguamento stagionale: seasonal adjustment.
adeguamento strutturale: structural adjustment.
adeguatezza del capitale: capital adequacy.
adeguatezza della riserva: reserve adequacy.
adeguatezza patrimoniale: capital adequacy.
adeguato: equation of accounts.
adeguato a: geared to.
adeguato numerico: equalizing value.
adempimento: performance.
adempimento parziale: part performance.
adesivo: sticker.
adesivo segnaprezzo: price sticker.
a discrezione: at discretion.
a disposizione: on hand.
a dorso: piggy–back.
adottare il sistema metrico decimale: to go metric.
adozione: adoption.
adulterazione: adulteration.
adunanza dei creditori: meeting of creditors.
aereo da carico: cargo plane; air freighter.
aereo di linea: airliner.
aerobus: air–coach; airbus.
aerogramma: aerogramme.
aerotassì: air–taxi.
affare: 1. business. **2.** bargain.
affare all'olandese: Dutch bargain.
affare rischioso: adventure.
affari: business.
affari finanziari: financial business.
affarismo: profiteering.
affarista: profiteer.
affidabile: reliable.
affidabilità: reliability.
affidabilità di credito: credit–worthiness.
affiliante: franchisor; franchiser.
affiliato: franchisee; franchised dealer.
affiliazione: affiliation.
affiliazione commerciale: franchising; dealer franchise.
affitti e prestiti: lend–lease.
affitto: 1. tenancy. **2.** rent.
affitto a lungo termine: long–term lease.
affitto di suolo: ground lease.
affittuario: householder.
affluenza di acquirenti: run of buyers.
afflusso: inflow.
afflusso di capitale: capital inflow; influx of capital.
afflusso di fondi: funds inflow.
affogliamento: coupon renewal; coupon sheet renewal.
affrancare: to frank.
affrancatrice: postage–meter machine; franking machine; postal franker.
affrancatura: postage.
affrancatura a carico del destinatario: freepost.
affrancatura gratuita: post paid; post free.
agente: 1. agent. **2.** agency broker.
agente accreditato: account agent; accredited agent.
agente addetto agli acquisti: purchasing middleman; purchasing agent.
agente commissionario: commission agent;

commission broker; commission merchant.
agente consegnatario: recipient; consignee.
agente consolare: consular agent.
agente del credere: del credere agent.
agente del fisco: taxing officer; tax inspector; assessor; fiscal assessor; tax assessor.
agente della stanza di compensazione: clearing–house agent; redemption agent.
agente del produttore: manufacturer's agent.
agente di acquisto: buying agent.
agente di affari: business agent.
agente di assicurazioni: insurance agent.
agente di avaria: average agent.
agente di commercio: commercial agent; commercial broker.
agente di dogana: clearance agent; clearing agent.
agente di necessità: agent of necessity.
agente di noleggio: chartering agent.
agente di sconto: bill broker; note broker.
agente di trasporti marittimi: shipping agent.
agente di trasporti marittimi e terrestri: shipping and forwarding agent.
agente di vendita: 1. selling agent. **2.** sales agent. **3.** factor; factoring agent; mercantile agent.
agente di vendita esclusivo: exclusive sales agent.
agente esclusivo: sole agent; exclusive agent.
agente esportatore: export agent.
agente finanziario: fiscal agent.
agente funzionale: functional middleman; functional agent.
agente generale: general agent.
agente immobiliare: estate agent; real estate broker; house agent; real–estate agent; realtor.
agente marittimo: ship's agent.
agente non accreditato: cash agent.
agente particolare: particular agent.
agente per i trasferimenti: transfer agent.
agente per i trasferimenti azionari: stock transfer agent.
agente per l'esportazione: export agent.
agente provocatore: goon.
agente pubblicitario: advertising agent.
agente speciale: special agent.
agente universale: universal agent.
Agenti della Corona: Crown Agents.
agenti della produzione: agents of production.
agenti del Lloyd: Lloyd's agents.
agenti vincolati: tied agents.
agenzia: 1. agency. **2.** sub–branch.
agenzia bancaria: branch.
agenzia del lavoro: Employment Services Agency.
agenzia di acquisto: buying agency.
agenzia di amministrazione: land agency.
agenzia di assicurazione multilaterale: multilateral insurance agency.
agenzia di cambiavalute: bureau de change.
agenzia di classificazione titoli: bond–rating agency.
agenzia di collocamento: employment bureau; employment agency.
agenzia di compravendita: broking house: brokerage house.
agenzia di esazione crediti: debt–collection agency.
agenzia d'incasso: collecting agency.
agenzia d'informazioni commerciali: mercantile credit agency; credit agency; enquiry agent; status inquiry agency; trade protection society; mercantile agency.
agenzia d'intermediazione: broking house; brokerage house.
agenzia di pegni: pawn agency; pawnshop.
agenzia di prestito su pegno: pawn agency; pawnshop.
agenzia di pubblicità: advertising agency.
agenzia di raccomandazione marittima: ship's agency.
agenzia di spedizioni: forwarding agency.
agenzia di sviluppo multilaterale: multilateral development agency.
agenzia di vendita: selling agency.
agenzia esclusiva: sole agency; exclusive agency.
Agenzia europea per la produttività: European Productivity Agency.
Agenzia europea per l'energia nucleare: European Nuclear Energy Agency.
Agenzia finanziaria per l'edilizia abitativa: Housing and Home Finance Agency.
agenzia governativa: government agency.
agenzia immobiliare: estate agency.
agenzia marittima: shipping agency.
agenzia per le ricerche di mercato: market research agency.
agenzia per l'occupazione: Employment Services Agency.
Agenzia per lo sviluppo internazionale: Agency for International Development.
agenzia recupero crediti: debt–collection agency.
agenzie di credito federali: federal credit agencies.
agevolazione fiscale: tax break; tax concession.
agevolazioni alle esportazioni: export rebates.
agevolazioni creditizie: credit inducements.
aggio: 1. agio; premium; exchange premium. **2.** collecting commission.
aggio del dollaro: dollar premium.
aggio dell'oro: gold premium.
aggiotaggio: agiotage; manipulation.
aggiudicatario: purchaser.
aggiudicato: knocked down.
aggiudicazione: award.
aggiudicazione di appalto di costruzione: construction contract award.
aggiunta: boot.
aggiustamento: adjustment.
aggiustamento per scioperi: strike adjustment.
aggiustamento stagionale: seasonal adjustment.
agglomerazione: agglomeration.
aggregati: aggregates.
aggregati delle riserve: reserve aggregates.
aggregati economici: economic aggregates.
aggregati monetari: monetary aggregates.
aggregati sociali: aggregates.
aggregato: aggregate.
aggregazione: aggregation.
aggruppamento d'imprese: merger.
agiatezza: ease.
a giorni data: days' date.
a giorni vista: after sight; days' sight.
a giro di posta: by return of mail.
a giudizio dell'armatore: owner's option.
a grande velocità: by passenger train.
agricoltore: farmer.
agricoltura: agriculture; farming.
agricoltura commerciale: commercial agriculture; commercial farming.
agricoltura cooperativistica: co–operative farming.
agricoltura di sussistenza: subsistence agriculture; subsistence farming.

agricoltura estensiva: extensive agriculture.
agricoltura intensiva: intensive agriculture.
agricoltura mista: mixed farming.
agronomia: agronomy.
aiuti all'agricoltura: aid to agriculture.
aiuti all'estero: foreign aid.
aiuti allo sviluppo: development aid.
aiuti economici: economic aid.
aiuti multilaterali: multilateral aid.
aiuti per la difesa: defence aid.
aiuti statali: government aids.
aiuto: aid.
aiuto agevolato: concessionary aid.
aiuto contabile: assistant book-keeper; assistant accountant.
aiuto finanziario: financial aid.
aiuto indiretto: indirect help.
aiuto Marshall: Marshall aid.
aiuto per ricordare: aided recall.
al: as at.
albero delle decisioni: decision tree.
al bisogno: in case of need.
al cinquanta per cento: fifty-fifty.
algebra delle matrici: matrix algebra.
al giorno: per diem.
alienazione: alienation.
alimentazione interna: in-feeding.
a limite: at limit.
alinea: subsection.
aliquota: rate.
aliquota base: basic rate.
aliquota composita: composite rate.
aliquota d'imposta: tax rate.
aliquota d'imposta effettiva marginale: marginal effective tax rate.
aliquota d'imposta marginale: marginal tax rate.
aliquota effettiva: effective tax rate.
aliquota generale: general rate.
aliquota marginale: marginal rate.
aliquota marginale massima: top marginal rate.
aliquota media: average rate of tax.
aliquota progressiva: progressive rate.
aliquota proporzionale: proportional rate.
aliquota standard: standard rate.
aliquota tipo: standard rate.
aliquote agricole: agricultural rates.
aliquote dell'imposta sul reddito: rates of income tax.
alla emissione: when issued.
alla moda: fashionable.
alla pari: at par.
allargamento di una linea: line stretching.
alla rinfusa: in bulk.
all'arrivo: to arrive; on arrival.
alleanza: alliance.
allegato: **1.** enclosure. **2.** schedule; exhibit.
alleggerimento delle scorte: destocking.
alleggerimento di debito: debt relief.
alleggio: jettison; jet.
allestimento delle vetrine: window dressing.
allevamento in batteria: factory farming.
allevatore: grazier.
allibrare: to record; to enter.
alligazione: alligation.
allineamento dei prezzi: price lining.
allineamento monetario: monetary alignment.
all'ingrosso: wholesale.
allocare: to allocate.
allocazione: allocation.
allocazione dei costi: cost allocation; cost distribution; allocation of costs.
allocazione del credito: credit allocation.
allocazione del lavoro: allocation of work.
allocazione delle attrezzature: equipment allocation.
allocazione delle responsabilità: allocation of responsibilities.
allocazione delle risorse: resource allocation; allocation of resources.
allocazione delle risorse scarse: allocation of scarce resources.
allocazione di materiali: materials allocation.
allocazione di spese: expense distribution; expense allocation.
allocazione ottimale delle risorse: optimal resource allocation; optimum allocation of resources.
allocazione tattica delle attività: tactical asset allocation.
al lordo d'imposta: before-tax; pretax.
allo scoperto: **1.** short; short of stock. **2.** in the red.
allottamento dei costi: cost allotment.
allungo: allonge; rider.
alluvione: flood.
al meglio: at best; at the market.
al netto d'imposta: post-tax.
al porto e dal porto: at and from.
al porto più vicino disponibile: as near as.
al prezzo corrente: at the money.
al prezzo di mercato: at the market.
al prezzo minimo: at the cheapest price; at the lowest price.
al prezzo più basso: at the cheapest price; at the lowest price.
al rialzo: upward-sloping; buoyant.
al ribasso: downward-sloping; downward.
al salvo arrivo: to arrive.
alta congiuntura: favourable trend.
alta direzione: upper management; top management; top administration.
alta dirigenza: upper management; top management; top administration.
alta finanza: high finance.
alta tecnologia: high technology.
alterazione: alteration.
alterazione materiale: material alteration.
alterazione sostanziale: material alteration.
alti e bassi: highs and lows.
alto dirigente: top administrator; top executive; top-level executive; top manager; top-flight executive.
alto funzionario: top official.
alto mare: high seas.
altre attività: other assets; miscellaneous assets.
altre detrazioni: other deductions.
altre passività: other liabilities.
altre spese: other expense.
altri conti: other accounts.
altri depositi: other deposits.
altri ricavi: other revenue.
altri titoli: other securities.
a lunga data: at a long date.
a lunga scadenza: at a long date; at long maturity.
a lungo termine: long-term.
alzata di mano: show of hands.
amalgamarsi: to amalgamate.
a margine: on margin.
ambasciata: embassy.

ambedue le date incluse: both dates included.
ambiente: environment.
ambulante: coster; pedlar; costermonger; street trader.
a medio termine: medium–term.
a metà: fifty–fifty.
amlira: allied military lira.
ammanco: shortage; short.
ammanco di cassa: cash deficit; cash deficiency.
ammanco di peso: deficiency in weight.
ammassare: to amass.
ammasso: hoard.
ammettere allo sconto: to accept for discount.
amministratore: **1.** director; manager; company director. **2.** administrator. **3.** steward. **4.** bare trustee.
amministratore attivo: working director.
amministratore aziendale: business administrator.
amministratore delegato: managing director.
amministratore di eredità: administrator.
amministratore di una proprietà: estate manager.
amministratore esecutivo: executive director.
amministratore esterno: outside director.
amministratore fiduciario: trustee.
amministratore fiduciario pubblico: public trustee.
amministratore giudiziale: receiver.
amministratore nominato: nominee director.
amministratore non esecutivo: non–executive director.
amministratore ombra: shadow director.
amministratore periferico: local director.
amministratore pubblico: public administrator.
amministratore speciale: special manager.
amministratore straordinario: special manager.
amministratore supplente: alternate director.
amministratore unico: sole director; governing director.
amministratori a tempo pieno: whole–time service directors.
amministratori di società di comodo: dummy directors.
amministratrice: manageress.
amministrazione: **1.** administration; management. **2.** stewardship.
amministrazione a linee e direzioni: line and staff management; line and staff administration.
amministrazione aziendale: company management; business administration.
amministrazione controllata: receivership; conservatorship.
amministrazione dei crediti: credit administration.
amministrazione della produzione: production administration.
Amministrazione delle Poste: Post Office.
amministrazione del personale: personnel administration.
amministrazione di patrimoni: property administration.
amministrazione fiduciaria: trust.
amministrazione industriale: industrial administration.
amministrazione lineare a direzioni: line and staff administration; line and staff management.
amministrazione lineare con stato maggiore: line and staff administration; line and staff management.
amministrazione locale: local government; local government unit.
Amministrazione per la cooperazione internazionale: International Co–operation Administration.
amministrazione pubblica: **1.** civil service. **2.** public administration.
amministrazione sommaria: summary administration.
amministrazione statale: government administration.
amministrazione straordinaria: special management.
ammissione alla quotazione: listing admission; admission to quotation.
ammissione temporanea: admission temporaire; temporary admission.
ammodernamento: modernization.
ammontare: amount.
ammontare a credito: credit amount.
ammontare a debito: debit amount.
ammontare ammortizzabile: depreciable amount.
ammontare corrispondente: corresponding amount.
ammontare del credito: credit amount.
ammontare lordo: gross amount.
ammontare minimo di contrattazione: market amount.
ammontare netto: net amount.
ammontare netto di rischio: net amount at risk.
ammontare pagato in meno: undercharge.
ammontare pagato in più: overcharge.
ammortamento: **1.** amortization. **2.** depreciation.
ammortamento accelerato: emergency amortization; accelerated depreciation.
ammortamento accumulato: backlog depreciation.
ammortamento a costi correnti: current cost depreciation.
ammortamento al costo di rimpiazzo: replacement–cost depreciation.
ammortamento al costo storico: historical–cost depreciation.
ammortamento anticipato: accelerated depreciation.
ammortamento arretrato: backlog depreciation.
ammortamento a stime periodiche: observed depreciation.
ammortamento a tasso composito: composite rate depreciation.
ammortamento compensativo: compensating depreciation.
ammortamento di attività fisse: amortization of fixed assets.
ammortamento diretto: direct amortization.
ammortamento di un debito: amortization of a debt.
ammortamento di un'imposta: tax amortization.
ammortamento elastico: observed depreciation.
ammortamento finanziario: redemption; retirement.
ammortamento frazionato: split depreciation.
ammortamento in conto: direct amortization.
ammortamento indiretto: indirect depreciation.
ammortamento libero: depreciation at choice; free depreciation.
ammortamento maturato: accrued depreciation; accumulated depreciation; property reserved.
ammortamento per unità di prodotto: product–unit depreciation.
ammortamento politico: policy depreciation.
ammortamento ragionato: observed depreciation.
ammortamento rapido: emergency amortization.
ammortamento realizzato: realized depreciation.
ammortamento straordinario: extraordinary depreciation.
ammortare: **1.** to depreciate. **2.** to redeem.
ammortizzabile: depreciable; amortizable.
ammortizzare: to depreciate; to amortize.
a mobilità verso l'alto: upward–mobile.
ampiezza: amplitude.
ampiezza del campione: sample size.
ampiezza del controllo direttivo: span of control.

ampiezza della serie economica: standard–run quantity; economic lot size.
ampiezza della supervisione: span of supervision.
ampiezza del lotto economico: economic lot size; standard–run quantity.
ampiezza di responsabilità: span of responsibility.
ampliamento dei margini: widening of margins.
ampliamento della domanda: extension of demand.
ampliamento delle mansioni: job enlargement.
ampliamento di capitale: widening of capital; capital widening.
ampliamento di una linea: line extending.
anagrafe: registry office; register office.
anagrafe tributaria: tax register.
analisi: analysis.
analisi ABC: ABC analysis.
analisi a sezioni incrociate: cross–section analysis.
analisi congiunta: conjoint analysis.
analisi degli indici aziendali: ratio analysis.
analisi degli investimenti: investment analysis.
analisi dei costi: cost analysis.
analisi dei costi differenziali: differential cost analysis.
analisi dei costi e dei benefici: benefit–cost analysis; cost–benefit analysis.
analisi dei materiali: material analysis.
analisi dei mezzi: media research; media analysis.
analisi dei micromovimenti: micromotion study.
analisi dei movimenti: motion study; motion analysis.
analisi dei progetti: project analysis.
analisi dei rischi: risk analysis.
analisi dei sistemi: systems analysis.
analisi dei tempi e dei metodi: methods–time measurement.
analisi del ciclo di vita di un prodotto: product life analysis.
analisi del flusso dei fondi: flow of funds analysis.
analisi del flusso finanziario: flow of funds analysis.
analisi del flusso monetario: money–flow analysis.
analisi della composizione dei lettori: readership analysis.
analisi della concorrenza: competitor analysis.
analisi della domanda: demand analysis.
analisi della modulistica: forms analysis.
analisi della regressione: regression analysis.
analisi della serie temporale: time–series analysis.
analisi della varianza: variance analysis.
analisi delle attività: activity analysis.
analisi delle eccedenze: surplus analysis.
analisi delle interdipendenze strutturali: input–output analysis; interindustry analysis.
analisi delle mansioni: position analysis; job analysis.
analisi delle posizioni: position analysis; job analysis.
analisi delle scorte: inventory analysis; stock analysis.
analisi delle vendite: sales analysis.
analisi dell'impiego–prodotto: input–output analysis; interindustry analysis.
analisi del percorso critico: critical path analysis; network analysis.
analisi del portafoglio prodotti: product portfolio analysis.
analisi del prodotto: product analysis.
analisi del profitto lordo: gross–profit analysis.
analisi del punto di pareggio: break–even analysis.
analisi del reddito: income analysis.
analisi del valore: value analysis.
analisi di accettazione: acceptance sampling.
analisi di base: fundamental analysis.
analisi di bilancio: balance–sheet analysis.
analisi di equilibrio generale: general equilibrium analysis.
analisi di equilibrio in statica comparata: comparative static equilibrium analysis.
analisi di equilibrio parziale: particular equilibrium analysis; partial equilibrium analysis.
analisi di Fourier: Fourier analysis.
analisi di mercato: market research; market analysis; marketing analysis.
analisi dinamica: dynamic analysis.
analisi di portafoglio: custody account analysis.
analisi di quota e spostamento: shift and share analysis.
analisi di sensibilità: sensitivity analysis.
analisi di sequenza: sequence analysis.
analisi di tendenza: trend analysis.
analisi di un piano d'investimento: capital budgeting.
analisi di un rendiconto: statement analysis.
analisi economica: economic analysis.
analisi finanziaria: 1. financial analysis. **2.** securities analysis.
analisi fondamentale: fundamental analysis.
analisi funzionale: functional analysis.
analisi generale: aggregate analysis.
analisi globale: aggregate analysis.
analisi macroeconomica: aggregate analysis.
analisi marginalistica: marginal analysis.
analisi operativa: operations analysis.
analisi ordinalista: indifference analysis.
analisi paretiana: Pareto analysis.
analisi particolare: partial analysis.
analisi parziale: partial analysis.
analisi per età: ageing; age analysis.
analisi per età dei crediti: ageing of creditors.
analisi per età dei debiti: ageing of debtors.
analisi per età del capitale fisso: age of stocks.
analisi per età delle partite di credito: aging of accounts.
analisi periodale: period analysis.
analisi qualitativa: qualitative analysis.
analisi regionale: regional analysis.
analisi sequenziale: sequential analysis.
analisi statica: static analysis.
analisi statistica: statistical analysis.
analisi stratificata: breakdown.
analisi tecnica: technical analysis.
analista: analyst.
analista degli investimenti: investment analyst.
analista del valore: value analyst.
analista di mercato: market analyst.
analista finanziario: financial analyst.
analizzare per età: to age.
anarchismo: anarchism.
anarco–capitalismo: anarcho–capitalism.
anarco–sindacalismo: anarcho–syndicalism.
anche o solo: and/or.
ancorare: to peg.
andamento: trend.
andamento dei prezzi: price trend.
andamento favorevole del mercato: favourable course of the market.
andare allo scoperto: to run in the red; to overcheck; to overdraw.
andare in pensione: to retire.
andare in rosso: to run in the red; to overcheck; to overdraw.
anelasticità: inelasticity.
anelasticità dei prezzi: price rigidity; price inflexibility.

angelo: angel.
angelo caduto: fallen angel.
annacquamento del capitale: watering of stock; stock watering.
annesso: schedule.
anni delle locuste: locust years.
anno: year.
anno agrario: crop year.
anno base: base year.
anno commerciale: commercial year; trading year.
anno contabile: 1. accounting year. **2.** fiscal year; financial year.
anno di boom: boom year.
anno di calendario: calendar year.
anno di esercizio: trading year.
anno di gestione: trading year.
anno di polizza: policy year.
anno di revisione: audit year.
anno fiacco: sluggish year.
anno finanziario: 1. accounting year; fiscal year. **2.** financial year; tax year.
anno fiscale: taxable year.
anno imponibile: taxable year.
anno nero: black year.
anno normale: normal year.
anno sabbatico: sabbatical year.
annotazione: marking.
annuale: annual.
annualità d'interesse: yearly interest.
annualità di rimborso costante: constant annual principal and interest repayment.
annualizzazione: annualizing.
annuario: annual; yearbook.
annullabile: voidable.
annullamento: 1. annulment. **2.** abatement. **3.** cancellation.
annullamento di un contratto: frustration of contract.
annullamento di un rialzo: mark–up cancellation.
annullamento parziale di un ribasso: mark–down cancellation.
annullare: to cancel.
annuncio economico: classified advertisement; want ad.
annuncio pubblicitario: advertisement.
annuo: annual.
anticipazione: advance.
anticipazione a operatori: dealer loan.
anticipazione autoliquidantesi: self–liquidating advance.
anticipazione compensativa: bridging advance.
anticipazione in conto corrente: advance on current account; deposit loan.
anticipazione ponte: bridging advance.
anticipazione su merci: goods loan; warehousing loan; merchandise advance.
anticipazione su pegno di merci: Lombard loan.
anticipazione su pegno di titoli: Lombard loan.
anticipazione su titoli: advance against stock exchange securities; securities loan.
anticipazioni a fronte di deficit di bilancio: deficiency advances.
anticipazioni ai clienti: advances to customers.
anticipazioni bancarie: bank advances.
anticipazioni di sconto: discount lending.
anticipazioni su merci: produce advances.
anticipi e dilazioni: leading and lagging; leads and lags.
anticipo: 1. token payment. **2.** advance. **3.** retainer. **4.** lead.
anticipo di cassa: advance of cash.
anticipo in contanti: cash advance.
anticipo in conto: advance on account.
anticipo su diritti d'autore: advance of royalties.
anticipo sul nolo: advance freight.
antidatare: to predate; to antedate; to foredate; to backdate.
antieconomico: uneconomic.
antieuropeista: anti–European.
antieuropeistico: anti–European.
antinflazionistico: anti–inflationary.
antinfortunistica: accident prevention.
antropologia economica: economic anthropology.
anzianità di servizio: seniority.
a o meglio: at or better.
a opzione dell'armatore: owner's option.
a orario parziale: part–time.
a partire dal: as from.
apatia alle vendite: sales apathy.
a perdere: throwaway.
apertura: opening.
apertura della navigazione: first open water.
apertura di assegno sbarrato: opening a crossing.
apertura di credito: opening of credit; overdraft facility; credit opening.
apertura di credito confermata: confirmed opening of credit.
apertura di credito in conto corrente: loan account.
a piccola velocità: by goods train.
appaltatore: 1. contractor. **2.** independent contractor.
appaltatore diretto: prime contractor; original contractor; general contractor.
appaltatore edile: building contractor.
appalto: contract; contract work.
appalto a forfait: lump–sum contract.
appalto chiavi in mano: turn key contract; turn key job.
appalto di costruzione: construction contract.
appalto d'imposta: farming of taxes; tax farming.
appalto edile: building contract.
appartamento in cooperativa: co–operative apartment.
appello: appeal.
appendice: 1. endorsement; rider. **2.** schedule.
appigionamento: occupational lease.
applicazione: application.
applicazione di prezzi multipli: multiple pricing.
apporto di capitale: contribution of capital.
apporto in denaro: money contribution.
apprendimento: learning.
apprendimento sul lavoro: on–the–job learning; learning by doing.
apprendista: trainee; apprentice.
apprendistato: apprenticeship.
apprezzamento: appreciation; upvaluation.
apprezzamento del cambio: exchange rate appreciation.
apprezzamento del corso del cambio: exchange rate appreciation.
apprezzamento delle giacenze: stock appreciation; inventory appreciation.
apprezzamento delle scorte: stock appreciation; inventory appreciation.
apprezzamento monetario: currency appreciation.
approccio dei trasferimenti internazionali di reddito: international–transfer–of–income approach.
approccio dell'assorbimento: absorption approach.
approccio delle elasticità: elasticities approach.
approccio del trasferimento internazionale di prosperità: international–transfer–of–prosperity

approach.
approccio monetario: monetary approach.
approfondimento di capitale: deepening of capital.
approntamento di un ordinativo: order picking; picking.
appropriazione indebita: 1. misappropriation; defalcation. **2.** embezzlement.
approvare: to endorse.
approvazione: endorsement; sanction.
approvazione di estratto conto: confirmation of balance.
approvvigionamento: 1. purchasing; procurement. **2.** purchase. **3.** supply.
approvvigionamento aziendale: organizational buying.
approvvigionamento da fonte esterna: out-sourcing.
approvvigionamento materiali: materials purchasing.
approvvigionamento sempre normale: ever-normal granary.
approvvigionamento statale: government procurement.
approvvigionatore: 1. caterer. **2.** victualler.
appuramento dei costi: cost ascertainment.
a prima vista: prima facie.
aprire i libri: to open the books.
a pronta cassa: by ready cash; prompt cash.
a pronti: for cash; for money; prompt.
a pronti contanti: prompt.
aquila: eagle.
ara: are.
a rate: by instalments.
arbitraggio: 1. arbitrage. **2.** arbitration.
arbitraggio composto: compound arbitrage.
arbitraggio coperto: covered interest arbitrage.
arbitraggio di acquisizione: take-over arbitrage.
arbitraggio di cambio: 1. cross exchange. **2.** arbitration of exchange; currency arbitrage.
arbitraggio di indice azionario: stock index arbitrage.
arbitraggio di interessi: interest arbitrage; interest-rate arbitrage.
arbitraggio di interessi non coperto: uncovered interest arbitrage.
arbitraggio di merci: commodity shunting.
arbitraggio di regolamentazione: regulatory arbitrage.
arbitraggio diretto: simple arbitrage; direct arbitrage.
arbitraggio di rischio: risk arbitrage.
arbitraggio indiretto: indirect arbitrage.
arbitraggio semplice: simple arbitrage.
arbitraggio sugli indici: index arbitrage.
arbitraggio su merci: commodities arbitrage.
arbitraggio valutario: exchange arbitrage.
arbitraggista: arbitrageur; arbitrage dealer.
arbitraggista di rischio: risk arbitrageur.
arbitrato: 1. arbitration. **2.** umpirage.
arbitrato forzoso: compulsory arbitration.
arbitrato industriale: industrial arbitration.
arbitrato internazionale: international arbitration.
arbitrato obbligatorio: compulsory arbitration.
arbitrato volontario: voluntary arbitration.
arbitro: 1. arbitrator. **2.** referee.
archiviare: to file.
archiviazione: filing.
archiviazione alfabetica: alphabetic filing.
archiviazione centralizzata: centralized filing; central filing.
archiviazione delle offerte: bid filing.
archiviazione in casellario: pigeon-hole filing.
archiviazione non visibile: blind filing.
archiviazione numerica: numerical filing.
archiviazione orizzontale: horizontal filing; flat filing.
archiviazione per oggetto: subject filing.
archiviazione per reparto: departmental filing.
archiviazione verticale: vertical filing.
archiviazione visibile: visible filing; visible indexing.
archivio: 1. file. **2.** archives.
archivio acquisti: purchase records.
archivio centrale: central files.
archivio centralizzato: records office; centralized files.
archivio dell'ufficio personale: personnel file.
archivio permanente: permanent file; carryover file.
archivista: filing clerk; file clerk.
arcimonetarista: archmonetarist.
area: area.
area a disoccupazione sostanziale: substantial unemployment area.
area agricola: agricultural area.
area arretrata: underdeveloped area.
area campione: test area.
area commerciale: trading area.
area con scarsità di forza lavoro: labour-shortage area.
area del dollaro: dollar area.
area della sterlina: sterling area.
area del porto: docks.
area di accumulazione: accumulation area.
area di consegna gratuita: free-delivery area.
area di distribuzione: distribution area.
area di libero scambio: free trade area.
area di mercato del lavoro: labour-market area.
area di sostituibilità: substitutability area.
area di sostituzione: substitutability area.
area di sovrapposizione: overlap area.
area di sviluppo industriale: growth zone.
area di un mercato: market area.
area edificabile: building site; building plot.
Area europea di libero scambio: European Free Trade Area.
area grigia: grey area.
area industriale: manufacturing district.
area metropolitana standard: standard metropolitan area.
area monetaria: monetary area.
area sottosviluppata: underdeveloped area.
area valutaria: currency area.
aree depresse: distressed areas; depressed areas.
aree di espansione: areas for expansion.
aree di sviluppo: growth areas; development areas.
Aree di sviluppo marittimo-industriale: Maritime Industrial Development Areas.
aree di sviluppo speciali: special development areas.
aree intermedie: intermediate areas.
aree speciali: special areas.
arenamento: stranding.
arenato: aground; stranded.
a responsabilità limitata: limited.
a responsabilità limitata da garanzia: limited by guarantee.
a revoca: valid until cancelled; good until cancelled.
argento: 1. silver. **2.** silver money.
argento libero: free silver.
argento monetato: coined silver.
a richiesta: 1. on tap. **2.** at call.
aridi: dry goods.
aridocoltura: dry farming.
a rischio: at risk.
a rischio del compratore: at buyer's risk.

a rischio e pericolo del mittente: at owner's risk.
a rischio e pericolo del proprietario: at merchant's risk.
a rischio e pericolo del vettore: at carrier's risk.
aritmetica politica: political arithmetic.
armatore: shipowner.
armatore di nave sottocollo: berth owner.
armonia: harmony.
armonia di interessi: harmony of interests.
armonie economiche: economic harmonies.
armonizzazione: harmonization.
armonizzazione fiscale: fiscal harmonization; tax harmonization.
armonogramma: harmonogram.
arredamenti portuali: port facilities.
arredi di ufficio: office forniture; office equipment.
arretratezza economica: economic backwardness.
arretrati: arrears.
arretrati di interessi: arrears of interest.
arretrati di paga: back pay.
arretrati di salario: arrears of wages.
arretrati per inesatta dichiarazione dell'età: age error arrears.
arricchimento delle mansioni: job enrichment.
arrivo felice: safe arrival.
arrotondamento: rounding.
arrotondamento per difetto: rounding off; rounding down.
arrotondamento per eccesso: rounding up.
arrotondare: to round.
arte di vendere: salesmanship.
articoli: articles.
articoli da banco: shelf items.
articoli di esportazione: export articles; exports.
articoli d'importazione: imports.
articoli di rapida vendita: fast-selling items.
articoli di transito: transit items.
articoli esitabili: disposable goods.
articoli fantasia: fancy goods.
articoli «usa e getta»: disposables; disposable goods.
articoli vari: fancy goods.
articolo: item.
articolo civetta: loss leader; bait-and-switch product.
articolo composto: combined entry; compound entry.
articolo con prezzo civetta: price leader.
articolo di giro: reversing entry.
articolo di legge: section.
articolo di storno: reversing entry.
articolo esposto: exhibit.
articolo gratuito: freebee.
articolo in esclusiva: proprietary article.
articolo prodotto in serie: mass-produced article.
articolo speciale: star lot.
articolo vincolato: captive item.
artigiano: 1. handicraftsman; tradesman; workman. **2.** craftsman.
artigiano finito: skilled tradesman.
a rubinetto: on tap.
ascissa: abscissa.
a spalla: piggy-back.
aspetta e guarda: wait and see.
aspettativa: leave.
aspettativa di breve termine: short-term expectation.
aspettativa di lungo termine: long-term expectation.
aspettative: expectations.
aspettative autorealizzantisi: self-realizing expectations.
aspettative razionali: rational expectations.
assalto agli sportelli: run; bank run; run on a bank.
assalto delle idee: brain storming.
asse delle ascisse: abscissa.
asse delle ordinate: ordinate.
assegnare: to allocate.
assegnare un prezzo: to price.
assegnatario: allottee.
assegnazione: 1. allowance. **2.** allotment. **3.** allocation. **4.** settlement. **5.** assigned revenue.
assegnazione a forfait: lump-sum allotment.
assegnazione del prezzo: pricing.
assegnazione di azioni: share allotment; share allocation.
assegnazione di budget: budget allowance.
assegnazione di codice fiscale: coding.
assegnazione di fondi: allotment; capital grant; grant.
assegnazione di superficie in acri: acreage allotment.
assegnazione di terra: land grant.
assegnazione di titoli con pagamento rateale: instalment allotment.
assegnazione di valuta estera: foreign currency allowance.
assegnazione gratuita: bonus issue; scrip issue.
assegnazione non impegnata: unencumbered allotment.
assegnazione standard: standard allowance.
assegnazione volontaria: voluntary settlement.
assegni assistenziali: welfare payments.
assegni familiari: dependency benefit; family allowances; family income supplement.
assegni pensionabili: pensionable earnings.
assegni per persone a carico: dependency benefit.
assegni regalo: gift cheques.
assegno: 1. cheque; check. **2.** allowance.
assegno all'ordine: order cheque; cheque to order; open cheque.
assegno al portatore: bearer cheque; open cheque.
assegno antidatato: antedated cheque.
assegno aperto: open cheque; uncrossed cheque.
assegno a vuoto: bounce; dud; flash check; worthless cheque.
assegno bancario: personal cheque; bank cheque; bank check.
assegno bancario a copertura garantita: marked cheque; certified cheque.
assegno bancario certificato: marked cheque; certified cheque.
assegno circolare: banker's draft; banker's cheque; bank draft; cashier's check; registered cheque.
assegno da accreditare: account-only cheque; collection-only cheque.
assegno danneggiato: mutilated cheque.
assegno di comodo: exchange cheque.
assegno di compensazione: transfer ticket.
assegno di conto corrente: personal cheque.
assegno di formazione: training allowance.
assegno di gomma: rubber check.
assegno di maternità: maternity benefit.
assegno di postagiro: girocheque.
assegno di sportello: cheque made out to cash.
assegno estero: foreign cheque.
assegno estinto: cancelled cheque.
assegno fermato: stopped cheque.
assegno in bianco: blank cheque.
assegno in circolazione: outstanding cheque.
assegno incrociato: 1. crossed cheque. **2.** exchange cheque.
assegno lacerato: mutilated cheque.

assegno limitato: limited cheque.
assegno non onorato: dishonoured cheque; unpaid cheque.
assegno non riscosso: unclaimed cheque.
assegno non sbarrato: open cheque; uncrossed cheque.
assegno non trasferibile: non–transferable cheque.
assegno paga: pay cheque; wage cheque.
assegno pagato: paid cheque.
assegno per conteggio: collection–only cheque; account–only cheque.
assegno per figli a carico: child benefit.
assegno per scritturazione: account–only cheque; collection–only cheque.
assegno personale: personal cheque.
assegno personalizzato: personalized cheque.
assegno per viaggiatori: travellers' cheque; travel cheque.
assegno postale: postal cheque; postcheque.
assegno postdatato: postdated cheque.
assegno prescritto: stale cheque; out–of–date cheque.
assegno restituito: returned cheque.
assegno sbarrato: crossed cheque.
assegno scaduto: overdue cheque; stale cheque.
assegno scoperto: bounce; dud; fly–back; bad cheque; worthless cheque.
assegno senza valore: worthless cheque.
assegno smarrito: lost cheque.
assegno telematico: electronic cheque.
assegno trasferibile: negotiable cheque.
assegno turistico: travellers' cheque; travel cheque.
assegno vistato: certified cheque; marked cheque.
assemblaggio: assembly.
assemblare: to assemble.
assemblea annuale: annual meeting.
assemblea degli azionisti: shareholders' meeting.
assemblea dei creditori: meeting of creditors.
assemblea generale degli azionisti: annual general meeting; annual stockholders' meeting.
assemblea generale ordinaria: ordinary meeting; ordinary general meeting.
assemblea generale straordinaria: extraordinary general meeting.
assemblea ordinaria: annual general meeting; ordinary meeting; annual stockholders' meeting.
assemblea permanente: work–in.
assemblea straordinaria: extraordinary meeting; special meeting.
assemblea straordinaria dei soci: extraordinary general meeting.
assemblee: meetings.
assemblee societarie: company meetings.
assenteismo: absenteeism.
assenteismo di protesta: sick–out.
assenteista: absentee.
assenteista involontario: involuntary absentee.
assenteista volontario: voluntary absentee.
asse orizzontale: horizontal axis.
assestamento tecnico: technical correction.
asse verticale: vertical axis.
assicurare: to insure.
assicurato: insured; assured; policy–holder.
assicurato a pieno: fully insured.
assicuratore: insurer; assurer; underwriter; underwriting agent.
assicuratore di carichi: cargo underwriter.
assicuratore di corpi: hull underwriter.
assicuratore di rami diversi: multiple–line underwriter.
assicuratore marittimo: marine insurer; marine underwriter.
assicuratrice mutua: mutual relief association.
assicurazione: insurance; assurance.
assicurazione a contribuzione: assessment insurance; participating insurance.
assicurazione a contribuzione straordinaria: assessable insurance.
assicurazione aerea: aviation insurance.
assicurazione al costo di rimpiazzo: replacement insurance.
assicurazione aleatoria: aleatory insurance.
assicurazione a partecipazione: participating insurance.
assicurazione aperta: open insurance.
assicurazione a premio costante: level premium insurance.
assicurazione a premio graduale: step–rate premium insurance.
assicurazione a premio scalare: step–rate premium insurance.
assicurazione a premio unico: single–premium insurance.
assicurazione a sostanziare: declaration insurance.
assicurazione a tempo: time insurance.
assicurazione a termine: term insurance; temporary assurance.
assicurazione a termine convertibile: convertible life insurance; convertible term insurance.
assicurazione auto: motor insurance.
assicurazione automobilistica «casco»: no–fault auto insurance.
assicurazione a valore concordato: agreed–value insurance.
assicurazione a viaggio: voyage insurance.
assicurazione collettiva: group insurance.
assicurazione collettiva sulla vita: group life insurance.
assicurazione commerciale: commercial insurance.
assicurazione concorrente: concurrent insurance.
assicurazione congiunta sulla vita: joint lives assurance.
assicurazione con riserva matematica: legal reserve insurance.
assicurazione con sconto condizionato: convertible collision insurance.
assicurazione contro gli incidenti: property and liability insurance; casualty insurance.
assicurazione contro gli infortuni: accident insurance; personal accident insurance.
assicurazione contro gli infortuni sul lavoro: industrial accident insurance; industrial injuries insurance.
assicurazione contro i danni: indemnity insurance.
assicurazione contro il furto: **1.** theft insurance. **2.** burglary insurance.
assicurazione contro il rischio politico: political risk insurance.
assicurazione contro i rischi derivanti da attività professionale: malpractice insurance.
assicurazione contro i rischi di guerra: war risks insurance.
assicurazione contro i rischi di mare: maritime risk insurance.
assicurazione contro i rischi di sosta in porto: port risk insurance.
assicurazione contro la collisione: collision insurance.
assicurazione contro la disoccupazione: unemployment insurance.

assicurazione contro la esuberanza di personale: redundancy insurance.
assicurazione contro la grandine: hail insurance.
assicurazione contro la inclemenza del tempo: weather insurance.
assicurazione contro la interruzione di esercizio: use and occupancy insurance; loss of profits insurance; profits insurance; business interruption insurance.
assicurazione contro la pioggia: pluvious insurance; rain insurance.
assicurazione contro la responsabilità civile: public liability insurance; liability insurance.
assicurazione contro la responsabilità civile del datore di lavoro: employers' liability insurance.
assicurazione contro la responsabilità civile derivante dalla circolazione di autoveicoli: automobile liability insurance.
assicurazione contro la responsabilità civile operai: workmen's compensation insurance; workers' compensation insurance.
assicurazione contro la responsabilità civile professionale: professional indemnity insurance.
assicurazione contro le catastrofi: catastrophe insurance.
assicurazione contro le malattie: health insurance.
assicurazione contro l'incendio: fire insurance.
assicurazione contro l'infedeltà dei collaboratori: suretyship insurance; fidelity insurance; guaranty insurance.
assicurazione contro l'invalidità: disability insurance.
assicurazione contro l'invalidità temporanea: temporary disability insurance.
assicurazione contro lo sciopero: strike insurance.
assicurazione contro tutti i rischi: all–loss insurance; all–risk insurance; comprehensive insurance.
assicurazione contro tutti i rischi del montaggio industriale: engineering insurance.
assicurazione–credito: credit insurance.
assicurazione–credito nel commercio estero: credit insurance in international trade; export credit insurance.
assicurazione dei crediti a breve termine: accounts receivable insurance.
assicurazione dei crediti all'esportazione: credit insurance in international trade; export credit insurance.
assicurazione dei depositi: deposit insurance.
assicurazione dei prestiti ipotecari: mortgage loan insurance; housing loan insurance.
assicurazione dei profitti: profit insurance.
assicurazione del nolo: freight insurance.
assicurazione del raccolto: crop insurance.
assicurazione del reddito familiare: family income insurance.
assicurazione di eccedenza: excess insurance.
assicurazione di fedeltà: fidelity insurance; suretyship insurance; guaranty insurance.
assicurazione di fedeltà nominativa: schedule bond.
assicurazione di garanzia del prodotto: product guarantee insurance.
assicurazione di garanzia di locazione: lease guarantee insurance.
assicurazione di gruppo: group insurance.
assicurazione di lungo termine: long–term insurance.
assicurazione di portafoglio: portfolio insurance.
assicurazione di proprietà: property insurance.
assicurazione di protezione e indennità: protection and indemnity insurance.
assicurazione di terzi: additional insured.
assicurazione doppia mista: double endowment insurance.
assicurazione fluttuante: floating insurance.
assicurazione generale: general insurance; non–life insurance; block insurance.
assicurazione globale: all–risk insurance; comprehensive insurance.
assicurazione in abbonamento: blanket coverage; blanket insurance; package insurance.
assicurazione interamente pagata: paid–up insurance.
assicurazione ipotecaria: mortgage insurance.
assicurazione marittima: marine insurance; sea insurance.
assicurazione marittima di altura: ocean marine insurance.
assicurazione marittima interna: inland marine insurance.
assicurazione marittima oceanica: ocean marine insurance.
assicurazione medica: private health insurance; medical insurance.
assicurazione mista: endowment assurance; split dollar insurance; retirement income insurance.
assicurazione mutua: reciprocal insurance; mutual insurance; mutual benefit insurance; fraternal insurance.
assicurazione negativa: negative assurance.
assicurazione non concorrente: non–concurrent insurance.
assicurazione obbligatoria: compulsory insurance.
assicurazione ordinaria sulla vita: ordinary life insurance; straight life insurance.
assicurazione per il caso di morte: ordinary life insurance; straight life insurance; whole life insurance.
assicurazione per il caso di sopravvivenza: endowment assurance; annuity insurance; annuity assurance.
assicurazione permanente sulla vita: permanent life insurance.
assicurazione perpetua: perpetual insurance.
assicurazione per titolo viziato: title insurance.
assicurazione presso società per azioni: proprietary insurance.
assicurazione previdenziale: retirement income insurance.
assicurazione prodotto: product liability insurance.
assicurazione puro rischio: term plan of life insurance; term insurance; temporary assurance; term life insurance; level term insurance.
assicurazione rami diversi: general insurance; non–life insurance.
assicurazione reddito: retirement income insurance.
assicurazione rischi diversi: general insurance; non–life insurance.
assicurazione sanitaria: private health insurance; medical insurance.
assicurazione sanitaria volontaria: voluntary health insurance.
assicurazione senza contribuzione straordinaria: non–assessable insurance.
assicurazione sopra merci: cargo insurance.
assicurazione specifica: special insurance.
assicurazione speculativa: graveyard insurance.
assicurazione spese di avaria: average disbursement insurance.
assicurazione sulla responsabilità civile: third–party insurance; third–party risk insurance.
assicurazione sulla vita: life insurance; life assurance.
assicurazione sulla vita a premi graduali: graded

premium life insurance.
assicurazione sulla vita a premio unico: single–premium life insurance.
assicurazione sulla vita con riserva matematica: legal reserve life insurance.
assicurazione sulla vita rinnovabile: renewable term life insurance.
assicurazione sullo scafo: hull insurance.
assicurazione temporanea: term insurance; temporary assurance.
assicurazione temporanea decrescente: decreasing term assurance.
assicurazione universale sulla vita: universal life insurance.
assicurazione universale variabile sulla vita: universal variable life insurance.
assicurazione variabile sulla vita: variable life insurance.
assicurazione vetrine: plate glass insurance.
assicurazione volontaria contro le malattie: voluntary health insurance.
assicurazioni sociali: social insurance; national insurance.
assiemaggio: assembly.
assimilazione: assimilation.
assistente: assistant.
assistente di linea: assistant director; assistant manager.
assistente di staff: staff man; staff assistant.
assistente di vendita: sales assistant; salesclerk.
assistente personale: staff assistant; personal assistant.
assistente sociale: social worker.
assistenza: 1. aid. **2.** relief.
assistenza agevolata: concessional assistance; concessionary aid.
assistenza ai clienti: customer service.
assistenza ai paesi esteri: overseas aid.
assistenza alla clientela: customer assistance.
assistenza alle famiglie con figli a carico: Aid to Families with Dependent Children.
assistenza all'estero: foreign aid; foreign assistance.
assistenza allo sviluppo: development assistance.
assistenza diretta: direct assistance.
assistenza finanziaria: financial assistance; financial aid.
assistenza indiretta: indirect assistance; indirect help.
assistenza militare: military aid.
assistenza negli affari: business assistance.
assistenza pubblica: public assistance; welfare assistance.
assistenza regionale: regional aid.
assistenza sociale: social welfare; national assistance.
assistenza specializzata: specialized assistance.
assistenza statale: government assistance.
assistenza tecnica: 1. technical aid. **2.** technical assistance.
assistenza vincolata: tied aid.
assistito: benefit recipient.
associati: associates.
associazione: association; society; membership corporation.
associazione a termine: terminable association.
associazione commerciale: trade association; trading association.
associazione commercianti: chamber of trade.
associazione dei datori di lavoro: employers' association.
Associazione delle banche industriali: Industrial Bankers' Association.
Associazione delle case di emissione: Issuing Houses Association.
Associazione delle case di sconto londinesi: London Discount Houses Association.
Associazione delle società di credito edilizio: Building Societies Association.
Associazione delle società di finanziamento: Finance Houses Association.
associazione di assicurazione mutua: mutual benefit association.
associazione di categoria: trade association; trading association.
associazione di credito: loan club; loan association; slate club.
associazione di credito edilizio: building and loan association.
associazione di esportatori: export association.
associazione di libero scambio: free trade association.
associazione di mutua assistenza: mutual aid society; friendly society.
associazione di mutuo soccorso: benefit association; benefit club.
associazione di prezzo dichiarato: open price association.
associazione di vendita: joint selling association.
Associazione europea di libero scambio: European Free Trade Association.
associazione federale per il credito agrario: federal land bank association.
associazione industriale: industrial association.
associazione industriali: industry association.
Associazione internazionale per il trasporto aereo: International Air Transport Association.
Associazione internazionale per la pubblicità: International Advertising Association.
Associazione internazionale per lo sviluppo: International Development Association.
Associazione latino–americana di libero scambio: Latin America Free Trade Association.
associazione mutua di credito: mutual loan association.
associazione mutua di risparmi e prestiti: savings and loan association.
Associazione nazionale degli industriali: National Association of Manufacturers.
Associazione nazionale degli industriali britannici: National Association of British Manufacturers.
Associazione nazionale degli operatori in titoli: National Association of Securities Dealers.
Associazione nazionale dei club d'investimento: National Association of Investment Clubs.
associazione nazionale per il credito agrario: national farm loan association.
associazione non registrata: unincorporated association.
associazione per l'edilizia abitativa: housing association.
associazione professionale: trade association; trading association.
associazione senza scopo di lucro: association not for profit; non–profit corporation; non–profit association.
associazioni di consumatori: consumers' associations.
associazioni di proprietari: property owners' associations.
assorbimento: absorption.
assorbimento dei costi: cost absorption.
assorbimento dei costi generali: overhead absorption.

assorbimento del nolo: freight absorption.
assorbimento di società: company absorption.
assorbimento giornaliero: work–day usage.
assorbire: to absorb.
assortimento: selection.
assunzione: assumption.
assunzione a fermo: direct underwriting.
assunzione di blocco a fermo: bought deal.
assunzione di debito: borrowing.
assunzione di debito pubblico: public borrowing.
assunzione di prestito: borrowing.
assunzione di rischio: 1. risk taking; risk bearing. **2.** assumption of risk.
assunzione di secondo lavoro: moonlighting.
assunzione di una emissione: underwriting.
assunzione di un rischio: underwriting.
assunzione preferenziale: preferential hiring.
assunzioni: engagements.
asta: auction.
asta competitiva: competitive bidding.
asta del tè: tea auction.
asta di buoni del tesoro: treasury bill tender.
asta di titoli: competitive bidding.
asta privata: private auction.
asta pubblica: auction; public auction.
asta simulata: mock auction.
asta truccata: mock auction.
aste della lana: wool auctions.
astinenza: abstinence.
astinenza automatica: automatic lacking.
astinenza forzata: forced abstinence.
astinenza imposta: imposed lacking.
astinenza indotta: induced lacking.
astinenza involontaria: involuntary abstinence.
a tempo data: after date.
a tempo parziale: part–time.
a tempo pieno: full–time.
a tempo vista: after sight.
a termine: for the account.
a termine secco: outright.
a titolo gratuito: gratuitous; without compensation; without consideration.
atlantismo: Atlanticism.
atlantista: Atlanticist.
attaccamento all'azienda: company loyalty.
atteggiamento: attitude.
attendibile: reliable.
attendibilità: reliability.
attendibilità del campione: sample reliability.
attendismo: wait and see.
attenuarsi: to ease off.
attenuazione: damping.
atterraggio duro: hard landing.
atterraggio morbido: soft landing.
attesa: waiting.
attestare: to vouch.
attestato di passività: liability certificate.
attestato di spedizione: forwarding agent's certificate of receipt.
attestazione di inventario: inventory certificate.
attitudine: aptitude.
attività: 1. trade. **2.** assets. **3.** activity. **4.** assets side.
attività agricola: agricultural industry; agro–industry.
attività al dettaglio: retail business.
attività aleatoria: adventure.
attività all'ingrosso: wholesale business; volume business.
attività ammesse: admitted assets.
attività ammortizzabili: depreciable assets.
attività ausiliarie: auxiliary activities.
attività ausiliarie del commercio: services to trade.
attività autoliquidantesi: self–liquidating asset.
attività a vita limitata: limited–life asset.
attività bancabile: bankable asset.
attività bancaria: banking; banking business.
attività bancaria a catena: chain banking.
attività bancaria al dettaglio: retail banking.
attività bancaria all'ingrosso: wholesale banking.
attività bancaria di gruppo: group banking.
attività bancaria di investimento immobiliare: property investment banking.
attività bancaria interna: onshore banking.
attività bancaria internazionale: international banking; offshore banking.
attività bancaria interstatale: interstate banking.
attività bancaria invisibile: invisible banking.
attività bancaria libera: free banking.
attività bancaria multipla: multiple banking.
attività bancaria offshore: offshore banking.
attività bancaria pura: commercial banking.
attività bancaria universale: universal banking.
attività capitale: capital assets.
attività collaterale: side business; side line.
attività commerciale: business activity; commerce.
attività commerciale al dettaglio: retail business; retailing.
attività commerciale all'ingrosso: wholesale business; wholesaling.
attività commerciale composita: compound trading.
attività commerciale computerizzata: computer trading.
attività commerciale di gruppo: group trading.
attività commerciale in frode dei creditori: fraudulent trading.
attività congelate: frozen assets.
attività contabile: accounting asset.
attività correnti: current assets; circulating assets; floating assets.
attività correnti nette: net current assets.
attività creatrici di lavoro: make–work activities.
attività da investimento: investment asset.
attività degli agenti di sconto: bill broking.
attività del fallimento: bankruptcy assets.
attività di breve periodo: short–period asset.
attività di capitale netto: net equity assets.
attività di collocamento: investment banking.
attività di compravendita: trading.
attività di compravendita d'agenzia: agency trading.
attività di compravendita duplice: dual trading.
attività di compravendita titoli in proprio: proprietary trading.
attività di concessione di crediti: lending.
attività di difesa: defensive assets.
attività di distribuzione: distributive trades.
attività di lento realizzo: slow asset.
attività di noleggio al minuto: hire retailing.
attività di non immediato realizzo: frozen assets.
attività di pronto realizzo: cash asset; cash resources; quick assets.
attività di punta: staple trade.
attività di realizzo corrente: quick assets.
attività di rischio: risk assets.
attività di riserva: reserve assets.
attività disponibili: available assets.
attività di stanziamento: fund asset.
attività di subappalto internazionale: international

subcontracting.
attività di sviluppo: promotional activity.
attività di varia natura: miscellaneous assets.
attività di vendita: selling activity.
attività di vendita al dettaglio: retail business; retailing.
attività di vendita all'ingrosso: wholesale business; wholesaling.
attività eccedente i propri mezzi: over-trading.
attività economica: economic activity.
attività e passività: assets and liabilities.
attività e passività monetarie: monetary assets and liabilities.
attività estrattiva: mining industry; mining.
attività finanziaria: financial business.
attività finanziarie: 1. financial activities. **2.** financial assets; financial instruments.
attività finanziarie a termine: financial futures.
attività fisse: fixed assets.
attività fittizie: nominal assets; fictitious assets.
attività frenetica: flurry.
attività illecita: racket.
attività illecite: racketeering.
attività immateriali: intangible assets.
attività imprenditoriale: business.
attività improduttive: non-earning assets.
attività inattive: inactive assets.
attività industriale: industrial activity.
attività in qualità di fiduciaria: trustee business.
attività interamente ammortizzata: fully-depreciated asset.
attività libere: free assets.
attività liquide: liquid assets.
attività liquide primarie: primary liquid assets; first-line liquidity.
attività liquide secondarie: secondary liquid assets; second-line liquidity.
attività materiali: tangible assets; physical assets.
attività mineraria: mining; mining industry.
attività negativa: negative asset.
attività nette: net assets.
attività nociva: offensive trade; noxious trade.
attività nominali: nominal assets.
attività non impegnate: free assets.
attività non liquide: illiquid assets.
attività non operative: non-operating assets.
attività non produttrici di reddito: non-earning assets.
attività non realizzabile: dead asset.
attività occulta: hidden asset.
attività operative: operating assets.
attività ordinaria: ordinary asset.
attività parabancaria: parabanking.
attività pericolosa: dangerous trade.
attività permanente: permanent asset.
attività primaria: primary occupation; primary industry.
attività principale: staple trade.
attività produttiva: industrial activity.
attività produttive: 1. active assets; productive assets. **2.** productive activities.
attività produttrici di reddito: earning assets.
attività promozionale: promotional activity.
attività reali: real assets.
attività realizzabili: realizable assets.
attività residue: surplus assets.
attività riportata a mastro: ledger asset.
attività secondaria: secondary occupation; secondary industry.
attività secondarie di varia natura: other assets.
attività singola: asset.
attività sociali: partnership's assets.
attività stagionale: seasonal trade; seasonal activity.
attività sull'estero: foreign assets.
attività sussidiarie del commercio: aids to trade; ancillaries to trade.
attività tangibili: tangible assets; physical assets.
attività tangibili nette: net tangible assets.
attività tassabile: chargeable asset.
attività terziaria: tertiary industry.
attività terziarie: services.
attività totali: total assets.
attività umana: human activity.
attività variabili della banca centrale: central bank's variable assets.
attività vincolata: ledger asset.
attivo: 1. assets. **2.** assets side. **3.** brisk; active.
attivo della bilancia dei pagamenti: external surplus.
attivo di cassa: cash asset.
attivo di piena occupazione: full-employment surplus.
attivo di una banca: assets of a bank.
attivo e passivo: assets and liabilities.
attivo fallimentare: bankruptcy assets.
attivo mobiliare: personal assets.
attivo netto: net assets.
attivo sociale: partnership's assets.
atto: 1. indenture; indenture deed. **2.** instrument. **3.** act.
atto a tenere il mare: seaworthy.
atto costitutivo: memorandum of association; articles of incorporation.
atto costitutivo di società di capitali: memorandum of association; articles of incorporation.
atto costitutivo di società di persone: partnership contract; deed of partnership.
atto di assegnazione di proprietà: vesting deed.
atto di avaria generale: general average act.
atto di cessione: 1. deed of transfer; transfer deed. **2.** bill of sale; security bill of sale.
atto di cessione dei beni ai creditori: deed of assignment.
atto di deposito: deed of trust.
atto di donazione: deed of gift.
atto di fallimento: act of bankruptcy.
atto di garanzia: warranty deed.
atto di garanzia generale: general warranty deed.
atto di insolvenza: act of insolvency.
atto di nazionalità: ship's register; certificate of registry; certificate of ownership; registry; ship's certificate of registry.
atto di negozio fiduciario: trust deed; trust indenture; trust instrument.
Atto di Peel: Peel's Act; Peel's Bank Charter Act; Bank Charter Act.
atto di procura: power of attorney; letter of attorney.
atto di protesto: certificate of protest.
atto di trapasso: deed of transfer; transfer deed.
atto di trasferimento: deed of conveyance.
atto di vendita: bill of sale; ship's bill of sale.
atto di vendita di beni immobili: unconditional bill of sale.
atto di vendita di beni mobili: absolute bill of sale.
atto di verifica doganale: jerque note; inward clearing bill.
atto illecito dell'agente: agent's tort.
atto notarile: notarial act.
atto scritto: deed.
atto unilaterale: deed poll.
attrazione: draw.
attrezzatura: equipment.

attrezzatura di ufficio: office equipment.
attrezzatura in stato di ozio: stand–by equipment.
attrezzature: business equipment.
attrezzature accessorie: auxiliary equipment.
attrezzature commerciali: trade fixtures.
attrezzature di emergenza: emergency facilities.
attrezzature e impianti portuali: port facilities.
attrezzo: tool.
attributi: attributes.
attributi non salariali: non–wage attributes.
attributo: attribute.
attribuzione: 1. allotment. **2.** accrual.
attribuzione di costi: cost attribution.
attribuzione per competenza: accruing.
attribuzioni: task.
attrito: 1. friction. **2.** chafage.
attrito economico: economic friction.
attualizzazione: discounting back; time–discounting.
attuariale: actuarial.
attuario: actuary.
attuario statale: government actuary.
auditore: auditor.
auditore di staff: staff auditor.
aumentare: to boost.
aumentare progressivamente: to scale up.
aumenti annuali: annual increments.
aumentista: stag.
aumento: 1. raise; rise; increase; increment. **2.** mark–up.
aumento automatico: automatic pay increase.
aumento dei costi: cost increase.
aumento dei prezzi: price increase; price rise; price hike.
aumento dei salari: wage hike.
aumento del gettito: revenue enhancement.
aumento della produttività: productivity growth.
aumento della produttività del lavoro: labour productivity growth.
aumento delle imposte: tax hike; tax increase.
aumento delle vendite: sales increase.
aumento del tasso: uprating.
aumento del valore capitale: capital appreciation.
aumento di capitale: 1. increase of capital; capital increase. **2.** capital addition.
aumento di paga: pay rise; pay increase.
aumento di prezzo occulto: hidden price increase.
aumento di stipendio: salary increase.
aumento per carovita: cost–of–living increase.
aumento percentuale: percentage increase.
aumento per merito: merit increase.
aumento salariale: wage increase.
aumento salariale particolare: select wage increase.
ausili di vendita: sales aids.
a uso intensivo di capitale: capital–intensive.
a uso intensivo di lavoro: labour–intensive.
a uso intensivo di terra: land–intensive.
austerità: austerity.
autarchia: economic independence; autarchy; national self–sufficiency; economic self–sufficiency.
autenticazione: authentication.
autoaffondamento: scuttling.
autoassicurazione: self–insurance.
autobanca: drive–in bank.
autocorrelazione: self–correlation.
autodisciplina: self–regulation; voluntary controls.
autofinanziamento: self–financing; auto–financing; financing by corporate saving.
autofinanziamento lordo: gross self–financing.
autofinanziamento netto: net self–financing.
autogestione: self–management.
autoinvestimento: self–investment.
autoliquidantesi: self–liquidating.
automazione: automation.
automazione industriale: industrial automation.
automotrice: railcar.
autonomia contrattuale: freedom to contract; liberty to contract.
autoregolamentazione: voluntary controls; self–regulation.
autoregressione: autoregression.
autori preclassici: preclassical writers.
autorità doganali: customs authorities.
autorità fiscali: tax authorities.
autorità impositiva: taxing power.
autorità locale: local authority.
autorità monetarie: monetary authorities; currency authorities.
autorizzazione: 1. permit. **2.** sanction.
autorizzazione a accettare depositi: deposit–taking licence.
autorizzazione all'emissione: permission to deal.
autorizzazione di appalto: contract authorization.
autorizzazione di bilancio: budget authority.
autorizzazione di pagamento: voucher.
autorizzazione di pianificazione urbanistica: planning permission.
autorizzazione di sequestro presso terzi: garnishee order.
autorizzazione per la fondazione di una banca: bank charter.
autoservizio: self–service.
autosportello: drive–in bank; drive–in window; drive–up window.
autostrada: expressway; superhighway; motorway.
autostrada senza pedaggio: freeway.
autosufficienza: self–sufficiency.
autosufficienza economica: economic self–sufficiency; economic independence.
autosufficienza nazionale: national self–sufficiency.
autotassazione: self–assessment.
avallo: 1. endorsement. **2.** bill guarantee; stiffening endorsement.
avanzamento: 1. progress. **2.** advancement.
avanzamento della produzione: production development.
avanzamento produzione: production progress.
avanzare: to edge.
avanzo: surplus.
avanzo commerciale: trade surplus.
avanzo delle esportazioni: export surplus.
avanzo del settore pubblico: public sector surplus.
avanzo di bilancio: budget surplus.
avanzo di piena occupazione: full employment surplus.
avanzo finanziario: fund surplus.
avaria: average.
avaria comune: common average.
avaria generale: gross average; general average.
avaria generale estera: foreign general average.
avaria grossa: gross average.
avaria particolare: particular average; simple average.
avaria per contatto: contact damage.
avente causa: assign; assignee.
avere: credit.
avere in magazzino: to stock.
a vista: at sight; on demand; on sight.
a volta di corriere: by return of mail.
avvenimento fortuito: fortuity.

avventizio: day labourer.
avventore: customer; patron.
avviamento: 1. goodwill. **2.** custom.
avviamento negativo: 1. consolidation excess; consolidated goodwill. **2.** negative goodwill.
avvicendamento colturale: rotation of crops; crop rotation.
avvicendamento degli amministratori: rotation of directors.
avvicendamento dei dirigenti: executive turnover.
avvicendamento della manodopera: labour turnover.
avvicendamento del personale: personnel turnover; staff turnover.
avvio: start–up.
avviso: 1. advice. **2.** notice. **3.** bill.
avviso di abbandono: notice of abandonment.
avviso di accertamento: notice of assessment.
avviso di accreditamento: advice note.
avviso di applicazione: advice of despatch.
avviso di consegna: delivery notice.
avviso di deliberazione prevista: notice of intended resolution.
avviso di esercizio: exercise notice.
avviso di mancata accettazione: notice of dishonour.
avviso di mancato pagamento: notice of dishonour.
avviso di pegno: notice of lien.
avviso d'ipoteca di secondo grado: notice of second mortgage.
avviso di prontezza: notice of readiness.
avviso di protesto: notice of protest.
avviso di riconsegna: redelivery notice.
avviso di rinnovo: renewal notice.
avviso di riparto: allotment letter; letter of allotment.
avviso di riparto azionario: share allotment form.
avviso di riparto preliminare: provisional allotment letter.
avviso di riserva del diritto d'autore: copyright notice.
avviso di saldi: announcement of sale.
avviso di scadenza: expiry notice.
avviso di spedizione: advice of despatch; advice note; shipping notice; advice of shipment.
avvocato: solicitor; counsel.
azienda: firm; business; business enterprise; enterprise; company; concern.
azienda affiliata: affiliate.
azienda agricola cooperativa: co–operative farm.
azienda a partecipazione statale: state–controlled enterprise.
azienda autonoma statale: public–service corporation.
azienda avviata: going concern.
azienda collegata: affiliate.
azienda commerciale: commercial enterprise; commercial corporation.
azienda commissionaria: commission house.
azienda di consulenza direzionale: management consulting firm.
azienda di distribuzione: distribution enterprise.
azienda di erogazione: non–profit enterprise.
azienda d'imballaggio per l'esportazione: export packer.
azienda florida: thriving business.
azienda in attività: going concern.
azienda individuale: sole corporation.
azienda industriale: manufacturing house; manufacturing firm; manufacturing business; manufacturing enterprise; manufacturing concern.
azienda in proprio: sole proprietorship; single proprietorship.
azienda integrata: integrated firm.
azienda investitrice: business investor.
aziendale: corporate.
azienda leader: leader; leading concern.
aziendalista: business economist.
azienda mercantile: mercantile business; mercantile house.
azienda municipalizzata: municipal enterprise; municipal undertaking.
azienda parastatale: parastatal company.
azienda per la vendita al dettaglio: retail business.
azienda per la vendita all'ingrosso: wholesale business.
azienda primaria: leader; leading concern.
azienda privata: private–owned enterprise; private concern.
azienda prospera: thriving business.
azienda pubblica: state–owned enterprise.
azienda statale: public corporation; state–owned enterprise.
aziende consociate: associated companies.
azionariato: shareholding; stockholding.
azionariato di maggioranza: majority shareholding.
azionariato di minoranza: minority shareholding.
azione: share; stock.
azione al portatore: share to bearer; bearer share.
azione amministrativa: administrative action.
azione annotata: marked share.
azione anticiclica: countercyclical action.
azione anticongiunturale: countercyclical action.
azione civile: civil action.
azione collegiale: corporate action.
azione controciclica: countercyclical action.
azione di attacco: strike suit.
azione di capitale: share; share of stock.
azione di compendio: conversion share.
azione d'investimento: investment share.
azione di regresso: action of recourse.
azione diretta: direct action.
azione dirigenziale: executive action.
azione di risparmio: savings share.
azione di rivalsa: action of recourse.
azione di sciopero: strike action.
azione di secondo grado: junior share.
azione d'oro: golden share.
azione fasulla: bogus share.
azione frazionata: split share.
azione giudiziaria: action.
azione gratuita: bonus share; bonus stock; free share.
azione industriale: industrial action.
azione industriale di prim'ordine: blue chip.
azione interamente liberata: paid–up share; paid–up stock; fully–paid share; fully–paid stock; full–paid capital stock; full–paid stock.
azione legale: legal action.
azione liberata: paid–up share; paid–up stock.
azione nominativa: 1. registered share. **2.** personal share.
azione nominativa vincolata: registered share with restricted transferability.
azione ordinaria: dividend share.
azione parzialmente liberata: partly–paid share.
azione per risarcimento di danni: action for damages.
azione privilegiata riscattabile: callable preferred stock.
azione redibitoria: redhibitory action.
azione senza contribuzione straordinaria: non–assessable stock.

azione sindacale: job action.
azione sopra la pari: premium share.
azione sotto la pari: discount share.
azione vecchia: old share.
azione vincolata: restricted stock.
azioni a alto reddito: high–income shares.
azioni a contribuzione straordinaria: assessable stock; assessable capital stock.
azioni a dividendo differito: deferred shares; deferred stock.
azioni a dividendo garantito: guaranteed shares; guaranteed stocks.
azioni a favore dei direttori: management shares; manager's shares; management stock.
azioni al portatore: bearer shares.
azioni a partecipazione: participating shares.
azioni attive: active stocks.
azioni a voto plurimo: multiple–voting shares.
azioni calde: hot stocks.
azioni con diritto di voto: voting shares; voting stock.
azioni confiscate: forfeited shares.
azioni con valore nominale: par–value stock; par–value capital stock.
azioni cumulative: cumulative stock.
azioni dell'industria dei divertimenti: entertainment shares.
azioni detenute da società sussidiarie: shares held by subsidiaries.
azioni di classe A e B: class A and B stock.
azioni di crescita: growth shares.
azioni di direzione: management shares; manager's shares; management stock.
azioni di fondazione: founders' shares; promoters' shares; founders' stock.
azioni di garanzia: guaranty stock.
azioni di moda: fashion shares.
azioni d'incentivazione: incentive shares.
azioni di nuova emissione: new shares.
azioni di preferenza: preference shares.
azioni di primo grado: top–grade stocks.
azioni di primo piano: first–line equities.
azioni di proprietà: vendor's shares.
azioni di secondo grado: lower–grade stocks.
azioni di secondo piano: second–line equities.
azioni di sicurezza: defensive stocks.
azioni di sottoscrizione: subscription shares.
azioni di sviluppo: growth shares.
azioni di tesoreria: treasury shares; treasury stock; own shares.
azioni emesse sotto la pari: shares issued at a discount.
azioni ferroviarie: railway shares; rails.
azioni garantite: guaranteed shares; guaranteed stocks.
azioni inattive: inactive stocks.
azioni in dollari: dollar stocks.
azioni industriali: industrial equities.
azioni in eccesso: excess shares.
azioni internazionali: international stock; international equities.
azioni nominative: registered shares.
azioni non cumulative: non–cumulative stock.
azioni non quotate in borsa: unquoted shares; unlisted shares; unlisted stock.
azioni ordinarie: ordinary shares; equity shares; equities; ordinary stock; common shares; common stock.
azioni ordinarie postergate: deferred ordinary shares.
azioni ordinarie preferenziali: preferred ordinary shares.
azioni ordinarie privilegiate: preferred shares.
azioni ordinarie redimibili: redeemable ordinary shares.
azioni ordinarie suddivise in classi: classified common stock.
azioni parzialmente liberate: part–paid stock.
azioni per contanti: cash shares.
azioni postergate: deferred shares; deferred stock.
azioni preferenziali: preference shares; preference stock; preferred stock; preferred capital stock.
azioni primarie: first–line equities.
azioni privilegiate: preference shares; preference capital; preference stock; preferred stock; preferred capital stock; prior stock.
azioni privilegiate a interesse fisso: non–participating shares.
azioni privilegiate a partecipazione: participating preference shares; participating preferred stock; participation preferred stock.
azioni privilegiate convertibili: convertible stock; convertible preferred stock; convertible preference shares.
azioni privilegiate cumulative: cumulative preference shares.
azioni privilegiate cumulative di partecipazione: cumulative participating preference shares.
azioni privilegiate di partecipazione: participating capital stock.
azioni privilegiate non cumulative: non–cumulative preference shares; non–cumulative preferred stock.
azioni privilegiate prioritarie: prior preferred stock.
azioni privilegiate protette: protected preferred shares.
azioni privilegiate redimibili: redeemable preference shares.
azioni privilegiate riscattabili: redeemable preferred stock.
azioni privilegiate suddivise in classi: classified stock.
azioni proprie: own shares.
azioni quotate in borsa: quoted shares.
azioni riservate: reserved shares.
azioni ritirate: retired shares; retired stock.
azioni secondarie: second–line equities.
azioni sensibili al tasso d'interesse: interest–sensitive stock.
azioni senza diritto di voto: voteless shares; non–voting shares; non–voting stock.
azioni senza valore nominale: shares of no par value; no–par value shares; no–par–value capital stock; no–par–value stock; no–par stock; unvalued stock.
azioni speciali: special stock.
azionista: shareholder; stockholder.
azionista di maggioranza: major shareholder; majority shareholder.
azionista di minoranza: minority shareholder.
azionista iscritto: stockholder of record.
azionista ordinario: ordinary shareholder.
azionista partecipante a un sindacato di blocco: voting trustee.
azionista prestanome: dummy stockholder.
azionista privilegiato: preference shareholder.
azionista registrato: stockholder of record.
azionisti di minoranza: minority shareholders; outside shareholders.
azionisti intestatari: nominee shareholders.
azionisti prestanome: nominee shareholders.
azioni vincolate: term shares.

b, B

bacheca: display cabinet; show–case.
bacino: dock.
bacino a chiuse: wet dock.
bacino di galleggiamento: wet dock.
bagagliera: baggage room.
bagaglio: baggage.
bagaglio in franchigia: free allowance.
bagarino: ticket scalper.
balla: **1.** bale. **2.** pack.
balletta: ballot.
ballottaggio: second ballot.
banca: bank; banker.
banca a attività multipla: multiple bank.
banca accreditante: issuing bank; originating bank.
banca a domicilio: home banking.
banca agente: agent bank; authorized bank; authorized dealer.
banca al dettaglio: retail bank.
banca all'ingrosso: wholesale bank.
banca a singola attività: non–bank bank.
banca asservita: captive bank.
banca autorizzata: authorized bank.
bancabilità: eligibility.
banca capofila: lead manager; syndicate manager; manager bank.
banca centrale: central bank; national bank.
banca centrale delle banche centrali: central banks' central bank.
banca commerciale: commercial bank; trading bank.
Banca commerciale internazionale: International Commercial Bank.
banca consortile: consortium bank.
banca corrispondente: correspondent bank; correspondent.
banca d'affari: investment bank; merchant bank.
Banca d'America: Bank of America.
Banca degli Stati Uniti: Bank of the United States.
Banca dei Regolamenti Internazionali: Bank for International Settlements.
Banca della Riserva Federale: Federal Reserve Bank; Reserve Bank.
banca delle banche: bankers' bank.
banca depositaria: custodian; custodian bank.
Banca di Canada: Bank of Canada.
banca di credito agrario: **1.** agricultural bank; land bank. **2.** agricultural credit bank; farm credit bank. **3.** joint–stock land bank. **4.** rural credit bank.
banca di credito ordinario: commercial bank; joint–stock bank; credit bank; trading bank.
banca di credito ordinario di tipo inglese: commercial bank; credit bank.
banca di credito ordinario puro: commercial bank; credit bank.
banca di deposito: deposit bank.
banca di emissione: bank of issue; note–issuing bank.
Banca d'Inghilterra: Bank of England.
banca d'investimento: investment bank; investment banker.
banca di provincia: country bank.
banca di riferimento: reference bank.
banca di risparmio: savings bank; trustee savings bank.
Banca d'Irlanda: Bank of Ireland.
banca di scambio basato sul valore del lavoro: labour exchange bank.
banca di sconto: bank of discount; discount bank.
Banca di Scozia: Bank of Scotland.
banca di stato: **1.** government bank. **2.** state bank.
Banca di sviluppo inter–americana: Inter–American Development Bank.
banca drive–in: drive–in bank.
banca emittente: originating bank; issuing bank.
Banca europea degli investimenti: European Investment Bank.
banca federale di credito agrario: federal land bank.
banca federale di credito a medio termine: federal intermediate credit bank.
banca fiduciaria: trustee.
bancaggio: stallage.
banca incassante: collecting banker.
banca indipendente: non–member bank.
banca industriale: industrial bank; industrial banker.
banca intermediaria: **1.** intermediary bank. **2.** remitting bank.
Banca internazionale per la ricostruzione e lo sviluppo: International Bank for Reconstruction and Development.
banca locale: **1.** local bank; community bank. **2.** country bank.
banca mercantile: merchant bank; merchant banker.
banca mobile: mobile bank.
Banca Mondiale: World Bank; International Bank for Reconstruction and Development.
banca monocellulare: unit bank.
banca municipale: municipal bank.
banca nazionale: national bank.
banca non autorizzata: non–authorized bank.
banca non pubblica: private bank.
banca notificante: advising bank.
banca offshore: offshore banking unit.
banca pagatrice: paying banker; remitting bank.
banca per automobilisti: drive–in bank.
banca per la ricostruzione: reconstruction bank.
Banca per le importazioni e le esportazioni: Export–Import Bank.
Banca per lo sviluppo dei paesi asiatici: Asian Development Bank.
banca presentatrice: presenting bank.
banca prigioniera: captive bank.
banca privata: private bank.
banca regionale: regional bank.

bancarella: fly pitch.
bancario: bank clerk.
banca senza filiali: unit bank.
banca statale: state bank; state–chartered bank.
banca trassata: paying banker.
banca universale: universal bank; full–service bank.
banche affiliate alla stanza di compensazione: clearers; clearing banks.
banche affiliate alla stanza di compensazione londinese: London clearing banks.
banche ammesse al risconto: eligible banks.
banche con filiali: branch banking.
banche di sviluppo: development banks; development corporations; development bankers.
banche di sviluppo multilaterali: multilateral development banks.
banche di sviluppo regionale: regional development banks.
banche estere: foreign banks; overseas banks.
banche estere britanniche: British overseas banks.
banche maggiori: money–centre banks; money market banks.
banche marginali: fringe banks.
banche membri: member banks.
banche multilaterali: multilateral banks.
banche per il credito alle cooperative agricole: banks for co–operatives.
banche preferite: pet banks.
banche primarie: primary banks.
banche regionali della Riserva Federale: district Federal Reserve banks; Federal Reserve district banks.
banche riconosciute: recognized banks.
banche secondarie: secondary banks.
banchiere: banker.
banchiere privato: private bank.
banchina: quay; wharf.
banchina attrezzata con deposito franco: legal quay.
banchina di ormeggio: pier.
banchina franca: sufferance wharf.
banco: stall; stand.
banco delle occasioni: bargain counter.
bancogiro: bancogiro.
bancone: counter.
banconota: banknote; bank bill; bill; note.
banconota a corso forzoso: inconvertible banknote.
banconota corrente: current banknote.
banconota da cinque dollari: five–dollar bill.
banconota da cinque sterline: five–pound note.
banconota distrutta: destroyed banknote.
banconota falsa: counterfeit note.
banconota fermata: stopped note.
banconota inconvertibile: inconvertible banknote.
banconota sfigurata: defaced note.
banconote danneggiate: mutilated bank notes.
banconote delle banche nazionali: national bank notes.
banconote lacerate: mutilated bank notes.
banconote lavoro: labour notes.
banco pubblico: stall.
banda: 1. band. **2.** range.
banda di fluttuazione dei cambi: exchange rate band.
banda dei prezzi: price range.
banda di parità: parity band.
banda valutaria: currency band.
bande di scadenza: maturity bands.
bande scivolanti: gliding bands.
bande slittanti: gliding bands.
bandiera di comodo: flag of convenience.
bandiera di convenienza: flag of convenience.
bandiera di necessità: flag of necessity.
banditore: auctioneer.
banditore d'asta: auctioneer.
bando dello straordinario: overtime ban.
bando verde: green ban.
barattare: to trade.
baratteria: barratry.
baratto: barter.
barile: barrel.
barili al giorno: barrels per day.
barilotto: 1. firkin. **2.** keg.
barometro delle marche: consumer index; consumer inventory.
barometro economico: business barometer.
barone: baron.
barra: ingot.
barriera: barrier.
barriera al libero scambio: trade barrier.
barriera commerciale: trade barrier.
barriera daziaria: tariff barrier.
barriera di protezione: ring fence.
barriera di resistenza: resistance barrier.
barriera doganale: 1. customs barrier; custom–house barrier. **2.** tariff barrier.
barriera protettiva: tariff wall.
barriera tariffaria: tariff wall.
barriere agli scambi: barriers to trade.
barriere al commercio di servizi: service–trade barriers.
barriere al commercio interstatale: interstate trade barriers.
barriere alle importazioni: import barriers.
barriere all'entrata: barriers to entry; entry barriers.
barriere allo scambio di servizi: service–trade barriers.
barriere istituzionali: institutional barriers.
barriere non doganali: non–tariff trade barriers.
barriere non tariffarie: non–tariff barriers.
barriere protettive: protective barriers.
barriere protezionistiche: protectionist barriers.
base: 1. base. **2.** basis.
base adeguata: adjusted basis.
base annua: annual basis.
base attuariale: actuarial basis.
base aurea: gold reserves.
base dell'anno contabile: accounts year basis.
base dell'anno precedente: preceding–year basis.
base della riserva bancaria: reserve base.
base del regresso: recourse basis.
base del tasso di remunerazione: rate base.
base di accertamento: basis of assessment.
base di ammortamento: depreciation base.
base di capitale proprio: equity base.
base di credito: credit base.
base di prelievo: revenue base; taxable base; tax base.
base di reddito: earnings basis.
base di rendimento: income basis.
base di rimessa: remittance basis.
base di ripartizione: basis of apportionment.
base di scadenza: maturity basis.
base economica: economic base.
base imponibile: tax base; taxable base.
base impositiva: tax base; taxable base.
base monetaria: monetary base; money base.
base operaia: shop floor.
base tariffaria: rate basis.

base tempo: time basis.
basi del potere monopolistico: bases of monopoly power.
bassa stagione: dead season; low season.
battaglia dei cervelli: brain storming.
battagliola: ship's rail.
batteria: battery.
batteria di test: test battery.
bazar: bazaar.
behaviorismo: behaviourism.
bene: good.
bene a prezzo libero: free–market commodity.
bene capitale generico: free capital good.
bene capitale specializzato: specialized capital good.
bene dato in garanzia: pledged asset.
bene di consumo: consumable; consumer good; consumption good (v. anche beni di consumo).
bene di esportazione: exportation; export.
bene d'importazione: importation; import.
bene d'importazione parallela: parallel import.
bene di prestigio: prestige good.
bene diretto: consumption good; consumer good.
bene economico: economic good; good; commodity.
bene effettivo: physical commodity.
beneficenza: charity.
benefici abortivi: abortive benefits.
benefici accessori: fringe benefits; marginal benefits; employee benefits; employees' amenities.
benefici aggiuntivi: fringe benefits; marginal benefits; employee benefits; employees' amenities.
beneficiario: 1. beneficiary. **2.** beneficial owner; equitable owner. **3.** recipient. **4.** grantee. **5.** payee.
beneficiario alternativo: alternative payee.
beneficiario a titolo gratuito: donee beneficiary.
beneficiario di rendita: annuitant.
beneficiario fittizio: fictitious payee.
beneficiario impersonale: impersonal payee.
beneficiario originario: original payee.
beneficiario primario: primary beneficiary.
beneficiario secondario: contingent beneficiary.
benefici della previdenza sociale: social security benefits.
benefici della produzione su larga scala: benefits of large–scale production.
benefici dell'imprenditorialità: benefits of entrepreneurship.
benefici fiscali: tax benefits.
benefici individuali: private benefits.
benefici marginali: fringe benefits; marginal benefits; employee benefits; employees' amenities.
benefici monetari: cash benefits.
benefici non monetari: non–cash benefits.
benefici non pecuniari: non–pecuniary benefits.
beneficio: benefit.
beneficio complessivo: total benefit.
beneficio di compromesso: compromise benefit.
beneficio in natura: benefit in kind; in–kind benefit.
beneficio non monetario: non–monetary benefit.
beneficio pecuniario: pecuniary benefit.
beneficio totale: total benefit.
benefici previdenziali: social security benefits.
benefici privati: private benefits.
benefici sociali: social benefits.
benefici tributari: tax benefits.
benefici uniformi: flat benefits.
bene finale: final good.
bene immateriale: incorporeal property; incorporeal hereditament.
bene immobile: tenement.
bene impegnato: pledged asset.
bene in esclusiva: proprietary good.
bene ipotecato: hypothecated asset.
bene libero: free good.
bene materiale: corporeal property; corporeal hereditament.
bene migliorato: improved good.
bene nazionale di esportazione: domestic export.
bene non commerciabile: unmerchantable good.
bene non mercantile: unmerchantable good.
bene offerto in permuta: trade–in.
bene oggetto di negozio fiduciario: trust property.
bene rappresentativo: representative good.
benessere: welfare.
benessere economico: economic welfare.
benessere industriale: industrial welfare.
benessere nazionale: national welfare.
benessere pubblico: public welfare.
benessere sociale: social welfare.
benestare: docket.
bene succedaneo: substitute good; substitutional good; substitute.
beni: goods.
beni a aliquota zero: zero–rated goods.
beni abbandonati: abandoned goods.
beni a costi congiunti: joint–cost goods.
beni acquistati d'impulso: impulse goods.
beni a domanda complementare: complementary goods; complements.
beni a domanda congiunta: joint–demand goods.
beni alternativi: rival commodities; alternatives; rival goods.
beni a misura: yard goods.
beni a offerta complementare: complementary–supply goods.
beni a offerta congiunta: joint–supply goods.
beni a pezzo: piece goods.
beni a termine: future goods.
beni attivi: wage–goods.
beni attuali: present goods.
beni autarchici: utility goods.
beni capitale: capital goods.
beni complementari: complementary goods; complements.
beni concorrenti tra loro nell'offerta: competitive goods.
beni congiunti: joint commodities.
beni da punto d'acquisto: point–of–purchase goods.
beni deperibili: perishable goods; perishables.
beni di commercio estero: foreign–trade goods.
beni di commercio interno: home–trade goods.
beni di consumo: consumer goods; consumable goods.
beni di consumo a uso singolo: single–use goods.
beni di consumo collettivi: collective consumption goods.
beni di consumo deperibili: non–durable consumers' goods; non–durable goods; non–durables; soft goods; single–use goods.
beni di consumo di acquisto raro: specialty goods.
beni di consumo di acquisto ricorrente: convenience goods.
beni di consumo di acquisto saltuario: shopping goods.
beni di consumo di uso generale: convenience goods.
beni di consumo durevoli: consumer durable goods;

consumer durables; hard goods.
beni di consumo fugaci: non–durable consumers' goods; non–durable goods; non–durables; soft goods; single–use goods.
beni di consumo non deperibili: consumer durable goods; consumer durables; hard goods.
beni di consumo non durevoli: non–durable consumers' goods; non–durable goods; non–durables.
beni di consumo semidurevoli: consumer semidurable goods; semidurable goods.
beni di élite: elitist goods.
beni di esportazione: exports.
beni di importazione: imports.
beni di investimento: investment goods.
beni di lusso: luxury goods; luxuries.
beni di mercato: market goods.
beni di moda: fashion goods.
beni di monopolio: monopolized commodities.
beni di necessità: necessity goods.
beni di prestigio: positional goods.
beni di prima necessità: necessaries.
beni di prima necessità convenzionali: conventional necessaries.
beni di produzione: industrial goods.
beni di qualità superiore: superior goods.
beni di scambio internazionale: foreign trade goods.
beni di seconda qualità: seconds.
beni di specialità: specialty goods.
beni di sviluppo: development goods.
beni durevoli: durable goods; durables.
beni effettivi: present goods.
beni esclusi: excluded property.
beni esenti: exempt goods.
beni esenti da dazio: uncustomed goods.
beni esenti da IVA: zero–rated goods.
beni e servizi: goods and services.
beni e servizi non scambiabili: non–tradables.
beni e servizi scambiabili: tradables.
beni essenziali: essentials.
beni esteri: foreign goods.
beni esterni: external goods.
beni fungibili: replaceable goods; fungible goods.
beni generici: generics.
beni Giffen: Giffen goods.
beni immateriali: **1.** non–material goods; immaterial goods. **2.** intangibles.
beni immobili: real property; real estate; real chattels; realty.
beni indipendenti: independent commodities.
beni indiretti: non–consumer goods; production goods; producers' capital; producer goods; instrumental capital; capital goods; producers' durable goods.
beni inferiori: inferior goods; poor man's goods.
beni in processo: goods in process.
beni in scorte: goods in stock.
beni in stock: goods in stock.
beni intangibili: intangibles.
beni intermedi: intermediate goods; intermediate products; higher order goods; lower order goods.
beni interni: internal goods.
beni in uso: goods in use.
beni liquidi: liquid goods.
beni materiali: material goods.
beni materiali artificiali: artificial capital; man–made capital.
beni materiali naturali: natural capital.
beni misti: mixed goods.
beni mobili: chattels; moveables; movable property; personal property; personal chattels.
beni mobiliari: personalty; personal estate.
beni mobili tangibili: tangible personal property.
beni naturali: original goods.
beni nazionali: national goods; home–made goods.
beni necessari: necessity goods.
beni non deperibili: durable goods; durables.
beni non finiti: unfinished goods.
beni non materiali: non–material goods.
beni non sdoganati: uncustomed goods.
beni non trasferibili: non–transferable goods.
beni normali: normal goods.
beni personali: personal property; personal chattels; personal assets; personal goods.
beni personali immateriali: intangible personal property.
beni privati: private goods.
beni proibiti: prohibited goods.
beni pubblici: public goods; collective goods.
beni pubblici non puri: non–pure public goods; quasi–public goods; impure public goods.
beni pubblici puri: pure public goods.
beni quasi pubblici: quasi–public goods; non–pure public goods.
beni reali: real assets.
beni rifugio: collectibles.
beni riscattabili: redeemable goods.
beni rivali: rival commodities; rival goods.
beni salariali: wage–goods.
beni scambiabili: tradable commodities.
beni scarsi: scarce goods.
beni semilavorati: half–finished goods.
beni sociali: social goods.
beni sostitutivi: rival goods.
beni specifici: specific goods.
beni strumentali: producer goods; producer durable equipment; producers' capital; capital goods; production goods; non–consumer goods; instrumental capital; instrumental goods; producers' durable goods.
beni superflui: superfluities.
beni surrogabili: alternative commodities.
beni trasferibili: transferable goods.
beni utilitari: utility goods.
beni vietati: prohibited goods.
beni visibili: visible goods.
beni voluttuari: luxury goods; luxuries.
benservito: testimonial; service letter.
benvenuto d'oro: golden hello.
bersaglio di acquisizione: take–over target.
bettolina: lighter.
bettolina da carico: cargo barge.
bidone da trasporto: tote bin.
biennale: biennial.
biglietti di banca in circolazione: bank paper.
biglietti di stato: currency notes.
biglietti emessi: notes issued.
biglietti in circolazione: notes in circulation.
biglietti operai: workmen's tickets.
biglietto: ticket.
biglietto a corso forzoso: bill of credit.
biglietto circolare: circular ticket.
biglietto cumulativo: transfer ticket.
biglietto da cinque: fiver.
biglietto da una sterlina: pound note.
biglietto di accompagnamento: compliments slip.
biglietto di banca: banknote; bank bill; note.

biglietto di partenza: ship's clearance outwards.
biglietto di piccolo taglio: small–amount note.
biglietto di stato: note.
biglietto di visita: business card.
biglietto postale: letter card.
bilancia commerciale: balance of trade; balance of imports and exports; merchandise balance; trade balance.
bilancia commerciale attiva: favourable balance of trade; active trade balance; active balance of trade; surplus balance of trade.
bilancia commerciale in termini reali: real trade balance.
bilancia commerciale passiva: passive trade balance; adverse trade balance; unfavourable balance of trade; adverse balance of trade; deficit balance of trade.
bilancia dei conti: capital account; balance of payments on capital account.
bilancia dei conti a breve termine: balance of short–term indebtedness.
bilancia dei pagamenti: balance of payments.
bilancia dei pagamenti attiva: active balance of payments; favourable balance of payments.
bilancia dei pagamenti internazionali: balance of international payments; international balance of payments.
bilancia dei pagamenti passiva: balance of payments deficit on current account; adverse balance of payments; passive balance of payments; unfavourable balance of payments.
bilancia del dare e dell'avere: balance of payments on capital account; capital account.
bilancia delle obbligazioni: balance of indebtedness.
bilancia delle partite invisibili: invisible balance.
bilancia delle partite visibili: visible balance.
bilancia fondamentale: basic balance.
bilancia internazionale dei trasferimenti monetari: balance of payments on current account.
bilancia internazionale delle obbligazioni: capital account; balance of payments on capital account.
bilanciamento della linea di produzione: line balancing.
bilanciamento di un portafoglio: portfolio balance.
bilancia turistica: travel account.
bilanci di previsione alternativi: alternative budgets.
bilancio annuale: asset and liability statement.
bilancio azzerato: balanced budget.
bilancio azzerato ciclicamente: cyclically balanced budget.
bilancio certificato: certified financial statement.
bilancio comparato: comparative balance sheet; comparative statement.
bilancio comunitario: common budget; community budget.
bilancio consolidato: consolidated balance sheet.
bilancio dei costi e dei ricavi: statement of revenues and expenditures.
bilancio del fallimento: statement of affairs.
bilancio delle entrate e delle uscite: statement of receipts and disbursements.
bilancio delle risorse e delle utilizzazioni: statement of sources and application of funds; capital–reconciliation statement; statement of resources and their application; source–and–disposition statement; sources–and–uses statement; source–and–application of funds statement.
bilancio dello stato: national budget; national accounts budget.
bilancio di apertura: opening balances.
bilancio di austerità: austerity budget.
bilancio di gruppo: group balance sheet.
bilancio di liquidazione: statement of realization and liquidation.
bilancio di piena occupazione: full–employment budget.
bilancio di previsione: 1. forecast–type budget. **2.** anticipatory account.
bilancio di previsione generale: comprehensive budget.
bilancio di reparto: department budget.
bilancio di stanza di compensazione: clearing–house statement.
bilancio di stanziamento: fund balance sheet.
bilancio di verifica: trial balance.
bilancio di verifica rettificato: adjusted trial balance.
bilancio di verificazione: trial balance.
bilancio familiare: family budget.
bilancio federale: federal budget.
bilancio flessibile: flexible budget.
bilancio in pareggio: balanced budget.
bilancio interinale: interim budget.
bilancio neutro: neutral budget.
bilancio pareggiato: balanced budget.
bilancio particolaristico: divided budget.
bilancio patrimoniale: balance sheet; position statement; asset and liability statement.
bilancio patrimoniale a forma di doppio conto: double–account–form balance sheet.
bilancio patrimoniale annuo: annual balance sheet.
bilancio patrimoniale certificato: certified financial statement.
bilancio patrimoniale di chiusura: postclosing balance sheet.
bilancio patrimoniale generale: general balance sheet.
bilancio patrimoniale in forma abbreviata: abridged balance sheet.
bilancio patrimoniale in forma contabile: account–form balance sheet.
bilancio pluriennale: Swedish budget; multiyear budget.
bilancio preliminare: preliminary balance sheet.
bilancio preventivo: budget.
bilancio preventivo annuo: annual budget.
bilancio preventivo dei materiali diretti: direct materials budget.
bilancio preventivo della manodopera diretta: direct labour budget.
bilancio preventivo di dettaglio: detailed budget.
bilancio primario: primary balance.
bilancio pro forma: pro–forma balance sheet.
bilancio provvisorio: 1. preliminary balance sheet; temporary balance sheet; tentative balance sheet. **2.** interim balance sheet; interim statement. **3.** provisional budget.
bilancio rigido: fixed budget.
bilancio simulato: pro–forma balance sheet.
bilancio sintetico: condensed balance sheet.
bilancio sociale: social report.
bilancio suppletivo: interim budget.
bilancio unitario: unified budget.
bilancio variabile: variable budget.
bilateralismo: bilateralism.
bilateralità: bilateralism.
bilione: billion.
bimetallismo: bimetallism.
bimetallismo gobbo: limping standard.

bimetallismo incompleto: limping standard.
bimetallismo zoppo: limping standard.
bimodale: bimodal.
bioccupato: moonlighter.
bioccupazione: moonlighting.
bipolarizzazione dei guadagni: earnings bipolarization.
bisante: bezant; byzant.
bisante d'argento: silver bezant.
bisognatario: referee in case of need.
bisogni fondamentali: basic needs.
bisogni materiali: material needs.
bisogni non materiali: non–material needs.
bisogni primari: basic needs; primary wants; primary needs.
bisogni secondari: secondary wants; secondary needs.
bisogni umani: human wants.
bisogno: want.
bisogno generico: generic need.
bloccare: to freeze.
blocchista: stockist.
blocco: **1.** stock. **2.** block; bloc.
blocco commerciale: **1.** trade bloc; trading bloc. **2.** commercial blockade.
blocco degli affitti: rent freeze.
blocco dei prezzi: price freeze.
blocco dei salari: wage freeze; pay freeze.
blocco della sterlina: sterling bloc.
blocco dell'oro: gold bloc.
blocco marittimo: blockade.
blocco monetario: monetary bloc.
boicottaggio: boycott.
boicottaggio primario: primary boycott.
boicottaggio secondario: secondary boycott.
boicottare: to boycott; to declare black; to black.
bolla: bill.
bolla dei prezzi: prices bubble.
bolla di accompagnamento in deposito franco: entry for warehousing.
bolla di accompagnamento merci: packing list.
bolla di consegna: bill of parcel.
bolla di entrata: entry inwards; entry for home use; entry for home use ex–ship; home use entry.
bolla di liquidazione: post entry.
bolla di merce esente: entry for free goods.
bolla di prelievo: stock withdrawal order.
bolla di sortita: **1.** specification; entry outwards. **2.** shipping bill.
bolla di trasbordo: entry for transhipment.
bolla doganale: bill of entry.
bolla doganale perfezionata: perfect entry.
bolletta: bill.
bolletta con richiesta di visita preventiva: sight entry; bill of view; bill of sight.
bolletta daziaria: excise permit.
bolletta dei pesi: weight note; dock weight note; weight slip.
bolletta del telefono: telephone bill.
bolletta di cauzione: entry under bond.
bolletta di entrata: entry for home use ex–ship; entry for home use; home use entry.
bolletta di entrata esente di dogana per il trasbordo: transhipment free entry.
bolletta di esportazione: export entry.
bolletta di importazione: import entry.
bolletta di importazione definitiva: bill of entry for home use.
bolletta di liquidazione: over entry certificate.
bolletta di merce esente: **1.** entry for free goods. **2.** bill of sufferance.
bolletta di merce in franchigia doganale: sufferance.
bolletta di transito: **1.** entry under bond. **2.** customs permit.
bolletta di trasbordo: transhipment shipping bill.
bolletta di uscita: bond warrant.
bolletta di uscita per il trasbordo: transhipment shipping bill.
bolletta doganale: bill of entry.
bolletta doganale delle provviste di bordo: bill of stores.
bolletta doganale di entrata: entry inwards.
bolletta doganale di trasbordo in transito: transit entry; transhipment bond note.
bolletta doganale di uscita: specification; entry outwards.
bolletta petrolifera: oil bill.
bollettario di consegna: delivery book.
bollettino commerciale: trade report.
bollettino di accompagnamento: remittance slip; remittance advice.
bollettino di entrata: warehouse–keeper's certificate; warehouse–keeper's receipt.
bollettino d'imbarco: master's receipt; mate's receipt.
bollettino di sottoscrizione: subscription form.
bollettino di spedizione: **1.** way–bill. **2.** dispatch note. **3.** forwarding note.
bollini premio: gift stamps.
bollino viveri: food stamp.
bollo: **1.** stamp. **2.** tax disc.
bollo di circolazione: tax token.
bolscevismo: bolshevism.
bonifica agricola: reclamation.
bonifica fondiaria: land reclamation.
bonifica urbana: slum clearance; urban renewal; redevelopment.
bonifico: credit transfer; transfer.
bonifico bancario: banker's transfer; bank credit transfer; bank transfer.
bonifico cablografico: cable transfer.
bonifico per filo: cable transfer.
bonifico telegrafico: **1.** telegraphic transfer. **2.** wire transfer.
boom: boom.
boom creditizio: credit boom.
boom della borsa: stock market boom.
boom delle nascite: baby boom.
boom edilizio: housing boom.
bordereau: bordereau.
borderò: bordereau.
bordo libero: freeboard.
borghesia: bourgeoisie.
borsa: exchange; bourse.
borsa dei grani: corn exchange.
borsa dei metalli: metal exchange.
borsa dei noli: shipping exchange.
Borsa del cotone di Liverpool: Liverpool Cotton Exchange.
borsa del ferro e dell'acciaio: iron and steel exchange.
borsa della gomma: Rubber Exchange.
borsa della lana: Wool Exchange.
borsa del legno: timber exchange.
borsa delle opzioni: options exchange.
borsa finanziaria: stock exchange.
borsa investimenti: investment exchange.

borsa investimenti riconosciuta: recognized investment exchange.
borsa londinese dei metalli: London metal exchange.
borsa londinese della gomma: London Rubber Exchange.
borsa londinese della lana: London wool exchange.
borsa merci: produce exchange; commodity exchange.
Borsa merci di New York: New York Commodity Exchange.
Borsa merci londinese: London Commodity Exchange.
borsa nera: black market; black bourse.
borsa organizzata: organized exchange.
borsa valori: stock exchange; security exchange; securities exchange.
borsa valori di Londra: London Stock Exchange.
Borsa valori di New York: New York Stock Exchange.
borsa valori locale: regional stock exchange; regional.
borsa valori regionale: regional stock exchange.
borse valori nazionali: national security exchanges.
borsino: trading desk; dealing desk; dealing room.
botte: 1. tun. **2.** cask.
bottega: shop.
bottegaio: shopkeeper.
boutique finanziaria: financial boutique.
bracciante: labourer; manual worker.
bracciante agricolo: farm labourer; farm hand.
breccia del Kuwait: Kuwait gap.
breve periodo: short run.
breve termine: short run.
brevettato: patented.
brevetto: patent.
brevetto in corso di registrazione: patent pending.
brevetto su un processo: process patent.
brogliaccio: blotter.
brokeraggio: broking; brokerage.
broker di assicurazioni: insurance broker.
bronzo: bronze.
buco: cash deficit; cash deficiency.
budget: budget.
budget alternativi: alternative budgets.
budget annuo: annual budget.
budget aziendale: business budget.
budget corrente: current budget.
budget degli investimenti di capitale: capital budget.
budget dei costi amministrativi: administrative cost budget.
budget dei costi di produzione: production cost budget.
budget dei costi di ricerca: research budget.
budget dei costi di ricerca e sviluppo: research and development budget.
budget dei costi di vendita: selling expense budget.
budget dei costi di vendita e di distribuzione: selling and distribution cost budget.
budget dei costi e dei ricavi: operating budget.
budget dei materiali: materials budget.
budget dei servizi: utilities budget.
budget dei servomezzi: utilities budget.
budget del costo del venduto: cost–of–sales budget.
budget del flusso di cassa: cash–flow budget.
budget della manodopera: labour budget.
budget della produzione: production budget.
budget del lavoro: labour budget.
budget delle entrate e delle uscite non operative: non–operating income and expense budget.
budget delle posizioni di lavoro: personnel budget.
budget delle quantità: physical budget.
budget delle spese: expense budget.
budget delle spese amministrative: administrative expense budget.
budget delle spese di ordinaria amministrazione: administrative budget.
budget delle spese di pubblicità: advertising expense budget.
budget delle spese di ufficio e di amministrazione: office and administration budget.
budget delle spese generali di fabbrica: general factory overhead budget.
budget delle spese in conto capitale: capital expenditure budget.
budget delle vendite: sales budget.
budget delle vendite e della distribuzione: sales and marketing budget.
budget del personale: personnel budget.
budget di approvvigionamento dei materiali: materials purchase budget; purchase budget.
budget di cassa: cash budget.
budget di marketing: marketing budget.
budget di progetto: pro–forma budget; project budget.
budget di programma: program budget; performance budget.
budget di reparto: department budget; departmental budget.
budget di tesoreria: cash budget.
budget di utilizzazione degli impianti: plant utilization budget.
budget economico: budget.
budget economico del paese: nation's economic budget.
budget espansivo: expansionist budget; expansionary budget.
budget finanziario: financial budget.
budget fisso: static budget; fixed budget; rigid budget.
budget flessibile: flexible budget; step budget.
budget funzionale: functional budget.
budget generale: master budget.
budget mobile: continuous budget; perpetual budget; multiple budget; moving budget.
budget non bilanciato: unbalanced budget.
budget operativo: 1. operating budget. **2.** program budget; performance budget.
budget per funzioni: functional budget.
budget pro forma: pro–forma budget; project budget.
budget promozionale: promotional budget.
budget pubblicitario: advertising budget.
budget rigido: fixed budget; static budget; rigid budget.
budget rinnovabile: rolling budget; evolving budget.
budget scorrevole: rolling budget.
budget sussidiario: subsidiary budget.
budget tipo piano delle assegnazioni: appropriation–type budget.
budget variabile: variable budget; step budget.
bullionismo: bullionism.
buona qualità media: fair average quality; good average quality.
buoni del tesoro «caldi»: hot bills; hot treasury bills.
buoni del tesoro poliennali: treasury bonds.
buoni di acquisto: shopping cheques; trading cheques; club cheques.
buoni di razionamento: ration tickets.
buoni di risparmio: savings bonds.
buoni mensa: luncheon vouchers.
buoni pasto: luncheon vouchers.
buoni spesa: shopping cheques; trading cheques; club

cheques.
buono: **1.** coupon. **2.** voucher. **3.** scrip.
buono acconto equipaggio: advance note; seaman's note.
buono acquisto: warrant.
buono alimentare: food stamp.
buono del tesoro: treasury bill.
buono di acquisto: token; cash order.
buono di cassa: cash voucher.
buono di consegna: delivery order; delivery warrant.
buono di consegna per il trasbordo: transhipment delivery order.
buono di credito: **1.** check. **2.** credit–token.
buono di diritto di opzione: stock–purchase warrant; stock warrant.
buono di diritto di sottoscrizione: subscription warrant.
buono d'imbarco: shipping advice note; shipping note; receiving note; shipping order.
buono d'imposta: tax anticipation bond.
buono di prelievo: customs warrant; transhipment note.
buono di prelievo materiali: stores requisition form; materials requisition form.
buono di ricapitalizzazione: adjustment bond; reorganization bond.
buono di rilascio: bond warrant.
buono di risparmio a premio: Premium Savings Bond.
buono frazionario: script; scrip; scrip certificate.
buono fruttifero: **1.** cash bond. **2.** investment certificate.
buono internazionale per risposta pagata: international postal reply coupon.
buono libro: book token.
buono per omaggi: gift voucher.
buono per risposta pagata: reply coupon.
buono postale fruttifero: postal savings certificate.
buono premio: trading stamp.
buono regalo: gift token.
buono sconto: discount–offering coupon.
buon prezzo: cheap price.
burocrazia: bureaucracy; red tape.
burocrazia statale: governmental red tape.
bus dell'aria: air–coach; airbus.
busta a finestra: window envelope; aperture envelope.
busta paga: pay packet; pay envelope; wage packet.
bustarella: backhander.

c, C

cabina telefonica: call–box; phone–box.
cablo: cable; cable rate.
cablogramma: cablegram.
cabotaggio: coastwise trade; coasting trade; cabotage.
caccia all'uomo: head hunting.
cacciatore di teste: head hunter.
caduta: break; fall.
caduta dei prezzi: price fall.
caduta libera: free fall.
calamità: disaster.
calare: to droop.
calata: quay.
calcolatore: calculator.
calcolo dei costi per divisione: continuous cost accounting.
calcolo dei costi per serie: continuous cost accounting.
calcolo delle retribuzioni: wage calculation.
calcolo di convenienza di un investimento obbligazionario: bond valuation.
calcolo economico: 1. economic calculation. **2.** personal budgeting.
calendario: calendar.
calmiere: ceiling price.
calo: 1. short weight. **2.** ullage; wantage; vacuity. **3.** shrinkage; outage. **4.** tret. **5.** fall; decrease.
calo anomalo: abnormal shrinkage.
calo dei prezzi: price decrease.
calo dell'occupazione: employment decline.
calo di peso: deficiency in weight.
calo temporaneo: hiccup.
cambiabile: exchangeable.
cambiale: bill of exchange; bill; bill of debt.
cambiale a breve: 1. short bill of exchange. **2.** short–term bill.
cambiale accettata: accepted bill.
cambiale a data fissa: date bill; day bill.
cambiale all'ordine: order bill of exchange.
cambiale al portatore: bearer bill.
cambiale a richiesta: demand bill.
cambiale a scadenza fissa: day bill.
cambiale a scadenza predeterminata: period bill.
cambiale a tempo: time bill; draft at a tenor.
cambiale a tempo data: fixed–date bill; bill after date.
cambiale a tempo vista: term bill; term sight bill; usance bill; bill after sight.
cambiale attiva: note receivable.
cambiale a vista: sight bill; draft at sight.
cambiale bancabile: bankable bill.
cambiale bancaria: bank bill; bank draft; banker's bill.
cambiale breve: short–dated bill; short–dated paper.
cambiale commerciale: arrival draft; real bill; trade bill; commercial bill; commercial draft; purchase bill.
cambiale commerciale di buona firma: fine trade bill.
cambiale continentale: continental bill.
cambiale danneggiata: mutilated bill.
cambiale di affari: arrival draft; commercial bill; purchase bill; real bill.
cambiale di buona firma: fine bill; respectable bill.
cambiale di comodo: accommodation bill; accommodation note; pro–forma bill; windbill; windmill.
cambiale di credito: credit bill; finance bill.
cambiale di favore: accommodation bill; accommodation note; pro–forma bill; windbill; windmill.
cambiale d'investimento: investment bill.
cambiale di prefinanziamento: pre–finance bill.
cambiale di primissimo ordine: prime bill.
cambiale di prim'ordine: first–class bill; first–rate bill; gilt–edged bill.
cambiale diretta: promissory note; note of hand.
cambiale diretta a vista: demand note; sight note.
cambiale di ricupero: collateral acceptance; collateral bill.
cambiale di rinnovo: renewal bill.
cambiale di rivalsa: redraft.
cambiale documentaria: document bill; documentary bill.
cambiale documentata: document bill; documentary bill.
cambiale documenti contro accettazione: documents–against–acceptance bill.
cambiale documenti contro pagamento: documents–against–payment bill.
cambiale domiciliata: domiciled bill.
cambiale domiciliata all'estero: foreign domicile bill.
cambiale esecutiva: judgment note.
cambiale estera: 1. currency bill; external bill; foreign bill of exchange; foreign bill. **2.** drawn bill.
cambiale estera a breve: short exchange.
cambiale estera lunga: long exchange.
cambiale estinta: discharged bill.
cambiale finanziaria: finance bill.
cambiale garantita: backed bill.
cambiale in bianco: blank bill; skeleton bill.
cambiale incrociata: cross bill; counter bill.
cambiale in dollari: dollar exchange.
cambiale insoluta: dishonoured bill.
cambiale interna: domestic bill; inland bill of exchange; inland bill; home bill.
cambiale in valuta estera: currency bill.
cambiale ipotecaria: promissory note secured by mortgage.
cambiale lacerata: mutilated bill.
cambiale lunga: 1. long–dated bill; long–dated paper. **2.** long draft.
cambiale media: medium–term bill.
cambiale negoziabile: negotiable bill.
cambiale non onorata: dishonoured bill.
cambiale originale: original bill.
cambiale pagabile all'estero: foreign bill of exchange; foreign bill; external bill.

cambiale pagabile all'interno: inland bill of exchange; inland bill; home bill.
cambiale pagabile al portatore: bill payable to bearer.
cambiale pagabile a presentazione: bill payable on demand.
cambiale pagabile a richiesta: demand bill.
cambiale pagabile a vista: bill payable at sight.
cambiale pagata: paid bill.
cambiale passiva: note payable.
cambiale per l'incasso: short bill of exchange.
cambiale presentata per il pagamento: payment bill.
cambiale propria: promissory note; note of hand; note.
cambiale propria a vista: demand note; sight note.
cambiale restituita: returned bill.
cambiale richiamata: retired bill of exchange.
cambiale ricomprata: rebated bill of exchange.
cambiale rinnovata: renewed bill.
cambiale rispettabile: respectable bill.
cambiale ritirata: retired bill of exchange.
cambiale ritirata prima della scadenza: rebated bill of exchange.
cambiale scontata: discounted bill; note receivable discounted.
cambiale smarrita: lost bill of exchange.
cambiale sull'estero: foreign bill of exchange; foreign bill; external bill.
cambiale su piazza: local bill; town bill.
cambiale tratta: draft; bill of exchange.
cambiali all'aria: fraudulent notes.
cambiali attive: bills receivable.
cambiali bancarie di primissimo ordine: prime bank bills.
cambiali in portafoglio: bills on hand.
cambiali in sofferenza: overdue bills; past due bills; unpaid bills.
cambiali passive: bills payable.
cambiali per l'incasso: bills for collection.
cambiali richiamate: bills retired.
cambiali su agenzie: agency bills.
cambiamento: **1.** alteration. **2.** switching.
cambiamento di età a fini assicurativi: insurance age change.
cambiamento di posizione: switch.
cambiamento endogeno: endogenous change.
cambiamento esogeno: exogenous change.
cambiamento tecnologico: technological change.
cambiare: to encash.
cambiatore: cambist.
cambiavalute: **1.** exchanger; cambist. **2.** money broker. **3.** dealer. **4.** money changer.
cambi multipli: multiple exchange rates; multiple rates of exchange.
cambio: **1.** rate of exchange; exchange rate; foreign exchange rate. **2.** change. **3.** exchange.
cambio a consegna: foreign exchange futures; forward exchange.
cambio a contanti: spot exchange.
cambio a corso libero: free exchange rate; free exchange; freely fluctuating exchange rate; freely floating exchange rate; freely flexible exchange rate.
cambio a pronti: spot exchange.
cambio a termine: forward exchange.
cambio a vista: spot exchange.
cambio cablografico: cable rate.
cambio certo: certain rate.
cambio cheque: cheque rate.
cambio corrente: current exchange.
cambio del giorno: current exchange.
cambio della piazza: local rate of exchange.
cambio denaro: bid price.
cambio di acquisto: buying rate.
cambio di apertura: opening rate.
cambio di chiusura: closing rate.
cambio diretto: direct exchange.
cambio di vendita: selling rate.
cambio estero: foreign exchange.
cambio favorevole: favourable exchange.
cambio fisso: fixed exchange rate; fixed exchange.
cambio fluttuante: fluctuating rate.
cambio fuori mercato: unofficial exchange rate; parallel rate of exchange.
cambio indicativo: indicative rate.
cambio indiretto: indirect exchange; cross exchange.
cambio in dollari: dollar exchange.
cambio lettera: offer price; selling price; ask price; offered price.
cambio marittimo: bottomry loan; bottomry; maritime loan; gross adventure.
cambio parallelo: parallel rate of exchange; unofficial exchange rate.
cambio reale: real exchange rate.
cambio sopra la pari: exchange at a premium.
cambio sotto la pari: exchange at a discount.
cambio telegrafico: telegraphic transfer; cable rate.
cambio ufficiale: official rate; official exchange rate.
cambista: cambist.
camera blindata: safe vault; safe room; strong room.
camera di commercio: chamber of commerce.
Camera di commercio internazionale: International Chamber of Commerce.
Camera di Commercio londinese: London Chamber of Commerce.
camera di commercio marittimo: chamber of shipping.
Camera di commercio nazionale: National Chamber of Trade.
camera di compensazione: clearing house.
cameralismo: cameralism; kameralism.
campagna: campaign.
campagna al rialzo: bull campaign.
campagna al ribasso: bear campaign.
campagna di prova: test campaign.
campagna di sviluppo delle vendite: sales promotion campaign.
campagna di vendita: sales drive; sales campaign.
campagna di vendite speciali: bargain campaign.
campagna per il risparmio: thrift campaign.
campagna promozionale: promotion campaign.
campagna promozionale a premi: premium promotion campaign.
campagna pubblicitaria: advertising campaign; advertising drive.
campionamento: sampling.
campionamento aleatorio: random sampling.
campionamento aleatorio vincolato: restricted random sampling.
campionamento a più fasi: multiphase sampling.
campionamento a più stadi: multistage sampling.
campionamento a scelta giudiziosa: purposive sampling.
campionamento casuale: random sampling.
campionamento del lavoro: work sampling; ratio–delay study.
campionamento delle attività: activity sampling.
campionamento di accettazione: acceptance

sampling.
campionamento doppio: double sampling.
campionamento multiplo: multiple sampling.
campionamento per area: area sampling.
campionamento per quote: quota sampling.
campionamento proporzionale: quota sampling.
campionamento ragionato: purposive sampling.
campionamento statistico: statistical sampling.
campionamento su un'area: area sampling.
campionare: to sample.
campionario: **1.** set of samples. **2.** pattern book.
campionatore: sampler.
campionatura: sampling.
campionatura di accettazione: lot–acceptance sampling.
campionatura mediante campioni stratificati: stratified sampling.
campionatura sequenziale: sequential sampling.
campionatura sistematica: systematic sampling.
campionatura statistica: statistical sampling.
campionatura stratificata: stratified sampling.
campione: **1.** muster; pattern; sample. **2.** specimen.
campione aleatorio: random sample.
campione analogo: matched sample.
campione casuale: random sample.
campione casuale semplice: simple random sample.
campione di prova: trial sample.
campione equilibrato: balanced sample.
campione estratto in monte: sample from the bulk.
campione fisso: fixed sample.
campione garantito: guaranteed sample.
campione gratuito: free sample; hand–out.
campione per quote: quota sample.
campione probabilistico: probabilistic sample; probability sample.
campione proporzionale: quota sample.
campione ragionato: purposive sample.
campione rappresentativo: representative sample.
campione senza valore: sample post.
campione sistematico: systematic sample.
campione statistico: statistical sample.
campione stratificato: stratified sample.
campione tipo nei contratti a termine: future standard sample.
campo a maggese: fallow field.
campo di variazione: range.
campo incolto: fallow field.
canale: channel.
canale commerciale: channel of trade.
canale di navigazione: fairway.
canale marittimo: ship canal.
canale navigabile: **1.** ship canal. **2.** fairway.
canali di comunicazione: channels of communication.
canali di distribuzione: distribution channels; marketing channels.
canali di mercato: market channels.
canali di vendita: sales channels.
cancellare: to cancel.
cancellazione: **1.** abatement. **2.** cancellation.
cancellazione di debito: debt forgiveness.
Cancelliere dello Scacchiere: Chancellor of the Exchequer.
candidato: applicant.
canne di organo: organ–pipes chart.
cannibalismo fiscale: fiscal cannibalism.
cannibalizzazione: cannibalization.
canone di abbonamento: **1.** rental rate; flat rate. **2.** retainer.
canone di affitto: rent; rental.
canone di concessione: **1.** royalty rent. **2.** patent royalty.
canone di fitto di terreno di facile accesso: accommodation rent.
canone di fitto di un suolo: ground rent.
canone di fitto simbolico: nominal rent; peppercorn rent.
canone di locazione: rent; rental.
canone di locazione arretrato: back rent.
canone di locazione esorbitante: rack rent.
canone di locazione figurativo: notional rent.
canone di locazione netto: net rent.
canone di locazione nominale: peppercorn rent; nominal rent.
canone enfiteutico: quit rent.
canone improduttivo: dead rent.
canoni della imposizione fiscale: taxation canons; canons of taxation.
canoni della tassazione: taxation canons; canons of taxation.
capacità: **1.** power. **2.** capacity.
capacità contributiva: **1.** taxable capacity; taxable faculty; tax–paying capacity; taxable ability. **2.** ability to pay.
capacità cubica in granaglie: grain cubic capacity.
capacità di agire: legal capacity.
capacità di carico: ship–load.
capacità di contrarre: contractual capacity; capacity to contract.
capacità di credito: credit–worthiness.
capacità di domanda di punta: peak demand capacity.
capacità di pagare: ability to pay.
capacità di produzione: production capacity.
capacità di reddito: earning capacity; earning power.
capacità di reddito annuo: annual earning power.
capacità di riserva: spare capacity.
capacità di servizio: **1.** usefulness. **2.** service capacity.
capacità di servizio di un prestito: debt–servicing capacity.
capacità di spesa: spending power.
capacità di testare: testamentary capacity.
capacità di un impianto: plant capacity.
capacità di vendere: salesmanship.
capacità eccedente: surplus capacity; excess capacity; overcapacity.
capacità imprenditoriale: entrepreneurial ability.
capacità industriale: industrial capacity.
capacità in eccesso: overcapacity.
capacità inutilizzata: **1.** idle capacity. **2.** unused capacity.
capacità operativa: operating capability.
capacità ottimale: optimal capacity.
capacità oziosa: idle capacity.
capacità per balle: bale capacity.
capacità pratica: practical capacity.
capacità produttiva: **1.** productive power; productive capacity. **2.** service capacity; plant capacity.
capacità sprecata: wasted capacity.
capacità totale: installed capacity.
capacità utilizzata: utilized capacity.
capannone di magazzino generale: dock shed.
caparra: bargain money; earnest money; token payment.
capitale: **1.** capital. **2.** principal; capital sum.
capitale a alto rapporto d'indebitamento: highly–geared capital; high–geared capital.

capitale a basso rapporto d'indebitamento: low–geared capital.
capitale a breve termine: short–term capital.
capitale a lungo termine: long–term capital.
capitale a medio termine: medium–term capital.
capitale annacquato: watered capital.
capitale artificiale: artificial capital; man–made capital.
capitale azionario: share capital; stock capital.
capitale azionario annacquato: watered stock.
capitale azionario assegnato: allotted share capital.
capitale azionario della Banca d'Inghilterra: Bank stock.
capitale azionario di una banca: bank stock.
capitale azionario emesso: issued share capital.
capitale azionario nominale: nominal share capital; authorized share capital.
capitale azionario ordinario: equity share capital.
capitale azionario riscattato: repurchased stock.
capitale azionario senza contribuzione straordinaria: non–assessable capital stock.
capitale azionario sottoscritto: issued share capital.
capitale circolante: circulating capital; circulating capital goods.
capitale circolante lordo: gross working capital.
capitale circolante negativo: negative working capital.
capitale circolante netto: net current assets; net working capital; working capital.
capitale con diritti prioritari: prior–charge capital.
capitale conferito: contributed capital; paid–in capital; capital paid in; capital introduced.
capitale corrente: current capital.
capitale di apporto: contributed capital; paid–in capital; original capital; capital paid in.
capitale di avviamento: seed capital.
capitale di base: base capital.
capitale di conoscenze: knowledge capital.
capitale di consumo: consumption capital.
capitale di credito: borrowed capital.
capitale di esercizio: trading capital; trade capital; working capital.
capitale di esercizio lordo: gross working capital.
capitale di esercizio netto: net working capital.
capitale di garanzia: guarantee stock.
capitale di informazioni: information capital.
capitale d'immobilizzo: real capital.
capitale d'indebitamento: borrowed capital.
capitale di prestito: loan capital; loan stock; debt capital.
capitale di prestito convertibile: convertible debenture stock; convertible loan stock.
capitale di prestito garantito: secured loan stock.
capitale di prestito inconvertibile: unconvertible loan stock.
capitale di prestito non garantito: unsecured loan stock.
capitale di prestito redimibile: redeemable loan stock.
capitale di primo livello: tier–one capital.
capitale di rischio: risk capital; venture capital.
capitale di rischio formale: formal venture capital.
capitale di rischio informale: informal venture capital.
capitale di rischio istituzionale: formal venture capital.
capitale di riserva: reserve liability; reserve capital.
capitale di risparmio: retained income; retained earnings; retentions.
capitale di risparmio consolidato: consolidated retained earnings.
capitale di risparmio disponibile: available earned surplus; available surplus.
capitale di risparmio non impegnato: unappropriated retained income; unappropriated earned surplus.
capitale di secondo livello: tier–two capital.
capitale di secondo livello inferiore: lower tier–two capital.
capitale di secondo livello superiore: upper tier–two capital.
capitale di sicurezza: security capital.
capitale di società di persone: partnership's capital.
capitale disponibile: 1. disposable capital; available capital. **2.** capital on hand; capital at hand.
capitale di sviluppo: development capital.
capitale diversificato: split capital.
capitale emesso: issued capital; issued stock.
capitale emesso per contanti: cash capital.
capitale finanziario: financial capital.
capitale fisico: physical capital.
capitale fisso: capital assets; fixed capital; permanent asset.
capitale fisso di consumo: fixed consumption capital.
capitale fisso e circolante: trade capital; trading capital.
capitale fisso sociale: public overhead capital; social overhead capital; infrastructure.
capitale fluttuante: floating capital.
capitale immobilizzato: 1. capital equipment. **2.** locked–in capital.
capitale impiegato: invested capital; capital employed.
capitale improduttivo: unproductive capital.
capitale inattivo: dead capital.
capitale infruttifero: idle capital; capital bearing no interest.
capitale in fuga: flight capital.
capitale iniziale: starting capital; initial capital.
capitale intaccato: impaired capital.
capitale intellettuale: intellectual capital.
capitale interamente versato: fully paid–up capital; fully paid capital; paid–up capital.
capitale investito: 1. invested capital. **2.** property capital. **3.** fixed capital; capital equipment.
capitale iscritto: inscribed stock.
capitale liquido: liquid capital; free capital; money capital.
capitale lucrativo: lucrative capital.
capitale malleabile: malleable capital.
capitale monetario: money capital.
capitale morto: idle capital; dead capital.
capitale mutuabile: loanable capital.
capitale naturale: natural capital.
capitale nazionale: social capital; national wealth; national capital.
capitale netto: 1. shareholders' equity; stockholders' equity; equity; ordinary shareholders' equity. **2.** equity capital. **3.** proprietary interest; proprietorship. **4.** net worth; capital net worth; owners' equity; net capital; total equity.
capitale netto di esercizio: working capital.
capitale netto di una società: equity of a company.
capitale netto impiegato: net capital employed.
capitale netto negativo: negative net worth; deficit net worth.
capitale netto tangibile: tangible net worth.
capitale nominale: authorized stock; authorized issue; authorized capital; nominal share capital; nominal capital; authorized capital stock; registered capital.
capitale non emesso: unissued stock; unissued capital

stock.
capitale non richiamato: uncalled capital.
capitale non versato: uncalled capital; capital not paid in.
capitale obbligazionario: loan stock; loan capital; debenture capital.
capitale opzionale: optional capital.
capitale ordinario: ordinary capital.
capitale originale: original–issue stock.
capitale per il rischio della controparte: counterparty–risk capital.
capitale per il rischio della posizione: position–risk capital.
capitale per investimento: investment capital.
capitale permanente: permanent capital.
capitale potenziale: potential stock.
capitale primario: primary capital.
capitale privato: private capital.
capitale privilegiato: preference capital.
capitale privilegiato a partecipazione: participating preference capital.
capitale produttivo: productive capital.
capitale proprio: total equity; original capital; proprietary interest; proprietorship; owners' equity; ownership interest; owners' interest.
capitale proprio dell'imprenditore: proprietary capital.
capitale pubblico: public capital.
capitale puro: pure capital.
capitale reale: real capital.
capitale reale totale: aggregate real capital.
capitale registrato: registered stock.
capitale riacquisito: reacquired stock.
capitale richiamabile: callable capital.
capitale richiamato: called–up capital.
capitale secondario: secondary capital.
capitale sociale: 1. stock; capital stock. **2.** partnership's capital. **3.** social capital; national wealth; national capital.
capitale sociale conferito: stated capital; declared capital.
capitale sociale in circolazione: outstanding stock; outstanding capital stock.
capitale sociale nominale: authorized capital; authorized issue; authorized capital stock; nominal share capital; nominal capital; authorized stock; registered capital.
capitale sottoscritto: suscribed capital stock; subscribed capital; subscriber capital.
capitale specifico: specific capital.
capitale strumentale: instrumental capital.
capitale tangibile: tangible capital.
capitale temporaneo: temporary capital.
capitale totale: total capital.
capitale umano: human capital.
capitale versato: called–up capital; paid–up capital.
capitalismo: capitalism.
capitalismo dei monopoli di stato: state–monopoly capitalism.
capitalismo del benessere: welfare capitalism.
capitalismo del popolo: people's capitalism.
capitalismo di mercato: market capitalism.
capitalismo di stato: state capitalism.
capitalismo manageriale: managerial capitalism.
capitalismo nero: black capitalism.
capitalismo partecipativo: participatory capitalism.
capitalismo popolare: popular capitalism.
capitalismo sociale: welfare capitalism.
capitalista: capitalist.
capitali vaganti: refugee capital; hot money.
capitalizzare: 1. to capitalize. **2.** to compound.
capitalizzazione: 1. capitalization. **2.** accumulation; compounding.
capitalizzazione degli interessi: capitalization of interest.
capitalizzazione dei debiti: debt–equity swap.
capitalizzazione dei profitti: capitalization of profits.
capitalizzazione del reddito: capitalization of income.
capitalizzazione di borsa: stock exchange capitalization.
capitalizzazione di costi: capitalization.
capitalizzazione di mercato: market capitalization.
capitalizzazione di riserve: capitalization of reserves.
capitalizzazione di un'imposta: tax capitalization.
capitalizzazione fittizia: over–capitalization.
capitalizzazione totale: total capitalization.
capitaneria di porto: harbour office.
capitano: master.
capitano d'industria: business leader.
capitazione: capitation tax; head tax; poll tax.
capitolato: specification.
capitolato d'oneri: specification.
capo: 1. head. **2.** boss.
capocarovana: master porter.
capo contabile: chief accountant.
capo della contabilità finanziaria: treasurer.
capo dell'ufficio sviluppo vendite: sales promotion director.
capo dell'ufficio vendite: sales director.
capofamiglia: householder.
capofila: lead manager; issue manager; managing underwriter; manager bank; syndicate manager.
capofila della produttività: productivity leader.
capo magazziniere: storekeeper.
capo officina: shop foreman.
capo reparto: 1. department head; superintendent. **2.** foreman.
capo reparto di officina: shop superintendent.
capo sezione: department head.
capo squadra: overseer; charge hand.
capo ufficio: office supervisor.
capo ufficio assunzioni: employment manager; employment officer.
capo ufficio crediti: credit manager.
capo ufficio di zona: field supervisor.
capo ufficio vendite all'estero: foreign sales supervisor.
cappa: primage; hat money.
cappa e avaria come d'uso: primage and average accustomed.
captazione: undue influence.
caratista: part–owner; shareholder.
carato: 1. carat. **2.** share; partnership share; ship's part.
caratteristica del prodotto: product feature.
caratteristica di vendita: sales feature.
caratteristiche dei beni: characteristics of goods.
caratteristiche di un mercato: market characteristics.
caratura: partnership share; share; ship's part.
carbonaia: coal ship.
carbone bianco: white coal.
carboniera: collier.
cardinale: cardinal.
cardinalismo: cardinalism.
carenza: shortage.
carenza di investimenti: investment shortfall.
carestia: famine.

caricamento: loading charge; loading.
caricamento del premio: expense loading.
caricamento iniziale: front end loading.
caricata alla rinfusa: laden in bulk.
caricatore: shipper.
caricato sul ponte a rischio del caricatore: shipped on deck at shipper's risk.
caricazione: loading.
caricazione a turno: loading in turn.
caricazione, discarica e stivaggio franco di ogni spesa: free in and out and trimmed; free in and out and stowed.
caricazione e discarica a diligenza del capitano: berth terms.
caricazione e discarica franco di ogni spesa: free in and out.
caricazione senza spese: free in.
carico: 1. cargo; shipment. **2.** freight. **3.** load.
carico a cubaggio: measurement cargo.
carico a cubatura: measurement cargo.
carico aereo: air cargo.
carico alla rinfusa: bulk cargo.
carico a massa: bulk cargo.
carico avariato: damaged cargo.
carico completo: carload; full cargo; carload lot.
carico danneggiato: damaged cargo.
carico di andata: outward cargo.
carico di coperta: deck cargo.
carico di esportazione: export cargo.
carico di importazione: import cargo.
carico di lavoro: work load.
carico di merci pesanti: deadweight cargo.
carico di montaggio: assembly time.
carico di punta: peak load.
carico diretto in patria: homeward cargo; home cargo.
carico di riempitivi di ripiego: berth cargo.
carico di ritorno: 1. return load. **2.** homeward cargo; home cargo.
carico di transito: transit cargo.
carico fiscale: tax burden; tax load.
carico flottante: floating cargo.
carico generale: general cargo.
carico in balle: baled cargo; bale cargo.
carico in barili: barrel cargo.
carico in saccheria: cargo shipped in bags.
carico in sacchi: bagged cargo; bag cargo.
carico macchine: machine load; machine loading.
carico nero: black cargo.
carico parziale: less–than–truckload lot; less–than–carload lot; parcel cargo; part cargo; part load; parcel.
carico pericoloso: dangerous cargo.
carico pulito: clean cargo.
carico remunerativo: pay load.
carico sopracoperta: deck cargo.
carico sporco: dirty cargo.
carico tributario: burden of taxation; burden; tax load.
carnet di assegni: cheque book.
carnet doganale: carnet.
carnet per l'esportazione di campioni commerciali: export of commercial samples carnet.
carnet TIR: TIR carnet.
caro: dear; expensive.
carovita: cost of living.
carretta: tramp; tramp ship; tramp steamer.
carriaggio: drayage.
carro merci: box wagon; box car.
carro portacontenitori: container truck.
carrozza: coach.
carrozza ferroviaria: 1. railway carriage. **2.** railcar; railroad car.
carta: 1. paper. **2.** charter.
carta a breve scadenza: short–term paper.
carta a due nomi: two–name paper.
carta all'ordine: order paper.
carta al portatore: bearer paper.
carta assegni: banker's card; cheque card.
carta a tasso d'interesse variabile: floating rate note.
Carta Atlantica: Atlantic Charter.
carta bancabile: bankable paper.
carta breve: 1. short bill of exchange. **2.** short paper; short–term bill; short–dated bill; short–dated paper.
carta cattiva: bad paper.
carta commerciale: commodity paper; commercial paper; mercantile paper; note.
carta commerciale di prim'ordine: prime commercial paper.
carta commerciale diretta: direct paper.
carta da imballaggio: packing paper.
carta da lettere intestata: headed letter–paper.
Carta dell'Avana: Havana Charter.
carta di addebito: debit card; charge card.
carta di banca: 1. finance bill. **2.** banker's card.
carta di buona firma: fine paper; white paper.
carta di comodo: accommodation paper.
carta di credito: bank card; credit card.
carta di delega: proxy card.
carta di favore: accommodation paper.
carta di gruppo: house bill.
carta d'imbarco: boarding card; boarding pass.
carta di mercato aperto: open–market paper.
carta di prelievo: debit card; cash card; charge card.
carta di prima classe: first–class paper.
carta di prim'ordine: first–class paper.
carta diretta: financial paper.
carta di seconda classe: second–class paper.
carta di seconda e terza classe: second and third class paper.
carta di second'ordine e di terz'ordine: second and third class paper.
carta di terza classe: third–class paper.
carta d'oro: gold card.
carta finanziaria: finance bill; financial paper.
carta garantita: securitized paper.
carta intelligente: smart card.
cartalismo: chartalism.
cartalista: chartalist.
carta lunga: 1. long–dated paper; long paper; long–dated bill. **2.** long draft.
carta magnetica prepagata: prepaid magnetic card.
carta media: medium–term bill.
carta moneta: paper money; paper currency.
cartamoneta: paper money; paper currency.
cartamoneta a corso forzoso: inconvertible paper money; inconvertible paper currency.
cartamoneta convertibile: convertible money; convertible paper currency; convertible paper money; convertible paper.
cartamoneta inconvertibile: forced currency; inconvertible paper currency; inconvertible paper money.
cartamoneta temporanea: scrip.
carta multiuso: multi–purpose card.
carta non girata: one–name paper.

carta per analisi: analysis paper.
carta per prelievi: cash card.
carta privilegiata: gold card.
carta riscontabile: eligible paper.
carta scontabile: bankable paper.
carta societaria: corporate paper.
carta stanziabile: eligible paper.
carta superintelligente: supersmart card.
carta verde: green card.
carte di bordo: ship's papers.
carte d'imbarco: shipper's papers; export documents; shipping papers; shipping documents.
carte di plastica: plastic cards.
cartella: **1.** bond. **2.** folder.
cartella d'imposta: tax levy.
cartella d'imposta locale: rate bill.
cartella di pegno: pawn ticket.
cartella di rendita: irredeemable bond; irredeemable stock; annuity bond.
cartella d'obbligazione: debenture certificate.
cartella fondiaria: mortgage bond.
cartellini di ordinativi perduti: lost order slips.
cartellini di prodotti mancanti: want slips.
cartellino a madre e figlia: stub tag.
cartellino costi di assemblaggio: assembly cost sheet.
cartellino delle firme: specimen.
cartellino di archivio: tracer; out–guide.
cartellino di commessa: job card; job–order form; operation job card.
cartellino d'identificazione: identification badge.
cartellino d'inventario fisico: physical inventory tag.
cartellino operativo: operation card.
cartellino segnaprezzo: price tag; price ticket.
cartellizzazione: cartelization.
cartello: cartel.
cartello da esposizione: display card.
cartello dei prezzi: price cartel.
cartello di beni: commodity cartel.
cartello internazionale: international cartel.
cartellone: poster.
cartellone per affissioni pubblicitarie: advertisement hoarding.
cartello per il riparto di utili: income–sharing cartel.
cartismo: chartism.
cartista: chartist.
cartogramma: cartogram.
cartolina marcatempo: time card; time ticket; clock card.
cartoncino delle firme: specimen; signature card.
cartoncino macchina: machine load card.
cartone: carton.
casa: house.
casa commerciale: trade house; commercial house; trading house.
casa commissionaria: commission house.
casa commissionaria di esportazione: export commission house.
casa di accettazione: acceptance house; accepting house.
casa di acquisto: buying house.
casa di baratto: barter house.
casa di emissione: issuing house; issue house.
casa di esportazione: export house.
casa di gestione investimenti mobiliari: investment management house.
casa d'importazione: importing house.
casa di negoziazione titoli: securities house.
casa d'investimento: investment house.
casa di sconto: **1.** discount house. **2.** commercial paper company; commercial paper house.
casa di vendita a sconto: discount house.
casa di vendita per corrispondenza: mail order house.
casa di vendita per posta: mail order firm.
casa madre: operating holding company; parent company.
casamento: tenement.
casa mercantile: mercantile house.
casa per la vendita all'ingrosso: wholesale house.
casa produttrice d'indirizzari commerciali: list house.
casa vincolata: tied house.
cascame: junk.
casella: pigeon hole.
casella postale: post–office box.
casellario: **1.** filing cabinet. **2.** pigeon–hole case.
caso di forza maggiore: act of God.
cassa: **1.** case. **2.** cash desk. **3.** cash box.
cassa automatica: cash dispenser; cashomat; cashpoint machine; automated teller.
cassa automatica per automobilisti: drive–up cashpoint machine.
cassa continua: cash dispenser.
cassa continua di versamento: night safe.
cassa cooperativa di risparmio: mutual savings bank.
cassa da imballaggio: packing case.
cassa di ammortamento: sinking fund; redemption fund.
cassa di redenzione: sinking fund; redemption fund.
cassa di risparmio: trustee savings bank; savings bank.
Cassa di risparmio nazionale: National Savings Bank.
cassa di risparmio postale: postal savings bank; Post Office Savings Bank.
cassaforte: safe.
cassa fulminante: immediate payment.
cassaintegrati: temporary lay–offs.
cassa integrazione guadagni: redundancy fund.
cassa mobile: container.
cassa mutua di risparmio: mutual savings bank.
cassa notturna: night safe.
cassa pensioni: pension fund; retirement fund.
cassa rurale: agricultural credit society.
cassetta dei reclami: complaints box.
cassetta dei suggerimenti: suggestion case; suggestion box.
cassetta delle idee: suggestion case; suggestion box.
cassetta di sicurezza: safe deposit box.
cassiere: **1.** teller. **2.** cashier. **3.** receiver. **4.** purser.
Cassiere Capo: Chief Cashier.
cassiere di banca: bank teller.
castelletto: line of discount; line of credit; credit limit; credit line.
casuale: random.
catallassi: catallaxy.
catalogo: catalogue.
catalogo con quotazioni: priced catalogue.
catalogo descrittivo: descriptive catalogue.
catalogo di vendita per corrispondenza: mail order catalogue.
catalogo illustrato: illustrated catalogue.
catalogo per classi: classified catalogue.
catasto: cadastre.
catastrofe: catastrophe.
categoria di azioni: class of shares.
categoria d'imposta: schedule.
categoria di prodotti: product category.

categoria sindacale: bargaining unit.
categorie d'imposta: tax schedules; taxation schedules.
categorie d'imposta sul reddito: income tax schedules.
catena: chain.
catena di banche: bank chain.
catena di comando: chain of command.
catena di distribuzione: chain of distribution.
catena di montaggio: assembly line.
catena di produzione: chain of production.
catena volontaria: voluntary chain.
cattiva amministrazione: mismanagement.
cattiva consegna: defective delivery.
cattiva gestione: mismanagement.
causa: cause; case.
causa commerciale: commercial cause.
causa lecita per contrarre: legal consideration.
causa prossima: proximate cause.
causa remota: remote cause.
cause del ciclo economico: causes of the trade cycle.
cauto investimento: prudent investment.
cauzione: **1.** caution money. **2.** bail bond.
cauzione doganale: customs bond.
cavaliere nero: black knight.
cavalieri bianchi: white knights; white squires.
Cavalieri del Lavoro: Knights of Labor.
caveau: vault.
cedente: **1.** assignor. **2.** transferring party; transferor.
cedente mediante consegna: transferor by delivery.
cedere: **1.** to assign; to negotiate. **2.** to ease.
cedibile: transferable.
cedimento: sagging.
cedola: coupon.
cedola a breve: short coupon.
cedola di affogliamento: renewal coupon; talon.
cedola di azione: share coupon; stock coupon.
cedola di dividendo: dividend coupon.
cedola d'interesse: interest coupon.
cedola di obbligazione: bond coupon.
cedolare: dividend tax.
cedolare d'acconto: withholding tax.
cedola semestrale: half-year coupon.
censimento: census.
censimento della disoccupazione: census of unemployment.
censimento della distribuzione: distribution census.
censimento della popolazione: population census.
censimento della produzione: census of production.
centesimo: cent.
centralino privato: private branch exchange.
centralizzazione: centralization.
centro: centre.
centro approvvigionamenti: buying centre.
centro commerciale: **1.** shopping centre; shopping mall. **2.** trading centre; trade centre. **3.** central business district; business centre.
centro commerciale di comunità: community centre.
centro commerciale locale: neighbourhood centre.
centro commerciale pianificato: planned shopping centre.
centro commerciale regionale: regional centre.
centro degli affari: central business district; business centre.
centro di acquisti: shopping centre; shopping mall.
centro di avviamento al lavoro: job centre.
centro di budget: budget centre.
centro di costi: cost centre; burden centre.
centro di costi di produzione: production cost centre.
centro di costi diretti: direct cost centre.
centro di costi per processo: process cost centre.
centro di costi personale: personal cost centre.
centro di distribuzione: distribution centre.
centro d'investimento offshore: offshore investment centre.
centro di prodotto: product centre.
centro di produzione: production centre.
centro di profitti: profit centre.
centro di servizi: service centre.
centro di spesa: expense centre.
centro finanziario: financial centre.
centro industriale: industrial centre.
centro monetario: money centre.
centro offshore: offshore financial centre.
centro statale di addestramento industriale: government training centre.
cereali: corn.
certificare: to certify.
certificati della stanza di compensazione: clearing house certificates.
certificati di credito in valuta: currency certificates.
certificati di deposito pagabili in sterline: sterling certificates of deposit.
certificati di risparmio: savings certificates.
certificati di risparmio nazionale: national savings certificates.
certificati Z: Z certificates.
certificato: certificate.
certificato aperto: open certificate.
certificato aureo: gold certificate; gold note.
certificato azionario: share certificate; stock certificate; stock.
certificato azionario al portatore: **1.** share warrant; share warrant to bearer. **2.** stock certificate to bearer. **3.** street certificate.
certificato azionario americano: American share certificate.
certificato azionario d'investimento: investment certificate.
certificato azionario provvisorio: **1.** share script. **2.** balance receipt; balance ticket.
certificato azionario smarrito: lost share certificate.
certificato catastale: land certificate; registered land certificate.
certificato con riserva: qualified certificate.
certificato consolare: consular certificate.
certificato dei registri immobiliari: land certificate; registered land certificate.
certificato del costruttore: builder's certificate.
certificato dell'amministratore giudiziale: receiver's certificate.
certificato del mercato monetario: money market certificate.
certificato del produttore: certificate of manufacturer.
certificato del tesoro: treasury certificate.
certificato di analisi: certificate of analysis.
certificato di argento: silver certificate.
certificato di arretrati: arrears certificate.
certificato di assegnazione: allotment letter; letter of allotment.
certificato di assicurazione: certificate of insurance.
certificato di avaria: **1.** certificate of average. **2.** certificate of damage.
certificato di avvenuto pagamento di un debito ipotecario: memorandum of satisfaction.
certificato di azioni: certificate of shares.

certificato di azioni nominative: certificate of inscription.
certificato di banchina: wharfinger's receipt; wharfinger's certificate.
certificato di beneficiario: certificate of beneficial interest.
certificato di capitale netto: net worth certificate.
certificato di cessione di azioni: transfer certificate.
certificato di credito del tesoro: treasury certificate.
certificato di credito d'imposta: tax voucher.
certificato di deposito: 1. certificate of deposit. **2.** letter of deposit; memorandum of deposit; qualifying agreement.
certificato di deposito a tasso fluttuante: floating rate certificate of deposit.
certificato di deposito a tempo: time certificate of deposit.
certificato di deposito a termine: term certificate of deposit.
certificato di deposito azionario: depositary receipt.
certificato di deposito fiscale: certificate of tax deposit.
certificato di deposito in dollari: dollar certificate of deposit.
certificato di deposito in eurodollari: eurodollar certificate of deposit.
certificato di deposito negoziabile: negotiable certificate of deposit.
certificato di deposito vincolato: time certificate of deposit.
certificato di detrazione ai fini dell'imposta sul reddito: certificate of deduction of income tax.
certificato di diritto di opzione: stock-purchase warrant; stock warrant; warrant; equity warrant; share warrant.
certificato di diritto di opzione perpetuo: perpetual warrant.
certificato di diritto di sottoscrizione: subscription warrant; warrant; equity warrant; share warrant.
certificato di diritto di sottoscrizione coperto: covered warrant.
certificato di garanzia: certificate of guarantee.
certificato di interesse bancario: bank interest certificate.
certificato di interessi differiti: deferred interest certificate; deferred interest warrant.
certificato di interruzione del rapporto di lavoro: leaving certificate.
certificato di investimento: mutual capital certificate.
certificato di investimento immobiliare: property investment certificate.
certificato di iscrizione al registro delle persone giuridiche: certificate of incorporation; franchise.
certificato di iscrizione ipotecaria: certificate of registration.
certificato di ispezione: inspection certificate.
certificato di libera pratica: pratique certificate.
certificato di miniera: colliery certificate.
certificato di necessità: certificate of necessity.
certificato di obbligazione: debenture certificate.
certificato di obbligazione a breve termine al portatore: certificate of indebtedness.
certificato di origine: certificate of origin; certificate of manufacturer.
certificato di oro: gold note; gold certificate.
certificato di partecipazione: 1. stock warrant. **2.** stock certificate. **3.** participation certificate.
certificato di partecipazione a un sindacato di blocco: voting-trust certificate.
certificato di partecipazione ipotecaria: mortgage participation certificate.
certificato di peso: weighbridge docket.
certificato di prestito: loan certificate.
certificato di qualità: quality certificate.
certificato di reddito di proprietà: property income certificate.
certificato di rendita: irredeemable bond; irredeemable stock; annuity bond.
certificato di revisione: audit certificate.
certificato di riabilitazione civile del fallito: certificate of discharge; certificate of misfortune.
certificato di rimborso di dazio: debenture certificate.
certificato di riparto: allotment certificate.
certificato di risparmio postale: postal savings certificate.
certificato di ritenuta d'imposta: tax voucher.
certificato di saldo: balance certificate.
certificato di sottoscrizione azioni: certificate of subscription.
certificato di sviluppo industriale: industrial development certificate.
certificato di titoli di stato smarrito: lost stock certificate.
certificato di titolo: certificate of title.
certificato di trapasso di azioni: transfer certificate.
certificato di valore: certificate of value.
certificato di verifica doganale: inward clearing bill; jerque note.
certificato di visita peritale: certificate of survey.
certificato doganale: custom-house certificate.
certificato doganale d'imbarco: shipping bill.
certificato frazionario: fractional certificate.
certificato ipotecario: 1. charge certificate. **2.** mortgage certificate; mortgage-backed certificate.
certificato ipotecario garantito: guaranteed mortgage certificate.
certificato obbligazionario: 1. certificate of bonds; bond certificate. **2.** debenture-stock certificate.
certificato obbligazionario definitivo: definitive bond.
certificato provvisorio: 1. interim certificate. **2.** provisional certificate.
certificato provvisorio di titolo al portatore: bearer scrip.
certificazione: certification.
certificazione di rappresentanza sindacale: union certification.
cervonec: chervonetz.
cespiti ammortizzabili: depreciable assets.
cessare l'attività: to close down.
cessazione: cutback.
cessazione automatica di copertura: automatic termination of cover.
cessazione del rapporto d'impiego: separation; termination.
cessazione di esercizio: closing down.
cessionario: 1. transferee. **2.** assignee; assign.
cessione: 1. grant; transfer; conveyance. **2.** assignment. **3.** cession. **4.** bareboat charter; bare pole charter; bare hull charter. **5.** divestiture; divestment.
cessione a beneficio dei creditori: assignment for the benefit of creditors.
cessione dei beni ai creditori: assignment for the benefit of creditors.
cessione di crediti: loan selling.

cessione di immobili: transfer of real estate.
cessione di impresa: sell–off.
cessione di noleggio: charter–party assignment.
cessione di salario: wage assignment.
cessione di stipendio: wage assignment.
cessione di titoli: stock transfer.
cessione di una cambiale: transfer of a bill.
cessione forzata: divestiture.
cessione in bianco: **1.** assignment in blank. **2.** blank transfer; transfer in blank.
ceto: social class.
ceto commerciale: tradesfolk; tradespeople.
ceto medio: middle class.
chiatta: lighter.
chiatta da carico: cargo barge.
chiavi in mano: on stream.
chilogrammo: kilogram.
chilometro: metrical mile.
chiodo: dog.
chiosco: **1.** kiosk. **2.** stand.
chirografo di avaria: average agreement.
chirurgia finanziaria: financial surgery.
chiudere con prezzi fermi: to close firm.
chiudere i conti: to close the books.
chiudere l'impresa: to close down.
chiudere un conto: to close an account.
chiuso per dividendo: shut for dividend.
chiusura: **1.** close. **2.** closing.
chiusura annuale dei conti: annual closing.
chiusura anticipata: early closing.
chiusura del registro cessioni: closing of transfer book.
chiusura pomeridiana infrasettimanale: early closing.
chiusura provvisoria: interim closing.
chiusura ufficiale: official close.
cianografia: blue print.
cibernetica: cybernetics.
cibi pronti: convenience foods.
cibi rapidi: fast foods.
cicli d'investimento in scorte: inventory investment cycles.
ciclo: cycle.
ciclo agricolo: farm cycle.
ciclo annuale dell'attività di un'impresa: natural business year.
ciclo continuo di produzione: continuous process.
ciclo corto: Juglar cycle.
ciclo costretto: constrained cycle.
ciclo degli stock: Juglar cycle.
ciclo dei prodotti: product cycle.
ciclo del credito: credit cycle.
ciclo delle aspettative: expectational cycle.
ciclo delle attività correnti: current–asset cycle.
ciclo dell'edilizia: building cycle.
ciclo del prezzo di un prodotto: product price cycle.
ciclo di avvicendamento delle scorte: inventory cycle.
ciclo di conversione in moneta: cash conversion cycle.
ciclo di fabbricazione: manufacturing cycle.
ciclo di fatturazione: billing cycle.
ciclo di Juglar: Juglar cycle.
ciclo di Kitchin: Kitchin cycle.
ciclo di Kondratieff: Kondratieff cycle.
ciclo di Kondratieff atipico: atypical Kondratieff cycle.
ciclo di Kuznets: Kuznets cycle.
ciclo di lunga durata: Kondratieff cycle; long cycle.
ciclo di produzione: production cycle.
ciclo di riferimento: reference cycle.
ciclo di rotazione delle scorte: inventory cycle.
ciclo di Spiethoff: Spiethoff cycle.
ciclo di vita del dettaglio: retail life cycle.
ciclo di vita di un prodotto: product life cycle.
ciclo economico: trade cycle; business cycle; economic cycle.
ciclo economico politico: political business cycle.
ciclo elettorale/politico: electoral/political cycle.
ciclo libero: free cycle.
ciclo minore: Juglar cycle.
ciclo operativo: **1.** period; account period; account; dealing period. **2.** operating cycle.
ciclo operativo al rialzo: bull account; bull period.
ciclo operativo al ribasso: bear account.
ciclo operativo continuo: rolling account.
ciclo operativo di borsa: stock exchange account.
ciclo rigenerativo del capitale di rischio: regenerative venture capital cycle.
ciclo secolare: secular trend.
ciclo specifico: specific cycle.
ciclo vincolato: constrained cycle.
ciclo vitale della famiglia: family life cycle.
ciclo vitale di un prodotto: life cycle of a product.
cifra: digit; figure.
cifra arrotondata: round sum.
cifra illeggibile: blind figure.
cifra incomprensibile: blind figure.
cifra relativa: comparative figure.
cifre a aggiustamento stagionale: seasonally–adjusted figures.
cifre a compensazione stagionale: seasonally–compensated figures.
cinematica economica: economic dynamics.
cinta doganale: customs fence.
cinta verde: green belt.
cintura dei pendolari: commuter belt.
cintura della ruggine: Rust Belt.
cintura industriale: industrial belt.
circolante: **1.** circulating medium; currency. **2.** hard cash.
circolare: circular.
circolare di offerta: offering circular.
circolazione: circulation.
circolazione a corso forzoso: forced circulation.
circolazione attiva: active circulation.
circolazione attiva dei biglietti: active note circulation; active note issue.
circolazione bancaria: bank circulation.
circolazione cartacea: **1.** currency circulation; note circulation; paper circulation. **2.** active circulation.
circolazione di monete: coin circulation.
circolazione finanziaria: financial circulation.
circolazione industriale: industrial circulation.
circolazione metallica: metallic currency; metallic circulation.
circolazione monetaria: money circulation.
circolazione tra i lettori: readership circulation.
circolo: club.
circolo di qualità: quality circle; quality control circle.
citare in giudizio: to sue.
città commerciale: trading town.
città dormitorio: dormitory towns.
città satellite: satellite town.
città sede di mercato: market town.
classamento creditizio: credit rating.
classe: class.
classe attiva: active class.
classe commerciale: tradesfolk; tradespeople; trading class.

classe degli economisti: economics profession.
classe degli investitori: investing class.
classe dei benestanti: moneyed class.
classe dei nullafacenti: leisure class.
classe dei professionisti: professional class.
classe dei risparmiatori: investing class; saving class.
classe dei salariati: earning class.
classe di azioni: class of shares.
classe di prodotti: product class.
classe di reddito: income class; income range.
classe ferroviaria: railroads class.
classe imprenditoriale: business class.
classe inattiva: inactive class.
classe industriale: producing class.
classe inferiore: underclass.
classe lavoratrice: working class; labouring class.
classe operaia: working class.
classe sociale: social class.
classi di stipendio: salary grades.
classificazione: 1. classification. **2.** filing. **3.** grading.
classificazione alfabetica: alphabetic filing; alphabetic classification.
classificazione contabile: accounting classification.
classificazione creditizia: credit rating.
classificazione dei clienti: customer classification.
classificazione dei conti: account classification.
classificazione dei conti nazionali: national accounts classification.
classificazione dei rischi: classification of risks.
classificazione del carico: freight classification.
classificazione del lavoro: work classification.
classificazione delle imposte: classification of taxes.
classificazione delle mansioni: job classification.
classificazione delle navi: classification of ships.
classificazione delle scorte: stores classification.
classificazione delle spese: expense classification.
classificazione geografica: geographical classification.
Classificazione industriale standard: Standard Industrial Classification.
Classificazione industriale standard internazionale: International Standard Industrial Classification.
classificazione non visibile: blind filing.
classificazione numerica: numerical classification.
classificazione ordinale: ordinal ranking.
classificazione per funzioni: functional classification.
classificazione per oggetto: subject–matter classification.
classificazione primaria: primary classification.
classificazione secondaria: secondary classification.
classificazione titoli: bond rating.
classificazione ufficiale: official classification.
classificazione verticale: vertical filing.
classificazione visibile: visible filing; visible indexing.
clausola: clause; provision; term.
clausola americana: American clause.
clausola ancore e catene: anchor–and–chain clause.
clausola compromissoria: arbitration clause.
clausola condizionale: proviso.
clausola condizionata della nazione più favorita: conditional most–favoured–nation clause.
clausola da magazzino a magazzino: warehouse to warehouse clause.
clausola dei termini più favorevoli: more favourable terms clause.
clausola del Canale di Suez: Suez Canal clause.
clausola del dirottamento: deviation clause.
clausola della bandiera: flag clause.
clausola della cessione: assignment clause.
clausola della condizionale: agreed amount clause.
clausola della contribuzione proporzionale: contribution clause.
clausola della copertura detraibile: deductible clause.
clausola della decadenza: lapse provision.
clausola dell'adeguamento monetario automatico: escalator clause; escalation clause.
clausola della disponibilità: availability clause.
clausola della disponibilità valutaria: currency availability clause.
clausola della estensione di copertura: extension clause.
clausola della forza maggiore: force majeure clause.
clausola della franchigia: franchise clause.
clausola della limitazione parziale: partial limitation clause.
clausola della nazione più favorita: most–favoured–nation clause.
clausola della non contribuzione: non–contribution clause.
clausola della opzione valutaria: currency option clause.
clausola della perdita dell'ipoteca: mortgage loss clause; standard loss clause; standard clause; union loss clause; New York loss clause; New York clause; union mortgage clause.
clausola della perdita totale relativa: constructive total loss clause.
clausola della produttività: productivity clause.
clausola della proporzionale: 1. pro rata condition; co–insurance clause. **2.** pro rata liability clause.
clausola della reciprocità: reciprocity clause.
clausola della responsabilità proporzionale: pro rata liability clause.
clausola della ripartizione: distribution clause.
clausola della ripartizione proporzionale: average distribution clause.
clausola della scala mobile: escalator clause; cost–of–living clause; escalation clause.
clausola della sospensione del noleggio: off–hire clause.
clausola della trattenuta sindacale: check–off clause.
clausola della tutela legale e materiale: suing and labouring clause; sue and labour clause.
clausola della valuta: currency clause.
clausola della valutazione: appraisal clause.
clausola delle mille ore: one–thousand–hour clause.
clausola dell'estinzione: termination clause.
clausola dell'industria nascente: infant industry clause.
clausola dell'invalidità: disability clause.
clausola dell'ipoteca: mortgage clause; open mortgage clause.
clausola del risarcimento a terzi: loss payable clause.
clausola del salario equo: fair wages clause.
clausola del tempo permettendo: weather permitting clause.
clausola del valore minimo: minimum–value clause.
clausola del valore reale: material value clause.
clausola derogatoria: departing clause.
clausola di abbandono: abandonment clause.
clausola di accelerazione: acceleration clause.
clausola di adeguamento: permissive wage–adjustment clause.
clausola di agenzia: agency clause.
clausola di agevolazione del pagamento: facility of

payment clause.
clausola di altra assicurazione: other insurance clause.
clausola di annullamento: frustration clause.
clausola di avaria: 1. average clause. **2.** breakdown clause.
clausola di avaria generale: general average clause.
clausola di avversità: hardship clause.
clausola di cancello: cancellation clause; cancelling clause.
clausola di coassicurazione: co–insurance clause.
clausola di coassicurazione parziale: co–insurance clause.
clausola di collisione: collision clause; running down clause.
clausola di colpa nautica: negligence clause.
clausola di colpa tecnica: negligence clause.
clausola di contribuzione totale: full–contribution clause.
clausola di correzione monetaria: escalator clause; escalation clause.
clausola di distribuzione proporzionale: pro rata distribution clause.
clausola di divisibilità: separability clause.
clausola di esclusione: exclusion clause.
clausola di esclusione dei rischi di guerra: war exclusion clause.
clausola di esonero: 1. exception clause. **2.** exemption clause.
clausola di esonero da responsabilità: cesser clause.
clausola di idoneità al trasporto: cargo–worthy clause.
clausola di inadempienza indiretta: cross default clause.
clausola di incendio doloso: arson clause.
clausola di incontestabilità: incontestable clause; non–contestable clause; incontestability clause.
clausola di indicizzazione: escalator clause; escalation clause.
clausola di Londra: London clause.
clausola di negligenza: negligence clause.
clausola di non pregiudizio: waiver clause.
clausola di proroga: continuation clause.
clausola di protezione: hedge clause.
clausola di protezione e indennità: protection and indemnity clause.
clausola di recesso: 1. escape clause. **2.** market–out clause.
clausola di recupero: recapture clause.
clausola di riadeguamento automatico: automatic reinstatement clause.
clausola di riapertura: reopening clause.
clausola di richiamo: call provision.
clausola di rinuncia all'esazione dei premi: waiver of premium clause.
clausola di risoluzione: hedge clause.
clausola di storno: escape clause.
clausola di tolleranza stagionale: seasonal tolerance clause.
clausola di tutela del sindacato: union security clause.
clausola inchmaree: inchmaree clause.
clausola memorandum: memorandum clause.
clausola nave sempre a galla: floating clause.
clausola negativa di garanzia: negative pledge clause.
clausola «non pesare»: not wcight clause.
clausola omnibus: omnibus clause.
clausola oro: gold clause.
clausola penale: penalty clause; penal clause.
clausola per stato di guerra: war clause.
clausola plurivalutaria: multicurrency clause.
clausola positiva: positive covenant.
clausola restrittiva: restrictive covenant.
clausola rischio dell'armatore: owner's risk clause.
clausola rossa: red clause.
clausola rossa documentaria: secured red clause; documentary red clause.
clausola rossa garantita: documentary red clause; secured red clause.
clausola rossa non documentaria: unsecured red clause.
clausola rossa non garantita: clean red clause; unsecured red clause.
clausola semplice della nazione più favorita: unconditional most–favoured–nation clause.
clausola standard: standard clause.
clausola valuta: exchange clause; sight clause; foreign exchange clause.
clausola valutaria: currency clause.
clausola verde: green clause.
clausola vessatoria: restrictive covenant.
clausola vincolante: tie–in clause.
clausole contrattuali: conditions of a contract.
clausole d'ingaggio: ship's articles; shipping articles.
clausole di un contratto: conditions of a contract.
clausole merci dell'Istituto: Institute cargo clauses.
clausole sciopero dell'Istituto: Institute strike clauses.
cliente: 1. customer. **2.** client. **3.** patron.
cliente abituale: regular customer.
cliente attivo: live account.
cliente inattivo: dead account; dormant account.
clientela: clientele; custom.
cliente pro forma: pro–forma customer.
cliente regolare: regular customer.
clienti abituali: established customers.
clienti fissi: established customers.
Club di Basilea: Basle Club.
club di credito: credit club.
Club di Londra: London Club.
club d'investimento: investment club.
Club di Parigi: Paris Club.
club di protezione e indennità: protection and indemnity club; protecting club; protection club.
coacervo delle retribuzioni: pay roll.
coalizione d'imprese: 1. syndicate. **2.** trust.
coalizione economica: syndicate.
co–amministratore: co–director.
coassicuratore: co–insurer; co–assurer.
coassicurazione: co–insurance; divided coverage.
cocreditori: joint creditors.
codice: code.
codice a barre: bar code.
codice ABC: ABC code.
codice Bentley: Bentley's code.
codice commerciale: commercial code.
codice commerciale uniforme: uniform commercial code.
codice dei conti: accounts code.
codice della City: City Code.
codice della strada: Highway Code.
codice di avviamento postale: postcode; zip code.
codice di diritto tributario: Internal Revenue Code.
codice di prodotto universale: universal product code.
codice fallimentare: bankruptcy code.
codice fiscale: tax number.
codice mnemonico: mnemonic code.
codice postale: postcode.

codice telegrafico: telegraphic code.
codice tributario: tax code.
codicillo: **1.** rider. **2.** codicil.
codifica: coding.
coefficiente: coefficient.
coefficiente alfa: alpha coefficient.
coefficiente beta: beta coefficient.
coefficiente delle aspettative: coefficient of expectations.
coefficiente delle interdipendenze strutturali: input–output coefficient.
coefficiente del moltiplicatore: leverage coefficient.
coefficiente di accelerazione: acceleration coefficient; accelerator coefficient.
coefficiente di asimmetria: relative skewness; coefficient of skewness.
coefficiente di associazione: coefficient of association.
coefficiente di capitale: capital coefficient.
coefficiente di correlazione: coefficient of correlation; product–moment correlation coefficient.
coefficiente di correlazione multipla: coefficient of multiple correlation.
coefficiente di correlazione parziale: coefficient of partial correlation; partial correlation coefficient.
coefficiente di costo: cost coefficient.
coefficiente di determinazione: coefficient of determination.
coefficiente di determinazione multipla: coefficient of multiple determination.
coefficiente di determinazione parziale: coefficient of partial determination.
coefficiente di dispersione: coefficient of dispersion.
coefficiente di divergenza: coefficient of alienation.
coefficiente di elasticità: coefficient of elasticity.
coefficiente di elasticità incrociata: coefficient of cross–elasticity.
coefficiente di Engel: Engel's coefficient.
coefficiente di Gini: Gini coefficient.
coefficiente di ingombro: measurement ton; shipping ton.
coefficiente di investimento: investment coefficient.
coefficiente di linearità: product–moment correlation coefficient; coefficient of correlation.
coefficiente di non determinazione: coefficient of non–determination.
coefficiente di ottimismo: coefficient of optimism.
coefficiente di perdita: loss ratio.
coefficiente di produzione: production coefficient.
coefficiente di produzione fisso: fixed production coefficient.
coefficiente di regressione: coefficient of regression; regression coefficient.
coefficiente di regressione lordo: gross regression coefficient.
coefficiente di regressione netto: net regression coefficient.
coefficiente di regressione parziale: net regression coefficient; partial regression coefficient.
coefficiente di rivalutazione: gross income multiplier.
coefficiente di scambio: ratio of exchange.
coefficiente di spesa: expense ratio.
coefficiente di utilizzazione degli impianti: capacity ratio.
coefficiente di variazione: relative standard deviation; coefficient of variation.
coefficiente energetico: energy coefficient.
coefficiente K: K ratio; Marshallian K ratio.
coefficienti di elasticità del prezzo: price elasticity coefficients.
coefficienti di equivalenza: coefficients of equivalence.
coemittente: co–maker.
co–finanziamento: co–financing.
cograduazione: rank correlation.
cointeressato: **1.** profit sharer. **2.** co–adventurer.
cointeressenza: economic interest.
coinvolgimento dei dipendenti: employees' involvement.
colaggio: leakage; ullage; vacuity; wantage.
collaboratore: assistant.
collaboratore di vendita: merchandising salesman; missionary; detailer.
collaborazione tra banche centrali: central bank co–operation.
collasso del sistema bancario: banking collapse.
collaudo distruttivo: destructive test.
collaudo per campione: sampling inspection.
collaudo selezionatore: screening inspection; screening.
collazione: hotchpot.
collegamento: linkage.
collegamento a monte: upstream linkage.
collegamento ascendente: backward linkage.
collegamento a valle: downstream linkage.
collegamento discendente: forward linkage.
collegamento verticale: vertical linkage.
collegato a: geared to.
collegio arbitrale: board of arbitrators; arbitration board; arbitration tribunal; board of referees.
collettame: packaged cargo.
colletti bianchi: white collar workers; white collars.
colletti blu: blue collar workers; blue collars.
collettivismo: collectivism.
collettivista: collectivist.
colletto d'acciaio: steel–collar worker.
collisione: collision.
collisione colposa: negligent collision.
collo: package.
collocamento: **1.** investment. **2.** marketing. **3.** placing; placement; selective marketing; re–offering.
collocamento a prezzo fisso: fixed–price re–offering.
collocamento diretto: direct placement.
collocamento in borsa: stock exchange placing.
collocamento privato: private placement; private placing.
collocamento su commissione: placing on commission.
collocare: to sell.
collocazione eccessiva: over–allocation.
collo pesante: heavy lift.
colloquio di selezione: selective interview.
colloquio standardizzato: standardized interview.
collusione: collusion.
colofone: colophon.
coloniali: colonial produce.
colonialismo: colonialism.
colonialismo economico: economic colonialism.
colonna: column.
colonna analitica: analysis column.
colonna dei contanti: cash column.
colonna dei giorni: days' column.
colonna del dare: debit column.
colonna dell'avere: credit column.
colonna per i richiami: folio column.
colonna per la registrazione di cifre: money column.

colpa concorrente: contributory negligence.
colpa nautica: negligence.
colpa tecnica: negligence.
colpo di fortuna: windfall.
coltivatore: farmer.
coltivatori marginali: marginal farmers.
coltivazione estensiva: extensive cultivation.
coltivazione intensiva: intensive cultivation.
coltura intercalare: catch crop.
coltura principale: main crop.
comando: leadership.
combinazione di minor costo: minimum–cost combination; least outlay combination; least cost combination.
combinazione di politiche: policy mix.
combinazione fiscale e monetaria: fiscal–monetary mix.
combustibile derivato: derived fuel.
combustibili primari: primary fuels.
combustibili secondari: secondary fuels.
come da: as per.
come da avviso: as per advice.
come sono: as seen.
comitati dei consumatori: consumers' councils.
comitati di sviluppo: development councils.
Comitati per lo sviluppo economico: Economic Development Committees.
comitato: commission; committee.
comitato aziendale: company committee.
comitato consultivo: advisory committee; consultative committee.
Comitato consultivo internazionale per il cotone: International Cotton Advisory Committee.
comitato consultivo misto: joint consultative committee.
Comitato consultivo nazionale sui problemi monetari e finanziari internazionali: National Advisory Council on International Monetary and Financial Problems.
Comitato consultivo sui dazi d'importazione: Import Duties Advisory Committee.
comitato dei creditori: creditors' committee.
Comitato dei venti: Committee of Twenty.
Comitato della borsa valori: Council of the Stock Exchange.
comitato della conferenza di officina: shop conference committee.
Comitato delle case di accettazione: Accepting Houses Committee.
comitato del personale direttivo: executive personnel committee.
Comitato di aiuto allo sviluppo: Development Assistance Committee.
comitato di budget: budget committee.
comitato di controllo del sistema bancario: banking commission.
comitato di direzione: management committee.
comitato d'inchiesta: board of inquiry.
comitato di protezione: protective committee.
comitato direttivo: steering committee.
Comitato di stima della spesa pubblica: Public Expenditure Survey Committee.
Comitato economico sociale: Economic and Social Committee.
comitato esecutivo: executive committee.
Comitato federale per le operazioni di mercato aperto: Federal Reserve Open Market Committee; Federal Open Market Committee.
comitato finanziario: financial committee; finance committee.
comitato generale esecutivo: general executive committee.
comitato misto: joint management–labour committee; joint committee.
Comitato per l'addestramento industriale: Industrial Training Board.
comitato per la formazione professionale: training board.
Comitato per l'ammissione alla quotazione: Quotations Committee.
Comitato per la mobilità della manodopera: Industrial Transference Board.
comitato per la pianificazione: plan board; planning committee.
comitato per la politica aziendale: policy committee.
comitato per la programmazione: plan board; planning committee.
comitato per la pubblicità e la promozione delle vendite: advertising and sales promotion committee.
comitato per la revisione degli stipendi: salary review committee.
Comitato per la tutela delle bellezze nazionali: National Trust.
comitato per la valutazione dei suggerimenti: suggestion committee.
comitato per le attrezzature: equipment committee.
Comitato per le operazioni di mercato aperto: Open Market Committee.
Comitato per lo sviluppo economico nazionale: National Economic Development Council.
comitato permanente: standing committee.
comma: subsection.
commerciabilità: marketability.
commerciale: mercantile; commercial.
commercialista: public accountant.
commercialista abilitato all'esercizio della professione: licensed public accountant.
commercializzare: to commercialize.
commercializzazione: marketing.
commercializzazione differenziata: differentiated marketing.
commercializzazione diretta: direct marketing.
commercializzazione globale: global marketing.
commercializzazione non differenziata: undifferentiated marketing.
commercializzazione per canali: trade marketing.
commercializzazione per nicchie di mercato: niche marketing.
commercializzazione per obiettivi: target marketing.
commerciante: 1. trader; merchant; tradesman; chandler. **2.** merchant middleman.
commerciante all'ingrosso: wholesale trader; wholesaler; merchant wholesaler; wholesale dealer; wholesale merchant; jobber.
commerciante al minuto: retail dealer; retail merchant; retailer.
commerciante ambulante: street trader.
commerciante in proprio: sole merchant.
commercianti: tradesfolk; tradespeople.
commercianti abusivi: illegal traders.
commerciare: 1. to trade. **2.** to run a business.
commercio: 1. commerce. **2.** trade.
commercio al dettaglio: retailing; retail business; retail trade.

commercio al dettaglio su vasta scala: large–scale retail trade.
commercio all'ingrosso: wholesale trade; wholesale business; wholesaling.
commercio al minuto: retail trade.
commercio ambulante: itinerant peddling; hawking.
commercio aperto: open trade.
commercio basato sul credito rateale: instalment trading.
commercio bilaterale: bilateral trade.
commercio col levante: levant trade.
commercio coloniale: colonial trade.
commercio complementare intraindustriale: complementary intra–industry trade.
commercio con l'estero: foreign trade; overseas trade.
commercio con paesi terzi: third–country trade.
commercio di beni: merchandise trade.
commercio di beni industriali: manufacturing trade.
commercio di esportazione: export trade.
commercio di importazione: import trade.
commercio di importazione e esportazione: import–export trade.
commercio di riesportazione: re–export trade.
commercio di servizi: services trade; trade in services.
commercio di transito: entrepôt trade; transit trade.
commercio estero: 1. overseas trade; foreign trade; foreign commerce. **2.** external trade.
commercio estero di compensazione: countertrade.
commercio estero di consumo: foreign trade of consumption.
commercio estero indiretto di consumo: round–about foreign trade of consumption.
commercio internazionale: international trade; international commerce.
commercio interno: 1. home trade; inland trade; internal trade. **2.** internal commerce. **3.** domestic commerce.
commercio interstatale: interstate commerce.
commercio intra–aziendale: intra–firm trade.
commercio intra–comunitario: intra–Community trade.
commercio intrastatale: intrastate commerce.
commercio locale: local trade.
commercio manovrato: managed trade.
commercio marittimo: shipping business.
commercio mondiale: world trade.
commercio multilaterale: multilateral trade; multi–country trade.
commercio nazionale: home trade; inland trade.
commercio, non assistenza: trade, not aid.
commercio pluriangolare: multilateral trade; multi–country trade.
commercio regionale: regional trade.
commercio stagionale: seasonal trade.
commercio statale: state trading.
commercio triangolare: triangular trade.
commercio trilaterale: trilateral trade.
commessa: 1. sales assistant; shop assistant; saleslady; salesgirl; saleswoman; salesclerk. **2.** job order; job; special order; specific order; work order.
commessa di costruzione: construction job order.
commessa di produzione: production job order.
commessa di produzione per scorte: stock order.
commessa di riparazione: repair job order.
commessa di servizi: service job order; service order.
commessa permanente: standing order.
commessa urgente: rush order.
commesse essenziali: essential work orders.
commesso: 1. shop assistant; sales assistant; clerk; salesclerk; counter–jumper. **2.** waiter.
commesso di borsa: customer's man; registered representative; customer's broker.
commesso viaggiatore: traveller; travelling clerk; travelling salesman; commercial traveller; drummer.
commissario delle assicurazioni: insurance commissioner.
commissario di avaria: average surveyor.
commissario di bordo: purser.
commissario parlamentare: parliamentary commissioner for administration.
commissionario: factoring agent; factor; commission broker; commission merchant; mercantile agent; commission agent.
commissionario di borsa valori: commission broker.
commissionario d'importazione: import commission agent.
commissionario di operazioni a termine: futures commission merchant.
commissionario estero: foreign commission agent.
commissionario per le vendite: commission salesman.
commissione: 1. commission; agent's commission; factorage. **2.** fee. **3.** committee; commission.
commissione bancaria: bank charges; bank commission.
commissione consorziale: syndication fee.
commissione dei servizi pubblici: public–service commission.
commissione dei tributi: tax commission.
Commissione delle comunità europee: European Commission.
commissione delle imposte: tax commission.
commissione delle imposte sul reddito: Special Commissioners of Income Tax.
commissione di accettazione: acceptance commission; acceptance fee.
commissione di acquisto: buying commission; buyer's commission.
commissione di agenzia: agency commission; agency fee.
commissione di assicurazione: insurance commission.
commissione di assunzione: underwriting commission.
commissione di brokeraggio: brokerage commission.
commissione di cambio: exchange commission.
commissione di capofila: management fee.
commissione di collocamento: front end fees.
commissione di credito: credit commission.
commissione di emissione: 1. discount. **2.** gross spread.
commissione di esperti: think tank.
commissione di fabbrica: shop committee.
commissione di garanzia e collocamento: underwriting fee.
commissione d'impegno: commitment fee.
commissione d'incasso: 1. collecting fee. **2.** collecting commission.
commissione d'inchiesta: committee of inquiry; board of inquiry.
commissione di negoziazione: negotiation fee.
commissione d'ingresso: front end fees.
commissione di proroga: extension fee.
commissione di raccomandazione: address commission.

commissione di riscatto: back–end fees.
commissione di seconda sottoscrizione: sub–underwriting commission.
commissione di sottoscrizione: underwriting commission.
commissione di star del credere: del credere commission.
commissione di vigilanza: committee of inspection.
commissione d'uscita: back end fees.
Commissione economica: Economic Commission.
Commissione economica per l'Africa: Economic Commission for Africa.
Commissione economica per l'America Latina: Economic Commission for Latin America.
Commissione economica per l'Asia e l'Estremo Oriente: Economic Commission for Asia and the Far East.
Commissione economica per l'Europa: Economic Commission for Europe.
commissione fissa: fixed commission.
commissione fissa minima: fixed minimum commission.
commissione interna: shop committee.
commissione minima: minimum commission.
Commissione nazionale per i prezzi e i redditi: National Board for Prices and Incomes.
Commissione nazionale per i redditi: National Incomes Commission.
commissione negoziata: negotiated commission.
Commissione per il commercio interstatale: Interstate Commerce Commission.
Commissione per i monopoli: Monopolies Commission.
Commissione per i prezzi e i redditi: Prices and Incomes Board.
commissione per le imprese dei pubblici servizi: public–utility commission.
Commissione per le relazioni industriali: Industrial Relations Commission.
Commissione Radcliffe: Radcliffe Committee.
commissione segreta: secret commission.
commissione selezionatrice: selection panel; selection board.
Commissione speciale per l'agricoltura: Special Committee on Agriculture.
commissione standard di garanzia e collocamento titoli: standard underwriting fee.
commissione su conto corrente: commission on current account.
commissione tributaria: revenue tribunal.
commissioni di ristrutturazione: restructuring fees.
Commissioni per la programmazione economica regionale: Regional Economic Planning Boards.
commissioni regolamentatrici: regulatory commissions.
commissioni regolamentatrici federali: federal regulatory commissions.
commissioni tributarie locali: General Commissioners.
commistione: commingling.
comodato: gratuitous bail; gratuitous loan; loan for use.
compagnia: company.
compagnia assicuratrice: insurance company.
compagnia assicuratrice indipendente: non–tariff company.
compagnia concessionaria: patented company.
Compagnia delle Indie Orientali: East India Company.
Compagnia del Levante: Levant Company.
compagnia di assicurazione: insurance company.
compagnia di assicurazione sulla vita: life assurance company.
Compagnia di Moscovia: Muscovy Company.
compagnia di navigazione: shipping company.
compagnia di navigazione aerea commerciale: commercial airline.
compagnia mercantile: trading company.
compagnie a carta: chartered companies.
compagnie concessionarie: chartered companies.
compagnie privilegiate: chartered companies.
comparazione dei costi: cost comparison.
comparazione interaziendale: interfirm comparison.
comparazione intra–aziendale: intra–firm comparison.
compartecipante: stakeholder.
compartecipazione: **1.** co–ownership; co–partnership; sharing. **2.** economic interest.
compartecipazione agli utili: profit–sharing.
compartecipazione alle entrate tributarie: revenue sharing.
compartecipazione industriale: co–partnership in industry; co–ownership of industry.
compartecipe agli utili: profit sharer.
compendio dei materiali: material abstract.
compensare: to clear.
compensazione: **1.** clearing. **2.** compensation. **3.** offset. **4.** set–off. **5.** buy back.
compensazione bilaterale: bilateral clearing.
compensazione di cambio: exchange clearing.
compensazione diretta tra operatori: ringing out; ringing up.
compensazione generale: **1.** clearing. **2.** general clearing.
compensazione giornaliera: daily settlement.
compensazione industriale: industrial compensation.
compensazione in entrata: in clearing.
compensazione interbancaria: bankers' clearing.
compensazione in uscita: out clearing.
compensazione locale: local clearing.
compensazione londinese: town clearing.
compensazione metropolitana: metropolitan clearing.
compensazione multilaterale: multilateral compensation.
compensazione per lungo termine: long–term compensation.
compensazione provinciale: provincial clearing.
compensazioni al risparmio: offsets to saving.
compensazioni bancarie: bank clearings.
compensazioni di borsa: stock exchange clearings.
compensazioni dirette: walks collections.
compensazioni interne: internal clearings.
compensazioni intrabancarie: branch clearings.
compensi integrativi: deficiency payments.
compenso: compensation.
compenso del revisore contabile: auditor's remuneration.
compenso di agenzia: agency payment.
compenso di conferma: confirmation fee.
compenso di controstallia: demurrage.
compenso di fondazione: promotion money.
compenso di salvataggio: salvage money; salvage; salvage award.
compera: purchase.
compere: purchases.
competenza: expertness; expertise.
competenza d'intermediazione: procuration money.

competenza di partecipazione: participation fee.
competenze bancarie: bank commission; bank charges.
competere: to compete.
competitività: competitiveness.
competitività delle esportazioni: export competitiveness.
competitività delle importazioni: import competitiveness.
competitività di costo: cost competitiveness.
competitività di prezzo: price competitiveness.
competitività internazionale: international competitiveness.
competitivo: competitive.
compiti dirigenziali: executive duties.
compito: task.
complementarità: complementariness.
complessivo: overall.
complesso industriale: works.
completamente smontato: completely knocked down.
completamento di una linea: line filling.
componente di costo di capitale: capital cost component.
componente di reddito: nominal element.
componente nominale: nominal element.
componente prefabbricato: off–the–shelf component.
componenti: components.
comportamentismo: behaviourism.
comportamento dei costi: cost behaviour.
comportamento dei prezzi: price behaviour; price performance.
comportamento del consumatore: consumer behaviour.
comportamento del mercato: market behaviour.
comportamento di consumo: buying behaviour.
comportamento economico: economic behaviour.
comportamento irrazionale: irrational behaviour.
comportamento razionale: rational behaviour.
comporto: days of grace.
composizione: mix.
composizione dei prodotti: product mix.
composizione delle vendite: sales mix.
composizione di commessa: job mix.
composizione di produzione: production mix.
composizione di una disputa: dispute settlement.
composizione di una vertenza: dispute settlement.
composizione promozionale: promotional mix.
comprare: to buy; to purchase.
comprare al meglio: to buy at best.
comprare a scatola chiusa: to buy a pig in a poke.
compratore: buyer; purchaser; vendee.
compratore in buona fede: good faith purchaser.
compratore marginale: marginal buyer.
compravendita: sale.
compravendita commerciale: sale of goods.
compravendita di blocco: package deal.
compravendita di merci: sale of goods.
compravendita di opzioni: option trading.
compravendita per blocchi: block trading.
compravendita per corrispondenza: mail order business.
compresa avaria particolare: with average; with particular average.
compressione dei profitti: profit squeeze.
compromesso: 1. preliminary contract; preliminary agreement. **2.** special agreement. **3.** compromise.
compromesso amichevole: friendly adjustment.
compromesso d'avaria: average bond.
compromesso di vendita: agreement to sell.
comproprietà: 1. co–ownership. **2.** joint ownership; joint tenancy.
comproprietario: shareholder; part–owner; co–owner.
comproprietario con diritto di accrescimento: joint tenant; joint owner.
computisteria: business mathematics.
comunanze: common land; common.
comune: commune.
comunicati pubblicitari televisivi: television commercials.
comunicato stampa: press release; news release.
comunicazione di accreditamento: credit advice.
comunicazione speciale: special notice.
comunicazioni aziendali: 1. industrial communications. **2.** corporate communications.
comunicazioni col personale: employee communications.
comunicazioni col pubblico: external communications.
comunicazioni esterne: external communications.
comunicazioni interne: internal communications; employee communications.
comunicazioni orizzontali: horizontal communications.
comunione con diritto di accrescimento: joint ownership; joint tenancy.
comunione dei beni: community property.
comunione d'interessi: community of interest.
comunione pro indiviso: ownership in common; tenancy in common.
comunismo: communism.
comunità: community.
Comunità Caraibica: Caribbean Community.
Comunità dell'Africa Orientale: East African Community.
Comunità Economica Europea: European Economic Community.
Comunità europea del carbone e dell'acciaio: European Coal and Steel Community.
Comunità europea dell'energia atomica: European Atomic Energy Community.
con avaria particolare: with particular average; with average.
con azione di regresso: with recourse.
con cambio: with exchange.
concapofila: co–lead manager; co–manager.
concedente: ground landlord.
con cedola: 1. cum dividend. **2.** cum coupon; cum interest.
concentrazione: 1. concentration. **2.** combination. **3.** trust.
concentrazione circolare: circular combination; circular trust.
concentrazione complessiva: aggregate concentration.
concentrazione di cervelli: brain trust.
concentrazione di imprese: combination.
concentrazione di una industria: concentration of industry.
concentrazione globale: aggregate concentration.
concentrazione industriale: combination of producers; combine; concentration.
concentrazione intra–urbana: intra–city concentration.
concentrazione laterale: lateral combination.
concentrazione monopolistica: monopolistic combination.
concentrazione orizzontale: horizontal combination;

horizontal trust.
concentrazione per la limitazione dell'attività commerciale: combination in restraint of trade.
concentrazione urbana: urban concentration.
concentrazione verticale: vertical combination; vertical trust.
concessionario: licensee.
concessionario esclusivo: 1. concessionaire. **2.** sole licensee.
concessione: 1. licence. **2.** concession. **3.** franchising.
concessione del diritto di esazione delle imposte: tax farming; farming of taxes.
concessione di credito: lending.
concessione di lavoro in appalto: contracting out.
concessione di licenza incrociata: cross-licensing.
concessione di prestiti di ultima istanza: last resort lending.
concessione di prestiti non volontari: involuntary lending.
concessione di servizi in appalto: contracting out.
concessione di trasporto aereo: air transport licence.
concessione esclusiva: concession.
concessione generale: general franchise.
concessione particolare: special franchise.
concessioni governative: excise licences.
concessore di licenza: licensor.
concetti contabili: accounting concepts.
concetto del controllo: control concept of accounting.
concetto del costo: cost concept.
concetto del dualismo: dualism concept.
concetto della concordanza: consistency concept.
concetto della conservazione di capacità operativa: concept of maintenance of operating capability.
concetto della continuità dell'azienda: going-concern concept.
concetto della entità aziendale: business entity concept.
concetto della prudenza: prudence concept.
concetto della realizzazione: realization concept.
concetto dell'azienda avviata: going-concern concept.
concetto delle competenze: accruals concept.
concetto dell'entità separata: separate entity concept.
concetto del tasso di rendimento: rate of return concept.
concetto del valore monetario: money-measurement concept.
concetto del velo monetario: veil-of-money concept.
concetto di conservazione del capitale: concept of capital maintenance.
concetto di continuità: continuity concept of accounting.
concetto di periodicità: periodicity concept; time-period concept; time-period principle.
concetto finanziario di conservazione del capitale: financial concept of capital maintenance.
concetto fisico di conservazione del capitale: physical concept of capital maintenance.
concetto materialistico della storia: materialistic concept of history.
conciliazione: conciliation.
conciliazione amministrativa: composition.
concordanza: 1. reconciliation. **2.** consistency.
concordato: 1. composition; compounding; composition with creditors. **2.** deed of arrangement; private arrangement.
concordato facoltativo: private composition.
concordato fiscale: closing agreement.
concordato preventivo: arrangement with creditors; arrangement with members.
concordato stragiudiziale: private arrangement.
concordato tributario: closing agreement.
concorrente: competitor.
concorrenza: competition.
concorrenza aperta: open competition.
concorrenza atomistica: atomistic competition.
concorrenza basata sul prezzo: price competition.
concorrenza costruttiva: constructive competition.
concorrenza distruttiva: destructive competition.
concorrenza estera: foreign competition.
concorrenza fantasma: phantom competition.
concorrenza imperfetta: imperfect competition.
concorrenza interindustriale: interindustry competition.
concorrenza interna: 1. inland competition. **2.** internal competition.
concorrenza internazionale: international competition.
concorrenza leale: fair competition.
concorrenza monopolistica: monopolistic competition.
concorrenza monopolistica entro grandi gruppi: imperfect polypoly.
concorrenza monopolistica entro piccoli gruppi: imperfect oligopoly.
concorrenza nazionale: inland competition.
concorrenza non basata sul prezzo: non-price competition.
concorrenza operativa: workable competition.
concorrenza perfetta: 1. perfect competition. **2.** pure competition.
concorrenza potenziale: potential competition.
concorrenza pura: 1. pure competition. **2.** perfect competition.
concorrenza sleale: unfair trade practice; unfair competition.
concorrenza sleale per confusione: passing off.
concorrenza spietata: cut-throat competition.
concorrenza straniera: foreign competition.
concorrenza su scala mondiale: world-wide competition.
concorrenziale: competitive.
concorso: contest.
concorso di colpa: contributory negligence.
concorso tra consumatori: consumer contest.
con coscienza costistica: cost-conscious.
concreditore: co-creditor.
condebitori: joint debtors.
con dietimi: plus accrued interest; cum coupon.
con diritti di opzione: cum rights; cum new.
con diritto di trapasso: with right of transfer.
con distribuzione: cum distribution.
condivisione del lavoro: job-sharing.
condizionalità: conditionality.
condizione: 1. condition; term. **2.** status.
condizione del prezzo aperto: open price term.
condizione di accettazione: term of acceptance.
condizione di mercato: market condition.
condizione d'inalienabilità: entail.
condizione esplicita: express condition.
condizione espressa: express condition.
condizione essenziale di un contratto: essence of a contract.
condizione finanziaria: financial condition; position.
condizione fondamentale: fundamental term.

condizione implicita: implied condition.
condizione necessaria: necessary condition.
condizione occupazionale: occupational level.
condizione risolutiva: condition subsequent.
condizione sociale: social status.
condizione sospensiva: condition precedent.
condizione specifica: express condition.
condizione sufficiente: sufficient condition.
condizioni dei prestiti: terms of lending.
condizioni della offerta: supply conditions; conditions of supply.
condizioni della segale: rye terms.
condizioni di adesione: terms of accession.
condizioni di consegna: delivery terms; terms of delivery.
condizioni di conto corrente: account terms.
condizioni di credito: credit terms.
condizioni di flotta: fleet terms.
condizioni di impiego: conditions of employment; terms of employment.
condizioni di lavoro: 1. conditions of employment. **2.** working conditions.
condizioni di liquidazione: settlement terms.
condizioni di pagamento: conditions of payment.
condizioni di un contratto: conditions of a contract.
condizioni di vendita: terms of sale; conditions of sale.
condizioni di vendita all'ingrosso: trade terms; terms to the trade.
condizioni economiche: economic conditions.
condizioni esplicite: express conditions.
condizioni generali di mercato: general market conditions.
condizioni implicite: implied terms; implied conditions.
condizioni penalizzanti: penal terms.
condizioni per pagamento in contanti: cash terms.
condizioni statiche: static state.
condizioni tacite: implied terms; implied conditions.
condizioni vantaggiose: favourable terms.
condominio: condominium.
condono di debito: debt forgiveness.
condono fiscale: tax amnesty.
condotta di consumo: buying behaviour.
condotta di mercato: market conduct.
conduttore: 1. tenant. **2.** leaseholder; lessee. **3.** householder.
confederazione: federal union; federation of states.
Confederazione internazionale dei sindacati liberi: International Confederation of Free Trade Unions.
confederazione sindacale: Trades Union Congress.
conferenza: conference.
Conferenza dell'Avana sul Commercio e l'Occupazione: Havana Conference on Trade and Employment.
Conferenza delle Nazioni Unite per il commercio e lo sviluppo: United Nations Conference on Trade and Development.
Conferenza di Bretton Woods: Bretton Woods Conference.
Conferenza di Bruxelles: Brussels Conference.
Conferenza di Genova: Genoa Conference.
Conferenza di Ginevra: Geneva (Trade) Conference.
Conferenza di Losanna: Lausanne Conference.
conferenza di società di navigazione: shipping ring; Shipping Conference.
Conferenza economica imperiale: Imperial Economic Conference.
Conferenza economica mondiale: World Economic Conference; London Economic Conference.
conferenza internazionale: international conference.
Conferenza internazionale delle materie prime: International Materials Conference.
Conferenza monetaria internazionale: International Monetary Conference.
conferenza per la riduzione delle tariffe doganali: tariff–reduction conference.
Conferenza sulla popolazione mondiale: World Population Conference.
conferimento: underwriting.
conferimento di capitale: contribution of capital.
conferimento di moneta: money call.
conferma: 1. acknowledgment. **2.** confirmation.
conferma della banca: bank confirmation.
conferma di ordinativo: copy order.
conferma di ordinativo di approvvigionamento: purchase order acknowledgment.
conferma di un ordinativo: confirmation of an order.
conferma negativa: negative confirmation.
conferma positiva: positive confirmation.
confezione: packaging.
confezione con buono sconto: coupon pack; money–off pack.
confezione da esposizione: dummy pack.
confezione multipla: multipack.
confezione primaria: primary packaging.
confezione secondaria: secondary packaging.
confezioni da esposizione: display packaging.
configurazione della modulistica: forms layout.
confisca: 1. confiscation. **2.** forfeiture.
confisca di azioni: forfeit of shares.
conflitto di competenza: demarcation dispute.
conflitto di distribuzione: channel conflict.
conflitto di distribuzione orizzontale: horizontal channel conflict.
conflitto di distribuzione verticale: vertical channel conflict.
conflitto d'interessi: conflict of interest.
conflitto economico: economic conflict.
conflitto industriale: industrial dispute.
confronti a coppie: paired comparisons.
confronto: matching.
confronto interaziendale: intercompany comparison.
confusione di beni: confusion of goods; intermixture of goods.
congedo: leave.
congedo per malattia: sick leave.
congedo per puerperio: maternity leave.
congedo sabbatico: sabbatical leave.
congedo straordinario: casual leave.
congelamento dei prezzi: price freeze.
congelamento dei salari: wage freeze; pay freeze.
congelamento della terra: land freeze.
congelare: to freeze.
congestione: congestion.
congiuntura: conjuncture.
congiuntura bassa: slump.
congiunturale: cyclical.
conglomerata: conglomerate merger; conglomerate; multi–market firm.
conglomerata commerciale: conglomerchant.
conglomerata finanziaria: financial conglomerate.
conglomerato di aziende: conglomerate merger; conglomerate; multi–market firm.
conglomerato di mercato: market extension merger.
conglomerato di prodotto: product extension merger.

conglomerazione: conglomeracy.
Congresso: Congress.
conguaglio di divisione: owelty of partition.
conguaglio d'imposta sulle società: mainstream corporation tax.
conguaglio di scambio: owelty of exchange.
coniare: to mint.
coniatura in titolo legale: standard coinage.
coniatura perfetta: standard coinage.
coniazione: coinage.
coniazione gratuita: gratuitous coinage.
coniazione in silveroide: cupro–nickel coinage.
coniazione libera: free coinage; open mint.
coniazione limitata: limited coinage.
con interessi: cum interest; and interest.
con opzione: cum new; cum rights; with right.
con preavviso: at notice.
con qualunque difetto: with all faults; all faults.
con ragionevole diligenza e speditezza: as fast as can.
con regresso: with recourse.
con riserva: foul.
con rivalsa: with recourse.
consapevolezza: awareness.
consapevolezza tributaria: tax consciousness.
consegna: delivery.
consegna a domicilio: 1. home delivery. **2.** store–door delivery.
consegna a opzione del venditore: delivery at seller's option.
consegna a termine: future delivery.
consegna da bordo a bordo: overside delivery.
consegna da magazzino: delivery ex–warehouse.
consegna differita: forward delivery.
consegna dilazionata: delayed delivery.
consegna di materiali di scorta: stores issue.
consegna efficace: good delivery.
consegna franco a bordo: free delivery on board.
consegna franco spese: free delivery.
consegna futura: 1. forward delivery; future delivery. **2.** distant delivery.
consegna gratuita: free delivery.
consegna immediata: 1. spot delivery. **2.** cash delivery.
consegna in deposito franco: delivery in bond.
consegna inefficace: bad delivery.
consegna in loco: delivery on spot.
consegna in meno: short delivery.
consegna parziale: part delivery.
consegna per espresso: 1. express delivery. **2.** special delivery.
consegna pronta: spot delivery.
consegna registrata: recorded delivery.
consegna ritardata: distant delivery.
consegna secondo il modo regolare: regular way delivery.
consegna sopra luogo: delivery on spot.
consegna sotto paranco: delivery under ship's tackle.
consegna su chiatte: delivery on lighters.
consegna sulla banchina: delivery ex–quay.
consegna su vagone: delivery on rail.
consegnatario: consignee; recipient.
consegnato a bordo: delivered on board.
consegnato alla banda: delivered alongside.
consegnato alla frontiera: delivered at frontier.
consegnato alla stazione ferroviaria: delivered at the railway station.
consegnato al magazzino del venditore: delivered at the seller's warehouse.
consegnato al porto: delivered docks.
consegnatore: consignor.
consegnato su vagone: delivered on rail.
consegna valida: good delivery.
consegne differite: deferred deliveries.
consenso: agreement.
conservatore dei registri immobiliari: land registrar.
conservatore del registro: registrar.
conservatore del registro degli accordi interindustriali: Registrar of Restrictive Trade Practices.
conservatore del registro delle società: Registrar of Companies.
conservatore del registro delle società mutue: Registrar of Friendly Societies.
conservatoria centrale: central registry.
Conservatoria dei registri immobiliari: 1. Land Registry. **2.** Land Charges Registry.
conservatoria del registro delle società: Registrar of Companies.
conservatorismo: conservatism.
conservatorismo economico: economic conservatism.
conservazione: conservation.
conservazione dei documenti: retention of documents.
conservazione del capitale: capital maintenance.
conservazione di capacità operativa: maintenance of operating capability.
consigli di amministrazione incrociati: interlocking directorates; interlocking directorships.
consigli di produzione misti: joint production councils.
consigliere commerciale: commercial counsellor.
consigliere di amministrazione: director.
consiglio: court.
consiglio degli anziani: senior board.
consiglio dei giovani: junior board.
Consiglio dei ministri: Council of Ministers.
Consiglio della Riserva Federale: Board of Governors of the Federal Reserve System.
Consiglio della sicurezza nazionale: National Security Council.
consiglio delle vendite: sales board.
consiglio di amministratori fiduciari: board of trustees.
consiglio di amministrazione: board of directors; directorate.
consiglio di amministrazione a elezioni scaglionate: staggered board of directors.
consiglio di amministrazione locale: local board.
consiglio di azienda: works committee.
consiglio di fabbrica: 1. works committee. **2.** factory board.
consiglio di fabbrica misto: joint industrial council.
consiglio di gestione: works council.
Consiglio di sicurezza: Security Council.
Consiglio economico e sociale: Economic and Social Council.
Consiglio nazionale degli inventori: National Inventors Council.
Consiglio nazionale dei consumatori: National Consumer Council.
Consiglio nazionale per il credito: National Council of Credit.
consiglio per le esportazioni: export council.
Consiglio per l'integrazione dei trasporti interni: Freight Integration Council.
Consigli per la programmazione economica regionale: Regional Economic Planning Councils.
consociata: subsidiary company.

consociata interamente controllata: wholly owned subsidiary.
consociate: associated companies.
consocio: co–partner.
consolato: consulate.
console: consul.
console generale: Consul General.
consolidamento: 1. funding. **2.** consolidation.
consolidamento del capitale: consolidation of capital.
consolidamento del debito pubblico: consolidation of loans.
consolidamento di azioni: consolidation of shares.
consolidare: to fund.
consolidato: funded debt.
consolidazione: funding.
consorella: sister company.
consorzio: 1. consortium. **2.** cartel. **3.** pool.
consorzio bancario: bank syndicate.
consorzio del porto: port authority.
consorzio di assunzione a fermo: purchase syndicate; underwriter.
consorzio di garanzia e collocamento titoli: purchase syndicate; purchase group; underwriter; underwriting syndicate; syndicate.
consorzio industriale: syndicate.
consuetudine: 1. habit. **2.** custom.
consuetudine commerciale: custom of trade.
consuetudine del porto: custom of the port.
consuetudini commerciali: 1. business customs. **2.** trade customs.
consuetudini generali: general customs.
consulente: adviser; consultant.
consulente di direzione e organizzazione: management consultant.
consulente d'investimento: investment counsel; investment adviser; investment counsellor.
consulente di relazioni pubbliche: public relations consultant.
consulente di staff: staff advisor.
consulente economico: economic consultant.
consulente finanziario: 1. investment counsel; investment adviser; investment counsellor. **2.** financial adviser; financial consultant.
consulente fiscale: tax consultant; tax adviser.
consulente legale: legal adviser; legal counsel.
consulenza: advice.
consulenza fiscale: fiscal advice.
consulenza legale: legal advice.
consultazione mista: joint consultation.
consultazioni: searches.
consumatore: consumer.
consumatore–acquirente: consumer purchaser.
consumatore finale: end–consumer; end–user; ultimate consumer.
consumatore fiscale: tax consumer.
consumatore improduttivo: unproductive consumer.
consumatore marginale: marginal consumer.
consumatore vincolato: captive consumer.
consumerismo: consumerism.
consumerista: consumerist.
consumi correnti: current consumption.
consumi personali: personal consumption.
consumi quotidiani: current consumption.
consumo: consumption.
consumo di capitale: capital consumption.
consumo di godimento: unproductive consumption.
consumo di massa: mass consumption.
consumo di ostentazione: conspicuous consumption.
consumo distruttivo: unproductive consumption.
consumo improduttivo: unproductive consumption.
consumo indotto: induced consumption.
consumo interno: home consumption; domestic consumption; inland consumption.
consumo nazionale: home consumption; domestic consumption; inland consumption.
consumo opzionale: optional consumption.
consumo permanente: permanent consumption.
consumo produttivo: productive consumption.
consumo riproduttivo: productive consumption.
consumo temporaneo: transitory consumption.
consumo transitorio: transitory consumption.
contabile: accounts clerk; general accountant; book–keeper; accountant.
contabile addetto al mastro: ledger clerk.
contabile finanziario: financial accountant.
contabile gestionale: management accountant.
contabile interno: private accountant.
contabile libero professionista: professional accountant.
contabile privato: private accountant.
contabilità: book–keeping; accounting.
contabilità a costi correnti: current cost accounting.
contabilità a costi di rimpiazzo: current cost accounting.
contabilità a costi di sostituzione: replacement–cost accounting.
contabilità a costi standard: standard cost accounting.
contabilità a costi storici: historical–cost accounting.
contabilità a dollaro costante: constant dollar accounting.
contabilità a fogli mobili: slip book–keeping.
contabilità a livello di attività: activity accounting.
contabilità a livello di funzioni: functional accounting.
contabilità amministrativa: administrative accounting.
contabilità analitica: management accountancy; management accounting.
contabilità a potere d'acquisto corrente: current purchasing power accounting.
contabilità a potere d'acquisto costante: constant purchasing power accounting.
contabilità a potere d'acquisto generale: general purchasing power accounting.
contabilità a valori correnti: value accounting; current value accounting.
contabilità a valori storici riadeguati: adjusted cost accounting.
contabilità contemporanea delle riserve: contemporaneous reserve accounting.
contabilità da inflazione: inflation accounting.
contabilità degli stanziamenti: fund accounting.
contabilità dei costi: cost accounting.
contabilità dei costi per prodotto singolo: single output costing.
contabilità dei costi per serie: continuous cost accounting.
contabilità dell'ammortamento: depreciation accounting.
contabilità delle retribuzioni: wage accounting.
contabilità di agenzia: agency accounting.
contabilità di circolo: club accounting.
contabilità di fabbrica: factory book–keeping.
contabilità di filiale: branch accounting.
contabilità di impresa: enterprise accounting.
contabilità di magazzino: stock accounting; inventory

accounting.
contabilità di negozio: retail accounting.
contabilità di portafoglio: custody account book–keeping.
contabilità di posizione: position book–keeping.
contabilità di previsione: forward accounting.
contabilità direzionale: management accounting; management accountancy.
contabilità di società controllata: subsidiary–company accounting.
contabilità di società di controllo: controlling–company accounting.
contabilità di stato: public accountancy; governmental accounting.
contabilità economica nazionale: national economic accounting.
contabilità fiduciaria: fiduciary accounting.
contabilità finanziaria: financial accounting.
contabilità fiscale: tax accounting.
contabilità generale: general accounting; financial accounting; accounting.
contabilità gestionale: management accounting; management accountancy.
contabilità indicizzata: constant purchasing power accounting; general price level accounting.
contabilità industriale: cost accounting.
contabilità industriale a costi diretti: direct cost system; direct costing.
contabilità industriale a costi globali: absorption costing.
contabilità industriale a costi marginali: marginal costing.
contabilità in partita doppia: double–entry book–keeping.
contabilità in partita semplice: single–entry book–keeping.
contabilità integrata: integrated accounting.
contabilità meccanizzata: 1. machine accounting. **2.** mechanized accounting.
contabilità nazionale: national accounting.
contabilità per attività: accounting by activities.
contabilità per cassa: cash basis accounting; receipts and payments basis accounting.
contabilità per competenza: accrual basis accounting; accrual concept accounting.
contabilità per funzioni: accounting by functions.
contabilità per grandezze originarie: throughput accounting.
contabilità per inflazione: inflation accounting.
contabilità per reparti: departmental accounting.
contabilità per responsabilità: responsibility accounting.
contabilità pubblica: public accountancy; public sector accounting.
contabilità ritardata delle riserve: lagged reserve accounting.
contabilità sistematica: double–entry book–keeping.
contabilità sociale: social accounting; national accounting.
contabilità speciale: special accounting.
contabilità tabulare: tabular book–keeping.
contabilità tributaria: tax accounting.
containerizzare: to containerize.
containerizzazione: containershipping; containerization.
contaminazione: contamination.
contaminazione del carico: cargo contamination.
contante: 1. cash;. **2.** pure cash. **3.** for cash.
contanti: ready cash; ready money.
contanti a disposizione: cash in hand; cash on hand.
contanti all'ordinazione: cash with order.
contanti contro documenti: cash against documents.
contanti in banca: cash in bank.
contanti netto: net cash.
contanti non impegnati: unapplied cash.
contanti prima della consegna: cash before delivery.
contanti vincolati: restricted cash.
contatti: contacts.
contatto diretto: direct contact.
contenimento delle spese: expense reduction.
contenitore: container.
contenitore da esposizione: dump bin.
contenitore di archivio: box file.
contenuto: ullage.
contenuto locale: local content.
contenuto nazionale: domestic content.
conti: accounts.
conti accesi a componenti di reddito: operating accounts.
conti approvati: approved accounts.
conti bloccati: blocked accounts.
conti commerciali: trade accounts.
conti creditori inattivi: idle balances.
conti della nazione: national accounts.
conti del liquidatore: liquidator's accounts.
conti del prodotto e del reddito nazionali: national income and product accounts.
conti del reddito nazionale: national income accounts.
conti derivati: economic accounts.
conti di compensazione: mutual accounts.
conti di costi e ricavi: operating accounts.
conti di costo: cost accounts.
conti di filiale: branch accounts.
conti di liquidazione: liquidator's accounts.
conti di rendita individuali: individual retirement accounts.
conti economici: economic accounts.
conti economici nazionali: national economic accounts; national accounts.
conti esteri: external accounts.
conti esterni: external accounts.
conti impersonali: impersonal accounts.
conti interbancari: interbank accounts.
conti moneta: cash accounts.
conti nazionali: national accounts.
contingente: quota.
contingente aperto: open–ended quota.
contingente assoluto: absolute quota.
contingente commerciale: trade quota.
contingente d'esportazione: export quota.
contingente d'importazione: import quota.
contingente d'importazione di semilavorati: mixing import quota.
contingente d'importazione unilaterale: unilateral import quota.
contingente di produzione: production quota.
contingente doganale d'importazione: customs quota.
contingente globale: global quota.
contingente tariffario d'importazione: tariff quota.
contingente volontario d'esportazione: voluntary export quota.
contingenti d'importazione bilaterali: bilateral import quotas.

continuità economica: economic continuity.
conti operativi: operating accounts.
conti patrimoniali: asset accounts.
conti previdenziali individuali: individual retirement accounts.
conti proprietari: proprietary accounts.
conti pubblici: public accounts.
conti reciproci: mutual accounts.
conti sociali: national accounts.
conti societari: 1. company accounts. **2.** partnership accounts.
conto: 1. account. **2.** bill. **3.** ordinary bill.
conto a accesso immediato: instant access account.
conto acceso a immobilizzazioni tecniche: property account.
conto accettazioni: acceptance account.
conto acquisti: purchases account.
conto acquisti a margine: margin account.
conto a deposito: consignment.
conto a due colonne: two–sided account.
conto a due sezioni: two–sided account.
conto a livello di attività: activity account.
conto a livello di funzione: functional account.
conto allo scoperto: unsecured account.
conto al netto: mixed surplus.
conto americano: American account.
conto ammortamento: depreciation account.
conto a ordini di prelievo negoziabili: negotiable order of withdrawal account.
conto aperto: open account.
conto a più firme: joint account; joint bank account.
conto approvato: settled account.
conto a richiesta: call account.
conto a risparmio: pass book savings account.
conto arretrato: back bill.
conto assicurato: insured account.
conto assoluto: firm sale.
conto a tre colonne: three–column account.
conto a tre sezioni: three–column account.
conto attivo: active account.
conto attivo di credito mercantile: trade account receivable.
conto attivo di fornitura: trade account receivable.
conto ausiliare: subsidiary account.
conto ausiliario: subsidiary ledger account.
conto avaria generale: general average account.
conto azzerato: closed account.
conto bancario: banking account; bank account.
conto beni diretti: direct goods account.
conto beni presso terzi: consignment account.
conto capitale: capital account; stock account.
conto capitale proprio: proprietorship account.
conto capitale sociale: capital–stock account.
conto capitali a breve termine: short–term capital account.
conto capitali a lungo termine: long–term capital account.
conto cassa: cash account.
conto chiuso: account closed; closed account.
conto cifrato: numbered account.
conto commissioni: commission account.
conto congelato: frozen account.
conto congiunto: joint account; joint bank account.
conto con servizio di trasferimento automatico: automatic transfer service account.
conto corrente: 1. personal cheque service; cheque account; checking account. **2.** open account; running account; current account. **3.** current account.
conto corrente a metodo a epoca: backward method current account.
conto corrente a metodo diretto: forward method current account.
conto corrente a metodo indiretto: backward method current account.
conto corrente a metodo scalare: progressive–method current account.
conto corrente di corrispondenza: transaction account.
conto corrente fruttifero: interest–bearing current account.
conto corrente postale: post office checking account.
conto costi di gestione: working costs account.
conto crediti inesigibili: bad debts account.
conto crediti insoluti: delinquent account.
conto creditore: account receivable.
conto creditori diversi: 1. sundry account. **2.** sundry creditors account. **3.** accounts payable.
conto creditori e debitori diversi: sundry account; sundries account.
conto debitore: account payable.
conto debitori diversi: 1. sundry account. **2.** sundry debtors account. **3.** accounts receivable.
conto debitori e creditori diversi: sundry account; sundries account.
conto deficitario: deficit account.
conto degli utili non distribuiti: statement of retained earnings.
conto dei biglietti di stato: Currency Note Account.
conto dei liquidatori: realization account.
conto dei movimenti di cassa: receipts and payments account; receipts and expenditure account.
conto del capitale di risparmio: statement of retained earnings.
conto del cliente: client account.
conto del costo del venduto: cost–of–sales account.
conto del fondo ammortamento: reserve for depreciation account.
conto della formazione di capitale: capital formation account.
conto delle attività fisse: property account.
conto delle entrate e delle spese: income and expenditure account.
conto delle entrate e delle uscite: receipts and payments account; receipts and payments statement; receipts and expenditure account.
conto delle partite invisibili: invisible account.
conto delle varianti: variance account.
conto delle variazioni: variance account.
conto dello scacchiere: exchequer account.
conto del mercato monetario: money market account.
conto del settore federale: federal sector account.
conto deposito: sale or return; on sale or return basis; sale and return.
conto derivato: mixed surplus.
conto dettagliato: detailed account; account in detail.
conto di accantonamento: appropriation account; profit and loss appropriation account.
conto di acquisto: bought note.
conto di acquisto in commissione: account purchase.
conto di anticipazione: imprest account.
conto di assestamento: adjustment account; total account.
conto di assorbimento: adjunct account; absorption account.

conto di bilancio patrimoniale: balance–sheet account.
conto di brokeraggio: brokerage account.
conto di collegamento: adjunct account; absorption account.
conto di compensazione interdistrettuale: interdistrict settlement account.
conto di controllo: control account.
conto di controllo dei costi: cost control account.
conto di controllo generale: master control account.
conto di contropartita: offset account; contra account.
conto di costo e spese: account purchase.
conto di credito: credit account; budget account; budget plan.
conto di credito a deposito: depositor's account.
conto di credito centralizzato: central charge plan.
conto di credito particolare: divided charge account.
conto di credito regolare: regular charge account.
conto di credito rotativo: 1. revolving credit accout. **2.** revolving charge account.
conto di cubatura: measurement account.
conto di deposito: depositor's account; deposit account.
conto di deposito a richiesta: demand deposit account.
conto di deposito del mercato monetario: money market deposit account.
conto di deposito in amministrazione: management account.
conto di esercizio: working account.
conto differito: deferred account.
conto di giro: clearing account; clearance account.
conto di impegno: encumbrance account.
conto di interscambio: intercompany account.
conto di investimento: investment account.
conto di mastro: ledger account.
conto di netto ricavo: account of net proceeds; account sales.
conto di non residente: non–resident account.
conto di ordine: 1. interim account. **2.** memorandum account.
conto di postagiro: postal giro account; giro account.
conto di prelievo: drawing account.
conto di rappresentanza: entertainment account.
conto di reddito: income account; income statement account; nominal account.
conto di riepilogo: adjustment account; total account.
conto di riporto: long account.
conto di riserva: reserve account.
conto di risparmio: savings account.
conto di ritorno: account of redraft.
conto di sbarco: 1. dock landing account. **2.** landing account.
conto di scoperto: short account.
conto discrezionale: discretionary account.
conto di spese: expense account.
conto di spese programmate: planned expenditure account.
conto di stanziamento: fund account.
conto di vendita: sold note; confirmation notice.
conto di vendita in commissione: account sales.
conto di vendita rateale: instalment account.
conto dividendi: dividend account.
conto di volume: measurement account.
conto economico: profit and loss account; profit and loss statement; statement of loss and gain; statement of profit and loss; income statement; revenue account.
conto economico a percentuali: percentage statement.
conto economico in forma scalare semplice: single–step income statement.
conto economico in forma verticale: multiple–step income statement.
conto economico operativo: operating statement.
conto effetti attivi: bills receivable; bills receivable account.
conto effetti insoluti: past due bills account; overdue bills account.
conto effetti passivi: bills payable; bills payable account.
conto effetti scontati: bills discounted account.
conto elementare (di attività fissa): accounting unit.
conto esercizio commerciale: trading account.
conto fermo: dead account.
conto finale: terminal account.
conto fondo di ammortamento: sinking fund account.
conto garantito: secured account.
conto gestione contanti: cash management account.
conto gestito: managed account.
conto ibrido: mixed account.
conto impersonale: nominal account.
conto inattivo: dead account; dormant account.
conto in banca: bank account.
conto in deficit: deficit account.
conto inesigibile: uncollectable account.
conto in lire: lire account.
conto in partecipazione: joint account.
conto insoluto: outstanding and open account.
conto in sospeso: overdue account; delinquent account receivable.
conto interaziendale: intercompany account.
conto interessi attivi: interest receivable account.
conto interessi passivi: interest payable account.
conto interrotto: broken account.
conto in valuta estera: foreign currency account.
conto investimento del fondo di ammortamento: sinking fund investment account.
conto lavorazione: manufacturing account; factory account; manufacturing statement.
conto liquidato: settled account.
conto liquidazione: realization account.
conto liquidazioni società: companies liquidation account.
conto manutenzione: maintenance account.
conto mensile: monthly account.
conto merci: 1. merchandise account. **2.** trading account. **3.** goods account.
conto merci in lavorazione: work–in–process account.
conto misto: mixed account.
conto monofase: uniphase account.
conto monte lavori in corso: work–in–process account.
conto morale: accountants' report.
conto multifase: multiphase account.
conto nolo: freight account.
conto nolo in arrivo: freight inwards account.
conto nolo in partenza: freight outwards account.
conto non garantito: unsecured account.
conto numerario elementare: real account.
conto numerato: numbered account.
conto operazioni sulle riserve: reserves transactions account.
conto ordinario: ordinary account.
conto pareggiato: closed account.
conto passivo di credito mercantile: trade account payable.
conto passivo di fornitura: trade account payable.
conto patrimoniale: real account.
conto pensione: retirement account.

conto perequazione imposte: tax equalization account.
conto personale: **1.** personal account. **2.** private account.
conto persone diverse: sundry persons account.
conto per trasferimento di fondi automatizzato: automated funds transfer account.
conto plurilaterale: multiphase account.
conto plurisezionale: multiphase account.
conto prelievi: drawing account; drawings account.
conto premio di emissione: share premium account.
conto presso terzi: escrow account.
conto primario: primary account.
conto prodotti finiti: finished stock; finished goods.
conto profitti e perdite: profit and loss account; statement of profit and loss; statement of loss and gain; revenue account; profit and loss statement; income statement.
conto profitti e perdite consolidato: consolidated profit and loss account; consolidated income statement.
conto profitti e perdite di gestione: operating–performance income statement.
conto profitti e perdite onnicomprensivo: all–inclusive income statement.
conto profitti e perdite operativo: operating statement; operating–performance income statement.
conto profitti e perdite su beni presso terzi: profit and loss on consignment account.
conto progressivo: progressive account.
conto provvisorio: interim account.
conto pubblico: public account.
conto rateizzazioni: equalization reserve; operating reserve.
conto regionale: regional account.
conto resi su acquisti: purchases returns account; returns outwards account.
conto resi su vendite: sales returns account; returns inwards account.
conto retribuzioni: pay–roll account.
conto richieste e ripartizioni: application and allotment account.
conto riserva per manutenzione: maintenance reserve account.
conto rivalutazione: revaluation account.
conto salari e stipendi: wages and salaries account.
conto saldato: settled account.
conto scaduto: overdue account; delinquent account receivable.
conto scoperto: overdrawn account.
conto secondario: secondary account.
conto semilavorati: work–in–process account.
conto separato: segregated account.
conto sinottico di mastro: control account.
conto sintetico: summary account; closing account.
conto sociale: social account.
conto sommario: closing account; summary account.
conto soprapprezzo azioni: share premium account.
conto sopravvenienze attive: contingent assets account.
conto sopravvenienze passive: contingent liabilities account; contingent account; contingency account.
conto sospeso: suspense account.
conto speciale del Tesoro: treasury special account.
conto spese: expense account.
conto spese di rappresentanza: entertainment account.
conto sussidiario: subsidiary ledger account; subsidiary account.
conto titoli: securities account.
conto trasferibile: transferable account.
conto ufficiale liquidazioni: official settlements account.
conto unifase: uniphase account.
conto unilaterale: uniphase account.
conto unisezionale: uniphase account.
conto valutario: foreign currency account.
conto vecchio: completed period.
conto vendite: sales account.
conto vincolato: deposit account.
contrabbandiere: smuggler.
contrabbando: smuggling.
contrabbando di guerra: contraband of war.
contraente: contractor.
contraente di comodo: accommodation party.
contraffazione: forgery.
contraffazione commerciale: commercial counterfeiting.
contraffazione di brevetto: patent infringement.
contrarre debiti: to run into debt; to contract debts; to go into debt.
contrassegno: **1.** cash on delivery. **2.** tax disc. **3.** token.
contrattare: to negotiate.
contrattazione: negotiation.
contrattazione a livello aziendale: company–wide bargaining; company bargaining.
contrattazione a livello di stabilimento: plant bargaining.
contrattazione a livello nazionale: national bargaining.
contrattazione a modello: pattern bargaining.
contrattazione a termine: futures marketing.
contrattazione collettiva: collective bargaining.
contrattazione collettiva a livello nazionale: industry–wide bargaining.
contrattazione dei salari: wage bargaining.
contrattazione individuale: individual bargaining.
contrattazione regionale: area–wide bargaining.
contrattazione salariale: pay negotiations.
contrattazione sindacale: bargaining.
contrattazione sindacale collettiva: union collective bargaining.
contrattazione sulla produttività: productivity bargaining.
contrattazione sul pacchetto salariale: package bargaining.
contratti a premio autorizzati: exchange–traded options; traded options; listed options.
contratti a pronti: spot contracts.
contratti a termine: futures; futures contracts.
contratti a termine su indici: index futures.
contratti a termine su indici azionari: stock index futures.
contratti collettivi di salari monetari: money–wage bargains.
contratti dazio incluso: duty–paid contracts.
contratti finanziari a termine: financial futures.
contratti fungibili: fungible contracts.
contratti futuri: futures contracts.
contratti multilaterali di lungo periodo: multilateral long–term contracts.
contratti per consegna a termine: futures contracts; futures.
contratti per consegna a termine di beni reali: commodity futures.
contratti per consegna futura di titoli a reddito fisso:

interest–rate futures.
contratti vincolanti: tying contracts.
contratto: contract.
contratto ABC: ABC agreement.
contratto a doppia facoltà: 1. put and call; double option; spread. **2.** straddle; straddle option.
contratto a doppio premio: 1. put and call; double option; spread. **2.** straddle; straddle option.
contratto a doppio premio al rialzo: bull spread.
contratto a doppio premio al ribasso: bear spread.
contratto a fermo: firm contract.
contratto a incentivo: incentive contract.
contratto a incentivo speciale: special incentive contract.
contratto aleatorio: 1. aleatory contract. **2.** wager; wagering contract.
contratto a lungo termine: long–term contract.
contratto annullabile: voidable contract.
contratto aperto: open contract.
contratto a premio: option; option contract; net option; privilege.
contratto a premio allo scoperto: naked option; uncovered option.
contratto a premio composto: put and call.
contratto a premio coperto: covered option.
contratto a premio da pagare: call.
contratto a premio del compratore: call.
contratto a premio del venditore: put; put option.
contratto a premio di aggiunta: 1. call of more. **2.** put of more; seller's option to double.
contratto a premio di cui: call.
contratto a premio dont: call.
contratto a premio in tassi d'interesse: interest–rate option.
contratto a premio in valute: currency option; foreign exchange option.
contratto a premio noch: 1. put of more. **2.** call of more.
contratto a premio pour livrer: put; put option.
contratto a premio put: put; put option.
contratto a premio semplice: single option; call.
contratto a premio sintetico: synthetic option.
contratto a premio strap: strap.
contratto a premio strip: strip.
contratto a premio su futures di beni: commodity futures option.
contratto a premio su indici azionari: stock index option.
contratto a premio sull'indice: index option.
contratto a premio su titoli: share option; stock option.
contratto a premio su titoli azionari: equity option.
contratto a premio triplo: triple option.
contratto a prestazioni corrispettive: contract by consideration.
contratto a prezzo fisso: fixed–price contract.
contratto a prezzo indicizzato: escalation–price contract.
contratto a titolo gratuito: gratuitous contract.
contratto aziendale: company agreement.
contratto aziendale unificato: company–wide agreement.
contratto bilaterale: contract by consideration; bilateral contract.
contratto chiave: key bargain.
contratto chiuso: closed contract.
contratto collettivo di lavoro: collective labour agreement; collective agreement.
contratto collettivo di salario: wage bargain.
contratto collettivo generale: master agreement.
contratto commutativo: commutative contract.
contratto con penale e premio: bonus–penalty contract.
contratto consensuale: consensual contract.
contratto da eseguirsi: executory contract.
contratto di agenzia: contract of agency; agency agreement.
contratto di aggiunta: 1. call of more. **2.** put of more; seller's option to double. **3.** add–on contract.
contratto di appalto: 1. contract. **2.** procurement contract.
contratto di apprendistato: articles of apprenticeship.
contratto di approvvigionamento: procurement contract.
contratto di arruolamento: ship's articles; shipping articles.
contratto di assicurazione: contract of insurance.
contratto di assicurazione di fedeltà: fidelity bond.
contratto di assicurazione marittima: contract of marine insurance.
contratto di assunzione a fermo: purchase contract; purchase agreement; underwriting agreement.
contratto di cambio a termine: forward exchange contract; currency futures.
contratto di cambio a termine con partecipazione: participating forward.
contratto di cambio a termine con scarto: range forward.
contratto di compravendita: 1. sale contract; contract of sale. **2.** purchase deed; purchasing contract.
contratto di compravendita commerciale: contract for the sale of goods.
contratto di compravendita immobiliare: contract for the sale of land.
contratto di consegna in conto deposito: consignment contract.
contratto di conto acquisti a margine: margin agreement.
contratto di credito: credit agreement.
contratto di deposito: bailment.
contratto di edizione: publishing agreement.
contratto di esclusiva: exclusive contract.
contratto differenziale: contract for differences.
contratto di fideiussione: surety bond; contract of suretyship; guaranty bond; contract of guarantee.
contratto di formazione: training contract.
contratto di fornitura: supply contract.
contratto di fornitura aperto: open–end contract.
contratto di garanzia e collocamento titoli: purchase contract; purchase agreement; underwriting agreement; underwriting contract.
contratto di impiego: employment contract.
contratto di indennizzo: contract of indemnity; indemnity contract.
contratto di investimento: investment contract.
contratto di lavoro: labour contract; employment contract; contract of employment; trade agreement.
contratto di lavoro autonomo: contract of services.
contratto di leasing operativo: rental contract.
contratto di locazione: tenancy agreement.
contratto di locazione a scafo nudo: bare pole charter; bareboat charter; bare hull charter.
contratto di mandato: mandate.
contratto di manutenzione: maintenance contract.
contratto di mezzadria: share–farming agreement.
contratto di mutuo: moneylending contract; loan

contract.
contratto di mutuo edilizio: building loan agreement.
contratto di noleggio: charter party; charter.
contratto di noleggio aereo: air charter party.
contratto di noleggio aperto: open charter.
contratto di noleggio a tempo: time affreightment; time charter; time charter party.
contratto di noleggio a viaggio: voyage charter; trip charter; voyage charter party; voyage affreightment.
contratto di prestito: loan agreement.
contratto di prestito a cambio marittimo: 1. bottomry bill; bottomry bond. **2.** respondentia bond.
contratto di prezzo: price contract.
contratto di riassicurazione: re–insurance treaty.
contratto di riporto: continuation note.
contratto di salario: wage contract.
contratto di salvataggio: salvage agreement; salvage bond.
contratto di servizi: service contract; contract of service; service agreement.
contratto di società: partnership contract; partnership deed; partnership agreement; deed of partnership.
contratto di somministrazione: supply contract.
contratto di sottoscrizione: subscription contract.
contratto di subnoleggio: sub–charter.
contratto di tasso futuro: future rate agreement.
contratto di trasporto: contract of conveyance; contract of carriage; charter agreement.
contratto di trasporto marittimo: freighting; affreightment; contract of affreightment.
contratto di vendita: sale contract; contract of sale.
contratto di vendita a credito: credit–sale agreement.
contratto di vendita a prezzo netto: net sale contract.
contratto di vendita con patto di riservato dominio: memorandum of agreement; hire–purchase agreement.
contratto di vendita di cosa futura: contract to sell.
contratto divisibile: severable contract; apportionable contract; divisible contract.
contratto d'opera: contract of services.
contratto eseguito: executed contract.
contratto esplicito: express contract.
contratto fideiussorio: surety bond.
contratto fiduciario discrezionale: discretionary trust.
contratto formale: formal contract.
contratto gratuito: gratuitous contract.
contratto illecito: illegal contract.
contratto implicito: implied contract.
contratto in atto pubblico: formal contract.
contratto indivisibile: entire contract; indivisible contract.
contratto in essere: executory contract.
contratto informale: informal contract.
contratto ipotecario: mortgage deed.
contratto noch per consegnare: put of more; seller's option to double.
contratto noch per ritirare: call of more.
contratto non sigillato: simple contract.
contratto non tutelabile in giudizio: unenforceable contract.
contratto nullo: void contract.
contratto oneroso: onerous contract.
contratto per consegna differita: forward contract.
contratto per consegna futura di valuta: currency futures.
contratto per l'acquisto rateale di terra: land contract; instalment contract; contract for deed.
contratto per l'emissione di obbligazioni: bond indenture.
contratto per l'intero fabbisogno: requirements contract; full requirements contract.
contratto per scrittura privata: simple contract.
contratto preliminare: preliminary contract; preliminary agreement.
contratto preliminare di vendita: agreement to sell.
contratto provvisorio: slip.
contratto rinnovabile: renewable contract.
contratto salariale collettivo: wage bargain; collective wage agreement.
contratto scritto: written contract.
contratto semplice: simple contract.
contratto sigillato: special contract; specialty contract; speciality contract; contract by deed; contract by specialty; specialty.
contratto simulato: sham contract; simulated contract.
contratto sinallagmatico: contract by consideration; mutual interest contract; indenture; indenture deed.
contratto sindacale: union contract.
contratto sociale: social contract.
contratto tipo: standard agreement; standard contract.
contratto unilaterale: unilateral contract.
contratto valido: valid contract.
contratto verbale: contract by parol; parol contract; informal contract.
contratto vincolante: binding contract.
contrattuale: contractual.
contrazione: 1. shrinkage. **2.** contraction. **3.** downswing; downward swing; downturn; downward phase.
contrazione della domanda: contraction of demand.
contrazione della produzione: contraction of production.
contrazione dell'offerta: contraction of supply.
contribuente: 1. taxpayer. **2.** rate–payer.
contribuente moroso: delinquent taxpayer.
contribuente volontario: voluntary contributor.
contributi a associazioni caritatevoli e a partiti politici: political and charitable contributions.
contributi a enti locali: grants to local authorities.
contributi di miglioria: remunerative rates; beneficial rates.
contributi per canoni di affitto: rent allowances.
contributi previdenziali: national insurance contributions.
contributi progressivi di assicurazione sociale: graduated social insurance contributions.
contributi sindacali: trade union contributions; trade union dues; union dues.
contributi sociali: social security contributions.
contributi sociali del lavoratore autonomo: self–employment tax.
contributi stradali: road charges.
contributi volontari: voluntary contributions.
contributo: levy.
contributo a carico del datore di lavoro: employer's contribution.
contributo al fondo pensioni: pension contribution; superannuation payment.
contributo all'investimento: investment grant.
contributo categorico: categorical grant.
contributo di assicurazioni sociali: social insurance contribution.
contributo di miglioria: assessment; special assessment; private improvement rate; improvement tax; betterment levy; local assessment.
contributo di miglioria generica: general special

assessment.
contributo di occupazione: employment subsidy.
contributo di occupazione giovanile: youth employment subsidy.
contributo di previdenza sociale: social–security tax.
contributo di temporanea occupazione: temporary employment subsidy.
contributo federale: federal aid.
contributo funerario: 1. funeral benefit. **2.** death grant.
contributo generale: general grant; block grant.
contributo in moneta: money contribution.
contributo integrativo volontario: additional voluntary contribution.
contributo pensionistico: pension contribution; superannuation payment.
contributo per investimenti: investment contribution.
contributo per la difesa nazionale: national defence contribution.
contributo per lo sviluppo regionale: regional development grant.
contributo selettivo: selective grant.
contributo speciale: special contribution.
contributo specifico: specific grant.
contributo statale: grants–in–aid.
contributo statale agli enti locali: 1. equalization grant. **2.** rate support grant; rate deficiency payment. **3.** rate deficiency grant.
contribuzione: 1. levy; assessment. **2.** contribution.
contribuzione all'avaria: contribution to average.
contribuzione di avaria generale: general average contribution.
controacquisto: counter purchase.
contro effettivi: against actuals.
controfferta: 1. counteroffer; conditional acceptance. **2.** counter–bid.
controfirmare: to countersign.
controgaranzia: counter–security.
controllare un conto a campione: to testcheck.
controlli del credito al consumo: consumer credit controls.
controlli di massima: stand–by controls.
controllo: 1. control. **2.** audit. **3.** calling over.
controllo a bilancio: budgetary control.
controllo a mezzo del mastro: ledger control.
controllo amministrativo: administrative review; administrative audit.
controllo analitico: detailed audit.
controllo budgettario: budgetary control.
controllo con punto di riordino: order–point control.
controllo contabile: accounting control.
controllo degli affitti: rent restriction; rent control.
controllo degli investimenti: control of investment.
controllo dei cambi: exchange control; foreign exchange control.
controllo dei canoni di affitto: rent restriction; rent control.
controllo dei costi: cost control.
controllo dei crediti: debt control.
controllo dei lavoratori: worker control.
controllo dei materiali: 1. materials control. **2.** material control.
controllo dei prezzi: price control.
controllo dei salari: wage control.
controllo dei salari e degli stipendi: wage and salary control.
controllo dei titoli: securities control.
controllo del costo del lavoro: labour cost control.
controllo del credito: credit control.
controllo della base monetaria: monetary base control.
controllo della forza lavoro: manpower control.
controllo della inflazione: control of inflation.
controllo della liquidità: control of liquidity; liquidity control.
controllo della modulistica: forms control.
controllo della produzione: production control.
controllo della qualità: quality control.
controllo della qualità industriale: industrial quality control.
controllo dell'avanzamento produzione: progress control.
controllo dell'efficienza: efficiency audit.
controllo delle nascite: birth control.
controllo delle procedure: auditing of procedures.
controllo delle scorte: stores check.
controllo delle scorte di materie prime: raw material inventory control.
controllo delle scorte per lotti: job–lot control.
controllo delle spese: expense control.
controllo del livello della domanda: demand management.
controllo del livello delle scorte: stores control; inventory control; stock control.
controllo del mercato: 1. control of the market. **2.** command of the market.
controllo del potere monopolistico: control of monopoly power.
controllo del processo: process control.
controllo del sistema a cambio aureo: gold exchange management.
controllo di cassa: cash audit.
controllo di esaurimento: depletion control.
controllo di gestione: management control; management checks.
controllo di maggioranza: working control.
controllo di minoranza: minority control.
controllo direttivo: administrative control.
controllo diretto del tasso d'interesse: direct interest rate control.
controllo di un testo: copy test.
controllo di un testo pubblicitario: advertising copy testing.
controllo finanziario: financial control.
controllo fisico: physical control.
controllo fisico delle scorte: physical stock check.
controllo generale: general audit.
controllo generale dei prezzi: universal price control.
controllo interno: internal control.
controllo monetario: monetary control; currency management.
controllo monetario qualitativo: qualitative monetary control.
controllo monetario quantitativo: quantitative monetary control.
controllo monetario selettivo: qualitative monetary control.
controllo monopolistico: monopoly control.
controllo perpetuo delle scorte: perpetual audit.
controllo per processo: process inspection.
controllo preventivo interno: internal check.
controllore della gestione: controller; comptroller.
controllore delle ore di lavoro: time clerk.
controllo selettivo: selective control.
controllo selettivo dei prezzi: selective price control.
controllo selettivo del credito: selective credit control.

controllo selettivo delle scorte: selective inventory control.
controllo soddisfacente: satisfactory control.
controllo statistico: statistical control.
controllo statistico della qualità: statistical quality control.
controllo statistico delle scorte: statistical stock control.
controllo sulle esportazioni: export control.
controllo sulle importazioni: import control.
controllo valutario: exchange control.
contromarca: token.
contropartita: offset.
controprestazione: valuable consideration; consideration.
controproducente: counter–productive.
controproposta: counteroffer.
contrordine di pagamento: countermand of payment.
controscambio: countertrade.
controspeculazione: counterspeculation.
controstallia: demurrage.
controstallie: demurrage days.
controstallie reciproche: reciprocal demurrage.
contro tutti i rischi: against all risks.
controversia commerciale: trade dispute.
controversia di lavoro: trade dispute.
controversia di rappresentanza: representation controversy.
controversia salariale: wage dispute.
controversia sindacale: labour dispute.
conurbazione: conurbation.
con utili: with profits.
convalida: 1. validation. **2.** endorsement.
convalida di un contratto: affirmance of a contract; affirmation of a contract.
convalidare: 1. to affirm. **2.** to validate.
conveniente: keen.
convenzione: 1. agreement. **2.** covenant.
convenzione del costo: cost convention.
convenzione del costo storico: historical–cost convention.
convenzione della periodicità: convention of periodicity.
Convenzione di Berna: Berne Convention.
Convenzione di Lomé: Lomé Convention.
convenzione di necessità: requirements contract; full requirements contract.
Convenzione di Stoccolma: Convention of Stockholm; Stockholm Convention.
Convenzione doganale di Oslo: Oslo Convention.
convenzione indennizzo diretto: knock agreement.
convenzione sui prezzi: price agreement.
Convenzione universale per la protezione delle opere letterarie e artistiche: Universal Copyright Convention.
convergenza: convergence.
convergenza economica: economic convergence.
conversione: conversion.
conversione del debito: debt conversion; debt swap.
conversione del debito pubblico: debt conversion.
conversione di debiti in investimenti diretti: debt–for–equity swap.
conversione di debiti in titoli negoziabili: securitization.
conversione di debito in debito: debt–for–debt swap.
conversione di un prestito: loan conversion.
conversione di valuta: currency conversion.
conversione forzata: forced conversion.
conversione involontaria: involuntary conversion.
conversione nel sistema metrico decimale: metrification; metrication.
conversione valutaria: currency conversion.
convertibilità: convertibility.
convertibilità della sterlina: sterling convertibility.
convertibilità esterna: external convertibility.
convertibilità in oro: gold convertibility.
convertibilità per i non residenti: non–resident convertibility.
convertibilità valutaria: currency convertibility.
convertire: to convert.
convertire nel sistema metrico decimale: to metrify; to metricate.
cooperativa: co–operative.
cooperativa agricola: agricultural co–operative; farmers' co–operative.
cooperativa all'ingrosso: wholesale society; wholesale co–operative.
cooperativa d'acquisto: retailers' co–operative; voluntary group.
cooperativa di consumo: consumers' co–operative society; consumer co–operative; retail society; retail distributive society; retail co–operative.
cooperativa di credito: co–operative bank; credit co–operative; credit union.
cooperativa di credito edilizio: building society; savings and loan association.
cooperativa di dettaglianti: retailers' co–operative; voluntary group.
cooperativa di distribuzione e di vendita: marketing co–operative.
cooperativa di lavoratori: workers' co–operative.
cooperativa di produzione: producers' co–operative; producers' co–operative society.
cooperativa di vendita all'ingrosso: wholesale co–operative; wholesale society.
cooperativa edilizia: co–operative housing association; co–ownership housing society; self–build society: co–ownership society.
cooperative agricole: farm co–operatives.
cooperativismo: co–operative movement.
cooperazione: co–operation.
cooperazione antagonistica: antagonistic co–operation.
cooperazione economica: economic co–operation.
cooperazione tra sindacati e direzione: union–management co–operation.
coordinazione: co–ordination.
copeco: copek; kopec.
copertura: 1. coverage. **2.** hedge; hedging. **3.** margin; margin requirement.
copertura aperta: open cover.
copertura assicurativa: insurance cover; cover.
copertura aurea: gold coverage.
copertura automatica: automatic cover.
copertura completa: full hedging.
copertura continentale: continental cover.
copertura corta: short hedge.
copertura degli interessi: interest cover; times interest earned; interest coverage.
copertura degli interessi e dei dividendi privilegiati: times interest and preferred dividend earned.
copertura degli oneri fissi: fixed–charge coverage; times fixed charges.
copertura dei dividendi: times covered; equity dividend

cover; cover; dividend cover.
copertura del dividendo privilegiato: times preferred dividend earned.
copertura della circolazione monetaria: backing; backing support; currency backing.
copertura delle attività: asset backing; asset coverage.
copertura delle importazioni: import cover.
copertura del mercato: market coverage.
copertura detraibile: deductible coverage.
copertura di borsa: averaging.
copertura di borsa al rialzo: averaging up.
copertura di borsa al ribasso: averaging down.
copertura di cambio a termine: forward exchange cover.
copertura di compravendita: hedge; covering.
copertura di posizione corta: bear covering.
copertura di scorte: stock cover.
copertura di un costo: cost recovery.
copertura di vendita: **1.** sales coverage. **2.** selling hedge.
copertura di vendita allo scoperto: bear covering.
copertura divisa: divided coverage.
copertura globale: comprehensive coverage.
copertura in abbonamento: blanket coverage.
copertura in acquisto: long hedge.
copertura in vendita: short edge.
copertura lunga: long hedge.
copertura netta: reach.
copertura ponderata: weighted hedge.
copertura provvisoria: cover note; binder.
copertura selettiva: selective hedging.
copertura totale: whole coverage; full coverage.
copia: counterpart.
copia autentica: office copy.
copia autenticata: attested copy; certified copy.
copia–cambiali: bills discounted book; bill register.
copia conforme: conformed copy.
copia di bolletta per merci esenti: duplicate warrant.
copia di cambiale: via.
copia–fatture: invoice register; invoice book.
copia per il capitano: captain's copy.
copia per l'archivio: file copy.
copia per l'ufficio: office copy.
coppia marginale: marginal pair.
coproduzione: co–production.
corbeille: post.
cordata: concert party.
corona: **1.** krona. **2.** krone. **3.** crown.
corpi estranei: dockage.
corpo: bulk.
corpo consultivo: **1.** advisory body. **2.** staff.
corporazione adulterina: adulterine guild.
Corporazione del Lloyd: Corporation of Lloyd's; Lloyd's.
corporazione di arti e mestieri: merchant gild; gild merchant; craft guild.
correlazione: correlation.
correlazione curvilinea: non–linear correlation; curvilinear correlation.
correlazione multipla: multiple correlation.
correlazione non lineare: non–linear correlation; curvilinear correlation.
correlazione parziale: partial correlation.
correlazione semplice: simple correlation.
correlazione seriale: serial correlation.
correntista: current account holder; account holder.
correntista postale: giro account holder.
correttezza commerciale: fair trade practice; fair trading.
correttivi: correctives.
correzione: **1.** adjustment. **2.** reclamation.
correzione monetaria: monetary correction.
correzione strutturale: structural adjustment.
corriera: coach.
corrispettivo: **1.** valuable consideration; consideration. **2.** sale price.
corrispettivo di una vendita: consideration for sale.
corrispettivo espresso: express consideration.
corrispettivo illecito: illegal consideration.
corrispettivo in moneta: money consideration.
corrispettivo nominale: nominal consideration.
corrispettivo passato: past consideration.
corrispondente: **1.** correspondent. **2.** correspondence clerk.
corrispondente estero: foreign correspondent.
corrispondenza: **1.** match. **2.** correspondence.
corrispondenza commerciale: business correspondence.
corrispondenza estera: foreign correspondence.
corrispondenza raccomandata: registered post; registered mail.
corruzione: bribery.
corsa al dollaro: flight to the dollar.
corsa all'oro: gold rush.
corsetto: corset.
corsi aziendali: company courses.
corsi delle eurovalute: euro–currency rates.
corsi sandwich: sandwich courses.
corso: **1.** price. **2.** mark.
corso a contanti: spot price.
corso a margine ampio: wide price.
corso a margine ristretto: close price.
corso a termine: futures price.
corso azionario: share price.
corso del cambio: rate of exchange; exchange rate; foreign exchange rate.
corso del dopoborsa: street price; price in the street; price after hours.
corso delle divise: exchange rate.
corso del premio: striking price.
corso denaro: bid price.
corso di acquisto: buying rate.
corso di addestramento: training course.
corso di apertura: **1.** opening price. **2.** opening rate.
corso di cambio a termine: forward rate; forward exchange rate.
corso di cambio indiretto: arbitrated exchange rate.
corso di chiusura: **1.** closing price. **2.** closing rate.
corso d'inventario: inventory rate.
corso di riporto: making–up price.
corso di vendita: selling rate.
corso forzoso: forced circulation.
corso indiretto: cross rate.
corso lettera: offer price; ask price.
corso massimo: peak price.
corso medio: **1.** middle price; middle market price; mid–price; mean price. **2.** average rate.
corso medio del cambio: average rate of exchange.
corso medio di mercato: middle market value.
corso nominale: nominal price.
corso record: peak price.
corso secco: ex–interest price; flat price; flat quotation.
corso telegrafico: tape price.
corso tel quel: tel–quel price.
Corte dei revisori dei conti: Court of Auditors.

Corte di giustizia: Court of Justice.
Corte di giustizia europea: European Court of Justice.
Corte Suprema: Supreme Court.
coscienza costistica: cost consciousness.
cose accessorie: appurtenances.
così com'è: as is.
cosmesi di bilancio: window dressing.
costante di perdita: loss constant.
costi amministrativi: administrative costs.
costi basati sulla domanda: readiness–to–serve costs.
costi comparati: comparative costs.
costi comuni: overheads; overhead costs.
costi congiunti: joint–product costs; joint costs.
costi contabili: accounting costs.
costi correnti: running costs.
costi costanti: fixed costs; stand–by costs; standing costs.
costi crescenti: increasing costs.
costi della commessa di montaggio: assembly order costs.
costi del lavoro impiegatizio: employment costs.
costi del lavoro non salariali: non–wage labour costs.
costi delle retribuzioni: wage costs.
costi dell'imprenditorialità: costs of entrepreneurship.
costi del trasporto interno di materiali: materials handling costs.
costi di acquisto: acquisition costs.
costi di addestramento: training costs.
costi di adeguamento: adjustment costs.
costi di amministrazione: administrative costs.
costi di assestamento: adjustment costs.
costi di avviamento: organization costs.
costi di congestione: congestion costs.
costi di consegna: delivery costs.
costi di distribuzione: distribution expenses; distribution costs; distribution overhead.
costi di esazione: collection costs; costs of collection.
costi di esercizio: operating expenses; operating costs.
costi di finanziamento: funding costs.
costi di incasso: collection costs; costs of collection.
costi di informazione: information costs.
costi di investimento: investment costs.
costi di lavoro straordinario: overtime costs.
costi di magazzinaggio: storage costs.
costi di manutenzione: maintenance costs.
costi di manutenzione corrente: current maintenance.
costi di manutenzione ordinaria: current maintenance.
costi di montaggio: assembly costs.
costi di movimentazione: handling costs.
costi di negoziazione: negotiation costs.
costi di nolo: freight costs.
costi di officina: workshop costs.
costi di operazione: transaction costs.
costi di organizzazione: organization costs.
costi di perizia: survey costs.
costi di politica: policy costs.
costi di produzione: output costs.
costi di provvista fondi: funding costs; fund–raising costs.
costi di pubblicità: advertising costs.
costi diretti di reparto: direct departmental expenses.
costi di ricerca di mercato: market research costs.
costi di ricerca fornitori: search costs.
costi di ricostituzione delle scorte: restocking costs.
costi di rinnovo: renewals.
costi di riparazione: repairs.
costi discrezionali: avoidable costs; escapable costs.
costi di smobilizzo: retirements.
costi di sorveglianza: policing costs.
costi di spedizione: shipping costs.
costi di trasferimento: transportation costs; transfer costs.
costi di trasporto: transfer costs; transportation costs.
costi di trasporto interno: handling costs.
costi di utensileria: tooling costs.
costi di vendita: selling costs.
costi espliciti: explicit costs.
costi figurativi: implicit costs.
costi fissi: fixed costs; fixed overhead costs; stand–by costs; standing costs.
costi fissi di fabbricazione: fixed manufacturing costs.
costi generali: overhead costs.
costi generali assorbiti: absorbed overheads; applied overheads.
costi generali di amministrazione e di vendita: oncost; overhead expenses.
costi generali di fabbrica: factory burden.
costi generali di produzione: works oncost; production overheads.
costi generali fissi di produzione: fixed production overhead costs; fixed production overheads.
costi impliciti: implicit costs.
costi insopprimibili: unavoidable costs.
costi misti: mixed costs.
costi monetari: money costs.
costi monetari di produzione: money costs of production.
costi non coperti da ricavi: unearned charges.
costi non pecuniari: non–pecuniary costs.
costi prepagati: 1. prepaid expenses; prepaid assets; prepayment paid. **2.** prepayment received.
costi privati: private costs.
costi rigidi: unavoidable costs.
costi salariali: wage costs.
costi semi–fissi: semi–fixed costs.
costi semivariabili: semi–variable costs.
costista: cost accountant.
costi standard per la valutazione delle scorte: standard costs for inventory valuation.
costi terminali: terminal costs.
costituire: to incorporate.
costituto di avaria: average declaration.
costituto di avaria particolareggiato: extended protest.
costituto sanitario: entry declaration.
costituzione: establishment.
costituzione di dote: endowment.
costituzione di nuclei familiari: household formation.
costituzione di una società: formation of a company.
costituzione di una società di capitali: incorporation of a company.
costituzione in pegno: pledge.
costo: cost.
costo a forfait: bunched cost.
costo al dettaglio: retail cost.
costo alternativo: alternative cost.
costo ammortizzabile: depreciable cost.
costo ammortizzato: 1. amortized cost. **2.** depreciated cost.
costo anticipato: anticipated cost.
costo, assicurazione e nolo: cost, insurance and freight.
costo, assicurazione, nolo, commissione e interessi: cost, insurance, freight, commission and interest.

costo, assicurazione, nolo e commissione: 1. cost, insurance, freight and commission. **2.** cost, insurance, freight and exchange.
costo, assicurazione, nolo e interessi: cost, insurance, freight and interest.
costo assorbito: absorbed cost.
costo attuale: enterprise cost.
costo base: basic cost.
costo comparato: comparative cost.
costo complessivo: 1. total cost. **2.** absorption cost; cost to make and sell. **3.** all–in cost.
costo complessivo di prodotto: cost to make and sell.
costo comune: burden; common cost; related cost.
costo comune a imputazione diretta: direct overhead.
costo con andamento a gradino: stepped cost.
costo consumato: consumed cost.
costo contabile: factory cost; manufacturing cost.
costo controllabile: controllable cost.
costo correlato: related cost.
costo corrente: current cost.
costo corrente di rimpiazzo: current replacement cost.
costo costante: constant cost.
costo decrescente: decreasing cost.
costo degli investimenti: cost of capital.
costo degli utensili: tool cost.
costo dei fattori: factor cost.
costo dei materiali: material cost.
costo dei prodotti venduti: cost of products sold.
costo del capitale: cost of capital.
costo del denaro: cost of money.
costo del fattore marginale: marginal–factor cost.
costo della manodopera: cost of labour; labour cost.
costo della manodopera diretta: cost of direct labour.
costo della moneta: cost of money.
costo della unità marginale: marginal unit cost.
costo della vita: cost of living; living cost.
costo del lavoro: cost of labour; labour cost.
costo del lavoro per unità di prodotto: labour–cost per unit of output.
costo del lavoro variabile: variable labour cost.
costo delle merci: merchandise cost.
costo delle merci acquistate: cost of goods purchased.
costo delle merci vendute: cost of merchandise sold; cost of goods sold.
costo dell'energia: energy cost.
costo delle utilizzazioni negativo: negative user cost.
costo delle utilizzazioni positivo: positive user cost.
costo dell'operazione: dealing cost.
costo del possesso: cost of possession.
costo del rischio: risk cost.
costo del trasporto: carriage cost.
costo del venduto: 1. cost of merchandise sold. **2.** cost of sales.
costo di acquisizione delle merci: merchandise procurement cost.
costo di acquisto: invoice cost.
costo di assemblaggio: cost of assembling.
costo di assorbimento: absorption cost.
costo di attività: product cost.
costo di attività immateriali: intangible cost.
costo di avviamento: 1. setting–up cost. **2.** starting–load cost; set–up cost; start–up cost.
costo di avviamento di una serie: pre–production cost.
costo di avvio: start–up cost.
costo di capacità inutilizzata: idle–capacity cost.
costo di commessa: job cost.
costo di concorrenza: competitive cost.
costo di conduzione: occupancy cost.
costo di coniazione: cost of coinage.
costo di conservazione: carrying cost; stockholding cost.
costo di controllo: cost of control.
costo di dimensione: variable cost; direct cost.
costo di distribuzione: marketing cost.
costo di distruzione: cost of destruction.
costo di domanda: demand cost.
costo di esercizio di una macchina: machine–operating cost.
costo di fabbricazione: manufacturing cost; factory cost; production cost of sales.
costo di fattura: invoice cost.
costo differenziale: differential cost.
costo di funzionamento: variable cost; direct cost; prime cost; shut–down cost.
costo di imballaggio: cost of packing.
costo di imputazione indiretta: burden; common cost.
costo di inattività: outage cost.
costo di installazione: installation cost.
costo di lancio: flotation cost.
costo di locazione: occupancy cost.
costo di mantenimento: carrying cost.
costo di marketing: marketing cost.
costo di mercato: cost of market.
costo di messa in opera: installation cost.
costo di opportunità: opportunity cost; alternative cost; real cost.
costo di opportunità sociale del capitale: social opportunity cost of capital.
costo di periodo: period cost; period charge; period expense; time cost.
costo di piena utilizzazione: capacity cost.
costo di politica: managed cost.
costo di processo: process cost.
costo di prodotto: product cost.
costo di produzione: 1. factory cost; manufacturing cost; production cost of sales. **2.** production cost. **3.** commodity cost.
costo di produzione di lungo periodo: long–period cost of output.
costo di protezione: cost of protection.
costo di reparto: departmental charge.
costo diretto: direct cost; related cost; traceable cost.
costo di rimpiazzo: reproduction cost; cost of reproduction; replacement cost.
costo di rimpiazzo corrente: current reproduction cost.
costo di rinnovo: renewal; replacement.
costo di riparazione: repair.
costo di riproduzione: cost of reproduction; reproduction cost.
costo di riproduzione corrente: current reproduction cost.
costo di riscatto: surrender charge.
costo di servizio: service cost.
costo di sostituzione: 1. cost of replacement; replacement cost. **2.** real cost; opportunity cost. **3.** alternative cost.
costo di struttura: constant cost.
costo di sviluppo: development cost.
costo di trasformazione: conversion cost.
costo di trasporto: haulage.
costo di un fattore della produzione: factor cost.
costo di urgenza: crash cost.
costo di uso: user cost.
costo di utilizzazione: 1. carrying cost. **2.** user cost.

costo di vendita: selling overhead.
costo di volume: volume cost.
costo economico: economic cost.
costo effettivo: **1.** actual cost. **2.** real cost.
costo e nolo: cost and freight.
costo eventuale: contingent cost; contingent charge.
costo figurativo: imputed cost.
costo fisso: oncost.
costo fisso unitario medio di prodotto: average fixed cost.
costo franco di tutte le spese allo sbarco: landed cost.
costo generale di distribuzione: selling overhead.
costo gestito: managed cost.
costo globale: absorption cost.
costo graduale: stepped cost.
costo guida: standard cost; target cost.
costo ideale: capacity cost.
costo ideale preventivo: standard cost.
costo imputato: **1.** imputed cost. **2.** applied cost.
costo incontrollabile: uncontrollable cost.
costo indiretto: indirect cost; burden.
costo industriale: factory cost; manufactoring cost.
costo intangibile: intangible cost.
costo lordo del venduto: gross cost of merchandise sold.
costo lordo di locazione: gross lease.
costo marginale: extra cost; marginal cost.
costo marginale costante: constant marginal cost.
costo marginale crescente: increasing marginal cost.
costo marginale decrescente: decreasing marginal cost.
costo marginale delle utilizzazioni: marginal user cost.
costo marginale di acquisto: marginal cost of acquisition.
costo marginale di breve periodo: short-run marginal cost.
costo marginale di lungo periodo: long-run marginal cost.
costo marginale di produzione: marginal cost of production.
costo marginale monetario: marginal money cost.
costo marginale reale: marginal real cost.
costo marginale sociale: marginal social cost.
costo marginale totale: marginal total cost.
costo medio: average cost.
costo medio di breve periodo: short-run average cost.
costo medio di lungo periodo: long-run average cost.
costo modello: target cost; standard cost.
costo monetario: nominal cost.
costo netto: **1.** factor cost. **2.** net cost.
costo netto degli acquisti: net purchases.
costo netto di locazione: net lease.
costo nominale: nominal cost.
costo non ammortizzato: unrecovered cost.
costo non assorbito: **1.** unrecovered cost. **2.** unabsorbed cost.
costo non controllabile: non-controllable cost.
costo non spirato: unexpired cost.
costo normale: normal cost.
costo obiettivo: target cost.
costo operativo: operational cost.
costo-opportunità: opportunity cost; alternative cost; real cost.
costo-opportunità zero: zero opportunity cost.
costo originale ammortizzato: depreciated original cost.
costo originario: original cost; prime cost; first cost.
costo passeggero-miglio: passenger mile cost.
costo per mille: cost per thousand.
costo per oggetto: object cost; primary cost; prime cost; aboriginal cost.
costo pieno: full cost; absorption cost.
costo predeterminato: predetermined cost.
costo pregresso: sunk cost.
costo prepagato: prepaid expense.
costo preventivo: estimated cost.
costo previsto: predicted cost; allowed cost.
costo primario: object cost; primary cost; prime cost; aboriginal cost; first cost.
costo primo: prime cost; flat cost.
costo primo marginale: marginal prime cost.
costo prodotto: commodity cost.
costo programmato: programmed cost.
costo pubblico: social cost.
costo reale: **1.** actual cost. **2.** real cost.
costo reale di produzione: real cost of production.
costo relativo: comparative cost.
costo residuale: recovery cost; residual cost.
costo residuo: recovery expenditure.
costo riclassificato: declassified cost.
costo ricorrente: recurring cost.
costo ricuperabile: recovery expenditure; recovery cost.
costo ridistribuito: redistributed cost.
costo ripartito: allocated cost.
costo salariale marginale: marginal wage cost.
costo sbarcato: landed cost.
costo scalare: stepped cost.
costo separabile: separable cost.
costoso: dear; expensive.
costo sociale: social cost.
costo sommerso: sunk cost; sunken cost.
costo speciale: related cost.
costo specifico: specific cost.
costo spesato: consumed cost.
costo spirato: expired cost; consumed cost.
costo standard: standard cost; specification cost; scheduled cost.
costo standard corrente: current standard cost.
costo standard di base: basic standard cost.
costo standard fisso: basic standard cost.
costo standard ideale: ideal standard cost.
costo standard normale: normal standard cost.
costo standard ottimale: perfection standard cost.
costo standard unitario: standard cost per unit.
costo stimato: estimated cost.
costo storico: historical cost.
costo storico ragguagliato: adjusted historical cost.
costo supplementare: supplementary cost.
costo supplementare corrente: current supplementary cost.
costo supplementare originario: basic supplementary cost.
costo suppletivo: differential cost.
costo tecnico: engineered cost.
costo totale: total cost.
costo totale di produzione medio: total unit cost.
costo traguardo: standard cost; target cost.
costo unitario: single cost; unit cost.
costo unitario medio: average total unit cost.
costo unitario totale: total unit cost.
costo utenti: customer cost.
costo variabile: variable cost; direct cost; prime cost; shut-down cost.
costo variabile unitario medio di prodotto: average

variable cost.
costo vivo: **1.** out-of-pocket cost. **2.** outlay cost.
costo vivo corrente: current-outlay cost.
costrizione al profitto: profit constraint.
costruito a richiesta: custom-built.
costruito su ordinazione: custom-built.
costruttore edile: property developer.
co-sussidiaria: fellow subsidiary.
cottimista: pieceworker; task worker; jobber.
cottimo: piece rate; piecework.
cottimo di squadra: group bonus.
covarianza: covariance.
crack in borsa: market crash.
creare credito: to create credit.
creare riserve: to create reserves.
creatore d'indirizzari commerciali: list publisher; list compiler.
creatore di testi pubblicitari: advertising copywriter.
creazione dei bisogni: want creation.
creazione di credito: credit creation.
creazione di credito attiva: active credit creation.
creazione di credito bancario: bank credit creation.
creazione di credito passiva: passive credit creation.
creazione di depositi bancari: bank deposit creation.
creazione di indirizzari commerciali: list publishing; list compiling.
creazione di lavoro: job creation.
creazione di moneta: money creation.
creazione di occupazione: job creation.
creazione di traffici: trade creation.
credenziale: registered check; banker's cheque; bank draft; banker's draft.
crediti all'esportazione: export credits.
crediti ammessi: proved credits.
crediti congelati: frozen credits.
crediti di rifinanziamento: refinance credits.
crediti liquidi: floating balances.
crediti oscillanti: swing credits.
crediti post-bellici: post-war credits.
credito: credit.
credito a breve termine: **1.** short-term credit; short credit. **2.** receivable; account receivable.
credito agevolato: subsidized credit.
credito agrario: land credit; agricultural credit; farm credit.
credito al consumo: consumer credit; consumer finance; buyer credit.
credito al consumo non garantito: unsecured consumer credit.
credito all'esportazione: buyer credit; export credit.
credito all'investimento: investment credit.
credito allo scoperto: **1.** bank overdraft; overdraft. **2.** open credit.
credito a lungo termine: long-term credit; long credit.
credito a medio termine: medium-term credit.
credito ammesso al passivo: proved debt.
credito aperto: open-end credit.
credito a tasso agevolato: subsidized credit.
credito a tempo indeterminato: revolving credit.
credito a vista: sight credit.
credito bancario: **1.** bank credit. **2.** bank lending.
credito cartolare: paper credit.
credito certo: liquidated claim.
credito chirografario: ordinary credit; unsecured credit.
credito commerciale: bankers' commercial credit; banker's credit.
credito confermato: confirmed credit.
credito confermato e irrevocabile: irrevocable and confirmed credit; confirmed irrevocable credit.
credito consorziale: syndicated loan.
credito contro cessione: assignment credit.
credito contro fideiussione: guarantee credit.
credito del mutuante: lender credit.
credito del venditore: vendor credit.
credito di accettazione: acceptance credit; term credit.
credito di accettazione irrevocabile: irrevocable documentary acceptance credit.
credito di accettazione su Londra: London acceptance credit.
credito di banco: book credit; trade credit; store credit.
credito di compensazione: back-to-back credit; countervailing credit.
credito di contropartita: contra credit.
credito di esercizio: working capital credit.
credito di esportazione tramite banche londinesi: London bank export credit.
credito di fornitura: mercantile credit; trade credit; supplier credit; commercial credit.
credito di grado anteriore: senior debt.
credito di grado posteriore: junior debt.
credito di libro: book credit.
credito d'imposta: tax offset; tax credit.
credito d'imposta per investimenti: investment tax credit.
credito d'imposta sui dividendi intersocietari: intercorporate dividend credit.
credito d'imposta sul capitale: capital tax credit.
credito d'imposta sull'occupazione: employment tax credit.
credito d'incasso: encashment credit.
credito di negoziazione: negotiation credit.
credito d'investimento: capital investment loan.
credito di prefinanziamento: pre-finance credit.
credito di rimborso: reimbursement credit.
credito di sconto: discount credit.
credito di ultima istanza: last resort credit.
credito documentario: document credit; documentary credit.
credito documentario di accettazione: documentary acceptance credit.
credito documentato: document credit; documentary credit.
credito dubbio: doubtful debt; precarious loan.
credito finanziario: financial loan.
credito fisso: fixed credit.
credito garantito: secured credit.
credito immobilizzato: dead loan.
credito improduttivo: unproductive credit.
credito in bianco: **1.** blank credit. **2.** clean credit. **3.** unsecured credit. **4.** open credit.
credito in conto aperto: open account credit.
credito in conto corrente: **1.** current account credit; overdraft; bank overdraft. **2.** open credit; running-account credit.
credito industriale: investment credit.
credito inesigibile: **1.** uncollectable credit. **2.** bad debt.
credito ipotecario: mortgage credit.
credito ipotecario diretto: direct mortgage loan.
credito ipotecario indiretto: indirect mortgage loan.
credito irrecuperabile: uncollectable credit.
credito irrevocabile: irrevocable credit; fixed credit line.
credito liberamente negoziabile: freely negotiable credit.
credito lombard: Lombard loan.

credito mercantile: trade credit; mercantile credit; supplier credit; commercial credit.
credito non documentato: clean credit.
credito non garantito: unsecured credit.
credito non rateale: non–instalment credit.
credito ordinario: banker's credit; bankers' commercial credit.
credito per cassa: cash credit.
credito per contanti: money loan.
credito per il finanziamento di vendite rateali: hire–purchase finance.
credito permanente: standing credit.
credito permanente rotativo: revolving credit; continuous credit.
credito personale: personal credit.
credito pre–spedizione: pre–finance credit; preshipment credit.
credito privilegiato: 1. preferential credit; priority credit. **2.** secured credit.
credito produttivo: productive credit.
credito pubblico: public credit.
credito rateale: instalment credit.
creditore: creditor.
creditore a breve: short–term creditor.
creditore chirografario: bond creditor; ordinary creditor; unsecured creditor; general creditor.
creditore di grado anteriore: senior creditor.
creditore di primo grado: senior creditor.
creditore di secondo grado: junior creditor.
creditore garantito: lien creditor.
creditore giudiziario: judgment creditor.
creditore ipotecario: secured creditor; mortgagee.
creditore ordinario: deferred creditor.
creditore per fornitura: trade creditor.
creditore per merci fornite: trade creditor.
creditore pignoratizio: pledgee; pawnee; secured creditor; lienor.
creditore principale: principal creditor.
creditore privilegiato: 1. preferred creditor; preferential creditor. **2.** secured creditor.
creditore ricorrente: petitioning creditor.
credito revocabile: revocable credit.
creditori diversi: sundry creditors.
credito rinnovabile: roll–over credit.
credito rotativo: 1. revolving credit; continuous credit. **2.** revolving credit fund.
credito rotativo in bianco: blank revolving credit.
credito scontato: account receivable discounted.
credito scoperto: 1. overdraft. **2.** open credit.
credito semplice: clean credit.
credito sempreverde: evergreen credit.
credito sociale: social credit.
credito stagionale: seasonal loan.
credito stand–by: stand–by credit.
credito su pegno: loan against pledge.
credito trasferibile: transferable credit.
crescita: growth.
crescita a tasso costante: steady state growth.
crescita autosostenentesi: self–sustaining growth.
crescita del livello dei prezzi: price–level growth.
crescita dell'occupazione: employment growth; job growth.
crescita dell'offerta di moneta: money supply growth.
crescita economica: economic growth.
crescita economica sostenibile: sustainable economic growth.
crescita esterna: external growth.
crescita interna: internal growth.
crescita monetaria: money growth; monetary growth.
crescita non bilanciata: unbalanced growth.
crescita reale negativa: negative real growth.
crescita senza inflazione: non–inflationary growth.
crescita sostenibile: sustainable growth.
crescita stimolata dal debito: debt–led growth.
crescita stimolata dalle esportazioni: export–led growth.
crescita zero: zero growth.
crisi: crisis.
crisi commerciale: commercial crisis.
crisi debitoria: debt crisis.
crisi del dollaro: dollar crisis.
crisi della convertibilità: convertibility crisis.
crisi della sterlina: sterling crises.
crisi delle banche secondarie: secondary banking crisis.
crisi dell'oro: gold crisis.
crisi di liquidità: liquidity crisis.
crisi di produttività: productivity crisis.
crisi di solvibilità: solvency crisis.
crisi di svalutazione: devaluation crises.
crisi economica: economic crisis.
crisi finanziaria: financial crisis.
crisi finanziaria internazionale: international financial crisis.
crisi monetaria: monetary crisis.
crisoedonismo: mercantilism.
criteri di valutazione delle scorte: inventory valuation methods.
criteri–guida: guidelines.
criterio basilare di contabilità: basis of accounting.
criterio della copertura dei costi: cost–recovery basis.
criterio delle spese maturate: accrued–expenditures basis.
criterio dell'ottimismo: optimism criterion.
criterio del maggior uso: most–use criterion.
criterio del minimassimo: minimax criterion.
criterio del minimax: minimax principle.
criterio del pessimismo: pessimism criterion; maximin.
criterio del punto di riordino: minimum inventory buying; buying to minimum inventory.
criterio del riordino per quote: quota buying.
criterio di Bayes: Bayes criterion.
criterio di Kaldor: Kaldor criterion.
criterio di Pareto: Pareto criterion.
criterio di Savage: Savage criterion.
criterio di valutazione al costo: cost basis of accounting.
criterio di valutazione basato sulla scorta minima: base stock method of inventory valuation.
criterio di valutazione delle scorte a costo standard: standard cost method of inventory valuation.
criterio di valutazione delle scorte al minor valore tra costo o prezzo di mercato: cost or market whichever is lower method of inventory valuation.
criterio di valutazione delle scorte al prezzo di dettaglio: retail method of inventory; retail method of inventory valuation.
criterio fifo di valutazione delle scorte: first–in, first–out method of inventory valuation.
criterio lifo di valutazione delle scorte: last in, first out method of inventory valuation.
croce di Marshall: Marshallian cross.
croce keynesiana: Keynesian cross.
crollo: crack; break; collapse.

crollo dei prezzi: price collapse.
crollo del mercato: market break.
crollo di Wall Street: Wall Street crash.
crumiraggio: strike–breaking.
crumiro: scab; fink; strike–breaker; blackleg.
cubaggio di spedizione: shipping cubage.
cubaggio per balle: bale cubic capacity.
cultura pecuniaria: pecuniary culture.
cumulativo: cumulative.
cumulo: hoard.
cumulo dei redditi: aggregation of incomes.
cumulo del rischio: pooling of risk.
cumulo di interessi: pooling of interests.
cumulo di ordinativi inevasi: backlog of unfilled orders.
cuneo fiscale: tax wedge.
cuponato: 1. cum dividend. **2.** cum coupon; cum interest.
cupone: coupon.
curando: safeguarding interests; at best.
curatore: 1. official receiver; official assignee. **2.** receiver.
curatore degli obbligazionisti: receiver for debenture holders.
curatore del fallimento: 1. official receiver. **2.** trustee in bankruptcy; bankruptcy trustee. **3.** referee.
curatore di eredità: administrator.
curatore di proprietà: receiver of rents.
curatore di società semplice: receiver for partnership.
curva a J: J–curve.
curva a J invertita: inverted J–curve.
curva binomiale: normal curve of distribution; probability curve; normal curve; normal function.
curva combinata della domanda e dell'offerta: combined demand and supply curve.
curva degli acquisti e delle vendite: sales–purchase curve.
curva degli errori: Gaussian curve; normal curve of error.
curva dei contratti: contract curve.
curva dei costi: cost curve.
curva dei prezzi: outlay curve; price–ratio line; price line; outlay contour.
curva dei ricavi marginali: marginal revenue curve.
curva del costo complessivo: total cost curve.
curva della domanda: demand curve.
curva della domanda di investimenti: investment demand curve.
curva della domanda di mercato: market demand curve.
curva della propensione al consumo: propensity–to–consume curve.
curva della propensione al risparmio: propensity–to–save curve.
curva della vita probabile: probable–life curve.
curva delle combinazioni di minor costo: least cost combination curve.
curva delle possibilità di produzione: possibility curve; production–possibility curve.
curva delle possibilità produttive dell'economia: possibility curve; transformation curve.
curva delle probabilità: probability curve; normal curve; normal function; normal curve of distribution; normal probability curve.
curva delle retribuzioni: salary curve.
curva dell'esperienza: experience curve.
curva delle vendite: sales contour.
curva dell'offerta: supply curve.
curva dell'offerta di mercato: market supply curve.
curva del ricavo totale: total revenue curve.
curva del tenore di vita: standard–of–life curve; income–consumption curve.
curva di apprendimento: learning curve.
curva di bilanciamento: line of balance.
curva di concentrazione dei redditi: Lorenz curve.
curva di costo di breve periodo: short–run cost curve.
curva di costo di lungo periodo: long–run cost curve.
curva di costo medio: average cost curve.
curva di crescita: growth curve.
curva di deteriorabilità: mortality curve; retirement curve.
curva di domanda aggregata: aggregate demand curve.
curva di domanda a gomito: kinked demand curve.
curva di domanda compensata: compensated demand curve.
curva di domanda di capitale: demand curve for capital.
curva di domanda di Marshall: Marshallian demand curve.
curva di domanda globale: aggregate demand curve.
curva di Engel: Engel's curve.
curva di frequenza: frequency curve.
curva di Gauss: Gaussian curve.
curva di Gompertz: Gompertz curve.
curva di indifferenza: indifference curve; iso–utility curve.
curva di indifferenza del produttore: iso–product curve; production curve; production contour; product contour; production–indifference curve; equal product curve; producer's indifference curve; isoquant; product curve.
curva di indifferenza temporale: time indifference curve.
curva di isocosto: factor–cost line; iso–cost curve; iso–cost contour; iso–cost line; iso–outlay curve; outlay curve; outlay contour; equal cost line.
curva di isoprofitto: iso–profit curve.
curva di isoricavo: iso–revenue curve.
curva di Laffer: Laffer curve.
curva di livello di uguale utilità: equal–utility contour.
curva di Lorenz: Lorenz curve.
curva di mortalità: mortality curve.
curva di offerta: offer curve.
curva di offerta aggregata: aggregate supply curve.
curva di offerta globale: aggregate supply curve.
curva di offerta regressiva: regressive supply curve; backward–bending supply curve.
curva di opportunità di un investimento: investment opportunity curve.
curva di Pareto: Pareto curve.
curva di Phillips: Phillips curve.
curva di produzione marginale: marginal output curve.
curva di produzione media: average output curve.
curva di produzione totale: total output curve.
curva di programmazione: planning curve.
curva di progressione delle retribuzioni: salary progression curve.
curva di reazione: reaction curve.
curva di rendimento: yield curve.
curva di rendimento negativa: negative yield curve; inverted yield curve.
curva di rendimento piatta: flat yield curve.
curva di rendimento positiva: positive yield curve.
curva di ricavo della produzione: production revenue contour.
curva di ricavo medio: average revenue curve.

curva di sopravvivenza: survivor–life curve.
curva di trasformazione: transformation curve.
curva di trasformazione della produzione: production transformation curve.
curva di uguale produzione: production–indifference curve; product contour; isoquant; product curve; iso–product curve; production contour; production curve; equal product curve; constant product curve.
curva di uguale utilità: equal–utility curve.
curva di vendita: sales curve.
curva investimento–risparmio: investment–saving curve; IS curve.
curva liquidità–moneta: liquidity–money curve; LM curve.
curva logaritmica: logarithmic curve.
curva logistica: logistic curve.
curva normale: normal curve of distribution; normal function; normal distribution; normal curve; probability curve; normal probability curve.
curva platicurtica: platykurtic curve.
curva prezzo–acquisti: price–purchase curve.
curva prezzo–consumo: price–consumption curve.
curva prezzo–offerta: price–offer curve.
curva reddito–consumo: income–consumption curve; standard–of–life curve.
curva regressiva di offerta di lavoro: backward–bending labour supply curve.
curve della domanda e dell'offerta: supply and demand curves; demand–and–supply curves.
curve di spesa: expenditure curves.
custode: caretaker.
custodia di sicurezza: safe–keeping; safe custody.
custodia globale: global custody.
custodia in cassette di sicurezza: safe–keeping; safe custody.
custodia individuale: separate custody.

d, D

da accreditare: account payee only; for deposit only.
da breve data: short–dated.
dal: as from.
dal colletto grigio: gray–collar.
dalla data: after date.
da magazzino: ex stock.
da magazzino a magazzino: warehouse to warehouse.
damigiana: carboy.
danni causati da violazione del contratto: damages for breach of contract.
danni da immobilizzazione: damages for detention.
danni di guerra: war damages.
danni dolosi: malicious damages.
danni generali: general damages.
danni generici: general damages.
danni nominali: nominal damages.
danni non accertati: unliquidated damages.
danni non determinati: unliquidated damages.
danni ordinari: ordinary damages.
danni per ritardo: damages for detention.
danni sostanziali: substantial damages.
danni speciali: special damages.
danni specifici: specific damages.
danno: **1.** damage. **2.** loss.
danno apparente: apparent damage.
danno emergente: damnum emergens.
danno indiretto: remote damage; consequential damage; indirect damage.
danno nascosto: hidden damage.
danno occulto: hidden damage.
danno palese: apparent damage.
dare: debit.
dare in appalto: to farm out.
dare in garanzia: to pledge.
dare in pegno: **1.** to pledge. **2.** to pawn.
da scorta: ex stock.
data: date.
data di acquisizione: date of acquisition.
data di cancello: cancellation date; cancelling date.
data di chiusura: **1.** closing date. **2.** balancing date.
data di consegna: date of delivery.
data di contrattazione: trade date.
data di dichiarazione: declaration date.
data di emissione: date of issue.
data di inizio: dated date.
data di interruzione: cutoff date.
data di iscrizione: record date; date of record.
data di pagamento: date of payment; time of payment.
data di pagamento della cedola: due date of coupon.
data di registrazione: accounting date.
data di riferimento contabile: accounting reference date.
data di rimborso: redemption date.
data di scadenza: **1.** due date; maturity date. **2.** sell–by date.
data di separazione: cutoff date.
data di valuta: value date.
data media di pagamento: average time of payment; equated time of payment.
data media di scadenza: average date; average due date.
data ultima: deadline.
date fisse: fixed dates.
dati di una serie temporale: time–series data.
dati primari: primary data.
dati secondari: secondary data.
datore di lavoro: employer.
datore di pegno: lienee.
dattilografo: typist.
dazi di entrata: import duties; import tariffs.
dazi di esportazione: export duties.
dazi d'importazione: import duties; import tariffs.
dazi di transito: transit duties.
dazi di uscita: export duties.
dazi doganali: customs duties; customs.
dazi doganali fiscali: customs revenue duties.
dazi doganali su merci in transito: transit duties.
daziere: exciseman.
dazi esterni: customs duties.
dazi fiscali: revenue duties.
dazi interni: excise duties.
dazi interni ed esterni: customs and excise duties.
dazio: duty.
dazio addizionale: surcharge.
dazio ad valorem: ad valorem duty.
dazio antidumping: antidumping duty.
dazio a scala mobile: sliding–scale duty.
dazio compensativo: **1.** countervailing duty. **2.** equalizing tax; import levy.
dazio compensatore: **1.** compensation duty; compensatory duty; compensatory tariff; countervailing excise duty. **2.** contingent duty.
dazio composto: compound duty.
dazio compreso: duty paid.
dazio comunale: town duty.
dazio controvalore: countervailing duty.
dazio di compensazione: **1.** compensation duty; compensatory duty; compensatory tariff; countervailing excise duty. **2.** contingent duty.
dazio differenziale: differential duty; discriminating duty.
dazio d'importazione: import excise tax.
dazio d'importazione variabile: variable levy.
dazio d'ingresso: entry tax.
dazio di rappresaglia: retaliatory duty.
dazio di ritorsione: retaliatory duty.
dazio doganale d'importazione: tariff.
dazio doganale di ritorno: customs drawback; drawback; process inwards relief.
dazio economico: protective duty.

dazio escluso: duty unpaid.
dazio implicito: implicit tariff.
dazio industriale: countervailing duty.
dazio interno: internal revenue tax.
dazio misto: compound duty.
dazio pagato: duty paid.
dazio preferenziale: preferential duty.
dazio proibitivo: prohibitive duty; prohibitive tariff.
dazio protettivo: protective duty.
dazio specifico: specific duty; fixed duty.
dazio supplementare: supplementary levy.
debiti ammissibili: provable debts.
debiti documentabili: provable debts.
debiti interalleati: inter–allied debts.
debiti intergovernativi: inter–governmental debts.
debiti reciproci: mutual debts.
debiti sociali: partnership's debts.
debito: 1. stock. **2.** debt; indebtedness; payable.
debito a breve termine: account payable; short–term debt.
debito allo scoperto: unsecured debt.
debito a lungo termine: long–term debt.
debito ammesso al passivo: debt admitted in bankruptcy; debt proved in bankruptcy.
debito a termine: term debt.
debito attivo: active debt.
debito autosostenentesi: self–supporting debt.
debito bellico: war debt.
debito certo: liquidated debt.
debito commerciale: trade debt.
debito consolidato: funded debt; permanent debt; fixed debt.
debito corrente: current debt.
debito creato per atto pubblico: speciality debt; specialty debt; specialty.
debito di banco: book debt.
debito di grado anteriore: senior debt.
debito di grado posteriore: junior debt.
debito di libro: book debt.
debito di onore: debt of honour.
debito di prima: senior debt.
debito di seconda: junior debt.
debito di stato sovrano: sovereign debt.
debito estero: external debt; foreign debt.
debito federale: federal debt.
debito fiduciario: fiduciary debt.
debito flottante: floating debt.
debito fluttuante: floating debt.
debito fondato: funded debt; permanent debt; fixed debt.
debito garantito: secured debt.
debito giudiziario: judgment debt.
debito in scadenza: maturing debt.
debito internazionale: international debt.
debito interno: internal debt; national debt.
debito interno non finanziario: domestic non–financial debt.
debito ipotecario: mortgage debt.
debito irredimibile: perpetual debt.
debito iscritto: funded debt.
debito lordo: gross debt.
debito mobiliarizzato: securitized debt.
debito nazionale: national debt.
debito nazionale interno: internal national debt.
debito nazionale lordo: gross national debt.
debito nazionale netto: net national debt.
debito netto: net debt.
debito netto del settore privato: net private debt.
debito netto del settore pubblico: net public debt.
debito non consolidato: unfunded debt.
debito non fondato: unfunded debt.
debito non garantito: unsecured debt; unsecured liability.
debito non negoziabile: non–marketable debt.
debito non produttivo: non–productive debt.
debito obbligazionario: bonded debt; debenture debt.
debito obbligazionario lordo: gross bonded debt.
debito obbligazionario netto: net bonded debt.
debito ordinario: ordinary debt.
debito passivo: passive debt.
debito per contratto non sigillato: debt by simple contract.
debito per contratto sigillato: debt by specialty.
debito per intervento: intervention debt.
debito perpetuo: perpetual debt.
debito postergato: subordinated debt.
debito preferenziale: preferential debt; preferred debt; privileged debt.
debito privato: private debt.
debito privato netto: net private debt.
debito privilegiato: preferential debt; preferred debt; privileged debt.
debito pro capite: per capita debt.
debito produttivo: productive debt.
debito pubblico: public debt.
debito pubblico consolidato: consolidated loan.
debito pubblico fiduciario: deadweight debt.
debito pubblico lordo: gross national debt.
debito pubblico netto: net public debt.
debitore: debtor.
debitore giudiziario: judgment debtor.
debitore ipotecario: mortgager; mortgagor; mortgage holder.
debitore per fornitura: trade debtor.
debitore per merci fornite: trade debtor.
debitore pignoratizio: 1. pawnor; pawner. **2.** pledger; pledgor.
debitore principale: principal debtor; principal.
debitori: receivables.
debito riconosciuto in giudizio: debt by record.
debitori diversi: sundry debtors.
debito rinegoziato: rescheduled debt.
debito riproduttivo: reproductive debt.
debito statale: government debt.
debito subordinato: subordinated debt.
debito temporaneo: temporary debt.
debito vivo: living debt.
debole: dull.
deburocratizzazione: debureaucratization.
decadenza: limitation of actions; lapse.
decadere: to lapse.
decapitalizzare: to decapitalize.
decartellizzazione: decartelization.
decasualizzazione: decasualization.
decentralizzare: to decentralize.
decentralizzazione: decentralization.
decentramento: decentralization.
decentramento aziendale: hiving off.
decentramento dei profitti: profit decentralization.
decentramento fiscale: fiscal decentralization.
decentramento in centri di profitto: profit decentralization.
decentrare: to decentralize.
decidere: to establish.
decile: decile.
decima: tenth; tithe.
decimale circolante: circulating decimal.

decimali: decimals.
decisione: decision.
decisione di acquisto: buying decision.
decisioni economiche: economic decisions.
decisioni strategiche: strategic decisions.
decisioni tattiche: tactical decisions.
declinare: to decline.
declino dei prezzi: decline in prices; price decline.
declino delle vendite: decline in sales.
decollo: take–off.
decontrostallie: extra–demurrage days.
decorso: currency.
decremento: decrement.
decreto: decree.
decreto di assegnazione di proprietà: vesting order.
decreto di autorizzazione a iniziare l'attività commerciale: trading certificate.
decreto di autorizzazione a iniziare l'attività sociale: certificate to commence business; certificate of trading.
decreto di chiusura del fallimento: bankruptcy discharge; discharge in bankruptcy.
decreto di liquidazione: winding–up order.
decreto di pignoramento presso terzi: charging order.
de cuius: testate; testator.
decumulazione di scorte: decumulation of stocks.
deduzione: deduction.
deduzione dallo stipendio: pay–roll deduction.
deduzione di entrate: revenue deduction.
deduzione d'interesse: interest deduction.
deduzione fiscale: tax allowance.
deduzione iniziale: initial allowance.
deduzione nuovo per vecchio: deduction for new.
deduzione per assicurazione sulla vita: life assurance allowance; life assurance premium relief.
deduzione per interessi passivi: mortgage interest relief; loan interest relief.
deduzione per investimento: investment allowance.
deduzioni dal reddito lordo: deductions from gross income.
deduzioni in conto capitale: capital allowances.
deduzioni per logorio: wear and tear allowances.
deficit: deficit; deficiency.
deficit adeguato per inflazione: inflation–adjusted deficit.
deficit commerciale: trade deficit; merchandise trade deficit; trade–account deficit.
deficit con l'estero: external deficit.
deficit della bilancia commerciale: passive balance of trade; trade deficit; passive trade balance.
deficit della bilancia dei pagamenti: balance of payments deficit on current account; passive balance of payments; payments deficit; external payments deficit.
deficit delle entrate pubbliche: deficiency in the public revenue.
deficit delle partite correnti: current account deficit.
deficit del settore pubblico: public sector deficit.
deficit di bilancio: budget deficit; budgetary deficit.
deficit di bilancio ciclico: cyclical budget deficit.
deficit di bilancio strutturale: structural budget deficit.
deficit di capitale: capital gap.
deficit di liquidi: liquid deficiency.
deficit effettivo: actual deficit.
deficit efficiente: efficient deficit.
deficit in conto corrente: current account deficit.
deficit in dollari: dollar gap; dollar deficit.
deficit nel gettito tributario: deficiency in taxes.
deficit petrolifero: oil deficit.
deficit primario: primary deficit.
deficit pubblico: government deficit; public sector deficit.
deficit statale: government deficit.
definizione amichevole: friendly settlement.
definizioni di economia: definitions of economics.
deflatore: deflator.
deflatore dei prezzi: price deflator.
deflatore delle spese in consumi: consumers' expenditure deflator.
deflatore delle spese in consumi personali: personal consumption expenditure deflator.
deflatore del prodotto interno lordo: gross domestic product deflator.
deflatore del prodotto nazionale lordo: gross national product deflator; GNP deflator.
deflatore implicito dei prezzi: implicit price deflator.
deflatore implicito delle spese in consumi personali: implicit personal consumption expenditure deflator.
deflazionato: price–adjusted.
deflazione: deflation.
deflazione creditizia: deflation of credit.
deflazione dei prezzi: price deflation.
deflazione dei profitti: profit deflation.
deflazione dei redditi: income deflation.
deflazione del credito: deflation of credit.
deflazione delle merci: commodity deflation.
deflazione di capitale: capital deflation.
deflazione monetaria: currency deflation.
deflazionista: deflationist.
deflusso di capitali: capital outflow.
deflusso di fondi: funds outflow.
degradazione per omissione: permissive waste.
delega: proxy; proxy statement.
delega di autorità: delegation of authority.
delega d'incasso: collecting note.
delega di riscossione di dividendi: dividend mandate.
delega generale: general proxy.
delegare: to delegate.
delega speciale: special proxy.
delegato: delegate; proxy.
delegato di fabbrica: shop steward; steward; union steward.
delegificazione: deregulation.
delibazione: enforcement of foreign judgment.
delibera: resolution.
deliberazione: resolution.
deliberazione di classe: class resolution.
deliberazione ordinaria: ordinary resolution.
deliberazione speciale: special resolution.
deliberazione straordinaria: extraordinary resolution.
deliberazioni di bilancio: budget resolutions.
deliberazioni di modi e mezzi: Ways and Means resolutions.
delimitazione territoriale delle vendite: sales boundary.
dell'ingrosso: wholesale.
del primo semestre: first–half.
del secondo semestre: second–half.
demanio: public domain.
demanio idrico: public waters.
demanio pubblico: public domain.
demanio terriero: public lands.
democrazia industriale: industrial democracy.
demografia: demography.
demolizione: break–up.
demonetazione: demonetization.
demonetizzare: to demonetize.

demonetizzazione: demonetization.
denaro: 1. money. **2.** bid; bid price.
denaro a basso interesse: cheap money.
denaro a breve preavviso: money at short notice.
denaro a breve scadenza: short money.
denaro a buon mercato: cheap money.
denaro a giornata: day–to–day money.
denaro a interesse: money at interest.
denaro a richiesta: quick money; money on call; money at call; call money.
denaro a richiesta e a breve preavviso: money at call and short notice.
denaro attivo: active money.
denaro caro: dear money; tight money.
denaro chiave: premium; premium on a lease; key money.
denaro contante: ready cash.
denaro disponibile: money on hand.
denaro facile: easy money.
denaro fresco: fresh money.
denaro giornaliero: day–to–day money.
denaro inattivo: dead money; idle balances.
denaro in cassa: vault cash; till money.
denaro liquido: 1. cash. **2.** pure cash.
denaro morto: dead money.
denaro nero: 1. slush money. **2.** black money.
denaro nuovo: new money.
denaro per le piccole spese: pocket money; spending money.
denaro per le spese familiari: housekeeping money.
denaro privato: private money.
denaro pubblico: public money.
denaro riciclato: laundered money.
denaro scottante: hot money; bad money.
denaro sporco: dirty money.
denaro vecchio: old money.
denazionalizzazione: denationalization.
denominazione commerciale: trade name.
denominazione di un conto: account title; account heading.
denominazione sociale: firm name; style; company title.
densità di carico: freight density.
densità di passeggeri: passenger density.
denuncia dei redditi: income tax return; tax return.
denunziare: to declare.
deperimento: depreciation.
deperimento del capitale: depreciation of capital.
deperimento materiale: wear and tear.
deponente: depositor.
deporto: backwardation; continuation rate; backwardization.
depositante: 1. depositor; bailor. **2.** consignor.
depositante a risparmio: savings depositor.
depositare: to file.
depositare in banca: to bank.
depositari autorizzati: licensed deposit–takers; licensed deposit–taking institutions.
depositario: 1. depositary; deposit–holder; depository; bailee. **2.** consignee; recipient. **3.** sequestrator.
depositario autorizzato: authorized depositary.
depositario dello stato: government depository.
depositario generale: general depository.
depositario limitato: limited depositary.
depositario speciale: special depositary.
depositi a breve termine: short–term deposits.
depositi a fini di operazioni commerciali: transaction deposits.
depositi a vista: checking deposits.
depositi commerciali: business deposits.
depositi delle banche: bankers' deposits.
depositi di reddito: income deposits.
depositi disponibili: free deposits.
depositi fiduciari: fiduciary deposits.
depositi in conto corrente: checking deposits.
depositi in eurovalute: euro–currency deposits.
depositi in valuta: currency deposits.
depositi in valuta estera: foreign currency deposits.
depositi–moneta: cash deposits.
depositi non disponibili: tied deposits.
depositi obbligatori delle banche: bankers' deposits.
depositi presso società di credito edilizio: building society deposits.
depositi pubblici: Public Deposits.
depositi speciali: special deposits; deposit reserves.
depositi speciali supplementari: supplementary special deposits.
depositi supplementari: supplementary deposits.
deposito: 1. bailment; deposit. **2.** down payment. **3.** depot; warehouse; storehouse. **4.** store–room; store.
deposito a custodia: 1. custody account; custodian account. **2.** bank custody. **3.** trust deposit.
deposito a dossier: open safe–custody account; ordinary safe–custody account.
deposito a fronte di importazioni: import deposit.
deposito a garanzia del pagamento della pigione: security deposit.
deposito anticipato a fronte di importazioni: prior import deposit.
deposito aperto: open safe–custody account; ordinary safe–custody account.
deposito a richiesta: call deposit; demand deposit.
deposito a risparmio: time deposit; savings deposit.
deposito a risparmio postale: postal savings deposit.
deposito a scadenza fissa: fixed deposit.
deposito a sette giorni: seven–day deposit account.
deposito a tempo: deposit account; time deposit.
deposito a termine: time deposit; term deposit.
deposito a uso: irregular deposit.
deposito autorizzato: licensed warehouse.
deposito a vista: demand deposit; sight deposit.
deposito a vista derivato: derived demand deposit.
deposito a vista fittizio: derived demand deposit.
deposito a vista primario: primary demand deposit.
deposito bagagli: baggage room.
deposito bancario: bank deposit.
deposito cauzionale: 1. caution money. **2.** bar depot. **3.** margin.
deposito cauzionale di rimozione: removal bond.
deposito cauzionale iniziale: initial margin.
deposito congiunto: joint custody.
deposito derivato: derivative deposit.
deposito di buona fede: good faith deposit.
deposito di garanzia: margin; margin requirement.
deposito di garanzia addizionale: variation margin.
deposito di garanzia iniziale: initial margin.
deposito doganale: warehousing.
deposito fiduciario: deposit account.
deposito fittizio: derivative deposit; secondary deposit.
deposito franco: bonded warehouse; entrepôt; customs warehouse; bonded store.
deposito fruttifero: interest–bearing deposit.
deposito generale: general deposit.
deposito generico: general deposit.
deposito in amministrazione: open safe–custody account; ordinary safe–custody account.

deposito in cassette di sicurezza: safe deposit; bank custody.
deposito in eurodollari: eurodollar deposit.
deposito infruttifero: non–interest–bearing deposit.
deposito irregolare: irregular deposit.
deposito libero: sight deposit; demand deposit.
deposito naturale: natural deposit.
deposito non personale: non–personal deposit.
deposito per contenitori: container depot.
deposito presso la banca centrale: central bank deposit.
deposito presso terzi: escrow account.
deposito primario: primary deposit.
deposito privato: private warehouse.
deposito reale: primary deposit.
deposito refrigerato: refrigerated warehouse.
deposito regolare: **1.** regular warehouse. **2.** regular deposit; trust deposit.
deposito secondario: secondary deposit.
deposito soggetto a preavviso: notice deposit.
deposito speciale: special deposit.
deposito specifico: specific deposit.
deposito vero: primary deposit.
deposito vincolato: **1.** term deposit. **2.** fixed deposit; time deposit; deposit account.
depressione: depression; trough.
depressione commerciale: trade depression.
depressione economica: economic depression.
deprezzabile: depreciable.
deprezzamento: **1.** debasement. **2.** depreciation. **3.** disappreciation.
deprezzamento annuo: annual depreciation.
deprezzamento a scelta: depreciation at choice; free depreciation.
deprezzamento del cambio: exchange rate depreciation.
deprezzamento del capitale: depreciation; capital depreciation.
deprezzamento del corso del cambio: exchange rate depreciation.
deprezzamento delle scorte: stock depreciation.
deprezzamento di una moneta: depreciation of a currency.
deprezzamento eccezionale: extraordinary depreciation.
deprezzamento libero: depreciation at choice; free depreciation.
deprezzamento monetario: currency depreciation; exchange depreciation.
deprezzamento ordinario: ordinary depreciation.
deprezzamento stimato: observed depreciation.
deprezzare: to embase.
deprezzarsi: to depreciate.
deregolamentazione: deregulation.
deregolamentazione finanziaria: financial deregulation.
deregolazione: deregulation.
derequisizione: de–requisitioning.
derivazione della domanda: derivation of demand.
derrata a termine: future commodity.
derrata pronta: cash commodity.
derrate alimentari: foodstuffs.
descrizione: legend; narration.
descrizione accurata: accurate description.
descrizione commerciale: trade description.
descrizione delle mansioni: job description.
descrizione delle posizioni: job description.
descrizione erronea: misdescription.
descrizione falsa: misdescription.
descrizione fuorviante: misleading description.
descrizione inesatta: misdescription.
descrizione veritiera: accurate description.
desertificazione: desertification.
desiderabilità: utility.
desideri del consumatore: consumer desires.
desiderio di acquistare: eagerness to buy.
design depositato: registered design.
design di un prodotto: product design.
desistenza: abandonment.
desistenza da un'azione giudiziaria: abandonment of action.
destagionalizzazione: deseasonalization.
destatizzazione: destatization.
desterilizzazione dell'oro: gold desterilization; desterilization of gold.
destinare: to earmark.
destinatario: **1.** receiver. **2.** consignee; recipient. **3.** offeree. **4.** addressee.
destinatario del carico: cargo receiver.
destinazione: **1.** destination. **2.** earmarking.
destinazione dell'utile netto: appropriation of net income.
destinazione del profitto netto: disposition of net profit.
destinazione del reddito netto: disposition of net earnings; disposition of net income.
destinazione di imposte: earmarking of taxes.
destoccaggio: destocking.
detassazione: de–rating.
detentore: holder.
detentore di brevetto: patentee; patent holder.
detentore di cambiale: bill holder.
detentore di polizza: policy–holder.
detentore di privativa: patentee; patent holder.
deteriorabilità: mortality.
deterioramento: **1.** deterioration. **2.** waste. **3.** spoilage.
deterioramento anomalo: abnormal spoilage.
deterioramento fisico: physical deterioration.
deterioramento per omissione: permissive wastage.
deteriorazione: deterioration.
determinare un prezzo: to price.
determinatore del prezzo: price–maker.
determinazione dei costi: cost determination; costing.
determinazione dei costi di prodotti multipli: multiple costing.
determinazione dei costi per funzioni: functional costing.
determinazione dei costi terminali: terminal costing.
determinazione dei prezzi: price determination; price–making.
determinazione dei salari: wage determination; determination of wages.
determinazione del cambio: exchange rate determination.
determinazione del corso del cambio: exchange rate determination.
determinazione del cottimo: piecework calculation.
determinazione della capacità di gruppo: group capacity assessment.
determinazione della quota di mercato: market share measurement.
determinazione della tariffa tipo: manual rating.
determinazione delle tariffe: rate making.
determinazione delle tariffe assicurative: insurance rating.
determinazione delle tariffe basata sulla teoria del

costo a nuovo reproduction new cost theory of rate making.
determinazione delle tariffe basata sulla teoria del costo del capitale: cost of capital theory of rate making.
determinazione delle tariffe basata sulla teoria del costo di cauto investimento: prudent investment cost theory of rate making.
determinazione delle tariffe basata sulla teoria del costo d'investimento: investment cost theory of rate making.
determinazione delle tariffe basata sulla teoria del costo di rimpiazzo: reproduction cost theory of rate making.
determinazione delle tariffe basata sulla teoria del costo originario: original cost theory of rate making.
determinazione del prezzo: pricing.
determinazione del prezzo basata sul margine di utile: rate–of–return pricing.
determinazione del prezzo dell'oro: gold fixing; gold fix.
determinazione del prezzo di mercato: market pricing.
determinazione del prezzo di prodotti multipli: multiple–product pricing.
determinazione del prezzo di vendita in base al costo marginale: marginal cost pricing.
determinazione del prezzo in base al costo marginale: marginal pricing.
determinazione del prezzo in base al costo medio: average cost pricing.
determinazione del prezzo in base al costo pieno: full–cost pricing.
determinazione del prezzo in base al fattore di carico: load–factor pricing.
determinazione del reddito: income determination.
determinazione di prezzi traguardo: target pricing.
determinazione extracontabile dei costi consuntivi: cost finding.
determinazione extracontabile dei costi preventivi: cost estimating.
determinazione extracontabile dei costi stimati: cost estimating.
determinazione parallela del prezzo: parallel pricing.
determinazione preventiva del prezzo: anticipatory pricing.
determinismo economico: economic determinism.
detesaurizzazione: dishoarding.
detesoreggiamento: dishoarding.
detesorizzazione: dishoarding.
detraibile: tax–deductible.
detrarre: to deduct.
detrazione: 1. relief; allowance; exemption. **2.** deduction.
detrazione ammessa: statutory allowance.
detrazione a saldo: balancing allowance.
detrazione dagli utili: income deduction.
detrazione d'imposta: tax allowance; tax deduction; tax relief; tax–free allowance.
detrazione d'imposta per esportazioni: export tax relief.
detrazione d'imposta supplementare: additional personal allowance.
detrazione fiscale: tax relief; tax–free allowance.
detrazione forfettaria: standard deduction.
detrazione marginale: marginal relief.
detrazione per consumo di capitale: capital consumption allowance.
detrazione per deperimento: depreciation allowance.
detrazione per deprezzamento: depreciation allowance.
detrazione per esaurimento: depletion allowance.
detrazione per familiare a carico: dependent relative allowance.
detrazione per figli a carico: children allowance.
detrazione per governante: housekeeper allowance.
detrazione per indicizzazione: indexation allowance.
detrazione per non vedenti: blind person's allowance.
detrazione per perdita finale: terminal loss relief.
detrazione per perdite: loss relief.
detrazione per rapida successione: quick succession relief.
detrazione per redditi di lavoro: earned income credit; earned income relief.
detrazione per reintegrazione del capitale fisso: capital consumption allowance.
detrazione per servizi filiali: daughter's services allowance.
detrazione personale: personal relief; personal allowance.
detrazione standard: standard deduction.
detrazione sul reddito del coniuge: wife's earned income allowance.
detrazione tipo: standard deduction.
detrazioni annuali d'imposta su spese in conto capitale: annual allowances.
detrazioni dal reddito: deductions from income.
detrazioni dal reddito netto: deductions from net income.
detrazioni d'imposta sul reddito: income tax deductions; income tax allowances; income tax reliefs.
detrazioni per ammortamento: capital allowances.
detrimento: detriment.
dettagliante: retail merchant; retailer; retail dealer.
dettagliante senza negozio: non–store retailer.
dettaglianti abusivi: illegal retailers.
dettaglianti indipendenti: independents.
dettaglio: retail.
devalutazione: devaluation.
deviazione: 1. diversion. **2.** deviation.
deviazione media: average deviation; mean deviation.
deviazione media relativa: relative average deviation.
deviazione quartile: semi–interquartile range; quartile deviation.
deviazione quartile relativa: relative quartile deviation.
deviazione standard: standard deviation.
deviazione standard relativa: relative standard deviation.
deviazione tipica: standard deviation.
devoluzione: transmission.
devoluzione di azioni: transmission of shares.
diagramma: chart.
diagramma a barre: bar diagram.
diagramma a blocchi: block diagram.
diagramma a canne di organo: organ–pipes chart.
diagramma a colonne: bar chart; band chart.
diagramma a dispersione: scatter chart.
diagramma a doppia scala logaritmica: double–logarithmic chart.
diagramma a nube di punti: scatter chart.
diagramma a ordinate: scatter chart.
diagramma a punti: scattered chart; scatter diagram; scattered diagram; scatter chart; scattergram.
diagramma a punti dispersi: scatter chart.
diagramma a punti sparsi: scatter chart.
diagramma a rettangoli: block diagram.
diagramma a scala: staircase chart.

diagramma a semplice scala logaritmica: semilogarithmic chart; ratio scale graph.
diagramma a settori: sector chart; circular chart.
diagramma a Z: Z chart.
diagramma campione: specimen chart.
diagramma circolare: circular chart.
diagramma dei movimenti: motion chart.
diagramma dei progressi: progress chart.
diagramma dei rapporti: ratio chart.
diagramma del carico di tempo teorico uomo–macchina: man–machine chart.
diagramma del ciclo di lavorazione: flow diagram; flow chart.
diagramma del ciclo di moto simultaneo: simo chart.
diagramma delle attività: activity chart.
diagramma delle strozzature: neck chart.
diagramma del punto di equilibrio: profit/volume chart; break–even chart; profitgraph.
diagramma di attività multiple: multi–activity chart; multiple–activity process chart.
diagramma di controllo: control chart.
diagramma di controllo della qualità: quality control chart.
diagramma di flusso: flow diagram; flow chart.
diagramma di redditività: profit/volume chart; break–even chart; profitgraph.
diagramma di routine: routine diagram.
diagramma di serie temporale: time–series chart.
diagramma di tempi e attività multiple: multiple–activity time chart.
diagramma logaritmico: logarithmic chart.
diagramma modello: specimen chart.
diagramma semi–logaritmico: semilogarithmic chart; ratio scale graph.
diagramma sparso: scatter chart.
dialogo nord–sud: North–South dialogue.
diaria: daily allowance.
diario degli effetti: bill diary.
diboscamento: deforestation.
di breve periodo: short run.
di breve termine: short run; short–term.
dichiarante: declarant.
dichiarare: to declare.
dichiarare una nave in dogana: to report a vessel.
dichiarare un dividendo: to declare a dividend.
dichiarazione: **1.** declaration. **2.** representation. **3.** return.
dichiarazione congiunta: joint return.
dichiarazione consolare: consular declaration.
dichiarazione dei redditi: tax return; declaration of income; income tax return.
dichiarazione del capitano: captain's entry.
dichiarazione del contribuente: taxpayer's list.
dichiarazione delle imposte: tax declaration.
dichiarazione dell'esportatore: exporter's declaration.
dichiarazione del presidente: chairman's statement.
dichiarazione del reddito annuo: annual return.
dichiarazione di abbandono: notice of abandonment.
dichiarazione di accompagnamento in deposito franco: entry for warehousing.
dichiarazione di associazione: declaration of association.
dichiarazione di avaria: protest; captain's protest; ship's protest; protest of average; sea protest.
dichiarazione di avaria particolareggiata: extended protest.
dichiarazione di bagaglio: baggage declaration.
dichiarazione di credito: I.O.U..
dichiarazione di entrata: ship's report.
dichiarazione di fallimento: adjudication in bankruptcy; declaration of bankruptcy; bankruptcy declaration; adjudication order; bankruptcy order.
dichiarazione d'introduzione all'interno: prime entry.
dichiarazione d'introduzione in magazzino doganale: entry for warehousing.
dichiarazione di politica: statement of policy.
dichiarazione di riserva del diritto d'autore: copyright notice.
dichiarazione di solvibilità: declaration of solvency.
dichiarazione di sosta: lay-up warranty.
dichiarazione di stanziamento: appropriation account; appropriation statement.
dichiarazione di transito: entry for transhipment.
dichiarazione di trasbordo: entry for transhipment.
dichiarazione di valore interno: home value declaration.
dichiarazione doganale: **1.** specification; entry outwards. **2.** customs entry; entry. **3.** customs declaration.
dichiarazione doganale di esportazione: export declaration.
dichiarazione essenziale: material representation.
dichiarazione falsa: misrepresentation; false representantion; misstatement.
dichiarazione fraudolenta: fraudulent misrepresentation.
dichiarazione giurata: affidavit.
dichiarazione in luogo del manifesto: statement in lieu of prospectus.
dichiarazione IVA: value added statement; VAT declaration.
dichiarazione legale: statutory declaration.
dichiarazione per consumo interno: home use entry; entry for home use.
dichiarazione per la registrazione: registration statement.
dichiarazione per merci in esenzione doganale: entry for free goods.
dichiarazione per merci schiave di dazio: entry for dutiable goods.
dichiarazione promissoria: promissory representation.
dichiarazione rilevante: material representation.
dichiarazioni: declarations.
di computo: imputed.
di contropartita: contra.
dietimi: accrued interest.
difensore civico: ombudsman.
difensori: white knights.
difesa: safeguard.
difetto apparente: apparent defect; patent defect.
difetto occulto: latent defect; hidden defect.
diffalco: abatement.
diffalco dal prezzo di acquisto: abatement of purchase money.
differenza: **1.** difference. **2.** range.
differenza di negoziazione: trading difference.
differenza di rivalutazione: appraisal surplus; appreciation surplus.
differenza interquartile: interquartile range.
differenza semi–interquartile: semi–interquartile range.
differenze di prezzi relativi: relative price differences.
differenziale: differential.
differenziale d'inflazione: inflation differential; inflation rate differential.
differenziale di prezzo: price differential.

differenziale di reddito: income differential.
differenziale di rendimento: yield differential.
differenziale di spezzatura: odd–lot differential.
differenziale di tasso d'inflazione: inflation rate differential.
differenziale salariale: wage differential.
differenziale salariale equalizzante: equalizing differential.
differenziale salariale non equalizzante: non–equalizing differential.
differenziali del tasso d'interesse: interest–rate differentials; interest–rate spreads.
differenziali d'interesse: interest differentials.
differenziali di specializzazione: skill differentials.
differenziali salariali compensatori: compensating wage differentials.
differenziali salariali interni: internal wage differentials.
differenziali salariali regionali: regional wage differentials.
differenziazione: differentiation.
differenziazione dei prezzi: price differentiation.
differenziazione dei prodotti: product differentiation.
differimento: roll–over; roll–over relief.
differimento di imposte: deferral of taxes; tax deferral.
difficoltà finanziaria: financial difficulty.
diffusione: 1. publicity. **2.** broadcast.
diffusione dell'imposta: tax diffusion.
diffusione d'innovazione: diffusion of innovation.
diffusione tecnologica: technological diffusion.
di gestione: operating.
di grado anteriore: senior.
di grado inferiore: junior.
di grado posteriore: junior.
di grado superiore: senior.
dilazionare: to extend.
dilazione: respite.
dilemma bancario: banker's dilemma.
diligenza: diligence.
diluizione: dilution.
diluizione degli utili: dilution of earnings.
diluizione del capitale azionario: dilution of equity; dilution of shareholding.
diluizione della manodopera: dilution of labour.
di lungo periodo: long run.
di lungo termine: long run; long–term.
di medio termine: medium–term.
dimensione: dimension.
dimensione base: basic dimension.
dimensione del campione: sample size.
dimensione della azienda: corporate size.
dimensione della serie economica: optimum size lot; optimum lot size.
dimensione del lotto: batch size; lot size.
dimensione del mercato: size of the market.
dimensione di riordino: reorder size; reorder level.
dimensione di un ordinativo: order quantity.
dimensione media del campione: average sample number.
dimensione ottimale: optimum size.
dimensione ottimale degli impianti: optimum plant size.
dimensione teorica: basic dimension.
diminuire: to fall.
diminuzione: fall; decrease; shrinkage.
diminuzione dei danni: mitigation of damages.
diminuzione dei prezzi: decline in prices; price decrease.
diminuzione delle imposte: tax cut.
diminuzione dell'occupazione: employment decline.
di moda: fashionable.
dimostrazione: demonstration.
dinamica: dynamics.
dinamica economica: economic dynamics.
dinamica salariale: wage dynamics.
dinaro: dinar; din.
di pari passo: pari passu.
dipartimentalizzazione: departmentalization.
dipartimento: 1. bureau. **2.** department.
dipartimento bancario: banking department.
dipartimento degli affari economici: Department of Economic Affairs.
dipartimento della ricerca scientifica e industriale: Department of Scientific and Industrial Research.
dipartimento delle imposte: internal revenue service.
dipartimento di emissione: issue department; note–issuing department.
Dipartimento di Stato: State Department.
dipartimento estero: overseas department.
Dipartimento Informazioni Economiche: Economic Intelligence Department.
dipendente: servant.
dipendente della pubblica amministrazione: civil servant.
dipendente salariato: wage–earning employee.
dipendenza economica: economic dependence.
diplomazia del dollaro: dollar diplomacy.
di prima mano: first–hand.
di prima qualità: first–quality.
di primo grado: senior.
di prim'ordine: 1. first–rate. **2.** gilt–edged.
diramazione privata: tap line.
direttiva: directive; regulation.
direttiva del Tesoro: treasury directive.
direttiva d'imposta addizionale: surtax direction.
direttiva M: regulation M.
direttiva Q: regulation Q.
direttiva T: regulation T.
direttiva U: regulation U.
direttiva W: regulation W.
direttive di budget: budget directives.
direttive qualitative: qualitative directives.
direttive quantitative: quantitative directives.
direttore: 1. director. **2.** manager.
direttore artistico: art director.
direttore commerciale: 1. sales executive; sales manager. **2.** commercial manager.
direttore degli impianti: plant manager.
direttore del fisco: director of internal revenue.
direttore della gestione del rischio: risk manager.
direttore della produzione: production manager.
direttore dell'archivio: records manager.
direttore della zecca: master of the mint; mint master.
direttore delle vendite: sales manager; sales executive.
direttore dell'ufficio acquisti: buyer.
direttore dell'ufficio approvvigionamenti: procurement officer.
direttore dell'ufficio crediti: credit manager.
direttore dell'ufficio esportazioni: export manager.
direttore dell'ufficio marketing: marketing manager; marketing director.
direttore dell'ufficio pubblicità: advertising manager.
direttore dell'ufficio ricerche di mercato: market research manager.
direttore dell'ufficio sviluppo vendite: sales promotion manager.
direttore del personale: personnel manager; personnel

officer.
direttore del reparto approvvigionamento: purchasing officer.
direttore del reparto organizzazione e metodi: organization and methods officer.
direttore del reparto promozione: promotion manager.
direttore di banca: bank manager.
direttore di divisione: divisional director; division manager.
direttore di filiale: branch manager.
direttore di funzione: functional manager.
direttore di marca: brand manager.
direttore di medio livello: middle manager.
direttore di negozio: store manager.
direttore di prodotto: product manager.
direttore di progetto: project manager.
direttore di reparto: department manager.
direttore di sezione: section manager.
direttore di stabilimento: works manager; factory manager.
direttore di ufficio: office manager.
direttore di zona: field manager; area manager.
direttore esecutivo: executive director.
direttore generale: general manager.
direttore generale delle poste: Postmaster–General.
direttore merci: general merchandise manager.
direttore non esecutivo: non–executive director.
direttore pubblicitario: advertising manager.
direttore territoriale: district manager.
direttore ufficio relazioni pubbliche: public relations manager; public relations officer.
direttore vendite di filiale: branch sales manager.
direttore vendite territoriale: district sales manager.
direttrice: manageress.
direzione: management; head.
direzione a medio livello: middle management.
direzione autocratica: one–man management.
direzione aziendale: company management.
direzione consultiva: consultative direction.
direzione della manodopera: direction of labour.
direzione della produzione: production management.
direzione del personale: personnel administration; personnel management.
direzione di stabilimento: shop management.
direzione di ufficio: office management.
direzione funzionale: functional management.
direzione generale: 1. head office; headquarters office. **2.** general management.
direzione individuale: one–man management.
direzione marketing: marketing management.
direzione multipla: multiple management.
direzione per eccezione: management by exception.
direzione per funzioni: functional management; task management.
direzione per obiettivi: management by objectives; management by objects.
direzione scientifica: scientific management.
direzione tramite il principio dell'eccezione: management by exception.
direzione vendite: sales management.
dirigente: top man; manager; executive.
dirigente a alto livello: top–flight executive; top–level executive.
dirigente aziendale: business manager.
dirigente centrale: central executive.
dirigente di line: line manager.
dirigente più giovane: junior executive.
dirigente superiore: key executive; senior executive; senior manager.
dirigismo: government control.
dirigismo economico: command–directed economy; command economy; economic dirigism.
dirigismo economico puro: pure command economy.
di ritorno: homeward.
diritti: 1. dues. **2.** entitlements.
diritti accessori: appurtenances.
diritti commerciali: trade rights.
diritti consolari: consulage; consular charges; consular fees.
diritti di ancoraggio: anchorage dues; anchorage charges; anchorage; groundage; keelage.
diritti di autore: 1. performing rights. **2.** copyright royalties; royalties.
diritti di bacino: dock dues; dock charges; dockage.
diritti di banchina: berthage; berth charges; wharfage; wharfage charges; wharf dues; quayage; quay dues.
diritti di banchina e facchinaggio: wharfage and porterage.
diritti di boa: buoy dues; buoyage.
diritti di concessione: royalties.
diritti di controstallia: demurrage charges.
diritti di conversione: conversion rights.
diritti di custodia: custody account charges.
diritti di dock: dock dues; dock charges; dockage.
diritti di esecuzione: performing rights.
diritti di faro: light dues.
diritti di giacenza: stoppage dues.
diritti di gru: cranage.
diritti di imbarco: shipping charges.
diritti di incasso: collection charges.
diritti di licenza: royalties.
diritti di magazzinaggio: 1. warehouse charges; wharehousing charges; warehouse dues. **2.** storage; storage charges.
diritti di meda: beaconage.
diritti di navigazione fluviale: river dues.
diritti di opzione: stock rights; rights.
diritti di ormeggio: berth charges; berthage; moorage; keelage.
diritti di ormeggio al pontile: pierage; pier dues.
diritti di passaggio: way–leave.
diritti di passaggio in una chiusa: lockage.
diritti di pesca: piscary.
diritti di pilotaggio: pilotage.
diritti di porto: port dues; port charges; harbour dues; harbour fees.
diritti di prelievo: drawing rights.
diritti di proprietà: proprietary rights; property rights.
diritti di proprietà privata: private property rights.
diritti di rappresentazione: performing rights.
diritti di rimorchio: towage; towage dues.
diritti di riscossione: collection charges.
diritti di salvataggio: salvage dues; salvage charges.
diritti di sosta: stoppage dues.
diritti di sottoscrizione: subscription rights; stock rights; rights.
diritti di stazza: tonnage; tonnage dues.
diritti di tonnellaggio: tonnage; tonnage dues.
diritti di transito: transit duties.
diritti di uso di acque: water rights.
diritti di voto: voting rights.
diritti e doveri: rights and obligations.
diritti legali: statutory rights.
diritti litoranei: littoral rights.
diritti minerari: mineral rights.
diritti naturali: natural rights.

diritti portuali: groundage.
diritti quesiti: vested rights.
diritti rivieraschi: riparian rights.
diritti sociali: social rights.
diritti speciali di prelievo: special drawing rights.
diritti su beni reali: chattel real.
diritto: **1.** right. **2.** fee.
diritto alla pensione: pension right.
diritto al lavoro: right to work.
diritto amministrativo: administrative law.
diritto assoluto di proprietà: general property.
diritto bancario: banking law.
diritto cedibile: marketable title.
diritto civile: civil law.
diritto commerciale: commercial law; mercantile law.
diritto comunitario: community law; European Communities Law.
diritto consuetudinario: common law.
diritto contrattuale: law of contract; contract law.
diritto contrattuale di ritenzione del carico: contract lien on cargo.
diritto dei precedenti: case law.
diritto del lavoro: labour law; industrial law.
diritto dell'economia: economic law.
diritto di accrescimento per sopravvivenza: right of survivorship.
diritto di agire in giudizio: right to act; right of action; cause of action.
diritto di asta: lot money.
diritto di autore: copyright.
diritto di blocco: right of blockade.
diritto di brevetto: patent right.
diritto di cappa: primage; hat money.
diritto di cessione: transfer fee.
diritto di compensazione: compensatory duty.
diritto di concessione di licenza: licensing fee.
diritto di conferma: confirmation fee.
diritto di consegna per espresso: expressage.
diritto di credito: facility fee.
diritto di garanzia immobiliare: mortgage.
diritto di impegno: commitment fee.
diritto di intermediazione: procuration fee.
diritto di monetazione: mintage; brassage.
diritto di nuova vendita: right of resale.
diritto di opzione: **1.** right of option. **2.** stock option; share option. **3.** pre-emptive right; pre-emption right. **4.** right of first refusal.
diritto di opzione condizionato: qualified stock option; restricted stock option.
diritto di opzione di New York: New York stock right.
diritto di opzione di Philadelphia: Philadelphia stock right.
diritto di partecipazione azionaria: equity stub.
diritto di passaggio: right of way.
diritto di pegno: lien; possessory lien.
diritto di pegno per imposte: tax lien.
diritto di pegno presso terzi: charging lien.
diritto di pegno registrato: registered lien.
diritto di pegno su azioni: lien on shares.
diritto di perquisizione: right of search.
diritto di possesso: tenure.
diritto di precedenza: right of way.
diritto di prelazione: right of pre-emption.
diritto di priorità: priority right.
diritto di privativa: patent right.
diritto di proprietà: **1.** ownership; possessory title. **2.** beneficial ownership. **3.** equity ownership.
diritto di proprietà assoluto: absolute title.
diritto di proprietà pieno: absolute title.
diritto di regresso: right of recourse.
diritto di riscatto: **1.** equity of redemption; right of redemption. **2.** commutation right.
diritto di ritenzione: lien; possessory lien.
diritto di ritenzione del broker: broker's lien.
diritto di ritenzione del commissionario: factor's lien.
diritto di ritenzione della banca: banker's lien.
diritto di ritenzione dell'agente: agent's lien.
diritto di ritenzione dell'armatore: shipowner's lien.
diritto di ritenzione dell'avvocato: solicitor's lien; retaining lien.
diritto di ritenzione del procuratore: attorney's lien.
diritto di ritenzione del venditore: seller's lien; vendor's lien.
diritto di ritenzione del vettore: carrier's lien.
diritto di ritenzione particolare: particular lien.
diritto di rivalsa: right of recourse.
diritto di rivendita: right of resale.
diritto di royalty: royalty interest.
diritto di scarico: effluent charge; effluent tax.
diritto di sciopero: right to strike.
diritto di sequestro delle merci in viaggio: stoppage in transit right.
diritto di sottoscrizione: stock option; share option.
diritto di transito: right of way.
diritto di trapasso: transfer fee.
diritto di un beneficiario: beneficial interest.
diritto di vagone: truckage.
diritto di visita: right of search.
diritto di voto: right of voting.
diritto esclusivo di vendita: exclusive right to sell.
diritto fallimentare: bankruptcy law.
diritto giurisprudenziale: case law.
diritto immobiliare: landed estate.
diritto in concessione: concession.
diritto indiviso: undivided right.
diritto internazionale: international law; law of nations.
diritto internazionale comune: general international law.
diritto internazionale generale: general international law.
diritto internazionale particolare: particular international law.
diritto internazionale privato: private international law.
diritto internazionale pubblico: public international law.
diritto internazionale speciale: special international law.
diritto marittimo: maritime law; admiralty; marine law; shipping law.
diritto marittimo internazionale: international maritime law; international law of the sea.
diritto mercantile: mercantile law; commercial law.
diritto naturale: natural law.
diritto prescrittibile: prescriptive right.
diritto privato: private law.
diritto privato di passaggio: private right of way.
diritto privato di transito: private right of way.
diritto pubblico: public law.
diritto pubblico di passaggio: public right of way.
diritto pubblico di transito: public right of way.
diritto scritto: statute law; statutory law.
diritto societario: company law.
diritto sul prestito al pubblico: public lending right.
diritto trasferibile: marketable title.
diritto tributario: tax law; taxation law.
dirottamento: deviation.

disaggio: disagio.
disaggregare: to unbundle.
disallineamento: misalignment.
disallineamento dei tassi di cambio: exchange rate misalignment.
disallineamento valutario: currency misalignment.
disastro: disaster.
disavanzo: 1. deficit; deficiency. **2.** budget deficit; budgetary deficit.
disavanzo ciclico: cyclical budget deficit.
disavanzo commerciale: trade gap; trade deficit.
disavanzo della bilancia dei pagamenti: external deficit.
disavanzo della spesa pubblica: deficiency in the public revenue.
disavanzo delle partite correnti: current account deficit.
disavanzo del settore pubblico: public sector deficit.
disavanzo di bilancio: budgetary deficit.
disavanzo di piena occupazione: full–employment deficit.
disavanzo previsto: anticipated deficit.
disavanzo pubblico: deficiency in the public revenue.
disavanzo strutturale: structural budget deficit.
disboscamento: deforestation.
discarica merci: cargo discharge.
discarica senza spese: free discharge.
discendente: downward.
discesa dei prezzi: price fall.
discontinuità: discontinuity.
discordanza tra cifre e lettere: words and figures do not agree.
discrepanza: discrepancy.
discrepanza statistica: statistical discrepancy.
discrezionalità: discretion.
discrezionalità manageriale: managerial discretion.
discrezionalità monetaria: monetary discretion.
discrezione: discretion.
discriminazione: discrimination.
discriminazione commerciale: trade discrimination.
discriminazione creditizia: rationing of credit; credit rationing.
discriminazione dei prezzi: price discrimination.
discriminazione delle tariffe: rate discrimination.
discriminazione di bandiera: flag discrimination.
discriminazione fiscale: tax discrimination.
discriminazione selettiva: selective discrimination.
discriminazione tributaria: tax discrimination.
discussione di gruppo: group discussion.
discutere sul prezzo: to haggle.
disdire: to cancel.
di seconda mano: second–hand.
di seconda qualità: second.
di seconda scelta: second.
di secondo grado: junior.
di second'ordine: second–rate.
diseconomia: diseconomy.
diseconomie di congestione: diseconomies of congestion.
diseconomie di scala: diseconomies of scale.
diseconomie esterne: external diseconomies.
diseconomie esterne ambientali: environmental external diseconomies.
diseconomie interne: internal diseconomies.
disegnatore industriale: industrial designer.
disegnatore pubblicitario: commercial artist.
disegni di legge fiscale: revenue bills.
disegno: design.
disegno depositato: registered design.
disegno di legge: bill.
disegno di legge finanziaria: money bill.
disegno di un prodotto: product design.
disegno industriale: industrial design.
disegno pubblicitario: industrial art; commercial art.
disequilibrio: disequilibrium.
disequilibrio di mercato: market disequilibrium.
disguido: miscarriage.
disincentivi ai trasferimenti: transfer payment disincentives.
disincentivi all'esportazione: export disincentives.
disincentivi all'investimento: investment disincentives.
disincentivo: disincentive.
disincentivo fiscale: tax disincentive.
disindustrializzazione: de–industrialization.
disinflazione: disinflation.
disinflazione dei prezzi: price disinflation.
disinflazionistico: disinflationary.
disinstallare: to retire.
disinstallazione: retirement.
disintegrazione: disintegration.
disintegrazione verticale: vertical disintegration.
disintermediazione: disintermediation.
disintermediazione bancaria: bank disintermediation.
disinvestimenti netti: net redemptions.
disinvestimento: disinvestment; negative investment.
disinvestimento deliberato: intended disinvestment.
disinvestimento in scorte: inventory disinvestment.
disinvestimento in scorte non previsto: unintended inventory disinvestment.
disinvestimento non previsto: unintended disinvestment.
disinvestire: to disinvest.
dislocamento: displacement tonnage.
dislocamento utile: deadweight; deadweight capacity.
disoccupati iscritti al collocamento: registered unemployed.
disoccupati volontari: voluntary unemployed.
disoccupato: 1. unemployed worker; unemployed; jobless. **2.** out of work.
disoccupazione: unemployment.
disoccupazione ciclica: cyclical unemployment.
disoccupazione congiunturale: cyclical unemployment.
disoccupazione cronica: chronic unemployment.
disoccupazione da deficienza di domanda: demand–deficient unemployment.
disoccupazione d'attesa: wait unemployment.
disoccupazione demografica: demographic unemployment.
disoccupazione di massa: mass unemployment.
disoccupazione frizionale: frictional unemployment.
disoccupazione generale: general unemployment.
disoccupazione involontaria: involuntary unemployment.
disoccupazione istituzionale: institutional unemployment.
disoccupazione massiccia: mass unemployment.
disoccupazione nascosta: concealed unemployment; disguised unemployment.
disoccupazione occulta: disguised unemployment; hidden unemployment.
disoccupazione parziale: underemployment.
disoccupazione precauzionale: precautionary unemployment.
disoccupazione residua: residual unemployment.
disoccupazione speculatoria: speculative

unemployment.
disoccupazione stagionale: seasonal unemployment.
disoccupazione strutturale: structural unemployment.
disoccupazione tecnologica: technological unemployment.
disoccupazione temporanea: transitional unemployment.
disoccupazione volontaria: voluntary unemployment.
dispensiere di bordo: steward.
dispersione: leakage; withdrawal.
dispersioni di reddito: income leakages.
disponibile: on hand.
disponibile per gli acquisti: open to buy.
disponibile per la vendita: available for sale.
disponibilità: 1. availability. **2.** current assets; floating assets. **3.** stock.
disponibilità all'estero: foreign balances.
disponibilità a vista: money at call.
disponibilità bancaria: bank balance.
disponibilità delle banche: bankers' balances.
disponibilità di cassa: available cash.
disponibilità di manodopera: labour supply; supply of labour.
disponibilità di reddito: income balances.
disponibilità di riserva: reserve balances.
disponibilità in moneta: money balances.
disponibilità liquide: 1. cash balances; liquid balances. **2.** floating balances.
disponibilità liquide in cassa: cash on hand; cash in hand.
disponibilità monetarie: money balances.
disponibilità operativa: working balance.
disponibilità reali: real balances.
disponibilità valutaria: currency availability.
disporre: to stock.
disposizione: 1. provision. **2.** lay–out.
disposizione a titolo gratuito: voluntary settlement.
disposizione degli impianti: plant lay–out.
disposizione di un ufficio: office lay–out.
disposizioni di legge: statutory provisions.
disputa commerciale: trade dispute.
disputa giurisdizionale: jurisdictional dispute.
disputa industriale: industrial dispute.
dissimmetria: skewness.
dissipazione: depletion.
dissonanza conoscitiva: cognitive dissonance.
distinta: sale note.
distinta degli estratti conto: statement diary.
distinta dei diritti di stazza: tonnage slip.
distinta dei magazzini generali: dock tally.
distinta dei pesi: dock weight note; weight note; weight slip.
distinta del broker: broker's return.
distinta delle spese di trasporto a mezzo carri: cartage note.
distinta di accompagnamento: remittance advice; remittance slip.
distinta di acquisto: 1. purchase note. **2.** bought note.
distinta di approntamento: packing list; picking list.
distinta di assegnazione: return of allotment.
distinta di base: bill of materials; parts list.
distinta di cambio: exchange slip.
distinta di controllo: check list.
distinta di costruzione: bill of quantities.
distinta d'imballaggio: packing sheet; packing slip; packing list.
distinta di ripartizione azioni: return of allotment.
distinta di sconto: discount note; note of bills offered for discount.
distinta di spedizione: 1. packing list. **2.** shipping specification.
distinta di vendita: sold note; confirmation notice; ordinary bill.
distinta di versamento: deposit slip; paying–in slip.
distinta doganale: customs specification.
distinta paga: pay statement.
distorsione: bias.
distorsione dei cambi: exchange rate misalignment.
distorsioni agricole: agricultural distorsions.
distorsioni di mercato: market distorsions.
distorsioni di prezzo: price distortions.
distrazione di fondi: conversion of funds.
distretto della Riserva Federale: Federal Reserve District.
distretto di vendita: sales disctrict.
distribuire: 1. to apportion. **2.** to allocate.
distributore: distributor.
distributore automatico: vending machine; vendor.
distributore di banconote: cash dispenser.
distributore di spiccioli: change machine.
distributore esclusivo: sole distributor.
distributore su scala mondiale: world–wide distributor.
distribuzione: 1. allocation. **2.** distribution. **3.** marketing.
distribuzione a percentuali: percentage distribution.
distribuzione binomiale: binomial distribution.
distribuzione binomiale delle probabilità: binomial probability distribution.
distribuzione commerciale: commercial distribution.
distribuzione cooperativa: co–operative marketing.
distribuzione degli utili: profit distribution.
distribuzione dei costi: allocation of costs; cost allocation.
distribuzione dei dividendi: dividend distribution.
distribuzione dei profitti: profit distribution.
distribuzione della proprietà: distribution of property.
distribuzione della ricchezza: distribution of wealth.
distribuzione del lavoro: work distribution; allocation of work.
distribuzione delle imprese per dimensione: size distribution of firms.
distribuzione delle responsabilità: allocation of responsibilities.
distribuzione delle risorse: resource allocation; allocation of resources.
distribuzione del reddito: income distribution.
distribuzione del reddito personale: personal income distribution.
distribuzione di Bernoulli: Bernoulli distribution.
distribuzione di buoni: couponing.
distribuzione di campioni: sampling.
distribuzione di fine anno: final distribution.
distribuzione di frequenza: frequency distribution.
distribuzione di frequenza composta: compound frequency distribution.
distribuzione di Gibrat: Gibrat's distribution.
distribuzione di Pareto: Pareto distribution.
distribuzione di redditi di capitale: capital gains distribution.
distribuzione di spese: expense distribution; expense allocation.
distribuzione di una costante campionaria: sampling distribution.
distribuzione esclusiva: exclusive distribution.
distribuzione fisica: physical distribution.

distribuzione funzionale: functional distribution.
distribuzione funzionale del reddito: functional income distribution.
distribuzione in borsa: exchange distribution.
distribuzione incrociata di buoni: cross couponing.
distribuzione normale: normal distribution.
distribuzione ottimale: optimal distribution.
distribuzione per età del capitale fisso: age–distribution of capital.
distribuzione personale: personal distribution.
distribuzione primaria: primary distribution.
distribuzione secondaria: secondary distribution.
distribuzione statistica: statistical distribution.
distribuzione temporale: temporal distribution.
disturbo: disturbance; disruption.
disutilità: disutility.
disutilità del lavoro: disutility of labour.
disutilità marginale del lavoro: marginal disutility of labour; marginal disutility of employment.
ditta: 1. firm; concern; business. **2.** business name; firm name.
ditta di negoziazione titoli: securities firm.
ditta individuale: sole proprietorship.
ditta membro: member firm.
ditta personale: single proprietorship; sole proprietorship.
dittatura del proletariato: dictatorship of the proletariat.
di uso: expendable.
di valore: valuable.
divario: gap.
divario del prodotto nazionale lordo: gross national product gap.
divario del risparmio: savings gap.
divario di remunerazione: pay gap.
divario di sviluppo: development gap.
divario nelle previsioni: forecasting gap.
divario salariale: wage gap.
divario strategico: strategic gap.
divario tecnologico: technological gap; technology gap.
diventare obsoleto: to obsolesce.
diventare privata: to go private.
diventare pubblica: to go public.
diversi: sundries.
diversificazione: diversification; spread.
diversificazione della linea di produzione: production line diversification.
diversificazione della liquidità: liquidity diversification.
diversificazione del prodotto: product diversification.
diversificazione di un portafoglio: portfolio diversification.
diversificazione valutaria: currency diversification.
diversione di traffici: trade diversion.
dividendi arretrati: arrears of dividends.
dividendi non richiesti: unclaimed dividends.
dividendi non riscossi: unclaimed dividends.
dividendo: dividend.
dividendo accumulato: accumulated dividend.
dividendo arretrato: accumulated dividend.
dividendo capitale: stock dividend; capital bonus.
dividendo cumulativo: cumulative dividend.
dividendo da pagare: dividend payable.
dividendo definitivo: final dividend; year–end dividend.
dividendo di acconto: interim dividend.
dividendo di azione privilegiata: preference dividend; preferred dividend; preferred–stock dividend.
dividendo dichiarato: declared dividend.
dividendo di cooperativa: patronage dividend.
dividendo differito: deferred dividend.
dividendo di fine anno: final dividend; year–end dividend.
dividendo di liquidazione: liquidating dividend.
dividendo di partecipazione: participating dividend.
dividendo finale: final dividend.
dividendo fiscale: fiscal dividend.
dividendo garantito: guaranteed dividend.
dividendo in arretrato: unpaid dividend.
dividendo in azioni: stock dividend; capital bonus.
dividendo in contanti: cash dividend.
dividendo infrannuale: interim dividend.
dividendo in numerario: cash dividend.
dividendo in obbligazioni: bond dividend.
dividendo interinale: interim dividend.
dividendo lordo: gross dividend.
dividendo maturato: accrued dividend.
dividendo nazionale: national income; national product; national dividend.
dividendo netto: net dividend.
dividendo non cumulativo: non–cumulative dividend.
dividendo non dichiarato: passed dividend; omitted dividend; passing dividend.
dividendo non pagato: unpaid dividend.
dividendo non riscosso: unpaid dividend.
dividendo pagato in azioni: special bonus; capital bonus.
dividendo pagato in natura: property dividend; dividend in kind.
dividendo per azioni ordinarie: ordinary dividend.
dividendo perequativo: equalizing dividend.
dividendo proposto: proposed dividend.
dividendo provvisorio: interim dividend.
dividendo regolare: regular dividend.
dividendo ritenuto: passed dividend; passing dividend.
dividendo sociale: 1. social income; national product; national dividend. **2.** social dividend.
dividendo speciale: special dividend.
dividendo straordinario: bonus; extra dividend.
dividendo supplementare: extra dividend.
divieto: prohibition.
divisa a breve: short exchange.
divisa estera: foreign exchange; foreign bill of exchange; foreign currency.
divisa lunga: long exchange.
divisa mobile: movable exchange.
divisione: 1. division. **2.** bureau. **3.** sharing. **4.** split–up.
divisione del lavoro: division of labour.
divisione del mercato: market sharing; sharing the market.
divisione internazionale della produzione: international production sharing.
divisione internazionale del lavoro: international division of labour.
divisione regionale del lavoro: regional division of labour.
divisione sviluppo prodotti: product development division.
divisione territoriale del lavoro: territorial division of labour.
divisore fisso: interest divisor.
documentazione: vouching; record.
documentazione contabile: records.
documentazione delle vendite: sales records.
documenti commerciali: commercial documents.
documenti contabili: accounting records.
documenti contro accettazione: documents against acceptance.

documenti contro contanti: documents against cash.
documenti contro pagamento: documents against payment.
documenti contro presentazione: documents against presentation.
documenti di avaria: average papers.
documenti di bordo: ship's papers.
documenti di cassa: cash items.
documenti d'imbarco: shipping documents; shipping papers; export documents; shipper's papers.
documenti d'uso: commercial set.
documenti finanziari: financial records; financial documents.
documenti fiscali: tax records.
documenti per l'incasso: documents for collection.
documenti soliti: commercial set.
documento contabile: recording medium.
documento di analisi contabile: spread sheet; articulation statement.
documento giustificativo: supporting voucher; voucher.
documento giustificativo di cassa: cash voucher.
documento giustificativo di piccola cassa: petty cash voucher.
documento giustificativo di spesa: expense voucher.
documento interno giustificativo: voucher.
documento manoscritto: script.
documento negoziabile: negotiable document.
documento rappresentativo: document of title.
dogana: custom-house.
doganiere: customs guard.
dollari asiatici: Asian dollars.
dollari di compensazione: clearing dollars.
dollari per investimento: investment dollars.
dollaro: dollar.
dollaro commerciale: trade dollar.
dollaro compensato: compensated dollar; stabilized dollar.
dollaro continentale: continental dollar.
dollaro costante: constant dollar.
dollaro debole: weak dollar.
dollaro delle Samoa Occidentali: Western Samoan dollar.
dollaro di argento: silver dollar.
dollaro di fatturato: sales dollar.
dollaro di Tonga: Tongan dollar.
dollaro fittizio: dummy dollar; London dummy dollar.
dollaro forte: strong dollar.
dollaro indicizzato: compensated dollar; stabilized dollar.
dollaro-merce: commodity dollar.
dollaro sopravvalutato: overvalued dollar.
dollaro stabilizzato: compensated dollar; stabilized dollar.
domanda: 1. demand. **2.** application.
domanda aggregata: aggregate demand.
domanda alternativa: rival demand; substitute demand; alternate demand.
domanda amplificata: magnified demand.
domanda anelastica: inelastic demand.
domanda aperta: open-ended question.
domanda apparente: notional demand.
domanda a risposta libera: open-ended question.
domanda competitiva: rival demand; substitute demand; competing demand; competitive demand.
domanda complementare: complementary demand.
domanda composita: composite demand.
domanda concorrenziale: rival demand; substitute demand; competing demand; competitive demand.
domanda congiunta: joint demand; co-operative demand.
domanda dei consumatori: consumer demand; consumers' demand.
domanda derivata: derived demand.
domanda di ammissione alle quotazioni: application for quotation.
domanda di beni di consumo: consumer demand.
domanda di caratteristiche: demand for characteristics.
domanda di consumi: consumer demand.
domanda di consumo: consumption demand.
domanda di credito: application for credit.
domanda differita: deferred demand.
domanda di impiego: application for employment.
domanda di investimenti: investment demand.
domanda di lavoro: labour demand.
domanda di manodopera: labour demand.
domanda di mercato: market demand; aggregate demand.
domanda di moneta: demand for money; money demand.
domanda di moneta per fini di transazioni: transactions demand for money.
domanda di moneta per fini precauzionali: precautionary demand for money.
domanda di opzione: option demand.
domanda di punta: peak demand.
domanda diretta: direct demand.
domanda di riserva: reservation demand.
domanda di scheda: schedule demand; total demand.
domanda di sostituzione: replacement demand.
domanda di sottoscrizione: letter of application.
domanda eccessiva: over-demand.
domanda effettiva: efficient demand; effective demand.
domanda elastica: elastic demand.
domanda estera: external demand; foreign demand.
domanda globale: aggregate demand.
domanda indiretta: indirect demand.
domanda individuale: individual demand.
domanda inelastica: inelastic demand.
domanda infinitamente elastica: infinitely elastic demand; perfectly elastic demand.
domanda instabile: changing demand.
domanda intermedia: intermediate demand.
domanda interna: domestic demand; internal demand.
domanda mal diretta: misdirected demand.
domanda massima: maximum demand.
domanda massima simultanea: simultaneous maximum demand.
domanda nominale: nominal demand.
domanda patrimoniale di moneta: asset demand for money.
domanda perfettamente anelastica: infinitely inelastic demand; perfectly inelastic demand.
domanda perfettamente elastica: perfectly elastic demand; infinitely elastic demand.
domanda potenziale: potential demand.
domanda precauzionale di moneta: precautionary demand for money.
domanda programmata: scheduled demand.
domanda reciproca: reciprocal demand.
domanda rigida: inelastic demand.
domanda speculatoria di moneta: speculative demand for money.
domanda stagionale: seasonal demand.
domanda stagionale di liquido: seasonal demand for

cash.
domanda stagionale di moneta: seasonal demand for cash.
domanda totale: aggregate demand; schedule demand; total demand.
domanda transazionale di moneta: transaction demand for money.
domanda unitaria: unitary demand.
domanda variabile: changing demand.
domande d'impiego: situations wanted.
domandista: demand–sider; demand–side economist.
domicilio: domicile.
domicilio commerciale: commercial domicile.
domicilio di pagamento: paying office; paying agent.
domicilio legale: legal domicile.
dominazione del mercato: market domination.
dominazione economica: economic domination.
dominio: domain.
dominio economico: economic domination.
dominio pubblico: public domain.
donante: donor; grantor.
donatario: grantee.
donazione: 1. gift. **2.** donation.
donazione in frode ai creditori: fraudulent gift.
donazione tra vivi: gift inter vivos.
doni aziendali: business gifts.
dono: gift.
dono della natura: gift of nature.
dopoborsa: 1. street market. **2.** after hours.
doppia: centre spread; double–page spread.
doppia aquila: double eagle.
doppia assicurazione: double insurance.
doppia coincidenza dei bisogni: double coincidence of wants.
doppia estrazione: double call.
doppia imposizione: double taxation; double assessment.
doppia imposizione economica: economic double taxation.
doppia pagina: spread.
doppia prezzatura: double pricing.
doppia responsabilità: double liability.
doppia sovrana: double sovereign.
doppia tassazione: double taxation.
doppia tassazione economica: economic double taxation.
doppio bilancio: double budget.
doppio criterio di Scitovsky: Scitovsky double criterion.
doppio fiorino: double florin.
doppio indennizzo: double indemnity.
doppio lavoro: job duplication.
doppio mercato: two–tier market.
doppio mercato dei cambi: two–tier exchange market; dual exchange market.
doppio mercato dell'oro: two–tier gold market.
doppio prezzo: two–way price.
doppio raccolto: double cropping.
doppio tipo: double standard.
dosaggio dei prodotti: product mix.
dosaggio di politiche: policy mix.
dosaggio di produzione: production mix.
dose: dose.
dose marginale: marginal dose.
dotazione: 1. endowment. **2.** allotment.
dotazione della Corona: Civil List.
dotazione di cassa: cash supply.
dotazione di fattori: factor endowment.
dotazione non impegnata: unencumbered allotment.
dotazione per piccole spese: pin money.
dotazioni di bordo: sea stores; ship's stores.
dottore commercialista: public accountant; professional accountant.
dottrina dei filosofi economisti: Physiocracy.
dottrina dei salari bassi: low–wage doctrine.
dottrina del documento vivo: living–document doctrine.
dottrina della mano invisibile: invisible–hand doctrine.
dottrina del lasciar fare: laissez–faire doctrine.
dottrina delle cambiali commerciali: real bills doctrine.
dottrina dell'imballaggio originale: original package doctrine.
dottrina del plusvalore: doctrine of surplus value.
dottrina di Malthus: Malthusian doctrine.
dottrina fisiocratica: physiocratic doctrine.
dottrina mercantilista: mercantilist doctrine.
dovere: to owe.
dozzinale: cheap.
dozzina lunga: long dozen.
dracma: drachma.
dram: dram.
dramma: dram.
dramma avoirdupois: avoirdupois dram.
drapperie: dry goods.
drawback: customs drawback.
drenaggio: claw–back.
drenaggio fiscale: fiscal drag.
dualismo tecnologico: technological dualism.
ducato: ducat.
ducato d'oro: gold ducat.
dumping: dumping.
dumping finanziario: financial dumping.
duopolio: duopoly.
duopolio collusivo: collusive duopoly.
duopolista: duopolist.
duopsonio: duopsony.
duplicato: rescript.
duplicazione del lavoro: job duplication.
duplice funzione: dual capacity.
duplice prezzatura: dual pricing.
duplice quotazione: dual listing.
duplice unionismo: dual unionism.
duplice valutazione: double counting.
durata: 1. term. **2.** currency. **3.** duration. **4.** redemption period; maturity.
durata del ciclo di alimentazione al reparto montaggio: lead time.
durata del ciclo di ricostituzione di una scorta: lead time.
durata dell'ipoteca: mortgage term.
durata di una cambiale: currency of a bill.
durata di una società: partnership duration.
durata di un contratto: life of a contract.
durata media: average term.
durata originale: original maturity.
durata presunta della vita: life expectancy.
durata residua: residual maturity.
durata utile di esercizio: useful life.

e, E

eccedenza: **1.** excess. **2.** glut. **3.** surplus; surplus produce.
eccedenza all'imbarco: overage.
eccedenza capitalizzata: capitalized surplus.
eccedenza commerciale: trade surplus; trade–account surplus.
eccedenza contabile: book surplus.
eccedenza delle esportazioni: export surplus.
eccedenza delle partite correnti: current account surplus.
eccedenza di azioni: excess shares.
eccedenza di capitale: capital surplus.
eccedenza di detrazioni per ammortamento: excess capital allowances.
eccedenza di dollari: dollar glut.
eccedenza di domanda: over–demand.
eccedenza di esercizio: operating surplus.
eccedenza di offerta: over–supply.
eccedenza di peso: excess of weight.
eccedenza di premio: short interest.
eccedenza di profitto: excess profit.
eccedenza di riserve bancarie: excess reserve.
eccedenza di rivalutazione: revaluation excess; revaluation surplus.
eccedenza di stanziamento: fund surplus.
eccedenza fiscale: fiscal surplus.
eccedenza in conto corrente: current account surplus.
eccedenza iniziale: initial surplus.
eccedenza marginale: marginal balance.
eccedenza ripartibile: divisible surplus.
eccedenze agricole: farm surpluses.
eccellente: outstanding.
eccesso di capacità produttiva: overcapacity; excess capacity.
eccesso di copertura: excess coverage.
eccesso di domanda: excess demand; over–demand.
eccesso di liquidità: excess liquidity.
eccesso di offerta: excess supply; over–supply.
eccesso di perdita: excess of loss.
eccesso di personale: overmanning.
eccesso di reazione: overshooting.
eccesso di regolamentazione: over–regulation.
eccesso di riserve bancarie: excess bank reserves; excess reserves.
eccesso di scorte: excess stock.
eccezione: exception.
ecologia umana: human ecology.
e compagni: and company.
econometria: econometrics.
econometrista: econometrician.
economia: **1.** economics. **2.** economy. **3.** saving.
economia a alto investimento: high–investment economy.
economia a alto reddito: high–income economy.
economia a alto risparmio: high–savings economy.
economia a basso reddito: low–income economy.
economia a basso risparmio: low–savings economy.
economia a direzione tradizionale: tradition–directed economy.
economia aggregativa: aggregative economics.
economia agraria: agricultural economics.
economia agricola: agrarian economy.
economia a medio reddito: middle–income economy.
economia amministrativa: administrative economy.
economia aperta: open economy.
economia a pianificazione centrale: centrally planned economy.
economia applicata: applied economics.
economia arretrata: backward economy.
economia artigiana: handicraft economy.
economia atomistica: atomistic economy.
economia a uso intensivo di tecnologia: technology–intensive economy.
economia autonoma: self–contained economy.
economia avanzata: advanced economy.
economia aziendale: business economics.
economia basata sul baratto: barter economy.
economia basata sulla moneta: monetary economy.
economia basata sulle risorse: resource–based economy.
economia basata sull'industria manifatturiera: manufacturing–based economy.
economia bellica: war economy.
economia bilanciata: balanced economy.
economia capitalistica: capitalist economy.
economia chiusa: closed economy.
economia classica: classical economics.
economia collettivista: collectivist economy.
economia comandata: command economy.
economia commerciale: commercial economy.
economia comportamentale: behavioural economics.
economia controllata: controlled economy.
economia dei beni industriali: manufacturing economy.
economia dei prodotti di base: raw–materials economy.
economia dei prodotti primari: primary–products economy.
economia dei servizi: services economy.
economia del benessere: welfare economics.
economia del consumatore: consumer economics.
economia del disequilibrio: economics of disequilibrium.
economia dell'abbondanza: economy of abundance.
economia della discriminazione: discrimination economics.
economia della domanda: demand–side economics.
economia dell'ambiente: economics of the environment.
economia della politica: public choice economics

economia della scarsità: economy of scarcity.
economia della terra: land economics.
economia dell'autoservizio: self–service economy.
economia del lavoro: labour economics.
economia delle azioni: non–market economics.
economia delle donazioni: grants economics.
economia delle gilde: guild economy.
economia delle informazioni: information economy.
economia delle risorse: resource economics.
economia delle scelte pubbliche: public choice economics.
economia dell'informatica: information economy.
economia dell'ingegneria: engineering economics.
economia dell'offerta: supply–side economics.
economia dello sviluppo: development economics.
economia del tempo: economics of time.
economia descrittiva: descriptive economics.
economia di alti salari: economy of high wages.
economia di baratto: barter economy.
economia di carta: symbol economy.
economia di costi: cost saving.
economia di flessibilità: economy of flexibility.
economia di guerra: war economy.
economia di materie prime: saving of raw materials.
economia di mercato: market economy; market–directed economy.
economia di mercato libera: free–market economy.
economia di mercato mista: mixed market economy.
economia di mercato non pianificata: unplanned market economy.
economia di mercato pura: pure market economy.
economia dinamica: dynamic economics.
economia di scambio: exchange economy.
economia distruttrice: robber economy.
economia di sussistenza: subsistence economy.
economia di tipo occidentale: western economy.
economia domestica: home economics.
economia duplice: dual economy.
economia finanziaria: symbol economy.
economia fredda: cold economy.
economia giovane: young economy.
economia globale: global economy.
economia governata: governed economy.
economia imprenditoriale: entrepreneurial economy.
economia industriale: 1. industrial economics. **2.** industrial economy.
economia in espansione: expanding economy.
economia integrata: integrated economy.
economia internazionale: 1. international economics. **2.** international economy.
economia in via di sviluppo: underdeveloped economy.
economia isolata: self–contained economy.
economia istituzionale: institutional economics.
economia keynesiana: Keynesian economics.
economia liberale: free economy; free enterprise economy.
economia liberista: free economy; lassaiz faire economy; free enterprise economy.
economia marittima: 1. maritime economics. **2.** maritime economy.
economia marrone: brown–field economy.
economia marshalliana: Marshallian economics.
economia matematica: mathematical economics.
economia matura: mature economy.
economia mista: middle–way economy; mixed economy.
economia mondiale: world economy; worldeconomy.
economia monetaria: 1. monetary economics. **2.** monetary economy; money economy.
economia nascosta: hidden economy.
economia naturale: moneyless economy; natural economy; non–monetary economy.
economia nazionale: national economy; domestic economy.
economia neoclassica: neo–classical economics.
economia neo–keynesiana: neo–Keynesian economics.
economia nera: black economy.
economia non di mercato: non–market economy.
economia non monetaria: non–monetary economy.
economia non osservata: unobserved economy.
economia non statica: non–static economy.
economia normativa: normative economics.
economia occulta: hidden economy.
economia ombra: shadow economy.
economia operativa: operational economics.
economia orientata verso il mercato: market–oriented economy.
economia orientata verso i servizi: service–oriented economy.
economia orientata verso la domanda: demand–oriented economics.
economia orientata verso l'offerta: supply–oriented economics.
economia parallela: parallel economy.
economia «per contanti»: cash economy.
economia pianificata: planned economy; state–planned economy; managed economy.
economia politica: 1. political economics. **2.** political economy.
economia positiva: positive economics.
economia post–keynesiana: post–Keynesian economics.
economia priva di scorte: empty economy.
economia progredita: advanced economy.
economia pura: pure economics.
economia quantitativa: quantitative economics.
economia radicale: radical economics.
economia reale: real economy.
economia regionale: regional economics.
economia sociale: social economics.
economia socialista: 1. socialist economics. **2.** socialist economy; non–market economy.
economia sommersa: underground economy; off–the–books economy.
economia sotterranea: subterranean economy; underground economy.
economia sottosviluppata: underdeveloped economy.
economia sovraccarica: overloaded economy.
economia spicciola: jawbone economics.
economia stabile: stable economy.
economia statica: 1. static economics. **2.** stationary economy; static economy.
economia stazionaria: stationary economy.
economia surriscaldata: overheated economy.
economia sviluppata: developed economy.
economia teorica: theoretical economics; pure economics.
economia terziaria: tertiary economy.
economia urbana: urban economics.
economia verde: 1. green–field economy. **2.** green economy.
economia «vuota»: empty economy.
economico: 1. cheap. **2.** economic. **3.** economical.
economie dei paesi di nuova industrializzazione: newly industrializing economies.

economie di agglomerazione: economies of agglomeration; agglomeration economies.
economie di campo d'attività: scope economies.
economie di concentrazione urbana: economies of urban concentration.
economie di crescita: economies of growth.
economie di impianti multipli: multiplant economies.
economie di produzione di massa: economies of mass production.
economie di scala: economies of scale; scale economies.
economie di scala esterne: external economies of scale.
economie di scala interne: internal economies of scale.
economie di urbanizzazione: urbanization economies.
economie di varietà: economies of variety.
economie esterne: external economies.
economie interne: internal economies.
economie semi–industrializzate: semi–industrial economies.
economismo: economism.
economista: economist.
economista aziendale: business economist.
economista monetarista: monetarist; monetary economist.
economisti classici: classical economists.
economisti della scuola classica: classical economists.
economisti di Cambridge: Cambridge economists.
economizzare: to economize.
economo: economical.
Ecu verde: green ECU.
edificio adibito a negozio: shop premises.
edificio industriale: industrial building.
edificio per uffici: office building.
edilizia abitativa: housing.
edilizia abitativa pubblica: public housing.
edonismo: hedonism.
educazione del consumatore: consumer education.
effervescente: bright.
effetti: effects.
effetti all'incasso: notes receivable for collection.
effetti attivi: 1. bills receivable. **2.** notes receivable.
effetti derivati: fall–out.
effetti diffusivi: spillover effects; spillovers.
effetti di ricaduta: spillover effects.
effetti economici dell'imposizione fiscale: economic effects of taxation.
effetti esterni: external effects; neighbourhood effects.
effetti garantiti: secured notes.
effetti insoluti: overdue bills; past due bills; unpaid bills.
effetti interni: internal effects.
effetti passivi: 1. bills payable. **2.** notes payable.
effetti pecuniari: pecuniary effects.
effetti personali: personal effects.
effetti reali: real effects.
effetti scontati: bills discounted.
effetti settoriali: directional effects.
effetti tecnologici: technological effects.
effettivi di bordo: ship's company.
effetto: paper.
effetto a breve scadenza: short–term bill; short–dated paper; short–dated bill.
effetto a dente di arresto: ratchet effect.
effetto a lunga scadenza: long–dated bill; long–dated paper; long draft.
effetto a media scadenza: medium–term bill.
effetto aritmetico: arithmetic effect.
effetto a vista: sight bill.
effetto congiunturale: windfall effect.
effetto congiunturale Keynes: Keynes windfall effect.
effetto della curva a J: J–curve effect.
effetto del moltiplicatore: multiplier effect.
effetto di accelerazione: acceleration effect.
effetto di annuncio: announcement effect.
effetto di dimostrazione: demonstration effect.
effetto di dipendenza: dependence effect.
effetto di imitazione: imitation effect.
effetto di immobilizzo: locking–in effect.
effetto di impatto: impact effect.
effetto di imposta: tax effect.
effetto di industria: industry effect.
effetto dimostrativo: demonstration effect.
effetto di predominio: bargaining strength; bargaining power.
effetto di prezzo: price effect.
effetto di processo: process effect.
effetto di propagazione: spread effect.
effetto di reddito: income effect.
effetto di reddito dell'imposizione fiscale: income effect of taxation.
effetto di reddito negativo: negative income effect.
effetto di riflusso: backwash effect.
effetto di ripicca: spite effect.
effetto di scala: scale effect.
effetto di soglia: threshold effect.
effetto di sostituzione: substitution effect.
effetto di sostituzione dell'imposizione fiscale: substitution effect of taxation.
effetto di spiazzamento: crowding–out effect.
effetto Fisher sui tassi d'interesse: Fisher effect on interest rates.
effetto Giffen: Giffen effect.
effetto Keynes: Keynes effect.
effetto Patinkin: Patinkin effect.
effetto Pigou: Pigou effect.
effetto Ricardo: Ricardo effect.
effetto ricchezza: wealth effect.
effetto ricchezza indotto da interessi: interest–induced effect.
effetto ricchezza reale: Pigou effect.
effetto saldi monetari reali: real balance effect.
effetto Samuelson–Stolper: Samuelson–Stolper effect.
effetto scontabile: bankable bill.
effetto scontato: note receivable discounted.
effetto snobistico: snob effect.
effetto Veblen: Veblen effect.
effetto Wicksell: Wicksell effect.
efficacia dei costi: cost effectiveness.
efficienza: efficiency.
efficienza allocativa: Pareto efficiency; allocative efficiency.
efficienza della manodopera: worker effectiveness.
efficienza della moneta: efficiency of money.
efficienza della moneta bancaria: efficiency of bank money.
efficienza di Pareto: Pareto efficiency.
efficienza economica: 1. economic efficiency. **2.** cost performance.
efficienza in termini di costi: cost efficiency.
efficienza liquida della moneta bancaria: cash–efficiency of bank money.
efficienza marginale del capitale: marginal efficiency of capital.
efficienza marginale dell'investimento: marginal efficiency of investment.
efficienza massima: maximum efficiency.

efficienza netta marginale di un fattore della produzione: marginal net efficiency of a factor of production.
efficienza non allocativa: X-efficiency.
efficienza operativa: operating performance.
efficienza produttiva: productive efficiency.
efficienza tecnica: technical efficiency.
efficienza temporale: time efficiency.
efficienza tributaria: tax efficiency.
efficienza X: X-efficiency.
efficienza Y: Y-efficiency.
egemonia: leadership.
eguaglianza del sacrificio: equality of sacrifice.
eguaglianza tra risparmio e investimento: equality of saving and investment.
egualitarismo: egalitarianism.
elaborazione dei dati: data processing.
elaborazione di una previsione delle vendite: sales forecasting.
elasticità: elasticity.
elasticità dei bisogni: elasticity of wants.
elasticità dei prezzi: price flexibility; price elasticity.
elasticità della domanda: elasticity of demand.
elasticità della domanda in rapporto al prezzo: price elasticity of demand.
elasticità della domanda in rapporto al reddito: income elasticity of demand.
elasticità della produzione: elasticity of production; elasticity of output.
elasticità delle aspettative: elasticity of expectations.
elasticità delle esportazioni in relazione al reddito: income elasticity of exports.
elasticità delle importazioni: import elasticity.
elasticità delle importazioni in relazioni al reddito: income elasticity of imports.
elasticità dell'occupazione: elasticity of employment.
elasticità dell'offerta: elasticity of supply.
elasticità dell'offerta in rapporto al prezzo: price elasticity of supply.
elasticità di arco: arc elasticity.
elasticità di arco della domanda e dell'offerta: arc elasticity of demand and supply.
elasticità di sostituzione: elasticity of substitution.
elasticità di sostituzione degli input: elasticity of input substitution.
elasticità di sostituzione di un bene: elasticity of commodity substitution.
elasticità di sostituzione di un fattore della produzione: elasticity of factor substitution.
elasticità di sostituzione tecnica: technical elasticity of substitution.
elasticità incrociata: cross elasticity.
elasticità incrociata della domanda: cross elasticity of demand.
elasticità incrociata della domanda e dell'offerta: cross elasticity of demand and supply.
elasticità indiretta: cross elasticity.
elasticità indiretta della domanda: cross elasticity of demand.
elasticità indiretta della domanda e dell'offerta: cross elasticity of demand and supply.
elasticità infinita: perfect elasticity; infinite elasticity.
elasticità perfetta: perfect elasticity; infinite elasticity.
elasticità promozionale: promotional elasticity.
elasticità puntuale: point elasticity.
elasticità puntuale della domanda e dell'offerta: point elasticity of demand and supply.
elasticità unitaria: unitary elasticity; unit elasticity.
elementi complementari dell'attivo: fictitious assets; nominal assets.
elementi del profitto: elements of profit.
elementi di costo: elements of cost.
elementi in riconciliazione: reconciling items.
elemento attivo patrimoniale: ledger asset.
elemento di capitale: capital element.
elemento di donazione: grant element.
elenco: 1. directory. **2.** list.
elenco degli impieghi disponibili: vacancy list.
elenco dei clienti accreditati: accredited list.
elenco dei passeggeri: passenger list; passenger manifest.
elenco delle esportazioni: export list.
elenco delle importazioni: import list.
elenco delle mansioni: assignment record.
elenco delle partenze: sailings list.
elenco delle provviste di bordo: victualling bill.
elenco delle scorte: stock list.
elenco per classi: classified directory.
elevatore di granaglie: grain elevator.
eliminare: to clear.
eliminazione di un prodotto: product elimination; product deletion.
elisione d'imposta: tax avoidance; tax dodging.
elusione fiscale: tax avoidance; tax dodging.
embargo: embargo.
embargo civile: civil embargo.
emendamento: amendment.
emesse e in circolazione: issued and outstanding.
emettere un assegno: to draw a cheque.
emigrante: emigrant.
emigrare: to emigrate.
emigrazione: emigration.
emissione: issue.
emissione all'asta: tender issue.
emissione aperta: tap issue.
emissione a richiesta: tap issue.
emissione «a rubinetto»: tap issue.
emissione autorizzata: authorized issue.
emissione azionaria: share issue; issue of shares; stock issue; equity issue.
emissione calda: hot issue.
emissione con collocamento privato: private issue.
emissione con modello rosa: pink form issue.
emissione consorziale: syndicated issue.
emissione di azioni: share issue; issue of shares; stock issue.
emissione di azioni gratuite: bonus issue; scrip issue; free issue; capitalization issue.
emissione di biglietti: note issue.
emissione di capitale: capital issue.
emissione di carta-moneta a corso forzoso: inconvertible note issue.
emissione di conversione: conversion issue.
emissione di grado anteriore: senior issue.
emissione di grado posteriore: junior issue.
emissione di obbligazioni: debenture issue; bond issue; issue of debentures.
emissione di obbligazioni estere: foreign bond issue.
emissione di prestito estero: foreign bond issue.
emissione di prestito internazionale: international debt issue.
emissione di prestito interno: domestic bond issue.
emissione di prestito nazionale: domestic bond issue.
emissione di primo grado: senior issue.
emissione di secondo grado: junior issue.
emissione di titoli: security issue.

emissione eccessiva: overissue.
emissione fiduciaria: fiduciary note issue; fiduciary issue.
emissione fiduciaria fissa: fixed fiduciary issue.
emissione garantita da ipoteca aperta: open–end issue.
emissione gratuita: bonus issue; scrip issue; capitalization issue; free issue.
emissione inconvertibile: inconvertible note issue.
emissione limitata aperta: limited open end issue.
emissione non completamente sottoscritta: undersubscribed issue.
emissione non interamente prenotata: underbooked issue.
emissione obbligazionaria: bond issue; debt issue.
emissione obbligazionaria chiusa: closed bond issue.
emissione prenotata in eccesso: overbooked issue.
emissione primaria: primary offering.
emissione pubblica: public offering; public issue.
emissione pubblica di azioni: public stock offering.
emissione pubblica iniziale: initial public offering.
emissione riservata agli azionisti: rights issue; rights offer.
emissione sindacata: syndicated issue.
emissione sottoscritta in eccesso: over–subscribed issue.
emissione stagionata: seasoned issue.
emissione tramite asta: issue by tender.
emittente: 1. issuer. **2.** maker.
emittente di comodo: accommodation maker.
emolumenti accessori: supplemental wage payments; supplemental benefits.
emolumento: emolument.
empirico: empirical.
empirismo: empiricism.
emporio: emporium.
endogeno: endogenous.
energia: energy.
energia idrica: water power.
energia primaria: primary power.
energia rinnovabile: renewable energy.
energia secondaria: secondary power.
ente consultivo: advisory body.
ente del porto: port authority; harbour authority.
Ente del porto di Londra: Port of London Authority.
Ente del porto di New York: Port of New York Authority.
ente di diritto privato: private corporation.
ente di diritto pubblico: public corporation.
ente economico: economic unit.
ente giuridico: body corporate.
ente governativo: agency.
ente locale: local government unit; local authority.
Ente nazionale per il carbone: National Coal Board.
Ente per la cooperazione economica: Economic Co–operation Administration.
Ente per la cooperazione europea: European Co–operation Administration.
Ente per la riorganizzazione industriale: Industrial Reorganization Corporation.
Ente per l'energia nucleare: Atomic Energy Authority.
ente privato: private corporation.
ente pubblico: public corporation.
ente statale: governmental body.
Enti autonomi per il trasporto passeggeri: Passenger Transport Authorities.
entità: entity.
entità aziendale: business entity.
entità contabile: accounting entity.
entità di un ordinativo: order quantity.
entità economica: 1. economic entity. **2.** accounting entity; accounting unit.
entrambe le fasi: both ends; bends.
entrata: 1. income. **2.** entry.
entrata fiscale: tax revenue; outturn.
entrata libera: free entrance.
entrata lorda: gross receipts; gross earnings; gross income.
entrata netta: net receipts; net earnings; net income.
entrata per vendita di capitale: capital receipt.
entrate: revenue; revenue receipts; earnings; receipts.
entrate amministrative: administrative revenues.
entrate con destinazione specifica: hypothecated revenue.
entrate delle partite invisibili: invisible receipts.
entrate dello stato: government revenue.
entrate di cassa: cash receipts; cash inflows.
entrate di natura varia: miscellaneous revenue.
entrate dirette: direct revenue.
entrate erariali: state revenue.
entrate e uscite previste: anticipated income and expense.
entrate e uscite pubbliche ordinarie: government ordinary expenditure and revenue.
entrate fiscali: tax revenue; tax receipts; revenue receipts.
entrate impegnate: hypothecated revenue.
entrate in valuta estera: foreign currency earnings.
entrate invisibili: invisible earnings.
entrate lorde: gross receipts; gross earnings; gross income.
entrate nazionali: national revenue.
entrate nette: net earnings; net receipts; net income.
entrate non fiscali: non–revenue receipts.
entrate non impegnate: unappropriated income.
entrate non realizzate: unrealized revenue.
entrate previste: estimated revenue.
entrate pubbliche: public receipts; public revenue.
entrate settimanali medie spendibili: spendable average weekly earnings.
entrate statali: state revenue; government receipts.
entrate turistiche: tourist receipts.
entrate vincolate: restricted receipts.
entrate visibili: visible earnings.
entroterra: hinterland.
entroterra commerciale: shopping hinterland.
e/o: and/or.
epoca: balancing date.
epoca delle vendite: selling season.
equazione: equation.
equazione comportamentale: behavioural equation.
equazione definitoria: definitional equation.
equazione degli scambi: equation of exchange; exchange equation; quantity equation.
equazione dei pagamenti: equation of payments.
equazione del bilancio patrimoniale: balance–sheet equation.
equazione della circolazione societaria: equation of societary circulation.
equazione della domanda internazionale: equation of international demand.
equazione della spesa del reddito: expenditure equation.
equazione delle transazioni: transactions equation.
equazione del reddito: income equation.
equazione del reddito o delle spese: income and

expenditure equation.
equazione di adeguamento: adjustment equation.
equazione di Cambridge Cambridge equation; cash balance equation.
equazione di Fisher Fisher equation.
equazione di regressione regression equation.
equazione identità definitional equation.
equazione in forma ridotta reduced form equation.
equazione in forma strutturale structural form equation.
equazione quantitativa equation of exchange; exchange equation; quantity equation.
equazione quantitativa degli scambi quantity equation of exchange.
equazione quantitativa delle disponibilità reali real balances quantity equation.
equazione quantitativa di Cambridge Cambridge quantity equation.
equazione quantitativa di Fisher Fisher quantity equation.
equazione strutturale structural form equation; structural equation.
equazioni della fabbrica production functions.
equazioni della produttività production functions.
equazioni della tecnica production functions.
equazioni monetarie monetary equations.
equazioni simultanee simultaneous equations.
equilibrio equilibrium.
equilibrio a breve termine intermediate equilibrium.
equilibrio automatico automatic balance.
equilibrio dei tassi di cambio exchange rate equilibrium.
equilibrio del consumatore consumer equilibrium.
equilibrio delle aspettative expectational equilibrium.
equilibrio dello scambio terms of trade; barter terms of trade.
equilibrio dell'utile massimo best profit equilibrium.
equilibrio di breve periodo short–run equilibrium.
equilibrio di impresa equilibrium of firm; normal equilibrium.
equilibrio di industria equilibrium of industry; normal equilibrium.
equilibrio di lungo periodo long–run equilibrium.
equilibrio di mercato market equilibrium.
equilibrio dinamico dynamic equilibrium.
equilibrio di sottoccupazione underemployment equilibrium.
equilibrio economico economic equilibrium.
equilibrio economico generale general economic equilibrium.
equilibrio economico parziale partial equilibrium; particular equilibrium.
equilibrio esterno external equilibrium.
equilibrio generale general equilibrium.
equilibrio instabile unstable equilibrium.
equilibrio interno internal equilibrium.
equilibrio mobile shifting equilibrium.
equilibrio momentaneo momentary equilibrium.
equilibrio multiplo multiple equilibrium; non–unique equilibrium.
equilibrio neutro neutral equilibrium.
equilibrio normale normal equilibrium.
equilibrio particolare partial equilibrium; particular equilibrium.
equilibrio parziale partial equilibrium; particular equilibrium.
equilibrio parziale d'impresa partial equilibrium of firm.
equilibrio parziale d'industria partial equilibrium of industry.
equilibrio sociale social balance.
equilibrio stabile stable equilibrium.
equilibrio statico static equilibrium.
equilibrio stazionario stationary equilibrium.
equipaggiamento d'archivio filing equipment.
equipaggio ship's company; crew.
equiparare azioni to equalize shares.
equiparazione di azioni equalizing of shares.
equità 1. equity. **2.** fairness.
equità dell'imposizione fiscale equity of taxation.
equità fiscale equality of taxation.
equità orizzontale horizontal equity.
equità verticale vertical equity.
equivalente di moneta liquida cash equivalent.
equivalente fiscale tax equivalent.
equivalente inglese English equivalent.
equivalente lordo gross equivalent.
equivalente monetario money equivalent.
equivalente monetario in natura money's worth; money equivalent.
equivalenza del valore locativo rental equivalence.
equivalore equal value.
equo canone fair rent.
equo valore fair value.
erario inland revenue.
erario pubblico inland revenue.
erede generale general heir.
erede universale general heir.
eredità inheritance.
ergometria ergonometrics.
ergonomia ergonomics.
erogazione outpayment.
erogazione di fondi presi a prestito loan expenditure.
erogazione finanziaria out–of–pocket expense; out–of–pocket cost.
erosione del suolo soil erosion.
erosione salariale pay erosion.
erraticità dei tassi di cambio exchange rate volatility.
errore alfa alpha error.
errore aritmetico arithmetical error.
errore beta beta error.
errore bilaterale mutual mistake; bilateral mistake.
errore compensativo compensating error.
errore costante systematic error.
errore di calcolo error in computation.
errore di campionatura sampling error.
errore di compensazione offsetting error.
errore di decimale slide error.
errore di diritto error of law.
errore di primo tipo error of first kind; type I error.
errore di registrazione posting error.
errore di scrittura clerical error.
errore di secondo tipo error of second kind; type II error.
errore per difetto error below the true figure.
errore per eccesso error above the true figure.
errore quadratico medio della media standard error; standard error of the mean.
errore quadratico medio della stima standard error of estimate.
errore residuo residual error.
errore sistematico systematic error.
errore standard standard error; standard error of the mean.
errore standard del coefficiente di regressione standard error of regression coefficient.

errore unilaterale: unilateral mistake.
esame fiscale: tax audit.
esattore: 1. collector. **2.** debt collector.
esattore delle imposte: tax collector; collector of taxes; collector of internal revenue.
esauribile: depletable.
esaurimento: depletion.
esaurimento delle scorte: stock exhaust; selling out; stockout.
esaurimento percentuale: percentage depletion.
esaurire: to run short.
esaurire le scorte: to sell out.
esaurirsi: to run short.
esaurito: out of stock; sold out.
esazione: collection.
esazione crediti: debt collection.
esazione delle imposte: tax collection.
esborsi: outgoings.
esborso: 1. outgo. **2.** outlay. **3.** disbursement.
esborso di cassa: cash expenditure.
esclusi i sabati: not saturdays.
esclusione: 1. exclusion. **2.** crowding–out.
esclusione a fini impositivi: tax exclusion.
esclusione dalla quotazione: delisting.
esclusione di soci minoritari: freeze out.
esclusiva: franchise.
esclusivista affiliato: franchisee.
esclusività di vendita: sole selling rights.
esclusivo: up–market; upscale.
escluso tutto: ex all.
esecutivo: executive.
esecutore testamentario: personal representative; executor.
esecutrice testamentaria: executrix.
esecuzione: 1. quittance; acquittance; performance; quietus; execution. **2.** workmanship.
esecuzione alle grida: execution by outcry.
esecuzione al meglio: best execution.
esecuzione coatta: forced sale.
esecuzione di un ordinativo: order servicing.
esecuzione forzata del contratto in forma specifica: specific performance.
esecuzione parziale: part performance.
esecuzione vicaria: vicarious performance.
esentasse: tax–free; free of tax.
esente da dazio: duty–free; customs–free; tariff–free.
esente da imposta sul reddito: free of income tax.
esente da imposte: tax–free.
esente da premio di allestimento: free of dispatch money.
esente da tassa di bollo: free of stamp.
esenzione: exclusion; exemption.
esenzione completa: zero–rating.
esenzione dai dazi protettivi: protective duty relief.
esenzione da imposta: tax exemption; exemption from tax.
esenzione dalla doppia imposizione: double taxation relief.
esenzione dalla doppia imposizione sul reddito: double income–tax relief.
esenzione dall'imposta sul reddito: income tax exemption.
esenzione fiscale: tax exemption; exemption from tax.
esenzione per età: age allowance.
esenzione personale: personal exemption.
esenzioni da dazi e imposte: duty and tax reliefs.
esercente: shopkeeper; tradesman.
esercente di banchina: wharfinger.
esercenti: tradesfolk; tradespeople.
esercizio: 1. accounting period; period. **2.** shop. **3.** exercise.
esercizio arbitrario di un diritto: misfeasance.
esercizio finanziario: financial year; fiscal year; financial period; tax year.
esercizio in frode dei creditori: fraudulent trading.
esercizio per la fornitura di servizi: service establishment.
esigenze di natura impiantistica: plant requirements.
esigibile: receivable; collectible; exigible.
esistenza di cassa: balance in hand; balance on hand.
esitare: to retail.
esito: disposal; sale.
esodo: early retirement; buy–out.
esodo rurale: migration from agriculture.
esogeno: exogenous.
espansione: expansion.
espansione a tiraggio forzato: forced–draught expansion.
espansione creditizia interna: domestic credit expansion.
espansione del credito: expansion of credit.
espansione della domanda: demand expansion; demand boost.
espansione diagonale: diagonal expansion.
espansione di credito multipla: multiple expansion of credit.
espansione di un'impresa: expansion of a firm.
espansione economica: economic expansion.
espansione indotta: forced–draught expansion.
espansione monetaria: monetary expansion.
espansione orizzontale: horizontal expansion.
espansione urbana incontrollata: urban sprawl.
espansione verticale: vertical expansion.
espediente: gimmick.
espedienti economizzanti: economizing expedients.
esperto finanziario: investment counsel; investment adviser; investment counsellor.
esplosione demografica: population explosion.
esporre: to exhibit.
esportare: to export.
esportatore: export merchant; exporter; merchant shipper.
esportatore di capitali: capital exporter.
esportazione: exportation; exporting.
esportazione a dorso di maiale: exporting by piggy back.
esportazione diretta: direct exportation.
esportazione indiretta: indirect exporting.
esportazione sottocosto: dumping.
esportazioni: exports.
esportazioni basilari: basic exports.
esportazioni del settore terziario: service–sector exports.
esportazioni di capitale: capital exports.
esportazioni di materiali primari: primary exports.
esportazioni e importazioni invisibili: invisible exports and imports.
esportazioni e importazioni visibili: visible exports and imports.
esportazioni invisibili: invisible exports.
esportazioni proibite: prohibited exports.
esportazioni senza contropartita: unrequited exports.
esportazioni temporanee: temporary exports.
esportazioni vietate: prohibited exports.
esportazioni visibili: visible exports.
esposizione: 1. display. **2.** exposition. **3.** exposure.

esposizione all'estero: foreign exposure.
esposizione allo scarto di scadenze: maturity gap exposure.
esposizione commerciale: trade show.
esposizione di articoli: display of goods.
esposizione di merci: display of goods.
esposizione estera: foreign exposure.
esposizione falsa: misrepresentation; misstatement.
esposizione fraudolenta: fraudulent misrepresentation.
esposizione in beni: open interest.
esposizione in valuta: currency exposure.
esposizione nel punto di acquisto: point–of–purchase display.
esposizione valutaria incrociata: cross currency exposure.
espresso: express letter.
espropriazione: expropriation.
espropriazione per pubblica utilità: compulsory purchase; compulsory acquisition; eminent domain.
esproprio: expropriation; condemnation.
essere debitore: to owe.
essere in concorrenza: to compete.
estensione del controllo direttivo: span of supervision.
estensione del credito: credit extension.
estensione della indennità di disoccupazione: extended unemployment benefit.
estensione del termine assicurativo: extended term insurance.
estensione di copertura: extended coverage.
estensione di copertura addizionale: additional extended coverage.
estensione di credito: extended credit.
estensione di garanzia: extended guarantee.
esternalità: external effects; externalities; neighbourhood effects.
estinguere: **1.** to settle. **2.** to redeem.
estinguersi: to lapse.
estinzione: **1.** abatement. **2.** redemption. **3.** discharge; satisfaction; termination. **4.** cancellation. **5.** lapse.
estinzione anticipata: prepayment.
estinzione di contratto: discharge of contract; termination.
estinzione d'ipoteca: release of mortgage; satisfaction of mortgage; redemption of mortgage.
estinzione di una offerta: termination of an offer.
estinzione di una spesa: outlay expiration.
estinzione di un contratto: frustration of contract.
estinzione di un debito: discharge of debt.
estorsione: extortion.
estraibile per rimborso: cum drawing.
estramarginale: extra–marginal.
estraneo: **1.** outsider. **2.** stranger.
estrapolazione: extrapolation.
estratti conto trimestrali: quarterly trade accounts.
estratto catastale: abstract of title.
estratto conto: **1.** pass book statement; pass sheets. **2.** statement; statement of account. **3.** account stated.
estratto conto analitico: detailed statement.
estratto conto approvato: account stated.
estratto conto bancario: bank certificate.
estratto conto presentato: account rendered.
estratto dei registri immobiliari: land certificate; registered land certificate.
estratto del titolo di proprietà: abstract of title.
estrattore: extractor.
estrazione a cielo aperto: open–cast mining.
estrazioni: draws by lot; drawings.
estremi: extremes.
esuberante: buoyant.
esuberanza di personale: redundancy.
età ammessa: age admitted.
età pensionabile: retirement age; pensionable age.
eterogeneità: heterogeneity.
eteropolio atomistico: imperfect polypoly.
eteropolio circolare: imperfect oligopoly.
eteropsonio atomistico: imperfect polypsony.
etica aziendale: business ethics.
etica del capitalista: capitalist ethics.
etica imprenditoriale: business ethics.
etichetta: label.
etichetta adesiva: sticker.
etichetta commerciale: trade label.
etichetta depositata: private label; own label.
etichetta registrata: private label; own label.
etichetta segnaprezzo: price label.
etichetta sindacale: union label.
etichettatura descrittiva: descriptive labeling.
etichettatura qualitativa: grade labeling.
ettaro: hectare.
euforico: cheerful.
eurassegno: eurocheque.
euroazioni: euro–equities.
eurobbligazioni: eurobonds.
eurobbligazioni convertibili: euro–convertibles.
eurocapitale: eurocapital.
eurocrate: eurocrat.
eurocrazia: eurocracy.
eurocredito: eurocredit.
eurodivisa: euro–currency; euromoney.
eurodollari: eurodollars.
eurofondi: eurofunds.
eurofusione: euromerger.
euromercato: euromarket.
euromercato monetario: euromoney market.
euromoneta: euro–currency; euromoney.
europeista: pro–European.
europorto: europort.
eurosterlina: eurosterling.
eurovaluta: euro–currency; euromoney.
evasione fiscale: tax evasion.
evasione legale: tax avoidance; tax dodging.
evasore fiscale: tax dodger; tax–evader.
evidenza contabile: accounting evidence.
evidenze contabili: accounting records.
ex ante: ex–ante.
ex capitalizzazione: ex scrip; ex–capitalization.
ex cedola: **1.** ex coupon. **2.** ex dividend.
ex cupone: ex coupon.
ex diritti: ex claim; ex rights.
ex dividendo: ex dividend.
ex interessi: ex interest.
ex post: ex–post.
extramarginale: extra–marginal.
extranolo: over–freight.
extraprofitto: extra profit; excess profit.
extrastallie: extra–demurrage days.

f, F

fabbisogno di attrezzature: equipment requirements.
fabbisogno di capitale: capital requirement.
fabbisogno di cassa: cash requirements.
fabbisogno di denaro: cash requirements.
fabbisogno di lavoro: labour requirements.
fabbisogno di personale: personnel requirements.
fabbisogno finanziario: 1. borrowing requirement. **2.** financial requirements.
fabbisogno finanziario del governo centrale: central government borrowing requirement.
fabbisogno finanziario del settore pubblico: public sector borrowing requirement.
fabbisogno percentuale per servizio debiti: debt service ratio requirement.
fabbrica: factory; manufactory; works.
fabbricante: manufacturer.
fabbrica sfruttatrice: sweatshop.
fabbricato per abitazioni civili: tenement.
fabbrica trapiantata: transplant.
fabbricazione: manufacture; manufacturing.
fabbricazione a ciclo breve: short–cycle manufacturing.
fabbricazione computerizzata: computer–integrated manufacturing.
facchinaggio: porterage.
facilità di entrata: ease of entry.
facilitazione: facility.
facilitazione alternativa: either–or facility.
facilitazione di accesso allargato: enlarged access facility.
facilitazione di adeguamento strutturale: Structural Adjustment Facility.
facilitazione di Basilea: Basle facility.
facilitazione per il finanziamento di scorte–cuscinetto: buffer stock financing facility.
facilitazione petrolifera: oil facility.
facilitazione rotativa di garanzia e collocamento: revolving underwriting facility.
facilitazioni a opzioni multiple: multi–option facilities.
facilitazioni creditizie: 1. credit facilities. **2.** credit inducements.
facilitazioni di swap: swap facilities.
facoltà: power.
facoltà di vendita: power of sale.
facsimile: facsimile; specimen.
factoring con accredito anticipato: cash receivables factoring; discount factoring.
factoring con accredito a scadenza: maturity factoring.
factoring con regresso: recourse factoring.
factoring occulto: undisclosed factoring.
factoring per l'esportazione: export factoring.
factoring segreto: undisclosed factoring.
fallacia: fallacy.
fallato: irregular.
fallimento: bankruptcy.
fallimento aziendale: business failure.
fallimento involontario: involuntary bankruptcy.
fallimento volontario: voluntary bankruptcy.
fallire: to fail.
fallito: bankrupt.
fallito non riabilitato: undischarged bankrupt.
fallito riabilitato: certificated bankrupt; discharged bankrupt.
falsario: coiner; counterfeiter.
falsificazione: falsification.
falsificazione dei conti: falsification of accounts.
falso: bogus; sham; dummy.
falso contabile: falsification of accounts; false accounting.
famiglia: family.
famiglia di fondi comuni d'investimento: family of funds.
famiglie con due redditi: two–income households.
«fantasia»: fantasy.
fardaggio: dunnage.
fare l'inventario: to take stock.
farmaco negletto: orphan drug.
fascetta pubblicitaria: blurb.
fascia del sole: Sun Belt.
fascia retributiva: salary range.
fascicolo: file.
fascicolo attivo: active file.
fascicolo diversi: sundries file.
fascicolo inattivo: dead file.
fascicolo individuale: individual file.
fascismo: Fascism.
fase ascendente: upward phase; upward swing.
fase critica: critical path.
fase di ascesa: boom phase.
fase di boom: boom phase.
fase di contrazione: contractionary phase.
fase di espansione: expansion; expansionary phase.
fase di prosperità: peak; prosperity phase.
fase di recessione: recession phase; recession stage.
fase di ripresa: recovery phase; recovery stage.
fase discendente: downswing; downturn; downward phase; downward swing.
fase pilota: piloting.
fasullo: bogus.
fato: fate.
fatti i debiti mutamenti: mutatis mutandis.
fatto a macchina: machine–made.
fatto a mano: hand–made.
fatto essenziale: material fact.
fatto materiale: material fact.
fattore: factor.
fattore beta: beta factor.
fattore chiave: key factor.
fattore della produzione omogeneo: homogeneous

factor.
fattore di accumulazione: accumulation factor.
fattore di capacità: capacity factor.
fattore di capitalizzazione: accumulation factor.
fattore di carico: load factor.
fattore di conversione di perdita: loss conversion factor.
fattore di distribuzione dei costi fissi: operating leverage; leverage factor; operating gearing.
fattore di diversità: diversity factor.
fattore di impianto: plant factor.
fattore di incremento: leverage factor.
fattore di miglioramento annuo: annual improvement factor.
fattore di servizi speciali: special services factor.
fattore di sicurezza: safety factor.
fattore di utilizzazione: utilization factor.
fattore forza motrice: power factor.
fattore limitante: limiting factor.
fattore magazzinaggio e trasporto: storage–transport factor.
fattore organizzazione: organization factor.
fattore sorveglianza: superintendence factor.
fattore spazio: space factor.
fattoria: **1.** farm. **2.** grange.
fattori della produzione: factors of production; means of production.
fattori della produzione complementari: complementary factors of production.
fattori della produzione non specifici: non–specific factors of production.
fattori della produzione primari: primary factors of production.
fattori della produzione reversibili: non–specific factors of production.
fattori della produzione specifici: specific factors of production.
fattori di mansione: job factors.
fattori di produzione: production factors.
fattori di pura rendita: pure rent factors.
fattori di rendita: rent factors.
fattorie collettive: collective farms.
fattorie statali: state farms.
fattorino: office boy.
fattori produttivi: factors of production.
fattori produttivi specifici: specific factors of production.
fatto su richiesta: custom–made.
fattura: **1.** invoice; bill. **2.** workmanship.
fattura analitica: fully–priced invoice; itemized invoice.
fattura certificata: certified invoice.
fattura commerciale: commercial invoice.
fattura con IVA: tax invoice.
fattura consolare: consular invoice.
fattura definitiva: final invoice.
fattura dettagliata: fully–priced invoice; itemized invoice.
fattura di acquisto: purchase invoice.
fattura di spedizione: shipping invoice.
fattura di vendita: sales invoice.
fattura doganale: customs invoice.
fattura in arrivo: incoming invoice.
fattura in entrata: purchase invoice.
fattura in partenza: outgoing invoice.
fattura interna: inland invoice.
fattura in uscita: sales invoice.
fattura originale: original invoice.
fattura per acquisti: purchases invoice; purchase bill.
fattura per fornitura: purchases invoice; purchase bill.
fattura per l'esportazione: export invoice.
fattura per l'estero: export invoice.
fattura petrolifera: oil bill.
fattura pro forma: pro–forma invoice.
fattura provvisoria: provisional invoice.
fattura quietanzata: receipted invoice.
fattura simulata: pro–forma invoice.
fattura supplementare: supplementary invoice.
fatturato: sales revenue; sales.
fatturato delle esportazioni: export sales.
fatturato dell'ingrosso: wholesale sales.
fatturato globale: total sales.
fatturato lordo: gross sales; gross revenue; gross income.
fatturato netto: net sales; net revenue; net income.
fatturatrice: billing machine.
fatturazione: invoicing; billing.
fatturazione al prezzo di costo: billing at cost.
fatturazione al prezzo di rivendita: billing at selling price.
fatturazione ciclica: cycle billing.
fatturazione del venduto: sales invoicing.
fatturazione di merce: billing of merchandise.
fatturazione postdatata: dated billing.
favore dei clienti: customer goodwill.
favorevole: favourable.
favorire: to accommodate.
fax: facsimile machine.
febbre dell'oro: gold rush.
fedecommesso: trust.
fedecommesso testamentario: testamentary trust.
fede di deposito: warrant; deposit warrant; warehouse warrant; warehouse receipt; warehouse–keeper's warrant; warehouse certificate.
fede di deposito di banchina: wharfinger's warrant.
fede di deposito di dock: dock warrant.
fede di deposito doganale: warehouse warrant; warehouse receipt; warehouse certificate; warehouse–keeper's warrant; warrant.
fede d'investimento: equipment trust bond; equipment trust certificate; trust certificate.
fedeltà alla marca: brand loyalty.
fedeltà al negozio: store loyalty.
federalismo duplice: dual federalism.
federalismo fiscale: fiscal federalism.
federazione: federation.
Federazione bancaria della Comunità Economica Europea: Banking Federation of the European Economic Community.
Federazione degli armatori: Shipping Federation.
Federazione dei commercianti all'ingrosso: Federation of Wholesale Organizations.
Federazione delle cooperative: Co–operative Union.
federazione di stati: federal union; federation of states.
Federazione industriale britannica: Federation of British Industries.
Federazione sindacale: Trades and Labour Council; Trades Council.
Federazione Sindacale Mondiale: World Federation of Trade Unions.
fenomeno del ciclo dei suini: hog–cycle phenomenon.
ferie: vacation.
ferie annuali: annual leave.
ferie pagate: paid leave; holidays with pay.
fermare un assegno: to stop a cheque.
fermata: shutdown; stoppage; bandh.

fermo: **1.** firm. **2.** stop; stoppage of payments.
fermo posta: poste restante; general delivery.
fermo sulla merce: stop for freight.
ferramenta: hardware.
ferrovie: railways.
fertilità della terra: fertility of land.
festa dei lavoratori: labour day.
festa del lavoro: labour day.
feudalesimo: feudalism.
fiacco: flat.
fideiussione: **1.** guaranty; guarantee; suretyship; performance guarantee; performance bond. **2.** fiduciary bond.
fideiussione bancaria: stand-by letter of credit.
fideiussione per somma da accertarsi: open covenant bond.
fideiussione per somma fissa: fixed penalty bond.
fideiussore: guarantor; surety.
fido: credit.
fido bancario: credit line; bank line.
fiduciante: settlor; settler; grantor; creator; donor.
fiduciario: **1.** fiduciary. **2.** trustee.
fiduciario di fabbrica: union steward.
fiduciario di una società: corporate fiduciary.
fiduciario sindacale: shop steward; steward; union steward.
fiera: fair.
fiera campionaria: sample fair.
fiera commerciale: trade fair; trade exhibition.
fiera del bianco: white sale.
Fiera di Lipsia: Leipzig Fair.
fiera internazionale: international trade fair.
figurativo: **1.** imputed. **2.** notional.
filiale: branch house; branch.
filiale di vendita: branch sales office.
filiale estera: overseas branch.
filiale vendite al minuto: retail branch.
filiali di vendita dei produttori: manufacturers' sales branches.
filiazioni bancarie: bank affiliates; bank subsidiaries.
filtro: filter.
finanza: finance.
finanza a breve termine: short-term finance.
finanza a lungo termine: long-term finance.
finanza aziendale: business finance.
finanza compensativa: compensatory finance.
finanza delle esportazioni: exports finance.
finanza delle imprese: business finance.
finanza delle società: corporate finance.
finanza d'impresa: corporate finance.
finanza diretta: direct finance.
finanza di sviluppo: development finance.
finanza estera: external finance.
finanza funzionale: functional finance.
finanza indiretta: indirect finance.
finanza inflazionistica: inflationary finance.
finanza iniziale: front end finance.
finanza interna: internal finance.
finanza internazionale: international finance.
finanza ipotecaria: mortgage finance.
finanza locale: local finance.
finanza per lo sviluppo di un progetto: project finance.
finanza per migliorie immobiliari: home improvement finance.
finanza pubblica: **1.** public finance. **2.** national finance; government finance.
finanza stabilizzatrice: compensatory finance.
finanza statale: **1.** national finance; government finance. **2.** state finance; public finance.
finanza ufficiale: official finance.
finanziamento: **1.** financing. **2.** funding.
finanziamento a alto rapporto: high-ratio financing.
finanziamento a breve termine: short-term financing.
finanziamento a forfait: forfaiting.
finanziamento alle piccole imprese: small business financing.
finanziamento a lungo termine: long-term financing.
finanziamento a tasso agevolato: soft financing.
finanziamento azionario: equity financing.
finanziamento commerciale: commercial financing.
finanziamento compensativo: bridge financing.
finanziamento con garanzia: contract financing.
finanziamento congiunto: piggy-back financing.
finanziamento crediti a breve: receivables financing.
finanziamento del commercio estero: financing of foreign trade.
finanziamento del commercio internazionale: financing of foreign trade.
finanziamento della industria: financing of industry.
finanziamento delle esportazioni: exports financing.
finanziamento delle imprese: financing of enterprises.
finanziamento di compensazione: compensatory financing.
finanziamento di crediti a breve termine: accounts receivable financing.
finanziamento diretto: direct financing.
finanziamento fuori bilancio: **1.** off-balance-sheet financing. **2.** back-door financing.
finanziamento immobiliare: real estate financing.
finanziamento in disavanzo: deficit financing.
finanziamento in eccesso: overfunding.
finanziamento insufficiente: underfunding.
finanziamento interno: internal financing.
finanziamento mediante emissione di azioni: equity financing.
finanziamento mediante emissione di debiti: debt financing.
finanziamento parallelo di garanzia: back-to-back loan.
finanziamento permanente: permanent financing.
finanziamento ponte: bridge financing.
finanziamento preferenziale: preferential financing.
finanziamento pre-spedizione: preshipment finance.
finanziamento provvisorio: interim financing.
finanziamento pubblico di imprese di rischio: public venture financing.
finanziamento separato: split financing.
finanziamento supplementare: supplementary financing.
finanziamento totale: full fund(ing).
finanziamento ufficiale: official financing.
finanziamento vincolato: tied lending.
finanziare: to finance; to fund.
finanziatore: backer.
finanziere: financier.
finezza: fineness.
fini economici: economic ends.
fino: fineness.
fino a disdetta: till-forbid.
finto: bogus.
fiorino: florin.
fiorino inglese: florin.
firma: signature.
firma a timbro: facsimile signature.

firma di traenza: drawer's signature.
firma per procura: procuration signature.
firmatari: signatories.
fiscalista: 1. tax consultant; tax adviser. **2.** fiscalist.
fiscalizzazione dei contributi: contribution holidays.
fiscalizzazione dei contributi pensionistici: pension fund contribution holidays.
fisco: inland revenue.
fisiocrati: Physiocrats.
fisiocratici: Physiocrats.
fisiocratico: physiocratic.
fisiocrazia: Physiocracy.
fissare: to establish.
fissatino: sold note; contract note.
fissato: fixture.
fissato bollato: sold note; contract note.
fissazione: 1. fix; fixing. **2.** fixation.
fissazione dei prezzi: price fixing; price setting.
fissazione delle tariffe: rate setting.
fissazione del prezzo dell'oro: gold fixing; gold fix.
fissazione del prezzo di prodotti multipli: multiple–product pricing.
fissazione del prezzo in base al carico di punta: peak–load pricing.
fissazione di prezzi comuni: common pricing.
fissazione di prezzi multipli: multiple pricing.
fissazione di prezzo di penetrazione: penetration pricing.
fissazione di prezzo limite: limit pricing.
fissazione di prezzo sleale: predatory pricing.
fissazione flessibile del prezzo di vendita: flexible markup pricing.
fissazione variabile del prezzo di vendita: variable markup pricing.
fittizio: sham; dummy.
fitto: rent.
fitto arretrato: back rent.
fitto figurativo: notional rent; imputed rent; implicit rent.
flessibilità automatica: built–in flexibility.
flessibilità dei prezzi: price flexibility.
flessibilità dei salari: wage flexibility.
flessibilità dei tassi di cambio: exchange rate flexibility.
flessibilità del mercato: market flexibility.
flessibilità del mercato del lavoro: labour–market flexibility.
flessibilità fiscale: fiscal flexibility.
flessibilità limitata dei tassi di cambio: limited exchange rate flexibility.
flessione lieve: dip.
flotta: fleet.
flottante: floating securities; float; floating supply.
flottante negoziabile: free float.
fluidità: volatility.
flusso: flow.
flusso bilaterale: bilateral flow.
flusso circolare: circular flow.
flusso circolare della spesa: circular expenditure flow.
flusso circolare del reddito: circular flow of income.
flusso dei costi: cost flow.
flusso dei fondi: flow of funds.
flusso dei materiali: flow of materials.
flusso dei moduli: paper flow.
flusso del lavoro: flow of work; work flow.
flusso delle informazioni: flow of information.
flusso dell'oro: gold flow.
flusso del reddito: flow of income.
flusso di capitali: flow of capital; capital flow.
flusso di cassa: cash flow.
flusso di cassa attualizzato: discounted cash flow.
flusso di cassa lordo: gross cash flow.
flusso di cassa negativo: negative cash flow.
flusso di cassa netto: net cash flow.
flusso di cassa positivo: positive cash flow.
flusso di tesoreria: cash flow.
flusso economico: economic flow.
flusso finanziario: flow of funds; financial flow; flow of cash.
flussogramma: flow chart; flow diagram.
flusso monetario: flow of money; money flow.
flusso monetario lordo: gross cash flow.
flusso monetario netto: net cash flow.
flusso monetario scontato: discounted cash flow.
flussoschema: flow diagram; flow chart.
flusso totale di valuta: total currency flow.
flusso unilaterale: unilateral flow.
flusso valutario: currency flow.
flusso valutario totale: total currency flow.
fluttuante: floating.
fluttuare: to fluctuate.
fluttuazione: 1. fluctuation. **2.** float. **3.** floating.
fluttuazione congiunta: joint float.
fluttuazione dei cambi: exchange rate floating.
fluttuazione dei tassi di cambio: exchange rate floating.
fluttuazione delle vendite: fluctuation in sales.
fluttuazione di prezzo massima: maximum price fluctuation.
fluttuazione di prezzo minima: minimum price fluctuation.
fluttuazione libera: clean float.
fluttuazione limitata: restricted float.
fluttuazione manovrata: managed float.
fluttuazione sporca: dirty float.
fluttuazione stagionale: seasonal fluctuation.
fluttuazioni agricole: agricultural fluctuations.
fluttuazioni cicliche: cyclical movements; cyclical fluctuations.
fluttuazioni dei prezzi: fluctuations in prices; price fluctuations.
fluttuazioni del cambio: fluctuations in the rate of exchange; exchange fluctuations.
fluttuazioni dell'attività economica: trade fluctuations.
fluttuazioni delle scorte: fluctuations in stocks; stock fluctuations.
fluttuazioni del mercato: market fluctuations.
fluttuazioni del mercato azionario: stock market fluctuations.
fluttuazioni del mercato monetario: fluctuations of the money market.
fluttuazioni di breve periodo: short–term fluctuations.
fluttuazioni economiche: cyclical fluctuations; cyclical movements; economic fluctuations; business fluctuations.
fluttuazioni industriali: industrial fluctuations.
fluttuazioni valutarie: currency fluctuations.
fob destino: ex ship.
fob partenza: free on board.
fogli di lavoro: working papers.
foglietto bollato: contract note; sold note.
foglietto pubblicitario: 1. handbill. **2.** stuffer.
foglio: 1. ticket. **2.** folio.
foglio di allungamento: rider; allonge.
foglio di cedole: coupon sheet.

foglio di commessa: job card; job sheet; operation job card; job–order form.
foglio di marcia: work sheet.
foglio di riscontro: tally sheet.
foglio paga: wages sheet.
foglio rosa: pink sheet.
fondare: to establish; to found.
fondatore: founder.
fondazione: **1.** establishment. **2.** promotion. **3.** foundation.
Fondazione nazionale delle scienze: National Science Foundation.
fondersi: to fuse.
fondi: funds.
fondi a breve termine: short–term funds.
fondi accantonati: appropriated funds.
fondi a richiesta: demand funds.
fondi a vista: sight funds; money at call.
fondi correnti: current funds.
fondi della stanza di compensazione: clearing house funds.
fondi di crescita: growth funds.
fondi d'investimento esteri: offshore funds.
fondi di reddito: income funds.
fondi discrezionali: advisory funds; discretionary funds.
fondi disponibili: disposable funds; available funds.
fondi disponibili in giornata: same day funds.
fondi di sviluppo: growth funds.
fondi di terzi: deposits and borrowed funds.
fondi esterni: external funds.
fondi federali: federal funds.
fondi in giro: cash in transit.
fondi insufficienti: not sufficient funds; insufficient funds.
fondi interbancari: interbank funds.
fondi ipotecari: mortgage money.
fondi mutuabili: loanable funds.
fondi neri: slush money; slush funds.
fondi non prelevati: uncollected funds.
fondi non stanziati: non–appropriated funds.
fondi per investimento: investment funds; investible funds.
fondi per uso generale: general cash.
fondi pubblici: public funds.
fondi segreti: slush money; slush funds.
fondista: unitholder.
fondi stanziati: appropriated funds.
fondi strutturali: structural funds.
fondo: **1.** allowance; provision; reserve. **2.** fund. **3.** stock. **4.** bottom. **5.** vote; vote on account.
fondo accumulato: accumulated fund.
fondo acquisti: purchase fund.
fondo a go–go: go–go fund; go–go.
fondo a investimento equilibrato: balanced fund.
fondo ammortamento: allowance for depreciation.
fondo aperto: open–end trust; open–end fund; open–end investment trust; unit trust; unit investment trust; open–ended unit trust; mutual fund; mutual investment trust.
fondo a spese differite: deferred–load fund.
fondo assicurazioni sociali: national insurance fund.
fondo bilanciato: balanced fund.
fondo capitale: **1.** capital stock. **2.** capital fund.
fondo chiuso: closed–end fund; closed–end company; closed–end investment trust; closed–end trust; closed–end investment company.
fondo clonato: clone fund.
fondo comune: pool.
fondo comune a investimenti differenziati: diversified fund.
fondo comune azionario: common stock fund.
fondo comune di garanzia: stock exchange compensation fund; compensation fund.
fondo comune di massima crescita: performance fund.
fondo comune d'investimento: investment company.
fondo comune d'investimento a capitale fisso: closed–end fund; closed–end investment company; closed–end company; closed–end investment trust; closed–end trust.
fondo comune d'investimento a capitale misto: split–capital trust.
fondo comune d'investimento a capitale variabile: open–end trust; open–end fund; unit trust; unit investment trust; open–end investment trust; mutual fund; mutual investment trust.
fondo comune d'investimento all'estero: overseas fund.
fondo comune d'investimento fisso: fixed investment trust; fixed unit trust; fixed trust; non–discretionary trust.
fondo comune d'investimento flessibile: flexible unit trust; flexible trust; general management trust; discretionary trust.
fondo comune d'investimento immobiliare: real estate investment trust.
fondo comune d'investimento in azioni ordinarie: common stock fund.
fondo comune d'investimento in beni: commodity fund; commodity pool.
fondo comune d'investimento in obbligazioni: bond fund.
fondo comune d'investimento in operazioni finanziarie: futures fund.
fondo comune d'investimento internazionale: international mutual fund.
fondo comune d'investimento in titoli azionari: equity fund.
fondo comune d'investimento in titoli di credito: money market fund; money market mutual fund.
fondo comune d'investimento in un singolo paese: country fund.
fondo comune d'investimento in un solo ramo industriale: industry fund.
fondo comune d'investimento ipotecario: mortgage investment trust; mortgage real estate investment trust.
fondo comune d'investimento mobiliare: investment trust; investment company; investment trust company; securities investment trust.
fondo comune d'investimento obbligazionario: bond investment trust.
fondo comune d'investimento specializzato: speciality fund; specialized management trust; specialized mutual fund.
fondo comune obbligazionario: bond fund.
fondo consolidato: consolidated fund; exchequer account.
fondo con spese: load fund.
fondo contributi di miglioria: local–improvement fund; special assessment fund.
Fondo delle Nazioni Unite per lo sviluppo: United Nations Capital Development Fund.
fondo deprezzamento: allowance for depreciation.
fondo di agenzia: agency fund.
fondo di ammortamento: **1.** reserve for depreciation;

depreciation fund; reserve for wear, tear, obsolescence, or inadequacy. **2.** amortization fund; sinking fund.
fondo di ammortamento dei locali della banca: bank premises redemption fund.
fondo di ammortamento delle obbligazioni: debenture sinking fund; debenture redemption fund.
fondo di ammortamento finanziario: sinking fund reserve.
fondo di ammortamento maturato: accrued depreciation; accumulated depreciation; property reserved.
fondo di anticipazione: imprest fund; imprest cash.
fondo di anzianità e di quiescenza: retirement fund.
fondo di autoassicurazione: insurance fund.
fondo di capitale circolante: working capital fund.
fondo di cassa: float; cash float; till float.
fondo di compensazione in oro: gold settlement fund.
fondo di compensazione interdistrettuale: interdistrict settlement fund.
fondo di compenso dei cambi: exchange equalization fund; exchange equalization account.
fondo di conguaglio dei cambi: exchange equalization fund; exchange equalization account.
fondo di contropartita: counterpart fund.
fondo di copertura: end money.
fondo di credito rotativo: revolving credit fund.
fondo di dotazione: endowment fund.
fondo di equalizzazione dei cambi: exchange equalization fund; exchange equalization account.
fondo di funzionamento: working fund.
fondo di garanzia: guarantee fund.
fondo di garanzia fedeltà dei dipendenti: staff guarantee fund.
fondo di impresa di pubblici servizi: utility fund.
fondo d'investimento a capitale misto: split–capital fund.
fondo d'investimento all'estero: overseas fund.
fondo d'investimento esentasse: tax–free fund.
fondo d'investimento indicizzato: index fund.
fondo d'investimento in fondi d'investimento: fund of funds.
fondo d'investimento in imprese pulite: social–conscience fund.
fondo d'investimento in metalli preziosi: precious–metal fund.
fondo d'investimento misto: mixed investment trust.
fondo d'investimento mobiliare generale: general equity fund.
fondo d'investimento settoriale: sector fund.
fondo d'investimento strategico: strategic fund.
fondo di perequazione dei cambi: exchange equalization fund; exchange equalization account; exchange stabilization fund.
fondo di piccola cassa: float; cash float; till float; petty fund.
fondo di previdenza: provident fund.
fondo di previdenza contro la disoccupazione: unemployment fund.
fondo di rappresentanza: entertainment allowance.
fondo di riserva: reserve fund.
fondo di riserva assicurazioni sulla vita: life fund; life and annuity fund.
fondo di riserva legale: statutory reserve; legal bank reserve; legal reserve; lawful reserve.
fondo di riserva per costi generali: reserve for overhead.
fondo di riserva per dissipazione: reserve for depletion.
fondo di riserva per esaurimento: reserve for depletion.
fondo di riserva per infortuni sul lavoro: industrial–accident reserve.
fondo di riserva per obsolescenza: reserve for obsolescence.
fondo di riserva per rinnovi e sostituzioni: reserve for renewals and replacements.
fondo di riserva per riparazioni: reserve for repairs.
fondo di riserva per riscatto di capitale: capital redemption reserve fund.
fondo di riserva per sconti: reserve for discounts.
fondo di riserva per sopravvenienze passive: reserve for contingencies.
fondo di riserva per sopravvenienze passive di carattere generale: general contingency reserve.
fondo di riserva per sopravvenienze passive di carattere speciale: special contingency reserve.
fondo disponibile: expendable fund.
fondo di stabilizzazione: stabilization fund.
fondo di stabilizzazione dei cambi: exchange equalization fund; equalization fund; exchange equalization account; exchange stabilization fund.
fondo dominante: dominant tenement.
fondo duplice: dual fund; dual purpose fund; dual purpose trust.
fondo europeo: European fund.
Fondo europeo di cooperazione monetaria: European Monetary Co–operation Fund; European Fund for Monetary Co–operation.
Fondo europeo di orientamento e garanzia per l'agricoltura: European Agricultural Guidance and Guarantee Fund.
Fondo europeo di sviluppo regionale: European Regional Development Fund; European Economic Community Regional Fund.
fondo europeo per lo sviluppo: European development fund.
fondo fiduciario: trust fund.
fondo finalizzato: end money.
fondo gestito: managed fund; managed trust.
fondo gratifiche: executive bonus fund.
fondo immobiliare: estate investment trust; real estate investment trust; equity real estate investment trust.
fondo immobiliare a singolo scopo: single–purpose real estate investment trust.
fondo immobiliare a termine: finite–life real estate investment trust.
fondo immobiliare misto: hybrid real estate investment trust.
fondo impianti: plant fund.
fondo imposte e tasse: tax reserves.
fondo indennità di licenziamento: staff severance fund; personnel severance fund.
Fondo internazionale per lo sviluppo agricolo: International Fund for Agricultural Development.
fondo liquidazioni: provident fund.
fondo liquidazioni personale: staff severance fund; personnel severance fund; staff retirement reserve.
fondo manovrato: managed trust; managed fund.
fondo monetario: monetary fund.
Fondo monetario arabo: Arab Monetary Fund.
Fondo monetario europeo: European Monetary Fund.
Fondo Monetario Internazionale: International Monetary Fund.
fondo moneta spicciola: change money; change

account; change fund.
fondo nazionale: National Fund.
fondo nazionale prestiti: National Loans Fund.
fondo non intaccabile: non-expendable fund.
fondo pensioni: pension fund; superannuation fund.
fondo per ammortamento finanziario delle azioni privilegiate: reserve for retirement of preferred stock.
fondo perdite su crediti: provision for bad and doubtful debts; loan-loss provision.
fondo per l'agricoltura: agricultural fund.
fondo per la riduzione del debito nazionale: national debt reduction fund.
fondo per rapido ammortamento: reserve for amortization.
fondo per sconti vendite: provision for discounts allowable; allowance for sales discount.
fondo premi: bonus fund.
fondo prestiti: loan fund.
fondo regionale: Regional Fund.
fondo rinnovamento impianti: replacement fund; renewal fund.
fondo rinnovo capitale: replacement fund.
fondo rinnovo capitale fisso: renewal fund.
fondo rischi: reserve for accidents.
fondo rivalutazione: revaluation reserve.
fondo rivalutazione investimenti: investment revaluation reserve.
fondo rotante: revolving fund.
fondo rotativo: revolving fund.
fondo salari: wage fund.
fondo senza spese: no-load fund.
fondo servente: servient tenement.
Fondo sociale europeo: European Social Fund.
fondo sopravvenienze passive: contingent fund; contingency fund.
fondo sostituzioni: provision for renewals.
fondo spese impreviste: contingency fund.
fondo stabilizzazione dividendi: dividend-equalization reserve; profit-equalization reserve.
fondo sussidio agli scioperanti: strike fund.
fondo svalutazione: **1.** provision for depreciation. **2.** operating reserve. **3.** qualifying reserve; valuation account.
fondo svalutazione crediti: provision for bad and doubtful debts; reserve for bad debts; allowance for doubtful accounts.
fondo vincolato: restricted fund.
fonte di approvvigionamento: supply source; source of supply.
fonte di rifornimento: supply source; source of supply.
fonte energetica: energy source.
fonti di capitale: sources of capital.
fonti di energia rinnovabili: renewable energy sources.
fonti di informazioni creditizie: sources of credit information.
fonti di reddito: sources of income.
forfettaggio: forfaiting.
forfettizzazione: non-recourse finance; forfaiting.
forma a cascata: multiple-step form.
forma a colonne: columnar form.
forma a gradini: multiple-step form.
forma colonnare: columnar form.
forma contabile: account form; customary form.
forma corrente: running form.
formalismo: formalism.
formalità doganali: customs formalities.
forma normale: customary form.
forma progressiva: reducing-balance form; report form; narrative form; statement form.
forma tabellare: tabular form.
formato: format.
formatore d'opinione: opinion leader; opinion maker; opinion former.
forma verticale: multiple-step form.
formazione del prezzo dichiarato: open pricing.
formazione di capitale: capital formation.
formazione di nuove imprese: business formation.
formazione di scorte: stockbuilding; inventory build-up.
formazione di una società di capitali: formation of a company.
formazione lorda di capitale: gross capital formation.
formazione lorda di capitale fisso: gross fixed capital formation.
formazione lorda interna di capitale fisso: gross domestic fixed capital formation.
formazione manageriale: management education.
formazione netta di capitale: net capital formation.
formazione netta di capitale fisso: net fixed capital formation.
formazione netta di nuove imprese: net business formation.
formazione professionale: training.
formula di Bayes: Bayesian statistics.
formula d'interesse composto: compound-interest formula.
formulario preliminare: pre-list.
fornitore: **1.** supplier. **2.** vender; vendor.
fornitore di bordo: ship's chandler; ship chandler.
fornitore navale: ship's chandler; ship chandler.
fornitura: supply.
fornitura di materie prime: raw material supply.
fornitura tassabile: taxable supply.
forniture: supplies.
forniture certificate: certified stocks; certificated stocks.
forniture di scambio certificate: exchange certified stocks.
forniture navali: ship chandlery.
forniture su commessa: contract supplies.
foro competente: place of jurisdiction.
forti consumatori: heavy users.
fortuna: fortune.
forza contrattuale: bargaining strength; bargaining power.
forza di vendita: sales force.
forza lavoro: labour force; work force; manpower.
forza maggiore: force majeure.
forza primaria: primary power.
forza secondaria: secondary power.
forze di lavoro: manpower.
forze di mercato: market forces; forces of the market.
forziere: coffer.
franchigia: franchise; excess.
franchigia postale: franking; franking privilege.
franco: **1.** free. **2.** franco; rendu. **3.** franc.
franco a bordo: free on board.
franco a bordo aeroporto...: free on board airport....
franco a bordo dell'aereo: free on aircraft; free on plane.
franco a bordo della nave: free on board seagoing vessel; free on board vessel.
franco a bordo stivaggio incluso: free on board and trimmed.

franco a bordo su chiatta: free on board coast terms; free on board lighters.
franco a richiesta: free on application.
franco banchina: **1.** free docks. **2.** ex dock; ex wharf; ex quay.
franco banchina a destinazione: free from alongside.
franco banchina partenza: free at wharf; free on quay.
francobollo: postage stamp; stamp.
franco bordo nave a destino: ex ship.
franco da dazio: customs–free.
franco da rivolte e disordini interni: free of riot and civil commotion.
franco deposito: ex store; ex warehouse; at warehouse.
franco di avaria: free of all average; free of average.
franco di avaria generale: free of general average.
franco di avaria particolare: free of particular average.
franco di commissione: free of commission.
franco di confisca: free of capture and seizure.
franco di dazio: duty paid.
franco di nolo: free of freight.
franco di ogni spesa: free of charges.
franco di oro: gold franc.
franco di porto: carriage free; carriage paid home; free of carriage.
franco di rottura: free from breakage; free of breakage.
franco di tutte le spese allo sbarco: landed terms.
franco dogana: customs–free.
franco domicilio: free delivered; franco domicile.
franco elevatore: free alongside elevator.
franco fabbrica: ex works; ex mill; ex factory.
franco fuori: free out.
franco fuori bordo: free overboard.
franco lungo bordo: free alongside ship.
franco magazzino: ex warehouse; at warehouse.
franco molo: ex quay; ex wharf; ex dock.
franco partenza: free on board.
franco pesante: heavy franc.
franco sotto paranco: free under tackle; free overside.
franco spese di caricazione e discarica: free in and out.
franco spese di caricazione e stivaggio: free in.
franco spese di caricazione, stivaggio e discarica: free in and out and stowed.
franco spese di chiatta: free of lighterage.
franco spese di disistivaggio e discarica: free discharge.
franco spese di trasporto: free delivered; franco domicile.
franco stazione partenza: free on rail.
franco su chiatte: free in lighters.
franco sulla chiatta: free into barge.
franco svizzero: Swiss franc.
franco vagone partenza: free into wagon; free on truck.
franco vettore: free carrier.
frase di chiusura: **1.** complimentary close. **2.** payoff.
fraudolento: bogus.
frazionamento azionario: split; splitting; split–up; stock split; stock splitup; share splitting.
frazionamento del rischio: risk spreading.
frazionare: to unbundle.
frazione d'azione: fractional share.
frena e accelera: stop–go.
freno all'inflazione: check on inflation.
freno e spinta: stop–go.
frequenza: frequency.
frizione: friction.
frode: fraud.
frode fiscale: tax fraud.
frode in commercio: trade fraud.
frode tributaria: tax fraud.
frontiera del benessere: welfare frontier.
frontiera delle possibilità di produzione: production–possibility frontier.
frontiera del prezzo dei fattori: factor–price frontier.
frontiera di produzione: production frontier.
frontiera di produzione sociale: social production frontier.
frontiere doganali: customs boundaries.
frugalità: thrift; thriftiness.
frumento pesante: heavy grain.
fruttifero: remunerative.
fuga dal dollaro: flight from the dollar.
fuga dalla moneta: flight from money.
fuga dalla sterlina: flight from the pound.
fuga dei cervelli: brain drain.
fuga di capitali: capital flight; flight of capital.
fungibile: fungible.
fungibilità: fungibility.
funzionamento automatico del sistema monetario aureo: automatic working of the gold standard.
funzionario: functionary; executive.
funzionario addetto alle vendite: sales officer.
funzionario dell'ufficio imposte: revenue officer.
funzionario dell'ufficio vendite: sales officer.
funzionario di dogana: custom officer; custom–house officer.
funzionario di una società: officer of a company; corporate officer.
funzionario governativo: governmental executive; government official.
funzione: function.
funzione del benessere sociale: social welfare function.
funzione del consumo: consumption function.
funzione del costo: cost function.
funzione della liquidità: liquidity function.
funzione della occupazione: employment function.
funzione della produzione a proporzioni fisse: fixed proportions production function.
funzione della produzione Cobb–Douglas: Cobb–Douglas production function.
funzione di deposito: deposit function.
funzione di domanda: demand function.
funzione di domanda complessiva: aggregate demand function.
funzione di intermediazione: intermediation function.
funzione di investimento: investment function.
funzione dinamica della moneta: dynamic function of money.
funzione di obiettivo: objective function.
funzione di offerta: supply function.
funzione di offerta complessiva: aggregate supply function.
funzione di reazione: reaction function.
funzione di reazione della produzione: output response function.
funzione discontinua: discontinuous function.
funzione di stabilizzazione: stabilization function.
funzione di trasformazione sociale: social transformation function.
funzione doppia: dual capacity.
funzione esponenziale: exponential function.
funzione IS: IS function.
funzione LM: LM function.

funzione risposta vendite: sales response function.
funzione singola: single capacity.
funzioni: task.
funzioni ausiliarie: staff.
funzioni della moneta: money functions; functions of money.
funzioni della produzione: production functions.
funzioni di mercato: market functions.
funzioni direzionali: management functions.
funzioni di trasformazione: transformation functions.
fuori borsa: over–the–counter; off–exchange; off–board.
fuori commercio: out of sale.
fuori orario: after hours.
fuorviante: misleading.
furgone per le consegne: delivery truck.
furto: larceny.
furto totale e parziale: theft and pilferage.
fusione: amalgamation; fusion.
fusione di aziende: business combination.
fusione di banche: bank amalgamation.
fusione di società: company amalgamation.
fusione laterale: lateral amalgamation.
fusione orizzontale: horizontal amalgamation.
fusione verticale: vertical amalgamation.
fusto: drum.

g, G

gabbia: crate.
gabbia da imballaggio: shipping crate.
galbraithiano: Galbraithian.
gallone: gallon.
gallone americano: American gallon.
gallone di Winchester: Winchester gallon.
gallone imperiale: imperial gallon.
gamma: range.
gamma di prezzi: range of prices; price range.
gamma di prodotti: range of products; product range.
gara a offerta segreta: sealed bid tender.
garante: 1. guarantor; personal surety; surety. **2.** backer. **3.** warrantor; warranter.
garantire: to collateralize.
garantire una cambiale: to back a bill.
garantito: warrantee.
garanzia: 1. bond; guarantee; suretyship. **2.** cover. **3.** warranty. **4.** guarantee. **5.** security.
garanzia a mantenersi: continuing guarantee; continuing security.
garanzia bancaria: 1. bank guarantee. **2.** bankers' indemnity.
garanzia bancaria globale: banker's blanket bond.
garanzia collaterale: collateral security; collateral; third–party security.
garanzia commerciabile: marketable collateral.
garanzia continuativa: continuing guarantee; continuing security.
garanzia corrente: marketable collateral.
garanzia del credito: credit guarantee.
garanzia dell'offerta: bid bond.
garanzia del prezzo: price guarantee.
garanzia di appalto: tender guarantee; tender bond.
garanzia di esecuzione: contract guarantee; performance bond; performance guarantee.
garanzia di esecuzione a prima richiesta: on–demand bond.
garanzia di fedeltà: fidelity guarantee.
garanzia di fornitura: tender guarantee; tender bond.
garanzia di grado anteriore: senior security.
garanzia di grado posteriore: junior security.
garanzia di idoneità: warranty of fitness.
garanzia d'indennizzo: indemnity bond.
garanzia d'investimento: investment guarantee.
garanzia di pagamento: payment guarantee bond.
garanzia di primo grado: senior security.
garanzia diretta: direct security.
garanzia di rimborso: 1. money–back guarantee. **2.** repayment guarantee.
garanzia di rimborso di acconto: advance guarantee.
garanzia di secondo grado: junior security.
garanzia di sussidio della produzione: production entitlement guarantee.
garanzia esplicita: express warranty.
garanzia espressa: express warranty.
garanzia formale: primary security; principal security.
garanzia generale: floating charge.
garanzia generale contro l'infedeltà dei dipendenti: blanket bond; blanket position bond.
garanzia generica: floating charge.
garanzia immobiliare: real security; security on property.
garanzia impersonale: collateral security; collateral; third–party security.
garanzia implicita: implied warranty.
garanzia impropria: secondary security.
garanzia indiretta: floating warranty.
garanzia in solido: joint and several bond.
garanzia ipotecaria: mortgage lien.
garanzia marittima: maritime lien.
garanzia nominativa: name bond.
garanzia non personale: impersonal security.
garanzia passiva: bid bond.
garanzia per la ritenuta: retention money bond.
garanzia per l'esportazione: export risk guarantee.
garanzia per manutenzione: maintenance bond.
garanzia personale: personal security.
garanzia posizionale: position bond.
garanzia primaria: primary security; principal security.
garanzia promissoria: promissory warranty.
garanzia propria: primary security; principal security.
garanzia reale: real security; security on property.
garanzia riscontabile: eligible collateral.
garanzia secondaria: secondary security.
garanzia specifica: fixed charge; specific charge.
garanzia statale: government security.
garanzia sui crediti all'esportazione: banker's guarantee.
gasdotto: pipeline.
Gazzetta Ufficiale: Gazette.
generale: overall.
generazione del boom delle nascite: baby boom generation.
generazione di cassa: cash generation.
generi: produce.
generi alimentari: foodstuffs.
generi di consumo: consumer products; consumption products.
geografia commerciale: commercial geography.
geografia economica: economic geography; geonomics.
gerarchia aziendale: company hierarchy.
gerarchia di effetti: hierarchy of effects.
gerarchia direttiva: executive hierarchy.
gerarchia piramidale: pyramid hierarchy.
gergo commerciale: commercial jargon; commercialese.
gestione: management.
gestione autocratica: one–man management.
gestione aziendale: business administration; company management.

gestione consultiva: consultative direction.
gestione dei cambi: **1.** exchange management. **2.** foreign–exchange management.
gestione dei crediti: credit management.
gestione dei materiali: materials management.
gestione del debito pubblico: debt management.
gestione della distribuzione fisica: physical distribution management.
gestione della documentazione: records management.
gestione della produzione: production management.
gestione delle attività: asset management.
gestione delle attività e passività: asset–liability management; asset and liability management.
gestione delle passività: liability management.
gestione delle scorte: inventory management; stock management.
gestione del magazzino: storekeeping.
gestione del personale: personnel administration; personnel management.
gestione del rischio: risk management.
gestione di fondi: fund management.
gestione di impianti multipli: multiplant operation.
gestione di investimenti mobiliari: investment management.
gestione di portafoglio: portfolio management.
gestione di un progetto: project management.
gestione finanziaria: financial management.
gestione industriale: industrial management.
gestione monetaria: monetary management.
gestione partecipativa: participative management.
gestione patrimoniale: assets administration.
gestione scientifica: scientific management.
gestione simulata: executive game.
gestire un'impresa commerciale: to run a business.
gestore: managing agent.
gestore di agenzia di pegni: pawnbroker.
gestore di deposito: warehouse–keeper; warehouseman.
gestore di investimenti: investment manager.
gestore di portafoglio: portfolio manager.
gestore di un fondo: fund manager.
gettito: levy; yield of taxation.
gettito delle imposte: tax receipts.
gettito di una imposta: tax revenue; tax yield; tax levy; tax receipts.
gettito fiscale: inland revenue; internal revenue; tax revenue; tax receipts.
gettito netto: outturn.
getto: jettison; jet.
gettone: token.
gettoni commerciali: trade tokens.
ghinea: guinea.
giacenza: stoppage.
giacenza base: base stock.
giacenza di inventario: stock.
giacenza di magazzino: stock.
giacenza finale: closing stock.
giacenza iniziale: opening stock.
giacenza media: average stock.
giacenza minima: minimum stock.
giacenze: inventory; stock.
giacenze di magazzino: stock–in–trade; trading stock; trade stock.
giacenze obsolete: obsolete stocks.
giacenze variabili: shifting stock.
giardinetto: diversified portfolio.
giganti industriali: industrial giants.
gilda: gild; guild.
gildismo: guild socialism.
giocare d'azzardo: to gamble.
gioco a somma zero: zero–sum game.
gioco aziendale: business game.
gioco completo: full set.
gioco d'azzardo: gambling.
gioco di cambiali: bills in a set.
gioco operativo: operational game.
giornale: journal; day book.
giornale aziendale: house journal.
giornale commerciale: trade paper.
giornale dei trapassi di azioni: transfer journal.
giornale delle entrate di cassa: cash received book; cash–receipts journal.
giornale delle uscite di cassa: cash paid book; cash–disbursement journal.
giornale delle vendite: sales book; sales day book; sales journal; sold day book.
giornale di boccaporto: cargo book.
giornale di bordo: log book; log; ship's log–book.
giornale di carico: cargo book.
giornale di cassa: cash book; cash journal.
giornale di categoria: trade paper.
giornale di portafoglio: bill register.
giornale generale: general journal.
giornale incassi: received day book.
giornale mastro: book of final entry.
giornale nautico: ship's log–book.
giornale per partita semplice: single–entry journal.
giornale resi su acquisti: returns outwards book; purchases returns book.
giornale resi su vendite: returns inwards book; sales returns book.
giornale semplice: simple journal.
giornalmastro: ledger journal.
giornata: **1.** day rate. **2.** daily wage; day wage. **3.** down–time rate.
giornata lavorativa: work–day.
giorni consecutivi: running days.
giorni correnti: running days.
giorni data: after date.
giorni di contestazione: cavilling days.
giorni di controstallia: demurrage days.
giorni di discarica: discharging days.
giorni di immobilizzazione: days of detention.
giorni di liquidazione: settling days; account days; period of account.
giorni di ritardo: days of detention.
giorni di scadenza: term days.
giorni di scadenza trimestrali: quarter days.
giorni di stallia: lay–days.
giorni di trapasso: transfer days.
giorni intermedi: intermediate days.
giorni lavorativi: working days.
giorni lavorativi di stallia: working lay days.
giorni lavorativi tempo permettendo: weather working days.
giorni non lavorati: days lost.
giorni non lavorativi: non–working days; non–business days.
giorni perduti: days lost; lost days.
giorni risparmiati: dispatch days.
giorni utili: clear days.
giorni utili consecutivi: clear running days.
giorni utili correnti: clear running days.
giorni utili lavorativi: clear working days.

giorni vista: days after sight.
giorno dei compensi: settlement day; pay day; account day; settling day.
giorno dei riporti: continuation day; contango day; carrying over day.
giorno della consegna fogli: ticket day; name day.
giorno di calendario: calendar day.
giorno di cancello: cancelling day.
giorno di consegna: delivery day.
giorno di dichiarazione: notice day.
giorno di liquidazione: **1.** pay day; account day; settling day; settlement day. **2.** prompt day.
giorno di mercato: market day.
giorno di paga: pay day.
giorno di presentazione: **1.** day of entry. **2.** reporting day.
giorno di risposta premi: declaration day.
giorno di stesura: make–up day.
giorno feriale: work–day.
giorno lavorativo: business day; work–day.
giorno legale: legal day.
giorno per le operazioni di riporto: contango day; making–up day.
giorno–uomo: man–day.
giovane di ufficio: office junior.
girante: endorser.
girante di comodo: accommodation endorser.
girante precedente: prior endorser.
girante successivo: subsequent endorser.
girare: to endorse.
girata: endorsement; indorsement.
girata condizionata: conditional indorsement; qualified indorsement.
girata confermata: indorsement confirmed.
girata di comodo: accommodation endorsement.
girata di garanzia: stiffening endorsement.
girata facoltativa: facultative endorsement.
girata garantita: indorsement guaranteed.
girata in bianco: blank endorsement; endorsement in blank; general endorsement.
girata nominativa: special endorsement; indorsement in full; full endorsement.
girata non all'ordine: restrictive endorsement.
girata parziale: partial endorsement.
girata per l'incasso: endorsement for collection.
girata piena: special endorsement; indorsement in full; full endorsement.
girata restrittiva: restrictive endorsement.
giratario: endorsee.
giratario legittimo: endorsee in due course.
giratario regolare: endorsee in due course.
giriconto: internal clearings.
giroconto: giro; giro system.
giro di affari: turnover.
giro di affari netto: net turnover.
giro di cambiali: bills in a set.
giro operativo: operation twist.
giubilare: to superannuate.
giubilazione: superannuation.
giudice fallimentare: bankruptcy judge.
giudizio di valore: value judgement.
giù in città: downtown.
giungere a maturazione: to mature.
giungere a scadenza: to fall due.
giunto a maturazione: mature.
giuramento di debitore povero: poor debtor's oath.
giuria dei consumatori: consumer jury; consumers panel.
giurisprudenza: case law.
giustizia fiscale: tax equity.
giusto valore: just value.
gli affari sono affari: business is business.
globale: overall; global.
globalizzazione: globalization.
gnomi di Zurigo: Gnomes of Zurich.
gnomo: gnome.
goccia: minim.
godimento: enjoyment.
godimento degli interessi: start of interest entitlement.
godimento dei dividendi: start of dividend entitlement.
«gonfiare»: to puff.
gonfiatura dei prezzi: prices bubble.
governo: government.
governo federale: federal government.
governo locale: local government.
governo nazionale: national government.
governo statale: state government.
gradazione: grading.
gradi contrattuali: contract grades; tenderable grades.
gradi delle mansioni: job grades.
gradi di monopolio: degrees of monopoly.
grado: grade.
grado base di qualità: basis grade.
grado di campione: sample grade.
grado d'investimento: investment grade.
grado di specificità: degree of specificity.
grado finale di utilità: final degree of utility.
grado tipo: standard grade.
gradualisti: gradualists.
graduare le attività e le passività: to marshal.
graduatoria: ranking.
graduatoria delle mansioni: job ranking.
graduazione di affidabilità: rating.
graduazione di attività e passività: marshalling.
graduazione multidimensionale: multi–dimensional scaling.
grafico: graph.
grafico dei profitti: break–even chart; profitgraph.
grafico dell'andamento delle vendite: sales progress chart.
grafico di controllo dei profitti: profit control chart.
grafico di Gantt: Gantt chart.
grafico di progressione delle vendite: sales progress chart.
grammo: gram.
granaglie: corn.
granaio: granary; grange.
grande contrazione: great contraction.
grande depressione: great depression.
grande distribuzione: large–scale retail trade.
grande grossa: great gross.
grande impresa: big business.
grande magazzino: **1.** department store. **2.** multiple store.
grande magazzino della finanza: department store of finance.
grande supermercato: superstore.
grandezza scalare: scalar quantity.
grandezza vettoriale: vector quantity.
grandezze economiche: economic magnitudes.
grandi magazzini a filiali multiple: chain stores.
grandi numeri: large numbers.
grano: grain.
grano avoirdupois: avoirdupois grain.

grano denaturato: denatured wheat.
grano duro: durum wheat.
grano troy: troy grain.
granturco: corn.
gratifica: 1. bonus; perquisite; perk. **2.** gratuity.
gratifica di fine anno: year-end bonus.
gratifica di gruppo: group bonus.
gratifica natalizia: Christmas bonus.
gratifica per merito: merit bonus; merit payment.
gratis a richiesta: free on application.
gratuito: 1. free. **2.** gratuitous.
gravame: charge; encumbrance.
gravame di secondo grado: sub-charge.
gravame locale su beni immobili: local land charge.
gravami su beni immobili: land charges.
gravami sulle attività: charges on assets.
grezzo: rough.
griglia: grid.
griglia degli acquisti: buygrid.
griglia delle parità: parity grid.
griglia di parità dei cambi: exchange rate parity grid.
griglia valutaria: currency grid.
grossa: gross.
grossa azienda: big business.
grossi depositi: wholesale deposits.
grossista: wholesaler; wholesale trader; wholesale dealer; wholesale merchant; merchant wholesaler; jobber.
grossista a funzioni limitate: limited function wholesaler.
grossista a self service: cash and carry wholesaler.
grossista camionista: waggon jobber; truck wholesaler; waggon wholesaler.
gru per contenitori: container crane.
gruppi di consumo: consumer groups.
gruppi d'interesse: interest groups.
gruppi di riferimento: reference groups.
gruppi non concorrenziali: non-competing groups.
gruppi vocazionali: vocational groups.
gruppo: 1. group. **2.** trust.
gruppo consolidato: consolidated group.
gruppo d'acquisto: buying association.
gruppo d'acquisto collettivo: buying association.
Gruppo dei Cinque: Group of Five.
Gruppo dei dieci: Group of Ten.
Gruppo dei settantasette: Group of Seventy-Seven.
Gruppo dei Sette: Group of Seven.
Gruppo dei venti: Group of Twenty.
gruppo di acquisto: take-over group.
gruppo di addestramento: training group; T-group.
gruppo di banche: banking group; bank group.
Gruppo di Basilea: Basle Group.
gruppo di imprese: group of companies; merger; financial group.
gruppo di interesse: pressure group.
gruppo di lavoro: 1. work group; working party. **2.** project group.
gruppo di pressione: 1. pressure group. **2.** lobby.
gruppo di prodotti: product group.
gruppo direttivo: management group.
gruppo di specialisti: staff.
gruppo di stanziamenti: fund group.
gruppo economico: economic group.
gruppo finanziario: financial group.
gruppo industriale: industrial group.
gruppo obiettivo: target group.
Gruppo per il risparmio nazionale: National Savings Group.
gruppo promotore: take-over group.
guadagnare: to earn.
guadagni: 1. earnings. **2.** gains.
guadagni alternativi: transfer earnings.
guadagni di trasferimento: transfer earnings.
guadagni-efficienza: efficiency earnings.
guadagni incrementali: incremental earnings.
guadagni mancati: future earnings.
guadagni marginali: incremental earnings.
guadagni-sforzo: effort earnings.
guadagno: gain.
guadagno fortuito: windfall gain.
guadagno inaspettato: windfall.
guadagno lordo: gross gain.
guadagno medio annuo: annual average earnings.
guadagno netto: net gain.
guadagno per lavoro straordinario: overtime earnings.
guardia giurata: security guard.
guerra commerciale: trade war.
guerra dei prezzi: price war.
guerra delle tariffe: 1. rate war. **2.** tariff war; tariff warfare.
guerra del merluzzo: cod war.
guerra di corsa: privateering.
guerra economica: economic warfare.
guerra pubblicitaria: advertising war.
guida: 1. leadership. **2.** directory.
guida commerciale: commercial directory; trade directory.
guida del gruppo oligopolista: price leadership.
guida del prezzo: price leadership.
guida del salario: wage leadership.
guida vocazionale: vocational guidance.
gulden: 1. guilder. **2.** gulden.

h, H

holding: holding company.
holding bancaria: bank holding company.
homo oeconomicus: economic man.

i, I

iarda: yard.
i cinque grandi: the Big Five.
identità aziendale: corporate identity.
identità di Fisher: Fisher identity.
idoneità alla navigazione: seaworthiness.
idoneità al trasporto: cargoworthiness.
idoneo alla navigazione: seaworthy.
idrovie: waterways; inland waterways.
igiene del lavoro: work hygiene; industrial hygiene; industrial health.
(il) grande tracollo: big slump.
illecito: unlawful.
illecito valutario: currency offence.
illegale: unlawful.
illegittimo: unlawful.
illiquidità: illiquidity.
illusione finanziaria: fiscal illusion.
illusione fiscale: fiscal illusion.
illusione monetaria: money illusion.
il miglio quadrato: Square Mile, the.
il più costoso a entrare è il primo a uscire: highest in, first out.
il prossimo a entrare è il primo a uscire: next in, first out.
imballaggio: 1. packing. **2.** secondary packaging.
imballaggio difettoso: faulty packing.
imballaggio escluso: packing excluded; exclusive of packing.
imballaggio incluso: packing included.
imballaggio originale: original package; original packing.
imballaggio speciale: extra packing.
imballaggio supplementare: extra packing.
imballare: to pack.
imballatore: packer.
imballatrice: packing machine.
imballatura: packing.
imballo: packing.
imbarazzo finanziario: financial difficulty; financial embarassment.
imbarco: shipment.
imbonimento: hawking.
imbonitore: hawker.
imboschimento: afforestation.
imitatore del prezzo: price follower.
immagazzinaggio: storage.
immagazzinamento: warehousing.
immagazzinamento di azioni: share warehousing.
immagine: image.
immagine aziendale: company image; corporate image; corporation image.
immagine della marca: brand image.
immagine del prodotto: product image.
immagine pubblica: public image.

immatricolazione di automobili: car registration.
immesso: put through.
immigrante: immigrant.
immigrazione: immigration.
immobile in locazione: leasehold property; leasehold estate.
immobili per destinazione: fixtures and fittings.
immobili per investimento: investment properties.
immobilità: immobility.
immobilizzare: to immobilize.
immobilizzazioni: fixed assets.
immobilizzazioni tecniche: 1. manufacturing equipment; manufacturing facilities; plant and equipment. **2.** property, plant, and equipment.
immobilizzo: lock–up.
impatto: impact.
impatto fiscale: tax impact.
impegnare: 1. to pledge. **2.** to pawn.
impegni: liabilities.
impegni assunti: obligations incurred.
impegni a tempo: time liabilities.
impegni a vista: demand liabilities.
impegni di acquisto: purchase commitments.
impegni in conto capitale: capital commitments.
impegno: 1. undertaking. **2.** obligation. **3.** encumbrance; commitment.
impegno aperto: open commitment.
impegno di assunzione a fermo: firm commitment.
impegno di capitale: capital appropriation.
impegno di garanzia e collocamento titoli: underwriting.
impegno di spesa: appropriation.
impegno globale: aggregate liability.
impegno in scadenza: maturing liability.
impegno non liquidato: unliquidated encumbrance.
impegno scaduto: matured liability.
imperfezioni di mercato: market imperfections.
imperialismo: imperialism.
imperialismo economico: economic imperialism.
impianti di emergenza: emergency facilities.
impianti di produzione: manufacturing equipment.
impianti fissi: fixtures and fittings.
impianti produttivi: manufacturing facilities.
impianto: 1. facility. **2.** plant. **3.** equipment.
impianto contabile: set of accounts.
impianto e attrezzature: plant and equipment.
impianto fisso: fixed plant.
impianto indivisibile: indivisible plant.
impianto mobile: loose plant.
impianto pilota: pilot plant.
impiegare: to employ.
impiegata tuttofare: girl Friday.
impiegati stipendiati: salaried employees.
impiegato: clerical worker; clerical employee; clerk.
impiegato addetto alla fatturazione: invoice clerk; billing clerk.
impiegato addetto all'archivio: filing clerk.
impiegato addetto alle retribuzioni: pay clerk; wages clerk.
impiegato addetto al ruolo paga: pay–roll clerk.
impiegato di banca: bank clerk.
impiegato di basso rango: rank–and–file employee.
impiegato di concetto: staff employee.
impiegato di ufficio: office employee.
impiegato esecutivo: office employee.
impiegato più anziano: senior clerk.
impiegato più giovane: junior clerk.
impiegato statale: civil servant.
impiegato subalterno: junior clerk.
impiegato tuttofare: man Friday.
impieghi non partecipanti: non–participating employments.
impiego: 1. position; situation. **2.** employment.
impiego comune: common employment.
impiego disponibile: vacancy.
impiego permanente: permanent employment.
impiego stagionale: seasonal employment.
imponibile: 1. rateable; ratable. **2.** taxable. **3.** rateable value. **4.** tax base; taxable base. **5.** taxable income; assessable income.
imponibilità: taxability.
imporre: to impose.
imporre tributi: to tax.
importanza economica: economic significance.
importare: to import.
importatore: importer.
importatore di capitali: capital importer.
importatore indipendente: independent importer.
importatore in proprio: import merchant.
importazione: importation.
importazione diretta: direct importation.
importazione in esenzione doganale: duty–free importation.
importazione temporanea: temporary admission; admission temporaire.
importazioni: imports.
importazioni consuntive di capitale: consumptive imports of capital.
importazioni di capitale: capital imports.
importazioni invisibili: invisible imports.
importazioni produttive di capitale: productive imports of capital.
importazioni proibite: prohibited imports.
importazioni protette: protected imports.
importazioni vietate: prohibited imports.
importazioni visibili: visible imports.
importo: amount.
importo alla scadenza: maturity value.
importo compensativo: compensatory amount.
importo compensativo monetario: monetary compensation amount.
imposizione: 1. taxation. **2.** levy.
imposizione a piramide: pyramiding; tax pyramiding.
imposizione diretta: direct taxation.
imposizione discriminata: discriminatory taxation.
imposizione doppia: double taxation.
imposizione eccessiva: over–taxation.
imposizione fiscale a aliquota costante: proportional taxation; proportional tax system.
imposizione fiscale a aliquote progressive: progressive taxation; progressive tax system.
imposizione fiscale a aliquote regressive: regressive taxation; regressive tax system
imposizione fiscale a livello locale: local taxation.
imposizione fiscale inefficiente: inefficient taxation.
imposizione fiscale regolatrice: regulatory taxation.
imposizione fiscale sugli utili petroliferi: petroleum taxation.
imposizione incentivante: incentive taxation.
imposizione indiretta: indirect taxation.
imposizione locale sul valore del sito: site value rating.
imposizione multipla: multiple taxation.
imposizione patrimoniale: capital taxation.

imposizione piramidale: pyramiding; tax pyramiding.
imposizione progressiva: progressive taxation; progressive tax system.
imposizione proporzionale: proportional taxation; proportional tax system.
imposizione regressiva: regressive taxation; regressive tax system.
imposizione singola: single taxation.
imposizione sugli utili d'impresa: business taxation.
imposizione zero: zero–rating.
imposta: 1. duty; impost. **2.** tax.
imposta a aliquota fissa: flat tax.
imposta a aliquote superiori: higher–rate tax.
imposta a cascata: cascade tax.
imposta addizionale: surtax.
imposta ad valorem: ad valorem tax.
imposta alla fonte: tax at source.
imposta alternativa: alternative tax.
imposta antinflazionistica: anti–inflationary tax.
imposta arretrata: 1. back duty. **2.** delinquent tax.
imposta cedolare: dividend tax.
imposta cedolare di acconto: withholding tax.
imposta compensativa: compensatory levy.
imposta comunale: town tax.
imposta cumulativa: cumulative tax.
imposta di bollo: stamp tax; stamp duty.
imposta di bollo sui trasferimenti di titoli azionari: transfer duty; transfer stamp; transfer stamp duty.
imposta di bollo sui veicoli a motore: motor vehicle excise duty.
imposta di bollo sul capitale azionario: capital duty.
imposta di capitazione: capitation tax; poll tax; head tax.
imposta di circolazione: contract stamp duty.
imposta di compensazione: compensatory levy.
imposta di concessione: severance tax.
imposta di congestione: congestion tax.
imposta di consumo: sales tax.
imposta di consumo su beni specifici: specific commodity sales tax.
imposta di contingenza: contingency tax.
imposta di entrata: entry tax.
imposta di fabbricazione: excise tax; processing tax.
imposta differenziale: differential tax.
imposta differenziata: 1. classified tax. **2.** graded tax.
imposta differita: deferred tax.
imposta d'inflazione: inflationary tax; inflation tax.
imposta di perequazione degli interessi: interest equalization tax.
imposta di privativa: franchise tax.
imposta di registro: stamp tax; stamp duty.
imposta diretta: direct tax.
imposta di ricchezza mobile: tax on capital, business and wages; personal property tax.
imposta di riserva: stand–by tax.
imposta discriminante: discriminatory tax.
imposta di successione: estate tax; estate duty; succession duty; probate duty; succession tax; legacy duty; death duty.
imposta di uso: use tax.
imposta equa: equitable tax.
imposta erariale: state tax.
imposta fastidiosa: nuisance tax.
imposta federale: federal tax.
imposta fiscale: revenue tax.
imposta fondiaria: land tax.
imposta fondiaria di sviluppo: development land tax.
imposta forfettaria: lump–sum tax.
imposta futura: future tax.
imposta generale sulle vendite: general sales tax.
imposta graduale: graduated tax.
imposta graduale sulla proprietà: graduated property tax.
imposta indiretta: indirect tax.
imposta locale: 1. poll tax. **2.** rate.
imposta locale sulle abitazioni: domestic rate.
imposta locale uniforme sull'attività economica: uniform business rate.
imposta lorda sul reddito: gross income tax.
imposta molesta: nuisance tax.
imposta negativa: negative tax.
imposta negativa sul reddito: negative income tax.
imposta normale: normal tax.
imposta occulta: hidden tax.
imposta patrimoniale: tax on property.
imposta patrimoniale generale: general property tax.
imposta perequativa: equalization tax.
imposta personale: personal tax.
imposta presuntiva: presumptive tax.
imposta progressiva: progressive tax; graduated tax.
imposta progressiva ad aliquota crescente men che proporzionalmente: degressive tax.
imposta progressiva sulla proprietà: graduated progressive tax.
imposta progressiva sul reddito: progressive income tax.
imposta proporzionale: proportional tax.
imposta proporzionale sul reddito: proportional income tax.
imposta reale: real property tax; real–estate tax.
imposta regolatrice: regulatory tax.
imposta regressiva: regressive tax.
imposta repressiva: repressive tax.
imposta residuale: tax on capital, business and wages; personal property tax.
imposta ricorrente: assessment.
imposta ripartita: apportioned tax.
imposta selettiva sulla occupazione: selective employment tax.
imposta sostitutiva: lieu tax.
imposta specifica: specific tax.
imposta statale: 1. state tax. **2.** public tax.
imposta statale sul reddito: state income tax.
imposta straordinaria sul patrimonio: capital levy.
imposta successoria: succession tax; succession duty.
imposta sugli acquisti: purchase tax.
imposta sugli affari: turnover tax; tax on transactions; transactions tax.
imposta sugli immobili: house tax; house duty.
imposta sugli interessi obbligazionari: coupon tax.
imposta sugli scambi: purchase tax; trade tax.
imposta sugli spettacoli: entertainments duty; amusement tax.
imposta sugli utili non distribuiti: undistributed–profits tax; accumulated profits tax; accumulated earnings tax.
imposta sugli utili straordinari: excess profits tax.
imposta sui beni di lusso: tax on luxuries; luxury tax.
imposta sui biglietti d'ingresso: admission tax.
imposta sui consumi: excise duty; excise tax; excise; tax on consumption; consumption tax; consumer tax.
imposta sui dividendi: dividend tax.
imposta sui fissati bollati: contract stamp duty.
imposta sui monopoli: monopoly tax.

imposta sui negozi a catena: chain–store tax.
imposta sui pendolari: commuter tax.
imposta sui premi assicurativi: premium tax.
imposta sui profitti: profits tax.
imposta sui profitti di guerra: war–profits tax.
imposta sui profitti fortuiti: windfall tax; windfall profits tax.
imposta sui redditi: gains tax.
imposta sui redditi di breve periodo: short–term gains tax.
imposta sui redditi di capitale: capital gains tax; tax on capital gains.
imposta sui redditi di lungo periodo: long–term gains tax.
imposta sui redditi di ricchezza mobile: tax on capital, business and wages; personal property tax.
imposta sui redditi di sviluppo: development gains tax.
imposta sui sopraprofitti: 1. excess profits levy. **2.** excess profits tax.
imposta sui sopraprofitti di guerra: excess profits duty.
imposta sui terreni e sui fabbricati: landlord's property tax.
imposta sui trasferimenti di capitale: capital transfer tax.
imposta sui valori mobiliari: tax on shares and bonds.
imposta sui veicoli a motore: vehicle excise duty.
imposta sui vini: tunnage.
imposta sul capitale: capital tax.
imposta sul capitale sociale: capital–stock tax.
imposta sul focolare: hearth tax; hearth money; chimney money.
imposta sulla occupazione: employment tax.
imposta sulla proprietà: property tax.
imposta sulle abitazioni: inhabited house duty.
imposta sulle automobili: car tax.
imposta sulle donazioni: gift tax.
imposta sulle emissioni di titoli: security issue tax.
imposta sulle entrate petrolifere: petroleum revenue tax.
imposta sulle esportazioni: export tax.
imposta sulle finestre: window tax.
imposta sull'entrata lorda: gross receipts tax.
imposta sulle professioni: occupation tax; privilege tax.
imposta sulle proprietà: general property tax.
imposta sulle società: corporation tax; corporate tax.
imposta sulle successioni: inheritance tax; estate duty; estate tax; death duty.
imposta sulle vendite: sales tax; manufacturers' sales tax.
imposta sulle vendite al dettaglio: retail sales tax.
imposta sull'incremento di valore: increment value duty.
imposta sull'incremento di valore degli immobili: property–increment tax.
imposta sull'incremento di valore della terra: land–value tax.
imposta sul patrimonio: 1. wealth tax. **2.** tax on property; property tax.
imposta sul patrimonio immobiliare: real property tax; real–estate tax.
imposta sul reddito: income tax.
imposta sul reddito a aliquota fissa: flat–rate income tax.
imposta sul reddito addizionale: supertax; super income tax; surtax.
imposta sul reddito delle persone fisiche: individual income tax; personal income tax.
imposta sul reddito delle persone giuridiche: corporate income tax.
imposta sul reddito delle società di capitali: corporation income tax; corporate income tax.
imposta sul reddito inversa: reverse income tax.
imposta sul ruolo paga: pay–roll tax.
imposta sul trasferimento di titoli: transfer tax; stock transfer tax.
imposta sul valore aggiunto: value–added tax; added–value tax.
imposta sul valore aggiunto a credito: input tax.
imposta sul valore aggiunto a debito: output tax.
imposta sul valore del sito: site value tax.
imposta suntuaria: sumptuary tax.
imposta Tobin: Tobin tax.
imposta traslata: forward shifting tax.
imposta unica: single tax.
imposta unificata sui trasferimenti a titolo gratuito: unified transfer tax.
imposta unitaria: unitary tax.
imposta unitaria interna: domestic unitary tax.
impostazione di bilancio: budgeting.
impostazione di bilancio a base zero: zero–base budgeting.
imposte accertate: assessed taxes.
imposte da riscuotere: taxes receivable.
imposte di guerra: war taxes.
imposte e tasse correnti: current taxation.
imposte fiscali sui consumi: excise revenue duties.
imposte indirette: outlay taxes.
imposte indirette sugli affari: indirect business taxes.
imposte interne: internal taxes.
imposte locali: local rates; local taxes; rates.
imposte locali sulle proprietà: local property taxes.
imposte municipali: municipal taxes.
imposte sugli utili d'impresa: business taxes.
imposte sui generi alimentari: taxes on food.
imposte sul capitale: taxes on capital.
imposte sulle scommesse: betting duties.
imposte sulle spese: expenditure taxes; taxes on expenditure.
imposte sul reddito: taxes on income.
imprenditore: entrepreneur; enterpriser; undertaker.
imprenditore individuale: sole trader; sole proprietor; individual trader.
imprenditore in proprio: sole trader; sole proprietor; individual trader.
imprenditore interno: intrapreneur; in–house entrepreneur.
imprenditoria: entrepreneurship.
imprenditorialità: entrepreneurship; enterprise.
imprenditorialità interna: intrapreneurship; internal entrepreneurship.
imprenditorialità tecnica: technical entrepreneurship.
imprenditori autorizzati: statutory undertakers.
impresa: firm; business; business enterprise; concern; undertaker; undertaking; enterprise.
impresa a costi crescenti: rising–cost firm.
impresa affiliata: affiliated enterprise.
impresa agricola: commercial farm.
impresa agricola familiare: family farm.
impresa a partecipazione statale: state–controlled enterprise.
impresa a prodotto singolo: single–product firm.
impresa a produzione multipla: multi–product firm.
impresa autocratica: one–man business.
impresa bancaria: 1. bank. **2.** banking company. **3.**

banking firm.
impresa collegata: affiliated enterprise.
impresa collettiva: partnership.
impresa commerciale: trading business; trading firm; commercial enterprise; commercial undertaking; commercial corporation.
impresa commerciale estera: overseas trading corporation.
impresa competitiva: competitive firm.
impresa controllata dagli amministratori: manager–controlled firm.
impresa controllata dai proprietari: owner–controlled firm.
impresa cooperativa di consumo: co–operative trading enterprise.
impresa cooperativa di produzione: co–operative producing enterprise.
impresa creditrice: creditor firm.
impresa debitrice: debtor firm.
impresa di confezionamento: packing house; packer.
impresa di deposito: warehouse company.
impresa di distribuzione: distribution enterprise.
impresa di gestione fondi: fund–management company.
impresa di leasing: leasing firm.
impresa d'investimento: investment firm.
impresa di pubblici servizi: public–service company; public–utility company; public–service corporation; utility company; utility.
impresa di servizi: service enterprise.
impresa di stato: state enterprise; state undertaking.
impresa di vendita per corrispondenza: mail order firm.
impresa diversificata: diversified firm.
impresa estera: overseas firm.
impresa familiare: family business.
impresa finanziaria: financial enterprise; financial firm.
impresa in collaborazione: joint venture; joint trade; joint adventure.
impresa in compartecipazione: **1.** joint enterprise; common enterprise. **2.** co–ownership firm.
impresa incubatrice: incubator company.
impresa individuale: individual proprietorship; one–man business; proprietorship; sole proprietorship; single proprietorship.
impresa industriale: industrial undertaking; manufacturing business; manufacturing enterprise; manufacturing house; productive enterprise; manufacturing firm; manufacturing concern.
impresa in equilibrio: equilibrium firm.
impresa in partecipazione: joint adventure; joint venture; joint trade.
impresa in perdita: loss–maker.
impresa in proprio: individual proprietorship; proprietorship.
impresa internazionale: international firm.
impresa intramarginale: intramarginal firm.
impresa leader: leader.
impresa manifatturiera: manufacturing enterprise; manufacturing firm.
impresa marginale: marginal producer; marginal firm.
impresa mercantile: mercantile house; trading business; trading firm; mercantile business.
impresa monopolistica: monopolistic firm.
impresa monoprodotto: single–product firm; one–product company.
impresa monopsonistica: monopsonistic firm.
impresa multinazionale: multinational firm.
impresa municipalizzata: city–owned enterprise.
impresa non coalizzata: outsider.
impresa orizzontale: horizontal firm.
impresa parastatale: parastatal company.
impresa pluriprodotto: multi–product firm.
impresa privata: **1.** private enterprise. **2.** private concern; private–owned enterprise.
impresa produttiva: productive enterprise.
impresa produttrice di beni: manufacturing firm; manufacturing enterprise.
impresa pubblica: public enterprise.
impresa rappresentativa: representative firm.
impresa riassicuratrice: re–insurer.
impresa rischiosa: adventure.
impresa satellite: franchisee.
impresa scorporata: demerged firm.
impresa statale: **1.** government enterprise. **2.** state enterprise.
impresa transnazionale: transnational firm.
impresa verticale: vertical firm.
imprese del settore informale: informal sector enterprises.
imprese di pubblici servizi: public utilities; public utility services.
imprese indipendenti: independents.
improduttività: unprofitability.
improduttivo: unproductive.
improvviso recupero: spurt.
imputazione: **1.** classification. **2.** apportionment; imputation.
imputazione dei costi: cost allocation; cost distribution.
imputazione di pagamenti: appropriation of payments; application of payments.
imputazione diretta a utili non distribuiti: surplus charge.
imputazione di spese: expense allocation; expense distribution.
imputazioni in conto capitale: capital charges.
inabili al lavoro: unemployables.
inabilità totale: total inability.
in acconto: on account.
inadeguatezza: inadequacy.
inadempiente: defaulter.
inadempienza: default; non–performance.
inadempienza indiretta: cross default.
inadempimento: default; non–performance.
inadempimento di un contratto: breach of contract.
inadempimento parziale: partial breach.
inadempimento totale: total breach.
in arretrato: **1.** behind; in arrears. **2.** outstanding.
inasprimento fiscale: tax hike; tax increase.
inasprimento tributario: tax hike; tax increase.
inattività: outage.
inattività economica: slackness in business.
inattivo: inactive; slack; idle.
in attivo: **1.** favourable. **2.** profit–making.
in blocco: by the lump.
in buono stato di navigabilità: seaworthy.
incagliato: aground; stranded.
incaglio: grounding; stranding.
in calce: at bottom; at foot.
incameramento: escheat.
incanto: auction.
incanto a candele vergini: auction by inch of candle.
incanto a sistema olandese: Dutch auction.
incanto col pubblico banditore: auction by outcry.

incaricato di affari: business agent.
incarico di vendita: listing.
incarico di vendita aperto: open listing.
incarico di vendita esclusivo: exclusive agency listing.
incarico di vendita esclusivo limitato: exclusive–right–to–sell listing.
incarico di vendita in partecipazione: multiple listing.
incarico di vendita non esclusivo: open listing.
incassabile: collectible; receivable.
incassare: **1.** to collect. **2.** to encash.
incassare una cambiale: to clear a bill.
incassi: **1.** collections. **2.** takings. **3.** receipts.
incasso: **1.** encashment; collection. **2.** takings. **3.** inpayment.
incasso documentario: documentary credit collection.
incentivi all'esportazione: export incentives.
incentivi all'investimento: investment incentives.
incentivi all'occupazione: employment incentives.
incentivi di vendita: sales incentives.
incentivi salariali: wage incentives.
incentivo: **1.** incentive; incentive bonus; incentive payment. **2.** premium bonus.
incentivo a investire: inducement to invest.
incentivo all'investimento: inducement to invest.
incentivo di gruppo: group bonus; group incentive.
incentivo diretto: financial incentive.
incentivo finanziario: financial incentive.
incentivo fiscale: tax incentive.
incentivo monetario: financial incentive.
in centro: downtown.
incertezza: uncertainty.
incertezza del tasso di cambio: exchange rate uncertainty.
incetta: **1.** engrossing; regrating; forestalling; buying–up. **2.** corner.
incettare: to buy up.
incettatore: regrater; hoarder.
inchiesta di mercato: market survey.
inchiesta per campione: sample survey.
incidente: accident.
incidenti marittimi: perils of the sea.
incidenza: impact.
incidenza delle imposte: incidence of taxation.
incidenza di costo: cost fraction.
incidenza fiscale: tax incidence.
incidenza formale: formal incidence.
incidenza standard del costo della manodopera: standard labour rate.
incidenza tributaria: tax incidence.
in circolazione: outstanding.
in città: downtown.
inclinato negativamente: downward–sloping.
inclinato positivamente: upward–sloping.
inclinazione: **1.** aptitude. **2.** slope.
inclinazione a importare: propensity to import.
inclinazione al consumo: propensity to consume.
inclinazione all'investimento: propensity to invest.
inclinazione al risparmio: propensity to save.
inclinazione marginale al consumo: marginal propensity to consume.
inclinazione marginale alle importazioni: marginal propensity to import.
inclinazione marginale all'investimento: marginal propensity to invest.
inclinazione marginale al risparmio: marginal propensity to save.
inclinazione media al consumo: average propensity to consume.
inclinazione media alle importazioni: average propensity to import.
inclinazione media all'investimento: average propensity to invest.
inclinazione media al risparmio: average propensity to save.
in contanti: by cash; cash down.
in conto: on account.
in conto corrente: on current account.
in conto deposito: on consignment.
inconvertibile: inconvertible.
inconvertibilità: inconvertibility.
incorporazione: merger.
incorporazione di società: corporate merger.
incorporazione orizzontale: horizontal merger.
incorporazione verso l'alto: downstairs merger.
incorporazione verticale: vertical merger.
incrementi di produttività: productivity gains.
incrementi mensili: monthly increments.
incremento: increment.
incremento della popolazione: population growth.
incremento delle vendite: sales increase.
incremento di alluvione: accretion; reliction.
incremento di capitale: capital improvement.
incremento di valore capitale: unearned increment.
incremento di valore degli immobili: property increment.
incremento di valore patrimoniale: unearned increment.
incremento di valore per miglioria: betterment.
incremento naturale: natural increase.
incrociare: to cross.
incrociatura: crossing.
incrociatura generale: general crossing.
incrociatura non negoziabile: not negotiable crossing.
incrociatura speciale: special crossing.
incrocio azionario: share swap.
incuria: negligence.
indagine campionaria: sample survey.
indagine di mercato: market survey.
indagine di previsione: anticipation survey.
indagine esterna: field investigation.
indagine motivazionale: motivational research.
indagine per corrispondenza: postal survey; mail survey.
indagine previsionale: anticipation survey.
indagine statistica: statistical survey.
indagine sui consumatori: consumer survey.
indagine sui consumi delle famiglie: family expenditure survey.
indagine sui salari: wages survey.
indagine sulla composizione dei lettori: readership survey.
indagine sulla spesa: expenditure survey.
indagine sulla spesa in consumi: consumer expenditure survey.
indagine sul punto di acquisto: point–of–purchase survey.
indagine telefonica: telephone research.
indagine tramite un panel: panel testing.
indagini sociali: social surveys.
indebitamento: borrowing.
indebitamento a breve termine: short–term borrowing.
indebitamento netto: net indebtedness.
indebitamento personale: personal borrowing.
indebitamento statale: government borrowing.

indebitarsi: to run into debt; to go into debt.
indebolimento: ease.
indebolimento del mercato: market weakening.
indennità: **1.** indemnity. **2.** compensation. **3.** benefit; benefit payment. **4.** pay. **5.** allowance.
indennità compensativa: compensating payment.
indennità di anzianità: longevity pay.
indennità di buonuscita: retirement bonus; retirement allowance.
indennità di carovita: cost–of–living bonus; cost–of–living allowance.
indennità di chiamata: call–back pay.
indennità di contingenza: cost–of–living bonus; cost–of–living allowance.
indennità di disoccupazione: unemployment benefit; unemployed allowance; unemployment insurance benefit.
indennità di fine rapporto: retirement allowance; retirement bonus.
indennità di fondazione: promotion money.
indennità di guerra: war bonus.
indennità di licenziamento: **1.** severance wage; terminal wage; termination pay; severance pay; lay–off pay. **2.** payment–in–lieu. **3.** compensation for loss of office.
indennità di liquidazione: retirement allowance; retirement bonus.
indennità di mensa: board wages.
indennità di missione: subsistence allowance; subsistence money.
indennità di percorso: mileage; mileage allowance.
indennità di presenza: **1.** call–in pay; call pay. **2.** attendance money.
indennità di pronta disponibilità: call–in pay.
indennità di rappresentanza: entertainment allowance.
indennità di reperibilità: call–in pay.
indennità di rischio: danger money.
indennità di trasferimento: worker relocation subsidy; relocation aid.
indennità di trasferta: subsistence allowance; subsistence money.
indennità di turno: shift differential; shift premium.
indennità di viaggio: travelling expense allowance; travel pay.
indennità di zavorra: ballast bonus.
indennità in caso di morte: death benefit.
indennità integrativa: **1.** compensating payment. **2.** supplementary allowance; supplementary benefit; supplementary pension.
indennità per infortunio sul lavoro: industrial injury benefit.
indennità per invalidità assoluta: compensation for total disability.
indennità per invalidità permanente: compensation for permanent disability.
indennità per mancato preavviso: compensation in lieu of notice.
indennità per recesso: cancelling price.
indennità supplementare: supplementary allowance; supplementary benefit.
indennità supplementare di disoccupazione: supplemental unemployment benefit.
indennizzare: **1.** to indemnify. **2.** to recoup.
indennizzo: **1.** indemnity. **2.** recoupment. **3.** compensation.
indennizzo di espropriazione: land damages.
indennizzo diretto: knock for knock.
indennizzo equo: just compensation.
indennizzo giusto: just compensation.
indennizzo per infortunio sul lavoro: workmen's compensation; workers' compensation.
indennizzo per malattia professionale: workmen's compensation; workers' compensation.
indennizzo per morte accidentale: accidental death benefit.
in deposito doganale: under bond; in bond.
indicativo interurbano: area code.
indicatore: indicator.
indicatore anticipatore: leading indicator; leader.
indicatore coincidente: coincident indicator.
indicatore commerciale: business indicator.
indicatore congiunturale: cyclical indicator.
indicatore dei prezzi all'ingrosso: commodity price indicator.
indicatore di divergenza: divergence indicator.
indicatore d'inflazione: inflation indicator.
indicatore dividendo/prezzo: dividend–price ratio.
indicatore economico: economic indicator.
indicatore economico anticipato: leading indicator; leader.
indicatore economico ritardato: lagger.
indicatore preventivo: leading indicator; leader.
indicatore ritardato: lagging indicator.
indicatore significativo: leading indicator; leader.
indicatore sociale: social indicator.
indicatori finanziari: financial indicators.
indicatori macroeconomici: macro–economic indicators.
indicazione della data: data stamping.
indicazione del prezzo unitario: unit pricing.
indicazioni: guidelines.
indicazioni per aumenti salariali non inflazionistici: guidelines for non–inflationary wage increases.
indice a base fissa: fixed base index.
indice a carattere compensativo: price–compensation index.
indice aggregativo: aggregative index.
indice annuo: annual rate.
indice a schede: card index.
indice aziendale: ratio.
indice azionario: share index; stock index.
indice azionario del «Financial Times»: «Financial Times» Index.
indice azionario del «Times»: «Times» share index.
indice azionario Standard e Poor: Standard and Poor's stock index.
indice beta: beta ratio.
indice composito NYSE: NYSE composite index.
indice concatenato: chain index.
indice con ponderazione di prezzo: price–weighted index.
indice dei beni capitali: capital standard.
indice dei costi di esercizio: operating cost ratio.
indice dei crediti inesigibili: bad debts ratio.
indice dei depositi: deposit turnover.
indice dei documenti giustificativi: voucher index.
indice dei guadagni: earnings standard; earnings index.
indice dei posti vacanti: job vacancy rate.
indice dei prezzi: price index.
indice dei prezzi agricoli alla produzione: prices received–by–farmers index.
indice dei prezzi al consumo: consumer price index.
indice dei prezzi alla produzione: producer price index.
indice dei prezzi all'ingrosso: wholesale price index;

wholesale standard; wholesale index.
indice dei prezzi all'ingrosso per categoria di prodotti: commodity price index.
indice dei prezzi all'ingrosso ponderato su base commerciale: trade–weighted commodity price index.
indice dei prezzi all'ingrosso ponderato su base produttiva: production–weighted commodity price index.
indice dei prezzi al minuto: index of retail prices; retail price index; retail standard.
indice dei prezzi della produzione: production standard.
indice dei prezzi e delle imposte: tax and price index.
Indice dei prezzi internazionale: International Price Index.
indice dei prezzi Laspeyres: Laspeyres price index.
indice dei prezzi pagati dagli agricoltori: prices–paid–by–farmers index.
indice dei redditi: income standard.
indice dei salari orari medi: average hourly earnings index.
indice dei salari reali: index of real wages.
indice dei tassi salariali settimanali: index of weekly wage rates.
indice dei termini di scambio: terms of trade index.
indice dei valori minerari: mining index.
indice del consumo: consumption standard; consumption index.
indice del costo della vita: cost–of–living index.
indice del costo della vita delle classi operaie: working–class cost–of–living index.
indice della miseria: misery index.
indice della moneta: currency standard.
indice della produzione: production index; output index.
indice della produzione industriale: index of industrial production.
indice del lavoro: labour standard.
indice delle anticipazioni: advances ratio.
indice delle attività operative: operating assets turnover.
indice delle attività totali: total asset turnover.
indice delle disponibilità abitative: vacancy ratio; vacancy rate.
indice delle disponibilità liquide: cash balances standard.
indice delle operazioni per contante: cash transactions standard.
indice delle politiche di approvvigionamento: buying policy index.
indice delle retribuzioni settimanali: index of weekly earnings.
indice delle trenta azioni: thirty–share index.
indice del margine lordo di contribuzione: marginal–income ratio.
indice del tasso di cambio: exchange rate index.
indice del tasso di cambio della sterlina: sterling exchange rate index.
indice del valore reale: real–value index.
indice del volume di produzione: production volume ratio.
indice di asimmetria: relative skewness; coefficient of skewness.
indice di assunzione: hiring rate.
indice di avvicendamento delle scorte: inventory turnover; stock turnover; stockturn; merchandise turnover.
indice di concentrazione industriale: concentration ratio.
indice di copertura dei costi variabili: variable–cost ratio.
indice di correlazione: coefficient of correlation; product–moment correlation coefficient.
indice di crescita: growth index.
indice di decadenza: lapse ratio.
indice di diffusione: diffusion index.
indice di dilazione dei pagamenti: receivables turnover; debtor days ratio; collections ratio.
indice di dipendenza: dependency ratio.
indice di direzione: management ratio.
indice di disoccupazione: unemployment rate.
indice di disparità: index of disparity.
indice di dissomiglianza: coefficient of alienation.
indice di efficienza: efficiency ratio.
indice di esigibilità: receivables turnover; accounts receivable turnover.
indice di estrazione: extraction rate.
indice di indebitamento: debt ratio.
indice di inflazione: inflation index.
indice di insolvenza: delinquency ratio.
indice di interruzione: separation rate.
indice di investimento: investment ratio.
indice di Laspeyres: Laspeyres index.
indice di Lerner: Lerner index.
indice di linearità: coefficient of correlation; product–moment correlation coefficient.
indice di liquidità: liquidity ratio.
indice di mercato: 1. market ratio. **2.** market index.
indice di mortalità: mortality ratio.
indice di occupazione: employment rate.
indice di Paasche: Paasche index.
indice di Pareto della disuguaglianza della distribuzione dei redditi: Pareto's measure of inequality of income distribution.
indice di preferenza temporale sociale: social time preference rate.
indice di prelievo del risparmio: savings withdrawal ratio.
indice di pressione: pressure index.
indice di produttività: productivity ratio.
indice di profitto lordo: gross profit percentage; gross profit ratio.
indice di profitto netto: net profit ratio.
indice di qualità del prodotto: quality of output ratio.
indice di redditività: profitability index.
indice di redditività di un titolo azionario: dividend–price ratio.
indice di reddito: earning rate.
indice di rendimento: 1. rate of return. **2.** performance index. **3.** yield ratio.
indice di risparmio: savings ratio.
indice di rotazione: turnover; turnover ratio.
indice di rotazione degli investimenti: investment turnover.
indice di rotazione dei semilavorati: work–in–process turnover.
indice di rotazione dei titoli: turnover rate.
indice di rotazione del capitale: capital turnover.
indice di rotazione del capitale circolante: working capital turnover.
indice di rotazione del capitale investito: invested capital turnover.
indice di rotazione del capitale netto: equity turnover.
indice di rotazione della moneta: turnover rate of

money.
indice di rotazione delle attività fisse: fixed–asset turnover; plant turnover; gross plant turnover.
indice di rotazione delle attività materiali: tangible assets turnover.
indice di rotazione delle giacenze: turnover rate; rate of turnover.
indice di rotazione delle materie prime: raw material turnover.
indice di rotazione delle scorte: inventory turnover; stock turnover; merchandise turnover; rate of stock turn.
indice di rotazione delle scorte di prodotti finiti: finished goods turnover.
indice di rotazione del risparmio: savings turnover ratio.
indice di scambio: trade ratio.
indice di sinistrosità: experience.
indice di solvibilità: solvency ratio.
indice di sospensione: lay–off rate.
indice di specializzazione: specialization ratio.
indice di spesa: expense ratio.
indice di stagflazione: stagflation index.
indice di tasso di cambio effettivo: effective exchange rate index.
indice di turnover: rate of turnover.
indice di utilizzazione degli impianti: capacity utilization rate.
indice di utilizzazione delle attrezzature: equipment utilization ratio.
indice di valore: value index.
indice Dow–Jones: Dow–Jones index.
indice fatturato–reddito: income–sales ratio.
indice finanziario: financial ratio.
indice generale: overall index.
indice generale dei prezzi: general price index.
indice generale dei prezzi al minuto: general index of retail prices.
indice ideale di Fisher: Fisher's ideal index.
indice indefinito: indefinite standard.
indice internazionale: international index; international standard.
indice lavoro/vendite: labour ratio.
indice monetario: currency standard.
indice operativo: operating rate.
indice operativo preferenziale: preferred operating rate.
indice particolare: item index.
indice per categoria di articoli: item index.
indice ponderato: weighted index.
indice rotante: rotary card index; revolving index.
indice scorte–vendite: sales inventory ratio.
indice semplice di un prezzo: price relative.
indice significativo: leading indicator.
indice sintetico: summary index.
indice sommario: summary index.
indice specifico di mortalità: refined death rate.
indice specifico di natalità: refined birth rate.
indice stagionale: seasonal index.
indice statistico: Statist Index.
indice Wilshire: Wilshire Index.
indici di ascolto televisivi: television ratings.
indici di bilancio: balance–sheet ratios.
indici di borsa: stock exchange indices.
indici di produzione: production factors.
indici Dow–Jones: Dow–Jones averages.
indici standard: standard ratios.
indicizzazione: index–linking; indexation; indexing.
indicizzazione dell'imposta sul reddito: income tax indexation.
indicizzazione di un fondo: indexing.
indicizzazione salariale: wage indexation.
indicizzazione valutaria: currency indexation.
indietro: behind.
indipendente: 1. self–supporting. **2.** free lance.
indipendenza economica: economic independence; economic self–sufficiency.
indipendenza fiscale: fiscal independence.
indirizzario: mailing list; address list.
indirizzario commerciale: list.
indirizzo telegrafico: telegraphic address.
individualismo economico: individualism.
individualizzazione: individualization.
individuo: individual.
indivisibilità: indivisibility.
industria: industry.
industria a ciclo continuo: continuous–process industry.
industria a costi costanti: constant cost industry.
industria a costi crescenti: increasing cost industry.
industria a costi decrescenti: decreasing cost industry.
industria a domicilio: domestic system; cottage industry; home industry.
industria agricola: agricultural industry; agro–industry.
industria a produzione continua: continuous–process industry.
industria a ricerca intensiva: research–intensive industry.
industria atomistica: atomistic industry.
industria basata sui materiali: material–based industry.
industria basata sulle conoscenze: knowledge–based industry.
industria basata sulle informazioni: information–based industry.
industria base: basic industry.
industria chiave: key industry.
industria ciclica: cyclical industry.
industria collegata: linked industry.
industria concentrata: concentrated industry.
industria decadente: decaying industry.
industria dei beni: goods industry.
industria dei divertimenti: amusement industry.
industria dei servizi: service industry; servicing industry; service–producing industry.
industria dei servizi aziendali: business services industry.
industria dei trasporti: carrying trade.
industria dei trasporti marittimi: shipping business; maritime business.
industria del capitale di rischio: venture capital industry.
industria delle costruzioni: constructive industry; construction industry.
industria delle informazioni: information industry.
industria delle risorse naturali: natural resource industry.
industria dell'informatica: information industry.
industria di base: staple industry.
industria di occupazione: primary industry; extractive industry.
industria di prestazione: service industry; service–producing industry.
industria di stato: state industry.
industria di trasformazione: manufacturing industry;

process industry.
industria domestica: domestic industry; family industry.
industria edilizia: building industry.
industria essenziale: essential industry.
industria estrattiva: primary industry; extractive industry.
industria fondamentale: 1. basic industry. **2.** staple industry.
industria genetica: genetic industry.
industria in declino: declining industry.
industria in difficoltà: troubled industry.
industria in equilibrio: equilibrium industry.
industria in espansione: growing industry.
industria in perdita: loss–maker.
industria insalubre: offensive trade; noxious trade.
industriale: 1. manufacturing. **2.** industrialist. **3.** manufacturer.
industria leggera: light industry.
industria libera: mobile industry; footloose industry.
industrialismo: industrialism.
industrialista: industrialist.
industrializzazione: industrialization.
industrializzazione orientata alla sostituzione delle importazioni: import–substituting industrialization.
industrializzazione orientata all'esportazione: export–oriented industrialization.
industria locale: local industry.
industria manifatturiera: manufacturing industry.
industria mirata: targeted industry.
industria mobile: mobile industry; footloose industry.
industria nascente: infant industry.
industria naturale: direct production.
industria nazionale: national industry.
industria non manifatturiera: non–manufacturing industry.
industria oligopolistica: oligopolistic industry.
industria pesante: heavy industry.
industria primaria: primary industry; extractive industry.
industria principale: leading industry.
industria produttrice di beni capitali: instrumental industry; capital–producing industry.
industria produttrice di beni di consumo: goods industry: goods–producing industry.
industria produttrice di beni durevoli: durable manufacturing industry.
industria secondaria: secondary industry.
industria sparsa: dispersed industry.
industria terziaria: tertiary industry; service industry; servicing industry; service–producing industry.
industrie a alta tecnologia: high–technology industries.
industrie a bassa tecnologia: low–technology industries.
industrie a lungo processo: long–process industries.
industrie dei beni capitali: capital–goods industries.
industrie del divertimento: leisure industries.
industrie delle risorse: resource industries.
industrie del tempo libero: leisure industries.
industrie emergenti: sunrise industries; emerging industries.
industrie in contrazione: sunset industries.
industrie in declino: sunset industries; declining industries.
industrie in espansione: sunrise industries; expanding industries.
industrie mature: mature industries.
industrie nazionalizzate: nationalized industries.
industrie non competitive: uncompetitive industries.
industrie per il commercio estero: foreign–trade industries; international–trade industries.
industrie per il commercio interno: domestic–trade industries; home–trade industries.
industrie per l'esportazione: export industries.
industrie prioritarie: priority industries.
industrie propulsive: propulsive industries.
industrie sfruttatrici: sweated industries.
industrie sovvenzionate: subsidized industries.
industrie specializzate: specialized industries.
industrie stagnanti: stagnant industries.
induzione: induction.
inefficace: void.
inefficienza X: X–inefficiency.
inefficienza Y: Y–inefficiency.
inerzia industriale: industrial inertia.
in esenzione doganale: duty–free.
inferenza statistica: statistical inference.
inferiore al previsto: under budget.
inflazionare: to inflate.
inflazione: inflation.
inflazione a due cifre: double–digit inflation.
inflazione annua: annual inflation.
inflazione a tasso zero: zero inflation.
inflazione attesa: anticipated inflation: expected inflation.
inflazione a una cifra: single–digit inflation; single–figure inflation.
inflazione bellica: war inflation.
inflazione crescente: accelerating inflation.
inflazione cronica: chronic inflation.
inflazione da costi: cost–push inflation; cost inflation.
inflazione da domanda: demand–pull inflation; demand inflation; demand–led inflation.
inflazione da eccesso di domanda: excess–demand inflation.
inflazione da profitti: profits–push inflation.
inflazione da salari: wage inflation; wage–push inflation; wage–led inflation.
inflazione da spinta dei salari: wage–push inflation.
inflazione da spinta fiscale: tax–push inflation.
inflazione da spinta politica: politician–push inflation.
inflazione da spostamento della domanda: demand–shift inflation.
inflazione da strozzatura: bottleneck inflation.
inflazione dei prezzi: price inflation.
inflazione dei prezzi al consumo: consumer–price inflation.
inflazione dei profitti: profit inflation.
inflazione dei redditi: income inflation.
inflazione delle merci: commodity inflation.
inflazione di capitale: capital inflation.
inflazione di fondo: underlying inflation.
inflazione galoppante: galloping inflation.
inflazione globale: global inflatión.
inflazione importata: imported inflation.
inflazione imprevista: unexpected inflation; unanticipated inflation.
inflazione inattesa: unexpected inflation; unanticipated inflation.
inflazione incipiente: incipient inflation.
inflazione incontrollabile: uncontrollable inflation.
inflazione indotta da costi: cost–push inflation; cost inflation.
inflazione indotta da domanda: demand–pull

inflation; demand inflation.
inflazione indotta da profitti: profits–push inflation.
inflazione inerziale: inertial inflation; core inflation.
inflazione latente: suppressed inflation.
inflazione legittimata: validated inflation.
inflazione libera: open inflation.
inflazione mite: mild inflation.
inflazione moderata: moderate inflation.
inflazione mondiale: world–wide inflation; world inflation.
inflazione monetaria: currency inflation; monetary inflation.
inflazione nascosta: hidden inflation; concealed inflation.
inflazione negativa: negative inflation.
inflazione non legittimata: unvalidated inflation.
inflazione occulta: hidden inflation.
inflazione persistente: persistent inflation.
inflazione prevista: anticipated inflation; expected inflation.
inflazione rapida: rapid inflation.
inflazione repressa: repressed inflation; suppressed inflation.
inflazione soffocata: suppressed inflation.
inflazione sottostante: underlying inflation.
inflazione strisciante: creeping inflation.
inflazione strutturale: structural inflation; built–in inflation.
inflazione tendenziale: annualized inflation.
inflazione zero: zero inflation.
inflazionista: inflationist.
inflessibilità del mercato: market inflexibility.
influenze psicologiche: psychological influences.
informatore: tipster.
informazione del consumatore: consumer information.
informazione imperfetta: imperfect information.
informazione perfetta: perfect information.
informazione riservata: tip.
informazioni: 1. advice. **2.** briefing.
informazioni commerciali: 1. credit status information; credit information. **2.** market information; market intelligence. **3.** credit report.
informazioni di marketing: marketing intelligence.
informazioni di mercato: market intelligence; market information.
informazioni economiche: economic information.
informazioni marittime: shipping intelligence.
informazioni non pubbliche: insider information; non–public information.
informazioni per delega: proxy statement.
informazioni privilegiate: insider information; inside information; non–public information.
informazioni riservate: insider information.
infortunio: accident.
infortuni sul lavoro: industrial accidents; occupational accidents; industrial injuries.
in franchigia doganale: customs–free.
in franchigia postale: 1. free of postage. **2.** postage free.
infrastruttura: infrastructure.
infrastrutture: public overhead capital.
infrazione: malfeasance.
infruttifero: non–interest–bearing.
ingegnere della produzione: production engineer.
ingegneria da catalogo: catalogue engineering.
ingegneria dei fattori umani: human–factors engineering.
ingegneria della gestione: operations research; operational research.
ingegneria della produzione: production engineering.
ingegneria del valore: value engineering.
ingegneria finanziaria: financial engineering.
ingegneria industriale: industrial engineering.
ingegneria sociale: social engineering.
ingegneria umana: human engineering.
ingiunzione: 1. precept. **2.** injunction.
ingiustizia fiscale: inequality of taxation.
ingresso libero: free entrance.
iniziare la discarica: to break bulk.
iniziativa: enterprise.
Iniziativa del bacino caraibico: Caribbean Basin Initiative.
iniziativa individuale: private enterprise.
iniziativa privata: private enterprise.
inizio: inception.
inizio discarica: break of bulk.
in mare: at sea.
innalzamento: uplift.
in natura: in kind.
in navigazione: at sea.
in nero: in the black.
innesco di adeguamento: adjustment trigger.
innovatore: innovator.
innovazione: innovation.
innovazione di processo: process innovation.
innovazione di prodotto: product innovation.
innovazione finanziaria indotta dal mercato: market–induced financial innovation.
innovazione finanziaria indotta da regolamentazioni: regulator–induced financial innovation.
innovazione tecnologica: technological innovation.
inoltrato: put through.
inoltro: forwarding.
inondazione: flood.
in passivo: 1. loss–making. **2.** passive.
in perdita: loss–making.
in posizione corta: short of stock; going short.
in posizione lunga: long of stock; going long.
input a dosi fisse: fixed input.
input a dosi variabili: variable input.
input fisso: fixed input.
input primari: primary inputs.
input variabile: variable input.
in qualità di mandatario: as agent.
inquilino: tenant.
inquinamento: pollution.
inquinamento atmosferico: air pollution.
inquinamento dell'ambiente: environmental pollution.
inquinamento delle acque: water pollution.
inquinatore: polluter.
in rosso: in the red.
insegna: sign board; sign.
insegna di negozio: store sign.
inserzione: insertion; advertisement; ad.
inserzione con tagliando: coupon ad.
inserzione finalizzata: keyed advertisement.
inserzione non privilegiata: run–of–paper advertisement.
inserzione pubblicitaria: advertisement; classified advertisement.
inserzionista: advertiser.
insinuazione di crediti: proof in bankruptcy; proof of debts.

in sofferenza: overdue.
in solido: joint and several.
insoluto: outstanding.
insolvente: insolvent.
insolvenza: insolvency.
insolvenza assoluta: absolute insolvency.
insolvenza commerciale: commercial insolvency.
insolvenza notoria: notorious insolvency.
instabilità dei cambi: instability of exchange rates; exchange rate instability.
instabilità dei tassi di cambio: instability of exchange rates; exchange rate instability.
instabilità della domanda: instability of demand.
instabilità economica: economic instability.
instabilità monetaria: monetary instability.
installazione: **1.** installation. **2.** facility.
integrazione: **1.** integration. **2.** rider.
integrazione ascendente: backward integration.
integrazione circolare: circular integration.
integrazione commerciale: trade integration.
integrazione del deposito di garanzia: remargining.
integrazione diagonale: diagonal integration.
integrazione discendente: forward integration.
integrazione economica: economic integration.
integrazione laterale: lateral integration.
integrazione monetaria: monetary integration.
integrazione orizzontale: horizontal integration.
integrazione salariale: wage subsidy.
integrazione verticale: vertical integration.
intelligenza artificiale: artificial intelligence.
intensificazione di capitale: deepening of capital.
intensità di capitale: capital intensity.
intenzioni d'investimento: investment intentions.
interamente coperto: fully insured.
interamente sottoscritto: fully-subscribed.
interaziendale: interfirm.
interdipendenza economica: economic interdependence.
interdizione: disability.
interdizioni del fallito: disabilities of bankrupt.
interesse: **1.** interest (v. anche tasso e saggio di interesse). **2.** stake.
interesse annuo: yearly interest.
interesse anticipato: prepaid interest.
interesse arretrato: back interest.
interesse assicurabile: insurable interest.
interesse attivo: interest charged; interest earned.
interesse bancario: bank interest.
interesse composto: compound interest.
interesse con andamento a gradino: stepped interest.
interesse degli azionisti: shareholders' interest.
interesse dei soci: shareholders' interest.
interesse del compratore: buyer's interest.
interesse del destinatario: consignee's interest.
interesse del ricevitore: consignee's interest.
interesse di Boston: Boston interest.
interesse di computo: imputed interest; implicit interest.
interesse di gestione: working interest.
interesse di minoranza: interest of outside shareholders; minority interest.
interesse di mora: delay interest; default interest.
interesse di New York: New York interest.
interesse di prestito: explicit interest; loan interest.
interesse di un beneficiario: beneficial interest.
interesse esatto: exact interest.
interesse figurativo: imputed interest.
interesse fisso: fixed interest.
interesse globale: gross interest.
interesse in sospeso: interest in suspense.
interesse ipotecario: mortgage interest.
interesse legale: legal interest.
interesse lordo: gross interest.
interesse lungo: long interest.
interesse naturale: natural interest rate; natural rate of interest.
interesse negativo: negative interest.
interesse netto: net interest.
interesse nominale: nominal interest; nominal coupon.
interessenza: profit-sharing; sharing.
interesse ordinario: ordinary interest.
interesse o senza interesse: interest or no interest.
interesse passivo: interest allowed; interest paid.
interesse prepagato: prepaid interest.
interesse pro rata: broken-period interest.
interesse pubblico: public interest.
interesse puro: pure interest; true interest; net interest.
interesse riservato: reserved interest.
interesse scalare: stepped interest.
interesse semplice: simple interest; ordinary interest.
interesse sospeso: reserved interest.
interesse su depositi: interest on deposits.
interesse sui numeri rossi: red-ink interest; red interest.
interesse sulla cambiale: interest on bill.
interesse su obbligazioni: debenture interest.
interessi accumulati: arrears of interest; accumulated interest.
interessi acquisiti: vested interests.
interessi annuali: annual interest.
interessi convenzionali: conventional interest.
interessi correnti: accruing interest.
interessi creditori: credit interest.
interessi debitori: debit interest.
interessi di mora: interest on arrears.
interessi in titoli di consolidamento: funding debenture interest.
interessi maturati: accrued interest.
interessi non maturati: unearned interest.
interessi su mutui ipotecari: building society interest.
interferenza: disturbance.
interinale: interim.
intermediari finanziari: financial intermediaries.
intermediari finanziari non bancari: non-bank financial intermediaries.
intermediari indipendenti: independents; independent intermediaries.
intermediario: **1.** middleman; intermediary; agent middleman. **2.** broker; agency broker.
intermediario degli scambi: medium of exchange.
intermediario di assicurazioni marittime: marine insurance broker.
intermediario di borsa: **1.** dealer. **2.** floor broker; securities broker.
intermediario di cambio: foreign exchange broker.
intermediario di commercio: merchandise broker.
intermediario di credito: money broker; credit broker; scrivener.
intermediario di emissione: issuing broker; issue broker.
intermediario di investitori istituzionali: wholesale broker.
intermediario d'importazione: import broker.
intermediario d'investimento: investment broker.

intermediario di piccoli investitori: retail broker.
intermediario di sconto: discount broker; running broker; dealer.
intermediario esterno: outside broker.
intermediario in valori azionari: equity inter–dealer broker.
intermediario in valori mobiliari: inter–dealer broker.
intermediario istituzionale: institutional broker.
intermediazione: 1. broking; brokerage. **2.** intermediation.
intermediazione di agenzia: agency broking.
intermediazione di credito: credit intermediation.
intermediazione finanziaria: financial intermediation.
intermediazione in titoli: stockbroking.
intermediazione per investitori istituzionali: wholesale broking.
intermediazione per piccoli investitori: retail broking.
internalizzazione: internalization.
internazionalizzazione di una valuta: internationalization of a currency.
interpolazione: interpolation.
interpretazione economica della storia: economic interpretation of history.
interruzione: 1. cutoff. **2.** lay–off.
interruzione del lavoro: work stoppage.
interruzione d'esercizio: suspension of business.
interscambio: interchange.
intervallo di riordino: reorder interval.
intervallo pubblicitario: commercial break.
intervallo tra previsioni: forecast interval.
interventista: interventionist.
intervento: intervention.
intervento antispeculativo: counterspeculative intervention.
intervento cambiario: act of honour.
intervento intramarginale: intramarginal intervention.
intervento stabilizzante: stabilizing intervention.
intervento statale: state intervention.
intervento sterilizzato: sterilized intervention.
intervento sui cambi: exchange rate intervention.
intervento sui mercati valutari: foreign–exchange intervention; currency market intervention.
intervento sul mercato a termine dei cambi: forward intervention.
intervento sul mercato dei cambi: exchange market intervention.
intervento sul mercato valutario: exchange market intervention; currency intervention.
intervento valutario: exchange intervention; exchange rate intervention.
intervista: interview.
intervista di gruppo: group discussion.
intervista di gruppo focalizzata: focus group interview.
intervista d'impiego: employment interview.
intervista di uscita: exit interview.
intervista di valutazione: appraisal interview.
intervista in profondità: depth interview.
intervista libera: unstructured interview.
intervista non strutturata: unstructured interview.
intervista qualitativa: qualitative interview.
intervista quantitativa: quantitative interview.
intervista semistrutturata: semi–structured interview.
intervista standardizzata: standardized interview.
intervista strutturata: structured interview.
intervista telefonica: telephone interviewing.
intervistato: interviewee.
intervistatore: personnel consultant; selection consultant; interviewer.
intestatario: nominee.
intestazione: 1. letterheading. **2.** superscription. **3.** sidehead. **4.** heading.
intestazione di un conto: account heading; account title.
intestazione di un rendiconto: statement heading.
intra–aziendale: in–company; intra–firm.
in transito: in transit.
intraprenditore: intrapreneur.
intraprenditorialità: intrapreneurship.
introduzione in borsa: stock exchange introduction.
introitare: to collect.
introiti: receipts.
in uguali proporzioni: pari passu.
invalidabile: voidable.
invalidità: disability; disablement.
invalidità parziale: partial disability; partial incapacity.
invalidità permanente: permanent disability.
invalidità temporanea: temporary disability.
invalidità totale: total invalidity; total disability.
invendibile: unmarketable.
in vendita: available for sale; for sale.
invenduti: unsolds.
inventario: inventory.
inventario ciclico: cyclic stock check.
inventario contabile: book inventory.
inventario continuo: continuous inventory; continuous stock–taking.
inventario delle giacenze: stock inventory.
inventario di bordo: ship's inventory.
inventario di fine anno: year–end inventory.
inventario fisico: physical stocktaking; physical inventory.
inventario periodico: periodic inventory; periodic stock–taking.
inventario permanente: perpetual inventory.
invenzione: invention.
invenzione–capitale: capital–saving invention.
invenzione–lavoro: labour–saving invention.
invenzione risparmiatrice di capitale: capital–saving invention.
inversione: turn–round.
inversione di registrazioni: reversal of entries.
inversione di tendenza: back up.
inverso: reciprocal.
investimenti a più ampio raggio: wider–range investments.
investimenti a raggio ristretto: narrower–range investments.
investimenti autorizzati: authorized investments.
investimenti basati su formule di opportunità: formula timing; formula investing.
investimenti commerciali: trade investments.
investimenti complessivi: total investment.
investimenti di amministratori fiduciari: trustee investments.
investimenti fissi non residenziali: non–residential fixed investment.
investimenti in immobili non residenziali: non–residential structures investment.
investimenti in titoli non quotati: unquoted investments.
investimenti legali: legal investments; legal list; legals; statutory investments.
investimenti residenziali: residential investment.
investimenti temporanei: temporary investments; cash

funds.
investimento: investment.
investimento a breve termine: current investment.
investimento a brevissimo termine: cash fund.
investimento all'estero: foreign investment; overseas investment.
investimento all'interno: home investment.
investimento a lungo termine: long–term investment.
investimento a reddito fisso: fixed–income investment; fixed–interest investment.
investimento autonomo: autonomous investment.
investimento aziendale: business investment; company investment; corporate investment.
investimento azionario: share investment; equity investment.
investimento azionario straniero: foreign equity investment.
investimento basato sulla media del costo in dollari: dollar cost averaging; dollar averaging.
investimento corrente: current investment.
investimento del consumatore: consumer investment.
investimento del fondo di ammortamento: sinking fund investment.
investimento deliberato: intended investment.
investimento del settore privato: private sector investment.
investimento del settore pubblico: public sector investment.
investimento di ampliamento: widening investment.
investimento di approfondimento: deepening investment.
investimento di breve termine: short–term investment.
investimento di capitale: capital investment.
investimento difensivo: defensive investment.
investimento di lungo termine: long–term investment.
investimento di portafoglio: portfolio investment.
investimento di prim'ordine: first–rate investment.
investimento diretto: direct investment.
investimento diretto estero: foreign direct investment.
investimento diretto internazionale: international direct investment.
investimento diretto internazionale senza investimento: international direct investment without investment.
investimento di rimpiazzo: replacement investment.
investimento di sostituzione: replacement investment.
investimento effettivo: actual investment.
investimento estero: foreign investment; overseas investment.
investimento estero netto: net foreign investment; net investment abroad.
investimento finanziario: 1. financial investment. **2.** portfolio investment.
investimento immateriale: intangible investment.
investimento immobiliare: real investment; property investment.
investimento improduttivo: impair investment.
investimento in alta tecnologia: high–technology investment.
investimento in attività finanziarie: investment in financial assets.
investimento in azioni: share investment.
investimento in beni capitali: fixed investment.
investimento in beni immobili: property investment.
investimento in beni rifugio: non–monetary investment.
investimento in capitale fisso: fixed investment.
investimento in capitale umano: human capital investment.
investimento indiretto: indirect investment.
investimento indotto: induced investment.
investimento industriale di base: basic industrial investment.
investimento in formazione di capitale fisso: company investment; business investment; investment in fixed capital formation.
investimento infruttuoso: wasted investment.
investimento in scorte: inventory investment.
investimento in scorte non previsto: unintended inventory investment.
investimento in sofferenza: investment in default.
investimento internazionale: international investment.
investimento interno: home investment; domestic investment.
investimento interno lordo del settore privato: gross private domestic investment.
investimento in titoli azionari: equity investment.
investimento in valori mobiliari: quoted investment.
investimento involontario: involuntary investment.
investimento ipotecario: mortgage investment.
investimento lordo: gross investment.
investimento lordo del settore privato in capitale fisso: gross private fixed investment.
investimento lordo in capitale fisso: gross fixed investment.
investimento mal diretto: misdirected investment.
investimento mobiliare: equity investment.
investimento mobiliare straniero: foreign equity investment.
investimento nazionale: national investment.
investimento negativo: negative investment.
investimento negativo in scorte: inventory disinvestment.
investimento nell'edilizia abitativa: housing investment.
investimento netto: net investment.
investimento netto in capitale fisso: net fixed investment.
investimento non diretto: non–direct investment.
investimento non finanziario: non–portfolio investment.
investimento non previsto: unintended investment.
investimento non tangibile: intangible investment.
investimento permanente: permanent investment.
investimento personale: personal investment.
investimento per speculazione: speculative investment.
investimento pianificato: planned investment.
investimento pieno: full investment.
investimento positivo: positive investment.
investimento privato: private investment.
investimento programmato: planned investment.
investimento pubblico: public investment.
investimento reale: 1. true investment. **2.** real investment.
investimento realizzato: realized investment.
investimento sbagliato: misdirected investment.
investimento sicuro: safe investment.
investimento speculativo: speculative investment.
investimento speculatorio: speculative investment.
investimento sprecato: wasted investment.
investimento statale: government investment.
investimento straniero diretto: direct foreign investment.

investimento straniero in titoli azionari: foreign equity investment.
investimento temporaneo: temporary investment.
investimento totale: total investment.
investimento volubile: volatile investment.
investire: to invest.
investitore: investor.
investitore–acquirente: investor–purchaser.
investitore comune: ordinary investor.
investitore diretto: direct investor.
investitore esperto: experienced investor.
investitore finanziario: portfolio investor.
investitore indiretto: indirect investor.
investitore istituzionale: institutional investor.
investitore per speculazione: speculative investor.
investitore privato: private investor.
investitore professionale: professional investor.
investitori istituzionali: exempted dealers.
in viaggio: 1. in transit. **2.** on passage.
invito: invitation.
invito a fare un'offerta: invitation to make an offer.
invito a partecipare a un'asta: invitation to bid; invitation to tender.
invito a trattare: invitation to treat.
iperimpiego: over–employment; over–full employment; hyperemployment.
iperinflazione: runaway inflation; hyperinflation.
iperinvestimento: over–investment.
ipermercato: hypermarket.
iperoccupazione: over–employment; over–full employment; hyperemployment.
iperreazione: overshooting.
iperreazione del tasso di cambio: exchange rate overshooting.
iperrisparmio: over–saving.
ipersfruttamento: overexploitation.
ipociclo: Juglar cycle.
ipoteca: 1. mortgage. **2.** hypothecation.
ipoteca a adeguamento al livello dei prezzi: price–level–adjusted mortgage.
ipoteca a favore della banca: banker's mortgage.
ipoteca a pagamenti periodici uniformi: amortized mortgage; direct–reduction mortgage; level–payment mortgage.
ipoteca a partecipazione all'incremento: shared–appreciation mortgage.
ipoteca aperta: open–end mortgage; open mortgage.
ipoteca a rimborso differenziato: graduated payment mortgage.
ipoteca a tasso variabile: adjustable–rate mortgage; variable–rate mortgage.
ipoteca chiusa: closed–end mortgage; closed mortgage.
ipoteca con opzione: option mortgage.
ipoteca consolidata: consolidated mortgage.
ipoteca convenzionale: convention mortgage.
ipoteca di grado anteriore: senior mortgage.
ipoteca di grado posteriore: junior mortgage.
ipoteca di prima iscrizione: first–recorded mortgage.
ipoteca di primo grado: first mortgage; first–recorded mortgage; underlying mortgage.
ipoteca di priorità: underlying mortgage.
ipoteca di secondo grado: second mortgage; overlying mortgage.
ipoteca di terzo grado: third mortgage.
ipoteca fluttuante: floating mortgage.
ipoteca garantita: guaranteed mortgage.
ipoteca garantita da assicurazione: insured mortgage.
ipoteca generale: blanket mortgage; general mortgage.
ipoteca globale: package mortgage.
ipoteca immobiliare: real–estate mortgage; real mortgage.
ipoteca indicizzata: variable rate mortgage; adjustable rate mortgage.
ipoteca in partecipazione: participation mortgage.
ipoteca legale: legal mortgage; statutory mortgage; legal charge.
ipoteca marittima: maritime mortgage.
ipoteca mobiliare: chattel mortgage.
ipoteca navale: mortgage of ship; ship's mortgage.
ipoteca posteriore: junior mortgage.
ipoteca precedente: senior mortgage.
ipoteca registrata: registered charge.
ipoteca semplice: dry mortgage.
ipoteca successiva: junior mortgage; overlying mortgage.
ipoteca su immobili in locazione: leasehold mortgage.
ipoteca su titoli: mortgage of stock.
ipoteche non tradizionali: non–traditional mortgages.
ipoteche sulle attività: charges on assets.
ipotesi: hypothesis.
ipotesi comportamentale: behavioural assumption.
ipotesi dei movimenti casuali: random walk hypothesis.
ipotesi del ciclo vitale: life cycle hypothesis.
ipotesi del circolo vizioso: vicious circle hypothesis.
ipotesi del consumo permanente: permanent consumption hypothesis.
ipotesi della selezione naturale: natural selection hypothesis.
ipotesi delle aspettative razionali: rational expectations hypothesis.
ipotesi dell'effetto a dente d'arresto: ratchet effect hypothesis.
ipotesi del reddito assoluto: absolute income hypothesis.
ipotesi del reddito permanente: permanent income hypothesis.
ipotesi del reddito relativo: relative income hypothesis.
ipotesi del tasso decrescente di sostituzione: hypothesis of a diminishing rate of substitution.
ipotesi del tasso di disoccupazione naturale: natural rate of unemployment hypothesis.
ipotesi del tasso naturale: natural rate hypothesis.
ipotesi di mercato efficiente: efficient market hypothesis.
ipotesi discontinue: discontinuous hypotheses.
ipotesi edonistica: hedonistic principle; law of self–interest.
i risparmi uguagliano l'investimento: savings equal investment.
irrazionalità: irrationality.
irrecuperabile: unrecoverable; irrecoverable.
irredimibile: irredeemable; unredeemable.
irregolare: irregular.
irregolarità: irregularity.
irreversibilità di una funzione: non–reversibility of a function.
iscritto al sindacato: trade unionist.
iscrizione: registration.
iscrizione a ruolo: assessment.
iscrizione dei trapassi di proprietà: registration of transfers.
iscrizione delle banche: registration of banks.
iscrizione delle ipoteche e degli oneri: registration of

debentures; registration of charges.
iscrizione obbligatoria: compulsory membership.
isocosto: iso–cost curve; iso–cost contour; iso–outlay curve; iso–cost line; outlay curve; outlay contour; equal cost line.
isopleta: isopleth.
isoquanto: isoquant; product contour; product curve; constant product curve; production–indifference curve; production contour; production curve; iso–product curve; equal product curve.
ispettorato industriale: factory inspectorate.
ispettore avanzamento lavori: progress chaser.
ispettore capo di dogana: surveyor of customs; surveyor of the port.
ispettore contabile viaggiante: travelling auditor.
ispettore delle imposte: inspector of taxes.
ispettore delle vendite: sales supervisor.
ispettore del Lloyd: Lloyd's surveyor.
ispettore di dogana: 1. jerquer. **2.** rummager; rummaging officer. **3.** customs surveyor; customs appraiser.
ispettore di zona: field supervisor.
ispettori di fabbrica: factory inspectors.
ispezione: inspection.
ispezione al cento per cento: one–hundred per cent inspection.
ispezione delle materie prime: raw material inspection.
ispezione di campionamento: sampling inspection.
ispezione doganale: customs inspection.
istanza: 1. application. **2.** petition.
istanza di fallimento: petition in bankruptcy.
istanza fallimentare: petition in bankruptcy.
isteresi: hysteresis.
istituti finanziari: finance corporations.
istituto commerciale: commercial college.
Istituto degli assicuratori marittimi di Londra: Institute of London Underwriters.
Istituto delle società d'investimento: Investment Company Institute.
istituto di accettazione: acceptance bank.
istituto di beneficenza: eleemosynary corporation.
istituto di classificazione navale britannico: Lloyd's Register of Shipping.
istituto di credito: joint–stock bank; banking company.
Istituto di credito cinematografico: National Film Finance Corporation.
Istituto di credito industriale: Finance Corporation for Industry.
Istituto di credito industriale e commerciale: Industrial and Commercial Finance Corporation.
istituto di emissione: bank of issue; note–issuing bank; note–issuing authority.
istituto di risparmio: stock savings bank.
istituto di sconto: discount house.
Istituto nazionale di ricerca economica e sociale: National Institute of Economic and Social Research.
istituzionalismo: institutionalism; institutional economics.
istituzionalista: institutionalist.
istituzione: 1. establishment. **2.** institution.
istituzione bancaria: banking institution.
istituzione con scopo di lucro: profit–making institution.
istituzione creditizia: credit institution.
istituzione di credito: credit institution; lending institution.
istituzione senza scopo di lucro: non–profit making institution.
istituzioni autorizzate: licensed institutions.
istituzioni autorizzate ad accettare depositi: deposit–taking institutions.
istituzioni di Bretton Woods: Bretton Woods institutions.
istituzioni di deposito: depository institutions.
istituzioni di investimento in valori mobiliari: portfolio institutions.
istituzioni di risparmio: thrift institutions; savings institutions.
istituzioni economiche: economic institutions.
istituzioni esenti: exempt institutions.
istituzioni finanziarie: financial institutions.
istituzioni finanziarie non bancarie: non–banks; non–bank financial institutions.
istituzioni non di deposito: non–depository institutions.
istogramma: histogram; bar chart.
istrumento: title deed.
istruzioni per la spedizione: shipping instructions.
iterazione: iteration.
i tre grandi: the Big Three.
IVA a credito: input tax.
IVA a debito: output tax.

k, K

keynesianesimo: Keynesianism.
keynesiano: Keynesian.

l, L

lacuna deflazionistica: deflationary gap.
lacuna inflazionistica: inflationary gap.
laicità: laity.
la moneta cattiva scaccia la buona: bad money drives out good.
lanciare: **1.** to float. **2.** to shove; to boost.
lancio: **1.** floatation; flotation. **2.** launching; launch.
lancio nazionale: national launch.
lancio progressivo: rolling launch.
languente: slack.
lasciapassare: **1.** shipping bill. **2.** transire.
lasciapassare per merci: cart note.
lasciapassare per merci estere: dandy note.
lasciapassare per merci in transito: pass for transit.
lasciar fare: laissez–faire.
lascito: **1.** device. **2.** legacy; bequest.
lascito del residuo: **1.** residuary device. **2.** residuary bequest.
latifondismo: latifundism.
latifondista: latifundist.
lato avere: credit side.
lato dare: debit side; debtor side.
laurea in economia: degree in economics.
lavoratore: worker; workman.
lavoratore a cottimo: task worker.
lavoratore a riposo: retiree.
lavoratore a tempo parziale: part–time worker.
lavoratore a tempo pieno: full–time worker.
lavoratore autonomo: self–employed person; self–employed; non–wage earner.
lavoratore avventizio: day labourer.
lavoratore dal colletto d'acciaio: steel–collar worker.
lavoratore del pensiero: non–manual worker.
lavoratore di concetto: knowledge worker.
lavoratore dipendente: employee.
lavoratore disoccupato: unemployed worker.
lavoratore esterno: outworker.
lavoratore indipendente: self–employed person; self–employed.
lavoratore inesperto: threshold worker.
lavoratore manuale: manual worker.
lavoratore marginale: marginal labourer.
lavoratore migratore: migrant; migratory worker.
lavoratore ospite: guest worker.
lavoratore portuale: **1.** dock worker; docker; longshoreman. **2.** dock hand; dock labourer.
lavoratore sociale: social worker.
lavoratori a stipendio: salary workers.
lavoratori del terziario: service workers.
lavoratori dipendenti: wage–and–salary workers.
lavoratori esterni: field workers.
lavoratori esuberanti: displaced workers.
lavoratori in giacca scura: black coats; black–coated workers.

lavoratori portuali: port labour; port labourers.
lavoratori portuali a terra: shore gang.
lavoratori primari: primary workers.
lavoratori secondari: secondary workers.
lavoratori stagionali: seasonal hands.
lavoratori stipendiati: salary workers; salaried workers.
lavorazione: 1. manufacturing. **2.** workmanship.
lavorazione computerizzata: computer–integrated manufacturing.
lavorazione continua: continuous process.
lavorazione difettosa: faulty workmanship.
lavorazione in transito: milling in transit.
lavorazione per lotti: batch process.
lavori di manutenzione: works of maintenance.
lavori manuali: manual jobs.
lavori pubblici: public works.
lavoro: labour.
lavoro a cottimo: task work.
lavoro a domicilio: cottage industry; homework.
lavoro a orario ridotto: short–time working.
lavoro arretrato: arrears of work.
lavoro artigiano: handicraft.
lavoro artistico: art work.
lavoro a tempo parziale: part–time employment; part–time job.
lavoro a tempo pieno: full–time employment.
lavoro a turni: shift working.
lavoro autonomo: self–employment.
lavoro cristallizzato: crystallized labour.
lavoro direttivo: white collar job.
lavoro di ufficio: office job; office work.
lavoro esecutivo: pink collar job.
lavoro esterno: outwork.
lavoro forzato: forced labour.
lavoro fuori ciclo: out–cycle work.
lavoro giornaliero: day work.
lavoro gramo: stinker.
lavoro impiegatizio: clerical work.
lavoro improduttivo: unproductive labour.
lavoro in appalto: contract work.
lavoro in ciclo: in–cycle work.
lavoro in subappalto: subcontract work.
lavoro manuale: 1. hand labour. **2.** manual labour.
lavoro nero: off–the–books work.
lavoro organizzato: organized labour.
lavoro senza prospettive: dead–end job.
lavoro speciale di manutenzione: special maintenance work.
lavoro specializzato: specialized job.
lavoro stagionale: seasonal work.
lavoro standardizzato: standardized work.
lavoro straordinario: overtime work; overtime.
lavoro subordinato: pink collar job.
lavoro succoso: gravy job.
leader della marca: brand leader.
leader del prezzo: price leader; price setter.
leader di mercato: market leader.
lealtà del consumatore: consumer loyalty.
lealtà verso l'azienda: company loyalty.
leasing: leasing agreement; lease; leasing.
leasing di attrezzature: equipment leasing.
leasing di impianti: equipment leasing.
leasing di veicoli industriali: road haulage contract hire.
leasing finanziario: financial lease; financial leasing; finance lease; capital lease; full payout lease.
leasing immobiliare: leaseback; purchase and leaseback.
leasing immobiliare con diritto di riscatto: sale–leaseback–buy back.
leasing operativo: operative leasing; operating leasing.
lega: 1. society. **2.** alloy.
Lega Anseatica: Hanseatic League.
lega di consumatori: consumers' league.
legalizzazione: legalization.
legalmente costituito: corporate.
lega maltusiana: Malthusian League.
lega monetaria: monetary union.
lega monetaria latina: Latin Monetary Union.
legatario: legatee; donee.
legatario del residuo: residuary legatee.
legato: 1. device. **2.** legacy; bequest.
legato del residuo: residuary legacy.
legato di genere: 1. general legacy. **2.** general device. **3.** general bequest.
legato di quantità: general legacy.
legato di specie: 1. specific legacy. **2.** specific device. **3.** specific bequest.
legato di vitalizio: annuity by will.
legge: 1. act; statute. **2.** law.
Legge affitti e prestiti: Lend–Lease Act.
legge bancaria: banking law.
legge bronzea dei salari: brazen law of wages.
legge cambiaria: Bills of Exchange Act.
legge contro le frodi: statute of frauds.
legge degli sbocchi: law of markets.
legge dei bisogni saziabili: law of satiable wants.
legge dei costi: law of costs.
legge dei costi comparati: law of comparative costs.
legge dei costi crescenti: law of increasing costs.
legge dei costi decrescenti: law of decreasing costs.
legge dei costi di Wieser: Wieser's law of costs.
legge dei grandi numeri: law of large numbers.
legge dei mercati di Say: Say's law of markets.
legge dei redditi di Pareto: Pareto's law.
legge dei rendimenti crescenti: law of increasing returns.
legge dei rendimenti decrescenti: law of diminishing returns; law of eventually diminishing returns.
legge dei rendimenti equo–marginali: law of equi–marginal returns.
legge del Congresso: act of Congress.
legge del consumo di Keynes: Keynes' law of consumption.
legge della appropriazione: law of appropriation.
legge della domanda: law of demand.
legge della domanda decrescente: law of downward–sloping demand.
legge della domanda derivata: law of derived demand.
legge della domanda e dell'offerta: law of demand and supply.
legge della domanda inclinata negativamente: law of downward–sloping demand.
legge della offerta: law of supply.
legge della popolazione di Malthus: Malthusian law of population.
legge della produttività decrescente: law of diminishing productivity; law of eventually diminishing productivity.
legge della produttività marginale decrescente: law of diminishing marginal productivity; law of non–proportional output.
legge della produttività media decrescente: law of diminishing average productivity.
legge della sazietà: law of satiety.
legge della situazione: law of situation.

legge della utilità decrescente: law of diminishing utility.
legge della utilità marginale decrescente: law of diminishing marginal utility.
legge della variazione dell'utilità: law of the variation of utility.
legge della varietà: law of variety.
legge delle proporzioni: law of proportions.
legge delle proporzioni variabili: law of variable proportions.
legge delle uguali utilità marginali: law of equal marginal utilities.
legge del parlamento: act of Parliament.
legge del prezzo uguale: law of one price.
legge del rendimento costante: law of constant return.
legge di copertura finanziaria: appropriation act.
legge di emendamento: amending statute.
legge di Engel: Engel's law.
legge di gravità del commercio al dettaglio: law of retail gravitation; retail gravitation law.
legge di Gresham: Gresham's law.
legge di Heckscher–Ohlin: Heckscher–Ohlin law.
legge d'indifferenza: law of indifference.
legge di Okun: Okun's law.
legge di Pareto: Pareto's law.
legge di Petty: Petty's law.
legge di proporzionalità: law of proportionality.
legge di Reilly: Reilly's law.
legge di Say: Say's law of markets.
legge di sostituzione: law of substitution.
legge di stanziamento: appropriation act.
legge di unicità del prezzo: law of indifference.
legge di unificazione: consolidating act; consolidation act.
legge di Walras: Walras' law.
legge economica: economic law.
legge emendativa: amending statute.
legge fallimentare: bankruptcy law.
legge ferrea dei salari: iron law of wages.
legge finanziaria: financial act; finance act.
legge fiscale: tax act; revenue law.
legge formale: statute.
legge maltusiana della popolazione: Malthusian law of population.
legge marxista dell'accumulazione del capitale: Marxian law of capital accumulation.
legge naturale: natural law.
legge protezionistica: protectionist legislation.
legge scritta: statute law; statutory law.
Legge sui consulenti finanziari: Investment Advisers Act.
legge sui dazi d'importazione: Import Duties Act.
Legge sui prezzi e sui redditi: Prices and Incomes Act.
legge sui titoli negoziabili: negotiable instruments law.
legge sul bollo: stamp act.
Legge sul commercio interstatale: Interstate Commerce Act.
Legge sul fallimento: Bankruptcy Act.
legge sulla concessione di licenze: licensing law.
Legge sulla prescrizione e sulla decadenza: statute of limitations; Limitation Act.
Legge sulla registrazione delle ragioni sociali: Registration of Business Names Act.
legge sulla responsabilità civile auto: financial responsibility law.
legge sulle polizze valutate: valued policy law.
Legge sulle società d'investimento: Investment Company Act.
Legge sul pagamento dei salari: Payment of Wages Act.
legge sul ricarico minimo: minimum mark–up law.
legge tributaria: tax act; revenue law.
leggi antimonopolistiche: anti–trust laws; antitrust acts.
leggi antitrust: anti–trust laws; antitrust acts.
leggi contro l'usura: usury laws.
leggi dei rendimenti: laws of returns.
leggi delegate: statutory regulations; statutory instruments.
leggi della domanda e dell'offerta: laws of supply and demand.
leggi di economia positiva: positive economic laws.
leggi di Gossen: laws of Gossen.
Leggi di Parkinson: Parkinson's Laws.
leggi di reciprocità: reciprocal laws.
leggi economiche behavioriste: behaviourist economic laws.
leggi economiche comportamentistiche: behaviourist economic laws.
leggi economiche positive: positive economic laws; behaviourist economic laws.
leggi fallimentari: bankruptcy legislation.
leggi protezionistiche sul grano: Corn Laws.
leggi sui piccoli prestiti: small loan acts.
leggi sui prezzi minimi: price floor laws.
leggi sul contenuto nazionale: domestic content laws.
leggi sul diritto al lavoro: right–to–work laws.
leggi sul fallimento: bankruptcy legislation.
leggi sulla correttezza commerciale: fair trade practices acts; fair trade laws.
leggi sulla edilizia abitativa: Housing Acts.
Leggi sulla navigazione: Navigation Acts.
leggi sulla protezione dei posti di lavoro: job protection laws.
leggi sulla responsabilità civile del datore di lavoro: employers' liability laws.
leggi sulla suddivisione in zone: zoning laws.
leggi sulla zonizzazione: zoning laws.
leggi sulle assicurazioni sociali: national insurance acts.
leggi sulle società semplici: Partnership Acts.
leggi sulle vendite con pagamento rateale: Hire–Purchase Acts.
leggi suntuarie: sumptuary laws.
leggi uniformi: uniform laws.
legislazione antimonopolistica: anti–trust legislation.
legislazione bancaria: banking legislation.
legislazione delegata: delegated legislation.
legislazione del lavoro: labour legislation.
legislazione protezionistica: protectionist legislation.
legislazione sociale: social legislation.
legislazione societaria: company law; law of corporations.
legislazione sul controllo dei prezzi: price–control legislation.
legislazione sulla responsabilità civile operai: workmen's compensation laws.
legislazione sul salario minimo: minimum wage legislation.
«lettera»: offer.
lettera assicurata: registered letter.
lettera circolare: circular letter.
lettera commerciale: business letter.
lettera credenziale: traveller's letter of credit; letter of

credit.
lettera credenziale circolare: circular letter of credit.
lettera credenziale limitata: limited letter of credit.
lettera dell'avvocato: solicitor's letter.
lettera di accettazione: letter of acceptance.
lettera di accompagnamento: covering letter.
lettera di affari: business letter.
lettera di ammonizione: warning letter.
lettera di assegnazione: letter of allotment; allotment letter.
lettera di assegnazione di azioni: share allotment form.
lettera di assegnazione preliminare: provisional allotment letter.
lettera di assicurazione: letter of insurance.
lettera di assunzione: letter of appointment.
lettera di attestazione: representation letter.
lettera di autorizzazione: 1. authority. **2.** letter of licence.
lettera di autorizzazione a fare pagamenti: authority to pay.
lettera di autorizzazione a negoziare: authority to negotiate; authority to purchase.
lettera di avviso: 1. letter of advice. **2.** railway advice; advice note. **3.** arrival notice.
lettera di cambio: letter of exchange.
lettera di compensazione: letter of set–off.
lettera di conferma: confirmation letter.
lettera di conforto: comfort letter.
lettera di credito: letter of credit.
lettera di credito aperta: open letter of credit.
lettera di credito circolare: circular letter of credit.
lettera di credito commerciale: commercial letter of credit.
lettera di credito confermata: confirmed letter of credit.
lettera di credito confermata e irrevocabile: confirmed irrevocable letter of credit.
lettera di credito d'esportazione: export letter of credit.
lettera di credito d'importazione: import letter of credit.
lettera di credito diretta: 1. direct letter of credit. **2.** straight letter of credit.
lettera di credito documentaria: documentary letter of credit.
lettera di credito irrevocabile: irrevocable letter of credit.
lettera di credito marginale: marginal letter of credit.
lettera di credito nominativa: straight letter of credit.
lettera di credito non confermata: unconfirmed letter of credit.
lettera di credito ordinaria: ordinary letter of credit.
lettera di credito revocabile: revocable letter of credit.
lettera di credito rotativa: revolving letter of credit.
lettera di deposito: letter of deposit; memorandum of deposit; qualifying agreement.
lettera di diritti di opzione: letter of rights.
lettera di garanzia: letter of indemnity.
lettera di garanzia per polizza netta: letter of indemnity; backward letter; back letter; letter of guarantee.
lettera di gradimento: comfort letter.
lettera di identificazione: letter of identification.
lettera di indennizzo: letter of indemnity.
lettera di indicazione: letter of indication.
lettera di intenti: letter of intent.
lettera di investimento: investment letter.
lettera di ipoteca: letter of hypothecation; hypothecation letter.
lettera di marca: letter of marque; letter of mark and reprisal.
lettera di negozio fiduciario: trust letter.
lettera di nomina: letter of appointment.
lettera di offerta: letter of offer.
lettera di opzione: rights letter.
lettera di patronage: comfort letter; letter of comfort.
lettera di pegno: lien letter; letter of trust; letter of lien.
lettera di presentazione: 1. letter of introduction. **2.** comfort letter; letter of comfort.
lettera di prontezza: letter of readiness.
lettera di richiesta: letter of request.
lettera di richiesta d'impiego: application letter.
lettera di richiesta d'informazioni: letter of inquiry.
lettera di rimessa: remittance letter.
lettera di rinunzia: letter of renunciation.
lettera di scuse: letter of regret.
lettera di sollecito: reminder.
lettera di trasporto aereo: air way bill; air consignment note.
lettera di vendita: sales letter.
lettera di vettura: consignment note; carriage note; carrier's note.
lettera di vettura ferroviaria: railway consignment note; railroad bill of lading.
lettera espresso: express letter.
lettera patente di assegnazione di terra: patent; land patent.
lettera per via aerea: air letter.
lettera prestampata: form letter.
lettera raccomandata: registered letter.
lettere patenti: letters patent.
lettere patenti di assegnazione di terra: letters patent.
lettere per via aerea: airway letters.
lettori: readership.
lettura di caratteri a inchiostro magnetico: magnetic ink character recognition.
leva finanziaria: leverage.
libbra: pound.
libbra avoirdupois: avoirdupois pound.
libbra troy: troy pound.
libera circolazione del lavoro: free movement of labour.
libera concorrenza: free competition.
libera impresa: free enterprise.
libera iniziativa: 1. free enterprise. **2.** economic freedom.
liberalismo classico: classical liberalism.
liberalismo del diciannovesimo secolo: nineteenth–century liberalism.
liberalismo del ventesimo secolo: twentieth–century liberalism.
liberalismo economico: economic liberalism.
liberalismo riformista: reform liberalism.
liberalizzazione degli scambi: trade liberalization.
liberalizzazione dei prezzi: decontrol of prices.
liberalizzazione del commercio: trade liberalization.
libera pratica: free pratique.
libera professione di commercialista: public accounting; practice; private practice.
liberazione: 1. release. **2.** payment.
liberazione bancaria: bank release.
liberazione d'ipoteca: release of mortgage.
liberismo: economic liberalism.
liberismo classico: classical liberalism.

liberista: free trader.
libermanismo: Libermanism.
libero: **1.** free. **2.** vacant possession.
libero scambio: free trade; open trade.
libero servizio: self-service.
libertà di contrarre: freedom of contract; liberty of contract.
libertà di entrata: freedom of entry.
libertà di scelta: freedom of choice.
libertà economica: economic freedom.
libertà fiscale: fiscal freedom.
libretto: bank pass book.
libretto a risparmio: bank book; pass book.
libretto circolare di risparmio: bank book.
libretto dei versamenti: paying-in book.
libretto di assegni: cheque book.
libretto di conto corrente: pass book.
libretto di deposito: depositor's passbook.
libretto di deposito a risparmio: savings passbook.
libretto di deposito smarrito: lost deposit pass book.
libretto di matrici: stub book.
libretto di risparmio: savings passbook.
libretto movimento: paying-in book.
libretto per bonifici: credit transfer book.
libri aperti: open books.
libri ausiliari: auxiliary books.
libri contabili: account books.
libri contabili a colonne affiancate: columnar account books.
libri contabili a sezioni affiancate: columnar account books.
libri contabili a sezioni riunite: columnar account books.
libri contabili sussidiari: subsidiary books of account.
libri dei costi: cost books.
libri di filiale: branch books.
libri obbligatori: statutory books.
libri sussidiari: subsidiary books of account.
libro: book.
libro analitico: analysis book.
libro azzurro: Blue Book.
libro bianco: White Paper.
Libro bianco sulla politica occupazionale: White Paper on Employment Policy.
libro cambiali per l'incasso: bills for collection book.
libro cassa: cash book.
libro cedole: coupon book.
libro compere: bought book; bought journal; bought day book; purchase day book.
libro contabile: book of account.
libro copia-cambiali: bill register; bills discounted book.
libro degli accettanti: acceptors' ledger.
libro degli acquisti: bought day book; purchase day book.
libro degli amministratori: register of directors.
libro degli effetti: note register.
libro degli effetti rimessi per l'incasso: bills remitted book.
libro degli obbligazionisti: register of debenture holders; debenture register.
libro degli ordini in sospeso: dues book.
libro dei conti aperti e chiusi: account opened and closed book.
libro dei costi: cost ledger.
libro dei depositi e dei prestiti: money lent and lodged book.
libro dei fidi cambiari: discount ledger.
libro dei reclami: complaints book.
libro dei saldi: balance book.
libro dei saldi di cassa: cash balance book.
libro dei soci: shareholders' register; register of shareholders; share register; register of members; stock register.
libro dei trapassi di azioni: transfer book; register of transfers.
libro dei trasferimenti azionari: stock transfer book.
libro dei verbali: minute book.
libro delle accettazioni: acceptance ledger.
libro delle deliberazioni: minute book.
libro delle firme: signature book.
libro delle firme autografe: autograph book.
libro delle ipoteche e degli oneri: register of charges; register of debentures.
libro delle obbligazioni: bond register.
libro delle operazioni di compravendita: bargain book.
libro delle operazioni per consegna differita: forward book.
libro delle partecipazioni azionarie degli amministratori: register of directors' shareholdings.
libro delle presenze: attendance book.
libro del sigillo: seal book.
libro del sigillo aziendale: common seal book.
libro del tasso ufficiale di sconto: bank rate book.
libro di carico e scarico di magazzino: stock book.
libro di cassa: **1.** cash journal. **2.** cashier's book.
libro di custodia di sicurezza: safe-keeping book.
libro di magazzino: stock book; warehouse book.
libro di prima nota: book of original entry; book of first entry; prime entry; original entry; blotter.
libro di viaggio: voyage book.
libro effetti attivi: bills receivable book.
libro effetti insoluti: overdue bills book.
libro effetti passivi: bills payable book.
libro giacenze di magazzino: stock book.
libro giornale: journal; day book.
libro giornale degli acquisti: bought journal; bought book; bought day book.
libro mastro: ledger.
libro mastro degli investimenti: investment ledger.
libro mastro dei conti correnti: current account ledger.
libro mastro dei depositi: deposit ledger.
libro mastro di controllo: check ledger.
Libro nero: Black Paper.
libro ordinazioni: order book.
libro paga: wages book.
libro rosa: pink book.
libro sommario: summary book.
libro sottoscrizioni: subscription book.
libro spedizioni e consegne: delivery book.
libro tratte: draft book.
libro verde: Green Paper.
licenza: **1.** licence. **2.** leave. **3.** permit. **4.** charter.
licenza di commercio: trade licence.
licenza di costruzione: planning permission.
licenza di costruzione industriale: development certificate.
licenza di esportazione: export licence.
licenza d'importazione: import licence; import permit.
licenza d'importazione aperta: open general licence; open licence.
licenza d'importazione individuale: individual import licence; individual licence.
licenza d'importazione specifica: specific import

licence; specific licence; quota licence.
licenza di sfruttamento di un brevetto: patent licence.
licenza di utilizzazione di marchio di fabbrica: trade mark licence.
licenza edilizia: building permit.
licenza esclusiva: exclusive licence.
licenza per gravi motivi: compassionate leave.
licenza per malattia: sick leave.
licenza straordinaria: compassionate leave.
licenziamento: discharge from employment; dismissal; firing; separation; termination; termination of employment.
licenziamento illecito: wrongful dismissal; unfair dismissal.
licenziamento ingiustificato: wrongful dismissal; unfair dismissal.
licenziamento in tronco: summary dismissal.
licenziamento senza giusta causa: wrongful dismissal; unfair dismissal.
licenziamento senza preavviso: summary dismissal; instant dismissal.
licenziare: to dismiss.
licenziatario: licensee.
licenziatario esclusivo: sole licensee.
licitazione: auction bid; bid; bidding; tendering.
licitazione collusiva: collusive tendering.
licitazione fittizia: dummy tendering.
licitazione privata: private treaty.
licitazione pubblica: advertised bidding.
licitazione uniformata: level tendering.
limitato: limited.
limitazione: constraint.
limitazione agli scambi: restraint of trade.
limitazione dei dividendi: dividend limitation; dividend restraint.
limitazione della produzione: restriction of output.
limitazione della produzione agricola: crop restriction.
limitazione delle importazioni: import restraint.
limitazioni volontarie delle esportazioni: voluntary export restrictions; voluntary export constraints; voluntary export restraints.
limite base: basic limit.
limite di anticipo: lending limit.
limite di cassa: cash limit.
limite di contrattazione: trading limit.
limite di contrattazione giornaliero: daily trading limit.
limite di corso: price limit.
limite di corso giornaliero: daily price limit.
limite di credito: credit limit.
limite di esposizione giornaliero: daylight exposure limit.
limite di età: age limit.
limite di fido: credit limit.
limite di finanziamento esterno: external financing limit.
limite di fine giornata: end-of-day limit.
limite di fluttuazione: fluctuation limit.
limite d'imponibilità: tax limit.
limite d'indebitamento: debt limit; debt limitation.
limite di posizione: position limit.
limite di prezzo: price limit.
limite di qualità accettabile: acceptable quality limit.
limite di qualità media in uscita: average outgoing quality limit.
limite di relazione: reporting limit.
limite di spesa: expenditure limitation.
limite di tempo: time limit.
limite intragiornaliero: intra-day limit.
limite massimo: **1.** ceiling. **2.** cap.
limite massimo del credito: bank lending ceiling; lending ceiling; lending limit.
limite massimo di personale: personnel ceiling.
limite massimo e minimo: limit up and down.
limite per l'azione: action limit.
limite temporale: time limit.
limiti di consegna gratuita: free-delivery limits.
linea: line.
linea aerea: airline.
linea che determina le tariffe: rate-making line.
linea collaterale: side line.
linea dei contratti: contract curve.
linea dei prezzi: price-ratio line; price line.
linea dei rialzi e dei ribassi: advance-decline line.
linea del bilancio: budget line; iso-expenditure line; opportunity line; total outlay curve; consumption-possibility line.
linea delle combinazioni di minor costo: scale line.
linea delle possibilità di consumo: budget line; opportunity line; total outlay curve; consumption-possibility line.
linea delle possibilità di produzione: production-possibility curve; possibility curve.
linea delle vendite: sales line.
linea del rapporto dei prezzi: price-ratio line.
linea del tenore di vita: income-consumption line; standard-of-life line.
linea di bordo libero: load line; Plimsoll mark; Plimsoll line.
linea di carico: load line; Plimsoll mark; Plimsoll line.
linea di comunicazione: line of communication.
linea di consumo: budget line; opportunity line; total outlay curve; consumption-possibility line.
linea di credito: credit line; credit limit; line of credit; line of discount; bank line.
linea di credito a domanda: demand line of credit.
linea di credito allo scoperto: open line.
linea di credito a revoca: evergreen credit.
linea di credito in bianco: open line.
linea di credito multivalutaria: multicurrency credit line.
linea di credito permanente: revolving line of credit.
linea di credito plurivalutaria: multicurrency credit line.
linea di flusso: flow line.
linea di indifferenza: indifference curve; iso-utility curve.
linea di isocosto: iso-cost line; iso-cost curve; iso-outlay curve; iso-cost contour; outlay contour; outlay curve; factor-cost line; equal cost line.
linea di isoricavo: iso-revenue curve; iso-revenue line.
linea di lavorazione: production line.
linea di montaggio: assembly line.
linea di navigazione: shipping line.
linea di opportunità di un investimento: investment opportunity line.
linea di povertà: poverty line.
linea di prezzo: price line.
linea di prodotti: line of products; product line; line.
linea di produzione: **1.** production line. **2.** production ray.
linea di reazione: reaction curve.
linea di regressione: **1.** line of regression. **2.** trend; regression line.

linea di scala: scale line.
linea di trasformazione: transformation curve; consumption–possibility line.
linea di uguale profitto: iso–profit curve.
linea di uguale spesa: iso–expenditure line.
linea gerarchica: line of command; line of authority.
linea isopleta: isopleth.
linea prezzo–consumo: price–consumption line.
linea privata: tap line.
linea reddito–acquisti: income–purchase line.
linea reddito–consumo: income–consumption line; standard–of–life line.
linea reddito–offerta: income–offer line.
linea ridotta: short line.
linea secondaria: side line.
linee conferenziate: conference lines.
linee di spesa: expenditure lines.
linee–guida: guidelines.
lingotti d'oro: gold bars.
lingottino: tablet.
lingotto: ingot.
linguaggio commerciale: commercial jargon; commercialese.
liquidare: 1. to liquidate. **2.** to pay; to settle. **3.** to sell off; to close out. **4.** to sell out. **5.** to clear. **6.** to wind up.
liquidato: liquidated.
liquidatore: 1. liquidator. **2.** trustee in bankruptcy; bankruptcy trustee.
liquidatore di avaria: 1. adjuster. **2.** average adjuster; average stater; average taker.
liquidatore interinale: provisional liquidator.
liquidazione: 1. liquidation. **2.** settlement. **3.** clearance sale; selling off. **4.** selling out. **5.** winding–up. **6.** gratuity. **7.** golden handshake; severance pay.
liquidazione a saldo: settlement in full.
liquidazione coatta: compulsory winding–up; winding–up by the Court; compulsory liquidation.
liquidazione dell'eredità: administration.
liquidazione di avaria: 1. adjustment. **2.** average adjustment.
liquidazione di borsa: stock exchange settlement.
liquidazione di società non registrate: winding–up of unregistered companies.
liquidazione di un conto: settlement of account.
liquidazione giudiziaria: winding–up subject to supervision of the Court.
liquidazione ritardata: skip day settlement.
liquidazione volontaria: voluntary winding–up; voluntary liquidation.
liquidazione volontaria su delibera dei creditori: creditors' voluntary winding–up.
liquidazione volontaria su delibera dei soci: members' voluntary winding–up; members' voluntary liquidation.
liquidazioni: settlements.
liquidi: 1. cash. **2.** wet goods.
liquidità: liquidity.
liquidità bancaria: bank liquidity.
liquidità del settore privato: private sector liquidity.
liquidità internazionale: international liquidity.
liquidità mondiale: world liquidity.
liquidità monetaria: monetary liquidity.
liquidità primaria: primary liquidity.
liquidità secondaria: secondary liquidity.
liquidità terziaria: tertiary liquidity.
liquido disponibile: 1. available cash. **2.** money on hand.
liquido in banca: cash at bank.
lira sterlina: pound; sterling.
lira sterlina britannica: pound sterling.
lira verde: green lira.
lista: 1. list. **2.** schedule.
lista bianca: white list.
lista civile: Civil List.
lista degli investimenti legali: legal list.
lista dei passeggeri: passenger list; passenger manifest.
lista della domanda di mercato: market demand schedule.
lista delle esportazioni: export list.
lista delle importazioni: import list.
Lista delle importazioni e delle esportazioni: Import and Export List.
lista delle merci esenti: free list.
lista dell'offerta di mercato: market supply schedule.
lista di approntamento: 1. packing list. **2.** picking list.
lista di domanda: demand schedule; sales schedule.
lista d'imballaggio: packing list; packing sheet; packing slip.
lista di mercato: market schedule.
lista di offerta: supply schedule; supply.
lista nera: 1. black list. **2.** stop list.
liste chiuse: lists closed.
listino: list.
listino azzurro: blue list.
listino dei cambi: 1. exchange list; foreign exchange list. **2.** cambist.
listino dei prezzi: price list.
listino dei prezzi correnti: price bulletin; prices current; price current.
listino delle estrazioni: list of drawings.
listino di borsa: stock exchange list.
listino giornaliero: Daily List.
listino prezzi: price list.
listino supplementare: supplemental list.
listino ufficiale: official list.
listino ufficiale della borsa valori di Londra: Stock Exchange daily official list.
listino valori: share list.
livellamento: evening up.
livellamento dei salari: equalization of wages.
livellamento esponenziale: exponential smoothing.
livello accettabile di qualità: acceptable quality level.
livello dei prezzi: level of prices; price level.
livello dei prezzi all'estero: external price level.
livello dei prezzi all'interno: internal price level.
livello dei prezzi composito: composite price level.
livello dei prezzi dei beni di consumo: consumption price level.
livello dei prezzi delle disponibilità liquide: cash–balances price level.
livello dei prezzi delle operazioni per contante: cash–transactions price level.
livello dei prezzi non protetti: unsheltered price level.
livello delle giacenze: stock level; inventory level.
livello delle scorte: stock level; inventory level.
livello delle vendite: sales level.
livello di aspirazione: level of aspiration.
livello di consumo: consumption standard.
livello di disoccupazione naturale: natural level of unemployment.
livello di equilibrio dell'occupazione: equilibrium level of employment.
livello di equilibrio del reddito nazionale: equilibrium level of national income.
livello di pieno impiego: full–employment level.

livello di qualità non accettabile: rejectable quality level.
livello di reddito: income level.
livello di reddito di equilibrio: break–even level of income.
livello di resistenza: resistance level.
livello dirigenziale: top level.
livello di riordino: reorder level; reorder size.
livello di sicurezza: safety level.
livello di stipendio: salary level.
livello di sussistenza: subsistence level.
livello di vita: level of living; plane of living.
livello esecutivo: desk level.
livello generale dei prezzi: general price level; general level of prices.
livello internazionale dei prezzi: international standard.
livello massimo di prezzo: price ceiling.
livello medio dei prezzi: average price level.
livello minimo: floor.
livello minimo di prezzo: price floor.
livello occupazionale: occupational level.
livello personale: personal grade.
livello retributivo: salary level.
livello salariale: wage level.
locale adibito a negozio: shop premises.
locale sfitto: vacancy.
locali adibiti a uffici: office premises.
locali ad uso commerciale: shop premises.
locali aziendali: business premises.
locali della banca: bank premises.
locali per uso di ufficio: office accommodation.
localizzazione della industria: localization of industry.
localizzazione della manodopera: localization of labour.
locandina: bill.
locandina da vetrina: window bill.
locatario: **1.** tenant; leaseholder; renter; householder. **2.** lessee.
locatario a tempo determinato: tenant for years.
locatario a tempo indeterminato: tenant at will.
locatario a vita: tenant for life.
locatario con contratto annuale: tenant from year to year.
locatario in sofferenza: tenant at sufferance.
locatore: **1.** landlord. **2.** lessor.
locazione: **1.** tenancy. **2.** lease; leasing.
locazione a breve termine: short–term lease.
locazione a canone fisso: straight lease; flat lease; fixed lease.
locazione a lungo termine: long–term lease.
locazione annua: yearly tenancy.
locazione a percentuale: percentage lease.
locazione a tempo determinato: tenancy for years.
locazione a tempo indeterminato: tenancy at will.
locazione a vita: tenancy for life.
locazione a volontà: tenancy at will.
locazione breve: short lease.
locazione di abitazione: house lease.
locazione di attrezzature: plant hire.
locazione d'impianto: plant hire.
locazione di suolo: ground lease.
locazione edilizia: building lease.
locazione indicizzata: index lease.
locazione in sofferenza: tenancy at sufferance.
locazione lunga: long lease.
locazione per costruzione: building lease.
locazione per occupazione: occupational lease.
locazione perpetua: perpetual lease.
locazione principale: head lease.
locazione sandwich: sandwich lease.
locomotiva: locomotive.
locomotiva economica: economic locomotive.
lodo arbitrale: award; arbitration ruling.
lodo di arbitrato industriale: industrial award.
logaritmo: logarithm; log.
logica simbolica: symbolic logic.
logistica di marketing: marketing logistics.
logogramma: logogram.
logogramma aziendale: corporate logo.
logorio: **1.** mortality. **2.** wear and tear.
logorio fisico: physical depreciation.
logorio tecnico: wear and tear.
lontano: away.
lordo: gross.
loro linee: loro account.
lotta di classe: class struggle.
lotteria di stato: state lottery.
lottizzazione fiscale: fiscal zoning.
lotto: **1.** lot. **2.** job lot. **3.** parcel. **4.** batch. **5.** round lot; trading lot.
lotto di merci: parcel of goods.
lotto di titoli: round lot; trading lot; full lot.
lotto economico: economic order quantity; economic batch quantity; economic lot.
lotto ridotto: broken lot.
lotto speciale: star lot.
lucrativo: remunerative; profitable; profit–bearing.
lucro cessante: lucrum cessans; lost profit; profit lost; missing profit.
luddismo: **1.** Luddism. **2.** Ludditism.
luddistico: ludditish.
luddíti: Luddites.
Lunedì nero: Black Monday.
lunghezza in piedi: footage.
lungo bordo: alongside.
lungo periodo: long run.
lungo termine: long run.
luogo di esecuzione: place of performance.
luogo di mercato: market place.
luogo di origine: place of origin.

m, M

macchina affrancatrice: franking machine; postage–meter machine; postal franker.
macchina aprilettere: letter–opening machine.
macchina calcolatrice: calculating machine.
macchina conta–banconote: banknote counting machine.
macchina contabile: accounting machine.
macchina conta–monete: coin–counting machine.
macchina per applicare francobolli: stamp–affixing machine.
macchina per cambiare monete: coin–changing machine.
macchina per corrispondenza: mailing machine.
macchina per distruggere documenti: shredding machine.
macchina per dividere monete: coin–sorting machine.
macchina per firmare assegni: cheque signer; cheque–signing machine.
macchina per indirizzi: addressing machine.
macchina per scrivere assegni: cheque–writing machine.
macchina per stenotipia: stenotyping machine.
macchina piegafogli: paper folding machine.
macchinario obsoleto: obsolete machinery.
macchina utensile: machine tool.
macchine da ufficio: business machines.
macchine per ufficio: office machinery; office machines.
macchine risparmiatrici di lavoro: labour–saving machinery.
macro–contabilità: national accounting.
macrodistribuzione: macro–distribution.
macroeconomia: 1. macroeconomics; quantitative economics. **2.** macroeconomy.
macroeconomico: systemwide; economywide; macro–economic.
madre: counterfoil; stub.
maestranze: workmen.
maestro: master.
magazzinaggio: 1. storage. **2.** warehousing.
magazzini elettronici all'ingrosso: gross markets.
magazziniere: 1. stockman; storeman. **2.** warehouse–keeper; warehouseman.
magazzino: 1. warehouse; depot; storehouse. **2.** warehouse department. **3.** store; storeroom.
magazzino a prezzo unico: variety store; variety shop.
magazzino autorizzato: licensed warehouse.
magazzino di sconto: discount house.
magazzino doganale: 1. bonded store; bonded warehouse. **2.** customs warehouse.
magazzino fiduciario: bonded store; bonded warehouse.
magazzino generale: customs warehouse; public warehouse; public store.
magazzino materiali: material store–room.
magazzino materie prime: raw material storehouse.
magazzino merci finite: finished goods storehouse.
magazzino merci in lavorazione: goods–in–process storehouse.
magazzino pezzi finiti: finished stock warehouse.
magazzino popolare: variety store; variety shop.
magazzino privato: private warehouse.
magazzino prodotti finiti: finished goods storehouse.
magazzino pubblico: public warehouse.
magazzino reale: Queen's warehouse.
magazzino refrigerato: refrigerated warehouse.
magazzino regolare: regular warehouse.
magazzino semilavorati: goods–in–process storehouse.
maggioranza: majority.
maggiorazione: 1. loading charge; loading. **2.** stagging. **3.** surcharge.
maggiorazione del nolo: freight surcharge.
maggiorazione per affaticamento: fatigue allowance.
maggiorazione per pagamento rateale: carrying charge.
magnate: 1. baron; magnate. **2.** tycoon.
mais: corn.
malattia del lavoro: industrial disease.
malattia inglese: English disease; English sickness.
malattia professionale: industrial disease; occupational disease.
malleabilità del capitale: capital malleability.
mallevadore: 1. guarantor; surety. **2.** personal surety.
malleveria: guarantee; guaranty; suretyship.
maltusianismo: Malthusianism.
malversazione: embezzlement.
managerialista: managerialist.
mancanza: deficiency.
mancanza da addebitarsi: chargeable deficiency.
mancanza ordinaria: ordinary deficiency.
mancanza speciale: special deficiency.
mancata accettazione: dishonour; non–acceptance.
mancata consegna: non delivery.
mancati utili: loss of profits.
mancato pagamento: dishonour; non payment.
mancato profitto: loss of profits.
mancato reddito: loss of income.
manchesterismo: Manchester School.
manchette: blurb.
mancia: gratuity; tip.
mandante: mandant; mandator; principal.
mandatario: agent; mandatory.
mandatario generale: general agent.
mandatario particolare: particular agent.
mandatario speciale: special agent.
mandati passivi: warrants payable.
mandato: 1. mandate. **2.** warrant; warrant–check.
mandato bancario: bank mandate.
mandato commerciale: agency.
mandato commerciale speciale: special mercantile agency.
mandato di amministrazione: management authority;

management mandate.
mandato di liquidazione: settlement warrant.
mandato di pagamento: **1.** bank payment order; order of payment. **2.** warrant; warrant–check.
mandato di pagamento collettivo: collective order.
mandato di pagamento del Tesoro: treasury warrant.
mandato di pagamento di dividendi: dividend warrant.
mandato di pagamento di interessi: interest warrant.
mandato di pagamento di interessi obbligazionari: debenture interest warrant.
mandato di pagamento municipale: municipal warrant.
mandato di procura: warrant of attorney.
mandato di sequestro: distress warrant.
mandato generale: general agency.
mandato implicito: ostensible agency.
mandato particolare: particular agency.
mandato presunto: ostensible agency.
mandato registrato: registered warrant.
mandato speciale: particular agency; special agency.
mandato universale: universal agency.
manette d'oro: golden handcuffs.
mania ferroviaria: railway mania.
manifattura: **1.** manufacture; manufacturing. **2.** craftsmanship.
manifatturiero: manufacturing.
manifesto: **1.** manifest. **2.** poster; bill.
manifesto delle provviste di bordo: stores list.
manifesto del movimento delle navi: sailing card; shipping card.
manifesto di arrivo e partenza delle navi: sailing card; shipping card.
manifesto di carico: **1.** cargo manifest. **2.** ship's manifest.
manifesto di carico per il trasporto di bestiame: cattle manifest.
manifesto di emissione: prospectus; statutory prospectus.
manifesto di emissione di eurocrediti: placement memorandum.
manifesto di emissione preliminare: red–herring prospectus; preliminary prospectus.
manifesto di partenza: outward manifest.
manipolare il mercato: to rig the market.
manipolazione: manipulation.
manipolazione dei mercati: markets manipulation.
manipolazione del mercato: rigging the market; market manipulation.
manodopera: labour.
manodopera a contratto: contract labour.
manodopera diretta: direct labour.
manodopera femminile: womanpower.
manodopera generica: unskilled labour.
manodopera indiretta: indirect labour.
manodopera locale: local labour.
manodopera non qualificata: green labour.
manodopera non specializzata: unskilled labour.
manodopera produttiva: productive labour.
manodopera semispecializzata: semiskilled labour.
manodopera sfruttata: sweated labour.
manodopera specializzata: skilled labour.
manodopera stagionale: seasonal labour.
manodopera temporanea: **1.** casual labour. **2.** contract labour.
mano invisibile: invisible hand; hidden hand.
manomissione: pilfering.
manomorta: mortmain; dead hand.
manoscritto: script.
manovale: hand labourer; labourer; navvy; manual worker.
mansionario: job description.
mansione: **1.** assignment. **2.** job.
mansioni direttive: executive duties.
mansioni esecutive: clerical duties.
mansioni impiegatizie: clerical duties.
mantenere intatto il capitale: maintaining capital intact.
mantenimento del livello di reddito: income maintenance.
mantenimento del prezzo: price maintenance.
mantenimento del prezzo al dettaglio: retail price maintenance; resale price maintenance.
mantissa: mantissa.
manto: **1.** share certificate. **2.** bond certificate.
manuale: handbook.
manuale dei costi: cost accounting handbook; cost manual.
manuale delle procedure: procedure manual.
manuale di contabilità: manual of accounting; accounting manual.
manuale di contabilità dei costi: cost accounting handbook; cost manual.
manuale di manutenzione: maintenance handbook.
manuale di politica aziendale: policy manual.
manuale di ufficio: office manual.
manuale di vendita: sales manual.
manufatto: manufacture.
manutentore: maintenance man.
manutenzione: upkeep; maintenance.
manutenzione corrente: current maintenance.
manutenzione differita: deferred maintenance.
manutenzione e riparazione: maintenance and repair.
manutenzione ordinaria: current maintenance; ordinary repairs.
manutenzione preventiva: preventive maintenance.
manutenzione programmata: planned maintenance.
manutenzione straordinaria: extraordinary repairs.
maona: lighter.
mappa: plat.
mappa catastale: cadastral survey.
mappa conoscitiva: cognitive map.
mappa delle decisioni: decision map.
mappa delle marche: brand map.
mappa delle percezioni: perceptual map.
mappa d'isocosto: iso–cost map.
mappa particellare: cadastral survey.
marca: **1.** make. **2.** mark. **3.** brand
marca affermata: established brand.
marca commerciale: dealer's brand; house brand.
marca concorrente: rival brand.
marca da bollo: stamp; revenue stamp.
marca del produttore: manufacturer's brand.
marca di bordo libero: load line; Plimsoll mark; Plimsoll line.
marca di fabbrica: brand name; brand; trade mark.
marca di identificazione: identification mark.
marca estera: foreign brand.
marca industriale: manufacturer's brand; trade mark.
marca locale: local brand.
marca nazionale: national brand.
marca regionale: regional brand.
marcare in entrata: to clock on; to clock in; to check in.
marcare in uscita: to clock off; to clock out; to check out.

marche assicurative: national insurance stamps.
marche di destinazione: port marks.
marche di risparmio nazionale: National Savings Stamps.
marchio: mark.
marchio collettivo: collective mark.
marchio commerciale: **1.** merchandise mark. **2.** house brand; private brand; dealer's brand; distributor brand; own brand.
marchio depositato: registered trade mark.
marchio di commercio: **1.** trade name; trade mark. **2.** house brand; private brand; dealer's brand; distributor brand; own brand.
marchio di fabbrica: **1.** trade mark; brand; brand name. **2.** merchandise mark.
marchio di identificazione dei metalli preziosi: hall–mark.
marchio di identificazione di servizi: service mark.
marchio di origine: merchandise mark; mark of origin.
marchio di saggio: assay mark.
marchio distintivo: tally.
marchio di zecca: mint mark.
marchio registrato: registered trade mark.
marchio standard: standard mark.
marchio tipo: standard mark.
marchio ufficiale di saggio: hall–mark.
marco: mark.
marconigramma: aerogram.
marco tedesco: Deutschmark.
mare chiuso: mare clausum.
marginalismo: marginal utility school; marginalist school; Austrian School.
marginalisti: Austrian economists.
margine: **1.** margin. **2.** loading; loading charge.
margine ampio: wide price.
margine corrente: running margin.
margine di coltivazione: margin of cultivation.
margine di copertura: margin requirement.
margine di debito legale: legal debt margin.
margine di garanzia: **1.** margin; margin requirement. **2.** margin of safety.
margine di garanzia collaterale: collateral security margin.
margine di garanzia variabile: variable margin call.
margine di guadagno: margin of gain; margin.
margine di interesse: interest margin; interest spread.
margine di interesse netto: net interest margin.
margine di mantenimento: maintenance margin.
margine di prestito: lending margin.
margine di profitto: profit margin; margin of profit.
margine di rendimento: yield margin.
margine di sicurezza: margin of safety.
margine di solvibilità: solvency margin.
margine di utile: margin of profit.
margine di utile lordo: **1.** gross income margin. **2.** mark–on.
margine di utile netto: net profit margin.
margine di variazione: variation margin.
margine estensivo di coltivazione: extensive margin of cultivation.
margine intensivo: intensive margin.
margine intensivo di coltivazione: intensive margin of cultivation.
margine lordo: **1.** price margin; gross margin. **2.** gross merchandise margin.
margine lordo di contribuzione: contribution margin; profit contribution; marginal income; margin; contribution profit.
margine lordo d'intermediazione: mark–on.
margine lordo di trasformazione: gross processing margin.
margine netto: net margin.
margine ristretto: close price.
margine su operazioni di cambio a consegna: forward margin.
marina mercantile: merchant navy; merchant marine; mercantile marine.
marketing di prova: test marketing.
marketing sociale: social marketing.
marxismo: Marxism.
massa: bulk.
massa attiva nel fallimento: bankruptcy assets.
massa circolante: money in circulation; monetary supply.
massa debitoria: contributory values.
massa ereditaria: net estate.
massa monetaria: money supply; money stock.
massa passiva nel fallimento: bankruptcy liabilities.
massima buona fede: utmost good faith.
massimale: limit of liability.
massimale al credito: credit ceiling.
massimale d'interesse: interest ceiling; interest–rate ceiling.
massimale di rischio: limit of liability.
massimale sui prestiti: lending limit.
massimando: maximand.
massimassimo: maximax.
massimi crescenti: ascending tops.
massimi decrescenti: descending tops.
massiminimo: maximin.
massimizzare i profitti: to maximize profits.
massimizzazione: maximation; maximization.
massimizzazione dei profitti: profit maximization; maximization of profits.
massimizzazione dei profitti congiunti: joint profits maximization.
massimizzazione del fatturato: sales revenue maximization.
massimizzazione del gettito fiscale: revenue maximization.
massimizzazione della crescita delle attività: asset–growth maximization.
massimizzazione dell'utilità: utility maximization.
mastrino: t–account.
mastro: ledger; book of final entry.
mastro a fogli staccati: loose–leaf ledger.
mastro a schede: card ledger.
mastro a sezioni: sectional ledger.
mastro autobilanciantesi: self–balancing ledger.
mastro dei conti creditori: creditors ledger.
mastro dei conti debitori: debtors ledger.
mastro dei conti impersonali: impersonal ledger.
mastro dei conti operativi: operating ledger.
mastro dei conti personali: personal ledger.
mastro dei mutui: loans ledger.
mastro dei soci: shareholders' ledger; stock ledger; stockholders' ledger.
mastro dei valori di interscambio: consolidation ledger; eliminations ledger.
mastro delle attività fisse: property ledger; plant ledger.
mastro delle azioni di capitale: share ledger.
mastro di carico e scarico di magazzino: stores ledger.
mastro di contabilità di fabbrica: factory ledger.

mastro di magazzino: stores ledger.
mastro generale: general ledger; nominal ledger.
mastro giacenze di magazzino: stores ledger.
mastro privato: private ledger.
mastro progressivo: progressive ledger; Boston ledger; subsidiary ledger.
mastro vendite: sold ledger.
matematica attuariale: actuarial mathematics.
matematica finanziaria: financial mathematics.
materiale: material.
materiale da esposizione: display material.
materiale da imballaggio: packing material.
materiale da imballo: wrapping.
materiale d'archivio: file material.
materiale diretto: direct material.
materiale di ricupero: salvage.
materiale fuori standard: non–standard material.
materiale indiretto: indirect material.
materiale per lo sviluppo delle vendite: sales aid material.
materiale pubblicitario: **1.** advertising material. **2.** dealer aids. **3.** sales literature.
materiale rotabile: rolling stock.
materiale standard: standard material.
materiali critici: critical materials.
materiali di base: primary commodities; basic commodities.
materiali di consumo: consumable stores.
materiali edilizi: building materials.
materiali e prestazioni: materials and services.
materiali in corso di lavorazione: materials in process.
materiali per ufficio: office supplies.
materiali primari: primary commodities; basic commodities.
materialismo: materialism.
materiali strategici: strategic materials.
materialità: materiality.
materia prima: material.
materie prime: raw materials; raw goods.
materie semilavorate: unfinished goods.
matrice: **1.** counterfoil; stub. **2.** matrix.
matrice crescita/quota: growth/share matrix.
matrice della contabilità sociale: social accounting matrix.
matrice delle decisioni: payoff matrix.
matrice delle interdipendenze strutturali: input–output matrix.
matrice di Boston: Boston matrix.
matrice di pianificazione di portafoglio: portfolio planning matrix.
maturare: **1.** to mature. **2.** to accrue.
maturato: mature.
maturazione: maturity.
maturità: maturity.
maturità economica: economic maturity.
maximax: maximax.
maximin: maximin.
meccanismo dei prezzi: price mechanism.
meccanismo dei tassi di cambio: exchange rate mechanism.
meccanismo del flusso dell'oro: specie–flow mechanism.
meccanismo del flusso dell'oro e dei prezzi: price specie–flow mechanism.
meccanismo di adeguamento: adjustment mechanism.
meccanismo di assestamento: adjustment mechanism.
meccanismo di mercato: market mechanism.
meccanismo fisheriano: Fisherian mechanism.
meccanizzazione: mechanization.
medaglie del Lloyd: Lloyd's medals.
media: **1.** average; mean. **2.** arithmetic mean.
media aritmetica: arithmetic mean.
media aritmetica ponderata: weighted arithmetic mean.
media armonica: harmonic mean.
media del costo in sterline: pound cost averaging.
media di precisione: quadratic mean.
media direzione: middle management.
media geometrica: geometric mean; geometric average.
media impresa: medium–sized enterprise.
media mobile: moving average.
mediana: median.
media ponderata: weighted average; weighted mean.
media progressiva: progressive average.
media quadratica: quadratic mean.
media semplice: simple average.
mediatore: **1.** middleman; finder. **2.** broker. **3.** mediator.
mediatore di borsa: stockbroker.
mediatore di carichi: loading broker.
mediatore d'ingaggi: shipping commissioner.
mediatore di noleggi: chartering broker.
mediatore di prestiti: loan broker.
mediatore in merci: commodity broker.
mediazione: **1.** brokerage; brokerage commission; courtage; finder's fee. **2.** mediation.
medicina assicurativa: industrial medicine; occupational medicine.
medicina del lavoro: industrial medicine; occupational medicine.
medicina di stato: state medicine.
medicina sociale: socialized medicine.
medico aziendale: company doctor.
medio circolante: **1.** currency; circulating medium. **2.** hard cash.
mediocredito: medium–term credit.
megalopoli: megalopolis.
membri associati del Lloyd: Lloyd's associates.
membri di un sindacato di collocamento titoli: selling group members.
membro: corporator; member.
membro assicuratore: underwriting member.
membro del consiglio di amministrazione: company director; director.
membro della commissione interna: shop steward; steward; union steward.
membro della stanza di compensazione: clearing member.
membro del Lloyd: Lloyd's underwriter.
membro di un sindacato: union member.
membro nominato d'ufficio: ex–officio member.
me medesimo: self.
memorandum: memorandum.
mensa aziendale: canteen; staff restaurant.
mensualizzazione: mensualization.
mercanteggiamento: bargaining.
mercanteggiare: to haggle.
mercantile: **1.** mercantile. **2.** merchantman; cargo ship.
mercantile veloce: fast cargo ship.
mercantilismo: mercantilism; mercantile system.
mercantilista: mercantilist.
mercantilistico: mercantilist.
mercanzia: merchandise.

mercati dei fattori della produzione: factor markets.
mercati integrati dei capitali: integrated capital markets.
mercati minori: junior markets.
mercatino: over-the-counter market; unlisted securities market; unlisted market; off-board market.
mercato: market; market place.
mercato a due direzioni: two-way market.
mercato a due livelli: two-tier market.
mercato a duplice asta: double auction market.
mercato a eccedenza sostanziale di forza lavoro: substantial labour surplus market.
mercato agitato: unsettled market.
mercato agricolo europeo: European agricultural market.
mercato al dettaglio: retail market.
mercato a licitazione: auction market.
mercato alle grida: outcry market.
mercato all'ingrosso: wholesale market.
mercato al rialzo: 1. sellers' market. **2.** bull market; rising market.
mercato al ribasso: 1. buyers' market. **2.** bear market; falling market.
mercato altamente organizzato: highly-organized market.
mercato ampio: broad market.
mercato aperto: 1. open market. **2.** market overt. **3.** contestable market.
mercato a pronti: spot market; cash market; actual market.
mercato a termine: futures market; terminal market; contract market; futures exchange.
mercato a termine dei cambi: forward exchange market.
mercato a termine del bestiame: cattle futures market.
mercato a termine del cotone di Liverpool: Liverpool cotton futures market.
mercato a termine della lana: wool futures market.
mercato a termine delle granaglie: grain futures market.
mercato attivo: active market.
mercato azionario: share market; stock market; equity market.
mercato azionario mondiale: global stock market.
mercato basato sugli ordini: order-driven market.
mercato basato sulle quotazioni: quote-driven market.
mercato bianco: white market.
mercato bloccato: locked market.
mercato calante: falling market.
mercato calmo: quiet market.
mercato cedente: sagging market.
mercato centrale a pronti: central spot market.
mercato centrale del disponibile: central spot market.
mercato chiuso: closed market.
mercato coloniale: colonial market.
mercato competitivo: competitive market.
mercato comune: Common Market.
mercato comune europeo: European Common Market.
mercato comune reale: real common market.
mercato concorrenziale: competitive market.
mercato con eccedenza di lavoro: surplus-labour market.
mercato congestionato: congested market.
mercato con movimento di prezzi orizzontale: sideways market.
mercato con scarsità di forza lavoro: surplus-labour market.
mercato con tendenza al rialzo: bullish market.
mercato con tendenza al ribasso: bearish market.
mercato continuo: round-the-clock market.
mercato controllato: controlled market.
mercato debole: weak market; soft market.
mercato decentrato: distributed market.
mercato degli enti locali: local authorities' market.
mercato degli eurocapitali: eurocapital market.
mercato degli investimenti: investment market.
mercato degli swap: swaps market.
mercato dei beni: goods market.
mercato dei beni a pezzo: piece market.
mercato dei beni di consumo: consumer market; customer market.
mercato dei beni strumentali: industrial market.
mercato dei cambi: foreign exchange market; exchange market.
mercato dei cambi per consegna differita: forward exchange market.
mercato dei capitali: finance market; financial market; capital market.
mercato dei capitali privati: private capital market.
mercato dei certificati di deposito: certificates of deposit market.
mercato dei collocamenti: placement market.
mercato dei crediti: debt market.
mercato dei diritti di sottoscrizione: rights market.
mercato dei fondi federali: federal funds market.
mercato dei metalli: metal exchange.
mercato dei metalli preziosi: bullion market.
mercato dei noli: charter market; shipping market.
mercato dei noli aerei: air freight market.
mercato dei premi: options exchange; traded options market; options market.
mercato dei prestiti: loan market.
mercato dei prestiti a breve scadenza: short money market.
mercato dei prestiti contratti da enti locali: local authority loan market; local government borrowing market.
mercato dei prestiti interaziendali: intercompany loans market.
mercato dei prestiti interbancari: interbank market.
mercato dei prestiti libero: free loan market.
mercato dei prodotti: commodity market.
mercato dei titoli: share market; stock market; security exchange; security market; securities market.
mercato dei titoli a breve termine: bill market.
mercato dei titoli a lungo termine: long-end of the market.
mercato dei titoli di enti locali: local authority market.
mercato dei titoli d'investimento: investment market.
mercato dei titoli di stato: gilt-edged market; government bond market.
mercato dei titoli non quotati in borsa: over-the-counter market; unlisted securities market; unlisted market; off-board market.
mercato del compratore: buyers' market.
mercato del cotone di Liverpool: Liverpool cotton market.
mercato del credito: credit market.
mercato del credito interaziendale: intercompany market.
mercato del disponibile: physical market.
mercato della beneficenza: charity market.

mercato della domanda: bid market.
mercato della lana: wool market.
mercato della manodopera: labour market.
mercato dell'argento: silver bullion market.
mercato del lavoro: labour market.
mercato del lavoro locale: local labour market.
mercato delle abitazioni: housing market.
mercato delle accettazioni: acceptance market.
mercato delle assicurazioni: insurance market.
mercato delle attività: asset market.
mercato delle derrate: produce market.
mercato delle esportazioni: export market.
mercato delle euroazioni: euro-equity market.
mercato delle eurobbligazioni: Eurobond market.
mercato delle eurovalute: euro-currency market.
mercato delle informazioni: information market.
mercato delle ipoteche: mortgage market.
mercato delle nuove emissioni: new issue market; primary market.
mercato delle obbligazioni: bond market.
mercato delle obbligazioni industriali: corporate-bond market; corporate debt market.
mercato delle obbligazioni municipali: municipal bond market.
mercato delle operazioni per consegna differita: forward market.
mercato delle opzioni: traded options market.
mercato delle pulci: flea market.
mercato dell'eurodollaro: eurodollar market.
mercato delle valute: foreign exchange market; exchange market.
mercato delle valute a pronti: spot exchange market; spot currency market.
mercato delle valute per consegna differita: forward exchange market.
mercato dell'informatica: information market.
mercato dell'offerta: offered market.
mercato dell'oro: gold market.
mercato dell'oro a due livelli: two-tier gold market.
mercato dell'orso: bear market.
mercato dello sconto: discount market.
mercato dello sconto londinese: London discount market.
mercato dell'usato: second-hand market.
mercato del mutuante: lender's market.
mercato del mutuatario: borrower's market.
mercato del reddito fisso: fixed-interest market.
mercato del risparmio: savings market.
mercato del toro: bull market.
mercato del venditore: sellers' market.
mercato depresso: depressed market.
mercato derivativo: derivative market.
mercato di massa: mass market.
mercato di prova: test market.
mercato di un bene: good's market.
mercato di un prodotto: product market.
mercato effervescente: boom market.
mercato efficiente: efficient market.
mercato estero: overseas market; foreign market.
mercato fermo: strong market.
mercato fiacco: flat market; thin market; narrow market; sluggish market.
mercato finanziario: 1. capital market; financial market; finance market. **2.** share market; stock market.
mercato finanziario d'intermediazione: intermediary financial market.
mercato finanziario diretto: direct financial market.
mercato finanziario indiretto: indirect financial market.
mercato finanziario organizzato: organized financial market.
mercato finanziario privato: private financial market.
mercato finanziario rialzista: bull financial market.
mercato finanziario ribassista: bear financial market.
mercato fluido: volatile market.
mercato forte: strong market.
mercato giornaliero: call market.
mercato globale dei capitali: global financial market.
mercato grigio: gray market.
mercato immobiliare: property market; housing market.
mercato immobilizzato: locked market.
mercato imperfetto: imperfect market.
mercato incerto: unsettled market.
mercato in equilibrio: equilibrium market.
mercato in movimento: advancing market.
mercato interaziendale: 1. interfirm market. **2.** intercompany market.
mercato interbancario: interbank market.
mercato interbancario dei fondi in sterline: sterling interbank market.
mercato interbancario delle sterline: interbank sterling market.
mercato interbancario londinese: London interbank market.
mercato internazionale: international market.
mercato internazionale dei capitali: international financial market.
mercato interno: home market; inland market; domestic market.
mercato inverso: inverted market.
mercato languido: thin market; narrow market.
mercato libero: 1. free market. **2.** contestable market.
mercato libero e aperto: free and open market.
mercato limitato: 1. limited market. **2.** narrow market; thin market.
mercato liquido: liquid market.
mercato locale: local market.
mercato locale a pronti: local spot market.
mercato locale del disponibile: local spot market.
mercato londinese dei cambi: London foreign exchange market.
mercato londinese dell'oro: London gold market.
mercato maggiore: senior market.
mercato manipolato: rigged market.
mercato manovrato: managed market.
mercato marginale: fringe market.
mercato medio: middle market.
mercato mobiliare: security market; security exchange; securities market.
mercato mondiale: round-the-world market.
mercato monetario: money market.
mercato monetario a breve termine: short-term money market.
mercato monetario interaziendale: intercompany money market.
mercato monetario interbancario: interbank money market.
Mercato monetario internazionale: International Monetary Market.
mercato monetario londinese: London money market.
mercato monetario parallelo: parallel money market.
mercato monetario secondario: secondary money market.
mercato monetario tradizionale: traditional money market.

mercato monopsonistico: monopsonistic market.
mercato morto: narrow market; thin market.
mercato mutevole: volatile market.
mercato nazionale: national market; inland market; home market.
mercato nero: black market.
mercato obiettivo: target market.
mercato offshore: offshore market.
mercato oligopolistico: oligopoly; oligopolistic market.
mercato oligopsonistico: oligopsony; oligopsonistic market.
mercato organizzato: organized market.
mercato organizzato dei titoli d'investimento: organized investment market.
mercato parallelo: parallel market.
mercato per contanti: spot market; cash market; actual market.
mercato perfettamente competitivo: perfectly competitive market.
mercato perfettamente trasparente: perfectly transparent market.
mercato perfetto: perfect market.
mercato pesante: heavy market.
mercato più che perfetto: pluperfect market.
mercato più fermo: firmer market.
mercato più stabile: firmer market.
mercato politico: political market.
mercato potenziale: potential market.
mercato prigioniero: captive market.
mercato primario: new issue market; primary market.
mercato primario a pronti: primary spot market.
mercato primario del disponibile: primary spot market.
mercato primario delle ipoteche: primary mortgage market.
mercato pronto: **1.** ready market. **2.** spot market; cash market; actual market.
mercato pubblico: **1.** public market. **2.** market overt.
mercato regolato: reserved market; restricted market.
mercato rialzista: bull market.
mercato ribassista: bear market.
mercato rigido: tight market.
mercato ristretto: over–the–counter market; unlisted securities market; unlisted market; off–board market.
mercato secondario: stock exchange; secondary market.
mercato secondario delle ipoteche: secondary mortgage market.
mercato secondario non ufficiale: unofficial secondary market.
mercato sensibile: sensitive market.
mercato soggetto a riserva: reserved market.
mercato sostenuto: **1.** excited market. **2.** stable market. **3.** pegged market.
mercato speculatorio: speculative market.
mercato stabilizzato: pegged market.
mercato stagnante: stagnant market; dull market.
mercato stretto: tight market.
mercato tendente al ribasso: sagging market.
mercato terziario: over–the–counter market; unlisted securities market; unlisted market; tertiary market; off–board market.
mercato tranquillo: quiet market.
mercato tra operatori: inside market; wholesale market; inter–dealer market.
mercato trasparente: transparent market.
mercato unico europeo: single European market.
mercato unico interno: single internal market.
mercato urbano: town market.
mercato valutario: foreign exchange market; exchange market; currency market.
mercato valutario londinese: London foreign exchange market.
mercato variabile: volatile market.
mercato verticale: vertical market.
mercato vincolato: **1.** restricted market; reserved market. **2.** captive market.
merce: commodity; merchandise.
merce a termine: future commodity.
merce composita: composite commodity.
merce–moneta: commodity currency; commodity money.
merce per contanti: cash commodity.
merce pronta: spot commodity; cash commodity.
merce ribassata: distress merchandise.
merci: goods.
merci a cubaggio: measurement goods; measure goods.
merci a cubatura: measurement goods; measure goods.
merci a grande velocità: fast–train goods.
merci alla rinfusa: goods in bulk; bulk goods.
merci a massa: goods in bulk.
merci a piccola velocità: slow train goods.
merci a termine: future goods; future commodities.
merci avariate: damaged goods.
merci caricate in meno: short–shipped goods.
merci danneggiate: damaged goods.
merci dichiarate in entrata: goods entered inwards.
merci dichiarate in uscita: goods entered outwards.
merci dichiarate per l'esportazione: goods cleared outwards.
merci dichiarate per l'importazione: goods cleared inwards.
merci di contrabbando: smuggled goods.
merci difettose: faulty goods.
merci di qualità media: middling goods.
merci disponibili: disposable goods.
merci di transito: transit goods.
merci esenti: free goods.
merci esenti da dazio: goods exempt from duty.
merci estere: foreign goods.
merci flottanti: floating goods.
merci galleggianti: flotsam.
merci generali: general cargo.
merci in balle: bale goods.
merci in barili: goods in barrels.
merci in botti: goods in casks.
merci in casse: goods in cases.
merci in confezioni: packaged goods.
merci in conto deposito: goods on sale or return; goods on consignment.
merci in deposito franco: bonded goods.
merci indipendenti: independent commodities.
merci in franchigia doganale: **1.** sufferance goods. **2.** duty–free goods.
merci in lavorazione: goods in process; goods in progress; work in process; in–process inventory; work in progress.
merci in magazzino: inventory; goods on hand; stock.
merci in saccheria: bagged cargo; bag cargo.
merci in sacchi: goods in bags.
merci in scatole: goods in boxes.
merci in transito: goods in transit; transit goods.
merci in viaggio: travelling goods.
merci leggere: light goods.
merci liquide: liquid goods; wet goods.

merci nazionali: national goods; home–made goods.
merci pericolose: dangerous goods.
merci pesanti: heavy goods.
merci pronte: spot goods; spot.
merci protestate: refused goods.
merci regolamentate: regulated commodities.
merci rifiutate: refused goods.
merci salario: wage goods.
merci scaricate in meno: short–landed goods.
merci schiave di dazio: dutiable goods.
merci sdaziate: cleared goods.
merci sdoganate: cleared goods.
merci secche: dry goods.
merci soddisfacenti: satisfactory goods.
merci soggette a dazio doganale: dutiable goods.
merci soggette a verifica: goods on approval.
merci solide: solid goods.
merci sotto vincolo doganale: bonded goods.
merci specifiche: specific goods.
merci viaggianti: 1. afloats. **2.** travelling goods. **3.** goods in transit.
merci voluminose: bulky freight.
mercuriale: market statement; market list.
meritevole di credito: creditworthy.
mese: month.
mese contrattuale: contract month.
mese di calendario: calendar month.
mese di consegna: delivery month.
mesi di consegne differite: forward months.
messaggio pubblicitario: 1. advertisement. **2.** commercial.
messaggio sullo stato dell'Unione: State of Union message.
messaggi pubblicitari televisivi: television commercials.
messo a terra: landed.
me stesso: self.
mestiere: trade.
meta: ceiling price.
metà: moiety.
metalli fini: sterling metals.
metalli preziosi: precious metals.
metalli puri: sterling metals.
metallo prezioso: bullion.
metallo prezioso grezzo: unparted bullion.
metallo vile: base metal.
metà vita: half–life.
metodi delle informazioni limitate: limited–information methods.
metodi dell'utile sul capitale investito: return on investment methods.
metodi di pagamento: methods of payment.
metodi di produzione: methods of production.
metodi di spinta: forcing methods.
metodi e procedure standard: standard methods and procedures.
metodi matematici: mathematical methods.
metodi sleali di concorrenza: unfair methods of competition.
metodo ABC: A.B.C. method; split–inventory method.
metodo a epoca: backward method.
metodo a fisarmonica: concertina method.
metodo attuariale: actuarial method.
metodo consumo/investimenti: consumption–plus–investment approach.
metodo contabile: accounting method.
metodo deduttivo: deductive method.
metodo dei costi: costing method; basic costing method.
metodo dei fattori della produzione: production factors method.
metodo dei fattori di servizio: service factors method.
metodo dei limiti: method of limits.
metodo dei minimi quadrati: least–squares method.
metodo del complesso della forza di vendita: sales–force–composite method.
metodo del costo equivalente: replacement–cost method.
metodo del costo medio generale: periodic average method.
metodo del costo medio generale ponderato: periodic weighted average method.
metodo del costo medio ponderato: moving weighted average method.
metodo del costo medio semplice: moving average method.
metodo del costo originario: original cost method of inventory valuation.
metodo del costo primo: prime cost method.
metodo del costo specifico: specific cost method.
metodo del fondo di ammortamento: depreciation fund method.
metodo della base aziendale unica: blanket rate method.
metodo dell'adeguamento contabile: equity method.
metodo della giuria dei consumatori: consumer panel method.
metodo della graduatoria: ranking method.
metodo della manodopera diretta: direct labour method.
metodo della manodopera e dei materiali diretti: direct materials and direct labour method.
metodo della massima verosimiglianza: maximum–likelihood method.
metodo della ora–macchina: hourly machine rate method.
metodo della rettifica dei costi: other income method.
metodo della scorta permanente: gross–profit method of inventory valuation; gross profits test.
metodo della sostituzione di equivalenti: method of equivalent substitution.
metodo dell'attualizzazione dei flussi di cassa: discounted cash flow method.
metodo delle annualità di ammortamento: annuity method of depreciation.
metodo delle distinte di controllo: check–list method.
metodo delle ore di manodopera diretta: direct–labour–hours method.
metodo delle ore lavoro: working–hours method of depreciation.
metodo delle ore–macchina: machine–hour method.
metodo dell'indice di redditività: profitability index method.
metodo dell'utile aggiuntivo: other income method.
metodo del massimo fattore comune: highest common factor method.
metodo del percorso critico: critical path method.
metodo del prezzo di vendita: working–backward method; reverse cost method.
metodo del recupero: payback method.
metodo del rendimento: yield method; investors method.
metodo del tasso orario di macchina: hourly machine rate method.
metodo del volume di produzione: production method

of depreciation.
metodo di ammortamento: depreciation method.
metodo di ammortamento a doppie quote proporzionali ai valori residui: double rate declining balance method of depreciation; double declining balance method of depreciation.
metodo di ammortamento a interessi composti: sinking fund method of depreciation.
metodo di ammortamento al costo di rimpiazzo: replacement method of depreciation.
metodo di ammortamento americano: sum-of-the-years-digits method of depreciation; sum-of-expected-life-periods method of depreciation; substitute method for reducing balance; sum-of-digits method of depreciation.
metodo di ammortamento a quote costanti: straight-line method of depreciation; fixed instalment method of depreciation; equal-instalment method of depreciation.
metodo di ammortamento a quote fisse: straight-line method of depreciation; equal-instalment method of depreciation.
metodo di ammortamento a quote proporzionali ai valori residui: diminishing-value method of depreciation; diminishing-balance method of depreciation; declining-balance method of depreciation; diminishing-provision method of depreciation; reducing-balance method of depreciation.
metodo di ammortamento basato sui saldi decrescenti: reducing balance; reducing-balance method of depreciation; reducing-instalment method of depreciation.
metodo di ammortamento basato sul costo unitario: unit-cost method of depreciation.
metodo di ammortamento basato sulla capacità di servizio: service-capacity method of depreciation.
metodo di ammortamento basato sulle ore-lavoro: labour-hour method of depreciation; working-hours method of depreciation.
metodo di ammortamento basato sull'unità di produzione: production unit method of depreciation.
metodo di ammortamento basato sul volume della produzione: service yield basis of depreciation; unit-of-production method of depreciation; production method of depreciation; production-basis method of depreciation; unit-of-product method of depreciation; service-output method of depreciation.
metodo di ammortamento dei rinnovi e delle sostituzioni: retirement method of depreciation.
metodo di ammortamento del cinquanta per cento: fifty-per-cent method of depreciation.
metodo di ammortamento della somma degli anni di prevista durata: sum-of-expected-life-periods method of depreciation; substitute method for reducing balance; sum-of-the-years-digits method of depreciation.
metodo di ammortamento delle annualità di capitalizzazione: sinking fund method of depreciation; compound-interest method of depreciation.
metodo di ammortamento delle stime periodiche: appraisal method of depreciation.
metodo di ammortamento di proporzionalità all'utile: appropriation method of depreciation.
metodo di ammortamento per unità di prodotto: production-unit-basis method of depreciation.
metodo di ammortamento politico: policy method of depreciation.
metodo di attualizzazione: present worth method; present value method.
metodo di calcolo dei costi per commessa: job-order cost method.
metodo di calcolo dei costi per processo: process cost method.
metodo di classificazione delle mansioni: job classification method.
metodo di contabilità dei costi per processo: process method of cost accounting.
metodo di contabilità per le vendite rateali: instalment method of accounting.
metodo di determinazione dei costi per responsabilità: responsibility costing.
metodo di elaborazione di una previsione delle vendite: sales forecasting method.
metodo di lavoro: working method; work method.
metodo di previsione Box-Jenkins: Box-Jenkins forecasting method.
metodo di produzione: production method.
metodo di proporzionalità al tempo di lavoro delle macchine: hourly machine rate method.
metodo di proporzionalità al valore delle materie prime e della manodopera diretta: prime cost method.
metodo di rateizzazione a quote costanti: straight line method.
metodo diretto: forward method.
metodo di valutazione delle scorte al costo medio: average cost method of inventory valuation.
metodo di valutazione delle scorte basato sul profitto lordo: gross-profit method of inventory valuation; gross profits test.
metodo di vendita: sales method.
metodo economico: economic method.
metodo fuori standard: non-standard method.
metodo Halsey: Halsey system.
metodo induttivo: inductive method; realistic method.
metodo inverso: reverse method; reversal method.
metodo iterativo: iterative method.
metodologia: methodology.
metodo percentuale: percentage method.
metodo realistico: realistic method.
metodo risparmio/investimenti: saving/investment approach.
metodo scalare: daily-balance interest calculation.
metodo standard: standard method.
metodo statistico: statistical method.
metodo storico: historical method.
metodo uniforme di contabilità dei costi: uniform cost accounting method.
metrico: metric.
metro: metre.
metrologia: metrology.
mettere il fermo a un assegno: to stop a cheque.
mettere in liquidazione: to wind up.
mezza aquila: half-eagle.
mezza corona: half-crown.
mezzadria: sharecropping; crop-lien system; tenant farming.
mezzadro: sharecropper.
mezza ghinea: half guinea.
mezza giornata festiva settimanale: weekly half-holiday.
mezza sovrana: half sovereign.
mezzi: means.
mezzi di comunicazione di massa: mass media.

mezzi d'investimento: investment resources.
mezzi di pagamento: means of payment.
mezzi di produzione: means of production.
mezzi disponibili: available resources.
mezzi finanziari: financial resources.
mezzi indipendenti: independent means.
mezzi liquidi: liquid funds.
mezzi necessari: wherewithal.
mezzi pubblicitari: advertising media; media.
mezzo angelo: angelet.
mezzo di pagamento differito: standard of deferred payments.
mezzo di scambio: medium of exchange.
mezzo di scambio internazionale: international medium of exchange.
mezzo di tesaurizzazione: store of wealth; store of value.
mezzo nobile: half noble.
mezzo penny: halfpenny.
mezzo pubblicitario: medium of advertising.
microeconomia: microeconomics.
microimpresa: microenterprise.
miglia–passeggero: passenger miles.
miglio: mile.
miglio geografico: geographical mile.
miglio inglese: English statute mile.
miglio marino: nautical mile.
miglio metrico: metrical mile.
miglio nautico: nautical mile.
miglioramenti di produttività: productivity gains.
miglioramenti fondiari: land improvements.
miglioramento: 1. recovery. **2.** improvement.
miglioramento paretiano: Pareto improvement.
migliorare: to recuperate; to improve.
miglior consiglio: best advice.
migliore: better.
migliore offerta: best bid.
migliore tasso di sconto: finest rate of discount.
miglioria: 1. betterment. **2.** improvement.
miglioria interna: internal improvement.
miglioria locale: local improvement.
miglioria specifica: local improvement.
migliorie: land improvements.
miglior prezzo: best price.
miglio terrestre: English statute mile.
miglio–treno: train mile.
miglio–vagone: car mile.
migrare: to migrate.
migrazione: migration.
migrazione industriale: industrial migration.
migrazione interna: internal migration.
miliardo: billion; milliard.
millesimo di dollaro: mill.
miniboom: miniboom.
minicrisi: minicrisis.
miniera prigioniera: captive mine.
minimando: minimand.
mini–massimo: minimax; regret criterion.
minimax: minimax; regret criterion.
minimercato: minimarket.
minimizzare: to minimize.
minimizzazione: minimization.
minimizzazione dei costi: cost minimization.
minimizzazione delle perdite: loss minimization.
minimizzazione dell'onere fiscale: tax avoidance; tax dodging; tax mitigation; tax planning.
minimo: minimum charge.
minimo autorizzato: authorized minimum.
minimo di esistenza: minimum of existence.
minimo–massimo: minimax; regret criterion.
minimo nazionale: national minimum.
minimo salariale: wage floor; wages floor; minimum wage.
minirecessione: minirecession.
ministero: government department.
ministero degli interni: Home Office.
ministero dei trasporti: Ministry of Transport.
ministero del commercio: Department of Commerce.
ministero del commercio e dell'industria: Department of Trade and Industry.
ministero dell'agricoltura: Department of Agriculture.
ministero della previdenza sociale: Ministry of Social Security.
ministero della sanità: Ministry of Health.
ministero della sanità e della previdenza sociale: Department of Health and Social Security.
ministero del lavoro: Department of Labor; Ministry of Labour.
ministero delle finanze: finance ministry.
ministero dell'occupazione e della produttività: Department of Employment and Productivity.
ministero del tesoro: Department of the Treasury; Treasury; Treasury Department.
ministero per l'ambiente: Department of the Environment.
ministro: secretary; minister.
ministro dell'economia: economics minister.
ministro delle finanze: finance minister.
ministro delle poste: Postmaster–General.
ministro per il commercio: trade minister; trade secretary.
minoranze: minorities.
minusvalenza: capital loss.
minusvalenza delle scorte: stock depreciation.
minusvalore: depreciation.
minuti–uomo: man–minutes; manit.
miracolo economico: economic miracle.
miriagrammo: myriagramme.
miriametro: myriametre.
miscela: blend.
miscelatura: blending.
miscuglio: alligation.
miseria: squalor.
missione commerciale: trade mission.
misura: measurement.
misura di lunghezza: linear measure; long measure.
misura di valore: standard of value; measure of value.
misura di volume: cubic measure.
misura lineare: linear measure; long measure.
misura per aridi: dry measure.
misura per cereali: corn measure.
misura per liquidi: liquid measure.
misurazione: measurement.
misurazione dei tempi: timing.
misurazione del lavoro: work measurement.
misurazione tempi e metodi: methods–time measurement.
misure antinflazionistiche: anti–inflation measures; anti–inflationary measures.
misure che distorcono il commercio: trade–distorting measures.
misure di controllo del credito e della concorrenza: competition and credit control measures.
misure finanziarie: financial measures.

misure fiscali: fiscal measures.
misure non doganali: non–tariff measures.
misure per l'espansione della domanda: demand–boosting measures.
misure preventive: preventive measures.
misure protezionistiche: protectionist measures.
mite: mite.
mittente: shipper; sender.
mix: mix.
mix dei prodotti: product mix.
mix delle vendite: sales mix.
mix di produzione: production mix.
mix promozionale: promotional mix.
mobiliarizzazione: securitization.
mobiliarizzazione di debiti: debt securitization.
mobili di ufficio: office forniture.
mobili e arredi: furniture and fixtures.
mobilità: mobility.
mobilità dei capitali: capital mobility.
mobilità dei fattori della produzione: factor mobility.
mobilità della forza lavoro: work force mobility.
mobilità della manodopera: labour mobility; job mobility.
mobilità del lavoro: mobility of labour; labour mobility; job mobility; fluidity of labour.
mobilità fisica: physical mobility.
mobilità geografica: geographical mobility.
mobilità occupazionale: occupational mobility.
mobilità orizzontale: horizontal mobility.
mobilità orizzontale del lavoro: horizontal labour mobility.
mobilità sul mercato del lavoro: labour market mobility.
mobilità verso l'alto: upward mobility.
mobilità verticale: vertical mobility.
mobilità verticale del lavoro: vertical labour mobility.
mobilitazione: mobilization.
mobilitazione economica: economic mobilization.
mobilizzazione del capitale: mobilization of capital.
mobilizzazione delle risorse: mobilization of resources.
moda: 1. mode. **2.** fashion.
modelli di capitale di annata: vintage capital models.
modelli di crescita di annata: vintage growth models.
modello: 1. specimen. **2.** standard. **3.** model.
modello acceleratore–moltiplicatore: accelerator–multiplier model.
modello aggregativo: aggregative model.
modello classico: classical model.
modello della velocità di circolazione: transactions–velocity model.
modello di confronto: standard of comparison.
modello di Olson: Olson's model.
modello di regressione: regression model.
modello di regressione lineare: linear regression model.
modello di Rostow: Rostow model.
modello di simulazione: simulation model.
modello di Walras: Walrasian model.
modello Domar: Domar model.
modello econometrico: econometric model.
modello economico: economic model.
modello gravitazionale: gravity model.
modello Harrod–Domar: Harrod–Domar model.
modello Heckscher–Ohlin: Heckscher–Ohlin model
modello ingenuo: naive model.
modello IS–LM: IS–LM model.
modello macroeconomico: macro–economic model.
modello matematico: mathematical model.
modello microeconomico: micro–economic model.
modello RAD: tax voucher.
modello reddito–spesa: income–expenditure model.
modello rosa: pink form.
modello stocastico: stochastic model.
modello teorico: theoretical model.
modernizzazione: modernization.
modi di pagamento: terms of payment; payment terms.
modi e mezzi: ways and means.
modificazione: alteration.
modificazione di un investimento azionario: equity switching.
modulo: 1. form. **2.** module.
modulo del Lloyd: Lloyd's form.
modulo di domanda: application form.
modulo di ordinazione: order form.
modulo di polizza di carico: bill of lading form.
modulo di prelievo materiali: materials requisition form; stores requisition form.
modulo di richiesta sottoscrizione azioni: application form.
modulo di servizi: service module.
modulo di sottoscrizione: subscription form.
modulo di trapasso di azioni: transfer form.
modulo di trasferimento di azioni: share transfer form.
modulo di trasferimento di titoli: stock transfer form.
modulo di valutazione: appraisal form.
modulo di versamento: paying–in slip.
modulo in bianco: blank form.
modulo monetario: currency unit; standard monetary unit; unit of currency; standard currency unit; monetary unit.
modulo per delega: proxy card; proxy form.
modulo per fatture: billhead.
modulo per la dichiarazione dei redditi: income tax form.
modulo preferenziale: preferential form.
modulo standard: standard form.
modulo tabulare del valore: tabular standard; tabular standard of value.
modulo tipo: standard form.
molo: quay.
molo secondario: pier.
moltiplicatore: 1. multiplier. **2.** leverage.
moltiplicatore degli investimenti: investment multiplier.
moltiplicatore dei depositi: deposit multiplier.
moltiplicatore dei depositi bancari: bank deposit multiplier.
moltiplicatore del bilancio in pareggio: balanced budget multiplier.
moltiplicatore del commercio estero: foreign trade multiplier.
moltiplicatore del commercio internazionale: export multiplier.
moltiplicatore del credito: credit multiplier.
moltiplicatore del credito in valuta: currency credit multiplier.
moltiplicatore della creazione di credito: credit–creation multiplier.
moltiplicatore della moneta: money multiplier.
moltiplicatore della occupazione: employment multiplier.
moltiplicatore della popolazione: population multiplier.

moltiplicatore della ridistribuzione: redistribution multiplier.
moltiplicatore delle esportazioni: export multiplier.
moltiplicatore del reddito: income multiplier.
moltiplicatore del reddito lordo: gross income multiplier.
moltiplicatore di budget in pareggio: balanced budget multiplier.
moltiplicatore di budget pareggiato: balanced budget multiplier.
moltiplicatore keynesiano: Keynesian multiplier.
moltiplicatore locale: local multiplier.
moltiplicatore regionale: regional multiplier.
momento d'innovazione: time of innovation.
momento d'invenzione: time of invention.
momento industriale: industrial momentum.
moneta: 1. money. **2.** coin.
moneta a alto potenziale: high-powered money.
moneta a circolazione fiduciaria: fiduciary money.
moneta a corso forzoso: fiat money; inconvertible money; irredeemable money.
moneta a corso legale: legal tender; legal-tender money.
moneta a corso legale con potere liberatorio illimitato: unlimited legal tender.
moneta a corso legale con potere liberatorio limitato: limited legal tender.
moneta alla giornata: overnight money.
moneta a riserva del cento per cento: one-hundred per cent reserve money.
moneta aurea: gold currency; gold money.
moneta bancaria: bank money; credit money; substitute money.
moneta base: standard money; standard currency; primary money; standard coin.
moneta bollata: stamped money.
moneta buona: standard coin.
moneta calante: light coin; sweated coin.
moneta calda: hot money; bad money.
moneta cara: dear money; tight money.
moneta cartacea: paper money; soft money; paper currency; soft currency.
moneta cartacea creditizia: bank money; credit money.
moneta cartacea parzialmente garantita da metallo prezioso: fractionally-backed paper money.
moneta cartalista: chartalist money.
moneta cattiva: bad coin; bad money.
moneta commerciale: business cash.
moneta compensata: compensated money.
moneta coniata: milled money.
moneta contante: ready money; ready cash; cash.
moneta contraffatta: 1. base coin. **2.** counterfeit money. **3.** boodle.
moneta corrente: current money.
moneta creata: made money.
moneta creditizia: substitute money.
moneta debole: 1. weak currency; soft currency; soft money. **2.** bad money; token money. **3.** bad coin; token coin.
moneta della banca centrale: central bank money.
moneta delle banche partecipanti: member bank money.
moneta-deposito: deposit currency; deposit money; check book money.
moneta deprezzata: depreciated currency.
moneta di argento: 1. silver; silver money. **2.** silver coin.
moneta di banco: banco.
moneta di base: base money.
moneta di base ampia: wide base money.
moneta di conto: money of account.
moneta di occupazione: occupation money.
moneta di peso: standard coin.
moneta di plastica: plastic money.
moneta di riserva: reserve money.
moneta di scambio: money of exchange.
moneta di scarso valore: cheap money.
moneta di silveroide: cupro-nickel currency.
moneta disponibile: spending money.
moneta di stato: chartalist money; state money.
moneta divisionale: fractional money; fractional currency.
moneta divisionaria: fractional money; fractional currency.
moneta effettiva: effective money.
moneta elastica: automatic currency; automatic money; adjustable currency; elastic currency.
moneta elettronica: electronic money.
moneta endogena: endogenous money.
moneta esogena: exogenous money.
moneta estera: foreign money.
moneta esterna: outside money.
moneta falsificata: counterfeit money.
moneta fiduciaria: token money; representative money.
moneta fluttuante: floating money.
moneta forte: hard money; hard currency.
moneta frazionale: fractional money.
moneta frazionaria: fractional money; fractional currency.
monetaggio: cost of coinage; brassage; mintage.
moneta ideale: unit of account.
moneta imperfetta: 1. soft money. **2.** bad money; token money. **3.** bad coin; token coin.
moneta inattiva: idle money; inactive money.
moneta in attiva circolazione: money in active circulation.
moneta in circolazione: money in circulation; currency in circulation.
moneta inconvertibile: irredeemable money; inconvertible money.
moneta in senso ampio: broad money.
moneta in senso stretto: narrow money.
moneta interna: inside money.
moneta internazionale: international money.
moneta inutilizzata: idle money; inactive money.
moneta legale: 1. legal tender; legal money; legal-tender money. **2.** lawful money.
moneta manovrata: managed currency; managed money.
moneta merce: commodity money.
moneta metallica: 1. hard money; hard currency; metallic money. **2.** specie money.
moneta metallica corrente: current coin.
moneta metallica sfigurata: defaced coin.
moneta mondiale: world money.
moneta nazionale: national money.
moneta neutrale: neutral money.
moneta oziosa: idle money; inactive money.
moneta perfetta: standard money; primary money; standard currency; standard coin.
moneta propriamente detta: money proper.
moneta rappresentativa: representative money.
monetare: to monetize.

moneta reale: real money.
moneta regolata: managed money; managed currency.
monetarismo: monetarism.
monetarismo globale: global monetarism.
monetarismo internazionale: international monetarism.
monetarista: monetarist; monetary economist.
moneta scritturale: substitute money; credit money.
moneta-segno: token money; representative money.
moneta sopravvalutata: overvalued currency.
moneta sottovalutata: undervalued currency.
moneta spendibile: spending money; spendable money.
moneta spicciola: small change; change.
moneta stabile: stable money.
moneta stampigliata: stamped money.
moneta sussidiaria: subsidiary coin.
moneta svalutata: debased currency.
moneta temporanea: temporary money.
moneta tipo: standard coin; standard currency; standard; standard money; primary money.
moneta tosa: clipped coin; clipped money.
moneta tosata: clipped coin; clipped money.
moneta velo: money veil.
moneta verde: green money.
moneta vile: **1.** minor coin. **2.** base coin.
monetazione del debito pubblico: debt monetization; monetization of the debt.
monete d'oro: gold coins.
monetizzare: to monetize.
monetizzazione del debito pubblico: debt monetization; monetization of the debt.
monocoltura: monoculture.
monometallismo: monometallism.
monometallismo argenteo: silver standard.
monometallismo aureo: gold standard; gold coin standard; full gold standard.
monopoli complementari: complementary monopolies.
monopolio: monopoly.
monopolio assoluto: absolute monopoly.
monopolio bilaterale: bilateral monopoly.
monopolio commerciale: **1.** commercial monopoly. **2.** trade monopoly.
monopolio complesso: complex monopoly.
monopolio del compratore: buyer's monopoly.
monopolio del lavoro: labour monopoly.
monopolio del venditore: sellers' monopoly; supplier's monopoly.
monopolio di reputazione: reputation monopoly.
monopolio discriminante: discriminating monopoly.
monopolio di stato: state monopoly; government-owned monopoly.
monopolio di vendita: sellers' monopoly; supplier's monopoly.
monopolio fiscale: fiscal monopoly.
monopolio imperfetto: near-monopoly.
monopolio improprio: special-privilege monopoly.
monopolio istituzionale: institutional monopoly.
monopolio legale: legal monopoly; patent monopoly.
monopolio naturale: natural monopoly.
monopolio parziale: partial monopoly.
monopolio perfetto: pure monopoly; absolute monopoly; perfect monopoly.
monopolio pubblico: public monopoly.
monopolio pubblico di consumo: public consumption monopoly.
monopolio puro: pure monopoly; absolute monopoly; perfect monopoly.
monopolio sociale: **1.** public consumption monopoly. **2.** social monopoly.
monopolio tecnico: natural monopoly.
monopolio unilaterale della domanda: monopsony.
monopolista: monopolist.
monopolizzare: to monopolize.
monopsonio: monopsony.
monopsonista: monopsonist.
montaggio: assembly.
montante: capital and interest; amount.
montante compensativo: compensatory amount; monetary compensation amount.
montante compensativo di accesso: accession compensatory amount.
montante della rendita unitaria: amount of an annuity; compound amount of 1 per period.
montante di una unità monetaria: accumulated amount of 1; amount of 1; compound amount of 1.
montanti compensativi: deficiency payments.
montare: to assemble.
monte dei pegni: pawn agency; pawnshop.
monte di credito su pegno: pawn agency; pawnshop.
monte di pietà: pawn agency; pawnshop.
monte lavori in corso: goods in process; goods in progress; work in process; work in progress; in-process inventory.
mora: delay.
moratoria: moratorium.
moratoria bancaria: bank moratorium.
moratoria di Hoover: Hoover moratorium.
morfologia economica: economic morphology.
morosità: delinquency.
mortalità: mortality.
mostra: exhibition.
mostra agricola: agricultural show.
mostra commerciale: trade show.
mostra itinerante: travelling exhibit.
mostra viaggiante: travelling exhibit.
moti di popolo: civil commotion.
motivazione del lavoratore: employee motivation.
motivo cautelativo: precautionary motive.
motivo delle transazioni: transactions motive.
motivo pubblicitario: advertising jingle.
motivo speculatorio: speculative motive.
motto pubblicitario: slogan.
movente commerciale: business motive.
movente d'acquisto: buying motive.
movente delle operazioni commerciali: transactions motive.
movente delle transazioni: transactions motive.
movente del profitto: profit motive.
movente del reddito: income motive.
movente precauzionale: precautionary motive.
movente speculatorio: speculative motive.
moventi economici: economic motives.
movimentazione: handling.
movimenti congiunturali: cyclical fluctuations; cyclical movements.
movimenti controciclici: contra-cyclic movements.
movimenti dei cambi: exchange rate movements.
movimenti dei prezzi: price movements.
movimenti dell'oro: gold movements.
movimenti di accomodamento: accommodating movements.
movimenti di capitali: capital movements.
movimenti di capitali ufficiali: official financing.
movimenti internazionali dei capitali: international

movements of capital.
movimenti monetari: monetary movements.
movimenti nei tassi di cambio: exchange rate movements.
movimenti sulle riserve: movements on reserves.
movimento: motion.
movimento antibancario: antibank movement.
movimento contadino: peasant movement.
movimento cooperativo: co–operative movement.
movimento dei lavoratori: labour movement.
movimento del credito sociale: social credit movement.
movimento di capitali: movement of capital.
movimento di conto: movement of account.
movimento di fondi: movement of funds.
movimento di prezzo orizzontale: horizontal price movement; sideways price movement.
movimento limite: limit move.
movimento operaio: labour movement.
Movimento per il risparmio nazionale: National Savings Movement.
movimento per la decolonizzazione: decolonization movement.
movimento secolare: secular trend.
mozione: motion.
mozione d'ordine: point of order.
mucca da soldi: cash cow.
multicollinearità: multicollinearity.
multi–industriale: multi–industry.
multilateralismo: multilateralism.
multilateralità: multilateralism.
multinazionale: international company; multinational company; multi–national; international firm; multinational corporation; international corporation.
multiproprietà: time–sharing.
multisocietario: multi–company.
multivalutario: multicurrency.
municipalità: municipality; municipal corporation.
muraglia cinese: Chinese walls.
mutamento di gusto: change of taste.
mutua assicuratrice: mutual insurance company; reciprocal exchange.
mutua assistenza: mutual aid.
mutualismo: mutualism.
mutualità: mutualism.
mutuante: **1.** lender. **2.** moneylender.
mutuante di ultima istanza: lender of last resort.
mutuante istituzionale: official lender.
mutuante marginale: marginal lender.
mutuante privato: private lender.
mutuante pubblico: official lender.
mutuanti finali: ultimate lenders.
mutuatari artificiali: artificial borrowers.
mutuatari di prim'ordine: prime corporate borrowers.
mutuatari finali: ultimate borrowers.
mutuatari genuini: genuine borrowers.
mutuatari in linea bancaria: banking borrowers.
mutuatario: borrower; mutuary.
mutuatario di prim'ordine: prime borrower.
mutuatario marginale: marginal borrower.
mutuatario societario: corporate borrower.
mutuatario sovrano: sovereign borrower.
mutuatari per assoluta necessità: distress borrowers.
mutuatari per speculazione: speculative borrowers.
mutui a tasso d'interesse fisso: fixed–rate loans.
mutui a tasso d'interesse variabile: roll–over loans; floating rate loans.
mutui commerciali e industriali: commercial and industrial loans.
mutui di assoluta necessità: distress borrowings.
mutui in valuta estera: foreign currency loans.
mutui temporanei: temporary loans.
mutuo: loan; loan for consumption.
mutuo a breve termine: short loan; short–term loan.
mutuo agevolato: soft loan; subsidized loan; concessional loan.
mutuo allo scoperto: unsecured loan.
mutuo a lungo termine: long loan; long–term loan.
mutuo a partecipazione: participating loan.
mutuo a richiesta: call loan; callable loan.
mutuo a scadenza fissa: fixed loan.
mutuo a tasso d'interesse convenzionale: non–concessional loan.
mutuo a termine: term loan.
mutuo aziendale: business loan.
mutuo–casa: home loan.
mutuo con regresso: recourse loan.
mutuo consenso: accord and satisfaction.
mutuo consorziale: syndicated loan.
mutuo di salvataggio: workout loan.
mutuo edilizio: home loan; building loan; housing loan.
mutuo garantito: secured loan.
mutuo in partecipazione: participation loan.
mutuo ipotecario: mortgage loan; housing loan.
mutuo ipotecario diretto: direct mortgage loan.
mutuo non garantito: unsecured loan.
mutuo per lo sviluppo di un progetto: project loan.
mutuo senza interessi: interest–free loan.
mutuo senza notifica: non–notification loan.
mutuo senza regresso: non–recourse loan.
mutuo soccorso: mutual aid.
mutuo soggetto a preavviso: notice loan.
mutuo stagionale: seasonal loan.
mutuo su polizza: policy loan.

n, N

naderismo: Naderism.
napoleone: napoleon.
nastro consolidato: consolidated tape.
nave: ship.
nave abbandonata: derelict vessel.
nave a carico generale: general ship; general cargo ship.
nave arrivata: arrived ship.
nave a sezioni multiple: multipacket.
nave a stive vuote: clean ship.
nave battente bandiera estera: foreign–flag ship.
nave cabotiera: coaster; coasting ship.
nave carboniera: collier; coal ship.
nave combinata: combined carrier.
nave combo: combined carrier.
nave commerciale: commercial ship.
nave conferenziata: conference ship.
nave corsara: privateer.
nave costiera: coaster; coasting ship.
nave da carico: cargo boat; cargo ship; cargo vessel; freighter.
nave da carico celere: cargo liner; fast cargo liner.
nave da carico di linea: fast cargo liner.
nave da carico libera: tramp; tramp ship; tramp steamer.
nave da carico secco: dry ship.
nave di linea: liner.
nave estera: foreign–flag ship.
nave in libera pratica: clean ship.
nave lacuale: laker.
nave lacustre: laker.
nave mercantile: merchantman; trader.
nave mercantile per servizio di linea: liner.
nave nazionale: domestic ship.
nave noleggiata: chartered ship.
nave non conferenziata: non–conference ship.
nave non sussidiata: non–subsidized ship.
nave per carichi generali: general cargo ship; general ship.
nave per carichi pesanti: heavy–lift ship.
nave portacontenitori: containership; full container ship.
nave portarinfuse: bulk carrier.
nave pronta: spot ship.
nave pulita: clean ship.
nave sopra età: over–age ship.
nave sovvenzionata: subsidized ship.
nave spot: spot ship.
nave sussidiata: subsidized ship.
nave trasporto di linea: cargo liner.
navetta aerea: air shuttle.
nave volandiera: tramp; tramp ship; tramp steamer.
navicert: navicert.
navigabilità: seaworthiness.
naviglio: shipping.
nazionalismo economico: economic nationalism.
nazionalizzazione: nationalization.
nazione arretrata: underdeveloped nation.
nazione autosufficiente: self–dependent nation; self–sufficient nation.
nazione creditrice: creditor nation.
nazione creditrice in via di sviluppo: immature creditor nation.
nazione creditrice progredita: mature creditor nation.
nazione debitrice: debtor nation.
nazione debitrice in via di sviluppo: immature debtor nation.
nazione debitrice progredita: mature debtor nation.
nazione di bottegai: nation of shopkeepers.
nazione in via di sviluppo: developing nation.
nazione progredita: advanced nation.
nazione sottosviluppata: underdeveloped nation.
Nazioni Unite: United Nations.
necessità: necessities.
necessità del consumatore: consumer needs.
necessità finanziarie: financial requirements.
negligenza: 1. negligence. **2.** laches.
negoziabile: negotiable.
negoziabilità: negotiability.
negozi a catena: chain stores; multiple shops; multiples.
negoziante: 1. shopkeeper; storekeeper. **2.** negociant.
negoziare: to negotiate.
negoziati commerciali: trade talks.
negoziato per la riduzione dei dazi doganali: round.
negoziatore commerciale: trade negotiator.
negoziazione: negotiation.
negoziazione di cambiali: negotiation of bills of exchange.
negoziazione titoli: dealing.
negoziazioni bilaterali: bilateral negotiations.
negoziazioni commerciali: trade negotiations.
negoziazioni commerciali multilaterali: Multilateral Trade Negotiations.
negozi di sconto: discount stores.
negozi di vendita a sconto: discount stores.
negozi indipendenti: independents; independent stores.
negozio: 1. shop. **2.** store. **3.** shop premises.
negozio a bassi prezzi: limited–price store.
negozio al dettaglio: retail store.
negozio a libero servizio: self–service store; self–service.
negozio all'ingrosso: store.
negozio a prezzi scontati: cut–price shop.
negozio a prezzo unico: variety store.
negozio cooperativo: co–operative shop; co–operative store.
negozio delle occasioni: outlet store.
negozio di catena volontaria: voluntary chain store.
negozio di generi diversi: 1. general store. **2.** general merchandise store.
negozio di paese: village store.

negozio di specialità: specialty store.
negozio di vendita al minuto: retail store.
negozio fiduciario: trust agreement; trust.
negozio fiduciario revocabile: revocable trust.
negozio franco: duty–free shop; free shop.
negozio in franchigia doganale: duty–free shop; free shop.
negozio mobile: mobile shop.
negozio per automobilisti: drive–in store; drive–up store.
negozio per la vendita all'ingrosso: wholesale shop.
negozio popolare: variety store.
negozio self–service: self–service store; self–service.
negozio specializzato: limited–line store; specialist shop.
negozio specializzato in una linea: single–line store.
negozio vincolato: tied shop.
nella banca: in the bank.
nemici della regina: queen's enemies.
neocapitalismo: neo–capitalism.
neoclassicismo: neo–classicism.
neo–colonialismo: neo–colonialism.
neo–imperialismo: neo–imperialism.
neo–keynesiano: neo–Keynesian.
neoliberalismo: neo–liberalism.
neoliberismo economico: neo–liberalism.
neomaltusiani: neo–Malthusians.
neomaltusianismo: neo–Malthusianism.
neomercantilismo: neo–mercantilism.
nessun pagamento se non vi è successo: no cure, no pay.
nessun prezzo: nil price.
netto: net.
netto ricavo: net avails.
neutralità della moneta: neutrality of money.
neutralizzazione dell'oro: neutralization of gold.
nicchia: niche.
nicchie del mercato del lavoro: labour market niches.
nicchie di mercato: market niches.
nobile: noble.
noch per consegnare: put of more; option to double; seller's option to double.
noch per ritirare: call of more; option to double.
noch semplice: call of more.
noleggiare: to affreight.
noleggiatore: 1. charterer; freighter. **2.** hirer.
noleggiatore d'indirizzari commerciali: list broker.
noleggio: affreightment.
noleggio a collettame: liner freighting.
noleggio a corpo: lump–sum charter.
noleggio aereo: air freighting.
noleggio a tempo: time affreightment; time charter; time charter party.
noleggio a tempo–locazione: bareboat charter; bare pole charter; bare hull charter.
noleggio a tempo–trasporto: time charter.
noleggio a viaggio: voyage charter; voyage charter party; voyage affreightment; trip charter.
noleggio di andata e ritorno: round charter.
noleggio d'indirizzari commerciali: list broking; list renting.
nolo: freight.
nolo a collettame: berth freight.
nolo a corpo: lump–sum freight.
nolo a cubatura: measurement freight.
nolo aereo: air freight.
nolo affrançato: freight prepaid.
nolo a forfait: 1. lump–sum freight. **2.** through freight.
nolo a massa: lump–sum freight.
nolo anticipato: advance freight; prepaid freight; freight paid in advance.
nolo a peso: freight by weight.
nolo assegnato: 1. freight forward; freight collect. **2.** freight unpaid.
nolo a tempo: time freight.
nolo a volume: freight by measure; measurement freight.
nolo contrattuale: chartered freight; charterer's freight.
nolo cumulativo: through freight.
nolo di andata: outward freight.
nolo di andata e ritorno: freight out and home.
nolo di percorso: distance freight.
nolo di ritorno: 1. homeward freight; return freight. **2.** back freight.
nolo dovuto ad ogni evento: freight not repayable.
nolo dovuto salvo felice arrivo della nave: freight payable at destination.
nolo fantasma: phantom freight.
nolo in arrivo: freight in; freight inwards.
nolo in arrivo e in partenza: freight in and out.
nolo in partenza: freight out; freight outwards.
nolo in polizza di carico: bill of lading freight.
nolo irripetibile: freight not repayable.
nolo lordo: gross freight.
nolo morto: dead freight.
nolo netto: freight in full; full freight; net freight.
nolo pagabile a destinazione: freight payable at destination.
nolo pagato fino a: freight paid to.
nolo posticipato: freight forward; freight collect.
nolo prepagato: 1. prepaid freight; freight paid in advance. **2.** freight prepaid.
nolo proporzionale: pro rata freight.
nolo su merci acquistate: freight inwards; freight in.
nolo su merci vendute: freight outwards; freight out.
nome commerciale: trade name; commercial name.
nome del prodotto: product name.
nome depositato: registered business name.
nome di fantasia: fictitious name.
nome fittizio: fictitious name.
nome generico: generic name.
nome intestatario: nominee name.
nomenclatura tariffaria di Bruxelles: Brussels Tariff Nomenclature.
nome registrato: registered name.
nomi degli amministratori: names of directors.
nominalista: nominalist.
non accettabile: non acceptable.
non all'ordine: non–transferable.
non cedibile: non–assignable.
non collaborazione: slow–down strike.
non coperto: not provided for.
non costituito in società: non–corporate.
non estraibile: ex drawing.
nonflazione: zero inflation.
non girabile: non–endorsable.
non idoneo alla navigazione: unseaworthy.
non lucrativo: profitless.
non maturato: unaccrued.
non negoziabile: 1. not negotiable. **2.** non–negotiable.
non occupato: non–employed.
non occupazionale: non–occupational.
non operativo: non–operating.
non pagato: outstanding.
«non pesare»: not weight.

non recuperabile: non–recoverable.
non registrato: non–corporate.
non remunerativo: profitless.
non residente: non–resident.
non saldato: outstanding.
non sempre a galla, ma su fondo sicuro: not always afloat, but safe aground.
non sopra età: not over age.
non trasferibile: non–transferable.
norma: **1.** standard. **2.** rule. **3.** mode. **4.** norm.
norma del beneficio fiscale: tax benefit rule.
norma della domanda reale: real–demand rule.
norma dell'anzianità di servizio: seniority rule.
norma della proporzionalità della colpa: comparative negligence rule.
norma della prova indiretta: secondary evidence rule.
norma della prova migliore: best evidence rule.
norma di determinazione delle tariffe: rule of rate–making.
normale deterioramento: fair wear and tear.
normativa monetaria: monetary rules.
normativa sul contenuto locale: local content rules.
normativa sul minimo di esportazioni: minimum exports rules.
norme di arbitrato: rules of arbitration.
norme di competenza: demarcation rules.
norme di lavoro: work rules.
norme di lavoro sindacali: union work rules.
norme di sicurezza: safety regulations.
norme e regolamenti: rules and regulations.
norme per la spedizione: shipping regulations.
norme sul contenuto locale: local content rules.
norme sul contenuto nazionale: domestic content rules.
norme sul disegno industriale: industrial designs rules.
norme sulla liquidità bancaria: bank liquidity rules.
norme sull'importazione di semilavorati: mixing and milling regulations.
norme valutarie: currency regulations.
nostre linee: nostro account; due from balance.
nostro scoperto: nostro overdraft.
nota: **1.** memorandum. **2.** bill.
nota arrivo materiali: goods received note; goods inwards sheet; goods inwards note.
nota contabile: recording medium.
nota di accompagnamento: packing note.
nota di accreditamento: credit note; credit memorandum; credit memo.
nota di accredito: credit note; credit memorandum; credit memo; sales credit note.
nota di acquisto: bought note.
nota di addebitamento: debit note; debit memorandum; debit memo.
nota di addebito: debit note; debit memorandum; debit memo.
nota di cassa: cash note.
nota di conferma: confirmation note.
nota di copertura: cover note.
nota di credito: credit slip.
nota d'imbarco: **1.** shipping advice note; shipping note; shipping order. **2.** stamp note.
nota di nolo: freight note; freight bill.
nota di pegno: warehouse–keeper's warrant; warehouse warrant; warrant.
nota di rilascio: release note.
nota di scarto: reject note.
nota di sequestro: seizure note.
nota di spedizione: consignment note.
nota di titolo di proprietà: note of title.
nota di trasbordo: transhipment note; customs warrant.
nota di vendita: **1.** commercial invoice. **2.** sold note; confirmation notice.
notaio: notary public.
nota materiali resi: goods returned note.
nota merci rese: goods returned note.
nota merci ricevute: goods received note; goods inwards sheet; goods inwards note.
nota resi: goods returned note.
notifica: notification.
notifica di accertamento: notice of assessment.
notifica di accreditamento: credit advice.
notifica di sequestro presso terzi: garnishment.
notiziario commerciale: trade report.
notizie deprimenti: depressing news.
novazione: novation.
novità: novelty.
novizio: novice.
nucleo familiare: household; household group.
nudo patto: naked contract.
nudo proprietario: remainderman.
nudum pactum: naked contract; nude contract.
nullo: void.
nullo e di nessun effetto: null and void.
numerario: numeraire.
numeri: products; interest numbers.
numeri aleatori: random numbers.
numeri casuali: random numbers.
numeri indici della produzione industriale: index numbers of industrial production.
numeri scelti a caso: random numbers.
numero: **1.** figure. **2.** tale.
numero di casella: box number.
numero di commessa: job number.
numero di conto: account number.
numero di controllo: check number.
numero d'identificazione personale: personal identification number.
numero di lotto: batch number.
numero di matricola: identification number.
numero di protocollo: reference.
numero di serie: serial number.
numero indice: index number.
numero indice a base fissa: fixed base index.
numero indice a catena: chain index.
numero indice a valore relativo: relative–value index number; relatives index number.
numero indice composito: composite index number; composite index.
numero indice dei prezzi: price index number; index number of prices.
numero indice dei prezzi all'ingrosso: wholesale index number.
numero indice di quantità: quantity index number; quantity index.
numero indice di valore: value index number.
numero indice di volume: volume index number; volume index.
numero indice indefinito: indefinite index number.
numero indice monetario: currency index number.
numero irrazionale: irrational number.
numero legale: quorum.
numero razionale: rational number.
numero reale: real number.
numero significativo: significant amount.

numismatica: numismatics.
nuova coniazione: recoinage.
nuova economia: new economics.
nuova emissione: new issue.
nuova ordinazione: reorder.
nuove assunzioni: new hires.
nuove azioni: new shares.
nuove città: new towns.
nuove imprese: new entrants.
nuovi assunti: new entrants.
nuovo ordine economico internazionale: new international economic order.
nuovo ordine economico mondiale: new world economic order.
nuovo paese industriale: new industrial country.
nuovo penny: new penny.
nuovo periodo: new time; next time; newgo.
nuovo per vecchio: new for old.
nuovo protezionismo: new protectionism.
nuovo sindacalismo: new unionism.
Nuovo Sud: New South.
nuovo unionismo: new unionism.

o, O

obbligatario: obligee.
obbligato: obligor.
obbligato principale: principal debtor; principal.
obbligazione: 1. debenture; bond. **2.** obligation; indebtedness. **3.** liability.
obbligazione a capitalizzazione integrale: zero coupon bond.
obbligazione accessoria: contingent liability.
obbligazione a corso secco: flat bond.
obbligazione a interesse posticipato: non–interest–bearing discount bond.
obbligazione a interesse scalare: stepped–rate bond.
obbligazione alla pari: par bond.
obbligazione al portatore: bearer bond; bearer debenture.
obbligazione alternativa: alternative obligation.
obbligazione a partecipazione: participating bond; profit–sharing bond.
obbligazione a rimborso frazionato: instalment bond.
obbligazione a scadenza indeterminata: indeterminate bond.
obbligazione assunta: assumed bond.
obbligazione a termine: term bond.
obbligazione baby: baby bond.
obbligazione bilaterale: bilateral obligation.
obbligazione cambiaria: liability on bills of exchange.
obbligazione con diritto prioritario: prior–lien bond.
obbligazione condizionata: conditional bond.
obbligazione con garanzia privilegiata: prior–lien bond.
obbligazione contrattuale: contractual obligation.
obbligazione convertibile in oro: gold–convertible bond.
obbligazione cuponata: coupon bond.
obbligazione cuponata nominativa: registered coupon bond.
obbligazione d'avaria: average bond; general average bond.
obbligazione di ampliamento: extension bond.
obbligazione diretta: direct liability.
obbligazione di rimborso di acconto: advance payment bond.
obbligazione di riorganizzazione: adjustment bond; reorganization bond.
obbligazione di sviluppo industriale: industrial development bond.
obbligazione di un fondo: fund obligation.
obbligazione estratta: drawn bond.
obbligazione fermata: disabled bond; stopped bond.
obbligazione ferroviaria: railway debenture; railroad bond.
obbligazione fissa: fixed–sum debenture.
obbligazione fondiaria: mortgage bond.
obbligazione garantita: secured liability.
obbligazione garantita da contributi di miglioria: special–assessment bond; assessment bond.
obbligazione garantita da fondo di ammortamento: sinking–fund bond.
obbligazione garantita da imposta limitata: limited tax bond.
obbligazione garantita da ipoteca generale: general mortgage bond.
obbligazione garantita da ipoteca su immobili in locazione: leasehold mortgage bond.
obbligazione garantita dallo stato: state–guaranteed bond.
obbligazione garantita da terre assegnate dal governo: land–grant bond.
obbligazione indicizzata: indexed bond; stabilized bond.
obbligazione indiretta: secondary liability; indirect liability.
obbligazione in dollari: dollar bond.
obbligazione industriale: industrial bond.
obbligazione in eurodollari: eurodollar bond.
obbligazione in moneta legale: legal–tender bond.
obbligazione in scadenza: maturing liability.
obbligazione in solido: 1. joint and several obligation. **2.** joint and several bond.
obbligazione internazionale: international bond.
obbligazione in valuta: currency bond; international bond.
obbligazione in yen: yenbond.
obbligazione ipotecaria: mortgage bond; mortgage debenture.
obbligazione irredimibile: irredeemable debenture.
obbligazione municipale: municipal bond.
obbligazione netta: clean bond.
obbligazione nominativa: registered bond; registered debenture.
obbligazione non garantita: 1. income debenture; income bond; preference bond. **2.** debenture bond; naked debenture; plain bond.
obbligazione ordinaria: straight bond.
obbligazione passiva: passive bond.
obbligazione per avallo: liability for endorsement.
obbligazione permutabile: interchangeable bond.
obbligazione perpetua: perpetual bond; perpetual debenture.
obbligazione per somma fissa: fixed–sum debenture.
obbligazione personale: 1. personal bond. **2.** personal liability; personal obligation.
obbligazione primaria: primary liability; principal obligation.
obbligazione principale: primary liability; principal obligation.
obbligazione prorogata: extended bond.
obbligazione provvisoria: interim bond.
obbligazione reale: real obligation.
obbligazione richiamata: called bond.

obbligazione riscattabile: callable bond; indeterminate bond.
obbligazione scaduta: matured liability.
obbligazione scuponata: zero coupon bond.
obbligazione secondaria: secondary liability.
obbligazione semplice: 1. income bond; income debenture. **2.** preference bond; single bond.
obbligazione semplice a corso secco: flat income bond.
obbligazione semplice senza dietimi: flat income bond.
obbligazione senza cedola: zero coupon bond.
obbligazione senza interessi: flat bond.
obbligazione solidale: joint obligation; joint liability.
obbligazione sopra la pari: premium bond.
obbligazione sotto la pari: discount bond.
obbligazione stabilizzata: stabilized bond.
obbligazione trasferibile: transferable bond.
obbligazione universale: universal bond.
obbligazione variabile: all–moneys debenture.
obbligazioni a alto rendimento: high–yield bonds.
obbligazioni a garanzia generale: floating–charge debentures; floating debentures.
obbligazioni a tasso d'interesse variabile: floating rate bonds.
obbligazioni a tasso fluttuante: floating rate bonds.
obbligazioni con diritto di sottoscrizione: equity–warrant bonds.
obbligazioni con garanzia reale: collateral trust bonds.
obbligazioni con garanzia specifica: fixed debentures.
obbligazioni con scadenza a serie successive: serial bonds.
obbligazioni convertibili: convertible bonds; convertible debentures.
obbligazioni con warrant: warrant bonds.
obbligazioni di arbitraggio: arbitrage bonds.
obbligazioni di breve termine: short–term obligations.
obbligazioni di disimpegno: exit bonds.
obbligazioni di enti locali: 1. local bonds; local authority bonds. **2.** corporation stock; corporate stock.
obbligazioni differite: deferred bonds.
obbligazioni di grado anteriore: senior bonds.
obbligazioni di grado posteriore: junior bonds.
obbligazioni di primo grado: first mortgage bonds; first–lien bonds; senior bonds; underlying bonds.
obbligazioni di pubblici servizi: public–utility bonds.
obbligazioni di rischio: junk bonds.
obbligazioni di secondo grado: junior bonds; junior–lien bonds; overlying bonds.
obbligazioni di società: corporate bonds.
obbligazioni di società per azioni: company debentures.
obbligazioni estere: foreign bonds.
obbligazioni estere in sterline: bulldogs; bulldog bonds.
obbligazioni garantite: 1. secured debentures; secured bonds. **2.** guaranteed bonds; guaranteed debentures; guaranteed stocks.
obbligazioni garantite da ipoteca aperta: open–end mortgage bonds.
obbligazioni garantite da ipoteca di primo grado: first mortgage bonds; first–lien bonds; underlying bonds; senior bonds.
obbligazioni garantite da ipoteca di secondo grado: junior bonds; junior–lien bonds; overlying bonds.
obbligazioni garantite da ipoteca mobiliare: chattel mortgage bonds.
obbligazioni in circolazione: outstanding bonds.
obbligazioni indicizzate: index–linked securities; escalator bonds.
obbligazioni in dollari asiatici: Asian dollar bonds.
obbligazioni in materie prime: commodity bonds.
obbligazioni in serie: series bonds.
obbligazioni in valuta estera: foreign currency bonds.
obbligazioni ipotecarie: real–estate mortgage bonds.
obbligazioni ipotecarie di rifinanziamento: refunding mortgage bonds.
obbligazioni nominative: debenture stock.
obbligazioni non garantite: unsecured debentures; simple debentures.
obbligazioni pagabili in sterline: sterling bonds.
obbligazioni per l'edilizia abitativa: housing bonds.
obbligazioni per migliorie: improvement bonds.
obbligazioni privilegiate: underlying bonds.
obbligazioni redimibili: 1. redeemable bonds; redeemable stock. **2.** redeemable debentures.
obbligazioni scommessa: bull–and–bear bonds.
obbligazioni sociali: partnership's liabilities.
obbligazioni sopra la pari: premium bonds.
obbligazioni sotto la pari: debentures at a discount.
obbligazionista: debenture holder; bondholder.
obbligazioni statali: government obligations.
obiettivi: targets.
obiettivi di breve periodo: short–term objectives.
obiettivi di lungo periodo: long–term objectives.
obiettivi di politica: policy goals; policy targets.
obiettivi di produzione: production targets.
obiettivi di vendita: sales targets.
obiettivi economici: economic ends; economic objectives.
obiettivi intermedi: intermediate targets.
obiettivo: objective; target.
obiettivo aziendale: company goal; corporate goal.
obiettivo dei tassi di cambio: exchange rate target.
obiettivo di bilancio: budget target.
obiettivo di crescita dell'offerta di moneta: money supply target.
obiettivo di mercato: market objective.
obiettivo d'inflazione: inflation target.
obiettivo di profitto: profit objective.
obiettivo di spesa: direction of effort.
obiettivo di spesa pubblica: public–spending target.
obiettivo minimo di occupazione: minimum employment target.
obiettivo monetario: monetary target.
obiettivo non pecuniario: non–pecuniary goal.
obiettivo progressivo: rolling target.
obsolescenza: obsolescence.
obsolescenza automatica: built–in obsolescence.
obsolescenza pianificata: planned obsolescence.
obsolescenza programmata: planned obsolescence.
obsoleto: obsolete.
occasione: bargain.
occorrendo: in case of need.
occultamento: concealment.
occupazione: 1. employment. **2.** occupation. **3.** trade. **4.** sit–down strike. **5.** tenure.
occupazione a tempo parziale: part–time employment.
occupazione a tempo pieno: full–time employment.
occupazione a termine: temporary occupation.
occupazione di minori: employment of children.
occupazione industriale: manufacturing employment.
occupazione in proprio: self–employment.

occupazione irregolare: irregular employment.
occupazione nei servizi: service employment.
occupazione nell'industria produttrice di beni: manufacturing employment.
occupazione nell'industria produttrice di servizi: service employment; service–producing employment.
occupazione primaria: primary employment.
occupazione quaternaria: quaternary employment.
occupazione remunerata: gainful employment; gainful occupation.
occupazione saltuaria: irregular employment; casual employment.
occupazione secondaria: secondary employment.
occupazione stabile: stable employment.
occupazione stagionale: seasonal employment.
occupazione temporanea: temporary employment.
occupazione terziaria: service employment; tertiary employment.
occupazioni terziarie: tertiary occupations; service occupations.
ofelimità: utility.
offerente: 1. bidder. **2.** tenderer.
offerta: 1. supply. **2.** offer. **3.** offering.
offerta aggregata: aggregate supply.
offerta all'asta: offer by tender; tender; tender offer.
offerta al pubblico: public issue; public offering; offer for sale.
offerta alternativa: rival supply; competitive supply.
offerta anelastica: inelastic supply.
offerta aperta: open bid.
offerta a premio: premium offer.
offerta a prezzi d'occasione: bargain offer.
offerta autoliquidantesi: self–liquidating offer.
offerta campionata: offer with sample; sampled offer.
offerta collettiva: aggregate supply.
offerta competitiva: 1. rival supply; competitive supply. **2.** competitive offer.
offerta complementare: complementary supply.
offerta composita: composite supply.
offerta concordata: agreed bid.
offerta concorrenziale: 1. rival supply; competitive supply. **2.** competitive offer.
offerta condizionata: conditional offer.
offerta congiunta: joint supply.
offerta consortile: syndicate bid.
offerta consorziale: syndicate bid.
offerta costante: fixed supply.
offerta d'acquisto concordata: agreed take–over bid.
offerta d'acquisto contrastata: contested take–over bid; defended bid; opposed bid.
offerta d'acquisto in concorrenza: rival bid.
offerta d'acquisto ostile: hostile take–over bid; unfriendly bid; hostile raid.
offerta d'acquisto per contanti: leveraged bid.
offerta di aggiudicazione: closing bid.
offerta di apertura: opening bid.
offerta di appalto: tender.
offerta di azioni al pubblico: public stock offering.
offerta di azioni riservata agli azionisti: rights offer.
offerta di blocco: block offer.
offerta di carta: paper bid.
offerta di contanti: cash offer.
offerta di contratto: offer.
offerta di fornitura: tender.
offerta di indennizzo: tender of amends.
offerta di lancio: introductory offer.
offerta di lavoro: labour supply.
offerta di manodopera: labour supply; supply of labour.
offerta di mercato: market supply.
offerta di moneta: money supply; money stock; monetary supply; supply of money.
offerta di moneta elastica: elastic money supply.
offerta di moneta endogena: endogenous money supply.
offerta di obbligazioni: bond flotation.
offerta di pagamento: tender of payment; tender.
offerta di risarcimento: tender of amends.
offerta di scheda: schedule supply; total supply.
offerta di un contratto alla generalità: invitation to treat.
offerta di vendita: offer for sale.
offerta di vendita all'asta: offer for sale by tender.
offerta e accettazione per corrispondenza: offer and acceptance by post.
offerta eccessiva: over–supply.
offerta elastica: elastic supply.
offerta esplicita: express offer.
offerta fallita: abortive bid.
offerta ferma: firm offer.
offerta fissa: fixed supply.
offerta fittizia: dummy tender.
offerta fluttuante: floating supply.
offerta generale: general offer.
offerta globale: aggregate supply.
offerta incondizionata: unconditional offer.
offerta incrociata: cross offer.
offerta inelastica: inelastic supply.
offerta infinitamente elastica: infinitely elastic supply; perfectly elastic supply.
offerta in gara: tender; offer by tender; tender offer.
offerta iniziale al pubblico: initial public offering.
offerta insufficiente: under–supply.
offerta interna: domestic supply.
offerta invisibile: invisible supply.
offerta libera: free supply.
offerta mediante manifesto di emissione: offer by prospectus.
offerta nominale di moneta: nominal money stock.
offerta non riuscita: abortive bid.
offerta perfettamente anelastica: perfectly inelastic supply; infinitely inelastic supply.
offerta perfettamente elastica: perfectly elastic supply; infinitely elastic supply.
offerta primaria: primary offering.
offerta privata: private offering.
offerta programmata: scheduled supply.
offerta promozionale: deal.
offerta pubblica di acquisizione: take–over bid.
offerta pubblica di acquisto: take–over bid; bid; offer to purchase (v. anche offerta d'acquisto).
offerta reale: tender; tender of payment.
offerta regressiva: regressive supply.
offerta rigida: inelastic supply.
offerta secondaria: secondary offering.
offerta segreta: sealed bid; sealed tender.
offerta sigillata: sealed bid; sealed tender.
offerta speciale: special offer.
offerta speciale di acquisto: special bid.
offerta speciale di titoli: special offering.
offerta stagionale: seasonal supply.
offerta totale: total supply; schedule supply.
offerta vantaggiosa: bargain offer.
offerta vincolante: binding offer.
offerte d'impiego: situations vacant.

offerte d'oro libero: free gold supplies.
offerte esterne: outside tenders.
offerte fittizie: by–bidding.
offertismo: supply–side economics.
offertista: supply–sider; supply–side economist.
officina: 1. shop. 2. workshop.
officina del mondo: workshop of the world.
officina di manutenzione: maintenance shop.
officina meccanica: machine shop.
officina sociale: social workshop.
oggetti di valore: valuables.
oggettivo: objective.
oggetto: subject–matter.
oggetto di costo: object.
oggetto sociale: corporate purpose.
oleodotto: pipeline.
oliare: to grease.
oligopolio: oligopoly.
oligopolio bilaterale: bilateral oligopoly.
oligopolio collusivo: collusive oligopoly.
oligopolio imperfetto: imperfect oligopoly.
oligopolio naturale: natural oligopoly.
oligopolio parziale: partial oligopoly.
oligopolio puro: perfect oligopoly; complete oligopoly.
oligopolista: oligopolist.
oligopoloide: imperfect oligopoly.
oligopsonio: oligopsony.
oligopsonista: oligopsonist.
omaggio: 1. freebee. 2. premium. 3. on–pack premium.
ombrello fiscale: tax umbrella.
omeopolio circolare: perfect oligopoly; complete oligopoly.
omeopsonio atomistico: pure polypsony.
omissione di atto dovuto: non–feasance.
omnium: holding company; security holding company.
omogeneità: homogeneity.
omogeneità dei prodotti: product homogeneity.
omologare: to validate.
omologazione: validation.
oncia: ounce.
oncia avoirdupois: avoirdupois ounce.
oncia fluida: fluid ounce.
oncia troy: troy ounce.
onda Kondratieff: long wave.
onda lunga: long wave.
onda secolare: secular trend.
ondata inflazionistica: inflationary surge.
onere del debito: debt burden.
onere del debito nazionale: burden of the national debt.
onere della prova: onus of proof; burden of proof.
onere di mantenimento: carrying charge.
onere di reparto: departmental charge.
onere fiscale: tax burden.
oneri con diritto prioritario: prior charges.
oneri deducibili: tax deduction; allowable expense; tax expenditure.
oneri fissi: fixed charges; standing charges.
oneri non tariffari: non–tariff charges.
oneri sociali: social security contributions.
onorare: to honour.
onorario: fee.
onorario consorziale: syndication fee.
onorario di capofila: management fee.
onorario di gestione: management fee.
onorario di rendimento: performance fee.
operaio: 1. factory hand. 2. workman; hand; manual worker.
operaio chiave: key worker.
operaio finito: journeyman.
operaio meccanico: operative.
operaio non qualificato: unskilled worker; green hand.
operaio non specializzato: unskilled worker.
operaio qualificato: skilled worker.
operaio semispecializzato: semiskilled worker.
operaio specializzato: 1. skilled worker. 2. specialized worker; craftsman; journeyman.
operare con capitale di prestito: equity trading; trading on the equity.
operativo: 1. operating. 2. operational.
operatore: operator.
operatore autorizzato: 1. authorized dealer. 2. licensed dealer; licensed securities dealer.
operatore commerciale: dealer.
operatore concorrente: competitive trader.
operatore del mercato dei premi: registered options trader.
operatore di borsa: 1. floor trader. 2. floor dealer. 3. dealer. 4. registered trader.
operatore di borsa indipendente: independent floor broker.
operatore di borsa merci: commodity broker; produce broker.
operatore di borsa valori: stockjobber.
operatore di cambio: 1. exchange jobber; exchanger. 2. exchange broker; exchanger.
operatore di macchina: machine operator.
operatore di mercato: market participant.
operatore di mercato nero: black marketeer.
operatore di sviluppo edilizio: property developer.
operatore esterno: outside dealer.
operatore in contratti a premio: option dealer.
operatore indipendente: 1. market maker; trader. 2. independent broker. 3. broker–dealer.
operatore in valute: exchange dealer; exchanger.
operatore locale: local trader.
operatore monetario: money dealer.
operatore non informato: noise–trader.
operatore primario: primary dealer.
operatore specializzato: specialist broker; specialist.
operazione: operation.
operazione alle grida: open outcry.
operazione allo scoperto: time bargain; inter–account deal.
operazione al netto: net transaction.
operazione al rialzo: bull transaction.
operazione al ribasso: bear transaction.
operazione a margine: margin transaction.
operazione a mezzo assegno: cheque transaction.
operazione a pronti: 1. cash transaction. 2. value spot.
operazione a pronto contro termine: swap.
operazione a termine: time bargain; inter–account deal.
operazione a termine secco: outright deal; outright forward transaction.
operazione a turni multipli: multishift operation.
operazione bancaria: bank transaction; banking transaction.
operazione commerciale: commercial transaction; transaction; business transaction; deal; business deal.
operazione commerciale completata: complete transaction.
operazione commerciale in corso: incomplete transaction.
operazione consorziale: syndicate operation.

operazione contabile: accounting transaction.
operazione di cambio a termine: forward exchange transaction.
operazione di cambio per consegna differita: forward currency exchange.
operazione di capitale: equity transaction.
operazione di chiusura: closing out.
operazione di compensazione: 1. offset transaction. **2.** compensation transaction. **3.** clearance.
operazione di compravendita: bargain.
operazione di compravendita a termine: bargain for the account.
operazione di compravendita fittizia: wash transaction.
operazione di compravendita in borsa: stock exchange bargain.
operazione di compravendita per contanti: bargain for cash.
operazione di consolidamento: funding operation.
operazione di copertura: covering transaction; hedging; hedge.
operazione di debito pubblico: public debt transaction.
operazione di riporto proroga: carry–over transaction.
operazione di risconto: deferring.
operazione di salvataggio: rescue operation.
operazione di scambio aperta: open swap.
operazione di scambio di compensazione: offsetting swap.
operazione di scorporazione: bust–up deal.
operazione di sostegno: support–buying operation.
operazione esterna: external transaction.
operazione finanziaria: financial transaction; financial operation.
operazione fittizia: bogus transaction.
operazione in borsa: dealing.
operazione interaziendale: intercompany transaction.
operazione interna: internal transaction.
operazione in valuta estera: foreign exchange deal.
operazione per assegno: cheque transaction.
operazione per contanti: cash transaction.
operazione «pronti contro termine»: swap.
operazione protetta: protected transaction.
operazione rischiosa: venture.
operazione simulata: bogus transaction.
operazione standard: standard operation.
operazione twist: twist.
operazioni a contanti: spot transactions.
operazioni a margine: margin dealing; trading on margin.
operazioni a nuovo: dealing for new time.
operazioni a premio: option dealing.
operazioni a pronti: spot dealings; spot transactions; dealings for cash; cash dealings.
operazioni a termine: 1. dealings for the account. **2.** forward transactions.
operazioni attive: lending business; lending operations.
operazioni bancarie: banking.
operazioni cacciavite: screwdriver operations.
operazioni commerciali a pronti: spot trading.
operazioni commerciali a termine: futures trading.
operazioni commerciali per consegna differita: forward trading.
operazioni correnti: current transactions.
operazioni del dopoborsa: 1. after–hours trading; after–hours dealings. **2.** kerb trading.
operazioni di capitale: capital transactions.
operazioni di compravendita valute: exchange dealings.
operazioni di copertura per consegna differita: forward cover.
operazioni di credito attive: lending operations.
operazioni di credito passive: borrowing operations; borrowing transactions.
operazioni di impiego: lending operations.
operazioni di mercato aperto: open–market operations.
operazioni di mercato ristretto: unlisted trading.
operazioni di nuovo periodo: new account dealings; new time dealings.
operazioni di pagamento: money transfers.
operazioni di permuta: swap operations.
operazioni di precompensazione: precompensation deals.
operazioni di provvista fondi: funding operations.
operazioni di raccolta: borrowing transactions; borrowing operations.
operazioni di reddito: income transactions.
operazioni di riporto valutario: swap operations.
operazioni di speculazione: speculative transactions.
operazioni doganali: custom operations.
operazioni fuori bilancio: off–balance–sheet operations.
operazioni fuori dal recinto: ex pit transactions.
operazioni in apertura: early bargains.
operazioni indifferenti: neutral banking transactions; non–credit business.
operazioni in fondi federali: federal funds transactions.
operazioni internazionali: international transactions.
operazioni in titoli: stockbroking transactions.
operazioni in titoli non quotati: unlisted trading.
operazioni intra–aziendali: intra–firm transactions.
operazioni in valuta estera: foreign exchange operations.
operazioni mediante computer: program trading.
operazioni monetarie: monetary transactions.
operazioni non registrate: unrecorded transactions.
operazioni passive: deposit business; borrowing operations.
operazioni per consegna differita: forward contracting; forward dealings; forward marketing.
operazioni per contanti: dealings for cash; cash dealings.
operazioni per la porta di servizio: back–door operations.
operazioni per la porta principale: front–door operations.
operazioni «pronti contro termine»: swap operations.
operazioni reciproche: mutual dealings.
operazioni su panieri di titoli: basket trading.
operazioni trattate: bargains done.
opere assistenziali: relief work.
opere pie: charitable companies.
opere pubbliche: public works.
opificio: mill.
opinione: opinion.
opinione della banca: banker's opinion.
opinione del revisore: accountant's opinion.
opinione pubblica: public opinion.
opportunità differenziale: differential opportunity.
opportunità di investimento: investment opportunities.
opportunità uguali: equal opportunities.
opposizione alle vendite: sales opposition.
optimum: optimum.
optimum d'impresa: optimum firm.

optimum di Pareto: Pareto–optimal; Pareto optimum; Paretian optimality; Pareto optimality.
optimum di popolazione: optimum population.
optimum di produzione: 1. production optimum. **2.** optimum output.
optimum di utilità: utility optimum.
optimum paretiano: Paretian optimality.
opulenza: opulence; affluence.
opuscolo: booklet; brochure; pamphlet.
opzione: option; net option; option contract.
opzione allo scoperto: naked option.
opzione americana: American option.
opzione del vettore: ship's option.
opzione di acquisto: 1. call. **2.** option to purchase.
opzione di giorno in giorno: day–to–day option.
opzione di vendita: put; put option.
opzione doppia: 1. put and call; double option; spread. **2.** straddle; straddle option.
opzione doppia al rialzo: bull spread.
opzione doppia al ribasso: bear spread.
opzione europea: European option.
opzione giornaliera: day–to–day option.
opzione locale: local option.
opzione su contratti per consegna a termine di beni: commodity futures option.
opzione sui dividendi: dividend option.
opzione sull'indice: index option.
opzione su tassi d'interesse: interest–rate option.
opzione valutaria: currency option; foreign exchange option.
opzioni di liquidazione: settlement options.
opzioni di partecipazione: junior stock options.
opzioni non soggette a decadenza: non–forfeiture options.
ora delle streghe: witching hour.
ora delle tre streghe: triple witching hour.
orafo: goldsmith.
ora lavorativa: work hour.
ora legale: daylight saving time; summer time.
orario di apertura: opening time.
orario di cassa: cash hours.
orario di esercizio: business hours.
orario di lavoro: 1. hours of work. **2.** working time.
orario di lavoro flessibile: flexible work schedules; flexible working hours.
orario di sportello: banking hours; bank hours.
orario di ufficio: office hours.
orario flessibile: flexible schedule; flexible hours; flexitime.
orario lavorativo normale: ordinary working hours; straight time.
orario ridotto: short time; short hours.
orario settimanale standard: standard weekly hours.
ora teorica standard di lavorazione: standard hour.
ora teorica standard di utilizzazione di un impianto: standard hour.
ordinalismo: ordinalism.
ordinata: ordinate.
ordinativo: 1. order. **2.** indent.
ordinativo aperto: open indent.
ordinativo arretrato: back order; open order.
ordinativo chiuso: closed indent.
ordinativo di approvvigionamento: purchase order; purchasing order.
ordinativo di prova: trial order.
ordinativo di spedizione: shipping order.
ordinativo inevaso: unexecuted order; unfilled order; outstanding order.
ordinativo nuovo: new order.
ordinativo parzialmente evaso: part order.
ordinativo urgente: rush order.
ordinazione: order.
ordinazione di acquisto: purchase order; purchasing order.
ordinazione diretta: direct order.
ordinazione di vendita: sales order.
ordinazione per corrispondenza: mail order.
ordinazione ripetuta: repeat order; repeat.
ordine: order.
ordine al listino: at the close order.
ordine alternativo: alternative order; either–or order.
ordine aperto: open order.
ordine a revoca: good until cancelled order; month order; week order.
ordine a risposta immediata: fill–or–kill order.
ordine circa: near order.
ordine collettivo: collective order.
ordine condizionato: conditional order.
ordine con indicazione del giorno di validità: day order.
ordine con indicazione di validità: time order.
ordine con limite di prezzo: 1. stop order. **2.** limit order; limited order; limited price order.
ordine con urgenza immediata: fill–or–kill order.
ordine debordant: 1. board order; resting order. **2.** stop–loss order; stop order.
ordine debordant limitato: stop limit order.
ordine del giorno: agenda; order of business.
ordine di acquisto: buy order.
ordine di acquisto con limite di prezzo: stop buy order; buy stop order.
ordine di assaggio: tasting order.
ordine di banca: banker's order.
ordine di bonifico: bank payment order.
ordine di borsa: stock market order.
ordine di cambiamento di posizione: switch order.
ordine di campionamento: sampling order.
ordine di consegna: delivery order; delivery warrant.
ordine di consegna per il trasbordo: transhipment delivery order.
ordine di copertura: application.
ordine di fabbricazione: shop order; works order.
ordine di fermo: stop order; stop payment order.
ordine di lavorazione: work order.
ordine di liquidazione: administration order.
ordine di liquidità: order of liquidity.
ordine d'imbarco: shipping note; shipping order; receiving note.
ordine d'incasso: collection order.
ordine di pagamento: 1. bank payment order. **2.** banker's order. **3.** order of payment.
ordine di pagamento documentario: documentary payment order.
ordine di pagamento internazionale: international payment order.
ordine di permanenza: order of permanence.
ordine di prelievo negoziabile: negotiable order of withdrawal.
ordine di produzione: production job order; production order; factory order; manufacturing order.
ordine di produzione per scorte: stock order; stores order.
ordine di rilascio: freight release.
ordine di sbarco: landing order.

ordine discrezionale: discretionary order.
ordine di sequestro: distress warrant.
ordine di sospensione: stop order.
ordine d'ispezione: inspecting order.
ordine di trasferimento: transfer order.
ordine di vendita: sell order.
ordine di vendita con limite di prezzo: sell stop order; stop sell order.
ordine globale: 1. collective order. **2.** blanket order.
ordine in apertura: at the opening order.
ordine in chiusura: at the close order.
ordine incrociato: cross order.
ordine in sospeso: suspended market order.
ordine legato: 1. matched order. **2.** contingent order.
ordine limitato: contingent order; stop order; limit order.
ordine migliorando: split order; scale order.
ordine naturale: natural order.
ordine permanente: standing order.
ordine revocabile: revocable order.
ordine ripetitivo: repeat order; repeat.
ordine scalando: split order; scale order.
ordine senza indicazione di validità: market order.
ordine spontaneo: catallaxy.
ordine telefonico: telephone order.
ordine urgenzando: fill–or–kill order.
ordine valido borsa oggi: buy–or–cancel order.
ordine valido questa settimana: good–this–week order.
ordine valido questo mese: good–this–month order.
ordine valido revoca: good until cancelled order; revocable order; month order; week order.
ordine volando: fill–or–kill order.
ordini di beni: orders of goods.
ordini di non pagare: orders not to pay.
ordini in sospeso: dues.
ore di lavoro: working hours.
ore di presenza: attendance time.
ore di punta: peak hours.
orefice: goldsmith.
ore lavorative: working hours.
ore lavorative normali: ordinary working hours; straight time.
ore–macchina: machine–hours.
ore standard di preparazione: standard preparation hours.
ore–uomo: man–hours.
organico di filiale: branch personnel.
organigramma: organization chart; table of organization.
organigramma circolare: circular organization chart; sphere organization chart.
organigramma concentrico: concentric chart.
organigramma orizzontale: horizontal organization chart.
organigramma radiale: concentric chart.
organigramma verticale: vertical organization chart.
organismi autoregolamentati: self–regulated organizations; self–regulatory organizations.
organismo d'investimento: investment institution.
organizzazione: organization.
organizzazione a direzioni multiple: multiple–management organization.
organizzazione a linee e direzioni: line and staff organization; staff and line organization.
organizzazione aziendale: company organization.
organizzazione commerciale: trade organization.
Organizzazione degli Stati Americani: Organization of American States.
Organizzazione degli Stati dell'America Centrale: Organization of Central American States.
organizzazione dei datori di lavoro: employers' organization.
Organizzazione dei paesi arabi esportatori di petrolio: Organization of Arab Petroleum Exporting Countries.
Organizzazione dei paesi esportatori di petrolio: Organization of Petroleum Exporting Countries.
Organizzazione delle Nazioni Unite per lo sviluppo industriale: United Nations Industrial Development Organization.
organizzazione delle superfici: lay–out.
organizzazione di categoria: trade organization.
organizzazione di distribuzione: distributing organization.
organizzazione di line: line organization.
organizzazione di linea: line organization.
organizzazione d'impresa: company organization.
organizzazione diretta: direct organization.
organizzazione di Taylor: Taylor system of functional foremanship.
organizzazione di ufficio: office organization.
organizzazione di vendita: sales organization; selling organization.
organizzazione divisionale: divisionalization.
organizzazione divisionale per prodotto: divisionalization by product.
organizzazione divisionale per zona: divisionalization by place.
organizzazione economica: economic organization.
organizzazione e metodi: organization and methods.
Organizzazione europea per la cooperazione economica: Organization for European Economic Co–operation.
organizzazione funzionale: functional organization; functional foremanship; system of functional foremanship.
organizzazione industriale: industrial organization.
organizzazione in linea retta: direct organization.
Organizzazione internazionale dell'aviazione civile: International Civil Aviation Organization.
Organizzazione internazionale del lavoro: International Labour Organization.
Organizzazione internazionale delle unioni tra consumatori: International Organization of Consumers Unions.
Organizzazione internazionale per il commercio: International Trade Organization.
Organizzazione Internazionale per la Standardizzazione: International Standardization Organization.
organizzazione lineare: line organization.
organizzazione lineare a direzioni: line and staff organization; staff and line organization.
organizzazione lineare con stato maggiore: line and staff organization; staff and line organization.
organizzazione lineare e per funzioni: line and functional organization.
organizzazione membro: member organization.
Organizzazione Mondiale della Proprietà Intellettuale: World Intellectual Property Organization.
Organizzazione mondiale della sanità: World Health Organization.
organizzazione per comitati: committee organization.
organizzazione per comitati misti: joint management–labour committee organization.

organizzazione per divisioni: divisionalization.
organizzazione per funzioni: functional organization; functional foremanship; system of functional foremanship.
Organizzazione per la cooperazione commerciale: Organization for Trade Co–operation.
Organizzazione per la cooperazione e lo sviluppo economico: Organization for Economic Co–operation and Development.
Organizzazione per l'alimentazione e l'agricoltura: Food and Agricultural Organization.
organizzazione piatta: flat organization; shallow organization.
organizzazione professionale: trade organization.
organizzazione profonda: deep organization.
organizzazione senza scopo di lucro: non–profit organization; non–business organization; not–for–profit organization.
organizzazione sindacale: labour organization; trade union.
organizzazione verticale: vertical organization.
organo aziendale: house organ.
organo consultivo: advisory body.
orientamento: orientation.
orientamento al rialzo: bullishness.
orientamento al ribasso: bearishness.
orientamento di politica fiscale: fiscal stance.
orientamento professionale: vocational guidance.
orientamento rialzista: bullishness.
orientamento ribassista: bearishness.
orientamento verso il mercato: market orientation.
orientamento verso il prodotto: product orientation.
orientato verso il mercato: market–oriented.
orientato verso la produzione: production–oriented.
originale: script.
originalità: novelty.
origine: origin.
orlo zigrinato: milled edge.
ormeggiata: on berth; on the berth.
oro: gold.
oro accantonato: earmarked gold.
oro carta: paper gold.
oro fino: fine gold.
oro in barre: bar gold.
oro in lingotti: bar gold.
oro in verghe: bar gold.
oro lavorato: wrought gold.
oro libero: free gold.
orologio marcatempo: time clock; time recorder.
orologio marcatempo a cartoline: card time recorder.
orologio marcatempo a firma: signature–type time recorder.
oro monetario: monetary gold.
oro monetato: coined gold.
oro puro: pure gold.
oro standard: standard gold.
oro sterilizzato: sterilized gold.
orticoltura: horticulture.
orto: market garden; truck farm.
oscillare: to fluctuate.
oscillazione massima: limit move.
oscillazione stagionale: seasonal fluctuation.
oscillazioni cicliche: cyclical fluctuations; cyclical movements.
oscillazioni dei prezzi: price fluctuations.
ospizio: workhouse.
ostruzionismo sindacale: go–slow tactics.
ottimale: optimum; optimal.
ottimista: optimist.
ottimo di Pareto: Pareto–optimal; Paretian optimality.
owenismo: Owenism.

p, P

pacchetti per via aerea: airmail packets.
pacchetto: **1.** package. **2.** package deal. **3.** packet.
pacchetto azionario: parcel of shares; share parcel.
pacchetto azionario di un amministratore: director's shares; qualification shares; qualifying shares.
pacchetto di cambiali: parcel of bills.
pacchetto di investimenti: investment package.
pacchetto di maggioranza: majority interest; majority stake; majority equity stake.
pacchetto di minoranza: minority interest; minority stake.
pacchetto economico: economic package.
pacchetto fiscale: tax package.
pacchetto negoziabile: marketable parcel.
pacchetto salariale: pay package.
pacchi per via aerea: air parcels.
pacco: packet; pack; package.
pacco in offerta: flash–pack.
pacco offerta: banded pack; bargain pack.
pace commerciale: trade peace.
padiglione: stand.
padronanza del mercato: control of the market; command of the market.
paese a alto reddito: high–income country.
paese a basso reddito: low–income country.
paese a medio reddito: middle–income country.
paese arretrato: underdeveloped country.
paese a sistema capitalistico: capitalist country.
paese a sistema monometallico: monometallist country.
paese commerciale: trading state.
paese del terzo mondo: Third World country.
paese di nuova industrializzazione: newly industrialized country.
paese emergente: emerging country.
paese esportatore: exporter.
paese importatore: importer.
paese indebitato: indebted country.
paese industriale: industrial country.
paese industrializzato: industrialized country.
paese in via di sviluppo: developing country.
paese meno sviluppato: less developed country.
paese monometallista: monometallist country.
paese mutuante: lending country.
paese mutuatario: borrowing country.
paese ospitante: host country.
paese più sviluppato: more developed country.
paese soggetto a quota d'immigrazione: quota country.
paese sottosviluppato: underdeveloped country.
paese sviluppato: developed country.
paesi arretrati: backward countries.
paesi del conto americano: American account countries.
paesi dell'area della sterlina: sterling area countries.
paesi firmatari: signatory countries.
paesi industrializzati avanzati: advanced industrialized countries.
paesi intermedi: intermediate developing countries; intermediate countries.
paesi più industrializzati: leading industrialized nations.
paesi semi–industrializzati: semi–industrial countries.
paga: pay.
paga base: base pay; basic pay.
pagabile: payable.
pagabile a certo tempo data: payable a certain time after date.
pagabile a certo tempo vista: payable a certain time after sight.
pagabile a giorni vista: payable after sight.
pagabile al cambio della prima girata: payable as per endorsement.
pagabile alla presentazione: payable on presentation.
pagabile all'ordine: payable to order.
pagabile al portatore: payable to bearer.
pagabile a richiesta: payable on demand.
pagabile a tempo vista: payable after sight.
pagabile a vista: payable at sight; payable on demand; payable on presentation.
pagabile in valuta britannica: sterling.
paga dei disoccupati: unemployed pay.
paga differenziale: differential pay.
paga esente da imposte: free pay.
paga garantita: guarantee pay.
paga lorda: gross pay.
pagamenti ai fattori della produzione: factor payments.
pagamenti all'estero: foreign payments.
pagamenti anticipati e ritardati: leads and lags.
pagamenti autorizzati in anticipo: pre–authorized payments.
pagamenti differiti: deferred payments.
pagamenti di interessi: interest payments.
pagamenti internazionali: international payments.
pagamenti privilegiati: preferential payments.
pagamento: payment.
pagamento a contanti: payment by cash.
pagamento al cambio della prima girata: exchange as per endorsement; exchange and stamp as per endorsement.
pagamento alla consegna: **1.** payment on delivery. **2.** cash on delivery.
pagamento alla ordinazione: payment with order.
pagamento alla scadenza: payment in due course.
pagamento al punto di vendita: point–of–sale payment.
pagamento a mezzo assegno: payment by cheque; cheque payment.
pagamento a mezzo cambiale: payment by bill.

pagamento anticipato: cash in advance; payment in advance; prepayment; advance payment.
pagamento a pareggio: payment in full.
pagamento a pronta cassa: prompt cash payment.
pagamento a pronti: **1.** cash payment. **2.** prompt payment.
pagamento a pronti contanti: prompt payment.
pagamento a rate: payment by instalments.
pagamento a ricezione della fattura: payment on invoice.
pagamento a ricezione delle merci: payment on receipt of goods.
pagamento a ricezione dell'estratto conto: payment on statement.
pagamento a saldo: full payment; payment in full.
pagamento a tempo debito: payment in due course.
pagamento contrattuale: contractual payment.
pagamento contro documenti: payment against documents.
pagamento contro fattura: payment against invoice.
pagamento dei dividendi: dividend payment.
pagamento di interesse esplicito: explicit interest payment.
pagamento di interesse implicito: implicit interest payment.
pagamento d'imposta mediante ritenuta alla fonte: pay as you earn.
pagamento diretto: direct payment.
pagamento dopo la consegna: payment after delivery.
pagamento elettronico: electronic payment.
pagamento fermato: payment countermanded; payment stopped.
pagamento forfettario: bonus.
pagamento garantito: payment guaranteed.
pagamento immediato: spot payment.
pagamento in acconto: payment on account.
pagamento in anticipo: prepayment; payment in advance; advance payment.
pagamento in beni: payment in kind.
pagamento in contanti: **1.** payment by cash; cash payment; cash settlement; settlement in cash. **2.** ready payment.
pagamento in conto: payment on account.
pagamento in moneta metallica: specie payment.
pagamento in natura: payment in kind.
pagamento in oro: gold payment.
pagamento in unica soluzione: lump–sum payment.
pagamento parziale: part payment; partial payment.
pagamento per assegno: payment by cheque; cheque payment.
pagamento per contanti: payment by cash; cash payment.
pagamento per intervento: payment for honour.
pagamento per occorrendo: payment for honour.
pagamento rateale: payment by instalments.
pagamento sotto protesto: payment supra protest; payment under protest.
pagamento su stato di avanzamento lavori: progress payment.
pagamento totale: full payment.
pagamento trimestrale: quarterage.
paga netta: net pay.
paga oraria: hourly rate.
pagare: to pay.
pagare il riporto: to give on.
pagare in anticipo: to prepay.
paga ridotta: sick pay.
pagate in contanti: pay cash.
pagatore: payer; payor.
pagatore lento: slow payer.
pagatore ritardatario: slow payer.
pagherò: **1.** promissory note; note of hand. **2.** note.
pagherò a tempo: time note.
pagherò a vista: demand note; sight note.
pagherò bancario: banker's note.
pagherò cambiario: **1.** promissory note; note of hand. **2.** note. **3.** instalment note.
pagherò cambiario con garanzia reale: collateral note.
pagherò cambiario garantito: guaranteed promissory note.
pagherò cambiario incrociato: cross note; counter note.
pagherò commerciale attivo: trade note receivable.
pagherò commerciale passivo: trade note payable.
pagherò dell'amministratore giudiziale: receiver's notes.
pagherò ipotecario: mortgage note.
pagherò negoziabile: negotiable note.
pagherò non garantito: unsecured note.
paghetta: pocket money; spending money.
pagina al vivo: bleed page.
Pagine Gialle: Yellow Pages.
pagliolo: dunnage.
paletta di caricamento: pallet.
paletta di carico: pallet.
palettizzazione: palletization.
pallet: pallet.
pallettizzazione: palletization.
palo: pole; rod.
panel: panel.
panel dei consumatori: consumers panel.
panico: panic.
panico bancario: banking panic.
panico dei compratori: buyers' panic.
panico dei venditori: sellers' panic.
panico economico: business panic.
paniere di acquisti: shopping basket.
paniere di beni: basket of commodities.
paniere di mercato: market basket; shopping basket.
paniere di mercato fisso: fixed market basket.
paniere di valute: currency basket; basket of currencies.
paniere di valute ponderato su base commerciale: trade weighted basket of currencies.
paniere fisso: fixed basket.
paniere valutario: currency basket; currency cocktail.
parabancario: parabanking.
paracadute d'oro: golden parachute.
paradigma: paradigm.
paradiso fiscale: tax haven.
paradossi economici: economic paradoxes.
paradosso della parsimonia: paradox of thrift.
paradosso del valore: paradox of value.
paradosso di Gibson: Gibson paradox.
paradosso di Giffen: Giffen paradox.
parallelismo conscio: conscious parallelism.
parallelismo di prezzo: price parallelism.
parametri di assegnazione di budget: budget allowance bases.
parametro: parameter.
parcel: parcel cargo; parcel.
parcella: bill of costs.
pareggiamento: evening up.
pareggiamento dei prezzi dei fattori: factor price

equalization.
pareggiare: to liquidate a position.
pareggio dei conti: accounting equation; accounting identity.
parere: opinion.
parere con eccezioni: adverse opinion.
parere con riserva: qualified opinion.
parere del revisore: accountant's opinion.
parere legale: legal advice; counsel's opinion.
parere senza riserva: unqualified opinion.
pari: par; parity.
pari dei cambi: par exchange rate; par of exchange; par rate of exchange.
pari opportunità: equal opportunities.
parità: 1. par. **2.** parity.
parità agraria: agricultural parity.
parità aurea: gold parity; gold par.
parità cambiaria: exchange rate parity; exchange parity.
parità cambiaria fissa: fixed exchange rate parity.
parità centrale: central parity.
parità centrali: central exchange rates; middle rates.
parità dei cambi: par exchange rate; par of exchange; par rate of exchange; par value of currency.
parità dei poteri di acquisto: purchasing power parity.
parità di cambio: central rate.
parità di interesse: interest parity.
parità dinamica: dynamic peg.
parità di riferimento: central rate.
parità di zecca: comparative bullion content; mint par; mint par of exchange; mint parity of exchange.
parità fissa: fixed peg; fixed parity.
parità fissa assoluta: absolute fixed peg.
parità incrociata: cross parity.
parità indiretta: indirect parity; cross parity.
parità legale: legal parity.
parità mobile: crawling peg; moving parity; adjustable peg.
parità monetaria: par of exchange; par rate of exchange; par exchange rate; currency parity.
parità monetaria legale intrinseca: comparative bullion content; mint par of exchange; mint par; mint parity of exchange.
parità salariale: equal pay; equal pay for equal work.
parità scorrevole: moving parity; sliding parity; sliding peg; crawling peg; crawling peg exchange rate.
parità slittante: moving parity; sliding parity; sliding peg; crawling peg; crawling peg exchange rate.
parità valutaria: currency parity.
parità variabile: adjustable peg.
parlamento europeo: European Parliament.
parquet: floor; trading floor.
parsimonia: thrift; thriftiness; parsimony.
parsimonioso: economical.
parte: 1. share. **2.** party. **3.** unit.
parte accreditata: accredited party.
partecipante: stakeholder.
partecipazione: 1. stock. **2.** sharing. **3.** holding.
partecipazione agli utili: profit-sharing; gain sharing.
partecipazione alla produzione: production-sharing.
partecipazione azionaria: shareholding; stockholding; equity participation; equity holding.
partecipazione azionaria dei dipendenti: employee equity participation.
partecipazione azionaria di maggioranza: majority equity stake; majority stake.
partecipazione azionaria di minoranza: minority equity stake; minority stake.
partecipazione azionaria ostile: hostile shareholding.
partecipazione cumulativa: cumulative stock.
partecipazione dei lavoratori: employee participation.
partecipazione di comando: controlling interest.
partecipazione di controllo: control stock; controlling interest; controlling stake.
partecipazione di maggioranza: controlling interest; majority interest; majority equity stake; majority stake.
partecipazione di minoranza: minority interest; minority equity stake; minority stake; outside shareholders' interest.
partecipazione incrociata: intercompany investment.
partecipazione interamente versata: fully-paid stock.
partecipazione operaia: worker participation.
partecipazione ordinaria: ordinary stock.
partecipazione piramidale: pyramiding.
partecipazione privilegiata cumulativa: cumulative preferred stock.
partecipazione reciproca: intercompany investment.
partecipazioni azionarie incrociate: interlocking shareholdings.
partecipazioni incrociate: cross shareholdings; cross holdings.
partecipazioni permanenti: permanent holdings.
partecipazioni reciproche: reciprocal holdings.
parte contraente: contracting party.
parte di preda: prize money.
parte inadempiente: defaulter; defaulting party.
parterre: pitch.
parti contribuenti: contributories.
parti del contratto cambiario: parties to bill of exchange.
parti immediate: immediate parties.
parti intercambiabili: interchangeable parts.
parti remote: remote parties.
parti secondarie: secondary parties.
parti standard: standard parts.
partita: 1. parcel. **2.** stock. **3.** lot. **4.** consignment. **5.** batch. **6.** posting.
partita aperta: open stock.
partita chiusa: closed stock.
partita contabile: item.
partita contabile monetaria: monetary item.
partita di compensazione: clearing transaction.
partita di giro: 1. clearing transaction. **2.** clearing entry.
partita di merci: parcel of goods.
partita doppia: double entry.
partita IVA: VAT registration number.
partita pronta: spot stock.
partitario: ledger.
partitario a fogli mobili: loose-leaf ledger.
partitario clienti: customers ledger.
partitario fornitori: bought ledger.
partitario fornitori e clienti: purchases and sales ledger.
partitario vendite: sales ledger; sold ledger.
partita semplice: single entry.
partite certificate: certificated stocks; certified stocks.
partite consegnabili: deliverable stocks.
partite di scambio certificate: exchange certified stocks.
partite invisibili: invisible exports and imports; invisible items; invisibles.
partite periziate: certificated stocks.
partite visibili: visible exports and imports; visible items; visible goods; visibles.
partner commerciale: trading partner.
pascolo: grazing; grassland.

passaparola: word-of-mouth advertising.
passaporto commerciale: ship's warrant.
passaporto marittimo: maritime passport.
passaporto unico: single passport.
passare al sistema metrico decimale: to metricate; to metrify.
passività: **1.** liability; payable. **2.** liabilities.
passività a breve termine: short-term liability.
passività a lungo termine: long-term liability; deferred liability.
passività a medio termine: medium-term liability.
passività assunta: assumed liability.
passività a tempo: time liabilities.
passività a vista: demand liabilities.
passività commerciale: trade liability.
passività corrente: short-term liability.
passività correnti: current liabilities; floating liabilities.
passività del fallimento: bankruptcy liabilities.
passività dichiarate: stated liabilities.
passività differita: deferred liability.
passività di una banca: **1.** liabilities of a bank. **2.** bank debits.
passività di una società: liabilities of a company.
passività di un fondo: fund liability.
passività esterne: external liabilities.
passività finanziarie: financial liabilities.
passività fissa: fixed liability.
passività in conto capitale: capital liability.
passività nette: net liabilities.
passività non garantita: unsecured liability.
passività secondarie di varia natura: other liabilities.
passività sociali: **1.** company's liabilities. **2.** partnership's liabilities.
passività verso l'estero: foreign liabilities.
passività verso un terzo: liability to an outsider.
passivo: **1.** payable. **2.** passive. **3.** liabilities. **4.** liabilities side.
passivo del fallimento: bankruptcy liabilities.
passivo sociale: **1.** company's liabilities. **2.** partnership's liabilities.
patente: **1.** charter. **2.** licence.
patente di navigazione: ship's passport; sea letter.
patente di sanità: bill of health.
patente di sanità netta: clean bill of health.
patente di sanità sospetta: suspected bill of health; touched bill of health.
patente di sanità sporca: foul bill of health.
patente regia: royal charter.
patente sanitaria: bill of health.
paternalismo: paternalism.
patrimonio: **1.** wealth. **2.** estate; corpus. **3.** property.
patrimonio aziendale: business wealth.
patrimonio cosmopolitico: cosmopolitan wealth.
patrimonio ereditario: patrimony.
patrimonio immobiliare: real estate; real property.
patrimonio imponibile: capital assets.
patrimonio mobiliare: personal estate; personalty.
patrimonio nazionale: social capital; national capital; national wealth.
patrimonio netto: **1.** shareholders' equity; ordinary shareholders' equity; stockholders' equity; equity. **2.** net worth; capital net worth; owners' equity; net capital; total equity. **3.** net assets.
patrimonio personale: personal wealth; separate estate.
patrimonio privato: private property; private estate.
patrimonio pubblico: social wealth.
patrimonio residuo: residuary estate.
patrimonio sociale: **1.** social wealth. **2.** partnership property.
patrimonio societario: corporate property.
patto: covenant.
patto arbitrale: arbitration bond; arbitration agreement.
patto compromissorio: arbitration bond; arbitration agreement.
patto di riservato dominio: title retention.
pausa salariale: pay pause; wage pause; wage restraint.
peculato: peculation.
pedaggio: toll.
peggiore: worse.
pegno: **1.** pawn. **2.** pledge. **3.** lien.
pegno navale: hypothecation.
penale: penalty; penal sum; demurrage; liquidated damages.
penale per estinzione anticipata: prepayment penalty.
penale per recesso anticipato: early withdrawal penalty.
penale per rimborso anticipato: repayment penalty.
penalità: penalty; penal sum.
pendolare: commuter.
penetrazione delle importazioni: import penetration.
penetrazione in un mercato: market penetration.
pensiero economico: economic thought.
pensionamento: retirement.
pensionamento obbligatorio: mandatory retirement.
pensionamento per invalidità: disability retirement.
pensionarsi: to retire.
pensionato: pensioner; retiree.
pensione: **1.** pension; retirement pay. **2.** contributory pension.
pensione di alta dirigenza: top-hat pension.
pensione differenziata: graduated pension.
pensione di guerra: war widows' pension.
pensione di invalidità: disablement pension; disability pension.
pensione di lavoro: occupational pension.
pensione di quiescenza: retiring pension.
pensione di reversibilità: widow's pension.
pensione di vecchiaia: **1.** superannuation annuity; old-age pension; superannuation. **2.** retirement pension.
pensione indicizzata: indexed pension.
pensione indiretta: widow's pension.
pensione integrativa: personal pension.
pensione minima garantita: guaranteed minimum pension.
pensione non contributiva: non-contributory pension.
pensione non reversibile: single life pension.
pensione personale: personal pension.
pensione reversibile: joint pension.
pensione sociale: non-contributory pension.
pensione supplementare: supplementary pension.
penuria: shortage.
peonaggio: peonage.
per alzata di mano: by show of hands.
percentile: percentile.
per cento: percent.
percentuale: percentage.
percentuale di elementi difettosi tollerata nel lotto: lot tolerance percent defective.
percentuale di profitto lordo: gross profit percentage.
percentuale di profitto netto: net profit percentage.
percentuale di riserve: reserve ratio.
percentuale di utile lordo: price spread; spread.
percentuale prioritaria: priority percentage.
percettore di profitti: profit receiver.

percettore di reddito fisso: fixed–income receiver.
percettore di reddito variabile: profit receiver.
per contanti: **1.** cash down; by cash. **2.** for money; for cash.
per conteggio: for deposit only.
percorso critico: critical path.
percorso di linea: line haul.
percussione di una imposta: tax impact.
perdita: **1.** loss. **2.** outage.
perdita a fini fiscali: tax loss.
perdita anomala: abnormal loss.
perdita completa: dead loss.
perdita con ricupero: salvage loss.
perdita contabile: **1.** book loss. **2.** paper loss.
perdita di breve periodo: short–term loss.
perdita di capitale: capital loss.
perdita di congiuntura: windfall loss.
perdita di esercizio: operating loss.
perdita di gestione: operating loss.
perdita di interesse: interest deduction.
perdita di liquidazione: loss on realization.
perdita di lungo periodo: long–term loss.
perdita di possesso: holding loss.
perdita di posti di lavoro: job loss.
perdita di realizzo dei beni capitali: loss on sale of fixed assets.
perdita di utilità economica: decline in economic usefulness.
perdita effettiva: actual loss.
perdita finale: terminal loss.
perdita finanziaria: financial loss.
perdita indiretta: consequential loss.
perdita lorda: **1.** gross loss. **2.** deadweight loss.
perdita mercantile: trading loss.
perdita nel volume delle vendite: sales loss.
perdita netta: loss; net loss.
perdita netta di esercizio: loss; net loss.
perdita netta di gestione: net operating loss.
perdita nominale: paper loss.
perdita operativa: operating loss.
perdita parziale: partial loss.
perdita per avaria generale: general average loss.
perdita per avaria particolare: particular average loss.
perdita per manomissione di colli: pilferage.
perdita per piccolo furto: pilferage.
perdita per sinistro: casualty loss.
perdita realizzata: realized loss.
perdita riparabile: reparable loss.
perdita risarcibile: reparable loss.
perdita secca: dry loss.
perdita su crediti: loan loss.
perdita tecnica: technical decline.
perdita totale: total loss.
perdita totale assoluta: actual total loss; absolute total loss.
perdita totale presunta: constructive total loss; presumed total loss.
perdita totale relativa: constructive total loss; presumed total loss.
perdita totale virtuale: constructive total loss; presumed total loss.
perdite di lungo periodo: long–term losses.
perdite e profitti: loss and gain.
perdite su crediti: losses on receivables.
perduto per non perduto: lost or not lost.
perequazione: equalization.
perequazione dei cambi: exchange equalization.
perequazione dei salari: equalization of wages.
perequazione delle imposte: tax equalization.
perequazione del nolo: freight equalization.
perequazione fiscale: **1.** equality of taxation. **2.** tax equalization.
perequazione tributaria: equality of taxation.
per giusta causa: for cause.
pericoli della navigazione lacuale: perils of the lakes.
pericoli del mare: perils of the sea; maritime perils.
pericoli eccettuati: excepted perils.
pericolo: hazard.
pericolo imminente: imminent peril.
per intervento: supra protest.
periodi brevi: short dates.
periodi d'interesse: interest periods.
periodo: repetend.
periodo al rialzo: bull account; bull period.
periodo al ribasso: bear account; bear period.
periodo base: **1.** base period. **2.** basis period.
periodo breve: short period.
periodo contabile: accounting period; period.
periodo coperto da una revisione contabile: audit period.
periodo delle vendite: selling season.
periodo di allocazione: allocation period.
periodo di ammortamento: write–off period; writing–down period.
periodo di ammortamento a fini fiscali: tax write–off period.
periodo di attesa: waiting period; cooling period.
periodo di borsa: account; period; account period.
periodo di budget: budget period.
periodo di competenza: accrual date.
periodo di credito: credit gap.
periodo di depressione: trough.
periodo di detenzione: holding period.
periodo di esenzione fiscale: tax holiday.
periodo di gestione contabile: accounting period; period.
periodo di grazia: period of grace; grace period.
periodo d'inattività: down period.
periodo d'incasso: collection period.
periodo di non decadenza: non–forfeiture period.
periodo di osservazione: discovery period.
periodo di possesso: holding period.
periodo di produzione: period of production.
periodo di prosperità: upswing.
periodo di prova: trial period; probationary period; probation.
periodo di punta: peak period.
periodo di raffreddamento: cooling–off period.
periodo di recesso: escape period.
periodo di recupero: **1.** payout period; pay–in period. **2.** payoff period; payback period.
periodo di reintegrazione del capitale investito: payoff period; payback period.
periodo di riferimento contabile: accounting reference period.
periodo di ripresa: recovery; upturn; upward phase; upward swing.
periodo di riscossione delle imposte: tax–gathering season.
periodo di sottoscrizione: subscription period.
periodo di stabilizzazione: seasoning.
periodo di stanziamento: appropriation period.
periodo di tolleranza: grace period.
periodo di transizione: transitional period.

periodo di vendita: selling period.
periodo lungo: long period.
periodo lungo e periodo breve: long period and short period.
periodo medio di incasso: average collection period.
periodo morto: slack period.
periodo ridotto: broken period.
periodo tontinario: tontine period.
perito: assessor.
perito commerciale: commercial assessor.
perito del Lloyd: Lloyd's surveyor.
perito di assicurazioni: 1. loss assessor. **2.** insurance surveyor.
perito di avaria: average surveyor.
perito di ufficio: official referee.
perito liquidatore: 1. claim adjuster. **2.** fire loss adjuster.
perito marittimo: 1. ship surveyor. **2.** marine surveyor.
perito meccanico: engineer surveyor.
perito misuratore: quantity surveyor.
perito navale: 1. ship surveyor. **2.** marine surveyor.
perito stimatore: valuer.
perizia: 1. expertness; expertise. **2.** survey.
perizia dei danni: damage survey.
perizia di avaria: average survey.
per l'incasso: on collection basis; for collection.
permesso: permit.
permesso daziario: excise permit.
permesso di entrata in porto: ship's clearance inwards.
permesso di esportazione: export permit; export licence.
permesso di imbarco: backed note.
permesso di importazione: import licence; import permit.
permesso di inzavorramento: stiffening order.
permesso di lavoro: work permit.
permesso di navigazione: ship's passport; sea letter.
permesso di partenza: ship's clearance outwards; clearance certificate.
permesso di passaggio: way-leave.
permesso di prelievo: bond note.
permesso di sbarco: landing order; discharging permit.
permesso di uscita da magazzino doganale: warehouse keeper's order; warehouseman's order.
permesso doganale: customs permit.
permesso doganale di partenza: clearance outwards.
permesso doganale di provvigione di bordo: victualling bill.
permesso doganale di uscita: ship's clearance outwards; clearance outwards.
permesso provvisorio per l'entrata delle merci in dogana: bill of sight; bill of view; sight entry.
permuta: 1. trade-in; permutation. **2.** exchange. **3.** swap.
permuta crediti-obbligazioni: loans-for-bonds swap.
permuta di tassi d'interesse: interest-rate swap.
permuta di valute: currency swap; foreign-exchange swap.
permuta parziale: part-exchange.
permutazione: permutation.
per occorrendo: supra protest.
perpetuità: perpetuity.
per procura: per pro..
per pronta cassa: by ready cash.
perquisire una nave: to rummage.
perquisizione doganale: rummaging.
per scritturazione: for deposit only.
persona: person.
persona a carico: dependent.
persona fisica: natural person; individual.
persona giuridica: legal person; legal entity; fictitious person; artificial person; juridical person; corporation.
persona giuridica privata: private corporation.
persona giuridica pubblica: public corporation.
personale: personnel; staff.
personale addetto alle vendite: sales force; sales personnel.
personale a tempo parziale: part-time personnel.
personale a tempo pieno: full-time personnel.
personale chiave: key personnel.
personale dell'ufficio vendite: sales office staff.
personale di basso rango: rank-and-file personnel.
personale direttivo: executive personnel; executive employees.
personale di staff: staff personnel.
personale di terra: ground crew.
personale di ufficio: office staff; office personnel.
personale di vendita: sales force; sales personnel.
personale esterno: field staff; field personnel.
personale impiegatizio: clerical staff.
personale occasionale: temporary staff.
personale portuale: port labourers; port labour.
personale stipendiato: salaried staff.
personale tecnico: technical staff.
personale temporaneo: temporary staff.
personalità: personality.
personalità giuridica: 1. personality. **2.** corporate franchise.
personalizzazione di assegni: personalization of cheques.
persuasione morale: moral suasion.
pertica: perch; rod; pole.
pertica quadrata: square perch; square pole.
pertinenze commerciali: trade fixtures.
per uso commerciale: use for trade.
pesi: weights.
pesi e misure: weights and measures.
peso accertato allo sbarco: landed weight; landing weight.
peso a destino: weight inwards.
peso alla consegna: weight on delivery.
peso allo sbarco: delivery weight; weight delivered; delivered weight.
peso boliviano: Bolivian peso.
peso complessivo: total weight.
peso da addebitarsi: chargeable weight.
peso della moneta: weight of money.
peso di origine: weight outwards.
peso di polizza di carico: bill of lading weight.
peso di resa allo sbarco: outturn weight.
peso di spedizione: shipping weight.
peso imbarcato: shipped weight.
peso lordo: gross weight.
peso mancante: short weight.
peso minimo di carico completo: carload minimum weight.
peso morto: deadweight; deadweight capacity.
peso nettissimo: net net weight.
peso netto: net weight; suttle weight.
peso o volume: weight or measurement.
peso P/C: bill of lading weight.
peso reciproco: mutual weight.
peso resa: outturn weight.
peso sbarcato: landed weight; landing weight.
peso scarso: short weight.
peso totale: total weight.

petrodollari: petrodollars.
petrovaluta: petrocurrency.
pezza d'appoggio: supporting voucher; voucher.
pezzi standard: standard parts.
piani d'azione: action plans.
piani di diritti d'opzione: share option schemes.
piani di domanda: demand schedule.
piani di donazioni mediante trattenute sullo stipendio: payroll giving schemes.
piani di esportazione a dorso: piggy–back export schemes; pick–a–back export schemes.
piani d'incentivo azionario: share incentive schemes.
piani d'offerta: supply schedule.
pianificazione: **1.** planning. **2.** economic planning.
pianificazione aziendale integrata: budgeting.
pianificazione budgettaria: budgetary planning.
pianificazione centrale: central planning.
pianificazione centralizzata: centralized planning.
pianificazione degli investimenti: **1.** investment planning. **2.** capital budgeting.
pianificazione dei mezzi: media planning.
pianificazione della produzione: output budgeting.
pianificazione della pubblicità: advertising planning.
pianificazione delle strutture: facility planning.
pianificazione dello sviluppo: development planning.
pianificazione di lungo periodo: long–term planning.
pianificazione di un progetto: project planning.
pianificazione economica collettivista: collectivist economic planning.
pianificazione familiare: family planning.
pianificazione grafica della produzione: production scheduling.
pianificazione indicativa: indicative planning.
pianificazione normativa: normative planning.
pianificazione–programmazione–bilancio: planning–programming–budgeting.
pianificazione statale: state planning.
pianificazione strategica: strategic planning.
piani per il controllo dei prodotti: commodity control schemes.
piani per la limitazione della produzione: restriction schemes.
piani volontari di affari: business plans.
piano: **1.** plan. **2.** schedule.
piano a termine di assicurazione sulla vita: term plan of life insurance.
piano aziendale: company plan; corporate plan.
piano contrattuale: contractual plan.
piano degli investimenti: capital budget.
piano dei bollini verdi: green stamp plan.
piano dei conti: chart of accounts; card of accounts.
piano dei conti duplice: dual plan.
piano dei depositi supplementari: Supplementary Deposits Scheme.
piano del consumatore: consumer behaviour.
piano delle assegnazioni: appropriation budget.
piano delle scorte–cuscinetto: buffer stock plan.
piano di accantonamento: layaway plan.
piano di accumulazione di capitale: capital accumulation plan; periòdic payment plan.
piano di acquisto azioni proprie: share repurchase plan.
piano di addestramento nell'ambito dell'industria: training–within–industry scheme.
piano di ammortamento: **1.** sinking plan. **2.** lapsing schedule. **3.** amortization schedule.
piano di assegni definiti: defined benefit plan.
piano di assicurazione per il caso di morte: straight–life plan of life insurance.
piano di assicurazioni indicizzate: equity–linked plan; unit–linked plan.
piano di austerità: austerity program.
piano di compartecipazione agli utili: profit–sharing scheme.
piano di conservazione dei documenti: retention programme; retention schedule.
piano di contributi definiti: defined contribution plan.
piano di cottimo: group incentive scheme.
piano di credito d'imposta: tax credit scheme.
piano di credito rotativo: revolving–credit plan.
piano di depositi in contanti: cash deposits scheme.
piano di diritto di opzione condizionato: qualified stock option plan; restricted stock option plan.
piano di distribuzione di azioni: share–distribution scheme.
piano di efficienza di Emerson: Emerson efficiency plan.
piano di gestione della documentazione: records management programme.
piano di giubilazione: superannuation scheme.
piano di incentivazione Halsey: Halsey premium plan.
piano di incentivi: incentive bonus scheme; incentive scheme.
piano di incentivi di Gantt: Gantt premium plan.
piano di incentivi monetari: financial incentive plan.
piano di incentivo di gruppo: group incentive scheme.
piano di investimento: investment plan.
piano di investimento a dollaro costante: constant–dollar plan.
piano di investimento a rapporto costante: constant–ratio plan.
piano di investimento a rapporto variabile: variable–ratio plan.
piano di investimento azionario personale: personal equity plan.
piano di investimento mensile: monthly investment plan.
piano di lavoro: work program.
piano di limitazione delle derrate: commodity restriction scheme.
piano di limitazione delle importazioni mediante licenze: import–licensing scheme.
piano di marketing: marketing plan.
piano di migliorie agrarie: farm improvement scheme.
piano di organizzazione contabile: system design.
piano di pagamento rateale: time–payment plan; instalment plan.
piano di partecipazione azionaria: stock ownership plan; stock purchase plan.
piano di partecipazione azionaria dei dipendenti: employee stock ownership plan; employee share ownership plan; employee stock purchase plan; employees' share scheme.
piano di partecipazione differita agli utili: deferred profit–sharing plan.
piano di partecipazione immediata agli utili: cash profit–sharing plan.
piano di pensionamento: retirement plan; pension scheme; pension plan.
piano di pensionamento a contributi: contributory pension scheme.
piano di pensionamento attraverso assicurazione: insured pension plan.
piano di pensionamento differenziato: graduated

pension scheme.
piano di pensionamento privato: private pension scheme; private pension plan.
piano di pensionamento statale: state pension scheme.
piano di pensionamento tramite accantonamento: funded pension plan.
piano di pensionamento unificato: pension pool.
piano di pensione integrativa: personal pension plan.
piano di pensione personale: personal pension plan.
piano di premi: bonus plan.
piano di prepensionamento: Job Release Scheme.
piano di produzione: production plan.
piano di promozione a tre livelli: three-position promotion plan.
piano di pubblicità: advertising plan.
piano di reinvestimento dei dividendi: dividend reinvestment plan.
piano di retribuzione a cottimo: piecework plan.
piano di retribuzione a incentivo: incentive wage plan; incentive pay plan.
piano di retribuzione dei venditori: sales compensation plan.
piano di revisione contabile: audit program.
piano di riduzione del salario: salary reduction plan.
piano di rinnovamento: replacement plan.
piano di ripartizione del lavoro: share-the-work plan.
piano di risparmio: 1. savings programme. **2.** savings and thrift plan.
piano di Rochdale: Rochdale plan.
piano di salario garantito: guaranteed-wage plan.
piano di sconti differiti: aggregated rebate scheme.
piano di sconto premi: premium discount plan.
piano di sostegno dei prezzi: price-support scheme.
piano di stabilizzazione del dollaro: compensated dollar plan.
piano di sviluppo: development plan.
piano di sviluppo aziendale: corporate development plan.
piano di sviluppo delle vendite: sales promotional plan.
piano di uso: use plan.
piano di valorizzazione: valorization scheme.
piano economico: 1. economic plan. **2.** budget.
piano finanziario: financial plan.
piano generale: master plan.
piano grafico di produzione: schedule of production; production schedule.
piano in cinque punti: five-fold grading plan.
piano in sette punti: seven-point plan.
piano Keynes: Keynes Plan.
Piano Marshall: Marshall Plan.
piano nazionale: national plan.
piano operativo: 1. physical budget. **2.** operations plan.
piano parziale: partial plan.
piano per il frazionamento delle spese: level charge plan.
piano per l'acquisto di impianti: plant purchase scheme.
piano pilota: pilot scheme.
piano previdenziale aziendale: employee benefit plan.
piano progressivo: 1. progressive schedule. **2.** rolling plan.
piano quinquennale: five year plan.
piano regolatore: city plan.
piano Scanlon: Scanlon plan.
Piano Schuman: Schuman Plan.
piano singolo: single plan.
piano strategico: strategic plan.
piano Triffin: Triffin plan.
Piano Truman: Truman Plan.
piano unitario: single plan.
Piano Werner: Werner Plan.
piano White: White Plan.
piastra: piastre.
piattaforma di trivellazione: drilling platform.
piazza: market.
piazza bancaria: banking centre.
piazza del mercato: market square.
piazza di pagamento: place of performance.
piazza finanziaria offshore: offshore financial centre.
piazzista: canvasser.
picchettaggio: picketing.
picchettaggio di massa: mass picketing.
picchettaggio illegale: unlawful picketing.
picchettaggio incrociato: cross picketing.
picchettaggio pacifico: peaceful picketing.
picchettaggio secondario: secondary picketing.
picchettamento: picketing.
picchettamento illegale: unlawful picketing.
picchettamento pacifico: peaceful picketing.
picchettamento secondario: secondary picketing.
picchetto: picket.
picchetto volante: flying picket.
piccola acciaieria: little steel.
piccola avaria: petty average.
piccola azienda: small business; small firm.
piccola cassa: petty cash.
piccola fattoria: farmstead.
piccola impresa: small firm; small-size enterprise; small business; small-scale enterprise.
piccola pubblicità: small ads.
piccole spese: petty expenses.
piccoli depositi: retail deposits.
piccoli utensili: small tools.
piccolo appaltatore: butty.
piccolo boom: boomlet.
piccolo credito: personal loan.
piccolo fallimento: small bankruptcy.
piccolo furto: pilfering.
piccolo investitore: retail investor; small investor; individual investor.
piccolo prestito: small loan.
piccolo speculatore: punter.
piede: foot.
piega favorevole del mercato: favourable turn of the market.
pieghevole: folder.
piena capacità: full capacity.
piena occupazione: full employment.
piena responsabilità: full liability.
pieno impiego: full employment.
pignoramento: foreclosure.
pignoramento presso terzi: garnishment.
pignorare: 1. to pawn. **2.** to foreclose.
pillole avvelenate: poison pills.
pinta: 1. pint. **2.** legal pint.
pinta imperiale: imperial pint.
pionieri di Rochdale: Rochdale pioneers.
pipa: pipe.
pipa inglese: English pipe.
piramide delle età: population pyramid.
piramide del reddito: income pyramid.
piramide dirigenziale: executive pyramid.
piramide finanziaria: financial pyramid.

pirateria: piracy.
pirateria del lavoro: labour piracy.
piroscafo da carico: cargo steamer.
pittogramma: pictogram.
più anziano: senior.
più compratori che venditori: buyers over.
più costoso, primo uscito: highest in, first out.
più domanda che offerta: buyers over.
più giovane: junior.
più offerta che domanda: sellers over.
più venditori che compratori: sellers over.
plafond: ceiling.
plafond creditizio: credit ceiling.
plafond del credito: lending ceiling.
plafond del credito bancario: bank lending ceiling.
plafond di personale: personnel ceiling.
plateatico: stallage.
pliopolio: pliopoly.
pliopsonio: pliopsony.
plurivalutario: multicurrency.
plusvalenza: **1.** capital gain. **2.** appreciation.
plusvalenza delle scorte: stock appreciation; inventory appreciation.
plusvalenza di acquisizione: acquired surplus; surplus at date of acquisition.
plusvalenza di ricapitalizzazione: recapitalization surplus.
plusvalenza di riorganizzazione: reorganization surplus.
plusvalenza di sottoscrizione: spread; underwriting spread.
plusvalenza di unione: consolidation surplus; surplus from consolidation.
plusvalenza professionale di titoli: dealing spread; jobber's turn; turn of the market; jobber's spread.
plusvalenza realizzabile: realizable profit.
plusvalenza realizzata: realized appreciation.
plusvalore: surplus value; surplus.
plutocrazia: plutocracy.
polarizzazione: polarization.
poligono di frequenza: frequency polygon.
polimetallismo: polymetallism.
poliopsonio: polyopsony.
polipolio: polypoly.
polipolio con prodotto differenziato: imperfect polypoly.
polipolio della domanda: polypsony.
polipolio imperfetto: imperfect polypoly.
polipolista: polypolist.
polipoloide: imperfect polypoly.
polipsonio: polypsony.
polipsonio imperfetto: imperfect polypsony.
polipsonio perfetto: pure polypsony.
polipsonio puro: pure polypsony.
polipsonista: polypsonist.
politica: policy.
politica agricola: agricultural policy.
politica agricola comunitaria: common agricultural policy.
politica agricola europea: European agricultural policy.
politica antinflazionistica: anti–inflationary policy.
politica aziendale: company policy; corporate policy; firm policy; business policy.
politica bancaria: banking policy.
politica commerciale: commercial policy; trade policy.
politica commerciale internazionale: international trade policy.
politica contabile: accounting policy.
politica controciclica: contra–cyclic policy.
politica creditizia: **1.** credit policy. **2.** credit control policy.
politica degli approvvigionamenti: procurement policy.
politica degli investimenti: investment policy.
politica dei clienti: customer policy.
politica dei prestiti: lending policy.
politica dei prezzi: price policy.
politica dei prezzi a guida: follow–the–leader price policy.
politica dei prezzi e dei redditi: prices and incomes policy.
politica dei redditi: incomes policy; national incomes policy.
politica dei salari: wages policy.
politica dei soli buoni: bills–only policy.
politica del commercio internazionale: international trade policy.
politica del «compra nazionale»: «buy national» policy.
politica del denaro a buon mercato: cheap–money policy.
politica del denaro caro: dear money policy; tight money policy.
politica del denaro facile: easy money policy.
politica del denaro ultra–economico: ultra–cheap money policy.
politica della casa: housing policy.
politica della porta aperta: open door policy.
politica della preferenza per i buoni: bills–preferably policy.
politica della produzione: production policy.
politica delle promozioni: promotion policy; policy of promotion.
politica delle vendite: sales policy.
politica dello sconto: discount policy.
politica del pagamento per contanti: cash–only policy.
politica del personale: personnel policy.
politica del salario flessibile: flexible wage policy.
politica del salario rigido: rigid wage policy.
politica del tasso di cambio: exchange rate policy.
politica di approvvigionamento statale: government procurement policy.
politica di bilancio: budget policy.
politica di consolidamento: consolidation policy.
politica di contrazione: contractionary policy.
politica di controllo dei crediti: credit control policy.
politica di controllo del livello della domanda: demand–management policy.
politica di crescita strutturale: structural growth policy.
politica di determinazione dei prezzi: pricing policy.
politica di espansione: expansionary demand policy; expansionary policy; expansionist policy.
politica di finanziamento: funding policy.
politica di gestione: operating policy.
politica di marketing: marketing policy.
politica di mercato aperto: open–market policy.
politica di promozione di mercato: market promotion policy.
politica di reciprocità: fair trade policy.
politica di riduzione dei prezzi: roll–back policy.
politica di sostegno all'agricoltura: agricultural support policy.

politica di sostituzione delle importazioni: import substitution policy.
politica di stabilizzazione: stabilization policy.
politica di sviluppo: development policy.
politica di vendita: sales policy.
politica economica: economic policy.
politica finanziaria: financial policy.
politica fiscale: fiscal policy.
politica fiscale anticiclica: countercyclical fiscal policy.
politica fiscale anticongiunturale: countercyclical fiscal policy.
politica fiscale compensativa: compensatory fiscal policy.
politica fiscale controciclica: countercyclical fiscal policy.
politica fiscale espansiva: expansionary fiscal policy.
politica industriale: industrial policy.
politica macroeconomica: macro–economic policy; macropolicy.
politica macroindustriale: macro–industrial policy.
politica monetaria: monetary policy.
politica monetaria discrezionale: discretionary monetary policy.
politica monetaria espansiva: expansionary monetary policy.
politica monetaria flessibile: flexible monetary policy.
politica monetaria governativa: government monetary policy.
politica operativa: operating policy.
politica orientata verso l'esterno: outward–oriented policy.
politica orientata verso l'interno: inward–oriented policy.
politica prezzo–produzione: price–output policy.
politica protezionistica: protective policy.
politica regionale: regional policy.
politica salariale: wage policy.
politica tributaria: tax policy.
politiche di assistenza alla ristrutturazione: adjustment assistance policies.
politiche di modifica delle spese: expenditure–switching policies.
politiche di resistenza alla ristrutturazione: adjustment resistance policies.
politiche di riduzione delle spese: expenditure–dampening policies.
politiche di ristrutturazione positiva: positive adjustment policies.
politiche preventive: forestalling policies.
polizza: policy.
polizza ad adeguamento: adjustable policy; reporting policy.
polizza a partecipazione: participating policy.
polizza aperta: open policy.
polizza a premio decrescente: descending–scale policy.
polizza a riscatto: sinking fund policy; capital redemption policy.
polizza a scalare: open policy.
polizza a sostanziamento: open policy.
polizza a sostanziare: **1.** declaration policy; stock declaration policy; stock policy. **2.** open policy.
polizza a tempo: time policy.
polizza a termine: **1.** term policy. **2.** time policy.
polizza a tutti i rischi: all–loss policy; all–risk policy.
polizza a viaggio: voyage policy.
polizza a viaggio e a tempo: mixed policy.
polizza collettiva: collective policy.
polizza combinata: combined policy; companies combined policy.
polizza con estensione di copertura: extended coverage policy.
polizza con franchigia: franchise policy.
polizza congiunta: joint lives policy.
polizza congiunta di assicurazione sulla vita: joint whole–life policy.
polizza con interesse: interest policy.
polizza con sconto condizionato: retention policy; excess policy.
polizza continuativa di assicurazione contro gli infortuni: continuous disability policy.
polizza contro il furto: theft policy.
polizza contro i rischi di costruzione: **1.** contractor's all–risks policy; contractor's indemnity policy. **2.** building risk policy.
polizza contro tutti i rischi del montaggio industriale: erection all risks policy.
polizza con utili: with–profits policy.
polizza cumulativa: fleet policy.
polizza cuponata: coupon policy.
polizza decaduta: lapsed policy.
polizza dei costruttori: builders' policy; shipbuilders' policy.
polizza del capofamiglia: householder's policy; household policy; houseowner's policy; houseowner's comprehensive insurance policy; homeowner's policy.
polizza del Lloyd: Lloyd's policy.
polizza del porto: port bill of lading.
polizza di abbonamento: open policy.
polizza di alta dirigenza: top–hat policy.
polizza di assicurazione: insurance policy.
polizza di assicurazione a contribuzione straordinaria: assessable policy.
polizza di assicurazione automobilistica contro tutti i rischi: comprehensive motor policy.
polizza di assicurazione bagaglio: baggage policy.
polizza di assicurazione collettiva sulla vita: group life policy.
polizza di assicurazione contro i danni: indemnity policy.
polizza di assicurazione contro il furto: contents policy.
polizza di assicurazione contro la infedeltà dei collaboratori: fidelity bond.
polizza di assicurazione contro la interruzione di esercizio: use and occupancy policy; loss of profits policy; profits policy; business interruption policy.
polizza di assicurazione contro la pioggia: pluvious policy.
polizza di assicurazione contro la responsabilità civile del datore di lavoro: employers' liability policy.
polizza di assicurazione contro l'incendio: fire insurance policy.
polizza di assicurazione–credito: credit insurance policy; credit policy; bad debts policy.
polizza di assicurazione dei locali aziendali: business premises policy.
polizza di assicurazione del reddito familiare: family income policy.
polizza di assicurazione marittima: policy of marine insurance; marine insurance policy; maritime policy.
polizza di assicurazione nolo: freight policy.
polizza di assicurazione per il caso di morte: whole life policy.

polizza di assicurazione per il caso di sopravvivenza: endowment policy.
polizza di assicurazione puro rischio: term policy; short–term life policy.
polizza di assicurazione sanitaria: private health policy.
polizza di assicurazione senza contribuzione straordinaria: non–assessable policy.
polizza di assicurazione spese mediche: medical expenses policy.
polizza di assicurazione sui soci: partnership policy.
polizza di assicurazione sulla vita: life policy.
polizza di assicurazione sulla vita a breve termine: short–term life policy.
polizza di assicurazione sulla vita a premio unico: single–premium life policy.
polizza di assicurazione temporanea: temporary policy.
polizza di assicurazione trasporto valori: cash–in–transit policy.
polizza di buona fede: honour policy; policy proof of interest.
polizza di carico: bill of lading.
polizza di carico aerea: air way bill; air bill of lading; air consignment note.
polizza di carico all'ordine: order bill of lading.
polizza di carico a percorso totale: through bill of lading.
polizza di carico collettiva: groupage bill of lading; general bill of lading.
polizza di carico con riserva: foul bill of lading; qualified bill of lading; unclean bill of lading; dirty bill of lading; claused bill.
polizza di carico con rispedizione: through bill of lading.
polizza di carico cumulativa: through bill of lading.
polizza di carico dall'interno: through bill of lading.
polizza di carico del porto: port bill of lading.
polizza di carico di custodia: custody bill of lading.
polizza di carico di nave di linea: liner bill of lading.
polizza di carico diretta: 1. through bill of lading. **2.** straight bill of lading.
polizza di carico fluviale: river bill of lading.
polizza di carico governativa: government bill of lading.
polizza di carico in bianco: blank bill of lading.
polizza di carico netta: clean bill of lading.
polizza di carico nominativa: straight bill of lading.
polizza di carico ordinaria: shipped bill of lading; on board bill of lading.
polizza di carico per idrovie: inland waterways bill of lading.
polizza di carico per il trasporto combinato: combined transport bill of lading.
polizza di carico per l'estero: export bill of lading.
polizza di carico per merce imbarcata: shipped bill of lading; on board bill of lading.
polizza di carico per trasporti oceanici: ocean bill of lading.
polizza di carico pulita: clean bill of lading.
polizza di carico ricevuto per l'imbarco: received bill of lading; received for shipment bill of lading.
polizza di carico senza riserve: clean bill of lading.
polizza di carico sporca: foul bill of lading; unclean bill of lading; dirty bill of lading; claused bill.
polizza di deposito: depositary receipt; deposit warrant.
polizza di deposito al portatore: bearer depositary receipt.
polizza di deposito europeo: European depositary receipt.
polizza di deposito internazionale: international depositary receipt.
polizza di onore: honour policy; policy proof of interest.
polizza di pegno: pawn ticket.
polizza di protezione e indennità: policy of protection and indemnity.
polizza di rendita: 1. annuity policy. **2.** insurance bond; income bond.
polizza di rendita collettiva: group pension policy.
polizza di rendita garantita: guaranteed income bond.
polizza di responsabilità civile: public liability policy.
polizza di responsabilità civile professionale: professional indemnity policy.
polizza di ricevuta per l'imbarco: received for shipment bill of lading.
polizza di sicurtà: marine insurance policy; policy of marine insurance.
polizza di sicurtà corpi: hull insurance policy.
polizza di sopravvivenza: survivorship policy; survivor policy.
polizza di spedizione: shipment policy.
polizza flottante: 1. floating policy; open policy; running policy. **2.** blanket policy.
polizza generale: 1. master policy; underlying policy. **2.** general policy.
polizza globale: block policy.
polizza imbarcato: received for shipment bill of lading.
polizza incendio tipo: standard fire policy.
polizza incontestabile: incontestable policy.
polizza indicizzata: investment–linked policy; equity–linked policy; unit–linked policy.
polizza in quovis: floating policy; running policy.
polizza interamente pagata: paid–up policy.
polizza intestata: named policy.
polizza limitata: limited policy.
polizza marittima: maritime policy; marine policy; policy of marine insurance; marine insurance policy.
polizza marittima sopra merci: cargo insurance policy.
polizza mista: 1. mixed policy. **2.** endowment policy.
polizza non rescindibile: non–cancellable policy.
polizza non valutata: non–valued policy; unvalued policy.
polizza per titolo imperfetto: defective–title policy; title policy.
polizza per viaggio di andata e ritorno: round policy.
polizza primo rischio: first–loss policy.
polizza principale: master policy.
polizza provvisoria: cover note; binder.
polizza ricevuto per caricare: received for shipment bill of lading.
polizza scaduta: lapsed policy.
polizza scommessa: wagering policy; wager policy; gambling policy.
polizza scudo: blanket policy; block policy.
polizza senza partecipazione agli utili: non–participating policy; non–profit policy.
polizza senza utili: without–profits policy.
polizza senza visita medica: non–medical policy.
polizza speciale: special policy.
polizza sulla vita senza partecipazione agli utili: non–participating life policy.
polizza su merci viaggianti: goods–in–transit policy.
polizza temporanea: temporary policy.
polizza tipo: standard policy.

polizza tontinaria: tontine policy.
polizza valutata: valued policy.
polizza vita a partecipazione: participating life policy.
polizzetta: slip.
polizzino: parcel ticket; parcel receipt.
pollice: inch.
pollice–colonna: column inch.
pollo di batteria: battery hen.
polo di crescita: growth pole.
polo di sviluppo: growth pole.
polvere d'oro: gold dust.
«pompare»: to puff.
ponderazione: weighting.
ponte aereo: air bridge.
ponte terrestre: land bridge.
pontile: 1. pier. **2.** wharf.
pool del dollaro: dollar pool.
pool dell'oro: gold pool.
popolazione: population.
popolazione a carico: dependent population.
popolazione attiva: working population.
popolazione suburbana: suburban population.
porta a porta: door to door.
portacontenitori: full container ship; containership.
portafoglio: portfolio.
portafoglio aggressivo: aggressive portfolio.
portafoglio azionario: share portfolio.
portafoglio bilanciato: balanced portfolio.
portafoglio cambiario: bill holding; bill portfolio.
portafoglio commerciale: commercial paper.
portafoglio di investimenti: investment portfolio.
portafoglio di mercato: market portfolio.
portafoglio di un market maker: market maker book.
portafoglio efficiente: efficient portfolio.
portafoglio finanziario: financial paper.
portafoglio globale: global investment portfolio.
portafoglio prestiti: loan portfolio.
portafoglio prodotti: product portfolio.
portafoglio titoli: investment portfolio; securities portfolio.
portarinfuse: bulk carrier.
portata: burden.
portata lorda: 1. deadweight capacity; deadweight. **2.** deadweight tonnage; deadweight cargo capacity.
portatore: holder; bearer.
portatore di buono frazionario: scripholder.
portatore di cambiale: bill holder.
portatore di obbligazioni: debenture holder; bondholder.
portatore regolare: holder in due course.
portiere: caretaker.
porti sulla Manica: Channel ports.
porto: 1. harbour. **2.** port. **3.** carriage; carriage cost.
porto a bassi fondali: craft port; surf port; overside port.
porto accessibile e sicuro: safe port.
porto affrancato: postage paid.
porto assegnato: carriage forward; carriage unpaid.
porto capolinea: terminal port.
porto commerciale: commercial port; trade port; trading port.
porto di arrivo: port of arrival; port of entry; port of delivery.
porto di caricazione: port of loading; loading port.
porto di consegna: port of delivery.
porto di destinazione: port of destination.
porto di destino: port of delivery; port of destination.
porto di discarica: port of delivery; discharging port; discharge port.
porto di entrata: port of entry.
porto d'imbarco: port of shipment; port of clearance; port of exit; port of loading.
porto d'immatricolazione: home port; port of registry.
porto d'indoganamento: port of entry.
porto di origine: port of origin.
porto di partenza: 1. port of exit; port of clearance; port of shipment. **2.** port of departure; port of sailing.
porto di provenienza: port of origin.
porto di registro: port of registry; home port.
porto di residenza dell'armatore: home port.
porto di riconsegna: port of redelivery.
porto di sbarco: port of delivery; port of discharge; port of arrival; discharge port.
porto di scalo: port of call.
porto di scarico: port of delivery; port of discharge; port of arrival.
porto di spedizione: port of shipment; port of exit; port of clearance.
porto di transito: port of transit; transit port.
porto di trasbordo: transhipment port.
porto franco: entrepôt.
porto in arrivo: carriage inwards.
porto in arrivo e in partenza: carriage in and out.
porto in partenza: carriage outwards.
porto interno: inland port.
porto maggiore: major port.
porto mercantile: trading port; trade port.
porto merci: freight port.
porto pagato: carriage paid home; carriage free.
porto pagato fino a: carriage paid to.
porto principale: main port.
porto sicuro: safe port.
porto stazione di trasbordo: domestic port; exchange port.
porto terminale: terminal port.
portuale: 1. dock labourer; dock hand. **2.** dock worker.
portuali: port labourers; port labour.
posizionamento: positioning.
posizione: 1. position. **2.** situation. **3.** status.
posizione allo scoperto: naked position.
posizione aperta: 1. open position. **2.** open interest.
posizione bilanciata: square.
posizione chiave: key job; key position.
posizione chiusa: closed position.
posizione commerciale: market standing.
posizione coperta: hedged position.
posizione corta: bear position; short position.
posizione creditizia: credit standing; credit rating.
posizione di cassa: cash position.
posizione di massima densità: position of greatest density.
posizione di preferenza: preferred position.
posizione dirigenziale: top position.
posizione finanziaria: 1. financial status; financial standing. **2.** credit rating; credit standing.
posizione lunga: bull position; long position.
posizione netta: net position.
posizione non coperta: unhedged position.
posizione non pareggiata: open position.
posizione pareggiata: square position.
posizione rialzista: bull position.
posizione ribassista: bear position.
posizione scoperta: uncovered position.
posizione sul mercato: market position.
posizione tecnica: technical position.

possesso: **1.** possession. **2.** tenure.
possesso esclusivo: severalty.
possesso immateriale: incorporeal possession.
possesso immediato: immediate possession.
possesso immobiliare: leasehold.
possesso incondizionato: seisin.
possesso individuale: severalty.
possesso mediato: mediate possession.
possesso presunto: constructive possession.
possessore: holder.
possessore a titolo oneroso: holder for value.
possessore di una cambiale: holder of bill of exchange.
possessore legittimo: holder in due course.
posta: **1.** mail. **2.** posting; post.
posta aerea: air mail.
posta di accreditamento: credit posting.
posta di addebitamento: debit posting; debiting posting.
posta di correzione: **1.** adjusting entry. **2.** correcting entry.
posta differita: deferred posting.
posta di prima classe: first–class mail.
posta di seconda classe: second–class mail.
posta elettronica: electronic mail.
posta errata: wrong post.
postagiro: postal transfer; postal giro; national giro.
posta ordinaria: surface mail.
posta raccomandata: registered post; registered mail.
posta telematica: electronic mail.
postazione di lavoro: work station.
postdatare: to postdate.
postdatazione: forward dating.
posteggio: pitch.
poste rettificative del capitale netto: fictitious assets; nominal assets.
postfatturazione: post–invoicing.
postilla: rider.
postindustriale: post–industrial.
posto: **1.** position; post. **2.** situation.
posto chiave: key position; key job.
posto di contrattazione: trading post.
posto di dogana: customs station.
posto di fonda: berth.
posto di lavoro: position; billet.
posto di lavoro direttivo: white collar job.
posto di lavoro subordinato: pink collar job.
posto di line: line position.
posto di linea: line position.
posto di ormeggio: berth.
posto di scarico: discharging berth.
posto di staff: staff position.
posto vacante: vacancy.
Potenze di Messina: Messina Powers.
potenziale: potential.
potenziale concorrente: potential entrant.
potenziale di mercato: market potential.
potenziale di vendita: sales potential.
potenziale produttivo: production potential.
potenzialità produttiva: productive potential.
potere: power.
potere contrattuale: market power.
potere controbilanciante: countervailing power.
potere d'acquisto: purchasing power; buying power.
potere d'acquisto discrezionale: discretionary purchasing power; discretionary buying power.
potere d'acquisto esterno: external purchasing power.
potere d'acquisto interno: internal purchasing power.
potere d'alienazione: power of alienation.
potere di collocamento: placing power.
potere di contrarre debiti: borrowing power.
potere di lavoro della moneta: labour power of money.
potere di mercato: market power.
potere d'imposizione: doomage power.
potere di produzione: producing power.
potere di spesa: spending power.
potere economico: economic power.
potere liberatorio: debt–paying power.
potere monopolistico: monopoly power.
potere verde: green power.
povertà: poverty.
powellismo: Powellism.
powellista: **1.** Powellite. **2.** Powellist.
prassi commerciale: trade customs.
pratica: pratique.
pratica commerciale: trade practice.
pratica commerciale scorretta: unfair trade practice.
pratica contabile: accounting practice.
pratica industriale sleale: unfair labor practice.
praticante: articled clerk.
praticante contabile: junior accountant.
praticante revisore: junior auditor.
pratica sindacale sleale: unfair labour practice.
pratica spregiudicata: sharp practice.
pratiche che distorcono il commercio: trade–distorting practices.
pratiche commerciali restrittive: restrictive trade practices.
pratiche del personale: personnel records.
pratiche di restrizione agli scambi: restrictive trade practices.
pratiche restrittive: restrictive practices.
pratiche sindacali restrittive: restrictive labour practices.
preavviso: notice.
preborsa: premarket dealings.
precetto: precept.
precetto di pignoramento: fieri facias.
preclusione: estoppel.
predatare: to predate.
predatori finanziari: corporate raiders; raiders.
prefabbricare: to prefabricate.
prefatturazione: pre–invoicing.
preferenza: **1.** priority. **2.** preference.
preferenza ai paesi del Commonwealth: Commonwealth preference.
preferenza comunitaria: community preference.
preferenza del consumatore: consumer preference.
preferenza imperiale: imperial preference.
preferenza per la liquidità: liquidity preference.
preferenza rivelata: revealed preference.
preferenza temporale: time preference.
preferenze: preferences.
prefinanziamento: bridge financing.
prefisso e indicativo di stato estero: international dialling code.
prefisso teleselettivo: area code.
pregiudizio: **1.** prejudice. **2.** detriment.
prelazione: pre–emption.
prelevamento: withdrawal.
prelevare: **1.** to collect. **2.** to withdraw.
prelievi: drawings.
prelievo: **1.** withdrawal. **2.** variable levy. **3.** drawing.
prelievo d'inflazione: inflationary levy.

prelievo e consegna a domicilio: pick–up and delivery.
prelievo materiali: materials requisition; stores requisition.
prelievo per uso privato: private drawing.
premi incassati: premium income.
premi netti lordi: gross net premiums.
premio: **1.** premium. **2.** task bonus; premium bonus. **3.** bonus. **4.** option money; option premium. **5.** subsidy. **6.** on–pack premium. **7.** call premium.
premio addizionale: additional premium; surcharge.
premio a forfait: premium in the lump.
premio aggiuntivo: extra premium.
premio all'acquirente: buyer's premium.
premio all'esportazione: export bounty; export premium.
premio annuo: annual premium.
premio assicurativo: insurance premium.
premio costante: level premium.
premio da convenirsi: premium to be arranged.
premio decrescente: descending premium.
premio del dollaro: dollar premium.
premio di acceleramento: dispatch money.
premio di acceleramento alla caricazione: dispatch loading only.
premio di accelerata discarica: dispatch money.
premio di allestimento: dispatch money.
premio di assicurazione: insurance premium.
premio di compensazione: bounty; export bounty.
premio di conversione: conversion premium.
premio di efficienza: efficiency bonus.
premio di emissione: **1.** premium on capital stock; share premium; paid–in surplus; contributed surplus; paid–in capital. **2.** redemption premium; bond premium; accumulation.
premio di fedeltà: loyalty bonus.
premio differito: deferred premium.
premio di fine anno: year–end bonus.
premio di operosità: efficiency bonus.
premio di produttività: productivity bonus; accelerating premium; acceleration premium.
premio di produzione: **1.** production bonus. **2.** sales prize.
premio di riadeguamento: restoration premium.
premio di riassicurazione: re–insurance premium.
premio di rifinanziamento: paydown.
premio di rimborso: redemption premium; premium on redemption.
premio di rinnovo: renewal premium.
premio di riscatto: call premium.
premio di rischio: **1.** premium for risk. **2.** risk premium.
premio di ritorno: return premium.
premio di sicurtà corpi: hull insurance premium.
premio forfettario: premium in the lump.
premio guadagnato: earned premium.
premio in deposito: deposit premium.
premio individuale netto: net single premium.
premio iniziale: first premium.
premio lordo: gross premium.
premio matematico: pure premium.
premio naturale: natural premium.
premio netto: net premium.
premio non guadagnato: unearned premium.
premio per inflazione: inflation premium.
premio per la liquidità: liquidity premium.
premio per l'occupazione regionale: regional employment premium.
premio per merito: merit payment.
premio per rischio d'inflazione: inflation risk premium.
premio per risparmio di tempo: time–saving bonus.
premio puro: pure premium.
premio rimborsato: return premium.
premio successivo: renewal premium.
premio supplementare: extra premium.
premista: **1.** stag. **2.** giver. **3.** option writer; writer.
prendere in consegna: to collect.
prendere un bagno: to take a bath.
prenditore: payee.
prenditore fittizio: fictitious payee.
prenditore impersonale: impersonal payee.
prenditore originario: original payee.
prenotazione di carico: berth note.
prenotazione di nolo: freight booking.
prenotazione di stiva: tonnage booking.
prenotazione di tonnellaggio: tonnage booking.
prenotazione in blocco: block booking.
prepensionamento: early retirement; buy–out.
preponente: principal.
prerifinanziamento: pre–refunding.
presa a domicilio: collection from residence.
presa da magazzino: ex–warehouse collection; collection from warehouse.
presa e consegna: collection and delivery.
prescritto: statute–barred.
prescrizione: **1.** prescription. **2.** limitation of actions.
prescrizione acquisitiva: positive prescription.
prescrizione estintiva: negative prescription.
prescrizioni di riserva: reserve requirements.
prescrizioni di sterilizzazione: sterilization prescriptions.
presentare: to file.
presentare una cambiale per l'accettazione: to sight a bill.
presentatore: presenter.
presentazione: **1.** presentation; presentment. **2.** filing.
presentazione della denuncia dei redditi: income tax filing.
presentazione del prodotto: packaging.
presentazione in borsa: stock exchange introduction.
presentazione per il pagamento: presentment for payment.
presentazione per l'accettazione: presentment for acceptance.
presenza: attendance.
preservazione del suolo: soil conservation.
presidente: chairman; president.
presidente del consiglio di amministazione: board chairman.
presidente imparziale: impartial chairman.
presidenza: chair.
pressione al rialzo: upward pressure.
pressione al ribasso: downward pressure.
pressione fiscale: pressure of taxation.
pressione inflazionistica: inflationary pressure.
pressione per l'intera linea: full–line forcing.
pressione sul mercato monetario: pressure in the money market.
pressione tributaria: pressure of taxation; burden of taxation.
pressioni economiche: economic pressures.
presso: care of.
prestanome: man of straw; dummy.
prestato al notto: loaned flat.

prestatore: lender.
prestatore di ultima istanza: lender of last resort.
prestato senza interesse e senza premio: loaned flat.
prestazione: performance.
prestazione aggiuntiva: terminal bonus.
prestazione corrispettiva: consideration; valuable consideration.
prestazione corrispettiva da eseguirsi: executory consideration.
prestazione corrispettiva eseguita: executed consideration.
prestazione corrispettiva espressa: express consideration.
prestazione di servizi: non–credit business; neutral banking transactions.
prestazione lecita: good consideration.
prestazione standard: standard performance.
prestazioni professionali: 1. direct services. **2.** professional services.
prestazioni sociali: social benefits.
prestiti all'estero: foreign lending.
prestiti a mediatori di borsa: stockbrokers' loans.
prestiti a tasso agevolato: soft lending.
prestiti a tasso convenzionale: hard lending.
prestiti a tasso di mercato: hard lending.
prestiti attraverso lo sportello di sconto: discount window lending.
prestiti bancari: bank lending; bank borrowing.
prestiti collegati al libor: libor–linked lending.
prestiti contratti da enti locali: local loans; local authority loans.
prestiti dall'estero: foreign borrowing.
prestiti delle banche commerciali: commercial lending.
prestiti difensivi: defensive lending.
prestiti di mutuanti istituzionali: official lending.
prestiti di sconto: discount lending.
prestiti di sviluppo multilaterali: multilateral development lending.
prestiti di terzo sportello: third window loans.
prestiti di ultima istanza: last resort lending.
prestiti esteri: foreign loans; foreign borrowing.
prestiti euroconsorziati: eurosyndicated loans.
prestiti forzati: forced lending.
prestiti in eurovalute: euro–currency loans.
prestiti interbancari: interbank loans.
prestiti internazionali: international lending.
prestiti in valuta estera: foreign currency loans.
prestiti non volontari: involuntary lending.
prestiti obbligazionari: bond lending.
prestiti stranieri: foreign borrowing.
prestiti temporanei: temporary borrowing; temporary loans.
prestito: 1. loan. **2.** stock. **3.** accommodation.
prestito a basso costo: low–cost loan.
prestito a breve: accommodation loan.
prestito a breve scadenza: short–term loan; short loan; short money.
prestito a cambio marittimo: 1. bottomry; bottomry loan; gross adventure; maritime loan. **2.** respondentia; respondentia loan.
prestito a chiavistello: droplock loan.
prestito agevolato: soft loan; subsidized loan; concessional loan.
prestito aggiuntivo: further advance.
prestito alla giornata: 1. day–to–day loan; day–to–day accommodation. **2.** day loan; morning loan. **3.** overnight loan.
prestito allo scoperto: unsecured loan.
prestito a lunga scadenza: long loan; long–term loan.
prestito americano: American loan.
prestito ammortizzato: amortized loan.
prestito a privato: personal loan; personal bank loan; bank personal loan.
prestito a richiesta: call loan; callable loan; demand loan.
prestito a rimborso differenziato: graduated payment loan.
prestito a scadenza flessibile: flexible maturity loan.
prestito a stato sovrano: sovereign loan.
prestito a tasso di mercato: hard loan.
prestito a tasso d'interesse agevolato: concessional loan.
prestito a tasso d'interesse convenzionale: non–concessional loan.
prestito a tasso d'interesse di mercato: non–concessional loan.
prestito a tempo: time loan.
prestito a tempo indeterminato: revolving credit.
prestito a termine: term loan.
prestito a uso: gratuitous loan; gratuitous bail.
prestito a uso produttivo: production loan.
prestito a vista: demand loan.
prestito bancario: bank loan.
prestito commerciabile: marketable loan.
prestito commerciale: commercial loan.
prestito compensativo: 1. bridging loan. **2.** compensatory financing.
prestito con garanzia collaterale: collateral loan.
prestito con garanzia di merci: commodity loan.
prestito con garanzia reale: collateral loan.
prestito con partecipazione azionaria: shared equity loan.
prestito consuntivo: consumption loan.
prestito contro corrente: upstream loan.
prestito convenzionale: hard loan.
prestito di compensazione: clearance loan.
prestito di consolidamento: consolidation loan.
prestito di consumo: consumption loan; loan for consumption; consumer loan.
prestito di favore: accommodation loan.
prestito di guerra: war loan.
prestito d'investimento: capital investment loan.
prestito di titoli: securities loan.
prestito d'uso: loan for use.
prestito edilizio: construction loan.
prestito estero: external loan.
prestito fiduciario: fiduciary loan.
prestito finanziario: financial loan.
prestito forzato: forced loan.
prestito forzoso: forced loan.
prestito garantito: secured loan.
prestito gratuito: 1. gratuitous loan; gratuitous bail. **2.** accommodation loan.
prestito industriale: industrial loan.
prestito inflazionistico: inflationary loan.
prestito in oro: gold loan.
prestito in sofferenza: non–performing loan.
prestito internazionale: international debt.
prestito interno: internal loan.
prestito in valuta debole: soft loan.
prestito in valuta forte: hard loan.
prestito ipotecario: mortgage loan; housing loan.
prestito irredimibile: perpetual loan.

prestito legato: tied loan.
prestito marittimo: respondentia; respondentia loan.
prestito morto: dead loan.
prestito negoziabile: marketable loan.
prestito non garantito: unsecured loan.
prestito non produttivo: non–productive loan.
prestito obbligazionario: bond issue; debenture debt.
prestito obbligazionario in sofferenza: bond issue in default.
prestito parallelo: parallel loan.
prestito permanente: dead loan.
prestito perpetuo: perpetual loan.
prestito personale: personal loan; personal bank loan; bank personal loan.
prestito ponte: bridge financing; swing loan; bridging loan.
prestito produttivo: 1. production loan. **2.** productive loan.
prestito provvisorio: interim loan.
prestito pubblico: 1. public loan. **2.** government loan.
prestito senza interessi: interest–free loan.
prestito sindacato: syndicated loan.
prestito sindacato a tasso variabile: syndicated variable–interest loan.
prestito statale: government borrowing.
prestito su derrate: produce loan.
prestito su merci: goods loan; commodity loan; merchandise advance.
prestito su pegno: pawn loan.
prestito su polizza: policy loan.
prestito supplementare: supplementary financing.
prestito su titoli: advance against stock exchange securities; securities loan.
prestito vincolato: tied loan.
presunzione: presumption.
presunzione assoluta: irrefutable presumption.
presunzione relativa: refutable presumption.
presupposizione: assumption.
presupposto: assumption.
prevalente: prevailing.
preventivato: budgeted.
preventivo: estimate.
preventivo analitico: analytical estimate.
preventivo dei costi di vendita: selling expense budget.
preventivo dei costi di vendita e di distribuzione: selling and distribution cost budget.
preventivo delle vendite: sales budget.
preventivo di breve periodo: short–period budget.
prevenzione degli infortuni: accident prevention.
previdenza sociale: social security.
previsione: 1. forecast; forecasting. **2.** anticipation.
previsione a breve termine: short–term forecast.
previsione a lungo termine: long–term forecast.
previsione a medio termine: medium–term forecast.
previsione dei profitti: profit forecast.
previsione del fabbisogno di cassa: estimate of cash requirements.
previsione della domanda: anticipation of demand; demand forecasting.
previsione delle vendite: sales forecast.
previsione demografica: population forecast.
previsione di breve periodo: short–term forecast.
previsione di cassa: cash forecast.
previsione di entrate: estimate of revenue.
previsione di lungo periodo: long–term forecast.
previsione di medio periodo: medium–term forecast.
previsione di mercato: market forecast.
previsione di produzione: production forecast.
previsione di spesa: 1. estimate. **2.** estimate of expenditure.
previsione di spesa supplementare: supplementary estimate.
previsione di sviluppo demografico: population projection.
previsione finanziaria: financial forecast.
previsione multipla: multiforecast.
previsioni aziendali: business forecasts; business forecasting.
previsioni commerciali: business forecasts; business forecasting.
previsioni economiche: economic forecasting.
previsioni industriali: industry forecasts.
prezioso: valuable.
prezzare: to price.
prezzario: price list.
prezzatura: pricing.
prezzatura al costo pieno: full–cost pricing.
prezzatura anticipatrice: anticipatory pricing.
prezzatura competitiva: competitive pricing.
prezzatura con premio per inflazione: inflation premium pricing.
prezzatura con remunerazione traguardo: target return pricing.
prezzatura di copertura: hedge pricing.
prezzatura d'interscambio: intercompany pricing.
prezzatura di richiamo: odd–even pricing.
prezzatura di rivendita: mark–up pricing.
prezzatura di trasferimento: transfer pricing.
prezzatura flessibile: flexible markup pricing.
prezzatura fob: f.o.b. pricing.
prezzatura fuori mercato: pricing out of market.
prezzatura interna: internal pricing.
prezzatura parallela: parallel pricing.
prezzatura precauzionale: anticipatory pricing.
prezzi agricoli: farm prices.
prezzi agricoli comunitari: common support prices.
prezzi alla produzione: producer prices.
prezzi all'ingrosso per categorie di prodotti: commodity prices.
prezzi amministrati: administered prices.
prezzi dei fattori della produzione: factor prices.
prezzi di equilibrio generale: general equilibrium prices.
prezzi differenziali: differential prices; split prices.
prezzi discriminati: discriminatory prices.
prezzi esteri: foreign prices.
prezzi fob: f.o.b. pricing.
prezzi garantiti: guaranteed prices.
prezzi interni: home prices.
prezzi manovrati: managed prices.
prezzi minimi garantiti: guaranteed minimum prices.
prezzi multipli: multiple prices.
prezzi non verificati: untested prices.
prezzi previsti: anticipated prices.
prezzi saracinesca: sluicegate prices.
prezzo: price.
prezzo a adeguamento automatico: escalation price.
prezzo a costo pieno: full–cost price.
prezzo a due livelli: two–tier price.
prezzo al consumo: consumer price.
prezzo al dettaglio: resale price; retail price.
prezzo all'arrivo: to arrive price.
prezzo all'ingrosso: wholesale price; store price.
prezzo all'origine: price at origin.

prezzo al minuto: retail price.
prezzo al rivenditore: trade price.
prezzo aperto: open price.
prezzo a pronti: **1.** cash price. **2.** spot price.
prezzo a senso unico: one–way price.
prezzo assoluto: absolute price.
prezzo a termine: futures price.
prezzo attuale: present price.
prezzo basato sul rendimento: basis price.
prezzo base: **1.** basis price; base price. **2.** upset price. **3.** target price. **4.** striking price; strike price; exercise price.
prezzo bassissimo: rock–bottom price.
prezzo basso: cheap price.
prezzo calcolato: computed price.
prezzo cif adeguato: adjusted CIF price.
prezzo civetta: loss leader price.
prezzo commerciale: trade price.
prezzo competitivo: competitive price.
prezzo complessivo di domanda: aggregate demand price.
prezzo complessivo di offerta: aggregate supply price.
prezzo consigliato: recommended price.
prezzo consigliato dal produttore: manufacturer's recommended price.
prezzo consortile: syndicated price.
prezzo consorziale: syndicated price.
prezzo controllato: controlled price.
prezzo corrente: **1.** ruling price; current price. **2.** going price.
prezzo corrente di mercato: current market price.
prezzo costante: constant price.
prezzo da magazzino: warehouse price.
prezzo del cambio: exchange rate; rate of exchange; foreign exchange rate.
prezzo del denaro: price of money.
prezzo del dopoborsa: price in the street; street price; price after hours.
prezzo del giorno: ruling price; current price.
prezzo della corsa: fare.
prezzo dell'ingrosso: wholesale price.
prezzo del mercato nero: black market price.
prezzo denaro: bid price.
prezzo di acquisto: purchase price; purchase money; buying price.
prezzo di acquisto standard: standard purchase price.
prezzo di affare: bargain price.
prezzo di aggiudicazione: top price.
prezzo di apertura: **1.** opening price. **2.** upset price.
prezzo di assegnazione: striking price.
prezzo di azione: share price.
prezzo di catalogo: catalogue price.
prezzo di chiusura: closing price.
prezzo di compensazione: clearing price.
prezzo di compenso: making–up price.
prezzo di concorrenza: competitive price.
prezzo di consegna: delivery price.
prezzo di contratto: contract price; cost price.
prezzo di conversione: conversion price.
prezzo di copertina: published price.
prezzo di costo: cost price.
prezzo di costo medio: average–cost price.
prezzo di domanda: **1.** demand price. **2.** bid; bid price.
prezzo di domanda globale: aggregate demand price.
prezzo di domanda marginale: marginal demand price.
prezzo di emissione: **1.** price of issue; issue price. **2.** ask price; offer price; offering price.
prezzo di entrata: threshold price; entry price.
prezzo di equilibrio: equilibrium price.
prezzo di equilibrio dei cambi: par exchange rate; par of exchange; par rate of exchange.
prezzo di equilibrio di breve periodo: market price.
prezzo di equilibrio di lungo periodo: normal price.
prezzo di esecuzione: exercise price.
prezzo di esercizio: striking price; exercise price; strike price.
prezzo di fabbrica: factory price.
prezzo di fattura: invoice price.
prezzo di fornitura: supply price.
prezzo di intervento: intervention price; trigger price.
prezzo di inventario: bid price.
prezzo di liquidazione: **1.** knock–down price. **2.** settlement price.
prezzo di listino: list price.
prezzo di magazzino: store price.
prezzo di mercato: market price.
prezzo di mercato in equilibrio: equilibrium market price.
prezzo di mercato libero: free price.
prezzo di monopolio: monopoly price.
prezzo di occasione: bargain price; bargain basement price.
prezzo di offerta: ask; ask price; asked price; asking price; offer price; supply price.
prezzo di offerta al pubblico: public offering price.
prezzo di offerta di breve periodo: short–period supply price.
prezzo di offerta di lungo periodo: long–period supply price.
prezzo di offerta di un'attività capitale: supply price of a capital asset.
prezzo di offerta globale: aggregate supply price.
prezzo di oligopolio: oligopoly price.
prezzo di oligopsonio: oligopsony price.
prezzo di orientamento: orientation price.
prezzo di parità: parity price.
prezzo di permuta: trade–in price.
prezzo di preventivo: estimated price.
prezzo di produzione: output price.
prezzo di punto base: basic point price.
prezzo di riacquisto: buy back price.
prezzo di riferimento: **1.** reference price. **2.** posted price.
prezzo di rimborso: redemption price; redemption money.
prezzo di riscatto: **1.** repurchase price; redemption price; realization price. **2.** call price.
prezzo di riserva: reserve price; reservation price; fall–back price.
prezzo di rivendita: resale price.
prezzo di rivendita imposto: resale price maintenance.
prezzo di saldo: sale price.
prezzo discriminato per classi di consumatori: class price.
prezzo di soglia: threshold price.
prezzo di soglia effettivo: effective threshold price.
prezzo di sostegno: support price.
prezzo di sostituzione: replacement price.
prezzo di sottoscrizione: subscription price.
prezzo di successione: probate price.
prezzo di trasferimento: transfer price.
prezzo di utenza: user charge.
prezzo di vendita: **1.** sale price. **2.** selling price.
prezzo di vendita adeguato: adjusted selling price.
prezzo di vendita americano: American selling price.

prezzo di vendita con patto di riservato dominio: hire–purchase price.
prezzo di vendita del produttore: manufacturer's selling price.
prezzo di vendita duplice: dual pricing.
prezzo di vendita imposto: fixed resale price.
prezzo di vendita ragguagliato: adjusted selling price.
prezzo di vendita standard: standard selling price.
prezzo di zecca: 1. mint price. **2.** mint value.
prezzo di zecca dell'oro: mint price of gold.
prezzo edonico: hedonic price.
prezzo edonistico: hedonic price.
prezzo effettivo: actual price; actual.
prezzo equo: fair price.
prezzo esclusivo: skimming price.
prezzo esorbitante: steep price; stiff price.
prezzo e spese accessorie: overhead price.
prezzo esterno: outside price.
prezzo fermo: firm price.
prezzo figurativo: notional price.
prezzo fiscale: tax price.
prezzo fisso: fixed price.
prezzo flessibile: flexible price.
prezzo flessibile al rialzo: non–flexible price.
prezzo fob destino: delivered price; freight–allowed price.
prezzo fob partenza: free–on–board price.
prezzo forfettario: lump–sum price.
prezzo franco: franco price; rendu price.
prezzo franco banchina: free docks price.
prezzo franco deposito doganale: in–bond price.
prezzo franco di tutte le spese allo sbarco: landed price.
prezzo franco magazzino: 1. warehouse price. **2.** ex–warehouse price.
prezzo franco magazzino del venditore: price loco; loco price.
prezzo fuori mercato: price out of market.
prezzo giusto: just price.
prezzo guida: guide price.
prezzo imposto: 1. resale price maintenance; price maintenance. **2.** fair–trade price; specified price.
prezzo indicativo: indicative price.
prezzo indicizzato: escalation price.
prezzo in dollari: dollar price.
prezzo inelastico: inelastic price.
prezzo in moneta: money price.
prezzo in termini d'imposta: tax price.
prezzo interno: inside price.
prezzo in valuta estera: foreign currency price.
prezzo–lettera: offer price; offered price; ask price; selling price.
prezzo limitato: limit.
prezzo limite: limit; limit price; stop price.
prezzo limite inferiore: exhaust price.
prezzo lordo: gross price.
prezzo marcato: marked price.
prezzo massimo: maximum price.
prezzo medio: 1. average price. **2.** mean price; middle price; middle market price; mid–price.
prezzo medio di mercato: 1. average market price. **2.** middle market price.
prezzo minimo: 1. minimum price. **2.** rock–bottom price; bottom price. **3.** knock–down price. **4.** floor price.
prezzo minimo di aggiudicazione: stop–out price.
prezzo minimo di offerta: upset price; minimum tender price.
prezzo minimo di rivendita: minimum resale price.
prezzo minimo di vendita: minimum selling price.
prezzo monetario: money price.
prezzo monopolistico: monopoly price.
prezzo naturale: natural price.
prezzo negativo: negative price.
prezzo netto: net price.
prezzo netto di fabbrica: millnet price; netback price.
prezzo nominale: nominal price.
prezzo non fermo: unfirm price.
prezzo normale: normal price.
prezzo obiettivo: target price.
prezzo odierno: present price.
prezzo oligopolistico: oligopoly price.
prezzo oligopsonistico: oligopsony price.
prezzo ombra: shadow price; accounting price.
prezzo orientativo: orientation price.
prezzo ottimale: optimum price.
prezzo passato: prior price.
prezzo per consegna differita: forward delivery price; forward price.
prezzo per contanti: spot price.
prezzo per investitori: outside price.
prezzo per operatori: inside price; dealer price.
prezzo per pagamento in contanti: cash price.
prezzo pieno: full price.
prezzo popolare: popular price.
prezzo precedente: prior price.
prezzo prevalente: prevailing price; arm's length price.
prezzo primario: primary price.
prezzo proibitivo: prohibitive price.
prezzo quotato: quoted price.
prezzo raccomandato: recommended price.
prezzo reale: 1. real price. **2.** actual; actual price.
prezzo registrato: posted price.
prezzo relativo: 1. relative price. **2.** price relative.
prezzo reso: delivered price; freight–allowed price.
prezzo reso unificato: uniform delivered price.
prezzo ribassato: knock–down price.
prezzo ridotto: reduced price.
prezzo rigido: rigid price.
prezzo rigido al ribasso: non–flexible price.
prezzo rotto: charm price.
prezzo salato: stiff price; steep price.
prezzo sbarcato: landed price.
prezzo scontato: off–price.
prezzo secolare: secular price.
prezzo segnato: marked price.
prezzo sopraccaricato: loaded price.
prezzo sostenuto: support price; supported price.
prezzo spezzato: charm price.
prezzo stabile: steady price; sticky price.
prezzo standard: standard price.
prezzo stimato: estimated price.
prezzo stracciato: 1. rock–bottom price. **2.** cut price. **3.** dirt cheap price.
prezzo telegrafico: tape price.
prezzo traguardo: target price.
prezzo traguardo derivato: derived target price.
prezzo tutto compreso: all–in price; overhead price.
prezzo unico: one–way price.
prezzo unitario: unit price; price per unit.
prezzo vantaggioso: favourable price.
prezzo variabile: estimated price.
prezzo zero: zero price.
prima assemblea generale degli azionisti: statutory meeting.

prima bolla: prime entry.
prima convocazione: first call.
prima copia di cambiale: first bill of exchange.
prima di cambio: first of exchange; first bill of exchange; first via.
prima ipoteca: first mortgage; first–recorded mortgage.
prima legge della domanda: first law of demand.
prima nota: **1.** prime entry; original entry; book of original entry; book of first entry. **2.** posting medium.
prima rata di premio: first premium.
primi consumatori: early adopters.
primo assicuratore: lead; leading underwriter.
primo beneficiario: **1.** original payee. **2.** primary beneficiary.
primo bilancio di verifica: preclosing trial balance.
primo giorno di avviso: first notice day.
primo prenditore: original payee.
primo quartile: first quartile.
primo richiamo: first call.
primo sottoscrittore: lead underwriter.
primo turno: first shift.
primo ufficiale: mate.
principale: **1.** principal. **2.** employer.
principale non nominato: undisclosed principal.
principale occulto: undisclosed principal.
principi contabili: accounting principles.
principi della imposizione fiscale: taxation principles; principles of taxation.
principi della tassazione: taxation principles; principles of taxation.
princìpi di economia: principles of economics.
principi di organizzazione: organization principles; principles of organization.
principi di revisione contabile: audit standards; auditing standards.
principi di Rochdale: Rochdale principles.
principi economici: principles of economics.
principio bancario: banking principle; banking school principle.
principio compensativo del bimetallismo: compensatory principle of bimetallism; compensatory principle of money.
principio dei costi comparati: principle of comparative costs; theory of comparative costs.
principio dei libri dei costi: cost book principle.
principio del concorso di colpa: contributory negligence rule.
principio del costo del servizio: cost–of–service principle.
principio del costo di riproduzione: reproduction–cost principle; reproduction–cost standard.
principio del costo di sostituzione: replacement–cost principle; replacement–cost standard.
principio della capacità contributiva: faculty principle of taxation.
principio dell'acceleratore: acceleration principle; accelerator principle.
principio dell'accelerazione: acceleration principle.
principio della comunione dei beni: community–property principle.
principio della destinazione: destination principle.
principio della eccezione: principle of exception; exception principle.
principio della imposizione fiscale basata sul benessere sociale: social welfare principle of taxation.
principio della imposizione fiscale in base alla capacità contributiva: ability–to–pay principle of taxation.
principio della indifferenza: equi–marginal principle; principle of equal advantage.
principio della locomotiva: locomotive principle.
principio della retroattività: relation back.
principio della sostituzione decrescente: law of diminishing substitution.
principio delle prestazioni e controprestazioni: benefits–received principle of taxation; compensatory principle of taxation.
principio del minimassimo: minimax principle.
principio del minimax: minimax principle.
principio del minimo–massimo: minimax principle.
principio del minimo mezzo: hedonistic principle; law of self–interest.
principio del moltiplicatore: multiplier principle.
principio del paga chi inquina: polluter pays principle.
principio del tornaconto: hedonistic principle; law of self–interest.
principio del valore del servizio: value of service principle.
principio del valore monetario presunto: principle of expected monetary value.
principio del vantaggio relativo: principle of comparative advantage.
principio di comparabilità: principle of comparability.
principio di compensazione: compensation principle.
principio di contabilità basato sul flusso dei costi: cost–flow concept of accounting.
principio di determinazione dei costi: costing principle.
principio di periodicità: time–period principle.
principio di reciprocità: reciprocity principle.
principio di riferibilità al tempo: measurement concept.
principio di sostituzione: law of substitution; principle of substitution.
principio economico: hedonistic principle; law of self–interest.
principio metallico: currency principle; currency school principle.
principio mondiale: world–wide principle.
principio monetario: currency principle; currency school principle.
principio scalare: scalar principle.
priorità: priority.
priorità assoluta: absolute priority.
priorità relativa: relative priority.
privatistico: privatistic.
privativa: **1.** patent. **2.** franchise.
privativa fiscale: fiscal monopoly.
privativa industriale: **1.** patent. **2.** industrial property.
privatizzazione: privatization; denationalization.
privato: individual; private individual.
privilegi fiscali: tax privileges; tax preferences.
privilegio: **1.** lien. **2.** privilege.
privilegio assoluto: absolute privilege.
privilegio del broker: broker's lien.
privilegio del commissionario: factor's lien.
privilegio della banca: banker's lien.
privilegio della bandiera: flag discrimination.
privilegio dell'agente: agent's lien.
privilegio dell'armatore: shipowner's lien.
privilegio dell'avvocato: solicitor's lien; retaining lien.
privilegio dell'estinzione anticipata: prepayment privilege.
privilegio del procuratore: attorney's lien.
privilegio del venditore: seller's lien; vendor's lien.

privilegio del vettore: carrier's lien.
privilegio di custodia di sicurezza: safe–deposit privilege.
privilegio di deviazione: diversion privilege.
privilegio di emissione: privilege of issue.
privilegio di reinvestimento: reinvestment privilege.
privilegio di sottoscrizione: subscription privilege.
privilegio di transito: transit privilege.
privilegio fiscale: taxation privilege.
privilegio generico: equitable lien; general lien.
privilegio legale: statutory lien.
privilegio marittimo: maritime lien.
privilegio particolare: particular lien.
privilegio per diritti di salvataggio: salvage lien; salvor's lien.
privilegio sul raccolto: agricultural lien.
privilegio su nave e carico: seaman's lien.
privilegio tributario: tax lien.
privilegi tributari: tax privileges; tax preferences.
privo di profitto: profitless.
privo di valore legale: null and void.
probabilità: chance; probability.
probabilità di sopravvivenza: expectation of life.
problema delle code di attesa: queueing problem.
problema dell'identificazione: identification problem.
problema demografico: population problem.
problema economico: economic problem.
pro capite: per capita.
procedimento arbitrale: arbitration proceedings.
procedimento civile: civil action; civil proceeding; cause.
procedimento di determinazione dei prezzi: pricing process.
procedura: procedure.
procedura contabile: accounting procedure.
procedura di approvvigionamento: procurement procedure.
procedura di costituzione di una società: incorporation procedure.
procedura di fallimento: bankruptcy proceedings.
procedura d'importazione: import procedure.
procedura di promozione: promotion procedure.
procedura di revisione: auditing procedure.
procedura di selezione: selection procedure.
procedura di ufficio: office procedure.
procedura di un tribunale arbitrale: rules of arbitration.
procedura di vertenza: grievance procedure.
procedura operativa standard: standard operating procedure.
procedura per il prelievo dei materiali: materials requisition procedure.
procedura standard: standard procedure.
procedure dello studio dei metodi: methods study procedures.
procedure di rilevazione dei costi di montaggio: assembly cost procedures.
procedure doganali: customs procedures.
procedure operative: operating procedures.
procedure per le selezioni di gruppo: group selection procedures.
processo: process.
processo decisorio: decision making.
processo decisorio collettivo: collective decision making.
processo di adeguamento: adjustment process.
processo produttivo: 1. production process; productive process. **2.** manufacturing process.
processo stocastico: stochastic process.
procura: power of attorney; letter of attorney; procuration.
procura alle liti: warrant of attorney.
procura generale: general power of attorney; general authority.
procura per atti privati: private power.
procura per atti pubblici: public power.
procura privata: private power.
procura pubblica: public power.
procura speciale: special power of attorney; special authority.
procuratore: attorney; procurator.
procuratore autorizzato: authorized clerk.
procuratore dell'armatore: ship's husband.
procuratore di borsa: dealer.
procuratore di fatto: attorney in fact.
procuratore generale: Attorney General.
procuratore legale: attorney–at–law; attorney; solicitor.
procuratore non autorizzato: unauthorized clerk.
prodotti: 1. products. **2.** produce.
prodotti a alta tecnologia: high–technology products.
prodotti a alto coinvolgimento: high–involvement products.
prodotti a basso coinvolgimento: low–involvement products.
prodotti a diffusione mondiale: global products.
prodotti a termine: future commodities.
prodotti attuali: actuals.
prodotti chiave: key products.
prodotti collegati: related products.
prodotti concorrenziali: competitive products; competing products.
prodotti congiunti: joint products.
prodotti da scaffale: shelf items.
prodotti di base: primary products.
prodotti di consumo: consumer products; consumption products.
prodotti di eccezionale acquisto: speciality goods.
prodotti di marca: branded goods.
prodotti di rapido assorbimento: fast–moving products.
prodotti di ricorrente acquisto: convenience goods.
prodotti di saltuario acquisto: shopping goods.
prodotti di seconda scelta: seconds.
prodotti effettivi: actual commodities; actuals.
prodotti esclusi dallo scambio: non–traded products.
prodotti finiti: manufactured goods.
prodotti imitativi: me–too products.
prodotti industriali: manufactured goods.
prodotti intermedi: 1. intermediate products; intermediate goods. **2.** lower order goods. **3.** higher order goods.
prodotti maturi: mature products.
prodotti non scambiati: non–traded products.
prodotti oggetto di scambio: traded products.
prodotti orientati all'esportazione: export–oriented products.
prodotti primari: primary products.
prodotti reali: actual commodities; actuals.
prodotti scambiati: traded products.
prodotti secondari: secondary products.
prodotti semilavorati: semi–finished products.
prodotti standardizzati: standardized products.
prodotti terziari: tertiary products.
prodotti tessili: textiles; soft goods.
prodotti tessili di consumo: consumer textiles.
prodotti tessili industriali: industrial textiles.

prodotto: 1. product. **2.** output.
prodotto a basso valore aggiunto: low–value–added product.
prodotto agricolo: agricultural product; farming product.
prodotto agricolo lordo: gross national farm product.
prodotto congiunto: co–product.
prodotto di altissima qualità: top–quality product.
prodotto di base: commodity.
prodotto di scarto: waste product.
prodotto eterogeneo: heterogeneous product.
prodotto extra: extra product.
prodotto finale: final product.
prodotto finito: finished product; end product.
prodotto industriale: industrial product.
prodotto in esclusiva: proprietary product.
prodotto inquinante: polluting product; pollutant.
prodotto interno: domestic product.
prodotto interno lordo: gross domestic product; gross domestic output.
prodotto interno lordo al costo dei fattori: gross domestic product at factor cost.
prodotto interno lordo a prezzi correnti: gross domestic product at market prices.
prodotto interno lordo a prezzi costanti: gross domestic product at constant prices.
prodotto interno lordo a prezzi di mercato: gross domestic product at market prices.
prodotto interno lordo in termini monetari: money gross domestic product.
prodotto interno netto: net domestic product; net domestic output.
prodotto interno netto al costo dei fattori: net domestic product at factor cost.
prodotto lordo: gross product; gross output.
prodotto marginale: marginal return; marginal product.
prodotto marginale decrescente: diminishing marginal product.
prodotto marginale del lavoro: marginal product of labour.
prodotto marginale fisico: marginal physical product.
prodotto marginale in valore: marginal value product.
prodotto marginale sociale: social marginal product; marginal social product.
prodotto medio: average product.
prodotto mirato: targeted product.
prodotto nazionale: 1. national income; national product. **2.** domestic product.
prodotto nazionale lordo: gross national product.
prodotto nazionale lordo ai prezzi di mercato: gross national product at market prices.
prodotto nazionale lordo al costo dei fattori: gross national product at factor cost.
prodotto nazionale lordo effettivo: actual gross national product.
prodotto nazionale lordo in termini reali: real gross national product.
prodotto nazionale lordo potenziale: potential gross national product.
prodotto nazionale netto: net national product.
prodotto netto: 1. net product. **2.** net output.
prodotto netto marginale privato: marginal private net product.
prodotto netto marginale sociale: marginal social net product.
prodotto netto privato: private net product.
prodotto netto sociale: social net product.
prodotto non remunerativo: unprofitable product.
prodotto omogeneo: homogeneous product; homogeneous commodity.
prodotto primario: commodity.
prodotto principale: staple commodity; staple.
prodotto reale: real output.
prodotto statale lordo: gross state product.
prodotto su ordinazione: custom–made.
prodotto totale: total product.
produttività: productivity.
produttività decrescente: diminishing productivity.
produttività dei fattori: factor productivity.
produttività del capitale: productivity of capital stock; capital productivity.
produttività della manodopera: labour productivity.
produttività del lavoro: productivity of labour; labour productivity.
produttività lorda del capitale: gross capital productivity.
produttività marginale: marginal productivity.
produttività marginale decrescente: diminishing marginal productivity.
produttività marginale del capitale: marginal productivity of capital.
produttività marginale del lavoro: marginal productivity of labour.
produttività media: average productivity.
produttività multifattoriale: multifactor productivity.
produttività netta del capitale: net capital productivity.
produttività totale dei fattori: total factor productivity.
produttore: 1. manufacturer; producer. **2.** application agent; survey agent.
produttore di materiale originale: original equipment manufacturer.
produttore di scorie: waste–maker.
produttore marginale: marginal producer.
produttore originario: original equipment manufacturer.
produttore su commessa: commission manufacturer.
produttori originali: original producers.
produzione: 1. production. **2.** output.
produzione a flusso continuo: flow–line production; flow production.
produzione all'estero: offshore production.
produzione capitalistica: capitalistic production; roundabout production; indirect production.
produzione congiunta: joint production.
produzione continua: continuous manufacture.
produzione corrente: current output.
produzione di massa: mass production.
produzione di piena occupazione: full–employment output.
produzione diretta: direct production.
produzione disponibile: available output.
produzione eccedentaria: surplus output.
produzione flessibile: flexible manufacturing.
produzione improduttiva: unproductive production.
produzione indiretta: indirect production; roundabout production.
produzione industriale: 1. industrial production. **2.** manufacturing production.
produzione in eccedenza: surplus produce.
produzione in linea: line production.
produzione in partecipazione: joint production; production–sharing.
produzione in proprio: direct production.
produzione in serie: mass production.
produzione interna: home production; domestic production; domestic output.
produzione liquida: liquid output.

produzione lorda: gross output.
produzione massima: maximum output.
produzione monopolistica: monopoly output.
produzione naturale: direct production.
produzione nazionale: 1. home production; national production. **2.** national output.
produzione nazionale in termini reali: real national output.
produzione netta: net output.
produzione non disponibile: non–available output.
produzione per lotti: batch production.
produzione per scorta: production for stock.
produzione per uso: production for use.
produzione potenziale: potential output.
produzione primaria: primary production.
produzione reale nazionale: national real output.
produzione secondaria: secondary production.
produzione singola: one–off production.
produzione standard: standard output.
produzione su commessa: jobbing production; job production.
produzione su ordinazione: custom production.
produzione su piccola scala: small–scale production.
produzione su vasta scala: large–scale production.
produzione terziaria: tertiary production.
produzione totale: total output.
pro e contro: pros and cons.
professionista: professional man.
professionisti: professional class.
profilo del consumatore: consumer profile.
profittatore: profiteer.
profittevole: profitable; profit–bearing.
profitti: earnings; profits.
profitti al lordo di imposte: pretax profits.
profitti al netto di imposte: after tax profits.
profitti congiunti: joint profits.
profitti correnti: current profits.
profitti di breve termine: short–run profits; short–term profits.
profitti di guerra: war profits.
profitti distribuibili: distributable profits; profits available for distribution.
profitti distribuiti: distributed profits.
profitti e perdite: profit and loss.
profitti e perdite su titoli: security income and expense.
profitti intermedi: mesne profits.
profitti non distribuiti: undistributed profits.
profitti non impegnati: unappropriated profits.
profitti precedenti l'acquisizione: preacquisition profits.
profitti precedenti la registrazione: profits prior to incorporation.
profitti reinvestiti: reinvested profits.
profitti segreti: secret profits.
profitti sugli investimenti mobiliari: securities profits.
profitto: 1. profit. **2.** gain.
profitto aziendale: corporate profit.
profitto commerciale lordo: gross trading profit.
profitto commerciale netto: net trading profit; gross profit on sales.
profitto conseguito: realized revenue; realized profit.
profitto consolidato: consolidated profit.
profitto contabile: paper profit.
profitto di assicurazione: underwriting profit.
profitto di congiuntura: windfall profit.
profitto di gestione: operating profit; operating income.
profitto di liquidazione: profit on realization.
profitto di produzione: producers' profit.
profitto di speculazione: trading profit.
profitto eccessivo: abnormal profit.
profitto economico: economic profit.
profitto fortuito: windfall profit.
profittogramma: break–even chart; profit/volume chart; profitgraph.
profitto industriale: producers' profit.
profitto interaziendale: intercompany profit.
profitto interdivisionale: interdepartmental profit.
profitto interno: interdepartmental profit.
profitto lordo: gross margin; gross profit.
profitto lordo sulle vendite: gross trading profit; gross profit on sales.
profitto marginale: marginal profit.
profitto marittimo: bottomry premium.
profitto medio: average profit.
profitto mercantile: trading profit.
profitto monetario: money profit.
profitto netto: net margin; net profit.
profitto netto dell'imprenditore: entrepreneur's net profit.
profitto netto di gestione: net operating profit.
profitto netto sulle vendite: net profit on sales; net trading profit.
profitto nominale: paper profit.
profitto non realizzato: unrealized profit.
profitto normale: normal competitive return; normal profit.
profitto o perdita: gain or loss.
profitto percentuale: percentage profit.
profitto programmato: planned profit.
profitto puro: pure profit; net earnings of management.
profitto realizzabile: realizable profit.
profitto realizzato: realized profit.
profitto sperato: paper profit.
profitto standard: standard profit.
profitto supernormale: super–normal profit.
profondità di un mercato: depth of a market.
pro forma: pro–forma.
progettazione delle mansioni: job design.
progettazione finanziaria: finance projecting.
progetti di legge fiscale: revenue bills.
progetto: 1. project. **2.** design.
progetto di legge: bill.
progetto di legge di stanziamento: appropriation bill.
progetto di legge di stanziamento suppletivo: deficiency bill.
progetto di legge finanziaria: 1. finance bill. **2.** money bill.
progetto di spesa in conto capitale: capital expenditure project.
programma: 1. schedule. **2.** programme; program. **3.** prospectus.
programma aziendale: company plan; corporate plan.
programma dei bollini viveri: food stamp program.
Programma delle Nazioni Unite per lo sviluppo: United Nations Development Programme.
programma di accordi commerciali di reciprocità: reciprocal trade agreements program.
programma di addestramento: training programme.
programma di adeguamento della produzione: production adjustment programme.
programma di aiuti all'estero: foreign aid program.
programma di allocazione della produzione: production allocation program.
programma di analisi sistematica del lavoro impiegatizio: employee appraisal programme.
programma di approvvigionamento: purchasing

schedule.
programma di assemblaggio: assembly programme.
programma di assicurazione contro le malattie: medicare program.
programma di assistenza contro le malattie: Medicaid program.
programma di assistenza di diritto: entitlement program.
programma di assistenza pubblica: public welfare program.
programma di austerità: austerity program.
programma di dettaglio: detail plan; detailed schedule.
programma di distribuzione omaggi: gift scheme.
programma di giubilazione: superannuation scheme.
programma di investimento aziendale: company investment plan.
programma di lavoro: work program.
programma di pensionamento: pension plan; pension scheme; retirement plan.
programma di pensionamento aziendale: company pension plan.
programma di pensionamento privato: private pension plan; private pension scheme.
programma di pensionamento statale: state pension scheme.
programma di prestiti: loan programme.
programma di previdenza sociale: social security program.
programma di produzione: production programme.
programma di promozioni: promotion plan.
programma di pubblicità: advertising plan.
programma di qualificazione del lavoro: job evaluation programme.
programma di relazioni pubbliche: public relations programme.
programma di riacquisto: buy back programme.
programma di ricerca: research programme.
programma di ripresa economica: economic recovery program.
programma di sostegno dei prezzi: price–support program.
programma di sostegno dei redditi: income–support program.
programma di spesa: cash–disbursement plan.
programma di sviluppo: development programme.
programma di sviluppo delle vendite: sales promotion programme.
programma di urgenza: crash programme.
programma di vendite: sales programme.
programma nazionale: national plan.
programma per la creazione di posti di lavoro: Job Creation Programme.
Programma per la ripresa economica europea: European Economic Recovery Program.
programma speciale: special programme.
programmazione: planning.
programmazione a guida: follow–the–leader planning.
programmazione aziendale: corporate planning; company planning.
programmazione dei fabbisogni di materiali: material requirements planning.
programmazione dei profitti: profit planning.
programmazione della forza lavoro: manpower planning.
programmazione della produzione: planning; planning of production; production planning.
programmazione delle attività coordinate: project planning.
programmazione delle imposte: tax planning.
programmazione delle promozioni: promotion planning.
programmazione delle vendite: sales planning.
programmazione del personale: personnel planning.
programmazione del prodotto: product planning.
programmazione di avviamento: pre–production planning.
programmazione di bilancio: Programme Planning Budgeting System.
programmazione di dettaglio: detailed planning; detailed scheduling.
programmazione d'impresa: company planning; corporate planning; planning; planning of production; production planning.
programmazione economica: economic planning.
programmazione economica regionale: regional economic planning.
programmazione lineare: linear programming.
programmazione matematica: mathematical programming.
programmazione non lineare: non–linear programming.
programmazione per settori: piecemeal planning.
programmazione regionale: regional planning.
programmi di assistenza: welfare programs; welfare benefits.
programmi di ridistribuzione del reddito: income redistribution programs.
programmi di riduzione dei costi: cost–reduction programs.
programmi di salvaguardia del reddito: income maintenance programs.
programmi di trasferimento del reddito: income transfer programs.
progressione: progression.
progressione aritmetica: arithmetic progression.
progressione armonica: harmonic progression.
progressione geometrica: geometric progression.
progressione per differenza: arithmetical progression.
progresso economico: economic progress.
progresso tecnico: technical progress.
progresso tecnologico: technical progress; technological advance; technological progress.
proibizione: prohibition.
proibizioni e restrizioni: prohibitions and restrictions.
proiezione: projection.
proiezione mobile: moving projection.
proletariato: proletariat.
proletario: proletarian.
proliferazione di prodotti: product proliferation.
promessa: undertaking.
promessa di pagamento: promise to pay.
promissario: promisee.
promittente: promiser; promisor.
promotore: promoter.
promozione: promotion.
promozione a catena: chain promotion.
promozione a mezzo sconti temporanei: price–off promotion.
promozione commerciale: trade promotion.
promozione delle esportazioni: export promotion.
promozione delle vendite: sales promotion; promotion.
promozione nel punto di vendita: in–store promotion.
promozione per anzianità: promotion by seniority.
promozione per merito: promotion by merit.
promozione per selezione: promotion by selection.
promozione pubblicitaria: advertising promotion.

promuovere: to float.
pronta cassa: prompt cash; cash down.
pronta consegna: ready delivery; prompt delivery.
prontezza: dispatch.
pronti: spot cash.
pronti contanti: spot cash.
pronti contro termine: **1.** spot against forward. **2.** repurchase agreement; sale and repurchase agreement.
pronto: spot; spot goods; spot commodity.
pronto imbarco: prompt shipment.
prontuario delle imposte: tax table.
prontuario delle tariffe: rate book.
prontuario di calcoli: ready reckoner.
propagandista commerciale: merchandising salesman; missionary; detailer.
propensione a consumare: propensity to consume.
propensione a importare: propensity to import.
propensione a investire: propensity to invest.
propensione al consumo: propensity to consume.
propensione all'assunzione di rischio: propensity to engage in risk–taking.
propensione alle importazioni: propensity to import.
propensione all'investimento: propensity to invest.
propensione al risparmio: propensity to save.
propensione al tesoreggiamento: propensity to hoard.
propensione a risparmiare: propensity to save.
propensione complessiva al consumo: aggregate propensity to consume.
propensione marginale a importare: marginal propensity to import.
propensione marginale a investire: marginal propensity to invest.
propensione marginale al consumo: marginal propensity to consume.
propensione marginale alle importazioni: marginal propensity to import.
propensione marginale all'investimento: marginal propensity to invest.
propensione marginale al risparmio: marginal propensity to save.
propensione marginale a risparmiare: marginal propensity to save.
propensione media a importare: average propensity to import.
propensione media a investire: average propensity to invest.
propensione media al consumo: average propensity to consume.
propensione media alle importazioni: average propensity to import.
propensione media all'investimento: average propensity to invest.
propensione media al risparmio: average propensity to save.
propensione media a risparmiare: average propensity to save.
proponente: **1.** offeror. **2.** proposer.
proporzionale: pro rata.
proporzione: proportion.
proporzione delle riserve auree: bank ratio.
proporzioni dei fattori: factor proportions.
proposizione dell'equivalenza di Ricardo: Ricardo–equivalence proposition.
proposta: **1.** offer. **2.** suggestion.
proposta di assicurazione: proposal for insurance.
proposta di concordato: scheme of arrangement; scheme of composition.
proposta di vendita unica: unique selling proposition.
proprietà: **1.** property; ownership. **2.** proprietorship. **3.** equity ownership. **4.** estate. **5.** domain.
proprietà apparente: ostensible ownership.
proprietà assoluta: **1.** freehold; freehold property; fee simple; fee simple absolute in possession; seisin. **2.** absolute ownership; complete ownership.
proprietà collettiva: **1.** public ownership; public property. **2.** collective ownership.
proprietà comune: common property.
proprietà condizionata: qualified property.
proprietà dei dipendenti: employee ownership.
proprietà dei lavoratori: worker ownership.
proprietà dell'abitazione: home ownership.
proprietà della ricchezza: ownership of wealth.
proprietà e direzione: ownership and management.
proprietà e gestione: ownership and management.
proprietà elencata: scheduled property.
proprietà esclusiva: complete ownership; absolute ownership.
proprietà fondiaria: landed property.
proprietà fondiaria iscritta nei registri immobiliari: registered land.
proprietà immateriale: incorporeal hereditament; incorporeal property.
proprietà immobiliare: real property; real estate; realty; hereditament.
proprietà in comune: **1.** tenancy in common; common ownership; ownership in common. **2.** community property.
proprietà in concessione: licensed property.
proprietà in condominio: flying freeholds.
proprietà individuale: severalty.
proprietà industriale: industrial property.
proprietà industriali: industrial hereditaments.
proprietà in partecipazione: participatory ownership.
proprietà intellettuale: intellectual property.
proprietà in usufrutto: life estate.
proprietà legale: legal estate.
proprietà libera: clear estate.
proprietà limitata: restricted ownership.
proprietà materiale: corporeal hereditament; corporeal property.
proprietà mobiliare: personal estate; personalty.
proprietà non gravata: unencumbered property.
proprietà partecipativa: participatory ownership.
proprietà piena: absolute ownership; complete ownership.
proprietà presunta: reputed ownership.
proprietà privata: private property.
proprietà pubblica: **1.** public ownership; government ownership; public property. **2.** collective ownership.
proprietà reciproca di azioni: interlocking stock ownership.
proprietà riflessiva: reflexivity.
proprietari fondiari: rentier class.
proprietario: **1.** owner; proprietor. **2.** tenant.
proprietario apparente: ostensible owner.
proprietario concedente: ground landlord.
proprietario del carico: cargo owner.
proprietario di azioni: share–owner.
proprietario di banchina: wharfinger.
proprietario di casa: householder.
proprietario d'immobile: landlord.
proprietario di nave: shipowner.
proprietario–direttore: owner–manager; managing owner.
proprietario effettivo: beneficial owner.
proprietario immobiliare: estate owner.

proprietario in comune: tenant in common.
proprietario partecipante alla comunione pro indiviso: tenant in common.
proprietario presunto: reputed owner.
proprietario registrato: registered proprietor.
proprietario unico: sole owner.
proprietà sociale: social ownership.
proprietà speciale: special property.
proprietà statale: state ownership.
proprietà tangibile: tangible property.
proroga: respite.
prosciugamento delle riserve: drain of reserves.
prosperità: **1.** prosperity; peak; upswing. **2.** welfare.
prospetti di rilevazione dei costi per serie: continuous cost records.
prospettive commerciali: trading prospects.
prospettive di crescita: growth prospects.
prospettive economiche: economic prospects.
prospetto: **1.** return. **2.** returns. **3.** prospectus. **4.** schedule. **5.** state.
prospetto degli utili: earnings profile.
prospetto degli utili non distribuiti: retained earnings statement.
prospetto dei costi: cost sheet.
prospetto del flusso di cassa: funds–flow statement.
prospetto dell'attivo e del passivo: statement of financial position; statement of assets and liabilities; statement of condition; statement of financial condition.
prospetto delle variazioni del capitale netto: statement of net worth; statement of stockholders' equity; statement of investment.
prospetto del reddito e dell'eccedenza conseguita: income and earned surplus account.
prospetto di riparto degli utili: profit and loss appropriation account; appropriation account; outlay account.
prospetto illustrativo del movimento di fondi: movement of funds statement.
prospetto illustrativo di un flusso di valori: flow statement; funds statement.
prospetto riepilogativo: lead schedule.
prossimo: prox.; proximo.
protestare: to reject.
protesto: protest.
protesto cambiario: protest.
protesto definitivo: protest.
protesto di capofamiglia: householder's protest.
protesto per mancata accettazione: protest for non–acceptance.
protesto per mancato pagamento: protest for non–payment.
protesto preliminare: noting; note of protest.
protezione: **1.** safeguard. **2.** protection.
protezione commerciale: trade protection.
protezione contro il riscatto: call protection.
protezione degli investitori: investor protection.
protezione dei depositi: deposit protection.
protezione del consumatore: consumer protection.
protezione della proprietà intellettuale: intellectual property protection.
protezione di brevetto: patent protection.
protezione di portafoglio: portfolio protection.
protezione di un mercato: market protection.
protezione economica: economic protection.
protezione naturale: natural protection.
protezionismo: protectionism; protection; safeguarding of industry.
protezionismo agricolo: agricultural protectionism.
protezionismo amministrativo: administrative protection.
protezionismo commerciale: trade protection.
protezionismo convenzionale: conventional protectionism.
protezionismo valutario: protectionism of a currency.
protezionista: protectionist.
protocollo lettere in arrivo: letters received book.
protocollo lettere in partenza: letters dispatched book.
prova: test.
prova a domicilio: home test.
prova attitudinale: trade test; capacity test; occupational test.
prova dei crediti: proof of debts.
prova del danno: proof of loss.
prova del diritto di proprietà: proof of title.
prova della conoscenza del lavoro: job knowledge test.
prova della personalità: personality test.
prova della reversibilità temporale: time reversal test.
prova del paraocchi: blind test.
prova del prodotto: product test.
prova del sinistro: proof of loss.
prova di durata: life test.
prova di funzionamento: running test.
prova di mercato: market test.
prova diretta: primary evidence.
prova empirica: empirical testing.
prova indiretta: secondary evidence.
prova non originale: secondary evidence.
prova originale: primary evidence.
prova preliminare: field test; witness assembly.
prova secondaria: secondary evidence.
prova su una zona: area test.
prova vocazionale: vocational test.
prove attitudinali: aptitude tests.
proventi: proceeds.
proventi delle esportazioni: export earnings.
provento lordo: gross proceeds.
provento netto: net proceeds.
provvedimento di nomina del curatore del fallimento: receiving order.
provveditore navale: ship's chandler; ship chandler.
provvigione: **1.** commission. **2.** fee; finder's fee.
provvigione di banca: bank commission; bank charges.
provvigione di conto: commission on current account.
provvigione d'incasso: collection charges.
provvigione sulle vendite: sales commission.
provvisorio: interim.
provvista cambiaria: provision.
provvista fondi: funding.
provviste: stores.
provviste di bordo: sea stores; ship's stores.
provviste di bordo soggette a dazio: dutiable stores.
prudenza finanziaria: financial prudence.
psicologia applicata: applied psychology.
psicologia del lavoro: occupational psychology.
psicologia industriale: industrial psychology.
psicologo del lavoro: industrial psycologist; work psychologist.
psicotecnica: work psychology.
pubblicazione: publication.
pubblicazione di categoria: trade publication.
pubblicazioni gratuite: freesheets.
pubblicità: advertising.
pubblicità abbinata: tied–in advertising.
pubblicità aggressiva: combative advertising.
pubblicità a mezzo di campioni gratuiti: free gift

advertising.
pubblicità a mezzo timbro postale: postmark advertising.
pubblicità bancaria: bank advertising.
pubblicità collettiva: collective advertising.
pubblicità concorrenziale: product advertising; competitive advertising.
pubblicità cooperativa: co–operative advertising; retail advertising.
pubblicità costruttiva: constructive advertising.
pubblicità di categoria: trade advertising.
pubblicità di concorrenza: product advertising; competitive advertising.
pubblicità di massa: mass advertising.
pubblicità di prestigio: prestige advertising; institutional advertising.
pubblicità diretta: direct advertising.
pubblicità diretta al consumatore: consumer advertising.
pubblicità diretta per corrispondenza: direct mail advertising; direct mail shot.
pubblicità esterna: outdoor advertising.
pubblicità incrociata: cross advertising.
pubblicità indiretta: indirect advertising.
pubblicità industriale: industrial advertising.
pubblicità informativa: informative advertising.
pubblicità istituzionale: institutional advertising; corporate advertising.
pubblicità locale: retail advertising; local advertising.
pubblicità modulare: modular advertising.
pubblicità nazionale: national advertising.
pubblicità nel punto di acquisto: point–of–purchase advertising.
pubblicità oggettiva: collective advertising.
pubblicità persuasiva: persuasive advertising.
pubblicità redazionale: publicity.
pubblicitario: advertising man; adman.
pubblicità subliminale: subliminal advertising.
pubblicità su giornali di categoria: trade–paper advertising.
pubblicità sulla stampa: publication advertising.
pubblicità sull'intera rete: network advertising.
pubblicità su mezzi di trasporto: transportation advertising.
pubblicità su rete nazionale: network advertising.
pubblicità tabellare: display advertising.
pubblicità televisiva: television advertising.
pubblicità vistosa: flashy advertising.
pubblicizzazione: publication.
pubblico: 1. public. **2.** audience.
pubblico banditore: auctioneer.
pubblico in generale: general public.
pubblico prigioniero: captive audience.
pubblico registro: registry.
pubblico ufficiale: public official.
punta: peak.
punti dell'oro: specie points.
punti di consegna: delivery points.
punti d'intervento: intervention points.
punti metallici: specie points.
punto: point.
punto base: 1. basis point. **2.** basing point.
punto critico: break–even point; profit break–even point; profitless point.
punto d'acquisto: point of purchase.
punto decimale: decimal point.
punto dei rendimenti decrescenti: point of diminishing returns.
punto della felicità: bliss point.
punto delle proporzioni ideali: point of ideal proportions.
punto dell'oro inferiore: gold import point; import specie point; lower gold point.
punto dell'oro superiore: gold export point; export specie point; upper gold point.
punto di cessazione dell'attività: shut–down point.
punto di conversione: conversion point.
punto di discarica: break–bulk point.
punto di entrata: pick–up point.
punto di equilibrio: break–even point; profit break–even point; profitless point; break–even performance.
punto di equilibrio di cassa: cash break–even point.
punto di equilibrio finanziario: financial break–even point.
punto di indifferenza: point of indifference.
punto di inizio discarica: break–bulk point.
punto di intervento: support point.
punto di intervento obbligatorio: compulsory intervention point.
punto di inversione: turning point.
punto di inversione inferiore: trough.
punto di inversione superiore: peak.
punto di nessun risparmio: point of zero savings.
punto di non ritorno: point of no return.
punto di pareggio: break–even point; profit break–even point; profitless point; break–even performance.
punto di pericolo: peril point.
punto di recupero delle erogazioni finanziarie: out–of–pocket recovery point.
punto di resistenza: resistance point.
punto di riordino: order point.
punto di risparmio zero: point of zero savings.
punto di rottura: break–even point; profit break–even point; profitless point.
punto di saturazione: saturation point.
punto di separazione: split–off point; split–off; separation point.
punto di sospensione: shut–down point.
punto di sostegno: support point.
punto di svolta: turning point.
punto di svolta inferiore: trough.
punto di svolta superiore: peak.
punto di trasbordo: transhipment point; point of modal interchange.
punto di vendita: point of sale; selling establishment; outlet.
punto di vendita al dettaglio: retail outlet.
punto di vendita elettronico: electronic point of sale.
punto di vendita vincolato: tied shop; tied outlet; captive outlet.
punto franco: bonded warehouse; bonded store; customs warehouse; entrepôt.
punto metallico inferiore: gold import point; import specie point; lower gold point.
punto metallico superiore: gold export point; export specie point; upper gold point.
punto morto: break–even point; profit break–even point; profitless point.
punto percentuale: percentage point.
punto vivo: break–even point; profit break–even point.
purgazione: redemption.
purgazione d'ipoteca: redemption of mortgage; release of mortgage.

q, Q

quadrare: 1. to crosscheck. **2.** to cross–cast.
quadratura: balancing.
quadri: first–line managers; front–line managers.
quadro delle attività fisse: fixed–asset schedule.
quadro di controllo visivo: visual control board.
qualificazione del lavoro: job evaluation; job grading; job rating.
qualità buona e mercantile: merchantable quality.
qualità buona media della stagione: middling quality.
qualità commerciabile: merchantable quality.
qualità delle cambiali: quality of bills of exchange.
qualità e condizione buone e mercantili: good merchantable quality and condition.
qualità inferiore: lower quality.
qualità media: 1. average quality. **2.** middling quality.
qualità media in uscita: average outgoing quality.
qualità mercantile: merchantable quality.
qualità nautiche: seaworthiness.
qualità sana e mercantile: merchantable quality.
qualità tipo: standard grade.
qualsiasi rischio: all risks whatsoever.
quando, come e se emessi: when, as and if issued.
quantificare: to quantify.
quantificazione: quantification.
quantile: quantile.
quantità commerciabile: marketable amount.
quantità di equilibrio: equilibrium quantity.
quantità di moneta: quantity of money.
quantità di riordino: reorder quantity.
quantità economiche: economic quantities.
quantità negoziabile: marketable parcel.
quantità ottimale di moneta: optimum quantity of money.
quantità ottimale di riordino: optimum order quantity.
quantitativo minimo: minimum amount.
quantità trattabile: tradeable amount.
quantità trattata: volume.
quantità vendibile: 1. saleage. **2.** marketable amount.
quanto dovuto: quantum meruit.
quarantena: quarantine.
quartiere generale: headquarters.
quartiere popolare: slurb.
quartile: quartile.
quarto: 1. quart. **2.** quarter.
quarto mercato: fourth market.
quarto settore: fourth sector.
quasi–contratto: quasi–contract.
quasi moneta: near money; quasi–money.
quasi–monopolio: near–monopoly; quasi–monopoly.
quasi municipalità: quasi–corporation.
quasi prestito: quasi–loan.
quasi rendita: quasi–rent.
quasi riorganizzazione: quasi–reorganization.
quasi socio: quasi–partner.
questionario: questionnaire.
questione: business.
quietanza: receipt.
quietanza a saldo: acquittal; acquittance.
quietanza per nolo: freight release.
quietanzare: to receipt.
quintale: quintal.
quorum: quorum.
quorum degli azionisti: quorum of shareholders.
quota: 1. share. **2.** quota. **3.** tranche.
quota aperta: open–ended quota.
quota assoluta: absolute quota.
quota aurea: gold tranche.
quota–capitale: amortization quota.
quota commerciale: trade quota.
quota dei costi generali: overhead rate.
quota di ammortamento: 1. writing down allowance. **2.** depreciation expense. **3.** amortization quota.
quota di budget: budget share.
quota di capitale: capital share.
quota di costi: cost fraction.
quota di credito: credit tranche.
quota di esportazione: export quota.
quota di importazione: import quota.
quota di importazione di semilavorati: mixing import quota.
quota di importazione unilaterale: unilateral import quota.
quota di mercato: market share; share of the market.
quota di partecipazione: 1. stake. **2.** unit. **3.** property bond.
quota di partecipazione azionaria: equity stake.
quota di produzione: production quota.
quota di reddito: income share.
quota di riserva: reserve tranche.
quota di spese generali: overhead rate.
quota di vendite: sales quota.
quota doganale d'importazione: customs quota.
quota globale: global quota.
quota istituzionale: institutional pot.
quota–parte: 1. share. **2.** property bond. **3.** unit.
quota pensionabile: pensionable earnings.
quotare: to quote.
quota sindacale: check–off.
quota sindacale obbligatoria: automatic check–off.
quota sindacale volontaria: voluntary check–off.
quota sociale: 1. stock. **2.** capital share; partnership share.
quota tariffaria d'importazione: tariff quota.
quota vendibile: saleage.
quota volontaria di esportazione: voluntary export quota.
quotazione: quotation; quote.
quotazione a contanti: 1. spot quotation. **2.** cash quotation.
quotazione a pronti: 1. spot quotation. **2.** cash

quotation.
quotazione a secco: flat quotation.
quotazione a termine: forward quotation.
quotazione di apertura: opening quotation.
quotazione di chiusura: closing quotation.
quotazione di mercato: market quotation.
quotazione diretta: direct quotation.
quotazione in borsa: quotation; listing; official listing.
quotazione indiretta: indirect quotation.
quotazione informativa: info quote.
quotazione nominale: nominal quotation.
quotazione per contanti: 1. spot quotation. **2.** cash quotation.
quotazione per l'esportazione: export quotation.
quotazioni di borsa: stock exchange quotations.
quotazioni fob: f.o.b. pricing.
quotazioni ufficiali: official quotations.
quote d'importazione bilaterali: bilateral import quotas.
quote di società di credito edilizio: building society shares.
quotista: stockholder.
quoziente acido di liquidità: acid test.
quoziente di disponibilità: current ratio.
quoziente di leva: leverage.
quoziente di liquidità: current ratio.
quoziente di localizzazione: location quotient.
quoziente di mortalità: death rate.
quoziente di natalità: birth rate.
quoziente generale di fertilità: fertility rate.
quoziente utili/dividendi: dividend cover.

r, R

raccoglitore di mastro: transfer ledger.
raccolti fondamentali: basic crops.
raccolto: crop.
raccolto per il consumo: food crop.
raccolto per la vendita: cash crop; ready–money crop.
raccolto per l'esportazione: export crop.
raccolto per uso proprio: subsistence crop.
raccomandatario: ship's agent.
raccomandazione: registration.
raccordo: feeder.
radiotelegramma: aerogram.
rafforzamento: hardening.
rafforzarsi: to harden.
ragazzo di ufficio: office boy.
raggio della produzione: production ray.
raggruppamenti socio–economici: socio–economic groupings.
raggruppamento: groupage; grouping.
raggruppamento azionario: splitback; splitdown.
raggruppamento di azioni: reverse split; reverse splitup; stock split–down.
raggruppamento di banche: bank group; banking group.
raggruppamento di fondi: fund pool.
ragione di scambio: terms of trade.
ragione di scambio internazionale: terms of trade.
ragioneria: accountancy.
ragione sociale: business name; company title; corporate name; firm name; name of company; style.
ragione sociale registrata: registered name.
ragioniere: accountant.
ragioniere capo: chief accountant.
ragioniere generale: Accountant and Comptroller General.
rallentamento: slowdown.
rallentamento del lavoro: labour slowdown.
rallentamento economico: economic slowdown.
rallentamento sistematico della produzione: systematic soldiering.
ramificazioni: ramifications.
ramo commerciale: line.
ramo del commercio: branch of commerce.
ramo del diritto: branch of law.
ramo di affari: branch of business.
ramo di attività: branch of business.
ramo di attività industriale: line of industrial activity.
ramo industriale: line of industrial activity; line.
rapidità di circolazione: rapidity of circulation.
rapido ammortamento: accelerated depreciation.
rapido deterioramento: accelerated depreciation.
rapporti capitalizzati: capitalized ratios.
rapporti contabili: accounting ratios.
rapporti contrattuali: contractual relations.
rapporti di capitalizzazione: capitalized ratios.
rapporti minimi: minimum ratios.
rapporti standard: standard ratios.
rapporto: **1.** ratio. **2.** proportion. **3.** report.
rapporto annuale: annual return.
rapporto attività/capitale proprio: equity–to–assets ratio.
rapporto bancario: bank ratio.
rapporto capitale di prestito/capitale di rischio: debt/equity ratio.
rapporto capitale/lavoro: capital–labour ratio.
rapporto capitale/prestiti: gearing ratio.
rapporto capitale/prodotto: capital productivity ratio; capital–output ratio.
rapporto capitalizzato: capitalization ratio.
rapporto costo–benefici: benefit–cost ratio; cost–benefit ratio.
rapporto danni e spese: loss–and–expense ratio.
rapporto della riserva: reserve ratio.
rapporto della riserva bancaria: reserve ratio; cash reserve ratio; cash–deposit ratio.
rapporto della riserva primaria: primary reserve ratio.
rapporto della riserva secondaria: secondary reserve ratio.
rapporto delle anticipazioni: advances ratio; lending ratio.
rapporto delle attività: activity ratio.
rapporto delle attività di riserva: reserve assets ratio.
rapporto delle attività liquide: liquid assets ratio.
rapporto delle attività stanziabili: eligible assets ratio.
rapporto delle attività tangibili nette: net tangible asset ratio.
rapporto delle interrelazioni finanziarie: financial inter–relations ratio.
rapporto delle utilità marginali relative: relative marginal utility ratio.
rapporto depositi–capitale: deposit ratio; deposit–capital ratio; capital–deposit ratio.
rapporto di attività: asset ratio.
rapporto di autofinanziamento: self–financing ratio.
rapporto di avanzamento: progress report.
rapporto di avaria: protest; protest of average; ship's protest; sea protest.
rapporto di azioni privilegiate: preferred stock ratio.
rapporto di capitale netto: net worth ratio.
rapporto di capitalizzazione: capitalization ratio.
rapporto di cassa: liquidity ratio; liquid ratio; cash ratio.
rapporto di cassa corrente: current liquidity ratio.
rapporto di complementarità: complementarity.
rapporto di concentrazione industriale: concentration ratio.
rapporto di conversione: conversion ratio.
rapporto di diritti di sottoscrizione: subscription ratio.
rapporto di esigibilità: collections ratio.
rapporto di gestione: operating ratio.
rapporto di indebitamento: gearing; capital gearing;

financial gearing; gearing of capital; leverage; financial leverage.
rapporto di indipendenza finanziaria: liabilities–to–worth ratio.
rapporto di liquidità: liquidity ratio; current ratio; liquid ratio; working capital ratio.
rapporto di liquidità corrente: current liquidity ratio.
rapporto di locazione: occupancy ratio.
rapporto di mercato: market ratio.
rapporto di mortalità: mortality ratio.
rapporto di parità: parity ratio.
rapporto di parità agraria: agricultural parity ratio.
rapporto di passaggio: pass–through ratio.
rapporto di posizione di cassa: cash ratio; cash position ratio.
rapporto di profitto lordo: gross profit ratio.
rapporto di rendimento: yield ratio.
rapporto di rideposito: redeposit ratio.
rapporto di rimunerazione: return ratio.
rapporto di rischio: risk ratio.
rapporto di riserva minima: minimum reserve ratio.
rapporto di risparmio: saving ratio.
rapporto di scambio: 1. trade ratio. **2.** ratio of exchange. **3.** market ratio.
rapporto di servizio del debito: debt–service ratio.
rapporto di sostituzione: substitution ratio.
rapporto di specializzazione: specialization ratio.
rapporto di trasporto: transportation ratio.
rapporto di utilizzazione delle attrezzature: equipment utilization ratio; equipment ratio.
rapporto di valutazione: valuation ratio.
rapporto dividendo/prezzo: dividend–price ratio.
rapporto di volume: volume ratio.
rapporto di zecca: mint ratio.
rapporto fatturato/reddito: income–sales ratio.
rapporto finanziario: financial report; statutory report.
rapporto incrementale capitale/prodotto: incremental capital–output ratio.
rapporto incrementale lordo capitale/prodotto: gross incremental capital–output ratio.
rapporto indebitamento/capitale netto: debt–to–net–worth ratio.
rapporto interessi–esportazioni: interest–export ratio.
rapporto K: K ratio; Marshallian K ratio.
rapporto legale fisso: mint ratio.
Rapporto Macmillan: Macmillan Report.
Rapporto May: May Report.
rapporto medio capitale/prodotto: average capital–output ratio.
rapporto operativo: operating ratio.
rapporto popolazione/disoccupazione: unemployment–population ratio.
rapporto popolazione/occupazione: employment–population ratio.
rapporto prezzo/flusso di cassa: price/cash–flow ratio.
rapporto prezzo/utili: price/earnings ratio; P/E ratio.
rapporto prezzo/valore contabile: price/book ratio.
rapporto profitti/volume: profit/volume ratio.
rapporto Q: Q–ratio.
Rapporto Radcliffe: Radcliffe Report.
rapporto reale di interscambio internazionale: real ratio of international interchange.
rapporto reddito/indebitamento: corporate income gearing.
rapporto reddito/prezzo: leverage.
rapporto rischio/remunerazione: risk–return ratio; risk–reward ratio.
rapporto riserva/depositi a tempo: time deposit/reserve ratio.
Rapporto Rochdale: Rochdale Report.
rapporto scorte/produzione: stock–output ratio.
rapporto scorte–vendite: inventory–sales ratio; stock–sales ratio; sales inventory ratio.
rapporto secco di liquidità: acid–test ratio; quick asset ratio; quick test; quick ratio.
rapporto sociale: social report.
rapporto sui danni: damage report.
rapporto sulla situazione: situation report.
rapporto sulle vendite: sales report.
rapporto tra attivo e passivo: current position.
rapporto tra disponibilità e debiti a breve termine: current ratio.
rapporto uomo–terra: man–land ratio.
rapporto utili/dividendi: payout ratio; dividend payout; dividend payout ratio.
rapporto utili/prezzo: earnings–price ratio.
rapporto vendite/pubblicità: advertising to sales ratio.
rappresaglia: 1. reprisal. **2.** retaliation.
rappresaglia economica: sabotage.
rappresentante: representative; agent.
rappresentante all'estero: foreign agent.
rappresentante autorizzato: registered commodity representative.
rappresentante commerciale: 1. sales representative. **2.** trade representative.
rappresentante del produttore: manufacturer's representative.
rappresentante di vendita: sales representative.
rappresentante esclusivo: sole representative.
rappresentante estero: foreign agent; overseas agent.
rappresentante sindacale: shop steward; steward; union steward.
rappresentante sindacale ad una contrattazione collettiva: bargaining agent.
rappresentanza: 1. entertainment. **2.** representation.
rappresentanza all'estero: foreign agency.
rappresentanza commerciale: agency.
rappresentanza in consiglio di amministrazione: board representation.
rappresentanza occulta: undisclosed agency.
rappresentanza proporzionale: proportional representation.
rappresentanza sindacale: bargaining unit.
rappresentanza sindacale alla contrattazione collettiva: collective bargaining agency.
rappresentanza unica: exclusive representation.
rappresentanza universale: universal agency.
rarefazione del credito: credit crunch.
rarità: scarcity.
rassegna del mercato: market review.
rassegna del personale: staff survey; staff inspection.
rastrellamento di azioni: share warehousing.
rata: 1. rent. **2.** instalment.
rata di caricazione: loading rate.
rata di discarica: discharging rate.
rata di nolo: freight rate; rate.
rata di nolo conferenziato: conference rate.
rata di nolo libero: open rate.
rata di rendita vitalizia: 1. rent of an annuity. **2.** annuity unit.
rata posticipata di ammortamento del debito unitario: periodic payment with present value of 1.
rata posticipata di costituzione del capitale unitario:

periodic payment accumulating to 1.
rata successiva: renewal premium.
ratei attivi: accrued earnings.
ratei e risconti passivi: accrued expenses; accrued liabilities.
rateo: accrual.
rateo attivo: accrued income; accrued revenue; accrued asset.
rateo di frutti maturati: accrued interest.
rateo di imposte: accrued taxes.
rateo passivo: accrued cost.
ratifica: ratification.
razionalità del consumatore: consumer rationality.
razionalità economica: economic rationality.
razionalizzazione: rationalization.
razionalizzazione della produzione: rationalization of production.
razionalizzazione del lavoro: rationalization of labour.
razionalizzazione di un'impresa: rationalization of a firm.
razionalizzazione di un'industria: rationalization of an industry.
razionamento: rationing.
razionamento alimentare: food rationing.
razionamento basato sul prezzo: rationing by price; rationing by the purse.
razionamento del credito: credit rationing; rationing of credit.
razionamento di beni: rationing of goods.
razionamento di capitale: capital rationing.
razionamento valutario: rationing of foreign exchange.
razione: ration.
razzismo: racism.
reale: real.
realizzabile: realizable.
realizzare: to realize.
realizzazione: realization.
realizzazione dei profitti: profit taking.
realizzazione di plusvalenze: profit taking.
realizzazione di redditi di capitale: capital realization.
realizzazione di reddito: income realization.
realizzazione di utili di capitale: capital realization.
realizzazione forzata: forced sale.
realizzo dei profitti: profit taking.
realizzo di entrate: revenue realization.
reati fallimentari: bankruptcy offences.
reato fiscale: tax offence.
reato tributario: tax offence.
reazione: reaction.
recapiti marittimi: ship's papers.
recessione: recession; slope.
recessione inflazionistica: slumpflation.
recessionistico: recessionary.
recessivo: recessionary.
recinto alle grida: ring.
recinto granaglie: grain pit.
recinto per la negoziazione: trading ring.
recinzione: enclosure.
reciprocità: reciprocity.
reciprocità commerciale: fair trade.
reciproco: reciprocal.
reclamare: to complain.
reclamo: complaint.
reclutamento del personale: employee recruitment.
recupero: 1. rally; uptrend. **2.** payback; payoff. **3.** restaur.
recupero accelerato dei costi: accelerated cost recovery.
recupero del capitale: capital recovery.
recupero di ammortamento: recapture of depreciation.
recupero di un costo: cost recovery.
recupero di utili: recapture of earnings.
redditi dei fattori: factor incomes.
redditi di breve periodo: short–term gains.
redditi di capitale di breve periodo: short–term capital gains.
redditi di capitale di lungo periodo: long–term capital gains.
redditi di lungo periodo: long–term gains.
redditi di sviluppo: development gains.
redditiere: rentier.
redditieri: rentier class.
redditi non salariali: non–wage–earners' incomes.
redditi saltuari: casual earnings.
redditività: profitability.
redditività annua: annual return.
redditività aziendale: company profitability.
redditività di un investimento: investment profitability.
redditività privata: private profitability.
redditività sociale: social profitability.
redditivo: profitable; profit–bearing.
redditizio: profitable; profit–bearing.
reddito: income; earnings.
reddito aggregato: aggregate income.
reddito annuo: annual income; yearly income.
reddito annuo garantito: guaranteed annual income.
reddito aziendale: business income.
reddito capitalizzato: capitalized income.
reddito complessivo: aggregate income.
reddito contabile: accounting income.
reddito da commissioni: fee income; non–interest income; commission income.
reddito da dividendi: dividend income.
reddito da interessi: interest income.
reddito da investimenti: unearned revenue; unearned income.
reddito da investimento franco da imposta: franked investment income.
reddito da lavoro autonomo: self–employment income; income from self–employment.
reddito da lavoro dipendente: income from employment.
reddito da lavoro indipendente: self–employment income.
reddito da locazione: rental income.
reddito dell'imprenditore: entrepreneur's income.
reddito di capitale: 1. capital profit; capital gain. **2.** unearned revenue; unearned income; income from property; capital income.
reddito di capitale tassabile: chargeable gain.
reddito di fabbricati: rental income.
reddito differito: deferred revenue; deferred income.
reddito di impresa: business income; profit income.
reddito di investimento: investment income.
reddito di lavoro: income profit; earned income; income from labour.
reddito di lavoro dipendente: wage income; salary income.
reddito di portafoglio: portfolio income.
reddito diretto: direct income.
reddito discrezionale: discretionary income; supernumerary income.
reddito disponibile: disposable income.
reddito dominicale: rental; rental income.
reddito equo: fair return.

reddito esentasse: tax–free income.
reddito esentasse di investimento: unfranked investment income.
reddito esente da imposte: tax–free income.
reddito familiare: family income; household income.
reddito familiare disponibile: household disposable income.
reddito figurativo: imputed income; notional income.
reddito fisso: **1.** fixed income. **2.** fixed interest.
reddito franco da imposta: franked income.
reddito garantito minimo: minimum guaranteed income.
reddito guadagnato: income earned.
reddito imponibile: taxable income; assessable income.
reddito imponibile d'impresa: taxable profit.
reddito imputato: imputed income.
reddito incrementale: incremental income.
reddito indiretto: indirect income.
reddito in natura: income in kind.
reddito liquido: income cash.
reddito lordo: gross income; gross earnings.
reddito lordo contabile: pretax accounting income.
reddito marginale: marginal income; incremental income.
reddito medio: average income.
reddito medio previsto: average expected income.
reddito merce: commodity income.
reddito misto: mixed income.
reddito monetario: monetary income; money income; cash income.
reddito monopolistico: monopolistic income.
reddito nazionale: national product; national income.
reddito nazionale di equilibrio: equilibrium national income.
reddito nazionale di piena occupazione: full–employment national income.
reddito nazionale in termini reali: real national income.
reddito nazionale lordo: gross national income.
reddito nazionale netto: net national income.
reddito nazionale potenziale: potential national income.
reddito nazionale reale: real national income.
reddito netto: **1.** net income; net earnings. **2.** net profits; net return.
reddito netto dell'imprenditore: entrepreneur's net income.
reddito netto di esercizio: net operating income.
reddito netto di gestione: net operating income.
reddito netto residuo: residual profit; residual net income.
reddito netto su proprietà all'estero: net property income from abroad.
reddito nominale: nominal income.
reddito non di lavoro: non–labour income.
reddito non distribuito: retained income.
reddito non imponibile: non–taxable income.
reddito non monetario: non–money income.
reddito non operativo: non–operating income; non–operating revenue.
reddito normale: normal income.
reddito operativo: operating profit; operating revenue; operating income; performance revenue.
reddito ordinario: ordinary income.
reddito passivo: passive income.
reddito patrimoniale: estate income.
reddito pecuniario: money income.
reddito per azione: earnings per share.
reddito permanente: permanent income.
reddito personale: private income; personal income.
reddito personale complessivo: total personal income.
reddito personale disponibile: disposable personal income; personal disposable income.
reddito personale lordo: private income before tax; personal income before tax.
reddito presunto: statutory income.
reddito previsto: estimated income.
reddito probabile: prospective yield.
reddito pro capite: per capita income; income per head.
reddito psicologico: psychic income.
reddito reale: real income.
reddito reale personale disponibile: real personal disposable income.
reddito realizzato: income earned.
reddito residuo: residual income.
reddito separato: split income.
reddito sociale: national product; social income.
reddito sul capitale investito: return on capital employed.
reddito temporaneo: transitory income.
reddito totale: total income.
reddito transitorio: transitory income.
redditurio: rentier.
redenzione: redemption.
redimibile: redeemable.
redimibile alla pari: redeemable at par.
referenza: **1.** referee. **2.** reference.
referenza bancaria: banker's reference.
referenza commerciale: trade reference.
reflazionare: to reflate.
reflazione: reflation.
regalia: gratuity.
regime aureo: gold standard; full gold standard.
regime aureo internazionale: international gold standard.
regime aureo regolato: managed gold standard.
regime dei tassi di cambio: exchange rate regime.
regime dei tassi di cambio fissi: fixed exchange rate regime.
regime della proprietà immobiliare: land tenure.
regime di politica monetaria: monetary policy regime.
regime fiscale: tax regime.
regime monetario: monetary regime.
regime monetario basato sul dollaro: dollar standard.
regime monopolistico: monopoly system.
regime valutario: currency regime.
regione: region.
registrare: **1.** to carry; to enter; to record. **2.** to incorporate.
registrare a giornale: to journalize.
registrato: **1.** booked. **2.** incorporated.
registratore di cassa: cash register; cash till.
registrazione: **1.** entry. **2.** post. **3.** record. **4.** registration.
registrazione a credito: credit entry.
registrazione a debito: debit entry.
registrazione a giornale: journal entry.
registrazione a mastro: posting.
registrazione analitica: spread.
registrazione anticipata: shelf registration.
registrazione a poste invertite: reversing entry.
registrazione composta: combined entry; compound entry.
registrazione contabile: accounting entry; book–keeping entry; book entry.
registrazione controbilanciante: per contra entry.

registrazione degli azionisti: registration of stock.
registrazione della ditta: registration of business name.
registrazione della ragione sociale: registration of business name.
registrazione di accreditamento: credit entry.
registrazione di addebitamento: debiting entry; debit entry.
registrazione di apertura: opening entry.
registrazione di chiusura: closing entry.
registrazione di contropartita: contra; contra entry.
registrazione di copertura: covering entry.
registrazione differita: deferred posting.
registrazione di pareggio: reversing entry.
registrazione di prima nota: original entry.
registrazione di rettifica: 1. adjusting entry. **2.** correcting entry.
registrazione di supporto: supporting record.
registrazione di trapasso: transfer registration.
registrazione di valori mobiliari: registration of securities.
registrazione extracontabile: informal record.
registrazione negativa: negative posting.
registrazione riassuntiva: summarizing entry.
registrazione riepilogativa: covering entry.
registrazione su conto corrente: open book account.
registrazione sul partitario clienti: open book account.
registrazioni dei costi del personale: pay–roll records.
registrazioni di cassa: cash records.
registrazioni di costi: cost records.
registrazioni di magazzino: inventory records; stock records; stores records.
registrazioni generali: general records.
registrazioni incomplete: incomplete records.
registro: register.
registro analitico di piccola cassa: analytical petty cash book.
registro assegni: check register.
registro cassaforte: safe–keeping book.
registro centrale: central registry.
Registro centrale delle imprese: Central Register of Businesses.
registro commerciale: commercial register.
registro degli effetti: note register.
registro degli effetti scontati: bill register; bills discounted book.
registro degli impianti: plant machinery register.
registro degli ordinativi di approvvigionamento: purchase order register.
registro dei brevetti: patent register.
registro dei certificati azionari: stock certificate book.
registro dei conti correnti: current account register.
registro dei documenti giustificativi: voucher journal; voucher register; voucher record.
registro dei libretti di assegni: cheque book register.
Registro dei marchi di fabbrica: Trade Marks Registry.
registro dei sigilli: register of seals.
registro dei soci: register of members; register of shareholders; shareholders' register; share register; stock register.
registro dei titoli al portatore: bearer bonds register.
registro dei titoli del risparmio nazionale: national savings stock register; Post Office register.
registro dei trapassi di azioni: transfer register.
registro dei verbali: minute book.
registro delle accettazioni: acceptance register.
registro delle assicurazioni: insurance register.
registro delle attività: asset register.
registro delle attività fisse: plant register; fixed assets register.
registro delle azioni: share register.
registro delle cessioni: register of transfers; transfer register; transfer book.
registro delle fatture: invoice register; invoice book.
registro delle imprese: Register of Companies.
registro delle ipoteche: register of charges; register of mortgages.
registro delle ipoteche e degli oneri: register of mortgages.
registro delle opinioni: opinion book.
registro delle partecipazioni: stock certificate book.
registro delle partecipazioni azionarie: register of interests in shares.
registro delle persone giuridiche: Register of Companies.
registro delle presenze: attendance register.
registro delle società: Registrar of Companies; Register of Companies.
registro delle società mutue: Registrar of Friendly Societies.
registro delle spese postali: postage book; post book.
registro di custodia di sicurezza: safe custody register.
registro di piccola cassa: petty cash book.
registro di sbarco: landing book.
registro immobiliare: 1. register of title. **2.** property register. **3.** proprietorship register.
registro navale: register of shipping; register of ships.
Registro Navale del Lloyd: Lloyd's Register of Shipping.
registro sottoscrizioni: subscription book.
regola: rule.
regola dei dodici mesi: twelve–month rule.
regola del finanziamento: funding rule.
regola del finanziamento totale: full fund(ing) rule.
regola dell'origine: rule of origin.
regola dello standard di domanda: demand standard rule.
regola dell'uomo prudente: prudent man rule.
regola del prezzo unitario: unit rule.
regola del rimborso: unfunding rule.
regola del settantadue: rule of seventy–two.
regola del valore congruo: true value rule.
regola di bancabilità: eligibility rule.
regola di Cramer: Cramer's rule.
regola di Cromie: Cromie rule.
regola di Kinne: Kinne rule.
regola di Page: Page rule.
regola di Palmer: Palmer rule.
regola di Reading: Reading rule.
regola d'oro della liquidità bancaria: golden rule of banking.
regolamentatore: regulator.
regolamentazione: regulation.
regolamentazione dei canoni di affitto: rent regulation.
regolamentazione dell'attività economica: regulation of business.
regolamentazione delle esportazioni: export regulation.
regolamentazione delle importazioni: import regulation.
regolamentazione del sistema bancario: banking regulation.
regolamentazione eccessiva: over–regulation.
regolamentazione non tariffaria: non–tariff trade

regulation.
regolamentazione statale dell'attività economica: government regulation of business.
regolamenti doganali: customs regulations.
regolamento: regulation.
regolamento di assemblea: standing orders.
regolamento di avaria: average assessment; average statement; general average statement.
regolamento edilizio: building code.
regolamento fiscale: tax regulations.
regolamento procedurale: standing orders.
regola per le decisioni: decision rule.
regolatore: regulator.
regolatore dei dazi: customs and excise regulator.
regolazione delle tariffe: rate regulation.
Regole dell'Aja: Hague Rules.
regole del sistema monetario aureo: rules of the gold standard.
regole di liquidità: liquidity rules.
regole di politica: policy rules.
regole di politica monetaria: monetary policy rules.
Regole di York e Anversa: York–Antwerp Rules.
regole monetarie: monetary rules.
regressione con il metodo dei minimi quadrati: least–squares regression.
regresso: recourse.
reimportare: to reimport.
reindustrializzazione: reindustrialization.
reinserire: to write back.
reintegrabile: recoverable.
reintegrare: to recover.
reintegrazione: 1. reinstatement. **2.** recovery. **3.** restitution.
reintegrazione del capitale investito: payback; payoff.
reintegro: recovery.
reintermediazione: re–intermediation.
reinvestimento: reinvestment.
reinvestire gli utili: to plough back profits.
relatività: relativities.
relativo alla valuta britannica: sterling.
relazione: 1. report. **2.** relation.
relazione annuale: 1. yearly report. **2.** annual return.
relazione annuale di bilancio: annual statement; annual report.
relazione costi–volume–profitti: cost–volume–profit relationship.
relazione del consiglio di amministrazione: directors' report.
relazione della banca: bank report.
relazione del presidente: chairman's report.
relazione del revisore dei conti: auditor's report; audit report; audit certificate; audit opinion.
relazione dettagliata dei revisori dei conti: long–form report.
relazione di avaria: protest; protest of average; ship's protest; sea protest.
relazione di cassa: cash report.
relazione di certificazione con riserva: qualified report.
relazione di mercato: market report.
relazione di minoranza: minority report.
relazione di passaggio: pass–through relationship.
relazione diretta: direct relationship.
relazione di staff: staff relationship.
relazione di stima: appraisement; appraisal report.
relazione finanziaria: financial report; statutory report.
relazione funzionale: functional relationship.
relazione interinale: interim report.
relazione laterale: lateral relationship.
relazione lineare: 1. direct relationship. **2.** linear relationship.
relazione operativa: operating report.
relazione provvisoria: flash report; interim report.
relazione sintetica dei revisori dei conti: short–form report.
relazione sintetica di certificazione: short–form report.
relazione specialistica: specialist relationship.
relazione sulla attività giornaliera: salesman's daily report.
relazione sulla qualità: quality report.
relazione sulle disponibilità per gli acquisti: open–to–buy report.
relazione sulle vendite: sales report.
relazione sulle vendite giornaliere: salesman's daily report.
relazione tra costo medio e costo marginale: average cost/marginal cost relationship.
relazioni: contacts.
relazioni area–volume: area–volume relationships.
relazioni col pubblico: external relations.
relazioni commerciali: trade relations.
relazioni con gli investitori: investor relations.
relazioni contrattuali: contractual relations.
relazioni d'affari: business relations.
relazioni esterne: external relations.
relazioni industriali: labour–management relations; labour relations; industrial relations.
relazioni obbligatorie: statutory returns.
relazioni pubbliche: public relations.
relazioni sindacali: labour–management relations; labour relations; union relations.
relazioni umane: human relations.
relitti del mare: jetsam.
remissore: half–commission man.
remunerabilità: remunerability.
remunerare: to remunerate.
remunerativo: 1. remunerative; profitable; profit–bearing. **2.** gainful.
remunerazione: 1. remuneration. **2.** return. **3.** pay.
remunerazione annua: annual return.
remunerazione a tempo: time payment.
remunerazione complessiva: total remuneration.
remunerazione dei suggerimenti: remuneration of suggestions.
remunerazione di un investimento: investment remuneration.
remunerazione equa: fair return.
remunerazione flessibile: flexible compensation.
remunerazione globale: package pay.
remunerazione normale degli imprenditori: entrepreneurs' normal remuneration.
remunerazione oraria: hourly compensation.
remunerazione residua: residual payment.
rendere obsoleto: to obsolesce.
rendere routinario: to routinize.
rendiconti a costi storici: historical–cost accounts.
rendiconti annuali: annual accounts.
rendiconti consolidati: consolidated accounts; consolidated statements.
rendiconti di gruppo: group accounts.
rendiconti finali: final accounts.
rendiconti finanziari: financial accounts.
rendiconti modificati: modified accounts.

rendiconto: **1.** statement. **2.** return. **3.** returns. **4.** accountants' report. **5.** bank statement.
rendiconto bancario: statement; bank statement.
rendiconto del flusso di cassa: cash–flow statement.
rendiconto dell'attivo e del passivo: statement of affairs.
rendiconto delle entrate e delle uscite: receipts and payments account; receipts and expenditure account; receipts and payments statement.
rendiconto d'esercizio: business report.
rendiconto di cassa: cash statement.
rendiconto di concordanza: bank reconciliation statement; reconciliation statement; reconciliation.
rendiconto di deficit: deficiency account; deficiency statement.
rendiconto di produzione: production statement.
rendiconto di riconciliazione: bank reconciliation statement; reconciliation statement.
rendiconto finanziario: **1.** statement of sources and application of funds; capital–reconciliation statement; sources–and–uses statement; source–and–disposition statement; source–and–application of funds statement. **2.** financial statement; report.
rendiconto finanziario annuale: annual financial statement.
rendiconto finanziario consolidato: combined financial statement; consolidated financial statement; conglomerate financial statement.
rendiconto finanziario descrittivo: descriptive financial statement.
rendiconto finanziario di consolidazione: consolidating financial statement.
rendiconto finanziario di gruppo: combining financial statement; group financial statement.
rendiconto finanziario di previsione: forward financial statement.
rendiconto finanziario per raggruppamento: grouping financial statement.
rendiconto finanziario per scopi generali: all–purpose financial statement.
rendiconto finanziario per scopi specifici: special–purpose financial statement.
rendiconto finanziario preventivo: projected financial statement.
rendiconto mensile: monthly statement.
rendiconto per funzioni: functional statement.
rendiconto per oggetto: objective statement.
rendiconto pro forma: pro–forma account; pro–forma statement.
rendiconto simulato: pro–forma statement.
rendimenti: returns.
rendimenti costanti di scala di produzione: constant returns to scale.
rendimenti crescenti: increasing returns.
rendimenti crescenti di scala: increasing returns to scale.
rendimenti decrescenti: diminishing returns; decreasing returns.
rendimenti decrescenti di scala: diminishing returns to scale; decreasing returns to scale.
rendimenti di costo: returns to cost.
rendimenti di scala: returns to scale.
rendimenti di sostituzione: returns to substitution.
rendimenti equi–marginali: equi–marginal returns.
rendimenti pecuniari di costo: pecuniary returns to cost.
rendimento: **1.** yield; interest yield. **2.** return. **3.** performance.
rendimento addizionale: excess return.
rendimento alla scadenza: yield to maturity; redemption yield; maturity yield.
rendimento all'emissione: yield at issue.
rendimento al rimborso: yield to redemption.
rendimento al riscatto: yield to call.
rendimento a tasso reale netto: after tax real rate return.
rendimento atteso: **1.** prospective yield. **2.** expected return.
rendimento base: basic yield.
rendimento complessivo: **1.** earnings yield. **2.** total return.
rendimento corrente: current yield; running yield; current return; market yield.
rendimento del capitale netto: return on equity.
rendimento delle attività: return on assets.
rendimento dell'investitore: investor's yield.
rendimento di mercato: market yield.
rendimento di rischio: risk yield.
rendimento di un titolo: income yield.
rendimento effettivo: **1.** actual interest yield. **2.** effective yield.
rendimento effettivo lordo: gross yield to redemption.
rendimento equivalente: equivalent bond yield.
rendimento globale: total return.
rendimento immediato: current yield; running yield; current return.
rendimento in base al flusso monetario scontato: discounted cash flow yield.
rendimento indicato: indicated yield.
rendimento lordo: gross yield.
rendimento lordo alla scadenza: gross yield to redemption.
rendimento lordo delle attività nette: gross return on net assets.
rendimento medio: mean return.
rendimento medio effettivo: yield to maturity; yield to redemption.
rendimento netto: net yield.
rendimento nominale: nominal yield.
rendimento normale: normal return.
rendimento normale di concorrenza: normal competitive return.
rendimento obbligazionario: bond yield; coupon yield.
rendimento operativo: operating performance.
rendimento previsto: expected return.
rendimento reale: true yield.
rendimento tipo: standard performance.
rendimento totale: total return.
rendimento uniforme: flat yield; flat rate.
rendita: **1.** rent; rental. **2.** rentcharge. **3.** surplus; surplus value. **4.** unearned income. **5.** annuity.
rendita anticipata: annuity due.
rendita a rate crescenti: increasing annuity.
rendita a termine: terminable annuity.
rendita base: basic yield.
rendita certa: annuity certain.
rendita commerciale: commercial rent.
rendita composita: composite rent.
rendita contrattuale: contractual rent; contract rent.
rendita del compratore: buyer's surplus.
rendita del consumatore: consumer's surplus.
rendita del datore di lavoro: employer's surplus.
rendita del depositante: depositor's surplus.
rendita della terra: land rent.

rendita del lavoratore: worker's surplus.
rendita del produttore: producer's surplus.
rendita del proprietario: householder's surplus.
rendita del risparmiatore: saver's surplus.
rendita del venditore: seller's surplus.
rendita di abilità: rent of ability.
rendita di capitale: capital rent.
rendita di fertilità: fertility rent.
rendita differenziale: true rent; economic rent; Ricardian rent.
rendita differita: 1. contingent annuity. **2.** deferred annuity.
rendita differita a premio unico: single–premium deferred annuity.
rendita di gruppo: group annuity.
rendita di posizione: situation rent.
rendita di scarsità: scarcity rent.
rendita di sopravvivenza: survivorship annuity.
rendita economica: pure rent; economic rent; economic surplus.
rendita fissa: fixed annuity.
rendita fondiaria: land rent.
rendita frazionata: apportionable annuity.
rendita garantita: guaranteed annuity.
rendita immediata: immediate annuity; immediate payment annuity.
rendita lorda di locazione: gross rental.
rendita mineraria: rent of mineral lands.
rendita mista: 1. life or nonrefund annuity. **2.** hybrid annuity.
rendita monopolistica: monopoly surplus; monopoly profit; monopoly revenue.
rendita netta: clear annuity.
rendita netta di locazione: net rental.
rendita ordinaria: 1. ordinary annuity. **2.** ordinary rent.
rendita pagabile anticipatamente: annuity due.
rendita perpetua: perpetual annuity; perpetuity.
rendita reale: real rent.
rendita ricardiana: Ricardian rent; true rent; economic rent.
rendita ridotta: reduced annuity.
rendita temporanea: temporary annuity.
rendita urbana: urban rent.
rendita variabile: variable annuity; equity annuity.
rendita vitalizia: 1. life annuity; straight life annuity. **2.** life income annuity. **3.** life rent.
rendita vitalizia a rimborso globale: cash refund annuity.
rendita vitalizia certa: life annuity certain.
rendita vitalizia con rimborso: refund annuity.
rendita vitalizia con rimborso rateale: instalment refund life annuity.
rendita vitalizia differita: 1. retirement annuity. **2.** deferred annuity; deferred payment annuity.
rendita vitalizia gratuita: gratuitous life annuity.
rendita vitalizia reversibile: 1. reversionary annuity; last survivor annuity. **2.** joint and survivor annuity; joint annuity.
rendite di stato: government annuities.
reparto: department.
reparto acquisti: purchasing division; purchasing department.
reparto amministrazione titoli: securities department.
reparto approvvigionamento: purchasing department; purchasing division.
reparto archivio: filing department.
reparto arrivi: receiving department.
reparto avanzamento produzione: production progress department.
reparto comunicazioni aziendali: corporate communications department.
reparto consegne: delivery department; traffic department.
reparto contabilità: accounting department; accounts department.
reparto controllo produzione: production control department.
reparto creativo: creative department.
reparto esportazioni: export department.
reparto fabbricazione: productive department; production department.
reparto fatturazione: billing department.
reparto imballo e spedizioni: packing and despatch department.
reparto ingegneria della produzione: production engineering department.
reparto in locazione: leased department.
reparto investimenti: investment department.
reparto investimenti speciali: special investment department.
reparto lavorazione: manufacturing department; production department; productive department.
reparto magazzino: warehouse department; stores department.
reparto manutenzione: maintenance department.
reparto merchandising: merchandising department.
reparto occasioni: bargain basement.
reparto ordinario: ordinary department.
reparto organizzazione e metodi: organization and methods department.
reparto piccole forniture: trade counter.
reparto produzione: productive department; production department; production division; works department.
reparto programmazione della produzione: production planning department.
reparto pubblicità: advertising department.
reparto relazioni pubbliche: public affairs department; public relations department.
reparto ricerca e sviluppo: research and development department.
reparto ricerche: research department.
reparto servizi ausiliari: plant engineering.
reparto servizi generali: service department; service units.
reparto servizi specializzati: staff division; staff department.
reparto spedizioni: shipping department; dispatch department.
reparto vendita al minuto: retail department.
reparto vendite: sales department.
reputazione commerciale: business reputation.
reputazione di credito: credit status.
reputazione finanziaria: credit rating; rating.
requisiti di ammissibilità: eligibility requirements.
requisiti di contenuto nazionale: domestic content requirements.
requisiti di manodopera locale: local labour requirements.
requisiti di una modulistica: forms specifications.
requisiti per la quotazione in borsa: listing requirements.
requisizione: requisitioning.
resa: 1. yield. **2.** delivery.
resa allo sbarco: delivered quantity; delivery weight;

outturn.
resa in meno: short delivery.
rescindere: to rescind.
rescissione: rescission.
rese: returned goods; returns.
resi: returned goods; returns.
residenti: residents.
residenza: residence.
residuato: **1.** scrap; junk. **2.** surplus property.
residui attivi: revenue arrears.
residui non impegnati: unappropriated budget surplus.
residui passivi: expenditure arrears.
residuo: **1.** surplus. **2.** balance. **3.** residue. **4.** residuary estate.
residuo attivo: residual asset.
residuo attivo dell'eredità: residuary estate.
residuo di bilancio attivo: residual asset.
residuo di bilancio passivo: residual liability.
residuo non impegnato: unencumbered balance.
residuo non speso: unexpended balance.
residuo passivo: residual liability.
resistenza alle vendite: sales resistance.
resistenza dei salari reali: real wage resistance.
resistenza del consumatore: consumer resistance.
resi su acquisti: purchase returns; purchases returns.
resi su vendite: sales returns.
reso a bordo: delivered on board.
reso alla banda: delivered alongside.
reso al magazzino del venditore: delivered at the seller's warehouse.
reso frontiera: delivered at frontier.
reso porto: delivered docks.
reso sdoganato: delivered duty paid.
reso stazione ferroviaria: delivered at the railway station.
reso vagone: delivered on rail.
respingere: to disallow.
responsabile di funzione: functional foreman.
responsabile di progetto: project manager.
responsabile di settore: superintendent.
responsabilità: **1.** liability. **2.** responsibility.
responsabilità assoluta: absolute liability.
responsabilità contrattuale: contractual liability.
responsabilità dell'armatore: shipowner's liability; owner's responsibility; shipowner's responsibility; owner's liability.
responsabilità dell'azionista: stockholder's liability.
responsabilità del produttore: manufacturer's liability; producer's liability.
responsabilità di supervisione: supervisory responsibility.
responsabilità funzionale: functional responsibility.
responsabilità illimitata: unlimited liability.
responsabilità in comune: joint liability.
responsabilità incondizionata: strict liability.
responsabilità indiretta: vicarious liability.
responsabilità individuale: **1.** full liability. **2.** several liability.
responsabilità in solido: joint and several liability.
responsabilità legale: legal liability.
responsabilità limitata: limited liability; single liability.
responsabilità personale: personal liability.
responsabilità prodotto: product liability.
responsabilità separata: several liability.
responsabilità singola: single liability.
responsabilità solidale: joint liability.
responsabilità specialistica: specialist responsibility.
responsabilità vicaria: vicarious liability.
restituzione: return.
restituzione d'imposta: remission.
restituzione di premio: return of premium.
restituzioni: export refunds; export restitutions; restitutions.
resto: change.
restrizione: **1.** constraint. **2.** squeeze.
restrizione agli scambi: restraint of trade.
restrizione alla produzione: restriction of output.
restrizione creditizia: **1.** credit rationing; rationing of credit. **2.** credit squeeze; credit tightening.
restrizione delle importazioni: restriction of imports.
restrizione monetaria: monetary restraint.
restrizione qualitativa del credito: qualitative credit restriction.
restrizione quantitativa del credito: quantitative credit restriction.
restrizione selettiva del credito: qualitative credit restriction.
restrizioni commerciali: trade restrictions.
restrizioni commerciali quantitative: quantitative trade restrictions.
restrizioni creditizie: credit restrictions.
restrizioni delle importazioni: import restrictions.
restrizioni di bilancio: budgetary constraints.
restrizioni di portafoglio: portfolio constraints.
restrizioni quantitative: quantitative restrictions.
restrizioni sulle esportazioni: export restrictions.
restrizioni valutarie: exchange restrictions; exchange control restrictions; foreign exchange restrictions.
restrizioni volontarie delle esportazioni: voluntary export restrictions.
rete di comunicazioni a partecipazione limitata: limited participation network.
rete di comunicazioni a valore aggiunto: value-added communication network.
rete di distribuzione: **1.** distribution system. **2.** distribution network.
retribuzione: compensation; pay.
retribuzione a compito: piece rate; piecework.
retribuzione a cottimo: piece rate; piecework.
retribuzione a fattura: piece rate; piecework.
retribuzione a incentivo: incentive pay; merit pay.
retribuzione a misura: piece rate; piecework.
retribuzione a partecipazione: profit-related pay.
retribuzione a premio: premium pay.
retribuzione a rendimento: payment by results.
retribuzione a unità: piece rate; piecework.
retribuzione dei venditori: sales compensation.
retribuzione di lavoro straordinario: overtime; overtime pay; overtime wage.
retribuzione esentasse: tax-free pay.
retribuzione esente da imposte: tax-free pay.
retribuzione netta: take-home pay.
retribuzioni non riscosse: unclaimed wages.
retroazione: feedback.
retrocessione: **1.** bribe. **2.** give-up. **3.** reconveyance. **4.** retrocession.
retrocessione di un rischio: retrocession.
retrodatare: to antedate; to foredate; to backdate.
retroterra: background.
retroterra commerciale: shopping hinterland.
retta del bilancio del produttore: iso-cost curve; iso-cost line; iso-cost contour; iso-outlay curve; outlay curve; outlay contour; equal cost line.
rette di spesa: expenditure lines.

rettifica: **1.** rectification. **2.** adjustment.
rettifica alla valutazione delle scorte: inventory valuation adjustment.
rettifica della prima dichiarazione per l'introduzione di merci: over entry certificate.
rettifica di fine anno: year–end adjustment.
rettifica di revisione: audit adjustment.
rettificazione: rectification.
reversale d'incasso: collection voucher.
reversale ferroviaria: consignment receipt.
reversibilità: reversionary interest.
revisionare: to review.
revisione amministrativa: administrative review; administrative audit.
revisione annua dei conti: annual audit.
revisione a posteriori: postaudit.
revisione a priori: preaudit.
revisione contabile: audit.
revisione contabile esterna: external audit.
revisione contabile interna: internal audit; administrative audit.
revisione continua dei conti: continuous audit.
revisione degli stipendi: salary review.
revisione dei conti: audit.
revisione dei conti esterna: external audit.
revisione dei conti interna: internal audit; administrative audit.
revisione dei conti preliminare: preliminary audit.
revisione dei conti provvisoria: interim audit.
revisione dei documenti giustificativi: voucher audit.
revisione dei prezzi agricoli: farm price review.
revisione dei salari: wages review.
revisione dei trasferimenti azionari: share transfer audit.
revisione della gestione: management review.
revisione delle procedure: procedural review; procedural audit; auditing of procedures; revision of procedures.
revisione di un bilancio preventivo: budget revision.
revisione di un budget: budget revision.
revisione integrale dei conti: complete audit.
revisione operativa: operational audit.
revisione parziale dei conti: **1.** special audit. **2.** limited audit.
revisione periodica dei conti: periodic audit; repeating audit.
revisione preventiva: preaudit.
revisione ricorrente dei conti: repeating audit; periodic audit.
revisione sommaria: limited review.
revisore anziano: senior auditor.
revisore dei conti: auditor.
revisore dei conti esterno: external auditor; public auditor.
revisore indipendente: independent accountant.
revisore interno: internal auditor.
revisore periferico dei conti: travelling auditor.
revisore viaggiante: field auditor.
revoca: revocation.
revoca dell'autorità ad una banca di pagare assegni: banker's revocation of authority to pay cheques.
revoca di un ordine di pagamento: countermand of payment.
riabilitazione civile del fallito: discharge of bankrupt.
riabilitazione del fallito: discharge from bankruptcy.
riaccettazione: re–acceptance.
riacquisto: buy back; repurchase.
riacquisto di azioni: share buy–back.
riacquisto diretto: direct repurchase.
riadeguamento: reinstatement.
riadeguamento retroattivo: retroactive restoration.
riallineamento: realignment.
riallineamento dei tassi di cambio: exchange rate realignment.
riallineamento valutario: currency realignment.
rialzismo: bullishness.
rialzista: **1.** bull; long. **2.** bullish.
rialzo: **1.** bulge; upsurge. **2.** mark–up.
rialzo dei prezzi: price increase; price rise; price hike.
riapprovvigionamento diretto: straight rebuy.
riapprovvigionamento modificato: modified rebuy.
riassestamento di capitale: capital rearrangement.
riassicurare: to re–insure; to re–assure.
riassicurato: re–insured.
riassicuratore: re–insurer.
riassicuratrice: re–insurance company.
riassicurazione: re–insurance.
riassicurazione contro eventi catastrofici: catastrophe reinsurance.
riassicurazione di eccedenza: excess reinsurance.
riassicurazione di eccedenze di rischio: excess reinsurance; surplus reinsurance.
riassicurazione facoltativa: facultative reinsurance.
riassicurazione non proporzionale: non–proportional reinsurance.
riassicurazione per quote: **1.** quota share reinsurance. **2.** share reinsurance.
riassicurazione proporzionale: quota share reinsurance; proportional reinsurance.
ribassare: **1.** to cut. **2.** to fall back.
ribassismo: bearishness.
ribassista: **1.** bear; short. **2.** bearish.
ribassista coperto: covered bear; protected bear.
ribassista stretto: squeezed bear.
ribasso: **1.** fall; decrease. **2.** setback. **3.** rebate. **4.** mark–down. **5.** abatement.
ribasso di nolo: freight rebate.
ribasso tecnico: technical decline.
ricambio: re–exchange.
ricambio del lavoro: labour turnover.
ricambio delle scorte: inventory turnover; stock turnover.
ricapitalizzazione: recapitalization.
ricapitalizzazione con capitale di prestito: leveraged recapitalization.
ricapitalizzazione difensiva: defensive recapitalization.
ricarico: mark–on.
ricarico addizionale: additional markon.
ricattatori finanziari: greenmailers.
ricatto finanziario: greenmail.
ricavi: revenue.
ricavi monetari: money proceeds.
ricavo: **1.** pecuniary benefit. **2.** proceeds.
ricavo del prodotto marginale: marginal value product; marginal revenue product.
ricavo di esercizio: operating revenue.
ricavo di gestione: operating revenue.
ricavo di una vendita: sale proceeds.
ricavo in contanti: cash proceeds.
ricavo lordo: gross proceeds.
ricavo marginale: marginal revenue.
ricavo medio: average revenue.

ricavo netto: avail; net proceeds.
ricavo non operativo non–operating revenue.
ricavo operativo operating revenue.
ricavo totale total revenue.
ricchezza economic wealth; wealth.
ricchezza accumulata accumulated wealth.
ricchezza artificiale artificial wealth.
ricchezza capitale capital wealth.
ricchezza economica economic wealth.
ricchezza finanziaria financial wealth.
ricchezza mobile personal property.
ricchezza naturale natural wealth.
ricchezza nazionale national wealth.
ricchezza negativa negative wealth.
ricchezza non umana non–human wealth.
ricchezza personale personal wealth.
ricchezza reale real wealth.
ricchezza sociale social capital; national capital.
ricchezza umana human wealth.
ricerca research.
ricerca applicata applied research.
ricerca a tavolino desk research.
ricerca consortile syndicated research.
ricerca cooperativa co–operative research.
ricerca dei mezzi media research.
ricerca della titolarità dei diritti immobiliari title search.
ricerca del mezzo media analysis; media research.
ricerca del personale personnel research.
ricerca del profitto profit seeking.
ricerca di base 1. basic research; pure research. **2.** fundamental research.
ricerca di lavoro job search.
ricerca di marketing marketing research.
ricerca di mercato market research; marketing analysis.
ricerca di mercato dei beni strumentali industrial market research.
ricerca di opinione opinion research.
ricerca esterna field research.
ricerca e sviluppo research and development.
ricerca e sviluppo industriale binazionale binational industrial research and development.
ricerca fondamentale fundamental research.
ricerca industriale industrial research.
ricerca motivazionale motivational research.
ricerca omnibus omnibus research.
ricerca operativa operations research; operational research.
ricerca pubblicitaria advertising research.
ricerca pura basic research; pure research.
ricerca qualitativa qualitative research.
ricerca quantitativa quantitative research.
ricerca sui consumatori consumer research.
ricerca sulle motivazioni motivational research.
ricerca sul pubblico audience research.
ricerca tecnica technical research.
ricerche searches.
ricerche su un prodotto product research.
ricetta prescription.
ricettatore fence.
ricevere to receive.
ricevimento entertainment.
ricevitore 1. receiver. **2.** consignee; recipient.
ricevitore del carico cargo receiver.
ricevitore del registro registrar.
ricevitore di dogana collector of the customs.
ricevuta acknowledgment; receipt.
ricevuta bancaria cash order.
ricevuta del capitano master's receipt.
ricevuta del comandante in seconda mate's receipt.
ricevuta dello spedizioniere forwarding agent's certificate of receipt.
ricevuta del primo ufficiale mate's receipt.
ricevuta di accreditamento accountable receipt.
ricevuta di banchina wharfinger's receipt; wharfinger's certificate.
ricevuta di bordo master's receipt; mate's receipt.
ricevuta di carico forwarder's receipt.
ricevuta di cassa cash voucher; cash memo.
ricevuta di consegna 1. delivery note; delivery receipt. **2.** advice note; advice of receipt.
ricevuta di depositario depositary receipt.
ricevuta di depositario americano American depositary receipt.
ricevuta di depositario americano garantita sponsored American depositary receipt.
ricevuta di depositario americano non garantita unsponsored American depositary receipt.
ricevuta di depositario internazionale international depositary receipt.
ricevuta di deposito 1. deposit slip. **2.** deposit receipt. **3.** warehouse receipt.
ricevuta di deposito continentale continental depositary receipt.
ricevuta di deposito del tesoro treasury deposit receipt.
ricevuta di deposito europeo European depositary receipt.
ricevuta di deposito internazionale international depositary receipt.
ricevuta di deposito smarrita lost deposit receipt.
ricevuta di dock dock receipt.
ricevuta di imbarco mate's receipt; master's receipt.
ricevuta di negozio fiduciario trust receipt.
ricevuta di pagamento receipt of payment.
ricevuta di pegno pawn ticket.
ricevuta di ritorno advice of delivery.
ricevuta di spedizione 1. forwarding receipt. **2.** mate's receipt. **3.** certificate of posting.
ricevuta di trapasso transfer receipt.
ricevuta di trasferimento di partecipazione stock receipt.
ricevuta legale statutory receipt.
ricevuta per la banca banking receipt.
ricevuta provvisoria interim receipt.
ricevute degli orefici goldsmiths' notes.
ricevuto a saldo received in full.
ricevuto per l'imbarco received for shipment.
richiamare una cambiale to take up a bill; to retire a bill.
richiami in arretrato calls in arrears.
richiamo 1. appeal. **2.** folio reference. **3.** call–back.
richiamo di decimi call.
richiamo di mantenimento maintenance call.
richiamo di margine addizionale margin call.
richiamo di margine di garanzia margin call; margin maintenance call.
richiamo di titoli call.
richiedente applicant.
richiesta application.
richiesta di approvvigionamento purchase requisition; requisition.
richiesta di approvvigionamento viaggiante travelling requisition.

richiesta di assegno: cheque requisition.
richiesta di deposito: margin call.
richiesta di indennizzo esagerata: exaggerated claim.
richiesta di informazioni: enquiry; inquiry.
richiesta di informazioni bancarie: banker's inquiry.
richiesta di informazioni commerciali: credit inquiry; status inquiry.
richiesta di quotazioni: application for quotation.
richiesta di risarcimento: 1. claim. **2.** damage claim.
richiesta di sottoscrizione azioni: application for shares.
richiesta di sottoscrizione di obbligazioni: application for debentures.
richiesta di stanziamento: appropriation request.
richiesta di visita doganale fuori orario lavorativo: overtime request.
richiesta di visita preventiva: bill of view; bill of sight; sight entry.
riciclabile: recyclable.
riciclaggio: recycling.
riciclaggio di denaro sporco: money laundering.
riciclare: to recycle.
riclassificare: to reclassify.
riclassificazione di spese: double distribution.
ricognizione fisica ciclica: cycle count.
ricognizione fisica delle scorte: physical inventory; inventory–taking; stocktaking.
ricognizione fisica periodica: periodic inventory–taking.
riconciliare: to reconcile.
riconciliazione: reconciliation.
riconciliazione bancaria: bank reconciliation; bank agreement.
riconiazione: recoinage.
riconoscere: to recognize.
riconoscimento: recognition.
riconoscimento di un debito: acknowledgment of debt.
riconoscimento scritto di debito: due bill.
riconsegna: redelivery.
riconversione: reconversion.
ricorrente: claimant; claimer.
ricostituzione: 1. reconstruction. **2.** replenishment.
ricostituzione delle scorte: restocking.
ricostruzione: redevelopment.
ricovero: workhouse.
ricuperabile: recoverable.
ricuperare: 1. to recover; to recoup. **2.** to recuperate.
ricuperatore: salvor.
ricupero: 1. recovery. **2.** recoupment. **3.** salvage.
ricupero tecnico: technical rally.
ridimensionamento: downsizing; shake–out.
ridistribuzione: redeployment.
ridistribuzione della ricchezza: income redistribution; redistribution of wealth.
ridistribuzione del lavoro: redeployment of labour.
ridistribuzione del reddito: redistribution of income; income redistribution.
ridurre: 1. to cut. **2.** to axe. **3.** to write down.
ridurre progressivamente: to scale down.
ridurre un dividendo: to cut a dividend.
riduzione: 1. setback. **2.** rebate. **3.** mark–down. **4.** abatement. **5.** cutback. **6.** wastage.
riduzione contabile: write–down.
riduzione creditizia: credit rationing; rationing of credit.
riduzione dei costi: cost cutting; cost reduction.
riduzione dei danni: mitigation of damages.
riduzione del carico tributario: tax reduction.
riduzione delle giacenze: stock reduction; inventory rundown; inventory reduction.
riduzione delle imposte: tax cut; tax reduction.
riduzione delle scorte: stock reduction; inventory rundown; inventory reduction.
riduzione delle spese: expense reduction.
riduzione del saggio di sconto: decline in the discount rate.
riduzione del salario: wage cut.
riduzione del tasso di interesse: decline in the rate of interest.
riduzione di capitale: reduction of capital.
riduzione di debito: debt relief.
riduzione d'imposta: 1. rates relief; rates rebate. **2.** tax abatement; tax rebate.
riduzione di prezzo: 1. price cutting. **2.** roll–back.
riduzione di prezzo occulta: hidden price reduction.
riduzione di prezzo sleale: predatory price–cutting.
riduzione di varietà: variety reduction.
riduzione naturale: natural wastage.
riduzione tariffaria: tariff reduction.
riemettere: to re–issue.
riemissione di cambiale: re–issue of bill of exchange.
riemissione di obbligazioni: re–issue of debentures.
riesaminare: to review.
riesportazioni: re–exports; re–shipments.
riferimento: 1. reference. **2.** bench mark.
rifinanziamento: refinancing; refunding.
rifinanziamento anticipato: pre–refunding.
rifinanziare: to refund.
rifiutare: to reject.
rifiuto: 1. discommodity. **2.** abandonment.
rifiuto di accettazione: non–acceptance.
rifiuto di merci: refusal of goods.
rifiuto di pagamento: dishonour.
riflusso: flowback.
riforma agraria: agricultural reform.
riforma delle regolamentazioni: regulatory reform.
riforma finanziaria: financial reform.
riforma fiscale: tax reform.
riforma fondiaria: land reform.
riforma monetaria: monetary reform.
riforma tariffaria: tariff reform.
riforma tributaria: taxation reform; tax reform.
riforma valutaria: currency reform.
rifugio fiscale: tax haven.
rigidità: 1. rigidity. **2.** inflexibilities.
rigidità al ribasso: downward inflexibility.
rigidità dei prezzi: price rigidity; price inflexibility.
rigidità dei prezzi al ribasso: downward price inflexibility.
rigidità dei salari reali: real wage rigidity.
rigidità esterne: external inflexibilities.
rigidità fiscale: fiscal fixity.
rigidità interne: internal inflexibilities.
rilancio: relaunch.
rilevamento fiscale: tax assessment.
rilevanza: materiality.
rilevazione con capitale di prestito: leveraged buy–out; debt–financed buy–out.
rilevazione dall'esterno: buy–in.
rilevazione dall'interno: buy–out.
rilevazione dei dipendenti: employee buy–out.
rilevazione dei dirigenti: management buy–out.
rilevazione delle scorte: inventory count.
rilevazione delle vendite: store audit; retail audit.
rilevazione di debito: debt buy–out.

rilevazione inventariale a quantità: inventory by quantity.
rilevazione su negozi campione: store audit; retail audit.
rilevazione ufficiale: official buy-out.
rilevazioni extracontabili di costo: cost approximations.
riluttanza al rischio: risk aversion.
rimanenza: 1. oddment. **2.** balance.
rimanenze: 1. stock-in-trade; stocks. **2.** stocks and work in progress.
rimanenze di magazzino: stock-in-trade; stocks.
rimborsare: 1. to recoup. **2.** to refund; to redeem. **3.** to repay.
rimborso: 1. recoupment. **2.** rebate. **3.** refund; refunding. **4.** redemption; repayment; retirement. **5.** bonification.
rimborso anticipato: 1. advance refunding. **2.** prepayment.
rimborso con penale: repayment with penalty.
rimborso del debito: debt repayment.
rimborso del debito del settore pubblico: public-sector debt repayment.
rimborso del debito estero: foreign debt repayment.
rimborso del debito interno: domestic debt repayment.
rimborso di azioni: redemption of shares.
rimborso di capitale: 1. capital redemption. **2.** repayment of capital.
rimborso d'imposta: remission.
rimborso di obbligazioni: bond redemption.
rimborso di prestito ipotecario: mortgage repayment.
rimborso di un debito: debt retirement.
rimborso obbligatorio: mandatory redemption.
rimborso per sosta: lay-up refund.
rimboschimento: 1. reforestation. **2.** afforestation.
rimedio: 1. remedy. **2.** remedy allowance.
rimessa: remittance.
rimessa a saldo: remittance in settlement.
rimessa bancaria a mezzo posta: bank post remittance.
rimessa per corrispondenza: mail transfer.
rimessa telegrafica: telegraphic transfer.
rimesse degli immigranti: immigrant remittances.
rimettere: to remit.
rimodernamento: modernization.
rimonetazione: remonetization.
rimonetizzare: to remonetize.
rimorchio: towage.
rimozione attiva: tax avoidance; tax dodging.
rimozione dalla quotazione: delisting.
rimpatrio: repatriation.
rimpatrio dei profitti: repatriation of profits.
rimpiazzo: replacement.
rincorsa salariale: wage-wage spiral; leap-frogging.
rinegoziazione: 1. rescheduling. **2.** renegotiation.
rinegoziazione di un debito: debt renegotiation.
rinnovamento urbanistico: redevelopment.
rinnovare una cambiale: to renew a bill.
rinnovi: renewals.
rinnovo: 1. renewal; replacement. **2.** roll-over.
rinnovo delle attrezzature: equipment replacement.
rinnovo delle scorte: inventory turnover; stock turnover; stockturn.
rinnovo di cambiale: renewal of bill.
rinuncia: 1. waiver. **2.** renunciation.
rinuncia a diritti: abandonment of rights.
rinuncia al protesto: waiver of protest.
rinuncia esplicita: express waiver.
rinvio delle contrattazioni: delayed opening.
rinvio in apertura: delayed opening.
riofferta in vendita: retendering.
riordino: reorder.
riordino periodico: periodic ordering.
riorganizzazione: reorganization: readjustment.
riorganizzazione del capitale: capital reorganization.
riorganizzazione interna: internal reconstruction.
riparabile: reparable.
riparazione: repair.
riparazioni: 1. repairs. **2.** reparations.
riparazioni differite: deferred repairs.
riparazioni di guerra: war reparations.
riparazioni e rinnovi: repairs and renewals.
riparazioni ordinarie: ordinary repairs.
riparazioni straordinarie: extraordinary repairs.
riparo dall'inflazione: inflation hedge.
riparo fiscale: tax shelter.
ripartire: 1. to allocate. **2.** to unbundle. **3.** to apportion.
ripartire il rischio: to spread the risk.
ripartire proporzionalmente: to prorate.
ripartire un'emissione azionaria: to allot shares.
ripartizione: 1. apportionment. **2.** dissection. **3.** distribution. **4.** appropriation. **5.** allotment. **6.** splitting. **7.** sharing.
ripartizione degli utili: 1. profit disposition. **2.** distribution of earnings.
ripartizione dei costi: allocation of costs; cost allocation.
ripartizione del capitale: capital structure.
ripartizione del gettito fiscale: revenue sharing.
ripartizione del lavoro: 1. allocation of work. **2.** work-sharing.
ripartizione delle responsabilità: allocation of responsibilities.
ripartizione delle spese: distribution of expenses.
ripartizione del reddito: splitting.
ripartizione del rischio: risk spreading.
ripartizione di carico: load-shedding.
ripartizione di imposte: tax sharing.
ripartizione di perdite su esercizi precedenti: tax-loss carryback.
ripartizione di perdite su esercizi successivi: tax-loss carryforward.
ripartizione di profitti e perdite su esercizi precedenti: tax carryback.
ripartizione di profitti e perdite su esercizi successivi: tax carryover.
ripartizione di un'imposta: apportionment of a tax.
ripartizione finale dell'attivo fallimentare: bankruptcy distribution.
ripartizione internazionale della produzione: international production sharing.
ripartizione personale: personal distribution.
ripartizione proporzionale: proration.
riparto: 1. allocation. **2.** allotment.
riparto azionario: share allotment; share allocation.
riparto straordinario di utili: special dividend.
riportante: 1. taker-in. **2.** contango broker.
riportare: to extend; to bring forward; to carry forward.
riportare a mastro: to post.
riportare il saldo a nuovo: to carry down.
riportato: giver-on.
riportatore: 1. taker-in. **2.** contango broker.
riportista: contango broker.
riporto: 1. brought forward. **2.** brought down. **3.** balance carried down; balance brought down; balance brought forward; balance carried forward. **4.** carried down. **5.**

carried forward; carried over. **6.** forwarding. **7.** contango. **8.** carry–forward. **9.** continuation note.
riporto a nuovo: balance brought forward; balance brought down; balance carried forward; balance carried down.
riporto diretto: carrying over.
riporto fittizio: carrying over.
riporto indiretto: continuation note.
riporto in valute: swap.
riporto proroga: continuation; carrying over.
riporto staccato: contango.
riporto valutario: swap.
riposizionamento: repositioning.
riposo compensativo: compensatory time.
ripresa: recovery; upturn; revival.
ripresa dell'attività commerciale: trade recovery.
ripresa di possesso: repossession.
ripresa economica: economic recovery.
ripresa produttiva: production recovery.
ripresa strisciante: creeping recovery.
ripresentare: present again; re–present.
ripristinare il titolo: to restore the standard.
riprivatizzazione: reprivatization.
riprogrammazione di un debito: debt restructuring.
ripudiare: to repudiate.
ripudio: repudiation.
ripudio del debito nazionale: repudiation of the national debt.
ripudio di debiti con l'estero: repudiation of foreign debts.
riqualificazione: retraining.
riqualificazione del lavoro: labour retraining.
riregolamentazione: re–regulation.
risanamento: reorganization; readjustment.
risarcibile: reparable.
risarcimento: 1. compensation; recoupment. **2.** compensation fee. **3.** claim. **4.** damages. **5.** indemnity.
risarcimento complessivo: aggregate indemnity.
risarcimento dei danni di guerra: war damage compensation.
risarcimento di danni: compensation for damage.
risarcimento esemplare: exemplary damages; punitive damages; vindictive damages.
risarcimento nominale: nominal damages.
risarcimento non determinato: damages at large.
risarcimento per inadempimento contrattuale: damages for breach of contract.
risarcimento satisfattorio: real damages.
risarcimento simbolico: nominal damages.
risarcire: 1. to recoup. **2.** to indemnify.
riscattabile: redeemable.
riscattare: to redeem.
riscatti netti: net redemptions.
riscatto: 1. redemption. **2.** surrender.
riscatto di azioni: redemption of shares.
riscatto d'ipoteca: redemption of mortgage.
riscatto di stallia: dispatch money.
rischi della navigazione: perils of the sea; maritime perils.
rischi di mare: marine risks; maritime risks; maritime perils.
rischi eccettuati: excepted perils.
rischi e pericoli marittimi: maritime perils.
rischio: risk.
rischio a carico del vettore: company's risk.
rischio alfa: alpha risk.
rischio assegnato: assigned risk.
rischio assicurabile: insurable risk.
rischio beta: beta risk.
rischio commerciale: business risk.
rischio del cambio: exchange risk; foreign exchange risk.
rischio del cambio nominale: nominal exchange risk.
rischio del cambio reale: real exchange risk.
rischio del cliente: customer risk.
rischio del compratore: buyer's risk.
rischio del consumatore: consumer's risk.
rischio del creditore: lender's risk.
rischio del debitore: borrower's risk.
rischio del governo: sovereign risk.
rischio della consegna: delivery risk.
rischio della giurisdizione: jurisdiction risk.
rischio della liquidità: liquidity risk.
rischio della scadenza: maturity risk.
rischio dell'attività di base: basic business risk.
rischio della valuta: currency risk.
rischio dell'imprenditore: entrepreneur's risk.
rischio dell'inadempienza: risk of default; default risk.
rischio del mittente: owner's risk.
rischio del mutuante: lender's risk.
rischio del mutuatario: borrower's risk.
rischio del paese: country risk.
rischio del potere di acquisto: purchasing power risk.
rischio del prezzo: price risk.
rischio del produttore: producer's risk.
rischio del proprietario: merchant's risk.
rischio del tasso di cambio: exchange rate risk.
rischio del tasso di cambio nominale: nominal exchange rate risk.
rischio del tasso di cambio reale: real exchange rate risk.
rischio del tasso d'interesse: interest rate risk.
rischio del trasferimento: transfer risk.
rischio del vettore: carrier's risk.
rischio di caricazione: loading risk.
rischio di collisione: collision risk.
rischio di credito: credit risk.
rischio differenziato: classified risk; substandard risk.
rischio di investimento: investment risk.
rischio di mercato: market risk.
rischio di primo tipo: type I risk.
rischio di secondo tipo: type II risk.
rischio di sommosse e tumulti popolari: riot risk.
rischio di sosta in porto: port risk.
rischio di traduzione: translation risk.
rischio finanziario: financial risk.
rischio globale: aggregate risk.
rischio marginale: marginal risk.
rischio marittimo comune: common adventure.
rischio morale: moral hazard.
rischio non assicurabile: non–insurable risk; uninsurable risk.
rischio non sistematico: unsystematic risk.
rischio omnibus: omnibus risk.
rischio politico: political risk.
rischio professionale: occupational hazard; trade risk.
rischi ordinari: ordinary risks.
rischio sistematico: systematic risk.
rischio variabile: shifting risk.
rischi primari: primary risks.
rischi secondari: secondary risks.
rischi straordinari: extraordinary risks.
rischi terziari: tertiary risks.
riscontabilità: eligibility.
riscontare: to re discount.

risconti di imposta: deferred taxation.
risconti passivi: deferred earnings.
risconto: 1. re–discount. **2.** deferral; deferment. **3.** deferring.
risconto attivo: deferred asset; deferred expenditure; deferred charge.
risconto passivo: deferred revenue; deferred credit; deferred liability; deferred income; prepaid income; unearned revenue; unearned income.
riscontro: tally; tallying.
riscossione: collection.
riscuotere: to collect.
riserva: 1. reserve; allowance. **2.** qualification.
riserva accantonata: funded reserve.
riserva bancaria: bank reserve.
riserva bancaria eccedente: excess reserve.
riserva del diritto di proprietà: reservation of title.
riserva di ammortamento: depreciation reserve.
riserva di banconote: note reserve.
riserva di capitale: accumulated surplus.
riserva di emergenza: emergency reserve.
riserva di polizza: policy reserve.
riserva di premi non guadagnati: unearned premium reserve.
riserva di rinegoziazione: renegotiation reserve.
riserva di utili: accumulated profit; accumulated income; accumulated earnings.
riserva facoltativa: voluntary reserve.
riserva industriale nazionale: national industrial reserve.
riserva legale: statutory reserve; legal reserve.
riserva liquida: 1. cash reserve. **2.** liquid reserve.
riserva matematica: mean reserve; legal reserve; actuarial reserve.
riserva metallica: metallic reserve.
riserva minima: minimum reserve; registered reserve.
riserva minima legale: legal minimum reserve.
riserva mista: 1. mixed reserve. **2.** hybrid reserve.
riserva monetaria: cash reserve.
riserva numeraria: 1. required bank reserve; required reserve. **2.** cash in hand; cash on hand.
riserva obbligatoria: 1. legal bank reserve; legal reserve; statutory reserve; lawful reserve. **2.** minimum reserve; registered reserve.
riserva occulta: secret reserve; undisclosed reserve; hidden reserve; inner reserve.
riserva operativa: operating reserve.
riserva palese: declared reserve; published reserve; visible reserve.
riserva per autoassicurazione: insurance reserve.
riserva per costi correnti: current cost reserve.
riserva per fondo pensioni: pension reserve.
riserva per la siccità: drought reserve.
riserva per liquidazione danni: loss reserve.
riserva per manutenzione: maintenance reserve.
riserva per sopravvenienze passive: liability reserve.
riserva per sostituzione: replacement reserve.
riserva per svalutazione: valuation reserve.
riserva per svalutazione scorte: inventory reserve.
riserva post–bellica: post–war reserve.
riserva premi finale: terminal reserve.
riserva premi iniziale: initial reserve.
riserva premi media: mean reserve.
riserva primaria: primary bank reserve; primary reserve.
riserva reale: true reserve.
riserva secondaria: secondary bank reserve; secondary reserve.
riserva straordinaria: appropriated surplus; extraordinary reserve; reserved surplus; surplus reserve.
riserve: reserves.
riserve accantonate: earmarked reserves.
riserve all'estero: external reserves.
riserve auree: gold reserves.
riserve auree centrali: central reserves of gold.
riserve auree e valutarie: gold and foreign exchange reserves.
riserve centrali di valute estere: central reserves of foreign currencies.
riserve degli istituti di emissione: monetary reserves.
riserve di capitale: capital reserves.
riserve di prima linea: first line reserves.
riserve di seconda linea: second line reserves.
riserve disponibili: 1. revenue reserves; unrestricted surplus. **2.** free reserves.
riserve distribuibili: distributable reserves.
riserve di utili: revenue reserves; unrestricted reserves.
riserve generali: general reserves.
riserve in depositi: eligible liabilities.
riserve in depositi fruttiferi: interest–bearing eligible liabilities.
riserve in divise estere: exchange reserves; foreign exchange reserves.
riserve inoperose: idle reserves.
riserve in oro e valute convertibili: gold and convertible currency reserves.
riserve internazionali: international reserves.
riserve in titoli stanziabili: eligible reserve assets.
riserve libere: free reserves.
riserve monetarie: 1. first line reserves. **2.** monetary reserves.
riserve mutuate: borrowed reserves.
riserve nazionali: official reserves.
riserve nette mutuate: net borrowed reserves.
riserve non distribuibili: undistributable reserves; non–distributable reserves.
riserve non mutuate: non–borrowed reserves.
riserve per il pagamento di imposte: tax reserves.
riserve per perdite su crediti: loan–loss reserves.
riserve proporzionali: fractional reserves.
riserve ufficiali: official reserves.
riserve valutarie: exchange reserves; foreign exchange reserves.
risoluzione: resolution.
risoluzione ordinaria: ordinary resolution.
risoluzione per vizi redibitori: redhibition.
risoluzione speciale: special resolution.
risoluzione straordinaria: extraordinary resolution.
risorsa di proprietà comune: common property resource.
risorsa soggetta a esaurimento: wasting asset.
risorse: resources.
risorse di capitale: capital resources.
risorse disponibili: available resources.
risorse economiche: economic resources.
risorse esauribili: exhaustible resources.
risorse finanziarie: financial resources.
risorse idriche: water resources.
risorse naturali: natural resources.
risorse non rinnovabili: non–renewable resources.
risorse per investimento: investment resources.
risorse produttive: productive resources.
risorse rinnovabili: renewable resources.
risorse umane: human resources.
risparmi: savings.

risparmiatore: investor; saver.
risparmi indicizzati: index–linked savings.
risparmi liquidi: savings cash.
risparmio: **1.** saving. **2.** conservation.
risparmio abortivo: abortive saving.
risparmio aggregato: aggregate saving.
risparmio amorfo: fluid savings.
risparmio automatico: automatic saving.
risparmio coattivo: forced saving; compulsory saving; involuntary saving.
risparmio contrattuale: contractual saving.
risparmio delle società: corporate saving.
risparmio del settore personale: personal sector saving.
risparmio del settore privato: private sector saving.
risparmio del settore pubblico: government saving; public sector saving.
risparmio d'impresa: **1.** business savings. **2.** corporate saving; company saving.
risparmio disarmonico: impair savings.
risparmio eccessivo: over–saving.
risparmio energetico: energy conservation.
risparmio estero: foreign saving.
risparmio ex ante: ex–ante saving.
risparmio ex post: ex–post saving.
risparmio familiare: household saving.
risparmio forzato: forced saving; forced frugality; compulsory saving; involuntary saving.
risparmio forzoso: forced saving; compulsory saving; involuntary saving.
risparmio interno: home saving; domestic saving.
risparmio interno netto: net domestic saving.
risparmio nazionale: national saving.
risparmio negativo: dis–saving; negative saving.
risparmio netto: net saving.
risparmio permanente: permanent saving.
risparmio personale: personal saving.
risparmio postale: postal savings.
risparmio privato: private saving.
risparmio pubblico: government saving; public saving.
risparmio statale: government saving.
risparmio straniero: foreign saving.
risparmio volontario: voluntary saving.
risposta premi: options settlement.
ristabilimento: replenishment.
ristagno: stagnancy; stagnation.
ristagno delle vendite: sales stagnation.
ristagno del mercato: market stagnation.
ristagno economico: economic stagnation.
ristagno inflazionistico: stagflation.
ristagno negli affari: slackness in business.
ristagno secolare: secular stagnation.
ristorante con distributori automatici: automat.
ristorno: money refund offer.
ristorno di dazio doganale: drawback.
ristrutturazione: **1.** shake–up. **2.** reorganization; restructuring.
ristrutturazione degli impianti: plant reorganization.
ristrutturazione di portafoglio: portfolio restructuring.
ristrutturazione di un debito: debt restructuring.
ristrutturazione finanziaria: financial restructuring.
ristrutturazione finanziaria difensiva: defensive financial restructuring.
ristrutturazione industriale: structural adjustment.
risultati di esercizio: operating results.
risultati di gestione: **1.** operating results. **2.** management performance. **3.** results from operation.
risultati di mercato: market performance.
risultati operativi: operating results.
risultato netto di gestione: net operating income.
risveglio dell'attività: upsurge of activity.
ritardo: **1.** lag. **2.** laches.
ritardo culturale: cultural lag.
ritenere un dividendo: to pass a dividend.
ritenuta: retention money; retention.
ritenuta alla fonte: deduction at source; pay as you earn; withholding tax.
ritenuta di acconto: withholding tax; withholding.
ritenuta fiscale: deduction of tax.
ritenzione: retainer.
ritirare: to retire.
ritirare una cambiale: to take up a bill; to retire a bill.
ritirare una cambiale con abbuono: to retire a bill under rebate.
ritiro: withdrawal.
ritmo del consumo: rate of consumption.
ritmo della produzione: rate of output; rate of production.
ritorni: returned goods; returns.
ritorni su acquisti: purchase returns.
ritorni su vendite: sales returns.
ritorno: return.
ritorno all'emittente: refer to drawer.
riunione: conference.
riunione dei creditori: meeting of creditors.
riunione del consiglio di amministrazione: board meeting.
riunione plenaria del consiglio di amministrazione: full board meeting.
riunioni: meetings.
riunirsi: to assemble.
rivalsa: redraft.
rivalutare: to write up.
rivalutazione: **1.** revaluation; revalorization. **2.** appreciation; upvaluation. **3.** write–up.
rivalutazione dell'attivo: appraisal surplus; appreciation surplus.
rivalutazione delle attività: revaluation of assets.
rivalutazione delle scorte: inventory revaluation.
rivalutazione di una moneta: revaluation of a currency.
rivalutazione monetaria: currency appreciation.
rivalutazione patrimoniale: write–up.
rivalutazione ufficiale: currency revaluation.
rivelazione: disclosure.
rivelazione del giro di affari: disclosure of turnover.
rivelazione di segreto bancario: bank disclosure.
rivendicazione salariale: wage claim.
rivendita: resale.
rivendita all'ingrosso: breaking bulk.
rivenditore: retailer; reseller; dealer.
riversione: reversion.
rivisitare una nave: to re–rummage.
rivista aziendale: house magazine.
rivista commerciale: trade journal; trade magazine.
rivista di categoria: trade journal; trade magazine.
rivolta dei contribuenti: taxpayer revolt.
rivolta fiscale: tax revolt.
rivoluzione agricola: **1.** agricultural revolution. **2.** Agrarian Revolution.
rivoluzione agricola moderna: modern agricultural revolution.
rivoluzione commerciale: commercial revolution.
rivoluzione dei prezzi: price revolution.
rivoluzione della City: City revolution.

rivoluzione dell'alta tecnologia: high–technology revolution.
rivoluzione dirigista: managerial revolution.
rivoluzione industriale: industrial revolution.
rivoluzione informatica: information revolution.
rivoluzione keynesiana: Keynesian revolution.
rivoluzione manageriale: managerial revolution.
rivoluzione marginalistica: marginal revolution.
rivoluzione robotica: robotic revolution.
rivoluzione tecnologica: technological revolution.
rivoluzione verde: green revolution.
robotica: robotics.
robot industriali: industrial robots.
rogito: title deed.
rotazione: 1. turnover. **2.** turn–round.
rotazione colturale: crop rotation; rotation of crops.
rotazione delle mansioni: job rotation.
rotazione del personale: personnel turnover; staff turnover.
rotta commerciale: trade route.
rottame: scrap; junk.
routinario: routine.
routinizzare: to routinize.
rovinare il mercato: to spoil the market.
rublo: ruble; rouble.
rumore: noise.
ruolo degli affitti: rent roll.
ruolo degli stipendi: pay roll; salary roll.
ruolo dei contribuenti: list of taxpayers; assessment roll.
ruolo delle imposte: tax roll.
ruolo di bordo: muster–roll.
ruolo di equipaggio: muster–roll.
ruolo paga: pay roll.
ruota del dettaglio: wheel of retailing.
rupia: 1. rupee. **2.** rupiah.

s, S

sabotaggio: sabotage.
sacca di depressione: pocket of depression.
sacco: sack.
sacrificio: sacrifice.
sacrificio minimo: minimum sacrifice.
sacrificio per avaria generale: general average sacrifice.
saggiatore: 1. assayer. **2.** assay–master.
saggio: 1. assay; assaying; test. **2.** rate (v. anche tasso).
saggio base: base rate; basic rate; basic wage rate.
saggio base delle società finanziarie: finance house base rate.
saggio degli investimenti: rate of investment.
saggio dei guadagni–efficienza: rate of efficiency earnings.
saggio dei prestiti: rate of lending.
saggio del consumo: rate of consumption.
saggio della produzione: rate of output; rate of production.
saggio dello sconto: bank rate.
saggio dell'usura: rate of usury.
saggio del riporto: contango.
saggio del risparmio: rate of saving; saving rate.
saggio del salario: rate of wages; wage rate.
saggio di apprezzamento: appreciation rate; rate of appreciation.
saggio di attualizzazione: rate of time–discounting.
saggio di aumento della produttività: productivity growth rate.
saggio di capitalizzazione: capitalization rate.
saggio di deprezzamento: depreciation rate; rate of depreciation.
saggio di interesse: interest rate; rate of interest.
saggio di interesse differenziale: differential rate of interest.
saggio di interesse di mercato: market rate of interest.
saggio di interesse effettivo: actual interest rate.
saggio di interesse in termini di merci: commodity–rate of interest.
saggio di interesse nominale: money rate of interest.
saggio di interesse ottimale: optimum rate of interest.
saggio di interesse proprio: own–rate of interest.
saggio di interesse reale: real interest rate.
saggio di nolo: freight rate.
saggio di profitto: rate of profit.
saggio di remunerazione: rate of remuneration.
saggio di remunerazione giornaliero: daily rate of pay.
saggio di remunerazione oltre il costo: rate of return over cost.
saggio di rendimento interno: internal rate of return.
saggio di riporto: contango; contango rate; continuation rate.
saggio di riproduzione: reproduction rate.
saggio di riproduzione lordo: gross reproduction rate.
saggio di riproduzione netto: net reproduction rate.
saggio di rivalutazione: appreciation rate; rate of appreciation.
saggio di sconto: discount rate.
saggio di sconto ufficiale: official bank rate.
saggio di sostituzione: substitution rate.
saggio di sostituzione di un bene: rate of commodity substitution.
saggio di svalutazione: depreciation rate; rate of depreciation.
saggio fisso: fixed rate.
saggio giornaliero del salario: 1. day rate. **2.** down–time rate.
saggio internazionale: international rate.
saggio marginale di sostituzione: marginal rate of substitution.
saggio marginale di sostituzione tecnica: marginal rate of technical substitution.
saggio marginale di trasformazione: marginal rate of transformation.
saggio medio: average rate.
saggio monetario dei guadagni–efficienza: money rate of efficiency earnings.
saggio monetario d'interesse: money rate of interest.
saggio naturale d'interesse: natural interest rate; natural rate of interest.
saggio neutrale d'interesse: neutral rate of interest.
saggio personale di sostituzione: personal rate of substitution.
saggio reale d'interesse: real interest rate.
saggio salariale: rate of wages.
saggio salariale base: basic wage rate.
saggio salariale ombra: shadow wage rate.
saggio salariale standard: standard wage rate.
saggio salariale unitario: unitary wage rate.
saggio ufficiale di sconto: re–discount rate.
sala attrezzi: tool room.
sala conferenze: conference room.
sala dei campioni: sample room.
sala delle aste: auction room.
sala delle contrattazioni: 1. floor; trading floor. **2.** pit. **3.** ring.
sala delle riunioni: assembly room; conference room.
sala di esposizione: sale room; salesroom.
sala di montaggio: assembly room.
sala di vendita: sale room; salesroom.
salariati: earning class.
salariato: wage earner; wage–worker.
salari della manodopera diretta: productive wages.
salari della manodopera produttiva: productive wages.
salari di dipendenti di sesso femminile: women's wages.
salari diretti: direct wages.
salari–efficienza: efficiency wages.
salari improduttivi: unproductive wages.
salari non incassati: unclaimed wages.

salario: wage; wages.
salario a cottimo: piece wage; piece rate wage; task wage.
salario a giornata: daily wage; day wage.
salario a incentivo: incentive wage; premium wage.
salario annuo: annual wage.
salario annuo minimo garantito: guaranteed annual wage.
salario a rendimento: payment by results.
salario arretrato: arrears of wages.
salario a tempo: time wages; time–work.
salario base: base wage; basic wage.
salario corrente: current wages.
salario da fame: starvation wage.
salario di accettazione: acceptance wage.
salario di direzione: wages of management.
salario differito: deferred wages.
salario di formazione: training wage.
salario di riserva: reservation wage.
salario di sussistenza: living wage; subsistence wage.
salario effettivo: effective pay rate.
salario equo: fair wage.
salario figurativo: 1. implicit wages. **2.** notional wages.
salario flessibile: flexible wage.
salario garantito: guaranteed wage.
salario giornaliero: daily wage; day wage.
salario lordo: effective pay rate; gross wage.
salario massimo: wage ceiling.
salario minimo: minimum wage.
salario minimo garantito: guaranteed minimum wage.
salario monetario: money wages; nominal wages.
salario naturale: natural wage.
salario netto: net wage.
salario nominale: money wages; nominal wages.
salario orario: hourly wage.
salario orario medio: average hourly earnings.
salario prevalente: prevailing wage.
salario progressivo: incentive wage.
salario reale: real wages.
salario rigido: rigid wage.
salario sociale: social wage.
salari sindacali: union wages.
sala riunioni del consiglio di amministrazione: boardroom.
saldare: to settle.
saldi: sales.
saldi attivi: active balances.
saldi bloccati: blocked balances.
saldi cautelativi: precautionary balances.
saldi commerciali bilaterali: bilateral trade balances.
saldi delle banche: bankers' balances.
saldi di riserva: reserve balances.
saldi inattivi: idle balances.
saldi in moneta: money balances.
saldi inoperosi: idle balances.
saldi in sterline: sterling balances.
saldi monetari: money balances.
saldi monetari infruttiferi: idle balances.
saldi monetari liquidi: cash balances; liquid balances.
saldi monetari reali: real balances; real money balances; real cash balances.
saldi nominali: nominal balances.
saldi non disponibili: float.
saldi non operativi: non operational balances.
saldi non richiesti: unclaimed balances.
saldi operativi: operational balances.
saldi precauzionali: precautionary balances.
saldi speculatori: speculative balances.
saldi strutturali: structural balances.
saldi transazionali: transaction balances.
saldo: 1. acquittance; quittance; payment in full; full payment; settlement. **2.** balance. **3.** sale.
saldo a credito: credit balance.
saldo a debito: debit balance.
saldo a nuovo: account rendered.
saldo a prezzo d'inventario: stocktaking sale.
saldo attivo: 1. cash balance. **2.** credit balance. **3.** surplus.
saldo attivo della bilancia commerciale: favourable balance of trade; active balance of trade.
saldo attivo della bilancia dei pagamenti: favourable balance of payments; active balance of payments.
saldo commerciale: trade balance.
saldo compensativo: compensating balance; compensation balance; compensatory balance.
saldo completo: 1. final settlement. **2.** settlement in full.
saldo congelato: frozen balance.
saldo con l'estero: foreign balance.
saldo contabile: book balance.
saldo corrente: current balance.
saldo degli interessi: interest balance.
saldo delle partite correnti: current account balance; current balance.
saldo dell'interscambio commerciale: trade balance.
saldo di apertura: opening balance.
saldo di cassa: balance in hand; balance on hand; cash balance.
saldo di chiusura: closing balance.
saldo di conto corrente: cash balance; current account balance.
saldo di conto di contropartita: contrabalance.
saldo di fine stagione: end–of–season sale.
saldo di funzionamento: working balance.
saldo di generi alimentari: food balance.
saldo di imposta sulle società: mainstream corporation tax.
saldo di liquidazione: winding–up sale.
saldo disponibile: available balance.
saldo di un conto: 1. account balance. **2.** settlement of account.
saldo di un conto bancario: bank balance.
saldo dollari: balance dollars.
saldo finale: 1. final settlement. **2.** ultimate balance. **3.** closing balance.
saldo giornaliero: daily balance.
saldo giornaliero medio: average daily balance.
saldo impegnato: obligated balance.
saldo inattivo: dormant balance.
saldo in banca: balance at bank.
saldo in contanti: cash settlement; settlement in cash.
saldo iniziale: opening balance.
saldo interaziendale: intercompany balance.
saldo in unica soluzione: lump–sum settlement.
saldo minimo: minimum balance.
saldo monetario reale: real balance.
saldo negativo della bilancia commerciale: passive balance of trade.
saldo negativo della bilancia dei pagamenti: balance of payments deficit on current account; passive balance of payments.
saldo netto: net balance.
saldo netto a debito: net indebtedness.
saldo non impegnato: unencumbered balance.
saldo non speso: unexpended balance.
saldo operativo: working balance.

saldo passivo: debit balance; adverse balance.
saldo passivo della bilancia dei pagamenti: passive balance of payments; payments deficit.
saldo per cessazione di esercizio: closing down sale.
saldo per finanziamenti ufficiali: balance for official financing.
saldo scoperto: outstanding balance.
saldo sterline: balance sterling.
sale di esposizione: stock rooms.
salone da esposizione: showroom.
salone dell'automobile: Motor Show.
saluto: salutation; greeting.
salvaguardia del reddito: income maintenance.
salvataggio: 1. salvage. **2.** bailout.
salvo benestare: subject to approval; subject to final payment; reserving due payment; under usual reserve.
salvo errori ed omissioni: errors and omissions excepted.
salvo il venduto: sale excepted.
salvo incasso: subject to collection.
salvo vendita: sale excepted.
salvo vista e verifica: on approval.
sano alla consegna: sound delivered.
sanzione: sanction.
sanzioni economiche: economic sanctions.
saturare un mercato: to overstock a market.
saturazione: saturation.
saturazione del capitale: capital saturation.
saturazione del mercato: market saturation.
saturazione monetaria: monetary saturation.
sazietà: satiation.
sazietà del consumatore: consumer satiation.
sbarcato: landed.
sbarco merci: cargo discharge.
sbarrare: to cross.
sbarratura: crossing.
sbarratura generale: general crossing.
sbarratura speciale: special crossing.
sbilanciamento di un portafoglio: portfolio imbalance.
sbocco: outlet.
sbocco commerciale: outlet.
sbocco di vendita: sales outlet.
sbocco di vendita al dettaglio: retail outlet.
sbocco vincolato: captive outlet.
sborso: disbursement.
sborso di avaria: average disbursement.
scadenza: 1. expiry; expiration. **2.** date of payment; time of payment; maturity; due date. **3.** usance.
scadenza dilazionabile: extendable maturity.
scadenza media: average maturity.
scadenzario: 1. tickler. **2.** bill book.
scadenzario degli effetti attivi: collection tickler.
scadenzario degli effetti cambiari: advice book.
scadenze differite: forward maturities.
scadenze scaglionate: staggering maturities.
scadere: 1. to fall due. **2.** to lapse. **3.** to mature.
scaduto: 1. overdue. **2.** outstanding.
scaglionare nel tempo: to stagger.
scaglione: bracket.
scaglione d'imposta: tax bracket; tax band.
scaglione d'imposta sul reddito: income tax band.
scaglione di reddito: income bracket.
scala degli stipendi: salary scale.
scala dei costi: cost ladder.
scala dei redditi: income ladder.
scala dei salari: wages scale.
scala delle promozioni: promotion ladder.
scala delle scadenze: maturity ladder.
scala di nolo: tonnage scale.
scala di preferenze: scale of preferences.
scala efficiente minima: minimum efficient scale.
scala mobile: escalator; sliding scale.
scalare: scalar quantity.
scala retributiva: wages scale; rate scale; salary scale.
scala retributiva basata sull'anzianità: rate for age scale; time progression scale.
scalata: share raid.
scala tariffaria: rate scale.
scalatori: corporate raiders; raiders; predators.
scalo: 1. call. **2.** port of call. **3.** wharf; dockside.
scalo contenitori: container berth.
scalo merci: 1. cargo berth. **2.** goods station.
scambi al netto: net business; net trading.
scambi al ristretto: after–hours dealings; after–hours trading.
scambiare: to trade.
scambi bilaterali: bilateral trade.
scambi in apertura: early bargains.
scambio: 1. exchange. **2.** trade–off. **3.** trade. **4.** swap.
scambio aperto: open trade.
scambio azionario: share swap.
scambio azionario incrociato: share swap.
scambio bilanciato: balanced trade.
scambio con l'estero: overseas trade; foreign trade.
scambio dei contratti: exchange of contracts.
scambio di azioni: share exchange; exchange of shares.
scambio di beni: merchandise trade.
scambio di beni industriali: manufacturing trade.
scambio di compensazione: compensation trade.
scambio diretto: direct exchange.
scambio di servizi: services trade; trade in services.
scambio di tassi d'interesse: interest–rate swap.
scambio di valute: currency swap; foreign–exchange swap.
scambio di voti: logrolling; vote trading.
scambio esentasse: tax–free exchange.
scambio indiretto: indirect exchange.
scambio internazionale: international trade.
scambio intra–aziendale: intra–firm trade.
scambio invisibile: invisible trade.
scambio manovrato: managed trade.
scambio mondiale: world trade.
scambio parziale: part–exchange.
scambio pecuniario: pecuniary exchange.
scambio pluriangolare: switch trading.
scambio triangolare: triangular trade.
scambio trilaterale: trilateral trade.
scambio unidirezionale: one–way trade.
scambio visibile: visible trade.
scambi tramite computer: program trading.
scampolo: oddment.
scansione dell'ambiente: environmental scanning.
scappatoia fiscale: tax loophole.
scaricare: to unload.
scaricatore di porto: docker; longshoreman.
scarico da bordo a bordo: discharge overside.
scarico inquinante: pollutant.
scarsità: scarcity; shortage.
scarsità assoluta: absolute scarcity.
scarsità di capitale: capital gap.
scarsità di dollari: dollar gap; dollar shortage.
scarsità di forza lavoro: labour shortage.
scarsità di lavoro: labour shortage.
scarsità di moneta: scarcity of currency.

scarsità di offerta: under–supply.
scarsità di personale: personnel shortage; staff shortage.
scarso: scarce.
scartafaccio: blotter.
scartare: to reject.
scarto: **1.** margin; spread. **2.** debt discount. **3.** scrap; junk; waste; discommodity. **4.** differential.
scarto anomalo: abnormal waste.
scarto cartelle: bond discount.
scarto culturale: cultural lag.
scarto deflatorio: deflationary gap.
scarto denaro–lettera: bid–offer spread.
scarto di arbitraggio inferiore al normale: back spread.
scarto di compravendita: dealing spread.
scarto d'interesse: spread; interest–rate spread.
scarto di prezzo: price spread.
scarto di produzione: reject.
scarto di rendimento: yield gap; yield spread.
scarto frazionato: split spread.
scarto inflazionistico: inflationary gap.
scarto inverso di rendimento: reverse yield gap.
scarto medio: mean deviation; average deviation.
scarto non ammortizzato: unamortized debt discount; unamortized bond discount.
scarto quadratico medio: root–mean–square deviation; root–mean–square average; standard deviation.
scarto quadratico medio dell'universo: standard deviation of universe.
scarto temporale: time lag.
scarto temporale di un'innovazione: innovation time lag.
scarto tipo: standard deviation.
scarto variabile: floating spread.
scatola: box.
scatola cinese: Chinese box.
scatola di cartone: carton.
scatti annuali: annual increments.
scellino: shilling.
scellino somalo: Somali shilling.
scelta: choice.
scelta collettiva: collective choice.
scelta di portafoglio: portfolio choice.
scelta pubblica: public choice.
scelta sociale: social choice.
scendere a candela: to plunge; to plummet.
scheda: **1.** schedule. **2.** card.
scheda degli investimenti: investment schedule.
scheda dei costi: cost schedule.
scheda del consumo: consumption schedule.
scheda della domanda di investimenti: investment demand schedule.
scheda della domanda di mercato: market demand schedule.
scheda della propensione al consumo: propensity–to–consume schedule.
scheda della propensione al risparmio: propensity–to–save schedule.
scheda dell'efficienza marginale del capitale: marginal–efficiency–of–capital schedule.
scheda delle firme: signature card.
scheda delle importazioni: import schedule.
scheda dell'offerta di mercato: market supply schedule.
scheda del risparmio: saving schedule.
scheda di archivio: file card.
scheda di carico macchina: machine load card.
scheda di commessa: **1.** job card; operation job card; job–order form. **2.** job ticket.
scheda di domanda: demand schedule; sales schedule.
scheda di domanda aggregata: aggregate demand schedule.
scheda di fine rapporto d'impiego: clearance card.
scheda di indifferenza: indifference schedule.
scheda di inventario permanente: material ledger sheet; perpetual inventory card; stock record card; stores ledger sheet.
scheda di lavorazione: route sheet; route card.
scheda di lavoro macchina: machine load card.
scheda di macchina: machine load card.
scheda di magazzino: **1.** stores ledger card; stock card; inventory card. **2.** bin card; bin tag.
scheda di mercato: market schedule.
scheda di offerta: supply schedule; supply.
scheda di offerta aggregata: aggregate supply schedule.
scheda di percorso: route sheet; route card.
scheda di posizione: bin card; bin tag.
scheda di produttività marginale del capitale: marginal–productivity–of–capital schedule.
scheda di rilevazione dei costi per commessa: job–order cost sheet.
scheda di servizio: clearance card.
scheda investimento–risparmio: investment–saving schedule.
scheda IS: IS schedule.
scheda liquidità–moneta: liquidity–money schedule.
scheda LM: LM schedule.
scheda operativa: operation card.
schedari centrali: central files.
schedario: **1.** filing cabinet. **2.** card file; card holder.
schedario alfabetico: index cards.
schedario circolare: circular filing cabinet.
schedario mobile: rail filing unit.
schedario per archiviazione verticale: vertical filing cabinet.
schedario rotativo: round–about filing cabinet.
schedasticità: skedasticity; scedasticity.
schede contabili: extract cards.
schedula: schedule.
schedula della domanda di investimenti: investment demand schedule.
schedula della domanda di mercato: market demand schedule.
schedula dell'offerta di mercato: market supply schedule.
schedula di domanda: demand schedule; sales schedule.
schedula di mercato: market schedule.
schedula di offerta: supply schedule; supply.
schema: schedule.
schema con funzioni affette da errori accidentali: shock model.
schema con variabili e funzioni affette da errori accidentali: shock and error model.
schema delle interdipendenze strutturali: input–output statement.
schema dell'impiego–prodotto: input–output statement.
schema di flusso: flow chart; flow diagram.
schema di flusso delle procedure: procedure flow chart.

schema di flusso del processo tecnologico: process schedule.
schema di flusso di processo: process flow chart; flow process chart.
schema di flusso operativo: flow process chart; process flow chart.
schema di processo operativo: operational process chart; process chart.
schiavo di dazio: **1.** duty unpaid. **2.** in bond.
scialacquatore: spendthrift.
scienza catallattica: catallactics.
scienza della direzione: management science.
scienza delle finanze: public finance.
scienza economica: economic science.
scienze camerali: cameralistics.
scienze sociali: social sciences.
scioglimento di una società di capitali: dissolution of a company.
scioglimento di una società di persone: dissolution of a partnership.
sciolto: by measure.
scioperante: striker; striking worker.
sciopero: strike.
sciopero a oltranza: strike to the last.
sciopero a singhiozzo: crippling strike.
sciopero a sorpresa: lightning strike.
sciopero a tempo indeterminato: strike to the last.
sciopero bianco: working to rule; work to rule; zeal strike.
sciopero con occupazione: sit–down strike; sit–in strike.
sciopero contro le pratiche industriali sleali: unfair labor practice strike.
sciopero degli inquilini: rent strike.
sciopero dei compratori: buyers' strike.
sciopero dei fitti: rent strike.
sciopero dei portuali: dock strike.
sciopero delle fiammiferaie: match–girls' strike.
sciopero delle fiammiferaie londinesi: London match–girls' strike.
sciopero dimostrativo: token strike.
sciopero di non collaborazione: slow–down strike; slow–down.
sciopero diretto: direct strike.
sciopero di solidarietà: sympathetic strike; sympathy strike.
sciopero generale: **1.** general strike. **2.** all–out strike.
sciopero giurisdizionale: jurisdictional strike.
sciopero illegale: illegal strike; outlaw strike.
sciopero incostituzionale: unconstitutional strike.
sciopero per rivendicazioni economiche: economic strike.
sciopero portuale: dock strike.
sciopero secondario: secondary strike.
sciopero selvaggio: quickie strike; wildcat strike.
sciopero spontaneo: unofficial strike.
sciopero ufficiale: official strike.
scissione: fanout.
sciupio: waste.
scolastica: scholasticism.
scolastici: Schoolmen.
scomposizione: dissection.
scomposizione della serie temporale: time–series decomposition.
scontante: discounter.
scontare una cambiale: to discount a bill.
scontatario: discounter.
scontatore: discounter.
sconti ai dipendenti: employee discounts.
sconti differiti: aggregated rebates; deferred rebates.
sconti e anticipazioni: discounts and advances.
scontista: discounter.
sconto: **1.** discount. **2.** debt discount. **3.** discounting.
sconto all'indietro: true discount.
sconto all'infuori: mercantile discount.
sconto a percentuali successive: chain discount.
sconto attivo: discount earned.
sconto bancario: bank discount; banker's discount.
sconto base: basic discount.
sconto cambiali: bill discounting.
sconto commerciale: mercantile discount; trade allowance; trade discount; functional discount.
sconto composto: compound discount.
sconto concesso: discount allowed.
sconto condizionato: no claims discount; no claims bonus.
sconto crediti: invoice discounting; invoice factoring.
sconto di cassa: cash discount; settlement discount.
sconto di collocamento: selling concession.
sconto di emissione: **1.** stock discount; discount. **2.** bond discount; discount.
sconto di emissione originario: original issue discount.
sconto di favore: concealed discount.
sconto d'ipoteca: mortgage buydown.
sconto di quantità: quantity rebate; quantity discount.
sconto d'uso: distributor discount.
sconto guadagnato: discount earned.
sconto in blocco: block discount.
sconto irrazionale: mercantile discount.
sconto mercantile: mercantile discount; trade allowance; trade discount; functional discount.
sconto non ammortizzato: unamortized debt discount; unamortized bond discount.
sconto non maturato: unearned discount.
sconto occulto: **1.** hidden discount. **2.** secret rebate.
sconto ordinario: ordinary discount.
sconto passivo: discount allowed.
sconto percentuale: percentage discount.
sconto per distributori: distributor discount.
sconto perduto: discount lost; lost discount; missed discount.
sconto per pagamento anticipato: anticipation rate.
sconto per permuta: trade–in allowance.
sconto per pubblicità: advertising allowance.
sconto per vendita all'ingrosso: wholesale discount.
sconto per volume: volume discount.
sconto razionale: true discount.
sconto ricevuto: discount received.
sconto semplice: simple discount.
sconto stagionale: seasonal discount.
sconto sulle vendite: sales discount.
sconto su merci acquistate: purchase allowance.
scontrino: docket; ticket.
scontrino dei magazzini generali: dock tally.
scontrino di cassa: cash voucher.
scontrino di ricevuta: receipt note.
scontrino per il rimborso di dazio: customs debenture.
scontrino per l'uscita di merce: merchandise removal docket.
scoperto: **1.** overdraft; bank overdraft. **2.** uncovered position. **3.** outstanding.
scoperto di conto: overdraft.
scoperto di conto corrente: current account overdraft.
scopo: object.

scopo sociale: corporate purpose.
scoria: waste.
scorporare: to unbundle.
scorporo: demerger.
scorporo delle cedole: stripping; strip; coupon stripping.
scorta base: base stock.
scorta–cuscinetto: buffer stock; reserve stock.
scorta di esercizio: working balance.
scorta di filiale: branch inventory.
scorta di materie prime: raw material inventory; raw materials stock.
scorta di sicurezza: **1.** safety inventory. **2.** safety stock.
scorta disponibile: visible supply.
scorta finale: closing stock.
scorta forniture: supplies inventory.
scorta iniziale: opening stock.
scorta invendibile: dead stock.
scorta liquida: liquid reserve.
scorta merci: merchandise inventory.
scorta minima: minimum stock.
scorta mista: mixed inventory.
scorta monetaria: cash reserve.
scorta prodotti finiti: finished goods inventory; finished goods stock.
scorta semilavorati: work–in–process inventory.
scorta tampone: buffer stock; reserve stock.
scorta visibile: visible supply.
scorte: **1.** inventory; stock. **2.** stores; supplies. **3.** hoards.
scorte accantonate: allocated stock; earmarked stock; appropriated stock; assigned stock; reserved stock.
scorte di materiali diretti: direct materials stores; direct stores.
scorte disponibili: free stock; stock on hand; inventory on hand.
scorte eccedenti: redundant stocks; surplus stocks.
scorte indirette: indirect stock.
scorte in eccedenza: redundant stocks; surplus stocks.
scorte invendibili: frozen stocks.
scorte libere: free stock.
scorte liquide: liquid stocks.
scorte mercantili: trading stock; stock–in–trade; trade stock.
scorte non produttive: non–productive stock.
scorte pezzi finiti: finished parts stock.
scorte produttive: productive stock.
scorte riservate: allocated stock; earmarked stock; appropriated stock; assigned stock; reserved stock.
scorte stagionali: seasonal stock.
scorte strategiche: strategic stockpiles.
scostamento: variance; cost variation; exception.
scostamento dai programmi: deviation from plans.
scostamento di budget: budget variance.
scostamento medio: average deviation; mean deviation.
scrematura del mercato: market skimming.
scrigno: coffer.
scripofilia: scripophily.
scrittura: entry; journal entry.
scrittura contabile: book–keeping entry; book entry.
scrittura di apertura: opening entry.
scrittura di assestamento: adjusting entry.
scrittura di chiusura: closing entry.
scrittura di rettifica: correcting entry; book entry.
scrittura di storno: reversal.
scrittura privata: **1.** private contract. **2.** simple contract.
scrittura rettificativa: adjusting entry.
scritture di magazzino: inventory records.
scrupolo: scruple.
scrutatore: scrutineer.
scrutinio: scrutiny.
scudo europeo: European currency unit.
scudo fiscale: tax shield.
scuola anglo–austriaca: marginal utility school.
scuola austriaca: Austrian School; marginal utility school.
scuola aziendale: business school.
scuola bancaria: Banking School.
scuola classica: Classical School.
scuola delle aspettative razionali: rational expectations school.
scuola dell'individualismo economico: Individualist School.
Scuola di Cambridge: Cambridge School.
Scuola di Chicago: Chicago School.
Scuola di Losanna: Lausanne School.
Scuola di Manchester: Manchester School.
Scuola di Marshall: Marshallian School.
scuola di pensiero economico: school of economic thought.
Scuola di Stoccolma: Stockholm School.
scuola economica: school of economic thought.
scuola fisiocratica: physiocrat school.
scuola gradualista: gradualist school.
scuola liberista: Liberal School.
scuola liberistica: Liberal School.
scuola marginalistica: marginal utility school; marginalist school.
scuola marxista: Marxian School.
scuola matematica: mathematical school.
scuola metallica: Currency School.
scuola monetaria: monetary school.
scuola monetarista: Monetarist School.
scuola neoclassica: neo–classical school.
scuola neoclassica inglese: Marshallian School.
scuola organica: Organic School.
scuola ortodossa: Orthodox School.
scuola ottimista: Optimist School.
scuola professionale: vocational school; trade school.
scuola storica: historical school.
scuola storica tedesca: German historical school.
scuola vebleniana: Veblenian school.
scuola viennese: Austrian School; marginal utility school.
scuola vocazionale: vocational school; trade school.
scuponato: **1.** ex coupon. **2.** ex dividend.
sdaziamento: customs clearance; clearing.
sdaziare: to clear.
sdaziato: ex bond.
sdoganamento: customs clearance; clearing; clearance.
sdoganare: to clear.
sdoganato: ex bond; duty paid
sdoppiamento: fanout.
secco: **1.** ex coupon; ex interest. **2.** ex dividend.
secolare: secular.
seconda circolazione: note circulation.
seconda convocazione: second call.
seconda di cambio: **1.** duplicate of exchange. **2.** second of exchange; second bill of exchange; second via.
seconda riassicurazione: retrocession.
secondo beneficiario: alternative payee.
secondo bilancio di verifica: postclosing trial balance.
secondo il valore: ad valorem.
secondo prestito: further advance.

secondo quartile: second quartile; median.
secondo riassicuratore: retrocessionaire.
secondo richiamo: second call.
secondo sottoscrittore: sub–underwriter.
secondo turno: second shift; swing shift.
sede centrale: head office.
sede legale: registered office; corporate domicile.
sede principale: head office.
sede sociale: registered office; corporate domicile.
seduta: session.
seduta del consiglio di amministrazione: board meeting.
segmentazione: segmentation.
segmentazione concentrata: concentrated segmentation.
segmentazione di un mercato: market segmentation.
segmentazione per benefici: benefit segmentation.
segmento: segment.
segmento di mercato: market segment.
segnalare una nave: to report a vessel.
segnaprezzo: tag.
segno distintivo: mark.
segretaria: secretary.
segretario: secretary.
segretario di una società: company secretary.
segretario privato: private secretary.
segreteria: secretary's office.
segreto bancario: banking secret; bank secrecy.
segreto industriale: trade secret; industrial secret.
selettivo: up–market; upscale.
selezionatore: selection consultant.
selezione: 1. selection. **2.** screening; screening inspection.
selezione delle idee: screening.
selezione del personale: employee selection; personnel selection.
selezione preliminare: screening.
selezione vocazionale: vocational selection.
self–service: self–service.
semestrale: biannual.
semilavorati: goods in process; goods in progress; work in process; work in progress; partly–finished goods; semi–finished products; in–process inventory; half–finished goods.
semilavorato: semiprocessed.
semplificazione del lavoro: work simplification.
sempre a galla: always afloat.
sempre in galleggiamento di sicurezza: always safely afloat.
sensale: 1. broker. **2.** finder. **3.** merchandise broker.
sensale di assicurazioni marittime: marine insurance broker.
sensale di carichi: loading broker.
sensale di noleggi: freight broker.
sensale di noli: freight broker.
sensale di passeggeri: passage broker.
sensale marittimo: shipbroker.
senseria: brokerage; brokerage commission; courtage.
senseria doppia: double brokerage.
sensibile al prezzo: price–sensitive.
sensibilità costistica: cost consciousness.
sensibilità della domanda: responsiveness of demand.
sensibilità della domanda di moneta ai tassi d'interesse: interest sensitivity of money demand.
sentenza: decree.
sentenza dichiarativa di fallimento: adjudication order; adjudication in bankruptcy.
sentenza di morte: death sentence.
sentiero di crescita: growth path.
senza azione di regresso: without recourse; sans recourse.
senza azioni gratuite: ex bonus.
senza comporto: without days of grace.
senza contante: by transfer.
senza corrispettivo: without compensation; without consideration.
senza data: blank–dated.
senza diritti: ex rights; ex claim.
senza distribuzione: ex distribution.
senza garanzia: 1. without warranty. **2.** without our guarantee.
senza il beneficio del sorteggio: ex drawing.
senza il beneficio di distribuzione di capitale: ex–capitalization.
senza il beneficio di emissione gratuita: ex bonus.
senza impegno: 1. without engagement. **2.** without our liability.
senza interessi: 1. flat. **2.** ex interest.
senza obbligo: without our guarantee.
senza preferenze: pari passu.
senza pregiudizio: without prejudice.
senza prezzo: nil price.
senza protesto: without protest.
senza regresso: without recourse; no recourse; without our guarantee.
senza regresso nei miei confronti: without recourse to me.
senza responsabilità: no liability.
senza responsabilità da parte nostra: without our liability.
senza rimborso: ex repayment.
senza riserva: without reserve.
senza rivalsa: without recourse.
senza spese: 1. no protest; return without protest. **2.** incur no expense; without expenses; without charges; sans frais.
senza utili: without profits.
separazione: cutoff.
separazione degli acquisti: purchase cutoff.
separazione della proprietà e del controllo: separation of ownership and control.
separazione delle vendite: sales cutoff.
sequestratario: sequestrator.
sequestro: 1. distraint; distress. **2.** sequestration.
sequestro conservativo presso terzi: attachment.
sequestro delle merci in viaggio: stoppage in transitu.
sequestro provvisorio: arrest.
serbatoio di cervelli: think tank.
serie: 1. range. **2.** series.
serie ciclica: time series.
serie di cambiali: set of bills.
serie di conti: set of accounts.
serie di libri contabili: set of books.
serie di polizze: set of bills.
serie di prodotti: range of products; product range.
serie economica: economic lot; economic order quantity; economic batch quantity.
serie economica inversa: inverted economic series.
serie numerica: array.
serie statistica: statistical series.
serie storica: time series.
serie temporale: time series.
serpente: snake.
serpente monetario: monetary snake.

serpente nel tunnel: snake in the tunnel.
serra di ricerca: research greenhouse.
serrata: lock–out; shut–out.
servitù: easement; servitude.
servitù apparente: apparent easement.
servitù della gleba: serfdom; villeinage.
servitù di passaggio: right of way.
servitù mineraria: way–leave.
servitù negativa: negative easement.
servitù non apparente: non–apparent easement.
servitù positiva: positive easement.
servitù privata: private easement.
servitù pubblica: public easement.
servizi: 1. services. **2.** service department; service division; service units.
servizi accessori: accessorial services.
servizi astratti: disembodied services.
servizi aziendali: business services.
servizi aziendali a alta tecnologia: high–technology business services.
servizi bancari a domicilio: home banking.
servizi bancari telematici: electronic banking.
servizi commerciali: commercial services.
servizi comuni: joint services.
servizi concreti: concrete services.
servizi congiunti: joint services.
servizi dei fattori della produzione: factor services.
servizi del fondo consolidato: consolidated fund services.
servizi di consumo: consumer services.
servizi di consumo di massa: mass consumer services.
servizi di fornitura: supply services.
servizi d'investimento: investment services.
servizi di produzione: producer services.
servizi diretti: direct services.
servizi di somministrazione: supply services.
servizi di sportello: counter services.
servizi finali: final services.
servizi finanziari: financial services.
servizi industriali: industrial services.
servizi intra–aziendali: in–house services.
servizi non materiali: non–material services.
servizi non remunerati: unpaid services.
servizio: 1. service. **2.** servicing. **3.** service charge.
servizio a dorso: piggy–back service; rail–trailer service.
servizio aereo: air service.
servizio ai clienti: customer service.
servizio al primo livello: level one service.
servizio al secondo livello: level two service.
servizio al terzo livello: level three service.
servizio bancario: banking service; bank service.
servizio continuativo: continuous service.
servizio del debito pubblico: debt service.
servizio delle quotazioni in concorrenza: competing quotations service.
servizio di addebitamento diretto: direct debiting service.
servizio di assistenza: after–sales service.
servizio di consegna: delivery service.
servizio di consegna a domicilio: home–delivery service.
servizio di consegna per espresso: expressage.
servizio di consulenza: advisory service.
servizio di consulenza per gli investimenti: investment advisory service.
servizio di conto corrente: personal cheque service.
servizio di debito estero: servicing of external debt.
servizio di gestione degli investimenti: investment management service.
servizio di linea: liner service.
servizio di risposta affrancata: business reply service.
servizio di salvataggio: salvage service.
servizio di segreteria telefonica: telephone answering service.
servizio di sola esecuzione: execution–only service; no–frills service.
servizio di trasporto intermodale: intermodal transportation service.
servizio di un prestito: debt service.
servizio esazione crediti: debt–collection service.
servizio fototelegrafico: phototelegraph service.
servizio informazioni sinistri: casualty report service.
servizio in ore normali: off–peak service.
servizio materiali: material service.
servizio merci: 1. freight service. **2.** all–freight service.
servizio pacchi postali: parcel post.
servizio pensionabile: pensionable service.
servizio per gli investitori: investor service.
servizio porta a porta: 1. door–to–door service. **2.** pick–up and delivery.
servizio postale: mail service; mail.
servizio promiscuo: all–traffic service.
servizio recupero crediti: debt–collection service.
servizio sanitario: health service.
servizio sanitario aziendale: employee health service.
servizio sanitario nazionale: National Health Service.
servizio tecnico assistenza clienti: 1. after–sales service. **2.** service department.
servizio trasporto in contenitori: container cargo service.
servizio uguale: equal service.
servizi per i dipendenti: employee services.
servizi produttivi: productive services.
servizi pubblici: public services.
servizi quaternari: quaternary services.
servizi sociali: social services.
servizi speciali: special services.
servizi specializzati: staff.
servizi telebancari: remote banking.
servo della gleba: villein.
sessione di addestramento: training session.
sessione di contrattazione sindacale: bargaining session.
sette sorelle: seven sisters.
settimana corta: five–day week.
settimana lavorativa: working week.
settimana lavorativa standard: standard working week.
settore: sector.
settore agricolo: rural sector.
settore aziendale: corporate sector.
settore bancario: banking sector.
settore chiave: key sector.
settore commerciale: 1. business sector. **2.** line of business.
settore dei servizi: services sector.
settore dei servizi di varia natura: miscellaneous services sector.
settore dell'economia: sector of the economy.
settore dell'edilizia abitativa: housing sector.
settore dell'intermediazione: intermediary sector.
settore di attività: line; line of business.
settore economico: sector of the economy; economic sector.
settore estero: foreign sector.

settore familiare: household sector.
settore finanziario: financial sector.
settore formale: formal sector.
settore guida: leading sector.
settore individuale: individual sector.
settore industriale: **1.** manufacturing sector; industrial sector. **2.** line of industrial activity; line of business. **3.** sector of an industry.
settore informale: informal sector.
settore invisibile: invisible sector.
settore monetario: monetary sector; money sector.
settore non misurato: unmeasured sector.
settore non monetario: non–monetary sector.
settore non osservato: unobserved sector.
settore non tassato: untaxed sector.
settore non ufficiale: unofficial sector.
settore occulto: hidden sector.
settore osservato: observed sector.
settore parastatale: parastatal sector.
settore personale: personal sector.
settore primario: primary sector.
settore privato: private sector.
settore produttore di beni: goods–producing sector.
settore produttore di servizi: service–producing sector.
settore pubblico: public sector; government sector.
settore resto del mondo: rest–of–the–world sector.
settore rurale: rural sector.
settore secondario: secondary sector.
settore sommerso: underground sector.
settore sotterraneo: underground sector.
settore terziario: service–producing sector; services sector; tertiary sector.
settori chiusi: closed sectors.
sezione: **1.** section. **2.** bureau. **3.** side.
sezione avere: credit side.
sezione contabilità: accounting section.
sezione dare: debit side.
sezione pubblicità: advertising division.
sezione ricerche: research division.
sezione servizi generali: service division.
sezione sviluppo prodotti: product development section.
sezione sviluppo vendite: sales promotion unit.
sezione vendite: sales division.
sfasamento: lag.
sfasamento di attuazione: implementation lag.
sfasamento di riconoscimento: recognition lag.
sfasamento distribuito: distributed lag.
sfasamento esterno: outside lag.
sfasamento intermedio: intermediate lag.
sfasamento interno: inside lag.
sfasamento temporale: time lag.
sfogliazzo: blotter.
sfondo: background.
sforzi di vendita: sales efforts.
sforzo minimo critico: critical minimum effort.
sforzo produttivo: output effort.
sfratto: eviction.
sfregamento: chafage.
sfrido: waste; junk.
sfruttamento: **1.** exploitation. **2.** sweating.
sfruttare: to exploit.
sfumatura: shading.
sfuso: by measure.
sgravio d'imposta: tax allowance.
sgravio fiscale: tax cut; tax relief; rates rebate; rates relief.
sgravio per esaurimento: depletion allowance.
sgravio unilaterale: unilateral relief.
shock petrolifero: oil shock.
shok petrolifero inverso: reverse oil shock.
siclo: shekel.
sicurezza: security.
sicurezza del consumatore: consumer safety.
sicurezza dell'impiego: security of employment.
sicurezza del posto di lavoro: job security.
sicurezza economica: economic security.
sicurezza sociale: social security.
sicurezza sul lavoro: industrial safety.
sicurtà corpi: hull insurance.
sigillo: seal.
sigillo aziendale: common seal.
sigillo di società: company seal.
significato economico: economic significance.
signoraggio: seigniorage.
silo granario: grange; grain silo; granary.
silveroide: cupro–nickel.
simbiosi: symbiosis.
simboleggiamento: symbolization.
simboli di teleborsa: stock ticker symbols; ticker symbols.
simbolo di condizione sociale: status symbol.
simbolo di prestigio: prestige symbol.
simbolo di successo: status symbol.
similitudine delle forbici: scissors simile.
simmetallismo: symmetallism.
simulato: sham; dummy.
simulazione: simulation.
simulazione di gestione: management game.
sincronizzazione del flusso di lavoro: work–flow synchronization.
sindacalismo: **1.** labour unionism; trade unionism; unionism. **2.** syndicalism.
sindacalismo aziendale: business unionism.
sindacalista: **1.** union official; union officer. **2.** trade unionist.
sindacalizzazione: unionization.
sindacati affiliati: affiliated trade unions.
sindacato: **1.** trade union; union. **2.** consortium. **3.** pool.
sindacato a organizzazione orizzontale: horizontal labour union; horizontal union.
sindacato a organizzazione verticale: vertical labour union; vertical union.
sindacato aperto: open union.
sindacato autonomo: independent union.
sindacato chiuso: closed union.
sindacato commerciale: **1.** ring; string; price ring; price association. **2.** syndicate.
sindacato di arbitraggio: arbitrage syndicate.
sindacato di assicuratori: syndicate.
sindacato di assicuratori marittimi: marine syndicate.
sindacato di assicuratori merci: cargo syndicate.
sindacato di asta: bidders' ring; bidding ring.
sindacato di banche: bank syndicate.
sindacato di blocco: voting trust.
sindacato di categoria: **1.** craft union. **2.** occupational union.
sindacato di collocamento titoli: selling group; selling syndicate.
sindacato di distribuzione: distributing syndicate.
sindacato di garanzia e collocamento titoli: purchase group; purchase syndicate; syndicate; underwriting syndicate; underwriter.
sindacato di impresa: company union.

sindacato di investimento: syndicate.
sindacato di maggioranza: voting trust.
sindacato di vendita: selling group; selling syndicate.
sindacato di voto: voting trust.
sindacato duplice: dual union.
sindacato indipendente: independent union.
sindacato industriale: **1.** syndicate. **2.** trust. **3.** cartel. **4.** industrial union; general union.
sindacato internazionale: international union.
sindacato lavoratori: labour union.
sindacato locale: local union.
sindacato londinese dei commercianti di diamanti: London syndicate.
sindacato misto: multicraft union.
sindacato nazionale: national union.
Sindacato nazionale degli industriali: National Union of Manufacturers.
sindacato operaio: trade union; union.
sindacato portuali: dock union.
sindaco: syndic.
sindaco revisore dei conti: **1.** auditor. **2.** internal auditor.
sinecura: **1.** sinecure. **2.** dry trust; passive trust.
sinergia: synergy.
singolo investitore: individual investor.
sinistro: **1.** loss. **2.** casualty.
sinistrosità: experience.
sintonia perfetta: fine tuning.
sintonizzazione precisa: fine tuning.
sistema: **1.** system. **2.** establishment.
sistema a circolazione fiduciaria: fiduciary standard.
sistema a colonne affiancate: columnar system; column system.
sistema a coniazione limitata: limited–coinage system.
sistema a convertibilità in divise: exchange standard.
sistema a corso forzoso: fiat standard.
sistema a costi diretti: direct costing.
sistema a costi parametrici primi variabili: direct cost system; direct costing.
sistema a costi primi variabili: direct cost system; direct costing.
sistema a costi standard: standard–cost system; standard costing.
sistema a due contenitori: two–bin system.
sistema a due livelli: two–tier system.
sistema agricolo: Physiocracy.
sistema aperto: open system.
sistema a piantagione: plantation system.
sistema a riserva unica: one–reserve system.
sistema a sezioni affiancate: columnar system; column system.
sistema a sezioni riunite: columnar system; column system.
sistema a tempo di lavorazione standard: standard–time system.
sistema a tre turni: three–shift system.
sistema a turni continui: shift system.
sistema aureo internazionale automatico: automatic international gold system.
sistema automatico: automatic system.
sistema bancario: banking system.
sistema bancario a riserve proporzionali: fractional–reserve banking system; fractional banking.
sistema bancario a sportello multiplo: branch banking; branch banking system.
sistema bancario a sportello unico: unit banking; unit banking system.
sistema bancario del fondo di sicurezza: safety–fund bank system.
sistema bancario duplice: dual banking system.
sistema bancario libero di New York: free banking system of New York.
sistema bancario Suffolk: Suffolk bank system.
sistema basato sulla concessione di licenze: licensing; licensing system.
sistema basato sul merito: merit system.
sistema capitalistico: capitalistic system.
sistema chiuso: closed system.
sistema coloniale: colonial system.
sistema commerciale: trading system.
sistema commerciale aperto: open trading system.
sistema commerciale internazionale: international trading system.
sistema commerciale internazionale aperto: open international trading system.
sistema commerciale multilaterale: multilateral trading system.
sistema completo di equazioni: complete system of equations.
sistema concorrenziale: competitive system.
sistema creditizio: credit system.
sistema decimale: decimal system.
sistema dei conti: system of accounts.
sistema dei costi: cost accounting system; cost system; costing system.
sistema dei costi stimati: estimating–cost system; estimated–cost system.
sistema dei costi unitari: unit costing.
sistema dei documenti giustificativi: voucher system.
sistema dei magazzini doganali: warehouse system.
sistema dei prezzi: price system.
sistema dei prezzi amministrati: administered pricing.
sistema dei suggerimenti: suggestion scheme.
sistema dei tassi di cambio: exchange rate system.
sistema dei tassi di cambio a parità mobile: adjustable–peg exchange rate system.
sistema dei tassi di cambio a parità slittante: crawling–peg exchange rate system.
sistema dei tassi di cambio fissi: fixed exchange rate system.
sistema dei tassi di cambio flessibili: flexible exchange rate system.
sistema dei tassi di cambio fluttuanti: floating exchange rate system; floating rate system.
sistema dei tassi di cambio liberi: freely floating system.
sistema dei tre campi: three–field system.
sistema del campo aperto: open–field system.
sistema del comitato di stima della spesa pubblica: public expenditure survey committee system.
sistema del dollaro zoppo: limping dollar standard.
sistema del doppio mercato dell'oro: two–tier gold system.
sistema del fondo di ammortamento: depreciation fund system.
sistema del giroconto: credit transfer system.
sistema dell'accantonamento: lay–by system.
sistema della marca: mark system.
sistema della minaccia di sciopero: strike–threat system.
sistema della riserva bancaria del cento per cento: one–hundred per cent reserve system.
Sistema della riserva federale: Federal Reserve System.

sistema della scala mobile: sliding–scale system.
sistema della tariffa doganale doppia: multiple tariff system.
sistema dell'avviso preventivo: early warning system.
sistema della zona: zone system.
sistema delle annualità di capitalizzazione: annuity system of depreciation.
sistema delle anticipazioni: imprest system.
sistema delle curve d'indifferenza: indifference map; map of indifference curves.
sistema delle istituzioni di deposito: depository system.
sistema delle priorità: priority system.
sistema delle quote: quota system.
sistema delle riserve multiple: multiple reserve system.
sistema dell'intervallo di riordino: reorder–interval system.
sistema del livello di riordino: reorder–level system.
sistema dello cheque–moneta: cheque–money system.
sistema dell'oro a due livelli: two–tier gold system.
sistema dello scadenzario: tickler system.
sistema dell'ultimo contenitore: last–bag system.
sistema del monopolio dell'emissione: monopoly system of issue.
sistema del prezzo dichiarato: open pricing; open price system.
sistema del prezzo di parità: parity price system.
sistema del punto base: basing–point system.
sistema del punto di riordino: max–min system.
sistema del riordino periodico: periodic reordering system.
sistema del Tesoro indipendente: independent Treasury system.
sistema di ammortamento a interessi composti: annuity system of depreciation.
sistema di ammortamento mediante polizza assicurativa: endowment policy system of depreciation.
sistema di archiviazione: filing system.
sistema di archiviazione centralizzata: central filing system.
sistema di archiviazione laterale: lateral filing.
sistema di archiviazione per reparto: departmental filing system.
sistema di archiviazione verticale: vertical filing system.
sistema di assicurazione contro la disoccupazione: unemployment insurance system.
sistema di bilancio per la pianificazione e la programmazione: Programme Planning Budgeting System.
sistema di calcolo dei costi di prodotti congiunti: joint–product method of cost accounting.
sistema di calcolo dei costi per appalto: contract costing.
sistema di calcolo dei costi per commessa: job costing; job method of cost accounting; job–order costing; job–order cost system; specific–order cost system; order–cost system; job–order system.
sistema di calcolo dei costi per lotto: batch costing; job–lot costing; job–lot system.
sistema di calcolo dei costi per processo: process costing; process cost system.
sistema di calcolo dei costi per serie: process costing; continuous–operation costing.
sistema di compensazione: clearing system.
sistema di coniazione decimale: decimal coinage.
sistema di contabilità a costi complessivi: absorption costing.
sistema di contabilità a costi di assorbimento: absorption costing.
sistema di contabilità a costi pieni: absorption costing; full absorption costing.
sistema di contabilità a costi stimati: estimating–cost system; estimated–cost system.
sistema di contabilità a ricalco: duplicating system.
sistema di contabilità dei costi: cost accounting system; cost system.
sistema di contabilità del doppio conto: double–account system.
sistema di contabilità per cassa: cash account system.
sistema di contabilità uniforme: uniform accounting system.
sistema di contrattazione: trading system.
sistema di contrattazione automatizzato: automated trading system.
sistema di controllo dei costi: cost control system.
sistema di controllo dei crediti: credit control system.
sistema di coordinate cartesiane: Cartesian coordinate system.
sistema di determinazione dei costi: costing system.
sistema di determinazione dei costi per lotto: batch costing.
sistema di determinazione dei prezzi: pricing system; price system.
sistema di determinazione delle imposte locali: rating system.
sistema di discriminazione zonale del prezzo di vendita: zone pricing; zone system.
sistema di distribuzione: distribution system; chain of distribution.
sistema di economia aperta: open system; unclosed system.
sistema di economia chiusa: closed system.
sistema di esazione: collection system.
sistema di giroconto: giro system.
sistema di imposizione all'americana: American system.
sistema di imposizione fiscale: system of taxation; tax system.
sistema di imposizione fiscale a aliquota fissa: flat–rate tax system.
sistema di imposizione fiscale a aliquote regressive: regressive tax system.
sistema di imputazione: imputation system.
sistema di informazioni di direzione: management information system.
sistema di inventario permanente: perpetual inventory system.
sistema di lavoro domiciliare: domestic system; putting–out system.
sistema di lettura elettronica del prezzo: electronic price scanning.
sistema di liquidazioni multilaterale: multilateral system of settlements.
sistema di mede: beaconage.
sistema di occupazione a tempo parziale: half–time system.
sistema di partecipazione a piramide: pyramiding.
sistema di preallarme: early warning system.
sistema di previdenza sociale: social security system.
sistema di produzione: production system.
sistema di produzione in fabbrica: factory system.

sistema di programmazione–pianificazione–bilancio: Programme Planning Budgeting System.
sistema di promozione: system of promotion.
sistema di quotazioni consolidate: consolidated quotation system.
sistema di razionamento: rationing system; priority system.
sistema di razionamento a buoni: coupon system.
sistema di razionamento a punti: points system.
sistema di remunerazione: remuneration system; compensation system.
sistema di remunerazione a compartecipazione: share system of wage payment.
sistema di remunerazione a forfait: lump system; the lump.
sistema di remunerazione a premio: bonus system.
sistema di remunerazione a punti: point system of wage–payments.
sistema di remunerazione basato sui premi differenziali: differential piece–rate system.
sistema di remunerazione in natura: truck system.
sistema di retribuzione a cottimo: contract wage system; contract system of wage payment.
sistema di retribuzione a incentivo: incentive system.
sistema di retribuzione a premio: premium wage system; premium bonus system.
sistema di retribuzione a tempo: time work plan.
sistema di riserva di mercato: market reserve system.
sistema di riserve in valute multiple: multiple currency system.
sistema di salario a incentivo: incentive wage system.
sistema di salario progressivo: incentive wage system.
sistema di scambi internazionale: international trading system.
sistema di schedatura alfabetica: card index system.
sistema di sfruttamento: sweating system.
sistema di Speenhamland: Speenhamland system.
sistema di vendita a credito: tally system.
sistema duplice di salario: dual pay system.
sistema economico: economic system.
sistema economico aperto: open system; unclosed system.
sistema economico artigiano: handicraft system.
sistema economico chiuso: closed system.
sistema feudale: feudal system.
sistema finanziario: financial system.
sistema fiscale: taxation system.
sistema fiscale a imposta unica: single–tax system.
sistema franco produttore: mill base system.
sistema generalizzato di preferenze: generalized system of preferences.
sistema Halsey: Halsey system.
sistema informativo interno: internal reporting.
sistema integrato di contabilità: tied–in cost system.
sistema liberistico: free enterprise system.
sistema mercantile: mercantilism; mercantile system.
sistema mercantilista: mercantilism; mercantile system.
sistema metrico: metric system.
sistema mnemonico: mnemonic system.
sistema monetario: 1. monetary system. **2.** coinage.
sistema monetario a cambio aureo: gold exchange standard; irredeemable foreign–exchange standard.
sistema monetario a cambio aureo esterno: international gold–bullion standard.
sistema monetario a cambio in verghe auree: gold bullion standard; limited gold standard.
sistema monetario argenteo: silver standard.
sistema monetario aureo: gold standard; gold specie standard; gold currency system; full gold standard.
sistema monetario automatico: automatic standard.
Sistema monetario europeo: European Monetary System.
sistema monetario internazionale: international monetary system.
sistema monetario internazionale a cambio in verghe auree: international gold–bullion standard.
sistema monopolistico: monopoly system.
sistema numerico di tariffazione: numerical rating system.
sistema pensionistico: pension system.
sistema pensionistico regionale: regional pension system.
sistema percentuale: percentage system.
sistema planimetrico di stabilimento: plant layout.
sistema previdenziale: social security plan; social security program.
sistema Priestman: Priestman system.
sistema produttivo flessibile: flexible manufacturing system.
sistema salariale: payment system; pay plan.
sistema salariale Bedaux: Bedaux system.
sistema salariale di Gantt: Gantt system.
sistema salariale di Merrick: Merrick multiple piece rate plan.
sistema salariale di Taylor: Taylor differential piece rate plan; Taylor system.
sistema salariale Emerson: Emerson bonus system.
sistema tributario: taxation system; system of taxation; tax system.
sistema troy: troy weight.
sistema uniforme di contabilità dei costi: uniform costing; uniform cost system.
sistema Weir: Weir system.
sistemi salariali: wage systems.
sistemi telematici di trasferimento fondi: electronic funds transfer systems.
sit–in: sit–in strike.
sito: situation.
situazione: 1. status. **2.** returns.
situazione annuale: annual summary.
situazione delle riserve: reserves position.
situazione del mercato: market situation.
situazione di cassa: cash situation.
situazione di credito: credit status.
situazione dinamica: dynamic state.
situazione economica: economic situation.
situazione finanziaria: financial position; position.
situazione mensile: monthly statement.
situazione patrimoniale: asset and liability statement; financial position.
situazione settimanale: Bank return; weekly return.
situazione statica: static state.
situazione stazionaria: stationary state.
slittamento degli scaglioni: bracket creep.
slittamento di un piano: schedule slippage.
slittamento salariale: wage drift; earnings drift.
slogan pubblicitario: advertising slogan.
smaltire: to clear.
smarrimento: miscarriage.
smercio: sale.
smobilitare: to retire.
smobilitazione: abandonment; retirement.

smobilizzare: to disinvest.
smobilizzo: 1. retirement. **2.** disinvestment.
smontato: knocked down.
snazionalizzazione: denationalization.
snellimento del lavoro: work simplification.
soccorritore: salvor.
soccorso: salvage.
soci: associates.
sociale: corporate.
socialismo: socialism.
socialismo concorrenziale: competitive socialism.
socialismo cristiano: Christian socialism.
socialismo delle gilde: guild socialism.
socialismo di mercato: market socialism.
socialismo di stato: state socialism.
socialismo fabiano: Fabian Socialism.
socialismo municipale: municipal socialism.
socialismo scientifico: scientific socialism.
socialismo strisciante: creeping socialism.
socialismo utopistico: utopian socialism.
socializzazione degli investimenti: socialization of investment.
società: 1. company. **2.** partnership. **3.** society.
società a capitale diffuso: public company.
società a capitale pubblico: public corporation.
società a carattere familiare: 1. close company. **2.** family corporation; close corporation.
società a due livelli di reddito: two–tier society.
società affiliata: 1. constituent company; affiliate; affiliated company. **2.** subsidiary; subsidiary company.
società ammessa: admitted company.
società aperta: open company; open corporation.
società a responsabilità illimitata: unlimited company; unlimited joint–stock company.
società a responsabilità limitata: limited liability company; limited company.
società a responsabilità limitata da garanzia: joint–stock company limited by guarantee; company limited by guarantee; guaranty company.
società a responsabilità limitata per azioni: joint–stock company limited by shares.
società assicuratrice per azioni: proprietary insurance company; stock insurance company.
società a termine di credito edilizio: terminating building society.
società atomistica: atomistic society.
società attaccante: attacking company.
società autocratica: one–man company.
società avente scopo di lucro: trading company.
società azionaria: stock company; stock corporation.
società basata sulle informazioni: information–based society.
società bipolarizzata: two–tier society.
società capogruppo: parent company.
società cedente: 1. transferor company. **2.** ceding company.
società cessionaria: transferee company.
società chiusa: close company.
società collegata: affiliate; affiliated company.
società commerciale: 1. trading partnership; commercial partnership. **2.** commercial enterprise; commercial corporation; business corporation; trading corporation. **3.** trading company.
società con capitale annacquato: over–capitalized company.
società consociata: 1. associated company. **2.** underlying company.
società controllata: 1. subsidiary company; subsidiary; majority–owned subsidiary. **2.** controlled company.
società cooperativa: 1. co–operative society; co–operative. **2.** mutual company; mutual corporation.
società cooperativa all'ingrosso: co–operative wholesale society.
società cooperativa di consumatori: consumers' society.
società cooperativa tra produttori: producers' co–operative; producers' co–operative society.
società co–sussidiaria: fellow subsidiary.
società debole: thin corporation.
società de facto: de facto corporation.
società defunta: defunct company.
Società degli autori e degli editori: Performing Rights Society.
società dei consumi: consumer society.
società de jure: de jure corporation.
società del benessere: affluent society; opulent society.
società depositaria: trustee company.
società di assicurazione: insurance company.
società di assicurazione contro gli incendi: fire office.
società di assicurazione marittima: marine insurance company.
società di assicurazione sulla vita: life office.
società di assicurazioni di fedeltà: guarantee society; surety society.
società di capitali: joint–stock company.
società di carità: charitable companies.
società di categoria speciale: special category company.
società di classificazione navale: classification societies.
società di collocamento: 1. investment bank; investment banker. **2.** issuing house; issue house.
società di comodo: dummy company.
società di consulenza: consulting firm.
società di consulenza aziendale: management consulting firm.
società di controllo: 1. controlling company. **2.** parent company.
società di credito al consumo: consumer loan company; consumer finance company; personal finance company.
società di credito commerciale: commercial credit company; sales finance company; discount house.
società di credito edilizio: building society; savings and loan association.
società di credito ipotecario: 1. mortgage bank. **2.** mortgage banker. **3.** mortgage company.
Società di credito per miglioramenti fondiari: Lands Improvement Company.
società di custodia di sicurezza: safe–deposit company.
società di deposito: deposit company.
società di diritto: de jure corporation.
società di factoring: factor; factoring company.
società di finanziamento: finance house; finance company.
società di finanziamento alle esportazioni: export finance house; export finance company.
società di finanziamento per l'acquisto di autoveicoli: automobile finance company.
società di garanzia: guaranty company.
società di gestione: management company; management trust; management–investment company;

management–investment trust.
società di intermediazione finanziaria: merchant bank.
società di investimento: investment company; investment trust; investment trust company.
società di investimento a capitale fisso: closed–end investment company; closed–end company; closed–end investment trust.
società di investimento a capitale variabile: open–end fund; open–end company; open–end investment company; open–end trust; open–end investment trust; unit trust; unit investment trust; mutual fund; mutual investment trust.
società di investimento in capitale di rischio: venture capital firm.
società di investimento nelle piccole imprese: small–business investment company.
società di investimento registrata: registered investment company.
società di leasing: leasing firm; leasing company.
società di mutua assicurazione sulla vita: mutual life assurance company.
società di mutuo soccorso: friendly society; mutual aid society; benefit society; fraternal benefit society.
società di navigazione: shipping company.
società di negozi a catena: chain–store company.
società di negoziazione titoli: securities company.
società di partecipazione: **1.** controlling company. **2.** security holding company; holding company.
società di partecipazione diretta: immediate holding company.
società di partecipazione vuota: empty holding company.
società di persone: partnership; private partnership.
società di piccolo prestito: small–loan company.
società di prestiti personali: personal loan company.
società di riassicurazione: re–insurance company.
società di salvataggio: salvage association.
società di sconto: discount company.
società di sostituzione titoli: security holding company; holding company.
società distributrice: underwriter; distributor.
società di trasporto di linea: liner company.
società di venture capital: venture capital firm.
società estera: foreign corporation; out–of–state corporation; foreign company; overseas company; alien corporation.
Società Fabiana: Fabian Society.
società familiare: **1.** family corporation; family company. **2.** family partnership.
società fantasma: bogus company.
società ferroviaria: railway company.
società fiduciaria: **1.** trust company; trust corporation. **2.** trustee company.
società figlia: daughter company.
società finanziaria: **1.** financial enterprise; finance company; finance house. **2.** security holding company; holding company. **3.** commercial credit company.
società finanziaria di partecipazione: proprietary company.
Società finanziaria internazionale: International Finance Corporation.
società finanziaria operativa: operating holding company.
società finanziaria per il credito rateale: hire–purchase finance company; hire–purchase finance house; hire–purchase company; finance house.
società finanziaria personale: personal holding company.
società finanziaria pura: pure holding company.
società finanziaria vincolata: captive finance company.
società fittizia: sham corporation.
società garante: underwriter.
società illecita: illegal partnership.
società immobiliare: property company.
società in accomandita: limited partnership; partnership association.
società in accomandita semplice: limited partnership.
società inattiva: dormant company.
società in comproprietà: jointly–owned company.
società incubatrice: incubator company.
società individuale: one–man company.
società industriale: **1.** manufacturing enterprise; manufacturing company; manufacturing corporation. **2.** industrial society.
società informatica: information society.
società in nome collettivo: unlimited partnership; partnership; private partnership; ordinary partnership; general partnership.
società interna per le vendite internazionali: domestic international sales corporation.
società internazionale: international company; international corporation.
società intestatarie: nominee companies.
società investitrice: investing company.
società irregolare: de facto corporation; unincorporated joint–stock company.
società iscritta al registro delle persone giuridiche: incorporated company; registered company.
società laica: lay corporation.
società madre: parent company; operating holding company; proprietary company.
società membro: member corporation.
società mirata: victim company; target company.
società mista: joint venture.
società multi–industriale: multi–industry company.
società multinazionale: international company; international corporation; international firm; multinational company; multinational corporation.
società mutua: mutual company; mutual corporation.
società nazionale: domestic corporation.
società non commerciale: non–trading partnership; professional partnership.
società non operativa: non–operating company.
società non quotata in borsa: unlisted company; unquoted company.
società non registrata: **1.** unregistered company. **2.** unincorporated association.
società operativa: operating company.
società opulenta: affluent society; opulent society.
società per azioni: **1.** joint–stock company; public limited company; limited company; public company; joint–stock company limited by shares; company limited by shares; stock corporation; stock company. **2.** corporation.
società per azioni a responsabilità illimitata: joint–stock company; joint–stock association.
società per azioni di fatto: joint–stock association.
società per azioni privata: limited private company.
società per azioni pubblica: limited public company.
società per la vendita all'ingrosso: wholesaling company.
società per lo sviluppo urbano: urban development corporation.
società permanente di credito edilizio: permanent building society.

società postindustriale: post–industrial society.
società privata: private company; private corporation; close corporation.
società privata a responsabilità limitata: private limited company.
società professionale: professional partnership.
società proprietaria: proprietary company.
società pubblica: **1.** public company; public limited company. **2.** public corporation.
società pubblico–privata: public–private partnership.
società quasi pubblica: quasi–public company; quasi–public corporation.
società quotata in borsa: listed company; quoted company.
società registrata: incorporated company.
società regolare: de jure corporation; incorporated company.
società regolata: regulated company.
società revisionale: trust company; trust corporation.
società riassicurata: ceding company.
società riassicuratrice: re–insuring company.
società rilevante: successor company.
società rilevata: predecessor company; bought–out company.
società scalatrice: attacking company.
società sciolta: defunct company.
società semplice: **1.** partnership; ordinary partnership; private partnership; general partnership. **2.** partnership at will.
società senza assegni: checkless society.
società senza capitale azionario: non–stock corporation.
società senza denaro: cashless society.
società senza determinazione di termine: partnership at will.
società senza scopo di lucro: company not for profit.
società sopravvivente: surviving company.
società sottocapitalizzata: under–capitalized company.
società sovracapitalizzata: over–capitalized company.
società speciale: special partnership.
società supercapitalizzata: over–capitalized company.
società sussidiaria: **1.** constituent company. **2.** majority–owned subsidiary.
società unipersonale: one–man company.
società universale: universal partnership.
società vittima: victim company; offeree company; target company.
socio: **1.** shareholder; stockholder. **2.** partner. **3.** member.
socio accomandante: limited partner.
socio accomandatario: general partner; unlimited partner; full partner.
socio apparente: ostensible partner.
socio attivo: acting partner; active partner; working partner.
socio continuatore: continuing partner.
socio di nome: nominal partner.
socio dirigente: senior partner.
socio fondatore: company promoter; promoter; founder; incorporator.
socio gerente: managing partner.
sociologia: sociology.
socio nominale: nominal partner.
socio non amministratore: sleeping partner; silent partner; dormant partner.
socio non operante: sleeping partner; silent partner; dormant partner.
socio occulto: secret partner.
socio operante: active partner; acting partner; working partner.
socio ordinario: ordinary partner.
socio più anziano: senior partner.
socio più giovane: junior partner.
socio promotore: promoting partner.
socio speciale: special partner.
socio superstite: surviving partner.
socio uscente: retiring partner.
soddisfazione: satisfaction.
sofferenze: overdue bills; past due bills; unpaid bills.
soffiata: tip.
soffietto: blurb.
soggettività tributaria: tax liability.
soggetto a contratto: subject to contract.
soggetto a dazio: in bond.
soggetto alla proporzionale: subject to average.
soggetto a preavviso: at notice.
soggetto d'imposta: taxable person.
soglia: threshold.
soglia tributaria: tax threshold.
sola di cambio: sole of exchange; sola bill; sole bill; solo.
soldi: money.
soldi facili: gravy.
solidarismo: solidarism.
sollecito: reminder.
sollecito di pagamento: debt–collection letter.
sollecitudine: dispatch.
solvibile: solvent; reliable.
solvibilità: solvency; reliability.
somma: amount.
somma al lordo: gross amount.
somma al netto: net amount.
somma arrotondata: round sum.
somma assicurata: sum insured; amount covered.
somma capitale: capital sum; principal; principal amount.
somma complessiva: lump sum.
somma forfettaria: lump sum.
somma globale: lump sum.
somma in cassa: balance on hand; balance in hand.
somma lorda: gross amount.
somma netta: net amount.
sommare: to cast.
sommario contabile: accounting summary.
somma totale: total amount.
somma zero: zero sum.
somministrazione: supply.
sommosse civili: civil commotion.
sondaggio: feeler.
sondaggio della opinione pubblica: public–opinion survey.
sondaggio di atteggiamento: attitude survey.
sondaggio d'opinione: public–opinion survey; opinion poll.
sondaggio d'opinione privato: private opinion poll.
sondaggio d'opinione pubblico: public opinion poll.
sondaggio postale: postal survey.
sondaggio preventivo: pre–test.
soppressione di lavoro: job displacement.
soppressione di posti di lavoro: labour displacement.
sopraccarico: supercargo.
sopracollocazione: over–allocation.
sopraddazio: surcharge.
sopraddazio d'importazione: import surcharge; import tax.
sopraemissione: overissue.
sopraesposto: overextended.

soprainvestimento: over–investment.
sopra la battagliola: over ship's rail.
sopra la pari: above par.
soprannolo: **1.** over–freight. **2.** back freight.
soprappiù: boot.
soprappremio: additional premium; surcharge.
soprapprezzo: **1.** surcharge. **2.** premium. **3.** load. **4.** loading; loading charge.
soprapprezzo azioni: share premium; premium on capital stock.
sopraprofitto: excess profit; extra profit.
soprassicurazione: overinsurance.
sopratara: super tare.
soprattassa: surcharge.
sopravvalutare: **1.** to overstate. **2.** to overvalue.
sopravvalutazione di una moneta: currency overvaluation.
sopravvenienza: contingent transaction.
sopravvenienza attiva: contingent asset; windfall profit; windfall gain; non–operating profit; contingent gain.
sopravvenienza passiva: contingency; contingent liability; windfall loss; non–operating loss; contingent loss.
sopravvenienze attive: casual profits.
sopravvivenza: survivorship.
soprintendente: clerk.
soprintendente ai lavori: clerk of the works.
soprintendente alle dogane: commissioner of customs.
sorpassare: to overdraw.
sorpasso di conto: overdrawing.
sorta capitale: face of instrument.
sorvegliante: **1.** overseer. **2.** shop–walker. **3.** superintendent.
sorvegliante di banchina: wharfinger.
sospendere i pagamenti: to stop payments.
sospensione: **1.** lay–off. **2.** abatement. **3.** suspension.
sospensione dei contributi: contribution holiday.
sospensione dei contributi pensionistici: pension fund contribution holiday.
sospensione dei pagamenti: **1.** suspension of payments. **2.** stoppage of payments.
sospensione dell'attività: suspension of business.
sospensione del lavoro: work stoppage.
sospensione delle contrattazioni: suspension of dealings.
sosta: **1.** stoppage. **2.** stopover. **3.** demurrage.
sostegno: peg; pegging; support.
sostegno ai prezzi: pegging prices.
sostegno ai tassi di cambio: pegging exchange rates.
sostegno alla occupazione: work relief.
sostegno alle esportazioni: export promotion.
sostegno dei prezzi: price support.
sostegno dei prezzi agricoli: farm price support.
sostegno dei redditi: income support.
sostegno del corso: price nursing.
sostegno slittante: crawling peg exchange rate; crawling peg; sliding peg; sliding parity.
sostegno ufficiale: official support.
sostenere: **1.** to sustain; to incur. **2.** to peg.
sostenitore dei tassi di cambio liberi: free–floater.
sostenitore delle zone obiettivo: target–zoner.
sostenitore dello stato sociale: welfarist.
sostituibilità: substitutability.
sostituti monetari: money substitutes.
sostituto: **1.** surrogate. **2.** substitute. **3.** assistant.
sostituto amministratore: alternate director.
sostituzionalità: substitutability.
sostituzione: **1.** substitution. **2.** replacement.
sostituzione decrescente: diminishing substitution.
sostituzione delle attrezzature: equipment replacement.
sostituzione delle importazioni: import substitution.
sostituzione di equivalenti: equivalent substitution; substitution of equivalents.
sostituzione di indice: index substitution.
sostituzione di indice azionario: stock index substitution.
sostituzione equivalente: equivalent substitution; substitution of equivalents.
sostituzione tecnologica: technological substitution.
sottoassicurazione: underinsurance.
sottobanco: under the counter.
sottocapitalizzazione: undercapitalization.
sottoccupato: underoccupied; underemployed.
sottoccupazione: underemployment.
sottoccupazione speculatoria: speculative underemployment.
sotto collo: on the berth; on berth.
sottocommissione: subcommittee.
sottoconsumo: underconsumption.
sottoconto: detail account.
sottoconto elementare: nominal account; divided account.
sottoconto numerario: nominal account; divided account.
sottoconto unifase: split ledger account.
sottofiliale: sub–branch.
sottofinanziamento: underfunding.
sottoidentificazione: underidentification.
sottoinvestimento: underinvestment.
sotto la pari: below par.
sottomano: payola.
sotto paranco: at ship's rail; under ship's derrick.
sottopopolazione: underpopulation.
sottoprezzatura: underpricing.
sottoprodotto: by–product.
sottoprodurre: to underproduce.
sottoproduttività: underproductivity.
sottoproduzione: underproduction.
sottoproletariato: underproletariat.
sotto protesto: under protest.
sottoscrittore: **1.** underwriter. **2.** unitholder. **3.** subscriber.
sottoscrivere: **1.** to endorse. **2.** to subscribe.
sottoscrizione: subscription; underwriting.
sottoscrizione azionaria: share subscription; stock subscription.
sottoscrizione incrociata di azioni: interlocking stock ownership.
sottoscrizione in eccesso: over–subscription.
sottoscrizione minima: minimum subscription.
sottoscrizione non esaurita: undersubscription.
sottoscrizione non interamente collocata: undersubscription.
sottoscrizione pubblica: public subscription.
sottoscrizione reciproca di azioni: exchange of shares; share exchange.
sottoscrizione riservata agli azionisti: rights issue.
sottoscrizione superata: over–subscription.
sottosettore: subsector.
sottostante: underlying.
sottostoccare: to understock.
sottosviluppare: to underdevelop.
sottosvilupparsi: to underdevelop.
sottosviluppo: underdevelopment.
sottotassare: to undertax.

sottotassazione: undertaxation.
sottoutilizzazione: underutilization.
sottovalutare: **1.** to understate. **2.** to undervalue.
sottovalutazione: undervaluation.
sottovalutazione di una moneta: currency undervaluation.
sotto vincolo doganale: in bond; under bond.
sovrabbondanza di dollari: dollar glut.
sovracapitalizzazione: **1.** overcapacity. **2.** excess capacity.
sovrana: sovereign.
sovranità del consumatore: sovereignty of the consumer; consumer sovereignty.
sovranità economica: economic sovereignty.
sovranità impositiva: tax sovereignty.
sovranità monetaria: monetary sovereignty.
sovrappiù: surplus; surplus value; economic rent; economic surplus; pure rent.
sovrappopolazione: overpopulation.
sovrapposizione: overlay.
sovrapprezzo azioni: paid–in capital; paid–in surplus; contributed surplus.
sovrapproduzione: overproduction.
sovrassorbimento: overabsorption.
sovrimposta: extra tax; surcharge.
sovrimposta sugli investimenti: investment surcharge.
sovrimposta sul reddito d'investimento: investment income surcharge.
sovrintendente: superintendent.
sovrintendente commerciale: trade commissioner.
sovvenzionamento: subsidization.
sovvenzione: **1.** subvention; subsidy. **2.** subvention payment. **3.** seed money. **4.** grant. **5.** grants–in–aid. **6.** capital grant. **7.** cash grant. **8.** bounty.
sovvenzione alla esportazione: export bounty.
sovvenzione di localizzazione: location specific subsidy.
sovvenzione interna: cross–subsidy.
sovvenzione per investimento: investment grant.
sovvenzioni all'edilizia abitativa: housing subsidies.
spacciare: to utter.
spacciatore: utterer.
spaccio: truck shop; truck store; tommy shop.
spaccio aziendale: company store.
spaccio militare: commissary store.
spazio adibito al carico: shipping space.
spazio economico europeo: European economic space.
spazio morto: broken stowage.
specchietto: schedule.
specialista: specialist broker; specialist.
specialità: **1.** specialty. **2.** specialty goods.
specializzazione: specialization.
specializzazione della manodopera: labour specialization; specialization of labour.
specializzazione del lavoro: labour specialization; specialization of labour.
specializzazione funzionale: functional specialization.
specializzazione per prodotto: product specialization.
specifica: **1.** specification. **2.** bill of costs.
specifica dei materiali: specification of materials.
specificazione del lavoro: job specification.
specificazione delle mansioni: job specification.
specificazioni dei materiali: material specifications.
specificità: specificity.
speculare: **1.** to gamble; to speculate. **2.** to plunge.
speculativo: speculative.
speculatore: **1.** speculator. **2.** plunger.
speculatore al rialzo: bull speculator.
speculatore al ribasso: bear speculator.
speculatore di borsa: stock gambler.
speculatore di borsa valori: in–and–out trader; in–and–outer.
speculatore professionale: professional speculator.
speculatore sui cambi: currency speculator.
speculatorio: speculative.
speculazione: **1.** speculation. **2.** gambling. **3.** venture; adventure.
speculazione a breve scadenza: trading.
speculazione al rialzo: bull speculation; speculation for a rise.
speculazione al ribasso: bear speculation; speculation for a fall.
speculazione aperta: open trade.
speculazione chiusa: closed trade.
speculazione in borsa: stock gambling.
speculazione in partecipazione: joint adventure; joint venture; joint trade.
speculazione sui cambi: foreign–exchange speculation; exchange speculation.
speculazione su merci: commodity speculation.
speculazione valutaria: currency speculation.
spedire: to dispatch; to consign.
spedire una nave in dogana: to report a vessel.
spedire una nave in entrata: to clear inwards.
spedire una nave in uscita: to clear outwards.
speditezza: dispatch.
speditore: consignor; shipper.
spedizione: **1.** consignment. **2.** shipping; shipment. **3.** forwarding. **4.** clearance; port clearance.
spedizione a dorso: rail–trailer shipment.
spedizione aerea: air forwarding.
spedizione differita: forward shipment.
spedizione diretta: direct shipment; drop shipment.
spedizione di una nave in dogana: ship's clearance inwards.
spedizione incompleta: short shipment.
spedizione marittima: shipment; shipping.
spedizione per via aerea: air forwarding.
spedizioni: clearance papers.
spedizioniere: **1.** shipping and forwarding agent; forwarder. **2.** forwarding agent; freight forwarder; forwarder.
spedizioniere accreditato: custom–house broker; customs broker.
spedizioniere doganale: clearance agent; clearing agent.
spedizioniere marittimo: shipping agent.
spendaccione: spendthrift.
sperequazione dei redditi: inequality of incomes.
sperequazione fiscale: inequality of taxation.
sperequazione tributaria: inequality of taxation.
sperpero: waste.
spesa: **1.** outlay. **2.** expenditure; outgo. **3.** expense.
spesa aggregata: aggregate expenditure.
spesa autonoma: autonomous expenditure.
spesa base: basic expenditure.
spesa capitalizzata: capitalized expense.
spesa corrente: current expense.
spesa del consumatore: consumer's expenditure.
spesa di avviamento: **1.** organization expense. **2.** preparation expense.
spesa di bilancio: budget expenditure.
spesa di conservazione: carrying charge.
spesa di finanziamento: financial expense.
spesa di investimento: investment spending.
spesa di mantenimento: carrying charge.

spesa di organizzazione: organization expense.
spesa di preparazione: preparation expense.
spesa di produzione: commodity cost.
spesa diretta: direct expense.
spesa discrezionale: discretionary spending.
spesa di sussistenza: subsistence expenditure.
spesa di sviluppo: development expenditure; development expense.
spesa eventuale: contingent expense; contingent charge.
spesa fuori bilancio: off–budget spending.
spesa generale di fabbricazione: manufacturing overhead; manufacturing overhead costs; manufacturing expense; factory expense.
spesa generale di produzione: manufacturing overhead; manufacturing overhead costs; manufacturing expense; factory expense.
spesa governativa: expenditure of the state; government spending.
spesa improduttiva: unproductive expenditure.
spesa in attività fisse: expenditure on fixed assets.
spesa in beni capitali: expenditure on capital assets.
spesa in bilancio: on–budget spending.
spesa in consumi: consumer expenditure; consumer spending; expenditure in consumption.
spesa in conto capitale: capital outlay.
spesa indiretta: indirect expense.
spesa in disavanzo: deficit spending.
spesa in investimento: investment expenditure; investment spending.
spesa interna: domestic expenditure.
spesa interna totale: total domestic expenditure.
spesa nazionale lorda: gross national expenditure.
spesa non ricorrente: non–recurring charge; non–recurring expense.
spesa per attività immateriali: intangible expense.
spesa per stipendi: salary expense.
spesa per viaggi all'estero: expenditure on foreign travel.
spesa prepagata: prepaid expense.
spesa primaria: basic expenditure.
spesa pro capite: per capita expenditure.
spesa produttiva: productive expenditure.
spesa promozionale: development expenditure; development expense.
spesa pubblica: public expenditure; public spending.
spesa pubblica stabilizzatrice: compensatory spending.
spesa residua: residuary outlay.
spesa sociale: social expenditure.
spesa statale: expenditure of the state; government spending; budget expenditure.
spesa straordinaria: **1.** non–recurring expense; non–recurring charge. **2.** extraordinary expense.
spesa totale: total expense.
spesa viva: out–of–pocket expense.
spese: **1.** expenses. **2.** outgoings. **3.** charges; service charges. **4.** dues.
spese addizionali: extra charges.
spese amministrative: administrative expenses.
spese annuali: annual charges.
spese anticipate: charges prepaid.
spese assegnate: charges forward.
spese bancarie: bank commission; bank charges; service charge.
spese comuni: oncost; overhead expenses; overheads.
spese condominiali: service charge.
spese consolari: consulage; consular fees; consular charges.
spese correnti: **1.** running expenses. **2.** current expenditure; current spending.
spese deducibili: allowable expense; tax expenditure.
spese dei bilanci familiari: family budget expenditures.
spese detraibili: tax–deductible expenditures.
spese di acquisto: acquisition costs.
spese di alleggio: lighterage; landing charges.
spese di amministrazione: administration expenses; administrative overheads.
spese di approntamento: handling charges.
spese di avaria: average disbursement.
spese di avviamento: organization expenses; pre–trading expenditure.
spese di capitale: capital expenditure.
spese di capitale privato: private capital spending.
spese di caricazione: loading expenses; loading charges.
spese di collocamento: underwriting expenses.
spese di compensazione: compensating expenditures.
spese di conduzione: occupancy expense.
spese di consegna: delivery expenses; delivery charges.
spese di consumo: consumption expenditure.
spese di controstallia: demurrage charges.
spese di costituzione: preliminary expenses; formation expenses.
spese di dimensione: variable expenses.
spese di discarica: **1.** discharging expenses. **2.** unloading expenses; unloading charges.
spese di distribuzione: **1.** distribution expenses; distribution costs. **2.** marketing expenses.
spese di emissione: bond expense.
spese di entrata: inward charges.
spese di esazione: collection expenses.
spese di esercizio: **1.** working expenses. **2.** operating expenses; operating costs. **3.** revenue expenditure. **4.** current expenditure.
spese di esercizio particolari: particular operating expenses.
spese di facchinaggio: porterage.
spese di finanziamento: funding expenses.
spese di fondazione: promotion expense.
spese di funzionamento: variable expenses.
spese di garanzia e collocamento: underwriting expenses.
spese di gestione: **1.** working expenses. **2.** operating expenses; operating costs. **3.** service charge.
spese di imballaggio: package; packing expenses; packing charges.
spese di imbarco: shipping charges.
spese di imbracatura: slinging.
spese di impianto: capital expenditure.
spese di incasso: **1.** collection expenses. **2.** collection charges.
spese di lancio: starting–load cost.
spese di locazione: occupancy expense.
spese di magazzinaggio: storage charges; storage.
spese di magazzino: warehouse expense.
spese di marketing: marketing expenses.
spese di materiale: material expense.
spese di missione: travelling expenses.
spese di movimentazione: handling charges.
spese di natura varia: miscellaneous expenses.
spese di officina: workshop costs.
spese di organizzazione: organization expenses.
spese di porto: port dues; port charges.
spese di produzione: expenses of production.
spese di protesto: protest charges.
spese di protesto preliminare: noting charges.

spese di provvista fondi: funding expenses.
spese di pubblicità: advertising expenses; advertising expenditure; advertising outlay.
spese di rappresentanza: entertaining expenses; entertainment expenses.
spese di ricerca: research expenditure; research expenses.
spese di rimorchio: towage; towage dues.
spese di riscatto: 1. surrender charge. **2.** back–end fees; back–end load.
spese di ritorno: return charges.
spese di salvataggio: salvage expenses.
spese di sbarco: 1. landing charges. **2.** discharging expenses. **3.** unloading expenses; unloading charges.
spese di sbarco, magazzinaggio e consegna: landing, storage and delivery charges; L.S. & D. charges.
spese di sottoscrizione: sales charges; sales load; front–end fees.
spese di spedizione: 1. shipping expenses. **2.** forwarding charges.
spese di stabilimento: establishment charges.
spese di stivaggio: stowage.
spese di trasbordo: transhipment expenses.
spese di trasferta: travelling expenses.
spese di trasporto a mezzo carri: cartage.
spese di trasporto su idrovie: waterage.
spese di ufficio: office expenses.
spese di ufficio e di amministrazione: office and administration expenses.
spese di vendita: 1. sale charges; sale fees; sales load. **2.** sales charges. **3.** selling expenses; sales expenses.
spese di viaggio: travelling expenses.
spese escluse: exclusive of expenses.
spese fisse: fixed charges; fixed expenses; fixed costs; standing expenses; standing charges.
spese fisse non assorbite: unabsorbed expense.
spese fisse unitarie di prodotto: average fixed cost.
spese funerarie: funeral expenses.
spese generali: 1. oncost; overhead expenses. **2.** general charges.
spese generali amministrative e di vendita: selling and administrative expense.
spese generali commerciali: commercial expense; commercial overhead.
spese generali di amministrazione: general burden; general expenses; general overhead.
spese generali di esercizio: general operating expenses.
spese generali di fabbricazione: factory overheads.
spese generali di reparto: departmental burden; departmental overhead.
spese generali di trasporto: handling expenses.
spese generali fisse: fixed overhead expenses; fixed overhead.
spese generali tecniche: production overheads; works oncost.
spese generali variabili: variable overhead expenses; variable overhead.
spese impiantistiche: plant expenditure.
spese in consumi personali: personal consumption expenditure.
spese in conto capitale: capital expenditure; capital spending.
spese in conto corrente: current spending.
spese indirette di fabbricazione: factory indirect expenses.
spese iniziali: sales charges; front end fees; front end load; front end charges; initial charges.
spese legali: legal costs; legal expenses.
spese maturate: accrued charges.
spese militari: military expenditure.
spese minime: out–of–pocket expenditure.
spese minute: out–of–pocket expenditure.
spese non operative: non–operating expense.
spese non tariffarie: non–tariff charges.
spese occasionali: incidental expenses.
spese operative generali: general operating expenses.
spese operative particolari: particular operating expenses.
spese ordinarie: recurring expenses; recurring expenditure.
spese pagate in anticipo: charges prepaid.
spese per investimenti in beni capitali: capital expenses.
spese per la difesa: defence expenditure.
spese per ricerche di mercato: market research expenditure.
spese personali: personal outlays.
spese postali: postage.
spese preliminari: preliminary expenses.
spese prepagate: prepaid assets; prepaid expenses; prepayment paid.
spese previste: estimated expenditure.
spese promozionali: promotion expense.
spese ricorrenti: recurring expenditure; recurring expenses.
spese soggette a imposta: taxable expenditures.
spese tassabili: taxable expenditures.
spese testamentarie: testamentary expenses.
spese turistiche: tourist expenditures.
spese variabili: variable expenses.
spese variabili unitarie di prodotto: average variable cost.
spezzatura: odd lot.
spezzatura di diritto di opzione: fractional right.
spezzone: trading lot.
spiazzamento: crowding–out.
spicciaimbrogli: trouble–shooter.
spiccioli: change; small change.
spillamento: leakage.
spillatico: pin money.
spillatura: racking.
spingere: to boost.
spingi e tira: push and pull.
spinta: forcing.
spinta dei costi: cost push.
spinta e freno: go–stop.
spinta operativa: operation nudge.
spinta politica: politician push.
spinta statale: government push.
spionaggio industriale: industrial spying; industrial espionage.
spirale inflazionistica: inflationary spiral.
spirale prezzi–salari: prices–wages spiral.
spirale salariale: wages spiral.
spirale salari–prezzi: spiral of wages and prices; wages–prices spiral.
sponsorizzazione: sponsorship.
spopolamento: depopulation.
sporco: foul.
sportello: 1. window. **2.** sub–branch.
sportello automatico: automated teller machine; automatic teller machine.
sportello bancario: branch bank; bank office; banking outlet.
sportello di sconto: discount window.

sportello di sconto federale: federal discount window.
sportello per automobilisti: drive–in bank; drive–in window; drive–up window.
sportello petrolifero: oil facility.
sportello prestiti agevolati: soft–lending window; soft loan window.
sportello prestiti convenzionali: hard–lending window; hard loan window.
spostamento: 1. switching. **2.** transplacement.
spot televisivi: television commercials.
spreco: waste.
spreco di manodopera: labour waste.
spreco di materiali: material waste.
spreco di spese: expense waste.
spunta: tally; tallying.
spuntatore: tally clerk; tallyman.
squallore: squalor.
squilibri della bilancia dei pagamenti: balance–of–payments imbalances.
squilibrio: disequilibrium.
squilibrio commerciale: trade imbalance.
squilibrio con l'estero: external imbalance.
squilibrio delle partite correnti: current account imbalance.
squilibrio fondamentale: fundamental disequilibrium.
squilibrio sociale: social imbalance.
stabile: stable.
stabilimento: 1. manufactory; factory; works. **2.** shop; workshop. **3.** establishment. **4.** plant.
stabilimento di produzione: manufacturing plant.
stabilimento distaccato: branch plant.
stabilimento industriale: manufacturing establishment.
stabilimento sindacalizzato: union shop.
stabilimento sociale: social workshop.
stabilimento vincolato: captive shop.
stabilire: to establish.
stabilità: 1. stability. **2.** flation.
stabilità dei cambi: exchange rate stability; exchange stability; stability of exchange rates.
stabilità dei prezzi: stability of prices; price stability.
stabilità dei tassi di cambio: stability of exchange rates; exchange rate stability.
stabilità della occupazione: stability of employment.
stabilità del livello dei prezzi: price–level stability.
stabilità di mercato: market stability.
stabilità economica: economic stability.
stabilità finanziaria: financial stability.
stabilità salariale: wage stability.
stabilizzatore: stabilizer.
stabilizzatore automatico: automatic stabilizer; built–in stabilizer.
stabilizzatore autonomo: autonomous stabilizer.
stabilizzatore del reddito: income stabilizer.
stabilizzazione: 1. stabilization; pegging. **2.** equalization.
stabilizzazione dei cambi: stabilization of exchange rates; exchange stabilization; exchange equalization.
stabilizzazione dei prezzi: pegging prices; price stabilization; stabilization of prices.
stabilizzazione dei salari: wage stabilization.
stabilizzazione dei tassi di cambio: pegging exchange rates.
stabilizzazione della moneta: currency stabilization.
stabilizzazione economica: economic stabilization.
stabilizzazione monetaria: monetary stabilization.
stabilizzazione valutaria: currency stabilization.
staccare un assegno: to draw a cheque.
stagflazione: stagflation.
stagflazionistico: stagflationary.
stagionalità: seasonality.
stagionamento: seasoning.
stagione morta: dead season.
stagnante: dull.
stagnazione: stagnancy; stagnation.
stagnazione delle vendite: sales stagnation.
stagnazione del mercato: market stagnation.
stagnazione economica: economic stagnation.
stagnazione secolare: secular stagnation.
stallia irregolare: demurrage.
stallia ordinaria: lay–days; lay time.
stallia regolare: lay–days; lay time.
stallie: lay–days.
stallie consecutive: running lay–days.
stallie correnti: running lay–days.
stallie cumulative: reversible lay–days.
stallie di caricazione: loading lay–days.
stallie di discarica: discharging lay–days.
stallie d'imbarco: loading lay–days.
stallie di sbarco: discharging lay–days.
stallie promiscue: reversible lay–days.
stallie reversibili: reversible lay–days.
standard: standard.
standard basico: basic standard; bogey standard.
standard comparativo: standard of comparison.
standard contrattuali: contract grades; tenderable grades.
standard corrente: current standard.
standard dei materiali diretti: direct materials standard.
standard di base: basic standard; bogey standard.
standard di capacità di reddito: earning–capacity standard.
standard di coniazione: coinage standard.
standard di consumo: consumption standard.
standard di costo di cauto investimento: prudent–investment–cost standard.
standard di costo originario: original–cost standard.
standard di manodopera diretta: direct labour standard.
standard di rendimento: standard of performance.
standard di valore: standard of measurement.
standard di valore capitalizzato: capitalized–value standard.
standard flessibile: flexible standard.
standard ideale: ideal standard.
standardizzare: to standardize.
standardizzazione: standardization.
standardizzazione dei prodotti: standardization of products.
standard per l'azione: action standard.
standard qualitativo: grade standard.
stanza dell'oro: gold room.
stanza di compensazione: clearing house; bankers' clearing house.
stanza di compensazione automatizzata: automated clearing house.
stanza di compensazione ferroviaria: railway clearing house.
stanza di compensazione londinese: London clearing house; London Bankers Clearing House.
stanza di compensazione provinciale: provincial clearing house.
stanza di liquidazione: clearing house.
stanziamenti impegnati: obligations incurred.
stanziamenti non ancora impegnati: obligations outstanding.
stanziamento: 1. vote; vote on account. **2.** fund. **3.**

grant. **4.** appropriation.
stanziamento a forfait: lump–sum appropriation.
stanziamento corrente: current fund.
stanziamento di capitale: capital appropriation.
stanziamento federale: federal appropriation.
stanziamento generale: general fund.
stanziamento generico: general fund.
stanziamento non impegnato: unencumbered appropriation; unallotted appropriation.
stanziamento non speso: unexpended appropriation.
stanziamento particolareggiato: itemized appropriation.
stanziamento per spese correnti: current fund.
stanziamento pubblicitario: advertising appropriation.
stanziamento separato: segregated appropriation.
stanziamento speciale: **1.** special–revenue fund. **2.** itemized appropriation; segregated appropriation.
stanziamento specifico: special fund.
stanziamento supplementare: supplemental appropriation.
stanziamento suppletivo: deficiency appropriation.
stanziamento utilizzato: expended appropriation.
stanziamento vincolato: tied grant.
stanziare: to appropriate.
star del credere: del credere.
stasi: lull.
stasi delle nascite: baby bust.
statalismo: statism.
stati associati: associated states.
stati autoritari: authoritarian states.
statica comparata: comparative statics.
statica economica: statics.
statistica: **1.** statistics. **2.** statistic.
statistica dei costi: costing statistics.
statistica delle vendite: sales statistics.
statistica derivata: derived statistics.
statistica descrittiva: descriptive statistics.
statistica industriale: industrial statistics.
statistiche commerciali: trade figures.
statistiche demografiche: vital statistics.
statistiche economiche: economic statistics.
statistico: statist; statistician.
stato: state.
stato assistenziale: welfare state.
stato cliente: client; client state.
stato commerciale: trading state.
stato corporativo: corporative state; corporate state.
stato del benessere: welfare state.
stato dell'aspettativa di lungo termine: state of long–term expectation.
stato di cassa: cash situation.
stato di emergenza: state of emergency.
stato di liquidità: liquidity statement.
stato d'inflazione vera: state of true inflation.
stato d'insolvenza: failure; failing circumstances.
stato imprenditore: entrepreneurial state.
stato nazionale: nation state.
stato patrimoniale: asset and liability statement.
stato patrimoniale in forma abbreviata: abridged balance sheet.
stato sociale: welfare state.
stato stazionario: stationary state.
stato totalitario: totalitarian state.
statuto: **1.** statute. **2.** charter. **3.** by–laws.
statuto dei lavoratori: Statute of Labourers.
statuto sociale: articles of association.
stazione capolinea: terminal station.
stazione di arrivo: arrival station.
stazione di confezionamento: packing station.
stazione di destinazione: receiving station.
stazione di partenza: forwarding station.
stazione di svincolo: station of entry.
stazione di transito: transit station.
stazione merci: station.
stazza: tonnage.
stazza di registro: register tonnage; registered tonnage.
stazza lorda: gross tonnage.
stazza lorda di registro: gross register tonnage.
stazza netta: net tonnage.
stazza netta di registro: net register tonnage.
stazzatura: admeasurement.
stella: star.
stellage: **1.** put and call; double option; straddle; straddle option. **2.** spread.
stellaggio: **1.** put and call; double option; straddle; straddle option. **2.** spread.
stenodattilografo: shorthand typist.
stenografia: shorthand.
stenografo: stenographer; shorthand writer.
stenotipista: steno–typist.
sterilizzazione: sterilization.
sterilizzazione dell'oro: sterilization of gold; gold sterilization.
sterilizzazione di moneta: sterilization of money.
sterlina: pound; sterling.
sterlina a cambio libero: floating pound.
sterlina a pronti: spot sterling.
sterlina britannica: pound sterling.
sterlina convertibile: transferable sterling.
sterlina estera: external sterling.
sterlina fluttuante: floating pound.
sterlina militare: military pound.
sterlina oro: sovereign.
sterlina trasferibile: transferable sterling.
sterlina verde: green pound.
sterline in titoli: security sterling.
stero: stere.
sterratore: navvy.
stile di vita: life style.
stilo: spit.
stima: **1.** estimate; valuation. **2.** assessment. **3.** appraisal. **4.** rating.
stima analitica: analytical estimate.
stima dei costi: estimate of costs; cost estimation.
stima di mercato: market evaluation; market assessment.
stimare: to appraise.
stimatore: **1.** valuer. **2.** assessor.
stime a priori: a priori estimates.
stime di un budget: budget estimates.
stime di vita utile: depreciation life estimates.
stime estranee: extraneous estimates.
stipendiato: salary–earner.
stipendio: **1.** salary. **2.** stipend.
stipendio annuo: annual salary.
stipendio base: base salary; basic salary.
stipendio iniziale: starting salary.
stipendio lordo: gross salary.
stivaggio: stowage.
stivatore: stevedore.
stocastico: stochastic.
stoccaggio: stockpiling; stockpile.
stoccare: to stock.
stock: stock.
stock regolatore: buffer stock; reserve stock.
stock stabilizzatore: buffer stock; reserve stock.

stock tampone: buffer stock; reserve stock.
storia economica: economic history.
storicismo: historicism.
stornare: to write off.
stornare dall'attivo: to charge off.
storno: **1.** write–off. **2.** virement.
storno dall'attivo: chargeoff.
storno patrimoniale: write–off.
strada pubblica: highway.
strade nazionali: trunk roads.
stralcio: clearance sale.
straordinario: overtime; overtime work.
straordinario festivo: overtime on overtime.
strategia: strategy.
strategia aziendale: company strategy; corporate strategy.
strategia delle comunicazioni: communications strategy.
strategia del maximin: maximin strategy.
strategia d'investimento: investment strategy.
strategia di penetrazione: penetration strategy.
strategia di vendita: sales strategy.
strategia finanziaria di medio termine: medium–term financial strategy.
strategia industriale: industrial strategy.
strategia mista: mixed strategy.
strategia multi–marche: multi–brand strategy.
strategia prodotti/mercati: product/market strategy.
strategia pubblicitaria: advertising strategy.
stretta: squeeze.
stretta creditizia: credit freeze; credit squeeze.
stretta del ribassista: bear squeeze; short squeeze.
stretta monetaria: monetary squeeze.
stretta salariale: wage squeeze.
striscetta dello stipendio: pay slip.
strozzatura: bottleneck.
strozzatura di produzione: critical path.
strumenti del mercato monetario: money market instruments.
strumenti di pagamento bancario: bank–payment instruments.
strumenti di politica: policy instruments.
strumenti di politica fiscale: fiscal instruments.
strumenti di politica monetaria: instruments of monetary policy; monetary policy instruments.
strumenti finanziari: financial instruments.
strumenti monetari: monetary instruments.
strumenti non monetari: non–monetary instruments.
strumento: **1.** instrument. **2.** indenture; indenture deed.
strumento derivativo: derivative instrument; stock–index derivative.
strumento di assegnazione di proprietà: vesting instrument.
strumento di gestione: tool of management.
strumento di interrogazione: interrogation device.
strumento di lavoro: working tool.
strumento finanziario innovativo: innovative financial instrument.
struttura: **1.** facility. **2.** structure.
struttura aziendale: corporate structure.
struttura dei redditi: incomes structure.
struttura dei tassi d'interesse: structure of interest rates.
struttura dei tassi d'interesse a termine: term structure of interest rates.
struttura del capitale: capital structure.
struttura della remunerazione: compensation structure.
struttura della retribuzione: pay structure.
struttura dell'industria: structure of industry.
struttura dello stipendio: salary structure.
struttura del salario: wage structure.
struttura di attività bancaria internazionale: international banking facility.
struttura di mercato: market structure.
struttura di vendita: sales organization.
struttura economica: economic structure.
struttura finanziaria: financial structure.
struttura fiscale: tax structure; structure of taxes.
strutturalismo: structuralism.
struttura occupazionale: occupational structure.
struttura organizzativa: organization structure.
struttura salariale occupazionale: occupational wage structure.
struttura salariale regionale: regional wage structure.
struttura tributaria: tax structure.
struttura verticale: vertical structure.
strutturazione della modulistica: forms design.
strutturazione delle retribuzioni: salary structuring.
strutture a accesso libero: common access facilities.
strutture non di mercato: non–market structures.
studente di economia: economics student.
studi di amministrazione aziendale: business studies.
studio dei metodi: methods engineering; methods study.
studio dei movimenti: motion analysis; motion study.
studio dei tempi: time study.
studio dei tempi e dei movimenti: time and motion study.
studio del lavoro: work study.
studio delle mansioni: job study.
studio delle posizioni: job study.
studio di fattibilità: feasibility study.
studio empirico: empirical study.
studioso di economia: economics student.
subaffittare: to sub–let; to underlet.
subaffitto: sublease; sub–tenancy; underlease.
subaffittuario: sub–tenant; sub–lessee; under–lessee.
sub–agente: sub–agent.
subappaltatore: subcontractor; subber; butty.
subappalto: subcontract.
subipoteca: sub–mortgage.
subire: to incur; to sustain.
sublocare: to sub–let; to underlet.
sublocatario: sub–tenant; sub–lessee; under–lessee.
sublocatore: sub–lessor; under–lessor.
sublocazione: sub–tenancy; sublease; underlease.
subnoleggio: sub–charter.
sub–partecipazione: sub–participation.
suburbanizzazione: suburbanization.
su campione: by sample.
su campione standard: on type; on standard.
su campione tipo: on type; on standard.
succedanei: alternatives.
succedaneità: substitutability.
succedaneità decrescente: diminishing substitution.
succedaneo: substitutional good; substitute; substitute good.
succedaneo debole: weak substitute.
succedaneo stretto: close substitute.
successione: succession.
successione dello stato: escheat.
successione di registrazioni: posting run.
successione perpetua: perpetual succession.
successore: successor.
succursale: branch house.
succursale di vendita: branch store.

succursale postale: branch post–office.
su commissione: on commission basis.
suddivisione: splitting.
suddivisione del lavoro: work–sharing.
suddivisione in zone: zoning.
suddivisione in zone fiscali: fiscal zoning.
suggerimento: suggestion.
su misura: bespoke.
suolo edificabile: building ground; development land.
su ordinazione: bespoke.
superamento: **1.** supersession. **2.** overshooting.
superanzianità: superseniority.
superarbitro: special referee; umpire.
supercapitalizzazione: over–capitalization.
superciclo: **1.** building cycle. **2.** supercycle.
supercittà: supercity.
superconto a ordini di prelievo negoziabili: super negotiable order of withdrawal account.
superette: minimarket.
superfinanziamento: overfunding.
superfluità: superfluities.
superidentificazione: over–identification.
superiore: senior.
supermercato: supermarket.
supermercato finanziario: financial supermarket; department store of finance; financial department store.
supermoneta: super money.
superneutrale: superneutral.
superneutralità: superneutrality.
superproduzione: overproduction.
superprofitto: surplus profit; super–normal profit; super profit; excess profit.
superquota aurea: super gold tranche.
superstrada: freeway.
supervisionare: to supervise.
supervisione: supervision.
supervisore: supervisor.
supervisore delle banche nazionali: comptroller of the currency.
supervisore delle vendite: sales supervisor.
supervisore di primo livello: first–level supervisor; first–line supervisor.
supervisore di ufficio: office supervisor.
supplemento: surcharge.
supplemento compensativo: bridge supplement.
supplemento di premio: additional premium; surcharge.
surplus: **1.** surplus. **2.** surplus property.
surriscaldamento: overheating.
surrogabilità: substitutability.
surrogati: alternatives.
surrogato: **1.** surrogate. **2.** substitutional good; substitute; substitute good.
surrogazione: subrogation.
sussidi agricoli: agricultural support subsidies.
sussidi ai prezzi alimentari: food subsidies.
sussidi all'esportazione: export subsidies.
sussidi a monte: upstream subsidies.
sussidi a valle: downstream subsidies.
sussidiazione interna: cross–subsidy.
sussidi di sostegno all'esportazione: export–promoting subsidies.
sussidio: **1.** benefit; benefit payment; relief. **2.** subvention; subsidy.
sussidio agli scioperanti: strike pay.
sussidio di disoccupazione: unemployment benefit; unemployment insurance benefit; unemployment compensation; unemployment relief; unemployment pay; unemployed benefit.
sussidio di invalidità: disablement benefit; disability benefit.
sussidio di malattia: sick benefit; sickness benefit.
sussidio di occupazione: employment subsidy.
sussidio governativo: government subsidy.
sussidio integrativo di disoccupazione: supplemental unemployment benefit.
sussidio pubblico: public welfare payment.
sussidi statali: welfare payments.
sussistenza: subsistence.
su tipo: on type; on standard.
svalutare: **1.** to devalue. **2.** to write down.
svalutazione: **1.** devaluation. **2.** debasement. **3.** mark–down.
svalutazione concorrenziale: competitive devaluation.
svalutazione della sterlina: devaluation of sterling.
svalutazione di una moneta: currency depreciation; depreciation of a currency.
svalutazione monetaria: currency depreciation; depreciation of a currency; exchange depreciation.
svalutazione per la porta di servizio: back–door devaluation.
svalutazione ufficiale: currency devaluation.
svalutazionista: devaluationist; devaluer.
svantaggi: disbenefits.
svantaggi non monetari: non–monetary disadvantages.
svantaggio comparato: comparative disadvantage.
svantaggio concorrenziale: competitive disadvantage.
svantaggio relativo: comparative disadvantage.
svendere: **1.** to sell out. **2.** to sell off; to close out. **3.** to undersell.
svendita: **1.** selling out. **2.** selling off. **3.** underselling.
svendita per cessazione di esercizio: closing down sale.
svendita per liquidazione: winding–up sale.
svilimento: debasement.
svilimento della coniazione: coinage debasement.
svilire: to embase.
svilire un mercato: to bang a market.
sviluppo: development.
sviluppo aziendale: corporate growth; corporate development.
sviluppo bilanciato: balanced growth.
sviluppo del commercio: development of trade.
sviluppo delle vendite: sales promotion.
sviluppo demografico: population growth.
sviluppo di proprietà immobiliari: property development.
sviluppo di un prodotto: product development; new product development.
sviluppo economico: economic development.
sviluppo economico zero: zero economic growth.
sviluppo edilizio: property development.
sviluppo lineare: linear development.
sviluppo regionale: regional development.
sviluppo sostenibile: sustainable development.
sviluppo tecnologico: technological development.
sviluppo zero della popolazione: zero population growth.
svincolare: to clear.
svincolato: ex bond.
svincolo: customs clearance; clearance; clearing.
svolgimento: subdivision.
svuotamento: hollowing–out.

t, T

tabella: schedule.
tabella dei costi: cost schedule.
tabella dei movimenti: motion chart.
tabella delle decisioni: payoff table.
tabella dell'efficienza marginale del capitale: marginal–efficiency–of–capital schedule.
tabella delle imposte: tax table.
tabella di ammortamento: scale of depreciation.
tabella di attività multiple: multiple–activity process chart.
tabella di guida: lead schedule.
tabella di produzione: production schedule; schedule of production.
tabella di redditività delle obbligazioni: bond table.
tabella di tempi e attività multiple: multiple–activity time chart.
tabella di valutazione dei dipendenti: employee rating chart.
tabella normale: normal table.
tabella retributiva: salary scale.
tabellone delle quotazioni: big board.
tabulatrice: tabulating machine.
tabulazione: tabulation.
taccheggiatore: shoplifter.
taccheggiatrice: shoplifter.
taccheggio: shoplifting.
tachigrafo: tachograph.
tachistoscopio: tachistoscope.
tacitamento: satisfaction.
taglia: 1. tally. **2.** bounty.
tagliacedole: coupon clipper.
tagliando: coupon.
tagliando premio: trading stamp.
tagliare: to axe.
taglio: denomination.
tale e quale: as is.
talento: talent.
tale quale: tale quale.
tallero: thaler.
tallero di Maria Teresa: Maria Theresa dollar.
talloncino di vendita: sales slip.
tallone aureo: gold coin standard.
tangente: bribe.
tara: tare; tare weight.
tara consuetudinaria: customary tare.
tara d'uso: customary tare.
tara effettiva: actual tare.
tara media: average tare.
tara netta: actual tare.
tara presunta: estimated tare.
tara reale: actual tarc.
targhettatrice: addressing machine.
tariffa: rate; tariff.
tariffa a aliquota unica: flat–rate tariff.
tariffa a collettame: berth rate; liner ratc.
tariffa a due scaglioni: two–part tariff.
tariffa alternativa: alternative rate.
tariffa a scaglioni di consumo: multi–part tariff.
tariffa a scala: block meter rate; scale rate; block rate schedule; block tariff.
tariffa a sezioni: sectional tariff.
tariffa assicurativa: tariff rate.
tariffa basata sulla domanda: demand rate; readiness–to–serve charge.
tariffa base: 1. basing rate. **2.** basis rate.
tariffa combinata: joint combination rate.
tariffa compensativa: bridge rate.
tariffa congiunta: joint rate.
tariffa corrente: current rate; going rate.
tariffa costante: straight–line rate.
tariffa cumulativa: through rate.
tariffa cumulativa unificata: joint through rate.
tariffa daziaria: tariff; tariff structure.
tariffa di alta stagione: high–season fare.
tariffa di assicurazione temporanea: short rate.
tariffa di banchina: quay rate.
tariffa di bassa stagione: low–season fare.
tariffa di carico installato: installed load tariff.
tariffa di classe: class rate.
tariffa di dazi specifici: specific tariff.
tariffa di domanda fissa di fornitura: subscribed–demand tariff.
tariffa di domanda massima: maximum demand tariff.
tariffa differenziale: 1. differential rate. **2.** port differential.
tariffa di gruppo: blanket rate; group rate.
tariffa d'incasso: collection rate.
tariffa di noleggio: charter rate.
tariffa di nolo: freight rate; rate.
tariffa di predominio: bargaining tariff.
tariffa di produzione: output rate.
tariffa di punto base: basing–point rate.
tariffa discriminata: multi–part tariff.
tariffa di transito: 1. toll. **2.** transit rate.
tariffa di urgenza: urgent rate.
tariffa di viaggio: fare.
tariffa doganale: tariff; customs tariff; tariff structure.
tariffa doganale a scala mobile: sliding–scale tariff.
tariffa doganale a uso pubblico: official import and export list.
tariffa doganale autonoma: autonomous tariff.
tariffa doganale compensativa: compensating tariff.
tariffa doganale comunitaria: common community tariff; common customs tariff.
tariffa doganale contrattuale: conventional tariff.
tariffa doganale convenzionale: conventional tariff.
tariffa doganale di compensazione: compensating tariff.
tariffa doganale differenziale: differential tariff; discriminating tariff.

tariffa doganale doppia: maximum and minimum tariff; multilinear tariff; multiple tariff.
tariffa doganale esterna comune: common community tariff; common customs tariff.
tariffa doganale fiscale: revenue tariff; tariff for revenue.
tariffa doganale flessibile: flexible tariff.
tariffa doganale generale: general tariff; single–schedule tariff.
tariffa doganale industriale: countervailing tariff.
tariffa doganale minima e massima: maximum and minimum tariff; multilinear tariff; multiple tariff.
tariffa doganale mista: compound tariff; mixed tariff.
tariffa doganale ottimale: optimum tariff.
tariffa doganale preferenziale: preferential tariff.
tariffa doganale protettiva: 1. protective tariff. **2.** countervailing tariff.
tariffa doganale scientifica: scientific tariff.
tariffa doganale unica: general tariff; single–schedule tariff; unilinear tariff.
tariffa equa: equity rate.
tariffa esterna comune: common external customs duties.
tariffa fissa: straight–line rate.
tariffa forfettaria: flat rate; rental rate.
tariffa graduale: 1. block meter rate; block rate schedule; block tariff. **2.** step meter rate. **3.** step rate schedule.
tariffa in piedi: footage.
tariffa intera: full rate.
tariffa libera: open rate.
tariffa locale: local rate.
tariffa lunga: long rate.
tariffa media: average rate.
tariffa minima: minimum rate.
tariffa netta: net rate.
tariffa nominale: paper rate.
tariffa normale: carrier's risk rate.
tariffa ordinaria: 1. carrier's risk rate. **2.** meter rate.
tariffa per carico completo: carload lot rate.
tariffa per carico completo misto: mixed carload rate.
tariffa per carico parziale: less–than–carload rate; parcel tariff.
tariffa per commessa: job rate.
tariffa per fornitura di grande quantità: bulk supply tariff.
tariffa per i membri: members rate.
tariffa per l'esportazione: export rate.
tariffa per libri: book post.
tariffa per l'importazione: import rate.
tariffa per merce specifica: commodity rate.
tariffa per pagina: page rate.
tariffa per piccoli colli: 1. parcel tariff. **2.** small parcels rate.
tariffa per qualsiasi quantità: any–quantity rate.
tariffa per rigo: lineage.
tariffa per riunioni familiari: family reunion fare.
tariffa per trasporto in servizio cumulativo: through rate.
tariffa preferenziale di transizione: preferential transitional tariff.
tariffa proporzionale: 1. proportional rate. **2.** pro rata rate.
tariffa pubblicitaria: advertising rate.
tariffa ridotta: owner's risk rate.
tariffa ridotta per ore normali: off–peak tariff; restricted–hours tariff.
tariffa ridotta speciale: exception rate.
tariffario: rate book.
tariffario pubblicitario: rate card.
tariffa scalare: block meter rate; scale rate; block rate schedule; block tariff.
tariffa speciale: 1. owner's risk rate. **2.** special rate.
tariffa stagionale: seasonal tariff.
tariffa standard: standard rate.
tariffa sulle importazioni: import tariff.
tariffa tipo: 1. standard rate. **2.** manual rate.
tariffa unificata: joint tariff; joint rate.
tariffa uniforme: 1. flat rate; rental rate. **2.** all–commodity rate.
tariffazione: rating; rate making.
tariffazione assicurativa: insurance rating.
tariffazione da manuale: manual rating.
tariffazione per flotta: fleet rating.
tariffazione per merito: merit rating.
tariffazione per polizza cumulativa: fleet rating.
tariffazione per sinistrosità: experience rating.
tariffazione speciale: schedule rating.
tariffazione tipo: manual rating.
tariffa zonale: zone rate.
tariffa zonale di trasporto: zone freight rate.
tariffe campione: yardstick rates.
tariffe concordate: agreed charges.
tariffe di assicurazione: insurance rates.
tariffe di nolo a collettame: groupage rates.
tariffe di raggruppamento: groupage rates.
tariffe di trasporto aereo: air freight charges; air freight rates.
tariffe ferroviarie: railway charges; railway rates.
tariffe generali: ordinary rates.
tariffe ordinarie: ordinary rates.
tariffe pubblicitarie: advertisement rates.
tariffe ridotte: lower rates.
tariffe speciali: lower rates.
tariffe tipo: yardstick rates.
tassa: fee.
tassa amministrativa: administrative fee.
tassabile: rateable; ratable.
tassabilità: taxability.
tassa di ancoraggio: anchorage dues; anchorage charges; anchorage.
tassa di bollo: stamp duty; stamp tax.
tassa di brevetto: patent tax.
tassa di capitazione: capitation fee.
tassa di circolazione: road tax; highway–user tax.
tassa di concessione di licenza: licensing fee.
tassa di monetazione: mintage; brassage.
tassa di privativa: franchise tax.
tassa di raccomandazione: registration fee.
tassa di registrazione: registration fee.
tassa di registro: registration fee.
tassa di scarico: effluent tax; effluent charge.
tassa di sosta: demurrage; demurrage charges.
tassa di sosta sulla banchina: wharf demurrage.
tassa di successione: probate duty.
tassa di transito: toll.
tassa di urgenza: urgent rate.
tassa ecologica: pollution tax.
tassa postale a carico: postage unpaid.
tassare: to tax.
tassa sulle concessioni governative: licence tax.
tassa sulle occupazioni: occupation tax.
tassa sull'inquinamento: tax on pollution.
tassazione: taxation.
tassazione a livello locale: local taxation.

tassazione congiunta: joint taxation.
tassazione degli utili petroliferi: petroleum taxation.
tassazione dei profitti: taxation of profits.
tassazione delle case: taxation of houses.
tassazione delle società: company taxation.
tassazione d'inflazione: inflationary taxation; inflationary levy.
tassazione eccessiva: over–taxation.
tassazione inefficiente: inefficient taxation.
tassazione patrimoniale: capital taxation.
tassazione separata: independent taxation.
tassazione singola: single taxation.
tasse: dues.
tasse aeroportuali di trasbordo: gateway charges.
tasse sulle concessioni governative: excise licences; excise licence duties.
tassi di cambio: currency rates.
tassi di cambio d'equilibrio: equilibrium exchange rates.
tassi di cambio fluttuanti in blocco: bloc floating exchange rates.
tassi di cambio multipli: multiple rates of exchange; multiple exchange rates.
tassi di cambio neri: black exchange rates.
tassi di cambio sostenuti: pegged rates of exchange.
tassi di cambio stabilizzati: pegged rates of exchange.
tassi di cambio sul doppio mercato: two–tier exchange rates.
tassi d'interesse delle eurovalute: euro–currency interest rates.
tassi d'interesse massimi sui depositi bancari: deposit ceiling rates of interest.
tassi in pence: pence rates.
tasso: rate (v. anche saggio).
tasso annuo: annual rate.
tasso annuo d'inflazione: year–on–year rate of inflation.
tasso attivo: offered rate; lending rate.
tasso attivo bancario: bank lending rate.
tasso attivo massimo: top rate.
tasso base attivo londinese: clearing bank base rate.
tasso base d'interesse: base lending rate.
tasso base di premio: basic rate.
tasso centrale: central rate.
tasso con limite massimo: cap rate.
tasso corrente: going rate.
tasso corrente di cambio: current rate of exchange.
tasso decrescente del profitto: falling rate of profit.
tasso decrescente di sostituzione: diminishing rate of substitution.
tasso decrescente di succedaneità: diminishing rate of substitution.
tasso delle attività operative: operating assets turnover.
tasso delle attività totali: total asset turnover.
tasso delle obbligazioni: bond rate.
tasso del riporto: contango.
tasso denaro: bid rate.
tasso di ammortamento: depreciation rate; rate of depreciation.
tasso di assenteismo: absenteeism rate.
tasso di assorbimento: absorption rate.
tasso di assunzione: hiring rate.
tasso di attività: participation rate; activity rate.
tasso di attualizzazione: discount rate.
tasso di cambio: exchange rate; rate of exchange; foreign–exchange rate.
tasso di cambio a contanti: spot rate; spot exchange rate.
tasso di cambio a pronti: spot rate; spot exchange rate.
tasso di cambio a termine secco: outright rate of exchange.
tasso di cambio a vista: spot rate; spot exchange rate.
tasso di cambio del giorno: current rate of exchange.
tasso di cambio di equilibrio fondamentale: fundamental equilibrium exchange rate.
tasso di cambio di mercato: market rate of exchange; market exchange rate.
tasso di cambio effettivo: effective exchange rate.
tasso di cambio effettivo in termini reali: real effective exchange rate.
tasso di cambio fisso: fixed exchange rate.
tasso di cambio flessibile: flexible exchange rate.
tasso di cambio fluttuante: floating exchange rate; floating rate; fluctuating exchange rate.
tasso di cambio fluttuante manovrato: managed floating exchange rate.
tasso di cambio indiretto: cross rate.
tasso di cambio libero: 1. free exchange rate; freely floating exchange rate; freely fluctuating exchange rate; freely flexible exchange rate; free exchange. **2.** parallel rate of exchange; unofficial exchange rate.
tasso di cambio manovrato: managed exchange rate.
tasso di cambio monetario: money rate of exchange.
tasso di cambio nominale: nominal exchange rate.
tasso di cambio non ufficiale: unofficial exchange rate.
tasso di cambio per consegna differita: forward rate; forward exchange rate.
tasso di cambio ponderato su base commerciale: trade–weighted exchange rate.
tasso di cambio reale: real exchange rate.
tasso di cambio sopravvalutato: overvalued exchange rate.
tasso di cambio ufficiale: official exchange rate; official rate.
tasso di cambio verde: green rate.
tasso di capitalizzazione: capitalization rate; rate of capitalization.
tasso di conversione: sight rate; cheque rate; short rate; conversion rate.
tasso di costo utenti: customer rate.
tasso di crescita: rate of growth; growth rate.
tasso di crescita economica: rate of economic growth.
tasso di crescita garantito: warranted rate of growth.
tasso di disoccupazione: unemployment rate; rate of unemployment; jobless rate.
tasso di disoccupazione d'equilibrio: equilibrium rate of unemployment.
tasso di disoccupazione d'inflazione stabile: non–accelerating–inflation rate of unemployment.
tasso di disoccupazione di piena occupazione: full–employment unemployment rate.
tasso di disoccupazione globale: overall unemployment rate.
tasso di disoccupazione naturale: natural rate of unemployment.
tasso di disoccupazione normale: warranted rate of unemployment; normal unemployment rate.
tasso di fertilità: fertility rate.
tasso di frequenza degli infortuni sul lavoro: accident frequency rate.
tasso di frequenza delle infermità: illness frequency rate.
tasso di gravità degli infortuni sul lavoro: accident

severity rate.
tasso di gravità delle infermità: illness severity rate.
tasso di imputazione dei costi comuni: overhead rate.
tasso di incremento dell'organico in forza a una unità produttiva: accession rate.
tasso di mortalità: death rate; mortality rate.
tasso di mortalità per età specifica: age–specific mortality rate.
tasso di natalità: birth rate.
tasso d'inflazione: inflation rate; rate of inflation.
tasso d'inflazione annuo: year–on–year rate of inflation.
tasso d'inflazione di fondo: underlying rate of inflation.
tasso d'inflazione interno: domestic inflation rate.
tasso d'inflazione sottostante: underlying rate of inflation.
tasso d'inflazione su base annua: annualized rate of inflation.
tasso d'inflazione tendenziale: annualized rate of inflation.
tasso di nolo: freight rate.
tasso d'interesse: bank rate; interest rate; rate of interest.
tasso d'interesse a breve termine: short–term rate of interest.
tasso d'interesse addizionale: spread; interest–rate spread.
tasso d'interesse adeguato al mercato: market–related interest rate.
tasso d'interesse agevolato: concessionary interest rate.
tasso d'interesse a lungo termine: long–term rate of interest.
tasso d'interesse amministrato: administered rate of interest.
tasso d'interesse attivo: offered rate; lending rate; lending rate in capital budgeting.
tasso d'interesse attivo su denaro a richiesta: banker's call rate.
tasso d'interesse corrente: market rate of interest; loan rate of interest.
tasso d'interesse critico: critical rate of interest.
tasso d'interesse degli istituti di credito londinesi: London joint–stock bank deposit rate.
tasso d'interesse della banca centrale: central bank lending rate.
tasso d'interesse di equilibrio: equilibrium interest rate.
tasso d'interesse di mercato: market rate of interest; market interest rate.
tasso d'interesse effettivo: effective interest rate.
tasso d'interesse fisso: fixed interest rate.
tasso d'interesse fluttuante: floating interest rate; floating rate.
tasso d'interesse implicito: implicit interest rate.
tasso d'interesse indicizzato: real interest rate.
tasso d'interesse ipotecario: mortgage interest rate.
tasso d'interesse legale: legal rate of interest.
tasso d'interesse massimo: **1.** interest rate ceiling; maximum interest rate. **2.** top rate.
tasso d'interesse negativo: negative rate of interest.
tasso d'interesse nominale: money rate of interest; nominal interest rate.
tasso d'interesse passivo: bid rate; borrowing rate; borrowing rate in capital budgeting.
tasso d'interesse passivo a breve termine: short–term borrowing rate of interest.
tasso d'interesse passivo a lungo termine: long–term borrowing rate of interest.
tasso d'interesse passivo su denaro a richiesta: call rate.
tasso d'interesse passivo su prestiti a richiesta: call loan rate.
tasso d'interesse primario: prime rate of interest.
tasso d'interesse puro: pure rate of interest.
tasso d'interesse reale: real interest rate.
tasso d'interesse reale negativo: negative real interest rate.
tasso d'interesse su depositi a sette giorni: seven–day rate.
tasso d'interesse sui fondi federali: federal funds rate.
tasso d'interesse sul mercato monetario: money market interest rate.
tasso d'interesse su titoli a lungo termine: long rate.
tasso d'interesse ufficiale: **1.** official rate of interest. **2.** lending rate.
tasso d'interesse usurario: usurious rate of interest.
tasso d'interesse variabile: variable interest rate; adjustable interest rate; floating rate; floating interest rate.
tasso d'interruzione: cutoff rate.
tasso d'intervento: intervention rate.
tasso di occupazione: employment rate.
tasso di ore–macchina: machine–hour rate.
tasso di paga: pay rate.
tasso di partecipazione: participation rate.
tasso di partecipazione alla forza lavoro: labour force participation rate.
tasso di penalità: penalty rate.
tasso di piena occupazione: full–employment rate.
tasso di preferenza temporale: rate of time preference.
tasso di premio: premium rate.
tasso di profitto: rate of profit.
tasso di recupero del capitale: capital recapture rate; capital recovery rate.
tasso di redditività: profitability index.
tasso di reinvestimento: reinvestment rate.
tasso di remunerazione: rate of return.
tasso di remunerazione equo: fair rate of return.
tasso di rendimento: rate of return.
tasso di rendimento azionario: dividend yield.
tasso di rendimento di un investimento privo di rischio: risk–free rate.
tasso di rendimento effettivo: effective rate.
tasso di rendimento interno: internal rate of return.
tasso di rendimento lordo: pretax rate of return.
tasso di rendimento netto: after tax rate of return.
tasso di rendimento nominale: nominal rate of return.
tasso di rendimento oltre il costo: rate of return over cost.
tasso di rendimento reale: real rate of return.
tasso di rendimento sul capitale investito: rate of return on invested capital.
tasso di rendimento su nuovi investimenti: rate of return on new investment.
tasso di retribuzione: pay rate.
tasso di retribuzione di lavoro straordinario: overtime rate.
tasso di riporto: contango; contango rate; continuation rate.
tasso di risconto: re–discount rate.
tasso di rotazione del lavoro: labour turnover; labour turnover rate.

tasso di sconto: discount rate; bill rate.
tasso di sconto corrente: market discount rate; market rate of discount.
tasso di sconto di carta lunga: long rate.
tasso di sconto di prova: test discount rate.
tasso di sconto lungo: long rate.
tasso di sconto minimo: minimum rate of discount.
tasso di sconto sul mercato aperto: open rate; open–market rate.
tasso di sconto su titoli a breve termine: bill dealing rate.
tasso di sconto ufficiale: bank rate; official discount rate; official bank rate.
tasso di sostituzione: substitution rate.
tasso di sostituzione di un bene: rate of commodity substitution.
tasso di sostituzione tecnica: rate of technical substitution.
tasso di variazione: rate of change.
tasso effettivo: effective rate.
tasso effettivo di assistenza: effective rate of assistance.
tasso effettivo di protezione: effective rate of protection.
tasso fisso: fixed rate.
tasso indicativo: indication rate; indicative rate.
tasso informativo: info rate.
tasso interbancario: interbank rate.
tasso interbancario attivo: interbank market offered rate.
tasso interbancario attivo londinese: London interbank offered rate.
tasso interbancario passivo: interbank market bid rate.
tasso interbancario passivo londinese: London interbank bid rate.
tasso lettera: offered rate.
tasso lombard: rate for advances on securities; rate for advances against collateral; Lombard rate.
tasso marginale di sostituzione: marginal rate of substitution.
tasso marginale di sostituzione tecnica: marginal rate of technical substitution.
tasso marginale di trasformazione: marginal rate of transformation.
tasso minimo: 1. floor rate. **2.** bottom rate.
tasso minimo di prestito: minimum lending rate.
tasso minimo di sconto: minimum lending rate.
tasso naturale di crescita: natural rate of growth.
tasso naturale d'interesse: natural rate of interest; natural interest rate.
tasso neutro d'interesse: neutral rate of interest.
tasso nominale: nominal interest rate.
tasso onnicomprensivo: all–in rate.
tasso orario di macchina: hourly machine rate.
tasso passivo: bid rate; borrowing rate.
tasso passivo bancario: bank borrowing rate.
tasso penalizzatore: penalty rate.
tasso percentuale annuo: annual percentage rate.
tasso percentuale su base annua: annualized percentage rate.
tasso personale di sostituzione: personal rate of substitution.
tasso primario: prime rate; fine rate.
tasso primario fluttuante: floating prime rate.
tasso salariale: wage rate.
tasso salariale a tempo: time wage rate; time work rate; time rate.
tasso salariale contrattato: negotiated rate.
tasso salariale orario: time wage rate; time rate.
tasso salariale sindacale: union rate.
tasso standard d'incidenza delle spese generali: overhead rate.
tasso sui conti di deposito: deposit rate.
tasso tel quel: tel–quel rate.
tasso tendenziale d'inflazione: annualized rate of inflation.
tasso ufficiale di sconto: bank rate.
tasso variable: variable rate.
tattica: tactics.
tattica dello sciopero bianco: go–slow tactics.
tavola attuariale: actuarial table.
tavola del tempo passato in porto: time sheet.
tavola di mortalità: mortality table; mortality chart; retirement table.
tavola di sopravvivenza: life table; observed life table.
tavole degli interessi: interest tables.
tavole di Leontief: Leontief input–output tables.
tavole di sconto: discount tables.
tavoletta di riscontro: tally sheet.
taylorismo: Taylorism.
tecnica bancaria: banking.
tecnica degli anticipi e dei ritardi: lead–lag technique.
tecnica dei costi: costing technique.
tecnica della attualizzazione dei flussi di cassa: discounted cash flow technique.
tecnica della catena di montaggio: assembly–line technique.
tecnica delle vendite: salesmanship.
tecnica di determinazione dei costi: costing technique.
tecnica di esposizione: display.
tecnica di revisione e valutazione dei programmi: programme evaluation and review technique.
tecnica di vendita: sales technique.
tecnica proiettiva: projective technique.
tecniche di ricerca operativa: operational research techniques.
tecnocrate: technocrat.
tecnocrazia: technocracy.
tecnologia: technology.
tecnologia astratta: disembodied technology.
tecnologia avanzata: advanced technology.
tecnologia concreta: embodied technology.
tecnologia delle informazioni: information technology.
tecnologia industriale: industrial technology.
tecnologia intermedia: intermediate technology.
tecnostruttura: technostructure.
teleacquisti: home shopping.
teleassegno: telecheque.
teleautografo: telautograph.
telebanca: home banking.
teleborsa: ticker; ticker tape.
telefonata a carico del destinatario: 1. transferred charge call. **2.** freephone.
telegrammi notturni: overnight telegrams.
telescrivente: teleprinter; teletypewriter.
televendita: tele–selling.
tema pubblicitario: advertising theme.
tempismo di mercato: market timing.
tempi standard predeterminati: predetermined standard times.
tempo ampio: loose time.
tempo approssimativo: loose time.

tempo concesso: allowed time.
tempo di acquisto: purchasing lead time.
tempo di approvvigionamento: procurement lead time.
tempo di assemblaggio: assembly time.
tempo di attesa: **1.** allowed time. **2.** waiting time; dead time; idle time. **3.** down time.
tempo di avviamento: set–up time.
tempo di ciclo: cycle time.
tempo di consegna: delivery time; time of delivery.
tempo di inattività: **1.** allowed time. **2.** waiting time; dead time; idle time. **3.** down time.
tempo di inoltro di un ordinativo: order processing time.
tempo di interruzione: breaking–down time.
tempo di lavorazione standard: standard time; standard labour time.
tempo di ozio: **1.** allowed time. **2.** waiting time; dead time; idle time. **3.** down time.
tempo di preparazione: makeready time; preparation time.
tempo di produzione standard: standard output time.
tempo di recupero: payout time.
tempo di rotazione: turn–round time.
tempo di subentro: take–over time.
tempo di sviluppo: turnaround time.
tempo e elasticità: time and elasticity.
tempo fuori ciclo: out–cycle time.
tempo in ciclo: in–cycle time.
tempo lasco: loose time.
tempo libero: leisure.
tempo limitato: tight time.
tempo macchina standard: standard machine time.
tempo netto di ciclo: net cycle time.
tempo operativo: operating time.
tempo perduto: lost time.
temporaneo: interim.
tempo ristretto: tight time.
tempo teorico uomo–macchina: normal hours.
tendenza: **1.** trend. **2.** tendency.
tendenza al rialzo: tendency to rise.
tendenza al ribasso: sagging; tendency to decline; downward–sloping trend; downward trend.
tendenza dei prezzi: price trend.
tendenza del mercato: market trend.
tendenza di base: undertone.
tendenza di fondo: undertone.
tendenza lineare: linear trend.
tendenza secolare: secular trend.
tenore: tenor.
tenore di vita: standard of living; standard of life; living standard.
tenore di vita minimo: minimum standard of living.
tenuta: estate.
tenuta dei libri: book–keeping.
teorema A+B: A+B theorem.
teorema dei costi comparati: comparative cost principle.
teorema del bilancio in pareggio: balanced budget theorem.
teorema del budget pareggiato: balanced budget theorem.
teorema della ragnatela: cobweb theorem.
teorema della sostituzione di Samuelson: Samuelson substitution theorem.
teorema della vasca da bagno: bathtub theorem.
teorema dell'equivalenza ricardiana: Ricardian equivalence theorem.
teorema del pareggiamento dei prezzi dei fattori: factor price equalization theorem.
teorema di Bernoulli: binomial distribution.
teorema di Eulero: Euler theorem.
teorema di Slutsky: Slutsky theorem.
teoria: theory.
teoria astronomica del ciclo economico: astronomical theory of the trade cycle.
teoria bancaria delle cambiali commerciali: commercial loan theory of banking.
teoria bilaterale dell'interesse: loanable funds theory of interest.
teoria cartalista: chartalist theory.
teoria classica: classical theory.
teoria classica della struttura dei tassi d'interesse a termine: classical theory of the term structure of interest rates.
teoria classica dell'interesse: classical theory of interest.
teoria classica dell'occupazione: classical employment theory.
teoria classica del saggio d'interesse: classical theory of the rate of interest.
teoria comportamentale dell'impresa: behavioural theory of the firm.
teoria contributiva: contribution theory.
teoria creditizia del ciclo economico: credit theory of the trade cycle.
teoria degli investimenti basata sull'acceleratore: accelerator theory of investment.
teoria degli scambi internazionali: theory of international trade; international trade theory.
teoria degli stadi di crescita: stages–of–growth theory.
teoria dei costi comparati: theory of comparative costs; principle of comparative costs.
teoria dei giochi: theory of games; game theory.
teoria dei mercati di Marshall: Marshall's theory of markets.
teoria dei molti interessi: «many interests» theory.
teoria dei prezzi amministrati: administered–price theory.
teoria dei rendimenti crescenti: theory of increasing returns.
teoria dei rendimenti decrescenti: theory of decreasing returns.
teoria dei salari al minimo di esistenza: minimum–of–existence theory of wages.
teoria dei salari di sussistenza: subsistence theory of wages.
teoria del benessere generale: general welfare theory.
teoria del campionamento: sampling theory.
teoria del ciclo dei prodotti: product–cycle theory.
teoria del ciclo delle elezioni presidenziali: presidential election cycle theory.
teoria del ciclo economico: trade cycle theory.
teoria del ciclo economico basata sui raccolti: harvest theory of the trade cycle.
teoria del ciclo economico basata sul credito: credit theory of the trade cycle.
teoria del ciclo economico basata sulla sovrapproduzione: overproduction theory of the trade cycle.
teoria del ciclo economico basata sulle innovazioni: innovation theory of the trade cycle.
teoria del ciclo economico basata sull'iperrisparmio: over–saving theory of the trade cycle.

teoria del ciclo economico basata sul soprainvestimento: over–investment theory of the trade cycle.
teoria del ciclo economico basata sul sottoconsumo underconsumption theory of the trade cycle.
teoria del ciclo vitale life cycle hypothesis.
teoria del commercio internazionale theory of international trade; international trade theory.
teoria del comportamento del mercato theory of market behaviour.
teoria del consumatore consumer theory.
teoria del disequilibrio disequilibrium theory.
teoria del flusso dell'oro e dei prezzi price specie–flow theory.
teoria del fondo del lavoro lump of labour theory of wages.
teoria del fondo salari wages fund theory; wage fund theory of wages.
teoria della astinenza abstinence theory of interest.
teoria della base di esportazioni export base theory.
teoria della base economica economic base theory.
teoria della bicicletta bicycle theory.
teoria della bilancia commerciale attiva favourable balance of trade theory.
teoria della capacità contributiva ability–to–pay theory of taxation; ability–to–pay principle of taxation.
teoria dell'acceleratore accelerator theory.
teoria dell'accelerazione accelerator theory.
teoria della contingenza contingency theory.
teoria della contrattazione dei salari bargaining theory of wages.
teoria della crescita growth theory.
teoria della determinazione delle tariffe basata sul reddito equo fair return on fair value theory of rate making.
teoria della determinazione del reddito theory of income determination.
teoria della diffusione dell'imposta diffusion theory of taxation.
teoria della disoccupazione theory of unemployment.
teoria della distribuzione theory of distribution.
teoria della distribuzione basata sulla produttività marginale marginal productivity theory of distribution.
teoria della distruzione creativa theory of creative destruction.
teoria della domanda theory of demand.
teoria della domanda derivata accelerator theory.
teoria della efficienza marginale decrescente del capitale declining–marginal–efficiency–of–capital theory.
teoria della espansione expansive theory.
teoria della gestione di portafoglio portfolio management theory.
teoria della imposizione fiscale theory of taxation.
teoria della impresa theory of the firm.
teoria della imputazione theory of imputation.
teoria della indifferenza equi–marginal principle; principle of equal advantage.
teoria della inflazione da prezzi amministrati administered–price theory of inflation.
teoria della inflazione da spinta dei costi cost–push theory of inflation.
teoria della inflazione da spinta dei prezzi price–push theory of inflation.
teoria della inflazione indotta da domanda demand pull theory of inflation.
teoria della localizzazione location theory.
teoria della miseria crescente theory of increasing misery.
teoria della moneta merce commodity theory of money.
teoria della occupazione theory of employment.
teoria della offerta theory of supply.
teoria della parità dei poteri di acquisto purchasing power parity theory; theory of purchasing power parity.
teoria della passeggiata casuale random walk hypothesis.
teoria della pianificazione grafica della produzione scheduling theory.
teoria della popolazione di Malthus Malthusian theory of population.
teoria della preferenza del consumatore theory of consumer preference.
teoria della preferenza rivelata revealed–preference theory.
teoria della produttività marginale marginal productivity theory.
teoria della produttività marginale dei salari marginal productivity theory of wages.
teoria della produttività marginale dell'interesse marginal productivity theory of interest.
teoria della produzione production theory; theory of production.
teoria della rendita theory of rent.
teoria della restrizione restrictive theory.
teoria della ricerca di lavoro job search theory.
teoria della scelta di portafoglio Portfolio Selection Theory.
teoria della sostituzione displacement theory.
teoria della uguaglianza del sacrificio equal sacrifice tax theory.
teoria della utilità cardinale cardinal utility theory.
teoria della utilità marginale dell'interesse marginal utility theory of interest.
teoria della utilità ordinale ordinal utility theory.
teoria della variazione theory of variation.
teoria delle aspettative expectations theory.
teoria delle aspettative razionali rational–expectations theory; theory of rational expectations.
teoria delle caratteristiche characteristics theory.
teoria delle code di attesa queueing theory; waiting line theory.
teoria delle decisioni theory of decisions.
teoria delle donazioni theory of grants.
teoria dell'effetto a dente di arresto ratchet–effect theory.
teoria dell'effetto Keynes Keynes–effect theory.
teoria dell'effetto Pigou Pigou–effect theory.
teoria dell'effetto saldi monetari reali real–balance–effect theory.
teoria delle imposte tax theory.
teoria delle macchie solari sun–spot theory.
teoria delle prestazioni e controprestazioni benefits–received theory of taxation; benefit theory of taxation.
teoria delle proporzioni dei fattori factor proportions theory.
teoria dell'equilibrio equilibrium theory; theory of equilibrium.
teoria dell'equilibrio generale general equilibrium theory.
teoria dell'equilibrio generale degli scambi

internazionali: general equilibrium theory of international trade.
teoria dell'equilibrio mobile: theory of shifting equilibrium.
teoria dell'equilibrio particolare: partial equilibrium theory.
teoria dell'equilibrio parziale: partial equilibrium theory.
teoria dell'equilibrio stazionario: theory of stationary equilibrium.
teoria delle scelte collettive: collective choice theory.
teoria delle scelte pubbliche: public choice theory.
teoria delle scelte sociali: social choice theory.
teoria delle scorte: inventory theory.
teoria dell'interesse: interest theory; theory of interest.
teoria dell'interesse basata sul compenso: agio theory of interest.
teoria dell'interesse basata sulla preferenza per la liquidità: liquidity preference theory of interest.
teoria dell'interesse basata sull'astinenza: abstinence theory of interest.
teoria dell'interesse in termini di preferenza temporale: time preference theory of interest.
teoria dell'interesse privato: special interest theory.
teoria dell'interesse pubblico: public interest theory.
teoria dell'investimento: investment theory; theory of investment.
teoria dell'orlo delle gonne: hemline theory.
teoria dello sviluppo economico per stadi: stages theory of economic development.
teoria del massimo benessere: welfare theory of taxation.
teoria del mercato efficiente: efficient market theory.
teoria del moltiplicatore: multiplier theory.
teoria del peso della moneta: weight–of–money theory.
teoria del plusvalore: theory of surplus value; surplus labour and value theory.
teoria del portafoglio: portfolio theory.
teoria del portafoglio bilanciato: portfolio balance theory.
teoria del posto centrale: central place theory.
teoria del premio per la liquidità: liquidity premium theory.
teoria del prezzo: theory of price; price theory.
teoria del punto di crescita: growth point theory.
teoria del reddito nazionale: national–income theory.
teoria del reddito permanente: permanent income hypothesis.
teoria del rinnovamento: replacement theory.
teoria del ristagno secolare: secular stagnation theory.
teoria del sacrificio: sacrifice tax theory.
teoria del sacrificio minimo: minimum sacrifice tax theory.
teoria del salario residuale: residual–claimant theory of wages; residual theory of wages.
teoria del secondo ottimo: second–best theory; theory of second best.
teoria del superciclo: supercycle theory.
teoria del tasso di profitto marginale decrescente: falling–rate–of–profit theory.
teoria del valore: theory of value; value theory.
teoria del valore basata sul costo di produzione: cost of production theory of value.
teoria del valore basata sul lavoro: labour theory of value.
teoria del valore basata sull'utilità: utility theory of value.
teoria del valore basata sull'utilità finale: final utility theory of value.
teoria del valore basata sull'utilità marginale: marginal theory of value; marginal utility theory of value.
teoria del valore–lavoro: labour theory of value.
teoria del vantaggio assoluto: theory of absolute advantage.
teoria di Douglas: Douglas theory.
teoria di Dow: Dow theory.
teoria di Heckscher–Ohlin: Heckscher–Ohlin theory.
teoria di Olson: Olson's theory.
teoria economica: economic theory.
teoria economica dei servizi: economic theory of services.
teoria endogena del ciclo economico: self–generating theory of the cycle; endogenous business–cycle theory.
teoria esogena del ciclo economico: exogenous theory of the trade cycle.
teoria fisiocratica: physiocratic theory.
teoria generale dell'occupazione: general theory of employment.
teoria generale del saggio d'interesse: general theory of the rate of interest.
teoria Linder: Linder theory.
teoria maltusiana della popolazione: Malthusian theory of population.
teoria marginalistica del capitale: Austrian theory of capital.
teoria marginalistica della distribuzione: marginal theory of distribution.
teoria meteorologica del ciclo economico: weather theory of the trade cycle.
teoria moderna del portafoglio: modern portfolio theory.
teoria monetaria: monetary theory.
teoria monetaria del ciclo economico: monetary theory of the trade cycle.
teoria monetaria della Scuola di Cambridge: Cambridge theory of money.
teoria monetaria dell'interesse: monetary theory of interest.
teoria monetarista: monetarist theory.
teoria neoclassica del valore: neo–classical theory of value.
teoria nominalista: chartalist theory.
teoria psicologica del ciclo economico: psychological theory of the trade cycle.
teoria quantitativa della moneta: quantity theory of money.
teoria ricardiana della rendita: Ricardo's theory of rent; Ricardian theory of rent.
teoria situazionale: contingency theory.
teoria statale della moneta: chartalist theory.
teoria sulle relazioni tra risparmio e investimento: saving/investment theory.
teorie della produttività dell'interesse: productivity theories of interest.
teorie dell'interesse: theories of interest.
teorie dell'interesse basate sulla produttività: productivity theories of interest.
teorie del salario: wage theories; theories of wages.
teorie del sottoconsumo: underconsumption theories.
teorie del valore: theories of value.
teorie di determinazione delle tariffe: theories of rate making.
teorie economiche: principles of economics.

teorie non monetarie dell'interesse: non–monetary theories of interest.
terapia fiscale: fiscal therapy.
termine: 1. expiry; expiration. **2.** usance. **3.** rent.
termine contro termine: forward forward.
termine di accettazione: term of acceptance.
termine di mezzanotte: midnight deadline.
termine di rendita vitalizia: rent of an annuity.
termine di una cambiale: term of a bill; tenor of a bill.
termine di una società: partnership term.
termine ultimo: deadline.
termini a pronti: spot terms.
termini di scambio: terms of trade; barter terms of trade.
termini monetari: money terms; monetary terms; cash terms.
termini reali: real terms.
terra: land.
terra bruciata: scorched–earth.
terra di proprietà: freehold land.
terra in assegnazione: settled land.
terra in locazione: leasehold land.
terra marginale: marginal land.
terra submarginale: submarginal land.
terratico: stallage.
terre della Corona: Crown land.
terreni industriali: industrial estates; trading estates.
terreno agricolo: agricultural area.
terreno demaniale: Crown land.
terreno di facile accesso: accommodation land.
terreno di proprietà comune: common land; common.
terreno edificabile: building ground.
terreno marginale: marginal land.
terre pubbliche: public lands.
territori elencati: scheduled territories.
territorio di classificazione: classification territory.
territorio di vendita: sales territory.
territorio doganale: customs area.
territorio in concessione: concession.
terza di cambio: third of exchange; third via.
terza onda: third wave.
terziario: service–producing sector; services sector; tertiary sector.
terzi assicurati: additional insured.
terzo: 1. third party; third person; stranger. **2.** third account. **3.** outsider.
terzo beneficiario: third–party beneficiary.
terzo mercato: third market.
terzomondismo: Third Worldism.
terzomondista: Third Worlder.
terzo mondo: Third World.
terzo pignorato: garnishee.
terzo quartile: third quartile; lower quartile.
terzo settore: third sector.
terzo turno: third shift; graveyard shift.
tesaurizzazione: hoarding.
tesaurizzazione del lavoro: labour hoarding.
tesi dell'economia matura: mature–economy thesis.
tesi del ristagno economico: stagnation thesis.
tesoreggiamento: hoarding.
tesoriere: treasurer.
tesorizzazione: hoarding.
Tesoro: Treasury.
tessera di autorizzazione: permit card.
tesserato: card holder; card–carrying member.
tessere di razionamento: ration tickets.
tessili: textiles; soft goods.
testamento: testament; will.
testamento nuncupativo: nuncupative will.
testamento olografo: holograph will.
testamento orale: nuncupative will.
testatore: testator; testate; legator.
test attitudinale: capacity test; aptitude test.
test di attitudine al lavoro di ufficio: test of clerical aptitude.
test di confronto: comparison test.
test di destrezza avambraccio–mano: test of arm–and–hand dexterity.
test di destrezza digitale: test of finger dexterity.
test di destrezza manuale: test of manual dexterity.
test di destrezza polso–dita: test of wrist–and–finger dexterity.
test di marketing: marketing test.
test di paragone: comparison test.
test di ricordo: recall test.
test di un'idea: concept testing.
testimoniale di avaria: protest; protest of average; ship's protest; sea protest.
testo: 1. text. **2.** copy; body copy.
testo pubblicitario: advertising copy.
testo unico: consolidation act; consolidating act.
tetto: ceiling.
tetto del credito: lending ceiling.
tetto del credito bancario: bank lending ceiling.
tetto di aumento salariale: pay ceiling; norm.
tetto di spesa: expenditure rate.
tetto salariale: wage ceiling.
ticket: co–payment.
timbro a secco: impressed stamp.
timbro per firmare: signature stamp.
tipi di occupazione: types of occupation.
tipi di reddito: types of incomes.
tipi monetari paralleli: parallel standards.
tipo: 1. standard. **2.** type.
tipo bimetallico: bimetallic standard; double standard.
tipo monetario: 1. monetary standard. **2.** stamp.
tipo monetario a carta moneta inconvertibile: paper standard.
tipo monetario a moneta–merce composita: composite commodity standard.
tipo monetario bimetallico: bimetallic standard.
tipo monetario doppio: double standard.
tipo monetario manovrato: managed standard.
tipo monetario monometallico: monometallic standard.
tipo monetario singolo: single standard.
tipo monometallico: monometallic standard; single standard.
tiraggio: discharge money.
tiratura: circulation.
tiratura pagata: paid circulation.
titolare: proprietor; owner.
titolare di brevetto: patent holder; patentee.
titolare di contratto a premio: option holder.
titolare di impresa: principal.
titolare di polizza: policy–holder.
titolare di un conto: account holder.
titolare di un conto di credito: charge account customer.
titolarità di un bene: possessory title.
titoli: 1. securities. **2.** stock exchange securities.
titoli a alto reddito: high yielders.
titoli a breve scadenza: 1. short–dated securities; short–term securities. **2.** short gilts; shorts.
titoli a contribuzione straordinaria: assessable

securities.
titoli a dossier: ordinary safe–custody account; open safe–custody account.
titoli affascinanti: glamour stocks.
titoli a grande capitalizzazione: large capitalization stocks.
titoli alfa: alpha stocks.
titoli all'incasso: collection items.
titoli al portatore: bearer securities.
titoli a lunga scadenza: 1. long–dated securities. **2.** long gilts; longs.
titoli a media scadenza: 1. medium–dated securities. **2.** medium gilts; mediums.
titoli approvati: approved securities.
titoli a premio: premium stock.
titoli a reddito fisso: fixed–interest securities; fixed return securities.
titoli a reddito variabile: dividend–bearing securities.
titoli automobilistici: motors.
titoli bancabili: eligible bills.
titoli beta: beta stocks.
titoli ciclici: cyclical stocks.
titoli commerciabili: marketable securities.
titoli coniglietto: bunny bonds.
titoli con interesse scontato: discount securities.
titoli consolidati: consolidated bonds; unified bonds.
titoli convenzionali: conventional securities.
titoli convertibili: convertible securities.
titoli datati: dated securities.
titoli del debito consolidato: consolidated stock; funds; public funds; unified stock.
titoli del debito fondato: consolidated stock; public funds; unified stock; public stocks.
titoli del debito pubblico: public securities.
titoli del risparmio nazionale: national savings securities.
titoli delta: delta stocks.
titoli di compensazione: clearings.
titoli di consolidamento: funding bonds.
titoli di credito: paper titles.
titoli di credito restituiti: returns.
titoli di enti locali: local authority securities; local authority bills.
titoli di imprese commerciali: commercials.
titoli di indennizzo: compensation stock.
titoli di investimento: investment securities.
titoli di prim'ordine: gilt–edged securities; gilts.
titoli di pronto realizzo: liquid securities.
titoli di reddito: income stock.
titoli di sicurezza: defensive securities.
titoli di stato: 1. government securities. **2.** government stocks; government bonds; gilt–edged securities; gilts; treasury stock; treasury bonds.
titoli di stato a breve scadenza: short gilts.
titoli di stato a lunga scadenza: long gilts.
titoli di stato a media scadenza: medium gilts.
titoli di stato a richiesta: tap stocks.
titoli di stato «a rubinetto»: tap stocks.
titoli di stato non datati: undated stocks.
titoli esenti: exempt securities.
titoli esenti da imposte: tax–exempt securities; tax–exempt bonds.
titoli finanziari: financial instruments.
titoli fuori piazza: transit items.
titoli gamma: gamma stocks.
titoli garantiti: 1. guarantee stocks. **2.** underlying securities.
titoli guida: first–line equities.
titoli in corso di compensazione: float.
titoli in deposito: deposited securities.
titoli indicizzati: index–linked securities; variable rate securities.
titoli indiretti: indirect securities.
titoli industriali: industrial stocks and shares; industrials.
titoli in portafoglio: securities on hand.
titoli in sterline: sterling securities.
titoli internazionali: interbourse securities; international securities.
titoli in tesoreria: treasury bonds.
titoli in valuta: foreign currency securities.
titoli irredimibili: irredeemable securities; irredeemables.
titoli minerari: mining stock.
titoli negoziabili: marketable securities.
titoli nominativi: registered securities.
titoli non bancabili: ineligible bills.
titoli non datati: undated securities; undateds.
titoli non negoziabili: non–marketable securities.
titoli non quotati in borsa: unlisted securities; unquoted securities; unlimited securities; off–board securities.
titoli non registrati: letter stock; unregistered stock; letter bonds.
titoli non riscattabili: non–callable stocks.
titoli non sottoscritti: undigested securities.
titoli non stanziabili: ineligible bills.
titoli pesanti: high–priced shares.
titoli primari: primary securities.
titoli pubblici: public securities.
titoli pubblici attivi: active bonds.
titoli pubblici di conversione: conversion stock.
titoli quasi negoziabili: quasi–negotiable instruments.
titoli quotati in borsa: listed securities; listed stock; securities listed on the stock exchange; quoted securities.
titoli redimibili: redeemable stock; redeemable bonds.
titoli redimibili a scadenza indeterminata: indefinitely dated stocks.
titoli riscattabili: callable stocks; call stocks.
titoli secondari: indirect securities; secondary securities.
titoli semi–negoziabili: semi–negotiable instruments.
titoli sopra la pari: premium securities.
titoli sotto la pari: discount securities.
titoli speculatori: speculative securities.
titoli stanziabili: eligible bills.
titoli ufficiali: listed securities; securities listed on the stock exchange; quoted securities.
titolo: 1. instrument. **2.** headline. **3.** title. **4.** standard.
titolo a breve a tasso fluttuante: floating rate note.
titolo a capitalizzazione integrale: zero coupon security.
titolo a interessi differiti: deferred interest bond.
titolo al portatore: 1. bearer bond. **2.** bearer instrument.
titolo a reddito fisso: bond.
titolo azionario: share.
titolo cedibile: merchantable title.
titolo convertibile a capitalizzazione integrale: zero coupon convertible security.
titolo delle mansioni: job title.
titolo dell'oro: title of gold.
titolo di credito: credit instrument; instrument of credit; debt instrument.
titolo di credito all'ordine: order paper.
titolo di crescita: growth stock; performance stock.
titolo difettoso: defective title.
titolo di grado anteriore: senior security.
titolo di grado posteriore: junior security.

titolo di primo grado: senior security.
titolo di proprietà: 1. possessory title. **2.** title deed. **3.** equity security.
titolo di proprietà registrato: registered title.
titolo di rifinanziamento: refunding bond.
titolo di secondo grado: junior security.
titolo di stato: state bond.
titolo di stato a breve termine: short bond.
titolo di stato a brevissimo termine: government bill.
titolo di stato a lungo termine: long bond.
titolo di stato a medio termine: medium bond.
titolo di stato a premio: prize bond; premium bond.
titolo di sviluppo: growth stock; performance stock.
titolo di trasporto: way–bill.
titolo di una moneta: standard; standard of a coin.
titolo garantito: guaranteed security.
titolo garantito da ipoteca: mortgage–backed security.
titolo guida: bellwether.
titolo imperfetto: defective title.
titolo in carati: title of gold.
titolo in circolazione: outstanding security.
titolo indice: barometer stock.
titolo legale: standard.
titolo municipale: municipal bond; municipal security.
titolo negoziabile: negotiable instrument; negotiable paper.
titolo nominativo: nominative bond; registered bond.
titolo non negoziabile: non–negotiable instrument.
titolo per investimento legale: legal security.
titolo provvisorio: interim bond.
titolo pubblico: public bond.
titolo rappresentativo: document of title.
titolo rimborsabile in oro: gold bond.
titolo sorteggiato: drawn bond.
titolo stagionato: seasoned security.
titolo stanziabile: eligible paper.
titolo strippato: stripped security.
titolo trasferibile: 1. negotiable instrument; negotiable paper. **2.** merchantable title.
titolo viziato: defective title.
toccare il fondo: to ground.
tolleranza: 1. allowance. **2.** tolerance.
tolleranza naturale: natural tolerance.
tolleranza percentuale di scarti nel lotto: lot tolerance percent defective.
tolleranza reciproca: mutual weight.
tolleranza totale: total print tolerance; total tolerance.
tonnellaggio: 1. tonnage. **2.** shipping.
tonnellaggio di carico: cargo tonnage.
tonnellaggio di dislocamento: displacement tonnage.
tonnellaggio di registro: registered tonnage; register tonnage.
tonnellaggio disponibile: available tonnage.
tonnellaggio lordo: gross tonnage.
tonnellaggio lordo di registro: gross register tonnage.
tonnellaggio mercantile: merchant shipping.
tonnellaggio netto: net tonnage.
tonnellaggio netto di registro: net register tonnage.
tonnellata: ton.
tonnellata americana: American ton; short ton; net ton; U.S. ton.
tonnellata–chilometro: tonne–kilometre.
tonnellata di cubaggio: measurement ton; shipping ton.
tonnellata d'ingombro: measurement ton; shipping ton.
tonnellata di noleggio: stevedore ton; freight ton.
tonnellata di nolo: stevedore ton; freight ton.
tonnellata di peso: deadweight ton.
tonnellata di registro: register ton; vessel ton; volumetric ton.
tonnellata di stazza: register ton; vessel ton; volumetric ton.
tonnellata inglese: British ton; English ton; imperial ton; just ton; long ton; weight ton.
tonnellata metrica: metric ton; tonne.
tonnellata–miglio: ton mile.
tonnellate di portata: tons burden.
tono: tone.
tono del mercato: market tone.
tontina: tontine.
tornaconto: self–interest.
torpedone: coach.
tosatura: clipping.
tosatura di monete: coin clipping.
totale: 1. total amount. **2.** overall.
totale complessivo: final footing.
totale del dare: debit footing.
totale dell'avere: credit footing.
totalizzare: to extend.
traballante: shaky.
traboccamento: spillovers.
tracollo: 1. break. **2.** crack.
tradizione classica: classical tradition.
tradizione ortodossa: orthodox tradition.
tradurre: to translate.
traduzione: translation.
traduzione valutaria: currency translation.
traente: drawer; writer.
traenza: drawing.
traenza incrociata: cross–firing.
traffico: 1. trade. **2.** traffic.
traffico costiero: coasting trade; coastwise trade.
traffico di acquirenti: buyer traffic.
traffico di cabotaggio: coasting trade; coastwise trade.
traffico di linea: line traffic.
traffico merci: freight traffic.
transazione: 1. composition; compounding; special agreement; settlement. **2.** transaction.
transazione amichevole: friendly composition.
transazione per contanti: cash composition.
transazione stragiudiziale: settlement out of court.
transigere: to compound.
transito comunitario: community transit.
transizione demografica: demographic transition.
trapasso: 1. conveyance; grant. **2.** transfer.
trapasso di azioni: transfer of shares; share transfer.
trapasso di proprietà: 1. transfer of property. **2.** transfer of shares; share transfer.
trapasso di proprietà immobiliare: transfer of real estate.
trapasso di titoli: stock transfer.
trapasso in bianco: blank transfer; transfer in blank.
trappola del debito: debt trap.
trappola della disoccupazione: unemployment trap.
trappola della liquidità: liquidity trap.
trappola della povertà: poverty trap.
trappola demografica: population trap.
trasbordo: transhipment; transshipment; transloading.
trascrizione: record.
trasferibile: 1. negotiable. **2.** transferable.
trasferibile mediante consegna: transferable by delivery.
trasferibilità: 1. transferability. **2.** portability.
trasferimenti: transfer payments; transfer incomes; transfer items; transfer expenditure; income transfers.

trasferimenti di capitale: capital transfers.
trasferimenti di moneta: money transfers.
trasferimenti unilaterali: unilateral transfers.
trasferimento: **1.** conveyance; grant. **2.** transfer. **3.** negotiation. **4.** virement. **5.** switching. **6.** relocation.
trasferimento a titolo gratuito: voluntary conveyance.
trasferimento automatico: automatic debit transfer.
trasferimento coattivo: transfer by operation of law.
trasferimento di azioni: share transfer; transfer of shares.
trasferimento di fondi: transfer of funds; transfer.
trasferimento di fondi automatizzato: automated funds transfer.
trasferimento d'ipoteca: transfer of mortgage.
trasferimento di risorse: resource transfer.
trasferimento di tecnologia: technology transfer.
trasferimento di titoli: stock transfer.
trasferimento di valuta estera: foreign exchange transfer.
trasferimento esente: exempt transfer.
trasferimento in esenzione: exempt transfer.
trasferimento in frode ai creditori: fraudulent conveyance; fraudulent preference.
trasferimento per corrispondenza: mail transfer.
trasferimento per via aerea: air mail transfer.
trasferimento privato: private transfer.
trasferimento telegrafico: wire transfer.
trasferimento telematico di fondi al punto di vendita: electronic funds transfer at point of sale.
trasferimento tra conti: ledger transfer.
trasferimento tra fondi: interfund transfer.
trasferimento valido: good delivery.
trasferimento vidimato: certified transfer.
trasferire: to assign; to negotiate.
trasformare: to convert.
trasformazione: **1.** processing. **2.** transformation.
trasformazione della produzione: production transformation.
trasformazione di mercato: market transformation.
trasformazione logaritmica: logarithmic transformation.
trasformazione migliorativa: alteration.
traslazione delle imposte: shifting of taxation.
traslazione d'imposta: tax shifting; shift; backward shifting.
traslazione di titoli: transfer of shares.
traslazione di un titolo azionario: share transfer.
trasmissione: transmission.
trasmissione a mezzo fax: facsimile transmission.
trasmissione di credito: credit transmission.
trasmissione di moneta: money transmission.
trasparenza: **1.** transparency. **2.** disclosure.
trasparenza perfetta del mercato: perfect marketing transparency.
trasportare oltre il punto di destino: to overcarry.
trasporti: carrying trade.
trasporti marittimi: shipping.
trasporto: freight; carriage; transport; transportation; conveyance.
trasporto aereo: **1.** air transport. **2.** air freight; carriage by air; air carriage.
trasporto aereo espresso: air express.
trasporto aereo libero: air tramping.
trasporto a massa: bulk carriage.
trasporto a mezzo carri: cartage.
trasporto combinato: combined transport.
trasporto in contenitori: containershipping; container traffic.
trasporto in servizio cumulativo: through conveyance.
trasporto in servizio diretto: through conveyance.
trasporto interno: handling.
trasporto interno dei materiali: materials handling.
trasporto marittimo: carriage by sea.
trasporto multimodale: multimodal transport.
trasporto oltre il punto di destino: overcarriage.
trasporto per ferrovia: carriage by railway.
trasporto per via aerea: carriage by air; air carriage.
trasporto su idrovie: waterage.
trasporto su strada: road haulage; road transport.
trasporto terrestre: land conveyance.
trasporto via mare: carriage by sea.
trasporto via terra: carriage by land; land conveyance.
trasposizione: transposition.
trassato: drawee.
tratta: bill of exchange; draft.
tratta all'ordine: order bill of exchange.
tratta a tempo: time draft.
tratta a vista: draft on demand; demand draft; sight draft.
tratta bancaria: banker's draft.
tratta documentaria: documentary draft.
tratta documentata: documentary draft.
tratta estera: foreign draft.
tratta in bianco: blank draft.
tratta interbancaria: banker's payment.
trattamento di fine rapporto: retirement allowance; retirement bonus.
trattamento equo: square deal.
trattamento fiscale: tax treatment.
trattamento fiscale preferenziale: preferential tax treatment.
trattamento fiscale privilegiato: preferential tax treatment.
trattamento nazionale: national treatment.
tratta non documentata: clean bill.
trattario: drawee.
trattario alternativo: alternative drawee.
trattativa contrattuale sindacale: union contract negotiation.
trattativa privata: private treaty.
trattativa salariale: wage negotiation.
trattativa sindacale: union negotiation; bargaining.
trattative multilaterali: multilateral negotiations.
trattato commerciale: commercial treaty.
Trattato di adesione: Treaty of Accession.
Trattato di Bruxelles: Brussels Treaty.
trattato di commercio: commercial treaty.
Trattato di Roma: Treaty of Rome.
Trattato di Stoccolma: Treaty of Stockholm; Convention of Stockholm.
trattenuta: **1.** stoppage. **2.** retention; retention money. **3.** deduction. **4.** hold–back pay.
trattenuta alla fonte: deduction at source; withholding tax; withholding.
trattenuta fiscale: withholding tax; withholding.
trattenuta per il fondo pensioni: superannuation payment.
trattenuta sindacale: check–off.
trattenuta sindacale obbligatoria: automatic check–off.
trattenuta sindacale volontaria: voluntary check–off.
trattenute sullo stipendio: salary deductions.
trattenute sul salario: deductions from pay.
trattenuto alla fonte: deducted at source.
tratto: range.

travaso: racking.
travaso temporaneo: skipping.
trazione dei costi: cost pull.
trazione della domanda: demand pull.
tregua salariale: pay pause; wage pause; wage restraint.
treno celere: fast train.
treno merci: freight train; goods train; slow train.
treno merci veloce: liner train; freightliner.
treno portacontenitori: container train.
treno unitario: unit train.
triangolo d'oro: Golden Triangle.
tribunale amministrativo: administrative tribunal.
Tribunale arbitrale nazionale: National Arbitration Tribunal.
tribunale dell'ammiragliato: Admiralty Court.
tribunale del lavoro: industrial tribunal.
tribunale di arbitrato industriale: industrial court.
tribunale fallimentare: bankruptcy court.
tribunale per le dispute industriali: industrial disputes tribunal.
tribunale per le relazioni industriali: industrial–relations court.
tribunale tributario: tax court.
Tribunale tributario degli Stati Uniti: United States Tax Court.
tribunale tributario statale: state tax court.
tributarista: tax consultant; tax adviser.
tributi feudali: feu–duties.
tributi locali: rates; local rates; local taxes.
tributi locali a titolo oneroso: onerous rates.
tributi locali di beneficio: beneficial rates.
tributi locali onerosi: onerous rates.
tributo: tax.
tributo locale: rate.
trimestre: quarter.
trimetallismo: trimetallism.
trittico: triptique.
troncamento: truncation.
trovata: gimmick.
truffa all'americana: confidence trick.
trust dei cervelli: brain trust.
trust del denaro: money trust.
tumulti e sommosse popolari: riot and civil commotion.
tunnel della Manica: Channel tunnel.
turbamento: disruption; disturbance.
turismo: tourism.
turni a rotazione: rotating shifts.
turni rotatori: rotating shifts.
turnista: shift worker.
turno: shift.
turno a orario spezzato: split shift.
turno di giorno: day shift.
turno di manutenzione: maintenance shift.
turno di mattina: morning shift.
turno di notte: night shift.
turno fisso: fixed shift.
turno notturno: third shift; graveyard shift.
turno pomeridiano: afternoon shift.
turno rotante: swing shift.
tutela degli investitori: investor protection.
tutela del consumatore: consumer protection.
tutore: guardian.
tutti i rischi possibili: all risks whatsoever.
tutto o niente: all or none.
tutto o qualsiasi: all or any.

u, U

ubicazione dell'industria: location of industry.
ubicazione pianificata dell'industria: planned location of industry.
uffici: office premises.
ufficiale di dogana: custom officer; custom–house officer.
uffici di vendita dei produttori: manufacturers' sales offices.
uffici doganali: custom–house.
ufficio: **1.** office. **2.** bureau.
ufficio accettazione merci: goods receiving office.
ufficio acquisti: **1.** purchasing office. **2.** buying office.
ufficio anagrafe: register office; registry office.
ufficio approvvigionamenti: procurement office; purchasing office.
ufficio approvvigionamenti centrale: central purchasing office.
ufficio archivio: records office; records centre.
ufficio arrivi: receiving department.
ufficio arrivi merci: goods delivering office.
ufficio assicurazioni: insurance department.
ufficio assistenza clienti: customer service department.
ufficio assunzioni: employment office.
ufficio avanzamento produzione: production development department.
ufficio brevetti: patent office.
ufficio cambio: currency exchange.
ufficio cambio estero: foreign–exchange office.
ufficio cassa: cash department; cash office.
ufficio centrale: central office; headquarters office.
ufficio comunicazioni aziendali: corporate communications department.
ufficio consegna merci: goods delivering office.
ufficio consulenze: advisory division.
ufficio contabilità: accounting department; accounts department.
ufficio corrispondenza: post room.
ufficio costi: costing department.
ufficio crediti: credit department.
ufficio dei cambi: exchange office.
ufficio delle imposte: tax office; revenue office.
ufficio delle imposte indirette: excise; Customs and Excise.
ufficio del personale: personnel department; personnel office; personnel division.
Ufficio del registro delle società: Companies Registry.
ufficio del registro immobiliare: register of deeds.
ufficio del saggio dei metalli preziosi: assay office.
ufficio di collocamento: employment bureau; employment exchange.
ufficio di conciliazione: conciliation board.
ufficio di contabilità centralizzato: central accounting unit.
ufficio di dogana: custom–house office.
ufficio di pagamento: paying agent; paying office.
ufficio di rappresentanza: representative office.
ufficio distaccato: branch office; field office.
ufficio di stato civile: register office; registry office.
ufficio di vigilanza: compliance department.
ufficio di zona: field office.
ufficio elettronico: electronic office; paperless office.
ufficio esazione: collection department.
ufficio esportazioni: export department.
ufficio fatturazione: invoicing department; billing department.
ufficio fidi: credit department.
ufficio governativo: government office; government bureau.
ufficio in comune: general office.
ufficio informazioni: enquiry office.
ufficio informazioni commerciali: **1.** commercial intelligence bureau; commercial intelligence office. **2.** Commercial Intelligence Department. **3.** credit bureau.
Ufficio informazioni per l'esportazione: Export Intelligence Department.
ufficio ingegneria industriale: industrial engineering department.
ufficio legale: legal department; legal office.
ufficio marketing: marketing department.
ufficio merchandising: merchandising department.
ufficio pacchi: parcels office.
ufficio paghe: wages department.
Ufficio per la garanzia dei crediti alla esportazione: Export Credits Guarantee Department.
Ufficio per lo sviluppo economico nazionale: National Economic Development Office.
ufficio postale: Post Office.
ufficio principale: headquarters office.
ufficio pubblicità: advertising department; advertising office.
ufficio recuperi marittimi: salvage office.
ufficio relazioni con gli investitori: investor relations department.
ufficio relazioni industriali: industrial relations office.
ufficio relazioni pubbliche: public relations department; public affairs department.
ufficio retribuzioni: wages department.
ufficio ricerche: research department.
ufficio ricerche di mercato: market research department; market research division.
ufficio salvataggio: salvage office.
ufficio satellite: satellite office.
ufficio spedizioni: **1.** forwarding office. **2.** shipping department; dispatch department.
ufficio sviluppo prodotti: product development division.
ufficio sviluppo vendite: sales promotion department.
ufficio tariffazione: rating bureau.
ufficio tecnico: production engineering department.
ufficio tempi: time office.

ufficio valutazione: rating bureau.
ufficio vendite: sales department; sales office.
ufficio vendite all'estero: foreign sales office.
ufficio vendite e acquisti: trading desk.
ufficio vendite territoriale: district sales office.
uguale vantaggio: equal advantage.
ultima vendita: last sale; closing sale.
ultimo avvertimento: final application.
ultimo avviso: 1. final notice. **2.** final application.
ultimo entrato, primo uscito: last in, first out.
ultimo giorno di avviso: last notice day.
ultimo giorno di operazioni: last trading day.
ungere: to grease.
unificazione: consolidation.
unificazione dei carichi: unitization.
unimodale: unimodal.
unione: consolidation.
unione di compensazione: clearing union.
unione di compensazione asiatica: Asian clearing union.
unione di società: consolidation of companies.
unione doganale: customs union; tariff union.
unione economica: economic union.
Unione europea dei pagamenti: European Payments Union.
unione federale: federal union.
unione industriale: employers' association.
Unione internazionale delle ferrovie: International Union of Railways.
Unione internazionale delle telecomunicazioni: International Telecommunications Union.
Unione internazionale di compensazione: International Clearing Union.
unione monetaria: monetary union.
unione monetaria ed economica: economic and monetary union.
unione monetaria latina: Latin Monetary Union.
Unione monetaria scandinava: Scandinavian Monetary Union.
Unione panamericana: Pan-American Union.
unione postale: postal union.
Unione Postale Internazionale: International Postal Union.
Unione postale universale: Universal Postal Union.
unione sindacale: union.
unione valutaria: currency union.
Unioni internazionali per il credito: International Credit Unions.
unionismo: labour unionism; trade unionism; unionism.
unirsi: to fuse.
unità: unit.
unità centrale di servizi: central service unit.
unità combo: combined carrier.
unità contabile: accounting unit.
unità di accumulazione: accumulation unit.
unità di ammortamento: depreciation unit.
unità di archiviazione mobile: mobile filing unit.
unità di campionamento: unit of sampling.
unità di capitale fisso: fixed-asset unit.
unità di capitalizzazione: capitalization unit.
unità di consumo: consumption unit.
unità di conto: unit of account.
unità di conto agraria: agricultural unit of account.
unità di conto europea: European unit of account.
unità di conto monetaria europea: European monetary unit of account.
unità di contrattazione: 1. unit of trading. **2.** trading lot; minimum trading lot; round lot; full lot; normal trading unit.
unità di costo: costing unit; cost unit.
unità di disinstallazione: retirement unit.
unità di efficienza: efficiency unit.
unità di lavoro: 1. work unit. **2.** labour unit.
unità di misura: 1. units of measurement. **2.** standard of measurement.
unità di misura di superficie: square measures.
unità di misura di volume: solid measures.
unità di misura statunitensi: United States customary units.
unità di nolo: freight unit.
unità di produzione: production unit.
unità di riserva collettiva: collective reserve unit.
unità di salario: wage unit.
unità di salario elastica: elastic wage unit.
unità di servizio: service unit.
unità di sostituzione: replacement unit.
unità di spesa: spending unit.
unità di utilità: util.
unità di valore: unit of value.
unità economica: accounting unit.
unità familiare: household.
unità marginale: marginal unit.
unità monetaria: currency unit; unit of currency; standard currency unit; standard monetary unit; monetary unit.
unità monetaria asiatica: Asian monetary unit.
unità monetaria composita: multicurrency unit.
unità monetaria europea: European currency unit.
unità monetaria europea composita: European composite currency unit; European composite unit.
unità multivalutaria: multicurrency unit.
unità mutuante: surplus unit.
unità mutuataria: deficit unit.
unità organizzativa: organizational unit.
unità plurivalutaria: multicurrency unit.
unità produttiva: establishment.
unità sanitarie locali: Executive Councils.
unità strategica: strategic business unit.
unitizzazione: unitization.
universo: universe; population.
uomini d'affari: business class.
uomo d'affari: businessman.
uomo di paglia: man of straw; dummy.
uomo economico: economic man.
uomo sandwich: sandwich man.
urbanesimo: urbanization.
urbanistica: city planning.
usato: second-hand.
uscire pari: to break even.
uscita: 1. outgo. **2.** exit.
uscite di cassa: cash disbursements; cash outflows.
uscite previste: estimated expenditure.
uscite statali: government outlays.
uso: 1. usage. **2.** use.
uso commerciale: trade usage.
uso della terra: land use.
uso estensivo della terra: extensive use of land.
uso giovevole: beneficial use.
uso intensivo della terra: intensive use of land.
uso pubblico: beneficial use.
usucapione: positive prescription; squatter's right; squatter's title.
usufrutto: life interest; life tenancy; usufruct.
usufruttuario: life tenant; life renter; usufructuary.

usura: usury.
usuraio: usurer; loan shark.
utensile: tool.
utensileria: 1. tooling. **2.** tool room.
utensili mobili: loose tools.
utensilista: tool maker.
utente: user.
utente finale: end–user.
utile: 1. gain. **2.** return. **3.** profit. **4.** useful.
utile aggiuntivo: other income.
utile aleatorio: contingent profit.
utile anticipato: anticipated profit; anticipatory profit.
utile consolidato: consolidated surplus.
utile contabile: book profit.
utile di capitale a breve termine: shortfall.
utile di esercizio: operating income; operating profit; net profit.
utile di esercizio al netto delle imposte: net profit after taxes.
utile di gestione: operating income; operating profit.
utile d'impresa: earnings of undertaking.
utile di possesso: holding gain.
utile di premio di acceleramento: dispatch earning.
utile di produzione: producers' profit.
utile di reparto: departmental profit.
utile di rivalutazione delle scorte: inventory profit.
utile eventuale: contingent profit.
utile guadagnato: earned revenue; earned income.
utile imponibile: taxable profit; taxable gains.
utile industriale: producers' profit.
utile lordo: 1. price spread; spread. **2.** gross operating spread. **3.** mark–on.
utile lordo d'esercizio: gross earnings; gross income.
utile lordo sulle vendite: gross profit on sales; gross trading profit.
utile medio: average profit.
utile mercantile: trading profit.
utile netto d'esercizio: net income; net profits; net earnings; net return.
utile netto d'esercizio al lordo delle imposte: net profit before taxes.
utile netto di gestione: net operating profit.
utile netto residuo: residual profit; residual net income.
utile netto sulle vendite: net trading profit; net profit on sales.
utile operativo: operating profit.
utile previsto: anticipated profit; anticipatory profit.
utile realizzato: realized revenue; realized profit.
utile sul capitale adeguato al rischio: risk–adjusted return on capital.
utile sul capitale impiegato: return on capital employed.
utile sul capitale investito: return on investment.
utile sulle vendite: return on sales.
utili: earnings.
utili al lordo delle imposte: earnings before tax.
utili al netto delle imposte: earnings after tax.
utili correnti: current profits; current income.
utili di gruppo non distribuiti: consolidated retained earnings.
utili disponibili: free surplus; available earnings.
utili distribuibili: distributable profits.
utili distribuiti: distributed profits; distributed income.
utili di sviluppo: development gains.
utili indivisi: undivided profit.
utili necessari: required earnings.
utili non distribuiti: accumulated earnings; accumulated profit; accumulated income; retentions; retained profits; retained earnings; ploughed–back profits.
utili percentuali: percentage earnings.
utili per dividendi ordinari: earnings for equity; amount earned for equity; earnings available for ordinary.
utili reinvestiti: ploughed–back profits; reinvested profits.
utilità: utility.
utilità acquisita: acquired utility.
utilità assoluta: total utility.
utilità cardinale: cardinal utility.
utilità decrescente: diminishing utility; decreasing utility.
utilità della proprietà: ownership utility.
utilità del possesso: possession utility.
utilità derivante dal possesso: possession utility.
utilità diretta: direct utility.
utilità di un servizio: service utility.
utilità effettiva: actual utility.
utilità eventuale: prospective utility.
utilità extra: extra utility.
utilità finale: marginal utility; final utility.
utilità formale: form utility.
utilità immediata: immediate utility.
utilità indiretta: indirect utility.
utilità in termini di tempo: time utility.
utilità locale: place utility.
utilità marginale: marginal utility; marginal desirability.
utilità marginale decrescente: diminishing marginal utility.
utilità marginale del capitale: marginal utility of capital.
utilità marginale della moneta: marginal utility of money.
utilità marginale del reddito: marginal utility of income.
utilità marginale zero: zero marginal utility.
utilità mediata: mediate utility.
utilità negativa: negative utility.
utilità ordinale: ordinal utility.
utilità perduta: lost usefulness.
utilità potenziale: potential utility.
utilità probabile: prospective utility.
utilità reale: actual utility.
utilità relativa al luogo: place utility.
utilità relativa al tempo: time utility.
utilitario: utilitarian.
utilitarismo: utilitarianism.
utilitarista: utilitarian.
utilitaristico: utilitarian.
utilità soggettiva: subjective utility.
utilità spirata: expired utility.
utilità temporale: time utility.
utilità terminale: terminal utility.
utilità totale: total utility.
utili vincolati: restricted retained earnings; restricted surplus.
utilizzare il credito: to spend credit.
utilizzazione degli impianti: plant utilization; capacity utilization.
utilizzazione dei fattori: factor utilization.
utilizzazione delle attrezzature: equipment utilization.
utilizzazione delle macchine e della manodopera: labour and machine utilization.
utilizzazione di fondi: 1. application of funds. **2.** drawdown.

v, V

vacanza: 1. vacation; holiday. **2.** vacancy.
vacanza pagata: paid holiday.
vacanze: vacation.
vacanze annuali: annual holidays.
vaglia cambiario: promissory note; note of hand; note.
vaglia internazionale: international money order.
vaglia postale: post office money order; money order.
vaglia postale a taglio fisso: postal order.
vaglia postale interno: inland money order.
vaglia postale sull'estero: foreign money order.
vaglia telegrafico: telegraphic money order.
vagone a collettame: merchandise car; package car.
vagone ferroviario: railcar; railroad car.
vagone merci: freight car.
vagone per carico comune: pool car.
valanga d'oro: golden avalanche.
validità: validity.
valido: valid.
valido revoca: valid until cancelled.
valido un giorno: valid for one day.
valore: value; worth.
valore accertato: assessed value; assessed valuation.
valore aggiunto: value added; added value; net output.
valore aggiunto lordo: gross value added.
valore aggiunto netto: net value added.
valore alla scadenza: maturity value.
valore ammortizzato: amortized value; depreciated value.
valore approssimativo: estimated value.
valore arbitrario: subjective value.
valore assicurabile: insurable value.
valore assoluto: absolute value.
valore attuale: present worth; present value; commuted value; capitalized value.
valore attuale della rendita unitaria immediata: present value of 1 per period.
valore attuale di una unità monetaria: present value of 1.
valore attuale netto: net present value.
valore attualizzato: capitalized value.
valore aureo: gold value.
valore azionario: share.
valore base: base value.
valore base di mercato: base market value.
valore capitale: capital value.
valore capitalizzato: 1. capitalized value. **2.** future value. **3.** capital value.
valore cartaceo: paper value.
valore c.i.f.: c.i.f. value.
valore commerciale: commercial value.
valore congruo: true value.
valore contabile: book value; book amount; carrying value; written–down value; carrying amount; carrying value.
valore contabile lordo: gross book value; gross carrying amount.
valore contabile netto: net book amount; net book value; net carrying amount.
valore contabile residuo: remainder value; net book amount; net book value.
valore contributivo: contributory value.
valore convenzionale: conventional value.
valore corrente: current value.
valore corrente di mercato: current market value.
valore corrente di rimpiazzo: current replacement value.
valore costante: constant value.
valore dazio incluso: duty–paid value.
valore debitorio: contributory value.
valore degli investimenti: value of investment.
valore degli scambi: trading value.
valore della moneta: value of money.
valore dell'attivo: assets value.
valore delle attività tangibili: tangible value.
valore del prodotto marginale: 1. value of the marginal product. **2.** marginal value product.
valore derivato: derived value.
valore di attività nette: net asset worth.
valore di avviamento: 1. value of goodwill. **2.** enterprise value; going–concern value. **3.** acquired surplus; surplus at date of acquisition.
valore di bilancio: balance–sheet value.
valore di carico: book value.
valore dichiarato: 1. value declared; declared value. **2.** declared value; stated value.
valore di contribuzione: contributory value.
valore di costo: cost value.
valore di demolizione: break–up value.
valore di deposito: carrying value.
valore di fattura: invoice value.
valore di inventario: 1. inventory value. **2.** net asset value.
valore di inventario a fine anno: year–end inventory value.
valore di liquidazione: liquidation value.
valore di mercato: market value.
valore di mercato aperto: open–market value.
valore di parità: par value.
valore di permuta: trade–in value.
valore di prestito: loan value.
valore di rarità: scarcity value.
valore di realizzo: break–up value.
valore di ricupero: salvage; salvage value; recovery value.
valore di rimborso: redemption money.
valore di rimpiazzo: replacement value.
valore di riscatto: 1. cash surrender value; surrender value. **2.** redemption money.
valore di riserva: reserve value.
valore di rottame: scrap value; junk value.

valore di scambio: market value; value in exchange; exchange value.
valore di scorporazione: break-up value.
valore di sostituzione: replacement value.
valore di spedizione: shipping value.
valore di stima: appraised value.
valore di sviluppo: development value.
valore di uscita atteso: expected exit value.
valore di vendita forzata: forced-sale value.
valore di zecca: mint value.
valore doganale: customs value.
valore d'uso: use value; value in use.
valore d'uso attuale: existing-use value.
valore economico: economic significance.
valore effettivo: actual value.
valore effettivo di mercato: actual market value.
valore equo: sound value.
valore equo di mercato: fair market value.
valore estrinseco: extrinsic value.
valore facciale: face value; face amount; denominational value; nominal value.
valore figurativo: imputed value.
valore fiscale: tax value.
valore fisico: physical value.
valore fittizio: fictitious value.
valore fluttuante: floating value.
valore f.o.b.: f.o.b. value.
valore futuro: future value.
valore giusto: sound value.
valore immateriale: intangible value.
valore imponibile: 1. taxable value; assessable value; tax value. **2.** rateable value.
valore in oro: gold value.
valore interamente pagato: paid-up value.
valore intrinseco: intrinsic value.
valore-lavoro: normal value; labour-value.
valore legale: legal capital; legal value; stated capital.
valore locativo: rental value; letting value.
valore locativo annuo: annual value.
valore locativo annuo lordo: gross annual value.
valore locativo annuo netto: net annual value.
valore lordo: gross value.
valore lordo di locazione: gross value.
valore marginale: marginal value.
valore materiale: tangible value; material asset value.
valore medio di mercato: middle market value.
valore monetario: 1. money value; monetary value. **2.** cash value.
valore monetario congruo: fair cash value.
valore monetario effettivo: actual cash value.
valore monetario equo: fair cash value.
valore monetario presunto: expected monetary value.
valore naturale: normal value; natural value.
valore netto: net value.
valore netto di presunto realizzo: net realizable value.
valore netto di vendita: sale value; selling value.
valore nominale: face value; face amount; book value; nominal value; par value.
valore nominale in polizza: face of policy.
valore normale: normal value.
valore oggettivo: objective value.
valore presunto: 1. constructive value. **2.** expected value.
valore reale: real value; actual value.
valore residuale: residual value; recovery cost.
valore residuale lordo: gross residual value.
valore residuale netto: net residual valuc.
valore residuo: recovery value; recovery expenditure.
valore ricevuto: value received.
valore scontato: discounted value.
valore sdoganato: duty-paid value.
valore soggettivo: subjective value.
valore stimato: estimated value.
valore teorico di un diritto di sottoscrizione: theoretical value of a right.
valore venale: market value.
valori: securities.
valori convenzionali: convention values.
valori di attività non riportati sul mastro: non-ledger assets.
valori d'interscambio: eliminations; intercompany eliminations.
valori erratici: outliers; extremes.
valori in dollari costanti: constant-dollar values.
valori in dollari reali: real-dollar values.
valori mobiliari: securities listed on the stock exchange; stock exchange securities; quoted securities; stocks and shares.
valori mobiliari a reddito fisso: fixed-interest securities.
valori mobiliari a reddito variabile: dividend-bearing securities.
valori mobiliari commerciabili: marketable securities.
valori mobiliari redimibili: redeemable securities.
valori non soggetti a decadenza: non-forfeiture values.
valori standard: standard values.
valorizzare: to valorize.
valorizzazione: valorization.
valorizzazione di una merce: valorization of a commodity.
valuta: 1. currency. **2.** exchange. **3.** value date.
valuta a corso forzoso: forced currency; fiat currency.
valuta a corso legale: currency.
valuta a credito: credit money.
valuta a tasso di cambio fluttuante: floating currency.
valuta aurea: gold currency; gold money.
valuta base: base currency.
valutabile: valuable.
valuta bloccata: blocked exchange; blocked currency.
valuta cartacea: paper money; paper currency.
valuta cartacea convertibile: convertible money; convertible paper money; convertible paper currency; convertible paper.
valuta chiave: key currency.
valuta convertibile: convertible currency.
valuta corrente: current money.
valuta da intervento: intervention currency.
valuta da investimento: investment currency.
valuta da riserva: reserve currency.
valuta debole: soft currency; weak currency.
valuta decimale: decimal currency.
valuta deprezzata: depreciated currency.
valuta di riserva: reserve currency.
valuta di scambio: trading currency.
valuta estera: foreign currency; foreign exchange.
valuta forte: hard currency; hard money; strong currency.
valuta funzionale: functional currency; local currency.
valuta guida: leading currency.
valuta in conto: value in account.
valuta inconvertibile: inconvertible currency; unconvertible currency; irredeemable currency.
valuta indicata: specified currency.
valuta interna: domestic currency.

valuta internazionale: international currency.
valuta legale: legal currency.
valuta libera: free currency; trading currency.
valuta locale: local currency.
valuta metallica: **1.** metallic money; metallic currency. **2.** full-bodied currency.
valuta mista: mixed currency.
valuta mondiale: world currency.
valuta nazionale: domestic currency; national currency.
valuta pregiata: reserve currency.
valutare: to appraise.
valuta rifugio: haven currency.
valuta scarsa: scarce currency.
valuta sopravvalutata: overvalued currency.
valuta sottovalutata: undervalued currency.
valuta stabilita: specified currency.
valutatore: estimator.
valuta veicolo: vehicle currency.
valuta verde: green currency.
valutazione: **1.** rating; appraisal. **2.** assessment. **3.** valuation. **4.** evaluation.
valutazione a coppie: paired combination rating.
valutazione a distribuzione forzata: forced distribution rating.
valutazione a punti: points assessment.
valutazione a scelta forzata: forced choice rating; preference check list.
valutazione contabile: accounting valuation.
valutazione dei costi: cost estimation.
valutazione dei danni: assessment of damages.
valutazione dei dipendenti: employee rating.
valutazione dei progetti: project appraisal; project evaluation.
valutazione della perdita: assessment of the loss.
valutazione della sinistrosità: experience rating.
valutazione del lavoro: labour grade.
valutazione delle attività: asset valuation.
valutazione delle mansioni: job evaluation; job grading; job rating.
valutazione delle scorte: stock valuation; inventory valuation; inventory pricing.
valutazione del magazzino: inventory valuation.
valutazione di mercato: market valuation.
valutazione di merito: merit rating.
valutazione di un investimento: investment appraisal.
valutazione doganale: customs valuation.
valutazione economica: economic appraisal.
valutazione professionale: professional valuation.
valutazione retrospettiva: retrospective rating.
valute dei cinque grandi: big-five currencies.
valute esotiche: exotic currencies.
valute in concorrenza: competing currencies.
vantaggi netti: net advantages.
vantaggi non monetari: non-monetary advantages.
vantaggio: **1.** advantage. **2.** benefit.
vantaggio acquisito: acquired advantage.
vantaggio assoluto: absolute advantage.
vantaggio assoluto di costo: absolute cost advantage.
vantaggio comparato: comparative advantage; relative advantage.
vantaggio comparato arbitrario: arbitrary comparative advantage.
vantaggio concorrenziale: competitive advantage; competition edge.
vantaggio di costo: cost advantage.
vantaggio di differenziazione: differential advantage.
vantaggio di prezzo: price advantage.
vantaggio fiscale: tax advantage.
vantaggio in natura: benefit in kind.
vantaggio naturale: natural advantage.
vantaggio relativo: comparative advantage; relative advantage.
vantaggio sociale massimo: maximum social advantage.
vantaggio tributario: tax advantage.
vantaggi tariffari: tariff advantages.
variabile: variable.
variabile autonoma: autonomous variable.
variabile casuale: stochastic variable; random variable; chance variable.
variabile continua: continuous variable.
variabile dipendente: dependent variable.
variabile endogena: endogenous variable.
variabile esogena: exogenous variable.
variabile fittizia: dummy variable.
variabile indipendente: independent variable.
variabile indotta: induced variable.
variabile stocastica: stochastic variable; random variable; chance variable.
variabile strumentale: instrumental variable.
variabilità del tasso di cambio: exchange rate variability.
variante: **1.** variance. **2.** variate.
variante avversa: adverse variance.
variante di budget: budget variance.
variante di composizione: mix variance.
variante di composizione delle vendite: sales mix variance.
variante di costi comuni: overhead variance.
variante di costo: cost variance.
variante di costo dei materiali: materials cost variance.
variante di impiego materiali: materials usage variance.
variante di mix delle vendite: sales mix variance.
variante di prezzo delle vendite: sales price variance.
variante di resa: yield variance.
variante di spesa: spending variance.
variante di spese generali: overhead variance.
variante di volume: volume variance.
variante di volume delle vendite: sales volume variance.
variante favorevole: favourable difference; favourable variance.
variante prezzo: price variance; value variance.
variante sfavorevole: unfavourable difference; unfavourable variance.
varianza: variance.
varianza di efficienza: physical variance; efficiency variance.
varianza di revisione: revision variance.
varianza fisica: physical variance.
variazione: **1.** variation. **2.** tick.
variazione casuale: random variation.
variazione del corso del cambio: variation in the rate of exchange.
variazione della domanda: variation in demand.
variazione della offerta: variation in supply.
variazione delle scorte: inventory change.
variazione di costo: cost variation.
variazione di gusto: change of taste.
variazione di prezzo: variation in price; price variation; price change.
variazione inventariale: inventory variation.
variazione netta: net change.
variazione per festività: holiday variation.

variazione quantitativa: quantum change.
variazione stagionale: seasonal variation; calendar variation.
variazioni della domanda: changes in demand.
variazioni dell'offerta: changes in supply.
variazioni stagionali della domanda: seasonal variations of demand.
varie ed eventuali: any other business.
varietà di prodotto: product variety.
vaschetta d'archivio: filing tray; filing basket.
vecchi clienti: established customers.
vecchio colonialismo: old colonial system.
vecchio sindacalismo: old unionism.
vecchio sistema coloniale: old colonial system.
vecchio unionismo: old unionism.
veicoli industriali: commercial vehicles.
veicoli pubblicitari: media.
veicolo pubblicitario: medium of advertising.
velocità: velocity.
velocità dei depositi di reddito: velocity of income deposits.
velocità dei depositi–moneta: velocity of cash deposits.
velocità della moneta: velocity of money.
velocità di circolazione: velocity of circulation.
velocità di circolazione della moneta: velocity of circulation of money.
velocità di circolazione della moneta in termini di reddito: income velocity of money.
velocità di circolazione della moneta in termini di scambi: exchange velocity of circulation.
velocità di circolazione in termini di operazioni commerciali: transactions velocity of circulation.
velocità di circolazione in termini di reddito: income velocity of circulation.
velocità–reddito della moneta: income velocity of money.
velo monetario: veil of money.
vendere: to sell; to vend.
vendere al dettaglio: to retail.
vendere allo scoperto: to sell short.
vendere al minuto: to retail.
vendibile: saleable; salable; vendible.
vendita: **1.** selling. **2.** sale.
vendita a asta pubblica: public auction.
vendita abbinata: tie–in sale.
vendita a candele vergini: sale by candle.
vendita a contanti: sale for cash.
vendita a credito: **1.** sale on credit. **2.** tally trade.
vendita a distanza: remote retailing.
vendita a domicilio: house–to–house selling.
vendita a domicilio di valori mobiliari: share hawking.
vendita a dorso: piggy–back selling.
vendita a fini fiscali: tax selling.
vendita al dettaglio: sale by retail; retail sale; retail.
vendita all'asta: auction sale; sale by auction.
vendita alle grida: call over.
vendita all'incanto: auction sale; sale by auction; public auction.
vendita all'ingrosso: wholesale sale; wholesale.
vendita allo sbarco: sale delivered ex–ship; sale free overside.
vendita allo scoperto: **1.** bear sale. **2.** short sale; short selling; selling short. **3.** naked shorting.
vendita al meglio: **1.** sale at best. **2.** agency marketing; agency selling.
vendita al minuto: retail sale; retail; sale by retail.
vendita a lotti: sale by lots.
vendita al ribasso: distress selling.
vendita a numero: sale by number.
vendita a peso: sale by weight.
vendita a pezzo: sale by number.
vendita a premio: **1.** giving for the put. **2.** premium sale.
vendita a prezzi di occasione: bargain sale.
vendita a pronti: cash sale.
vendita a rate: sale by instalments; deferred payment sale.
vendita a scatola chiusa: blind selling.
vendita a stralcio: clearance sale.
vendita a termine: sale for the account.
vendita calda: hard selling; high–pressure selling.
vendita coatta: forced sale; sheriff's sale.
vendita coattiva: selling out.
vendita commerciale: commercial sale.
vendita con buoni di credito: check trading.
vendita con l'ausilio di propagandisti: missionary selling.
vendita con pagamento alla consegna: sale cash on delivery.
vendita con pagamento differito: deferred payment sale.
vendita con pagamento rateale: hire–purchase sale; hire purchase; instalment sale.
vendita con patto di locazione: renting back; sale and lease back.
vendita con patto di riacquisto: repurchase agreement.
vendita con patto di riscatto: sale with right of redemption.
vendita con patto di riservato dominio: hire–purchase sale; hire purchase.
vendita con riserva della proprietà: **1.** hire–purchase sale; hire purchase. **2.** conditional sale.
vendita contro assegno: sale cash on delivery.
vendita «così com'è»: sale with all faults; sale as is.
vendita di appoggio: back selling.
vendita di azioni porta a porta: share hawking.
vendita di beneficenza: bring–and–buy sale; jumble sale.
vendita di beni mobili: sale of goods.
vendita di beni sequestrati: distress sale; distress selling.
vendita di compensazione: closing sale.
vendita di fornitura: trade sale.
vendita di liquidazione: clearance sale; bulk sale; winding–up sale; distressed sale.
vendita di realizzo: profit taking.
vendita diretta: direct selling; direct–response selling; direct sale; direct dealing; direct marketing.
vendita di roba usata: rummage sale.
vendita di titoli non quotati in borsa: over–the–counter sale.
vendita estensiva: extensive selling.
vendita ferma: firm sale.
vendita fittizia: **1.** fictitious sale. **2.** wash sale.
vendita forzata: sale under execution; execution sale; forced sale; forced selling; sheriff's sale.
vendita forzata di beni ipotecati: foreclosure sale.
vendita franco di tutte le spese allo sbarco: sale on landed terms.
vendita fraudolenta: fraudulent sale.
vendita fuori borsa: over–the–counter sale.
vendita giudiziale: judicial sale; sale under execution; sheriff's sale.
vendita giudiziale per il recupero di imposte: tax sale.

vendita in apertura: opening sale.
vendita in blocco: bulk sale.
vendita in chiusura: closing sale.
vendita in commissione: sale on commission; commission sale.
vendita in conto assoluto: absolute sale; firm sale.
vendita in conto deposito: 1. sale or return; sale and return; on sale or return basis. **2.** see–safe.
vendita incrociata: cross sale.
vendita in esclusiva: exclusive agency selling; exclusive dealing.
vendita in frode dei creditori: fraudulent sale.
vendita intensiva: intensive selling.
vendita ipotetica: deemed disposal.
vendita lenta: slow sale.
vendita mediante articoli civetta: switch selling.
vendita negoziata: negotiated sale.
vendita per consegna futura: sale for future delivery.
vendita per consegna immediata: spot sale.
vendita per contanti: cash sale.
vendita per conto terzi: sale on commission; commission sale.
vendita personale: personal selling.
vendita per telefono: telephone selling.
vendita per trattativa privata: private sale.
vendita piramidale: pyramid selling.
vendita porta a porta: doorstep sale.
vendita privata: private sale.
vendita promozionale: promotion sale.
vendita pronta: ready sale.
vendita pubblica: public sale.
vendita rateale: instalment selling.
vendita salvo approvazione: approval sale.
vendita salvo vista e verifica: sale on approval; memorandum sale.
vendita selettiva: selective selling.
vendita simulata: fictitious sale; simulated sale.
vendita sotto costo: sale below cost; sale under cost.
vendita su campione: sale by sample.
vendita su descrizione: sale by description.
vendita telefonica: telephone selling.
vendita televisiva: tele–selling.
vendita tramite distributori automatici: automatic selling.
vendita vincolante: tie–in sale.
vendita volontaria: voluntary sale.
vendite: sales.
vendite all'estero: foreign sales; overseas sales.
vendite interne: home sales.
vendite lorde: gross sales.
vendite nette: net sales.
vendite per consegna differita: forward sales.
vendite per esportazione: export sales.
vendite previste: estimated sales.
vendite stimate: estimated sales.
vendite sul mercato aperto: open–market sales.
vendite sul mercato interno: home sales.
venditore: 1. seller. **2.** salesclerk; sales assistant; salesman.
venditore al dettaglio: retailer; retail dealer.
venditore all'ingrosso: wholesaler.
venditore allo scoperto: 1. naked writer. **2.** short–seller.
venditore ambulante: itinerant salesman; itinerant vendor; hawker; huckster; pedlar; tallyman.
venditore di spazio pubblicitario: space salesperson.
venditore esterno: outside salesman.
venditore marginale: marginal seller.
venditore porta a porta: door–to–door salesman; knocker.
venditore viaggiante: travelling salesman.
venditore volante: itinerant salesman; itinerant vendor.
venditrice: saleswoman; saleslady; salesgirl.
venerdì e festivi esclusi: fridays and holidays excluded.
venerdì nero: black Friday.
ventilare: to allocate.
ventilazione: virement.
ventilazione dei costi: cost allotment.
ventilazione dei costi del personale: pay–roll distribution.
ventina: score.
verbali: minutes.
verbali del consiglio di amministrazione: board minutes.
verga: ingot.
verghe auree: gold bars.
verifica: 1. audit. **2.** verification. **3.** vouching. **4.** tally; tallying.
verifica a domicilio: home audit.
verifica catastale e ipotecaria: enquiries before contract; preliminary enquiries: title search.
verifica contabile: accounting control.
verifica delle attività: verification of assets.
verifica delle mansioni esecutive: desk audit.
verifica delle procedure: procedural review; procedural audit.
verifica dettagliata: detailed audit.
verifica di ipotesi attuali usando dati del passato: back casting.
verifica doganale: jerque.
verifica fiscale: tax audit.
verifica generale: general audit.
verificare: 1. to crosscheck. **2.** to verify. **3.** to vouch.
verificatore: 1. checker. **2.** tally clerk; tallyman.
verificatore di dogana: landing waiter; landing officer; land waiter; searcher.
verificatori dei pesi e delle misure: taxers.
verifiche: searches.
versamento: lodgement.
versamento anticipato in conto azioni: prepaid call.
versamento in contanti: cash credit.
versamento per cablo: cable transfer.
versamento per telegrafo: telegraphic transfer.
versione rozza della teoria quantitativa: crude quantity theory.
verso la propria nazione: homeward.
vertenza: dispute; grievance.
vertenza sindacale: trade dispute.
vertice economico: economic summit.
vetrina: shop window; show window; window; store window.
vetrinista: window dresser.
vettore: 1. carrier. **2.** vector.
vettore a contratto: contract carrier; haulage contractor.
vettore aereo: air carrier.
vettore comune: common carrier.
vettore distributore: delivering carrier.
vettore industriale: industrial carrier.
vettore iniziale: initial carrier.
vettore limitato: limited carrier.
vettore marittimo: marine carrier.
vettore privato: private carrier.
vettore pubblico: public carrier.
vettore stradale: road haulier.
vettore terrestre: land carrier.

vettoriale: vector quantity.
via: via.
via di navigazione: seaway.
viaggi all'estero: foreign travel.
viaggiatore: traveller.
viaggiatore di commercio: commercial traveller.
viaggi consecutivi: consecutives.
viaggio con carico: cargo passage.
viaggio di affari: business trip.
viaggio in zavorra: ballast passage.
vice direttore: **1.** under–manager. **2.** assistant manager; assistant director.
vicinanza: accessibility.
vicolo cieco: blind alley.
vigilante: shop–walker.
vigilanza: supervision.
vigilanza bancaria: bank supervision.
vile: base.
vinaio: vintner.
vincolo: tie.
vincolo contrattuale: contract tie; contractual tie.
vincolo di prezzo: price commitment.
vincolo ipotecario: **1.** mortgage. **2.** mortgage lien.
vincolo sull'aiuto: aid tying.
violazione del diritto d'autore: copyright infringement.
violazione di brevetto: patent infringement.
violazione di condizione: breach of condition.
violazione di garanzia: breach of warranty.
visita a freddo: cold call.
visita doganale: **1.** customs examination. **2.** rummaging.
visita peritale: marine survey.
visitare una nave: to rummage.
visita speciale: special survey.
visto: visa.
visto d'ingresso: entry visa.
visto di reingresso: re–entry visa.
visto di reingresso multiplo: multiple re–entry visa.
visto di transito: transit visa.
visto turistico: tourist visa.
visualizzatore: visualizer.
visura: preliminary enquiries; enquiries before contract; title search.
vita: life.
vita di articoli da banco: shelf life.
vita di esercizio fisica: physical service life.
vita di servizio: service life.
vita di servizio economica: economic service life.
vita di un bene capitale: asset life.
vita di un contratto: life of a contract.
vita economica: useful life; economic life.
vita fisica: physical life.
vitalità: viability.
vitaliziato: annuitant; life annuitant.
vitalizio: **1.** straight life annuity; life annuity. **2.** life income; life income annuity.
vitalizio gratuito: gratuitous life annuity.
vita media: average life.
vita operativa: physical life.
vita presunta: expected life.
vita probabile: probable life.
vita produttiva: productive life.
vita residua: residual maturity.
vita utile: service life.
vite diverse: uneven lives.
vittimizzazione: victimization.
vivace: bright; lively.
vive: stet.
vivere di capitale: living on capital.
vivibilità: livability.
vizio apparente: apparent defect; patent defect.
vizio inerente: inherent vice.
vizio occulto: latent defect; hidden defect.
vizio redibitorio: redhibitory defect.
voce di bilancio patrimoniale: balance–sheet item.
voce di quadratura: balancing item.
volantino: leaflet; handbill; throwaway.
volatilità: volatility.
volatilità dei tassi di cambio: exchange rate volatility.
volatilità implicita: implied volatility.
volo charter: charter flight.
volo noleggiato: charter flight.
volume: throughput.
volume degli scambi: volume of trade.
volume della occupazione: employment volume.
volume della produzione: volume of production.
volume delle contrattazioni: volume; trading volume; business volume.
volume delle vendite: volume of sales.
volume di affari: volume of business.
volume di contrattazioni: contract trading volume.
volume di moneta: volume of money.
volume di occupazione: quantity of employment.
volume di produzione: production volume.
volume di produzione di equilibrio: break–even volume of production.
volume di scambi: volume; trading volume; business volume.
volume standard: standard volume.
vostre linee: vostro account; due to balance.
votazione: vote; voting.
votazione a scrutinio segreto: ballot; voting by ballot.
votazione a voto cumulativo: cumulative voting.
votazione cumulativa: cumulative voting.
votazione di ballottaggio: second ballot.
votazione ordinaria: ordinary voting; statutory voting.
votazione per alzata di mano: voting by show of hands.
votazione per appello nominale: poll; voting on a poll.
votazione per delega: proxy voting.
voto: vote.
voto decisivo: casting vote.
voto di blocco: block vote.
voto plurimo: block vote.
voto preponderante: casting vote.
vuoti: empties.
vuoto di cassa: cash deficit; cash deficiency.
vuoto inflazionistico: inflationary gap.
vuoto per pieno: dead freight.

x, X

xenocrediti: xeno credits.
xenovaluta: offshore currency.

z, Z

zavorra: ballast.
zecca: mint.
zecca reale: royal mint.
zigrinatura: milling.
zona: area; zone.
zona agricola: agricultural area.
zona commerciale: trade area.
zona del franco: franc zone.
zona del sole: Sun Belt.
zona depressa: development district.
zona di attività bancaria internazionale: international banking zone.
zona di attività bancaria libera: free banking zone.
zona di deposito: farm.
zona di libero scambio: free trade zone; free zone.
zona d'inversione: turning zone.
zona di sostituibilità: substitutability zone.
zona di sostituzione: substitutability zone.
zona di svolta: turning zone.
zona di vendita: sales territory; sales area.
zona doganale: customs area.
zona franca: foreign trade zone.
zona industriale: industrial site; industrial area; industrial park.
zona popolare: slurb.
zona portuale: port area.
zone arretrate: backward areas.
zone d'impresa: enterprise zones.
zone d'iniziativa: enterprise zones.
zone di trasformazione per l'esportazione: export–processing zones.
zone obiettivo: target zones.
zone obiettivo dei tassi di cambio: exchange rate target zones.
zone sottosviluppate: backward areas.
zonizzazione: zoning.

appendici

THE FINANCIAL SYSTEM

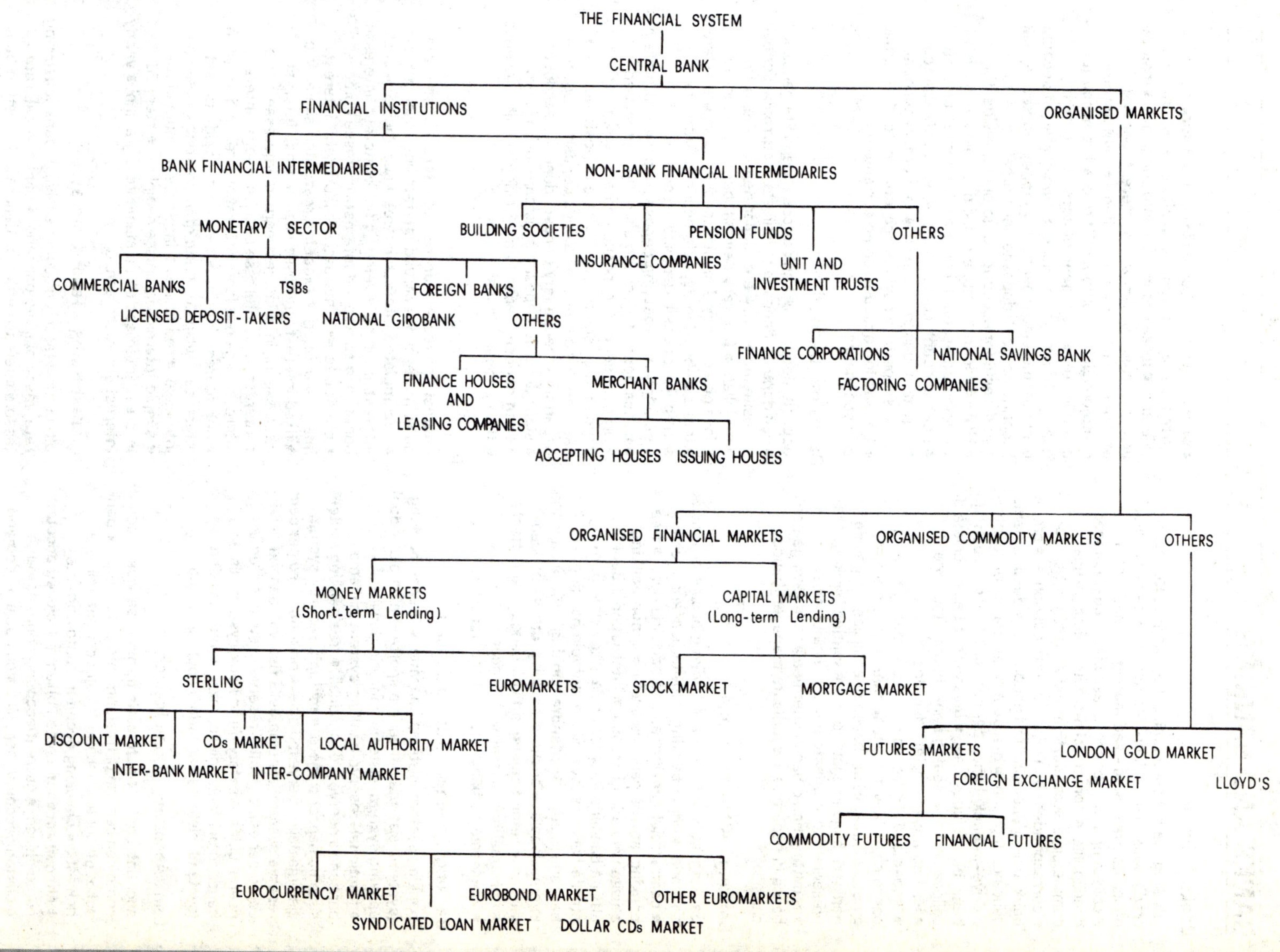

BANKS AND BANKING

Banks Banche

advising bank banca notificante • **agricultural/rural credit bank** banca di credito agrario • **central bank** banca centrale • **co–lead manager** concapofila • **collecting bank** banca incassante • **co–manager** concapofila • **commercial/trading bank** banca commerciale • **consortium bank** banca consortile • **correspondent bank** banca corrispondente • **credit bank** banca di credito ordinario puro • **deposit bank** banca di deposito • **discount bank** banca di sconto • **drive–in bank** banca per automobilisti • **industrial bank** banca industriale • **investment bank** società di collocamento • **issuing bank** banca emittente • **issuing house** società di collocamento • **lead–manager** banca capofila • **manager bank** banca capofila • **merchant bank** banca d'affari • **note–issuing bank** banca di emissione • **paying bank(er)** banca pagatrice • **presenting bank** banca presentatrice • **private bank** banca privata • **remitting bank** banca intermediaria • **savings bank** banca di risparmio • **syndicate manager** banca capofila

Banking Attività bancaria

banking attività bancaria • **banking business** attività bancaria • **chain banking** attività bancaria a catena • **commercial banking** attività bancaria pura • **free banking** attività bancaria libera • **group banking** attività bancaria di gruppo • **international banking** attività bancaria internazionale • **invisible banking** attività bancaria invisibile • **multiple banking** attività bancaria multipla • **offshore banking** attività bancaria internazionale • **onshore banking** attività bancaria interna • **retail banking** attività bancaria al dettaglio • **universal banking** attività bancaria universale • **wholesale banking** attività bancaria all'ingrosso

Banking Systems Sistemi bancari

banking system sistema bancario • **branch banking (system)** sistema bancario a sportello multiplo • **dual banking system** sistema bancario duplice • **fractional–reserve banking system** sistema bancario a riserve proporzionali • **free banking system** sistema bancario libero • **multiple reserve system** sistema delle riserve multiple • **one–hundred per cent reserve system** sistema della riserva bancaria del cento per cento • **one–reserve system** sistema a riserva unica • **safety–fund bank system** sistema bancario del fondo di sicurezza • **unit banking (system)** sistema bancario a sportello unico

Bank Accounts Conti bancari

account conto • **automatic transfer service account** conto con servizio di trasferimento automatico • **bank account** conto bancario • **call account** conto a richiesta • **checking account** conto corrente • **cheque account** conto corrente • **closed account** conto chiuso • **current account** conto corrente • **custody account** deposito a custodia • **demand deposit account** conto di deposito a richiesta • **deposit account** conto di deposito/conto vincolato • **drawing account** conto di prelievo • **foreign currency account** conto in valuta estera/conto valutario • **frozen account** conto congelato • **insured account** conto assicurato • **interest–bearing account** conto corrente fruttifero • **joint account** conto congiunto/conto a più firme • **lire account** conto in lire • **management account** conto di deposito in amministrazione • **money market account** conto del mercato monetario • **money market deposit account** conto di deposito del mercato monetario • **non–resident account** conto di non residente • **NOW account** conto a ordini di prelievo negoziabili • **numbered account** conto cifrato/conto numerato • **open account** conto aperto • **open safe–custody account** deposito a dossier • **overdrawn account** conto scoperto • **savings account** conto di risparmio • **transaction account** conto corrente di corrispondenza

Deposits Depositi

deposit deposito • **bank deposit** deposito bancario • **call deposit** deposito a richiesta • **currency deposit** deposito in valuta • **eurodollar deposit** deposito in eurodollari • **fiduciary deposit** deposito fiduciario • **foreign currency deposit** deposito in valuta estera • **interest–bearing deposit** deposito fruttifero • **irregular deposit** deposito irregolare • **non–interest–bearing deposit** deposito infruttifero • **notice deposit** deposito soggetto a preavviso • **primary deposit** deposito primario • **regular deposit** deposito regolare • **safe deposit** deposito in cassette di sicurezza • **savings deposit** deposito a risparmio • **secondary deposit** deposito secondario • **sight deposit** deposito a vista/deposito libero • **term deposit** deposito a termine/deposito vincolato • **time deposit** deposito a tempo

Interest Interessi

interest interesse • **accrual of interest** maturazione degli interessi • **accrued interest** interessi maturati • **accumulated interest** interessi accumulati • **back interest** interessi arretrati • **bank interest** interesse bancario • **compound interest** interesse composto • **credit interest** interessi creditori **debit interest** interessi debitori • **exact interest** interesse esatto • **fixed interest** interesse fisso • **gross interest** interesse lordo • **interest earned** interesse attivo • **interest paid** interesse passivo • **legal interest** interesse legale • **loan interest** interesse di prestito • **net interest** interesse netto • **prepaid interest** interesse anticipato • **rate of interest** tasso/saggio di interesse • **red interest** interesse sui numeri rossi • **simple interest** interesse semplice • **stepped interest** interesse con andamento a gradino • **yearly interest** interesse annuo

Interest Rates Tassi d'interesse

all–in rate tasso onnicomprensivo • **bank borrowing rate** tasso passivo bancario • **banker's call rate** tasso d'interesse attivo su denaro a richiesta • **bank lending rate** tasso attivo bancario • **Bank rate** tasso di sconto ufficiale • **bank rate** tasso bancario • **base**

lending rate tasso base d'interesse • **bid rate** tasso passivo • **borrowing rate** tasso d'interesse passivo • **call rate** tasso d'interesse passivo su denaro a richiesta • **cap rate** tasso con limite massimo • **central bank lending rate** tasso d'interesse della banca centrale • **clearing bank base rate** tasso base attivo londinese • **deposit rate** tasso d'interesse sui conti di deposito • **differential rate of interest** tasso d'interesse differenziale • **discount rate** tasso di sconto • **interbank market bid rate** tasso interbancario passivo • **interbank market offered rate** tasso interbancario attivo • **interbank rate** tasso interbancario • **interest rate** tasso d'interesse • **interest-rate spread** tasso d'interesse addizionale • **lending rate** tasso attivo • **Lombard rate** tasso Lombard • **London interbank bid rate** tasso interbancario passivo londinese • **London interbank offered rate** tasso interbancario attivo londinese • **long-term rate of interest** tasso d'interesse a lungo termine • **market-related interest rate** tasso d'interesse adeguato al mercato • **minimum lending rate** tasso minimo di sconto • **money market interest rate** tasso d'interesse sul mercato monetario • **offered rate** tasso attivo • **prime rate (of interest)** tasso d'interesse primario • **re-discount rate** tasso di risconto • **seven-day rate** tasso d'interesse su depositi a sette giorni • **short-term rate of interest** tasso d'interesse a breve termine • **top rate** tasso attivo massimo

Cheques Assegni

cheque assegno • **account-only cheque** assegno da accreditare/assegno per conteggio • **antedated cheque** assegno antidatato **bank cheque** assegno bancario • **banker's cheque** assegno circolare • **bearer cheque** assegno al portatore • **blank cheque** assegno in bianco • **cancelled cheque** assegno estinto • **certified cheque** assegno a copertura garantita • **crossed cheque** assegno sbarrato • **negotiable cheque** assegno trasferibile • **non-transferable cheque** assegno non trasferibile • **order cheque** assegno all'ordine • **out-of-date cheque** assegno prescritto • **outstanding cheque** assegno in circolazione • **overdue cheque** assegno scaduto • **personal cheque** assegno di conto corrente • **postdated cheque** assegno postdatato • **stopped cheque** assegno fermato • **travellers' cheque** assegno turistico • **uncrossed cheque** assegno aperto • **worthless cheque** assegno a vuoto/assegno scoperto

Account Balance Saldo di conto

balance saldo/disponibilità • **credit balance** saldo attivo/saldo a credito • **current account balance** saldo di conto corrente • **debit balance** saldo passivo/saldo a debito • **minimum balance** saldo minimo • **sterling balance** saldo in sterline

Miscellaneous Terms Termini vari

bankable asset attività bancabile • **bankable bill** effetto bancabile • **bankable paper** carta bancabile • **bank acceptance** accettazione bancaria • **bank advance** anticipazione bancaria • **bank book** libretto a risparmio • **bank borrowing** prestiti bancari • **bank borrowing operations** operazioni passive **bank certificate** estratto conto bancario • **bank charges/commission** spese/commissioni bancarie • **bank clerk** impiegato di banca • **bank credit** credito bancario • **bank (credit) transfer** bonifico bancario • **bank custody** deposito a custodia • **bank discount** sconto bancario • **bank draft** assegno circolare • **banker's draft** tratta bancaria • **banking** attività bancaria/tecnica bancaria • **banking hours** orario di sportello • **banking secret** segreto bancario • **bank(ing) transaction** operazione bancaria **bank lending** crediti bancari • **bank lending operations** operazioni attive • **bank lending rate** tasso attivo bancario • **bank line** linea di credito • **bank loan** prestito bancario • **bank manager** direttore di banca • **bank office** sportello bancario • **bank overdraft** scoperto bancario • **bank payment order** mandato di pagamento/ordine di bonifico • **bank personal loan** prestito personale/piccolo credito • **bank premises** locali della banca/sede della banca • **bank teller** cassiere di banca • **bank window** sportello (nella banca) **depositary** depositario • **depositor** depositante • **deposit slip** ricevuta di deposito • **lodgement** versamento • **repayment** rimborso • **safe box** cassetta di sicurezza • **safe deposit** deposito in cassette di sicurezza • **saver** risparmiatore • **withdrawal** prelievo

Phraseology Fraseologia

to ask/apply for a bank loan chiedere un prestito bancario • **to bank a cheque** versare un assegno in banca • **to bank (money) at/with the XY Bank** depositare denaro presso la Banca XY • **to bank with the XY Bank** essere cliente della Banca XY/avere un conto presso la Banca XY • **to bear 5% interest** fruttare il 5% d'interesse • **to be granted a bank loan** ottenere un prestito bancario • **to cash a cheque** riscuotere/incassare un assegno • **to cash interest** incassare gli interessi • **to charge interest on** far pagare gli interessi su • **to close an account** chiudere un conto • **to credit interest** accreditare gli interessi • **to cut interest** ridurre il tasso d'interesse • **to debit interest** addebitare gli interessi • **to deposit money in(to) an account** depositare denaro su un conto • **to discount a bill** scontare un effetto • **to earn 5% interest** fruttare un interesse del 5% • **to give 5% interest** riconoscere un interesse del 5% • **to go into the red** andare in rosso • **to have a sum in one's bank account** disporre di una somma sul proprio conto bancario • **to open an account** aprire un conto • **to overcheck** andare in rosso, andare allo scoperto • **to overdraw one's bank account** sorpassare il proprio conto • **to pay interest on** pagare gli interessi su • **to pay money into one's bank account** versare moneta sul proprio conto bancario • **to put money into a bank** mettere soldi in banca • **to raise interest** aumentare il tasso d'interesse • **to receive interest** ricevere gli interessi • **to run in the red** andare in rosso, andare allo scoperto • **to withdraw money from one's bank account** prelevare denaro dal proprio conto bancario

THE STOCK EXCHANGE AND MONEY MARKET

Exchanges Borse

commodity exchange borsa merci • **custodian bank** banca depositaria • **dealing room** borsino • **discount house** istituto/casa di sconto • **exchange** borsa • **management company** società di gestione • **options exchange** borsa delle opzioni • **organised exchange** borsa organizzata • **produce exchange** borsa merci/borsa delle derrate • **securities exchange** borsa valori • **stock exchange** borsa valori/borsa finanziaria • **stock market** mercato azionario • **trading desk** borsino

Types of Market Tipi di mercato

active market mercato attivo • **advancing market** mercato in ripresa, mercato in movimento • **auction market** mercato a licitazione • **bearish market** mercato con tendenza al ribasso • **bear market** mercato al ribasso • **bond market** mercato delle obbligazioni • **boom market** mercato effervescente • **bullish market** mercato con tendenza al rialzo • **bull market** mercato al rialzo • **capital market** mercato dei capitali • **depressed market** mercato depresso • **derivative market** mercato derivativo • **dull market** mercato stagnante • **equity market** mercato azionario • **eurobond market** mercato delle eurobbligazioni • **euro–equity market** mercato delle euroazioni • **excited market** mercato sostenuto • **firmer market** mercato più stabile • **firm market** mercato fermo • **fixed–interest market** mercato del reddito fisso • **gilt–edged market** mercato dei titoli di stato • **global stock market** mercato azionario mondiale • **heavy market** mercato pesante • **integrated capital markets** mercati integrati dei capitali • **inter–dealer market** mercato tra operatori • **junior markets** mercati minori • **narrow market** mercato limitato • **new issue market** mercato delle nuove emissioni, mercato primario • **order–driven market** mercato basato sugli ordini • **outcry market** mercato alle grida • **over–the–counter market** mercatino • **placement market** mercato dei collocamenti • **quiet market** mercato tranquillo • **quote–driven market** mercato basato sulle quotazioni • **rigged market** mercato manipolato • **rights market** mercato dei diritti di sottoscrizione • **round–the–clock market** mercato continuo • **round–the–world market** mercato mondiale • **sagging market** mercato cedente • **secondary market** mercato secondario • **securities market** mercato mobiliare • **senior market** mercato maggiore • **sensitive market** mercato sensibile • **sluggish market** mercato fiacco • **speculative market** mercato speculatorio • **stock market** mercato azionario • **strong market** mercato forte • **tertiary market** mercato terziario • **thin market** mercato languido • **tight market** mercato rigido • **traded options market** mercato dei premi • **unlisted market** mercatino • **unlisted securities market** mercatino • **unsettled market** mercato agitato • **volatile market** mercato fluido • **weak market** mercato debole

Shares Azioni

bearer share azione al portatore • **blue chip** azione di prim'ordine • **bonus share** azione gratuita • **conversion share** azione di compendio • **deferred share** azione postergata • **discount share** azione sotto la pari • **equities** azioni • **euroequities** euroazioni • **founders' share** azione di fondazione • **growth share** azione di crescita/di sviluppo • **guaranteed share** azione a dividendo garantito • **non–voting share** azione senza diritto di voto • **ordinary share** azione ordinaria • **paid–up share** azione liberata • **preference share** azione privilegiata • **premium share** azione sopra la pari • **quoted share** azione quotata in borsa • **registered share** azione nominativa • **hare** azione • **share of stock** azione di capitale • **split share** azione frazionata • **stock** titolo di stato a lungo termine, cartella/azione • **stocks and shares** valori mobiliari • **treasury share** azione di tesoreria • **unit** quota–parte • **unquoted share** azione non quotata in borsa • **voting share** azione con diritto di voto

Bonds Obbligazioni

bearer bond obbligazione al portatore • **bond** obbligazione • **collateral trust bond** obbligazione con garanzia reale • **convertible bond** obbligazione convertibile • **corporate bond** obbligazione di società • **coupon bond** obbligazione cuponata • **currency bond** obbligazione in valuta • **debenture** obbligazione • **discount bond** obbligazione sotto la pari • **drawn bond** obbligazione estratta • **eurobond** eurobbligazione • **eurodollar bond** obbligazione in eurodollari • **exit bond** obbligazione di disimpegno • **flat bond** obbligazione a corso secco • **floating rate bond** obbligazione a tasso d'interesse variabile • **high–yield bond** obbligazione a alto rendimento • **indexed bond** obbligazione indicizzata • **industrial bond** obbligazione industriale • **irredeemable debenture** obbligazione irredimibile • **junior bond** obbligazione di grado posteriore • **junk bond** obbligazione di rischio • **local authority bond** obbligazione di ente locale • **mortgage bond** obbligazione fondiaria/ipotecaria • **municipal bond** obbligazione municipale • **par bond** obbligazione alla pari • **perpetual bond** obbligazione perpetua • **premium bond** obbligazione sopra la pari • **public–utility bond** obbligazione di impresa di pubblici servizi • **redeemable bond** obbligazione redimibile • **registered bond** obbligazione nominativa • **senior bond** obbligazione di grado anteriore • **serial bonds** obbligazioni con scadenza a serie successive • **warrant bond** obbligazione con warrant • **zero coupon bond** obbligazione a capitalizzazione integrale/obbligazione scuponata

Yield Rendimento

bond rate tasso delle obbligazioni • **dividend yield** tasso di rendimento azionario • **fixed interest rate** tasso d'interesse fisso • **indexed interest rate** tasso d'interesse indicizzato • **interest rate** tasso d'interesse • **long rate** tasso d'interesse su titoli a lungo termine • **nominal interest rate** tasso d'interesse nominale • **rate of return** tasso di rendimento • **real interest rate** tasso d'interesse reale

Instruments and Documents Strumenti e documenti

bearer scrip certificato provvisorio di titolo al portatore • **bill** titolo di credito a breve termine (da 1 a 12 mesi) • **bill of exchange** cambiale • **certificate of deposit** certificato di deposito • **commercial paper** carta commerciale • **contract note** fissato bollato/fissatino • **government stocks** cartelle di rendita/titoli di stato a lungo termine • **money market certificate** certificato del mercato monetario • **promissory note** cambiale propria/pagherò • **scrip (certificate)** buono frazionario • **share option** diritto di sottoscrizione • **share script** certificato azionario provvisorio • **stock(–purchase) warrant** buono di diritto di opzione • **subscription warrant** buono di diritto di sottoscrizione • **term certificate of deposit** certificato di deposito a termine • **time certificate of deposit** certificato di deposito a tempo • **transfer certificate** certificato di trapasso/cessione di azioni • **transfer deed** atto di trapasso/cessione di azioni **transfer form** modulo di trasferimento di titoli • **treasury bill** buono ordinario del tesoro • **treasury bond** buono poliennale del tesoro • **treasury certificate** certificato (di credito) del tesoro • **warrant** certificato di diritto di sottoscrizione

Contracts Contratti

bear spread contratto a doppio premio al ribasso • **bull spread** contratto a doppio premio al rialzo • **call** contratto a premio di cui/contratto a premio dont/contratto a premio semplice • **call of more** contratto a premio di aggiunta/contratto a premio noch • **commodity futures option** contratto a premio su futures di beni • **continuation note** contratto di riporto • **covered option** contratto a premio coperto • **currency futures** contratto di cambio a termine • **currency option** contratto a premio in valute • **double option** contratto a doppia facoltà/contratto a doppio premio • **equity option** contratto a premio su titoli azionari • **exchange–traded options** contratti a premio autorizzati • **financial futures** contratti finanziari a termine • **futures contract** contratto a termine • **index futures** contratto a termine su indici • **index option** contratto a premio sull'indice • **naked option** contratto a premio allo scoperto • **option (contract)** contratto a premio • **participating forward** contratto di cambio a termine con partecipazione • **purchase contract** contratto di garanzia e collocamento titoli • **put (option)** contratto a premio del venditore/contratto a premio pour livrer/contratto a premio put • **put and call** contratto a doppia facoltà/contratto a doppio premio/contratto a premio composto • **put of more** contratto a premio di aggiunta/contratto a premio noch • **range forward** contratto di cambio a termine con scarto • **seller's option to double** contratto a premio di aggiunta/contratto a premio noch • **share/stock option** contratto a premio su titoli • **spot contract** contratto a pronti • **spread** contratto a doppia facoltà/contratto a doppio premio • **stock index futures** contratto a termine su indici azionari • **stock index option** contratto a premio su indici azionari • **straddle (option)** contratto a doppia facoltà/contratto a doppio premio • **strap** contratto a premio strap • **strip** contratto a premio strip • **traded options** contratti a premio autorizzati • **triple option** contratto a premio triplo • **underwriting contract** contratto di garanzia e collocamento titoli

Orders Ordini

alternative order ordine alternativo • **at the close order** ordine al listino/in chiusura • **at the opening order** ordine in apertura • **buy–or–cancel order** ordine valido borsa oggi • **buy order** ordine di acquisto • **conditional order** ordine condizionato • **contingent order** ordine limitato • **cross order** ordine incrociato • **day order** ordine con indicazione del giorno di validità • **discretionary order** ordine discrezionale • **fill–or–kill order** ordine a risposta immediata, ordine con urgenza immediata, ordine volando • **good–this–month order** ordine valido questo mese • **good until cancelled order** ordine a revoca • **limit order** ordine con limite di prezzo • **market order** ordine senza indicazione di validità • **matched order** ordine legato • **near order** ordine circa • **open order** ordine aperto • **revocable order** ordine valido revoca • **scale order** ordine scalando • **sell order** ordine di vendita • **sell stop order** ordine di vendita con limite di prezzo • **split order** ordine migliorando • **stock market order** ordine di borsa • **stop buy order** ordine di acquisto con limite di prezzo • **stop–loss order** ordine debordant • **stop order** ordine con limite di prezzo • **switch order** ordine di cambiamento di posizione • **time order** ordine con indicazione di validità

Dealers and Investors Operatori e investitori

agency broker agente intermediario • **balanced fund** fondo comune bilanciato • **bear** ribassista • **bill broker** agente/intermediario di sconto • **bond fund** fondo comune obbligazionario • **bondholder** obbligazionista • **broker** agente intermediario • **bull** rialzista • **common stock fund** fondo comune azionario • **dealer** operatore di borsa • **experienced investor** investitore esperto • **institutional investor** investitore istituzionale • **investment trust** fondo chiuso • **investor** investitore • **market maker** operatore indipendente • **nominee company** società intestataria • **ordinary investor** investitore comune • **portfolio investor** investitore finanziario • **private investor** investitore privato • **professional investor** investitore professionale • **saver** risparmiatore • **shareholder** azionista • **small investor** piccolo investitore • **speculative investor** investitore per speculazione • **speculator** speculatore • **stag** aumentista/premista • **stock gambler** speculatore di borsa • **stock transfer agent** agente per i trasferimenti azionari • **trader** operatore di borsa • **underwriting syndicate** consorzio di garanzia e collocamento titoli • **unitholder** quotista • **unit trust** fondo aperto • **writer** venditore di contratto a premio

Settlement Liquidazione

account day giorno dei compensi/giorno di liquidazione • **account days** giorni di liquidazione • **backwardation** deporto • **carrying over** riporto fittizio • **carrying over day** giorno dei riporti • **contango** riporto/riporto staccato • **contango day** giorno dei riporti • **continuation** riporto proroga

• **continuation day** giorno dei riporti • **continuation note** riporto indiretto • **continuation rate** deporto • **declaration day** giorno di risposta premi • **intermediate days** giorni intermedi • **making-up day** giorno per le operazioni di riporto • **name day** giorno della consegna fogli • **pay day** giorno dei compensi/giorno di liquidazione • **settlement day** giorno dei compensi/giorno di liquidazione • **settling days** giorni di liquidazione • **stock exchange account** ciclo operativo • **ticket day** giorno della consegna fogli

Miscellaneous Terms Termini vari

quotation/quote quotazione • **share list** listino valori • **share portfolio** portafoglio azionario • **share price** corso azionario • **stock exchange bargain** operazione di compravendita in borsa • **stock exchange capitalization** capitalizzazione di mercato • **stock exchange clearings** compensazioni di borsa • **stock exchange daily list** listino giornaliero della borsa valori • **stock exchange index** indice di borsa • **stock exchange listing** quotazione in borsa • **stock exchange placing** collocamento in borsa • **stock exchange settlement** liquidazione di borsa • **stock gambling/speculation** speculazione in borsa • **stockmarket crash** crollo del mercato azionario • **stock split** frazionamento azionario • **stock/share subscription** sottoscrizione azionaria • **stock ticker symbols** simboli di teleborsa • **stock transfer** trasferimento/trapasso di titoli

Phraseology Fraseologia

to abandon an option abbandonare un contratto a premio • **to borrow/lend money at call/at short notice** prendere a prestito/prestare denaro a richiesta/a breve preavviso • **to close firm** chiudere con prezzi fermi/stabili • **to close mixed** chiudere con prezzi instabili • **to discount a bill/treasury bill** scontare una cambiale/un buono del tesoro • **to exercise an option** esercitare un contratto a premio • **to invest in shares/bonds** investire in azioni/obbligazioni • **to issue bonds at par/a premium/a discount** emettere obbligazioni alla pari/sopra la pari/sotto la pari • **to keep a liquid market in CDs** tenere liquido il mercato dei certificati di deposito • **to launch a new issue** lanciare una nuova emissione • **to offer shares on the market** offrire azioni sul mercato • **to realize a capital gain** realizzare un utile di capitale • **share prices are falling/rising** i corsi azionari scendono/salgono • **the issue was oversubscribed** l'emissione è stata sottoscritta in eccesso • **the issue was underscribed** l'emissione non è stata totalmente sottoscritta • **to underwrite a share/bond issue** sottoscrivere una emissione azionaria/obbligazionaria

BUSINESS UNITS

Business Units Imprese

affiliated company società collegata • **associated company** società consociata • **attacking company** società attaccante/scalatrice • **city-owned enterprise** impresa municipalizzata • **close company** società chiusa • **commercial credit company** società di credito commerciale • **consumer loan company** società di credito al consumo • **controlled company** società controllata • **controlling company** società di controllo • **co-operative (society)** società cooperativa • **daughter company** società figlia • **factoring company** società di factoring • **family company/partnership** società familiare • **finance company/house** società di finanziamento/società finanziaria • **general/ordinary partnership** società in nome collettivo • **hire-purchase company** società finanziaria per il credito rateale • **holding company** società di partecipazione • **incorporated company** società iscritta al registro delle persone giuridiche • **insurance company** società di assicurazione • **(joint-stock) company** società di capitali • **leasing company** società di leasing • **limited (liability) company** società a responsabilità limitata • **limited partnership** società in accomandita • **limited private/public company** società per azioni privata/pubblica • **(management) consulting firm** società di consulenza (aziendale) • **manufacturing company** società industriale • **mortgage company** società di credito ipotecario • **multinational company** società multinazionale • **non-profit-making company** società senza scopo di lucro • **non-trading partnership** società non commerciale • **one-man business** impresa individuale • **open company** società aperta • **parent company** società capogruppo • **partnership** società di persone/società semplice • **predecessor company** società rilevata • **private company** società privata • **professional partnership** società professionale/di professionisti • **profit-making company** società avente scopo di lucro • **property company** società immobiliare • **proprietary company** società finanziaria di partecipazione • **public company** società pubblica • **public limited company** società per azioni • **public-utility company** impresa di pubblici servizi • **re-insurance company** società di riassicurazione • **sham corporation** società fittizia • **shipping company** società di navigazione • **sole trader** imprenditore in proprio • **state-controlled enterprise** impresa a partecipazione statale • **state enterprise** impresa di stato • **stock company** società azionaria • **subsidiary (company)** società affiliata/sussidiaria • **successor company** società rilevante • **target/victim company** società mirata/vittima • **trustee company** società depositaria/fiduciaria • **unlimited company** società a responsabilità illimitata

Company Organization Organizzazione aziendale

committee organization organizzazione per comitati • **company organization** organizzazione aziendale, organizzazione d'impresa • **deep organization** organizzazione profonda • **direct organization** organizzazione in linea retta • **divisionalization** organizzazione divisionale o per divisioni • **divisionalization by place** organizzazione divisionale per zona • **divisionalization by product** organizzazione divisionale per prodotto • **flat organization** organizzazione piatta • **functional foremanship** organizzazione di Taylor • **functional organization** organizzazione funzionale o per funzioni • **industrial organization** organizzazione industriale • **joint management-labour committee organization** organizzazione per comitati misti • **line and functional organization** organizzazione lineare e per funzioni • **line and staff organization** organizzazione a linee e direzioni, organizzazione lineare a direzioni • **line organization** organizzazione di linea, organizzazione lineare • **multiple-management organization** organizzazione a direzioni multiple • **Taylor system of shallow organization** organizzazione piatta • **vertical organization** organizzazione verticale

Members and Stock Soci e capitale

bond obbligazione • **bond certificate** certificato obbligazionario • **bondholder** obbligazionista • **coupon** cedola • **junior bonds** obbligazioni di secondo grado • **senior bonds** obbligazioni di primo grado • **majority shareholder** azionista di maggioranza • **majority shareholding** azionariato di maggioranza • **minority shareholder** azionista di minoranza • **minority shareholding** azionariato di minoranza • **non-voting share** azione senza diritto di voto • **ordinary share** azione ordinaria • **ordinary shareholder** azionista ordinario • **partnership share** quota sociale • **preference share** azione privilegiata • **preference shareholder** azionista privilegiato • **share** azione • **share certificate** certificato azionario • **shareholder** azionista • **shareholding** azionariato • **share of capital** azione di capitale • **stake** partecipazione • **stock** azione • **voting share** azione con diritto di voto • **warrant** certificato di diritto di opzione

Acquisitions Acquisizioni

agreed takeover bid offerta di acquisto concordata • **amalgamation** fusione • **buy-in** rilevazione dall'esterno • **buy-out** rilevazione dall'interno • **debt-financed buy-out** rilevazione con capitale di prestito • **employee buy-out** rilevazione dei dipendenti • **management buy-out** rilevazione dei dirigenti • **combination** concentrazione • **contested takeover bid** offerta di acquisto contrastata • **horizontal/lateral/vertical amalgamation** fusione orizzontale/laterale/verticale • **hostile takeover bid** offerta di acquisto ostile • **leveraged bid** offerta di acquisto per contanti • **leveraged buy-out** rilevazione con capitale di prestito • **merger** incorporazione • **rival bid** offerta di acquisto in concorrenza • **takeover** acquisizione • **takeover bid** offerta pubblica di acquisto

Bankruptcy and Liquidation Fallimento e liquidazione

bankrupt fallito • **bankruptcy** fallimento

• **bankruptcy adjudication** dichiarazione di fallimento • **bankruptcy petition** istanza di fallimento • **bankruptcy proceedings** procedura di fallimento • **bankruptcy trustee** liquidatore • **compulsory winding-up** liquidazione coatta • **creditors' voluntary winding-up** liquidazione volontaria su delibera dei creditori • **discharged bankrupt** fallito riabilitato • **discharge of bankrupt** riabilitazione civile del fallito • **involuntary bankruptcy** fallimento involontario • **liquidation** liquidazione • **liquidator** liquidatore • **members' voluntary winding-up** liquidazione volontaria su delibera dei soci • **official receiver** curatore del fallimento • **undischarged bankrupt** fallito non riabilitato • **voluntary bankruptcy** fallimento volontario • **voluntary winding-up/liquidation** liquidazione volontaria • **winding-up** liquidazione • **winding-up subject to supervision of the Court** liquidazione giudiziaria

Phraseology Fraseologia

to buy a stake in a company acquistare una partecipazione in una società di capitali • **to dissolve a partnership** sciogliere una società di persone • **to fail** fallire • **to form a partnership** costituire una società di persone • **to go bankrupt** fallire • **to go bust** fallire • **to go into partnership with someone** entrare in società con qualcuno • **to join a partnership** entrare in una società di persone • **to liquidate/wind up a company/partnership** liquidare una società di capitali/di persone • **to list/quote a company at the stock exchange** quotare una società in borsa • **to promote a company** fondare una società di capitali • **to put a company into liquidation** mettere in liquidazione una società • **to set up a company** costituire una società di capitali • **to set up in business** mettersi in affari • **to take someone into partnership** prendere qualcuno in società

TAXES AND TAXATION

Taxation   Imposizione fiscale

capital taxation imposizione patrimoniale • **direct taxation** imposizione diretta • **double taxation** doppia imposizione • **flat-rate tax system** sistema di imposizione fiscale a aliquota fissa • **indirect taxation** imposizione indiretta • **local taxation** imposizione a livello locale • **progressive taxation** imposizione a aliquote progressive • **proportional taxation** imposizione a aliquota costante • **pyramiding** imposizione piramidale • **regressive tax system** sistema di imposizione fiscale a aliquote regressive • **regressive taxation** imposizione a aliquote regressive • **single-tax system** sistema fiscale a imposta unica • **system of taxation** sistema di imposizione fiscale • **tax system** sistema di imposizione fiscale, sistema fiscale/tributario • **zero-rating** imposizione zero (IVA)

Principles of Taxation   Principi dell'imposizione fiscale

ability-to-pay principle of taxation principio della imposizione fiscale basata sulla capacità contributiva • **benefits-received principle of taxation** principio delle prestazioni e controprestazioni • **canons of taxation** canoni dell'imposizione fiscale • **destination principle** principio della destinazione • **faculty principle of taxation** principio della capacità contributiva • **principles of taxation** principi dell'imposizione fiscale • **social welfare principle of taxation** principio dell'imposizione fiscale basata sul benessere sociale

Taxes   Imposte

capital gains tax imposta sui redditi di capitale • **capital transfer tax** imposta sui trasferimenti di capitale • **cascade tax** imposta a cascata • **consumption tax** imposta sui consumi • **corporate income tax** imposta sul reddito delle persone giuridiche • **corporation tax** imposta sulle società • **coupon tax** imposta sugli interessi obbligazionari • **degressive tax** imposta progressiva ad aliquota crescente men che proporzionalmente • **direct tax** imposta diretta • **dividend tax** imposta sui dividendi, imposta cedolare • **employment tax** imposta sull'occupazione • **estate tax** imposta di successione • **excise tax** imposta di fabbricazione • **flat tax** imposta a aliquota fissa • **graduated tax** imposta graduale • **higher-rate tax** imposta a aliquote superiori • **house tax** imposta sugli immobili • **income tax** imposta sul reddito • **indirect tax** imposta indiretta • **inheritance tax** imposta sulle successioni • **input tax** imposta sul valore aggiunto a credito • **land tax** imposta fondiaria • **municipal tax** imposta municipale • **output tax** imposta sul valore aggiunto a debito • **pay-roll tax** imposta sul ruolo paga • **personal income tax** imposta sul reddito delle persone fisiche • **personal property tax** imposta di ricchezza mobile • **poll tax** imposta di capitazione; imposta locale • **presumptive tax** imposta presuntiva • **progressive tax** imposta progressiva • **property-increment tax** imposta sull'incremento di valore degli immobili • **proportional tax** imposta proporzionale • **purchase tax** imposta sugli acquisti • **rate** imposta locale • **regressive tax** imposta regressiva • **revenue tax** imposta fiscale • **sales tax** imposta di consumo • **state tax** imposta erariale • **stock transfer tax** imposta sul trasferimento di titoli • **succession tax** imposta successoria • **tax at source** imposta alla fonte • **tax on property** imposta patrimoniale • **town tax** imposta comunale • **turnover tax** imposta sugli affari • **uniform business tax** imposta locale uniforme sull'attività economica • **value-added tax** imposta sul valore aggiunto • **withholding tax** imposta cedolare d'acconto, imposta cedolare sui titoli a reddito fisso

Rates   Aliquote

average tax rate aliquota media • **basic rate** aliquota base • **composite rate** aliquota composita • **effective tax rate** aliquota effettiva • **general rate** aliquota generale • **marginal effective tax rate** aliquota d'imposta effettiva marginale • **marginal rate** aliquota marginale • **marginal tax rate** aliquota d'imposta marginale • **progressive rate** aliquota progressiva • **proportional rate** aliquota proporzionale • **rate** aliquota • **top marginal rate** aliquota marginale massima • **zero rate** aliquota zero

Tax Returns   Dichiarazioni d'imposte

tax declaration dichiarazione delle imposte • **income tax return** denuncia dei redditi, dichiarazione dei redditi • **joint return** dichiarazione congiunta • **value-added statement** dichiarazione IVA • **VAT declaration** dichiarazione IVA • **VAT return** dichiarazione IVA

Miscellaneous Terms   Termini vari

taxable ability capacità contributiva • **taxable base** base di prelievo • **taxable capacity** capacità contributiva • **taxable income** reddito imponibile • **taxable person** soggetto d'imposta • **taxable profit** reddito imponibile d'impresa • **taxable value** valore imponibile • **taxable year** anno fiscale
tax adviser consulente fiscale • **tax allowance** detrazione d'imposta • **tax amortization/capitalization** ammortamento/capitalizzazione d'imposta • **tax assessment** accertamento d'imposta • **tax avoidance/dodging** elusione/elisione d'imposta • **tax base** base di prelievo • **tax bracket** scaglione d'imposta • **tax break** agevolazione fiscale • **tax burden** onere/carico fiscale • **tax credit** credito d'imposta • **tax cut** riduzione delle imposte • **tax dodger** evasore fiscale • **tax equity** giustizia fiscale • **tax evasion** evasione fiscale • **tax farming** appalto d'imposta • **tax fraud** frode fiscale • **tax-free** esentasse • **tax haven** paradiso fiscale • **tax hike** inasprimento fiscale • **tax holiday** periodo di esenzione fiscale • **tax loophole** scappatoia fiscale • **tax number** codice fiscale • **tax offence** reato fiscale • **tax office** ufficio delle imposte • **taxpayer** contribuente • **tax policy** politica tributaria • **tax rate** aliquota fiscale • **tax reform** riforma fiscale • **tax register** anagrafe tributaria • **tax return**

denuncia/dichiarazione dei redditi • **tax revenue** gettito fiscale • **tax roll** ruolo delle imposte • **tax schedules** categorie d'imposta • **tax shifting** traslazione d'imposta • **tax system** sistema tributario • **tax threshold** soglia tributaria • **tax wedge** cuneo fiscale • **tax year** anno fiscale

Phraseology Fraseologia

to abate a tax ridurre (l'aliquota di) un'imposta • **to charge VAT** addebitare/far pagare l'IVA • **to cut taxes** ridurre le imposte • **to deduct expenses from the income tax return** detrarre spese dalla dichiarazione dei redditi • **to dodge/evade a tax** evadere un'imposta • **to fill in a VAT return** compilare una dichiarazione IVA • **to impose/levy a tax** imporre un tributo, introdurre un'imposta • **to increase/to reduce VAT to 21%** aumentare/ridurre l'IVA al 21% • **the invoice includes VAT at 18%** la fattura è comprensiva di IVA al 18% • **to lift a tax** abolire un'imposta • **to make an income tax return** presentare una dichiarazione dei redditi • **to make a return to the tax office** presentare una dichiarazione al fisco • **to pay a tax** pagare un'imposta • **to raise indirect/direct taxation** aumentare l'imposizione indiretta/diretta • **to raise money by indirect taxation** introitare denaro mediante l'imposizione indiretta • **to shift a tax** traslare un'imposta • **to tax income at 38%** tassare il reddito al 38%

MARKETS

Markets   Mercati

air freight market mercato dei noli aerei • **bond market** mercato delle obbligazioni • **capital market** mercato dei capitali • **cash market** mercato a pronti • **commodity market** mercato dei prodotti • **consumer market** mercato dei beni di consumo • **discount market** mercato dello sconto • **domestic/home market** mercato interno • **equity market** mercato azionario • **Eurobond market** mercato delle eurobbligazioni • **eurocapital market** mercato degli eurocapitali • **euro–currency market** mercato delle eurovalute • **financial market** mercato finanziario • **fixed–interest market** mercato del reddito fisso • **foreign exchange market** mercato dei cambi, mercato valutario • **foreign market** mercato estero • **forward exchange market** mercato dei cambi per consegna differita • **futures market** mercato a termine • **gilt–edged market** mercato dei titoli di stato • **goods market** mercato dei beni • **industrial market** mercato dei beni strumentali • **interbank market** mercato interbancario • **intercompany loans market** mercato dei prestiti interaziendali • **inter–dealer market** mercato tra operatori • **investment market** mercato degli investimenti • **labour market** mercato del lavoro • **loan market** mercato dei prestiti • **money market** mercato monetario • **mortgage market** mercato delle ipoteche • **organized market** mercato organizzato • **outcry market** mercato alle grida • **physical market** mercato del disponibile • **property market** mercato immobiliare • **retail market** mercato al dettaglio • **savings market** mercato del risparmio • **securities market** mercato mobiliare • **shipping market** mercato dei noli • **single European market** mercato unico europeo • **single internal market** mercato unico interno • **spot market** mercato a pronti • **unlisted securities market** mercato ristretto • **wholesale market** mercato all'ingrosso

Market Trends   Tendenze del mercato

active market mercato attivo • **advancing market** mercato in movimento • **bearish market** mercato con tendenza al ribasso • **bear market** mercato al ribasso, mercato dell'orso • **black market** mercato nero • **boom market** mercato effervescente • **brisk market** mercato attivo • **bullish market** mercato con tendenza al rialzo • **bull market** mercato al rialzo, mercato del toro • **buyers' market** mercato del compratore • **competitive market** mercato competitivo/concorrenziale • **depressed market** mercato depresso • **dull market** mercato stagnante • **equilibrium market** mercato in equilibrio • **falling market** mercato calante • **gray market** mercato grigio • **heavy market** mercato pesante • **locked market** mercato immobilizzato • **managed market** mercato manovrato • **pegged market** mercato stabilizzato • **quiet market** mercato calmo • **rigged market** mercato manipolato • **sagging market** mercato cedente • **sellers' market** mercato del venditore • **sensitive market** mercato sensibile • **speculative market** mercato speculatorio • **stable market** mercato sostenuto • **stagnant market** mercato stagnante • **strong market** mercato fermo/forte • **thin/narrow market** mercato fiacco/languido • **tight market** mercato rigido • **transparent market** mercato trasparente • **unsettled market** mercato agitato • **volatile market** mercato fluido • **weak market** mercato debole • **white market** mercato bianco

Phraseology   Fraseologia

to be in the market for something cercare qualcosa sul mercato • **to buy/sell goods in a market** comprare/vendere beni in un mercato • **to come on to the market** giungere sul mercato, essere messo in vendita sul mercato • **to dump a market with a good** inondare di un bene un mercato • **to dump goods on a market** svendere beni su un mercato • **to enter the computer market** entrare nel mercato dei computer • **to flood the market with a good** inondare di un bene il mercato • **to gain a market share** guadagnarsi una quota di mercato • **to go to market** andare al mercato • **to increase one's market share** aumentare la propria quota di mercato • **to lose a market share** perdere una quota di mercato • **the market has fallen sharply** il mercato ha avuto un crollo • **the market in bank shares is very active** il mercato dei valori bancari è molto attivo • **our company has 10% of the European car market** la nostra azienda ha il 10% del mercato europeo delle automobili • **to pay black market prices** pagare prezzi da mercato nero • **to penetrate a market** penetrare in un mercato • **to put something on the market** immettere qualcosa sul mercato • **to rig the market** manipolare il mercato • **sales in the home market rose by 15%** le vendite sul mercato interno sono aumentate del 15% • **to share the market** dividersi il mercato • **there is a flourishing black market in...** c'è un fiorente mercato nero di... • **there is no market for this good** non c'è mercato per questo bene • **tomorrow is market day** domani è giorno di mercato

MONEY

Definitions of Money Definizioni di moneta

bank money moneta bancaria • **base money** moneta di base • **broad money** moneta in senso ampio • **central bank money** moneta della banca centrale • **cheap money** moneta di scarso valore • **credit money** moneta creditizia • **dear money** moneta cara • **deposit money** moneta–deposito • **elastic money** moneta elastica • **electronic money** moneta elettronica • **endogenous money** moneta endogena • **exogenous money** moneta esogena • **hard money** moneta forte • **high–powered money** moneta a alto potenziale • **hot money** moneta calda • **idle money** moneta inattiva • **inside money** moneta interna • **made money** moneta creata • **managed money** moneta manovrata • **money** moneta • **money in active circulation** moneta in attiva circolazione • **money in circulation** moneta in circolazione • **money proper** moneta propriamente detta • **narrow money** moneta in senso stretto • **neutral money** moneta neutrale • **outside money** moneta esterna • **plastic money** moneta di plastica • **reserve money** moneta di riserva • **soft money** moneta debole • **spending money** moneta disponibile • **substitute money** moneta bancaria, moneta scritturale • **tight money** moneta cara • **wide base money** moneta di base ampia

Types of Money Tipi di moneta

chartalist money moneta cartalista • **counterfeit money** moneta contraffatta • **current money** moneta corrente • **fiat money** moneta a corso forzoso • **fiduciary money** moneta a circolazione fiduciaria • **fractionally–backed paper money** moneta cartacea parzialmente garantita da metallo prezioso • **fractional money** moneta divisionaria, moneta frazionaria • **gold money** moneta aurea • **inconvertible money** moneta inconvertibile • **irredeemable money** moneta a corso forzoso • **legal tender (money)** moneta a corso legale • **limited legal tender** moneta a corso legale con potere liberatorio limitato • **metallic money** moneta metallica • **milled money** moneta coniata • **money of account** moneta di conto • **paper money** moneta cartacea, cartamoneta • **representative money** moneta fiduciaria, moneta rappresentativa • **specie money** moneta metallica • **standard money** moneta base, moneta perfetta • **state money** moneta di stato • **token money** moneta fiduciaria, moneta–segno • **unlimited legal tender** moneta a corso legale con potere liberatorio illimitato

Money Inflation Inflazione monetaria

accelerating inflation inflazione crescente • **annual inflation** inflazione annua • **annualized inflation** inflazione tendenziale • **annualized rate of inflation** tasso d'inflazione tendenziale, tasso d'inflazione su base annua • **anticipated inflation** inflazione attesa • **bottleneck inflation** inflazione da strozzatura • **built–in inflation** inflazione strutturale • **chronic inflation** inflazione cronica • **concealed inflation** inflazione nascosta • **core inflation** inflazione inerziale • **cost–push inflation** inflazione (indotta) da costi • **creeping inflation** inflazione strisciante • **currency inflation** inflazione monetaria • **demand–pull inflation** inflazione (indotta) da domanda • **demand–shift inflation** inflazione da spostamento della domanda • **domestic inflation rate** tasso d'inflazione interno • **double–digit inflation** inflazione a due cifre • **excess–demand inflation** inflazione da eccesso di domanda • **expected inflation** inflazione prevista • **galloping inflation** inflazione galoppante • **global inflation** inflazione globale • **hidden inflation** inflazione nascosta/occulta • **hyperinflation** iperinflazione • **imported inflation** inflazione importata • **incipient inflation** inflazione incipiente • **inertial inflation** inflazione inerziale • **inflation** inflazione • **inflation rate** tasso d'inflazione • **mild inflation** inflazione mite • **moderate inflation** inflazione moderata • **negative inflation** inflazione negativa • **open inflation** inflazione libera • **persistent inflation** inflazione persistente • **price inflation** inflazione dei prezzi • **profits–push inflation** inflazione (indotta) da profitti • **rapid inflation** inflazione rapida • **repressed inflation** inflazione repressa • **structural inflation** inflazione strutturale • **suppressed inflation** inflazione latente, inflazione soffocata • **tax–push inflation** inflazione da spinta fiscale • **unanticipated inflation** inflazione inattesa • **uncontrollable inflation** inflazione incontrollabile • **underlying inflation** inflazione di fondo, inflazione sottostante • **underlying rate of inflation** tasso d'inflazione di fondo/sottostante • **unvalidated inflation** inflazione non legittimata • **validated inflation** inflazione legittimata • **wage(–push) inflation** inflazione da (spinta dei) salari • **world(–wide) inflation** inflazione mondiale • **year–on–year rate of inflation** tasso d'inflazione annuo • **zero inflation** inflazione (a tasso) zero

Definitions of Currency Definizioni di valuta

currency valuta • **debased currency** valuta svalutata • **depreciated currency** valuta deprezzata • **foreign currency** moneta estera • **hard currency** valuta forte • **international currency** valuta internazionale • **national currency** moneta nazionale • **overvalued currency** valuta sopravvalutata • **soft currency** valuta debole • **undervalued currency** valuta sottovalutata

Parities Parità

absolute fixed peg parità fissa assoluta • **adjustable peg** parità variabile • **central parity** parità centrale • **central rate** parità di cambio, parità di riferimento • **crawling peg** parità slittante o scorrevole • **cross parity** parità incrociata, parità indiretta • **currency parity** parità monetaria • **exchange rate parity** parità cambiaria • **fixed exchange rate parity** parità cambiaria fissa • **fixed peg/parity** parità fissa • **gold parity/par** parità aurea • **indirect parity** parità indiretta • **legal parity** parità legale • **mint par of exchange** parità di zecca, parità monetaria legale intrinseca • **parity/par** parità • **par (rate) of**

exchange parità dei cambi • **purchasing power parity** parità dei poteri d'acquisto

Coins Monete metalliche

bad coin moneta cattiva/imperfetta • **base coin** moneta contraffatta • **clipped coin** moneta tosa/tosata • **coin** moneta • **current coin** moneta corrente • **defaced coin** moneta sfigurata • **gold coin** moneta d'oro • **light coin** moneta calante • **silver coin** moneta d'argento • **standard coin** moneta buona/di peso, moneta perfetta • **subsidiary coin** moneta sussidiaria • **sweated coin** moneta calante • **token coin** moneta debole

Monetary Systems Sistemi monetari

automatic international gold system sistema aureo internazionale automatico • **automatic standard** sistema monetario automatico • **dollar standard** regime monetario basato sul dollaro • **exchange standard** sistema a convertibilità in divise • **fiat standard** sistema a corso forzoso • **fiduciary standard** sistema a circolazione fiduciaria • **full gold standard** sistema monetario aureo • **gold bullion standard** sistema monetario a cambio in verghe auree • **gold exchange standard** sistema monetario a cambio aureo • **gold (specie) standard** sistema monetario aureo • **international gold–bullion standard** sistema monetario a cambio aureo esterno, sistema monetario internazionale a cambio in verghe auree • **irredeemable foreign–exchange standard** sistema monetario a cambio aureo • **limited–coinage system** sistema a coniazione limitata • **limited gold standard** sistema monetario a cambio in verghe auree • **limping dollar standard** sistema del dollaro zoppo • **limping standard** bimetallismo zoppo/gobbo/incompleto • **silver standard** sistema monetario argenteo

Exchange Rates Tassi di cambio

black exchange rates tassi di cambio neri • **bloc floating exchange rates** tassi di cambio fluttuanti in blocco • **cross rate** tasso di cambio indiretto, corso indiretto • **current exchange rate** tasso corrente di cambio, tasso di cambio del giorno • **effective exchange rate** tasso di cambio effettivo • **equilibrium exchange rates** tassi di cambio di equilibrio • **euro–currency market** mercato delle eurovalute • **exchange rate** tasso di cambio • **fixed exchange rate** tasso di cambio fisso • **flexible exchange rate** tasso di cambio flessibile • **floating exchange rate** tasso di cambio fluttuante • **foreign exchange market** mercato delle valute • **foreign exchange rate** tasso di cambio • **forward exchange market** mercato delle valute per consegna differita, mercato dei cambi a termine • **forward exchange rate** tasso di cambio per consegna differita • **freely floating exchange rate** tasso di cambio libero • **fundamental equilibrium exchange rate** tasso di cambio di equilibrio fondamentale • **green rate** tasso di cambio verde • **indicative rate** tasso indicativo • **info rate** tasso informativo • **managed exchange rate** tasso di cambio manovrato • **managed floating exchange rate** tasso di cambio fluttuante manovrato • **market rate of exchange** tasso di cambio di mercato • **money rate of exchange** tasso di cambio monetario • **multiple exchange rates** tassi di cambio multipli • **nominal exchange rate** tasso di cambio nominale • **official (exchange) rate** tasso di cambio ufficiale • **outright rate of exchange** tasso di cambio a termine secco • **overvalued exchange rate** tasso di cambio sopravvalutato • **pegged exchange rates** tassi di cambio sostenuti o stabilizzati • **rate of exchange** tasso di cambio • **real exchange rate** tasso di cambio reale • **spot exchange market** mercato delle valute a pronti • **spot (exchange) rate** tasso di cambio a contanti/a pronti, tasso di cambio a vista • **trade–weighted exchange rate** tasso di cambio ponderato su base commerciale • **two–tier exchange rates** tassi di cambio sul doppio mercato • **unofficial exchange rate** tasso di cambio non ufficiale

Exhange Rates in the Currency Market Tassi di cambio sul mercato valutario

bid price cambio denaro • **buying rate** cambio di acquisto • **cable rate** cambio cablografico, cambio telegrafico • **certain rate** cambio certo • **cheque rate** cambio cheque • **closing rate** cambio di chiusura • **cross exchange** cambio indiretto • **current exchange** cambio corrente, cambio del giorno • **direct exchange** cambio diretto • **exchange** cambio • **exchange at a discount** cambio sotto la pari • **exchange at a premium** cambio sopra la pari • **favourable exchange** cambio favorevole • **fixed exchange** cambio fisso • **fluctuating rate** cambio fluttuante • **foreign exchange futures** cambio a consegna • **forward exchange** cambio a consegna, cambio a termine • **free exchange** cambio a corso libero • **freely floating exchange rate** cambio a corso libero • **indicative rate** cambio indicativo • **indirect exchange** cambio indiretto • **local rate of exchange** cambio della piazza • **multiple exchange rates** cambi multipli • **offer price** cambio lettera • **official exchange rate** cambio ufficiale • **opening rate** cambio di apertura • **parallel exchange rate** cambio fuori mercato, cambio parallelo • **real exchange rate** cambio reale • **selling rate** cambio di vendita • **spot exchange** cambio a contanti, cambio a pronti, cambio a vista • **unofficial exchange rate** cambio fuori mercato

Exchange Rate Systems Sistemi di cambio

adjustable–peg exchange rate system sistema dei tassi di cambio a parità mobile • **crawling–peg exchange rate system** sistema dei tassi di cambio a parità slittante • **exchange rate system** sistema dei tassi di cambio • **fixed exchange rate system** sistema dei tassi di cambio fissi • **flexible exchange rate system** sistema dei tassi di cambio flessibili • **floating exchange rate system** sistema dei tassi di cambio fluttuanti • **freely floating system** sistema dei tassi di cambio liberi

Currency and Money Markets Mercato monetario e valutario

currency market mercato valutario • **exchange market** mercato dei cambi, mercato valutario • **foreign exchange market** mercato dei cambi, mercato valutario • **forward exchange market** mercato delle valute per consegna differita • **interbank market** mercato interbancario • **intercompany money market** mercato monetario interaziendale • **money market** mercato monetario

• **parallel money market** mercato monetario parallelo • **short-term money market** mercato monetario a breve termine • **spot exchange market** mercato delle valute a pronti • **two-tier exchange market** doppio mercato dei cambi

Phraseology Fraseologia

to change a £20 note cambiare una banconota da 20 sterline • **to change pounds into dollars** cambiare sterline in dollari • **to earn good money** avere uno stipendio alto • **to earn money** guadagnare denaro • **to exchange dollars for pounds** cambiare dollari in sterline • **to lose money** sostenere una perdita • **to make money** guadagnare denaro, avere un utile • **to put money down** versare un acconto • **to put money into a business** investire denaro in un'impresa • **to pay for imports in hard currency** pagare le importazioni con valuta pregiata • **to spend money on something** spendere denaro in (per fare/comprare) qualcosa

COMMERCE AND TRADE

Trade Scambio

barter baratto • **bilateral trade** scambio bilaterale • **commerce** commercio • **countertrade** commercio estero di compensazione • **export trade** commercio di esportazione • **foreign trade** commercio estero • **hawking** commercio ambulante • **home trade** commercio interno o nazionale • **import–export trade** commercio di importazione ed esportazione • **import trade** commercio di importazione • **inland trade** commercio interno o nazionale • **international trade** scambi internazionali • **intra–Community trade** commercio intracomunitario • **invisible trade** scambio invisibile • **mail order business** attività commerciale per corrispondenza • **multilateral trade** scambi multilaterali o pluriangolari • **one–way trade** scambio unidirezionale • **overseas trade** commercio estero • **re–export trade** commercio di riesportazione • **retailing** attività di commercio al dettaglio • **retail trade** commercio al dettaglio • **seasonal trade** commercio stagionale • **trade** commercio, scambio • **trade in goods** scambio di beni, commercio di beni • **trade in services** scambio di servizi, commercio di servizi • **visible trade** scambio visibile • **wholesale trade** commercio all'ingrosso • **wholesaling** attività di commercio all'ingrosso

Trading Firms Imprese commerciali

barter house casa di baratto • **buying house** casa di acquisto • **chain stores** negozi a catena • **commercial house** casa commerciale • **commission house** casa commissionaria, commissionaria • **co–operative store** negozio cooperativo • **cut–price shop** negozio a prezzi scontati • **department store** grande magazzino • **discount house** magazzino di sconto, casa di vendita a sconto • **discount store** negozio di sconto, negozio di vendita a sconto • **drive–in store** negozio per automobilisti • **duty–free shop** negozio franco • **export commission house** casa commissionaria di esportazione • **export house** casa di esportazione • **general store** negozio di generi diversi • **hypermarket** ipermercato • **importing house** casa di importazione • **independent stores** negozi indipendenti • **limited–line store** negozio specializzato • **limited–price store** negozio a bassi prezzi • **mail order house** casa di vendita per corrispondenza • **mercantile house** casa mercantile • **mobile shop** negozio mobile • **multiple shops** negozi a catena • **outlet** sbocco, punto di vendita • **outlet store** negozio delle occasioni • **retail store** negozio al dettaglio • **self–service store** negozio a libero servizio • **shop** negozio, esercizio, bottega • **single–line store** negozio specializzato in una linea • **specialist shop** negozio specializzato • **specialty store** negozio di specialità • **stall** bancarella • **store** grande negozio, emporio; negozio all'ingrosso • **store–room** magazzino, deposito • **supermarket** supermercato • **tied shop** negozio vincolato • **trade house** casa commerciale • **variety store** negozio a prezzo unico • **vending machine** distributore automatico • **voluntary chain store** negozio di catena volontaria • **warehouse** magazzino, deposito • **wholesale shop** negozio per la vendita all'ingrosso

Marketing Commercializzazione

differentiated marketing commercializzazione differenziata • **direct marketing** commercializzazione diretta • **global marketing** commercializzazione globale • **marketing** commercializzazione • **niche marketing** commercializzazione per nicchie di mercato • **target marketing** commercializzazione per obiettivi • **trade marketing** commercializzazione per canali • **undifferentiated marketing** commercializzazione non differenziata

Sale Vendita

absolute sale vendita in conto assoluto • **approval sale** vendita salvo approvazione • **automatic selling** vendita tramite distributori automatici • **bargain sale** vendita a prezzi d'occasione • **bring–and–buy sale** vendita di beneficenza • **bulk purchase** acquisto in blocco • **bulk sale** vendita in blocco • **cash purchase** acquisto per contanti • **cash sale** vendita per contanti • **catalogue buying** acquisti su catalogo • **clearance sale** vendita a stralcio • **conditional sale** vendita con riserva di proprietà • **deferred payment sale** vendita con pagamento differito • **doorstep sale** vendita porta a porta • **hire–purchase sale** vendita con pagamento rateale, vendita con patto di riservato dominio • **home shopping** acquisti da casa • **house–to–house selling** vendite a domicilio • **impulse buying** acquisto per impulso • **instalment payment purchase** acquisto con pagamento rateale, acquisto a rate • **private sale** vendita per trattativa privata • **promotion sale** vendita promozionale • **purchase** acquisto, compera • **purchase on credit** acquisto a credito • **retail sale** vendita al minuto • **remote shopping** acquisti a distanza • **sale** vendita, vendita di liquidazione • **sale below cost** vendita sotto costo • **sale by description** vendita su descrizione • **sale by instalments** vendita a rate • **sale by lots** vendita a lotti • **sale by number** vendita a pezzo • **sale by retail** vendita al minuto • **sale by sample** vendita su campione • **sale by weight** vendita a peso • **sale cash on delivery** vendita contrassegno • **sale for cash** vendita a contanti • **sale for future delivery** vendita per consegna futura • **sale on commission** vendita in commissione • **sale on credit** vendita a credito • **sale on landed terms** vendita franco di tutte le spese allo sbarco • **sale or return** vendita in conto deposito • **sales** saldi • **sale with all faults** vendita così com'è • **shopping** acquisti • **slow sale** vendita lenta • **spot sale** vendita per consegna immediata • **switch selling** vendita mediante articoli civetta • **tele–selling** vendita televisiva • **tie–in sale** vendita abbinata • **trade sale** vendita di fornitura • **wholesale purchase** acquisto all'ingrosso • **wholesale sale** vendita all'ingrosso • **winding–up sale** vendita/saldo/svendita di liquidazione

Buyers and Sellers Compratori e venditori

buyer compratore, acquirente • **custom** clientela • **customer** cliente, avventore • **door-to-door salesman** venditore porta a porta • **exporter** esportatore • **hawker** venditore ambulante • **illegal traders** commercianti abusivi • **importer** importatore • **impulse buyer** acquirente per impulso • **itinerant vendor** venditore ambulante, venditore volante • **outside salesman** venditore esterno • **patron** cliente • **pedlar** venditore ambulante • **regular customer** cliente abituale • **retailer** venditore al dettaglio • **retail trader** commerciante al dettaglio • **salesman** venditore, commesso • **saleswoman** venditrice, commessa • **seller** venditore • **shop assistant** commesso, commessa • **shop-keeper** esercente, negoziante • **shopper** acquirente • **sole merchant** commerciante in proprio • **storekeeper** esercente, negoziante • **street trader** commerciante ambulante • **trader** commerciante • **tradesfolk** commercianti • **travelling salesman** venditore viaggiante, viaggiatore di commercio • **wholesaler** venditore all'ingrosso • **wholesale trader** commerciante all'ingrosso

Goods Merci

cleared goods merci sdaziate • **damaged goods** merci avariate o danneggiate • **disposable goods** merci disponibili • **dutiable goods** merci schiave di dazio • **duty-free goods** merci in franchigia doganale • **faulty goods** merci difettose • **foreign goods** merci estere • **free goods** merci esenti • **goods** merci • **goods entered inwards** merci dichiarate in entrata • **goods entered outwards** merci dichiarate in uscita • **goods exempt from duty** merci esenti da dazio • **goods in process** merci in lavorazione • **goods on approval** merci soggette a verifica • **goods on consignment** merci in conto deposito • **goods on hand** merci in magazzino • **home-made goods** merci nazionali • **merchandise** merce • **middling goods** merci di qualità media • **national goods** merci nazionali • **packaged goods** merci in confezioni • **refused goods** merci protestate • **satisfactory goods** merci soddisfacenti • **smuggled goods** merci di contrabbando • **spot goods** merci pronte

Orders Ordinativi

back order ordinativo arretrato • **closed indent** ordinativo estero chiuso • **direct order** ordinazione diretta • **indent** ordinativo estero • **mail order** ordinazione per corrispondenza • **new order** ordinativo nuovo • **open indent** operativo estero aperto • **order** ordinativo, ordinazione • **outstanding order** ordinativo inevaso • **part order** ordinativo parzialmente evaso • **purchase order** ordinativo di approvvigionamento • **repeat order** ordinativo ripetuto • **rush order** ordinativo urgente • **sales order** ordinazione di vendita • **sampling order** ordinativo di campionamento • **shipping order** ordinativo di spedizione • **tasting order** ordinativo di assaggio • **trial order** ordinativo di prova • **unfilled order** ordinativo inevaso

Delivery Consegna

delayed delivery consegna dilazionata • **delivery** consegna • **delivery at seller's option** consegna a opzione del venditore • **delivery ex-quay** consegna sulla banchina • **delivery ex-warehouse** consegna da magazzino • **delivery in bond** consegna in deposito franco • **delivery on lighters** consegna su chiatte • **delivery on rail** consegna su vagone • **delivery on spot** consegna in loco • **delivery service** servizio di consegna • **delivery under ship's tackle** consegna sotto paranco • **forward delivery** consegna differita • **free delivery** consegna franco spese, consegna gratuita • **free delivery on board** consegna franco a bordo • **future delivery** consegna a termine • **home delivery** consegna a domicilio • **overside delivery** consegna da bordo a bordo • **part delivery** consegna parziale • **short delivery** consegna in meno • **special delivery** consegna per espresso • **spot delivery** consegna immediata, consegna pronta • **store-door delivery** consegna a domicilio

Abbreviations Abbreviazioni

c.a.d. cash against documents • **c. & f.** cost and freight • **c. & i.** cost and insurance • **c.i.f.** cost, insurance and freight • **c.i.f.c.i.** cost, insurance, freight, commission and interest • **c.i.f.e.** cost, insurance, freight and exchange • **c.i.f.i.** cost, insurance, freight and interest • **c.i.f.L.t.** cost, insurance and freight, London terms • **c.o.d.** cash on delivery • **c.w.o.** cash with order • **D/A** documents on acceptance • **d.a.a.** documents against acceptance • **f.a.** free alongside • **f.a.q.** free alongside quay • **f.a.s.** free alongside ship • **f.d.** free delivery • **f.f.a.** free from alongside • **f.i.b.** free into barge • **f.i.o.s.** free in and out and stowed • **f.i.o.t.** free in and out and trimmed • **f.i.w.** free into wagon • **f.o.a.** free on aircraft • **f.o.b.** free on board • **f.o.b.t.** free on board and trimmed • **f.o.c.** free on car • **f.o.q.** free on quay • **f.o.r.** free on rail • **f.o.t.** free on truck • **f.o.w.** free on wagon

Phraseology Fraseologia

to be for sale essere in vendita • **to be in business** essere in affari • **to be on sale** essere in vendita • **business is business** gli affari sono affari • **business is expanding** l'attività commerciale si espande • **business is slow** l'attività commerciale va a rilento • **to buy a pig in a poke** comprare a scatola chiusa • **to buy for cash** comprare a contanti • **to buy something back** ricomprare qualcosa • **to buy something in/at the sales** comprare qualcosa ai saldi • **to buy wholesale and sell retail** comprare all'ingrosso e vendere al dettaglio • **to carry an item** trattare o avere un articolo • **to carry on a business** svolgere un'attività commerciale • **to carry out an order** evadere un ordinativo • **to clear old stock** sbarazzarsi di vecchie giacenze • **to close down a shop** chiudere un negozio, chiudere bottega • **to deliver an order** consegnare un'ordinazione • **delivery is not included/allowed for** le spese di consegna non sono incluse • **to do business** fare affari • **to do/to buy one's shopping** fare la spesa • **to fill/fulfil an order** eseguire un ordinativo • **to give someone an order** passare un ordinativo a qualcuno • **to go abroad on business** andare all'estero per affari • **to go into business** mettersi in affari • **to go out of business** abbandonare l'attività commerciale • **to go shopping** andare a fare spese • **to have a sale** fare un saldo • **to impose trade barriers on** imporre barriere commerciali a • **to offer something for sale**

offire qualcosa in vendita • **to open (up) a shop** aprire un negozio • **to order goods from** ordinare merci a • **to own a business** essere proprietario di un'impresa • **to pay £10 for something** pagare qualcosa 10 sterline • **to place an order with a firm** passare un ordinativo a un'impresa • **to put something up for sale** mettere qualcosa in vendita • **to retail** vendere al minuto • **to run a shop** gestire un negozio • **sales have risen** le vendite sono aumentate • **to sell by the kilo** vendere a chili • **to sell by the metre** vendere a metri • **to sell by weight** vendere a peso • **to sell out** vendere il proprio esercizio commerciale • **to sell something for £500** vendere qualcosa per 500 sterline • **to sell something on credit** vendere qualcosa a credito • **to send (in) an order** inviare un ordinativo • **to serve a customer** servire un cliente • **to set up a business** avviare una attività commerciale • **to set up in business** mettersi in commercio, mettersi in un'attività commerciale • **to shop around for something** guardarsi intorno prima di comprare qualcosa • **the shops close at five** i negozi chiudono alle cinque • **to supply an order for** evadere un ordinativo di • **to take delivery of goods** ricevere merci, accettare merci • **these articles are easy/difficult to sell** questi articoli sono facili/difficili a vendersi • **these articles sell well** questi articoli si vendono bene • **these packs sell for £50 a dozen** queste confezioni si vendono a 50 sterline la dozzina • **this article is on order** questo articolo è stato ordinato • **this article is out of stock** questo articolo è esaurito • **to trade in foreign goods** commerciare in beni esteri • **to trade with another country** avere scambi commerciali con un altro paese • **to wholesale** vendere all'ingrosso

INSURANCE

Types of Insurance Tipi di assicurazione

accident insurance assicurazione contro gli infortuni • **assessment insurance** assicurazione a contribuzione • **assurance** assicurazione (contro eventi certi) • **aviation insurance** assicurazione aerea • **blanket insurance** assicurazione in abbonamento • **burglary insurance** assicurazione contro il furto • **business interruption insurance** assicurazione contro l'interruzione d'esercizio • **casualty insurance** assicurazione contro gli incidenti • **convertible life assurance** assicurazione a termine convertibile • **credit insurance** assicurazione–credito • **disability insurance** assicurazione contro l'invalidità • **double endowment assurance** assicurazione doppia mista • **endowment assurance** assicurazione mista, assicurazione per il caso di sopravvivenza • **extended coverage** estensione di copertura • **fidelity insurance** assicurazione contro l'infedeltà dei collaboratori • **fire insurance** assicurazione contro l'incendio • **general insurance** assicurazione rami diversi • **group insurance** assicurazione collettiva • **hail insurance** assicurazione contro la grandine • **health insurance** assicurazione contro le malattie • **indemnity insurance** assicurazione contro i danni • **industrial accident insurance** assicurazione contro gli infortuni sul lavoro • **insurance** assicurazione (contro eventi non certi) • **insurance coverage** copertura assicurativa • **level premium insurance** assicurazione a premio costante • **liability insurance** assicurazione contro la responsabilità civile • **life assurance** assicurazione sulla vita • **loss of profits insurance** assicurazione contro l'interruzione d'esercizio • **malpractice insurance** assicurazione contro i rischi derivanti da attività professionali • **marine insurance** assicurazione marittima • **motor insurance** assicurazione auto • **mutual insurance** assicurazione mutua • **ordinary life assurance** assicurazione ordinaria sulla vita • **product liability insurance** assicurazione prodotto • **re–insurance** riassicurazione • **retirement income insurance** assicurazione previdenziale, assicurazione reddito • **single–premium insurance** assicurazione a premio unico • **social insurance** assicurazioni sociali • **temporary assurance** assicurazione a termine • **term insurance** assicurazione puro rischio • **time insurance** assicurazione a tempo • **voyage insurance** assicurazione a viaggio • **whole life assurance** assicurazione per il caso di morte

Insurance Companies Società di assicurazione

ceding company società riassicurata • **fire office** società di assicurazione contro gli incendi • **insurance company** compagnia assicuratrice, società di assicurazioni • **life assurance company** compagnia di assicurazione sulla vita • **life office** società di assicurazione sulla vita • **marine insurance company** società di assicurazione marittima • **mutual life assurance company** società di mutua assicurazione sulla vita • **mutual relief association** assicuratrice mutua • **non–tariff company** compagnia assicuratrice indipendente • **re–insurance company** società di riassicurazione • **re–insuring company** società riassicuratrice • **stock insurance company** società assicuratrice per azioni

Policies Polizze

adjustable policy polizza ad adeguamento • **all–risk policy** polizza a tutti i rischi • **annuity policy** polizza di rendita • **block policy** polizza globale, polizza scudo • **business interruption policy** polizza di assicurazione contro l'interruzione d'esercizio • **capital redemption policy** polizza a riscatto • **cash–in–transit policy** polizza di assicurazione trasporto valori • **comprehensive motor policy** polizza di assicurazione automobilistica contro tutti i rischi • **cover note** polizza provvisoria • **declaration policy** polizza a sostanziare • **endowment policy** polizza di assicurazione per il caso di sopravvivenza, polizza mista • **family income policy** polizza di assicurazione del reddito familiare • **first–loss policy** polizza primo rischio • **fleet policy** polizza cumulativa • **floating policy** polizza flottante • **franchise policy** polizza con franchigia • **goods–in–transit policy** polizza su merci viaggianti • **honour policy** polizza di buona fede • **householder's policy** polizza del capofamiglia • **insurance policy** polizza di assicurazione • **investment–linked policy** polizza indicizzata • **joint lives policy** polizza congiunta • **lapsed policy** polizza decaduta • **life policy** polizza di assicurazione sulla vita • **master policy** polizza generale • **named policy** polizza intestata • **non–cancellable policy** polizza non rescindibile • **non–medical policy** polizza senza visita medica • **open policy** polizza aperta • **policy** polizza • **retention policy** polizza con sconto condizionato • **round policy** polizza per viaggio di andata e ritorno • **single–premium life policy** polizza di assicurazione sulla vita a premio unico • **slip** polizzetta • **standard policy** polizza tipo • **survivorship policy** polizza di sopravvivenza • **term policy** polizza a termine, polizza di assicurazione puro rischio • **theft policy** polizza contro il furto • **time policy** polizza a tempo • **unvalued policy** polizza non valutata • **valued policy** polizza valutata • **voyage policy** polizza a viaggio • **without–profits policy** polizza senza utili • **with–profits policy** polizza con utili

Premiums Premi

annual premium premio annuo • **deferred premium** premio differito • **descending premium** premio decrescente • **earned premium** premio guadagnato • **extra premium** premio aggiuntivo, premio supplementare • **first premium** premio iniziale, prima rata di premio • **gross premium** premio lordo • **hull insurance premium** premio di sicurtà corpi • **insurance premium** premio di assicurazione • **level premium** premio costante • **premium in the lump** premio a forfait, premio forfettario • **pure premium** premio matematico, premio puro • **re–insurance premium** premio di riassicurazione • **renewal premium** premio successivo • **restoration premium** premio di riadeguamento • **single premium** premio unico • **step–rate premium** premio scalare, premio graduale • **unearned premium** premio non guadagnato

Insurer and Insured Assicuratore e assicurato

account agent agente accreditato • **adjuster** liquidatore • **annuitant** vitaliziato • **assured** assicurato • **assurer** assicuratore • **cargo underwriter** assicuratore di carichi • **cash agent** agente non accreditato • **hull underwriter** assicuratore di corpi • **insurance agent** agente di assicurazioni • **insured** assicurato • **insurer** assicuratore • **life annuitant** vitaliziato • **marine underwriter** assicuratore marittimo • **multiple-line underwriter** assicuratore di rami diversi • **policy-holder** assicurato • **re-insured** riassicurato • **re-insurer** riassicuratore • **tied agent** agente vincolato • **underwriter** assicuratore • **underwriting agent** assicuratore

Annuities Rendite

annuity rendita • **annuity certain** rendita certa • **annuity due** rendita anticipata • **apportionable annuity** rendita frazionata • **cash refund annuity** rendita vitalizia a rimborso globale • **clear annuity** rendita netta • **deferred annuity** rendita differita • **fixed annuity** rendita fissa • **gratuitous life annuity** rendita vitalizia gratuita • **group annuity** rendita di gruppo • **guaranteed annuity** rendita garantita • **hybrid annuity** rendita mista • **immediate (payment) annuity** rendita immediata • **increasing annuity** rendita a rate crescenti • **instalment refund life annuity** rendita vitalizia con rimborso rateale • **last survivor annuity** rendita vitaliza reversibile • **life annuity** rendita vitalizia, vitalizio • **life annuity certain** rendita vitalizia certa • **ordinary annuity** rendita ordinaria • **perpetual annuity** rendita perpetua • **reduced annuity** rendita ridotta • **refund annuity** rendita vitalizia con rimborso • **retirement annuity** rendita vitalizia differita • **reversionary annuity** rendita vitalizia reversibile • **straight life annuity** vitalizio • **survivorship annuity** rendita di sopravvivenza • **temporary annuity** rendita temporanea • **terminable annuity** rendita a termine • **variable annuity** rendita variabile

Disability Invalidità

disability invalidità • **partial disability** invalidità parziale • **permanent disability** invalidità permanente • **temporary disability** invalidità temporanea • **total disability** invalidità totale

Claim Richiesta di risarcimento

claim adjuster perito liquidatore • **claim form** modulo di denuncia sinistri • **claims department** ufficio sinistri • **claims manager** direttore dell'ufficio sinistri • **damage claim** richiesta di risarcimento • **insurance claim** denuncia di sinistro, richiesta di indennizzo

Phraseology Fraseologia

to be covered by the insurance essere coperto dall'assicurazione • **to be insured for £100,000** essere assicurato per 100.000 sterline • **to buy (to take out) an annuity** acquistare (sottoscrivere) una polizza di rendita • **to disallow a claim** respingere una richiesta di indennizzo • **to draw up an insurance policy** stilare o redigere una polizza d'assicurazione • **to insure a house against fire** assicurare un'abitazione contro l'incendio • **to insure baggage against loss** assicurare il bagaglio contro lo smarrimento • **to insure one's life** assicurarsi sulla vita • **to issue an insurance policy** emettere una polizza d'assicurazione • **to make out a policy** stilare una polizza • **to pay an annual premium of £10,000** pagare un premio annuo di 10.000 sterline • **to pay the insurance on something** pagare l'assicurazione su qualcosa • **to put in a claim** presentare una richiesta di indennizzo • **to refuse to settle a claim** rifiutarsi di liquidare una richiesta di indennizzo • **to settle a claim** liquidare una richiesta di indennizzo • **to sign a policy** sottoscrivere una polizza • **to take out an insurance against something** assicurarsi contro qualcosa • **to take out an insurance on something** assicurare qualcosa • **to take out an insurance policy** sottoscrivere una polizza d'assicurazione • **to underwrite an insurance policy** emettere una polizza di assicurazione, sottoscrivere una polizza di assicurazione

TRANSPORTS

Transport Trasporto

air carriage trasporto aereo, trasporto per via aerea • **air express** trasporto aereo espresso • **air tramping** trasporto aereo libero • **bulk carriage** trasporto a massa • **carriage** trasporto • **carriage by air** trasporto per via aerea • **carriage by land** trasporto via terra • **carriage by railway** trasporto per ferrovia o su rotaia • **carriage by sea** trasporto marittimo o via mare • **carrying trade** trasporti, attività di trasporto • **cartage** trasporto a mezzo carri • **combined transport** trasporto combinato • **container traffic** trasporto in contenitori • **conveyance** trasporto • **multimodal transport** trasporto multimodale • **road haulage** trasporto su strada o su gomma • **through conveyance** trasporto in servizio cumulativo o diretto • **transport** trasporto

Means of Transport Mezzi di trasporto

air freighter aereo da carico • **airliner** aereo di linea • **baggage and mail van** carro bagagliaio e postale • **barge** bettolina, chiatta • **box van** carro ferroviario coperto • **bulk carrier** nave portarinfuse • **bus** autobus • **cargo liner** nave da carico celere • **cargo plane** aereo da carico • **cargo ship** nave da carico • **car trailer** autotreno per trasporto auto • **cask wagon** carro botte • **coach** pullman • **coaster** nave cabotiera • **containership** nave portacontenitori • **container train** treno portacontenitori • **crocodile truck** coccodrillo • **delivery van** furgone • **fast train** treno celere • **flat car** carro ferroviario piatto • **freightliner** treno merci veloce • **freight train** treno merci • **general cargo ship** nave a carico generale • **high–sided open wagon** carro ferroviario scoperto con sponde alte • **hopper wagon** carro ferroviario a tramoggia • **laker** nave lacuale • **light lorry** camioncino • **liner** nave di linea • **liquid–gas tank truck** autocisterna per trasporto gas liquidi • **long–load wagon** carro ferroviario per grandi trasporti • **lorry** autocarro • **low–sided open wagon** carro ferroviario scoperto • **pantechnicon van** furgone per traslochi • **passenger aeroplane** aereo passeggeri • **passenger ship** nave trasporto passeggeri • **refrigerator car** carro ferroviario frigorifero • **semi–trailer** autoarticolato • **tanker** nave cisterna • **tank lorry** autocisterna • **tank wagon/car** carro cisterna • **three–wheeler** motocarro • **trailer** autotreno • **tramp ship** nave da carico volandiera, carretta • **well wagon** carro ferroviario con piano ribassato

Freight and Charges Nolo e spese

advance freight nolo anticipato • **air freight** nolo aereo • **berth freight** nolo a collettame • **bill of lading freight** nolo in polizza di carico • **carriage** porto, spese di trasporto • **carriage forward/unpaid** porto assegnato • **carriage free** porto pagato • **carriage inwards** porto in arrivo • **carriage outwards** porto in partenza • **carriage paid to** porto pagato fino a • **chartered freight** nolo contrattuale • **delivery charges** spese di consegna • **demurrage charges** spese di controstallia • **forwarding charges** spese di spedizione • **freight** nolo • **freight by weight** nolo a peso • **freight forward** nolo assegnato, nolo posticipato • **freight in and out** nolo in arrivo e in partenza • **freight inwards** nolo in arrivo • **freight not repayable** nolo irripetibile • **freight out and home** nolo di andata e ritorno • **freight outwards** nolo in partenza • **freight paid to** nolo pagato fino a • **freight payable at destination** nolo pagabile a destinazione • **freight prepaid** nolo affrancato • **homeward freight** nolo di ritorno • **landing charges** spese di sbarco • **landing, storage and delivery charges** spese di sbarco, magazzinaggio e consegna • **loading charges** spese di caricazione • **lump–sum freight** nolo a corpo o a massa • **measurement freight** nolo a cubatura o a volume • **outward freight** nolo di andata • **packing charges** spese di imballaggio • **port charges** spese di porto • **prepaid freight** nolo prepagato • **pro rata freight** nolo proporzionale • **shipping charges** spese di imbarco • **through freight** nolo cumulativo • **time freight** nolo a tempo • **transhipment expenses** spese di trasbordo • **unloading charges** spese di discarica

Types of Cargo Tipi di carico

air cargo carico aereo • **bagged cargo** carico in sacchi • **bale cargo** carico in balle • **barrel cargo** carico in barili • **bulk cargo** carico a massa o alla rinfusa • **bulky freight** merci voluminose • **cargo** carico • **cargo shipped in bags** carico in saccheria • **carload lot** carico completo • **deck cargo** carico di coperta • **fast–train goods** merci a grande velocità • **floating goods** merci flottanti • **freight** carico • **general cargo** carico generale, merci generali • **goods in bags** merci in sacchi • **goods in barrels** merci in barili • **goods in boxes** merci in scatole • **goods in bulk** merci alla rinfusa o a massa • **goods in cases** merci in casse • **goods in casks** merci in botti • **less–than–carload lot** carico parziale • **measurement cargo** carico a cubaggio o a cubatura • **outward cargo** carico di andata • **shipment** spedizione, carico • **short–landed goods** merci scaricate in meno • **short–shipped goods** merci caricate in meno • **slow–train goods** merci a piccola velocità • **transit goods** merci di transito • **travelling goods** merci in viaggio

Documents Documenti

air charter party contratto di noleggio aereo • **air way bill** polizza di carico aerea • **arrival notice** lettera di avviso • **bareboat charter** contratto di locazione a scafo nudo • **bill of lading** polizza di carico • **blank bill of lading** polizza di carico in bianco • **carrier** vettore • **charter agreement** contratto di trasporto • **charterer** noleggiatore • **charter party** contratto di noleggio • **clean bill of lading** polizza di carico netta • **combined transport bill of lading** polizza di carico Hper il trasporto combinato • **consignment note** lettera di vettura • **contract of affreightment** contratto di trasporto marittimo • **custody bill of lading** polizza di carico di custodia • **foul bill of lading** polizza di carico con riserva • **general bill of lading** polizza di carico collettiva • **letter of indemnity** lettera di garanzia per polizza netta • **ocean bill of lading** polizza di carico per trasporti oceanici • **on board bill of lading** polizza di carico ordinaria • **open charter** contratto di noleggio aperto • **order bill of lading** polizza di carico all'ordine • **port bill of lading** polizza di carico del porto • **railway advice** lettera di avviso • **railway consignment note** lettera di vettura ferroviaria • **received for shipment bill of lading** polizza di carico ricevuto per l'imbarco • **shipowner** armatore • **shipped bill of lading** polizza di carico per merce imbarcata, polizza di carico ordinaria • **shipper** caricatore • **straight bill of lading** polizza di carico nominativa • **sub-charter** contratto di subnoleggio • **through bill of lading** polizza di carico cumulativa, polizza di carico con rispedizione • **time charter** contratto di noleggio a tempo • **voyage charter** contratto di noleggio a viaggio

Terminals Terminali

airport aeroporto • **arrival station** stazione di arrivo • **commercial port** porto commerciale • **discharging port** porto di discarica • **exchange port** porto stazione di trasbordo • **forwarding station** stazione di partenza • **freight port** porto merci • **inland port** porto interno • **port of arrival** porto di arrivo • **port of call** porto di scalo • **port of delivery** porto di consegna • **port of departure** porto di partenza • **port of destination** porto di destinazione • **port of entry** porto di entrata o di indoganamento • **port of loading** porto di caricazione • **port of origin** porto di origine • **port of redelivery** porto di riconsegna • **port of shipment** porto di spedizione • **port of transit** porto di transito • **receiving station** stazione di destinazione • **station** stazione merci • **station of entry** stazione di svincolo • **terminal** aerostazione • **terminal port** porto capolinea • **terminal station** stazione capolinea • **trading port** porto mercantile • **transhipment port** porto di trasbordo • **transit station** stazione di transito

Phraseology Fraseologia

to airfreight a consignment to Brazil spedire una partita di merci in Brasile per via aerea • **to airmail a letter to Bombay** spedire una lettera a Bombay per posta aerea • **to allow 15% for carriage** dedurre il 15% per il trasporto • **to call at a port** fare scalo in un porto • **to carry goods to a place** trasportare merci in un posto • **to catch the train** prendere il treno • **to charter a ship/an aircraft/a bus** noleggiare una nave/un aereo/un autobus • **to forward/to send goods by train** spedire merci per ferrovia • **to freight goods to India** spedire merci in India • **to leave from London airport** partire dall'aereoporto di Londra • **to load a ship** caricare una nave • **to load cargo onto a ship** caricare merci su una nave • **to make a shipment** fare una spedizione • **to miss the train** perdere il treno • **on charter to** noleggiato a • **to pay for carriage** pagare il trasporto • **to pay the freight** pagare il nolo • **to provide transportation to** fornire i mezzi di trasporto per • **to send a package/a letter by airmail** spedire un pacco/una lettera per posta aerea • **to send a shipment by air/sea** spedire una partita di merci per via aerea/via mare • **to send a shipment by air freight** spedire merci per via aerea • **to send/to ship goods by road** spedire merci su gomma • **to ship goods abroad** spedire merci all'estero • **to ship goods by train** spedire merci per ferrovia • **to take on freight** caricare merci • **to take the 9.30 train** prendere il treno delle 9,30 • **to transport goods by rail/road/sea/air** trasportare merci su rotaia/su gomma/via mare/per via aerea • **to travel by rail** viaggiare in treno • **to use a means of transport** usare un mezzo di trasporto • **to use public transport** usare i trasporti pubblici • **to wait for the arrival of goods** aspettare l'arrivo di merci

DIZIONARIO DI BASE ITALIANO - INGLESE - FRANCESE - TEDESCO - SPAGNOLO

A

acconto *m.*
down payment
acompte *m.*
Anzahlung *f.*
anticipo *m.*

accordo *m.*
agreement
accord *m.*
Abkommen *n.*
acuerdo *m.*

acquisto *m.*
purchase
achat *m.*
Einkauf *m.*
adquisición *f.*

affare *m.*
deal
affaire *f.*
Handel *m.*
negocio *m.*

affittare *vb. (dare in affitto)*
lease
louer
vermieten
alquilar

affittare *vb. (prendere in affitto)*
rent
louer
mieten
alquilar

affitto *m.*
rent
loyer *m.*
Miete *f.*
alquiler *m.*

affittuario *m.*
tenant
locataire *m./f.*
Mieter *m.*
alquilador *m.*

agente *m.*
agent
agent *m.*
Agent *m.*
agente *m./f.*

agenzia *f.*
agency
agence *f.*
Agentur *f.*
agencia *f.*

agricoltura *f.*
agriculture
agriculture *f.*
Landwirtschaft *f.*
agricultura *f.*

ammanco *m.*
shortage
insuffisance *f.*
Mangel *m.*
deficiencia *f.*

amministratore *m.*
director
administrateur *m.*
Verwalter *m.*
administrador *m.*

analisi *f.* **di mercato**
market research
analyse *f.* de marché
Marktanalyse *f.*
análisis *m.* de mercado

anticipo *m.*
advance
paiement *m.* anticipé
Vorauszahlung *f.*
pago *m.* anticipado

argento *m.*
silver
argent *m.*
Silber *n.*
plata *f.*

assegno *m.*
cheque
chèque *m.*
Scheck *m.*
cheque *m.*

assicurare *vb.*
insure
assurer
versichern
asegurar

assicurazione *f.*
insurance
assurance *f.*
Versicherung *f.*
seguro *m.*

asta *f.*
auction
vente *f.* aux enchères
Versteigerung *f.*
subasta *f.*

attivo *m.*
assets
actif *m.*
Aktivposten *m.*
activo *m.*

aumento *m.* **di capitale**
increase of capital
augmentation *f.* de capital
Kapitalerhöhung *f.*
incremento *m.* de capital

azione *f.*
share
action *f.*
Aktie *f.*
acción *f.*

azionista *m./f.*
shareholder
actionnaire *m./f.*
Aktionär *m.*
accionista *m./f.*

B

banca *f.*
bank
banque *f.*
Bank *f.*
banco *m.*

bancarotta *f.*
bankruptcy
faillite *f.*
Bankrott *m.*
bancarrota *f.*

banchiere *m.*
banker
banquier *m.*
Bankier *m.*
banquero *m.*

beni *m./pl.*
goods *pl.*
biens *m./pl.*
Güter *n./pl.*
bienes *m./pl.*

beni *m./pl.* **di consumo**
consumer goods *pl.*
biens *m./pl.* de consommation
Konsumgüter *n./pl.*
bienes *m./pl.* de consumo

beni *m./pl.* **immobili**
real estate
biens *m./pl.* immeubles
Immobilien *f./pl.*
bienes *m./pl.* immuebles

beni *m./pl.* **strumentali**
capital goods
biens *m./pl.* de production
Anlagegüter *n./pl.*
bienes *m./pl.* de capital

biglietto *m.* **di banca**
banknote
billet *m.* de banque
Banknote *f.*
billete *m.* de banco

bilancia *f.* **commerciale**
balance of trade
balance *f.* commerciale
Handelsbilanz *f.*
balanza *f.* comercial

bilancia *f.* **dei pagamenti**
balance of payments
balance *f.* des paiements
Zahlungsbilanz *f.*
balanza *f.* de pagos

bilancio *m.*
budget
budget *m.*
Haushalt *m.*
presupuesto *m.*

bolla *f.* **di consegna**
bill of parcel
bulletin *m.* de livraison
Lieferschein *m.*
guía *f.* de mercaderías

bolletta *f.* doganale
bill of entry
déclaration *f.* en douane
Zollschein *m.*
declaración *f.* de aduana

borsa *f.*
exchange
bourse *f.*
Börse *f.*
bolsa *f.*

brevetto *m.*
patent
brevet *m.*
Patent *n.*
patente *f.*

C

cambio *m.*
exchange rate
taux *m.* de change
Wechselkurs *m.*
tasa *f.* de cambio

campagna *f.* **pubblicitaria**
advertising campaign
campagne *f.* publicitaire
Werbefeldzug *m.*
campaña *f.* publicitaria

Ogni voce italiana (in carattere neretto) è seguita dai traducenti inglese, francese, tedesco e spagnolo.

capitale *m.*
capital
capital *m.*
Kapital *n.*
capital *m.*

capitalizzare *vb.*
capitalize
capitaliser
kapitalisieren
capitalizar

cassa *f.*
cash desk
caisse *f.*
Kasse *f.*
caja *f.*

cliente *m./f.*
customer
client *m.*
Kunde *m.*
cliente *m./f.*

commercio *m.*
trade
commerce *m.*
Handel *m.*
comercio *m.*

commercio *m.* **all'ingrosso**
wholesale trade
commerce *m.* en gros
Großhandel *m.*
comercio *m.* al por mayor

commercio *m.* **al minuto**
retail trade
commerce *m.* de détail
Einzelhandel *m.*
comercio *m.* al por menor

comprare *vb.*
buy
acheter
kaufen
comprar

concorrenza *f.*
competition
concurrence *f.*
Wettbewerb *m.*
competición *f.*

consolidamento *m.*
consolidation
consolidation *f.*
Konsolidierung *f.*
consolidación *f.*

consorzio *m.*
consortium
consortium *m.*
Konsortium *n.*
consorcio *m.*

contabile *m./f.*
accountant
comptable *m.*
Buchhalter *m.*
contador *m.*

contabilità *f.*
accounting
comptabilité *f.*
Buchhaltung *f.*
contabilidad *f.*

conto *m. (in banca)*
account
compte *m.*
Konto *n.*
cuenta *f.*

conto corrente *m.*
current account
compte *m.* courant
Kontokorrent *n.*
cuenta *f.* corriente

contratto *m.*
contract
contrat *m.*
Vertrag *m.*
contrato *m.*

cooperativa *f.*
co-operative
coopérative *f.*
Genossenschaft *f.*
cooperativa *f.*

costare *vb.*
cost
coûter
kosten
costar

costo *m.*
cost
coût *m.*
Kosten *pl.*
coste *m.*

credito *m.*
credit
crédit *m.*
Kredit *m.*
crédito *m.*

creditore *m.*
creditor
créancier *m.*
Gläubiger *m.*
acreedor *m.*

D

danno *m.*
damage
dommage *m.*
Schaden *m.*
daño *m.*

debito *m.*
debt
créance *f.*
Schuld *f.*
deuda *f.*

debitore *m.*
debtor
débiteur *m.*
Schuldner *m.*
deudor *m.*

deficit *m.*
deficit
déficit *m.*
Defizit *n.*
déficit *m.*

deflazione *f.*
deflation
déflation *f.*
Deflation *f.*
deflación *f.*

denaro *m.*
money
argent *m.*
Geld *n.*
dinero *m.*

depositare *vb. (in banca)*
deposit
déposer
deponieren
depositar

deposito *m.*
deposit
dépôt *m.*
Depot *n.*
depósito *m.*

dichiarazione *f.* **dei redditi**
income tax return
déclaration *f.* des revenus
Einkommenssteuer-erklärung *f.*
declaración *f.* del impuesto a los réditos

direttore *m.*
manager
directeur *m.*
Geschäftsführer *m.*
director *m.*

diritti *m./pl.*
dues *pl.*
droits *m./pl.*
Gebühren *f./pl.*
derechos *m./pl.*

distribuire *vb.*
distribute
distribuer
vertreiben
distribuir

distribuzione *f.*
distribution
distribution *f.*
Vertrieb *m.*
distribución *f.*

dividendo *m.*
dividend
dividende *m.*
Dividende *f.*
dividendo *m.*

dogana *f.*
custom-house
douane *f.*
Zollamt *n.*
aduana *f.*

domanda *f.* **e offerta** *f.*
demand and supply
demande *f.* et offre *f.*
Nachfrage *f.* und Angebot *n.*
demanda *f.* y oferta *f.*

E

econometria *f.*
econometrics
économétrie *f.*
Ökonometrie *f.*
econometría *f.*

economia *f.*
economy
économie *f.*
Wirtschaft *f.*
economía *f.*

economia *f.* mista
mixed economy
économie *f.* mixte
Gemischtwirtschaft *f.*
economía *f.* mixta

emissione *f.*
issue
émission *f.*
Emission *f.*
emisión *f.*

entrata *f.*
income
revenu *m.*
Einkommen *n.*
rédito *m.*

entrata *f.* netta
net income
revenu *m.* net
Nettoeinkommen *n.*
rédito *m.* neto

ergonomia *f.*
ergonomics
ergonomie *f.*
Ergonomie *f.*
ergonomía *f.*

esercizio *m.* **finanziario**
financial year
exercice *m.* financier
Geschäftsjahr *n.*
año *m.* fiscal

Ogni voce italiana (in carattere neretto) è seguita dai traducenti inglese, francese, tedesco e spagnolo.

esportare *vb.*
export
exporter
ausführen
exportar

esportazioni *f./pl.*
exports *pl.*
exportations *f./pl.*
Exporte *m./pl.*
exportaciones *f./pl.*

esposizione *f.*
exposition
exposition *f.*
Ausstellung *f.*
exposición *f.*

espropriazione *f.*
expropriation
expropriation *f.*
Enteignung *f.*
expropriación *f.*

estratto *m.* **conto**
statement of account
état *m.* de compte
Kontoauszug *m.*
estado *m.* de cuenta

F

fabbrica *f.*
factory
fabrique *f.*
Fabrik *f.*
fábrica *f.*

facilitazione *f.*
facility
facilité *f.*
Vergünstigung *f.*
facilidad *f.*

fallimento *m.*
bankruptcy
faillite *f.*
Konkurs *m.*
quiebra *f.*

fallire *vb.*
go bankrupt
faire faillite
Konkurs machen
quebrar

fattura *f.*
invoice
facture *f.*
Faktur *f.*
factura *f.*

fatturato *m.*
sales revenue
chiffre *m.* d'affaires
Umsatz *m.*
volumen *m.* de ventas

fiera *f.*
fair
foire *f.*
Messe *f.*
feria *f.*

filiale *f.*
branch
filiale *f.*
Filiale *f.*
filial *f.*

finanziamento *m.*
financing
financement *m.*
Finanzierung *f.*
financiación *f.*

finanziare *vb.*
finance
financer
finanzieren
financiar

firma *f.*
signature
signature *f.*
Unterschrift *f.*
firma *f.*

fiscale *agg.*
fiscal
fiscal
fiskalisch
fiscal

fondo *m.*
fund
fonds *m.*
Fonds *m.*
fondo *m.*

fornitore *m.*
supplier
fournisseur *m.*
Lieferant *m.*
proveedor *m.*

fornire *vb.*
supply
fournir
liefern
proveer

franchigia *f.*
franchise
franchise *f.*
Franchise *f.*
franquicia *f.*

frode *f.*
fraud
fraude *f.*
Betrug *m.*
fraude *m.*

fusione *f.*
merger
fusion *f.*
Verschmelzung *f.*
fusión *f.*

G

garante *m./f.*
guarantor
garant *m.*
Bürge *m.*
garante *m./f.*

garanzia *f.*
guarantee
garantie *f.*
Garantie *f.*
garantía *f.*

gestione *f.*
management
gestion *f.*
Leitung *f.*
administración *f.*

giocare *vb.* **in borsa**
play on the stock exchange
jouer à la bourse
Börsenspiel betreiben
jugar a la bolsa

girare *vb.*
endorse
endosser
indossieren
endosar

girata *f.*
endorsement
endossement *m.*
Indossament *n.*
endoso *m.*

gratifica *f.*
gratuity
gratification *f.*
Gratifikation *f.*
gratificación *f.*

guadagnare *vb.*
earn
gagner
verdienen
ganar

guadagno *m.*
gain
gain *m.*
Gewinn *m.*
ganancia *f.*

guida *f.* **commerciale**
trade directory
guide *m.* de commerce
Handelsadreßbuch *n.*
guía *f.* comercial

H

holding *f.*
holding company
holding *m.*
Dachgesellschaft *f.*
compañía *f.* tenedora

I

imballaggio *m.*
packing
emballage *m.*
Verpackung *f.*
embalaje *m.*

imbarco *m.*
shipment
embarquement *m.*
Verladung *f.*
embarque *m.*

immobilizzazioni *f./pl.*
fixed assets
immobilisations *f./pl.*
Anlagevermögen *n.*
activo *m.* fijo

importare *vb.*
import
importer
importieren
importar

importazioni *f./pl.*
imports *pl.*
importations *f./pl.*
Einfuhrgüter *n./pl.*
importaciones *f./pl.*

imposta *f.*
tax
impôt *m.*
Steuer *f.*
impuesto *m.*

impresa *f.*
firm
enterprise *f.*
Unternehmen *n.*
empresa *f.*

indennità *f.*
indemnity
indemnité *f.*
Entschädigung *f.*
indemnidad *f.*

indennizzare *vb.*
indemnify
indemniser
entschädigen
indemnizar

indice *m.*
index
indice *m.*
Index *m.*
índice *m.*

indice *m.* **dei prezzi**
price index
indice *m.* des prix
Preisindex *m.*
índice *m.* de precios

industria *f.*
industry
industrie *f.*
Industrie *f.*
industria *f.*

Ogni voce italiana (in carattere neretto) è seguita dai traducenti inglese, francese, tedesco e spagnolo.

inflazione *f.*
inflation
inflation *f.*
Inflation *f.*
inflación *f.*

interesse *m.*
interest
intérêt *m.*
Zins *m.*
interés *m.*

inventario *m.*
inventory
inventaire *m.*
Liste *f.*
inventario *m.*

investimento *m.*
investment
investissement *m.*
Kapitalanlage *f.*
inversión *f.*

investire *vb.*
invest
investir
investieren
invertir

ipoteca *f.*
mortgage
hypotèque *f.*
Hypothek *f.*
hipoteca *f.*

L

lavoro *m.*
work
travail *m.*
Arbeit *f.*
trabajo *m.*

legale *agg.*
legal
légal
gesetzlich
legal

legge *f.*
law
loi *f.*
Gesetz *n.*
ley *f.*

lettera *f.*
letter
lettre *f.*
Brief *m.*
carta *f.*

lettera *f.* **di credito**
letter of credit
lettre *f.* de crédit
Kreditbrief *m.*
carta *f.* de crédito

libretto *m.* **a risparmio**
pass book
livret *m.* de transactions bancaires
Kontogegenbuch *n.*
libreta *f.* de transacciones bancarias

libretto *m.* **di assegni**
cheque book
carnet *m.* de chèques
Scheckheft *n.*
libro *m.* de cheques

libro *m.* **cassa**
cash book
livre *m.* de caisse
Kassenbuch *n.*
libro *m.* de caja

libro *m.* **contabile**
book of accounts
registre *m.* de comptabilité
Rechnungsbuch *n.*
libro *m.* de comercio

licenza *f.*
licence
licence *f.*
Erlaubnis *f.*
licencia *f.*

licenziamento *m.*
dismissal
licenciement *m.*
Entlassung *f.*
despido *m.*

licenziare *vb.*
dismiss
licencier
entlassen
despedir

liquidare *vb.*
liquidate
liquider
liquidieren
liquidar

liquidazione *f.*
liquidation
liquidation *f.*
Liquidation *f.*
liquidación *f.*

liquidità *f.*
liquidity
liquidité *f.*
Liquidität *f.*
liquidez *f.*

locatario *m.*
lessee
locataire *m.*
Mieter *m.*
locatario *m.*

M

magazzino *m.*
store
magasin *m.*
Lager *n.*
almacén *m.*

mandante *m.*
principal
mandant *m.*
Vollmachtgeber *m.*
mandante *m.*

mandatario *m.*
mandatory
mandataire *m.*
Bevollmächtigte *m./f.*
apoderado *m.*

mandato *m.*
mandate
mandat *m.*
Mandat *n.*
mandato *m.*

manodopera *f.*
manpower
main-d'œuvre *f.*
Arbeitskräfte *f./pl.*
mano *f.* de obra

manutenzione *f.*
maintenance
maintien *m.*
Instandhaltung *f.*
mantenimiento *m.*

marchio *m.* di fabbrica
trade mark
marque *f.* de fabrique
Warenzeichen *n.*
marca *f.* de fábrica

margine *m.*
margin
marge *f.*
Marge *f.*
margen *m.*

media *f.*
average
moyenne *f.*
Durchschnitt *m.*
promedio *m.*

mediazione *f.*
mediation
médiation *f.*
Vermittlung *f.*
mediación *f.*

mercato *m.*
market
marché *m.*
Markt *m.*
mercado *m.*

merce *f.*
merchandise
marchandise *f.*
Handelsware *f.*
mercadería *f.*

modulo *m.*
form
formule *f.*
Formular *n.*
formulario *m.*

moneta *f.*
coin
piéce *f.* de monnaie
Münze *f.*
moneda *f.*

monopolio *m.*
monopoly
monopole *m.*
Monopol *n.*
monopolio *m.*

moratoria *f.*
moratorium
moratoire *m.*
Moratorium *n.*
moratoria *f.*

multa *f.*
fine
amende *f.*
Geldstrafe *f.*
multa *f.*

mutua assicurazione *f.*
mutual insurance
assurance *f.* mutuelle
Versicherung *f.* auf Gegenseitigkeit
seguro *m.* mutual

mutuo *agg.*
mutual
mutuel
gegenseitig
mutuo

N

nazionalizzazione *f.*
nationalization
nationalisation *f.*
Verstaatlichung *f.*
nacionalización *f.*

negoziare *vb.*
negotiate
négocier
verhandeln
negociar

negoziazione *m.*
negotiation
négociation *f.*
Negoziation *f.*
negociación *f.*

netto *agg.*
net
net
Netto-
neto

noleggiare *vb. (navi o aerei)*
charter
fréter
chartern
fletar

noleggio *m. (di navi o aerei)*
charter
fret *m.*
Chartern *n.*
flete *m.*

nominale *agg.*
nominal
nominal
nominell
nominal

nota *f.*
note
avis *m.*
Mitteilung *f.*
nota *f.*

notaio *m.*
notary public
notaire *m.*
Notar *m.*
notario *m.*

nullo *agg.*
void
nul
nichtig
nulo

numero *m.*
number
numéro *m.*
Zahl *f.*
número *m.*

O

obbligazione *f.*
bond
obligation *f.*
Schuldverschreibung *f.*
obligación *f.*

obbligazione *f.* **al portatore**
bearer bond
obligation *f.* au porteur
Inhaberschuldverschreibung *f.*
obligación *f.* al portador

obbligazionista *m./f.*
bondholder
obligataire *m./f.*
Inhaber *m.* von Schuldverschreibungen
obligacionista *m./f.*

offerta *f.*
offer
offre *f.*
Angebot *n.*
oferta *f.*

oligopolio *m.*
oligopoly
oligopole *m.*
Oligopol *n.*
oligopolio *m.*

operatore *m.* **di borsa**
stockbroker
boursier *m.*
Börsenmakler *m.*
agente *m./f.* de bolsa

operatore *m.* **di cambio**
exchange jobber
agent *m.* de change
Börsenagent *m.*
agente *m./f.* de cambio

operazione *f.* **bancaria**
banking transaction
opération *f.* bancaire
Bankgeschäft *n.*
operación *f.* bancaria

operazione *f.* **di borsa**
stock-exchange transaction
opération *f.* de bourse
Börsengeschaft *n.*
operación *f.* de bolsa

operazioni *f.* **a contanti**
spot transactions
opérations *f.* au comptant
Lokogeschäfte *n./pl.*
operaciones *f.* al contado

operazioni *f.* **a termine**
futures trading
opérations *f.* à terme
Terminhandel *m.*
operaciones *f.* a término

ordine *m.*
order
commande *f.*
Order *f.*
pedido *m.*

organizzazione *f.*
organization
organisation *f.*
Organisation *f.*
organización *f.*

oro *m.*
gold
or *m.*
Gold *n.*
oro *m.*

P

pagabile *agg.*
payable
payable
zahlbar
pagadero

pagabile al portatore *m.*
payable to bearer
payable au porteur *m.*
zahlbar an den Inhaber *m.*
pagadero al portador *m.*

pagabile *agg.* **a vista**
payable at sight
payable à vue
zahlbar bei Sicht
pagadero a la vista

pagamento *m.*
payment
paiement *m.*
Zahlung *f.*
pago *m.*

pagare *vb.*
pay
payer
zahlen
pagar

pagherò *m.*
promissory note
billet *m.* à ordre
Solawechsel *m.*
pagaré *m.*

pareggio *m.*
balance
balance *f.*
Ausgleich *m.*
balance *m.*

partecipare *vb.*
participate
participer
teilhaben
participar

partecipazione *f.*
sharing
participation *f.*
Beteiligung *f.*
participación *f.*

passivo *m.*
liabilities *pl.*
passif *m.*
Passiva *n./pl.*
pasivo *m.*

perdita *f.*
loss
perte *f.*
Verlust *m.*
pérdida *f.*

permesso *m.*
permit
permis *m.*
Erlaubnis *f.*
permiso *m.*

personale *m.*
personnel
personnel *m.*
Personal *n.*
personal *m.*

platino *m.*
platinum
platine *m.*
Platin *n.*
platino *m.*

polizza *f.*
policy
police *f.*
Police *f.*
póliza *f.*

presidente *m./f.*
chairman
président *m.*
Präsident *m.*
presidente *m.*

prestare *vb.*
lend
prêter
verleihen
prestar

prestito *m.*
loan
emprunt *m.*
Anleihe *f.*
empréstito *m.*

prezzo *m.*
price
prix *m.*
Preis *m.*
precio *m.*

privato *agg.*
private
privé
privat
privado

prodotto *m.*
product
produit *m.*
Produkt *n.*
producto *m.*

produrre *vb.*
produce
produire
produzieren
producir

produttività *f.*
productivity
productivité *f.*
Produktivität *f.*
productividad *f.*

produzione *f.*
production
production *f.*
Produktion *f.*
producción *f.*

Ogni voce italiana (in carattere neretto) è seguita dai traducenti inglese, francese, tedesco e spagnolo.

profitto *m.*
profit
profit *m.*
Gewinn *m.*
beneficio *m.*

proprietà *f.*
property
propriété *f.*
Eigentum *n.*
propiedad *f.*

proprietario *m.*
owner
propriétaire *m./f.*
Eigentümer *m.*
propietario *m.*

pubbliche relazioni *f./pl.*
public relations
relations publiques *f./pl.*
Public Relations *f./pl.*
relaciones públicas *f./pl.*

pubblicità *f.*
advertising
publicité *f.*
Werbung *f.*
publicidad *f.*

pubblico *agg.*
public
public
öffentlich
público

Q

qualifica *f.*
qualification
qualification *f.*
Qualifizierung *f.*
calificación *f.*

qualità *f.*
quality
qualité *f.*
Qualität *f.*
calidad *f.*

quietanza *f.*
acquittance
quittance *f.*
Quittung *f.*
recibo *m.*

quota *f.*
quota
quote-part *f.*
Quote *f.*
cuota *f.*

quota *f.* di mercato
market share
part *f.* du marché
Markanteil *m.*
parte *f.* del mercado

quotare *vb.*
quote
coter
quotieren
cotizar

quotazione *f.* **di borsa**
stock-exchange quotation
cours *m.* de bourse
Börsenkurs *m.*
cotización *f.*

R

rappresentante *m./f.*
representative
représentant *m.*
Vertreter *m.*
representante *m./f.*

rata *f.*
installment
versement *m.* partiel
Rate *f.*
plazo *m.*

recessione *f.*
recession
récession *f.*
Rezession *f.*
recesión *f.*

reddito *m.*
income
revenu *m.*
Einkommen *n.*
rédito *m.*

referenza *f.*
reference
référence *f.*
Referenz *f.*
referencia *f.*

registrare *vb.*
record
enregistrer
registrieren
registrar

registro *m.*
register
registre *m.*
Register *n.*
registro *m.*

relazione *f.*
report
rapport *m.*
Bericht *m.*
informe *m.*

rendita *f.*
annuity
rente *f.*
Rente *f.*
renta *f.*

rialzista *m./f.*
bull
haussier *m.*
Haussier *m.*
alcista *m./f.*

rialzo *m.*
mark-up
hausse *f.*
Hausse *f.*
alza *f.*

ribassista *m./f.*
bear
baissier *m.*
Baissier *m.*
bajista *m./f.*

ribasso *m.*
mark-down
baisse *f.*
Baisse *f.*
baja *f.*

ricevuta *f.*
receipt
reçu *m.*
Empfangsbestätigung *f.*
recibo *m.*

rimborsare *vb.*
refund
rembourser
erstatten
reembolsar

rimborso *m.*
refund
remboursement *m.*
Erstattung *f.*
reembolso *m.*

rischio *m.*
risk
risque *m.*
Risiko *n.*
riesgo *m.*

risparmiare *vb.*
save
économiser
ersparen
ahorrar

risparmio *m.*
saving
économie *f.*
Ersparnis *f.*
ahorro *m.*

riunione *f.*
meeting
réunion *f.*
Versammlung *f.*
reunión *f.*

rivalutazione *f.*
revaluation
réévaluation *f.*
Aufwertung *f.*
revalorización *f.*

S

saldo *m.*
balance
solde *m.*
Saldo *m.*
saldo *m.*

scadenza *f.*
maturity
échéance *f.*
Fälligkeit *f.*
vencimiento *m.*

scadenza, a breve –
short-dated
à courte échéance
kurzfristig
a corto plazo

scadenza, a lunga –
long-dated
à longue échéance
langfristig
a largo plazo

scadere *vb.*
mature
échoir
fällig werden
vencer

sconto *m.*
discount
escompte *m.*
Diskont *m.*
descuento *m.*

scorte *f./pl.*
stock
stock *m.*
Warenvorrat *m.*
existencias *f./pl.*

società *f.*
company
société *f.*
Gesellschaft *f.*
sociedad *f.*

società *f.* **a responsabilità limitata**
limited liability company
société *f.* à responsabilité limitée
Gesellschaft *f.* mit beschränkter Haftung
sociedad *f.* limitada

società *f.* **per azioni**
joint-stock company
société *f.* par actions
Aktiengesellschaft *f.*
sociedad *f.* por acciones

socio *m.*
partner
associé *m.*
Teilhaber *m.*
socio *m.*

Ogni voce italiana (in carattere neretto) è seguita dai traducenti inglese, francese, tedesco e spagnolo.

sovvenzione *f.*
subsidy
subvention *f.*
Subvention *f.*
subvención *f.*

spedire *vb.*
forward
expédier
senden
expedir

spedizione *f.*
forwarding
expédition *f.*
Versendung *f.*
expedición *f.*

spesa *f.*
expense
dépense *f.*
Ausgabe *f.*
gasto *m.*

stipendio *m.*
salary
salaire *m.*
Gehalt *n.*
salario *m.*

successione *f.*
succession
succession *f.*
Nachfolge *f.*
sucesión *f.*

sviluppo *m.* **economico**
economic development
développement *m.* économique
Wirtschaftsentwicklung *f.*
desarrollo *m.*

T

tariffa *f.*
tariff
tarif *m.*
Tarif *m.*
tarifa *f.*

tassa *f.*
tax
taxe *f.*
Taxe *f.*
impuesto *m.*

tassazione *f.*
taxation
imposition *f.*
Besteuerung *f.*
tributación *f.*

tasso *m.*
rate
taux *m.*
Satz *m.*
tasa *f.*

tasso *m.* **d'interesse**
rate of interest
taux *m.* d'intérêt
Zinsfuß *m.*
tasa *f.* de interés

terzi *m./pl.*
third parties
tiers *m./pl.*
dritte Personen *f./pl.*
terceros *m./pl.*

titoli *m./pl.*
securities
titres *m./pl.*
Wertpapiere *n./pl.*
títulos *m./pl.*

titoli *m./pl.* **del debito pubblico**
public securities
obligations *f./pl.* de la dette publique
Staatspapiere n./*pl.*
garantía *f.* publica

transazione *f.*
transaction
transaction *f.*
Transaktion *f.*
transacción *f.*

trasferimento *m.*
transfer
transfert *m.*
Übertragung *f.*
transferencia *f.*

trasferire *vb.*
transfer
transférer
übertragen
transferir

trasportare *vb.*
transport
transporter
transportieren
transportar

trasporto *m.*
transport
transport *m.*
Transport *m.*
transporte *m.*

tratta *f.*
draft
traite *f.*
Tratte *f.*
letra *f.* de cambio

truffa *f.*
cheat
escroquerie *f.*
Betrug *m.*
estafa *f.*

truffare *vb.*
cheat
escroquer
betrügen
estafar

U

ufficiale *agg.*
official
officiel
offiziell
oficial

ufficio *m.*
office
bureau *m.*
Büro *n.*
oficina *f.*

unione *f.* **doganale**
customs union
union *f.* douanière
Zollunion *f.*
unión *f.* aduanera

uscite *f./pl.*
expenditure
sorties *f./pl.*
Ausgaben *f./pl.*
salidas *f./pl.*

usufrutto *m.*
usufruct
usufruit *m.*
Nießbrauch *m.*
usufructo *m.*

usufruttuario *m.*
usufructuary
usufruitier *m.*
Nießbraucher *m.*
usufructuario *m.*

V

validità *f.*
validity
validité *f.*
Rechtskraft *f.*
validez *f.*

valido *agg.*
valid
valable
rechtskräftig
válido

valore *m.*
value
valeur *f.*
Wert *m.*
valor *m.*

valorizzazione *f.*
valorization
valorisation *f.*
Verwertung *f.*
valorización *f.*

valuta *f.*
currency
monnaie *f.*
Währung *f.*
moneda *f.*

vendere *vb.*
sell
vendre
verkaufen
vender

vendibile *agg.*
saleable
vendable
verkäuflich
vendible

vendita *f.*
sale
vente *f.*
Verkauf *m.*
venta *f.*

versamento *m.*
deposit
versement *m.*
Hinterlegung *f.*
depósito *m.* bancario

versare *vb.*
deposit
verser
hinterlegen
imponer

vice-direttore *m.*
assistant manager
sous-directeur *m.*
Unterdirektor *m.*
sub-director *m.*

vicepresidente *m.*
vice-chairman
vice-président *m.*
Vizepräsident *m.*
vice-presidente *m.*

Z

zecca *f.*
mint
la Monnaie
Münze *f.*
casa *f.* de la moneda

Ogni voce italiana (in carattere neretto) è seguita dai traducenti inglese, francese, tedesco e spagnolo.

VALUTE

(I termini preceduti da * solitamente non hanno plurale)

Paese	**Valuta**	**Divisa in**	**Abbreviazione**
Afghanistan	*Afghani	puli	Af o Afs
Albania	*Lek	qindars	Lk
Algeria	(Algerian) Dinar	centimes	AD o DA
Andorra	French Franc	centimes	FF
Angola	*Kwanza	cents	KW
Antigua	East Caribbean Dollar	cents	ECar$ o EC$
Argentina	Austral	centavos	
Australia	Australian Dollar	cents	A$
Austria	Schilling	groschen	ASch o Sch
Bahamas	Bahamian Dollar	cents	Ba$
Bahrein	Bahreini Dinar	fils	BD
Bangladesh	*Taka	poisha	Tk
Barbados	Barbados Dollar	cents	BD$ o Bds$
Belgium	Belgian Franc	centimes	BFr o Bf
Belize	Belize Dollar	cents	B$
Benin	CFA Franc	centimes	CFAFr
Bermuda	Bermuda Dollar	cents	Bda$
Bhutan	*Ngultrum	tikchung	N
Bolivia	Bolivian Peso	centavos	B$
Botswana	Pula	cents	P o Pu
Brazil	Cruzado	centavos	Cr
Brunei	Brunei Dollar	cents	Br$ o B$
Bulgaria	*Lev	stotinki	Lv
Burkina Faso	CFA Franc	centimes	CFAFr
Burma	*Kyat	pyas	Kt
Burundi	Burundi Franc	centimes	BurFr
Cambodia (v. Kampuchea)			
Cameroon	CFA Franc	centimes	CFAFr
Canada	Canadian Dollar	cents	Can$ o C$
Cape Verde Islands	Escudo caboverdiano	centavos	CV Esc
Cayman Islands	Cayman Islands Dollar	cents	Cayl$
Central African Republic CFA	Franc	centimes	CFAFr
Chad	CFA Franc	centimes	CFAFr
Chile	Chilean Peso	centavos	Ch$
China	*Yuan	fen	Y
Colombia	Colombian Peso	centavos	Col$
Comoros	CFA Franc	centimes	CFAFr
Congo	CFA Franc	centimes	CFAFr
Costa Rica	*Colon	centimos	CR¢
Cuba	Cuban Peso	centavos	Cub$
Cyprus	Cyprus Pound	mils	C£
Czechoslovakia	Crown o Koruna	hellers	Kcs
Dahomey (v. Benin)			
Denmark	Krone	orer	DKr o DKK
Djibouti	Djibouti Franc	centimes	DjFr
Dominica	East Caribbean Dollar	cents	ECar$ o EC$
Dominican Republic	Dominican Peso	centavos	DR$
Ecuador	*Sucre	centavos	Su
Egypt	Egyptian Pound	piastres	E£
Eire (v. Irish Republic)			
El Salvador	*Colon	centavos	ES¢
Equatorial Guinea	Ekpwele o Ekwele	centimos	E
Ethiopia	Ethiopian Dollar o *Birr	cents	Br
Fiji	Fijian Dollar	cents	F$
Finland	*Marakka o Finnmark	pennia	Fmk
France	French Franc	centimes	FF o Fr
French Guiana	French Franc	centimes	FF o Fr

Paese	Valuta	Divisa in	Abbreviazione
Gabon	CFA Franc	centimes	CFAFr
Gambia	*Dalasi	butut	Di
Germany:			
Democratic Republic	Ostmark o DDR–Mark	pfennig	M
Federal Republic	Deutsche Mark	pfennig	DM
Ghana	*Cedi	pesewas	¢
Great Britain (v. United Kingdom)			
Greece	Drachma	lepta	Dr
Grenada	East Caribbean Dollar	cents	ECar$ o EC$
Guatemala	Quetzal	centavos	Q
Guinea	*Syli	cauris	Sy
Guinea–Bissau	Guinea–Bissau Peso	centavos	GB P
Guyana	Guyana Dollar	cents	G$ o Guy$
Haiti	*Gourde	centimes	Gde
Holland (v. Netherlands)			
Honduras	*Lempira	centavos	La
Hong Kong	Hong Kong Dollar	cents	HK$
Hungary	Forint	filler	Ft
Iceland	Krona	aurar	IKr
India	Rupee	paise	R o Re
Indonesia	*Rupiah	sen	Rp
Iran	*Rial	dinars	RI
Iraq	Iraqui Dinar	fils	ID
Irish Republic	Irish Pound (Punt)	pence	IR£
Israel	Shekel	agorot	IS
Italy	Lira	centesimi	L
Ivory Coast	CFA Franc	centimes	CFAFr
Jamaica	Jamaican Dollar	cents	J$ o Jam$
Japan	*Yen	sen	Y
Jordan	Jordanian Dinar	fils	JD
Kampuchea	*Riel	sen	RI
Kenya	Kenyan Shilling	cents	KSh o Sh
Korea:			
North Korea	North Korean *Won	jon	NKW
South Korea	South Korean *Won	chon	SKW
Kuwait	Kuwaiti Dinar	fils	KD
Laos	*Kip	at	K o Kp
Lebanon	Lebanese Pound	piastres	Leb£ o L£
Lesotho	*Loti	lisente	L
Liberia	Liberian Dollar	cents	L$
Libya	Libyan Dinar	dirhams	LD
Liechtenstein	Swiss Franc	centimes	SFr
Luxembourg	Luxembourg Franc	centimes	LFr
Macau	*Pataca	avos	P o $
Madeira	Portuguese Escudo	centavos	Esc
Malagasy Republic	Malagasy Franc	centimes	MalFr
Malawi	*Kwacha	tambala	K o MK
Malaysia	Ringgit o Malaysian Dollar	cents	M$
Maldives	Maldivian Rupee	paise	MvRe
Mali	Mali Franc	centimes	MFr
Malta	Maltese Pound	cents	M£
Mauritania	*Ouguiya	khoums	U
Mauritius	Mauritian Rupee	cents	MauR
Mexico	Peso	centavos	Mex$
Monaco	French Franc	centimes	Fr o FF
Mongolian Republic	*Tugrik	möngös	Tug
Montserrat	East Caribbean Dollar	cents	ECar$ o EC$
Morocco	Dirham	centimes	Dh
Mozambique	*Metical	centavos	M
Namibia	South African Rand	cents	R
Nauru	Australian Dollar	cents	A$
Nepal	Nepalese Rupee	paise	NR o NRe
Netherlands	Guilder o Gulden o Florin	cents	HFl o DFl o Gld o Fl
New Zealand	New Zealand Dollar	cents	NZ$

Paese	Valuta	Divisa in	Abbreviazione
Nicaragua	Cordoba	centavos	C o C$
Niger	CFA Franc	centimes	CFAFr
Nigeria	*Naira	kobo	N
Norway	Krone	örer	NKr
Oman	Omani Ryal o Rial	baizas	RO
Pakistan	Pakistan Rupee	paise	Pak Re
Panama	Balboa	centesimos	Ba
Papua New Guinea	*Kina	toea	Ka o K
Paraguay	*Guarani	centimos	G
Peru	*Sol	centavos	S
Philippines	Philippine Peso	centavos	P o PP
Poland	*Zloty	groszy	Zl
Portugal	Escudo	centavos	Esc
Puerto Rico	US Dollar	cents	US$ o $
Qatar	Qatar Riyal	dirhams	QR
Reunion	CFA Franc	centimes	CFAFr
Romania	*Leu	bani	L
Rwanda	Rwanda Franc	centimes	RwFr
St Lucia	East Caribbean Dollar	cents	ECar$ o EC$
St Vincent	East Caribbean Dollar	cents	ECar$ o EC$
Saudi Arabia	Saudi Riyal o Rial	halalah	SAR
Senegal	CFA Franc	centimes	CFAFr
Seychelles	Seychelles Rupee	cents	SRe
Sierra Leone	Leone	cents	Le
Singapore	Singapore Dollar	cents	S$
Solomon Islands	Solomon Islands Dollar	cents	SI$
Somalia	Somali Shilling	cents	SomSh
South Africa	*Rand	cents	R
Spain	Peseta	centimos	Pta
Sri Lanka	Sri Lanka Rupee	cents	SCRe
Sudan	Sudanese Pound	piastres	Sud£
Surinam	Surinam Guilder	cents	SGld
Swaziland	*Lilangeni	cents	Li
Sweden	Krona	örer	SKr
Switzerland	Swiss Franc	centimes	SFr o SWFr
Syria	Syrian Pound	piastres	S£
Taiwan	New Taiwan Dollar	cents	T$ o NT$
Tanzania	Tanzanian Shilling	cents	TSh
Thailand	*Baht	satang	Bt
Tonga	*Pa'anga	senik	
Togo	CFA Franc	centimes	CFAFr
Trinidad & Tobago	T. & T. Dollar	cents	TT$
Tunisia	Tunisian Dinar	millimes	TD
Turkey	Turkish Lira	kurus	TL
Tuvalu	Australian Dollar	cents	A$
Uganda	Uganda Shilling	cents	USh
United Arab Emirates	UAE Dirham	fils	UAEDh
United Kingdom	Pound (sterling)	pence	£ o £Stg
Upper Volta (v. Burkina Faso)			
Uruguay	Uruguayan New Peso	centesimos	N$
U.S.A.	Dollar	cents	$ o US$
U.S.S.R.	Rouble	kopecs	Rub
Venezuela	Bolivar	centimos	B
Vietnam	*Dong	xu	D
Virgin Islands	US Dollar	cents	$ o US$
Western Samoa	Tala o W.S. Dollar	sene o cents	WS$
Yemen:			
Northern Yemen	Yemeni Riyal	fils	YR
South Yemen	South Yemen Dinar	fils	YD
Yugoslavia	Dinar	paras	Din
Zaire	Zaire	makata	Z
Zambia	*Kwacha	ngwee	K
Zimbabwe	Zimbabwe Dollar	cents	Z$

TABELLE COMPARATIVE DEI SISTEMI DI MISURA

Cubic measure

Metric system		*British equivalent*
1 cubic centimetre		0,0610 cu. in.
1 cubic decimetre		610 cu. in.
1 cubic metre	= 1 stere	35.3147 cu. ft.

British units		*metric equivalent*
1 cubic inch		16.39 cu. cm.
1728 cu. in.	= 1 cubic foot	0.0283 cu. m.
27 cu. ft.	= 1 cu. yd.	0.7646 cu. m.
1 ton of shipping	= 40 cu. ft.	1.1327 cu. m.
1 register ton	= 100 cu. ft.	2.8317 cu. m.

Dry measure

British and U.S. units		*metric equivalent*	
		British	*U.S.*
1 pint (pt.)		0.568 l.	0.550 l.
2 pints	= 1 quart (qt.)	1.136 l.	1.101 l.
4 qt. or 8 pt.	= 1 gallon (gal.)	4.546 l.	4.405 l.
2 gal. or 16 pt.	= 1 peck (pk.)	9.092 l.	8.810 l.
4 pk. or 8 gal.	= 1 bushel (bu.)	36.37 l.	35.24 l.
2 bu. or 16 gal.	= 1 strike	72.74 l.	70.48 l.
4 bu. or 32 gal.	= 1 coomb	145.47 l.	140.95 l.
8 bu. or 64 gal.	= 1 quarter (qr.)	290.94 l.	281.90 l.
36 bu. or 288 gal.	= 1 chaldron	1309.25 l.	1268.57 l.
40 bu. or 320 gal.	= 1 wey	1454.72 l.	1409.52 l.
2 weys or 640 gal.	= 1 last	2909.44 l.	2819.04 l.

British units	*U.S. equivalents*
1 pint	0.9689 pt.
1 bushel	0.9689 bu.

Linear measure

Metric units	*British equivalent*
1 millimetre	0.0394 in.
1 centimetre	0.3937 in.
1 decimetre	3.937 in.
1 metre	39.370 in.
1 decametre	10.94 yds.
1 hectometre	109.4 yds.
1 kilometre	0.621 m.

British units			*Metric equivalent*
1 inch (in.)			2.54 cm.
12 in.	= 1 foot (ft.)		0.305 m.
3 ft.	= 1 yard (yd.)		0.914 m.
6 ft.	= 2 yds.	= 1 fathom (fm.)	1.829 m.
16.5 ft.	= 5.5 yds.	= 1 rod	5.029 m.
4 rods	= 22 yds.	= 1 chain	20.12 m.
10 chain	= 220 yds.	= 1 furlong (fur.)	0.201 km.
8 fur.	= 1760 yds.	= 1 statute mile (m.)	1.609 km.
1 British nautical mile		= 6080 ft.	1.853 km.
1 international nautical mile			1.852 km.

Liquid measure

Metric units		British equivalent	U.S. equivalent
1 centilitre		0.0176 pt.	0.0211 pt.
1 decilitre		0.176 pt.	0.211 pt.
1 litre (l.)		1.76 pt.	2.11 pt.
1 decalitre	= 10 l.	2.20 gal.	2.64 gal.
1 hectolitre	= 100 l.	22.0 gal.	26.4 gal.
1 kilolitre	= 1000 l.	220 gal.	264 gal.

British and U.S. Units		Metric equivalent	
		British	U.S.
1 minim (min.)		0.059 cu. cm.	0.062 cu. cm.
60 min.	= 1 fluid dram (fl. dr.)	3.552 cu. cm.	2.957 cu. cm.
8 fl. dr.	= 1 fluid ounce (fl. oz.)	28.413 cu. cm.	29.573 cu. cm.
5 fl. oz.	= 1 British gill	142.065 cu. cm.	
4 fl. oz.	= 1 U.S. gill		118.291 cu.cm.
4 gills	= 1 pint (pt.)	568.261 cu. cm.	473.163 cu. cm.
2 pt.	= 1 quart (qt.)	1.136 l.	0.946 l.
4 qt.	= 1 gallon (gal.)	4.546 l.	3.785 l.

U.S. units	British equivalent
1 fl. oz.	1.0408 fl. oz.
1 pt.	0.8327 pt.
1 gal.	0.8327 gal.

Mass or weight measure

Metric system	Avoirdupois equivalent
1 milligram (mg)	0.015 gr.
1 centigram (cg)	0.154 gr.
1 decigram (dg)	1.543 gr.
1 gram (g)	15.43 gr.
1 decagram (dag)	0.353 oz.
1 hectogram (hg)	3.527 oz.
1 kilogram (kg)	2.205 lb.
1 tonne	2204.62 lb.

Avoirdupois units		Metric equivalent
1 grain (gr.)		64.8 mg
1 dram (dr.)		1.772 g
16 dr.	= 1 ounce (oz.)	28.349 g
16 oz.	= 1 pound (lb.)	0.453 kg
14 lb.	= 1 stone	6.350 kg
28 lb.	= 1 quarter (qr.)	12.700 kg
4 qrs.	= 1 hundredweight (cwt.)	50.802 kg
20 cwt.	= 1 long ton	1016.05 kg
100 lb.	= 1 short (U.S.) hundredweight	45.36 kg
2000 lb.	= 1 short (U.S.) ton	907.200 kg

Square measure

Metric units	British equivalent
1 square millimetre (mm^2)	0.0016 sq. in.
1 square centimetre (cm^2)	0.1550 sq. in.
1 square decimetre (dm^2)	15.5000 sq. in.
1 square metre (m^2)	10.7639 sq. ft.
1 square decametre (dam^2)	1076.3910 sq. ft.
1 square hectometre (hm^2)	0.0039 sq. m.
1 square kilometre (km^2)	0.3861 sq. m.

British units		Metric equivalent
1 square inch (sq. in.)		6.4516 cm^2
144 sq. in.	= 1 square foot (sq. ft.)	0.0929 m^2
9 sq. ft.	= 1 square yard (sq. yd.)	0.8361 m^2
30¼ sq. yds.	= 1 square perch	25.29 m^2
40 sq. perch	= 1 rood	0.1012 hm^2
4 roods	= 1 acre	0.4047 hm^2
640 acres	= 1 square mile (sq. m.)	2.5900 km^2
100 sq. ft.	= 1 square	9.2903 m^2

Troy weight

British units		Metric equivalent
1 grain (gr.)		0.065 g
4 grains	= 1 carat of gold or silver	0.2592 g
6 carats	= 1 pennyweight (dwt.)	1.5552 g
20 dwt.	= 1 ounce (oz.)	31.1035 g
12 oz.	= 1 pound (lb.)	373.242 g
25 lb.	= 1 quarter (qr.)	9.331 kg
100 lb.	= 1 hundredweight (cwt.)	37.324 kg
20 cwt.	= 1 ton	746.48 kg